metro경제
www.metroseoul.co.kr
POLITICS
SCIENCE
12:03
BUSINESS NEWS
BEST ARTICLES
LOAD MORE
HEALTHY LIFE
SPORTS NEWS
MUSIC
SEARCH
GAMES
MOVIES
+28 C
metroseoul.co.kr
metro
metro경제
사회 밝히고
경제 살리는
메트로미디어
metro경제
금리 역대최저 1.25%
벼랑끝 '경기 살리기'
유가지
metro
금리 역대최저 1.25%
벼랑끝 '경기 살리기'
무가지
구독신청 및 배달문의: 02)721-9861,9826
구독료: 한부 800원, 월 1만5000원

www.kwnews.co.kr

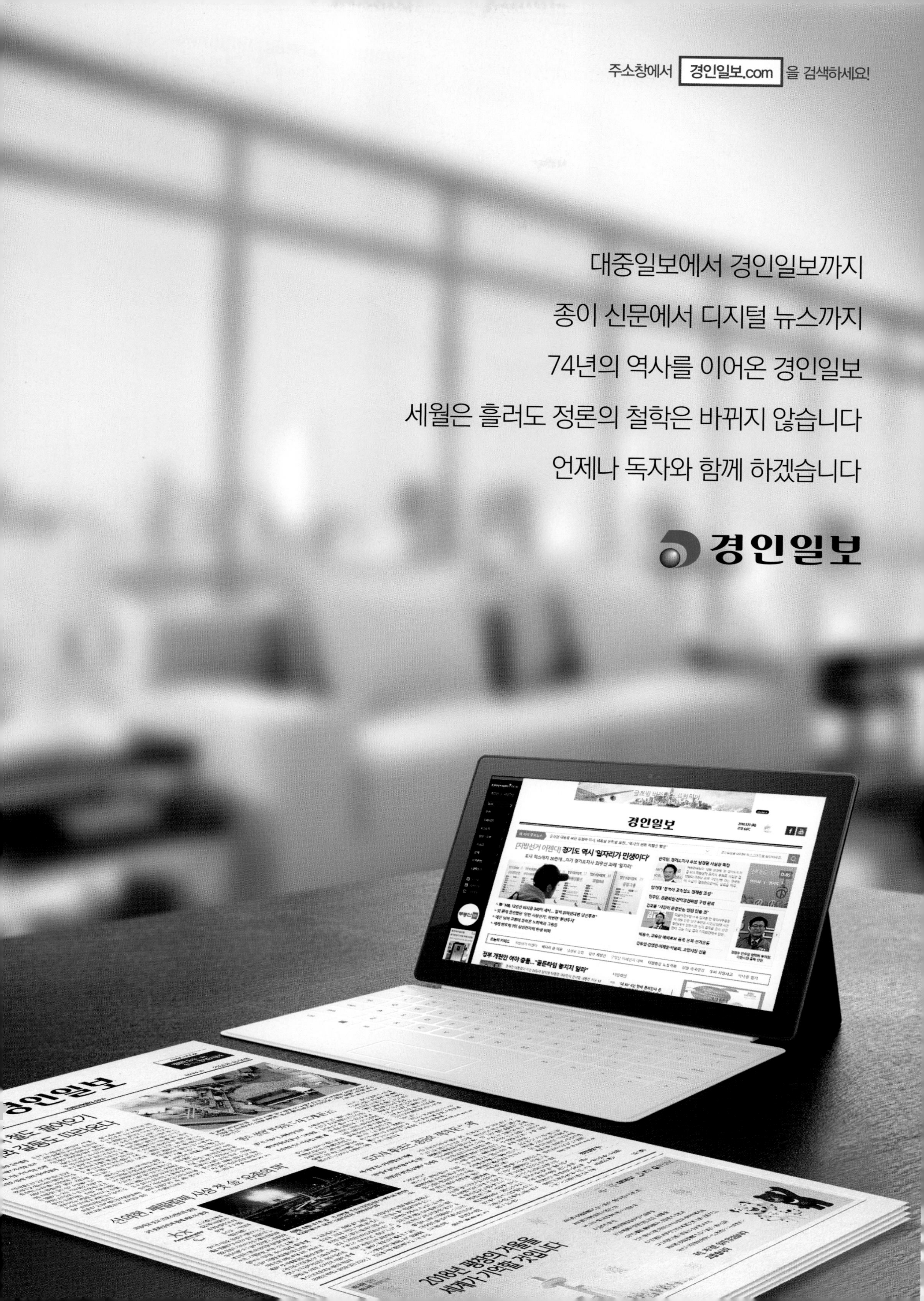
주소창에서 경인일보.com 을 검색하세요!
대중일보에서 경인일보까지
종이 신문에서 디지털 뉴스까지
74년의 역사를 이어온 경인일보
세월은 흘러도 정론의 철학은 바뀌지 않습니다
언제나 독자와 함께 하겠습니다
경인일보

每日新聞

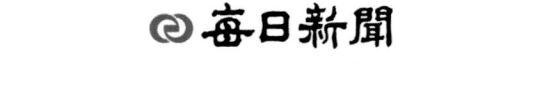

사람을 담다
세상을 보다
부산일보
www.busan.com

울산최초의조간신문
울산매일

www.ulsanpress.net
울산의 희망을 열어가겠습니다.
정확하고 신속한 뉴스,
소신과 대안이 있는 정보,
따뜻하고 아름다운 이야기로
울산지역 여론을 선도하며,
지역사회의 소통과 화합을 통해
미래 울산의 희망을 이어가겠습니다.
울산엔 울산신문입니다.
울산신문
한나라 공천 여론조사가 '잣대'
대우버스 울산이전 '가속도'
울산신문
Ulsan Newspaper
구독문의 052-273-4300
울산광역시 남구 달동 873-6번지

울산 태화강 십리대숲

www.incheonilbo.com
언론다운
언론
소통하는
인천일보
NEWS
시대에 부응하고
주민들과 소통하는,
우리는 인천일보 입니다.
열정적인 취재와
신뢰를 최우선으로 하는
그런 신문을 만들겠습니다.
인천일보

YONHAP

YONHAP NEWS AGENCY

주요 인사를 총 망라한 국내 최고 인물사전

# 한국인물사전

Y O N H A P N E W S

# 2020

20,000여 명 인물 수록

Y O N H A P N E W S

## 상권

수록인물(ㄱ~ㅅ)

연합뉴스

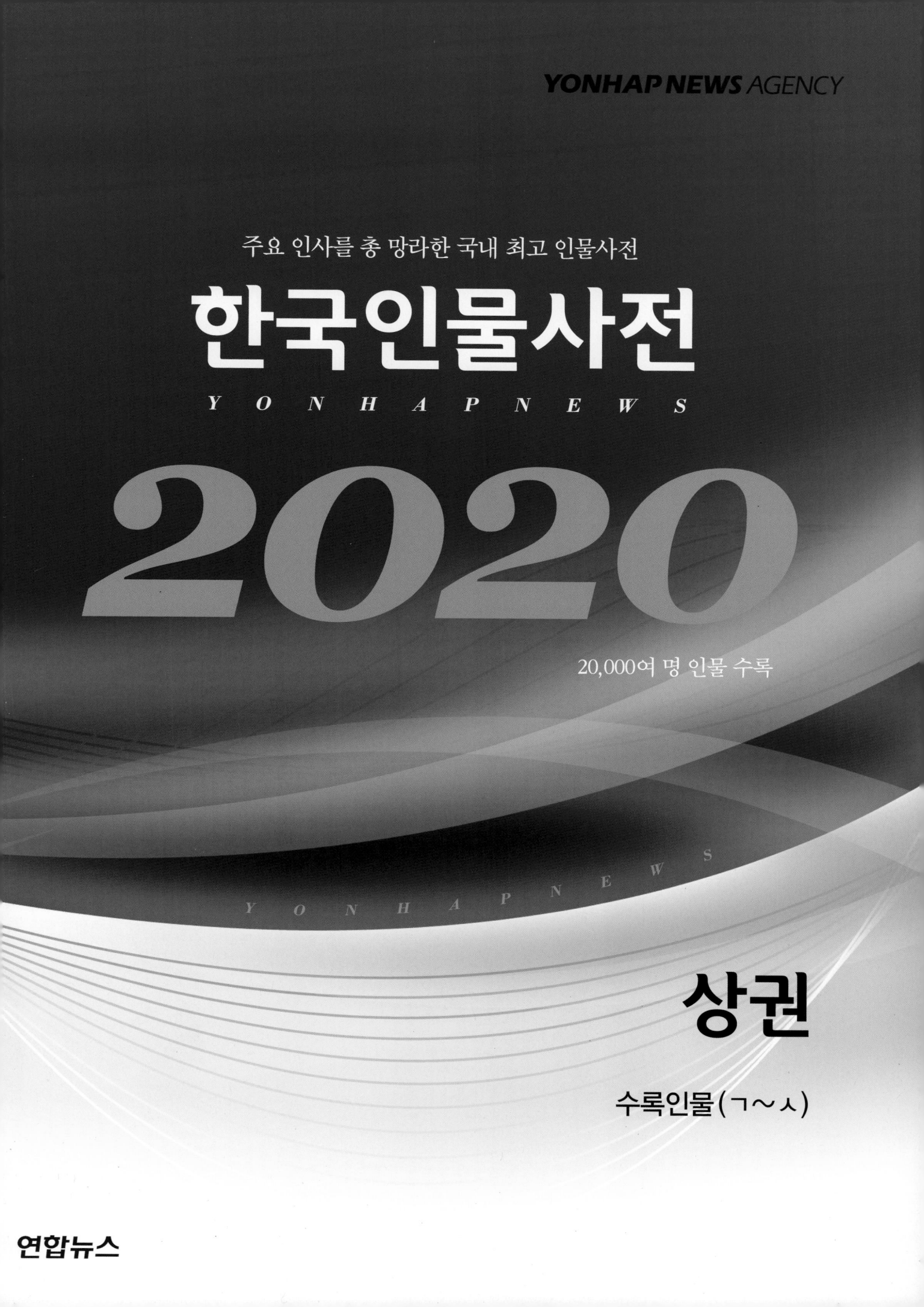

# 일러두기

• 연합뉴스가 발간하는 '한국인물사전'은 국내 정 · 관계를 비롯해 법조계, 경제계, 학계, 언론계, 문화예술계, 체육계, 종교계 등 각 분야 주요 인사 2만여 명의 인물정보를 사진과 함께 수록한 국내 최고의 인물사전입니다.

• 연합뉴스는 수록 인사들과 전화, 이메일, 팩스 등의 방법으로 접촉해 정보의 정확도를 높였으며, 인터넷 자료와 관련 문헌도 꼼꼼히 참조했습니다.

• 수록 인물자료는 향후 본인들이 이메일이나 전화 등을 통해 구체적인 의견을 제시할 경우 수정, 보완 또는 삭제 등의 과정을 거칠 수 있습니다. 본인이 제시한 의견은 연합뉴스 인물DB에 즉각 반영되며, 한국인물사전에는 차기 발행 시 반영됩니다.

• 수록 기준에 의거해 현직(現職) 중심으로 인물을 선정해 실었습니다. 따라서 전년도 등재 인물 중에 자료부실, 연락두절의 사유 및 퇴직자 등은 편집자의 판단에 따라 수록에서 제외했습니다. 향후 본인의 수록의사나 보완자료 제출 등의 경우에는 차기 한국인물사전에 등재될 수도 있음을 알려드립니다.

■ **수록 순서** 가나다 · 생년월일 순

■ **수록 인물정보** 2019년 10월 11일 기준

■ **약 어**

| | | |
|---|---|---|
| ㉗ 생년월일 | ㉔ 본관 | ㉕ 출생지 |
| ㉓ 주소(연락처) | ㉮ 학력 | ㉠ 경력 : (현) → 현직 |
| ㉛ 상훈 | ㉜ 저서 | ㉝ 역서 |
| ㉞ 작품 | ㉟ 종교 | |

■ 수록 내용 가운데 정정 · 추가사항이 있으시면 연락바랍니다.

■ **연합뉴스 DB · 출판국 DB부**

전화) 02-398-3609~11

이메일) idb@yna.co.kr

# 한국인물사전

# 2020

Y O N H A P N E W S

# ㄱ

수록 순서 가나다 · 생년월일순

약 호 (생) 생년월일 (본) 본관 (출) 출생지
(주) 주소(연락처) (학) 학력 (경) 경력 (현) 현직
(상) 상훈 (저) 저서 (역) 역서
(작) 작품 (종) 종교

ㄱ

## 가갑손(賈甲孫) KAH, KAP-SON

(생)1938 · 1 · 8 (본)소주(蘇州) (출)충남 홍성 (주)경기도 평택시 중앙로 46 (주)메트로패밀리(031-652-6644) (학)1957년 홍성고졸 1962년 성균관대 법률학과졸 1974년 同대학원 법학과졸 1992년 법학박사(명지대) (경)1965~1976년 한국화약 근무 1976년 서울프라자호텔 이사 1980년 성균관대 법대 강사 1981년 한국프라스틱 이사 1982년 (주)빙그레 상무이사 1982년 삼진알미늄(주) 사장 1983년 골든벨상사(주) 상무이사 1986년 태평양건설 상무이사 1987년 한양유통(주) 상무이사 1987년 (주)진로유통 전무이사 1987~1990년 同부사장 · 청주진로백화점 사장 1990년 한국터미널 사장 1991년 한양유통(주) 대표이사 사장 1995년 한화유통 대표이사 사장 1996년 아시아소매업체연합(ARAN) 회장 1996년 한화유통 부회장 1996년 한국하이퍼마트 사장 1996년 청주백화점 회장 2002년 (주)메트로패밀리 대표이사(현) 2002년 성균관대 법대 겸임교수 2004년 충청대 명예교수(현) 2010년 성균관대 법학전문대학원 초빙교수 2016년 (주)대환에너지 대표이사(현) (상)법무부장관표창, 한국물류학회 물류대상, 한국마케팅대상, 충북도지사표창, 경기도지방경찰청장 감사장, 대한민국안전대상(2002), 남녀고용평등대상(2003), 노동부 선정 노사문화우수기업(2005), 전국품질분임조경진대회 대통령상금상(2005), 국가품질경영대회 대통령상 서비스부문(2005), 국무총리실 선정 공정부문 공정의달인(2011), 자랑스러운 성균인 기업인부문(2011) (저)'최저임금법 연구' '최저임금제 고찰' '주식 대량취득의 기업 합병 · 매수에 대한 법적규제 연구' '한화유통 사무혁신 고객만족사례집'(1997, 21세기북스) '변화와 고객은 기업의 생존 조건'(2006, 뒷목출판사) '유통 CEO 가갑손 회장이 전하는 좋은글 모음집: CEO가 사내게시판 열린마당을 통해 전 임직원에게 보낸 좋은글 중 100편'(2006, 뒷목출판사) (종)천주교

## 가삼현(賈三鉉) Sam H. KA

(생)1956 · 5 · 18 (본)소주(蘇州) (출)충남 태안 (주)울산광역시 동구 방어진순환도로 1000 현대중공업(주) 비서실(052-202-2114) (학)1975년 인천고졸 1982년 연세대 경제학과졸 (경)1982년 현대중공업(주) 입사 1993년 대한축구협회 파견 · 국제부장 1997년 아시아축구연맹 경기감독관 1998년 同법사위원 2002년 부산아시안게임 경기감독관 2002년 대한축구협회 대외협력국장 2002년 아시아축구연맹 경기분과위원회 부위원장 2002년 국제축구연맹 대륙간컵 조직위원 2002년 2002월드컵조직위원회 경기운영본부장 2002~2007년 아시아축구연맹(AFC) 경기분과위원회 부위원장 2003~2007년 현대중공업(주) 이사 2005년 대한축구협회 이사 2005~2009년 同사무총장 2005~2010년 동아시아축구연맹(EAFF) 수석부회장 2007년 현대중공업(주) 선박영업부 상무 2010년 同선박영업부 전무 2013년 同조선사업본부 영업총괄 부사장 2016년 同그룹선박 · 해양영업본부 사업대표(사장) 2018년 현대중공업(주) 공동대표이사 사장(현) (상)체육훈장 기린장(1997), 체육훈장 거상장(2002), 동탑산업훈장(2015)

## 가세로(賈世魯) KHA Se No

(생)1955 · 8 · 15 (출)충남 서산 (주)충청남도 태안군 태안읍 군청로 1 태안군청 군수실(041-670-2201) (학)1973년 서산농림고졸 1981년 단국대 법학과졸 2001년 중앙대 대학원 사회복지학과졸 2010년 행정학박사(단국대) (경)1981년 경위 임용 1988년 경감 승진 1992년 경정 승진 1999년 총경 승진 1999년 충남지방경찰청 보안과장 1999년 同정보과장 2000년 충남 서산경찰서장 2001년 서울지방경찰청 정보2과장 2002년 인천지방경찰청 경비경호과장 2003년 서울 동부경찰서장 2003년 경찰대학 치안연구소 근무, 경찰대학 우대교수 2004년 강원지방경찰청 경비교통과장 2005년 서울지방경찰청 특수기동대장 2006년 인천 중부경찰서장 2006년 충남지방경찰청 정보통신담당관 2007년 인천국제공항경찰대장 2008년 인천지방경찰청 경비교통과장(총경) 2008~2009년 충남 당진경찰서장 2010년 충남 태안군수선거 출마(한나라당), '박근혜를 사랑하는 모임' 전국 상임고문, 새누리당 여의도연구원 정책자문위원 2012년 새누리당 제18대 대통령중앙선거대책위원회 서산 · 태안 총괄본부장 2014년 충남 태안군수선거 출마(무소속) 2017년 더불어민주당 제19대 문재인 대통령후보 중앙선거대책위원회 특보단 부단장 2018년 충남 태안군수(더불어민주당)(현) (상)제2회 한국을 빛낸 글로벌 100인 지방행정부문(2019) 제28회 소충 · 사선문화상 모범공직부문(2019)

## 가재산(賈在山) KA Jae San

(생)1954 · 9 · 27 (본)소주(蘇州) (출)충남 태안 (주)서울특별시 서초구 강남대로43길 15 석정빌딩 피플스그룹(02-587-0241) (학)1972년 태안고졸 1976년 서강대 경영학과졸 1995년 고려대 경영대학원 최고금융자과정 수료 2000년 서강대 경영대학원 수료(MBA) 2003년 한국과학기술원 최고경영자과정 수료 (경)1978년 삼성물산(주) 관리본부 근무 1983년 삼성 일본본사 근무 1990년 同비서실 인사팀 근무 1993년 삼성생명보험 인력개발부장 1995년 同융자기획부장 1996~1997년 삼성물산(주) 자동차영업교육팀장 1997년 삼성자동차(주) 영업부문 영업지원팀장(이사) 1998년 同경영지원팀장 1999년 同인사팀장 겸 관리팀장 2001년 삼성생명보험 융자담당 이사 2002~2003년 A&D신용정보 대표이사 2004~2013년 (주)조인스HR 대표이사, 한국산업인력공단 BEST HRD 심사위원, 행정자치부 지방혁신컨설팅 전문위원 2008~2018년 이브자리 사외이사 2013년 서울과학종합대학원대학교 겸임교수 2014년 피플스그룹 이사장(현) (상)지식경제부장관표창(2010) (저)'한국형 팀제'(1995) '한국형 팀제를 넘어서'(1998) '간부진화론' '飛정규직' '삼성인재경영의 비밀' '10년 후, 무엇을 먹고살것인가?' '성공에너지 어닝파워' '중소기업인재가 희망이다' '어떻게 최고의 인재들로 회사를 채울 것인가?'(2011) '삼성이 강한 진짜 이유'(2014) '직원이 행복한 회사'(2015) '스마트 워라밸'(2018) '경영한류'(2018) '일하는 방식의 혁명'(2018)

## 가종현(賈鐘鉉) KAH Jong Hyun

(생)1967 · 12 · 13 (본)소주(蘇州) (출)광주 (주)서울특별시 마포구 마포대로 119 (주)효성 전략본부 경영혁신실(02-707-7000) (학)1986년 경기고졸 1991년 연세대 경영학과졸 1994년 미국 시카고대 경영대학원졸 1996년 경영학박사(미국 뉴욕대) (경)1992년 삼성휴렛패커드 근무 1996년 미국 Skadden & Arps 법률사무소 'M&A 및 기업재무전문' 변호사 2000년 미래산업 라이코스코리아 경영지원팀장 2000~2002년 라이코스코리아 대표이사 사장 2002년 SK커뮤니케이션즈(주) 사업1본부장 2002~2003년 同부사장 2003년 SK텔레콤(주) 포털사업본부 수석팀장(상무) 2004년 同글로벌사업본부장 2007년 同신규사업부문 신규사업개발3그룹장 2008년 同미주사업부문 사업개발그룹장, SK플래닛(주) 해외사업본부장, 同일본지사장 2015년 (주)효성 전략본부 미래전략실장 겸 창조경제지원단 부단장(전무) 2018년 同경영혁신실 미래전략팀장 2019년 同경영혁신실 신사업팀장(현)

## 감경철(甘炅徹) KAM Kyung Chul

(생)1943 · 2 · 26 (출)경남 함안 (주)서울특별시 동작구 노량진로 100 CTS기독교TV 10층 회장실(02-6333-1010) (학)1961년 동북고졸 1970년 국제대 법경학부 경제학과졸 1978년 고려대 경영대학원 국제관리과정 수료 1987년 연세대 행정대학원 고위정책과정 수료 1989년 서울대 경영대학원 최고경영자과정 수료 1992년 숭실대 중소기업대학원 개발학과졸(경영학석사) 1992년 서강대 경영전문대학원 최고경영자과정 수료 1993년 고려대 언론대학원 최고위언론과정 수료 1996년 연세대 언론홍보대학원 최고위과정 수료 1997년 고려대 정보통신대학원 최고위과정 수료 2007년 서울대 인문학 최고지도자과정 수료 2008년 명예 선교학박사(고신대) 2012년 명예 인류학박사(미국 애주사퍼시픽대) 2019년 명예 언론홍보학박사(백석대) (경)1975년 동일광고 대표이사 1976년 한국광고제작업협회 부회장 1977년 한국청년회의소 이사 1978년 고려대 경영대학원 총원우회 28대 회장 1980년 (주)익산 대표이사 회장 1989년 옥산레저(주) 떼제베C.C 회장 1989년 대한아이스하키협회 부회장 1992~1999년 한국광고사업협회 회장 1992년 한국광고단체연합회 이사 1993년 중부매일신문 감사 2000~2010년 CTS기독교TV 사장 2003년 (사)대한민국국가조찬기도회 이사(현) 2003~2015년 한국케이블TV협회 PP협의회 이사 2003년 (사)세계스포츠선교회 이사(현) 2004년 (재)아가페 자문위원 2006~2012년 (사)기아대책기구 이사 2006~2008년 세계한인기독교방송협회(WCBA) 회장 2008년 크리스채너티 투데이 한국판 자문위원 2008~2014년 (사)세진회 이사 2008~2011년 뉴욕기독교TV방송 이사 2008~2014년 (사)한국직장인선교연합회 후원회장 2009~2012년 한국케이블TV방송협회 이사 2009~2016년 (사)한코리아 이사장 2009~2010년 SAM(Students Arise Movement International) 이사장 2010년 CTS기독교TV 회장(현) 2010년 세계한인방송협회(WAKB) 회장 2010년 (사)아프리카미래재단 고문 2011년 크리스찬CEO 고문 2011~2012년 (사)대한민국국가조찬기도회 부회장 2011년 한국과학기술원(KAIST) 개교40주년기념사업 자문위원 2011년 한중국제교류재단 자문위원 2013~2014년 (사)대한민국국가조찬기도회 수석부회장 (상)국민훈장 목련장(1996), 연세대언론홍보대학원최고위과정동창회 '동문을 빛낸 올해의 인물 사회부문'(2002), 세계복음중앙협의회 기독교선교대상 기독실업인부문대상(2008), 한국기독교복음단체총연합 한국교회연합과일치상(2010), 한국기독교자랑스런지도자상 언론인TV부문(2012), 대한민국 대한국인 방송인부문 대상(2014) (종)기독교

## 감성한(甘聖翰)

(생)1964 · 1 · 26 (주)서울특별시 중구 을지로 79 IBK기업은행 임원실(1566-2566) (학)1983년 부산 가야고졸 1988년 한국외국어대 아랍어과졸 (경)1990년 IBK기업은행 입행 2010년 同서초3동지점장 2011년 同기업지원부장 2013년 同종합기획부장 2013년 同뉴욕지점장 2016년 同마케팅전략부장 2017년 同서부지역본부장 2019년 同부산 · 울산 · 경남그룹장(부행장)(현)

## 감　신(甘　信) KAM Sin

(생)1962 · 2 · 3 (주)대구광역시 북구 대학로 80 경북대학교 의과대학 예방의학교실(053-420-4865) (학)1988년 경북대 의대졸 1991년 同대학원졸 1994년 의학박사(경북대) (경)1988~1989년 경북대 병원 인턴 1989~1992년 同예방의학교실 레지던트 1992~1995년 가야기독병원 예방의학과장 1996년 포항성모병원 건강관리과장 1996년 경북대 의과대학 예방의학교실 전임강사 · 조교수 · 부교수 · 교수(현) 2013~2014년 同기획처장 2017년 경북대병원 기획조정실장(현) 2017년 보건복지부 공공보건의료발전위원회 위원(현) 2018년 대한예방의학회 이사장(현) (저)'질병예방과 건강증진' (종)기독교

## 강건기(康建基) KANG Kun Ki

(생)1969 · 3 · 7 (본)곡산(谷山) (출)충남 연기 (주)세종특별자치시 가름로 194 과학기술정보통신부 과학기술혁신본부 연구개발투자심의국(044-202-6810) (학)1988년 충남 성남고졸 1992년 충남대 전기공학과졸 2005년 영국 스트래스클라이드대 대학원 전기전자공학과졸(석사) (경)1992년 기술고시 합격(28회) 2003년 과학기술부 연구개발국 기계전자기술과 서기관 2004년 同과학기술협력국 구주기술협력과 서기관, 국외 훈련(서기관) 2006년 과학기술부 연구개발조정관실 서기관 2006년 同원자력통제팀장 2008년 교육과학기술부 잠재인력정책과장 2009년 同학술연구정책실 학연산지원과장 2010년 한국과학기술연구원(KIST) 유럽연구소 파견 2012년 교육과학기술부 감사관실 민원조사담당관 2013년 미래창조과학부 미래선도연구실 원자력기술과장 2013년 同원자력진흥정책과장 2014년 同연구개발정책실 연구공동체지원과장 2015년 同연구개발정책실 연구성과혁신기획과장(부이사관) 2016년 공주대 사무국장 2017년 과학기술정보통신부 과학기술혁신본부 성과평가정책국장 2018년 同과학기술혁신본부 연구개발투자심의국장(현) (상)국무총리표창

## 강건용(姜建用) Kern-Yong Kang

(생)1960 · 3 · 15 (본)진주(晉州) (출)경기 고양 (주)대전광역시 유성구 가정북로 156 한국기계연구원 부원장실(042-868-7600) (학)1978년 영등포공고졸 1984년 경희대 기계공학과졸 1986년 한국과학기술원(KAIST) 기계과졸(석사) 1995년 기계공학박사(포항공대) (경)1986년 한국기계연구원 책임연구원 1990~1991년 첨단유체공학센터 파견연구원 1998~1999년 미국 위스콘신대 연구교수 1999~2004년 한국기계연구원 가스자동차개발사업단장 2005년 同에너지기계연구본부 친환경엔진연구센터장 2007~2008년 同환경기계연구본부장, 과학기술연합대학원대(UST) 겸임교수(현) 2011년 한국기계연구원 전략기획본부장 2011년 同선임연구본부장 2012년 한국자동차공학회 총무이사 겸 부회장 2012년 대전시 녹색성장위원회 위원 2012년 한국기계연구원 환경에너지기계연구본부장 2014년 同전략기획본부장 2014년 同경영부원장 겸 경영기획본부장 2014년 同환경 · 에너지기계연구본부 그린동력연구실 책임연구원 2014년 국가과학기술연구회 경영본부장 2017년 한국기계연구원 부원장(현) (상)경향신문 선정 '한국의 얼굴 55인'(2001), 감사원 모범공직자상(2002), 한국기계연구원 최우수연구상(2004), 국무총리표창(2006), 한국자동차공학회 기술상(2008), 녹색성장위원회 녹색기술표창(2010), 한국액체미립화학회 학술상(2011), 과학기술포장(2013), 올해의 과학기자상 과학행정인상(2015)

## 강건욱(姜建旭) KANG Keon Wook

(생)1966 · 12 · 5 (본)진주(晉州) (출)대구 (주)서울특별시 종로구 대학로 101 서울대병원 핵의학과(02-2072-2803) (학)1991년 서울대 의대졸 1996년 同대학원 의학석사 2001년 의학박사(서울대) 2014년 한국방송통신대 대학원 행정학과졸 (경)1991~1992년 서울대병원 인턴 1992~1996년 同내과 레지던트 1997~1998년 과학기술부 정책과제 '국가방사선 비상진료체계 구축방안' 연구원 1998~1999년 청원군보건소 및 국립암센터 설립준비단 공중보건의 1999~2000년 서울대병원 핵의학과 전임의 2000~2001년 서울대 방사선의학연구소 선임연구원 2000~2006년 국립암센터 부속병원 핵의학과장 2000~2002년 同기획조정실 정보전산팀장 2001~2007년 同연구소 핵의학연구과장 2002~2006년 同연구소 암역학관리연구부 암정보연구과장 2003~2004년 미국 스탠퍼드대 의대 분자영상프로그램 방문과학자 2005~2006년 국가암관리사업지원평가연구단 암등록역학연구부 암정보연구과장 2007~2012년 서울대 의대 핵의학교실 부교수 2012년 同의대 핵의학교실 교수(현) 2012

~2016년 서울대병원 방사선안전관리센터장 2013년 서울대 정보화본부 연건센터 소장(현) 2014~2019년 서울대병원 핵의학과장 2014년 과학기술정보통신부 RI신개념치료기술플랫폼사업 추진위원(현) 2015년 서울대 의대 핵의학교실 주임교수(현) 2015년 同암연구소 기획부장(현) 2016년 식품의약품안전처 식품위생심의위원(현) 2016년 원자력안전위원회 자체평가위원(현) 2016~2017년 미래창조과학부 X-프로젝트 추진위원회 위원장 2017년 보건복지부 미래보건의료포럼위원 겸 1분과 위원장 2018년 (주)나노메딕스 사외이사(현) 2018년 (사)한국방사선진흥협회 감사(현) 2018년 한국연구재단 국책연구본부 나노·소재 분야 전문위원(현) 2019년 서울대 생명공학공동연구원 부원장(현) (상)일본 핵의학회 아시아오세아니아 젊은연구자상(1995), 대한핵의학회 최우수포스터상(1999), 국제뇌지도연구회 Travel Award(2000), 보건복지부장관표창(2001), 한국과학기술단체총연합회 과학기술우수논문상(2002), 미래창조과학부장관표창(2016) (저)'함께 꿈꾸는 건강 사회 2(共)'(2015) '방사선과 건강(共)'(2015) '방사능 무섭니?(共)'(2016) 'Atlas and Anatomy of PET/MRI, PET/CT and SPECT/CT(共)'(2016) '미래는 더 나아질 것인가(共)'(2016) '대한민국 4차산업혁명 마스터플랜(共)'(2017)

### 강건작

(생)1966 (주)서울특별시 종로구 청와대로 1 대통령 국가안보실 국가위기관리센터(02-770-7117) (학)신성고졸 1989년 육군사관학교졸(45기) (경)1989년 소위 임관, 육군 제3보병사단 22연대장(대령), 육군 제3군사령부 작전과장(대령) 2018년 육군 제28보병사단장(소장) 2018년 대통령 국가안보실 국가위기관리센터장(소장)(현)

### 강경구(姜京求) KANG Kyeong Ku

(생)1966·10·1 (출)대전 (주)부산광역시 연제구 법원로 31 부산고등법원(051-590-1114) (학)1984년 충남고졸 1988년 서울대 사법학과졸 1993년 同대학원 법학과졸 (경)1992년 사법시험 합격(34회) 1995년 사법연수원 수료(24기) 1995년 청주지법 판사 2000년 수원지법 광주군법원 판사 2002년 서울행정법원 판사 2004년 서울남부지법 판사 2006년 서울고법 판사 2008년 대법원 재판연구관 2010년 전주지법 부장판사 2011년 수원지법 안산지원 부장판사 2012년 서울고법 판사 2017년 부산고법 부장판사(현)

### 강경근(姜京根) KANG, Kyung-Keun

(생)1956·1·4 (본)진주(晋州) (출)인천 (주)서울특별시 동작구 상도로 369 숭실대학교 법학과(02-820-0476) (학)인천 제물포고졸 1977년 고려대 법학과졸 1980년 同대학원졸 1984년 법학박사(고려대) (경)1983~1989년 고려대 법학연구소 연구원 1983~1985년 同법대 강사 1985년 호서대 법학과 조교수 1985~1994년 숭실대 법학과 조교수·부교수 1987~2009년 사법시험·행정고시·입법고시·외무고시 시험위원 1989~1993년 법무연수원 강사 1990~1992년 숭실대 법학연구소장 1994~2009·2012년 同법학과 교수(현) 1994~1997년 법률신문 논설위원 1996~1997년 내무부 행정연수원 강사 1996년 정보통신부 자문위원 1997년 행정자치부 자문위원 1998~2000년 경제정의실천시민연합 시민입법위원장 1998~2001년 숭실대 법학연구소장 2000년 아시아태평양공법학회 부회장 2001년 숭실대 법과대학장 2002~2004년 한국헌법학회 부회장 2003~2009년 국무총리행정심판위원회 비상임위원 2003~2004년 대통령직속 의문사진상규명위원회 위원 2004~2009년 국회 정보공개위원회 위원 2004~2009년 국방부 정보공개위원회 위원 2004~2009년 헌법포럼 공동대표 2005~2006년 한국공법학회 부회장 2005년 한국부패학회 회장 2006년 친북반국가행위진상규명위원회 위원 2006~2007년 한국언론법학회 부회장 2006~2009년 한반도선진화재단 감사 2008~2009년 법제처 정부입법자문위원회 부위원장 2009년 한국비교공법학회 부회장 2009년 경찰청 인권위원회 위원 2009~2012년 중앙선거관리위원회 상임위원 (상)한국공법학회 학술장려상(1988), 국무총리 유공표창(1999), 한국헌법학회 학술상(2003) (저)'국민투표'(1991) '열린사회와 정보공개'(1993) '헌법학 강론'(1993) '헌법학'(1997) '부정부패의 사회학'(1997) '헌법학강평'(1997) '자유주의와 한국사회 논평(共)'(2001) '객관식 헌법학(共·編)'(2001) '헌법'(2002) '現代の韓國法, その理論と動態(共·編)'(2004) (역)'현대헌법재판론'(1984)

### 강경선(康景宣) KANG Kyung Sun

(생)1963·1·1 (본)진주(晋州) (출)서울 (주)서울특별시 관악구 관악로 1 서울대학교 수의과대학(02-880-1246) (학)1982년 경동고졸 1989년 서울대 수의학과졸 1991년 同대학원 수의학과졸 1993년 수의공중보건학박사(서울대) (경)1994년 미국 미시간주립대 의대 박사 후 연구원 1996~1997년 同의대 조교수 1997~1998년 일본 국립의약품식품위생연구소 유동연구원 1998년 일본 의약품피해구제기구 파견 1999년 한국수의공중보건학회 부회장 1999년 대한수의학회 영문편집위원(현) 1999년 충북대 강사 1999~2001년 국립환경연구원 유해화학물질전문연구협의회 전문위원 1999년 서울대 수의과대학 조교수·부교수·교수(현) 1999년 성균관대 생명공학부 강사 1999년 환경호르몬연구회 운영위원장 2001년 한국식품위생안전성학회 총무이사 2001년 한국독성학회 학술간사 2001년 식품의약품안전청 유전자재조합식품평가자료 심사위원 2002년 同세포치료제전문가협의회 자문위원 2002~2004년 보건복지부 식품위생심의위원 2002·2004년 식품의약품안전청 정부업무평가위원 2002~2004년 국립수의과학검역원 위해축산물회수심의위원 2003~2004년 한국식품위생안전성학회 학술지편집위원장 2003~2005년 한국독성학회 총무간사 2003년 캐나다 브리티시컬럼비아대 의대 방문교수 2003년 국립수의과학검역원 자문교수 2004~2011년 한국식품위생안전성학회지 편집위원장 2004년 서울대 연구공원창업보육센터장 2005~2008년 인간신경줄기세포 '프로테옴 프로젝트(HN-SCPP)' 공동책임자 2005~2011년 제대혈줄기세포응용사업단 단장 2010~2012년 한국연구재단 생명공학단 전문위원 2011~2013년 국가과학기술위원회 생명복지전문위원 2011년 국제SCI GERONTOLOGY 편집위원(현) 2014년 대한수의학회 총무위원장 2017년 同고문(현) 2017~2018년 한국식품위생안전성학회 회장 (상)일본 STA award(1997), 한국과학기술단체총연합회 과학기술우수논문상(2003), 서울대 SCI 우수교수(2003), 한국과학재단 우수연구성과 30선(2004) (저)'암을 이기는 한국인의 음식 54가지(共)'(2007, 연합뉴스) (종)기독교

### 강경수(姜炅秀) KANG Kyung Soo

(생)1954·11·24 (본)진주(晋州) (출)광주 (주)서울특별시 영등포구 국회대로 786 바른미래당(02-715-2000) (학)1973년 광주상고졸 1981년 조선대 정치외교학과졸 2004년 고려대 노동대학원 수료 2005년 서울대 국제대학원 Great Leadership Program과정 수료 (경)1981년 국민은행 입사 1984년 同노조위원장 1984년 전국금융노동조합연맹 및 한국노동조합총연맹 중앙위원·대의원 1999년 국민은행 내수동·논현역지점장 2001년 同인사부 수석부부장 2003년 同노사협력팀장 2004년 同HR본부장 2006년 KB창업투자(주) 부사장, 同상임고문 2006년 크라운제과(주) 인사담당 이사 2006년 해태제과(주) 인사총무담당 이사 2007년 同인사담당 이사 2008년 제18대 국회의원선거 출마(광주 광산乙, 한나라당) 2008년 한나라당 노동위원회 부위원장 2008년 광주은행 상근감사위원 2014~2016년 주식백지신탁심사위원회 위원 2018년 바른미래당 노동위원회 위원장(현) (상)행정자치부장관표창(2003), 국민포장(2004) (종)가톨릭

**강경숙(姜敬淑·女)**

(생)1974·5·20 (출)경남 진주 (주)울산광역시 남구 법대로 55 울산지방법원 총무과(052-216-8000) (학)1993년 경상대사대부고졸 1997년 한양대 법대졸 (경)1998년 사법시험 합격(40회) 1999년 사법연수원 수료(30기) 2001년 서울지법 예비판사 2003년 同남부지원 판사 2004년 서울남부지법 판사 2005년 부산지법 판사 2008년 울산지법 판사 2012년 부산고법 판사 2014년 울산지법 판사 2016년 대구지법 부장판사(사법연구) 2019년 울산지법 부장판사(현)

**강경식(姜慶植) KANG Kyong Shik**

(생)1936·5·10 (본)진주(晉州) (출)경북 영주 (주)서울특별시 강서구 화곡로68길 82 국가경영전략연구원(02-786-7799) (학)1955년 부산고졸 1961년 서울대 법과대학졸 1963년 미국 시라큐스대 맥스웰행정대학원졸 1994년 명예 경제학박사(세종대) (경)1960년 고등고시 행정과 합격(12회) 1961년 재무부 국고국 재경사무관 1964년 경제기획원 사무관 1969년 재무부 예산총괄과장 1973~1977년 同물가정책국·예산국·기획국·경제국장 1977~1981년 同기획차관보 1981~1982년 同차관보 1982년 同차관 1982~1983년 同장관 1982년 서울올림픽조직위원회 집행위원 1983~1985년 대통령 비서실장 1985~1988년 제12대 국회의원(전국구, 민주정의당) 1986년 민주정의당(민정당) 정책조정실장 겸 정책위원회 수석부의장 1987년 同지역균형발전중앙기획단장·부산동래甲지구당 위원장 1987년 同당정정부조직개편연구단장·중앙집행위원 1987년 (사)부산발전시스템연구소 이사장 1989~1990년 한국산업은행 이사장 1991년 국가경영전략연구원(NSI) 이사장(현) 1993~1996년 제14대 국회의원(부산 동래甲 보궐선거, 민자당·신한국당) 1996~2000년 제15대 국회의원(부산 동래乙, 신한국당·무소속) 1997년 부총리 겸 재정경제원 장관 2000년 제16대 국회의원선거 출마(부산 동래, 무소속) 2000년 동부그룹 금융·보험부문 회장 2003~2016년 同상임고문 2003년 예우회 초대회장 2004년 JA코리아 이사장(현) 2010~2014년 한국도자문화협회 회장 2015년 (주)농심 사외이사 겸 감사위원(현) (상)청조근정훈장, 홍조근정훈장, 자랑스러운 서울법대인(2017) (저)'경제안정을 넘어서' '가난구제는 나라가 한다' '새 정부가 해야 할 국정개혁 24' '국산품 애용식으론 나라 망한다' '대전환 21세기 미래와의 대화'(1997) '새로운 정치모델과 전자민주주의(共)'(1997) '강경식의 환란일기'(1999) '80년대 경제개혁과 김재익 수석-20주기 추모기념집(共)'(2003) '국가가 해야 할 일, 하지 말아야 할 일'(2010) (종)불교

**강경인(姜敬仁) Kang, Kyung-In**

(생)1956·7·22 (출)경남 (주)서울특별시 성북구 안암로 145 고려대학교 공과대학 건축사회환경공학부(02-3290-4956) (학)1983년 고려대 건축공학과졸 1988년 일본 도쿄공업대 대학원 건축시공학과졸 1992년 건축시공학박사(일본 도쿄공업대) (경)1984~1985년 일본 닛켄설계 한국무역센터 설계경기참여 1985년 同중국북경무역센터 설계참여 1987~1990년 일본 도쿄공업대 공학부 교무보좌원 1988~1992년 일본 국비장학생 1993년 고려대 공과대학 건축사회환경공학부 교수(현) 1994년 대한주택공사 비상임연구원 1996년 한국건자재시험연구원 자문위원 1996년 조달청 건축시공분야 기술고문 1997년 한국종합기술금융 기술평가 전문위원 1997년 한국건설사업관리협회 정책개발분과위원회 위원 1998년 정보통신부 조달사무소 건설자문위원 2000년 미국 ASCE 정회원 2000~2001년 미국 스탠퍼드대 교환교수 2001~2004년 대한주택공사 주택자문위원 2002~2003년 중앙건설기술심의위원회 위원 2004~2008년 서울시 건설기술심의위원회 위원 2002년 금융감독원청사 설계평가위원 2002년 건설교통부 건설신기술 심사위원 2002~2004년 서울시 건설안전관리본부 건축분야 설계자문위원 2002~2003년 대한건축학회 건축표준화분과위원장 2002~2004년 한국전력공사 설계자문위원 2003~2004년 공학교육연구센터 ABEEK인증준비위원회 위원 2003년 건축사예비시험 출제위원 2004~2005년 대한건축학회 시공위원회 시공기술분과위원장 2004년 조달청 설계 및 시공관리 기술고문 2004~2006년 한국전력공사 설계자문·심의위원회 위원 2005~2006년 한국건축시공학회 논문등재추진위원장 겸 감사 2005~2007년 고려대 건축방재연구소장 2005년 서울 성북구 신청사건립 설계자문위원 2006년 대한건축학회 시공위원장 2006~2008년 건축시공학회 감사 2006년 경기도 지방공무원임용시험 시험위원 2006년 고려대 공학대학원 부원장 2007~2009년 同건축방재연구소장 2007년 중앙건설기술심의위원회 위원 2007~2009년 서울지방조달청 설계 및 시공관리 기술고문 2007~2008년 태권도진흥재단 설계자문위원회 위원 2009~2010년 한국건축시공학회 초고층부회장 2009~2010년 대한건축학회 이사 2009~2012년 서울시 건축분쟁조정위원회 위원 2009~2011년 한국시설안전공단 정밀점검 및 정밀안전진단평가위원회 위원 2010~2012년 고려대 관리처장 2010~2012년 한국산업단지공단 비상임이사 2010~2013년 소방방재청 인적재난안전기술개발사업단장 2011~2012년 한국건축시공학회 부회장 2012~2013년 한국도로공사 설계자문위원 2012년 조달청 설계자문위원회 설계심의분과 위원 2012~2014년 한국공항공사 공항건설 자문위원 2013~2015년 인천국제공항공사 건설사업 자문위원 2014년 포스코 석좌교수(현) 2015~2016년 한국건축시공학회 회장 2017년 同명예회장(현) (상)대한주택공사 미래주택2000아이디어 공모상(1993), 한국건설관리학회 우수논문상(2007), 한국건축시공학회 우수논문상(2007), 한국건설관리학회 우수논문상(2008), ICCEM·ICCPM Poster Award(2009), 한국건축시공학회 우수학술상(2009·2011), 한국건축시공학회 우수논문상(2009·2010), 한국건설관리학회 우수논문상(2009), 대한건축학회 석사부분 우수상(2010), 한국과학기술단체총연합회 과학기술우수논문상(2010), 일본로봇공업회 우수논문상(2010), 한국건축시공학회 최우수상(2010) (저)'건축재료학(共)'(1995, 보성각) '건축공사의 로봇화와 설계화의 조화'(1996, 大韓建築學會紙) '건축시공학(共)'(1998, 기문당) '건축적산학'(1998, 도서출판 골드) '건축일반구조학(共)'(2003, 기문당) '건축적산 및 응용(共)'(2003, 문운당) '시공프로세스(共)'(2004, 기문당) '이론과 현장실무 중심의 건축시공 I(共)'(2004, 도서출판 대가) '이제는 집도 웰빙이다(共)'(2004, 도서출판 대가) '이론과 현장실무 중심의 건축시공 II(共)'(2004, 도서출판 대가) '이론과 현장실무 중심의 건축시공학(共)'(2005, 도서출판 대가) '건축일반구조학(共)'(2007, 문운당) (종)기독교

**강경종(姜景鍾) KANG Kyeong Jong**

(생)1964·9·16 (본)진주(晉州) (출)제주 남제주 (주)세종특별자치시 시청대로 370 한국직업능력개발원 부원장실(044-415-5115) (학)1987년 서울대 농업교육학과졸 1989년 同대학원 농업교육학과졸 1995년 교육학박사(서울대) (경)1987~1989년 서울대 조교 1989~1991년 울진종합고 교사 1991년 서벽중 교사 1991~1994년 육군 정훈장교(중위 전역) 1995~1996년 LG그룹 인화원·HR연구소 과장 1995~1996년 서울대 강사 1997년 LG그룹 회장실·인사팀 과장 1997년 한국직업능력개발원 책임연구원 2001~2005년 同부연구위원 2002~2005년 국무총리실 정책평가위원회 교육인적자원부 평가전문위원 2002~2005년 국민의정부 5년평가 전문위원 2003년 한국직업능력개발원 기획조정팀장 2004년 대통령자문 교육혁신위원회 전문위원 2004년 제2차 국가인적자원개발기본계획(2006~2010)수립위원회 위원 2004년 인적자원개발기본계획및시행계획평가단 평가위원 2005년 한국직업능력개발원 인적자원개발지원센터 연구위원 2005년 同HRD정보통계센터 동향정보팀장, 同인적자원연구본부 연구위원 2009년 同신성장인재연구실장 2010~2011년 同기획조정실장 2012년 同노동연계연구실 선임연구위원 2013년 同고용·능력평가연구본부 일·학습듀얼평가센터장 2016년 同고용·능력평가연구본부 일학습병행제성과관리지원센터장 2019년 同부원장(현) (상)국무총리표창(2005) (저)'직업교육훈련 대사전' '전문대학 주문식교육 발전 방안' '한·

호주 직업교육훈련기관과 산업체와의 연계 비교 연구' '1999년도, 2000년도 실업계 고등학교 1종도서 편찬사업Ⅱ' '실업계 고등학교의 수준별 교육과정 적용 방안 및 교수·학습방법의 연구' '2005 수능 직업탐구영역 교과목별 성취기준 및 평가기준 개발' '총체적 학습사회와 e-Learning'(共) (종)불교

**강경표(姜京杓) KANG Kyung Pyo**

(생)1975·8·30 (출)경북 상주 (주)서울특별시 서초구 서초중앙로 157 서울고등법원(02-530-1114) (학)1994년 부산 충렬고졸 1998년 서울대 법학과졸 (경)1999년 사법시험 합격(41회) 2002년 사법연수원 수료(31기) 2002년 공군 법무관 2005년 서울중앙지법 판사 2007년 서울남부지법 판사 2009년 대전지법 홍성지원 판사 2013년 인천지법 판사 2015년 대법원 재판연구관 2017년 부산지법 부장판사 2017년 同서부지원 부장판사 2018년 서울고법 판사(현)

**강경호(姜庚鎬) Kyeong-Ho Kang**

(생)1963·3·1 (주)대전광역시 서구 청사로 189 특허청 기획조정관실(042-481-5813) (학)1980년 경북고졸 1990년 영남대 행정학과졸 (경)1995년 특허청 발명진흥과 사무관 2004년 同심사1국 의장심사담당관 2005년 同상표디자인심사본부 디자인1심사팀장 2007년 同국제지식재산연수원 기획총괄팀장 2008년 同국제지식재산연수원 교육기획과장 2009년 특허심판원 심판3부 심판관 2010~2011년 특허청 산업재산정책국 산업재산보호팀장 2010년 인터넷주소분쟁조정위원회 위원(현) 2011년 특허청 상표디자인심사국 디자인심사정책과장 2012년 同상표심사정책과장 2014년 同운영지원과장 2016년 특허심판원 심판11부 심판장(고위공무원) 2017년 국가공무원인재개발원 교육파견(고위공무원) 2018년 특허청 기획조정관(현) (상)근정포장(2013)

**강경호(姜景皓) Kang Kyung-Ho**

(생)1963·4·16 (출)광주 (주)대구광역시 수성구 동원로 90 대구전파관리소(053-749-2800) (학)1982년 광주동신고졸 1989년 전남대 불어불문학과졸 1999년 중앙대 대학원 신문방송학과졸 (경)1990년 전남매일신문 근무 1992년 교보생명 근무 1999년 종합유선방송위원회 근무 2000년 방송위원회 총무부 차장 2002년 同행정2부 차장 2002년 비상기획위원회 파견 2002년 방송위원회 정책실 정책2부 차장 2003년 同평가심의국 심의2부 파견 2003년 同방송진흥국 진흥정책부 차장 2004년 同기금운영부장 직대 2005년 同기금관리부장 직대 2007년 同비서실장 직대 2008년 同비서실장 2008년 방송통신위원회 방송통신융합정책실 방송운영과 사무관 2009년 同이용자보호국 시장조사과 서기관 2010년 同이용자보호국 시청자권익증진과 서기관 2011년 광주전파관리소장 2014년 미래창조과학부 중앙전파관리소 부산전파관리소장 2017년 과학기술정보통신부 중앙전파관리소 부산전파관리소장 2017~2019년 同서울전파관리소 전파이용안전과장 2019년 同대구전파관리소장(현)

**강경호(姜敬鎬)**

(생)1974·10·27 (출)충남 홍성 (주)대구광역시 수성구 동대구로 364 대구지방법원(053-757-6600) (학)1993년 공주고졸 1997년 서울대 법학과졸 (경)1996년 사법시험 합격(38회) 1999년 사법연수원 수료(28기) 1999년 육군 법무관 2002년 대구지법 판사 2005년 대전지법 판사 2008년 同공주지원 판사 2009년 대전고법 판사 2010년 대구고법 판사 2011년 대구지법 포항지원·대구가정법원 포항지원 판사 2014년 울산지법 부장판사 2016년 대구지법 영덕지원장·대구가정법원 영덕지원장 2018년 대구지법 부장판사(현)

**강경화(康京和·女) KANG Kyung Wha**

(생)1955·4·7 (출)서울 (주)서울특별시 종로구 사직로8길 60 외교부 장관실(02-2100-7146) (학)1973년 이화여고졸 1977년 연세대 정치외교학과졸 1981년 미국 매사추세츠대 대학원 커뮤니케이션학과졸 1984년 언론학박사(미국 매사추세츠대) (경)1976년 한국방송공사(KBS) 국제방송 라디오코리아 영어반 프로듀서 1983년 미국 클리브랜드대 커뮤니케이션학과 조교수 1984년 연세대·한국외국어대 강사 1985년 KBS 국제국 '시사토론 프로그램' 진행 1990년 국회의장 국제비서관(3급 상당) 1994~1998년 세종대 영어영문학과 조교수 1996년 국회의장 국제비서관(2급 상당) 1998년 외교안보연구원 미주연구부 연구관 직대 1999년 외교통상부 장관보좌관 2000년 同외교정책실 국제기구심의관 2001년 駐유엔대표부 공사참사관 2003년 UN 여성지위위원회 의장 2004년 駐유엔대표부 공사 2005년 외교통상부 국제기구정책관 2006년 同범세계문제담당대사 2006년 유엔 인권고등판무관실(OHCHR) 副판무관(Deputy High Commissioner) 2007년 同인권최고대표사무소 부대표(사무차장보급) 2013년 同인도지원조정관실 긴급구호副조정관(사무차장보급) 2016년 제9대 유엔 사무총장 인수위원장 2017년 유엔(UN) 사무총장 정책특별보좌관(사무차장급) 2017년 외교부 장관(현) 2018년 남북정상회담준비위원회 위원 (상)제21회 한국여성단체협의회 올해의 여성상(2006), 근정포장(2006), 한국YMCA연합회 제11회 한국여성지도자상 특별상(2013), 2019년 자랑스러운 연세인상(2019)

**강경환(姜敬煥) KANG Kyung Hwan**

(생)1967·10·18 (본)진주(晋州) (출)대구 (주)대전광역시 서구 청사로 189 문화재청 기획조정관실(042-481-4610) (학)1986년 대구 청구고졸 1990년 고려대 행정학과졸 1995년 서울대 행정대학원 수료 2005년 미국 조지아주립대 대학원 문화재보존학과졸 (경)1991년 행정고시 합격(35회) 1998년 문화재관리국 근무 1999년 문화재청 근무 2003년 同문화재기획국 문화재기획과 서기관 2005년 同문화재정책국 문화재교류과장 2006년 同문화재정책국 문화재활용과장 2008년 同문화재활용팀장 2008년 同사적명승국 사적과장(서기관) 2008년 同사적명승국 사적과장(부이사관) 2009년 同보존정책과장 2011년 同문화재정책국 정책총괄과장 2011년 同문화재정책국장(고위공무원) 2013년 同문화재보존국장 2013년 同숭례문복구단장 2015년 국무총리실산하 건축도시공간연구소 초빙연구위원 2016년 문화재청 국립무형유산원장 2017년 同기획조정관(현)

**강경훈(姜京勳) KANG Gyeong Hoon**

(생)1964·1·3 (출)경남 마산 (주)서울특별시 종로구 대학로 101 서울대학교병원 병리과(02-2072-3312) (학)1982년 마산중앙고졸 1988년 서울대 의대졸 1991년 同대학원 의학석사 1997년 의학박사(서울대) (경)1989년 서울대병원 병리과 전공의 1989년 대한병리학회 회원(현) 1992~1995년 서울지구병원 병리과 군의관 1995~1996년 서울대병원 병리과 전임의 1996~1997년 서울중앙병원 진단병리과 전임강사대우 1997~2000년 울산대 의대 병리학교실 전임강사·조교수 1998년 대한생화학분자생물학회 회원 1998년 대한간암연구회 회원 1998년 미국병리학회 회원(현) 2000~2003년 서울대 의대 기금조교수 2003~2004년 미국 남캘리포니아대 방문연구원 2003년 서울대 의대 기금부교수 2003년 한국과학기술한림원 의약학부 준회원 2003~2010년 American Society of Investigative Pathology 회원 2005년 서울대 의대 병리학교실 부교수 2009년 同의대 병리학교실 교수(현) 2012년 미국암학회 회원(현) 2016년 서울대병원 병리과장(현) 2019년 한국과학기술한림원 정회원(현) (상)서울대 의대 우수학위논문상(1998), 대한병리학회 학술대상(1998), 대한의학회 분쉬의학상(2002) (저)'염증성 장질환'(1999) '후생유전학 : DNA메틸화에 대한 이해'(2007) (종)기독교

**강경훈(姜景薰) KANG Kyung Hun**

(생)1964 · 8 (주)서울특별시 서초구 서초대로74길 11 삼성전자(주)(02-2255-0114) (학)창원고졸, 경찰대학 법학과졸 (경)삼성전자(주) 전략기획실 인사지원팀 상무보 2007년 同인사팀 상무 2010년 同경영전략팀 전무 2012년 同경영전략팀 부사장 2012~2017년 同미래전략실 인사지원팀 부사장 2017년 同인사팀 부사장 2017년 同제도개선TF 부사장(현)

**강경훈(姜炅勳) Kang Gyung Hun**

(생)1968 · 9 · 10 (본)진주(晋州) (출)대구 (주)대전광역시 서구 청사로 189 조달청 구매사업국(042-724-7003) (학)1987년 울산 학성고졸 1992년 영남대 경영학과졸 (경)1995년 행정고시 합격(39회) 2000년 조달청 비축과 근무 2004년 同원자재비축계획담당관실 서기관 2005년 조달청 국제물자본부 원자재비축사업팀장 2006년 부산지방조달청 경영지원팀장 2007년 조달청 전자조달본부 정보기획팀장 2007년 同정책홍보본부 전략기획팀장 2008년 同기획조정관실 창의혁신담당관 2009년 경남지방조달청장 2009년 조달청 행정관리담당관 2010년 同구매사업국 자재장비과장(서기관) 2011년 同구매사업국 자재장비과장(부이사관) 2011년 국외 훈련 2013년 조달청 구매사업국 쇼핑몰기획과장 2014년 同기획조정관실 기획재정담당관 2014년 同운영지원과장 2015~2017년 인천지방조달청장(고위공무원) 2017년 국방대 파견 2018년 조달청 구매사업국장(현) (상)국무총리표창(2003), 대통령표창(2009)

**강경희(姜敬姬 · 女)**

(생)1959 · 9 · 30 (주)서울특별시 동작구 여의대방로54길 18 서울시여성가족재단(02-810-5010) (학)수도여자사범대학 응용미술학과졸, 이화여대 대학원 사회복지학과졸 (경)2000~2002년 사회복지공동모금회 부장 2002~2011년 (재)한국여성재단 사무총장 2004~2011년 (사)미래포럼 사무총장 2005~2016년 (사)막달레나공동체 이사 2011~2013년 (사)아시아위민브릿지 두런두런 상임이사 2011~2012년 (재)다솜이재단 상임이사 2012~2016년 (사)한국여성민우회 감사 2012~2013년 (사)미혼모지원네트워크 대표 2016년 서울시여성가족재단 대표이사(현)

**강계웅(姜桂雄) Gye Woong Kang**

(생)1963 · 2 · 26 (주)서울특별시 영등포구 국제금융로 10 LG하우시스 한국영업부문(02-6930-1002) (학)부산대 경제학과졸 (경)1988년 금성사 입사 2010년 LG전자 한국경영관리팀 상무 2012년 하이프라자 대표이사 상무 2016년 LG전자(주) 한국영업본부 B2C그룹장(상무) 겸 하이프라자 대표이사 2017년 同한국영업본부 B2C그룹장(전무) 2019년 (주)LG하우시스 한국영업부문장(부사장)(현)

**강 곤(姜 坤) KHANG Gon**

(생)1957 · 1 · 31 (출)서울 (주)경기도 용인시 기흥구 덕영대로 1732 경희대학교 전자정보대학 생체의공학과(031-201-2998) (학)1979년 서울대 공과대학 기계공학과졸 1981년 同대학원 기계설계학과졸 1988년 공학박사(미국 스탠퍼드대) (경)1982~1988년 미국 스탠퍼드대 연구조교 1988~1989년 미국 유스콘신대 조교수 1990년 서울대 의공학연구소 생체공학부 연구원 · 부장 1990~2001년 건국대 의학공학과 조교수 · 부교수 · 교수 1996~1998년 일본 도쿄대 생체의료공학연구센터 객원교수 1997년 건국대 의공학과장 2001년 경희대 전자정보대학 생체의공학과 교수(현) 2004년 同동서의료공학과장 2006 · 2009~2014년 同국제교류처장(서울 · 국제캠퍼스 겸임) 2018년 同국제부총장(현) (상)메디슨 의공학상(1998) (저)'운동생체역학'(1993) '기능적 전기자극 : 척수손상 환자의 일어서기 및 걷기'(1995) (작)'운동관리를 위한 휴대용 맞춤형 전자 트레이너' 기술 보유

**강국창(姜國昌) KANG Kook Chang**

(생)1943 · 6 · 11 (본)진주(晋州) (출)강원 태백 (주)인천광역시 남동구 능허대로559번길 91 가나안전자정밀(주) 회장실(032-818-0217) (학)태백공고졸, 연세대 전기공학과졸 (경)ROTC(3기) 회장, (주)동국개발 회장(현), 가나안전자정밀(주) 회장(현), 동국성신(주) 회장(현), 한국기독실업인회(CBMC) 중앙회 부회장, 국가조찬기도회 부회장(현), 인천사랑시민협의회 부회장(현) 2017년 연세대장로회 회장(현) 2018년 연세대총동문회 고문(현) (상)연세대총동문회 공로상(2011), 철탑산업훈장(2015), 한국인간개발연구원(HDI) 인간경영대상 사회공헌부문대상(2016), 올해를 빛낸 대한민국기업대상(2016), 자랑스러운 중소기업인상(2017) (종)기독교

**강국현(姜國鉉) KANG Kook Hyun**

(생)1963 · 9 · 8 (출)경남 진주 (주)서울특별시 마포구 매봉산로 75 DDMC빌딩 (주)KT스카이라이프(02-2003-3183) (학)1982년 부산 동아고졸 1986년 고려대 경제학과졸 1989년 한국과학기술원(KAIST) 경영과학과졸(석사) (경)1996년 한솔PCS 마케팅전략실 입사, 한국통신 입사, 한국통신엠닷컴(주) 영업기획팀 · 마케팅기획팀 · 경영기획1팀 팀장 2000년 同마케팅전략실장 2001년 (주)KTF 마케팅부문 상품기획팀장 2001년 同마케팅전략실 마케팅기획팀장 2003년 同마케팅부문 마케팅전략팀장 겸 N-TF팀장 2004년 同마케팅부문 마케팅전략실장(상무보) 2005년 同마케팅부문 부산마케팅본부장 2007년 (주)KT 휴대인터넷사업본부 휴대인터넷마케팅담당 상무 2010년 同개인고객전략본부 개인마케팅전략담당 상무 2011년 同개인프로덕트&마케팅본부장 2012년 同텔레콤&컨버전스(T&C)부문 마케팅본부장(상무) 2013년 同텔레콤&컨버전스(T&C)부문 디바이스본부장(상무) 2014년 同마케팅부문 마케팅전략본부장(상무) 2015년 同마케팅부문 마케팅전략본부장(전무) 2016년 同마케팅부문장(전무) 2017년 (주)KT스카이라이프 운영총괄 부사장 2018년 同대표이사 사장(현) 2018년 (주)KT 남북협력사업개발TF 그룹사분과장 겸임 2018년 케이티스포츠(주) 기타비상무이사(현) (상)정보통신부장관표창(1994)

**강규태(姜圭泰)**

(생)1971 · 11 · 26 (출)전남 해남 (주)경기도 고양시 일산동구 장백로 209 의정부지방법원 고양지원 총무과(031-920-6112) (학)1990년 전남고졸 1998년 서강대 법학과졸 (경)1998년 사법시험 합격(40회) 2001년 사법연수원 수료(30기) 2001년 대전지법 판사 2004년 인천지법 부천지원 판사 2007년 서울중앙지법 판사 2009년 서울가정법원 판사 2011년 서울중앙지법 판사 2014년 대법원 재판연구관 2016년 광주지법 부장판사 2018년 의정부지법 고양지원 부장판사(현)

**강근식(姜根植) KANG Guen Sic**

(생)1960 · 1 · 5 (출)경남 통영 (주)경상남도 창원시 의창구 상남로 290 경상남도의회(055-211-7222) (학)2009년 한국방송통신대 경영학과졸 (경)아이비스문구 대표, 한국방송통신대 경남도총학생회장, 한나라당 통영 · 고성지구당 청년위원장 2006~2010년 경남 통영시의회 의원 2008~2010년 同기획총무위원장, 同여성정책발전위원회 부위원장 2010년 경남 통영시의원선거 출마(무소속) 2014~2018년 경남 통영시의회 의원(무소속 · 자유한국당) 2014~2016년 同부의장 2018년 경남

도의회 의원(자유한국당 · 통영2)(현) 2018년 同경제환경위원회 부위원장(현) 2019년 同남부내륙철도조기건설을위한특별위원회 부위원장(현)

**강금구(姜金求) Kang Kym-gu**

(생)1966 · 9 · 20 (주)서울특별시 종로구 사직로8길 60 외교부 인사기획관실(02-2100-7141) (학)1988년 서울대 독어독문학과졸 1997년 미국 플로리다대 대학원 국제정치학과졸 (경)1989년 외무고시 합격(23회) 1989년 외무부 입부 1999년 駐러시아 1등서기관 2002년 駐스웨덴 참사관 2006년 대통령비서실 파견 2007년 외교통상부 구주1과장 2007년 同유럽지역협력과장 2008년 국무총리실 파견 2009년 駐벨기에 유럽연합참사관 2012년 駐호놀룰루 부총영사 2014년 駐프랑스 공사 2017년 헌법재판소 국제협력관 2018년 駐파푸아뉴기니 대사(현) (상)옥조근정훈장(2010)

**강금실(康錦實 · 女) Kum Sil Kang**

(생)1957 · 2 · 12 (본)곡산(谷山) (출)제주 (주)서울특별시 강남구 강남대로 308 11층 랜드마크타워 법무법인(유) 원(02-3019-5458) (학)1975년 경기여고졸 1979년 서울대 법대졸 2013년 가톨릭대 생명대학원 생명문화학과졸 (경)1981년 사법시험 합격(23회) 1983년 사법연수원 수료(13기) 1983년 서울지법 남부지원 판사 1985년 서울가정법원 판사 1987년 서울민사지법 판사 1988년 부산지법 판사 1990년 서울지법 북부지원 판사 1992년 서울민사지법 판사 1994년 서울고법 판사 1996~2000년 변호사 개업 2000년 지평법률사무소 대표변호사 2001년 국무총리 행정심판위원회 위원 2001~2003 · 2004~2006년 법무법인 지평 대표변호사 2001년 중앙환경분쟁조정위원회 위원 2001년 언론중재위원회 위원 2001년 전자상거래분쟁조정위원회 위원 2001년 한국인권재단 이사 2001년 한국여성의전화연합 이사 2001년 한국신문협회 신문공정경쟁위원회 위원 2001년 민주사회를위한변호사모임 부회장 2001년 대통령자문 정책기획위원회 위원 2002년 부패방지위원회 비상임위원 2002년 세계경제포럼(WEF) '아시아의 미래를 짊어질 차세대 한국인 리더' 선정 2003~2004년 제55대 법무부 장관 2003년 비즈니스위크誌 '아시아의 스타 25인' 선정 2005~2006 · 2006~2007년 외교통상부 여성인권대사 2006년 열린우리당 서울시장 후보 2006년 아시아재단우호협회 이사 2006~2008년 법무법인 우일아이비씨 고문변호사 2007년 대통합민주신당 제17대 대통령중앙선거대책위원회 공동선거대책위원장 2008년 통합민주당 최고위원 2008~2018년 법무법인(유) 원 고문변호사 2009년 한국인권재단 후원회 부회장 2015년 포럼 지구와사람 대표(현), 더좋은민주주의연구소 고문 2018년 (사)선 이사장(현) 2018년 법무법인(유) 원 대표변호사(현) (상)서울외신기자클럽 '올해의 외신홍보상'(2003) (저)산문집 '서른의 당신에게'(2007, 웅진지식하우스) 성지순례기 '오래된 영혼'(2011, 웅진지식하우스) '생명의 정치 : 변화의 시대에 여성을 다시 묻다'(2012, 로도스) '김근태 당신이 옳았습니다 : 민주주의자 김근태를 추모하며(共)'(2012) (종)천주교

**강기갑(姜基甲) KANG Ki Kab**

(생)1953 · 6 · 7 (출)경남 사천 (주)서울특별시 종로구 새문안로 82 에스타워 16층 농어업 · 농어촌특별위원회 좋은농협위원회(02-6260-1200) (학)1971년 사천농업고졸 (경)1976년 한국가톨릭농민회 입회 1987~1991년 同경남연합회장 1989~1991년 전국농촌총각결혼대책위원회 위원장 1990년 사천시농민회 결성 1996년 同회장 1998~1999년 전국농민회총연맹 경남도연맹 부의장 1999~2000년 同부의장 1999~2000년 同농가부채대책위원장 2000~2003년 同경남도연맹 의장 2000~2003년 同협동조합개혁위원장 2001~2003년 사천읍농업협동조합 이사 · 감사 2004년 전국농민회총연맹 부의장 2004년 제17대 국회의원(비례대표, 민주노동당) 2008~2012년 제18대 국회의원(사천, 민주노동당 · 통합진보당) 2008~2010년 민주노동당 대표 · 원내대표 2010년 국회 예산결산특별위원회 위원 2010년 국회 국토해양위원회 위원 2010년 민주노동당 대북쌀지원특사 2011년 진보정치대통합추진위원회 공동위원장 2011~2012년 통합진보당 원내대표 2012년 제19대 국회의원선거 출마(경남 사천 · 남해 · 하동, 통합진보당) 2012년 통합진보당 혁신비상대책위원장 2012년 同대표 2016년 국민건강연대 공동대표(현) 2019년 대통령직속 농어업 · 농어촌특별위원회 좋은농협위원회 위원장(현) (상)국회 우수연구모임 최우수상 5년 연속 수상(2004~2008), 백봉신사상(2008) (종)천주교

**강기석(姜玘錫) KANG Ki Sok**

(생)1954 · 2 · 23 (본)진양(晋陽) (출)충남 서천 (주)서울특별시 중구 세종대로 124 한국프레스센터 11층 뉴스통신진흥회(02-734-4813) (학)1972년 대광고졸 1978년 건국대 정치외교학과졸 1983년 캐나다 토론토대 연수 (경)1976년 코리아헤럴드 기자 1977년 경향신문 체육부 기자 1988년 언론노동조합연맹 편집실장 1990년 평화방송 편집제작부 차장 1992년 경향신문 체육부 차장 1994년 同국제부 차장 1995년 同뉴욕특파원 1998년 同국제부장 1998년 同논설위원 1999년 同신문발전연구위원 겸 편집국 부국장 2000년 새언론포럼 회장 2001년 경향신문 경영기획실장 2002~2003년 同편집국장 2003년 同대기자(상무보) 2004년 同상무대우 대기자(이라크 종군기자) 2005~2008년 신문유통원 초대원장 2009년 사람사는세상 노무현재단 홈페이지편집위원장, 同상임운영위원, 건국대 언론홍보대학원 초빙교수 2018년 뉴스통신진흥회 이사장(현) (상)서울언론인클럽 신문칼럼상(2001), 민주언론운동연합회 칼럼상(2004) (저)'현대태권도사'(2001) '패러다임에 갇힌 지성'(2005)

**강기성(姜基成) KANG Ki Sung (淸友)**

(생)1942 · 2 · 15 (본)진주(晋州) (출)경남 하동 (주)부산광역시 북구 시랑로132번길 88 부산과학기술대학교 총장실(051-330-7004) (학)1986년 동아대 경영대학원 최고경영자과정 수료 1987년 부산대 경영대학원 최고경영자과정 수료 2003년 명예 경영학박사(동의대) (경)1966년 중앙전파사 대표 1972년 부산라이온스클럽 고문 1972년 금성판매센터 대표 1984년 부산문화회 회장 1984년 (주)왕신 대표이사 1986년 부산전문대학 인수 · 학교법인 중앙학원 이사장 1994년 대학유도연맹 부회장 1999년 팔각회 고문 2000년 부산 북부경찰서 경찰행정발전위원장 2001~2008년 부산정보대학 학장 2001년 부산시체육회 이사 2001~2005년 (사)청소년교육문화재단 이사 2004년 사립학교교직원연금관리공단 비상임이사 2004년 (재)청우청소년육성재단 이사장 2004년 부산대총동문회 부회장 2005년 YMCA그린닥터스 자문위원 2013년 부산과학기술대 총장(현) (상)대통령표창(2007)

**강기성(姜基聖) KANG KISONG**

(생)1963 · 4 · 23 (본)진주(晋州) (출)서울 (주)서울특별시 종로구 세종대로 175 서울시합창단(02-399-1776) (학)1982년 서울 대광고졸 1990년 서울대 음대 성악과졸 1997년 독일 하이델베르크 만하임국립음대 지휘과졸(K.A) (경)1997년 서울바로크싱어즈 창단 · 지휘자(현) 2003~2005년 고양시립합창단 초대 상임지휘자 2006~2014년 군산시립합창단 상임지휘자 2014~2016년 천안시립합창단 상임지휘자 2015년 포스메가남성합창단 지휘자(현) 2016년 수원대 음악대학원 겸임교수(현) 2018년 서울시합창단 단장 겸 상임지휘자(현) (상)경기도교육감표창(1991 · 1992), 제19차 매스터 플레이어스 국제지휘콩쿨 입상(1996), 한국음악협회 경기도지회 난파음악제 어머니합창부문 대상(1998) (역)악보집 '나의 생명 드리니'(2010, 코랄21) '파울링케와 함께 이 밤을'(2017, 중앙아트) (종)기독교

## 강기성(姜基成) Kang, Ki Sung

(생)1976·12·14 (출)경기 (주)서울특별시 종로구 사직로8길 60 외교부 인사기획관실(02-2100-7855) (학)1995년 신한고졸 2003년 고려대 기계공학과졸 2009년 미국 뉴욕주립대 대학원 행정학과졸 (경)2004년 특허청 기계금속심사국 자동차심사담당관실 근무 2005~2010년 조달청 물자정보국 정보기획과 등 근무 2010년 지식경제부 산업경제실 산업환경과 근무 2012년 同산업경제실 중견기업정책과 근무 2013년 중소기업청 중견기업정책국 서기관 2013년 同중소기업정책국 서기관 2016년 경기지방중소기업청 공공판로지원과장 2017년 중소기업청 경영판로국 국제협력과장 2017년 중소벤처기업부 해외시장정책관실 국제협력담당관 2019년 駐베트남 주재관(현)

## 강기윤(姜起潤) KANG Gi Yun

(생)1960·6·4 (출)경남 창원 (주)경상남도 창원시 의창구 원이대로 275 자유한국당 경남도당(055-288-2111) (학)1979년 마산공고졸 2003년 창원대 행정학과졸 2005년 중앙대 행정대학원 지방행정학과졸 2010년 행정학박사(창원대) (경)일신금속공업 대표이사, 한국청년지도자연합회 부회장, 同경남도지부 회장, 창원시생활체육협의회 이사, 민주평통 자문위원 2000년 한나라당 창원乙지구당 부위원장 2002·2006년 경남도의회 의원(한나라당) 2004년 同기획행정위원장 2008년 제18대 국회의원선거 출마(창원乙, 한나라당) 2009~2012년 한나라당 창원乙당원협의회 운영위원장 2010년 同중앙교육원 부원장 2012년 새누리당 창원시성산구당원협의회 운영위원장 2012~2016년 제19대 국회의원(창원 성산구, 새누리당) 2013~2015년 국회 안전행정위원회 위원 2013년 국회 진주의료원공공의료국정조사특별위원회 위원 2013년 국회 방송공정성특별위원회 위원 2014~2015년 창원대총동창회 회장 2014년 새누리당 세월호사고대책특별위원회 위원 2014~2015년 국회 운영위원회 위원 2014~2015년 새누리당 원내부대표 2015년 同경남도당 위원장 2015년 국회 안전행정위원회 여당 간사 2016년 제20대 국회의원선거 출마(창원시 성산구, 새누리당) 2016년 새누리당 경남도당 민생위원장 2017년 자유한국당 경남도당 민생위원장 2017년 同창원시성산구당원협의회 운영위원장(현) 2017년 同경남도당 민생위원회 위원장(현) 2018년 팔각회 경남지구 총재(현) 2019년 제20대 국회의원 보궐선거 출마(창원시 성산구, 자유한국당) (상)법률소비자연맹 선정 국회의원 헌정대상(2013·2015), 대한민국 의정대상(2015), 자랑스런 창원대인상(2015), 대한민국을빛낸 대한인물대상 정치공로부문(2015), 국정감사 우수의원대상(2015), 세계언론평화대상 국회의정활동부문 대상(2015), 법률소비자연맹 선정 국회 통합헌정대상(2016)

## 강기정(姜琪正) KANG Gi Jung

(생)1964·12·3 (본)진주(晉州) (출)전남 고흥 (주)서울특별시 종로구 청와대로 1 대통령 정무수석비서관실(02-770-0011) (학)1982년 광주 대동고졸 1991년 전남대 공과대학 전기공학과졸 2002년 同행정대학원졸 (경)1985년 전남대 삼민투위 위원장 1989~1992년 빛고을새날청년회 회장 1989년 장기양심수후원회 사무국장 1992년 민주주의민족통일전국연합 중앙위원 1993년 광주민주청년회 회장 1995년 광주전남청년단체협의회 의장 1997년 한국민주청년단체협의회 부의장 1997년 한국청년연맹 광주전남본부 의장 1997년 북한동포돕기범시민운동본부 사무처장 1999년 21세기정치연구소장 2003년 열린우리당 광주北甲 창당추진위원장 2003년 보건복지부 지정 광주북구 희망자활후견기관장 2003년 대통령직속 국가균형발전위원회 자문위원 2004년 제17대 국회의원(광주北甲, 열린우리당·대통합민주신당·통합민주당) 2004·2007년 열린우리당 원내부대표 2008년 제18대 국회의원(광주北甲, 통합민주당·민주당·민주통합당) 2008~2010년 민주당 대표비서실장 2008~2010년 국회 행정안전위원회 간사 2011년 국회 예산결산특별위원회 간사 2011년 국회 연금제도개선특별위원회 간사 2012년 제19대 국회의원(광주 북구甲, 민주통합당·민주당·새정치민주연합·더불어민주당) 2012·2014년 국회 정무위원회 위원 2012년 민주통합당 최고위원 2012년 同제18대 대통령중앙선거대책위원회 '민주캠프' 산하 동행2본부장 2013년 국회 헌법재판소장인사청문위원회 위원장 2013년 민주당 5.18역사왜곡대책위원회 위원장 2013~2014년 同당무위원 2014년 새정치민주연합 관피아방지특별위원장 2014년 同공적연금발전TF 위원장 2015년 국회 공무원연금개혁특별위원회 국민대타협기구 공동위원장 2015년 새정치민주연합 정책위원회 의장 2015년 국회 공적연금강화와노후빈곤해소를위한특별위원회 위원장 2017~2018년 더불어민주당 광주북구甲지역위원회 위원장 2017년 同제19대 문재인 대통령후보 중앙선거대책본부 총괄수석부본부장 2018년 대통령직속 지역발전위원회 자문위원장 2019년 대통령 정무수석비서관(현) (상)광주·전남기자협회선정 인권상(2010) (저)'새천년을 위하여'(1999) '전남대 50년사-목메인 그 함성소리' '그 도끼날로 나를 찍어라'(2002) '바다에서 만납시다'(2003, 한출판) '강기정의 목욕탕 이야기 1'(2008, 심미안) '법 만드는 재미'(2008, 심미안) '지구생각'(2011, 인디비주얼발전소) '강기정의 목욕탕 이야기 2'(2011, 인디비주얼발전소) '노래를 위하여-강기정이 전하는 임을 위한 행진곡 이야기'(2014, 미도기획) (종)천주교

## 강기주(姜淇洲) KANG Ki Ju

(생)1959·12·16 (주)광주광역시 북구 용봉로 77 전남대학교 기계공학부(062-530-1668) (학)1981년 전남대 기계공학과졸 1983년 한국과학기술원(KAIST) 기계공학과졸(석사) 1988년 공학박사(한국과학기술원) (경)1988~1989년 한국과학기술원(KAIST) 연수연구원 1989년 전남대 기계시스템공학부 전임강사·조교수·부교수 1991~1992년 영국 캠브리지대학 공학부 연구원 1997~1999년 同기계공학과 학과장 2000년 同기계시스템공학부 교수 2000~2001년 미국 프린스턴대 방문연구원 2013년 전남대 기계공학부 교수(현) (상)대한기계학회 우수논문상(2002), 국방과학연구소 우수논문상(2008), 대한기계학회 유담학술상(2008), 과학기술우수논문상(2010), 전남대 용봉학술상(2012·2017)

## 강기준(姜杞俊) KANG Ki Joon

(생)1948·9·27 (본)진주(晉州) (출)경남 진주 (주)경상남도 산청군 단성면 호암로 631 다물민족연구소(055-973-1754) (학)1968년 진주고졸 1972년 중앙대 신문방송학과졸 1993년 동국대 대학원졸 (경)1989년 (사)다물민족연구소 소장(현) 1989년 월간 '북소리' 발행인(현) 1994년 명지대 객원교수 1997~2001년 민주평통 자문위원 2002년 (사)다물민족연구소 부설 평생교육원장(현) 2003년 한국북방학회 수석부회장 2003년 진주국제대 명예교수 2012년 충남대 평화안보대학원 초빙교수 (상)대통령표창(2회) (저)'다물 그 역사와의 약속'(1997)

## 강기중(姜奇重) KANG KI JOONG

(생)1964·5·18 (주)서울특별시 강남구 테헤란로 133 법무법인 태평양(02-3404-0177) (학)1983년 경성고졸 1987년 서울대 법학과졸 1999년 미국 뉴욕대 로스쿨졸(LL.M.) 2003년 서울대 공대 최고산업전략과정 수료 2013년 同법대 법과대학 최고지도자과정 수료 (경)1986년 사법시험 합격(28회) 1989년 사법연수원 수료(18기) 1989년 대전지법 판사 1992년 同공주지원 판사 1994년 인천지법 판사 1997년 서울지법 판사 2000년 특허법원 판사 2002~2006년 대법원 재판연구관 2006년 AIP법률특허사무소 대표변호사 2007년 삼성전자(주) 법무실 전무대우 2011년 同IP센터 IP법무팀장(전무) 2012년 同IP센터 IP법무팀장(부사장) 2015~2017년 同IP센터 상근고문 2017년 법무법인 태평양 변호사(현)

**강기찬(姜棋燦) Kang, Ki Chan**

(생)1960·8·3 (출)충남 연기 (주)경기도 연천군 전곡읍 남계로 408 한반도통일미래센터 기획과(031-839-7947) (학)1979년 충남고졸 1986년 충남대 독어독문학과졸 2001년 국방대 대학원 국제관계학과졸 (경)2006년 통일부 사회문화교류국 사회문화총괄팀 서기관 2007년 同북한이탈주민정착지원사무소 관리후생팀장 2010년 同납북피해자지원단 파견 2011년 同남북출입사무소 경의선운영과장, 경기도 파견 2013년 통일부 남북회담본부 회담지원과장 2014년 교육 파견(과장급) 2015년 통일부 통일교육원 개발협력부 지원관리과장 2015년 同교류협력국 인도지원과장 2017년 同한반도통일미래센터 기획과장(현)

**강길부(姜吉夫) KANG Ghil Boo**

(생)1942·6·5 (본)진주(晋州) (출)울산 울주 (주)서울특별시 영등포구 의사당대로 1 국회 의원회관 606호(02-788-2708) (학)1960년 언양농고졸 1969년 성균관대 행정학과졸 1978년 서울대 환경대학원 환경계획학과졸 1991년 국방대학원 안보과정 수료 1996년 도시공학박사(경원대) 1997년 연세대 최고경영자과정 수료 1998년 숭실대 최고경영자과정 수료 1999년 고려대 최고위과정 수료 (경)1971년 행정고시 합격(10회) 1971년 건설부 수자원국 사무관 1973년 토지평가사 1975년 공인감정사 1978년 駐요르단 건설관 1981~1989년 건설부 국토계획과장·법무담당관·토지정책과·국토계획과·수도권정비계획과·도시정비계획과·국립지리원 조사과 근무 1985~1987년 대한국토계획학회 이사 1989년 청와대 지역균형발전기획단 근무 1991년 건설부 해외협력관 1992년 대전지방국토관리청장 1993~1994년 한양대 환경과학대학원 강사 1993~1994년 건설부 도시국장·주택국장 1994년 同해외협력관 1995~1996년 건설교통부 건설경제국장 1996년 중앙토지수용위원회 상임위원(1급) 1997년 대통령 건설교통비서관 1998~1999년 성균관대 경영대학원 재무·부동산학과 강사·겸임교수 1998~2000년 한국감정원 원장 1998년 한국부동산컨설팅업협회 회장 1999~2000년 숭실대 최고경영자과정 강사 1999년 한국프로젝트관리기술회 감사 2000년 한국부동산분석학회 부회장·자문위원 2000년 한국감정평가학회 자문위원 2000~2001년 건설교통부 차관 2001년 성균관대 행정대학원 겸임교수 2002년 한나라당 국책자문위원 2002~2004년 경기대 정치전문대학원 교수 2003년 국제부동산정책학회 회장 2004년 제17대 국회의원(울산시 울주군, 열린우리당·대통합민주신당·한나라당·무소속) 2005년 열린우리당 울산시당 중앙위원 2005년 同정책위 부의장 2008년 제18대 국회의원(울산시 울주군, 무소속·한나라당·새누리당) 2008~2010년 서울대 환경대학원 총동창회장 2008년 국회 기획재정위원회 위원 2010년 한나라당 전당대회선거관리위원회 부위원장 2010년 同울산시당 위원장 2010년 국회 기획재정위원회 간사 2010년 국회 예산결산특별위원회 위원 2010년 한나라당 조직강화특별위원회 위원 2010년 통일정책태스크포스(TF) 부위원장 2011~2012년 한나라당 직능특별위원회 지역특별위원장(울산) 2012년 제19대 국회의원(울산시 울주군, 새누리당·무소속) 2012~2014년 국회 기획재정위원회 위원장 2014~2016년 새누리당 울산시울주군당원협의회 운영위원장 2014·2015년 국회 미래창조과학방송통신위원회 위원 2014년 국회 정보위원회 위원 2015년 국회 교육문화체육관광위원회 위원 2016년 제20대 국회의원(울산시 울주군, 무소속·새누리당〈2016.6〉·바른정당〈2017.1〉·자유한국당〈2017.11〉·무소속〈2018.5〉)(현) 2016~2018년 국회 교육문화체육관광위원회 위원 2016년 새누리당 울산시울주군당원협의회 조직위원장 2017년 바른정당 당원대표자회의 의장 2017년 同울산시당 위원장 2017년 同제19대 유승민 대통령후보 중앙선거대책위원회 부위원장 2017년 국회 예산결산특별위원회 위원 2017년 바른정당 민생특별위원회 20 물관리대책특별위원장 2017년 국회 4차산업혁명특별위원회 위원 2018년 자유한국당 울산시울주군당원협의회 운영위원장 2018년 국회 산업통상자원중소벤처기업위원회 위원(현) (상)홍조근정훈장(1993), 옥조근정훈장, 국무총리표창, 서울대총동창회 공로패(2011), 선플운동본부 '국회의원 아름다운 말 선플대상'(2014), 성균관대총동창회 공직자부문 '2014 자랑스런 성균인상'(2015) (저)'땅이름 국토사랑' '울주지명유래'(1982) '향토와 지명'(1984) '땅이름 울산사랑'(1997) '울산 땅이름 이야기'(2007) '열정과 논리로 살기좋은 울산을'(2007) (종)불교

**강길선(姜吉善) Khang, Gilson**

(생)1960·7·5 (본)진주(晋州) (출)충남 홍성 (주)전라북도 전주시 덕진구 백제대로 567 전북대학교 공과대학 고분자·나노공학과(063-270-2355) (학)1977년 여의도고졸 1981년 인하대 고분자공학과졸 1985년 同대학원 고분자공학과졸 1995년 생체의용공학박사(미국 아이오와대) (경)1985~1987년 인하대 고분자공학과 전임조교 1987년 한국화학연구소 생체의료고분자팀 선임연구원 1997년 한국생체재료학회 편집이사·조직공학부문위원장 1998~2001년 한국화학연구소 생체의료고분자팀 책임연구원 1998년 전북대 공과대학 고분자·나노공학과 교수(현) 2005년 한국식품의약품안전청 의료기기안전정책의료기기임상시험전문가협의체 위원 2005년 국제표준화기구 한국대표위원 2006년 교육인적자원부 BK21 고분자BIN융합연구사업팀장 2009년 미래기획위원회 지방경제활성화TF팀 위원 2012년 세계조직공학재생의학회 특별회원 2015~2017년 同아시아·태평양지부 회장 2019년 同회장(현) (상)한국고분자학회 신진학술상(연구상)(2004), NANOKOREA2006 바이오나노융합부분 우수논문상(2006), 루마니아생체재료학회 특별공로상(2016), 인하비룡대상 학술부문(2017), Chandra Sharma Award 세계우수생체치료연구자(2017) 외 20건 (저)'재생의학용 지능성 지지체 핸드북'(2012) 'Chap 5, Controlled delivery of macromolecules and peptide, In: Therapeutic Delivery Methods: A Concise Overview of Emerging Areas(共)'(2013) 'Recent advances for regeneration of cornea by regenerative medicine(共)'(2014) 외 30여권 (종)가톨릭

**강길성(姜吉成) Kang, Gil Seong**

(생)1971·3·6 (본)진주(晋州) (출)서울 (주)서울특별시 영등포구 여의대로 128 LG트윈타워 LG전자(02-3777-1114) (학)1990년 서울 광신고졸 1995년 서울대 심리학과졸 2001년 同대학원 경영학과 수료 2005년 미국 밴더빌트대 대학원 경제학과졸 2015년 경제학박사(서울시립대) (경)1996년 행정고시 합격(40회) 1997~1998년 총무처·재정경제원 금융정책실 수습사무관 1998~2001년 해군 복무 2001년 재정경제부 경제정책국 산업경제과·종합정책과 사무관 2004~2005년 미국 밴더빌트대 교육파견 2005년 재정경제부 국고국 국고과 사무관 2007년 同국고국 국고과 서기관 2007~2010년 아프리카개발은행(AfDB) Principal Research Economist 2010년 대통령직속 국가경쟁력강화위원회 파견 2012년 대통령 경제금융비서관실 행정관 2013년 국민경제자문회의지원단 파견 2014년 기획재정부 대외경제국 국제경제과장 2015년 同예산실 총사업비관리과장 2016년 同예산실 행정예산과장 2017년 同재정기획국 재정건전성관리과장 2017년 LG전자(주) 상무 2018년 同통상관세담당 상무 2019년 同세무담당 상무(현)

**강길연(姜吉淵·女)**

(생)1974·9·20 (출)전남 영광 (주)대구광역시 수성구 동대구로 364 대구지방법원(053-757-6600) (학)1993년 광주 국제고졸 1998년 서울대 사회학과졸 (경)1999년 사법시험 합격(41회) 2002년 사법연수원 수료(31기) 2002년 대전지법 천안지원 예비판사 2004년 同천안지원 판사 2005년 수원지법 판사 2006년 대전지법 판사 2009년 同가정지원 판사 2010년 同홍성지원 판사 2012년 대전지법 판사, 대전고법 판사 2016년 청주지법 판사(육아 휴직) 2018년 대구지법 부장판사(현)

## 강길원(姜吉源) Kang Khil Won

(생)1939 · 3 · 8 (본)진주(晋州) (출)전남 장흥 (학)1958년 광주사범학교졸 1962년 조선대 미술과졸 1965년 홍익대 미술대학원졸 (경)화가(현) 1962년 동덕여중 · 고 교사 1967~1974년 국전 추천작가 1968년 경희대 사범대학 전임강사 1975~1981년 국전 초대작가 1977~1982년 제주대 전임강사 · 조교수 1982년 국립현대미술관 초대작가 1983년 대한민국미술대전 심사위원 1983~2004년 공주대 사범대학 미술교육과 교수 1985년 대한민국미술대전 심사위원 1992년 한국수채화협회 부회장 1994년 목우회 부이사장 · 자문위원 · 고문(현) 1994년 三元미술협회 부회장, 同회장 1996~1999년 강남미술협회 회장 2000년 미국 브리지포트대 교환교수 (상)대한민국미술대전 특선(1961~1963 · 1965~1967)총 6회, 아시아미술상(1980), 스페인 국제미술페스티벌 특별상(1981), 우호예술대상(1985), 옥조근정훈장(2004), 미술인의날 본상(2012) (저)'강길원 화집'(2004) (작)'閑' '제주 유채꽃축제' '買肖城戰鬪圖' '한라산 철쭉축제' '재건' '만능' '기사의 일기' '추억' '철쭉도' '무궁화' (종)기독교

## 강길주(姜吉柱) Kang GIl Ju

(생)1965 · 5 · 19 (본)진주(晋州) (출)전남 신안 (주)서울특별시 서초구 반포대로 158 서울고등검찰청 총무과(02-530-3261) (학)1983년 조선대부속고졸 1987년 고려대 법학과졸 (경)1988년 사법시험 합격(30회) 1991년 사법연수원 수료(20기) 1991년 軍법무관 1994년 수원지검 검사 1996년 전주지검 군산지청 검사 1997년 서울지검 남부지청 검사 1999년 전주지검 검사 1999년 법제처 파견 2001년 대검찰청 중앙수사부 공적자금비리 합동단속반 파견 2003년 전주지검 부부장검사 2004년 대전지검 천안지청 부장검사 2005년 인천지검 부천지청 부장검사 2006년 광주지검 마약 · 조직범죄수사부장 2007년 의정부지검 형사3부장 2008년 울산지검 형사2부장 2009년 同형사1부장 2010년 대전고검 검사 2012년 서울고검 형사부 검사 2014년 광주고검 검사 2016년 대전고검 검사 2017년 서울중앙지검 중요경제범죄조사단 부장검사 파견 2018년 서울고검 검사(현)

## 강길환(姜吉煥) KANG Kil Hwan

(생)1965 · 7 · 3 (주)서울특별시 중구 을지로5길 26 미래에셋대우 혁신추진단(02-6030-0001) (학)의정부고졸, 인하대졸 (경)동원증권 근무 2001년 미래에셋증권 압구정지점장 2003년 미래에셋자산운용 주식운용2본부장(이사대우) 2004년 미래에셋증권 Wholesale Part II 법인영업본부장 2005년 同가락지점장 2006년 同가락지점장(상무보) 2009년 同WM센터장(상무) 2011년 미래에셋맵스자산운용 마케팅부문 대표 2011~2013년 미래에셋캐피탈 대표이사 2018년 미래에셋대우 혁신추진단 부사장(현)

## 강남규(姜南圭)

(생)1975 · 6 · 21 (출)부산 (주)서울특별시 강남구 삼성로 547 법무법인 가온(02-3446-5419) (학)1994년 단국대사대부고졸 1999년 서울대 법학과졸 2004년 同법과대학원 행정법학과졸 2009년 미국 노스웨스턴대 대학원 경영법학과졸(LL. M.) (경)1998년 사법시험 합격(40회) 2002년 사법연수원 수료(31기) 2005~2011년 법무법인 율촌 변호사 2006년 한국FPSB 위원(현) 2009~2010년 Caplin & Drysdale Washington D.C. Office 파견 2010~2015년 한국CFA협회 부회장 2011~2014년 법무법인 현 파트너변호사 2012년 국세공무원교육원 송무전문가양성과정 교육위원(현) 2012년 금융위원회 자본이득세과세TF 전문위원 2013~2015년 서울지방국세청 고문변호사 2013~2015년 국세청 재산평가심의위원회 위원 2013년 관세청 고문변호사(현) 2013년 同관세심사위원회 위원(현) 2014년 대한변호사협회 세제위원회 위원(현) 2015년 서울세관 보통징계위원회 민간위원(현) 2015년 국세청 고문변호사(현) 2015년 법무법인(유) 세한 파트너변호사 2017년 법무법인 가온 대표변호사(현) 2017년 NHN엔터테인먼트(주) 사외이사(현) (상)부총리 겸 기획재정부장관표창(2016), 관세청장표창(2016)

## 강남수(姜南守) KANG Nam Soo

(생)1972 · 2 · 28 (출)전남 목포 (주)대구광역시 달서구 장산남로 40 대구지방검찰청 서부지청 형사1부(053-570-4390) (학)1991년 목포고졸 1999년 연세대 법학과졸 (경)1999년 사법시험 합격(41회) 2002년 사법연수원 수료(31기) 2002~2004년 법무법인 내일 변호사 2004년 회명합동법률사무소 변호사, 광주지검 순천지청 검사 2008년 창원지검 검사 2010년 광주지검 검사 2012년 서울남부지검 검사 2014년 수원지검 안산지청 검사 2016년 전주지검 부부장검사 2018년 인천지검 부천지청 형사4부장 2019년 대구지검 서부지청 형사1부장(현)

## 강남일(姜南一) KANG Nam Il

(생)1969 · 3 · 17 (출)경남 사천 (주)서울특별시 서초구 반포대로 157 대검찰청 차장검사실(02-3480-2000) (학)1987년 진주 대아고졸 1991년 서울대 법학과졸 1993년 同대학원 수료 2005년 미국 New York Univ. School of Law졸(LL.M.) (경)1991년 사법시험 합격(33회) 1994년 사법연수원 수료(23기) 1994년 軍법무관 1997년 서울지검 남부지청 검사 1999년 수원지검 여주지청 검사 2000년 부산지검 검사 2002년 법무부 검찰3과 검사 2004년 서울중앙지검 검사 2006년 대검찰청 연구관 2008년 서울동부지검 부부장검사 2008~2011년 駐제네바대표부 참사관 2011년 인천지검 부장검사 2011년 대검찰청 정책기획과장 2012년 서울중앙지검 금융조세조사2부장 2013년 同금융조세조사1부장 2014년 서울고검 검사 2014년 국회사무처 법제사법위원회 전문위원 2017년 서울고검 차장검사(검사장급) 2018년 법무부 기획조정실장(검사장급) 2019년 대검찰청 차장검사(고등검사장급)(현)

## 강남훈(姜南勳) KANG Nam Hoon

(생)1957 · 1 · 12 (출)서울 (주)경기도 오산시 한신대길 137 한신대학교 사회과학대학 경제학과(031-379-0502) (학)1981년 서울대 경제학과졸 1982년 同대학원 경제학과졸 1990년 경제학박사(서울대) (경)1985년 한신대 사회과학대학 경제학과 교수(현) 1988년 민주화를위한전국교수협의회 사무처장 2001년 전국교수노동조합 사무처장 · 부위원장 2005년 한신대 사회과학대학장 2007년 同학술원장 2011~2012년 전국교수노동조합 위원장, 진보네트워크 운영위원 2017~2018년 교육부 대학구조개혁위원회 위원 2017~2018년 대통령직속 국가교육회의 위원 (저)'더불어 행복한 민주공화국(共)'(2012) '기본소득운동의 세계적 현황과 전망(共)'(2014) '기본소득의 쟁점과 대안사회(共)'(2014)

## 강남희(姜南熙)

(생)1962 · 6 · 23 (주)서울특별시 영등포구 은행로 30 IBK자산운용 임원실(02-727-8800) (학)1980년 이리상고졸 (경)1979년 IBK기업은행 입행 2008년 同인천원당지점장 2010년 同직원만족부장 2013년 同검사부장(본부장) 2015년 同경수지역본부장 2016년 同기업고객그룹장(부행장) 2017~2018년 同리스크관리그룹장(부행장) 2019년 IBK자산운용 부사장(현)

## 강내원(康乃元) KANG Nae Won

(생)1963 · 9 · 12 (주)경기도 용인시 수지구 죽전로 152 단국대학교 사회과학대학 커뮤니케이션학부(031-8005-3353) (학)1990년 단국대 영어영문학과졸 1992년 연세대 대학원 신문방송학과졸 1996년 미국 Univ. of New Mexico 대학원 커뮤니케이션학과졸 2000년 매스커뮤니케이션박사(미국

위스콘신대 메디슨교) (경)1993~1994년 연세대 언론연구소 연구원 2001~2002년 서울대 교육종합연구원 국어교육연구소 특별연구원 2001년 연세대·서강대·단국대 강사 2003~2011년 단국대 언론·영상학부 교수 2005년 한국방송학보 편집위원 2006~2008년 단국대 신문사 및 방송국 주간교수 2007~2010년 언론과학연구 편집위원 2008~2009년 단국대 언론영상학부장 2008~2010년 同미디어센터장 2008~2009년 한국소통학회 이사 2009~2010년 한국방송학회 이사 2010년 일본 게이오대 방문교수 2011년 단국대 사회과학대학 커뮤니케이션학부 교수(현) 2014년 同학생처장 겸 사회봉사단장 2017년 同사회과학대학장 2017년 同교무처장(현) (저)'방송의 언어문화와 미디어 교육'(2004) (역)'방송의 언어문화와 미디어 교육'(2004) '개혁의 확산'(2005) '저널리즘의 이해'(2010)

### 강달호(姜達鎬) KANG Dal Ho

(생)1958·8·20 (주)충청남도 서산시 대산읍 평신2로 182 현대오일뱅크(주) 임원실(041-660-5114) (학)영훈고졸, 연세대 화학공학과졸, 동국대 대학원졸 (경)현대오일뱅크(주) 생산본부 혁신추진팀장(상무) 2008년 同생산본부 생산부문장(상무A) 2012년 同생산본부 생산부문장(전무) 2014년 同생산본부 생산부문장(부사장) 2015~2018년 同안전생산본부장(부사장) 2018년 同신사업건설본부장 겸임 2018년 同대표이사 사장(현)

### 강대권(姜大權)

(생)1970·2·15 (출)경남 사천 (주)인천광역시 미추홀구 소성로163번길 49 인천지방검찰청 형사4부(032-860-4386) (학)1988년 진주고졸 1995년 한양대 법학과졸 (경)1999년 사법시험 합격(41회) 2000년 사법연수원 수료(31기) 2002년 대전지검 검사 2004년 대구지검 안동지청 검사 2006년 울산지검 검사 2008년 서울중앙지검 검사 2012년 인천지검 검사 2015년 사법연수원 교수 2017년 대전지검 부부장검사 2018년 서울남부지검 공판부장 2019년 인천지검 형사4부장(현)

### 강대금(姜大金) kang dae gum

(생)1971·3·25 (주)세종특별자치시 갈매로 388 문화체육관광부 기획조정실 기획혁신담당관실(044-203-2210) (학)1990년 창선종합고졸 1998년 경희대 행정학과졸 2010년 영국 러프버러대 대학원 스포츠매니저먼트학과졸 (경)2001년 행정자치부 근무 2001년 문화관광부 근무 2002년 국무조정실 심사평가조정관실 근무 2004년 문화관광부 예술국 근무 2006년 국무조정실 방송통신융합실무준비TF 근무 2006년 문화관광부 정책홍보관리관실 근무 2008년 문화체육관광부 기획조정실 정책기획관실 근무 2010년 同체육국 체육정책과 근무 2013년 국민대통합위원회 파견 2014년 문화체육관광부 체육국 체육진흥과장 2015년 同해외홍보원 외신협력과장 2017년 同평창올림픽지원단 평창올림픽지원정책관실 평창올림픽협력담당관 2018년 대통령 문화비서관실 행정관 2019년 문화체육관광부 기획조정실 기획혁신담당관(현)

### 강대석(姜大錫) KANG Dae Suk

(생)1949·3·27 (출)전북 전주 (주)서울특별시 서초구 서초중앙로 125 로이어즈타워 13층 법무법인 서울(02-536-3838) (학)1967년 전주고졸 1971년 서울대 법대졸 1977년 한양대 산업대학원 수료 1981년 경희대 대학원 수료 2005년 서울대 환경대학원 최고경영자과정 수료 (경)1979년 사법시험 합격(21회) 1981년 사법연수원 수료(11기) 1981년 대전지검 검사 1983년 同천안지청 검사 1985년 수원지검 검사 1987년 서울지검 북부지청 검사 1990년 인천지검 검사 1992년 부산지검 고등검찰관 1993년 전주지검 남원지청장 1994년 전주지검 부장검사 1995년 법무연수원 기획과장 1996년 수원지검 강력부 부장검사 1998년 법무부 법무과장 1999년 서울지검 공판부장 2000년 同형사3부장 2000년 춘천지검 강릉지청장 2001년 同차장검사 2002년 전주지검 차장검사 2003년 서울고검 검사 2005년 광주고검 검사 2005~2007년 변호사 개업 2007년 법무법인 서울 공동대표변호사 2008~2016년 同대표변호사 2009년 예금보험공사 비상임이사 2014~2016년 조선대 감사 2016년 법무법인 서울 변호사(현) (종)천주교

### 강대석(姜大石) KANG Dae Seok

(생)1958·1·21 (주)대전광역시 유성구 대학로 99 충남대학교 경상대학장실(042-821-5557) (학)1980년 서울대 경영학과졸 1982년 同대학원졸 1994년 경영학박사(미국 앨라배마대) (경)1983~1985년 전남대 무역학과 조교 1985년 충남대 무역학과 전임강사·조교수·부교수·교수 1997~1999년 同경영경제연구소 부소장 1997~1999년 한국소프트웨어진흥원 자문위원 2000~2004년 충남도 투자유치위원회 위원 2002~2006년 충남대 경상대학 부학장 2002~2006년 同경영대학원 교학부장 2008~2010년 한국수자원공사 금융위험관리위원회 자문위원 2009년 충남대 WCU심의위원회 위원 2011년 同경영학부 교수(현) 2018년 同경상대학장 겸 경영대학원장(현) (저)'The Performance of International Closed-End Equity Funds'(1994) '파이낸셜 엔지니어링'(1995) '정보통신기업 투자활성화를 위한 공공펀드의 효과적인 운영방안'(2001) '벤처기업과 벤처금융'(2003) '대기업과 협력중소기업 성과격차 분석'(2006)

### 강대식(姜大植) Kang Dae Shik

(생)1959·9·5 (본)진주(晋州) (출)부산 (주)경기도 용인시 수지구 죽전로 152 단국대학교 음악대학 기악과(031-8005-3893) (학)1980년 미국 커티스음악대 바이올린과졸 1981년 영국 길드홀음악대 대학원 바이올린과졸 1986년 명예 바이올린학석사(영국 왕립음악원) (경)1982~1984년 프랑스 캐피톨국립교향악단 차석악장 1989~1990년 미국 캘리포니아주립대 롱비치교 음대 교수 1992~1997년 영국 님버스 아티스트 2000~2009년 단국대 음악대학 조교수·부교수 2009년 同예술대학 음악과 교수 2009~2014년 同음악대학장 2013년 同음악대학 기악과 교수(현) 2014년 同대외부총장(현)

### 강대인(姜大仁) KANG Dae In

(생)1942·2·4 (본)진주(晋州) (출)함북 청진 (주)서울특별시 서초구 논현로 57 (사)미디어미래연구소(02-3471-4172) (학)1960년 이천고졸 1963년 감리교신학대 신학과졸 1972년 서울대 신문대학원졸 1982년 同대학원 신문학 박사과정 수료 1993년 언론학박사(고려대) (경)1969~1972년 극동방송 PD·기획조사실 차장 1973~1980년 기독교방송 편성부장·기획심의실장·논설위원 1980~1985년 서울대 신문연구소 특별연구원 1981~1982년 호서대 전임강사 1982~2000년 계명대 신문방송학과 조교수·부교수·교수 1990년 同사회과학대학장 1994년 한국방송학회 회장 1995년 한국방송대상 심사위원장 1998~1999년 대통령자문 방송개혁위원회 부위원장 겸 실행위원장 2000~2002년 방송위원회 부위원장 2002~2003년 同위원장 2003년 건국대 언론홍보대학원 교수 2003~2007년 同언론홍보대학원장 2004년 케이블TV윤리위원회 위원장 2007~2010년 티브로드 상임고문 2005년 미디어미래연구소 고문(현) 2011~2012년 同미디어부문 상임고문 2011~2015년 MBC꿈나무축구재단 이사장 2012~2017년 (사)미디어시민모임 이사장 2014~2015년 연합뉴스TV(뉴스Y) 시청자위원회 위원장 2014년 미디어리더스포럼 공동대표(현) (상)국무총리표창(1980), 문화포장(1997), 청조근정훈장(2003) (저)'방송제작론(共)'(1987) 'Information Infrastructure and Public Interests' '방송편성론'(共) '언론의4이론'(1991) '문화제국주의'(1994) '한국방송의 정체성연구'(2003) (역)'언론의 4이론' '문화제국주의' '글로벌미디어와 자본주의' (종)기독교

**강대진(姜大榛) KANG Dai Jin (瑞岩)**

(생)1932·9·22 (본)진주(晋州) (출)광주 (주)서울특별시 서초구 동광로32길 4 서암빌리지 (주)삼영필림(02-928-1108) (학)광주서중졸(6년제) 1954년 서울대 법대 수료(3년) (경)1956년 '영화세계' 발행인 1962년 유한영화 사장 1969년 영화금고 이사장 1969년 (주)삼영필림 사장 1970·1977·2001년 영화제작자협회 회장 1971년 藝倫·아세아영화제연합(FPA) 이사 1974년 (주)삼영필림 회장 1978년 삼영문화사 회장 1981년 (주)삼영필림 회장(현) 1987년 영화제작협동조합 이사 1989년 전국극장연합회 회장(현) 2000~2009년 (주)엠엠시네마(MMC) 대표이사 2009년 (유)만경관 대표이사(현) (상)문화공보부장관 예술대상, 한국영화인협회 대종상(1971·1978·1980·1981), 제19회 춘사영화상 공로상(2014) (종)천주교

**강대형(姜大衡) Daehyung Kang**

(생)1952·2·23 (본)진주(晋州) (출)전남 장성 (주)서울특별시 종로구 종로5길 58 석탄회관빌딩 11층 법무법인 KCL(02-721-4216) (학)1970년 광주고졸 1974년 연세대 경제학과졸 1983년 미국 시카고대 대학원 경제학과졸 1990년 경제학박사(미국 시카고대) (경)1973년 행정고시 합격(13회) 1974년 국세청 사무관 1977~1985년 경제기획원 경제기획국·기획관리실 근무 1985년 한국개발연구원 파견 1991년 대전세계박람회조직위원회 파견 1992년 경제기획원 북방경제1과장 1994년 공정거래위원회 국제업무1과장 1994년 同총괄정책과장 1996년 미국 워싱턴대 Visiting Scholar 1997년 대외경제정책연구원 파견 1998년 공정거래위원회 소비자보호국장 1999년 同독점국장 2001년 중앙공무원교육원 교육 파견 2002년 공정거래위원회 경쟁국장 2002년 同정책국장 2003년 同사무처장 2003년 OECD 경쟁위원회 부의장 2005~2006년 공정거래위원회 부위원장(차관급) 2006년 법무법인 케이씨엘 상임고문(현) 2006년 연세대 경제대학원 객원교수(현) 2013년 롯데제과(주) 사외이사 겸 감사위원 2014년 (주)CJ 사외이사 겸 감사위원 2014~2016년 공정동우회 회장 2017~2018년 (주)CJ오쇼핑 사외이사 2018년 CJ ENM 사외이사(현) (상)경제기획원장관표창(1984), 대통령표창(1984), 홍조근정훈장(2002), 황조근정훈장(2007) (종)기독교

**강대호(姜大昊) KANG DAE HO**

(생)1958·4·8 (주)서울특별시 중구 세종대로 125 서울특별시의회(02-3702-1400) (학)한양대 경영학과졸 2006년 同행정대학원 부동산학과졸 (경)서울공인중개사 대표, 한양대 행정대학원 총학생회 수석부회장, 열린우리당 서울시당 서민주택특별위원회 위원, 同중앙당 대의원, 민주평통 자문위원, 바르게살기운동 중랑구협의회 이사, 중랑자치개혁연대 주거안정특별위원장, 호남향우회 이사 2006년 서울시 중랑구의원선거 출마 2010~2014년 서울시 중랑구의회 의원(민주당·민주통합당·민주당·새정치민주연합) 2011년 同공공시설공사적정여부실태파악특별위원회 위원장 2011년 同예산결산특별위원회 위원장 2012년 同운영위원회 위원 2012년 同복지건설위원회 부위원장 2014~2018년 서울시 중랑구의회 의원(새정치민주연합·더불어민주당) 2016년 同예산결산특별위원회 위원 2016년 同의장 2018년 서울시의회 의원(더불어민주당)(현) 2018년 同도시계획관리위원회 부위원장(현)

**강대훈(姜大薰) Kang, D.H.**

(생)1968·3·28 (본)진주(晋州) (출)충남 아산 (주)세종특별자치시 정부2청사로 13 소방청 119구조구급국 119구급과(044-205-7630) (학)1986년 아산고졸 1994년 한국외국어대 영어학과졸 2002년 공주대 경영행정대학원 정책학과졸 (경)1995년 소방위 임용(소방간부후보생 8기) 1995년 충북제천·충남 공주소방서 119구조대장 2002~2007년 소방정 2007년 중앙소방학교 교육기획과 기획계장·소방방재청 법무감사담당관실 감사계장·구조구급과 구급계장(소방령) 2013년 서천소방서장(소방정) 2015년 국민안전처 중앙119구조본부 특수구조훈련과장 2015년 부산소방학교 교장 2016년 국무조정실 안전환경정책관실 파견(소방정) 2017년 소방청 119구조구급국 119구급과장(현) (상)국무총리표창(2006)

**강대희(姜大熙) Daehee Kang**

(생)1962·12·20 (본)진주(晋州) (출)서울 (주)서울특별시 종로구 대학로 103 서울대학교 의과대학 예방의학교실(02-740-8001) (학)1981년 서울 상문고졸 1987년 서울대 의대졸 1990년 同대학원 의학석사 1994년 이학박사(미국 존스홉킨스대) (경)1988~1990년 서울대 의대 예방의학과 조교 1989~1990년 同부속병원 수련의·전공의 1990~1994년 미국 존스홉킨스대 보건대학원 연구조교 1991~1994년 Laboratory of Human Genotoxicity Johns Hopkins School of Hygiene and Public Health Baltimore Maryland, USA EIS Officer 1992~1993년 미국 국립癌연구소 객원연구원 1994~1996년 Centers for Disease Control and Prevention Atlanta, USA 1996년 서울대 의대 예방의학교실 교수(현) 1999~2001년 한국산업안전공단 산업안전보건연구원 직업병심의위원·위촉연구원 2001년 국립보건원 중앙유전체센터 운영위원 2004~2006년 National Cancer Institute USA Senior Fellow 2006~2007년 국립암센터 자문위원 2006년 서울대 암연구소 교육부장 2006~2008년 환경기술평가 심의위원 2007년 세계보건기구 IARC 위해도평가위원회 실행위원 2007년 서울대 의대 비전2017전략실행위원회 위원장 2008~2010년 同연구처 부처장 2008년 同의대 연구부학장, 同의학연구원 부원장 2009년 한국과학기술한림원 정회원(현) 2010~2011년 서울대병원 대외협력실장 2010년 대통령직속 미래기획위원회 위원 2010~2011년 국가과학기술위원회 기초과학연구진흥협의회 위원 2012·2014·2016~2018년 서울대 의과대학장 겸 의학대학원장 2012~2015년 기초기술연구회 이사 2012~2016년 (사)한국의과대학·의학전문대학원협회 이사장 2014~2018년 분당서울대병원 발전후원회 이사 (상)駐美한국대사관'The Korean Honor Scholarship Award(1992), 노동부 산업보건전문인력양성장학금(1992), 미국 존스홉킨스대 Cornelius W. Kruse Award(1994), 미국 질병관리본부 EIS Fellowship Award(1994), Phi Beta Kappa(1995), Roche Korea Oncology Award(2001), 신진역학자상(2002), 한국과학기술단체총연합회 과학기술우수논문상(2002·2004), 한국유방암학회 동아학술상(2004), 서울대병원 젊은연구자상(2004), SCI IF상 최우수상(2006), BK21사업단 우수상(2006), 의료경영고위과정(AHP) 연구과제상 1위 금상·공로상(2007), Astra Zeneca GOLDEN(2007), 서울의대연구부문 우수연구상(2008), 서울대병원 심호섭 의학상(2008·2010·2011), 일간보사·의학신문 평론가추천위원회 제38회 올해의 의사평론가상(2015) (저)'건강과 생명(환경호르몬)'(2003) '예방의학(編)'(2004, 계축문화사) '역학의 원리와 응용(共)'(2005, 서울대 출판부) '유방학(編)'(2005, 일조각) 'Toxicogenomics(編)'(2008, WILEY) '순환기학(編)'(2010, 일조각) '임상예방의료(編)'(2011, 계축문화사) '오래 살고 싶으신가요(編)'(2012, 연합뉴스) '유방학(編)'(2013, 계축문화사) '역학의 원리와 응용(編)'(2013, 서울대 출판문화원) '의학연구방법론(編)'(2014, 서울대 출판문화원) (종)기독교

**강덕식(姜德植) KANG Duk Sik**

(생)1947·9·15 (본)진주(晋州) (출)경북 선산 (주)대구광역시 달서구 월배로 102 보강병원(053-641-9200) (학)1965년 경북사대부고졸 1971년 경북대 의대졸 1987년 영남대 대학원 의학석사 1994년 의학박사(전북대) (경)1976년 미국 Little Co. of Mary Hosp. Evergreen Park 수련의 1977~1983년 미국 Radiology Cook County Hosp. 전공의 1983~1993년 경북대 의대 영상의학교실 조교수·부교수 1994~2012년 同의대 영상의학교실 교수 1994년 캐나다 McMaster 의대 객원교수 1997년

독일 Ludwig Maximillians 의대 객원교수 1997년 미국 Harvard 대 객원교수 1998~2000년 대한의용생체공학회 영남지부장 1999~2000년 대한방사선의학회 흉부방사선연구회장 1999~2001년 경북대 교수협의회장 2000~2001년 전국국공립대학교수협의회 회장 2012년 보강병원 병원장(현) (상)근정포장(2012) (종)가톨릭

## 강덕영(姜德永) KANG Duk Young

(생)1947·5·18 (출)서울 (주)서울특별시 강남구 논현로121길 22 한국유나이티드제약(주) 비서실(02-516-6101) (학)1965년 중동고졸 1969년 한국외국어대 무역학과졸 1974년 同대학원 무역학과졸 2003년 경영학박사(경희대) (경)1971년 예편(중위) 1971~1982년 동화약품 근무 1982년 연합메디칼상사 설립 1987년 한국유나이티드제약(주) 설립·대표이사 사장(현) 1995~2007년 한국외국어대총동문회 부회장 2001~2007년 한국외국어대 경영대학원동문회 회장 2003년 경희대 겸임교수 2006년 한·미FTA 자문위원 2007년 한국외국어대총동문회 회장 2006~2009년 성균관대 약학대학 겸임교수 2008~2011년 학교법인 대한신학대학원대 이사장 2010~2012년 한국제약협회 기획·정책위원장 2011~2012년 베트남 민간대사 2012·2016년 전남대 약학대학 객원교수 2013·2014년 미국 세계인명사전 'Marquis Who's Who in the World'에 등재 2014년 영국 국제인명센터(IBC) '21세기 뛰어난 지식인 2000인(2000 Outstanding intellectuals of the 21st Century)'에 등재 2018년 한국약제학회 명예회장(현) (상)보건복지부장관표창(1996), 중소기업대상 우수상(1997), 벤처기업대상(1998), 5백만불 수출탑(1999), 1천만불 수출탑(2001), 산업포장(2001), 중소기업분야 신지식인 선정(2002), 홈타운 세계일류상품 선정(2002), 신노사문화 우수기업 선정(2003), 한국을 빛낸 사람들 선정(2003), 모범성실납세자 선정(2004), 기업윤리대상(2005), 석탑산업훈장(2006), 한국여약사회 감사패(2010), 세종시 특별공로상(2013), 한국크리스천문학가협회 신인작품상(2015), 철탑산업훈장(2015) (저)칼럼집 '사랑하지 않으면 떠나라'(2002) '1%의 가능성에 도전하라'(2006) '그럼에도 불구하고 할 수 있다'(2010) '좋은 교인 좋은 크리스천'(2014, 상상나무) (종)기독교

## 강덕재(康德在) Kang Duk Jai

(생)1960 (출)제주 서귀포 (주)서울특별시 서대문구 독립문로 59 농민신문 비서실(02-3703-6114) (학)제주상고졸, 제주대 경영학과졸, 서강대 대학원 경제학과졸 (경)1979년 농협중앙회 입회 1999년 同제주지역본부 신용보증팀장, 同총무부 차장, 同총무부 건축추진팀장 2006년 同제주지역본부 노형지점장 2007년 同총무부 부부장, 同채널개발부장 2013년 同총무국장 2014년 同제주지역본부장 2017년 同교육지원 상무 2018년 同상호금융 상무 2019년 농민신문 전무(현) (상)농림부장관표창, 금융연수원장표창, 농협중앙회장표창

## 강덕출(姜德出) KANG DUG CHOOL

(생)1962·3·13 (본)진양(晋陽) (출)부산 (주)경상남도 창원시 의창구 상남로 290 경상남도의회 사무처(055-211-7020) (학)1980년 동래고졸 1987년 부산수산대졸 2006년 경남대 대학원 연안역통합관리협동과정졸 2012년 경제학박사(창원대) (경)1992년 기술고시 합격(27회) 1993~1995년 창원군·마산시 수산과장 1996~2001년 경남도 어업생산과·농수산물유통과 근무 2002~2008년 同해양수산과장·항만수산과장 2009년 국방대 안보정책과정 연수(부이사관) 2010~2013년 부산·진해경제자유구역청 투자유치본부장 2013~2014년 경남도 해양수산국장 2014년 경남 거제시 부시장 2016년 부산진해경제자유구역청 경남본부장 2017~2018년 경남 양산시 부시장 2018년 同시장 권한대행 2018년 경남도 해양수산국장 2019년 경남도의회 사무처장(고위공무원)(현) (상)홍조근정훈장(2013)

## 강도묵(姜道默) KANG DO MOOK (기산)

(생)1959 (본)진주(晋州) (출)충남 공주 (주)대전광역시 서구 월평로 48 (주)기산엔지니어링(042-480-9511) (학)충남대 농공학과졸, 배재대 국제통상대학원 무역학과졸, 경영학박사(배재대) (경)1988~2011년 경동기술공사 창업·대표이사 1999년 (주)경림엔지니어링 회장(현), 평송장학회 회장, 국제라이온스협회 대전지구 총재, 대전교통방송 시청자위원장, 대전경제정의실천시민연합 상임대표, 대전국제합창페스티벌조직위원장, 대전시 서구축제위원장, 대전고법 민사및가사조정 운영위원, 한밭대 경영회계학과 겸임교수, 배재대 경영학과 겸임교수, 대전고검 항고심사위원회 위원, 대전견우직녀축제위원회 위원장 2011년 (주)기산엔지니어링 대표이사 회장(현) 2012년 대전·충남경영자총협회 회장(현) 2015년 충남대총동창회 회장(현) 2016년 대전시개발위원회 회장(현) (상)국무총리표창(2003), 대통령표창(2006), 국민훈장 석류장(2010) (종)불교

## 강도태(姜都泰) KANG Do Tae

(생)1968·11·4 (출)경남 진주 (주)세종특별자치시 도움4로 13 보건복지부 기획조정실(044-202-2400) (학)1986년 면목고졸 1990년 고려대 무역학과졸 (경)1991년 행정고시 합격(35회) 1992~1993년 보건사회부·총무처·국립보건원 근무 1997년 보건복지부 공보관실·재활지원과·보건산업정책과 근무 2001년 보건복지부 보건정책국 보건산업정책과 서기관 2001년 대통령비서실(삶의질향상기획단) 파견 2002년 보건복지부 의료급여전담반장 2002년 同의료급여과장 2003년 同사회복지정책실 생활보장과장 2003년 국외훈련 2005년 보건복지부 정책홍보관리실 행정법무담당관 2005년 同저출산고령사회정책본부 인구여성정책팀장 2008년 보건복지가족부 사회정책과장 2009년 同사회정책과장(부이사관) 2009년 同사회복지정책실 복지정책과장 2010년 국방대 교육파견 2011년 보건복지부 사회복지정책실 행복e음전담사업단장 2011년 同사회정책선진화기획관 2012년 同사회복지정책실 복지행정지원관 2014년 중앙공무원교육원 고위정책과정 파견(국장급) 2015년 보건복지부 건강보험정책국장 2016년 同보건의료정책실 보건의료정책관 2017년 同보건의료정책실장 2019년 同기획조정실장(현) (상)근정포장(2013)

## 강도현(姜度賢)

(생)1969·11·30 (주)경기도 과천시 관문로 47 과학기술정보통신부 소프트웨어정책관실(02-2110-1610) (학)1988년 대구 심인고졸 1995년 서울대 외교학과졸, 미국 콜로라도주립대 대학원졸 (경)1994년 행정고시 합격(38회) 2003년 정보통신부 정보화기획실 기획총괄과 서기관 2007년 同미래정보전략본부 유비쿼터스정책팀장 2009년 방송통신위원회 전파연구소 지원과장 2009년 同융합정책과장 2011년 서울대 교육파견 2013년 미래창조과학부 방송통신융합실 방송통신기반과장 2013년 同정보통신방송정책실 정보통신방송기반과장 2015년 同정보통신정책실 소프트웨어정책과장 2016년 同정보통신정책실 정책총괄과장(부이사관) 2017년 고용 휴직 2018년 과학기술정보통신부 우정사업본부 전남지방우정청장(고위공무원) 2019년 同지능정보사회추진단 부단장 2019년 同정보통신정책실 소프트웨어정책관(현) (상)대통령표창(2002)

## 강도희(姜道熙)

(생)1963·2·1 (출)경기 성남 (주)경기도 수원시 장안구 창룡대로 223 경기남부지방경찰청 교통과(031-888-2251) (학)성남서고졸 1986년 경찰대 행정학과졸(2기) (경)2008년 경기지방경찰청 경비과 작전전경계장 2010년 同경비과 경비계장 2012년 제주지방경찰청 경비교통과장 2013년 강원 영월경찰서장(총경) 2014년 인천지방경찰청 생활안전과장 2015년 경기 광주경찰서장 2016년 경기남부지방경찰청 교통과장 2017년 경기 하남경찰서장 2019년 경기남부지방경찰청 교통과장(현)

**강동길(姜東佶)**

(생)1964·8·21 (주)서울특별시 중구 세종대로 125 서울특별시의회(02-3702-1400) (학)성균관대 법과대학 법학과졸 (경)다원법무사사무소 대표법무사, 경복대 겸임교수, 기동민 국회의원 정책특별보좌관 2018년 서울시의회 의원(더불어민주당)(현) 2019년 同예산결산특별위원회 위원(현) 2019년 同김포공항주변지역활성화특별위원회 위원(현) 2019년 同독도수호특별위원회 위원(현)

**강동명(姜東明) Kang Dong Myung**

(생)1964·1·29 (본)진주(晉州) (출)대구 (주)대구광역시 수성구 동대구로 364 대구고등법원(053-755-1882) (학)1982년 경북대사대부고졸 1986년 서울대 법대 사법학과졸 1988년 同대학원 법학과 수료 (경)1989년 사법시험 합격(31회) 1992년 사법연수원 수료(21기) 1992년 대구지법 판사 1995년 同김천지원 판사 1998년 대구지법 판사 2002년 同가정지원 판사 2003년 대구고법 판사 2005년 대구지법 판사 2007년 同김천지원장 2009년 同부장판사 2014년 대구지법 포항지원장·대구가정법원 포항지원장 2015년 부산고법 부장판사 2017년 대구지법 수석부장판사 2019년 대구고법 수석부장판사(현) (종)천주교

**강동석(姜東昔) Kang, Dong-Seok**

(생)1963·10·24 (본)진주(晉州) (출)대구 (주)대구광역시 동구 첨단로 53 한국정보화진흥원 전자정부본부(053-230-1600) (학)1982년 대구 계성고졸 1986년 경북대 전자공학과졸 1988년 同대학원 전자공학과졸 1998년 미국 뉴욕주립대 정보기술 및 정책연구과정 연수 2009년 공학박사(성균관대) (경)1994~2006년 한국전산원 기획조정부장·총무부장·전자정부지원부장 2006년 한국정보처리학회 협동이사(현) 2006~2009년 한국정보사회진흥원 전자정부지원단장·IT성과관리단장 2008년 국가기록관리위원회 위원 2009년 한국정보화진흥원 경영기획실장 2010년 同국가정보화사업단장 2011년 同국가정보화지원단장 2012년 同경영기획실장 2013년 同공공데이터활용지원센터장, 同정부3.0지원본부장 2016년 국방대 교육파견 2016~2017년 국회 정보화추진위원회 위원 2017년 한국정보화진흥원 전자정부본부장(현) (상)정보통신부장관표창(1995), 국무총리표창(2000), 대통령표창(2003), 과학기술부장관표창(2003), 과학기술훈장(2007)

**강동세(姜東世) KANG Dong Se**

(생)1958·11·10 (출)경남 합천 (주)서울특별시 강남구 테헤란로44길 8 아이콘역삼빌딩 9층 법무법인 클라스(02-555-5007) (학)1977년 대륜고졸 1981년 서울대 법대졸 1984년 同대학원졸 1998년 同공과대학 최고산업전략과정 수료(AIP 20기) (경)1984년 사법시험 합격(26회) 1987년 사법연수원 수료(16기) 1987년 서울민사지법 판사 1989년 同남부지원 판사 1991년 춘천지법 원주지원 판사 1993년 서울지법 북부지원 판사 1995년 서울지법 판사 1997년 同동부지원 판사 1999~2000년 특허법원 판사 2000~2002년 대법원 재판연구관(지적재산권 전담) 2002~2003년 인천지법 부장판사(지적재산권 전담부) 2003년 사법연수원·법무연수원·서울대 법대·고려대 강사 2003년 인천시 남구 선거관리위원회 위원장 2004년 특허법인 명문 대표변호사 겸 변리사 2005년 법무법인 율촌 변호사 2005년 중앙대 법대 지적재산권법전공 교수 2005년 사법시험(2차) 출제위원(현) 2005년 변리사시험(2차) 출제위원(현) 2008~2018년 명문법률사무소 대표변호사 겸 변리사 2011년 변호사시험(로스쿨) 출제위원(현) 2016년 대한상사중재원 중재인(현) 2016년 특허법원 조정위원(현) 2016년 한국의료분쟁조정중재원 비상임조정위원(현) 2017년 학교법인 숙명학원 법인이사(현) 2018년 법무법인 클라스 파트너 변호사(현) (저)'지적재산권의 형사적 이해'(2003) 외 3권

**강동수(姜東秀) KANG Dong Soo**

(생)1956·9·8 (본)진양(晉陽) (주)경기도 파주시 문발로 77 (주)북센(031-955-6777) (학)마산고졸 1983년 영남대 섬유공학과졸 (경)1984년 제일합섬(주) 방적과 입사 1996년 同단섬유생산팀장 1997년 (주)새한 단섬유생산팀장 2004년 PT. SAEHAN Textiles(인도네이사현지법인) 대표이사 2007년 (주)새한 Textile사업부장(상무) 2008년 웅진케미칼(주) Textile사업부장(상무) 2009년 同Textile사업부장(전무) 2009년 웅진로지스틱스(주) 대표이사 2012년 (주)북센 대표이사 전무 2016년 同대표이사 부사장(현) (종)불교

**강동수(姜東秀) KANG Dong Su**

(생)1961·1·17 (본)진주(晉州) (출)경남 마산 (주)부산광역시 남구 우암로 84-1 부산문화재단(051-744-7707) (학)1980년 마산고졸 1984년 서울대 독어교육과졸 (경)1984년 국제신문 입사 2000년 同문화부장 직대 2002년 同국제부장 직대 2003년 同국제부장 2004·2008년 同논설위원 2007년 同편집국 부국장 2008년 同출판국장 2011년 同수석논설위원 2012년 부산작가회의 회장 2014~2015년 국제신문 논설위원실장, 경성대 커뮤니케이션학부 교수 2019년 부산문화재단 대표이사(현) (상)세계일보 신춘문예 소설당선(1994), 봉생문학상(2008), 교산허균문학상(2010), 오영수문학상(2010) (저)'몽유시인을 위한 변명'(1997) '가납사니의 따따부따'(2005) '제국익문사1·2'(2010) '금발의 제니'(2011) (종)가톨릭

**강동엽(姜東燁) KANG Dong Yup**

(생)1969·3·1 (출)서울 (주)서울특별시 강남구 봉은사로 327 궁도빌딩 13층 대원화성(주)(02-2141-3531) (학)1988년 홍익대사대부고졸 1994년 연세대 사학과졸 1996년 미국 일리노이대 경영대학원졸 (경)1997~1998년 (주)삼성 근무 1999~2002년 대원화성(주) 부사장 2002년 同대표이사 사장(현) (상)경기도지사 산업평화상 기업체부문 은상(1999)

**강동완(姜東完) KANG Dong Wan**

(생)1954·11·15 (본)진주(晉州) (출)전남 순천 (주)광주광역시 동구 필문대로 309 조선대학교 총장실(062-230-6006) (학)1980년 조선대 치의학과졸 1983년 同대학원졸 1989년 치의학박사(조선대) (경)1983~1986년 공군 제3252부대 의무실 치무실장 1986년 조선대 치대 치과보철학교실 교수, 同치의학전문대학원 교수(현) 1989~1998년 공군 제3252부대 의무자문관 1990~1991년 이탈리아 토리노치대 악안면병리생리연구소 박사후연구원 1992~1995년 조선대부속치과병원 교육부장 1994~1999년 同보철과장 1996~1999년 同병원장 2000~2001년 미국 알라바마 치대 방문교수 2000~2002년 대한턱관절기능교합학회 교합연구소장 2003~2005년 조선대 치과대학장 2003~2004년 대한치과턱관절기능교합학회 부회장 2003~2005년 대한스포츠치의학회 부회장 2004~2009년 조선대 치의공인력사업단장 2005~2007년 대한치과턱관절기능교합학회 회장 2011년 대한스포츠치의학회 회장 2012~2013년 조선대 부총장 2016년 同총장(현) (상)자랑스런 조대인의 상(2010), 한국지역발전대상 사회부문(2015), 대한민국사회봉사대상 사회봉사부문(2015), 2017 올해의 치과인상(2018) (저)'강동완, 아시아 르네상스를 말한다'(2011)

**강동욱(姜東旭) Kang, Dong-Wook**

(생)1960·9·12 (출)경북 (주)서울특별시 중구 필동로1길 30 동국대학교 법과대학 법학과(02-2260-3124) (학)1982년 한양대 법학과졸 1984년 同대학원 법학과졸 1991년 일본 메이지대(明治大) 대학원 수학 1992년 법학박사(한양대) (경)1987년 한양대·관동대 강사 1992년 관동대 법학과 교수 1994

년 한국가정법률상담소 강릉시지부 이사 1996년 강릉성폭력상담소 부소장 2006~2007년 미국 Univ. of California at Irvine 연구 2007년 동국대 법과대학 법학과 교수(현) 2009~2017년 한양법학회 부회장 2010년 (사)한국아동학대예방협회 이사(현) 2011년 안양교도소 교정자문위원(현) 2011년 서울북부범죄피해자지원센터 운영위원 겸 청년위원회 지도교수(현) 2011년 국가인권위원회 차별시정전문위원(현) 2011년 직장내성희롱예방교육 전문강사(현) 2013년 (사)한국법정책학회 회장 2014년 한국법정책학회 고문(현) 2014년 한국아동보호학회 고문(현) 2017년 한국법학교수회 부회장(현) 2018년 한양법학회 회장 2019년 同고문(현) 2019년 동국대 법무대학원장 겸 법과대학장(현) (상)동국대 동국학술대상(2011), 동국대 동국연구우수자상(2016) (저)'인권보장과 적법절차에 따른 불심검문' '기초 형법강의 I' '소년법' '아동학대' '형사절차와 헌법소송' '형사소송법강의' '생활법률' '탐정학개론' '탐정과 법' 등 (종)불교

### 강동욱(姜東郁) KANG Dong Wook

(생)1964 · 3 · 7 (주)서울특별시 성북구 정릉로 77 국민대학교 창의공과대학 전자공학부(02-910-4641) (학)1986년 서울대 전자공학과졸 1988년 同대학원 전자공학과졸 1995년 전자공학박사(서울대) (경)1990년 대한전자공학회 협동이사 1995년 국민대 창의공과대학 전자공학부 교수(현) 2000~2001년 미국 루슨트 테크놀로지 MTS 2004년 한국통신학회 정회원 · 한국방송공학회 학술위원 2005년 대한전자공학회 협동이사 2012~2014년 국민대 정보통신처장 2014~2016년 미래창조과학부 CP(방송스마트미디어) 총괄자문 2019년 국민대 창의공과대학장(현) 2019년 同공학교육혁신센터장(현) (저)'신호 및 시스템, 더 이상 쉬울 수 없다'(2003)

### 강동원(姜東遠) KANG Dong Won (一國·愚山)

(생)1953 · 1 · 20 (본)진주(晉州) (출)전북 남원 (주)전라북도 남원시 충정로 134 지리산권역인문연구원 (학)1971년 전주상고졸, 경기대 경영학부졸, 同정치전문대학원 북한학과졸, 정치학박사(경기대) (경)1981년 국회의원 보좌관 1985년 민주화추진협의회 김대중공동의장 비서 1987~1991년 평민당 김대중총재 비서 · 재정국장 1991~1994년 제4대 전북도의원 1997년 민주당 김대중 대통령후보 유세위 부위원장 1998년 국민회의 중앙당후원회 사무총장 1999년 국민정치연구회 이사 1999년 남원지방자치연구소장 2001~2002년 자치경영연구원 이사 2001~2002년 민주당 노무현 대통령후보 조직특보 · 중앙선대위 조직본부 부본부장 2003년 전북정치개혁포럼 이사장 2003년 개혁당 전북 상임대표 2004~2007년 농수산물유통공사 감사 2008년 러시아 우수리스크 '아로-프리모리에' 사장 2011년 상지대 북방농업연구소 책임연구원 2012~2016년 제19대 국회의원(남원 · 순창, 통합진보당 · 진보정의당 · 새정치민주연합 · 더불어민주당 · 무소속) 2012~2013년 국회 문화체육관광방송통신위원회 위원 2012년 국회 쇄신특별위원회 위원 2012년 진보정의당 원내대표 2012년 흥사단 고문 2013년 한 · 니카라과의원친선협회 회장 2013년 한 · 이스라엘의원친선협회 부회장 2013년 국회 미래창조과학방송통신위원회 위원 2013년 (사)희망래일 이사 2014년 새정치민주연합 원내부대표 2014년 국회 운영위원회 위원 2014년 국회 국토교통위원회 위원 2014~2015년 국회 예산결산특별위원회 위원 2014년 새정치민주연합 남원 · 순창지역위원회 위원장 2015년 同전북도당 운영위원회 수석부위원장 2015년 同원내부대표(당무담당) 2015년 국회 운영위원회 위원 2015년 더불어민주당 전북도당 수석부위원장 2016년 제20대 국회의원선거 출마(전북 남원시 · 임실군 · 순창군, 무소속) 2016년 (사)지리산권역인문연구원 이사장(현) 2017년 (사)정유재란기념사업회 이사장(현) 2017년 더불어민주당 제19대 문재인 대통령후보 중앙선거대책위원회 국정자문단 공동단장 2018년 전북 남원시장선거 출마(민주평화당) (상)대한민국 국회의원 의정대상(2012), 대한민국 우수국회의원 대상(2013), 과학기술우수의정상(2014), 제6회 공동선 의정활동상(2014), 건설경제신문사 국정감사 우수의원상(2014), 국회의원 아름다운 선플상(2014), 국정감사 친환경 베스트의원상(2014), 한국언론사협회 국정감사 우수의원상(2014), 제17회 대한민국을 빛낸 한국인상(2014), 한국을 빛낸사람들 대상(2015), 2015의정대상(2015), 대한민국 충효상(2015), 제19대 국회 최우수 입법상(2015), 위대한 한국인 100인대상(2015) (저)'평양, 묘향산 기행문'(2005) '제가 바로 무능한 낙하산입니다'(2007) '통일농업 해법찾기(共)'(2008) '공기업 판도라의 상자'(2009) '철밥통 공기업'(2012) '연해주 농업진출의 전략적 접근'(2015) '지리산 달궁 비트 - 빨치산대장 최정범 일대기'(2016) (종)기독교

### 강동원(康東元) KANG Dong Won

(생)1962 · 10 · 13 (출)제주 (주)서울특별시 서초구 법원로 10 정곡빌딩남관 508호 강동원법률사무소(02-533-9600) (학)1981년 제주제일고졸 1986년 한양대 법대졸 (경)1984년 사법시험 합격(26회) 1988년 사법연수원 수료(17기) 1988년 육군 법무관 1990년 변호사 개업 1991년 대전지검 검사 1993년 창원지검 진주지청 검사 1994년 인천지검 검사 1996년 창원지검 검사 1998년 서울지검 검사 2000년 수원지검 부부장검사 2001년 서울고검 검사 2002년 제주지검 부장검사 2003년 사법연수원 교수 2006년 창원지검 형사1부장 2007~2011년 서울고검 부장검사 2008년 국민권익위원회 파견 2011년 변호사 개업(현) 2013~2015년 한국승강기안전관리원 비상임이사

### 강동원(姜東遠) KANG Dong Won

(생)1969 · 12 · 23 (출)전북 정읍 (주)전라북도 전주시 덕진구 사평로 25 전주지방법원 총무과(063-259-5466) (학)1988년 전북 호남고졸 1995년 고려대 법학과졸 (경)1999년 사법시험 합격(41회) 2000년 사법연수원 수료(31기) 2002년 변호사 개업 2009년 광주지법 판사 2012년 수원지법 판사, 同성남지원 판사 2016년 서울중앙지법 판사 2018년 전주지법 부장판사(현)

### 강동윤(姜東潤) Kang Dongyoon

(생)1989 · 1 · 23 (주)서울특별시 성동구 마장로 210 한국기원 홍보팀(02-3407-3870) (경)권갑용 6단 문하생, 세계청소년바둑대회 주니어부 우승, 이창호배 · 오리온배 · 삼신생명배 우승 2002년 입단 2003년 2단 승단 2003년 패왕전 · KBS바둑왕전 · 오스람코리아배 신예연승최강전 · 비씨카드배 신인왕전 본선 2004년 3단 승단 2004년 오스람코리아배 본선 2004년 KB국민은행 한국바둑리그 한게임팀 단체전 우승 2005년 4단 승단 2005년 제5기 오스람코리아배 신예연승최강전 · 제9기 SK가스배 신예프로10걸전 우승 2006년 삼성화재배 · 오스람코리아배 신예연승최강전 본선 2006년 5단 승단 2007년 제4기 전자랜드배 왕중왕전 · 제7기 오스람배 우승 2007년 7단 승단(2단 승단) 2007년 박카스배 천원전 준우승 2008년 8단 승단 2008년 제10회 농심신라면배 한국대표(우승) 2008년 제1회 세계마인드스포츠게임 남자개인전 금메달 2008년 제36기 하이원배 명인전 준우승 2008년 후지쯔배 · LG배 세계기왕전 본선 2008년 9단 승단(특별승단)(현) 2009년 제22기 후지쯔배 · 제13기 박카스배 천원전 우승 2009년 강릉세계청소년바둑축제 홍보대사 2010년 제11기 KBS바둑왕전 · olleh KT배 준우승 2010년 광저우아시안게임 남자단체전 금메달 2011년 KB국민은행 한국바둑리그 우승 2011년 LG배 세계기왕전 · 삼성화재배 본선 2012년 제7기 원익배 십단전 준우승 2012년 춘란배 · LG배 세계기왕전 · 삼성화재배 본선 2013년 제8기 원익배 십단전 · 제1회 주강배 세계바둑단체전 우승 2013년 LG배 세계기왕전 · 삼성화재배 본선 2014년 국수산맥 한중단체바둑대항전 · 렛츠런파크배 준우승 2014년 LG배 조선일보 기왕전 · 삼성화재배 본선 2014년 제16회 농심신라면배 대표 2015년 하이원리조트배 명인전 · 렛츠런파크배 · 맥심커피배 · KBS바둑왕전 본선 2016년 제20회 LG배 조선일보 기왕전 우승 2017년 중국 갑조리그 본선 2018년 제1기 용성전 준우승 (상)바둑대상 신인기사상(2005), KB국민은행 한국바둑리그 다승상(2007 · 2011), KB국민은행 한국바둑리그 MVP(2011)

**강동필(康東弼) KANG Dong Pil**

(생)1964·10·23 (출)제주 (주)경기도 수원시 영통구 동수원로 526 오름법조프라자 4층 법무법인 세인(031-216-2500) (학)1984년 제주제일고졸 1988년 연세대 법학과졸 (경)1987년 사법시험 합격(29회) 1990년 사법연수원 수료(19기) 1990년 춘천지법 강릉지원 판사 1993년 춘천지법 판사 1994년 수원지법 판사 1998년 서울지법 판사 1998년 변호사 개업 2000년 법무법인 세인 대표변호사(현) (종)천주교

**강동헌(姜東憲) KANG Dong Hun**

(생)1957·7·5 (본)진주(晉州) (출)경남 진양 (주)부산광역시 사하구 장평로 73 (주)코메론 사장실(051-290-3100) (학)1976년 영남상고졸 1988년 경상대 경영학과졸 (경)1976년 한국도량기공업사(現 코메론) 입사, (주)코메론 상무이사 1992년 同대표이사 사장(현) 2009년 시몬스아이케이(주) 대표이사 (상)국무총리표창(1999), 부산벤처기업인 대상(2001), 대한민국브랜드경영 최우수상(2002), 부산산업기술대상(2003), 재정경제부장관표창(2005), 부산중소기업인대상(2007)

**강동혁(姜東赫)**

(생)1973·11·21 (출)서울 (주)경기도 의정부시 녹양로34번길 23 의정부지방법원 총무과(031-828-0102) (학)1992년 면목고졸, 고려대 법학과졸 (경)1999년 사법시험 합격(41회) 2002년 사법연수원 수료(31기) 2002년 부산지법 예비판사 2004년 同판사 2006년 수원지법 안산지원 판사 2010년 서울북부지법 판사 2012년 서울중앙지법 판사 2013년 법원행정처 양형운영지원단장 겸임 2014년 법원행정처 사법지원심의관 겸임 2015년 서울서부지법 판사 2017년 광주지법 부장판사 2019년 의정부지법 부장판사(현)

**강동현(姜東見) Kang Dong Hyeon**

(생)1965·6·19 (본)진주(晉州) (출)경남 진주 (주)경상남도 진주시 남강로 1065 경남일보사 (학)1983년 대아고졸 1991년 부산대 사회학과졸 (경)1992년 경남일보 입사, 同편집부장, 同문화특집부장, 同취재부장 2015년 同지역부장 2016~2018년 同편집국장 2018년 同광고사업국장 2019년 同남부취재본부 본부장(현)

**강동형(姜東亨) KANG Dong Hyoung** (춘파·우원)

(생)1960·11·14 (본)진주(晉州) (출)전남 광양 (주)서울특별시 중구 세종대로 124 서울신문(02-2000-9000) (학)1979년 부산 대동고졸 1986년 부산대 사회학과졸 (경)1999년 대한매일 편집국 정치팀 기자 2000년 同정치팀 차장급 2000년 同행정뉴스팀 차장급 2001년 同정치팀 차장급 2002년 同공공정책팀 차장 2003년 同경제부 차장 2005년 서울신문 지방자치뉴스부 차장 2005년 同지방자치부 차장(부장급) 겸 시청팀장 2006년 同지방자치뉴스부 지방자치부장 2007년 同공공정책부장 2007년 同사업국 부국장 겸 사업기획팀장 2009년 同사업국 부국장 겸 프로젝트사업부장 2009년 同신성장사업국 부국장 2010년 同기획사업국장 2011년 同독자서비스국장 겸 문화홍보국장 2011~2014년 서울신문애드컴 대표이사 겸임 2012년 서울신문 미디어전략실장 직대 겸 콘텐츠평가팀장(국장급) 2012년 同사업단 수석전문위원 2013년 同독자서비스국장 2015년 同논설위원 2018년 同이사(현) (종)기독교

**강동화(姜東和) KANG Dong Hwa**

(생)1966·10·7 (본)진주(晉州) (출)부산 (주)서울특별시 강남구 삼성로 512 (주)인터파크(02-6004-5555) (학)부산 성도고졸, 서울대 경영학과졸, 同대학원 경영학과졸 (경)포스코 근무, 포스에너지 근무, GS리테일 근무, (주)인터파크 경영기획팀장, 同전략기획실장, 同재무관리실장(상무보), 同경영기획실장(상무) 2013~2016년 한국지식재산보호협회 비상임감사 2016년 (주)인터파크 각자대표이사 2017년 同부사장(CFO) 2018년 同대표이사(현)

**강동훈(姜東勳) KANG Dong Hun** (영규)

(생)1962·10·9 (본)진주(晉州) (출)전남 여수 (주)서울특별시 마포구 마포대로 20 불교방송 보도국(02-705-5114) (학)1981년 여수공고졸 1989년 광주대 신문방송학과졸 2001년 동국대 언론정보대학원졸 (경)1990년 불교방송 보도국·문화부·사회부 기자 1995년 同정치부 기자 2002년 同정치경제팀 차장 2005년 同경제산업팀장 2006년 同정치외교팀장 2008년 同보도국장 직대 2008년 同신문국 취재팀장 2009년 同신문제작팀장 2010년 同보도제작부장 2010년 同보도국 경제산업부장 2012년 同경제산업부 근무 2013년 同보도국 세종청사특별취재팀장 2014년 同보도국 경제산업부장 2014년 同창사25주년TF팀장 겸임 2014년 국토교통부 항공안전조사위원회 위원 2014년 청와대언론인회 회장 2014년 세종청사기자단간사협의회 간사장 2015년 불교방송 경영기획국장 겸 포교문화국장 2015년 同경영기획실장 2016년 同보도국장(현) 2017년 同방송본부장 겸임(현) (상)한국방송기자클럽 보도제작상(1993), 특종상(1993·1995), 한국기자협회 공로상(1994), 한국불교종단협회 부처님오신날 표창(2000), 청와대불자회 공로상(2000), 청와대불자회장표창(2001), 17대 국회의장표창(2007), 제18대 국회의장 감사패(2010), 대통령표창(2013), 대한지적공사 감사패(2013), 한국감정평가협회 감사패(2014) (종)불교

**강동훈**

(생)1972 (출)경북 영천 (주)세종특별자치시 국세청로 8-14 국세청 전자세원과(044-204-3271) (학)대구 영진고졸, 경북대 행정학과졸 (경)2002년 행정고시 합격(45회) 2003년 경남 창원세무서 납세지원과장 2005년 재정경제부 세제실 근무 2006년 서울지방국세청 조사3국 조사1과 근무 2009년 서울 성북세무서 조사과장 2011년 국세청 국제세원관리담당관실 근무 2014년 서울지방국세청 국제조사관리과 근무, 미국 파견 2016년 경북 구미세무서장 2017년 중부지방국세청 조사1국 국제거래조사과장 2018년 국세청 전자세원과장(현)

**강두례(姜斗禮·女)**

(생)1968·8·15 (출)부산 (주)경기도 수원시 영통구 법조로 105 수원지방법원 총무과(031-210-1101) (학)1986년 여수여고졸 1991년 서울대 영어교육과졸 1997년 성균관대 법학과졸 (경)1998년 사법시험 합격(40회) 1999년 사법연수원 수료(30기) 2003년 대전지법 판사 2006년 同공주지원 판사 2008년 대전지법 판사 2011년 대전고법 청주재판부 판사 2013년 대전지법 천안지원·대전가정법원 천안지원 판사 2016년 전주지법 부장판사 2018년 대전지법 천안지원·대전가정법원 천안지원 부장판사 2019년 수원지법 부장판사(현)

**강래구(姜來求) KANG Rae Gu**

(생)1965·1·29 (출)대전 (주)대전광역시 중구 동서대로 1337 더불어민주당 대전시당(042-254-6936) (학)1983년 대전 대신고졸 1991년 충남대 사회학과졸 1997년 한국외국어대 정책과학대학원졸 2000년 건국대 행정대학원졸, 서울시립대 대학원 행정학박사과정 수료 (경)1999~2004년 도

우산업개발 이사 2001~2003년 민주평통 자문위원 2001년 새천년민주당 서울서초甲지구당 사무국장 2003년 버추얼미디어(주) 이사 2003년 반포우성아파트 재건축조합장 2004년 6.5재보선 서울시의원선거 출마(열린우리당) 2008년 통합민주당 조직국장 · 청년국장 2008~2009년 민주당 부대변인 2011년 민주통합당 대전동구지역위원회 위원장 2012년 제19대 국회의원선거 출마(대전 동구, 민주통합당) 2013년 민주당 대전동구지역위원회 위원장 2014년 새정치민주연합 대전동구지역위원회 위원장 2014~2015년 同조직담당사무부총장 2015년 同대전시당 수석부위원장 2015~2017 · 2019년 더불어민주당 대전동구지역위원회 위원장(현) 2016년 제20대 국회의원선거 출마(대전 동구, 더불어민주당) (종)천주교

### 강만길(姜萬吉) KANG Man Gil (黎史)

(생)1933 · 10 · 25 (본)진주(晋州) (출)경남 마산 (주)서울특별시 성북구 안암로 145 고려대학교 한국사학과(02-3290-2030) (학)1952년 마산고졸 1959년 고려대 역사학과졸 1961년 同대학원 한국사학과졸 1975년 문학박사(고려대) (경)1959~1966년 국사편찬위원회 편사연구관 1963~1980년 고려대 문과대 강사 · 조교수 · 부교수 · 교수 1975년 한국사연구회 대표간사 1979년 고려대 박물관장 1980년 同문과대 교수 해직 1984~1999년 同한국사학과 교수 1987년 同중앙도서관장 1991년 월간 '사회평론' 발행인 1996년 동아시아 평화 · 인권국제회의 한국위원회 대표 1996~2000년 경제정의실천시민연합 통일협회 이사장 1998~2003년 대통령자문 통일고문회의 고문 1998년 희망의행진98추진본부 공동본부장 1998~2000년 민족화해협력범국민협의회 상임의장 1999~2001년 계간 '통일시론' 편집인 겸 발행인 1999년 고려대 한국사학과 명예교수(현) 2000~2001년 한겨레신문 비상근이사 2000년 제주4.3사건진상규명 및 희생자명예회복위원회 위원 2000년 청명문화재단 이사장 2000년 계간 '내일을 여는 역사' 발행인 2001~2005년 상지대 총장 2002년 청암언론문화재단 초대이사장 2003년 (사)남북학술교류협회 이사장 2004년 국가기록물관리위원회 위원장 2004년 친일반민족행위진상규명시민연대 상임공동대표 2005년 광복60주년기념사업추진위원회 공동위원장 2005~2007년 친일반민족행위진상규명위원회 위원장 2006년 대통령자문 통일고문회의 고문 (상)중앙문화대상 학술대상(1992), 심산학술상(1998), 국민포장(1999), 단재상(1999), 한겨레통일문화상(2000), 만해상(2002 · 2010), 후광 김대중 학술상(2011) (저)'조선후기 상업자본의 발달' '조선시대 상공업사연구' '분단시대의 역사인식' '한국근대사' '한국현대사' '한국민족운동사론' '일제시대 빈민생활사 연구' '역사를 위하여' '역사의 언덕에서' '회상의 열차를 타고' '고쳐쓴 한국현대사' '통일운동시대의 역사인식' '조선민족혁명당과 통일전선' '역사는 이상의 현실화 과정이다' '우리, 통일 어떻게 할까요' '20세기 우리 역사'(1999) '역사가의 시간'(2010, 창비) '20세기형 인간에서 벗어나 새로운 시대 열어라(共)'(2012, 알마) '분단고통과 통일전망의 역사'(2013, 선인)

### 강만생(姜萬生) KANG Man Saeng

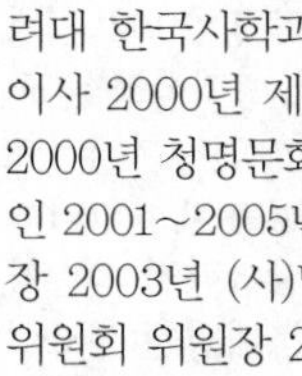

(생)1952 · 5 · 27 (출)제주 (주)서울특별시 중구 명동길 26 제주유네스코유산위원회(02-6958-4100) (학)1970년 제주 오현고졸 1980년 연세대 신문방송학과졸 1986년 同대학원졸 (경)1980년 조선일보 기자 1984년 연세대 연세춘추 상임편집위원 1987년 한국외국어대 사학과 강사 1988년 제주대 사학과 강사 1991년 한라일보 논설위원 1994년 同총무국장 2000년 제주대 언론홍보학과 강사 2001년 한라일보 편집국장 2003년 同대표이사 사장 2005년 제주도 혁신도시건설추진위원회 위원 2006년 (사)제주역사문화진흥원 이사장(현) 2008년 거문오름 국제트레킹위원회 위원장(현) 2009년 사려니숲길위원회 위원장(현) 2010~2012년 제주세계지질공원추진위원회 홍보협력분과위원장 2010년 전국지방신문협의회 부회장 2011~2013년 同회장 2011년 제주세계자연유산위원회 부위원장 2012년 환경부 지질공원위원회 위원 2013~2014년 한라일보 대표이사 사장, 제주사정립추진위원회 운영위원, 제주한살림생활협동조합 이사장, 아름다운가게 제주운영위원 2014년 제주유네스코유산위원회 위원장(현) 2014~2016년 한라일보 부회장 2014년 제주4.3평화재단 이사 2017~2018년 한라일보 대표이사 사장 (상)언론인 향토언론상(2010), 국민훈장 동백장(2015)

### 강맑실(女) KANG Marxill

(생)1956 · 9 · 24 (출)광주 (주)경기도 파주시 회동길 252 사계절출판사(031-955-8554) (학)전남여고졸, 한신대 신학과졸, 이화여대 대학원 기독교학과졸, 중앙대 대학원 신문방송학과졸 (경)1982~1986년 한국신학연구소 근무 1987년 사계절출판사 입사 · 편집장 1995년 同대표이사 사장(현), 한국출판인회의 소식지 '책과 사람' 편집위원 2003년 한국출판인회의 총무위원장 2007~2009년 同부회장 2017~2019년 同회장 (상)문화관광부장관표창(2000), 올해의 출판인상(2001), 성대언론문화대상(2003), 한국간행물윤리상 출판인쇄상(2004), 국무총리표창(2006), 중앙언론문화상 출판 · 정보미디어부문(2009) (저)'논리랑 놀자' (종)기독교

### 강맹훈(姜孟勳) Kang Maenghoon

(생)1962 · 1 · 5 (본)진양(晋陽) (출)경남 고성 (주)서울특별시 중구 세종대로 110 서울특별시청 도시재생실(02-2133-8602) (학)1980년 부산 배정고졸 1984년 한양대 건축학과졸 1998년 영국 런던대 대학원 도시계획학 석사과정 수료 2005년 한양대 공학대학원 건축학과졸 2017년 도시공학박사(한양대) (경)1984~1987년 공군 학사장교(79기) 1989년 기술고시 합격(25회) 1990~2004년 서울시 건축기획팀장 · 재개발팀장, 건설교통부 건축계획팀장, 서울 관악구 · 중구 · 서초구 · 송파구 건축과장 2005년 서울 성북구 도시관리국장 2005~2008년 서울 중구 도시관리국장 2009~2010년 서울 강남구 도시환경국장 2011년 서울시 도시개발과장 2012년 同건축과장 2013년 同주택건축정책관 2014~2015년 미국 조지아공과대 건축대학 Visiting Scholar 2016년 서울시 재생정책기획관 2018년 同도시재생본부장(지방관리관) 2019년 同도시재생실장(지방관리관)(현) (상)홍조근정훈장 (종)불교

### 강명관(姜明官) Myung-Kwan Kang

(생)1973 · 5 · 4 (본)진주(晋州) (출)경남 (주)경기도 파주시 파주읍 정문로 637 (주)인터파크송인서적(031-950-0900) (학)1992년 마산고졸 1998년 서울대 경영학과졸 (경)2011년 (주)LG유플러스 마케팅전략팀장 2012~2014년 (주)인터파크홀딩스 전략기획팀장 2015~2017년 (주)인터파크 도서부문 기획실장 2017년 (주)인터파크송인서적 대표이사(현)

### 강명득(姜命得) KANG Myoung Deuk

(생)1951 · 9 · 1 (출)경남 통영 (주)서울특별시 중구 후암로 110 서울시티타워 18층 한국의료분쟁조정중재원 조정부(02-6210-0316) (학)1970년 경남고졸 1975년 서울대 사범대학졸 1984년 단국대 대학원 법학과 수료, 미국 노스웨스턴대 로스쿨(LL.M) (경)1975년 삼현여고 교사 1977년 강서여중 교사 1983년 사법시험 합격(25회) 1985년 사법연수원 수료(15기) 1986년 변호사 개업(현) 2002년 국가인권위원회 인권침해조사국장 2003~2005년 同인권정책국장 2004년 同사무총장 직대 겸임 2005년 법무부 출입국관리국장 2012~2015년 국가인권위원회 비상임위원 2013년 한국의료분쟁조정중재원 조정부 상임조정위원(현) 2017년 국무총리소속 양성평등위원회 위원(현) (상)정부혁신브랜드 최우수상, UN 공공행정상

**강명석(姜明錫) KANG Myoung Seok**

(생)1960·4·20 (본)진주(晉州) (출)경남 진주 (주)서울특별시 송파구 오금로 62 Sh수협은행 상임감사실(02-2240-2061) (학)1979년 진주 대아고졸 1986년 부산수산대 수산경영학과졸 2006년 한양대 경영대학원 경영학과졸 2009년 서울대 경영대학 최고경영자과정 수료 2011년 동국대 문화예술최고위과정 수료 (경)1986년 수산업협동조합중앙회 입회 1996년 同진주지점장 1998년 同수신지원부 점포지원실장 1998년 同상호금융부 부부장 1999년 同마포지점장 2002년 同영업지원부장 2003년 同신용기획부장 2005년 同해양투자금융부장 2005년 울산신항컨테이너터미널(주) 비상임이사 2006~2009년 수산업협동조합중앙회 신용상임이사 2007년 금융결제원 비상임이사 2008~2009년 울산아이포트(주) 비상임이사 2010~2013년 한국자산관리공사 금융구조조정본부장(상임이사) 2011년 공적자금상환기금운용심의회 위원 2015년 수협노량진수산(주) 대표이사 2016년 Sh수협은행 상임감사(현) (상)동탑산업훈장(2009)

**강명수(姜明秀)**

(생)1967 (출)전남 나주 (주)세종특별자치시 한누리대로 402 산업통상자원부 무역위원회(044-203-4560) (학)광주제일고졸, 서울대 경제학과졸, 同대학원 행정학과졸, 경제학박사(미국 미주리대) (경)행정고시 합격(35회) 2005년 駐타이베이대표부 상무관 2008년 지식경제부 수출입과장 2010년 同바이오나노과장(부이사관) 2011년 同정보통신정책과장 2012년 駐일본대사관 공사참사관(고위공무원) 2015년 지역발전위원회 정책총괄국장(산업통상자원부 파견) 2016년 산업통상자원부 통상협력국장 2017년 同대변인 2018년 同무역위원회 상임위원(현)

**강명신(姜明伸·女)**

(생)1968·4·20 (주)서울특별시 마포구 월드컵북로56길 19 상암디지털드림타워 (주)CJ헬로 미디어사업본부(1855-1000) (학)1992년 한국외국어대 신문방송학과졸 1996년 同대학원 신문방송학과졸 2002년 신문방송학박사(한국외국어대) (경)1992~1993년 한국주택은행 고객관리팀 근무 1997~2002년 한국외국어대·단국대 시간강사 1998~1999년 한국외국어대 언론정보연구원 근무 2002~2013년 SK TCC DMC 컨설팅 2004~2011년 CJ헬로비전 미디어사업팀 근무 2011년 同커뮤니티사업본부장 2013년 同부산본부장, CJ헬로 지역채널본부장(상무) 2015~2017년 문화창조융합센터 센터장 2015~2017년 아시아문화원 비상임이사 2015년 대통령소속 문화융성위원회 위원 2016년 기획재정부 재정정책자문회의 위원 2016년 재단법인 미르 이사 2018년 (주)CJ헬로 미디어사업본부장(상무)(현)

**강명옥(姜命玉·女) Kang Myoung-Ok (琴軒)**

(생)1959·3·9 (본)진주(晉州) (출)서울 (주)전라북도 전주시 덕진구 건산로 250 3층 (사)한국국제개발연구소(063-241-3011) (학)1978년 성신여고졸 1982년 이화여대 영문학과졸 1992년 경희대 평화복지대학원 국제경영학과졸 2006년 정치학박사(연세대) (경)1982~1989년 현대중공업 근무 1991~1998년 한국국제협력단(KOICA) 팀장(동남아과장·봉사사업과장 등) 1999~2007년 군산대·한성대 강사 2001년 유네스코 아시아·태평양국제이해교육원 기획행정실장 2002~2003년 국가인권위원회 국제협력과장 2006~2007년 2011대구세계육상선수권대회유치위원회 국제협력담당관 2006년 한국국제협력단 해외봉사단 면접위원·ODA전문가(현) 2007~2009년 도서출판 피스북 대표 2007~2009년 (주)한국국제개발컨설팅 대표 2007~2016년 (사)한국국제개발연구소 이사장 2009~2011년 대한적십자사 미래전략실장 2010~2012년 서울여성가족재단 국제자문위원 2010년 국민대 정치대학원 외래교수 2010~2014년 통일부 통일교육위원, 통일교육위원중앙협의회 운영위원, 同감사 2010~2011년 평화통일국민포럼 자문위원 2010~2011년 새코리아청년네트워크 자문위원 2011~2012년 GCS INTERNATIONAL 국제협력위원 2011년 한국여성정책연구원 객원연구원 2011~2013년 행정안전부 자원봉사진흥실무위원회 위원 2011~2016년 서울과학기술대 겸임교수 2012~2014년 서울시 주민참여예산위원회 위원장·운영위원장 2012년 정보통신산업진흥원(NIPA) 퇴직전문가해외파견 면접위원(현) 2013년 문화체육관광부 자문위원 2013~2014년 서울시립대 도시과학대학원 강사 2013~2018년 국제개발협력학회 감사 2013~2014년 서울시도시외교협의체 자문위원 2013~2014년 서울시서울형전자정부해외진출협의체 자문위원 2013년 AP-PA(UN ECOSOC MEMBER NGO) 유엔 대표(현) 2016~2017년 행정자치부 자문위원 2016~2019년 국민건강보험공단 글로벌협력실장 2019년 (사)한국국제개발연구소 이사장(현) (상)문교부장관표창(1970), 대한교육연합회장표창(1971), 문교부장관표창(1971), 서울시교육감표창(1975), 한국국제협력단 총재표창(1995), 대한적십자사 총재표창(2010), 서울시장표창(2014) (저)'글로벌 시대의 이해와 국제매너'(2007·2013) '대한민국 국격을 생각한다(共)'(2010) (종)기독교

**강명재(姜明材) KANG Myoung Jae**

(생)1958·10·21 (본)진주(晉州) (출)전북 (주)전라북도 전주시 덕진구 건지로 20 전북대병원 병리과(063-270-3075) (학)전북대 의대졸, 同대학원 의학과졸 1994년 의학박사(전남대) (경)1985년 전북대병원 수련의 1986년 同해부병리과 전공의 1989년 공군항공의학적성훈련원 병리과장 1992년 청주리라병원 해부병리과장 1992년 전북대 의과대학 병리학교실 교수(현) 1992년 대한세포병리학회 정회원 1993년 진단전자현미경학회 정회원 1997년 캐나다 토론토대 의대 연구원 1998년 대한병리학회 평의원 2000년 同인증위원회 위원 2001년 同신장병리연구회 학술위원 2004년 전북대 의과대학 부학장 2006년 전북대병원 홍보실장 2007년 대한병리학회 호남지회장 2012년 전북대병원 기획조정실장 2015~2018년 同병원장 2015년 미국 세계인명사전 'Marquis Who's Who in the World' 2016년판에 등재 2015년 전북도병원회 회장 2015년 전북애향운동본부 이사 2015년 법무부 법사랑위원 2015년 전북대동창회 부회장 (상)전북지방경찰청장 감사장(1993), 전병득상 (저)'일반병리학(共)'(2011, 고문사) (종)기독교

**강명채(康明采) KANG Myoung Chae**

(생)1948·11·23 (본)신천(信川) (출)전북 고창 (주)서울특별시 강동구 천호대로 1489 아리샘빌딩 5층 도서출판 아리샘(02-3442-7093) (학)1971년 중앙대 약학과졸 1984년 고려대 경영대학원졸 (경)1981년 삼성당 대표 1984년 대한출판문화협회 이사 1986년 서대문청년회의소 회장 1993년 도서출판 삼성당 대표이사, 同회장 1994년 대한출판문화협회 이사 1998년 강남경찰서 경찰행정자문위원 2007년 도서출판 아리샘 회장(현) (상)한국일보 한국출판문화상(1976·1981·1982·1983), 국세청장표창(1993), 문화체육부장관표창(1994) (종)기독교

**강무빈**

(생)1960 (주)경기도 여주시 청심로 181 여주교육지원청(031-880-2302) (학)경북대 수학교육학과졸 2004년 아주대 교육대학원 교육행정학과졸 (경)1987년 구리고 교사, 경기도호국교육원 교육연구사 2008년 경기도교육청 교육국 중등교육과 장학사 2010년 수지고 교감 2014년 시흥중 교장 2015년 경기도교육청 안성교육지원청 교수학습지원과장(장학관) 2017년 경기도교육연수원 원격연수부장(장학관) 2018년 경기도교육청 여주교육지원청 교육장(현)

**강무현(姜武賢) KANG Moo Hyun**

(생)1951·1·5 (본)진주(晉州) (출)강원 원주 (주)서울특별시 송파구 송파대로28길 28 한국해양재단(02-741-5278) (학)1969년 원주 대성고졸 1974년 연세대 영어영문학과졸 1993년 영국 웨일즈대 대학원 수료 (경)1978년 행정고시 합격(22회) 1991년 해운항만청 법무담당관(서기관) 1993년 부산지방해운항만청 항무과장 1994년 해운항만청 항무국 유통과장 1996년 해양수산부 항만유통과장 1997년 同기획예산담당관 1998년 대통령 농림해양수산행정관(부이사관) 1999년 해양수산부 공보관 1999년 同수산정책국장 2000년 해양수산부 수산정책국장(이사관) 2002년 同해운물류국장 2003년 국립수산과학원장 2004~2006년 해양수산부 차관 2007~2008년 同장관 2019년 한국해양재단 이사장(현) 2019년 한국해양산업총연합회 회장(현) (상)근정포장(1988), 홍조근정훈장(1994)

**강문경(姜文景)**

(생)1969·7·29 (출)울산 (주)서울특별시 서초구 서초중앙로 157 서울고등법원(02-530-1114) (학)1988년 부산 중앙고졸 1993년 서울대 법학과졸 1995년 서울시립대 대학원 법학과 석사과정 수료 (경)1996년 사법시험 합격(38회) 1999년 사법연수원 수료(28기) 1999년 軍법무관 2002년 서울지법 북부지원 판사 2004년 창원지법 판사 2009년 부산고법 판사 2010년 수원지법 안산지원 판사 2011년 서울고법 판사 2012년 대법원 재판연구관 2014년 서울중앙지법 판사 2015년 대전지법 부장판사 2015~2016년 대전 중구 공직자윤리위원회 위원장 2016년 서울고법 판사(현)

**강문대(姜文大) KANG Moon Dai**

(생)1968 · 1 · 11 (출)경남 마산 (주)서울특별시 종로구 청와대로 1 대통령 사회조정비서관실(02-770-0011) (학)1986년 마산 중앙고졸 1991년 서울대 종교학과졸 2009년 한양대 대학원 법학과졸 (경)1997년 사법고시 합격(39회) 2000년 사법연수원 수료(29기) 2000년 변호사 개업, 전국민주노동조합총연맹 법률원 근무 2004년 민주노동당 단병호 국회의원 정책수석보좌관, 참터합동법률사무소 변호사, 한양대 법학전문대학원 겸임교수, 대한변호사협회 인권위원, 민주사회를위한변호사모임 노동위원장 · 사무총장, 법률사무소 로그 대표변호사 2018년 대통령 시민사회수석비서관실 사회조정비서관(현)

**강문봉(姜文奉) KANG Moon Bong**

(생)1957·4·6 (주)경기도 안양시 만안구 삼막로 155 경인교육대학교 수학교육과(031-470-6236) (학)서울대 수학교육과졸, 同대학원 수학교육과졸 1993년 교육학박사(서울대) (경)1980~1987년 강서중 교사 1987~1988년 양강중 교사 1988~1989년 개포고 교사 1989~1995년 한국교육개발원 선임연구원 1995년 인천교대 수학교육과 교수, 경인교대 수학교육과 교수(현) 2007년 同교육지원처장 2017~2019년 同부총장 겸 교육전문대학원장 (저)'초등수학교육학개론'(1997) '초등수학학습지도의 이해'(1999) '간추린 수학사'(2002) '초등수학교육의 이해'(2005) '교사를 위한 현대수학개론'(2005) '수학교육철학'(2006) '초등수학교육연구'(2006)

**강문성(姜雯珹) KANG Moon Seong**

(생)1965 · 9 · 24 (주)전라남도 무안군 삼향읍 오룡길 1 전라남도의회(061-286-8200) (학)전주대졸, 경희대 행정대학원졸 (경)열린우리당 여수청년위원장, 여수세계박람회 유치위원, (유)호남화물 대표 2017년 더불어민주당 제19대 문재인 대통령후보 조직특보, 同전남도당 지역균형발전 특별위원장(현) 2018년 전남도의회 의원(더불어민주당)(현), 同도정자문위원(동부지역)(현), 더불어민주당 여수甲을지로위원회 위원장(현)

**강문일(姜文日) KANG Mun Il**

(생)1957·2·11 (본)진주(晉州) (출)광주 (주)광주광역시 북구 용봉로 77 전남대학교 수의병리학교실(062-530-2844) (학)1975년 광주사레지오고졸 1980년 전남대 수의학과졸 1982년 同대학원 수의학과졸 1987년 수의학박사(서울대) 1987년 호주 제임스쿡대 열대수의농학대학원 수의역학과정 수료 (경)1982~1991년 농림부 국립수의과학검역원 연구사·연구관 1985년 FAO주최 긴급성가축질병방역워크샵 한국대표 1991년 영국 런던대 왕립수의과대 수의병리학과 분자병리학 박사후과정 1991~2003년 전남대 수의과대학 수의병리학교실 교수 1994~1996년 농촌진흥청 수의과학연구소 겸임연구관 1994·1997·1998·2000년 농림부 수의사국가고시 출제위원 2000~2003년 국립수의과학검역원 병리진단과 겸임연구관 2001~2003년 전남대 수의대학장 겸 동물의학연구소장·동물병원장 2003년 同수의대 수의병리학교실 교수(현) 2003~2007년 농림부 가축방역협의회 위원 2005~2008년 국립수의과학검역원장 2005~2008년 대한수의학회 등기이사 2006~2008년 한국독성병리학회 국제간사 2007년 칠레 아우스트랄대 수의과대학 특별교수(현) 2007~2008년 HACCP기준원 이사 2007~2008년 한국수의병리학회 회장 2010~2014년 한국동물복지학회 회장 2012년 헝가리 젠트이스트반대 수의대수의병리학연구소 객원교수 2013~2015년 식품의약품안전처 축산물위생심의위원장 2013~2015년 축산물안전관리인증원 비상임이사 2013~2017년 한국식품안전관리인증원 이사 (상)대한수의학회 학술상(1998), 한국과학기술단체총연합회 논문우수상(2002) (저)'어류질병학(共)'(1993) '조류질병학(共)'(1997) '생물학명강의(共)'(2012) (역)'마우스와 랫트의 감염병(共)'(1996) '어류질병학(共)'(2006) '수의병리학 각론(共)'(2006) '임상병리수의학(共)'(2010) (종)기독교

**강문호(姜文鎬) KANG Mun Ho**

(생)1957·3·25 (주)서울특별시 종로구 김상옥로29 코리아크레딧뷰로(주) 사장실(02-708-1000) (학)1976년 금오공고졸 1985년 성균관대 경영학과졸 2014년 서울대 경제연구소 세계경제최고전략과정(ASP) 수료 2015년 同인문대학원 최고지도자인문학과정(AFP) 수료 (경)2008년 KB국민은행 스타타워기업금융지점장 2010년 同서부지역본부장 2011년 同인천남지역본부장 2011년 同기업고객본부장 2011년 同부천지역본부장 2013년 同업무지원본부 집행본부장(전무) 2015년 同여신그룹 부행장 2016년 법무법인 광장 자문위원 2017년 코리아크레딧뷰로(주) 대표이사 사장(현)

**강민구(姜玟求) KANG Min Koo**

(생)1958·11·11 (본)진주(晉州) (출)경북 구미 (주)서울특별시 서초구 서초중앙로 157 서울고등법원(02-530-1186) (학)1976년 용산고졸 1981년 서울대 법과대학졸 1986년 同대학원 법학과졸 2003년 同공과대학 최고산업전략과정 수료 (경)1982년 사법시험 합격(24회) 1984년 사법연수원 수료(14기) 1985년 육군사관학교 법학과 교수 1988년 서울지법 의정부지원 판사 1990년 同동부지원 판사 1992년 창원지법 진주지원 판사 1995년 서울지법 판사 1996년 서울고법 판사 1997~1998년 법원도서관 조사심의관 겸임 1998년 한국정보법학회 이사 1999년 서울고법 판사 1999년 서울지법 판사 1999~2000년 미국 국립주법원 행정센터(NCSC) 법원정보화과정 연수 2000년 대구지법 부장판사 2002년 수원지법 성남지원 부장판사 2004년 서울중앙지법 부장판사 2007년 대전고법 부장판사 2008년 서울고법 부장판사 2009~2011년 사학분쟁조정위원회 위원 2011~2014년 한국정보법학회 공동회장 2014년 창원지법원장 2015년 부산지법원장 2017년 서울고법 부장판사(현) 2017~2018년 법원도서관장 (저)'함께 하는 법정(부제: 21세기 사법정보화와 열린 법정)'(2003) '손해배상소송실무(교통·산재)(9인 공저 저자대표)'(2005) '정보법 판례법선 1(한국정보법학회 40인 공저 편집간사)'(2006) '인터넷, 그 길을 묻다(한국정보법학회 40인 공저 총괄기획 대표)'(2012)

**강민구(姜敏求) KANG Minkoo (석주)**
(생)1964 · 10 · 16 (본)진주(晋州) (출)경북 의성 (주)대구광역시 중구 공평로 88 대구광역시의회(053-803-5041) (학)성광고졸, 경북대 무역학과졸, 同경영대학원 마케팅전공졸 (경)대경대 경영학부 초빙교수, 삼성전자(주) 인사팀 · 마케팅팀 근무, (주)한국리빙 대표이사 2014~2018년 대구시 수성구의회 의원(새정치민주연합 · 더불어민주당) 2016~2017년 대구민주자치연구회 회장 2018년 대구광역시의회 의원(더불어민주당)(현) 2018년 同문화복지위원회 위원(현) (저)'대구, 박정희 패러다임을 넘다(共)'(2018, 살림터) (종)가톨릭

**강민구(姜恣求) KANG Min Koo**
(생)1965 · 10 · 9 (출)서울 (주)서울특별시 서초구 서초중앙로 148 김영빌딩 11층 법무법인 진솔(02-536-2455) (학)1984년 문일고졸 1989년 고려대 법학과졸 2009년 미국 노스웨스턴대 로스쿨졸(L.L.M) (경)1989년 사법시험 합격(31회) 1992년 사법연수원 수료(21기) 1992~1993년 태평양합동법률사무소 변호사 1993~1995년 부산지검 동부지청 검사 1995~1997년 수원지검 여주지청 검사 1997~2000년 서울지검 검사 2001년 미국 듀크대 로스쿨 Visiting Scholar 2002년 울산지검 검사 2003년 수원지검 안산지청 검사 2003년 변호사 개업 2003년 한나라당 서울금천구지구당 위원장 2007~2008년 캐나다 Wagners Law Firm Associate 2009년 미국 뉴욕주 변호사시험 합격 2010년 법무법인 이지스 대표변호사 2015년 법무법인 진솔 대표변호사(현) (상)법무부장관표창(2001) (저)'뽕나무와 돼지똥(아가동산수사실화소설)'(2003, 해우출판사) '핵심 부동산분쟁'(2015, 박영사) (종)기독교

**강민국(姜旻局) Kang Min-Kuk**
(생)1971 · 3 · 3 (본)진양(晋陽) (출)경남 진주 (주)경상남도 창원시 의창구 상남로 290 경상남도의회(055-211-7222) (학)1990년 진주 동명고졸 1998년 경남대 법학과졸 2000년 同대학원 법학과졸 2011년 서울대 행정대학원 국가정책과정 수료 2012년 법학박사(경남대) (경)1998~2004년 한국국제대 행정학부 조교수 1998~2000년 법무부 교정위원 2005~2012년 법무법인 DSL 비상근법률고문 2010~2012년 한나라당 부대변인 · 상임전국위원 2011년 한국청년미래포럼 대표 2012년 새누리당 부대변인 · 상임전국위원 2013년 경남도지사 비서실장 2013년 同정무보좌역 2014~2018년 경남도의회 의원(새누리당 · 바른정당 · 자유한국당) 2014년 同기획행정위원회 위원 2015~2016년 同예산결산특별위원회 위원장 2016년 同남부내륙철도조기건설을위한특별위원회 위원 2016~2018년 同경제환경위원회 위원 2016~2018년 同운영위원회 부위원장 2016~2018년 同남부내륙철도조기건설특별위원회 부위원장 2017년 同교육청소관 예산결산특별위원회 부위원장 2018년 경남도의회 의원(자유한국당)(현) 2018년 同건설소방위원회 위원장(현)

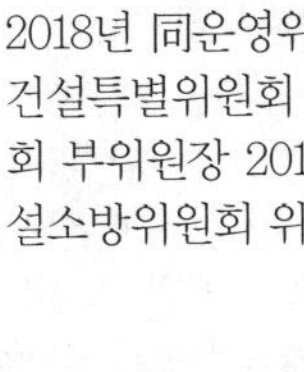

**강민선(康珉善) KANG MIN SUN**
(생)1964 · 1 · 18 (주)서울특별시 영등포구 의사당대로 82 하나금융투자 홀세일본부(02-3771-7114) (학)공주대사대부고졸, 서울대 경영학과졸 (경)대우증권 투자분석부 근무 2000년 일은증권 법인영업부 차장 2005년 굿모닝신한증권 법인영업부장 2008년 同법인영업1부장 2009년 신한금융투자 법인영업본부장 2017년 하나금융투자 홀세일본부장(전무)(현)

**강민성(姜旻成)**
(생)1968 · 7 · 25 (출)제주 (주)경기도 수원시 영통구 법조로 105 수원지방법원 총무과(031-210-1101) (학)1987년 제주 오현고졸 1992년 서울대 법학과졸 (경)1999년 사법시험 합격(41회) 2000년 사법연수원 수료(31기) 2002년 대전지법 판사 2003년 대전고법 판사 2004년 대전지법 판사 2005년 수원지법 판사 2008년 서울중앙지법 판사 2011년 서울동부지법 판사 2013년 서울중앙지법 판사 2015년 서울고법 판사 2017년 울산지법 부장판사 2019년 수원지법 부장판사(현)

**강민수(姜旼秀) Kang Minsoo**
(생)1966 · 2 · 10 (주)서울특별시 마포구 백범로 192 에쓰오일(주) 경영전략본부(02-3772-5221) (학)1988년 연세대 경영학과졸 1990년 同대학원 경영학과졸 1997년 미국 퍼듀대 경영대학원졸(MBA) (경)1991년 에쓰오일(주) 입사 2012년 同경영기획부문장(상무) 2016년 同경영전략본부장(전무) 2019년 同경영전략본부장(부사장)(현)

**강민수(姜旼秀) Kang, Minsoo**
(생)1968 · 10 · 22 (출)경남 창원 (주)세종특별자치시 국세청로 8-14 국세청 징세법무국(044-204-3000) (학)1987년 동래고졸 1992년 서울대 경영학과졸 1995년 同행정대학원 행정학과졸 2000년 영국 버밍엄대 대학원 경영학과졸 2001년 同대학원 회계 · 재무학과졸 (경)1993년 행정고시 합격(37회) 1995년 부산 제주세무서 총무과장 1998년 중부 안양세무서 소득세과장 2001년 국세청 국제조세관리관실 근무 2007년 고용 휴직(OECD 사무국) 2010년 중부 용인세무서장 2010년 국세청 기획재정담당관 2012년 同운영지원과장 2014년 부산지방국세청 조사1국장 2015년 국무조정실 조세심판원 상임심판관 2015년 서울지방국세청 조사3국장 2016년 국세청 전산정보관리관(고위공무원) 2018~2019년 同기획조정관(국장) 2019년 同징세법무국장(현)

**강민숙(康敏淑 · 女)**
(생)1961 · 12 · 18 (주)제주특별자치도 제주시 문연로 13 제주특별자치도의회(064-741-1955) (학)제주여상졸, 제주산업정보대졸 (경)참여정부평가포럼 제주공동집행위원장, 민주당 중앙당 사회복지위원회 부위원장 2012년 제주특별자치도의원선거 출마(민주통합당), 더불어민주당 제주특별자치도당 여성위원회 부위원장(현) 2018년 제주특별자치도의회 의원(비례대표, 더불어민주당)(현) 2018년 同대규모개발사업장에대한행정사무조사를위한특별위원회 부위원장(현) 2018년 同문화관광체육위원회 위원(현)

**강민아(姜敏娥 · 女)**
(생)1965 · 10 · 12 (출)서울 (주)서울특별시 종로구 북촌로 112 감사원 감사위원실(02-2011-2114) (학)1984년 대전여고졸 1988년 이화여대 영어영문학과졸 1990년 同대학원 경영학과졸 1997년 미국 하버드대 대학원 정책학과졸 2003년 의료정책학박사(미국 하버드대) (경)2004~2018년 이화여대 행정학과 교수 2012~2014년 한국보건산업진흥원 비상임이사 2013~2014년 기획재정부 국고보조사업 평가위원 2013년 한국정책학회 국제협력위원장 2014년 同지식정보위원장 2014년 여성가족부 자문위원 2014년 한국행정학회 여성특별위원장 2015~2018년 이화여대 경력개발센터 원장 2016년 국무총리소속 국제개발협력위원회 민간위원 2017년 외교부 혁신TF 자문위원 2017~2018년 대통령직속 4차산업혁명위원회 위원 2018년 감사원 감사위원(차관급)(현)

**강민호(姜旻鎬) Kang Min Ho**
(생)1973 · 7 · 3 (출)경남 하동 (주)경기도 고양시 일산동구 장백로 209 의정부지방법원 고양지원 총무과(031-920-6112) (학)1992년 대아고졸 1997년 서울대 법학과졸 (경)1998년 사법시험 합격(40회) 2001년 사법연수원 수료(30기) 2001년 軍법무관 2004년 대구지법 판사 2007년 의정부지법 고양지원 판사 2010년 서울서부지법 판사 2012년 서울중앙지법 판사 2014년 서울서부지법 판사 2014~2015년 사법정책연구원 연구위원 겸임, 서울남부지법 판사 2017년 창원지법 진주지원·거창지원 부장판사 2019년 의정부지법 고양지원 부장판사(현)

**강방천(姜芳千) Kang Bang Chun**

(생)1960 · 9 · 23 (출)전남 신안 (주)경기도 성남시 분당구 판교역로192번길 14 리치투게더센터 에셋플러스자산운용(주)(02-501-7707) (학)1979년 목포고졸 1987년 한국외국어대 경영정보학과졸 (경)1987년 동방증권 근무 1989년 쌍용투자증권 주식부 펀드매니저 1994년 동부증권 주식부 펀드매니저 1995년 (주)이강파이낸셜서비스 전무이사 1999년 에셋플러스투자자문(주) 전무이사 2000년 기획예산처 기금운용평가단 평가위원 2005년 에셋플러스투자자문(주) 회장 2008년 에셋플러스자산운용(주) 회장(현) 2016년 同최고투자책임자(CIO) 겸임(현) (상)동아일보 2020년 한국을 빛낼 100인(2010), 한국경제 다산금융상 자산운용부문 금상(2015), 매일경제 올해의 증권인상 자산운용부문 금상(2015) (저)'강방천과 함께하는 가치 투자'(2006)

**강범구(姜範九) KANG Bum Gou**

(생)1957 · 10 · 3 (본)진주(晉州) (출)경북 의성 (주)서울특별시 강남구 역삼로 155 케이엘넷(02-538-7227) (학)1976년 경북대사대부고졸 1980년 서울대 농공학과졸 1982년 同대학원 농공학과졸 1989년 프랑스 국립중앙대(Ecole Centrale de Paris) 지반공학과 DEA 졸, 同지반공학 박사과정 수료 (경)1980년 기술고시 합격 1996년 해양수산부 항만건설국 신항만기술과 서기관 1997년 부산지방해양수산청 조사시험과장 1997년 同시설과장 2000년 인천지방해양수산청 계획조사과장 2001년 해양수산부 항만개발과장 2003년 同항만국 항만정책과장(서기관) 2004년 同항만국 항만정책과장(부이사관) 2004년 국제항만협회(IAPH) 집행위원 2006년 통일교육원 교육파견 2007년 해양수산부 항만재개발기획단 부단장 2007년 同항만재개발기획관 2007년 부산지방해양수산청 부산항건설사무소장(고위공무원) 2008년 국토해양부 부산항건설사무소장 2010년 同항만정책관 2012~2013년 同물류항만실장(고위공무원) 2015년 (주)케이엘넷 각자대표이사 사장(현) (상)녹조근정훈장(2002) (종)기독교

**강범구(姜範求)**

(생)1973 · 10 · 12 (출)전남 화순 (주)경기도 부천시 상일로 127 인천지방검찰청 부천지청 형사1부(032-320-4621) (학)1992년 휘문고졸 1999년 고려대 법학과졸 (경)1999년 사법시험 합격(41회) 2000년 사법연수원 수료(31기) 2002년 수원지검 성남지청 검사 2004년 창원지검 검사 2006년 춘천지검 검사 2009년 의정부지검 고양지청 검사 2013년 서울중앙지검 검사 2016년 울산지검 부부장검사 2017년 수원지검 여주지청 부장검사 2018년 수원지검 부장검사 2019년 인천지검 부천지청 형사1부장(현)

**강병구(姜秉玖) Byung-Goo Kang**

(생)1960 (주)인천광역시 미추홀구 인하로 100 인하대학교 경제학과(032-860-7773) (학)1987년 인하대 경제학과졸 1990년 同대학원 경제학과졸 1995년 경제학박사(미국 뉴욕주립대 빙엄턴교) (경)2002년 인하대 경제학과 교수(현) 2012년 참여연대 조세재정개혁센터 소장 2017년 국세청 국세태스크포스 단장 2018~2019년 대통령직속 정책기획위원회 산하 재정개혁특별위원장 2019년 인하대 사회과학대학장(현) (저)'한국5대재벌백서(共)'(1999, 나남출판사) '98~2000년 실업대책(共)'(2001, 한국노동연구원) '자활사업 실태 및 개선방안 연구(共)'(2002, 한국노동연구원) '고령화사회의 사회경제적 문제와 정책대응방안(共)'(2003, 한국보건사회연구원) '복지정책의 지속가능성을 위한 재정정책 : 스웨덴, 프랑스, 영국을 중심으로(共)'(2012, 한국보건사회연구원)

**강병구(姜炳求) KANG Byung Koo**

(생)1962 · 12 · 18 (본)진주(晉州) (출)서울 (주)서울특별시 강서구 금낭화로 154 국립국어원 기획연수부(02-2669-9730) (학)연세대 독어독문학과졸 (경)2002년 국정홍보처 해외홍보원 지원과장 2003년 駐UN대표부 홍보관 2006년 국정홍보처 해외홍보원 전략기획팀장 2008년 문화체육관광부 홍보콘텐츠개발과장 2008년 해외문화홍보원 외신홍보과장 2009년 문화체육관광부 문화예술국 국제문화과장 2010년 駐독일 문화원장(고위공무원) 2012년 대한민국예술원 사무국장 2014년 국방대 교육파견(고위공무원) 2015년 국립국어원 기획연수부장 2017년 국립국악원 기획운영단장 2018년 국립국어원 기획연수부장(현) 2018년 同원장 직대

**강병국(姜炳國) KANG Byung Kuk**

(생)1958 · 6 · 10 (본)진양(晋陽) (출)경남 마산 (주)서울특별시 서초구 서초대로41길 14 2층 법률사무소 위드(02-3486-3990) (학)1976년 중앙고졸 1982년 서울대 영어영문학과졸 (경)1982~1993년 경향신문 기자 1992~1993년 同노조위원장 1998년 사법시험 합격(40회) 2001년 사법연수원 수료(30기) 2001년 변호사 개업 2001년 전국언론노조 고문 2001~2010년 경향신문 비상근감사 2004~2014년 포럼언론광장 감사 2005년 문화관광부 지역신문발전위원회 전문위원 2005~2017년 한국안전인증원 감사 2005~2008년 신문발전위원회 위원 2008년 법무법인 경원 변호사 2010~2013년 경향신문 법률고문 2010년 한민종합법률사무소 변호사 2011년 법무법인 한민 대표변호사 2013~2014년 미디어협동조합(국민TV) 비상임감사 2014년 대한언론인회 기획조정위원회 법제분과 간사(현) 2014년 同이사 겸임(현) 2014~2017년 율원법률사무소 변호사 2017년 법률사무소 위드 변호사(현)

**강병규(姜秉圭) KANG Byung Kyu**

(생)1954 · 11 · 16 (본)진주(晉州) (출)경북 의성 (주)강원도 춘천시 중앙로 5 강원연구원(033-250-1340) (학)1973년 경기고졸 1977년 고려대 법학과졸 1979년 서울대 행정대학원 수료 1985년 미국 캔자스대 대학원 정책학과졸 2000년 성균관대 대학원 행정학 박사과정 수료 (경)1978년 행정고시 합격(21회) 1981년 대통령비서실장 보좌관 1986년 부산시 전산담당관·이재과장 1988~1991년 국무총리 의전비서관 1991년 내무부 행정관리담당관·장관비서관·공기업과장·사회진흥과장 1994년 미국 조지타운대 객원연구원 1995년 경산시 부시장 1998년 대통령 정무행정비서실 행정관 2000년 국가전문행정연수원 기획지원부장 2002년 행정자치부 감사관 2003년 同자치행정국장 2004년 同소청심사위원 2004년 중앙인사위원회 소청심사위원 2005년 대구시 행정부시장 2006년 행정자치부 정책홍보관리실장 2007년 同지방행정본부장 2008년 행정안전부 소청심사위원장(차관급) 2009~2010년 同제2차관 2011~2014년 한국지방세연구원 원장 2013년 대통령직속 지역발전위원회 위원 2014년 안전행정부 장관 2015년 강원연구원 행정·재정부문 자문위원(현) (상)대통령표창(1984), 국무총리표창(1992), 홍조근정훈장(2002) (종)천주교

**강병길(姜炳吉) KANG Byung Kil**

(생)1954·1·14 (출)서울 (주)서울특별시 용산구 청파로47길 100 숙명여자대학교 산업디자인과(02-710-9599) (학)1979년 홍익대 산업디자인학과졸 1981년 同대학원 가구디자인학과졸 (경)1978년 홍익대 환경개발연구원 선임연구원 1981~1986년 유한공업전문대학 공업디자인과 조교수 1981~1982년 목원대 산업미술과 강사 1981~2018년 숙명여대 미술대학 산업디자인과 교수 1982년 대한민국디자인전 초대디자이너(현) 1997·2005년 한국화예디자인학회 회장 2003년 숙명여대 기업정보디자인센터장 2005~2008·2014~2016년 同미술대학장 2006~2013년 예술의전당 디자인미술관 예술감독 2014~2016년 서울디자인재단 시민디자인연구소장 2016~2013년 예술의전당 디자인미술관 예술감독 2017년 서울새활용플라자 총감독 2018년 서울디자인재단 이사장(현) 2019년 숙명여대 산업디자인과 명예교수(현) (상)상공부장관표창(1974), 문교부장관표창(1978), 대한민국산업디자인전 대통령표창(1982)

**강병삼(姜秉三) Kang Byeong Sam**

(생)1967·9·20 (출)전북 남원 (주)경기도 과천시 관문로 47 과학기술정보통신부 국가과학기술자문회의 지원단(02-733-4950) (학)1985년 전주고졸 1990년 서울대 항공공학과졸 2010년 영국 버밍엄대 대학원 공공정책학졸(석사) 2015년 고려대 대학원 기술경영학 박사과정 수료 (경)1990년 기술고시 합격(26회) 2005~2007년 과학기술부 원천기술개발과장·우주기술협력팀장 2007~2009년 아시아태평양경제사회이사회 파견 2010~2011년 교육과학기술부 학생학부모지원과장·대학장학지원과장·대학장학과장 2012년 나노특화팹센터 근무(고용 휴직) 2013년 미래창조과학부 과학기술협력담당관 2013~2015년 同국제협력총괄담당관 2015년 同서울전파관리소장 2016년 국가공무원인재개발원 고위정책과정 교육파견 2016년 미래창조과학부 미래인재정책국장 2017년 과학기술정보통신부 미래인재정책국장 2017년 서울포럼2017 모더레이터·패널리스트 2018년 과학기술정보통신부 국가과학기술자문회의지원단장(현)

**강병섭(姜秉燮) KANG Byung Sup**

(생)1949·7·23 (본)진주(晋州) (출)충남 금산 (주)서울특별시 강남구 테헤란로92길 7 법무법인(유) 바른(02-3479-7568) (학)1968년 서울고졸 1972년 서울대 법학과졸 1977년 同대학원 법학과졸 1984년 미국 캘리포니아대 버클리교 법학전문대학원 수료(LL.M.) (경)1970년 사법시험 합격(12회) 1973년 사법연수원 수료(2기) 1975년 부산지법 판사 1978년 서울지법 인천지원 판사 1980년 同남부지원 판사 1982년 서울민사지법 판사 1984년 서울고법 판사 1985년 대법원 재판연구관 1986년 춘천지법 강릉지원장(부장판사) 1989년 수원지법 부장판사 1990년 서울지법 북부지원 부장판사 1992년 서울민사지법 부장판사 1993년 광주고법 부장판사 1996년 수원지법 수석부장판사 1997년 서울고법 부장판사 1998년 법원행정처 인사관리실장 겸임 2000년 서울지법 민사수석부장판사 2001년 서울고법 수석부장판사 2002년 창원지법원장 2002년 경남도선거관리위원장 겸임 2003년 부산지법원장 2003년 부산시선거관리위원장 겸임 2004년 서울중앙지법원장 2004년 서울시선거관리위원회 위원장 2004~2006년 변호사 개업 2006년 법무법인 바른(유) 구성원변호사(현) 2011년 동양생명보험 사외이사 2012~2014년 同감사위원 (저)'강제집행법'(共)

**강병세(姜秉世) Kang Byung Se**

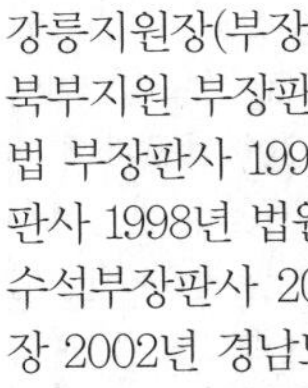

(생)1961·5·19 (본)진주(晋州) (출)충남 (주)서울특별시 종로구 김상옥로 29 SGI신용정보 대표이사실(02-3671-3300) (학)1979년 선린상고졸 1989년 홍익대 경영학과졸 (경)1999년 서울보증보험 부천지점장 2001년 同신사동지점장 2003년 同소비자신용부장 2005년 同인사부장 2008년 同구로디지털지점장 2010년 同신용평가부장 2010년 同중부지역본부장 2011년 同경인지역본부장 2013년 SGI서울보증(주) 심사부문 담당 2014년 同심사부문 상무대우 2014년 同총무부문 상무대우 2014년 同영업지원총괄 전무이사 2017년 SGI신용정보 대표이사(현) (상)부총리 겸 교육인적자원부장관표창(2004)

**강병연(姜秉連) GANG Byoung Yeon (看松)**

(생)1956·5·21 (본)진주(晋州) (출)전남 영암 (주)광주광역시 북구 대천로 86 (사)한국청소년인권센터 이사장실(062-224-5525) (학)1994년 광주대 사회복지학과졸 1997년 同언론대학원졸, 사회복지학박사(원광대) (경)1978년 전남도4H연합회 회장 1992~1996년 영암청소년수련원장 1993년 (사)무등(無等)청소년회 이사장 1996~2000년 목포청소년수련관장 1999~2001년 문화관광부 국립중앙청소년수련원건립자문위원회 자문위원 2000~2010년 한국청소년수련시설협회 부회장 2001년 광주북구청소년수련관장(현) 2001~2006년 광주대 사회복지학부 겸임교수 2004년 문화관광부 청소년육성정책자문위원 2005년 (사)한국청소년인권센터 이사장(현) 2006~2007년 금강대 사회복지학전공 겸임교수 2009~2019년 광주 북구청 지역사회보장협의체 공동위원장 2009~2011년 전국청소년수련회협의회 회장 2019년 광주북구지역사회보장 대표협의체 위원(현) (상)대통령표창(1986), 국민포장(1999), 국민훈장 목련장(2008) (저)'청소년관계법론'(2003,) '청소년수련활동' '사회복지학의 이해(共)'(2005) '청소년정책의 이해' '청소년행정과 관계법의 이해' '청소년육성제도론'(2011) '청소년행정의 이론과 실제'(2007) (종)불교

**강병원(姜炳遠) KANG BYUNG WON**

(생)1971·7·9 (출)전북 고창 (주)서울특별시 영등포구 의사당대로 1 국회 의원회관 610호(02-784-1422) (학)1989년 서울 대성고졸 1995년 서울대 농업생명과학대학 농경제학과졸 (경)1994년 서울대 총학생회장 1998년 대우 무역부문 근무 2002년 새천년민주당 제16대 노무현 대통령후보 수행비서 2003~2007년 대통령비서실 행정관 2003년 제16대 대통령직인수위원회 행정관 2011~2017년 사람사는세상노무현재단 기획위원 2011년 글로원씨앤티 대표이사 2011년 민주당 전략기획위원회 부위원장 2012년 민주통합당 제18대 대통령선거대책위원회 직능특보실 부실장 2015년 새정치민주연합 부대변인 2015~2016년 더불어민주당 부대변인 2016년 同서울은평구乙지역위원회 위원장 2016년 제20대 국회의원(서울 은평구乙, 더불어민주당)(현) 2016~2017년 더불어민주당 원내부대표 2016·2018년 국회 운영위원회 위원(현) 2016~2018년 국회 환경노동위원회 위원 2016~2017년 국회 정치발전특별위원회 위원 2017년 더불어민주당 제19대 문재인 대통령후보 중앙선거대책본부 유세본부 부본부장 2017~2018년 국회 예산결산특별위원회 위원 2017~2018년 더불어민주당 정책위원회 부의장 2017년 同적폐청산위원회 위원 2016~2018년 同환경특별위원회 위원장 2017년 同생활화학제품안전특별위원회 위원장 2017년 同문재인후보 중앙선거대책위원회 유세본부 부본부장 2017년 同문재인후보 중앙선거대책위원회 환경노동특보단장 2017년 사람사는세상노무현재단 상임운영위원(현) 2017~2018년 국회 미세먼지대책특별위원회 위원 2018~2019년 더불어민주당 원내대변인 2018년 국회 기획재정위원회 위원(현) (상)더불어민주당 국정감사우수의원상(2016), 국회사무처 입법및정책개발 최우수국회의원상(2016), 2018 입법및정책개발 우수국회의원(2019) (저)'어머니의 눈물'(2012, 화암)

**강병윤(姜秉潤)**

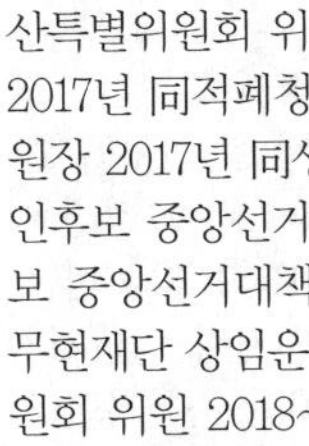

(생)1960·3 (주)부산광역시 강서구 녹산산단232로 38-6 중소조선연구원 원장실(051-974-5500) (학)1980년 부산대 조선공학과졸 1982년 同대학원 조선공학과졸 1997년 공학박사(부산대) 2004년 부산대 경영대학원 경영학과졸 (경)1994년 한국기계연구원 부설 해사기술연구소 선임연구원 2006

년 산업통상자원부 전략물자자문위원회 위원 2007년 중소조선연구원 수석연구원, 同해양레저장비개발센터장 2008년 국가과학기술자문회의 자문위원 2008년 문화관광부 국내관광활성화위원회 위원 2009년 과학기술부 전략기술자문위원회 위원 2011년 국가기술자격정책심의위원회 전문위원, 한국해양대 보트제작교육연구센터장 2018년 同조선해양시스템공학부 초빙교수 2018년 부산시 문화재위원회 전문위원(현) 2018년 중소조선연구원 원장(현) (상)부산시장표창(2004)

## 강병윤(姜炳允) Kang Byoung Yun

(생)1962 · 2 · 11 (출)전북 (주)전라남도 담양군 대전면 대치7길 80 한솔페이퍼텍(주) 임원실(061-380-0380) (학)1980년 순창고졸 1987년 전북대 사회학과졸 (경)1986년 전주제지 입사 2010~2011년 한솔제지 인쇄용지영업담당 상무 2011년 한솔아트원제지 국내영업담당 상무 2012~2013년 한솔PNS(주) 영업본부 전무 2014~2015년 同대표이사 전무 2015년 한솔페이퍼텍(주) 대표이사 전무 2018년 同대표이사 부사장 2019년 同대표이사(현) (상)한솔그룹 한솔금상(2000), 한솔그룹 한솔종합3등(2004)

## 강병일(姜炳逸) Byong-Il Kang

(생)1959 · 6 · 6 (출)경남 마산 (주)서울특별시 영등포구 국제금융로6길 42 (주)삼천리ES(02-368-3368) (학)1978년 마산고졸 1984년 서울대 경제학과졸 (경)(주)삼천리기계 생산지원담당 이사, (주)삼천리 기획조정실 이사, 同경영지원본부 지원담당 상무 2002년 同전무이사, 同남부지역본부장(전무), 同경영기획부문 총괄임원(전무) 2006~2007년 한국도시가스협회 운영위원장 2007년 (주)삼천리 도시가스부문 총괄전무 2008~2009년 同도시가스부문 총괄부사장 2009년 소형열병합발전협의회 초대회장 2010년 (주)삼천리 경영지원본부장(부사장) 2011년 (주)삼천리ENG 대표이사 부사장 2012년 (주)삼천리 도시가스부문 대표이사 부사장 2012~2014년 경기도테니스협회 회장 2012년 자가열병합발전협의회 회장 2013년 (주)삼천리 전략본부장(부사장) 2014년 同발전부문본부장(부사장) 2015년 同사업본부 대표이사 부사장 2016년 (주)삼천리ES 대표이사 사장(현)

## 강병중(姜閑中) KANG Byung Joong (月石)

(생)1939 · 7 · 25 (본)진양(晋陽) (출)경남 진주 (주)경상남도 양산시 충렬로 355 넥센타이어(주) 회장실(051-513-6731) (학)1958년 마산고졸 1966년 동아대 법학과졸 1971년 부산대 경영대학원 수료 1995년 명예 경영학박사(부산대) 2002년 명예 법학박사(동아대) 2017년 명예 경제학박사(한국외국어대) (경)1972년 통일주체국민회의 초대 · 2대 의원 1972년 부산시중 · 고육상경기연맹 회장 1977~2002년 흥아타이어공업(주) 대표이사 회장 1981 · 1991년 민주평통 자문위원 1988년 부산상공회의소 부회장 1988년 한국자유총연맹 부산시지회장 1988년 월석장학회 이사장 1994~2003년 부산상공회의소 회장, 同명예회장 1994년 대한상공회의소 수석부회장 1999년 넥센타이어(주) 회장(현) 2002년 KNN 회장(현) 2012년 (주)넥센 회장(현) 2013~2017년 부산대병원 발전위원장 2019년 (사)바보클럽인재양성콘텐츠랩 이사장(현) (상)대통령표창, 국민훈장 석류장, 체육훈장 맹호장, 무역진흥대상, 대한상사중재원 국가신용거래대상, 제46회 무역의날 금탑산업훈장(2009), 한국경영인협회 가장 존경받는 기업인상(2011), 한국경제신문 다산경영상(2012), 진주시민상(2012), 21세기대상 올해의 21세기경영인(2014), 제22회 인간상록수(2015), 자랑스러운 동아인상(2016), EY최우수기업가상 패밀리비즈니스부문(2017), 김해상공대상 대훈장상(2017) (종)불교

## 강병창(姜秉昌) KANG Byung Chang

(생)1956 · 3 · 10 (출)서울 (주)경기도 성남시 분당구 판교로255번길 34 솔브레인(주)(031-719-0700) (학)1974년 경동고졸 1978년 고려대 전자공학과졸 1979년 同대학원졸 1992년 공학박사(미국 미네소타대) (경)1979~1986년 삼성항공 근무 1986~1992년 미국 미네소타대 연구원 1992년 삼성전자(주) 근무 1994년 同네트워크연구그룹장 1996년 同기업네트워크사업부 네트워크개발팀장 1999년 同네트워크개발팀 IP Lab장(상무이사) 2005년 삼성종합기술원 상무 2006년 同프론티어IT랩 전무 2014~2015년 삼성전자(주) 첨단기술연수소 전무 2018년 솔브레인(주) 대표이사 사장(현) (종)기독교

## 강병호(姜炳好) KANG Byeong Ho

(생)1954 · 2 · 16 (본)진주(晋州) (출)경남 고성 (주)서울특별시 중구 소공로 94 OCI빌딩 13층 (주)유니온 사장실(02-757-3801) (학)1977년 부산대 고분자공학과졸 (경)1996년 동양화학공업(주) 경영기획담당 이사, 同경영기획담당 상무 2000년 동양제철화학 경영본부장, 同전략기획담당 상무 2005년 同전략기획담당 전무 2005년 同경영관리본부장(전무) 2005년 (주)유니온 비상근감사 2007년 同대표이사 사장(현)

## 강병훈(姜柄勳) KANG Byeong Hun

(생)1967 · 2 · 14 (출)경남 통영 (주)서울특별시 서초구 서초중앙로 157 서울중앙지방법원 총무과(02-530-1114) (학)1985년 통영고졸 1989년 서울대 사법학과졸 1993년 同대학원 법학과졸 (경)1993년 사법시험 합격(35회) 1996년 사법연수원 수료(25기) 1996년 軍법무관 1999년 인천지법 판사 2001년 서울지법 남부지원 판사 2003년 창원지법 통영지원 판사 2005년 부산지법 판사 2006년 인천지법 판사 2007년 서울고법 판사 2008년 대법원 재판연구관 2010년 서울중앙지법 판사 2011년 춘천지법 속초지원장 2013년 인천지법 부장판사 2015년 서울중앙지법 부장판사(현) 2016~2019년 국회 법제사법위원회 전문위원

## 강보영(姜普英) KANG Bo Young

(생)1943·7·3 (출)경북 안동 (주)경상북도 안동시 앙실로 11 안동병원 부속실(054-840-0200) (학)1962년 경북고졸 1972년 계명대 경영학과졸 1997년 서울대 보건대학원 제1기 보건의료정책과정 수료 1999년 한국과학기술원 제2기 최고지식경영관리자과정(CKO) 수료 1999년 서울대 제48기 최고경영자과정(AMP) 수료 2000년 한국과학기술원 제12기 최고정보경영자과정(AIM) 수료 2001년 연세대 제52기 최고정보경영자과정(AIM) 수료 2005년 서울대 공과대학 최고산업전략과정(AIP) 수료 2008년 한양대 국제관광대학원 최고엔터테인먼트과정(EEP) 수료 2010년 한국과학기술원 정보미디어최고경영자과정 수료 2016년 명예 경영학박사(안동대) (경)1982년 의료법인 안동의료재단 안동병원 대표이사 1982~2018년 同이사장 1999년 (사)한국보건정책연구원 제5대 원장 2002~2003년 (사)한국JC특우회 회장 2003~2005년 국립의료원 심의운영위원회 위원 2007년 한국과학기술원 총장 자문위원 2007~2008년 한국보건정보정책연구원 제5대 원장 2008~2012년 한국의료재단연합회 회장 2011~2012년 (재)한국병원경영연구원 이사장 2012~2013년 서울대 최고산업전략과정총동창회 회장 2013~2016년 대한적십자사 경북지사 회장 2016년 대한병원협회 상임고문 2018년 의료법인 안동의료재단 안동병원 회장(현) 2019년 在京대구경북시도민회 회장(현) (상)대통령표창(1995), 자랑스런 경북도민상(1997), 제1회 매경-부즈앨런 지식경영대상(1999), 경북도 산업평화대상(2004), 제1회 KAIST 경영자대상(2008), 미국 휴스턴 명예시민 및 친선대사(2009), 서울대 AMP대상(2010), 한미중소병원상 봉사상(2011), 서울대 AIP 봉사대상(2016), 제7회 중근당 존경받는 병원인상(2017)

### 강보현(康寶鉉) KANG Bo Hyun

(생)1949 · 3 · 23 (출)서울 (주)서울특별시 강남구 영동대로 517 아셈타워 22층 법무법인 화우(02-6003-7216) (학)1968년 대광고졸 1972년 서울대 법과대학 법학과졸 (경)1975년 사법시험 합격(17회) 1977년 사법연수원 수료(7기) 1977년 군법무관 1980년 부산지법 판사 1982년 마산지법 판사 1984년 수원지법 판사 1986년 서울지법 북부지원 판사 1987년 서울고법 판사 1990년 변호사 개업 1993년 법무법인 화백 설립 1996~1998년 서울지방변호사회 중소기업고문변호사단 위원장 1996~2013년 대한상사중재원 중재인 1997~2001년 사법연수원 초빙교수 1998년 한일철강(주) 사외이사 1999~2000년 소비자분쟁조정위원회 전문위원 1999~2005년 공영토건 파산관재인 1999~2014년 SK케미칼(주) 사외이사 2000~2002년 한국국제협력단(KOICA) 자문위원 2000~2012년 영산대 법무대학원 겸임교수 2000~2009년 신화건설 파산관재인 2003~2004년 SK투자신탁운용 비상임이사 2003~2004년 법무법인 화우 변호사 2005~2013년 同대표변호사 2005~2011년 현대상선 사외이사 2006년 (재)목천김정식문화재단 이사 2007~2013년 대한중재인협회 부회장 2008~2014년 중앙선거관리위원회 위원 2013년 법무법인 화우 고문변호사 휴직(현) 2015~2018년 목인문화재단 이사 2016년 학교법인 대광학원 이사(현) 2017년 부국증권 사외이사 겸 감사위원(현) (종)기독교

### 강복규(姜富圭) Kang, Bok-Gyoo

(생)1960 · 8 · 18 (본)진주(晋州) (출)대전 (주)세종특별자치시 도움6로 11 환경부 상하수도정책관실 생활하수과(044-201-7143) (학)1980년 대전고졸 1986년 충남대 해양학과졸 1992년 연세대 산업대학원 환경공학과졸(공학석사) 2017년 상명대 일반대학원 융합생태환경공학과졸(공학박사) (경)1994~2004년 환경부 상수원관리과 · 국무총리실 수질개선기획단 · 환경부 수질정책과 근무 2004~2012년 환경부 수실총량제도과 · 유역제도과 · 수생태보전과 근무 2012~2014년 환경부 수생태보전과 · 폐자원에너지과 근무 2012년 국토해양부 파견 2014년 대구지방환경청 기획과장 2015년 환경부 물환경정책국 수생태보전과장(서기관) 2017년 同물환경정책국 수생태보전과장(부이사관) 2018년 同물환경정책국 물환경정책과장 2019년 同상하수도정책관실 생활하수과장(현)

### 강복순(康福順 · 女)

(출)제주 (주)인천광역시 남동구 예술로152번길 9 인천지방경찰청 청문감사담당관실(032-455-2117) (학)제주 신성여고졸, 숙명여대 불어불문학과졸, 한세대 대학원 경찰학과졸 (경)2005년 서울 관악경찰서 생활안전과장 2007년 서울 동작경찰서 교통과장 2009년 서울 마포경찰서 보안과장 2010년 서울 서초경찰서 교통과장 2012년 서울 동작경찰서 교통과장 2013년 서울 강남경찰서 교통과장 2015년 대전지방경찰청 경비교통과장(총경) 2016년 치안정책과정 입교 2016년 충남 공주경찰서장 2017년 충남지방경찰청 청문감사담당관 2017년 경찰청 외사정보과장 2018년 경기 김포경찰서장 2019년 인천지방경찰청 청문감사담당관(현)

### 강봉구(姜鳳求) KANG Bong Koo

(생)1955 · 7 · 20 (본)진주(晋州) (출)경북 문경 (주)경상북도 포항시 남구 청암로 77 포항공과대학교 전자전기공학과(054-279-2226) (학)1976년 경북대 전자공학과졸 1984년 미국 캘리포니아대 버클리교 대학원졸 1986년 전자공학박사(미국 캘리포니아대 버클리교) (경)1976년 국방과학연구원 연구원 1981년 경북대 강사 1981년 미국 버클리대 연구원 1986년 한국전자통신연구소 선임연구원 1989년 포항공과대 전자전기공학과 교수(현) 2002~2016년 同디스플레이기술연구센터 소장 2016년 同LGDisplay-POSTECH산학협력센터장(현) (상)대통령표창(1994), LG연구개발상(1999 · 2005)

### 강봉구

(생)1962 · 2 · 5 (주)경기도 수원시 영통구 삼성로 129 삼성전자(주) 생활가전사업부 전략마케팅팀(031-200-1114) (학)1988년 홍익대 기계공학과졸 (경)1987년 삼성전자(주) 생산관리과 근무 1990년 同사무혁신과 근무 1992년 同영업기획팀 과장 1995년 同OEM수출그룹 디스플레이부문 과장 1998년 同제품마케팅그룹 디스플레이부문 차장 2001년 同북미총괄 부장 2006~2011년 同영상디스플레이사업부 북미마케팅그룹장 · 지역마케팅1그룹장 · 미주마케팅그룹장 · 제품마케팅그룹장 · 상품전략그룹장 겸 제품마케팅파트장 · 제품마케팅그룹장 2011년 同북미총괄 SEA법인 상무 2015년 同생활가전사업부 전략마케팅팀 전무 2017년 同생활가전사업부 전략마케팅팀장(부사장)(현)

### 강봉균(姜奉均) Bong-Kiun Kaang

(생)1961 · 11 · 21 (출)제주 (주)서울특별시 관악구 관악로 1 서울대학교 자연과학대학 생명과학부(02-880-7525) (학)1984년 서울대 미생물학과졸 1986년 同대학원 미생물학과졸 1992년 신경생물학박사(미국 컬럼비아대) (경)1985~1988년 태평양기술연구소 연구원 1989년 한국과학기술원 연구원 1992~1994년 미국 컬럼비아대 신경생물학연구소 연구원 1994~2003년 서울대 자연과학대학 생명과학부 조교수 · 부교수 2004년 同자연과학대학 생명과학부(신경생물학) 교수(현) 2006~2007년 同자연과학대학 연구부학장 2006~2007년 同기초과학연구원 부원장 2006~2008년 同산학협력재단 기술평가위원 2006~2008년 한국뇌신경학회 이사 2007~2009년 한국생물올림피아드위원회 부위원장 2007~2009년 서울대 자연과학대학 기초과학연구위원 2008년 Molecular Brain 편집장(현) 2010년 한국과학기술한림원 정회원(현) 2012년 교육과학기술부 · 한국연구재단 선정 '국가과학자' 2015~2016년 국가과학기술심의회 기초 · 기반전문위원회 위원 (상)대한민국 국비유학생(1989), 서울대 자연과학대학 제9회 연구대상(2007), 과학기술부 '미래를 여는 우수과학자 10인' 선정(2007), 한국분자세포생물학회 우수연구상(2008), 서울대 우수연구상(2011), 경암학술상(2012), 대한민국학술원 학술원상 자연과학기초분야(2016), 대한민국 최고과학기술인상(2018) (저)'뇌는 어떻게 생각하는가'(1997, 서평문화) '면역계와 신경계의 유사성과 상호작용(共)'(1997) '인지과학(共)'(2001, 태학사) '기억(共)'(2001, 하나의학사) '월경하는 지식의 모험자들(共)'(2003, 한길사) '인간과 우주에 대해 아주 조금밖에 모르는 것들(共)'(2012, 낮은산) '뇌,약,구,체(共)'(2013, 동아시아) '뇌(共)'(2016, 휴머니스트) (역)'시냅스와 자아'(2005, 소소) '생명:생물의 과학(共)'(2007, 교보문고) '신경과학'(2009, 바이오메디북) '인지, 뇌, 의식'(2010, 교보문고) '신경과학의 원리'(2014, 범문에듀케이션)

### 강봉룡(姜鳳龍) KANG Bongyong (古鈞)

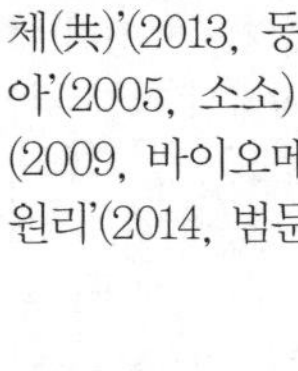

(생)1961·2·27 (본)진주(晋州) (출)전북 김제 (주)전라남도 무안군 청계면 영산로 1666 목포대학교 인문대학 사학과(061-450-2139) (학)1984년 서울대 역사교육과졸 1986년 同대학원 국사학과졸 1994년 문학박사(서울대) (경)1987~1988년 경기기계공고 교사 1989~1990년 한국방송통신대 조교 1991~1994년 서울시립대 조교 1995년 목포대 사학과 전임강사·조교수·부교수·교수(현) 2009~2015년·2017~2019년 문화재청 문화재위원회 사적분과 전문위원 2010~2011년 역사문화학회 회장 2010~2019년 목포대 도서문화연구원장 2010년 (재)목포문화재단 이사(현) 2013년 장보고해양경영사연구회 회장(현) 2013~2015년 동아시아도서해양문화포럼 초대회장 2015~2017년 목포시 도시재생지원사업추진단

장 겸 총괄코디네이터 2017년 목포한국방송공사(KBS) 시청자위원회 위원 2018년 同시청자위원회 위원장(현) 2018년 전라남도선거여론조사심의위원회 위원(현) 2018년 국가기록관리위원회 위원(현) (상)장보고대상 대통령표창(2010) (저)'뿌리깊은 한국사 샘이깊은 이야기(共)'(2002) '장보고'(2004) '바다에 새겨진 한국사'(2005) '해로와 포구(共)'(2010) '섬과 바다의 문화읽기(共)'(2012) '한국해양사1·2·3'(2013) '동아시아의 바다와 섬을 둘러싼 갈등과 투쟁의 역사'(2013) '인문학 특강(共)'(2015) '바닷길로 찾아가는 한국고대사'(2016) '뿌리깊은 한국사 샘이깊은 이야기 : 통일신라 발해편'(2016) 외 다수

### 강봉용

(생)1964·1·4 (주)경기도 용인시 기흥구 삼성로 1 삼성전자(주) DS부문 경영지원실(031-209-7114) (학)1988년 고려대 경영학과졸 (경)삼성전자(주) 반도체 경영지원팀 부장 2008년 同SESS 상무 2011년 同DS부문 지원팀 상무 2012년 同메모리사업부 지원팀장(상무) 2013년 同메모리사업부 지원팀장(전무), 同DS부문 지원팀장(전무) 2017년 同DS부문 지원팀장(부사장) 2019년 同DS부문 경영지원실장(부사장)(현)

### 강부순(姜夫淳)

(생)1964 (주)경기도 고양시 일산서구 고양대로 315 한국시설안전공단 경영기획이사실(055-771-4611) (학)1986년 육군사관학교졸(42기), 미국 뉴욕주립대 대학원 행정학과졸, 동국대 행정대학원 산업보안 박사과정 수료 (경)1991~2005년 대통령경호실 아시아-유럽정상회의(Asia-Europe Meeting) 경호기획단 파견 2005~2009년 同경호상황센터 팀장(서기관) 2009~2016년 同인사부장·수송부장(부이사관) 2016~2018년 同행정본부장(이사관) 2018년 한국시설안전공단 경영기획이사(상임이사) 2019년 同이사장 직대 2019년 同경영기획이사(부이사장)(현)

### 강부영(康富榮) KANG Boo Young

(생)1974·9·21 (출)제주 서귀포 (주)충청북도 청주시 서원구 산남로62번길 51 청주지방법원(043-249-7114) (학)제주제일고졸 1997년 고려대 법학과졸 (경)2000년 사법시험 합격(42회) 2003년 사법연수원 수료(32기) 2003년 공익법무관 2006년 부산지법 판사 2010년 창원지법 판사 2013년 부산지법 판사, 부산고법 판사 2015년 인천지법 판사 2017년 서울중앙지법 영장심사 전담판사 2018년 청주지법 부장판사(현)

### 강부원(姜富元)

(생)1958·11·20 (출)경남 통영 (주)부산광역시 중구 대교로 122 부산항만공사 경영본부(051-999-3003) (학)1977년 경남고졸 1981년 한국해양대 항해학과졸 (경)1981~1984년 대한선주 항해사 1985년 고려해운 항해사 1985~2002년 현대상선 항만물류개발운영부장 2002~2004년 동부익스프레스 컨테이너영업팀장 2004년 부산항만공사 마케팅팀장 2008년 同물류기획팀장·물류기획실장 2015년 同전략기획실장 2016년 同국제물류사업단장 2019년 同경영본부장(부사장)(현) (상)부산시장표창(2006), 국무총리표창(2011)

### 강삼재(姜三載) KANG Sam Jae (鶴山)

(생)1952·7·1 (본)진주(晉州) (출)경남 함안 (학)1971년 마산고졸 1981년 경희대 신문방송학과졸 1983년 同대학원 수료 1987년 경남대 경영대학원 수료, 고려대 정책과학대학원 수료 2009년 명예 경영학박사(금오공과대) (경)1974년 대학방송연합회 회장 1974년 유네스코 학생회장 1975년 경희대 총학생회장(긴급조치위반으로 제적) 1976~1980년 경남신문 사회부·정치경제부 기자 1984년 신한민주당(신민당) 창당발기인 1985년 同당기위원회 부위원장 1985년 제12대 국회의원(마산, 신민당, 최연소의원) 1985년 민주화추진협의회 상임운영위원 1985년 신민당 부대변인 1987년 통일민주당(민주당) 창당발기인 1987년 민주당 중앙청년위원회 부위원장 1988년 제13대 국회의원(마산乙, 민주당) 1988년 민주당 원내부총무 1988년 한국신문윤리위원회 위원 1988년 유네스코 한국위원 1989년 민주당 대변인 1990년 민주자유당(민자당) 정세분석위원장 1992년 제14대 국회의원(마산 회원, 민자당) 1993년 민자당 제2정책조정실장 1994년 同기획조정실장 1995년 同사무총장 1995년 여의도연구소 이사장 1996년 제15대 국회의원(마산 회원, 신한국당) 1996년 한·영의원친선협회 회장 1996~1997년 신한국당 사무총장 2000년 제16대 국회의원(마산 회원, 한나라당) 2000~2002년 한나라당 부총재 2005~2006년 경남대 행정대학원 석좌교수 2007년 무소속 이회창 대통령후보 전략기획팀장 2008년 자유선진당 창당준비위원장 2008년 同최고위원 2008년 학산장학회 이사장(현) 2008년 대경대 부학장 2009~2011년 同총장 2012년 제19대 국회의원선거 출마(의령·함안·합천, 무소속) (저)'세대교체와 비전의 정치' '새벽의 설레임으로' 칼럼집 '바니타스 바니타툼'

### 강상길(姜相吉) Kang Sang-gil

(생)1972 (출)강원 영월 (주)경기도 양평군 양평읍 양근강변길 42 양평경찰서(031-770-9321) (학)1992년 강릉고졸 1996년 경찰대 행정학과졸(12기) 1998년 서울대 환경대학원 환경계획학과졸 (경)1996년 경위 임용 2005~2009년 경찰청 정보국 정보2과 근무 2009~2011년 전남 담양경찰서 생활안전교통과장·전남지방경찰청 경비교통과 작전전경계장·함평경찰서 생활안전교통과장 2011년 기획재정부 무역협정국내대책본부 근무 2011~2016년 경찰청 정보국 정보2과·정보1과 근무 2016년 서울지방경찰청 치안지도관 2017년 경찰대 치안정책과정(총경) 2017년 경북 울릉경찰서장 2017년 경찰청 정보2과장 2019년 경기 양평경찰서장(현)

### 강상덕(姜相德) Kang Sang Duk

(생)1969·9·25 (출)전북 김제 (주)서울특별시 강남구 테헤란로92길 7 법무법인(유) 바른(02-3479-2635) (학)1988년 전주 상산고졸 1993년 한양대 법학과졸 2000년 同대학원 법학과 수료 2009년 고려대 법무대학원 공정거래법연구과정 수료 2010년 숙명여대 공정거래연수과정 수료 (경)1994년 사법시험 합격(36회) 1997년 사법연수원 수료(26기) 1997년 軍법무관 2000년 전주지법 판사 2002년 同정읍지원 판사 2003년 同정읍지원 부안군·고창군법원 판사 2004년 수원지법 판사 2007년 서울중앙지법 판사 2009년 서울고법 판사 2011년 서울동부지법 판사 2012년 전주지법 부장판사 2014~2015년 수원지법 부장판사 2015~2016년 국토교통부 하자심사·분쟁조정위원회 부위원장 2015년 대한상사중재원 중재인(현) 2015년 법제처 법령해석심의위원회 위원(현) 2015년 한양대 법학전문대학원 겸임교수(현) 2015~2016년 서울지방국세청 조세법률고문 2015년 법무법인(유) 바른 구성원변호사(현) 2016·2018년 방송통신위원회 방송분쟁조정위원회 위원(현) 2016년 국토교통부 법률고문

### 강상모(姜相模) KANG Sang Mo

(생)1956·6·3 (출)경북 상주 (주)서울특별시 광진구 구의로 265 건국대학교 공과대학 미생물공학과(02-450-3524) (학)1983년 건국대 미생물공학과졸 1987년 일본 大阪大 대학원 응용생물학과졸 1990년 공학박사(일본 大阪大) (경)1990년 일본 오사카대 응용생물학과 연구원 1990~1999년 건국대 미생물학과 조교수·부교수 1998~2000년 미국 조지아주립대 교환교수 1999년 건국대 공대 생물공학과 교수(현) 2004년 同교수협의회 급여개선전문위원회 전문위원 2019년 同산업대학원장(현)

## 강상식(姜相湜) Kang Sangsik

(생)1977·8·27 (출)경북 안동 (주)세종특별자치시 갈매로 477 기획재정부 조세실 조세법령운용과(044-215-4150) (학)1996년 부산 충렬고졸 2001년 고려대 경제학과졸 (경)1999년 행정고시 합격(43회) 2006년 반포세무서 징세과장 2008년 서울지방국세청 국제거래조사국 국제조사2과 행정사무관 2009년 국세청 조사국 조사2과 행정사무관 2012년 駐인도대사관 주재관 2015년 서울 성북세무서장 2016년 서울지방국세청 개인납세1과장 2017년 국세청 소득지원국 소득관리과장 2019년 기획재정부 조세실 조세법령운용과장(현)

## 강상욱(姜相旭) KANG Sang Wook

(생)1968·11·5 (출)부산 (주)서울특별시 종로구 사직로8길 39 김앤장법률사무소(02-3703-4985) (학)1987년 신일고졸 1992년 서울대 법학과졸 2016년 한국과학기술원(KAIST) 공학과졸(석사) (경)1992년 사법시험 합격(34회) 1995년 사법연수원 수료(24기) 1995~1998년 軍법무관 1998년 청주지법 판사 2002년 수원지법 판사 2006년 서울고법 판사 2008년 대법원 재판연구관 2010년 제주지법 부장판사 2011년 의정부지법 부장판사 2012~2018년 서울고법 판사 2018년 김앤장법률사무소 변호사(현)

## 강상욱(姜相旭) Kang Sang-wook

(생)1969·2·28 (주)서울특별시 종로구 사직로8길 60 외교부 동북아시아국(02-2100-7331) (학)1992년 고려대 법학과졸 2003년 미국 조지타운대 대학원 국제법학졸(석사) (경)1995년 외무고시 합격(29회) 1995년 외무부 입부 2004년 駐중국 1등서기관 2007년 駐리비아 참사관 2011년 대통령비서실 파견 2012년 외교통상부 동북아3과장 2013년 외교부 동북아2과장 2014년 駐유엔 참사관 2018년 駐중국 공사참사관 2019년 외교부 동북아시아국장(현) (상)근정포장(2012)

## 강상진(姜相鎭) Kang, Sang-Jin

(생)1954 (출)경기 의정부 (주)서울특별시 서대문구 연세로 50 연세대학교 교육과학대학(02-2123-3181) (학)1980년 연세대 교육학과졸 1984년 同교육대학원졸 1991년 교육학박사(미국 미시간주립대) (경)1989년 미국 연방국제개발원(USAID) 통계분석 상담역 1991~1992년 미국 미시간주립대 연구교수 1992~1995년 미국 캘리포니아대 산타바바라교 교육학과 조교수 1995년 한국교육평가학회 종신회원(현) 1995~2019년 연세대 교육과학대학 교육학과 조교수·부교수·교수 1996~1999년 同교육학과장 겸 대학원 주임교수 1996~2011년 한국교육평가학회 이사·워크숍분과위원장·학술대회분과위원장 1999년 연세대 교육연구소장 2001~2002년 미국 캘리포니아대 버클리교 객원부교수 2005~2007년 학술지 '미래교육' 편집위원장 2007~2008년 교육인적자원부 정책자문위원 2007~2008년 연세대 대학원 부원장 2008~2010년 同교육연구소장 2008~2010년 同교육대학원장 2008~2010년 교육과학기술부 교육정보공시위원회 제1·2대 위원장 2009~2010년 한국교육학회 기획조직분과 위원장 2014~2016년 연세대 교육과학대학장 2016년 한국교육과정평가원 대학수학능력시험 채점위원장 2019년 연세대 교육과학대학 교육학과 명예교수(현) (상)미국 미시간주립대 외국인대학원생상(1989), 국제비교교육학회 Best Article Award(1992), 미국교육학회 Grant Fellow(1992), 미국 교육학회 최우수박사학위논문상(1993), 연세대 우수업적교수상(2004), 인문사회연구회 우수연구상(2004) (저)'21세기를 향한 교육개혁'(1999) '사회과학연구를 위한 통계방법'(2000) '한국교육평가의 쟁점과 대안'(2000) '회귀분석의 이해'(2002) '사회과학의 고급 계량분석 : 원리와 실제'(2005) '고교평준화 정책 효과 실증검토(共)'(2010, 교육과학사) '사회과학연구를 위한 실험설계와 분산분석'(2014, 교육과학사) '다층모형'(2016, 학지사) '사회과학 통계방법(共)'(2018, 박영사) '미래를 여는 교육학(共)'(2019, 박영스토리) (종)천주교

## 강상현(姜尙炫) KANG Sang Hyun

(생)1956·7·25 (본)진주(晉州) (출)경남 진주 (주)서울특별시 양천구 목동동로 233 방송통신심의위원회(02-3219-5114) (학)1979년 연세대 신문방송학과졸 1985년 同대학원 신문방송학과졸 1988년 신문방송학박사(연세대) (경)1978년 연세춘추 편집국장 1983~1985년 월간 '경영과 컴퓨터' 기자·기획팀장·기획편집자문위원 1989년 계간 '연세 진리자유' 초대편집장 1990~1997년 동아대 신문방송학과 조교수·부교수 1992~1994년 한국사회언론연구회 뉴미디어분과장 1993년 계간 학술지 '언론과 사회' 편집위원 1994~1996년 한국사회언론연구회 회장 1994~1996년 부산민주언론운동협의회 공동대표 1994년 방송위원회 방송편성정책연구위원 1996~1997년 동아대 언론홍보대학원 교학과장 1997~2000년 연세대 신문방송학과 부교수 1997~2001년 한국간행물윤리위원회 심의위원 1997~2002년 한국언론정보학회 이사 1998~1999년 방송개혁위원회 실행위원 1999~2005년 방송위원회 디지털방송추진 소위원장 1999~2001년 연세대 언론홍보대학원 교학부장 2000년 문화방송 시청자평가원 2000~2018년 연세대 언론홍보영상학부 교수·커뮤니케이션대학원(언론학) 교수 2000년 한국방송학회 방송법제연구회장 2001년 방송위원회 디지털방송추진위원회 데이터방송·케이블방송·라디오방송소위원회 위원장 2001년 연세대 신문방송학과장 2002년 同사회과학대학 교학부장 2003년 디지털타임스 객원논설위원 2005년 한국방송학회 부회장 2005~2006년 한국언론학회 이사 겸 언론과사회연구회 회장 2005~2008년 방송위원회 방송분쟁조정위원회 위원 2006년 KBS 경영평가위원장 2006년 디지털방송활성화위원회 위원 겸 실무위원장 2007년 한국언론정보학회 회장 2007~2008년 문화방송 경영평가위원 2007~2008년 방송영상산업미래비전위원회 위원장 2008년 한국방송협회 미래방송연구위원회 위원장 2008년 방송통신위원회 디지털전환정책연구회 위원장 2008년 미디어공공성포럼 운영위원장 2008~2009년 연세대 커뮤니케이션연구소장 2009년 미디어발전국민위원회 위원장 2010년 미디어공공성포럼 공동대표 2012~2013년 한국방송학회 회장 2012~2014년 연세대 커뮤니케이션대학원장 겸 언론홍보대학원장 2012년 케이블TV선거방송자문위원회 위원장 2012~2013년 방송기자연합회 '이달의 방송기자상' 심사위원장 2018년 제4기 방송통신심의위원회 위원장(현) (저)'정보통신혁명과 한국사회'(1996) '시민의 힘으로 언론을 바꾼다'(1999) '우리 시대의 윤리'(2000) '대중매체의 이해와 활용(共)'(2002) '디지털 방송론'(2002) '모바일미디어(共)'(2006) '디지털방송법제론(共)'(2008) '한국사회의 디지털 미디어와 문화(共)'(2011) '공영방송의 미래(共)'(2012) 외 다수 (역)'지배권력과 제도언론' '제3세계 커뮤니케이션론' (종)가톨릭

## 강석구(姜錫求) GANG Seog Gu

(생)1960·9·18 (본)진주(晉州) (출)울산 (주)울산광역시 남구 장생포고래로 305 (주)진산선무(052-228-7800) (학)1978년 학성고졸 1980년 목포해양전문대학 기관학과졸 2001년 한국방송통신대 무역학과졸 2004년 고려대 행정대학원 국제통상학과졸 2011년 경제학박사(울산대) (경)1982년 대우선박 근무 1985년 범양상선 근무 1989년 (주)고려 근무 1990년 진산선무(주) 창립·대표이사(현) 1996년 울산청룡라이온스클럽 회장 1998·2002~2006년 울산시의회 의원(무소속·한나라당) 2002년 자연보호울산시협의회 회장 2002년 울산시의회 산업건설위원장 2004년 同내무위원장 2004년 한나라당 울산시당 대변인 2004년 同지방자치위원회 부위원장 2006~2010년 울산시 북구청장(한나라당) 2010년 한나라당 정책자문위원 2017~2018년 바른정당 울산북구당원협의회 운영위원장 2017~2018년 同울산시당 위원장, 울산대 경제학과 겸임교수(현) 2018년 바른미래당 울산북구지역위원회 공동위원장(현) 2018년 同울산시당 공동위원장 2018년 제20대 국회의원 재보궐선거 출마(울산 북구, 바른미래당) 2019년 울산시 수소산업진흥원유치추진위원회 공동대표(현) (상)100만불 수출탑(1996), 한국무역협회장표창(1996), 300만불 수출탑(2003), 산업포장(2003), 500만불 수출탑(2004) (저)칼럼집 '울산의 미래'(2005) (종)천주교

## 강석규(姜石奎) KANG Seok Gyu

(생)1962·10·30 (출)경남 밀양 (주)서울특별시 강남구 테헤란로 133 법무법인(유) 태평양(02-3404-0000) (학)1981년 마산고졸 1985년 서울대 무역학과졸 1988년 同경영대학원졸 (경)1984년 공인회계사시험 합격 1987년 공인회계사 등록 1990년 세무사 등록 1993년 사법시험 합격(35회) 1996년 사법연수원 수료(25기) 1996년 부산지법 판사 1999년 同동부지원 판사 2000년 창원지법 판사 2003년 부산지법 판사 2006년 부산고법 판사 2008년 대법원 연구법관 2009년 同재판연구관 2013년 부산지법 부장판사 2014년 인천지법 부장판사 2016~2018년 서울행정법원 부장판사 2018년 법무법인(유) 태평양 변호사(현) (저)'조세법 쟁론'(2017, 삼일인포마인) (종)불교

## 강석대(姜錫大) KANG Seok Dae

(생)1949·7·20 (주)서울특별시 서초구 바우뫼로 126 동연빌딩 4층 우양기건(주) 비서실(02-577-0750) (학)단국대 공과대학 기계공학과졸 (경)우양기건(주) 대표이사(현), (주)한국이엔씨 대표이사(현), 대한설비건설협회 수석부회장, 同서울시회 회장 2008년 同회장, 同명예회장 2015년 서울마주협회 회장(현) (상)은탑산업훈장(2004), 금탑산업훈장(2010)

## 강석원(姜錫元) Kang sukwon (希之)

(생)1938·10·19 (본)진주(晋州) (출)서울 (주)서울특별시 성북구 대사관로 32 그룹가건축도시연구소 (학)1957년 서울공고졸 1961년 홍익대졸 1976년 프랑스국립대 대학원 건축과졸 (경)1977년 프랑스 베이롯트대 건축과 강사 1981년 국제건축가연맹총회 한국대표 1981~1998년 홍익대 건축과 강사 1985년 그룹가건축도시연구소 대표(현) 1987년 대한민국건축전 심사위원 1992년 한국건축가협회 부회장 1994년 베니스비엔날레 커미셔너 1996~1998년 한국건축가협회 회장, 同국제위원회 자문위원 1998년 韓·佛문화협회 회장 1998년 홍익대 건축과 겸임교수 2000~2013년 고려대 공과대학 건축학과 겸임교수 2010년 인제대 자문교수 2016년 국제건축가연맹(UIA) 2017서울세계건축대회조직위원회 명예위원(현) (상)대한민국미술전 대통령표창, 서울시 건축상, 김수근 문화상, 프랑스 국가공로 기사단장훈장, 한국예술문화단체총연합회 예술문화상대상, 옥관문화훈장, 건축가협회상 외 30여개 건축상 (작)'리비아 국제박람회 한국관' '프랑스 파리국제박람회 한국관' '세네갈·프랑스 한국대사관' '대구카톨릭대' '부산가톨릭대' '필리핀 종교건물' '육군사관학교 화랑대 성당' '인천가톨릭대' 등 국내외 50여개 작품 (종)가톨릭

## 강석원(姜錫沅) KANG Seog Weon

(생)1966·7·3 (출)서울 (주)세종특별자치시 갈매로 408 정부세종청사 14-1동 해외문화홍보원(044-203-3300) (학)1984년 건국대사대부고졸 1988년 서울대 전자공학과졸 1996년 공학박사(한국과학기술원) 2002년 미국 퍼듀대 대학원 MBA (경)1993년 기술고시 합격(29회) 1999년 정보통신부 국제협력관실 국제기구담당관실 사무관 2002년 同정보통신정책국 산업기술과 사무관 2003년 同정보통신정책국 산업기술과 서기관 2006년 同소프트웨어진흥단 전략소프트웨어팀장 2008년 문화체육관광부 문화콘텐츠산업실 전략소프트웨어과장 2008년 同디지털콘텐츠산업과장 2010년 同저작권산업과장 2011년 국무총리실 지식재산전략기획단 파견 2012년 문화체육관광부 미디어정책국 방송영상광고과장 2014년 同문화콘텐츠산업실 게임콘텐츠산업과장 2015년 同관광정책관실 관광산업과장(서기관) 2016년 同관광정책관실 관광산업과장(부이사관) 2017년 同관광정책국 관광산업정책과장 2018년 同해외문화홍보원 駐뉴욕 문화홍보관(현) (상)대통령표창(2003)

## 강석인(姜錫寅) KANG Suk In(Sean) (海岩·如山)

(생)1946·5·7 (본)진주(晋州) (출)경북 안동 (학)1965년 숭문고졸 1973년 연세대 행정학과졸 1979년 미국 하버드대 케네디스쿨 대학원졸 1989년 행정학박사(국민대) 2002년 서울대 경영대학 최고경영자과정 수료 (경)1973년 행정고시 합격(14회) 1975~1981년 경제기획원 사무관 1981년 재무부 사무관 1987년 국세심판소 조사관 1989년 대통령비서실 서기관 1990년 재무부 관세협력과장 1992년 同투자진흥과장 1994년 재정경제원 경제협력과장 1995~1997년 同대외경제총괄과장 1997년 통계청 통계정보국장 1998년 同경제통계국장 1999년 재정경제부 국세심판소 상임심판관 2000년 同국세심판원 상임심판관 2000년 중앙공무원교육원 파견 2001년 한국산업은행 감사 2002~2006년 한국신용정보 대표이사 사장 2006년 언스트앤영 한영회계법인 부회장 2014~2019년 EY한영 부회장 2016~2018년 한국예금보험공사 비상임이사 (상)서울시장표창(1984), 녹조근정훈장(1986), 황조근정훈장(1996), 대통령표창(2001) (저)'외자도입과 한국의 경제발전'(1995) '만리장성에서 아우슈비츠까지'(1996, 고려원) (종)기독교

## 강석주(姜錫柱) KANG Seok Joo

(생)1964·8·10 (출)경남 통영 (주)경상남도 통영시 통영해안로 515 통영시청(055-650-3005) (학)통영고졸, 동아대 토목공학과졸 2013년 고려대 행정대학원 행정학과졸 (경)2000년 국회 재정경제위원장 비서 2004년 통영시생활체육협의회 이사·부회장·자문위원 2004·2006·2010~2014년 경남도의회 의원(한나라당·새누리당) 2006년 同교육사회위원회 부위원장 2006년 충무라이온스클럽 회장 2008~2010년 경남도의회 교육사회위원장, (재)통영국제음악제 이사, 통영윈드서핑연합회 회장·고문 2010~2012년 전국시·도운영위원장협의회 부회장 2010~2012년 경남도의회 운영위원장 2012년 同새누리당 원내대표, 새누리당 상임전국위원 2014년 경남 통영시장선거 출마(새누리당), 더불어민주당 중앙당 부대변인 2018년 경남 통영시장(더불어민주당)(현)

## 강석진(姜錫珍) KANG Suk Jean

(생)1939·5·25 (출)경북 상주 (주)서울특별시 중구 세종대로 124 한국프레스센터 9층 CEO컨설팅그룹 비서실(02-722-4913) (학)1958년 상주고졸 1964년 중앙대 경제학과졸 1978년 연세대 대학원 공업경영학과졸 1987년 미국 하버드대 경영대학원(ISMP) 수료, 미국 프린스턴대 국제경영과정 수료 1999년 서울대 국제대학원 글로벌리더십과정 수료 (경)1968년 미국 다트하우스 일렉트로닉스 부사장 1974년 미국 제너럴일렉트릭(GE) 극동구매사무소장 1978년 한국제너럴일렉트릭(GE Korea) 전략계획담당 상무 1981~2002년 同대표이사 사장·회장 1998년 정부경영진단위원회 경제·행정분과위원장 2000년 서울대 경영대학원 초청교수 2000~2005년 교육인적자원부 정책자문위원·BK21 추진위원 2001~2003년 (사)한국CEO포럼 공동대표 2002년 CEO컨설팅그룹 설립·회장(현) 2002~2009년 LG전자 사외이사 2004~2005년 우리금융지주 사외이사 2004년 한국경영자총협회 고문 2005년 벤처기업협회 벤처윤리위원장 2005년 서강대 경영대학원 겸임교수 2005년 이화여대 경영대학원 겸임교수(현) 2005~2008년 국무조정실 정부혁신자문위원 2006~2012년 한미파슨스 사외이사 2006년 세계미술문화진흥협회 이사장(현) 2008년 한국전문경영인학회 총괄고문(현) 2013~2016년 샘표식품(주) 사외이사 2016년 도산아카데미 이사장(현) 2016년 세계문인협회 부이사장(현) (상)한국전문경영인학회 대한민국경영자대상(2004), 글로벌경영자대상(2006), 세계문인협회 제9회 세계문학상 시부문대상(2014) (역)'당신의 운명을 지배하라' 'GE 신화의 비밀' '잭 웰치와 GE 방식' 'GE Work Out' (작)시화집 '우리가 어느 별에서 다시 만날 수 있을까'(2016, 문학세계)

## 강석진(姜錫振) KANG Seok Jin

(생)1959 · 12 · 7 (본)진주(晉州) (출)경남 거창 (주)서울특별시 영등포구 의사당대로 1 국회 의원회관 542호(02-784-1460) (학)1977년 영남고졸 1983년 연세대 정치외교학과졸 1992년 同행정대학원 행정학과졸 (경)1986년 삼성데이타시스템(SDS) 근무 1987년 대통령직인수위원회 정무담당관, 신한국당 사무총장 보좌역, 정무장관 보좌역, 국회 정책연구위원, 한나라당 대통령후보 보좌역, 同부대변인, 同사무총장 보좌역, 同건설교통위원회 정책자문위원, 한국정책포럼 연구위원 2004 · 2006~2007년 경남 거창군수(한나라당) 2008~2010년 대통령 정무수석비서관실 선임행정관 2013년 새누리당 원내대표 비서실장 2014년 기술보증기금 상임이사 2015년 同전무이사 2016~2017년 새누리당 경남산청군 · 함양군 · 거창군 · 합천군당원협의회 운영위원장 2016년 제20대 국회의원(경남 산청군 · 함양군 · 거창군 · 합천군, 새누리당 · 자유한국당〈2017.2〉)(현) 2016년 새누리당 원내부대표 2016년 국회 운영위원회 위원 2016년 국회 보건복지위원회 위원 2016년 국회 예산결산특별위원회 위원 2017년 자유한국당 산청군 · 함양군 · 거창군 · 합천군 당원협의회 운영위원장(현) 2017년 同대표최고위원 지역특보(경남) 2018년 국회 농림축산식품해양수산위원회 위원(현) 2018년 자유한국당 원내부대표(현) 2019년 同전당대회준비위원회 위원 2019년 자유한국당 경남도당 위원장(현) (상)2016 대한민국 국회의원 의정대상(2017)

## 강석철(姜錫喆)

(생)1971 · 8 · 11 (출)서울 (주)충청남도 홍성군 홍성읍 법원로 40 대전지방검찰청 홍성지청 형사부(041-640-4302) (학)1990년 보성고졸 1995년 서울대 사법학과졸 1999년 同대학원 법학과졸 (경)2001년 사법시험 합격(43회) 2004년 사법연수원 수료(33기) 2004년 서울동부지검 검사 2006년 춘천지검 강릉지청 검사 2008년 전주지검 검사 2010년 의정부지검 고양지청 검사 2013년 서울남부지검 검사 2017년 부산지검 서부지청 검사 2018년 서울중앙지검 부부장검사 2019년 대전지검 홍성지청 형사부장(현) (종)천주교

## 강석현(姜錫顯) Kang Seok Hyun

(생)1960 · 9 · 22 (출)서울 (주)서울특별시 송파구 올림픽로35길 123 향군타워 12층(070-7125-5115) (학)1979년 경동고졸 1983년 고려대 공과대학 산업공학과졸 1985년 同대학원 산업공학과졸 1989년 同대학원 산업공학 박사과정 수료 (경)1986~1988년 대전산업대 전자계산학과 · 수원대 산업공학과 강사 1989~1993년 한국생산성본부 경영컨설팅사업부 전문위원 1993~1995년 한국정보시스템기술(주) 경영혁신사업부 전문위원 1995~2000년 (주)인텔로그물류컨설팅 이사 1997년 중소기업청 중소유통업경영진단 지도위원 1999년 교통개발연구원 국가물류정책협의회 기업물류분과위원 2000~2001년 (주)아이비젠 물류사업부 이사 2001~2007년 한국EXE컨설팅(주) 대표이사 2007년 이엑스이씨엔티(주) 대표이사 2012년 삼성SDS(주) GL컨설팅팀장(상무) 2014년 同SL사업부 사업전략팀장(상무) 2014년 同SL사업부 사업전략팀장(전무) 2016년 同SL사업부 GL전략센터장(전무) 2017~2018년 同물류사업부문 스마트물류사업부 전무 2019년 에스코어(주) 컨설팅사업부 전무(현)



## 강석호(姜碩鎬) KANG Seok Ho

(생)1955 · 12 · 3 (본)진주(晉州) (출)경북 포항 (주)서울특별시 영등포구 의사당대로 1 국회 의원회관 707호(02-784-2376) (학)1974년 중동고졸 1981년 한국외국어대 스페인어과졸 (경)1988년 (주)삼일스톨베르그 대표이사 1991~1995년 포항시의회 의원 1993년 同부의장 1994~2007년 (주)삼일그룹 부회장 1994년 포항시태권도협회 회장 1994년 해병대전우회 경북연합회장 1995~1998년 경북도의회 의원 1997~2001년 경북도태권도협회 회장 1997~2002년 해병전우회 경북연합회장 1998~2007년 법무부 범죄예방위원회 포항지역협의회 감사 1998~2001년 자민련 포항南 · 울릉지구당 위원장 1999년 벽산학원(포항 영신중 · 고) 이사장 1999년 스톨베르그&삼일(주) 대표이사 2001년 자민련 부대변인 2003년 (사)대한산악연맹 경북도연맹 회장 2004~2008년 한나라당 경북도당 상임부위원장 2004년 同제17대 국회의원선거 경북도선거대책본부장 2005년 대한사이클연맹 부회장 2006년 포항향토청년회 지도회장 2006년 한나라당 경북도당 5.31지방선거 공천심사위원 및 선거대책본부장 2007년 同제17대 대통령선거 경북도당 총괄부본부장 2007~2008년 포항시축구협회 및 연합회장 2007년 삼일그룹 상임고문 2007~2010년 벽산장학회 이사장 2008년 제18대 국회의원(경북 영양군 · 영덕군 · 봉화군 · 울진군, 한나라당 · 새누리당) 2008~2012년 국회 농림수산식품위원회 위원 2008~2012년 한나라당 지방자치위원회 부위원장 2009~2010년 同원내부대표 2009년 (사)대한산악구조협회 회장 2009~2015년 (사)대한산악연맹 부회장 2010년 세계유교문화축전 고문 2010년 국회 농림수산식품위원회 여당 간사 2011~2012년 한나라당 직능특별위원회 지역특별위원장(경북) 2012년 제19대 국회의원(경북 영양군 · 영덕군 · 봉화군 · 울진군, 새누리당) 2012~2013년 새누리당 경북도당 위원장 2013~2015년 독도사랑운동본부 총재 2013~2014년 국회 국토교통위원회 여당 간사 2013~2014년 새누리당 제4정책조정위원장 2014년 국회 국토교통위원회 위원 2014년 한 · 독의원친선협회 회장 2014~2015년 새누리당 제1사무부총장 2014~2015년 同조직강화특별위원회 위원 2014년 국회 국민안전혁신특별위원회 위원 2016년 제20대 국회의원(경북 영양군 · 영덕군 · 봉화군 · 울진군, 새누리당 · 자유한국당〈2017.2〉)(현) 2016~2017년 국회 안전행정위원회 위원 2016년 새누리당 최고위원 2016~2017년 同영양군 · 영덕군 · 봉화군 · 울진군당원협의회 운영위원장 2017년 자유한국당 영양군 · 영덕군 · 봉화군 · 울진군당원협의회 운영위원장(현) 2017년 同제19대 홍준표 대통령후보 중앙선거대책위원회 중앙선거대책본부 유세지원본부장 2017년 포항 해병대 문화축제 홍보대사(현) 2017~2018년 국회 행정안전위원회 위원 2017년 국회 정치개혁특별위원회 위원 2017~2018년 국회 정보위원회 위원장 2018년 자유한국당 경북도당 공천관리위원회 위원장 2018~2019년 국회 외교통일위원회 위원장 2019년 자유한국당 재외동포위원회 위원장(현) 2019년 국회 외교통일위원회 위원 2019년 국회 농림축산식품해양수산위원회 위원(현) (상)노동부장관표창(1983), 국무총리표창(1990), 통상산업부장관표창(1997), 국세청장표창(1998), 부총리 겸 재정경제부장관표창(2000), 법무부장관표창(2006), 자랑스러운 국회의원상(2011), 법률소비자연맹 선정 국회 헌정대상(2013 · 2016), 유권자시민행동 대한민국유권자대상(2015), 在京울진군민회 감사패(2015), 제19대 국회 결산 베스트의정활동 우수국회의원대상 의정활동대상(2016), 대한민국의정대상(2016), 제15회 대한민국 국회의원 의정 대상(2017), 제25회 대한민국을 빛낸 한국인상 우수 정치공로부문(2017), 제6회 국회의원 아름다운 말 선플상(2018), 한국인터넷소통협회 대한민국 국회의원 소통대상(2018), 학대폭력예방 우수국회의원상(2018), 여의도정책연구원 대한민국 국회의원 의정대상(2018), 제16회 대한민국 청소년 의정대상(2018), 대한민국 모범 국회의원 최고대상(2018), 자유한국당 유튜브 영상 제작 콘테스트 우수상(2019) (종)불교

**강석호(姜錫浩) Kang Sukho**

(생)1964·4 (출)서울 (주)서울특별시 영등포구 여의대로 66 KTB투자증권(주) 임원실(02-2184-2000) (학)1983년 영등포고졸 1989년 고려대 통계학과졸 (경)1988~1999년 삼성생명보험 주식·채권운용담당 1999~2004년 리딩투자증권 창립멤버·채권 및 리서치총괄 상무 2004~2005년 한국투자증권 채권운용팀장(이사) 2006년 동부증권 채권팀 이사 2008년 同채권팀 상무보 2009년 同채권영업본부장 2010년 同트레이딩사업부장(상무) 2011년 同트레이딩사업부장(부사장) 2012~2016년 同FICC사업부장(부사장) 2016~2018년 토러스투자증권 대표이사 사장 2018년 KTB투자증권(주) 신사업추진부문 대표(부사장)(현)

**강석훈(姜錫勳) Kang Seok Hoon**

(생)1963·8·22 (출)대구 (주)서울특별시 강남구 테헤란로 521 파르나스타워 38층 법무법인(유) 율촌(02-528-5669) (학)1982년 대륜고졸 1986년 서울대 법대졸 1988년 同대학원 법학과졸 1998년 미국 조지타운대 로스쿨(LL.M.)수료 (경)1987년 사법시험 합격(29회) 1990년 사법연수원 수료(19기) 1990년 서울지법 남부지원 판사 1992년 서울민사지법 판사 1994년 대구지법 안동지원 판사 1997년 서울지법 판사 1999년 同북부지원 판사 2002년 서울고법 판사 2003년 대법원 재판연구관 2005년 同재판연구관(지법부장) 2007~2019년 법무법인(유) 율촌 변호사 2007년 법제처 법령해석심의위원회 위원(현) 2007년 사법연수원 세법 강사(현) 2008년 서울시립대 세무대학원 강사(현) 2009년 서울대 법과대학 강사 2009~2011년 한국지방세협회 부회장 2009년 기획재정부 조세범처벌법개정전문가 TF위원 2009~2011년 同공공기관장 경영평가위원 2009년 同국세예규심사위원회 위원(현) 2009~2011년 서울지방국세청 국세심사위원회 위원 2010~2017년 고려대 법학전문대학원 강사 2010~2014년 기획재정부 고문변호사 2013~2015년 행정안전부 고문변호사 2013~2017년 연세대 법무대학원 강사 2014~2019년 (주)한화 사외이사 2016년 법제처 감사자문위원회 위원(현) 2019년 법무법인(유) 율촌 공동대표변호사(현) (상)대통령표창(2017)

**강석훈(姜錫勳) Seoghoon Kang**

(생)1964·8·15 (출)경북 봉화 (주)서울특별시 성북구 보문로34다길 2 성신여자대학교 경제학과(02-920-7476) (학)1982년 서라벌고졸 1986년 서울대 경제학과졸, 미국 위스콘신대 메디슨교 대학원 경제학과졸 1991년 경제학박사(미국 위스콘신대 메디슨교) (경)대우경제연구소 금융팀장·패널팀장 1994년 동아일보 객원편집위원 1998~1999년 태평양경제협력위원회(PECC) HRD분과위원 1999년 한국은행 객원연구원 2002년 기획예산처 공기업평가위원·기금평가위원 2002년 정보통신부 산하기관 경영평가위원 2002년 통계청 통계품질심의위원회 위원 2003년 보건복지부 자활정책기획팀 위원 2003년 한국재정공공경제학회 총무이사 2003~2006년 한국재정학회 이사 2005~2006년 성신여대 입학홍보처장 2010년 조선일보 DMZ취재팀(관광·경제) 자문위원 2012년 제19대 국회의원(서울 서초구乙, 새누리당) 2012년 새누리당 제18대 대통령선거대책위원회 국민행복추진위원회 실무추진단 부단장 2013년 제18대 대통령직인수위원회 국정기획조정분과 인수위원 2014~2015년 국회 창조경제활성화특별위원회 위원 2014년 새누리당 정책위원회 부의장 2014~2016년 국회 기획재정위원회 여당 간사 2014년 새누리당 '새누리당을 바꾸는 혁신위원회' 위원 2014년 同경제혁신특별위원회 규제개혁분과 위원 2014~2015년 同보수혁신특별위원회 위원 2014년 同공무원연금제도개혁TF 위원 2015년 국회 서민주거복지특별위원회 위원 2015년 새누리당 정책위원회 기획재정정책조정위원장 2015년 同정책위원회 민생정책혁신위원회 부위원장 2015년 국회 공적연금강화와노후빈곤해소를위한특별위원회 여당 간사 2015년 새누리당 나눔경제특별위원회 간사 2015년 同경제상황점검TF 단장 2016년 同총선기획단 위원 2016~2017년 대통령 경제수석비서관 2017년 성신여대 경제학과 교수(현)

**강석희(姜碩禧) KANG Seok Hee**

(생)1956·3·17 (출)제주 (주)서울특별시 중구 을지로 100 CJ헬스케어 임원실(02-6477-0000) (학)제주제일고졸, 제주대 증식학과졸, 성균관대 대학원 경영학과졸 (경)CJ(주) 제약사업본부 마케팅팀장 2003년 同상무 2004년 CJ미디어 영업본부장(상무) 2005년 同대표이사 2007년 同대표이사 부사장 2009년 CJ CGV(주) 대표이사 부사장 2010년 CJ제일제당(주) 제약사업부문 대표이사 부사장 2013~2015년 CJ E&M 대표이사 2013~2015년 CJ(주) 경영지원총괄 부사장 2015년 CJ헬스케어 공동대표이사 2017년 同대표이사 2017년 한국바이오의약품협회 제3대 회장(현) 2018년 CJ헬스케어 공동대표이사(현) (상)중앙언론문화상 방송영상부문(2008)

**강선명(姜宣明) KANG Sun Myoung**

(생)1963·12·20 (출)제주 (주)서울특별시 송파구 올림픽로35길 123 삼성물산(주) 경영지원실 법무팀(02-2145-5256) (학)1983년 제주 오현고졸 1990년 고려대 법학과졸 (경)1990년 사법시험 합격(32회) 1993년 사법연수원 수료(22기) 1993년 서울민사지법 판사 1995년 서울지법 북부지원 판사 1997년 제주지법 판사 2000~2001년 서울중앙지법 파산부 판사 2002~2003년 미국 듀크대 로스쿨 방문연구·미국 노스캐롤라이나주 동부파산법원 연수 2002~2004년 서울북부지법 판사 2004년 변호사 개업, 법무법인 아주 기업법무팀 변호사, 법무부 통합도산법개정위원회 실무위원 2006년 삼성그룹 사장단협의회 법무실 상무 2009~2011년 同사장단협의회 법무실 전무 2011년 삼성물산(주) 경영지원실 법무팀장(전무) 2015년 同경영지원실 법무팀장 겸 Compliance팀장(부사장)(현) (저)'회사정리실무'(共) '파산사건실무'(共) '주석 회사정리법'(共)

**강선보(姜善甫) KANG Sun Bo**

(생)1954·2·19 (출)경남 함양 (주)서울특별시 성북구 안암로 145 고려대학교 교육학과(02-3290-2298) (학)1978년 고려대 교육학과졸 1982년 同대학원 교육철학과졸 1989년 교육학박사(고려대) (경)1979년 한국교육개발원 연구원 1982~1996년 강릉대 전임강사·조교수·부교수 1988년 同학생생활연구소장 1990년 고려대 강사 1994년 미국 위스콘신대 연구교수 1996~2019년 고려대 교육학과 교수 1997년 同교직과장 1999~2003년 同교학부장 2001년 同교육학과장 겸 주임교수 2003년 同대학원 부원장 2004년 同교육문제연구소장 2007년 同학생처장 2008년 同교육대학원장 겸 사범대학장 2009년 전국교육대학원장협의회 회장 2009년 전국사립사범대학협의회 회장 2011~2013년 고려대 교무부총장 2012~2013년 전국대학교부총장협의회 회장 2014년 한국교육학회 선임부회장 2017~2018년 同회장 2019년 고려대 교육학과 명예교수(현) (상)자랑스러운 고대교육인상(2013) (저)'민족교육의 사상사적 조망(共)'(1994) '유아의 심리(共)'(1995) '교육의 잠식-사회화와 학교(共)'(1996) '북한사회의 이해(共)'(1996) '교육의 역사와 철학(共)'(1999) 외 13편 (역)'놀이와 교육' '전인교육의 이론과 실제'(共)

**강선종(康善鍾) KANG Sun Jong**

(생)1956·6·15 (주)서울특별시 영등포구 여의공원로 111 태영빌딩 (주)태영건설 건축본부(02-2090-2200) (학)경기고졸, 서울대 건축공학과졸 (경)2004년 삼성물산(주) 건설부문 건축기술팀장(상무보) 2007년 同건설부문 건축기술팀장(상무) 2011년 同건설부문 건축기술팀장(전무), (주)태영건설 기술연구소장(전무) 2014년 同건축본부장(전무) 2017~2019년 同건축본부장(부사장) 2019년 同고문(현) (상)과학기술훈장 웅비장(2008)

**강선희(姜善姬 · 女) KANG Sun Hee**

(생)1965 · 5 · 24 (출)서울 (주)경기도 이천시 설성면 설성로181번길 110 SKMS연구소(02-2121-0065) (학)1984년 정신여고졸 1988년 서울대 법학과졸 2000년 同법학대학원졸 2008년 이화여대 경영대학원졸 (경)1988년 사법시험 합격(30회) 1991년 사법연수원 수료(20기) 1991년 서울민사지법 판사 1993년 서울지법 남부지원 판사 1995년 대구지법 판사 1999년 서울지법 판사 1999~2002년 법무법인 춘추 변호사 2002년 대통령 법무비서관실 행정관 2004년 SK(주) CR전략실 법률자문역(상무) 2005년 同법무2담당 상무 2008년 SK에너지(주) 윤리경영본부장 2011년 同경영지원본부장 2011년 SK이노베이션 이사회 사무국장 겸임 2012년 SK에너지(주) CR본부장 2012년 SK이노베이션 지속경영본부장 겸 이사회 사무국장(전무급) 2013년 同지속경영본부장(부사장급) 2013년 同이사회 사무국장(부사장급) 2013년 한국양성평등교육진흥원 비상임이사 2019년 SKMS연구소 파견(현)

**강성국(姜聲國) KANG Sung Kook**

(생)1966 · 9 · 9 (본)진주(晉州) (출)전남 목포 (주)서울특별시 서대문구 충정로 60, 10층 법무법인(유) 지평(02-6200-1837) (학)1984년 목포고졸 1988년 고려대 법과대학졸 1991년 同법과대학원졸, 同법과대학원 박사과정 수료 (경)1988년 사법시험 합격(30회) 1991년 사법연수원 수료(20기) 1994년 광주지법 판사 1996년 同순천지원 판사 1998년 서울지법 의정부지원 판사 2001년 서울지법 판사 2002년 서울고법 판사 2004년 대법원 재판연구관 2006년 광주지법 부장판사 2007년 사법연수원 교수 2009년 의정부지법 부장판사 2010년 서울중앙지법 부장판사 2013년 서울북부지법 부장판사, 동두천시 · 구리시 · 서울 중랑구 선거관리위원회 위원장 2015~2018년 법무법인 지평 파트너변호사, 한국인터넷진흥원 전자문서 · 전자거래분쟁조정위원회 위원(현), 미래창조과학부 전자문서 · 전자거래분쟁조정위원회 위원 2017년 대한상사중재원 중재인(현), 중앙행정심판위원회 위원(현), 고려대 법학전문대학원 겸임교수, 同법학전문대학원 초빙교수(현) 2018년 법무법인(유) 지평 파트너변호사(현)

**강성균(姜性均) KANG Sung Kyun**

(생)1952 · 2 · 23 (주)제주특별자치도 제주시 문연로 13 제주특별자치도의회(064-741-1830) (학)애월상고졸, 제주대 국어교육과졸, 同교육대학원 국어교육과졸 (경)제주특별자치도 서귀포고 교장, 제주과학고 교장, 제주중등교장협의회 회장, 제주특별자치도 탐라교육원장, 애월고총동창회 회장, 제주특별자치도교육청 평생교육체육과장, 同장학관, 해병대전우회 제주시지회 부회장 2014~2018년 제주특별자치도의회 교육의원 2014 · 2016~2018년 同교육위원장 2014 · 2016~2018년 同운영위원회 위원 2016~2018년 同윤리특별위원회 위원, 더불어민주당 제주특별자치도당 교육특별위원장(현) 2018년 제주특별자치도의회 의원(더불어민주당)(현) 2018년 同행정자치위원장 겸 윤리특별위원회 · 의회운영위원회 위원(현) (상)유권자시민행동 '대한민국 유권자대상 광역자치단체의회 의원부문'(2016), 대한민국 참봉사대상 지역발전부문 지역발전공로대상(2017), 세계자유민주연맹 자유장(2019)

**강성기**

(생)1965 (출)전남 장성 (주)인천광역시 연수구 해돋이로 130 해양경찰청 정보과(032-835-2063) (학)한국해양대 대학원 해사법학과정 수료 (경)1997년 경찰간부 후보(45기), 해양경찰청 수사과 · 기획담당관실 국회연락관, 남해지방해양경찰청 수사계장, 해양경찰청 법무팀장 · 외사기획계장 2016년 중부해양경비안전본부 청문감사담당관 2017년 국민안전처 해상수사정보과장 2017년 해양경찰청 해상수사정보과장 2017~2018년 제주지방해양경찰청 제주해양경찰서장 2019년 해양경찰청 정보과장(현)

**강성길(康誠吉) KANG Sung Ghil**

(생)1961 · 2 · 8 (본)신천(信川) (출)제주 (주)서울특별시 강남구 삼성로 610 그랜드코리아레저 마케팅본부(02-6421-6000) (학)1979년 제주 표선상고졸 1987년 경기대 관광경영학과졸 2016년 한양대 국제관광대학원졸 (경)2005년 한국관광공사 기획조정실 예산팀장 2006년 同방콕지사장 2009년 同지방이전기획단장 2009년 同관광브랜드상품실장 2010년 同국내마케팅실장 2011년 同MICE뷰로실장 2013년 同하노이지사장 2016년 同마케팅지원실장 2016년 同기획조정실장 2017~2018년 同관광산업본부장 2018년 그랜드코리아레저(GKL) 마케팅본부장(상임이사)(현)

**강성락(康聖樂) Kang Sung Nak**

(생)1957 · 12 · 21 (출)경기 동두천 (주)경기도 안산시 단원구 신안산대학로 135 신안산대학교 총장실(031-490-6004) (학)미국 하트퍼드대 기계공학과졸, 同대학원 경영학과졸 1998년 기계공학박사(미국 데이턴대) (경)크라이슬러자동차회사 제품개발 선임연구원, 안흥교회 장로 1999년 안산공과대학 학장 2006년 학교법인 순효학원 교육이사(현) 2009년 신안산대 총장(현) (종)기독교

**강성묵(姜成默) Kang Seong Muk**

(생)1964 · 9 · 27 (주)서울특별시 중구 을지로 35 KEB하나은행 영업지원그룹(1588-1111) (학)1983년 청주신흥고졸 1990년 서강대 사회학졸 (경)1990년 상업은행 입행 1993년 하나은행 구로애경지점 행원 1995년 同옥수역지점 대리 2000년 同검사부 검사역 2005년 同신영통지점장 2009년 同분당중앙지점장 2011년 同검사부장 2013년 同경영지원본부장 2013년 同업무관리본부장 2015년 同대전영업본부장 2015년 KEB하나은행 대전영업본부장 2016년 同영업지원그룹장(전무) 2016년 同리테일지원그룹장(전무) 2017년 同영업지원그룹장(전무) 2018년 同경영지원그룹장 겸 HR본부장(전무) 2019년 同영업지원그룹 부행장(현)

**강성민(姜成旼)**

(생)1971 · 8 · 6 (주)제주특별자치도 제주시 문연로 13 제주특별자치도의회(064-741-1973) (학)한국방송통신대 경제학과졸, 제주대 법정대학 행정학과졸, 제주국제대 사회복지임상치료대학원 사회복지학 수료 (경)제주지역총학생회협의회 공동의장, 제주특별자치도생활체육회 이사, 제주4.3희생자유족회 사무국장, 제주미래비전연구원 제주생활정책포럼 대표(현) 2006~2013년 제주특별자치도의회 정책자문위원, 화해와상생 4.3지키기범도민회 협동사무처장, 문재인 대통령후보 정책특보, 더불어민주당 지속가능제주발전특별위원회 실무간사, 同중앙당 교육특별위원회 자문위원(현), 同제주시 이도2동 당원협의회장 2014년 제주특별자치도의원선거 출마(무소속) 2016~2017년 국회의원 오영훈 보좌관 2018년 더불어민주당 원내대표 정책특별보좌관 2018년 제주특별자치도의회 의원(더불어민주당)(현) 2018년 同예산결산특별위원회 위원(현) 2018년 同4 · 3특별위원회 위원(현) 2018년 同환경도시위원회 부위원장(현)

**강성범(姜聲範) Kang SungBum**

(생)1968 (주)서울특별시 중구 을지로5길 26 미래에셋대우 IB1부문(02-768-3355) (학)경동고졸, 고려대 농업경제학과졸 (경)2009년 대우증권 인더스트리8팀장 2011년 KDB대우증권 기획실장 2014년 同기업투자금융본부장(상무) 2015년 미래에셋대우 기업금융본부장(상무) 2017년 同경영혁신부문 대표(상무) 2018년 同기업금융(IB)1부문 대표(전무)(현)

**강성수(姜聲洙) KANG Sung Soo**

(생)1948 · 7 · 14 (출)전남 영광 (주)경기도 의정부시 녹양로34번길 22 (가능동) 진성빌딩 2, 3층 법무법인 다원(031-876-9330) (학)1968년 광주제일고졸 1971년 고려대 법학과졸 (경)1980년 사법시험 합격(22회) 1982년 사법연수원 수료(12기) 1982년 광주지검 검사 1985년 청주지검 충주지청 검사 1986년 서울지검 검사 1988년 부산지검 동부지청 검사 1989년 서울지검 의정부지청 검사 1991년 변호사 개업(현) 2004~2005년 의정부지방변호사회 회장, 법무법인 다원 대표변호사(현)

**강성수(姜性秀) Kang Sung Soo**

(생)1960 · 2 · 29 (주)대전광역시 동구 중앙로 240 한국철도공사 상임감사위원실(042-615-3023) (학)1978년 전주해성고졸 1982년 전북대 행정학과졸 (경)1992~1998년 감사원 기획담당관실 · 사무처 제6국 대전사무소 총괄과 감사주사 1999~2008년 同사무처 제3국 제5과 · 자치행정감사국 제2과 · 행정안보감사국 제4과 부감사관 2008~2014년 同감사품질관리관실 조정1팀 · 감찰정보단 제1과 감사관 2014~2016년 同감사청구조사국 조사3과장 · 재정경제감사국 제2과장 2016년 同특별조사국 제1과장 2017~2018년 同사회 · 복지감사국 제2과장 2019년 한국철도공사(코레일) 상임감사위원(현)

**강성수(姜城洙)**

(생)1970 · 7 · 22 (출)서울 (주)서울특별시 서초구 서초중앙로 157 서울중앙지방법원(02-530-1114) (학)1989년 성남고졸 1993년 서울대 법학과졸 1995년 同대학원졸 (경)1995년 사법시험 합격(37회) 1998년 사법연수원 수료(27기) 1999년 軍법무관 2001년 서울지법 서부지원 판사 2003년 서울지법 판사 2004년 서울중앙지법 판사 2005년 부산지법 판사 2008년 의정부지법 고양지원 판사 2010년 서울고법 판사 2011년 대법원 재판연구관 2013년 춘천지법 부장판사 2015년 의정부지법 부장판사 2015년 사법정책연구원 선임연구위원 2017년 서울중앙지법 부장판사(현)

**강성용(姜成龍)**

(생)1972 · 12 · 30 (본)진주(晉州) (출)전남 광양 (주)서울특별시 서초구 반포대로 158 서울중앙지방검찰청 방위사업수사부(02-530-4771) (학)1991년 순천고졸 2000년 서울대 정치학과졸 (경)1999년 사법시험 합격(41회) 2002년 사법연수원 수료(31기) 2002년 인천지검 검사 2004년 대전지검 공주지청 검사 2005년 부산지검 검사 2007년 서울북부지검 검사 2010년 수원지검 검사 2013년 광주지검 검사 2015년 대검찰청 검찰연구관 2017년 광주지검 해남지청장 2018년 서울서부지검 형사5부장 2019년 서울중앙지검 방위사업수사부장(현)

**강성욱(姜聲郁) KANG Sung Wook**

(생)1961 · 8 · 25 (출)서울 (주)서울특별시 강남구 학동로 343 POBA강남타워 10층 GE코리아(02-6201-3001) (학)1980년 고려고졸 1984년 서울대 경제학과졸 1990년 미국 매사추세츠공대 경영대학원 수료 (경)1984~1988년 한국아이비엠(주) 공공기관영업담당 과장 1990년 탠덤컴퓨터 동아시아본부 대표이사 1994년 同홍콩 · 대만 사장 1997년 同한국사장 1997년 한국컴팩컴퓨터 대표이사 2000년 컴팩코리아(주) 대표이사 2002년 한국HP · 컴팩코리아 엔터프라이즈그룹 총괄 2002년 미국 시스코시스템스 아시아태평양지역본부 부사장 2005년 同북아시아 총괄 부사장 2008년 同아시아 · 태평양지역 총괄 사장 2012년 GE코리아 총괄대표(현)

**강성웅(姜聖雄) KANG Seong Woong**

(출)부산 (주)서울특별시 강남구 언주로 211 강남세브란스병원 재활의학과(02-2019-3490) (학)1985년 연세대 의대졸 1991년 同대학원 의학석사 1996년 의학박사(연세대) (경)1986~1992년 영동세브란스병원 전공의 1992년 연세대 연구강사 1994년 同의과대학 재활의학교실 전임강사 · 조교수 · 부교수 · 교수(현) 1994년 同근육병재활연구소 상임연구원 1998~2000년 미국 뉴저지 Medical School 연수 2002~2003년 대한재활의학회 수련교육위원회 · 고시위원회 위원 2004~2009년 영동세브란스병원 재활의학과장 2008~2009년 同홍보실장 2009~2011년 강남세브란스병원 재활의학과장 2009~2011년 同홍보실장 2010~2012년 대한재활의학회 이사장 2011년 강남세브란스병원 척추전문병원 척추재활의학과장(현) 2011년 대한심장호흡재활의학회 회장(현) 2012년 강남세브란스병원 호흡재활센터 소장 2012~2014년 同재활의학과장 2012년 연세대 의대 희귀난치성신경근육병재활연구소장(현) 2014년 대한노인재활의학회 이사장 2014~2016년 강남세브란스병원 부원장 2014~2016년 同임상연구관리실장 2016년 同호흡재활센터 소장(현) 2016년 同척추병원장 (상)대한재활의학회 학술상(1997), 한미약품 · 서울시의사회 한미참의료인상(2017), 근정포장(2019)

**강성원(姜成遠) KANG Sung Won (弘牛)**

(생)1948 · 1 · 19 (본)진주(晉州) (출)대구 달성 (주)서울특별시 강남구 테헤란로 440 포스코센터 서관 3층 서현회계법인(02-3011-1115) (학)1966년 대구상고졸 1970년 서울대 상대졸 1990년 고려대 대학원 회계학과졸 1995년 회계학박사(단국대) (경)1971년 행정고시 합격(10회) 1982년 속초세무서장 1983년 마산세무서장 1985년 영도세무서장 1986년 안건회계법인 입사 1989~1990년 서울대 상과대학 24회 동기회 회장 1992~1994년 단국대 회계학 연구회 회장, 고려대 경영대학원 석사회 50기 부회장 · 회장 1994~1995년 YES(Young Entrepreneurs Society) 회장 1995년 안건회계법인 대표 1995~2002년 서울지법 조정위원 1997~2000년 광운대 감사 1998~2000년 국세청 법령심사위원회 의원 2000~2002년 해강장학회 감사 2000~2006년 기획예산처 기금정책심의회 위원 2000~2007년 삼정회계법인 대표이사 2005년 대한상사중재원 중재인 2006~2008년 한국공인회계사회 조세부회장 2006~2008년 재정경제부 세제발전심의위원회 위원 2006~2008년 同조세감면평가위원회 위원 2006~2008년 同조세개혁특별위원회 위원 2007년 (사)한국감사협회 고문(현) 2007년 삼정회계법인 부회장 2007~2017년 생명보험사회공헌재단 감사, (사)세로토닌문화원 감사(현) 2012~2016년 한국공인회계사회 회장 2012~2016년 한국XBRL본부 이사장 2012년 국세청 국세행정위원회 위원 2012년 기획재정부 조세법령개혁추진위원회 위원 2012년 同세제발전심의위원회 위원 2013~2016년 국세청 국세행정개혁위원회 위원 2013~2015년 중소기업사랑나눔재단 감사 2014~2019년 포항공대 감사 2016~2018년 두산엔진 감사위원장 2016~2017년 더존비즈온 고문 2018년 서현회계법인 대표이사(현) (상)근정포장(1981), 재정경제부장관표창(2002), 대통령표창(2004)

**강성윤(姜聲允) KANG Seong Youn**

(생)1960 · 8 · 5 (본)진주(晉州) (출)경북 안동 (주)서울특별시 금천구 서부샛길 606 대성디폴리스 B동 7층 대성C&S 비서실(02-2290-5504) (학)영남고졸, 영남대 무역학과졸, 한양대 대학원 경영전략과졸 (경)대성C&S(주) 직무이사, 同이사 2007년 同공동대표이사 상무 2014년 同대표이사(현) (종)기독교

## 강성의(姜成宜·女)

(생)1968·2·3 (주)제주특별자치도 제주시 문연로 13 제주특별자치도의회(064-741-1951) (학)제주중앙여고졸, 제주대 행정학과졸, 이화여대 대학원 여성학과졸 (경)2012~2016년 김상희 국회의원 정책비서관, 여성긴급전화1366제주센터 초대 대표, 제주여성인권연대 이사(현), 더불어민주당 제주도당 부위원장(현) 2018년 제주특별자치도의회 의원(더불어민주당)(현) 2018년 同대규모개발사업장에대한행정사무조사를위한특별위원회 위원(현) 2018년 同4.3특별위원회 위원(현) 2018년 同윤리특별위원회 부위원장(현) 2018년 同환경도시위원회 위원(현)

## 강성익(姜聲益) KANG Sung Ik

(생)1950·6·2 (출)전남 장성 (주)서울특별시 강남구 논현로 650-1 (주)한라종합건축사사무소(02-543-9708) (학)1968년 조선대부고졸 1972년 한양대 건축학과졸 1984년 홍익대 환경대학원 환경설계학과졸 1996년 중앙대 국제경영대학원 최고경영자과정 수료 (경)1974~1979년 그랜드건축연구소 근무 1980년 강성익건축연구소 개설, (주)한라종합건축사사무소 대표이사(현) 1994년 영천종합건설(주) 대표이사 1996년 대한민국건축대전 초대작가 1998~2000년 서울시건축사회 홍보·운영위원장, (사)국제문화친선협회 이사 2002년 새천년민주당 서울강남甲지구당 상임부위원장 2002~2004년 서울시 강남구건축사회 회장 2004~2006년 대한건축사협회 이사 2006~2007년 서울시건축사협회 회장 2011~2013년 대한건축사협회 회장 (상)대한민국건축대전 입선, 동양미술제 입선, 상형전 입선, 동탑산업훈장(2013)

## 강성조(康盛照) KANG Sung Jo (경탁)

(생)1965·1·16 (본)신천(信川) (출)경북 예천 (주)세종특별자치시 한누리대로 411 행정안전부 지방재정정책관실(044-205-3700) (학)1984년 부산 금성고졸 1989년 한양대 법학과졸 (경)1990년 행정고시 합격(34회) 2000년 행정자치부 지방재정세제국 교부세과 사무관 2001년 同지방재정세제국 교부세과 서기관 2004년 주한미군대책추진기획단 파견 2006년 지방분권지원단 파견 2006년 행정자치부 전자정부제도팀장 2007년 同교부세팀장 2007년 친일반민족행위자재산조사위원회 파견 2008년 행정안전부 교부세과장 2008년 同인력개발관실 교육훈련과장(서기관) 2009년 同인력개발관실 교육훈련과장(부이사관) 2010년 국가기록원 대통령기록관 기획수집과장 2011년 행정안전부 주소전환추진단장 2012년 충북도 기획관리실장(고위공무원) 2014~2015년 대통령소속 국민대통합위원회 기획정책국장 2015년 행정자치부 정보공유정책관 2015년 同개인정보보호정책관 2016년 해외 파견 2017년 대통령직속 정책기획위원회 기획운영국장 2018년 행정안전부 지방재정정책관(현)

## 강성종(康聖鐘) KANG Sung Jong

(생)1966·7·18 (출)경기 동두천 (주)경기도 의정부시 호암로 95 신한대학교 총장실(031-870-3300) (학)1985년 보성고졸 1990년 미국 브리지포트대 경영학과졸 1991년 同대학원 경영학과졸 1997년 교육학박사(미국 브리지포트대) 2000년 경남대 북한대학원 정치행정학과졸 2004년 정치학박사(경남대) (경)2001~2012년 경기도축구협회 회장 2002년 한국예술문화단체총연합회 의정부지부 자문위원장 2003년 유네스코 경기도협회 이사 2003년 새천년민주당 의정부지구당 위원장 2003년 同경기도지부 교육특위 위원장 2003년 同대표최고위원 교육특보 2003년 경기도바둑협회 회장 2004년 제17대 국회의원(의정부乙, 열린우리당·대통합민주신당·통합민주당) 2006~2007년 열린우리당 원내부대표 2007년 국회 과학기술정보통신위원회 간사 2008~2012년 제18대 국회의원(의정부乙, 통합민주당·민주당·민주통합당) 2008년 국회 정무위원회 위원 2008년 국회 2012여수엑스포지원특별위원회 위원 2010년 국회 여성가족위원회 간사 2012년 민주통합당 제18대 대통령중앙선거대책위원회 지역·조직총괄본부 권역본부장 2019년 신한대 총장(현) (저)'북한의 강성대국 건설전략'(2004) '화해와 회복 그리고 평화–강성종 사진이야기'(2006) (종)기독교

## 강성주(姜聲周) KANG Seong Joo

(생)1952·9·25 (본)진주(晋州) (출)경북 안동 (주)서울특별시 영등포구 버드나루로 73 자유한국당(02-6288-0200) (학)1975년 서울대 사범대학 외국어교육학과졸 (경)1978~1991년 문화방송 보도국·사회부·보도제작부·외신부·경제부 기자 1989~1990년 同사회부·국제부 차장대우·사회팀 차장 1991년 同제2기 노조위원장 1994년 同국제부 차장대우 1995년 同사회팀 차장 1996년 同전국팀 차장 1996년 同국제부 부장대우 1997년 同사회부장 직대 1997년 同국제부장 1998년 同뉴스편집2부장 1999년 同경제부장 2000년 同베이징특파원 2001년 同보도국 부국장 2003년 同시사제작1국장 2003년 同보도국장 2005년 同기획실 위원 2005년 同글로벌사업본부 콘텐츠기획팀 국장 2006년 同논설위원 2010~2013년 포항MBC 사장 2011년 한국방송협회 이사 2015년 재외동포저널 편집위원 2015년 在京문경시향우회 회장(현) 2017년 재외동포저널 사장 겸 편집인(현) 2018년 자유한국당 조직강화특별위원회 위원(현) (상)한국기자상, 최병우기념 국제보도상 (종)기독교

## 강성천(姜聲千) Kang Sung-cheon

(생)1964·7·20 (본)진주(晋州) (출)광주 (주)서울특별시 종로구 청와대로 1 대통령 산업정책비서관실(02-770-0011) (학)대광고졸 1988년 서울대 경제학과졸 2004년 경제학박사(미국 인디애나대) (경)1988년 행정고시 합격(32회) 1989~2000년 상공부·통상산업부·산업자원부 등 사무관 및 서기관 2004~2010년 산업자원부 산업기술개발과장·駐OECD대표부 참사관·지식경제부 부품소재총괄과장 2010년 대통령 경제수석비서관실 행정관 2011년 지식경제부 장관비서실장 2012년 同무역투자실 투자정책관 2012년 同에너지자원실 원전산업정책관 2013년 산업통상자원부 에너지자원실 원전산업정책관 2014년 同산업정책실 산업정책관 2016년 同무역위원회 상임위원 2016년 同산업정책실장 2017년 同통상차관보 2018년 대통령 경제수석비서관실 산업정책비서관(현)

## 강성천(姜聲天) Kang Seong Cheon

(생)1966·11·10 (본)진주(晋州) (출)전남 (주)부산광역시 연제구 경기장로 28 국가기록원 역사기록관(051-550-8001) (학)1985년 전주 상산고졸 1989년 서울대 국사학과졸 1994년 同대학원 국사학과졸 1998년 同대학원 국사학 박사과정 수료 (경)국가기록원 보존복원팀장 2007년 同기록관리부 보존복원센터장 2008년 同기록관리부 보존복원연구과 서기관 2009년 同기록관리부 사회기록관리과 서기관 2011년 同기록편찬문화과장 2015년 同대전기록관장 2016년 同수집기획과장 2018년 同부산기록관장 2019년 同역사기록관장(현)

## 강성철(姜聖哲) KANG Sung Chul

(생)1967·8·4 (출)서울 (주)경기도 수원시 영통구 삼성로 129 삼성전자(주) Samsung Research Robot센터(02-2255-0114) (학)1985년 휘문고졸 1989년 서울대 공과대학 기계설계학과졸 1991년 同대학원 기계설계학과졸 1998년 기계설계학박사(서울대) (경)1991년 한국과학기술연구원(KIST) 연구원 1999~2005년 同선임연구원 1999~2000년 일본 기계기술연구소 연구원 2005~2009년 한국과학기술연구원 지능시스템연구본부 인지로봇연구단 책임연구원 2007년 미국 스탠포드대 방문연구원 2009년 한국과학기술연구원 로봇·시스템본부 인지로봇센터 책임연구원 2010~2019년 과학기술연합대학원대 HCI및로봇응용공

학 교수 2011~2013년 한국과학기술연구원(KIST) 바이오닉스연구단장 2014년 同바이오닉스연구단 책임연구원 2015~2019년 同로봇미디어연구소 책임연구원 2017년 同로봇미디어연구소 달탐사연구사업추진단장(Healthcare Robotics연구그룹장 겸임) 2018~2019년 同의료로봇연구단장 2019년 삼성전자(주) Samsung Research Robot 센터장(연구위원)(현) (상)IROS 99 학술상(2003), ROBOCUP World Championship 구조로봇부분 2위(2005), 이달의 과학기술자상(2005), ROBOCUP US-Open 구조로봇부분 우승(2005) (종)천주교

### 강성태(姜成泰) KANG Seong Tae

(생)1954·4·15 (출)대구 (주)서울특별시 서초구 바우뫼로37길 56 한국주류산업협회 회장실(02-780-6661) (학)대구 대건고졸, 경북대 법정대학 행정학과졸, 서울대 행정대학원 석사과정 수료, 미국 서던캘리포니아대 행정대학원졸(행정학석사) 2011년 세무학박사(서울시립대) (경)1977년 행정고시 합격(21회) 1978년 부산시청 사무관시보 1979~1984년 국세청 사무관 1979~1984년 국외훈련 1986~1993년 재정경제원 조세정책과·소비세제과·재산세제과 사무관 1993~1995년 의성세무서장·김천세무서장·포항세무서장(서기관) 1995~1998년 駐뉴욕총영사관 세무담당영사 1998년 국세청 허위세금계산서단기간추적전산검색시스템개발TF팀장 1999~2000년 경기 광명세무서장·중부지방국세청 개인납세 2과장 2000년 국세청 민원제도과장·청장 비서관·국제협력담당관 2005년 미국 국세청(IRS) 파견(부이사관) 2006년 중부지방국세청 세원관리국장 2006년 국세청 국세공무원교육원장 2006년 대구지방국세청장 2007~2009년 국세청 국제조세관리관 2011~2013년 서울시립대 세무전문대학원 교수 2012~2016년 LIG손해보험(주) 사외이사 겸 감사위원 2013~2016년 KC대 경영학부 세무회계학전공 교수 2014년 (사)세우회 이사장(현) 2014년 (사)국세동우회 수석부회장(현) 2016년 한국주류산업협회 회장(현) (상)대통령표창(1992), KC대 우수교수상(2014·2015) (저)'국제거래 소득과 이전가격 과세제도(transfer pricing taxation on cross-border income)'(2014, 삼일인포마인) '국제거래소득 과세이론(Theories and Rules on International Taxation)'(2015, 삼일인포마인) (종)기독교

### 강성태(姜成泰) Kang Sung Tae

(생)1960·12·25 (출)부산 (주)부산광역시 수영구 남천동로 100 수영구청 구청장실(051-610-4001) (학)부산고졸, 부산산업대(現 경성대) 행정학과졸, 한양대 행정대학원 계획행정학과졸 (경)부산산업대 총학생회장, 조경목 국회의원 비서관, 유흥수 국회의원 비서관, 부산시 초대민선 수영구청장 비서실장, 호암초 운영위원장, 21세기부산발전연구소 소장, 이웃사촌쌀집 대표, 박형준 국회의원 사무국장, 경성대총동창회 부회장(현) 2006·2010·2014~2018년 부산시의회 의원(한나라당·무소속·새누리당·자유한국당) 2012·2014년 同원전안전특별위원회 위원장 2016~2018년 同부의장 2018년 부산시 수영구청장(자유한국당)(현)

### 강성태(姜成泰) KANG Seong Tae

(생)1965·2·20 (출)경남 통영 (주)서울특별시 성동구 왕십리로 222 한양대학교 법학전문대학원(02-2220-1304) (학)1987년 서울대 법과대학졸 1989년 同대학원 법학과졸 1994년 법학박사(서울대) (경)1995~1999년 서울대 법과대학 강사 1994~2003년 대구대 법과대학 전임강사·조교수·부교수 2002~2003년 미국 버지니아대 로스쿨 방문연구원 2004~2008년 한양대 법학대학 법학과 부교수·교수 2006~2009년 서울지방노동위원회 공익위원 2009년 한양대 법학전문대학원 교수(현), 한국노동법학회 이사, 서울대 노동법연구회 편집위원 2017년 同노동법연구회 편집위원장(현) 2017~2019년 고용노동부 최저임금위원회 공익위원 2017~2018년 同정책자문위원회 4차산업혁명정책분과 위원장 2018년 한국노동법학회 부회장 겸 편집위원장(현) 2018년 한국사회보장법학회 회장(현) (저)'비정규직과 노동법' '재택근무근로자(텔레워커)와 노동법의 과제' '누가 근로자인가'(2000, 대구대 출판부) '비전형근로와 노동법'(2000, 대구대 출판부) (종)원불교

### 강성해(姜聖海·女) KANG Sung Hae

(생)1958·12·4 (주)충청남도 천안시 동남구 상명대길 31 상명대학교 섬유디자인학과(041-550-5207) (학)1981년 세종대졸, 1983년 일본 무사시노 미술대학원졸, 1986년 일본 도쿄예술대학원졸 (경)1982~1995년 그룹전 및 회원전 다수 출품, 1986~1995년 개인전3회, 1990~1994년 서울섬유미술제 초대전 출품, 1995년 대한산업미술가협회 국제이사, 1995년 同전국공모전 심사위원, 1995년 충남 산업디자인대전운영위원회 위원, 1996년 상명대 부교수·교수(현), 1998년 한국공예가협회 연구이사, 2005년 대한산업미술가협회 이사, 2006년 한국색채학회 이사 (상)고마츠시립미술관 철직contest'95 in komatsy (우수상)(1995) (저)'섬유야 놀자'(2005, 제이앤씨)

### 강성호(姜聲湖) KANG Sung Ho

(생)1959·6·30 (본)진주(晉州) (출)전북 익산 (주)전라남도 순천시 중앙로 255 순천대학교 인문학부 사학과(061-750-3474) (학)1978년 신일고졸 1982년 고려대 사학과졸 1985년 同대학원 사학과졸 1993년 문학박사(고려대) (경)1986~1997년 고려대 강사 1997년 독일 자유베를린대 박사 후 연구원 1997~1998년 同비교사회사연구소 객원연구원 1998년 역사문제연구소 연구위원(현) 1998년 순천대 인문학부 사학과 전임강사·조교수·부교수·교수(현) 1999년 同사학과장 2000년 同인문학부장 2000년 한국서양사학회 학술정보이사 2001년 전남사학회 연구이사 겸 편집위원 2002년 역사연구회 연구이사 겸 편집위원 2003~2005년 한국독일사학회 연구이사 2003~2005년 순천대 인문학연구소장 2004~2006년 한국서양사학회 연구기획이사 겸 편집위원 2004~2005년 한국인문과학회 부회장 겸 편집위원 2005년 국무총리 산하 인문사회연구회 인문정책연구위원 2006년 미국 UC Berkeley Visiting Scholar 2007~2011년 한국독일사학회 편집위원장 2010~2012년 한국서양사학회 편집위원장 2011~2013년 한국독일사학회 회장 2012~2013년 순천대 박물관장 2012~2013년 국립대학교박물관협회 부회장 2013~2014년 한국대학박물관협회 이사 2013~2015년 순천대 지리산권문화연구원장 2013년 순천대-경상대 인문한국(HK)지리산권문화연구단장 2014~2018년 한국연구재단 학술지발전위원회 위원 2016~2018년 한국서양사학회 회장 2018년 한국연구재단 학술지발전위원회 제3대 위원장(현) 2018년 순천대 인문학술원장 겸 대학중점연구소장(현) 2018년 한국연구재단 이의제기심사위원장(현) 2019년 同인문사회본부 인문학단 역사고고학분야 책임전문위원(현) (상)문화관광부 선정 역사분야 우수학술도서(2002) (저)'마르크스의 역사적 유물론과 역사발전론'(1994) '1980년대 이후 한국의 맑스주의 연구'(1995) '근대 세계체제론의 역사적 이해(共)'(1996) '포스트모더니즘과 역사학(共)'(2002) '서양문명과 인종주의(共)'(2002) '마르크스주의 역사학의 새로운 시작을 위하여'(2003) '20대에 읽어야 할 한 권의 책'(2005) '21세기 역사학 길잡이(共)'(2008) '유럽중심주의 세계사를 넘어 세계사들로(共)'(2009) '맑스주의와 정치(共)'(2009) '중유럽민족문제 : 오스트리아-헝가리 제국을 중심으로(共)'(2009) 'Geopolitics and Trajectories of Development : The Case of Korea, Japan, Taiwan, Germany, and Puerto Rico(共)'(2010) '역사가들 : E. H. 카에서 하워드 진까지(共)'(2010) '역사주의: 역사와 철학의 대화(共)'(2014) '역사용어사전(共)'(2015) '지리산과 이상향(共)'(2015) '지리산과 저항운동(共)'(2015) '탈서구중심주의는 가능한가 : 서구중심주의에 대한 우리학문의 이론적 대응(共)'(2016) (역)'비코와 헤르더(共)'(1997) '역사의 이론'(1988) '인류의 역사철학에 대한 이념'(2002) '역사론'(2002)

**강성호(姜晟鎬) KANG, SUNG-HO**

(생)1962·8·22 (주)인천광역시 연수구 송도미래로 26 극지연구소 극지해양과학연구부(032-760-5332) (학)1981년 중앙대사대부고졸 1985년 인하대 해양학과졸 1989년 미국 텍사스A&M대 대학원 해양학과졸 1992년 해양학박사(미국 텍사스A&M대) (경)1993~1995년 한국해양연구원 극지연구본부 박사 후 연구원 1995~2002년 同극지연구본부 선임연구원 1995~1997년 남극세종과학기지 9차 월동연구대 월동연구원 1999년 태평양북극결빙해역 대한민국 연구팀장 2000~2009년 남극과학위원회(SCAR) 생명과학분과위원회 한국대표 2000년 한·러시아북극해공동연구 연구원(팀장) 2001년 한·칠레공동해양연구원 팀장 2001~2005년 충남대 해양학과 겸임부교수·겸임교수 2002년 한국해양과학기술원(舊한국해양연구원) 극지연구소 책임연구원(현) 2002~2010년 북극해양과학위원회(AOSB) 한국대표 2004년 과학기술연합대학원대 극지과학 교수(현) 2005~2009년 인하대 해양학과 겸임교수 2006~2008년 북극해양과학위원회(AOSB) 부의장 2006년 극지연구소 극지응용연구부장 2007년 同극지생물해양연구부장 2008년 한국해양학회 학회지 편집위원 2009~2010년 남극세종과학기지 23차 월동연구대장 2011~2012년 극지연구소 극지기후연구부장 2011년 국제북극과학위원회(IASC) 북극해양분과위원회 및 태평양북극연구회 한국대표(현) 2011년 한국해양학회 이사 2013~2015년 극지연구소 극지해양환경연구부장 2014~2016년 국제태평양북극연구회 의장 2016년 극지연구소 극지해양과학연구부장(현) (상)한국해양연구소장표창(1997·1999), 극지연구소장표창(2005·2007·2011·2011·2016), 과학기술부장관표창(2007), 은탑산업훈장(2017) (저)'해양과학기술의 현재와 미래(共)'(2012) '북극해를 말하다'(2012) '극지와 인간(共)'(2013, 한국해양과학기술원) '극지과학자가 들려주는 결빙방지단백질 이야기'(2014, 지식노마드) (역)'환경변화와 인간의 미래 : 지구시스템과학 입문서'(1998, 동아일보)

**강성호(姜成昊) KANG Sung Ho**

(생)1963·4·13 (출)서울 (주)서울특별시 서대문구 연세로 50 연세대학교 제3공학관 C623호(02-2123-2775) (학)1986년 서울대 제어계측공학과졸 1988년 미국 텍사스 오스틴대 대학원 컴퓨터공학과졸 1992년 컴퓨터공학박사(미국 텍사스 오스틴대) (경)1987~1988년 미국 텍사스 오스틴대 연구원·조교 1989~1992년 미국 Schlumberger Inc. 연구원 1992~1994년 미국 Motorola Inc. 선임연구원 1992년 미국 텍사스 오스틴대 Post-Doc. 1994년 연세대 공과대학 전기전자공학과 교수(현), 同컴퓨터시스템 및 고신뢰성SOC연구실 지도교수(현) 1996년 대한전자공학회 학회지 편집위원회 간사 2000년 한국통신학회 논문지 편집위원 2001~2007년 SIPAC 운영위원 2002년 IDEC 전문위원 2002년 산업자원부 차세대신기술개발사업 '네트워크기반 적응생존형 바이오프로세서 및 응용기술 개발' 총괄연구책임자 2004년 연세대 아식설계공동연구소장 2006년 대한전자공학회 반도체 소사이어티 사업이사(현) 2008~2010·2014~2017년 한국반도체테스트학회 회장 (상)대한전자공학회 공로상(1997), 해동논문상(2001), 한국테스트학술대회 우수논문상(2002), 한국SOC학술대회 우수논문상(2002), 연세대 전기전자공학과 우수연구교수상(2002), 한국테스트협회 공로상(2003), 한국테스트학술대회 우수논문상(2003), 한국테스트학술대회 최우수논문상(2004), International SoC Design Conference Best Paper Award(2004), 대한전자공학회 SoC설계연구회 공로상(2006), 연세대 우수업적교수표창(2006), 대한전자공학회 학술상(2007), 이달의 과학기술자상(2011), 한국반도체테스트학회 공로상(2011), 한국반도체테스트학회 최우수 논문상(2016), 연세대학교 공헌교수상(2017), 산업통상자원부장관 표창장(2018) (저)'컴퓨터입문'(1996) 'Hello Computer Hello C언어'(1997) '컴퓨터 시스템 : 하드웨어구조와 소프트웨어운영'(1997) '실험테스팅 및 테스팅을 고려한 설계'(1998) '디지털시스템설계 및 VHDL'(1999) '메모리테스트'(2001) '전기전자기초실험(共)'(2006) (종)기독교

**강성환(姜成煥)**

(생)1955·12·17 (주)대구광역시 중구 공평로 88 대구광역시의회(053-803-5041) (학)영남대 행정대학원 행정학과졸 (경)새누리당 대구달성군당원협의회 부위원장, 대구시 달성군 다사읍장 2014년 대구시 달성군수 예비후보(새누리당), 대구시 달성군 환경과장 2018년 대구시의회 의원(자유한국당)(현) 2018년 同교육위원회 위원(현)

**강성훈(姜成勳)**

(생)1971·9·9 (출)경남 진주 (주)서울특별시 서초구 서초중앙로 157 서울고등법원(02-530-1114) (학)1990년 언남고졸 1996년 서울대 사법학과졸 (경)1998년 사법시험 합격(40회) 2002년 사법연수원 수료(30기) 2002년 수원지법 성남지원 예비판사 2004년 서울중앙지법 판사 2006년 대구지법 영덕지원 판사 2009년 서울중앙지법 판사 2011년 서울북부지법 판사 2013년 서울중앙지법 판사 2013~2015년 법원행정처 사법등기심의관 겸임 2017년 광주지법 순천지원·광주가정법원 순천지원 부장판사 2018년 서울고법 판사(현)

**강성훈(康晟訓) Kang Sung Hoon**

(생)1987·6·4 (출)제주 서귀포 (학)남주고졸 2010년 연세대졸 (경)2006년 도하아시안게임 남자골프 국가대표, 신한금융그룹 소속 2006년 SBS코리안투어 롯데스카이힐오픈 우승 2007년 SBS연우헤븐랜드오픈 준우승 2007년 SBS삼능애플시티오픈 3위 2007년 SBS메리츠솔모로오픈 3위 2008년 SBS코리안투어 메리츠솔모로오픈 준우승 2009년 유럽투어 발렌타인챔피언십 2위 2010년 KPGA 한중투어 KEB외환은행 인비테이셔널 1차대회 2위 2010년 한국프로골프 유진투자증권오픈 우승 2011년 한국프로골프투어(KGT) 신한동해 오픈 공동 2위 2011년 미국프로골프(PGA) 투어 칠드런스 미러클 네트워크 호스피탈 클래식 공동3위 2013년 코리안투어 겸 아시안투어 최경주 CJ인비테이셔널 우승 2013년 코오롱 제56회 한국오픈골프선수권대회 우승 2017년 '세마스포츠마케팅'과 매니지먼트 계약(현) 2017년 미국프로골프(PGA) 투어 셸 휴스턴오픈 2위 2017년 미국프로골프(PGA) 투어 CIMB 클래식 공동3위 2018년 CJ대한통운 소속(현) 2019년 미국프로골프(PGA) 투어 아놀드파머 인비테이셔널 공동 6위(디오픈 출전권 획득) 2019년 미국프로골프(PGA) 투어 AT&T 바이런 넬슨 우승 (상)도하아시안게임 남자골프 단체전 금메달(2006), 한국프로골프협회(KPGA) 신인왕(2008), 한국프로골프대상 명출상(2008), KPGA 투어 상금왕(2013), 한국프로골프대상 발렌타인 상금왕(2013)

**강성희(姜盛熙) KANG Seung Hee**

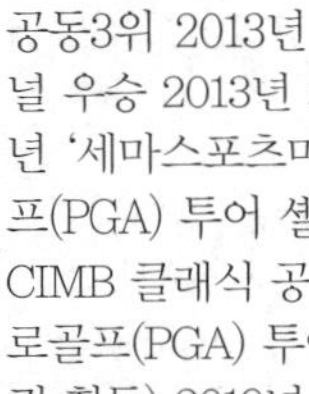

(생)1955·1·19 (본)진주(晋州) (출)서울 (주)서울특별시 영등포구 선유로 146 이앤씨드림타워 1101호 (주)오텍 회장실(02-2628-0660) (학)1973년 동국대사대부고졸 1981년 한양대 사학과졸 1982년 고려대 경영대학원 수료 (경)1981년 한미약품 입사 1982~1997년 서울차체공업(주) 영업실장(이사) 1997~1999년 포드자동차 한국딜러사업부장 2000년 (주)오텍 창업·대표이사 회장(현) 2007년 한국터치스크린 회장(현) 2008~2011년 (사)한국자동차제작자협회 회장 2010~2013년 정부조달우수제품협회 부회장 2011~2015년 서울시장애인보치아연맹 회장 2011년 오텍캐리어 대표이사 회장(현) 2011년 캐리어에어컨 인수 2011년 캐리어냉장 인수 2013~2014년 (사)표준학회 부회장 2015년 대한장애인보치아연맹 회장(현) 2016년 한국자동차안전학회 자문위원(현) (상)Venture Korea 2003 벤처기업대상 산업자원부장관표창(2003), 300만불 수출의 탑(2004), 조달청장표창(2005), 1천만불 수출의 탑(2005), 산업자원부 신기술실용화유공자부문 대통령표창(2005), 산업자원부 신기술실용화 및 촉진대회 은탑산업훈장

(2008), 중앙일보 선정 한국을 빛낸 창조경영인 사회책임경영부문(2009), 모범납세자상(2009), 중앙일보 선정 한국을 빛낸 창조경영인 R&D부문(2010), 올해의 자랑스러운 한국인 대상 기술혁신부문(2010), 한국참언론인대상 공로상(2011), 매일경제 선정 기술혁신 분야 창조경영부문 '대한민국 글로벌 리더'(2013), 매경미디어그룹 2013 대한민국 창조경제리더 사회책임부문(2013), 매일경제 선정 '대한민국 글로벌 리더'(2014·2015), 보건복지부장관표창(2014), TV조선 선정 '한국의 영향력 있는 CEO'(2015), EY최우수기업가상 산업부문(2017) (종)가톨릭

**강세민(姜世玟) KANG Se Min**

(생)1949·1·19 (출)경남 통영 (주)경상남도 진주시 남강로 698 경원여객자동차(주) 회장실(055-745-2128) (학)1973년 성균관대 경영학과졸 (경)경원여객자동차(주) 회장(현) 1978년 경원여객(주) 대표이사 1981년 경남조정 회장 1990년 창원지검 진주지청 법사랑위원회 고문(현) 2000~2006년 진주상공회의소 회장 2000년 同상공의원 2014년 경상대박물관 운영위원(현) 2014~2015년 진주세무서 세정협의회 위원장 2015년 창원지법 진주지원 조정위원회 회장 2017년 同진주지원 가사조정위원장(현) 2017년 경상대 발전후원회장(현) (상)노동부장관표창, 대통령표창(2011·2016)

**강세빈(姜世彬)**

(생)1976·9·16 (출)서울 (주)경상남도 창원시 성산구 창이대로 681 창원지방법원 총무과(055-239-2009) (학)1995년 대일고졸 1999년 서울대 사법학과졸 (경)2001년 사법시험 합격(43회) 2004년 사법연수원 수료(33기) 2007년 광주지법 판사 2011년 수원지법 판사 2015년 서울중앙지법 판사(서울고법 판사 겸임) 2017년 서울남부지법 판사 2019년 창원지법 부장판사(현)

**강세웅(姜世雄) KANG Se Woong**

(생)1961·10·28 (출)전북 (주)서울특별시 강남구 일원로 81 삼성서울병원 안과(02-3410-3562) (학)1980년 경기고졸 1986년 서울대 의대졸 1995년 同대학원 의학석사 2001년 의학박사(서울대) (경)1986~1987년 서울대병원 수련의 1987~1990년 同안과 전공의 1990~1993년 공군사관학교 병원 안과장(軍의관) 1993~2000년 충북대 의대 안과학교실 전임강사·조교수·부교수(세부전공 : 망막·포도막) 1997~1998년 미국 플로리다주 Bascom Palmer 안연구소 망막분야 Research Fellow 1999~2000년 충북대 의대 안과학교실 주임교수 1999~2000년 同병원 안과 과장 2000~2001년 삼성서울병원 안과 촉탁의 2001~2007년 성균관대 의대 안과학교실 부교수 2002년 한국망막학회 이사 2006년 대한안과학회 총무이사 2007년 성균관대 의대 안과학교실 교수(현) 2008년 대한안과학회 역학조사위원 2011~2015년 삼성서울병원 안과 과장 (상)한국망막학회 학술상(2006) (저)'망막질환과 형광안저촬영(共)'(2000) '망막(共)'(2001·2004) '민욱기 망막질환과 형광안저혈관조영(共)'(2004) '안과검사'(共)

**강세창(姜世昌) KANG Se Chang**

(생)1961·1·3 (출)경기 의정부 (주)경기도 수원시 장안구 정조로 944 자유한국당 경기도당(031-248-1011) (학)의정부공고졸, 한국교육개발원졸 2009년 서울산업대 산업대학원 공학과졸, 협성대 대학원 사회복지학 박사과정 재학 중 (경)건축특급기술자, (주)신우공영 기술이사, 한국어린이재단 의정부지역후원회장, 경기도지체장애인협회 의정부시후원회 부회장, 북부신문 논설위원, 한나라당 의정부시당원협의회 운영위원, 同중앙위원 2006·2010~2014년 경기 의정부시의회 의원(한나라당·새누리당) 2008~2010년 同도시·건설위원장 2011년 同공유재산관리실태조사특별위원회 위원장, 교외선전철화추진시민협의회 공동대표 2014년 의정부시장선거 출마(새누리당) 2016년 새누리당 의정부시甲당원협의회 운영위원장 2016년 제20대 국회의원선거 출마(의정부시甲, 새누리당) 2019년 자유한국당 경기의정부시甲당원협의회 조직위원장(현) (상)2012 경기도시군의원 의정연구발전분야 우수상(2013) (저)'소신은 권력도 뛰어넘는다'(2014) (종)기독교

**강수경(姜秀景·女) Kang, Soo Kyoung**

(생)1968·9·13 (주)서울특별시 도봉구 삼양로 144길 33 덕성여자대학교 총장실(02-901-8011) (학)1987년 대원외고졸 1991년 연세대 법학과졸 1994년 同대학원 법학과졸 2000년 법학박사(연세대) (경)2005년 덕성여대 법학과 교수(현) 2007~2018년 국가평생교육진흥원 법학분과 위원 2013~2014년 덕성여대 대학평의원회 위원 2014~2018년 국가인권위원회 정보공개심의회 위원 2014년 도봉구인권위원회 위원장·위원(현) 2015년 서울북부교육지원청 교원징계위원(현) 2015년 서울경찰청 징계위원회 위원(현) 2015년 국가인권위원회 행정심판위원회 위원(현) 2016~2017년 덕성여대 평가처장 2016년 서울 도봉경찰서 경미범죄심사위원회 위원(현) 2019년 덕성여대 총장(현)

**강수림(姜秀淋) KANG Soo Lim**

(생)1947·4·13 (본)진주(晉州) (출)강원 삼척 (주)서울특별시 광진구 아차산로 397 덕운빌딩 2층 성심종합법무법인(02-446-0010) (학)1964년 동양공고졸 1970년 국민대 법학과졸 (경)1972년 사법시험 합격(14회) 1974년 사법연수원 수료(4기) 1975년 육군법무관 1977년 서울지검 동부지청 검사 1980년 광주지검 검사 1982년 변호사 개업 1984년 한국실업테니스연맹 회장 1990년 천주교 정의구현전국연합회 인권위원회 위원장 1990년 민주당 창당준비위원회 감사 1990년 同인권위원회 부위원장 1992년 同인권위원장 1992년 제14대 국회의원(서울 성동丙, 민주당) 1992년 민주당 당무위원 1996년 同서울광진甲지구당 위원장 2002년 성심종합법무법인 대표변호사(현) 2002년 국민대 겸임교수 2003~2010년 서울동부지방변호사협의회 회장 (저)'통합선거법 해설' (종)천주교

**강수산나(姜壽山那·女)**

(생)1968·8·14 (출)서울 (주)충청북도 진천군 덕산읍 교연로 780 법무연수원 진천본원 총무과(043-531-1542) (학)1987년 동명여고졸 1991년 한국외국어대 영어과졸 (경)1998년 사법시험 합격(40회) 1999년 사법연수원 수료(30기) 2001년 서울지검 의정부지청 검사 2003년 대전지검 서산지청 검사 2004년 대구지검 검사 2006년 서울중앙지검 검사 2011년 의정부지검 고양지청 검사 2012~2013년 駐시드니총영사관 파견 2014년 부산지검 검사 2015년 수원지검 부부장검사 2016년 同평택지청 부장검사 2017년 청주지검 형사2부장 2018년 서울남부지검 여성아동범죄조사부장 2019년 법무연수원 진천본원 교수(현)

**강수상(姜壽相) KANG Su Sang**

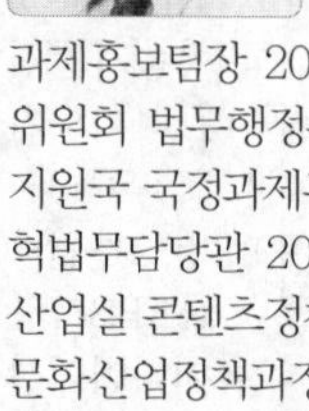

(생)1971·10·3 (본)진주(晉州) (출)경남 진주 (주)세종특별자치시 갈매로 388 문화체육관광부 체육국 체육정책과(044-203-2911) (학)1990년 대아고졸 1998년 서울대 정치학과졸 2002년 同행정대학원 정책학과졸 (경)1998년 행정고시 합격(42회) 2005년 국정홍보처 협력총괄팀 서기관 2006년 同국정과제홍보팀장 2007년 同협력총괄팀장 2007년 제17대 대통령직인수위원회 법무행정분과위원회 실무위원 2008년 문화체육관광부 홍보지원국 국정과제홍보과장 2011년 同기획조정실 정책기획관실 규제개혁법무담당관 2012년 同체육국 체육진흥과장 2014년 同문화콘텐츠산업실 콘텐츠정책관실 대중문화산업과장 2015년 同콘텐츠정책관실 문화산업정책과장 2017년 同홍보정책관실 홍보정책과장 2018년 同국민소통실 소통정책과장 2019년 同체육국 체육정책과장(현)

**강수정(姜秀貞 · 女)**

(생)1976 · 2 · 27 (출)경북 영주 (주)강원도 강릉시 동해대로 3288-18 춘천지방법원 강릉지원(033-640-1052) (학)1994년 용화여고졸 1998년 고려대 법학과졸 (경)2000년 사법시험 합격(42회) 2003년 사법연수원 수료(32기) 2003년 서울지법 의정부지원 예비판사 2004년 서울고법 예비판사 2005년 서울중앙지법 판사 2007년 대구지법 포항지원 판사 2010년 수원지법 판사 2013년 서울중앙지법 판사 2015년 서울동부지법 판사 2018년 춘천지법 강릉지원 부장판사(현)

**강수진(姜秀珍 · 女) KANG Sue Jin**

(생)1967 · 4 · 24 (출)서울 (주)서울특별시 서초구 남부순환로 2406 예술의전당 서예관 4층 국립발레단(02-587-6181) (학)1982년 선화예술고 재학 중(1년) 모나코 유학 1985년 모나코 왕립발레학교졸 2016년 명예 무용학박사(숙명여대) (경)리틀엔젤스 무용단 활동 1986년 독일 슈투트가르트발레단 최연소 입단 1987년 '잠자는 숲속의 공주' 요정역으로 데뷔 1993년 '로미오와 줄리엣' 주역 1993년 '마술피리' 주역 1993년 '마타하리' 주역 1994년 독일 슈투트가르트발레단 솔리스트 1995년 '잠자는 숲속의 공주' 주역 1996년 '오네긴' 주역 1996년 '지젤' 주역 1997~2016년 독일 슈투트가르트발레단 수석발레리나 1997년 '노틀담의 꼽추' 주역 1998년 '오네긴' '로미오와 줄리엣'으로 미국 뉴욕 데뷔 1999년 '99 한국을 빛낸 발레스타' 공연(서울예술의전당) 2002년 월드컵기념 슈투트가르트발레단 내한공연 2004년 '오네긴' 내한공연(세종문화회관) 2006년 스위스 로잔 콩쿠르 심사위원 2007년 독일 캄머 탠처린(궁중무용가) 선정 2010년 강수진 갈라 '더 발레(The ballet)' 공연 2010년 '한국을 빛낸 해외무용스타' 서울 · 울산 · 포항 공연 2012년 제40회 로잔 국제발레콩쿠르 심사위원 2012년 강수진&슈투트가르트발레단 '까멜리아 레이디' 공연 2013년 2018평창동계올림픽대회 및 장애인올림픽대회 홍보대사 2014년 국립발레단 예술감독(현) 2017년 러시아 브누아 드 라 당스(Benois de la Danse) 심사위원 (상)스위스 로잔 국제발레콩쿠르 동양인 최초 1위(1985 · 1998), 문화관광부 오늘의 젊은 예술가상 무용부문(1998), 브누아 드 라 당스(Benois de la Danse) 최우수 여성무용수상(1999), 보관문화훈장(1999), 호암상예술상(2001), 독일 바덴뷔르템베르크 주정부 '카머텐처린(Kammertanzerin · 무용장인)'에 선정(2007), 존 크랑코상(2007), 국민훈장 석류장(2007), 독일 바덴뷔르템베르크(Baden-Wurttemberg)주 공로훈장(2014), 고운문화재단 고운문예인상(2014), 세종문화상 예술부문(2015), 한국언론인연합회 자랑스런한국인대상 문화예술부문(2015), 제10회 파라다이스상 특별공로상(2016), 한독협회 이미륵상(2016) (저)'나는 내일을 기다리지 않는다'(2013) (작)'로미오와 줄리엣'(1993) '지젤'(1996) '노틀담의 꼽추'(1997) '오네긴'(1998) '페라가모 모델'(1999)

**강순도(姜淳道) KANG Soon Do**

(생)1953 · 2 · 11 (본)진양(晋陽) (출)경남 진주 (주)서울특별시 용산구 청파로 40 삼구빌딩 1401호 (주)유진비에스 비서실(070-8950-7412) (학)1972년 부산남고졸 1995년 한국방송통신대 행정학과졸 2012년 광운대 정보콘텐츠대학원 3D콘텐츠학과졸 2014년 同대학원 홀로그래피 박사과정 재학 중 (경)1995년 한국교육방송공사(EBS) 제작기술부 차장대우 1996년 同기술관리부 차장대우 1998년 同기술관리팀 차장 2002년 同기술관리국 기술운영팀장 2003년 同기술관리국 방송기기정비팀장 2004년 同기술본부 송출팀장 2007년 同기술본부 라디오기술팀장 2009년 同기술본부장 2010년 同디지털기술본부장 2010~2011년 同기술위원 2011년 EBS사우회 부회장(현) 2012년 3차원방송영상학회 회장(현) 2012년 (주)유진비에스 대표(현) (상)EBS사장표창(1991 · 1998), 교육부장관표창(2000), 방송의날 뉴미디어대상(2010), 대통령표창(2011) (종)불교

**강승구(姜承求) KANG Seung Koo**

(생)1953 · 11 · 27 (출)충남 논산 (주)충청남도 천안시 서북구 직산읍 모시리 286 (주)케이원전자(041-552-8231) (학)숭전대 경영학과졸, 미국 보스턴대 경영대학원 수료 (경)1978년 (주)금성사 근무 1984년 광원전자 설립 1988년 同법인설립 대표이사 2001년 (주)케이원전자 대표이사(현) 2007~2013년 중소기업융합대전 · 세종 · 충남연합회 회장, 충남북부상공회의소 부회장(제12~15대), 한국무역협회 부회장, 백석산업단지협의회 회장, 중소기업융합중앙회 수석부회장 2014년 중소기업융합중앙회 제11대 회장(현)

**강승구(姜承求) KANG Seung Gu**

(생)1963 · 7 · 14 (출)전북 (주)전라북도 전주시 완산구 효자로 225 전라북도청 도민안전실(063-280-4701) (학)1986년 고려대 농학과졸 2002년 미국 뉴저지주립대 대학원 도시학과졸 (경)1984년 기술고시 합격(20회) 1985년 공무원 임용 1994년 전북도 농산유통과장 1996년 同농산과장 1996년 同농산지원과장 1996년 同의회사무처 전문위원 1998년 同농산유통과장 2003년 同농업기술원 농민교육원장 2005년 진안군 부군수 2006년 전북도 국책사업기획단장 2006년 同농림수산국장(서기관) 2007년 同농림수산국장(부이사관) 2008년 지방혁신인력개발원 파견 2009년 전북도 농수산식품국장 2011년 군산시 부시장 2014년 전북도 대외소통국장 2014년 同의회사무처장 2014년 同농수산국장 2014년 同농축수산식품국장 2018년 同도민안전실장(현)

**강승백(康丞伯) KANG Seung Baik**

(생)1959 · 5 · 28 (본)곡산(谷山) (출)서울 (주)서울특별시 동작구 보라매로5길 20 서울시립 보라매병원 관절척추센터(02-870-2313) (학)1986년 서울대 의대졸 1996년 同대학원 의학석사 1999년 의학박사(서울대) (경)1986~1989년 공중보건의사(아시아경기대회조직위원회 약물검사담당관 · 서울올림픽경기대회조직위원회 성검사실장) 1994~1995년 서울대병원 정형외과 전임의 1995~1996년 충북대 의대 전임강사 1996~1997년 한국과학기술연구원 의과학센터 연구원 1997~2001년 同위촉연구원 1997년 서울대 의대 정형외과학교실 조교수 · 부교수 · 교수(현) 1999~2001년 서울시립 보라매병원 관절경척추관절센터 병동장 2001~2002년 미국 샌디에고 Scripps Clinic 방문교수 2004~2009년 서울시립보라매병원 정형외과장 2010~2011년 同진료부원장 2012년 同정형외과장 2012년 同관절척추전문센터장 2016년 同감염병전문센터 건립추진단장(현) (종)기독교

**강승수(姜昇秀) KANG Seung Soo**

(생)1966 · 6 · 14 (주)서울특별시 마포구 성암로 179 (주)한샘 임원실(02-6908-3213) (학)1988년 서울대 공법학과졸 (경)대한항공 법무실 근무 1995년 (주)한샘 입사 2005년 同인테리어사업본부장 2007년 同상무 2008년 同전무 2009년 同기획실장(부사장) 2014년 同기획실장 겸 INT상품기획실장(사장) 2015년 同부회장(현)

**강승아(姜昇娥 · 女) Kang Seungah**

(생)1967 · 10 · 17 (주)서울특별시 종로구 율곡로 84 부산국제영화제조직위원회(02-3675-5097) (학)1992년 연세대 불어불문학과졸 (경)부산일보 사회부 · 경제부 · 문화부 · 국제부 기자, 同교육팀장, 同국제부장, 同문화부장 2019년 부산국제영화제조직위원회 부집행위원장(현) (상)한국기자협회 전국기획보도부문 이달의 기자상(2001), 제19회 최은희여기자상

(2002), 한국기자협회 전국취재보도부문 이달의 기자상(2005), 한국기자협회 지역취재보도부문 이달의 기자상(2010)

**강승완(姜承完·女) KANG SEUNGWAN**

(생)1961 (출)서울 (주)서울특별시 종로구 삼청로 30 국립현대미술관(02-3701-9507) (학)1985년 홍익대 미술대학 서양화과졸 1991년 同대학원 미술사학과졸 1999년 미국 보스턴대 대학원 미술사학과졸 2004년 홍익대 대학원 미술사학 박사과정 수료 (경)1997년 국립현대미술관 학예연구관 2010~2015년 同서울관건립운영팀장·덕수궁미술관장 2015년 同학예연구1실장 2017년 同학예연구실장(현) (상)국무총리표창(2002), 한국박물관협회 '자랑스런 박물관인상'(2008) (저)'한국현대미술 새로보기(共)'(2007)

**강승윤**

(생)1967 (출)제주 (주)서울특별시 종로구 종로5길 86 서울지방국세청 조사1국 조사2과(02-2114-3424) (학)제주 대정고졸, 세무대학졸(5기), 가천대 일반행정대학원졸, 同일반대학원 박사과정 수료 (경)종로세무서 법인세과 근무, 양천세무서 재산세과 근무, 여의도세무서 법인세과 근무, 반포세무서 법인세과 근무, 서울국세청 조사4국 근무, 국세청 조사국 전산조사과 근무, 서울국세청 조사1국 근무, 국세청 조사국 조사1과 사무관, 북인천세무서 소득세과장, 국세청 첨단탈세방지센터 근무, 同조사국 세원정보과 1팀장(서기관), 同국세청장 정책보좌관 2018년 동안양세무서장 2019년 서울지방국세청 조사1국 조사2과장(현)

**강승조(姜承朝) KANG Seung Jo**

(생)1937·3·7 (출)서울 (주)서울특별시 성동구 광나루로6길 20 이글타운 8층 (주)이글벳 임원실(02-464-9065) (학)1955년 경기고졸 1961년 중앙대 약학대졸 (경)1964~1965년 수도미생물연구소 근무 1965~1969년 녹십자 수의약품영업부장 1969년 이글케미칼공업사 창업 1984~2000년 (주)이글벨텍 대표이사 사장 2000년 (주)이-글벳 대표이사 회장 2002~2005년 한국동물약품공업협동조합 이사장 2015년 (주)이-글벳 각자대표이사 2018년 (주)이글벳 각자대표이사(현)

**강승준(姜升晙) KANG Sung Jun**

(생)1965·4·15 (본)진주(晉州) (출)서울 (주)세종특별자치시 갈매로 477 기획재정부 공공정책국(044-215-5500) (학)1983년 신일고졸 1987년 서울대 경제학과졸 1990년 同대학원 경제학과졸 1999년 경제학박사(미국 미주리주립대) (경)1991년 행정고시 합격(35회) 1992년 건설교통부 기획관리실·수송정책실·장관실 사무관 1999년 기획예산처 정부개혁실 사무관 2001년 同공공1팀 서기관 2002년 同예산제도과 서기관 2004년 국가균형발전기획단 파견 2005년 기획예산처 국제협력·교육과장 2006년 同업무성과관리팀장 2008년 기획재정부 공공정책국 제도기획과장 2009년 同공공정책국 평가분석과장 2009년 대통령실 파견(부이사관) 2011년 기획재정부 국토해양예산과장 2012년 同예산정책과장 2013년 同예산총괄과장 2014년 駐상하이총영사관 재경관(고위공무원) 2017년 기획재정부 부총리 겸 장관 비서실장 2018년 同공공정책국장(현) (종)기독교

**강승준(康承埈) KANG Seung Jun**

(생)1966·11·21 (출)서울 (주)서울특별시 서초구 서초중앙로 157 서울고등법원(02-530-1114) (학)1985년 용산고졸 1989년 서울대 법대 사법학과졸 (경)1988년 사법시험 합격(30회) 1991년 사법연수원 수료(20기) 1991년 軍법무관 1994년 서울민사지법 판사 1996년 서울지법 남부지원 판사 1998년 대전지법 판사 2000년 수원지법 판사 2002년 서울고법 판사 2002년 법원행정처 인사제3담당관 2003년 同인사1담당관 겸임 2006년 대구지법 부장판사 2007년 대법원 재판연구관 2009년 수원지법 부장판사 2011년 서울중앙지법 부장판사 2013년 대구고법 부장판사 2015년 서울고법 부장판사 2016년 사법연수원 수석교수 2017년 서울고법 부장판사(현) 2019년 대법원 양형위원회 위원(현)

**강승중(姜勝中) Seung-Joong Kang**

(생)1960·2·11 (주)서울특별시 영등포구 은행로 38 한국수출입은행 전무이사실(02-3779-6002) (학)1984년 연세대 정치외교학과졸 1990년 同경영대학원졸 (경)1987년 한국수출입은행 입행 2001년 同프로젝트금융부 차장 2005년 同프로젝트금융부 PF4팀장 2006년 同프로젝트금융부 PF2팀장 2008년 同기획부 업무기획팀장 2010년 同국제협력실장 2010년 同런던법인장 2014년 同비서실장 2014년 同리스크관리단장 2015년 同리스크관리본부장(부행장) 2018년 同리스크관리본부장(부행장·상임이사) 2018년 同전무이사 겸 수석부행장(현) 2019년 同은행장 직대(현) (상)기획재정부장관표창(2006), 국가경쟁력강화위원장표창(2012)

**강승하(姜勝夏)**

(생)1966 (주)서울특별시 중구 통일로2길 16 롯데멤버스(주)(02-2030-9603) (학)1984년 서울 인창고졸 1992년 서강대 독어독문학과졸 (경)1992년 롯데그룹 입사 2003년 롯데카드 인사팀장 2009년 同회원영업팀장 2011년 同제휴영업부문장 2012년 同CRM본부장 2014년 同멤버스사업부장 2015년 롯데멤버스(주) 대표이사 상무보A 2016년 同대표이사 상무 2019년 同대표이사 전무(현)

**강승훈(姜勝勳) KANG Seung Hoon (海岩)**

(생)1935·5·23 (본)진주(晉州) (출)제주 서귀포 (주)서울특별시 중구 서소문로 138 대한일보빌딩 901호 서울언론인클럽(02-757-5608) (학)1954년 서귀농업고졸 1958년 국민대 법학과졸 1967년 고려대 경영대학원 경영학과 수료 1980년 한국성서신학대 대학원 목회연구학과 수료 1982년 명예 철학박사(미국 뉴웨스턴신학대) 1987년 대진대 통일대학원 수료 (경)1958년 평화신문 기자 1960년 대한일보 사회부·체육부 기자 1968~1971년 同사회부 차장·부장 1970년 한국기자협회 부회장(사회부 기자 대표) 1972~1975년 대한일보 편집부국장·편집기획위원·판매국장 1975~1978년 제주관광(주) 대표이사·제주관광협회 제10대 회장 1979~1985년 새마을신문사 주필·부사장 1992년 민주당 제주서귀포지구당 위원장 1992년 제14대 국회의원 출마(민주당) 1993~1996년 同제주도지부장·대통령선거대책위원장 1995년 태평로프레스클럽 회장 1995년 대한언론문화연구원 이사장(현) 1995년 한국홍보연구소 상임고문(현) 1998~2000·2006~2007년 대한언론인회 수석부회장 2000~2002년 同이사 2005년 서울언론인클럽 회장(현) (상)내무부장관표창(1965), 서울언론인클럽 언론단체상(2003) (저)'新聞街道-한라의 메아리'(1978, 목훈문화사) '종군기자 사회부장 빛나던 이름 이혜복'(2001, 청미디어) '서울 제주100년사'(2002, 제주도민회 편찬주간) '신문은 가도 기자는 살아 있다'(2004, 다락원) '일본 그 가면의 실체, 우남 이승만박사(共)'(대한언론인회 30주년기념출판) '地球村 濟州人(共)'(2005, 재외제주총연합회 편찬위원장) '탐라50년지(共)'(서울제주도민회) '영원한 사회부장 오소백'(2009, 서울언론인클럽 편찬위원회) '우리 시대의 言官史官 巨人 천관우'(2011, 일조각 천관우선생 추모문집간행위원회 주관) (역)'일본에 유교를 전파한 포로 강항의 발자취'(2016, 청미디어) (종)천주교

**강승희(姜承熙) KANG Seung Hee**
(생)1969 · 10 · 10 (출)충남 부여 (주)울산광역시 남구 법대로 45 울산지방검찰청 형사2부(052-228-4305) (학)1985년 공주대사대부고졸 1996년 서울대 경제학과졸 (경)1999년 사법시험 합격(41회) 2002년 사법연수원 수료(31기) 2002년 대한법률구조공단 근무 2005년 대전지검 홍성지청 검사 2007년 인천지검 검사 2009년 창원지검 검사 2012년 인천지검 부천지청 검사 2014년 서울중앙지검 검사 2016년 대구지검 부부장검사 2017년 서울서부지검 부부장검사 2018년 대구지검 김천지청 형사2부장 2018년 同김천지청 형사1부장 2019년 울산지검 형사2부장(현)

**강시백(康始伯)**

(생)1950 · 10 · 18 (주)제주특별자치도 제주시 문연로 13 제주특별자치도의회(064-741-1972) (학)제주 남주고졸, 제주교육대졸, 영남대 교육대학원 교육학과졸 (경)서귀포교육지원청 보건체육장학사, 서호초 교장, 유니세프한국위원회 서귀포시후원회 위원(현), 하논분화구복원추진범국민위원회 이사(현) 2014~2018 · 2018년 제주특별자치도의회 교육의원(현) 2014~2015년 同운영위원회 위원 2014년 同교육위원회 위원 2014~2015년 同예산결산특별위원회 위원 2014~2015 · 2018년 同윤리특별위원회 위원(현) 2016~2018년 同교육위원회 부위원장 2017~2018년 同예산특별위원회 위원 2018년 同교육위원회 위원장(현) (상)사랑의 사도상(2012)

**강신걸(姜信杰)**

(생)1960 · 1 · 3 (출)경북 안동 (주)경기도 의정부시 금오로23번길 22-49 경기북부지방경찰청 과학수사과(031-961-2202) (학)1987년 동국대 경찰행정학과졸 (경)1988년 경위 임관(경찰간부후보 36기) 2013년 경북 군위경찰서장 2014년 경찰청 디지털포렌식센터장 2016년 서울 마포경찰서장 2017년 경찰청 수사기획과장 2017년 경기 고양경찰서장 2019년 경기북부지방경찰청 과학수사과장(현) (상)대통령표창(2007), 국민포장(2016)

**강신도(姜信度) KANG Shin Do**

(생)1958 · 1 · 18 (출)경북 봉화 (주)부산광역시 사하구 다대로 627 성창기업지주(주)(051-260-3333) (학)1976년 경희고졸 1983년 고려대 무역학과졸 2006년 서울대 경영대학 최고경영자과정 수료 (경)1987~2003년 동화기업(주) 경영기획실장(상무) · 전무 2003~2005년 同대표이사 부사장 2006년 동화홀딩스(주) 대표이사 사장 2008년 성창기업(주) 대표이사 2009년 성창기업지주(주) 대표이사 2014년 同부회장 2019년 同고문(현) (종)기독교

**강신면(姜信勉) Kang Shin Myun**

(생)1968 · 3 · 9 (주)대전광역시 서구 청사로 189 조달청 운영지원과(042-724-7006) (학)1987년 부산 가야고졸 1991년 서울대 농학과졸 1994년 同대학원 환경보건학 석사과정 수료 2003년 한국방송통신대 법학과졸 2005년 同경영학과졸 (경)1997년 행정고시 합격(41회) 2006년 조달청 구매사업국 종합쇼핑몰과장 2010년 同기획조정관실 행정관리담당관 2011년 駐중국대사관 1등서기관 · 참사관 2014년 조달청 구매사업국 구매총괄과장 2017년 同기획조정관실 기획재정담당관(부이사관) 2018년 同시설사업국장 2019년 인재개발원 교육파견(현) (상)대통령표창(2003)

**강신몽(姜信夢) KANG Shin Mong**

(생)1953 · 6 · 26 (출)서울 (주)서울특별시 서초구 반포대로 222 가톨릭대학교 의과대학 법의학교실(02-2258-7390) (학)1971년 경기고졸 1978년 고려대 의대졸 1987년 同대학원 의학석사 (경)1978~1981년 군의관 1982년 고려대 의과대학 법의학교실 조교 1989년 국립과학수사연구소 근무 1991년 同법의학부장 1998년 同소장(의무이사관) 1999~2018년 가톨릭대 의과대학 법의학교실 교수 2014~2015년 대한의사협회 의료감정조사위원회 위원장 2015~2018년 대검찰청 법의학자문위원회 위원 2018년 가톨릭대 의과대학 법의학교실 명예교수(현) 2019년 국립과학수사연구원 객원법의관(현) (상)경찰청 과학수사대상 법의학분야(2008)

**강신봉(姜信夆) Kang Shin Bong**

(생)1968 · 6 · 11 (본)진주(晋州) (출)대구 (주)서울특별시 강남구 영동대로 520 아이파크타워 15층 HDC(주)(02-2008-9114) (학)1987년 대구 영남고졸 1991년 고려대 법학과졸 1999년 同대학원 법학과졸 (경)1998년 사법시험 합격(40회) 2001년 사법연수원 수료(30기) 2001년 현대산업개발(주) 법무팀 근무 2007년 同법무팀장 2015년 同법무감사팀장(상무보) 2018년 HDC현대산업개발(주) 법무감사팀장(상무보) 2018년 HDC(주) 그룹 지주사 준법경영팀장(상무보)(현)

**강신성(姜信成)**

(생)1957 · 6 · 9 (출)전북 완주 (주)경기도 수원시 팔달구 효원로 119 더불어민주당 경기도당(031-244-6501) (학)연세대 행정대학원 사회문화학과졸 (경)1997년 (사)한국청년회의소(JC) 제46대 중앙회장 2005년 대한봅슬레이스켈레톤경기연맹 수석부회장 2012~2016년 同회장 2014~2016년 민주당 대표 2016년 릴레함메르 동계청소년올림픽대회 단장 2016년 민주당 선거대책위원회 공동위원장 2016년 제20대 국회의원선거 출마(비례대표 1번, 민주당) 2016년 더불어민주당 다문화위원회 위원장 2017년 同제19대 문재인 대통령후보 중앙선거대책본부 국민참여본부 부본부장 2017년 同경기광명乙지역위원회 위원장(현)

**강신숙(姜信淑 · 女)**

(생)1961 · 4 · 7 (출)전북 순창 (주)서울특별시 송파구 오금로 62 수산업협동조합중앙회 임원실(02-2240-2114) (학)2011년 연세대 행정대학원 행정학과졸 (경)1979년 수산업협동조합중앙회 입회 2000년 제2의건국범국민추진위원회 주최 '신지식 금융인' 선정 2001년 수산업협동조합중앙회 오금동지점장 2003년 同서초동지점장 2008년 同심사부장 2009년 同중부기업금융센터장 2011년 同강북지역금융본부장 2012년 同강남지역금융본부장 2012년 한국범죄방지사협회 부회장(현) 2013년 수산업협동조합중앙회 신용사업부문 사업본부장(부행장) 2016~2018년 同지도경제사업부문 상임이사 2018년 同상무(현) (상)바다의날 대통령표창(2008), 연합신보 · 한국예술문화단체총연합회 선정 2013 대한민국을 빛낸 인물대상(2013)

**강신엽(姜信燁) KANG Shin Yup**

(생)1960 · 12 · 12 (출)경북 안동 (주)서울특별시 송파구 정의로 30 서울동부지방검찰청 중요경제범죄조사단(02-2204-4000) (학)1978년 안동고졸 1984년 서강대 정치외교학과졸 1990년 한양대 법대졸 2000년 스페인 마드리드 콤플루텐스대 연수 (경)1989년 사법시험 합격(31회) 1992년 사법연수원 수료(21기) 1992년 청주지검 검사 1994년 창원지검 진주지청 검사 1995년 전주지검 검사 1997년 서울지검 검사 1999년 대전지

검 검사 2002년 수원지검 안산지청 검사 2004년 同안산지청 부부장검사 2005년 창원지검 통영지청 부장검사 2006년 대구지검 형사5부장 2007년 인천지검 공판송무부장 2008년 대구지검 영덕지청장 2009년 의정부지검 형사4부장 2009년 서울남부지검 형사4부장 2010년 광주지검 형사2부장 2011년 서울고검 검사 2013년 인천지검 형사2부장 2014년 대구고검 검사 2016년 서울고검 검사 2017년 서울동부지검 중요경제범죄조사단장(현) (상)검찰총장표창, 법무부장관표창

**강신영(姜信英) KANG Sin Young**

(생)1958 · 4 · 17 (주)경기도 부천시 산업로7번길 55 (주)흥아기연 비서실(032-675-1511) (학)한양대 공과대학졸 (경)1992년 (주)흥아기연 전무 1995년 흥아아메리카 이사 1998년 흥아기연부설 연구소장 2002년 (주)흥아기연 대표이사 사장(현) (상)철탑산업훈장(2004), 금탑산업훈장(2014)

**강신옥(姜信玉) KANG Sin Ok (恒傘)**

(생)1936 · 11 · 28 (본)진주(晉州) (출)경북 영주 (주)서울특별시 서초구 서초중앙로 117 훈민타워 2층 강신옥법률사무소(02-595-3600) (학)1956년 경북고졸 1960년 서울대 법대졸 1966년 미국 예일대 법과대학원 수학 1967년 미국 조지워싱턴대 대학원졸 (경)1958년 고등고시 행정과 합격(10회) 1959년 고등고시 사법과 합격(11회) 1962년 서울지법 판사 1967년 변호사 개업 1974년 민청학련사건 변론건으로 투옥 1986년 민족문제연구소 소장 1986년 중앙선거관리위원회 위원 1988년 통일민주당(민주당) 인권위원장 1988년 제13대 국회의원(서울 마포乙, 민주당 · 민자당) 1990년 민자당 정책위원회 부의장 1992년 제14대 국회의원(전국구, 민자당 · 무소속) 2001년 현대중공업 사외이사 2002년 국민통합21 창당기획단장 2002년 同서울마포乙지구당 위원장, 법무법인 일원송헌 대표변호사 2017년 변호사 개업(현) (종)기독교

**강신욱(姜信旭) KANG Shin Wook**

(생)1944 · 4 · 1 (본)진양(晋陽) (출)경북 영주 (주)서울특별시 서초구 서초중앙로 125 로이어즈타워 1206호 강신욱법률사무소 (학)1963년 경북고졸 1967년 서울대 법대졸 1970년 同사법대학원졸 (경)1968년 사법시험 합격(9회) 1970년 육군 군법무관 1973~1982년 서울지검 영등포지청 · 춘천지검 강릉지청 · 서울지검 · 법무부 검사 1982년 청주지검 제천지청장 1983년 대검찰청 형사2과장 1986년 同중앙수사부 4과장 1987년 同중앙수사부 2과장 1988년 서울지검 특수3부장 1989년 同특수2부장 1990년 同강력부장 1991년 同형사1부장 1992년 同서부지청 차장검사 1993년 同제2차장검사 1993년 대구고검 차장검사 1994년 사법연수원 부원장 1995년 청주지검장 1997년 전주지검장 · 법무부 법무실장 1997년 국무총리 행정심판위원회 위원 1998년 대구지검장 1999년 인천지검장 1999년 서울고검장 2000~2006년 대법원 대법관 2006년 변호사 개업(현) 2007년 한국신문윤리위원회 위원장 2007년 한나라당 박근혜 대선 예비후보 법률특보단장 (상)홍조근정훈장, 황조근정훈장, 청조근정훈장(2006)

**강신욱(姜信旭) KANG Shin Wook**

(생)1949 · 10 · 26 (출)서울 (주)서울특별시 용산구 이촌로 166 한석빌딩 6층 한국석유공업(주) 감사실(02-799-3114) (학)1967년 선린상고졸 1971년 중앙대 사범대학졸 1999년 홍익대 경영대학원졸 (경)한국석유공업(주) 경리과장 · 총무부장 · 관리이사, 同관리총괄본부장(상무) 2005년 同관리총괄본부장(전무) 2009년 한국바스프(주) 부사장 2015년 한국석유공업(주) 상근감사(현)

**강신욱(姜信旭) KANG Shin Wook**

(생)1955 · 12 · 9 (본)진주(晉州) (출)서울 (주)충청남도 천안시 동남구 단대로 119 단국대학교 스포츠과학대학 국제스포츠학과(041-550-3814) (학)1975년 배재고졸 1979년 서울대 체육교육학과졸 1986년 同대학원졸 1992년 교육학박사(서울대) (경)1981년 전농여중 교사 1985년 용산고 교사 1987년 서울대 조교 1988년 서울교대 시간강사 1989~2006년 단국대 스포츠과학부 생활체육학전공 교수 1992년 서울대 강사 1992 · 1993년 교육평가원 학력고사출제위원 1993년 상명여대 대학원 시간강사 1995~1999년 단국대 체육학과장 1996년 체육시민연대 공동대표 1995~1996년 단국대 학사제도개편위원 · 학사제도준비위원 1996~1998년 同스포츠과학부장 1997~1998년 同교과과정연구위원 1997 · 1999년 한국교육개발원 임용고사출제위원 1997~1999년 교육부 교육과정심의위원 2000~2002년 同중등2종도서 검정위원 2000~2003년 同체육계열 도서심의위원 2001~2003년 同고등2종도서 검정위원 2005~2014년 체육시민연대 공동대표 2005~2008년 한국스포츠사회학회 부회장 2006년 한국스포츠중재위원회 위원 2006~2013년 단국대 체육대학 생활체육학과 교수 2006~2009년 同학생지원처장 2007~2010년 체육인재육성재단 자문위원 2007년 국민체육진흥공단 기금운용심의회 위원 2008~2009년 국민생활체육협의회 감사 2009~2010년 한국스포츠사회학회 회장 2009~2012년 국가인권위원회 스포츠인권정책포럼 공동대표 2009~2011년 국민생활체육회 감사 2012~2018년 한국대학스포츠총장협의회 집행위원장 2013년 단국대 스포츠과학대학 국제스포츠학과 교수(현) 2013년 체육시민연대 고문(현) 2017년 한국체육학회 회장(현) 2017년 대한체육회 이사 (상)서울시교육위원장표창(1984), 한국과학기술단체총연합회 우수논문상(2003) (저)'스트레칭의 과학적 원리' '사회체육개론' '특수학교(지체부자유) 중학부 교사용 지도서) '특수학교(지체부자유) 고등부 교사용 지도서) '운동장 없는 학교'

**강신욱(姜信旭) Shin-Wook Kang**

(생)1961 · 7 · 19 (주)서울특별시 서대문구 연세로 50-1 세브란스병원 신장내과(02-2228-1959) (학)1986년 연세대 의과대학졸 1989년 同대학원 의학석사 1995년 의학박사(연세대) (경)1993~1997년 연세대 의과대학 연구강사 · 전임강사 1997~2007년 同의과대학 조교수 · 부교수 1998~2000년 미국 Harbor-UCLA Medical Center Post-Doc. 2007년 연세대 의과대학 내과학교실 신장내과 교수(현) 2011년 세브란스병원 응급진료센터소장 2013년 同신장내과 과장(현) 2013~2015년 同신장병센터소장 2015년 대한민국의학한림원 정회원(현)

**강신욱(姜信昱) Shin-Wook Kang**

(생)1966 · 3 · 10 (주)대전광역시 서구 청사로 189 통계청 청장실(042-481-2103) (학)1988년 서울대 경제학과졸 1990년 同대학원 경제학과졸 1998년 경제학박사(서울대) (경)1993년 서울대 경제연구소 조교 1996~1999년 同경제학부 시간강사 1998~1999년 서울사회경제연구소 연구위원 2000년 서울시립대 반부패행정시스템연구소 선임연구원 2004년 한국보건사회연구원 연구위원 2007~2008년 同사회보장연구본부장 2012년 同사회보장연구실장 2013년 同사회정책연구본부 사회통합연구센터 연구위원, 同사회보장연구실 아시아사회정책연구센터 연구위원 2015~2017년 同기초보장연구실장 2015년 同사회보장위원회협력단 사회보장평가센터 연구위원 2018년 同소득보장정책연구실장 2018년 통계청장(현) (저)'부패지수, 어떻게 만드는가 - 부패지수의 방법론 비교와 평가'(2000) '기업부패지수 측정모형 개발에 관한 연구'(2000) '공공부조의 가치기반과 제도적 반영(共)'(2004) '사회적 배제의 지표개발 및 적용방안 연구(共)'(2005) (역)'윤리학과 경제학'(1999) '시장으로 가는길'(2003)

**강신욱(姜信旭) Kang, Sinook**

(생)1972·12·12 (출)서울 (주)서울특별시 종로구 종로3길 17 디타워 23층 법무법인 세종(02-316-4059) (학)1991년 서울 청량고졸 2000년 서울대 사범대학 역사교육과졸 2012년 미국 Georgetown Law Center LL.M.과정졸(석사) (경)2001년 사법시험 합격(43회) 2004년 사법연수원 수료(33기) 2004년 (주)케이티 사내변호사 2006년 정보통신부 개인정보보호정책관실 인터넷윤리팀 행정사무관 2008~2012년 방송통신위원회 위원장실 근무 2012년 同이용자보호국 조사기획총괄과 근무 2013년 미래창조과학부 방송정보통신융합실 융합정책관실 정책총괄과 근무 2014년 同정보통신융합실 인터넷융합정책관실 정책총괄과 서기관 2016년 同방송산업진흥국 방송채널(PP)사업정책팀장 2016년 법무법인 세종(SHIN&KIM) 방송정보통신팀장(현) 2016년 미래창조과학부 인터넷주소분쟁조정위원회 위원 2017년 과학기술정보통신부 인터넷주소분쟁조정위원회 위원(현) 2017년 同공익성심사위원회 위원 2017년 방송통신위원회 방송평가위원회 위원 2017년 同개인정보자문위원회 위원(현)

**강신익(姜信益) Simon KANG**

(생)1954·5·10 (출)경북 봉화 (주)경상북도 포항시 북구 흥해읍 한동로 558 한동대학교 ICT창업학부(054-260-1487) (학)경동고졸 1977년 연세대 경영학과졸 (경)1976년 효성그룹 입사 1986년 LG전자(주) 독일법인 입사 1990년 同국제금융부 근무 1992년 LG그룹 회장실 V-추진본부 근무 1995년 LG전자(주) Zenith지원팀 근무 1996년 同캐나다법인장 1998년 同미국법인 Zenith재무담당 상무 2001년 同미국법인 LG EUS DA Brand담당 상무 2005년 同한국마케팅부문장(부사장) 2007~2008년 同디지털디스플레이사업본부장(부사장) 2008년 LG디스플레이(주) 이사 2009년 LG전자(주) 홈엔터테인먼트사업본부장(사장) 2010년 同글로벌마케팅담당 사장 2011년 同고문 2013~2016년 한동대 글로벌에디슨아카데미학부 교수 2016년 同ICT창업학부 교수(현) 2016·2018년 同행정부총장(현) (상)대통령표창(2003) (종)기독교

**강신일(姜信逸) KANG Shin Il**

(생)1955·1·7 (본)진주(晉州) (출)경북 안동 (주)서울특별시 성북구 삼선교로16길 116 한성대학교 미래융합사회과학대학(02-760-4067) (학)1973년 서울고졸 1980년 한국외국어대 영어과졸 1986년 경제학박사(미국 오하이오주립대) (경)1986~1989년 한국개발연구원(KDI) 부연구위원 1988년 아시아개발은행(ADB) 자문위원 1989~1993년 한국경제연구원 연구위원·연구조정실장 1993년 한성대 미래융합사회과학대학 기업·경제분석트랙 교수(현) 1998~2003년 한국과학원·환경부 자문위원 1999년 국무총리 경제사회연구회 정부출연연구소 평가교수 2003~2007년 국무총리산하 과학기술이사회 평가교수 2003년 호주국립대 경제학과 교환교수 2004~2007년 한성대 사회과학대학장 2007~2009·2012년 한성대 교무처장 2007~2009·2010년 한국방송공사(KBS) 객원해설위원 2013~2015년 한성대 총장 (상)한성대 Best Teacher Award(2005·2007·2008), 제5회 대한민국참교육대상 글로벌산학협력부문대상(2014) (저)'공기업민영화에 관한 연구'(1988) '한국의 기업가정신과 기업성장'(1997) '21세기 경쟁정책방향'(1999) '정부기능의 효율화 방안' 'Reforming stateowned enterprises' '철도산업 경쟁력 강화를 위한 방안' '전자산업의 대중소기업 협력방안'(2005) 등

**강신일(姜信一) KANG Shinill**

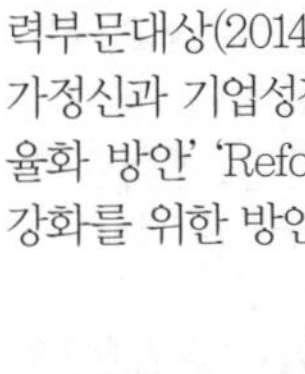

(생)1962·8·28 (본)진주(晉州) (출)경남 (주)서울특별시 서대문구 연세로 50 연세대학교 기계공학부(02-2123-2829) (학)1986년 고려대 기계공학과졸 1990년 미국 미네소타대 대학원 기계공학과졸 1994년 공학박사(미국 코넬대) (경)1988~1990년 미국 미네소타대 Research Assistant 1990~1994년 미국 코넬대 Research Assistant 1994~1995년 同Post-Doc. 1994년 American Society Mechanical Engineers Member 1995년 연세대 공대 기계공학부 교수(현) 1995년 과학기술부 및 산업자원부 자문위원·평가위원 1997년 OSA(Optical Society of America) Member 1997년 SPIE(International Society for Optical Engineering) Member 1997년 연세대 정보저장기기연구센터(CISD) 일반공동연구원(현) 2002년 21C프런티어사업 Nano-Scale Mechatronics and Manufacturing 세부과제 책임자 2004~2008년 국가지정연구실사업 연구책임자 2008~2012년 21C프런티어사업 Nano성형공정기술개발사업 세부주관 연구책임자 2012~2013년 연세대 공과대학 부학장 (상)21C 프런티어 나노메카트로닉스 기술개발사업단 최우수연구팀상(2003·2005), 연세대 연구업적 우수교수(2003~2006·2008~2010), 연세대 우수강의 교수상(2009·2010), 교육과학기술부 기초연구우수성과(2010), 산학협동재단 제33회 산학협동상 대상(2011) (저)'21세기를 위한 기계공작법'(2001) '최신 광정보 저장기술법'(2002) 'Nanostructures in Electronics and Photonics(Chap.14 Continuous Roll Nano-imprinting)'(2008, Pan Standford Publishing Pte.Ltd) 'Micro/Nano Replication : Processes and Applications'(2012, John Wiley & Sons)

**강신재(姜信再) KANG Shin Jae**

(생)1960·3·25 (출)전북 익산 (주)전라북도 전주시 덕진구 반룡로 110-5 전북테크노파크(063-219-2112) (학)1985년 전북대 정밀공학과졸 1988년 同대학원 기계공학과졸 1991년 공학박사(전북대) (경)1988~2002년 전북대 조교·전임강사·조교수·부교수 1996~1997년 미국 미네소타대 방문교수 2002년 (재)전주기계산업리서치센터 센터장 2002~2017년 전북대 기계설계공학부 교수 2003년 전주시 투자유치위원회 위원 2005년 전북도 과학기술위원회 위원 2005년 전북전략산업기획단 단장 2008년 (재)전주기계탄소기술원 원장 2013~2016년 한국탄소융합기술원 원장 2017년 전북테크노파크 원장(현) 2017년 한국기계기술학회 회장(현) (상)산업자원부장관표창(2005), 한국탄소학회 공로상(2008), '전주시민의 장' 산업상(2012) (종)기독교

**강신정(姜信晶) KANG Shin Jung**

(생)1957·8·1 (본)진주(晉州) (출)경남 함양 (주)서울특별시 중구 소월로 10 건강보험심사평가원 진료심사평가위원회(02-3772-8810) (학)1980년 영남대 약대졸 1984년 同환경대학원졸 1996년 충북대 약학대학원 약학과졸 2000년 생약학박사(충북대) (경)1983년 보건사회부 국립보건원 생약규격과 보건연구사 1992년 국립보건원 마약시험과 보건연구관 2001년 식품의약품안전청 마약시험과장 2003~2005년 캐나다 브리티시컬럼비아대 박사 후 과정 2006년 식품의약품안전청 의약품본부 생약평가부 한약평가팀장 2008년 同의약품안전국 생약평가부 한약평가팀장 2009년 同바이오생약국 바이오생약심사부 생약제제과장 2011년 경인지방식품의약품안전청 시험분석센터장 2012년 식품의약품안전평가원 의료제품연구부장 2014~2015년 국립보건연구원 감염병센터장 2015년 식품의약품안전평가원 의료제품연구부장 2015년 건강보험심사평가원 진료심사평가위원회 상근심사위원(현) (상)국무총리표창(2000), 근정포장(2015)

**강신중(姜信仲) KANG Shin Joong**

(생)1961·12·23 (본)진주(晉州) (출)전남 나주 (주)광주광역시 동구 준법로 6, 2층 법무법인 강율(062-229-6600) (학)1980년 금호고졸 1985년 서울대 법학과졸 (경)1986년 사법시험 합격(28회) 1989년 사법연수원 수료(18기) 1992년 광주지법 순천지원 판사 1994년 광주지법 판사 1997년 同나주시법원 판사 2001년 광주고법 판사 2003년 광주지법 판사 2004년 同목포지원 부장판사 2006년 광주지법 부장판사 2010

년 同가정지원장 2012년 광주가정법원 선임부장판사 2013~2014년 同법원장 2014년 변호사 개업 2014년 (재)광주비엔날레 이사(현) 2016년 법무법인 강율 대표변호사(현) 2017년 조선대 임시이사

## 강신철(姜伸喆) KANG Shin Chul

(생)1972·1·31 (출)서울 (주)서울특별시 강남구 논현로67길 66 기초전력연구원빌딩 4층 한국게임산업협회(02-3477-2703) (학)1995년 서울대 컴퓨터공학과졸 (경)1996년 (주)쌍용정보통신 개발팀 근무 1998년 (주)넥슨 입사, 同기술지원본부장 2001년 (주)엠플레이 대표이사 2006년 (주)넥슨 공동대표이사 2010년 (주)네오플 대표이사 2014~2015년 同고문 2015년 (사)한국인터넷디지털엔터테인먼트협회(K-IDEA) 회장 2017년 지스타조직위원회 위원장(현) 2017년 한국게임산업협회(K-GAMES) 회장(현) (작)게임 '큐플레이' '크레이지아케이드 비엔비' 개발

## 강신택(姜信澤) KANG Sin Taek

(생)1933·5·7 (본)진주(晋州) (출)충남 아산 (주)서울특별시 관악구 관악로 1 행정대학원 행정학과(02-880-5603) (학)1952년 경기고졸 1959년 서울대 문리대 정치학과졸 1961년 同대학원 행정학과졸 1963년 필리핀대 대학원 행정학과졸 1969년 정치학박사(미국 펜실베이니아대) (경)1963~1979년 서울대 조교·조교수·부교수 1977년 同교무부처장 1979~1998년 同행정대학원 교수 1982~1985년 同교무처장 1984년 한국행정학회 회장 1988년 서울대 행정대학원장 1990년 한국행정학회 고문(현) 1998년 서울대 행정대학원 명예교수(현) 1998~2000년 (사)한국행정문제연구소 이사장 1999년 대한민국학술원 회원(행정학·현) (상)국민훈장 석류장(1998), 학술공로상(2006) (저)'행정학 입문'(共) '재무행정론Ⅰ·Ⅱ'(共) '정책학 개론'(共) '사회과학연구의 논리' '재무행정론' '한국정치행정의 체계' '사회이론'(共) '공기업론'(共) '한국행정론'(共) '행정학의 논리' 외 10여편 (역)'행정학의 언어'

## 강신택(姜信宅) KANG Shin Taek

(생)1941·7·20 (출)경남 (주)부산광역시 동구 조방로27 우신빌딩 13층 우신종합건설(주) 비서실(051-631-2484) (학)성균관대 상경대학졸, 중앙대 건설대학원 최고경영자과정 수료 (경)1970년 서울 남한강개발(주) 대표이사 1980년 우신전기설비공업사 대표 1984년 우신종합건설(주) 대표이사(현), 길정종합건설 공동대표이사 사장

## 강신한(姜信馯) KANG Sin Han (淸松)

(생)1953·12·5 (본)진주(晋州) (출)충남 논산 (주)경기도 수원시 권선구 경수대로 319 승일빌딩 6층 수도권일보(031-248-8700) (학)1995년 경희대 산업정보대학원 최고경영자과정 수료 2003년 경복고부설방송통신고졸 2007년 대불대 법학과졸 2009년 同대학원 행정학과졸 (경)1989년 고려일보 설립·대표이사 회장(현) 1989년 시사미디어출판사 사장(현) 1995년 주간 '시사뉴스' 창간·발행인(현), (주)KE에너지 회장 2005년 수도권일보 대표이사 회장 겸 발행인(현), 충청향우회중앙회 부총재·수석부총재(현), 한국청소년보호연맹 부총재(현) (저)'흐르는 물소리'

## 강신혁(姜信赫) kang shin hyeok

(출)경남 거창 (주)부산광역시 사하구 다대로 145 강동병원 병원장실(051-209-1245) (학)1965년 동아고졸 1970년 부산대 의과대학졸 1976년 고려대 대학원 의학석사 1980년 의학박사(고려대) (경)1970~1971년 부산대병원 인턴 1971~1974년 해군 군의관(대위 예편) 1974~1978년 경희대 의과대학 정형외과 레지던트 1978~1983년 同의과대학 정형외과학교실 조교수, 미국 U.C Sendiago대학병원 미세수술연구소 연수, 미국 그랜드래피드 데이비드병원 연수, 독일 함부르크대학병원 인공관절센터 연수, 부산대·인제대·동아대·경희대·경상대 의과대학 외래교수, 부산시미술협회 고문, 부산대총동창회 부회장 1983~1993년 세일병원 부원장 1993년 강동병원 병원장(현), 세계미세수술학회 정회원, 성균관대·경상대·부산대·인제대·경희대·고신대 의과대학 외래교수, 인제대기성회 회장, 대한정형외과학회 장애평가위원, 同보험위원, 부산대 의과대학 연구회 회장, 부산동아고총동창회 회장, 부산지법 조정위원회 운영위원, 부산국제아트페스티벌위원회 이사, 부산지검 법사랑위원회 의료담당부회장, 세계닥터스 자문위원, 한국몽골우호협회 고문, 100만평문화공원조성 범시민협의회 고문, 2008세계사회체육대회 조직위원회 의료분과위원장 2008~2009년 대한중소병원협회 부산·울산·경남지회 회장 2003년 학교법인 박영학원 이사(현), 부산지검 서부지청 범죄피해자후원재단 이사장(현), 부산시 의료관광추진협의회 위원(현) (상)대한정형외과학회 학술상(1980), 부총리 겸 재정경제부장관표창(1998), 법무부장관표창(2004), 부산지방국세청장표창(2005), 보건복지부장관표창(2009), 부산광역시장표창(2016) (저)'미세수술의 정형외과적 이용'

## 강신호(姜信浩) KANG Shin Ho (水石)

(생)1927·2·19 (본)진주(晋州) (출)경북 상주 (주)서울특별시 동대문구 천호대로14길 18 동아쏘시오홀딩스(02-920-8000) (학)1952년 서울대 의대졸 1954년 同대학원졸 1958년 의학박사(독일 프라이부르크대) (경)1963년 한국방송윤리위원회 위원 1966~1967년 한국청년회의소중앙회 회장 1971~1989년 전국경제인연합회 상임이사 1975~1980년 동아제약(주) 대표이사 사장 1975년 라미화장품 사장 1977년 상주고재단 이사장(현) 1978년 한국과학기술단체총연합회 부회장 1979년 소련 국제사회보장협회 한국대표 1980년 동아식품 회장 1981년 동아제약(주) 대표이사 1981~2016년 동아쏘시오홀딩스 회장 1983년 한국경영자총협회 부회장, 同고문(현) 1983년 한국마케팅연구원 회장 1984년 세계제약단체연합회(IFPMA) 이사 1984년 산업기술진흥협회 부회장 1987년 한국제약협회 회장 1987년 (재)수석장학회 이사장 1987년 대한약품공업협회 회장 1988년 서울상공회의소 부회장 1989~2004년 전국경제인연합회 부회장 1991년 라미화장품(주) 대표이사 회장 1992년 (재)수석문화재단 이사장 1992~2003년 한국산업기술진흥협회 회장 1997년 (사)한국유엔협회 부회장 2003년 한국산업기술진흥협회 명예회장(현) 2003년 전국경제인연합회 회장 대행 2004~2007년 同회장 2004년 과학기술부 사이언스코리아 공동의장 2005년 수석무역(주) 이사 2005년 지식재산포럼 공동대표 2007년 한국광고주협회 고문(현) 2008년 교육과학기술부 사이언스코리아 공동의장 2009년 한일축제한마당 한국측 실행위원장 2010년 한국제약협회 특별자문위원(현) 2017년 동아쏘시오홀딩스 명예회장(현) (상)대통령표창(1975), 발명장려대상(1981), 은탑산업훈장(1984), 한국의 경영자상(1990), 국민훈장 모란장(1994), 과학기술훈장 창조장(2002), 함춘대상, 독일 1등십자공로훈장, 일본 최고훈장 욱일대수장(2007), 바둑대상 공로상(2010), 독일 바덴비르템베르크주정부 슈타우퍼훈장(2014) (저)'회의 진행법' '水石 육십년' '더 취하기 전에'

## 강신호(姜信豪) KANG Shin Ho

(생)1961·8·3 (주)서울특별시 중구 동호로 330 CJ제일제당(주)(02-6740-1114) (학)포항고졸, 고려대 경영학과졸, 한국과학기술원(KAIST) 경영학과졸(석사) (경)CJ(주) DNS추진팀 부장, 同경영기획팀 부장, 同전략1팀장 2005년 同운영1팀장(상무) 2009년 同인사팀장(부사장대우) 2010년 CJ제일제당(주) 경영지원실장(부사장대우) 2011년 대한통운 PI추진실 부사장대우 2012년 CJ(주) 사업1팀장(부사장대우) 2013년 同사업1팀장(부사장) 2013년 CJ프레시웨이 대표이사 부사장 2016년 CJ제일제당(주) 식품사업부문장(부사장) 2017년 同식품사업부문 대표(총괄부사장) 2018년 同각자대표이사 총괄부사장 겸 식품사업부문장(현)

## 강애란(姜愛蘭 · 女)

(생)1960 · 6 · 16 (출)서울 (주)서울특별시 서대문구 이화여대길 52 이화여자대학교 조형예술학부 서양화전공(02-3277-2497) (학)1983년 이화여대 미대 서양화과졸 1987년 일본 다마미술대 대학원졸 2009년 박사(일본 다마미술대) (경)1986~2003년 서울 · 동경 · 파리 · 모스크바 · L.A. 개인전 36회, 단체전 및 국제전 70여회 1987년 대한민국미술대전 대상, 이화여대 조형예술학부 서양화전공 교수(현) 2017년 同조형예술대학장 (상)제5회 현대판화공모전 우수상(1985), 대한민국미술대전 대상(1987), 서울국제판화비엔날레 대상(1988), 도쿄-마찌다 국제판화전 매상상(1993), 석남 미술상(1994) (작)'고요함' 'the existance monoprint' 'the yellow mind III' 'reality & virtual image' 'virtual presence in woman' '보따리'

## 강언식

(생)1962 (출)제주 서귀포 (주)서울특별시 종로구 사직로8길 31 서울지방경찰청 경비1과(02-700-2610) (학)제주제일고졸, 제주대 행정학과졸 (경)1991년 경위 임용(경찰 간부후보 39기), 강원 철원경찰서 수사과장 2005년 제주지방경찰청 902대대장 직대, 서울지방경찰청 경호계장 2011년 총경 승진 2012년 충북지방경찰청 정보통신담당관 2013년 제주 서귀포경찰서장 2014년 경찰청 경호과장 2015년 경기 안양동안경찰서장 2016년 서울지방경찰청 5기동대장 2017년 서울 남대문경찰서장 2017년 서울지방경찰청 경비2과장 2019년 同경비1과장(현)

## 강여찬(姜呂贊) KANG Yeo Chan

(생)1964 · 6 · 5 (출)제주 (주)대구광역시 수성구 동대구로 366 대구지방검찰청 중요경제범죄조사단(053-740-4427) (학)1983년 한성고졸 1987년 고려대 법학과졸 (경)1988년 사법시험 합격(30회) 1991년 사법연수원 수료(20기) 1991년 軍법무관 1994년 서울지검 의정부지청 검사 1995년 전주지검 군산지청 검사 1997년 인천지검 검사 1999년 울산지검 검사 2001년 서울지검 검사 2003년 인천지검 부부장검사 2004년 청주지검 충주지청 부장검사 2005년 청주지검 부장검사 2006년 인천지검 공판송무부장 2007년 친일재산조사위원회 파견 2008년 의정부지검 형사3부장 2009년 대구지검 형사2부장 2009년 부산지검 형사1부장 2010년 광주고검 검사 2012년 서울고검 형사부 검사 2014년 광주고검 검사 2017년 대전고검 검사 2019년 대구지검 중요경제범죄조사단장(현)

## 강역종

(생)1964 (출)경남 남해 (주)서울특별시 종로구 종로5길 86 서울지방국세청 조사4국 조사관리과(02-2114-4506) (학)남해 해성고졸, 세무대학졸(3기) (경)2011년 중부지방국세청 조사3국 조사관리과장 직대 2012년 서울지방국세청 조사4국 조사관리과 행정사무관 2015년 同조사4국 조사2과 행정사무관 2016년 同조사4국 조사2과 서기관 2017년 부산지방국세청 조사1국 조사1과장 2018년 울산세무서장 2019년 서울지방국세청 조사4국 조사관리과장(현)

## 강연재(姜年宰) KANG Yun Jae (牛溪)

(생)1957 · 8 · 20 (본)진주(晋州) (출)전남 해남 (주)서울특별시 영등포구 국제금융로2길 32 여의도파이낸스타워 3층 파빌리온자산운용(주)(02-3430-5503) (학)1975년 인창고졸 1979년 서울대 경영학과졸 1981년 한국과학기술원(KAIST) 산업공학과졸(석사), 同최고정보경영자과정 수료(19기), 서울대 최고경영자과정 수료(61기), 同최고감사인과정 수료(12기) (경)1979년 현대그룹 입사 1983년 同종합기획실 근무 1994년 同종합기획실 부장 1997년 同종합기획실 이사대우 1999년 同현대경영전략팀 이사 2000년 同현대경영전략팀 상무이사 2000년 현대투자신탁 상무이사 2001년 현대증권(주) 상무이사 2002년 同경영관리부문장(전무) 2005년 同경영관리본부장(전무) 2005년 同영업총괄 전무 2006년 同영업총괄 부사장 2007년 同경영기획총괄 부사장 2008년 同경영관리총괄 부사장 2009~2011년 현대자산운용 대표이사 2012~2014년 국민연금공단 감사 2012년 중앙대 투자론 · 금융상품론 겸임교수(현) 2013~2014년 (사)귀농귀촌진흥회 부위원장 2013~2014년 (사)지역경제진흥회 청년일자리대책위원회 부위원장 2015~2016년 법무법인(유한) 바른 고문 2016~2017년 파빌리온인베스트먼트 부회장 2017년 더불어민주당 신성장위원회 위원(현) 2017년 (사)혁신경제 이사(현) 2017년 법무법인 율촌 고문(현) 2017년 아시아자산운용 부회장 2018년 (재)공공정책연구원 초대 이사장(현) 2019년 파빌리온자산운용(주) 부회장(현)

## 강연호(康然浩)

(생)1955 · 2 · 1 (본)곡산(谷山) (출)제주 서귀포 (주)제주특별자치도 제주시 문연로 13 제주특별자치도의회(064-741-1926) (학)표선상고졸 (경)제주도 서귀포시 표선면장, 同주민생활지원과장, 同총무과장, 同녹색환경과장, 제주 표선초총동문회 회장 2014~2018년 제주특별자치도의회 의원(새누리당 · 바른정당 · 바른미래당 · 무소속) 2014~2015년 同운영위원회 위원 2014년 同농수축경제위원회 위원 2014~2018년 同예산결산특별위원회 위원 2014~2015 · 2016~2018년 同윤리특별위원회 위원 2014~2015 · 2016년 同새누리당 원내대표 2014 · 2016년 同FTA대응특별위원회 위원 2015년 同제주특별법제도개선및토지정책특별위원회 위원 2016~2018년 同운영위원회 부위원장 2016~2018 · 2018년 同환경도시위원회 위원(현) 2017년 同바른정당 원내대표, 제주 표선고총동문회 회장(현) 2018년 제주특별자치도의회 의원(무소속)(현) (상)청백봉사상(2002), 대통령표창(2005), 근정포장(2013), 녹조근정훈장(2014), 대한민국 환경창조경영대상 '지방자치의정대상'(2016), 전국시 · 도의회의장협의회 우수의정대상(2017)

## 강영구(姜暎求) Kang Young Goo

(생)1956 · 9 · 24 (출)경북 상주 (주)서울특별시 강남구 강남대로 382 메리츠타워 메리츠화재해상보험(주) 임원실(1566-7711) (학)1976년 휘문고졸 1983년 국민대 정치외교학과졸 1987년 성균관대 대학원 경영학과졸 2001년 미국 밴더빌트대 대학원 경제학과졸 (경)1982년 보험감독원 입사 1999년 금융감독원 검사총괄실 검사제도팀 근무 2002년 同기획조정국 팀장 2003년 同보험검사국 팀장 2004년 同보험감독국 부국장 2006년 同보험검사2국장 2008년 同보험업서비스본부장(부원장보) 2010~2013년 보험개발원 원장 2014년 법무법인 태평양 고문 2014~2015년 롯데손해보험(주) 사외이사 겸 감사위원 2015년 메리츠화재해상보험(주) 윤리경영실장(사장)(현) (종)기독교

## 강영구(姜暎求)

(생)1966 · 9 · 26 (출)전남 나주 (주)전라남도 영광군 영광읍 중앙로 203 영광군청 부군수실(061-350-5204) (학)1984년 광주고졸 1988년 조선대 약학과졸 1997년 同대학원 약품분석학과졸 2007년 약학박사(조선대) (경)1991년 공무원 임용(7급) 2006년 전남도 복지여성국 한방의료담당 · 의약관리담당 · 통합의료담당 지방사무관 2014년 同보건의료과장(지방서기관) 2017년 同자치행정과장 2018년 전남 영광군 부군수(현) (상)대통령표창, 국무총리표창, 행정안전부장관표창, 근정포장

**강영규(姜永圭) Khang Young Kyu**

(생)1948·1·24 (본)진주(晉州) (출)경남 합천 (주)서울특별시 마포구 마포대로 92 효성해링턴스퀘어 A동 7층 대한민국재향경우회(02-2234-1881) (학)거창고졸 1977년 동국대 경찰행정학과졸, 연세대 대학원 자원관리학과졸, 경찰학박사(동국대), 경희대 법무대학원수료, 고려대 언론대학원 수료 (경)1996~1998년 강원 영월경찰서장·평창경찰서장 1998년 경찰청 예산담당관 2000년 서울 남대문경찰서장 2001년 경찰청 경비2과장 2002년 同경비1과장 2002년 서울지방경찰청 기동단장 2004년 同101경비단장 2004년 경찰청 경비국장 2005~2006년 경찰대학장 2008~2017년 대한민국재향경우회 부회장 2015년 동국대총동창회 감사 2015~2017년 서강직업전문학교 총장 2017년 대한민국재향경우회 회장(현) (상)대통령표창, 내무부장관표창

**강영규(康永圭) Kang, Youngkyu**

(생)1969·7·30 (본)곡산(谷山) (출)서울 (주)세종특별자치시 갈매로 477 기획재정부 인사과(044-215-2252) (학)1989년 성동고졸 1996년 연세대 경영학과졸 2002년 미국 선더버드국제경영대학원 경영학과졸(MBA) (경)1996년 행정고시 합격(39회) 1997~2004년 관세청 검사기준과·심사과·성남세관·관세청 국제협력과 사무관 2004년 기획예산처 기금국 산업기금과 사무관 2005년 同재정운용실 기금운용계획과 서기관 2006년 同예산실 산업정보예산과 서기관 2007년 중앙공무원교육원 파견 2009년 기획재정부 예산실 예산협력팀장·예산관리과장 2014년 세계은행(World Bank) 파견(Senior Public Sector Specialist) 2015년 기획재정부 세제실 양자관세과장 2016년 同예산실 고용환경예산과장 2017년 同예산실 농림해양예산과장 2017년 同재정기획국 재정기획총괄과장 2017년 同재정혁신국 재정전략과장 2018년 미국 국제부흥개발은행(IBRD) 파견(현)

**강영근(姜永根) KANG Young Keun**

(생)1957 (주)서울특별시 서대문구 이화여대길 52 이화여자대학교 음악관 301호(02-3277-2451) (학)서울대 음대졸, 同대학원졸, 문화예술학박사(추계예술대) (경)중요무형문화재 제46호 피리 정악 및 대취타 이수자, 한소리국악원 지도위원, 한국국악교육학회 이사, 이화여대 음대 한국음악과 교수(현) 2008년 同음악대학 교학부장 2016년 同공연예술대학원 부원장 2019년 同음악대학장(현) (작)앨범 '피리 신세계'(2003, 예전미디어)

**강영수(姜永壽) KANG Young Soo**

(생)1966·8·19 (출)경남 하동 (주)서울특별시 서초구 서초중앙로 157 서울고등법원(02-530-1246) (학)1984년 중동고졸 1988년 서울대 법대 사법학과졸 1993년 同대학원졸 (경)1987년 사법시험 합격(29회) 1990년 사법연수원 수료(19기) 1990년 軍법무관 1993년 서울형사지법 판사 1995년 서울지법 판사 1996년 同북부지원 판사 1997년 청주지법 판사 1997년 미국 펜실베이니아대 연수 1998년 광주지법 판사 2000년 인천지법 판사 2000년 법원행정처 인사제3담당관 겸임 2001년 서울고법 판사 2001년 법원행정처 인사제3담당관 2002년 同인사제1담당관 겸임 2005년 청주지법 충주지원장 2006년 대법원장 비서실 판사 2007년 사법연수원 교수 2009~2012년 서울중앙지법 부장판사 2010년 언론중재위원회 서울제3중재부장 2012년 부산고법 부장판사 2014년 서울고법 부장판사(현) 2017~2019년 사법정책연구원 수석연구위원, 한국정보법학회 회장(현)

**강영식(姜永植) KANG Young Sik**

(생)1939·9·3 (본)진주(晉州) (출)부산 (주)경기도 과천시 중촌로 43 다온빌딩 4층 남북전기(주) 사장실(02-463-0211) (학)1958년 부산공고졸 1965년 연세대 전기공학과졸 (경)1965년 대한조선공사 입사 1967~1970년 성신양회공업(주) 근무 1970~1973년 포항종합제철 근무 1974년 남북전기(주) 설립·대표이사 사장(현) 1990년 한국조명공업협동조합 이사장(현) 2007년 중소기업중앙회 비상근부회장 2019년 SK건설(주) 구매행복날개협의회 회장(현) 2019년 중소기업중앙회 UAE민간대사(현) 2019년 중소기업협동조합 원로자문위원회 회장(현) (상)국무총리표창, 상공부장관표창, 기술장려상, 산업포장, 무역의 날 2천만불 수출탑(2013) (종)불교

**강영식(姜榮植) KANG Young Sik**

(생)1949·7·6 (출)서울 (주)서울특별시 강서구 양천로 13 한국공항(주) 비서실(02-2660-3114) (학)1967년 서울사대부고졸 1972년 서울대 항공공학과졸 (경)1972~1996년 (주)대한항공 원동기정비공장장(이사) 2000년 同김해정비공장장(상무) 2004년 同김포정비공장장 겸 부본부장(상무) 2005년 同정비본부장(전무) 2007년 同정비본부장(부사장) 2014년 同기술부문 총괄부사장 2017년 한국공항(주) 대표이사 사장(현) (상)동탑산업훈장(2008)

**강영우(姜榮雨) Yeong Woo Gang**

(생)1974 (출)경북 울릉 (주)대구광역시 수성구 무학로 227 대구지방경찰청 홍보담당관실(053-804-7021) (학)1993년 구미전자공고졸, 중앙대 법학과졸 2012년 경북대 대학원 법학과졸 (경)2003년 사법시험 합격(45회) 2006년 사법연수원 수료(35기) 2009년 대구지방경찰청 수사2계장(경정) 2011년 同지능범죄수사대장 2013년 同강력계장 2016년 경북 울릉경찰서장(총경) 2017년 대구지방경찰청 112종합상황실장 2018년 경북 의성경찰서장 2019년 대구지방경찰청 홍보담당관(현)

**강영욱(姜永旭) KANG Young Wook (愼齋)**

(생)1960·1·10 (본)진주(晉州) (출)서울 (주)대전광역시 서구 계룡로 314 대전일보(042-251-3311) (학)1978년 서대전고졸 1983년 충남대 법학과졸 1997년 미국 산타클라라대 로스쿨 객원연구원과정 수료 2002년 서울대 행정대학원 국가정책과정 수료 (경)1985년 법원행정고시 합격(8회) 1986년 대전지법 강경지원 사무관 1988년 同장항등기소장 1995년 법원행정처 감사민원담당관실 서기관 1996~1998년 대전지법 민사과장·법정과장·등기과장 1998년 同천안지원 사무과장 2000년 대전고법 총무과장 2002년 춘천지법 사무국장 2003년 청주지법 사무국장 2004년 대전지법 사무국장 2005년 법원행정처 등기호적심의관 2007년 특허법원 사무국장 2009년 법원행정처 재판사무국장 2009년 同행정관리실장 2010~2014년 법원공무원교육원장, 한밭대 초빙교수 2019년 대전일보 대표이사 겸 발행인(현) (상)대법원장표창 (종)가톨릭

**강영은(姜鈴恩·女) KANG Young Eun**

(생)1963·10·22 (본)진주(晉州) (출)서울 (주)서울특별시 마포구 성암로 267 문화방송(MBC) 사회공헌실(02-780-0011) (학)1982년 성정여고졸 1986년 한국외국어대 불어학과졸 2002년 서강대 언론대학원 방송과졸 (경)1985년 문화방송(MBC) 입사 1986년 同편성국 아나운서팀 근무 1990년 同라디오 '음악이 흐르는 밤에' DJ 1996년 同라디오 '깨어있는 당신을 위하여' DJ, 同아나운서국 아나운서1부 차장대우 2002년 同아나운서국 아나운서2부 차장 2003년 同라디오 '라디오책세상' MC 2004

~2009년 同TV '늘 푸른 인생' MC 2005년 同아나운서국 우리말담당 차장 2005년 同TV '건강한 아침 강영은입니다' 진행 2006년 同아나운서국 아나운서2부장 2007년 同아나운서국 뉴스·스포츠아나운서부 부장대우 2007년 同아나운서국 부장 2007년 한국어문교열기자협회 부회장 2007~2013년 한국외국어대 겸임교수 2007~2008년 방송위원회 방송언어특별심의위원회 위원 2008년 문화방송(MBC) 라디오 '아침을 달린다 강영은입니다' 진행 2011년 MBC아카데미 본부장(파견) 2012년 문화방송(MBC) 문화콘텐츠사업센터 코이카협력부장 2012년 同글로벌사업국 기획사업부장 2013년 同문화사업국 부국장 2014년 同콘텐츠사업국 기획사업부 부국장 2015년 同미디어사업본부 문화사업제작센터 부국장급 2017년 同미디어사업본부 문화사업제작국 부국장 겸 제작사업부장 2018~2019년 同디지털사업본부 기획사업국 문화예술사업부 국장 2019년 同사회공헌실 국장(현) (상)한국아나운서클럽 대상(1996), 대한볼링협회 공로상(1998), 대한체조협회 공로상(2004), 한국어문상 특별상(2005), 한국어문교열기자협회 제20회 한국어문상 공로부문(2008) (저)'쓰면서도 잘 모르는 생활 속 우리말 나들이(共)'(2005) (종)기독교

### 강영중(姜榮中) KANG Young Joong

(생)1949·7·27 (출)경남 진주 (주)서울특별시 관악구 보라매로3길 23 대교그룹(02-829-0032) (학)1968년 서라벌고졸 1972년 건국대 농화학과졸 1987년 연세대 교육대학원 교육행정학과졸 1988년 고려대 정책과학대학원 수료 1990년 서울대 최고경영자과정 수료 1994년 연세대 특허법무대학원 수료 1995년 한국과학기술원 최고정보경영자과정 수료 2000년 명예 경영학박사(건국대) 2004년 명예 체육학박사(한국체육대) (경)1975년 종암교실 개설 1976년 한국공문수학연구회 창립 1986년 (주)대교 설립 1992~2014년 대교문화재단 이사장 1996년 대교그룹 회장(현) 2003~2009년 대한배드민턴협회 회장 2003~2008년 한국스카우트연맹 부총재 2003~2005년 아시아배드민턴연맹(ABF) 회장 2004~2008년 한국스카우트 장학위원회 위원장 2004~2012년 이화여대 경영대학 겸임교수 2005~2013년 세계배드민턴연맹(BWF) 회장 2006~2008년 한국지적재산권법제연구원 이사장 2006~2008년 제38차 세계스카우트 총회 및 제10차 세계유스포럼 위원장 2007년 세계청소년문화재단 이사장(현) 2008~2012년 한국스카우트연맹 총재 2008년 봉암학원(경기외고) 이사장(현) 2014년 세계배드민턴연맹(BWF) 종신 명예부회장(현) 2014년 대교문화재단 명예이사장(현) 2015~2016년 국민생활체육회 회장 2015~2016년 스포츠안전재단 이사장 2016년 대한체육회 회장 (상)대통령표창(1995), 옥관문화훈장(2004), 21세기 스포츠포럼 올해의 인물(2008), 상허대상 교육부문(2009), 올해의 21세기 경영인(2010), 일본보이스카우트연맹 키지장(2012), 세계스카우트 공로상(2012), 한국조각가협회 공로패(2015) (저)'배움을 경영하라'(2010) (종)기독교

### 강영진(康永鎭)

(생)1964·11·22 (출)제주 서귀포 (주)제주특별자치도 제주시 문연로 6 제주특별자치도청 공보관실(064-710-2030) (학)1983년 서귀포고졸 1990년 연세대 사학과졸 (경)1992년 제주일보 입사 1999년 同사회부 차장 2003년 同정치부 차장 2007년 同서울지사 정치부장 2012년 同서울지사 정치부 기자(국장급) 2015년 同편집국장 2017년 제주특별자치도 정책보좌관실장(4급상당) 2017년 同공보관(현)

### 강영철(姜榮喆) KANG Young Chul

(생)1955·2·16 (본)진주(晋州) (출)충남 홍성 (주)인천광역시 부평구 백범로577번길 48 린나이코리아(주) 비서실(032-570-8903) (학)1976년 환일고졸, 성균관대 금속공학과졸 (경)1994년 린나이코리아(주) 제1공장장 1996년 同기술연구소 부소장 2001년 同R&D본부장 2004년 同생산본부장 2009~2017년 정석항공과학고 운영위원장 2011년 인천상공회의소 부회장(현) 2013년 린나이코리아(주) 대표이사 사장(현) 2013년 전국경제인연합회 이사(현) 2014년 인천경영자총협회 이사(현) 2014년 한국중견기업연합회 이사 2014~2017년 한국에너지기기산업진흥회 회장 (상)산업자원부장관표창(1999), 발명의날 대한상공회의소 회장표창(1999), 제22회 인천시산업평화대상 개인부문(2012), 일자리창출지원유공 동탑산업훈장(2013), 제33회 인천상공회의소 상공대상(2015) (종)천주교

### 강영태(姜永泰)

(생)1959·2·7 (출)광주 (주)서울특별시 서초구 사평대로 343 6층 한국비즈니스금융대부 대표이사실(02-3453-6211) (학)1984년 조선대 법학과졸 (경)1985년 중소기업중앙회 입사·상담부장 2004년 同광주·전남지회장, 同산업인력팀장(1급) 2009년 同광주·전남지역본부장 2014년 同광주·전남지역본부장(이사대우) 2015년 同경영기획본부장(이사) 2015년 중소기업사랑나눔재단 이사 겸임 2016년 중소기업중앙회 노란우산공제사업본부장 2017년 (주)기협기술금융 대표이사 2018년 한국비즈니스금융대부 대표이사(현) (상)대통령표창(2011)

### 강영필(姜榮必) KANG Young Pil

(생)1952·10·1 (본)진주(晋州) (출)제주 제주시 (주)제주특별자치도 서귀포시 신중로 55 한국국제교류재단(064-804-1000) (학)1971년 제주 오현고졸 1980년 제주대 증식학과졸 1996년 同행정대학원졸 (경)1980년 제주MBC 기자 1988년 同취재부 차장대우 1992년 제주도기자협회 회장 1995년 제주MBC 보도제작팀장 1998년 同보도부장 2000년 同보도제작국장 2001년 同보도국장 2002년 同경영국장 2003년 同보도국장 대우 2004년 同자회사설립기획단장 2005년 同정책기획단장 2007년 同기획위원, 제주방송인클럽 부회장, (사)제주언론인클럽 이사 2015~2017년 대한무역투자진흥공사(KOTRA) 비상임이사 2018년 한국국제교류재단 기획협력이사(현) (상)국무총리표창(1986), MBC 특종상(1987), 제주문화방송 작품상(1989·1994·1995), 이달의 기자상(1995), 제주방송인대상(1996), 한국방송대상 우수작품상(1996), 제주문화방송 유공상(1996), 계열사TV작품경연대회 동상(1997), 방송80주년 문화포장(2007)

### 강영호(姜永虎) KANG Young Ho

(생)1957·10·11 (출)대전 대덕 (주)서울특별시 서초구 서초중앙로 157 서울중앙지방법원(02-530-1114) (학)1976년 중앙고졸 1980년 성균관대 법학과졸 1982년 경희대 대학원졸 2007년 서울대 자연과학대학 과학기술혁신최고전략과정 수료 (경)1980년 사법시험 합격(22회) 1982년 사법연수원 수료(12기) 1982년 軍법무관 1985년 서울가정법원 판사 1987년 서울형사지법 판사 1989년 서울민사지법 판사 1990년 춘천지법 강릉지원 판사 1992년 서울지법 동부지원 판사 1993년 서울고법 판사 1995~1999년 대법원 재판연구관 1999년 서울지법 의정부지원 부장판사 2000년 同북부지원 부장판사 2001년 도산법커뮤니티 회원 2002년 서울행정법원 부장판사 2004년 同수석부장판사 2005년 대전고법 부장판사 2006~2012년 서울고법 부장판사 2010~2012년 법원도서관장 2012년 서울서부지법원장 2014년 특허법원장 2015년 IP(Intellectual Property) 허브 코트(Hub Court) 추진위원회 공동위원장 2016년 서울고법 부장판사 2017년 서울중앙지법 원로(元老)법관(현) (상)내일신문 올해의 법관(2004), 환경재단 대한민국을 밝게 빛낸 100인(2005), 서울중앙고 교우회 올해를 빛낸 중앙인(2007) (저)'민법총칙' '민법연구' '회사정리와 파산의 모든 것' (종)기독교

**강영훈(姜永勳) Kang Young-hoon**

(생)1961·4·2 (주)서울특별시 종로구 사직로8길 60 외교부 인사운영팀(02-2100-7141) (학)1988년 서울대 독어독문학과졸 (경)1989년 외무고시 합격(23회) 1989년 외무부 입부 1995년 駐일본 2등서기관 1998년 駐블라디보스톡 영사 2003년 駐몬트리올 영사 겸 駐ICAO 1등서기관 2006년 駐일본 참사관 2009년 대통령실 외교비서관실 파견 2010년 외교부 일본과장 2011년 駐호주 공사참사관 2013년 대통령 의전비서관실 파견 2014년 국방대 고위안보과정 파견 2015년 외교부 남아시아태평양국장 2016년 駐호놀룰루 총영사 2019년 駐타이베이 한국대표부 대표(현)

**강영훈(姜永薰)**

(생)1970·1·7 (출)경남 사천 (주)경기도 의정부시 녹양로34번길 23 의정부지방법원 총무과(031-828-0102) (학)1989년 명신고졸 1997년 서울대 법학과졸 (경)1998년 사법시험 합격(40회) 2001년 사법연수원 수료(30기) 2001년 춘천지법 판사 2004년 수원지법 판사 2007년 서울중앙지법 판사 2009년 서울북부지법 판사 2013년 서울동부지법 판사 2014년 서울고법 판사 2016년 광주지법 부장판사 2018년 의정부지법 부장판사(현)

**강옥희(姜玉姬·女) KANG Oki**

(생)1963·1·17 (본)진주(晉州) (출)서울 (주)강원도 원주시 세계로 10 한국관광공사 임원실(033-738-3000) (학)1985년 연세대 문과대학 독어독문학과졸 (경)1985년 한국관광공사 입사 1988년 同해외진흥팀 과장 1993년 同동남아부 과장 1996년 同런던지사 차장 1999년 同국내마케팅지원실 과장 2000년 同제작부장 2004년 同토론토지사장 2007년 同관광투자유치센터장 2010년 同홍보실장 2012년 同로스앤젤레스지사장 2014년 同관광산업본부장 2014~2017년 한식재단 비상임이사 2016년 한국관광공사 국제관광진흥본부장(상임이사) 2017년 同부사장 겸 경영혁신본부장(현) 2018년 同사장 직대 (상)월드컵공로 대통령표창(2002)

**강완구(姜完求) KANG Wan Koo**

(생)1945·9·4 (출)전북 김제 (주)서울특별시 강남구 테헤란로87길 36 도심공항타워 14층 법무법인 로고스(02-2188-1030) (학)1964년 경복고졸 1969년 서울대 법대졸 (경)1970년 사법시험 합격(11회) 1972년 사법연수원 수료(1기) 1972년 광주지법 판사 1973년 同순천지원 판사 1974년 서울지법 인천지원 판사 1977년 서울가정법원 판사 1978년 서울형사지법 판사 1980년 서울민사지법 판사 1982년 서울고법 판사 1985년 대법원 재판연구관 1986년 광주지법 부장판사 1988년 사법연수원 교수 1990년 서울형사지법 부장판사 1993년 대전고법 부장판사 1995년 서울고법 부장판사 1998년 서울행정법원 수석부장판사 직대 2000년 서울고법 부장판사 2000년 전주지법원장 2001년 대구지법원장 2002년 서울가정법원장 2003년 대구고법원장 2004년 서울고법원장 2005년 중앙선거관리위원회 위원 2005년 법무법인 로고스 상임고문변호사(현)

**강완수(姜完樹)**

(생)1968·6·6 (출)전남 영광 (주)강원도 강릉시 동해대로 3288-18 춘천지방법원 강릉지원(033-640-1052) (학)1987년 광주 금호고졸 1995년 서울대 서양사학과졸 (경)2001년 사법시험 합격(43회) 2004년 사법연수원 수료(33기) 2004년 광주지법 예비판사 2005년 광주고법 예비판사 2006년 광주지법 판사 2007년 同순천지원 판사 2010년 광주지법 판사 2014년 광주지법 순천지원·광주가정법원 순천지원 판사 2015년 의정부지법 판사 2017년 서울북부지법 판사, 서울고법 판사 2019년 춘천지법 강릉지원 부장판사(현)

**강용구(姜龍求) Kang Yong-gu**

(생)1975·2·23 (본)진주(晉州) (주)전라북도 전주시 완산구 효자로 225 전라북도의회(063-280-3970) (학)1993년 성원고졸 1997년 서남대 행정학과졸, 전북대 행정대학원 지방자치학과졸 (경)전북 남원시학교운영협의회 사무국장, 전북 남원시자원봉사센터 사무국장, 민주당 남원·순창지역위원회 사회복지발전위원장, 남원교육지원청 학교환경정화위원, 전북 남원시 교육복지우선지원사업운영협의회 위원(현), 서남대 총동문회 부회장 2014~2018년 전북도의회 의원(새정치민주연합·더불어민주당) 2014·2016~2018년 同운영위원회 위원 2014년 同행정자치위원회 위원 2014년 同윤리특별위원회 부위원장 2015~2016년 同예산결산특별위원회 부위원장 2016~2018년 同농산업경제위원회 부위원장 2016년 더불어민주당 전북도당 청년위원장 2018년 전북도의회 의원(더불어민주당)(현) 2018년 同농산업경제위원회 위원장(현) (상)전국시·도의회의장협의회 우수의정대상(2017) (종)기독교

**강용삼(姜龍三) Kang Yong Sam**

(생)1961·3·17 (본)진주(晉州) (출)광주 (주)경기도 의정부시 송산로 1153 서울지방국토관리청 의정부국토관리사무소장(031-820-1700) (학)1977년 광주 광주고졸 1990년 부경대 전기공학과졸 2002년 고려대 대학원 전기공학과졸 2014년 전기공학박사(서울과학기술대) (경)2004년 건설교통부 철도건설팀 근무 2007년 건설교통부 고속철도과 근무 2008년 국토해양부 고속철도과 근무 2010년 同항공철도사고조사위원회 근무 2011년 同건설인력기재과 근무 2013년 국토교통부 건설인력기재과 사무관 2014년 同건설인력기재과 서기관 2015년 同철도안전정책과 서기관 2016~2018년 대전지방국토관리청 충주국토관리사무소장 2019년 서울지방국토관리청 의정부국토관리사무소장(현)

**강용석(姜龍錫) KANG Yong Seok**

(생)1966·12·15 (출)경북 상주 (주)세종특별자치시 다솜2로 94 해양수산부 정책기획관실(044-200-5070) (학)상주고졸, 한양대 사학과졸 (경)1993년 행정고시 합격(37회) 1995년 부산지방해운항만청 선원과 근무 1997년 해양수산부 항무국 항만유통과 근무 1998년 同항만정책국 항만운영개선과 근무 1999년 同해운물류국 항만운영개선과 근무 1999년 국외훈련(미국 뉴욕·뉴저지 항만청) 2000년 해양수산부 해운물류국 해운정책과 근무 2001년 同해양정책국 연안계획과 근무 2001~2003년 2010년 세계박람회 유치지원단 파견 2003년 해양수산부 해양정책국 연안계획과 근무 2003년 同기획예산담당관실 근무 2003년 同장관비서관 2004년 同해운물류국 연안해운과장 2005년 해외 파견 2007년 해양수산부 해운물류본부 항만운영팀장 2008년 국토해양부 감찰팀장 2009년 고용휴직 2012년 국토해양부 해양신성장개발과장 2013년 해양수산부 해양정책실 해양개발과장 2013년 同해양정책실 해양영토과장 2014년 同해양정책실 국제협력총괄과장(부이사관) 2014~2016년 대통령 해양수산비서관실 행정관(부이사관)·선임행정관(고위공무원) 2016~2018년 해양수산부 해양정책실 해양환경정책관 2018년 국립해양조사원 원장 2019년 해양수산부 정책기획관(현)

**강용수(姜龍洙) KANG Yong Soo**

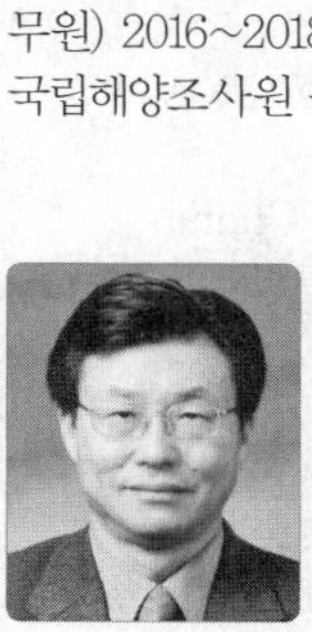

(생)1949·11·4 (출)대구 달성 (주)서울특별시 강남구 테헤란로 124 한국코치협회(02-563-8798) (학)1969년 경복고졸 1975년 서울대 경영학과졸 1977년 同대학원졸 (경)1975년 SK케미칼(舊선경합섬) 근무 1981년 SK(주) 판매과장 1988년 同영업기획부장 1994년 同종합기획담당 이사 1996년

同종합기획정보담당 상무보 1998년 SK텔레콤 전략기획실장(상무) 2001~2003년 SK IMT(주) 대표이사 사장 2019년 (사)한국코치협회 회장(현) (종)불교

## 강용식(康容植) KANG Yong Sik

(생)1939·5·8 (본)신천(信川) (출)서울 (주)서울특별시 강남구 강남대로84길 23 한라클래식오피스텔 1305호 (사)21세기방송통신연구소(02-6241-0399) (학)1958년 서울고졸 1963년 서울대 행정학과졸 (경)1964~1974년 중앙일보·동양방송 보도국 기자 1974년 同정경부장 1975~1979년 同일본특파원 1979년 同보도국장 1980년 한국방송공사 보도국장 1981년 同보도본부장 1985년 민주정의당(민정당) 당무발전위원장 1985년 제12대 국회의원(전국구, 민정당) 1985년 민정당 대표위원보좌역 1987년 同총재보좌역 1988년 문화공보부 차관 1990년 공보처 차관 1990년 국무총리 비서실장 1992년 제14대 국회의원(전국구, 민자당·신한국당) 1992년 민자당 제1정책조정실장 1992년 21세기방송통신연구소 이사장(현) 1994년 민자당 정세분석위원장 1995년 同대표 비서실장 1996년 신한국당 총선기획단장 1996년 同기획조정위원장 1996년 제15대 국회의원(전국구, 신한국당·한나라당) 1999년 경희대 언론정보대학원 겸임교수 2002~2004년 국회 사무총장 2009년 서울마주협회 회장 2010년 경마산업선진화포럼 대표 (상)국민훈장 목련장, 체육훈장 맹호장, 황조근정훈장, 중앙언론문화상(2010) (저)'당신의 미래는 방송에 있다' '인생은 짧지만 남기고 싶은 이야기는 많다'(2000) '나의 방송 인생'(2018)

## 강용현(姜溶鉉) KANG Yong Hyeon

(생)1950·9·11 (본)진양(晋陽) (출)경남 밀양 (주)서울특별시 강남구 테헤란로 133 법무법인 태평양(02-3404-0184) (학)1970년 경기고졸 1978년 서울대 법대졸 (경)1978년 사법시험 합격(20회) 1980년 사법연수원 수료(10기) 1980년 서울민사지법 판사 1982년 서울형사지법 판사 1984년 전주지법 판사 1986년 서울지법 동부지원 판사 1989년 서울형사지법 판사 1990년 서울고법 판사 겸 법원행정처 조사심의관 1993년 대법원 재판연구관 1994년 청주지법 부장판사 겸 대법원 재판연구관 1995년 대법원 재판연구관 1997년 수원지법 부장판사 1998년 서울지법 동부지원 부장판사 1998년 서울 송파을구 선거관리위원회 위원장 1999~2001년 서울지법 부장판사 1999년 미국 Harvard Law School Visiting Scholar 2000년 서울 서초구 선거관리위원회 위원장 2001년 법무법인 태평양 변호사(현) 2003년 (재)한국미래연구원 이사(현) 2003~2007년 삼미재단 감사 2004~2007년 방송위원회 법률자문위원 2005~2007년 사법연수원 외래교수 2008년 교육과학기술부 정책자문위원회 법학전문대학원특별위원 2008~2010년 민사실무연구회 부회장 2009년 (재)동천 이사(현) 2010~2013년 서울대 법과대학 강사 2010~2014년 게임문화재단 이사 2012~2013년 한국형사판례연구회 회장 2012~2013년 한국민사집행법학회 회장 2012~2015년 국립대학법인 서울대 재경위원 2012년 아름다운재단 이사(현) 2012년 서울법대장학재단 이사(현) 2014년 서울대 총장추천위원회 부위원장 2016~2018년 한국민사소송법학회 회장 2017~2018년 한국형사정책연구원 형사정책연구자문위원 2018년 한국민사소송법학회 명예회장(현) (상)대한변호사협회 공로상(2009), 서울지방변호사회 공익봉사상(2014), 국민훈장 무궁화장(2017) (저)'주석 채권각칙 2권(共)'(1986) '주해민법 3권(共)'(1992) '주해민법 10권(共)'(1995) '주석신민사소송법 4권(共)'(2004)

## 강우정(康宇淨) KANG Uoo Chung

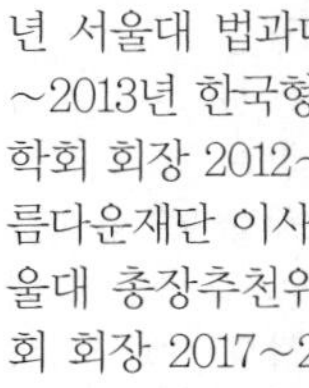

(생)1940·7·23 (출)광주 (주)서울특별시 노원구 동일로214길 32 한국성서대학교 총장실(02-950-5436) (학)1957년 서울대사대부고졸 1961년 고려대 법학과졸 1971년 미국 캘리포니아주립대 대학원 국제관계학과졸 1997년 명예 인문학박사(미국 워싱턴침례신학대) (경)1963년 학교법인 한국복음주의학원 이사(현) 1965~1967년 조선일보 기자 1972~1974년 한국일보 샌프란시스코주재 기자 1974~2000년 '한국일보 샌프란시스코' 발행인 1997~2000년 학교법인 한국복음주의학원 이사장 2000년 한국성서대 총장(현) 2002~2014년 한국대학교육협의회 감사 2003~2005년 한국복음주의신학대학협의회 서기 총장 2010년 한국사립대학총장협의회 부회장 2010년 한국신학대총장협의회 부회장 2014~2016년 한국대학교육협의회 감사 (종)기독교

## 강우찬(姜宇燦) KANG Woo Chan

(생)1973·7·13 (출)서울 (주)충청남도 천안시 동남구 청수14로 77 대전지방법원 천안지원(041-620-3024) (학)1992년 서초고졸 1997년 서울대 법학과졸 2003년 同대학원졸 (경)1997년 사법시험 합격(39회) 2001년 사법연수원 수료(30기) 2001년 軍법무관 2004년 수원지법 판사 2006년 서울중앙지법 판사 2008년 제주지법 판사 2012년 인천지법 판사 2014년 대법원 재판연구관 2019년 대전지법 천안지원·대전가정법원 천안지원 부장판사(현)

## 강우현(康禹鉉) KANG Woo Hyon

(생)1953·10·24 (본)신천(信川) (출)충북 단양 (주)제주특별자치도 제주시 한림읍 한창로 897 탐나라상상그룹(주)(064-772-2878) (학)1980년 홍익대 미술대학 응용미술학과졸 1982년 同산업미술대학원 광고디자인학과졸 1983년 경희대 경영대학원 노사인력관리학과 중퇴 (경)1982년 홍익대·건국대·동덕여대·경희대·숙명여대 강사 1989년 아시아문화교류연구소(CCCA) 설립·소장 1993년 알씨콘텐츠(주) 설립·대표이사 1994~1998년 한국출판미술협회 회장 1998년 프랑스 제50회 칸영화제 포스터 지명작가 1998년 강우현 멀티캐릭터 디자인 개인전 2001~2009년 국제아동도서협의회(IBBY) 한국위원장, 유니세프 한국위원회 이사(현), 환경운동연합 부설 환경교육센터 이사(현) 2001~2014년 (주)남이섬 대표이사 2007~2012년 한양대 국제관광대학원 겸임교수 2008년 국제아동도서협의회(IBBY) 위원 2009~2013년 도자진흥재단 이사장 2009~2013년 한국도자재단 이사장 2011년 세계도자비엔날레 상상감독 2012년 (주)상상그룹 대표이사 2012년 (사)상상나라연합 사무총장 2012년 서울동화축제추진위원회 위원장 2014년 경기도 혁신위원회 위원 2015년 (재)광주비엔날레 자문위원 2015년 (주)남이섬 부회장(현) 2015년 탐나라상상그룹(주) 대표이사(현) (상)노마국제그림책일러스트콩쿠르 그랑프리(1987), BIB-89 국제그림책원화전 금패상(1989), 올해의 디자이너상(1989), 환경문화예술상(1992), 한국어린이도서상(1998), 한국디자이너대상 국무총리표창(2000), 산업포장(2014) (저)'컴퓨터그래픽 디자인 테크닉스' '멀티캐릭터 디자인' '클릭, 내머리 속의 아이디어 터치' '콩심은데 콩난다' '샘물과 바가지' '가우디의 바다 기획' '시민을 위한 환경교실'(共) '남이섬-미완의 상상' 'Who am I?' '남이잡상' '남이상자(南怡象字)' '나는 남이섬에서 산다' '남이섬CEO 강우현의 상상망치'(2009) '남이섬에 가고 싶다'(2012) (역)'가우디의 바다'

## 강운식(康運植) KANG Un Sik

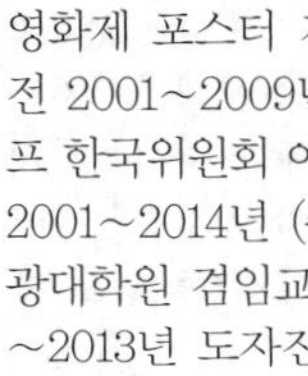

(생)1958·9·27 (본)신천(信川) (출)강원 원주 (주)서울특별시 강남구 삼성로96길 23 DB Inc. 임원실(02-2136-6000) (학)1977년 배문고졸 1985년 서울대 전자공학과졸 1998년 핀란드 헬싱키대 경영대학원졸, 경영학박사(국민대) (경)삼성데이터시스템 CIM개발팀 부장, 삼성SDS(주) IT아웃소싱사업부장(이사), 同아웃소싱사업부장(이사), 同벤처디비전장(이사), 同솔루션사업본부장(상무), 同금융사업부장(상무) 2006년 CJ(주) CIO 겸 CPO(상무) 2008~2009년 CJ시스템즈 대표이사 상무 2010~2012년 DB정보통신(주) 대표이사 2012년 (주)테크데이타 대표이사 2016년 (주)동부 IT부문 CEO(사장) 2017년 DB Inc. IT부문 각자대표이사 사장(현)

ㄱ

## 강웅구(姜雄求) KANG Ung Gu

(생)1963 · 6 · 30 (본)진주(晋州) (출)서울 (주)서울특별시 종로구 대학로 101 서울대학교병원 정신건강의학과(02-2072-2451) (학)경동고졸 1988년 서울대 의대졸 1994년 同대학원 의학석사 1997년 의학박사(서울대) (경)1988~1989년 서울대병원 수련의 1989~1992년 육군 군의관(육군 중위) 1992~1996년 서울대병원 신경정신과 전공의 1996~1997년 同전임의 1997년 서울대 의대 정신과학교실 전임강사 · 조교수 · 부교수 · 교수(현) 2003~2004년 미국 예일대 의대 분자정신의학 방문교수 2018년 서울대병원 정신건강의학과장(현) (저)'정신분열병의 약물치료'(共) '정신의학 5판'(共) '비정형 항정신병제의 임상(共)'(2005)

## 강원기(姜院基) KANG Weon Kee

(생)1958 · 3 · 19 (출)부산 (주)서울특별시 용산구 백범로90다길 13 (주)오리온 임원실(02-710-6251) (학)대동고졸, 한국외국어대 아랍어과졸 1986년 고려대 경영대학원졸 (경)1986년 동양제과 기획부 입사, (주)오리온 마케팅부장, 同마케팅담당 상무보, 同해외마케팅담당 상무이사, 同해외사업본부장(상무) 2010년 同대표이사 부사장 2011년 同대표이사 사장 2015년 同베트남법인 총괄사장(현)

## 강원모(姜源模) Kang Won Mo

(생)1964 · 1 · 22 (주)인천광역시 남동구 정각로 29 인천광역시의회(032-440-6055) (학)1985년 서울대 조경학과졸 (경)국민참여당 인천시당 사무처장 2010년 인천시의원선거 출마(국민참여당) 2014년 인천시 남동구의원선거 출마(정의당), 인천 남동구아파트연합회 회장, 더불어민주당 인천남동乙지역위원회 운영위원(현) 2018년 인천시의회 의원(더불어민주당)(현), 민주평통 인천남동구협의회의회 국민소통분과장(현), 인천시의회 산업경제위원회 위원(현)

## 강원순(姜元淳) KANG Won Soon

(생)1955 · 4 · 23 (출)경남 진양 (주)경기도 과천시 관문로 47 국무총리소속 사행산업통합감독위원회(02-3704-0506) (학)1974년 진주고졸 1978년 고려대 행정학과졸 (경)재무부 산업금융과 사무관 1994년 駐코트디브와르 재무관(서기관) 1996년 국세심판소 조사관 1997년 재정경제원 복지생활과장 1998년 재정경제부 국고국 회계제도과장 2001년 同국고국 국유재산과장 2002년 同국고국 국유재산과장(부이사관) 2002년 조달청 원자재수급계획관 2003년 중앙공무원교육원 교육파견 2004년 조달청 원자재수급계획관 2004년 同기획관리관 2005년 同정책홍보관리관 2005년 同정책홍보본부장 2005년 한국조세연구원 한국국제조세교육센터 소장(국장급) 2007년 재정경제부 규제혁신심의관 2008년 여수세계박람회 조성사업본부장(파견) 2009년 2012여수세계박람회조직위원회 홍보마케팅본부장 2010~2011년 한국과학기술원(KAIST) 전산학과 초빙교수(파견) 2011~2013년 한국연합복권 대표이사, 소프트웨어정책연구소 연구원 2016년 국무총리소속 사행산업통합감독위원회 위원(차관급) 2018년 同위원장(장관급)(현) (저)'레인보우 아프리카'(2013)

## 강원일(姜原一) KANG Won Il

(생)1942 · 12 · 28 (본)진주(晋州) (출)경북 의성 (주)서울특별시 강남구 테헤란로 133 한국타이어빌딩 법무법인 태평양(02-3404-0112) (학)1959년 대륜고졸 1963년 서울대 법대졸 1964년 同사법대학원 수료 1986년 同행정대학원졸 (경)1962년 고등고시 사법과 합격(15회) 1964~1967년 육군 법무관 1968년 대구지검 검사 1969년 同안동지청 검사 1971년 서울지검 인천지청 검사 1974년 서울지검 검사 1977년 부산지검 검사 1979년 법무부 검찰 제4과장 1980년 대구지검 특별수사부 부장검사 1981년 서울지검 동부지청 부장검사 1983년 서울지검 제2차장검사 1985년 사법연수원 부원장 1986년 춘천지검장 1987년 대검찰청 형사제2부장 1988~1991년 인천지검장 1991년 변호사 개업 1994년 법무법인 태평양 변호사 1995년 국민고충처리위원회 위원 1997~1998년 同위원장 1999년 한국조폐공사 파업유도사건담당 특별검사 2001년 한국중견기업연합회 자문위원 2002년 중앙일보 법률자문위원장 2004년 (주)신세계 사외이사, 법무법인 태평양 고문변호사(현) (상)홍조근정훈장, 국민훈장 모란장 (종)천주교

## 강원택(康元澤) KANG Won Taek

(생)1961 · 6 · 6 (본)신천(信川) (출)서울 (주)서울특별시 관악구 관악로 1 서울대학교 정치외교학부(02-880-6335) (학)1985년 서울대 지리학과졸 1990년 同대학원 정치학과졸 1997년 정치학박사(영국 런던정경대) (경)1990년 대륙연구소 연구원 1992년 현대경제연구소 주임연구원 1997~2001년 경남대 극동문제연구소 객원연구원 2001~2010년 숭실대 사회과학대학 정치외교학과 교수 2002년 한국공공선택학회 총무이사 2003년 한국정당학회 연구이사 2003년 한국선거학회 상임이사 2004년 한국유럽학회 · 한국정치정보학회 이사 2004년 한국정치학회 연구이사 2008년 한국정당학회 부회장 2008년 미국 듀크대 방문학자 2010년 한국정당학회 회장 2010~2012년 대통령직속 미래기획위원회 위원 2010년 서울대 정치외교학부 교수(현) 2010~2012년 국회 의정활동강화자문위원회 위원 2012~2014년 서울대 한국정치연구소장 2013년 국회 정치쇄신자문위원회 위원 2014년 국회의장직속 헌법개정자문위원회 위원 2014~2015년 국회의장직속 남북화해 · 협력자문위원회 위원 2015년 대법원 국선변호정책심의위원회 위원(현) 2016년 한국정치학회 회장 2017년 국회 헌법개정특별위원회 자문위원 2018년 국회미래연구원 거버넌스자문위원회 위원장(현) (저)'뉴질랜드' '서구 정치연구의 현황과 과제'(共) '세계화와 복지국가'(共) '유권자의 정치이념과 16대 총선: 지역균열과 이념균열의 중첩?' '노무현 정부의 성격'(編) '현대정당 정치의 이해'(編) 'Britan and European Intergration: Some Implications for East Asian Countries'(共) '한국 대통령제의 문제점과 제도적 대안에 대한 검토 : 통치력 회복과 정치적 책임성 제고를 위한 방안'(共) '남남갈등의 이념적 특성에 대한 경험적 분석' '한국의 선거정치 : 이념, 지역, 세대와 미디어'(2003) '한국의 정치개혁과 민주주의'(2005) '한국 정치 웹2.0에 접속하다'(2008) '보수정치는 어떻게 살아남았나 : 영국 보수당의 역사'(2008) 등 (역)'사회적 자본과 민주주의'

## 강위원(姜渭遠)

(생)1971 (주)경기도 수원시 권선구 호매실로 46-16 경기농식품유통진흥원(031-250-2700) (학)광주서석고 중퇴, 검정고시 합격, 전남대 중퇴 (경)광주지역고등학생대표자협의회 의장, 전남대 총학생회장 1997년 한국대학총학생회연합 5기 의장 2000~2008년 통일부 통일교육원 교육위원 2010~2012년 사회복지공동모금회 농촌복지실천가양성과정 교수 2011~2016년 더불어락(樂)광산구노인복지관 관장 2012~2013년 광주지검 검찰시민위원 2015년 광주복지재단 이사 2016년 지역공공정책플랫폼 '광주로' 이사 2017년 광주주먹밥은행 은행장, 더불어광주연구원 원장, 투게더광산나눔문화재단 상임이사, 복지국가소사이어티 공동대표 2019년 경기농식품유통진흥원 원장(현)

## 강유민(姜有珉) Kang, Eumene

(생)1968 · 2 · 3 (출)서울 (주)서울특별시 종로구 세종대로 209 대통령소속 개인정보보호위원회 사무국(02-2100-2405) (학)1990년 연세대 법학과졸 2002년 미국 뉴욕대 행정대학원 행정학과졸 (경)1994년 행정고시 합격(38회) 1995~1996년 총무처 수습사무관 1996~1998년 국방부 예산1과 사무관

2005~2006년 대통령 혁신관리수석비서관실 행정관 2009년 행정안전부 고위공무원정책과장 2010년 同유비쿼터스기획과장 2011년 同조직진단과장 2012년 외교통상부 채용평가팀장 2013~2015년 駐뉴욕총영사관 영사 2016년 대통령 행정자치비서관실 행정관 2017년 대통령소속 개인정보보호위원회 조사과장(현) 2017~2019년 대통령소속 개인정보보호위원회 조사과장, 2019년 同사무국장(현)

**강윤경(姜允敬)**

(생)1967 · 9 · 10 (주)부산광역시 동구 중앙대로 365 부산일보 편집국(051-461-4100) (학)1986년 부산브니엘고졸, 부산대 국어국문학과졸 (경)1993년 부산일보 입사 2010년 同편집국 사회부 차장 2012년 同편집국 지역사회부장 2013년 同편집국 사회부 기획팀장 2014년 同편집국 사회부장 2015년 同편집국 부국장 2016년 同광고국 부국장 겸 선임기자 2017년 同편집국 콘텐츠본부장 2018년 同편집국장(현)

**강윤구(姜允求) KANG Yoon Koo**

(생)1957·3·18 (본)진주(晉州) (출)경북 상주 (주)서울특별시 송파구 올림픽로43길 88 서울아산병원 종양내과(02-3010-3230) (학)1985년 서울대 의대졸 1989년 同대학원 의학석사 1992년 의학박사(서울대) (경)1982~1985년 육군 제7851부대 軍의관 1985~1989년 서울대병원 전공의·전임의 1989~1999년 원자력병원 과장 1992~1993년 미국 국립암연구소 연구원 1995년 원자력병원 실험치료연구실장 2002년 울산대 의과대학 종양내과학교실 교수(현) 2003~2006년 同IRB위원장 2003~2008년 同종양내과 분과장 2006~2007년 울산대 임상연구센터 소장 2006년 전이성위장관기저종양 글로벌임상관련학술추진위원회 멤버 2007~2018년 대한위장관기질종양연구회 회장 2012~2016년 대한항암요법연구회 회장 (상)보령암학술상(2014) (저)'환자를 위한 위장관 기질종양 치료지침서(共)'(2011)

**강윤구(姜潤求) KANG Yoon Koo**

(생)1963 · 4 · 15 (출)경북 봉화 (주)대구광역시 수성구 동대구로 351 법무빌딩 301호 법무법인 중원(053-751-6300) (학)1981년 영남고졸 1988년 경희대 법학과졸 1993년 경북대 대학원졸 (경)1989년 사법시험 합격(31회) 1992년 사법연수원 수료(21기) 1992년 대구지법 판사 1996년 同영덕지원 판사 1997년 同울진군 · 영양군법원 판사 1997년 同영덕지원 판사 1998년 同영천시법원 판사 2000년 대구지법 판사 2004년 대구고법 판사 2005년 대법원 재판연구관 2007~2008년 대구지법 부장판사 2008년 변호사 개업 2012년 법무법인 중원 변호사(현), 경북대 법학전문대학원 겸임교수(현)

**강윤종(姜潤宗) KANG Yun Jong**

(생)1955 · 5 · 16 (출)제주 (주)서울특별시 서초구 논현로 87 삼호물산 B동 10층 다존기술(주)(02-589-1118) (학)1974년 제주 오현고졸 1978년 한양대 전자공학과졸 1980년 同대학원 전자공학과졸 (경)1983년 삼성전자(주) 소프트웨어개발부 근무 1985년 삼성데이타시스템(주) 이사 1996년 다존기술(주) 설립 · 대표이사(현)

**강윤진(姜閏軫) Kang Yoonjin**

(생)1972·6·20 (본)진주(晉州) (출)부산 (주)세종특별자치시 갈매로 477 기획재정부 인사과(044-215-2258) (학)1991년 부산중앙고졸 1995년 서울대 정치학과졸 1998년 同행정대학원 행정학석사(재정정책전공) 2008년 미국 존스홉킨스대 보건경영학석사(재무관리전공) 2015년 보건정책경영학박사(미국 존스홉킨스대) (경)1995년 행정고시 합격(39회) 1995년 입법고시 합격(13회) 1997년 제15대 대통령직인수위원회 사무관(지원근무) 1998년 기획예산위원회 정부개혁실 사무관 2002년 기획예산처 재정기획국 산업재정과 사무관 2003년 同재정기획실 사회재정1과 사무관 2004년 同예산실 교육문화예산과 서기관 2005년 同기획관리실 혁신인사담당관실 혁신팀장 2008년 대통령직속 국가균형발전위원회 기획팀장(파견) 2009년 기획재정부 인사과 인사운영팀장 2010년 세계은행(WB)·국제부흥개발은행 선임자문관 2013년 기획재정부 세제실 조세기획관실 국제조세협력과장 2014년 同세제실 조세기획관실 국제조세제도과장 2015년 대통령실 인사비서관실 행정관 2016년 기획재정부 예산실 복지예산과 부이사관 2017년 同국제금융협력국 금융협력총괄과장 2017년 同인사과장 2018년 駐미국 공사참사관(고위공무원)(현)

**강은경(姜恩卿 · 女) Kang Eun-kyung**

(생)1970 · 4 · 11 (출)서울 (주)서울특별시 종로구 세종대로 175 서울시립교향악단(02-3700-6341) (학)세화여고졸, 서울대 법대졸, 한국예술종합학교 무용원 예술경영학 MA(예술전문사), 서울대 법과대학원 석사과정 수료(공법), 미국 예시바대 벤자민카도조로스쿨 지적재산권법학과졸(LL.M.), 법정책학박사(서울대) (경)2002~2006년 금호아시아나문화재단 공연팀장 2007~2015년 대원문화재단 사무국장 · 전문위원 2012~2014년 (재)예술경영지원센터 전임컨설턴트 2012~2015년 한국예술종합학교 예술경영과 겸임교수 2015~2018년 同예술경영 강의전담교수 2018년 서울시립교향악단 대표이사(현)

**강은희(康恩姬 · 女)**

(생)1949 · 3 · 15 (출)경기 의정부 (주)경기도 의정부시 체육로 90 의정부시설관리공단(031-828-6814) (학)대진대 법무행정대학원 법학과졸, 한성대 대학원 행정학 박사과정 수료 (경)2007년 경기도 가족여성정책실 가족여성담당관(부이사관 퇴직) 2007년 신한대 겸임교수 2010~2014년 경기 의정부시의회 의원(비례대표, 민주당 · 민주통합당 · 민주당 · 새정치민주연합) 2011~2014년 同공유재산관리실태조사특별위원회 부위원장, 시민사회복지네트워크 대표 2015년 경기도의원선거 출마(보궐선거, 새정치민주연합) 2017~2018년 민주평통 의정부시지역협의회 회장 2017년 의정부시시설관리공단 이사장(현)

**강은희(姜珢姬 · 女) Kang Eun Hee**

(생)1964·10·23 (출)대구 달성 (주)대구광역시 수성구 수성로76길 11 대구광역시교육청 교육감실(053-757-8105) (학)1983년 효성여고졸 1987년 경북대 사범대학 물리교육과졸 2005년 계명대 산업기술대학원 컴퓨터공학과졸 (경)1987~1989년 동명중 교사 1989~1992년 소천중 교사 1995~1998년 경북대 전자계산소 전산교육센터 교육팀장 1997~2012년 (주)위니텍 대표이사 2008~2010년 대통령직속 국민경제자문회의 위원 2009~2012년 (사)한국IT여성기업인협회 회장 2011~2012년 대통령직속 국가경쟁력강화위원회 위원 2011~2012년 대통령직속 국가정보화전략위원회 위원 2012~2016년 제19대 국회의원(비례대표, 새누리당) 2012년 국회 교육과학기술위원회 위원 2012~2013년 국회 여성가족위원회 위원 2012년 국회 쇄신특별위원회 위원 2012년 국회 아동여성성폭력대책특별위원회 위원 2013~2015년 국회 교육문화체육관광위원회 위원 2013~2014년 새누리당 원내대변인 2013·2015년 국회 운영위원회 위원 2014~2015년 국회 여성가족위원회 위원 2014년 새누리당 경제혁신특별위원회 공적연금개혁분과 위원 2014~2015년 同조직강화특별위원회 위원 2015년 同정책위원회 교육문화체육관광정책조정위원회 부위원장 2015년 同원내부대표 2015년 同국가간호간병제도특별위원회 위원 2015년 同역사교과서개선특별위원회 간사 2016~2017년 여성가족부 장관 2018년 대구광역시 교육감(현) (상)대구시장표창(2002), 대구은행 벤처기업특별상(2002), 대구·경북지방중소기업청 모범벤처기업상 벤처창업부문(2002), 벤처기업대상 국무

총리표창(2005), 전남도지사표창(2006), 광주시장표창(2006), 산업자원부장관표창(2007), 부산시 소방의날기념표창(2007), 산업포장(2008), 법률소비자연맹 선정 국회헌정대상(2013)

### 강을환(姜乙煥) KANG Eul Hwan

(생)1965·5·12 (출)충남 논산 (주)서울특별시 중구 남대문로 63 한진빌딩 법무법인 광장(02-6386-6240) (학)1983년 대성고졸 1990년 서울대 법학과졸 (경)1989년 사법시험 합격(31회) 1992년 사법연수원 수료(21기) 1992년 서울지법 북부지원판사 1994년 서울민사지법 판사 1995년 서울지법 판사 1996년 대전지법 강경지원 판사 1997년 同부여군법원 판사 1998년 同논산지원 판사 1999년 서울지법 판사 2001년 同남부지원 판사 2001년 미국 캘리포니아대 데이비스교 법학대학 Visiting Scholar 2003년 서울고법 판사 2004년 헌법재판소 파견 2007년 전주지법 부장판사 2007~2008년 전북 완주군 선거관리위원장 2008년 인천지법 부천지원 부장판사 2008~2010년 부천시 소사구 선거관리위원장 2010년 서울북부지법 부장판사 2012~2015년 서울중앙지법 부장판사 2015년 법무법인 광장 변호사(현)

### 강의구(姜義求) KANG Eui Ku (笑民)

(생)1946·3·23 (본)진주(晋州) (출)경남 합천 (학)1963년 부산공고졸 1973년 미국 어시너스대학졸 1975년 미국 Univ. California at Los Angeles(UCLA) MBA과정 수료 2005년 명예 경영학박사(부경대) (경)1983~2010년 코스모스쉽핑(주) 대표이사 회장 1991~1996년 駐부산 온두라스공화국 국립선박안전검사국 아시아·유럽대표 겸 명예영사 1991년 코스모스마리타임 대표이사 회장(현) 1995년 영국 연방 벨리즈 정부선박등록관(현) 1995년 코스모스마린뷰류(주) 대표이사 회장(현) 1995년 온두라스공화국 선급 아시아유럽본부장(현) 1997년 駐부산 포르투갈 명예영사(현) 1997~2006년 駐부산 파나마 명예영사 2000년 駐아시아 볼리비아공화국 정부선박등록관(현) 2003~2017년 캄보디아 국제선박등록청장 2003~2017년 캄보디아 경제자문위원 겸 관방부총리 특보 2005년 부산해양연맹 부회장 2008년 부산시 국제자매도시위원장(현) 2009년 在韓유엔기념공원 홍보위원장(현) 2009~2013년 부산문화방송 시청자위원장 2010년 남해지방해양경찰청 치안자문위원장 2012년 공군 정책발전자문위원(현) 2012~2018년 부산지법 조정위원회 위원 2013년 부산영사단 단장(현) 2013년 부산창조재단 이사 (상)온두라스 친선수교훈장1등급(1994), 제5회 자랑스러운 부경인상(2005), 포르투갈 친선수교훈장1등급(2006), 캄보디아 친선수교훈장 금장(2006), 부산문화방송 부산문화대상 해양수산부문(2007), 동명대상 봉사부문상(2013)

### 강익구(姜益求)

(생)1957·6·4 (출)경기 (주)경기도 고양시 일산동구 하늘마을로 106 한국노인인력개발원 원장실(031-8035-7500) (학)1992년 서울과학기술대졸 1994년 숭실대 노사관계대학원졸 2000년 가톨릭대 사회복지대학원졸 (경)1978~1998년 한국전력공사 근무 1998~2007년 한국노동조합총연맹 정책·조직본부 국장 2007~2008년 同홍보본부장 2008~2013년 한국노인인력개발원 지역본부장 2014~2015년 同기획조정국장 2016~2017년 同취업지원실장 2018년 同원장(현)

### 강인구(姜寅求) KANG In Goo

(생)1940·5·31 (본)진주(晋州) (출)충남 홍성 (주)서울특별시 서초구 강남대로12길 23-4 동방빌딩 (주)대영EEC 비서실(02-3462-6092) (학)1963년 서울대 농과대학졸 1971년 同보건대학원졸 1984년 스웨덴 WHO 환경관리 연수 1987년 이학박사(동국대) (경)1967~1977년 보건사회부 위생국 위생계장 1977~1980년 同국립충무검역소장 1980~1989년 환경청 환경생태과장·대기제도과장 1988년 서울대 수의대학 외래교수 1989~1999년 국립환경연구원 대기연구부장·환경보건부장 1992년 한국대기보전학회 부회장 1996년 한국환경영향평가학회 부회장 1997년 한국환경위생학회 부회장 1997년 한국예방수의학회 제12대 회장 1998~1999년 한국수의공중보건학회 회장 2000~2002년 한국환경폐기물공제조합 부이사장 2000~2006년 고려대 보건대학 환경보건과 교수 2003년 (주)대영EEC 회장(현) 2005~2009년 서울대 보건대학원 25대 총동창회장 2005~2007년 민주평통 12기 운영위원 2007년 통일부 교육위원 2008~2009년 환경부 환경보건위원회 위원 2009년 (재)대한보건협회 감사·자문위원(현) 2009년 진주강씨중앙종회 감사·부회장·고문(현) 2010년 서울대 총동창회 부회장(현) 2011년 서울대 초빙교수(현) 2019년 민주평통 사회문화교류분과위원회 상임위원(현) (상)대통령표창, 새마을훈장, 서울대 자랑스러운 수의대인상, 서울대 보건대학원 자랑스러운 동문상, 대한보건협회 보건대상(2013) (저)'환경보건과건강' '환경위생학' '대기화학' '보건학과 나' (역)'일본 환경조사법' '호수환경조사법' (종)천주교

### 강인구(姜仁求) KANG In Ku

(생)1954·11·10 (출)충남 금산 (주)경상남도 창원시 성산구 연덕로 18 경남에너지(주)(055-260-4100) (학)1973년 서울고졸 1977년 서울대 화학공학과졸 2003년 同대학원 최고경영자과정 수료 (경)1977년 대우엔지니어링 입사 1995년 (주)대우 이사대우 2000년 이수화학(주) 상무이사 2002년 同전무이사 2005~2013년 同대표이사 사장 2013년 同이사 2013년 한국공학한림원 정회원 2014~2017년 코리아오일터미널(주) 초대 대표이사 사장 2017년 경남에너지(주) 대표이사(현) 2017년 경남핸드볼협회 제19대 회장(현) (상)석탑산업훈장(2010) (종)기독교

### 강인규(姜仁圭) KANG In Kyu

(생)1955·4·10 (주)전라남도 나주시 시청길 22 나주시청 시장실(061-339-8201) (학)목포 제일정보고졸, 초당대 경찰행정학과졸 (경)반남농업협동조합 조합장, 새천년민주당 반남면협의회장, 同중앙당 대의원, 同나주시지구당 대의원·상무위원, 민주당 전남도당 사무부처장 2002·2006~2010년 전남 나주시의회 의원 2006년 同운영위원장 2007~2008년 同의장, 민주당 나주시지역위원회 상임부위원장 2014~2018년 전남 나주시장(새정치민주연합·더불어민주당) 2014~2015년 전국혁신도시협의회 부회장, 더불어민주당 중앙당 정책위원회 부의장 2018년 전남 나주시장(더불어민주당)(현) (상)농림부장관표창, 농협중앙회장표창, 전국지역신문협의회 의정대상, 광주·전남유권자연합회 우수의원, 국제언론인클럽 글로벌자랑스런 한국인대상 지방자치발전공헌부문(2015), 대한민국 글로벌리더대상(2016), 대한민국대표브랜드대상 지방행정부문(2016), 농협중앙회 지역농업발전선도인상(2016), 한국언론인연합회 자랑스런 한국인 대상(2017) (종)기독교

### 강인병(姜芢秉) KANG In Byeong

(생)1963·5·11 (주)서울특별시 영등포구 여의대로 128 LG트윈타워 LG디스플레이 부사장실(02-6987-0001) (학)충주고졸, 한양대 전자공학과졸, 同대학원 전자공학과졸, 전자공학박사(호주 사우스오스트레일리아대) (경)2001년 LG필립스 LCD Panel설계팀장 2006년 同Panel개발담당 상무 2007년 LG디스플레이(주) 연구소장(상무) 2009년 同TV사업부 TV개발담당 상무 2010년 同TV개발센터장(상무) 2012년 同연구소장(상무) 2012년 同연구소장(전무) 2014년 同CTO(전무) 2015~2018년 대통령소속 국가지식재산위원회 민간위원(3기) 2016년 국제정보디스플레이학회(Society for Information Display) 석학회원(Fellow)(현) 2018년 LG디스플레이(주) CTO(부사장)(현)

## 강인석(姜仁錫) Kang, In Seok

(생)1965 · 2 · 22 (출)전북 익산 (주)전라북도 전주시 덕진구 기린대로 418 전북일보 편집국(063-250-5560) (학)1983년 남성고졸 1991년 중앙대 신문방송학과졸 2002년 전북대 행정대학원 언론홍보학과졸 2017년 同대학원 신문방송학 박사과정 수료 (경)1991년 전북일보 입사 2001년 同정치부 차장대우 2006년 同교육문화부 차장대우 2006년 同교육문화부 차장 2006년 同제2사회부 군산본부 차장 2007년 同편집부 차장 2007년 同체육부 기자 2008년 同편집부 기자 · 차장 2009년 同민생사회팀장 2009년 同서울본부 정치부 차장 2010년 同서울본부 정치부 부장대우 2013년 同체육부장 2013년 同경제부장 2015년 同사회부장 2017년 同정치부장 2018년 同편집국 총괄부국장 겸 사회부장 2018년 同편집국장(현)

## 강인선(姜仁仙 · 女) KANG IN SUN

(생)1964 · 9 · 21 (출)서울 (주)서울특별시 중구 세종대로 135 조선일보(02-724-5114) (학)1983년 서울여고졸 1988년 서울대 국제정치학과졸 1990년 同대학원 국제정치학과졸 (경)2001년 조선일보 입사 2001년 미국 하버드대 케네디스쿨 연수 2001년 조선일보 워싱턴특파원 2006~2008년 同논설위원 2011 同국제부장 2014~2015년 同주말뉴스부장 2014년 여성가족부 사이버멘토링 대표멘토 2015년 조선일보 논설위원 2016년 同워싱턴지국장 2019년 同워싱턴지국장(부국장)(현) (상)제3회 '돈오버도퍼 기자상'(2018)

## 강인수(姜寅秀) KANG IN SOO (平原)

(생)1939 · 8 · 27 (본)진주(晉州) (출)경남 합천 (주)서울특별시 종로구 창경궁로16길 42 진주강씨중앙종회(02-745-9436) (학)1960년 삼가고졸 1967년 건국대 영어영문학과졸 1984년 고려대 교육대학원 교육학과졸 (경)1968~1975년 중 · 고등학교 교사 1975~1981년 駐일본 대한민국대사관 교육재단 사무국장 1981~1989년 문교부 장학관 1989~1994년 駐영국 대한민국대사관 장학관 겸 교육원장 1994~1996년 국제교육진흥원 유학상담실장 1996~2000년 교육부 장학관 2000~2001년 서울시 중등학교장 2001~2005년 국무총리 청소년보호위원회 정책자문위원 2002~2004년 건국대 겸임교수 2005년 (재)진주강씨중앙장학회 상임이사 · 이사(현) 2005~2017년 (재)진주강씨중앙종회 부회장 2005년 서울북부지법 소액조정위원회 회장, 同민사조정위원회 고문(현) 2008~2011년 (사)한국교육삼락회총연합회 이사 겸 교육협력위원장 2011~2013년 서울북부지검 검찰시민위원회 위원장 2014년 (사)한국중등학교교장평생동지회 이사 겸 자문위원(현) 2017년 (재)진주강씨중앙종회 고문(현) (상)국민포장(1987), 올림픽기장(1988), 근정훈장(2001)

## 강인엽

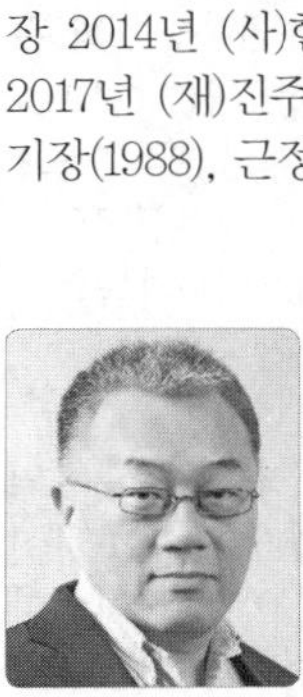

(생)1963 · 7 · 19 (주)경기도 수원시 영통구 삼성로 129 삼성전자(주) System LSI사업부(031-200-1114) (학)1981년 여의도고졸 1985년 서울대 전자공학과졸 1987년 同대학원 전자공학과졸 1996년 전기전자공학박사(미국 캘리포니아대 로스앤젤레스교) (경)1996~2006년 미국 퀄컴 Sr.Director Engineering QCT Modem Tech. 2007~2009년 同Vice President Engineering QCT Modem Tech. 2010년 삼성전자(주) DMC연구소 San Diego Lab장 2010년 同DMC연구소 Modem SOC팀장 2011년 同DMC연구소 Modem팀장 겸 Mobile Solution Lab장 2013년 同S.LSI사업부 Modem개발실장 2014년 同S.LSI사업부 SOC개발실장(부사장) 2017년 同System LSI사업부장(부사장) 2017년 同DS부문 System LSI사업부장(사장)(현)

## 강인철(姜仁喆) KANG In Chul

(생)1966·1·19 (출)경남 하동 (주)서울특별시 서초구 서초대로 250 스타갤러리브릿지 11층 법무법인 담박(02-548-4301) (학)1983년 홍익사대부고졸 1987년 고려대 법학과졸 1996년 미국 스탠퍼드대 로스쿨졸(LL.M.) (경)1986년 사법시험 합격(28회) 1989년 사법연수원 수료(18기) 1992년 대구지검 검사 1994년 춘천지검 원주지청 검사 1995년 서울지검 북부지청 검사 1998년 법무부 국제법무과 검사 2000년 서울지검 검사 2001년 부산지검 부부장검사 2002년 대구지검 포항지청 부장검사 2003년 부산지검 외사부장 2004년 대전지검 부부장검사(금융정보분석원 파견) 2006년 법무부 법무과장 2007년 서울중앙지검 공판1부장 2008년 대전고검 검사 2008~2009년 형사사법통합정보체계추진단 파견 2009년 광주고검 검사 2009년 대전지검 천안지청장 2010년 광주지검 순천지청장 2011년 서울고검 검사 2012년 법무법인 에이원 대표변호사 2012년 무소속 안철수 대통령후보 법률지원단장 2015년 법무법인 담박 구성원변호사(현)

## 강인철(姜仁喆) KANG In Cheol

(생)1967 · 10 · 3 (출)충남 논산 (주)서울특별시 서초구 서초대로 347 서초크로바타워 601호, 801호, 1401호(02-3477-8500) (학)1986년 남강고졸 1990년 서울대 경제학과졸 2002년 미국 코넬대 법과대학원졸 2010년 고려대 법무대학원 조세법학과 방문과정 (경)1989년 사법시험 합격(31회) 1992년 사법연수원 수료(21기) 1992년 軍법무관 1995년 대구지검 검사 1997년 대전지검 천안지청 검사 1999년 부산지법 판사 2000년 서울지검 검사 2002년 부산고법 판사 2004년 의정부지법 판사 2005년 서울고법 판사 2007년 대전지법 부장판사 2008년 의정부지법 부장판사 2010년 서울남부지법 부장판사 2012년 서울중앙지법 부장판사 2015~2016년 서울북부지법 부장판사 2016~2018년 변호사 개업 2018년 법무법인 린 변호사(현), 한국세법학회 회원(현)

## 강일원(姜日源) KANG Il Won

(생)1959 · 12 · 26 (본)진주(晉州) (출)서울 (학)1978년 용산고졸 1982년 서울대 법대졸 1993년 미국 미시간대 대학원졸 (경)1981년 사법시험 합격(23회) 1984년 사법연수원 수료(14기) 1985년 서울형사지법 판사 1987년 서울민사지법 판사 1989년 마산지법 진주지원 판사 1991년 서울지법 동부지원 판사 1994년 서울민사지법 판사 1994년 법원행정처 사법정책연구심의관 1997년 서울고법 판사 1999년 서울지법 판사 1999년 청주지법 부장판사 1999년 법원행정처 사법정책연구심의관 겸임 2001년 대법원 재판연구관 2003년 서울지법 서부지원 부장판사 2004년 법원행정처 법정국장 2006년 同윤리감사관 2006년 대전고법 부장판사 2007년 서울고법 부장판사 2007년 법원행정처 사법정책실장 2007~2009년 교육인적자원부 법학교육위원회 위원 2008년 법원행정처 비서실장 겸임 2009~2011년 同기획조정실장 2011~2012년 서울고법 부장판사 2012~2018년 헌법재판소 재판관 2013년 유럽평의회 산하 헌법자문기구 '법을 통한 민주주의 유럽위원회(베니스위원회)' 정위원 2014년 同헌법재판공동위원회 위원장 2015년 同집행위원 2017년 세계선거재판회의 아시아권 부의장 (상)아르메니아 헌법재판소 공로메달(2015), 청조근정훈장(2018) (종)천주교

## 강일원(姜一遠) kang il won

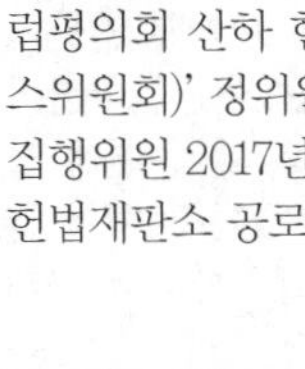

(생)1966 · 2 · 15 (본)진주(晉州) (출)전남 곡성 (주)전라남도 무안군 삼향읍 후광대로359번길 28 전남지방경찰청 생활안전과(061-289-2246) (학)광주대동고졸, 한세대 법무 · 경영대학원 경찰학과졸 (경)1989년 경찰 임용 2007년 전남 화순경찰서 생활안전교통과장 2016년 서울지방경찰청 치안지도관 2017년 전남지방경찰청 제2부 수사1과장 2018년 전남 화순경찰서장 2019년 전남지방경찰청 생활안전과장(현)

## 강임준(姜任駿) KANG Im Joon

(생)1955 · 9 · 20 (출)전북 군산 (주)전라북도 군산시 시청로 17 군산시청 시장실(063-454-2001) (학)1972년 군산고졸 1981년 한국외국어대 일본어과졸 (경)(유)신일 대표이사 1989년 군산민족민주운동연합 상임의장 1991년 민주주의민족통일군산연합 상임의장 1994년 진포문화예술원 이사 1998~2006년 전북도의회 의원(국민회의 · 새천년민주당 · 열린우리당) 2004~2006년 同산업경제위원장 2007~2008년 열린우리당 전북도당 사무처장 2009~2010년 민주당 전북도당 부위원장 2017년 더불어민주당 제19대 문재인 대통령후보 군산선거대책위원회 위원장 2018년 同원내대표 정책특보 2018년 同전북도당 군산경제위기대책특별위원회 위원장 2018년 同중앙당 정책위원회 부의장 2018년 전북 군산시장(더불어민주당)(현) (종)기독교

## 강재관(姜在寬) KANG Jae Gwan

(생)1960 · 2 · 7 (주)경상남도 창원시 마산합포구 경남대학로 7 경남대학교 공과대학 기계공학부(055-249-2703) (학)1983년 서울대 산업공학과졸 1985년 한국과학기술원(KAIST) 산업공학과졸(석사) 1996년 공학박사(포항공대) (경)1985~1986년 경남대 전임강사대우 1986~2012년 同공과대학 산업공학과 전임강사 · 조교수 · 부교수 1997~1998년 미국 애리조나주립대 방문교수 2000년 산업자원부 생산자동화기술혁신센터 연구기획실장 2003년 경남대 대학원 부원장 2005년 산업자원부 생산자동화기술혁신센터(TIC) 소장 2011년 경남대 취업지원처장 2012년 한국방위산업학회 남부지회장 2012년 경남대 공과대학 기계공학부 교수(현) 2017년 同산학협력단장 겸 연구처장(현) 2019년 同산학부총장(현) (상)경남도지사표창(2002)

## 강재권(姜在權) Kang Jae-kwon

(생)1967 · 8 · 10 (주)서울특별시 종로구 사직로8길 60 외교부 인사운영팀(02-2100-7139) (학)1990년 연세대 정치외교학과졸 1993년 同대학원 외교안보학과졸 2000년 미국 버지니아대 대학원 동아시아학과졸 (경)1992년 외무고시 합격(26회) 1992년 외무부 입부 2002년 아시아태평양경제협력체(APEC) 파견 2005년 駐제네바 1등서기관 2007년 외교통상부 세계무역기구과장 2009년 대통령 외교안보수석비서관실 행정관 2010년 駐베트남 참사관 2012년 駐레바논 공사참사관 2015년 대통령 의전비서관실 행정관 2016년 외교부 의전장실 의전기획관 2018년 同국제경제국장 2019년 駐우즈베키스탄 대사(현) (상)대통령표창(2006), 근정포장(2013)

## 강재섭(姜在涉) KANG Jae Sup

(생)1948 · 3 · 28 (본)진주(晉州) (출)경북 의성 (주)서울특별시 영등포구 버드나루로 73 자유한국당(02-3786-3000) (학)1967년 경북고졸 1974년 서울대 법학과졸 2005년 공학박사(금오공과대) (경)1970년 사법시험 합격(12회) 1973년 육군 법무관 1975~1983년 광주 · 부산 · 대구 · 서울지검 검사 1980~1985년 대통령 정무비서관 · 법무비서관 1983년 법무부 검찰국 고등검찰관 1987년 서울고검 검사 1988년 제13대 국회의원(전국구, 민정당 · 민자당) 1988년 민정당 청년특위 부위원장 1988년 同청년자원봉사단 총단장 1990년 민자당 기획조정실장 1992년 제14대 국회의원(대구西乙, 민자당 · 신한국당) 1992년 민자당 정책위원회 부위원장 1993년 同대변인 1993년 同총재비서실장 1996년 신한국당 대구시지부장 1996년 제15대 국회의원(대구西乙, 신한국당 · 한나라당) 1996년 국회 법사위원장 1997년 신한국당 원내총무 1997년 同대표 정치특보 1998년 한나라당 대구시지부 위원장 2000년 제16대 국회의원(대구西, 한나라당) 2000~2002년 한나라당 부총재 2002년 국회 정치개혁특별위원장 2002년 한나라당 최고위원 2002년 同대통령선거대책위원회 부위원장 2003년 同지도위원 2004~2008년 제17대 국회의원(대구西, 한나라당) 2005년 한나라당 원내대표 2006~2008년 同대표 최고위원 2007년 同제17대 대통령선거 중앙선거대책위원회 상임위원장 2011년 4.27재보선 국회의원선거 출마(경기 분당乙, 한나라당) 2012~2017년 새누리당 상임고문 2017년 자유한국당 상임고문(현) (상)한국여성유권자연맹 남녀평등정치인상, 백봉 라용균 신사상

## 강재영(姜載榮) KANG Jay Young

(생)1961 · 10 · 13 (본)진양(晋陽) (출)충남 아산 (주)서울특별시 구로구 디지털로32길 29 키콕스벤처센터 12층 동반성장위원회 운영국(02-368-8420) (학)1980년 천안고졸 1985년 경희대 법률학과졸 1997년 同대학원 법학과졸, 미국 워싱턴주립대 로스쿨졸 (경)1992년 행정고시 합격(35회) 2002년 공정거래위원회 조사국 조사기획과 사무관 2002년 서기관 승진 2003년 공정거래위원회 조사국 조사기획과 서기관 2004년 同기획관리실 혁신인사담당관실 서기관 2005년 同하도급1과장 2007년 同경쟁정책본부 제도법무팀장 2008년 미국 워싱턴주 검찰청 파견 2009년 공정거래위원회 경쟁심판담당관 2011~2013년 OECD 대한민국정책센터 파견(부이사관) 2013년 명예 퇴직(일반직고위공무원), 딜로이트 안진회계법인 근무, 법무법인 호산 전무 2016년 동반성장위원회 운영국장(현)

## 강재원

(생)1965 (출)경기 부천 (주)부산광역시 부산진구 새싹로 174 부산시설관리공단(051-860-7664) (학)부천공업고졸, 경희대졸 (경)1988년 서울올림픽 은메달 1988년 국제핸드볼연맹 '올해의 선수'로 선정 1989년 스위스 핸드볼리그 그라스호퍼 선수 1990년 同득점왕 1995년 남자핸드볼 국가대표팀 코치 1999년 여자핸드볼 국가대표팀 감독 2000년 스위스 핸드볼리그 파디빈터투어 코치 2005~2007년 일본 핸드볼리그 다이도스틸 감독 2007년 중국 여자핸드볼 국가대표팀 감독, KBSN스포츠 해설위원 2010년 여자핸드볼 국가대표팀 감독, K스포츠 감독 2012년 런던올림픽 핸드볼 국가대표팀 감독 2013년 부산시설관리공단 핸드볼팀 감독(현) 2017년 여자핸드볼 국가대표팀 감독 (상)일본 핸드볼리그 최우수감독상(2006)

## 강재원(康宰源) Jae-Won Kang

(생)1967 · 7 · 21 (주)서울특별시 중구 필동로1길 30 동국대학교 사회과학대학 사회언론정보학부(02-2260-8588) (학)연세대 독어독문학과졸 2000년 미국 미시간주립대 대학원 정보통신학과졸 2003년 매스커뮤니케이션박사(미국 플로리다대) (경)1994년 디지털미디어(주) 방송프로그램제작팀 제작PD 1996년 (주)제일기획 PR제작팀 프로듀서 2004년 (주)문화방송(MBC) 기획국 전문연구위원 2004년 정보통신정책연구원(KISDI) 책임연구원 2005년 동국대 사회과학대학 신문방송학과 교수 2016년 同사회과학대학 사회언론정보학부 교수(현) 2016년 방송통신위원회 미디어다양성위원회 위원 2018년 방송문화진흥회 이사(현) 2019년 동국대 언론정보대학원장(현) 2019년 同국제정보보호대학원장(현)

## 강재원(姜宰沅)

(생)1972 · 12 · 12 (출)경북 경산 (주)제주특별자치도 제주시 남광북5길 3 제주지방법원 총무과(064-729-2423) (학)1991년 경산고졸 1999년 영남대 법학과졸 (경)1999년 사법시험 합격(41회) 2002년 사법연수원 수료(31기) 2002년 인천지법 예비판사 2004년 서울중앙지법 판사 2006년 울산지법 판사 2010년 수원지법 판사 2012년 서울남부지법 판사 2014년 서울중앙지법 판사 2014~2016년 헌법재판소 파견 2017년 제주지법 부장판사(현)

## 강재철(姜載喆) KANG, Jae-Chul

(생)1958·2·17 (본)진주(晉州) (출)서울 (주)서울특별시 도봉구 마들로 749 서울북부지방법원(02-910-3310) (학)1976년 신일고졸 1980년 서울대 법학과졸 (경)1981년 사법시험 합격(23회) 1983년 사법연수원 수료(13기) 1984년 軍법무관 1986년 마산지법 판사 1992년 수원지법 판사 1995년 서울지법 북부지원 판사 1996년 서울고법 판사 1998년 서울지법 판사 1999년 창원지법 부장판사 2000년 서울지법 의정부지원 부장판사 2003년 서울중앙지법 부장판사 2006년 서울서부지법 부장판사 2007년 同수석부장판사 2008년 의정부지법 고양지원장 2011년 인천지법 부장판사 2014년 수원지법 부장판사 2017년 대전지법 부장판사 2019년 서울북부지법 부장판사(현)

## 강재현(姜在炫) KANG Jae Hyun

(생)1960·7·26 (출)경남 마산 (주)경상남도 창원시 성산구 창이대로689번길 12 현승빌딩 402호 강재현법률사무소(055-267-5700) (학)1979년 마산고졸 1984년 서울대 법학과졸 1985년 同대학원 법학과 수료 (경)1984년 사법시험 합격(26회) 1987년 사법연수원 수료(16기) 1987년 한미합동법률사무소 변호사 1993년 변호사 개업(현) 1996년 경남도태권도협회 부회장 2002년 경남지방노동위원회 공익심판위원 2003년 창원지방변호사회 부회장 2005~2007년 同회장 2006년 경상대 법과대학 겸임교수 2009년 S&T모터스 사외이사 2010~2012년 경남민주도정협의회 위원 2013년 KBS 창원방송총국 법률고문변호사 2014년 부산고법 조정위원 2019년 연합뉴스 경남취재본부 콘텐츠자문위원(현) (저)'북방지역 진출에 대한 법률문제' (종)불교

## 강재형(姜載馨) KANG Jae Hyung

(생)1962·10·27 (출)서울 (주)서울특별시 마포구 성암로 267 문화방송 아나운서국(02-789-3489) (학)1981년 영동고졸 1986년 고려대 영어영문학과졸 2009년 同언론대학원 신문방송학과졸 (경)MBC아카데미·이화방송 아카데미 출강, 서일대·한림대 겸임교수 1987년 문화방송(MBC) 아나운서국 입사 2003년 同아나운서국 아나운서2부 차장 2004~2006년 국어심의회 국어순화분과 위원 2004년 한국신문방송편집인협회 보도용어통일심의위원회 위원 2004년 同정보언론외래어심의공동위원회 위원 2004년 한국어문교열기자협회 간사 2007~2008년 한국아나운서연합회 회장 2007년 MBC 아나운서국 우리말담당 차장 2007~2008년 세종학당 자문위원 2008년 MBC 아나운서국 뉴스스포츠아나운서부장 2009년 同아나운서국 아나운서2부장 2009년 중앙대 강사 2009년 푸르메재단 재활병원 건립위원 2010~2015년 한국어문기자협회 미디어언어연구소장 2010년 MBC 아나운서국 부장 2010년 고려대 강사 2011년 국립국어원 표준화법 자문위원 2011년 同정부언론외래어심의 공동위원 2011년 성공회대 강사 2011년 블루터치 정신건강지킴이 2013년 MBC 편성국 TV편성부장, 同주조정실 MD(부장) 2017년 同아나운서국장(현) (상)한국아나운서연합회 한국아나운서 대상(2013), 한국어문기자협회 한국어문상 대상(2014) (저)'애무하는 아나운서'(1996) '카레이싱이야기(共)'(2006) '방송화법(共)'(2007) 'F1의 모든 것(共)'(2011, 기쁜하늘)

## 강재훈

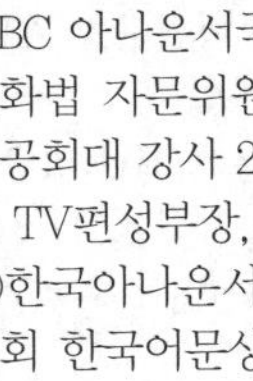

(생)1957 (주)충청북도 청주시 흥덕구 공단로98번길 53-1 일동히알테크(043-267-7631) (학)성균관대 화학과졸, 同대학원 화학과졸 (경)1985년 일동제약 연구소 입사·수석연구원·연구실장 2003년 同연구소 이사 2007년 同중앙연구소장(상무) 2016년 同연구본부장(전무) 2017년 일동히알테크 대표이사(현) (상)지식경제부장관표창(2011)

## 강정석(姜晶錫) KANG Jeong Seok

(생)1964·3·23 (출)경남 김해 (주)서울특별시 은평구 진흥로 235 한국행정연구원 국정평가연구실(02-2007-0520) (학)1982년 영훈고졸 1989년 연세대 행정학과졸 1991년 同대학원 행정학과졸 1997년 행정학박사(연세대) (경)1994년 한국행정연구원 주임연구원 1998~2011년 同수석연구위원 2000년 同경영진단센터 소장 2003년 제16대 대통령직인수위원회 정무분과 상근자문위원 2004년 한국행정연구원 정책평가센터 소장 2004년 同혁신변화관리센터 소장 2007년 同기획조정본부장 2011년 同연구위원 2012년 同규제평가연구부장 2012~2014년 同미래전략연구본부장 2015~2017년 同사회조사센터장 2016~2018년 同기획조정본부장 2017년 외교부 혁신외부자문위원회 위원 2017~2018년 한국행정연구원 부원장 2018년 同국정평가연구실 선임연구위원(현) (저)'행정절차와 부패'(2000) '중앙행정부처 민원서비스 만족도 평가' '광역도시계획제도에 대한 평가'(2001) '성과계약제도와 행정서비스'(2002) (종)불교

## 강정석(姜廷錫) KANG Jeong Seok

(생)1964·10·30 (주)서울특별시 동대문구 천호대로 64 동아쏘시오홀딩스 비서실(02-920-8777) (학)1988년 중앙대 철학과졸 1994년 미국 매사추세츠대 경영학과졸 2009년 성균관대 대학원 약학과졸 (경)1989년 동아제약(주) 입사 1996년 同관리본부 경영관리팀장(부장) 1997년 同의료기기사업부 이사대우 1999년 同메디컬사업본부장(상무) 2005년 同영업본부장(전무이사) 2006~2010년 동아오츠카(주) 대표이사 사장 2007~2013년 동아제약(주) 대표이사 부사장 2013년 동아쏘시오홀딩스 대표이사 사장 2015년 同대표이사 부회장 2017년 同대표이사 회장(현)

## 강정수(姜晶琇) Kang Jeong-Soo

(생)1971·1·20 (주)서울특별시 종로구 청와대로 1 대통령 디지털소통센터(02-770-0011) (학)1989년 용산고졸 1995년 연세대 독어독문학과졸 2001년 독일 베를린자유대 경제학과졸 2005년 同대학원 경제학과졸 2009년 경제경영학박사(독일 비텐헤어데케대) (경)2000~2005년 한겨레21 베를린 통신원 2008~2015년 블로터(www.bloter.net) 필진 2010년 연세대 경영대학 산학중점교수(현) 2010~2017년 同커뮤니케이션연구소 전문연구원 2012~2019년 슬로우뉴스 편집위원 2015~2017년 디지털사회연구소 소장 2016~2019년 (주)메디아티 대표 2019년 대통령비서실 국민소통수석비서관실 디지털소통센터장(현) (저)'온라인 뉴스의 가치창출 분석'(2010) '알고리즘 사회 : 어제의 지식이 오늘의 기술을 만나다'(2014) '혁신 저널리즘(共)'(2015, 박문각) '보이스 퍼스트 패러다임, 슈퍼 플랫폼을 선점하라(共)'(2017)

## 강정식(康禎植) Kang Jeong-sik

(생)1962·2·28 (주)서울특별시 종로구 사직로8길 60 외교부 다자외교조정관실(02-2100-7214) (학)1986년 서울대 외교학과졸 1991년 영국 케임브리지대 대학원 국제정치학과졸 (경)1987년 외무고시 합격(21회) 1987년 외무부 입부 1992년 駐시카고 영사 1994년 駐인도네시아 2등서기관 2000년 駐국제연합 1등서기관 2003년 대통령비서실 파견 2004년 외무부 문화협력과장 2004년 同안보정책과장 2006년 駐밴쿠버 영사 2009년 駐인도대사관 참사관 2011년 외교통상부 국제기구협력관 2013년 외교부 국제법률국장 2014년 駐토론토 총영사 2018년 외교부 다자외교조정관(현) (상)근정포장(2012)

## 강정애(姜貞愛 · 女) Kang Jung Ai

[생]1957·5·5 [출]서울 [주]서울특별시 용산구 청파로47길 100 숙명여자대학교 총장실(02-710-9603) [학]숙명여대 경영학과졸, 인적자원경제학박사(프랑스 파리1대) [경]1988년 숙명여대 경상대학 경영학부 교수(현) 2006~2009년 노동부 최저임금위원회 위원 2008·2010년 대통령직속 규제개혁위원회 위원 2011년 대통령직속 국민경제자문회의 위원 2011년 한국인사관리학회 회장(제29대) 2014~2017년 별정우체국연금관리단 비상임이사 2014~2016년 인사혁신처 자체평가위원회 위원장 2015~2018년 제니엘푸른꿈일자리재단 비상임이사 2015~2019년 국가보훈처 보훈기금운용심의회 위원 2016년 한국경영학회 부회장 2016년 숙명여대 총장(현) [상]제8회 매경비트학술상 우수상(2010), 대통령표창(2011), 인사혁신처장표창(2015) [저]'조직행동론(共)'(2008) '리더십론(共)'(2010) [역]'현대조직의 리더십 이론(共)'(2009) '팔로워십론(共)'(2014)

## 강정원(姜正元) Kang Jungwon

[생]1969 · 10 · 29 [본]진주(晋州) [출]서울 [주]세종특별자치시 갈매로 388 문화체육관광부 체육국(044-203-3110) [학]1988년 동북고졸 1995년 서울시립대 행정학과졸 2009년 미국 플로리다대 대학원 스포츠경영학과졸 [경]1996년 행정고시 합격(40회) 2001~2003년 문화관광부 체육정책과 사무관 2004~2006년 同방송광고과 사무관 · 서기관 2006~2007년 국무조정실 방송통신융합추진위원회 지원단 근무 2010년 문화체육관광부 규제개혁법무담당관 2011년 同방송영상광고과장 2012년 同국제체육과장 2013~2015년 대통령비서실 파견 2015년 문화체육관광부 관광정책과장 2018년 同예술정책과장 2018년 同체육협력관 2019년 同체육국장(현)

## 강정일(姜正一) KANG Jung Il

[생]1945 · 2 · 14 [본]진주(晋州) [출]경남 합천 [주]서울특별시 서초구 명달로9길 6 제중빌딩 302호 (사)환경농업연구원 이사장실(02-3472-8830) [학]1963년 경남고졸 1968년 서울대 농과대학 농업경제학과졸 1973년 同대학원졸 1976년 미국 웨스트버지니아대 대학원졸 1982년 농업경제학박사(미국 캔터키대) [경]1971~1978년 국립농업경제연구소 연구사 1982년 한국농촌경제연구원 연구위원 1988~1999년 同수석연구위원 1994년 同부원장 1994~1996년 한국농업경제학회 상임이사 · 편집위원장 1994년 농림부 양곡유통위원 1998년 한국농촌경제연구원 생산경제연구부장 1998년 同농림기술관리센터 소장 1999~2002년 同원장 1999년 제2의건국범국민추진위원회 위원 1999년 통일문제연구협의회 공동의장 2001년 한국농업경제학회 회장 2002년 대통령자문 국민경제자문회의 위원 2002년 (사)친환경농업연구원 원장 2002~2011년 북한 북고성군 농업협력단장 2003년 경상대 석좌교수 2004년 한국농기계공업협동조합 이사장 2007년 동부하이텍 감사위원회 위원 2009~2016년 (재)한사랑농촌문화재단 이사장 2010~2014년 (사)환경농업연구원 원장 2011년 남북환경농업협력단 단장 2014년 (사)환경농업연구원 이사장(현) [상]산업포장(1987) [저]'농림기술개발사업의 당면과제와 정책방향'

## 강정화(姜正華 · 女)

[생]1957 · 5 · 4 [주]서울특별시 용산구 독서당로20길 1-7 한국소비자연맹 회장실(02-795-1995) [학]1980년 이화여대 문리대학 사회학과졸 1988년 숙명여대 산업대학원 경영학과졸(소비자경제학석사) 2009년 소비자경제학박사(숙명여대) [경]1980~1987년 한국소비자단체협의회 조사연구간사 1987~2013년 한국소비자연맹 기획실장 · 사무총장 2004~2012년 서울시전자상거래센터 센터장 2012~2018년 한국저작권위원회 위원 2013년 한국소비자연맹 회장(현) 2013~2017년 국토교통부 항공정책심의위원회 위원 2013~2016년 보건복지부 급여평가심의위원회 위원 2013~2016년 미래창조과학부 통신요금 · 약관심의위원회 위원 2013~2017년 행정자치부 공공데이터제공분쟁조정위원회 위원 2014~2018년 국민연금공단 비상임이사 2016~2018년 금융감독원 보험분쟁조정위원회 위원 2016~2018년 신용회복위원회 위원 2017~2019년 한국소비자단체협의회 회장 2017년 국무총리소속 시민사회발전위원회 위원 2017년 방송통신위원회 방송통신정책고객대표자회의 위원 2017년 전기위원회 위원(현) 2018년 국무조정실 소비자정책위원회 위원(현) 2018년 국민건강보험공단 비상임이사(현) [상]국민훈장 석류장(2012)

## 강정희(姜正姬 · 女)

[생]1963 · 4 · 13 [주]전라남도 무안군 삼향읍 오룡길 1 전라남도의회(061-286-8200) [학]고려대 인문정보대학원 사회복지학과졸 [경]광주가정법원 순천지원 가사조정위원(현), 同위탁보호위원(현), 광주지검 순천지청 형사조정위원 · 검찰시민위원, 여수교육지원청 특수교육지원센터 자문위원, 여성가족부 성폭력예방교육 전문강사(현), 同성매매예방교육 전문강사(현), 여수시 청소년성문화센터 운영위원(현), 여수성폭력상담소 소장 2014~2018년 전남도의회 의원(비례대표, 새정치민주연합 · 더불어민주당) 2014년 同기획사회위원회 위원 2014년 同예산결산특별위원회 위원 2016년 同여수세계박람회장사후활용특별위원회 위원 2016년 同전라남도동부권산업단지안전 · 환경지원특별위원회 위원 2016년 同FTA대책특별위원회 위원 2016년 同여성정책특별위원회 위원 2016~2018년 同운영위원회 위원 2016~2018년 同보건복지환경위원회 위원 2016~2018년 同예산결산특별위원회 위원 2017년 더불어민주당 제19대 문재인대통령후보 조직특보, 더불어민주당 중앙당 정책위원회 부의장 2018년 전남도의회 의원(더불어민주당)(현) 2018년 同여수순천10.19사건특별위원회 위원장(현), 同경제관광문화위원회 위원(현), 同예산결산특별위원회 위원(현)

## 강제상(姜齊相) Kang, Je Sang

[생]1960·2·12 [본]진주(晋州) [출]전북 군산 [주]서울특별시 동대문구 경희대로 26 경희대학교 정경대학 행정학과(02-961-9354) [학]1978년 신일고졸 1982년 한양대 행정학과졸 1987년 미국 뉴욕주립대 올바니교(SUNY at Albany) 대학원 행정학과졸 1995년 행정학박사(미국 뉴욕대) [경]1996년 경희대 정경대학 행정학과 조교수·부교수·교수(현) 2001~2004년 同행정대학원 교학부장 2004년 미국 Univ. of Colorado at Denver 교환교수 및 Fulbright Scholar 2005~2007년 대통령자문 정책기획위원회 위원 2006~2007년 국방부 자체평가위원회 위원 2006~2007년 한국정책과학학회 감사 2006~2008년 외교통상부 정책품질관리위원회 위원 2007년 행정자치부 자체평가위원회 위원 2007년 同정부혁신컨설팅위원회 위원 2009~2013년 경희대 입학관리처장 2009~2010년 한국행정학회 부회장 2011~2012년 한국정책학회 편집위원장 2011년 한국정책분석평가학회 연구담당 부회장 2014년 안전행정부 정책자문위원 2014년 한국국정관리학회 회장 2014~2016년 경희대 정경대학장 2015년 한국인사행정학회 회장 2015~2016년 관세청 관세행정발전심의위원 2015년 인사혁신처 정책자문위원(현) 2018년 한국행정학회 회장 2018년 국무총리소속 공직인사혁신위원회 민간위원(현) [저]'PSAT: 상황판단'(2005) '행정기획론'(2007) '현대인사행정론'(2007) '조직행태의 이해'(2007)

## 강종구(姜鍾求) KANG Jong Koo

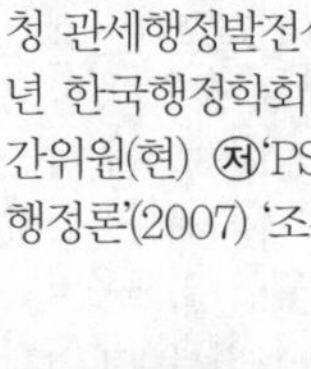

[생]1955 · 12 · 14 [주]충청북도 청주시 서원구 충대로 1 충북대학교 수의과대학 수의학과(043-261-2607) [학]1983년 서울대 수의학과졸 1985년 同수의학과졸 1990년 수의학박사(일본 동경대) [경]1983~1985년 서울대 수의과대학 조교 1985~1987년 일본 하이폭스 안전성연구소 독성

부 연구원 1988~1990년 일본 방사선의학연구소 객원연구원 1990년 충북대 수의학과 전임강사·조교수·부교수·교수(현) 1990년 식품의약품안전청 자문위원 및 KGLP 소분과위원 1994년 미국 콜로라도주립대 수의과대학 초빙교환교수 1998년 식품의약품안전청 자문위원 1999년 KGLP 소분과위원 2000년 (주)바이오톡스텍 대표이사(현) 2004~2006년 충북대 수의과대학장 2014~2017년 대한수의학회 이사장 2018년 同고문위원(현) (상)과학기술훈장 도약장(2014)

**강종규(姜宗奎) KANG Jong Kyu**

(생)1958·10·10 (출)경남 의령 (주)부산광역시 남구 용소로 68 부산교통방송 본부장실(051-610-5001) (학)1984년 부산대 사회학과졸 (경)1984년 부산일보 사회부 기자 1995년 同정치부 차장 1997년 同사회부 차장 1999년 同제2사회부장 2000년 同정치부장 2001년 同경제과학부장 2002년 同사회부장 2002년 同편집국 부국장 2005년 同논설위원 겸 전략기획팀 부국장 2006년 同편집국장 2008년 同논설위원 2010년 同광고국장 2011년 同수석논설위원 2013년 부일IS(주) 사장 2018년 한국교통방송(TBN) 부산교통방송 본부장(현) (종)천주교

**강종렬(姜宗烈) Kang Jong Ryeol**

(생)1964·10·10 (본)진주(晉州) (출)경남 고성 (주)서울특별시 중구 을지로 65 SK텔레콤(주) ICT인프라센터(02-6100-2114) (학)서울대 전자공학과졸 (경)SK텔레콤(주) 네트워크기획팀 상무 2005년 同대구네트워크본부장(상무) 2006년 同동부네트워크본부장(상무) 2007년 同네트워크엔지니어링본부장(상무) 2008년 同Access Network본부장(상무) 2009년 SK아카데미 GLDP교육 파견(상무) 2010년 SK텔레콤(주) WBB-TF상무 2011년 同기반기술연구원장(상무) 2012년 同네트워크기술원장(상무) 2013년 同네트워크전략본부장(상무) 2014년 SK브로드밴드 Network부문장(전무) 2015년 SK텔레콤(주) 기업문화부문장(전무) 2016년 同인프라부문장(전무) 2018년 同ICT인프라센터장(현)

**강종민(姜宗民) KANG Jong Min**

(생)1964·9·27 (본)진주(晉州) (출)인천 (주)서울특별시 광진구 능동로 209 세종대학교 자연과학대학 화학과(02-3408-3213) (학)1983년 인천 선인고졸 1988년 연세대 화학과졸 1990년 同대학원 유기화학과졸 1997년 이학박사(미국 MIT) (경)1997년 미국 하버드대 의대 Post-Doc. 1999년 세종대 자연과학대학 화학과 조교수·부교수·교수(현) 2006~2007년 미국 텍사스오스틴대 교환교수 2017~2018년 세종대 자연과학대학장 (종)기독교

**강종석(姜鍾奭) Kang Jong-suk**

(생)1967 (주)서울특별시 중구 장충단로 84 민주평화통일자문회의 사무처 통일정책자문국(02-2250-2289) (학)서울대 공법학과졸, 한국개발연구원(KDI) 정책학 석사, 미국 캘리포니아웨스턴대 대학원 법학석사 (경)1993년 행정고시 합격(37회) 2006년 통일부 정책홍보실 공보지원팀장 2007년 同개성공단사업지원단 운영지원팀장 2008년 同개성공단사업지원단 법제지원팀장 2009년 同개성공단사업지원단 법제운영팀장 2011년 同통일정책실 정착지원과장 2012년 同남북협력지구지원단 관리총괄과장 2013년 제18대 대통령직인수위원회 외교·국방·통일분과 실무위원, 대통령 통일비서관실 행정관 2015년 통일부 개성공단남북공동위원회 사무처장(고위공무원) 2016~2017년 同교류협력국장 2017년 同남북교류협력협의사무소장 겸임 2017년 同남북출입사무소장 2018~2019년 교육파견(고위공무원) 2019년 민주평화통일자문회의 사무처 통일정책자문국장(현)

**강종석(康鍾錫) KANG Chong Suk**

(생)1969·5·18 (출)전북 군산 (주)서울특별시 종로구 청와대로 1 대통령정책실 일자리수석실(02-770-0011) (학)1987년 군산동고졸 1995년 고려대 경영학과졸 2007년 미국 오리건대 대학원졸(MBA) (경)1994년 행정고시 합격(38회) 2004년 재정경제부 기획예산담당관실 서기관 2005년 미국 오리건대 유학 2007년 재정경제부 정책홍보관리실 경제교육홍보팀장 2008년 기획재정부 정책조정국 기업환경과장 2009년 駐뉴욕총영사관 영사 2012년 기획재정부 정책조정국 서비스경제과장 2015년 同산업경제과장 2016년 同정책조정국 정책조정총괄과장(부이사관) 2017년 대통령정책실 일자리수석비서관실 행정관 2018년 同일자리수석실 선임행정관(현)

**강종선(姜淙善)**

(생)1970·5·10 (출)부산 (주)경상남도 창원시 성산구 창이대로 681 창원지방법원(055-239-2009) (학)1988년 포항제철고졸 1992년 서울대 법학과졸 (경)1998년 사법시험 합격(40회) 2001년 사법연수원 수료(30기) 2001년 서울지법 예비판사 2003년 同동부지원 판사 2005년 대전지법 천안지원 판사 2008년 의정부지법 판사 2009년 수원지법 안양지원 판사 2011년 서울중앙지방법원 판사 2012년 법원행정처 사법지원심의관 2014년 서울동부지법 판사 2015~2018년 외교부 파견 2016년 창원지법 부장판사(현)

**강종헌(姜鍾憲)**

(생)1965·2·21 (주)서울특별시 마포구 마포대로 174 서울서부지방검찰청 형사1부(02-3270-4308) (학)1983년 제주제일고졸 1991년 중앙대 법학과졸 (경)1997년 사법시험 합격(39회) 2000년 사법연수원 수료(29기) 2000년 창원지검 검사 2002년 대구지검 안동지청 검사 2003년 대전지검 검사 2005년 부산지검 검사 2007년 서울중앙지검 검사 2010년 인천지검 검사 2012년 대구지검 검사 2013년 同부부장검사 2013년 전주지검 부부장검사 2014년 수원지검 공판송무부장 2015년 대구지검 강력부장 2016년 수원지검 강력부장 2017년 제주지검 형사1부장 2018년 수원지검 안양지청 형사1부장 2019년 서울서부지검 형사1부장(현)

**강종현**

(생)1964·5·19 (주)서울특별시 송파구 올림픽로 269 롯데슈퍼 비서실(02-2290-5600) (학)1990년 서울시립대 회계학과졸 (경)1990년 호남석유화학 경리·회계담당 1997년 롯데그룹 정책본부 개선실 근무 2009년 롯데슈퍼 전략혁신·기획·재무담당 이사대우 2014년 롯데그룹 정책본부 운영4팀장 2015년 롯데쇼핑 전략혁신부문장(전무) 2017년 롯데지주 가치경영4팀장(전무) 2018년 롯데슈퍼 대표이사(전무)(현)

**강종훈(姜鍾薰) Kang, Jonghoon**

(생)1976·2·28 (출)부산 (주)세종특별자치시 국세청로 8-14 국세청 빅데이터센터(044-204-4501) (학)1994년 부산 남산고졸 1999년 서울대 컴퓨터학과졸 2012년 미국 듀크대 대학원졸 (경)1999년 공무원 임용(기술고시 34회) 2004년 국세청 전산운영담당관실 근무 2005년 同정보개발2담당관실 근무 2007년 同전산기획담당관실 근무 2012년 서울지방국세청 전산관리과장 2014년 국세청 차세대국세행정시스템추진단 근무 2014년 同정보개발1담당관 2016년 대전세무서장 2017년 국세청 전산정보관리관실 전산운영담당관(과장) 2019년 同빅데이터센터장(현)

## 강주만(姜柱萬) KANG Ju Man

[생]1951 · 8 · 17 [출]경남 밀양 [주]부산광역시 동래구 금강공원로 10-1 스파쇼핑 1층 한신이엔씨 [학]1975년 검정고시 합격 1980년 동아대 경영학과졸 1984년 부산대 경영대학원졸 2004년 동서대 경영정보대학원 최고경영자국제커뮤니케이션과정 수료 [경]1982~1998년 (주)현대건설 · (주)현대자동차 근무 1995년 (주)동성종합건설 경영자문 1998년 (주)한신산업개발 대표이사 2002년 한나라당 부산사상지구당 부위원장 2002~2006년 부산시의회 의원(한나라당 · 열린우리당) 2003~2004년 (사)부산사상발전원 원장 2003년 부산시 건축설계자문위원 2004~2006년 부산 · 김해경전철조합이사회 의장 2004~2006년 한국자유총연맹 부산지회 수석부회장 2004~2006년 부산 · 진해자유경제구역청 분쟁조정위원 2008년 제18대 국회의원선거 출마(부산 사상, 친박연대), 친박연대 부산시당 수석부위원장, 한신이엔씨 대표이사 사장(현)

## 강주엽(姜周燁)

[생]1970 · 3 · 19 [주]세종특별자치시 도움6로 11 국토교통부 종합교통정책관실 교통정책조정과(044-201-3804) [학]1989년 명석고졸 1993년 서울대 토목공학과졸 [경]1996년 기술고시 합격(32회) 2011년 국토해양부 하천운영과장 2013년 국토교통부 수자원개발과장 2014년 同재정담당관 2015년 同수자원정책과장 2016년 同기획담당관 2018년 同공항항행정책관실 공항정책과장 2019년 同종합교통정책관실 교통정책조정과장(현)

## 강준만(康俊晩) Kang, Joon-Mann

[생]1956 · 1 · 5 [출]전남 목포 [주]전라북도 전주시 덕진구 백제대로 567 전북대학교 신문방송학과(063-270-2954) [학]1980년 성균관대 경영학과졸 1984년 미국 조지아대 대학원 신문방송학과졸 1988년 신문방송학박사(미국 위스콘신대) [경]1981년 문화방송 PD 1989~2000년 전북대 신문방송학과 전임강사 · 조교수 · 부교수 1998년 월간 '인물과 사상' 창간 2002년 전북대 신문방송학과 교수(현) [상]제4회 송건호 언론상(2005), 한국출판마케팅연구소 '한국의 저자 300인'에 선정(2011), 경향신문 '올해의 저자'에 선정(2014) [저]'정보제국주의'(1992, 한울) '대통령과 여론조작'(1989, 태암) '한국 방송민주화운동사'(1990, 태암) '김대중 죽이기'(1995, 개마고원) '김영삼 이데올로기'(1995, 개마고원) '서울대의 나라'(1996, 개마고원) '권력변환'(2000) '한국 지식인의 주류 콤플렉스'(2000, 개마고원) '이문열과 김용옥 상 · 하'(2001) '노무현 죽이기'(2003) '노무현 살리기'(2003) '축구는 한국이다'(2006) '광고, 욕망의 연금술(共)'(2007) '아웃사이더 콤플렉스'(2008, 개마고원) '어머니 수난사'(2009, 인물과사상사) '전화의 역사'(2009) '미국사산책 1~17권 시리즈'(2010, 인물과사상사) '영혼이라도 팔아 취직하고 싶다'(2010, 개마고원) '룸살롱 공화국'(2011, 인물과사상사) '강남 좌파'(2011, 인물과사상사) '매매춘, 한국을 벗기다'(2012, 인물과사상사) '안철수의 힘'(2012, 인물과사상사) '대중문화의 겉과 속'(2013) '세상을 꿰뚫는 50가지 이론 1~7권 시리즈'(2013~2019, 인물과사상사) '지방 식민지 독립선언'(2015, 개마고원) '청년이여, 정당으로 쳐들어가라!'(2015) '재미있는 영어 인문학 이야기 2 · 3'(2015, 인물과사상사) '흥행의 천재 바넘'(2016, 인물과사상사) '정치를 종교로 만든 사람들'(2016) '미디어 법과 윤리'(2016, 인물과사상사) '전쟁이 만든 나라, 미국'(2016) '빠순이는 무엇을 갈망하는가?'(2016) '도널드 트럼프'(2016, 인물과사상사) '힐러리 클린턴'(2016) '박근혜의 권력 중독'(2016) '손석희 현상'(2017) '글쓰기가 뭐라고'(2018) '바벨탑 공화국'(2019) '한국 언론사'(2019, 인물과사상사) '습관의 문법'(2019, 인물과사상사) '그 순간 그 문장이 떠올랐다'(2019, 개마고원)

## 강준모(姜俊模) Kang Joon Mo

[생]1957 · 10 · 16 [출]강원 속초 [주]서울특별시 종로구 새문안로5길 19 로얄빌딩 505호 에이디엠에스엠오(02-730-1457) [학]동성고졸, 한국외대 중국어학과졸, 성균관대 대학원 마케팅학과졸 [경](주)유한양행 영업부 근무, CJ(주) 제약마케팅실장, 同임상개발실장 2006년 同제약영업 · 마케팅담당 상무 2007년 CJ제일제당 경영지원단 상무 2009년 영진약품공업(주) 의약품사업본부장(전무) 2010년 同영업본부장(전무), (주)삼양바이오팜 · (주)다림바이오텍 부사장 2019년 에이디엠에스엠오(주) 대표이사(현)

## 강중구(姜重求) KANG JUNG GU

[생]1958 · 4 · 11 [출]경북 김천 [주]경기도 고양시 일산동구 일산로 100 일산병원 외과(031-900-3563) [학]1978년 김천고졸 1984년 연세대 의대졸 1987년 同대학원 의학석사 1995년 의학박사(연세대) 1999년 연세대 보건대학원 의료고위자과정 수료(4기) 2001년 同보건대학원 의료와법고위자과정 수료(8기) 2012년 同상남경영원 MBA 수료 [경]1995~1996년 미국 Cleveland Clinic, Ohio and Mininal Invasive Surgery Center 연수 1997~2000년 국민건강보험공단 일산병원건립추진본부 개원준비팀장, 同일산병원 외과 전문의(현) 2003~2006년 同일산병원 적정진료실장 2004~2010년 보건복지부 치료재료전문평가위원회 위원 2005년 일본 동경암센터 연수 2006~2009년 국민건강보험공단 일산병원 교육연구부장 2008년 신포괄지불제도시범사업모형개발추진단 단장(현) 2009~2015년 국민건강보험공단 일산병원 진료부원장 2009~2016년 대한대장항문학회 건강보험위원장 2013년 보건복지부 질병군전문평가위원회 위원장 2013년 대한외과감염학회 회장(현) 2014년 대한외과학회 건강보험위원장 2015~2018년 국민건강보험공단 일산병원장 2016년 대한병원협회 정책이사 2018년 대한대장항문학회 회장

## 강중석(康重石) KANG JOONGSEOK

[생]1957 · 8 · 4 [출]제주 [주]제주특별자치도 제주시 516로 2870 제주국제대학교(064-754-0200) [학]1976년 제주 서귀포고졸 1985년 전남대 일어일문학과졸 2010년 아주대 경영대학원 경영학과졸(마케팅MBA) [경]한국관광공사 오사카지사 과장 2001년 同일본부장 2003년 同후쿠오카지사장 2004년 同도쿄지사장 2007~2008년 同영남권협력단장 2007년 2007경주세계문화엑스포조직위원회 위원 2008년 부산시 관광정책자문위원, 부산관광컨벤션뷰로 이사 2008년 안동국제탈춤페스티벌조직위원회 이사 2008~2010년 한국관광공사 면세사업단장 2009년 2009고성공룡세계엑스포 자문위원, 2009월드콰이어챔피언십한국조직위원회 집행위원 2010년 2011대구세계육상선수권대회 홍보위원 2010~2013년 한국관광공사 기획조정실장 2011년 한국면세점협회 이사 2012년 한국관광공사 도쿄지사장 2015년 同일본지역본부장 2015년 일본 아오모리현 우정대사 2016년 부산관광협회 이사 2016~2018년 그랜드코리아레저(주) 부산본부장 2018년 제주국제대 특임교수(현) [상]일본 국토교통성대신표창(2007)

## 강지성(姜知聲)

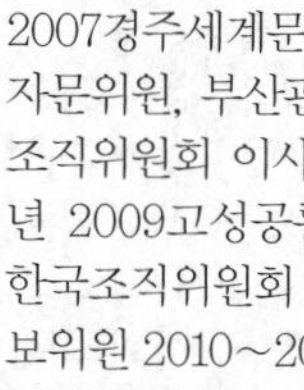

[생]1971 · 10 · 17 [출]전남 영광 [주]서울특별시 서초구 반포대로 158 서울중앙지방검찰청 형사2부(02-530-4309) [학]1990년 광주 석산고졸 1997년 한양대 법학과졸 [경]1998년 사법시험 합격(40회) 2001년 사법연수원 수료(30기) 2001년 수원지검 검사 2003년 광주지검 목포지청 검사 2004년 광주지검 검사 2006년 서울중앙지검 검사 2010년 법무부 기획검사실 검사 2012년 대전지검 검사 2015년 서울중앙지검 부부장검사 2016년 대검찰청 형사2과장 2017년 법무부 형사기획과장 2018년 대전지검 특허범죄조사부장 2019년 서울중앙지검 형사2부장(현)

## 강지성(姜至省) Kang Jisung

(생)1981 · 12 · 18 (주)서울특별시 성동구 마장로 210 한국기원 홍보팀(02-3407-3800) (경)허장회 9단 문하생 1996년 입단 1997년 2단 승단 1998년 바둑왕전 본선 1999년 3단승단 1999년 기성전 본선 2000년 4단 승단 2000년 기성전 · KBS바둑왕전 본선 2000년 5단 승단 2001년 제5기 신예프로10걸전 우승 2004년 6단 승단 2005년 7단 승단 2005년 GS칼텍스배 프로기전 본선 2006년 박카스배 천원전 본선시드 2009년 8단 승단 2012년 9단 승단(현) 2017년 강지성프로9단바둑학원 개업 · 대표(현) 2017년 KBS바둑왕전 본선

## 강지식(姜智植) KANG Ji Sik

(생)1966 · 9 · 6 (본)진주(晋州) (출)전북 군산 (주)대전광역시 서구 둔산중로78번길 15 대전지방검찰청 총무과(042-470-4544) (학)1985년 군산고졸 1993년 고려대 법학과졸 1996년 서울대 대학원 법학과 수료 (경)1995년 사법시험 합격(37회) 1998년 사법연수원 수료(27기) 1998년 인천지검 검사 2000년 청주지검 충주지청 검사 2001년 광주지검 검사 2003년 서울지검 고양지청 검사 2005년 법무부 법무심의관실 검사 2007년 서울중앙지검 검사 2010년 부산지검 부부장검사 2010년 미국 버클리대 Visiting Scholar 2011년 춘천지검 원주지청 부장검사 2012년 대전지검 특수부장 2013년 대검찰청 형사2과장 2014년 서울북부지검 부부장검사(법무연수원 교수 파견) 2015년 법무부 인권구조과장 2016년 서울중앙지검 외사부장 2017년 인천지검 부부장검사 2017~2018년 국무조정실 부패예방감시단 파견 2018년 수원지검 평택지청장 2019년 대전지검 차장검사(현) (상)홍조근정훈장(2019)

## 강지원(姜智遠) KANG Ji Won

(생)1949 · 3 · 17 (본)진주(晋州) (출)전남 완도 (주)서울특별시 종로구 자하문로 89 4층 푸르메재단(02-720-7002) (학)1967년 경기고졸 1972년 서울대 문리과대학 정치학과졸 1999년 경남대 대학원 정치학 박사과정 수료 (경)1972년 행정고시 합격(12회) 1972~1976년 재무부 · 관세청 사무관 1976년 사법고시 합격(18회) 1978년 사법연수원 수료(8기) 1978년 전주지검 검사 1980년 서울지검 검사 1985년 법무부 검찰국 검사 1987년 서울지검 검사 1989년 서울보호관찰소장 1989년 서울지검 고등검찰관 1991년 법무연수원 교수 1993년 법무부 관찰과장 1995년 사법연수원 교수 1997~2002년 서울고검 검사 1997~2000년 청소년보호위원회 위원장 1998년 한국법심리학회 회장 2001년 어린이청소년포럼 대표 · 총재(현) 2002~2004년 법률사무소 청지 대표변호사 2003년 KBS 제1라디오 아침시사프로그램 '안녕하십니까 강지원입니다' 진행 2003년 국제마약학회 회장 2003년 세계효문화본부 부총재 2005~2007년 정보통신윤리위원회 위원장 2005년 푸르메재단 공동대표 2006~2012년 한국매니페스토실천본부 상임대표 2008년 EBS '강지원의 특별한 만남' 진행 2008~2012년 자살예방대책추진위원회 위원장 2009년 (사)나눔플러스 총재(현) 2010년 YTN '강지원의 출발 새아침' 진행 2010~2011년 대통령직속 사회통합위원회 지역분과위원장 2011년 변호사 폐업 2011~2012년 국민추천포상심사위원회 위원장 2011년 한국적성찾기국민실천본부 상임대표(현) 2012년 제18대 대통령선거 출마(무소속) 2015년 한국노르딕워킹인터내셔널코리아 총재(현) 2016년 푸르메재단 이사장(현) 2016년 민세안재홍기념사업회 회장(현) 2016년 신간회기념사업회 회장(현) 2017년 통곡물자연식운동본부 상임대표(현) 2017~2018년 국방부 軍적폐청산위원회 위원장 2019년 교통사고피해자지원희망봉사단 회장(현) 2019년 우리꽃무궁화교육원 이사장(현) 2019년 한국자살예방협회 이사장(현) (상)홍조근정훈장, 인제인성대상, 대통령표창, 율곡상, 국민훈장 모란장(2007) (저)'부모와 자녀' '건전가정30훈' '나쁜 아이는 없다' '욱하다 깨달은 성자' '세상에서 가장 소중한 부모이야기'(共) '강지원생각, 큰바위얼굴 어디 없나' '강지원의 꿈멘토링, 세상 어딘가엔 내가 미칠 일이 있다'(2012, 고려원북스) '꿈 같은 거 없는데요'(2018, 쌤앤파커스) '구도자 마음으로-세상을 바꾸는 따뜻한 목소리들(共)'(2019, 이채)

## 강지원(姜智遠) KANG Jee Won

(생)1964 · 10 · 20 (본)진주(晋州) (출)서울 (주)경기도 구리시 벌말로 145 구리도시공사 사장실(031-550-3702) (학)1983년 경복고졸 1987년 한양대 공과대학 건축공학과졸 2008년 同대학원 도시행정학과졸 (경)종로발전포럼 초대 대표(현), 삼성그룹 근무, (주)두이건축 감리이사, 열린우리당 김근태 최고위원 정책보좌역, 同서울종로구지역위원회 시민사회특별위원장, 민주평통 자문위원 2006년 서울시의원선거 출마(열린우리당), 김대중도서관 발전위원, 열린우리당 김근태 당의장 정무특보, 사과나무연구소 소장, 동아시아연대를위한포럼 준비위원장 2008년 민주당 제18대 총선 중앙선대위 부대변인, 서울시장애인육상연맹 부회장 2010년 민주당 부대변인 2010년 (주)휴먼케어 부사장 2011~2012년 민주통합당 부대변인, (주)종합건축사무소 두이건축 부사장 2018년 한국가스기술공사 이사 2018년 구리도시공사 사장(현) (상)자랑스런 경복인상(2007), 한양을 빛낸 건축인상(2008) (저)잡지 '종로풍경 종로사람들' 총6권 '종로를 품다'(2009) (종)천주교

## 강진모(姜溱模) Jinmo Kang

(생)1968 · 9 · 18 (출)경북 상주 (주)서울특별시 서초구 반포대로13길 64 (주)아이티센(02-3497-8300) (학)1986년 선정고졸 1994년 아주대 물리학과졸 2011년 연세대 공학대학원 공학경영학과졸 2013년 同공학대학원 공학경영학 박사과정 재학 중 (경)1993~1997년 (주)다우기술 근무 1998~2002년 (주)열림기술 이사 2005~2013년 (주)아이티센시스템즈 대표이사 2006년 한국정보처리학회 상임이사 2009년 IT서비스이노베이션포럼 위원 2012년 (주)비티씨정보통신 대표이사 2014~2017년 (주)아이티센 대표이사 2016~2018년 한국IT서비스산업협회 회장 2017년 (주)아이티센 회장(현) (상)교육과학기술부장관표창(2008), 조사모범납세자상(2011), IT이노베이션대상 지식경제부장관표창(2012), 한국인터넷정보학회 대한민국인터넷기술상(2012)

## 강진석(姜瑨錫)

(생)1967 · 2 · 25 (출)경남 마산 (주)울산광역시 중구 북부순환도로 375 울산광역시교육청 공보담당관실(052-210-5300) (학)동아대 사회학과졸 (경)한솔미디어 대표 2010~2012년 서울시교육청 홍보자문위원 2010~2013년 (재)시민방송 홍보사업본부장 2014~2018년 하동참여자치연대 상임대표 2018년 울산시교육청 공보담당관(현)

## 강진숙(姜眞淑 · 女) KANG Jin Suk

(생)1968 · 6 · 2 (주)서울특별시 동작구 흑석로 84 중앙대학교 사회과학대학 미디어커뮤니케이션학부(02-820-5486) (학)1991년 중앙대 국어국문학과졸 1993년 同대학원 신문학과졸 2000년 신문학박사(중앙대) (경)2006~2014년 중앙대 신문방송학부 조교수 · 부교수 · 교수, 同신문방송대학원 출판미디어콘텐츠 전공주임교수, 한국방송학회 영상미디어교육연구회장, (사)한국언론학회 기획이사, 중앙대 신문방송학부장 2014년 同사회과학대학 미디어커뮤니케이션학부 교수(현) 2016년 방송통신위원회 시청자권익보호위원회 위원 2019년 방송통신심의위원회 위원 후보(현) (저)'미디어교육 진흥을 위한 법 제도 연구(共)'(2007) '뉴미디어 콘텐츠와 문화탐사'(2008) '미디어 공공성(共)'(2009)

**강진순(姜振淳) KANG Jin Soon**

(생)1961·10·8 (출)경남 (주)서울특별시 강남구 선릉로 652 유진저축은행(1544-6700) (학)1981년 경남세종고졸 1989년 부산대 경영학과졸 (경)1989년 서울증권(現 유진투자증권) 입사 2001년 유진투자증권 경영기획팀장(부장) 2005년 同경영관리본부장(상무) 2009년 同리스크관리본부장(전무) 2012년 同기획관리본부장(전무) 2015~2018년 同기획관리본부장(부사장) 2019년 유진저축은행 대표이사 사장(현) (상)금융감독원장표창(1995)

**강진원 Kang Gin-Won**

(생)1961·8·19 (출)서울 (주)서울특별시 서대문구 충정로 8 종근당빌딩 7층 한국쉘석유(주)(02-3149-5500) (학)1984년 스위스 취리히연방공과대학 기계공학과졸 1988년 스위스 취리히대 대학원 경영학과졸 1993년 경영학박사(스위스 취리히대), 연세대 경영전문대학원 최고경영자과정 50기 (경)1988년 스위스 Oerlikon-Buhrle社 그룹기획실 입사 1994~1999년 스위스 힐티 본사제품 총괄매니저 1999~2006년 힐티코리아 대표이사 2007~2013년 피셔코리아 대표이사 2013년 한국쉘석유(주) 부사장 2013년 同대표이사 사장(현) 2019년 한국윤활유공업협회 제25대 회장(현)

**강찬구(姜贊求)**

(생)1967 (출)부산 (주)강원도 양구군 양구읍 양남로 1 강원 양구경찰서(033-480-9321) (학)1986년 부산성도고졸 1991년 경찰대 행정학과졸(7기) (경)2002년 서울지방경찰청 기동단 1기동대 10중대장(경감) 2003년 경찰청 정보국 1·2과 경감 2007년 형사사법통합정보체계 추진단 파견(경정) 2008년 경북 문경경찰서 생활안전과장 2008년 국무총리실 일반행정정책관실 파견 2010년 경찰청 정보국 정보4과 2계장 2012년 同정보국 정보1과 1계장 2013년 同정보국 정보1과 2계장 2014년 同정보국 정보4과 1계장 2017년 서울 서초경찰서 정보과장 2018년 서울지방경찰청 경무과 치안지도관(총경) 2019년 강원 양구경찰서장(현)

**강찬균(姜燦均) KANG Chan Kyun (一玄)**

(생)1938·6·20 (출)인천 (주)서울특별시 관악구 관악로 1 서울대학교 미술대학(02-880-7502) (학)1963년 서울대 미술대학 응용미술학과졸 1972년 이탈리아 가라라공예학교 연수 1978년 이탈리아 피렌체 마지스테로미술학교 금속공예 연수 (경)1969~2003년 서울대 미대 공예과 조교수·부교수·교수 1973~1974년 한국공예가협회 이사장 1975~1981년 국전 초대작가·심사위원 1979년 한국디자인협회 이사장 1983년 한국미술협회 공예분과 위원장 1987년 공예대전 운영위원 1990~1991년 한국공예가회 이사장 1995~1999년 문화재위원회 위원 2000년까지 개인전 5회 2003년 서울대 미술대학 명예교수(현) 2018년 대한민국예술원 회원(미술·현) (상)제14회 대한민국미술전람회 특선(1965), 제17회 대한민국미술전람회 문화공보부장관표창(1968), 제1회 목양공예상(1989), 옥조근정훈장(2003) (작)주요작품 '석등'(청와대) '정문'(서울대 관악캠퍼스) '장식등'(서울대 박물관) '해, 달, 그리고 별'(용인정신병원) '보신각종'(서울특별시) '호랑이와 굴렁쇠'(국립현대미술관) '여름밤이야기'(호암미술관)

**강찬석(姜讚錫) Chan Suk, KANG**

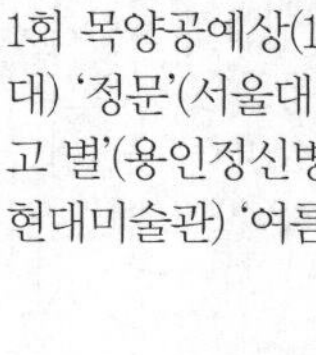

(생)1961·6·7 (주)서울특별시 강동구 올림픽로70길 34 (주)현대홈쇼핑 비서실(02-2143-2832) (학)1979년 이천고졸 1983년 경희대 경영학과졸 (경)(주)현대백화점 무역센터점 ASEM준비팀 근무, 호텔현대 VBC지배인 2006년 (주)현대백화점 사업개발팀장(이사대우) 2008년 同사업개발팀 상무乙 2009년 同기획조정본부 기획담당 상무甲 2011년 (주)현대홈쇼핑 영업본부장(전무) 2013년 同공동대표이사 부사장 2015년 同대표이사 부사장 2016년 同대표이사 사장(현)

**강찬우(姜燦佑) KANG Chan Woo**

(생)1963·11·12 (출)경남 하동 (주)서울특별시 서초구 반포대로30길 81 웅진타워 4층 법무법인 평산(02-582-8500) (학)1981년 진주고졸 1985년 서울대 공법학과졸 1987년 同대학원 법학과 수료 (경)1986년 사법시험 합격(28회) 1989년 사법연수원 수료(18기) 1992년 서울지검 검사 1994년 춘천지검 속초지청 검사 1995년 수원지검 성남지청 검사 1997년 부산지검 울산지청 검사 1998년 울산지검 검사 1998년 서울지검 검사 2001년 수원지검 부부장검사 2001년 대구지검 의성지청장 2002년 서울지검 서부지청 부부장검사 2003년 서울지검 특수2부 부부장검사 2004년 대검찰청 중수3과장 2005년 同홍보담당관 2007년 서울중앙지검 금융조세조사1부장 2008년 삼성특검 파견 2008년 서울고검 검사(대검찰청 미래기획단장 파견) 2008년 대검찰청 범죄정보기획관 2009년 수원지검 제1차장 2010년 광주고검 검사(대검찰청 선임연구관 파견) 2010년 '그랜저검사 의혹' 특임검사 2011년 광주지검 차장검사 2011년 미국 캘리포니아대 어바인교 방문학자 2012년 법무연수원 기획부장 2013년 법무부 법무실장 2013년 대검찰청 반부패부장(검사장급) 2014년 인천지검장 직대 2015년 수원지검장 2017년 오리온홀딩스 사외이사(현) 2017년 법무법인 평산 대표변호사(현)

**강창규(姜昌奎) KANG Chang Kyu**

(생)1955·1·16 (본)진주(晉州) (출)충남 공주 (주)인천광역시 서구 사렴로21번길 2 대신철강(주) 회장실(032-561-3311) (학)1996년 인하대 경영대학원 수료 1998년 인천대 행정대학원 수료 2001년 연세대 행정대학원 수료 2001년 대입검정고시 합격, 인천전문대학 경영과졸 2011년 인천대 행정대학원 사회복지학과졸 (경)1988년 대신철강(주) 대표이사 회장(현) 2001년 한나라당 인천시지부 청년위원장 2001~2009년 민주평통 자문위원 2002년 인천서부산업단지관리공단 이사 2002·2006~2010년 인천시의회 의원(한나라당) 2002~2006년 국제라이온스협회 354-F지구 시력보존 및 맹인사업위원장 2004~2011년 한국자유총연맹 인천시지구 회장 2008~2014년 인천서부산업단지관리공단 이사장 2010년 인천시의회 의장 2011년 민주평통 인천지부 부의장 2012년 선진통일당 인천시당 위원장 2012년 同사무총장 2012년 새누리당 제18대 대통령중앙선거대책위원회 인천시선거대책위원회 공동선거대책본부장 2016년 同인천부평乙당원협의회 운영위원장 2016년 제20대 국회의원선거 출마(인천 부평구乙, 새누리당) 2017년 자유한국당 인천부평乙당원협의회 운영위원장(현) (상)대통령표창(2000), 경인봉사대상(2000), 인천광역시민상(2001), 법무부장관표창, 행정자치부장관표창, 국민훈장 동백장(2008), 산업포장(2013) (종)불교

**강창균(姜蒼均) Kang Changgyun**

(생)1960·6·1 (출)충남 서산 (주)경기도 성남시 분당구 정자일로 239 HDC현대EP(주)(031-785-2741) (학)1979년 용문고졸 1989년 재료공학박사(고려대) (경)1988년 제일모직 입사 1996년 현대산업개발(주) 근무 2001년 현대EP(주) 상무 2006년 同부사장 2014년 同대표이사 부사장 2015~2018년 同대표이사 사장 2018년 HDC현대EP(주) 대표이사 사장(현)

**강창문(姜昌文) KANG Chang Moon**

(생)1965·7·23 (출)전남 순천 (주)서울특별시 서초구 법원로2길 15 길도빌딩 501호 법무법인 아모스(02-591-6180) (학)1983년 순천고졸 1987년 고려대 경영학과졸 2003년 서울시립대 대학원 세무학과졸 (경)1987년 공인회계사시험 합격 1989~1992년 삼일회계법인 근무 1994년 사법시험 합격

(36회) 1997년 사법연수원 수료(26기) 1997~1998년 수원지검 검사 1998년 법무법인 화백 변호사, 법무법인 청명 변호사 2000년 유러합동법률사무소 변호사, 법무법인 아모스 대표변호사(현) (저)'부동산경매와 특수물건'(2014)

**강창수(姜昌洙) KANG Chang Soo**

(생)1948·12·24 (본)진양(晋陽) (출)경남 남해 (주)부산광역시 서구 구덕로301번길 4 대경FnB(주) 임원실(051-255-7211) (학)1967년 경남고졸 1972년 성균관대 사학과졸 1975년 연세대 행정대학원 수료 (경)1975~1998년 대경실업(주) 대표이사 사장 1980~1988년 부산시수산업협동조합 감사 1984~1999년 (주)대경마린 대표이사 사장 1985년 부산시청년회의소 회장 1985~1987년 한국원양어업협회 이사 1986~1987년 부산공동어시장 감사 1986~1987년 부산시유도협회 부회장 1990~1991년 민자당 부산시지부 부위원장 1990~1992년 새정신실천운동추진본부 회장 1991~1998년 경남고총동창회 부회장 1991~1993년 (사)목요학술회 이사 1993~1997년 한국해양소년단 부산연맹장 1993~1998년 공동체의식개혁국민운동 부산협의회 공동의장 1995~1996년 KBS부산방송총국 시청자위원 1995~2003년 상주학원 이사 1995~1998년 부산시냉동창고협회 부회장 1995~1998년 부산시청소년자원봉사센터 운영위원장 1996~1998년 부산상공회의소 제16대 의원 1998년 대경FnB(주) 회장(현) 2003년 상주학원 이사장(현) 2006년 디케이개발(주) 회장(현) 2007년 (재)청암장학회 명예이사장(현) 2011~2013년 경남중·고등학교총동창회 기획담당 부회장 2015년 성균관대 부산지역총동문회 회장 2019년 부산시 정책고문(현) (상)국무총리표창(1987), 성균관대총동창회 2018자랑스런성균인상(2018) (종)천주교

**강창순(姜昌淳) KANG Chang Sun**

(생)1943·4·13 (본)진주(晋州) (출)경북 청송 (주)서울특별시 관악구 관악로 1 서울대학교 공과대학 원자핵공학과(02-880-7201) (학)1961년 경기고졸 1965년 서울대 원자력공학과졸 1972년 공학박사(미국 메사추세츠공대) (경)1965~1967년 육군통신학교 교관(소위) 1967~1971년 미국 MIT 핵공학과 조교 1971~1977년 미국 UE&C 책임연구원 1977~1980년 (주)대우엔지니어링 상무이사·설계본부장 1980년 서울대 공대 원자핵공학과 부교수 1986~2008년 同교수 1992~1994년 同공대 최고산업전략과정 주임교수 1993~1995년 기초전력공학공동연구소 원자력안전센터장·한국원자력학회 부회장 1995~1997년 서울대발전기금재단 상임이사 1995~1997년 국가과학기술자문회의 자문위원 1999~2001년 한국원자력학회 회장 2003~2005년 국제원자력기구 산하 국제원자력안전위원회(INSAG) 위원 2006~2010년 태평양원자력기구 부회장·회장 2008년 서울대 공대 명예교수(현) 2008년 세계동위원소기구 회장 2009년 한국원자력안전기술원 이사회 의장 2010년 UAE-ENEC 원자력안전검토보드(NSRB) 부회장 2011년 UAE-Khalifa대학 원자력자문단(NPAP) 자문위원 2011~2013년 대통령직속 원자력안전위원회 위원장(장관급) 2012년 방사성폐기물안전협약(JC) 의장 (상)근정포장(2008), 세계원자력협회(WNA) 공로상(2009) (저)'핵공학 개론'(1989) '현대산업사회와 에너지'(1991) 'Radiation Technology: Introduction to Industrial and Environmental Applications'(2006)

**강창열(康昌烈) KANG Chang Yol**

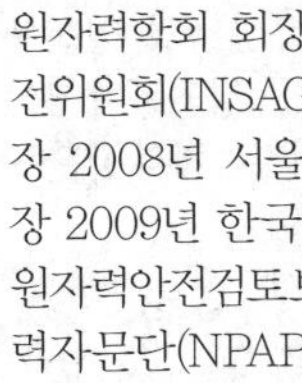

(생)1955·1·3 (출)서울 (주)서울특별시 강남구 영동대로106길 42 성도벤처타워 (주)성도이엔지 사장실(02-6244-5200) (학)1973년 동성고졸 1977년 연세대 기계공학과졸 (경)1979년 삼성엔지니어링(주) 입사, 同설비팀장, 同기계설비팀장, 同산업설비담당 상무보 2004년 同환경기술사업본부장(상무) 2008~2009년 同환경기술사업본부장(전무) 2009~2010년 同인프라사업본부장(전무) 2011년 (주)성도이엔지 대표이사 사장(현) 2012~2017년 (주)에스티아이 비상근감사

**강창옥(姜昌沃) KANG Chang Ok**

(생)1956·6·17 (본)진양(晋陽) (출)경남 고성 (주)부산광역시 연제구 법원로 34 정림빌딩 605호 법무법인 로앤케이(051-963-0001) (학)1975년 서울고졸 1979년 서울대 법대졸 1981년 同대학원 법학과 수료 (경)1981년 사법시험 합격(23회) 1983년 사법연수원 수료(13기) 1983년 사단 보통군법회의 검찰관 1986~1990년 부산지법 판사 1990~1993년 同동부지원 판사 1993~1994년 부산지법 판사 1994~1996년 창원지법 거창지원장 1996~1999년 부산고법 판사 1999~2000년 창원지법 부장판사 2000~2002년 부산지법 부장판사 2008년 법무법인 로앤로 구성원변호사 2008년 同대표변호사 2012년 법무법인 로앤케이 공동대표변호사(현)

**강창원(姜昌遠) Kang Changwon**

(생)1951·12·14 (본)진주(晋州) (출)광주 (주)대전광역시 유성구 대학로 291 한국과학기술원 생명과학과(042-350-2602) (학)1970년 경기고졸 1974년 서울대 화학과졸 1977년 미국 컬럼비아대 대학원 화학과졸 1983년 이학박사(미국 컬럼비아대) (경)1983~1986년 미국 뉴욕주립대(Stony Brook) 의대 Post-Doc. 1986년 한국과학기술원 생명과학과 조교수·부교수·교수·석좌교수·명예교수(현) 1994·1999~2003년 同생명과학과장 1999~2006년 두뇌한국21 과학기술원 생물사업단장 2004~2006년 한국과학기술원 교무처장 2008년 한국유전체학회 회장 2008년 한국분자세포생물학회 부회장 2010년 생화학분자생물학회 회장 2012년 한국과학기술한림원 정회원(현) 2015년 同학술위원회 부위원장 (상)한국과학기술단체총연합회 최우수논문상(1993·1994), 한국분자생물학회 목암생명과학상(1995), KAIST 우수강의상(2001·2007), KAIST 창의강의대상(2010), 대전MBC·한화 한빛대상(2011), 생화학분자생물학회 디아이학술상(2012), KAIST 국제협력대상(2014), 대한화학회 박인원학술상(2015), 한국연구재단 이사장표창(2015), 미래창조과학부장관표창(2016), 근정포장(2017) (저)'Digest of Molecular Biology'(2016) (역)'분자생물학'(2014)

**강창율(姜昌律) Kang, Chang-Yuil**

(생)1954·11·28 (본)진주(晋州) (출)부산 (주)서울특별시 관악구 관악로 1 서울대학교 약학대학 제약학과(02-880-7860) (학)1977년 서울대 제약학과졸 1981년 同약학대학원졸 1987년 면역학박사(미국 뉴욕주립대) (경)1987~1994년 미국 아이덱제약연구소 선임연구원·책임연구원·수석연구원 1994년 서울대 제약학과 조교수·부교수·교수(현) 1994~2004년 대한면역학회 이사·재무위원·부회장·회장 1995~1997년 서울대 유전공학연구소 응용연구부장 1996년 보건복지부 중앙약사심의위원 1999~2002년 특허청 자문위원 2001~2002년 서울대 제약학과장 2003년 산업자원부 차세대성장동력산업(바이오신약·장기)분야 기획단장 2003~2004년 대한면역학회 회장 2005년 국제사이토카인학회 학술대회 사무총장 2008년 보건복지가족부 중앙약사심의위원 2009년 대통령직속 미래기획위원회 바이오메디컬분야 민간부문팀장 2009~2010년 대한약학회 부회장 2009년 휴먼 진 테라피 편집위원(현) 2011~2013년 한국도핑방지위원회 위원 (상)한국과학기술단체총연합회 과학기술우수논문상, 제5회 생명의신비상 생명과학분야 본상(2010), 제44회 한독학술대상(2013), 제3회 주중광 Lectureship상(2014), 대한민국학술원상 자연과학응용부문(2017) (저)'종합 미생물학' '생물의약산업의 발전전략' '新약품 미생물학' '약품미생물학'(2011)

**강창익(姜昌翼) Kang Chang Ick**

(생)1963·4·9 (본)진주(晋州) (출)전북 김제 (주)대전광역시 서구 청사로 189 통계청 통계정책국(042-481-2030) (학)1981년 군산고졸 1985년 원광대 영어교육학과졸 2000년 서울대 대학원 행정학과졸 2002년 미국 오하이오주립대 대학원 공공정책학과졸 (경)1996~2002년 국방부 획득개발국 기술협

력과 · 정책기획국 미주정책과 근무 2002~2005년 통계청 통계기획국 기획과 · 혁신인사과 근무 2005년 同정책홍보관리실 혁신기획관실 서기관 2006년 同정책홍보관리실 혁신기획관 2010년 同조사관리국 인구총조사과장 2011년 同조사관리국 인구총조사과장(부이사관) 2011년 同조사관리국 행정통계과장 2012~2016년 同조사관리국장 2016년 미국 유엔인구기금(UNFPA) 파견 2017년 통계청 사회통계국장 2019년 同통계정책국장(고위공무원)(현) 종기독교

## 강창일(姜昌一) Kang, Chang-Il

생1952·1·28 본진주(晉州) 출제주 북제주 주서울특별시 영등포구 의사당대로 1 국회 의원회관 806호(02-784-6084) 학1970년 제주 오현고졸 1980년 서울대 국사학과졸 1987년 일본 도쿄대 대학원 동양사학과졸 1994년 문학박사(도쿄대) 경1991~2004년 배재대 세계지역학부 교수 1995년 제주4.3연구소 소장 1997년 일본 東京大 객원교수 1998년 동아시아평화·인권한국위원회 사무국장 겸 운영위원장 1999년 광주5.18기념재단 이사 2003년 배재대 연구교류처장 2003년 열린우리당 제주도지부결성준비위원장 2004~2007년 同제주도당 위원장 2004년 제17대 국회의원(제주시·북제주甲, 열린우리당·대통합민주신당·통합민주당) 2007년 서울대사학과총동문회 부회장 2007년 열린우리당 정책위원회 부의장 2007년 국회 행정자치위원회 열린우리당 간사 2007년 대통합민주신당 정책위원회 부의장 2008년 제18대 국회의원(제주甲, 통합민주당·민주당·민주통합당) 2010~2011년 민주당 제주도당 위원장 2010년 국회 독도영토수호대책특별위원장 2010년 국회 지식경제위원회 위원 2010~2011년 민주당 비상대책위원회 위원 2012년 제19대 국회의원(제주시甲, 민주통합당·민주당·새정치민주연합·더불어민주당) 2012~2013년 국회 지식경제위원회 위원장 2012년 국회 신재생에너지정책연구포럼 대표의원 2012년 한·일의원연맹 부회장·간사장 2013~2014년 국회 산업통상자원위원회 위원장 2013년 민주당 윤리특별위원회 위원장 2014년 새정치민주연합 지방선거관련검·경수사진상조사특별위원장 2014~2017년 국회의원불자모임 '정각회' 회장 2014년 새정치민주연합 7.30재보궐선거중앙당선거관리위원회 위원장 2014년 국회 안전행정위원회 위원 2014~2015년 새정치민주연합 조직강화특별위원회 위원 2014·2015년 국회 예산결산특별위원회 위원 2014~2015년 국회 예산결산특별위원회 예산안조정소위원회 위원 2014년 국회 동북아역사왜곡대책특별위원회 위원 2015~2017년 서울대사학과총동문회 회장 2015년 새정치민주연합 제주도당 위원장 2015년 同전국시·도당위원장협의회 초대회장 2015년 同윤리심판원장 2015~2016년 더불어민주당 제주도당 위원장 2016년 제20대 국회의원(제주시甲, 더불어민주당)(현) 2016년 더불어민주당 오직민생특별위원회 사교육대책TF 위원 2016년 同제주시甲지역위원회 위원장(현) 2016년 同박근혜대통령퇴진국민주권운동본부 부본부장 2016년 同국정교과서저지특별위원회 위원 2016~2018년 국회 외교통일위원회 위원 2016년 남북관계정상화를위한여야중진모임 공동대표(현) 2016년 국회 동북아평화·협력의원외교단 단원(현) 2017년 국회 헌법개정특별위원회 위원 2017년 더불어민주당 제19대 문재인 대통령후보 중앙선거대책위원회 역사바로잡기위원장 2017년 한·몽골의원친선협회 회장(현) 2017~2018년 국회 예산결산특별위원회 위원 2017년 한·일의원연맹 회장(현) 2017년 국회의원불자모임 '정각회' 회장(현) 2017년 더불어민주당 지속가능제주발전특별위원회 위원(현) 2017년 국회 민주주의와복지국가연구회 공동대표(현) 2018년 국회 행정안전위원회 위원(현) 2018년 더불어민주당 역사와정의특별위원회 위원장(현) 상전국소상공인단체연합회 초정대상(2013), 자랑스러운 서울대 사학인(2013), 법률소비자연맹 선정 국회 종합헌정대상(2013·2016), 자랑스러운 동경대인상(2016), 자랑스런 대불련인상(2016) 저'친일파99인 3권(共)'(1993) '빼앗긴 조국, 끌려간 사람들(共)'(1995) '한일협정을 다시 본다(共)'(1995) '일본의 본질을 다시묻는다(共)'(1996) '한일간의 미청산과제(共)'(1997) '일본사 101장면'(1998) '20세기 한국의 야만(共)'(2001) '근대일본의 조선침략과 대아시아주의-우익낭인의 행동과 사상'(2002) '굴곡의 역사를 헤치며'(2004) '기억투쟁과 문화운동의 전개(共)'(2004) 역'이등박문'(2000) 종불교

## 강창일(姜昌日) Kang Chang-il

생1958·8·21 본진주(晉州) 출경북 포항 주서울특별시 서초구 반포대로14길 54 신성오피스텔 603호(02-785-6843) 학1977년 서울 명지고졸 1985년 단국대 독어독문학과졸 1992년 同경영대학원 예술경영학 석사과정 수료 2016년 경기대 관광전문대학원 축제문화정책최고위과정 이수 경1986~1995년 국립중앙극장 공연운영과 담당 1995~2004년 A&C코오롱·문화예술TV 편성제작국 문화사업팀 제작PD·부국장 2004~2008년 (재)고양문화재단 문예감독·아람누리 준비단장·어울림누리 본부장 2008~2012년 (사)한국공연예술경영인협회 사무국 부회장 겸 상임이사 2012~2015년 (재)오산문화재단 상임이사(대표) 2015년 (사)한국공연예술경영인협회 부회장(현) 2015~2017년 (사)한국축제포럼 기획사업이사 2016~2018년 (재)안산문화재단 대표이사 상국립중앙극장장표창(1987·1992), 문화부장관표창(1995) 종기독교

## 강창진(姜昌珍)

생1961 · 8 · 26 주충청남도 천안시 서북구 직산읍 4산단5길 77 세메스(주)(041-620-8000) 학1985년 서울대 금속공학과졸 1987년 한국과학기술원(KAIST) 재료공학과졸(석사) 1990년 재료공학박사(한국과학기술원) 경1993년 삼성전자(주) 메모리본부 연구소 연구원, 同메모리사업부 공정개발팀 부장 2007년 同메모리사업부 공정개발팀 연구위원, 同반도체연구소 공정개발팀 연구위원(상무) 2011년 同반도체연구소 운영팀장(상무) 2012년 同반도체연구소 기획지원팀장(상무) 2013년 同반도체연구소 전무, 同미래전략실 경영진단팀 전무 2017년 同DS부문 기획팀장(부사장) 2019년 세메스(주) 대표이사(현)

## 강창희(姜昌熙) KANG Chang Hee

생1946 · 8 · 3 본진주(晉州) 출대전 주서울특별시 종로구 율곡로 190 (재)기후변화센터(02-766-4351) 학1965년 대전고졸 1969년 육군사관학교졸(25기) 1980년 경남대 경영대학원 경영학과졸 1986년 서울대 행정대학원 수료 2004년 명예 정치학박사(경남대) 2014년 명예 법학박사(충남대) 2016년 명예 과학기술학박사(한국과학기술원) 경1969년 육군 소위 임관 1979년 육군대학 교수 1980년 예편(육군 중령) 1980년 민주정의당(민정당) 창당발기인 1983년 제11대 국회의원(전국구, 민정당) 1983년 국무총리 비서실장 1985년 제12대 국회의원(대전中, 민정당) 1989년 대전 · 충남장애인재활협회 회장 1992년 제14대 국회의원(대전中, 무소속 · 자민련) 1996년 제15대 국회의원(대전中, 자민련) 1996년 국회 통신과학기술위원장 1997년 자민련 사무총장 1997년 한국휠체어농구연맹 회장 1998~1999년 과학기술부 장관 1999년 자민련 원내총무 2000~2001년 제16대 국회의원(대전中, 자민련 · 무소속) 2000년 자민련 사무총장 · 부총재 2001~2004년 제16대 국회의원(대전中, 한나라당) 2001년 한나라당 부총재 2002~2003년 同최고위원 2002년 同대통령선거대책위원회 부위원장 2006~2007년 同최고위원 2007~2008년 同인재영입위원장 2008년 同제18대 총선 공천심사위원 2011~2012년 同대전시당 위원장 2012~2016년 제19대 국회의원(대전 중구, 새누리당 · 무소속 · 새누리당) 2012~2014년 국회 의장 2012년 한 · 일의원연맹 고문 2013년 2018평창동계올림픽대회조직위원회 고문 2014년 국회 외교통일위원회 위원 2014~2015년 새누리당 통일경제교실 회장 2015년 율곡연구원 율곡학진흥원 건립추진위원회 특별고문 2016~2018년 한남대 제1호 석좌교수, 북한대학원대 석좌교수(현) 2017년 (재)기후변화센터 이사장(현) 2018년 한국과학기술원(KAIST) 문술미래전략대학원 초빙석좌교수(현) 상무궁화사자대상 동장, 한국여성유권자연맹의 남녀평등정치인상, 자랑스러운 경남대인(2013), 페루 대십자훈장(2013), 대한민국법률대상 입법부문대상(2016), 자랑스러운 충청인 특별대상 정치부문(2016) 저'한반도의 국제환경'(編) 정치에세이집 '열정의 시대'(2009) 종기독교

## 강천석(姜天錫) KANG Chun Suk

(생)1948 · 7 · 26 (본)진주(晋州) (출)광주 (주)서울특별시 중구 세종대로 135 조선일보(02-724-5007) (학)1967년 광주제일고졸 1974년 서울대 사회학과졸 (경)1974년 조선일보 사회부 기자 1979년 同정치부 기자 1988년 同도쿄특파원 1991년 同행정부장 1992년 同사회부장 1993년 同정치부장 1995년 同국제부장 1997년 同취재국제담당 부국장 1998년 同편집국 부국장 1999년 同편집국장 2001년 同이사대우 논설위원 2002년 同이사대우 논설위원실장 2003년 同이사대우 논설주간 2003년 同이사 겸 논설주간 2006년 同이사 겸 논설주간(주필) 2010년 同주필 · 편집인(전무이사) 2014년 同논설고문(현) (상)국무총리표창(2000), 삼성언론상(2006), 배설선생기념사업회 배설언론상(2009), 위암 장지연상 언론부문(2010), 제10회 관악언론인회 서울대언론인대상(2013) (저)'세계가 뛰고 있다'(1994) '지방경영시대'(1995) '한국인이 뛰고 있다'

## 강철구(姜喆求) Chul-Goo Kang

(생)1959 (본)진주(晋州) (출)경북 구미 (주)서울특별시 광진구 능동로 120 건국대학교 공과대학 기계공학부(02-447-2142) (학)1981년 서울대 기계설계학과졸 1985년 同대학원졸 1989년 기계공학박사(미국 캘리포니아대 버클리교) (경)1990~2018년 건국대 공과대학 기계공학과 조교수 · 부교수 · 교수 1995~1998년 국비유학 2006~2007년 한국학술단체총연합회 학술전문용어정비 및 표준화사업 기술위원장, 한국형고속전철개발 전문위원 2009년 제어로봇시스템학회 이사 2010 · 2011~2013년 건국대 공학교육혁신사업단장 2011년 국제학술대회 URAI2011 대회장 2012년 국제학술대회 ICCAS 2012 조직위원장 2012년 한국로봇학회 부회장 2014년 대한기계학회 교육부문 회장 2014년 한국로봇학회 수석부회장 2015년 同회장 2016년 同명예회장(현) 2018년 건국대 공과대학 기계공학부 교수(현) 2018년 한국공학한림원 회원(기계공학 · 현) (상)서울대동창회장표창(1981), 건국대 Best Teacher Award(2004), 한국공학교육학회 우수강의록상(2007), 대한기계학회 우수논문상(2008), 건국대 공학학술상(2009), 제어로봇시스템학회 고명상학술상(2009), 한국로봇학회 우수논문상(2009), 한국발명진흥회 대한민국발명특허대전 동상(2009), 제어로봇시스템학회 Fumio Harashima 메카트로닉스상(2011), 대한기계학회 교육부문 춘계학술대회 우수논문상(2013), 과총 대학창의발명대회 지도교수상(2013), 한국도시철도학회 학술상(2015), 제어로봇시스템학회 학술상(2016), 대통령표창(2017) (저)'미래로봇사회의 전망과 대책'(2007) (역)'유공압공학'(2009) '현대제어공학'(2010) '메카트로닉스와 계측시스템'(2012)

## 강철구(姜哲求) Kang Cheol Gu

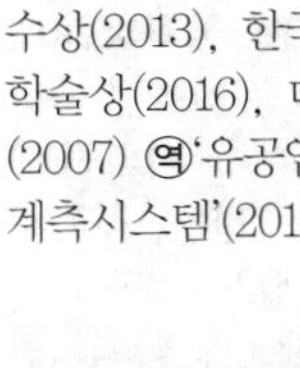

(생)1960 · 4 · 2 (본)진주(晋州) (출)경남 진주 (주)경상북도 안동시 풍천면 도청대로 455 경상북도청 인사과(054-880-2841) (학)1979년 안동고졸 1983년 영남대 지역개발학과졸 2004년 한국개발연구원(KDI) 국제정책대학원 정책학과졸 (경)1985년 경북 청송군 파천면 지방행정주사보 1990년 경북도 지방행정주사보 1993년 同소방본부 지방행정주사 1997년 同내무국 총무과 지방행정주사 2000년 同공무원교육원 교수(지방행정사무관) 2004년 同경제통상실 과학기술진흥과 지방행정사무관 2006년 同자치행정국 자치행정과 지방행정사무관 2009년 행정안전부 지방행정연수원 교육(지방서기관) 2010년 경북도 투자통상국 투자유치단장 2010년 同보건복지여성국 노인복지과장 2011년 경북도의회 문화환경전문위원 2012년 경북도 행정지원국 인재양성과장 2013년 同환경해양산림국 녹색환경과장 2013년 경북 울릉군 부군수 2014년 경북도의회 총무담당관 2015년 경북 상주시 부시장(부이사관) 2016년 대구경북연구원 파견 2017~2018년 경북 경주시 부시장 2018년 同시장 권한대행 2019년 경북대 지역협력관 파견(현)

## 강철규(姜哲圭) KANG Chul Kyu (月巖)

(생)1945 · 12 · 25 (본)진주(晋州) (출)충남 공주 (주)서울특별시 동대문구 서울시립대로 163 서울시립대학교 경제학부(02-6490-2051) (학)1964년 대전고졸 1968년 서울대 상과대학졸 1982년 미국 노스웨스턴대 대학원 경제학과졸 1984년 경제학박사(미국 노스웨스턴대) (경)1970~1976년 한국은행 근무 1977년 산업연구원 근무 1987년 同산업정책실장 1987년 同산업부장 1989~2011년 서울시립대 경제학부 교수 1990~1991년 경제정의실천시민연합 초대 경제정의연구소장 1994년 서울시립대 산업경영연구소장 1995년 同교무처장 1995년 경제정의실천시민연합 상임집행위원장 1998년 금융발전심의위원회 위원 1999년 대통령자문 반부패특별위원회 위원 1999년 아 · 태경제학회 회장 2000~2002년 규제개혁위원회 공동위원장 2001~2002년 서울시립대 반부패행정시스템연구소장 2001년 한국경제발전학회 회장 2002~2003년 대통령직속 부패방지위원회 초대 위원장 2003~2006년 공정거래위원회 위원장 2008~2012년 경제정의실천시민연합 공동대표 2011~2013년 우석대 총장 2011년 서울시립대 경제학부 명예교수(현) 2012년 민주통합당 공천심사위원회 위원장 2012년 한국사립대학총장협의회 부회장 2012년 同호남지역 분과협의회장 겸임 2012년 민주통합당 제18대 대통령중앙선거대책위원회 고문 2013~2016년 (주)환경정의 이사장 2015년 새정치민주연합 국정자문회의 자문위원 2015년 同유능한경제정당위원회 공동위원장 2015~2016년 더불어민주당 유능한경제정당위원회 공동위원장 2017년 同선출직공직자평가위원회 위원장 (상)청조근정훈장(2006) (저)'산업조정의 이론과 실제'(1990) '90년대 한국 산업구조조정 방향'(1991) '재벌 성장의 주역인가 탐욕의 화신인가'(1991) '우리경제를 살리는 20가지 방법'(1992) '중진한국의 비교우위산업'(1992) '현대경제학(共)'(1993) '지력사회 · 지력기업'(1994) '재벌개혁의 경제학-선단경영에서 독립경영으로'(1999) '투명경영 공정경쟁'(2003) '소셜테크노믹스'(2011) '강한 나라는 어떻게 만들어지는가'(2016) (역)'21세기 자본주의'(1993) (종)기독교

## 강철남(姜哲男)

(생)1967 · 7 · 3 (주)제주특별자치도 제주시 문연로 13 제주특별자치도의회(064-741-1921) (학)제주대 행정대학원 행정학 석사과정 수료 (경)제주청소년지도사회 회장, 제주특별자치도사회복지공동모금회 시민감시위원, 제주가정위탁지원센터 소장 · 관장 2014년 제주특별자치도의원선거 출마(새정치민주연합), 제주특별자치도 제주시 연동주민자치위원회 부위원장 2018년 제주특별자치도의회 의원(더불어민주당)(현) 2018년 同행정자치위원회 부위원장(현), 더불어민주당 원내부대표(현), 제주4.3유족회 자문위원(현) 2019년 대통령직속 자치분권위원회 자문위원(현)

## 강철우(姜喆宇)

(생)1964 · 8 · 11 (주)경상남도 창원시 의창구 상남로 290 경상남도의회(055-211-7222) (학)거창상고졸, 경일대 회계학과졸, 계명대 교육대학원졸 (경)경남도립거창대학 경영학과 외래교수, 거창군학원연합회 회장, 거창군태권도협회 부회장 2010년 경남 거창군의회 의원(무소속) 2014~2018년 경남 거창군의회 의원(무소속) 2014~2016년 同부의장 2014년 同산업건설위원회 위원 · 부위원장 2015년 同운영위원회 위원 2018년 경남도의회 의원(무소속)(현) 2018년 同교육위원회 위원(현) (상)경남장애인인권포럼 선정 우수의원(2015)

## 강철희(姜哲熙) KANG Chul Hee

(생)1947 · 1 · 1 (본)진주(晋州) (출)제주 제주시 (주)서울특별시 중구 후암로 110 서울시티타워 18층 한국통신학회(02-3453-5555) (학)1964년 동래고졸 1971년 한양대 전자공학과 수료(2년) 1975년 일본 와세다(早稻田)대 전자통신공학과졸 1977년 同대학원 전자통신공학과졸 1980년 공학박사(일본 와

세다대) (경)1980년 일본 Fujitsu(주) 위탁연구원 1980~1994년 한국전자통신연구소 실장·부장·본부장·통신시스템연구단장·선임연구위원 1980~1983년 한국과학기술원(KAIST) 전기전자과 대우교수 1991~1994년 충남대 전자공학과 겸임교수 1994년 미국 워싱턴대 방문교수 1995~2012년 고려대 전기전자전파공학부 교수 1998년 同정보통신공동연구소장 2000년 한국통신학회 수석부회장 2000~2002년 아시아·태평양연구용초고속인터넷망협의회(APAN) 한국위원회 의장 2000년 정보통신연구진흥원 이사 2003년 한국통신학회 회장 2003년 同명예회장(현) 2008년 한국디지털미디어산업협회 부회장 2011년 연합뉴스TV 사외이사(현) 2012년 고려대 명예교수(현) 2014~2018년 한국전파진흥협회 상근부회장 2014~2017년 국가과학기술연구회 비상임감사 (저)'텔리마틱서비스를 위한 터미날기술' '혼합형 터미날의 설계 개념' (역)'표준LAN'

**강철희(姜哲熙) KANG Chul Hee**

(생)1963·3·9 (주)서울특별시 서대문구 연세로 50 연세대학교 사회복지학과(02-2123-6211) (학)1986년 연세대 신학과졸 1989년 미국 오하이오주립대 대학원 사회복지학과졸 1994년 사회복지학박사(미국펜실베니아대) (경)1994~1995년 미국 뉴햄프셔대·이화여대 조교수 1995~2004년 이화여대 사회복지학과 조교수·부교수 2004년 연세대 사회복지학과 교수(현) 2010~2016년 사회복지공동모금회 이사 2016년 한국사회복지학회 부회장 2017년 同영문편집분과 위원(현) 2017·2019년 연세대 사회복지대학원장(현) 2017년 同자원봉사센터장 (저)'한국의 사회복지행정(共)'(2003) '지역사회복지실천론(共)'(2006) '사회복지행정론(共)'(2009)

**강청희(姜淸曦)**

(생)1964·6·29 (주)강원도 원주시 건강로 32 국민건강보험공단 급여상임이사실(033-736-1096) (학)1990년 연세대 의대졸, 同대학원 의학석사 (경)연세대 의대 흉부외과학교실 강사 1999~2014년 혜민병원 흉부외과전문의(진료부장·흉부외과장) 2002년 연세대 의대 흉부외과학교실 외래교수 2004~2014년 연세서울의원 원장, 광진구의사회 보험이사, 同총무이사, 서울시의사회 대의원, 대한흉부심장혈관외과의사회 부회장 2013년 대한의사협회 총무이사 2014~2016년 同상근부회장 2014~2016년 同의료배상공제조합 이사장(제3대) 겸임 2016~2018년 용인시 기흥구보건소장 2018년 국민건강보험공단 급여상임이사(현) (상)대통령표창(2019)

**강춘근(姜春根) KANG Chun Keun**

(생)1947·9·5 (본)진양(晋陽) (출)부산 (주)경기도 안양시 동안구 경수대로 619 (주)오리엔트텔레콤 비서실(031-452-4500) (학)1965년 동성고졸 1970년 연세대 법학과졸 1975년 미국 템플대 상대졸 (경)1975년 오리엔트시계공업(주) 입사 1979년 同상무 1983년 한서시계 대표이사 1986년 (주)오리엔트 전무 1988년 同사장 2003년 同회장 2003년 (주)오리엔트텔레콤 대표이사(현) (종)불교

**강춘식(姜春植) KANG Choon Sig (水岩)**

(생)1953·8·1 (본)진주(晋州) (출)충남 아산 (주)경기도 용인시 수지구 신수로 767 분당수지유타워 A-1413(031-8041-2810) (학)1972년 경신고졸 1979년 인하대 전기공학과졸 2006년 명예 사회복지학박사(서강대) (경)1978~1984년 현대중전기(주) 입사 1984년 同민수영업부 차장 1992년 同차단기영업부 부서장 1993년 (주)광명전기 영업부 이사 1995년 同생산본부장 1999년 금성제어기(주) 전무이사 2000~2015년 피엠시하이테크 대표이사 2008~2015년 피엠시에스지 대표이사 2013년 한국전기공업협동조합 이사 2016년 피엠시하이테크 고문(현) 2018년 (주)케이씨에스글로벌 고문(현) (상)중소기업청장표창(2014) (종)천주교

**강춘화(姜春華·女) KANG Chun Hwa (秋實)**

(생)1955·4·8 (출)전남 장흥 (주)서울특별시 도봉구 삼양로144길 33 덕성여자대학교 인문과학대학 중어중문학과(02-901-8233) (학)1982년 중국 북경중앙민족대 철학과졸 1994년 고려대 대학원 동양철학과졸 2000년 동양철학박사(고려대) 2005년 중국어학박사(중국 상하이사범대) (경)1987~1992년 중국 북경정법대 철학과 조교수 1993년 삼성인력개발원외국어연수원 중국어과정 전임강사 1995년 호남대 중국어과 조교수 1996년 덕성여대 인문과학대학 중어중문학과 교수(현), 同중어중문학과장 (저)'당대중국학입문'(1998) '報刊 시사중국어'(2001) '朝鮮儒學의 概念들'(2002) '中韓 新造語辭典'(2002) '중국신조어 최전선'(2003) '2004 報刊시사중국어'(2004) '틀리기 쉬운 중국어 어법201'(2007) '최신 중한신조어 사전'(2009) 'NEW報刊시사중국어'(2010) '실용중국어쓰기'(2010) '新실용 중국어 : 한국인을 위한 퍼펙트 실용문 쓰기'(2013) (역)'HSK듣기시험 핵심관용어'(2009) 'HSK듣기시험 핵심단어'(2009)

**강충룡(姜忠龍)**

(생)1974·8·14 (주)제주특별자치도 제주시 문연로 13 제주특별자치도의회(064-741-1810) (학)탐라대 경영학과졸 (경)제주도럭비협회 회장 2014년 제주특별자치도의원선거 출마(무소속), 제주특별자치도 서귀포시재향군인회 이사(현) 2018년 제주특별자치도의회 의원(바른미래당)(현) 2019년 同부의장(현) 2019년 同교육위원회 위원(현)

**강충석(姜忠錫) KANG, Chung Seock**

(생)1962·4·22 (본)진주(晋州) (출)경북 구미 (주)서울특별시 강서구 마곡동로 110 코오롱인더스트리(주) CPI사업부(02-3677-3114) (학)이학박사(고려대) (경)1992년 독일 막스프랑크(Max-Planck)연구소 근무 1995년 (주)코오롱 중앙연구소장 2003년 코오롱중앙기술원 중앙연구소장·화학연구소장 2007년 전자재료연구소장(상무보) 2011년 코오롱인더스트리(주) 사업2본부 상무 2014년 코오롱중앙기술원 신소재연구소장 2015년 同부원장 2016년 코오롱인더스트리(주) CPI사업부장(상무)(현) (상)지식경제부장관표창(2006·2007), 올해의 소재인상 대통령표창(2007), IR-52장영실상(2008·2009), 미국 항공우주국(NASA) Withcomb and Holloway 기술이전상(2009), 산업통상자원부장관표창(2014·2017)

**강충식(姜忠植) KANG CHOONGSIK**

(생)1953·12·15 (본)진주(晋州) (출)전남 영암 (주)서울특별시 서초구 서초중앙로 215 7층 법무법인 민주(02-591-8400) (학)1972년 광주제일고졸 1977년 서울대 법대졸 1988년 미국 코넬대 법과대학원졸 (경)1977년 사법시험 합격(19회) 1979년 사법연수원 수료(9기) 1980년 육군 법무관 1982~1986년 서울지검·제주지검 검사 1986년 서울지검 동부지청 검사 1988년 법무부 검사 1990년 서울지검 북부지청 고등검찰관 1991년 전주지검 정읍지청장 1992년 광주고검 검사 1993년 광주지검 특수부장 1993년 법무연수원 기획과장 1994년 법무부 조사과장 1995년 광주지검 형사1부장 1996년 법무부 국제법무심의관 1998년 서울지검 외사부장 1999년 광주지검 순천지청장 2000년 서울지검 남부지청 차장검사 2001년 수원지검 성남지청장 2002년 서울지검 서부지청장 2003년 전주지검장 2004년 대검찰청 공안부장 2005년 대전지검장 2006년 서울북부지검장 2007~2008년 대검찰청 마약·조직범죄부장 2009년 법무법인 두우 구성원변호사 2016년 법무법인 민주 고문변호사(현) (상)홍조근정훈장(2002) (종)가톨릭

**강태룡(姜泰龍) KANG Tae Ryong**

(생)1946 · 11 · 15 (주)경상남도 창원시 성산구 공단로 551 (주)센트랄 회장실(055-278-0212) (학)부산상고졸, 한양대 경영학과졸 (경)(주)센트랄 부사장, 同사장, 同대표이사 회장(현), 경남문화원 이사장, 민주평통 상임위원회 경제분과위원장 2015년 경남경영자총협회 회장(현) (상)동탑산업훈장, 최고경영자상, 은탑산업훈장, 금탑산업훈장(2014) (종)불교

**강태석(姜泰碩) Kang Taeseok**

(생)1957 · 11 · 21 (출)경남 거창 (주)서울특별시 영등포구 영중로 170 한국소방안전원(02-2679-8745) (학)1976년 거창고졸 1989년 부산대 사회복지학과졸 1998년 同행정대학원 행정학과졸 (경)1992년 행정고시 합격(제36회), 노동부 근무 1994년 소방령 특채 1994~2000년 대구소방안전본부 상황실장 · 소방행정담당 2000~2005년 同구조구급과장 2002~2004년 미국 Davenport Univ. 교육파견 2005년 대구 달성소방서장 2006~2011년 소방방재청 소방제도과장 · 소방상황실장 · 구조구급과장 2011년 경북도 소방본부장 2012~2013년 소방방재청 정보화담당관 · 119구조구급국장 2013~2014년 국방대 교육파견 2014년 인천시 소방안전본부장 2014년 국민안전처 중앙재난안전상황실장 2015년 同중앙소방본부 119구조구급국장 2015년 경기도 재난안전본부장(소방정감) 2017~2018년 소방청 중앙119구조본부 소방장(공로연수) 2018년 한국소방안전원 원장(현) (상)근정포장(2008), 홍조근정훈장(2014)

**강태수(姜太秀) TAE SOO KANG**

(생)1958 · 7 · 18 (주)세종특별자치시 시청대로 370 대외경제정책연구원 국제거시금융본부 국제금융팀(044-414-1151) (학)1982년 성균관대 경영학과졸 1993년 경제학박사(미국 Univ. of Missouri) (경)1982년 한국은행 입행 1993년 同조사제1부 해외조사과 · 통화금융과 조사역 1997년 同조사제1부 통화금융과 조사역(3급) 1998년 World Bank 파견 2001년 한국은행 정책기획국 정책총괄팀 조사역(3급) 2001년 同정책기획국 정책조사팀 · 정책분석팀 · 정책조사팀장(선임조사역 · 차장) 2005년 한국금융연수원 파견(2급) 2006년 한국은행 정책기획국 부국장(2급) 2007년 同금융시장국 채권시장팀장 · 통화금융팀장(2급) 2009년 同금융안정분석국 금융안정시스템실장(2급) 2010년 同금융안정분석국 금융안정시스템실장(1급) 2011년 同금융안정분석국장 2012~2014년 同부총재보 2014년 한국개발연구원(KDI) 겸임연구위원 2014~2016년 대외경제정책연구원(KIEP) 국제거시금융실 국제금융팀 선임연구위원 2015년 미국 존스홉킨스대 국제정치대학원 초빙교수(파견) 2016년 대통령직속 국민경제자문회의 지원단장(1급) 2017 · 2019년 대외경제정책연구원 국제거시금융본부 국제금융팀 선임연구위원(현) 2018년 同대외전략위원장 (상)국무총리표창(2011) (저)'New Basel Accord and Requirements for ECAI Recognition from Asian Developing Countries Perspective(共)'(2006) 'Recent episodes of credit card distress in Asia(共)'(2007) 'Foreign Ownership and the Credibility of National Rating Agencies: Evidence from Korea(共)'(2009) 'Credit card lending distress in Korea in 2003(共)'(2009) 'Macroprudential Policy Framework: The Case of Korea'(2012) 'Property Markets and Financial Stability'(2012) 'Macroprudential Policy Framework: The Case of Korea'(2013) 'Unintended Consequences of Macroprudential Policy Instruments(共)'(2014, 한국은행) 'Guidelines for Setting the Countercyclical Capital Buffer in EMSEs(共)'(2014)

**강태식(姜泰植) KANG Taesik**

(생)1962 · 5 · 18 (주)경상남도 창원시 성산구 공단로 52 대림비앤코(주)(055-280-8400) (학)동국대 회계학과졸 (경)대림요업(주) 부장, 대림이낙스(주) 부장, 대림비앤코(B&Co) 영업본부장(전무이사) 2008년 同대표이사 전무 2012년 同대표이사 부사장 2014년 同대표이사 사장(현) (상)문화체육관광부장관표창(2009)

**강태억(姜泰億) GANG Tae Eok (時雨)**

(생)1955 · 7 · 22 (본)진주(晉州) (출)충북 청주 (주)충청북도 청주시 흥덕구 무심서로 715 충북일보(043-277-2114) (학)운호고졸, 강동대학 사회복지 · 비서 · 행정과졸, 충북대 법무대학원 최고자과정 수료 (경)충북지방경찰청 정보과 근무, 同수사과 근무, 同외사과 근무, 同경무과 근무, 청주출입국관리소 위원, (사)미래도시연구원 기획위원, (주)충북일보 대표이사 사장(현) (상)국무총리표창(1986), 근정포장(2001), 대통령표창(2011), 녹조근정훈장(2015)

**강태영(康太榮) KANG Tae Young**

(생)1959 · 10 · 15 (출)서울 (주)서울특별시 강남구 테헤란로 440 포스코센터 동관 6층 포스코경영연구원(02-3457-8282) (학)1978년 홍익고졸 1982년 연세대 경제학과졸 1984년 同대학원 경제학과졸 1988년 영국 런던정경대 대학원 경제학과졸 1992년 경제학박사(영국 런던정경대) (경)1982년 한국산업은행 조사부 · 인사부 근무 1992년 포스코 경영연구소 수석연구원 1994년 同경영기획실 종합기획팀 과장 2000년 同경영기획실 종합기획팀장 2000년 (주)이비즈그룹 대표이사 사장, 한국전자거래진흥원 운영위원, (주)우리홈쇼핑 사외이사, 숙명여대 정보통신대학원 겸임교수 2003년 대통령 업무혁신비서관 2006년 대통령 혁신관리비서관 2007년 포스코경영연구소 선임연구위원 2009년 同경영경제연구실 Fellow 2010년 同부소장(전무), 숙명여대 글로벌서비스학부 겸임교수 2011년 (주)포스코경영연구소 대표이사 부사장 2012년 同대표이사 소장 2014년 同전문임원(부사장급) 2015년 (주)포스코경영연구원 전문임원(부사장급) 2017년 同전문임원(사장급)(현)

**강태웅(姜泰雄)**

(생)1963 (출)전북 군산 (주)서울특별시 중구 세종대로 110 서울특별시청 행정1부시장실(02-2133-6105) (학)용산고졸, 서울대 독어독문학과졸 (경)1989년 행정고시 합격(33회) 2007년 서울시 언론담당관 2008년 同행정국 행정과장 2009년 同경영기획실 기획담당관 2010년 同가족보건기획관 2011년 同정책기획관, 同관광기획관 2015년 同행정국장 2017년 同대변인 2018년 同경제진흥본부장 2018~2019년 同기획조정실장 2019년 同행정1부시장(현)

**강태원(姜泰遠) KANG Tae Won**

(생)1949 · 1 · 16 (출)서울 (주)서울특별시 중구 필동로1길 30 동국대학교 이과대학 물리학과(02-2260-3205) (학)1973년 동국대 물리학과졸 1976년 同대학원졸 1982년 이학박사(동국대) (경)1974~2014년 동국대 이과대학 물리학과 조교 · 시간강사 · 조교수 · 부교수 · 교수 1977~1985년 광운대 공대 시간강사 1978~1981년 동국대 재료과학연구소 연구원 1999년 同양자기능반도체연구센터장 2011년 同연구경쟁력강화위원장(부총장급) 2011년 同나노정보과학기술원 부원장 2013년 同WCU-BK21후속사업준비위원장(부총장급) 2014~2019년 同나노정보과학기술원장 2014년 同물리학과 석좌교수 겸 명예교수(현) (상)옥조근정훈장(2014) (역)'물리학(Physics)'(1983) '대학물리학'(1985)

ㄱ

## 강태원(姜太遠) KANG TAE WEON

(생)1966·1·20 (본)진주(晉州) (출)경북 안동 (주)대전광역시 유성구 가정로 267 한국표준과학연구원 전자기표준센터(042-868-5175) (학)1984년 대구 덕원고졸 1988년 경북대 전자공학과졸 1990년 포항공대 대학원 전자전기공학과졸(석사) 2001년 전자전기공학박사(포항공대) (경)1990년 한국표준과학연구원 전자기표준센터 책임연구원(현) 2000~2015년 국제전기기술위원회(IEC) 전자파적합성소위원회(SC 77B) 국내전문위원 2002~2003년 영국 노팅엄대 조지그린전자파연구실 방문연구원 2005년 국제전기통신연합 전기통신표준화(ITU-T)전자파환경및안전분야 SG-5 국내전문위원(현) 2008년 한국표준과학연구원 기반표준본부 전자기센터장 2009년 同전자파센터장 2010년 同전자기센터장 2010~2015년 국제전기기술위원회(IEC) 전자파적합성위원회(TC77) 국내전문위원 2011~2012년 同전자파적합성소위원회(SC 77B) 위원장 2011년 한국표준과학연구원 기반표준본부 전자파센터장 2011년 한국인정기구(KOLAS) 전기자기전자파기술위원회 위원(현) 2018년 국제전기전자기술협회(IEEE) 계측및측정논문지(TMI) 편집위원(현) 2019년 국제전기기술위원회(IEC) EMC기준전문위원회 TB소위원회 위원(현) (상)대통령표창(1988·2012) (역)'전자파적합성의 원리와 기법(共)'(2006) (종)기독교

## 강태중(姜泰重) GAHNG Tae Joong

(생)1956·2·3 (주)서울특별시 동작구 흑석로 84 중앙대학교 사범대학 교육학과(02-820-5363) (학)서울대 교육학과졸 1993년 교육학박사(미국 위스콘신대 메디슨교) (경)1979~1981년 한국행동과학연구소 인턴 1984~1990년 한국교육개발원 연구원 1993~1999년 同연구위원 1996~1998년 대통령자문 교육개혁위원회 전문위원 2002년 경제정의실천시민연합 교육위원장 2003~2004년 국무총리자문 교육정보화위원회 위원 2003년 교육현장안정화대책위원회 위원 2004년 대입제도개혁특별위원회 위원, 중앙대 사범대학 교육학과 교수(현) 2005~2007년 同입학처장 2007년 同교육대학원장 겸 사범대학장 2010년 국가미래연구원 교육·노동분야 발기인 2016~2017년 중앙대 교학부총장 (상)국민포장(1988) (저)'대안교육 기관에 대한 국가지정제 도입 및 학력 인정 방안 연구'(2004) '교육복지 투자우선지역 학교와 타 지역 학교의 교육격차 분석 연구'(2004) '대안학교 활성화를 위한 컨설턴트 운영 결과 보고서'(2004) '가톨릭 학교 교육의 현실과 발전 모색'(2005) '교육 불평등 완화방안 탐색 정책 연구' '대안교육기관에 대한 국가지정제 도입 및 학력인정 방안 연구'

## 강태헌(姜兌憲) KANG TAI HEON

(생)1956·12·14 (본)진주(晉州) (출)전북 군산 (주)서울특별시 강남구 테헤란로16길 15 이담타워 이너비트(주) 대표이사실(02-556-9095) (학)군산고졸 1983년 아주대 전자공학과졸 (경)1988년 한국컴퓨터통신(주) 대표이사 1991년 한국소프트웨어협회 감사 1995년 同이사 겸 소프트웨어하도급분쟁조정협회 위원 1996년 한국데이터베이스학회 이사 1997년 공정거래위원회 하도급자문위원회 위원 2004년 케이컴스(주) 대표이사 2006년 큐브리드 대표이사 2007년 한국GS인증협회 감사 2007년 한국데이터베이스진흥센터 이사 2007년 한일IT경영협의회(KJIT) 회장 2007년 이너비트(주) 대표이사(현) (상)국무총리표창(1999), 동탑산업훈장(2001), 캄보디아 공로훈장(2004) (종)천주교

## 강태형(姜汰亨)

(생)1969·3·30 (주)경기도 수원시 팔달구 효원로 1 경기도의회(031-8008-7000) (학)서경대 대학원 경영학과졸 (경)자치분권혁신추진단 위원, 민주당·새정치민주연합·더불어민주당 안산단원甲지역위원회 사무국장, 천정배 국회의원 청년특보, (사)모두의집 사무국장, 더불어민주당 민주넷특별위원회 위원, 同부대변인 2017년 同제19대 대통령선거 문재인후보 조직특보 2018년 경기도의회 의원(더불어민주당)(현) 2018년 同문화체육관광위원회 위원(현)

## 강태호(姜泰鎬)

(생)1961·12·3 (주)경기도 성남시 분당구 황새울로312번길 26 (주)농협케미컬 비서실(031-738-5200) (학)부안농림고졸, 농협대학 협동조합과졸, 전북대 대학원 세무회계학과졸, 경영학박사(전북대) (경)1988년 농업협동조합중앙회 입회 2006년 同전북지역본부 금융지원팀장 2007년 同전북지역본부 보험센터장 2009년 同호성파크지점장 2010년 同전주완주시군지부 근무 2011년 同한옥마을지점장 2013년 同전북검사국장 2014년 同상호금융채권관리단장 2015년 同상호금융여신부장 2016년 同전북지역본부장 2018년 NH농협생명 부사장 2019년 농협케미컬 대표이사(현)

## 강태훈(姜泰勳) KANG Tae Hoon

(생)1956·11·2 (본)진주(晉州) (출)강원 홍천 (주)광주광역시 동구 준법로 7-12 광주지방법원(062-239-1710) (학)1976년 경기고졸 1990년 고려대 법학과졸 1998년 同대학원졸 (경)1990년 사법시험 합격(32회) 1993년 사법연수원 수료(22기) 1993년 변호사 개업 1998년 대구지법 판사 2003년 수원지법 안산지원 판사 2005년 서울고법 판사 2007년 서울중앙지법 판사 2008년 대전지법 부장판사 2009년 의정부지법 부장판사 2011년 서울북부지법 부장판사 2013년 서울중앙지법 부장판사 2016년 서울남부지법 부장판사 2018년 광주지법 부장판사(현)

## 강팔문(姜八文) KANG Pal Moon

(생)1956·4·25 (출)전북 정읍 (주)전라북도 군산시 새만금북로 466 새만금개발공사 사장실(063-440-6771) (학)1974년 남성고졸 1979년 연세대 행정학과졸 1989년 서울대 환경대학원졸 1995년 영국 버밍햄대 대학원졸 (경)1979년 행정고시 합격(22회) 1996년 영국 캠브리지대 연수 1997~1999년 건설교통부 토지관리과장·건설경제과장 2000~2002년 말레이시아 건설교통관 파견 2003년 건설교통부 주택정책과장·국민임대주택건설기획단장 2005년 同주택국장 2005년 同주거복지본부장 2007년 익산지방국토관리청장 2008년 국토해양부 공공기관지방이전추진단 부단장 2009년 同국토정책국장 2009~2013년 건설근로자공제회 이사장 2013~2014년 한국철도협회 상임부회장 2014~2016년 화성도시공사 사장 2016년 더불어민주당 정책위원회 부의장 2016년 전북 익산시장선거 출마(재선거, 더불어민주당) 2016~2018년 화성도시공사 사장 2018년 새만금개발공사 사장(현) (상)건설부장관표창(1992), 근정포장(1992), 대통령표창(1992), 홍조근정훈장(2004) (저)'토지거래 규제 실무' (종)원불교

## 강하연(姜夏姸·女) KANG Ha Yun

(생)1968·5·7 (주)충청북도 진천군 덕산면 정통로 18 정보통신정책연구원 국제협력연구실 ICT통상·남북협력센터(043-531-4280) (학)1990년 미국 브리티시컬럼비아대 국제관계학과졸 1993년 연세대 대학원 정치학과졸 2004년 정치학박사 (미국 노스웨스턴대) (경)2005년 정보통신정책연구원 통상정책연구위원, 同방송통신협력실 방송통신통상센터장, 同국제협력연구실 ICT통상센터장 2015년 同국제협력연구실장 2017년 同국제협력연구실 ICT통상센터장 2017년 방송통신위원회 남북방송통신교류추진위원회 제5기 위원(현) 2018~2019년 정보통신정책연구원 연구위원 2019년 同국제협력연구실 ICT통상·남북협력센터장(현)

### 강한승(姜翰承) KANG Han Seung

[생]1968 · 11 · 17 [본]진주(晉州) [출]서울 [주]서울특별시 종로구 사직로8길 39 세양빌딩 김앤장법률사무소(02-3703-4604) [학]1987년 경성고졸 1992년 고려대 법대졸 [경]1991년 사법시험 합격(33회) 1994년 사법연수원 수료(23기) 1994~1997년 軍법무관 1997~1999년 서울지법 판사 1999~2001년 同서부지원 판사 2001~2005년 청주지법 판사 2003년 미국 컬럼비아대 Law School Visiting scholar 2005년 법원행정처 기획조정심의관 2006년 서울고법 판사 2006~2008년 국회 법제사법위원회 파견 2008~2010년 駐미국대사관 사법협력관 2009~2011년 울산지법 부장판사 2009년 UN 국제상거래법위원회 정부대표 2011년 헤이그 국제사법회의 정부대표 2011년 서울고법 판사 2011~2013년 대통령 법무비서관 2013년 김앤장법률사무소 변호사(현) [상]근정포장(2012) [저]'미국 법원을 말하다'(2011, 도서출판 오레) [종]기독교

### 강 헌

[생]1962 [출]부산 [주]경기도 수원시 팔달구 인계로 178 경기문화재단(031-231-7203) [학]서울대 국어국문학과졸, 同대학원 음악학과졸 [경]대중음악평론가(현), 한국대중음악연구소 소장, 단국대 대중문화예술대학원 겸임교수 2018년 경기문화재단 대표이사(현) [저]'명리-운명을 읽다'(2015) '전복과 반전의 순간'(2015) '강헌의 한국대중문화사1 · 2'(2016) '명리 운명을 조율하다'(2016) '전복과 반전의 순간2'(2017) '신해철'(2018)

### 강헌수(姜憲秀)

[생]1969 · 10 · 3 [출]대구 [주]인천광역시 남동구 예술로152번길 9 인천지방경찰청 경무과(032-455-2221) [학]1988년 대구 성광고졸 1992년 경찰대졸(8기) [경]1992년 경위 임관 1999년 경감 승진 2006년 인천 남동경찰서 수사과장(경정) 2007년 인천 부평경찰서 형사과장 2007년 인천 남동경찰서 형사과장 2009년 인천지방경찰청 수사과 마약수사대장 2011년 同경무과 경무계장 2012년 同경무과 기획예산계장 2013년 同청문감사실 감찰계장 2016년 충남지방경찰청 제2부 여성청소년과장(총경) 2017년 인천지방경찰청 제2부 112종합상황실장 2017년 인천 부평경찰서장 2019년 인천지방경찰청 경무과장(현)

### 강혁성(姜赫聲)

[생]1970 · 3 · 22 [출]서울 [주]서울특별시 도봉구 마들로 749 서울북부지방법원(02-910-3114) [학]1988년 동북고졸 1994년 서울대 법학과졸 [경]1996년 사법시험 합격(38회) 1999년 사법연수원 수료(28기) 1999년 법률구조공단 법무부 근무 2002년 부산지법 판사 2005년 수원지법 판사 2007년 서울북부지법 판사 2009년 서울중앙지법 판사 2011년 서울고법 판사 2013년 서울동부지법 판사 2014년 대전지법 부장판사 2016년 인천가정법원 부장판사 2018년 서울북부지법 부장판사(현)

### 강 현(姜 炫) Kang Hyen

[생]1964·9·13 [출]부산 [주]서울특별시 강남구 테헤란로 133 한국타이어빌딩 법무법인 태평양(02-3404-0147) [학]1983년 부산 해동고졸 1990년 고려대 법학과졸 2000년 미국 펜실베이니아대 로스쿨졸(LL.M.) [경]1990년 사법시험 합격(32회) 1993년 사법연수원 수료(22기) 1994년 법무법인 태평양 변호사(현) 2005년 사법연수원 강사 2006년 변호사연수원 강사 2007~2010년 건설공제조합 운영위원 2007~2010년 지식경제부 전기위원회 위원 2008~2012년 World's Leading Real Estate Lawyer 2010년 대한상사중재원 중재인(현) 2011~2012년 학교법인 덕성학원 이사 2011년 대한변호사협회 사무총장 2012년 국민연금관리공단 대체투자위원회 위원(현) 2013~2014년 대한변호사협회 부회장 2013~2015년 법제처 법령해석심의위원회 위원 2014~2015년 채권금융기관조정위원회 위원 2014년 법무부 외국법자문사징계위원회 위원 2014~2015년 한국자산관리공사 규제심의위원회 위원 2014~2018년 대한주택보증 임대주택리츠기금투자심의위원회 위원 2016~2018년 금융투자협회 기업형임대사업자제안 평가위원

### 강현도

[생]1967 · 3 · 15 [주]경기도 가평군 가평읍 석봉로 181 가평군청(031-580-4511) [학]1990년 한국외국어대 영어영문학과졸 2007년 영국 본머스대 대학원 관광경영학과졸 [경]지방고시 합격(3회) 1998년 공무원 임용 2009년 경기도 관광과 관광마케팅팀장(지방행정사무관) 2009년 행정안전부 파견(지방서기관) 2010년 외교통상부 문화교류협력과 근무 2010년 LA총영사관 근무 2013년 경기도 관광과장 2014년 同투자진흥과장 2015년 민간근무 휴직(삼성전자(주)) 2016년 경기도 교육정책과장 2018년 경기 가평군 부군수(현) 2018년 同군수 권한대행

### 강현배(康炫培) Hyeonbae Kang

[생]1960 · 2 · 14 [주]인천광역시 미추홀구 소성로 71 인하대학교 자연과학대학 수학과(032-860-7622) [학]1982년 서울대 수학과졸 1984년 同대학원졸 1989년 이학박사(미국 위스콘신대 메디슨교) [경]1984~1989년 미국 위스콘신대 메디슨교 연구원 및 교육조교 1989~1991년 미국 미네소타대 객원조교수 1991~1994년 숭실대 수학과 조교수 1994~1997년 고려대 수학과 조교수 · 부교수 1997~2008년 서울대 수학과 조교수 · 부교수 · 교수 2001년 미국 수리과학연구소(MSRI) 연구원 2001~2002년 미국 워싱턴대 객원교수 2008년 인하대 자연과학대학 수학과 정석석좌교수(현) [상]대한수학회 논문상(2000), 한국과학상 수학부문(2010), 인촌상 자연과학부문(2011), 자랑스런 위스콘신 동문상(2014), 경암교육문화재단 경암학술상(2015) [저]'웨이블릿 이론과 응용'(2001) 'Reconstruction of small inhomogeneities from boundary measurements(共)'(2004) 'Polarization and Moment Tensors with Applications to Inverse Problems and Effective Medium Theory(共)'(2007, Springer) [역]'상황 속의 미적분학'(2004)

### 강현석(姜賢錫) KANG Hyun Suk

[생]1952 · 12 · 6 [본]진주(晉州) [출]경북 의성 [주]서울특별시 양천구 공항대로 596 (주)쎄니팡(1644-2110) [학]1977년 대륜고졸 1981년 고려대 국어국문학과졸 [경]1997년 한나라당 기획조정국장 1999년 同홍보국장 2000년 同수석전문위원 2000년 국회 정책연구위원 2002 · 2006~2010년 경기 고양시장(한나라당), 고양국제꽃박람회 이사장 2010년 경기 고양시장선거 출마(한나라당) 2012년 제19대 국회의원선거 출마(고양 일산동구, 새누리당), 한국항공대 초빙교수 2014년 경기 고양시장선거 출마(새누리당) 2017년 (주)쎄니팡 대표이사(현) [상]자랑스런 대륜인상(2009), 대한역도연맹 공로패(2010)

### 강현석(姜顯碩) KANG HYUN-SUK

[생]1969 · 7 · 1 [주]서울특별시 동작구 여의대방로16길 61 기상청 수치모델링센터 수치모델개발과(02-2181-0512) [학]1987년 울산 학성고졸 1991년 서울대 대기과학과졸 1993년 同대학원 대기과학과졸 2003년 이학박사(서울대) [경]2003~2006년 미국 UCLA 박사 후 연구원(Post-Doc.) 2006~2007년 연세대 대기과학과 연구교수 2007~2017년 국립기상과학원 기상연구관 2017년 同지구환경시스템연구과장 2017년 同수치모델링센터 수치모델개발과장(현)

**강현수(康賢秀) KANG Hyun Soo**

(생)1964·2·23 (본)신천(信川) (출)강원 강릉 (주)세종특별자치시 국책연구원로 5 국토연구원 원장실(044-960-0101) (학)1982년 강릉고졸 1986년 서울대 환경공학과졸 1989년 同환경대학원졸 1995년 행정학박사(서울대) (경)1989년 한국지방행정연구원 근무 1992~2013년 중부대 사회과학대학 도시행정학과 교수 1993년 대한국토도시계획학회 이사 2000년 국토연구원 위촉연구위원 2000년 영국 옥스포드대 방문교수 2001년 대통령직속 지속가능위원회 수도권분과 위원 2002년 한국공간환경학회 편집위원 2003년 대통령직인수위원회 정무분과 자문위원 2013년 충남발전연구원 원장 2015~2018년 충남연구원 원장 2017년 국정기획자문위원회 경제2분과위원회 위원 2017년 대통령직속 지역발전위원회(現국가균형발전위원회) 위원(현) 2017년 대통령직속 기구 산하 '세종·제주자치분권·균형발전특별위원회' 세종특별자치시분과 위원(현) 2018년 국토연구원 원장(현) (저)'현대도시문제의 이해(共)'(1989, 한길사) '서울연구(共)'(1993, 한울) '새로운 공간환경론의 모색(共)'(1995, 한울) '현대 도시이론의 전환(共)'(1998, 한울) '도시계획의 새로운 패러다임(共)'(1999, 보성각) '공간의 정치경제학-현대 도시 및 지역 연구(共)'(2000, 아카넷) '벤처생태계 : 실리콘밸리에서 대덕까지(共)'(2001, 대한상공회의소) '수도권과 비수도권간의 지역 격차(共)'(2002, 한울) '유럽의 지역발전정책(共)'(2003, 한울) '세계의 지역혁신체계(共)'(2004, 한울) '국가균형발전정책의 이론과 실천(共)'(2007, 국가균형발전위원회) '도시, 소통과 교류의 장(共)'(2007, 삼성경제연구소) '신지역발전론(共)'(2009, 한울) '도시에 대한 권리(共)'(2010, 책세상) '저성장시대의 도시정책(共)'(2011, 한울) '위기의 한국사회 대안은 지역이다(共)'(2011, 메이데이) '새로운 도시재생의 구상(共)'(2012, 한울) '지역균형발전론의 재구성 - 성찰과 대안 모색(共)'(2013, 사회평론) '인권도시 만들기(共)'(2014, 그물코) (역)'e-토피아(共)'(2001, 한울) '세계의 테크노폴-21세기 산업단지 만들기(共)'(2006) '모빌리티(共)'(2014, 아카넷)

**강현안(姜賢安) KANG Hyun An**

(생)1955·12·4 (출)경남 통영 (주)부산광역시 연제구 법원로 28 부산법조타운 1208호 법무법인 정인(051-911-6161) (학)1974년 경남고졸 1978년 서울대 법학과졸 (경)1980년 사법시험 합격(22회) 1982년 사법연수원 수료(12기) 1982년 광주지법 판사 1984년 부산지법 판사 1989년 同울산지원 판사 1991년 부산지법 판사 1993년 부산고법 판사 1996년 부산지법 판사 1998년 울산지법 부장판사 2000년 부산지법 동부지원 부장판사 2002년 부산지법 부장판사 2003년 법무법인 정인(正人) 변호사, 同대표변호사(현) 2004~2010년 부산시 행정심판위원, 同청소년상담지원센터 운영위원, 同민원조정위원회 위원

**강현중(姜玹中) KANG Hyun Joong**

(생)1943·9·20 (본)진주(晋州) (출)전북 익산 (주)경기도 고양시 일산동구 호수로 550 사법정책연구원(031-920-3503) (학)1961년 경기상고졸 1966년 서울대 법대졸 1968년 同사법대학원 수료 1984년 미국 컬럼비아대 대학원 파커스쿨 수료 (경)1966년 사법시험 합격(6회) 1968~1971년 해군 법무관 1971년 부산지법 판사 1973년 同진주지원 판사 1974년 부산지법 판사 1975년 서울민형사지법 수원지원 판사 1977년 서울지법 성북지원 판사 1978년 서울형사지법 판사 1980년 서울고법 판사 1982년 광주지법 부장판사 1984년 수원지법 부장판사 1986년 서울지법 북부지원 부장판사 1988년 서울민사지법 부장판사 1991년 변호사 개업 1993년 대한상사중재원 중재위원 1994년 서울대총동창회 이사 1995~2009년 국민대 법학부 교수 1997~1999년 서울지방변호사회 감사 1999년 감사원자문 부정방지대책위원장 2000년 한국민사소송법학회 회장 2005~2007년 국민대 법과대학장 2008년 법무법인 렉스 고문변호사 2009년 국민대 법학부 명예교수 2009~2018년 법무법인(유) 에이펙스 고문변호사 2018년 대법원산하 사법정책연구원장(현) (저)'민사소송법' (종)기독교

**강현철(姜賢哲) KANG Hyun Chul**

(생)1959·8·21 (출)부산 (주)인천광역시 연수구 아카데미로 119 인천대학교 정보기술대학 정보통신공학과(032-835-8283) (학)1982년 연세대 전자공학과졸 1984년 同대학원 공학과졸 1989년 공학박사(연세대) (경)1984~1989년 연세대 산업기술연구소 연구원 1985년 호서대·연세대 강사 1990년 인천대 정보기술대학 정보통신공학과 조교수·부교수·교수(현) 1994년 미국 미네소타대 객원교수 2013~2015년 인천대 교무처장 2018년 同정보기술대학장 겸 정보기술대학원장(현) (저)'마이크로프로세서'(2011, 두양사) '컴퓨터 그래픽스'(2011, KNOU Press) 'OpenGL을 이용한 컴퓨터 그래픽스'(2011, Pearson)

**강현철(姜顯喆) KANG Hyun Chul**

(생)1963·10·15 (출)부산 (주)광주광역시 북구 첨단과기로208번길 43 광주지방고용노동청 청장실(062-975-6220) (학)1986년 서울대 사회학과졸 1992년 同행정대학원 수료 1999년 미국 일리노이대 노사관계대학원졸 (경)1993년 행정고시 합격(36회), 노동부 고용보험과·차관비서관실·안전정책과 행정사무관 2001년 同산업안전국 안전정책과 서기관 2002년 경남지방노동위원회 사무국장 2003년 노동부 공보관실 서기관 2003년 외국인투자지원센터 파견 2005년 양산지방노동사무소장 2006년 駐중국대사관 노무관 2010년 노동부 청년고용대책과장 2010년 고용노동부 청년고용대책과장 2011년 同노동정책실 서비스산재예방팀장 2012년 부산지방고용노동청 부산고용센터소장(부이사관) 2013년 서울지방고용노동청 서울고용센터소장 2014년 고용노동부 부산지방노동위원장 2017년 국립외교원 파견(고위공무원) 2018년 서울지방노동위원회 상임위원 2019년 광주지방고용노동청장(현)

**강형기(姜瑩基) KANG Hyoung Kee**

(생)1954·12·19 (출)경북 안동 (주)충청북도 청주시 서원구 충대로 1 충북대학교 사회과학대학 행정학과(043-261-2199) (학)1978년 건국대 행정학과졸 1980년 同대학원 행정학과졸 1984년 행정학박사(건국대) (경)충북대 사회과학대학 행정학과 교수(현) 1993~1994년 일본 국립이바라키대 조교수 1996~1998년 대통령자문 행정쇄신위원 1996년 한국지방자치경영연구소 소장(현) 1998년 제2의건국범국민추진위원회 위원 2001~2003년 충북대 행정대학원장 겸 사회과학대학장 2003~2005년 한국지방자치학회 회장·명예회장, 일본 동지사대 정책대학원 객원교수 2003~2005년 대통령자문 중앙권한지방이양위원회 위원 2005~2006년 대통령자문 정부혁신지방분권위원회 위원 2007년 한국지방자치경영연구소 부설 향부숙(鄕富塾) 숙장(현) 2011년 지방행정체제개편추진위원회 위원 2011~2015년 (재)충북문화재단 대표이사 2013·2015~2017년 대통령소속 지방자치발전위원회 위원, 전국시장·군수·구청장협의회 자문교수 2014년 국무총리소속 지방재정부담심의위원회 위원(현) 2015년 한국지방자치경영연구소 이사장(현) 2016~2017년 지방자치단체 중앙분쟁조정위원회 위원 2017년 국무조정실 세종시지원위원회 위원(현) (상)대통령포장(1998), 홍조근정훈장(2012) (저)'지방자치 가슴으로 해야 한다'(1996) '혁신과 진단'(1997) '관의 논리 민의 논리'(1998) '향부론'(2001) '논어의 자치학'(2006) '지방자치학(共)'(2010) '지방자치의 이해(共)'(2010) '지역창생학'(2014) '공자'(2014, 북경대 출판사) (역)'공익과 사익'(1986) '행정학의 이론과 역사'(1987) '전자정부'(2002)

## 강형민(姜亨旻 · 女)

(생)1968 · 9 · 23 (출)경남 마산 (주)서울특별시 양천구 신월로 390 서울남부지방검찰청 형사1부(02-3219-4312) (학)1987년 성지여고졸 1991년 서울대 법학과졸 (경)1996년 사법시험 합격(38회) 2000년 사법연수원 수료(28기) 2000년 인천지검 검사 2003년 대전지검 공안부 검사 2005년 수원지검 성남지청 검사 2007년 서울동부지검 검사 2012년 대검찰청 연구관 2014년 서울중앙지검 부부장검사 2015년 부산지검 형사5부장 2016년 수원지검 공판송무부장 2017년 서울남부지검 공판부장 2018년 同여성아동범죄조사부장 2018년 수원지검 성남지청 형사2부장 2019년 서울남부지검 형사1부장(현)

## 강형신(姜馨信) KANG Hyung Shin

(생)1959 · 7 · 10 (본)진양(晋陽) (출)경북 성주 (주)대구광역시 달서구 달서대로 210 대구환경공단(053-605-8003) (학)1977년 경북고졸 1982년 단국대 행정학과졸 1988년 서울대 행정대학원 행정학과졸 1993년 일본 筑波大 대학원 환경과학과졸 2001년 행정학박사(단국대) (경)1981년 행정고시 합격(25회) 1982년 행정사무관 임용 1982~1990년 환경청 감사담당관실 · 종합계획과 · 폐기물제도과 사무관 1990~1993년 일본 쓰쿠바대 파견(국외훈련) 1993~1994년 환경처 대기제도과 · 정책과 사무관 1994~1996년 환경부 정책총괄과 · 법무담당관실 서기관 1996~1998년 일본 환경청 파견 1998~2001년 환경부 환경교육과장 · 민간협력과장 · 감사과장 2001~2005년 同산업폐수과장 · 평가과장 · 정책총괄과장(부이사관) 2005년 대구지방환경청장 2006년 국방대학교 안보과정 파견 2007년 환경부 감사관 2009년 한나라당 정책위원회 수석전문위원 2010년 환경부 물환경정책국장 2011년 同중앙환경분쟁조정위원회 위원장 2014~2016년 한국환경공단 상임감사 2017년 대구환경공단 이사장(현) (상)대통령표창(2002)

## 강형주(姜炯周) KANG Hyong Joo

(생)1959 · 12 · 23 (출)전남 함평 (주)서울특별시 서초구 서초중앙로24길 16 KM타워 6층 법무법인 케이에스앤피(02-596-1234) (학)1977년 광주제일고졸 1981년 서울대 법과대학졸 (경)1981년 사법시험 합격(23회) 1983년 사법연수원 수료(13기) 1985년 서울지법 남부지원 판사 1987년 서울민사지법 판사 1989년 광주지법 목포지원 판사 1991년 서울형사지법 판사 1993년 서울지법 서부지원 판사 1995년 법원행정처 법무담당관 겸임 1996년 서울고법 판사 1999년 대구지법 경주지원 부장판사 2000년 인천지법 부장판사 2003년 서울중앙지법 부장판사(영장전담 · 형사항소부 · 형사합의부 재판장) 2006년 광주지법 수석부장판사 2006년 광주고법 부장판사 2007년 서울고법 부장판사(형사부 재판장) 2013년 서울중앙지법 민사수석부장판사 2013년 同법원장 직대 2014년 인천지법원장 2014년 인천시선거관리위원회 위원장 2014년 법원행정처 차장 2015~2018년 서울중앙지법원장 2018년 법무법인 케이에스앤피 대표변호사(현)

## 강형철(姜亨澈) KANG Hyung Cheol

(생)1962 · 9 · 30 (본)진주(晋州) (출)서울 (주)서울특별시 용산구 청파로47길 100 숙명여자대학교 정보방송학과(02-710-9765) (학)1981년 인창고졸 1985년 고려대 신문방송학과졸 1987년 同대학원 신문방송학과졸, 同대학원 신문방송학 박사과정 수료 2003년 정치학박사(영국 뉴캐슬대) (경)1992~1994년 연합통신 편집국 기자 1994~1997년 YTN 보도국 기자 1997~2011년 숙명여대 언론정보학부 교수 1997~2000년 同정보방송학과장 1999~2000년 同언론정보학부장 2002년 同리더십센터장 2008~2010년 보편적시청권보장위원회 위원 2008~2012년 청소년보호위원회 위원 2008~2010년 숙명여대 기획처장 2010년 선거방송심의위원회 부위원장 2011년 숙명여대 미디어학부 교수(현) 2011년 同미디어학부장, 한국방송공사(KBS) 시청자위원, 영국 리즈대 커뮤니케이션연구소 객원교수 2016~2017년 한국방송학회 회장 2017년 방송통신위원회 방송통신정책고객대표자회의 위원(현) 2018년 한국방송공사(KBS) 이사(현) (상)YTN 우수프로그램상(1995), 방송문화진흥회 우수논문상(1997), 숙명여대 교수업적평가우수상(2005 · 2006 · 2007) (저)'현대방송의 이해(共)'(1998) '21세기에 대비한 방송 · 통신정책'(1999) '공영방송론'(2004) '방송의 이해(共)'(2004) '세상을 바꾸는 부드러운 힘(共)'(2004) '한국신문에 나타난 공영방송 개념'(2004, 한국방송학보) '텔레비전 축구중계해설이 시청자의 판단에 미치는 영향(共)'(2005, 한국방송학보) '여성정치인 이미지연구—리더십 이미지와 여성정치인(共)'(2005, 한국방송학보) '여성리더십의 재발견(共)'(2005) '21세기 여성리더십 모델(共)'(2006) '취재보도론(共)'(2006) '사이버커뮤니케이션의 공익성'(2006, 사이버커뮤니케이션학보) '국제무역협상과 방송의 공적가치'(2006) '한국탐사보도 프로그램의 내용 다양성에 관한 연구'(2007, 한국방송학보) (역)'현대 매스커뮤니케이션 개론(共)'(1999) '디지털시대 공영방송의 책무성 평가'(2005)

## 강혜련(姜惠蓮 · 女) KANG Hye Ryun

(생)1957 · 7 · 27 (출)서울 (주)서울특별시 서대문구 이화여대길 52 이화여자대학교 경영대학 경영학부(02-3277-2273) (학)1976년 이화여고졸 1980년 이화여대 경영학과졸 1983년 미국 아이오와주립대 대학원 경영학과졸 1988년 산업및조직심리학박사(미국 아이오와주립대) (경)1993년 삼성보험금융연구소 선임연구원 1995년 이화여대 경영대학 경영학부 교수(현) 1999년 재정경제부 금융발전심의회 위원 2002년 이화여대 입학처장 2004년 同경력개발센터 원장 2005년 한국경영교육인증원 이사 겸 교류협력단장 2006년 同기획처장 2006년 한국인사조직학회 부회장 2008년 노사정위원회 일가정양립 및 여성고용촉진위원회 위원장 2008년 보건복지가족부 가족친화인증위원회 부위원장 2008년 국가경쟁력강화위원회 민간위원 2008년 한국정보화진흥원 비상임이사 2010년 교육과학기술부 자체평가위원회 위원장 2010년 (주)제일모직 사외이사 2010년 한국과학기술기획평가원 비상임이사 2010년 대구경북과학기술원 비상임이사 2011년 가족친화포럼 공동대표 2011~2014년 한국과학창의재단 이사장 2013~2015년 경제사회발전노사정위원회 일가정양립위한일자리위원회 위원장 2013~2016년 한국양성평등교육진흥원 비상임이사 2014년 한국인사조직학회 회장 2015년 국무총리실 인사혁신추진위원회 위원 (상)Faculty Women's Club of Iowa State Univ. International Award for Excellence & Leadership(1984), 이화여고 이화를 빛낸상 학술부문(1999), 국민훈장 동백장(2012) (저)'여성과 리더십'(1992) '여성과 조직리더십'(2005) 'Women in Asian Management'(2006) '지속가능한 혁신공동체를 향한 실천전략'(2016) (종)기독교

## 강혜숙(姜惠淑 · 女) KANG Hye Sook

(생)1954 · 1 · 16 (출)서울 (주)서울특별시 광진구 동일로 356 (주)한영캉가루 대표이사실(02-466-6342) (학)1972년 진명여고졸 1976년 이화여대 화학과졸 (경)1976~1982년 서울예고 교사 1983년 (주)한영캉가루 대표이사(현) 1994년 한국여성경제인연합회 이사 1999년 한국여성경제인협회 이사 (상)한국경영사학회 전문경영자 대상(2002), 100만달러 수출탑(2002), 국세청 모범여성기업인상(2006)

## 강 호(姜 坪) KHANG Ho

(생)1958 · 6 · 27 (출)서울 (주)서울특별시 영등포구 국제금융로6길 38 보험개발원 원장실(02-368-4000) (학)1977년 용산고졸 1982년 서울대 경영학과졸 1984년 同경영대학원졸 1991년 경영학박사(미국 조지아대) (경)1992년 대신생명보험 경영기획실 차장 1994년 同인력개발부장 1997년 同영업

기획부장 1997년 同경영기획실장 1999년 同이사 겸 전략추진본부장 2000년 영풍생명보험 상무이사 2001년 보험개발원 보험연구소장 2003년 대한생명보험 전략기획담당 전무 2004년 同상품고객실장(전무) 2008년 同연구조정실 전무 2008년 同전략기획실장(전무), 同전략기획실장(부사장) 2010년 금융발전심의위원회 위원 2010~2013년 보험개발원 부원장 2013~2016년 보험연구원 원장 2017년 교보생명보험(주) 상임고문 2019년 보험개발원 원장(현) (상)산업포장(2016)

## 강호갑(姜鎬甲) Kang Ho-gap

(생)1954 · 8 · 15 (출)경남 진주 (주)경상북도 영천시 본촌공단길 39 (주)신영 회장실(054-335-3000) (학)1973년 진주고졸 1978년 고려대 경영학과졸 1988년 미국 조지아주립대 회계학과졸 (경)1989년 부영사 부사장 1998년 미래엔지니어링 대표 1999년 신영금속 대표, (주)신영 회장(현) 2008년 ABAC(아시아 · 태평양경제협력체(APEC) 기업인자문기구) 자문위원 2011년 현대기아협력회 부회장 2011년 중소기업중앙회 해외민간대사 2012년 외교통상부 통상교섭본부 자문위원 2012년 글로벌전문기업포럼 회장 2013년 (사)한국중견기업연합회 회장(현) (상)납세자의날 모범납세자상(2011), 한국경영학회 중견기업 최고경영자대상(2014), 고려대 경영대 교우회 '올해의 교우상' 전문경영인부문(2015)

## 강호규(姜虎圭) KANG Ho Kyu

(생)1961 · 9 · 29 (출)서울 (주)경기도 화성시 삼성전자로 1 삼성전자(주) 반도체연구소(031-209-7114) (학)1979년 양정고졸 1983년 한양대 금속공학과졸 1993년 재료공학박사(미국 스탠퍼드대) (경)삼성전자(주) 시스템LSI사업부 기술개발실 수석연구원 2003년 同시스템LSI사업부 기술개발실 상무보 2006년 同시스템LSI사업부 차세대개발팀장(상무) 2009년 同시스템LSI사업부 LSI PA팀장(상무) 2011년 同반도체연구소 공정개발팀장(전무) 2014년 同반도체연구소 공정개발실장(전무) 2015년 同부사장 2017년 同반도체연구소장(부사장)(현)

## 강호균(姜鎬均)

(생)1964 · 1 · 4 (출)경북 성주 (주)서울특별시 중구 청계천로 86 한화그룹 경영기획실(02-729-1114) (학)1983년 창원고졸 1988년 동국대 행정학과졸 2013년 성균관대 경영전문대학원 및 미국 인디애나대 캘리비즈니스스쿨 연계 EMBA과정졸(복수학위) (경)1993년 (주)한화 입사 2001년 한화그룹 커뮤니케이션팀 근무 2013년 同커뮤니케이션팀 상무보, 同경영기획실 상무보 2017년 同경영기획실 상무(현)

## 강호덕(姜鎬德) Kang, Ho-Duck

(생)1964 · 2 · 25 (주)경기도 고양시 일산동구 동국로 32 동국대학교 바이오시스템대학 바이오환경과학과(031-961-5347) (학)1981년 서울 양정고졸 1987년 동국대 산림자원학과졸 1988년 미국 노스캐롤라이나주립대 수료 1991년 미국 아이오와주립대 대학원졸 1994년 산림자원학박사(미국 아이오와주립대) (경)1995~1996년 동국대 · 국민대 · 공주대 산림자원조경학과 강사 1995~1996년 임업연구원 분자생물연구실 연구원 1996~1997년 한국임학회 유전공학부문 편집위원 1997~1998년 산림청 산림환경과 산림환경담당 사무관 1997년 세계임업총회(WFC) 아태지역 대표 1998~2001년 산림청 국제협력과 국제협력담당 사무관 1998년 생물다양성협약(CBD) 정부대표 1999년 정부간산림포럼(IFF) 정부대표 1999년 사막화방지협약(UNCCD) 정부대표 2001년 한국국제협력단(KOICA) 개도국공무원교육 산림경영과정 Consultant 2001년 유엔산림포럼(UNFF) 산림부문 자문위원 2001년 동국대 바이오시스템대학 바이오환경과학과 교수(현) 2001년 한국자원식물학회 영문편집위원 2001년 한국임학회 유전공학부문 편집위원 2002년 식물생명공학회 유전자형질전환부문 편집위원 2003년 同황사 · 사막화방지 전문위원 2006년 국무조정실 황사방지대책반 자문위원 2007년 동국대 황사 · 사막화방지연구소장(현) 2008년 한국임학회 이사 2009년 한국자원식물학회 상임이사 2015~2016년 동국대 바이오시스템대학장 2015~2018년 同학술림관리소장 (상)몽골 환경부장관표창(2017) (저)'산림생명공학의 연구동향'(2005)

## 강호동

(생)1961 · 4 (출)경남 사천 (주)경상남도 양산시 중앙로 39 양산시청 부시장실(055-392-2030) (학)사천농고졸, 경상대 식품공학과졸, 고려대 정책과학대학원 행정학과졸 (경)1985년 공무원 임용 2008년 경남도 서울사무소장(서기관) 2010년 同농업정책과장 2012년 同공보관 2013년 同농정국장 직무대행 2015년 同복지보건국장(부이사관) 2016년 창원시 진해구청장 2017년 경남도 인재개발원장 2017년 同환경산림국장 2018년 경남 양산시 부시장(현)

## 강호성(姜鎬成)

(생)1963 · 6 · 10 (출)충북 청주 (주)경기도 과천시 관문로 47 법무부 범죄예방정책국(02-2110-3006) (학)1982년 청주 운호고졸 1986년 성균관대 행정학과졸 2010년 사회복지학박사(숭실대) (경)1993년 행정고시 보호관찰직 합격(36회) 1999년 법무연수원 일반연수과 교수 2002년 법무부 보호국 관찰과 기획 · 인사담당 서기관 2005년 서울남부보호관찰소장 2007년 서울동부보호관찰소장 2008년 안양소년원장 2010년 법무부 보호관찰과장(부이사관) 2013년 대전보호관찰소장 2016년 광주보호관찰소장 2017년 서울보호관찰소장(일반직고위공무원) 2018년 법무부 범죄예방정책국장(현)

## 강호성(姜淏盛) KANG Ho Sung

(생)1964 · 10 · 12 (출)대구 (주)서울특별시 중구 소월로2길 12 CJ그룹 법무실(02-726-8114) (학)1983년 영남고졸 1987년 서울대 법학과졸 1989년 단국대 법학대학원졸 (경)1989년 사법시험 합격(31회) 1992년 사법연수원 수료(21기) 1993년 서울지검 검사 1995년 대전지검 천안지청 검사 1997년 수원지검 성남지청 검사 1998년 변호사 개업, 법무법인 두우 변호사 2009년 법무법인 두우&이우 변호사 2012년 법무법인 광장 변호사 2013년 CJ E&M 전략추진실 부사장 2013년 CJ그룹 법무실장(부사장) 2018년 同법무실장(총괄부사장)(현)

## 강호영(姜鎬泳) KANG Ho Young

(생)1964 · 3 · 20 (본)진주(晉州) (출)서울 (주)서울특별시 마포구 동교로 191 DBM빌딩 202호 (주)네바퀴의 꿈(오토타임즈)(02-3143-6511) (학)1983년 진주고졸 1990년 성균관대 유학과졸 (경)1991년 (주)자동차생활 편집부 차장 1995년 한국경제신문 자동차신문국 근무 1998년 한경자동차신문 취재팀 부장(편집장) 2002년 오토타임즈 편집장 겸임 2003년 (주)네바퀴의꿈(오토타임즈) 대표이사(현) (저)'알뜰한 車테크 안전한 車테크 119'(共) (종)천주교

## 강호익(姜鎬益) KANG Ho Ik

(생)1939 · 7 · 13 (본)진주(晉州) (출)경북 (주)서울특별시 강남구 선릉로 612 한일빌딩 3층 한창산업(주) 비서실(02-3448-4267) (학)1958년 경기고졸 1964년 서울대 토목공학과졸 (경)1964~1971년 한국건설 기술단 입사 · 근무 1971~1973년 건설부 항만조사단 근무 1973~1991년 현대건설(주) 근무

1983년 同상무 1987년 同전무 1992년 한창산업(주) 대표이사(현) (상)10월의 자랑스러운 중소기업인상(2008)

## 강호찬(姜鎬讚) KANG Ho Chan

(생)1971·10·30 (출)부산 (주)서울특별시 서초구 방배로 226 넥센타이어(주) 임원실(02-3480-0347) (학)1990년 부산고졸 1999년 연세대 경영학과졸, 서울대 경영대학원졸 (경)대유리젠트증권 근무 2003년 넥센타이어(주) 영업담당 상무이사, (주)넥센 부사장, (주)넥센테크 부사장 2006~2008년 넥센타이어(주) 영업본부장(부사장) 2008년 (주)넥센 총괄부사장 겸임 2009년 넥센타이어(주) 영업본부 사장 2010년 同전략담당 사장 2013년 (주)넥센 대표이사 겸임 2015년 넥센타이어(주) 영업부문 사장 2016년 同대표이사 사장 2018년 한국경영자총협회 부회장(현) 2019년 넥센타이어(주) 대표이사 부회장(현) 2019년 (주)넥센 대표이사 부회장 겸임(현) (상)무역의날 1억불 수출탑(2013), 산업포장(2016), EY최우수기업가상 패밀리비즈니스부문(2017)

## 강홍빈(康泓彬) KANG Hong Bin

(생)1945·1·15 (출)서울 (주)서울특별시 서초구 남부순환로340길 57 서울연구원 이사장실(02-2149-1000) (학)1963년 경기고졸 1967년 서울대 건축공학과졸 1969년 同행정대학원 수료 1971년 미국 하버드대 설계대학원졸 1980년 공학박사(미국 MIT) (경)1966년 건설부 주택·도시 및 지역계획연구실 근무 1972년 미국 하버드대 기획연구관 1975~1978년 미국 MIT 도시환경계획실 근무 1978~1981년 한국과학기술원(KAIST) 지역개발연구소 주택도시부장·연구부장 1981~1985년 서울대 환경대학원부설 환경계획연구소 환경계획부장 1985~1990년 대한주택공사 주택연구소장 1990년 서울시 시정연구관 1993년 同정책기획관 1996~2009년 서울시립대 도시공학과 교수 1998년 서울시정개발연구원 원장 1999~2002년 서울시 행정1부시장 2005년 동아일보 객원논설위원 2009~2016년 서울역사박물관 관장 2010년 중국 상하이엑스포 수상작선정 심사위원 2016년 서울연구원 이사장(현) (상)산업포장(1986), 올림픽기장(1988), 홍조근정훈장(2002), 이탈리아공화국 공로훈장(2015) (저)'사람의 도시' '서울에세이, 근대화의 도시풍경' '건축과 함께한 나의 삶'(共) (종)천주교

## 강화석(姜和錫) KANG Hwa Seok

(생)1972·1·5 (출)전북 김제 (주)서울특별시 서초구 서초중앙로 157 서울중앙지방법원(02-530-1690) (학)1990년 해성고졸 1995년 서울대 법학과졸 (경)1995년 사법시험 합격(37회) 1998년 사법연수원 수료(27기) 1998년 軍법무관 2001년 서울지법 판사 2003년 同남부지원 판사 2005년 대전지법 천안지원 판사 2008년 광주고법 전주부 판사 2010년 서울고법 판사 2011년 대법원 재판연구관 2013~2015년 광주지법 순천지원·광주가정법원 순천지원 부장판사 2015년 수원지법 성남지원 부장판사 2017년 서울동부지법 부장판사 2019년 서울중앙지법 부장판사(현)

## 강화자(姜華子·女) KANG Wha Ja

(생)1945·5·26 (출)충남 공주 (주)서울특별시 서초구 서초대로27길 33 예전빌딩 3층 강화자베세토오페라단(02-3476-6224) (학)1968년 숙명여대 성악과졸 1973년 미국 보스톤 탱글우드 훼스티발 수료 1976년 미국 맨해튼음대 대학원 성악과졸 1994년 고려대 언론대학원 최고위자과정 수료, 한양대 최고엔터테인먼트과정 수료 (경)1975년 골도부스커오페라단 단원 1981년 국립오페라단 단원 1981~2000년 연세대 음대 교수 1986년 강Plus음악연구회 회장(현) 1991년 김자경오페라단 단장 1992년 음악이있는사회뮤직포럼 대표 1996년 강화자베세토오페라단 설립·이사장 겸 단장(현) 1997년 운현로타리 회장 1997년 한국사회문화연구원 정책위원 1997년 서울예술단 이사 1998년 민간오페라총연합회 부회장 2008~2009년 대한민국오페라협회 이사장 2009년 대한민국오페라단연합회 명예이사장 2011~2014년 아시아태평양오페라발전협의회 상임대표 2013년 민주평통 자문위원 (상)올해의음악가상 성악부문(1997), 한국음악협회 한국음악인상수상(1997), 한국음악비평가협회 음악대상(2003), 우크라이나 문화훈장(2003), 체코정부 문화공로메달수상(2006), 대한민국오페라대상 공로상(2010), 세종나눔봉사대상 국가인권위원회위원장표창(2011), 제4회 대한민국오페라 대상(2011), 지식경영인상(2012), 이탈리아 토레델라고푸치니페스티벌 공로상(2014) (작)오페라주역 출연 'Carmen' 'Samson과 Dallila' 'Aida' 'DonCarlo' 'La Favorita' '백범 김구와 상해임시정부' '춘향전' 등 수 백편, 연출작품 '박쥐'(한국초연) '흥행사'(한국초연) '노처녀와 도둑' '수녀 안젤리카' '카르멘' '춘향전' '황진이' '라 트라비아타' '토스카' '아이다' '리골레토' '투란도트' '삼손과 데릴라' '한 여름밤의 여행콘서트' '그대 음성에 내 마음 열리고' 'GRAND OPERA GALA CONCERT' 등 수십 편, 독창회 다수, 자선위문공연 수백 회 (종)기독교

## 강환구(姜煥龜) KANG Hwan Goo

(생)1955·1·23 (출)충남 아산 (학)1974년 서울고졸 1979년 서울대 조선공학과졸 (경)1979년 현대중공업(주) 입사 2003년 同조선사업본부 이사대우 2004년 同조선사업본부 선박설계담당 이사 2006년 同조선사업본부 상무이사 2009년 同조선사업본부 전무이사 2013년 同조선사업본부장(부사장) 2014년 현대미포조선 대표이사 사장 2016~2018년 현대중공업(주) 대표이사 사장 2016~2018년 同안전경영실장 겸임 2017~2019년 한국조선해양플랜트협회 회장

## 강효상(姜孝祥) Khang Hyo Shang

(생)1961·3·1 (출)경북 안동 (주)서울특별시 영등포구 의사당대로 1 국회 의원회관 418호(02-784-6195) (학)1979년 대구 대건고졸 1985년 서울대 법대 법학과졸, 한양대 대학원 수료 1992년 미국 콜로라도대병설 이코노믹스 인스티튜트 연수 2001년 미국 아메리칸대 대학원 국제법학과졸 (경)1986년 조선일보 입사, 同편집국 기자 1997년 同워싱턴특파원(차장대우) 2001년 同경제과학부 차장대우 2003년 同경제부장 직대(차장) 2004년 同경제부장 2004년 同산업부장 2006년 同경제·산업담당 에디터 2006년 同사회부장 2008년 同경영기획실장 2008년 한국신문협회 기조협의회 부회장 2009~2010년 同기조협의회장 2010년 조선일보 경제온라인담당 부국장 2011년 관훈클럽 운영위원(서기) 2011년 CSTV 보도본부장 2011년 TV조선 보도본부장 2013~2015년 조선일보 편집국장 2015년 同미래전략실장 겸 논설위원 2016년 제20대 국회의원(비례대표, 새누리당·자유한국당〈2017.2〉)(현) 2016~2017년 국회 미래창조과학방송통신위원회 위원 2016~2017년 새누리당 미래특별위원회 부위원장 2017년 국회 헌법개정특별위원회 위원 2017년 자유한국당 제19대 홍준표 대통령후보 중앙선거대책본부 미디어본부 공동본부장 2017년 同사드대책특별위원회 위원 2017년 同방송장악저지투쟁위원회 위원장 2017년 同공동대변인 2017~2018년 국회 과학기술정보방송통신위원회 위원 2017년 자유한국당 북핵위기대응특별위원회 위원 2017~2018년 同대표최고위원 비서실장 2017~2018년 국회 청년미래특별위원회 위원 2017~2018년 국회 재난안전대책특별위원회 위원 2018년 국회 사법개혁특별위원회 위원 2018년 자유한국당 좌파정권방송장악피해자지원특별위원회 위원 2018년 국회 환경노동위원회 위원(현) 2018년 자유한국당 원내부대표(현) 2018년 국회 운영위원회 위원(현) 2018년 국회 '공공부문채용비리의혹과 관련된 국정조사특별위원회' 위원(현)

**강효석**

(생)1968 · 12 · 18 (출)전남 목포 (주)전라남도 무안군 삼향읍 오룡길 1 전라남도청 감사관실(061-286-2230) (학)서울대 대학원 행정학과졸 (경)미국 캘리포니아대 유학 2016년 전남도 경제과학국 지역경제과장(서기관) 2017년 同일자리정책실 일자리정책지원관 2018년 광양만권경제자유구역청 행정개발본부장(지방부이사관) 2018년 同청장 직대 2019년 同감사관(현)

**강효섭(康孝燮) KANG Hyo Seop**

(생)1942 · 4 · 20 (본)신천(信川) (출)충남 공주 (주)대전광역시 중구 계백로 1712 기독교봉사회관 306호 대전닥스항공여행사(주)(042-221-0220) (학)1960년 공주고졸 1964년 충남대 농업토목학과졸 (경)1968년 대전문화방송 보도국 기자 1979년 同취재부 차장 1980년 同취재부장 1987년 同보도국 부국장 1988년 同총무국장 1990년 同보도국장 1993년 대전시교육위원 1994년 대전문화방송 상무이사 2000년 온누리여행사 회장 2001년 대전지법 가사조정위원(현) 2001년 대전닥스항공여행사(주) 회장(현) 2005~2006년 대전시티즌 사장 2010~2015년 同이사 2011년 민주평통 자문위원(현) 2016~2017년 새누리당 대전시당 위즈덤위원회 고문 (상)대전시 문화상(1990)

**강후원(姜厚遠) KANG Hu Won**

(생)1961 · 4 · 2 (본)진주(晋州) (출)경북 영천 (주)경상남도 진주시 진양호로 309-6 진주법조타운 3층 강후원법률사무소(055-794-2757) (학)1979년 부산상고졸 1982년 서울대 경영학과 중퇴 (경)1988년 사법시험 합격(30회) 1991년 사법연수원 수료(20기) 1991년 창원지법 판사 1994년 同밀양지원 판사 1996년 창원지법 판사 1998년 同진해시법원 판사 1999년 창원지법 판사 2001년 부산고법 판사 2004년 부산지법 판사 2006년 울산지법 부장판사 2008년 부산지법 부장판사 2012년 창원지법 진주지원장 2014~2015년 부산지법 부장판사 2016년 변호사 개업(현)

**강 훈(姜 勳) Kang Hoon**

(생)1957 · 12 · 9 (출)전북 이리 (주)서울특별시 성동구 마장로 210 한국기원 홍보팀(02-3407-3800) (경)1974년 프로바둑 입단 1976년 2단 승단 1977년 3단 승단 1977년 기왕전 본선 1978~1984년 명인전 7회연속 본선 1979년 4단 승단 1980 · 1981년 패왕전 준우승 1980년 국기전 본선 1981년 국수전 본선 1982년 국기전 · 국수전 · 최고위전 · 제왕전 본선 1983년 5단 승단 1983년 국기전 · 박카스 본선 1984년 패왕전 준우승 1984년 국기전 본선 1985년 6단 승단 1985년 국기전 · 국수전 · 박카스배 · 대왕전 본선 1986년 제4기 박카스배 우승 1986년 제1기 신왕전 준우승 1986년 국수전 · 제왕전 · 대왕전 본선 1987년 제12기 국기전 준우승 1987년 7단 승단 1987년 명인전 · 최고위전 · 대왕전 본선 1988년 제13기 국기전 준우승 1988년 대왕전 본선 1989년 최고위전 · 박카스배 · 대왕전 · 왕위전 본선 1990년 명인전 · 바둑왕전 · 연승바둑최강전 본선 1991년 명인전 · 바둑왕전 본선 1992년 국기전 · 왕위전 본선 1993년 8단 승단 1993년 국기전 · 바둑왕전 · 왕위전 본선 1994년 국기전 · 제왕전 · 박카스 · 바둑왕전 · 대왕전 본선 1995년 최고위전 · 제왕전 · 왕위전 · 박카스배 · 패왕전 본선 1996년 9단 승단(현) 1996년 명인전 · 동양증권배 본선 1999년 패왕전 본선 2003년 제3기 돌씨앗배 준우승 2005년 잭필드배 프로시니어기전 본선 2007년 원익배 십단전 본선 2008년 맥심커피배 입신최강 본선 2009년 KB국민은행 한국바둑리그 하이트진로 감독 2010년 제4기 지지옥션배 본선 2011년 KB국민은행 한국바둑리그 하이트진로 감독(준우승) 2012년 지지옥션배 본선 2017년 한국기원총재배 시니어바둑리그 우승 (상)기도문화상 신예기사상(1979), 기도문화상 감투상(1982)

**강훈식(姜勳植) KANG HOONSIK**

(생)1973 · 10 · 24 (본)진주(晋州) (출)충남 온양 (주)서울특별시 영등포구 의사당대로 1 국회 의원회관 640호(02-784-1045) (학)건국대 경영정보학과졸, 同행정대학원 행정학과 휴학 중 (경)1998년 건국대 총학생회장 2000년 총선시민연대 대학생유권자운동본부 집행위원장 2002~2004년 신훈패션 대표이사 2003~2004년 정치컨설팅그룹 '민기획' 전략기획팀장 2004~2006년 경기도지사(손학규) 보좌관 2006년 손학규 100일민심대장정 기획 및 총괄 2007년 손학규 대통령예비후보 선거대책위원회 전략기획실장 2007년 대통합민주신당 아산시선거대책위원회 위원장 2008년 제18대 국회의원선거 출마(아산시, 통합민주당) 2008년 민주당 충남아산시지역위원회 위원장 2010년 同부대변인 2010년 同정책위원회 부의장 2010~2011년 同손학규 대표최고위원 정무특보 2015~2016년 동국대 언론정보대학원 신문방송학과 겸임교수 2015년 새정치민주연합 전략홍보본부 부본부장 2016년 더불어민주당 충남아산시乙지역위원회 위원장(현) 2016년 제20대 국회의원(아산시乙, 더불어민주당)(현) 2016 · 2018년 국회 국토교통위원회 위원(현) 2017년 더불어민주당 제19대 문재인 대통령후보 중앙선거대책위원회 공보단 대변인 2017~2018년 同원내대변인 겸 공보담당 원내부대표 2017~2018년 국회 운영위원회 위원 2017~2018년 국회 미세먼지대책특별위원회 위원 2018년 더불어민주당 한국GM대책특별위원회 위원 2018년 同충남도당 공직선거후보자추천관리위원회 위원장 2018~2019년 同전략기획위원회 위원장 2018년 국회 4차산업혁명특별위원회 위원(현) 2019년 국회 예산결산특별위원회 위원(현) 2019년 국회 세종의사당추진특별위원회 위원(현) (저)'길 위에서 민심을 만나다'(2006) '동업이 우리를 위대하게 합니다'(2008)

**강흠정(姜欽晶) Heum Jeng, Kang**

(생)1968·11·22 (출)충북 괴산 (주)대전광역시 서구 청사로 189 특허청 특허심판원 심판9부(042-481-5865) (학)1987년 청주고졸 1992년 청주대 전자공학과졸 2001년 충남대 법학대학원졸 2006년 미국 매사추세츠공대 SPURS과정 수료 2007년 미국 캘리포니아대 버클리교 법학대학원졸(LL.M.) (경)2000년 특허청 심사2국 심사조정과·심사4국 전자심사담당관실·전기전자심사국 전자심사담당관실 정보통신서기관·정보통신심사본부 영상기기심사팀 기술서기관 2008년 특허심판원 제10부 심판관 2009년 특허청 전기전자심사국 반도체설계재산팀장 2010년 특허법원 파견(부이사관) 2012년 특허청 정보통신심사국 컴퓨터심사과장 2012년 유럽 공동체상표청(OHIM) 파견(서기관) 2016년 특허청 특허심사기획국 특허심사제도과장 2016년 同특허심사기획국 특허심사제도과장(부이사관) 2018~2019년 同특허심판원 심판정책과장 2019년 同특허심판원 심판9부 심판관(현)

**강희석(姜熙錫)**

(생)1966 · 5 · 30 (출)경남 사천 (주)경기도 안산시 단원구 광덕서로 75 수원지방법원 안산지원(031-481-1136) (학)1985년 진주 동명고졸 1989년 서울대 경영학과졸 (경)1999년 사법시험 합격(41회) 2002년 사법연수원 수료(31기) 2002년 전주지법 예비판사 2004년 同판사 2005년 수원지법 안산지원 판사 2008년 서울남부지법 판사 2012년 서울중앙지법 판사 2014년 서울남부지법 판사 2016년 서울중앙지법 판사 2017년 부산지법 부장판사 2019년 수원지법 안산지원 부장판사(현)

**강희설(姜熙契) kang, hee seol**

(생)1962 · 10 · 3 (본)진주(晋州) (출)충남 연기 (주)충청남도 천안시 서북구 성환읍 신방1길 114 국립축산과학원 GSP종축사업단(041-580-6851) (학)1981년 청주농업고졸 1985년 충북대 축산학과졸 1994년 건국대 대학원 축산자원생산학과졸 2008년 농학박사(충북대) (경)1985년 전북농촌진흥원 정읍군농촌지도소 농촌지도사 1987년 충북농촌진흥원 보은군농촌지도소 농촌지도사 1992년 농촌진흥청 축산시험장 육우과 축산연구사 1995년 同축산연구소 축산환경과 축산연구사 2004년 同축산연구소 가금과 축산연구관 2006년 同연구정책국 연구개발과 축산팀장 2009년 국립축산과학원 축산환경과장 2011년 농촌진흥청장 비서관 2012년 통일교육원 통일미래지도자과정 파견 2013년 국립축산과학원 한우시험장장 2014년 同한우연구소장 2015년 同낙농과장 2016년 同GSP종축사업단장(현) (종)기독교

**강희성(姜熙成) Kang Hee Sung**

(생)1956 · 7 · 27 (본)진주(晋州) (출)전북 군산 (주)전라북도 군산시 임피면 호원대3길 64 호원대학교 총장실(063-450-7003) (학)1975년 대광고졸 1979년 한양대 경제학과졸 1986년 미국 NewYork Pace Univ. 대학원 MBA 1996년 경제학박사(한양대) (경)2001년 호원대 총장(현) 2001년 군산 한 · 미친선협의회 위원(현) 2001~2010년 민주평통 정책자문위원 전국상임위원 2002~2004년 전국사립산업대학교총장협의회 회장 2003~2008년 국가균형발전과지방분권추진위원회 위원 2005~2007년 군산세계물류박람회조직위원회 고문 2005~2008년 전국대학사회봉사협의회 부회장 2007~2008년 전북자동차포럼 공동의장 2007~2008년 전북지역대학총장협의회 회장 2007~2008년 한국대학교육협의회 이사 2011~2015년 공군학사장교회 수석부회장 2008년 한국대학교육협의회 대학평가대책위원회 위원장(현) 2008~2015년 한국대학사회봉사협의회 회장 2009~2011년 재외동포재단 자문위원 2011년 한국자원봉사협의회 공동대표 2012년 (사)전북새만금산학융합본부 이사(현) 2012~2014년 공군 정책발전자문위원 2013년 공군역사재단 이사 2013~2015년 전북자동차포럼 공동의장 2014년 한국GM범시민대책위원회 위원 2014~2018년 한국사립대학총장협의회 부회장 2015~2016년 전북지역대학총장협의회 회장 2015년 한국대학사회봉사협의회 명예회장 2015~2016년 한국대학교육협의회 이사 2015~2017년 공군학사장교회 회장 2016년 전주문화방송(MBC) 시청자위원회 위원장(현) 2017년 한국대학교육협의회 대학윤리위원회 위원(현) 2018년 同감사(현) 2018년 한국사립대학총장협의회 수석부회장(현) (상)국무총리표창(1999 · 2010), 중소기업청장표창(2007), 전북도지사표창(2009), 대통령표창(2013), 행정안전부장관표창(2012), 삼성사회공헌상 사회공헌 파트너 부문(2014) (종)기독교

**강희용(姜熙龍) Kang, Hee Yong**

(생)1971 · 3 · 24 (출)강원 춘천 (주)서울특별시 동작구 사당로 237 더불어민주당 서울동작乙지역위원회(02-532-1116) (학)1990년 강원사대부고졸 1997년 한양대 정치외교학과졸 2007년 고려대 정책대학원 경제학과졸 2015년 도시공학박사(한양대) (경)전병헌 국회의원 정책보좌관 2010~2011년 민주당 부대변인 2010~2014년 서울시의회 의원(민주당 · 민주통합당 · 민주당 · 새정치민주연합) 2010~2012년 同재정경제위원회 위원 2010~2012년 同개혁과발전특별위원회 위원 2011~2012년 同친환경무상급식지원특별위원회 위원 2011년 同무상급식주민투표대책위원장 2012~2014년 同인권도시창조를위한서울특별시의회인권특별위원회 위원 2012~2014년 同운영위원회 위원 2012~2014년 同도시계획관리위원회 위원 2012~2014년 同예산결산특별위원회 위원 2012년 민주통합당 부대변인 2013년 민주당 서울시당 대변인 2013년 미국 국무부 '세계 차세대 지도자 프로그램' 한국대표 2014년 새정치민주연합 서울시당 대변인 2014~2015년 同정책위원회 부의장 2015년 同상근부대변인 2015~2016년 더불어민주당 상근부대변인 2016년 同유능한경제정당위원회 위원 겸 대변인 2016년 同뉴파티위원회 위원 겸 대변인 2017년 同제19대 문재인 대통령후보 중앙선거대책위원회 상임공동위원장 비서실 부실장 2017~2018년 同대표최고위원 정무조정실장 2018년 同서울동작乙지역위원회 위원장(현) (상)국회사무총장표창(2006), 계간 '연인' 詩부문 신인문학상(2009), 국회의장표창(2009), 지방의원 매니페스토 약속대상 광역의원부문 대상(2012), 지방의원 매니페스토 우수사례 경진대회 공감행정부문 최우수상(2013), 서울특별시장 감사패(2013), 지방의원 매니페스토 약속대상 광역의원부문 최우수상(2014), 한국언론사협회 대한민국 지역사회공헌 대상(2014) (저)시집 '봄은 내게 겨울 외투를 권했다'(2013, 연인M&B)

**강희은(姜熙恩) Kang, Hee-Eun**

(생)1968 · 3 · 31 (본)진주(晋州) (출)전북 군산 (주)서울특별시 중구 세종대로 110 서울특별시청 인사기획팀(02-2133-5703) (학)1986년 군산제일고졸 1990년 고려대 법학과졸 1994년 同대학원 법학 석사과정 수료 (경)1994년 행정고시 합격(38회) 1995년 총무처 수습사무관 1996~2001년 국가보훈처 행정사무관 2001~2006년 공정거래위원회 사무관 · 서기관 2006~2012년 국가청렴위원회 · 국민권익위원회 과장 2009~2011년 미국 아이오와주 옴부즈만 직무연수 2012년 서울시 경제진흥실 소상공인지원과장 2013년 同기후대기과장 2014년 同기후환경본부 친환경교통과장 2015년 同기후환경본부 대기관리과장 2015년 同문화본부 역사문화재과장 2016년 同감사담당관 2017년 同도시재생본부 재생정책과장 2018년 서울관광재단 파견(현) (상)공정거래위원장표창, 한국일보 그린하우징 어워드(2017) (저)'옴부즈만, 국민의 친구입니다'(2012, 탑북스) (종)개신교

**강희진(姜喜鎭)**

(생)1960 · 9 · 30 (주)경기도 광명시 시청로 20 광명시청(02-2680-2105) (학)경기 한광고졸, 한경대 행정학과졸 (경)1981~1987년 수원시 근무 1987년 경기도 석산개발사업소 근무 1988~1998년 同새마을지도과 · 노정담당관실 · 지역경제과 · 경제정책과 근무 1998년 同감사관실 근무 2000~2003년 광명시 광명3동장 · 감사담당관 2003~2008년 경기도 연구기반조성담당 · 의장비서관 · 민원담당 · 조사담당 2008년 同감사기획담당 2008년 同감사총괄담당 2008년 同복지환경예산담당 2009년 同예산총괄담당 2011년 同복지여성실 사회복지담당관(지방서기관) 2012년 同특별사법경찰단장 2013년 同기업지원1과장 2014년 同규제개혁추진단장 2015년 同예산담당관 2016~2017년 경기 가평군 부군수 2017~2018년 경기도 지방행정연수원 교육파견(부이사관) 2018년 광명시 부시장(현) 2018년 同시장 권한대행 (상)대통령표창(2015)

**강희철(姜喜哲) KANG, Hee-Chul**

(생)1958 · 10 · 5 (출)경남 진해 (주)서울특별시 강남구 테헤란로 518 섬유센터빌딩 12층 법무법인(유) 율촌(02-528-5203) (학)1975년 경남고졸 1979년 서울대 법학과졸 1990년 미국 하버드대 법학대학원졸(LLM) (경)1979년 사법시험 합격(21회) 1981년 사법연수원 수료(11기) 1981~1984년 軍법무관 1984~1996년 김앤장법률사무소 변호사 1990~1991년 미국 제너럴일렉트릭사 아시아태평양지역본부(홍콩) 사내변호사 1997년 법무법인 율촌 변호사(현) 1998~2005년 국방부 조달본부 군수조달자문위원 2000~2002년 서울지방변호사회 섭외위원장 2002~2007년 현대미포조선 사외이사 2003~2006년 금융감독

원 감리위원회 위원 2004년 대한상사중재원 중재인 2004~2006년 재정경제부 금융발전심의회 위원 2005년 상장회사협의회 자문위원(현) 2005~2009년 증권선물거래소 유가증권시장공시위원회 위원 2005년 서울중앙지법 조정위원(현) 2006~2009년 한국투자자교육재단 감사 2008년 법무부 경영권방어법제개선위원회 위원 2008~2010년 금융위원회산하 자본시장조사심의위원회 위원 2009년 한국증권법학회 부회장(현) 2011~2013년 대한변호사협회 부회장 2011~2013년 대법원 법관인사위원회 위원 2012~2016년 IPBA(Inter-Pacific Bar Association) Legal Practice Committee 위원장 2014~2016년 한국세계자연기금 감사 2016년 同이사(현) 2016년 (주)포스코대우 사외이사(현) 2018년 (주)포스코인터내셔널 사외이사 겸 감사위원(현)

### 강희태(姜熙泰) KANG Hee Tae

(생)1959 · 4 · 23 (출)서울 (주)서울특별시 중구 남대문로 81 롯데쇼핑(주) 임원실(02-771-2500) (학)1987년 경희대 영어영문학과졸 (경)2004년 롯데쇼핑(주) 여성복팀장(이사대우) 2004년 同상품본부 잡화숙녀매입부문장(이사대우) 2005년 同상품본부 잡화숙녀매입부문장(이사), 同백화점사업본부 상품본부1부문장(이사) 2008년 同백화점사업본부 본점장(상무) 2010년 同영남지역장(상무) 2011년 同영남지역장(전무) 2011년 同상품본부장(전무) 2014년 同차이나사업부문장(부사장) 2017년 同대표이사 사장(현) 2019년 한국백화점협회 회장(현)

### 견종철(堅種哲) Kyun Jong Chul

(생)1968 · 3 · 23 (본)해주(海州) (출)부산 (주)서울특별시 서초구 서초중앙로 157 서울고등법원(02-530-1114) (학)1987년 부산 사직고졸 1991년 서울대 사법학과졸 1993년 同대학원졸 (경)1993년 사법시험 합격(35회) 1996년 사법연수원 수료(25기) 1997년 軍법무관 1999년 부산지법 판사 2003년 인천지법 판사 2006년 서울서부지법 판사 2007년 서울고법 판사 2009년 대법원 재판연구관 2011년 서울고법 판사 2016년 광주고법 판사 2017년 서울고법 판사(현)

### 견종호(堅種晧) Kyun Jongho

(생)1970 · 10 · 24 (본)해주(海州) (출)부산 (주)서울특별시 종로구 사직로8길 60 외교부 공공외교총괄과(02-2100-7541) (학)1989년 충렬고졸 1996년 서울대 불어불문학과졸 2000년 미국 컬럼비아대 국제대학원졸(석사) (경)1996년 외무고시 합격(30회) 1996년 외교부 입부 2003~2006년 駐EU대표부 1등서기관 2006~2008년 駐스리랑카 1등서기관 겸 영사 2009~2010년 G20 셰르파 보좌관 2010~2012년 駐미국 1등서기관 2012~2013년 외교부 G20경제기구과장 2014년 同양자경제외교총괄과장 2016년 駐필리핀 공사참사관 2018년 駐애틀랜타 부총영사 2019년 외교부 공공외교총괄과장(심의관급)(현) (상)국무총리표창(2011) (저)'외교관이 본 국제경제(共)'(2003) 'EU정책브리핑(共)'(2005)

### 경계현(慶桂顯) Kyung Kye Hyun

(생)1963 · 3 · 5 (주)경기도 수원시 영통구 삼성로 129 삼성전자(주) 메모리사업부 Solution개발실(02-2255-0114) (학)1986년 서울대 제어계측공학과졸 1988년 同대학원 제어계측공학과졸 1994년 제어계측공학박사(서울대) (경)2001년 삼성전자(주) 메모리사업부 DRAM개발실 근무 2009년 同메모리사업부 Flash개발실 담당임원(상무) 2011년 同메모리사업부 Flash설계팀장(상무) 2013년 同메모리사업부 Flash설계팀장(전무) 2015년 同메모리사업부 Flash개발실장(부사장) 2019년 同메모리사업부 Solution개발실장(현) (상)자랑스런 삼성인상 기술상(2014)

### 경대수(慶大秀) KYEONG Dae Soo

(생)1958 · 3 · 18 (본)청주(淸州) (출)충북 괴산 (주)서울특별시 영등포구 의사당대로 1 국회 의원회관 941호(02-784-3977) (학)1975년 경동고졸 1979년 서울대 법학과졸 1981년 同대학원 법학 석사과정 수료 (경)1979년 사법시험 합격(21회) 1981년 사법연수원 수료(11기) 1981년 육군 법무관 1984년 서울지검 남부지청 검사 1987년 춘천지검 영월지청 검사 1988년 서울지검 북부지청 검사 1990년 부산지검 검사 1992년 인천지검 검사 1993년 대전지검 공주지청장 1993년 전주지검 군산지청 부장검사 1994년 청주지검 부장검사 1996년 서울지검 의정부지청 부장검사 1997년 대구지검 형사2부장 1997년 同형사1부장 1998년 법무부 보호과장 1999년 서울지검 조사부장 2000년 대구지검 김천지청장 2001년 대전지검 차장검사 2002년 서울고검 검사 2003년 광주지검 차장검사 2004년 서울중앙지검 2차장검사 2005년 同1차장검사 2005년 제주지검장 2006년 대검찰청 마약·조직범죄부장 2006년 변호사 개업 2009년 10·28재보선 국회의원선거 출마(충북 증평군·진천군·괴산군·음성군, 한나라당) 2011년 한나라당 충북도당 위원장 2012년 새누리당 충북도당 위원장 2012년 제19대 국회의원(충북 증평군·진천군·괴산군·음성군, 새누리당) 2012~2015년 새누리당 중앙윤리위원회 위원장 2012년 同법률지원단 부단장 2012년 국회 윤리특별위원회 위원 2013년 국회 공직자윤리위원회 위원 2013~2014년 국회 농림축산식품해양수산위원회 간사 2014년 대한민국귀농귀촌한마당·전원생활박람회 조직위원장 2014년 새누리당 세월호사고대책특별위원회 위원 2014년 국회 농림축산식품해양수산위원회 위원 2014~2015년 국회 예산결산특별위원회 위원 2015년 국회 정치개혁특별위원회 공직선거법심사소위원회 위원 2015년 새누리당 충북도당 위원장 2016년 제20대 국회의원(충북 증평군·진천군·음성군, 새누리당·자유한국당〈2017.2〉)(현) 2016~2018년 국회 국방위원회 간사 2016년 국회 정치발전특별위원회 위원 2016~2017년 새누리당 인권위원장 2016년 국회 대한민국미래혁신포럼 회원(현) 2016~2017년 자유한국당 인권위원장 2017~2018년 국회 예산결산특별위원회 위원 겸 추경예산안등조정소위원회 위원 2017년 자유한국당 북핵위기대응특별위원회 위원 2017년 同정치보복대책특별위원회 부위원장 2018년 국회 농림축산식품해양수산위원회 간사(현) (상)검찰총장표창, 대한민국우수국회의원대상(2013), 대한민국창조경영대상(2014), 국정감사 우수국회의원대상(2014·2015), 국회의장선정 입법 및 정책개발 우수국회의원(2014), 국회의원 헌정대상(2015), 대한민국최고국민대상 의정부문 농축산복지발전공로대상(2015), 한국을 빛낸 자랑스런 한국인대상 의정부문 지역발전공로대상(2015), 한국을 빛낸 사람들 대상 '사회복지봉사공로대상'(2017), 대한민국의정대상(2017)

### 경만선(慶滿善)

(생)1970 · 5 · 20 (주)서울특별시 중구 세종대로 125 서울특별시의회(02-3702-1400) (학)광주대 물류유통경영학과졸 (경)2003년 카고솔루션서비스(주) 대표이사(현), 더불어민주당 서울시당 부대변인, 同서울시당 교육특별위원회 위원장 2018년 서울시의회 의원(더불어민주당)(현) 2018년 서울시농수산식품공사 사장 후보자 인사청문특별위원회 위원(현) 2018년 서울시의회 서부지역 광역철도 건설 특별위원회 위원(현) 2018년 同항공기 소음 특별위원회 위원(현) 2019년 同문화체육관광위원회 위원(현) 2019년 同예산결산특별위원회 위원(현) 2019년 同김포공항주변지역활성화특별위원회 위원(현)

### 경만호(慶晩浩) KYUNG Man Ho

(생)1952 · 6 · 9 (출)서울 (주)서울특별시 서초구 바우뫼로6길 57 대한결핵협회 회장실(02-2633-9461) (학)1970년 용산고졸 1978년 가톨릭대졸 1982년 同대학원졸 1989년 의학박사(가톨릭대) 2003년 포천중문의대 대학원 대체의학과졸 (경)1984~2005년 경만호정형외과의원 원장 1988~2002년 동대

문구의사회 법제이사 1989~1998년 대한정형외과개원의협의회 총무 1995~1998년 서울시의사회 자보대책위원장 1997년 대한의사협회 정책이사 1997년 同자보대책위원장 1998~2006년 자동차보험진료수가분쟁심의회 위원 2000~2006년 동대문구의사회 회장 2005년 건강보험심사평가원 치료재료위원 2006~2007년 서울시의사회 회장 2006~2007년 의사신문 사장 2006~2007년 대한의사협회 부회장 2006~2007년 서울시의사회 의료봉사단 대표이사 2006~2007년 서울시구급대책협의회 위원장 2007~2009년 대한결핵협회 부회장 2009~2010년 대한적십자사 부총재 2009~2012년 대한의사협회 회장 2010~2012년 의료기관평가인증원 이사 2016년 대한결핵협회 회장(현) (상)자랑스런 용산인(2009), 몽골정부 최고훈장(2016)

**경민현(慶旻顯) KYOUNG Min Hyun**

(생)1958·6·25 (본)청주(淸州) (출)강원 춘천 (주)강원도 춘천시 후석로462번길 22 강원도민일보 대외협력실(033-260-9000) (학)1984년 성균관대 대학원 신문방송학과졸 (경)1992년 일간건설 신문경제부 차장 1995년 강원도민일보 서울본부 정치부 차장 1997년 同정치부장 직대 1999년 同서울본부 정치부장 2002년 同서울본부 정치부장(부국장) 2002년 同편집부국장 겸 서울본부 정치부장 2004년 同편집국 정치부장 겸 취재담당 부국장 2005년 同편집국장 2008년 同편집국장(이사대우) 2009년 同편집국장(이사) 2011년 同미디어본부장 겸 편집국장(이사) 2012년 同미디어본부장·전략사업국장·강원사회조사연구소장(이사) 겸임 2016년 同전략본부장·미디어본부장·전략기획국장 겸임(상무) 2019년 同대외협력실장(전무)(현) 2019년 대통령소속 자치분권위원회 정책자문위원(현) (상)대통령표창(2011)

**경상호(慶尙浩) KYUNG Sang Ho**

(생)1950·5·3 (출)서울 (주)경기도 안양시 동안구 흥안대로439번길 20-2 한농화성 임원실(031-388-0141) (학)1969년 중동고졸 1976년 고려대 화학공학과졸 (경)(주)야긴엔지니어링 이사, (주)한정화학 이사, (주)한농화성 공장장(전무이사), 同공장장(부사장) 2014년 同각자대표이사 사장(현)

**경성호(慶晟浩)**

(생)1960·4·25 (출)경남 거창 (주)경상북도 포항시 북구 중앙로 331 포항북부경찰서(054-250-0211) (학)경남 거창고졸, 경남대 행정학과졸 (경)1988년 경위 임용(경찰간부후보 36기) 1999년 경북 영주경찰서 수사과장(경감) 2006년 경북 경산경찰서 경비교통과장(경정) 2007년 경북 포항북부경찰서 정보보안과장 2008년 경북 경산경찰서 정보보안과장 2009년 경북 구미경찰서 정보보안과장 2010년 경북지방경찰청 경비교통과 작전전경계장 2013년 同경무과 경무계장 2015년 同112종합상황실장(총경) 2015년 同제1부 경무과 치안지도관 2016년 경북 영덕경찰서장 2017년 경북지방경찰청 생활안전과장 2018년 경북 포항북부경찰서장(현)

**경수근(景洙謹) KYOUNG Soo Keun**

(생)1955·4·2 (출)전북 부안 (주)서울특별시 서초구 법원로3길 20-3 은곡빌딩 5층 법무법인 인앤인(02-596-3701) (학)1974년 백산고졸 1983년 서울대 법학과졸 (경)1982년 사법시험 합격(24회) 1984년 사법연수원 수료(14기) 1985~1992년 김·송합동법률사무소 근무 1988년 일본 게이오대 연수 1993~2005년 한국방송공사 고문 1999~2008년 법무법인 소명 대표변호사 1999~2005년 대한가정법률복지상담원 감사 2003~2008년 애드보켓코리아 이사, 同사무총장 2004~2005년 청소년위원회 정책자문위원회 위원 2005년 법무부 수출중소기업·벤처기업 법률지원자문변호사(현) 2005~2007년 서울시 여성위원회 위원 2006년 대한가정법률복지상담원 이사 2006년 한국기독교총연합회 법률고문 2007~2011년 한일변호사회 회장 2008년 국토해양부 운영심의위원회 위원 2008년 법무법인 인앤인 대표변호사(현) 2010년 안전생활실천시민연합회 감사 2010년 서울메트로 적극행정면책심의위원회 위원 2011년 애드보켓코리아 총재대행 2012년 손해보험협회 구상금분쟁심의위원, 同과실비율분쟁심의위원(현) 2014~2016년 (재)한국우편사업진흥원 비상임이사 (상)서울지방변호사회 공로상(2006) (종)기독교

**경 암(鏡 岩) Kyung Am (性悟)**

(생)1943·9·26 (본)경주(慶州) (출)강원 영월 (주)충청북도 제천시 봉양읍 옥전길 125 송화사(043-653-4800) (학)1972년 호남불교전문강원 대교과졸 1992년 명예 철학박사(미얀마 양곤불교대) (경)1967년 비구계 수지 1972년 「시조문학」誌로 시조시인 등단 1973년 대한불교불입종 역경부장 1973년 송화사 창건·주지, 同조실(현) 1981년 대만개최 세계불교승가대회 한국대표 1984년 대한불교불입종 교육원장 1988년 법화유치원 설립·이사장(현) 1988년 대한불교불입종 총무원장(현) (상)충북도지사표창 (저)시집 '낙뇌목의 여진', '인연', '산승문답', '불타의 여로', '시조시장경' 산문집 '마음떠난 자리에' 선시집 '無門이 門임을 안다면' (작)'가을편지' '부앙저회' (종)불교

**경재용(慶在勇) KYUNG Jae Yong**

(생)1952·4·3 (출)경기 김포 (주)서울특별시 영등포구 의사당대로1길 25 동문건설(주) 비서실(02-2239-1000) (학)1978년 홍익대 전기공학과졸 1997년 중앙대 건설대학원 최고경영자과정 수료 (경)1978~1980년 한국외환은행 근무 1980년 상신전기건설공사 설립·경영 1981년 석우주택 경영 1984년 동문건설(주) 대표이사 회장(현) 1988년 서울시 양천구체육회 감사 1990년 서울강서청년회의소 내무부회장 1991년 서울지구청년회의소 이사 1997년 서울지검 남부지청 범죄예방위원협의회 부회장 1998년 대한주택건설협회 고문 겸 경기도지회 이사 2001년 강서장학회 이사 2002년 서울강서청년회의소 특우회 회장 2002년 홍익대총동문회 부회장 2002년 홍익대장학재단 이사 2005년 한국주택협회 이사 2007년 同부회장 2008년 서울남부지검 소년장학재단 이사장 2016년 同소년장학재단 회장 직대 (상)경기도지사표창, 재정경제부장관표창, 국가보훈처장표창(2000), 동탑산업훈장(2002), 모범중소기업 경영인상(2002), 조선일보 선정 최우수광고주상, 은탑산업훈장(2008)

**계승교(桂勝敎) Gye Seung Gyo**

(생)1963·12·7 (주)경기도 수원시 영통구 삼성로 129 삼성전자(주)(02-2255-0114) (학)미국 존F케네디고졸, 미국 코넬대 컴퓨터과학과졸, 미국 존스홉킨스대 대학원 컴퓨터과학과졸 (경)미국 IBM Rational Brand Services Western Region Manager 2005년 삼성SDS(주) 입사 2011년 同MC본부장(전무) 2012년 同스마트컨버전스본부장(전무) 2013년 同스마트컨버전스사업부장(전무) 2014년 同SC사업부장(전무) 2014년 同미주법인장(전무) 2015년 同미주법인장(부사장) 2016년 삼성전자(주) 무선사업부 Global Mobile B2B팀 부사장 2019년 同SSIC 담당 부사장(현)

**계용욱(桂用旭) KYE Yong Uk**

(생)1964·1·16 (주)서울특별시 종로구 새문안로 58 LG트윈타워 (주)LG상사 임원실(02-3777-1114) (학)1982년 인천고졸 1986년 서울대 자원공학과졸 1988년 同대학원 자원공학과졸 (경)1989년 (주)LG상사 입사 2004년 同플랜트팀 부장 2007년 同중동지역본부 부장 2008년 同두바이지사장(상무) 2009년 同프로젝트사업부장(상무) 2014년 同산업재2부문장(전무) 2015년 同인프라부문장(전무) 2019년 同자원부문장(전무)(현)

**계용준(桂鏞駿) KYE Yong Joon**

(생)1956·4·30 (출)인천 강화 (학)1973년 선린상고졸 1980년 중앙대 법학과졸 2001년 고려대 정책대학원 도시행정학과졸 2013년 행정학박사(중앙대) (경)1980년 한국토지공사 입사 2001년 同관리처장 2002년 同재무관리처장 2003년 同충북지사장 2005년 同기획조정실장 2005년 同행정중심복합도시건설본부장 2006년 同행정중심복합도시건설본부장(상임이사) 2006년 同경영지원이사 2007년 同단지사업이사 2007년 同경제협력사업이사 2008~2009년 同부사장 겸 기획이사 2009~2011년 알파돔자산(주) 대표이사 2014년 코오롱글로벌(주) 사외이사 2014~2019년 충북개발공사 사장 (상)건설교통부장관표창(1995), 철탑산업훈장(2008)

**계 환(戒 環·女) chang ae soon (원호)**

(생)1953·7·25 (본)인동(仁同) (출)대구 (주)서울특별시 종로구 혜화로5길 37 대한불교조계종 원교사 (학)1979년 운문사 비구니불교전문강원 대교과졸 1984년 일본 하나조노(花園)대 불교학과졸 1986년 일본 교토붓교대 대학원졸 1992년 문학박사(일본 교토붓교대) (경)1972년 청룡사에서 일타스님을 계사로 사미니계 수지 1979년 범어사에서 고암스님을 계사로 비구니계 수지 1980년 석남사에서 동안거 성만 1987~1990년 일본 교토불교대학 불교문화연구소 한국어 강사 1990~2010년 동국대 불교학과 교수 1994~1995년 불교방송(BBS) '자비의 전화' 진행자 1994~1995년 불교방송(BBS) 포교위원회 포교위원 1997~1999·2010~2015년 비구니수행원 혜광사 주지 겸 사감 1997~1999년 대한불교조계종 교육원 교재편찬위원회 위원 1997~2010년 한국불교학회 이사 1999~2001년 대한불교조계종 교육원 역경편찬위원회 역경위원 1999~2013년 Brain Korea 21 불교문화사상사 교육연구단 제2팀장 1999년 대한불교조계종 원교사 주지(현) 2000~2004년 옥수사회종합복지관 자문위원 2002~2010년 국제불교사상사학회 이사 2003~2007년 일본학연구소 운영위원 2004년 세계여성불자대회 국제분과위원장 2004~2006년 한국불교학회 편집위원장 2004~2012년 보조사상연구원 연구위원 2004~2013년 한국선학회 이사 2008~2011년 대한불교조계종 전국비구니회 기획실장 2009~2018년 일본인도학불교학회 평이사 2010~2018년 동국대 불교대학 불교학부 교수 2010~2013년 同불교대학장 겸 불교대학원장 2010~2014년 대한불교조계종 중앙종회의원(포교분과위원장) 2010년 한국불교학회 법인이사(현) 2011~2015년 불교신문 논설위원 2013~2015년 동국대 중앙도서관장 2013~2015년 전국비구니회 운영위원장 2014~2018년 대한불교조계종 중앙종회의원(교육분과위원장) 2016~2019년 국가인권위원회 비상임위원 2018년 동국대 불교학과 명예교수(현) 2019년 민주평통 자문위원(현) (상)불교출판문화협회 공로패(2007), 운문승가대학 자랑스런 운문동문상(2013), 동국대 특별공로상(2014), 동국대 우수교원상(2015) (저)'중국화엄사상사연구'(1996) '백팔고개 넘어 부처되기'(1997) '불교와 인간(共)'(1998) '똑똑똑 불교를 두드려 보자(共)'(1998) '경전산책' (2000) '불교의 이해와 신행(共)'(2004) '대승불교의 세계' (2005) '고려대장경(共)'(2006) '상식으로 만나는 불교'(2007) '왕초보 경전박사 되다'(2008) '현수법장 연구'(2011) '중국불교'(2014) (역)'화엄사상사'(1988) '중국불교사'(1996) '홍명집'(2008) '일본불교사'(2008) (종)불교

**고 건(高 建) GOH Kun (又民)**

(생)1938·1·2 (본)제주(濟州) (출)서울 (주)서울특별시 종로구 율곡로 190 여전도회관 10층(02-765-1994) (학)1956년 경기고졸 1960년 서울대 문리대학 정치학과졸 1971년 同환경대학원 도시계획학과졸 1992년 명예 법학박사(원광대) 2001년 명예 법학박사(미국 시라큐스대) 2007년 명예 정치학박사(불가리아 소피아대) (경)1959년 서울대 총학생회장 1961년 고시행정과 합격(13회) 1962년 내무부 수습사무관 1968~1971년 전북도 식산국장·내무국장 1971년 내무부 새마을담당관 1972년 同지방행정담당관 1973년 강원도 부지사·내무부 지방국장 1975년 전남도지사 1979년 대통령 정무제2수석비서관·대통령 정무수석비서관 1980년 국토개발연구원 고문 1981년 교통부 장관 1981~1982년 농수산부 장관 1983년 미국 하버드대 및 MIT 객원연구원 1985년 제12대 국회의원(군산·옥구, 민정당) 1985년 민주정의당(민정당) 지방자치제특별위원장 1987년 同전북도지부장 1987년 내무부 장관 1988년 민정당 군산지구당 위원장 1988년 同전북도지부장 1988~1990년 서울특별시장 1994~1997년 명지대 총장 1995년 한국그린크로스 공동의장 1996년 환경운동연합 공동대표 1997~1998년 국무총리 1998년 명지대 지방자치대학원 석좌교수 1998~2002년 서울특별시장(국민회의·새천년민주당) 2001년 (사)한국상하수도협회 초대회장 2002년 명지대 석좌교수 2002년 반부패국민연대 회장 2003~2004년 국무총리 2004년 대통령 권한대행 2004년 국제투명성기구 자문위원(현) 2004년 미국 시라큐스대 종신이사(현) 2004~2005년 에코포럼 공동대표 2004년 다산연구소 자문위원(현) 2006년 '미래와 경제' 창립 발기인 2006년 희망한국국민연대 공동대표 2008~2010년 기후변화센터 이사장 2009~2010년 대통령자문 사회통합위원회 위원장 2010년 기후변화센터 명예이사장(현) 2012년 북한대학원대 석좌교수(현) 2014년 대통령직속 통일준비위원회 민간위원 2014년 아시아녹화기구 운영위원장(현) 2015~2016년 한국국제협력단 지구촌새마을운동 자문위원 (상)홍조근정훈장(1972), 청조근정훈장(1982), 국제투명성기구(TI) 올해의 세계청렴인상(2001), 몽골 북극성훈장(2002), 駐韓미국상공회의소 암참어워드(AMCHAM Award)(2005) (저)회고록 '행정도 예술이다'(2002), '국정은 소통이더라'(2013, 동방의빛), '고건 회고록'(2017) (종)기독교

**고건호(高建鎬) KO GEON HO**

(생)1958·3·11 (본)개성(開城) (출)경북 안동 (주)서울특별시 종로구 종로5길 58 석탄회관빌딩 6층 법무법인 케이씨엘(02-721-4475) (학)1977년 경북고졸 1982년 서울대 법학과졸 1984년 同대학원 법학과졸 (경)1984년 사법시험 합격(26회) 1987년 사법연수원 수료(16기) 1987년 대구지검 검사 1989년 마산지검 충무지청 검사 1990년 서울지검 동부지청 검사 1993년 대전지검 검사 1995년 인천지검 검사 1997년 서울지검 검사 1999년 부산고검 검사 1999년 대전지검 공주지청장 2000년 서울지검 부부장검사 2001년 전주지검 부장검사 2002년 창원지검 특수부장 2003년 인천지검 특수부장 2004년 서울중앙지검 특수3부장 2005년 서울동부지검 형사2부장 2006년 서울고검 검사 2008~2010년 대구고검 검사 2008~2010년 공정거래위원회 법률자문관 겸 송무기획단장(파견) 2010년 법무법인 케이씨엘 변호사(현) 2012~2014년 법제처 법령해석자문위원회 자문위원 2013~2017년 특수판매공제조합 이사 2017년 경기도야구협회 스포츠공정위원회 부위원장(현) (상)법무부장관표창(1993), 검찰총장표창 (저)'입문자를 위한 공정거래법'(2011) (종)불교

**고경모(高京模) KOH Kyeong Mo**

(생)1966·9·16 (출)제주 제주시 (주)서울특별시 영등포구 국제금융로 24 유진투자증권 기획관리본부(02-368-6218) (학)1982년 제주제일고졸 1989년 서울대 경영학과졸 (경)1988년 행정고시 합격(32회) 1989년 총무처 수습사무관 1998년 재정경제원 금융정책실 금융제도담당관실 사무관 2000년 재정경제부 금융정책국 금융정책과 서기관 2006년 同금융정보분석원 기획협력팀장 2007년 대통령비서실 파견 2008년 기획재정부 정책조정국 정책조정총괄과장 2009년 同정책조정국 정책조정총괄과장(부이사관) 2010년 교육과학기술부 예산담당관 2010년 同정책기획관(일반직고위공무원) 2012년 同기획조정실장 2013년 경기도교육청 제1부교육감 2014년 미래창조과학부 창조경제기획국장 2015~2017년 同창조경제조정관 2017~2018년 과학기술정보통신부 창조경제조정관 2018년 유진투자증권 전략담당 부사장 2019년 同기획관리본부장(현) 2019년 유진프라이빗에퀴티 사외이사(현) (상)근정포장(1999)

### 고경봉(高京鳳) KOH Kyung Bong

(생)1947·11·10 (본)제주(濟州) (출)서울 (주)서울특별시 서대문구 연세로 50 연세대학교 의과대학 정신과학교실(02-2227-0114) (학)1974년 연세대 의대졸 1978년 同대학원 의학석사 1988년 의학박사(가톨릭대) (경)1983~1996년 연세대 의과대학 정신과학교실 전임강사·조교수·부교수 1992년 한국정신신체의학회 학술부장 겸 학회지 편집위원장 1993년 국제정신신체의학회 펠로우·이사 1996년 미국 정신신체의학회 정회원(현) 1996~2013년 연세대 의과대학 정신과학교실 교수 1999년 한국정신신체의학회 회장 2001~2009년 세계정신신체의학회 학술자문위원 2004년 유럽한국정신신체의학회 이사·학술자문위원 2009년 2011세계정신신체의학회학술대회 조직위원장 2012년 국제정신신체의학회 자문위원 2013년 연세대 의과대학 명예교수(현) 2017년 국제정신신체의학회 이사(현) 2019년 同회장(현) (상)환인정신의학 학술상(1999·2006), 백합학술상(2011), 옥조근정훈장(2013), 제6회 한미자랑스런의사상(2013) (저)'세상의 온갖 스트레스로부터 나를 지키는 법' '스트레스와 정신신체의학' (역)'분노가 죽인다'(編) (종)기독교

### 고경석(高景錫) KO Kyung Suk

(생)1955·6·25 (본)제주(濟州) (출)전북 고창 (주)서울특별시 종로구 종로 328 한국장례문화진흥원(02-6930-9300) (학)1976년 경성고졸 1981년 연세대 행정학과졸 1987년 서울대 대학원 행정학과졸 1996년 국방대학원 국방관리학과졸 2009년 중앙대 대학원 박사과정 수료 (경)1980년 행정고시 합격(24회) 1981년 서울시 근무 1984년 경제기획원 근무 1989년 보건복지부 연금·가족복지·기획·법무담당관 1999~2001년 캐나다 연방정부 파견 2002년 보건복지부 연금정책과장 2003년 同보험정책과장 2004년 대통령직속 고령화 및 미래사회위원회 파견(노인·보건국장) 2005년 보건복지부 장애인복지심의관 2005년 同사회복지정책본부 장애인정책관 2006년 同본부 근무 2007년 同기초노령연금TF팀 단장 2007년 同한방정책관 2008년 보건복지가족부 한의약정책관 2009년 同장애인정책국장 2010년 보건복지부 장애인정책국장 2010년 同보건의료정책실 건강보험정책관(고위공무원) 2011년 同사회복지정책실장 2011~2012년 同보건의료정책실장 2012~2014년 대한적십자사 사무총장 2015년 한서대 건강관리학과 교수 2015~2018년 한약진흥재단 초대 이사장 2018년 한국장례문화진흥원 이사장(현) (상)국무총리표창(1993), 근정포장(2003) (종)기독교

### 고경수(高京秀) Kyung Soo KO

(생)1960·7·6 (주)서울특별시 노원구 동일로 1342 상계백병원 부원장실(02-950-1965) (학)1985년 서울대 의대졸 1994년 同대학원 의학석사 1996년 의학박사(서울대) (경)1992~2007년 인제대 의대(상계백병원) 내분비내과학교실 전임강사·조교수·부교수 1996~1997년 대한당뇨병학회 부총무 2007년 인제대 의대(상계백병원) 내분비내과학교실 교수(현) 2009년 同상계백병원 홍보실장 2009~2013년 대한당뇨병학회 당뇨병성신경병증연구회장 2009년 인제대 상계백병원 당뇨병센터 소장(현) 2014~2016년 同상계백병원 기획실장 2014년 보건복지부 신의료기술평가위원회 전문평가위원(현) 2015년 인제대 상계백병원 연구부원장(현) 2016년 同상계백병원 진료부원장 겸임(현) 2018년 대한당뇨병학회 부회장 (상)대한당뇨병학회 학술상, 보건사회부장관표창, 서울시장표창

### 고경순(高敬順·女) GOH Kyeong Soon

(생)1972·2·18 (출)서울 (주)경기도 안산시 단원구 광덕서로 73 수원지방검찰청 안산지청 차장검사실(031-481-4302) (학)1990년 명일여고졸 1994년 한양대 법학과졸 (경)1996년 사법시험 합격(38회) 1999년 사법연수원 수료(28기) 1999년 인천지검 검사 2001년 수원지검 성남지청 검사 2003년 창원지검 검사 2005년 서울중앙지검 검사 2008년 의정부지검 검사 2010년 부산지검 검사 2011년 서울북부지검 부부장검사 2013년 서울고검 검사 2014년 서울중앙지검 부부장검사 2014년 춘천지검 부장검사 2015년 서울중앙지검 공판3부장 2016년 법무부 인권국 여성아동인권과장 2017년 대전지검 형사2부장 2018년 同형사1부장 2018년 서울북부지검 형사2부장 2019년 수원지검 안산지청 차장검사(현)

### 고경우(高敬雨) KO Kyeong Woo

(생)1962·5·22 (출)경북 경주 (주)부산광역시 연제구 법원로 34 정림빌딩 605호 법무법인 로앤케이(051-942-6020) (학)1979년 부산 동래고졸 1984년 서울대 법학과졸 (경)1988년 사법시험 합격(30회) 1991년 사법연수원 수료(20기) 1991년 부산지법 동부지원 판사 1993년 부산지법 판사 2001년 부산고법 판사 2004년 부산지법 판사 2006년 창원지법 부장판사 2008~2009년 부산지법 부장판사 2009~2011년 법무법인 로앤로 공동대표변호사 2011년 법무법인 로앤케이 공동대표변호사(현)

### 고광수(高光秀) KEVIN K. KOH

(생)1966·2·5 (주)서울특별시 강남구 언주로 727 (주)디디비코리아 임원실(02-3415-3800) (학)여의도고졸, 연세대졸, 캐나다 사이몬프레이저대졸 (경)Ernst&Young Canada 근무, 안진회계법인 근무, (주)디디비코리아 경영본부장(상무이사), 同최고운영책임자(COO·상무이사) 2009년 同부사장 2012년 同대표이사(현) (상)캠페인아시아 크리에이티브에이전시 은상(2012·2014), 캠페인아시아 크리에이티브에이전시 금상(2013), 캠페인아시아 크리에이티브에이전시 동상(2015), 캠페인아시아 올해의 에이전시헤드 1위(2016)

### 고광완(高光完)

(생)1966 (출)전남 장성 (주)전라남도 무안군 삼향읍 오룡길 1 전라남도청 기획조정실(061-286-2100) (학)서울시립대 법학과졸, 영국 엑세터대 대학원 정치학과졸, 언론정보학박사(국민대) (경)행정고시 합격(38회), 행정자치부 지역공동체과장 2010년 문화체육관광부 관광레저도시과장(서기관) 2011년 행정안전부 재난안전실 재난대책과장 2012년 同지역녹색성장과장 2015년 행정자치부 창조정부조직실 성과관리과장(부이사관), 국민대통합위원회 운영지원부장, 유엔거버넌스센터 협력국장 2018년 전남도 기획조정실장(현)

### 고광일(高光一) Kwangill Koh

(생)1957·8·28 (출)충북 청주 (주)서울특별시 금천구 가산디지털2로 53 한라시그마밸리 14층 (주)고영테크놀로지(02-6343-6857) (학)1976년 서울고졸 1980년 서울대 전기공학과졸 1982년 同대학원졸 1989년 공학박사(미국 피츠버그대) (경)1981~1982년 한국전기통신연구소 연구원 1983~1985년 금성사 중앙연구소 로봇팀장 1986~1989년 미국 Univ. of Pittsburgh 연구원 1989~1997년 LG산전 연구소 연구실장·수석부장 1997년 미래산업(주) 연구센터 소장(상무이사) 1997년 同SMT사업본부장 2001년 同전무이사 2002년 (주)고영테크놀러지 대표이사(현) 2015~2019년 코스닥협회 이사 (상)LG그룹 신제품개발경진대회 은상(1992), 장영실상(1995), 지식경영대상 개인부문 최고 CKO(2000), 벤처기업대상 국무총리표창(2007), 벤처기업대상 석탑산업훈장(2010), 한국을 빛낸 창조경영인(2011·2012), 대통령표창(2016) (저)로봇 개발 'Low Cost고속 SCARA로봇' 'SMD마운터' '원전 증기발생기 유지보수로봇' '지능형 Arc용접로봇' (종)천주교

**고광철(高光哲) Koh. Kwang-Cheol**

(생)1960 · 1 · 18 (주)서울특별시 강남구 일원로 81 삼성서울병원 소화기내과분과(1599-3114) (학)1985년 서울대 의대졸 1995년 同대학원 의학석사 1999년 의학박사(서울대) (경)1986~1989년 서울대병원 레지던트 1989~1992년 軍의관 1992~1994년 서울대병원 전임의 1997년 성균관대 의과대학 내과학교실 조교수 · 부교수 · 교수(현) 2000~2001년 미국 예일대 Liver Center 연수 2007~2009년 대한간학회 학술위원회 위원장 2008~2010년 삼성서울병원 적정진료운영실 QA담당 차장 2010~2012년 同적정진료운영실장 2012~2017년 同기획실장 2016~2017년 同기획총괄 2017년 同미래병원추진단장(현)

**고광필(高光弼) KO KWANG PIL**

(생)1961 · 3 · 15 (주)강원도 정선군 사북읍 하이원길 265 강원랜드 기획관리본부(033-590-3005) (학)1978년 유한공고졸 1984년 한양대 공과대학 재료공학과졸 1986년 同대학원 재료공학과졸 (경)1989년 공무원 임용(7급 특채) 1989~1994년 상공부 기초공업국 금속과 근무 1994~1998년 통산산업부 석유가스국 가스관리과 근무 1998년 산업자원부 수송기계산업과 근무 2001년 同기초소재산업과 근무 2003년 사무관 승진 2008년 지식경제부 가스산업과 사무관 2009년 同철강화학과 사무관 2012년 同산업기술개발과 사무관 2013년 기술서기관 승진 2014~2015년 대통령직속 지역발전위원회 운영지원과장(파견) 2015~2018년 산업통상자원부 중부광산안전사무소장 2018년 강원랜드 기획관리본부장(상임이사)(현)

**고광헌(高光憲) KO Kwang Heon**

(생)1955 · 5 · 2 (출)전북 정읍 (주)서울특별시 중구 세종대로 124 서울신문 비서실(02-2000-9001) (학)1973년 홍익대사대부고졸 1977년 경희대 체육학과졸 1983년 同교육대학원 국어국문학과졸 (경)1979년 선일여고 교사 1982년 광주일보 신춘문예 '흔들리는 창밖의 연가'로 시인 등단 1985년 민주교육실천협의회 사무국장 1987년 민주쟁취국민운동본부 집행위원 1988년 한겨레신문 기자 1992년 同체육부 차장 1993년 同민권사회2부 차장 1995년 同민권사회1부 차장 1997년 同민권사회2부장 1998년 同체육부장 1999년 同문화부장 2000년 同민권사회1부장 2001년 同편집국 부국장 2003년 同광고국장 2004년 同편집국 부국장 2005년 同사장실장(이사) 2006년 同판매담당 이사 겸임 2006년 同총괄상무 겸 판매담당 이사 2007년 同광고담당 상무 2007년 同전무 2008~2011년 同대표이사 사장 2009~2011년 한국신문윤리위원회 이사 2009년 한국디지털뉴스협회 회장 2009~2011년 헌법재판소 자문위원 2009년 한국신문협회 부회장 2011년 CJ오쇼핑 사외이사 겸 감사 2011년 한겨레신문 고문 2012~2015년 한국인권재단 이사장 2014년 '손잡고(손배가압류를 잡자, 손에 손을 잡고)' 공동대표 2016년 한국인권재단 고문 2018년 서울신문 대표이사 사장(현) 2018년 한국디지털뉴스협회 이사 (상)만해대상 특별상(2014) (저)'신중산층 교실에서'(1985) '민중교육(共)'(1985) '스포츠와 정치'(1988) '시간은 무겁다'(2011) (종)기독교

**고광효(高光孝) KO Kwang Hyo**

(생)1966 · 5 · 5 (본)장흥(長興) (출)전남 장성 (주)세종특별자치시 갈매로 477 기획재정부 소득법인세정책관실 (학)대동고졸, 서울대 경제학과졸, 同행정대학원 행정학과졸, 미국 워싱턴주립대 대학원 경영학과졸 (경)1993년 총무처 5급 공채 1994년 대구지방국세청 동대구세무서 총무과장 1995년 안동세무서 법인세과장 1996년 영국 바스대 행정대학원 연수 1997년 국세청 세무공무원교육원 고시계장 1998년 同기획관리관실 조직계장 1999년 서울지방국세청 조사1국 사무관 2000년 국세청 조사국 조사3과 사무관 2003년 재정경제부 세제실 조세지출예산과 서기관 2005년 미국 워싱턴대 유학(서기관) 2007년 재정경제부 부동산실무기획단 조세반장 2008년 기획재정부 세제실 조세분석과장 2009년 同세제실 국제조세협력과장 2011년 대통령 경제금융비서관실 행정관 2012년 기획재정부 재산소비세정책관실 재산세제과장 2014년 同법인세제과장 2014년 同예산실 조세정책과장 2015년 국립외교원 파견(고위공무원) 2016년 국무조정실 조세심판원 상임심판관 2018년 同조세심판원 제2상임심판관 2018년 대통령직속 정책기획위원회 산하 재정개혁특별위원회 파견(고위공무원) 2019년 기획재정부 세제실 소득법인세정책관(현) (종)기독교

**고광후(高光厚)**

(생)1962 · 5 · 18 (본)전주(全州) (출)전북 전주 (주)서울특별시 중구 소공로 63 (주)신세계 백화점부문 기획전략본부(02-727-1535) (학)1981년 전주고졸 1985년 서울대 국어국문학과졸 (경)1988년 (주)신세계백화점 영업관리매니저(삼성그룹 공채입사) 1991년 同마케팅기획담당 1992년 (주)신세계인터내셔날 엠포리오아르마니 바이어 1999년 同아르마니꼴레지오니 담당매니저 2000년 同해외명품팀장 2006년 롯데백화점 상품본부 해외명품MD팀장 2007년 同상품본부 해외명품부문 임원 2009년 同대구상인점장 2010년 同광주점장 2012년 同상품본부 해외명품부문 임원 2013년 (주)신세계백화점 경기점장(상무) 2014년 (주)신세계패션연구소장(상무) 2015년 (주)신세계인터내셔날 글로벌패션2본부장(부사장보) 2017년 (주)신세계 전략본부장(부사장보) 2018년 同백화점부문 기획전략본부장(부사장)(현)

**고광희(高光熙) Ko, Kwanghee**

(생)1970 · 10 · 20 (본)장흥(長興) (출)광주 (주)세종특별자치시 갈매로 477 기획재정부 경제정책국 종합정책과(044-215-2710) (학)1989년 광주 대동고졸 1998년 연세대 경영학과졸 2010년 영국 버밍엄대 경영전문대학원 경영학과졸 (경)1997년 행정고시 합격(41회) 1999~2002년 재정경제부 경제정책국 종합정책과 · 조정2과 · 경제분석과 근무 2002~2006년 同금융정책국 은행제도과 · 금융정책과 근무 2006~2007년 同금융정보분석원 기획행정실 근무 2007~2008년 同혁신인사기획실 인사팀장 2008~2010년 유학(영국 버밍엄대) 2011~2012년 대통령 경제금융비서관실 파견 2012~2015년 駐벨기에유럽연합대사관 재경관 2015년 기획재정부 정책조정국 신성장정책과장 2016년 同정책조정국 지역경제정책과장 2016년 同경제정책국 자금시장과장 2017년 외교부 혁신외부자문위원회 위원 2018년 기획재정부 경제정책국 경제분석과장 2019년 同경제정책국 종합정책과장(현) (상)재정경제부장관표창(2002), 대통령표창(2005)

**고귀남(高貴男) KOH Kwi Nam (雲崗)**

(생)1933 · 9 · 6 (본)제주(濟州) (출)전남 강진 (학)1952년 광주고졸 1957년 전남대 공대졸 1967년 서울대 신문대학원 수료 1978년 전남대 경영대학원졸 2001년 경영학박사(조선대) (경)1960~1970년 전남매일신문 정치부장 · 편집부국장 1970~1979년 민주공화당 전남도사무국 선전부장 · 조직부장 · 연락실장 · 사무국장 1979년 제10대 국회의원(통일주체국민회의, 유신정우회) 1981년 제11대 국회의원(전국구, 민주정의당) 1985년 제12대 국회의원(광주東 · 北, 민주정의당) 1985년 민주정의당(민정당) 중앙위원회 부의장 1985년 서울장애자올림픽대회조직위원회 위원장 1987년 민정당 국책연구소장 1988년 同광주東지구당 위원장 1990년 민자당 광주東지구당 위원장 1990년 한국장애인고용촉진공단 이사장 1997년 한나라당 광주北乙지구당 위원장 1999년 同당무위원 1999년 (사)노사협력연구원 원장 2009년 대한민국헌정회 광주시지회장 (상)ICC최고훈장, 체육훈장 청룡장, 전남대 용봉인대상 (종)천주교

**고규영(高圭榮) Koh Kyu Young**

(생)1959·3·3 (출)충북 청주 (주)서울특별시 중구 통일로 92 KG그룹 임원실(02-3772-0100) (학)1978년 청주고졸 1986년 고려대 법학과졸 (경)2006년 BC카드 영업지원본부장(상무이사) 2008년 同회원사서비스본부장 2010년 에이치엔씨네트워크 대표이사 2012년 KG이니시스 대표이사 2014년 KG그룹 부회장(현)

**고규정(高圭貞) KO Kyu Jung**

(생)1958·1·15 (출)경남 산청 (주)경상남도 창원시 성산구 창이대로695번길 7 하나빌딩 4층 법무법인 금강(055-282-0905) (학)1978년 산청고졸 1986년 동아대 법학과졸 1989년 同대학원 법학과 수료 (경)1986년 사법시험 합격(28회) 1989년 사법연수원 수료(18기) 1989년 부산지법 판사 1993년 同울산지원 판사 1995년 同동부지원 판사 1997년 부산지법 판사 1998년 부산고법 판사 2001년 부산지법 동부지원 판사 2003년 부산지법 판사 2004년 울산지법 부장판사 2006년 부산지법 동부지원 부장판사 2008년 부산지법 부장판사 2009년 창원지법 통영지원장 2011년 부산지법 부장판사 2012~2014년 창원지법 수석부장판사 2014년 법무법인 금강 대표변호사(현)

**고규창(高圭倉) KO Kyu Chang**

(생)1964·9·15 (출)충북 청주 (주)세종특별자치시 정부2청사로 13 행정안전부 지방재정경제실(044-205-3600) (학)1983년 청주고졸 1988년 서울대 사회복지학과졸 1995년 同대학원 정책학과졸 (경)1989년 행정고시 합격(33회) 2000년 충북도 문화예술과장 2003년 同건설교통국 지역개발과장 2003년 국가균형발전위원회 파견 2005년 행정안전부 자치인력개발원 기획협력과장 2006년 대통령비서실 의전행정관 2007년 행정자치부 지방혁신관리팀장 2008년 행정안전부 지방성과관리과장 2008년 同제도정책관실 제도총괄과장 2009년 지식경제공무원교육원장 2010~2012년 충북도 정책관리실장 2012년 미국 파견(고위공무원) 2013년 지방행정체제개편추진위원회 개편기획국장 2013년 대통령소속 국민대통합위원회 기획정책국장 2014년 안전행정부 지방행정실 자치제도정책관 2014년 행정자치부 지방행정실 자치제도정책관 2016년 同지방행정실 지방행정정책관 2016~2018년 충북도 행정부지사 2018년 同도지사 권한대행 2018년 행정안전부 지방재정경제실장(현) 2019년 충북도 명예소방관(현)

**고규환(高奎煥) KO Kyu Hwan**

(생)1942·11·4 (본)개성(開城) (출)경북 문경 (주)서울특별시 강남구 논현로 430 아세아타워 아세아(주)(02-527-6524) (학)1961년 문경고졸 1968년 한양대 건축공학과졸, 충남대 대학원 건축공학과졸, 대전대 경영행정·사회복지대학원졸 2006년 同산업정보대학원 건설환경학과졸 2010년 경영학박사(대전대) (경)1995년 아세아시멘트공업(주) 전무이사 1996~2009년 아세아산업개발(주) 대표이사 사장 2002~2006년 아세아시멘트(주) 부사장 2009~2013년 同대표이사 사장 2010년 한국양회공업협회 회장 2013년 아세아시멘트(주) 상임고문 2014년 아세아(주) 대표이사 사장(현) (상)전국경영인연합회 국제경영원 경영인대상 (저)'콘트리트의 배합설계'(共) '레미콘의 품질향상 및 내구성 향상 방안'(共) (종)불교

**고근석(高根奭)**

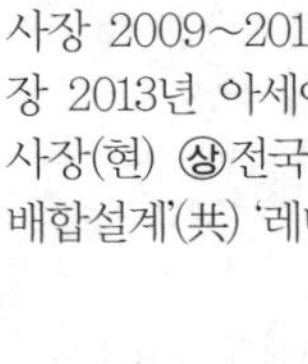

(생)1965·7·25 (출)충북 음성 (주)충청북도 청주시 상당구 상당로 82 충청북도청 문화체육관광국(043-220-8305) (학)1983년 세광고졸 1988년 충북대 법학과졸 (경)1997년 공무원 임용(7급 공채) 1997년 총무처 근무 2005~2007년 대통령 총무비서관실 행정관 2007~2009년 행정안전부 근무(기획재정부·지식경제부 파견) 2009~2011년 충북도 경제통상국 미래산업과 지식산업팀장 2011년 同비서관 2012년 同균형건설국 균형발전과 균형정책팀장 2013년 同기획관리관실 기획팀장 2015년 同균형건설국 교통물류과장(서기관) 2016년 同바이오환경국 바이오정책과장 2018년 충북 음성군 부군수 2018년 同군수 권한대행 2018년 충북도 문화체육관광국장(부이사관)(현)

**고근태(高根台) KO Geun Tae**

(생)1987·3·30 (주)서울특별시 성동구 마장로 210 한국기원 홍보팀(02-3407-3800) (학)한국외국어대 중국어과졸 (경)안관욱 8단 문하생 2000년 아마국수전 우승 2002년 프로바둑 입단 2004년 2단 승단 2002년 오스람코리아배 신예연승최강전 준우승 2005년 3단 승단 2005년 SK가스배 신예프로10걸전 준우승 2005년 박카스배 천원전 우승 2005년 4단 승단 2006년 5단 승단 2006년 한중천원전 우승 2007년 6단 승단 2009년 7단 승단 2011년 8단 승단 2015년 9단 승단(현) 2016년 제35회 KBS바둑왕전 본선 2016년 KB국민은행 퓨처스리그 본선 2018년 제19회 맥심배 본선

**고기석(高琦錫) KO KI SUK**

(생)1963·6·8 (본)장흥(長興) (출)광주 (주)대전광역시 서구 청사로 189 문화재청 문화재보존국 수리기술과(042-481-4860) (학)1981년 광주 송원고졸 1988년 전남대 일어일문학과졸 (경)2012~2014년 한국전통문화대 학생과장 2014~2015년 문화재청 운영지원과장 2015년 국립무형유산원 전승지원과장 2016년 한국전통문화대 전통문화교육원 교육운영과장 2016년 同교무과장 2017년 문화재청 기획재정담당관(부이사관) 2019년 同문화재보존국 수리기술과장(현) (종)천주교

**고기연(高玘演) KO Ki Yeon**

(생)1967·8·15 (주)대전광역시 서구 청사로 189 산림청 국제산림협력관실(042-481-8841) (학)1986년 강릉고졸 1993년 서울대 산림자원학과졸 1996년 同대학원 산림자원학과졸 (경)1994년 기술고시 합격(30회) 1995~2003년 산림청 임업정책국 국제협력과·사유림지원국 산림소득과 사무관 2003~2006년 同산림보호국 산림보호지원팀·산림자원국 경영지원과 사무관 2009년 同영주국유림관리소장(서기관) 2011년 同산림휴양문화과장 2012년 同해외자원개발담당관 2014년 同산불방지과장(부이사관) 2015년 同남부지방산림청장(고위공무원) 2016~2017년 국가공무원인재개발원 파견(고위공무원) 2017년 산림청 동부지방산림청장 2018년 同국제산림협력관(현) (종)천주교

**고기영(高基榮) KOH Kee Young**

(생)1965·4·21 (본)제주(濟州) (출)광주 (주)부산광역시 연제구 법원로 15 부산지방검찰청(051-606-4301) (학)1983년 광주인성고졸 1988년 서울대 사법학과졸 1990년 同대학원졸 2003년 미국 버클리 법학전문대학원 연수(Visiting Scholar 과정) (경)1991년 사법시험 합격(33회) 1994년 사법연수원 수료(23기) 1994년 軍법무관 1997년 서울지검 검사 1999년 대전지검 천안지청 검사 2000년 법무부 검찰2과 검사 2002년 서울지검 남부지청 검사 2004년 서울남부지검 검사 2005년 부산지검 검사 2006년 대검찰청 연구관 2008년 전주지검 남원지청장 2009년 서울고검 검사 2009년 대검찰청 공안3과장 2010년 서울중앙지검 공판2부장 2011년 同형사5부장 2012년 울산지검 형사1부장 2013년 수원지검 부장검사 2013년 법무연수원 대외협력단장 겸임 2014년 제주지검 차장검사 2015년 전주지검 군산지청장 2016년 대전지검 차장검사 2017년 법무부 범죄예방정책국장(검사장급) 2018년 대검찰청 강력부장 2018년 춘천지검장 2019년 부산지검장(현)

ㄱ

**고기영(高基瑛) KO Ki Young**

(생)1971·5·6 (본)장흥(長興) (출)서울 (주)서울특별시 송파구 도곡로 464 (주)금비 임원실(02-2240-7207) (학)1990년 현대고졸 1996년 한국외국어대 경제학과졸 1999년 미국 UCLA 경영대학원 수료 (경)1997년 (주)금비 입사 2000년 (주)금비화장품 마케팅부 영업기획팀장 2001~2003년 (주)금비 마케팅부 영업기획팀 이사 2001년 (주)가네보&금비화장품 대표이사 부사장 2003년 (주)금비 대표이사 전무 2006년 同대표이사 부사장 2008년 同대표이사 사장 2008년 (주)금비화장품 대표이사 사장, (주)삼화왕관 대표이사 2016년 (주)금비·(주)금비화장품·(주)삼화왕관 대표이사 부회장(현) (종)기독교

**고기채(高棋采) KOH Ki Chae**

(생)1940·1·16 (본)장택(長澤) (출)전남 (주)경기도 여주시 세종로 288 여주대학교 총장실(031-880-5103) (학)1958년 문태고졸 1962년 경희대 체육학과졸 1976년 同대학원졸 1994년 이학박사(동아대) (경)1970~1984년 경희대 체육학과 전임강사·조교수·부교수 1984~2005년 同교수 1996년 同체육대학장 1998년 중국 북경사범학원 명예교수 1998년 경희대학교 체육대학 총동문회 명예회장 1999년 경희대학교 체육대학원 원장 2019년 여주대 총장(현) (상)옥조근정훈장(2005) (저)'세계체육사' (종)기독교

**고길림(高吉林)**

(생)1960·10·1 (출)제주 제주시 (주)제주특별자치도 제주시 문연로 6 제주특별자치도청 세계유산본부(064-710-6640) (학)1980년 제주 제일고졸 1987년 성균관대 기계설계학과졸 2014년 제주대 행정대학원 지구해양과학과졸 (경)1987년 공무원 임용 2013년 제주특별자치도 정책기획관실 조직관리담당 행정사무관 2014년 同정책기획관실 기획담당 행정사무관 2015년 同협치정책기획관실 기획담당 행정사무관 2015년 同골목상권살리기추진팀장 2016년 IUCN 파견(서기관) 2017년 제주특별자치도 예산담당관 2018년 제주시 부시장 직대(지방서기관) 2019년 同부시장(지방부이사관) 2019년 제주특별자치도 세계유산본부장(현)

**고남석(高南碩) GO Nam Seok**

(생)1958·1·15 (출)인천 (주)인천광역시 연수구 원인재로 115 연수구청 구청장실(032-749-7011) (학)1976년 제물포고졸 1995년 동국대 철학과졸, 인하대 대학원 국제통상학 박사과정 수료 (경)1987년 인천민주운동연합 정책실장 1987년 인천지역사회운동연합 정책실장 1987년 인천노동운동단체협의회 공동대표 1994년 (주)대웅정보 이사 1995년 민주당 인천시지부 정책연구실장 1995·1998~2002년 인천시의회 의원(국민회의·새천년민주당) 1996년 인천정보통신센터 이사·대표 1997년 인천정보문화연구원 원장 1998년 인천시의회 내무위원장 2002년 새천년민주당 노무현 대통령후보 지방자치특보 2002년 인천시 연수구청장선거 출마(새천년민주당) 2002년 새천년민주당 인천연수지구당 제16대 대통령선거대책위원장 2004년 열린우리당 국가청렴도개선위원회 부위원장 2004년 제17대 국회의원선거 출마(인천 연수구, 열린우리당) 2005~2008년 인천항만공사 감사 2010~2014년 인천시 연수구청장(민주당·민주통합당·민주당·새정치민주연합) 2014년 인천시 연수구청장선거 출마(새정치민주연합), 더불어민주당 중앙당 정책위원회 부의장 2018년 인천시 연수구청장(더불어민주당)(현) (상)청소년 육성분야 대통령표창(2010), 사회복지분야 대통령표창(2011), 전국기초자치단체장 공약이행 분야 우수상(2011), 아동복지분야 대통령표창(2013), 국토해양부 제6회 교통문화발전대회 전국교통문화지수평가 최우수상(2013), 제3회 지자체 생산성대상 전국1위(2013), 전국기초자치단체장 공약이행대상(2014) (종)불교

**고대영(高大英) Go Dae Yeong**

(생)1975·8·22 (주)부산광역시 연제구 중앙대로 1001 부산광역시의회(051-888-8245) (학)부산공고졸, 고신대 영어영문학과졸, 同기독교상담대학원졸 (경)2003~2005년 김형오 국회의원 수행비서·정책비서 2003년 푸른환경운동본부 운영위원 2004년 포인트입시학원 부원장 2005~2006년 밀알장애인선교단 봉사단장 2005~2006년 한나라당 부산영도구청년위원회 위원장 2005년 (사)청소년정보문화협회 이사 2005년 부산시 영도구장애인협회 고문 2006년 김형오 국회의원 보좌관 2006~2010년 부산시 영도구의회 의원 2010년 부산시 영도구의원선거 출마(한나라당) 2014~2018년 부산시 영도구의회 의원(새누리당·자유한국당) 2014~2016년 同부의장, 민주평통 부산영도구협의회 자문위원(현) 2018년 부산시의회 의원(더불어민주당)(현) 2018년 同도시안전위원회 위원(현) 2018년 同남북교류협력특별위원회 위원(현) 2018년 同운영위원회 위원(현) 2018년 同시민중심도시개발행정사무조사특별위원회 위원(현) (종)기독교

**고대용(高大用) KO Dae Young**

(생)1967·10·6 (출)제주 (주)제주특별자치도 제주시 서사로 154 한라일보 경영기획전략실(064-720-2200) (학)제주대 경제학과졸 (경)1990년 한라일보 입사 1998년 同편집부 차장대우 2000년 同정치부 차장 2002년 同사회부 차장 2008~2009년 한국기자협회 부회장 2008년 한라일보 교육문화체육부장 2014년 同뉴미디어국장 2016년 同편집국장 2018년 同경영기획전략실장(현) (상)제1회 제주도기자상

**고대혁(高大赫) KOH Dae Hyeok (弘願)**

(생)1959·12·10 (출)경북 문경 (주)인천광역시 계양구 계산로 62 경인교육대학교 총장실(032-540-1334) (학)1982년 한양대 교육학과졸 1984년 한국정신문화연구원졸(석사) 1992년 교육학박사(한양대) (경)인천교대 윤리교육학과 교수, 경인교대 윤리교육과 교수, 同교무처장, 同기획연구처장, 同신문방송센터 소장, 동양고전학회 회장, 동양윤리교육학회 회장 2016~2018년 한국초등도덕교육학회 회장 2017년 경인교대 총장(현) (저)'도덕교육의 체계적 이해'(共) '수업길라잡이'(共) '한국유학사상사대계 5-교육사상'(共) '상생화용-새로운 의사소통의 탐구'(共) 등 (역)'교사로 살아남기'(共) '관자'(共) (종)불교

**고도원(高道源) KOH Do Won**

(생)1952·4·29 (본)제주(濟州) (출)전북 부안 (주)경상북도 영주시 봉현면 테라피로 209 국립산림치유원 원장실(054-639-3501) (학)1971년 전주고졸 1980년 연세대 신학과졸 1991년 미국 미주리주립대 신문대학원 연수 1998년 연세대 대학원 정치학과졸 (경)1973년 연세춘추 편집국장 1978년 '뿌리깊은나무' 기자 1983년 중앙일보 사회부 기자 1986년 同정치부 기자 1994년 同정치부 차장 1999~2003년 대통령 연설담당비서관 2001년 아침편지문화재단 이사장(현) 2012~2013년 2013순천만국제정원박람회 홍보대사 2018년 국립산림치유원 원장(현) (상)황조근정훈장 (저)'고도원의 아침편지1-아름다움도 자란다'(2002, 청아출판사) '못생긴 나무가 산을 지킨다1·2'(2003, 청아출판사) '어린이에게 띄우는 고도원의 아침편지'(2003, 아이들판) '나무는 자신을 위해 그늘을 만들지 않는다'(2004, 꿈엔들) '고도원의 아침편지2-작은 씨앗 하나가 모든 것의 시작이다'(2004, 청아출판사) '고도원의 아침편지3-크게 생각하면 크게 이룬다'(2005, 청아출판사) '부모님이 살아계실 때 꼭 해드려야 할 45가지'(2005, 나무생각) '꿈 너머 꿈'(2007, 나무생각) '어린이를 위한 꿈 너머 꿈'(2008, 나무생각) '잠깐 멈춤'(2010, 해냄출판사) '사랑합니다 감사합니다'(2011, 홍익출판사) '꿈이 그대를 춤추게 하라'(2012, 해냄출판사) '고도원의 꿈꾸는 링컨학교-위대

한 시작'(2013, 꿈꾸는책방) '혼이 담긴 시선으로'(2015, 꿈꾸는책방) '당신의 사막에도 별이 뜨기를'(2016, 큰나무) '더 사랑하고 싶어서'(2016, 해냄출판사) '절대고독'(2017, 꿈꾸는책방) (종)기독교

### 고동진(高東眞) KOH Dong Jin

(생)1961 (주)경기도 수원시 영통구 삼성로 129 삼성전자(주) 임원실(02-2255-0114) (학)1980년 경성고졸 1984년 성균관대 산업공학과졸 1993년 영국 서섹스대 대학원 기술정책학과졸 (경)2002년 삼성전자(주) 유럽연구소장(상무보) 2005년 同정보통신총괄 유럽연구소장(상무) 2006년 同해외상품기획실 무선개발관리팀장 2008년 同무선사업부 개발관리팀장 2010년 同무선사업부 개발관리팀장(전무) 2011년 同무선사업부 기술전략팀장(부사장) 2012년 同IM부문 무선사업부 기술전략팀장(부사장) 2015년 同무선사업부 개발실장(부사장) 2015년 同IM부문 무선사업부장(사장)(현) 2017년 同IM(IT&모바일)부문장(사장)(현) 2018년 同대표이사 사장 겸임(현) 2018년 한국공학한림원 회원(전기전자정보공학·현)

### 고동환(高東煥) KO Dong Hwan

(생)1948·3·25 (출)경남 마산 (주)경상남도 창원시 성산구 공단로 535 동환산업(주) 비서실(055-282-9111) (학)1968년 부산공업전문학교졸 1978년 경남대 경영대학원 수료 (경)1979년 삼성라디에터공업(주) 공장장 1980년 동환산업(주) 대표이사 사장·회장(현) 1995~2001년 한국자유총연합회 경남지회장 1999년 경남도 제2의건국범도민추진위원회 위원 2000년 한국갱생보호공단 창원지부 명예지부장 2000년 경남선도장학재단 이사장 (상)새마을훈장 근면장, 대통령표창, 이달의 최고경영자상(2005)

### 고동환(高東煥) KO Dong Hwan

(생)1958·10·19 (본)제주(濟州) (출)제주 (주)대전광역시 유성구 대학로 291 한국과학기술원 인문사회융합과학대학 인문사회과학부(042-350-4619) (학)1977년 제주 오현고졸 1981년 서울대 인문대학 국사학과졸 1984년 同대학원 국사학과졸 1993년 문학박사(서울대) (경)1985~1995년 서울대 강사 1987~1996년 한국외국어대·덕성여대·한신대 강사 1992~1993년 서울대 한국문화연구소 특별연구원 1995년 서울시립대 서울학연구소 수석연구원 1995~2000년 한국과학기술원 인문사회과학부 조교수 1997~2000년 同신문사 주간 2000~2005년 同인문사회과학부 부교수 2001~2002년 영국 케임브리지대 방문교수 2005년 연세대 국학연구원 동방학지 편집위원 2005년 한국과학기술원(KAIST) 인문사회융합과학대학 인문사회과학부 교수(현) 2005~2018년 학술지 '서울학연구' 편집위원 2005~2014년 경제사학회 '경제사학' 편집위원 2009~2011년 문화재청 문화재사적분과 전문위원 2011~2014년 충남도 문화재위원 2012년 한국역사연구회 회장 2018년 학술지 '서울학연구' 편집위원장(현) 2019년 한국과학기술원(KAIST) 인문사회융합과학대학장(현) (상)백상출판문화상 저작상(1999) (저)'조선후기 서울상업발달사 연구'(1998) '역사와 도시'(2000) '서울상업사'(2000, 태학사) '조선시대 서울도시사'(2008, 태학사)

### 고명석(高明錫) Ko, Myung Suk

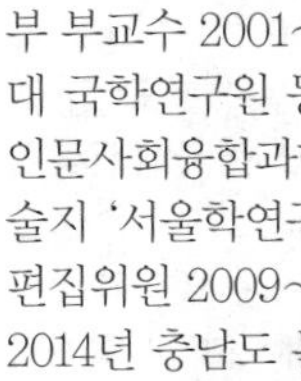

(생)1966·2·19 (본)장흥(長興) (출)충북 보은 (주)전라남도 여수시 해양경찰로 122 해양경찰교육원(061-806-2110) (학)1985년 청주고졸 1993년 서울시립대 행정학과졸 1998년 한국방송통신대 법학과졸 2004년 미국 인디애나대 로스쿨졸(LL.M.) 2014년 행정학박사(인하대) (경)1995~1998년 특허청 조사과 상표4과 근무(사무관) 1998~2001년 해양경찰청 보안계장· 법무계장(경정) 2001년 동해해양경찰서 정보수사과장 2003년 국가재난관리시스템기획단 파견 2003년 미국 인디애나대 파견(국외훈련) 2005년 해양경찰청 혁신단 조직발전팀장 2006년 同혁신단장(총경) 2007~2008년 속초해양경찰서장 2008~2009년 대통령 치안비서관실 행정관 2009~2010·2011~2012년 해양경찰청 기획담당관 2010~2011년 캐나다 코스트가드 파견(직무훈련) 2012년 해양경찰청 미래기획관 2013년 同장비기술국장(경무관) 2014년 국민안전처 대변인 2015년 同서해해양경비안전본부장(치안감) 2017년 서해지방해양경찰청장 2017년 해양경찰청 기획조정관 2018년 同해양경찰교육원장(현) (상)홍조근정훈장(2013) (저)'한권으로 끝내는 만화 나홀로 민사소송(共)'(2012, 영상노트)

### 고명언(高明彦)

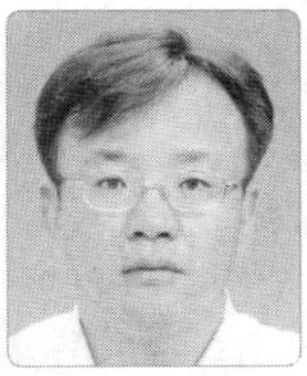

(생)1960·7 (주)서울특별시 영등포구 여의대로 128 LG트윈타워 LG전자(주)(02-3777-1114) (학)대동고졸, 부산대 기계공학과졸 (경)1984년 금성사 냉장고구매과 입사 2003년 LG필립스LCD 모듈공장장(상무) 2011년 LG전자 태주생산법인장(전무) 2014년 同창원생산그룹장(COO·전무) 2015년 同글로벌생산부문 베트남생산법인장(전무) 2017년 同글로벌생산부문 베트남생산법인장(부사장)(현)

### 고명주(高明珠) KO Myung Ju

(생)1964·10·17 (본)장흥(長興) (출)경남 마산 (주)서울특별시 송파구 송파대로 570 쿠팡(1577-7011) (학)1988년 서울대 고고미술사학과졸 (경)1995~2001년 대우자동차 노사협력팀·공장관리팀·홍보팀 과장 2001~2003년 흥국생명보험 노사복지 수석부장 2004년 대한화섬 생산지원실장 2005~2006년 일주학원 사무국장 겸 세화고 행정실장 2006년 하나로텔레콤 HR본부장(상무) 2019년 쿠팡(주) 인사총괄 각자대표이사(현) (종)기독교

### 고명호(高明浩) KOH Myung Ho (達波)

(생)1952·2·12 (본)제주(濟州) (출)대구 (주)경기도 양평군 경강로 1047 (주)선워드(031-796-0048) (학)1970년 경북고졸 1976년 단국대 특수교육학과졸 1980년 성균관대 대학원 무역학과졸 (경)삼성전자(주) 인사부장, 삼성 생활문화센터장 1995년 한솔제지(주) 인사홍보팀장(전무) 2001~2006년 서울지방노동위원회 위원 2002년 한솔그룹 경영기획실 인사홍보팀장(상무) 2006~2009년 한솔개발(주) 영업·경영지원총괄 부사장 2008~2011년 중앙노동위원회 사용자위원 2009~2015년 한솔홈데코 대표이사 사장 2012~2015년 (사)한국합판보드협회 회장 2012~2018년 단국대재단 이사 2012~2014년 목재산업총연합회 회장 2016~2017년 (주)상보 사장 2017~2018년 同고문 2017년 (주)선워드 회장(현) (상)산업포장(2012) (저)'직장인의 기본과 응용' (작)단편소설 '불연속선' (종)불교

### 고민석(高敏碩) KOH Min Seok

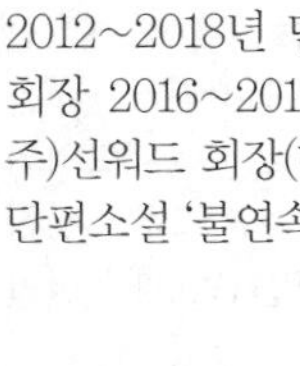

(생)1969·5·2 (출)대구 (주)서울특별시 서초구 서초대로74길 4 삼성생명 서초타워 법무법인 동인(02-2046-0689) (학)1987년 대륜고졸 1991년 서울대 공법학과졸 (경)1993년 사법시험 합격(35회) 1996년 사법연수원 수료(25기) 1999~2002년 변호사 개업 2002년 청주지검 검사 2004년 대구지검 검사 2006년 서울중앙지검 검사 2009년 수원지검 부부장검사 2009년 대구지검 김천지청 부장검사 2010년 부산지검 동부지청 형사3부장 2011년 서울남부지검 공판부장 2012년 울산지검 형사2부장 2013년 대구지검 형사3부장 2014년 인천지검 형사3부장 2015년 서울남부지검 형사2부장 2016년 서울고검 검사 2016~2017년 서울남부지검 형사2부장 2017년 법무법인(유) 동인 구성원변호사(현) 2018년 대구지방국세청 지정 조세전문변호사(현) 2018년 대구지방공정거래협의회 자문위원(현)

### 고민정(高旼廷 · 女)

[생]1979 · 8 · 23 [주]서울특별시 종로구 청와대로 1 대통령 대변인실(02-770-0011) [학]분당고졸, 경희대 중어중문학과졸 [경]2004년 KBS 아나운서(공채 30기) 2004~2017년 同'뉴스광장' · '지구촌뉴스' · '국악한마당' · '결혼이야기' · '똑똑한 소비자 리포트' 등 진행(아나운서) 2017년 더불어민주당 제19대 문재인 대통령후보 중앙선거대책위원회 공보단 대변인 2017년 대통령 부대변인(선임행정관) 2019년 대통령 부대변인(비서관) 2019년 대통령 대변인(현) [저]에세이 '당신이라는 바람이 내게로 불어왔다(共)'(2017, 북하우스)

### 고범석(高範碩) Koh Bum Suk

[생]1964 · 11 · 28 [출]제주 [주]서울특별시 송파구 법원로 92 파트너스1 508호 고범석법률사무소(02-456-2221) [학]1983년 제주 오현고졸 1987년 서울대 법대졸 1989년 同대학원 법학과졸 [경]1989년 사법시험 합격(31회) 1992년 사법연수원 수료(21기) 1992년 軍법무관 1995년 변호사 개업 1996년 부산지검 울산지청 검사 1998년 서울지검 검사 2000년 대구지검 김천지청 검사 2002년 서울지검 의정부지청 검사 2004년 의정부지검 부부장검사 2005년 부산고검 검사 2006년 부산지검 공판부장 2007년 사법연수원 교수 2009년 의정부지검 고양지청 부장검사 2010년 수원지검 안양지청 부장검사 2011년 서울동부지검 형사1부장 2012년 서울고검 검사 2013년 대구지검 포항지청장 2014년 서울고검 검사 2014년 변호사 개업(현)

### 고범석(高範錫)

[생]1970 [출]전남 목포 [주]서울특별시 서대문구 통일로 97 경찰청 감찰담당관실(02-3150-0425) [학]1992년 경찰대 행정학과졸(8기) [경]1992년 경위 임용 1999년 경감 승진 2003년 경찰청 감사관실 감찰담당관실 근무 2006년 경남 김천경찰서 경무과장(경정) 2007년 국민고충처리위원회 파견 2008년 경찰청 생활안전국 생활질서과 근무 2009년 同감사관실 감찰담당관실 근무 2010년 同감사관실 감사담당관실 근무 2013년 대통령 사회안전비서관실 파견 2014년 서울지방경찰청 경무과 치안지도관(총경) 2014년 전남지방경찰청 홍보담당관 2015년 전남해남경찰서장 2016년 인천지방경찰청 정보화장비과장 2017년 경찰청 감사담당관 2017년 서울 서대문경찰서장 2019년 경찰청 감찰담당관(현)

### 고범석(高範碩)

[생]1971 · 9 · 18 [출]전북 전주 [주]서울특별시 중구 남대문로 63 법무법인 광장(02-772-4000) [학]1990년 전주 상산고졸 1995년 서울대 법학과졸 [경]1997년 사법시험 합격(39회) 2000년 사법연수원 수료(29기) 2000년 공군 법무관 2003년 인천지법 판사 2005년 서울중앙지법 판사 2007년 전주지법 정읍지원 판사 2010년 수원지법 안양지원 판사 2011년 법원행정처 정보화심의관 2014년 서울서부지법 판사 2015년 부산지법 부장판사 2017~2019년 사법연수원 교수 2019년 법무법인 광장 변호사(현)

### 고병국(高炳國)

[생]1973 · 5 · 3 [주]서울특별시 중구 세종대로 125 서울특별시의회(02-3702-1400) [학]고려대 대학원 정치외교학과졸 [경]현대아산 과장, 정세균 국회의원 보좌관 2018년 서울시의회 의원(더불어민주당)(현) 2018년 同도시계획관리위원회 위원(현) 2018년 同예산결산특별위원회 위원(현)

### 고병기(高炳基) Koh Byoung-Ki

[생]1962 [출]제주 서귀포 [주]서울특별시 중구 새문안로 16 농협경제지주 임원실(02-2080-5114) [학]제주 오현고졸, 부산대 사회학과졸, 제주대 대학원졸, 경영학박사(세종대) [경]1988년 농협중앙회 입회 2007년 同연북로지점장 2009년 同제주도청지점장 2010년 同제주지역본부 경영지원부본부장 2011년 同준법지원부 국장 2013년 同홍보실 국장 2014년 同인삼특작부장 2017년 同제주지역본부장 2018년 농협경제지주 농업경제 상무(현) [상]농림수산식품부장관표창, 농협중앙회장표창

### 고병민(高秉民) KO Byung Min

[생]1964 · 12 · 17 [출]경남 진주 [주]대구광역시 수성구 동대구로 364 대구고등검찰청 총무과(053-740-3242) [학]1983년 진주 대아고졸 1987년 고려대 법학과졸 [경]1991년 사법시험 합격(33회) 1994년 사법연수원 수료(23기) 1994년 서울지검 남부지청 검사 1996년 창원지검 진주지청 검사 1998년 인천지검 검사 2000년 창원지검 검사 2002년 서울지검 의정부지청 검사 2004년 서울중앙지검 검사 2006년 부산지검 동부지청 부부장검사 2007년 서울동부지검 부부장검사 2008년 대구지검 포항지청 부장검사 2009년 제주지검 부장검사 2009년 서울북부지검 공판송무부장 2010년 울산지검 형사2부장 2011년 창원지검 형사1부장 2012년 수원지검 안양지청 부장검사 2013년 서울고검 공판부 검사 2015년 대구지검 형사2부장 2016년 대전고검 검사 2017년 서울서부지검 중요경제범죄조사단 부장검사 2019년 대구고검 검사(현)

### 고병우(高炳佑) KOH B. W. (隱岩)

[생]1933 · 11 · 2 [본]제주(濟州) [출]전북 옥구 [학]1952년 군산고졸 1956년 서울대 상과대학 경제학과졸 1957년 同대학원 수료 1997년 명예 경제학박사(전북대) [경]1958년 한양대 · 단국대 조교수 1963년 경제과학심의위원회 제1조사분석실 상공담당관 1967~1969년 농림부 조사통계 · 농업경제 · 농업개발과장 1969~1973년 同농업개발국장 1973년 대통령 경제비서관 1975년 재무부 재정차관보 1981년 쌍용중공업 사장 1983년 쌍용투자증권 사장 1990년 증권거래소 이사장 1993년 건설부 장관 1994~1997년 97무주 · 전주동계유니버시아드대회 조직위원장 1994~1998년 군산대 객원교수 1996년 동원투자신탁 회장 1998~2000년 (주)동아건설산업 회장 1998년 在京 전북도민회 회장 1999~2017년 (사)한국경영인협회 회장 2004~2017년 同부설 바른사회 · 바른기업을위한경영인포럼 부의장 · 의장, 박정희대통령기념사업회 이사 · 건설위원장 [상]청조근정훈장, 체육훈장 청룡장 [저]'산업구조론' '商業大要' '증권자본주의론' '한국경제의 어제와 오늘' '자본자유화와 기업의 대응' 자서전 '혼(魂)이 있는 공무원'(2008)

### 고병헌(高炳憲) KO Byung Heun (草軒)

[생]1946 · 5 · 27 [본]장흥(長興) [출]부산 [주]서울특별시 송파구 도곡로 464 (주)금비 회장실(02-2240-7208) [학]1964년 경남고졸 1968년 연세대 경영학과졸 1990년 서강대 최고경영자과정 수료 [경]1968년 현대건설 비서과장 1974년 현대조선 중공업자재관리부장 1980~1992년 (주)쥬리아 대표이사 사장 1982년 (주)진로 부사장 1984~1988년 (주)서광 대표이사 사장 1986년 민정당 재정금융위원회 수석부위원장 1987년 화장품공업협회 부회장 1987~2006년 서울시아이스하키협회 회장 1992년 (주)금비 대표이사 사장, (주)금비화장품 대표이사 사장 1994년 (주)금비 · (주)금비화장품 대표이사 회장(현) 2010년 삼화왕관(주) 대표이사 회장(현) [상]상공부장관표창(1974), 자랑스런 연세상경인상 산업 · 경영부문(2000), 한국의 경영자상(2008), 연세를 빛낸 동문상(2008), 자랑스런 연세상경인상 특별공로상(2014) [종]기독교

## 고병희(高秉希) KO Byung Hee

(생)1965·8·22 (주)세종특별자치시 다솜3로 95 공정거래위원회 유통정책관실(044-200-4187) (학)1984년 제주제일고졸 1992년 연세대 정치외교학과졸 (경)2000년 공정거래위원회 사무처 독점국 독점관리과 사무관 2002년 同기업집단과 사무관 2003년 同기업집단과 서기관 2006년 미국 위스콘신주 법무부 연수 2007년 공정거래위원회 기획홍보본부 정책홍보팀장 2008년 同제조업경쟁과장 2009년 同기업집단과장 2010년 同서비스업감시과장 2011년 同소비자정책국 특수거래과장 2012년 同서울사무소 경쟁과장 2014년 국립외교원 교육파견(과장급) 2015년 공정거래위원회 기획조정관실 기획재정담당관(서기관) 2015년 同기획조정관실 기획재정담당관(부이사관) 2017년 同경쟁정책국 경쟁정책과장 2018년 同카르텔조사국장 2018년 同유통정책관(현)

## 고봉식(高奉植) KO Bong Sik

(생)1958·5·6 (본)제주(濟州) (출)경남 진해 (주)서울특별시 구로구 경인로 662 디큐브시티 16층 대성쎌틱에너시스(주)(02-732-3450) (학)1975년 경상고졸 1985년 영남대 기계설계학과졸 (경)1988년 대성산업(주) 기계산업부 입사 1989년 대성타코(주) 근무 1993년 대성나찌유압(주) 영업개발부 과장·차장·부장 2002년 대성쎌틱(주) 공장장 2005~2010년 同대표이사 2005년 대성산업(주) 에너지시스템사업부 상무이사 겸임 2010년 대성쎌틱에너시스(주) 대표이사 부사장(현) 2010~2016년 대성히트펌프(주) 대표이사 2013~2016년 대성계전(주) 대표이사 겸임 2013년 대성산업(주) 에너지시스템사업부 전무 겸임 (상)우수자본재개발유공자, 산업포장(2019) (종)기독교

## 고 산(杲 山) (慧元)

(생)1934·1·27 (본)해주(海州) (출)울산 울주 (주)경상남도 하동군 화개면 쌍계사길 59 쌍계사(055-883-1901) (학)1952년 울산고졸 1961년 직지사 강원대교과졸 1974년 동국대 행정대학원 수료 (경)1945년 범어사에서 득도 1948년 사미계 수지 1956년 비구계 수지 1961~1969년 청암사·범어사 강사 1969~1975년 법륜사·조계사·은해사·쌍계사 주지 1975년 대한불교조계종 총무원 총무부장 1975~2013년 대한불교조계종 쌍계사 조실 1976년 부산 혜원정사·부천 석왕사 창건 1978년 대한불교조계종 중앙종회 의원 1979년 경남도 자문위원 1984~1998년 대한불교조계종 제13교구본사 쌍계사 주지 1994년 同호계위원회 재심위원장 1998년 통영 연화사 창건 1998~1999년 대한불교조계종 총무원장 1998년 한국불교종단협의회 회장 1999년 중앙승가대 이사장 1999년 한국종교인평화회의(KCRP) 회장 1999년 2002월드컵조직위원회 위원 2005년 대한불교조계종 원로회의 의원 2008~2014년 同전계대화상 2009년 同법계위원장 2013년 同쌍계총림 쌍계사 방장(현) (상)대한불교조계종 종정표창(1974·1993), 포교대상(2002) (저)'조사의 선화' '기신론 강의' '불자수지독송경' '반야심경 강의' '선-깨달음의 길' '현대인이 만난 부처의 마음' '법화경 강의' '사람이 사람에게 가는 길' '지옥에서 극락세계로 가는 길' '머무는 곳 없이 나무가지가 바람을 따르듯이' '다도의범' 회고록 '지리산의 무쇠소' (역)'천수경(千手經)'(1972) '관음례문(觀音禮文)'(1974) (작)서예작품 다수 (종)불교



## 고삼석(高三錫) Ko Sam Seog

(생)1967·8·28 (출)전남 해남 (주)경기도 과천시 관문로 47 방송통신위원회(02-2110-1240) (학)1986년 광주 동신고졸 1993년 조선대 정치외교학과졸 1996년 서강대 대학원 정치학과졸 2005년 서울대 행정대학원 정보통신방송정책과정 수료 2010년 언론학박사(중앙대) (경)1996년 국회의원 비서관 1997년 제15대 대통령직인수위원회 공보팀원 2000년 국회의원 보좌관 2003년 대통령 국내언론비서관실 행정관 2003년 대통령 홍보기획비서관실 행정관 2006년 대통령비서실 혁신담당관 2006년 국무총리소속 방송통신융합추진위원회 전문위원 2008년 미디어미래연구소 선임연구위원 2008년 중앙대 신문방송대학원 외래교수 2011년 충남도 정책자문위원회 홍보분과위원장 2012년 행정안전부 국가정보화포럼 위원 2012년 중앙대 신문방송대학원 겸임교수 2013년 서울시 정보화전략위원회 위원 2013년 국회 방송공정성특별위원회 자문위원 2013년 미디어미래연구소 미디어역량증진센터 원장 2014년 국회 정책연구위원 2014년 방송통신위원회 상임위원(차관급)(현) 2014년 同지역방송발전위원회 부위원장 2014년 同보편적시청권보장위원회 위원장 2016년 同시청자권익보호위원회 위원장 2017년 同위원장 직대 2017년 同방송미래발전위원회 위원장 2018년 同방송분쟁조정위원회 위원장(현) 2018년 同시청자권익보호위원회 위원장(현) 2019년 同방송통신규제심사위원회 위원장(현) (상)부총리 겸 통일원장관표창(1991), 대통령비서실장표창(2007) (저)'디지털 미디어 디바이드 : 참여와 통합의 디지털 미디어 정책'(2011, 나남) '스마트 모바일 환경에서의 참여격차와 정책적 대응방안(共)'(2012, 정보통신정책연구원) '스마트 미디어의 이해(共)'(2014, 미래인)

## 고상룡(高翔龍) KOH Sang Ryong (雲露)

(생)1939·4·22 (출)제주 (주)서울특별시 서초구 반포대로37길 59 대한민국학술원(02-3400-5220) (학)1959년 제주 오현고졸 1964년 성균관대 법학과졸 1967년 同대학원졸 1971년 일본 도쿄대 대학원 민법학과졸 1977년 민법학박사(일본 도쿄대) (경)1977~1978년 서울시립대 조교수 1978~2004년 성균관대 법학과 조교수·부교수·교수 1978~1981년 同법과대학장 1979년 한일법학회 이사 1981~1983년 법무부 민·상법 개정특별심의위원회위원 1983~2000년 대한상사중재원 중재위원 1983년 일본사법학회 회원 1986~1987년 일본 도쿄대 법학부 객원연구원 1988년 성균관대 홍보실장 1990~1992년 同법과대학장 1992~1995년 同교무처장 1993~1994년 전국대학교교무처장협의회 회장 1996~2003년 (사)한국법학교수회 부회장 1996년 한국민사법학회 부회장 1996~1997년 일본 도쿄대 법학부 객원교수 1998~2000년 한국비교사법학회 회장 2000년 同고문 2002년 대한매일신문 명예논설위원 2003년 한국산업인력공단 전문자문위원 2003년 (사)한국법학교수회 원로자문위원 2003년 대한민국학술원 회원(민법·현) 2004년 성균관대 명예교수(현) (상)국무총리표창 (저)'민법총칙'(1990, 법문사) '민법학 특강'(1995, 법문사) '현대 한국법 입문' '민법판례 해설(Ⅰ·Ⅱ)' '물권법'(2001, 법문사) 등 (종)기독교

## 고상봉(高祥奉) KOH Sang Bong

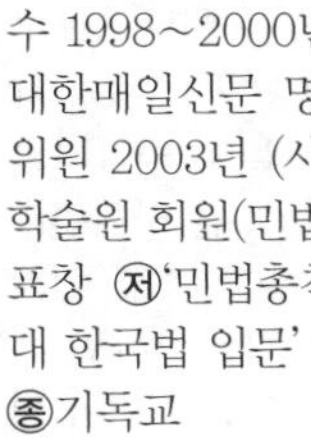

(생)1957·10·1 (본)제주(濟州) (출)경남 남해 (주)서울특별시 강서구 양천로53길 97 (주)에어텍 대표이사실(02-2662-9081) (학)1976년 부산공업고졸 1983년 부산공업전문대학 전기과졸 2007년 한국방송통신대 일본학과졸 (경)1985~1990년 한국공항공사 제주지사 기술부 전력과 근무 1990년 한국공항공사 전력부 전력운용과 대리 1991~1995년 同전력부 항공등화과 대리 1996년 同포항지사 기술과장 1998년 同대구지사 기술부장 1998년 同대구지사 시설부장 2001년 同여수지사 시설부장 2004년 同전기통신처 항공등화팀장 2004년 同ICAO 감사대비

전담반 등화실무반장 겸임 2006년 同서울지역본부 시설단 항공등화팀장 2009년 同서울지역본부 기술단 전력시설팀장 2010년 同부산지역본부 시설단장 2011년 (주)에어텍 대표이사(현) (상)국무총리표창(2010)

**고상영(高常榮)**

(생)1976·6·10 (출)광주 (주)광주광역시 동구 준법로 7-12 광주지방법원(062-239-1710) (학)1994년 광주 문성고졸 1998년 서울대 사법학과졸 (경)2000년 사법시험 합격(42회) 2003년 사법연수원 수료(32기) 2003년 공익법무관 2006년 전주지법 판사 2009년 광주지법 목포지원 판사 2011년 광주지법 판사 2013년 광주고법 판사 2015년 대전지법 판사 2018년 광주지법 부장판사(현)

**고상원(高祥源) KO Sang Won**

(생)1964·8·13 (본)제주(濟州) (출)서울 (주)충청북도 진천군 덕산면 정통로 18 정보통신정책연구원 국제협력연구실(043-531-4130) (학)1987년 연세대 경제학과졸 1992년 경제학박사(미국 코넬대) (경)1988~1992년 미국 코넬대 경제학과 Teaching Assistant 1993~2001년 과학기술정책연구원 부연구위원·기술인력팀장 1994~1998년 OECD 과학기술정책위원회 과학기술체계반(GSS) 한국대표 1996~1998년 연세대 국제학대학원 경제학과 강사 1997~1998년 노사관계개혁위원회 전문위원 1998~2002년 한양대 아태지역학대학원 강사 2000~2001년 OECD 과학기술정책위원회 Ad Hoc Working Group On 'Steering and Funding of Research Institutions' 한국대표 2001~2008년 정보통신정책연구원 연구위원 2003년 국가연구개발사업 평가·사전조정위원 2004년 국가연구개발사업 평가·사전조정중점검토소위원회 위원 2005~2006년 정보통신정책연구원 신성장산업연구실장 2006년 同정보통신산업연구실장 2006년 경제협력개발기구(OECD) 정보경제분과위원회 부의장 2008년 대통령 과학비서관실 행정관 2008년 정보통신정책연구원 미래융합전략연구실장 2010~2011년 방송통신위원회 규제개혁및법제선진화특별위원회 위원 2010년 정보통신정책연구원(KISDI) 미래융합연구실장 2011년 同국제협력연구실장 2013년 同선임연구위원 2014년 同국제협력연구실 연구책임자 2015년 同기획조정실장 2017년 同국제협력연구실장(현) 2017년 국제전기통신연합(ITU) 세계전기통신개발총회(WTDC) 차기(2021년부터) 부의장(현)

**고상환 Koh Sang-Hwan**

(출)부산 (주)울산광역시 남구 장생포고래로 271 울산항만공사(052-228-5300) (학)1975년 부산고졸 1979년 한국해양대 항해학공학졸 (경)1986~1991년 현대상선(주)선장 1991~2002년 同소장 2002~2007년 유코카캐리어스 지사장 2007~2017년 울산로지스틱(주) 대표이사 2018년 울산항만공사 사장(현)

**고서곤(高西坤) KO SEO-GON**

(생)1966·9·12 (본)제주(濟州) (주)세종특별자치시 가름로 194 과학기술정보통신부 기초원천연구정책관실(044-202-4510) (학)1985년 부천고졸 1991년 서울대 사회교육과졸 (경)2003년 과학기술부 기획관리실 기획예산담당관실 사무관 2003년 同기획관리실 기획예산담당관실 서기관 2005년 국가균형발전위원회 파견(과장) 2006년 과학기술부 정책홍보관리실 기획법무팀장 2008년 교육과학기술부 양자협력과장 2008~2011년 駐영국 교육과학관(참사관) 2011년 교육과학기술부 양자협력과장 2011년 同우주기술과장 2013년 미래창조과학부 미래선도연구실 우주정책과장 2013년 同연구개발정책실 우주정책과장 2014년 同연구개발정책실 연구개발정책과장 2016년 대통령소속 국가지식재산위원회 지식재산전략기획단 지식재산정책관(국장급) 2017년 국무총리소속 원자력안전위원회 기획조정관 2018년 同방사선방재국장 2018년 과학기술정보통신부 연구개발정책실 기초원천연구정책관(현) (상)홍조근정훈장(2013)

**고 석(高 爽) KO SEOK**

(생)1960·3·16 (출)서울 (주)서울특별시 종로구 종로3길 17 디타워 23층 법무법인 세종(02-316-4072) (학)1979년 학다리고졸 1983년 육군사관학교 독일어과졸(39기) 1988년 서울대 법과대학 사법학과졸 1991년 同법과대학원졸(법학석사) 2006년 법학박사(서울대), 고려대 행정대학원 최고관리과정 수료(15기), 서울대 경영대학원 최고경영자과정 수료(71기), 한국체육대 최고경영자과정 수료(28기), 한국상사중재원 중재최고위과정 수료(9기), 고려대 법학전문대학원 최고위과정 수료(2기), 성균관대 IWAMP 수료(13기) 2013년 서울대 공과대학 최고경영자과정(AIP) 수료 2014년 同인문대학 최고경영자과정(AFP) 수료 (경)1983년 보병 30사단 소대장 1988년 육군사관학교 교수부 법학과 강사 1991년 同교수부 법학과 전임강사 1991년 사법시험 합격(33회) 1994년 사법연수원 수료(23기) 1994년 육군본부 법무감실 보통검찰관 1995년 수도군단 법무부 법무참모 1996~1998년 국방부 법무관리관실 국제법과장 직무대리 1998년 同법무운영단 검찰부장 대리 1999~2001년 3군사령부 법무참모(대령) 2001~2003년 국방부 법무담당관 2003~2007년 합동참모본부 법무실장 2007년 미국 조지타운대 연수 2008년 방위사업청 계약관리본부 법무지원팀장 2008년 육군본부 법무실장 2009년 육군 준장 진급 2011~2012년 국방부 고등군사법원장(준장) 2011~2012년 한국형사소송법학회 부회장 2012년 International Society for Military Law & Law of War(유엔자문기구) 이사(현) 2012년 미래국방포럼 법무이사 2013년 한국방위산업학회 이사 2013년 (주)우성엠에프 자문변호사 2013~2015년 駐韓미군기지이전사업단 자문변호사 2013~2016년 FURSYS 사외이사 2013년 대한상사중재원 중재인(현) 2013~2015년 법무법인(유) 화우 파트너변호사 2014년 국가보훈처 보훈심사위원회 비상임정부위원(현) 2014년 군인공제회 자문변호사 2014~2016년 한국건설기술관리협회 윤리위원 2014~2016년 국방부 정보공개심의회 위원 2015년 (사)한민족연구소 감사(현) 2015년 국방부 지뢰피해심의위원회 심의위원(현) 2015년 법무법인 세종 파트너변호사(현) 2017년 국방부 국방획득혁신위원회 위원 2018년 국회 우수입법선정위원 (상)보국훈장 천수장(2009) (저)'군법개론(共)'(육군사관학교) (종)기독교

**고석규(高錫珪) KO Seok Kyu**

(생)1956·9·5 (주)전라남도 무안군 청계면 영산로 1666 목포대학교 사학과(061-450-2130) (학)1975년 경기고졸 1979년 서울대졸 1984년 同대학원 문학석사 1991년 문학박사(서울대) (경)1993~1995년 서울시립대 서울학연구소 초빙연구원 1995~2006년 목포대 사학과 전임강사·조교수·부교수 2000~2002년 미국 U. C. Berkeley Visiting Scholar·President of the Korean Visiting Scholar Association 2003~2005년 목포대 도서문화연구소장·인문과학연구원장 2004~2006년 광주전남지역혁신협의회 인적자원개발분과 간사 2004~2008년 목포대 다도해문화콘텐츠사업단장 2004년 목포시 지식산업클러스터협의회 위원 2005년 무안군지역혁신협의회 위원 2005~2009년 문화재청 문화재위원회 전문위원 2005년 대한민국학술원 기초학문분야 우수학술도서 선정 2006~2018년 목포대 사학과 교수 2006년 한국학술진흥재단 인문학단분과 전문위원 2006~2007년 '목포대 개교 60주년 기념사업' 추진위원장 2006~2008년 호남지역SO협의회 시청자위원 2007~2008년 (사)목포포럼 공동대표 2007~2008년 호심학원(광주대) 이사 2008~2009년 역사문화학회 부회장 겸 편집이사 2008~2011년 (재)전남문화산업

진흥원 이사 2008~2009년 목포대 기획협력처장 2008~2010년 전남도 문화재위원 2009~2011년 인문콘텐츠학회 부회장 2009~2011년 KBS 목포방송국 시청자위원 2009~2010년 교육과학기술부 인문사회학술연구사업추진위원회 위원 2009~2011년 민주평통 자문위원 2010~2014년 목포대 총장 2010년 (재)전남테크노파크 이사 2011~2012년 광주·전남지역대학교총장협의회 회장 2011년 사회통합위원회 전남도지역협의회 위원 2012~2013년 지역중심국·공립대학교총장협의회 회장 2012~2014년 (사)전남대불산학융합본부 초대 이사장 2013~2014년 도시사학회 회장 2013~2014년 전국국공립대총장협의회 회장 2014~2018년 김대중노벨평화상기념관 운영자문위원장 2016~2017년 호남사학회 회장 2017~2018년 교육부 '역사교과서 국정화 진상조사위원회' 위원장 2017년 한국학호남진흥원 이사(현) 2017~2018년 대통령직속 정책기획위원회 위원 2018년 전남도 교육감선거 출마 2018년 목포대 사학과 명예교수(현) 2019년 국사편찬위원회 위원(현) (상)서울대사학과총동문회 '자랑스런 사학인'(2014) (저)'역사 속의 역사 읽기1·2·3(共)'(1996, 풀빛) '19세기 조선의 향촌사회연구'(1998, 서울대 출판부) '다도해사람들-역사와 공간(共)'(2003, 경인문화사) '근대도시 목포의 역사·공간·문화'(2004, 서울대 출판부) '21세기 한국학, 어떻게 할 것인가(共)'(2005, 한림대 한국학연구소 푸른역사) '섬과 바다 -역사와 자연 그리고 관광(共)'(2005, 경인문화사) '새로운 한국사 길잡이(共)'(2008, 지식산업사) '지방사연구입문(共)'(2008, 역사문화학회 민속원) '한국사 속의 한국사(共)'(2016, 느낌이있는책)

**고석범**

(생)1965·7 (주)인천광역시 동구 인중로 489 두산인프라코어 임원실(032-211-1114) (학)성균관대 농경제학과졸 (경)두산인프라코어 자금팀장 2011년 同재무관리부문 Treasurer(상무) 2017년 同재무관리부문 최고재무책임자(CFO·상무) 2018년 同각자대표이사(현)

**고석태(高錫泰) KOH Suk Tai**

(생)1954·3·31 (본)제주(濟州) (출)서울 (주)경기도 안성시 미양면 제2공단2길 39 (주)케이씨(02-2103-3505) (학)1972년 서울고졸 1980년 성균관대 화학공학과졸 (경)1980~1986년 대성산소(주) 근무 1987년 (주)케이씨텍 대표이사 사장 1996년 ISO-9001인증(KSA) 1997년 ISO-14001인증, (주)케이씨텍 대표이사 회장 2005~2007년 한국디스플레이장비재료산업협회 회장 2016년 한국공학한림원 정회원(화학생명공학분과·현) 2017년 (주)케이씨 대표이사 회장(현) (상)산업포장, 과학기술처장관표창, 경기중소기업대상, 국세청장표창, 대통령표창, 석탑산업훈장, 은탑산업훈장(2008) (종)천주교

**고석홍(高錫洪) KO Seok Hong**

(생)1964·4·5 (출)서울 (주)대전광역시 서구 둔산중로78번길 15 대전고등검찰청(042-470-3000) (학)1982년 장충고졸 1986년 서울대 법학과졸 1988년 同대학원 법학과 수료 1995년 미국 조지아대 법학대학원졸(LL.M.) (경)1987년 사법시험 합격(29회) 1990년 사법연수원 수료(19기) 1993년 軍법무관 1996년 부산지검 동부지청 검사 1997년 춘천지검 원주지청 검사 1998년 법무부 관찰과 검사 2000년 서울지검 검사 2003년 제주지검 부부장검사 2004년 인천지검 부천지청 부장검사 2005년 서울서부지검 부부장검사 2006년 법제처 파견 2007년 서울남부지검 형사4부장 2008년 부산지검 형사2부장 2009년 법무연수원 연구위원 2010년 서울중앙지검 부장검사 2011년 서울고검 검사 2011~2012년 인천시 법률자문검사(파견) 2013년 광주고검 검사 2015년 광주지검 목포지청장 2016년 서울고검 검사 2018년 대전고검 검사(현) (저)'영화 속 형법이야기'(2011)

**고선건(高善健) KOH SEON GEON**

(생)1966·4·16 (본)진주(晉州) (출)부산 (주)인천광역시 중구 공항로 272 인천국제공항 3층 호텔신라 면세인천공항점(032-743-4870) (학)서울 광성고졸 1992년 아주대 수학과졸 2017년 중앙대 산업창업대학원졸 (경)1997년 삼성물산(주) 입사 2008년 (주)호텔신라 면세서울점장 2010년 同국내마케팅팀장 2015년 同TR부문 Korea사업부 면세인천공항점장(상무)(현)

**고성삼(高聖三) KOH Sung Sam (봉암)**

(생)1945·1·14 (본)제주(濟州) (출)서울 (주)서울특별시 영등포구 국회대로76길 18 오성빌딩 503호 중앙세무회계사무소(02-785-3121) (학)1964년 선린상고졸 1972년 중앙대 경영학과졸 1974년 서울대 경영대학원졸 1985년 경영학박사(미국 호놀룰루대) 2000년 경영학박사(인하대) 2017년 명예 신학박사(미국 Trinity Bible College & Seminary) (경)1974년 공인회계사 겸 세무사 1978~2010년 중앙대 경영대학 전임강사·조교수·부교수·교수 1980년 미국 일리노이주립대 객원교수 1981~1994년 공인회계사 시험위원 1988~2001년 중앙대 경영대학 회계학과 교수 1990년 증권감독원 회계제도자문위원 1994~1995년 미국 조지워싱턴대 객원교수 1998~2008년 한국회계학회 및 한국세무학회 부회장 1999년 중앙대 산업교육원장 2001년 한국중소기업협회 부회장·감사·이사 2002년 한국회계정보학회 부회장 2002년 기독교TV 감사 2002~2010년 중앙대 경영대학 경영학부 교수 2002년 한국회계학회 부회장 2002년 대한경영학회 부회장 2003년 중앙대 교수협의회장 2004~2008년 한국원가관리협회 감사 2005~2010년 중앙대 회계연구소장 2005년 한국회계정보학회 회장 2006년 同고문(현) 2008년 대한경영학회 회장 2009년 同고문(현) 2010년 중앙대 경영대학 명예교수(현) 2010년 (사)한국경영지도연구원 이사장(현) 2010년 중앙세무회계사무소 대표공인회계사(현) 2010년 국제학생선교회 이사장(현) 2010~2015년 (사)한국건설경영연구원 회장 2012년 한국기독교장로회 개혁정통총회 목사안수 2012~2014년 서울신학대 감사 2012~2016년 (사)한국기독교총연합회 감사 2013년 (사)대한예수교장로회연합회 감사(현) 2013~2015년 학교법인 용인송담대 감사 2014~2016년 한국감사인포럼 공동대표 2015년 (사)한국기독교화해중재원 감사(현) 2016년 한국감사인연합회 공동대표(현) (상)부총리 겸 교육인적자원부장관표창(2000), 홍조근정훈장(2007), 부총리 겸 기획재정부장관표창(2014), 한국회계학회 학술상(2015) (저)'현대 부기회계'(1978) '회계감사론'(1980) '회계학 원론'(1985) '국세 기본법'(1993) '회계용어사전'(1998) '왕초보자를 위한 알기쉬운 회계'(1999) '세무용어사전'(1999) '벤처 법대로 만들기'(2000) '꼭 알아두어야 할 세법'(2004) '세법의 이해'(2007) '회계의 이해'(2007·2008) (종)기독교

**고성수(高聖洙) KOH Sung Soo**

(생)1950·7·22 (본)제주(濟州) (출)인천 강화 (주)서울특별시 강남구 테헤란로 309 삼성제일빌딩 1401호 (주)인터캐피탈 임원실(02-527-3431) (학)1974년 연세대 경제학과졸 1983년 미국 피츠버그대 경영대학원졸 1990년 경영학박사(영국 시티대) (경)1979~1992년 동서증권 조사부 과장·런던사무소장·동서경제연구소 수석연구위원 1993~1997년 한화증권 국제부문·투자분석·인수담당 상무이사 1993년 연세대 강사 1994~1996년 同경영대학원 강사(재무정책) 1996~2000년 충남방적 사외이사 1997년 (주)인터캐피탈 대표이사(현) 1999~2013년 한미약품 사외이사 2000년 교보투신운용 사외이사 2010~2015년 크리스탈지노믹스 사외이사 2015년 同기타비상무이사(현) 2018년 앤디포스 감사(현) (저)'The Capital Markets in Korea and the Far East'(1989) '벤처캐피탈의 이해'(1990) '2000년대를 향한 성장주 성장기업'(1992) (종)기독교

### 고성수(高晟洙) KOH Sung Su

(생)1963·8·15 (출)경북 (주)서울특별시 광진구 능동로 120 건국대학교 경영대학 부동산학과(02-450-4068) (학)1982년 서울 광성고졸 1985년 연세대 경영학과졸 1988년 미국 컬럼비아대 대학원 경영학과졸(MBA) 1990년 미국 코넬대 대학원 경제학과졸 1994년 경제학박사(미국 코넬대) (경)1995~2001년 한국금융연구원 연구위원 2000년 한국종합금융(주) 사외이사 2001년 감사원 자문위원 2001년 한국분석학회 이사 2001~2017년 건국대 정치대학 부동산학과 교수 2002년 한국자산관리공사 자문위원 2005년 희망모아(주) 사외이사 2008년 건국대 부동산연구센터장 2008년 공무원연금공단 자금운영위원 2012~2014년 건국대 부동산·도시연구원장 2012~2016년 同부동산대학원장 2012~2014년 同정치대학장 2015~2016년 우리은행 사외이사 2017년 건국대 경영대학 부동산학과 교수(현) 2018년 同부동산대학원장(현)

### 고성욱(高聲郁) KO Seong Ook

(생)1949·7·14 (출)경북 문경 (주)경기도 김포시 고촌읍 아라육로 22 (주)코콤 대표이사실(02-6675-2121) (학)1969년 문경고졸 1986년 일본 국제대 전자공학과졸 1989년 숭실대 경영대학원 최고경영자과정 수료 (경)1980년 한국통신 근무 1994년 (주)한국전기통신공사 대표이사 2001년 한국통신(Kocom) 대표이사 2002년 (주)코콤 대표이사(현) (상)내무부장관표창, 500만불 수출탑, 중소기업대상 유망중소기업부문 우수상, 벤처기업상 우수상, 상공부장관표창, 국무총리표창, 산업포장, 한국산업디자인상 (종)불교

### 고성제(高聖濟) KO Sung Jea

(생)1958·2·10 (출)서울 (주)서울특별시 성북구 안암로 145 고려대학교 전기전자전파공학부(02-3290-3228) (학)1980년 고려대 전자공학과졸 1988년 공학박사(미국 뉴욕주립대) (경)1988~1992년 미국 미시간대 조교수 1993년 고려대 전기전자공학부 교수(현) 2000년 영국 전기전자학회(IET) 석학회원(Fellow)·영국공인기술사(Chartered Engineer), IEEE Consumer Electronics Society 한국대표(Korean Representative) 2004~2007년 고려대 BK21정보기술사업단장 2005~2007년 同전기전자전파공학부장 2011년 국제전기전자공학회(IEEE) 석학회원(Fellow)(현) 2012년 대한전자공학회 수석부회장 2013년 同회장 2013~2016년 IEEE Consumer Electronics Society 부회장 2014년 한국공학한림원 일반회원(전기전자정보공학·현) 2015년 국제전기전자공학회(IEEE) 석학강연자(Distinguished Lecturer) 선정 (상)대한전자공학회 공로상(1996), 해동논문상(1997), LG학술상(1999), 고려대 학술상(2004)), IEEE Consumer Electronics Society 올해의 기술 대상(2012), 대한전자공학회 우수논문상(2015), IEEE Consumer Electronics Society Chester sall 최우수논문상(2017) (종)천주교

### 고성천(高成天) Ko Seong Cheon

(생)1958 (출)전북 군산 (주)서울특별시 용산구 한강대로 100 삼일회계법인(02-3781-3131) (학)1986년 서울대 경영학과졸 2010년 同대학원 경영학과졸 (경)1985년 삼일회계법인 입사, 同오사카지부 근무 2005년 同전무 2008년 同부대표, 삼일세무자문그룹 조세1본부장, 서울지방국세청 과세적부 및 이의신청심사위원회 위원, 한국세무학회 부회장, 기획재정부 세제발전심의위원회 위원 2010년 대한상공회의소 조세위원회 위원(현), 한국조세연구포럼 부회장 2014년 삼일회계법인 세무부문 대표 2019년 同상임고문(현) (상)국세청장표창(2006·2011), 기획재정부장관표창(2012)

### 고성효(高誠孝) KO Sung Hyo

(생)1963·7·20 (출)제주 (주)제주특별자치도 제주시 남광북5길 2 영산빌딩 3층 법무법인 탐라(064-726-6111) (학)1982년 제주제일고졸 1986년 한양대 법과대학 법학과졸 (경)1987년 사법시험 합격(29회) 1990년 사법연수원 수료(19기) 1993년 대구지법 경주지원 판사 1996년 대구지법 판사 1997년 인천지법 판사 1998년 변호사 개업 1999~2016년 법무법인 해오름 대표변호사 2015~2017년 제주지방변호사회 회장 2016년 법무법인 탐라 대표변호사(현) 2018년 제주특별자치도의회 입법·법률고문(현)

### 고수곤(高需坤)

(생)1950·4·2 (주)서울특별시 중구 마른내로 140 대한인쇄정보산업협동조합연합회(02-335-6161) (학)1968년 명지고졸 1998년 동국대 정보산업대학원 수료 (경)1990년 전광인쇄정보(주) 대표이사 회장(현) 1991년 서울시인쇄정보산업협동조합 책자부 간사장 1992년 서울 용산구자연보호협의회 부회장 1996년 서울특별시립남산도서관 운영위원장 1998년 서울시인쇄정보산업협동조합 이사장 1999년 한국전자출판협회 부회장 2000년 동국대 언론정보대학원 총동창회장 2006년 대한인쇄연구소 이사장 2010년 민주평통 상임위원 2012·2016년 대한인쇄정보산업협동조합연합회 회장(현) 2015~2019년 중소기업중앙회 부회장 (상)청원군수감사패(1991), 서울특별시장표창(1993), 대통령표창(2002)

### 고수웅(高秀雄) KO Soo Woong

(생)1945·9·27 (본)제주(濟州) (출)전북 무주 (주)서울특별시 영등포구 63로 32 라이프콤비빌딩 918호 한국지역민영방송협회(02-785-2655) (학)1965년 경희고졸 1969년 경희대 신문방송학과졸 2003년 同언론정보대학원졸 (경)1973~1980년 TBC 보도국 기자 1981~1988년 KBS 뉴스센터·TV편집1부 차장 1989년 해외 연수 1990년 KBS 외신부 차장 1990년 同TV제작2부장 1993년 同과학부장 1994년 同파리특파원 1997년 同문화부장 1998년 同TV편집부 주간 1999년 同해설위원 2000년 同보도본부 해설주간 2001년 同대전방송총국장 2002~2003년 同보도위원 2004~2008년 한국농구연맹(KBL) 사업본부장 2008년 한국지역민영방송협회 상근부회장(현) 2016년 한국프로골프협회(KPGA) 대외협력위원회 위원(현) 2017년 (주)한국지역민영방송연합(9colors) TV방송국 공동대표(현) (상)대통령표창(1982), 석탑산업훈장(1983) (종)기독교

### 고순동(高淳東) KOH Alfred S

(생)1958·8·27 (본)제주(濟州) (출)서울 (주)서울특별시 종로구 종로1길 50 더케이트윈타워 A동 한국마이크로소프트(1577-9700) (학)1977년 서울 한영고졸 1981년 연세대 경영학과졸 1983년 미국 워싱턴대 세인트루이스교 경영대학원 경영학과졸(MBA) (경)1983년 한국IBM SI매니저(부장) 1992년 IBM 아태지역 헤드쿼터 매니저 1995년 Technology Service Solution 마케팅디렉터 1996년 미국 IBM 이사(마케팅프로그램디렉터) 2003년 삼성SDS 전략마케팅담당 임원(CMO·상무) 2004년 同전략마케팅팀장 2007~2009년 同전자본부장(전무) 2009년 同하이테크본부장(전무) 2009년 同공공SIE본부장(부사장) 2010~2013년 同대표이사 사장 2013년 同고문 2016년 한국마이크로소프트 대표이사 사장(현) (종)천주교

### 고승관(高承觀) KOH Seung Kwan (以谷)

(생)1943·4·29 (본)제주(濟州) (출)서울 (주)충청북도 괴산군 청천면 후평도원로 715 도원성미술관(043-832-8485) (학)승문고졸, 홍익대 공예학과졸, 경희대 교육대학원졸 (경)1972~1977년 경희여중 교사, 홍익전문대·단국대·상명여대·강원대·성균관대·청주대 예술대학원 강사 1976~

1991년 홍익공업전문대학 교수 1977~1988년 홍익대 · 강원대 · 단국대 · 상명여대 · 성균관대 강사 1980년 홍익금속공예가회 회장 · 고문 1982년 한국칠보공예가회 회장 · 고문(현) 1989년 대한민국미술대전 작가(현) 1990년 충북도미술대전 작가(현) 1991년 서울미술대전 작가(현) 1991~2001년 청주대 예술대학원 강사 1991~2006년 홍익대 조형대학 교수 1991년 청주국제공예비엔날레조직위원회 운영위원장 1991년 충북도미술대전 심사위원 1993년 한국산업디자인대상전 운영위원장 1995년 대한민국미술대전 심사위원 1995년 同공예분과 위원장 1995년 한국디자인대상전 운영위원장 1995년 근로복지공단 문화예술제 심사위원장 1995년 도원성미술관 관장(현) 1996년 대한민국미술대전 운영위원 1997년 충북도미술대전 운영위원 1997년 충남도문화상 심사위원 1999년 청주국제공예비엔날레조직위원회 기획위원장 2000년 한국Glass페스티벌 심사위원장 2001~2003년 홍익대 조형대학장 2001년 한국토지공사 조형물 심사위원 2003년 한국문화재기능협회 운영위원회 부위원장 2003~2007년 문화재청 문화재위원 2004년 청주문화상품대전 심사위원장 2005년 한국주택공사 조형물 심사위원장 2005년 청주국제공예비엔날레 조직위원 2005년 한국미술협회 중진원로 · 작가 · 자문위원 · 고문(현) 2007~2012년 청주시한국공예관 운영위원 · 운영위원장 2007년 단재신채호선생기념사업회 이사(현) (상)대한민국전람회 입선, 한국미술대상 입선, 한국미술협회전 대상(1982), 88서울올림픽 M.V.P백상크라운 당선(IOC)(1988), 향토문화대상 본상(1996), 국민훈장 목련장(2000), 한국미술협회 올해의 미술상(2009), 한국예술문화 명인(2013) (작)'한국표준협회 연수원 개관기념 모뉴먼트'(1984) '대한상공회의소 창립 100주년 기념회관 준공기념 대한상공인의 상징물(도공과 보부상)'(1986) '88서울올림픽 MVP 백상크라운'(1988) '진로유통센터 개관기념 조형물 작품'(1988) '천주교 방배동성당 종제작'(1988) '벽산빌딩 개관기념 모뉴먼트'(1988) '충남 초강마을 기념 모뉴먼트'(1995) '충북 괴산군 군민 헌장탑 모뉴먼트'(1995) '조흥은행 100주년 기념표석 모뉴먼트'(1996) '홍범식 · 홍명희 · 임꺽정 기념비'(1998) '세계문자의 거리 조형물'(2000) '한국 환경지키미공원 타임캡슐 12호'(2002) '충북 증평군 기념 타임캡슐 13호'(2003) (종)불교

**고승덕(高承德) Seungduk Koh**

(생)1957 · 11 · 12 (본)제주(濟州) (출)광주 (주)서울특별시 강북구 솔매로49길 60 서울사이버대학교(02-944-5000) (학)1976년 경기고졸 1980년 서울대 법대졸 1982년 同대학원졸 1983년 미국 예일대 Law School졸(LL.M) 1987년 미국 하버드대 Law School졸(LL.M) 1989년 법학박사(미국 컬럼비아대) 2012년 중앙대 대학원 청소년학박사과정 재학 中 (경)1978년 사법시험 최연소합격(20회) 1979년 외무고시 차석합격(13회) 1979년 행정고시 수석합격(23회) 1982년 사법연수원 수료(12기) 1984년 수원지법 판사 1989년 미국 뉴욕 B&M법률사무소 변호사 1990년 미국 뉴욕 · 뉴저지 · 일리노이 · 워싱턴 D.C. 변호사자격 취득 1992년 변호사 개업 1992년 조달청 법률고문 1993~2003년 서울시 공무원교육원 강사 1995~2003년 同지방세심의위원회 위원 1995년 경찰청 법률자문위원 1996년 대한상사중재원 중재인 1996년 공무원연금관리공단 법률고문 1996년 서울변호사협회 지도변호사 2001~2005년 탐라대 경찰행정학과 대우교수 2002년 SBS TV '솔로몬의 선택' 법률단 출연 2003년 일반운용전문인력(펀드매니저)시험 합격 2003~2004년 KBS2-TV '성공예감 경제특종' MC 2004년 사법연수원 강사 2005년 '마켓데일리' 대표편집인 2005년 이화여대 법대 겸임교수 2007년 선플달기국민운동본부 공동대표 2007년 한나라당 제17대 대통령중앙선거대책위원회 클린정치위원회 전략기획팀장 2008~2012년 제18대 국회의원(서울 서초乙, 한나라당 · 새누리당) 2009년 한나라당 대표특보 2010년 同국제위원장 2010년 (사)드림파머스 대표 2011년 국회 공직자윤리위원회 위원 2011년 국제민주연맹(IDU) 부의장 2012년 다애다문화학교 교사 2013년 한국청소년쉼터협의회 이사장(현) 2014년 서울사이버대 청소년복지전공 석좌교수(현) 2014년 서울특별시 교육감선거 출마 (저)'고변호사의 주식강의'(2002) '포기하지 않으면 불가능은 없다'(2003) '주식실전포인트'(2005) '고승덕의 ABCD성공법'(2011, 개미들출판사) '꿈으로 돌파하라 : 청소년을 위한 고승덕의 ABCD 성공법'(2013) '꿈! 포기하지 않으면 불가능은 없다'(2014, 개미들출판사) (역)'아빠는 너희를 응원한단다'(2011) (종)기독교

**고승범(高承範) KOH Seung Beom**

(생)1962 · 11 · 9 (출)서울 (주)서울특별시 중구 세종대로 67 한국은행 금융통화위원회(02-759-4114) (학)1981년 경복고졸 1985년 서울대 경제학과졸 1988년 同행정대학원 행정학과졸 1995년 경제학박사(미국 아메리칸대) (경)1984년 행정고시 합격(28회) 1985년 총무처 수습사무관 1986년 재무부 국제금융국 국제기구과 사무관 1989년 同국제금융국 국제금융과 사무관 1991~1995년 해외유학(미국 아메리칸대) 1995년 재정경제원 경제정책국 지역경제과 사무관 1996년 同경제정책국 종합정책과 사무관 1996년 同경제정책국 종합정책과 서기관 1998년 재정경제부 경제정책국 종합정책과 서기관 1998년 아시아개발은행(ADB) 파견 2001년 금융감독위원회 감독정책1국 시장조사과장 2002년 대통령비서실 파견 2003년 금융감독위원회 감독정책2국 비은행감독과장 2004년 同감독정책1국 은행감독과장 2004년 同감독정책1국 감독정책과장(부이사관) 2006년 법무법인 세종 파견 2007년 금융감독위원회 기획행정실 혁신행정과장 2007년 同기획행정실장(일반직고위공무원) 2008년 국제부흥개발은행(IBRD) 파견 2010년 금융위원회 금융서비스국장(고위공무원) 2012년 同금융정책국장 2013년 同사무처장 2015년 同상임위원 2016년 한국은행 금융통화위원회 위원(현)

**고승영(高承永) KHO, Seung-Young**

(생)1957 · 8 · 12 (본)제주(濟州) (출)서울 (주)서울특별시 관악구 관악로 1 서울대학교 공과대학 건설환경공학부(02-880-1447) (학)1980년 서울대 토목공학과졸 1982년 同대학원 토목공학과졸 1989년 공학박사(미국 U.C.버클리대) (경)1989년 국무총리실 수도권대책실무기획단 자문위원 1989년 교통개발연구원 교통계획연구실장 1990년 서울시 교통영향심의위원회 심의위원 1991년 명지대 공대 교통공학과 조교수 · 부교수 · 교수 1994년 건설교통부 교통영향심의위원회 심의위원 2003~2007년 서울대 지구환경시스템공학부 교수 2003년 대한교통학회 편집위원장 2006년 同기획위원장 2007년 서울대 공과대학 건설환경공학부 교수(현) 2011~2013년 대한교통학회 회장 2012~2014년 서울대 건설환경공학부장 2015~2017년 고려개발(주) 사외이사 (상)국토해양부장관표창, 대통령표창(2016) (저)'교통공학개론'

**고승일(高承一) Koh Seung Il**

(생)1963 · 12 · 18 (본)제주(濟州) (출)서울 (주)서울특별시 종로구 율곡로2길 25 연합뉴스 논설위원실(02-398-3114) (학)1982년 영등포고졸 1988년 건국대 영어영문학과졸 (경)2001~2004년 연합뉴스 도쿄특파원 2005~2008년 同정치부 국회반장 2008~2011년 同워싱턴특파원 2011년 연합뉴스TV 보도국 정치팀장 2011년 同보도국 정치부장 2012년 연합뉴스 논설위원 2013년 同정치부장 2013년 관훈클럽 편집위원 2014년 연합뉴스 정치부장(부국장대우) 2015년 연합뉴스TV 보도국 부국장 2018년 연합뉴스 경기취재본부장 2019년 同논설위원실장(현) (저)'워싱턴 시사 영단어'(2011) (종)기독교

**고승일(高承一)**

(생)1969 · 10 · 18 (출)서울 (주)충청북도 청주시 서원구 산남로62번길 51 청주지방법원(043-249-7114) (학)1988년 중앙고졸 1993년 서울대 경제학과졸 1995년 同대학원 환경계획학과졸 (경)1996년 서울시정개발연구원 위촉연구원 2000년 사법시험 합격(42회) 2003년 사

법연수원 수료(32기) 2003년 서울지법 의정부지원 예비판사 2004년 서울고법 예비판사 2005년 서울중앙지법 판사 2007년 전주지법 군산지원 판사 2010년 수원지법 성남지원 판사 2013년 서울동부지법 판사 2018년 청주지법 부장판사(현)

### 고승철(高承徹) KO Song Cheer

(생)1954 · 12 · 12 (본)제주(濟州) (출)부산 (주)경기 파주시 회동길 363-8 201호 (주)문학사상(031-946-8503) (학)1975년 마산고졸 1980년 서울대 경영학과졸 1986년 연세대 대학원 경영학과졸, 고려대 대학원 경영학 박사과정 수료 (경)1981~1998년 경향신문 기자 · 파리특파원 · 경제정책팀장 1998년 (주)효성 이사 1999년 한국경제신문 산업2부장 2000년 同벤처중기부장 2000년 동아일보 경제부장 2003년 同편집국 부국장 2006년 同광고국 부국장 2007년 同출판국장 2008~2009년 同출판국 전문기자(국장급), 소설가(현) 2011년 나남출판 주필 겸 부사장 2013~2018년 同주필 겸 사장 2019년 (주)문학사상 사장(현) (상)제1회 디지털작가상(2006) (저)'학자와 부총리'(1989) '유럽의 푸른 신호등'(1994) '최고경영자의 책읽기'(1996) '21세기 성장엔진을 찾아라(共)'(2000) '한국대기업의 리더들'(共) '밥과 글'(2008, 커뮤니케이션북스) '서재필 광야에 서다'(2008, 문이당) 'CEO 인문학'(2009, 책만드는집) 'CEO 책읽기'(2009, 책만드는집) '은빛까마귀'(2010, 나남) '개마고원'(2013, 나남) '김재익 평전(共)'(2013, 미래를소유한사람들) '소설 서재필'(2014, 나남) '여신'(2016, 나남)

### 고승환(高承桓)

(생)1977 · 12 · 16 (출)전북 완주 (주)전라북도 전주시 덕진구 사평로 25 전주지방법원 총무과(063-259-5466) (학)1996년 전주 한일고졸 2001년 고려대 법학과졸 (경)2000년 사법시험 합격(42회) 2003년 사법연수원 수료(32기) 2003년 軍법무관 2006년 수원지법 판사 2008년 서울중앙지법 판사 2010년 광주지법 순천지원 판사 2013년 수원지법 안산지원 판사, 인천지법 판사 2016년 서울중앙지법 판사 2018년 전주지법 부장판사(현)

### 고신옥(高信玉 · 女) KOH Shin Ok

(생)1949 · 4 · 18 (출)제주 (주)서울특별시 동작구 흑석로 102 중앙대병원 마취통증의학과(02-6299-1114) (학)1968년 숙명여고졸 1975년 연세대 의대졸 1979년 同대학원 의학석사 1982년 의학박사(연세대) (경)1981~1983년 연세대 의대 마취과학교실 연구원 1983~1991년 同의대 마취통증의학교실 전임강사 · 조교수 1987~1989년 미국 UCSF 마취과학교실 및 심혈관 연구소 연구원 1991~2014년 연세대 의대 마취통증의학교실 부교수 · 교수 1995~1996년 서울지검 서부지청 검찰의료자문위원 1995년 대한마취과학회 논문심사위원 1995~1999년 대한중환자의학회 총무이사 1997~2014년 연세대 세브란스병원 중환자실장 1999~2001년 대한중환자의학회 이사장 2006~2010년 아시아태평양중환자의학회 회장 2006~2009년 연세대 의대 마취통증의학교실 주임교수 2007~2010년 同의대 마취통증의학연구소장 2014년 중앙대 의과대학 마취통증의학교실 임상석좌교수(현) 2014년 중앙대병원 중환자진료센터장(현) (상)근정포장(2014) (종)기독교

### 고연금(高蓮錦 · 女) GO Yeon Keum

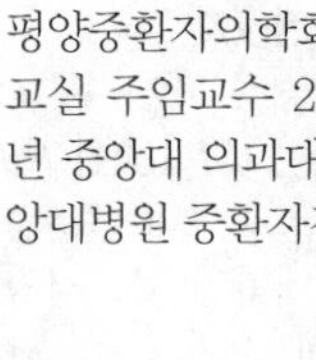

(생)1968 · 11 · 23 (출)광주 (주)경기도 성남시 수정구 산성대로 451 수원지방법원 성남지원(031-737-1558) (학)1987년 송원여고졸 1991년 서울대 법학과졸 1999년 미국 캘리포니아대 버클리교 Law School졸 (경)1991년 사법시험 합격(33회) 1994년 사법연수원 수료(23기) 1994~2001년 법무법인 화우 변호사 2000년 미국 뉴욕주 변호사자격 취득 2001년 인천지법 판사 2003년 서울가정법원 판사 2006년 대전고법 판사 2007년 청주지법 충주지원 판사 2008년 대전고법 판사 2009년 서울중앙지법 판사 2011년 광주지법 부장판사 2012년 수원지법 부장판사 2015년 서울중앙지법 부장판사 2016년 언론중재위원회 서울제6중재부장 2018년 수원지법 성남지원장(현) 2019년 대법원 양형위원회 위원(현)

### 고연석(高連錫) KOH YEON SEOK

(생)1967 · 7 · 18 (본)장흥(長興) (출)광주 (주)서울특별시 영등포구 의사당대로 88 한국투자증권(주) 프로젝트금융2본부(02-3276-5851) (학)1985년 광주 석산고졸 1992년 서강대 경제학과졸 2016년 한양대 도시 · 부동산융합대학원 최고경영자과정 수료 (경)1993~1994년 한신증권 강남역지점 근무 1995~2005년 동원증권 인수부(기업금융부) 근무 2005~2013년 한국투자증권(주) 부동산금융부장 2014년 同부동산금융담당 상무보 2016년 同프로젝트금융본부장(상무보) 2017년 同프로젝트금융2본부장(상무보)(현) (상)한국증권거래소 공로상(2004)

### 고연호(高蓮浩 · 女) KO Yeon Ho

(생)1963 · 5 · 23 (본)장흥(長興) (출)전남 광산 (주)서울특별시 영등포구 국회대로74길 20 305호 바른미래당 서울시당(02-784-1403) (학)1981년 경기여고졸 1986년 이화여대 경제학과졸 1999년 고려대 경영대학원 국제경영학과졸 (경)1987~2009년 우진무역개발 사장 2002년 여성정치세력민주연대 이사 2003년 민주평통 자문위원 2003년 한국여성경제인협회 부위원장 2003년 대통령직속 동북아시대위원회 자문위원 2004~2010년 한국여성택견연맹 초대회장 2004년 열린우리당 민생경제특별본부 부본부장 2004년 同서울시당 윤리위원 2004년 同리더십센터 자문위원 2006년 서울 은평구청장선거 출마(열린우리당) 2007~2008년 대한광업진흥공사 비상임이사 2008~2010년 민주당 서울은평구乙지역위원회 위원장 2008~2009년 한국광물자원공사 비상임이사 2010년 민주당 서울시당 대변인 2011년 민주통합당 서울시당 대변인 2012년 同서울은평구乙지역위원회 위원장 2013년 민주당 서울은평구乙지역위원회 위원장 2013년 同당무위원 2014~2015년 새정치민주연합 서울은평구乙지역위원회 위원장 2015년 同조직본부 부본부장 2016년 국민의당 창당발기인 2016년 제20대 국회의원선거 출마(서울 은평구乙, 국민의당) 2016년 국민의당 대변인 2016~2018년 同서울은평구乙지역위원회 위원장 2017년 同수석대변인 2017~2018년 同사무부총장 2017~2018년 同조직강화특별위원회 위원 2018년 바른미래당 서울은평구乙지역위원회 위원장(현) (상)'맑은 정치 여성네트워크 102인'에 선정

### 고영구(高泳耉) KO Young Koo (又然)

(생)1937 · 10 · 18 (본)제주(濟州) (출)강원 정선 (주)경기도 안양시 동안구 시민대로 181 삼성생명빌딩 2층 법무법인 시민(031-386-0100) (학)1956년 국립체신고졸 1964년 건국대 정치대학 법학과졸 (경)1960년 고등고시 사법과 합격(12회) 1961년 육군 법무관 1964년 서울민사지법 판사 1967년 서울형사지법 판사 1968년 서울민사지법 판사 1969~1971년 변호사 개업(서울) 1971년 대전지법 판사 1972년 同공주지원장 1974년 서울고법 판사 1974년 대법원 재판연구관 1975년 청주지법 수석부장판사 1977년 서울지법 영등포지원 부장판사 1979년 서울민사지법 부장판사 1980~2003년 변호사 개업 1981년 제11대 국회의원(강원 영월 · 평창 · 정선, 민주한국당) 1986년 민주헌법쟁취국민운동본부 공동대표 1988년 한겨레당 창당발기인 · 정책위원장 1990년 민주연합추진위원회 공동대표 1991년 민주당 부총재 1992~2003년 법무법인 시민종합법률사무소 대표변호사 1994년 한국인권단체협의회 상임대표 1994~1996년 민주사회를위한변호사모임 회장 2003~2005년 국가정보원 원장 2005년 시민종합법률사무소 변호사 2005년 법무법인 시민 변호사(현) 2006~2008년 건국대 법학과 석좌교수 (종)불교

**고영구(高榮九) KOH Young Koo**

(생)1958·4·13 (출)제주 (주)광주광역시 서구 상무번영로 85 광주가정법원(062-608-1306) (학)1977년 금오공고졸 1987년 성균관대 법학과졸 (경)1988년 사법시험 합격(30회) 1991년 사법연수원 수료(20기) 1991년 수원지법 성남지원 판사 1993년 서울가정법원 판사 1995년 광주지법 목포지원 판사 1998년 서울지법 판사 2000년 同북부지원 판사 2002년 서울고법 판사 2004년 대법원 재판연구관 2006년 춘천지법 원주지원장 2008년 의정부지법 부장판사 2009년 서울동부지법 부장판사 2011년 서울중앙지법 부장판사 2014년 서울동부지법 부장판사 2015년 의정부지법 고양지원장 2018년 광주가정법원장(현) (저)'구수증서(口授證書)에 의한 유언'

**고영만(高永滿) KO Young Man**

(생)1959·12·3 (본)장흥(長興) (출)광주 (주)서울특별시 종로구 성균관로 25-2 성균관대학교 문헌정보학과(02-760-0329) (학)1975년 중앙고졸 1983년 성균관대 문헌정보학과졸 1989년 독일 베를린자유대 대학원 정보학과졸 1992년 정보학박사(독일 베를린자유대) (경)1989~1990년 일본 東京大 사회과학연구소 외국인연구원 1991~1992년 독일 Kassel Univ. Post-Doc. 1992년 성균관대 문헌정보학과 조교수·부교수·교수(현) 1993년 한국데이터베이스진흥센터 연구위원 1994년 한국정보관리학회 감사 1997년 한국문헌정보학회 연구이사 2000년 한국정보관리학회 연구이사 2000~2006년 성균관대 정보관리연구소장 2001년 同한국사서교육원장 2003~2004년 한국문헌정보학회 감사 2006년 한국정보관리학회 부회장 2006년 한국학술진흥재단 지식정보센터장 2007~2009년 同CIO(총괄 최고책임자) 2009~2010년 한국문헌정보학회 회장 2009~2012년 성균관대 사서교육원장 2011~2014년 한국영상자료원 언론·기록물분야 이사 2013~2014년 성균관대 학술정보관장 2016·2018년 同한국사서교육원장 2018년 대통령소속 도서관정보정책위원회 위원(현)

**고영무(高永茂) KO Yeong Mu (晩聖)**

(생)1961·3·3 (본)장흥(長興) (출)전남 무안 (주)광주광역시 동구 필문대로 309 조선대학교 치과대학 치과재료학교실(062-230-6876) (학)1979년 목포고졸 1991년 조선대 치의학과졸 1994년 同대학원졸 1997년 치의학박사(연세대) (경)1995년 조선대 치대 전임강사 1998년 同치대 치과재료학교실 조교수·부교수·교수(현) 1998년 대한치과기재학회 연구이사 2001~2002년 미국 미네소타주립대 치과대학 방문교수 2002~2006년 대한치과기재학회 총무이사 2005년 조선대 치과대학 부학장 2005년 산업자원부 기술표준원 ISO TC 106 SC6 위원장 2007~2009년 조선대 학생처 부처장 2008~2009년 同장애학생지원센터장 2008년 지식경제부 기술표준원 ISO TC 106 SC6 위원장 2009년 대한치과기재학회 부회장 2009~2010년 조선대 학생처장 2011~2013년 식품의약품안전청 의료기기위원회 전문위원 2012년 조선대 노인구강질환제어연구센터(MRC)장(현) 2012~2014년 한국연구재단 의약학단 전문위원 2013~2015년 대한치과재료학회 회장 (저)'치과재료학'(1997) '최신치과재료학'(2005) (역)'치과재료학'(1998) (종)기독교

**고영선(高永善) Ko, Young Sun**

(생)1962·8·7 (출)강원 춘천 (주)강원도 강릉시 주문진읍 주문로 14 강원도환동해본부(033-660-8305) (학)성수고졸 (경)2005년 평창동계올림픽유치위원회 평가팀장(행정사무관) 2006년 강원도 도지사실 비서관 2012년 同동계올림픽본부 총괄기획담당 2014년 同환동해본부 해운항만과장(지방서기관) 2014년 同동계올림픽본부 총괄기획과장 2016년 同의회사무처 홍보담당관 2017년 同의회사무처 의정관 2018년 장기교육파견(국장급) 2019년 강원도 인재개발원장 직대 2019년 同환동해본부장(현)

**고영선(高英先) KOH Young Sun**

(생)1962·11·25 (본)제주(濟州) (출)서울 (주)세종특별자치시 남세종로 263 한국개발연구원 국제개발협력센터 소장실(044-550-4454) (학)1981년 대신고졸 1985년 서울대 경제학과졸 1993년 경제학박사(미국 스탠퍼드대) (경)1986년 한국산업경제연구원 연구원 1993년 한국개발연구원(KDI) 초빙연구원 1994년 同전문연구원 1995년 同부연구위원 1999년 同연구위원 2003년 同재정·사회개발연구부 선임연구위원 2006년 同거시·금융경제연구부장 2007년 同재정·사회개발연구부장 2011~2013년 同연구본부장(선임연구위원) 2013년 제18대 대통령직인수위원회 국정기획조정분과 전문위원 2013년 국무조정실 국무2차장(차관급) 2014~2017년 고용노동부 차관 2017년 한국개발연구원 국제개발협력센터 소장(현) (상)한국개발연구원 업무유공표창(1997·1999), 기획예산처 업무유공표창(2000), 한국개발연구원 업무유공개인포상(2001) (저)'재정융자제도의 개선방안'(2000) '우리나라의 재정통계'(2002) '중기재정관리체계의 도입과 정착'(2004) '공공부문의 성과관리'(2004) '중장기 정책우선순위와 재정운영방향'(2005) '경제위기 10년 : 평가와 과제'(2007) '우리경제의 선진화를 위한 정부역할의 재정립'(2007) (종)기독교

**고영섭(高永燮) KO Young Sub**

(생)1959·8·28 (본)제주(濟州) (출)서울 (주)서울특별시 강남구 언주로 726 두산빌딩 7층 (주)오리콤 비서실(02-510-4001) (학)1978년 영등포고졸 1982년 한국외국어대 신문방송학과졸 1996년 미국 피츠버그대 MPE과정 수료 (경)2002년 (주)오리콤 총괄부사장 2004~2018년 同대표이사 사장 2015년 (주)한컴 대표이사 사장(현) 2018년 (주)오리콤 각자대표이사 사장(현) 2018년 두산 커뮤니케이션담당 사장 겸임(현) (상)대한민국광고대상 대상(LG텔레콤)(2000), 대한민국광고대상 금상(유한킴벌리)(2002·2005), 조선일보광고대상 금상(웅진코웨이)(2003), 대한민국광고대상 금상(웅진닷컴)(2004), 대한민국광고대상 금상(웅진씽크빅)(2006), TVCF AWARD 최우수상(KB국민은행)(2007), 대한민국광고대상 우수상 라디오·신문부문(유한킴벌리)(2008), 소비자가뽑은좋은광고상 대상(두산중공업)(2010·2013), 조선일보外 중앙광고대상 최우수상(두산그룹·두산중공업)(2011), 소비자가뽑은좋은광고상 문화체육부장관상(두산그룹)(2011), 미국 머큐리어워즈 광고 대상(두산중공업)(2012), 대한민국광고대상 라디오부문 금상(유한킴벌리)(2013), HPA AWARDS 'Outstading Color Grading'(두산중공업)(2014), 서울영상광고제 TVCF어워즈 동상(동화약품)(2015), 대한민국 광고대상 라디오 부문 대상(한화그룹)(2017), 올해의 광고상 TV 부분 금상(동화약품)(2017), 대학생이 뽑은 광고상 TV 부분 최우수상(캐논)(2018) (종)기독교

**고영수(高永秀) KOh Young Soo**

(생)1950·3·14 (출)서울 (주)서울특별시 강남구 도산대로38길 11 청림출판(주)(02-546-4341) (학)1976년 서강대 이공대학졸 1988년 중앙대 신문방송대학원졸 1992년 서강대 경영대학원 최고경영자과정 수료 (경)1976년 駐韓미국대사관 근무, 판례월보사(現 'Jurist') 대표이사 1978년 청림출판(주) 대표이사(현) 1991년 (주)무한정보통신 대표이사, 한국DB산업진흥회 감사 1996년 서울중앙지법 저작권분쟁 및 민사조정위원 1999년 청림인터렉티브(주) 대표이사 2003~2004년 대한출판문화협회 부회장 2005~2014년 同이사 2014~2017년 同회장 (상)한국법률문화상, 국무총리표창, 문화체육부장관표창, 공보처장관표창, 대통령표창(2002), 자랑스러운 출판인상(2008) (종)기독교

### 고영열(高英烈) Youngyoul Koh

(생)1956·8·22 (출)서울 (주)경상남도 창원시 성산구 공단로21번길 18 HSD엔진(주)(055-260-6020) (학)1975년 경기고졸 1980년 서울대 경영학과졸 1984년 한국과학기술원(KAIST) 경영과학과졸(석사) 1993년 경영학박사(미국 뉴욕주립대) (경)1982~1999년 대우조선해양(주) 기획·구매·IR·선박영업 담당 1999~2005년 同오슬로지점장·런던지점장 2005년 同상선관리 이사 2006년 同전략기획실 상무·전무 2012~2015년 同성장동력총괄·사업총괄 부사장 2015년 同자문역 2016년 (주)한림해운 사장 2016~2017년 아주대 경영학과 초빙교수 2017년 법무법인 광장 조선해운 전문위원 2018년 HSD엔진(주) 대표이사 사장(현)

### 고영인(高永寅) KO Young In

(생)1963·7·7 (본)제주(濟州) (출)충남 예산 (주)경기도 수원시 팔달구 효원로 119 더불어민주당 경기도당(031-244-6501) (학)1988년 고려대 공과대학 건축공학과졸 (경)인터넷교육벤처(주)스쿨폴리스 부사장, 천정배 국회의원 지역보좌관 2008~2010년 경기도의회 의원(재보선 당선, 통합민주당·민주당) 2009년 同예산결산특별위원회 간사 2010~2012년 경기도의회 의원(민주당·민주통합당) 2010년 同민주당 대표의원 2010년 同운영위원장 2010년 전국시·도의회운영위원장협의회 정책위원장 2011년 同회장 2012~2013년 민주통합당 경기도당 대변인 2013년 민주당 경기안산단원甲지역위원회 위원장 2014년 새정치민주연합 경기안산단원甲지역위원회 위원장 2015년 더불어민주당 경기안산시단원甲지역위원회 위원장(현) 2015년 신안산대 산업경영학과 초빙교수(현) 2016년 제20대 국회의원선거 출마(안산시 단원구甲, 더불어민주당) 2017년 행정안전부 정책자문위원(현) 2018년 제12회 상록수다문화국제단편영화제 대회장 2018년 복지국가소사이어티 복지정치위원장(현) (상)상록수다문화국제단편영화제 감사패(2011) (저)'나는 새로운 정치를 보았다'(2011) (종)기독교

### 고영일(高永一)

(생)1970·7·10 (출)경기 평택 (주)제주특별자치도 서귀포시 서호중로 19 국세공무원교육원 교수과(064-731-3275) (학)1988년 평택고졸 1992년 세무대학졸 (경)1992년 국세공무원 임용 2008년 북전주세무서 부가·소득세과장(행정사무관) 2009년 구미세무서 운영지원과장 2011년 국세청 창조정책담당관실 행정사무관 2013년 同창조정책담당관실 서기관 2015년 북대전세무서장 2016년 중부지방국세청 성실납세지원국 법인납세과장 2017년 경북 경산세무서장 2018년 북대구세무서장 2019년 국세공무원교육원 교수과장(현) (상)근정포장(2012)

### 고영종(高永宗) Ko Young Jong

(생)1966·9·29 (본)장흥(長興) (출)전남 담양 (주)전라북도 군산시 대학로 558 군산대학교 사무국(063-469-4020) (학)1985년 송원고졸 1992년 전남대 경영학과졸 2005년 서울대 행정대학원 행정학과졸 2010년 미국 플로리다주립대 대학원 교육학과졸 2017년 교육학박사(고려대) (경)1997~1998년 행정사무관 시보 1998~1999년 인천시교육청 초등교직과·학교운영지원담당관 1999~2001년 교육부 교육징계재심위원회 사무관 2001~2006년 同조정1과·전문대학지원과·유아교육지원과·고령화 및 미래사회위원회 사무관 2006년 同기획총괄담당관실 사무관 2008년 同학술진흥과 사무관 2011년 同APEC교육장관회의 준비기획단 부단장 2012년 同영어교육정책과장(서기관) 2013년 同교육소청심사위원회 심사과장 2014~2015년 국무조정실 교육정책과장 2015년 교육부 학술진흥과장 2016년 同학교안전총괄과장 2017년 同기획담당관 2018년 同교육일자리총괄과장(부이사관) 2019년 군산대 사무국장(현)

### 고영종(高永鍾)

(생)1967 (출)전북 남원 (주)경기도 안양시 동안구 경수대로 500 서울소년분류심사원(031-451-2683) (학)전북 남원고졸, 경남대 법학과졸 (경)1992년 행정고시 합격(36회) 2004년 충주소년원장(서기관) 2005년 대전의료소년원장 2007년 전주보호관찰소장 2009년 청주보호관찰소장 2010년 창원보호관찰소장 2011년 법무부 치료감호소 서무과장(부이사관) 2016년 부산보호관찰소장 2018~2019년 서울소년원장(고위공무원) 2019년 서울소년분류심사원장(현)

### 고영진(高永珍) KO Yeong Jin

(생)1947·2·20 (본)제주(濟州) (출)경남 진주 (주)경상남도 진주시 남강로 1065 경남일보(055-751-1000) (학)1965년 진주고졸 1980년 경남대 사범대학 영어교육과졸 1982년 경상대 교육대학원 교육학과졸 1996년 교육학박사(동아대) (경)1980년 반성종합고 교사 1986년 同교감 직대 1993년 同교장 1994년 경남도교육연구원 자료제작부장(교육연구관) 1998년 삼가고 교장 2000년 명신고 교장 2002년 경남도교육청 교육정보화과장 2002년 진주시교육청 교육장 2003년 진주중앙고 교장 2003~2007·2010~2014년 경상남도 교육감 2007년 경남도 교육감선거 출마 2008~2010년 한국국제대 총장 2009~2010년 EBS 이사 2010~2012년 전국시도교육감협의회 부회장 2011~2014년 경남미래교육재단 이사장 2011년 2012경남고성공룡세계엑스포조직위원회 명예위원장 2012~2014년 전국시도교육감협의회 회장 2012년 대만 카오슝대 명예교수(현) 2014년 경남도 교육감선거 출마 2014년 경남대 교육대학원 초빙석좌교수(현) 2019년 경남일보 대표이사 회장(현) (상)교육부장관표창(1992), 대통령표창(2004), 대한상공회의소 '대한민국 신뢰받는 CEO교육부문 대상'(2007), 베트남 교육훈장(2012) (역)'학교와 시설' '학교경영자로서의 교장'

### 고영진(高榮珍) KOH Young Jin

(생)1957·8·18 (출)제주 (주)전라남도 순천시 중앙로 255 순천대학교 총장실(061-750-3001) (학)1976년 제주제일고졸 1980년 서울대 농생물학과졸 1983년 同대학원 농생물학과졸 1986년 농생물학박사(서울대) (경)1987~2019년 순천대 식물의학과 교수 1991~1992년 미국 코넬대 박사후연구원 1998~1999년 미국 클렘슨대 방문교수 2001년 순천대 학생생활관장 2002년 同교무처장 2007~2008년 국립농업과학원 겸임연구관 2008~2009년 한국식물병리학회 살균제연구회장 2011~2013년 순천대 생명산업과학대학장 2012~2013년 전국국공립농과대학 학장협의회 이사 2013년 한국식물병리학회 회장 2013~2019년 농림축산검역본부 자문위원 2013~2019년 전남농업마이스터대학 참다래과정 주임교수 2014~2016년 농식품SNS 컨설팅지원사업 운영위원장 2019년 순천대 총장(현) 2019년 전남인재육성 도민추진위원회 위원(현) 2019년 전남청렴사회 민관협의회 위원(현) (상)한국과학기술단체총연합회 과학기술우수논문상(1995), 농림부장관표창(2006), 교육인적자원부장관표창(2007), 한국식물병리학회 학술상(2014), 농림축산식품부장관표창(2015), 대통령표창(2018) (저)'식물균병학연구' '식물의학' '이야기 농업생명과학'(2003) '친환경 바이오 산업개론'(2006) (역)'식물병리학' '환경과학'

### 고영진(高英眞) KO Young Jin

(생)1957·12·23 (출)서울 (주)서울특별시 서초구 반포대로 222 서울성모병원 재활의학과(02-2258-1730) (학)1976년 성남고졸 1983년 가톨릭대 의대졸 1989년 同대학원 의학석사 1993년 의학박사(가톨릭대) (경)1987~1990년 가톨릭대 의대 성모병원 레지던트 1990년 同의대 재활의학교실 교수(현) 1990년 同대전성모병원 재활의학과장 1996년 미국 뉴욕 알버트아인슈타인의대 교환교수 2003~2009년 가톨릭중앙의료원 강남성

모병원 재활의학과장 2006~2008년 대한재활의학회 이사장 2008년 미국 세계인명사전 'Marquis Who's Who in the World' 2009년판에 등재 2009~2011년 가톨릭대 서울성모병원 재활의학과장 2009년 국민건강보험심사평가원 상근심사위원(현) 2011~2013년 대한근전도·전기진단의학회 이사장 2013~2015년 대한발의학회 회장 2017~2019년 대한근전도·전기진단의학회 회장 (저)'연부조직의 통증 및 장애의 기전과 치료'(2001) '재활의학'(2002)

### 고영진(高永珍) Koh Youngjin

(출)서울 (주)서울특별시 강남구 강남대로 286 부영빌딩 9층 부영산업(주)(02-3462-2992) (학)홍익대 수학과졸, 성균관대 무역대학원졸 (경)(주)대우·(주)일진 상무이사 1992년 부영산업(주) 설립·대표이사(현), 한국생활용품수출조합 감사, 한국타포린수출업체협의회 회장 (상)1천만불 수출탑(1995), 수출유공자포상(1995), 모범납세자상(2004), 3천만불 수출탑(2005), 5천만불 수출탑(2008)

### 고영철(高榮哲) Ko young churl

(생)1953·10·30 (출)제주 (주)제주특별자치도 제주시 제주대학로 102 제주대학교 언론홍보학과(064-754-2942) (학)1980년 제주대 관광학과졸 1986년 중앙대 대학원 신문학과졸 1992년 정치학박사(중앙대) (경)1998~2019년 제주대 사회과학대학 언론홍보학과 교수 1998년 동서언론연구원 연구위원 2000년 KBS제주방송총국 시청자위원 2000년 한라일보 '한라칼럼' 집필위원 2002년 제주도선거관리위원회 자문위원 2003년 제민일보 논설위원 및 독자위원 2003년 지역언론개혁연대 정책위원 겸 대의원 2004년 제주문화방송 시청자위원 2007년 미국 Washington State Univ. 연구교수 2007년 언론개혁제주시민포럼 공동대표 2008~2016년 미디어공공성포럼 공동대표 2009~2018년 제주도 선거방송토론위원회 위원 2009년 제주대대학신문사동우회 회장 2009년 제주대 사회과학연구소장 2010~2011년 同법정대학장 겸 행정대학원장 2011~2012년 한국PR학회 학술위원장 2011~2012년 한국방송학회 이사 2013~2016년 제주도 인사위원회 위원 2014~2015년 (사)제주지역언론학회 회장 2017~2019년 전국교수협의회 제주지회 상임대표 2018년 제주도의회 공무국외여행심의위원회 위원장(현) 2018년 同감사위원회 자문위원(현) 2018년 언론중재위원회 위원(현) 2019년 제주대 언론홍보학과 명예교수(현) 2019년 제주도교육청 교육위원회 인사위원(현) (저)'미디어 공공성(共)'(2009) '물산업에 대한 제주도민 인식(共)'(2011) '구라(口羅)'(2013) '언론이 변해야 지역이 산다 : 지역언론의 정체성과 과제'(2013) '제주언론 돌아보기 1'(2019) (역)'브랜드 홍보론(共)'(2012) '먼저 변하라 그래야 기회가 온다(編)'(2012)

### 고영태(高榮台) KHO Young Tae

(생)1956·7·10 (출)광주 (주)대전광역시 유성구 대덕대로 1227 한국가스기술공사 사장실(042-600-8001) (학)1975년 광주제일고졸 1979년 서울대 금속공학과졸 1981년 同대학원 금속공학과졸, 금속재료공학박사(미국 펜실베이니아대) (경)KNC(주) 대표이사, 한국가스공사 연구개발원장 2012년 숭실대 융합연구원 교수 2014~2015년 한국가스공사 비상임이사 2014~2018년 성균관대 산학협력교육원 교수 겸 창업교육센터장 2018년 한국가스기술공사 사장(현)

### 고영태(高永太) KO Young Tae

(생)1967·4·20 (출)경남 창원 (주)부산광역시 연제구 법원로 12 로윈타워 8층 법무법인 해인(051-506-5016) (학)1985년 창원고졸 1989년 고려대 법학과졸 (경)1990년 사법시험 합격(32회) 1993년 사법연수원 수료(22기) 1993~1996년 軍법무관(중위 예편) 1996년 부산지법 판사 1999년 울산지법 판사 2002년 부산지법 판사 2004년 부산고법 판사 2007년 미국 버클리대 연구법관 2007년 부산지법 동부지원 판사 2010~2012년 부산지법 부장판사 2012년 법무법인 해인 구성원변호사 2014년 同대표변호사(현)

### 고영호

(생)1963 (출)전북 임실 (주)서울특별시 강동구 천호대로 1139 강동세무서(02-2224-0613) (학)경기상고졸 1985년 세무대학졸, 한국방송통신대 경영학과졸 (경)1985년 세무공무원 임용(8급 특채), 서울남대문세무서 법인세과 근무, 서울지방국세청 법인세과 근무, 서울 역삼세무서 법인세과 근무, 서울지방국세청 조사1국 근무, 同법인신고분석과 근무 2014년 국세청 국제세원관리담당관실 서기관 2016년 중부지방국세청 조사1국 조사2과 근무 2017년 서울 노원세무서장 2018년 서울 동작세무서장 2019년 서울 강동세무서장(현)

### 고영회(高永會) Koh Young Hoe

(생)1958·12·10 (본)장흥(長興) (출)경남 진주 (주)서울특별시 서초구 서초중앙로 51 신성미소시티 1305 성창특허법률사무소(02-584-7777) (학)1977년 진주고졸 1981년 서울대 건축학과졸 1998년 同대학원 건축학과졸 2003년 同대학원 건축학 박사과정 수료 (경)1990년 건축시공기술사 1991년 건축기계설비기술사 1995년 변리사 합격(32회) 1997년 성창특허법률사무소 대표변리사(현) 2000년 조달청 우수제품 심사위원 2000년 건설교통기술평가원 건설신기술심의위원 2002년 대한기술사회 회장 2003년 행정개혁시민연합 과학기술위원장 2003년 대한상사중재원 중재인(현) 2004년 건설교통부 중앙건설기술심의위원 2004년 세종대 건축공학부 겸임교수 2004~2012년 대한변리사회 공보이사·부회장 2004년 특허청 변리사자격심의위원 2004~2013년 서울중앙지법 민사조정위원 2004년 법원감정인(현) 2007년 서울중앙지검 형사조정위원(현) 2014~2016년 대한변리사회 회장 2016년 바른과학기술사회실현을위한국민연합 공동대표 2016년 同감사(현) 2017년 서울중앙지검 검찰시민위원회 위원(현) (상)특허청장표창(2001·2002·2006)

### 고영훈(高永勳) KOH Young Hun

(생)1957·9·27 (본)장흥(長興) (출)전북 진안 (주)서울특별시 동대문구 이문로 107 한국외국어대학교 말레이·인도네시아어과(02-2173-3191) (학)1976년 전주고졸 1981년 한국외국어대 말레이인도네시아어과졸 1982년 同대학원졸 1991년 말레이시아 말라야대 대학원졸 1994년 문학박사(말레이시아 말라야대) (경)1988년 말레이시아 내시오날대학 파견교수 1991년 말레이시아 말레이시아국립대 파견교수 1994년 한국외국어대 말레이·인도네시아어과 조교수·부교수·교수(현) 1997년 한국말레이·인도네시아학회 총무이사 1998~1999년 同외대학보 편집인 겸 주간교수 2001년 인도네시아문화원장(현) 2009~2010년 한국외국어대 동양어대학 부학장 2019년 同아시아언어문화대학장(현)

### 고 용(高 鎔) KO Yong

(생)1956·8·24 (주)서울특별시 성동구 왕십리로 222-1 한양대학교병원 신경외과(02-2290-8114) (학)1981년 한양대 의대졸 1987년 同대학원 의학석사 1990년 의학박사(한양대) (경)1984~1989년 한양대병원 전공의 1989~1992년 가천대 인천 중앙길병원 과장 1992~2003년 한양대 의과대학 신경외과학교실 조교수·부교수·교수(현) 2007~2013년 한양대의료원 교육연구부장 2011~2017년 (재)한국장기기증원 비상임이사 2013~2015년 한양대 국제병원장 (상)고용노동부장관표창(2014), 보건복지부장관표창(2018) (저)'통증의 중재적 및 수술적 치료(共)'(2005) '맥브라이드 장해평가방법 가이드(共)'(2008) '장애평가기준(共)'(2011) (역)'세포분자면역학(共)'(2008) '스포츠의학(共)'(2016) (종)기독교

**고용진(高榕禛) KOH Yong Jin**

(생)1964·8·6 (출)서울 (주)서울특별시 영등포구 의사당대로 1 국회 의원회관 1005호(02-784-4840) (학)1983년 대광고졸 1987년 서울대 신문학과졸 1989년 同대학원 언론정보학과졸 (경)1990년 국회부의장 비서관 1992년 민주당 원내총무실 전문위원 1995·1998년 서울시의회 의원(국민회의·새천년민주당) 2002년 서울시 노원구청장선거 출마(새천년민주당) 2003~2004년 대통령 정무수석비서관실 행정관 2004년 열린우리당 국정자문위원 2004년 한국자원재생공사 기획관리이사 2004~2007년 한국환경자원공사 기획관리이사 2006년 同사장 직대 2013년 민주당 서울노원구甲지역위원회 위원장 2014년 새정치민주연합 서울노원구甲지역위원회 위원장 2015년 더불어민주당 서울노원구甲지역위원회 위원장(현) 2016년 제20대 국회의원(서울 노원구甲, 더불어민주당)(현) 2016년 더불어민주당 오직민생특별위원회 사교육대책TF 위원(현) 2016~2017년 국회 미래창조과학방송통신위원회 위원 2016~2018년 국회 평창동계올림픽 및 국제경기대회지원특별위원회 위원 2016년 한국아동인구환경의원연맹(CPE) 회원(현) 2016~2017년 더불어민주당 대변인 2017년 同제19대 문재인 대통령후보 중앙선거대책위원회 공보단 대변인 2017년 同정책위원회 부의장 2017~2018년 국회 과학기술정보방송통신위원회 위원 2018년 국회 정무위원회 위원(현) 2019년 더불어민주당 원내부대표(현) 2019년 더불어민주당 민생입법추진단 위원(현) (상)더불어민주당 국정감사 우수의원(2016), 대한민국 최고인물대상 소비자권익부문(2016)

**고용현(高龍鉉) KO YOUNG HYUN**

(생)1967·11·14 (출)제주 제주시 (주)제주특별자치도 제주시 중앙로 20 천마타워 2층 (주)유에이그룹엔지니어링 종합건축사사무소(064-762-7942) (학)1990년 성균관대 건축공학과졸 2008년 한양대 대학원 도시개발최고위과정 수료 2011년 연세대 대학원 건축공학과졸 2013년 서울대 도시환경대학원 최고위과정 수료 2018년 연세대 대학원 도시공학과 박사과정 수료 (경)1993년 건원건축 근무 2001년 독일 피더센(fidesindeo)그룹 근무 2002년 무영종합건축사무소 근무 2008년 (주)정림건축 주거설계본부장(상무) 2019년 (주)유에이그룹엔지니어링 종합건축사사무소 대표이사(현) (상)한국건축전 신인상(1990)

**고용호(高龍昊)**

(생)1967·2·3 (주)제주특별자치도 제주시 문연로 13 제주특별자치도의회(064-741-1870) (학)한림공고졸, 제주대 해양과학대학 어로학과졸 (경)동부새마을금고 감사, 매일유통영어조합법인 대표, 국제라이온스협회 동제주라이온스클럽 회장, 제주특별자치도 서귀포시 성산읍발전협의회장(현), 민주평통자문위원(현), 제주특별자치도 서귀포시 성산포청년회의소 회장 2014~2018년 제주특별자치도의회 의원(새정치민주연합·더불어민주당) 2014년 同문화관광스포츠위원회 위원 2014~2016년 同FTA대응특별위원회 위원 2014~2015년 同예산결산특별위원회 위원 2016~2018년 同의회운영위원회·농수축경제위원회·윤리특별위원회 위원 2016년 同제주특별법제도개선및토지정책특별위원회 위원 2017~2018년 同예산결산특별위원회 위원, 同더불어민주당 교섭단체 대표 2018년 제주특별자치도의회 의원(더불어민주당)(현) 2018년 同농수축경제위원회 위원장(현) 2018년 同윤리특별위원회 위원 겸 운영위원회 위원(현)

**고우신(高祐新) KOH Woo Shin**

(생)1963·1·2 (출)부산 (주)부산광역시 부산진구 양정로 52-57 동의대학교 한의과대학(051-850-8645) (학)1988년 원광대 한의학과졸 1992년 同대학원졸 1995년 한의학박사(원광대) 2004년 생화학및분자생물학박사(부산대) (경)1990년 원광대 한의대부속 한방병원 진료한의사 1992~2005년 동의대 한의학과 강사·조교수·부교수 1994년 同부속한방병원 서면분원 진료과장 2001년 同부속한방병원 교육연구부장 2002년 同부속한방병원 진료부장 2004년 同한의학임상연구센터장 2005년 同한의학과 교수(현), 대한한방이비인후피부과학회 회장 2006~2012년 동의대부속 울산한방병원장 2010년 영국 국제인명센터(IBC) 인명사전 '올해의 의학자 2010년'에 등재 2011년 미국인명정보기관(ABI) '21세기 위대한 지성'에 등재 2011년 영국 국제인명센터(IBC) 인명사전 '21세기의 우수지식인 2000인'에 등재 2012년 동의대부속 한방병원 한방안과장·이비인후과장·피부과장 겸임 2016년 同한방병원장 겸 보건진료소장(현)

**고우현(高宇炫) KO Woo Hyun**

(생)1950·1·11 (출)경북 문경 (주)경상북도 안동시 풍천면 도청대로 455 경상북도의회(054-880-5126) (학)문경공고졸 1971년 육군제3사관학교졸 (경)대성탄라(주) 문경광업소 중대장, 향토예비군 점촌기동대장, 세계유교문화재단 집행위원, 민주평통 자문위원, 새마을운동 문경시지회 사무국장, 점촌중총동창회 회장 2006·2010년 경북도의회 의원(한나라당·새누리당) 2010~2012년 同건설소방위원장 2012년 同행정보건복지위원회 위원 2012년 同예산결산특별위원회 위원 2012년 同윤리특별위원회 위원, 同남부권신공항특별위원회 위원장, 대구지법 상주지원 조정위원 2014~2018년 경북도의회 의원(새누리당·자유한국당·무소속) 2014·2016년 同예산결산특별위원회 위원 2014~2016년 同기획경제위원회 위원 2016년 同제1부의장 2016년 同교육위원회 위원 2016년 同윤리특별위원회 위원 2018년 경북도의회 의원(자유한국당)(현) 2018년 同교육위원회 위원(현) 2018년 同저출산고령화·고령화대책특별위원회 위원(현) 2019년 同예산결산특별위원회 위원(현)

**고욱성(高旭成) KO UK SUNG**

(생)1959·12·18 (본)장택(長澤) (출)경남 통영 (주)강원도 원주시 세계로 10 한국관광공사 감사실(033-738-3005) (학)1978년 부산진고졸 1986년 동아대 행정학과졸 1994년 연세대 행정대학원 사법공안과졸 (경)1987~1997년 문화부 종무실·문화체육부 국제경기과 근무 1997년 문화관광부 세종대왕유적관리소 근무 1999~2005년 同방송광고행정과·문화정책과·차관실·국제관광과 근무 2005년 同재정기획관실 근무 2006~2007년 同한국예술종합학교 기획처 대외협력과장 2008~2009년 문화체육관광부 도서관정보정책기획단 제도개선팀장·문화정책국 지역문화과장 2009~2010년 외교안보연구원 국내훈련 2010년 문화체육관광부 대한민국역사박물관건립추진단 기획과장·국립중앙박물관 기획총괄과장 2012년 同감사담당관 2013년 同장관비서관 2014년 同박물관정책과장 2015년 同인문정신문화과장 2016년 同정책기획관실 재정담당관 2016년 국립중앙박물관 기획운영단장 2017~2019년 문화체육관광부 지역문화정책관 2019년 한국관광공사 상임감사(현) (상)문화체육부장관표창(1993·1997), 국무총리표창(1996), 대통령표창(2008), 근정포장(2017) (종)천주교

**고원석**

(생)1964·12·29 (주)서울특별시 중구 을지로 30 (주)호텔롯데 롯데리조트(02-771-1000) (학)고려대 법학과졸 (경)1995년 롯데전자 입사 1996년 롯데그룹 경영관리본부 법무팀 근무 2003년 롯데카드 근무 2013년 同마케팅본부장(상무) 2015년 同고객지원본부장 2017년 同영업본부장 2018년 롯데리조트 총괄담당임원 2019년 (주)호텔롯데 롯데리조트 대표(전무)(현)

## 고원종(高源宗) KOH Won Jong

[생]1958·9·8 [출]울산 [주]서울특별시 영등포구 국제금융로8길 32 DB금융투자(주) 임원실(02-369-3263) [학]1977년 성동고졸 1982년 연세대 경제학과졸 1984년 同대학원 경영학과졸 1988년 경영학박사(미국 루이지애나공과대) [경]노무라증권 이사, ABN암로증권 상무, 소시에테제너럴증권 한국대표, 동부증권 부사장 2005년 한국신용정보 평가사업본부장(전무) 2006년 同평가자문위원 2009년 (주)동부증권 Wholesale사업부장(부사장) 2010년 同대표이사 사장 2017년 DB금융투자(주) 대표이사 사장(현) 2019년 한국금융투자협회 자율규제위원회 회원대표 위원(현)

## 고유환(高有煥) KOH Yu-hwan

[생]1957·4·25 [본]개성(開城) [출]경북 문경 [주]서울특별시 중구 필동로1길 30 동국대학교 북한학과(02-2260-3715) [학]1976년 대구 영남고졸 1983년 동국대 정치외교학과졸 1985년 同대학원 정치학과졸 1991년 정치학박사(동국대) [경]1987년 동국대 시간강사 1994년 同북한학과 전임강사·조교수·부교수·교수(현) 1997년 북한연구학회 이사 1998년 민주평통 상임위원 1998~2003년 통일부 정책자문위원 2003년 국가안전보장회의 정책자문위원 2003~2004년 대통령자문 정책기획위원회 위원(통일외교안보팀장) 2003년 경제정의실천시민연합 통일협회 이사 2004년 통일부 통일정책평가위원 2004년 민주평통 운영위원 2007~2010년 동국대 입학처장 2009~2012년 대통령직속 사회통합위원회 이념분과 위원 2009년 경제정의실천시민연합 통일협회 정책위원 겸 이사 2009~2013년 통일부 정책자문위원 2009년 북한연구학회 부회장 2010년 동국대 북한학연구소장(현) 2010~2011년 미국 스탠포드대 아·태연구소 방문학자 2012년 북한연구학회 회장 2014~2017년 대통령직속 통일준비위원회 정치·법제도분과 민간위원 2017년 국가정보원 개혁발전위원회 위원 2017년 국가안보실 정책자문위원회 위원장(현) 2017년 민주평통 기획조정분과 위원장(현) 2017년 통일부 정책혁신위원회 위원 2017년 대통령직속 정책기획위원회 평화번영분과 위원장(현) 2018년 외교부 정책자문위원(현) [상]국민훈장 석류장(2004) [저]'북한의 정치와 사상(共)'(1994) '한반도 평화체제의 모색(共)'(1997) '김정일 연구(共)'(1999) '21세기의 남북한 정치(共)'(2000) '북한학 입문(共)'(2001) '북한 핵문제의 해법과 한반도 평화체제 구축'(2003) '북핵문제와 동북아 안보협력(共)'(2003) '로동신문을 통해 본 북한변화(共)'(2006) 'Troubled Transition: North Korea's Politics, Economy and External Relations(共)'(2013) '사회주의 도시와 북한(共)'(2013) '통일논쟁(共)'(2015)

## 고윤석(高允錫) KOH Yoon Suk (譜山)

[생]1927·1·13 [본]장흥(長興) [출]전남 담양 [주]서울특별시 서초구 반포대로37길 59 대한민국학술원(02-3400-5220) [학]1947년 경성대 예과졸 1954년 서울대 문리대 물리학과졸 1959년 미국 네브래스카대 대학원 물리학과졸 1963년 물리학박사(미국 네브래스카대) [경]1954~1957년 전남대 조교·전임강사 1963~1964년 미국 네브래스카대·노스다코타주립대 조교수 1964~1975년 서울대 문리대 조교수·부교수·교수 1969~1971년 同문리과대 교무과장 1975~1992년 同자연과학대 물리학과 교수 1979년 同자연과학대학장 1981~1983년 한국표준연구소 이사 1981~1989년 한국과학기술연구원 이사 1981~1989년 한국에너지연구소 부이사장 1983년 서울대 자연과학종합연구소장 1983~1985년 同부총장 1987년 한국물리학회 회장 1989년 기초과학연구활성화사업추진본부 본부장 1989년 서울대 평의회 의장 1992년 同명예교수(현) 1992년 미국 리하이대 방문교수 1993~1997년 원광대 초빙교수 1993~2000년 원광장애인복지관 관장 1998년 대한민국학술원 회원(물리학·현) 2002년 미국 Won Institute of Graduate Studies 총장 [상]대한민국 과학상, 국민훈장 목련장, 성곡학술문화상 [저]'현대물리학' '일반 물리학' '서울대 물리학과의 발자취'(編) [역]'전파 과학사' '아이작 뉴튼' '근대과학의 발자취' [종]원불교

## 고윤화(高允和) KO Yun Hwa

[생]1954·1·15 [출]충남 예산 [주]서울특별시 강남구 테헤란로7길 22 한국과학기술단체총연합회 미세먼지 국민포럼(02-3420-1200) [학]1975년 경기공고졸 1981년 한양대 기계공학과졸 1984년 영국 리즈대 대학원 환경공학과졸 1995년 환경공학박사(영국 리즈대) [경]1979년 기술고시 합격(15회) 1980~1990년 환경청 근무(기계기좌) 1990~1992년 환경처 산업폐기물과장·특정폐기물과장 1992년 同소음진동과장 1996년 환경부 폐기물시설과장 1998년 同대기정책과장 1999년 연세대 보건대학원 외래부교수 2000년 대통령비서실 행정관 2001~2004년 환경부 대기보전국장 2001년 한국냄새환경학회 부회장 2004년 세계은행 파견 2006년 환경부 자연보전국장 2007~2008년 同대기보전국장 2008~2009년 국립환경과학원 원장 2009~2012년 대한LPG협회 회장 2011년 기후변화학회 회원 2011~2012년 한국기후변화학회 회장 2012~2013년 싱크나우 대표 2013~2017년 기상청장 2014·2015~2017년 세계기상기구(WMO) 집행이사 2019년 미세먼지 국민포럼 운영위원장(현) [상]환경청장표창(1985), 대통령표창(1991), 국제노동환경연구원 푸른지구상, 홍조근정훈장(2002) [저]'인간환경론'(共)

## 고윤환(高潤煥) KO Yun Hwan

[생]1957·5·20 [본]개성(開城) [출]경북 예천 [주]경상북도 문경시 당교로 225 문경시청 시장실(054-552-3210) [학]1976년 문경종합고졸 1981년 영남대 지역개발학과졸 1986년 서울대 행정대학원 행정학과졸 2005년 행정학박사(인하대) [경]1980년 행정고시 합격(24회) 1992~1994년 인천시 공공사업지원단장·기획담당관 1995년 국무총리실 수질개선기획단 과장 1997년 대통령비서실 행정관 1999년 인천시 교통국장 2000년 同경제통상국장 2003년 인천 남동구 부구청장 2003년 국가전문행정연수원 총무과장 2004년 행정자치부 주민과장 2004년 同제주4.3사건처리지원단장 2006년 진실화해를위한과거사정리위원회 파견(국장급) 2007년 국외 직무훈련(미국 필라델피아시청) 2008년 행정안전부 재난안전실 비상대비기획관 2008년 同지역발전정책국장 2009년 同지방행정국장 2010년 同공직선진화추진위원회 위원 2010~2012년 부산시 행정부시장 2012년 경북 문경시장(보궐선거 당선, 새누리당) 2013년 대통령직속 지역발전위원회 위원 2014~2018년 경북 문경시장(새누리당·자유한국당) 2018년 경북 문경시장(자유한국당)(현) 2018년 경북시장군수협의회 회장(현) 2018년 전국시장군수구청장협의회 부회장(현) [상]대통령표창(1993), 녹조근정훈장(1998), 한국경제신문 대한민국 공공경영대상 혁신경영부문(2013), 범시민사회단체연합 좋은자치단체장상(2014·2015·2018), TV조선 선정 '한국의 영향력 있는 CEO'(2015), 매일경제 선정 '대한민국 글로벌 리더'(2015), 한국신지식인협회 선정 '대한민국 신지식인상 공무원부문'(2015), 한국의 영향력 있는 CEO선정 경영혁신부문 대상(2016), 한국을 빛낸 창조경영대상 글로벌경영부문(2016), 한국지역신문협회 지구촌희망펜상 자치대상(2016), 대한민국 차문화대상(2017), 제14회 한겨레연합회 아리랑상(2018), 대한민국소비자평가 우수대상(2018), 상곡인권상 대상(2018), 매니페스토 약속대상 최우수상(2018) [저]'용문의 꿈 흥덕의 길'(2011, 일진사)

## 고은설(高銀設·女)

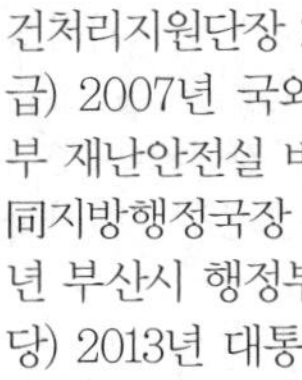

[생]1976·4·8 [출]전북 고창 [주]전라남도 목포시 정의로 29 광주지방법원 목포지원(061-270-6600) [학]1994년 광주 국제고졸 1998년 서울대 법학과졸 [경]1999년 사법시험 합격(41회) 2000년 사법연수원 수료(31기) 2002년 대전지법 판사 2003년 대전고법 판사 2004년 대전지법 판사 2005년 수원지법 판사 2008년 서울중앙지법 판사 2010년 서울남부지법 판사 2012년 서울중앙지법 판사 2015년 대법원 재판연구관 2018년 광주지법 목포지원·광주가정법원 목포지원 부장판사(현)

**고은실(高恩實 · 女)**

(생)1963 · 4 · 26 (주)제주특별자치도 제주시 문연로 13 제주특별자치도의회(064-741-1945) (학)서귀포여고졸, 우석대 사범대학 특수교육과졸 (경)2013 · 2015년 (사)제주특별자치도장애인총연합회 회장, 다솜발달장애인대안학교 이사장, 탐라장애인종합복지관 관장 2017년 제주특별자치도장애인배구협회 회장 2018년 제주특별자치도의회 의원(비례대표, 정의당)(현) 2018년 제주교육발전연구회 부회장(현) 2018년 제주특별자치도교육청 교육복지정책위원회 위원(현) 2018년 정의당 제주도당 장애인위원회 위원장(현)

**고은아(高銀兒 · 女)**

(생)1967 · 2 · 2 (출)강원 속초 (주)서울특별시 서초구 반포대로30길 81 웅진타워 법무법인 로원(02-598-3880) (학)1985년 강릉여고졸 1989년 서울대 경제학과졸 (경)1993~1995년 내일신문 경제부 기자 2001년 사법시험 합격(43회) 2004년 사법연수원 수료(33기) 2004년 법무법인 명인 변호사 2005년 법무법인 에이스 변호사 2006년 법무법인 여민 구성원변호사 2006년 법무법인 지성 변호사, 법무법인 원 대표변호사, 법무법인 로원 대표변호사(현) 2018년 간행물윤리위원회 위원(현)

**고은정(高恩貞 · 女)**

(생)1970 · 10 · 22 (주)경기도 수원시 팔달구 효원로 1 경기도의회(031-8008-7000) (학)전주대 영어영문학과졸 (경)창조한국당 경기일산서구위원회 위원장, 고양 · 파주바른먹거리운동본부 본부장 2010년 경기 고양시의회 의원(창조한국당 · 민주통합당 · 민주당 · 새정치민주연합) 2013년 同예산결산특별위원회 위원, 同문화복지위원회 위원, 전국여성지방의원네트워크 경기도 대표 2014~2018년 경기 고양시의회 의원(새정치민주연합 · 더불어민주당) 2018년 경기도의회 의원(더불어민주당)(현) 2018년 同경제노동위원회 위원(현) 2018년 同더불어민주당 대변인(현) 2018년 전국여성지방의원네트워크 운영위원(현)

**고의영(高毅永) KO Yue Young**

(생)1958 · 7 · 10 (출)서울 (주)서울특별시 서초구 서초중앙로 157 서울고등법원(02-530-1206) (학)1977년 이화여대사대부고졸 1981년 서울대 법대졸 (경)1981년 사법시험 합격(23회) 1983년 사법연수원 수료(13기) 1983년 軍법무관 1986년 서울민사지법 판사 1989년 서울형사지법 판사 1990년 제주지법 판사 1992년 서울지법 서부지원 판사 1993년 법원행정처 사법정책연구심의관 겸 행정조사심의관 1995년 서울고법 판사 1997년 서울지법 판사 1998년 대전지법 부장판사 2000년 서울가정법원 부장판사 · 수석부장판사 2003년 서울지법 부장판사 2004년 수원지법 안산지원장 2005년 서울중앙지법 부장판사 2006년 부산고법 부장판사 2007년 서울고법 부장판사(현) (종)천주교

**고인수(高仁洙) KO In Soo**

(생)1953 · 7 · 10 (본)제주(濟州) (출)부산 (주)경상북도 포항시 남구 지곡로127번길 80 포항가속기연구소(054-279-1001) (학)1975년 서울대 응용물리학과졸 1977년 同대학원 물리학과졸 1987년 물리학박사(미국 Univ. of California Los Angeles) (경)1977~1980년 해군사관학교 전임강사 1981~1983년 강원대 자연과학대학 전임강사 1987~1988년 한국전자통신연구원 선임연구원 1988~2018년 포항공과대 물리학과 교수 1988년 미국 LBL연구소 Visiting Scientist 1996년 포항가속기연구소 가속기부장 2003년 同부소장 2004~2007년 同소장 2008~2010년 아시아미래가속기위원회(ACFA) 위원장 2011~2016년 포항가속기연구소 4세대방사광가속기구축추진단장 2018년 同소장(현) (상)대통령표창, 한국과학기자협회 올해의 과학행정인상(2016) (저)'대학일반기초물리학 연습' '빛을 만들어낸 이야기'

**고일광(高一光) KO Il Kwang**

(생)1970 · 1 · 3 (출)경남 마산 (주)서울특별시 강남구 테헤란로92길 7 바른빌딩 법무법인 바른(02-3479-2356) (학)1988년 마산 창신고졸 1993년 서울대 법학과졸 1996년 同대학원 법학과졸 2003년 서울대 대학원 법학 박사과정 수료 2006년 미국 조지타운대 로스쿨 법학과졸(LL.M.) 2015년 서울대 대학원 금융법무과정 이수 (경)1993년 사법시험 합격(35회) 1996년 사법연수원 수료(25기) 1998년 춘천지법 예비판사 2000년 同판사 2003년 수원지원 판사 2007년 서울중앙지법 판사 2010년 서울고법 판사(헌법재판소 파견) 2013년 춘천지법 영월지원장 2015~2017년 수원지법 부장판사 2017년 법무법인 바른 구성원변호사(현) (저)'회생사건실무(共)'(2008, 서울중앙지법 파산부 실무연구회)

**고재강(高在康) KO JAE KANG**

(생)1965 · 10 · 13 (본)장흥(長興) (출)전남 담양 (주)서울특별시 종로구 사직로8길 60 외교부 인사기획관실(02-2100-7855) (학)1984년 담양 창평고졸 1992년 전남대 무역학과졸 2003년 중국 북경과학기술대 대학원 경영학과졸 (경)1993~1999년 상공부(상공자원부 · 통상산업부) 북방통상협력과 · 북방통상협력과 · WTO담당과 · 전자기기과 등 근무(주사보) 1999~2001년 상공자원부 생활전자과 · 법무담당과 등 근무 2001~2003년 중국 북경과학기술대 파견 2003~2006년 산업자원부 투자정책과 · 재정기획과 · 중국협력과 행정주사 2006~2012년 지식경제부 중국협력과 · 산업기술개발과 사무관 2012~2015년 駐알제리 상무관(서기관) 2015년 산업통상자원부 원전사업관리과 서기관 2016~2018년 同무역위원회 덤핑조사과장 2019년 駐선양 영사(서기관)(현)

**고재경(高在炅) KOH Jai Kyung**

(생)1931 · 12 · 3 (출)광주 (주)광주광역시 북구 첨단과기로 240 대창운수 회장실(062-970-1609) (학)1950년 광주서공립중졸 1956년 전남대 의대졸 1959년 의학박사(전남대) 1967년 의학박사(미국 Nebraska대) (경)1956년 전남대 의대 조교 1959년 육군 의무시험소 생화학과장 1961년 제18육군병원 임상병리과장 1963년 전남대 의대 전임강사 1964년 미국 Nebraska대 의대 책임연구원 1967년 미국 Maryland대 의대 연구조교수 1970년 한양대 의대 부교수 1974~1997년 同의대 교수 1976년 대한생화학회 부회장 1977~1978년 同회장 1987년 대한의학협회 감사 1989년 한양대 의과대학장 1989년 우봉장학회 이사장(현) 1995년 대창운수 회장 1995년 광주화물자동차터미널 회장(현) 1995~2005년 대창석유 회장 1997년 한양대 명예교수(현) 1997~1999년 국제키비탄 한국본부 총재 2005년 대창E&T 회장 2018년 대창그룹(대창운수, 대창E&T, 정남진골프리조트) 명예회장(현) (상)백남학술상, 금호문화상, 국민훈장 석류장, 한양대 의과대학50주년 Hall of Famer 선정

**고재권(高在權)**

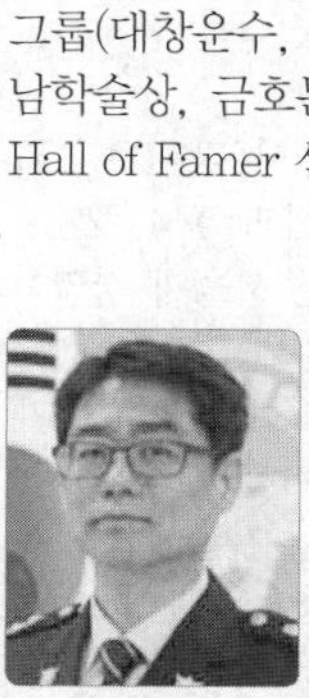

(생)1965·2·17 (출)대전 (주)충청남도 예산군 삽교읍 청사로 201 충남지방경찰청 경무과(041-336-2321) (학)대전 대성고졸, 충남대 법학과졸, 同대학원 법학과졸 (경)1993년 경위 임관(경찰간부후보 41기) 1999년 경감 승진 2007년 충남 천안경찰서 형사과장(경정) 2010년 충남지방경찰청 수사과 수사1계장 2012년 同수사과 강력계장 2013년 同홍보담당관 2016년 同청문감찰계장 2016년 同경무과 치안지도관(총경) 2017년 충남 청양경찰서장 2019년 충남지방경찰청 청문감사담당관 2019년 同경무과장(현)

**고재남(高在南) KO Jae Nam**

(생)1954·5·15 (본)장흥(長興) (출)전남 화순 (주)서울특별시 서초구 남부순환로 2572 국립외교원 유럽·아프리카연구부(02-3497-7649) (학)1974년 광주고졸 1980년 한양대 정치외교학과졸 1982년 同대학원 정치학과졸 1990년 정치학박사(미국 미주리대) (경)1990~2013년 한양대 국제학대학원 강사 1991년 한국외국어대 대학원 강사 1992년 외교안보연구원 교수 1998~1999년 선문대 겸임교수 1999~2000년 교육부 국제대학원 평가위원 2000년 외교안보연구원 구주·아프리카연구부장 2007~2012년 同유럽·아프리카연구부장 2012년 국립외교원 유럽·아프리카연구부 교수(연구부장)(현) (저)'구소련지역 민족분쟁의 해부'

**고재모(高在模) KOH Jae Mo**

(생)1955·6·15 (주)경기도 화성시 봉담읍 최루백로 72 협성대학교 국제통상학과 제1교육관 606호(031-299-0859) (학)1981년 고려대 농업경제학과졸, 同대학원졸 1990년 농업경제학박사(대만 國立中興大) (경)1983~1986년 해외개발연구원 선임연구원 1991~1997년 한국농촌경제연구원 국제농업부 부연구위원 1993~1995년 한국농업정책학회 사무국장 1994년 협성대 국제통상학과 조교수·부교수·교수(현) 2002년 同학술정보처장 2004~2006년 同기획처장 2010~2013년 同경영대학장 2016년 同기획처장(현) 2018년 同부총장(현)

**고재승(高在丞) KO Jea Seung**

(생)1942·1·23 (본)장흥(長興) (출)광주 (주)경기도 성남시 분당구 대왕판교로 700 코리아바이오파크 A동 9층 (주)오스코텍(031-628-7662) (학)1960년 마산고졸 1967년 서울대 치의학과졸 1969년 同대학원 의학석사 1974년 의학박사(서울대) (경)1975~2007년 서울대 치대 전임강사·조교수·부교수·교수 1979년 미국 UCLA 치대 객원교수 1984년 미국 미시간대 객원교수 1988년 미국 하버드대 객원과학자 1989~1991년 서울대 치대 학생학장보 1991~1993년 同교무학장보 1994년 미국 UCLA 객원교수 1994~1999년 대한구강해부학회장 1995~1998년 서울대 치과대학 구강해부학교실 주임교수 1996~2003년 한국악안면골연구회장 1997~1999년 서울대 치학연구소장 1998~2000년 同치과대학장 1999년 한국치과대학장협의회장 2001~2003년 대한기초치의학협의회장 2001~2003년 국제치과연구학회 한국지부 회장 2007년 서울대 치대 명예교수(현) 2007년 대한민국학술원 회원(치의학·현) 2007년 (주)오스코텍 과학기술고문(현) (상)서울대총장표창(치과대학 수석졸업, 1967), 삐에르포샤르학회 한국회 학술상(1998), 서울대 30년 근속표창(2001), 녹조근정훈장(2007), 대한치과의사협회 학술대상(2007) (저)'치과 임프란트학 교과서(共)'(2007, 지성출판사) (역)'인체발생학(共)'(1992, 범문사) '구강조직학(共)'(1996, 과학서적센터) '인체발생학(共)'(1996, 정문각) '구강조직학(共)'(2005, 대한나래출판사)

**고재신(高在信) JAE SIN KO**

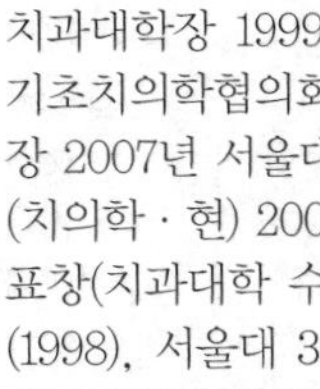

(생)1972·8·29 (주)세종특별자치시 갈매로 477 기획재정부 공공정책국 평가분석과(044-215-5550) (학)1991년 전남고졸 1996년 서울대 경영학과졸 1998년 同대학원 경영학과졸 2011년 영국 버밍엄대 대학원 정책학과졸 (경)1999년 행정고시 재경직 합격(42회) 1999년 행정자치부 행정사무관 시보 2000년 농림부 정보화담당관실 사무관 2002년 기획예산처 농림해양예산과 사무관 2003년 同예산총괄과 사무관 2004년 同예산실 교육문화예산과 사무관 2005년 同재정개혁국 공기업정책과·공공혁신본부 공기업정책팀 사무관 2007년 同공공혁신본부 인재경영팀 서기관 2007년 同공공혁신본부 제도혁신팀 서기관 2008년 기획재정부 공공정책국 정책총괄과 서기관 2009년 同공공정책국 제도기획과 서기관 2009년 영국 교육훈련(Univ. of Birmingham) 2011년 대통령 국정과제비서관실 행정관 2012년 대통령 국정과제1비서관실 행정관 2013년 대통령 국정과제비서관실 행정관 2014년 駐유엔(UN)대표부 참사관 2017년 기획재정부 재정기획국 재정정보과장 2017년 대통령비서실 행정관(서기관) 2018년 대통령비서실 행정관(부이사관) 2019년 기획재정부 공공정책국 평가분석과장(현)

**고재영(高在英) KOH Jae Young**

(생)1956·4·28 (출)인천 (주)서울특별시 송파구 올림픽로43길 88 서울아산병원 신경과(02-3010-4127) (학)1981년 서울대 의대졸 1989년 의학박사(미국 스탠퍼드대) (경)1995~1996년 미국 워싱턴대 조교수 1996년 울산대 의과대학 신경과학교실 교수(현) 1997년 창의적연구진흥사업 '중추신경계 시냅스 아연 연구단'으로 지정 2002년 대한의사협회 선정 '노벨의학상에 근접한 한국인 의사 20인' 2004년 세계적권위의학저널 '신경생물질환' 편집위원 2005년 아산생명과학연구소 부소장 2006년 '국가석학지원사업대상자'(생물학분야)로 선정 2008~2012년 서울아산병원 신경과장 (상)Rand Interior Award(1991), 한국화이자의학상 본상(2000), 한국과학기술단체총연합회 생명공학우수연구자상(2001), 대한의사협회 Outstanding Medical Researcher(2002), 아산의학상(2009), 국제아연생물학회 프레데릭슨상(2017) (저)'Glutamate neurotoxicity, calcium, and zinc'(1989) 'Zinc in the central nervous system'(1998) 'Mechanism of zinc-induced neuronal death'(2002)

**고재영(高載永)**

(생)1959·9·27 (주)울산광역시 중구 종가로 323 한국에너지공단(052-920-0004) (학)1978년 전북기계공고졸 1983년 전북대 기계공학과졸 (경)1984년 한국에너지공단 입사 2000년 同전북지사 기술과장 2002년 同광주전남지사 기술과장 2003년 同에너지진단실 과장 2005년 同경영기획실 식스시그마 사무국장 2008년 同컨설팅지원실 진단제도운영팀장·고객만족팀장 2010년 同검사·진단지원실장 2012년 同신재생에너지보급실장 2013년 同에너지진단실장 2015년 同수요관리정책실장 2017년 同지역협력실장 2017년 同신재생에너지센터 소장(상임이사) 2018년 同수요관리이사(현) (상)산업자원부장관표창(2002)

**고재윤(高在允) KO Jae Youn**

(생)1955·3·22 (본)제주(濟州) (출)경북 문경 (주)서울특별시 동대문구 경희대로 26 경희대학교 호텔관광대학 외식경영학과(02-961-9389) (학)1977년 경희호텔전문대학 호텔경영학과졸 1982년 한국방송통신대 경영학과졸 1987년 세종대 대학원 호텔관광경영학과졸 1998년 스위스 HIM호텔학교 식음료경영PG과정 수료 2000년 경영학박사(세종대) (경)1981~1982년 서울리버사이드호텔 식음료부 접객조장 1982~2001년 쉐라톤워커힐호텔 식음료부 컨벤션코디네이터·사장실 대리·식음료부 식음료관리과장·연회예약과장·연회부장·식음료부장·인사총무팀장·외식사업본부장 1989~1995년 한림전문대 전통조리학과 강사 1995~1997년 경희호텔전문대 호텔경영학과 겸임교수 1998~1999년 경희대 호텔경영학과 겸임교수 2000~2001년 同외식산업학과 겸임교수 2001~2003년 同호텔관광대학 외식산업학과 조교수 겸 컨벤션산업학과장 2001년 한국컨벤션학회 부회장 2001~2014년 한국산업인력공단 레스토랑서비스부문 국가대표 심사위원장 2003~2005년 (사)한국호텔리조트학회 회장 2003~2005년 경희대 호텔관광대학 학장보 2005~2008년 한국소믈리에학회 회장 2006년 경희대 호텔관광대학 외식경영학과 교수(현) 2006년 경희대 관광대학원 와인소믈리에학과 주임교수(현) 2006~2015년 同관광대학원 부원장 2007년 한국외식경영학회 부회장 2008~2012년 同회장 2008~2013년 농림수산식품부 식품진흥심의위원회 위원 2008~2014년 한국농수산식품유통공사 한식세계화자문위원 2008년 한

국국제소믈리에협회 사무국장 · 고문 · 회장(현) 2011년 오스트리아 화이트와인 심사위원 2011년 독일 모제와인협회 홍보대사 2012년 아시아 · 오세아니아소믈리에경기대회및ASI총회 준비위원장 2012년 독일 베를린 와인트로피 심사위원회 위원장(현) 2012년 아시아 와인트로피 심사위원회 위원장(현) 2012년 아시아 · 오세아니아소믈리에경기대회 심사위원 2013~2014년 농림축산식품부 식품진흥심의위원회 위원 2014년 포르투갈 와인트로피 심사위원장 2016년 Fine Water 국제워터심사위원(현) 2018년 (사)한국호텔관광학회 회장(현) (상)문화체육부장관표창(2001), 부총리 겸 교육인적자원부장관표창(2002), 2008글로벌 한국명장 선정(2008), 대한민국혁신경영인 대상(2008), 프랑스 쥐라드 드 생떼밀리옹 와인 기사(2010), 프랑스 부르고뉴 슈발리에 따스 드 뱅 와인 기사(2012), 포르투갈 형제애 와인 기사(2014) (저)'와인, 소믈리에 경영실무'(2001) '식음료 사업경영'(2001) '신호텔경영론'(2003) '호텔식음료'(2004) '와인학개론'(2005) '호텔레스토랑 경영학원론'(2005) '와인커뮤니케이션'(2010, 세경) '사케소믈리에(共)'(2012, 한올) '워터 커뮤니케이션'(2014, 세경) '티 커뮤니케이션'(2014, 세경) '보이차 커뮤니케이션'(2014, 세경) (역)'세계 명품레드와인'(2007) '세계 명품화이트와인'(2008) '차(Tea)'(2008) '한잔의 예술 커피'(2012, 세경) (종)천주교

### 고재일(高在一) KOH Jae Il

(생)1939·4·17 (주)충청남도 천안시 서북구 두정로 106 (주)동일토건 비서실(041-558-0300) (학)1965년 국민대 경제학과졸 1980년 고려대 경영대학원 수료 1995년 同정책대학원 최고경영자과정 수료 1995년 중앙대 건설대학원 최고경영자과정 수료 1996년 고려대 국제대학원 최고경영자과정 수료 1997년 연세대 언론홍보대학원 최고위과정 수료 1998년 서울대 환경대학원 도시·환경고위정책과정 수료 (경)1968년 공인회계사자격 취득 1969~1995년 공인회계사 개업 1973년 성림화학(주) 전무이사 1974년 한진합동회계사사무소 공인회계사 1982년 대원·동서회계법인 책임회계사 1986년 삼경합동회계사사무소 대표회계사 1990년 同심리회계사 1990년 동일주택 대표이사 1990년 (주)동일토건 대주주 겸 사장 2004년 同대표이사 2005년 同회장(현) 2009~2011년 국민대총동문회 회장 (상)자랑스런 국민인상(2004), 대통령표창(2006)

### 고재찬(高在澯) Jae Chan GO

(생)1956 · 12 · 4 (본)제주(濟州) (출)전북 (학)1975년 전주공고졸 1986년 한국방송통신대 행정학과졸 1988년 전북대 환경대학원 환경계획학과졸 1997년 同대학원 건축공학 박사과정 수료 (경)1975년 공무원 임용 2008~2011년 전북도 녹색교통물류과장 2011~2012년 同도로공항과장 2012~2014년 同건설교통국 지역개발과장(3급) 2014~2015년 同건설교통국장 2016~2019년 전북개발공사 사장 (상)대통령표창(2000), 녹조근정훈장(2009), 홍조근정훈장(2016) (저)'지금까지 그래왔던 것처럼'(2016, 시간의물레)

### 고재희(高在熙) Go Jaehee

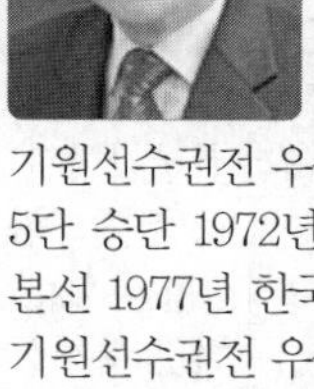

(생)1939 · 7 · 24 (출)서울 (주)서울특별시 성동구 마장로 210 한국기원 홍보팀(02-3407-3870) (경)1959년 입단 1962년 2단 승단 1964년 3단 승단 1964년 청소년배 준우승 1966년 최고위전 본선 1967년 4단 승단 1967년 왕위전 본선 1968년 왕위전 준우승 1968년 최고위전 본선 1969년 한국기원선수권전 우승 1969년 왕위전 본선 1970년 국수전 본선 1971년 5단 승단 1972년 왕위전 본선 1974년 기왕전 본선 1975년 국수전 본선 1977년 한국기원선수권전 우승 1978년 6단 승단 1978년 한국기원선수권전 우승(3연패) 1979년 왕좌전 본선 1980년 최고위전 본선 1983년 제왕전 본선(5기까지 5년연속 진출) 1986년 바둑왕전 본선(15기까지 통산 5회 진출) 1989년 명인전 본선 1990년 동양증권배 본선 1990년 제왕전 본선 1992년 국수전 본선 1992년 7단 승단 1993년 비씨카드배 본선 2004년 전자랜드배 왕중왕전 봉황부 4강 2007년 8단 승단 2018년 9단 승단(현)

### 고점권(高點權) Jeom-Kwon Koh

(생)1962 (출)경남 남해 (주)서울특별시 종로구 삼일대로30길 22 종로세무서(02-760-9200) (학)남해창선고졸 1984년 세무대학졸(2기) 2001년 성균관대 대학원 세무학과졸 (경)1984년 세무공무원 임용(8급 특채) 1984년 남부세무서 근무 1998년 서울지방국세청 조사4국 근무 2002년 국세청 조사국 근무 2003년 서울 강남세무서 근무 2004년 국세청 감사관실 근무 2008년 경기 성남세무서 근무 2008년 同소득지원과장(사무관) 2009년 국세청 법무과 사무관 2014년 同법무과 서기관 2014년 서울지방국세청 조사1국 조사1과 조사1팀장 2015년 경북 영덕세무서장 2016년 서울지방국세청 개인납세2과장 2017년 서울 강동세무서장 2018년 서울지방국세청 법인납세과장 2019년 서울 종로세무서장(현) (상)대통령표창(2014)

### 고정민(高精敏) KO Jeong Min

(생)1959 · 10 · 23 (출)전북 군산 (주)서울특별시 마포구 와우산로 94 홍익대학교 경영대학원(02-320-1742) (학)1982년 연세대 경영학과졸 1984년 同경영학대학원졸 2006년 경영학박사(성균관대) (경)1985~1986년 한국산업경제연구원 경영연구실 근무 1986~1995년 삼성경제연구소 기술산업실 근무 1996~1998년 삼성영상사업단 기획실 차장 1999~2002년 삼성경제연구소 경영연구본부 기술산업실 수석연구원 2002년 同경영연구본부 기술산업실 소프트팀장(수석연구원) 2010년 홍익대 경영대학원 문화예술경영전공 교수(현) 2010년 미래산업전략연구소 소장(현) 2011~2013년 영화진흥위원회 부위원장 2012년 한국문화관광연구원 이사 2017년 W쇼핑 시청자위원장(현)

### 고정석(高晶錫) KOH Jung Suk

(생)1957·5·22 (출)서울 (주)서울특별시 영등포구 은행로 11 일신창업투자(주)(02-767-6411) (학)1976년 서울중앙고졸 1980년 서울대 경영학과졸 1982년 한국과학원 경영학과졸(석사) 1989년 경영학박사(미국 MIT) (경)1982~1983년 일신방직 기획실 근무 1983~1989년 미국 MIT 경영대학원 Teaching Assistant·Research Assistant·Teaching Instructor 1989~1991년 McKinsey & Co. Consultant(Los Angeles Office 근무) 1991년 일신창업투자(주) 대표이사(현) 1993년 (주)일신방직 비상임이사(현) 1999~2000년 인텍크텔레콤 공동대표이사 사장 2000년 벤처리더스클럽 공동발기인 2005~2008년 한국벤처캐피탈협회 회장, 대덕연구개발특구지원본부 이사회 이사, 한국모태조합운용위원회 위원, 미국 MIT Management Club 회원(현), McKinsey Alumni Association 회원(현), (주)지오다노·(주)BSK 비상임이사 2008~2011년 KT 사외이사 2008~2010년 대통령직속 미래기획위원회 미래경제·산업분과 위원 2017년 더불어민주당 신성장특별위원회 민간위원(현) (상)대법원장표창(1980), 대통령표창(1999), 산업포장(2001) (종)기독교

### 고정석(高正錫) KOH JUNG SUK

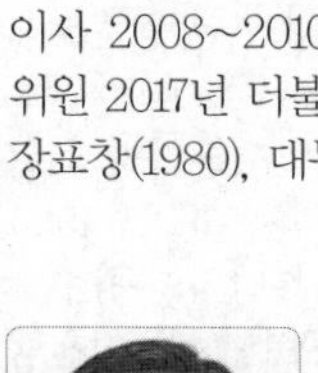

(생)1962 · 3 · 26 (출)서울 (주)서울특별시 송파구 올림픽로35길 123 삼성물산(주)(02-2145-2003) (학)서울 용문고졸, 연세대 화학공학과졸, 한국과학기술원(KAIST) 경영학과졸(석사) (경)1985년 삼성물산(주) 입사, 同상사부문 유기화학팀장 2008년 同상사부문 기능화학사업부장(상무) 2009년 일본삼성 상사부문관장 겸 화학철강사업부장 2012년 삼성C&T재팬 대표이사 사장 2013년 삼성물산(주) 상사부문 화학소재사업부장(전무) 2015년 同상사부문 부사장 2016년 同기획팀장(부사장) 2018년 同상사부문장(사장) 2018년 同상사부문 대표이사 사장(현)

## 고정완(高禎完) KO Jung Wan

(생)1963 · 4 · 10 (출)서울 (주)서울특별시 서초구 강남대로 577 (주)팔도(1577-8593) (학)1991년 아주대 경영학과졸 (경)1991년 (주)한국야쿠르트 입사 2005년 同경영지원팀장 2008년 同홍보부문장 2009~2014년 同경영지원부문장(이사 · 상무 · 전무) 2014년 同최고운영책임자(COO) 2015년 同대표이사 사장 2017년 (주)팔도 대표이사 사장(현) (상)산업통상자원부장관표창(2015)

## 고정욱

(생)1966 · 11 (주)서울특별시 강남구 테헤란로 142 롯데캐피탈(주) 임원실(1577-7700) (학)홍익대 경제학과졸, 서강대 대학원 국제경제학과졸 (경)1992년 롯데건설 근무 1998년 호텔롯데 근무 2003년 롯데캐피탈(주) 근무 2010년 同이사대우 2012년 同이사 2014년 同경영전략본부장(상무) 2018년 同영업2본부장(전무) 2019년 同대표이사 전무(현)

## 고정일(高正一) KO Jung Il (高山)

(생)1940 · 12 · 16 (본)제주(濟州) (출)서울 (주)서울특별시 중구 다산로12길 6 권주빌딩 4층 동서문화사(주)(02-546-0336) (학)1960년 용문고졸, 성균관대 국어국문학과졸 2004년 同대학원 비교문화학과졸 (경)1956년 동서문화사(주) 창업 · 발행인 · 대표이사(현) 1968년 한국서적협회 사무총장 1973년 대한출판문화협회 전형위원 · 감사 · 이사 1975~1985년 동인문학상운영위원회 집행위원장 (상)문교부 우량도서상, 한국독서대상, 한국출판문화상(5회), 경향출판문화상, 조선일보 광고대상, 중앙일보 광고대상, 한국세계대백과사전 최우수상, 자유문학 신인상, 한국출판학술상(2007) (저)'한국인을 찾아서' '애국작법'(2007) '고산 대삼국지(총10권)'(2008) '장진호 혹한 17일 : 불과 얼음'(2010) '세계를 사로잡은 최승희 : 매혹된 혼(총3권)'(2011, 동서문화사) '한국출판100년을 찾아서'(2012) '불굴혼 박정희(총6권)'(2012) '불굴혼 박정희(총10권)'(2014) '우리 어디서 무엇이 되어 다시 만나랴 : 이중섭'(2014) (역)'자성록 언행록 성학십도'(2008, 동서문화사) '성학집요/격몽요결'(2008, 동서문화사) '열하일기'(2010, 동서문화사)

## 고제철(高濟哲) KHO Jae Chul (松源)

(생)1930 · 1 · 1 (본)장흥(長興) (출)광주 (주)광주광역시 남구 송암로 73 학교법인 송원학원(062-360-5731) (학)1949년 광주농업학교졸 1974년 전남대 행정대학원 수료 1983년 명예 교육학박사(미국 알티시아크리스찬대) 1991년 미국 조지워싱턴대 대학원 수료 1996년 명예 경제학박사(조선대) 2001년 명예 철학박사(우즈베키스탄 국립사마르칸트외국어대) (경)1964~2010년 금광기업(주) 회장 1977년 광주지법 가정법원 조정위원 1978년 학교법인 송원학원 이사장(현) 1978~1991년 광주상공회의소 부회장 1983년 광주관광개발 대표이사 1985~1994년 광주지방국세청 국세체납정리위원 1985~1996년 청소년선도위원회 위원 1989년 송원물류 회장 1991년 광주상공회의소 회장 1991~1994년 대한상공회의소 부회장 1991~1994년 북방권교류협의회 광주 · 전남지회장 1991~2001년 광주매일 사장 · 회장 1991년 (주)여천탱크터미널 회장 1992년 광주시체육회 부회장 1994년 (주)송원백화점 회장 1995년 광주 · 전남산경회 회장 1996년 송원그룹 회장 1996년 법무부 범죄예방자원봉사위원광주지역협의회 기획운영위원장 2002년 광주사회복지공동모금회 회장 2008년 광주시교육청 결식아동후원재단 이사장, 어등산컨트리클럽 회장(현), (주)광주관광개발 대표이사 회장 (상)국민훈장 목련장, 대통령표창, 석탑산업훈장, 우즈베크 문화포상, 재무부장관표창, 국민훈장 모란장(2002), 국민훈장 무궁화장(2019) (저)'세월흘러 60 어두움에 빛되어 30' '청솔밭의 해돋이' (종)불교

## 고조흥(高照興) KHO Jo Heung

(생)1952 · 11 · 23 (본)제주(濟州) (출)경기 여주 (주)경기도 의정부시 녹양로34번길 64 솔로몬빌딩 3층 고조흥법률사무소(031-873-3400) (학)1972년 대광고졸 1976년 경희대 법률학과졸 1978년 同대학원졸 1996년 同경영대학원졸 1999년 同국제법무대학원 법학과졸 1999년 同언론대학원졸 2002년 법학박사(경희대) (경)1978년 사법시험 합격(20회) 1980년 사법연수원 수료(10기) 1980년 육군 법무관 1983년 부산지검 검사 1986년 전주지검 군산지청 검사 1987년 수원지검 검사 1990년 대전지검 검사 1991년 수원지검 성남지청 고등검찰관 1992년 광주고검 검사 1993년 광주지검 순천지청 부장검사 1994년 광주지검 형사2부장 1995년 대구지검 형사2부장 1996년 인천지검 형사3부장 1997년 同형사1부장 1997년 서울지검 북부지청 형사4부장 1998년 서울고검 검사 1999년 서울지검 북부지청 형사2부장 1999년 同북부지청 형사1부장 2000년 한나라당 연천 · 포천지구당 위원장 2000년 변호사 개업(현) 2000년 한나라당 인권위원회 법제사법위원장 2003년 同당대표 특별보좌역 2004년 同경기도당 법률지원단장 2005~2008년 제17대 국회의원(포천 · 연천 보선, 한나라당 · 무소속) 2007년 한나라당 여의도연구소 부소장 (상)국무총리표창(1999) (종)기독교

## 고존수(高存洙)

(생)1965 · 12 · 28 (주)인천광역시 남동구 정각로 29 인천광역시의회(032-440-6063) (학)인천대 행정대학원 의회정치안보정책학 석사과정 수료 (경)인천 남동구주민참여예산위원회 위원, 박남춘 국회의원 보좌관 2014년 인천시의원선거 출마(새정치민주연합), 이해찬 국회의원 특보 2018년 인천시의회 의원(더불어민주당)(현), 同건설교통위원회 위원(현), 同예산결산특별위원회 위원(현)

## 고종영(高鍾瑛) GOH Jong Young

(생)1968 · 2 · 7 (출)서울 (주)서울특별시 서초구 서초중앙로 157 서울중앙지방법원(02-530-1114) (학)1986년 숭실고졸 1993년 서울대 법학과졸 (경)1994년 사법시험 합격(36회) 1997년 사법연수원 수료(26기) 1997년 대전지법 판사 2000년 同천안지원 판사 2001년 수원지법 성남지원 판사 2004년 서울중앙지법 판사 2008년 서울고법 판사 2010년 대법원 재판연구관 2012년 전주지법 부장판사 2013년 대법원 재판연구관 2015년 수원지법 성남지원 부장판사 2017년 서울중앙지법 부장판사(현)

## 고준호(高晙豪) KOH, JOONHO

(생)1965 · 7 · 6 (본)제주(濟州) (출)서울 (주)서울특별시 강남구 테헤란로 131 한국지식재산센터빌딩 한국발명진흥회(02-3459-2800) (학)1984년 서울 광성고졸 1989년 한양대 전기공학과졸 2001년 同대학원 전기공학과졸 2005년 미국 일리노이대 어배나섐페인교 대학원 경영학과졸, 충남대 대학원 법학 박사과정 수료 (경)1988년 기술고시 합격(24회) 1989~1994년 서울시 전기계장 1994~2000년 특허청 특허심사관 1997년 同심사조정과 서기관 2000~2001년 同특허심판원 심판관(과장) 2002~2004년 同심사4국 반도체심사과장 2006~2007년 특허법원 기술심리관 파견 2008~2009년 특허청 특허심판원 수석심판관 2009~2010년 同정보통신심사국 통신심사과장(부이사관) 2010~2013년 同특허심판원 심사품질담당관 2011~2013년 同특허심판원 심판9부 심판장(국장) 2012년 同심판9부 수석심판장 2013년 同특허심사3국장 2015년 해외 직무파견 2016년 특허청 특허심판원 심판8부 수석심판장 2017년 同특허심사기획국장 2017~2018년 同특허심판원장 2019년 한국발명진흥회(KIPA) 상근부회장(현) (상)대통령표창(2008)

ㄱ

**고중환(高重煥) Koh Junghwan**

(생)1954 · 2 · 9 (출)경북 구미 (주)경기도 양주시 어하고개로 109-14 (주)금성침대(1566-2003) (학)오상중졸 (경)1982년 금성공업 설립, (주)금성침대 대표이사(현), 경기북부상공회의소 상임의원(현), 한국제품안전협회 이사(현) 2012~2015년 한국침대협회 회장 2016~2017년 (사)한국가구산업협회 회장 (상)조달청장표창(2008), 지식경제부장관표창(2009), 서울지방중소기업청장표창(2010), 의정부세무서장표창(2011), 경기도지사표창(2012), 세계표준의날 KS인증대상(2013), 고용노동부장관표창(2014), 산업통상자원부장관표창(2015), 중부지방국세청장표창(2016), 산업포장(2019)

**고지영(高志泳) Koh jy young**

(생)1960 · 6 · 17 (주)인천광역시 서구 봉수대로 1048 신공항하이웨이(주)(032-560-6114) (학)고려대 경제학과졸, 同대학원 경제학과졸 (경)2010년 한국교직원공제회 인천지역본부장 2011년 同회원복지부장 2014년 同감사실장 2015년 同보험사업부장 2016년 신공항하이웨이(주) 대표이사(현)

**고 진(高 晋) Koh Jean**

(생)1961 · 10 · 11 (본)제주(濟州) (출)서울 (주)서울특별시 강남구 압구정로36길 18 신구빌딩 4층 (사)한국모바일산업연합회(MOIBA)(02-539-8700) (학)1980년 서라벌고졸 1984년 서울대 전자공학과졸 1985년 同대학원 석사과정 수료 1986년 미국 시라큐스대 대학원 컴퓨터공학과졸 1994년 컴퓨터공학박사(미국 시라큐스대) (경)1994~2008년 바로비젼(주) 창업 · 대표이사 2004~2011년 한국무선인터넷솔루션협회(KWISA) 부회장 2005~2006년 한국학술진흥재단 학술혁신평가위원회 위원 2008년 대한전자공학회 협동이사 2009~2014년 갤럭시아커뮤니케이션즈(주) 뉴미디어사업부문 사장(CTO) 2009~2011년 (사)한국무선인터넷산업연합회(MOIBA) 부회장 2011~2018년 同회장 2013~2014년 국가과학기술심의회 첨단융합전문위원회 위원 2014~2017년 갤럭시아커뮤니케이션즈(주) 대표이사 2014년 정보통신활성화추진위원회 실무위원회 위원 2014~2018년 국가과학기술연구회 융합연구위원회 위원 2015~2016년 국가과학기술심의회 ICT · 융합전문위원회 위원장 2017년 더불어민주당 신성장특별위원회 공동위원장(현) 2017년 대통령소속 4차산업혁명위원회 산업경제혁신위원회 위원장(현) 2018년 한국공학한림원 회원(기술경영정책 · 현) 2018년 (사)한국모바일산업연합회(MOIBA) 회장(현) 2018년 (사)혁신경제 공동대표(현) (상)신소프트웨어상품대상(1999), 소프트엑스포99 우수제품상 상품부문 은상(1999), 벤처기업협회장표창(2005), 제14회 대한민국멀티미디어기술대상 한국정보통신산업협회장표창(2007), 멀티미디어기술대상 방송통신위원장표창(2010), 제60회 정보통신의날 정보방송통신부문 국무총리표창(2015)

**고진갑(高鎭甲) Ko jin gab**

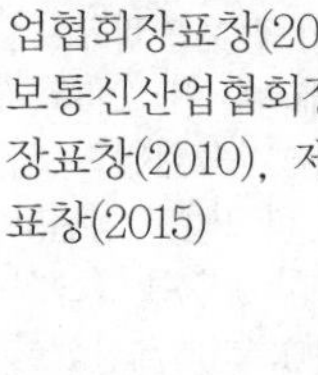

(생)1961 · 3 · 26 (출)강원 영월 (주)서울특별시 중구 마른내로 140 서울인쇄정보빌딩 4층 뉴스웍스(02-2279-8700) (학)1980년 장충고졸 1987년 한양대 무역학과졸 1989년 同대학원 무역학과졸 (경)2002년 서울경제신문 편집국 산업부 차장대우 2003년 同국제부 베이징특파원(차장대우) 2006년 同금융부 차장 2007년 同증권부 차장 2008년 同정보산업부장 2009년 同금융부장 2010년 同산업부장 2011년 同편집국장 2013~2014년 同편집국장(사내이사) 2015년 한국일보 광고국장 2015년 뉴스웍스 대표이사(발행인 겸 편집인)(현) (상)한양언론인회 한양언론인상(2012) (저)'베이징특파원 중국경제를 말하다'(2010) '장강의 뒷물결'(2012) (종)기독교

**고진국(高鎭國) KO Jin Kook**

(생)1952 · 9 · 10 (본)제주(濟州) (출)강원 영월 (주)강원도 영월군 영월읍 하송로 64 민주평화통일자문회의 영월군협의회(033-370-2576) (학)1971년 상동고졸 2008년 세경대학 사회복지과졸 (경)한국자유총연맹 중동면위원장, 농협 근무, 민주평통 영월군협의회장, 춘천지법 영월지원 조정위원, 동흥상사 대표 1991 · 1995 · 1998 · 2003~2006년 강원 영월군의회 의원 1991~1993년 同부의장 1995~1997년 同의장 2006 · 2010~2014년 강원도의회 의원(열린우리당 · 대통합민주신당 · 통합민주당 · 민주당 · 민주통합당 · 민주당) 2010~2012년 同부의장, 강원도공직자윤리위원회 부위원장, 동강문학회 이사, 영월군사회복지협의회 이사(현) 2013년 문학 월간지 '문예비전'에 수필가 등단, 수필가(현) 2014년 강원 영월군수선거 출마(새정치민주연합) 2017년 민주평통 영월군협의회 회장(현) (종)불교

**고진부(高珍富) KO Jin Boo**

(생)1946 · 5 · 11 (본)제주(濟州) (출)제주 (주)제주특별자치도 제주시 서광로 203 고신경정신과의원 원장실(064-722-3185) (학)1966년 제주 오현고졸 1974년 조선대 의대 의학과졸 1976년 同대학원 신경정신과학과졸 1983년 의학박사(조선대) (경)1983년 고신경정신과의원 원장(현) 1991년 조선대 의대 조교수 1996년 새정치국민회의 서귀포南지구당 위원장 2000년 새천년민주당 연수원 부원장 2000~2004년 제16대 국회의원(서귀포 · 남제주, 새천년민주당) 2000년 새천년민주당 제주도지부장 2003년 同제3정책조정위원장 2004년 同제주도당 위원장 2005년 민주당 제주도당 위원장 겸 서귀포 · 남제주지역운영위원회 위원장 (상)보건사회부장관표창 (종)천주교

**고진영(高眞榮 · 女) Ko Jin Young**

(생)1995 · 7 · 7 (주)서울특별시 강남구 영동대로 714 하이트빌딩 하이트진로(080-210-0150) (학)2014년 은광여고졸 2017년 성균관대 스포츠학과 재학 중(4년) (경)2013년 한국여자프로골프협회(KLPGA) 입회 2014~2017년 (주)넵스 후원계약 2014년 KLPGA투어 E1 채리티오픈 3위 2014년 KLPGA투어 금호타이어 여자오픈 2위 2014년 KLPGA투어 Nefs Masterpiece 우승 2014년 KLPGA투어 YTN · 볼빅 여자오픈 2위 2015년 KLPGA투어 삼천리Together Open 2위 2015년 KLPGA투어 넥센 · 세인트나인마스터즈 우승 2015년 KLPGA투어 교촌허니 레이디스오픈 우승 2015년 KLPGA투어 초정탄산수 · 용평리조트 오픈 우승 2015년 미국여자프로골프(LPGA)투어 리코 브리티시여자오픈 2위 2016년 KLPGA투어 KG 이데일리 레이디스오픈 우승 2016년 KLPGA투어 BMW 레이디스 챔피언십 우승 2016년 KLPGA투어 하이트진로 챔피언십 우승 2017년 하이트진로 후원계약(현) 2017년 JLPGA투어 월드레이디스 살롱파스컵 공동2위 2017년 LPGA투어 제주 삼다수 마스터스 우승 2017년 KLPGA투어 한화클래식 3위 2017년 KLPGA투어 BMW 레이디스 챔피언십 우승 2017년 LPGA투어 KEB하나은행 챔피언십 우승 2017년 4개(한국 · 일본 · 유럽 · 호주) 여자프로골프투어 대항전 '더 퀸즈 presented by 코와' 한국대표 2018년 LPGA투어 ISPS 한다 호주여자오픈 우승 2018년 LPGA투어 인디 위민 인 테크 챔피언십 4위 2019년 LPGA투어 ISPS한다 호주여자오픈 준우승 2019년 LPGA투어 뱅크 오브 호프 파운더스컵 우승 2019년 LPGA투어 KIA 클래식 공동2위 2019년 LPGA투어 ANA 인스퍼레이션 우승 2019년 LPGA투어 에비앙 챔피언십 우승 2019년 LPGA투어 브리티시오픈 3위 2019년 LPGA투어 캐나다퍼시픽(CP) 여자오픈 우승 2019년 KLPGA투어 하이트진로 챔피언십 우승 (상)KLPGA투어 국내특별상(2015), KLPGA투어 대상(2016), 한국여자프로골프협회(KLPGA) 특별상(2017)

**고진원(高鎭源)**

(생)1975·4·11 (출)경북 울진 (주)부산광역시 연제구 법원로 15 부산지방검찰청 공판부(051-606-4318) (학)1994년 의정부고졸 2002년 서울대 심리학과졸 (경)2001년 사법시험 합격(43회) 2004년 사법연수원 수료(33기) 2004년 서울서부지검 검사 2006년 대구지검 포항지청 검사 2008년 광주지검 검사 2010년 서울중앙지검 검사, 국회 파견 2014년 의정부지검 검사 2018년 同부부장검사 2019년 대검찰청 검찰연구관 2019년 부산지검 공판부장(현)

**고찬석(高燦錫)**

(생)1960·3·8 (본)장흥(長興) (출)전남 장흥 (주)경기도 수원시 팔달구 효원로 1 경기도의회(031-8008-7000) (학)강남대 부동산·법무·행정대학원 법학과졸 (경)동백사랑 고문(현) 2010년 경기 용인시의회 의원(민주당·민주통합당·민주당·새정치민주연합) 2011년 민주통합당 경기용인·기흥지역위원회 사무국장, (사)한국청소년운동연합 용인시 수석부회장 2014~2018년 경기 용인시의회 의원(새정치민주연합·더불어민주당) 2016년 더불어민주당 경기용인丁지역위원회 사무국장(현) 2018년 경기도의회 의원(더불어민주당)(현) (상)2012 경기도 시·군의원 의정발전 우수사례 의정활동개선분야 우수상(2013), 경기도시·군의회장협의회 선정 의정활동 우수의원(2017)

**고창경(高昌敬)**

(생)1963·5·17 (출)제주 북제주 (주)제주특별자치도 제주시 기자길 7 제주특별자치도 자치경찰단(064-710-6311) (학)제주 오현고졸, 제주대 행정학과졸 (경)1990년 경위 임용(경찰간부후보 38기) 1993년 경감 승진 2002년 경정 승진 2010년 총경 승진 2010년 경기지방경찰청 기동대장 2011년 경기 광명경찰서장 2013년 경기 김포경찰서장 2014년 경찰대학 치안정책연구소 총경 2015년 제주지방경찰청 경비교통과장 2016년 경기남부지방경찰청 112종합상황실장 2017년 경기 이천경찰서장 2019년 경기남부지방경찰청 과학수사과장 2019년 제주특별자치도 자치경찰단장(현)

**고창남(高昌男) KO Chang Nam**

(생)1961·3·15 (본)장흥(長興) (출)전남 고흥 (주)서울특별시 동대문구 경희대로 26 경희대학교 한의과대학 심계내과(02-440-7702) (학)1991년 경희대 한의대학졸 1993년 同대학원 한의학과졸 1998년 한의학박사(경희대) (경)1995~2000년 경희대부속 한방병원 심계내과 임상강사·임상조교수 1997년 국제교류협력단지원 중국 산동성중의약대학 파견 2000년 경희대 한의과대학 심계내과 부교수·교수(현) 2000년 경희대 한의학연구소 연구원 2000~2002년 대한한방내과학회 이사 2000년 대한한의학회 이사 2002~2003년 대한중풍학회 감사 2003년 삼천당제약(주) 자문교수 2005년 한국보건산업진흥원 BK21기획위원 2006~2008년 경희대 동서신의학병원 한의과대학병원 진료부장 2009년 同동서신의학병원 한의과대학병원 한방내과장 겸 중풍뇌질환센터장 2010년 강동경희대병원 한방내과 과장 겸 중풍뇌질환센터장 2011년 同한방병원 QI부장 겸 IRB위원장 2012년 경희대 한의과대학 한방순환신경내과 주임교수 2012~2014년 법무부 여성정책심의위원회 위원 2012~2018년 대한중풍·순환신경학회 이사장 2012년 한국보건산업진흥원 BK21 기획위원 2013~2018년 강동경희대 한방병원장 2013~2016년 同한방암센터장 (저)'동의 심계내과학'(1999·2006) '우리집 건강보감'(2003) '오늘의 중풍치료학'(2004) '양한방 병용처방 매뉴얼'(2008) '약손'(2009)

**고창후(高昌厚) ko chang hu**

(생)1964·5·29 (출)제주 서귀포 (주)제주특별자치도 서귀포시 일주동로 8672 고창후법률사무소(064-732-2701) (학)1983년 제주 남주고졸 1988년 제주대 법학과졸 (경)1993년 사법시험 합격(35회) 1996년 사법연수원 수료(25기) 1996~1998년 인천지법 판사 1999년 서울지법 남부지원 판사 1999년 변호사 개업, 법무법인 해오름 변호사 2010~2011년 제주 서귀포시장 2011년 변호사 개업(현) (저)자서전 '모두 함께 꿈을 꾸면 현실이 된다'(2012, 도서출판 온누리)

**고채석(高采錫) Ko Chae Suk**

(생)1961 (주)경상북도 김천시 혁신8로 77 한국도로공사 경영본부(054-811-2000) (학)1980년 광주 숭일고졸 1985년 경기대 무역학과졸 1987년 同대학원 무역학과졸 1992년 무역학박사(경기대) (경)1995년 한국도로공사 입사, 同도로연구소 전문연구실 수석연구원 2005년 同기획조정실 기획팀장, 同산청지사장 2007년 同기획조정실 기획팀장 2010년 同인력개발원장 2012년 同미래경영처장 2014년 同통행료통합정산센터장 2014년 同비상경영상황실장 2014년 同감사실장 2015년 同광주전남본부장 2016년 同정보처장 2018년 同기획본부장(상임이사) 2018년 同경영본부장(상임이사)(현) (상)기획예산처장관표창(2000)

**고철환(高哲煥) KOH Chul Hwan**

(생)1946·9·19 (본)제주(濟州) (출)제주 남제주 (주)서울특별시 성북구 보문로34다길 2 성신여자대학교 이사장실(02-920-7251) (학)1965년 제물포고졸 1969년 서울대 식물학과졸 1974년 同대학원 식물학과졸 1979년 이학박사(독일 킬대) (경)1974~1975년 독일 브레머하벤해양연구소 객원연구원 1979년 독일 킬대 해양연구소 객원연구원 1981~2012년 서울대 자연과학대학 지구환경과학부 조교수·부교수·교수 1989~1991년 한국해양학회 총무 1991~1993년 同학회지 편집장 1992~1996년 서울대 대학신문 자문위원 1992~1994년 同해양학과장 1992~1994년 한국수중과학회 초대회장 1993~1995년 환경운동연합 시민환경연구소장 1993년 환경처 자연생태계조사단장 1994~1995년 민주화를위한전국교수협의회 공동의장 1998~2001년 갯벌보전연구회 회장 1998~2000년 유네스코 MAB(인간과생물권계획) 한국위원 1999~2004년 해양수산부 정책자문위원 2000~2001년 일본 동북대 객원교수 2001~2003년 새만금생명학회 회장 2002년 일본 사가대 객원교수 2003~2006년 대통령자문 지속가능발전위원회 위원장 2004~2005년 교수신문 논설위원 2004~2008년 일본 Ecological Research 편집위원 2010년 인간과생물권계획(MAB) 한국위원회 위원 2011년 동아시아해양환경관리협력기구(PEMSEA) 집행위원회 전문분과 부의장 2012년 서울대 자연과학대 지구환경과학부 명예교수(현) 2013~2016년 동아시아해양환경관리협력기구(PEMSEA) 기술위원회 의장 2017~2018년 학교법인 상지학원 이사장 2019년 학교법인 성신학원 이사장(현) (상)국민훈장 석류장(1999), 한국해양학회 특별학술상(2001), 해양수산부장관표창(2002) (저)'환경의 이해'(1993) '해양생물학'(1997) '수리분류학'(1998) '한국의 갯벌'(2001) (종)기독교

**고충석(高忠錫) Ko Choong Suk**

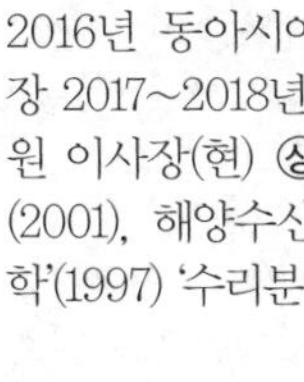

(생)1950·6·22 (본)제주(濟州) (출)제주 (주)제주특별자치도 서귀포시 중문관광로 227-24 국제평화재단(064-735-6500) (학)1969년 제주 오현고졸 1974년 연세대 행정학과졸 1977년 同대학원 행정학과졸 1987년 행정학박사(연세대) (경)1979~1982년 제주대 전임강사 1982~2013년 同행정학과 조교수·부교수·교수 1984~1986년 同행정학과장 1987~1989년 同지역사회발전연구소장 1991~1993년 同법정대학 교무과장 1992~2001년 제주경제정의실천시민연합 공동대표 1996~1998년 제주대 법정대학장

겸 행정대학원장 2001~2004년 제주발전연구원 원장 2001~2009년 열린대학교육협의회 회장 2005~2007년 한국국정관리학회 부회장 2005~2009년 제주대 총장 2005~2008년 제주도지역혁신협의회 전체협의회 위원장 2005~2009년 대통령자문 동북아시대위원회 민간위원 및 제주특위 위원장 2006~2009년 국제평화재단(제주평화연구원) 이사 2006~2009년 국무총리직속 제주특별자치도지원위원회 위원 2007년 거점국립대학교총장협의회 회장 2007년 한국과학문화재단 비상임이사 2007년 (사)이어도연구회 이사장(현) 2008~2010년 한국과학창의재단 비상임이사 2011~2012년 세계자연보전총회(WCC) 제주도지원위원회 공동대표 2014~2018년 제주국제대 총장 2018년 국제평화재단 이사장(현) (상)서울행정학회 학술상(2000), 청조근정훈장(2014) (저)'유고슬라비아 노동자 자치관리제도와 조직권력-인간적 사회주의를 위한 하나의 시도'(1991) '도서지역으로서의 제주도의 국제화·세계화에 대한 기초연구'(1995) 등 (종)천주교

### 고충정(高忠正)

(생)1963·8·15 (출)제주 (주)광주광역시 동구 준법로 7-12 광주지방법원 총무과(062-239-1503) (학)1981년 제주제일고졸 1985년 고려대 법학과졸 (경)1987년 사법시험 합격(29회) 1990년 사법연수원 수료(19기) 1990년 육군 법무관 1993년 부산지법 판사 1995년 同동부지원 판사 1997년 인천지법 판사 2000년 서울지법 판사 2002년 서울고법 판사 2004년 서울동부지법 판사 2005년 제주지법 부장판사 2006년 同수석부장판사 2007년 수원지법 부장판사 2009년 서울중앙지법 부장판사 2012년 서울서부지법 부장판사 2014년 서울동부지법 수석부장판사 2016년 의정부지법 부장판사 2019년 광주지법 부장판사(현)

### 고칠진(高七鎭) KO Chil Jin

(생)1955·7·7 (주)세종특별자치시 다솜1로 31 복합커뮤니티센터 세종도시교통공사(044-864-9725) (학)1972년 선인고졸 2000년 평택대 행정학과졸 2002년 명지대 대학원졸 (경)2002년 건설교통부 대도시권광역교통정책실 교통관리국 교통기획과 서기관 2003년 同수송정책실 물류산업과장 2005년 同토지국 토지관리과장 2005년 同토지관리팀장 2006년 同물류지원팀장 2007년 同물류시설정보팀장 2008년 국토해양부 교통복지과장 2008년 同교통정책실 대중교통과장 2009년 同교통정책실 대중교통과장(부이사관) 2011년 同4대강살리기추진본부 기획국장 2011~2012년 용산공원조성추진기획단장 파견(부이사관), 대중교통학회 이사, 대중교통연구회 위원장, 한국철도학회 이사, 서서울고속도로(주) 대표이사 2017년 세종도시교통공사 초대 대표이사 사장(현) 2018년 한국ITS학회 부회장(현)

### 고태국(高太國) KO Tae Kuk

(생)1955·7·4 (주)서울특별시 서대문구 연세로 50 연세대학교 전기전자공학과(02-2123-2772) (학)1981년 연세대 전기공학과졸 1983년 미국 케이스웨스턴리저브대 대학원 전기공학 및 응용물리학과졸 1986년 공학박사(미국 케이스웨스턴리저브대) (경)1984년 미국 케이스웨스턴리저브대 전기공학·응용물리학과 연구조교 1986년 미국 오하이오주립대 전기공학과 조교수 1988~1998년 연세대 전기공학과 조교수·부교수 1991~1998년 기초전력공학공동연구소 전문위원 1994~1998년 연세대 전기공학과장 1996년 대한전기학회 평의원 1996~2009년 기술표준원 생활가전부문 KS규격심의위원 1997~2009년 초전도국제표준화(IEC/TC90) 전문위원 1998년 연세대 전기전자공학과 교수(현) 2002~2006년 同전기공학전공 주임교수 2003~2008년 한국초전도·저온공학회 부회장 2004~2010년 IEEE Magnet Technology-19 IOC Member 한국측 대표 2009년 한국초전도·저온공학회 명예회장 2013~2016년 연세대 언더우드특훈교수 (상)한국초전도·저온공학회 학술상(2003), 과학기술훈장 도약장(2008) (종)기독교

### 고태만(高泰萬) KOH Tae Man

(생)1941·11·16 (본)제주(濟州) (출)제주 (주)제주특별자치도 제주시 서광로 193 한국병원(064-750-0775) (학)1959년 광주제일고졸 1965년 전남대 의대졸 1985년 同대학원 의학석사 (경)1965년 육군 군의관 1974년 제주도립병원 일반외과 과장 1976년 외과의 개원 1980년 한일의원 원장 1981년 한일병원 원장 1983년 한국병원 원장 1987년 同운영위원장 1988년 대한의사협회 제주도의사회 법의학자문위원회 회장 1991년 제주도의사회 회장 1991년 KBS 제주방송총국 시청자위원회 부위원장 1992~2003년 MBC 시청자위원장 1996년 국제라이온스협회 309-0지구 총재 1997~1999년 대한병원협회 제주도병원회장 2003년 의료법인 한국병원 원장(현) 2003년 혜인의료재단 이사장(현) (상)대한적십자사 은장, 보건사회부장관표창, 재정경제부장관표창 (종)기독교

### 고태봉(高兌奉) Koh Taebong

(생)1973·6·19 (주)서울특별시 영등포구 여의나루로 61 하이투자증권 리서치센터(1588-7171) (학)1992년 여의도고졸 1997년 연세대 사회복지학과졸 (경)1999~2004년 대우증권 근무 2004~2008년 크레덴스에셋주식운용 근무 2008~2011년 IBK투자증권 리서치센터 그룹장 2011년 하이투자증권 리서치센터 기업분석팀장 2015년 同기업분석팀장(이사) 2018년 同리서치센터장(이사)(현)

### 고태순(高泰順·女) GO Tae Sun

(생)1956·11·12 (주)제주특별자치도 제주시 문연로 13 제주특별자치도의회(064-741-1840) (학)제주여상졸, 제주산업정보대학 관광호텔경영과졸, 제주국제대 경영학과졸 (경)민주당 제주시乙지역위원회 여성위원장, 민주평통 자문위원(현), 민주동우회 회장(현), 제주특별자치도 제주시 이도2동장애인지원협의회 부회장, 더불어민주당 제주특별자치도당 여성위원장(현), 同제주특별자치도당 윤리위원(현) 2014~2018년 제주특별자치도의회 의원(비례대표, 새정치민주연합·더불어민주당) 2014~2018년 同보건복지안전위원회 위원 2014~2016년 同FTA대응특별위원회 위원 2014년 同예산결산특별위원회 위원 2018년 제주특별자치도의회 의원(더불어민주당)(현) 2018년 同보건복지안전위원회 위원장(현) 2018년 4.3특별위원회 위원 겸 윤리특별위원회 위원(현) 2018년 의회운영위원회 위원(현)

### 고평기(高平基) Ko Pyeong-gi

(생)1969·4·14 (본)제주(濟州) (출)제주 (주)서울특별시 서대문구 통일로 97 경찰청 여성대상범죄수사과(02-3150-1214) (학)제주사대부고졸 1993년 경찰대 행정학과졸(9기) (경)1993년 경위 임관 1993년 서울 마포경찰서 수사과 근무(경위) 2002년 경찰청 감사관실 기획감찰담당관실 근무(경감) 2006년 제주지방경찰청 청문감사담당관실 감찰계장(경정) 2009년 서울지방경찰청 생활안전과 여성청소년계장 2014년 제주지방경찰청 여성청소년과장(총경) 2015년 제주 서부경찰서장 2016년 제주지방경찰청 정보과장 2017년 서울지방경찰청 여성청소년과장 2017년 서울 서부경찰서장 2019년 경찰청 여성대상범죄수사과장(현) (상)근정포장(2004), 대통령표창(2015)

### 고학찬(高鶴燦) KO, HAK-CHAN

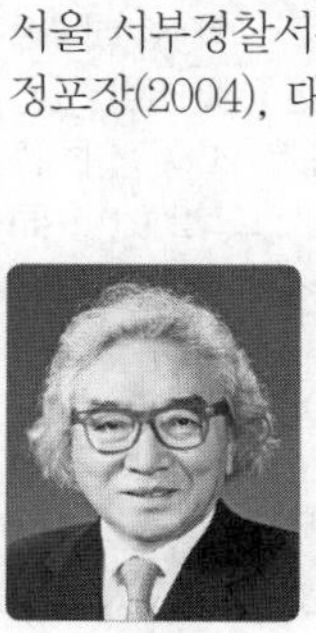

(생)1947·8·18 (출)제주 (주)서울특별시 서초구 논현로27길 91 대한민국문화연예대상 조직위원회(02-578-5371) (학)1966년 대광고졸 1970년 한양대 연극영화과졸 (경)1970~1977년 TBC PD 1973년 극단 '신협' 활동 1977~1980년 방송작가 활동 1982~1994년 미국 뉴욕 KABS-TV 편성제작국장 1994

~1997년 (주)제일기획 Q채널 국장 1994~2006년 서울예술대학 극작과 겸임교수 1997년 삼성영상사업단 방송본부 총괄국장 2000~2001년 추계예술대 문예창작과 겸임교수 2004~2008년 제주영상위원회 이사·외자유치위원 2006~2008년 세명대 방송연예학과 겸임교수 2008년 제3회 세계델픽대회 조직위원·이사 2008~2010년 상명대 방송예술대학원 영상컨텐츠전공 겸임교수 2009~2013년 윤당아트홀 관장 2010~2013년 국가미래연구원 발기인·문화예술체육분과위원회 간사 2011~2012년 한세대 방송공연예술과 겸임교수 2012년 새누리당 대선캠프 국민행복추진위원회 자문위원 2013~2019년 예술의전당 사장 2013~2017년 한국문화예술회관연합회 회장 2014~2015년 민주평통 문화분과위원장 2015~2017년 제주특별자치도 문화예술위원회 위원 2015~2017년 同지원위원회 위원 2016~2017년 제주국제대 실용예술학부 대중음악과 영화연극전공 석좌교수 2019년 대한민국문화연예대상 조직위원회 회장(현) (상)지속가능과학회 지속가능발전대상(2015) (저)'구르는 돌'(2019, 한국리더스포럼)

### 고한승 Ko Han Sung

(생)1963·4·20 (주)인천광역시 연수구 첨단대로 107 삼성바이오에피스 사장실(032-455-6114) (학)1982년 미국 캘리포니아 프로스펙트 하이스쿨졸 1986년 미국 캘리포니아대 버클리교 생화학과졸 1992년 유전공학박사(미국 노스웨스턴대) (경)1996~1997년 Amersham Pharmacia Biotech사 근무 1997~1998년 Hyseq사 Associate Director 1998~1999년 Target Quest사 최고경영자(CEO) 1999~2000년 Dyax사 부사장 2000년 삼성종합기술원 바이오연구 기술자문 2004년 同Bio & Health Lab장 2007년 삼성 전략기획실 신사업추진단 전무 2008년 삼성전자(주) 신사업팀 담당 2011년 同바이오사업팀담당 임원 2012년 삼성바이오에피스 부사장 2015년 同대표이사 사장(현)

### 고한준(高漢準) KO Han Jun

(생)1969·9·27 (출)서울 (주)서울특별시 성북구 정릉로 77 국민대학교 사회과학대학 언론정보학부(02-910-4472) (학)1988년 홍익대사대부고졸 1992년 연세대 독어독문과졸 1995년 미국 텍사스대 오스틴교 대학원 광고학과졸 2002년 광고학박사(미국 플로리다대) (경)1995~1999년 오리콤 근무 2003년 한국광고홍보학회 마케팅분과장 2003년 한국광고학회 편집위원 2003~2004년 제일기획 차장 2004년 국민대 사회과학대학 언론정보학부 광고학전공 조교수·부교수·교수(현) 2005년 한국옥외광고학회 대외협력이사 2005년 한국언론학회 평회원 2017~2018년 한국광고홍보학회 부회장 2018년 同회장(현) (상)한국광고단체연합회 대한민국대학생 AD Challenge 전국본선 최우수상 지도교수(2005)

### 고현곤(高鉉坤) Koh Hyun Kohn

(생)1963·10·15 (본)제주(濟州) (출)서울 (주)서울특별시 중구 서소문로 100 중앙미디어네트워크 그룹홍보실(02-751-5114) (학)1981년 경동고졸 1985년 고려대 경영학과졸 1987년 미국 뉴욕주립대(SUNY-Buffalo) 대학원 MBA 2007년 고려대 일민미래국가전략최고위과정 수료 (경)1995~1998년 중앙일보 경제부 기자 1999년 同산업부 기자 2000년 同기획취재팀 기자 2001년 同전략기획실 차장대우 2001~2004년 同경제부 차장 2005년 미국 노스캐롤라이나대(UNC-Chapel Hill) 언론대학원 연구원 2006년 중앙일보 경제연구소 부장대우 2006년 同논설위원 2009년 同경제정책데스크 2010년 同산업데스크 2011년 同경제산업에디터 2011년 同지원총괄 기획조정담당 2012년 同편집국 경제에디터(부장급) 2013년 同편집제작부문 경제에디터(부국장대우) 2014년 同편집·디지털국장 직대 2014년 同경제연구소장 2015년 同신문제작담당 부국장 2016년 중앙미디어네트워크 브랜드기획실장 겸 회장보좌담당(부국장) 2017년 同브랜드기획실장 겸 회장보좌담당(국장대우) 2017년 한국신문협회 기조협의회 부회장 2018년 중앙미디어네트워크 그룹홍보실장 겸 회장보좌담당(국장대우)(현) 2019년 한국신문협회 기조협의회 이사(현) (종)기독교

### 고현수(高賢壽)

(생)1966·12·15 (주)제주특별자치도 제주시 문연로 13 제주특별자치도의회(064-741-1924) (학)서귀포고졸, 제주대 방사선공학과졸, 제주국제대 정책개발대학원 사회복지학과졸 (경)(사)제주장애인인권포럼 상임대표, 제주시민사회단체연대회의 공동대표 2014년 제주특별자치도의원선거 출마(비례대표, 새정치민주연합) 2018년 제주특별자치도의회 의원(비례대표, 더불어민주당)(현) 2018년 同예산결산특별위원회 위원장(현) 2018년 同보건복지안전위원회 부위원장(현)

### 고현숙(高賢淑·女) KO Hyun Sook

(생)1956·10·28 (출)부산 (주)부산광역시 기장군 기장읍 동부산관광6로 59 국립부산과학관(051-750-2301) (학)1979년 부산대 과학교육학과졸 1981년 同대학원 생물학과졸 1988년 이학박사(부산대) (경)1981년 부산여자대학 시간강사·조교수 1991년 한국동물분류학회 감사·이사 1996년 한국동물학회 이사 1996~2018년 신라대 생명과학과 부교수·교수 2000년 영국 자연사박물관 방문연구교수 2001~2003년 부산시 환경보전자문위원 2002년 신라대 자연과학부장 2002~2003년 同자연과학연구소장 2003~2004년 미국 Shannon Point해양연구소 방문연구교수 2005년 同WISE센터장 2005~2007년 낙동강유역환경청 사전환경성검토 및 환경영향평가자문위원 2007~2009년 同멸종위기종 인공증식심사위원 2010~2012년 국립생물자원관 생물자원조사위원 2013년 부산해양자연사박물관 운영위원 2018년 국립부산과학관장(현) (상)한국과학기술단체총연합회 과학기술우수논문상(1996·2015), 한국여성과학기술인지원센터(WISET) 올해의 멘토상(2011), 교육과학기술부장관표창(2011), 국무총리표창(2013), 신라대 학술상(2014) (저)'네톱니부채게의 유생발생' '애기털보 부채게의 유생발생' '세가지 부채게의 유생발생' '굴속 살이게의 제1조에아 유생' '털콩게의 유생발생'

### 고현철(高鉉哲) KOH Hyun Chul

(생)1947·2·18 (출)대전 (주)서울특별시 강남구 테헤란로 133 한국타이어빌딩 법무법인 태평양(02-3404-0528) (학)1965년 대전고졸 1969년 서울대 법대졸 1971년 同사법대학원 수료 (경)1969년 사법시험 합격(10회) 1971~1974년 軍법무관 1974년 부산지법 진주지원 판사 1974년 서울형사지법 판사 1977년 서울민사지법 판사 1978년 부산지법 판사 1980년 서울지법 영등포지원 판사 1982년 서울고법 판사 1983~1985년 대법원 재판연구관 1985년 대전지법 부장판사 1987년 인천지법 부장판사 1989년 서울지법 북부지원 부장판사 1991년 서울민사지법 부장판사 1991년 언론중재위원회 중재부장 1992년 수원지법 수석부장판사 1993년 부산고법 부장판사 1994년 서울고법 부장판사 1995~1998년 법원행정처 인사관리실장 겸임 2000년 창원지법원장 2000년 서울행정법원장 2001년 서울지법원장 2003~2009년 대법원 대법관 2006~2009년 중앙선거관리위원회 위원장 2009년 법무법인 태평양 고문변호사(현) 2009~2011년 헌법재판소 자문위원 2011~2013년 한국신문윤리위원회 위원장 2011~2013년 대법원 법관인사제도개선위원회 위원장 (상)청조근정훈장(2009)

### 고현호(高鉉浩)

(생)1964 (출)경북 경주 (주)서울특별시 강북구 도봉로 117 도봉세무서(02-944-0242) (학)서울 장훈고졸, 세무대학졸(3기) (경)세무공무원 임용(8급 특채), 서울 강동세무서 총무과 근무, 서울 송파세무서 소득세과 근무, 서울지방국세청 간세국 근무, 同조사1국 근무, 중부지방국세청 특별조사과 근

무, 서울 동작세무서 세원관리1과 근무, 중부지방국세청 총무과 근무, 국세청 정보개발 2과 근무, 同공공기관지방이전기획단 근무, 서울지방국세청 조사2국 조사1과 1팀장, 同국제거래조사1과 4팀장 2016년 경북 경산세무서장 2017년 북대구세무서장 2018년 경기 안양세무서장 2019년 서울 도봉세무서장(현)

## 고형곤(高泂坤)

(생)1970·12·4 (출)부산 (주)서울특별시 서초구 반포대로 158 서울중앙지방검찰청 특수2부(02-530-4315) (학)1989년 동아고졸 1996년 부산대 행정학과졸 (경)1999년 사법시험 합격(41회) 2002년 사법연수원 수료(31기) 2002년 부산지검 검사 2004년 대구지검 김천지청 검사 2006년 서울중앙지검 검사 2009년 창원지검 검사 2012년 대검찰청 연구관 2012년 서울북부지검 검사 2014년 대구지검 검사 2016년 서울중앙지검 특수1부 부부장검사 2016~2017년 '박근혜 정부의 최순실 등 민간인에 의한 국정농단 의혹 사건'(최순실 특검법) 파견 2018년 수원지검 안양지청 부부장검사 2019년 전주지검 남원지청장 2019년 서울중앙지검 특수2부장(현)

## 고형권(高炯權) Koh Hyeonggwon

(생)1964·12·27 (출)전남 해남 (주)서울특별시 종로구 사직로8길 60 외교부 총무과(02-3497-7709) (학)1982년 전남대사대부고졸 1987년 서울대 경제학과졸 2015년 한국개발연구원(KDI) 대학원 정책학과졸 (경)1986년 행정고시 합격(30회) 1999년 기획예산위원회 재정기획국 재정기획과 서기관 1999년 기획예산처 재정기획국 기획총괄과 서기관 2000년 경수로사업지원기획단 파견(과장급) 2000년 삶의질향상기획단 파견(과장급) 2002년 기획예산처 행정3팀장 2003년 同산업정보예산과장 2004년 同장관 비서관 2005년 同정책기획팀장(부이사관) 2007년 同재정총괄과장 2008년 대통령 지역발전비서관실 파견(고위공무원) 2010년 몽골 재무장관 자문관 파견(고위공무원) 2012년 기획재정부 재정관리국 성과관리심의관 2013년 同정책조정국장 2015년 민관합동창조경제추진단 단장 2016년 기획재정부 기획조정실장 2017년 아시아개발은행(ADB) 이사 2017~2018년 기획재정부 제1차관 2019년 駐경제협력개발기구(OECD)대표부 대사(현) (상)대통령표창(1999), 근정포장(2002), 몽골정부훈장(2012), 홍조근정훈장(2015)

## 고호곤(高浩坤) KO Ho Kon

(생)1951·3·5 (출)경남 마산 (주)경상남도 창원시 성산구 연덕로 176 삼성공조(주)(055-280-2706) (학)1976년 동국대 법정대학 정치외교학과졸, 同경영대학원졸 2005년 서울대 경영대학 최고경영자과정 수료 (경)1979년 삼성라디에터공업(주) 이사 1984년 同전무이사 1987년 同부사장 1989~2000년 同대표이사 사장 1994년 삼성오토파트 대표이사 사장 1994년 고려산업(주) 대표이사 사장 1998~2001년 스리스타(주) 부사장·사장 2000년 삼성공조(주) 대표이사 사장 2003년 同대표이사 회장(현) (상)산업포장, 1천만불 수출탑, IR52 장영실상, 철탑산업훈장, 행정자치부장관표창, 국무총리표창(2014) (종)불교

## 고호근(高浩根) KOH Ho Geun

(생)1962·2·12 (출)울산 (주)울산광역시 남구 중앙로 201 울산광역시의회(052-229-5125) (학)울산고졸, 울산대 행정학과졸, 동국대 최고경영자과정 수료 (경)남외초교 운영위원장, (주)광명 대표이사, SK에너지(주) 노동조합 회계감사 2010~2014년 울산시 중구의회 의원(한나라당·새누리당) 2012~2014년 同복지건설위원장 2013년 울산고총동창회 부회장 2014년 울산시의회 의원(새누리당·자유한국당) 2014년 同운영위원회 부위원장 2014년 同환경복지위원회 부위원장 2016년 同행정자치위원회 위원장 2016년 同예산결산특별위원회 위원 2018년 울산시의회 의원(자유한국당)(현) 2018년 同부의장(현) 2018년 同행정자치위원회 위원(현) (상)대통령표창

## 고홍석 Koh Hongseok

(생)1961·4·19 (주)서울특별시 동대문구 서울시립대로 163 서울시립대학교(02-6490-6105) (학)1985년 서울대 정치학과졸 2004년 미국 오레곤대 대학원 행정학과졸 (경)1987년 행정고시 합격(31회) 2001년 서울시 기획예산실 법무담당관 2004년 同산업국 DMC담당관 2005년 同교통국 교통개선총괄반장 2006년 同교통국 버스정책과장 2006년 同교통정책담당관 2011년 同경제진흥본부 투자마케팅기획관 2011~2014년 서대문구 부구청장 2014년 서울시 경제진흥실 산업경제정책관 2015년 同한강사업본부장(지방이사관) 2015년 同문화본부장 2017~2019년 同도시교통본부장 2019년 서울시립대 교수(현)

## 고홍석(高弘錫)

(생)1971·8·19 (출)서울 (주)서울특별시 서초구 서초중앙로 157 서울중앙지방법원(02-530-1690) (학)1990년 중앙대사대부고졸 1997년 서울대 정치학과졸 (경)1996년 사법시험 합격(38회) 1999년 사법연수원 수료(28기) 1999년 서울지법 판사 2002년 서울행정법원 판사 2003년 청주지법 충주지원 판사 2006년 수원지법 판사 2009년 서울중앙지법 판사 2011년 서울고법 판사 2012년 대법원 재판연구관 2014년 창원지법 부장판사 2015년 대법원 재판연구관 2019년 서울중앙지법 부장판사(현)

## 고 흥(高 興) KOH Heung

(생)1970·11·12 (본)제주(濟州) (출)경기 수원 (주)울산광역시 남구 법대로 45 울산지방검찰청(052-228-4301) (학)1989년 수원고졸 1993년 서울대 법학과졸, 同법과대학원졸 (경)1992년 사법시험 합격(34회) 1995년 사법연수원 수료(24기) 1998년 부산지검 검사 2000년 춘천지검 원주지청 검사 2001년 서울지검 북부지청 검사 2003년 법무부 기획관리실 검사 2006년 의정부지검 검사(국가정보원 파견) 2007년 의정부지검 부부장검사 2008년 대통령실 법무비서관실 선임행정관 2009년 서울서부지검 부부장검사 2010년 춘천지검 속초지청장 2011년 법무부 공안기획과장 2012년 서울중앙지검 형사2부장 2013년 수원지검 부장검사 2013~2015년 법무부 정책기획단장 2014년 광주고검 검사 2014년 서울고검 검사 2015년 대검찰청 범죄정보기획관 2016년 同공안기획관 2017년 수원지검 안산지청장 2018년 서울고검 차장검사(검사장급) 2019년 울산지검장(현) (저)'외국환관리법상 공범에 대한 추징방법' (종)기독교

## 고흥곤(高興坤) GO Heung Gon

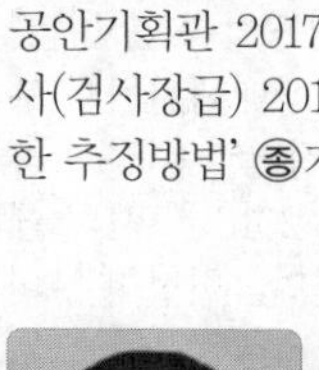

(생)1951·1·26 (본)제주(濟州) (출)전북 전주 (주)서울특별시 서초구 남부순환로347길 37 고흥곤국악기연구원(02-763-3508) (학)1970년 故김광주 선생께 사사 (경)1971년 청소년 홍보영화 촬영(국립영화제작소) 1982년 풍류 가야금 민속박물관 영구전시 1984년 가야금·거문고 로마 바티칸궁 전시 1985년 세계문화홍보영화 촬영(국립영화제작소) 1986년 벨지움 국립악기박물관 전시 1986년 서울아시안게임 현악기 문화홍보관 전시 1987년 현악기 17종 서울대박물관 전시 1990년 중요무형문화재 제42호 악기장 후보 지정 1993년 국제전통공예대전 중화민국 대북박물관 전시 1997년 국가무형문화재 제42호 악기장(현악기 제작) 기능보유자 지정(현) 2006년 전승공예대전 심사위원 2007년 (사)금암가야금산조보존회 이사 2007년 (재)한국공예문화진흥원 남북공예교류 전시회 2008년 전수회관 전시회·시연연주회 2010년 G20

정상회의 기념 특별전시회 전시(디자인 문화진흥원) 2011년 한·중·일 정상회담 거문고 전시(문화재청) 2012년 무형문화재 5인의 유작전 악기전시(문화재보호재단) 2012년 국악박물관 악기공방 재현 상설전시(국립국악원) 2015년 프랑스 파리악기박물관 한불수교 130주년 기념 악기기증 및 전시(국립국악원) 2015년 스페인 마드리드 한국문화원 한국의 전통음악과 음악전시(한국문화재재단) 2016년 멕시코 멕시코시티 한국문화원 특별전 악기전시(한국문화재재단) 2017년 헝가리 부다페스트 한국문화원 특별전 악기전시(한국문화재재단) 2017년 루이뷔통 서울전 악기전시 2017년 '천년의 혼을 담는다' 악기전시 및 시연(국립국안원 국악박물관) 2017년 악학궤범과 우리국악 악기전시(선릉 조선왕릉관리소) 2017년 대한민국 무형문화재대전 보유자 작품전(국립무형유산원) 2017년 스페인 바르셀로나 음악박물관 한국음악특별전 악기기증 및 전시(국립국악원) 2017년 국회의원회관 특별기획전 악기전시(정부조달문화상품협회) (상)국무총리표창(1985), KBS 국악대상(1986), 문화부장관표창(1990), 자랑스런 서울시민상(1995) (작)'청주국제공예비엔날레 전시'(1981·1984) '광주비엔날레 공예전 전시'(1982) '대만 대북박물관 국제전통공예대전 전시'(1986) '엑스포 공예관 전시'(1986) '청와대 춘추관 영구전시'(1987) '광릉수목원 영구전시'(1990) '벨지움 국립악기박물관 영구전시'(1990) '서울대박물관 영구전시'(1993) '로마 바티칸교황청 영구전시'(1999) '국립민속박물관 전시'(2001) '한국의 집 전시'(2001) '제1회 국악기 전시'(2008)

### 고흥길(高興吉) KO Heung Kil (靑陽)

(생)1944·8·13 (본)제주(濟州) (출)서울 (주)경기도 성남시 수정구 성남대로 1342 가천대학교 행정학과(031-750-5078) (학)1962년 동성고졸 1966년 서울대 정치학과졸 1972년 성균관대 경제개발대학원 수료 1984년 미국 미주리대 신문대학원 수학 2002년 고려대 언론대학원 최고위과정 수료 2003년 경남대 북한대학원졸 (경)1968~1980년 중앙일보 외신부·경제부·정치부 기자 1980년 同정치부 차장 1988년 同정치부장 1989년 同외신부장 겸 북한부장 1990년 同사회부장 1991년 同편집국 부국장 1994년 同사장실장 1995년 同이사대우 편집국장 1997년 同이사대우 논설위원 1997년 신한국당 대표 언론담당 수석특보 1997년 한나라당 이회창 대통령후보 대외협력특보 1998년 同총재섭외특보 2000년 제16대 국회의원(성남 분당甲, 한나라당) 2000년 국회 언론발전연구회장 2001~2006년 학교법인 경원학원 이사 2001년 한나라당 문화관광위원장 2002~2012년 한국혈액암협회 회장 2004년 한나라당 제1사무부총장 2004년 제17대 국회의원(성남 분당甲, 한나라당) 2004년 한나라당 미디어대책위원장·홍보위원장 2005~2013년 대한속기협회 회장 2006~2008년 在韓미주리대총동창회 회장 2008년 제18대 국회의원(성남 분당甲, 한나라당·새누리당) 2008~2010년 국회 문화체육관광방송통신위원장 2010년 한나라당 정책위원회 의장 2010년 同비상대책위원회 부위원장 2012~2013년 특임장관 2013년 가천대 행정학과 석좌교수(현) 2013년 대한민국헌정회 대변인 2015년 同이사 2016년 (사)스페셜올림픽코리아(SOK) 회장(현) 2018~2019년 대한민국헌정회 부회장 (저)'의회와 입법과정'(共) (종)천주교

### 고희범(高喜範) KOH Hee Bum

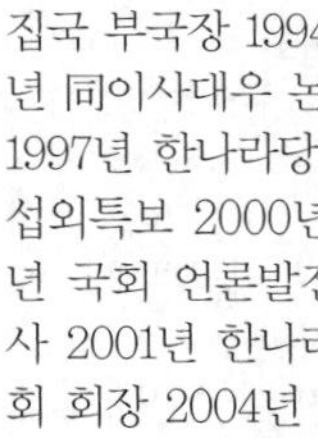

(생)1953·1·21 (본)제주(濟州) (출)제주 (주)제주특별자치도 제주시 광양9길 10 제주시청 시장실(064-728-2005) (학)제주 오현고졸 1972년 한국외국어대 이태리어과졸 1986년 한신대 신학대학원 신학과졸 (경)1975년 CBS 사회부 기자 1979년 同정치부 기자 1981년 同편성국 기자 1988년 한겨레신문 사회교육부 차장 1988년 同노조위원장 1992년 同민권사회부장 1995년 同정치부장 1995년 同부국장대우 민권사회1부장 1996년 同출판국장 1997년 同편집국 부국장 1997년 同광고국장 2001년 同이사대우 광고국장 2002년 同논설위원 2003~2005년 同대표이사 사장 2006~2009년 한국에너지재단 사무총장 2010년 제주특별자치도지사선거 출마(민주당) 2010~2016년 제주포럼C 상임공동대표 2013~2014년 민주당 제주도당 위원장 2018년 제주시장(현) (상)가톨릭언론상(1988), 자랑스런 외대인상(2005) (저)'이것이 제주다'(2013, 단비)

### 공광훈(孔光勳) Kwang-Hoon Kong (靑佑)

(생)1959·11·9 (본)곡부(曲阜) (출)인천 (주)서울특별시 동작구 흑석로 84 중앙대학교 자연과학대학 화학과(02-820-5205) (학)1986년 중앙대 화학과졸 1989년 同대학원졸 1993년 이학박사(일본 도쿄대) (경)1993년 중앙대 자연과학대학 화학과 교수(현), 同자연과학부장, 同화학과장, 일본 도쿄대 객원교수 2002년 국립과학수사연구원 자문위원 2005·2016년 중앙대 기초과학센터 소장 2011~2013년 同기초과학연구소장 2011·2014년 미국 세계인명사전 'Marquis Who's Who in the World Science & Engineering'에 등재 2011·2013·2014년 영국 국제인명센터(IBC) '2000 Outstanding Intellectuals of The 21st Century'에 등재 2012년 미국 세계인명사전 'Marquis Who's Who in Asia Second Edition'에 등재 2012년 미국 인명연구소(ABI) 'International Dictionary of Professionals'에 등재 2012년 영국 국제인명센터(IBC) 'Centre-International Biographical Association Life Fellowship'에 등재 2012·2014·2015·2017·2018년 영국 국제인명센터(IBC) 'The IBC TOP 100 Scientists'에 등재 2016~2017년 중앙대 자연과학대학장 (상)일본 문부성 국비장학생(1989), 일본 요네야마 장학금파견교수(2000), 한국법과학회 우수포스터상(2005), 중앙대 공로패(2006), 중앙대화학과동창회 감사패(2007), 한국분석과학회 우수포스터상(2008) (저)'일반화학실험(共)'(2006, 사이플러스) (역)'슈퍼파워 효소의 경이'(1994, 전파과학사) 'Moore 일반화학(共)'(2004·2005, 자유아카데미) '재판화학'(2005) '일반화학'(2006) 'The World of Chemistry'(2008) '생활과 화학-미래를 생각하는 화학'(2012, 대학화학교재연구회) '일반화학-Chemistry & Chemical Reactivity 8판(共)'(2013, 북스힐) '일반화학-Basic Concepts of Chemistry 9판(共)'(2013, 자유아카데미) '레이먼드 창의 일반화학'(2014) '일반화학실험(Laboratory Experiments for General Chemistry) 개정판'(2015) 'Voet 생화학의 기초(Fundamentals of Biochemistry) 5판'(2017, 자유아카데미) (종)무교

### 공 구(孔 九) KONG Ku

(생)1964·2·1 (출)서울 (주)서울특별시 성동구 왕십리로 222 한양대학교 의과대학 병리학교실(02-2220-0630) (학)1988년 한양대 의대졸 1992년 同대학원 의학석사 1999년 병리학박사(한양대) (경)1992년 제일병원 조직병리과장 1996년 한양대 의대 병리학교실 전임강사·조교수·부교수, 同의대 병리학교실 교수(현) 1997년 환경부 환경연구원 자문위원 2000~2002년 미국 Bayler 의대 조교수 2003~2006년 한양대 분자생체지표연구단장 2003~2005년 한국실험동물학회 이사 2005년 식품의약품안정청 국립독성연구원 자문위원 2012년 민주통합당 제18대 대통령중앙선거대책위원회 사람과생명포럼 운영위원장 2015년 국가과학기술심의회 생명의료전문위원회 위원 2015년 (주)녹십자 '2016 화순국제백신포럼' 추진위원 2018년 한양대 의생명공학전문대학원장(현) (상)근정포장(2016)

### 공기영(孔冀榮)

(생)1962·12·12 (주)서울특별시 종로구 율곡로 75 현대건설기계(주) 사장실(02-1899-7282) (학)1981년 마산고졸 1985년 부산대 경영학과졸 (경)1987년 현대중공업(주) 건설장비사업본부 입사 1992~1996년 同시카고법인 주재원 2011년 同건설장비해외영업담당 상무 2012년 同인도건설장비현지법인장(상무) 2014년 同건설장비산업차량부문장(전무) 2015년

同건설장비사업본부 부본부장(전무) 2015년 同생산·구매부문장(전무) 2016~2017년 同건설장비사업 대표(부사장) 2017년 현대건설기계(주) 대표이사 사장(현)

**공길영(孔吉永) Gilyoung Kong**

(생)1965·1·17 (출)경남 남해 (주)부산광역시 영도구 해양로 435 한국조선해양기자재연구원(051-400-5000) (학)1988년 한국해양대 항해학과졸 1992년 同대학원 선박설계학과졸 1997년 해사산업공학박사(한국해양대) (경)1990년 예편(해군 중위) 1990~1993년 한국해양대 실습선'한바다호' 항해사 1993~1997년 국방과학연구소 기술정보센터 선임연구원 1997~2001년 同민군겸용기술센터 선임연구원 2001년 한국해양대 해사대학 항해학부 교수(현) 2006~2008년 미국 아이오와대 교환교수 2008~2009년 한국해양환경공학회 학술이사 2012년 한국해양대 마린시뮬레이션센터 소장 2017년 세월호선체조사위원회 위원 2018년 한국조선해양기자재연구원(KOMERI) 원장(현) 2018년 한국마린엔지니어링학회 부회장(현) 2018년 한국해군과학기술학회 부회장(현) (상)국방과학연구소 공로상(1997), 한국항해항만학회 학술발표우수상(2004·2008), 우수강의교수 한국해양대총장표창(2009), 중소기업기술혁신대전 국무총리표창(2018)

**공로명(孔魯明) Gong Ro Myung**

(생)1932·2·25 (본)곡부(曲阜) (출)함북 명천 (주)서울특별시 종로구 필운대로 116 신우빌딩 4층 동아시아재단(02-325-2604) (학)1951년 경기고졸 1961년 서울대 법대졸 1961년 영국 런던대 정경대학 연수 (경)1953~1958년 육군 장교(대위 예편) 1958년 외무부 입부 1963년 駐미국대사관 3등서기관 1966년 駐일본대사관 2등서기관 1969~1972년 외무부 교민과장·동북아과장 1972년 駐호주 참사관 1974년 외무부 아주국 심의관 1977년 同아주국장 1979년 駐카이로 총영사 1981년 외무부 정무차관보 1983년 駐브라질 대사 1986년 駐뉴욕 총영사 1990년 駐모스크바 영사처장 1990년 駐러시아 대사 1992년 외교안보연구원 원장 1992년 남북고위급회담 대변인 1993년 駐일본 대사 1994~1996년 외무부 장관 1997년 통일고문 1997년 동국대 석좌교수 2002년 2010평창동계올림픽유치위원회 위원장 2003년 한일포럼 회장 2003~2007년 일본 아사히신문부설 아시아네트워크(AAN) 회장 2004~2007년 한림대 한림국제대학원대 외교정책전공 특임교수 겸 일본학연구소장 2004년 함경북도 행정자문위원 2005년 동아시아재단 이사장(현) 2007년 동서대 국제관계학부 석좌교수 2008~2011년 (재)세종재단 이사장 2010~2012년 국가보훈처 안중근의사유해발굴추진단 자문위원장 2013년 한일포럼 고문(현) 2013년 국립외교원 석좌교수 (상)황조근정훈장(1981·1992), 브라질 남십자성 대훈장(1986), 일본 욱일대수장 훈장(1994), 아르헨티나 산마르틴 대십자훈장(1995), 엘솔텔 페루훈장(1995), 칠레 알메리토 대십자훈장(1995), 에쿠아도르 알메리토 대십자훈장(1995), 청조근정훈장(1997), 제24회 자랑스러운 서울법대인(2016) (저)'나의 외교노트'(2014, 도서출판 기파랑) (종)기독교

**공병영(孔炳永) Gong Byeong-Yeong**

(생)1958·10·14 (본)곡부(曲阜) (출)부산 (주)충청북도 옥천군 옥천읍 대학길 15 충북도립대학교 총장실(043-220-5343) (학)1977년 브니엘고졸 1982년 동아대 경제학과졸 2002년 서울대 행정대학원졸 2006년 同행정대학원 박사과정 수료 2011년 同행정대학원 국가정책과정 수료 2012년 행정학박사(서울대) (경)1989년 행정고시 합격(33회) 2000~2001년 대통령 교육문화수석비서관실 행정관 2001~2002년 서울대 연구지원과장 2003~2004년 미국 텍사스 오스틴대 객원연구원 2006년 교육인적자원부 인적자원총괄국 평가지원과장(서기관) 2006년 同정책상황팀장 2007년 同지방교육혁신과장(서기관) 2007년 同지방교육혁신과장(부이사관) 2008년 부산시교육청 기획관리국장 2008년 교육과학기술부 장관 비서실장 2010년 충남대 사무국장(일반직고위공무원) 2011년 서울대 시설관리국장 2013년 同사무국장 2015년 同대학행정교육원장 겸임 2016년 교육부 교육안전정보국장 2017년 충북도립대학교 총장(현) (상)녹조근정훈장(2006), 자랑스러운 동아인상(2018)

**공봉석(孔逢錫) KONG Bong-Suk**

(생)1960·9·26 (출)충남 아산 (주)서울특별시 중구 퇴계로 173 남산스퀘어 8층 한국도박문제관리센터(02-740-9000) (학)1979년 천안북일고졸 1984년 계명대 전자계산학과졸 1999년 고려대 교육대학원졸 2007년 호서대 벤처대학원졸(기술경영학박사) (경)1987~1990년 국립현대미술관 근무 1990~1994년 문화부 근무 1994~1996년 국립중앙박물관 건립기획단 근무 1996~2000년 국립중앙도서관 근무 2000~2006년 문화관광부 사무관·기술서기관 2006~2008년 한국문화정보센터 소장 2008~2019년 문화체육관광부 정책기획관실 정보화담당관(서기관) 2019년 한국도박문제관리센터 사무국장(현), 공공부문발주자협의회 회장(현) (상)문화관광부장관표창(1991·2004), 국무총리표창(2002), 대통령표창(2014)

**공봉숙(孔鳳娍·女) GONG Bong Sook**

(생)1975·2·7 (출)부산 (주)서울특별시 서초구 반포대로 157 대검찰청 형사2과(02-3480-2272) (학)1993년 학산여고졸 1998년 서울대 지구과학교육과졸 (경)2000년 사법시험 합격(42회) 2003년 사법연수원 수료(32기) 2003년 서울지검 검사 2004년 서울중앙지검 검사 2005년 대구지검 포항지청 검사 2006년 수원지검 검사 2008년 서울남부지검 검사 2011년 대구지검 검사 2013년 법무부 보호법제과 검사 2015년 서울동부지검 검사 2017년 청주지검 검사 2017년 同부부장검사 2018~2019년 법제처 파견 2018년 수원지검 부부장검사 2019년 대검찰청 형사2과장(부장검사)(현)

**공상훈(孔相勳) KONG Sang Hun**

(생)1959·9·24 (출)대구 (주)서울특별시 서초구 반포대로 138 양진빌딩 3층 법무법인 진(02-2136-8150) (학)1978년 대구고졸 1983년 서울대 법대 법학과졸 1998년 러시아 모스크바대 연수 (경)1987년 사법시험 합격(29회) 1990년 사법연수원 수료(19기) 1990년 부산지검 검사 1992년 대구지검 영덕지청 검사 1993년 서울지검 검사 1996년 대구지검 검사 1999년 법무부 특수법령과 검사 2001년 서울지검 동부지청 검사 2002년 同동부지청 부부장검사 2002년 대구지검 영덕지청장 2004년 울산지검 공안부장 2005년 법무부 특수법령과장 2007년 서울동부지검 형사2부장 2008년 서울중앙지검 공안1부장 2009년 서울고검 검사(국가정보원 파견) 2010년 서울중앙지검 제2차장검사 2011년 수원지검 성남지청장 2012년 대전지검 차장검사 2013년 부산고검 차장검사 2013년 춘천지검장 2015년 창원지검장 2015년 서울서부지검장 2017~2018년 인천지검장 2018년 법무법인 진 대표변호사(현)

**공석구(孔錫龜) KONG Seok Koo**

(생)1956·6·5 (본)곡부(曲阜) (출)충북 진천 (주)대전광역시 유성구 동서대로 125 한밭대학교 인문교양학부(042-821-1373) (학)1976년 청주고졸 1981년 충남대 사학과졸 1983년 同대학원 사학과졸 1991년 문학박사(충남대) (경)1991년 대전공업대학 교양과정부 전임강사 1993년 대전산업대 교양과정부 조교수 1997년 한밭대 교양학부 부교수·교수, 同인문교양학부 교수(현) 1999~2003년 호서고고학회 감사 2000년 백산학회 편집위원 2000년 고구려연구회 학술자문위원 및 편집위원·이

사 2001~2005년 한국고대사학회 평의원 · 호서지역이사 · 편집위원 2001~2003년 호서고고학회 학술이사 2002~2004년 한밭대 교양학부장 2003년 중국의고구려사왜곡공동대책위원회 위원 2004년 고구려연구재단 설립추진위원, 同연구위원 2005~2007년 고려사학회 연구이사 및 편집위원 2005~2006년 한밭대 평생교육원장 겸 중등교육연수원장 2008~2013년 고구려발해학회 부회장 2013~2017년 한국고대사학회 이사 겸 편집위원 2013년 (재)백제문화재연구원 감사(현) 2014년 고구려발해학회 회장(현) 2015~2017년 계룡산국립공원문화유산보존위원회 공동위원장 2016~2018년 한밭대 인문사회대학장 2017년 한국고대사학회 평의원(현) 2018년 한국연구재단 전문위원(RB)(현) (상)한밭대 학술대상(2006) (저)'고구려 영역확장사 연구' '우리문화 우리역사' '고구려 남진경영사의 연구'(共) '다시 보는 고구려사(共)'(2004) '한국사의 어제와 오늘'(2009) '고구려유적의 어제와 오늘(共)'(2010)

### 공석룡(孔錫龍)

(생)1971 (출)경기 화성 (주)세종특별자치시 국세청로 8-14 국세청 조사국 조사2과(044-204-3601) (학)수원고졸, 고려대졸 (경)2000년 행정고시 합격(44회) 2009년 국세청 법규과 서기관 2012년 김천세무서장 2013년 중부지방국세청 조사4국 조사1과장 2014년 서울지방국세청 숨긴재산추적과장 2014년 해외 파견(서기관) 2016년 서울지방국세청 조사1국 조사3과장 2017년 국세청 조사국 국제조사과장 2019년 同조사국 조사2과장(현)

### 공성곤 KONG Seong Kon

(생)1959 · 11 · 26 (주)서울특별시 광진구 능동로 209 세종대학교 컴퓨터공학과(02-3408-3097) (학)1982년 서울대 전기공학과졸 1987년 同대학원졸 1991년 전기공학박사(미국 사우스캐롤라이나대) (경)1982~1985년 금성기전 연구원 1985~1987년 전자통신연구소 연구원 1988~1991년 미국 사우스캐롤라이나대 연구조교, 한국퍼지 및 지능시스템학회 정회원 1992년 숭실대 전기공학과 부교수 1998~2000년 同전기공학과장 1997 · 2000년 독일 아헨공과대 방문교수 2000~2001년 미국 퍼듀대 방문교수 2002년 미국 테네시대 컴퓨터공학과 부교수, 미국 템플대 컴퓨터공학과 교수, 세종대 컴퓨터공학과 교수(현), 同정보보호학과 겸임교수(현), International Journal of Fuzzy Logic and Intelligent Systems 편집장, 전기전자기술자협회(IEEE) Transactions on Neural Networks 부편집장, 同수석요원 2018년 세종대 소프트웨어융합대학장(현) 2019년 同Link+소프트웨어융합전공 주임교수(현) (상)Computer Vision and Image Understanding journal 최다피인용상(2007 · 2008)

### 공순진(孔淳鎭) KONG Soon Jin

(생)1956 · 4 · 7 (본)곡부(曲阜) (출)경남 산청 (주)부산광역시 부산진구 엄광로 176 동의대학교 총장실(051-890-1002) (학)1972년 동래고졸 1979년 부산대 법학과졸 1981년 同대학원졸 1991년 법학박사(부산대) (경)1985년 부산대 강사 1986년 동의대 법정대학 법학과 교수(현) 1986년 한국재산법학회 이사 겸 감사 1989년 동의대 2부대학 교학과장 1993년 同학생처장 1995년 同법정대학 교학부장 1996년 부산지방해운항만청 행정심판위원 1997년 행정고시 2차시험위원 1997년 동의대 2부대학장 1999년 대한상사중재원 중재인 2000년 외무고시 2차시험위원 2001년 동의대 학생복지처장 2001년 한국부패학회 이사 2004년 사법고시 1차시험 출제위원 2004년 한국토지법학회 부회장 2006~2009년 동의대 교무처장 2007년 한국민사법학회 부회장 2009년 부산시 지방토지수용위원회 위원 2010년 민사법의이론과실무학회 회장 2011~2013년 동의대 법정대학장 겸 행정대학원장 2012년 한국재산법학회 회장 2014년 동의대 총장(현) 2015년 한국토지법학회 회장 (상)한국토지법학회 우수논문상(2011) (저)'현대사회와 법'(2004)

### 공영운(孔泳云) KONG YOUNG WOON

(생)1964 · 8 · 20 (출)경남 (주)서울특별시 서초구 헌릉로 12 현대자동차(주) 임원실(02-3464-1114) (학)진주 동명고졸, 서울대 경영학과졸 (경)1990~2005년 문화일보 기자, 미국 존스홉킨스대 국제대학원(SAIS) 방문연구원 2005년 현대자동차(주) 입사(이사대우), 同전략개발팀장(이사), 同해외정책팀장(상무), 현대자동차그룹 홍보1실장(상무) 2012~2014년 同홍보실장(전무) 2013년 한국광고주협회 대외협력위원회 위원장 2014년 同홍보위원회 위원장 2015~2018년 현대자동차(주) 홍보실장(부사장) 2017~2018년 한국광고주협회 경제홍보위원장 2018년 (사)한미클럽 이사(현) 2019년 현대자동차(주) 전략기획담당 사장(현) (상)어린이안전사고예방 안전행정부장관표창(2013), 안전문화대상 국무총리표창(2014), 국토교통부장관표창(2015)

### 공영일(孔英一) KONG Yong Il

(생)1931·9·13 (출)경남 충무 (주)서울특별시 동대문구 경희대로 26 경희대학교(02-961-0114) (학)1951년 통영고졸 1954년 해군사관학교졸 1961년 서울대 문리과대학 영문학과졸 1965년 미국 하와이대 대학원 영문학과졸 1981년 문학박사(경희대) (경)1961~1968년 해군사관학교 전임강사·조교수·부교수 1969년 국방부 군특명검열단 연구관 1972년 경희대 사범대학 부교수 1977~1996년 同교수 1982년 同시청각교육원장 1983년 同외국어대학장 1984~1986년 한국영어교육학회 회장 1988년 경희대 부총장 1988년 同국제교류위원장 1989년 同기획위원장 1993~1996년 同총장 1997년 同명예교수(현) 1997~2006년 同인류사회재건연구원장 2007~2009년 同의무부총장 2010~2011년 同미래문명원장 겸 평화복지대학원장 2014년 同미원조영식박사기념사업회 위원장(현) 2015~2018년 학교법인 경희학원 이사장 (상)국방부장관표창, 국민훈장 무궁화장 (저)'교육총론' '언어와 언어학' '언어연구'

### 공용기(孔瑢基)

(생)1968 · 7 · 1 (출)경남 창녕 (주)경상남도 창원시 마산회원구 합성남17길 56 마산동부경찰서(055-295-7000) (학)1987년 마산중앙고졸 1992년 경찰대 행정학과졸(8기) (경)1992년 경위 임용 1999~2006년 창원중부경찰서 생활안전계장 · 양산경찰서 청문감사관(경감) 2006~2016년 함양경찰서 생활안전교통과장 · 마산동부경찰서 생활안전과장 · 경남지방경찰청 생활질서계장 · 생활안전계장(경정) 2016년 경남지방경찰청 치안정책과정 교육(총경) 2016년 울산지방경찰청 생활안전과장(총경) 2017년 경남 창녕경찰서장 2018년 경남지방경찰청 여성청소년과장 2019년 경남 마산동부경찰서장(현)

### 공윤권(孔允權) KONG Yun Kwon

(생)1970·5·17 (출)부산 (주)경상남도 창원시 성산구 반송로 149 경상남도교통문화연수원(055-285-3981) (학)1989년 부산 남일고졸 2007년 부산대 상과대학 경영학과졸 (경)대우증권 부지점장, 김두관 경남도지사후보 경제특보 2009년 국민참여당 경남도당 당헌당기위원장 2010~2014년 경남도의회 의원(국민참여당·민주통합당·민주당·새정치민주연합) 2010년 同교육위원회 위원 2010~2012년 同민주개혁연대 부대표 겸 대변인 2010년 국민참여당 경남도당 공천심사위원 2012년 경남도의회 농수산위원회 위원 2012년 부산김해경전철민관협의체 공동대표 2013년 경남도의회 농해양수산위원회 위원장 2015년 새정치민주연합 경남도당 단디정책연구소장 2015~2016년 더불어민주당 경남도당 단디정책연구소장, (사)시민참여정책연구소 소장·이사(현) 2017년 서울시 정책자문특별보좌관 2017년 더불어민주당 중앙당 전략기획위원회 부위원장 2017년 同제19대 대통령선거 문재인후보 경남선거대책위원회 정책본부장 2018년 경남도교통문화연수원 원장(현)

ㄱ

**공인영(孔仁泳) GONG In Young**

(생)1958 · 8 · 21 (본)곡부(曲阜) (출)서울 (주)대전광역시 유성구 문지로 271-6 (주)세이프텍리서치(042-867-1861) (학)1977년 휘문고졸 1981년 서울대 조선해양공학과졸 1984년 同대학원 조선해양공학과졸 1987년 공학박사(서울대) (경)1986~1987년 서울대 조선공학과 조교 1992~1993년 Canada Institute for Marine Dynamics/National Research Council 객원연구원 1989~2012년 한국해양과학기술원 선박해양플랜트연구소 책임연구원 2005~2006년 Doherty Visiting Professor of Florida Institute of Technology 2008~2009년 국가과학기술위원회 거대기술위원회 위원 2012년 (주)세이프텍리서치 대표이사(현) (상)대통령표창(2011)

**공재국(孔在國) KONG Jea Kug**

(생)1960 · 6 · 12 (출)충남 온양 (주)서울특별시 영등포구 의사당대로1길 25 하남빌딩 8층 동문건설(주)(02-782-6411) (학)안양공업전문대학 토목공학과졸 (경)1986년 동문건설(주) 입사 1992년 同주택사업부 근무 1997년 同이사대우 2002년 同개발기획부 이사 2005년 同개발기획부 상무 2006년 同기획조정실장(전무) 2008년 同대표이사 부사장 2009~2018년 同대표이사 사장 2018년 同고문(현)

**공정오(孔正五) KONG Jung Oh**

(생)1941 · 10 · 8 (출)서울 (주)서울특별시 마포구 양화로 78-14 CNS사옥 (주)한국씨엔에스팜(02-3143-0027) (학)1960년 양정고졸 1964년 성균관대 약학대학졸 (경)1964~1967년 국립보건원 근무 1970~1984년 (주)삼진제약 대표이사 상무 1984~2002년 (주)일진제약 대표이사 2002년 (주)한국씨엔에스팜 대표이사 사장(현) (상)보건복지가족부장관표창(2009)

**공준환(公畯煥) KONG Joon Hwan**

(생)1961 · 11 · 8 (출)서울 (주)세종특별자치시 정부2청사로 13 행정안전부 인사기획관실(044-205-1386) (학)경기고졸, 서울대 불어불문학과졸 (경)1986년 행정고시 합격(30회), 중앙공무원교육원 기획지도과장 2004년 중앙인사위원회 인사정보관실 인재조사담당관 2006년 同소청심사위원회 행정과장 2008년 행정안전부 소청심사위원회 행정과장 2008년 同소청심사위원회 행정과장(부이사관) 2009년 2014인천아시아경기대회조직위원회 기획운영본부장 2010년 인천시 남구 부구청장 2011~2012년 인천대 사무처장 2012~2015년 국무총리소속 대일항쟁기강제동원피해조사및국외강제동원희생자등지원위원회 조사심의관 2016년 유엔거버넌스센터(UNPOG) 파견(현)

**공지영(孔枝泳 · 女) KONG Jee Young**

(생)1963·1·31 (출)서울 (주)서울특별시 용산구 소월로 109 남산도서관 (사)한국소설가협회(02-703-9837) (학)1981년 중앙여고졸 1985년 연세대 영어영문학과졸 (경)소설가(현) 1984년 한국작가회의 회원(현) 1988년 계간 「창작과비평」에 '동트는 새벽'으로 소설가 등단 1998년 동아일보에 '봉순이 언니' 연재 2002년 민족문학작가회의 이사, 한국소설가협회 회원(현) 2006년 CBS 라디오 '공지영의 아주 특별한 인터뷰' 진행 2006~2015년 법무부 교정본부 교정위원 2012~2013년 한국작가회의 부이사장 2017년 국무총리자문 국민안전안심위원회 위원 (상)21세기문학상(2001), 한국소설문학상(2001), 오영수 문학상(2004), 국제앰네스티언론상 특별상(2006), 가톨릭문학상(2007), 이상문학상 대상(2011), 한국가톨릭매스컴상 출판부문(2015) (저)소설 '동트는 새벽'(1988) '더이상 아름다운 방황은 없다'(1989) '그리고 그들의 아름다운 시작 1~2'(1991) '무소의 뿔처럼 혼자서 가라'(1993) '인간에 대한 예의'(1994) '고등어'(1994) '착한 여자'(1997) '봉순이 언니'(1998) '존재는 눈물을 흘린다'(1999) '별들의 들판'(2004) '우리들의 행복한 시간'(2005) '사랑 후에 오는 것들(共)'(2005) '즐거운 나의 집'(2007) '도가니'(2009) '높고 푸른 사다리'(2013) '할머니는 죽지 않는다'(2017) '해리 1~2'(2018), 창작동화 '미미의 일기'(1994), 산문집 '상처없는 영혼'(1996) '빗방울처럼 나는 혼자였다'(2006) '네가 어떤 삶을 살든 나는 너를 응원할 것이다'(2007) '공지영의 지리산 행복학교'(2010) '시인의 밥상'(2016) '당신 있어 비로소 행복한 세상(共)'(2016), 오디오북 '존재는 눈물을 흘린다'(2001), 기행기 '공지영의 수도원 기행'(2001), 인터뷰집 '괜찮다, 다 괜찮다(共)'(2008), 에세이집 '아주 가벼운 깃털 하나'(2009) '딸에게 주는 레시피'(2015), 르포르타주 '의자놀이'(2012), 작가선집 '사랑은 상처를 허락하는 것이다'(2012), 신앙서 '공지영의 성경공책 1~3 세트'(2017) '공지영의 성경 이야기'(2018) (종)가톨릭

**공태구(孔太究)**

(생)1967 · 6 · 3 (출)경남 함안 (주)서울특별시 도봉구 마들로 747 서울북부지방검찰청 중요경제범죄조사단(02-3399-4939) (학)1995년 고려대 경제학과졸 (경)1999년 사법시험 합격(41회) 2002년 사법연수원 수료(31기) 2002년 수원지검 검사 2004년 창원지검 밀양지청 검사 2005년 부산지검 동부지청 검사 2007년 서울남부지검 검사 2011년 수원지검 성남지청 검사 2013년 울산지검 검사 2015년 인천지검 부천지청 검사 2016년 同부천지청 부부장검사 2017년 인천지검 부부장검사 2018년 전주지검 군산지청 형사1부장 2019년 서울북부지검 중요경제범죄조사단 부장(현)

**공필성(孔弼聖)**

(생)1967 · 11 · 11 (주)부산광역시 동래구 사직로 45 사직야구장 內 롯데자이언츠(051-590-9000) (학)마산상고졸, 경성대졸 (경)2001~2003년 프로야구 롯데자이언츠 2군 수비코치 2003년 同주루코치 2003~2011년 同수비코치 2011년 同2군 수비코치 2014년 선린인터넷고교 야구부 야수코치 2015년 프로야구 두산베어스 코치 2016~2017년 同2군 감독 2017년 同수비코치 · 작전주루코치 2018년 프로야구 롯데자이언츠 수석코치(현) 2019년 同감독 대행(현)

**공한수(孔漢壽) Kong Han-Su**

(생)1959 · 9 · 23 (주)부산광역시 서구 구덕로 120 서구청 구청장실(051-240-4001) (학)부산상고졸, 동아대 정치외교학과졸, 同대학원 정치학과졸 (경)제17대 박근혜 대통령 경선후보 부산시 서구본부장, 유기준 국회의원 사무국장 · 보좌관, 부산시 건축위원회 위원 2010년 부산시의회 의원(한나라당 · 새누리당) 2010년 同창조도시교통위원회 위원 2012년 同운영위원회 위원 2012년 同예산결산특별위원회 위원 2012년 同창조도시교통위원회 부위원장, 민주평통 부산시 서구협의회 자문위원 2014~2018년 부산시의회 의원(새누리당 · 자유한국당) 2014년 同창조도시교통위원회 부위원장 2015년 同해양교통위원회 위원장 2016~2018년 同해양교통위원회 위원 2016~2018년 同지방분권특별위원회 위원장 2018년 부산시 서구청장(자유한국당)(현)

**공현진(孔鉉晋 · 女)**

(생)1976·5·1 (출)서울 (주)전라북도 정읍시 수성6로 29 전주지방법원 정읍지원 총무과(063-570-1051) (학)1995년 이화여자외국어고졸 1999년 고려대 법학과졸 (경)2001년 사법시험 합격(43회) 2004년 사법연수원 수료(33기) 2004년 인천지법 예비판사 2006년 서울중앙지법 판사 2008년 춘천지법 영월지원 판사 2011년 수원지법 여주지원 판사 2013년 서울행정법원 판사 2015년 서울북부지법 판사 2016년 서울중앙지법 판사 2018년 서울동부지법 판사 2019년 전주지법 정읍지원 부장판사(현)

### 공형식(孔炯植) Kong Hyungsik

본곡부(曲阜) 출서울 주세종특별자치시 갈매로 388 문화체육관광부 미디어정책과(044-203-3211) 학성균관대 영문학과졸, 미국 위스콘신대 메디슨교 대학원 신문방송학과졸(MA) 경1994년 행정고시 합격(38회) 1995~2004년 공보처 해외공보관 외보부 · 문화관광부 해외홍보원 매체홍보과 · 문화홍보과 · 국정홍보처 홍보조사과 · 문화관광부 해외홍보원 외신과 근무 2004~2006년 대통령 해외언론비서관실 행정관 2006~2009년 駐UN대표부 홍보관 2009~2010년 문화체육관광부 문화콘텐츠산업실 통상협력팀장 · 해외문화홍보원 문화홍보사업과장 · 해외문화홍보원 국제문화과장 2010~2014년 駐일본대사관 문화홍보관(참사관) 2014년 문화체육관광부 문화예술정책실 국어정책과장 2015년 同국민소통실 홍보정책과장 2016년 同기획조정실 정책기획관실 창조행정담당관 2016년 同기획조정실 정책기획관실 정책기획관 직무대리 2016년 同기획조정실 정책기획관실 창조행정담당관(부이사관) 2017년 同문화콘텐츠산업실 저작권정책과장(부이사관) 2017년 同저작권국 저작권정책과장(부이사관) 2019년 同미디어정책과장(현) 상문화체육관광부장관표창(2012), 대통령표창(2015)

### 공효식(孔孝植) Kong Hyo Sik

생1955 · 11 · 4 본곡부(曲阜) 출경남 진주 주경기도 성남시 분당구 정자로 2 푸르지오시티 206호 한국자치경영정책연구원(031-705-5532) 학2002년 연세대 행정대학원졸 경1974~1986년 경남도 지방과 · 기획담당관실 근무 1986~1994년 내무부 지방기획과 · 행정과 근무 1994년 부산시 지방공무원교육원 교학과장 1995년 내무부 공기업과 근무 1998년 행정자치부 공기업과 근무 2003년 同공기업과 공기업제도팀장 2005년 문화관광부 관광레저도시추진기획단 파견(대외협력팀장) 2007년 행정자치부 지방혁신인력개발원 인력개발1팀장 2008년 행정안전부 지방행정연수원 인력개발1과장 2010년 同복무담당관 2012년 同지방행정연수원 인력개발1과장 2012년 同지방행정연수원 인력개발1과장(부이사관) 2013년 안전행정부 지방행정연수원 교육1과장 2013~2016년 지방공기업평가원 상임이사 2015년 한남대 행정정책학과 객원교수 2016년 한국자치경영정책연구원 원장(현) 2016년 숭실대 경영대학원 초빙교수 상국무총리표창(1987 · 1994), 녹조근정훈장(2003), 홍조근정훈장(2013) 저'지방자치와 의회의 기능' '지방자치법 연혁집' '자치입법 실무요람'

### 공훈의(孔薰義) KONG Huney

생1960 · 3 · 13 본곡부(曲阜) 출광주 주서울특별시 중구 정동길 35 두비빌딩 2층 (주)소셜뉴스(02-3789-8900) 학1983년 서울대 외교학과졸 1985년 同대학원 외교학과졸 1988년 同대학원 외교학 박사과정 수학 1994년 러시아 모스크바국립대 언론대학원 수학 2000년 미국 UC Berkeley 정보관리시스템대학원졸 경1984~1988년 광주은행 기획부 조사역 1988년 광주일보 입사 1988~1994년 同월간국 취재부 기자 · 생활과학부 기자 · 정치부 차장대우 1995년 同국제부 차장(워싱턴특파원) 1998년 同정치1부 부장대우 2000~2002년 머니투데이 정보기획이사(CIO) 2004~2007년 넥서스투자(주) 대표이사 2007~2009년 콜럼버스홀딩그룹 서울사무소 대표 2009년 (주)소셜뉴스 대표이사 사장(현) 2009년 위키트리 발행 · 편집인(현) 2018년 한국방송통신대 미디어영상학과 겸임교수 저'디지털뉴스 핸드북'(2001, LG상남언론재단) '소셜미디어 시대, 보고 듣고 뉴스하라-스마트 리더가 만드는 소셜 네트워크 혁명'(2010, 한스미디어) '소셜로 정치하라'(2012, 한스미디어) 'SNS는 스토리를 좋아해'(2014, 메디치미디어)

### 곽결호(郭決鎬) KWAK Kyul Ho

생1946 · 3 · 15 본현풍(玄風) 출대구 달성 주서울특별시 강남구 삼성로 438 도화엔지니어링(02-6323-3000) 학1968년 부산공고졸 1974년 영남대 공대 토목공학과졸 1976년 네덜란드 Delft대 공대 위생공학과정 수료 1980년 서울대 환경대학원 환경계획학과졸 1998년 미국 컬럼비아대 대학원 박사과정 수료, 서울대 환경대학원 도시환경고위정책과정 수료 2002년 환경공학박사(한양대) 경1973년 기술고시 합격(9회) 1974년 건설부 사무관 1985~1993년 同하수도과장 · 상수도과장 1993년 同한강홍수통제소장 1993년 同상하수도국장 1994년 환경부 상하수도국장 1996년 駐UN 한국대표부 참사관 1998년 환경부 수질보전국장 1999~2001년 대구대 건설환경공학부 겸임교수 2000년 환경부 환경정책국장 2001년 同기획관리실장 2003년 同차관 2004~2005년 同장관 2005~2008년 한국수자원공사 사장 2005년 서울대 환경대학원 초빙교수 2005년 한국대댐회 회장 2006~2007년 학교법인 영남학원 이사 2006년 지속가능발전기업협의회 감사 2007년 대한토목학회 회장 2009~2012년 한양대 공대 건설환경시스템공학과 석좌교수 2010~2019년 (주)삼천리 사외이사 2013~2019년 경화엔지니어링 회장 2015~2018년 안양대 석좌교수 2015년 대구시 물산업클러스터 자문대사(현) 2017년 한국과학기술단체총연합회 부회장(현) 2019년 도화엔지니어링고문(현) 상녹조근정훈장(1981), 대통령표창(1987 · 2006), 황조근정훈장(2001), 환경운동연합 2001 환경인상(2001), 청조근정훈장(2005) 저'지속가능한 국토와 환경'(2011)

### 곽경직(郭京直) Kwak Kyung Jik

생1958 · 9 · 26 출제주 주서울특별시 강남구 논현로 513 예지빌딩 4층 법무법인 케이앤씨(02-3016-4561) 학1976년 제주제일고졸 1981년 서울대 법대졸 1990년 同대학원 법학과졸 1991년 미국 컬럼비아대 법과대학원졸(LL.M.) 경1980년 사법시험 합격(22회) 1983년 사법연수원 수료(13기) 1983~1986년 공군 법무관 1984년 상지대 법학과 강사 1986년 서울지법 동부지원 판사 1988년 서울민사지법 판사 1992년 부산지법 판사 1993년 부산고법 판사 1995~1998년 서울고법 판사 1995~1997년 헌법재판소 헌법연구관 파견 1997년 서울고법 판사 1998년 창원지법 부장판사 1999년 미국 예일대 Visiting Fulbright Scholar 2000년 인천지법 부장판사 2001~2008년 법무법인 태평양 변호사 2002년 대한상사중재원 중재인 2003년 International Arbitration Forum 중재인 2003년 사법연수원 강사, 대한상공회의소 국제위원회 자문위원 2006년 제주국제자유도시개발센터 투자심의위원 2009년 법무법인 케이앤씨 대표변호사(현) 상한국법학원 법학논문상(1999)

### 곽경평(郭敬坪)

생1970 · 6 · 25 출전남 순천 주전라북도 남원시 용성로 59 전주지방법원 남원지원 총무과(063-620-2761) 학1989년 순천고졸 1996년 서울대 경영학과졸 경2000년 사법시험 합격(42회) 2003년 사법연수원 수료(32기) 2003년 광주지법 예비판사 2005년 同판사 2006년 인천지법 부천지원 판사 2009년 서울남부지법 판사 2011년 서울중앙지법 판사 2013년 서울남부지법 판사 2018년 서울중앙지법 판사 2019년 전주지법 남원지원장(현)

### 곽경호(郭京鎬) KWAK Kyung Ho

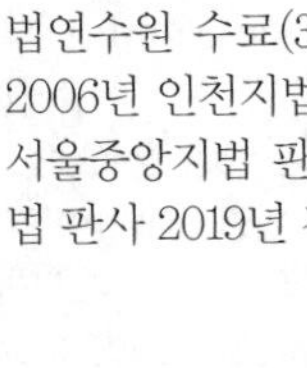

생1954 · 12 · 10 주경상북도 안동시 풍천면 도청대로 455 경상북도의회(054-880-5126) 학검정고시 합격, 영남이공대학 토목과졸, 경운대 한방자원학과졸 경경북 왜관읍체육회 실무부회장, 칠곡경찰서 자율방범기동대연합회 회장, 왜관로타리클럽 회장, 경북도 명예감사관, 한국자유총연맹 칠곡군지부장, 민주평통 자문위원, 국제로타리3700지구 총재보좌역, 칠곡경찰서 행정발전위원회 위원, 칠곡군발전협의회 운영위원, 새마을운동 칠곡군지회 이사, 왜관청년협의회 회장, 경북헬스뱅크

대표 2006 · 2010~2014년 경북 칠곡군의회 의원(한나라당 · 새누리당) 2010~2012년 同의장 2014~2018년 경북도의회 의원(새누리당 · 자유한국당) 2014년 同예산결산특별위원회 위원 2014 · 2016년 同독도수호특별위원회 위원 2014 · 2016~2018년 同교육위원회 위원 2015년 同조례정비특별위원회 위원장 2018년 경북도의회 의원(자유한국당)(현) 2018년 同교육위원회 위원장(현) (상)전국시 · 도의회의장협의회 우수의정대상(2017)

### 곽경호

(생)1965 (출)전남 해남 (주)경기도 수원시 장안구 창룡대로 223 경기남부지방경찰청 수사과(031-888-2366) (학)조선대부고졸 1987년 경찰대졸(3기) (경)1987년 경위 임용 2003년 성남중부경찰서 청문감사관(경정) 2007년 경기지방경찰청 생활안전계장 2011년 총경 승진 2011년 경기지방경찰청 기동대장 2012년 강원 양구경찰서장 2013년 강원지방경찰청 수사과장 2014년 강원 삼척경찰서장 2015년 경기지방경찰청 제2청 수사과장 2016년 경기 성남수정경찰서장 2017년 경기남부지방경찰청 수사과장 2018년 경기 용인동부경찰서장 2019년 경기남부지방경찰청 수사과장(현)

### 곽규석(郭圭錫) KWAK Kyu Seok

(생)1952 · 1 · 12 (출)전북 (주)부산광역시 동구 고관로 62 한국해사컨설팅(주)(051-441-7277) (학)1976년 한국해양대 항해학과졸 1984년 同대학원졸 1989년 공학박사(일본 東京大) (경)1994~2014년 한국해양대 물류시스템공학과 교수 1997년 同물류연구센터장 2000~2001년 한국항만학회 부회장 2000년 한국해양대 교무처장 2001~2002년 한국항만학회 회장 2002~2003년 한국항해항만학회 부회장 2010~2011년 同회장 2014년 한국해양대 물류시스템공학과 명예교수(현) 2015년 한국해사컨설팅(주) 대표이사(현) 2019년 부산항만공사 항만위원회 위원(현)

### 곽규택(郭圭澤)

(생)1971 · 4 · 12 (출)부산 (주)부산광역시 동구 중앙대로 258 석초원빌딩 4층 법무법인 친구(051-507-1400) (학)1990년 혜광고졸 1994년 서울대 법과대학 사법학과졸 1998년 同행정대학원졸 2003년 미국 워싱턴대 연수 (경)1993년 사법시험 합격(35회) 1996년 사법연수원 수료(25기) 1996년 軍법무관 1999년 서울지검 검사 2001년 대전지검 천안지청 검사 2003년 대검찰청 검찰연구관 2006년 서울서부지검 검사 2007년 법무부 국제형사과 검사 2009년 부산지검 부부장검사 2009년 同동부지청 형사3부장 2010년 서울중앙지검 부부장검사 2011년 춘천지검 속초지청장 2012년 대검찰청 범죄정보1담당관 2013년 서울중앙지검 형사6부장 2014년 전주지검 부장검사 2015년 법무법인 율하 변호사 2017년 법무법인 친구 대표변호사(현) 2017~2018년 바른정당 부산시당 홍보위원장 2017~2018년 同부산서구 · 동구당원협의회 운영위원장 2017~2018년 同부산시당 대변인 2019년 자유한국당 부산중구 · 영도구당원협의회 조직위원장(현) 2019년 同부산시당 대변인(현) (저)자서전 '검찰의 락(樂)'(2014)

### 곽규홍(郭圭洪) KWAK Kyu Hong

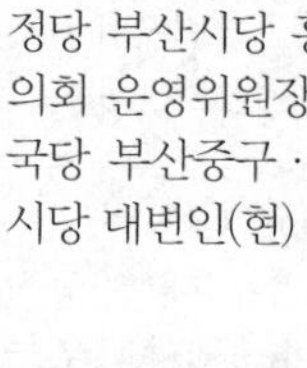

(생)1959 · 9 · 9 (본)현풍(玄風) (출)충남 (주)충청북도 청주시 서원구 산남로 70번길 51 청주지방검찰청 중요경제범죄조사단(043-299-4543) (학)1978년 여의도고졸 1982년 고려대 법학과졸 (경)1987년 사법시험 합격(29회) 1990년 사법연수원 수료(19기) 1990년 대구지검 검사 1992년 춘천지검 강릉지청 검사 1993년 서울지검 동부지청 검사 1996년 광주지검 검사 1998년 인천지검 검사 2000년 대검찰청 검찰연구관 2002년 대구지검 부부장검사 2003년 춘천지검 원주지청 부장검사 2004년 법무연수원 교수 2006년 서울서부지검 형사5부장 2007년 同형사2부장 2008년 서울동부지검 형사1부장 2009년 대전지검 홍성지청장 2009년 대구지검 제2차장검사 2010년 창원지검 차장검사 2011년 서울고검 검사 2011~2012년 경기도 파견 2013년 대전고검 검사 2014~2018년 서울고검 검사 2014년 서울중앙지검 중요경제범죄조사팀 파견 2015년 同중요경제범죄조사단 파견 2018년 청주지검 중요경제범죄조사단장(현) (저)'가족과 함께한 행복한 독서여행'(2013, 휴먼필드)

### 곽근호(郭根鎬) KWAK Kun Ho

(생)1956 · 10 · 22 (출)대구 (주)서울특별시 강남구 삼성로 518 현대스위스타워 (주)에이플러스그룹(02-587-7006) (학)1976년 영남고졸 1980년 영남대 공업화학과졸 2015년 명예 경영학박사(영남대) (경)1982년 삼성그룹 입사, 삼성생명보험 기획팀장, 同법인2사업부장 2003~2007년 同법인영업본부 담당임원(상무) 2007년 (주)에이플러스그룹 대표이사, 同회장(현) (저)'부자 마케팅으로 승부하라'(2009) 한국뇌전증협회 '퍼플 라이트 어워드' 대상(2019)

### 곽기영

(생)1955 (주)대구광역시 달성군 구지면 국가산단동로42길 90 보국전기공업(주)(053-610-4180) (학)고려대졸, 경영학박사(숭실대) (경)2002년 보국전기공업(주) 대표이사(현) 2015년 대구상공회의소 상임의원(현) 2015년 한국전기공업협동조합 이사장(현) 2017~2019년 중소기업중앙회 부회장 2017~2018년 同협동조합활성화위원회 공동위원장 (상)대통령표창

### 곽노권(郭魯權) KWAK Nho Kwon (素山)

(생)1938 · 11 · 20 (본)청주(淸州) (출)인천 (주)인천광역시 서구 가좌로30번길 14 한미반도체(주)(032-571-9100) (학)인천기계공고졸 (경)1967~1979년 모토로라코리아(주) 근무 1980년 (주)한미금형 설립 · 대표이사 1991~1994년 한국반도체산업협회 부회장 2002년 한미반도체(주) 회장(현) 2003년 한미모터스(주) 대표이사, (사)모토로라Retirees클럽 회장 2007년 신호모터스(주) 회장 (상)석탑산업훈장(1991), 동탑산업훈장(1997), 모범납세자상(2000), 금형공업협동조합 선정 '올해의 금형인'(2003), 과학기술부장관표창 장영실상(2005), 은탑산업훈장(2006), 기업은행 선정 '올해 중소기업인 명예의 전당'(2007), 1억불 수출의탑(2010), 올해의 기계인(2015)

### 곽달원 KWAK Dal Won

(생)1960 · 5 · 13 (주)서울특별시 중구 을지로 100 CJ헬스케어 임원실(02-6477-0000) (학)1979년 경복고졸 1987년 성균관대 경영학과졸 2004년 同경영대학원졸 (경)1986년 삼성그룹 입사 1987년 제일제당 제약사업부 근무 1993년 同제약특판과장 1995년 同부산지점장 1997년 同제약영업지원팀장 2000년 同제약영남사업부장 2003년 한일약품 영업본부장(상무대우) 2010년 CJ제일제당 제약사업본부 의정사업총괄(상무) 2011년 同제약영업담당 상무 2013년 同제약사업부문장(부사장대우) 2014년 CJ헬스케어 대표이사 2015년 同영업대표 겸 공동대표이사 2017년 同경쟁력강화TF 부사장 2018년 同영업마케팅총괄 부사장(현)

**곽대훈(郭大勳) KWAK Dae Hoon**

(생)1955·6·5 (출)대구 달성 (주)서울특별시 영등포구 의사당대로 1 국회 의원회관 530호(02-788-2430) (학)1973년 경북고졸 1978년 고려대 행정학과졸 1982년 서울대 행정대학원 수료 (경)1978년 행정고시 합격(22회) 1985년 서울올림픽대회조직위원회 파견 1988년 대구시 내무국 총무과 근무 1989년 同지역행정국 양정계장 1991년 同환경녹지국 환경보호과장 1992년 同내무국 국민운동지원과장·지역경제국 지역경제과장 1993년 同내무국 시정과장 1995년 同동구 사회산업국장 1995년 同의회사무처 의정담당관 1999년 同내무국장 직대 1999년 同행정관리국장 2000년 同서구 부구청장 2003~2006년 同달서구 부구청장 2005~2006년 同달서구청장 권한대행 2006·2010년 대구시 달서구청장(한나라당·새누리당) 2014~2015년 대구시 달서구청장(새누리당) 2016년 새누리당 대구시달서구甲당원협의회 운영위원장 2016년 제20대 국회의원(대구시 달서구甲, 새누리당·자유한국당〈2017.2〉)(현) 2016~2017년 국회 산업통상자원위원회 위원 2016~2017년 국회 지방재정·분권특별위원회 위원 2016~2017년 새누리당 대구시당 수석부위원장 2016년 同민생혁신특별위원회 위원 2017년 자유한국당 대구시당 수석부위원장 2017~2018년 국회 예산결산특별위원회 위원 2017·2018년 자유한국당 지방자치위원회 위원장 2017·2018년 국회 산업통상자원중소벤처기업위원회 위원(현) 2017년 자유한국당 대표최고위원 지역특보(대구) 2017~2018년 同정책위원회 부의장 2018년 同조직담당 사무부총장 2018년 同대구시당 위원장(현) 2018년 국회 에너지특별위원회 간사(현) (상)체육부장관표창(1986), 근정포장(1989), 한국일보 존경받는 대한민국CEO대상 시민중심경영부문(2008), 국가생산성 정보화부문 대상(2010), 대통령표창(2011), 법률소비자연맹 '제20대 국회 1차년도 국회의원 헌정대상'(2017)

**곽덕훈(郭德薰) KWAK Duok Hoon**

(생)1949·3·1 (본)현풍(玄風) (출)전북 (주)경기도 성남시 분당구 판교역로 225-20 (주)아이스크림미디어 임원실(02-3440-2488) (학)1976년 서울대 자원공학과졸 1981년 연세대 산업대학원 전산학과졸(석사) 1990년 이학박사(고려대) (경)1976년 제일은행 전산실 근무 1978년 단국대 전산교육원 차장 1983~1999년 한국방송통신대 전산학과 조교수·부교수 1983~1990년 同전자계산소장 1991년 同교육매체개발연구소장 1991년 同출판부장 1994년 미국 인디애나대 교환교수 1995년 한국방송통신대 교육매체개발연구소장 1998년 同컴퓨터과학과장 1999~2013년 同컴퓨터과학과 교수 1999년 정보통신부 정보통신사이버대학협의회장 2000년 교육인적자원부 원격대학설치심사위원회장 2001년 사이버교육학회 부회장 2002년 한국방송통신대 교무처장 2002년 同평생대학원 정보과학과장 2002~2004년 同정보화추진위원회 위원장 2002년 산업자원부 e-Learning콘텐츠표준화포럼 회장 2002년 기술표준원 교육정보기술표준화위원회(ISO/IEC JTC1 SC36-Korea) 위원장(현) 2002~2004년 독학학위위원회 위원장 2003년 한국가상캠퍼스운영위원회 위원장 2005~2007년 교육인적자원부 대학정보화정책자문단 e-러닝분과위원장 2005~2009년 ASP인증위원회 위원장 2005~2007년 한국방송통신대 인천지역대학장 2008~2009년 한국교육학술정보원(KERIS) 원장, 도산아카데미 유비쿼터스사회연구회장 2009~2019년 이러닝학회 회장 2009~2012년 한국교육방송공사(EBS) 사장 2010년 대한민국소프트웨어공모대전 자문위원(현) 2010년 한국방송협회 부회장 2011~2017년 스마트러닝포럼 의장 2011년 부산콘텐츠마켓 조직위원 2011년 (사)스마트엔젤스운동본부 공동의장 2012년 同이사(현) 2012년 교육과학기술부 미래인재포럼 위원 2013년 정보통신산업진흥원 이러닝산업표준위원장(현) 2013년 YTN 사이언스TV 경영성과평가단장(현) 2013~2019년 (주)시공미디어 부회장 2019년 (주)아이스크림미디어 부회장(현) (상)대통령표창(1997·2005), 정보통신부장관표창(2000), 노동부장관표창(2004), 제21회 소충·사선문화상 대상(2012), 은탑산업훈장(2013), 근정포장(2013) (종)기독교

**곽도영(郭度榮) kwak, do-yong (지명)**

(생)1963·4·21 (본)청주(淸州) (출)강원 원주 (주)강원도 춘천시 중앙로 1 강원도의회(033-256-8035) (학)상지대 행정학과졸 2002년 연세대 정경대학원 경제통상학과졸 (경)상지대 총학생회장, 민주평통 자문위원, 주택은행 노동조합 전국대의원, 연세대총동문회 상임이사, 김두관 행정자치부장관 '민부정책포럼' 강원 공동대표, 좋은헌법만들기 강원본부 공동대표, 국제로타리3730지구 원주로타리클럽 부회장 2006년 강원도의원선거 출마(열린우리당) 2010~2014년 강원도의회 의원(민주당·민주통합당·민주당·새정치민주연합) 2010년 同민주통합당 원내대표 2010~2012년 同경제건설위원회 위원 2012년 同사회문화위원회 위원 2014년 강원도의원선거 출마(새정치민주연합) 2018년 강원도의회 의원(더불어민주당)(현) 2018년 同기획행정위원회 위원장(현) (상)상지대총장 공로상, 보병7사단장표창, 주택은행장표창, 국제로타리3730지구총재표창, 원주경찰서장 감사장, 매니페스토 약속대상 지방의원부문 최우수상(2012), 대한민국 미래경영대상 의정행정부문(2013) (종)기독교

**곽동걸(郭東傑) KWAK Dong Geul**

(생)1959·7·5 (출)경북 김천 (주)서울특별시 강남구 테헤란로78길 12 MSA빌딩 10층 스틱인베스트먼트(주) 임원실(02-3404-7800) (학)1982년 영남대 경영학과졸 1986년 서울대 경영대학원졸 (경)동서증권(주) 팀장, 삼성증권 펀드매니저 1999년 스틱투자자문(주) 대표이사 사장 2003년 스틱인베스트먼트(주) 전무 2004년 同부사장 2010년 同각자대표이사(CIO)(현)

**곽동근(郭東根) KWAK Dong Keun**

(생)1946·9·4 (본)선산(善山) (출)충북 옥천 (주)경기도 성남시 분당구 황새울로 246 (주)서영엔지니어링(02-6915-8743) (학)1965년 대전고졸 1969년 연세대 토목공학과졸 1982년 한국외국어대 영어과정 수료 1985년 미국 오하이오주립대 대학원 토목공학과졸(교통공학석사) (경)1971~1977년 건설부 태백산국토건설국·중부국토건설국 토목주사 1977년 同도로국 토목주사 1985년 국립지리원 측지과 토목사무관 1986년 건설부 도로계획과 토목사무관 1990~1995년 건설공무원교육원·건설부 도로정책과 토목사무관 1995년 건설교통부 신공항건설기획단 개발과 토목사무관 1996년 同고속철도건설기획단 서기관 1997년 한국고속철도건설공단 홍보팀장 1998년 건설교통부 도로구조물과장 1999~2000년 同도로관리과장 2001년 대전지방국토관리청 도로시설국장 2002년 (주)서영엔지니어링 부사장(현) 2006~2009년 한국시설안전공단 비상임이사 2010~2013년 필리핀 국도4차로확장사업(The Widening of Gapan-Sanfernando-Olongapo Road, PhaseII Project) 실시설계·감리단장 (상)건설부장관표창(1975), 근정포장(1993), 도로인상(1994), 대한토목학회장표창(2000), 홍조근정훈장(2002) (저)'통합첫해의 성과(共)'(1995) '신공항고속도로 민자유치추진백서(共)'(1996) '도로안전시설 설치 및 관리사례집(共)'(2000)

**곽동철(郭東哲) KWACK Dong Chul**

(생)1955·8·7 (본)현풍(玄風) (출)경남 김해 (주)충청북도 청주시 청원구 대성로 298 청주대학교 인문대학 문헌정보학과(043-229-8407) (학)1975년 서울 중앙고졸 1983년 연세대 도서관학과졸 1986년 同대학원 문헌정보학과졸 1996년 문학박사(연세대) (경)1987~1992년 한국원자력연구소 기술정보실 근무 1992년 한국과학기술연구원 한·러/한·중과학기술협력센터 정보관리실 근무 1995년 청주대 문헌정보학과 교수(현) 2004년 청주시립도서관 및 청주기적의도서관 운영위원 2006년 '책읽는 청주' 추진위원장 2007년 청주대 교수학습개발실장 2007년 교육인적자원부 도서관정책자문위원장 2008년 청주대 e-러닝지원센터 부센터장

2008년 한국대학도서관연합회 회장 2009년 한국도서관협회 부회장 2010~2012년 청주대 중앙도서관장 2010년 한국교육학술정보원 비상임이사 2011~2013·2016~2018년 대통령소속 도서관정보정책위원회 위원 2011년 한국문헌정보학회 회장 2012~2017년 청주대 인문대학 문헌정보학과장 2013년 민주평통 자문위원 2015~2017년 한국도서관협회 회장 2016~2017년 청주대 교무처장 겸 e-러닝지원센터장 2017~2018년 청주대 인문대학장 (상)문교부장관표창(1971), 한국도서관협회 한국도서관상(2009), 청주시 문화상(2009), 한국교육학술정보원 표창(2010), 한국도서관정보학회 학술상(2010), 청석학술상(2011) (저)'정보관리전략론' '정보검색' '지식정보사회와 정보관리' '학술정보의 탐색 및 활용' (역)'도서관자료론' (종)불교

## 곽동혁(郭東赫)

(생)1971·8·25 (주)부산광역시 연제구 중앙대로 1001 부산광역시의회(051-888-8311) (학)부경대 대학원 경영학 박사과정 수료 (경)노무법인 샘터 대표노무사(현), 더불어민주당 부산시당 여성청년일자리특별위원회 부위원장 2018년 부산시의회 의원(더불어민주당)(현) 2018년 同경제문화위원회 위원(현) 2018년 同민생경제특별위원회 위원장(현) 2018년~2019년 同부산광역시 산하 공공기관장 후보자 인사검증 특별위원회 위원

## 곽동효(郭東曉) KWAK Dong Hyo

(생)1946 · 12 · 17 (출)경남 마산 (주)서울특별시 서초구 효령로 285 일복빌딩 5층 곽동효법률사무소(010-6263-0575) (학)1965년 서울고졸 1969년 서울대 법대졸 (경)1971년 사법시험 합격(13회) 1973년 사법연수원 수료(3기) 1974년 대구지법 판사 1978년 同상주지원 판사 1980년 인천지법 판사 1982년 서울형사지법 판사 1984년 서울고법 판사 1986년 대법원 재판연구관 1988년 대구지법 부장판사 1990년 사법연수원 교수 1992년 서울형사지법 부장판사 1994년 대구고법 부장판사 1997년 서울고법 부장판사 2002년 서울지법 북부지원장 2004년 의정부지법원장 2005~2006년 특허법원장 2006년 법무법인·특허법인 다래 대표변호사(대표변리사 겸임) 2007년 법무법인 한승 고문변호사 2009~2010년 법무법인 충정 고문변호사 2009~2010년 대법원 사법정책자문위원회 위원 2011~2018년 법무법인 우면 고문변호사 2019년 변호사 개업(현)

## 곽명섭(郭明燮) Kwak Myeongseop

(생)1970 · 7 · 5 (출)경남 함양 (주)세종특별자치시 도움4로 13 보건복지부 보험약제과(044-202-2750) (학)1989년 대전고졸 1999년 성균관대 법학과졸 (경)2000년 사법시험 합격(42회) 2003년 사법연수원 수료(32기) 2003년 국회 법제실 연구관 2011년 식품의약품안전청 규제개혁법무담당관 2012년 同식품안전국 식품관리과장 2013년 보건복지부 보건의료정책실 국민행복의료보장추진본부 팀장 2013년 同기획조정실 규제개혁법무담당관 2015년 同장관 비서관 2017년 同보험약제과장(현)

## 곽무근(郭茂根) KWAK Moo Keun

(생)1955·12·19 (본)현풍(玄風) (출)서울 (주)서울특별시 강남구 테헤란로87길 36 도심공항타워 14층 법무법인 로고스(02-2188-1049) (학)1974년 배재고졸 1978년 서울대 법학과졸 1981년 同대학원 법학과졸 1992년 미국 조지타운대 법대졸 (경)1979년 행정고시 합격(23회) 1980년 사법시험 합격(22회) 1982년 사법연수원 수료(12기) 1982년 軍법무관 1985년 대구지검 검사 1988년 대전지검 홍성지청 검사 1989년 서울지검 검사 1992년 인천지검 검사 1993년 전주지검 정주지청장 1994년 춘천지검 강릉지청 부장검사 1995년 대전지검 특수부장 1996년 법무연수원 기획과장 1997년 수원지검 특수부장 1998년 법무부 인권과장 1999년 同법무과장 2000년 서울지검 공판부장 2000년 同조사부장 2001년 창원지검 통영지청장 2002년 서울고검 검사 2002년 수원지검 안산지청 차장검사 2003년 서울고검 검사 2004년 서울서부지검 차장검사 2005년 서울고검 검사 2006년 법무법인 로고스 변호사(현) 2007~2009년 교육부 사학분쟁조정위원회 위원 2012년 한국산업단지공단 투자심사위원회 위원 2013~2017년 국민권익위원회 국민권익자문위원 2013년 중앙행정심판위원회 비상임위원(현) (상)국방부장관표창(1982), 법무부장관표창(1995), 홍조근정훈장(2005) (종)기독교

## 곽민섭(郭珉燮)

(생)1965 · 12 · 23 (출)전남 나주 (주)광주광역시 동구 동명로 110 법조타운 206호 법무법인 서석(062-226-7400) (학)1984년 광주고졸 1988년 서울대 경제학과졸 1991년 同대학원졸, 법학박사(한양대) (경)1995년 사법시험 합격(37회) 1998년 사법연수원 수료(27기) 1998년 광주지법 예비판사 2000년 同순천지원 판사 2002년 광주지법 판사 2006년 특허법원 판사 2010년 광주지법 판사 2013~2015년 同해남지원장 겸 광주가정법원 해남지원장 2015년 변호사 개업 2017년 법무법인 태평 대표변호사 2018년 법무법인 서석 대표변호사(현)

## 곽민철(郭玟澈) KWAK Min Cheol

(생)1975 · 1 · 10 (주)서울특별시 금천구 가산디지털1로 19 20층 (주)인프라웨어(02-537-0538) (학)인천대 영어영문학과졸 1997년 한국외국어대 경영정보대학원 응용전산학과졸 (경)1997년 (주)인프라웨어 창업 · 초대 대표이사, 同각자대표이사(현), 오피스 소프트웨어 '폴라리스 오피스(Polaris Office)' 개발 및 전세계 9억대 이상의 스마트폰에 탑재, 보라테크 이사 2012년 디오텍 각자대표이사 2016~2019년 셀바스AI 각자대표이사 2017년 셀바스그룹 이사회 의장(현) 2019년 셀바스AI 대표이사(현) (상)특허경영대상 대상 과학기술정보통신부장관표창(2017)

## 곽배희(郭培姬 · 女) KWAK Bae Hee

(생)1946·1·20 (출)전북 남원 (주)서울특별시 영등포구 국회대로76가길 14 한국가정법률상담소(02-782-3427) (학)1969년 이화여대 법학과졸 1994년 同대학원 사회학과졸 2002년 사회학박사(이화여대) (경)1970년 기독교방송 제작국 프로듀서 1973년 한국가정법률상담소 상담위원 1985~1987년 시청료거부범시민운동여성연합 공동대표 1995~2000년 한국가정법률상담소 부소장 1995~1997년 공연윤리위원회 위원 1996년 연세대·그리스도신학대 강사 1996년 한국가족학회 이사 1997년 한국고용서비스협회 공익이사 1998~2007년 이화여대 강사 1999년 서울가정법원 조정위원(현) 2000년 한국가정법률상담소 소장(현) 2000년 한국방송공사 이사 2001~2004년 대통령자문 정책기획위원회 위원 2001~2005년 청소년보호위원회 위원 2001년 여성부 정책자문위원 2002년 통일부 통일정책평가위원 2003년 사법개혁위원회 위원 2005년 국가인권위원회 정책자문위원 2006~2009년 한국전력공사 비상임이사 2006년 법무부 여성정책자문위원회 위원장 2006년 여성가족부 가족정책위원회 위원 2006~2008년 법무부 정책자문위원회 위원 2006년 서울여성가족재단 이사 2008년 이화여대 법학전문대학원 겸임교수(현) 2008년 여성가족부 정책자문위원회 위원 2008~2010년 법무부 사면심사위원회 위원 2009년 대법원 사법등기제도개선위원회 위원 2010~2014년 성균관대 법학전문대학원 초빙교수 2011·2012년 법무부 변호사징계위원회 위원 2011년 생명보험사회공헌위원회 위원 2012~2014년 국가인권위원회 정책자문위원 2013~2014년 대법원 사법정책자문위원회 위원 2013년 서울가정법원 50주년기념사업조직위원회 위원 (상)대통령표창(1993), 여성을 돕는 여성상(1999), 영산법률문화상(2006), 자랑스러운 이화인(2016), 한국YWCA연합회 제16회 한국여성지도자상 대상(2018) (저)'남편은 적인가 동지인가' '위기에 선 가족' '결혼에 갇힌 여자들'

**곽병선(郭柄善) KWAK Byong Sun**

(생)1942·1·25 (본)현풍(玄風) (출)만주 목단강 (주)인천광역시 연수구 아카데미로 119 인천대학교 사범대학(032-835-8114) (학)1962년 청주사범학교졸 1970년 서울대 사범대학 교육학과졸 1973년 同대학원 교육학과졸 1980년 철학박사(미국 마케트대) (경)1970~1973년 휘경중 교사 1973년 한국교육개발원 연구원 1980년 同책임연구원 1984~1986년 同수석연구원 1984년 同교육과정연구부장 1985년 교육개혁심의회 전문위원 1987~1996년 한국교육개발원 연구위원 1990년 同기획처장·수석연구위원 1990년 영국 런던대 객원교수 1990~1998년 중앙교육심의회 심의위원 1992년 한국교육개발원 교육과정연구본부장 1993년 同컴퓨터교육연구센터 본부장 1994~1996년 대통령자문 교육개혁위원회 위원 1995년 한국교육개발원 교육공학연구본부장 1996년 同교육과정연구본부장 1996년 同부원장 1999~2002년 同원장 2000년 대통령자문 교육인적자원 정책위원 2000~2002년 유네스코 한국위원회 교육분과 부위원장 2001년 교육인적자원부 정책자문위원회 위원 2002년 Asia-Pacific Journal of Teacher Education and Development(Hongkong Institute of Education) 국제편집위원 2002년 경인교대 초빙교수 2002년 홍익대 겸임교수 2003~2005년 Pacific Circle Consortium(환태평양교육협의체-OECD 협력기구) 의장 2003~2013년 (사)한국학교교육연구원 원장 2004년 교육부 교과용도서발행심의위원회 위원장 2004~2006년 同교육과정심의위원회 운영위원 2005~2009년 경인여대 총장 2007~2017년 민주평통 자문위원 2008~2009년 교육과학기술부 교과용도서발행심의위원회 위원장 2009년 同교육과정심의위원회 운영위원 2009~2010년 한국교육학회 회장 2009년 세계교육협회 한국회장(WEF Korea)(현) 2010~2013년 한국교육개발원 객원연구위원 2012년 새누리당 대선캠프 국민행복추진위원회 행복교육추진단장 2013년 제18대 대통령직인수위원회 교육과학분과 간사 2013~2016년 한국장학재단 이사장 2013~2014년 교육부 교육과정정책자문위원 2014~2015년 한·이스라엘친선협회 회장 2016~2017년 국제정신올림피아드재단 동아시아지역 의장 2016년 한국교육개발원 객원연구위원 2016년 한국장학재단 명예이사장(현) 2017년 인천대 사범대학 석좌교수(현) 2018년 서울대사범대학동창회 회장(현) (상)국민포장(1986), 국민훈장 목련장(2003), 미국 마케트(Marquette)대 우수동문상(2005), 환태평양협의회(Pacific Circle Consortium) 피터브라이스 교육상(2012), 청주교대 자랑스러운 교대인상(2013) (저)'교육과정'(1983) '교과교육원리(共)'(1988) 'Education and Culture in Industrializing Asia(共)'(1992) '민주시민교육'(1994) '교육이 변해야 미래가 보인다'(1998) 'Civic Education for Civil Society(共)'(1998) '21세기 동아시아협력'(1999) 'Internet and Textbook'(2006, co editors) '우리 시대의 주인찾기 : 도산처럼(共)'(2015) '대한민국 미래보고서(共)'(2015) 등 (종)기독교

**곽병선(郭炳善) KWACK BYONG SUN**

(생)1959·9·23 (주)전라북도 군산시 대학로 558 군산대학교 총장실(063-469-4101) (학)군산동고졸 1985년 원광대 법학과졸 1988년 同대학원 법학과졸 1992년 법학박사(원광대) (경)군산대 법학과 교수 2002~2004년 국가인권위원회 순회강사 2009년 군산대 교무처장 2009년 법무부 인권강사 2011~2016년 군산민주통합시민행동 상임대표 2011~2012년 군산경제정의실천연합 공동대표 2011년 (사)한국법이론실무학회 회장·명예회장·상임고문 2012~2014년 한국소년정책학회 부회장 2012~2017년 군산시교원단체총연합회 회장 2012년 전주지법 군산지원 조정위원 2012~2014년 전북도지방소청심사위원회 위원 2013~2015년 군산대 법학연구소장 2013~2016년 同교수평의회 의장 2013년 한국법학회 회장 2014~2016년 전국국공립대학교수회 공동의장 2015년 전국법과대학교수회 부회장 2015년 전주지검 군산지청 형사조정위원회 위원장(현) 2016년 (사)군산시자원봉사센터 이사(현) 2016~2017년 전북도선거관리위원회 위원 2016~2018년 전북도지방노동위원회 위원 2018년 군산대 총장(현) 2018년 (사)전북새만금산학융합원 이사장(현), JTV전주방송 시청자위원회 위원장(현) (상)한국법학회 우수논문상(2006), 검찰총장표창(2011·2014), 한국법학회 학술상(2012), 군산대 황룡우수수업상(2013) (저)'소년법'(2006, 한국소년법학회) '법과 생활'(2010, 군산대) 'ICT 법학개론'(2016, 군산대)

**곽병성(郭柄聲) KWAK Byong Sung**

(생)1958·5·26 (출)울산 (주)대전광역시 유성구 가정로 152 한국에너지기술연구원 원장실(042-860-3000) (학)학성고졸, 서울대 화학공학과졸, 同대학원 화학공학과졸, 화학공학박사(미국 노스웨스턴대) (경)SK(주) 석유화학연구실 연구위원 2003년 同화학연구소장 겸 정밀화학연구팀장(상무), 同기술원 CRD연구소장(상무) 2007년 同대덕기술원 Life Science사업본부장(상무) 2008~2011년 SK홀딩스 Life Science 사업부문장 2011년 SK이노베이션 전무 2011년 同Global Technology 부원장 2013~2015년 同Global Technology 총괄 겸 기술원장, 同고문, 고려대 화학공학과 겸임교수 2015년 한국공학한림원 일반회원 2016년 한국에너지기술연구원 원장(현) 2017년 특허법원 과학기술자문위원(현) (상)한국화학공학회 촉매상, IR52 장영실상 (종)기독교

**곽병수(郭柄秀)**

(생)1967·10·11 (출)대구 (주)대구광역시 수성구 동대구로 364 대구고등법원(053-757-6600) (학)1986년 대구 능인고졸 1990년 한양대 법학과졸 (경)1993년 사법시험 합격(35회) 1996년 사법연수원 수료(25기) 1999년 대구지법 판사 2002년 同김천지원 판사 2004년 대구지법 판사 2007년 대구고법 판사 2009년 대법원 재판연구관 2011년 대구고법 판사 2016년 부산고법 창원재판부 판사 2017년 대구고법 판사(현)

**곽병주(郭秉周) GWAG Byoung Joo**

(생)1959·1·13 (본)청주(淸州) (출)서울 (주)경기도 용인시 기흥구 용구대로1855번길23 (주)지엔티파마(031-8005-9910) (학)1985년 연세대 생화학과졸 1993년 신경과학박사(미국 Drexel Univ. School of Medicine) (경)1993~1995년 미국 Washington Univ. Medical School 신경과 Post-Doc. Fellow 1995~2011년 아주대 의대 약리학교실 교수 1999~2004년 과학기술부 국가지정연구실 소장 2003년 (주)지엔티파마 대표이사 사장(현) 2004~2008년 아주대 의대 신경과학기술연구소장, 한국생화학회 학술간사, 한국뇌신경과학회 기획이사, 대한생화학분자생물학회 편집위원, 한국뇌학회 홍보이사, 한국분자세포생물학회 학술위원 2006년 (주)이오리스 각자대표이사 사장 2006~2008년 보건복지부 대형국가연구개발 뇌질환치매치료제 AAD-2004 실용화사업단장

**곽병진(郭柄辰) KWAK Byung Jin**

(생)1949·6·25 (출)대구 달성 (주)대구광역시 달서구 구마로 100 4층 우리경영컨설팅(주) 비서실(053-592-6699) (학)경북산업대 산업공학과졸, 경북대 경영대학원졸 2015년 컨설팅학 박사(금오공대) (경)1967년 서울은행 근무 1979년 한국주택은행 근무 1989년 대동은행 지점장·부장 1995년 동국전문대 경영학과 강사 1996년 우리주택할부금융 상무이사, 우리캐피탈 상무이사 2002~2005년 同부사장, 영진전문대 스마트경영계열 외래교수 2005년 우리경영컨설팅(주) 대표이사(현) 2009~2011년 한국산업단지공단 감사 2013~2016년 대구도시공사 감사 (저)'금융자율화와 은행경영혁신'

**곽상도(郭尙道) KWAK Sang Do**

(생)1959 · 12 · 23 (출)대구 달성 (주)서울특별시 영등포구 의사당대로 1 국회 의원회관 1014호(02-784-8450) (학)1978년 대구 대건고졸 1983년 성균관대 법학과졸 1985년 同대학원 법학과졸 (경)1983년 사법시험 합격(25회) 1985년 사법연수원 수료(15기) 1986년 육군 법무관 1987년 군단 검찰관 1989년 서울지검 검사 1991년 대구지검 경주지청 검사 1993년 인천지검 검사 1995년 서울지검 남부지청 검사 1997년 대구지검 부부장검사 1998년 同의성지청장 1999년 대검찰청 검찰연구관 2000년 대구지검 공안부장 2002년 수원지검 특수부장 2003년 서울지검 특수3부장 2004년 인천지검 형사1부장 2005년 부산지검 형사1부장 2006년 서울고검 검사 2007년 대구지검 서부지청장 2008년 서울고검 검사 2009~2013년 변호사 개업 2010년 국가미래연구원 법 · 정치분야 발기인 2013년 제18대 대통령직인수위원회 정무분과 전문위원 2013년 대통령 민정수석비서관 2015년 대한법률구조공단 이사장 2016~2017년 새누리당 대구시중구 · 남구당원협의회 운영위원장 2016년 제20대 국회의원(대구시 중구 · 남구, 새누리당 · 자유한국당〈2017.2〉)(현) 2016~2018년 국회 교육문화체육관광위원회 위원 2016~2018년 국회 윤리특별위원회 위원 2017~2018년 자유한국당 대구시중구 · 남구당원협의회 운영위원장 2017년 同정치보복대책특별위원회 위원 2017년 同원내부대표 2017 · 2018년 국회 운영위원회 위원 2018년 국회 사법개혁특별위원회 위원(현) 2018년 국회 교육위원회 위원(현) 2018년 국회 예산결산특별위원회 위원(현) 2019년 자유한국당 사법개혁특별위원회 위원(현) (상)홍조근정훈장(2007) (저)'대구서부지청 개청지'(2007) '7할의 행동과 3할의 숙명'(2019)

**곽상욱(郭相煜) KWAK Sang Wook**

(생)1959 · 3 · 1 (본)현풍(玄風) (출)서울 (주)서울특별시 강남구 테헤란로8길 8 동주빌딩 11층 법무법인 인(02-532-9354) (학)1977년 환일고졸 1981년 고려대 법학과졸 1983년 同대학원 법학과 수료 (경)1982년 사법시험 합격(24회) 1984년 사법연수원 수료(14기) 1985년 서울지검 동부지청 검사 1987년 춘천지검 강릉지청 검사 1988년 대구지검 검사 1990년 광주지검 검사 1992년 부산지검 검사 1993년 미국 워싱턴주립대 법대 연수 1995년 서울지검 검사 1997년 대전고검 검사 1998년 부산지검 동부지청 형사3부장 1999년 同동부지청 형사1부장 2000년 사법연수원 교수 2002년 대검찰청 감찰2과장 2003년 서울지검 형사3부장 2004년 수원지검 여주지청장 2005년 창원지검 차장검사 2006년 서울북부지검 차장검사 2007년 의정부지검 고양지청장 2008년 서울고검 검사 2008년 법무부 감찰관 2009년 서울서부지검장 2010년 부산지검장 2011년 대검찰청 형사부장 2012~2016년 감사원 감사위원 2016년 법무법인 인(仁) 고문변호사(현) 2019년 한국블록체인협회 감사(현) (상)황조근정훈장(2012)

**곽상욱(郭相旭) KWAK Sang Wook**

(생)1964 · 6 · 22 (출)대전 (주)경기도 오산시 성호대로 141 오산시청 시장실(031-8036-7000) (학)1982년 오산고졸 1986년 단국대 영어영문학과졸 2006년 同대학원 행정학과졸 2010년 행정학박사(단국대) (경)1987년 (주)선구 해외영업부 입사 1992년 同미국 뉴욕 · 보스턴 무역담당 이사 1995년 윤선생영어교실 오산대표, 오산청년회의소(JC) 회장, 한국청년회의소 국제이사, 경기지구청년회의소 부회장, 자치분권경기연대 공동대표, 오산자치시민연대 운영위원장 2001~2010년 (주)현대영어스쿨 대표이사, 오산시 청소년상담실장, 경기비전21 공동대표, 열린우리당 오산시 상무위원, 同경기도당 교육특별위원회 부위원장 2006년 경기 오산시장선거 출마(열린우리당) 2010년 경기 오산시장(민주당 · 민주통합당 · 민주당 · 새정치민주연합) 2014~2018년 경기 오산시장(새정치민주연합 · 더불어민주당) 2017년 유니세프 아동친화도시지방정부협의회 고문(현) 2018년 경기 오산시장(더불어민주당)(현) (상)의정행정대상 기초단체장부문(2010), 대한적십자사 유공상(2013), 한국창조경영브랜드대상 지방자치단체부문(2013), 대한민국 소통경영대상(2015), 대한민국 혁신경영대상 리더십부문(2016), 대한민국 유권자대상(2017) (저)'오산통 곽상욱'(2010) '학교밖학교 대표교육도시 오산이야기'(2013) '시민이 힘이다'(2014) (종)기독교

**곽상인(郭相忍) KHWARG Sang In**

(생)1962 · 5 · 5 (출)대전 (주)서울특별시 종로구 대학로 101 서울대학교병원 안과(02-2072-2879) (학)1980년 대전고졸 1986년 서울대 의대졸 1992년 同대학원 의학석사 1996년 의학박사(서울대) (경)1988년 서울대병원 안과 전공의 1991년 同소아안과 전임의 1993년 한국소아안과연구회 회원 1993년 서울을지병원 안과 부과장 1994~2002년 서울대 의대 안과학교실 전임강사 · 조교수 1996년 미국 위스콘신대 안성형분야 연수(전임의) 1998~2013년 대한안성형학회 정회원 1999~2002년 대한안과학회 소식지 편집위원 2002년 서울대 의과대학 안과학교실 부교수 · 교수(현) 2002년 대한안성형학회 총무이사 2004년 Korean Journal of Ophthalmology 편집위원 · 편집장(현) 2006년 서울대병원 소아안과분과장 2012년 서울대 의대 안과학교실 주임교수 2012 · 2014년 서울대병원 안과 진료과장 2012~2013년 대한안성형학회 회장 2013~2014년 대한성형안과학회 회장 2014년 同고문(현) (저)'안성형학(共)'(2004, 도서출판 내외학술) '눈개줄성형술(共)'(2009, 도서출판 내외학술)

**곽상현(郭相鉉) GWACK Sang Hyun**

(생)1963 · 3 · 29 (출)경북 청도 (주)서울특별시 강남구 테헤란로 518 섬유센터 12층 법무법인 율촌(02-528-5881) (학)1980년 성광고졸 1984년 경희대 법대졸 1990년 同대학원 법학과 수료 (경)1989년 사법시험 합격(31회) 1992년 사법연수원 수료(21기) 1992년 서울지법 남부지원 판사 1994년 서울민사지법 판사 1996년 대구지법 김천지원 판사 1999년 서울지법 판사 2001년 서울동부지법 판사 2003년 서울고법 판사 2006년 서울중앙지법 판사 2007~2009년 춘천지법 영월지원장 2009년 사법연수원 교수 2012년 서울행정법원 부장판사 2013년 법무법인 율촌 변호사(현) 2015년 국회 입법지원위원(현) 2017년 고려대 법학전문대학원 겸임교수(현) 2019년 대한상사중재원 중재인(현) (저)'기업결합규제법'(2013, 법문사)

**곽선기(郭琁基) KWAK Sun Ki**

(생)1949 · 3 · 18 (본)청주(淸州) (출)인천 (주)서울특별시 강남구 강남대로 502 (주)서희건설(02-3416-6774) (학)1973년 한양대 건축공학과졸 (경)공영토건(주) 근무, (주)신일건업 건축담당 이사, 同상무 2005년 (주)서희건설 건설사업부문 각자대표이사 사장 2008년 同건설사업기술 총괄사장 2012년 同대표이사(현)

**곽선우(郭善友)**

(생)1973 · 11 · 22 (출)경기 안양 (주)경기도 안양시 만안구 만안로 35 빌로채 205호 변호사곽선우법률사무소(031-465-1331) (학)1992년 안양신성고졸 1996년 건국대 중문학과졸 2007년 同법학과졸 (경)2004년 사법시험 합격(46회) 2007년 사법연수원 수료(36기) 2010~2011년 (주)다르마스포츠& LAW 대표이사 2011~2014년 (주)스포츠인텔리전스그룹 이사 2011년 클린스포츠연대 대표 2012년 축구전문잡지 '포포투' 게스트에디터 2012년 변호사 개업(현) 2012~2016년 법무법인 인본 구성원변호사 2013년 안양FC시민연대 대표 2013년 (사)일구회 자문변호사 2014년 안양시 FC안양살리기TF팀장 2015년 성남시민프로축

구단(성남FC) 대표이사 2016년 국민의당 스포츠미래위원회 위원장 2016년 제20대 국회의원선거 출마(안양시 만안구, 국민의당) 2016년 국민의당 경기안양시만안구지역위원회 위원장 2016년 同부대변인 2016년 서울유나이티드FC 대표

**곽성규(郭成圭) Kwak Sung-kyu**

(생)1962·10·20 (주)서울특별시 종로구 사직로8길 60 외교부 인사운영팀(02-2100-7863) (학)1984년 서울대 영어교육학과졸 1986년 경북대 대학원 행정학과졸 1995년 미국 조지아주립대 연수 (경)1991년 외무고시 합격(25회) 1991년 외무부 입부 1997년 駐중국 2등서기관 2000년 駐이스라엘 1등서기관 2003년 駐호주 1등서기관 2005년 駐방글라데시 참사관 2007년 외교통상부 중동1과장 2009년 駐네덜란드 공사참사관 2012년 駐이란 공사참사관 2014년 이스라엘 베긴사다트전략연구센터(BESA) 객원연구원 2015년 駐이스라엘 공사 2018년 駐파키스탄 대사(현)

**곽성문(郭成文) KOAK Sung Moon (小憂)**

(생)1952·11·24 (출)대구 (주)서울특별시 영등포구 국회대로76길 33 중앙보훈회관 7층 더자유일보(02-761-7715) (학)1970년 경북고졸 1976년 서울대 국사학과졸 2012년 서강대 공공대학원 중국학과졸 (경)1976년 문화방송(MBC) 보도국 기자 1980~1984년 미국의소리(VOA) 방송요원 1984~1993년 문화방송(MBC) 정치부 기자·워싱턴특파원·제2사회부 차장·편집부 차장·라디오뉴스부장 직대 1994년 同TV편집2부장 직대 1995년 同국제팀 부장 1996년 同해설위원 1997년 同뉴스데스크편집부장 1998년 同해설위원 1999년 同보도국 부국장 1999년 同스포츠국장 직대 2001~2004년 MBC스포츠·MBC플러스·MBC드라마넷·MBC게임 사장 겸임 2004~2008년 제17대 국회의원(대구中·南, 한나라당·무소속·자유선진당) 2004~2005년 한나라당 홍보위원장 2008년 자유선진당 사무총장 2008년 同총선기획단장 2008년 同대구시당 위원장 2014~2017년 한국방송광고진흥공사(KOBACO) 사장 2017년 (주)자유미디어 인터넷신문 '더자유일보' 사장(현) (상)대통령표창(1996·2015), 대한민국서예전람회 행초서부문 대상(2002), 서울AP클럽 특별공로상(2015) (역)'춘추공양전'(2015, 인간사랑) '장단경'(2017, 인간사랑) (종)천주교

**곽세붕(郭世鵬) KWAG Se Boong**

(생)1961·3·3 (출)전남 진도 (주)세종특별자치시 다솜3로 95 공정거래위원회 상임위원실(044-200-4053) (학)1979년 전주고졸 1985년 연세대 정치외교학과졸 2003년 미국 샌디에이고대 대학원 법학과졸 (경)1988년 행정고시 합격(32회), 공정거래위원회 심판관리관실 행정법무담당관 2004년 同심판관리3담당관 2005년 同심판관리2담당관실 과장 2007년 미국 뉴욕주 변호사 근무 2008년 공정거래위원회 기획조정관실 규제개혁법무담당관 2008년 同시장분석과장 2009년 同소비자정책과장 2010년 同경쟁정책과장 2011년 同대변인(고위공무원) 2012년 同소비자정책국장 2014년 중앙공무원교육원 교육파견 2015년 공정거래위원회 경쟁정책국장 2017년 同상임위원(현)

**곽수근(郭守根) KWAK Su Keun (德松)**

(생)1953·8·16 (본)현풍(玄風) (출)경기 이천 (주)서울특별시 관악구 관악로 1 서울대학교 경영학과(02-880-6907) (학)1972년 보성고졸 1977년 서울대 경영학과졸 1982년 同대학원 중퇴 1987년 경영학박사(미국 노스캐롤라이나대) (경)1978~1980년 현대정공(주) 근무 1987년 국민대 경상대학 조교수 1988~1998년 서울대 경영학과 조교수·부교수 1994년 캐나다 브리티쉬컬럼비아대 방문교수 1998~2018년 서울대 경영학과 교수 1999~2001년 同호암교수회관 관장 2001년 (재)서울대발전기금 상임이사 2004~2007년 증권선물위원회 비상임위원 2007~2009년 서울대 경영대학장 겸 경영전문대학원장 2007~2008년 희망중소기업포럼 운영위원장 2008년 (주)LS 사외이사(현) 2009~2010년 한국중소기업학회 회장 2010년 SC제일은행 사외이사 2011~2012년 한국경영학회 회장 2012~2014년 금융감독자문위원회 회장 2012~2013년 한국학술단체총연합회 회장 2012년 금융정보분석원 자금세탁방지정책자문위원회 위원장(현) 2014년 롯데쇼핑 사외이사 2017년 국제회계기준(IFRS)재단 이사(현) 2017년 롯데지주(주) 사외이사(현) 2018년 서울대 경영학과 명예교수(현) 2019년 포스코 기업시민위원회 위원장(현) 2019년 한국상장회사협의회 지배구조자문위원회 위원장(현) (상)제20회 자랑스러운 보성인상(2013) (저)'사회회계' '회계학원리' '회계원리'(2001) '회계학원론'(2003) '글로벌 시대의 M&A사례집'(2004) (역)'사회경제회계'(1991) (종)천주교

**곽수동(郭秀東) Kwak, Su Dong**

(생)1963·11·25 (출)경북 상주 (주)대전광역시 대덕구 신탄진로 200 한국수자원공사 기획본부(042-629-2202) (학)1981년 대구 성광고졸 1988년 영남대 경제학과졸 2010년 한남대 대학원 행정정책학과졸 (경)1989년 한국수자원공사 입사 2007년 同복지후생팀장 2009년 同예산국회팀장 2011년 同비서실장 2013년 서울대 공기업고급경영자과정 교육 파견 2014년 한국수자원공사 기획조정실장 2016년 同경영부문 상임이사 2018년 同낙동강권역이사(상임이사) 2019년 同기획본부 부사장(현) (상)국정감사유공 건설교통부장관표창(2009), 하천수변공간조성유공 국무총리표창(2011)

**곽수일(郭秀一) KWAK Soo Il (玄愚)**

(생)1941·6·30 (본)현풍(玄風) (출)서울 (주)서울특별시 관악구 관악로 1 서울대학교 경영학과(02-880-5114) (학)1959년 경기고졸 1963년 서울대 상대졸 1965년 미국 컬럼비아대 대학원졸(MBA) 1974년 경영학박사(미국 워싱턴대) (경)미국 스탠퍼드대 경영대학원(ICAME) Fellow 1963~1965년 제일은행 근무 1966~2006년 서울대 경영학과 교수 1984~1992년 한국경영연구원 원장 1986년 경제기획원 물가안정위원 1988년 한국통신공사 이사 1989~1993·1999년 서울대 경영정보연구소장 1992~2001년 한국경영연구원 이사장, 同명예이사장(현) 1992~1999년 매일경제신문 비상임논설위원 1993년 한국중소기업학회 회장 1993년 한국경영정보학회 회장 1993~1996년 한국방송공사(KBS) 객원해설위원(이사) 1995~1999년 한국전산원 이사장 1996년 노사관계개혁위원회 위원 1997년 서울대 경영대학장 1997년 정보통신부 정보통신정책심의위원장 2000~2009년 아시아나항공(주) 사외이사 2001년 대한민국학술원 회원(경영학·현) 2006년 서울대 경영학과 명예교수(현) 2006년 현우문화재단 이사장(현) 2008~2010·2018~2019년 대한민국학술원 인문사회과학부 제6분과 회장 2014~2018년 강남복지재단 이사장 (상)자유경제출판문화상(1992), 국민훈장 동백장(1998), 황조근정훈장(2005), 상남경영학자상(2010) (저)'생산관리'(1978) '경영정책론'(1982) '현대생산관리'(1983) '경영통계학'(1983) '경영정보론'(1986) '생산관리론'(1986) '현대품질관리'(1986) '품질관리'(1989) '경영계획입문'(1989) '우리경제 어디로 가고 있나' '생활경제 이야기' '현대 기업경영 원론' '새로운 시대가 열리고 있다' '미래가 지금이다'

**곽숙영(郭淑榮·女) KWAK Sook Young**

(생)1965·9·21 (본)현풍(玄風) (출)경기 파주 (주)세종특별자치시 도움4로 13 보건복지부 인구정책실 노인정책관실(044-202-3500) (학)1989년 고려대 법학과졸 1999년 서울대 행정대학원 행정학과졸 2005년 미국 콜로라도대 행정대학원 행정학과졸 2009년 보건학박사(고려대) (경)1992

년 행정고등고시 합격(36회) 1993~2002년 보건복지부 질병관리과·연금제도과·의약분업추진본부·노인복지과 사무관 2002~2009년 同보험정책과·사회복지정책과 서기관, 同가족정책과장, 同생명윤리안전과장, 同복지자원과장, 同장애인정책과장, 同아동복지과장 2010~2011년 OECD대한민국정책센터 사회정책본부장(파견) 2010년 행정고등고시 면접위원 2011년 보건복지부 보건의료정책실 한의약정책과장 2012년 同보건의료정책실 한의약정책관 2014년 同사회복지정책실 복지행정지원관 2015년 미국 존스홉킨스대 교육 훈련(고위공무원) 2016년 보건복지부 질병관리본부 감염병관리센터장 2017년 同사회복지정책실 사회서비스정책관 2019년 同인구정책실 노인정책관(현) (상)근정포장(2014) (역)'지속가능한 의료시스템을 찾아서'(2011, OECD 대한민국정책센터) (종)기독교

**곽승준(郭承俊) KWAK Seung Jun**

(생)1960·10·10 (본)현풍(玄風) (출)대구 (주)서울특별시 성북구 안암로 145 고려대학교 경제학과(02-3290-2217) (학)1984년 고려대 경제학과졸 1986년 미국 밴더빌트대 대학원 경제학과졸 1991년 경제학박사(미국 밴더빌트대) (경)1994년 국토개발연구원 책임연구원 1995년 고려대 정경대학 경제학과 교수(현) 1996년 환경정의시민연대 환경경제분과위원장 2002년 고려대 신문사 주간 겸 편집인 2003년 환경운동연합 정책위원 2004년 서울시 도시계획위원 2006년 동아일보 객원논설위원 2007년 제17대 대통령직인수위원회 기획조정분과위원회 위원 2008년 대통령 국정기획수석비서관 2009~2013년 대통령직속 미래기획위원회 위원장(장관급) 2009년 말레이시아 총리실 국제자문위원 2010년 한러대화KRD포럼 조정위원 2013~2014년 한겨레신문 객원논설위원 2014년 고려대 경제연구소장(현) (상)청조근정훈장(2013) (저)'환경의 경제적 가치'(1995) '오염배출권 거래제'(1998) '세계석학들이 본 21세기'(2000) '전환기의 북한경제'(2000) '스마트 자본주의 5.0(共)'(2011, 나남) '곽승준 강원택의 미래토크(共)'(2012, 21세기북스)

**곽승철(郭承澈) KWAK Seung Chul**

(생)1961·6·28 (본)선산(善山) (출)충북 옥천 (주)충청남도 공주시 공주대학로 56 공주대학교 특수교육과(041-850-8213) (학)대구대 특수교육학과졸, 同대학원졸, 교육학박사(대구대) (경)1994~2005년 공주대 특수교육학과 전임강사·조교수·부교수, 일본 큐슈대학 객원교수, 한국임상동작학회 회장(현), 한국특수교육교사교육연구회 회장 2005년 공주대 특수교육과 교수(현) 2005~2007년 同특수교육대학원장 겸 교육정보대학원장 2010년 공주시마음사랑장애인부모회 자문위원 2015년 공주대 BK21플러스사업팀장(현) 2019년 同사범대학장·교육대학원장·지방교육정책개발원장(현) (저)'특수교육학 시설'(1999) '뇌성마비아 자세지도'(2000) '장애아동의 심리적 재활을 위한 동작법의 이론과 실제'(2001) '중복지체 부자유아 교육'(2003) '발달장애아 동작치료법'(2005) '자폐아동을 위한 행동중재 전략'(2006)

**곽영길(郭永吉) KWAK Young Kil**

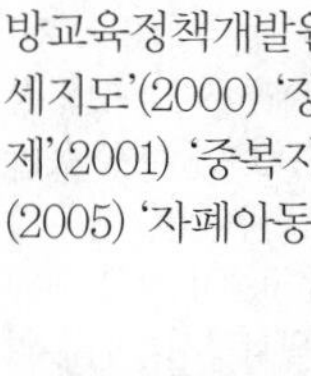

(생)1954·3·18 (본)현풍(玄風) (출)전남 순천 (주)서울특별시 종로구 종로1길 42 이마빌딩 11층 아주뉴스코퍼레이션(02-767-1502) (학)1973년 전주고졸 1981년 고려대 영어영문학과졸 1984년 연세대 행정대학원졸, 고려대 국제대학원 동북아포커스과정 수료, 중국 칭화대 e-비지니스대학원 수료, 일민재단(동아일보·고려대) 미래국가전략최고위과정 수료, 고려대-남양주 최고경영자과정 수료 2012년 전북대 대학원 행정학 박사과정 수료 (경)1985년 한국경제신문 경제해설부·사회부 기자 1988년 서울경제신문 정경부 기자 1991년 문화일보 경제부 차장 1993년 同경제부장 직대 1996년 同사회2부 차장 1997년 同경제부 차장 1998년 同경제부장 2000년 디지털타임스 영업국 부국장 2000년 문화일보 부국장 2000년 파이낸셜뉴스 편집국장 2001~2002년 同대표이사 겸임 2003년 성원건설 경영기획담당 사장 2004년 아시아미디어&컨설팅(주) 대표이사 2005년 인터넷경제신문 '아시아경제' 대표이사 겸 편집국장 2006년 제일경제신문 대표이사 사장 2007년 아시아경제신문 대표이사 2007년 아주뉴스코퍼레이션 대표이사 2007년 아주일보 대표이사 2008~2017년 아주경제 대표이사 2009~2016년 전북대 산학협력단 겸임교수 2010년 한국인터넷신문협회 CEO정책포럼 위원장(현) 2011년 해외화문매체협력조직 상임이사(현) 2011년 세계중국어신문협회 경영인회원(현) 2015년 한국외국어신문협회 이사(현) 2016년 한국중견기업연합회 중국분과위원장(현) 2016년 인민일보 해외판 한국대표처 회장(현) 2017년 아주뉴스코퍼레이션 회장(현) 2017년 아주경제 회장(현) 2018년 (사)한베경제문화협회 회장(현) 2018년 중국연태고신기술산업개발구 경제고문(현) 2018년 서울대 산학협력 겸임교수(현) (상)연세대 우수논문상(1984), 한국신문인협회장표창(1989), 고려대 언론경영자상(2016), 고려대 경제인대상(2018) (저)'한반도 전략국가'(2001) (종)기독교

**곽영의(郭英義) KWAK Young Eui**

(생)1943·5·5 (출)경북 선산 (주)충청북도 충주시 목행산단2로 59 써니전자(주) 비서실(043-853-1760) (학)1962년 대륜고졸 1969년 한양대 공대졸 1979년 연세대 경영대학원 수료, 성균관대 행정대학원 수료 (경)1978~1980년 한국금석(주) 근무 1983~1999년 써니전자공업(주) 대표이사 사장 1990~2001년 한국수정진동자연구조합 이사장 1992년 한국전자공업협동조합 이사 1993~2000년 한국정밀(주) 대표이사 사장 1994년 대한상공회의소 전기전자산업위원회 부위원장 1999년 써니전자(주) 대표이사 사장 2000~2003년 코리아텍(주) 회장 2002년 써니전자(주) 대표이사 회장 2012년 同회장(현) (상)동탑산업훈장 (종)기독교

**곽영진(郭濚鎭) KWAK Young Jin** (如慶)

(생)1957·8·9 (본)현풍(玄風) (출)경북 청도 (주)세종특별자치시 조치원읍 세종로 2511 고려대학교 세종캠퍼스(044-860-1114) (학)1977년 경북사대부고졸 1981년 한국외국어대 경제학과졸 1996년 미국 뉴욕주립대 대학원 경제학과졸(석사) 2009년 행정학박사(연세대) (경)1981년 행정고시 합격(25회) 1982~1992년 문화공보부·문화부·국립현대미술관 행정사무관 1992~1999년 문화체육부(문화관광부) 국제교류·저작권영상·음반과장 1999년 문화관광부 문화산업정책과장 2001년 同문화정책과장 2002년 홍익대 미술대학원 겸임교수 2002년 국립중앙도서관 지원연수부장 2003년 국방대학교 파견 2004년 문화관광부 예술국장 2004년 同문화산업국장 2005년 국립중앙박물관 교육문화교류단장 2006년 국무조정실 사회문화조정관실 교육문화심의관 2007년 예술원 사무국장 2008년 문화체육관광부 종무실장 2008~2011년 同기획조정실장 2011년 대통령 문화체육비서관 2011~2013년 문화체육관광부 제1차관, T-20관광장관회의·APEC관광장관회의·ASEAN+3관광장관회의 한국대표 2013~2016년 대한축구협회 부회장 겸 윤리분과위원장 2013년 유네스코 국제문해상 심사위원 2013~2017년 한양대 국제관광대학원 석좌(특훈)교수 2013~2017년 예술의전당 비상임이사 2014~2015년 2018평창동계올림픽대회조직위원회 기획부위원장 겸 사무총장 2016년 2017국제축구연맹(FIFA)20세이하(U-20) 월드컵조직위원회 상임부위원장, 同청산인 2018~2019년 (재)한국국제문화교류진흥원 이사장 2018년 고려대 세종캠퍼스 초빙교수(현) (상)대통령표창(1991), 홍조근정훈장(2009) (저)'예술경제란 무엇인가(共·編)'(1993, 신구미디어) '저작권보호에 관한 국제협약'(1997) '문화서비스의 성과관리에 관한 연구'(2009, 한국학술정보) (종)불교

**곽영진(郭泳進) Kwak Young Jin**

(생)1961·11·13 (본)현풍(玄風) (출)경기 가평 (주)경기도 의정부시 금오로23번길 22-49 경기북부지방경찰청 정보과(031-961-2781) (학)1979년 대입 검정고시 합격 1991년 동국대 경찰행정학과졸 (경)2003년 서울 종로경찰서 형사계장 2005년 서울지방경찰청 202경비대 부대장 2006년 경기 부천경찰서 생활안전과장 2008년 경기 시흥경찰서 정보과장 2009년 경기지방경찰청 제2청 감찰계장 2010년 同제2청 정보2계장 2011년 경찰청 감사관실 특별조사계장 2013년 同감찰기획계장 2014년 제주지방경찰청 제주해안경비단장 2015년 전남 보성경찰서장 2016년 경기북부지방경찰청 경비교통과장 2017년 경기 남양주경찰서장 2019년 경기북부지방경찰청 정보과장(현) (상)근정포장(2010), 대통령표창(2012)

**곽영철(郭永哲) KWAK Young Chul**

(생)1949·3·20 (출)경남 남해 (주)서울특별시 강남구 테헤란로 223 큰길타워빌딩 8층 법무법인 충정(02-750-9009) (학)1967년 부산 동래고졸 1971년 서울대 법대졸 (경)1973년 사법시험 합격(15회) 1975년 사법연수원 수료(5기) 1976년 軍법무관 1978~1987년 서울지검 동부지청·춘천지검·법무부 조사과·서울지검·서울고검 검사 1988년 대구지검 안동지청장 1989년 법무부 조사과장 1991년 인천지검 공안부장 1993년 서울지검 남부지청 특수부장 1993년 서울지검 특수2부장 1995년 수원지검 성남지청 차장검사 1996년 창원지검 차장검사 1997년 대구지검 경주지청장 1998년 서울지검 북부지청 차장검사 1999년 대구고검 차장검사 2000년 서울고검 차장검사 2001년 울산지검장 2002년 대검찰청 마약부장 2003년 同강력부장 2003년 同마약부장 2004년 법무연수원 기획부장 2004년 법무법인 한승 대표변호사 2008년 한국프로축구연맹 상벌위원장 2009년 법무법인 충정 고문변호사(현) 2011년 한국프로축구연맹 사외이사 2013년 대한축구협회 징계위원장 겸 이사 (상)경찰업무유공표창 (저)'검사가 관여하는 각종 행정업무' (작)기고문 '우리 헌법상 전통문화의 개념과 범위'(2014), '헌법상 대한민국의 건국이념'(2015), '대통령은 왜 개천절 행사에 참석하지 않나'(2015), '피의자는 포토라인 앞에 서야 할 의무가 있는가'(2016), '왜 개천절 경축사만 총리이름으로 하나'(2016)

**곽영태(郭榮泰) KWAK Young Tae**

(생)1955·8·15 (주)서울특별시 강동구 동남로 892 강동경희대학교병원 흉부외과(02-440-6157) (학)1980년 경희대 의대졸 1985년 同대학원 의학석사 1993년 의학박사(경희대), 독일 베를린심장센터 Surgical Fellow 연수 (경)1981년 경희의료원 흉부외과 레지던트 1985년 215 MASH 흉부외과 과장 1986년 국군수도통합병원 흉부외과 군의관 1988년 대전을지병원 흉부외과 과장 1990~2001년 인제대백병원 흉부외과 조교수·책임교수·흉부외과 과장 1993~2001년 대한흉부외과학회 전산위원 1994~2001년 同간행위원 2002~2003년 연세대 심혈관센터 임상강사 2003년 을지의과대 흉부외과 과장 및 교수 2004년 고려대 안암병원 흉부외과 임상교수 2005~2006년 同안산병원 흉부외과 임상교수, 경희대 의과대학 흉부외과학교실 교수(현), 同동서신의학병원 흉부외과 과장 2008년 同동서신의학병원 교육연구부장 2009년 同동서신의학병원 질병관리본부장 2010년 강동경희대병원 질관리본부장 2011년 同QI실장 2014~2015년 同병원장

**곽영필(郭永駜)**

(생)1938·2·20 (주)서울특별시 강남구 테헤란로 504 도화타워 도화엔지니어링 비서실(02-6323-3009) (학)1960년 서울대 토목공학과졸 1967년 네덜란드 DELF 공대 수료 1989년 연세대 행정대학원 고위정책과정 수료 (경)1962~1978년 건설부 토목기정 겸 외무서기관 1973~1982년 과학기술부 기술사시험 전형위원 1979년 (주)도화종합기술공사 회장 1991~1993년 (사)한국토목학회 부회장 1993년 (사)한국수도협회 회장 1993년 민주평통 자문위원 1995년 환경부 중앙환경보존 자문위원, 한국수도협회 회장, 도화엔지니어링 회장(현) 2011~2017년 한국환경한림원 이사장 (상)서울대총동창회 관악대상 참여부문(2012), 금탑산업훈장(2016)

**곽영환(郭英煥) Kwak Young hwan**

(생)1972·6·1 (출)서울 (주)경상북도 경주시 화랑로 89 대구지방검찰청 경주지청 형사부(054-740-4308) (학)1991년 경희고졸 1999년 단국대 법학과졸 2001년 同대학원 법학과졸 (경)2001년 사법시험 합격(43회) 2004년 사법연수원 수료(33기), 한국가스공사 법무팀 변호사 2008년 수원지검 검사 2010년 창원지검 통영지청 검사 2012년 서울중앙지검 검사 2016년 수원지검 안양지청 검사 2016년 방송통신위원회 파견 2018년 수원지검 안양지청 부부장검사 2019년 대구지검 경주지청 형사부장(현)

**곽영훈(郭英薰) KWAAK Young Hoon** (宇公)

(생)1943·12·28 (본)현풍(玄風) (출)충남 홍성 (주)서울특별시 중구 동호로17길 252-6 세계시민기구(WCO)(02-2256-4300) (학)1962년 경기고졸 1967년 미국 매사추세츠공과대 건축학과졸 1969년 同대학원 건축학과졸 1971년 미국 하버드대 케네디행정대학원 정책학과정 수료 1971년 미국 매사추세츠공과대 대학원 건축및도시환경설계최고과정 수료 1973년 미국 하버드대 대학원 교육정책학과졸 1995년 교육학박사(동국대) (경)1971~1973년 미국 보스톤건축대 강사 1975~1976년 한국종합조경공사 상임고문 1976~1981년 서울대 환경대학원 강사 1976~1981년 서울시 도시계획위원 1977~1980년 홍익대 도시계획학과 부교수 겸 도시계획학과장 1977~1980년 환경개발연구원 부원장 1980년 (주)사람과환경 회장(현) 1981~1983년 건설교통부 정책자문위원 1982~1986년 서울시 한강종합개발사업평가위원 1983~1986년 同서울올림픽주경기장 및 올림픽공원 자문위원 1983~1993년 총무처 청사분과위원회 정책자문위원 1984~1986년 대한민국건축대전 초대작가 1987년 세계시민기구 WCO 설립·총재(현) 1987~1989년 서울올림픽평화위원회 부위원장 1989~1990년 경제정의실천시민연합 상임집행위원 1990~1993년 93대전엑스포 자문위원·교육위원·전문위원·조정위원 1990~1994년 국토건설종합계획심의회 위원 1992~1994년 UNDP 두만강개발계획 프로그램 수석건축가 겸 계획가 1993~1997년 고려대 자연자원대학원 초빙교수 1994~1999년 환경운동연합 지도위원 1994~1995년 서울시 도시계획심의위원회 위원 1996년 민주당 국가경영기획단장 1996~1997년 UNDP 고위자문관 1997~1998년 교육부 전문대학원설립심사위원회 위원 1997년 한나라당 대통령선거대책위원회 공동기획위원장 1998~2000년 서울시 건설기술심의위원회 위원 1999~2000년 미국 하버드대 공적가치연구센터 상임연구교수 1999년 UN 부처님 탄생지조사위원단장 2000년 아름다운학교운동본부 상임대표 2001년 미국 하버드대총동창회 부회장 2002년 미국 MIT 한국총동창회장 2002년 2012여수세계박람회유치위원회 유치위원 2003년 새중구발전포럼 이사장 2004년 제17대 국회의원선거 출마(서울중랑甲, 한나라당) 2004~2006년 여의도연구소 이사 2005~2006년 2012여수세계박람회EXPO 여수시유치위원장 2006년 오세훈 서울시장직무인수위원회 도시주택건설분과위원장 2006년 한나라당 국제위원회 부위원장 2006년 WCO 주최 SRMF(Silk Road Mayors Forum) 조직위원장(현) 2007년 한나라당 박근혜 경선후보 정책특보 겸 21세기국토환경정책단장 2008년 UN한국협회 부회장(현) 2009년 SRGA실크로드세계연맹 대표(현) 2010~2012년 제주대 석좌교수 2011년 네팔 룸비니개발신탁(Lumbini Development Trust) Senior International Advisor 2011년 한국국제협력단(KOICA) 자문위원 2011년 (사)4월회 부회장 2015년 제1회 2016충무로뮤지컬영화제 자문위원 2015년 중국(우루무치) Silk Road Cities Forum 주석(현) 2016년 대한적십자사 RCY총동문회 회장(현) 2016년 서울센트럴생태공원 공동대표(현) 2017~2019년 (사)4월회 회장 2019년 네팔 룸비니불교대 석좌교수(현) (상)미국 건축

가협회 학술상(1969), 체육부 서울올림픽기장(1988), 대전EXPO 동탑산업훈장(1994), 대한민국 국립중앙박물관 현상설계 입상(1995) (저)'우리땅의 내일을 위하여'(1987) '서울을 위한 참 좋은 생각'(1988) '우리땅의 젊은이를 위하여'(1995) '사랑방 도시'(1998) '곽영훈에세이, 말. 글. 일. 삶. 얼'(2004) '대학로에서 서울의 미래를 꿈꾼다'(2004) (종)기독교

### 곽완섭(郭完燮) KWAK Wan Seob

(생)1957·7·17 (주)충청북도 충주시 충원대로 268 건국대학교 의료생명대학 바이오융합과학부(043-840-3521) (학)1984년 건국대 낙농학과졸 1986년 미국 버지니아폴리테크닉주립대 대학원 낙농학과졸 1990년 축산학박사(미국 버지니아폴리테크닉주립대) (경)2005년 건국대 의료생명대학 바이오융합과학부 교수(현) 2006~2012년 충북 보은군 속리산황토조랑우랑 한우브랜드 자문위원 2008~2011년 경북 상주시 명실상감 한우브랜드 자문위원 2010~2018년 한국동물자원과학회 한우연구회 학술이사 2018년 건국대 힐링바이오공유대학장(현) (저)'한국사양표준 한우'(2002)

### 곽용환(郭龍煥) KWAK Yong Hwan

(생)1958 · 12 · 20 (출)경북 고령 (주)경상북도 고령군 고령읍 왕릉로 55 고령군청 군수실(054-950-6001) (학)고령농고졸, 대구미래대학 행정법률정보과졸, 가야대 경영학과졸, 영남대 행정대학원 자치행정학과졸 (경)경북 고령군 쌍림면장, 同운수면장, 同다산면장, 한나라당 경북고령 · 성주 · 칠곡당원협의회 부위원장 2010년 경북 고령군수(한나라당 · 새누리당) 2010 · 2016년 가야문화권지역발전시장 · 군수협의회 의장 2013년 해군 고령함 명예함장 2014~2018년 경북 고령군수(새누리당 · 자유한국당) 2018년 경북 고령군수(자유한국당)(현) 2019년 국립중앙박물관 2019특별전 '가야본성 · 칼과 현' 추진위원회 위원(현) (상)기초자치단체장 매니페스토 우수사례 경진대회 우수상(2015), 농협중앙회 지역농업발전선도인상(2015), 한국지방자치경영대상 복지보건부문 대상(2016), TV조선 한국의 영향력 있는 CEO 혁신경영부문대상(2017 · 2019), '2017 한국국제관광세미나' 국제관광대상(2017), 대한민국소비자평가 우수대상(2018)

### 곽우철(郭禹哲) KWOCK Woo Chul (芳木)

(생)1947 · 7 · 10 (본)청주(淸州) (출)서울 (주)서울특별시 은평구 통일로 876 3층 에버그린투자자문(주) 비서실(02-318-0333) (학)1966년 중동고졸 1971년 성균관대 경제학과졸, 미국 오하이오주립대 대학원 경제학과 수료, 서강대 대학원 경제학과 중퇴, 同경영대학원 수료 2012년 성균관대 유학대학원졸(석사) 2015년 철학박사(성균관대) (경)한국외환은행 조사부 조사역, HSBC 부산지점 부장, 소시에테제너럴 서울지점 부지점장, 알타캡 부사장, SEI Investments 서울사무소 대표, 제일투자신탁운용(주) 사외이사, 인피니티(주) 대표이사, 템피스투자자문 부회장 2013년 인피니티(주) 대표이사 2014년 에버그린투자자문(주) 대표이사(현) (저)'뮤추얼펀드'(1999) '한민족은 몰락하고 있는가?'(2005) (역)'하나님과 씨름한 사람들'(1992) (종)기독교

### 곽원렬(郭源烈) KWAG Won Yul

(생)1953 · 5 · 3 (본)현풍(玄風) (출)경남 의령 (주)서울특별시 강남구 테헤란로 432 (주)DB메탈 임원실(02-3484-1610) (학)1972년 경북고졸 1976년 성균관대 경제학과졸 (경)1977년 삼성중공업(주) 입사 1988년 同부장 1991년 同기획실장 1995년 同이사대우 1997년 同경영기획팀장(이사) 2000~2001년 同상무이사 2002년 (주)신세계 이마트부문 지원본부장(상무) 2003년 同이마트부문 지원본부장(부사장) 2006년 同이마트부문 판매본부장(부사장) 2007~2008년 (주)신세계마트 대표이사 부사장 2010년 (주)동부메탈 최고재무책임자(CFO · 부사장) 2014~2017년 同대표이사 사장(CEO) 2017년 同이사회 의장 2017년 (주)DB메탈 이사회 의장(현) (종)천주교

### 곽인섭(郭仁燮) KWAK In Sub

(생)1956 · 8 · 14 (본)현풍(玄風) (출)경남 창녕 (주)부산광역시 중구 해관로 30 (주)팬스타트리(051-469-8801) (학)1976년 부산고졸 1982년 부산대 무역학과졸 1989년 미국 오하이오주립대 대학원 경제학과졸 2005년 부경대 대학원 박사과정(수산경영) 수료 (경)1981년 행정고시 합격(25회) 1983~1987년 경제기획원 예산실 보사예산담당관실 사무관 1990~1993년 국무총리행정조정실 제2행정조정관실 경제심의관실 사무관 1993~1995년 대통령 행정쇄신위원회 제도개선과장 1995~1997년 미국 상무성산하 해양대기청 연수 1997년 국무총리 국무조정실 · 경제행정조정관실 · 재경금융심의관실 과장 1999년 해양수산부 해양정책과장(부이사관) 2001년 同총무과장 2003년 同감사관 2004년 국방대 파견 2005년 국립해양조사원장 2005년 해양수산부 정책홍보관리실 재정기획관 2007년 부산지방해양수산청장 2007년 제17대 대통령직 인수위원회 경제2분과 전문위원 2008년 국토해양부 물류정책관(고위공무원) 2009년 2012여수세계박람회조직위원회 사무차장 2010~2011년 국토해양부 물류항만실장 2011~2015년 해양환경관리공단 이사장 2015~2019년 (주)한중훼리 대표이사 사장 2017~2019년 부산항만공사 항만위원 2019년 (주)팬스타트리 대표이사(현) 2019년 (주)팬스타신항국제물류센터 대표이사(현) (상)노동부장관표창(1986), 대통령표창(1992), 근정포장(1995), 홍조근정훈장(2010), 한국의 최고경영인상 가치경영부문(2013) (종)기독교

### 곽인찬(郭仁贊) KWAK In Chan

(생)1961 · 1 · 3 (출)인천 (주)서울특별시 영등포구 여의나루로 81 파이낸셜뉴스빌딩 8층 에프앤이노에듀(02-2179-5118) (학)1979년 제물포고졸 1986년 고려대 정치외교학과졸 (경)1986년 코리아헤럴드 외신부 기자 1988년 매일경제신문 외신부 기자 1988년 중앙경제신문 유통경제부 기자 1994년 중앙일보 편집부 기자 1999년 뉴스위크 한국판 취재부 기자 2000년 파이낸셜뉴스 국제부 차장 2001년 同국제부 부장대우 2001년 同국제부장 직대 2002년 同국제부장 2002년 同정치경제부장 2003년 同인터넷부장 2004년 同편집국 인터넷부 부국장대우 겸 국제부장 2006년 同논설위원 겸 경제연구소장(부국장대우) 2009년 同논설위원실장 2013년 同논설실장(국장급) 2015년 同논설실장(이사대우) 2018~2019년 同논설실장(이사) 2019년 금융감독원 금융감독자문위원회 위원(현) 2019년 국회 입법조사처 자문위원회 위원(현) 2019년 (주)에프앤이노에듀 이사(현)

### 곽재석(郭載碩) KWAK Jai Seok

(생)1961 · 6 · 27 (본)현풍(玄風) (출)대구 (주)서울특별시 영등포구 도림로 176 (사)한국이주 · 동포정책개발연구원 원장실(02-703-5433) (학)1984년 인하대졸 1986년 한국학중앙연구원 한국학대학원 정치학과졸 1996년 정책분석학박사(미국 일리노이주립대) (경)2001~2002년 대통령비서실 행정관 2003~2006년 한국교육개발원 연구위원 · 국제협력실장 2004~2006년 KEDI Journal of Educational Policy 편집인 2005~2006년 세종대 겸임교수 2005~2006년 세계은행 GDN사업 아시아지역총괄 사무총장 2006년 유네스코 몽골 EPA(모든 이를 위한 교육)사업 Special Coordinator 2006년 법무부 외국적동포과장 2008~2009년 同외국적동포팀장 2009년 이주동포정책연구소 소장 2009년 이주동포종합전문저널 '미드리' 편집인(현) 2011~2014년 (사)재외동포기술연수지원단 이사 2012년 서울지방경찰청 외사협력자문위원회 위원 2013년 (사)한국이주 · 동포정책개발연구원 원장(현) 2013~2015년 법무부 이민정책자문위원회 위원 2015~2016년 한중사랑학교 교장 2016~2017년 대통령직속 국민대통합위원회 '함

께하는다문화포럼' 위원 2017년 인하대 정책대학원 겸임교수(현) 2017년 한중커뮤니티리더스포럼 공동대표(현) (역)'세계화와 중등교육의 새로운 아젠다'(2005) '다문화사회 미국의 이민자통합정책'(2009) (종)기독교

**곽재선(郭載善) KWAK Jea Sun**

(생)1959 · 1 · 15 (출)대전 (주)서울특별시 중구 통일로 92 KG타워 21층 회장실(02-3772-0100) (학)1984년 성균관대 경영대학원졸 2013년 명예 경영학박사(세종대) (경)KG그룹(KG케미칼 · KG에듀원 · KG ETS · KG제로인 · KG올앳 · KG이니시스 · KG모빌리언스 · KG써닝라이프 · KG에너캠 · 이데일리 · 이데일리C&B · KFC) 회장(현), 한국무역협회 부회장(현), 同서비스물류위원회 위원(현), (재)선현문화나눔협회 회장, 한국중견기업연합회 부회장 2019년 KG동부제철 회장(현) (상)석탑산업훈장(2005), 한국경제신문 친환경경영대상(2006), 경기도지사 우수기업인상(2008), 경기도 성실납세자상(2010), 서울대 AIP 산업대상(2016), 철탑산업훈장(2016) (저)'간절함이 열정을 이긴다'(2013, 미래의창) (종)기독교

**곽재영(郭宰榮) Jai-Young Koak**

(생)1965 (본)청주(淸州) (출)서울 (주)서울특별시 종로구 대학로 101 서울대학교치과병원 치과(02-2072-3114) (학)서울대 의대졸 1994년 同대학원 의학석사 1999년 의학박사(서울대) (경)1991~1994년 서울대 치과병원 보철과 수련의 1997~1998년 同치과병원 보철과 전임의 1998~1999년 삼성서울병원 보철과 전임의 1999~2000년 한일병원 보철과장 2000년 서울대 치과대학 치과보철학교실 교수(현) 2004~2005년 미국 버클리대 교환교수, 서울대 치학연구소 연구원 2017년 관악서울대치과병원 병원장(현)

**곽재웅(郭在雄) KWAK Jae Woong**

(생)1959 · 1 · 10 (본)현풍(玄風) (출)전북 익산 (주)서울특별시 영등포구 국회대로 786 B&B타워 5~8층 바른미래당(02-715-2000) (학)1983년 전주대 불어불문학과졸 2012년 고려대 교육대학원 최고위과정 수료, 同정책대학원 도시및지방행정학 석사과정 수료 (경)산업경제포커스 논설위원, 아이비플랜논술학원 원장, 한국환경평생교육원 주임교수, 대한민국ROTC중앙회 부회장 2006년 서울시의원선거 출마(무소속), 민주당 중앙당 다문화가정특별위원회 부위원장 2010~2014년 서울시의회 의원(민주당 · 민주통합당 · 민주당) 2010년 同교육위원회 부위원장 2010년 同정책연구위원회 부위원장 2010년 同CNG버스안전운행지원특별위원회 위원 2012년 同안전관리및재난지원특별위원장 2012년 민주통합당 직능위원회 부위원장 2012년 同서울시당 노동위원회 부위원장 2012~2014년 서울시의회 저탄소녹색성장및중소기업지원특별위원회 위원 2013~2014년 同도시외교지원특별위원회 위원 2013~2014년 同서소문역사공원조성특별위원회 위원 2013~2014년 同강남 · 북교육격차해소특별위원회 위원 2013~2014년 同2018평창동계올림픽지원및스포츠활성화를위한특별위원회 위원 2014년 서울시의원선거 출마(무소속) 2018년 서울시의원선거 출마(바른미래당) 2019년 바른미래당 나눔과봉사위원회 위원장(현) (상)국방부장관표창(1983) (종)천주교

**곽재환(郭在煥) KWAK Jay Whan**

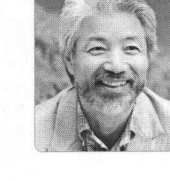

(생)1952 · 1 · 2 (본)현풍(玄風) (출)대전 (주)서울특별시 서초구 반포대로39길 56-14 와이즈빌딩 3층 칸(間)종합건축사사무소(02-536-4743) (학)1974년 영남대 건축공학과졸 (경)1980~1987년 (주)김중업종합건축사사무소 이사 1987년 건축그룹 칸(間)(舊 맥건축)종합건축사사무소 대표이사(현) 1992년 대한민국건축대전 초대작가 1992~1994년 경기대 건축공학과 설계스튜디오 튜터 2003~2007년 서울시립대 건축도시조경학부 겸임교수 2004~2011년 한국건축가협회 이사 2004~2005년 (주)맥포럼 대표이사 겸 도서문화계간지 '시티몽키' 발행인 2007~2008년 대한민국건축문화제 위원장 2007~2009년 영남대 건축디자인전문대학원 겸임교수 2009년 파주문화특구 헤이리예술마을 지명건축가(현) 2009~2012년 건축문화학교 교장 2009년 삼육대 건축학과 겸임교수(현) 2010~2011년 서울건축문화제 집행위원장 겸 총감독 2011~2014년 (사)동북아평화연대 상임대표 2018년 서울시 공공건축가(현) (상)올림픽기장(1988), 한국건축문화대상(2000), 한국건축가협회상(2001), 은평건축상 금상(2001 · 2002), 은평구공로패(2001), 한국건축문화대상 본상(2001), 서울시건축상 은상(2002), 한국건축가협회 공로장(2006 · 2008 · 2010), 대한민국공간문화대상 대통령표창(2007), 건축대전 문화관광부장관표창(2007), 예총예술문화상(2009), 건축의날 국토해양부장관표창(2011), 한국문화공간건축학회 차세대문화공간건축상 지도공로상(2013), 국무총리표창(2017) (저)'4.3GROUP작품집(共)'(1992, 안그라픽스) '4.3 · ECHOES OF AN ERA(共)'(1994, 4.3그룹) '시베리안렐소디'(2012, 도서출판 류가헌) (작)'서울올림픽기념상징조형물(평화의문)'(1985) '비전힐스 골프클럽하우스'(1995) '은평구립도서관'(1997) '제일영광교회'(1998) '흑빛청소년문화센터'(2005) '에이블아트센터'(2007) '자혜학교 직업전환교육센터'(2008)

**곽점홍(郭占洪)**

(생)1960 · 3 · 28 (주)세종특별자치시 한누리대로 2130 세종특별자치시청 환경녹지국(044-300-7200) (학)청주대졸 (경)1979년 공무원 임용(9급 공채), 국무조정실 세종시지원단 행정활성화팀장 2013년 세종특별자치시 인사조직담당관실 서기관 2014년 同녹색환경과장 2014년 同농업유통과장 2015년 同경제산업국 일자리정책과장 2016년 同경제산업국장 2016년 교육파견(국장급) 2018년 세종특별자치시의회 사무처장 2018년 세종특별자치시 환경녹지국장(현) (상)내무부장관표창, 모범공무원 국무총리표창, 대통령표창

**곽정경(郭貞京 · 女) Jane Kwak**

(생)1962 · 12 · 4 (주)서울특별시 영등포구 63로 50 63한화생명빌딩 48층 한국신용평가(주)(02-787-2310) (학)1980년 정신여고졸 1984년 덕성여대 영어영문학과졸 1994년 미국 George Washington 대학원 MBA (경)1991~1996년 세계은행 컨설턴트 1996~1998년 왓슨와이어트 서울지점 · 홍콩지점 수석컨설턴트 1998~2001년 스탠다드차타드은행 서울지점 재무담당임원(CFO) 2001~2009년 메릴린치증권 서울지점 재무담당임원(상무 · CFO) 겸 관리총괄임원(CAO) 2010~2015년 한국스탠다드캐피탈(주) 재무담당최고임원(상무 · CFO) 2015년 한국신용평가(주) 경영지원총괄 상무(CFO) 2015년 同대표이사 겸임 2017년 同경영지원총괄본부장(전무)(현)

**곽정소(郭正昭) KWAK JUNG SO**

(생)1955 · 6 · 20 (본)현풍(玄風) (주)서울특별시 서초구 마방로10길 5 태석빌딩 4층 KEC그룹 비서실(02-3497-5586) (학)1978년 일본 무사시공과대학졸 (경)1978년 일본 SHINKO TRADING CO. Ltd., 취체역(取締役) 1982년 (주)KEC 상무이사 1982년 同전무이사 1984년 신한전자(주) 대표이사 사장 1985년 일본 SHINKO TRADING CO., Ltd. 취체역(取締役) 부회장 1986년 (주)KEC 부사장 1987년 同대표이사 사장 1995년 전자부품기술연구소 운영위원 1995년 신한은행 경영자문위원회 위원 1998년 한국전자정보통신산업진흥회 부회장 1999년 在日한국인본국투자협회 회장 2000년 신한은행 사외이사 2001년 KEC그룹 회장(현) 2001년 KEC과학교육재단 이사장(현) 2002년 전국경제인연합회 이

사 2006년 在日한국인본국투자협회 이사 2006년 (주)한국전자홀딩스 대표이사 회장(현) 2012년 한국전자정보통신산업진흥회 부회장(현) (상)금탑산업훈장(1992), 모범납세자상

**곽정안(郭正安)**

(생)1967 · 11 · 8 (출)경남 거제 (주)서울특별시 종로구 종로5길 86 서울지방국세청 국제조사1과(02-2114-5104) (학)마산중앙고졸, 세무대학졸(6기), 호주 퀸즈랜드대 대학원졸 (경)1988년 세무공무원 임용 1988년 서울 종로세무서 총무과 근무 1992년 서울 서대문세무서 소득세과 근무 1993년 서울 강남세무서 부가세과 근무 1996년 서울지방국세청 직세국 국제조세2과 근무 2000년 同조사2국 조사4과 근무 2005년 국세청 소득파악인프라추진단 근무 2007년 서울지방국세청 감사관실 근무 2009년 국세청 소득지원국 소득지원과 근무 2012년 서울지방국세청 국제거래조사국 국제조사2과 근무 2014년 국세청 조사국 세원정보과 근무 2015년 同역외탈세정보담당관실 1계장 2016년 서기관 승진 2017년 제주세무서장 2019년 서울지방국세청 국제조사1과장(현)

**곽정용(郭正龍) KAWK Jung Yong**

(생)1959 · 8 · 16 (주)경상북도 경주시 외동읍 문산공단안길 44 엔브이에이치코리아(주) 임원실(054-779-1822) (학)성남고졸, 숭실대 기계공학과졸 (경)현대모비스(주) 모듈부품개발부 · 해외부품개발부 · 수출부품개발팀 이사대우 2007년 同수출부품개발팀 이사, 同모듈개발실장(이사) 2008년 同모듈개발실 · 부품개발실장(상무) 2010년 同중국 강소모비스 총경리(상무) 2011년 同중국 강소 · 상해 · 무석모비스 총경리(상무) 2013년 同중국 강소모비스 총경리(상무) 2013년 同중국 강소모비스 총경리(전무) 2015~2016년 同베이징법인장 겸 MBJ담당 전무, 엔브이에이치코리아(주) 대표이사 사장(현)

**곽정한(郭楨漢) GWAK Jung Han**

(생)1971 · 2 · 14 (출)대전 (주)대전광역시 서구 둔산중로78번길 45 대전지방법원(042-470-1114) (학)1989년 유성고졸 1997년 연세대졸 (경)1998년 사법시험 합격(40회) 2001년 사법연수원 수료(30기) 2001년 수원지검 성남지청 검사 2003년 춘천지검 영월지청 검사 2004년 대구지검 검사 2006년 수원지검 검사 2007년 제주지법 판사 2011년 광주고법 제주부 판사 2012년 수원지법 여주지원 판사 2014년 인천지법 판사 2015년 서울북부지법 판사 2017년 대전지법 부장판사(현)

**곽정환(郭錠煥) KWAK Chung Hwan**

(생)1936 · 1 · 22 (본)현풍(玄風) (출)대구 달성 (주)서울특별시 종로구 경희궁길 46 축구회관 5층(02-2002-0690) (학)1955년 경북고졸 1957년 경북대 법대 수료 1974년 상지대 법학과졸 1976년 건국대 대학원 철학과졸 1983년 명예 인류학박사(필리핀 바기오대) 2002년 명예 신학박사(미국 통일신학대학원) (경)1979~2011년 국제문화재단(ICF) 회장 1982~2011년 국제구호친선재단(IRFF) 회장 1988년 세계일보 사장 겸 발행인 1988~2007년 세계문화체육대전(WCSF) 조직위원장 1988~2010년 프로축구 성남일화천마 구단주 1996~2009년 선문학원 이사장 1997~1999년 세계일보 부회장 1998~2007년 미국 워싱턴타임즈 회장 1999~2009년 세계평화초종교초국가연합(IIFWP) 세계회장 2000~2009년 미국 Univ. of Bridgeport 학원재단 이사장 2000~2010년 세계NGO연합회(WANGO) 회장 2002년 UPI통신사(United Press International) 회장 2002~2009년 피스컵조직위원회 위원장 2004~2006년 유지재단 이사장 겸 통일그룹 한국회장 2004~2008년 세계평화통일가정연합(FFWPU) 세계회장 2005 · 2007 · 2009~2011년 한국프로축구연맹 회장 2005~2009년 천주평화연합(UPF) 세계회장 2007~2012년 국제축구연맹(FIFA) 전략위원회 위원 2008~2010년 평화통일재단 이사장 2008~2012년 아시아축구연맹(AFC) 장애인축구 및 사회공헌위원회 위원장 2008년 국제피스스포츠연맹 이사장 2009~2010년 프로스포츠단체협의회 회장 2011~2015년 아시아축구연맹(AFC) 사회공헌위원회 위원 겸 상임고문 2011년 (사)한국프로축구연맹 명예회장(현) (상)바이비르싱(Bai Vir Singh) 세계평화상 (저)'Outline of the Divine Principle' 'The Tradition' 곽정환 특별강연문집 '세계평화의 비전'(2007, 성화출판사) '나비작전 : 공산세계를 개척한 지하 선교사들의 이야기'(2008, 성화출판사) (종)통일교

**곽종욱(郭鍾旭) Kwak, Jong Wook**

(생)1975 · 10 · 24 (본)현풍(玄風) (출)대구 (주)경상북도 경산시 대학로 280 영남대학교 공과대학 컴퓨터공학과(053-810-3533) (학)1993년 대구 달성고졸 1997년 경북대 컴퓨터공학과졸 2001년 서울대 대학원 컴퓨터공학과졸 2006년 공학박사(서울대) (경)1999~2000년 (주)Mobile Tech 연구원 2003년 이화여대 전자공학과 강사 2005년 수원대 IT대학 컴퓨터공학과 강사 2006~2007년 삼성전자 반도체총괄System LSI사업부 SOC연구소 책임연구원 2007년 영남대 컴퓨터공학과 전임강사 2009~2013년 同컴퓨터공학과 조교수 2009~2013년 지식경제부 R&D사업평가지식경제기술혁신평가단 위원 2011년 대구시교육과학연구원 사이버과학관고도화사업추진위원회 위원 2011년 조달청 기술평가위원(현) 2011년 서울대 컴퓨터신기술공동연구소 객원연구원 2012~2013년 미국 조지아공대(Georgia Institute of Technology) 방문교수 2012년 한국과학기술정보연구원(KISTI) 과학기술정보협의회 ACE(ASTI Core Expert) 전문가(현) 2012년 한국컴퓨터정보학회 이사 겸 편집위원 2012~2014 · 2017년 미국 세계인명사전 'Marquis Who's Who in the World'에 등재 2012년 영국 IBC(International Biographical Centre) 'Top 100 Engineers'에 등재 2013년 산업통상자원부 R&D사업평가지식경제기술혁신평가단 위원(현) 2013년 한국정보화진흥원 정보화사업평가위원(현) 2013년 미국 ABI(American Biographical Institute) 'Great Minds of the 21st Century'에 등재 2013년 영남대 공과대학 컴퓨터공학과 부교수 · 교수(현) 2014~2015년 同DREAM소프트웨어인재양성사업단장 2016년 同프라임사업컴퓨터사업단 부단장 2018~2019년 미국 애리조나주립대 방문교수 (상)한국정보과학회 우수발표논문상(2004), 한국정보과학회 최우수논문상(2011), 한국정보처리학회 최우수논문상(2011), 영남대 최우수교수상(2011), 영남대 강의우수교수상(2012), 영남대 영어강의우수교수상(2013), 한국멀티미디어학회 우수논문상(2014), 대한임베디드공학회 우수논문상(2015), 영남대 강의우수교수상 대상(2015), 미국 세계인명사전 Marquis Who's Who 선정 'Albert Nelson Marquis Lifetime Achievement Award'(2017), 한국컴퓨터정보학회 우수논문상(2018), 한국컴퓨터정보학회 학술상(2018) (저)'HDL을 활용한 디지털 시스템 설계'(2008, 영남대 출판부) 'UNIX 기반 운영체제 입문'(2011, 도서출판 한산) (역)'디지털 논리회로 설계-Verilog 기초'(2009, 도서출판 한산) 'Verilog 합성, 최적의 합성을 위한 설계 가이드'(2010, 홍릉과학출판사) (종)기독교

**곽종훈(郭宗勳) KWAK Jong Hun**

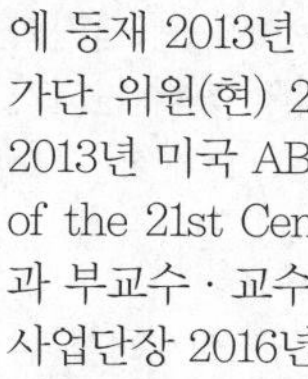

(생)1951 · 8 · 7 (출)전북 남원 (주)서울특별시 서초구 서초중앙로 158 남계빌딩 302호 법무법인 이경(02-6497-5500) (학)1970년 전주고졸 1975년 서울대 법과대학졸 (경)1981년 사법시험 합격(23회) 1983년 사법연수원 수료(13기) 1983년 전주지법 판사 1986년 同정읍지원 판사 1988년 전주지법 판사 1990년 수원지법 판사 1994년 서울고법 판사 1996년 서울지법 판사 1997년 대법원 재판연구관 1999년 전주지법 부장판사 2000년 인천지법 부장판사 2002년 서울지법 부장판사 2004

년 서울중앙지법 부장판사 2005년 서울북부지법 부장판사 2006년 광주고법 부장판사 2006년 서울고법 부장판사(의료사건전담재판장) 2010년 同행정7부 부장판사 2012년 同수석부장판사 2012년 의정부지법원장 2014~2016년 서울고법 부장판사 2016년 법률사무소 이경 대표변호사 2017년 법무법인 이경 대표변호사(현) (종)기독교

**곽중철(郭重哲) KWAK Joong Chol**

(생)1953·4·2 (본)현풍(玄風) (출)대구 (주)서울특별시 동대문구 이문로 107 한국외국어대학교 통번역대학원(02-2173-2437) (학)1972년 경북고졸 1976년 한국외대 영어과졸 1983년 프랑스 파리제3대 통역대학원졸 1996년 연세대 언론홍보대학원졸 2003년 언론학박사(경희대) (경)1984년 서울올림픽조직위원회 통역과장 1989년 국제민간경제협의회(IPECK) 홍보실장 1990~1993년 대통령 공보비서관 1993년 종합유선방송위원회 관리국장 1994년 YTN 월드뉴스부장 1998년 同국제부장 겸 위성통역팀장 1999년 同자문위원 1999년 다락원 '방송영어' 감수위원 1999~2018년 한국외대 통번역대학원 교수 2000~2001년 同통역번역연구소장 2001년 공정거래위원회 경쟁정책자문위원회 자문위원 2006~2007년 한국외대 통번역대학원장 2006~2007년 同통번역원장 2012~2016년 (사)한국통번역사협회 회장 2014년 한국외대 외국어연수평가원장 2016년 同통번역센터장 2017년 세계번역가연맹(FIT) 이사(현) 2018년 한국외대 통번역대학원 명예교수(현) 2019년 제9차 아태통번역포럼(APTIR9) 조직위원장 (상)체육훈장 백마장(1984), 홍조근정훈장(1992), 영화진흥위원회 우수영화도서선정(2005), 외교통상부장관표창(2012) (저)'통역이야기-남의 말을 내말처럼'(1992) 'CNN 리스닝 다락원'(1998) '통역 101'(2000) '곽중철의 통역사 만들기'(2001) '영어리스닝 CNN 직청직해로 끝낸다'(2003) '곽중철의 통역강의록'(2012) '회의통역해설'(2012) '병원에서 통하는 영어'(2015) '인간통역 40년을 돌아보다'(2018) (역)'저작권법에 대한 101가지 질문'(2002) 'TV와 영화 산업의 계약- 대본부터 배급까지(共)'(2005) '의료통역입문'(2009) '법률통번역입문'(2010) '웹 현지화와 번역'(2015) '영어 의료통역의 모든 것'(2016) '회의 통역 완벽가이드'(2018) 외 다수 (종)기독교

**곽진오(郭珍午)**

(생)1962·2 (주)경기도 용인시 기흥구 삼성로 1 삼성디스플레이 연구소(031-5181-1114) (학)물리학박사(서울대) (경)1987년 삼성SDI 연구소 입사 1998년 삼성전자(주) LCD개발팀 근무 2009년 同SMD제품개발팀장(상무) 2012년 삼성디스플레이(주) SDC개발실장(전무) 2012년 同OLED개발실장(전무) 2015년 同OLED개발실장(부사장) 2017년 同연구소장(부사장)(현) (상)산업포장(2013)

**곽진희(郭珍姬·女) KWAK, Jin-Hee**

(생)1967·3·14 (본)현풍(玄風) (출)대구 (주)경기도 과천시 관문로 47 방송통신위원회 방송정책국 방송광고정책과(02-2110-1270) (학)1985년 효성여고졸 1989년 경북대 신문방송학과졸 1991년 同대학원 신문방송학과졸 2001년 신문방송학박사(성균관대) (경)1991년 방송위원회 입사, 同정책연구실·정책부·연구조사부 근무 1998~1999년 방송개혁위원회 전문위원 2003년 방송위원회 방송정책실 정책1부장 2006년 同국제교류부장 직대 2008년 방송통신위원회 기획조정실 의안조정팀장(서기관) 2009년 외국 파견(서기관) 2011년 방송통신위원회 정책관리담당관 2012년 同편성평가정책과장 2015년 同방송정책국 방송정책기획과장(서기관) 2016년 同방송정책국 방송정책기획과장(부이사관) 2018년 同이용자정책국 이용자정책총괄과장 2019년 同방송정책국 방송광고정책과장(현) (상)방송통신위원장표창(2012), 대통령표창(2013) (저)'디지털시대 미디어폭력연구'(2004, 한울)

**곽창신(郭昌信) KWAK Chang Shin**

(생)1952·9·4 (출)충북 괴산 (주)서울특별시 광진구 능동로 209 세종대학교 대외부총장실(02-3408-3001) (학)1970년 서울 중동고졸 1976년 서울대 영어과졸 1983년 同행정대학원졸 1994년 철학박사(미국 아이오와대) (경)1979년 행정고시 합격(22회) 1979~1992년 충북도·총무처·경북대·안동대·중앙교육평가원 행정사무관·교육부 정화담당관실·교육협력과·대학학무과 행정사무관 1992~1997년 창원대 근무·교육부 재외동포과·대학지원총괄과장 1997년 교육부 대학지원과장(부이사관) 1998년 충북도교육청 부교육감 2000년 국가전문행정연수원 교육행정연수부장 2000년 유네스코본부(파리) 파견 2003년 전남대 사무국장(이사관) 2004년 재정경제부 경제정책심의관 2005년 교육인적자원부 대학혁신추진단장 2007년 同평생직업교육지원국장 2008년 서울대 시설관리국장 2009년 한나라당 수석전문위원 2010년 교육과학기술부 학술연구정책실장 2011년 同교원소청심사위원회 위원장 2012~2015년 단국대 교육대학원 교수 2012년 서울 송파구선거관리위원회 위원 2015년 세종대 교육대학원 교수(현) 2015~2019년 同대외부총장 2015년 同교육대학원장(현) (상)총무처장관표창, 대통령표창(1985), 홍조근정훈장(2010) (저)'현대사회와 직업윤리'(共) (역)'일본인의 직업윤리' '학교행정의 윤리와 쟁점'(共)

**곽창호(郭昌昊)**

(생)1958·4·30 (주)서울특별시 강남구 테헤란로 440 포스코센터 동관 6층 포스코경영연구원(02-3457-8000) (학)1976년 경복고졸 1984년 한국외국어대졸 1991년 경제학박사(미국 텍사스대) (경)1983~1985년 한국수출입은행 행원 1991~1994년 투자금융경제연구소 연구조정위원 1998~2000년 자민련 총재 자문위원 2000년 국무총리 자문관 2000~2003년 공정거래위원회 정책평가위원 2005~2009년 (주)포스코경영연구소 델리사무소장 2010~2011년 同연구조정실장 2011~2013년 同경영컨설팅센터장(상무) 2012년 한국인도사회연구학회 회장, 同고문(현) 2013년 (주)포스코경영연구소 미래창조연구실장(전무) 2014년 同대표이사 소장 2015년 (주)포스코경영연구원 대표이사 원장 2019년 同상임고문(현)

**곽채기(郭彩基) Kwak,Chae Ki**

(생)1961 (주)서울특별시 중구 필동로1길 30 동국대학교 사회과학대학 행정학과(02-2260-3255) (학)전남대 행정학과졸 1986년 서울대 대학원 행정학과졸 1994년 행정학박사(서울대) (경)지방행정연수원 교수, 전남대 행정학과 교수 1999~2009년 한국거버넌스학회 이사, 행정자치부 지방행정혁신평가위원 2007년 同지방세지출예산제도 자문위원, 동국대 사회과학대학 행정학과 교수(현) 2017~2019년 同행정대학원장 겸 사회과학대학장 2017년 대통령직속 정책기획위원회 분권발전분과 위원(현) 2018년 국무총리소속 공직인사혁신위원회 민간위원(현) 2019년 한국공기업학회 회장(현) 2019년 동국대 교무부총장(현)

**곽철승(郭澈勝) Kwark Cheol Seung**

(생)1959·3·10 (주)서울특별시 중구 을지로 66 구 외환은행 본점 하나에프앤아이(주)(02-3708-2114) (학)1978년 경기고졸 1987년 서울대 경제학과졸 1990년 同대학원 행정학과졸 (경)1988년 외환은행 입행 2004년 同KPI팀장 2005년 同인사운용부 팀장 2006년 同캐나다법인 벤쿠버지점장 2010년 同해외사업본부 국제금융조사역 2010년 同재무기획부 팀장 2011년 同재무기획부장 2012년 同기획관리그룹장 2013년 同강동영업본부장 2014년 同IB본부장 2014년 하나금융지주 재무전략실 상무 2015년 同최고재무책임자(CFO·상무) 2017~2018년 同그룹전략총괄 겸 그룹재무총괄 전무(CFO·CSO) 2017년 KEB하나은행 비상임이사 2019년 하나금융지주 전무 2019년 하나에프앤아이(주) 대표이사(현)

**곽태수(郭泰洙) Kwak Tae Soo**

(생)1962·10·7 (주)전라남도 무안군 삼향읍 오룡길 1 전라남도의회(061-286-8200) (학)전남도립남도대 원예산업과졸 (경)장흥군한우협회 감사, 대덕새마을금고 이사장 2010년 전남 장흥군의회 의원(민주당·민주통합당·민주당·새정치민주연합) 2012년 同부의장 2014~2018년 전남 장흥군의회 의원(새정치민주연합·더불어민주당·국민의당) 2014~2016년 同의장 2016~2018년 同산업경제위원장 2018년 전남도의회 의원(더불어민주당)(현), 同경제관광문화위원회 위원(현), 同예산결산특별위원회 위원(현), 同남북교류협력 지원특별위원회 위원장(현) (상)대한노인회 노인복지증진표창(2016), 대한기자협회 광주·전남협회 '호남을 빛낸 인물대상'(2018)

**곽태철(郭泰哲) KWAK Tae Chul**

(생)1955·6·2 (출)부산 (주)서울특별시 서초구 서초대로 396 강남빌딩 9층 법무법인 대서양(02-588-5900) (학)1973년 부산고졸 1977년 서울대 법학과졸 1997년 서울대 법학대학원졸 (경)1978년 軍법무관 임용시험 합격(3회) 1978년 공군 법무관 1981년 사법시험 합격(23회) 1983년 사법연수원 수료(13기) 1986년 서울지법 의정부지원 판사 1987년 同동부지원 판사 1989년 독일 Bonn대 연수 1990년 서울형사지법 판사 1992년 부산지법 판사 1994년 헌법재판소 헌법연구관 1995년 서울고법 판사 1997년 대법원 재판연구관 1998년 대전지법 천안지원 부장판사 1999년 법무법인 태평양 변호사 2000년 법원행정처 행정심판위원회 위원 2000~2009년 국무총리 행정심판위원회 위원 2004년 한국상장회사협의회 주식업무자문위원(현) 2004~2007년 건설교통부 건설공제조합운영위원회 위원 2004~2007년 교육인적자원부 사학분쟁조정위원회 위원 2005년 재정경제부 국세예규심사위원회 민간위원 2006~2008년 대한변호사협회 조사위원 2008~2009년 기획재정부 고문변호사 2008~2009년 서울지방국세청 과세전적부심사위원회 위원 2009~2011년 국세청 고문변호사 2012~2014년 대한변호사협회 세제위원회 위원 2012~2015년 기획재정부 공공기관운영위원회 위원 2012~2014년 (사)한국세법학회 부회장 2014년 同고문(현) 2014년 조달청 고문변호사(현) 2014~2018년 법무법인(유) 태평양 대표변호사 2016년 대한상사중재원 중재인(현) 2018년 법무법인 대서양 대표변호사(현) (상)대통령표창(2005), 2009청조인상 동창회기여부문(2010), 헌법재판소장표창(2015) (종)천주교

**곽한식(郭漢植) KWAK Han Shik**

(생)1956·9·11 (출)경기 (주)대전광역시 서구 배재로 155-40 배재대학교 바이오·의생명공학과(042-520-5387) (학)1979년 연세대 생화학과졸 1986년 同대학원 생화학과졸(이학석사) 1988년 이학박사(연세대) (경)미국 국립보건원 Visiting Fellow, 배재대 생명유전공학과 교수 2001~2003년 同자연과학대학장 2012년 同바이오·의생명공학과 교수(현) 2012~2014년 同대학발전추진본부장 2017~2018년 同대학원장 (저)'박테리아 분자유전학'(2003) '유기화학의 이해'(2005) '생화학(제6판)'(2009) '생화학(4판)'(2011) (역)'생화학'(2005)

**곽　현(郭 賢) Kwak hyun**

(생)1968·10·18 (주)서울특별시 중구 세종대로 110 서울특별시청 시장실 소통전략실(02-2133-6075) (학)1987년 서울 오산고졸 1996년 서울대 동물자원과학과졸 (경)1996~1997년 경제정의실천시민연합 정책실 시민입법국 간사 1997~1999년 同환경개발센터 연구원 2003~2004년 (사)환경정의 정책실장 2004~2008년 국회의원 우원식 보좌관 2008~2009년 민주당 민주정책연구원 환경·에너지 담당연구원 2009~2010년 同정책위원회 환경전문위원 2010~2012년 국회의원 이미경 보좌관 2012년 민주통합당 문재인 대통령후보 메시지보좌역 2012~2017년 국회의원 우원식 보좌관 2017~2018년 더불어민주당 정책조정실장·국회 정책연구위원 2018년 박원순 서울시장후보 선거대책위원회 메시지실장 2018년 서울시 소통전략실장(현)

**곽현준(郭賢竣·女)**

(생)1972 (주)서울특별시 영등포구 의사당대로 1 국회사무처(02-788-2548) (학)서울대 불어불문학과졸, 同대학원 행정학과졸 (경)1996년 입법고시 합격(14회) 1996년 국회사무처 공보국 여성계장 2003년 同보건복지위원회 입법조사관(서기관) 2006년 同정보위원회 입법조사관 2007년 同공보관실 홍보담당관 2009년 駐프랑스 주재관 2016년 국회사무처 안전행정위원회 입법조사관(부이사관) 2017년 同인사과장 2018년 同법제실 경제법제심의관 2019년 同공보관(현)

**곽형근(郭亨根) KWAK Hyung Keun**

(생)1949·7·14 (본)현풍(玄風) (출)서울 (주)경기도 성남시 분당구 황새울로319번길 8-6 수의과학회관 301호 한국동물약품협회(031-707-2470) (학)1968년 중앙고졸 1973년 서울시립대 수의학과졸 2008년 건국대 대학원 수의학과졸 2016년 이학박사(한경대) (경)1976~1992년 농림부 축산국 축산물위생담당 1994년 국립동물검역소 국제검역담당사무관 1995년 농림부 축산국 사무관 1998년 同축산물위생담당 서기관 1999년 국립수의과학검역원 위생관리과장 2006년 同축산물안전검사부장 직대(부이사관) 2006~2009년 (사)축산물HACCP기준원 원장 2009년 건국대·제주대 수의대학 겸임교수 2010~2014년 한국동물약품기술연구원장 2011년 (사)한국동물약품협회 상근부회장 2013년 한국수의학교육인증원 이사(현) 2014~2016년 한국식품안전관리인증원 이사 2015년 축산물안전관리인증원 이사 2015~2016년 식품의약품안전처 축산물위생심의위원회 위원 2016년 (사)한국동물약품협회 회장(현) 2016년 가축위생방역지원본부 이사(현) (상)근정포장(2006)

**곽형섭(郭亨燮)**

(생)1974·10·26 (출)전남 장성 (주)경상북도 안동시 강남로 304 대구지방법원(054-850-5020) (학)1992년 금호고졸 1999년 전남대 법학과졸 (경)2001년 사법시험 합격(43회) 2004년 사법연수원 수료(33기) 2004년 광주지법 예비판사 2005년 광주고법 예비판사 2006년 광주지법 판사 2007년 수원지법 판사 2010년 서울행정법원 판사 2012년 서울북부지법 판사 2014년 서울중앙지법 판사 2016년 서울서부지법 판사 2019년 대구지법 안동지원·대구가정법원 안동지원 부장판사(현)

**곽희섭(郭熙燮)**

(생)1966·10·29 (주)경기도 과천시 관문로 47 방위사업청 정보화기획담당관실(02-2079-6775) (학)1986년 안양 신성고졸 1992년 서강대 화학공학과졸 2000년 연세대 대학원 전자계산학과졸 2015년 경영학박사(성균관대) (경)1992~2003년 삼성SDS 책임컨설턴트 2003~2016년 한국정보화진흥원 정보자원관리팀장·디지털문화기획팀장 2016~2019년 조달청 전자조달관리과장 2019년 방위사업청 정보화기획담당관(현)

**구경민(具炅旼·女)**

(생)1980·5·27 (주)부산광역시 연제구 중앙대로 1001 부산광역시의회(051-888-8245) (학)대동대학 간호과졸 (경)더불어민주당 대변인단 부대변인 겸 부산시당 기장군지역위원회 사무국장 2018년 부산시의회 의원(더불어민주당)(현) 2018년 同복지환경위원회 위원(현) 2018년 同시민중심 도시개

발 행정사무조사특별위원회 위원(현) 2018년 同윤리특별위원회 위원(현) 2018년 同예산결산특별위원회 부위원장(현) 2018년 부산광역시 간호사회 정책특별위원회 위원(현)

### 구경회(具暻會) KOO Kyung Hoi

(생)1957·5·5 (주)경기도 성남시 분당구 구미로 173번길 82 분당서울대병원 정형외과(031-787-7194) (학)1976년 경기고졸 1982년 서울대 의대졸 1986년 同대학원 의학석사 1990년 의학박사(서울대) (경)1982~1983년 서울대병원 수련의 1983~1986년 同방사선과 전공의 1986~1988년 춘천의료원 방사선과장 1988~1992년 서울대병원 정형외과 전공의 1992~2003년 경상대 의대 정형외과학교실 전임강사·조교수·부교수 1996년 미국 버지니아의과대학 방문교수 2003년 서울대 의과대학 정형외과학교실 부교수·교수(현) 2005~2014년 분당서울대병원 정형외과장, 同관절센터장 2012~2014년 국제골순환학회(ARCO: Association Research Circulation Osseous) 회장 2015년 영국 골관절외과학회지 'The Bone and Joint Journal(The Journal of Bone and Joint Surgery British)' 편집위원 2017년 대한고관절학회 회장 2019년 미국 인공관절학술지 'Journal of Arthroplasty' 편집위원(현) (상)대한고관절학회 학술상(1994), 대한정형외과학회 학술상(1995·2006), 함춘의학상(1997), 대한정형외과학회 학술장려상(1999), 대한정형외과학회 만례재단 해외발표 학술상(2000), 대한정형외과연구학회 학술상(2004), 대한정형외과학회 기초과학부분 학술상(2007), 대한고관절학회 해외학술상(2008)

### 구관영(丘琯煐) KOO Gwan Young

(생)1947·3·15 (본)평해(平海) (출)충남 서천 (주)인천광역시 남동구 남동서로 237 (주)에이스테크놀로지(032-818-5500) (학)1967년 경동고졸 1975년 광운대 공학대학 응용전자학과졸 1996년 서강대 경영대학원 최고경영자과정 수료 2004년 명예 경영학박사(광운대) (경)1974~1980년 록켄쟈 무역공사 해외영업부장 1980년 (주)에이스테크놀로지(舊 명성무역상사) 설립·대표이사(현) 1998~2001년 한국정보통신대학원대 이사 1999~2000년 정보통신중소기업협회(PICCA) 회장 2000년 (사)벤처기업협회 고문(현) 2002~2004년 한국중견기업연합회 부회장 2013년 한국전파진흥협회(RAPA) 이사(현) 2015년 대통령 미국순방 경제사절단 참가 (상)정보통신부 정보통신분야 유공자표창(1995), 과학기술처 IR52장영실상(1996), 석탑산업훈장(1997), 중소기업청 선정 중소기업분야 신 지식인(1999), 2천만달러 수출의 탑(2000), 국무총리표창(2001), 3천만달러 수출의 탑(2002), 철탑산업훈장(2003), 7천만달러 수출의 탑(2004), 한국중재학회 국제거래신용대상(2005), 전파진흥협회 전파기술상(2006), 국무총리표창(2010), 대한민국기술대상 동상(2010), World Class 300 기업 선정(2011), 제29회 상공대상 지식재산경영부문(2011), SKT 파트너스데이 우수상(2012), LG전자 협력사 인증서(2013), 현대기아자동차 SQ인증(2014), KT COMMERCE 2014년 전략그룹 선정(2014), 전파신기술상 대통령표창(2014), 1억불 수출의 탑(2014), LG전자 협력업체 우수상(2014), SKT 파트너스어워드 최우수상(2014), KT partner's fair 우수공적협력사(2015), 우수벤처기업 일자리부문 우수벤처&글로벌 진출부문 우수벤처 선정(2016) (종)불교

### 구광모(具光謨)

(생)1978·1·23 (본)능성(綾城) (출)서울 (주)서울특별시 영등포구 여의대로 128 (주)LG(02-3777-1114) (학)미국 로체스터 인스티튜트 공대졸 (경)2006년 LG전자(주) 재경부문 대리 입사 2006년 同재경부 금융팀 대리 2007년 同재경부 금융팀 과장 2009~2012년 同미국법인 근무 2013년 同홈엔터테인먼트(HE)사업본부 선행상품기획팀 차장 2014년 同홈어플라이언스(HA)사업본부 창원사업장 기획관리부장 2015~2016년 (주)LG 시너지팀 상무 2017년 同경영전략팀 상무 2018년 LG전자(주) B2B사업본부 ID(Information Display)사업부장(상무) 2018년 (주)LG 대표이사 회장(현) 2019년 LG트윈스 프로야구단 구단주(현)

### 구교태(具教泰) KU Gyotae

(생)1968·9·2 (주)대구광역시 달서구 달구벌대로 1095 계명대학교 성서캠퍼스 신문방송학과(053-580-5447) (학)1993년 계명대 신문방송학과졸 1995년 고려대 대학원 신문방송학과졸 1998년 미국 알칸사스주립대 대학원 언론학과졸 2002년 언론학박사(미국 오클라호마대) (경)2002~2004년 고려대·계명대·경북대 시간강사 2004년 계명대 미디어영상학부 전임강사, 同언론영상학과 부교수·교수(현) 2011~2012년 同홍보부장 2019년 연합뉴스 대구경북취재본부 콘텐츠자문위원장(현) (저)'미디어과잉과 사회의 불확실성의 증가'(2008, 정보통신정책연구원)

### 구교형(具教亨) GOO Kyo Hyeong

(생)1956·6·25 (주)서울특별시 강남구 테헤란로 432 (주)DB하이텍(02-3484-2888) (학)1974년 경기고졸 1978년 서울대 무역학과졸 (경)2000년 삼성물산(주) 상사부문 기획팀장(이사보) 2001년 同상사부문 기획팀 기획담당(상무보), 동부제강(주) 전략기획팀장(상무) 2008~2009년 동부제철(주) 경영전략기획팀장(부사장) 2010~2017년 (주)동부하이텍 기획관리실장(부사장), 동부철구(주) 대표이사, 동부인베스트먼트(주) 사내이사, (주)동부엘이디 감사 겸 기타비상무이사, (주)동부월드 사내이사, 동부대우전자(주) 기타비상무이사 2017년 (주)DB하이텍 기획관리실장(부사장) 2018년 (주)대우전자 기타비상무이사(현) 2018년 (주)DB하이텍 경영지원실장(부사장) 2019년 同경영기획 사장(현)

### 구기성(丘冀盛) Koo, Ki-sung

(생)1956·9·30 (본)평해(平海) (출)충남 서천 (주)서울특별시 강남구 테헤란로 521 파르나스타워 38층 법무법인(유) 율촌(02-528-5168) (학)중동고졸 1985년 한국외국어대졸 1995년 서울대 행정대학원졸 1999~2001년 미국 오리건주립대 직무훈련 (경)1988년 입법고등고시 합격(9회) 1996년 국회사무처 의안과장 1998년 同의사국 의사과장 1999년 同교육위원회 입법조사관(4급) 2002년 同교육위원회 입법조사관(3급) 2004년 同예산결산특별위원회 입법심의관 2006년 同교육위원회 전문위원(2급) 2007년 同의사국장 2009년 同정보위원회 수석전문위원(차관보급) 2010년 同정무위원회 수석전문위원 2014년 同국회운영위원회 수석전문위원 2015~2016년 同입법차장(차관급) 2015~2016년 한국정책학회 전략부회장 2016년 한국정책분석평가학회 전략부회장 2017년 법무법인(유) 율촌 고문(현) (상)근정포장(2007), 한국외국어대총동문회 자랑스러운 외대인상(2015) (종)기독교

### 구기헌(丘冀憲) GOO Kee Heon

(생)1960·3·1 (본)평해(平海) (출)충남 서천 (주)충청남도 천안시 동남구 상명대길 31 상명대학교 천안캠퍼스 글로벌지역학부(041-550-5157) (학)1979년 대전고졸 1983년 서울대 불어불문학과졸 1985년 同대학원졸 1992년 문학박사(서울대) (경)1988~1999년 상명대 불어불문학과 전임강사·조교수·부교수 1997·1999년 同어문대학장 1998년 同교무처장 1999~2002년 同유럽어문학부 불어불문학전공 교수 2000~2002년 同교무처장 2002~2016년 同프랑스어문학과 교수 2004년 同천안캠퍼스 부총장 2010~2011년 同기획부총장 2011~2013년 同상명수련원장 2013~2017년 同총장 2016년 同글로벌지역학부 프랑스어권지역학전공 교수(현) (상)제9회 대한민국사회공헌대상 사회봉사부문 문화나눔대상(2014) (종)기독교

**구길본(具吉本) KOO Gil Bon**

(생)1956 · 8 · 28 (본)능주(綾州) (출)경남 진주 (주)서울특별시 강서구 공항대로 475 한국임업진흥원 원장실(02-6393-2600) (학)대아고졸, 경상대 임학과졸 1989년 서울대 환경대학원 환경조경학과졸 1999년 영국 런던대 환경대학원 박사과정 수료 2011년 농학박사(경상대) (경)1982년 기술고시 합격(16회) 1997년 산림청 국제협력과장 1999년 同산림보호과장 2000년 同산불방지과장, 同사유림국장 2004년 同산림보호국장 2006년 同산림자원국장 2006년 同산림이용본부장 2008년 同북부지방산림청장 2011~2013년 국립산림과학원 원장 2013~2014년 한국산지보전협회 부회장 2014년 同회장 2015~2017년 천리포수목원 원장 2015년 경상대 객원교수 2015년 한국녹색복지재단 이사 2015~2017년 한국숲해설가협회 공동대표 2017년 한국임업진흥원 원장(현) (상)홍조근정훈장(2003), 고운문화상 봉사부문(2005) (저)'숲에서 나눈 작은 이야기'(2012, 송하우담) '길에게 길을 묻다'(2013)

**구남수(具南秀) KOO Nam Soo**

(생)1961 · 5 · 5 (본)창원(昌原) (출)경남 양산 (주)울산광역시 남구 법대로 55 울산지방법원(052-216-8000) (학)1980년 부산 동성고졸 1985년 서울대 법학과졸 1987년 同대학원졸 (경)1985년 사법시험 합격(27회) 1989년 사법연수원 수료(18기) 1989년 軍법무관 1992년 부산지법 판사 1994년 同동부지원 판사 1996년 부산지법 판사 1997년 미국 밴더빌트대 국외교육훈련 1999년 부산고법 판사 2002년 대법원 재판연구관 2004년 부산지법 부장판사 2007년 창원지법 부장판사 2009년 부산지법 부장판사 2011년 부산고법 형사합의5부 부장판사 2012년 부산지법 민사14부 수석부장판사 2014~2018년 부산고법 부장판사 2017~2018년 부산지법 부장판사 겸임 2018년 부산가정법원장 2019년 울산지법원장(현)

**구대영(具大永) KOO Dae Young**

(생)1947 · 1 · 25 (본)능주(綾州) (출)경남 하동 (주)부산광역시 동래구 안연로109번길 27 동래봉생병원 원장실(051-520-5502) (학)1976년 부산대 의대졸 (경)1986년 동래봉생병원 내과 과장 · 진료부장 1990년 同진료부장 1998~2000년 同내과 과장 겸 의무원장 2000~2019년 同원장 2015년 (사)봉생문화재단 이사장(현) 2019년 동래봉생병원 명예원장(현) (종)기독교

**구만복(丘萬馥) GU Man Bock**

(생)1965 · 5 · 20 (본)평해(平海) (출)충남 서천 (주)서울특별시 성북구 안암로 145 고려대학교 생명과학대학 생명과학부(02-3290-3417) (학)1984년 서울대 화학공학과졸 1986년 한국과학기술원졸(석사) 1994년 공학박사(미국 콜로라도대) (경)1986~1990년 목암생명공학연구소 주임연구원 1994년 미국 델라웨어대 연구원 1995년 미국 콜로라도대 연구원 1996~2004년 광주과학기술원 환경공학과 조교수 · 부교수 2001년 독일 훔볼트재단 연구교수 2002년 미국 인명사전 'Marquis Who's Who in the World'에 등재 2004년 미국 'Applied Biochemistry and Biotechnology' 편집위원 2004년 광주과학기술원 환경공학과 교수 2005년 고려대 생명과학대학 교수 2008~2014년 미국 'Applied Biochemistry and Biotechnology' 부편집장(Associate Editor) 2010년 고려대 생명과학대학 생명과학부 교수(현) 2012~2019년 네덜란드 Elsevier社 'Biosensor and Bioelectronics' Editor 2012년 Springer社 'Advances in Biochemical Engineering/Biotechnology Book Series' Editorial Board Memeber(현) 2012 · 2014 · 2016년 'The world congress on biosensors' Organizing Committee Member(현) 2012년 Biocensors2012 초청 기조강연자 2013년 고려대 대학원 생명공학과장(현) 2013년 고려대 BK21 Plus for Biotechnology Director(현) 2014년 (사)한국바이오칩학회 회장 2015년 한국과학기술한림원 정회원(공학부 · 현) 2018년 한국공학한림원 회원(화학생명공학 · 현) 2018년 Asian Congress Chair, 30th World Congress on Biosensors(Biosensors 2020, Busan, Rep. of Korea)(현) 2019년 네덜란드 Elsevier社 'Biosensor and Bioelectronics' 공동편집장(현) (상)독일 훔볼트재단 알렉산더훔보트리서치펠로우십(2001), 국무총리표창(2003), 한국생물공학회 신인학술상(2003), 광주과학기술원 교육상(2004), 한국생물공학회 담연학술상(2005), 한국생물공학회 공로상(2006), 과학기술부 우수연구성과 50선(2006), 한국과학기술단체총연합회 과학기술우수논문상(2012), 고려대 석탑강의상(2013 · 2014), 한국바이오칩학회 학술대상(2015) (저)'미래를 들려주는 생물공학 이야기'(2006) '생명과학과 생명공학'(2007)

**구만섭(丘萬燮) KOO Man Sub**

(생)1966 · 3 · 15 (출)충남 (주)충청남도 천안시 서북구 번영로 156 천안시청 부시장실(041-521-2004) (학)1985년 경기 대신고졸 1992년 국민대 정치외교학과졸 (경)2003년 행정자치부 인사국 교육훈련과 사무관 2003년 同인사국 교육훈련과 서기관 2004년 同인사국 인사과 서기관 2004년 중앙인사위원회 인력개발국 인재기획과 서기관 2005년 고위공무원단제도실무추진단 파견(서기관) 2006년 중앙인사위원회 고위공무원지원단 지원기획과장 2007년 同고위공무원지원국 인사심사과장 2007년 제17대 대통령직인수위원회 정무분과위원회 실무위원 2008년 대통령실 인사비서관실 행정관 2009~2012년 駐애틀랜타 영사 2012년 행정안전부 정보문화과장 2013년 안전행정부 창조정부전략실 창조정부기획과장(서기관) 2014년 同창조정부전략실 창조정부기획과장(부이사관) 2014년 同장관 비서실장 2014~2015년 행정자치부 장관 비서실장 2015년 대통령소속 국민대통합위원회 기획정책국장(고위공무원) 2016년 교육훈련 파견 2017년 행정안전부 지방자치인재개발원 교수부장 2018년 충남 천안시 부시장(현) (상)근정포장(2013)

**구민경(具珉巠 · 女)**

(생)1976 · 2 · 5 (출)경남 창녕 (주)경상남도 창원시 성산구 창이대로 681 창원지방법원 총무과(055-239-2009) (학)1995년 마산 성지여고졸 2000년 고려대 법학과졸 (경)2001년 사법시험 합격(43회) 2002년 사법연수원 수료(33기) 2006년 서울중앙지법 판사 2008년 부산지법 판사 2013년 인천지법 판사 2016년 서울남부지법 판사 2016년 대법원 양형위원회 운영지원단장 겸임 2017~2018년 법원행정처 사법지원심의관 겸임 2018년 서울중앙지법 판사 2019년 창원지법 부장판사(현)

**구병삼(具炳杉) Koo, Byoung Sam**

(생)1969 · 9 · 7 (본)능성(綾城) (출)부산 (주)서울특별시 종로구 세종대로 209 통일부 정세분석국 정세분석총괄과(02-2100-5860) (학)성도고졸, 연세대 행정학과졸, 미국 콜로라도대 대학원 행정학과졸 (경)통일부 통일정책실 이산가족과 근무, 同6.25납북자법준비기획팀장, 同6.25납북피해사무국 파견, 同통일교육원 교육협력과장 2013년 同통일정책실 정착지원과장(서기관) 2014년 駐미국대사관 통일안보관(1등서기관), 미국 워싱턴 한인교회 비타민속회 회장 2017년 駐미국대사관 통일안보관(참사관) 2017년 통일부 통일정책실 정책기획과장 2019년 同정세분석국 정세분석총괄과장(현)

**구복규(具福奎) Goo Bok Gyoo**

(생)1955 · 3 · 11 (본)능성(綾城) (출)전남 화순 (주)전라남도 무안군 삼향읍 오룡길 1 전라남도의회(061-286-8200) (학)광주 숭의고졸, 한국방송통신대 농학과졸 (경)화순군 근무(공채) 1998년 同남면 면장 2000년 화순청년회의소 특우회장 2000년 화순군 문화관광과장 2004년 同화

순읍장 2004년 한국난문화협회 광주협회장 2006년 화순군 한천면 면장 2011~2014년 전남도의회 의원(재보선 당선, 민주당·민주통합당·무소속) 2011년 同건설소방위원회 위원 2011년 同예산결산특별위원회 위원 2014년 전남 화순군수선거 출마(무소속), 화순행복포럼 공동대표 2018년 전남도의회 의원(더불어민주당)(현), 同농수산위원회 위원(현), 同남북교류협력지원 특별위원회 의원(현) (상)모범공무원 국무총리표창(1998), 녹조근정훈장(2009) (종)기독교

**구본걸(具本杰) KOO Bon Keul**

(생)1957·8·2 (출)서울 (주)서울특별시 강남구 언주로 870 (주)LF 비서실(02-3441-8000) (학)연세대 경영학과졸, 미국 펜실베이니아주립대 대학원졸(MBA) (경)LG증권(주) 부장·이사 1996년 LG그룹 회장실 상무이사 2003년 LG산전 관리본부장 2004년 LG상사 패션&어패럴부문 부사장 2006년 (주)LG패션 대표이사 사장 2011~2014년 同대표이사 회장 2014년 (주)LF 대표이사 회장(현)

**구본규(具本奎) Koo, Bongyu**

(생)1971·11·14 (본)능성(綾城) (출)경북 칠곡 (주)세종특별자치시 도움5로 20 법제처 사회문화법제국(02-2100-4120) (학)1996년 영남대 행정학과졸 2003년 한국방송통신대 법학과졸 2012년 일본 히토쓰바시대 대학원 법학연구과 석사 (경)1998년 행정고시 합격(42회) 2006년 법제처 정책홍보관리실 재정기획관실 근무 2013년 同경제법제국 근무 2014년 同행정법제국 법제관 2015년 同기획조정관실 법령정비담당관 2015년 同기획조정관실 법제정책총괄담당관 2017년 행정자치부 자치법규과장 2017년 행정안전부 지방자치분권실 자치법규과장 2019년 법제처 사회문화법제국 법제관(현)

**구본근(具本根) Koo Bongeun**

(생)1963·9·13 (출)경남 거창 (주)경상남도 남해군 남해읍 스포츠로 81 남해소방서(055-860-9212) (학)1981년 거창상고졸 2010년 한국방송통신대 재학 중 (경)1993~1995년 소방위(인천중부소방서 전동파출소장·인천중부소방서 구조대장·인천남부소방서 구조대장) 1995~2004년 중앙119구조대 긴급기동팀·행정지원팀·기술지원팀 근무 2004년 공주소방서 방호예방과장 2006년 논산소방서 소방행정과장 2008년 중앙소방학교 교육훈련팀 근무 2010년 同행정지원과 근무 2012년 소방방재청 119구조과 훈련·테러계장 2013년 경남 거창소방서장 2015년 경남 하동소방서장 2016년 경남도 소방본부 소방행정과장 2017년 경남 합천소방서장 2019년 경남 남해소방서장(현)

**구본능(具本綾) KOO Bon Neung**

(생)1949·3·26 (출)경남 진양 (주)서울특별시 중구 남대문로9길 39 부림빌딩 9층 희성그룹 비서실(02-779-2896) (학)1967년 경남고졸 1976년 고려대 경영학과졸 (경)1980년 럭키금성상사 수출부 과장 1982년 同수출부본부장 1986년 금성통신 수출본부장 1987년 금성통신·금성알프스 이사 1988년 희성금속공업 감사 1992년 희성금속·한국엥겔하드 이사 1992년 同부회장 1996년 희성그룹 회장(현) 2011~2017년 한국야구위원회(KBO) 총재 (상)대한야구협회 공로상(2005), 제11회 일구대상(2006), 우수자본재개발 금탑산업훈장(2006), 고려대 경영대학 올해의 교우상(2009) (저)'사진으로 본 한국야구 100년'(2005)

**구본선(具本善) KOO Bon Sun** (이격)

(생)1968·7·26 (출)인천 (주)경기도 의정부시 녹양로34번길 23 의정부지방검찰청(031-820-4542) (학)1986년 인하대사대부고졸 1990년 서울대 교육학과졸 2006년 미국 스탠퍼드대 후버연구소 연수 (경)1991년 사법시험 합격(33회) 1994년 사법연수원 수료(23기) 1994년 軍법무관 1997년 서울지검 북부지청 검사 1998년 대검찰청 총무부 검찰연구관 직대 1999년 대구지검 경주지청 검사(대검찰청 총무부 검찰연구관 직대) 1999년 대전지검 천안지청 검사 2001년 서울지검 의정부지청 검사 2003년 대검찰청 검찰연구관 2005년 서울중앙지검 검사 2006년 울산지검 부부장검사(대검찰청 중앙수사부 검찰연구관 직대) 2007년 서울서부지검 부부장검사(대검찰청 중앙수사부 검찰연구관 직대) 2008년 대전지검 공주지청장 2009년 사법연수원 교수 2010년 대검찰청 정책기획과장 2011년 서울동부지검 형사4부장 2012년 서울남부지검 형사2부장 2012년 대검찰청 대변인 2015~2016년 대구지검 서부지청장 2015년 대검찰청 '성완종 리스트' 특별수사팀 부팀장 2016년 광주지검 차장검사 2017년 부산고검 차장검사(검사장급) 2018년 대검찰청 형사부장(검사장급) 2019년 의정부지검장(현) (상)검찰총장표창, 대통령표창

**구본성(具本聖)**

(생)1957 (주)서울특별시 강남구 강남대로 382 메리츠타워 (주)아워홈 임원실(02-6966-9030) (학)미국 노스웨스턴대 경제학과졸 (경)헬렌 커티스(Helene Curtis) 시카고본사 근무, LG전자 뉴욕 미주법인 근무, 체이스맨해튼은행(Chase Manhattan Bank) 뉴욕본사 및 홍콩법인 근무, 삼성물산 국제금융팀장·임원, 삼성카드 전략기획실 임원, 일본 동경 법정대 객원연구원, 삼성경제연구소 임원 2016년 (주)아워홈 대표이사 부회장(현)

**구본식(具本式) KOO Bon Sik**

(생)1957·6·28 (출)부산 (주)서울특별시 중구 남대문로9길 39 부림빌딩 9층 희성그룹 비서실(02-756-9631) (학)1976년 신일고졸 1980년 고려대 금속공학과졸 1985년 미국 미시간대 대학원 재료공학과졸 (경)희성Engelhard(주) 이사, 희성전선(주) 상무이사, 희성정밀 부사장, 희성전자 사장, 삼보E&C(주) 부회장, 희성그룹 부회장(현)

**구본영(具本玲) Koo Bon Young**

(생)1952·7·5 (본)능성(綾城) (출)충남 천안 (주)충청남도 천안시 서북구 번영로 156 천안시청 시장실(041-521-2001) (학)1970년 천안고졸 1974년 육군사관학교졸 1984년 서울시립대 도시과학대학원 세무관리학과졸(경영학석사) (경)1980년 마포구청 사회과장 1989년 국무총리행정조정실 제1행정조정관실 사무관 1990년 同제5행정조정관실 서기관 1991년 同제4행정조정관실 서기관 1996년 同제4행정조정관실 부이사관 1998년 국무총리국무조정실 규제개혁3심의관 1999년 同수질개선기획단 기획총괄부장 2001년 同농수산건설심의관 2002년 同일반행정심의관 2002년 同조사심의관 2004년 同수질개선기획단 부단장, (주)동양이엔피 사외이사 2006년 충남 천안시장선거 출마(열린우리당) 2009년 자유선진당 천안시甲당원협의회 위원장 2010년 충남 천안시장선거 출마(자유선진당) 2014~2018년 충남 천안시장(새정치민주연합·더불어민주당) 2014년 대한적십자사 천안지구 명예회장 2016년 유관순함 명예함장(현) 2018년 충남 천안시장(더불어민주당)(현) (상)홍조근정훈장(2003), 대통령표창(2004), 농협중앙회 지역농업발전선도인상(2016), 전국기초단체장 매니페스토 우수사례경진대회 최우수상(2016), 유권자시민행동 대한민국유권자대상(2017) (종)불교

## 구본윤(具本淪)

(생)1962 (본)능성(綾城) (출)충남 당진 (주)충청남도 홍성군 홍성읍 홍덕서로 32 홍성세무서(041-630-4241) (학)충남 송악고졸, 세무대학졸(2기) (경)세무공무원 임용(8급 특채), 국무총리실 파견, 중부지방국세청 조사1국 조사1과 5계장·6계장, 同인사계장 2015년 同운영지원과 근무 2016년 同조사3국 조사1과 근무(서기관) 2017년 부산지방국세청 조사2국 조사관리과장 2018년 중부지방국세청 조사2국 조사1과 서기관 2019년 충남 홍성세무서장(현)

## 구본준(具本俊) Koo Bon Joon

(생)1951·12·24 (본)능성(綾城) (출)부산 (학)1970년 경복고졸 1978년 서울대 계산통계학과졸 1982년 미국 시카고대 대학원 경영학 석사(MBA) (경)1978~1980년 한국개발연구원(KDI) 근무 1982~1985년 미국 AT&T 테크놀로지 근무 1985~1987년 금성반도체 부장 1987~1989년 금성사 부장 1989~1991년 同이사대우 1991~1994년 同동경사무소 이사 1994년 同모니터 OBU장(사업부장·상무) 1995~1996년 LG전자 비디오SBU장(사업본부장·상무) 1996년 LG화학 전무 1997년 LG반도체 전무 1997~1999년 同대표이사 부사장 1999년 LG LCD 대표이사 부사장 1999년 LG필립스LCD 대표이사 사장 2004~2006년 同대표이사 부회장 2007~2010년 LG상사 대표이사 부회장 2008~2019년 LG트윈스 프로야구단 구단주 2010~2017년 LG세이커스 프로농구단 구단주 2010~2016년 LG전자 대표이사 부회장 2016년 (주)LG 신성장사업추진단장(부회장) 2017~2019년 同부회장 (상)은탑산업훈장(2000), 금탑산업훈장(2006), 지식경제부장관표창(2010)

## 구본진(具本鎭) KOO Bon Jin

(생)1957·9·10 (출)서울 (주)서울특별시 영등포구 국제금융로 10 Three IFC 45층 트루벤인베스트먼트 비서실(02-6137-9600) (학)1976년 경기고졸 1981년 서울대 법학과졸 1983년 同행정대학원졸 1986년 한국과학기술원(KAIST) 경영학과졸 1997년 미국 밴더빌트대 대학원 경제학과졸 (경)1980년 행정고시 합격(24회) 1981년 경제기획원 기획예산담당관실·예산실·경제기획국 사무관 1994년 同서기관 1997년 세무대학 파견 1998년 대통령직인수위원회 정무분과 서기관 1998년 기획예산위원회 정부개혁실 서기관 1999년 기획예산처 정부개혁실 서기관 2000년 同장관실 서기관 2002년 同농림해양예산과장 2003년 同산업재정1과장 2004년 정부혁신지방분권위원회 파견 2005년 한반도에너지개발기구(KEDO) 파견 2006년 기획예산처 부이사관 2007년 국무조정실 복지여성심의관 2008년 기획재정부 행정예산심의관 2008년 同정책조정국장 2010~2012년 同재정업무관리관(차관보) 2012년 트루벤인베스트먼트(주) 대표이사(현) (상)근정포장(1992)

## 구본진(具本辰) KOO Bon Jin

(생)1964·11·8 (본)능성(綾城) (출)서울 (주)서울특별시 강남구 언주로 870 엘에프네트웍스 임원실(02-2191-4508) (학)1983년 경복고졸 1988년 미국 세인트존피셔대 회계학과졸 1991년 미국 카네기멜론대 경영대학원졸 (경)1992~1994년 일본 미쓰비시상사 근무 1997~1998년 LG그룹 미주지역본부 근무 1999~2006년 (주)LG화학 근무 2006년 (주)LG상사 경영기획팀 부장·중국지역본부 부장·무역부문 상하이지사 상무 2007년 (주)LG패션 액세서리사업부장(상무) 2008년 同기획1사업부장(상무) 2009~2014년 同부사장 2014년 (주)LF 부사장 2015년 (주)엘에프푸드 대표이사 2017년 (주)엘에프네트웍스 부회장(현) (상)한국광고대회 국무총리표창(2010)

## 구본진(具本鎭) Koo Bonjin

(생)1965·11·19 (본)능성(綾城) (출)서울 (주)서울특별시 강남구 영동대로 616 아남빌딩 10층 법무법인 로플렉스(02-511-5297) (학)1984년 서울 세종고졸 1989년 서울대 사법학과졸 2010년 법학박사(서울대) (경)1988년 사법시험 합격(30회) 1991년 사법연수원 수료(20기) 1994년 서울지검 검사 1996년 광주지검 목포지청 검사 1998년 대구지검 검사 2000년 서울지검 동부지청 검사 2003년 대구지검 부부장검사 2003년 대검찰청 검찰연구관 2004년 同감찰부 검사 2005년 창원지검 거창지청장 2006년 대검찰청 공판송무과장 2007년 同정보통신과장 2008년 서울중앙지검 첨단범죄수사부장 2009년 법무연수원 교수 2009년 창원지검 진주지청장 2010년 수원지검 안산지청 차장검사 2011년 울산지검 차장검사 2012년 서울남부지검 차장검사 2013년 수원지검 성남지청장 2014~2015년 법무연수원 연구위원 2015년 법무법인 케이씨엘 구성원변호사 2016년 법무법인 로플렉스 대표변호사(현) 2016년 성균관대 법학전문대학원 초빙교수(현) (저)'저작권법주해(共)'(2007) '필적은 말한다 : 글씨로 본 항일과 친일'(2009) '미술가의 저작인격권'(2010) '특허법주해(共)'(2010) '어린아이 한국인'(2015) (역)'미국연방형사소송절차 DVD'(2006) '배심재판을 위한 연극기법과 전략'(2007) (종)불교

## 구본천(具本天) Brian Bonchun Koo

(생)1964·5·11 (본)능성(綾城) (출)부산 (주)서울특별시 강남구 테헤란로 512 신안빌딩 13층 LB인베스트먼트(주)(02-3467-0505) (학)서울대 경제학과졸, 경제학박사(미국 코넬대) (경)한국개발연구원 부연구위원, McKinsey & Company 컨설턴트 2001년 LG창업투자(주) 상무 2003~2007년 同대표이사 사장, 한국벤처캐피탈협회 부회장 2007~2013년 (주)다음커뮤니케이션 사외이사 2008년 LB인베스트먼트(주) 대표이사 사장 2018년 同대표이사 부회장(현) (상)산업포장(2006)

## 구본학(具本學) KOO Bon Hak

(생)1969·10·17 (출)서울 (주)경상남도 양산시 유산공단2길 14 쿠쿠전자(주) 사장실(055-380-0871) (학)1992년 고려대 경영학과졸 1994년 미국 일리노이대 대학원 회계학과졸 (경)1994~1996년 미국 회계법인 쿠퍼스&라이브랜드 회계사 1996년 쿠쿠홈시스(주) 입사 1998년 同마케팅부문 이사 2000년 同서울사무소장(상무) 2004년 同부사장 2006~2012년 同대표이사 사장 2012년 쿠쿠전자(주) 대표이사 사장(현) (상)제9회 EY 최우수기업가상 소비재부문(2015)

## 구본혁(具本赫) Brandon Koo

(생)1977·7·10 (주)서울특별시 강남구 영동대로 517 무역센터 아셈타워 20층 LS니꼬동제련(주) 사업본부(02-2189-9988) (학)2010년 미국 캘리포니아대 로스앤젤레스교 대학원 경영학과졸(MBA) (경)2003~2005년 LS전선(주) 해외영업부문 근무 2006~2009년 (주)LS글로벌 LA지사장 2009~2011년 LS그룹 사업전략팀 부장 2012년 LS-Nikko동제련(주) 중국사업담당 상무 겸 상해대표처 수석대표 2014년 同전략기획부문장(상무) 2015년 同경영지원본부장(전무) 2017년 同사업본부장(전무) 2018년 同사업본부장(부사장)(현)

## 구본홍(具本弘) GU Bon Hong (香山)

(생)1948·6·5 (본)능성(綾城) (출)대구 (주)서울특별시 영등포구 의사당대로1길 34 아시아투데이(02-769-5000) (학)1966년 경남고졸 1975년 고려대 정치외교학과졸 1987년 미국 미시간대 대학원 Journalism과정 수료, 연세대 언론대학원 최고위과정 수료, 고려대 언론대학원 최고

위과정 수료, 세계경영연구원(SIGMP) 최고경영자과정 수료, 세계미식연구원 CEO음식평론과정 수료 (경)1974~1987년 문화방송(MBC) 사회부·국제부·정치부 기자 1985~1997년 한국기자협회 부회장 1987년 문화방송(MBC) 정치부 차장 1990년 同보도제작국 차장 1992년 同북한부장 1992~2002년 민주평통 자문위원 1993년 문화방송(MBC) 정치부장 1995~1999년 同라디오뉴스 앵커 1996년 同보도국 취재·편집부 부국장 1996~2004년 한국방송기자클럽 운영이사 1997~1999년 언론인금고 융자심사위원장 1998~2007년 신영연구기금 이사 1998~2000년 중소기업협동조합중앙회 정책자문위원 1998년 문화방송(MBC) 뉴스데스크 앵커 1999년 同보도제작국장 1999~2001년 同해설주간 2000년 관훈클럽 총무 2001~2002년 한국신문방송편집인협회 이사 2001년 문화방송(MBC) 경영본부장(이사) 2003~2005년 同보도본부장(이사) 2004~2006년 삼남언론재단 이사 2006~2007년 CTS 기독교TV 부사장 2006~2007년 고려대 언론대학원 석좌교수 2007년 아시아기자협회(AJA) 부이사장 2008~2009년 YTN 대표이사 사장 2010년 고려대 언론대학원 초빙교수 2010~2013년 CTS 기독교TV 사장 2015~2018년 아시아투데이 상근부회장, (사)한국피해자지원협회 고문(현) 2018년 아시아투데이 고문(현) (종)기독교

### 구본환(具本煥) KOO Bon Hwan

(생)1960·12·10 (출)충남 논산 (주)인천광역시 중구 공항로424번길 47 인천국제공항공사 임원실(1577-2600) (학)1979년 전주고졸 1983년 서울대 언어학과졸 1991년 同행정대학원 행정학과졸 1997년 영국 버밍엄대 대학원졸 2013년 교통공학박사(한양대) (경)1989년 행정고시 합격(33회) 2000년 건설교통부 수송정책실 철도정책과 서기관 2001년 同철도산업구조개혁팀장 2002년 同철도산업구조개혁기획단 철도산업구조개혁과장 2003년 同수송정책실 국제항공과장 2004년 국가균형발전위원회 과장 2005년 건설교통부 도시국 도시관리과장 2005년 同도시환경팀장 2007년 同종합교통기획팀장 2008년 국토해양부 교통정책실 종합교통정책과장 2010년 同자동차정책기획단장(고위공무원) 2011년 서울지방항공청장 2011년 국토해양부 철도정책관 2013년 국토교통부 공공기관지방이전추진단 기획국장 2013년 해외 파견(고위공무원) 2014년 국토교통부 용산공원조성추진기획단장 2015년 同철도국 철도안전정책관 2017년 同항공정책관 2017~2018년 同항공정책실장 2019년 인천국제공항공사 사장(현)

### 구본환(具本煥)

(생)1965·5·5 (주)대전광역시 서구 둔산로 100 대전광역시의회(042-270-5142) (학)대전공업대 전자계산학과졸 (경)유성문화원 사무국장, 구즉동새마을협의회 회장, 구즉동주민자치위원회 총무, 테크노라이온스 회장, 구즉초등학교 운영위원장, 유성구자유총연맹 구즉동분회장 2014~2018년 대전시 유성구의회 의원(새정치민주연합·더불어민주당) 2016~2018년 同행정자치위원장 2018년 대전시의회 의원(더불어민주당)(현)

### 구상엽(丘尙燁)

(생)1974·3·20 (출)서울 (주)서울특별시 서초구 반포대로 158 서울중앙지방검찰청 특수1부(02-530-4771) (학)1993년 휘문고졸 1998년 서울대 법학과졸 (경)1997년 사법시험 합격(39회) 2000년 사법연수원 수료(30기) 2001년 공익법무관, 부산지검 검사 2006년 대구지검 김천지청 검사 2010년 법무부 법무심의관실 검사 2012년 서울중앙지검 검사 2015년 同부부장검사 2016년 법무부 국제법무과장 2017년 서울중앙지검 공정거래조세조사부장 2019년 同특수1부장(현)

### 구상찬(具相燦) KU Sang Chan

(생)1957·7·7 (본)창원(昌原) (출)부산 (주)서울특별시 영등포구 국회대로 786 바른미래당(02-715-2000) (학)1977년 경남고졸 1981년 동국대 사범대학졸 1983년 同대학원 체육교육학과졸 (경)1985년 국회 운영위원장 보좌관 1986년 이세기 체육부장관 비서관 1988~1994년 성동소식 편집국장 1998년 한나라당 이회창총재 보좌관 2000~2002년 同이회창 대통령후보 공보특보 2003년 同부대변인 2004~2007년 동국대 인문과학대학 겸임교수 2005~2007년 한나라당 박근혜 前대표 공보특보 2006~2008년 同강서甲당원협의회 운영위원장 2008년 이명박 대통령 중국 특사단 2008~2012년 제18대 국회의원(서울 강서甲, 한나라당·새누리당) 2008년 한나라당 미디어산업발전특별위원회 위원 2008년 同서울시당 정책개발위원회 수석부위원장 2008년 同서울시당 당원자격심사위원회 위원 2008년 同제2정책조정위원회 부위원장 2008년 국회 한중문화연구회 회장 2008년 국회 외교통상통일위원회 위원 2009년 국회 빈곤없는나라만드는특별위원회 위원 2009~2012년 한나라당 정치선진화특별위원회 위원 2010년 同전당대회준비위원회 위원 2010년 국회 독도영토수호대책특별위원회 위원 2010년 국회 예산결산특별위원회 위원 2010년 한나라당 통일위원장 2012년 제19대 국회의원선거 출마(서울 강서甲, 새누리당) 2012년 새누리당 서울시강서구甲당원협의회 위원장 2012년 同조직강화특별위원회 위원 2013~2015년 駐상하이 총영사 2015~2018년 동아대 국제전문대학원 겸임교수 2016~2017년 새누리당 서울강서구甲당원협의회 운영위원장 2016년 제20대 국회의원선거 출마(서울 강서구甲, 새누리당) 2017년 바른정당 19대 유승민 대통령후보 중앙선거대책위원회 종합상황실 부실장 2019년 바른미래당 서울강서구甲지역위원회 위원장(현) (상)국정감사평가회 우수의원상(2010) (종)기독교

### 구상호(具相湖) KOO Sang Ho

(생)1961·10·5 (출)서울 (주)경기도 용인시 처인구 명지로 116 명지대학교 자연과학대학 화학과(031-330-6185) (학)1985년 서울대 화학과졸 1987년 미국 미시간대 대학원졸 1992년 이학박사(미국 미시간대) (경)1992~1994년 미국 Emory Univ. 연구원 1994년 명지대 자연과학대학 화학과 조교수·부교수·교수(현) 1998~2000년 同화학과장 2006년 중국 화동이공대 약학대학 특별초빙교수 2017년 명지대 자연과학대학장 겸 자연과학연구소장(현) (종)기독교

### 구상호(具相浩)

(생)1964 (출)경북 상주 (주)서울특별시 종로구 종로5길 86 서울지방국세청 징세관실(02-2114-2501) (학)김천고졸 1985년 세무대학졸(3기) (경)1985년 세무공무원 임용(8급 특채) 2013년 동대구세무서장(서기관) 2014년 서울지방국세청 조사4국 조사1과장 2015년 同조사1국 조사1과장 2016년 국세청 세원정보과장 2017년 同세원정보과장(부이사관) 2017년 서울지방국세청 송무국 송무1과장 2018년 同징세관(현)

### 구상훈(具相勳) KOO Sang Hoon

(생)1960·3·29 (주)서울특별시 강남구 강남대로 382 메리츠타워 12·13층 에릭슨LG(02-2016-1588) (학)1979년 한영고졸 1983년 성균관대 경영학과졸 (경)2005년 LG전자 LGESE법인장 2006년 同금융팀장(상무) 2009~2010년 同세무통상팀장(상무) 2010~2011년 同CIS Region CFO 2012년 에릭슨LG 공동대표이사 겸 최고재무책임자(CFO)(현)

**구성욱(丘盛旭) KUH Sung Uk**

(생)1968·2·9 (본)평해(平海) (출)서울 (주)서울특별시 강남구 언주로 211 강남세브란스병원 신경외과(02-2019-3404) (학)1992년 연세대 의대졸 1999년 인하대 대학원 의학석사 2004년 의학박사(연세대) (경)1992년 세브란스병원 인턴 1993~1997년 同전공의 2000~2003년 영동세브란스병원 신경외과 척추분야 연구강사 2003년 연세대 의과대학 신경외과학교실 조교수·부교수·교수(현) 2005~2006년 미국 에모리대 Spine Center 연수 2008년 연세대 의대 교학부장 2014~2016년 연세대 의료원 연구진흥2부처장 2016~2018년 강남세브란스병원 홍보실장 2018년 同연구부원장 겸 임상연구관리실장(현) 2018년 연세대 의과대학 강남부학장(현) (상)대한신경손상학회 학술상(2006), 강남세브란스병원 우수임상교수상(2008)

**구성회(具聖會) S.H. KOO**

(생)1936·12·20 (출)충남 (주)서울특별시 중구 을지로14길 12 을지재단빌딩 학교법인 을지학원(02-2275-3101) (학)1959년 서울대 사범대학졸 1969년 同보건대학원졸 1987년 이학박사(동국대) (경)1962~1968년 보건사회부 근무 1968~1994년 서울보건전문대학 조교수·부교수·교수 1984~1994년 同학장 1994~2001년 서울보건대학 교수 2001~2005년 同학장, 가야내과산부인과 원장 2013~2014년 우리들제약(주) 사외이사 2018년 학교법인 을지학원 이사장(현) (상)대한보건협회 보건대상, 한국환경위생학회 환경대상, 국민훈장 목련장, 황조근정훈장 (저)'공중보건학'

**구수경(具수경·女) Koo, Soo Kyung**

(생)1969·3·20 (주)충청북도 청주시 흥덕구 오송읍 오송생명2로 187 질병관리본부 국립보건연구원 난치성질환과(043-249-2510) (학)1991년 한국과학기술원(KAIST) 생물공학과졸 1993년 同대학원 생물공학과졸 1996년 생물공학박사(한국과학기술원) (경)1997~2002년 보건복지부 국립보건원 보건연구사 2002~2011년 同질병관리본부 국립보건연구원 보건연구관 2005~2007년 미국 DHHS NIH NIDCD Research Fellow 2011년 보건복지부 질병관리본부 국립보건연구원 난치성질환과장(현)

**구승모(具承模)**

(생)1975·8·8 (출)충남 당진 (주)서울특별시 서초구 반포대로 158 서울중앙지방검찰청 공정거래조사부(02-530-4771) (학)1994년 휘문고졸 1999년 서울대 법학과졸 (경)1999년 사법시험 합격(41회) 2000년 사법연수원 수료(31기) 2005년 서울중앙지검 검사 2007년 수원지검 평택지청 검사 2009년 법무부 상사법무과 검사 2012년 서울서부지검 검사 2014년 대검찰청 검찰연구관 2016~2018년 광주지검 부부장검사(駐LA총영사관 파견) 2018년 수원지검 안양지청 형사3부장 2018년 법무부 국제형사과장 2019년 서울중앙지검 공정거래조사부장(현)

**구승엽(丘承燁) KU Seung-Yup**

(생)1967·2·10 (본)평해(平海) (출)서울 (주)서울특별시 종로구 대학로 101 서울대학교병원 산부인과(02-2072-1971) (학)1991년 서울대 의대졸 1995년 同대학원 의학석사 2001년 의학박사(서울대) (경)1992년 서울대병원 산부인과 전공의 1996년 경기 이천의료원 산부인과장(공중보건의) 1999년 서울대병원 산부인과 전임의 2000년 서울대 의대 산부인과학교실 선임연구원 2001년 서울특별시립 보라매병원 전담의 2001년 제주대 의대 임상전임강사 2002년 보라매병원 QA위원회 위원 2002년 서울대 의대 산부인과학교실 조교수·부교수·교수(현) 2005년 同의학연구원 인구의학연구소 운영위원 2007년 미국 American Academy of Advancement in Medicine 정회원·Reviewer 2008년 미국 Society for Gynecologic Investigation 정회원·Reviewer·Judge 2008년 한국발생생물학회 이사 2008~2009년 서울시정개발연구원 서울시산학연협력사업평가위원 2008~2009년 대한병원협회 레지던트필기시험문항개발위원 2008년 대한산부인과내분비학회 총무이사 2008~2010년 대한생식의학회 총무이사 2008년 대한의사협회 전문의자격시험 출제위원 2009~2011년 서울대 의대 홍보위원 2010년 同병원 의생명연구원 전임상실험부 실험실장 2010년 질병관리본부 학술용역사업 평가위원 2011년 대한보조생식학회 총무이사 2011년 대한골다공증학회 정보위원장 2011년 대한노화방지의학회 학술위원 2011년 서울대 의학연구원 인구의학연구소 기획위원 2012년 同병원 의생명연구원 전임상실험부 의료기기평가실장 2012년 대통령소속 국가생명윤리위원회 배아연구전문위원 2012년 국가생명윤리정책연구원 이사 2013년 한국조직공학재생의학회 편집이사 2014년 同회원관리이사(현) 2014년 TERMIS-AP(아태조직공학재생의학회) 조직위원 2014년 대한산부인과학회 지도전문의교육TFT위원(현) 2014년 同수련위원(현) 2017년 첨단세포·유전자치료센터 GMP 운영위원회 위원(현) 2018년 대한골반통학회 교육위원장(현) 2019년 대한조직공학재생의학회 부회장(현) (상)서울대병원장 표창(1992), 대한산부인과학회 추계학술대회 포스터상(1999), 아시아·오세아니아산부인과연맹 젊은연구자상(2004), 한국과학기술단체총연합회 과학기술대상(2010), 대한생식의학회 학술상(2010), 대한골다공증학회 우수연제상 우수상(2017), 대한조직공학재생의학회 Springer Natrue Award(2018) (저)'사춘기 내분비학 in 생식내분비학'(2002, 서울대 출판부) '노화방지의학 : 기초적 개관 및 임상진료(共)'(2003, 칼빈서적) '체중조절을 위한 생활양식 상담방법'(2004, 비만연구의사회) 'Protocols of work-up and anti-aging treatment for women'(2004, American academy of anti-aging medicine) '임신과 불임 in 인간생명과학개론(共)'(2006, 서울대 출판부) '무월경 in 부인과학'(2007, 대한산부인과학회) '줄기세포 in 산부인과내분비학'(2012, 대한산부인과내분비학회) (종)기독교

**구승회(具承會) GOO Seung Hoe**

(생)1963·4·5 (출)대전 (주)서울특별시 강남구 테헤란로 152 강남파이낸스센터 27층 삼정KPMG(02-2112-0100) (학)1982년 고려대사대부고졸 1986년 고려대 경영학과졸 1988년 同경영대학원 경영학과졸 (경)1987~2000년 KPMG산동회계법인 제3사업본부 이사 1993~1995년 한국생산성본부 강사 2000년 반부패특별위원회 자문위원 2000~2007년 KPMG삼정회계법인 상무이사 2001~2003년 서울 강남세무서 이의신청심의위원 2002~2005년 한국공인회계사회 기업진단감리위원 2002~2011년 서울서부지법 민사조정사건 조정위원 2004~2006년 강남구 지방세감면자문위원 2006~2014년 한국공인회계사회 윤리조사심의위원 2007~2008년 국민권익위원회 기업투명성자문위원 2007년 KPMG삼정회계법인 상무이사 2008~2009년 국방홍보원 운영심의회 심의위원 2010~2014년 한국거래소(KRX) 유가증권시장 상장공시위원회 위원 2012년 KPMG삼정회계법인 부대표(COO) 2012~2014년 한국공인회계사회 윤리조사심의위원장 겸 윤리위원회 위원 2013~2015년 한국무역보험공사 글로벌성장사다리선정위원 2014~2015년 고려대 등록금심의위원회 위원 2014~2016년 한국상조공제조합 공익이사 2014~2018년 한국공인회계사회 이사 2015~2017년 KIF투자조합 투자운영위원회 위원 2015년 금융위원회 법령해석심의위원회 위원 2016년 고려대 교우회 감사(현) 2016년 홍진기법률연구재단 감사(현) 2016년 BGF복지재단 감사(현) 2017년 KPMG삼정회계법인 Deal Advisory부문 리더(부대표) 2018년 同Deal Advisory부문 리더(대표)(현) 2018~2019년 한국세무학회 감사 (상)금융위원장표창(2010), 부총리 겸 기획재정부장관표창(2016)

**구아미(具芽美 · 女) KOO A MI**

(생)1963 · 8 · 16 (주)서울특별시 중구 덕수궁길 15 서울특별시청 기후환경본부 대기기획관실(02-2133-3700) (학)1986년 연세대 생물학과졸 1994년 서울대 보건대학원 환경보건학과졸 (경)1986~1992년 환경처 생태조사단실 생태계분석요원 1994년 총무처 환경사무관시보 1995년 서울시 수도기술연구소 시험실장 2008년 同자연생태과 서기관 2010년 同대기관리담당관 2010년 同맑은환경본부 친환경교통과장 2012년 同인사과장 2013년 同공원녹지정책과장 2014년 同상수도연구원장 직대 2017년 同상수도사업본부 부본부장(부이사관) 2019년 同기후환경본부 대기기획관 2019년 同기후환경본부 대기기획관(이사관)(현)

**구연희(丘然熙 · 女) Koo, Yeon Hee**

(생)1969 · 3 · 10 (출)충남 서천 (주)세종특별자치시 갈매로 408 교육부 평생미래교육국(044-203-7260) (학)미국 미네소타대 대학원 교육학과졸 (경)2003년 교육인적자원부 학사지원과 교육행정사무관 2005년 同기획법무담당관실 서기관 2005~2006년 同인적자원정책국 NURI추진팀장 2006년 한국직업능력개발원 파견 2008년 교육과학기술부 학교정보분석과장(서기관) 2008년 駐OECD대표부 교육과학관 2011년 교육과학기술부 영어교육정책과장 2012년 同국제협력관실 글로벌협력전략팀장 2013년 교육부 국제교육협력담당관 2013년 同대학지원실 지역대학육성과장 2014년 同대학지원실 지역대학육성과장(부이사관) 2014년 대통령비서실 파견(부이사관) 2018년 교육부 국립국제교육원 기획조정부장(부이사관) 2019년 同사회정책협력관 2019년 同평생미래교육국장(현)

**구 영(具 英) KU Young**

(생)1960 · 7 · 29 (출)대구 (주)서울특별시 종로구 대학로 101 서울대치과병원 지원동 3층 355호 병원장실(02-2072-2600) (학)1986년 서울대 치의학과졸 1993년 同대학원 치의학과졸 1997년 치의학박사(서울대) (경)1994년 미국 치주학회 국제회원 1996~2005년 서울대 치과대학 치주과학교실 전임강사 · 조교수 · 부교수 · 교수 1997년 한국생체재료학회 편집위원 · 이사 · 부회장(현) 2001년 대한치주과학회 공보이사 2002년 同편집이사 2002년 대한구강악안면임프란트학회 학술이사 2003년 국제치과연구학회 한국지부 재무이사 2005년 서울대 치과대학 학생부학장 2005년 同치의학대학원 치주과학교실 교수(현) 2008년 同학생처 부처장 2009년 서울대치과병원 치주과장 2014~2015년 국제치과연구학회 한국지부 회장 2016년 대한구강악안면임프란트학회(KAOMI) 우수회원제도위원장 2018년 同회장(현) 2019년 서울대치과병원장(현)

**구영민(具榮敏) Koo Young Min (斗庚)**

(생)1966 · 1 · 7 (본)능성(綾城) (출)경남 김해 (주)서울특별시 서초구 남부순환로 2583 서희타워본사 11층 (주)서희건설씨앤씨 부회장실 (학)육군사관학교졸, 서강대 대학원 정치학과졸, 연세대 대학원 기계공학과졸, 서울대 대학원 IT벤처전문가CEO과정 수료(1기), 매경-휴넷 차세대CEO과정 수료(1기), 서울대 공과대학 건설산업최고전략과정(ACPMP) 수료(9기) (경)삼성중공업 건설영업팀 근무, 삼성테크윈 인사UNIT 근무, (주)넷링스 부사장, (주)도움 경영기획본부장, (사)남북디자인교류협회 부회장(현), 월드개발주식회사 개발총괄대표 사장, (주)서희비엔씨(B&C) 개발총괄대표 사장, (주)영미본개발 대표이사 부회장(현), (주)서희씨앤씨 대표이사 사장, (주)스타힐스시트론개발 대표이사 회장(현) 2018년 (주)서희씨앤씨 대표이사 부회장(현) (상)국방부장관표창(1991), 대통령표창(1992) (저)'통일한국이후의 항공기수요모델'(1992) (종)기독교

**구영민(具永敏) Goo Youngmin**

(생)1970 · 11 · 11 (본)창원(昌原) (출)부산 (주)대전광역시 서구 청사로 189 특허청 산업재산보호정책과(042-481-5213) (학)1989년 부천고졸 1991년 서울대 독어독문학과졸 2012년 미국 콜로라도대 행정대학원졸 (경)1997년 행정고시 합격(41회) 1998년 특허청 사무관 2006년 同서기관 2008년 同산업재산보호과장 2012년 同산업재산진흥과장 2014년 同상표심사1과장 2015년 유럽공동체상표청(OHIM) 파견 2018년 특허청 디자인심사정책과장 2019년 同산업재산보호정책과장(부이사관)(현) (상)국무총리표창(2015)

**구영소(具永昭) GU YOUNGSO (백양)**

(생)1954 · 8 · 19 (본)창원(昌原) (출)경남 창원 (학)1974년 경남고졸 1980년 서강대졸 (경)1980~1993년 현대오일뱅크(주)(舊극동정유) 근무 1994~2013년 백양주유소 설립 · 대표 2003~2012년 (사)한국주유소협회중앙회 부회장 겸 부산시지회장 2008~2012년 在부산 서강대동문회 회장 2010~2012년 서강대총동문회 부회장 2010~2012년 기획재정부 주관 불법석유유통근절범정부TF팀 민간위원 2011~2013년 한국에너지포럼중앙회 회장 2012년 새누리당 제18대 대통령선거 박근혜후보 중앙선거대책위원회 에너지특보 2015~2018년 아시아드컨트리클럽(CC) 대표이사 사장 (상)동력자원부장관표창(1989), 산업자원부장관표창(2005), 부산시장표창(2009), 지식경제부장관표창(2010) (종)가톨릭

**구영우(具榮友) KU Young Woo**

(생)1965 · 10 · 2 (본)능성(綾城) (출)경북 의성 (주)서울특별시 영등포구 여의나루로 67 신송빌딩 7층 한국리테일투자운용(주)(02-2135-6226) (학)1984년 대구 대륜고졸 1989년 연세대 경영학과졸 (경)1988~1990년 한일리스 근무 1990~1999년 한미캐피탈 영업팀장 · 자금팀장 · 경영기획팀장 1999~2003년 한국금융신문 편집국장(상무이사) 2003년 한미캐피탈 심사 · 전략기획부장 2006년 同리스영업본부장(상무) 2007년 同통합 · 혁신본부장(상무) 2007년 우리파이낸셜 통합 · 혁신본부장(상무) 2007년 同리스금융본부장(상무) 2009년 HK저축은행 리스크관리본부장(상무) 2010년 同리스크관리본부장(전무) 2011년 同부행장 2012년 同부대표 2016~2017년 同대표이사 2018년 한국리테일투자운용(주) 대표이사(현) (상)금융위원장표창(2010) (종)무교

**구요비(具要備) Koo Yo Bi**

(생)1951 · 1 · 25 (출)경기 가평 (주)서울특별시 중구 명동길 74 서울대교구(02-727-2114) (학)신일고졸 1979년 가톨릭대 신학과졸 1981년 同신학대학원 신학과졸 2000년 프랑스 파리가톨릭대 대학원 영성신학과졸 (경)1981년 사제 수품 1981년 이문동 본당 보좌신부 1982년 신당동 본당 보좌신부 1982년 천주교 서울대교구 북부지구 가톨릭노동청년회(JOC) 지도신부 1983년 프랑스 리옹 가톨릭대 노동사목 1986년 프라도사제회 한국지부 대표 1986~1991년 구로2동 본당 주임신부 1991~1993년 상계동 본당 주임신부 1991년 가톨릭노동장년회(CWM) 지도신부 1993~1998년 가톨릭노동청년회(YCW) 전국 지도신부 1993~1998년 천주교 서울대교구 노동사목위원회 위원 2000~2002년 종로 본당 주임신부 2002~2009년 가톨릭대 성신교정 영성지도 신부 2006~2012년 프라도사제회 한국지부 대표 2007~2013년 同국제평의회 위원 2013~2017년 포이동 본당 주임신부 2017년 천주교 서울대교구 보좌주교(현) 2017년 同서울대교구 중서울지역 · 해외선교담당 교구장 대리 · 생명위원회 가톨릭생명윤리자문위원장 · 해외선교위원장 겸임(현) 2018년 주교회의 선교사목주교위원회 위원(현) (상)신일고총동문회 '믿음으로 일하는 자유인 상'(2018)

**구용욱(具勇旭)**

(생)1967 (주)서울특별시 중구 을지로5길 26 센터원빌딩 미래에셋대우 리서치센터(02-3774-7172) (학)1991년 고려대 경제학과졸 1994년 同대학원 경제학과졸 (경)1994년 외환은행 외국환 및 여신담당 1996년 대우경제연구소 국내·외 경제담당 1999~2003년 대우증권 리서치센터 투자분석, 同금융담당 이사 2016년 미래에셋대우 리서치센터장(현)

**구욱서(具旭書) KOO Uk Seo**

(생)1955·1·21 (출)경북 의성 (주)서울특별시 강남구 테헤란로 132 한독빌딩 9층~11층 법무법인 다래(02-3475-7700) (학)1972년 대구상고졸 1976년 경북대 법정대학졸 1978년 同법정대학원졸 (경)1976년 사법시험 합격(18회) 1978년 사법연수원 수료(8기) 1978년 육군 법무관 1981년 부산지법 판사 1982년 同울산지원 판사 1985년 서울지법 의정부지원 판사 1986년 同남부지원 판사 1989년 서울고법 판사 1991년 대법원 재판연구관 1992년 대구지법 안동지원장 1995년 사법연수원 교수 1998년 서울행정법원 부장판사 2000년 특허법원 부장판사 2001년 同수석부장판사 2001년 서울고법 부장판사 2006년 서울남부지법원장 2009년 대전고법원장 2009년 중앙선거관리위원회 위원 2010~2011년 서울고법원장 2011년 법무법인 다래 고문변호사(현) 2012~2015년 한국의료분쟁조정중재원 의료분쟁조정위원장 2014~2018년 국무총리소속 부마민주항쟁진상규명및관련자명예회복심의위원회 위원장 2015년 대구은행 사외이사(현) 2017년 서울시행정심판위원회 회의주재위원(현) (상)황조근정훈장 (저)'사법과 세법'(2010) (종)천주교

**구원모(具元謨) Koo Won Mo**

(생)1962·7·17 (출)경기 안양 (주)서울특별시 영등포구 버드나루로12가길 51 전자신문(02-2168-9200) (학)1987년 한국외국어대 포르투갈어과졸 2012년 중앙대 신문방송대학원졸 (경)1987년 전자신문 편집국 기자 1995년 同정보통신부 차장 1996년 同뉴미디어국 데이터베이스부장 1997년 同정보생활부장 1999년 同인터넷부장 2000년 디지털타임스 컴퓨팅부장 2000년 同부국장대우 인터넷부장 2002년 同뉴미디어국장 직대 2002~2003년 同부국장 겸 컴퓨팅부장 2003년 전자신문인터넷 대표이사 2006년 한국디지털경영인협회 회장 2008년 한국온라인신문협회 부회장 2008년 전자신문 상무 2009년 同전략기획실 상무이사 2010년 同객원논설위원 겸임 2010년 同고객부문총괄 대표(상무이사) 2011년 同대표이사(현) 2011~2014년 전자신문인터넷 대표이사 2013년 국제로타리 3650지구 서울ICT로타리클럽 회장 2016년 한국정보처리학회 회장 (종)기독교

**구월환(丘月煥) KOO Wol Hwan**

(생)1942·3·25 (본)평해(平海) (출)충남 서천 (학)1960년 공주사대부고졸 1967년 서울대 문리과대학 사회학과졸 (경)1967년 합동통신 사회부·정치부 기자 1974~1975년 한국기자협회 부회장 1979년 합동통신 정치부 차장 1981년 연합통신 정치부 차장 1984년 同정치부장 1986년 同편집위원 1987년 同영국특파원 1990년 同논설위원 1992~1993년 관훈클럽 총무 1994년 연합통신 지방국장 1994~1996년 종합유선방송위원회 고충처리위원 1995년 연합통신 기사심의실장 1996년 同출판국장 1997~1998년 同총무·출판담당 상무이사 2000년 세계일보 편집국장 2002년 同논설위원실장 2002년 관훈클럽 신영연구기금 이사 2003년 한국신문방송편집인협회 이사 2003~2004년 세계일보 주필 2005~2017년 순천향대 초빙교수 2006~2009년 방송문화진흥회 이사 (종)천주교

**구윤모(具潤謀) KOO Yun Mo**

(생)1953·10·13 (출)서울 (주)인천광역시 미추홀구 인하로 100 인하대학교 공과대학 생명공학과(032-860-7513) (학)1975년 서울대 화학공학과졸 1977년 한국과학기술원(KAIST) 화학공학과졸(석사) 1985년 공학박사(미국 퍼듀대) (경)1977~1980년 한국과학기술연구소 연구원 1986~1987년 미국 퍼듀대 Research Associate 1987~2013년 인하대 공과대학 생물공학부 조교수·부교수·교수 1991~1992년 미국 캘리포니아대 방문연구원 2000~2018년 인하대 ERC 초정밀생물분리기술연구소장 2007년 한국생물공학회 회장 2007년 인하대 공과대학장 겸 공학대학원장 2007년 同산업과학기술연구소장 2007년 한국공학한림원 회원(현) 2013~2018년 인하대 공과대학 생명공학과 교수 2017~2018년 同대학원장 2019년 同공과대학 생명공학과 명예교수(현) (저)'Advances in Biochemical Engineering/Biotechnology'(2004, Springer) '미래를 들려주는 생물공학이야기'(2006, 생각의 나무)

**구윤철(具潤哲)**

(생)1965 (출)경북 성주 (주)세종특별자치시 갈매로 477 기획재정부 제2차관실(044-215-2002) (학)대구 영신고졸, 서울대 경제학과졸, 同대학원 행정학과졸, 미국 위스콘신대 대학원 공공정책학과졸 (경)1988년 행정고시 합격(32회), 재정경제원 건설교통예산담당관실 근무 1999년 기획예산처 재정정책과 서기관 2001년 경수로사업지원기획단 파견 2003년 대통령직인수위원회 기획조정분과위원회 행정관, 대통령 인사관리비서관실 행정관 2006~2008년 대통령 인사제도비서관 2007~2008년 대통령 국정상황실장 겸임, 외교안보연구원 글로벌리더십과정 파견 2013년 기획재정부 성과관리심의관 2015년 同재정관리국 재정성과심의관 2015년 同예산실 사회예산심의관 2015년 同예산실 예산총괄심의관 2017년 同예산실장 2018년 同제2차관(현) 2018년 학교법인 서울대 이사(현) 2019년 스포츠혁신위원회 위원(현)

**구윤회(具潤會) KOO YOUN HOE**

(생)1949·1·19 (본)능성(綾城) (출)경남 진주 (주)경상남도 김해시 주촌면 소망길 1-12 (주)에이스브이 비서실(055-310-8000) (학)1967년 진주고졸 1974년 부산대 조선공학과졸 2009년 同대학원 조선해양공학과졸 2012년 조선해양공학박사(부산대) (경)1973년 (주)현대중공업 입사 1995년 同이사 1998~2000년 同해양사업본부 이사 2000년 (주)에이스브이 대표이사(현) (상)중소기업청장표창(2002), 대통령표창(2005), 한국언론인연합회 자랑스런한국인 대상(2009), 기술보증기금 KIBO성공기업인상(2010), 금탑산업훈장(2012), 자랑스런 부산대인(2014)

**구인모(具仁謨) Koo, In Mo**

(생)1959·12·23 (출)경남 거창 (주)경상남도 거창군 거창읍 중앙로 103 거창군청 군수실(055-940-3001) (학)1998년 창원대 행정대학원 행정학과졸 (경)2013년 경남 거창군 부군수 2015년 경남도 기업지원단장 2015년 同의회사무처 의사담당관 2017년 同문화관광체육국장 2018년 경남 거창군수(자유한국당)(현) 2018년 전국농어촌지역군수협의회 부회장(현) (상)장관표창(2회), 도지사표창(3회), 국무총리표창(1994), 녹조근정훈장(2006)

**구자갑(具滋甲) KOO Ja Kap**

(생)1960·10·28 (본)능성(綾城) (출)전북 전주 (주)서울특별시 강남구 테헤란로 422 롯데렌탈(주) 임원실(02-3404-9801) (학)서울대 법학과졸, 미국 뉴욕대 경영전문대학원(MBA)졸 (경)1983~2000년 조흥은행 입행·전략기획팀장 2000~2002년 KTB Network CRC사업본부 이사 2002~2008

년 (주)코난테크놀로지 대표이사 2008년 골든브릿지자산운용 대표이사 2012년 골든브릿지투자증권 이사, 골든브릿지금융그룹 부회장, 한국금융연수원 겸임교수, 금융위원회 금융발전심의회 글로벌분과 · 자본시장분과 위원 2014~2015년 KT렌탈 경영기획부문장(부사장) 2015년 롯데렌탈(주) 경영관리본부장(현) 2015년 롯데오토리스(주) 대표이사 겸임(현)

**구자겸(具滋謙) Koo Ja Kyum**

(생)1959 · 1 · 26 (본)능주(綾州) (출)서울 (주)경상북도 경주시 외동읍 문산공단안길 44 엔브이에이치코리아(주) 임원실(054-779-1822) (학)1977년 동북고졸 1981년 한양대 기계공학과졸 1982년 同대학원 기계공학과졸 1991년 기계공학박사(미국 아이오와대) (경)1983~1984년 현대자동차(주) 근무 1991~1992년 GM CPC센터 근무 1992~1996년 쌍용자동차(주) 근무 1996~1999년 태성S&E(주) 근무 1999년 엔브이에이치코리아(주) 대표이사 회장(현) 2012~2016년 대한기계학회 동력학및제어부문 부회장 2012년 한국자동차공학회 부회장(현), 同종신회원(현) 2013년 한국공학한림원 정회원(현) 2016년 대한기계학회 산학협력부회장(현) 2017년 중견기업연합회 부회장(현) 2017년 2017대학생자작자동차대회 조직위원장 2017년 한양대기계공학부총동문회 회장(현) (상)은탑산업훈장(2008), 금탑산업훈장(2018) (종)기독교

**구자경(具滋暻) KOO Cha Kyung**

(생)1925 · 4 · 24 (본)능성(綾城) (출)경남 진양 (주)서울특별시 영등포구 여의대로 128 LG트윈타워 동관 32층 LG 비서실(02-3773-2032) (학)1945년 진주사범학교졸 1986년 명예 경제학박사(고려대) 1999년 명예 경영학박사(연세대) (경)1950년 낙희화학 이사 1959년 금성사 이사 1962년 낙희화학 전무이사 1968년 금성사 부사장 1970~1995년 럭키금성그룹 회장 1970~2014년 LG연암문화재단 이사장 1970년 한국경영자총협회 부회장 1973~1987년 전국경제인연합회 부회장 1973~2016년 학교법인 연암학원 이사장 1973~1985년 국제기능올림픽 한국위원회 부회장 1979~1988년 한국발명특허협회 회장 1981~1987년 평통 지역협력분과위원장 · 경제통상분과위원장 1983년 한 · 일문화교류기금 회장 1983년 한국산악회 회장 1983~2000년 동아일보 이사 1986년 대한적십자사 중앙위원 1987~1989년 전국경제인연합회 회장 1988년 한국경영자총협회 고문 1989년 전국경제인연합회 명예회장(현) 1991~2015년 LG복지재단 이사장 1994년 보람은행 이사회장 1995년 LG그룹 명예회장(현) 1998~2002년 한국청소년연맹 이사 (상)금탑산업훈장, 서독 유공대십자훈장, 한국의 경영자상, 기능올림픽 공로표창, 5 · 16민족상(산업부문), 국민훈장 동백장 (저)'오직 이 길밖에 없다' '민간주도형 경제하에서의 정부의 역할' '아산 정주영과 나 백인문집'(共)

**구자관(具滋寬) KOO Ja Kwan**

(생)1944·8·14 (본)능성(綾城) (출)경기 남양주 (주)서울특별시 중구 청계천로 100 시그니쳐타워 6층 삼구아이앤씨(02-828-3900) (학)1963년 용문고졸 1993년 동국대 행정대학원 최고관리자과정 수료(49기) 1995년 한국노동연구원 노사관계고위지도자과정 수료(6기) 1996년 전경련 국제경영원 수료(34기) 1998년 연세대 언론홍보대학원 수료(6기) 2002년 서강대 경영대학원 가톨릭경영자과정 수료(5기) 2003년 同경제대학원 OLP과정 수료(3기) 2005년 중국 칭화대 최고경영자과정 수료(3기) 2007년 국제경영원 The 2nd Leader's Best Life Academy 수료(2기) 2008년 용인대 경찰행정학과졸 2008년 한국최고경영자회의 CIMA CEO 수료(4기) 2008년 데일 카네기 최고경영자과정 수료(48기) 2009년 전경련 CLIG제왕학역사CEO과정 수료(1기) 2010년 同CIA미래창조혁신최고위과정 수료(1기) 2011년 서강대 경제대학원졸 2011년 한양대 문화예술CEO과정(CAF) 수료(2기) 2011년 한국능률협회 클래식아트경영 최고경영자과정 수료(1기) 2012년 서울대 법과대학 최고경영자과정(ALP) 수료(15기) 2012년 IGM 세계경영연구원 최고경영자과정 수료(11기) 2012년 서강대 경제대학원 최고위의회전문가프로그램(TCSP)과정 수료(2기) 2012년 한국능률협회(KMA) WHARTON 최고위과정 수료(10기) 2012년 IGM 세계경영연구원 창조오딧세이아 수료(1기) 2012년 한국능률협회 상우재 수료(8기) 2013년 법무부 교정위원전문화기본교육과정 수료(2기) 2013년 감동력커뮤니케이션 CEO과정 수료(1기) 2013년 세계경영연구원(IGMK) 최고경영자과정 수료(1기) 2014년 고려대 미래성장연구소 미래성장최고지도자과정(FELP) 수료(1기) 2014년 중앙대 부동산자산관리 최고경영자과정 수료(11기) (경)1969년 극동CT산업 대표이사 1976~2010년 (주)삼구개발 대표이사 사장 1998~2007년 (사)한국건축위생관리협회 이사 2001~2011년 한국청소년육성회 부총재, 전경련 국제경영원총동문회 사무총장, 동국대행정대학원총동문회 부회장 2003~2005년 (사)한국경비협회 회장 2003년 국제로타리클럽 3640지구 서울아리랑로타리클럽 회장 2003~2019년 (사)한국건축물유지관리협회 이사, 한국노동연구원 노사관계고위지도자과정총동문회 사무총장·감사, 한나라당 중앙위원회 문화체육분과위원회 부위원장, 국제라이온스354A지구 제2지역 1지대위원장 2005~2011년 대한스포츠찬바라협회 회장 2007년 한나라당 제17대 대통령중앙선거대책위원회 직능정책본부 직능경제특별위원회 부위원장, 한국직능경제인연합회 수석부회장, 용문중고총동문회 회장 2009~2012년 데일카네기최고경영자과정총동문회 제3대 회장 2010년 (주)삼구아이앤씨 대표이사 회장(현) 2012년 민주평통 상임위원 2013년 순천만국제정원박람회 명예홍보대사 2013년 한국노동연구원 노사관계고위지도자과정총동문회 회장 2013년 서울 한양도성 시민순성관 2013년 서강대 Opinion Leaders Club 수석부회장 2014~2017년 (사)한국HR(인적자원)서비스산업협회 회장 2014년 인천아시안게임 국민대통합성공기원축제준비위원회 공동대표 2014년 (사)인간개발연구원 운영이사 2019년 전경련국제경영원 IMI조찬경영 회장(현) 2019년 (사)한국건축물유지관리협회 회장(현) (상)도봉세무서장표창(1979), 서울지방경찰청장 감사장(1990·1991), 경찰청장 감사장(1992·2006), 용산구청장 감사장(1996), 한국위생관리협회상(1998), 서울도시철도공사 감사장(1998), 보건복지부장관표창(2000), 수도권매립지운영관리조합상(2000), 필리핀 대통령표창(2003), 전경련 국제경영원 최우수경영인상(2003), 건설교통부장관표창(2006), 국민훈장 동백장(2007), 도산 경영상(2007), 전경련 국제경영원(IMI) 사회공헌부문 경영대상(2008), 전경련 국제경영원 YLC위원회 인제후견제도 최우수상(2010), 한국노동연구원 노사발전대상(2010), 법무부 영등포구치소장 감사패(2010), 대한민국경제리더 대상(2010), 한국경비협회 감사패(2010), 중앙일보 대한민국경제리더대상(2010), 서울시장표창(2011·2014), 민주평통 마포구협의회상(2011), 한국지식인협회 신지식인대상(2011), 서강대 경제대학원 우수논문상(2011), DALE CARNEGIE TRAINING LEADERSHIP AWARD(2011), 전경련 국제경영원 경영인대상(2011), 서울지방중소기업청장표창(2011), 전경련 국제경영원 우수지식기업인상(2011), 한국기업경영학회 기업경영대상(2012), 지식경제부장관표창(2012), 법무부장관표창(2012), 한국재능기부협회 한국재능나눔대상(2013·2014), 직능경제인단체총연합회장표창(2013), 마포구청장표창(2013), 제1야전군사령관 감사장(2013), 해군참모총장 감사장(2013), 미래지식경영원 창조경영인상(2013), 한국국제연합봉사단 세종대왕나눔봉사대상(2013), 서울시 봉사상(2013), 서울상공회의소 회장표창(2014), 한국건축물관리연합회장표창(2014), 한국능률협회(KMA) 선정 '제 47회 한국의 경영자'(2015), HDI인간경영대상 종합대상(2015), 서강경제대상(2018) (종)가톨릭

**구자균(具滋均) KOO Ja Kyun**

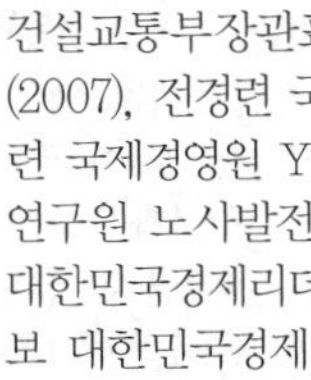

(생)1957 · 10 · 8 (본)능성(綾城) (출)서울 (주)경기도 안양시 동안구 엘에스로 127 LS산전 회장실(02-2034-4002) (학)1976년 중앙고졸 1982년 고려대 법학과졸 1985년 미국 텍사스주립대 대학원 국제경영학과졸 1990년 경영학박사(미국 텍사스주립대) (경)1993년 국민대 경영학과 교수 1995년 서울

시수중협회 회장(현) 1997~2004년 고려대 국제대학원 교수 2005년 LS산전(주) 관리본부장(부사장) 2007년 同대표이사 사장(사업본부장 겸임) 2008년 同대표이사 사장(CEO) 2008년 한국표준협회 이사 2009~2014년 지능형전력망협회 회장 2009년 국가표준심의회 민간위원(현) 2010년 LS산전(주) 부회장 2010년 국제스마트그리드연합회(GSGF) 부회장 2013~2016년 한국발명진흥회 비상임이사 2013년 (주)LS 산전사업부문(LS산전·LS메탈·대성전기) 대표이사 부회장 2014년 (사)대한전기학회 부회장 2014년 한국스마트그리드협회 회장(현) 2015년 LS그룹 산전사업부문 회장(현) 2015년 LS산전 대표이사 CEO 겸임(현) 2016년 국회 신·재생에너지포럼 운영위원장 2016년 국제대전력망협의회(CIGRE) 한국위원회 부위원장 2019년 한국산업기술진흥협회장(현) 2019년 한일경제협회 부회장(현) [상]미국 텍사스주립대 한국동문회 선정 '자랑스러운 UT 동문상'(2012), 매경미디어그룹 미래부문 2013 대한민국 창조경제리더(2013), 매일경제 선정 '대한민국 글로벌 리더'(2014), 금탑산업훈장(2014), 한국신뢰성대상 제조업부문(2014), APIGBA어워드 퍼포먼스부문 금상(2016)

**구자극(具滋克) KOO Cha Keuk**

[생]1946·2·7 [출]경남 진주 [주]서울특별시 구로구 디지털로 288 (주)엑사이엔씨 임원실(02-3289-5100) [학]1964년 서울고졸 1973년 미국 힐즈데일대 전자공학과졸 [경]1979년 럭키금성상사(주) 부장 1986년 同상무이사 1994년 同부사장 1999년 LG상사 미주지역본부장, 同회장, (주)엑사이엔씨 각자대표이사 회장 2010~ 2011·2014년 同대표이사 회장(현)

**구자동(具滋東) KOO Ja Dong**

[생]1944·4·17 [본]능성(綾城) [출]충남 당진 [주]충청남도 당진시 송악읍 안틀모시길 11 기지시줄다리기보존회(041-355-8118) [학]1961년 송악중졸 1991년 한남대 지역개발대학원 지도자과정 수료 [경]1969년 기지시줄다리기추진위원회 간사 1984년 국제라이온스협회 309-E지구 상록클럽 회장 1985년 송악의용소방대장·기지초등학교 체육진흥관리위원장 1987년 당진군의료보험조합 설립위원 1987년 중요무형문화재 제75호 기지시줄다리기 이수자 지정·전수교육 조교지정 1989년 국제라이온스협회 309-E지구 제15지역 제1지대위원장 1990년 충남 송악지서 선진질서추진위원장 1991년 당진군개발위원회 위원·당진군선거관리위원회 송악면관리위원장 1991년 국립민속박물관 대보름맞이행사 연출지도 1992년 기지시줄다리기번영회 회장 1994년 송악면재향군인회 회장 1995년 당진경찰서 보안지도위원 1997년 국제라이온스협회 355-D지구 제19지역 부총재 1997년 (주)동부종합가스 대표이사 2000년 남북통일기원 설문화축제·신성대축제·서해대교 사장교 개통기념행사 연출지도 2001년 국가무형문화재 제75호 기지시줄다리기 예능보유자 지정(현) 2001년 온양문화재 줄제작지도 및 연출지도 2002년 충남무형문화재연합회 부회장·능성구씨당진군종회 회장 2003년 일본 가리와노줄다리기 제1차교류 방일·산신도 봉안제 및 소형줄고사 연출 2004년 일본 가리와노줄다리기 제2차교류·오키나와 3대줄다리기 1차교류 방일 2005년 일본 예화야줄다리기 3차교류 방일 2005~2006년 민주평통 자문위원 2006년 하이서울페스티벌 1000만시민화합줄다리기 해설 2006~2013년 기지시줄다리기보존회 회장 [상]내무부장관표창(1988), 대한체육회장 공로패(2001), 자랑스런 당진인상(2003) [종]불교

**구자두(具滋斗) KOO Cha Too (儀岩)**

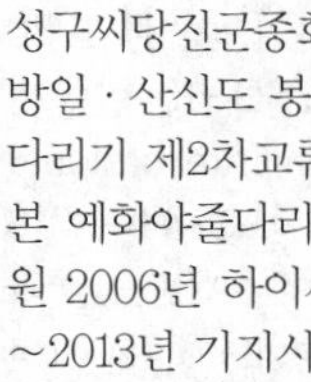

[생]1932·1·15 [본]능성(綾城) [출]경남 진양 [학]1953년 경기고졸 1955년 연세대 상대 중퇴 1957년 미국 워시본대(Washburn Univ.) 상학과졸 1959년 미국 뉴욕시립대 대학원졸 1986년 명예상학박사(미국 워시본대) [경]1959년 럭키화학 관리과장 1960년 금성사·럭키유지 관리과장 1963년 금성사 이사·공장장 1965년 同상무이사 1970년 금성전선 전무이사 1971년 금성통신 사장 1974년 반도상사 사장 1976년 피혁제품수출조합 이사장 1980년 신영전기 사장 1980년 대한상사중재원 중재인 1984년 금성반도체 사장 1987년 금성사 정보·통신부문 사장 1987년 정보통신진흥협회 회장 1988년 희성산업 부회장 1989년 駐韓엘살바도르 명예영사(현) 1991~1998년 LG유통 부회장 1995년 駐한국명예영사단 부단장 1996년 同단장 1996년 국제로타리3650지구 총재 1998년 LG유통 상임고문 1999년 로타리클럽 청소년인터렉트재단 이사장 2000년 LG벤처투자(주) 회장 2008~2019년 LB인베스트먼트(주) 회장 [상]금탑산업훈장, 대통령표창, 한국경영개척대상, 국무총리표창

**구자섭(具滋燮) KOO Ja Sup**

[생]1950·8·31 [출]부산 [주]경기도 파주시 월롱면 엘씨디로 294 파주LCD지방산업단지 한국SMT(주) 임원실(031-934-3023) [학]1969년 경남고졸 1973년 고려대 산업공학과졸 [경]1974년 LG화학 입사 1988년 同이사 1993년 同상무이사 1996년 同전무이사 1997년 LGMMA(주) 대표이사 전무, 同대표이사 부사장 2004~2005년 同대표이사 사장 2005년 한국SMT(주) 대표이사, 同회장(현) [상]금탑산업훈장

**구자억(具滋億) Gu, Ja Oek (東才)**

[생]1955·2·5 [본]능성(綾城) [출]충남 천안 [주]서울특별시 성북구 서경로 124 서경대학교 인성교양대학(02-940-7092) [학]1983년 영남대 교육학과졸 1991년 고려대 교육대학원 교육학과졸 1996년 교육학박사(중국 베이징사범대) [경]1983년 한국교육개발원 연구위원·선임연구위원·석좌연구위원 1997~1998년 한국비교교육학회 이사 1999년 한국교육사학회 편집위원 2000~2013년 한국교육포럼 회장 2001년 한국교육신문 자문위원, 홍익대 교육경영관리대학원 겸임교수 2004년 한국교육개발원 기획처장 2004~2013년 (사)목재문화포럼 이사 겸 학교교육위원장 2005~2011년 교육혁신박람회 사무국장·방과후학교페스티벌 사무국장·교육과정엑스포 사무국장 2007년 한국교육개발원 교육연구국제협력센터 본부장 2009년 同교육기관평가연구센터 소장 2010년 한국중국교육학회 회장 2011년 한국비교교육학회 부회장 2011~2012년 경제인문사회연구회 중국연구자문위원 2011~2015년 교육과학기술부 외국인유학생정책추진위원 2011~2013년 同외국유학생유치대학인증위원 2011~2014년 경북도 교육정책자문위원 2012년 한국교육개발원 교육통계평가연구본부장 2012년 (사)한·중교육교류협회 회장(현) 2013~2015년 한국교육개발원 기관평가연구실장 2013년 교육부 외국유학생유치대학인증위원 2013년 대구시교육청 행복교육정책자문위원 2013~2015년 교육부 교육정책자문위원 2013년 교원양성기관 평가위원 2013~2016년 국민행복교육포럼 공동대표 2013년 한국교육기관컨설팅학회 회장(현) 2014~2019년 한·중유학교우총연합회 회장 2015년 서경대 인성교양대학 교수(현) 2015년 同대외협력실장 2015년 同전략기획실장 2015년 同한국학교컨설팅연구소장(현) 2015~2018년 서울시 서초구교육발전위원회 위원 2016년 서경대 서경혁신원 부원장 2016~2017년 同언어문화교육원장 2016년 同교양대학장 2016년 同혁신원장 2016년 한중미래전략포럼 회장(현) 2017~2018년 충남도 환황해특별위원회 위원 2017년 중국 칭화대 교육평가중심 초빙교수(현) 2017년 서경대 혁신기획처장 겸 서경미래연구원장 2018년 同대학원장 겸 인성교양대학장(현) 2019년 同대학혁신발전연구원장(현) [상]교육과학기술부장관표창, 한국교육개발원장표창, 경제인문사회연구회 이사장표창, 중국 베이징사범대학 교우영예증서, 천마문화상, 국민훈장 석류장(2014) [저]'중국의교육' '양계초와 교육' '중국 근대교육사상 비교연구' '현대 중국교육의 심층적이해' '동서양 근대교육사상가론' '세계의 고등학교' '미국의 학교교육개혁동향' '교육의 이해' '동서양주요국가들의 새로운 학교' '동서양 주요국가들의 영재교육' '중국교육사' '중국 전통교육사상의 이해' '중한 근대교육사상

비교연구' '교사를 위한 교육과정 통합의 방법' '동서양 주요국가들의 교육' '중국의 교육' '주요선진국의 대학발전동향 : 이론과 실제' '비교교육학 : 이론과 실제' '학교컨설팅의 이론과 실제' '한국의 교육기관 평가제도' 등

### 구자열(具滋烈) Christopher Koo

(생)1953·3·2 (본)능성(綾城) (출)경남 진주 (주)서울특별시 강남구 테헤란로87길 36 (주)LS 회장실(02-2189-9009) (학)1972년 서울고졸 1979년 고려대 경영학과졸 1999년 런던비즈니스스쿨 수료 (경)1978년 (주)LG상사 입사 1980년 同뉴욕지사 근무 1985년 同국제금융부장 1990년 同동남아지역본부장(이사) 1992년 同일본지역본부장(이사) 1995년 LG투자증권(주) 국제부문 총괄상무 1997년 同국제부문 총괄전무 1999년 LG투자증권(주) 영업부문 전무 2000년 同영업총괄 부사장 2001년 LG전선 관리지원 총괄임원(부사장) 2002년 同대표이사 부사장 2003년 同대표이사 사장 2004년 同대표이사 부회장 CEO 2005~2008년 LS전선(주) 대표이사 부회장 2007년 (주)국제상사 이사회 의장 2007년 국제전선협회(ICF) 상임이사 2008년 LS엠트론(주) 대표이사 부회장 2008~2010년 LS-Nikko동제련 대표이사 회장 2008년 LS전선(주) 대표이사 회장 2009~2014년 同대표이사 회장 2009·2013~2015년 대한사이클연맹 회장 2010~2015년 전국경제인연합회 과학기술위원장 2010년 駐韓베트남 명예영사 2010년 국가과학기술위원회 정책자문위원 2011년 녹색성장위원회 민간위원 2012~2015년 울산과학기술대 이사장 2013년 (주)LS 대표이사 회장 2014년 同회장 겸 이사회 의장(현) 2014년 한국발명진흥회(KIPA) 회장(현) 2015년 (사)대한자전거연맹 초대회장(현) 2015년 대통령소속 제3·4기 국가지식재산위원회 위원장(현) 2015년 (재)세종연구소 이사 2015~2017년 전국경제인연합회 산업정책위원장 2019년 고려대교우회 회장(현) (상)고려대 경영대학 교우회 '올해의 교우상'(2008), 금탑산업훈장(2009), 경제인대상 소유경영인부문(2012), 한국경영인협회 대한민국 가장 존경받는 기업인상(2015) (종)유교

### 구자엽(具滋燁) KOO Cha Yub

(생)1950 · 12 · 30 (출)경남 진주 (주)경기도 안양시 동안구 엘에스로 127 LS타워 LS전선(주) 회장실(02-2189-9114) (학)1969년 경복고졸 1977년 명지대 국어국문학과졸 1994년 고려대 대학원 국제경영학과졸 (경)1976년 LG화재해상보험(주) 입사, 同런던사무소 부장, 同이사대우, 同이사 1993년 同상무이사 1996년 LG건설(주) 전무이사 1998년 同부사장 2000년 同대표이사 부사장 2002년 同상임고문 2003년 희성전선(주) 상임고문 2004~2008년 가온전선(주) 대표이사 부회장 2008년 LS산전 대표이사 부회장 2008년 가온전선(주) 대표이사 회장 2009~2012년 LS산전 대표이사 회장 2013년 LS전선(주) 대표이사 회장 2014년 同회장(현) (상)대통령표창(2003), 1억불 수출의탑(2007)

### 구자영(具滋英) KOO Ja Young

(생)1955 · 8 · 9 (출)경기 여주 (주)서울특별시 영등포구 국제금융로 24 유진그룹 (주)이에이치씨 사장실(02-3704-3300) (학)1973년 중동고졸 1981년 고려대 통계학과졸 1984년 同경영대학원 경영학과졸 (경)1981년 롯데쇼핑(주) 기획실 과장 1993년 同월드점 판매부장 1994년 同본점 판매3부장 1995년 同본사 상품부문매입팀 부문장 2002년 同영등포점장 2004년 同광주점장 2005년 롯데마트 기획부문장 2007년 同기획부문장(상무) 2007년 同상품본부장(상무) 2010년 同해외사업본부장(전무) 2010~2013년 롯데쇼핑(주) 전무 2011~2013년 롯데마트 중국본부장(전무) 2013년 同자문역 2014~2017년 유진기업 건자재부문 고문 2015~2017년 유진디에프앤씨(EUGENE DF&C) 대표이사 2018년 (주)이에이치씨 대표이사 2019년 同사장(현) (상)산업자원부장관표창 (종)천주교

### 구자영(具滋永) Ja-yeong Gu

(생)1961 · 6 · 23 (본)능성(綾城) (출)대구 달성 (주)인천광역시 연수구 센트럴로 263 중부지방해양경찰청 청장실(032-835-2516) (학)1981년 영남고졸 1986년 한국해양대 항해학과졸 1994년 同대학원 해사산업공학과졸 1997년 정보과학박사(일본 도호쿠대) (경)1997년 해양경찰청 정보화계장 2006년 同성과관리팀장 2008년 同기획팀장(경정) 2009년 同기획팀장(총경) 2009년 경찰대 교육파견 2009년 해양경찰청 대변인 2010년 교육 파견(총경) 2011년 평택해양경찰서장 2012년 해양경찰청 수상레저과장 2013년 同수색구조과장 2014년 포항해양경찰서장 2014년 국민안전처 동해지방해양경비안전본부 포항해양경비안전서장 2015년 同해양경비안전본부 해양장비기술국 해양장비기획과장 2016년 同안전감찰관실 감사담당관(경무관) 2017년 同해양경비안전본부 해양장비기술국장 2017년 해양경찰청 장비기술국장 2017년 서해지방해양경찰청장(치안감) 2019년 중부지방해양경찰청장(현) (상)대통령표창(2006)

### 구자용(具滋溶) KOO Ja Yong

(생)1955 · 3 · 27 (본)능성(綾城) (출)서울 (주)서울특별시 강남구 영동대로 517 아셈타워 14층 (주)E1 회장실(02-3441-4242) (학)1973년 서울고졸 1977년 고려대 무역학과졸 1993년 중앙대 국제경영대학원졸 (경)1979년 LG전자(주) 입사 1996~2000년 同미주법인 법인장(이사) 1999년 同미주법인 브랜드담당 상무 2001년 LG칼텍스가스(주) 기획 · 재경담당 상무 2002년 同부사장 2005년 (주)E1 대표이사 사장 2007년 LS네트웍스(주) 대표이사 부회장 2009년 지속가능발전기업협의회(KBCSD) 이사회 회원(현) 2009년 (주)E1 대표이사 부회장 2009~2018년 한국무역정보통신 사외이사 2009년 한국무역협회 비상근부회장(현) 2011년 (주)E1 대표이사 회장(현) 2011년 LS네트웍스(주) 회장 2012~2016년 한국여자프로골프협회 회장 2013년 LS그룹 E1사업부문(E1 · LS네트웍스) 회장(현) 2010년 LS네트웍스(주) 대표이사 회장(현) 2018년 (주)코엑스(COEX) 사외이사(현) (상)동탑산업훈장(2005), 한국자원경제학회 에너지산업대상(2012), 한국능률협회 선정 제46회 한국의경영자상(2014), 금탑산업훈장(2015), 고려대경영대교우회 올해의 교우상(2016)

### 구자윤(具滋允) KOO Ja Yoon

(생)1951 · 2 · 7 (본)능성(綾城) (출)대전 (주)경기도 안산시 상록구 한양대학로 55 한양대학교 공학대학 전자공학부(031-400-5163) (학)1975년 서울대 전기공학과졸 1980년 프랑스 Toulouse 소재 그랑데꼴 ENSEEIHT 석사 1984년 프랑스 Grenoble 소재 그랑데꼴 ENSIEG 전기공학박사 (경)1980~1983년 프랑스 국립연구소(CNRS · 그르노블 소재) 연구조원 1983~1984년 프랑스 전력청 중앙연구소(DEF-DER) Post-Doc. 1985~1988년 한국과학기술원(KAIST) 선임연구원 1986~2000년 국제대전력망협의체(CIGRE) SC-21/SC-15 한국대표 1987년 국제지중전력케이블기술회의(JICABLE) International Scientific and Technical Committee Member(현) 1988~2016년 한양대 공학대학 전자시스템공학과 교수 1996~2002년 한국과학재단 지정 EM&C(전자재료및부품연구센터) 소장 1996~2001년 우수지역협력연구센터(RRC) 소장협의회장 1999~2017년 LG전선 사외이사(감사) 2004~2006년 아시아태평양지역협의체(AORC) 회장 2004년 국제대전력망협의회(CIGRE) 평의원(현) 2010~2013년 지식경제부 전기위원회 위원장 2012년 대한전기학회 회장 2013~2017년 국제대전력망협의회(CIGRE) 한국위원회 위원장 2013~2015년 국제고전압학회(ISH) 회장 2014~2016년 국제대전력망협의회(CIGRE) 집행위원 2014~2016년 국제전기전자기술자협회(IEEE) Herman Halperin상 심의위원회 위원 2014~2016년 국제온라인모니터링(CMD) 회장 2014~2016년 한국전력 사외이사

2016년 한양대 공학대학 전자공학부 명예교수(현) 2017년 국제대전력망협의회(CIGRE) 한국위원회 특임위원장(현) 2019년 국제지중전력케이블기술회의(JICABLE) International Scientific and Technical Committee Chairman(현) (상)LG 신기술연구상(1998), 대한전기학회 기술상(2001), 중소기업청 특허기술상(2003), 전기분야국제기구 'CIGRE' 한국인 최초 Distinguished Member Award(2004) (종)기독교

**구자은(具滋殷) KOO Ja Eun**

(생)1964·10·18 (주)경기도 안양시 동안구 엘에스로 127 LS타워 11층 LS엠트론(주) 회장실(031-689-8288) (학)1983년 홍익사대부고졸 1987년 미국 베네딕트(Benedictine)대 경영학과졸 1990년 미국 시카고대 경영대학원졸(MBA) (경)1990년 LG칼텍스정유 입사 1999년 LG전자 미주법인 근무, 同상하이지사 근무 2004년 LG전선(주) 경영관리 이사 2005년 同중국지역담당 상무 2007년 同사출시스템사업부장(전무) 2008년 同통신사업본부장(전무) 2008년 LS-Nikko동제련(주) 전무 2009년 同부사장 2012년 LS전선(주) 사장(COO) 2013~2014년 同대표이사 사장(CEO) 2015년 LS엠트론(주) 사업부문 부회장 2015~2017년 同대표이사 CEO 2019년 同사업부문 회장(현) 2019년 (주)LS 디지털혁신추진단장 겸임(현) (상)은탑산업훈장(2017)

**구자중(具滋仲)**

(생)1960 (주)서울특별시 마포구 성암로 267 문화방송(MBC) 경영본부(02-789-0011) (학)공주사대부고졸, 성균관대 정치외교학과졸, 연세대 대학원 문학과졸 (경)1987년 문화방송(MBC) 총무국 입사 2006년 同광고국 광고기획부장 2010년 同광고국 부국장 2017년 同경영본부장(현) 2018년 同비상임이사(현)

**구자천(具滋千) KOO Ja Cheon**

(생)1953·5·3 (출)경남 (주)경상남도 창원시 성산구 공단로271번길 39 신성델타테크(주) 비서실(055-260-1000) (학)1972년 진주고졸 1977년 연세대 불어불문학과졸 1982년 同경영대학원졸 2004년 창원대 대학원 박사과정 수료 (경)1979~1985년 (주)럭키개발 근무 1982년 (주)신흥 감사 1986년 同대표이사 1987년 신성델타테크(주) 대표이사(현) 1990~1995년 신흥목재산업(주) 대표이사 사장 1992년 기독교대한성결교회 남천교회 장로 1995년 창원상공회의소 상공의원(제6~9대) 2005년 창원시체육회 부회장 2009년 창원상공회의소 부회장(현), 신흥글로벌(주) 사장, (주)송원 이사 (상)산업평화상(1992), 대통령표창(1992·2003), 중소기업협동조합중앙회장표창(1994), 부산지방국세청장표창(1996), 신노사문화 우수기업선정(2001), 산업자원부장관표창(2002), 신노사문화대상(2002), 한국무역통상협회 무역통상인 대상(2003), 서울경제신문 대한민국 CEO대상(2004), 경남도 경남무역인상(2005), 은탑산업훈장(2006) (종)기독교

**구자철(具滋哲) KOO Ja Cheol**

(생)1989·2·27 (본)능성(綾城) (출)충남 논산 (학)2007년 보인고졸 2014년 전주대 경기지도학과졸 (경)2003년 U-14 청소년 국가대표 2004년 U-15 청소년 국가대표 2007년 U-19 청소년 국가대표 2007~2011년 프로축구 제주 유나이티드 소속(미드필더) 2008·2009년 U-20 청소년 국가대표 2008·2010년 동아시아축구선수권대회 국가대표 2010년 아시아축구연맹(AFC) 아시안컵 국가대표 2010년 중국 광저우 아시안게임 남자축구 동메달 2011~2014년 독일 분데스리가 VfL 볼프스부르크 소속(미드필더) 2012~2013년 독일 분데스리가 FC 아우크스부르크 소속(임대) 2012년 런던올림픽 남자축구 동메달 2012년 공군 홍보대사 2012년 대전시 유성구 홍보대사 2013년 한국메이크어위시재단 홍보대사 2014~2015년 독일 분데스리가 FSV 마인츠05 소속(미드필더) 2014년 브라질월드컵 국가대표 2015년 아시아축구연맹(AFC) 아시안컵 준우승 2015년 독일 분데스리가 FC 아우크스부르크 입단(미드필더) 2018년 '2018 FIFA 월드컵 러시아' 국가대표 2019년 아시아축구연맹(AFC) 아시안컵 국가대표 2019년 카타르 스타스리그 알 가라파 SC 입단(미드필더)(현) (상)쏘나타 K리그대상 팬타스틱플레이어(FAN-tastic Player)상(2010), 쏘나타 K리그대상 도움왕(2010), 쏘나타 K리그대상 미드필더부문 베스트11(2010), 아시아축구연맹(AFC) 아시안컵 득점왕(2011), 제6회 Mnet 20's Choice 20's 스포츠 스타상(2012)

**구자학(具滋學) KOO Cha Hak (正谷)**

(생)1930·7·15 (본)능성(綾城) (출)경남 진양 (주)서울특별시 강남구 강남대로 382 메리츠타워 (주)아워홈 비서실(070-4008-6145) (학)1950년 해군사관학교졸 1960년 미국 디파이언스대 상과졸 1994년 명예 경제학박사(충북대) (경)1947~1959년 해군 장교(소령 예편) 1962년 울산비료 경리부장 1964년 제일제당 기획부장·이사 1964년 라디오서울·동양TV 이사 1965년 금성사 상무이사 1968년 금성판매 전무이사 1970년 금성통신 부사장 1973년 호텔신라 사장 1974년 중앙개발 사장 1976년 국제신문 사장 1980~1986년 (주)럭키 사장 1980년 합성수지제품수출조합 이사장 1981~1995년 한·독상공회의소 회장 1982년 유전공학연구조합 부이사장 1982~1986년 아시아조정협회 회장 1983~1986년 대한조정협회 회장 1983년 한·독수교100주년기념사업위원회 위원장 1984년 한국정밀화학공업진흥회 회장 1985년 물질특허민간협의회 위원장 1986년 금성사 사장 1986~1998년 한국전자공업진흥회(現 한국전자산업진흥회) 회장 1987년 럭키금성그룹 부회장 겸 금성사 사장 1987년 VTR연구조합 이사장 1989년 금성일렉트론 회장 1989년 駐韓터키 명예총영사 1993년 한·베트남우호협회 회장 1995~1998년 LG반도체·LG건설 회장 1999년 LG반도체 고문 1999년 LG전자 고문 2000년 (주)아워홈 회장(현) (상)서독 십자공로대훈장, 국민훈장 동백장, 금탑산업훈장

**구자헌(具滋憲) GOO Ja Heon**

(생)1967·7·21 (출)경남 마산 (주)서울특별시 서초구 서초중앙로 157 서울고등법원(02-530-1114) (학)1986년 중앙고졸 1991년 고려대 법학과졸 1993년 同대학원 법학 석사과정 수료 (경)1994년 사법시험 합격(36회) 1997년 사법연수원 수료(26기) 1999년 軍법무관 2000년 서울지법 동부지원 판사 2002년 서울지법 판사 2004년 춘천지법 판사 2005년 제주지법 판사 2008년 서울고법 판사 2010년 대법원 재판연구관 2012년 서울고법 판사 2017년 부산고법 판사 2018년 서울고법 판사(현)

**구자헌(具滋憲)**

(생)1968·8·22 (주)제주특별자치도 제주시 도남로 117 울담빌딩 2층 자유한국당 제주특별자치도당(064-749-5891) (학)1987년 대입검정고시 합격 1997년 고려대 법학과 휴학(4년) (경)1997년 사법시험 합격(39회) 2000년 사법연수원 수료(29기) 2000년 대전지검 검사 2002년 대구지검 상주지청 검사 2003년 인천지검 검사 2005년 부산지검 동부지청 검사 2005년 법률사무소 부경 변호사(현) 2017년 자유한국당 제주도당 보수혁신특별위원회 위원장 2018년 同제주시甲당원협의회 운영위원장(현) 2018~2019년 同제주특별자치도당 위원장 2019년 同당대표 특별보좌역(현)

## 구자현(具滋賢) Koo Ja Hyeon

(생)1973 · 8 · 27 (출)충북 충주 (주)경기도 평택시 평남로 1040 수원지방검찰청 평택지청 총무과(031-8053-4544) (학)1992년 청주고졸 1997년 서울대 법학과졸 (경)1997년 사법시험 합격(39회) 2000년 사법연수원 수료(29기) 2000년 공익 법무관 2003년 서울지검 남부지청 검사 2004년 서울남부지검 검사 2005년 청주지검 제천지청 검사 2007년 법무부 국가송무과 검사 2009년 서울중앙지검 검사 2013년 춘천지검 부부장검사 2015년 대검찰청 기획조정부 정보통신과장 2017년 서울북부지검 형사5부장 2018년 부산지검 동부지청 부부장검사 2018년 법무부 법무검찰개혁단장 파견 2019년 수원지검 평택지청장(현)

## 구자홍(具滋洪) John Koo

(생)1946 · 12 · 11 (본)능성(綾城) (출)경남 진주 (주)서울특별시 강남구 영동대로 517 아셈타워 20층 LS-Nikko동제련(주) 회장실(02-2189-9800) (학)1965년 경기고졸 1973년 미국 프린스턴대(Princeton Univ.) 경제학과졸 (경)1973년 반도상사(주) 사업부 수입과 입사 1979년 同홍콩지사 부장 1982~1987년 同싱가포르지사 부장 · 본부장 1987년 (주)금성사 해외사업본부 상무 1988년 同해외사업본부 전무 1991년 同대표이사 부사장 1994~2004년 한국디스플레이연구조합 이사장 1995년 (주)LG전자 대표이사 사장 1995년 한 · 독경제협의회 위원장 1995년 한국컴퓨터연구조합 이사장 1995년 한국통신산업협회 부회장 1995년 한국전자공업진흥회 부회장 1999년 (주)LG전자 대표이사 부회장 2001~2004년 한국전자산업진흥회 회장 2002년 (주)LG전자 대표이사 회장 2003년 LG전선 이사회 의장 겸 회장 2003년 LG산전 회장 2005년 LS그룹 회장 2005년 국제대전력망기술회의(CIGRE) 한국위원장 2008~2012년 (주)LS 대표이사 회장 겸 이사회 의장 2013년 LS미래원 회장 2013년 LS산전 이사회 의장 2015년 LS-Nikko동제련(주) 회장(현) 2015~2018년 한국비철금속협회 회장 (상)철탑산업훈장(1985), 금탑산업훈장(1995), 정보통신부장관표창, 제1회 산업디자인진흥대회 대한민국디자인경영대상(1999), 산업협력대상 대통령표창(1999), 디자인경영인상(2000), 한국전문경영인학회 한국CEO대상 제조부문(2011), 올해의 경영자대상(2012), 대한금속재료학회 금속재료상(2017) (종)가톨릭

## 구자홍(具滋弘) KU Ja Hong

(생)1949 · 1 · 14 (본)능성(綾城) (출)전북 진안 (주)서울특별시 영등포구 경인로 775 에이스하이테크시티 2동 1704호 더스쿠프(02-2285-6101) (학)1967년 전주고졸 1972년 서울대 상학과졸 1974년 同행정대학원졸 1981년 미국 노스웨스턴대 대학원 교통경제학과졸 1991년 서강대 경영대학원 최고경영자과정 수료 1997년 서울대 경영대학원 최고경영자과정 수료 (경)1973년 행정고시 합격(13회) 1973년 경제과학심의회의 사무관 1977년 경제기획원 기획국 사무관 1981년 同예산실 사무관 1984~1985년 국회 예산결산특별위원회 파견(서기관) 1985년 경제기획원 정책조정국 산업3과장 1987년 동부그룹 종합조정실 이사 1988년 한국자동차보험 상무이사 1993년 동부그룹 경영조정본부 상무이사 1993년 동부화학 기획관리담당 상무이사 1995년 동양그룹 종합조정실 전무이사 1995~1998년 동양카드(주) 대표이사 사장 1997년 동양할부금융 대표이사 겸임 1998~2003년 동양생명보험(주) 대표이사 사장 2001년 기획예산처 예산성과금심사위원회 위원 2003~2006년 동양시스템즈(주) 대표이사 사장, 한국소프트웨어산업협회 부회장, 한국시스템통합연구조합 부이사장, 한국소프트웨어컴포넌트컨소시엄 부회장, 경기도문화의전당 이사 2007년 동양시스템즈(주) 대표이사 부회장 2007년 한일합섬 대표이사 부회장 2007년 동양투자신탁운용 부회장 2010~2013년 동양자산운용(주) 부회장 2014년 더스쿠프 회장(현) (상)근정포장(1984), 내외경제신문 보험대상 금융감독위원장표창(2000) (저)'일단 저질러봐'(2011) '지금은 서툴러도 괜찮아(共)'(2012, 샘터) '나이가 주는 선물'(2018, 당신의서재) (종)천주교

## 구자훈(具滋薰) KOO Cha Hoon

(생)1947 · 10 · 13 (본)능성(綾城) (출)서울 (학)1966년 서울고졸 1974년 고려대 경영학과졸 (경)1974년 금성(주) 입사 1976년 럭키화재해상보험(주) 과장 1985년 同업무담당 이사 1987년 同업무담당 상무이사 1991년 同전무이사 1995년 LG화재해상보험(주) 부사장 1997~2002년 同대표이사 사장 1999~2010년 駐韓우루과이 명예영사 2002~2014년 한 · 중남미협회 회장 2002년 LG화재해상보험(주) 회장 2006~2009년 LIG손해보험(주) 회장 2009년 LIG문화재단 이사장 2012년 LIG투자증권 회장 2013~2018년 국립현대무용단 이사장 2014년 서울고총동창회 회장 2018년 국립무용센터 건립추진위원회 위원장 (상)행정자치부장관표창, 국민훈장 동백장(2010), 페루정부훈장(2012)

## 구재상(具載晌) Koo Jae Sang

(생)1964 · 7 · 26 (출)전남 화순 (주)서울특별시 영등포구 국제금융로 10 Three IFC빌딩 31층 케이클라비스(02-2070-3844) (학)1988년 연세대 경영학과졸 2003년 同경제대학원 최고경제인과정 수료 (경)1988년 동원증권 입사 1996년 同압구정지점장 1997년 한남투자신탁 증권부 이사 1997년 미래에셋자산운용(주) 창업멤버 1998년 同운용담당 상무 2000년 미래에셋투자신탁운용 대표이사 2002년 미래에셋자산운용(주) 대표이사 사장 2012년 同부회장 2013~2018년 케이클라비스자산운용 대표이사 2018년 케이클라비스 대표이사 회장(현) (상)올해의 청년연세상경인상, 한국경제 대한민국펀드대상(2000), 한국펀드대상(2003), 매일경제 증권인상(2003), 한국펀드대상 베스트주식운용사 베스트펀드상(2004), 한국경제 다산금융상(2004), 한국경제 2005 대한민국펀드대상(2005), 재정경제부장관상 증권대상(2005), 다산금융상(2009) (종)기독교

## 구재성(丘在成)

(생)1964 · 4 · 10 (출)서울 (주)서울특별시 종로구 사직로8길 31 서울지방경찰청 광역수사대(02-700-4404) (학)우신고졸, 서울대 공법학과졸 (경)1993년 경위 임관(경찰간부후보 41기) 1998년 경감 승진 2005년 제주 서귀포경찰서 정보과장(경정) 2005년 同수사과장 2007년 파견 2007년 서울지방경찰청 수사과 근무 2010년 서울 관악경찰서 수사과장 2010년 서울 강동경찰서 정보보안과장 2011년 서울지방경찰청 정보계장 2014년 충남지방경찰청 홍보담당관(총경) 2015년 충남 홍성경찰서장 2016년 인천지방경찰청 수사2과장 2016년 경찰청 과학수사관리관실 범죄분석담당관 2017년 서울 관악경찰서장 2019년 서울지방경찰청 광역수사대장(현)

## 구재완(丘在完) Koo, Jae Woane

(생)1965 (출)충남 서천 (주)인천광역시 남동구 남동대로 763 인천지방국세청 조사2국(032-718-6801) (학)대전 대성고졸, 세무대학졸(3기) 2005년 성균관대 경영대학원졸 2013년 경영학박사(가천대) (경)1985년 서울지방국세청 직세국 근무, 중부지방국세청 징세조사국 제4조사담당관실 근무, 국세청 감사관실 근무, 중부지방국세청 감사관실 근무, 동수원세무서 부가가치세과장, 성남세무서 재산세1과장, 국세청 심사2담당관실 근무, 同조사국 세원정보과 근무 2016년 강원 삼척세무서장 2017년 중부지방국세청 체납자재산추적과장 2017년 同조사4국 조사1과장 2019년 同조사4국 조사3과장 2019년 同인천지방국세청 조사2국장(현)

ㄱ

## 구정모(具正謨) KOO Jung Mo (香松)

(생)1953·4·3 (본)능성(綾城) (출)대구 (주)대구광역시 중구 명덕로 333 대구백화점 비서실(053-420-8888) (학)1972년 대광고졸 1976년 연세대졸 1980년 미국 Wayne State Univ. 수료 1985년 계명대 무역대학원 경영학석사 1997년 서울대 경영대학원 최고경영자과정 수료 2007년 연세대 언론홍보대학원 언론홍보최고위과정 수료 2009년 고려대 박물관 문화예술최고위과정 수료 2011년 한국능률협회 와튼스쿨(Wharton-KMA) 최고경영자과정 수료 (경)1986년 대구YMCA 이사 1990년 대구지구청년회의소 회장 1992년 (주)대구백화점 대표이사 사장 1992~2002년 새마을문고중앙회 경북지부 회장 1996~2011년 한국백화점협회 부회장 1996년 TBC대구방송 이사(현) 2000년 대구상공회의소 부회장(현) 2000년 연세대동문회 이사(현) 2002년 (주)EXCO 이사(현) 2006년 한국스카우트지원재단 이사(현) 2006년 (사)대구·경북범죄피해자지원센터 이사(현) 2006년 대구시체육회 상임부회장 2007년 (사)대구뮤지컬페스티벌 이사 2007~2011년 대구세계육상선수권대회조직위원회 위원 2009~2018년 (사)월드비전 한국본부 이사 2009년 한국국제아트페어(KIAF) 조직위원(현) 2010년 (주)대구백화점 대표이사 회장(현) 2010년 대구극동방송 운영위원장(현) 2011년 서울대 AMP총동창회 부회장 2011년 (재)대광발전재단 상임이사(현) (상)대통령표창(1987), 새마을훈장 협동장(2000), 남녀고용평등대상 우수상(2002), 국무총리표창(2003), 국민훈장 석류장(2006), 유통 명인상(2009), 월드비전국제총재표창(2010), 납세자의날 대통령표창(2011), 대구광역시 납세대상 표창(2016) (저)'상품지식'(1986) '패션과 상품'(1989) (종)기독교

## 구정회(具正會) KOO Jeong Hoi

(생)1947·10·5 (본)능주(綾州) (출)경남 함안 (주)부산광역시 수영구 수영로 493 좋은강안병원(051-625-0900) (학)1966년 부산고졸 1972년 부산대 의대졸 1975년 경희대 대학원졸 1980년 의학박사(경희대) (경)1972~1973년 메리놀병원 인턴 1973~1977년 경희의료원 레지던트 1977년 춘해병원 정형외과 과장 1978~1987년 구정회정형외과 원장 1987~1995년 문화병원 원장 1992년 의료법인 은성의료재단(좋은병원·좋은문화병원·좋은삼선병원·좋은삼선한방병원·좋은강안병원·좋은삼정병원·좋은애인병원) 설립·이사장(현) 1995~2006년 좋은삼선병원 원장 1998년 좋은주례요양병원 이사장(현) 2001~2008년 사상문화원 원장 2004~2008년 부산시병원협회 회장 2006년 좋은강안병원 원장, 부산대동창회 수석부회장, 부산범죄피해자지원센터 '햇살' 이사장(현), 부산권의료산업협의회 공동이사장(현), 유비쿼터스 부산포럼 회장, 부산중·고교총동창회 회장, 경희대·성균관대·인제대·부산대 외래교수 2010~2011년 부산대 총동문회장 2010년 좋은연인요양병원 이사장(현) 2011~2012년 대한병원협회 정책이사 2013년 좋은리버뷰요양병원 이사장(현), 대한병원협회 경영위원장 2013년 부산지식서비스융합협회 회장(현) 2015~2018년 (재)부산문화재단 이사 2016~2018년 부산국제교류재단 이사 2017년 좋은선린병원·좋은선린요양병원 이사장(현) (상)국제로타리3660지구 연차대회 초아의 봉사상(1998), 부산시새마을지도자대회 국무총리표창(1999), 보건복지부장관표창(1999), 신노사문화 우수기업 선정 노동부장관표창(2000), 부산광역시장표창(2003), 부산 북부산세무서장표창(2003), 제11회 중애박애봉사상(2003), 부산시 산업평화상(2003), 부산지방노동청장표창(2005), 문화관광부장관표창(2008), 부산대 의과대학 자랑스런 동문상(2008), 제6회 자랑스런 부산대인 선정(2009), 대한병원협회 존경받는 병원인상 CEO부문(2018)

## 구제승(具齊承)

(생)1962·10·11 (출)전남 화순 (주)경기도 고양시 덕양구 화중로104번길 16 동고양세무서 서장실(031-900-6201) (학)부산 동래고졸 1984년 세무대학졸(1기) (경)1984년 세무공무원 임용(8급 특채), 서울 관악세무서 근무, 국세청 고객만족센터 근무, 강원 춘천세무서 운영지원과장, 국세청 심사1담당관실 근무 2011년 국무총리실 조세심판원 파견 2012년 국세청 납세자보호담당관실 근무 2015년 서기관 승진 2016년 경남 통영세무서장 2017년 부산 해운대세무서장 2019년 경기 동고양세무서장(현)

## 구종본(具鍾本)

(생)1964 (출)대구 (주)경상북도 상주시 경상대로 3173-11 상주세무서(054-530-0200) (학)대구 영신고졸 1985년 세무대학졸(3기) (경)1985년 세무공무원 임용(8급 특채) 2005년 중부지방국세청 조사1국 근무 2009년 경기 부천세무서 납세자보호실장 2011년 서인천세무서 업무지원팀장 2012년 중부지방국세청 조사4국·조사1국 근무 2014년 국세청 납세자보호담당관실 근무 2017년 同심사2담당관실 심사2계장 2018년 同심사2담당관실 서기관 2019년 경북 상주세무서장(현)

## 구종천(具鍾天)

(생)1962·7·16 (출)전남 화순 (주)광주광역시 서구 내방로 111 광주광역시청 일자리정책관실(062-613-3560) (학)1981년 조선대부속고졸 1988년 전남대 법과대학 행정학과졸 2014년 호남대 대학원 사회복지학과졸 (경)1992년 공직 입문(7급) 2001년 6급 승진 2011년 (재)광주영어방송재단 파견(지방행정사무관) 2013년 광주시 자치행정국 총무과 의전담당 사무관 2014년 同복지건강국 사회복지과 보훈복지담당 사무관 2015년 同일자리투자정책국 일자리정책관실 일자리정책담당 사무관 2017년 同자치행정국 청년정책과장 직대 2017년 광주시 자치행정국 자치행정과장(서기관) 2017년 同대변인 2018년 同지역공동체추진단장 2018년 광주 동구 부구청장 2019년 광주시 일자리정책관(현) (상)문화관광부 제2회 비엔날레유공(1998), 광주시 친절공무원(1999), 문화체육관광부장관표창(2010)

## 구주모(具住謨) KU Ju Mo (光隣)

(생)1962·3·25 (본)능성(綾城) (출)경남 창원 (주)경상남도 창원시 마산회원구 삼호로 38 경남도민일보(055-250-0102) (학)1980년 부산 동성고졸 1986년 경성대 물리학과졸 (경)1995년 경남매일 경제부 차장 1997년 同사회부 차장 1999년 경남도민일보 기획문화부장 2000년 同지역여론부 부장대우 2002년 同편집국 부국장 2002년 同취재담당 부국장(감사) 2004년 同이사 겸 편집국장 2008~2010년 同상무이사 2010년 同대표이사 사장(현) 2013~2017년 한국디지털뉴스협회 이사 (저)'고전과 함께하는 수필삼국지'(2010) (종)불교

## 구지서(具池書) Gu ji-seo

(생)1963·1·22 (출)전북 완주 (주)광주광역시 북구 북부순환로 396 광주교도소(062-251-4205) (학)1981년 이리고졸 1987년 원광대 법학과졸 (경)1987년 임용(교정간부 29기) 2008년 광주교도소 총무과장(서기관) 2009년 광주지방교정청 총무과장 2011년 밀양구치소장 2012년 통일교육원 파견 2013년 순천교도소장 2014년 대전지방교정청 총무과장 2015년 목포교도소장 2015년 여주교도소장 2016년 대구지방교정청 총무과장 2017년 전주교도소장(부이사관) 2018년 의정부교도소장 2019년 광주교도소장(고위공무원)(현)

## 구지은(具智恩·女) Jieun, KOO

(생)1967·3·4 (주)서울특별시 강남구 강남대로 382 메리츠타워 (주)캘리스코 임원실(02-6966-9010) (학)1992년 서울대 경영학과졸 1996년 미국 보스턴대 대학원 Human Resource 석사과정 수료 (경)삼성인력개발원 근무, 왓슨와야트코리아 수석컨설턴트 2004년 (주)아워홈 구매물류사업부장

2007년 同FD(외식)사업부장 2011년 同글로벌유통사업부장(전무) 2012년 同구매식재사업본부장(전무) 2015년 同구매식재사업본부장(부사장) 2015년 同회장비서실 근무 2016년 同구매식재사업본부장(부사장급) 2016년 (주)캘리스코 대표이사(현)

### 구진열(具禛烈)

(생)1969 (출)서울 (주)세종특별자치시 국세청로 8-14 국세청 국제조세관리관실(044-204-2800) (학)오산고졸, 연세대 경제학과졸, 미국 플로리다대 대학원 세법학과졸 (경)1993년 행정고시 합격(37회), 동부산세무서 총무과장, 국세공무원교육원 평가계장, 남양주세무서 조사과장, 서울지방국세청 조사계장, 국세청 법무과 법무2계장, 同법무과 법무1계장, 同국제협력1계장, 영월세무서장, 국세청 납세홍보과장, 대통령 민정비서관실 파견, 국세청 국제세원관리담당관, 미국 국세청 파견(고위공무원), 중부지방국세청 징세송무국장, 同조사3국장, 조세심판원 파견(고위공무원) 2017년 국세청 소득지원국장 2017년 同징세법무국장 2019년 同국제조세관리관(현)

### 구창근

(생)1973 (주)서울특별시 용산구 한강대로 366 6층 CJ올리브네트웍스(주)(1577-4887) (학)1991년 서울대 경제학과졸 1998년 同대학원 경영학과졸 (경)1998년 한국투자증권(주) 애널리스트 2006년 삼성증권(주) 애널리스트 2010년 CJ(주) 기획팀 근무 2011년 同사업팀 근무 2013년 CJ GLS(주) 사업담당 상무 2013년 CJ대한통운(주) 사업담당 상무 2013년 CJ(주) 사업팀장(상무) 2015년 同글로벌팀 상무 2016년 同전략1실장(부사장대우) 2017년 CJ푸드빌 대표이사 부사장, 투썸플레이스(주) 대표이사 겸임(2019년까지) 2018년 CJ올리브네트웍스(주) 올리브영부문 대표이사 부사장(현)

### 구창모(具昌謨) KOO Chang Mo

(생)1970·4·4 (출)충남 서천 (주)전라북도 전주시 덕진구 사평로 25 전주지방법원 총무과(063-259-5466) (학)1988년 대전고졸 1993년 서울대 사법학과졸 (경)1992년 사법시험 합격(34회) 1995년 사법연수원 수료(24기) 1998년 변호사 개업 2006년 청주지법 판사 2007년 대전고법 판사 2010년 대전지법 서산지원 판사 2011년 대전지법 부장판사 2015년 청주지법 부장판사 2018년 전주지법 수석부장판사(현)

### 구천서(具天書) KOO Cheon Seo (省吾)

(생)1950·2·28 (본)능성(綾城) (출)충북 보은 (주)서울특별시 종로구 사직로 130 적선현대빌딩 903호 한반도미래재단(02-3210-6000) (학)1969년 청주고졸 1976년 고려대 정경대학 경제학과졸 1989년 同정책과학대학원졸 1994년 同언론대학원 최고위과정 수료 1996년 同정보통신대학원 최고위과정 수료 2002년 서울대 자연과학대학 과학 및 정책최고연구과정 수료 2004년 연세대 언론홍보대학원 최고위과정 수료 2013년 국제정치학박사(중국 베이징대) (경)1980년 신천개발(주) 회장 1987년 한국BBS중앙연맹 총재(제8~12대) 1987년 충북발전연구소 소장 1987년 민정당 중앙위원회 청년분과위원장 1989년 한국청소년단체협의회 수석부회장 1990년 대한민국청소년헌장제정특별위원회 위원장 1990년 민자당 중앙위원회 청년분과위원장 1992~1995년 제14대 국회의원(전국구, 민자당) 1992년 한국권투위원회(KBC) 회장 1996년 제15대 국회의원(청주 상당, 자민련) 1996년 자유민주연합 청주상당지구당 위원장 1998~1999년 同원내총무 2000년 미국 Georgetown대 방문학자 2001년 한국산업인력공단 이사장 2001년 국제기능올림픽위원회 조직위원장 겸 한국위원회 회장 2001년 학교법인 한국기술교육대 이사장 2002~2004년 대한태권도협회 회장 2007년 KU ART CENTER 회장 2007~2013년 고려대정경대학교우회 회장 2009년 한반도미래재단 회장(현) 2009년 고려대교우회 아시아태평양지역연합회 회장, 在中대한체육회 자문위원단장 2010년 민족화해협력범국민협의회 공동의장(현) 2010년 코리아DMZ협의회 고문(현) 2010~2018년 (사)한중경제협회 회장 2013~2017년 해운대비치골프앤리조트 회장 2014년 중국 베이징대 한국교우회장 (상)대통령표창(1989·1991), 고려대정경대학교우회 자랑스러운 정경인상(2014) (저)'민족주의와 체제변동' '소인배의 잔투정' (역)'한반도문제의 새로운 인식' '일본을 망친 9인의 정치가' '리커창 : 중국 대륙 경제의 조타수'(2013) (종)불교

### 구춘서(具椿書) KOO Choon Seo

(생)1957·2·13 (출)경남 거제 (주)전라북도 완주군 상관면 왜목로 726-15 한일장신대학교 총장실(063-230-5416) (학)1980년 연세대 경영학과졸 1984년 장로회신학대 신학원졸 1986년 同대학원 신학과졸 1987년 미국 프린스턴신학교 대학원졸 1993년 철학박사(미국 뉴욕 유니언신학대) (경)1990~1996년 미국 뉴욕신학교 겸임교수 1997년 한일장신대 신학부 조교수·부교수·교수(현), 同아태국제신학대학원장 2009년 同경건실천처장 2013년 同일반대학원장 2013년 同아시아태평양국제신학대학원장 2016년 한일장신대 총장(현) (저)'21세기 사회와 종교 그리고 유토피아(共)'(2000, 생각의 나무) '지구화 시대 제3세계의 현실과 신학'(2004, 한들출판사) '허물고 다시 짓는 신학세계'(2004, 대한기독교서회) '탈현대시대 신학하기'(2008, 한국장로교출판사) '성령과 기독교 신학(共)'(2010, 대한기독교서회) '허물고 다시 짓는 세계신학'(2011, 한들출판사) 'Doing Christology in Asian Context'(2011, Handl Publishing Co.) '그리스도론(共)'(2011, 대한기독교서회) '신론(共)'(2012, 대한기독교서회) (종)기독교

### 구충곤(具忠坤) Choong Gon Koo

(생)1959·2·9 (출)전남 화순 (주)전라남도 화순군 화순읍 동헌길 23 화순군청 군수실(061-374-0001) (학)광주농고졸, 조선대 경영학과졸 1999년 전남대 경영대학원 경영학과졸 2007년 공학박사(조선대) (경)(주)동아기술공사 건설사업본부 사장, (주)유림건설 대표이사, (주)백산기술단 대표이사, 새마을운동 화순군지회장, 전남도럭비협회 회장, 전남도체육회 감사, (사)광주·전남우리민족서로돕기 공동대표, (사)광주아카데미포럼 공동대표, 희망정치포럼 공동대표, 광주·전남오마이뉴스 운영위원장, 새천년민주당 전남보성·화순지구당 부위원장, 새시대새정치연합청년회 전남지부 회장, 새천년민주당 중앙당 민주동우특별위원회 부위원장, 민주평통 정책자문위원, 광주경실련 정치·행정·개혁특별위원 2006~2010년 전남도의회 의원(민주당·통합민주당·민주당), 同예산결산특별위원장, 민주당 중앙당 네티즌특별위원장 2010년 전남 화순군수선거 출마(민주당) 2011년 전남도립대 총장 2014~2018년 전남 화순군수(새정치민주연합·더불어민주당), 전남도배드민턴협회 회장 2016~2018년 한국세계유산도시협의회 회장 2018년 전남 화순군수(더불어민주당)(현) (상)국무총리표창(2001), 대통령표창(2003), 한국을 빛낸 창조경영대상 지속가능경영부문(2015), 유권자시민행동 대한민국유권자대상(2015), 월간조선 주최 '한국의 미래를 빛낼 CEO' 혁신부문(2015), 국민안전처장관표창(2015), TV조선 '한국의 영향력 있는 CEO' 고객만족경영부문(2016), 한국경제를 빛낸 인물대상(2016), 한국신문협회 지구촌희망펜상 자치부문대상(2016), 지방자치행정대상(2016) (종)천주교

### 구충서(具忠書) GOO Choong Seo

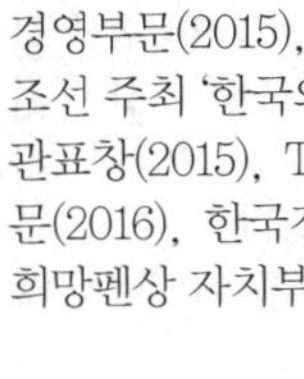

(생)1953·5·10 (본)능성(綾城) (출)경남 사천 (주)서울특별시 서초구 서초대로 264 법조타워빌딩 10층 법무법인 제이앤씨(02-522-3077) (학)1971년 부산고졸 1975년 서울대 법대졸 1979년 同대학원졸 1987년 미국 컬럼비아대 대학원졸 1989년 법학박사(서울대) (경)1975년 사법시험 합격(17

회) 1977년 사법연수원 수료(7기) 1977년 軍법무관 1980년 부산지법 판사 1982년 同마산지원 판사 1984년 서울지법 의정부지원 판사 1986년 同북부지원 판사 1988년 서울고법 판사 1990년 서울형사지법 판사 1991년 광주지법 부장판사 1994년 수원지법 부장판사 1995년 서울지법 남부지원 부장판사 1997년 서울지법 부장판사 1999년 변호사 개업 2005년 대한변호사협회 통일문제연구회 위원장 2008년 정부법무공단 변호사실장 2009년 통일부 정책자문위원 2009년 개성공단 법률자문위원 2011년 법무법인 송백 구성원변호사 2013년 법무법인 제이앤씨 대표변호사(현) (상)대한변호사협회 공로상(2010), 세정협조 대통령표창(2011), 서울지방변호사회 공로상(2012) (저)'국제투자분쟁과 ICSID중재'(1989) '형사소송에 있어서의 집중심리를 위한 방안에 관한 연구'(1990) '범죄인 인도에 있어서의 인도사유와 인도거절사유'(1993)

**구태언(具泰彦) Ted. Taeeon Koo**

(생)1969 · 3 · 8 (출)서울 (주)서울특별시 중구 세종대로 136 서울파이낸스센터 4층 테크앤로법률사무소(02-3477-8686) (학)1987년 경기고졸 1991년 고려대 법학과졸 2014년 同정보보호대학원졸 2017년 同대학원 국제법 박사과정 수료 (경)1992년 사법시험 합격(34회) 1995년 사법연수원 수료(24기) 1998~2005년 서울중앙지검 첨단범죄수사부 검사 2006~2011년 김앤장법률사무소 변호사 2012년 테크앤로법률사무소 대표변호사(현) 2012년 한국인터넷기업협회 고문변호사(현) 2013년 세계사이버스페이스총회 민간자문위원 2014년 미래창조과학부 사이버보안전문단 및 헬스케어ICT융합컨소시엄 연구협력단 자문가 2014년 스타트업얼라이언스 고문변호사(현) 2014~2017년 금융감독원 금융 · IT정보보호단 자문위원 2014~2017년 대통령소속 개인정보보호위원회 위원 2015년 한국개인정보보호법학회 이사(현) 2015~2016년 행정자치부 빅데이터산업활성화 개인정보보호제도개선TF 위원 2015~2017년 금융감독원 제재심의위원회 위원 2016~2017년 코리아스타트업포럼 운영위원 2016년 산업재산권분쟁조정위원회 조정위원(현) 2016년 한국정보처리학회 이사(현) 2016년 한국정보보호학회 이사(현) 2016년 (사)한국인터넷윤리학회 이사(현) 2016년 벤처기업협회 기술보호위원회 위원 2016년 법무부 자체평가위원회 위원 2016년 한국정보보호산업협회 민관합동 모니터링위원 2016년 경기창조경제혁신센터 전문멘토위원(현) 2016년 한국핀테크산업협회 자문변호사(현) 2016년 (사)한국해킹보안협회 자문변호사(현) 2016년 국민대 경영대학 K-friends(현) 2017~2018년 금융 · 교육분야 비식별조치 적정성평가 전문가 2017년 미래창조과학부 헬스케어 ICT 융합컨소시엄 연구협력단 자문가 2017년 식품의약품안전처 2017AI기술적용의료기기판단및분류방안연구 자문가 2017년 한국블록체인산업진흥협회 정책자문위원(현) 2017년 한국교육학술정보원 금융분야 개인정보비식별조치적정성 평가전문가(현) 2017년 대한변호사협회 스타트업규제혁신특별위원회 부위원장(현) 2017년 개인정보커머스(PI Commons) 의장(현) 2017년 한국정보화진흥원 지능정보사회헬스케어체계개선 자문위원(현) 2017년 대통령직속 4차산업혁명위원회 산하 사회제도혁신위원회 위원(현) 2017년 同4차산업혁명위원회 산하 1차 핀테크 해커톤 좌장 2017년 특허청 지식재산 미래전략위원회 위원(현) 2018년 정밀의료병원정보시스템개발사업단 자문위원 2018년 (사)코리아스타트업포럼 이사(현) 2018년 제주 4차 산업혁명위원회 위원(현) 2018년 한국블록체인협회 자율규제위원(현) 2018년 금융감독원 블록체인자문위원단 위원(현) 2019년 대한특허변호사회 회장(현) (상)산업기술보호 유공자 지식경제부장관표창(2010), 방송통신위원회 정보보호대상 공로상(2012), 한국정보화진흥원 개인정보보호대상(2014) (저)'인터넷, 그 길을 묻다(共)'(2012,중앙북스) '판사 · 검사 · 변호사가 말하는 법조인(共)'(2012,부키) '개인정보처리 책임성 강화방안 연구'(2014, 개인정보위원회) '개인정보보호의 법과 정책(共)'(2014,박영사) '핀테크, 기회를 잡아라(共)'(2015,한국경제신문) 'EU 개인정보보호법'(2017, 박영사)

**구학근(具學根) KOO Hak Geun**

(생)1961·11·12 (주)울산광역시 남구 신선로 179 동명대학교 공과대학 냉동공조공학과(051-629-1681) (학)1983년 부경대 냉동공조학과졸 1989년 同대학원 냉동공조학과졸 1994년 공학박사(부경대) (경)1992년 동명대 공과대학 냉동공조공학과 조교수·부교수·교수(현) 1997~1998년 (사)공기조화냉동공학회 간사 1997~1998년 (사)대한냉동협회 이사 2002년 동명대학 산학협력처 단장 2002년 IIR 한국위원회 냉동저장분과 위원 2002년 대한설비공학회 냉장냉동설비전문위원 2004년 부산시 인적개발위원 2011년 동명대 산학협력실 취업지원센터장 2016~2018년 同산학협력단장 2018년 同전략기획부총장 겸 전략기획본부장(현) (저)'냉동설비공학'(1997, 태훈출판사) '냉동설비설계' '공기조화'

**구학서(具學書) KOO Hak Su**

(생)1946 · 12 · 21 (출)경북 상주 (주)서울특별시 중구 소공로 63 (주)신세계(02-727-1234) (학)1965년 경기상고졸 1970년 연세대 경제학과졸, 고려대 국제대학원 수료 (경)1972년 삼성전자(주) 입사 1977년 同비서실 관리팀장 1979년 제일모직 경리과장 1982년 삼성물산 동경지사 관리부장 1986년 삼성전자 관리부 부장 1988년 同관리담당 이사 1996년 (주)신세계백화점 기획조정실 전무 1998년 同경영지원실장(부사장) 1999년 同대표이사 부사장 2000년 (주)신세계 대표이사 사장 2006~2009년 同대표이사 부회장 2009~2014년 同회장 2014년 同고문(현) (상)금탑산업훈장(2003), 한국능률협회 한국의 경영자상(2007) (종)기독교

**구해우(具海祐) KOO Hae Woo**

(생)1964·6·4 (출)전남 화순 (주)서울특별시 서초구 강남대로51길 10 강남효성해링턴타워 B1층 107-07호 미래전략연구원(02-779-0711) (학)1982년 대입검정고시 합격 1995년 고려대 법대졸 2000년 同대학원 정치학과졸 2009년 법학박사(고려대) (경)1996~1999년 '정론21' 발행인·운영위원장 1999년 민족화해협력범국민협의회 청년위원장 2000~2003년 미래전략연구원 초대 이사장 2000년 통일IT포럼 공동대표 2000년 광주평화개혁포럼 대표 2000년 새천년민주당 청년위원회 수석부위원장 2000년 同한화갑의원 언론특보 2001~2003년 SK텔레콤(주) 북한담당 상무(남북통신협상 추진) 2003년 미국 하버드대 한국학연구소 객원연구원 2003년 (사)미래재단 이사장 2003~2009년 同상임이사 2003년 인터넷언론 프레시안 편집위원 2004년 경원대 겸임교수 2005년 선진화정책운동 사무총장 2006년 바른FTA실현국민운동본부 사무총장 2006년 한나라당 참정치운동본부 국민통합위원장 2007년 제17대 대통령직인수위원회 외교통일안보분과 자문위원 2007년 한나라당 부대변인 2009년 통일부 정책자문위원 2009년 코리아몽골포럼 상임이사 2010~2013년 미래전략연구원 이사장 2010년 중앙대 북한개발협력학과 겸임교수 2013년 국가정보원 북한담당 기획관(1급) 2014~2016년 미래전략연구원 원장 2015~2016년 국회의장 남북화해협력자문위원회 자문위원 2016~2019년 미래전략연구원 이사장 2019년 同원장(현) (저)'한반도워치'(2004) '아, 대한민국'(2005) '북한이 버린 천재음악가 정추'(2011, 시대정신) '김정은체제와 북한의 개혁개방'(2012, 나남출판사) '한국, 중국, 일본과 몽골(共)'(2013, 소나무) '통일선진국의 전략을 묻다'(2016, 도서출판 미래재단)

**구헌상(具憲相) KOO Heon Sang**

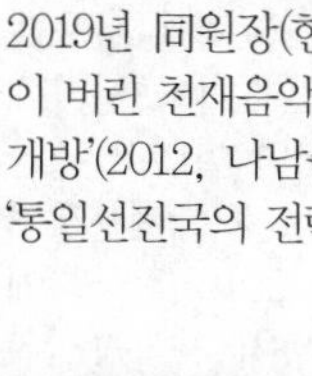

(생)1965 · 11 · 16 (주)세종특별자치시 도움6로 11 국토교통부 기술안전정책관실(044-201-3547) (학)서울대 토목공학과졸, 한국과학기술원(KAIST) 토목공학과졸(석사) 2003년 공학박사(미국 캘리포니아대 버클리교) (경)1992년 기술고시 합격(28회) 2004년 건설교통부 기획관리실 혁신담당관실 서

기관 2006년 同감사관실 감찰팀장 2007년 同국제협력팀장 2008년 국토해양부 도로환경과장 2009년 駐프랑스 주재관 2011년 국토해양부 고속철도과장 2012년 同교통정책실 철도투자개발과장 2013년 국토교통부 철도국 철도투자개발과장(부이사관) 2014년 同도시광역교통과장 2015~2016년 경기도 교통국장 2017년 국토교통부 공공주택본부 행복택지기획과장 2018년 교육 파견 2019년 국토교통부 기술안전정책관(고위공무원)(현)

**구혁채(具赫彩)**

(생)1972 · 4 · 19 (주)세종특별자치시 가름로 194 과학기술정보통신부 미래인재정책국(044-202-4810) (학)1990년 경문고졸 1996년 한양대 전기공학과졸 (경)1994년 기술고시 수석합격(30회), 과학기술부 조사평가과 사무관, 同총무과 서기관 2008년 교육과학기술부 방사선안전과장(서기관) 2009년 同대학정보분석과장 2009년 同글로벌인재육성과장 2014년 미래창조과학부 창조융합기획과장 2016년 同창조경제기획과장(서기관) 2017년 同창조경제기획과장(부이사관) 2018년 과학기술정보통신부 미래인재정책국장(현)

**구현모(具鉉謨) Koo Hyun-mo**

(생)1964 · 1 (주)경기도 성남시 분당구 불정로 90 (주)KT 커스터머&미디어부문(031-727-0114) (학)서울대 산업공학과졸, 한국과학기술원(KAIST) 경영과학과졸(석사), 경영공학박사(한국과학기술원) (경)(주)KT Customer부문 사외채널본부장, 同T&C부문 T&C운영총괄, 同비서실장(전무) 2015년 同비서실장(부사장) 2015년 同경영지원총괄 부사장 2017년 同경영지원총괄 사장 2017~2018년 同경영기획부문장(사장) 2018년 同남북협력사업개발TF장 겸임 2018년 同Customer&Media부문장(사장)(현) 2019년 한국VRAR산업협회(한국가상증강현실산업협회) 회장(현)

**구현모(具玄謨) Koo Hyun-mo**

(생)1965 · 1 · 8 (주)서울특별시 종로구 사직로8길60 외교부 인사운영팀(02-2100-7141) (학)1991년 서울대 철학과졸 (경)1990년 외무고시 합격(24회) 1991년 외무부 입부 1997년 駐오스트리아 2등서기관 2000년 駐베트남 2등서기관 2004년 외교통상부 경수로사업지원기획단 파견 2005년 駐제네바 참사관 2007년 외교통상부 의전행사담당관 2009년 同군축비확산과장 2011년 駐리비아 공사참사관 2012년 駐휴스턴 부총영사 2015년 국방부 외무협력관 2016년 국립외교원 글로벌리더십과정 파견 2017년 駐바레인 대사(현) (상)근정포장(2012)

**구현우(具顯祐) Koo Hyun Woo**

(생)1974 · 2 · 11 (본)능성(綾城) (출)경기 광주 (주)서울특별시 영등포구 의사당대로 1 국회사무처 의사국 의사과(02-788-2346) (학)1992년 영동고졸 2001년 경희대 경제학과졸 2004년 서울대 행정대학원 행정학과 수료 2010년 미국 시라큐스대 대학원 행정학과졸 (경)2003년 입법고시 합격(19회) 2003~2008년 국회사무처 예산정책국 · 국회예산정책처 예산분석관실 · 비서관실 및 경제분석관 근무 2010년 국회예산정책처 사업평가국 사업평가관 2011년 국회사무처 지식경제위원회 · 산업통상자원위원회 입법조사관 2014년 同운영위원회 행정실장 2016년 同의사국 의안과장(서기관) 2017년 同의사국 의안과장(부이사관) 2018년 同의사국 의사과장(현) (상)국회예산정책처장표창(2007), 국회사무총장표창(2011), 국회의장표창(2015) (종)천주교

**구현재(具鉉宰) KOO Hyeon Jae**

(생)1961 · 10 · 27 (본)능성(綾城) (출)서울 (주)부산광역시 남구 문현금융로 40 한국예탁결제원(051-519-1915) (학)1980년 성남고졸 1989년 성균관대 경영학과졸 2007년 서강대 경제대학원 OLP과정 수료 2008년 미국 미시간주립대 VIPP과정 수료 2011년 연세대 언론홍보대학원 광고홍보학과졸 2015년 고려대 언론대학원 최고위과정 수료 (경)1989~1996년 증권예탁결제원 조사부 · 기획부 · 총무부 근무 1996년 同주식관리실 권리관리팀장 1999년 同홍보실 홍보팀장 2002년 同재무회계실 업무자금팀장 2005년 同홍보실장 2008년 同홍보팀장 2009년 한국예탁결제원 대전지원장 2010년 同조사연구팀 부장 2011년 同고객만족팀 부장 2014년 同고객행복센터장 2014년 同홍보부장 2017년 同대외홍보정책관(현)

**구형준(具亨峻) KOO Hyung Joon**

(생)1965 · 11 · 24 (주)서울특별시 송파구 올림픽로35길 125 삼성SDS(주) SDSA법인(02-6155-3114) (학)미국 퍼듀대 컴퓨터과학과졸, 미국 하와이퍼시픽대 대학원 정보시스템학과졸 (경)(주)마이크로소프트 근무, 삼성SDS(주) 무선SQA사업추진단 상무 2011년 同ESDM혁신팀장(상무) 2012년 同플랫폼개발센터장(상무) 2012년 同클라우드전략팀장(상무) 2013년 同클라우드서비스기획팀장(상무) 2014년 同SC사업부 클라우드사업팀장(상무) 2014년 同ST사업부 SE사업팀장(상무) 2015년 同솔루션사업부문 빅데이터사업부 스마트리테일사업팀장(전무) 2016년 同SDSA법인장(전무)(현)

**구혜원(具惠媛 · 女) KOO Hae Won**

(생)1959 · 9 · 12 (본)능성(綾城) (출)서울 (주)서울특별시 서초구 강남대로 581 푸른빌딩 푸른그룹(02-545-9000) (학)1978년 성신여고졸 1982년 이화여대 영어영문학과졸 1985년 미국 뉴욕대 대학원졸 1993년 교육공학박사(이화여대) (경)1988~1992년 동국대 · 한양대 · 이화여대 강사 1999년 푸른그룹 회장(현) 1999년 푸른상호신용금고 회장 2002년 (주)푸른상호저축은행 이사 2013년 同각자대표이사 회장(현) (종)천주교

**구홍석(具泓錫) Koo Hong-seok**

(생)1968 · 8 · 21 (주)서울특별시 종로구 사직로8길 60 외교부 아세안국(02-2100-2114) (학)1991년 연세대 정치외교학과졸 (경)1993년 외무고시 합격(27회) 1993년 외무부 입부 2003년 駐일본 1등서기관 2007년 駐브루나이 참사관 2009년 외교통상부 의전행사담당관 2011년 同동남아과장 2012년 駐일본 참사관 2014년 駐중국 공사참사관 2018년 외교부 의전기획관 2019년 同남아시아태평양국장 2019년 同아세안국장(현) (상)대통령표창(2012)

**구홍회(具鴻會) KOO Hong Hoe**

(생)1956·10·2 (출)서울 (주)서울특별시 강남구 일원로 81 삼성서울병원 소아청소년과(02-3410-3539) (학)1983년 서울대 의대졸 1990년 同대학원 의학석사 1995년 의학박사(서울대) (경)1987~1990년 서울대병원 소아과 전공의 1990~1992년 同소아혈액종양학 전임의 1992~1994년 울산대 의대 소아과 전임강사 1994년 삼성서울병원 소아청소년과 전문의 1997~2003년 성균관대 의대 소아과학교실 부교수 1999~2001년 미국 UCLA 제대혈은행 교환교수 2003년 성균관대 의대 소아과학교실 교수(현) 2004년 同의대 기획실장 겸 홍보위원장 2005년 한국조혈모세포은행협회 제대혈위원회 및 KoreaCORD 위원장 2005~2009년 대한혈액학회 제대혈이식연구회 위원장 2006~2011년 삼성서울병원 조혈모세포이식센터장 겸 소아암센터장 2007~2009년 同홍보실장 2008~2011년 성균관대 의대 학생부학장 2009~2011년 대한혈액학회 총무이

사 2009~2011년 대한소아혈액종양학회 학술이사 2009~2012년 同소아급성림프모구백혈병연구회 위원장 2009~2011년 삼성서울병원 소아청소년과장 2011~2017년 同인재기획실장 2011~2013년 대한소아혈액종양학회 부회장 2013~2014년 대한혈액학회 이사장 2013~2017년 삼성서울병원 소아청소년과장 2013~2015년 대한소아혈액종양학회 이사장 2014년 同고문(현) 2016년 대한수혈학회 회장 2016년 한국백혈병소아암협회 이사(현) 2018년 대한민국의학한림원 정회원(소아청소년과학·현) (상)과학기술처 과학기술우수논문상(2004), 대한조혈모세포이식학회 학술상(2009), 대한소아혈액종양학회 학술상(2012), 대한혈액학회 학술상(2017)

**구환영(具還榮) Gu Hwan Young**

(생)1957·9·28 (출)경남 사천 (주)경기도 안산시 단원구 예술대학로 171 서울예술대학교 디자인학부 시각디자인전공(031-412-7245) (학)1983년 홍익대 미술대학 응용미술학과졸 1990년 同산업미술대학원 광고디자인학과졸 2007년 미술학박사(시각·공예디자인전공)(홍익대) (경)1982년 삼양식품 디자인실 근무 1983~1989년 동아제약 광고제작과 근무 1989~1992년 대한항공 선전과 근무 1992년 서울예술대 디자인학부 시각디자인전공 조교수·부교수·교수(현) 2011년 국제디자인교류재단 대표이사 2012~2014년 한국브랜드디자인학회 부회장 2013~2015년 한국시각디자인협회 수석부회장 2014~2018년 서울예술대 교학부총장 2014년 한국색채학회 감사 (상)제18회 대한민국산업디자인전람회 무역협회회장상(1983), 제27회 대한민국산업디자인전람회 국무총리상(1992), 조선·한국일보 광고대상, 대한산업미술가협회 전국공모전 특선·은상, 공익광고협의회 주최 제4회 공익광고대상(잡지부문), 대한민국디자인대상 대통령표창(2008) (저)'공업계고등학교 2·1체제 시각디자인기초' '시각디자인응용' '이기적 컬러리스트'(영진닷컴) (작)대전Expo기념 초대전(1993) 오늘의 한국미술전(1994) 서울문화관광상품전(1997) 대한산업미술가협회 회원전, ICOGRADA 공식추천 어울림 한국현대포스터대전(1998) 제33회 한국미술협회전, 한일디자인교류전(1999) 평택 굿모닝병원 상징조형물 설치(2000) 신공학복지금호베스트빌신축공사 조형물 설치(2002) 라이프연수원 상징조형물 설치(2004) 구환영 이태리밀라노 개인전(O! Nature/Gallery Arte Tadino 6. Milano, Italy)(2005) 제41회 한국미술협회전, 제58회 대한산업미술가협회 회원전, 미주 한인재단초대 한국의 이미지 LA전, 홍익대 건학60주년기념 홍익시각 100인 초대전, APEC 정상회담개최기념 The Brand Wave 국제전, 인천국제유니버셜디자인전(2006) 한국화예디자인학회 연구작품전 'LINK'전 출품 VIDAK 정기회원전(2006·2007·2009) 경기디자인전람회 초대디자이너부문 Icograda Design Week in Deagu, 서울디자인올림픽 CDAK 국제포스터전, 경기디자인페어 초대전(2008) 대한민국산업디자인전람회 초대디자이너부문(2009) 대한산업미술가협회 회원전 경기디자인전람회 초대디자이너부문 한국미술협회전 CDAK Cyber전, 제62회 대한산업미술가협회 회원전, FACULTY SHOW(교수작품 전시회), 2010 VIDAK 붉은 티셔츠전 '나비처럼 날아서 벌처럼 쏜다', 2010 한국브랜드디자인학회 국제전, 제45회 대한민국 산업디자인전람회(초대디자이너부문), 2010 북경798 예술구 국제전, 2010 VIDAK 중국 상해엑스포 개최기념 국제포스터전, G-Design Festival 2010(제15회 경기디자인전람회), 제44회 한국미술협회전, 2010 VIDAK 아름다운 한글 주련전, 2010 국제색채 작품 초대전(2010 KSCS International Invitation Exhibition of Color Works), 2010 한국브랜드디자인학회 국제전시회(2010) (종)기독교

**구회근(具會根) KU Hoi Geun**

(생)1968·1·8 (본)능주(綾州) (출)전남 광양 (주)서울특별시 서초구 서초중앙로 157 서울고등법원(02-530-1114) (학)1987년 순천고졸 1991년 연세대 법대졸 2001년 독일 프랑크푸르트대 수료(1년) 2004년 충남대 대학원 최고경영자과정 수료 2007년 숭실대 법과대학원 수료 (경)1990년 사법시험 합격(32회) 1993년 사법연수원 수료(22기) 1993년 공군 법무관 1996년 수원지법 판사 1998년 서울지법 판사 2000년 대전지법 홍성지원 판사 2003년 대전고법 판사 2004년 사법연수원 교수 2006년 서울고법 판사 2007년 서울중앙지법 판사 2008년 광주지법 장흥지원장 2009년 수원지법 성남지원 부장판사 2012년 서울중앙지법 부장판사 2015년 광주지법 순천지원장·광주가정법원 순천지원장 2016년 광주고법 부장판사 2018년 서울중앙지법 민사제2수석부장판사 2019년 서울고법 부장판사(현) (종)천주교

**구희진(具熙珍) Hee Jin, Koo**

(생)1965·4·19 (본)능성(綾城) (출)서울 (주)서울특별시 중구 명동11길 24 중국건설은행타워 6층 대신자산운용(주)(02-769-3003) (학)1984년 서울 광성고졸 1988년 한국외국어대 무역학과졸 1990년 同대학원 무역학과졸 (경)1989년 대신경제연구소 입사·애널리스트 2000년 우리투자증권 기업분석팀 애널리스트 2005년 同기업분석팀장 2007년 대신증권 리서치센터장(상무) 2009년 同리서치센터장(전무) 2011년 同기획본부장(전무) 2011년 同Wholesale사업단장(전무) 2015년 同Wholesale사업단장(부사장) 2015년 대신자산운용(주) 대표이사(현) (상)매일경제신문·한국경제·조선일보·헤럴드경제 IT부문 베스트애널리스트 5년연속(2000~2005), 매경증권인대상 애널리스트부문 수상(2005), 헤럴드경제 최우수리서치센터상(2009) (종)천주교

**국문석(鞠文碩) Michael Scott Kook**

(출)부산 (주)서울특별시 송파구 올림픽로43길 88 서울아산병원 안과(02-3010-3680) (학)1980년 미국 홀랜드고졸 1985년 미국 미시간대 분자생물학과졸 1989년 의학박사(미국 미시간대) (경)1989~1990년 미국 미시간대 의과대학 인턴 1990~1993년 미국 미시간대 의과대학 전공의 1993년 미국 루이지애나주립대 안과병원 연구전임의 1994년 미국 UCLA Jules Stein Inst. 임상전임의 1995년 同임상전임강사 1995년 울산대 객원교수 1996년 同의과대학 안과학교실 전임강사·조교수·부교수·교수(현) 2001년 미국 세계인명사전 'Marquis Who's Who in the world'에 등재 2002년 영국 국제인명센터(IBC) '올해의 국제 과학자'에 등재 2006년 121미군병원 안과 Consultant, 한국녹내장학회 역학조사 및 기획이사 2017~2018년 한국녹내장학회장 (상)영국 ICB Cambridge Award(2004), 국제녹내장학회(IGS) Best논문상(2005), 한국녹내장연구회 연암학술상(2006), 미국 안과학회 학술상 (2008), 아시아태평양안과학회 학술상(2016) (저)'녹내장' 'Wound Healing In Glaucoma Surgery' (종)기독교

**국민수(鞠敏秀) KOOK Min Soo**

(생)1963·1·23 (출)대전 (주)서울특별시 종로구 사직로8길 39 세양빌딩 김앤장법률사무소(02-3703-1265) (학)1981년 대신고졸 1985년 서울대 법과대학 법학과졸 (경)1984년 사법시험 합격(26회) 1987년 사법연수원 수료(16기) 1987년 육군 법무관 1990년 서울지검 검사 1992년 춘천지검 강릉지청 검사 1994년 법무부 검찰2과 검사 1996년 서울지검 동부지청 검사 1999년 부산지검 부부장검사 2000년 대검찰청 검찰연구관 2002년 同특별수사지원과장 2002년 同공보담당관 2004년 서울중앙지검 금융조사부장 2005년 부산지검 형사2부장 2006년 서울고검 검사(대검찰청 미래기획단장 파견) 2007년 수원지검 2차장검사 2008년 서울중앙지검 2차장검사 2009년 서울고검 공판부장 2009년 대검찰청 기획조정부장 2010년 同감찰부장 겸임 2010년 청주지검장 2011년 법무부 검찰국장 2013년 同차관 2013~2015년 서울고검장 2015년 김앤장법률사무소 변호사(현) (종)천주교

**국상종(鞠祥鍾) KOOK Sang Jong**

(생)1962·7·12 (출)서울 (주)서울특별시 서초구 서초대로49길 5 승보빌딩 5층 법무법인 승재(02-596-0053) (학)1981년 인창고졸 1985년 서울대 법대 사법학과졸 1999년 미국 콜럼비아대 로스쿨 LL.M. (경)1986년 사법시험 합격(28회) 1989년 사법연수원 수료(18기) 1989년 공군 법무관 1992년 서울지법 남부지원 판사 1994년 서울민사지법 판사 1996년 광주지법 판사 1998년 해외 연수 1999년 수원지법 판사 2000~2004년 서울고법 판사 2000~2002년 헌법재판소 헌법연구관 2004~2005년 인천지법 부장판사 2005년 변호사 개업 2007년 법무법인 승 대표변호사 2010년 법무법인 승재 대표변호사(현)

**국수호(鞠守鎬) KOOK Soo Ho**

(생)1948·6·2 (본)담양(潭陽) (출)전북 완주 (주)서울특별시 강남구 역삼로92길 17 (사)디딤무용단(02-421-4797) (학)1969년 서라벌예대 무용과졸 1975년 중앙대 연극영화과졸 1977년 同대학원졸 (경)정형인·박금술·송범·이매방 선생께 한국무용 師事 1973년 국립무용단 입단 1974년 무용극 '왕자호동'등 출연(주역) 1974년 일본 학술원대학 초청공연 1984년 무용극 '무녀도'·'도미부인' 출연 1985~2004년 중앙대 예술대 무용학과 교수 1987년 무용극 '대지의 춤' 안무 1988년 88서울올림픽 개막식 '화합' 안무 1989년 88서울예술단 예술 총감독 1990년 '백두산신곡' 안무 1993년 러시아 볼쇼이오페라극장 공연 1994년 동양3국의 '북춤' 안무 1994년 (사)디딤무용단 이사장 겸 예술감독(현) 1995년 '명성황후' 안무 1996~1999년 국립무용단장 겸 예술감독 2002년 월드컵개막식 안무, 중국 동북사범대 동사교수(현) (상)한국평론가협의회 최우수예술가(1988), 올림픽참가문화예술인 국무총리표창(1989), 대통령표창(1998), 2001춤비평가 특별상(2002), 한·일월드컵개막식공로 문화부장관표창(2002), 제16대 대통령취임식총괄안무 대통령표창(2003), 대한민국무용대상 대상(2010), 제2회 한성준예술상(2016) (저)'세계 춤 기행문집' '춤 내사랑' '국수호 춤 작품집' '국수호의 춤 Ⅰ·Ⅱ' (역)'20세기무용사' (종)불교

**국　양(鞠 樑) KUK Young**

(생)1953·2·5 (본)담양(潭陽) (출)서울 (주)대구광역시 달성군 현풍읍 테크노중앙대로 333 대구경북과학기술원 총장실(053-785-0114) (학)1971년 경기고졸 1975년 서울대 물리학과졸 1977년 同대학원 물리학과졸 1981년 이학박사(미국 펜실베이니아주립대) (경)1981~1991년 미국 AT&T Bell연구소 연구원 1991년 서울대 물리학과 부교수 1997~2006년 同물리학과 교수 1997년 同나노기업매체연구단장 2004년 과학기술부·한국과학문화재단 '2004 닮고 싶고 되고 싶은 과학기술인 10명'에 선정 2006~2018년 서울대 물리천문학부 물리학전공 교수 2006년 同연구처장 2006년 교육인적자원부·한국학술진흥재단 선정 '대한민국 국가석학(Star Faculty)' 2008년 한국과학기술한림원 정회원(현) 2014~2019년 삼성미래기술육성재단 이사장 2018~2019년 이화여대 양자나노과학연구소 석좌교수 2019년 대구경북과학기술원(DGIST) 총장(현) (상)American Vacuum Society Graduate Student Award(1980), 어윈뮬러상(1980), 올해의 나노과학자상(2002), 대한민국학술원상(2004), National Academy of Science Award(2004), 인촌상 자연과학부문(2008) (저)'Scanning Tunneling Microscope' (종)천주교

**국윤아(鞠潤亞) KOOK Yoon-Ah**

(생)1960·5·16 (주)서울특별시 서초구 반포대로 222 서울성모병원 치과병원(02-2258-1776) (학)1985년 원광대 의대졸 1987년 同대학원 의학석사 1995년 의학박사(전북대) 2000년 미국 사우스캐롤라이나대 대학원 교정학과졸 (경)원광대 생명공학연구소 연구위원 1991~2000년 同의대 치과교정과 교수, 미국 남가주치과대(USC) 치과교정과 레지던트과정 수료, 가톨릭대 의대 치과학교실 교수(현), 同서울성모병원 치과교정과장 2008년 대한치과교정학회 재무이사 2010년 同수련고시이사 2011년 同임상치의학대학원 교학부장 2012년 同국제이사 2014년 同부회장 2017년 가톨릭대 임상치과학대학원장(현) 2018년 대한치과교정학회 회장(현) 2018년 (사)바른이봉사회 회장(현) (저)'Distraction Osteogenesis of the Facial Skeleton'(2007) '매복치의 성공적인 수술 교정 치료'(2007) 'OrthoTADs the clinical guide and atlas'(2007)

**국은주(鞠恩珠·女)**

(생)1965·8·3 (출)전남 (주)서울특별시 영등포구 여의공원로 13 한국방송공사 제작1본부 라디오센터(02-781-1000) (학)광주동신여고졸, 서울대 국사학과졸 (경)2013년 한국방송공사(KBS) 라디오센터 라디오1국 한민족방송부 근무 2014년 同라디오센터 라디오2국 2FM부 근무 2016년 同제작본부 라디오센터 R프로덕션3팀 근무 2018년 同라디오센터장 2019년 同제작1본부 라디오센터장(현)

**국주영은(鞠朱榮恩·女) KUKJU Young Eun**

(생)1965·11·11 (주)전라북도 전주시 완산구 효자로 225 전라북도의회(063-280-3970) (학)1986년 전북여고졸 1991년 전북대 철학과졸 2004년 同교육대학원 철학교육과졸 (경)청소년범죄예방지도자협의회 여성위원장, 열린우리당 전북도당 여권신장특별위원회 부위원장 2006·2010~2014년 전주시의회 의원(민주당·민주통합당) 2006년 전주의제21추진협의회 위원 2007년 전북환경운동연합 집행위원(현) 2007년 대통합민주신당 전북도당 여성국장, 전주YMCA 이사 2008~2010년 전주시의회 예산결산특별위원회 부위원장, 同행정위원회 부위원장 2008년 (사)전주시사회복지협의회 이사 2010~2013년 전주시자전거생활협의회 위원 2010~2012년 전주시의회 복지환경위원장 2012년 同행정위원회 위원 2014~2018년 전북도의회 의원(새정치민주연합·더불어민주당) 2014년 同운영위원회 위원 2014년 同환경복지위원회 부위원장 2015·2016~2018년 同예산결산특별위원회 위원 2015~2018년 전주선미촌정비민관협의회 위원 2015년 더불어민주당 전북도당 여성위원장 2016~2018년 전북도의회 환경복지위원회 위원 2016년 더불어민주당 전북도당 대변인 2017~2018년 전북도의회 윤리특별위원회 위원 2018년 전북도의회 의원(더불어민주당)(현) 2018년 同행정자치위원회 위원장(현), 더불어민주당 전북도당 사회적경제위원장(현) (상)광복회 전북지부 감사패(2015), 전북장애인인권포럼 선정 장애인정책 의정활동 우수의원(2015), 디딤돌평생학습센터 감사패(2015), 한국농아인협회 감사패(2015), 전국시·도의회 의장협의회 우수의정 대상(2016)

**국중범(鞠重範)**

(생)1969·2·17 (주)경기도 수원시 팔달구 효원로 1 경기도의회(031-8008-7000) (학)송림고졸 (경)성남시 공공갈등조정관, 이상락 국회의원 비서관, 김태년 국회의원 비서관, 더불어민주당 경기도당 대외협력국장·홍보미디어국장, 同경기도당 노동위원회 부위원장(현), 同중앙당 부대변인(현), 同중앙당 정책위원회 부의장(현) 2018년 경기도의회 의원(더불어민주당)(현) 2018년 同안전행정위원회 위원(현)

**국중하(鞠重夏) KUK JUNG HA** (餘山)

(생)1936·2·15 (본)담양(潭陽) (출)전북 옥구 (주)전라북도 완주군 봉동읍 완주산단4로 107 우신산업(주)(063-262-9321) (학)1962년 전북대 기계공학과졸 1991년 울산대 산업경영대학원 수료 2002년 공학박사(전북대) 2015년 서울대 자연과학대학 과학기술최고전략과정 수료 2018년 한국과학기술원

(KAIST) 바이오헬스최고위혁신과정 수료 경1962년 호남비료(주) 나주공장 근무 1967년 한국종합기술개발공사 근무 1971년 극동건설(주) 기계과장 1973년 현대건설(주) 기계과장 1982년 현대중공업(주) 철구사업본부 상무이사 1983년 현대정공(주) 고선박해체사업본부장(상무이사) 1985년 현대건설(주) 언양알미늄공장장(상무이사) 1987년 우신공업·우신엔지니어링(주) 설립·대표이사 회장(현) 1991년 울산상공회의소 상공의원·부회장 1994년 (주)우영·우신산업(주) 설립·대표이사 회장(현) 1994년 울산공단문화발전위원회 위원장 1994년 전주상공회의소 상임의원 1995년 울산광역시승격추진위원회 부위원장 1999년 한국문인협회·국제펜클럽·전북문인협회 회원 1999년 한국문인협회 수석부이사장 1999년 새천년문학회 문학상운영위원장 2001~2004년 JTV전주방송 시청자위원회 부회장 2001~2004·2009년 우석대 반도체전기자동차공학부 강사 2001년 전북도 과학기술자문관 2001년 여산장학재단 설립·이사장(현) 2002~2008년 전주문화재단 이사 2002~2017년 전북신지식인연합회 회장 2003년 여산재 개관 2005년 전북대 기계항공시스템공학부 겸임교수 2007년 여산교육문화관 개관 2008년 원음방송 시청자위원회 위원장 2009~2014년 전주MBC 시청자위원장 2010~2017년 어린이재단 전북후원회 회장 2010~2017년 同전국후원회 부회장 겸임 2010년 전북한국엔지니어클럽 회장 2014년 전북전략산업선도기업대표자협의회 회장 2014~2017년 서울대 자연과학대학 과학기술최고경영자과정(26기) 원우회장 2014~2016년 전북창조경제협의회 위원 2015년 (재)완주문화재단 이사 2015년 (사)한국예술문화단체총연합회 완주지회 초대회장(현) 2016년 (사)국제펜클럽한국본부 재정위원장(현) 2018년 KBS 전주방송총국 시청자위원회 위원장(현) 2019년 (사)한국문인협회 문인권익옹호위원회 위원(현) 상전국산학연합회 기업인상(1994), '수필과 비평' 수필부문 신인상(1998), 전북대상 산업부문(1999), 신지식인상(2000), 한국문인문학상 본상(2002), 전북도우수기업상(2003), 전북도우수중소기업인상(2004), 대통령표창(2005), 500만불 수출탑(2006), 전북수필문학상(2007), 철탑산업훈장(2010), 자랑스러운 전북인대상(2010), 전북문학상(2013), 세종대왕대상(2015), 최우수논문상(2015), 한국산업대상(2015), 현대자동차그룹 올해의협력사 공로상(2015), 과학기술훈장 웅비장(2016), 안전경영대상 최우수상(2016), 울산광역시 승격기여공로패, 전북대시민상(갈채상), PEN문학 특별상, 대한민국 노벨사이언스 특별상, 완주군민대상, 대한민국 도전페스티벌 수상(국내기록인증 한국최고령 남극탐험) 저'내 가슴속엔 영호남 고속도로가 달린다'(1998) '호남에서 만난 아내 영남에서 만든 아이들'(2001) '나의 삶은 도전이며 시작이다'(2003) '나에게는 언제나 현재와 미래만 존재한다'(2004) '들녘 바람몰이'(2007) '여산재 가는 길'(2010) '내 마음의 풍경'(2013) '새벽, 그 살구빛 하늘을 열며'(2014) '별빛 쏟아지는 여산재'(2016) '맨토찾기 9번 타자'(2018) 종불교

**국중현(鞠重鉉)**

생1966·7·30 주경기도 수원시 팔달구 효원로 1 경기도의회(031-8008-7000) 학한국사이버외국어대 의회·지방행정과졸 경하늘복지재단 초대이사장, 대한건축사협회 안양동안지역 회장, 국내외전국호남향우회 부회장(현), 안양지역건축사회 대외정책단장(현), 더불어민주당 경기도당 직능위원회 부위원장, 호성초교 운영위원장, 안양시 나눔봉사연대 대표(현) 2017년 더불어민주당 제19대 문재인 대통령후보 중앙선거대책위원회 조직본부 경기남서지역본부 공동의장, 同중앙당 부대변인(현) 2018년 경기도의회 의원(더불어민주당)(현) 2018년 同의회운영위원회 위원(현) 2018년 同안전행정위원회 위원(현)

**국 훈(鞠 薰) KOOK Hoon**

생1961·6·9 본담양(潭陽) 출독일 주광주광역시 동구 제봉로 42 전남대학교병원 어린이병원(062-379-8060) 학1985년 전남대 의대졸 1988년 同대학원졸 1990년 약리학박사(전남대) 경1990~2003년 전남대 의대 소아과학교실 전임강사·조교수·부교수 1993~1994년 미국 아이오와대 의대 소아과 소아혈액종양학·골수이식 교환교수 1999~2001년 미국 국립보건원 교환교수 2001~2011년 대한조혈모세포이식학회 재무이사·총무이사·학술이사 2003년 전남대 의대 소아과학교실 교수(현) 2004년 화순전남대병원 소아청소년과장 2008년 同소아암환경보건센터장 2010년 대한혈액학회 학술이사 2011~2013년 화순전남대병원장 2012년 대한병원협회 이사 2017년 전남대병원 어린이병원 초대 병원장(현) 상대한혈액학회 우수논문상(1999), 대한암학회 제1회 SB학술상(1999), 조혈모이식학회 Young Travelers Award(2005), 교육과학기술부장관표창(2007), 대한혈액학회 최우수연제상(2011), 대한소아혈액종양학회 학술공로상(2015), 보건복지부장관표창(2017) 저'줄기세포(共)'(2002) '혈액학(共)'(2006) '치유와 문화(共)'(2011) '혈액학(共)'(2011) '소아과학(共)'(2012) 종기독교

**권경복(權景福) KWON Kyung Bok**

생1968·4·18 본안동(安東) 출충남 서천 주서울특별시 성동구 왕십리로 222 한양대학교 미디어전략센터(02-2220-0038) 학1989년 한양대 정치외교학과졸 1991년 同대학원 정치외교학과졸 2015년 同국제대학원졸(박사) 경1999년 연합뉴스 남북관계부 기자 2002년 조선일보 편집국 정치부 기자 2005년 同모스크바특파원 2009년 同국제부 차장 2012년 한양대 대외협력처 홍보팀장 2015년 同미디어전략센터장(현) 상이달의 기자상(2001), 한러대화 언론인상(2010), 부총리 겸 교육부장관 표창(2017) 저'朝鮮有思'(2003) '아름다움이 나라를 바꾼다'(2011, 서해문집) '21세기를 움직이는 푸틴의 파워엘리트 50'(2011, 21세기북스)

**권경업(權景業)**

생1952·1·23 주강원도 원주시 혁신로 22 국립공원공단 이사장실(033-769-9310) 학부산 금성고졸, 경남공업전문대학 토목과졸 경시인(현), 덕천고가 사장, 히말라야한국자선병원 이사장, (사)대한민국임시정부기념사업회 이사, 월간 '사람과 산' 편집위원 2008~2017년 산악동호회 '아름다운사람들' 대표 2014년 부산시의원선거 출마(새정치민주연합) 2017년 국립공원공단 이사장(현) 상대통령표창, 부산시 자랑스런시민상 저'백두대간 1'(1991) '삽당령'(1993) '내가 산이 될 때까지'(1995) '산정노숙'(1996) '잃어버린 산'(1998) '자작 숲 움 틀 무렵'(1999) '어느 산친구의 젊은 7월을 위해'(2000) '오래전 그대도 꽃다운 누군가의 눈부신 눈물이었습니다'(2001) '사랑이라 말해보지 못한 사랑이 있다면'(2002) '별들이 쪽잠을 자고 간'(2004) '날개 없이 하늘에 다다른'(2007) '녹아버린 얼음보숭이'(2007) '달빛무게'(2008) '하늘로 흐르는 강'(2008) '뜨거운 것은 다 바람이 되었다'(2012) '꽃을 피운 바람의 독백'(2013)

**권경일(權敬日)**

생1967·6·6 출경북 문경 주서울특별시 서초구 서초대로 301 동익성봉빌딩 9층 법무법인 해송(02-3489-7127) 학1986년 문창고졸 1991년 서울대 외교학과졸 1993년 同행정대학원졸 경1997년 사법시험 합격(39회) 2000년 사법연수원 수료(29기) 2000년 서울지검 서부지청 검사 2002년 청주지검 충주지청 검사 2003년 대구지검 검사 2005년 서울남부지검 검사 2009년 수원지검 안산지청 검사 2012년 대구지검 서부지청 검사 2013년 同서부지청 부부장검사 2013년 창원지검 부부장검사 2014년 대전지검 부부장검사 2015년 서울고검 검사 2016년 서울남부지검 부부장검사 2017년 서울고검 검사 2018년 수원지검 중요경제범죄조사단 부장검사 2019년 법무법인(유) 해송 변호사(현) 2019년 한국바른언론인협회 고문(현)

**권계현(權桂賢) Gyehyun KWON**

(생)1964·7·1 (본)안동(安東) (출)대전 (주)경기도 수원시 영통구 삼성로 129 삼성전자(주)(031-200-1114) (학)1982년 남대전고졸 1986년 서울대 법대 법학과졸 1997년 영국 에딘버그대 대학원 법학과졸 (경)1989년 외무고시 합격(23회) 1989~1997년 외무부 기획관리실·조약국 근무 1997년 駐네덜란드 1등서기관 1997~1999년 화학무기금지기구(OPCW) 법률의제 Working Group 의장 1999년 駐호놀룰루총영사관 영사 2001년 駐과테말라 공관차석 2003년 외교통상부 조약국 주무서기관 2004~2005년 대통령 국정상황실 행정관 2005년 삼성전자(주) 홍보팀 상무보 2008년 同홍보팀 상무 2009~2011년 同글로벌마케팅실 스포츠마케팅그룹 상무 2011년 AMF페스티벌 심사위원 2011년 삼성전자(주) 글로벌마케팅실 스포츠마케팅그룹 전무 2013년 同무선사업부 동남아PM그룹장 겸 서남아PM그룹장(전무) 2015년 同부사장 2017년 同중국법인 무선사업부 총괄부사장 2017년 同중국총괄 부사장(현) (상)외교통상부장관표창, 국방부장관표창, 대통령표창 (저)'국제법연습'(1997) '국제회의영어'(2001) (종)기독교

**권광석(權光石)**

(생)1963·8·6 (출)울산 (주)서울특별시 강남구 봉은사로114길 20 새마을금고중앙회 신용공제대표실(02-2145-9114) (학)1982년 학성고졸 1986년 건국대 산업공학과졸 2006년 연세대 경영대학원 경영학과졸(MBA) (경)1988년 상업은행 입행 2007년 우리금융지주 회장실 부장 2008년 우리아메리카은행 워싱턴 영업본부장 2011년 우리은행 아크로비스타지점장 2012년 同무역센터금융센터장 2013년 우리금융지주 홍보실장(영업본부장 대우) 2014년 우리은행 홍보실장(영업본부장 대우) 2015년 同대외협력단장(상무) 2017년 同IB그룹장(집행부행장) 2018년 우리프라이빗에퀴티(PE)자산운용 대표이사 2018년 새마을금고중앙회 신용공제사업 대표이사(현) (상)한국은행총재표창(1996), 재정경제부장관표창(2004), 기획재정부장관표창(2010), 금융위원장표창(2014)

**권광중(權光重) Kwon Kwang Joong**

(생)1942·10·7 (본)안동(安東) (출)충북 옥천 (주)서울특별시 중구 남대문로 63 법무법인 광장(02-772-4000) (학)1961년 서울고졸 1965년 서울대 법과대학 법학과졸 1968년 同사법대학원졸 (경)1966년 사법시험 합격(6회) 1968년 육군 법무관 1971년 대구지법 판사 1973년 同안동지원 판사 1975년 대구지법 판사 1977년 서울지법 여주지원장 1978년 서울민사지법 판사 1980년 서울고법 판사 1981년 법원행정처 조사심의관 1982년 대법원 재판연구관 1982년 부산지법 부장판사 1984년 사법연수원 교수 겸 서울민사지법 부장판사 1987년 서울민사지법 부장판사 1989년 법원행정처 송무국장 1991년 서울고법 부장판사 1992년 사법연수원 수석교수 1994년 서울민사지법 수석부장판사 1995년 서울지법 민사수석부장판사 1997년 서울고법 수석부장판사 1998년 광주지법원장 1999~2000년 사법연수원장 1999~2000년 중앙선거관리위원회 위원 2000년 변호사 개업 2001~2007년 법무법인 광장 공동대표변호사 2001~2002년 동아건설산업(주) 파산관재인 2001~2004년 국세심판소 비상임심판관 2001년 대법원 국선변호인(현) 2003~2006년 경찰위원회 위원장 2003년 대한상사중재원 중재인(현) 2004~2012년 아름다운재단 기부컨설팅전문가그룹 위원장 2005~2009년 대한변호사협회 변호사연수원장 2005~2009년 헌법재판소 공직자윤리위원회 위원 2006년 한국스포츠중재위원회 중재위원 2007~2013년 서울중앙지법 조정위원협의회장 2007~2013년 서울시 행정심판위원회 위원 2007~2009년 국민대 법과대학 석좌교수 2007~2017년 사법연수원 운영위원회 부위원장 2009년 헌법재판소 국선대리인(현) 2011년 온주(온라인주석서) 편집위원장(현) 2011~2013년 헌법재판소 자문위원회 위원 2011~2013년 법조윤리협의회 위원장 2011~2013년 서울시 정비사업갈등조정위원장 2013년 서울중앙지법 상근조정위원(현) 2015~2016년 한국일보 독자권익위원회 위원장 2017년 대한법률구조공단 서울중앙지부 주택임대차분쟁조정위원회 위원장(현) 2017~2019년 사법연수원 운영위원회 위원장 2018년 법무법인 광장 고문변호사(현) 2018년 네이버 지식IN 법률상담변호사(현) 2019년 대한법률구조공단 서울중앙지부 상가건물임대차분쟁조정위원회 위원장(현) (상)동탑산업훈장(2004), 모범국선대리인상(2012), 국민훈장 무궁화장(2015), 자랑스러운 서울인상(2015)

**권광현(權珖鉉) Kwon Kwang Hyun**

(생)1965·2·24 (본)안동(安東) (출)경남 진주 (주)서울특별시 서초구 법원로3길 6-9 법조빌딩 406호 권광현법률사무소(02-596-6677) (학)1983년 진주 동명고졸 1987년 한양대 법학과졸 2016년 서울시립대 조세전략과정 제6기 수료 (경)1996년 사법시험 합격(38회) 1999년 사법연수원 수료(28기) 1999년 변호사 개업 2003년 광주지검 순천지청 검사 2005년 창원지검 검사 2007년 서울남부지검 검사 2011년 서울중앙지검 검사 2011년 同부부장검사 2012년 제주지검 형사2부장 2013년 대구지검 포항지청 부장검사 2014년 대전지검 천안지청 부장검사 2015년 인천지검 공판송무부장 2016년 서울서부지검 부부장검사 2016년 의정부지검 형사3부장 2017년 부산고검 검사 2017년 변호사 개업(현) (종)기독교

**권구훈(權九勳) Goohoon Kwon**

(생)1962·11·25 (출)경남 진주 (주)서울특별시 종로구 세종대로 178 WEST KT빌딩 13층 북방경제협력위원회(02-3148-7600) (학)서울대 경제학과졸(81학번) 1992년 경제학박사(미국 하버드대) (경)미국 하버드대 국제개발연구소(Harvard Institute for International Development) 연구원 1993~1998년 국제통화기금(IMF) 워싱턴본부 근무·우크라이나 키예프사무소장 1998~2001년 ABN암로 런던지점 선임이코노미스트 겸 투자전략가(strategist) 2001~2004년 국제통화기금(IMF) 모스크바사무소 부소장 2007년 골드만삭스증권 입사, 同서울지점 수석이코노미스트(전무)(현) 2015년 (재)통일과나눔 '통일나눔펀드' 기금운용위원회 위원(현) 2018년 대통령직속 북방경제협력위원회 위원장(현) (상)금융감독원장표창(2009), 미래창조과학부장관표창(2016)

**권근상(權斤相) KWON Kun Sang**

(생)1965·9·10 (출)경남 의령 (주)세종특별자치시 도움5로 20 국민권익위원회 고충처리국(044-200-7301) (학)1984년 대구고졸 1990년 영남대 경영학과졸 2000년 서울대 대학원 행정학과졸 (경)1993년 행정고시 합격 1994~1995년 총무처·대구시·통일원 실무수습(행정사무관시보) 1995~1997년 통일원(남북회담사무국·총리실 파견) 1997~2002년 국무총리비서실 정무·총무·의전담당 사무관 2000년 서기관 승진 2002~2003년 국무조정실 일반행정심의관실 서기관 2003년 부패방지위원회 정책기획실 제도2담당관 2004~2006년 同위원장 비서관 2006년 국가청렴위원회 행동강령팀장 2006년 同정책기획실 제도3팀장 2007년 同제도개선기획팀장 2008년 국민권익위원회 민간협력과장 2009년 세종연구소 교육파견(부이사관) 2010년 국민권익위원회 국제교류담당관 2011년 대통령실 파견(부이사관) 2012년 국민권익위원회 재정경제심판과장 2013년 同행정심판총괄과장 2014년 同대변인(고위공무원) 2015년 중앙공무원교육원 교육파견 2016년 국민권익위원회 고충처리국 고충민원심의관(고위공무원) 2016년 同행정심판국장 2018년 同고충처리국장(현) (상)통일원장관표창(1995), 대통령표창(2002)

**권근술(權根述) KWON Keun Sool**

(생)1941·10·20 (본)안동(安東) (출)부산 (학)1960년 경남고졸 1967년 서울대 문리과대학 정치학과졸 (경)1967~1975년 동아일보 기자 1976년 도서출판 청람 대표 1988년 한겨레신문 편집이사 1988년 同논설간사 1989~1990년 同편집위원장 1990년 同논설위원 1994~1995년 同논설주간(이사) 1995~1997년 同대표이사 회장 1997~1999년 同대표이사 사장 1997년 도서출판 청남문화사 대표 1999년 한겨레신문 논설고문 2000년 한양대 언론정보대학원 석좌교수 2001년 미국 하버드대 옌칭연구소 초빙교수 2001~2010년 남북어린이어깨동무 이사장(공동대표) 2010~2016년 어린이어깨동무 이사장(공동대표) (상)은관문화훈장(1999) (역)'끼끼-식인부락에서 독립조국까지 나의 생애 1만년의 자서전'(1991) (종)가톨릭

**권기대(權奇大)**

(생)1976·12·11 (출)경북 안동 (주)서울특별시 서초구 반포대로 158 서울중앙지방검찰청 범죄수익환수부(02-530-4771) (학)1995년 안동고졸 1999년 서울대 법학과졸 (경)1998년 사법시험 합격(40회) 2001년 사법연수원 수료(30기) 2001년 공익법무관, 서울중앙지검 검사 2006년 춘천지검 검사 2009년 수원지검 검사 2013년 부산지검 검사(감사원 파견) 2015년 同부부장검사(감사원 파견) 2017년 수원지검 성남지청 형사4부장 2017년 대검찰청 정보통신과장(부장검사) 2019년 서울중앙지검 범죄수익환수부장(현)

**권기룡(權奇龍) KWON Ki Ryong**

(생)1960·2·10 (출)경북 안동 (주)부산광역시 남구 용소로 45 부경대학교 공과대학 IT융합응용공학과(051-629-6257) (학)1986년 경북대 전자공학과졸 1990년 同대학원 전자공학과졸 1994년 전자공학박사(경북대) (경)1986~1988년 현대자동차 승용생산기술연구소 연구원 1991~1992년 경북대 자연과학대학 강사 1996~2006년 부산외국어대 디지털정보공학부 부교수 1998~2001년 한국멀티미디어학회 총무이사 1998~2006년 부산외국어대 학생처 부처장 1999~2001년 (주)파미 기술이사 2000~2002년 미국 Univ. of Minnesota Post-Doc. 2006년 부경대 공과대학 전자컴퓨터정보통신공학부 교수, 同공과대학 IT융합응용공학과 교수(현) 2006년 MITA2006 국제학술대회 조직위원장 2008년 대한전자공학회 신호처리소사이어티 협동이사 2008년 同컴퓨터소사이어티 편집이사 2012년 부경대 산학협력단 부단장 겸 기술이전센터장 2012~2016년 同창업보육센터장 2014년 한국멀티미디어학회 수석부회장 2015~2016년 同회장 2018년 부경대 공과대학장(현) (상)한국멀티미디어학회 우수논문상(2001), 대한전자공학회 우수학술발표대회논문상(2003·2004), 한국멀티미디어학회 학술상(2004), 한국멀티미디어학회 우수논문상(2004), 한국멀티미디어학회 학술발표대회 우수논문상(2005·2006·2017), 국제학술대회 우수논문상(2009), 부산과학기술상 공학상부문(2016), 한국멀티미디어학회 공로상(2017), 대한전자공학회 공로상(2017), 일본전자정보통신학회(IEICE) 공로표창(2018) (저)'PC 계측모듈의 인터페이스 기술과 노이즈 대책 기술'(1998) '정보통신과 뉴미디어'(2000) (역)'MELSEC-A SERIES USER MANUAL'(1986) 'IBM PC 어셈블리언어'(1997, 홍릉과학출판사)

**권기만(權奇萬)**

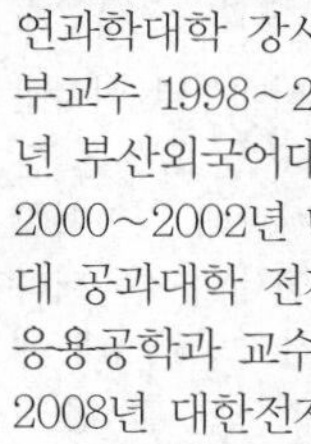

(생)1969·12·17 (출)경북 예천 (주)경기도 수원시 영통구 법조로 105 수원지방법원 총무과(031-210-1114) (학)1988년 대창고졸 1992년 성균관대 법학과졸 (경)1998년 사법시험 합격(40회) 2001년 사법연수원 수료(30기) 2001년 서울지법 남부지원 예비판사 2002년 서울고법 판사 2003년 서울지법 판사 2004년 서울중앙지법 판사 2005년 광주지법 순천지원 판사 2008년 인천지법 판사 2011년 서울중앙지법 판사 2013년 서울남부지법 판사 2014년 서울고법 판사 2016년 대구지법 경주지원 부장판사 2018년 수원지법 부장판사(사법연구)(현)

**권기범(權起範) KWON Gi Beom**

(생)1967·3·23 (주)서울특별시 강남구 테헤란로 108길 7 동국제약(주) 비서실(02-2191-9800) (학)1985년 용산고졸 1989년 연세대졸 1991년 미국 덴버대 경영대학원졸, 미국 스탠퍼드대 최고경영자과정수료 (경)1994년 동국제약(주) 입사, 同이사 2005년 同대표이사 사장 2009년 同각자대표이사 사장 2009년 同사장 2010년 同부회장(현) (상)1천만불 수출탑(2004), 중소기업대상(2004), 중소기업특별위원장표창(2004) (종)기독교

**권기석(權奇錫) KI SEOK, KWON**

(생)1975·8·29 (본)안동(安東) (출)충북 충주 (주)세종특별자치시 가름로 194 과학기술혁신본부 성장동력기획과(044-202-6750) (학)1994년 충주고졸 2002년 성균관대 행정학과졸 2014년 영국 버밍엄대 대학원 사회정책과졸 (경)2003년 국가과학기술자문회의 근무 2005년 과학기술부 평가정책과 근무 2007년 同기획법무팀 근무 2008년 교육과학기술부 기획담당관실 근무 2008년 同장관실 근무 2010년 同연구정책과 근무 2011년 同수학교육정책팀장 2012년 녹색성장위원회 파견 2012년 국외훈련 파견(영국 버밍엄대) 2014년 미래창조과학부 기획조정실 기획재정담당관실 재정팀장 2015년 同운영지원과 인사팀장 2016~2017년 同기획조정실 정책기획관실 창조행정담당관 2017년 과학기술정보통신부 창조행정담당관 2017년 同혁신행정담당관 2018년 국무조정실 방송통신기술과장(파견) 2019년 과학기술정보통신부 과학기술혁신본부 성장동력기획과장(현) (종)천주교

**권기선(權基善) KWON Ki-Sun**

(생)1959·1·3 (주)대전광역시 유성구 과학로 125 한국생명공학연구원 노화제어전문연구단(042-860-4114) (학)1981년 서울대 미생물학과졸 1983년 同대학원 미생물학과졸 1988년 미생물학박사(서울대) (경)1988~1989년 KIST 유전공학센터 Post-Doc. 1990~1997년 한국생명공학연구원 선임연구원 1996~1998년 미국 National Institutes of Health, Visiting Scientist 1997년 한국생명공학연구원 책임연구원, 同단백질공학연구실장, 同장수과학연구센터장 2002년 충남대 겸임교수 2006년 과학기술연합대학원대(UST) 생명과학전공 교수(현) 2010~2011년 한국노화학회 학술위원장 2011년 同기금위원장 2011년 한국분자세포생물학회 대의원 2012~2014년 대전시 산업기획위원회 전문위원 2012년 학술지 'Molecules & Cells' 편집위원(현) 2013년 한국생명공학연구원 의생명과학연구소장(본부장급) 2013~2016년 미래창조과학부 공공복지안전연구사업추진위원 2014년 한국생명공학연구원 노화과학연구소장 2016년 同노화제어연구단장 2018년 한국노화학회 회장, 한국생명공학연구원 노화제어전문연구단 책임연구원(현) (상)동탑산업훈장(2018)

**권기섭(權奇燮) KWON Kee Sub**

(생)1960·6·20 (본)안동(安東) (출)경북 안동 (주)서울특별시 서초구 서초중앙로 154 화평빌딩 8층 법무법인 세양(02-594-4700) (학)1978년 경북고졸 1982년 고려대 법학과졸 1984년 同대학원 법학과졸 1995년 법학박사(미국 퀴니피어크대) (경)1983년 사법시험 합격(25회) 1985년 사법연수원 수료(15기) 1989년 변호사 개업 1996년 미국 뉴욕주 변호사 등록 1996년 삼성전자(주) 법무팀 변호사 1999년 同법무팀 이사 2001년 同법무

팀 상무 2005년 同법무팀 전무 2009년 同법무팀장 2011년 삼성엔지니어링(주) 법무팀장(전무) 겸 컴플라이언스팀장 2013년 고려대 법학전문대학원 겸임교수 2014년 법무법인 세양 대표변호사(현) (종)천주교

### 권기섭(權奇燮)

(생)1966 (출)경북 안동 (주)경기도 수원시 장안구 창룡대로 223 경기남부지방경찰청 경비과(031-888-2156) (학)경기 경안고졸 1990년 경찰대졸(6기) (경)1990년 경위 임관 2004년 경기지방경찰청 수사과 수사지도관 2006년 同제1부 기획예산계장 2011년 同경무과 교육(총경) 2012년 충남지방경찰청 홍보담당관 2012년 경기 양주경찰서장 2013년 인천지방경찰청 생활안전과장 2014년 경기 의왕경찰서장 2015년 경기지방경찰청 112종합상황실장 2016년 同정보과장 2017년 경기 안양만안경찰서장 2019년 경기남부지방경찰청 경비과장(현)

### 권기섭(權基燮)

(생)1969 · 7 · 15 (본)예천(醴泉) (출)서울 (주)세종특별자치시 한누리대로 422 고용노동부 근로감독정책단(044-202-7538) (학)1988년 보문고졸 1992년 서울대 경제학과졸, 同행정대학원 행정학과졸 (경)2003년 노동부 고용정책실 외국인력정책과 서기관 2004년 同과장 2005년 대통령비서실 노동고용정책팀 서기관 2008년 노동부 기획조정실 창의혁신담당관 2008년 同기획조정실 기획재정담당관 2009년 同장관비서관 2010년 고용노동부 장관비서관 2012년 同고용정책실 인력수급정책과장(부이사관) 2013년 同고용정책실 고용정책총괄과장 2015년 同고용정책실 고용서비스정책관(고위공무원) 2016년 同직업능력정책국장 2017년 대통령정책실 일자리수석비서관실 고용노동비서관실 선임행정관 2019년 고용노동부 근로감독정책단장(현) (상)근정포장(2013)

### 권기식(權起植) KWON Ki Sik

(생)1962 · 11 · 14 (출)충북 진천 (주)서울특별시 영등포구 국회대로74길 20 한중도시우호협회(02-6243-0022) (학)1981년 대구 대륜고졸 1988년 경북대 사범대학 외국어교육과졸 2001년 서강대 언론대학원 최고위과정 수료 2002년 한양대 행정대학원 국제관계학과졸 2002년 미국 미시간주립대 국제지도자과정 수료 (경)1988~1995년 인천일보 기자 1995~1998년 한겨레신문 기자 1998년 대통령 정무수석비서관실 행정관 1998~2002년 대통령 국정상황실 정치상황국장 2002년 새천년민주당 노무현 대통령후보비서실 부실장 2002~2006년 뉴서울오페라단 후원회 사무총장 2003년 일본 시즈오카현립대 초청연구원 2003~2006년 한양대 국제학대학원 아태지역연구센터 연구부교수 2003~2006년 환경운동연합 지도위원 2006~2007년 주택관리공단 기획이사 2008~2010년 경남대 극동문제연구소 초빙연구위원 2009년 국민일보 쿠키미디어 부사장, 뉴서울오페라단 이사장, 일월포럼 공동대표 2010~2011년 인간개발연구원 원장 2010년 2018평창동계올림픽유치위원회 자문위원 2011년 同민간단체협의회장 2011년 한국NGO신문 회장 2011년 중한해외연수원 이사장 2011년 대한삼보연맹 수석부회장 2011년 한·연해주친선협회 회장 2011년 지혜나눔학교 교장 2013년 북방경제교류협회 회장 2013년 장애인아시안게임조직위원회 대외협력자문위원 2015~2017년 영남매일신문 회장 2015~2016년 한중도시우호교류협회 중앙회장 2015년 온북TV(출판전문방송) 방송발전자문위원장 2016~2017년 서울미디어대학원대 초빙교수 2016년 (사)한중도시우호협회 회장(현) 2017~2018년 중국 칭화대 방문학자 2018년 서울미디어대학원대 석좌교수(현) 2019년 '2020 대구경북 관광의 해' 추진협의회 홍보대사(현) (저)'36계 경영학'(2006, 도서출판 연이)

### 권기영(權奇榮) kwon ki young (귀열)

(생)1952 · 5 · 17 (본)안동(安東) (출)경북 안동 (주)경기도 성남시 분당구 대왕판교로606번길 41 프라임스퀘어 404호 세무법인청담(031-712-3433) (학)경북고졸 (경)1978년 공무원 임용(7급 공채) 1999년 국세청 개인납세국 근무 2003년 同부가가치세과 서기관 2003년 중부지방국세청 조사1국 근무 2005년 同조사3국 근무 2005년 경주세무서장 2006년 중부지방국세청 총무과장 2007년 남양주세무서장 2008년 국세청 근로소득지원국 소득지원과장 2009년 同조사국 세원정보과장 2009년 同법인납세국 소비세과장 2010년 성남세무서장 2010년 세무사 개업 2013년 세무법인청담 설립 · 대표세무사(현) (상)대통령표창(2002), 홍조근정훈장(2010) (종)기독교

### 권기원(權奇源) KWON Gi Won

(생)1964 · 7 · 24 (본)안동(安東) (출)경남 밀양 (주)서울특별시 영등포구 의사당대로 1 국회사무처 외교통일위원회(02-788-2714) (학)밀양고졸, 고려대 법학과졸, 경희대 행정대학원 행정학과졸, 서울대 행정대학원 정책학석사과정 수료, 미국 인디애나대 대학원 법학과졸(석사), 중앙대 대학원 법학박사과정 재학 중 (경)예편(공군 중위), 입법고시 합격(10회) 1996년 국회사무처 법제예산실 근무 1998년 법제처 법제관 파견 1999년 국회사무처 건설교통위원회 입법조사관 2003년 同산업자원위원회 입법조사관 2006년 한국무역협회 파견 2007년 국회사무처 법제사법위원회 입법조사관(부이사관) 2008년 同정보위원회 입법심의관 2009년 同법제실 행정법제심의관 2010년 同외교통상통일위원회 전문위원(이사관) 2012년 미국 우드로윌슨센터 파견(이사관) 2014년 국회사무처 국방위원회 전문위원 2016년 同미래창조과학방송통신위원회 수석전문위원(차관보급) 2017년 同과학기술정보방송통신위원회 수석전문위원(차관보급) 2018년 同외교통일위원회 수석전문위원(차관보급)(현) (상)대통령표창(2003)

### 권기찬(權奇讚) KWON Gee Chan

(생)1951·3·1 (출)경북 (주)서울특별시 강남구 영동대로 617 찬이빌딩 7층 (주)웨어펀인터내셔널 비서실(02-3218-5900) (학)1969년 대구고졸 1975년 한국외국어대 아랍어과졸 1995년 서강대 경영대학원 최고경영자과정 수료 1996년 연세대 경영대학원 최고경영자과정 수료 1997년 한국외국어대 세계경영자과정 수료 1998년 매일경제신문 한국과학기술원 지식경영자과정 수료 2001년 연세대 경영대학원졸(MBA) 2009년 경영학박사(경원대) (경)(주)웨어펀인터내셔널·(주)웨어펀코리아·(주)펀서플라이·(주)더블유 앤 펀 엔터테인먼트 회장(현), (유)오페라갤러리코리아 회장 1994~1997년 FIRA(수입의류협회) 회장 1996년 한국외국어대 총동창회 부회장 1999~2000년 한국방송클럽 회원 1999~2001년 대통령직속 경제대책위원회 실업대책분과 위원 2000~2001년 연세대AMP총동창회 부회장 2000년 국제무역인클럽 사무총장 겸 부회장 2001년 LIVA(명품수입협회) 회장, 同고문(현) 2002년 고구려역사지키기후원회 자문위원 2002년 연세대경영대학원총동창회 부회장 2003년 바르게살기운동본부 자문위원 2004~2006년 (사)한국수입업협회 부회장 2004년 다사랑공동체마을후원회 회장 2006~2007년 在京대구고동문회 회장 2007년 (사)한국수입업협회 연수원장 2009~2015년 강남문화재단 이사 2010~2012년 (사)한국수입업협회 감사 2011~2013년 한국경영연구원기업가회 회장 2012년 (사)한국수입업협회 자문위원 (상)무역의날 대통령표창(2004), 한국외국어대 경영인대상(2004), 연세대 경영대학원 석사경영인상(2004), 춘계학술대회 패션유통부문 마케팅파이오니아상(2006), 프랑스 국가공로훈장 기사장(2006), 연세대 경영대학원 연세를 빛낸 경영인상(2006), 중소기업CEO대상(2007), 한국무역학회 무역진흥상(2008), 자랑스러운 외대인상(2010), 이탈리아 국가공로훈장 기사장(2013), '올해의 베스트 드레서' 경제부문(2014)

**권기창(權奇昌) Kwon Ki-chang**

[생]1961·1·1 [주]서울특별시 종로구 사직로8길 60 외교부 인사기획관실(02-2100-7139) [학]1985년 연세대 응용통계학과졸 1988년 同대학원 경제학과졸 [경]1990년 외무고시 합격(24회) 1990년 외무부 입부 1996년 駐제네바 2등서기관 1999년 駐탄자니아 1등서기관 2003년 駐미국 1등서기관 2007년 산업통상자원부 자유무역협정서비스투자과장 2009년 외교통상부 북미유럽연합통상과장 2010년 駐인도네시아 참사관 2012년 駐아세안 공사참사관 2013년 국회사무처 파견 2014년 보건복지부 국제협력관 2015년 駐공고민주공화국 대사 2018년 외교부 본부 근무(대사급) 2019년 駐우크라이나 대사(현) [상]대통령표창(1996)

**권기철(權寄哲) KWON Ki Cheol**

[생]1968·5·6 [출]경북 문경 [주]부산광역시 연제구 법원로 31 부산지방법원(051-590-1114) [학]1988년 부산상고졸 1992년 동아대 법학과졸 [경]1996년 사법시험 합격(38회) 1999년 사법연수원 수료(28기) 1999년 부산지법 판사 2003년 창원지법 진주지원 판사 2006년 부산지법 판사 2008년 부산고법 판사 2011년 부산지법 동부지원 판사 2014년 창원지법 통영지원 부장판사 2016년 부산지법 동부지원 부장판사 2018년 부산지법 부장판사(현)

**권기한(權奇漢) GWON Gi Han**

[생]1965·7 [본]안동(安東) [출]경북 안동 [주]부산광역시 금정구 오륜대로126번길 62 부산소년원(051-515-6565) [학]1984년 대구 심인고졸 1988년 한양대 법대졸 [경]1996년 행정고시 합격(40회), 부산보호관찰소 보호관찰관 2004년 대전보호관찰소 사무과장 2005년 대구보호관찰소 집행과장 2007년 同경주지소장 2009년 同행정지원팀장(서기관) 2010년 同서부지소장 2011년 同행정지원과장 2011년 同서부지소장 2014년 성남보호관찰소 소장 2015년 울산보호관찰소 소장 2017년 대구소년원장 2018년 창원보호관찰소장 2019년 부산소년원장(현)

**권기홍(權奇洪) KWON Ki Hong** (이겸)

[생]1949·3·5 [본]안동(安東) [출]대구 [주]서울특별시 구로구 디지털로32길 29 키콕스벤처센터 12층 동반성장위원회(02-368-8400) [학]1968년 경북고졸 1973년 서울대 독어독문학과졸 1979년 독일 프라이부르크대 대학원졸 1984년 경제학박사(독일 프라이부르크대) [경]1985~2005년 영남대 경제금융학부 교수 1994~1996년 同기획처장 1996~2000년 同통일문제연구소장 1996~2000년 대구사회연구소 소장 1997~2003년 더불어복지재단 이사장 1997~1998년 대통령자문 정책기획위원 2002년 새천년민주당 대구시선거대책본부장 2002년 대통령직인수위원회 사회·문화·여성분과위원회 간사 2003~2004년 노동부 장관 2004년 제17대 국회의원선거 출마(경산·청도, 열린우리당) 2005~2008년 단국대 총장 2008~2013년 同상경대학 경제학과 교수 2018년 동반성장위원회 위원장(제4대)(현) [상]청조근정훈장(2006) [저]'북한체제의 이해' '사회정책·사회보장법'

**권기환(權起丸) Kweon Ki-hwan**

[생]1969·2·24 [주]서울특별시 종로구 사직로8길 60 외교부 국제기구국(02-2100-7217) [학]1993년 서울대 외교학과졸 2000년 미국 보스턴대 대학원 정치학과졸 [경]1992년 외무고시 합격(26회) 1992년 외무부 입부 2002년 駐국제연합 1등서기관 2004년 駐이라크 참사관 2007년 국제연합 사무국 파견 2009년 외교통상부 재외동포과장 2010년 同인권사회과장 2011년 駐필리핀 참사관 2013년 외교부 재외동포영사국 심의관 2015년 駐뉴욕 부총영사 2018년 외교부 국제기구국장(현) [상]국무총리표창(2006)

**권기환(權起煥)**

[생]1972·12·5 [출]충남 논산 [주]경기도 수원시 영통구 법조로 91 수원지방검찰청 형사4부 [학]1991년 대전 보문고졸 1996년 고려대 법학과졸 [경]1998년 사법시험 합격(40회) 2001년 사법연수원 수료(30기) 2001년 공익법무관 2004년 대구지검 김천지청 검사 2006년 대전지검 검사 2008년 대구지검 검사 2011년 서울남부지검 검사 2012년 대구지검 검사 2012~2015년 동아대 법학전문대학원 전임교수 2015년 서울중앙지검 부부장검사 2016년 사법연수원 교수 2018년 서울북부지검 형사5부장 2018년 同부장검사 2019년 수원지검 형사4부장(현)

**권기훈(權奇薰) KWON Ki Hoon**

[생]1962·3·3 [출]대구 [주]서울특별시 도봉구 마들로 749 서울북부지방법원(02-910-3114) [학]1980년 영신고졸 1984년 서울대 법학과졸 1986년 同대학원졸 [경]1986년 사법시험 합격(28회) 1989년 사법연수원 수료(18기) 1989년 공군 법무관 1992년 서울지법 북부지원 판사 1994년 서울민사지법 판사 1996년 부산지법 동부지원 판사 1998년 부산고법 판사 1999년 인천지법 판사 2000년 서울고법 판사 2002년 대법원 재판연구관 2004년 대구지법 부장판사 2006년 사법연수원 교수 2009년 서울중앙지법 부장판사 2011년 광주고법 부장판사 2012년 서울고법 부장판사 2015년 사법연수원 수석교수 2015년 사법정책연구원 운영위원 2016년 서울고법 부장판사 2019년 서울북부지법원장(현)

**권길주(權吉周) Kwon, Gil Joo**

[생]1960·12·30 [주]서울특별시 중구 을지로 66 KEB하나은행 Innovation&ICT그룹(02-2002-1110) [학]1979년 홍익대사대부고졸 1983년 고려대 경영학과졸 [경]1985년 외환은행 입행 1994년 하나은행 송파출장소 대리 1995년 同성남지점 과장 1996년 同기업금융부 과장 1999년 同기업금융기획부장 2000년 同대치역지점장 2004년 同감찰실장 2009년 同개인BU지원실장 2009년 하나SK카드 경영지원본부장 2011년 하나금융지주 그룹윤리경영업무 담당 상무 2012년 同소비자권익보호최고책임자(CCPO) 2013년 외환은행 준법감시본부장·준법감시인·개인정보보호책임자 겸임 2013년 同준법지원본부장·신용정보관리·보호인(본부장) 겸임 2014년 同준법감시인·신용정보관리·보호인(전무) 2014년 同준법감시인(전무) 2015년 하나금융지주 준법감시인(전무) 2017년 同경영지원실장(전무) 2017~2018년 하나금융투자 사외이사 2018년 KEB하나은행 업무프로세스혁신본부장(전무) 2018년 同ICT그룹장 겸임 2019년 同Innovation&ICT그룹 겸 업무프로세스혁신본부 부행장(현)

**권길헌(權諿憲) KWON Kil Hyun**

[생]1951·11·18 [본]안동(安東) [출]경기 여주 [주]대전광역시 유성구 대학로 291 한국과학기술원(KAIST)(042-350-2114) [학]1974년 서울대 응용수학과졸 1976년 同대학원졸 1983년 이학박사(미국 Rutgersthe State Univ.) [경]1983~1985년 미국 Univ. of Oklahoma 조교수 1985~1993년 한국과학기술원(KAIST) 응용수학과 조교수·부교수 1991년 신동아 '2000년대를 움직일 한국의 과학자-수학계 7인'에 선정 1992년 미국 유타주립대 객원교수 1994년 한국과학기술원(KAIST) 응용수학과 교수 2000년 한국과학기술한림원 정회원(현) 2004~2006년 한국과학기술원(KAIST) 자연과학장 2004~2006년 同자연과학연구소장 2006년 미국 세계인명사전 'Marquis Who's Who in Science and Engineering' 에 등재 2006년 영국 국제인명센터(IBC) '올해의 국제과학자'로 선정 2007~2017년 한국과학기술원(KAIST) 수리과학과 교수 2009년 국가수리과학연구소 선임연구부장 2017년 한국과학기술원(KAIST) 명예교수(현) 2017년 대구경북과학기술원

(DGIST) 융복합대학장 (상)한국과학기술원 우수학술연구활동표창(1992), 대한수학회 학술상(1999), 대전시 과학기술진흥유공자표창(2000), 한국과학기술원 우수강의상(2003·2005), 한국과학기술원 우수강의대상(2006)

### 권남주(權南柱)

(생)1961 (출)광주 (주)부산광역시 남구 문현금융로 40 한국자산관리공사 부사장실(051-794-3111) (학)2018년 단국대 대학원 경영학과졸 (경)1978~1998년 서울은행(주) 대리 1998년 한국자산관리공사(KAMCO) 입사 2003년 同인수기획실장 2008년 同부동산사업부장 2011년 同PF채권관리부장 2012년 同채권인수부장 2014년 同서울지역본부장 2016년 同서민금융지원부장 2016년 同인재경영부장 2018년 同상임이사 2019년 同부사장(현)

### 권노갑(權魯甲) KWON Roh Kap

(생)1930·2·18 (본)안동(安東) (출)전남 목포 (주)서울특별시 서초구 동작대로 204 청남빌딩 504호 민주와평화를위한국민동행(02-782-2017) (학)1949년 목포상고졸 1953년 동국대 정경학부졸 1986년 고려대 경영대학원 수료 1989년 서울대 최고경영자과정 수료 1997년 동국대 대학원 경제학과졸 1998년 명예 경제학박사(경기대) 1999년 명예 정치학박사(동국대) 2000년 명예 경제학박사(미국 페어리디킨슨대) 2001년 명예 경영학박사(제주대) 2013년 한국외국어대 대학원 영문학과졸 (경)1959~1962년 목포여고 영어교사 1963~1973년 김대중의원 비서관·특별보좌역 1971년 신민당 대통령후보 민정담당 보좌역 1984년 민주화추진협의회 발기인·상임운영위원 1985년 신민당 창당발기인 1987년 민주당 창당발기인 1987년 평화민주당(평민당) 총재 비서실장 1988년 同안보국방문제특위 위원장 1988년 제13대 국회의원(목포, 평민당·신민당·민주당) 1988년 평민당 총재 특별보좌역 1988년 同수석사무차장 1991년 신민당 당무위원 1991년 민주당 당무위원 1991년 김대중 대표최고위원 당무담당 특보 1992년 제14대 국회의원(목포, 민주당·국민회의) 1992년 민주당 전남도지부장 1993년 同최고위원 1993년 한·대만의원친선협회 회장 1996년 국민회의 총재 비서실장 1996~1997년 제15대 국회의원(전국구, 국민회의) 1996~1999년 국민회의 안동乙지구당 위원장 1996년 同경북도지부장 1999년 同고문 1999년 동국대총동창회 회장 1999년 박정희전대통령기념사업회 부회장 2000년 민주재단 이사장 2000년 김구선생기념사업회 부회장 2000년 새천년민주당 상임고문 2000년 한국방정환재단 총재 2000년 새천년민주당 최고위원 2001년 내외경제발전연구소장 2010년 평화의쌀모으기국민운동본부 상임고문 2010~2014년 민주당 상임고문 2011년 김대중기념사업회 이사장(현) 2013년 김대중노벨평화상기념관 명예이사장(현) 2013년 민주와평화를위한국민동행 전국상임공동대표 2014~2016년 새정치민주연합 상임고문 2014년 (사)민주화추진협의회 공동이사장(현) 2016년 국민의당 상임고문 2017년 同제19대 안철수 대통령후보 중앙선거대책위원회 상임고문 2018년 민주평화당 상임고문(현) (상)마틴 루터 킹 자유인권상(2001), 소충·사선문화상 특별상(2010) (저)'대통령을 만든 사람들(共)'(1998) 회고록 '누군가에게 버팀목이 되는 삶이 아름답다'(1999) '대통령과 함께 한 사람들 5'(2000, 맑은물) '순명(共)'(2014, 동아E&D) (종)기독교

### 권대규(權大圭) KWON Dae Gyu

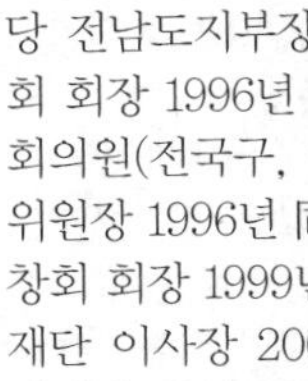

(생)1958·8·28 (출)서울 (주)서울특별시 중구 을지로 100 파인애비뉴 B동 25층 한솔홀딩스 임원실(02-3287-6074) (학)1981년 미국 캘리포니아대(Univ. of California) 샌디에이고교졸 1997년 미국 캘리포니아대 버클리교 경영대학원졸 (경)1985~1993년 Reseach & Science Investors 선임펀드매니저·부사장 1993~1996년 Pacific Capital Investments 영업이사, 한솔창업투자 상무이사, 同부사장 2005~2010년 한솔LCD 경영기획실 해외신규사업담당 부사장 2010~2018년 한솔테크닉스 경영기획실 해외신규사업담당 부사장 2018년 한솔홀딩스 해외신규사업담당 사장(현) (종)불교

### 권대수(權大洙)

(생)1967 (출)경북 안동 (주)대전광역시 서구 청사로 189 중소벤처기업부 창업진흥정책관실(042-481-4303) (학)1984년 안동고졸 1986년 세무대학 관세과졸 1991년 서울시립대 무역학과졸 2005년 한성대 대학원 디지털중소기업경영학과졸 (경)1993년 행정고시 합격(37회) 1994년 총무처 시보 1995년 공업진흥청 품질안전국 품질관리과 근무 1999년 중소기업청 중소기업정책국 조사평가과 근무 2000년 중소기업특별위원회 파견 2002년 중소기업청 기술정책과 사무관 2004년 서기관 승진(국무조정실 파견), 중소기업청 민원정보화팀장 2005년 同정책홍보관리관실 민원정보화담당관 2006년 캐나다 브리티시컬럼비아대 파견 2008년 대통령실 중소기업비서관실 행정관 2009년 同중소기업비서관실 행정관(부이사관) 2010년 중소기업청 정책총괄과장 2011년 同중소기업정책국 규제영향평가과장 직무대리 2012년 대구·경북지방중소기업청장(고위공무원) 2013년 국방대 파견 2014년 중소기업청 중국 시안(西安)협력관 2015년 同중국협력관 2017년 同소상공인정책국장 2017년 중소벤처기업부 소상공인정책관 2019년 同창업벤처혁신실 창업진흥정책관(현) (상)국무총리표창(2002)

### 권대열(權大烈)

(생)1968·2·29 (주)경기도 성남시 분당구 판교역로 235 (주)카카오 커뮤니케이션실(070-7492-1300) (학)여의도고졸, 서울대 법대졸 (경)1995년 조선일보 입사 2000년 同도쿄특파원 2003년 同정치부 기자 2004년 同논설위원 2006년 同정치부 기자 2010년 同논설위원 2010년 同정치부 차장대우·차장 2015년 同정치부장 2018년 同논설위원 2018년 관훈클럽 운영위원(기획) 2018년 (주)카카오 커뮤니케이션실장(부사장)(현)

### 권대영(權大泳) KWON Dae Young

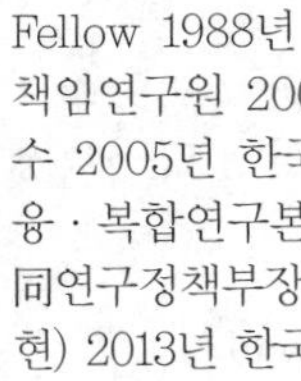

(생)1959·5·17 (본)안동(安東) (출)전북 (주)전라북도 완주군 이서면 농생명로 245 한국식품연구원(063-219-9230) (학)1981년 서울대 식품공학과졸 1983년 한국과학기술원(KAIST) 대학원 식품생화학과(석사) 1986년 생물공학박사(한국과학기술원) 1990년 미국 매사추세츠공과대(MIT) Post-doctoral Fellow 수료 (경)1977~2003년 숙명여대 겸임교수 1986~1988년 농수산물유통공사 종합식품연구원 경력연구원 1988~1990년 미국 MIT Whitehead Institute, Post-doctoral Fellow 1988년 한국식품개발연구원 이화학연구부 선임연구원·책임연구원 2004~2013년 과학기술연합대학원대 캠퍼스대표교수 2005년 한국식품연구원 식품기능연구본부장 2007년 同식품융·복합연구본부장 2008년 同미래전략기술연구본부장 2011년 同연구정책부장 2012년 한국과학기술한림원 정회원(농수산학부)(현) 2013년 한국식품연구원 선임본부장 2013년 同원장 직대 2014년 同제12대 원장 2014년 Journal of Ethnic Foods 편집장 2015년 한국식품연구원 책임연구원(현) 2015년 한국식품건강소통학회 초대회장(현) 2015년 한국식품영양과학회 부회장 2016년 영양학회 부회장 2017년 대한발효식문화포럼 회장(현) 2017년 국민생활과학기술자문단 먹거리안전분과위원(현), 공정거래위원회 소비안전과 자문위원 2018년 식품의약품안전처 건강기능성식품위원회 자문위원(현) 2018년 농림축산식품부 식생활교육포럼 위원(현) (상)농림부장관표창(1996·2002), 한국식품과학회장표창(2002), 과학기술부장관표창(2005·2006), 우수연구원 산업기술연구회 이사장

표창(2008) (저)'고추이야기(共)'(2011, 효일) '고추장의 과학과 가공기술(共)'(2011, 보건에듀) '식품산업과 가치창조'(2013, 맑은샘) '식품산업 지속성장의 길'(2016, 한국외식정보) '고추전래의 진실(共)'(2017, 자유아카데미) '한식을 말하다'(2017) 'Korea Functional Foods'(2018) (종)기독교

**권대영(權大暎)**

(생)1968·3 (출)경남 진해 (주)서울특별시 종로구 세종대로 209 금융위원회 금융혁신기획단(02-2156-8000) (학)진해고졸, 고려대 경영학과졸 (경)1994년 행정고시 합격(38회) 1997년 재정경제부 외화자금과 사무관 2005년 同금융정책과 서기관, 同국제금융국 외화자금과 근무, 同금융정책국 증권제도관 근무, 同금융정책과 근무 2006년 공적자금관리위원회 사무국 의사총괄과장 2011년 금융위원회 자산운용과장 2012년 同중소금융과장 2013년 同은행과장 2014년 同금융정책과장 2017년 대통령정책실 경제수석비서관실 경제정책비서관실 행정관 2018년 금융위원회 금융혁신기획단장(고위공무원)(현)

**권대우(權大友) KWON Dae Woo**

(생)1952·6·15 (본)안동(安東) (출)경북 의성 (주)서울특별시 용산구 한강대로43길 5 서울문화사 제2별관 2층 (주)시사저널사 비서실(02-3703-7100) (학)1971년 동북고졸 1977년 중앙대 신문방송학과졸, 同신문방송대학원졸, 고려대 경영대학원 고급금융과정 수료, 서울대 공대 건설전략최고과정 수료 (경)1989년 매일경제신문 중소기업부장 1991년 同증권부장 1994년 同산업부장 2000년 同편집국 차장 2001년 同편집국장 2002년 同편집국장(이사대우) 2002년 同광고·사업담당 이사대우 2003년 이코노믹리뷰 대표이사 2005년 (주)엑설런스코리아 발행인 겸 사장 2005년 일간건설신문 주간 2007~2010년 아시아경제신문 대표이사 회장 겸 발행인·편집인·인쇄인 2008년 이코노믹리뷰 대표이사, 광남일보 회장 2009년 광주비엔날레 홍보대사 2009년 중앙대 신문방송대학원 객원교수 2009년 이코노믹리뷰 회장 2009~2010년 중앙문화콘텐츠포럼 회장 2012년 시사저널 대표이사 겸 발행인(현) (저)'권대우의 경제레터 꿀벌은 꽃에 상처를 주지 않는다'(1~5권) 등 다수 (종)기독교

**권대욱(權大旭) KWON Tae Wook**

(생)1951·1·15 (본)안동(安東) (출)경북 안동 (주)서울특별시 구로구 디지털로26길 5 에이스하이엔드타워1차 8층 (주)휴넷(1588-6559) (학)1969년 중앙고졸 1973년 서울대 농대졸 1991년 연세대 경영대학원졸 1993년 미국 하버드대 비지니스스쿨 AMP 수료 2000년 경영학박사(동국대) (경)1973~1976년 농촌진흥청·농수산부 근무 1976년 초석건설 근무 1979~1983년 한보종합건설 해외사업담당 임원 1983년 同요르단지사장 1984년 同부사장 1986년 한보그룹 총괄 비서실장 겸 기획관리실장 1986년 한보종합건설 사장 겸 한보주택 사장 1989년 한보철강 건설사업본부 사장 1991년 한보탄광 대표이사 사장·한보철강공업 건설사업본부 대표이사 사장 1993년 한보철강공업 해외사업담당 사장 1994년 同해외건설본부 사장 1995년 (주)한보 대표이사 1995년 유원건설 사장 1995~1997년 한보건설(주) 사장 1997년 (주)한보·한보건설 해외사업본부장 1997년 (주)한보 고문 1997년 극동건설 해외담당 사장 1998년 (주)원신산업 사장 1998년 중부대 건설공학부 겸임교수 1998~2005년 숭실대 국제통상대학원 겸임교수 1999년 동국대 경영학부 강사 2000년 콘스트라넷닷컴(주) 대표이사 2002년 (주)콘스트라넷 대표이사 2005년 아주그룹 서교호텔·하얏트리젠시제주호텔 사장 2006년 휴먼인텔리전스(주) 회장 2006년 동국대 경영학부 겸임교수 2008~2018년 아코르앰배서더호텔매니지먼트 사장 2018년 (주)휴넷 회장(현) (저)'개방시대의 국제건설계약'(1997, 두비) '청춘합창단 도전기'(2012, 삼정) '청산은 내게 나 되어 살라하고'(2013, 흔들의자) '기업문화가 답이다'(2014, 워치북스) '출근하는 당신도 행복할 권리가 있다'(2017, 리더스북) (역)'IMF NEW CIO CEADER(혁신적인 CIO리더)'(2005, 애플트리테일즈) (종)불교

**권대윤(權大允)**

(생)1960·5·9 (출)경북 안동 (주)충청북도 청주시 상당구 상당로 82 충북도청 소방본부(043-220-4800) (학)1979년 안동고졸 1986년 충북대졸 2010년 강원대 대학원졸 (경)1993년 소방공무원 임용(소방간부생 7기) 1994년 경북 안동소방서 방호과 예방계장 1995년 同소방과 소방계장 1995년 경북도 소방본부 방호구조과 지방소방위 1996년 경북 경산소방서 방호과 예방과장 1997년 경북도 소방본부 방호과·소방행정과 지방소방경 2002년 경북도소방학교 총무담당 2003년 경북 김천소방서 소방행정과장 2005년 경북 영천소방서 소방행정과장 2006년 중앙소방학교 교학과·교육기획팀·교육지원팀 계장 2008년 同소방시험센터장 2008년 同시험평가팀장 2009년 대구시 소방안전본부 소방행정과장 2011년 대구달서소방서장 2012년 경북도소방학교 교장 2014년 국민안전처 119구조과 구조기획팀장 2015년 세종특별자치시 소방본부장 2016년 국민안전처 중앙소방본부 119구급과장 2017년 소방청 소방정책국 소방정책과장(소방준감) 2018~2019년 충북도 소방본부장 2019년 경기도 소방학교장(현) (상)소방의날 유공 국무총리표창(2007)

**권대철(權大鐵) Kwon Dae-chol**

(생)1968·1·10 (출)경남 진주 (주)세종특별자치시 도움6로 11 국토교통부 운영지원과(044-201-3159) (학)1990년 서울대 농경제학과졸 1993년 同행정대학원 정책학과졸 2000년 영국 버밍햄대 대학원 국제금융학졸(MBA) (경)1993년 행정고시 합격(36회) 1994년 건설부 토지관리과 사무관 1996년 건설교통부 건설경제과 사무관 1996년 행정쇄신위원회 사무관 1998년 건설교통부 해외건설과 사무관 2000년 同주택도시국 도시관리과 사무관, 同혁신담당관실 담당관 2005년 국민경제자문회의 사무처 파견 2006년 건설교통부 부동산정보분석팀장 2007년 건설교통인재개발원 학사운영과장 2008년 국토해양부 주거복지기획과장 2011년 同주택토지실 주택기금과장 2012년 대통령실 파견 2013년 국토교통부 기획조정실 투자심사담당관 2014년 同주택토지실 토지정책관 2018년 외교부 파견(일반직고위공무원)(현)

**권대철(權大哲) Kwon Dae Chul**

(생)1978·9·23 (본)안동(安東) (출)강원 원주 (주)세종특별자치시 다솜로 261 국무조정실 국민생명지키기추진단 총괄기획팀(044-200-2551) (학)1997년 춘천고졸 2006년 고려대 서양사학과졸 (경)2007년 행정고시 합격(51회) 2008~2016년 국무조정실 일반행정정책관실·사회총괄정책관실 행정사무관 2016년 국무총리 기획비서관실 서기관 2018년 국무조정실 국민생명지키기추진단 총괄기획팀장(현)

**권덕진(權德晋)**

(생)1969·5·14 (출)경북 봉화 (주)서울특별시 송파구 법원로 101 서울동부지방법원(02-2204-2102) (학)1988년 영신고졸 1995년 고려대 법학과졸 1999년 서울대 대학원 법학과졸 (경)1995년 사법시험 합격(37회) 1998년 사법연수원 수료(27기) 1998년 대구지법 예비판사 2000년 同판사 2003년 수원지법 판사 2005년 서울중앙지법 판사 2007년 서울가정법원 판사 2009년 서울고법 판사 2011년 대법원 재판연구관 2013~2015년 대전지법 서산지원·대전가정법원 서산지원 부장판사 2015년 대전지법 서산지원장·대전가정법원 서산지원장 2016년 수원지법 부장판사 2019년 서울동부지법 부장판사(현)

**권덕철(權德喆) KWON, DEOK-CHEOL**

(생)1961 · 3 · 22 (출)전북 남원 (주)충청북도 청주시 흥덕구 오송읍 오송생명2로 187 오송보건의료행정타운 한국보건산업진흥원 원장실(043-713-8301) (학)1979년 전라고졸 1988년 성균관대 행정학과졸 1990년 서울대 행정대학원졸 1996년 독일 스파이어르대 행정대학원졸 2008년 행정학박사(독일 스파이어르대) (경)1987년 행정고시 합격(31회) 2002년 보건복지부 보건산업진흥과장 2002년 대통령비서실 행정관 2003년 보건복지부 사회복지정책실 보육과장 2003년 同자활지원과장 2004년 同기획예산담당관 2005년 同재정기획관 2005년 同보건의료정책과장 2005년 同사회복지정책본부 사회정책기획팀장 2007년 대통령비서실 선임행정관 2008년 중앙공무원교육원 파견(고위공무원) 2009년 보건복지부 저출산고령사회정책실 보육정책관 2010년 同사회복지정책실 복지정책관 2013년 同보건의료정책실 보건의료정책관 2014~2016년 同보건의료정책실장 2015년 同중앙메르스관리대책본부 총괄반장 2016년 同기획조정실장 2017~2019년 同차관 2017년 세계경제포럼(World Economic Forum) 글로벌보건안보자문위원회 자문위원 2019년 한국보건산업진흥원 원장(현)

**권도욱(權桃郁) KWON Do Wook**

(생)1964 · 6 · 2 (출)대구 (주)서울특별시 서초구 반포대로 158 서울중앙지방검찰청 중요경제범죄조사단(02-530-4258) (학)1981년 대구 대륜고졸 1985년 고려대 법학과졸 1988년 同대학원 법학과 수료 (경)1988년 사법시험 합격(30회) 1991년 사법연수원 수료(20기) 1991년 軍법무관 1994년 서울지검 검사 1996년 대구지검 경주지청 검사 1997년 부산지검 동부지청 검사 1999년 서울지검 의정부지청 검사 2001년 대구지검 검사 2003년 同부부장검사 2004년 서울고검 검사 2005년 대구지검 형사5부장 2006년 울산지검 형사1부장 2008년 인천지검 형사3부장 2009년 대구고검 검사 2009년 대구지검 형사1부장 2010년 부산고검 검사 2013년 서울고검 형사부 검사 2014년 同공판부 검사 2015~2017년 대구고검 검사 2016~2017년 同차장검사 직대 겸임 2017년 대구지검 중요경제범죄조사단장 2019년 서울중앙지검 중요경제범죄조사단 2단장(현)

**권동석(權東錫) Kwon Dong-seok**

(생)1964 · 2 · 20 (주)서울특별시 종로구 사직로8길 60 외교부 인사운영팀(02-2100-7141) (학)1987년 한국외국어대 노어노문학과졸 1992년 同대학원 정치학과졸(동구지역연구) (경)1992년 외무부 입부 1993년 駐우즈베키스탄 3등서기관 2001년 駐이탈리아 2등서기관 2003년 駐우크라이나 1등서기관 2009년 駐카자흐스탄 1등서기관 2011년 駐폴란드 참사관 2015년 외교부 남북러3각협력팀장 2016년 同영사서비스과장 2016년 駐아제르바이잔공사 참사관 2018년 駐상트페테르부르크 총영사(현) (상)근정포장(2016)

**권동수(權東秀) Kwon Dong Soo**

(생)1957 · 8 · 26 (출)서울 (주)대전광역시 유성구 대학로 291 한국과학기술원 공과대학 기계공학과(042-350-3042) (학)1980년 서울대 기계공학과졸 1982년 한국과학기술원 기계공학과졸 1991년 기계공학박사(미국 조지아공과대) (경)1982~1985년 (주)광림 연구원 · 선임연구원 1991~1995년 미국 Oak Ridge 국립연구소 로보틱스 및 공정시스템부 텔레로보틱스과 선임연구원 1995년 한국과학기술원(KAIST) 공과대학 기계공학과 조교수 · 부교수 · 교수(현) 2001년 로봇축구협회(KRSA) 이사(현) 2003년 한국과학기술원(KAIST) 인간 · 로봇상호작용핵심연구센터장(현) 2005~2008년 同입학본부장 2005~2007년 RO-MAN2007 조직위원장 2005~2008년 국방과학연구소 자문위원 2008년 한국과학기술원(KAIST) 미래의료로봇연구단장(현) 2008~2009년 대한기계학회 바이오공학부문 이사 2008~2012년 한국로봇학회 부회장 · 수석부회장 · 회장 2011~2013년 World Haptics Conference 2013 조직위원장 2012~2017 한국과학기술원(KAIST) 과학영재교육연구원 원장 2013~2016년 로봇융합포럼 의장 2013~2016년 IROS2016 조직위원회 프로그램위원장 2014년 IEEE Robotics Automation Society(RAS) AdCOM member 아 · 태 대표(현) 2015년 대한무흉터내시경수술연구회(K-NOTES) 부회장(현) 2015년 한국로봇융합연구원 이사장(현) 2016년 한국공학한림원 일반회원(현) 2018년 IEEE Senior Member(현) 2018년 (주)이지엔도서지컬 대표이사(현) 2018년 대한의료로봇학회 이사장(현) 2019년 국가과학기술자문회의 심의의회 ICT융합전문위원회 위원(현) (상)보건산업기술대상 연구부문연구상(2008), ICROS2009 후미오하라시마 메카트로닉스상(2009), IROS2010 JTCF Novel Technology Paper Award for Amusement Culture(2010), 대전광역시장 공로상(2011), 한국과학기술원(KAIST) 연구상(2012), 한국과학기술연구원(KIST) 기관고유사업 우수연구자상(2014), 한국로봇학회 국문논문지 우수논문상(2014), 대전광역시장표창(2014), 한국과학기술원(KAIST) 연구대상(2015), Surgical Robot Challenge best Application Award and Overall Winner(2018), 한국로봇학회 기술상(2018), 대한민국로봇대상 대통령표창(2018), 한국로봇종합학술대회 최우수논문상(2019)

**권동일(權東一) Dongil Kwon**

(생)1957 · 2 · 5 (본)안동(安東) (출)서울 (주)서울특별시 관악구 관악로 1 서울대학교 재료공학부(02-880-7104) (학)1975년 경기고졸 1979년 서울대 금속공학과졸 1981년 同대학원 금속공학과졸 1987년 재료과학박사(미국 브라운대) (경)1982~1987년 미국 브라운대 연구조교 1987년 독일 막스플랑크연구소 객원연구원 1989년 한국표준연구소 선임연구원 1990~1994년 창원대 재료공학과 부교수 1994년 서울대 공대 재료공학부 교수(현) 1997~2000년 한국가스학회 이사 1999~2002년 한국소성가공학회 재무이사 2001년 한국가스연맹 전문위원 2002년 파손방지기술산학연연합회 회장 2003~2004년 미국 Massachusetts Institute of Technology(MIT) 방문교수 2005~2006년 과학기술부 국가연구개발사업 예산조정 · 배분전문위원회 위원 2006년 대한전기협회 재료분과위원회 위원 2006년 ASME(American Society of Mechanical Engineers) BPVC Section II Delegate 2008년 한국원자력안전기술원 비상임이사 2008년 국립과학수사연구원 자문위원 2008~2009년 한국에너지공학회 이사 2008년 한국신뢰성학회 부회장 2009~2016년 국방기술품질원 비상임이사 2009~2011년 교육과학기술부 장관정책보좌관 2009~2011년 한국과학기술연구원장 자문위원 2010년 국가과학기술위원회 녹색자원전문위원장 2011~2012년 한국법공학연구회 회장 2011년 기술표준원 원전설계전문위원회 자문위원 2011~2013년 서울대 신소재공동연구소장 2011년 대통령직속 원자력안전위원회 위원 2011~2012년 방위사업청 방위산업발전위원회 위원 2011~2012년 환경부 환경기술개발전략위원회 위원 2011~2014년 국가과학기술심의회 에너지자원전문위원회 위원장 2012~2016년 미국 기계기술자협회(ASME) 대의원 2012~2014년 한국법과학회 회장 2012~2015년 LG디스플레이(주) 사외이사 2013년 국무총리직속 원자력안전위원회 위원 2013년 (사)법안전융합연구소 소장(현) 2013~2016년 국가과학기술자문회의 자문위원 2014년 미래창조과학부 공과대학혁신위원회 위원 2014~2016년 국가과학기술연구회 이사 2016년 한국표준과학연구원 원장 (상)영국재료학회 최우수논문상(1997), 대통령표창(2002), 서울대 최우수강의교수상(2007), ISOPE(The International Society of Offshore and Polar Engineers) Best Paper Award(2007), 홍조근정훈장(2009), POSCO 학술상(2010), 한국표준과학연구원 표준동문상(2011) (저)'A Guide to Lead-free Solders : Physical Metallurgy and Reliability' (종)천주교

**권동주(權東周)**

(생)1968·7·20 (출)충북 영동 (주)서울특별시 강남구 영동대로 517 아셈타워 법무법인 화우(02-6003-7572) (학)1987년 보문고졸 1992년 고려대 법학과졸 2008년 미국 버지니아주립대 대학원졸(LL.M.) 2013년 서울대 법과대학원 전문분야연구과정 수료 (경)1994년 사법시험 합격(36회) 1997년 사법연수원 수료(26기) 1997년 軍법무관 2000년 인천지법 판사 2002년 서울지법 판사 2004년 서울중앙지법 판사 2004년 창원지법 진주지원 판사 2008년 서울남부지법 판사 2009년 서울고법 판사 2010년 대법원 재판연구관 2012년 청주지법 충주지원장 2014년 서울고법 판사 2016~2018년 특허법원 판사 2017년 사법연수원 지식재산권소송실무 법관기술조사관·기술심리관 강의(현) 2017년 개인정보보호위원회 위원(현) 2018년 법무법인 화우 변호사(현) 2019년 대한상사중재원 중재인(현)

**권동칠(權東七) KWON Dong Chil** (平康)

(생)1955·1·26 (본)안동(安東) (출)경북 예천 (주)부산광역시 강서구 녹산산업중로192번길 10 (주)트렉스타 대표이사(051-309-3663) (학)1982년 동아대 경제학과졸 (경)1982~1988년 (주)세원 근무 1988~1994년 동호실업 설립·대표 1994년 (주)트렉스타 대표이사 사장(현) 1995년 중국 천진성호유한공사 설립 2000년 同제2공장 설립 2012~2016년 한국신발산업협회 회장 2015년 국제신발컨퍼런스(IFC) 개최국 의장 (상)대통령표창(1996), 금탑산업훈장, 부산산업대상 기술상, 국세청장표창, 국제통상진흥인대상, 국무총리표창, 부산디자인경영인상(2010), 고용노동부장관표창(2011), 부산산업대상 경영대상(2011), 디자인대상 대통령표창(2011), 2016 수출유공자포상 대통령표창(2016) (저)'완주의 조건, 열정으로 갈아 신어라'(2016, 성림비즈북) (종)불교

**권락용(權樂容)**

(생)1982·4·11 (주)경기도 수원시 팔달구 효원로 1 경기도의회(031-8008-7000) (학)서울대 대학원 건설환경공학부졸, 공학박사(서울대) (경)서울대 건설환경공학부 도시계획연구실 연구원, 독도수호국제연대 6기 2011년 경기 성남시의회 의원(재보선 당선, 한나라당·새누리당·새정치민주연합), 전국청년지방의원협의회 대변인 2014~2018년 경기 성남시의회 의원(새정치민주연합·더불어민주당) 2014년 同도시건설위원회 위원 2014년 同예산결산특별위원회 위원 2015년 새정치민주연합 새정치교육연수원 부원장 2015년 더불어민주당 새정치교육연수원 부원장 2018년 경기도의회 의원(더불어민주당)(현) 2018년 同도시환경위원회 위원(현) (상)지방의원 매니페스토 약속대상(2015)

**권 면(權 勉) KWON Myeun**

(생)1958·2·14 (주)대전광역시 유성구 유성대로 1689번길 70 기초과학연구원 중이온가속기건설구축사업단(042-878-8701) (학)1976년 서울고졸 1983년 서울대 원자핵공학과졸 1986년 미국 조지아공대 대학원졸 1990년 핵융합공학박사(미국 조지아공대) (경)1984~1986년 미국 조지아공대 Research Assistant 1986~1990년 미국 Oalk Ridge National Lab. Research Assistant 1990~1992년 同Fellow 및 미국 Univ. of Texas at Austin Post-Doc. Fellow 1992~1999년 포항공과대 포항가속기연구소 책임연구원·실장 1999년 기초과학지원연구소 책임연구원·부장 2003년 한국물리학회지 편집위원 2006년 Nuclear Fusion 편집위원 2007년 국가핵융합연구소 선임연구단장 2008년 同선임단장 겸 KSTAR운영사업단장 2011~2014년 同소장 2015~2018년 同KSTAR연구센터 연구위원 2019년 기초과학연구원(IBS) 중이온가속기건설구축사업단장(현) (상)과학기술포장(2009)

**권명광(權明光) KWON Myung Kwang**

(생)1942·7·27 (본)안동(安東) (출)서울 (주)충청남도 천안시 동남구 상명대길 31 상명대학교 디자인대학 시각디자인학과(041-550-5190) (학)선린상고졸 1965년 홍익대 미대 도안과졸 1974년 同대학원 도안과졸 2002년 명예 철학박사(상명대) (경)1973~1985년 홍익대 미술대학 전임강사·조교수·부교수 1973~1982년 그래픽디자인 개인전 5회 1973~1981년 대웅제약 고문 1980년 뉴욕한국화랑 초대 일러스트레이션전 1981년 시각디자인협회 회장 1983년 홍익시각디자이너협회 부회장 1984~1987년 그래픽디자이너협회 회장 1985~2007년 홍익대 미술대학 시각디자인과 교수 1988년 서울올림픽개폐회식 디자인전문위원 1989년 홍익시각디자이너협회 회장 1990~1994년 홍익대 산업미술대학원장 1994년 한국시각디자이너협회 부회장 1995년 同회장 1997~2003년 홍익대 광고홍보대학원장 1998년 한국디자인법인단체총연합회 회장 1999년 한국광고학회 회장 2001년 간행물윤리위원회 심의위원 2003년 홍익대 수석부총장 2004~2006년 同산업미술대학원장 겸 영상대학원장 2004~2005년 同미술대학원장 겸임 2006~2009년 同총장 2009년 상명대 디자인대학 시각디자인학과 석좌교수(현) (상)상공미전 대통령표창, 국제조형협회(파리) 주최 어린이해 그래픽디자인공모전 은상, 황조근정훈장(2001), 청조근정훈장(2007), 5.16민족상-사회교육부문(2009), 2013 디자인코리아 디자이너 명예의 전당(2013) (저)'색채학'(共) '바우하우스' '근대디자인사' '그래픽 디자인이란 무엇인가' '광고커뮤니케이션과 기호학' (종)기독교

**권명달(權明達) KWON Myung Dal**

(생)1939·10·7 (본)안동(安東) (출)경북 영덕 (주)서울특별시 강서구 화곡로58길 22-3 도서출판 보이스사(02-2697-4730) (학)1958년 후포고졸 1962년 장로회신학대 신학과졸 1963년 숭실대 철학과졸 1966년 경희대 대학원 경영학과졸 1972년 신학박사(미국 Emmanuel Coll.) 1989년 미국 하버드대 경영대학원 수료 (경)1965~1984년 한국방송공사(KBS) 우리의 소망·구원의 등불·오늘의 좌우명 방송연사 1966~2010년 월간 '한밤의 소리' 창간·발행인 겸 편집인 1966년 도서출판 보이스사 회장(현) 1975~1999년 학교법인 광염의숙(진위 중·고)재단 이사장 1996~2008년 대한출판문화협회 이사 1998~2018년 한국자유지성300인회 공동대표 2018년 한국자유지성300인회 고문(현), 미국 하버드대 한국총동창회 고문(현), 한미협회 회원(현) (상)공보처장관표창, 문화체육부장관표창, 통일기반조성상, 국무총리표창 (역)'현대사회의 윤리' '역사로서의 성경' '성서대보감' '세계를 변화 시키는 리더십기법' (종)기독교

**권명숙(女) Kwon Myung-sook**

(생)1964 (출)서울 (주)서울특별시 영등포구 의사당대로 82 대한투자신탁빌딩4층 (주)인텔코리아(02-767-2500) (학)1986년 연세대 영어영문학과졸 1999년 同경영전문대학원 MBA 수료 (경)1999년 (주)인텔코리아 마케팅 상무 2005~2011년 同영업담당 전무 2011~2015년 삼성SDI 소형전지마케팅 상무 2015년 (주)인텔코리아 대표이사 사장 겸 인텔 본사 영업마케팅그룹 부사장(현)

**권문식(權文植) KWON Moon Sik** (志松·益泉)

(생)1954·8·27 (본)안동(安東) (출)서울 (주)서울특별시 서초구 헌릉로 12 현대자동차그룹(080-600-6000) (학)1973년 경복고졸 1977년 서울대 기계공학과졸 1986년 독일 아헨공대 대학원 생산시스템공학과졸 1990년 공학박사(독일 아헨공대) 2007년 서울대 경영대학 최고산업기술전략과정(AIP) 수료 (경)1980~1986년 한국과학기술연구원 근무 1991년 현

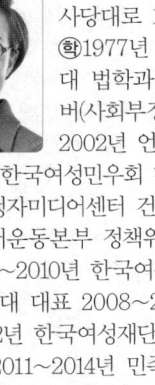

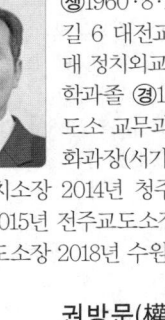

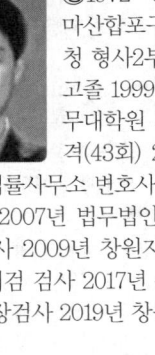

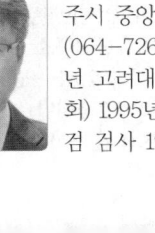

대정공 공작기계사업부장 1996년 同공작기계사업관리실장(이사대우) 1997년 同공작기계유럽법인장(이사대우) 1999년 현대자동차(주) 기획본부 기술기획팀장(이사대우) 2000년 同연구개발본부 선행개발실장(이사) 2001년 同선행개발실장(상무) 2002년 현대·기아자동차 선행개발센터장 겸 연구개발본부 기획조정실장(전무) 2004~2007년 同선행개발센터장 겸 연구개발본부 기획조정실장(부사장) 2006~2007년 대한기계학회 부회장 2007년 (주)NGV 대표이사 2007년 한국공학한림원 회원 2007년 한국전과정평가학회 부회장 2008년 현대제철(주) 제철사업관리본부장(부사장) 2008년 同제철사업 총괄사장 2008~2009년 한국전과정평가학회 회장 2009년 현대제철(주) 인천·포항공장 생산총괄 사장 2010~2012년 현대케피코 대표이사 사장 2010년 대한상공회의소 녹색성장환경기후위원장 2012년 현대오트론(주) 대표이사 사장 2012년 현대·기아자동차 남양연구소 연구개발본부장(사장) 2013년 同고문 2014년 同남양연구소 연구개발본부장(사장) 2015~2018년 同남양연구소 연구개발본부장(부회장) 2015년 한국자동차공학회 부회장 2016년 同회장 2018년 현대자동차그룹 중국상품담당 2019년 同고문(현) [상]교육과학기술부 및 한국과학창의재단 선정 '2008년 닮고싶고 되고싶은 과학기술인'(2008), 한국을 빛낸 창조경영대상 R&D경영부문(2011), 동탑산업훈장(2015) [종]천주교

**권문일(權汶一) KWON Moon Il**

[생]1964·4·24 [주]서울특별시 도봉구 삼양로144길 33 덕성여자대학교 사회복지학과(02-901-8284) [학]1986년 서울대 사회복지학과졸 1989년 同대학원졸 1996년 문학박사(서울대) [경]1987~2001년 한국사회보장학회 편집위원 1994~1996년 서울대 사회복지연구소 특별연구원 1996~2000년 국민연금관리공단 국민연금연구센터 책임연구원 2001년 덕성여대 사회복지학과 교수(현) 2001년 한국사회보장학회 기획이사 2008~2010년 덕성여대 대외협력처장 2013~2014년 한국사회복지정책학회 회장 2017년 덕성여대 사회과학대학장(현) 2017년 보건복지부 국민연금제도발전위원회 위원(현) 2017년 대한법률구조공단 비상임이사(현) [저]'한국사회복지사론'(1989) '각국의 재정계산제도 비교연구'(1998) '퇴직금제도 개선방안'(2001) '여성빈곤 퇴치를 위한 정책개발 연구'(2003)

**권문한(權文漢) KWON Moonhan**

[생]1956·8·5 [본]안동(安東) [출]충남 서산 [주]경기도 안산시 단원구 강촌로 271 한국신문잉크(주)(031-494-7781) [학]1974년 제물포고졸 1978년 서울대 영어교육학과졸 1995년 미국 컬럼비아대 언론대학원 수료 2001년 한양대 언론정보대학원졸 2008년 언론학박사(한양대) [경]1982~1997년 조선일보 사회부 행정부 기자·노조위원장·사회부 차장대우 1997년 同국제부 차장 1998년 同80년사사편찬위원회 위원 2000년 同스포츠레저부장 2001년 同주간조선 편집위원 2002년 同경영기획실부장 2004년 同독자서비스센터장 2005~2008년 소년조선일보 편집실장 2008년 조선일보 편집국 부국장 2008~2014년 한국신문협회 사무총장, 전국재해구호협회 이사, 한국언론진흥재단 언론인기금관리위원 2012년 언론중재위원회 선거기사심의위원 2014년 한국신문잉크(주) 대표이사 사장(현)



**권미혁(權美赫·女) KWON Mi Hyuk**

[생]1959·1·10 [출]대전 [주]서울특별시 영등포구 의사당대로 1 국회 의원회관 931호(02-784-7727) [학]1977년 홍익대사대부속여고졸 1981년 이화여대 법학과졸 [경]1987년 한국여성민우회 창립멤버(사회부장) 2000년 SBS 시청자평가원 2000~2002년 언론개혁시민연대·시청자연대회의 집행위원 2001년 한국여성민우회 미디어운동본부 사무국장 2004년 방송위원회 시청자미디어센터 건립추진위원회 위원 2004년 한국여성민우회 미디어운동본부 정책위원장·재정위원장 2004년 CBS 시청자위원 2005~2010년 한국여성민우회 대표 2005~2010년 미디어수용자주권연대 대표 2008~2014년 시민사회단체연대회의 공동대표 2011~2012년 한국여성재단 이사 2011~2014년 한국여성단체연합 상임대표 2011~2014년 민족화해협력범국민협의회 상임의장 2012~2014년 한국여성정책연구원 연구자문위원 2012~2015년 방송문화진흥회 이사 2013~2014년 여성가족부 정책자문위원 2013~2015년 국무총리실 시민사회발전위원회 위원 2013~2016년 (사)시민 이사 2016년 더불어민주당 뉴파티위원회 위원장 2016년 同유능한경제정당위원회 위원 2016년 제20대 국회의원(비례대표, 더불어민주당)(현) 2016~2018년 국회 보건복지위원회 위원 2016~2018년 국회 여성가족위원회 위원 2016~2017년 국회 저출산·고령화대책특별위원회 위원 2016년 국회 아동·여성인권정책포럼 공동대표(현) 2017년 더불어민주당 제19대 문재인 대통령후보 중앙선거대책본부 전략본부 부본부장 겸 성평등본부 부본부장 2017~2019년 同대외협력담당 원내부대표 2017년 국회 헌법개정특별위원회 위원 2017~2018년 더불어민주당 보건의료특별위원회 공동위원장 2018년 同경기도당 수석대변인 2018년 국회 행정안전위원회 위원(현) 2018년 국회 윤리특별위원회 간사(현) 2018년 국회 공직자윤리위원회 위원(현) 2019년 국회 정치개혁특별위원회 위원 2019년 국회 예산결산특별위원회 위원(현) [상]2018 입법 및 정책개발 우수국회의원(2019)

**권민석(權玟碩) Kwon Min Seok**

[생]1960·8·20 [주]대전광역시 유성구 한우물로66번길 6 대전교도소(042-544-9301) [학]1985년 동아대 정치외교학과졸 2013년 고려대 대학원 공안행정학과졸 [경]1985년 공무원 임용(7급) 1999년 부산교도소 교무과장(사무관) 2006년 전주교도소 교육교화과장(서기관) 2009년 법무부 사회복귀과장 2013년 밀양구치소장 2014년 청주여자교도소장 2015년 서울지방교정청 보안과장 2015년 전주교도소장(부이사관) 2016년 광주교도소장 2017년 안양교도소장 2018년 수원구치소장 2019년 대전교도소장(현)

**권방문(權邦文)**

[생]1972·8·9 [출]전남 목포 [주]경상남도 창원시 마산합포구 중앙동로 21 창원지방검찰청 마산지청 형사2부(055-259-4542) [학]1991년 목포 덕인고졸 1999년 연세대 정치외교학과졸 2005년 同법무대학원 지적재산권과졸 [경]2001년 사법시험 합격(43회) 2004년 사법연수원 수료(33기) 2004년 정성합동법률사무소 변호사 2005년 환경운동연합 법률센터 운영위원 2005~2007년 법무법인 케이씨엘 변호사 2007년 대구지검 김천지청 검사 2009년 창원지검 검사 2011년 대구지검 검사 2015년 서울동부지검 검사 2017년 수원지검 성남지청 검사 2018년 同성남지청 부부장검사 2019년 창원지검 마산지청 형사2부장(현)

**권 범(權 範) KWON Bum**

[생]1961·10·31 [출]제주 [주]제주특별자치도 제주시 중앙로 318 대원빌딩 4층 법률사무소 지성(064-726-3233) [학]1980년 제주제일고졸 1986년 고려대 법학과졸 [경]1992년 사법시험 합격(34회) 1995년 사법연수원 수료(24기) 1995년 제주지검 검사 1997년 수원지검 여주지청 검사 1998년

부산지검 검사 1999년 변호사 개업, 법률사무소 지성 공동대표변호사(현) 2005년 제주제일고총동문회 부회장(현) 2015년 제주지방변호사회 부회장(현) 2015년 제주특별자치도개발공사 비상임감사(현) 2019년 연합뉴스 제주취재본부 콘텐츠자문위원(현)

### 권병기(權炳冀) KWON Byoung Ki

(생)1959·12·17 (주)부산광역시 사상구 낙동대로 901 동아스틸(051-320-3000) (학)대구 성광고졸 1982년 영남대 법학과졸 (경)1993년 (주)세아제강 영업2부 특수관영업팀 과장 1993년 同영업2부 실수요영업팀 과장 1997년 同실수요2팀 차장 1999년 同판매지원팀 차장 2001년 同판매지원팀 부장 2004년 同구매팀 부장 2005년 同구매부문장(이사보) 2007년 同국내영업담당 이사 2011년 同관리담당 상무이사 2013년 同포항공장 부공장장 2014년 同전무이사(포항공장장) 2014년 同대표이사 전무(포항공장장) 2018~2019년 同대표이사 부사장(포항공장장) 2019년 동아스틸 사장(현)

### 권병목(權炳穆) KWON Byoung Mog

(생)1956·2·2 (본)안동(安東) (출)경기 용인 (주)대전광역시 유성구 과학로 125 한국생명공학연구원 유전자교정연구센터(042-860-4557) (학)1979년 고려대 화학과졸 1981년 한국과학기술원(KAIST) 유기화학과졸 1988년 생물유기화학박사(미국 캘리포니아대 로스앤젤레스교) (경)1981~1984년 한국화학연구원 연구원 1989~1992년 미국 캘리포니아공대 연구원 1992년 한국생명공학연구원 화학유전체연구팀 책임연구원 1992~1995년 유전공학연구소 선임연구원 1994~1998년 충남대 농과대학 조교수 2003년 과학기술연합대학원대 교수 2006~2010년 한국생명공학연구원 분자암연구센터장 2006년 한국과학기술한림원 이학부 정회원(현) 2011년 한국생명공학연구원 의과학융합연구본부장 2013년 同의과학연구본부장 2013년 同유전자교정연구센터 책임연구원(현) (상)기초기술연구회이사장표창(2012) (종)기독교

### 권병세(權炳世) KWON Byoung Se

(생)1947·12·17 (본)안동(安東) (출)충남 당진 (주)서울특별시 금천구 가산디지털1로 25 (주)유틸렉스(02-3402-7310) (학)1966년 용산고졸 1972년 서울대 치대졸 1974년 同대학원 의학석사 1981년 의학박사(미국 조지아의과대) (경)1974년 서울대 치대 강사 1978년 미국 Georgia의대 연구원 1981~1984년 미국 Yale대 Post-Doc. Fellow 1983년 同인간유전학과 연구원 1984년 미국 Guthrie Research Institute 분자유전학부장 1988년 미국 Indiana대 부교수 1993~1999년 同미생물 및 면역학과 교수 1994~1999년 미국 NIH·NIAID 상임사정위원 1999년 미국 Louisiana주립대 교수 1999년 울산대 생명과학부 석좌교수 1999년 同과학기술부지정연구소 면역제어연구센터 소장 2000년 Cell Biology International Cytokine Editorial Board 2002~2003년 대한면역학회 회장 2003~2005년 ICS 2005 조직위원장 및 국제프로그램위원장 2005년 Bio-Europe 한국투자유치단장 2006년 '2005 국가석학지원사업대상자(생물학분야)'로 선정 2008년 국립암센터 면역세포치료연구과 석좌연구원 2008~2010년 同신치료기술개발사업단장 2008년 International Journal of Oncology Editorial Academy 2009년 미국 Tulane대 교수 2009년 Journal of Pharmacological Research Editorial Board 2009년 Infection and Drug Resistance Editorial Board 2010년 국립암센터 기초실용화연구부장 2011~2012년 同면역세포치료사업단장 2012년 同석좌교수 2016년 (주)유틸렉스 대표이사(현) (상)미국 국립보건원 National Research Service Award(1983), 예일대 Swebilius Cancer Research Award(1984), 미국 당뇨병협회 Diabetes Research Award(1987), 미국 국립보건원 Young Investigator Research Award(1988), 대한민국 국가석학 선정(2005), ICS 2005 Award(2005), 한국학술진흥재단 선도과학자 선정(2005), 미국 관절염재단 Innovative Research Award(2006), 울산대 올해의 교수상(2006), 일본 암연구재단 Award for Promotion of Cancer Research(2010), 보건산업기술진흥유공 대통령표창(2012) (종)기독교

### 권병욱(權柄郁) Kwon, Byung Wook

(생)1963·4·13 (출)서울 (주)서울특별시 강남구 역삼로 111 한국정보통신진흥협회 사무국(02-580-0580) (학)1982년 서울 영일고졸 1989년 서강대 영어영문학과졸 1994년 서울대 대학원 행정학과졸 2002년 정책학박사(미국 콜로라도대) (경)1994년 행정고시 합격(37회) 1994~2005년 정보통신부 대외협력담당관실·정책총괄과·국제기구과 근무 2005~2007년 전남체신청 여수우체국장·북광주우체국장 2007~2009년 경제협력개발기구(OECD) 정보통신정책위원회(ICCP) 파견 2009년 대전전파관리소장 2009~2012년 방송통신위원회 WiBro팀장·편성평가정책과장·정책관리담당관 2013년 미래창조과학부 정책조정지원과장 2015년 同국제과학비지니스벨트기반조성과장 2015년 同전파정책국 전파방송관리과장(서기관) 2017년 同전파정책국 전파방송관리과장(부이사관) 2017년 과학기술정보통신부 국립전파연구원 전파자원기획과장 2018년 한국정보통신진흥협회 사무국장(현)

### 권병윤(權炳潤) GYUN Bung Youn

(생)1961·3·29 (출)경기 평택 (주)경상북도 김천시 혁신6로 17 한국교통안전공단 이사장실(054-459-7010) (학)1979년 평택고졸 1984년 한양대 토목공학과졸 1986년 同대학원졸 1996년 영국 리즈대 대학원 교통학과졸, 토목공학박사(한양대) (경)1989년 기술고시 합격(24회) 2002년 원주지방국토관리청 도로시설국장, 건설교통부 임지계획과 근무, 同도로정책과 근무 2004년 대전지방국토관리청 건설관리실장 2004년 부산지방국토관리청 도로시설국장 2005년 건설교통부 재정기획관 2005년 同도로관리팀장 2006년 同도로건설팀장 2007년 同총무팀장 2008년 국토해양부 운영지원과장 2008년 同교통정책실 도시광역교통과장 2009년 同교통정책실 도로정책과장(부이사관) 2009년 同녹색도시과장 2010년 同감사담당관 2010년 同기술안전정책관(고위공무원) 2011년 同대변인 2012년 서울지방국토관리청장 2013년 국토교통부 도로국장 2014년 중앙공무원교육원 파견(고위공무원) 2015년 국토교통부 종합교통정책관 2016년 同대변인 2016년 새만금개발청 차장 2017년 국토교통부 교통물류실장(고위공무원) 2017년 교통안전공단 이사장 2018년 한국교통안전공단 이사장(현)

### 권병일(權炳壹) KWON Byong Il (碧湖)

(생)1932·8·25 (출)충남 서천 (주)서울특별시 마포구 신촌로6길 5 (주)지학사(02-330-5200) (학)1951년 서울고졸 1957년 서울대 법학과졸 (경)1965년 도서출판 지학사 창립대표 1974년 (사)학습자료협회 부회장 1984~2011년 (주)지학사 대표이사 1984~1987년 (사)대한출판문화협회 부회장 1988~1992년 同 회장 1996년 同고문 1996년 (사)학습자료협회 이사 1999~2003년 (사)한국잡지협회 이사 2004~2006년 서울대법대동창회 회장 2011년 (주)지학사 대표이사 회장(현) 2014년 (사)한국검정교과서 이사 2014년 마포세무서 고문 (상)옥관문화훈장(1992), 서울시 문화상(1996), 교육산업경영인 대상(2007)

### 권병태(權秉泰)

(생)1960·1·13 (출)경북 의성 (주)서울특별시 종로구 세종대로 163 현대해상화재보험 임원실(02-3701-3778) (학)경북대 법학과졸 (경)1987년 현대해상화재보험 입사 1997년 同안동지점장·영등포지점장 2003년 同마케팅기획부장 2006년 同중부지역본부장 2009년 同전략채널본부장 2011년 同방카슈랑스본부장 2014년 同마케팅본부장 2016년 同개인보험부문장(상무) 2018년 同개인보험부문장(전무)(현)

**권병태(權丙台) Kwon Byung Tae**

(생)1960·11·10 (본)안동(安東) (출)경남 합천 (주)부산광역시 수영구 연수로 301 부산지방병무청 청장실(051-667-5201) (학)1978년 경남 합천고졸 2001년 한국방송통신대 행정학과졸 2016년 고려대 행정대학원 행정학과졸 (경)1980년 병무청 입청, 경남지방병무청 징병보좌관 2006년 부산지방병무청 운영지원과장(사무관) 2010년 부산지방병무청 동원관리과장 2011년 병무청 운영지원과 인사담당 2012년 同청장 비서관 2014년 同청장 비서관(서기관) 2015년 同기획재정담당관 2016년 同기획재정담당관(부이사관) 2017년 同사회복무국장(고위공무원) 2019년 부산지방병무청장(현) (상)국무총리표창(2013·2017), 대통령표창(2017)

**권병현(權丙鉉) KWON Byong Hyon**

(생)1938·3·24 (본)안동(安東) (출)경남 하동 (주)서울특별시 종로구 통일로 246-10 현대프라자 201호 (사)한중문화청소년협회 미래숲(02-737-0917) (학)1963년 서울대 법과대학졸 1968년 미국 피츠버그대 공공행정및국제행정대학원 국제공공행정학과졸 (경)1962년 고등고시행정과 수석합격(14회) 1965년 외무부 사무관 1969년 미국 LA총영사관 부영사 1974년 외무부 동북아2과장(중국과장) 1978년 駐일본 참사관(정무과장) 1978년 외무부 동북아1과장(일본담당관) 1981년 駐태국 공사 겸 駐UNESCAP 한국대표 1984년 외무부 아주국 심의관 1985년 同아주국장 1987년 駐미얀마 대사 1990년 외무부 본부대사 1990년 부산시 국제담당대사 1991년 외무부 남북핵통제위원회 공동위원장 1992년 한·중수교 한국측 실무교섭대표단장 1992~1994년 외무부 외교정책기획실장 1994년 駐호주 대사 1996년 외교안보연구원 연구위원 1998년 駐중국 대사 2000~2003년 재외동포재단 이사장 2001~2011년 한중문화청소년협회 회장 2002~2011년 한·중문화청소년미래숲센터 대표 2003년 동북아연구원 원장 2005년 명지대 초빙교수 2009~2012년 유엔사막화방지협약(UNCCD) 지속가능토지관리챔피언(Sustainable Land Management Champion) 겸 녹색대사(Greening Ambassador) 2010년 '유엔사막화방지 10개년 계획 15인의 Influential Leaders'에 피선 2011년 (사)한중문화청소년협회 미래숲 대표(현) 2012년 유엔사막화방지협약(UNCCD) 건조지대사(Drylands Ambassador)(현) (상)홍조근정훈장(1979), 수교포장(1987), 황조근정훈장(2000), 미국 피츠버그대 공공행정및국제행정대학원 '올해의 저명한 동창생상'(2008), 동북아공동체협회·통일부·매일경제신문 제2회 동북아공동체 국제협력상(2009), 미국 피츠버그대 Legacy Laureate Award(2010), The Hope Institute 'Happy Seniors Award'(2010), 한국NPO공동회의 제3회 한국나눔봉사대상(2010), 사람과산·안나푸르나 제9회 환경대상(2013), 중국 우의상(友誼賞)(2014), 대통령표창(2016), 환경부·조선일보 환경실천대상(2016), 자랑스러운 서울법대인상(2019) (종)천주교

**권병화(權秉華) KWON Byung Hwa**

(생)1953·12·12 (출)서울 (주)경기도 안산시 단원구 장자골로 11 (주)신양피혁 임원실(031-492-2121) (학)1976년 고려대 법학과졸 (경)1987년 (주)신우무역 본부장·이사 1990년 同상무이사 1991년 同전무이사 1996년 同부사장 1997년 신양피혁(주) 대표이사 사장(현) 1998~2001년 (주)신우 대표이사 사장 (종)기독교

**권복희(權福姬·女) KWON Bok Hee**

(생)1957·10·24 (본)안동(安東) (출)강원 춘천 (주)서울특별시 송파구 올림픽로 424 벨로드롬 1층 동계종목 경기단체 사무국 106호(02-2203-2018) (학)유봉여고졸, 세종대졸, 同대학원 체육학과졸 (경)춘천 유봉여고 교사, 쇼트트랙 국제심판, 강원도빙상경기연맹 전무이사 2010년 국제빙상연맹(ISU) 쇼트트랙 국제심판 2011년 아스타나·알마티동계아시아게임 쇼트트랙 심판, 강원도빙상경기연맹 부회장 2013년 同회장 2015년 그라나다 동계유니버시아드대회 쇼트트랙 국제심판 2015년 모스크바 ISU 세계쇼트트랙선수권대회 경기위원장 2015년 2018평창동계올림픽 쇼트트랙 경기위원장 2016년 강원도빙상경기연맹(강원도빙상경기연맹·강원도빙상연합회 통합) 초대회장(현) (상)대한체육회장표창, 제30회 강원체육상(2011) (저)'파워측정에 관한 연구' (종)불교

**권봉석(權峰奭) KWON, BRIAN**

(생)1963·9·9 (주)서울특별시 영등포구 여의대로 128 LG트윈타워 LG전자(주) MC사업본부(02-3777-1114) (학)1987년 서울대 산업공학과졸, 핀란드 알토대 대학원 MBA (경)1987년 금성사 가전부문신사업기획실 입사 1993년 同산호세기술센터 과장보 2001년 LG전자(주) DID경영기획그룹 부장 2008년 同BS사업본부 모니터사업부장(상무) 2010년 同HE Media사업부장(상무) 2012년 同MC사업본부 상품기획그룹장(전무) 2015년 同HE(홈엔터테인먼트)사업본부장(부사장) 2018년 同HE(홈엔터테인먼트)사업본부장(사장)(현) 2019년 同MC사업본부장(사장) 겸임(현)

**권봉현(權奉鉉)**

(생)1961·12·3 (주)경기도 안양시 동안구 엘에스로 127 LS산전 자동화사업본부(1544-2080) (학)1980년 진주고졸 1984년 한양대 전기공학과졸 1994년 同대학원 전기공학과졸 (경)1988년 LS산전(주) 입사 1997년 同부장 2005년 同모터제어연구단장(이사급), 同이머징사업부 이사 2010년 同드라이브사업부장 2011년 同자동화해외사업부장(상무) 2012년 同자동화사업부문장(상무) 2014년 同자동화사업본부장 2014~2015년 同A&D사업본부장(상무) 2016년 同산업자동화사업본부장(상무) 2017년 同연구개발본부장(CTO·전무) 2019년 同자동화사업본부장(전무)(현)

**권봉희(權鳳喜) KON Bong Hee**

(생)1937·10·10 (출)강원 양구 (주)강원도 춘천시 중앙로 140 더불어민주당 강원도당(033-242-7300) (학)강원대 정경학과졸 (경)양구읍장, 양구농협조합장, 사회정화양구협의회장, 속초합동상사 대표이사 1997년 국제라이온스클럽 309-L지구 부총재, 同309-L지구 총재 2001~2004년 대한적십자사 강원지사 상임위원 2014~2015년 새정치민주연합 강원도당 상임고문 2015년 강원도 행복한강원도위원회 기획행정분과 위원 2015년 더불어민주당 강원도당 상임고문(현) 2019년 민주평통 양구군협의회 회장(현) (상)대통령표창 (종)불교

**권 상(權 相) Kweon Sang (설산)**

(생)1952·2·17 (본)안동(安東) (출)경기 여주 (주)서울특별시 종로구 사직로 95 302호 (주)대한콘설탄트 부사장실(02-730-7823) (학)1978년 한양대 도시공학과졸 1995년 同환경과학대학원 도시및지역계획학과졸 (경)2004년 대한주택공사 인천지역본부 택지개발부장 2005년 同택지계획처장 2006년 同신도시개발처장 2007년 同택지계획처장 2008~2009년 同도시개발사업본부 균형개발처장 2010년 (주)대한콘설탄트 부사장(현) (상)건설교통부장관표창(1997·2002·2006)

**권상대(權相大)**

(생)1965·6·22 (주)경기도 과천시 관문로 47 서울지방국토관리청(02-2110-6712) (학)동천고졸, 서울대 경제학과졸, 영국 버밍햄대 대학원 경영학과졸 (경)1988년 행정고시 합격(32회), 건설교통부 고속철도과 사무관, 同교통안전과 사무관, 同주택관리과 사무관, 同국가지리정보팀장, 同장관 비서관, 駐말레이시아 건설교통관 2010년 국토해양부 공공주택건설기

획단 기획총괄과장 2010년 同공공택지기획과장(부이사관) 2011년 행정중심복합도시건설청 도시발전정책과장 2012년 同녹색도시환경과장 2013년 국토지리정보원 국토조사과장 2015년 부산지방항공청장 2017년 교육파견(부이사관) 2018년 행정중심복합도시건설청 공공건축추진단장 2019년 서울지방국토관리청장(현)

**권상대(權尙大)**

(생)1976·8·22 (출)경남 밀양 (주)경기도 과천시 관문로 47 법무부 공공형사과(02-2110-3063) (학)1994년 부산 지산고졸 1996년 서울대 법학과졸 (경)2000년 사법시험 합격(42회) 2003년 사법연수원 수료(32기) 2003년 공익법무관 2006년 서울북부지검 검사 2008년 춘천지검 속초지청 검사 2013년 법무부 형사법제과 검사 2015년 서울중앙지검 검사 2017년 법무부 검찰과 검사 2018년 제주지검 형사2부장 2019년 법무부 공안기획과장(부장검사) 2019년 同공공형사과장(현)

**권상순(權相純) Sangsoon KWON**

(생)1964·2·3 (주)경기도 용인시 기흥구 탑실로 61 르노삼성자동차(주) 중앙연구소(031-289-7089) (학)서울대 공과대학졸, 同대학원 조선공학과졸 (경)기아자동차 근무, 삼성자동차 근무, ESI코리아 근무 2002년 르노삼성자동차(주) SM5·QM5 개발담당 차장 2009년 同차량개발담당 이사 2015년 同중앙연구소장(전무)(현) 2018·2019년 한국자동차공학회 부회장(현) (상)대통령표창(2014)

**권상희(權相禧) Kweon, Sang Hee**

(생)1964·12·12 (본)안동(安東) (출)경북 (주)서울특별시 종로구 성균관로 25-2 성균관대학교 신문방송학과(02-760-0392) (학)1985년 서울대 신문학과졸 1997년 미국 California State Univ. Northridge 대학원졸 2002년 신문방송학박사(미국 Southern Illinois Univ.) (경)1997년 삼성전자(주) 근무 2002년 미국 아칸소주립대 조교수 2003년 성균관대 신문방송학과 교수(현) 2004~2005년 한국방송학회 이사 2005년 성균관대 신문방송학과장 2008~2009년 영국 케임브리지대 Visting Fellow 2015~2018년 성균관대 언론정보대학원장 2015~2016년 한국소통학회 회장 (상)한국방송학회 학술상 번역서부문(2005), 방송통신위원장표창(2016) (저)'디지털시대 미디어 임팩트'(2004) '현대사회와 미디어의 이해'(2005) '컨버전스와 미디어 세계'(2005) '커뮤니케이션 통계분석론'(2012) '스마트미디어 : 테크놀로지 시장 인간(共)'(2015) '디지털시대의 미디어와 사회(共)'(2016) '노드엑셀을 이용한 소셜미디어 네트워크 분석'(2019) (역)'매스컴이론' '사이버커뮤니케이션이론'(2013)

**권 석(權 錫)**

(생)1969 (주)서울특별시 마포구 성암로 267 문화방송 예능본부(02-789-0011) (학)충남고졸, 연세대 영어영문학과졸 (경)1993년 문화방송(MBC) 예능팀 입사 2006년 同예능국 특임CP 2011년 同예능1국 예능1부장 2012년 同예능2국 기획제작1부장 2012년 同예능1국 예능1부장 2014년 同예능1국 부국장 2017년 同예능1국장 2017년 同예능본부장(현)

**권석규(權錫珪) KWEON Seuk Gue**

(생)1960·11·27 (출)충북 제천 (주)충청북도 청주시 상당구 상당로 82 충청북도청 재난안전실(043-220-2400) (학)1979년 제천고졸 1986년 충북대 행정학과졸 (경)1988년 7급 공무원시험 합격 2010년 충북도 성과관리담당관(서기관) 2010년 同북부출장소장 2011년 同식품의약품안전과장 2012년 同복지정책과장 2014년 제천시 부시장 2015년 충북도 공보관 2015년 同보건복지국장 2017년 교육 파견(부이사관) 2018년 충북도 바이오환경국장 2019년 同재난안전실장(고위공무원)(현)

**권석균(權錫均) KWUN Seog Kyeun**

(생)1958·1·13 (출)전북 익산 (주)서울특별시 동대문구 이문로 107 한국외국어대학교 경영학과(02-2173-3232) (학)1980년 서울대 경영학과졸 1985년 同대학원 경영학과졸 1993년 경영학박사(미국 미네소타대) (경)1994~1995년 숙명여대 경영학과 조교수 1995년 한국외국어대 경영학과 조교수·부교수·교수(현) 1997~1999년 同최고세계경영자과정 주임교수 2001년 同세계경영대학원 교학부장 2003년 同경영학부장 2006~2007년 同연구대외협력처장, 한국전략경영학회 회장, 안랩(舊 안철수연구소) 사외이사(현), 중앙인사위원회 역량평가위원 2008년 한국외국어대 기업경영연구소장, 한국경영학회 부회장 겸 통일경영연구포럼위원장, 서울지방노동위원회 차별시정담당 공익위원 2012~2013년 한국인사조직학회 회장 2012년 안랩(舊 안철수연구소) 이사회 의장(현) 2013~2015년 한국외국어대 경영대학장 2014~2015년 同경영대학원장 2019년 同경영대학장 겸 경영대학원장(현) (상)한국인사조직학회 논문상(1998) (저)'한국대기업의 경영특성'(1995, 세경사) '기업구조조정론'(1998, 홍문사) '감량경영&고용조정'(1999, 한) '경영학 뉴패러다임: 조직 인사·노사관계'(2002, 박영사) '지식기반산업연구'(2004, 홍문사) '企業危機 管理革命'(2005) 'e-MBA 인적자원경영'(2005, 휴넷) '통일, 기업에 기회인가 위기인가(共)'(2013, RHK) '인적자원관리'(2017, 시대가치) (종)가톨릭

**권석형(權錫炯) KWON Suk Hyung**

(생)1955·3·15 (주)충청북도 청주시 청원구 오창읍 각리1길 94 (주)노바렉스(043-218-0510) (학)1975년 중동고졸 1979년 중앙대 약학과졸 1998년 同대학원 약학과졸, 약학박사(중앙대) (경)1983년 (주)종근당제약 근무 1986년 삼아약품공업(주) 근무 1991년 동방제약(주) 근무 1992년 (주)한국파마 상무이사 1997~2008년 (주)렉스진바이오텍 대표이사, 한국벤처협회 부회장, 한국바이오벤처협회 이사, 한국건강기능식품협회 이사 2008~2016년 (주)노바렉스 대표이사 2010년 (사)한국식품영양과학회 부회장 2016년 (사)한국건강기능식품협회 회장(현) 2016년 (주)노바렉스 고문 2019년 同대표이사(현) (상)국무총리표창(2000), 대통령표창(2002)

**권선흥(權銑興) KWON Sun Heung**

(생)1960·4·8 (출)전북 순창 (주)서울특별시 서초구 헌릉로 13 대한무역투자진흥공사 시장정보팀(02-3460-3447) (학)1978년 관악고졸 1986년 경희대 정치외교학과졸 (경)1988년 대한무역투자진흥공사(KOTRA) 입사 2001년 同인사팀 근무 2002년 同부에노스아이레스무역관장 2005년 중소기업특별위원회 파견 2006년 대한무역투자진흥공사 IT전자산업팀 근무 2007년 同산토도밍고무역관장 2008년 同보고타무역관장 2008년 同보고타코리아비즈니스센터장 2011년 여수엑스포조직위원회 파견 2012년 대한무역투자진흥공사 보고타무역관장 2016~2018년 同일반물자교역지원단장 2018년 同시장정보팀 연구위원(현) (상)장관표창 (2001·2006) (저)'올라 중남미 시리즈(3권)'(2018, HUINE)

**권 성(權 誠) KWON Seong**

(생)1941·8·14 (출)충남 연기 (학)1960년 경기고졸 1966년 서울대 법학과졸 1969년 同사법대학원졸 (경)1967년 사법고시 합격(8회) 1969~1982년 부산지법·대전지법·인천지법·서울지법 판사 1982년 대전지법 부장판사 1984년 사법연수원 교수 1984년 서울민사지법 부장판사 1985년 법원행

정처 송무국장 1991년 서울고법 부장판사 1993년 대법원 사법제도 발전위원회 연구실장 1994년 서울고법 부장판사 1997년 서울지법 서부지원장 1998년 청주지법원장 1999~2000년 서울행정법원장 2000~2006년 헌법재판소 재판관 2006년 미국 델라웨어대 교환교수 2007~2008년 법무법인 대륙 상임고문변호사 2008~2014년 언론중재위원회 위원장 2008~2010년 인하대 법학전문대학원장 2009년 헌법재판소 자문위원 2010년 인간성회복운동추진협의회 회장, 변호사 개업(현) (상)한국법률문화상(2007), 자랑스러운 경기인상(2008), 자랑스러운 서울법대인(2010) (저)'가처분의 연구'(1994) '가등기 대물변제'(2010) '물권법(강의보충서)'(2010) '결단의 순간을 위한 권성 전 헌번재판관의 판결읽기'(2013, 청람) (종)유교

## 권성동(權性東) KWEON Seong Dong

(생)1960·4·29 (본)안동(安東) (출)강원 강릉 (주)서울특별시 영등포구 의사당대로 1 국회 의원회관 820호(02-784-3396) (학)1979년 강릉 명륜고졸 1984년 중앙대 법학과졸 1986년 同대학원 법학과 수료 (경)1985년 사법시험 합격(27회) 1988년 사법연수원 수료(17기) 1988년 해군 법무관 1991년 수원지검 검사 1993년 춘천지검 강릉지청 검사 1994년 서울지검 검사 1996년 법무부 인권과 검사 1999년 서울지검 동부지청 검사 2000년 同동부지청 부부장검사 2000년 광주지검 장흥지청장 2001년 서울지검 부부장검사 2002년 광주지검 조사부장 2003년 同형사3부장 2003년 대검찰청 범죄정보2담당관 2005년 인천지검 특수부장 2006~2008년 서정 법무법인 변호사 2008~2009년 대통령 민정수석비서관실 법무비서관 2009년 제18대 국회의원(강릉 재보선 당선, 한나라당·새누리당) 2010~2011년 (사)대한수상스키·웨이크보드협회 회장 2010~2011년 한나라당 원내부대표 2010년 국회 지식경제위원회 위원 2010년 국회 운영위원회 위원 2010년 국회 국제경기대회개최 및 유치지원특별위원회 위원 2010년 국회 예산결산특별위원회 계수조정소위원 2011~2013년 여의도연구소 이사 2011~2012년 한나라당 강원도당 위원장 2012년 제19대 국회의원(강릉, 새누리당) 2012~2013년 새누리당 정책위원회 법사·행정안전담당 부의장 2012년 국회 법제사법위원회 여당 간사 2012년 국회 예산결산특별위원회 위원 2012년 국회 아동여성대상성폭력대책특별위원회 위원 2013~2015년 국회 평창동계올림픽및국제경기대회지원특별위원회 위원 2013년 대한태권도협회 부회장 2013~2014년 새누리당 제1정책조정위원장 2013년 국회 국정원사건국정조사특별위원회 간사 2013~2014년 국회 국가정보원개혁특별위원회 위원 2014년 국회 환경노동위원회 여당 간사 2014년 국회 정보위원회 위원 2014년 새누리당 인재영입위원회 부위원장 2015~2017년 同강릉시당원협의회 운영위원장 2015년 국회 정부 및 공공기관등의해외자원개발진상규명을위한국정조사특별위원회 여당 간사 2015년 새누리당 정책위원회 환경노동정책조정위원장 2015년 同전략기획본부장 2015년 同노동시장선진화특별위원회 위원 2015년 국회 평창동계올림픽및국제경기대회지원특별위원회 위원 2016년 새누리당 총선기획단 간사 2016년 同제20대 총선 중앙선거대책위원회 전략본부장 2016년 제20대 국회의원(강릉시, 새누리당·바른정당〈2017.1〉·자유한국당〈2017.5〉)(현) 2016년 새누리당 사무총장 2016년 同혁신비상대책위원회 위원 2016~2018년 국회 법제사법위원회 위원장 2016~2018년 국회 평창동계올림픽 및 국제경기대회지원특별위원회 위원 2016년 국회 유엔지속가능발전목표포럼 대표의원(현) 2016~2017년 국회 박근혜 대통령 탄핵소추위원장 2017년 국회 헌법개정특별위원회 위원 2017년 바른정당 강원도당 공동위원장 2017년 同제19대 유승민 대통령후보 중앙선거대책위원회 특보단장 2017년 자유한국당 중앙직능위원회 수석부의장(현) 2018년 同6.13지방선거총괄기획단 공동단장 2018년 국회 기획재정위원회 위원(현) 2018년 국회 예산결산특별위원회 위원 2019년 자유한국당 사법개혁특별위원회 위원장(현) 2019년 同강원도당 위원장(현) (상)법률소비자연맹 '국회 헌정대상'(2013·2016·2017), 국제언론인클럽 글로벌 자랑스런 한국인대상 의정발전공헌부문(2015)

## 권성수(權聖洙) KWON Sung Soo

(생)1951·5·2 (출)경북 의성 (주)대구광역시 수성구 교학로4길 39 동신교회(053-756-1701) (학)1966년 대입검정고시 합격 1976년 숭실대 영어영문학과졸 1979년 총신대 신학대학원졸 1982년 미국 웨스트민스터신학교 대학원졸 1988년 신학박사(미국 웨스트민스터신학교) (경)1976년 한성교회 교육전도사 1979년 총신대 신학대학원 조교 1980~1984년 미국 필라델피아 갈보리교회·한인연합교회 교육강도사 1983년 Korean Institute of Theology and Evangelism 교수 1986~1990년 한성교회 협동목사 1986년 총신대 신학대학원 교수 1989~1991년 同신학대학원 학생처장·교무처장 1993년 충현교회 협동목사 1993년 엘피스장학회 회장 1994년 총신대 신학대학원 도서관장 1995~1998년 同기획실장 1996년 21세기교단부흥발전기획단 신학분과위원장 1998년 총신대 대학원장 1999년 대구 동신교회 담임목사(현) 2000년 동신선교문화재단 이사장 2000년 한국OM국제선교회 대구지부 이사장 2000년 총신대 운영이사 2001년 대구극동방송 목회자자문위원회 위원장(현) 2004년 同목회신학전문대학원 교수 2009년 대구성시화본부 명예본부장, 개혁주의설교학회 회장 2011년 대한예수교장로회 총회헌법전면개정위원회 위원장(현) 2013년 생명사역훈련원 원장(현) (상)한국기독교 출판문화상, 한국복음주의신학회 올해의신학자 대상(2000), 서울신문 존경받는목회자 대상(2010) (저)'천국상급' '내발이 미끄러진다 말할 때에' '청년과 신앙' '종말과 영성' '시련을 너끈히 이긴다' '이것이 하나님의 진짜 은혜' '로마서 강해'(Ⅰ·Ⅱ) '요한계시록' (역)'세대주의 이해' '그리스도의 생애' '성령은사론' (종)기독교

## 권성수(權星秀) Kwon, Sung Soo

(생)1971·10·8 (출)경북 안동 (주)경기도 고양시 일산동구 호수로 550 사법연수원(031-920-3114) (학)1990년 덕원고졸 1995년 연세대 법학과졸 1998년 同대학원졸 (경)1997년 사법시험 합격(39회) 2000년 사법연수원 수료(29기) 2000년 공익법무관 2003년 부산지법 판사 2006년 인천지법 판사 2010년 서울중앙지법 판사 2012년 서울고법 판사 2013년 사법연수원 교수 2016년 대전지법 홍성지원·대전가정법원 홍성지원 부장판사 2017년 인천지법 부장판사 2018년 사법연수원 교수(현)

## 권성우(權成雨)

(생)1968·1·26 (출)경북 구미 (주)대구광역시 수성구 동대구로 364 대구지방법원 총무과(053-757-6470) (학)1986년 금천고졸 1990년 성균관대 법학과졸 (경)1995년 사법시험 합격(37회) 1998년 사법연수원 수료(27기) 1998년 창원지법 예비판사 2000년 同판사 2001년 대구지법 판사 2003년 변호사 개업 2006년 대구지법 포항지원 판사 2009년 수원지법 성남지원 판사 2010년 서울고법 판사 2012년 대구지법 서부지원 판사 2014년 대구가정법원 부장판사 2019년 대구지법 부장판사(현)

## 권성우(權聖佑)

(생)1978·10·28 (출)서울 (주)대구광역시 달서구 장산남로 30 대구지방법원 서부지원(053-570-2220) (학)1997년 명덕외국어고졸 2002년 서울대 법학과졸 (경)2001년 사법고시 합격(43회) 2004년 사법연수원 수료(33기) 2007년 서울남부지법 판사 2009년 서울중앙지법 판사 2011년 대전지법 판사 2014년 대구지법 상주지원·대구가정법원 상주지원 판사 2015년 의정부지법 남양주시법원 판사 2016년 의정부지법 판사 2017년 서울중앙지법 판사 2019년 대구지법 서부지원 부장판사(현)

**권성원(權誠遠) KWON Sung Won (海松)**

(생)1940·5·24 (본)안동(安東) (출)서울 (주)서울특별시 강남구 논현로 566 강남차병원 비뇨의학과(02-3468-3000) (학)1959년 대전고졸 1965년 부산대 의대졸 1970년 연세대 대학원 의학석사 1974년 의학박사(연세대) (경)1973년 연세대 의대 교수 1976~2005년 이화여대 의대 비뇨기과학교실 교수, 同비뇨기과장 1979년 일본대 의학부 연구교수 1985년 스페인 바르셀로나의대 연구교수 1985년 독일 뤼벡의대 연구교수 1996년 대한비뇨기과학회 이사장 1999~2003년 대한의학레이저학회 회장 2001년 한국전립선관리협회 회장(현) 2003년 대한의학레이저학회 명예회장(현) 2005년 강남차병원 비뇨기과장 2005년 포천중문의대 비뇨기과학교실 교수 2006년 뉴젠팜 기술고문 2007~2010년 동아제약 사외이사 2009~2016년 차의과학대 의학전문대학원 비뇨기과학교실 석좌교수 2012~2013년 여수시 홍보대사, 강남차병원 비뇨의학과 전문의(현) (상)국제영상비뇨기과학회 올림프스상(1991), 대한의용생체공학회 '메디슨 의광학상'(1996), 동아제약·의협신문 '동아의료문화상'(1997), 국민훈장 동백장(2005), 국제로타리 '초아의 봉사상'(2013) (저)'비뇨기과학'(1991, 고려의학) '영상의학 비디오CD' '오줌학 이야기'(2005, 엠디) '아버지 눈물'(2015, 동서문화사) '아버지 마음'(2015, 동서문화사) (역)'신장 및 비뇨기과초음파의학'(1997, 태평기획) (종)기독교

**권성준(權聖俊) KWON Sung Joon**

(생)1955·6·29 (본)안동(安東) (출)서울 (주)서울특별시 성동구 왕십리로 222-1 한양대학교병원 외과(02-2290-9004) (학)1980년 한양대 의대졸 1983년 同대학원 의학석사 1989년 의학박사(한양대) (경)1988년 한라병원 일반외과 과장 1988~1990년 한양대 부속병원 강사 1990~1999년 同의대 외과학교실 조교수·부교수 1992년 대한위암학회 상임이사 1999년 한양대 의대 외과학교실 교수(현) 2007~2009년 한양대의료원 기획실장 2013~2015년 한양대병원 병원장 2013년 대한소화기학회 부회장 2013년 대한위암학회 제1부회장 2014~2015년 同회장 2014년 Editorial Board of World Journal of Radiology (상)제1·5·13회 한국로슈 종양학술상(2002·2006·2014), 존슨앤존슨 최다논문게재상(2006·2007·2010~2013), 국무총리표창(2009), 대한암학회 로슈암학술상(2010), 대한위암학회 우수논문상(2010), 대한위암학회 한국로슈종양학술상·사노피-아벤티스 우수논문 발표상(2011) (저)'위암(共)'(1999, 의학문화사) '알기쉬운 위장학(共)'(2001, 디자인메카) '외과학(共)'(2010, 군자출판사) '위암(共)'(2011, 일조각) '임상종양학(共)'(2011, 바이오 메디북) (종)천주교

**권성철(權成哲) GWEON Seong C.**

(생)1949·9·18 (출)부산 (주)서울특별시 영등포구 여의나루로 81 파이낸셜뉴스 비서실(02-2003-7103) (학)1968년 부산고졸 1972년 서울대 경영학과졸 1974년 同대학원 경영학과졸 1985년 경영학박사(미국 일리노이대 시카고교) (경)1975~1978년 계명대 교수 1983~1988년 미국 Virginia Commonwealth Univ. 교수 1991년 고려증권 이사 1994년 중앙일보 부국장대우 전문위원 1997~1999년 同경제1부 편집위원(부국장) 1999년 현대증권 전무이사 2001~2003년 템피스투자자문 부회장 2003년 한국투자신탁증권 고문 2003년 한국투자증권 고문 2003~2005년 한국투자신탁운용 대표이사 사장 2004년 자산운용협회 부회장 2005~2008년 한국벤처투자(주) 사장 2010~2017년 파이낸셜뉴스 대표이사 사장 2014~2017년 유안타증권(주) 감사(사외이사) 2016~2017년 한국디지털뉴스협회 감사 2017년 파이낸셜뉴스 미주지역 총괄부회장(현) (종)기독교

**권성택(權聖澤) KWON Sung Ted**

(생)1960·7·27 (출)서울 (주)서울특별시 강남구 테헤란로108길 11 특허법인 화우(02-3465-7777) (학)1979년 우신고졸 1985년 홍익대 상경대학 무역학과 수료 2003년 한국방송통신대 법학과졸 2006년 서울디지털대 일본학과졸 (경)1985년 변리사시험 합격(22회) 1986~1990년 장용식특허법률사무소·차합동특허법률사무소 근무 1990~2006년 김신유특허법률사무소 변리사 1998~1999년 대한 변리사회 상표제도위원회 위원장 2006년 특허법인 화우 파트너변리사(현), 세계지적재산권기구(WIPO) 중재위원(현), 아시아변리사회(APAA)·한미상공회의소 (Amcham)·일본상표협회·국제변리사연맹(FICPI) 회원(현) (종)기독교

**권성환(權成桓) KWON Seong Hwan**

(생)1973·2·20 (본)안동(安東) (출)강원 강릉 (주)서울특별시 종로구 사직로8길 60 외교부 인사운영팀(02-2100-7136) (학)강릉고졸, 연세대졸 (경)1998년 외무고시 합격(32회), 외무부 서구과 사무관 2006년 駐LA 영사 2010년 駐베네수엘라 1등서기관, 대통령 국가안보실 파견 2015년 외교부 북미2과장 2016년 駐보스턴총영사관 부총영사(현)

**권세중(權世重) KWON Sei Joong**

(생)1966·3·11 (본)안동(安東) (출)강원 홍천 (주)서울특별시 종로구 사직로8길 60 외교부 인사운영팀(02-2100-7141) (학)1984년 춘천고졸 1993년 서울대 외교학과졸 1999년 프랑스 파리정치대 유럽연구소 수학 2005년 미국 노스웨스턴대 대학원 법학석사(LL.M.) 2016년 정치외교학박사(경남대) (경)1994년 외무고시 합격(28회) 1994년 외무부 입부, 외교통상부 환경기구과·서남아대양주과·중동과·북미3과 근무 2002년 駐시카고 영사 2006년 대통령비서실 행정관 2008년 駐중국 1등서기관 2009년 駐카자흐스탄 참사관 2012년 글로벌녹색성장연구소(GGGI) 행정·국제기구화국장(파견) 2013년 외교부 정책분석담당관 2015년 국무총리비서실 외교의전행정관(파견) 2016년 외교부 기후변화외교과장 2017년 同기후변화환경외교국장 2019년 同본부 근무(국장급)(현) (상)근정포장(2013) (종)가톨릭

**권세창(權世昌)**

(생)1963·6·20 (주)서울특별시 송파구 위례성대로 14 한미약품(주) 임원실(02-410-9200) (학)서울 경동고졸, 연세대 생화학과졸, 同대학원 생화학과졸, 동물자원과학박사(서울대) (경)한미약품 바이오팀장, 同연구센터 부장 2006년 同이사대우 2010년 同연구소 부소장 2010년 同R&D본부 상무 2012년 同연구소장(상무) 2014년 同연구소장(전무) 2016년 同연구센터 소장(부사장) 2017년 同신약개발부문 공동대표이사 사장(현), 한국제약바이오협회 부이사장 겸 R&D정책위원장(현), 한미사이언스(주) 사장(현) (상)한국산업기술평가관리원 으뜸기술상 우수상(2010), 홍진기 창조인상 과학기술부문(2016), 在美한인제약인협회(KASBP) 공로상(Appreciation Award)(2019)

**권소현 Kwon, So Hyun**

(생)1960·10·15 (주)부산광역시 중구 대교로 122 부산항만공사 건설본부(051-999-3005) (학)1997년 서울산업대 구조공학과졸 1999년 한국해양대 대학원졸 2013년 박사(한국해양대) (경)1978~1981년 마산지방해운항만청 축항과 근무 1984~1992년 마산지방해운항만청 및 동해지방해운항만청 축항과·조사시험과 근무 1992~2002년 해양수산부 신항만기획관실 근무 2002~2004년 부산항건설사무소 항만공사과 사무관 2004~2016년 부산항만공사 건설계획팀장·개발사업팀장·북항재개발사업팀장·미래전략팀장·투자유치실장·마케팅팀장 2016년 同기획조정실장 2017년 同건설본부장(부사장)(현)

## 권수영(權秀英) KWON Soo Young

(생)1958·12·25 (출)서울 (주)서울특별시 성북구 안암로 145 고려대학교 경영대학 경영학과(02-3290-1937) (학)1984년 고려대 경제학과졸 1986년 미국 Univ. of Texas at Austin 대학원 회계학과졸 1988년 미국 Univ. of Rochester 대학원 응용경제학과졸 1991년 회계학박사(미국 Washington Univ.) (경)1991~1993년 미국 Univ. of Utah 조교수 1993년 고려대 경영대학 경영학과 교수(현) 1995년 미국 Univ. of Hawaii at Manoa 객원교수 1996~1997년 한국통신 경영평가위원 1998년 시정개발연구원 초빙전문연구위원 2001~2003년 국민은행 BM관리자과정 주임교수 2003년 감사원 자문교수 2004년 금융감독원 공인회계사 시험 출제위원 2004~2005년 대한주택보증 경영자문위원 2006년 (주)LG텔레콤 사외이사 2008년 고려대 총무처장 2012~2015년 한국회계기준원 회계기준위원회 비상임위원 2014~2015년 한국회계학회 회장 2015년 (주)GS홈쇼핑 사외이사 겸 감사위원(현) 2016~2018년 고려대 경영대학장 겸 경영전문대학원장 2019년 (주)포스코인터내셔널 사외이사 겸 감사위원(현) (상)한국경영학회 공로상(1997), 한국회계학회 공로상(2002), 감사원 감사논집 최우수논문상(2005), 한국회계학회 최우수논문상(2005) (저)'정부회계 : 예산, 원가, 회계 및 감사'(1998) '중급재무회계'(2003) '서비스부문의 경영성과'

## 권수용(權洙鎔) Suyong Kwon

(생)1972·3·7 (주)대전광역시 유성구 가정로 267 한국표준과학연구원 정책전략부(042-868-5070) (학)1991년 전주고졸 1997년 전북대 물리학과졸 1999년 한국과학기술원(KAIST) 물리학과졸(석사) 2003년 물리학박사(한국과학기술원) (경)2003년 한국표준과학연구원 책임연구원(현) 2011년 과학기술연합대학원대 측정과학과 교수(현) 2015년 한국표준과학연구원 온도센터장 2016년 同미래전략실장 2017년 同정책전략부장(현)

## 권수정(權秀靜·女)

(생)1973·8·30 (주)서울특별시 중구 세종대로 125 서울특별시의회(02-3702-1400) (학)2009년 성공회대 NGO대학원 비정부기구학 석사과정 수료 (경)1995~2018년 아시아나항공(주) 승무원 2010~2013년 同노동조합 위원장 2010~2013년 전국공공운수노동조합연맹 부위원장 2014~2015년 전국민주노동조합총연맹 여성위원장 2017~2019년 정의당 서울영등포구지역위원회 부위원장, 同중앙당 대의원 2018년 서울시의회 의원(비례대표, 정의당)(현) 2019년 정의당 강서구 운영위원(현) 2019년 同전국위원(현)

## 권숙일(權肅一) KWUN Sook Il (峴堂)

(생)1935·7·29 (본)안동(安東) (출)서울 (주)서울특별시 서초구 반포대로37길 59 대한민국학술원(02-3400-5220) (학)1954년 경기고졸 1958년 서울대 물리학과졸 1960년 同대학원졸 1965년 이학박사(미국 유타대) (경)1958~1961년 국방과학연구소 연구원 1965년 미국 시카고대 연구원 1966~1979년 서울대 조교수·부교수 1979~2002년 同물리학과 교수 1985~1989년 한국물리학회 부회장 1989년 서울대 기초과학전국공동기기센터소장 1989년 同연구처장 1991~1993년 同자연과학대학장 1992년 전국자연과학대학장협의회 회장 1993년 국제강유전체회의 의장 1994~1996년 교육개혁위원 1995년 한국물리학회 회장 1995년 한국과학기술한림원 이학부 원로회원·종신회원(현) 1997~1998년 과학기술처 장관 2000년 서울대 명예교수(현) 2002~2018년 명지대 물리학과 석좌교수 2002년 대한민국학술원 회원(물리학·현) 2012년 同부회장 2014~2018년 同회장 (상)한국물리학회 학술논문상(1988), 대한민국 과학상(2000), 청조근정훈장(2003), 한국과학기술한림원상(2008), 자랑스러운 자연대인 상(2012) (저)'強誘電體 입문(共)'(2001) (역)'고체물리학'(1985)

## 권순건(權純建)

(생)1976·12·6 (출)경기 성남 (주)경상남도 창원시 성산구 창이대로 681 창원지방법원 총무과(055-239-2009) (학)1995년 성일고졸 2001년 서울대 경제학과졸 (경)2001년 사법고시 합격(43회) 2004년 사법연수원 수료(33기) 2007년 서울동부지법 판사 2009년 서울중앙지법 판사 2011년 서울고법 판사 2013년 춘천지법 판사, 법원행정처 사법지원심의관 겸임 2015년 의정부지법 판사(법원행정처 사법지원심의관 겸임) 2017년 서울중앙지법 판사 2019년 창원지법 부장판사(현)

## 권순경(權順慶) KWON Soon Kyoung

(생)1940·10·14 (본)안동(安東) (출)평남 안주 (주)서울특별시 도봉구 삼양로144길 33 덕성여자대학교 약학대학(02-901-8393) (학)1958년 해동고졸 1962년 서울대 약학과졸 1964년 同대학원 약학과졸 1975년 이학박사(독일 뮌스터대) (경)1964~1967년 서울대 약대 조교 1970~1976년 서독 뮌스터대 약대 조교 1976~1978년 국방과학연구소 합성실장 1978~1987년 덕성여대 제약학과 조교수·부교수 1984~1986년 同학생처장 1986~1988년 同교무처장 1987~2006년 同제약학과 교수 1988년 同기획실장 1989년 同도서관장 1990~1991년 同약학대학장 직대 겸 교무처장 1991년 同약학대학장 겸 부총장 1997~1998년 同총장서리 1998~2000년 同약학대학장 1999~2000년 한국약학대학협의회 회장 2001년 덕성여대 총장 직대 2002년 보건복지부 중앙약사심의위원회 안전분과위원장 2006년 덕성여대 약학대학 명예교수(현) 2007년 영동제약 기술고문(현) (상)대한약학회 학술상(1980), 대한약사회 약사금탑상(1992), 의학신문사 약사평론가기장(1997), 약업신문 동암약의상(2001), 근정포장(2006), 약학교육상(2008) (저)'의약의 세계'(1988) '유기의약품화학(上·下)(共)'(1999) '알아야 할 약과 건강상식'(2000) '의약화학'(2001) '유기약품 제조화학실습'(共) '약과 건강상식' '유기 분광학' '화학의 세계' '유기화학' (종)기독교

## 권순경(權純慶) KWON Soon Kyung

(생)1957·7·25 (출)경북 선산 (주)경기도 용인시 기흥구 지삼로 331 한국소방산업기술원(031-289-2700) (학)경북 선산고졸, 한국방송통신대 행정학과졸, 경북대 행정대학원졸 (경)1985년 소방간부후보 합격(공채 4기), 영주소방서장 2002년 구미소방서장, 소방방재청 대응기획과 기획담당관 2006년 경기도소방학교장(소방준감) 2006년 경북도 소방본부장 2008년 소방방재청 정보화담당관 2010년 同중앙소방학교장(소방감) 2011년 국방대 교육파견(소방감) 2012년 소방방재청 소방정책국장 2013~2017년 서울시 소방재난본부장 2018년 한국소방산업기술원 원장(현)

## 권순국(權純國) KWUN Soon Kuk (德山)

(생)1942·4·10 (본)안동(安東) (출)대구 (주)서울특별시 관악구 관악로 1 서울대학교 농업생명과학대학 조경·지역시스템공학부(02-880-4670) (학)1964년 서울대 농공학과졸 1974년 미국 콜로라도주립대 대학원졸 1980년 농공학박사(미국 아이오와주립대) (경)1967~1980년 농촌진흥청 농공이용연구소 연구원 1980~1990년 서울대 농업생명과학대학 조교수·부교수 1990~2007년 同농업생명과학대학 조경·지역시스템공학부 지역시스템공학과 교수 1993~1999년 한국농어촌공사 이사 1994년 한국과학기술한림원 정회원 2000~2003년 국제관계배수위원회(ICID) 부회장 2001~2002년 서울대 농업개발연구소장 2001~2003년 한국농공학회 회장 2002~2004년 서울대 농업생명과학원 부원장 2005~2006년 수도및물환경공학국제학회(PAWEES) 회장 2007~2010년 한국과학기술한림원 회원담당 부원장 2007년 서울대 명예교수(현) 2011년 한국과학기술한림원 종신회원(현) (상)한국농공학회 학술상(1989), 환경부장관표창(1996), 농어촌진흥대상(1999), 서울대

학교총장표창(2001), 제5회 농업생명과학교육상(2005), 황조근정훈장(2007) (저)'응용수문학'(1984) '신고 수리학'(1993) '신제 간척공학'(1993) '농공학개론'(1995) '신고 수리구조공학'(1995) '농업수리'(1996) '환경보전'(1996) '지역환경공학'(1998) '신제 응용수문학'(2000) 'History of Irrigation in Korea'(2001) 'Rice Culture in Asia'(2001) '농업과 물'(2002) '남북한 농업용어 비교집'(2003) '사람과 물'(2008) (역)'하천오염의 모델해석'(1998) (종)불교

**권순기(權淳基) Soon-Ki Kwon**

(생)1959·3·28 (본)안동(安東) (출)경남 (주)경상남도 진주시 진주대로 501 경상대학교 공과대학 나노·신소재공학부(055-772-1652) (학)1978년 진주고졸 1982년 서울대 사범대학졸 1984년 한국과학기술원 화학과졸(석사) 1987년 이학박사(한국과학기술원) (경)1983~1987년 한국과학기술원 화학과 조교 1987~1998년 경상대 공대 고분자공학과 전임강사·조교수·부교수 1997~1998년 同항공공학특성화사업단 실무추진위원장 1998년 同공과대학 나노·신소재공학부 고분자공학전공 교수(현) 1999년 同생산기술연구소 산학연협동센터장 2000년 同공대 응용화학공학부장 2002~2006년 산업자원부 차세대신기술개발사업단 운영위원장 2003년 경상대 지방대학혁신역량강화사업추진단장 2004~2010년 경남도 지역혁신협의회 위원 2004~2005년 경상대 응용화학공학부장 2005~2007년 同신소재공학부장 2006~2009년 同i-큐브소재·부품인력양성사업단장 2007~2009년 同나노·신소재공학부장 2007~2009년 국가나노기술집적센터 자문위원 2008~2009년 한국과학재단 기초연구기획평가자문위원회 위원 2008~2009년 지식경제부 디스플레이산업전략기획위원회 OLED분과 위원장 2009~2011년 경남도 경남녹색성장포럼 위원 2009~2011년 경상대 공과대학장 2009~2012년 (재)경남테크노파크 이사 2011~2012년 삼성모바일디스플레이·경상대 OLED센터장 2011년 LMS 기술고문 2011~2015년 경상대 총장 2012년 지식경제부 산하 '소재·부품 전략위원회' 위원장 2018년 한국공학한림원 회원(화학생명공학·현) 2018년 한국고분자학회 부회장 (상)LG전자기술원 R&D우수연구개발협력상(2004), 대한화학회 고분자분과회 학술진보상(2004), 진주시 바이오21센터설립 공로상(2004), 경상대 공학연구원 2003~2004 우수연구자상(2004), 삼성전자 휴먼테크논문대상 특별상(2006), 경상대 개교기념일 특별상(2006), 경상대 공학연구원 2005~2006 우수연구자상(2006), 한국과학기술단체총연합회 우수논문상(2006), 경상대총장 특별상(2008), 경상대 공학연구원 2007~2008 우수연구자상(2008), 경남도 경남과학기술대상 연구부문 대상(2008), 경상대 공학연구원 2009~2010 우수연구자상(2010), 지식경제부장관표창(2011), 2015 KAIST 자랑스런 동문상(2016)

**권순남(權純男·女)**

(생)1967·11·16 (출)서울 (주)충청남도 천안시 동남구 청수14로 77 대전지방법원 천안지원(041-620-3024) (학)1986년 숙명여고졸 1994년 서울대 공법학과졸 (경)2001년 사법시험 합격(43회) 2004년 사법연수원 수료(33기) 2004년 부산지법 예비판사 2006년 同판사 2008년 울산지법 판사 2010년 부산지법 판사 2014년 인천지법 판사 2017년 서울고법 판사 2019년 대전지법 천안지원·대전가정법원 천안지원 부장판사(현)

**권순록(權純錄) KWON Soon Rok**

(생)1959·12·22 (출)경북 경주 (주)강원도 원주시 세계로 2 한국광해관리공단 경영전략본부(033-902-6301) (학)1978년 경주고졸 1988년 성균관대 경영학과졸 (경)1998년 내무부 행정관리국 조직관리과 사무관 2003년 행정자치부 행정관리국 조직관리과 서기관 2004년 同행정개혁본부 조직혁신국 혁신총괄과 서기관 2004년 ASEAN+3 정부혁신관계장관회의준비단 파견 2005년 고위공무원단제도실무추진단 파견 2006년 제주4.3사건처리지원단 파견 2006년 행정자치부 공직윤리팀장 2008년 행정안전부 윤리정책담당관 2008년 중앙공무원교육원 기획협력과장 2009년 행정안전부 조직정책관실 조직진단과장 2012년 同지방행정연수원 행정지원과장 2013년 안전행정부 지방행정연수원 행정지원과장 2014년 행정자치부 지방행정연수원 행정지원과장(서기관) 2016년 同지방행정연수원 행정지원과장(부이사관) 2017~2019년 한국광해관리공단 석탄지역진흥본부장 2019년 同경영전략본부장(상임이사)(현)

**권순박(權純博) Kwon Soon Bark**

(생)1963·9·30 (본)안동(安東) (출)경북 안동 (주)대구광역시 달서구 화암로 301 대구지방국세청 청장실(053-661-7253) (학)1981년 안동고졸 1983년 세무대학 내국세학과졸 1992년 한국방송통신대 경영학과졸 (경)1983~2005년 서울 마포세무서 부가가치세과·동부세무서·남대문세무서 법인세과·영등포세무서 법인세과·서초세무서 소득세과·성북세무서 소득세과·서울지방국세청 조사1국 제2조사관실·국세청 기획예산담당관실·소득세과 근무 2006년 서울지방국세청 조사2국 1과 팀장 2006년 국세청 재정기획담당관실 근무 2007년 서울 서대문세무서 조사과장 2009년 국세청 감사담당관실 근무 2012년 서울지방국세청 조사1국 2과 팀장 2013년 부산 동래세무서장 2014년 서울지방국세청 조사4국 2과장 2014년 국세청 조사2과장 2016년 同개인납세국 부가가치세과장 2017년 서울지방국세청 납세자보호담당관 2017년 부산지방국세청 징세송무국장(고위공무원) 2018년 국세공무원교육원장 2018년 국세청 개인납세국장 2019년 대구지방국세청장(현)

**권순배(權純培) KWON Soon Bae**

(생)1952·5·23 (주)서울특별시 중구 세종대로 39 대한상공회의소 7층 한국정보통신(주) 비서실(02-368-0700) (학)1970년 신일고졸 1976년 성균관대 도서관학과졸 1985년 同대학원 경영학과졸 1996년 서울대 대학원 정보통신정책과정 수료 (경)1978~1981년 국방과학연구소 근무 1988~1996년 통신개발연구원 사무국장 1997~1999년 한국전화번호부(주) 이사 2000년 한국정보통신(주) 경영지원담당 상무이사 2001년 同관리총괄 상무이사 2004년 同경영지원부문 전무이사 2006년 同경영총괄 전무이사 2010년 同경영총괄 부사장 2013년 同대표이사(현) (상)특허경영대상 기업부문 대상(2016), 제52회 납세자의 날 서울지방국세청장표창(2018)

**권순범(權純範) KWON Suhn Beom**

(생)1963·11·4 (본)안동(安東) (출)서울 (주)서울특별시 성북구 정릉로 77 국민대학교 경영대학 경영학부(02-910-4422) (학)1982년 서라벌고졸 1986년 서울대 경영학과졸 1988년 한국과학기술원(KAIST) 석사 1993년 경영학박사(한국과학기술원) (경)1994~1996년 국방정보체계연구소 선임연구원 1996~1999년 한성대 경영학과 전임강사·조교수 1999~2003년 단국대 상경학부 경영정보학과 부교수 2003년 국민대 경영대학 경영학부 교수(현) 2004년 한국SI학회 이사 2006년 한국지능정보시스템학회 편집위원장, 국민대 경영대학 부학장, 同기업경영학부장 2018년 同경영대학장 겸 경영대학원장(현) (저)'인터넷이 기업경영을 바꾼다' '전자상거래원론' '인터넷 비즈니스' '경제경영의 PC활용' '인터넷환경의 지식시스템'(2006) '서비스사이언스'(2006) (역)'16건의 지식경영실천전략' (종)기독교

**권순범(權純範) Kwon Sun Beom**

(생)1969·2·7 (출)서울 (주)전라북도 전주시 덕진구 사평로 25 전주지방검찰청(063-259-4301) (학)1987년 상문고졸 1991년 고려대 법과대학졸 1994년 同대학원 법학과 수료 (경)1993년 사법시험 합격(35회) 1996년 사법연수원 수료(25기) 1999년 서울지검 검사 2001년 대전지검 서산지청 검사 2002

년 부산지검 동부지청 검사 2004년 법무부 검찰1과 검사 2007년 서울동부지검 검사 2009년 대검찰청 연구관 2010년 광주지검 해남지청장 2011년 서울고검 검사 2012년 법무부 형사법제과장 2012년 대검찰청 기획조정부 정책기획과장 2013년 서울중앙지검 형사5부장 2014년 제주지검 부장검사 2015년 서울동부지검 형사1부장 2016년 대검찰청 검찰연구관(미래기획·형사정책단장) 2017년 同범죄정보기획관 2018년 同강력부장(검사장급) 2019년 전주지검장(현)

**권순석(權純奭) KWON Soon Seok**

(생)1959·3·25 (주)경기도 부천시 소사로 327 가톨릭대학교 부천성모병원(032-340-2003) (학)1984년 가톨릭대 의대졸 1991년 同대학원 의학석사 1995년 의학박사(가톨릭대) (경)1993~2004년 가톨릭대 의대 내과학교실 전임강사·조교수·부교수 1997년 미국 Univ. of Tennessee Dept. of Allergy and Immunology 연수 2003~2009년 대한천식알레르기학회 홍보이사·보험이사·재무이사 2004년 가톨릭대 의대 내과학교실 호흡기 및 알레르기내과 교수(현) 2007~2009년 同부천성모병원 진료부원장 2009년 同성가병원 내과 과장 2009년 同부천성모병원 내과 과장 2011~2015년 同부천성모병원 진료부원장, 同부천성모병원 호흡기내과분과장, 同부천성모병원 종합검진센터장, 同부천성모병원 폐암전문센터장 2012~2016년 同의대 학과장 2015년 同부천성모병원장(현)

**권순선(權純宣·女)**

(생)1963·8·13 (주)서울특별시 중구 세종대로 125 서울특별시의회(02-3702-1400) (학)서울대 사범대학 지리교육과졸, 고려대 교육대학원 교육행정및고등교육과졸 (경)국·공립 중학교 교사 2014~2018년 서울시 은평구의회 의원(비례대표, 새정치민주연합·더불어민주당) 2018년 서울시의회 의원(더불어민주당)(현) 2018년 同교육위원회 위원(현) 2018년 同예산결산특별위원회 위원(현) 2019년 同예산정책연구위원회 부위원장(현)

**권순섭(權純燮) Kwon, Soon-Sup (德高)**

(생)1957·9·3 (본)안동(安東) (출)강원 횡성 (주)서울특별시 동대문구 청계천로 501 (주)동명기술공단 부사장실(02-6211-7007) (학)1976년 국립철도고졸 1983년 명지전문대학 토목과졸 2000년 서울산업대 토목공학과졸 2002년 同철도전문대학원 철도건설공학과졸(석사) 2009년 철도건설공학박사(서울산업대) (경)1976~1982년 철도청 근무 1983~2000년 (주)한보 토목사업본부 이사대우(전라선10공구·분당선4공구 소장) 2000~2006년 삼성물산(주) 토목사업본부 부장(중앙선3공구 소장) 2003~2014년 명지전문대학 토목과 겸임교수 2004~2017년 서울시도시철도공사 기술자문위원 2004~2007년 한국산업안전공단 전문강사(토목시공) 2005년 한국산업인력공단 기술사 출제 및 채점위원(현) 2005~2014년 한국교통대 철도시설토목과 겸임교수 2005~2012년 서울과학기술대 건설공학부·철도전문대학원 겸임교수 2005~2007년 同공학인증 자문위원 2005~2010년 국토해양부 감사자문위원 2006~2018년 同철도기술전문위원회(철도시설분과) 전문위원 2006년 한국철도건설공학협회 부회장(현) 2006~2009년 남광토건(주) 토목사업본부 상무 2007~2011년 익산지방국토관리청 설계자문위원 2007~2009년 한국기술사회 기술중재위원회 위원 2007~2009년 대법원 전문심리위원 2008~2011년 한국철도학회 이사 2008년 고용노동부 국가기술자격정책심의위원회 전문위원 2009~2011년 국방부 특별건설기술심의위원회 위원 2010~2011년 남광토건(주) 토목사업본부장(전무) 2010~2014년 국토해양부 중앙설계심의위원회 위원 2010~2017년 코레일 공항철도기술자문위원 2010년 서울과학기술대 총동문회 부회장(현) 2012~2013년 경기도 건설기술심의위원회 위원 2012~2017년 한국철도학회 부회장 2012~2013년 선구엔지니어링 기술연구소장(전무) 2013~2014년 매일이엔씨(주) 대표이사 2013~2014년 국토교통부 중앙설계심의위원회 위원 2014년 동명기술공단 부사장(현) 2014년 대한상사중재원 중재인(현) 2014~2017년 원주지방국토관리청 설계자문위원 2015년 국토교통부 철도건설자문위원회 자문위원(현) 2015년 한국기술교육대 직업능력심사평가원 사업심사평가위원(현) 2015년 국가건설기준센터 건설기준위원회 철도기준위원(현) 2016년 한국철도공사 설계자문위원회 자문위원(현) 2016년 교통안전공단 철도교통안전진단·철도종합시운전 전문위원(현) 2017년 국토교통부 건설사고조사위원회·중앙시설물사고조사위원회 위원(현) 2018년 국가건설기준회 위원(현) (상)서울시장표창(1998), 건설부장관표창(2004), 한국철도학회 우수논문상(2004·2005·2007·2008), 한국철도시설공단 이사장표창(2006), 한국철도시설공단 공로상(2007), 한국철도학회 기술상(2008), 석탑산업훈장(2009), 한국철도건설협회 공로상(2013), 한국철도학회 공로상(2014)

**권순성(權純聖)**

(생)1965·11·3 (주)강원도 춘천시 중앙로 1 강원도의회(033-249-5208) (학)상지영서대 경영과졸 (경)민주평통 강원지역회의 간사위원 겸 원주시협의회 감사(현), 국제라이온스협회 354-E지구 4-A지역 제3지대위원장(현), 법무부 법사랑위원회 원주지역연합회 위원(현), 더불어민주당 제19대 대통령선거 영서남부권특별선거대책위원장 2018년 강원도의회 의원(더불어민주당)(현)

**권순열(權純烈)**

(생)1973·9·21 (출)서울 (주)서울특별시 서초구 서초중앙로 157 서울고등법원(02-530-1114) (학)1992년 공항고졸 1997년 서울대 법학과졸 (경)1999년 사법시험 합격(41회) 2002년 사법연수원 수료(31기) 2002년 軍법무관 2005년 인천지법 판사 2007년 서울중앙지법 판사 2009년 전주지법 남원지원 판사 2013년 인천지법 판사 2015년 사법연수원 교수 2018년 부산지법 동부지원 부장판사 2019년 서울고법 판사(현)

**권순엽(權純燁) Soon Yub Kwon**

(생)1957·6·17 (출)서울 (주)서울특별시 중구 남대문로 63 한진빌딩 법무법인 광장(02-772-4751) (학)1976년 경기고졸 1980년 서울대 법학과졸 1984년 미국 펜실베이니아대 로스쿨졸(LL.M.) 1987년 법학박사(미국 컬럼비아대) (경)1987~1999년 Paul·-Weiss·Rifkind·Wharton & Garrison 법률회사 국제통상·투자·통신담당 변호사·미국 워싱턴DC 및 펜실베니아주 변호사 2000년 한솔엠닷컴 신규사업담당 및 법률고문(부사장) 2000년 한솔아이글로브(주) 대표이사 사장 2003년 하나로통신(주) 전략기획부문장(부사장·CSO) 2004년 同수석부사장 2004년 하나로텔레콤(주) 수석부사장 2005년 同경영총괄 부사장 2005~2006년 두루넷 대표이사 사장 2005~2006년 하나로텔레콤(주) 대표이사 2006년 법무법인 세종 미국변호사 2008년 SK텔레콤 부사장 2008년 (주)SK 프로젝트담당 부사장 2008년 同정보통신담당 부사장 2009년 同경영경제연구소 전문위원 2010년 법무법인 광장 변호사(현) 2015~2017년 한국방송통신전파진흥원 비상임이사 2017년 대통령직속 북방경제협력위원회 민간위원(현) (상)체신부장관표창(1992), 대통령표창(1997), 산업포장(2005) (종)감리교

**권순옥(權順玉)**

(생)1954·11·2 (출)거제 능포 (주)경상남도 거제시 거제중앙로 1849 거제해양관광개발공사(055-639-8107) (학)해성고졸, 경북산업대(現 경일대) 토목공학과졸, 경남대 산업대학원 환경공학과 수료 (경)거제군청 근무(토목 7급), 둔덕중 이사장직무대행, 거제경제정의실천시민연합 대표 1993년

장승포청년회의소 회장 1998 · 2002~2006년 경남 거제시의회 의원 2006년 경남 거제시의회 의원 출마 2015~2018년 장승포농협조합장 2019년 거제해양관광개발공사 사장(현)

**권순용(權純庸) SOON-YONG KWON**

(생)1960 · 3 · 17 (주)서울특별시 은평구 통일로 1021 가톨릭대학교 은평성모병원(02-3660-3665) (학)1978년 원주고졸 1984년 가톨릭대 의대졸 1993년 同대학원 의학석사 1996년 의학박사(가톨릭대) (경)1996년 가톨릭대 의대 정형외과학교실 교수(현) 1997년 University of California San Diego(UCSD) & Washington University St. Louis(WUSTL)연수 · 교환교수 2008년 대한정형외과연구학회 평의원(현) 2009~2013년 가톨릭대 여의도성모병원 정형외과장 2012년 대한고관절학회 평의원(현) 2013년 가톨릭대학교 여의도성모병원 교수협의회장 2015년 근로복지공단 자문위원(현) 2015년 미국 고관절 · 슬관절학회(AAHKS)국제 정회원(현) 2015~2017년 가톨릭대 여의도성모병원 의무원장 2015~2016년 대한정형외과연구학회 회장 2016년 대한병원협회 상임이사(현) 2016년 2018 평창동계올림픽 및 패럴림픽대회 올림픽전문위원 가톨릭의료지원단장 2016년 2018 평창 동계 올림픽 및 패럴림픽대회 의무전문위원 2016년 가톨릭대 의과대학 정형외과학교실 주임교수 2016년 대한의료감정학회 부회장(현) 2017년 대한정형외과학회 이사회 이사 2017~2019년 가톨릭대학교 성바오로병원장 2017~2019년 가톨릭대학교 은평성모병원개원준비단장 2017년 대한메디컬3D프린팅학회 부회장(현) 2018년 한국의료분쟁조정중재원 임원추천위원회 위원(현) 2018년 대한정형외과학회 수련교육위원(현) 2019년 가톨릭대 은평성모병원 병원장(현) (상)미국 Zimmer Travelling Fellow(2000), 대한정형외과학회 논문대상(2002 · 2003), 만례재단상(2007), 한독학술경영대상(2019), 대한정형외과학회 기초연구 본상(1997), 대한정형외과학회 임상본상(2001), 대한정형외과학회 최우수논문상(2002), 대한정형외과연구학회 최고논문상(2006), Award of Excellence(APOA, Asia Pacific Orthopaedic Association)(2007), 미국고관절학회(The Otto Aufranc Award)(2010), 대한고관절학회 기초연구 본상(2016), 대한고관절학회 학술상(2016), 대한병원협회 2019 한독학술경영대상(2018) (종)가톨릭

**권순욱(權純旭) KWON Soon Uk**

(생)1949 · 9 · 2 (출)경북 안동 (주)서울특별시 강남구 테헤란로87길 36 삼성공항도심타워 14층 법무법인 로고스(02-2188-1004) (학)1967년 경북고졸 1972년 서울대 법과대학 법학과졸 (경)1973년 사법시험 합격(15회) 1975년 사법연수원 수료(5기) 1976~1978년 軍법무관 1978~1981년 서울지검 북부지청 검사 1981~1983년 대구지검 검사 1983~1985년 법무부 검찰제3과 검사 1985년 일본 게이오대 객원연구원 1985년 서울지검 의정부지청 검사 1986~1987년 서울지검 검사 1987년 대구지검 검사 1987~1989년 同김천지청장 1989~1990년 대검찰청 검찰연구관 1990~1991년 同공판송무과장 1991~1993년 인천지검 강력부장 1993년 법무부 보호과장 1993~1994년 서울지검 동부지청 형사3부장 1994~1995년 서울지검 송무부장 1995년 변호사 개업 1995~2001년 서울고검 사회보호위원 1996~1998년 서울지방변호사회 이사 · 인권위원장 1997~2003년 행정자치부 공무원급여재심심사위원회 위원 1999~2001년 서울지방변호사회 '시민과 변호사' 편집위원장 2000년 법무법인 로고스 상임고문변호사(현) 2002~2009년 대한변호사협회 이사 2004~2006년 서울대 법과대학총동창회 사무처장 2005~2009년 서울지방변호사회 이사 2005~2006년 同인사위원장 2007년 현대피앤씨(주) 사외이사

**권순일(權純一) KWON Soon Il**

(생)1959 · 7 · 26 (본)안동(安東) (출)충남 논산 (주)경기도 과천시 홍촌말로 44 중앙선거관리위원회 위원장실(02-503-0321) (학)1977년 대전고졸 1981년 서울대 법학과졸 1989년 同대학원졸 1992년 미국 컬럼비아대 대학원졸(LL. M.) 2002년 미국 버클리대 V.S. 2002년 법학박사(서울대) (경)1980년 사법시험 합격(22회) 1984년 사법연수원 수료(14기) 1985년 서울형사지법 판사 1987년 서울민사지법 판사 1989년 춘천지법 판사 1993년 법원행정처 사법정책연구심의관 1994년 同조사심의관 1995년 서울지법 판사 1996년 서울고법 판사 1998년 서울가정법원 판사 1999년 대구지법 부장판사 2000년 인천지법 부장판사 2004년 서울행정법원 부장판사 2006년 대전지법 수석부장판사 2006년 대전고법 부장판사 2007년 同수석부장판사 2008년 대법원 선임재판연구관 2010년 同수석재판연구관 2011년 법원행정처 기획조정실장 2012년 同차장 2014년 대법원 대법관(현) 2017년 중앙선거관리위원회 위원장(현) (저)'증권투자권유자책임론'(2002) (종)불교

**권순재(權純載)**

(생)1974 · 9 · 14 (주)대전광역시 서구 청사로189 중소벤처기업부 일자리정책과(042-481-1661) (학)한양대 기계공학과졸 (경)2005~2014년 중소기업청 기술경영혁신본부 경영정보화혁신팀 · 국무조정실 파견 · 중소기업청 경영판로국 인력개발과 공업사무관 2014년 중소기업청 기획재정담당관실 기술서기관 2016년 同중소기업정책국 동반성장지원과장 2017년 미국 Univ. of Kentucky 교육훈련 파견 2019년 중소벤처기업부 중소기업정책실 일자리정책과장(현)

**권순정(權純汀) KWON Soon Jung**

(생)1974 · 7 · 16 (출)충북 청주 (주)서울특별시 서초구 반포대로 157 대검찰청 대변인실(02-3480-2100) (학)1992년 단국대부고졸 1998년 서울대 법학과졸 (경)1997년 사법시험 합격(39회) 2000년 사법연수원 수료(29기) 2003년 서울지검 검사 2004년 서울중앙지검 검사 2005년 춘천지검 원주지청 검사 2009년 법무부 법무심의관실 검사 2012년 인천지검 검사(법무부 정책기획단 파견) 2013년 인천지검 부부장검사 2014년 서울중앙지검 부부장검사 2015년 의정부지검 형사5부장 2016년 법무부 법무과장 2017년 同검찰과장 2018년 서울중앙지검 형사2부장 2019년 대검찰청 대변인(현)

**권순찬(權順贊)**

(생)1975·4·4 (출)부산 (주)서울특별시 강남구 테헤란로 117 KB손해보험 스타즈(02-6900-2395) (학)성지공고졸, 성균관대졸, 신라대 대학원졸 (경)1995년 후쿠오카 하계유니버시아드대회 남자배구 국가대표 1997~2002년 삼성화재 블루팡스 배구단 소속 1999~2001년 상무 신협 배구단 소속 1997년 시칠리아 하계유니버시아드대회 남자배구 국가대표 2002~2006년 울산제일고 배구부 코치 2007~2009년 성지공고 배구부 감독 2009~2012년 서울 우리캐피탈 드림식스 배구단 코치 2012년 러시앤캐시 드림식스 배구단 코치 2013~2015년 인천 대한항공 점보스 코치 2015년 KB손해보험 스타즈 배구단 코치 2017년 同감독(현)

**권순창 KWON Soon Chang**

(생)1965 · 2 · 12 (주)대구광역시 북구 대학로 80 경북대학교 경상대학 경영학부(053-950-5417) (학)1987년 경북대 회계학과졸 1991년 미국 유타주립대 경영대학원 경영학과졸 1999년 회계학박사(경북대) (경)1996~2005년 세명대 회계학과 교수 2005년 경북대 경상대학 경영학부 교수(현) 2006

~2009년 대구시의회 자문교수 2006~2009년 대구지방국세청 위원 2007년 국세청 세무사시험 출제검정위원 2008~2011년 한국산업인력관리공단 세무사시험 출제검정위원 2009년 북대구세무서 위원 2008~2012년 경북대 경상대학 부학장·학부장 2009~2010년 금융감독원 공인회계사시험 출제위원 2011~2012년 한국사학진흥재단 경영컨설팅위원회 위원 2012~2014년 경북대 기획처 재정기획부처장 2014년 同기획처장 겸 재정관리실장 2014년 同생활협동조합 이사 2019년 同경상대학장(현)

**권순탁(權純卓)**

(생)1967·4·27 (본)안동(安東) (출)경북 경주 (주)대구광역시 수성구 달구벌대로 2421 3층 권순탁법률사무소(053-763-6300) (학)1986년 포항제철고졸 1991년 서울대 법학과졸 (경)1991년 사법시험 합격(33회) 1994년 사법연수원 수료(23기) 1994년 軍법무관 1997년 대구지법 판사 2001년 同경주지원 판사 2003년 대구지법 판사 2005년 대구고법 판사 2007년 대구지법 판사 2009년 同안동지원장 2011년 대구지법 부장판사 2016년 대구가정법원 부장판사 2017~2019년 대구지법 서부지원장 2019년 변호사 개업(현)

**권순태(權純泰) KWON Soon Tae**

(생)1962·12·28 (출)경북 경주 (주)경상북도 안동시 경동로 1375 안동대학교 총장실(054-820-7000) (학)경북고졸 1984년 경북대 농화학과졸 1986년 同대학원 농화학과졸 1992년 농화학박사(경북대) (경)1989~1992년 일본 츠쿠바 생물자원연구소 연구원 1993년 안동대 생명자원과학부 원예육종학전공 전임강사·조교수·부교수, 同생명자원과학부 원예육종학전공 교수(현) 1995~1996년 미국 켄터키대 객원교수 2003~2004년 미국 캘리포니아대 데이비스교 객원교수 2005~2007년 미국 퍼듀대 객원교수 2014~2015년 한국자원식물학회 회장 2015년 안동대 자연과학대학 부속농장장 겸 농학특성화지원센터장 2015~2018년 同산학협력단장 2017~2018년 同LINC+사업단장 2019년 同총장(현) (저)'원예작물 번식과 생물산업'(2005, 안동대 농업과학기술연구소)

**권순태(權純台) KWON, SOONTAE**

(생)1965·6·5 (본)안동(安東) (출)충남 청양 (주)세종특별자치시 다솜3로 95 정부세종청사 2동 4층 조세심판원 제15심판조사관실(044-200-1894) (학)1984년 대전고졸 1993년 성균관대 경제학과졸 2005년 서울시립대 대학원 조세정책과 수료 2011년 영국 버밍엄대 사회정책대학원 정책학과졸 (경)1996~2012년 내무부·행정자치부·행정안전부 세정과·세제과·심사과·도세과등 근무 2013년 세종특별자치시 행복나눔과장 2015년 同균형발전국 청춘조치원과장 2015년 同안전행정복지국 자치행정과장 2017년 행정안전부 차세대지방세정보시스템구축추진단 부단장 2018년 同지방세특례제도과 감면운영팀장 2019년 국무조정실 조세심판원 제15심판조사관(과장급)(현)

**권순학(權純學) Kwon, Soon Hak**

(생)1964·1·26 (출)경북 안동 (주)서울특별시 종로구 종로 33 그랑서울 미래에셋자산운용 비서실(02-3774-1600) (학)한양대 법대졸, 핀란드 헬싱키경제경영대학원(HSE) 경영학과졸(MBA) (경)삼성증권 근무 2004년 미래에셋투자신탁운용 입사 2005년 同마케팅2본부장(이사대우) 2006년 미래에셋자산운용 마케팅2본부장(이사대우) 2008년 同리테일2본부장(상무보) 2009년 同리테일1본부장(상무) 2010년 同경영관리부문 대표(상무) 2013년 同법인마케팅부문 대표(전무) 2015년 同투자솔루션부문 대표(부사장)(현)

**권순한(權純漢) KWON Soon Han**

(생)1943·11·2 (출)경북 봉화 (주)서울특별시 강남구 영동대로 511 (주)소이상사(02-551-5631) (학)1962년 안동고졸 1970년 한국외국어대 서반아어과졸 1974년 성균관대 무역대학원 무역학과졸 1996년 중소기업진흥공단 최고경영혁신과정 수료 2000년 한국외국어대 최고경영자과정 수료 2002년 서울대 최고경영자과정 수료 2002년 고려대 컴퓨터과학기술대학원 수료 (경)1974~1980년 대창교역(주) 상무이사 1980~1983년 정원정밀공업(주) 설립·상무이사 1983년 (주)소이상사 설립·대표이사 회장(현), (주)소이테크 대표이사 2004~2006년 한국수입업협회 회장 2011~2017년 한국외국어대총동문회 회장 2014년 駐韓코스타리카 명예영사(현) (상)보건사회부장관표창(1996), 대통령표창(1996), 자랑스러운 외대인상(2004), 석탑산업훈장(2005), 이탈리아 기사작위훈장(2007), 루마니아 교육훈장 코멘다도르(2007), 안동대 최고경영자대상(2009)

**권순형(權純亨) Kwon Soon Hyung**

(생)1967·12·9 (본)안동(安東) (출)대구 (주)서울특별시 서초구 서초중앙로 157 서울고등법원(02-530-1114) (학)1986년 대구 덕원고졸 1991년 서울대 법학과졸 1995년 同대학원졸 2003년 미국 버지니아대 로스쿨졸(LL.M.) 2006년 서울대 대학원 박사과정 수료 (경)1990년 사법시험 합격(32회) 1993년 사법연수원 수료(22기) 1993년 육군 법무관 1996년 대구지법 판사 1998년 同칠곡군법원 판사 1999년 同경주지원 판사 2001년 대구지법 판사 2004년 법원행정처 법정심의관 2005년 同등기호적담당관 2006년 대구고법 판사 2008년 대구지법 부장판사 2009년 대법원 재판연구관 2011년 대구지법 부장판사 2015년 대구지법 김천지원장·대구가정법원 김천지원장 2016년 부산고법 창원재판부 부장판사 2018년 서울고법 부장판사(현) (상)한국법학원 법학논문상(2009)

**권순호(權純虎) Soon Ho KWON**

(생)1963·2·19 (출)충북 청주 (주)서울특별시 용산구 한강대로23길 55 HDC현대산업개발(주)(02-2008-9114) (학)1983년 우신고졸 1987년 성균관대 건축학과졸 (경)1989년 현대산업개발(주) 입사 2007년 同고객만족팀장 2012년 同부장 2014년 同상무 2015년 HDC아이서비스(주) 인테리어·조경사업본부장(상무) 2017년 현대산업개발(주) QCS·안전환경관리담당 상무 2018년 同건설사업본부장(전무) 2018년 HDC현대산업개발(주) 각자대표이사 전무(현)

**권순호(權純祜) KWON Soonho**

(생)1970·11·21 (본)안동(安東) (출)부산 (주)서울특별시 서초구 서초중앙로 157 서울중앙지방법원(02-530-1114) (학)1989년 부산남일고졸 1994년 서울대 법학과졸 1999년 同대학원 법학과 수료 (경)1994년 사법시험 합격(36회) 1995~1997년 사법연수원 수료(26기) 1997~2000년 공군 법무관 2000년 서울지법 서부지원 판사 2002년 서울중앙지법 판사 2004년 대구지법 경주지원 판사 2006년 미국 워싱턴대 Visiting Scholar 2007년 대구지법 김천지원 판사 2008년 서울고법 판사 2010년 법원행정처 기획조정실 국제심의관 2012년 창원지법 부장판사 2013년 대법원 재판연구관 2015년 수원지법 부장판사 2017년 서울중앙지법 부장판사(현)

**권순황(權純晄) KWON Soon Hwang**

(생)1958·10·13 (본)안동(安東) (출)서울 (주)서울특별시 영등포구 여의대로 128 LG전자(주) BS사업본부(02-3777-1114) (학)서라벌고졸, 성균관대 통계학과졸 (경)1984년 금성사 입사 2002년 LG전자(주) 캐나다법인장(부장) 2004년 同캐나다법인장(상무) 2006년 同북미지역본부 DA브랜드팀장(상무) 2008

년 同DA본부 세탁기마케팅팀장(상무) 2009년 同HA본부 세탁기마케팅팀장(전무) 2009년 同ESP(호주)법인장(전무) 2010년 同BS사업본부장(전무) 2010년 同서남아지역 대표 겸 인도제판법인장(전무) 2012년 同인도법인장(전무) 2015년 同HE사업본부 ID사업부장(전무) 2015년 同HE사업본부 ID(Information Display)사업부장(부사장) 2018년 同B2B사업본부장(사장) 2018년 同BS사업본부장(사장)(현)

**권승조(權承祖) Kwon Seoungjo**

(생)1976 (주)서울특별시 강남구 테헤란로 521 파르나스타워 27층 카카오IX(1577-6263) (학)서울대 산업디자인학과졸 (경)프리챌 근무 2002년 네이버 입사, 同디자인센터장, 同이사 2011년 NHN Arts 대표이사 2013년 라인플레이(주) 대표이사 2018년 카카오프렌즈(주) 대표이사 2018년 카카오IX 대표이사(현)

**권승화(權勝和) GWEON Seung Wha**

(생)1957 · 3 · 22 (출)부산 (주)서울특별시 영등포구 여의공원로 111 태영빌딩 EY한영 회장실(02-3787-6700) (학)1975년 용산고졸 1982년 연세대 경영학과졸 1985년 同대학원 경영학과졸 (경)1987~1989년 Ernst & Young LA Office 공인회계사 1995~1998년 同공인회계사 2001~2004년 영화회계법인 Global Corporate Finance본부장(전무이사) 2004~2005년 同부대표 2005년 한영회계법인 부대표 2006년 회계법인 Ernst & Young 한영 대표이사 2015년 EY한영 회장(현) (상)연세대 상경·경영대학동창회 '자랑스런 연세상경인상'(2014), 한국회계학회 회계학실무 공로상(2017) (종)기독교

**권양숙(權良淑·女) KWON Yang Suk (大德華)**

(생)1947 · 12 · 23 (본)안동(安東) (출)경남 마산 (주)경상남도 김해시 진영읍 봉하로 107 (재)아름다운봉하 이사장실(055-344-1004) (학)부산 계성여상졸 (경)2003~2008년 대통령 영부인 2003~2008년 사회복지공동모금회 명예회장 2003~2008년 대한암협회 명예회장 2004~2008년 국제백신연구소(IVI) 한국후원회 명예회장 2005년 독일 프랑크푸르트국제도서전 주빈국 행사조직위원회 명예위원장 2007년 예술의전당 명예후원회장 2009년 (재)아름다운봉하 이사장(현) 2011년 세계청소년환경연대 명예이사장 (상)스페인 최고훈장(2007) (종)불교

**권양희(權亮希 · 女) Kwon Yang-hee**

(생)1970 · 12 · 26 (출)경북 안동 (주)서울특별시 서초구 강남대로 193 서울가정법원(02-2055-7114) (학)1989년 송현여고졸 1993년 서울대 독어교육과졸 (경)1998년 사법시험 합격(40회) 2001년 사법연수원 수료(30기) 2002년 서울지법 예비판사 2003년 同서부지원 판사 2005년 울산지법 판사 2008년 의정부지법 고양지원 판사 2010년 서울중앙지법 판사 2012년 서울가정법원 판사 2016년 同부장판사(현)

**권 업(權 業) KWON Up**

(생)1954 · 7 · 11 (출)경북 예천 (주)대구광역시 동구 동대구로 475 대구테크노파크 원장실(053-757-4100) (학)경북고졸 1981년 고려대 경제학과졸 1986년 미국 조지아주립대 경영대학원 경영학과졸 1992년 경영학박사(미국 앨라배마대) (경)1981년 호남정유 기획부 근무 1986년 산업연구원 첨단산업실 연구원 1992년 계명대 경영대학 경영학전공 교수(현) 2006년 同기획정보처장 겸 정보화책임관 2008년 同경영대학장 2008년 同총장보좌역 2014년 대구테크노파크 원장(현) (상)미국 앨라배마대 최우수논문상(1992), 한국중소기업학회 학술상(1999), 한국산업경영학회 학술상(2005), 한국소비문화학회 최우수논문상(2005) (저)'소프트웨어산업의 구조와 발전방향'(1987) '합섬직물의 국제마케팅 강화방안'(1995) '기업환경과 경영일반(共)'(1997) '세방화환경에 대응한 산학협동의 전략과 과제'(1999) '지식기반사회의 새로운 산학협동 패러다임(共)'(2000) '대구지역 IT산업의 비전과 전략'(2005)

**권영걸(權寧傑) Young Gull KWON (如山)**

(생)1951·3·15 (본)안동(安東) (출)경북 안동 (주)서울특별시 종로구 평창문화로 70 서울예술고등학교(02-2287-0500) (학)1969년 보성고졸 1976년 서울대 미술대학 응용미술학과졸 1979년 同환경대학원 환경조경학과 수료 1984년 미국 캘리포니아대(UCLA) 대학원 디자인학과졸 2001년 건축공학박사(고려대) (경)1980~1989년 동덕여대 미술대학 산업디자인학과 전임강사·조교수·부교수 1985년 同산업미술연구소장 1987년 서울대 산업디자인학과 강사 1989년 이화여대 미술대학 장식미술학과 실내환경디자인전공 부교수 1991년 同산업미술대학원 교학부장 1994~1998년 同조형예술대학 디자인학부 환경디자인전공 교수 1998~2014년 서울대 미술대학 디자인학부 공간디자인전공 교수 2000년 同디자인학부 주임교수 2003~2007년 同미술대학장 겸 조형연구소장 2004년 (사)한국색채학회 회장 2005년 국회 공공디자인문화포럼 공동대표 2005년 (재)광주비엔날레 이사 2005~2009년 한국홀로그램작가협회 회장 2006년 (사)한국공공디자인학회 초대 회장·명예회장(현) 2006년 (사)한국색채학회 명예회장(현) 2007~2009년 서울시 디자인서울총괄본부장(부시장급) 2009~2012년 同서울디자인재단 이사장 2009~2011년 서울대 평의원 2009년 국가미래정책포럼 재단이사 2009년 세계디자인경영연구원 재단이사 2010년 대통령직속 녹색성장위원회 위원 2012~2014년 서울대 미술관장 2014~2016년 (주)한샘 사장 겸 최고디자인경영자(CDO) 2014~2015년 한국양성평등교육진흥원 여성인재양성센터 외래교수 2016~2019년 계원예술대 총장 2019년 서울예술고 교장(현) (상)황조근정훈장(2007), 지식경제부 디자인대상(2007), Korea CEO Summit 창조경영대상(2009), 한국디자인단체총연합회 디자인발전공로상(2009), 대한민국디자인대상 디자인경영부문 대통령표창(2015), 서울시 문화상(2017) (저)'색의 언어'(1986) '바우하우스'(1986) '디자인과 논리'(1987) '건축 인테리어 시각표현 사전(共)'(1995) '컬러리스트-이론편(共)'(2001) '色色가지 세상(共)'(2001) '공간디자인 16講'(2001) '이제는 色이다!(共)'(2002) '色이 만드는 미래(共)'(2002) '성공하는 기업의 컬러마케팅(共)'(2003) '공간 속의 디자인, 디자인 속의 공간(共)'(2003) '색채와 디자인 비즈니스'(2004) '한·중·일의 공간조영 : 우리의 공간유전자를 찾아서'(2006) '권영걸교수의 공공디자인 산책'(2008) '서울을 디자인한다'(2010) '나의 국가디자인전략'(2013) '신문명디자인'(2016) (역)'조형연습 : 3차원 형태의 실험'(1993) '디자인 원론'(1995) '기업·디자인·성공'(2002) (작)'서울올림픽 영광의벽'(1988) '대전엑스포 인간과과학관 상징탑·자원활용관'(1993) 'Rapids Ride-Amazon Express'(1995) '국립중앙도서관 정보 Service Center'(1996) '무주리조트 환경디자인 총괄'(1996) '영종도 신공항 배후지원단지 책임연구'(1998) '제주 신영영화박물관'(1999) '교육인적자원혁신박람회 서울대학교관'(2005) '보성중고 힘차게 앞서는 보성 수레바퀴 기념조형물'(2006) '서울대 개교60주년 S&YOU 기념조형물'(2006) '디자인 Pony Chung Innovation Awards 상패·메달'(2007) '대한민국 국정지표'(2008) (종)기독교

**권영근(權寧根) KWON Young Guen**

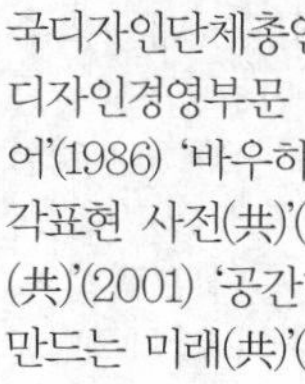

(생)1964 · 4 · 5 (본)안동(安東) (출)경북 안동 (주)서울특별시 서대문구 연세로 50 연세대학교 생명시스템대학 생화학과(02-2123-5697) (학)1988년 서울대 화학교육학과졸 1994년 생화학박사(미국 뉴욕주립대 버펄로교) (경)1990~1994년 미국 뉴욕주립대(Buffalo) Research Assistant 1994~1996년 미국 록펠로대 Post-Doc. 1996~1997년 同Research Associate 1997~2000년 한림대 환경·생명과학연구소 조교수 2000~2004년 강원대 생명과학부 조교수·부교수 2002~2003년 同학부장 겸

생화학과 전공주임 2004년 연세대 생명시스템대학 생화학과 교수(현) 2014년 연세대 대학원 생명과학부 주임교수(현) 2014년 同BK21플러스 생체기능시스템사업단장(현) 2005~2008년 한국생화학 분자생물학회 총무간사 2005~2012년 한국인간프로테옴기구(KHUPO) 재무위원장 · 부회장 · 감사 2009~2013년 국가과학기술위원회 전문위원 2010~2012년 연세대 생명시스템대학 생화학과장 2010~2011년 한국분자세포생물학회 Associate Editor 2011~2013년 국가과학기술위원회 생명복지전문위원회 위원 2011~2015년 범부처신약개발사업단 이사 2011~2013년 교육과학기술부 자체평가위원회 위원 2012~2016년 한국보건산업진흥원 비상임이사 2014~2015년 혈관학회 회장 2014~2018년 국가과학기술연구회 기획평가위원 2016년 생화학분자생물학회 운영위원장 2019년 한국과학기술한림원 정회원(현) (상)보건복지부장관표창(2011), 대통령표창(2012), 미래창조과학부장관표창(2015), 동헌생화학상(2018)

### 권영길(權永吉) KWON Young Ghil

(생)1941 · 11 · 5 (본)안동(安東) (출)일본 야마구치 (주)서울특별시 동대문구 황물로 103 킹스타빌딩 417호 (사)평화철도와나아지는살림살이(070-4623-3325) (학)1961년 경남고졸 1969년 서울대 농대 잠사학과졸 (경)1967년 대한일보 기자 1971년 서울신문 기자 1981~1987년 同외신부 · 제2사회부 · 사회부 기자 · 파리특파원 1987년 同외신부 차장대우 1988년 전국언론노동조합연맹결성준비위원회 위원장 1988~1994년 전국언론노동조합연맹 위원장 1990~1996년 전국업종노동조합회의 의장 1993~1995년 전국노동조합대표자회의 공동대표 1995~1997년 전국민주노동조합총연맹 위원장 1997년 국민승리21 제15대 대통령후보 출마 1997년 同대표 1999년 민주노동당 상임대표 2000년 同창원乙지구당 위원장 2000~2004년 同대표 2002년 同제16대 대통령 후보 2004년 제17대 국회의원(경남 창원乙, 민주노동당) 2005년 민주노동당 비상대책위원장 2005년 한 · 중의원친선협회 부회장 2006년 민주노동당 원내대표 2006년 한반도평화와통일을 실천하는의원모임 공동대표 2007년 민주노동당 제17대 대통령 후보 2008~2012년 제18대 국회의원(경남 창원乙, 민주노동당 · 통합진보당) 2008년 국회 호민관클럽 공동대표 2008~2009년 경남대 북한대학원 초빙교수 2010년 민주노동당 원내대표 2010년 국회 교육과학기술위원회 위원 2012년 경남도지사 출마(보궐선거, 무소속) 2013~2015년 창원대 사회과학대학 사회학과 강의초빙교수 2013~2019년 (사)권영길과나아지는살림살이 이사장 2019년 (사)평화철도와나아지는살림살이 이사장(현) (상)안종필 자유언론상(1990), 서울언론상, 4.19혁명상(1997), 정의평화상(1997), 5.18기념재단 윤상원상(1997), 천주교들빛회 정의평화상(1997), 국정감사 NGO모니터단 우수의원상(2004 · 2008 · 2009) (저)'권영길과의 대화'(일빛출판사) (종)천주교

### 권영노(權寧老) Kwon Young No

(생)1962 · 12 · 23 (주)경기도 수원시 영통구 삼성로 130 삼성SDI(주)(031-8006-3100) (학)용산고졸, 성균관대 산업심리학과졸 (경)삼성전자(주) 경영컨설팅실담당 임원, 同감사팀 상무 2012년 同감사팀 전무 2013년 삼성전기(주) LCR사업부 경영지원팀장(전무) 2013년 同미래전략실 경영진단팀장(전무) 2013년 同경영지원실장(전무) 2015~2016년 同경영지원실장(부사장) 2017년 삼성SDI(주) 경영지원실장(부사장)(현)

### 권영대(權寧大) Kwon Young-dae

(생)1963 · 5 · 15 (주)서울특별시 종로구 사직로8길 60 외교부 인사운영팀(02-2100-7146) (학)1989년 서울대 서양사학과졸 1997년 미국 조지아주립대 대학원 정치학과졸 (경)1992년 외무고시 합격(26회) 1998년 駐애틀랜타 영사 2000년 駐이란 1등서기관 2005년 駐독일 1등서기관 2007년 외교통상부 문화외교국 문화외교정책과장 2009년 2022월드컵축구대회유치위원회 대외협력국장(파견) 2011년 2012여수세계박람회조직위원회 참가관리부장(파견) 2013년 駐브라질 공사참사관 2015년 駐케냐 대사 2018년 駐레바논 대사(현) (상)녹조근정훈장(2013) (종)불교

### 권영두(權永斗) KWON Young Doo

(생)1950 · 5 · 17 (본)안동(安東) (출)광주 (주)광주광역시 광산구 하남산단4번로 123-17 화천기공(주) 사장실(062-951-5111) (학)1969년 성북고졸 1973년 성균관대 기계공학과졸 (경)1975년 화천기공(주) 입사 1989년 同부공장장 겸 기술연구소장 상무 1994년 同공장장 1995년 同기술연구소장 부사장 1997년 同대표이사 사장(현) 2015~2018년 광주상공회의소 부회장 2017년 한국공작기계산업협회 회장(현) (상)장영실상(1995), 산업포장(1998), 동탑산업훈장(2009) (종)불교

### 권영만(權寧滿) KWON Young Man

(생)1954 · 4 · 15 (본)안동(安東) (출)경북 포항 (주)서울특별시 중구 서소문로 111 삼영빌딩 16층 인커뮤니케이션 임원실(02-362-9500) (학)1980년 중앙대 광고홍보학과졸 1986년 同대학원 PR광고학과졸, 미국 워싱턴주립대 최고경영자과정(International Advertising Professional Program) 수료 (경)희성산업 근무, 보령제약 근무, (주)대홍기획 광고본부 국장 2000년 同인테리티브국장, 同미디어본부장, 同BTL본부장 겸 마케팅연구소장(이사대우) 2012년 인커뮤니케이션 대표이사(현) (상)국무총리표창(1999)

### 권영만(權寧萬)

(생)1964 · 8 · 14 (주)광주광역시 광산구 용아로 112 광주지방경찰청 청문감사담당관실(062-609-2719) (학)1987년 경찰대졸 2006년 전남대 행정대학원졸 (경)전남 순천경찰서 경비교통과장, 광주남부경찰서 정보보안과장, 광주지방경찰청 홍보담당관 2010년 전남지방경찰청 정보통신담당관 2011년 전남 함평경찰서장 2013년 전남지방경찰청 수사과장 2014년 전남 해남경찰서장 2015년 광주지방경찰청 홍보담당관 2016년 광주남부경찰서장 2017년 광주지방경찰청 정보과장 2019년 同청문감사담당관(현)

### 권영모(權寧模) KWON Young Mo

(생)1953 · 11 · 25 (본)안동(安東) (출)대구 (주)서울특별시 중구 남대문로 63 법무법인 광장(02-772-4446) (학)1972년 경복고졸 1976년 서울대 화학공학과졸 1978년 同대학원 법학과 수료 1994년 미국 워싱턴주립대 School of Law졸(LL.M.) (경)1984년 사법시험 합격(26회) 1987년 사법연수원 수료(16기) 1987~1991년 중앙국제법률사무소 변호사 1991년 국제특허연수원 강사 1991~2005년 제일국제법률사무소 변호사 1994년 미국 Anderson Kill & Olick법률사무소 변호사 1996년 대한상사중재원 중재인(현) 1997~2000년 아시아변리사회(APAA) 한국협회 이사 2002~2018년 한국국제지적재산보호협회(AIPPI KOREA) 이사 · 부회장 2004년 대한변리사회 개방대책위원장 2005년 법무법인 광장 변호사(현) 2012년 국가지식재산위원회 전문위원 2012년 대한변호사협회 전문분야 등록심사위원장 2012년 법무부 국제투자 · 지식재산권법률자문단 자문위원(현) 2012년 특허법원 사법행정자문위원(현) 2013년 한국과학기술원(KAIST) 지식재산대학원(MIP) 겸임교수(현) 2017년 대한변호사협회 지식재산연수원장(현) 2018년 한국공학한림원 IP전략위원회 위원(현) (종)기독교

**권영민(權寧珉) KWON Young Min**

(생)1948·10·5 (본)안동(安東) (출)충남 보령 (주)서울특별시 관악구 관악로 1 서울대학교 인문대학 국어국문학과(02-880-6049) (학)1967년 홍성고졸 1971년 서울대 국어국문학과졸 1975년 同대학원졸 1983년 문학박사(서울대) (경)1971년 중앙일보에 '오노마토포이아의 문학적 한계성'으로 문단 등단 1977년 덕성여대 전임강사 1980년 단국대 문리대학 조교수 1981~2012년 서울대 국어국문학과 부교수·교수 1985년 미국 하버드대 옌칭연구소 초빙교수 1987~1992년 월간 '문학사상' 편집주간 1992년 미국 캘리포니아대 버클리교 동아시아연구소 객원교수 1995~2000·2006년 월간 '문학사상' 편집주간(현) 1998년 방송위원회 연예오락심의위원회 심의위원 2000~2002년 서울대 인문대학장 2004년 미국 하버드대 초빙교수 2005~2007·2009~2011년 문화재위원회 근대문화재분과 위원 2005~2007년 저작권심의조정위원회 위원 2007년 일본 도교대 초빙교수 2012년 서울대 명예교수(현) 2012년 단국대 석좌교수 2012년 한국문학번역원 이사 2013~2014년 대통령소속 문화융성위원회 인문정신문화특별위원회 문학위원 2015년 미국 버클리 캘리포니아대(UC버클리) 방문교수 (상)진단학회 제정 두계학술상, 서울문화예술평론가상, 현대문학상 평론부문, 김환태 평론문학상, 현대불교문학상, 제10회 만해대상 학술부문(2006), 시와시학상 평론상(2009), 서울대 학술연구상(2009), 옥조근정훈장(2012), 제5회 우호인문학상 한국문학부문(2013), 세종문화상 학술부문(2017), 유심작품상 특별상(2017) (저)'오노마토포이아의 문학적 한계성' '한국현대문학비평사' '한국 근대문학과 시대정신'(1983) '소설의 시대를 위하여' '해방 40년의 문학' '한국근대소설론연구' '해방직후의 민족문학운동연구' '한국민족문학론연구' '월북문인연구' '소설과 운명의 언어' '한국문학 50년' '한국현대문학사1·2'(2002) '한국현대문학대사전'(2004) '문학사와 문학비평'(2009) '이상 전집'(2009) '문학의 이해'(2009) 산문집 '작은 기쁨' (종)불교

**권영민(權寧民) Gwon, young min**

(생)1964·1·9 (본)안동(安東) (출)전북 정읍 (주)대구광역시 동구 첨단로 80 중앙교육연수원(053-980-6700) (학)1983년 남성고졸 1988년 전주교육대 교육학과졸 1996년 인하대 교육대학원 교육학과졸 2004년 교육학박사(인하대) (경)2009년 교육부 교육연구관 2011년 同동북아역사대책팀장 2013년 LA한국교육원장 2017년 교육부 역사교육정상화추진단 대외협력팀장 2017년 同동북아교육대책팀장(장학관) 2017년 同교육과정운영과장 2018년 同교육과정정책과장 2019년 同중앙교육연수원 장학관(현) (상)대통령표창(2009), 근정포장(2018) (저)'한국교육과정의 이해와 개발'(2005, 대한교과서) '한국교육과정의 이해와 적용'(2005, 서울멀티넷)

**권영상(權寧相) KWON Young Sang**

(생)1953·4·10 (본)안동(安東) (출)강원 강릉 (학)강릉상고졸, 강릉교육대졸, 관동대 국어국문학과졸, 성균관대 대학원졸 (경)1979년 강원일보 신춘문예 당선·아동문학가(현), 소년중앙문학상 당선, 한국문학 당선, 시대문학 당선, MBC금성동화문학회 회장, 한국동시문학회 부회장, 한국아동문학인협회 부회장, 배문중 국어교사(2013년 퇴직) 2019년 한국동시문학회 회장(현) (상)한국동시문학상, 계몽사아동문학상, 세종아동문학상(1989), 새싹문학상(1991), MBC동화대상(1993), 은하수동시문학상, 한국아동문학상(2009), 소천아동문학상(2010), 열린아동문학상(2017), 방정환문학상(2019) (저)'윤동주 시의 원형적 탐구' '김종상론 대지와 그리움의 미학' 동화집 '내 별에는 풍차가 있다', '춤추는 원숭이 치치', '개미꼬비', '수피', '둥글이 누나' 동시집 '신발코 속에는 새앙쥐가 산다', '실 끝을 따라가면 뭐가 나오지', '구방아, 목욕 가자', '잘 커다오, 꽝꽝나무야'(2009), '엄마와 털실뭉치'(2012), '나만 몰랐네'(2016), '아, 너였구나'(2017), '도깨비가 없다고?'(2019), '멸치똥'(2019) (종)불교

**권영석(權寧碩) Kwon, Young Shuk**

(생)1964·1·2 (본)안동(安東) (출)경북 안동 (주)인천광역시 남동구 미래로 14 연합뉴스 인천취재본부(032-439-3450) (학)1982년 서울고졸 1988년 서울대 국어국문학과졸 2000년 서강대 대학원 국제관계학과졸 2013년 북한대학원대 정치통일학 박사과정 수료 (경)1991년 연합뉴스 입사 1992년 同경제부 기자 1995년 同사회부 기자 1996년 同국제뉴스부 기자 2002년 同홍콩특파원(차장대우) 2007년 同베이징특파원(차장) 2010년 同편집국 특별취재팀장 2011년 同통합뉴스국 기획취재팀장 2011년 연합뉴스TV 보도국 경제부장 2013년 同편집국 증권부장 2014년 同편집국 북한부장 2014~2017년 한국수출입은행 북한개발연구센터 객원연구위원 2015년 연합뉴스 논설위원(부국장대우) 2015~2017년 통일부 정책자문위원 2016년 연합뉴스 미디어여론독자부장(부국장대우) 2016년 同국제뉴스부 부국장대우 2018년 同편집국 경제에디터 2018년 同평양지국개설준비위원회 위원 겸임(현) 2018년 한국기자협회 남북언론교류특별추진단 수석부단장(현) 2019년 연합뉴스 인천취재본부장(선임)(현)

**권영선(權寧鮮) KWON Young Sun**

(생)1934·5·9 (본)안동(安東) (출)충북 음성 (주)서울특별시 성동구 서울숲길 41 대한상운(주) 비서실(02-464-3151) (학)1955년 음성고졸 1977년 경희대 경영행정대학원 경영학과 수료 1977년 서울대 경영대학 최고경영자과정 수료 1979년 성균관대 행정대학원 교통학과 수료 1979년 연세대 경영대학 최고경영자과정 수료 1981년 전국경제인연합회 국제경영원 최고경영자과정 수료 1983년 고려대 경영대학 최고경영자과정 수료 1987년 세종대 경영대학원 최고경영자과정 수료 1990년 서강대 경영대학원 최고경영자과정 수료 1991년 한양대 경영대학원 최고경영자과정 수료 1995년 건국대 경영대학원 최고경영자과정 수료 (경)1969~1971년 한흥운수(주) 대표이사 1971년 대한상운(주) 대표이사 회장(현) 1975년 삼부개발(주) 대표이사 회장(현) 1977~1998년 서울택시운송사업조합 이사 1980~1982년 연세대 경영대학 최고경영자과정동문회 회장 1982~1984년 (주)시장슈퍼체인 대표이사 1982~2017년 안동권씨중앙종친회 부회장 1982~2010년 在京충북협회 이사 1983~1991년 서울지검 동부지청 청소년선도위원 동부지역 회장 1983~1991년 在京음성군민회 부회장 1984~1991년 직장새마을운동 성동구협의회장 1984~2000년 동부경찰서 보안지도위원장 1985~1987년 성균관대 경영대학원 총동창회 부회장 1986~1988년 범국민올림픽추진위원회 운영위원 1986~1993년 직장새마을운동 중앙협의회 운영위원 1987~1988년 교통선교회 부회장 1988~1989년 국제라이온스 309A지구 소공라이온스클럽 회장 1988~1995년 직장새마을운동 서울시협의회 회장 1989~2011년 서울동부지법 조정위원 부회장 1989~1995년 서울시 성동구방위협의회 부회장 1989~1995년 새마을운동중앙협의회 이사 겸 자문위원 1990~1995년 서울시 성동구체육회 부회장 1991~1998년 한국지역사회개발학회 운영이사 1991~1992년 직장새마을운동중앙협의회 회장 직대 1991~1996년 在京음성중·고 동문회장 1991년 민주평통 위원(현) 1991년 국제라이온스 309A지구 11지역1지대위원장 1991~1995년 성동소식사 사장 1991~1995년 민주평통 성동구교육홍보분과위원장 1992~1997년 在京음성군민회 회장 1992~1994년 서울시 자랑스러운시민상·공무원상 공적심사위원 1992~2000년 서울지검 동부지청 청소년선도자문위원회 부회장 1993년 서울고속(주) 충북 대표이사 회장(현) 1994~1995년 서울지검 동부지청 범죄예방자원봉사협의회장 1994년 도산아카데미 연구원 재정운영위원(현) 1995~2005년 직·공장 새마을운동중앙협의회 회장 1995~1997년 경제정의실현시민연합 교통광장운영위원 1995~2005년 새마을금고중앙회 이사 겸 부회장 1995년 서울시 광진구체육회 부회장·상임고문(현) 1995~1999년 서울시 광진구방위협의회 부의장 1995년 충북버스사업조합 부이사장(현) 1995~1999년 민주평통 광진구협의회 부회장 1995년 광진문화원 이사·원장·고문(현) 1996년 광진장

학회 이사(현) 1997~1999년 서울시 한강보존자문위원회 시민참여분과위원장 1997~2009년 민주평통 상임위원 1998년 안동권씨 능동장학회 이사(현) 1998~2010년 충북운수연수원 부이사장 1998~2003년 제2의건국범국민추진위원회 광진구추진위원장 1999~2010년 서울시택시운송사업조합 이사 겸 운영위원장 2000~2005년 서울동부지검 범죄예방위원회 자문위원장 2000~2008년 21세기국정자문위원회 자문위원 2000년 서울 동부경찰서 행정발전위원회 위원장·고문(현) 2000~2005년 선진교통문화범국민실천운동 광진구추진위원회 위원장 2001년 (재)평화통일장학회 이사(현) 2001~2004년 (사)충북경영자총협회 회장 2003~2007년 열린우리당 국정자문위원회 자문위원 2003년 민주평통 광진구협의회 회장·고문(현) 2005년 법무부 범죄예방위원 서울동부지역협의회 회장·고문(현) 2005~2006년 同범죄예방위원 전국연합회 부회장 2005~2010년 학교법인 충청학원(충청대학) 이사 2005~2015년 서울동부지법 민사조정위원회 부회장·회장 2005~2012년 새마을사랑모임중앙회 상임대표·공동대표 2005년 서울시 재향경우회자문위원회 고문(현) 2006~2008년 서울시 성동교육청 교육행정자문위원장 2007~2012년 새마을운동중앙회 후원회장 2007~2010년 제2회 아차산고구려축제 추진위원 2008~2014년 서울대 총동창회 이사 2009~2012년 충청향우회중앙회 부총재 2009~2011년 (재)평화통일장학회 이사장 2011~2017년 안동권씨대종원 부총재 2011~2014년 새마을운동세계화사업 기금운용위원 2012~2015년 서울동부지법 조정위원 회장 2013~2014년 국제외교안보포럼 부이사장 2014년 법무부 법사랑위원 서울동부지역연합회 고문위원(현) 2014년 서울대 총동창회 종건이사(현) 2014년 오송국제바이오산업엑스포 명예홍보대사 2015년 택시운송사업조합 자문위원회 위원(현) 2016~2017년 박정희탄생100돌기념사업추진위원회 추진위원 2017년 도산아카데미 자문위원(현) [상]서울시장표창(1981·1983~1988·1990·1991·1993·1997·2001(2회)·2004·2006·2011), 대통령표창(1983·1987·1994), 새마을훈장 협동장(1984), 동력자원부장관표창(1985), 국무총리표창(1986·2001·2009·2010), 교통부장관표창(1986), 충북도지사표창(1986·1999·2004·2013), 철탑산업훈장(1987), 대통령 감사장(1988), 내무부장관표창(1988), 자랑스러운서울시민 서울정도600년 600인 선정(1994), 바르게살기 국민본상(1994), 광진구민 대상(1995), 음성군 군민대상(1999), 새정치국민회의 총재표창(1999), 행정자치부장관 감사장(2000), 법무부장관표창(2001), 새마을훈장 자조장(2003), 건설교통부장관표창(2003), 청주경제정의실천시민연합 정도상(2003), 대통령 공로장(2005), 도산 경영상(2006), 국토해양부장관표창(2009), 국민훈장 동백장(2011)

**권영세(權寧世) KWON Young Sae**

[생]1953·2·13 [출]경북 안동 [주]경상북도 안동시 퇴계로 115 안동시청 시장실(054-840-6601) [학]1971년 경북고졸 1976년 영남대 법학과졸 1978년 경북대 대학원 행정학과 수료 2011년 명예 경영학박사(미국 코헨대) [경]1977년 행정고시 합격(21회) 1978년 경북 월성군 근무 1982년 경북도 송무·상공·교육원·기획계장 1990년 同병무담당관 1994년 경북 영양군수 1997년 대통령비서실 근무 1999년 경북 안동시 부시장 2002년 월드컵문화시민운동중앙협의회 운영국장 2004년 소방방재청 기획관리관 2005년 同정책홍보관리관 2005년 同정책홍보본부장 2006~2009년 대구시 행정부시장 2010~2014년 경북 안동시장(한나라당·새누리당) 2010년 경북사과주산지시장군수협의회 회장 2012년 (재)안동축제관광조직위원회 공동이사장 2014~2018년 경북 안동시장(새누리당·자유한국당·무소속) 2018년 경북 안동시장(무소속)(현) [상]경북도지사표창, 내무부장관표창, 대통령표창, 한국을 빛낸 창조경영인 상생경영부문(2013), 한국박물관협회 특별공로상(2013), TV조선 한국의 영향력 있는 CEO(2015·2016·2019), 월간중앙 2016 대한민국CEO리더십대상 글로벌경영부문(2015), 대한민국 글로벌리더대상 인성교육부문 대상(2017), 지방자치행정대상 조직위원회 '2017 지방자치행정대상'(2017), 아시아태평양도시 관광진흥기구(TPO) 관광산업리더부문 베스트 어워드(2017)

**권영세(權寧世) Kwon Youngse**

[생]1959·2·24 [출]서울 [주]서울특별시 강남구 테헤란로92길 7 법무법인(유) 바른(02-3479-7597) [학]1977년 배재고졸 1981년 서울대 법대졸 1997년 同대학원 법학과졸 2001년 미국 하버드대 케네디스쿨 행정학과졸 [경]1983년 사법시험 합격(25회) 1985년 사법연수원 수료(15기) 1989년 예편(공군대위) 1989년 수원지검 검사 1991년 춘천지검 강릉지청 검사 1992년 독일 연방법무부 파견 1992년 전주지검 검사 1993년 법무부 특수법령과 검사 1994년 서울지검 검사·국가안전기획부 파견 1997년 대검찰청 검찰연구관 1998년 서울지검 부부장검사 1999년 변호사 개업 2001년 미국 하버드대 로스쿨 Visiting Scholar 2002년 법무법인 바른 변호사 2002년 한나라당 서울영등포구乙지구당 위원장 2002년 제16대 국회의원(서울 영등포구乙 보궐선거 당선, 한나라당) 2004년 제17대 국회의원(서울 영등포구乙, 한나라당) 2004년 한나라당 법률지원단장 2004~2007년 국회 과학기술연구회장 2005년 한나라당 전략기획위원장 2006~2007년 同최고위원 2006년 同참정치운동본부 공동본부장 2008~2012년 제18대 국회의원(서울 영등포구乙, 한나라당·새누리당) 2008년 한나라당 사무총장 2009~2010년 同서울시당 위원장 2010년 국회 정보위원장 2011~2012년 한나라당·새누리당 사무총장 2012년 제19대 국회의원선거 출마(서울 영등포구乙, 새누리당) 2012년 새누리당 제18대 대통령중앙선거대책위원회 종합상황실장 2013~2015년 駐중국 대사 2015년 법무법인(유) 바른 변호사(현) 2015년 새누리당 서울영등포구乙당원협의회 운영위원장 2016년 제20대 국회의원선거 출마(서울 영등포구乙, 새누리당) 2017년 자유한국당 서울영등포구乙당원협의회 운영위원장 [저]'통일독일·동구제국의 몰수재산 처리'(共) [역]'서독 기민/ 기사당의 동방정책'(2010, 나남)

**권영수(權暎壽) KWON Young Soo**

[생]1957·2·6 [출]서울 [주]서울특별시 영등포구 여의대로 128 LG트윈타워 (주)LG(02-3777-1114) [학]1975년 경기고졸 1979년 서울대 경영학과졸 1981년 한국과학기술원(KAIST) 경영대학원 산업공학과졸 [경]1979년 LG전자(주) 입사 1988년 同GSEI(미국법인) 부장 1995년 同CD-Player OBU장 1996년 同세계화담당 이사 1998년 同M&A추진Task팀장 1999년 同금융담당 겸 경영지원담당 상무보 2000년 同재경팀장(상무) 2002년 同재경담당 부사장 2003년 同재경부문장(CFO·부사장) 2006년 同재경부문장(CFO) 겸 총괄사장 2007년 LG필립스LCD(주) 공동대표이사 사장 2008~2011년 LG디스플레이(주) 대표이사 사장 2009~2012년 한국디스플레이산업협회 회장 2011~2015년 LG화학 전지사업본부장(사장) 2012년 한국스포츠산업협회 회장 2014~2016년 KAIST경영대학총동문회 회장 2016~2018년 (주)LG유플러스 대표이사 부회장 2017~2018년 한국전파진흥협회(RAPA) 회장 2018년 (주)LG COO(최고운영책임자·부회장) 2018년 同대표이사 부회장(현) 2018년 (주)LG유플러스 기타비상무이사(현) 2019년 (주)LG전자 이사회 의장(현) 2019년 同기타비상무이사(현) [상]정진기언론문화상 과학기술연구부문대상(2009), 제46회 무역의날 금탑산업훈장(2009), KAIST 올해의 동문상(2011), GWP 최고경영자상(2011), 국방부 감사패(2016) [저]'마음 담은 책'(2009)

**권영열(權永烈) KWON Young Yual**

[생]1946·7·11 [출]광주 [주]서울특별시 서초구 방배로 46 화천기계(주) 회장실(02-523-7766) [학]1965년 광주고졸 1969년 한양대 공과대학 전기공학과졸 [경]1969년 화천기공사 입사 1975년 同상무이사 1977년 同전무이사 1978년 화천금속(주) 대표이사 사장 1988년 화천기공(주) 부사장 1989년 同대표이사 사장 1989년 화천기어공업(주) 대표이사 사장 1989년 한국공작기계산업협회 부회장 1989년 화천기계공업(주) 대표이사 사장 1991년 광주상공회의소 부회장 1997~2011년 화천기계공업

(주) 회장 1999년 한국공작기계공업협회 회장 2005년 한국무역협회 비상근부회장 2006년 서울대 · 한국공학한림원 선정 '한국을 일으킨 엔지니어 60인'에 선정 2006년 한국도심공항터미널(주) 사외이사 2008년 한국공작기계산업협회 명예회장 2008년 한국기계산업진흥회 부회장 2011년 화천기계(주) 회장(현) (상)산업포장, 부총리 겸 재정경제원장관표창, 한국경영인협회 가장존경받는 기업인상(2012), 금탑산업훈장(2017) (종)기독교

## 권영원(權寧源) KWON Young Weon

(생)1957 · 11 · 9 (본)안동(安東) (출)경북 영양 (주)경상북도 포항시 북구 삼호로 85 경상매일신문(054-253-7744) (학)1976년 영양고졸 1989년 고려대 자원개발대학원 수료 2003년 경북대 정책정보대학원 언론홍보학과졸 (경)1980년 포항MBC 아나운서 · 기자, 同보도제작국 차장 · 부장 1999년 한국교통방송(TBN) 보도제작부장 2003년 同부산방송 편성제작국장 2009년 同방송사업본부장(상임이사) 2009~2012년 同방송본부장 2011년 YTN DMB 이사 2012년 중부대 객원교수 2012년 성결대 객원교수 2013년 복지TV 부사장 2014년 한국교통방송(TBN) 창원교통방송본부장, 同대표 2016~2017년 경남매일(주) 대표이사 사장 2018년 경상매일신문 사장(현) (상)포항문화방송사장표창 (종)불교

## 권영윤(權寧允) KWON Young Yun

(생)1961 · 3 · 12 (본)안동(安東) (출)경북 문경 (주)세종특별자치시 호려울로 19 스마트허브Ⅲ 6층 세종특별자치시 환경정책과(044-300-4210) (학)2012년 연세대 대학원 도시행정학과졸(석사) (경)2009년 행정안전부 감사관실 지방감사팀장 2012년 세종특별자치시 감사관 2014년 同의회사무처 행정복지위원회 전문위원 2018년 同시설관리사업소장(서기관) 2019년 同환경정책과장(현) (상)대통령표창, 국무총리표창

## 권영일(權寧一) KWON YOUNG IL

(생)1962 · 8 · 17 (주)경기도 안양시 동안구 엘에스로 127 LS타워 3층 LS전선아시아(주) 임원실(031-428-0288) (학)서울 환일고졸, 연세대 기계공학과졸 (경)LS전선(주) 설비기술그룹장(수석연구원), 同생산기술센터장(이사), 同생산기술센터 연구위원(상무) 2015년 同생산1본부장(상무) 2016년 同중국지역본부장(상무) 2018년 同해저사업본부장(전무) 2019년 LS전선아시아(주) 대표이사 사장(CEO)(현) (상)국무총리표창(2010)

## 권영종(權寧鍾) KWAN Young Jong

(생)1963·10 (출)경북 영천 (주)서울특별시 영등포구 여의나루로4길 18 키움증권(주) 임원실(02-3787-5000) (학)1988년 서울대 경제학과졸 1998년 미국 캘리포니아대 데이비스교 대학원 경제학과졸 (경)1988~1998년 한국은행 근무, 금융감독원 은행감독국 신탁감독팀장 2007~2008년 흥국생명보험 상근감사위원 2008년 (주)예가람상호저축은행 전무 2009년 채권금융기관조정위원회 사무국장 2016년 키움증권(주) 감사총괄 전무(현)

## 권영준(權泳俊) KWON Young June

(생)1952 · 5 · 15 (출)대구 (주)인천광역시 연수구 송도문화로 119 한국뉴욕주립대학교 경영학과(032-626-1956) (학)1976년 서울대 경제학과졸 1986년 경영학박사(미국 펜실베니아대) (경)1986년 미국 Univ. of Alabama 조교수 1988년 고려종합경제연구소 이사 1990~1999년 한림대 재무금융학과 부교수 · 교수 1993년 한국선물학회 편집위원장 1993~2000년 재정경제부 금융발전심의위원 1999년 한국재무학회 공동편집위원장 1999년 경희대 경영대학 경영학부 교수 2000년 경제정의실천시민연합 금융개혁위원장 2001년 한국선물학회 부회장 2002년 경제정의실천시민연합 정책위원장 2002년 同상임집행위원장 2002년 재정경제부 세제발전심의위원 2003년 한국선물학회 회장 2005년 한국증권선물거래소 사외이사 2008년 경제정의실천시민연합 중앙위원회 부의장 2008~2010년 同경제정의연구소 이사장 2009년 공정거래위원회 경쟁정책자문위원 2012년 한국외환은행 사외이사 2014~2018년 경제정의실천시민연합 중앙위원회 의장 2015~2016년 KEB하나은행 사외이사 2017년 한국뉴욕주립대 경영학부 교수(현) 2017년 금융소비자권익제고자문위원회 위원장(현) 2017년 방송통신위원회 방송미래발전위원회 제1분과(공영방송지배구조개선) 경영회계분야 위원(현) 2018년 경제정의실천시민연합 공동대표(현) (상)서울대총장표창 (저)'21세기 한국금융의 경쟁력 강화방안' '비리와 합리의 한국사회' (종)기독교

## 권영준(權寧晙) KWON Young Joon

(생)1961 · 10 · 1 (출)경기 양평 (주)충청남도 천안시 동남구 순천향6길 31 순천향대학교 천안병원 정신건강의학과(041-570-2280) (학)1986년 순천향대 의대졸 1994년 同대학원졸 2000년 의학박사(순천향대) (경)1990~1992년 지방공사 홍성의료원 정신과장 1993년 순천향대 의과대학 정신건강의학교실 조교수 · 부교수 · 교수(현) 2006~2014년 同천안병원 정신건강의학과장 2012년 同천안병원 교수협의회장(현) 2014~2016년 대한정신약물학회 회장 2014년 순천향대 의과대학 정신건강의학교실 주임교수(현) 2015년 대한우울조울병학회 감사(현) 2016년 대한정신약물학회 고문(현) 2018년 순천향의료원 교수협의회 회장(현) (상)보건복지부장관표창(2016)

## 권영준(權寧俊) KWON YOUNGJUN

(생)1969 · 8 · 10 (본)안동(安東) (출)서울 (주)서울특별시 서초구 반포대로 158 서울중앙지방검찰청 총무과(02-530-4771) (학)1987년 경희고졸 1991년 고려대 법학과졸 (경)2007년 서울서부지검 조사과장(검사직대) 2009년 서울중앙지검 검사직대 2010년 인천지검 검사직대 2010년 대검찰청 연구관(서기관) 2012년 서울중앙지검 기록관리과장 2014년 同조사과장 2015년 同수사제1과장 2017년 대검찰청 과학수사부 디지털수사과 서기관 2017년 同범죄정보기획관실 서기관(대통령비서실 파견) 2018년 법무부 반부패비서관실 부이사관(대통령비서실 민정수석실 파견) 2019년 서울중앙지검 총무과장(현) (종)천주교

## 권영준(權英俊) Kwon Young Joon

(생)1970 · 10 · 14 (출)서울 (주)서울특별시 관악구 관악로 1 서울대학교 법학전문대학원(02-880-4081) (학)1989년 대건고졸 1994년 서울대 법대 사법학과졸 2000년 同법과대학원졸 2004년 미국 하버드대 Law School졸(LL.M.) 2006년 법학박사(서울대) (경)1993년 사법시험 수석합격(35회) 1996년 사법연수원 수료(25기) 1996~1999년 해군 법무관 1999년 서울지법 판사 2002년 同동부지원 판사 2003년 대구지법 판사 2006년 수원지법 판사 2006년 법원행정처 기획조정실 판사 2006~2010년 서울대 법과대학 조교수 2009~2014년 법무부 민법개정위원회 위원 2010~2015년 서울대 법학전문대학원 부교수 2010~2014년 UN 국제상거래법위원회 정부대표 2012~2015년 한국저작권위원회 위원 2012~2014년 서울대 법학전문대학원 기획부원장 2012년 법무부 정책자문위원 2015년 서울대 법학전문대학원 교수(현) 2015~2016 · 2017년 네이버 제5 · 6기 개인정보보호위원회 위원(현) 2017년 금융위원회 금융발전심의회 금융산업혁신분과 위원(현) (상)한국민사법학회 율촌학술상(2008), 한국법학원 법학논문상(2009) (저)'인터넷과 법률'(2000, 현암사) '저작권침해판단론'(2007, 박영사) '권리의 변동과 구제'(2009, 박영사) 'Introduction to Korean Law'(2012, Springer) 등 10권(공저 포함) (종)기독교

### 권영직(權寧稙) KWON Young Jik

(생)1939·9·10 (본)안동(安東) (출)서울 (주)경상북도 경주시 공단로69번길 11 광진상공 비서실(054-770-4114) (학)1958년 서울대사대부고졸 1963년 고려대 상학과졸 1995년 포항공과대 최고경영자과정 수료 (경)1963년 협신BOLT 근무 1973~1996년 광진상공 설립·대표이사 1997년 同대표이사 회장(현) (상)금탑산업훈장

### 권영진(權英眞) KWON Young Jin

(생)1958·10·24 (주)서울특별시 강남구 테헤란로 432 DB생명보험(주) 영업부문(02-3011-4131) (학)1977년 경복고졸 1984년 동국대 수학과졸 (경)1983년 대한교육보험 영업소 지부장 1989년 동부생명보험 입사 1995~2000년 同영업기획팀장·AM영업팀장·경영기획팀장 2000~2002년 同AM영업팀장·감사팀장 2002년 同준법감시인 2004~2006년 同경영혁신팀장·마케팅팀장 2006년 同FP사업본부장(상무) 2009년 同마케팅실장(상무) 2014년 同GA사업본부장(상무) 2016년 同GA사업본부장(부사장) 2016년 同영업부문장(부사장) 2017년 DB생명보험(주) 영업부문장(부사장)(현) 2018년 同신채널사업본부장 겸임(현)

### 권영진(權泳臻) KWON Young Jin

(생)1962·12·20 (출)경북 안동 (주)대구광역시 중구 공평로 88 대구광역시청 시장실(053-803-2003) (학)1980년 대구 청구고졸 1986년 고려대 영어영문학과졸 1990년 同대학원 정치외교학과졸 1999년 정치학박사(고려대) (경)1987년 고려대 대학원 총학생회 초대회장 1990~1997년 통일원 통일정책보좌관(5급) 1997~1998년 고려대 평화문제연구소 연구원 1999~2000년 한나라당 여의도연구소 연구위원 2003년 同여의도연구소 기획위원 2003~2004년 同대표 특별보좌관 2003~2005년 同미래연대 공동대표 2003~2005년 미래사회연구소 소장 2004년 제17대 국회의원선거 출마(서울 노원구乙, 한나라당) 2005~2006년 한나라당 서울시당 조직강화특별위원장 2005~2006년 同정책위원회·교육위원회 부위원장 2005~2008년 서울디지털대 행정학과 교수 2006~2007년 서울시 정무부시장 2007년 한나라당 이명박 대통령후보 서울노원구乙선거대책위원장 2007~2008년 당현천지킴이봉사단 자문위원장 2008~2012년 한나라당 서울노원구乙당원협의회 운영위원장 2008~2012년 제18대 국회의원(서울 노원구乙, 한나라당·새누리당) 2008~2009년 한나라당 제6정책조정위원회 부위원장 2009년 同빈곤없는나라만드는특별위원회 탈북자문제해결팀장 2009년 대한장애인배구협회 회장 2009년 한나라당 통일위원장 2010~2012년 서울시장애인체육회 부회장 2010년 한나라당 서울시당 공천심사위원(비례대표) 2010년 同서민정책특별위원회 기획단장 2011년 同비상대책위원 2011년 同여의도연구소 부소장 2012년 새누리당 서울노원구乙당원협의회 운영위원장 2012년 새누리당 여의도연구소 상임부소장 2012년 同제18대 대통령중앙선거대책위원회 종합상황실 기획조정단장 2013년 여의도연구원 부원장 2014~2018년 대구광역시장(새누리당·자유한국당) 2014~2018년 (사)대구·경북국제교류협의회(DGIEA) 공동의장 2015~2019년 한국상하수도협회 회장 2015년 대구사회복지공동모금회 명예회장 2015~2016년 전국시·도지사협의회 부회장 2018년 대구광역시장(자유한국당)(현) 2019년 대한민국시도지사협의회 회장(현) (상)황조근정훈장(2010), 의정행정대상 국회의원부문(2010), 시민일보 의정대상(2010), NGO 모니터단 국정감사 우수위원(2010·2011), 대한민국헌정상 우수상(2011), 여성유권자연맹 자랑스러운 국회의원상(2011), 경향신문 제18대 국회 의정활동 종합평가 우수의원(2012), 서울신문 서울석세스대상 광역단체장대상(2014), 한국의 최고경영인상 미래창조경영부문(2014), TV조선 '한국의 영향력 있는 CEO'(2015), 한국을 빛낸 창조경영 대상 글로벌분야(2015), 지방자치행정대상 광역자치단체장부문 우수상(2015), 대한민국 글로벌리더대상(2016), 대한민국 국회 나눔대상(2017) (저)'개천에서 용만들기'(2011, 블루프린트) '가능하다'(2014, 국커뮤니케이션) (역)'예방적 방위전략-클린턴 정부의 대한반도 정책'(共)

### 권영찬(權寧贊)

(생)1964·8·20 (주)충청남도 아산시 탕정면 삼성로 181 삼성디스플레이 임원실(041-535-1114) (학)경북 문창고졸, 한양대 물리학과졸, 한국과학기술원(KAIST) 경영학과졸(석사) (경)삼성전자(주) LCD마케팅팀 부장 2007년 同LCD글로벌운영팀장(상무보) 2008년 同LCD글로벌운영팀장(상무) 2012년 同SESL법인장 2012년 삼성디스플레이 LCD SDSZ법인장(전무), 同모듈센터장(전무) 2015년 同모듈센터장(부사장)(현) 2016년 同베트남(SDV)법인장 겸임

### 권영철(權寧哲) KWON Yeong Cheol

(생)1971·9·26 (주)서울특별시 용산구 이태원로 22 駐韓미군기지이전사업단(02-748-5094) (학)1994년 경북대 행정학과졸 2008년 미국 미주리대 컬럼비아교 대학원 공공정책학과졸(석사) (경)1993년 행정고시 합격(37회) 2004년 국방부 정책기획관실 군비통제담당관실 서기관 2008년 同전력정책관실 전력조정평가팀장(서기관) 2008년 同국제정책관실 동북아정책과장 2012년 同기획조정실 기획총괄담당관 2013년 同기획조정실 기획총괄담당관(부이사관) 2015년 同인사복지실 보건정책과장 2016년 同전력자원관리실 전력정책관실 전력정책과장 2017년 국방대 교육파견(고위공무원) 2017년 국방부 보건복지관 2019년 同駐韓미군기지이전사업단 근무(고위공무원)(현)

### 권영학(權寧學) KWEON YOUNGHAK

(생)1968·7·3 (본)안동(安東) (출)경남 밀양 (주)대전광역시 서구 청사로 189 중소벤처기업부 시장상권과(042-481-4559) (학)1987년 밀양고졸 1994년 동의대 행정학과졸 (경)1994년 공무원 임용(7급 공채) 2005년 중소기업청 창업제도과·해외시장과·정책총괄과 행정사무관 2009년 同경영지원국 기업금융과 행정사무관 2012년 同건강관리지원팀장(서기관) 2013년 대전충남지방중소기업청 창업성장지원과장 2014년 중소기업청 경영판로국 공공구매판로과 서기관 2015년 同대변인 2017년 중소벤처기업부 홍보담당관 2018년 경남지방중소벤처기업청장 2019년 중소벤처기업부 시장상권과장(현) (상)중소기업특별위원장표창(2003), 국가경쟁력강화위원장표창(2010), 국무총리표창(2013)

### 권영한(權寧漢) KWUN Young Han

(생)1952·4·15 (본)안동(安東) (출)경북 경주 (주)서울특별시 강남구 테헤란로 305 한국기술센터 15층 한국공학한림원(02-6009-4000) (학)1970년 경북고졸 1977년 서울대 전기공학과졸 1984년 미국 텍사스대 오스틴교 대학원 전기공학과졸 1986년 전기공학박사(미국 텍사스대 오스틴교) 1988년 미국 텍사스대 오스틴교 대학원 경제학과졸 (경)1977년 현대중공업 입사 1979년 한국동력자원연구소 연구원 1983년 미국 텍사스공익사업규제위원회 연구원 1986~1999년 한국전기연구소 정책연구실장·선임연구부장 1996년 통상산업부 정책자문위원 1997년 한국공학한림원 원로회원(현) 1998년 미국 DOE Oak Ridge국립연구소 객원연구위원 1999년 한국전기연구소 소장 1999년 미국 세계인명사전 'Marquis Who's Who in the World'에 등재 2000년 한국에너지공학회 부회장·감사·이사 2000년 한국자원경제학회 부회장 2001~2005년 한국전기연구원 원장 2001~2005년 산업자원부 부품소재통합연구단 이사 2002~2005년 기초전력연구소 이사 2002년 한국과학기술원 이사 2003~2004년 대한전기학회 감사 2003~2004년 국가균형발전위원회 자문위원 2003년 한국기술혁신학회

회장 2003년 텔레메트릭스산업포럼 위원장 2005년 한국전기연구원 전문위원 2005년 산업자원부 전력IT기술개발사업 총괄관리전문위원 2007~2009년 (재)전력IT사업단 단장 2009~2017년 한국전기연구원 연구위원 (상)국무총리표창(1993), 과학기술부 선정 우수연구원(1998), 전기문화대상(1999), 과학기술훈장 웅비장(2005), 대한민국녹색에너지대상 학술부문(2009) (종)천주교

### 권영해(權寧海) KWON Young Hae

(생)1937·9·9 (본)안동(安東) (출)경북 경주 (주)서울특별시 용산구 한강대로52길 25-8 대한민국통일건국회(02-442-0001) (학)1955년 경주고졸 1959년 육군사관학교졸(15기) 1970년 육군대학졸 1983년 서울대 행정대학원 발전정책과정 수료 (경)1978년 연대장 1981년 여단장 1984~1986년 사단장 1986~1988년 3군 참모장 1988년 3군부사령관 1988년 88서울올림픽 지원사령관 1988년 예편(소장) 1988년 국방부 기획관리실장 1990년 同차관 1993년 同장관 1994년 한국야구위원회 총재 1994~1998년 국가안전기획부장 2011년 북한민주화위원회 상임고문(현) 2013~2017년 (사)대한민국건국회 회장 2016년 나라사랑기독인연합 상임의장(현) 2017년 새누리당 공동대표 2017년 (사)대한민국통일건국회 회장(현) 2019년 대한민국수호예비역장성단 공동대표(현) (상)화랑무공훈장, 보국훈장 통일장, 국방대상 충성상, 수교훈장 광화장 (저)'지휘요론' (종)기독교

### 권영호(權泳豪) KWON Young Ho

(생)1954·10·26 (본)안동(安東) (출)광주 (주)광주광역시 광산구 하남산단8번로 127-15 서암기계공업(주) 비서실(062-951-0081) (학)1973년 광주고졸 1977년 한양대 신문방송학과졸 (경)1980년 화천기공(주) 입사 1989년 同창원공장 총무부장 1994년 同관리이사 1997년 화천기어공업(주) 대표이사 2000년 서암기계공업(주) 대표이사(현) (종)불교

### 권영효(權寧烋)

(생)1961·7·18 (출)경기 의왕 (주)강원도 춘천시 동내면 장안길 51 춘천소년원(033-261-9201) (학)한성대 무역학과졸, 경희대 산업정보대학원졸 (경)1988년 공무원 임용(9급 공채) 2008년 사무관 승진 2010년 춘천소년원 서무과장 2012년 안양소년원 교무과장 2014년 서울소년분류심사원 행정지원과장 2017년 춘천소년원 춘천청소년비행예방센터장 2018년 안양소년원 행정지원과장 2019년 광주소년원 교무과장(서기관) 2019년 춘천소년원장(현)

### 권영희(權瑛姬·女)

(생)1959·5·24 (주)서울특별시 중구 세종대로 125 서울특별시의회(02-3702-1400) (학)동국대 대학원 약학 박사과정 수료 (경)서초구약사회 회장 2014년 서울시의원선거 출마(비례대표, 새정치민주연합), 더불어민주당 중앙위원회 위원 2018년 서울시의회 의원(비례대표, 더불어민주당)(현) 2018년 同기획경제위원회 부위원장(현) 2018년 同윤리특별위원회 위원(현) 2018년 서울시농수산식품공사 사장 후보자 인사청문특별위원회 위원(현) 2019년 서울시의회 예산결산특별위원회 위원(현)

### 권오갑(權五甲) KWON Oh Kab

(생)1947·5·22 (본)안동(安東) (출)경기 고양 (주)경기도 수원시 영통구 광교로 109 한국나노기술원(031-546-6000) (학)1966년 고양종합고졸 1975년 서울대 금속공학과졸 1977년 同행정대학원졸 1984년 미국 조지워싱턴대 대학원졸 2006년 이학박사(고려대) (경)1977년 행정고시 합격(21회) 1979년 과학기술처 행정사무관 1985년 同국제협력담당관 1987년 同원자력정책과장 1988년 同행정관리담당관 1989년 同기술이전담당관 1992년 駐미국 과학참사관 1995년 기상청 기획국장 1995년 과학기술처 기초연구조정관 1996년 同기술협력국장 1996년 OECD 과학기술정책위원회 부의장 1997년 과학기술처 기술정책국장 1998년 과학기술부 기초과학인력국장 1998년 同과학기술정책국장 1999년 국가과학기술자문회의 사무처장 2001년 과학기술부 기획관리실장 2003~2004년 同차관 2004~2007년 한국과학재단 이사장 2004년 미국 조지워싱턴대 한국총동문회장 2008년 한양대 석좌교수 2010년 서울대 초빙교수, 한국과학기술원(KAIST) 자문위원 2010년 한국나노기술원 이사장(현) 2012년 한국기술경영연구원 원장 2013~2017년 (사)과학사랑희망키움 회장 2015년 (사)과우회 회장(현) (상)홍조근정훈장(1998), 한국공학한림원 일진상(2015) (저)'경제강국, 과학기술만이 답이다'(2008) (종)기독교

### 권오갑(權五甲) KWON Oh Gap

(생)1951·2·10 (본)안동(安東) (출)경기 성남 (주)서울특별시 종로구 율곡로 75 현대기아차사옥 본관 14층 현대중공업지주(주) 부회장실(02-746-4501) (학)1969년 효성고졸 1975년 한국외국어대졸 1994년 울산대 산업경영대학원졸 (경)1975~1978년 해병대 근무(중위 전역) 1978년 현대중공업(주) 입사 1990~1997년 학교법인 울산공업학원·현대학원 사무국장 1997년 울산대·현대학원 법인이사(현) 1997~2010년 현대중공업(주) 서울사무소장(이사·상무·전무·부사장) 2008~2016년 (주)현대중공업스포츠 대표이사 사장 2009~2016년 (사)한국실업축구연맹 회장 2010~2014년 현대오일뱅크(주) 대표이사 사장 2013년 (사)한국프로축구연맹 총재(현) 2014~2017년 현대중공업(주) 대표이사 사장 겸 그룹 기획실장 2014년 한국경영자총협회 부회장(현) 2015~2018년 한국프로스포츠협회 초대회장 2017년 현대중공업지주(주) 대표이사 부회장(현) 2019년 한국조선해양 대표이사(현) (상)한국외국어대 챌린지상(2010), 한국외국어대 '자랑스러운 외대인상'(2011), 에너지산업대상(2011), 한국자원경제학회 학술상 대상(2012), 한국외국어대 언론인상(2012), 제21회 다산경영상 전문경영인부문(2012), 제49회 무역의 날 은탑산업훈장(2012), 한국외국어대학교상(2019) (종)불교

### 권오경(權五敬) Kwon Oh-Kyung

(생)1955·4·7 (출)경남 (주)서울특별시 성동구 왕십리로 222 한양대학교 공과대학 융합전자공학부(02-2220-0359) (학)1978년 한양대 전자공학과졸 1985년 미국 스탠퍼드대 대학원 전자공학과졸 1988년 전자공학박사(미국 스탠퍼드대) (경)1980년 금성전기(주) 기술연구소 연구원 1983년 미국 Stanford Univ. Research Assistant 1987년 미국 Texas Instruments Cooperate Research Development Engineering Div. 책임연구원 1992년 한양대 공과대학 융합전자공학부 교수(현) 1994~1999년 지식경제부 LCD기반기술개발사업 모듈분야 총괄책임자 1997~1999·2005~2009년 대한전자공학회 부회장 2007년 한국공학한림원 정회원(현) 2008~2010년 한양대 제2공과대학장 2010~2011년 한국정보디스플레이학회 회장 2010~2011년 한양대 공학대학원장 겸 공과대학장 2011~2012년 同교학부총장 2011~2014년 한국공학한림원 부회장 2014~2017년 한국과학기술단체총연합회 부회장 2015년 한국공학한림원 상임부회장 2017·2019년 同회장(현) 2018년 세계공학한림원평의회(CAETS) 차기(2020년부터) 회장 (상)KIDS Awards in IMID 2010(2010), Special Recognition Awards in SID 2011(2011), Distinguished Student Paper Award in SID 2011(2011), 한양대 제1회 백남석학상(2013), Semicon Korea Appreciation Award 2013(2013), The Best Poster Award in IMID 2014(2014), Excellent paper Awards in IMID 2014(2014), 해동학술상(2016) (저)'디스플레이 공학개론'(2006)

## 권오경(權五慶) KWON Oh Kyung

(생)1961·11·23 (주)부산광역시 금정구 금샘로485번길 65 부산외국어대학교 한국어문화학부(051-509-5939) (학)1988년 경북대 국어국문학과졸 1991년 同대학원 국어국문학과졸 1997년 문학박사(경북대) (경)1988년 문학과언어학회 지역이사 1988~1994년 대구 경명여고 교사 1994~2000년 대구대·안동대·영남대 강사 1994~1996년 울산대 강사 1995~2000년 경북대 강사·조교 2000~2001년 경일대 연구원 2001년 부산외국어대 국어국문학과 전임강사·조교수·부교수, 同한국어문화학부 교수(현) 2002~2013년 한국민요학회 총무이사·편집이사·부회장 2007년 부산외국어대 출판부장 2008년 미국 오하이오주립대 교환교수 2009년 부산외국어대 한국어문화교육원장, 한국어교육기관대표자협의회 감사 2010년 부산시 문화재위원(현) 2011년 부산외국어대 입학홍보처장 2013~2014년 同인문사회대학장 2013~2015년 同일반대학원 다문화교육학과 주임교수 2013년 同일반대학원 다문화연구소장(현) 2014~2017년 同기획처장 2015~2017년 한국민요학회 부회장 2016년 부산외국어대 특성화사업관리실장 2016~2017년 同한국어학당 원장, 同다문화사업단장(현) 2019년 同대학원장·교육대학원장·교육혁신단장·교학처장(현) (저)'영남의 소리'(1998) '민속예술의 정서와 미학'(1999) '고전시가작품교육론'(1999) '비슬산'(2000) '비슬산 속집-민속편'(2001) '고악보소재 시가문학연구'(2003) '우리시대의 고전작가'(2007) '외국인을 위한 한국문학의 이해'(2013)

## 권오경(權五景) Kwon, Oh Kyoung

(생)1961 · 12 · 21 (주)인천광역시 미추홀구 인하로 100 인하대학교 아태물류학부(032-860-7765) (학)1983년 영남대 상경대학 경영학과졸 1986년 서울대 환경대학원 환경계획학과졸 1994년 물류공학박사(미국 매사추세츠공과대) (경)1985년 한국과학기술원(KAIST) 시스템공학센터 연구원 1986~1989년 교통개발연구원 연구원 1994~2001년 同연구위원 2001년 부경대 교수 2001년 인하대 경영대학 아태물류학부 조교수 · 부교수 · 교수(현) 2006년 同물류전문대학원장 직대 2008년 同물류전문대학원 부원장 2012~2017년 한솔로지스틱스(주) 사외이사 2013~2015년 한국로지스틱스학회 회장 2016~2017년 인하대 정석물류통상연구원장 2017년 同경영대학장(현) (상)국무총리표창(1997), 한국로지스틱스대상 학술상(2003) (저)'인터넷 무역실무'(2001) '글로벌 경쟁력과 SCM전략'(2001) '21세기 도시물류 정책과 과제'(2003) 'SCM성과평가모델의 구축과 활용'(2003) '구매조달관리'(2004) '유통산업의 물류혁신과 SCM전략'(2005) '사례로 배우는 e비즈니스V'(2007) '전략적 물류경영'(2007) '항만물류계획론'(2009) '물류학원론'(2009) '공급사슬관리'(2010)

## 권오곤(權五坤) KWON O Gon

(생)1953 · 9 · 2 (본)안동(安東) (출)충북 청주 (주)서울특별시 종로구 사직로8길 39 세양빌딩 김앤장법률사무소(02-3703-1376) (학)1972년 경기고졸 1976년 서울대 법대졸 1983년 同대학원졸 1985년 미국 하버드대 법과전문대학원졸(L.L.M) (경)1977년 사법시험 합격(19회) 1979년 사법연수원 수료(9기) 1979년 서울민사지법 판사 1980년 대통령비서실 근무 1984~1988년 서울민사지법 · 서울형사지법 판사 1988년 대구고법 판사 1990년 법원행정처 법무담당관 1991년 同기획담당관 1992년 대법원 재판연구관 1993년 창원지법 부장판사 1995년 수원지법 부장판사 1997년 서울지법 동부지원 부장판사 1997~1999년 헌법재판소 연구부장 1998년 서울지법 부장판사 2000년 대구고법 부장판사 2001~2016년 舊유고슬라비아 국제형사재판소(ICTY) 재판관 2007년 영국 옥스퍼드대 국제형사사법잡지(Journal of International Criminal Justice) 편집위원(현) 2008~2012년 舊유고슬라비아 국제형사재판소(ICTY) 부소장 2009~2011년 헌법재판소 자문위원 2014년 사법정책연구원 운영위원장(현) 2016년 김앤장법률사무소 국제법연구소 초대 소장(현) 2016년 아시아헌법재판소연합 연구사무국 운영법인 이사(현) 2016~2017년 대법원 형사사법발전위원회 위원장 2017년 한국법학원 원장(현) 2017년 법무부 북한인권 관련 법률자문단 위원장(현) 2017년 대한상사중재원 중재인(현) 2017년 롯데지주(주) 사외이사(현) 2017년 국제형사재판소(ICC) 당사국총회 의장(현) 2018년 (주)효성 사외이사(현) 2018년 (재)오렌지희망재단 이사(현) (상)국민훈장 모란장(2008), 법조언론인클럽 올해의 법조인상(2009), 영산법률문화상(2011), 대한변호사협회 한국법률문화상(2013), 제14회 경암학술상 특별상(2018) (종)가톨릭

## 권오규(權五奎) KWON O Kyu

(생)1952 · 6 · 27 (본)안동(安東) (출)강원 강릉 (주)서울특별시 종로구 율곡로 75 현대차정몽구재단(02-746-0001) (학)1971년 경기고졸 1975년 서울대 경제학과졸 1981년 미국 미네소타대 대학원 경제학과졸 1998년 경제학박사(중앙대) (경)1974년 행정고시 합격(15회) 1974년 총무처 수습행정관 1975년 철도청 사무관 1976년 경제기획원 사무관 1984년 同경제교육과장 1985~1987년 IBRD 경제조사관 1987~1991년 경제기획원 경제기획국 자금계획과장 · 동향분석과장 · 인력과장 1991년 同총괄과장 · 통상1과장 · 지역1과장 1994년 同대외협력국 총괄과장 1995~1997년 대통령 정책비서관 1997~1999년 국제통화기금(IMF) 대리대사 1999~2000년 재정경제부 경제정책국장 2000~2001년 대통령 재정경제비서관 2001~2002년 재정경제부 차관보 2002~2003년 조달청장 2003~2004년 대통령 정책수석비서관 2003~2004년 신행정수도건설추진기획단 단장 겸임 2004~2006년 駐OECD대표부 대사 2006년 대통령 경제정책수석비서관 2006년 대통령 정책실장 2006~2008년 부총리 겸 재정경제부 장관 2009년 한국과학기술원(KAIST) 경영대학 금융전문대학원 초빙교수(현) 2012~2016년 한국씨티은행 사외이사 2014~2015년 아시아신탁(주) 사외이사 2014년 발벡KPL코리아 대표이사 회장(현) 2016년 한국장학재단 경영고문 2017년 삼성카드 사외이사(현) 2018년 현대중공업(주) 사외이사 2017년 현대차정몽구재단 이사 2018년 同이사장(현) (상)녹조근정훈장(1993), 청조근정훈장(2008) (저)'한국자본주의의 실상과 과제'(1991, 대한상공회의소) '우리나라 서비스산업의 개방과 과제(共)'(1992, 대한상공회의소) (종)기독교

## 권오규(權五圭) KWON Oh Kyu

(생)1952 · 11 · 14 (출)서울 (주)인천광역시 미추홀구 인하로 100 인하대학교 공과대학 전기공학과(032-860-7114) (학)1971년 보성고졸 1978년 서울대 전기공학과졸 1980년 同대학원 전기공학과졸 1985년 전기공학박사(서울대) (경)1982~1993년 인하대 공대 전기공학과 전임강사 · 조교수 · 부교수 1988년 호주 뉴캐슬대 전기전산공학과 객원교수 1993~2002년 인하대 전자전기컴퓨터공학부 전기및제어전공 교수 2001~2003년 同기획처장 2002~2018년 同전자전기공학부 전기공학과 교수 2006~2009년 同교무처장 2015~2017년 同교학부총장 2018년 同공과대학 전기공학과 명예교수(현) (저)'두 대의 PC를 사용한 자동제어 실험실습(共)'(1999) '제어시스템공학(共)'(1999) '자동제어공학(共)'(2003) 'PID제어기 설계법(共)'(2003) 'CEMTool활용 회로해석'(2004) (종)천주교

## 권오근(權五勤)

(생)1964 (출)충북 청주 (주)서울특별시 중구 세종대로 124 프레스센터빌딩 15층 언론중재위원회(02-397-3032) (학)청주고졸, 성균관대 신문방송학과졸, 同대학원 신문방송학과졸 (경)1991년 언론중재위원회 심의실 근무, 同운영본부 기획팀장, 同심리본부장, 同운영본부장 2017년 同운영본부장(사무총장 직대) 2017년 同사무총장(현) (상)문화체육관광부장관표창, 국무총리표창(2011)

**권오달(權五達) KWON Oh Dal**

(생)1938·3·3 (출)서울 (주)경기도 오산시 황새로 169 (주)대림제지 임원실(031-373-7670) (학)1962년 건국대 행정학과졸 1972년 同행정대학원 행정학과졸 (경)1976~1981년 삼원제지(주) 전무이사, 창원제지(주) 전무이사, (주)대림제지 대표이사 사장 1994년 한국제지공업협동조합 이사, 경기경영자협회 이사 2005년 (주)대림제지 부회장(현)

**권오덕(權五德) KWON Oh Deok (鉢山)**

(생)1946·5·28 (본)안동(安東) (출)서울 (주)서울특별시 서초구 서초대로 274 3000타워 10층 법무법인 우성(02-3477-3838) (학)1966년 성남고졸 1970년 고려대 법대 법학과졸 (경)1974년 사법시험 합격(16회) 1976년 사법연수원 수료(6기) 1976년 육군 법무관 1979~1983년 대전지검 검사·홍성지청 검사 1983년 부산지검 검사 1986년 서울지검 검사 1988년 대구지검 영덕지청장 1989년 同경주지청 부장검사 1990년 춘천지검 부장검사 1991년 마산지검 형사1부장 1992년 창원지검 형사1부장 1992년 사법연수원 교수 1994년 서울지검 북부지청 특수부장 1995년 同남부지청 형사2부장 1996년 同남부지청 형사1부장 1997년 서울고검 검사 1997년 춘천지검 차장검사 1998년 인천지검 부천지청 차장검사 1999년 대전고검 검사 2000~2006년 대한법률구조공단 사무총장 겸 서울지부장 2006년 법무법인 세광 대표변호사 2010~2016년 (주)신성쏠라 사외이사 2011~2016년 재향군인회 소속 향우실업(주) 고문변호사 2014년 법무법인 우성 대표변호사(현) (상)자랑스러운 성남인상(2010) (종)불교

**권오덕(權五德) KWON Oh Deok**

(생)1960·8·25 (주)대구광역시 북구 대학로 80 경북대학교 수의과대학(053-950-5956) (학)1982년 경북대 수의학과졸 1984년 同대학원 수의학과졸 1988년 수의학박사(경북대) (경)1990년 일본 도쿄대 농학부 수의내과학교실 연구원 1993~2003년 전북대 수의학과 조교수·부교수·교수 1994년 미국 유타대 의대 혈액종양학교실 교환교수 2000~2002년 경북대 부속동물병원장 2003년 同수의과대학 교수(현) 2018년 同수의과대학장(현)

**권오득(權五得) KWON Oh Deuk (陽谷)**

(생)1942·11·10 (본)안동(安東) (출)경북 의성 (주)경기도 성남시 수정구 수정로171번길 7-1 우일프라자 502호 한국복지문화교육원(031-751-4977) (학)1962년 대구 영남고졸 1968년 서울대 문리과대학 사회복지학과졸 1977년 미국 클리블랜드주립대 사회복지학과 수료 1988년 중앙대 사회개발대학원 행정학과졸 1997년 서울대 보건대학원 보건의료정책최고관리자과정 수료 (경)1968~1978년 국제양친회 한국지부·서울사무소장 1973~1979년 100만인모금걷기운동 서울지역준비위원장 1978년 한국사회복지협의회 사무총장 1980년 보건사회부 사회보장심의회 연구위원 1981~1989년 사회정화위원회 전문위원(3급 공무원) 1989년 인천지방노동위원회 상임위원 겸 부위원장(2급 공무원) 1993~1995년 同위원장 1996~1999년 의료보험연합회 상임이사 1998년 서울대총동창회 이사(현) 1999년 사회복지공동모금회 모금분과위 부위원장 2000~2002년 경산복지재단 회장 2001~2007년 평택대 사회복지학부 겸임교수 2002~2006년 경기도사회복지공동모금회 이사 겸 배분분과 위원장 2005년 비영리모금기술연구회 회장 2007년 숭실대·평택대 외래교수 2007년 경기대 외래교수 2008년 한국복지문화교육원 학점은행반·장애인활동지원보조인 교육담당 특임교수(현) (상)국무총리표창 (저)'사회복지총람(共)'(1991) '한국 사회보장제도의 재조명(共)'(1992) '사회복지시설운영론(共)'(2008) '사회복지시설경영론(共)'(2013) (종)천주교

**권오봉(權五俸) Kwon Oh Bong**

(생)1959·9·13 (출)전남 장흥 (주)전라남도 여수시 시청로 1 여수시청 시장실(061-659-3000) (학)1978년 여수고졸 1982년 고려대 경제학과졸 1984년 경희대 대학원 도시개발행정학과졸 2002년 미국 미주리대 대학원 경제학과졸 (경)1983년 행정고시 합격(26회) 1988~1992년 경제기획원 경제기획국 근무 1992~1994년 同예산실 근무 1994~1996년 재정경제원 예산실 방위예산1과 근무 1996년 통계청 산업통계2과장 2000년 해외 유학 2003년 대통령직인수위원회 파견 2003년 기획예산처 재정기획실 재정분석과장(부이사관) 2004년 同재정기획실 기획총괄과장 2005~2006년 국회 예산결산특별위원회 파견 2006년 기획예산처 디지털예산·회계시스템추진기획단장 2007년 同사회재정기획단장 2007년 울산과학기술대 이사 2008년 기획재정부 예산실 사회예산심의관 2009~2010년 同재정정책국장 2010~2012년 방위사업청 차장 2012년 지식경제부 무역위원회 상임위원 2013~2014년 전남도 경제부지사 2014년 同도지사 경제특별보좌관 2014~2015년 (사)전남대불산학융합본부 이사장 2015~2017년 광양만권경제자유구역청 청장 2018년 전남 여수시장(무소속·더불어민주당〈2019.4〉)(현) (상)녹조근정훈장(1998), 홍조근정훈장(2011)

**권오서(權五瑞) KWON Oh Suh**

(생)1948·10·28 (본)안동(安東) (출)충북 청주 (주)서울특별시 종로구 세종대로 149 광화문빌딩 16층 아름다운청소년들(02-399-3955) (학)1968년 대광고졸 1975년 감리교신학대졸 1978년 同대학원졸 1985년 미국 클레어몬트신학대 대학원졸 1986년 목회학박사(미국 클레어몬트신학대) (경)1975년 원주무실교회 담임목사 1978년 서울종교교회 부담임목사 1982~1986년 미국 유학 1986~1988년 서울은화교회 담임목사 1987~1994년 감리교신학대 선교대학원 강사 1988~2019년 춘천중앙교회 담임목사 1994~1998년 협성대 신학대학원 강사 1995~1997년 기독교춘천방송 시청자위원장 1996~2001년 춘천YMCA 이사 1996~2006년 춘천경실련 공동대표 1996~2000년 한국기독교교회협의회(KNCC) 실행위원 1998년 감리교신학대 객원교수 1998년 강원지방경찰청 경목실장 2000~2001년 강원도기독교연합회 초대회장 2000~2002년 강원도경·교회경찰협의회 회장 2001년 인도네시아 웨슬리신학대 명예총장(현) 2002~2004년 기독교대한감리회동부연회 감독 2003~2015년 CBS재단 이사·부이사장·이사장 2003~2013년 감리교신학대 이사 및 이사장 2009년 (사)아름다운청소년들 대표이사(현) 2012~2013년 기독교대한감리회동부연회 감독 직무대행 2012~2016년 원주청년관 이사장 2014년 (사)러브월드 대표이사(현) (상)동부연회 감독상 (저)'로마서가 나를 감격시킨다'(1998, 진흥출판사) '로마서가 나를 변화시킨다'(1999, 진흥출판사) '교회행정과 목회'(2008, KMC) '그리스도인의 건강한 가정'(2007, 춘천중앙교회 출판위원회) '넘어야 할 산이 있다'(2009, 대한기독교서회) '야고보의 식탁'(2012, 신앙과지성사) '어떻게 살 것인가'(2013, 신앙과지성사) '십자가의 길'(2014, 신앙과지성사) '더 좋은교회 만들기'(2015, KMC) (역)'내 백성을 보내라'(1991, 반석문화사) '성숙한 교회의 12가지 열쇠'(1997, 풍만출판사) '성서에 나타난 회심의 의미'(기독교대한감리회 선교국) '변화의 리더십'(2009, 대한기독교서회) (종)기독교

**권오석(權五石) KWON Oh Seok**

(생)1973·10·20 (출)대구 (주)서울특별시 서초구 서초대로 219 대법원(02-3480-1100) (학)1992년 경원고졸 1997년 경북대 법학과졸 2003년 서울대 대학원 법학과졸 (경)1997년 사법시험 합격(39회) 2000년 사법연수원 수료(29기) 2000년 해군 법무관 2003년 대전지법 판사 2006년 수원지법 판사 2010년 서울중앙지법 판사 2011년 사법연수원 교수 2013년 서울고법 판사 2015년 창원지법 부장판사 2016년 대법원 재판연구관(현) (저)'캐릭터에 대한 법적보호에 대한 연구'

**권오성(權五聖) KWON Oh Sung (韶巖)**

㉡1941·1·19 ㉮안동(安東) ㉯서울 ㉰서울특별시 성동구 왕십리로 222 한양대학교 국악과(02-2220-1290) ㉱1959년 경기고졸 1963년 서울대 국악과졸 1966년 同대학원졸 1994년 문학박사(한국정신문화연구원) ㉲1964~1981년 한국방송공사(KBS) 프로듀서·제작부장·라디오 FM부장 1966년 서라벌예술대 강사 1970년 한양대 강사 1970년 한국음악협회 이사 1974년 서울대 강사 1976년 유네스코 Asian Music Rostrum 심사위원 1982~2006년 한양대 음악대학 국악과 조교수·부교수·교수 1987~2004년 한국국악학회 회장 1991~2012년 국제전통음악학회 한국위원회 위원장 1993년 제32차 국제전통음악회총회 한국대표 1993년 '94국악의해' 조직위원회 부위원장 1999~2008·2014년 아시아·태평양민족음악학회(APSE) 회장 2001년 경기도 문화재위원 2001년 동북아음악연구소 소장(현) 2002년 세종문화회관 이사 2005~2007년 문화재청 문화재위원 2006년 한양대 음악대학 국악과 명예교수(현) 2008년 대한민국예술원 회원(국악·현) 2013~2014년 (재)국악방송 비상임이사 ㉳한국문화대상 특별상(1969), 옥조근정훈장(1970), 한국음악협회 국악부문 한국음악상(1998), 난계악학대상(2000), 서울시 문화상(2005), 부총리 겸 교육인적자원부장관표창(2006), 한국방송공사 국악대상 특별공로상(2007), 은관문화훈장(2010) ㉴'한국의 민속음악1·2'(共) '향토조의 선율 구조' '북한음악의 이모저모'(2001, 민속원) '소암문집1·2·3'(2006, 민속원) 'Essays on Korean Traditional Music Culture'(2008, 민속원) '한국의 종교음악'(2010, 보고사) '정철호 신민요 작곡집(共)'(2018, 채륜) '북한음악의 이모저모'(2018, 민속원) ㉵불교

**권오성(權五成) Kwon Osung**

㉡1958·1 ㉰서울특별시 성동구 성수이로24길 3 (주)신도리코(02-460-1114) ㉱1981년 한양대 경영대학졸 ㉲1984년 신도리코 입사 1997년 同동경지사장 2012년 同경영관리부문장(상무) 2016년 同생산본부장(전무) 2018년 同각자대표이사 전무(현)

**권오성(權五成) KWON Oh Sung**

㉡1962·2·14 ㉯경북 칠곡 ㉰서울특별시 강남구 영동대로 517 아셈타워 법무법인(유) 화우(02-6003-7517) ㉱1980년 영남고졸 1984년 경북대 법학과졸 1990년 同대학원 법학과졸 ㉲1990년 사법시험 합격(32회) 1993년 사법연수원 수료(22기) 1993년 대한법률구조공단 변호사 1995년 대구지검 경주지청 검사 1997년 인천지검 검사 1999년 서울지검 검사 2002년 부산지검 검사 2004년 서울서부지검 검사 2005년 同부부장검사 2006년 울산지검 특수부장 2007년 대구지검 영덕지청장 2008년 수원지검 마약·조직범죄수사부장 2009년 서울북부지검 형사6부장 2009년 서울중앙지검 특수2부장 2010년 인천지검 형사3부장 2011년 서울남부지검 형사2부장 2012년 서울중앙지검 부장검사 2012~2013년 국가경쟁력강화위원회 파견 2013년 서울고검 검사 2014년 대전지검 서산지청장 2015년 대전지검 차장검사 2016~2017년 의정부지검 고양지청장 2017년 법무법인(유) 화우 파트너 변호사(현) ㉵불교

**권오성(權五成) KWON Oh Sung**

㉡1963·4·3 ㉯서울 ㉰전라북도 전주시 완산구 서학로 50 전주교육대학교 체육교육과(063-281-7179) ㉱1986년 고려대 체육교육과졸 1990년 일본 쓰쿠바대 대학원 교육학과졸 1993년 교육학박사(일본 쓰쿠바대) ㉲1993~1994년 일본 쓰쿠바대 연구원 1994년 고려대 강사 1994년 전주교육대 체육교육과 전임강사·조교수·부교수·교수(현) 2012년 한미얀마연구회 부회장(현) ㉴'운동처방의 실제'(共) '건강을 위한 운동지침서-나에게 적합한 운동 선택법'(共) '신체기능의 조절성' ㉶'중심으로 타는 승마'(2005)

**권오성(權五晟)**

㉡1973·8·4 ㉯서울 ㉰서울특별시 성북구 보문로34다길 2 성신여자대학교 돈암수정캠퍼스 법과대학 지식산업법학과(02-920-7436) ㉱1992년 한영고졸 1997년 서울대 법대 공법학과졸 2005년 한국노동연구원 노사관계고위지도자과정 수료(제16기) 2005년 서울지방변호사회 외국법연수원 수료(제2기) 2006년 同증권금융연수원 수료(제3기) ㉲1999년 사법시험 합격(41회) 2002년 사법연수원 수료(31기) 2002~2005년 법무법인 케이씨엘 변호사 2005년 한국벤처기업협회 경영재기지원 도덕성평가 평가위원 2005~2007년 법무법인 서정 변호사 2007~2008년 법무법인 은율 구성원변호사 2007년 성신여대 법과대학 법학과 교수, 同겸임교수 2008년 법무법인 시공 변호사 2015년 성신여대 법과대학 법학과장 2017년 同법과대학장 2017년 同법과대학 지식산업법학과 교수(현)

**권오승(權五乘) KWON Oh Seung (南泉)**

㉡1950·1·12 ㉮안동(安東) ㉯경북 안동 ㉰서울특별시 서초구 효령로33길 23 링컨하우스 604호 아시아법연구소(02-3442-2216) ㉱1968년 용산고졸 1973년 서울대 법과대학 행정학과졸 1975년 同대학원 법학과졸 1987년 법학박사(서울대) ㉲1975~1978년 육군3사관학교 전임강사 1979~1980년 동아대 전임강사 1980~1992년 경희대 법대 전임강사·조교수·부교수·교수 1984~1986년 독일 프라이브르크대 객원교수 1992~2000년 서울대 법학부 조교수·부교수 1998년 미국 하버드대 방문교수 2000~2006년 한국경쟁법학회 회장 2000년 일본 와세다대 방문교수 2001~2008년 서울대 법학부 교수 2003~2006년 (사)아시아법연구소 소장 2006~2008년 공정거래위원회 위원장 2006년 한국경쟁법학회 명예회장(현) 2008~2011년 서울대 경쟁법센터장 2009~2015년 同법학전문대학원 교수 2012년 (사)아시아법연구소 이사장(현) 2012~2014년 서울대 아시아태평양법연구소장 2015년 同법학전문대학원 명예교수(현) 2017년 대한민국학술원 회원(경제법·현) ㉳국민훈장 동백장(2005), 자랑스러운 용산인상(2008), 청조근정훈장(2009) ㉴'경제법' '소비자보호법' '기업결합규제법론' 'EC 경쟁법' '공정거래법실무해설' '민법의 쟁점' '민법특강' '사법도 서비스다' '공정거래법심결례 100선'(共) '공정거래법강의Ⅰ·Ⅱ' '자유경쟁과 공정거래' '제조물책임법'(共) '공정거래와 법치' '소비자보호법'(2005) '시장경제와 법'(2006) '법으로 사랑하다'(2010, 홍성사) '독점규제법'(2010) '독점규제법 30년'(2011) '베트남의 체제전환과 법'(2013) '시장경제와 사회조화'(2015) '독점규제법 이론과 실무(共)'(2016) ㉶'독일경쟁법' ㉵기독교

**권오식(權五植) Kwon, Oh Shik**

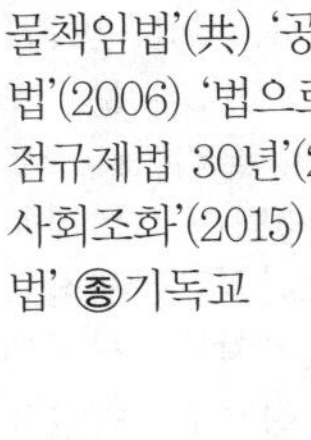

㉡1958·7·27 ㉮안동(安東) ㉯서울 ㉰경기도 성남시 분당구 분당로 55 현대중공업파워시스템(031-220-9500) ㉱한성고졸, 성균관대 영어영문학과졸 ㉲1984~1986년 현대건설(주) 사우디리야드지점 근무 1992년 同인도네시아 자카르타지사 과장 1998년 同쿠웨이트 쿠웨이트지사장(차장) 2000년 同쿠웨이트 쿠웨이트지사장(부장) 2006년 同카타르 도하지사장(상무보) 2009년 同카타르 도하지사장(상무) 2010년 同해외영업본부 상무 2012년 同해외영업본부 실장(전무) 2013~2014년 同해외영업본부장(전무) 2015년 현대중공업 플랜트영업 및 고객지원부문장(전무) 2017년 同보일러설비사업부문장 및 연대합자법인담당(전무) 2018년 현대중공업파워시스템 대표이사(현) ㉳건설교통부장관표창(2007), 대통령표창(2008) ㉵기독교

**권오연(權五然) Kwon Oh Yun**

(생)1959·10·16 (본)안동(安東) (출)서울 (학)1978년 홍익고졸 1986년 서강대 신문방송학과졸 2017년 건국대 언론홍보대학원 언론출판학과졸 (경)2000년 연합뉴스 LA특파원(차장) 2002년 同LA특파원(부장대우) 2002년 同특신부 부장대우 2004년 同정보과학부장 2005년 同사회부장 2006년 同논설위원 2008년 同편집국 경제분야 에디터(부국장대우) 2009년 同편집국 통합뉴스룸 에디터 2010년 同국제뉴스1부 기획위원 2011년 同마케팅국장 2012년 同국제국 기획위원 2013~2015년 同경영지원담당 상무이사 2016~2017년 SK이노베이션 고문 (상)서강언론동문회 서강언론인상(2014) (저)'뉴스에도 원산지가 있다(共)'(2008)

**권오열(權五烈) KWON Oh Youl**

(생)1956·5·15 (주)경상북도 안동시 풍천면 도청대로 455 경상북도청 재정실(054-880-2100) (학)1974년 영주종합고졸 1986년 한국방송통신대 행정학과졸 2002년 연세대 경제대학원졸 (경)1975~1991년 농수산부 근무 1991~2010년 재정경제원 대외조정실·예산실 투자기관관리과·예산총괄과·복지노동예산과 근무 2002년 기획예산처 총무과 사무관 2003년 同홍보담당관 2004년 同공보관실 서기관 2005년 충북도 혁신담당관 2006년 同첨단산업과장 2007년 기획예산처 업무지원과장 2007년 기획재정부 예산기준과장 2008년 同법사예산과장(서기관) 2010년 同법사예산과장(부이사관) 2010~2014년 중앙선거관리위원회 선거연수원장 2017~2018년 대한체육회 재정협력관 2018년 경북도 재정실장(현) (상)녹조근정훈장(2005)

**권오용(權五鏞) KWEON Oh Yong**

(생)1960·8·23 (본)안동(安東) (출)경북 영주 (주)인천광역시 미추홀구 학익소로 62 정동법조빌딩 504호 예인법률사무소(032-861-9000) (학)1978년 안동고졸 1983년 고려대 법학과졸 2003년 미국 사우스캐롤라이나대 대학원 사회사업학석사(MSW) (경)1985년 사법시험 합격(27회) 1988년 사법연수원 수료(17기) 1988~1995년 마산·김천·인천·부산동부지청 검사 2000년 법무법인 로고스 구성원 변호사 2003년 인천시 정신보건 심판위원·심의위원, 인천시사회복지공동모금회 배분위원장, 同정신보건지원단 위원, 인천시립교향악단을사랑하는모임 대표, 인천홀리클럽 회장 2010년 한국정신장애연대(KAMI) 사무총장(현) 2010년 인천제2교회 장로(현) 2012~2018년 인천지법 민사조정위원 2012년 예인법률사무소 대표변호사(현) 2014년 미국 사우스캐롤라이나대 MSW한국프로그램 동창회장(현) 2014년 정신장애인네트워크(WNUSP) 부이사(현) 2015~2018년 성산생명윤리연구소장 2017년 (사)정신장애인권연대 대표(현) 2017년 한국가정법률상담소 인천지부 소장(현) 2017년 서울대 동물실험윤리위원회 부위원장(현) 2017~2018년 TCI-Asia 이사 2018년 UNESCAT 워킹그룹 멤버(현) 2019년 한국장애포럼(KDF) 공동대표(현) (상)미국 사우스캐롤라이나대 사회사업대학원 Alumnus of the year Award(2011), 헌법재판소 선정 모범 국선대리인(2017) (저)'사회복지법제론(共)'(2006) (종)기독교

**권오웅(權五雄) KWON Oh Woong**

(생)1948·3·1 (출)부산 (주)서울특별시 강남구 선릉로 404 누네안과병원 원장실(02-2086-7792) (학)1973년 연세대 의대졸 1980년 同대학원 의학석사 1997년 의학박사(연세대) (경)1976~1981년 원주기독병원 인턴·레지던트 1981~1993년 연세대 의대 안과학교실 전임강사·조교수·부교수 1985~1987년 미국 오하이오주립대 안과 연구교수 1988~1993년 대한안과학회 편집이사 1993~2009년 연세대 의대 안과학교실 교수 1993~1995년 同의대 학생과장 1995년 同의대 안과학교실 주임교수 1998년 대한안과학회 수련이사 2000~2002년 한국망막학회 회장, 연세대 시기능개발연구소장, Ophthalmic Literature 국제편집위원, 미국 황반부학회 정회원, 대한안과학회 편집이사, 同학회지 편집인 2009년 누네안과병원 망막센터장·원장(현) 2011~2012년 대한안과학회 회장, 세계황반학회 국제위원회 위원장(현)

**권오웅(權五雄) KWON, O-Ung**

(생)1964·5·5 (출)충북 충주 (주)제주특별자치도 제주시 만덕로6길 32 제주지방기상청 청장실(064-726-0368) (학)1981년 충북고졸 1985년 서울대 대기과학과졸 1987년 同대학원 대기과학과졸 1997년 同대학원 대기과학 박사과정 수료 (경)1987~1990년 공군 기상전대 예보장교·기상학교관 1990년 기상청 근무 1997년 미국 뉴욕 Brookhaven National Lab 파견 2002~2004년 행정자치부 재해대책본부 파견 2005~2007년 미국 위스콘신주 NOAA·NESDIS·SSEC 파견 2009년 기상청 예보국 예보상황1과 서기관 2010년 광주지방기상청 예보과장 2012년 기상청 정보통신기술과장 2015년 대전지방기상청 관측예보과장 2016년 기상청 기후정책과장 2017년 同기상레이더센터장(부이사관) 2017~2018년 同관측기반국 관측정책과장 2018년 국립외교원 파견 2019년 제주지방기상청장(현)

**권오원(權五源)**

(생)1975·7·15 (출)경북 의성 (주)대구광역시 달성군 유가읍 테크노순환로 330 대구융합기술연구센터(053-670-9001) (학)1994년 대구고졸 1998년 경북대 기계설계학과졸 2000년 同대학원 기계공학과졸 2007년 기계공학박사(미국 신시내티대) (경)1998~1999년 경북대 기계공학과 연구조교 2001~2002년 (주)대동공업 기술연구소 연구원 2003년 구미대 기계재료 및 고체역학 강사 2003~2007년 미국 신시내티대 연구조교(NASA/GRC 공동연구) 2007~2008년 미국 신시내티대병원 박사후 연구원 2008~2010년 미국 Siemens Healthcare Diagnostics 선임연구원 2010년 한국기계연구원 책임연구원(현) 2011~2016년 국가기술표준원 전문위원 2016년 한국기계연구원 대구융합기술연구센터장 직대 2017년 同대구융합기술연구센터장(현)

**권오을(權五乙) KWON Oh Eul**

(생)1957·3·17 (본)안동(安東) (출)경북 안동 (주)경상북도 안동시 영가로 19 바른미래당 경북도당(054-856-9001) (학)1976년 경북고졸 1982년 고려대 정치외교학과졸 1999년 同정책대학원 경제학과졸 (경)1981~1991년 대한상공회의소 조사역 1988~1989년 同노동조합 부위원장 1991~1995년 경북도의회 의원 1996년 제15대 국회의원(안동甲, 민주당·한나라당) 1996년 민주당 기획조정실장·경북도지부장·대변인 1998년 한나라당 정책위원회 부의장 1998년 同총재 기획특보 2000년 제16대 국회의원(안동, 한나라당) 2000년 한나라당 농림해양수산위원장 2001년 同기획위원장 2004~2008년 제17대 국회의원(안동, 한나라당) 2005년 한나라당 경북도당 위원장 2006~2008년 국회 농림해양수산위원장 2007년 한나라당 제17대 대통령중앙선거대책위원회 유세지원단장 2009년 영남대 정치행정대학 정치외교학과 객원교수 2010~2011년 국회 사무총장(장관급) 2014~2016년 새누리당 인재영입위원장 2017~2018년 바른정당 경북도당 위원장 2017~2018년 同경북안동시당원협의회 조직위원장 2017~2018년 同원외당원협의회운영위원장협의회 대표 2017~2018년 同최고위원 2018년 바른미래당 경북안동시지역위원회 공동위원장 2018년 同경북도당 공동위원장 2018년 경북도지사선거 출마(바른미래당) 2018년 바른미래당 경북도당 위원장 직대 2018년 同경북도당 위원장(현) 2018년 同경북안동시지역위원회 위원장(현) (상)경실련 납세자의 친구상, (사)대한민국가족지킴이 대한민국실천대상 지역발전부문(2015), 범시민사회단체연합 선정 '올해의 좋은 정치인'(2015) (저)'우리는 여기서 천년을 산다' '웰치에게 배운다' '꺼병이의 꿈'(2011, 미래를소유한사람들)

**권오정(權五楨) KWON O Jung**

(생)1957 · 7 · 8 (본)안동(安東) (출)충북 청주 (주)서울특별시 강남구 일원로 81 삼성서울병원 원장실(02-3410-3028) (학)1976년 경기고졸 1982년 서울대 의대졸 1986년 同대학원 의학석사 1991년 의학박사(서울대) (경)1982~1983년 서울대병원 인턴 1983~1986년 同내과 레지던트 1986~1989년 軍의관(대위) 1989~1991년 서울대병원 호흡기내과 전임의 1991~1993년 영국 국립심장폐연구소 박사 후 과정 1994년 삼성서울병원 호흡기내과 전문의(현) 1997~2002년 성균관대 의대 내과학교실 부교수 1999~2005년 삼성서울병원 호흡기내과장 2000년 대한중환자의학회 이사 2002년 성균관대 의대 내과학교실 교수(현) 2007년 삼성서울병원 적정진료운영실장 2008~2012년 同기획실장 2011년 성균관대 의과대학장 겸 의학전문대학원장 2015년 삼성서울병원 병원장(현) 2016년 대한병원협회 부회장(현) 2017년 대한민국의학한림원 정회원(현) (종)가톨릭

**권오정(權五正) Kwon Oh-jung**

(생)1964 · 8 · 29 (본)안동(安東) (출)서울 (주)경기도 과천시 교육원로 98 한국화학융합시험연구원(02-2164-0011) (학)1983년 경성고졸 1987년 서울대 경제학과졸 1989년 同대학원 정책학과졸 1998년 미국 하버드대 대학원 행정학과졸 (경)1991년 행정고시 합격(34회) 1991~1998년 상공부 다자협상과 · 기초화학과 · 자원정책과 사무관 1998년 산업자원부 장관비서관 2000~2003년 同무역정책과 · 산업기술정책과 서기관 2003년 동북아위원회 외국인투자과장(파견) 2004년 산업자원부 디자인브랜드과장 2004년 同표준디자인과장 2005년 同산업기술인력과장 2005년 교육인적자원부 산학협력과장 2006~2009년 駐벨기에대사관 겸 유럽연합(EU)대표부 상무참사관 2009년 지식경제부 지식서비스과장 2010년 同에너지절약정책과장 2011년 同에너지절약정책과장(부이사관) 2011년 대통령직속 미래기획위원회 신성장동력국장(파견) 2013년 산업통상자원부 무역투자실 무역정책과장 2014년 특허청 산업재산보호협력국장(고위공무원) 2016년 산업통상자원부 경제자유구역기획단장 2017년 국가공무원인재개발원 교육파견(고위공무원) 2018~2019년 산업통상자원부 무역위원회 무역조사실장 2019년 한국화학융합시험연구원(KTR) 원장(현)

**권오준(權五俊) KWON Oh Joon**

(생)1950 · 7 · 6 (출)경북 영주 (주)서울특별시 강남구 테헤란로 440 (주)포스코 임원실(02-3457-0114) (학)서울사대부고졸 1972년 서울대 공대 금속공학과졸 1980년 캐나다 윈저대 대학원졸 1985년 공학박사(미국 피츠버그대) (경)1975~1978년 국방과학연구소(ADD) 연구원 1986년 포항산업과학연구원(RIST) 입사, 同강재연구부 열연연구실장, 同기획부장, (주)포스코 기술연구소 부소장 겸 자동차강재연구센터장, 同EU사무소장(상무대우) 2003년 同EU사무소장(상무) 2006년 同기술연구소장(상무) 2007년 한국공학한림원 정회원 2007~2009년 (주)포스코 기술연구소장(전무) 2009년 (재)포항산업과학연구원 원장 2011년 (주)포스코 기술총괄장(부사장) 2011년 한국공학한림원 재료자원공학분과 위원장 2012년 (주)포스코 기술총괄장(사장) 2014~2018년 同대표이사 회장 2014~2015년 한국공학한림원 이사 2014~2018년 포스코청암재단 이사장 2014년 전국경제인연합회 부회장 2014~2018년 한국경영자총협회 부회장 2014~2018년 한국철강협회 회장 2014~2017년 세계철강협회 이사 겸 집행위원 2014~2018년 전국경제인연합회 한호경제협력위원회 위원장 2015~2018년 학교법인 포항공대(포스텍) 이사장 2015~2019년 한국공학한림원 이사장 2016년 포스코 대학생봉사단 '비욘드' 단장 2017~2018년 세계철강협회 부회장 2018년 (주)포스코 상임고문(현) (상)미국금속학회 'Outstanding Young Member Award'(1980), 한국산업기술진흥협회 'IR 52 장영실상'(1996), 영국금속학회 'Charles Hatchett Award'(1997), 동탑산업훈장(2008), 한국산업기술진흥협회 최고기술경영자부문 기술경영인상(2013), 서울대 공과대학 올해의 발전공로상(2014), 한국경제신문 중공업 · 철강 · 조선부문 '대학생이 뽑은 올해의 최고경영자(CEO)'(2014 · 2015), 밴 플리트상(2016), 미래창조과학부 및 한국과학기술단체총연합회 선정 대한민국 최고과학기술인상(2016), 서울대 공과대학 올해의 자랑스러운 동문상(2017)

**권오준(權五準) KWON, Ojun**

(생)1961 · 4 · 12 (본)안동(安東) (출)전북 (주)강원도 원주시 혁신로 2 도로교통공단 교육운영처(033-749-5088) (학)1984년 전주대 사범대학 역사학과졸 2003년 서울시립대 도시과학대학원 교통공학과졸 (경)1997년 도로교통공단 서울특별시지부 중앙교육장 2010~2011년 同교재개발처 근무 2011~2014년 同비전전략처 근무 2014~2015년 同홍보처 근무 2019년 同교육운영처장(현) (상)도로교통공단 이사장표창(1999 · 2000 · 2003~2005 · 2009 · 2011 · 2012 · 2015~2017), 경찰청장표창(2011), 경찰청 감사장(2013) (종)개신교

**권오준(權五準) KWON Oh Jun**

(생)1966·2·15 (출)서울 (주)서울특별시 영등포구 여의대로 128 LG화학(02-3777-1114) (학)1984년 중앙대사대부고졸 1988년 서울대 법학과졸 1990년 同대학원졸, 미국 하버드대 대학원 법학과졸(석사) (경)1989년 사법시험 합격(31회) 1992년 사법연수원 수료(21기) 1995년 서울지법 판사 1997년 同북부지원 판사 1997년 LG그룹 법률고문실 상임변호사 겸 이사 1998년 LG화학 이사 2003년 LG전자(주) 법무팀장(상무) 2008~2014년 同법무담당 부사장 2015년 (주)LG 법무팀장(부사장) 2017년 同법무·준법지원팀장(부사장) 2019년 LG화학 법무담당 부사장(현)

**권오중(權五仲) Kwon, Oh Jung**

(생)1968·1·10 (본)안동(安東) (출)서울 (주)서울특별시 마포구 대흥로 26 한국항공우주산업진흥협회(02-761-1101) (학)1986년 마포고졸 1995년 연세대 화학과졸 2002년 서울대 대학원 정치학과졸 (경)1990~1991년 연세대 총학생회장 2003년 대통령직인수위원회 행정관 2003~2008년 대통령 민정수석비서관실 행정관(3급 상당) 2008~2010년 민주당 인권특별위원회 부위원장 2010년 노무현재단 기획위원 2010~2011년 서울시 은평구 감사담당관 2011년 박원순 서울시장후보 선거대책위원회 상황실 부실장 2011년 서울시장 비서실장 2012~2014년 서울시장 정무수석비서관 2014년 서울시립대 초빙교수 2015년 새정치민주연합 정책위원회 부의장 2015년 더불어민주당 정책위원회 부의장 2016년 同뉴파티위원회 위원 2016년 제20대 국회의원선거 예비후보(서울 서대문乙, 더불어민주당) 2018년 한국항공우주산업진흥협회 상근부회장(현) (저)'참여정부 인사검증의 살아있는 기록'(2010, 리북) '넘은 갔지만 보내지 아니하였습니다(共)'(2010, 책공방우공이산) (종)가톨릭

**권오진(權五珍) KWON Oh Jin**

(생)1949 · 11 · 20 (본)안동(安東) (출)경기 용인 (주)경기도 수원시 영통구 대학로10 바른미래당 경기도당(031-248-9973) (학)2007년 연세대 경영대학원졸(경영학석사) (경)동부그룹 상무, 성남여고 교사, 한국해비타트사랑의집짓기 미래조직개발원 원장(현) 2010~2014년 경기도의회 의원(민주당 · 민주통합당 · 민주당 · 새정치민주연합) 2010년 同도시환경위원회 위원 2010년 同민생대책특별위원회 위원장 2016년 제20대 국회의원선거 출마(경기 용인시乙, 국민의당) 2016~2018년 국민의당 경기용인시乙지역위원회 위원장 2018년 바른미래당 경기용인시乙지역위원회 공동위원장(현) 2018~2019년 同나눔과봉사위원회 위원장 (종)기독교

## 권오창(權五昶) KWON Oh Chang

(생)1965·3·20 (출)경북 안동 (주)서울특별시 종로구 사직로8길 39 세양빌딩 김앤장법률사무소(02-3703-1471) (학)1983년 우신고졸 1987년 서울대 법학과졸 (경)1986년 사법시험 합격(28회) 1989년 사법연수원 수료(18기) 1992~1994년 서울민사지법 판사 1994~1996년 서울형사지법 판사 1996~1999년 제주지법 판사·광주고법 제주부 판사 겸임 1997년 광주고법 판사 1998년 제주지법 서귀포시법원 판사 1999년 인천지법 부천지원 판사 2000~2003년 서울고법 판사 2000~2003년 법원행정처 송무심의관 겸임 2004~2014년 김앤장법률사무소 변호사 2007~2009년 대한변호사협회 법제이사 2009~2011년 방송통신심의위원회 비상임위원 2009~2011년 同명예훼손분쟁조정부 위원 2010년 국가미래연구원 법·정치분야 발기인 2013~2014년 대한변호사협회 기획이사 2014년 국회의장직속 헌법개정자문위원회 위원 2014~2015년 대통령 민정수석비서관실 공직기강비서관 2015년 김앤장법률사무소 변호사(현) 2017년 국회 헌법개정특별위원회 자문위원

## 권오철(權五哲) Kwon Ochul

(생)1959·9·6 (주)울산광역시 중구 종가로 395 한국동서발전(주) 기술본부(070-5000-1221) (학)1978년 대구 성광고졸 1986년 영남대 기계공학과졸 (경)1989년 한국전력공사 입사 1994년 同신인천복합화력건설처 기계과장 1997년 同발전처·해외사업처 과장 2001년 同필리핀말라야발전소 효율부장 2003년 同필리핀Cebu신규사업개발기술부장 2006년 同해외사업처 발전기술팀 기술부장 2008년 同필리핀 일리한발전소 발전운영본부장 2010년 한국동서발전(주) 사업총괄본부 건설처 기계팀장 2013년 同기술안전본부 건설기술처장 2014년 同신당진건설본부장 2016년 同당진화력본부 직원시니어(처장) 2018년 同기술본부장(현)

## 권오현(權五鉉) KWON Oh Hyun

(생)1952·10·15 (본)안동(安東) (출)서울 (주)경기도 수원시 영통구 삼성로 129 삼성전자(주)(031-277-2900) (학)1971년 대광고졸 1975년 서울대 전기공학과졸 1977년 한국과학기술원 전기및전자공학과졸(석사) 1985년 전기공학박사(미국 스탠퍼드대) 2018년 명예 경영학박사(한국과학기술원) (경)1977년 한국전자통신연구소 연구원 1985년 삼성반도체연구소 연구원 1988년 삼성전자(주) 반도체부문 연구원 1991년 同반도체부문 이사 1994년 同메모리본부 DVC기술 연구위원(상무) 1996년 同메모리본부 제품기술센터장 1997년 同System LSI사업부 LSI제품기술실장 1998년 同System LSI사업부 ASIC사업팀장(전무이사) 2000년 同System LSI사업부 LSI개발실장(부사장) 2004~2008년 同System LSI사업부장(사장) 2006년 한국공학한림원 정회원 2008~2009년 삼성전자(주) 반도체총괄 사장 2008~2011년 한국반도체산업협회 회장 2009년 삼성전자(주) 디바이스솔루션(DS)부문 반도체사업담당 사장 2010년 同반도체사업부장(사장) 2011년 同DS사업총괄 사장 2011년 同DS사업총괄 부회장 2012년 同대표이사 부회장(DS부문장) 2012·2016~2017년 삼성디스플레이(주) 대표이사 부회장 2012~2015년 삼성전자(주) 종합기술원장 2012~2018년 同이사회 의장 2013~2017년 同각자대표이사 부회장(DS부문장) 2013~2018년 한국전자정보통신산업진흥회(KEA) 회장 2016~2017년 삼성전자(주) 전장사업팀 관장 2017년 同대표이사 회장 겸 종합기술원 회장 2018년 同회장 겸 종합기술원 회장(현) (상)삼성그룹 기술대상(1987·1992), 한국경제신문 다산기술상(1997), 석탑산업훈장(2002), 금탑산업훈장(2009), KAIST 2009 올해의 동문상 산업부문(2010), 서울대 자랑스러운 공대 동문상(2011), 인촌상 산업기술부문(2012), 이달의 대한민국 제품안전인상(2014), 한국능률협회 선정 제46회 한국의경영자상(2014), 미래창조과학부 대한민국최고과학기술인상(2014), 한국경제신문 전자·통신부문 '대학생이 뽑은 올해의 최고경영자(CEO)'(2014), 자랑스러운 서울대인(2018) (저)'초격차(넘볼 수 없는 차이를 만드는 격)'(2018)

## 권오현(權祦鉉) KWON Oh Hyun

(생)1958·4·22 (본)안동(安東) (출)경남 산청 (주)서울특별시 관악구 관악로 1 서울대학교 사범대학 독어교육과(02-880-7683) (학)1976년 진주고졸 1981년 서울대 사범대 독어교육과졸 1984년 同대학원 독어독문학과졸 1992년 교육학박사(서울대) (경)1982~1986년 서울 중앙고 교사 1986~1996년 영산대 부교수 1996~2005년 서울대 사범대학 독어교육과 조교수·부교수 2005년 同독어교육과 교수(현) 2006년 교육부 교육과정심의위원 2006년 서울대 외국어교육연구소장 2006~2007년 同사범대학 부학장 2006~2007년 관악구평생학습센터 소장 2008년 독일 프랑크푸르트대 연구교수 2009년 서울대 교육연수원 부원장 2010~2012년 同교육연수원장 2012~2014년 同다문화교육연구센터 소장 2014~2016년 同입학본부장 2016년 同재외동포교육지원연구센터 소장(현) 2018년 교육부 재외교육지원센터장(현) (저)'고등학교 문학 교과서(上·下)(共)'(2001) '고등학교 독일어문법 교과서(共)'(2002) '고등학교 문학 교사용 지도서(上· 下)(共)'(2002) '고등학교 교육과정 해설서-외국어에 관한 교과(上·下)(共)'(2002) '가르침에 대한 성찰(共)'(2003) '독일 현대문학의 이해'(2006) '구한말의 한독 외교문서 덕안 연구'(2008) '다문화교육의 이해'(2013) (역)'독일문예학입문'(1988) (종)가톨릭

## 권오형(權五亨) Kwon ou-hyung

(생)1947·1·1 (본)안동(安東) (출)충남 부여 (주)서울특별시 종로구 우정국로 48 S&S빌딩 11층 삼덕회계법인(02-397-6872) (학)경희대 경영학과졸, 同경영대학원졸, 경영학박사(명지대), 고려대 언론대학원 AMP과정 수료, 서울대 대학원 AMP과정 수료, 명지대 크리스찬AMP과정 수료, 고려대 경영대학원 AMP과정 수료, 세계경영연구원 최고경영자과정(IGMP) 수료 (경)한림합동회계사무소 대표이사, 대성회계법인 대표이사, 한국공인회계사회 감사·윤리조사심의위원·감리위원·연수원 주임교수, 공인회계사·사법고시·행정고시 출제위원, 한국세무학회 이사·부회장, 손해배상책임제도개선위원회 위원장, 서울YMCA 감사, 기독교교도소(아가페) 감사(현) 2001년 서울YWCA 감사(현) 2005년 삼덕회계법인 대표(현) 2006년 경희대 경영대학원 겸임교수 2008년 사랑의교회 장로(현) 2008~2012년 한국공인회계사회 회장 2008~2012년 대한상공회의소 감사 2009~2015년 경희학원 감사 2009년 한국기독실업인회 부회장(현) 2009~2012년 국세청 국세행정위원회 위원 2009~2012년 2022FIFA월드컵유치위원회 감사 2010~2012년 기획재정부 세제발전심의위원회 위원, (사)새롭고하나된조국을위한모임 공동대표, 同고문(현) 2013~2015년 한국항공우주산업(주) 사외이사, 국가조찬기도회 부회장(현) 2018년 경희대총동문회 회장(현) (상)국세청장표창(2001), 산업포장(2004), 자랑스러운 경희인(2009), 대통령표창(2011) (저)'경리·회계 담당자가 꼭 알아야 할 IFRS 123가지'(2011) (종)기독교

## 권오형 Oh-Hyung Kwon

(생)1971·12·7 (주)서울특별시 강남구 학동로 343 한국퀄컴(유) 임원실(02-3404-1114) (학)1996년 연세대 교육학과졸 2008년 미국 피닉스대 경영대학원 경영학과졸(MBA) (경)1994년 미국 맨파워그룹 인턴 1995~2000년 LG전자 북미·일본지역 영업·마케팅담당 대리 2000년 이스텔레콤 해외영업총괄·미주법인장 2002~2005년 同부사장 겸 Growell USA총책임자 2005~2007년 미국 스프린트 단말기사업부 Vendor Manager 2007년 미국 퀄컴 한국영업담당 이사 2012년 퀄컴CDMA테크놀로지(QCT) 모바일·IoT부문 한국영업담당 전무 2017년 미국 퀄컴 부사장(현) 2017~2018년 퀄컴CDMA테크놀로지(QCT) 한국영업총괄 부사장 겸임 2018~2019년 한국퀄컴(유) 총괄부사장 겸임 2019년 同사장 겸임(현)

**권오흥(權五興) KWON O Heung (和村)**

(생)1936 · 11 · 22 (본)안동(安東) (출)충남 부여 (주)서울특별시 종로구 성균관로 41 성균관석전교육원(02-765-2235) (학)1944년 先考 한문 受學 1953년 서울중앙통신중고등학교 속성과졸 1956년 부여 백제농고졸 1981년 서울민족문화추진회 고전국역연수원 수료 1984년 성균관대 경영행정대학원 수료 2003년 학점은행제 전통예술학사 취득 (경)1983년 유교회 교화부장 1991년 유교학회 이사 1993년 성균관 전례연구상임위원 1995년 同총무처장 1995년 민주평통 자문위원 1996~2012년 중요무형문화재 제85호 석전대제(집례) 예능보유자 1997년 성균관 전례연구위원장 1997년 보건복지부 가정의례심의위원 1998년 송파구 문화재위원 1998년 중앙일보 오피니언 집필자 1998년 성균관대 유동학부 양현제 출강 1999년 同유학대학원 출강 2001년 명륜대 출강 2003년 성균관대 예술학부 출강 2004~2010년 성균관석전교육원(학점은행제, 교육부승인) 설립원장 2004~2012년 同교수 2012년 同명예교수(현) 2013년 중요무형문화재 제85호 석전대제(집례) 명예보유자 지정(현) (상)서울시교육감표창(1979), 서울시장표창(1979), 사회정화서울시추진위원회 현상작문 우수작(1984) (저)'양촌사상논총'(1985) '안동권씨보감'(1988) '유교와 석전대제'(1999) '석전홀기와 전수교육교재'(2004) '유교와 석전'(2004) (종)유교

**권오희(權五熙) KWON Oh Hee**

(생)1963·3·16 (본)안동(安東) (출)경북 문경 (주)대전광역시 서구 청사로 189 특허청 특허심사3국(042-481-8580) (학)1982년 대구 대건고졸 1987년 경북대 농학과졸 1990년 同대학원 농학과졸 2005년 충북대 대학원 생명공학박사과정 수료 (경)1992년 기술고시 합격(28회) 1993년 총무처 사무관 시보 1994년 농림부 국립종자관리소 사무관 1995년 대통령직속 국가과학기술자문회의 사무관 1997년 특허청 농림수산심사담당관실·유전공학심사담당관실 심사관 2002~2003년 김천대 겸임교수 2004년 특허심판원 심판관 2005년 경북대 외래강사 2006년 특허법원 기술심리관 2008년 특허심판원 제7부 수석심판관 2008년 특허청 화학생명공학심사국 식품생물자원심사과장 2011년 특허심판원 심판7부 심판관 2012년 부이사관 승진 2013년 교육 파견 2014년 특허심판원 심판7부 심판관 2014년 同심판6부 심판관 2014년 특허청 특허심사3국 응용소재심사과장 2014년 특허심판원 심판6부 심판관 2015년 同심판10부 심판관 2016년 특허청 심사품질담당관 2016년 同특허심사3국장(고위공무원)(현) (저)'식품특허 길라잡이'(2001) '개정 식품특허 길라잡이'(2002) '식물지적재산권-식물특허와 품종보호'(2003) (종)기독교

**권용국(權龍國) KWON YONG KOOK**

(생)1962 · 3 · 1 (출)경남 창녕 (주)서울특별시 용산구 후암로4길 10 헤럴드스퀘어 헤럴드경제 논설실(02-727-0114) (학)1989년 성균관대 신문방송학과졸 (경)1988년 헤럴드경제 사회부 기자 2001년 同편집국 차장 2003년 同기획조정팀장 2004년 同생활경제부장 2005년 同정치사회부장 2005년 同경제부장 2006년 헤럴드미디어 인쇄제작국장 직대 2007년 헤럴드경제 정치부장 2008년 同엔터테인먼트부장 2010년 同편집국 시장경제부장 2011년 同편집국 경제부장 2012년 同편집국 기획담당(부국장대우) 2013년 同편집국장 2015년 同논설실장(현) (상)자랑스러운 성균언론인상(2015) (종)불교

**권용범(權容範) Kwon Yong Bum**

(생)1961 · 1 · 20 (출)대전 (주)서울특별시 영등포구 국제금융로8길 27-8 NH농협캐피탈(주)(1644-3700) (학)1979년 대전 대성고졸 1984년 한남대 행정학과졸 2000년 서강대 대학원 언론학과졸 (경)1988년 농협중앙회 입회 1988년 同연기군지부 서기 1990년 同자재계획팀 서기 1995년 同하나로주유소장 1996년 同문화홍보부 차장대우 2004년 同농촌복지홍보부 차장대우 2005년 同천안시지부 팀장 2008년 同NH보험분사 손해보험부 팀장 2010년 同NH보험분사 생명보험부 팀장 2012년 NH농협생명(주) 채널전략부장 · 농축협사업부장 2013년 同경기지역총국장 2015년 同마케팅전략본부장 2016년 同경영기획본부장 2018년 同CPC(Channel Product Customer) 총괄부사장 2019년 NH농협캐피탈(주) 여신관리담당 부사장(현)

**권용복(權容複) KWON Yong Bok**

(생)1961 · 7 · 24 (출)경기 여주 (주)세종특별자치시 도움6로 11 국토교통부 항공정책실(044-201-4200) (학)1979년 안양동고졸 1987년 서강대 정치외교학과졸 1997년 미국 일리노이대 대학원졸 (경)1989년 행정고시 합격(33회) 1990년 건설교통부 도시교통국 도시철도과 · 수송정책실 국제협력과 행정사무관 1997년 同항공국 국제항공협력관실 행정사무관 1999년 同기획관리실 예산담당관실 행정사무관 2001년 同기획관리실 예산담당관실 서기관 2002년 同주택국 주택정책과 서기관 2002~2005년 UN 아 · 태경제사회이사회(ESCAP) 파견 2005년 건설교통부 경제심의관실 해외건설협력담당관 2005년 同해외건설팀장 2007년 同항공정책팀장 2008년 국토해양부 철도운영과장 2009년 同항공철도국 철도정책과장 2009년 同교통정책실 철도정책과장 2009년 同교통정책실 철도정책과장(부이사관) 2010년 대통령실 선임행정관(부이사관) 2011년 해외 파견(고위공무원) 2013년 국토교통부 항공안전정책관 2015년 同물류정책관 2016년 同항공정책관 2017년 同건설정책국장 2017년 同중앙토지수용위원회 상임위원 2019년 同항공정책실장(현)

**권용석(權勇錫) YONG SUK KWON**

(생)1960 · 8 · 9 (출)경북 경주 (주)서울특별시 서초구 헌릉로 13 대한무역투자진흥공사 신남방팀(02-3460-7038) (학)1988년 성균관대 행정학과졸 (경)1988년 대한무역투자진흥공사 입사 1990년 同기획관리부 근무 1992년 同샌프란시스코무역관 근무 1996년 同종합무역정보연구센터 건립단 근무 2000년 同키예프무역관장 2003년 同IKP 건립전담반장 2005년 同리야드무역관장 2008년 同조직망운영팀장 2010년 同칭다오무역관장 2014년 同경영지원본부 운영지원실장 2015~2017년 同중동지역본부장 겸 두바이무역관장 2017년 同신남방팀 연구위원(현)

**권용석(權容碩) Kweon Yong Seok**

(생)1962 · 1 · 31 (본)안동(安東) (출)전북 전주 (주)서울특별시 동대문구 천호대로 26 대상(주) 식품BU 홍보실(02-2220-9500) (학)1989년 원광대 신문방송학과졸 1998년 성균관대 경영대학원졸(MBA) 2015년 서강대 경영대학원 OLP과정 수료 (경)1991~1998년 미원건설 인사팀 · 사업개발팀 근무 1999년 대상(주) 비서실 구조조정본부 근무 2000~2005년 同총무팀 근무 2006~2011년 同홍보실 사회공헌팀장 2012~2014년 同홍보실 홍보팀장 2014~2015년 同홍보실장 2015년 대상그룹 홍보실장(상무) 2016년 대상(주) 식품BU 홍보실장(상무)(현) (상)이웃사랑유공 국무총리표창(2007), 청소년선도교육 법무부장관표창(2014)

**권용우(權容友) KWON Yong Woo (中山)**

(생)1948·4·7 (본)안동(安東) (출)대전 (주)서울특별시 성북구 보문로34다길 2 성신여자대학교 사회과학대학 지리학과(02-920-7114) (학)1968년 서울고졸 1974년 서울대 문리대학 지리학과졸 1976년 同대학원 지리학과졸 1986년 도시지리학박사(서울대) (경)1977~1981년 서원대 지리교육학과 조교수 1982~1988년 성신여대 지리학과 부교수 1988~2013년 同교수 1988년 한국지리연구회 회장 1989년 미국 미네소타대 객원교수 1990년

미국 위스콘신대 객원교수 1992년 한국관광지리학회 부회장 1993~1998년 경제정의실천시민연합 국토분과위원장·정책위원회 부위원장·상임집행위원회 실무위원장 1994년 성신여대 연구교류처장·교무처장·대학원장·총장 권한대행·대학평의원회 의장 1995~2006년 한국도시연구회 회장 1997~2000년 서울세계지리학대회 홍보분과위원장 1997년 한국지리교육학회 부회장 1998~2006년 건설교통부 중앙도시계획위원·토공주공통합추진위원 1999년 경제정의실천시민연합 상임집행위원회 운영위원 1999~2003년 새국토연구협의회 공동대표 겸 상임대표 2000년 대한국토도시계획학회 이사 2000~2006년 서울시 녹색서울시민위원회 위원 2001년 한국지리교육학회 회장 2001~2003년 대통령자문 지속가능발전위원 2002~2005년 서울시 청계천복원시민위원회 위원 2002~2006년 同뉴타운개발자문위원회 위원 2003~2006년 국토지리학회 회장 2003~2006년 경제정의실천시민연합 도시개혁센터 대표·중앙위원회 부의장·수도권포럼 대표 2003년 신행정중심도시건설추진 연구위원 2003년 한국도시지리학회 회장 2003년 대한지리학회 지리학발전위원장 2004년 신행정수도후보지평가위원회 위원장 2004~2006년 서울균형발전지원평가자문단 위원 2005~2008년 행정도시광역도시계획협의회 위원장 2005~2008년 국무총리산하 경제인문사회연구회 이사 2005~2006년 국무총리산하 국책연구기관평가단장 겸임 2005~2008년 행정중심복합도시건설추진위원회 위원 2005년 건설교통부 갈등관리심의위원회 위원장 2005~2006년 대한지리학회 부회장 2006년 행정중심복합도시 도시명칭제정심의소위원회 위원장 2007~2010년 살고싶은도시만들기위원회 공동위원장 2007~2009년 경북도청이전추진위원회 위원 2007~2008년 국토해양부-환경부 국토환경관리정책조정위원회 위원장 2007년 국토해양부 갈등관리심의위원회 위원장 2008년 (사)국토교육협의회 상임이사 2009~2010년 대한지리학회 회장 2009년 국토해양부 4대강살리기위원회 정책자문위원 2009~2011년 대통령직속 기업발전위원회 수도권광역경제권연구회장 2009년 대한민국 저탄소녹색도시추진위원회 위원장 2010년 국방부 갈등관리심의위원회 위원장 2011년 국토해양부 중앙도시계획위원회 부위원장 2014년 성신여대 사회과학대학 지리학과 명예교수(현) 2016년 희망새물결 고문 2016년 국민주권회의 개헌아카데미 원장(현) [상]건설교통부장관표창(2000), 대한국토도시계획학회 학술상(2002), 대통령표창(2008), 홍조근정훈장(2013) [저]'수도권연구'(1998) '도시의 이해'(1998) '한국의 도시(共)'(1999) '도시계획의 새로운 패러다임(共)'(1999) '수도권의 이해'(1999) '지리학사(共)'(2001) '한국사회의 비전21(共)'(2001) '변화하는 수도권(共)'(2001) '교외지역'(2001) '도시의 이해(개정판)(共)'(2002) '수도권공간연구'(2002) '신행정수도 대상지역 주민대책(共)'(2004) '환경친화적인 국토관리를 위한 용도지역제도 개선방안(共)'(2004) '우리국토(共)'(2005) '수도권의 변화(共)'(2006) '경기 지오그라피(共)'(2006) '살고싶은 삶터 함께 만들기(共)'(2006) '행정도시 건설과 갈등관리(共)'(2007) '우리도시 바로알기(共)'(2008) '지역발전과 광역경제권 전략(共)'(2009) '도시의 이해(3판)(共)'(2009) '우리국토(共)'(2010) '도시(共)'(2011) '도시의 이해(4판)(共)'(2012) '국토의이해(共)'(2012) '그린벨트(共)'(2013) '우리국토 좋은 국토(共)'(2014) '도시와 환경(共)'(2015) '도시의 이해(共)'(2016) '국민참여개헌 108 Q&A(共)'(2018) [역]'현대인문지리학사전'(1994) '변화하는 대도시'(1997) '지리학의 본질(共)'(1998) [종]기독교

**권용우(權容羽) Kwon Yongwoo**

[생]1961·10·6 [주]서울특별시 종로구 사직로8길 60 외교부 인사기획관실(02-2100-7139) [학]1984년 고려대 경영학과졸 [경]1986년 외무고시 합격(20회) 1991년 駐보스턴 영사 1994년 駐베트남 2등서기관 1998년 경수로사업지원기획단 파견 2000년 駐영국 1등서기관 2002년 외교통상부 구주1과장 2004년 駐러시아 참사관 2008년 외교통상부 북핵외교기획및평화체제교섭 업무지원 2009년 駐싱가포르 공사 겸 총영사 2012년 대통령 대외전략기획관실 파견 2013년 국회 외교통일위원회 파견 2014년 외교부 평화외교기획단장 2016년 駐우즈베키스탄 대사 2019년 駐아랍에미리트 대사(현)

**권용원(權容沅) KWON Yong Won**

[생]1961·4·16 [출]서울 [주]서울특별시 영등포구 의사당대로 143 한국금융투자협회 회장실(02-2003-9001) [학]1980년 광성고졸 1984년 서울대 전자공학과졸 1986년 同대학원 반도체공학과졸 1996년 미국 매사추세츠공과대 대학원 경영학과졸 [경]1986년 기술고시 합격(21회) 1987년 상공부 입부 1996년 통상산업부 기술품질국 산업기술기획과 서기관 1998년 산업자원부 산업기술국 산업기술정책과 서기관 1999년 同산업기술국 산업기술개발과장 2000년 (주)다우기술 부사장 2004년 (주)인큐브테크 대표이사 사장 2005년 (주)다우엑실리콘 대표이사 겸임 2007년 키움인베스트먼트(주) 대표이사 사장 2009~2017년 키움증권(주) 대표이사 사장 2012~2014년 한국거래소 비상임이사 2013년 금융위원회 금융발전심의회 자본시장분과 위원 2014~2016년 한국금융투자협회 회원이사 2018년 同회장(현) [상]모범납세자 대통령표창(2010)

**권용일(權容日) KWEON Yong Il**

[생]1971·8·2 [본]안동(安東) [출]대구 [주]서울특별시 종로구 청와대로 1 대통령 인사수석비서관실(02-770-0011) [학]1990년 경상고졸 1997년 경북대 공법학과졸 [경]1999년 사법시험 합격(41회) 2002년 사법연수원 수료(31기), 서울지방변호사회 환경특별위원회 위원 2002년 변호사 개업, 녹색연합 환경소송센터 운영위원, 학교법인 을지학원·의료법인 을지병원 법무경영이사 2010~2014년 법무법인 민 변호사 2010~2017년 분당서울대병원 고문변호사 2014년 변호사 개업 2017년 대통령 민정수석비서관실 공직기강비서관실 선임행정관 2019년 대통령 인사수석비서관실 인사비서관(현)

**권우석(權祐奭) Woo-seog Kwon**

[생]1963·5·10 [주]서울특별시 영등포구 은행로 38 한국수출입은행 경영기획본부(02-3779-6114) [학]1982년 대구고졸 1987년 서울대 경제학과졸 2001년 미국 밴더빌트대 대학원 경제학과졸 [경]1990년 한국수출입은행 입행 1993년 同선박·해외투자·홍보·기획·비서담당 2006년 同비서실 경영혁신팀장 2006년 同선박금융부 부부장 2007년 同경협기획실 경협평가팀장 2008년 同인사부 인사팀장 2010년 同인천지점 부지점장 2010년 同홍보실장 2013년 同미래산업금융부장 2014년 同자원금융부장 2014년 同기획부장 2015년 同인사경영지원단장 2016년 同해외경제연구소장 2018년 同해양·구조조정본부장 2019년 同경영기획본부장(현) [상]한국수출입은행장표창(2013~2015)

**권욱현(權旭鉉) Wook Hyun Kwon**

[생]1943·1·19 [본]안동(安東) [출]경북 포항 [주]대구광역시 달성군 현풍면 테크노중앙대로 333 대구경북과학기술원(053-785-6310) [학]1962년 경기고졸 1966년 서울대 전기공학과졸 1972년 同대학원 전기공학과졸 1975년 공학박사(미국 브라운대) [경]1968년 예편(중위) 1975년 미국 브라운대 연구원 1976년 미국 아이오와대 겸직조교수 1977~2008년 서울대 공대 전기공학부 교수 1980년 미국 스탠퍼드대 객원조교수 1991~2008년 한국과학재단 제어계측신기술연구센터(ERC-ACI) 초대 소장 1992~1996년 서울대 자동화시스템공동연구소장 1992~2005년 한국자동화표준시스템연구조합 부이사장 1995~2006년 자동화기술연구정보센터 초대 소장 1998년 제어자동화시스템학회 회장 1999년 미국 국제전기전자기술자협회(IEEE) 종신회원(현) 2001년 제3세계과학한림원(TWAS) 펠로우(종신회원)(현) 2001년 대한전기학회 회장 2002~2006년 한국공학한림원 부회장 2003년 '지능형 홈 산업포럼' 초대 회장 2005~2008년 국제자동제어연맹 회장 2007~2010년 한국과학기술한림원 부원장 2008년 서울대

공대 전기 · 정보공학부 명예교수(현) 2008~2014년 (주)LS 사외이사 2010년 대구경북과학기술원(DGIST) 정보통신융합공학전공 석좌교수(현) 2014~2017년 同비상임이사 (상)대한민국 학술원상, 통상산업부장관표창, CASA/SME Univ. LEAD Award, 매일경제 신지식인 대상, 대한민국 최고과학기술인상(2007), 서울대 발전공로상(2015) (저)'CEMTOOL을 활용한 실용자동제어'(1996) '디지털신호처리'(1999) '제어시스템공학'(1999) '자동제어공학'(2003) 'Receding Horizon Controls, springer'(2005) '산업용필드버스통신망'(2004) 'CEMTOOL6.0 활용'(2006)

**권원태(權琬台 · 女) Won-Tae Kwon**

(생)1955·10·5 (주)부산광역시 해운대구 센텀7로 12 아시아태평양경제협력체(APEC) 기후센터(APCC)(051-745-3900) (학)1978년 서울대 지구과학교육학과졸 1983년 미국 일리노이대 대학원 대기과학과졸 1989년 대기과학박사(미국 텍사스A&M대) (경)1991년 기상청 기상연구소 예보연구실 기상연구관 1999년 同기상연구소 수문기상연구실장 2000~2010년 同국립기상연구소 기후연구과장 2008~2009년 한국기상학회 부회장 2009년 유엔환경프로그램(UNEP) 2009기후변화과학컴펜디엄 전문위원 2009년 세계기후연구프로그램(WCRP) 지역기후상세화TF(TF-RCD) 위원 2009년 한국기후변화학회 부회장 겸 학술위원장 2010년 기상청 국립기상연구소장 2010년 IPCC 기후자료태스크팀 위원 2012~2014년 기상청 기후과학국장 2014년 국립기상연구소 연구위원 2014년 국회기후변화포럼 공동대표 2014~2018년 同부설 기후변화정책연구소장 2015~2016년 국립기상과학원 연구위원 2015~2016년 한국기후변화학회 회장 2018년 아시아태평양경제협력체(APEC) 기후센터 원장(현) (상)유엔정부간기후변화협의체(IPCC), 2007 노벨평화상 기여인증서(2008), 한국물학술단체연합회 학술상(2009), 제61회 서울시문화상 자연과학분야(2012) (저)'한국의 기후(共)'(2004, 두솔) 'Regional Climate Projections(共)'(2007) 'The Physical Science Basis(共)'(2007) (역)'엘니뇨와 라니냐(共)'(2002, 아르케) '지도로 보는 기후변화(共)'(2008, 시그마프레스) '스스로 배우는 지구온난화와 기후변화(共)'(2010, 푸른길)

**권유홍(權裕弘) Kwon, Yoo-hong**

(생)1960 · 6 · 17 (본)안동(安東) (출)충북 청원 (주)서울특별시 강남구 역삼로 405 한림국제대학원대학교 컨벤션이벤트경영학과(02-557-4253) (학)1978년 영등포고졸 1987년 한양대 관광학과졸 1990년 미국 미시간주립대 대학원 공원자원개발학과졸 2005년 관광학박사(한양대) (경)1990~1996년 한화리조트(주) 개발팀장(과장) 1996~2001년 삼성에버랜드(주) 사업기획팀장(차장) 2001~2006년 안산공과대학 관광정보과 조교수 2006년 한림국제대학원대 컨벤션이벤트경영학과 교수(현) 2007~2013년 同컨벤션이벤트경영학과장 2009~2018년 성남시 비전추진협의체 문화예술분과 위원장 2012~2018년 한림국제대학원대 평생교육원장 2012~2013년 한국관광학회 사무국장 2013~2015년 同감사 2013년 한국관광공사 지역특화컨벤션 자문위원(현) 2019년 한림국제대학원대 교학행정처장(현) 2019년 대통령직속 정책기획의원회 지속가능분과 자문위원(현) (저)'관광학총론(共)'(2009, 백산출판사) 'MICE산업 대한민국의 미래입니다(共)'(2009, 세림출판) (종)기독교

**권육상(權六相) Kwon Yook Sang** (淸庵)

(생)1955 · 8 · 2 (본)안동(安東) (출)경북 영주 (주)서울특별시 마포구 마포대로 25 페이퍼코리아(주)(02-3788-0300) (학)고려대 경제학과졸, 연세대 대학원 경제학과졸, 경영학박사(건국대) (경)1998년 한국장기신용은행 Work Out팀장 2001년 국민은행 대치역지점장 2002년 同카드마케팅팀장 2003년 同카드영업팀장 2003년 同카드채권관리팀장 2004년 同NPL관리팀장 2006년 同투자금융본부장 2008~2012년 KB자산운용 부사장 2012~2014년 부산김해경전철(주) 대표이사 2012~2014년 창원대 경영대학원 경제학과 겸임교수 2013~2014년 GK해상도로(주) · 을숙도 대교(주) 대표이사 2014년 건국대 일반대학원 신산업융합학과 겸임교수 2014~2018년 세하(주) 대표이사 2018년 페이퍼코리아(주) 대표이사(현) (상)WORK OUT유공 금융감독원장표창(1999), BAD BANK유공 재정경제부장관표창(2006)

**권 율(權 栗) KWON YUL** (滿江)

(생)1964 · 10 · 21 (본)안동(安東) (출)경기 의정부 (주)세종특별자치시 시청대로 370 대외경제정책연구원 신남방경제실(044-414-1060) (학)1990년 서강대 경제학과졸 1992년 同대학원 경제학과졸 1999년 경제학박사(서강대) (경)1996~1997년 일본 게이오대 객원연구원 2000~2003년 대전대 겸임교수 2001년 싱가포르 동남아연구소(ISEAS) 객원연구원 2002~2003년 대통령자문 지속가능발전위원회 실무위원 2003~2011년 대외경제정책연구원 세계지역연구센터 동서남아팀장 겸 국제개발팀장 2005년 한국동남아학회 연구이사 2006~2007년 미국 East-West Center(EWC) 방문학자 2006~2008년 국제개발협력위원회 실무위원회 위원 2008~2010년 연세대 대학원 겸임교수 2008~2010년 국제개발협력학회 연구이사 2011년 미국 존스홉킨스국제대학원(SAIS) 방문학자 2012년 대외경제정책연구원 개발협력팀 연구위원 2014~2016년 국제개발협력위원회 실무위원회 위원 2014년 대외경제정책연구원 국제협력정책실 개발협력팀장 2016~2018년 同아시아태평양본부장 2018년 同신남방경제실 선임연구위원(현) (상)기획재정부장관표창(2008 · 2011) (저)'OECD/ DAC의 공적개발원조 논의와 동향'(1999) '동남아의 구조조정과 개혁의 정치경제(共)'(2005) '우리나라 대외원조정책의 선진화방안(共)'(2006) 'OECD / DAC 주요규범과 ODA정책 개선방안(共)'(2009) '중국의 대외원조정책과 추진체제(共)'(2010) '우리나라 다자원조 추진 전략과 정책과제(共)'(2010) 'Korean Assistance to Southeast Asia'(2010) 'Green Growth : Global Cooperation, National Research Council for Economics Humanities and Social Sciences'(2011) 'ODA에 대한 국민인식 조사결과 및 국제 비교(共)'(2011) '국제사회의 남남협력 현황과 우리의 추진방안(共)'(2011) '최빈개도국 개발과제와 한국의 ODA 정책방향(共)'(2012) '동남아시아의 개발수요와 한국의 분야별 ODA 분야별 추진방안(共)'(2012) '동아시아 공동체 : 동향과 전망(共)'(2013) '다자원조의 효과적 실행을 위한 통합추진전략 연구(共)'(2013) 'Post-2015 개발재원 확대 논의와 한국의 대응방안(共)'(2014) '아시아 취약국 ODA 지원전략과 CPS 개선방향(共)'(2015) '기후변화 대응을 위한 국제사회의 지원체제 비교연구(共)'(2015) 'SDG 도입이후 개도국 협력전략과 정책과제(共)'(2016) 'ODA 시행기관의 자체평가에 대한 메타평가 연구(共)'(2016)

**권율정(權律政) KWON Yule Jung**

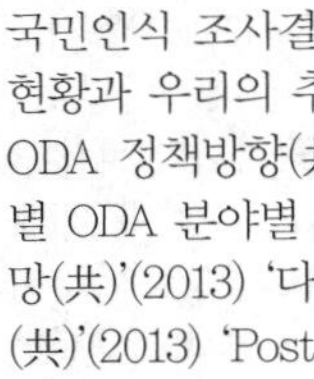

(생)1962 · 2 · 7 (본)안동(安東) (출)전북 장수 (주)부산광역시 중구 중앙대로148번길 13 부산지방보훈청 청장실(051-660-6302) (학)1980년 수성고졸 1985년 고려대 사회학과졸 (경)행정고시 합격(28회) 1987년 국가보훈처 근무 1990년 국립보훈원 아동보육소장 1992년 同교육지원과 근무 1994년 同보상급여과 서기관 1995년 대구지방보훈청 지도과장 1996년 국가보훈처 교육지원과장 1998년 보훈연수원 서무과장 1998년 국가보훈처 정보화담당관 2000년 同익산보훈지청장 2001년 해외 연수 2003년 국가보훈처 보상급여과장 · 제대군인정책담당관 2004년 同인천보훈지청장 2006년 同복지사업국 복지사업과장 2007년 同복지의료국 복지사업과장(부이사관) 2007년 대전지방보훈청장 2008~2009년 대전지방보훈청장(고위공무원) 2009년 국립대전현충원장 2009년 국가보훈처 보훈선양국장 2011년 국가보훈처 복지증진국장 2012년 同보훈심사위원장 2015년 국립대전현충원장 2019년 부산지방보훈청장(현) (상)홍조근정훈장(2014) (종)기독교

**권 융(權 隆) KWUN Yoong**

(생)1959 · 4 · 27 (본)안동(安東) (출)부산 (주)부산광역시 남구 수영로 309 경성대학교 상경대학 국제무역통상학과(051-663-4428) (학)부산대 무역학과졸, 同대학원졸 1996년 경제학박사(부산대) (경)1991년 경성대 상경대학 국제무역통상학과 교수(현), 同교수협의회 총간사, 同교수협의회 부의장, 同Trade Incubator 소장 1998년 미국 Indiana Univ. Russian and East European Institute Visiting Scholar 2006~2008년 경성대 상경대학장 2006년 同경영대학원장 2006년 한국무역통상학회 학술위원장 2016~2018년 경성대 기획부총장 (저)'국제상무론'(2003) '모스크바에서 쓴 러시아, 러시아인'(2008)

**권은영(權殷榮) KWON Eun Young**

(생)1955·4·30 (출)경남 창녕 (주)경기도 안성시 죽산면 용대길 38-9 두교산업단지 네오티스(주)(031-671-0170) (학)1975년 부산중앙고졸 1981년 연세대 경영학과졸 1984년 미국 뉴욕대 경영대학원졸 1992년 경영학박사(인하대) (경)1981~1982년 산동회계법인 공인회계사 1984~1986년 한창America 근무 1986~1988년 한국신용평가(주) 책임연구원 1988~1989년 영진투자자문(주) 상무이사 1990년 동명중공업(주) 대표이사 2007~2008년 동명모트롤(주) 대표이사 사장 2009~2019년 네오티스(주) 대표이사 2010년 알트론(주) 대표이사(현) 2013년 (주)유니포인트 대표이사(현) 2019년 네오티스(주) 대표이사 회장(현) (상)정밀기술진흥대회 산업자원부장관표창(2005), 무역의날 '1천만불 수출의 탑'(2013) (종)불교

**권은정(權恩楨 · 女) Kwon Eun Jung**

(생)1968 · 1 · 16 (출)서울 (주)서울특별시 송파구 송파대로 234 중앙전파관리소 전파관리과(02-3400-2201) (학)1990년 연세대 신문방송학과졸 1998년 同대학원 신문방송학과졸 (경)2003년 방송위원회 불만처리팀장 2004년 同시청자지원실 시청자민원팀장 2007년 同연구센터 전문위원 2008년 방송통신위원회 방송통신융합정책실 융합정책과 융합전략담당 2009년 同중앙전파관리소 위성전파감시센터장 2011년 同서울전파관리소 이용자보호과장 2013년 미래창조과학부 서울전파관리소 이용자보호과장 2014년 同서울전파관리소 전파업무1과장 2017년 과학기술정보통신부 중앙전파관리소 전파관리과장(현)

**권은희(權恩嬉 · 女) KWON Eun Hee**

(생)1959·5·24 (본)안동(安東) (출)경북 봉화 (주)서울특별시 영등포구 국회대로 786 바른미래당(02-715-2000) (학)1978년 원화여고졸 1982년 경북대 전자공학과졸 1984년 서울대 대학원 전자계산기공학과졸 2002년 同KT-MBA과정 수료 2005년 세종연구소 국정과제연구과정 수료 2007년 한국과학기술원 ATM 수료 (경)(주)KT 서비스개발연구소 BcN서비스개발팀장 2004년 세종연구소 상무보 2005년 (주)KT R&D부문 상무보 2007년 KTH 기술본부장 겸 경영지원부문장(상무) 2007년 同경영지원부문장(상무이사) 2007년 同파란사업부문장(상무이사) 2009~2011년 KT네트웍스 사업부문총괄 전무 2010~2012년 (주)헤리트 대표이사 2012~2016년 제19대 국회의원(대구 북구甲, 새누리당·무소속) 2012년 국회 지식경제위원회 위원 2013년 국회 미래창조과학방송통신위원회 위원 2013~2014년 국회 평창동계올림픽및국제경기대회지원특별위원회 위원 2014~2015년 새누리당 대변인 2015년 한국공학한림원 일반회원(현) 2015~2016년 새누리당 원내부대표 2016년 제20대 국회의원선거 출마(대구 북구甲, 무소속) 2017~2018년 바른정당 대구시당 공천관리위원회 위원 2018년 바른미래당 최고위원(현) 2018년 同성남시분당구乙지역위원회 위원장(현) (상)법률소비자연맹 선정 국회 헌정대상(2013), 미래창조과학부 정보통신대상(2015), SW발전대상(2015), 한국정보보호학회 공로상(2015), 위대한 한국인 대상(2015)

**권은희(權垠希 · 女) Kwon, Eun Hee**

(생)1974 · 2 · 15 (출)광주 (주)서울특별시 영등포구 의사당대로 1 국회 의원회관 904호(02-784-1813) (학)1992년 조선대부속여고졸 1997년 전남대 사법학과졸, 연세대 대학원 법학과 박사과정 휴학 (경)2001년 사법시험 합격(43회) 2004년 사법연수원 수료(33기) 2004년 변호사 개업 2005년 경찰청 경정 특채 2005년 경기 용인경찰서 수사과장 2006년 경찰청 법무과 근무(경정) 2007년 서울 서초경찰서 수사과장, 서울 수서경찰서 수사과장 2013년 서울 송파경찰서 수사과장 2014년 서울 관악경찰서 여성청소년과장 2014년 제19대 국회의원(광주시 광산구乙 보궐선거, 새정치민주연합·국민의당) 2014년 국회 국방위원회 위원 2014년 국회 국민안전혁신특별위원회 위원 2015년 새정치민주연합 원내부대표(법률담당) 2015년 同원내대표 비서실장 2015년 국회 운영위원회 위원 2015년 국회 예산결산특별위원회 위원 2015년 국회 미래창조과학방송통신위원회 위원 2016년 국민의당 창당준비위원회 위원장 정책특별보좌역 2016년 제20대 국회의원(광주시 광산구乙, 국민의당·바른미래당〈2018.2〉)(현) 2016년 국회 국방위원회 야당 간사 2016~2017년 국민의당 정책위원회 수석부의장 2016년 同제1정책조정위원장 2016~2018년 同광주시광산乙지역위원회 위원장 2016~2017년 국회 안전행정위원회 간사 2016년 국민의당 비상대책위원회 위원 2017년 同광주시당 위원장 2017 · 2018년 국회 행정안전위원회 간사(현) 2017~2018년 국민의당 원내수석부대표 2017~2018년 국회 운영위원회 간사 2018년 국회 사법개혁특별위원회 간사 2018년 바른미래당 최고위원 2018년 同광주광산구乙지역위원회 위원장(현) 2018년 同광주시당 위원장 2018년 국회 예산결산특별위원회 위원 2018~2019년 바른미래당 정책위원회 의장 2018 · 2019년 국회 사법개혁특별위원회 위원(현) (상)경제정의실천시민연합 경제정의실천시민상(2013), 제1회 리영희상(2013), 참여연대 의인상 특별상(2013), 한국여성단체연합 성평등디딤돌(2014)

**권을식(權乙植) KWON Eul Sik**

(생)1965·1·19 (출)경북 포항 (주)울산광역시 남구 화합로102번길 3-12 울산보호관찰소(052-255-6101) (학)1983년 포항고졸 1990년 중앙대 사회복지학과졸 2003년 동국대 사회과학대학원 사회복지학과졸 (경)1991년 7급 공무원 임용 1991~1995년 춘천보호관찰소 강릉지소·서울보호관찰소 사무과·서울보호관찰소 관호과 주사보 1995~2000년 서울보호관찰소 관호과·춘천보호관찰소 강릉지소·대구보호관찰소 포항지소 주사 2000~2011년 대구보호관찰소 포항지소 보호사무관·포항지소 관찰팀장·안동지소장·포항지소장 2011년 부산소년원 분류보호과장(서기관) 2012년 서울보호관찰소 관찰과장 2013년 대구보호관찰소 행정지원과장 2014년 同관찰과장 2015년 위치추적대전관제센터장 2017년 부산보호관찰소 동부지소장 2018년 울산보호관찰소장(현)

**권이종(權彛鍾) KWON Yi Chong**

(생)1940 · 10 · 8 (본)안동(安東) (출)전북 장수 (주)서울특별시 용산구 새창로 93 금강빌딩 5층 아프리카아시아난민교육후원회(02-569-1928) (학)1961년 전주 신흥고졸 1972년 독일 아헨대졸 1975년 同대학원졸 1979년 교육학박사(독일 아헨대) (경)1979~1984년 전북대 교수 1981년 문교부 상임자문위원 1985~2006년 한국교원대 교육학계열 교수 1985~1990년 同생활관장 · 학생생활연구소장 · 도서관장 · 교육연구원장 1990년 한국평생교육연구소 소장 1991 · 2001~2002년 한국청소년학회 회장 1994년 한국교육학회 사회교육연구회 회장 1995년 코카콜라 한국청소년건강재단 이사(현) 1996년 서울시청소년위원회 부위원장 1999년 대통령자문 새교육공동체위원 1999~2000년 한국교원대 종합교원연수원장 2001~2004년 한국청소년개발원 원장 2001~2004년 국무총리산하 청소년보호위원회 위원 2001~2007년 민주평통 체육청소년분과 위원장 2006~2011년 농어촌청소년육성재단

이사 2006년 한국교원대 명예교수(현) 2007년 한국파독광부총연합회 부회장 2007~2008년 위즈원격평생교육원 원장 2008년 대한민국약속재단 부총재(현) 2009년 문경해보라대안학교 이사장 2013년 아프리카아시아난민교육후원회(ADRF) 회장(현) (상)국민훈장 목련장(2003) (저)'개방대학' '자녀지도 어떻게 해야하나' '유럽주요국의 교육제도' '사회교육개론' '청소년교육' '맴도는 아이 방황하는 부모' '교육사회학' '청소년의 두얼굴' '청소년과 교육병리' '청소년문화와 정책' '청소년세계의 이해' '폭력은 싫어요' '청소년학 개론' '현대사회와 평생교육' '교수가 된 광부' '청소년을 위한 삶의 지혜' '미래를 부르는 희망노래' '나눔교육과 봉사가 인생을 바꾼다' '파독광부백서' '인연 백세백인' 외 60여 권 (역)'학교가 환자를 만드는가' (종)천주교

## 권이혁(權彛赫) KWON E Hyock (又岡)

(생)1923·7·13 (본)안동(安東) (출)경기 김포 (주)서울특별시 송파구 올림픽로 424 서울평화상문화재단(02-2203-4096) (학)1941년 경기고졸 1947년 서울대 의대졸, 同대학원 의학석사 1956년 미국 미네소타대 보건대학원 보건학과졸 1960년 의학박사(서울대) 2006년 명예박사(을지의과대) (경)1948~1950년 서울대 수의과대학 전임강사 1954~1955년 이화여대 의과대학 전임강사 1956~1965년 서울대 의과대학 조교수·부교수 1965~1980년 同교수 1967년 세계학술원 회원(현) 1970~1976년 서울대 의과대학장 1975~1983년 대한보건협회 회장 1976~1978년 서울대 보건대학원장 1979~1980년 同병원장 1980~1983년 同총장 1980년 입법회의 의원 1981년 대한민국학술원 회원(예방의학·현) 1983~1985년 문교부 장관 1985~1988년 한국교원대 총장 1985년 한국과학기술단체총연합회 고문 1985년 대한의사협회 윤리위원장 1985년 대한보건협회 회장 1987년 한·일협력위원회 상임위원 1988년 보건사회부 장관 1989~1991년 녹십자 회장 1989년 대통령 과학기술자문위원 1990~1992년 한국과학기술단체총연합회 회장 1990~1998년 경기도민회 회장 1991~1992년 환경처 장관 1992년 대한민국학술원 회장 1992~1996년 녹십자 명예회장 1994년 한국과학기술한림원 정회원·원로회원·종신회원(현) 1995년 古下선생기념사업회 이사장 1995년 서울대 의과대학 명예교수(현) 1995년 한국정신문화연구원 이사장 1996~2007년 학교법인 성균관대 이사장 1997년 한국의약사평론가회 회장 1999년 화이자의학상 운영위원장 2001년 한국과학기술단체총연합회 명예회장(현) 2004년 국제보건의료발전재단 이사장·명예총재(현) 2009년 (사)세계결핵제로운동본부 총재 2009~2013년 대통령자문 국민원로회의 위원 2010년 유정복국회의원후원회 회장, 한국아카이브즈포럼 대표(현), 우강보건포럼 대표(현) 2016년 서울평화상문화재단 이사장(현) (상)미국 자유훈장(1954), 3.1문화상(1968), 미네소타대학 공적상(1979), 사회교육문화상(1981), 학술원상(1982), 청조근정훈장(1985), 일본 동양철학회 학술상(1987), 국민훈장 무궁화장(1988), 맥미란 공적상(1993), 한국과학기술단체총연합회 특별공로상(1996), 서울의대 함춘대상(2000), 제16회 자랑스러운 서울대인상(2006), 제3회 서재필의학상(2006), 성균관대 가족상(2008), 서울대총동창회 관악대상 참여부문(2014), 제5회 대한의학회 의학공헌상(2019) (저)'전염병관리' '공중보건학' '최신보건학'(1978) '가족계획 10년사' '인구와 보건'(1982) '도시인구에 관한 연구' '또 하나의 언덕'(1993) '인구·보건·환경'(2004) '여유작작'(2006) '온고지신'(2007) '마이동풍'(2008) '어르신네들이시여, 꿈을 가집시다'(2009) '임상의학과 나의 삶'(2010) '인생의 졸업과 시작'(2012) 에세이집 '여생을 즐기자'(2013, 신광출판사) '유머가 많은 인생을 살자'(2015) (역)'현대지성의 심포지움'

## 권이형(權彛衡) Kweon Yi Hyung

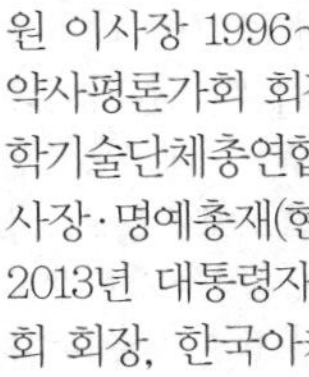

(생)1970·7·8 (출)경기 김포 (주)서울특별시 금천구 가산디지털1로 145 에이스하이엔드타워 3차 6층 (주)엠게임 비서실(02-523-5854) (학)1989년 하성고졸 1993년 중앙대 공대 전자공학과졸 (경)1993~1996년 셈틀 근무 1996~1999년 (주)메닉스 팀장 1999~2004년 (주)위즈게이트 및 (주)엠게임 이사 2004년 (주)엠게임 부사장 2006년 同대표이사 사장(현) (상)디지털콘텐츠대상 온라인게임부문 대상(2007), Technology Fast 50 Korea 2007 우수고속성장기업 우수상(2007), 이달의 우수게임 풍림화산(2008), 대한민국콘텐츠어워드 문화체육관광부장관표창(2009)

## 권익범(權益範)

(생)1964 (출)서울 (주)서울특별시 강남구 테헤란로 521 그랜드인터컨티넨탈 서울 파르나스(02-559-7990) (학)경기고졸, 1988년 상지대 경영학과졸 (경)1990년 해태백화점 입사 2010년 GS리테일 마케팅총괄팀장(상무) 2016년 同편의점사업부 1부문장(상무) 2017년 同전략부문장(전무) 2018년 同MD본부장 2019년 파르나스호텔 대표이사 전무(현)

## 권익현(權翼鉉) KWON Ik Hyun

(생)1961·3·15 (본)안동(安東) (출)전북 부안 (주)전라북도 부안군 부안읍 당산로 91 부안군청 군수실(063-580-4202) (학)1978년 백산고졸 1986년 전북대 사학과졸 2010년 同행정대학원 행정학과졸 2013년 同행정대학원 행정학 박사과정 수료 (경)김진배 국회의원 정책보좌관, 정균환 국회의원 특별보좌관, 민주당 전북도당 연수위원장 2006·2010~2014년 전북도의회 의원(민주당·민주통합당·민주당·새정치민주연합) 2007년 대통합민주신당 전북도당 대변인 2008년 전북도의회 민주당 원내부대표·대표 2009년 전북대 교양교육원 초빙교수 2009년 전북대총동문회 부회장 2010년 전북도의회 친환경무상급식특별위원장 2010~2012년 同산업경제위원회 위원 2012년 同예산결산특별위원장 2012년 同행정자치위원회 위원 2018년 전북 부안군수(더불어민주당)(현) (종)기독교

## 권익환(權益煥) KWON Ik Hwan

(생)1967·9·29 (본)안동(安東) (출)서울 (주)서울특별시 서초구 강남대로61길 23 현대성우주상복합아파트 402호 권익환법률사무소(02-6241-8085) (학)1986년 여의도고졸 1991년 서울대 사법학과졸 (경)1990년 사법시험 합격(32회) 1993년 사법연수원 수료(22기) 1993년 軍법무관 1996년 서울지검 검사 1998년 춘천지검 강릉지청 검사 2000년 대구지검 검사 2000년 미국 스탠포드대 방문학자과정 수료 2001년 예금보험공사 부실채무기업특별조사단 파견 2004년 사법제도개혁추진위원회 파견 2007년 수원지검 성남지청 부부장검사 2007년 대구지검 상주지청장 2008년 법무부 형사법제과장 2009년 대검찰청 범죄정보2담당관 2009년 법무부 형사기획과장 2010년 同검찰과장 2011년 서울중앙지검 금융조세조사1부장 2012~2013년 대통령 민정2비서관 2013년 서울고검 검사 2013년 인천지검 제2차장검사 2014년 대검찰청 범죄정보기획관 2015년 수원지검 성남지청장 2015년 법무부 기획조정실장(검사장급) 2017년 대검찰청 공안부장 2018년 대전지검장 2018~2019년 서울남부지검장 2019년 변호사 개업(현)

## 권인숙(權仁淑·女)

(생)1964·8·28 (주)서울특별시 은평구 진흥로 225 한국여성정책연구원(02-3156-7201) (학)서울대 의류학과졸, 미국 럿거스대 대학원 여성학과졸 2000년 여성학박사(미국 클라크대) (경)노동인권회관 대표간사, 미국 하버드대 한국학연구소 박사후과정 연구원 2001년 미국 남플로리다주립대 여성학과 교수 2003~2017년 명지대 교육학습개발원 교수·방목기초교육대학 교수 2017년 더불어민주당 제19대 문재인 대통령후보 중앙선거대책위원회 공동위원장 2017~2018년 국방부 軍적폐청산위원회 위원 2017년 한국여성정책연구원 원장(현) 2017년 국무총리 소속 양성평등위원회 위원(현) 2018년 법무부 '성희롱·성범죄 대책위원회' 위원장(현) (저)'대한민국은 군대다'(2005, 청년사)

**권인원(權引遠) Kwon, In Won**

(생)1958 · 3 · 7 (본)안동(安東) (출)경기 화성 (주)서울특별시 영등포구 여의대로 38 금융감독원 부원장실(02-3145-5323) (학)1976년 송산종고졸 1984년 고려대 경제학과졸 1996년 同대학원 경제학과졸 (경)1984~1998년 한국은행 근무 1999년 금융감독원 감독5국 과장 2000년 同보험감독국 팀장 2002년 同기획조정국 팀장 2004~2005년 미국 노스캐롤라이나대 객원연구원 2005년 금융감독원 보험검사1국 팀장 2008년 同변화추진기획단 부단장 2008년 同제재심의실장 2009년 同감사실 국장 2010년 同리스크검사지원국장 2011년 同감독총괄국장 2013년 同기획 · 경영담당 부원장보 2014~2015년 同업무총괄담당 부원장보 2015년 한국주택금융공사 상임이사 2017년 금융감독원 은행 · 중소서민금융담당 부원장(현) (저)'실생활 맞춤식 저축 · 보험 길라잡이'(2011, 어드북스) (종)기독교

**권인태(權仁台) KWON IN TAE**

(생)1959·7·2 (본)안동(安東) (출)대구 (주)경기도 성남시 중원구 사기막골로31번길 18 (주)파리크라상 비서실(080-730-2027) (학)대구 영신고졸, 고려대 경영학과졸 (경)1986년 제일제당 입사 2003년 CJ푸드빌 경영지원실장(상무) 2006년 CJ제일제당 영업SU장(상무) 2007년 同식품BU장(상무) 2010년 CJ(주) 전략지원팀장(부사장대우) 2011년 同홍보실장(부사장대우), 同전략지원총괄 부사장 2013~2014년 한국광고주협회 광고위원장 2014년 (주)파리크라상 영업마케팅BU장(부사장) 2014년 同대표이사 부사장 2015년 同대표이사 사장 2016년 (주)SPC GFS 대표이사 사장 2017년 (주)파리크라상 각자대표이사 2018년 同대표이사 2019년 同각자대표이사(현) 2019년 (주)SPC GFS 대표이사 사장 겸임(현)

**권인한(權仁瀚) KWON In Han**

(생)1962 · 6 · 17 (본)안동(安東) (출)경북 포항 (주)서울특별시 종로구 성균관로 25-2 성균관대학교 국어국문학과(02-760-0241) (학)1985년 서울대 국어국문학과졸 1987년 同대학원 국어국문학과졸 1995년 문학박사(서울대) (경)1996~2002년 울산대 국어국문학부 조교수 · 부교수 2001~2010년 구결학회 편집위원 2002~2006년 성균관대 국어국문학과 부교수 2003~2005년 한국언어문학회 편집위원 2006년 성균관대 문과대학 국어국문학과 교수(현) 2007~2012년 한국목간학회 연구이사 겸 편집위원 2008~2010년 한국지명학회 편집위원 2010~2011년 구결학회 대표이사 2010~2013년 진단학회 연구이사 2017~2019년 성균관대 문과대학장 (상)국립국어연구원 우수공무원상(1992), 국어학회 일석국어학 장려상(1996), 대한민국학술원 우수학술도서 선정(2005), 두계학술상(2017) (저)'조선관역어의 음운론적 연구'(1998) '개정판 중세한국한자음훈집성'(2009) '각필구결의 해독과 번역4-진본 화엄경 권제20, 주본 화엄경 권제22(共)'(2009) '중세 한국한자음의 분석적 연구'(2009) '동아시아 자료학 연구의 가능성 모색(共)'(2010) '목간 죽간에 담긴 고대 동아시아(共)'(2011) '광개토왕비문 신연구'(2015)

**권 일(權 溢) KWEON IHL**

(생)1965 · 8 · 14 (본)안동(安東) (출)경북 예천 (주)충청북도 충주시 대소원면 대학로 50 한국교통대학교 공과대학 도시 · 교통공학전공(043-841-5413) (학)1984년 대륜고졸 1988년 한양대 도시공학과졸 1990년 同대학원 도시공학과졸 1996년 공학박사(한양대) (경)1983년 목원대 강사 1994년 서울시정개발연구원 위촉연구원 1996년 충주대 도시공학과 전임강사 1998~2012년 同건설조형대학 도시공학과 조교수 · 부교수 · 교수 2010~2012년 同교수회장 2012년 한국교통대 건설교통대학 도시 · 교통공학과 교수 2012~2014년 同교수회장 2014~2016년 同건설교통대학장 2017년 同공과대학 건설환경도시교통공학부 도시 · 교통공학전공 교수(현) (역)'도시개발론'(2002) '토지이용계획론'(2015) '도시계획론'(2016)

**권일근(權一根) KWON Il Gun**

(생)1962 · 3 · 1 (주)서울특별시 중구 후암로 98 LG이노텍 임원실(02-3777-1114) (학)연세대 대학원 전자공학과졸 (경)LG전자(주) DTV연구소 연구위원 2006년 同DDC연구소 연구위원 2007년 同HE본부 LCD TV연구소장(상무) 2011년 同HE사업본부 TV연구소장(전무) 2012년 同HE사업본부 IT사업부장(전무) 2013년 同HE사업본부 HE연구센터장(전무) 2015년 (주)LG 시너지팀장(전무) 2015~2016년 (주)LG이노텍 기타비상무이사 2015년 (주)LG디스플레이 OLED TV상품기획담당 전무 2017년 LG이노텍 CTO(전무)(현)

**권일남(權一男) KWON Il Nam**

(생)1961·5·8 (본)안동(安東) (출)전북 정읍 (주)서울특별시 서대문구 거북골로 34 명지대학교 사회과학대학 청소년지도학과(02-300-0622) (학)1983년 서울대졸 1987년 同교육대학원졸 1992년 교육학박사(서울대) (경)1994~1999년 한국농업교육학회 편집위원 1995년 명지대 사회과학대학 청소년지도학과 조교수·부교수·교수(현), 미국 미네소타대 교환교수 1997년 한국직업교육학회 총무이사, 한국청소년수련지도학회 총무이사 2000~2001년 국무조정실 심사평가위원회 전문위원 2000~2001년 청소년보호위원회 자문위원 2002~2005년 한국청소년시설환경학회 부회장 2004년 청소년보호위원회 정책분과 위원 2004~2005년 문화관광부 문화체육분과 위원 2004년 한국청소년단체협의회 편집위원·전문위원 2006~2007년 국가청소년위원회 연구심의위원 2007~2008년 농촌진흥청 정책평가위원 2007년 서울 및 경기청소년특별회의 추진단장 2008년 서울시의회 정책위원 2010년 미국 세계인명사전 'Marquis Who's Who in the World'에 등재(청소년분야) 2010년 한국청소년시설환경학회 부회장 2012년 한국청소년활동학회 회장(현) 2012년 여성가족부 청렴옴부즈만 2012년 법제처 국민법제관(현) 2012~2017년 한국스카우트연맹 중앙이사 2012년 농촌진흥청 겸임지도관 2013년 안전행정부 지방행정연수원 겸임교수 2015년 경기도청소년육성재단협의회 자문위원 2015년 용인청소년미래재단 이사(현) 2016년 고양시청소년재단 이사(현) 2017년 청소년관련학과교수협의회 회장 2017년 명지대 사회과학대학장 겸 사회복지대학원장(현) 2017년 광명시청소년육성재단 이사(현) 2018년 서울시청소년친화도시추진위원장(현) 2019년 민주평통 자문위원(현) 2019년 여성가족부 청소년수련시설종합평가심의위원(현) 2019년 同청소년보호위원장(현) (상)한국청소년단체협의회장표창(2000), 한국보이스카우트연맹장표창(2001), 한국과학기술단체총연합회 제13회 과학기술우수논문상(2003), 서울시장표창(2012), 청소년동아리연맹 학술부문 대상(2018), 빅드림 사회봉사대상(2018) (저)'청소년지도방법론'(2004, 교육과학사) '농어촌청소년백서'(2003, soya커뮤니케이션) '청소년활동지도론'(2008, 학지사) '청소년활동론'(2009, 한국방송통신대) '군 상담심리학개론(共)'(2011) '청소년활동론 : 역량개발중심'(2012) '청소년멘토링의 이해와 실제'(2013) '청소년프로그램개발및평가'(2016) '청소년문화론'(2017) (종)기독교

**권재원(權再遠) Jae Won KWON**

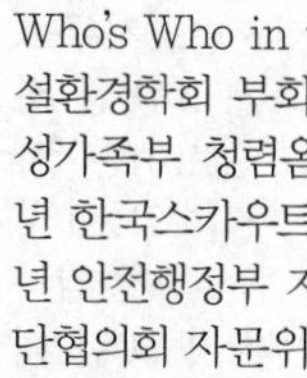

(생)1941 (주)경기도 안양시 동안구 관악대로 454 평화빌딩 (주)평화엔지니어링 회장실(031-420-7200) (학)한양대 토목공학과졸 (경)1966년 서울시청 근무, 건설교통부 근무, 현대엔지니어링 근무, 한국해외기술공사 근무, (주)평화엔지니어링 회장(현), 한국건설감리협회 부회장, 한국건설설계협회 회장 2004년 한국건설컨설턴트협회 회장 2011년 글로벌인프라포럼 공동대표 (상)대통령표창(2002), 철탑산업훈장(2005), 대한건설진흥회 '자랑스러운 회원상'(2010)

## 권재일(權在一) KWON Jae Il

(생)1953 · 5 · 19 (본)안동(安東) (출)경북 영주 (주)서울특별시 관악구 관악로 1 서울대학교 인문대학 언어학과(02-880-6164) (학)1972년 계성고졸 1976년 서울대 언어학과졸 1978년 同대학원 언어학과졸 1985년 문학박사(서울대) (경)1978~1981년 해군제2사관학교 전임강사 1981~1986년 대구대 인문대 국어국문학과 전임강사 · 조교수 1986~1994년 건국대 문과대 국어국문학과 조교수 · 부교수 · 교수 1994년 서울대 인문대학 언어학과 부교수 1999~2009 · 2012~2018년 同인문대학 언어학과 교수 2000년 방송광고심의위원회 심의위원 2003년 국립국어연구원 어문규범연구부장 2005년 서울대 인문학연구원장 2006년 한국광고자율심의기구 제1광고심의위원회 위원 2009~2012년 국립국어원 원장 2013년 언어문화개선범국민연합 공동대표(현) 2014~2017년 대통령직속 통일준비위원회 사회문화분과위원회 민간위원 2016년 한글학회 회장(현) 2018년 서울대 인문대학 언어학과 명예교수(현) (상)문화체육부장관표창(1993), 서울대 교육상(2008), 황조근정훈장(2018), 제40회 외솔상(2018) (저)'국어의 복합문 구성 연구'(1990, 집문당) '한국어 문법의 연구'(1994, 서광학술자료사) '한국어 통사론'(1997, 민음사) '한국어 문법사'(1998, 박이정) '언어학과 인문학(共)'(1999, 서울대 출판부) '국어지식탐구(共)'(1999) '한국어 통사론'(2000, 민음사) '구어 한국어의 의향법 실현방법'(2004, 구어한국어의 의향법 실현방법) '말이 올라야 나라가 오른다 2'(2005, 한겨레신문사) '20세기 초기 국어의 문법'(2005) '남북 언어의 문법 표준화'(2006) '언어이해'(2007, 네오시스) '개정 국어과 교육과정에 따라 새롭게 집필한 문법교육론(共)'(2010, 역락) '중앙아시아 고려말의 문법'(2010) '한국어 문법론'(2012, 태학사) '북한의 조선어학전서 연구'(2012, 서울대 출판문화원) '세계 언어의 이모저모'(2013, 박이정) '언어학사강의'(2016, 박이정) (역)'일반언어학 이론'(1990, 민음사)

## 권재진(權在珍) KWON Jae Jin

(생)1953 · 7 · 27 (출)대구 (주)서울특별시 서초구 서초대로50길 8 관정빌딩 9층 권재진법률사무소(02-730-8709) (학)1972년 경북고졸 1976년 서울대 법대졸 1978년 同대학원 수료 (경)1978년 사법시험 합격(20회) 1980년 사법연수원 수료(10기) 1980년 軍법무관 1983년 서울지검 남부지청 검사 1986년 마산지검 거창지청 검사 1987년 서울지검 검사 1990년 대검찰청 검찰연구관 1991년 수원지검 검사(고등검찰관) 1992년 대구지검 상주지청장 1993년 창원지검 진주지청 부장검사 1993년 수원지검 공안부장 1995년 부산지검 공안부장 1996년 同형사3부장 1997년 사법연수원 교수 1999년 서울지검 형사3부장 2000년 창원지검 통영지청장 2000년 전주지검 차장검사 2001년 서울고검 검사 2002년 서울지검 북부지청 차장검사 2003년 同남부지청장 2004년 서울북부지검장 2004년 울산지검장 2005년 대검찰청 공안부장 2006년 대구지검장 2007년 대구고검장 2007년 대검찰청 차장 2009년 서울고검장 2009년 대통령 민정수석비서관 2011~2013년 법무부 장관 2013년 변호사 개업(현)

## 권재철(權在鐵) KWON Jae Cheol

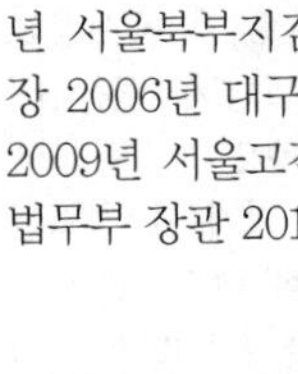

(생)1962 · 4 · 25 (출)경북 영양 (주)서울특별시 성북구 안암로 21 (사)한국고용복지센터(02-961-8888) (학)성균관대 무역학과졸 2006년 고려대 대학원 경영학과졸 (경)전국사무금융노동조합연맹 정책실장 2000년 대통령 복지노동비서관실 국장, 대통령 민정수석비서관실 국장 2003~2005년 대통령 노동비서관 2006~2008년 한국고용정보원 초대원장 2007~2009년 한국폴리텍대 이사 2009년 (사)한국고용복지센터 이사장(현) 2011~2012년 (주)JW중외제약 사외이사 2014~2015년 제일모직 사외이사 2015년 同감사위원 겸임 2015년 삼성물산(주) 사외이사(현) 2018년 수원대 고용서비스대학원 석좌교수(현) (상)근정포장(2002) (저)'대통령과 노동'(2011, 유성출판사)

## 권재혁(權在爀) KWON Jae Hyuk

(생)1938 · 3 · 13 (본)안동(安東) (출)경북 안동 (주)경기도 안양시 만안구 양화로37번길 34 연성학원 법인사무처(031-441-1023) (학)1962년 영남대 상과졸 1985년 同대학원 경영학과졸 (경)1962~1978년 대한무역진흥공사 근무 1980~1995년 안양전문대학 전임강사 · 조교수 · 부교수 1989년 同기획실장 1995~1998년 同학장 1995년 학교법인 연성학원 상임이사 1998~2009년 안양과학대학 학장 2009년 학교법인 연성학원 이사장(현) (종)기독교

## 권재형(權宰亨)

(생)1963 · 2 · 23 (주)경기도 수원시 팔달구 효원로 1 경기도의회(031-8008-7000) (학)1982년 성균관대 공과대학 섬유공학과 중퇴(2년) (경)의정부시장애인체육회 사무국장, 의정부 · 양주 · 동두천범시민통합추진위원회 조직위원장, 민주당 의정부시乙지구당 장애인위원장, 한국보이스카웃 경기북부연맹 이사, 의정부시컬링경기연맹 회장, 민주당 의정부시乙지구당 상무위원, 同경기도당 사회복지특별위원회 부위원장 2012년 민주통합당 문재인 대통령후보 선거대책위원회 의정부乙장애인위원회 위원장, 민주평통 의정부시협의회 자문위원 2014~2018년 경기 의정부시의회 의원(새정치민주연합 · 더불어민주당) 2014년 同자치행정위원장, 더불어민주당 의정부乙지역위원회 부위원장(현) 2018년 경기도의회 의원(더불어민주당)(현) 2018년 同건설교통위원회 위원(현)

## 권정달(權正達) KWON Jung Dal

(생)1936 · 6 · 14 (본)안동(安東) (출)경북 안동 (학)1955년 안동고졸 1959년 육군사관학교졸(15기) 1976년 연세대 행정대학원졸 2002년 경제학박사(단국대) (경)1978년 보안부대장 1979년 보안사령부 정보처장 1980년 국가보위비상대책위원회 내무분과 위원 · 입법회의 의원 1980년 예편(육군 준장) 1981년 민주정의당(민정당) 사무총장 1981년 제11대 국회의원(안동시 · 의성 · 안동군, 민정당) 1982년 IPU 한국의원단 이사회 의장 1982년 미국 위스콘신대 객원교수 1983년 국회 내무위원장 1985년 제12대 국회의원(안동 · 의성, 민정당) 1985년 국회 내무위원장 1985년 남북국회회담 수석대표 1987년 민정당 국책조정위원장 1988년 미국 스탠퍼드대 후버연구소 연구원 1991년 세계와한국정세연구소 이사장 1992년 한국산업은행 이사장 1996년 제15대 국회의원(안동乙, 무소속 · 신한국당 · 한나라당 · 국민회의 · 새천년민주당) 1998년 국민회의 부총재 1999년 同경북도지부장 2000년 새천년민주당 지도위원 2000년 同안동지구당 위원장 2000년 同경북도지부장 2000년 한국자유총연맹 총재 2004~2009년 한전산업개발(주) 대표이사 사장 2007~2009년 한국자유총연맹 총재 2011~2017년 안동권씨대종원 총재 2013~2018년 안동성소병원 이사장 (상)충무무공훈장, 화랑무공훈장, 인헌무공훈장, 보국훈장, 수교훈장 광화장 (저)'올바른 대북정책은 무엇인가?' '세계속에 밝힌 우리의 입장' '남북한 교역의 활성화 전략' (종)기독교

## 권정상(權正相) Kwon Jung Sang

(생)1963 · 6 · 1 (본)안동(安東) (출)충북 제천 (주)서울특별시 종로구 율곡로2길 25 연합뉴스 디지털융합본부(02-398-3114) (학)1982년 충북 제천고졸 1987년 성균관대 산업심리학과졸 (경)1991~2002년 연합뉴스 사회부 · 경제부 · 정치부 · 국제뉴스부 기자 2002년 同국제뉴스2부 차장대우 2003년 同경제부 차장대우 2005년 同증권부 차장 2008~2010년 同요하네스버그특파원(부장대우) 2011년 同재외동포부장 2012년 同국제뉴스3부장 2013년 同국제뉴스2부장 2014년 同국제뉴스2부장(부국장대우) 2015년 同편집국 증권부장(부국장대우) 2016년 同편집국 문화부장(부국장대우) 2016년 同편집국 IT의료과학부장(부국장대우) 2017년 同경기취재본부장 2018년 同편집국 정치에디터 겸 팩트체크팀장 2018년 同평양지국개설준비위원회 위원 겸임(현) 2018년 同디지털융합본부장(현)

### 권정선(權正善·女)

(생)1966·7·20 (주)경기도 수원시 팔달구 효원로 1 경기도의회(031-8008-7000) (학)가톨릭대 대학원 행정학 박사과정 수료 (경)서정대 겸임교수, 경기도민간어린이집연합회 부회장, 전국어린이집연합회 수석부회장, 삼육보건대학교 주임교수, 부천시 보육정책위원, 同육아지원센터 운영위원, 김만수 부천시장 인수위원회 자문위원, 가톨릭대 행정대학원 총동문회 사무국장 2017년 더불어민주당 제19대 문재인 대통령후보 아동복지발달특보 2018년 경기도의회 의원(더불어민주당)(현) 2018년 同의회운영위원회 위원(현) 2018년 同보건복지위원회 위원(현) 2019년 同예산결산특별위원회 위원(현)

### 권정식(權正植) KWON Jung Sik

(생)1964·7·20 (출)충남 태안 (주)서울특별시 중구 퇴계로 166 한진해운센터 본관 601호 스포츠한국 편집국(02-6388-8089) (학)1982년 동북고졸 1989년 중앙대 문예창작과졸 (경)1991년 스포츠조선 체육부 기자 1992년 同야구부 기자 2001년 굿데이신문 야구부 KBO팀장 2004년 同야구부장직대 2005년 스포츠한국 스포츠부 부장대우 2006년 同스포츠부장 2006년 한국일보 편집국 스포츠2팀장 2008년 스포츠한국 편집국장 2011년 同편집국장(이사) 2014년 同미디어편집국장(이사), 同편집국장(현)

### 권정원(權正遠) KWON Jeong Won

(생)1955·2·24 (본)안동(安東) (출)대전 (주)경상남도 창원시 성산구 남면로 599 S&T중공업(주) 임원실(055-280-5008) (학)대전고졸, 서울대 기계공학과졸 (경)대한중기공업 근무 1984년 현대로템(주) 입사 2002년 同시스템엔지니어링팀장 2003년 同기술연구소 중기연구담당 이사 2008년 同중기개발담당 상무 2009년 同기술연구소 전무, 同기술연구소장, 同중기사업본부장(전무) 2013년 同기술연구소 자문 2017년 S&T중공업(주) 부사장 2017년 同대표이사 사장(현) (상)보국포장(2007) (종)기독교

### 권정훈(權政勳) Kwon Jung Hun

(생)1969·9·12 (출)대구 (주)서울특별시 종로구 사직로8길 39 김앤장법률사무소(02-3703-1114) (학)1988년 경원고졸 1993년 서울대 법학과졸 (경)1992년 사법시험 합격(34회) 1995년 사법연수원 수료(24기) 1995년 서울지검 검사 2000년 춘천지검 강릉지청 검사 2003년 법무부 검찰4과 검사 2006년 서울서부지검 검사 2007년 同부부장검사 2008년 법무부 검찰과 검사 2009년 대구지검 특수부장 2010년 법무부 국제형사과장 2011년 同형사기획과장 2012년 同검찰과장 2013년 서울중앙지검 형사1부장 2014년 부산지검 형사1부장 2015년 대통령 민정수석비서관실 민정비서관 2016년 법무부 인권국장 2017~2018년 대전지검 차장검사 2019년 김앤장법률사무소 변호사(현)

### 권종진(權鍾珍) KWON Jong Jin

(생)1949·4·4 (본)안동(安東) (출)충북 청주 (주)서울특별시 중구 다산로 114 닥터권치과의원(02-953-2201) (학)1968년 경동고졸 1974년 서울대 치의학과졸 1981년 同대학원 구강외과학졸 1983년 의학박사(서울대) (경)1985~1995년 고려대 의과대학 전임강사·조교수·부교수 1989년 일본 東京大 치과대학 객원교수 1990년 대한악안면성형재건외과학회 이사·총무·감사 1994~2014년 고려대 의과대학 치과학교실 교수·임상치의학대학원 교수 1994년 同부속병원 치과 과장 1994년 대한치과의사협회 이사 1996년 국제표준원(ISO) 한국지부 위원, 한국임프란트학회 부회장 1991~2001년 일본 악관절학회 평의원 2000~2004년 고려대 임상치의학대학원장 2000~2004년 대한악관절연구소 대표이사 2010년 미국 하버드대 치과대학 교환교수 2014년 고려대 의과대학 명예교수(현) 2014년 닥터권치과의원 원장(현) 2015년 대한치과이식임프란트학회 감사(현) (상)대한치과이식학회 학술상(2002), 캄보디아 훈장(2004), 근정포장(2014) (저)'구강 악안면외과학'(共) '임프란트의 선택·식립·유지' '치과마취학'(共) 'Text book of geriatric Medicine'(共) 'Dental CT'(共) (역)'악관절증 치료 50point' '악관절 소사전(Ⅰ·Ⅱ)' (종)천주교

### 권주안(權柱顔) Kwon Juan

(생)1961·1·27 (주)서울특별시 영등포구 국제금융로8길 25 주택건설회관 10층 주택산업연구원 원장실(02-3215-7601) (학)1985년 한국외국어대 경제학과졸 1989년 미국 미시간주립대 대학원 경제학과졸 1995년 경제학박사(미국 미시간주립대) (경)1995~1996년 서울시정개발연구원 책임연구원 1996년 주택산업연구원 선임연구위원 2007년 同금융·경영연구실장 2013년 同금융경제연구실장 2015년 同원장(현)

### 권주태(權周泰) Kwon, Jutae

(생)1960·7·15 (출)충남 서천 (주)충청남도 서산시 호수공원14로 26-4 서산소방서(041-669-1119) (학)1978년 서천고졸 2004년 한밭대 경영학과졸 2008년 공주대 대학원 행정학과졸 (경)1985년 충남도 지방소방사 임용 2005년 충남 부여소방서 방호구조과장 2008년 충남 논산소방서 방호예방과장 2010년 충남도 소방안전본부 항공대장 2015년 同소방본부 119광역기동단장 2016년 충남 논산소방서장 2017~2018년 충남 예산소방서장 2019년 충남 서산소방서장(현) (상)대통령표창(2006)

### 권 준

(생)1967·2·15 (주)서울특별시 중구 세종대로 136 서울파이낸스센터 4층 피델리티자산운용(02-3783-0903) (학)1989년 미국 컬럼비아대졸 1991년 미국 예일대 대학원졸 (경)골드만삭스 홍콩법인 근무, 同서울오피스 근무 2011년 미래에셋자산운용 미국법인(Mirae Asset Global Investments(USA)) 법인장(부사장) 2013년 同글로벌 경영부문(Global Business Unit) 대표 2014년 피델리티자산운용 채널영업본부장(전무) 2015년 同대표이사(현)

### 권준수(權俊壽) Kwon, Jun Soo

(생)1959·6·15 (본)안동(安東) (출)경남 밀양 (주)서울특별시 종로구 대학로 101 서울대병원 정신건강의학과(02-2072-2972) (학)1984년 서울대 의대졸 1988년 同대학원 의학석사 1993년 의학박사(서울대) (경)1984년 서울대병원 신경정신과 전공의 1988~1991년 국군현리병원·국군수도병원 정신과장 1991년 서울대 의대 신경정신과 임상교수 1994~1998년 同의대 정신과학교실 조교수 1996년 미국 하버드대 의대 정신과학교실 Visiting Assistant Professor 1998년 서울대 의대 정신과학교실 부교수·교수(현) 2003년 미국 세계인명사전 'Marquis Who's Who in the World'에 등재 2008~2010년 서울대병원 홍보실장 2008년 국제정신약물학회(CINP : Collegium Internationale Neuro Psychopharmacologicum) 평위원회 위원(Councillor)(현) 2010년 서울대병원 신경정신과장 2011~2014년 국제정신분열병학회(SIRS) 이사 2012년 서울대 의대 정신과학교실 주임교수 2012·2014년 서울대병원 정신건강의학과장 2014년 同교육연구부장 2014~2016년 同교육인재개발실장 2017년 조선일보 의학자문위원회 위원(현) 2018년 대한신경정신의학회 이사장(현) (상)폴얀센 정신분열병 연구자상, 대한정신약물학회 학술상, 대한신경정신의학회 학술상, 서울대병원 SCI 우수논문 최다저작 최고IF상, 지멘스 뇌기능매핑학술상, 제19회 분

쉬의학상 본상(2009), 제6회 아산의학상 임상의학부문(2013), 에밀 폰 베링 의학대상(2017) (저)'임상 신경인지기능 검사집(共)'(1997) '나는 왜 나를 피곤하게 하는가'(2000) '만족'(2006) (역)'신경심리평가'(共) '정신분열병 : A to Z'(2004) (종)가톨릭

### 권준영(權晙榮) Kweon Jun Young

(생)1963·7·23 (출)경북 문경 (주)세종특별자치시 다솜2로 94 해양수산부 혁신성장일자리기획단(044-200-6170) (학)1989년 경북대 독어독문학과졸 2017년 고려대 행정대학원 수료 (경)1997년 행정고시 합격(40회) 1997년 해양수산부 기획관리실·기획예산담당관실·정책홍보관실·재정기획팀 사무관 2005년 同재정기획관실 정책기획팀 서기관 2005년 부산지방해양항만청 해양환경과장 2007년 국민경제자문회의 파견 2008년 포항지방해양항만청장 2009년 2012여수세계박람회조직위원회 U-IT과장(파견) 2010년 교육 파견 2013~2014년 해양수산부 해운물류국 연안해운과장 2015년 국내 교육훈련(중앙공무원교육원 제97기 고위공무원단후보자과정) 2016년 국내 교육훈련 2017년 해양수산부 항만국 항만투자협력과장 2018년 同해양정책실 해양환경정책과장 2018년 同혁신성장일자리기획단 부단장(서기관) 2018년 同혁신성장일자리기획단 부단장(부이사관)(현) (상)대통령표창(2004) (종)불교

### 권준욱(權埈郁) KWON Jun-wook

(생)1965·1·26 (본)안동(安東) (출)서울 (주)세종특별자치시 도움4로 13 보건복지부 대변인실(044-202-2020) (학)1989년 연세대 의대졸 1993년 同보건대학원졸 1995년 미국 미시간대 보건대학원졸 1997년 보건학박사(미국 미시간대) (경)1992년 보건사회부 사무관 특채 2001년 同서기관 2001년 국립보건원 전염병정보관리과장 2002년 보건복지부 의료정책과장 2002년 국립보건원 방역과장 2003년 보건복지부 국제협력관(WHO 파견) 2006년 同질병관리본부 전염병대응센터 전염병관리팀장 2008년 보건복지가족부 질병관리본부 전염병대응센터장 직대 2008년 同질병관리본부 전염병관리과장 2010년 보건복지부 질병관리본부 전염병대응센터 전염병관리과장 2010년 同건강정책국 질병정책과장 2011년 同질병관리본부 감염병관리센터장(고위공무원) 2013년 교육 파견 2014년 보건복지부 보건의료정책실 공공보건정책관 2015년 同중앙메르스관리대책본부 기획총괄반장 2017년 同건강정책국장 2019년 同대변인(현) (상)근정포장(2014) (저)'옳다고 생각하면 행동하라'(2007, 가야북스) (종)기독교

### 권준율(權俊栗) KWON Jun Yul

(생)1976·8·5 (출)충남 연기 (주)세종특별자치시 도움5로 20 법제처 운영지원과(044-200-6521) (학)1995년 대전고졸 2001년 동국대 법학과졸 (경)2000년 행정고시 합격(44회) 2000년 사법시험 합격(42회), 사법연수원 수료(33기) 2001년 법제처 행정사무관 시보, 공익법무관 2009년 법제처 기획조정관실 국민불편법령개폐팀 서기관 2009년 同사회문화법제국 서기관 2010년 同처장실 비서관 2012년 同법제지원단 법제관 2012년 同법령해석정보국 사회문화법령해석과장 2014년 同행정법제국 법제관 2014년 국외훈련(서기관) 2016년 법제처 법령해석정보국 법제교육과장 2017년 同법제지원국 법제교육과장 2018년 국회 법제사법위원회 파견(과장급)(현)

### 권준혁(權浚赫)

(생)1967·4·2 (주)서울특별시 용산구 한강대로 32 LG유플러스 NW운영기술그룹(1544-0010) (학)연세대 경영학과졸, 한국과학기술원(KAIST) 경영과학과졸(석사), 경영과학박사(한국과학기술원) (경)LG텔레콤 기술전략담당 상무, LG유플러스 전략기획담당 상무, 同Industrial IoT사업담당 상무, 同융합상품기획담당 상무, 同NW운영기술그룹장(상무) 2019년 同NW운영기술그룹장(전무)(현)

### 권중무(權重武) KWON Chung Moo

(생)1946·11·12 (출)서울 (주)서울특별시 도봉구 도봉로 683 동성제약(주) 부회장실(02-6911-3600) (학)1965년 양정고졸, 성균관대 약학과졸 1974년 同대학원 약학과졸, 무기화학박사(충남대) (경)삼일제약 중앙연구소장, 국립보건연구원 근무, 한올제약 대표이사, 동성제약(주) 연구개발담당 전무 2007년 同부사장 2016년 同부회장(현) (저)'치매, 알아야 산다(共)'(2009) '당뇨, 알아야 산다(共)'(2010)

### 권중순(權仲淳) KWON Jung Soon

(생)1961·10·5 (본)안동(安東) (출)대전 (주)대전광역시 서구 둔산로 100 대전광역시의회(042-270-5142) (학)대전상고졸, 청주사범대학 상업교육과졸 1995년 한남대 대학원 경영학과졸 (경)대전지방세무사회 심의위원, 대전극동방송 상담위원, 한국세무사회 이사, 중소기업중앙회 자문위원, 우송정보대 세무정보과 겸임교수 2006년 대전시의원선거 출마(무소속) 2010년 대전시의회 의원(자유선진당·선진통일당·새누리당·민주통합당·민주당·새정치민주연합) 2010년 同교육위원회 부위원장 2012년 同예산결산특별위원회 부위원장 2014~2018년 대전시의회 의원(새정치민주연합·더불어민주당) 2014·2016~2018년 同복지환경위원회 위원 2015년 同윤리특별위원회 위원 2015년 同새정치민주연합 원내대표 2015년 새정치민주연합 대전시당 예산결산위원장 2015년 同대전시당 을지로위원회 소상공인상생분과위원장 2015년 더불어민주당 대전시당 예산결산위원장 2015년 同대전시당 을지로위원회 소상공인상생분과위원장 2018년 대전시의회 의원(더불어민주당)(현)

### 권중영(權重榮) KWON Joong Young

(생)1964·7·8 (출)대전 (주)대전광역시 서구 둔산중로78번길 26 민석타워 3층 권중영법률사무소(042-483-5555) (학)1983년 대전 대신고졸 1990년 서울대 법학과졸 (경)1992년 사법시험 합격(34회) 1995년 사법연수원 수료(24기) 1995년 서울지검 동부지청 검사 1997년 청주지검 제천지청 검사 1998년 대전지검 검사 2000년 인천지검 검사 2002년 부산지검 동부지청 검사 2005년 서울중앙지검 검사 2007년 제주지검 부부장 2009년 대전지검 홍성지청 부장 2009년 청주지검 제2부장 2010년 대구지검 서부지청 부장 2011~2012년 대전지검 형사제3부장 2012년 권중영법률사무소 변호사(현)

### 권중원(權重元) Joong Won Kwon

(생)1960·12·25 (출)경북 포항 (주)서울특별시 종로구 새문안로 68 흥국화재해상보험(주) 임원실(02-2002-6113) (학)1978년 포항고졸 1983년 성균관대 무역학과졸 (경)1984년 LG화재 경리부 입사 1995년 LG그룹 구조정본부 재무팀 근무 2004년 LG화재 경영기획담당 상무 2010년 LIG손해보험 지원총괄 전무 2013년 同보상총괄 전무 2014년 同보상및고객상품총괄 전무 2016년 흥국화재해상보험(주) 부사장 2017년 同대표이사(현)

### 권진선(權眞善·女)

(생)1961·1·9 (주)경기도 안양시 만안구 안양로 114 국립농산물품질관리원 경기지원(031-449-5292) (학)1979년 서울여고졸 (경)1981년 국립농산물검사소 경남지원 함안사무소 근무(서기보) 1998년 同충청지소 천안·아산출장소 근무(주사) 2006~2013년 국립농산물품질관리원 경기지원

포천사무소장(사무관) · 본원 운영지원과 등 사무관 2013~2016년 농림축산식품부 창조행정담당관실 · 국립농산물품질관리원 기획조정과 · 인증관리팀 등 서기관 2016년 국립농산물품질관리원 경남지원장 2018년 同충북지원장 2019년 同경기지원장(현)

## 권진택(權珍澤) Kwon Jin Taek

(생)1964 · 1 · 26 (본)안동(安東) (출)경기 김포 (주)서울특별시 종로구 율곡로2길 25 연합뉴스TV 경영기획실(02-398-7800) (학)1983년 환일고졸 1988년 한국외국어대 경영학과졸 (경)1988년 연합통신 입사(7기) 1988년 同총무부 근무 1989년 同기획부 근무 1999년 연합뉴스 경영기획실 차장대우 2001년 同경영기획실 차장 2005년 同경영기획실 기획부장 2010년 同관리국 경리부장 2011년 同관리국 경리부장(부국장대우) 2011년 해외 연수(미국 듀크대) 2012~2013년 연합뉴스 기획부장 2012년 同기획조정실 부실장 2013년 同감사팀장 겸임 2013년 연합뉴스TV 경영기획실장 2014년 同경영기획실장(부국장) 2017~2018년 同시청자센터장 2017년 同경영기획실장 겸 고충처리인(현) (상)한국신문협회상(2009)

## 권진헌(權震憲) Kwon, Jin Heon

(생)1952 · 5 · 20 (본)안동(安東) (출)경북 청송 (주)서울특별시 동대문구 회기로 57 국립산림과학원 목재이용연구부(02-961-2700) (학)1979년 강원대 임산학과졸 1981년 서울대 대학원 임산학과졸(석사) 1985년 임산학박사(서울대) (경)1988~1990년 미국 워싱턴주립대 박사 후 연구원 1996~1997년 미국 임산물연구소 객원연구원, 강원대 산림바이오소재공학과 교수, 同산림응용공학부 산림바이오소재공학전공 교수(2017년에 정년퇴직), 한국목재공학회 상임이사, 한국가구학회 상임이사 2001~2003년 한국가구학회 회장 2005~2006년 영국 웨일즈대 방문연구교수 2014~2016년 강원대 교수평의원회 의장 2014~2016년 전국국공립대교수연합회 공동회장 2015~2016년 전국거점국립대교수연합회 초대회장 2017년 강원대 산림환경과학대학 산림응용공학부 명예교수(현) 2017년 국립산림과학원 임산공학부 · 목재이용연구부장(현) (상)한국과학기술단체총연합회 과학기술우수논문상(1999) (저)'Polyethylene-Based-Biocomposites-Bion! anocomposites' (2016, John Wiley Publisher)

## 권　찬(權　燦) Chan Kwon

(생)1964 · 9 · 3 (주)서울특별시 종로구 자하문로19길 6 아름다운재단(02-6930-4516) (학)연세대 사회사업학과졸 1996년 同언론홍보대학원졸 (경)1987~1990년 코래드 기획팀 사원 1990~1992년 (주)코리아로터리서비스 마케팅과장 1992~1995년 버슨-마스텔러코리아 마케팅홍보부장 1995~1998년 삼성에버랜드(주) 경영지원실 홍보팀장 1998년 한국마이크로소프트(유) 커뮤니케이션총괄이사 2006~2011년 同사회공헌담당이사 2012년 서울대 산학협력단 책임연구원 2012~2017년 초록우산 어린이재단 해외부문 부회장 2018년 아산나눔재단 이사, 서울시50플러스재단 이사(현) 2018년 (사)비영리IT지원센터 이사, (사)굿위드어스 이사(현) 2018년 아름다운재단 사무총장(현)

## 권창륜(權昌倫) KWON Chang Ryun (艸丁)

(생)1943 · 5 · 5 (본)예천(醴泉) (출)경북 예천 (주)서울특별시 종로구 삼일대로 437 건국1호빌딩 203호 한국서예학술원(02-3210-3213) (학)1960년 대창고졸 1964년 중앙대 국어국문학과졸 (경)1972~1982년 서예개인전 5회 1980년 국제서법연합전(홍콩 · 싱가포르), 한국전각학회 이사, 한국서예가협회 상임위원, 국제서도연맹 한국본부 이사, 대한민국 국전 추천작가, 국립현대미술관 초대작가, 한국문인화연구회 회장 1990년 한국미술협회 회장 겸 서예분과 위원장 1990년 한국서예학회 회장 1991년 중앙대 예술대 강사, 홍익대 미술대 강사, 대한민국미술대전 심사위원 1992년 한국미술협회 부이사장, 예주관 대표(현), 국제서법예술연합 한국본부 이사장(현) 2002년 한국서예학술원 원장(현) 2012년 한국전각학회 회장 2013년 同명예회장(현) 2013년 중국 베이징대 초빙교수(현) 2013년 동방대학원대 석좌교수(현) (상)신인예술상 장려상(1963), 국전 국무총리표창(1977), 예술문화대상 미술부문(2002), 옥관문화훈장(2005) (저)'고등서예' '서예대사전' '한국서예사' (역)'서법미학사' '중국서학기법평주' '서법기법술요' '서법아언' 등 10여권 (작)'雲峴宮 懸板 및 柱聯' '素月詩碑(往十里)' '서울美術協會 懸板' '仁壽門(大統領 官邸)' '南山谷 韓屋村 扁額 및 柱聯' 외 다수 (종)불교

## 권창만(權昌萬)

(생)1965 · 10 · 5 (출)경남 밀양 (주)부산광역시 북구 화명신도시로 63 부산 북부경찰서(02-792-0321) (학)1989년 경찰대졸(5기) (경)1989년 경위 임용 2005년 부산지방경찰청 APEC 경호실시계장 2007년 同외사과 외사2계장 2011년 울산지방경찰청 생활안전과장(총경) 2011년 同수사과장 2011년 同총경(경찰대 치안정책과정) 2011년 경남 함안경찰서장 2013년 경남지방경찰청 홍보담당관 2014년 부산지방경찰청 생활안전과장 2015년 부산 서부경찰서장 2016년 부산지방경찰청 사이버안전과장 2016년 부산 사상경찰서장 2017년 부산지방경찰청 생활안전과장 2019년 부산 북부경찰서장(현)

## 권창우(權彰佑) Kweon, Chang Woo

(생)1966 (본)안동(安東) (출)서울 (주)서울특별시 영등포구 여의대로 38 금융감독원 특수은행검사국(02-3145-7200) (학)1984년 관악고졸 1991년 연세대 경제학과졸 2007년 미국 텍사스A&M대 대학원 경제학과졸 (경)1992~2000년 한국은행 자금부 등 근무 2000년 금융감독원 감독정보국 근무(4급) 2003년 同은행감독국 경영지도팀 근무(3급) 2008년 同시스템리스크팀장 2013년 同은행감독국 건전경영팀 근무(2급) 2014년 同은행감독국 건전경영팀 부국장 2015년 同특수은행검사국 경영실태평가팀 부국장 2017년 同금융상황분석실장 2018년 同일반은행검사국장 2019년 同특수은행검사국장(현) (상)금융감독위원장표창(2007), 국무총리표창(2013)

## 권창준(權昌俊) KWON Chang Jun

(생)1969 · 6 · 29 (주)서울특별시 종로구 청와대로 1 대통령정책실 고용노동비서관실(02-770-7722) (학)1994년 연세대 행정학과졸 2011년 미국 미시간주립대 대학원 노동관계학과졸 (경)1996년 행정고시 합격(40회) 1997년 행정사무관 임용, 고용노동부 성남고용지원센터 소장 2012년 同직업능력정책과장 2013년 同장관 비서관 2014년 중부지방고용노동청 부천지청장 2015년 고용노동부 근로기준정책과장 2017년 同노사협력정책과장 2017년 대통령정책실 일자리수석비서관실 고용노동비서관실 행정관(현)

## 권철신(權哲信) Kwon, Cheol Shin

(생)1944 · 12 · 13 (본)안동(安東) (출)일본 교토 (주)경기도 수원시 장안구 서부로 2066 성균관대학교 공과대학 시스템경영공학과(031-290-7590) (학)1963년 경남고졸 1970년 한양대 무기재료공학과졸 1972년 同대학원 산업공학과졸(석사) 1972년 연세대 대학원 경제학과 석사과정 수료 1974년 일본 도쿄공과대 대학원 경영공학과졸(석사) 1978년 사회공학박사(일본 도쿄공과대) (경)1975~1976년 일본 총합연구개발기구(NIRA) 위임연구원 1976~1978년 일본 정책과학연구소(IPS) 협동연구원 1978년 미국 UCLA 및 MIT Post-Doc. 1979~1981년 한양대 산업

공학과 조교수 1981~1983년 성균관대 산업공학과 부교수 1984~1986년 미국 George Washington대 경영과학과 STI Program 초빙교수 1986~2010년 성균관대 공과대학 시스템경영공학과 교수 1989~1992년 삼성전자 회장실 기술경영 고문역(사장대우) 1993~1997년 한솔제지 부회장실 창조경영 자문역 1994~1995년 삼성자동차 사장 기술경영 자문역 1995~1998년 경기개발연구원 자문교수단 총괄기획분과 위원장 1996~1999년 대한산업공학회 부회장 1996~2006년 한국질서경제학회 부회장 1997년 삼성항공 부회장 R&D경영 자문역 1997년 한국통신 연구개발본부 R&D경영진단 자문교수 1997~1999년 국립기술품질원 품질아카데미 제품개발분과 위원장 1998~2006년 한국산업개발연구원 자문위원 1998~1999년 삼성건설 연구기획자문교수 2000년 과학기술부 국가과학기술자문회의 심의위원 2000~2006년 한국방위산업진흥회 방산정책위원회 전문위원 2001~2003년 제일모직 사장 연구경영 자문역 2001~2003년 교육인적자원부 정책자문위원 2001~2004년 한국중견기업연합회 자문위원 2002~2005년 신아시아(한·중·일)경제기술연맹 감사 2005~2008년 세화(주) 자문담당 사외이사 2005년 아프로장학회 이사 2007~2011년 한국방위산업학회 회장 2010년 성균관대 공과대학 시스템경영공학과 명예교수(현) 2010~2011년 창조경영연구원 원장 2011~2012년 산업기술연구회 이사장(장관급) 2014년 대우조선해양 사장 전략경영 고문역 (상)일본 동경공대 국비유학생(일본문부성) 선발(1972), 동경공대 최우수졸업 '總代' 선발(1978), BALAS Conference 'Star Quality' 수상(1985), 삼성전자 기술경영지도대상(1992), 자랑스런 성균인상 학술부문 제1호(1996), 대한산업공학회 학술대상(1996), 대한산업공학회 최우수학생논문지도상(1997), 과학기술처장관 산학연상 학문부문(1997), 성균관대 올해의 성균가족상(1997·2003·2005), 교육인적자원부 훌륭한교육자상(국무총리상)(1998), 발명진흥협회 지도교수상(2001), 성균관대 최우수교수(3년간 강의 및 연구업적) 선정-神品획득(2002·2003), 옥조근정훈장(2004), 성균관대 강의평가 전교 1위(2005), 교육부 대한민국교육대상(2007), 성균관대 훌륭한 공대교수상(2008), 발명진흥협회 발명지도교수상(3년연속)(2013) (저)'研究開發ガイドブック(日書) Ⅳ.評價編 분담'(1974) 'R&D프로젝트평가선정시스템(編)'(1988) 'R&D-PROJECT MANAGEMENT AND SYSTEMS ANALYSIS(編)'(1990) '기술경영 구조분석 대전'(1991) '개발경영공학(編)'(1991) 'R&D의 예측과 결정(감수)'(1999) 'R&D관리론(編)'(1999·2001) 'R&D전략론(編)'(1999·2001) '리더를 위한 의사결정(共)'(2000) 'R&D관리론(編)'(2000) 등 (종)기독교

**권철현(權哲賢) KWON Chul Hyun (菊軒)**

(생)1947·1·2 (본)안동(安東) (출)부산 (주)서울특별시 영등포구 버드나루로 73 우성빌딩 자유한국당(02-6288-0200) (학)1965년 경남고졸 1970년 연세대 정치외교학과졸 1974년 同행정대학원졸 1987년 도시사회학박사(일본 쓰쿠바대) (경)1977~1980년 연세대 도시문제연구소 연구원 1980~1992년 동아대 행정학과 전임강사·조교수·부교수 1989~1990년 同기획실장 겸 부속병원건립추진본부장 1990년 同중앙도서관장 1991년 영호남민간인협의회 공동의장 1991년 도시발전연구소 이사장 겸 소장 1992~1995년 동아대 행정학과 교수 1995년 민자당 부산사상甲지구당 위원장 1996년 제15대 국회의원(부산 사상甲, 신한국당·한나라당) 1998년 한나라당 원내부총무 1998년 同대외협력위원장 2000년 同대변인 2000년 제16대 국회의원(부산 사상, 한나라당) 2000년 국회 21세기동북아연구회 회장 2002년 한나라당 기획위원장 2002년 同이회창 대통령후보 비서실장 2004~2008년 제17대 국회의원(부산 사상, 한나라당) 2004년 한·일의원연맹 부회장 겸 간사장 2006~2008년 국회 교육위원장 2007년 한나라당 이명박 대통령후보 특보단장 2008~2011년 駐일본 대사 2011~2014년 세종재단 이사장 2012~2017년 새누리당 상임고문 2013~2014년 아웅산순국사절추모비건립위원회 위원장 2017년 자유한국당 상임고문(현) (상)국민훈장 모란장(2012) (저)'발전이념론' '지방이여 깨어 일어나라 : 부산 대개조론' '도시빈민에 관한 이론적 재검토 및 실증적 연구' '지방화시대 지방은 살아남을 수 있는가' '한국의 지방화시대와 고시경영전략' '통합거제시 발전을 위한 나의 제언' '세계화시대의 부산경제발전을 위한 길찾기' '지방시대의 이해와 올바른 리더십' '삶의 질의 세계화를 위한 어메니티 전략' '간 큰 대사, 당당한 외교'(2011) (종)기독교

**권충원(權忠遠) KWON Choong Won**

(생)1959·8·25 (본)안동(安東) (출)충남 (주)서울특별시 용산구 후암로4길 10 헤럴드스퀘어 (주)헤럴드 임원실(02-727-0504) (학)1978년 중동고졸 1984년 성균관대 경제학과졸 (경)1985년 한국경제연구원 연구원 1989년 내외경제신문 기자 1999년 同정경부 차장대우 2000년 同경제정책팀장 2000년 同금융팀장 2001년 同산업팀장 2001년 同디지털부 벤처팀장(차장) 2002년 同증권부장(차장) 2002년 同논설위원 2003년 同생활경제부장 직대 2003년 헤럴드경제 정경부장 2005년 同경제부장 2005년 헤럴드미디어 기획조정실장 2006년 헤럴드경제 경제부장 2007년 同산업에디터 겸 산업1부장 2007년 同경제부문 선임기자 2008년 同부국장대우 산업부장 2009년 同전략마케팅국장 2010년 同편집국장 2011~2013년 헤럴드미디어 헤럴드경제본부장 겸 헤럴드경제 편집국장 2013~2015년 (주)HMX동아TV 대표이사 사장 2013~2015년 同헤럴드콘텐츠총괄본부장 겸임 2014년 삼성제약 사외이사 2015년 (주)헤럴드 이사 2017년 同대표이사 겸 발행인(현) 2018년 한국신문윤리위원회 감사(현) (상)자랑스러운 성균언론인상 신문부문(2010)

**권치중(權治重) KWON Chi Jung**

(생)1956·8·22 (출)서울 (주)경기도 성남시 분당구 판교역로 220 (주)안랩 임원실(031-722-7500) (학)1976년 대광고졸 1984년 고려대 경제학과졸 (경)1983~1994년 한국IBM 근무 1995~1996년 다우기술 이사 1996~1998년 데이터제너럴코리아 이사 1998년 SGI코리아 상무 2000~2002년 同대표이사 2002~2005년 BEA시스템즈코리아 영업총괄 부사장 2005년 한국전자금융 영업총괄 상무 2006~2009년 KT FDS 대표이사·고문 2010~2011년 테크데이타 부사장 2011년 (주)안랩 국내사업총괄 부사장 2013년 同대표이사 사장(현) (종)천주교

**권칠승(權七勝) KWON Chil Seung**

(생)1965·11·18 (본)안동(安東) (출)경북 영천 (주)서울특별시 영등포구 의사당대로 1 국회 의원회관 325호(02-784-1250) (학)1984년 경북고졸 1988년 고려대 정경대학 경제학과졸 (경)삼성그룹 근무, 동부화재해상보험 근무 1997년 새정치국민회의 대선기획단 근무 2000년 새천년민주당 정세분석국 근무 2004년 열린우리당 조직국 근무 2004~2008년 대통령비서실 행정관, 민주당 중앙당 상근부대변인, 화성시 어울림봉사단 운영위원 2010년 경기도의회 의원(민주당·민주통합당·민주당·새정치민주연합), 同기획위원회 간사, 同예산결산특별위원회 위원장 2014~2016년 경기도의회 의원(새정치민주연합·더불어민주당) 2014~2016년 同문화체육관광위원회 위원 2016년 더불어민주당 경기화성시丙지역위원회 위원장(현) 2016년 제20대 국회의원(화성시丙, 더불어민주당)(현) 2016~2017년 국회 산업통상자원위원회 위원 2016~2017년 국회 지방재정·분권특별위원회 위원 2017·2018년 국회 운영위원회 위원 2017년 더불어민주당 제19대 문재인 대통령후보 중앙선거대책본부 총무본부 부본부장 2017~2018년 同정책위원회 부의장 2017·2018년 국회 산업통상자원중소벤처기업위원회 위원(현) 2017년 더불어민주당 경기도당 지방선거기획단장 2017~2018년 국회 청년미래특별위원회 위원 2018~2019년 더불어민주당 원내부대표 2018년 同홍보소통위원장(현) 2018년 국회 에너지특별위원회 위원(현) (상)한국지방자치학회 우수조례 개인부문 대상(2014), 2018 입법 및 정책개발 최우수국회의원(2019) (종)불교

**권쾌현(權快鉉) KWON Kwe Hyun**

(생)1951·9·4 (본)안동(安東) (출)경남 함양 (주)서울특별시 송파구 백제고분로 75 (주)CEO스코어(02-6925-2550) (학)1978년 고려대 정치외교학과졸 1996~1997년 미국 U.C 버클리대 연수 (경)1978년 동양통신 경제부 기자 1981년 연합통신 체육부 기자 1996년 한국체육기자연맹 부회장 1998년 연합뉴스 체육부장 1999년 同스포츠레저부장 1999~2003년 同하노이특파원(국내 최초) 2003년 同경영기획실장 2005년 同멀티미디어본부장 2006~2009년 同하노이특파원 2009년 同논설위원실 고문 2009년 포스코E&C 고문 2011년 건국대통령이승만박사기념사업회 홍보편집장 2012년 금융소비자뉴스 편집인(부사장) 2012년 평창동계스페셜올림픽 고문 2012년 (주)CEO스코어 부회장(현) (상)이길용체육상(1996) (저)'아주 특별한 베트남 이야기'(2010, 연합뉴스)

**권태관(權泰官)**

(생)1968·5·9 (주)전라북도 전주시 덕진구 사평로 25 전주지방법원 총무과(063-259-5466) (학)1987년 부산 금성고졸 1996년 서울대 사법학과졸 (경)2000년 사법시험 합격(42기) 2003년 사법연수원 수료(32기) 2003년 인천지법 부천지원 예비판사 2005년 서울중앙지법 판사 2007년 창원지법 밀양지원 판사 2010년 수원지법 판사 2013년 서울중앙지법 판사 2015년 서울동부지법 판사 2018년 전주지법 부장판사(현)

**권태균(權泰鈞) Kwon Tae-Kyun**

(생)1955·11·28 (본)안동(安東) (출)전북 전주 (주)서울특별시 강남구 테헤란로 521 파르나스타워 38층 법무법인(유) 율촌(02-528-5961) (학)1974년 경기고졸 1978년 서울대 경영학과졸 1983년 同경영대학원졸 1988년 미국 버지니아대 경영대학원졸(MBA) 2007년 국제학박사(중앙대) (경)1977년 행정고시 합격(21회) 1980~1992년 재무부 국고국·국제금융국·경제협력국 근무 1992년 아시아개발은행(ADB) 근무 1996년 재정경제원 서기관(청와대 국가경쟁력강화기획단·금융개혁위원회 파견) 1997년 同대외채무대책반장 1998년 재정경제부 외자관리과장 1999년 同투자진흥과장 1999년 대통령비서실 파견 2001년 駐OECD대표부 경제참사관 2004년 부총리 겸 재정경제부 장관 비서실장 2005년 재정경제부 국제금융국장(이사관) 2005년 연합인포맥스 자문위원 2006년 재정경제부 금융정보분석원장 2007년 同경제자유구역기획단장 2008년 지식경제부 무역투자실장 2009~2010년 조달청장 2010~2013년 駐아랍에미리트 대사 2013~2014년 대외경제정책연구원(KIEP) 초빙연구위원 2014년 삼성전기(주) 사외이사(현) 2014~2016년 새만금개발청 자문위원 2015~2017년 미래에셋자산운용 사외이사 2015년 보건복지인력개발원 겸임교수 2015년 해외인프라개발협회 이사장(현) 2015년 법무법인(유) 율촌 고문(현) 2016년 인천경제자유구역청 발전자문위원회 위원(현) 2017~2019년 미래에셋대우 사외이사 2018년 삼성전기 이사회 의장(현) (상)홍조근정훈장(2008), 황조근정훈장(2013), 아랍에미리트 독립훈장 1등급(2013) (저)'아랍에미리트 이야기(共)'(2013) (종)기독교

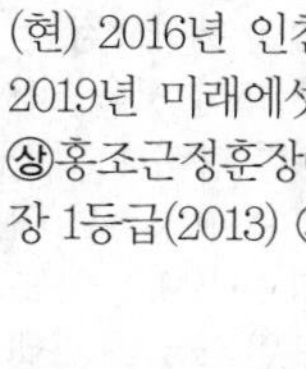

**권태민(權泰珉) KWON Tae Min**

(생)1960·5·9 (출)경기 가평 (주)경기도 과천시 관문로 47 경기남부지방경찰청 과천청사경비대(02-2110-5843) (학)1979년 경기 설악고졸 1990년 한국방송통신대 법학과졸 (경)1997년 서울 서초경찰서 서래파출소장 1997년 경찰청 교통지도국 교통안전과 근무 2000년 경북 영주경찰서 방범과장 2004년 서울 서초경찰서 남부지구대장 2005년 서울지방경찰청 3기동대 33중대장 2007년 경북 포항북부경찰서 경비교통과장 2008년 경북 구미경찰서 경비교통과장 2009년 서울지방경찰청 경비2과 경호계 12경호대장 2015년 중앙경찰학교 운영지원과장(총경) 2016년 경북 문경경찰서장 2017년 경찰청 항공과장 2017년 경기 광주경찰서장 2019년 경기남부지방경찰청 과천청사경비대장(현)

**권태선(權台仙·女) KWON Tae Sun**

(생)1955·4·27 (출)경북 안동 (주)서울특별시 종로구 필운대로 23 환경운동연합(02-735-7000) (학)1973년 경기여고졸 1978년 서울대 영어과졸 2007년 한양대 언론정보대학원졸 (경)1978~1980년 Korea Times 기자 1981~1988년 김앤장법률사무소 근무 1988년 한겨레신문 창간멤버·기자 1990년 하버드법대 객원연구원 1992년 한겨레신문 민족국제부 편집위원보(차장) 1995년 同파리특파원 1998년 同국제부장 2000년 同교육공동체부장 2001년 同민권사회1부장 2003년 同편집국 부국장 2005년 同편집국장 2006년 同논설위원 겸 순회특파원 2007년 同편집인(상무) 2007년 同전무 2008년 同논설위원 2010년 서울시교육청 인사위원회 위원 2011년 한국신문방송편집인협회 이사 2011년 한겨레신문 편집인(전무) 2014년 同논설위원 2014년 허핑턴포스트코리아 대표이사 2015년 同고문(현) 2015년 환경운동연합 공동대표(현) 2015~2017년 (재)세종문화회관 이사 2015년 한국방송공사(KBS) 이사(현) 2017년 국무총리소속 시민사회발전위원회 위원(현) (상)참언론인 대상(2005), 서울대 사범대학 자랑스런 동문상(2005) (저)'마틴루터 킹'(1993) '헬렌켈러'(2010) (역)'그리스·로마 신화'(1987) '민중교육론'

**권태성(權泰成) KWON Tae Sung**

(생)1961·6·23 (출)부산 (주)세종특별자치시 도움5로 20 국민권익위원회(044-200-7011) (학)부산 혜광고졸 1983년 고려대 법과대학 행정학과졸 1985년 단국대 행정대학원 행정학과졸 (경)1985년 행정고시 합격(29회) 2002년 국무총리국무조정실 경제조정관실 산업협력·자원과장 2003년 同재경금융심의관실 과장 2004년 同재경금융심의관실 부이사관 2006년 同저출산·고령화대책연석회의지원단 기획국장 2007~2008년 同방송통신융합추진지원단 기획총괄팀장(고위공무원) 2008년 미국 이스트웨스트센터 파견 2009년 국무총리실 국정운영2실 재정금융정책관 2011년 同총무비서관 2012년 同새만금사업추진기획단장 2013년 국무총리소속 새만금사업추진기획단장 2013~2014년 국무조정실 정부업무평가실장 2014년 국민권익위원회 상임위원 2016년 同기획조정실장 2017년 同사무처장 2017년 同부위원장(차관급)(현)

**권태성(權太星) KWON TAESEONG**

(생)1962 (출)강원 강릉 (주)경기도 안산시 단원구 선부광장로 23 안산세무서(031-412-3200) (학)동국대사대부고졸, 세무대학졸(2기) (경)세무공무원 임용(8급 특채), 서울 용산세무서 소득세과 근무, 기획재정부 세제실 부가가치세제과 근무, 중부지방국세청 조사2국 1과 1팀 근무, 同조사3국 조사관리과 5팀장 2015년 同조사4국 3과 3계장, 同징세계장 2016년 충북 영동세무서장 2017년 충남 예산세무서장 2019년 경기 안산세무서장(현)

**권태성(權泰晟) KWEON Tae Seung**

(생)1967·3·3 (본)안동(安東) (출)경북 안동 (주)세종특별자치시 한누리대로 422 고용노동부 운영지원과(044-202-7800) (학)1985년 안동고졸 1992년 고려대 사회학과졸 2001년 국방대 안전보장학과졸(석사) 2018년 인력개발학박사(한국기술교육대) (경)1997년 노동부 고용정책실 고용보험기획과 사무관 2001년 同기획관리실 기획예산담당관실 사무관 2004년 同기획관리실 혁신담당관실 서기관 2004년 학교법인 기능대학 경영혁신팀장 2006년 노동부 근로기준국 비정규직대책팀 서기관 2006년 同고용정책본부 종합직업체험관설립추진기획단장 2008년 同고용정책실 직업체험관설립운영단장 2008년 중앙노동위원회 사무처 기획총괄과장 2009년 同사무처 심판1과장 2010년 노동부 장애인고령자고용과장 2010년 고용노동부 장애인고령자고용과장 2011년 同노사정책실 근로기준과장 2011년 同노동정책실 근로개선정책

과장 2012년 중앙노동위원회 사무처 교섭대표결정과장 2013년 고용노동부 고용정책실 직업능력정책과장 2014년 同고용정책실 직업능력정책과장(부이사관) 2015년 同고용정책실 고용정책총괄과장 2017~2019년 경북지방노동위원회 위원장 2019년 국립외교원 교육파견(부이사관)(현)

**권태신(權泰信) KWON Tae Shin**

(생)1949·10·15 (본)안동(安東) (출)경북 영천 (주)서울특별시 영등포구 여의대로 24 전국경제인연합회(02-3771-0201) (학)1968년 경북고졸 1972년 서울대 경제학과졸 1975년 同대학원 경제학과졸 1982년 미국 벤더빌트대 대학원 MA(경제학석사) 2001년 영국 카스대 Cass Business School MBA (경)1976년 행정고시 합격(19회) 1977년 재무부 사무관 1987년 同국민저축과장 1988년 한국개발연구원(KDI) 파견 1989년 대통령경제비서실 재정금융행정관 1991~1994년 재무부 경제협력과장·국제기구과장·해외투자과장 1994~1996년 재정경제원 교육예산과장·예산제도과장·간접자본예산과장 1996년 同증권제도담당관 1997년 대통령 경쟁력강화기획단 파견(부이사관) 1998년 부총리 겸 재정경제부장관 비서실장·재정경제부 국제금융심의관 1998년 駐영국 재경관 2001년 대통령 산업통신비서관 2002년 재정경제부 국제금융국장 2003년 同국제업무정책관 2004년 대통령 정책기획비서관 2004년 대통령 경제정책비서관 2005년 재정경제부 제2차관 2006년 연합인포맥스 자문위원(현) 2006~2008년 駐OECD대표부 대사 2007년 경제협력개발기구(OECD) 감사위원회 의장 2008년 국무총리실 사무차장(차관급) 2009~2010년 국무총리실장(장관급) 2010년 농업협동중앙회 사외이사 2011~2013년 대통령자문 국가경쟁력강화위원회 부위원장 2011년 SK케미칼(주) 사외이사 2013~2015년 두산인프라코어(주) 사외이사 겸 감사위원 2013년 SC제일은행 사외이사 2013년 同이사회 의장 2014년 전국경제인연합회 산하 한국경제연구원장(현) 2014년 2017몽펠르랭소사이어티(MPS) 서울총회조직위원회 지원위원장 2017년 전국경제인연합회 상근부회장(현) 2018년 미국 세계인명사전 'Marquis Who's Who in the World' 등재 (상)재무부장관표창(1983), 녹조근정훈장(1985), 청조근정훈장(2011), 미국 밴더빌트대 한국총동문회 '올해의 자랑스런 밴더빌트대 동문상'(2015), 앨버트 넬슨 평생공로상(2018) (저)'내가 살고 싶은 행복한 나라'(2012, 중앙북스) (종)천주교

**권태오(權泰午)**

(생)1956 (출)대구 (주)서울특별시 강북구 솔매로49길 60 서울사이버대학교 군경상담학과(02-944-5638) (학)경북대 사학과졸, 육군3사관학교졸(13기), 미국 트로이주립대 대학원졸(경영관리학석사), 국방대 박사과정 (경)1976년 육군 소위 임관 2006년 한미연합사령부 작전처장 2007년 육군 51사단장(소장) 2010년 국방부 동원기획관(소장), 한미연합사령부 부참모장 겸 지상구성군사령부 참모장(소장) 2011~2012년 육군 수도군단장(중장) 2013년 국방부 6.25전쟁사업단장 2013년 건군65주년국군의날 제병지휘관 2014년 예편(육군 중장) 2014~2016년 중원대 초빙교수 2014~2016년 북한민주화위원회 자문위원 2015~2016년 Van Fleet 재단 한국대표 2016년 성우회 정책자문위원 2016~2017년 민주평화통일자문회의 사무처장(차관급), 서울사이버대 군경상담학과 석좌교수(현)

**권태우(權泰祐) KWON Tae Woo**

(생)1957·9·30 (출)서울 (주)부산광역시 남구 수영로 309 경성대학교 화학생명과학부 화학과(051-663-4637) (학)1982년 연세대 화학과졸, 미국 코네티컷주립대 대학원졸 1988년 이학박사(미국 코네티컷주립대) (경)1989년 경성대 화학생명과학부 화학과 교수(현) 1991~1993년 포항공과대 산업기술연구소 교환교수 1993~1996년 미국 Texas A&M Univ. 교환교수 2002~2003년 미국 Texas A&M Univ. of Washington 연구교수 2008년 경성대 유기소자특성화연구소장 2016년 同이과대학장(현)

**권태우(權泰佑) KWON Tae Woo**

(생)1964 (출)부산 (주)인천광역시 부평구 부평대로 313번길 14 (주)선광 사장실(032-509-8114) (학)부산 동인고졸 1988년 서울대 영어영문학과졸 1997년 영국 옥스퍼드대 로이터저널리즘펠로우십과정 수료 (경)1988년 조선일보 편집국 기자 1990~1991년 同뉴욕지사 파견 1996~1997년 영국 옥스포드대 저널리즘 연수 1999년 조선일보 편집국 편집부 기자 2004~2009년 同편집국 편집부 뉴스편집파트 차장대우 2004~2005년 한국기자협회 부회장 2010년 조선일보 독자서비스센터장 겸 고충처리인 2012년 同독자서비스센터장 겸 고충처리인 2014년 同편집국 편집에디터 2014년 同편집국 편집부장 2015년 同PM실 부실장 2016년 (주)선광 대표이사 사장(현)

**권태원(權泰元) Kwon, Tae-won**

(생)1963·11·2 (주)인천광역시 남동구 인하로507번길 66 경인지방통계청 인천사무소(032-460-2500) (학)함양고졸, 창원대 행정학과졸 (경)2011~2017년 통계청 인구총조사과 근무 2017년 同농어업통계과 근무 2017~2019년 同산업통계과 근무 2019년 경인지방통계청 농어업서비스업조사과장 2019년 同인천사무소장(현)

**권태호(權泰鎬) KWON Tae Ho**

(생)1954·5·29 (본)안동(安東) (출)충북 청원 (주)충청북도 청주시 서원구 산남로 64 엔젤변호사빌딩 7층 법무법인 청주로(043-290-4000) (학)1973년 청주고졸 1977년 청주대 법대졸 1988년 同대학원졸 1990년 국방대학원 수료 1991년 법학박사(청주대) (경)1977년 사법시험 합격(19회) 1979년 사법연수원 수료(9기) 1980년 서울지검 동부지청 검사 1981년 부산지검 마산지청 검사 1982년 창원경상전문대학 강사 1983년 서울지검 검사 1986년 법무부 법무과 검사 1988년 서울지검 남부지청 검사 1988년 청주대 법대 강사 1991년 청주지검 충주지청장 1992년 법무연수원 교관 1993년 광주지검 공안부장 1994년 대검찰청 공안3과장 1995년 同공안2과장 1996년 서울지검 동부지청 형사4부장 1997년 同동부지청 형사3부장 1997년 同동부지청 형사1부장 1998년 부산지검 형사1부장 1999년 청주지검 차장검사 2000년 인천지검 제2차장검사 2001년 同제1차장검사 2002년 서울고검 검사 2002년 수원지검 안산지청장 2004년 대전고검 차장검사 2004년 춘천지검장 2005년 법무연수원 기획부장 2005년 한국형사판례연구회 부회장 2007년 서울고검 검사 2009년 광주고검 검사 2010년 부산고검 검사 2011년 서울고검 검사 2013년 대구고검 검사 2015년 서울고검 검사 2015년 법무법인 청주로 대표변호사(현) 2015년 충북대 법학전문대학원 겸임교수 2016년 제20대 국회의원선거 출마(청주시 청원구, 무소속) (상)검찰총장표창(1984), 법무부장관표창(1992), 홍조근정훈장(1996), 법조봉사대상(2004), 세계경영연구원 글로벌 스탠다드상(2006), 21세기뉴스미디어그룹 자랑스런 한국인대상(2015)

**권태호(權泰浩) Kwon Tae Ho**

(생)1966 (본)안동(安東) (출)대구 (주)서울특별시 마포구 효창목길 6 한겨레신문 출판국(1566-9595) (학)대구 계성고졸 1989년 성균관대 정치외교학과졸 1994년 同대학원 정치외교학과 석사과정 수료 (경)1993년 한겨레신문 편집국 기자 1993년 同편집국 사회부 기자 1996년 同한겨레21 기자 1997년 同편집국 경제부 기자 2002년 同편집국 민권사회2부 기자 2003년 同편집국 사회부 기자 2004년 同편집국 경제부 기자 2007년 同편집국 정치팀 차장 2009년 同워싱턴특파원(차장급) 2012년 同편집국

정치팀장 2013년 同편집국 콘텐츠기획부장 2014년 同편집국 정치부장 2015년 同편집국 디지털에디터 2016~2017년 同편집국 국제에디터 2017년 同논설위원 2017년 관훈클럽 편집위원 2018년 同운영위원(편집) 2018년 한겨레신문 출판국장(현) ㉠'느리고 불편하고 심심한 나라'(2017) '한국경제 4대 마약을 끊어라(共)'(2018)

**권태홍(權泰弘)**

㉯1964·12·16 ㉰전북 익산 ㉱서울특별시 영등포구 국회대로70길 7 정의당(02-2038-0103) ㉲1983년 이리고졸 1989년 연세대 경제학과졸 2015년 성공회대 NGO대학원 정치학과졸 ㉳1998~2002년 참여자치군산시민연대 사무처장 2002년 개혁국민정당 군산지구당 위원장 2003년 열린우리당 군산지구당 부위원장 2004년 同참여정치실천연대 사무처장 2007년 참여정부평가포럼 기획사업팀장 2008년 국민참여당 창당준비위원회 창당기획단장 2010년 同사무총장 2011년 同최고위원 2011년 사람사는세상 노무현재단 기획위원 2012년 진보정의당 사무총장 2013~2015년 정의당 사무총장 2016년 同심상정대표 정책특보 2016년 제20대 국회의원선거 출마(전북 익산시乙, 정의당) 2017~2019년 정의당 전북도당 위원장 2018년 전북도지사선거 출마(정의당) 2019년 정의당 사무총장(현) 2019년 同익산시위원회 위원장(현)

**권택수(權澤秀) KWON Teack Soo**

㉯1955·2·15 ㉴안동(安東) ㉰대전 ㉱서울특별시 강남구 테헤란로 133 한국타이어빌딩 법무법인 태평양(02-3404-0310) ㉲1973년 경복고졸 1978년 서울대 법학과졸 ㉳1983년 사법시험 합격(25회) 1985년 사법연수원 수료(15기) 1986년 대전지법 판사 1989년 同홍성지원 판사 1991년 수원지법 판사 1994년 서울지법 북부지원 판사 1996년 일본 와세다대 연수 1997년 서울고법 판사 1998년 특허법원 판사 1999년 대법원 재판연구관 2003년 서울지법 북부지원 부장판사 2004년 서울북부지법 부장판사 2006년 서울중앙지법 부장판사 2008년 서울동부지법 수석부장판사 2010년 대전고법 청주부 부장판사 2011년 특허법원 수석부장판사 2011년 변리사 2차시험 출제 및 채점위원 2012~2014년 서울고법 부장판사 2014년 법무법인 태평양 변호사(현) 2014~2016년 한국지적재산권변호사협회(KIPLA) 초대회장 2014년 특허법원 사법행정자문위원회 위원(현) 2015~2016년 대법원 IP Hub Court추진위원회 위원 2015~2017년 특허청 지식재산정책자문위원회 위원 2016년 특허법원 조정위원(현) 2016년 대한변호사협회 전문분야등록심사위원회 위원(현) 2018년 특허법원 심리매뉴얼 검토위원회 위원(현) ㉠'요건사실 특허법'(진원사) ㉵기독교

**권평오(權坪五) Kwon, Pyung-oh**

㉯1957·7·8 ㉴안동(安東) ㉰전남 보성 ㉱서울특별시 서초구 헌릉로 13 대한무역투자진흥공사 사장실(02-3460-7002) ㉲1978년 순천고졸 1985년 한국외국어대 무역학과졸 1988년 서울대 대학원 행정학과졸 1992년 일본 사이타마대 대학원 정책과학과졸 2013년 경제학박사(동국대) ㉳1983년 행정고시 합격(27회) 1984년 상공부 산업기계과·산업정책과·해외유학과·수출진흥과 사무관 1996년 통상산업부 산업정책과 서기관 1996~2000년 駐EC대표부 상무관 2000년 산업자원부 전자상거래지원과장 2001~2003년 대통령비서실 파견 2003년 지식경제부 무역진흥과장 2004년 同시장개척과장 2004년 同혁신담당관 2004년 同혁신기획관 2006년 同자원개발총괄팀장 2007년 同재정기획관 2007~2008년 고용 휴직(일반직고위공무원) 2008년 중앙공무원교육원 교육 파견 2009년 지식경제부 전기위원회 사무국장 2010년 同경제자유구역기획단장 2011년 同지역경제정책관 2012년 同대변인 2013~2015년 산업통상자원부 무역투자실장 2015~2018년 駐사우디아라비아 대사 2018년 대한무역투자진흥공사(KOTRA) 사장(현) ㉶홍조근정훈장(2011) ㉵기독교

**권해룡(權海龍) KWON Hae Ryong**

㉯1960·8·10 ㉴안동(安東) ㉰경남 합천 ㉱서울특별시 종로구 사직로8길 60 외교부 인사운영팀(02-2100-7863) ㉲1982년 한국외국어대 독어학과졸 2008년 한국개발연구원 국제정책대학원 경영학과졸 ㉳1983년 외무고시 합격(17회) 1984년 외무부 입부 1991년 미국 다트머스대 연수 1992년 駐샌프란시스코 영사 1995년 駐터키 1등서기관 2000년 외교통상부 통상교섭본부 경제기구과장 2002년 駐OECD대표부 참사관 2004년 駐몬트리올 참사관 겸 ICAO대표부 참사관 2006년 외교통상부 국제경제국 심의관 2009년 同국제경제국장 2010년 대통령직속 G20정상회의준비위원회 무역국제협력국장 2011년 駐제네바대표부 차석대사 2013년 駐아랍에미리트 대사 2016년 국립외교원 경력교수 2018년 駐스위스 대사(현) ㉶홍조근정훈장(2011) ㉠'현대국제법 이해'(共) '개발협력을 위한 한국의 이니셔티브'(2006, 삶과꿈) '중동경제 3.0'(2017, 북오름)

**권해옥(權海玉) KWON Hae Ok (靑岡)**

㉯1935·8·15 ㉴안동(安東) ㉰경남 합천 ㉱서울특별시 영등포구 의사당대로 1 대한민국헌정회(02-757-6612) ㉲1957년 영남상고졸 1965년 건국대 법대졸 1969년 고려대 경영대학원 수료 1983년 서울대 행정대학원 수료 2000년 경남대 북한대학원 수료 2002년 명예 경영학박사(경남대) ㉳1968년 국제신보 기자 1968년 흥국상사 이사 1971년 공화당 합천지구당 위원장 1984년 동부그룹 전무이사 1985년 문화방송 상임감사 1988년 제13대 국회의원(합천, 민주정의당·민주자유당) 1990년 민자당 원내부총무 1992~1996년 제14대 국회의원(합천, 민자당·신한국당) 1993년 민자당 제1사무부총장 1994년 同원내수석부총무 1995년 신한국당 원내기획위원장 1996년 한국전력공사 상임고문 2000년 자민련 경남도지부 위원장 2000~2001년 同부총재 2001~2003년 대한주택공사 사장 2001~2003년 대한근대5종연맹 회장 2002~2003년 아시아근대5종연맹 회장, 유아방송 고문 2011~2015년 대한민국헌정회 사무총장 2014년 한국자유총연맹 고문(현) 2015년 대한민국헌정회 부회장 2017년 자유한국당 상임고문(현), 대한민국헌정회 원로회의 위원(현) ㉠'정치의 현장' ㉷'정보참모시대' '경영참모시대' '정치의 현장' ㉵불교

**권향엽(權香葉·女)**

㉯1968·2·12 ㉱서울특별시 종로구 청와대로 1 대통령 균형인사비서관실(02-770-0011) ㉲순천여고졸, 부산외국어대 정치학과졸, 이화여대 대학원 정책학과졸 ㉳국회 정책연구위원 2006년 서울시의원 선거 출마(비례대표, 열린우리당) 2016~2019년 더불어민주당 여성국장 2019년 대통령 인사수석비서관실 균형인사비서관(현)

**권혁관(權赫寬) KWON Hyuk-Kwan**

㉯1960·11·10 ㉴안동(安東) ㉰서울 ㉱서울특별시 강남구 논현로 508 GS타워 32층 GS칼텍스 임원실(02-2005-1114) ㉲1979년 명지고졸 1983년 고려대 화학공학과졸 1985년 한국과학기술원(KAIST) 화학공학과졸(석사) ㉳1985년 GS칼텍스 입사 1992년 同고분자연구실 과장 1997년 同경영기획팀 차장 1998년 同방향족영업팀장 2001년 同방향족기획팀장 2005년 同화학사업개발팀장 2006년 同석유화학개발실장 2006~2011년 同피피사업부문장(상무) 2011년 同폴리머사업부문장(전무) 2013년 同생산기획공장장(전무) 2014년 同생산지원공장장(전무) 2017년 同화학사업총괄 부사장(현) 2017~2018년 同석유화학사업본부장 겸 윤활유사업본부장 2019년 (주)GS글로벌 기타비상무이사(현)

### 권혁구(權赫九) KWEON Hyeuk Goo

(생)1961 · 3 · 20 (본)안동(安東) (출)대구 (주)서울특별시 중구 소공로 63 신세계그룹 전략실(02-727-1790) (학)1980년 대구 대륜고졸 1987년 경북대 불어불문학과졸 (경)1987년 (주)신세계 입사 1994년 同경영정책담당 기획조사과장 1999년 同이마트부문 RE담당표준화팀 부장 2004년 同경영지원실 기획담당 센텀시티T/F팀장 2006년 同경영지원실 센텀T/F팀장(상무보) 2008년 同백화점부문 센텀시티점 부점장(상무) 2009년 同백화점부문 MD전략담당 상무 2010년 同백화점부문 MD전략담당 부사장보 2011년 신세계그룹 경영전략실 전략기획팀장(부사장보) 2013년 同경영전략실 기획팀장(부사장) 2013~2017년 신세계프라퍼티 대표이사 2014년 신세계투자개발 대표이사(현) 2015년 신세계그룹 전략실장(사장)(현) (종)천주교

### 권혁남(權赫南) KWON Hyok Nam

(생)1956 · 9 · 9 (본)안동(安東) (출)전북 정읍 (주)전라북도 전주시 덕진구 백제대로 567 전북대학교 사회과학대학 신문방송학과(063-270-2953) (학)1981년 고려대 신문방송학과졸 1983년 同대학원졸 1988년 언론학박사(고려대) (경)1989~2000년 전북대 신문방송학과 전임강사 · 조교수 · 부교수 1994년 미국 인디애나대 교환교수 1998년 전북대 특성화영상산업사업단장 1999년 호남언론학회 회장 1999년 전북영상산업연구회 회장 2000년 전북대 사회과학대학 신문방송학과 교수(현) 2002~2009년 언론중재위원회 중재위원 2003~2004년 한국언론정보학회 회장 2007~2008년 한국언론학회 회장 2010~2012년 전북대 사회과학대학장 2011년 전국사회대학장협의회 회장 2018년 방송통신심의위원회 전국동시지방선거 선거방송심의위원장 2019년 연합뉴스 전북취재본부 콘텐츠자문위원장(현) (저)'한국언론과 선거보도' '방송문화사전' '대중매체와 사회' '미디어 정치 캠페인'(2014)

### 권혁대(權爀大) KWON Hyuk Dae

(생)1958 · 7 · 15 (주)대전광역시 서구 도안북로 88 목원대학교 총장실(042-829-7736) (학)경주고졸, 영남대 경영학과졸, 경북대 대학원 경영학과졸, 경영학박사(경북대) (경)1991년 목원대 경영학과 교수(현) 2003년 同기획처장, 한국대학교육협의회 대학종합평가위원장, 한국전산회계학회 회장, 국세청 과세전적부 심의위원, 중소기업청 정보공개심의위원 2009년 목원대 교수협의회 회장 2009년 우리투자증권(주) 사외이사 2011~2013년 한국방송통신전파진흥원(KCA) 비상임이사 2012년 충남지방노동위원회 공익위원(현) 2012년 목원대 교무처장 겸 교수학습센터장 겸 출판부장 2013~2014년 同교학부총장 겸 경영전략실장 2013~2015년 同득량만키조개다변화산업육성사업단장 2015년 고용노동부 고용산재기금리스크관리위원회 위원(현) 2017년 한국회계정보학회 회장 2017~2018년 기획재정부 공공기관경영평가위원회 위원 2018년 목원대 총장(현)

### 권혁문(權赫文) KWON Hyuk Moon

(생)1960 · 5 · 11 (본)안동(安東) (출)충남 예산 (주)충청남도 홍성군 홍북읍 상하천로 58 충청남도개발공사(041-630-7801) (학)1980년 중앙대사대부고졸 1985년 세종대 영어영문학과졸 (경)2004년 행정자치부 의정과 근무 2006년 同장관실 근무 2008년 행정안전부 정부인력조정지원단 교류재배치팀장 2008년 同인사실 심사임용과 총괄팀장 2009년 정부대전청사관리소 행정과장 2011년 행정안전부 의정관실 의정담당관 2013~2014년 안전행정부 의정관실 의정담당관 2014년 행정자치부 의정관실 의정담당관 2015년 교육 파견 2016~2017년 충남 서산시 부시장 2018년 충남도개발공사 사장(현) (상)총무처장관표창, 국무총리표창, 대통령표창, 근정포장(2014) (종)기독교

### 권혁민(權赫珉)

(생)1962 (주)충청남도 계룡시 신도안면 계룡대로 663 사서함 501-206호 해군본부(042-553-0632) (학)1986년 해군사관학교졸(40기) (경)해군 독도함장(대령), 합동참모본부 해상전력과장 2014년 준장 진급, 해군 기획관리참모부 1차장, 합동참모본부 전력2처장 2017년 소장 진급 2018년 국방부 전력정책관 2018년 해군 참모차장(중장)(현)

### 권혁민(權赫珉) KWEON Hyeok Min

(생)1969 · 9 · 8 (주)서울특별시 종로구 종로1길 28 종로소방서(02-732-0119) (학)1987년 운호고졸 1994년 청주대 경상대학졸 1997년 동국대 행정대학원졸 (경)1995년 소방위 임용(소방간부후보생 8기) 2004년 서울종합방재센터 상황팀장 2005년 서울 영등포소방서 구조진압과장 2007년 서울 관악소방서 예방과장 2008년 서울소방학교 구조구급교육센터장 2009년 서울소방재난본부 감사총괄팀장 2012년 同소방정책팀장 2013년 서울소방학교 인재개발과장 2013년 서울소방재난본부 소방감사반장 2015년 서울 서초소방서장 2016년 서울 강동소방서장 2018년 서울 종로소방서장(현)

### 권혁세(權赫世) KWON Hyouk Se

(생)1956·11·12 (본)안동(安東) (출)대구 (주)서울특별시 강남구 테헤란로 518 법무법인 율촌(02-528-5339) (학)1975년 경북고졸 1980년 서울대 경영학과졸 1998년 미국 밴더빌트대 대학원 경제학과졸 (경)1980년 행정고시 합격(23회) 1980년 총무처 수습행정관 1981년 국세청 중부산세무서 사무관 1984년 재무부 세제국 소비세제과 사무관 1986년 同세제국 소득세제과 사무관 1987년 同증권보험국 생명보험과 사무관 1987년 同보험국 생명보험과 사무관 1989년 同이재국 금융정책과 사무관 1992년 同저축심의관실 사무관 1994년 同재무정책국 국민저축과 사무관 1994년 同세제실 조세정책과 서기관 1995년 한국국제협력단 파견 1998년 외국환 및 외국인투자제도개편작업단 총괄반장 1998년 대통령비서실 파견 2000년 부이사관 승진 2001년 재정경제부 금융정책과장 2002년 국무조정실 산업심의관 2002년 同재정금융심의관 2004년 이사관 승진 2004년 재정경제부 세제실 재산소비세심의관 2005~2007년 同재산소비세제국장 2007년 금융감독위원회 감독정책1국장 2008년 증권선물위원회 상임위원 2009년 금융위원회 사무처장 2010년 同부위원장 2011~2013년 금융감독원 제8대 원장 2013~2014년 서울대 경영학과 초빙교수 2014~2015년 대구가톨릭대 창조융합학과 석좌교수 2015~2016년 현대삼호중공업 사외이사 2015년 KB금융공익재단 사외이사(현) 2015년 법무법인 율촌 비상임고문 2016년 제20대 국회의원선거 출마(성남시 분당구甲, 새누리당) 2016년 농협중앙회 사외이사(현) 2017~2019년 현대커머셜 사외이사 2017년 법무법인 율촌 고문(현) 2017년 숙명여대 소비자경제학과 겸임교수(현) (상)재무부장관표창(1987), 근정포장(1992), 홍조근정훈장(2006), 황조근정훈장(2012) (저)'성공하는 경제-대한민국의 미래 선택'(2013) '모두가 꿈꾸는 더 좋은 경제'(2015, 페이퍼북)

### 권혁소(權赫昭) KWON Hyuk-So

(생)1958 · 3 · 9 (출)경북 영천 (주)서울특별시 성북구 화랑로18자길 13 성북구도시관리공단(02-962-2082) (학)서울대 사회교육학과졸, 同행정대학원졸, 미국 위스콘신대 대학원졸 (경)1983년 행정고시 합격(28회) 1996년 서울시 교통관리실 교통운영과장 1999년 同교통관리실 주차계획과장 2000년 同국제협력담당관 2003년 同문화국 관광과장 2003년 同주택국 주택기획과장 2005년 시정개발연구원 교육파견 2008년 서울시 맑은환경본부 환경기획관(부이사관) 2009년 同문화국장(이사관) 2009년 세종문화회관 사장 직대 2010년 서울시 맑은환경본부

장 2010년 교육파견(이사관) 2012년 서울시 경제진흥실장(관리관) 2013~2014년 同의회 사무처장 2015년 성북구도시관리공단 이사장(현) (상)대통령표창(1994)

### 권혁신

(생)1964 (출)광주 (주)충청북도 괴산군 괴산읍 문무로 177 육군학생군사학교(043-830-6499) (학)광주 살레시오고졸, 전남대 생물학과졸 (경)1985년 육군 학생군사학교 임관(학군 23기), 28사단 연대장·참모장, 합동참모본부 통합방위과장, 육군 제1야전군사령부 참모장, 육군본부 정보작전참모부 차장(소장) 2014년 육군 제31보병사단장(소장) 2017년 육군학생군사학교 교장(현)

### 권혁웅(權赫雄)

(생)1961·3 (출)서울 (주)충청남도 서산시 대산읍 독곶2로 103 한화토탈(주) 임원실(041-660-6114) (학)1979년 경기고졸 1983년 한양대 화학공학과졸 1985년 한국과학기술원(KAIST) 화학공학과졸(석사) 1995년 화학공학박사(한국과학기술원) (경)2006년 한화케미칼 상무보 2007년 한화에너지 사업관리담당 2012년 여수열병합발전 대표이사 2012~2015년 한화에너지 대표이사 전무 2014~2015년 환경재단 이사 2015년 한화그룹 경영기획실 인력팀장(부사장) 2016년 (주)한화 지주경영부문 부사장 2018년 한화토탈 대표이사 사장(현) 2018년 한화종합화학 이사 2018년 同대표이사 사장(현)

### 권혁장(權赫章) KWON Hyuk Jang

(생)1968·11·6 (주)서울특별시 중구 삼일대로 340 나라키움 저동빌딩 국가인권위원회 인권교육기획과(02-2125-9850) (학)1987년 대구 덕원고졸 1997년 영남대 전기공학과졸 2007년 경북대 대학원 사회학과졸(석사) 2008년 同대학원 사회학박사과정 수료 2013년 통일부 통일교육원 통일미래지도자과정 수료 (경)대구참여연대 사무국장 2005~2007년 대구시민단체연대회의 사무처장 2005~2008년 대구MBC·TBC 시청자위원 2005~2008년 영남일보·대구일보 독자위원 2006~2007년 대구시장 직속 시정혁신기획단 기획위원 2007~2013·2014~2018년 국가인권위원회 대구인권사무소장 2008~2012년 대구MBC 라디오 '김재경의 여론현장' 인권소식 진행 2012년 대구시교육청 '교육권리헌장'제정 자문위원 2018년 국가인권위원회 인권교육기획과장(현)

### 권혁재(權赫宰) Kwon Hyeok Jae

(생)1959·9·8 (출)충북 음성 (주)서울특별시 금천구 가산디지털1로 168 우림라이온스밸리 B동 712호 학연문화사(02-2026-0545) (학)광주대 신문방송학과졸, 중부대 대학원졸 (경)1988년 학연문화사 설립·대표(현) 2002년 도서출판 '고래실' 설립·대표 2008년 대한출판문화협회 이사(현), 인문출판협의회 운영위원, 우리라이온스벨리경영자협의회 부회장, 우리문화사랑모임 회장 2013년 한국출판협동조합 이사장(현) 2017년 중소기업중앙회 이사 (상)제43회 한국백상출판문화상(2003), 문화체육관광부장관표창(2007), 중소기업청장표창(2010), 국무총리표창(2013) (저)'알타이 답사는 삶의 희열이다' '바이칼·내몽골을 찾아서' '몽골알타이 문명을 찾아서' '지구의 중심 알타이를 가다'(2010, 학연문화사) (작)'러시아 알타이 유적답사 일지'

### 권혁주(權赫周) KWON Hyeok Ju

(생)1955·11·19 (출)경북 의성 (주)경상북도 안동시 마지락길 77 천주교 안동교구청(054-858-3111) (학)1974년 대건고졸 1978년 광주가톨릭대졸 1984년 同대학원 신학과졸 1990년 프랑스 파리가톨릭대 대학원 교의신학박사과정 수료 (경)1983년 사제 수품 1983년 천주교 함창본당 보좌신부 1990년 同남성동본당 주임신부 1992년 同안동교구 사목국장 1997~2001년 대구가톨릭대 교수 2001년 주교 임명 2001년 천주교 안동교구장 겸 주교(현) 2002년 천주교주교회의 성서위원회 위원장 2008~2018년 同교리교육위원회 위원장 2012년 제50차 세계성체대회 한국 대표 주교 2015년 천주교주교회의 교리주교위원회 위원장(현) 2018년 同신앙교리위원회 위원장(현) (저)'만남이라는 신비'(2011 개정판, 바오로 딸) (역)'주님의 사제들에게'(2009, 바오로 딸) (종)천주교

### 권혁중(權赫重)

(생)1961·6·21 (본)안동(安東) (출)강원 홍천 (주)서울특별시 강남구 테헤란로 131 한국지식재산센터 7층 한국특허정보원(02-6915-1401) (학)1980년 숭문고졸 1988년 한양대 영어영문학과졸 1992년 同행정대학원 행정학과졸 2000년 同대학원 법학과졸 2004년 미국 뉴햄프셔대 법학대학원(프랭클린피어스)졸 (경)1990년 행정고시 합격(34회), 총무처 행정사무관, 특허청 항고심판소 행정사무관 1999년 同기획관리실 국제협력과 서기관 2000년 同청장 비서관, 미국 교육 파견 2005년 특허청 정책홍보관리관실 행정법무팀장 2007년 同경영혁신홍보본부 혁신기획팀장 2008년 同기획조정관실 기획재정담당관 2008년 同기획조정관실 기획재정담당관(부이사관) 2010년 同인사과장 2010년 특허심판원 심판장(일반직고위공무원) 2011년 특허청 기획조정관 2011년 미국 교육파견(고위공무원) 2012년 특허청 상표디자인심사국장 2013년 同산업재산정책국장 2016~2017년 同특허심판원 심판3부 심판장 2017년 한국특허정보원 원장(현) (종)천주교

### 권혁중(權赫中)

(생)1963·11·6 (출)전북 전주 (주)대전광역시 서구 둔산중로78번길 45 대전고등법원(042-470-1114) (학)1982년 전주 신흥고졸 1986년 서울대 법대 사법학과졸 (경)1992년 사법시험 합격(34회) 1995년 사법연수원 수료(24기) 1995년 전주지법 판사 1998년 서울지법 의정부지원 파주시법원 판사 2000년 서울지법 의정부지원 판사 2002년 서울지법 판사 2004년 서울남부지법 판사 2006년 서울고법 판사 2008년 서울동부지법 판사 2010년 전주지법 정읍지원장 2012년 수원지법 안양지원 부장판사 2015년 서울중앙지법 부장판사 2016년 언론중재위원회 서울제8중재부 중재부장 2018년 대전고법 부장판사(현)

### 권혁진(權赫珍) Kwon Hyuk-Jin

(생)1959·3·6 (출)강원 삼척 (주)울산광역시 남구 장생포고래로 271 울산항만공사 운영본부(052-228-5410) (학)1977년 포항제철공고졸 1991년 한국방송통신대 행정학과졸 1995년 인하대 경영대학원 경영학과졸 (경)1984~1992년 마산지방해운항만청·해운항만청 행정서기 1992~2006년 해운항만청·해양수산부·동해지방해양수산청 행정주사 2007~2013년 국토해양부·동해지방해양항만청 행정사무관 2013~2017년 해양수산부 해사안전국 항해지원과 행정사무관 2017년 同해사안전국 해사안전관리과 서기관 2018년 울산항만공사 운영본부장(상임이사)(현)

### 권혁진(權赫振)

(주)서울특별시 용산구 이태원로 22 국방부 기획조정실 정보화기획관실(02-748-5902) (학)대신고졸, 성균관대 산업공학과졸, 同대학원 산업공학과졸, 산업공학박사(성균관대) (경)한국국방연구원(KIDA) 책임연구위원, 同정보화연구실장, 同연구기획실장 2017년 국방부 정보화기획관(고위공무원)(현)

**권혁철(權赫喆) KWON Hyuk Chul**

(생)1958·12·11 (본)안동(安東) (출)울산 (주)부산광역시 금정구 부산대학로63번길 2 부산대학교 전기컴퓨터공학부(051-510-2218) (학)1982년 서울대 컴퓨터공학과졸 1984년 同대학원 컴퓨터공학과졸 1987년 컴퓨터공학박사(서울대) (경)1988~1997년 부산대 조교수·부교수 1988~2010년 한국정보과학회 프로그래밍언어연구회 운영위원·고문 1990년 한국정보과학회 한국어정보처리연구회 운영위원·고문 1992~1993년 미국 Stanford대 CSLI연구소 연구원 1994년 한글과컴퓨터 자문위원 1997년 부산대 전기컴퓨터공학부 교수(현) 1997년 (주)BizTek 자문위원 1998~2002년 정보통신연구진흥원 우수대학원 사업위원 1998~2000년 부산대 멀티미디어교육원장 2000~2003년 同정보통신창업지원센터장 2001년 (주)나라인포테크 대표이사(현) 2002년 한국과학재단·KOICA·PSB 평가위원 2002~2003년 부산대 정보컴퓨터공학부장 겸 전자계산학과장 2003~2005년 한국정보과학회 한국어정보처리연구위원장 2003~2005년 AFNLP(Asia Federation of Natural Language Processing) 한국대표 2003년 부산대 전자전기정보컴퓨터공학부장 2003~2006년 同BK21 산업자동화및정보통신분야 인력양성사업단장 2004년 한국인지과학회 부회장 2006년 교육과학기술부 과학기술앰배서더 2007~2009년 부산대 컴퓨터및정보통신연구소장 2008~2010년 한국정보처리학회 영남지부장·부회장 2010~2014년 부산대 ETRI Open R&D센터장 2011~2012년 同정보전산원장 2014~2016년 同산학협력단장 겸 R&D미래전략본부장 (상)한국과학기술단체총연합회 우수논문상(1993), 우수공무원상(2002), 은관문화훈장(2005) (저)'자연언어 처리'(1994) '전자공학@정보사회'(2002) (역)'구조적 프로그래밍 기법을 위한 C'(2004)

**권혁철(權赫哲) KWON, HYUK-CHUL**

(생)1963·10·19 (본)안동(安東) (출)경북 영천 (주)인천광역시 미추홀구 아암대로287번길 7 경인방송 iFM(032-830-1000) (학)1981년 홍익사대부고졸 1988년 한국외국어대 중국어과졸 (경)1988~2006년 인천일보 정치부장·기획취재 부장 2001~2002년 (주)인천차이나 부사장 2006~2007년 (주)경인방송 시사프로 '굿모닝인천' 진행 2007년 同iTVFM 대표이사 사장 2013~2014년 同명예고문 2014년 인천문화재단 이사 2015년 경인방송 iFM 대표이사 사장(현) 2019년 인천언론인클럽 회장(현) (종)불교

**권혁태(權赫泰) KWON Hyeuk Tae**

(생)1965·3·10 (주)서울특별시 영등포구 문래로20길 56 서울지방노동위원회(02-3218-6075) (학)1983년 서울고졸 1990년 서울시립대 도시행정학과졸 1997년 미국 미시간주립대 대학원 노사관계과졸 (경)1990년 행정고시 합격(34회) 1991~1995년 노동부 행정관리담당관실·중앙노동위원회 사무국·노동부 국제노동협력관실 근무 2002년 대통령비서실 행정관 2004~2007년 제네바국제연합사무처 및 국제기구대표부 1등서기관 2007년 국무조정실 노동심의관실 근무 2008년 노동부 노사조정과장·노사갈등대책과장·고용정책실 노동시장정책과장 2011년 고용노동부 공공노사정책관 2013년 서울지방고용노동청장 2014년 고용노동부 근로개선정책관 2016년 경제사회발전노사정위원회 운영국장 2017년 국정기획자문위원회 파견(고위공무원) 2017년 고용노동부 고용서비스정책관 2018년 대구지방고용노동청장 2019년 서울지방노동위원회 상임위원(현)

**권혁호(權赫浩)**

(생)1961 (주)서울특별시 서초구 헌릉로 12 기아자동차 국내영업본부(02-3464-1114) (학)경북대 경영학과졸 (경)기아자동차 판촉전략실장(이사대우·이사), 同판매사업부장(상무), 同영업지원사업부장(상무·전무) 2018년 同국내영업본부장(부사장)(현)

**권혁홍(權赫弘) KWON Hyuk Hong**

(생)1941·11·18 (출)경기 여주 (주)서울특별시 서초구 서초대로 396 강남빌딩 5층 신대양제지(주)(02-3472-5915) (학)1961년 휘문고졸 1967년 성균관대 수학과졸 1987년 숭실대 중소기업대학원 수료 1992년 서울대 경영대학원 최고경영자과정 수료 1994년 고려대 국제대학원 수료 (경)1967년 경영지업사 개업 1970년 대양제지공업(주) 이사 1972년 同대표이사 1982년 신대양제지(주) 대표이사(현) 1996년 신대양제지공업(주) 대표이사 2007년 한국제지공업협동조합 이사장(현) 2009년 한국장수기업승계협의회 회장 (상)대통령표창(1994), 철탑산업훈장(1998), 한국능률협회장표창(1999), 금탑산업훈장(2010)

**권현창(權賢昌) Kwon, Hyun-chang**

(생)1951·5·18 (출)경북 안동 (주)서울특별시 종로구 대학로 57 홍익대학교 산업미술대학원 브랜드패키지디자인전공(02-320-1265) (학)홍익대 응용미술학과졸, 同광고홍보대학원졸 (경)1978~1985년 (주)제일기획 아트디렉터 1985~1991년 풀무원(주) 상무이사 1991~2000년 씨디스(주) 대표이사 1992~2001년 (주)씨지아이 대표이사 2002~2005년 CJ디자인센터 상임고문 2005년 씨디유파트너스(주) 상임고문(현), (사)한국패키지디자인협회(KPDA) 부회장, 대한민국굿디자인 심사위원, 한국디자인진흥원 디자인지도 자문위원, 한국은행 자문위원, 디자인전문회사협회 부회장, 여수엑스포캐릭터심사위원회 위원장, 홍익대 산업미술대학원 포장디자인과 교수, 同디자인콘텐츠대학원 브랜드패키지디자인전공 교수 2014년 (사)한국브랜드디자인학회 회장 2015년 同명예회장(현) 2019년 홍익대 산업미술대학원 브랜드패키지디자인전공 교수(현) (상)산업포장(2005)

**권형석(權炯碩) KWON Hyung Suk**

(생)1973·12·20 (주)서울특별시 서초구 방배로 46 화천기계(주) 비서실(02-523-7766) (학)2000년 성균관대 경영학과졸 (경)2002년 (주)한국화낙 근무 2004년 화천기계공업(주) 비상근이사 2005년 同해외영업팀 이사 2006년 화천기공(주) 생산관리팀 이사, 同전무이사 2010년 화천기계공업(주) 전무, 티피에스코리아(주) 등기임원 2011년 화천기공(주) 이사(현) 2011년 화천기계(주) 전무 2012년 同부사장 2014년 同대표이사(현)

**권혜린(權慧麟·女) Hyerin Kwon**

(생)1973·1 (출)경남 거제 (주)세종특별자치시 다솜로 261 국무조정실 인사과(044-200-2800) (학)1991년 마산제일여고졸 1996년 이화여대 정치외교학과졸 2008년 서울대 행정대학원졸 2016년 미국 조지타운대 대학원 정책학과졸 (경)1999~2004년 경남도·거창군 근무 2004년 국무조정실 경제조정관실 근무 2013년 국무조정실 국정과제 기획과장·지원과장 2014년 미국 조지타운대 유학 2016년 국무조정실 규제심사총괄과장·경제규제심사과장 2017년 同국정상황과장(서기관) 2018년 同국정상황과장(부이사관) 2019년 대통령비서실 파견(현)

**권혜정(權惠貞·女)**

(생)1976·6·28 (출)경기 김포 (주)세종특별자치시 다솜3로 95 공정거래위원회 운영지원과(044-200-4187) (학)진명여고졸, 연세대 경제학과졸 (경)2000년 행정고시 합격(44회) 2003년 공정거래위원회 독점정책과 근무 2005년 同심결지원2팀 행정사무관 2016년 同기업거래정책국 가맹거래과장 2017년 同경쟁정책국 국제협력과장 2019년 유엔무역개발회의(UNCTAD) 파견(현)

**권호안(權好顔) KWON Ho Ahn**

(생)1962·7·17 (주)충청남도 천안시 서북구 원두정8길 3 천안고용노동지청(041-620-7450) (학)1981년 배명고졸 1992년 서울대 국사학과졸 2007년 한국기술교육대 산업대학원 경영학과졸 2013년 인력자원관리학박사(한국기술교육대) (경)1994년 행정고시 합격(37회) 1994~2002년 노동부 작업환경과·능력개발과·실업급여과·노사협의과·훈련정책과 행정사무관 2002~2004년 同훈련정책과·자격지원과·고용정책과 서기관 2004~2005년 대전지방노동청 대전종합고용안정센터소장 2007년 노동부 산업안전보건국 산업보건환경팀장 2008년 同공공기관비정규직실무추진단 기획총괄팀장 2009~2011년 중앙노동위원회 조정심판국 조정과장 2013년 서울서부고용노동지청장 2014년 고용노동부 감사관실 고객지원팀장 2015년 중앙노동위원회 사무처 사무국장 2017년 서울강남고용노동지청장 2018년 천안고용노동지청장(현)

**권호열(權鎬烈) KWON Ho Yul**

(생)1959·11·24 (주)강원도 춘천시 강원대학길 1 강원대학교 IT대학 컴퓨터학부(033-250-6383) (학)1982년 서울대 전자공학과졸 1984년 한국과학기술원(KAIST) 전기전자공학과졸(석사) 1991년 전기전자공학박사(한국과학기술원) 2001년 미국 카네기멜론대 ISRI SEEK 수료 2003년 미국 스탠퍼드대 경영대학원 SEIT 수료 (경)1982년 LG전자 중앙연구소 주임연구원 1991년 한국통신 연구개발단 선임연구원 1991년 강원대 전기·전자·정보통신공학부 컴퓨터공학전공 조교수·부교수, 同IT대학 컴퓨터학부 교수(현) 1995년 미국 스탠포드대 방문교수 2004년 강원대 공과대학 부학장 2004~2006년 同중앙교육연구전산원장 2005~2006년 강원권역대학이러닝지원센터 센터장 2007년 정부부처정보화수준평가단 국방외교분과위원장 2008~2009년 한국정보시스템감리협회 회장 2009~2010년 한국정보처리학회 강원지회장 2009~2010년 교육과학부 이러닝정책포럼 위원 2009~2010년 서비스사이언스포럼 방송통신분과 위원장 2009~2010년 미국 ISACA CISA-CB 위원 2011~2012년 강원대 녹색융합창업지원단장 2012년 소프트웨어선진화포럼 회장 2012~2014년 에티오피아 국립아디스아바바대 IT대학장 2016년 영국 케임브리지 국제인명센터(IBC) '2000 Outstanding intellectuals of the 21st Century'에 등재 2016년 미국 세계인명사전 'Marquis Who's Who in the World'에 등재 2017년 강원지역인적자원개발위원회 선임위원(현) 2017년 대통령직속 국가교육회의 위원 (상)국무총리표창(2010), 한국정보처리학회 공로상(2011·2012), 한국IT서비스학회 IT서비스연구상(2011)

**권호정(權浩政) KWON Ho Jeong**

(생)1961·7·6 (본)안동(安東) (출)서울 (주)서울특별시 서대문구 연세로 50 연세대학교 생명시스템대학 생명공학과(02-2123-5883) (학)1984년 서울대 농화학과졸 1992년 일본 도쿄대 대학원 생명공학과졸 1995년 생명공학박사(일본 도쿄대) (경)1983~1989년 태평양기술연구원 선임연구원 1986년 일본 이화학연구소 방문연구원 1995~1998년 미국 하버드대 박사후연구원 1997년 미국 New England Bioscience Society(NEBS) 회장 1998년 미국 조지타운의과대 전임연구원 1999년 세종대 생명공학과 교수 1999년 同생명공학과장 1999년 同생명과학연구소장 2000년 한국미생물·생명공학회 편집간사·편집자 2004년 과학기술부 국가지정연구실(NRL) 화학유전체학 책임연구자 2004년 대한암학회 이사 겸 학술위원 2004~2005년 한국생화학분자생물학회 총무간사 2005~2008년 인간프로테옴국제기구(HUPO) 이사 2005년 한국프로테옴연구기구(KHUPO) 사무총장 2005~2008년 연세대 공과대학 생명공학과 교수 2008년 한국프로테옴연구기구(KHUPO) 부회장 2008년 연세대 생명시스템대학 생명공학과 교수(현) 2014~2016년 同생명공학과장 (상)한국미생물생명공학회 수라학술상·학술장려상, 대한암학회 우수연구자상, 세종대 우수연구교수상, 과학기술우수논문상 (저)'Chemical Genomics of Anticancer Agents' '호모 컨버전스: 제4차 산업혁명과 미래사회(共)'(2016, 아시아) (역)'암의 시그날요법'

**권호진(權虎進) Ho Jin KWON**

(생)1965·12·4 (본)안동(安東) (출)서울 (주)서울특별시 마포구 상암산로 82 SBS프리즘타워 SBS플러스 드라마본부(02-6938-1242) (학)1984년 휘문고졸 1991년 한국외국어대 러시아어학과졸 1997년 서강대 언론대학원 방송학과 수료 2012년 미국 Columbia 대학교 WEAI 수료 (경)1990~1992년 LG종합상사 전략사업실 근무 1992년 SBS프로덕션 국제사업팀장·영상사업팀장·콘텐츠사업팀장 2009년 SBS CNBC 경영관리부장 2012년 SBS플러스 콘텐츠프로모션팀장 2013년 同편성기획팀부장 2013년 同경영마케팅실 부장 2016년 同드라마본부 부국장(현) (상)문화관광부장관표창 (종)천주교

**권홍사(權弘司) KWON Hong Sa**

(생)1944·5·27 (출)부산 (주)서울특별시 강남구 테헤란로7길 12 허바허바빌딩 12층 (주)반도건설 회장실(02-3011-2798) (학)1967년 부산 동성고졸 1972년 동아대 건축공학과졸 1991년 부산대 경영대학원졸 2000년 경남대 북한대학원 남북경협아카데미 수료 2001년 명예 공학박사(경남대 극동문제연구소) 2006년 명예 경영학박사(러시아 국립극동교통대) (경)1975·1980년 (주)태림주택 설립·회장 1981년 남부산청년회의소 회장 1985년 평통 자문위원 1989년 (주)반도종합건설 회장 1993년 대한주택건설사업협회 부산시지회 회장 1995년 국제장애인협의회 회장 1997년 대한건설협회 부산시지회장 1998년 서울승마협회 회장 1999년 부산은행 사외이사 2003년 민주평통 자문회의 부산시 부의장 2005년 (주)반도건설 회장(현) 2005~2011년 대한건설협회 회장 2005~2010년 대한건설단체총연합회 회장 2005~2010년 한국건설산업연구원 이사장 2005~2010년 건설기술교육원 이사장 2005~2010년 건설공제조합 운영위원장 2005~2010년 건설근로자공제회 운영위원장 2005~2011년 건설경제신문 발행인 2011년 대한건설협회 명예회장(현) (상)대통령표창(1989), 국민훈장 석류장(1990), 부산상공회의소 경영대상(1997), 동탑산업훈장(1997), 대통령표창(2001), 한국경영자대상(2002), 한국마케팅관리학회 마케팅대상(2002), 국민훈장 모란장(2004), 매경골든타워대상(2004), 한경마케팅대상(2005), 대한민국 토목·건축대상(2005), 헤럴드경제 비전2006 건설경영부분 대상(2006), 한경주거문화대상(2006), 금탑산업훈장(2010)

**권효식(權孝植) KWON Hyo Shik**

(생)1955·8·25 (출)경북 (주)충청북도 청주시 서원구 충대로 1 충북대학교 사범대학 화학교육과(043-261-2003) (학)1977년 충북대 과학교육학과졸 1979년 고려대 대학원졸 1989년 이학박사(고려대) (경)1979~1982년 해군사관학교 화학과 전임강사 1983년 충북대 사범대학 화학교육과 전임강사·조교수·부교수·교수(현) 1991~1992년 미국 뉴멕시코주립대 Post-Doc. 2003년 충북대 교직부장 2003년 대한화학회 충북지부 간사장 2010~2012년 충북대 사범대학장 2015년 同교무처장 2016~2017년 同교학부총장 (저)'일반화학'(1992, 대웅출판사) '최신유기화학'(1998, 도서출판 동화기술) '고등학교 과학의 수준별 학습을 위한 교육자료개발'(2002, 학술진흥재단) (역)'유기화학'(2008, 자유아카데미) '맥머리의 유기화학강의'(2009, 사이플러스) '일반화학 제5판'(2010, 자유아카데미)

**권 훈(權 焄) Hoon Kwon**

(생)1961·9·10 (주)서울특별시 종로구 율곡로2길 25 연합뉴스 편집국 스포츠부(02-398-3114) (학)1980년 서라벌고졸 1984년 세종대 영어영문학과졸 (경)1989년 연합통신 지방국 수습기자(8기) 1989~1998년 同수원지국·경제3부·생활경제부·체육부 기자 1998년 연합뉴스 스포츠레저부 기자 2000년 同스포츠레저부 차장대우 2002년 同스포츠레저부 차장 2006년 同스포츠레저부 부장대우 2008년 同스포츠레저부장 2011년 同국제뉴스1부 기획위원 2011년 同LA특파원(부장급) 2012년 同LA특파원(부국장대우) 2014년 同국제뉴스1부 기획위원(부국장대우) 2014년 同콘텐츠평가실 콘텐츠평가위원(부국장대우) 2015년 同편집국 스포츠부 대기자(부국장대우) 2016년 同편집국 스포츠부 대기자(부국장) 2019년 同편집국 스포츠부 대기자(선임)(현) (상)제29회 이길용 체육기자상(2018)

**권 희(權 熙·女) KWON Hee**

(생)1970·1·25 (출)경북 포항 (주)서울특별시 서초구 서초중앙로 157 서울중앙지방법원(02-530-1114) (학)1988년 포항여고졸 1992년 서울대 사법학과졸 (경)1994년 사법시험 합격(36회) 1997년 사법연수원 수료(26기) 1997년 대구지법 판사 2002년 인천지법 부천지원 판사 2005년 서울중앙지법 판사 2007년 서울남부지법 판사 2008년 서울고법 판사 2010년 서울북부지법 판사 2013년 대전지법 부장판사 2015년 인천지법 부장판사 2017년 서울중앙지법 부장판사(현)

**권희백(權熙栢) KWON Hee Baek**

(생)1963·11·14 (출)서울 (주)서울특별시 영등포구 여의대로 56 한화투자증권 임원실(02-3772-7000) (학)장충고졸, 서강대 경영학과졸, 미국 위스콘신대 메디슨교 대학원 MBA (경)2007년 한화증권(주) 자산운용본부장(상무보) 2011년 同리스크관리본부장 2011년 同기획관리본부장(상무) 2015~2017년 한화생명보험(주) 투자부문장(전무) 2017년 한화투자증권(주) 대표이사 사장(현)

**권희석(權喜錫) KWEON Hee Seok**

(생)1957·7·23 (출)전남 (주)서울특별시 종로구 인사동5길 41 (주)하나투어 비서실(02-2127-1048) (학)1990년 성균관대 경영대학원 세무학과졸 2003년 세종대 관광최고경영자과정 수료 2017년 호텔경영학박사(경희대) (경)1990~1996년 (주)서울마케팅서비스(SMS) 상무이사 1996년 (주)하나투어 공동창업 2008~2011년 同대표이사 2012년 同부회장 2012년 하나투어ITC 대표이사 회장(현) 2012년 센터마크호텔 공동대표이사(현) 2013년 (재)종로문화재단 이사장(현) 2014년 (사)문화관광서비스포럼 공동대표(현) 2015~2016년 (주)에스엠이즈듀티프리 대표이사 2016년 (주)하나투어 수석부회장(현) 2018년 (재)서울관광재단 이사장(현) (상)자랑스러운 성균경영인(2011), 기획재정부장관표창(2011), 동탑산업훈장(2018)

**권희석(權熙石) Kwon Hee-seog**

(생)1963·11·5 (출)부산 (주)서울특별시 종로구 사직로8길 60 외교부 인사기획관실(02-2100-7139) (학)1982년 부산 동인고졸 1986년 서울대 영어영문학과졸 (경)1986년 외무고시 합격(20회) 1986년 외무부 입부 1993년 소말리아 유엔평화유지단 파견(정무관) 1995년 舊유고지역 유엔평화유지단 파견(정무관) 1997년 駐유엔 1등서기관 1999년 駐레바논 1등서기관 2004년 외교통상부 군축비확산과장 2006년 駐오스트리아 참사관 2009~2010년 미국 몬터레이국제문제연구소 객원연구원 2010년 駐아프가니스탄 지방재건팀(PRT) 대표 2011년 駐스페인 공사 2014년 외교부 아프리카중동국장 2017~2019년 국가안보실 안보전략비서관 2019년 駐이탈리아 대사(현) (상)근정포장(2011)

**금기연(琴基連) Kee-Yeon Kum**

(생)1963·11·26 (주)서울특별시 종로구 대학로 101 서울대학교치과병원 치과보존과(02-2072-3815) (학)1987년 연세대 치대졸 1990년 同대학원 치의학과졸 1996년 치의학박사(연세대) (경)1987~1990년 연세대 치과대학병원 치과보존과 전공의 1990~1993년 국군수도통합병원 치과장 1993~1996년 연세대 치과병원 치과보존과 임상강사 1996~2006년 강남세브란스치과병원 치과보존과 교수·과장 2001~2003년 미국 커네티컷대 치과대학 방문연구원 2006년 서울대 치의학대학원 치과보존학교실 조교수·부교수·교수(현) 2009~2011년 同치의학대학원 교무부원장보 2013~2015년 同치의학대학원 치과보존학교실 주임교수 2013~2015년 서울대치과병원 치과보존과장 2013~2015년 同치과보존과 교육역량개발실장 2014~2016년 同치과보존과 식품의약안전평가위원 2014년 서울대 치의학대학원 학술지전문평가위원(현) 2013~2016년 서울대치과병원 교육역량개발실장 2015~2016년 同치과보존과 진료처장 2016년 대한장애인치과학회 부회장(현) 2016~2019년 서울시장애인치과병원장 2016년 대한치과보존학회 부회장(현)

**금기창(琴基昌) KEUM KI CHANG**

(생)1963 (주)서울특별시 서대문구 연세로 50-1 세브란스병원 방사선종양학과(02-2228-8112) (학)1988년 연세대 의대졸 1998년 아주대 대학원 의학석사 2007년 의학박사(원광대) (경)1996~2011년 연세대 의대 방사선종양학교실 강사·전임강사·조교수·부교수 1999~2003·2011~2013년 강남세브란스병원 방사선종양학과장 2003~2004년 미국 예일의과대학 암센터 연구교수 2011년 연세대 의대 방사선종양학교실 교수(현) 2013년 同의대 방사선종양학교실 주임교수 2013년 연세대의료원 연세암병원 방사선종양학과장 2013~2015년 同연세암센터 진료부장 2015~2018년 同연세암병원 부원장 2017년 대한방사선종양학회 회장(현) 2019년 연세대 연세암병원장(현)

**금기현(琴寄鉉) KUM Ki Hyun**

(생)1958·5·28 (출)대구 (주)서울특별시 서초구 서초대로45길 16 브이알빌딩 (재)한국청년기업가정신재단(02-2156-2280) (학)1983년 경상대 경영학과졸 1999년 성균관대 언론정보대학원졸 (경)1993년 전자신문 유통부 차장 1994년 同가전산업부 차장 1996년 同유통부장 1999년 同컴퓨터산업부장 2001년 同IT산업부장 2002년 同논설위원 2003년 同정보사업국장 직대 2003년 同편집국장 2006년 同경영지원실장 2007~2011년 同대표이사 전무·사장 2007~2011년 同편집인·인쇄인 겸임 2008년 한국디지털미디어산업협회 감사 2009년 (주)아이디스홀딩스 사외이사(현) 2011년 (재)한국청년기업가정신재단 사무총장 겸 상임이사(현) 2011~2012년 숙명여대 겸임교수 2012~2014년 인천정보산업진흥원 이사 (상)국무총리표창(2001), 산업포장(2007), 경상대 '2012 개척언론인상'(2012) (역)'인사이드 인텔' (종)기독교

**금기형(琴基衡) Keum Gi Hyung**

(생)1960 (출)충북 옥천 (주)전라북도 전주시 완산구 서학로 95 유네스코 아태무형유산센터(063-230-9701) (학)1979년 대전고졸 1983년 한양대 행정학과졸 1998년 영국 레스터대 신문방송대학원졸 1999년 영국 런던정경대(LSE) 대학원 수료 (경)2004년 문화관광부 관광국 관광정책과 서기관 2005~2007년 유네스코 아태지역 문화관광전문가 2007년 문화관광부 정책홍보관리실 정책홍보팀장 2008년 문화체육관광부 대변인

실 홍보담당관 2008년 同홍보지원국 홍보콘텐츠개발과장 2009년 同뉴미디어홍보과장 2009~2012년 駐베트남 한국문화원장 2012년 문화체육관광부 아시아문화중심도시추진단 문화도시정책과장 2013년 同문화콘텐츠산업실 저작권정책과장 2014년 2015광주하계유니버시아드대회조직위원회 경기본부장(파견) 2015년 문화체육관광부 문화정책관실 국제문화과장 2016년 同국민소통실 홍보정책관(고위공무원) 2017~2018년 同관광정책국장 2017~2018년 同특구기획정책관 겸임 2019년 유네스코 아태무형유산센터 사무총장(현) (상)대통령표창(2002), 태국 'Friends of Thailand Award 2008'(2008), 베트남 '문화우호훈장'(2012), 홍조근정훈장(2017) (저)'동화(기획) '달고 맛있는 수박은 어디서 왔는가(共)'(2013, 학고재)

## 금난새(金난새) GUM Nanse

(생)1947·9·25 (출)부산 (주)서울특별시 서초구 남부순환로325길 9 DS홀 6층 뉴월드필하모닉오케스트(02-3473-8744) (학)1966년 서울예고졸 1970년 서울대 음대 작곡과졸 1979년 독일 베를린국립예술대 지휘과 수료 2008년 명예 철학박사(계명대) (경)1965년 서울대 음대주최 콩쿨 작곡부문 입상 1970년 미국 공보원 Award of Merit 1977년 제5회 카라얀 국제콩쿨(지휘자) 입상 1977년 난파상 수상 1980년 국립교향악단 지휘자 1981년 KBS교향악단 지휘자 1992~1999년 수원시립교향악단 상임지휘자 1992년 한국예술종합학교 음악원 지휘과 객원교수 1992년 독일 챔버오케스트라 상임지휘자 1997~2015년 유라시안필하모닉오케스트라 음악감독 겸 지휘자 1999년 경희대 음악대학 기악과 교수 2001년 청주시립교향악단 지휘자 2002년 CJ그룹과 오케스트라후원계약체결 2002년 한국기업메세나협의회 홍보대사 2006~2010년 경기필하모닉오케스트라 예술감독 2008년 (주)S&T홀딩스 사외이사 2008년 계명대 총장 특보 2010년 결핵퇴치를위한희망메시지캠페인 홍보대사 2010년 인천시립교향악단 예술감독 2011년 제주특별자치도 홍보대사 2011년 RCY(Red Cross youth) 홍보대사·부회장 2012년 창원대 석좌교수 2012년 2014인천아시아경기대회 개·폐회식 자문위원 2013~2019년 서울예술고 교장 2015년 성남시립교향악단 예술감독 겸 상임지휘자(현) 2015~2018년 한경필하모닉오케스트라 음악감독 2015년 뉴월드필하모닉오케스트라 음악감독 겸 지휘자(현) 2016년 포항시립교향악단 명예지휘자 2019년 서울예술고 명예교장 겸 예술감독(현) (상)옥관문화훈장, 올해의음악가 대상, 창조경영대상 문화경영문화인부문(2009), 제2회 공연예술경영상 대상(2009), 효령상 문화부문(2010), 세종문화상 예술부문(2011) (저)'나는 작은새 금난새'(1996) '금난새와 떠나는 클래식 여행'(2003) (작)레코딩 '비제-셰드린의 칼멘 조곡' '생상·동물의 사육제와 피터와 늑대' '모차르트 교향곡39번' '차이코프스키 교향곡5번' '쇼스타코비치 협주곡' '베토벤 교향곡1번'

## 금덕희(琴悳喜·女)

(생)1963·3·31 (출)충남 금산 (주)부산광역시 연제구 법원로 31 부산지방법원 총무과(051-590-1507) (학)1982년 대전 호수돈여고졸 1986년 이화여대 법학과졸 (경)1986년 사법시험 합격(28회) 1989년 사법연수원 수료(19기) 1989년 대전지법 판사 1992년 同천안지원 판사 1994년 부산지법 판사 1998년 인천지법 판사 2001년 대전고법 판사 2004년 대전지법 부장판사 2007년 청주지법 부장판사 2009년 대전지법 부장판사 2013년 청주지법 영동지원장 2015년 인천지법 부장판사 2017년 창원지법 부장판사 2019년 부산지법 부장판사(현)

## 금동엽(琴東燁) KEUM DONG YUP

(생)1959·5·3 (본)봉화(奉化) (출)대구 (주)울산광역시 남구 번영로 200 울산문화예술회관(052-275-9623) (학)1978년 대구 달성고졸 1986년 경북대 공대 전자공학과졸 1991년 대구대 대학원 사회복지학과졸 1998년 영국 City Univ. London 대학원 예술정책및경영학과졸 (경)1993~1997·2000~2004년 대구시립오페라단 제작기획 2000~2012년 영남대 문화예술디자인대학원 예술행정학과 강사 2003~2004년 대구오페라하우스 기획공연팀장 2004~2007년 창원시시설관리공단 성산아트홀 관장 2007~2011년 동구문화체육회관 관장 2012~2013년 경남도문화예술회관 관장 2012~2014년 영남대 문화예술디자인대학원 예술행정전공 겸임교수 2017~2018년 수원문화재단 문화국장 2018년 울산문화예술회관 관장(현) (상)영국문화원 장학금(1997) (종)기독교

## 금동화(琴同和) KUM Dong Wha

(생)1951·12·15 (출)충북 옥천 (주)서울특별시 성북구 화랑로14길 5 한국과학기술연구원(02-958-5114) (학)1973년 서울대 금속공학과졸 1983년 공학박사(미국 스탠퍼드대) (경)1975~1978년 GM Korea 근무 1984년 미국 스탠퍼드대 Post-Doc. 1984년 한국과학기술연구원(KIST) 재료연구부 책임연구원 1999~2001년 한국과학기술기획평가원 연구기획관리단장 2002~2004년 한국과학기술연구원(KIST) 부원장 2005·2010년 국가과학기술위원회 민간위원 2005년 한국전자현미경학회 회장 2006~2009년 한국과학기술연구원(KIST) 원장 2008년 대한금속·재료학회 회장 2011년 한국공학한림원 수석부회장 2011~2014년 한국과학기술연구원(KIST) 계면제어연구센터 책임연구원 2015~2017년 同미래융합기술연구본부 물질구조제어연구센터 책임연구원 2017년 同명예연구원(현) 2017년 한국·베트남과학기술연구원(VKIST) 원장(현) (상)국무총리표창, 공군참모총장표창, 대한금속·재료학회 서정상

## 금종해(琴鍾海) KEUM Jong Hae (水岩)

(생)1957·4·5 (본)봉화(奉化) (출)강원 원주 (주)서울특별시 동대문구 회기로 85 고등과학원 수학부(02-958-3788) (학)1976년 우석고졸 1980년 서울대 수학과졸 1982년 同대학원 수학과졸 1988년 이학박사(미국 미시간대) (경)1988~1991년 미국 유타대 조교수 1991~1995년 건국대 수학교육과 조교수·부교수 1993년 미국 캘리포니아대 버클리교 MSRI 초빙연구원 1995~2000년 건국대 수학과 부교수·교수, 同수학과 학과장 1996년 미국 미시간대 초빙교수 1998년 일본 나고야대 초청교수 2000년 영국 워릭대(Univ. of Warwick) 초빙교수 겸 Royal Society Fellow 2000년 제41회 국제수학올림피아드 채점단장 2000년 고등과학원 수학부 교수(현) 2005~2007년 고등과학원 교수부장 2007년 교육인적자원부·한국학술진흥재단 선정 '국가석학(우수학자)' 2010년 고등과학원(KIAS) 부원장 2012~2015년 기초과학연구원(IBS) 단장 선정평가위원 2012~2016년 포항공대 이사 2013~2016년 고등과학원 원장 2016~2018년 한국연구재단 PM외부평가위원회위원장 2019년 대한수학회 회장(현) (상)과학기술부 이달의 과학기술자상(2006), 과학기술부 및 한국과학재단 선정 제11회 한국과학상(2008), 대한수학회 학술상(2013), 제63회 대한민국학술원상 자연과학기초부문(2018), 제14회 경암학술상 자연과학부문(2018) (저)'선형대수학'(1994) '고등학교 수학교과서'(1996) '중학교 수학교과서'(2000) 'Algebraic Geometry, Contemporary Mathematics'(2007)

## 금진호(琴震鎬) KUM Jin Ho (南薰)

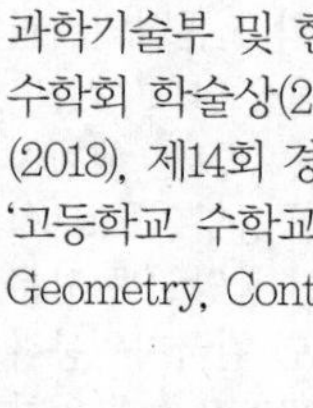

(생)1932·1·20 (본)봉화(奉化) (출)경북 영주 (학)1950년 대륜고졸 1958년 서울대 법과대학졸 1964년 同행정대학원졸 1965년 미국 서던캘리포니아대 대학원 수료 1991년 명예 법학박사(미국 알래스카주립대) (경)1951~1956년 육군 장교(대위 예편) 1962~1970년 총무처 관리과장·의정과장·총무과장 1970년 同행정관리국장 1973~1978년 상공부 중소기업국장·섬유공업국장·공업기획국장·광무국장 1978년 동력자원부 석탄국장 1979년 특허청 항고심판소장 1980년 상공부 기획관리실장 1980년 국가보위비상대책위원회 상공분과위원장 1980년 국무총리 비서실장 1981년 상공부 차관 1983~1986년 同장관 1986년 일해재단 초빙연구위원 1987년 한국소비자보호원 원장 1988~1993년 한국무역협회 고

문 1988년 국제퇴계학회 회장 1988년 同이사장 1989~2012년 국제무역경영연구원 회장 1991년 한·호재단 이사장 1992년 제14대 국회의원(영주·영풍, 민자당·신한국당) 1999년 항소장학문화재단 이사장 2012년 텔코경영연구원 회장 (상)홍조·청조근정훈장, 보국훈장 국선장, 로열포라스타 스웨덴훈장, 벨지움 대십자훈장, APO특별상, 제21회 자랑스러운 서울법대인 선정(2013) (저)'회의진행법' (종)기독교

**금창록(琴昌祿) Keum Chang-rok**

(생)1965·4·5 (주)서울특별시 종로구 사직로8길 60 외교부 인사운영팀(02-2100-7146) (학)1987년 서울대 독문학과졸 (경)1991년 외무고시 합격(25회) 1991년 외무부 입부 1998년 駐독일 2등서기관 2002년 駐요르단 1등서기관 2005년 駐벨기에·유럽연합 참사관 2008년 외교통상부 정책홍보담당관 2009년 同중유럽과장 2011년 駐오스트리아 공사참사관 2014년 駐독일 공사참사관 2016년 駐독일 본(Bonn) 분관장(총영사) 2018년 駐프랑크푸르트 총영사(현) (상)대통령표창(2013)

**금창섭(琴昌燮) KEUM Chang Sup**

(생)1970·10·20 (본)봉화(奉化) (출)경북 봉화 (주)세종특별자치시 도움5로 20 법제처 운영지원과(044-200-6621) (학)1988년 경북 영주고졸 1996년 충북대 영어영문학과졸 (경)1999년 행정고시 합격(43회) 2007년 법제처 차장실 서기관 2007년 同법령해석관리단 행정법령해석팀 서기관 2008년 同총무과 서기관 2008년 同운영지원과 서기관 2009년 同법령해석정보국 경제법령해석과 서기관 2011년 同법제지원단 법제관 2011년 同사회문화경제법제국 법제관 2012년 同기획조정관실 행정관리교육담당관 2012년 同법령해석정보국 법제교육팀장 2013년 한국개발연구원 파견(과장급) 2015년 법제처 행정법제국 법제관 2016년 同기획조정관실 창조행정인사담당관 2018년 同사회문화법제국 법제관 2018~2019년 同행정법제국 법제관 2019년 대통령 인사수석비서관실 파견(현)

**금창태(琴昌泰) KEUM Chang Tae**

(생)1938·8·10 (본)봉화(奉化) (출)경북 안동 (학)1957년 안동고졸 1963년 고려대 정치외교학과졸 (경)1965년 중앙일보 입사 1976년 同사회부 차장 1977년 同논설위원 1980년 同사회부장 1982년 同사회부장 겸 편집부국장 1985년 同편집국장 직대 1988년 同판매담당 이사대우 1989년 同출판제작담당 이사 1993년 同기술제작본부장 1993~1996년 경찰위원회 위원 1994년 중앙일보 신문본부장·상무이사·편집인 1995년 同전무이사·편집인 1997~1999년 同부사장·편집인 1997년 한국신문편집인협회 보도자유위원장 1997년 공연윤리위원회 전문심의위원 1998~2005년 고려대 언론인교우회 회장 1999년 중앙일보 상임고문 1999~2001년 同대표이사 사장·발행인 2000~2004년 세계청년봉사단 총재 2000년 한국신문협회 부회장 2001년 중앙일보 부회장 2001년 駐韓우크라이나 명예영사 2002~2003년 중앙일보 고문 2002~2003년 세종대 언론문화대학원 교수 2002년 한국자원봉사포럼 회장 2003~2007년 시사저널 대표이사 2003년 세종대 언론홍보대학원 겸임교수 2007년 서울미디어그룹 부회장 2008~2016년 한국자원봉사포럼 고문 2008~2010년 한국인체조직기증지원본부 이사장 (상)서울시 문화상, 국민훈장 동백장 (종)불교

**금창호(琴敞淏) GEUM Chang Ho**

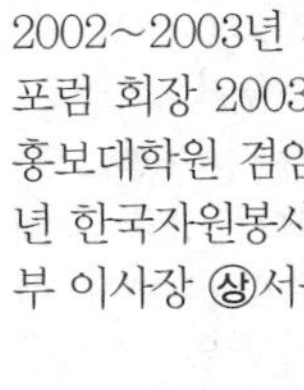

(생)1960·9·4 (본)봉화(奉化) (출)경북 안동 (주)강원도 원주시 세계로 21 한국지방행정연구원 자치분권연구센터(033-769-9840) (학)행정학박사(건국대) (경)한국지방행정연구원 자치행정팀장(수석연구원) 2001년 국무총리실 지방행정평가소위 간사 2001~2004년 한국지방행정연구원 행정서비스컨설팅센터장 2004년 同자치·정책연구실 자치행정센터 소장 2008년 同연구위원 2008년 同지방행정진단평가센터 소장 2008년 서울대 행정서비스관리 자문위원 2009년 한국지방행정연구원 지방행정·안전제도개선센터 소장 2010년 同지방행정연구실장 2011년 同선임연구위원 2012년 대통령직속 사회통합위원회 지역분과위원 2012년 대통령직속 지방분권촉진위원회 실무위원 2012년 대통령직속 지방행정체제개편추진위원회 자문위원 2013년 한국지방행정연구원 지방의정연구센터 소장 2014년 同자치행정연구실 지방3.0지원센터 소장 2014년 국가보훈처 자체평가위원 2014년 안전행정부 지역정보화자문위원 2014년 지방행정연수원 겸임교수 2015~2017년 한국지방행정연구원 자치행정연구실장(선임연구위원) 2017년 同자치분권지원단장 2018년 同자치분권연구센터 선임연구위원(현) (저)'지방정부기능론'(2001) '지방행정의 유사중복기능(共)'(2009) '상생협력과 갈등관리'(2009) '지방행정체제개편 선진사례에서 길을 찾다'(2010) '지방3.0의 이해와 적용'(2014) '지방자치의 쟁점'(2014) (역)'지역주권형 도주제 안내서'(2010)

**금춘수(琴春洙) KEUM Choon Soo**

(생)1953·9·1 (출)경북 안동 (주)서울특별시 중구 청계천로 86 (주)한화 임원실(02-729-1881) (학)1971년 대구 계성고졸 1978년 서울대 상과대학 무역학과졸 (경)1978년 (주)한화 무역부문 입사 1980~1983년 同LA지사 파견 1983년 한화그룹 경영지원팀 근무 1987년 (주)한화 수입개발사업팀장 1988년 同부산지점장 1995년 한화유럽법인(Hanwha Europe Corp.) 대표(상무) 2000~2002년 한화그룹 유럽본부장 겸임 2002년 同구조조정본부 경영지원팀장(상무) 2004년 대한생명보험 경영지원실장(전무) 2005년 同경영지원실장(부사장) 2007년 한화그룹 경영기획실장(부사장) 2008년 同경영기획실장(사장) 2011년 同고문 2011년 한화차이나 최고경영자(CEO) 2014년 同고문 2014년 한화그룹 경영기획실장(사장) 2016년 同경영기획실장(부회장) 2019년 (주)한화 지원부문 대표이사 부회장(현)

**금태섭(琴泰燮) KEUM Tae Sup**

(생)1967·9·29 (출)서울 (주)서울특별시 영등포구 의사당대로 1 국회 의원회관 933호(02-784-9761) (학)1986년 여의도고졸 1991년 서울대 공법학과졸 2001년 미국 코넬대 법과대학원 LL.M. 2011년 서울대 대학원 법학 박사과정 수료 (경)1992년 사법시험 합격(34회) 1995년 사법연수원 수료(24기) 1995년 서울지검 동부지청 검사 1997년 창원지검 통영지청 검사 1999년 울산지검 검사 2002년 인천지검 검사 2004년 대검찰청 검찰연구관 2006~2007년 서울중앙지검 검사 2007년 변호사 개업 2008년 법무법인 퍼스트 대표변호사 2009~2012년 법무법인 지평지성 변호사 2012년 무소속 안철수 대통령후보 상황실장 2012~2016년 법무법인 공존 변호사 2013년 국민과함께하는새정치추진위원회 대변인 2014년 민주당·새정치연합 신당추진단 공동대변인 2014년 새정치민주연합 대변인 2016년 더불어민주당 인재영입위원회 부위원장 2016년 同서울강서구甲지역위원회 위원장(현) 2016년 제20대 국회의원(서울 강서구甲, 더불어민주당)(현) 2016년 더불어민주당 정책위원회 부의장 2016년 同민주주의회복TF 위원 2016년 국회 가습기살균제사고진상규명과피해구제 및 재발방지대책마련을위한국정조사특별위원회 위원 2016~2017·2018년 국회 법제사법위원회 위원(현) 2016년 국회 여성가족위원회 위원 2016~2017년 국회 예산결산특별위원회 위원 2016~2017년 국회 저출산·고령화대책특별위원회 위원 2016년 더불어민주당 대변인 2016~2017년 同전략기획위원장 2017년 同당헌당규강령정책위원회 간사 2017년 同제19대 문재인 대통령후보 중앙선거대책본부 전략본부 부본부장 2017년 同적폐청산위원회 위원 2017~2018년 국회 법제사법위원회 간사 2018~2019년 더불어민주당 원내부대표 2018~2019년 국회 운영위원회 위원 2018년 국회 윤리특별위원회 위원 2018년 국회 '공공부문채용비리의혹과 관련된 국정조사특별위원회' 위원 (상)대한민국의정대상(2016) (저)'화(共)'(2009) '이기는 야당을 갖고 싶다'(2015, 푸른숲)

ㄱ

## 금한승(琴翰承)

[생]1969 [주]세종특별자치시 도움6로 11 환경부 대기환경정책관실(044-201-6860) [학]경기고졸, 고려대 행정학과졸, 영국 케임브리지대 대학원 자원경제학과졸 [경]대통령비서실 행정관, 환경부 환경오염시설허가제도선진화추진단 총괄팀장, 同기획재정담당관 2018년 同기획조정실 정책기획관 2018년 同환경경제정책관 2019년 同본부근무(고위공무원) 2019년 同대기환경정책관(국장급)(현)

## 금한태(琴漢台) KEUM Han Tae

[생]1961·3·9 [출]서울 [주]서울특별시 서초구 법원로3길 20-7 텔코웨어(주)(02-2105-9810) [학]1980년 경신고졸 1985년 서강대 경제학과졸 1988년 미국 루이빌대 대학원 경제학과 수료 [경]1989~1994년 동부그룹 종합조정실 재무관리차장 1994~1996년 同LA지사 지사관리부장 1997~1999년 TRIMARK(미국 LA소재) 사장 2000년 텔코웨어(주) 대표이사(현), 텔코경영연구원 이사장(현)

## 금홍섭 Hong Seoup Kum

[생]1968·2·29 [출]경북 안동 [주]대전광역시 중구 중앙로 101 대전평생교육진흥원(042-250-2701) [학]1987년 경일고졸 1994년 한남대 지역개발학과졸 2013년 同행정복지대학원 행정정책학과졸 2016년 행정학박사(한남대) [경]1995~2006년 대전참여자치시민연대 간사 1999년 대전지방경찰청 교통규제심의위원 2007년 대전시 서구의회 공무국외여행 심사위원 2007~2013년 대전참여자치시민연대 사무처장 2012~2014년 대전고법 시민사법위원 2012년 세종특별자치시 명예시민 2013~2014년 대전참여자치시민연대 정책위원장 2015년 한밭아이쿱소비자생활협동조합 감사 2015~2017년 대전시민사회연구소 부소장 2016년 대전세종상생포럼 공동대표 2016~2018년 공주의료원 이사 2016년 대전시 지방분권협의회 위원(현) 2017년 한남대 행정학과 겸임교수 2017년 대전평생교육진흥원 원장(현) [상]대전개발위원회 대전개발대상(2010), 한남대 자랑스러운 한남인상(2012) [저]'바람직한 대전 시민사회와 거버넌스'(2014)

## 기계형(奇桂亨·女) Ki, Kye-hyeong

[생]1964·7·16 [본]행주(幸州) [출]전북 정읍 [주]경기도 고양시 덕양구 화중로104번길 50 국립여성사전시관(031-819-7161) [학]1983년 안양여고졸 1987년 고려대 노어노문학과졸 1991년 서울대 대학원 서양사학과졸 2003년 서양사학박사(서울대) [경]2007~2018년 한양대 아태지역연구센터 HK연구교수 2008~2012년 한국여성사학회 연구이사 2012~2014년 同총무이사 2012~2014년 한국서양사학회 연구이사 2016~2017년 (사)역사·여성·미래 사무총장 2016년 국제여성박물관협회(IAWM) 집행위원 겸 아시아대표(현) 2017~2018년 (사)역사·여성·미래 상임대표 2018년 국립여성사전시관장(현) [상]'러시아혁명사론(共)'(1992, 까치) [저]'다민족, 다인종 국가의 역사인식 : 갈등의 역사와 공존의 모색(共)'(2009, 동북아재단) '혁명과 여성(共)'(2010, 선인) '몸으로 역사를 읽다(共)'(2011, 푸른역사) '역사 속의 한국과 러시아(共)'(2013, 선인) '서양사 속의 빈곤과 빈민(共)'(2016, 책과함께) '도시는 기억이다(共)'(2017, 서해문집) '여성박물관의 탄생'(2018, 글항아리) 외 다수

## 기길운(奇吉雲)

[생]1959·6·16 [출]서울 [주]경기도 안양시 만안구 냉천로31번길 33 만안청소년수련관 안양시청소년재단(031-470-4782) [학]오산고졸, 단국대 전기공학과졸, 연세대 행정대학원 정치행정학과졸 [경]백운초 운영위원장, 민주평통 자문위원 2006·2010년 경기 의왕시의회 의원(열린우리당·민주당·민주통합당·민주당·새정치민주연합) 2010~2012년 同부의장 2012년 同의장 2014~2018년 경기 의왕시의회 의원(새정치민주연합·더불어민주당) 2016년 의왕시리틀야구단 초대 단장 2016년 경기 의왕시의회 의장 2018년 안양시청소년재단 대표이사(현)

## 기동민(奇東旻) KI DONGMIN

[생]1966·2·23 [출]전남 장성 [주]서울특별시 영등포구 의사당대로 1 국회 의원회관 921호(02-784-3181) [학]1984년 광주 인성고졸 1992년 성균관대 신문방송학과졸 2004년 同언론정보대학원 커뮤니케이션학과졸 [경]1991년 성균관대 총학생회장 1998~1999년 서울시 정무부시장(신계륜) 비서 2000~2002년 이재정 국회의원 보좌관 2002~2003년 대통령 정무수석비서관실 보좌관 2004~2005년 보건복지부 장관(김근태) 정책보좌관 2005~2008년 김근태 국회의원 보좌관 2008년 한반도재단 기획위원장 2010~2011년 민주당 박지원 원내대표 특별보좌관(2급 정책연구위원) 2011년 同정책위원회 부의장 2011년 박원순 서울시장후보 비서실장 2011년 서울시장 정무수석비서관 2012~2014년 서울시 정무부시장 2014년 서울시립대 초빙교수, 성균관대 초빙교수 2015년 새정치민주연합 전략홍보본부 부본부장 2016년 제20대 국회의원(서울 성북구乙, 더불어민주당)(현) 2016~2017년 더불어민주당 원내대변인 2016년 국회 운영위원회 위원 2016~2018년 국회 보건복지위원회 위원 2016~2017년 국회 남북관계개선특별위원회 위원 2016년 더불어민주당 서울성북구乙지역위원회 위원장(현) 2017년 同제19대 문재인 대통령후보 중앙선거대책본부 총괄부본부장 2017년 同정책위원회 부의장 2018년 同건강보험보장성강화TF 간사(현) 2018년 국회 보건복지위원회 간사(현) 2018년 국회 정치개혁특별위원회 위원(현) 2019년 더불어민주당 정책위원회 상임부의장(현) 2019년 국회 예산결산특별위원회 위원(현) [상]법률소비자연맹 제20대 국회 1차년도 국회의원 헌정대상(2017), 제2회 한국을 빛낸 글로벌 100인 정치발전부문(2019)

## 기동호(奇東浩) Kee Dong Ho

[생]1959·9·23 [본]행주(幸州) [출]대구 [주]서울특별시 영등포구 여의나루로 57 신송센터빌딩 12층 코리아에셋투자증권 사장실(02-550-6200) [학]대륜고졸, 한국외국어대 무역학과졸 [경]1997년 하나은행 광명지점장 2000년 부국증권 상무 2007년 同IB사업본부장(전무) 2010~2012년 同IB사업본부장(부사장) 2013년 코리아에셋투자증권 대표이사 사장(현) [종]기독교

## 기성용(奇誠庸) Ki, Sung Yueng

[생]1989·1·24 [본]행주(幸州) [출]광주 [학]2006년 금호고졸, 순천청암대졸 2011년 경기대 사회체육학과 입학·재학 중 [경]2004년 U-16 청소년 국가대표 2006년 일본 SBS컵국제친선대회 U-19 청소년 국가대표 2006년 부산컵국제청소년대회 국가대표 2006년 아시아축구연맹(AFC) 아시아청소년선수권대회 국가대표 2006~2009년 프로축구 FC 서울 소속(미드필더) 2007년 U-20 청소년 국가대표 2008년 중국 베이징올림픽 국가대표 2009년 서울시도시철도공사 홍보대사 2009~2012년 스코틀랜드 셀틱FC 소속(미드필더) 2010년 옥스팜 홍보대사 2010년 남아공월드컵 국가대표 2010년 프로축구 광주 FC 홍보대사 2010년 아시아축구연맹(AFC) 아시안컵 국가대표 2012년 2013순천만국제정원박람회 홍보대사 2012년 런던올림픽 남자축구 동메달 2012~2013년 영국 프리미어리그 스완지시티 AFC 소속(미드필더) 2013~2014년 영국 프리미어리그 선덜랜드 AFC 임대 2014년 브라질월드컵 국가대표 2014년 광양만권경제자유구역청 명예홍보대사 2015~2018년 영국 프리미어리그 스완지시티 AFC 소속(미드필더) 2015년 아시아축구연맹(AFC) 아시안컵 준우승 2018년 러시아월드컵 국가대표 2018년 잉글랜드 프리미어리그 뉴캐슬 유나이티드 FC(현) 2019년 아시아축구연맹(AFC) 아시안컵 국가대표 [상]차범근 축

구대상(2001), U-16 청소년대표 도요타컵 MVP(2004), 삼성 하우젠 K리그 대상 베스트11 미드필더부문(2008), 조선일보제정 2008 원저어워즈 한국축구대상 베스트11(2008), 아시아축구연맹(AFC) 올해의 청소년선수상(2009), 쏘나타 K리그 대상 미드필더부문 베스트11(2009), SPL 10월의 영플레이어상(2010), 대한축구협회 올해의 선수상(2011 · 2012 · 2016), 골닷컴선정 2012런던올림픽 베스트11(2012), AFC 호주아시안컵 베스트 11 수비형 미드필더부문(2015), 스완지시티 팬투표 선정 '올해의 선수'(2015), 영국 축구전문지 포포투 선정 '아시아 최고의 축구선수' 3위(2016)

## 기세민(奇世民)

(생)1962 · 9 · 24 (출)광주 (주)서울특별시 중구 세종대로 124 한국언론진흥재단 신문유통팀(02-2001-7822) (학)1986년 전남대 신문방송학과졸 (경)2001년 광주타임스 정치경제부 부장대우 2002년 同정치부장 2003년 同경제부장 2004년 同문화체육부장 2005년 同사회부장 2006년 남도일보 사회부장 2006년 同정치부장 2006년 同정치부장(부국장대우) 2007년 한나라당 이명박 대통령후보 언론특보 2009년 신문유통원 경영기획실장 2010년 한국언론진흥재단 유통사업국장 2013년 同유통사업국 기획위원 2014년 同유통지원팀장 2015년 同언론인복지지원단장 2016년 同광주지사장 2018년 同지역언론발전단장 2019년 同신문유통팀 책임위원(현)

## 기연수(奇連洙) KEE Yun Soo (海遠)

(생)1943·12·27 (본)행주(幸州) (출)광주 (주)서울특별시 동대문구 이문로 107 한국외국어대학교(031-330-4208) (학)1961년 광주고졸 1966년 한국외국어대 러시아어과졸 1975년 同대학원 동구지역학과졸(정치학석사) 1984년 정치학박사(한국외국어대) (경)1986년 미국 일리노이대 러시아센터 객원교수(현), 한국외국어대·고려대·서강대 러시아어 강사 1971~1980년 육군사관학교 교수부 러시아어과 교수 1980~2009년 한국외국어대 러시아어과 조교수·부교수·교수 1985~2000년 同대학원 러시아(소련) 및동구지역학과 주임교수 1988~1990년 한국슬라브학회 회장 1990년 同고문(현) 1991~1992년 러시아 국립모스크바대·모스크바국제관계대 초빙교수 1992~1993년 한국외국어대 신문사(외대학보) 주간교수 1993~1995년 同학생처장 1994~1995년 전국대학교학생처장협의회 회장 1994년 한국정치학회 및 한국국제정치학회 이사·감사, 同명예이사(현) 1997년 (사)한국학술협의회(KARC) 이사(현) 2000~2007년 한국외국어대 러시아연구소장 2004~2006년 同국제대학원장 2009년 同명예교수(현) 2010~2013년 대통령 외교안보수석비서관실 자문위원 2011년 (사)한러교류협회(KORUSS) 회장(현) 2011~2013년 민주평통 중앙상임위원 2011년 성균관 덕양서원 덕의사 원장(현) 2012년 러시아 국민경제국가행정아카데미(RANEPA) 해외회원(현) 2015년 (사)bbb 코리아 이사(현), 동북아역사재단 자문위원 2016~2018년 同자문위원장 2019년 「문학미디어」 제50회 신인문학상 수상·시인(현) (상)러시아연방정부 국제협력공로훈장(2007), 황조근정훈장(2009) (저)'러시아의 역사'(1988) '현대 러시아 연구'(1993) '러시아정치의 이해'(1995) (역)'암병동'(1984) '러시아의 연구' (종)천주교

## 기영옥(奇永玉) KEE YEONG OK

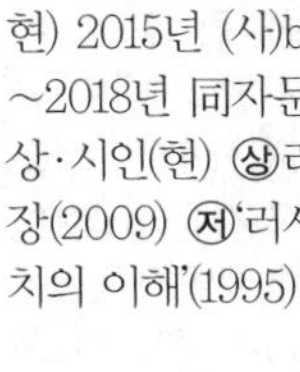

(생)1957 · 12 · 23 (본)행주(幸州) (출)광주 (주)광주광역시 서구 금화로 240 광주월드컵경기장 2층 광주FC(062-373-7733) (학)1977년 광주 금호고졸 1981년 전남대 체육교육학과졸 (경)경성중 · 금호고 · 전남대 · 국민은행 축구선수 활동 1983년 금호고 체육교사 겸 축구감독 1986년 일본SBS컵 국제축구대회 한국대표팀 감독 1995년 광양제철고 체육교사 겸 축구감독 1997년 17세 청소년국가대표팀 감독 1998년 대한축구협회 기술위원 1992년 한국중 · 고축구연맹 이사 2002년 전남도축구협회 전무이사 2006~2008년 同부회장 2009년 광주시축구협회 회장 2015년 광주FC 단장(현) (상)전라남도 최우선수상(1977), 청룡기고교축구대회 최우수지도자상(1985), 체육부장관기 고교축구대회 최우수지도자상(1986 · 1987), 대한축구협회 공로패(1989), 전국시도대항전국고교축구대회 최우수지도자상(1991), 체육부장관표창(1992), 백록기고교축구대회 최우수지도자상(1994), 문화체육관광부장관배 고교축구대회 최우수지도자상(1997), KBS 중 · 고연맹전 최우수지도자상(1998), 문화관광부장관표창(1998), 전국체전 전라남도 최우수지도자상(1999), 백운기우수고교대회 최우수지도자상(2000 · 2001), FBS배일본고교챔피언대회 최우수지도자상(2001), 대통령금배고교축구대회 최우수지도자상(2002), 문화체육관광부장관표창(2009), 한국지역발전대상 체육부문(2015)

## 기우성(奇宇城) Woo Sung Kee

(생)1961 · 12 · 10 (주)인천광역시 연수구 아카데미로 23 셀트리온 임원실(032-580-5000) (학)1988년 한양대 산업공학과졸 (경)1988년 대우자동차 기획실 근무, 同차장, 넥솔바이오텍 생산지원본부장, 同생산관리본부장, 同비서실장, 同부사장 2000년 셀트리온홀딩스 근무 2007년 셀트리온 기술생산부문 생산지원본부장 2008~2014년 同수석부사장 2012년 同제품개발부문장 2014년 同사장 2015년 同공동대표이사 사장 2018년 同대표이사 부회장(현)

## 기우종(奇佑鍾) KI Woo Jong

(생)1967 · 4 · 16 (출)전남 화순 (주)서울특별시 서초구 서초중앙로 157 서울고등법원(02-530-1114) (학)1985년 전남고졸 1989년 서울대 법학과졸 1995년 同대학원 법학 석사과정 수료 (경)1994년 사법시험 합격(36회) 1997년 사법연수원 수료(26기) 1997년 수원지법 판사 1999년 서울지법 판사 2001년 광주지법 목포지원 판사 2004년 서울행정법원 판사 2006년 서울남부지법 판사 2008년 서울고법 정보화심의관 2009~2011년 법원행정처 정보화심의관 겸임 2011년 서울고법 판사 2016년 사법연수원 교수 2018년 대전고법 판사 2019년 서울고법 판사(현)

## 기우항(奇宇恒) KI U Hang (衡山)

(생)1936 · 3 · 2 (본)행주(幸州) (출)경북 고령 (주)서울특별시 서초구 반포대로37길 59 대한민국학술원(02-3400-5220) (학)1957년 영남고졸 1962년 경북대 사범대학 수학교육과졸 1964년 同대학원졸 1972년 이학박사(일본 도쿄공업대) (경)1966~1978년 경북대 사범대학 수학교육과 전임강사 · 조교수 · 부교수 1978~2001년 同수학과 교수 1983년 同과학교육연구소장 1985년 일본 쓰쿠바대 방문교수 1990년 경북대 위상수학 · 기하학연구소장 1994년 同기초종합과학연구원장 1994년 同교수협의회 의장 1996년 한국과학기술한림원 종신회원(현) 2001년 경북대 명예교수(현) 2001~2013년 학교법인 제한학원(대구한의대) 이사 2002년 대한민국학술원 회원(수학 · 현) 2004~2005 · 2011~2012년 同자연과학부 제1분과회장 2013년 학교법인 제한학원 이사장(현) (상)대한수학회 학술상(1982), 한국과학상(1987), 대구시 문화상(1996), 황조근정훈장(2001) (저)'미분기하학(共)'(1982) '대수학 · 기하학(共)'(1986) '부분다양체론(共)'(2000)

## 기찬수(奇讚守) Ki Chan Soo

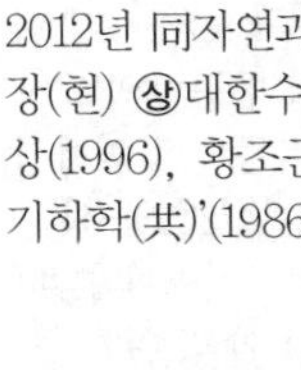

(생)1954 · 10 · 8 (출)경남 김해 (주)대전광역시 서구 청사로 189 병무청 청장실(042-481-2603) (학)1973년 진영농고졸 1976년 육군3사관학교졸(13기) 1990년 성균관대 경영학과졸 1993년 同행정대학원 행정학과졸 2000년 국방대졸 (경)2005~2006년 국군기무사령부 1처장(준장) 2006~2008년 同참모장(소장) 2008~2009년 수도군단 부군단장(소장) 2011~2014년 (주)대명GEC 부회장 2015~2017년 (주)대명에너지 대표이

사 부회장 2017년 제24대 병무청장(현) [상]대통령표창(1997), 보국훈장 천수장(2006)

### 길강묵(吉康默) Ghil, Kangmuk

[생]1967·5·13 [본]해평(海平) [출]충남 홍성 [주]경기도 과천시 관문로 47 법무부(02-2110-3063) [학]1986년 평택고졸 1994년 경희대 경제학과졸 1997년 同평화복지대학원 국제경영학과졸 2013년 행정학박사(경희대) [경]1997~2007년 한국지방자치단체국제화재단 국제화컨설팅센터 전문위원·정보팀장·국제교류팀장 2007~2016년 법무부 외국적동포과·사회통합과·수원출입국 조사과장·출입국기획과 사무관 2012년 국제이주기구(IOM) 이민정책연구원 기획조정실장(파견) 2012~2013년 성결대 대학원 행정학과 외래강사 2016년 법무부 출입국외국인정책본부 외국인정책과 정책조정 서기관 2017년 同출입국외국인정책본부 외국인정책과장 2017년 駐몽골 참사관 겸 영사(현) [상]국제이주기구(IOM) 사무총장 공로메달(2012), 몽골 대통령 훈장 '북극성 훈장'(2019) [종]기독교

### 길기봉(吉基鳳) KIL Ki Bong

[생]1953·6·10 [출]서울 [주]서울특별시 종로구 종로5길 58 석탄회관빌딩 법무법인 케이씨엘(02-721-4215) [학]1973년 서울고졸 1977년 한양대 법학과졸 1986년 同대학원 법학과졸 [경]1978년 사법시험 합격(20회) 1980년 사법연수원 수료(10기) 1980년 공군 법무관 1983년 수원지법 판사 1985년 서울지법 동부지원 판사 1987년 서울민사지법 판사 1988년 마산지법 진주지원 판사 1990년 부산고법·서울고법 판사 1993년 대법원 재판연구관 1997년 수원지법 부장판사 1998년 서울지법 남부지원 부장판사 1999년 서울지법 부장판사 2002년 부산고법 부장판사 2004년 수원지법 수석부장판사 2006년 서울고법 부장판사 2008년 同수석부장판사 2009년 대전지법원장 2009년 대전선거관리위원회 위원장 2010년 서울동부지법원장 2010년 법무법인 케이씨엘 변호사, 同고문변호사(현) 2011년 경인일보 자문변호사

### 길기철(吉基哲) GIL Ki Chul

[생]1952·1·2 [본]해평(海平) [출]충북 [주]서울특별시 금천구 가산디지털1로 131 BYC하이시티 A동 12층 (주)컴투스 임원실(02-6292-6000) [학]1971년 보문고졸 1975년 육군사관학교졸 1990년 연세대 행정대학원 수료 2000년 서울대 행정대학원 정보통신방송정책과정 수료 2004년 한국문화콘텐츠진흥원 한국콘텐츠아카데미 CEO과정 수료 2006년 서울대 경영대학원 문화콘텐츠글로벌리더과정 수료 [경]1979년 육군 대위(예편) 1981년 한국방송공사(KBS) 입사 1993년 同업무국 업무1부 차장 1994년 同수신료제도부 주간 1996년 同TV제작관리부 주간 1998년 同인력관리국 인사운영부장 2000년 同정책기획센터 기획총괄부장 2001년 同뉴미디어본부 정보시스템담당 주간 2002년 同정책기획센터 기획주간 2003년 同수원센터 전문위원 2004~2006년 KBS인터넷(주) 콘텐츠사업이사장(부사장) 2007년 한국방송공사(KBS) 광고국 위원 2009~2012년 (주)KBS N 대표이사 사장 2010~2012년 한국케이블TV방송협회 이사 2012~2015년 KBS강태원복지재단 이사 2012년 (사)미디어영상교육진흥센터 이사 2013년 한국장학재단 멘토(현) 2013년 (주)컴투스 상근감사(현) 2015년 한국미디어영상교육진흥원 부이사장(현) [상]문화공보부장관표창

### 길은배(吉殷培) KIL Eun Bae

[생]1964·3·10 [출]강원 춘천 [주]서울특별시 송파구 양재대로 1239 한국체육대학교 사회체육학부 스포츠청소년지도학과(02-410-6801) [학]1988년 경희대 서반아어과졸 1994년 同대학원 정치학과졸 2001년 정치학박사(경희대) [경]1994~2006년 한국청소년개발원 선임연구원 1998~2006년 통일문제연구협의회 운영위원 1999년 명지대·중앙대·가톨릭대·서울여대·통일교육원 강사 2001년 보건복지부 「어린이 보호·육성 5개년 계획」수립 추진위원 2003년 청소년복지학회 부회장 2003~2005·2009~2011년 민주평통 자문위원 2004년 통일교육협의회 부설 통일교육연구소 연구위원 2006년 미래를여는청소년학회 이사(현) 2006년 한국체육대 사회체육학부 스포츠청소년지도전공 교수, 同스포츠청소년지도학과 교수(현) 2011년 同생활체육대학 스포츠청소년지도학과장 2013~2014년 한국청소년복지학회 회장, 同고문(현) 2014~2018년 한국과학창의재단 운영위원 2015~2016년 한국체육대 생활체육대학장 2015~2016년 여성가족부 청소년정책자문위원장 2015~2017년 한국청소년활동진흥원 이사 2015~2017년 지방자치단체 평가위원 2019년 한국시민정치학회 이사(현)

### 길자연(吉自延) KIEL Ja Yeon (德延)

[생]1941·4·19 [출]평남 안주 [주]서울특별시 종로구 김상옥로 30 한국기독교연합회관 1501호 한국기독교총연합회(02-741-2782) [학]1960년 대광고졸 1964년 경희대 한의학과졸 1973년 대한예수교장로회총회신학연구원(합동)졸 2001년 목회학박사(미국 풀러신학교) 2004년 명예 철학박사(서울기독대) 2005년 명예 교육학박사(미국 루이지애나 벱티스트대) [경]1978~2013년 서울 왕성교회 담임목사 1984~2002년 기독교북한선교회 이사장 1991년 아세아연합신학대학원 이사 1995년 총회신학대 재단이사 1998년 대한예수교장로회(합동) 총회장 1999년 민족세계교회지도자협의회 회장 1999년 개신교연합부활주일연합예배대회장 1999년 영성목회연구회 총재(현) 2000~2002년 한국기독교총연합회 통일선교대학장 2000년 한국기독교총연합회 공동회장 2000년 한국항공선교회 이사 2002년 (사)기독교북한선교회 총재(현) 2002~2004년 총신대 신학대학원 운영이사장 2003~2005년 한국기독교총연합회 대표회장 2003년 미국 피드먼트대 총장 2006년 아바연합 대표회장 2006년 아세아연합신학대(ACTS) 이사장 2007년 한국세계선교협의회(KWMA) 이사장 2007~2011년 칼빈대 총장 2010년 한국기독교총연합회 대표회장 2013년 同증경대표회장(현) 2013년 서울 왕성교회 원로목사(현) 2013~2015년 총신대 총장 [상]한국기독교선교대상 목회자부문(1995), 자랑스러운 대광인상(2003), 세계복음화협의회 국민대상 자랑스러운 목회자상(2003) [저]'하나님보다 앞서갈 때' '가지고 가는 사람 두고 가는 사람' '문제곁에 있는 해답' '고난 속에 숨은 축복' '길자연' '하나님을 향한 사람' '세미한 음성' [종]기독교

### 길재욱(吉宰稶) KHIL Jae Uk

[생]1959·5·22 [본]해평(海平) [출]대전 [주]경기도 안산시 상록구 한양대학로 55 한양대학교 경상대학 경영학부(031-400-5654) [학]제물포고졸 1982년 서울대 경제학과졸 1988년 미국 아이오와주립대 대학원 경영학과졸 1994년 금융학박사(미국 미네소타대) [경]1982~1985년 서울은행 행원 1984~1985년 서울신탁은행 종합기획부 행원 1992~1994년 통신개발연구원 책임연구원 1994~1995년 정보통신정책연구원 책임연구원 1995년 한양대 ERICA캠퍼스 경상대학 경영학부 교수(현) 2006~2016년 나노캠텍(주) 비상근감사 2007~2008년 한양대 안산캠퍼스 기획조정실장 2007~2008년 금융위원회 증권선물조사심의위원 2011년 SK증권 사외이사 2011년 한국증권학회지 편집위원장 2014~2015년 한국증권학회 회장 2015년 기획재정부 기금운용평가단장 2015~2018년 키움증권(주) 사외이사 2016년 한국중소기업학회 부회장 겸 중소기업금융연구회 위원장, 한국거래소 규율위원회 위원장(현) 2018년 同코스닥시장위원회 위원장(현) 2018년 현대글로비스(주) 투명경영위원회 주주권익보호담당 사외이사(현) [상]Phi Kappa Phi Membership(1988), Research Award(1999), KRX 파생상품 우수논문상(2014) [저]'재무관리론'(2003) '생활재무관리'(2003) [역]'미시킨의 금융시장과 금융기관' [종]기독교

## 길정우(吉炡宇) KIL Jeong Woo

(생)1955·2·4 (본)해평(海平) (출)서울 (주)서울특별시 성북구 화랑로32길 146-37 4층 M302호 한국예술종합학교발전재단(02-746-9014) (학)1973년 경기고졸 1978년 서울대 외교학과졸 1981년 同대학원 정치학과졸 1986년 정치학박사(미국 예일대) (경)1986년 서울대 사회과학연구소 초빙연구원 1987~1991년 駐미국대사관 의회담당관 1991~1995년 통일연구원 연구조정실장·정책연구실장 1993년 통일부총리자문관 1995년 중앙일보 전문위원(부장급) 1996년 同미주총국 특파원 2000년 同일본주재 순회특파원 겸 동경재단 초빙연구원 2002년 同부국장·국제팀장 2003년 同통일문화연구소장(논설위원 겸 국제팀장 겸임) 2005년 同전략기획담당 겸 중앙데일리 발행인 2006년 同전략기획담당 이사 2007년 중앙M&B(주) 대표이사 2008년 중앙영어미디어(주) 대표이사 발행인 2009년 중앙M&B(주) 상임고문 2009년 서울사이버대 총장대행 2010년 운산그룹 부회장 2010~2012년 환경재단 기후변화센터 이사 2010년 DMG 문화포럼 이사 2011년 한국예술종합학교 발전재단 이사(현) 2012~2013년 새누리당 대표 비서실장 2012년 제19대 국회의원(서울 양천甲, 새누리당) 2012년 국회 외교통일위원회 위원 2012~2014년 국회 여성가족위원회 위원 2013년 박근혜 대통령당선인 스위스세계경제포럼(WEF·다보스포럼) 특사단원 2013년 국회 산업통상자원위원회 위원 2013년 새누리당 대표최고위원 특별보좌역 2014년 국회 통상관계대책특별위원회 위원 2014년 새누리당 재외국민위원회 북미주동·중부지역 부위원장 2015년 同기획위원장 2017~2018년 이투데이 총괄 대표이사 (상)범시민사회단체연합 선정 '올해의 좋은 국회의원'(2015) (역)'아테나독트린'(2014) (종)천주교

## 길태기(吉兌基) Ghil Tae Ki

(생)1958·12·19 (본)해평(海平) (출)서울 (주)서울특별시 중구 남대문로 63 한진빌딩본관 법무법인 광장(02-772-5970) (학)1977년 동북고졸 1982년 고려대 법학과졸 1984년 同대학원 법학과 수료 (경)1983년 사법시험 합격(25회) 1985년 사법연수원 수료(15기) 1986년 軍법무관 1989년 대전지검 검사 1991년 전주지검 군산지청 검사 1992년 서울지검 의정부지청 검사 1994년 서울지검 검사 1997년 대검찰청 검찰연구관 1998년 청주지검 충주지청장 1999년 서울지검 부부장검사 2000년 대구지검 강력부장 2001년 同특수부장 2002년 대검찰청 형사과장 2003년 서울지검 공판2부장 2004년 법무부 공보관 2005년 수원지검 평택지청장 2006년 서울고검 검사 2007년 광주지검 차장검사 2008년 대검찰청 공판송무부장(검사장급) 2009년 사법연수원 부원장 2009년 광주지검장 2010년 서울남부지검장 2011~2013년 법무부 차관 2013년 법무연수원 연구위원 2013년 대검찰청 차장검사 2013년 검찰총장 직무대행 2013년 서울고검장 2014년 법무법인 광장 대표변호사(현) 2014년 국무총리소속 정보통신전략위원회 민간위원 (종)천주교

## 길형도(吉炯都) KIL Hyoung Do

(생)1958·11·10 (본)해평(海平) (출)서울 (주)서울특별시 영등포구 국제금융로6길 42 (주)삼천리 인재개발본부(02-368-3300) (학)명지고졸, 연세대 문헌정보학과졸 (경)1982~1985년 현대건설 근무 1985~2003년 정보통신정책연구원 연구관리실 근무 2003년 하나로텔레콤(주) 인력개발팀장(상무보) 2005~2006년 同경영지원실장(상무), (주)삼천리 경영지원총괄 인사총무담당 이사 2011년 同자산관리담당 상무 2015년 同자산관리담당 전무 2015년 同전략본부 전략담당 전무 2017년 同전략본부 자산기획담당 전무 2017년 同전략본부 CSR담당 전무 2018년 同개발본부 부본부장(전무) 2019년 同인재개발본부 본부장(전무)(현) (상)체신부장관표창(1990), 국무총리산하 경제사회연구회 이사장표창(2001)

## 길홍근(吉弘根) GIL Hong Keun

(생)1961·6·11 (출)경북 구미 (주)세종특별자치시 시청대로 370 경제·인문사회연구회(044-211-1004) (학)1980년 대구 경북고졸, 서울대 정치학과졸, 정치학박사(영국 켄트대) (경)1997년 국무총리 총무담당관실 서기관 2001년 국무총리 공보비서관실 부이사관 2003년 국무총리 정무비서관실 부이사관 2007년 국무조정실 규제개혁2심의관 2008~2010년 국무총리 규제개혁실 경제규제관리관 2008년 OECD 규제개혁작업반 의장단(Bureau Member) 2010~2013년 駐벨기에 공사 2013년 국무조정실 근무 2013년 국무총리 공보기획비서관 2016년 국무조정실 규제혁신기획관 2018년 국무총리 산하 경제·인문사회연구회 사무총장(현)

## 길환영(吉桓永) GIL Hwan Young

(생)1954·10·10 (본)해평(海平) (출)충남 천안 (주)서울특별시 영등포구 버드나루로 73 자유한국당(02-6288-0200) (학)1972년 천안고졸 1981년 고려대 신문방송학과졸 2003년 同언론대학원 신문방송학과졸 (경)1981년 한국방송공사(KBS) 프로듀서 1984년 同방송본부 기획제작실 근무 1986년 同TV본부 기획제작실 근무 1992년 同청주방송총국 제작부장 1993년 同TV1국 차장 1994년 同TV2국 차장 1995년 同파리특파원 1999년 同편성국 외주제작부장 2001년 同교양국 부주간 2002년 同비서실장 2003년 同교양국 교양주간 2004년 同편성본부 외주제작팀장 2005년 同편성본부 편성기획팀장 2006~2008년 同대전방송총국장 2009년 同TV제작본부 기획제작국장 2009년 同TV제작본부장 2010년 同콘텐츠본부장 2011년 同부사장 2012~2014년 同대표이사 사장 2012~2014년 한국지상파디지털방송추진협회(DTV코리아) 회장 2013~2014년 (사)여의도클럽 회장 2013~2014년 한국방송협회 부회장 2013~2014년 아시아태평양방송연맹(ABU) 회장, 백석대 문화예술학부 교수 2015~2018년 同특임부총장 2016~2017년 (주)투비소프트 사외이사 2018년 제20대 국회의원 재보궐선거 출마(충남 천안시甲, 자유한국당) 2019년 자유한국당 미디어특별위원회 공동위원장(현) (상)한국방송대상 TV부문 최우수작품상(1992), 대통령표창(2001), 은관문화훈장(2013) (작)'추적60분' '사람과 사람' '기동취재현장' '일요스페셜' (종)기독교

## 김각균(金各均) Kack-Kyun Kim

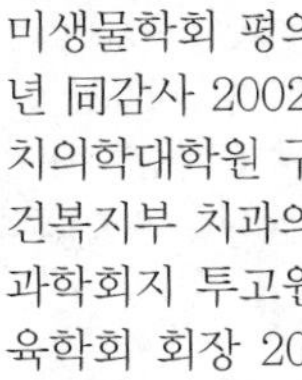

(생)1953·3·20 (출)대구 (주)서울특별시 성동구 광나루로 257 대한치과의사협회 회관 202호 한국치의학교육평가원(02-462-0103) (학)1978년 서울대 치의학과졸 1980년 同대학원 치의학과졸 1983년 의학박사(서울대) (경)1983~1986년 육군 군의관(치과) 소령 1986~2006년 서울대 치대 구강미생물학교실 시간강사·전임강사·조교수·부교수 1988~1990년 미국 인디애나대 공동연구원 1991~1994년 대한구강생물학회 편집이사 1994~1998년 同총무이사 1999년 대한미생물학회 평의원 2001~2002년 대한면역학회 총무이사 2002년 同감사 2002년 대한구강생물학회 회장 2006~2018년 서울대 치의학대학원 구강미생물학·면역학교실 교수 2007~2010년 보건복지부 치과의료전문평가위원회 위원 2008~2009년 대한치주과학회지 투고원고심사위원회 위원 2010~2012년 한국치의학교육학회 회장 2011~2017년 한국치의학교육평가원 인증평가위원장 2012년 한국치의학교육학회 회장 2016년 국제치의학규제기구(ISDR) 집행위원(현) 2017년 한국치의학교육평가원 국제협력위원장(현) (상)녹조근정훈장(2019) (역)'Essential Microbiology for Dentistry(치의학을 위한 미생물학)'(2004) 'Basic Immunology(최신면역학입문)'(2005) 'Essential Microbiology for Dentistry'(2007·2013)

ㄱ

## 김각연(金珏淵) KIM Kak Yeon

(생)1965·12·3 (본)김녕(金寧) (출)경북 김천 (주)대구광역시 수성구 동대구로 331 청효정빌딩 3층 김각연법률사무소(053-745-9000) (학)1984년 경북고졸 1988년 서울대 사법학과졸 (경)1992년 사법시험 합격(34회) 1995년 사법연수원 수료(24기) 1995년 대구지법 판사 2000년 同경주지원 판사 2001년 대구지법 판사 2007년 대구고법 판사 2009년 대구지법 판사 2010년 창원지법 부장판사 2011년 대구지법 의성지원장 2013~2014년 同부장판사 2014년 변호사 개업(현) 2019년 대구지방변호사회 제2부회장(현)

## 김각영(金珏泳) KIM Kak Young

(생)1943·9·12 (본)연안(延安) (출)충남 보령 (주)서울특별시 서초구 서초대로49길 18 상림빌딩 402호 법무법인(유) 여명(02-595-4811) (학)1962년 대전고졸 1966년 고려대 법대졸 (경)1970년 사법시험 합격(12회) 1972년 사법연수원 수료(2기) 1973년 軍법무관 1975년 대구지검 검사 1976년 同안동지청 검사 1979년 제주지검 검사 1980년 서울지검 의정부지청 검사 1982년 서울지검 검사 1985년 마산지검 충무지청장 1986년 대구고검 검사 1987년 청주지검 부장검사 1988년 광주지검 형사1부장 1989년 수원지검 특수부장 1990년 서울지검 동부지청 형사2부장 1992년 법무부 법무심의관·남북고위급회담 정치분과위원 1993년 서울지검 동부지청 차장검사 1994년 부산지검 울산지청장 1995년 서울지검 서부지청장 1996년 서울고검 검사 1997년 사법연수원 부원장 1999년 법무부 기획관리실장 1999년 대검찰청 공안부장 2000년 서울지검장 2001년 대검찰청 차장검사 2002년 부산고검장 2002년 법무부차관 2002~2003년 검찰총장 2003년 변호사 개업 2004년 하나증권 사외이사 2006년 대전고총동창회 회장 2007년 하나IB증권 비상임이사 2007~2016년 계룡건설산업(주) 사외이사 2009년 법무법인(유) 여명 고문변호사(현) 2009~2012년 하나금융지주 사외이사 2010년 밀레니엄금강포럼 공동대표 2010년 하나금융지주 이사회 의장 2014년 일동홀딩스 사외이사(현) (상)홍조근정훈장, 국민훈장 모란장(2010), 자랑스러운 고대법대인상(2016) (종)천주교

## 김갑도(金鉀燾) KIM Kap Do

(생)1965·1·19 (주)서울특별시 강남구 봉은사로 406 한국문화재재단 문화재조사연구단(02-3011-2174) (학)성균관대 역사교육학과졸, 同경영대학원졸 (경)1998년 한국문화재보호재단 총무과장 2000년 同기획예산팀장 2002년 同운영기획팀장 2004년 同전주전통문화센터관장 2005년 同기획예산팀장 2007년 同기획조정실장 2010년 同감사실장 2014년 한국문화재재단 문화재조사연구단 조사기획팀장 2015년 同한국의집 관장 2016년 同감사실장 2018년 同기획조정실장 2019년 同문화재조사연구단장(현)

## 김갑동(金甲東) KIM Kab Dong

(생)1961·5·12 (본)안동(安東) (출)충남 예산 (주)경기도 수원시 팔달구 인계로 123 KBS수원센터 2층(경인방송센터) 수원일보(031-211-3262) (학)중앙대 예술대학원 문화콘텐츠학과졸 (경)1988년 경기일보 제2사회부·사회부 기자 1992년 同정경부 차장 1993년 同제2사회부 차장 1994년 同사회부 차장 1996년 한국기자협회 인천·경기협회장 1999년 경기일보 제2사회부 차장 2001년 同경제부장 2002년 同제2사회부장 2003년 경기방송 보도부장 2006년 同K-DMB방송본부장 2008~2009년 同경영관리국장 2011년 인천일보 경기본사 사장 2012~2014년 경기신문 사장 2015~2016년 수원일보 대표이사 사장 2015~2016년 경기교육신문 에듀경기 사장 2016년 뉴스경인 사장 2019년 수원일보 대표이사(현)

## 김갑배(金甲培) KIM Gab Bae

(생)1952·10·1 (출)전북 익산 (주)서울특별시 서초구 서초대로54길 29-6 열린빌딩 2층 법무법인 동서양재(02-3471-3705) (학)1975년 검정고시 합격 1984년 고려대 사회학과졸 (경)1985년 사법시험 합격(27회) 1988년 사법연수원 수료(17기) 1988년 변호사 개업 1997~1998년 미국 워싱턴대 법학대학원 객원연구원 2003~2005년 대한변호사협회 법제이사 2003~2004년 대법원 사법개혁위원회 위원 2003~2005년 중앙노동위원회 심판담당 공익위원 2003~2005년 법무부 사법시험관리위원회 위원 2004년 헌법학회 부회장 2004~2005년 국가정보원 발전위원회 위원 2005년 부패방지위원회 비상임위원 2005년 국가청렴위원회 비상임위원 2005~2007년 진실화해위원회 상임위원(차관급) 2008~2013년 법무법인 동서파트너스 고문변호사 2012년 민주통합당 제18대 대통령중앙선거대책위원회 새로운정치위원회 반부패특별위원장 2014~2017년 한겨레신문 사외이사 2014년 법무법인 동서양재 고문변호사(현) 2017년 서울시교육청 자문변호사(현) 2017~2019년 법무부 검찰과거사위원회 위원장 (상)황조근정훈장(2009)

## 김갑석(金甲錫)

(생)1968·11·9 (출)서울 (주)서울특별시 서초구 서초중앙로 157 서울고등법원(02-530-1114) (학)1987년 우신고졸 1992년 서울대 경제학과졸 (경)1998년 사법시험 합격(40회) 2001년 사법연수원 수료(30기) 2001년 서울지법 서부지원 예비판사 2002년 서울고법 예비판사 2003년 서울지법 판사 2004년 서울중앙지법 판사 2005년 광주지법 판사 2008년 인천지법 판사 2011년 서울중앙지법 판사 2013년 서울북부지법 판사 2016년 청주지법 부장판사 2017년 서울고법 판사(현)

## 김갑섭(金甲燮) KIM Kab Sub

(생)1958·4·5 (출)전남 나주 (주)전라남도 광양시 광양읍 인덕로 1100 광양만권경제자유구역청 청장실(061-760-5000) (학)1977년 광주제일고졸 1982년 조선대 법정대졸 1984년 同대학원 법학과졸 2001년 법학박사(조선대) (경)1984년 행정고시 합격(28회) 1986~1992년 수산청 근무 1992~2000년 전남도의회 사무처 전문위원·전남도 통상협력관·통상협력과장 2000년 완도군 부군수 2001년 전남도의회 사무처 총무담당관 2001년 영암군 부군수 2002년 전남도 비서실장 2003~2005년 순천시 부시장 2005년 자치인력개발원 파견 2006년 전남도 경제통상국장 2007년 同해양수산환경국장 2009년 OECD서울센터 파견(부이사관) 2011년 중앙공무원교육원 파견(고위공무원) 2012년 국가기록원 기록관리부장 2014년 중앙공무원교육원 기획부장 2015년 행정자치부 대전청사관리소장 2016~2017년 전남도 행정부지사 2017년 同도지사 권한대행 2017년 공로 연수 2018년 광양만권경제자유구역청 청장(현) (상)근정포장(1995)

## 김갑성(金甲成) KIM Kap Sung

(생)1953·4·12 (본)경주(慶州) (출)부산 (주)경기도 고양시 일산동구 동국로 27 동국대학교 일산한방병원 침구과(031-961-9121) (학)1971년 경희고졸 1977년 경희대 한의학과졸 1979년 同대학원 한의학과졸 1987년 한의학박사(경희대) (경)1986~1997년 동국대 한의대학 전임강사·조교수·부교수 1989년 同한의대부속한방병원 침구과장 1994년 대한한의학회 이사 1996년 동국대 인천한방병원장 1997~2018년 同한의학과(침구) 교수 1999년 同서울강남한방병원 교육연구부장 2001년 同경주한방병원장 2002년 대한침구학회 회장 2012~2017년 (사)대한한의학회 회장 2016년 보건복지부 '한의 표준임상진료지침 개발사업단' 검토·평가위원장(현) 2018년 同한의학과(침구) 명예교수(현) (상)보건복지부장관표창(2016) (저)'침구학上·下(共)'(1988) (종)기독교

### 김갑성(金甲星) KIM Kab Sung

(생)1964·7·22 (본)경주(慶州) (출)서울 (주)서울특별시 서대문구 연세로 50 연세대학교 공과대학 도시공학과(02-2123-2893) (학)1987년 연세대 건축공학과졸 1992년 미국 펜실베이니아대 대학원 도시및지역계획학과졸 1995년 지역경제학박사(미국 펜실베이니아대) (경)1995년 삼성경제연구소 수석연구원 2000년 연세대 공과대학 도시공학과 교수(현) 2003년 한국경제지리학회 이사 2004년 한국부동산학회 이사 2008년 연세대 기획팀장 2008~2010·2011년 同공과대학 도시공학과 학과장 2008~2010년 同국제캠퍼스 총괄본부사업추진단 총괄기획팀장 2011~2014년 同공학대학원 부원장 2012년 새누리당 대선캠프 국민행복추진위원회 주택부동산TF위원 2013~2017년 국무총리 도시재생특별위원회 민간위원 2013~2016년 한국수자원공사 비상임이사 2017년 대통령직속 4차산업혁명위원회 스마트시티특별위원회 위원장(현) 2019년 국토교통부 신도시포럼 스마트시티분과위원장(현) (상)국토해양부장관표창(2009) (저)'지역경제론'(1999) '서울시정의 바른 길'(2002) '공간분석 기법'(2004) '도시개발론'(2008) '국토 지역계획론'(2008) (종)기독교

### 김갑수(金甲洙) KIM Kab Soo

(생)1965·5·12 (본)경주(慶州) (출)충북 (주)서울특별시 송파구 올림픽로 424 국민체육진흥공단(02-410-1114) (학)1984년 세광고졸 1988년 고려대 행정학과졸 1993년 서울대 대학원 행정학과졸 2001년 미국 뉴욕주립대 대학원 행정학과졸 (경)1987년 행정고시 합격(31회) 1997년 대통령 정책기획수석비서관실 서기관 1998년 문화관광부 행정관리담당관실·방송광고과 서기관 2002년 同게임음반과장 직대 2002년 同국어정책과장 2003년 同예술진흥과장 2004년 同예술정책과장 2006년 同정책홍보관리실 기획총괄담당관(부이사관) 2006년 同정책홍보관리실 기획조정팀장 2007년 同아시아문화중심도시추진단 문화도시조성국장 2008년 문화체육관광부 아시아문화중심도시추진단 문화도시정책관 2008년 미국 스미소니언박물관 국외훈련 2009년 문화체육관광부 미디어정책국장(일반직고위공무원) 2011~2012년 同문화콘텐츠산업실 콘텐츠정책관 2012~2015년 연합뉴스 수용자권익위원회 위원 2012년 駐영국공사참사관 겸 문화원장 2016년 해외문화홍보원 해외문화홍보기획관 2016년 同원장 2017년 문화체육관광부 기획조정실장 2017~2018년 同종무실장 2019년 국민체육진흥공단 전무이사(현) (종)천주교

### 김갑순(金甲純) KIM Kap Soon

(생)1954·5·15 (출)경남 (주)서울특별시 영등포구 여의대로 56 딜로이트코리아 부회장실(02-6676-1062) (학)밀양 세종고졸 1978년 성균관대 행정학과졸 1986년 서울대 행정대학원졸 (경)1978년 행정고시 합격(21회) 1994년 국세청 기획예산담당관실 서기관 1995년 가락세무서장 1996년 국세청 비서관 1997년 성동세무서장 1998년 도봉세무서장 1999년 국세청 심사3과장 2000년 同납세홍보과장 2002년 同공보담당관 2003년 同공보담당관(부이사관) 2003년 부산지방국세청 조사1국장 2005년 국세청 납세지원국장 2006년 국방대학교 파견 2007년 국세청 정책홍보관리관 2008년 同기획조정관 2008년 서울지방국세청장 2009년 딜로이트코리아 부회장(현) 2011년 유진투자증권 사외이사 겸 감사위원 2012년 재무인포럼 수석부회장 2013년 CJ제일제당 사외이사 겸 감사위원 2015년 현대미포조선 사외이사 겸 감사위원(현)

### 김갑식(金甲植)

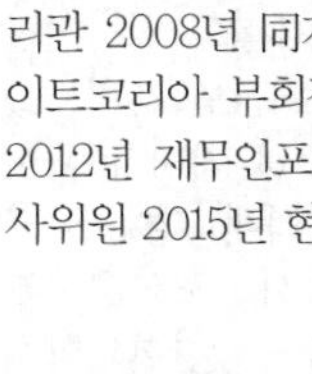

(생)1962 (출)경북 안동 (주)경기도 시흥시 비둘기공원7길 51 시흥세무서(031-310-7241) (학)안동고졸, 세무대학졸(2기) (경)세무공무원 임용(8급 특채), 국무총리실 근무 2009년 중부지방국세청 조사2국 조사3과 근무, 국세청 조사국 근무, 서울 구로세무서 조사과 근무, 서울지방국세청 조사1국 근무 2017년 경북 영덕세무서장 2018년 경북 구미세무서장 2019년 경기 시흥세무서장(현) (상)모범공무원상(2007)

### 김갑식(金甲式) Kim Kab Sik

(생)1967·1·4 (출)충남 예산 (주)서울특별시 종로구 사직로8길 31 서울지방경찰청 수사부(02-700-3611) (학)서울 보성고졸 1988년 경찰대졸(4기) (경)1988년 경위 임관 2003년 서울지방경찰청 기동단 3기동대장 2004년 서울 영등포경찰서 수사과장 2005년 서울 방배경찰서 수사·형사과장 2007년 서울 강남경찰서 형사과장 2010년 강원지방경찰청 수사과장 2011년 경기지방경찰청 형사과장(총경) 2011년 경기 시흥경찰서장 2013년 경기지방경찰청 형사과장 2014년 서울지방경찰청 5기동단장 2015년 서울 영등포경찰서장 2016년 서울지방경찰청 수사과장 2018년 전북지방경찰청 제2부장(경무관) 2018년 경찰청 특별수사단장 2019년 경찰수사연수원 원장 2019년 서울지방경찰청 수사부장(현) (상)대통령표창(2006), 근정포장(2011)

### 김갑유(金甲猷) KIM Kap You

(생)1962·7·19 (본)강릉(江陵) (출)대구 (주)서울특별시 강남구 테헤란로 133 한국타이어빌딩 법무법인(유) 태평양(02-3404-0333) (학)1981년 대구 능인고졸 1985년 서울대 법학과졸 1988년 同대학원 법학과졸 1994년 미국 하버드대 Law School졸 2000년 서울대 대학원 법학박사과정 수료 (경)1984년 사법시험 합격(26회) 1988년 사법연수원 수료(17기) 1988~1995년 Lee&Ko한미합동법률사무소 변호사 1994년 미국 Haynes&Boone법률사무소 변호사 1994년 미국 Healy&Baillie법률사무소 변호사 1995년 영국 Ince&Co법률사무소 변호사 1996년 법무법인(유) 태평양 변호사(현) 2001~2003년 대한변호사협회 국제이사 겸 국제위원장 2002년 대한상사중재원 중재인 겸 상임고문(현) 2002~2004년 국제한인변호사회 사무총장 2006~2010년 한국스포츠중재위원회 중재인 2007~2012년 런던국제중재재판소(LCIA) 상임위원(Court Member) 2008~2010년 국제변호사협회(IBA) 증거규칙개정위원회 위원 2008~2010년 同중재위원회 부위원장 2008~2010년 국제상업회의소(ICC) 중재법원 중재규정개정소위원회 위원 2008~2018년 (사)한국중재학회 이사 2009년 미국중재인협회(AAA) 자문위원(현) 2009년 세계은행국제투자분쟁센터(ICSID) 중재인(현) 2009년 글로벌 아비트레이션 리뷰(Global Arbitration Review) 편집위원(현) 2009년 일본상사중재협회(JCAA) 중재인(현) 2010~2011년 2011 IBA International Arbitration Day 조직위원회 위원장 2010~2014년 국제상사중재위원회(ICCA) 사무총장 2011년 싱가포르국제중재센터(SIAC) 중재인(현) 2011년 홍콩국제중재센터(HKIAC) 중재인(현) 2011년 (사)대한중재인협회 부회장(현) 2012~2013년 (사)국제중재실무회 회장 2012~2014년 공익법인 국제중재센터 사무총장 2012~2016년 한국저작권위원회 위원 2013년 베이징중재위원회(BAC) 중재인(현) 2013년 상하이국제경제무역중재위원회(SHIAC) 중재인(현) 2013년 심천국제중재위원회(SCIA) 중재인(현) 2013년 쿠알라룸푸르중재센터(KLRCA) 중재인(현) 2013년 국제변호사협회(IBA) 한국자문위원단 위원(현) 2013년 국제인터넷주소관리기구(ICANN) 전문가조정절차 조정위원(현) 2013년 법무자문위원회 중재법개정 특별분과위원회 위원(현) 2014년 국제상업회의소(ICC) 중재법원 부원장(현) 2014~2019년 국제상사중재위원회(ICCA) 상임위원 겸 감사위원회 공동의장 2015~2016년 국제거래법학회 회장 2017년 대한상사중재원 국제중재위원장(현) 2018년 베트남중재센터(VIAC) 중재인(현) 2019년 국제상사중재위원회(ICCA) 자문위원(현) 2019년 (사)한국중재학회 부회장(현) (상)Star Individuals Chambers Global 2010, 제2회 대한민국중재인대상(2010), 지식경제부장관표창(2011), 챔버스 올해의최우수공헌상(2013), 올해의분쟁해결스타상(2015) (저)'유치권'(1993, 한국사법행정학회) 'Arbitration Law of Korea : Practice and

Procedure(共)'(2011) 'International Handbook on Commercial Arbitration(共)'(2012, Kluwer Law International) '중재실무강의(共)'(2012, 박영사) '국제건설에너지법 이론과 실무 제2권'(2019, 박영사) (종)기독교

**김갑제(金鉀濟) KIM Gab Je (倬匡)**

(생)1955·5·5 (본)경주(慶州) (출)전남 함평 (주)광주광역시 북구 호동로 10 광복회 광주전남지부(062-264-8150) (학)1983년 전남대 행정대학원졸 (경)1988년 무등일보 사회부·정치부 기자 1992년 同사회부 차장 1993년 同특집부 차장 1994년 同정치부 차장 1995년 同제2사회부 부장대우 1998년 同부국장대우 제2사회부장 1998년 同부국장대우 논설위원 1999년 同부국장 겸 사회부장 1999년 同논설실장 2001년 同편집국장 2003년 同논설위원실장 2007~2010년 同논설주간, 순국선열유족회 부회장, 광복회 광주전남지부장(현), 학다리고총동창회 부회장(현) 2010년 무등일보 주필 2013~2015년 同주필(이사대우) 2014년 (사)한말호남의병기념사업회 이사장(현) 2017년 전남항일독립운동기념탑건립추진위원회 위원장(현) 2018년 국가보훈위원회 위원(현) (상)광주민주유공자, 광주전남기자상 본상(1993), 광주사회복지상 대상(1998) (저)'중국에서의 항일독립운동 비사' '조선망국기 호남의병사'(2016, 미디어민) (종)천주교

**김갑현(金甲現·女) KIM Kap Hyun**

(생)1932·5·21 (본)김해(金海) (출)황해 (주)경기도 수원시 팔달구 월드컵로 216 학교법인 유신학원(031-211-8060) (학)1953년 서울대 법대졸 1969년 중앙대 대학원졸 1970년 고려대 경영대학원 수료 (경)1969~1976년 유신고속관광(주) 부사장 1970~1981년 여성항공협회 이사 1987년 창현교육장학재단 이사장(현) 1987년 YWCA연합회 청소년위원장 1988~1991년 同회장 1991년 한국방송공사 이사 1991~1993년 정무제2장관 1993년 학교법인 유신학원 이사장 1994~1997년 대한YWCA연합회 회장 1994년 자원봉사단체협의회 부회장 1995년 노인복지대책위원회 위원 1997년 대한YWCA연합회후원회 이사장 2000~2002년 월드컵축구대회문화시민운동중앙협의회 부회장 2014년 학교법인 유신학원 명예이사장(현) (상)국민훈장 목련장·동백장, 청조근정훈장 (종)기독교

**김강대(金剛大) Kim Gangdae**

(생)1971·6·1 (출)서울 (주)서울특별시 서초구 법원로 15 정곡빌딩 서관 405호(02-596-7150) (학)1990년 고척고졸 1995년 서울대 법학과졸 (경)1996년 사법시험 합격(38회) 1999년 사법연수원 수료(28기) 1999년 軍법무관 2002년 대전지법 판사 2004년 同천안지원 판사 2005년 수원지법 판사 2008년 서울동부지법 판사 2010년 서울고법 판사 2012년 대법원 재판연구관 2014~2016년 대구지법 서부지원 부장판사 2016~2018년 수원지법 부장판사 2019년 법무법인 LKB & Partners 대표변호사(현)

**김강래(金康來)**

(생)1953·5·16 (주)인천광역시 남동구 정각로 29 인천광역시의회(032-440-6025) (학)강남대 교육대학원 교육행정학과졸 (경)사회복지사(현), 더불어민주당 국민주권 선거대책위원회 특별보좌관, 인천사회복지사 권익위원, 민주평통 자문위원(현), 인천시민자원봉사회 남구회장(현), 희망남구지역아동센터 대표, 인천남구지역사회보장협의체 실무분과위원(현), 충남도민회 부회장(현), 태안군민회 이사(현), 해오른병원 법인이사, 더불어민주당 인천남구乙지역위원회 사회적경제위원장(현) 2018년 인천시의회 의원(더불어민주당)(현) 2018년 同교육위원장(현)

**김강립(金剛立) KIM Gang Lip**

(생)1965·11·9 (본)경주(慶州) (출)강원 철원 (주)세종특별자치시 도움4로 13 보건복지부 차관실(044-202-3001) (학)1984년 동국대부고졸 1989년 연세대 사회학과졸 1997년 미국 시카고대 대학원 사회복지정책학과졸 2010년 보건학박사(연세대) (경)1989년 행정고시 합격(33회), 국립나주정신병원 서무과장, 보건복지부 연금보험국 사무관, 同기획관리실 사무관 2000년 同연금보험국 연금제도과 서기관 2002년 同연금보험국 보험급여과장 2003년 유엔 아시아태평양경제사회위원회(ESCAP) 파견 2006년 보건복지부 사회복지정책본부 장애인정책팀장(부이사관) 2007년 同보건의료정책본부 의료정책팀장 2008년 보건복지가족부 보건의료정책과장 2009년 同보건산업정책국장 2010년 보건복지부 보건산업정책국장 2010년 同사회복지정책실 사회서비스정책관(고위공무원) 2011년 同연금정책관 2012년 駐제네바 공사 2015년 보건복지부 보건의료정책실 보건의료정책관 2016년 同보건의료정책실장 2017~2019년 同기획조정실장 2019년 同차관(현) (상)대통령표창(1998) (저)'객관식 사회학'(共) (종)천주교

**김강식(金康植)**

(생)1973·8·3 (주)경기도 수원시 팔달구 효원로 1 경기도의회(031-8008-7000) (학)대전대 건축공학과졸 (경)군공항이전 수원시민협의회 종전부지 활용분과 부위원장, 곡정초교 운영위원, 경기인형국진흥회 상임이사, 한국유니마 이사, 수원아이파크시티 5·6단지 입주자대표회 회장(현), 더불어민주당 중앙당 부대변인 2018년 경기도의회 의원(더불어민주당)·대변인(현) 2019년 同청년대책특별위원회 부위원장(현) 2019년 同일자리창출특별위원회(현) 2018년 同기획재정위원회 위원(현) 2018년 同예산결산특별위원회 위원(현)

**김강욱(金康旭) KIM Kang Uk**

(생)1958·7·6 (본)순천(順天) (출)경북 안동 (주)서울특별시 서초구 반포대로20길 3 STORMBASE 6층 변호사 김강욱 법률사무소(02-577-7574) (학)1977년 경북고졸 1982년 서울대 법학과졸 1984년 숭실대 대학원 법학과졸 (경)1987년 사법시험 합격(29회) 1990년 사법연수원 수료(19기) 1990년 부산지검 동부지청 검사 1992년 대구지검 김천지청 검사 1994년 서울지검 북부지청 검사 1996년 부산지검 검사 1998년 서울지검 서부지청 검사 2000년 예금보험공사 파견(법률자문위원) 2001년 同부실채무기업특별조사단장 겸 특별조사1국장 2002년 대구지검 상주지청장 2004년 서울중앙지검 특수1부 부부장검사 2004년 미국 뉴욕주립대 방문학자 2007년 대검찰청 중수2과장 2008년 대통령 민정수석비서관실 민정2비서관 2008년 법무연수원 연구위원 2009년 서울중앙지검 금융조세조사1부장 2009년 법무부 대변인 2010년 서울동부지검 차장검사 2011년 수원지검 안양지청장 2012년 법무연수원 연구위원 2013년 同기획부장 2013년 청주지검장 2015년 의정부지검장 2015~2018년 대전고검장 2018년 변호사 개업(현) (상)홍조근정훈장(2010)

**김강정(金康正) KIM Kang Chung**

(생)1943·11·28 (본)의성(義城) (출)전북 김제 (주)서울특별시 서초구 서초대로78길 42 현대기림오피스텔 905호 (사)선진사회만들기연대(02-585-2448) (학)1962년 남성고졸 1967년 연세대 정치외교학과졸 2000년 서울대 경영대학원 최고경영자과정 수료 2001년 연세대 언론홍보대학원 최고위과정 수료 2005년 광주대 언론홍보대학원 언론학과 석사과정 1년 수료 2009년 한양대 언론정보대학원 언론학과졸 2012년 서울대 자연과학대학원 과학기술최고전략과정 수료 (경)1969년 육군 예편(중위) 1970년 문화방송(MBC) 기자 1984년 同뉴욕특파원 1987년 同보도국 특집부장대우(부장직대) 1989년 同보도국 사회부장 1990년 同

보도국 경제부장 1991년 同국제부장(부국장대우) 1992년 同보도국 사회·문화·과학·특집담당 부국장 1992년 同제14대 대통령선거 방송 준비반장 1994년 同보도제작국장 1996년 同보도국장 1996년 同해설주간 1997년 한국신문방송편집인협회 이사 1997년 문화방송(MBC) 경영이사대우(이사직대) 1998년 同경영본부장(이사) 2001년 同정책기획실장(이사) 2001년 iMBC 대표이사 사장 겸임 2001년 방송위원회 남북방송교류추진위원 2002년 한국방송학회 이사 2002~2005년 목포문화방송(MBC) 대표이사 사장 2003~2004년 한국방송협회 이사 2006~2008년 수협은행 사외이사 2006~2012년 삼성화재해상보험 사외이사 2006~2008년 우석대 신문방송학과 초빙교수 2007~2010년 한국방송광고공사 비상임이사 2008~2011년 경원대(現 가천대) 신문방송학과 교수 2008년 학교법인 운산학원 이사(현) 2009~2016년 동아원(주) 사외이사 2009년 (사)선진사회만들기연대 공동대표(현) (상)대통령표창(1982), 국민훈장 석류장(1983) (저)'더 좋은 사회를 위하여(共)'(2012) (종)기독교

**김강준(金康浚) Kim Kang Joon**

(생)1961·6·10 (주)서울특별시 강동구 상일로 6길 26 삼성엔지니어링(주) 경영지원실(02-2053-3000) (학)1989년 서강대 경영학과졸 (경)1988~2002년 삼성전자(주) 자금및지원그룹 근무 2002~2003년 同자금그룹장 2009~2012년 同지원그룹장, 同SAMEX지원팀장(상무) 2015년 제일모직 전무 2015년 삼성물산(주) 패션부문 경영지원담당 전무 2015년 삼성엔지니어링(주) 재무지원실장(전무) 2017년 同경영지원실장(전무) 2019년 同경영지원실장(부사장)(현)

**김강희(金江熙) KIM Kang-Hee**

(생)1930·10·15 (출)전북 정읍 (주)부산광역시 강서구 녹산산단261로 7 동화엔텍 회장실(051-970-0700) (학)1956년 한국해양대 기관학과졸 1965년 부산대 경영대학원졸 2001년 명예 경영학박사(한국해양대) (경)1956년 동서해양(주) 입사 1958~1974년 대한해운공사 근무 1974~1982년 (주)종합해사 대표이사 1981~2001년 (주)동화정기 대표이사 사장 1981~1983년 (주)종합폴스타 대표이사 1982~1987년 (주)종합기계 대표이사 1984년 한국조선기자재공업협동조합 이사 1999년 박용기관학회 회장 2001년 부산시 조선기자재산업추진자문위원회 부위원장 2001년 (주)동화엔텍 대표이사 회장(현) 2002년 한일PHP경영동우회 회장 2002년 STX조선협력회 회장 2004년 부산시 강서구 통합방위협의회 위원 2004년 (사)부산과학기술협의회 최고기술경영자(CTO)평의회 회원 2005년 (사)부산중국포럼 회장 2008년 기업은행 '중소기업인 명예의 전당' 헌정 2012년 한국녹색산업기술연구조합 이사장 2017년 (사)100만평문화공원조성범시민협의회 공동의장(현) (상)상공자원부장관표창(1987), 현대중공업 품질관리부문 최우수상(1989), 노동부장관표창(1991), 1천만불 수출의 탑(1995), 철탑산업훈장(2002), 산업포장

**김거성(金巨性) KIM Geo Sung**

(생)1959·3·9 (본)김녕(金寧) (출)전북 익산 (주)서울특별시 종로구 청와대로 1 대통령 시민사회수석비서관실(02-770-0011) (학)1976년 한성고졸 1982년 연세대 신학과졸 1985년 同대학원 신학과졸 1995년 한국외국어대 정책과학대학원 외교안보학과 수학 2009년 신학박사(연세대) (경)1977년 긴급조치 제9호 위반으로 1차 투옥 1979년 2차 투옥 1980년 광주민주화운동관련 투옥 1986년 한국기독교장로회 목사 안수(서울노회) 1987년 이한열추모사업회 사무국장 1989~2019년 한국기독교장로회 구민교회 담임목회자 1990년 전국민족민주운동연합 상임집행위원·인권위원 1992년 전국민주화운동유가족협의회후원회 부회장 1993년 민주주의민족통일 경기북부연합 상임의장 1994년 통일맞이칠천만겨레모임 사무총장 1994~2000년 인권운동사랑방 자문위원 1996~2019년 구리남양주시민모임 제1·2·5대 의장·고문 1997년 통일시대민주주의국민회의 조직위원장 1998년 자주평화통일민족회의 사무처장·집행위원 1998년 민주개혁국민연합 기획조정위원장 1999~2003년 민주평통 자문위원 1999년 반부패국민연대 사무총장 2000년 국무조정실 부패방지대책협의회 위원 2000년 제2의건국범국민추진위원회 중앙위원 2000년 행정개혁위원회 위원 2003년 건설교통부 부패방지추진기획단 위원 2003년 국제투명성기구(TI) Board Accreditation Committee 위원 2004년 행정자치부 주민감사청구심의회 위원 2004년 2004총선물갈이국민연대 공동집행위원장 2004년 고구려역사문화재단 이사 2004년 국방획득제도개선위원회 위원 2004년 조달청 조달혁신자문위원 2004년 국제투명성기구(TI·Transparency International) 이사 2005년 국민체육진흥공단 비상임이사 2005년 부패방지위원회 비상임위원 2005년 국가청렴위원회 비상임위원 2005년 투명사회협약실천협의회 상임집행위원 2005년 민주평통 구리시협의회장 2007~2014년 한국투명성기구(국제투명성기구 한국본부) 회장 2007년 UN글로벌컴팩트 한국협회 이사 2010~2014년 민주화운동기념사업회 이사 2010년 구리혁신교육공동체 상임대표 2010년 서대문도시관리공단 이사회 의장 2012년 경찰청 경찰쇄신위원 2012년 同시민감찰위원회 위원장 2012년 국제투명성기구(TI) 아시아태평양지역 자문위원 2013년 5.18기념재단 이사 2013~2014년 연세민주동문회 회장 2013~2019년 사회복지법인 송죽원 대표이사 2014~2018년 경기도교육청 감사관 2016년 한신대 외래교수 2019년 국방기술품질원 청렴옴부즈맨 2019년 대통령 시민사회수석비서관(현) (상)서울정책인대상(2002, 공동수상), 민주평통자문회의 의장표창(2006), 국민훈장 모란장(2006) (저)'반부패 투명사회'(2009) (종)기독교

**김 건(金 健) Kim, Gunn**

(생)1966·10·10 (출)부산 (주)서울특별시 종로구 사직로8길 60 외교부 국제안보대사실(02-2100-8287) (학)1989년 서울대 정치학과졸 1994년 미국 뉴욕주립대 대학원 정치학과졸 (경)1989년 외무고시 합격(23회) 1989년 외무부 입부 1995년 駐미국 2등서기관 1998년 駐코트디부와르 1등서기관 2003년 駐중국 1등서기관 2007년 외교통상부 북핵협상과장 2008년 駐인도네시아 참사관 2010년 대통령 외교안보수석비서관실 파견 2013년 외교부 북미국 심의관 2015년 同한반도평화교섭본부 북핵외교기획단장 2016년 駐밴쿠버 총영사 2018년 외교부 국제안보대사(현)

**김건곤(金乾坤) Kim Kun Kon**

(주)경기도 성남시 분당구 하오개로 323 한국학중앙연구원(031-730-8105) (학)1980년 계명대 사범대 한문교육학과졸 1982년 한국학중앙연구원 대학원 한문학과졸 1994년 문학박사(한국학중앙연구원) (경)1982년 한국학중앙연구원 연구원 1994년 同한국학대학원 인문학부 조교수·부교수·교수(현) 1997~1999년 同한국학대학원 교학실장 2001~2003년 同대학원 교학처장 2005년 同기초한국학연구소장 2006~2007년 중국 중앙민족대 초빙교수 2008년 한국학중앙연구원 한국학대학원 교학처장 2008~2010년 同한국학대학원장 2019년 同부원장(현) (저)'이제현의 삶과 문학'(1996, 이회문화사) '김극기 유고'(1997, 한국정신문화연구원) '신라 고려시대의 명시'(2005, 이회문화사) '고려시대의 문인과 승려'(2007, 파미르)

**김건상(金鍵相) KIM Kun Sang**

(생)1945·1·24 (본)정주(貞州) (출)서울 (주)서울특별시 동작구 흑석로 84 중앙대학교 의과대학(02-820-5637) (학)1963년 경북고졸 1969년 서울대 의대졸 1972년 同대학원 의학석사 1978년 의학박사(서울대) (경)1975년 국군수도통합병원 방사선과장 1977~1988년 중앙대 의대 진단방사선과학교실 전임강사·조교수·부교수 1988년 同교수 1989~1992년 대한

초음파의학회 이사장 1990년 일본 게이오대 교환교수 1994년 대한초음파의학회 회장 1995년 대한의학회 이사 1995~1998년 한국의사국가시험원 자료개발국장 1996~2000년 대한방사선의학회 이사장 1997~1999년 중앙대 의료원장 1997년 대한병원협회 이사 1998년 한국보건의료인국가시험원 전문위원 2000년 대한의학회 부회장 2000~2003년 대한PACS학회 회장 2002~2005년 대한병원협회 병원신임위원회 부위원장 2004~2005년 한국보건의료인국가시험원 의사시험위원장 2005~2007년 同이사 2005년 대한의사협회 의료정책연구소장 2006~2009년 대한의학회 회장 2006~2009년 중앙대 영상의학과 교수 2009년 대한의사협회 및 대한의학회 고문(현) 2009~2012년 한국보건의료인국가시험원 원장 2010년 중앙대 명예교수(현) 2012년 의료기관평가인증원 원장 2013~2017년 同이사장 2016~2018년 건강보험심사평가원 미래전략위원장 2017~2018년 대한의사협회 회관신축위원장 2017년 보건복지부 손실보상위원회 공동위원장(현) 2018년 同의료기관평가인증위원회 위원(현) (상)대한방사선의학회 학술상(1988), 인당의학교육대상(2012), 국민훈장 동백장(2017), 대한영상의학회 골드메달리스트공로회원(2018) (저)'진단방사선 원리' '서양의학용어 뿌리찾기'(2002, 대학서림) (역)'Textbook of Radiology' (종)천주교

### 김건수(金建洙) KIM GUN SOO

(생)1960·2·25 (본)김해(金海) (출)서울 (주)대전광역시 대덕구 대전로1033번길 20 대덕구청 감사평가실(042-608-6030) (학)1979년 경기고졸 1984년 성균관대 농업경제학과졸 1986년 同대학원 농업경제학과졸 1996년 경제학박사(성균관대) (경)1990년 한국개발연구원 연구원 1991년 한국농촌경제연구원 연구원 1992년 한국조세연구원 주임연구원 1999년 한국자산관리공사 근무(팀장) 2005~2010년 감사원 근무 2010~2018년 감사원 근무(연구1팀장) 2019년 대전시 대덕구청 감사평가실장(현) (종)기독교

### 김건수(金健洙) KIM Kun Soo

(생)1960·8·16 (출)서울 (주)서울특별시 강남구 테헤란로87길 36 도심공항타워 법무법인(유) 로고스(02-2188-2819) (학)1978년 성남고졸 1983년 한양대 법대졸 1988년 同대학원 법학과졸 (경)1982년 사법시험 합격(24회) 1984년 사법연수원 수료(14기) 1985년 軍법무관 1988년 인천지법 판사 1990년 서울민사지법 판사 1992년 전주지법 군산지원 판사 1995년 서울지법 동부지원 판사 1997년 서울고법 판사 1998년 광주고법 판사 2000년 전주지법 부장판사 2002년 수원지법 부장판사 2004년 서울중앙지법 부장판사 2007년 서울서부지법 부장판사 2008~2009년 同수석부장판사 2009년 법무법인(유) 로고스 변호사 2014~2016년 同경영대표변호사 2017년 同대표변호사(현) (종)기독교

### 김건식(金建植) KIM Kon Sik

(생)1955·1·10 (본)청주(淸州) (출)전남 (주)서울특별시 관악구 관악로 1 서울대학교 법학전문대학원(02-880-7581) (학)1973년 경기고졸 1977년 서울대 법학과졸 1979년 同대학원 법학과졸 1980년 미국 하버드대 대학원졸 1995년 법학박사(미국 워싱턴대) (경)1981~1982년 김앤장법률사무소 근무 1985년 미국 뉴욕주 변호사시험 합격 1986년 미국 워싱턴주립대 법대 강사 1986~2018년 서울대 법과대학 전임강사·조교수·부교수·교수 1990년 독일 뮌헨대 훔볼트재단 방문연구원 1994~1995년 서울대 법과대학 부학장 1995~1996년 일본 도쿄대 대학원 법학정치학연구과 객원조교수 1997년 홍콩 성시대 법학부 객원교수, 미국 하버드대 법대 객원교수, 미국 듀크대 법대 강사 2001~2003년 서울대 법학연구소장 2004~2010년 LG화학 사외이사 2004~2009년 KT 사외이사 2008년 서울대 법과대학장 2008~2010년 법학전문대학원협의회(로스쿨협의회) 이사장 2009년 서울대 법학전문대학원 교수(현) 2008~2010년 同법학전문대학원장 2012~2014년 행정안전부 정보공개위원회 위원장 2013~2014년 한국상사법학회 회장 2014~2018년 사법정책연구원 운영위원회 부위원장 2014~2015년 법무부 정책위원회 위원 2014년 Global Corporate Governance Colloquia 이사(현) (상)서울대총장표창(2006), 황조근정훈장(2012) (저)'미국증권법'(1996) '민법주해XVI'(1997) '회계사의 손해배상책임'(1998) '증권제도발전방향'(1998) '금융거래법강의'(1999) '주식상법(共)'(1999) '증권거래법'(2000·2004) '주석상법'(2003) '자본제도와 유연한 회사법'(2003) '채권결제제도의 개혁: 일본의 예를 중심으로'(2003) (역)'주식회사법리의 새로운 경향'(共) (종)천주교

### 김건열(金建烈) Kim Keon Yeol

(생)1963·6·21 (주)서울특별시 영등포구 은행로 14 KDB산업은행 정책기획부문장실(02-787-4000) (학)1982년 대구고졸 1986년 서울대 경제학과졸 (경)1989년 KDB산업은행 입행 1999년 同국제업무부 대리 2000년 同싱가폴지점 대리 2004년 同조사부 차장 2006년 同경영혁신단 팀장 2007년 同경영전략부 팀장 2009년 산은금융지주 조직·대외협력팀장 2010년 KDB산업은행 기업금융3부 팀장 2011년 同기업금융1부 총괄팀장 2013년 同여수신기획부장 2014년 同비서실장 2016년 同기획조정부장 2016년 同정책기획부문장(부행장)(현) 2019년 同경영관리부문장 겸임(현)

### 김건영(金建泳) KIM Gun Young

(생)1960·6·26 (출)강원 춘천 (주)서울특별시 강남구 테헤란로 317 NH저축은행(주)(1588-5191) (학)춘천고졸, 강원대 토지행정학과졸 1989년 건국대 행정대학원 부동산학과졸 (경)1987년 농협중앙회 입회, 同강원지역본부 양구군지부·자재과 대리, 同원주지점장, 同강원지역본부 저축금융팀장·농업금융팀장·총무팀장, 同원주학성동지점장 2011년 同평창군지부장 2013년 NH농협은행 업무지원부장 2015년 同강원영업본부장(부행장보) 2017년 농협중앙회 강원지역본부장 2018년 NH저축은행(주) 대표이사(현) (종)가톨릭

### 김건태(金建泰) KIM Gun Tai

(생)1953·2·14 (본)김해(金海) (출)경기 수원 (주)경기도 수원시 장안구 이목로 39 수원교구청 안산대리구(031-244-5001) (학)1970년 성신고졸 1977년 가톨릭대 신학과졸 1982년 프랑스 파리가톨릭대 대학원졸 1998년 신학박사(프랑스 파리가톨릭대) (경)1984~1999년 수원가톨릭대 전임강사·조교수·부교수 1986·1998년 同도서관장 1993년 한국천주교주교회의 성서위원회 위원(현) 1996년 수원가톨릭대 학생처장 1999년 同교수 1999~2000년 同교무처장 2002~2006년 同총장 2003년 한국가톨릭신학학회 부회장 2007~2009년 수원가톨릭대 대학원장 2009년 분당성바오로성당 주임신부 2014년 천주교 수원교구청 안산대리구장(현) 2018년 한국천주교주교회의 성서위원회 총무(현) (상)가톨릭신문사 제12회 한국가톨릭학술상 본상(2008), 황조근정훈장(2010) (저)'예언자의 법과 정의 개념'(2006) '에제키엘과 개별책임성'(2009) '주석성경'(2010) (역)'Cahiers Evangile 시리즈'(가톨릭출판사) '모세오경'(가톨릭출판사) 등 9권 (종)가톨릭

### 김건희(金建熙) Kim, Kun-hee

(생)1948·9·26 (출)서울 (주)서울특별시 강남구 봉은사로 418 (주)피데스개발(02-567-7700) (학)1973년 서울대 건축공학과졸 (경)1975~1976년 한국전력 원자력건축담당 1976년 (주)대우건설 입사 1988년 同리비아현장 근무 1992년 同주택사업담당 이사 1995년 同이사 2001년 同상무이사 2003~2004년 同전무이사 2004~2006년 (주)피데스개발 대표이사 2007년 同회장(현) (상)대통령표창(1989), 산업포장(2002), 경기도 건축문화상(2009), 한경 주거문화대상(2009), 녹색건설대상(2009) (종)기독교

## 김건희(金建姬 · 女) KIM Gun Hee

(생)1958 · 2 · 5 (출)서울 (주)서울특별시 도봉구 삼양로144길 33 덕성여자대학교 자연과학대학 식품영양학과(02-901-8496) (학)1977년 진명여고졸 1982년 덕성여대 식품영양학과졸 1984년 同대학원 식품영양학과졸 1991년 식품공학박사(호주 뉴사우스웨일스대) (경)1984~1987년 한국소비자연맹 식품실험실 실험간사 1988~1993년 호주 뉴사우스웨일스대 연구과학자 1993년 덕성여대 자연과학대학 식품영양학과 조교수 · 부교수 · 교수(현) 1995년 미국 하와이대 · 호주 뉴캐슬대 · 호주 뉴사우스웨일스대 식품과학과 Visiting Scholar 1999년 미국 농무성 방문과학자 2000~2002년 일본 홋카이도대 교환교수 2002~2013년 베트남 · 부르나이 · 캄보디아 · 싱가포르 · 태국 · 말레이시아 · 미얀마 · 인도네시아 ASEAN 식품자문위원 2003~2005년 농림부 농업과학기술정책심의회 위원 2003~2014년 대한보건학회 학술지편집위원 2003년 대한영양사협회 정책자문위원(현) 2003~2014년 국립중앙도서관 외국자료추천위원 2003~2005 · 2010년 동아시아식생활학회 편집위원 2004~2012년 보건복지부 식품위생심의위원 · 건강기능식품심의위원회 위원 겸 표시광고분과위원장 2004~2017년 덕성여대 식물자원연구소장 2005~2008년 식품의약품안전처 고시HACCP적용기준심의기구 위원 · 행정처분사전심의위원회 위원 2005~2006년 한국학술진흥재단 심사평가위원 2005년 서울 강북구 여성발전기금운용심의위원회 위원(현) 2006~2013년 지식경제부 기술표준원 국제표준문서식품분야전문위원 2007년 한국식품영양과학회 학술간사 2007 · 2014년 한국식품영양학회 부회장 2007년 (사)한국국제생명과학회 과학자문위원 2008년 농림바이오기술산업화지원사업 전문보안심의회 · 연구윤리위원회 위원 2008년 농림수산식품부 농림기술관리센터 유통저장분야 전문위원 2008년 기능성표시광고심의위원회 위원 2008~2010년 식품의약품안전처 연구윤리심의위원장(안전연구정책심의위원 겸임) 2009년 同식품영양성분국가관리망(nls)구축을위한분석결과검토 자문위원(현) 2009~2012년 同연구개발사업기획전문위원회 위원 · R&D기획단 영양기능식품운영위원장 2009~2012년 한국식품위생안전성학회 부회장 · 회장 2009~2010년 한국식품저장유통학회 부회장 2009년 전국대학교식품영양학과교수협의회 회장 2009~2010년 한국영양학회 정책이사 2009~2012년 한국식품조리과학회 편집위원 · 부회장 2009~2011년 덕성여대 자연과학대학장 2009~2010년 한국보건복지인력개발원 보건교육사자격관리사업 심사위원 2009~2011년 보건의료인국가시험위원회 영양사시험위원회 위원 2011~2014년 한국산업기술평가관리원 지식경제기술혁신평가단 위원 2011년 KOICA 미얀마 지원사업 실시협의 2011~2013년 덕성여대 산학협력단장 2011~2012년 식품의약품안전평가원 연구개발사업기획전문위원회 위원 2012~2015년 나트륨줄이기운동본부 가공식품분과위원 위원 2012~2015년 대한영양사협회 상임이사 2012년 미얀마 KOICA사업 전문가 파견 2012년 KOICA 대학역량강화사업(캄보디아) 총괄책임자 2013~2015년 산업통상자원부 기술표준원 국제표준문서식품분야 전문위원 2013~2017년 한국영양학회 서울지부장 2013년 농림수산식품기술기획평가원 고부가가치식품기술개발사업기술기획자문위원회 위원(현) 2013년 식품의약품안전처 어린이기호식품품질인증 심사위원장(현) 2014년 한국식생활문화학회 편집위원장 2014년 인도네시아 농업부 농업연구개발원(IAARD) ASEAN 식품관련 자문위원 2014~2017년 대한지역사회영양학회 사업간사 2014년 대한영양사협회 학술지편집위원장 2014~2015년 식품의약품안전처 중앙급식관리지원센터 설립위원 2015~2017년 한국해양과학기술진흥원 전문평가단 생명공학분야 전문평가위원 2016~2017년 대한영양사협회 영양사학술대회추진위원장 2016년 농촌진흥청 전문위원(현) 2016년 행정자치부 지방자치단체합동 평가단위원 2016년 한국건강증진개발원 비상임이사(현) 2017년 중앙급식관리지원센터 운영위원회 위원(현) 2017년 (사)대한영양사협회 서울시영양사회장(현) 2018년 한국식품조리과학회 부회장(현) 2018년 한국식문화학회 부회장(현) 2018년 동아시아식생활학회 부회장(현) 2018년 서울시 먹거리시민위원회 위원(현) 2018년 식품의약품안전처 식품위원회 위원(현) 2018년 농식품유통품질관리협회 부회장(현) 2019년 덕성여대 자연과학대학장 겸 자연과학연구소장(현) 2019년 농촌진흥청 국립원예특작과학원 저장유통과 현장명예연구관(현) 2019년 산업통상자원부 국가기술표준원 기술규제위원회 위원(현) (상)International Congress on Function Foods and Nutraceuticals 우수논문상(2004), 과학기술우수논문상(2006), 근정포장(2008), International Peace Prize(2008), 한국학술재단 학술연구조성사업 우수성과사례인증(2008), 인계식품화학상, 한국식품과학회상(2011), 농림수산식품과학기술대상(2011), 한국외식경영학회 공로상(2013), 한국식품위생안전성학회 공로상(2013), NewsMaker 2013 대한민국을 이끄는 혁신리더 식품영양학부문(2013), 미래창조과학부 안전관리우수연구실인증(2014) (저)'농산물저장유통편람'(1998) '식품영양실험핸드북'(2000) '천연방향소재탐색 및 활용'(2003) '한국식품연감'(2003) 'Postharvest Technology of Fresh Produce for ASEAN Countries, Korea Food Research Institute'(2003) '식품화학(Food Chemistry)'(2011) '기능성 채소와 과일'(2012) 'Food Hygiene(재미있는 식품위생학)'(2012)

## 김 걸(金 杰)

(생)1965 · 4 · 12 (주)서울특별시 서초구 헌릉로 12 현대자동차그룹 기획조정실(02-3464-2102) (학)고려대 독어독문학과졸 (경)1988년 현대자동차그룹 입사 2009년 同글로벌전략실장(이사) 2010년 同글로벌전략실장(상무) 2011년 同글로벌전략실장(전무) 2011년 同기획조정1실장 2013년 同기획조정1실장(부사장) 2018년 同기획조정1실장(사장) 2018년 同기획조정실장(현) (상)동탑산업훈장(2015)

## 김 경(金 景 · 女)

(생)1965 · 2 · 26 (주)서울특별시 중구 세종대로 125 서울특별시의회(02-3702-1400) (학)연세대 심리학과졸, 한양대 대학원 교육공학과졸 2004년 교육공학박사(한양대) (경)한양여대 아동보육복지과 교수, 同교육공학연구소장, 더불어민주당 정책위원회 부의장 2018년 서울시의회 의원(비례대표, 더불어민주당)(현) 2018년 同교육위원회 부위원장(현) 2018년 同예산결산특별위원회 위원(현) 2018년 서부지역광역철도건설특별위원회 위원(현) 2018년 항공기소음특별위원회 위원(현) 2019년 同김포공항주변지역활성화특별위원회 위원(현) (상)자랑스런대한민국시민대상(2019)

## 김 경(金 敬) Kim Gyeong

(생)1965 · 3 · 23 (출)경북 (주)서울특별시 서초구 서초대로 274 3000타워 11층 법무법인 참본(02-522-6677) (학)1984년 한영고졸 1988년 서울대 법학과졸 1991년 同대학원 법학과졸 (경)1992년 사법시험 합격(34회) 1995년 사법연수원 수료(24기) 1998년 서울지법 북부지원 판사 2000년 서울지법 판사 2002년 청주지법 판사 2005년 의정부지법 판사 2006년 서울고법 판사 2008년 서울동부지법 판사 2010년 청주지법 부장판사 2011년 의정부지법 고양지원 부장판사 2014년 서울북부지법 부장판사 2016~2017년 서울중앙지법 부장판사 2019년 법무법인 참본 대표변호사(현)

## 김경규(金京圭) KIM Kyoung Kyu

(생)1953 · 7 · 1 (본)김녕(金寧) (출)서울 (주)서울특별시 서대문구 연세로 50 연세대학교 정보대학원(02-2123-4525) (학)1976년 서울대 경영학과졸 1984년 미국 유타대 대학원 경영학과졸 1986년 경영학박사(미국 유타대) (경)1980년 한국과학기술원(KAIST) 전산개발센터 연구원 1986~1989년

미국 펜실베이니아주립대. 조교수 1989~2001년 인하대 경영학부 교수 1989년 한국경영정보학회 회원 2001년 연세대 정보대학원 교수(현) 2012~2014년 同정보대학원장 (저)'경영자를 위한 정보시스템 입문' '경영전산개론'(共) '유비쿼터스 패러다임과 u-소사이어티'(共) (역)'정보시스템 관리'(共)

## 김경규(金璟圭) KIM Kyung Kyu

(생)1960·9·9 (출)경기 화성 (주)서울특별시 영등포구 여의나루로 61 하이투자증권 비서실(02-786-1600) (학)1978년 우신고졸 1985년 한양대 산업공학과졸 (경)LG투자증권(주) 법인영업팀장, 同광교지점장, 同법인사업본부장 2005년 우리투자증권(주) 법인·해외사업부 상무 2005년 同주식영업담당 상무 2008년 LIG투자증권 영업총괄 및 법인사업본부장(부사장) 2008년 同영업총괄 부사장 2012~2016년 同대표이사 사장 2017년 브레인자산운용(주) 비상근감사 2018년 하이투자증권 대표이사(현)

## 김경규(金瓊圭) KIM Kyung Kyu

(생)1964·4·11 (출)경기 화성 (주)전라북도 전주시 덕진구 농생명로 300 농촌진흥청 청장실(063-238-0100) (학)1982년 경동고졸 1986년 고려대 경영학과졸 1994년 영국 버밍햄대 대학원 경제학과졸 (경)1986년 행정고시 합격(30회) 2003년 농림부 농업연수부 교육과장 2004년 同국제농업국 국제협력과장 2005년 同축산국 축산정책과장 2007년 同농업구조정책국 구조정책과장(부이사관) 2008년 농림수산식품부 유통정책팀장 2009년 同유통정책단장(고위공무원) 2009년 同농업정책국장 2010년 駐미국대사관 파견 2013년 농림축산식품부 식량정책관 2015년 한국식품연구원 객원연구원 2016년 농림축산식품부 식품산업정책실 식품산업정책관 2016년 同식품산업정책실장 2017년 同기획조정실장 2018년 농촌진흥청장(현) (상)홍조근정훈장(2014)

## 김경근(金慶根) KIM Kyung Keun

(생)1952·7·6 (본)광산(光山) (출)대구 (주)서울특별시 종로구 경희궁2길 6 3층 (주)더엠플랫폼(02-2038-3334) (학)1975년 고려대 법학과졸 1985년 미국 펜실베이니아대 대학원 국제관계학 수료 (경)1974년 외무고시 합격(8회) 1978년 駐뉴욕 부영사 1981년 駐사우디아라비아 2등서기관 1987년 駐싱가포르 1등서기관 1990년 외무부 홍보과장 1991년 同법무담당관 1993년 駐벨기에 참사관 1995년 駐이스라엘 공사참사관 1997년 외무부 기획관리실 제2기획심의관 1998년 駐태국 공사·UN아시아태평양 경제사회이사회(ESCAP) 상주대표 2000년 외교통상부 재외국민영사국장 2002년 駐요르단 대사 2005년 재외동포재단 기획이사 2007년 駐뉴욕 총영사 2010년 재외동포재단 기획이사 2011~2013년 同이사장 2012년 2018평창동계올림픽조직위원회 자문위원 2014~2016년 (사)한국외교협회 부회장 2014~2017년 대구가톨릭대 정치외교학과 초빙교수 2017년 (주)더엠플랫폼 NCS컨설턴트(현) (상)요르단왕국 1등독립훈장(2005), 홍조근정훈장(2010)

## 김경근(金慶根)

(생)1954·8·29 (주)경기도 수원시 팔달구 효원로 1 경기도의회(031-8008-7000) (학)동국대 교육대학원 교육학과 석사과정 휴학 중 (경)민주당 경기남양주甲지역위원회 수석부위원장, 경기 남양주 예산연구회 위원 2014년 경기도의원선거 출마(새정치민주연합), 더불어민주당 경기지방교육혁신특별위원회 위원장, 同경기남양주丙지역위원회 수석부위원장, 同경기남양주丙지역위원장 직무대리(현) 2018년 경기도의회 의원(더불어민주당)(현) 2018년 同제1교육위원회 위원(현)

## 김경근(金敬根) KIM Kyung Keun

(생)1957·9·22 (본)김해(金海) (출)광주 (주)광주광역시 동구 백서로 160 전남대학교 의과대학 약리학교실(062-220-4235) (학)1983년 전남대 의대졸 1985년 同대학원졸 1988년 치의학박사(전남대) (경)1988~1991년 국군중앙의무시험소 연구부장(대위) 1991~2001년 전남대 치과대학 치의학과 전임강사·조교수·부교수 2001년 同의과대학 약리학교실 교수(현) 2017~2018년 국가과학기술심의회 기초기반전문위원회 전문위원 2017년 대한약리학회 수석부회장 2018년 同회장 2018년 전남대 의과대학장(현) 2019년 대한약리학회 감사(현) (상)용봉학술상(2010) (저)'약리학(共)'(2003) '분자암학(共)'(2005) '의공학(共)'(2005)

## 김경길(金耕吉) KIM Kyung Kil

(생)1945·4·7 (본)경주(慶州) (출)충남 (주)서울특별시 서초구 매헌로 16 하이브랜드빌딩 4층 오픈베이스 부회장실(02-3404-5700) (학)1963년 경기고졸 1967년 서울대 상대 상학과졸 1969년 同경영대학원졸 1973년 미국 뉴욕대 대학원 MBA FINANCE졸 (경)1970년 (주)쌍용 뉴욕주재원 1972년 同부장 대리 1975~1990년 미국 NAC.Inc 사장 1991~2002년 삼화상호신용금고 대표이사 사장 1992~1994년 민주평통 자문위원(6·7대) 1995~2001년 전국상호신용금고연합회 서울지부장 1997~2001년 同운영심의위원회 부의장 1998년 이수중 운영위원장 2002~2006년 (주)B.A.G. 회장 2008년 (주)Openbase 감사(부회장) 2017년 同부회장(현) (상)석탑산업훈장(1985) (종)천주교

## 김경남(金炅南) Kyungnam Kim

(생)1960·12·5 (출)강원 동해 (주)강원도 삼척시 중앙로 346 강원대학교 삼척캠퍼스 신소재공학과(033-570-6565) (학)1979년 삼척고졸 1984년 강원대 재료공학과졸 1990년 同대학원 재료공학과졸 1993년 공학박사(강원대) (경)1993년 강원대 강사 1995~2006년 삼척대 신소재공학과 교수 1998년 同신소재공학과장 2006년 강원대 신소재공학과 교수(현) 2010~2012년 同삼척캠퍼스 산학협력단장 2018년 同삼척캠퍼스 부총장(현) (종)불교

## 김경대(金敬大) KIM Kyung Dae

(생)1963·4·23 (출)대구 (주)대구광역시 수성구 동대구로 364 대구지방법원(053-757-6600) (학)1982년 대륜고졸 1989년 서울대 국사학과졸 (경)1995년 사법시험 합격(37회) 1998년 사법연수원 수료(27기) 1998년 대구지법 예비판사 2000년 同판사 2001년 同경주지원 판사 2003년 대구지법 판사 2005년 同가정지원 판사 2007년 대구지법 판사 2010년 대구고법 판사 2012년 대구지법 가정지원 판사 2013년 울산지법 부장판사 2015년 대구지법 의성지원장·대구가정법원 의성지원장 2015년 대구지법 안동지원·대구가정법원 안동지원 부장판사 겸임 2017년 대구지법 부장판사(현)

## 김경덕(金曔德) Kyeong Deog, Kim

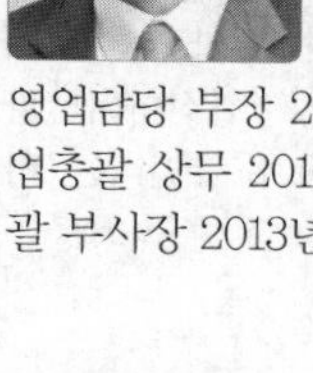

(생)1966·4·4 (출)경남 거제 (주)서울특별시 강남구 강남대로 298 푸르덴셜타워 12층 델코리아 비서실(02-2194-6102) (학)부산 브니엘고졸, 서울대 공대 산업공학과졸, 세종대 경영전문대학원 Sejong-Syracuse MBA (경)1995년 한국IBM(주) 제조사업부 영업담당 과장 2000년 시스코코리아 영업담당 부장 2005년 同제조사영업총괄 이사 2007년 同대기업영업총괄 상무 2010년 同채널영업총괄 상무 2011년 델코리아 영업총괄 부사장 2013년 同대표이사 사장(현)

### 김경도(金京道) KIM Kyung Do

(생)1954 · 10 · 24 (출)서울 (주)서울특별시 동작구 흑석로 102 중앙대학교병원 비뇨기과(02-6299-1806) (학)1979년 서울대 의대졸 1982년 同대학원 의학석사 1988년 의학박사(서울대) (경)1980~1983년 서울대병원 비뇨기과 전공의 1983~1986년 의정부도립병원 군의관 1986년 중앙대 필동병원 비뇨기과 임상강사 1987년 同용산병원 비뇨기과 임상강사 1988~1991년 同의대 비뇨기과 조교수 1991~1992년 미국 캘리포니아대 소아비뇨기과 교환교수 1992년 중앙대 의과대학 비뇨기과학교실 부교수 · 교수(현) 1999~2004년 同용산병원 비뇨기과장 2004~2005년 同의료원 기획실장 2009~2014년 同병원 진료부원장 (상)대한비뇨기과학회 학술상(1975 · 1991 · 1993 · 1999 · 2002), 한의학저작상(1986), 아시아태평양 성의학회 학술상(1989) (저)'요로감염(共)'(2004) '요로감염II(共)'(2005) '비뇨기과학(共)'(2007) '소아비뇨기과학 핸드북(共)'(2008)

### 김경동(金璟東) KIM Kyong-Dong (浩山 · 如山)

(생)1936 · 11 · 11 (본)안동(安東) (출)경북 안동 (주)서울특별시 관악구 관악로 1 서울대학교 사회학과(02-880-6401) (학)1955년 계성고졸 1959년 서울대 문리과대학 사회학과졸 1960년 同대학원 사회학과 수료 1962년 미국 미시간대 대학원 사회학석사 1972년 사회학박사(미국 코넬대) (경)1961~1967년 서울여대 전임강사 · 조교수 1965~1966년 미국 하와이대 동서문화센터 연구원 1968~1969년 서울대 문리대학 전임강사 1971~1977년 미국 노스캐롤라이나주립대 전임강사 · 조교수 · 부교수 1977년 서울대 사회과학대학 부교수 1982~2002년 同사회학과 교수 1983~1986년 同사회과학연구소장 1984~1994년 서울시 도시계획위원 1986~1987년 미국 윌슨센터 연구교수 1987~1989년 서울대 기획실장 1989년 한국사회학회 회장 1991년 프랑스 사회과학대학원(EHESS) 초빙교수 1991~1993년 (재)서울대발전기금 상임이사 1992~1994년 서울대총동창회 부회장 1993~1995년 공연윤리위원 1994~1997년 통일원 통일정책평가위원 1995년 국무총리실 안전관리자문위원회 부위원장 1996 · 1998년 미국 듀크대 초빙교수 1996년 同아 · 태연구소 겸직교수(현) 1999년 한국정보사회학회 초대 이사장, 同명예회장, 同고문(현) 1999년 미국 인물연구소 선정 '500인의 영향력 있는 지도자' 피선 2000~2005년 시민사회포럼 대표 2001~2012년 한국개발연구원(KDI) 국제정책대학원 초빙교수 2002년 동연회 회장 2002년 서울대 명예교수(현) 2002년 대한민국학술원 회원(사회학 · 현) 2002~2004년 국회 공직자윤리위원회 위원 2003~2004년 성숙한사회를가꾸는모임 공동대표 2005~2009년 同상임공동대표 2007년 실천신학대학원대 석좌교수(현) 2007년 同교육이사 2007~2010년 (사)글로벌서울포럼 이사장 2008~2011년 서울시자원봉사센터 이사장 2009~2012년 (사)한국자원봉사포럼 회장 2009년 국무총리실 자원봉사진흥위원회 위원 2009년 미국 세계인명사전 'Marquis Who's Who in the World' 2010년판에 등재 2010년 한국자원봉사협의회 공동대표 2011~2015년 한국과학기술원(KAIST) 경영대학 초빙교수 2012년 미국 하와이 이스트웨스트센터 객원학자 2013년 대만 아카데미아 시니카 객원학자 2013년 (사)한국자원봉사포럼 명예회장(현) 2015~2017년 경희대 평화복지대학원 객원교수 2015년 한국과학기술원(KAIST) 미래세대행복위원회 위원장(현) (상)중앙문화대상(학술대상)(1993), 자유경제 출판문화상 대통령표창(1995), 성곡학술문화상(2001), 옥조근정훈장(2002), 한국풀브라이트총동문회 '자랑스러운 동문상'(2010), 대한화학회 탄소문화상 대상(2013), 인촌상 인문 · 사회과학부문(2014), 제13회 경암상 인문 · 사회부문(2017) (저)'현대의 사회학' '인간주의 사회학' '발전의 사회학' '노사관계의 사회학' '사회학의 이론과 방법론' '일본사회의 재해관리' '정보사회의 이해' '한국사회변동론' '한국인의 가치관과 사회의식' '선진한국, 과연 실패작인가?' '한국사회발전론' 'The Two Koreas' '급변하는 시대의 시민사회와 자원봉사' 'Social Change in Korea' '기독교공동체운동의 사회학 : Koinonia의 이론과 전략' '자발적 복지사회 : 미래지향적 자원봉사와 나눔의 사회학' '한국의 사회윤리' '기독교 공동체운동의 사회학' 'Alternative Discourses on Modernization & Development : East Asian Persectives(근대화와 발전에 관한 대안 담론 : 동아시아의 관점)'(2017, 폴그레이브 맥밀런) 'Korean Modernization & Uneven Development : Alternative Sociological Accounts(한국의 근대화와 불균등 발전 : 대안적 사회학적 해설)'(2017, 폴그레이브 맥밀런) 'Confucianism & Modernization in East Asia : Critical Reflections(유교와 동아시아 근대화 : 비판적 성찰)'(2017, 폴그레이브 맥밀런) 시집 '너무 순한 아이', '시니시즘을 위하여' 단편소설 '슬픈 코미디'(2006), '물고기가 사라진 텅 빈 어항'(2007) 중편소설 '광기의 색조'(2005), '유산과 상속의 이름'(2007) (역)'경제사회학' '인간불행의 사회학' 'the Koreans : Their Mind and Behavior(김재은 원저)' (종)기독교

### 김경락(金敬洛) KIM Kyoungrak

(생)1973 · 4 · 26 (출)서울 (주)서울특별시 성북구 화랑로32길 76 한화제약(주) 비서실(02-940-0203) (학)1991년 대일외고졸 1999년 서울대 화학과졸 2001년 同대학원 유기화학과졸 2002년 영국 엑스터대 대학원 재무마케팅학과졸 (경)2002년 Servier Lab.Ltd. 입사(마케팅제반 담당) 2003년 사노피아벤티스코리아 입사(영업담당) 2005년 한화제약(주) 마케팅 · 생산 · 경영지원담당 임원 2009년 同대표이사 사장(현) 2009년 양지화학(주) 대표이사 사장 겸임(현) 2009년 (주)네추럴라이프 대표이사 사장 겸임(현) 2017년 同아시아 대표이사 사장 겸임(현)

### 김경란(金炅蘭 · 女) KIM Kyung Ran

(생)1969 · 2 · 22 (출)경남 마산 (주)대전광역시 서구 둔산중로 69 특허법원(042-480-1400) (학)1986년 마산여고졸 1990년 서울대 법대졸 (경)1991년 사법시험 합격(33회) 1994년 사법연수원 수료(23기) 1994년 서울민사지법 판사 1996년 서울지법 남부지원 판사 1998년 창원지법 판사 1999년 同함안 · 의령군법원 판사 2000년 창원지법 판사 2003년 서울지법 동부지원 판사 2005년 서울고법 판사 2007년 대법원 재판연구관 2009년 춘천지법 강릉지원 부장판사 2011년 수원지법 부장판사 2013년 서울행정법원 부장판사 2016년 서울동부지법 부장판사 2018년 특허법원 수석부장판사(현)

### 김경래(金景來) KIM Gyurng Rae (惠岩)

(생)1928·4·3 (본)김해(金海) (출)경남 (주)서울특별시 마포구 양화진길 46 100주년선교기념관 1층 한국기독교100주년기념재단(02-332-4155) (학)1946년 진주사범학교졸 1966년 연세대 경영대학원 수료 1984년 서울대 행정대학원 국가정책과정 수료, 명예 철학박사(햇불트리니티신학대학원대) (경)1952~1958년 세계일보·중앙일보 기자 1960~1971년 경향신문 정치부장·외신부장·편집부국장·출판국장·사업국장·구미특파원 1971년 同편집국장 1971년 사회통신연구회 회장 1975년 기독실업인회 상임부회장 1975년 문화방송·경향신문 기획실장 겸 연수실장 1977년 同정경연구소 사무국장 1978년 同정경연구소장 1980년 同이사 1981년 대한아이소프라스트 회장 1983년 (주)벽산 상임고문 1983년 한국기독교100주년기념사업협의회 사무총장 1989년 국민일보 이사 논설고문 1989~1999년 기독교보 주필 겸 편집국장 1989~1993년 기독교총연합회 사무총장 1992~1997년 다니엘학교 이사장 1993년 대한예수교장로회 부총회장 1995년 중국 연변·평양과학기술대 발전위원장 1995년 기독교윤리실천운동 재정위원장 1997년 한국기독교언론사연합 총재 2000년 한국기독교장묘문화개선협의회 공동의장 2000년 한국국제기드온협회 전국회장·국제이사 2006년 한국기독교100주년기념재단 상임이사(현) (상)문화공보부장관표창, 보건사회부장관표창, 대통령표창, 국민대상 자랑스런 언론인상(2006), 서울언론인클

럽 한길 언론인상(2014) (저)'애국가와 안익태' '기자가 가 본 미국' '의식구조개혁론' '한국기독교백주년총람' '동해물과 백두산이 마르고 닳도록' '청개구리들의 만찬' '세계전쟁사' '정보활용법' '하늘이냐 땅이냐' (역)'노스트라다무스의 대예언' (종)기독교

## 김경록(金敬錄) KIM Gyung Rok

(생)1962 · 12 · 9 (본)김해(金海) (출)경남 마산 (주)서울특별시 종로구 종로 33 그랑서울 미래에셋자산운용(주) 은퇴연구소(02-3774-6695) (학)1981년 마산고졸 1985년 서강대 경제학과졸 1990년 서울대 대학원 경제학과졸 2001년 경제학박사(서울대) (경)1990년 장기신용은행 근무 1992년 장은경제연구소 경제실장 1998년 국민은행 경제경영연구소 연구위원 1999년 한국채권연구원 연구위원 2000년 미래에셋투자신탁운용(주) 채권운용본부장 · 공동대표이사 2000년 기술신용보증기금 자금운용 자문위원 2002년 한국문예진흥위원회 자금운용 자문위원 2004년 미래에셋투자신탁운용(주) 최고운용책임자(상무보) 겸 대표이사 2005년 국민경제자문회의 전문위원 2006년 미래에셋자산운용(주) 채권CIO(상무) 2006년 同채권 · 금융공학운용부문 대표(전무) 2009년 미래에셋캐피탈(주) 대표이사 2010년 미래에셋자산운용(주) 경영관리부문 대표 2013년 同은퇴연구소장(사장)(현) 2016~2018년 한국주택금융공사 운영위원 (상)제1회 대한민국 증권대상(2004), 금융감독원 상품우수상(2004), 한국시니어산업 대상(2016), 한국연금학회 연금문화대상(2017) (저)'국채경매방식이 경매수입에 미치는 영향'(2004) '인구구조가 투자지도를 바꾼다'(2006) (역)'뮤추얼펀드산업 핸드북'(2008) '포트폴리오 성공운용'(2010) '1인 1기'(2016) (종)기독교

## 김경룡(金璟龍) KIM Kyung Ryong

(생)1950 · 6 · 18 (본)김해(金海) (출)경북 포항 (주)경기도 안산시 단원구 번영2로 58 시화공단 4라 201호 국일신동(주) 임원실(031-499-9192) (학)1975년 성균관대 법정대학 행정학과졸 (경)(주)삼호 근무, 한국전자부품공업(주) 경리부장 · 이사 · 상무이사 1999년 KEP전자(주) 상무이사 · 전무이사 2001~2002년 (주)고제 대표이사 2003년 (주)에스에스아이티 사장 2004년 (주)폴리사이트 대표이사 2005년 이구산업(주) 부사장 2010년 국일신동(주) 대표이사 2016년 同각자대표이사 2017년 同부회장(현) (종)불교

## 김경만(金京萬)

(생)1962·9·23 (주)서울특별시 영등포구 은행로 30 중소기업중앙회 경제정책본부(02-2124-3013) (학)1982년 광주 사레지오고졸, 한국외국어대 영어과졸 (경)1989년 중소기업중앙회 입사 2004년 同국제통상팀장 2007년 同비서실장 2009년 同국제통상실장 2010년 同중국한백추진팀장 2011년 同기획조정실장 2012년 同전북지역본부장 2014년 同통상정책실장 2014년 同정책개발2본부장 2014년 同정책개발1본부장 2015년 同경제정책본부장(상근이사) 2015년 同산업지원본부장(상근이사) 2016년 同경제정책본부장(상근이사) 2017년 국세청 국세행정개혁위원회 소통과혁신분과 위원(현) 2018년 중소기업중앙회 통상산업본부장(상근이사) 2019년 同경제정책본부장 겸 고용지원본부장(현)

## 김경모(金耕模)

(생)1964 · 6 · 28 (출)부산 (주)서울특별시 서대문구 연세로 50-1 연세대학교 언론홍보영상학부(02-2123-2971) (학)1983년 동인고졸 1990년 연세대 신문방송학과졸 1992년 同대학원 신문방송학과졸 1998년 언론학박사(미국 뉴욕주립대) (경)1998~1999년 연세대 전문연구원 1998년 건국대 · 연세대 · 한남대 · 한신대 강사 1998년 연세대 언론연구소 전문연구원 1999~2002년 부경대 신문방송학과 전임강사 · 조교수 2002~2015년 연세대 언론홍보영상학부 조교수 · 부교수 2007년 同언론홍보대학원 부원장 2007년 방송위원회 제18대 총선 선거방송심의위원 2015년 연세대 언론홍보영상학부 교수(현) 2016년 관훈클럽 편집위원 2018년 연세대 언론홍보대학원장(현) (상)International Communication Association Top Paper Award, 한국언론학회 봄철정기학술대회 최우수논문상(2018) (저)'사회과학 조사방법(共)'(2017, 나남) '기사의 품질(한국 일간지와 해외 유력지 비교연구)(共)'(2018, 이화여자대학교출판문화원)

## 김경목(金庚睦) Kim Kyung Mok

(생)1961 · 2 · 20 (출)경남 의령 (주)서울특별시 강서구 공항대로 475 한국임업진흥원 상임이사실(1600-3248) (학)1979년 의령고졸 2001년 한남대 대학원 행정학과졸 2012년 산림학박사(충북대) (경)1980~2002년 산림청 사유림정책과 근무 2002~2007년 同휴양정책과 근무 2007~2010년 同도시숲정책과 근무 2010년 同부여국유림관리소장 2012년 同국유림정책과 2013년 同법무감사담당관실 감사팀장 2015년 同산림복지시설사업단 시설과장 2017년 同산림복지국 산림교육치유과장 2019년 중부지방산림청장 2019년 한국임업진흥원 상임이사(현)

## 김경묵(金耕默) KIM Kyoung Mook

(생)1959 · 5 · 9 (본)안동(安東) (출)충북 진천 (주)서울특별시 마포구 양화로 111 지은빌딩 3층 지디넷코리아 대표이사실(02-330-0100) (학)1978년 보성고졸 1983년 건국대 사학과졸 1985년 同대학원 서양사학과졸 2002년 한국과학기술원 정보미디어경영대학원 텔레콤미디어최고경영자과정 수료 2011년 정보경영학박사(호서대 벤처대학원) (경)1999년 전자신문 인터넷부장 2001년 同디지털경제부장 2002년 同기획심의부장 2002년 同경영기획실 기획담당 2002년 同경영기획실 기획담당(부국장대우) 2002년 同경영기획실장 직대 2003년 同경영기획실장 2004년 同편집국 IT산업부장(부국장대우) 2005년 同편집국 컴퓨터산업부장 2006년 同편집국 부국장 2007년 同고객서비스국장 2008년 同정보사업국장 2009년 同정보사업국장(이사대우) 2009년 지디넷코리아 편집국장(상무이사) 2010년 同신사업부문장 2011년 同미디어본부장(총괄전무이사) 2012년 同대표이사(현) (상)기자협회 이달의기자상(1999), 대통령표창(2006) (저)'이야기 세계사'(1985) '이야기러시아사'(1990) 'e비즈니스용어사전'(2000) '궁금해서 밤새 읽는 세계사(共)'(2016, 청아출판사) (종)기독교

## 김경묵(金慶默) KIM Gyeong Mook

(생)1962·3·1 (본)예안(禮安) (출)경북 의성 (주)서울특별시 도봉구 삼양로144길 33 덕성여자대학교 사회과학대학(02-901-8264) (학)1980년 영남고졸 1985년 연세대 경영학과졸 1987년 同대학원졸 1997년 경영학박사(연세대) (경)1987년 삼성생명 근무 1987~1988년 제3사관학교 특수전문요원 1988~1998년 한국신용평가(KIS) 책임연구원 1995년 同평가3실장 1996년 同평가총괄실장 1997~1998년 同평가2팀장 1998~2002년 관동대 경영학과 부교수 1998~1999년 同경영관광학부장 1999년 동촌경제연구소 연구위원 1999~2002년 관동대 경영학과 교수, 同경영학과장 2001년 한국인사조직학회 이사 2001년 한국지식경영학회 이사 2001년 한국전략경영학회 이사 2002~2010년 덕성여대 경상학부 경영학과 부교수 2002년 미국 세계인명사전 Marquis Who's Who in the World에 등재 2004년 덕성여대 경영학과장 2004년 문화산업연구소 상임연구위원 2005년 성과공유제확산추진본부 자문위원 2006년 덕성여대 시설관리처장 2007년 한국경영학회 이사 2007년 선진사회연구원 연구위원 2008년 동반성장공기업부문 평가위원장 2010년 서울지방노동위원회 심판위원 2010년 덕성여대 사회과학대학 경영학전공 교수(현) 2011~2014년 포스코 사랑받는기업연구포럼 위원 2012년 한국지식경영학회 부회장 2012년 산업통상자원부 성과공유제연

구회 회장 2013년 세계한류학회(WAHS) 등기이사(현) 2014년 중앙노동위원회 차별시정공익위원(현) 2014년 동반성장위원회 지수위원(현) 2014~2016년 한국인사관리학회 학술위원장 2015년 한국인사조직학회 부회장(현) 2015년 세계고용노동관계학회(ILERA) 부회장(현) 2016년 한국인사관리학회 상임이사(현) 2016년 덕성여대 평의회 위원(현) 2017년 한국경영학회 부회장 2018년 덕성여대 기획처장(현) 2019년 한국중소기업학회 회장(현) 2019년 중앙노동위원회 공익위원(현) (상)지식경영학회 최고논문상(2008) (저)'Transformative Organizations: Performance Drivers of Corporate Restructuring in Korea' 외 다수 (역)'경쟁론' '경쟁론Ⅱ' 외 다수 (종)기독교

## 김경문(金卿文) KIM Kyeong Mun

(생)1958 · 11 · 1 (출)인천 (주)서울특별시 강남구 강남대로 278 한국야구위원회(KBO)(02-3460-4600) (학)공주고졸 1982년 고려대졸 (경)1982년 프로야구 OB 베어스 입단 1990년 프로야구 태평양 돌핀스 입단 1991년 프로야구 OB 베어스 입단 1994~1996년 프로야구 삼성 라이온즈 코치 1998년 프로야구 OB 베어스 코치 1999년 프로야구 두산 베어스 코치 2004~2011년 同감독 2005 · 2007 · 2008 · 2016년 프로야구 한국시리즈 준우승 2008년 제29회 베이징올림픽 국가대표팀 감독(금메달 획득) 2008년 한국증권업협회 증권홍보대사 2009년 일구회(프로야구출신 야구인모임) 부회장 2011~2018년 프로야구 NC 다이노스 초대 감독 2016년 프로야구 정규리그 준우승 2018년 프로야구 NC 다이노스 고문(현) 2019년 야구 국가대표팀 감독(현) (상)제일화재 프로야구대상 프로감독상(2004), 중앙일보 선정 '스포츠지도자 파워랭킹' 1위(2008), 고려대 특별공로상(2009) (종)불교

## 김경미(金京美 · 女)

(생)1966·7·26 (주)제주특별자치도 제주시 문연로 13 제주특별자치도의회(064-741-1975) (학)신성여고졸, 한국방송통신대졸, 제주국제대 경영행정대학원 사회복지학과졸 (경)제주특별자치도지체장애인협회 제주여성장애인상담소장, 한국사회복지사협회 제주특별자치도사회복지사협회 부회장 2014년 제주특별자치도의회의원선거 출마(비례대표, 새정치민주연합) 2018년 제주특별자치도의회 의원(비례대표, 더불어민주당)(현) 2018년 同보건복지안전위원회 위원(현) 2019년 同예산결산특별위원회 위원(현)

## 김경민(金慶敏) KIM Kyung Min

(생)1954·6·29 (출)부산 (주)서울특별시 성동구 왕십리로 222 한양대학교 정치외교학과(02-2220-0828) (학)1974년 부산고졸 1982년 한양대 정치학과졸 1985년 미국 미주리대 대학원 정치학과졸 1989년 정치학박사(미국 미주리대) (경)1989~2001년 한양대 정치외교학과 조교수·부교수 1989~1998년 同국제협력처 제1부처장 1991~1992년 일본 동해대 객원연구원 1992~1993년 일본 릿교대 객원연구원 1993~1994년 일본 방위청 방위연구소 객원연구원 1994~1995년 독일 Friedrich Naumann 재단 객원연구원 1997~2004년 한국정치학회 이사 1998~1999년 일본 동해대 평화전략국제문제연구소 객원교수 1999~2004년 한국국제정치학회 이사 2001~2004년 한국북방학회 회장 2001~2019년 한양대 사회과학대학 정치외교학과 교수 2009~2010년 녹색성장위원회 위원 2010·2012년 국무총리산하 정부업무평가위원회 민간위원 2010년 서울신문 칼럼 '열린세상' 기고(현) 2014년 산업통상자원부 원자력발전전문위원회 위원장(현) 2014~2017년 한국동서발전(주) 사외이사 2015~2017년 한국방송공사(KBS) 이사 2019년 한양대 사회과학대학 정치외교학과 특훈교수(현) (상)우수저술학술상(1996), 한국과학기자협회 과학과사회소통상(2010), 대한민국 과학문화상 문화창달부문(2011), 한국항공우주연구원 우주과학소통상(2014), 한국원자력학회 원자력과사회소통상(2014) (저)'일본이 일어선다'(1995) '해양력과 국가경제'(1996) '세계화, 지방화 그리고 민주화'(1996) '다시 일어나는 군사대국 일본'(1996) '신 해양질서와 해군의 진로'(1997) '일본인도 모르는 일본'(1998) '일본 원자력 정책 방향에 관한 연구'(2001) '미국 부시행정부의 핵에너지 정책과 핵안보전망'(2001) '자위대 어디까지 가나'(2003) '동북아 평화의 꿈'(2017, 새로운사람들) (역)'현대정치학'(1994)

## 김경배(金景培) KIM Kyung Bai (韶荷)

(생)1940·12·9 (본)김해(金海) (출)서울 (주)서울특별시 종로구 수표로28길 7 양지빌딩 월하문화재단(02-764-1778) (학)1961년 국립국악고졸 1969년 서울대 음악대학 국악과졸 1985년 건국대 교육대학원졸 1989년 성균관대 대학원 예술철학 박사과정 수료 (경)1961년 국립국악원 연구원 1974~1986년 추계예술대·한양대·이화여대 강사 1995년 월하문화재단 이사장(현) 1995년 대구시 문화재위원 1996년 경북도 문화재위원 1998년 국가무형문화재 제30호 가곡 예능보유자 지정(현) 1998년까지 개인발표회 수회 2000~2006년 경북대 예술대학 국악과 교수 2006년 同명예교수(현) (상)공보부주최 전국예술콩쿨대회 국악 성악부 전부분 수석(1962), KBS국악대상(2회), 문화공보부장관표창(2회), 홍조근정훈장(2006) (저)'歌樂選'(1994) '時調唱譜'(1998) '가사보'(2001) '가곡보'(2003) '歌樂選Ⅱ' (작)'국립국악원 중요문화재 정기공연 개인독창회'(1982) '서울대 국악과 창설 30주년 기념연주회 독창'(1989) '조선일보 주최 제13회 국악대공연 독창'(1994) '김경배 정기독창회'(1995) '중요무형문화재 무대종목 대제전'(1998) '시조창 전종목 취입'(2015), 음반 '고려대민족문화연구원 남창가곡전곡'(1986) '신나라뮤직 소하가곡'(2005) '신나라뮤직 김경배 12가사 전곡'(2011) (종)불교

## 김경배(金京培) KIM Kyung-Bae

(생)1964 · 9 · 30 (출)서울 (주)경상남도 창원시 성산구 정동로 153 현대위아(주) 임원실(055-280-9114) (학)1983년 성남서고졸 1990년 연세대 경영학과졸 (경)1990년 현대정공(주) 입사 1992년 현대건설(주) 근무 1998년 현대그룹 명예회장비서실 차장 2000년 현대자동차(주) 미주법인 CFO(부장) 2003년 글로비스(주) 아메리카 CFO(이사대우) 2006년 현대모비스(주) 기획실장, 同인사총무실장(이사) 2007년 현대자동차그룹 비서실장(상무) 2008년 同글로벌전략실장(전무) 2009년 글로비스(주) 대표이사 부사장 2010년 현대글로비스(주) 대표이사 부사장 2013년 同대표이사 사장 겸 이사회 의장 2018년 현대위아(주) 대표이사 사장(현) (상)은탑산업훈장(2014)

## 김경범(金京範) KIM Kyung Bum

(생)1957 · 9 · 2 (출)경남 (주)인천광역시 서구 백범로 789 동부인천스틸 공장장실(032-570-4114) (학)1976년 부산고졸 1985년 서울대 금속공학과졸 (경)1985년 동부제강(주) 입사 2002년 同기술본부 고객서비스팀장 2004년 同인천공장 표면처리강판팀장(부장) 2006년 同인천공장 표면처리강판팀장(상무) 2006~2007년 同아산만공장 부공장장(상무) 2008년 동부제철(주) 인천공장장(상무) 2009년 同인천공장 기술기획팀장 2010년 同인천공장 고객서비스팀장 2011년 同아산공장 기술기획담당 상무 2012년 同아산공장 품질경영담당 상무 2015년 동부인천스틸(주) 인천공장장(상무)(현)

## 김경서(金景瑞) Gunso Kim

(생)1969 · 5 · 15 (본)안동(安東) (출)경북 영양 (주)서울특별시 용산구 독서당로 97 다음소프트 이사장실(02-565-0531) (학)1987년 대구고졸 1991년 연세대 전산과학과졸 1993년 同대학원 전산과학과졸 2010년 공학박사(연세대) (경)1997~2000년 (주)다음커뮤니케이션 책임연구원 2001~2012년 (주)다음소프트 대표이사 2013~2015년 서울시 정보기획단장

2013~2015년 World eGovernment of Cities and Local Governments(WeGO) 사무국장 2015년 미국 캘리포니아대 버클리교 하스경영대학원 연구교수 2015년 (주)다음소프트 이사장(현) 2016년 Booja Technology 대표(현) 2016년 미국 스탠퍼드대 디자인연구센터 객원연구원 (상)한국IDG 올해의 CIO상(2013)

## 김경석(金京錫) KIM Kyung Seok

(생)1960·7·2 (출)광주 (주)광주광역시 동구 동명로 101-1 광주지방변호사회관 법무법인 바른길(062-232-0050) (학)1979년 광주고졸 1983년 전남대 법학과졸 2007년 한양대 행정대학원 법학과졸 (경)1988년 사법시험 합격(30회) 1991년 사법연수원 수료(20기) 1991년 변호사 개업 1992년 청주지검 검사 1994년 전주지검 군산지청 검사 1996년 수원지검 검사 1998년 서울지검 검사 2000년 인천지검 검사 2002년 광주지검 검사 2003년 同부부장검사 2003년 서울지검 북부지청 부부장검사 2004년 법무연수원 기획부교수 2006년 법무부 인권과장 2006년 同인권국 구조지원과장 2008년 서울북부지검 형사3부장 2009년 광주지검 형사2부장 2009년 同형사1부장 2010년 수원지검 형사1부장 2011년 서울고검 검사 2012년 전주지검 군산지청장 2013년 대구지검 김천지청장 2014년 서울고검 검사 2014년 변호사 개업 2015년 광주지검 형사조정위원회 법률위원장(현) 2017년 법무법인 바른길 대표변호사(현)

## 김경석(金慶晳) Kyoung-Seok Kim

(생)1963·12·25 (출)충남 논산 (주)서울특별시 종로구 율곡로2길 25 연합뉴스 논설위원실(02-398-3114) (학)1982년 광주 송원고졸 1989년 서울대 독어독문학과졸, 한양대 언론정보대학원졸 (경)1989년 연합뉴스 입사 1990년 同사회부·외신부 기자 1991년 同체육부 기자 1993년 同외신부 기자 1996년 同독일특파원 1999년 同국제뉴스2부 차장대우 2000년 同정치부 차장대우 2002년 同국제뉴스2부 차장 2003년 同인터넷취재팀장 2004년 同증권부 차장 2004년 同정보과학부 차장 2006년 同정보과학부 부장대우 2006년 同금융부장 2008년 同베를린특파원 2011년 同국제뉴스2부 근무 2011년 同산업부장 2012년 同산업부장(부국장대우) 2013년 同편집국 경제담당 부국장 2014년 同마케팅국장 2015년 同논설위원 2015년 同정보사업국장 2018년 同편집총국장(편집국장·편집인 겸임) 2019년 同논설위원(현)

## 김경선(金景善)

(생)1960·2·21 (주)경기도 양주시 백석읍 꿈나무로 156 양주소방서(031-849-8212) (학)2007년 서울시립대 도시과학대학원 방재공학과졸 (경)1987년 과천소방서 최초 임용 1996년 내무부·행정자치부 소방국 상황실 근무 1999~2004년 소방방재청 중앙119구조대 행정·기술지원·첨단장비팀 근무 2004년 구리소방서 화재조사계장 2005년 남양주소방서 구조담당 2009년 의정부소방서 방호구조과장 2010년 경기도 제2소방재난본부 상황실장 2012년 포천소방서 소방행정과장 2013~2016년 경기도 북부소방재난본부 감찰팀장·기획예산팀장·행정팀장 2017년 同북부소방재난본부 특수대응단장(지방소방정) 2018년 경기 양주소방서장(현) (상)경기도지사표창(1992), 행정자치부장관표창(2002), 대통령표창(2013)

## 김경선(金京善) KIM Kyung Sun

(생)1964·10·1 (출)전북 부안 (주)서울특별시 구로구 디지털로 288 3층 한국DMB(주)(02-2082-2000) (학)1983년 호남고졸 1988년 광운대 전자공학과졸 1990년 중앙대 대학원 전자공학과졸 (경)1989~1995년 (주)일진기술 전문연구요원 1995~1999년 (주)나래이동통신 기술연구소 선임연구원 2005년 한국DMB(주) 대표이사(현) 2006년 (사)한국콘텐츠산업연합회 회장 2009년 한국무선인터넷산업연합회 초대회장 2009~2017년 (주)옴니텔 대표이사 2009~2011·2018년 지상파DMB특별위원회 위원장(현) 2009~2011년 (사)한국무선인터넷산업연합회(MOIBA) 회장 2017년 (주)옴니네트웍스 대표이사(현) (상)정보통신부 내경IT산업대상(2002), 정보통신부 온라인디지털콘텐츠 IR대상(2002), 벤처기업육성 국가산업발전 국무총리표창(2002), MIPCOM 2006 DMB부문 최우수상(2006), 한국방송비평회 2006 좋은 프로그램상(2006), 정보통신부 DMB부문 디지털콘텐츠대상(2007), MIPCOM 2007 Cross Media부문 우수상(2007), 디지털이노베이션대상(2008), 코리아모바일페스티벌 웹부문 대상(2013), 국민안전처장관표창(2016), 행정안전부장관표창(2017) (종)기독교

## 김경선(金京善·女) KIM Kyung Sun

(생)1969·4·28 (출)경북 영주 (주)세종특별자치시 한누리대로 422 고용노동부 기획조정실(044-202-7101) (학)1987년 경북 영주여고졸 1991년 서울대 영어영문학과졸 1995년 同행정대학원졸 2001년 한국방송통신대 법학과졸 2003년 미국 인디애나대 대학원 법학과졸 (경)행정고시 합격 1992~1995년 노동부 고용관리과·국제협력과 사무관 1996~1997년 공정거래위원회 국제업무2과 사무관, 노동부 임금복지과 사무관 2003~2004년 同고용정책실 고용관리과·노동시장기구과 서기관 2004년 대전지방노동청 관리과장, 대통령소속 고령화 및 미래사회위원회 파견(서기관), 노동부 고용서비스혁신단 고용평등정책관실 여성고용팀장 2008년 同노사협력정책국 노동조합과장 2009년 同노사협력정책국 노사관계법제과장(부이사관) 2010년 고용노동부 노사정책실 노사관계법제과장 2010년 同노사정책실 노사협력정책과장 2012년 同대변인 2013년 해외 파견(고위공무원) 2014년 서울지방노동위원회 상임위원 2016년 고용노동부 고용정책실 노동시장정책관 2017년 同청년여성고용정책관 2017년 同고령사회인력정책관 2018년 同근로기준정책관(현) 2019년 同기획조정실장(현)

## 김경섭(金庚燮) KENNETH Kyoung Sup GIMM (水康)

(생)1940·6·10 (본)김녕(金寧) (출)전남 고흥 (주)서울특별시 서초구 반포대로 34 로얄빌딩 6층 한국리더십센터 회장실(02-2106-4010) (학)1965년 한양대 공대졸 1968년 미국 펜실베이니아대 대학원졸 1976년 공학박사(미국 펜실베이니아대) (경)미국 김컨설턴트사 설립, (주)김영사 대표이사 1994년 한국리더십센터 설립·회장(현) 2001년 한국성과향상센터 대표이사(현) 2003년 국제코치협회 한국지회장 2003년 한국코치협회 회장 2009년 한국코칭센터 대표이사 2014년 ALG(Asia Leadership Group) 이사장(현) 2018년 국제교육코치컨설턴트연맹(IECCF) 이사장(현) (저)'프로페셔널 코치되기'(2004) '자녀교육의 원칙'(2005) '꿈과 끼를 펼쳐라 밤하늘에 수많은 별처럼(共)'(2014) (역)'뉴리더의 조건' '성공하는 사람들의 7가지 습관' '소중한 것을 먼저 하라' '카리스마는 죽었다' '미래의 리더' '성공하는 가족들의 7가지 습관' '원칙중심의 리더십' '밥 파이크의 창의적 교수법' (종)기독교

## 김경섭(金敬燮) KIM Kyung Sup

(생)1948·6·18 (출)전북 고창 (주)서울특별시 중구 소월로 10 단암빌딩 10층 신용협동조합중앙회 임원실(02-590-5607) (학)1966년 전주고졸 1972년 서울대 외교학과졸 1974년 同행정대학원졸 1982년 미국 하버드대 대학원 행정학과졸 1990년 행정학박사(한국외국어대) (경)1973년 행정고시 합격(14회) 1985년 경제기획원 경제기획국 지역투자계획과장 1987년 세계은행 파견 1990년 공정거래위원회 독점관리국 기업관리과장 1993년 경제기획원 심사평가국 심사평가총괄과장 1995년 국무총리실 세계화추진기획단 심의관 1998년 국무조정실 재경금융심의관 1998년 예산청 사회예산국장 1999년 기획예산처 예산총괄심의관 2000년 同정부개혁실장 2003년 조달청장 2003~2007년 감사

원 감사위원 2008년 하나금융지주 사외이사 겸 감사위원 2008년 전북발전연구원 초빙연구위원 2010년 한국무역보험공사 비상임이사 2012~2014년 전북발전연구원 원장 2016년 신용협동조합중앙회 신용공제사업 대표이사(현) (상)홍조근정훈장(1999), 황조근정훈장(2003), 제1회 유엔 공공서비스상(2003) (종)기독교

### 김경섭(金敬燮)

(생)1961·10·6 (출)전북 부안 (주)전라북도 전주시 덕진구 벚꽃로 54 전북도민일보 편집국(063-259-2170) (학)1981년 전북 백산고졸 1989년 원광대 국어국문학과졸 (경)1990년 전북도민일보 편집국 사회부 차장대우 2000년 同문화교육부 차장 2001년 同경제부 차장 2002년 同정치부 차장 2004년 同정치부 부장대우 2007년 同사회부장 직대 2007년 同문화교육부장 2008년 同사회부장 2015년 同정치부장 2016년 同제2사회부장 2018년 同정치행정부장 2019년 同편집국장(현)

### 김경성(金慶成) Kyung-Sung Kim

(생)1956·1·5 (본)김해(金海) (출)서울 (주)서울특별시 서초구 서초중앙로 96 서울교육대학교 총장실(02-3475-2200) (학)1974년 양정고졸 1981년 고려대 교육학과졸 1984년 미국 캘리포니아대 로스앤젤레스교(UCLA) 대학원졸(M.A.) 1990년 교육학박사(미국 캘리포니아대 로스앤젤레스교) (경)1992년 서울교대 초등교육과 교수(현) 2007년 同대학발전기획단장 겸 산학협력단장 2009년 同교무처장 2014년 교육부 대학수학능력시험개선위원회 위원 2015년 서울교대 총장(현)

### 김경수(金慶洙) KIM Kyung Soo

(생)1953·10·25 (출)서울 (주)서울특별시 종로구 성균관로 25-2 성균관대학교 경제학과(02-760-0949) (학)1978년 서울대 경제학과졸 1984년 경제학박사(미국 펜실베이니아대) (경)1984년 미국 툴레인대 경제학과 조교수 1988~2019년 성균관대 경제학과 교수 2002년 한국선물학회 부회장 2002~2003년 성균관대 기획조정처장, 同경제연구소장 2007~2011년 한국은행 금융경제연구원장 2011~2013년 대통령직속 규제개혁위원회 위원 2012~2013년 한국금융학회 회장 2014~2019년 삼성증권(주) 사외이사 2016년 KDB산업은행 KDB혁신위원회 초대위원장 2018~2019년 한국경제학회 회장 2017년 국무총리자문 국민안전안심위원회 위원(현) 2019년 성균관대 경제학과 명예교수(현) (저)'거시경제학' '개방화시대의 국제금융론'

### 김경수(金敬洙) KIM Kyong Su

(생)1956·12·6 (주)광주광역시 동구 필문대로 309 조선대학교 식품영양학과(062-230-7724) (학)1986년 독일 뷔르츠부르크대 식품화학과졸 1988년 同대학원 식품화학과졸 1992년 식품화학박사(독일 뷔르츠부르크대) (경)1991~1992년 독일 국립보건원 식품분석 연구원 1993년 조선대 자연과학대학 식품영양학과 교수(현) 2000~2003년 국립농산물품질관리원 농산물안전성 자문교수 2006~2008년 농림수산식품부 축산물위생심의위원회 심의위원 2008~2010년 보건복지부 건강기능식품 심의위원회 심의위원 2012년 식품의약품안전처 식품위생심의위원회 유해오염분과위원장·정책자문위원회 자문위원 2013~2014년 국무총리실 식품안전정책위원회 민간정책위원 2014년 한국농어촌공사 어촌·수산광역거버넌스위원회 위원(현) 2015년 한국식품저장유통학회 회장 2016년 同이사(현) 2017년 대검찰청 검찰수사 심의위원(현) 2018년 식품의약품안전처 국민청원안전검사 심의위원(현) (상)한국식품영양과학회 Foss 학술상(2001), 농림수산식품부장관표창(2012), 농림축산식품과학기술대상 대통령표창(2014) (저)'식품영양과 건강(共)'(2000) '신물질 분리 및 구조분석(共)'(2002) '최신 식품위생학(共)'(2004)

### 김경수(金京洙) KIM Kyong Soo

(생)1958·9·8 (출)전북 익산 (주)경기도 하남시 하남유니온로 120 6층 주차빌딩 하남도시공사(031-790-9500) (학)1975년 남성고졸 1982년 부산대 경제학과졸 1990년 일본 히토쓰바시대 대학원 정책과학과졸 1999년 同대학원 경제학 박사과정 수료 2014년 명예 경제학박사(순천향대) (경)1982년 행정고시 합격(25회) 1982년 총무처 제2행정조정관실 사무관 1982년 상공부 아중동통상과·아중동대양주통상과·무역정책과·산업정책과 사무관 1995년 同산업정책과 서기관 1995년 일본 통상성 파견 1998년 대통령비서실 행정관 1999년 월드컵조직위원회 파견 2000년 산업자원부 산업정책과장 2000년 同반도체전기과장 2003년 同균형발전정책팀장 2003년 同균형발전정책담당관 2004년 국가균형발전위원회 파견 2005년 국방대 파견 2006년 산업자원부 홍보관리관 2007년 駐일본 참사관 2010년 지식경제부 지역경제정책관 2011~2012년 무역위원회 상임위원 2012~2013년 한국산업단지공단 이사장 2013~2017년 한국디스플레이산업협회 상근부회장 2017년 전북대 석좌교수(현) 2018년 하남도시공사 사장(현) (상)근정포장(2002) (저)'기술중심의 산업발전 전략'(1993) '일본산업의 구조혁신과 시사점'(1997) '중소기업 강국으로 가는 길'(2013) '산업전쟁 5(共)'(2016)

### 김경수(金敬洙) KIM Kyong Soo

(생)1960·6·20 (본)김해(金海) (출)경남 진주 (주)서울특별시 강남구 테헤란로 521 파르나스타워 38층 법무법인 율촌(02-528-5200) (학)1979년 진주고졸 1985년 연세대 법대졸 2001년 同대학원 법학과 수료 (경)1985년 사법시험 합격(27회) 1988년 사법연수원 수료(17기) 1988년 춘천지검 검사 1990년 대전지검 천안지청 검사 1991년 서울지검 북부지청 검사 1994년 부산지검 검사 1996년 서울지검 검사 1996년 독일 연방법무부 연수 1999년 수원지검 검사(한국형사정책연구원 파견) 2000년 대전고검 검사(한국형사정책연구원 파견) 2000년 창원지검 거창지청장 2001년 서울지검 부부장검사 2003년 법무부 검찰3과장 2004년 서울서부지검 형사5부장 2005년 서울중앙지검 특수2부장 2007년 대검찰청 홍보기획관 2008년 수원지검 2차장검사 2009년 인천지검 1차장검사 2009년 부산지검 1차장검사 2010년 同검사장 직대 2010년 서울고검 형사부장 2011년 同차장검사 2012년 전주지검장 2012년 대검찰청 중앙수사부장 2013년 대전고검장 2013년 부산고검장 2015년 대구고검장 2016년 변호사 개업 2017년 S&T홀딩스 사외이사(현) 2017년 (주)만도 사외이사(현) 2018~2019년 연합뉴스 수용자권익위원회 위원 2019년 법무법인 율촌 변호사(현) (상)검찰총장표창(1991·1995), 법무부장관표창(2000), 연세대총동문회 '연세를 빛낸 동문상'(2014), 황조근정훈장(2015) (종)기독교

### 김경수(金炅秀) KIM Kyoung Soo

(생)1964·3·15 (본)일선(一善) (출)서울 (주)경기도 남양주시 경강로 27 (주)씨트리(031-557-0001) (학)1986년 경희대 화학과졸 1988년 한국과학기술원(KAIST) 화학과졸 1990년 화학박사(한국과학기술원) (경)1990~1995년 한국화학연구원 선임연구원 1990년 대한화학회 종신회원(현) 1995~1998년 한미약품공업(주) 기획조정실장·중앙연구소 수석연구원 1998~2000년 (주)씨트리 연구소장(전무이사) 2002~2010년 (주)카이로제닉스 대표이사 2005~2010년 중소기업중앙회 벤처기업위원회 위원 2005~2014년 미국 화학회 정회원 2005년 국제인명센터(IBC) 명예이사장 2005년 미국인명연구소연구협회(ABIRA) 부총재 2006년 국제인명센터(IBC) 종신 부이사장 2007년 수원대 생명과학과 초빙강사 2007~2008년 동북아포럼 경제기업단 자문위원 2008~2013년 제약산업기술거래센터 기술거래위원회 위원 2008~2012년 경기제약산업클러스터협의회 운영위원 2010~2013년 셀트리온화학연구소(주) 대표이사 2011~2012년 경기제약산업

클러스터협의회 회장 2011~2012년 산업혁신클러스터협의회연합회 부회장 2011~2012년 한국과학기술정보연구원 경기지역과학기술정보협의회 자문위원 2013년 (주)씨트리 고문(현) 2013년 대한문학회 이사(현) (상)한국화학연구원장표창(1993), 씨트리대상(2001), 우수벤처기업인상(2005), 미국 영예의 메달(2005), IBC 평생공로상(2005), 2005년 세계성취상(2006), 과학기술유공자 대통령표창(2006), 대한민국창업대전 대통령표창(2006), 중소기업부문 올해의 신지식인(2006), 중소기업청장표창(2006), 창업성공실패사례 공모전 대상(2009), 대한문학 신인문학상(2012), 대한민국을 이끄는 혁신리더 문화예술부문 대상(2015), 제4회 대한민국국제포토페스티벌 우수작가상(2017), Honorable Mention, International Photographer of the Year(2017), 갤러리나우 작가상(NoW Advance Exhibition)(2019) (저)'Activation of Superoxide; Organic Synthesis Using Peroxysulfur Intemediate'(1990) '별이 빛나는 밤'(2015) '꼭두각시 사진집'(2017) '아바타 사진집'(2019) (작)'낯선 일상의 시선'(2013, 갤러리이즈) '쑹좡아트전'(2014, 중국 갤러리갤럭시) '제3회 대한민국 사진축전'(2014, 코엑스) '대한민국 국제포토페스티벌 2014'(2014, 한가람디자인미술관) '광화문 르네상스전'(2015, 조선일보미술관) '별이 빛나는 밤'(2015, 가나아트스페이스) 'Photo & Art Composition'(2015, 한벽원미술관) '핑야오국제사진축전-한국현대사진가 7인7색 특별전'(2015, 중국 핑야오고성) '빛 그리고 색의 울림'(2016, 한벽원미술관) '동강국제사진제 Growing Up IV'(2016, 영월문화예술회관) '디 파밀리아'(2017, 경인미술관) '꼭두각시'(2017, 갤러리 이즈) '사진의 반란-대한민국국제포토페스티벌'(2017, 한가람디자인미술관) 'ART MORA OPENCALL EXHIBITION'(2017, 미국 ART MORA NJ) '제4회 현대사진공모 선정작품전'(2017, 갤러리 인덱스) '제7회 여수국제아트페스티벌- 통'(2017, 엑스포아트갤러리) '꿈과 마주치다'(2018, 갤러리 일호) '선의 판타지'(2018, 경인미술관) '2018 피렌체국제사진전'(2018, 이탈리아 Galleria Mentana) '2018 아시아프'(2018, 동대문디자인플라자) '18회 핑야오국제사진축전'(2018, 중국 핑야오고성) '제3회 PASA FESTIVAL 젊은 시각'(2018, 수원미술전시관) '몽테 소사이어티: 오늘을 그리다'(2018, 백학미술관) '제3회 중국연변국제사진문화제'(2018, 중국 연변정부청사) '아바타'(2019, 갤러리 나우) '기억의 향기'(2019, 인사아트센터)

### 김경수(金敬洙) Kim, Kyoung Soo

(생)1965·2·26 (출)인천 (주)경기도 성남시 분당구 판교로 323 앤씨앤(02-3460-4700) (학)1984년 인천 송도고졸 1990년 서강대 전자공학과졸 2005년 서울대 IT벤처산업과정 수료 (경)1990~1992년 대우통신 수출부 근무 1992~1995년 케이코스모 이사 1997~2018년 (주)넥스트칩 대표이사 2016년 벤처기업협회 이사(현) 2017년 코스닥협회 감사(현) 2019년 앤씨앤 대표이사(현) (상)대통령표창(2017)

### 김경수(金慶洙) Kim, Koung Soo

(생)1967·12·1 (출)경남 고성 (주)경상남도 창원시 의창구 중앙대로 300 경상남도청 도지사실(055-211-2001) (학)1985년 진주 동명고졸 1992년 서울대 사회과학대학 인류학과졸 (경)1994년 신계륜·유선호·임채정 국회의원 보좌진 2002년 노무현 대통령후보 중앙선거대책위원회 전략기획팀 부국장 2002년 노무현 대통령 당선자 비서실 기획팀 비서 2003년 대통령 국정상황실·제1부속실 행정관 2007년 대통령 연설기획비서관 2008년 노무현 前대통령 공보담당비서관 2009년 봉하재단 사무국장 2011년 노무현재단 봉하사업본부장 2012년 제19대 국회의원선거 출마(김해시乙, 민주통합당) 2012년 민주통합당 문재인 대통령후보 중앙선거대책위원회 공보특보·수행팀장 2012년 민주당 김해시乙지역위원회 위원장 2013년 새정치민주연합 정책위원회 부의장 2014년 경남도지사선거 출마(새정치민주연합) 2014~2015년 새정치민주연합 김해시乙지역위원회 위원장 2015년 同경남도당 위원장 2015~2016년 더불어민주당 경남도당 위원장 2015~2018년 同김해시乙지역위원회 위원장 2016~2018년 제20대 국회의원(경남 김해시乙, 더불어민주당) 2016년 더불어민주당 청년일자리TF 위원 2016~2017년 국회 산업통상자원위원회 위원 2017년 더불어민주당 제19대 문재인 대통령후보 중앙선거대책위원회 공보단 대변인 2017년 국정기획자문위원회 기획분과위원회 위원 2017~2018년 더불어민주당 협치담당 원내부대표 2017~2018년 국회 산업통상자원중소벤처기업위원회 위원 2017년 더불어민주당 정당발전위원회 위원 2017~2018년 국회 운영위원회 위원 2018년 더불어민주당 한국GM대책특별위원회 위원 2018년 경남도지사(더불어민주당)(현) 2018년 경남도체육회 회장(현) (상)국회 국정감사 우수국회의원대상(2016) (저)'대통령보고서'(2007) '봉하일기, 그곳에 가면 노무현이 있다(共)'(2012, 부키) '김경수의 새로운 도전, 사람이 있었네'(2014, 비타베아타)

### 김경수(金敬洙)

(생)1969·10·23 (주)강원도 춘천시 경춘로 2354 대일빌딩 5층 더불어민주당 강원도당(033-242-7300) (학)1988년 강릉고졸 1997년 관동대 환경공학과졸, 강릉원주대 경영정책과학대학원 행정학석사과정 재학 중 (경)(주)송정 대표이사(현), 강릉시번영회 부회장(현) 2013년 강원도체육회 이사 2014~2015년 새정치민주연합 강릉시지역위원회 위원장 2015년 同사무부총장 2015년 同조직본부 부본부장 2015년 同안보특별위원회 부위원장 2015년 더불어민주당 강릉시지역위원회 위원장(현) 2016년 제20대 국회의원선거 출마(강원 강릉시, 더불어민주당) 2017년 강원도 올림픽특별보좌관

### 김경수(金京秀) Kim Gyeongsu

(생)1970·6·2 (주)경기도 수원시 영통구 법조로 91 수원지방검찰청 총무과(031-5182-4546) (학)1989년 제일고졸 1997년 고려대 법학과졸 (경)1998년 사법시험 합격(40회) 2001년 사법연수원 수료(30기) 2001년 서울지검 북부지청 검사 2003년 창원지검 진주지청 검사 2004년 대구지검 검사 2006년 서울중앙지검 검사 2010년 법무부 범죄예방기획과 검사 2013년 울산지검 검사 2015년 서울남부지검 부부장검사 2016년 창원지검 특수부장 2017년 대전지검 공주지청장 2018년 수원지검 특수부장 2019년 수원지검 부부장검사(현) 2019년 금융부실책임조사본부 파견(현)

### 김경수(金倞秀) KIM Kyoung Soo

(생)1970·10·27 (출)경남 진주 (주)경상남도 창원시 성산구 창이대로689번길 4-5 법무법인 미래로(055-287-9889) (학)1989년 진주 대아고졸 1994년 서울대 법학과졸 (경)1995년 사법시험 합격(37회) 1998년 사법연수원 수료(27기) 1998년 軍법무관 2001년 수원지법 판사 2003년 서울지법 판사 2004년 서울중앙지법 판사 2005년 창원지법 진주지원 판사 2010년 서울고법 판사 2011년 대법원 재판연구관 2013년 창원지법 진주지원 부장판사 2015~2018년 창원지법 부장판사 2018년 법무법인 미래로 대표변호사(현)

### 김경수(金耿帥) KIM Kyeong Soo

(생)1972·11·24 (출)제주 (주)경기도 고양시 일산동구 장백로 209 의정부지방법원 고양지원 총무과(031-920-6112) (학)1991년 제주 오현고졸 1995년 한양대 법학과졸 1999년 同대학원졸 (경)1998년 사법시험 합격(40회) 2001년 사법연수원 수료(30기) 2001년 軍법무관 2004년 춘천지법 판사 2007년 인천지법 부천지원 판사 2011년 서울중앙지법 판사 2013년 의정부지법 고양지원 판사 2014년 사법연수원 교수 2017년 대구지법 안동지원·대구가정법원 안동지원 부장판사 2018년 의정부지법 고양지원 부장판사(현)

## 김경수(金暻守)

(생)1980 · 7 · 30 (주)경상남도 창원시 의창구 상남로 290 경상남도의회(055-211-7222) (학)창원대 경영대학원 경제학과졸 (경)2018년 경남도의회 의원(더불어민주당)(현) 2018년 同교육위원회 위원(현), 더불어민주당 김해乙지역위원회 청년위원회 부위원장(현), 同경남도당 청년위원회 운영위원(현), 민주평통 자문위원(현), 더불어민주당 김해시乙 19대 대선 청년특보

## 김경숙(金景淑 · 女) KIM Kyung Suk

(생)1956 · 1 · 14 (본)경주(慶州) (출)서울 (주)충청남도 공주시 공주대학로 56 공주대학교 사범대학 윤리교육과(041-850-8219) (학)1979년 고려대 정치외교학과졸 1982년 同대학원 정치외교학과졸 1991년 정치학박사(고려대) (경)1980년 고려대 아세아문제연구소 연구원 1981년 한국정신문화연구원 연구조사원 1982년 강원대 정치외교학과 강사 1982년 고려대 정치외교학과 · 행정학과 · 북한학과 강사 1983~2007년 공주대 국민윤리교육과 교수 1989~2000년 미국 스탠포드대 · 미국 캘리포니아대 로스앤젤레스교(UCLA) · 舊유고연방 루빌리아나대(Ljubliana) · 러시아 헤르젠대(Herzen) 객원교수 1993 · 2009년 민주평통 자문위원 1996~2007년 대전지법 공주지원 조정위원 1999 · 2004년 교육인적자원부 국가고시출제위원 1999~2005년 충남도 공직자윤리위원 2001~2004년 충남여성포럼 정치경제법률분과위원장 2002 · 2009~2010년 한국정치학회 부회장 2003년 안암정치학회 부회장 2003년 백제신문 컬럼니스트 2003 · 2005년 교육인적자원부 국가고시기획위원 2003~2005년 충남도 정책자문교수단 부단장 2004~2006년 同혁신분권연구단 기획조정분과위원장 2004~2006년 대통령소속 지방이양추진위원회 실무위원 2004~2005년 통일부 정책자문위원 2004년 여성신문 칼럼니스트 2004~2005년 충남도 여성발전복지기금심의위원장 2005~2006년 충남여성포럼 선임대표 2006~2007년 한국여성정치연맹 부총재 2007~2010년 충남여성정책개발원 원장 2007~2010년 충남어린이인성학습원 원장 2007년 교육인적자원부 국제교육원 운영심의위원 2008년 공주대 사범대학 윤리교육과 교수(현) 2008~2010년 교육과학기술부 국제교육원 운영심의위원 2008~2009년 여성부 정책자문위원 2008~2010년 충남도출산양육후원협의회 의장 2008년 대통령소속 지방분권촉진위원회 실무위원 2008~2011년 국회 외교통상통일위원회 정책자문위원 2009~2011년 한국세계지역학회 이사 2009~2011년 한국민족연구원 이사 2010년 한국국제정치학회 부회장 2011~2015년 한국민족연구원 이사(부원장) 2011~2018년 문화체육관광부 평가위원회 위원 · 문화예술분과 위원장 2014년 문화체육관광부 용역심사위원(현) (상)공주시교원단체연합회장표창(2001), 대전지법 공주지원장 감사장(2001), 여성부장관표창(2005) (저)'정치이데올로기'(共) '사회주의체제비교론'(共) '자유민주주의의 이해'(共) '현대정치학의 쟁점(共)'(1995) '새로운 정치학-Gender Politics(共)'(1997) '현대정치의 이해(共)'(2003) (종)천주교

## 김경순(金敬順 · 女) KIM Kyung Soon

(생)1951 · 7 · 29 (본)김해(金海) (출)경남 함양 (주)경상남도 창원시 성산구 공단로473번길 23 아메코(주) 대표이사실(055-268-7000) (학)1968년 광주여상졸 1997년 창신대학 일어학과졸 1998년 창원대 경영대학원 최고경영자과정 수료 (경)1978~2004년 (주)로얄통상 대표이사 1987년 아메코(주) 대표이사(현) 2004년 창원시여성경제인협회 회장 2013년 경남중소기업대상 수상기업협의회 부회장 (상)마산시장표창(1999), 경남무역인상 개인상(2000), 창원시 이달의 CEO상(2005), 경남중소기업대상 여성기업 우수상(2005), 산업포장(2006) (종)불교

## 김경식(金敬植) Kim kyung sik

(생)1960 · 11 · 13 (주)충청북도 청주시 청원구 대성로 298 청주대학교 예술학부 영화학과(043-229-8706) (학)1987년 청주대 예술대학 연극영화학과졸 1991년 일본 니혼대(日本大) 예술학부 예술연구소 영화전공 수료(2년) 1998년 청주대 일반대학원 연극영화학과졸 2013년 철학박사(서울기독대) (경)1988년 극영화 SF '스파크맨'으로 감독 데뷔(대원동화) 1998~1999년 청주대 연극영화학과 출강(영화워크샵) 1998~1999년 서일대학 연극영화과 초빙교수 2000년 청주대 영화학과 교수(현) 2011~2012년 충북문화예술교육센터 센터장 2011년 충북도 지방자치연수원 영상산업과정 강사(현), (사)한국영화인협회 충북지회장, (사)충북영상산업연구소 이사장(현) 2016~2019년 충북문화재단 대표이사 2016년 (사)한국광역문화재단연합회 부회장 2016~2018년 同회장 2018년 한국문화예술교육진흥원 이사(현) (상)한국청소년영화제 최우수상 및 촬영상(1984), 대한민국영상음반대상 각본상(1996), 경찰청장 감사장(1998), 대한민국영상음반대상 작품상 · 감독상(1999), 대한민국종교예술제 영화제 우수상(2003), 대한민국영상대상 우수상(2003), 청주시문화상 예술부문(2007), 현대충북예술상 영상부문(2009), 충북도민대상 문화체육부문(2014) (작)조감독 '저 하늘에도 슬픔이'(1984), MBC TV 베스트셀러극장 '알수없는 일들'(1985), KBS TV문학관 '냄새'(1986), '허튼소리'(1986) 감독 '스파크맨'(1988) 제작감독 다큐멘터리 'Healing Fields I '(2002), '꿈을 그리는 아이들'(2002), '남겨진 불씨'(2003), '아프가니스탄의 아이들'(2005), '나는 충북인이다'(2013), 영충호 시대(2014), '바세코의 아이들'(2014) 외 다수

## 김경식(金庚植) KIM Kyung Sik

(생)1966 · 12 · 4 (본)김해(金海) (출)서울 (주)서울특별시 영등포구 버드나루로 84 제일빌딩 6층 와우에스앤에프(주)(1599-0050) (학)1985년 경동고졸 1992년 연세대 경제학과졸 (경)2000년 한국경제TV 입사 2007년 同뉴스편집부 팀장 2011년 同경제팀장 2012년 同보도본부 뉴스편집팀장 2014년 同뉴미디어본부 와우넷팀장 2016년 同뉴미디어본부장 겸 와우넷팀장 2018년 와우에스앤에프(주) 대표이사(현)

## 김경식(金慶植)

(생)1971·5·26 (출)강원 영월 (주)강원도 춘천시 중앙로 1 강원도의회(033-256-8035) (학)한국방송통신대 법학과졸 (경)(주)동강시스타 임시대표이사, 민주평통 영월군협의회 간사, 영월중 운영위원장(현), 영월군축구협회 부회장(현) 2018년 강원도의회 의원(더불어민주당)(현) (상)지식경제부장관표창(2011)

## 김경영(金璟伶 · 女)

(생)1963 · 10 · 20 (주)경상남도 창원시 의창구 상남로 290 경상남도의회(055-211-7222) (학)창원대 영어영문학과졸 (경)한국웨스트전기노조위원장, 경남여성회 대표, 경남여성단체연합 상임대표, 경남도 도민행복위원회 성평등분과위원장(현), 더불어민주당 경남도당 부위원장(현) 2018년 경남도의회 의원(비례대표, 더불어민주당)(현) 2018년 同더불어민주당 원내부대표(현) 2018년 同문화복지위원회 위원(현)

## 김경영(金京英 · 女)

(생)1968·8·20 (주)서울특별시 중구 세종대로 125 서울특별시의회(02-3702-1400) (학)단국대 상경대학 회계학과졸 (경)더불어민주당 서울서초甲지역위원회 사무국장, 同정책위원회 부의장 2018년 서울시의회 의원(더불어민주당)(현) 2018년 同운영위원회 위원(현) 2018년 同환경수자원위원회 위원(현)

ㄱ

## 김경오(金璟梧·女) KIM Kyung O

(생)1929·5·28 (본)경주(慶州) (출)평북 강계 (주)서울특별시 중구 통일로 26 한일빌딩 702호 대한민국항공회(02-424-5933) (학)1950년 동덕여고졸 1962년 미국 노스캐롤라이나 길퍼드대졸 (경)1949년 공군 입대 1957년 예편(대위) 1959년 국제여류비행사협회 한국대표 1963~1984년 한국여성항공협회 회장 1971년 항공협회 수석부회장·대한민국항공회 부총재 1978년 국제항공연맹 한국측 수석대표 1982년 국제존타서울클럽 제1부회장 1984년 同회장 1985년 평통 상임위원 1988~1994년 한국여성단체협의회 회장 1988년 범서울올림픽추진위원회 부회장 1988~1994년 한민족체전위원회 이사 1994년 한국여성단체협의회 명예회장 1995~1996년 자민련 부총재 1995년 신한국도덕국민운동본부 수석부총재 1999~2007년 대한민국항공회 총재 1999년 민간항공엑스포조직위원회 위원장 2000년 국제항공연맹 COUNCIL회의 한국대표 2000년 2000청주항공엑스포조직위원회 위원장 2000년 제92차 국제항공연맹총회 한국대표 2000~2001년 제1·2회 대통령배 항공스포츠대회 대회장 2008년 대한민국항공회 명예회장(현) 2010년 극동지구 여성비행사기구 총재(현) 2015년 한국양성평등교육진흥원 초빙교수 2016년 공군전우회 부회장(현) (상)화랑무공훈장, 대통령기장, 과학기술상, 美·日항공협회메달, 세계우주항공교육기구훈장, 국제항공공로상, 동탑산업훈장, 에어골드메달(항공인의 최고영예상), 국민훈장 동백장(2013)

## 김경용(金京鏞) Kim, Kyoung-Yong

(생)1956·3·8 (출)충북 영동 (주)충청북도 괴산군 괴산읍 문무로 85 중원대학교 교양학부(043-830-8563) (학)1975년 중경고졸 1979년 육군사관학교졸(35기), 청주대 행정대학원졸 (경)1979년 15사단 수색대대 대위 1986년 내무부 행정사무관 시보 1986년 충북도 행정사무관 1987년 同기획관리실 법무담당관실 총무계장 1989년 同내무국 민원담당관실 총무계장 1990년 同기획관리실 확인평가계장 1994년 同건설도시국 도시계획과 지역계획계장 1995년 同기획관리실 기획계장 1997년 同공무원교육원 평가담당관 직대 1998년 同공업경제국 기업지원과장 2000년 同경제통상국 경제과장 2001년 同감사관 2004년 충북 괴산군 부군수 2006년 충북도 기획관 직대 2006년 同바이오산업추진단장 2006년 同기획관 2006년 同균형발전본부장 2008년 同균형발전국장 2009년 국방대 교육파견 2010년 충북도 경제통상국장 2012년 同행정국장 2012년 同혁신도시관리본부장 2012년 충북도의회 사무처장(고위공무원) 2014년 충북발전연구원 평생교육진흥원장(이사관) 2014년 중원대 교양학부 초빙교수(현)

## 김경용(金京龍) Kim Gyungyong

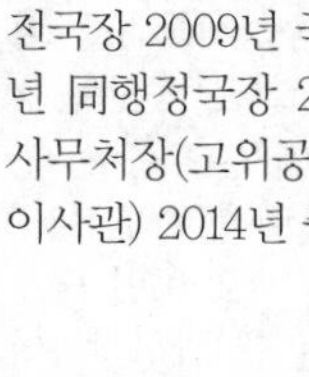

(생)1960·7·23 (본)경주(慶州) (출)경기 화성 (주)대전광역시 서구 청사로 189 통계청 행정자료관리과(042-481-3825) (학)1979년 남양종합고졸 1984년 한국항공대 항공관리학과졸 2010년 캐나다 브리티시컬럼비아대 경영대학원(Sauder School of Business) Certificate in Public Sector Management 과정 수료 (경)2010~2013년 통계청 통계정책국 품질관리과 사무관 2013~2014년 동북지방통계청 춘천사무소장 2014~2016년 통계청 통계정책국 품질관리과장 2016년 同통계개발원 통계분석실장 2018년 同통계데이터허브국 행정자료관리과장(현) (상)공보처장관표창(1995), 재정경제원장관표창(1996), 국무총리 모범공무원(2002), 근정포장(2016)

## 김경우(金耕宇) KIM Kyung Woo (海岩)

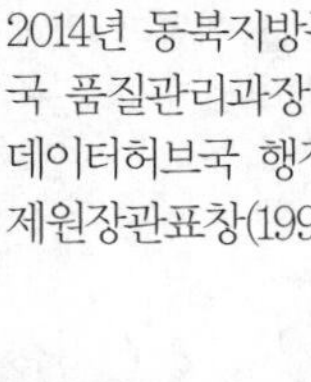

(생)1941·5·6 (본)경주(慶州) (출)서울 (주)경기도 성남시 분당구 정자일로 45 티맥스타워 (주)티맥스소프트(031-8018-1000) (학)1960년 경기고졸 1964년 서울대 법대 행정학과졸 1966년 同행정대학원졸 1981년 미국 테네시주립대 대학원 수료 (경)1970년 재무부 재경사무관 1976년 同기획예산담당관 1980년 대통령비서실 파견 1982년 재무부 국제금융과장 1983년 同외자정책과장 1984년 駐영국대사관 재무관 1988년 재무부 증권국장 1990년 同국고국장 1992년 아시아개발은행(ADB) 이사 1995년 관세청 차장 1997년 기술신용보증기금 이사장 1997년 선인장학재단 이사장 1998~2001년 평화은행장 2001년 시큐어넷 상임고문 2001년 선인장학재단 이사장(현) 2002년 한국CFO협회 초대회장 2004년 (주)티맥스소프트 회장, 同고문(현) 2011~2014년 한국자산관리공사(KAMCO) 자문위원장 2017년 「시조사랑」에 '외딴 섬'으로 등단·시조시인(현) 2017년 (사)한국시조협회 고문(현) (상)근정포장(1975), 아시아현대미술전(일본 도쿄) 국제공모전 입선(2회), 시조시인문학상(2017) (작)시조 '외딴 섬'(2017) (종)천주교

## 김경우(金曝佑) KIM Kyung Woo

(생)1962·8·4 (주)서울특별시 강남구 테헤란로 422 KT타워 롯데렌탈 경영기획본부(02-3404-9732) (학)1981년 인천 광성고졸 1987년 인하대 법학과졸 (경)1987~1992년 대한통운 인천지사 근무 1992년 同렌터카사업소 관리팀장 1994년 同관리팀장 1996년 同영업팀장 1999년 同렌터카지점소장 2005년 同렌터카사업팀장 2007년 同렌터카담당 근무 2008년 금호렌터카 제3영업담당 2011년 kt렌탈 제3영업본부장 2013년 同제2영업본부장 2014년 롯데렌탈 자산관리부문장(상무), 롯데오토케어 대표이사 겸임 2018년 롯데렌탈 경영기획본부장(상무)(현) 2019년 롯데오토케어 기타비상무이사(현)

## 김경우(金敬祐)

(생)1968·2·17 (출)대구 (주)부산광역시 강서구 명지국제7로 67 부산지방검찰청 서부지청 형사1부(051-520-4308) (학)1986년 영신고졸 1993년 고려대 법학과졸 (경)1998년 사법시험 합격(40회) 2001년 사법연수원 수료(30기) 2001년 인천지검 검사 2003년 대구지검 안동지청 검사 2004년 서울북부지검 검사 2007년 대구지검 서부지청 검사 2010년 부산지검 검사 2011년 보건복지부 기획조정실 법제점검단장(파견) 2013년 수원지검 검사 2015년 서울중앙지검 부부장검사 2016년 대구지검 포항지청 부장검사 2017년 전주지검 형사2부장 2018년 인천지검 부천지청 형사3부장 2019년 부산지검 서부지청 형사1부장(현)

## 김경우(金敬宇·女)

(생)1970·12·31 (주)서울특별시 중구 세종대로 125 서울특별시의회(02-3702-1400) (학)성균관대 임상약학대학원 보건사회약학 석사과정 재학중 (경)해뜨는약국 약사(현), 동작구약사회 회장, 민주평통 동작구협의회 수석부회장 2018년 서울시의회 의원(더불어민주당)(현) 2018년 同행정자치위원회 부위원장(현), 서울마약퇴치본부 이사(현) 2019년 서울시약사회 정책대외협력본부장(현) 2019년 서울시의회 예산결산특별위원회 위원(현) (상)한국소비자협회 대한민국소비자대상(2019)

## 김경우(金京旴) Kim, Kyoung Woo

(생)1972·10·9 (주)세종특별자치시 가름로 194 과학기술정보통신부 운영지원과(044-202-4144) (학)1991년 내성고졸 1998년 서울대 컴퓨터공학과졸 2001년 同대학원 전기컴퓨터공학부졸 2013년 영국 런던대 대학원 에너지자원경영학부 석사과정 수료 (경)2000년 기술고시 합격(36회) 2001~2008년 정보통신부 기술정책과·주파수정책과·정보보호산업과 사무관 2008~2013년 지식경제부 산업기술개발과 사무관·무역진흥과 서기관·지역경제총괄과 서기관 2013~2016년 미래창조과학부 융합기술과 서기관·중앙전파관리소 전파계획과장·평창ICT올림픽지원팀장 2016~2017년 同주파수정책과장 2017년 과학기술정보통신부 주파수정책과장 2018년 국제기구 파견(현)

## 김경욱(金景旭) KIM Kyung Wook

(생)1966·3·29 (출)경북 김천 (주)세종특별자치시 도움6로 11 국토교통부 제2차관실(044-201-3033) (학)1984년 충암고졸 1988년 서울대 경제학과졸 1990년 同대학원 행정학과졸 (경)1989년 행정고시 합격(33회) 1999년 건설교통부 기획담당관실 서기관 2003년 대통령비서실 정책프로세스개선팀 파견(서기관) 2005년 건설교통부 국토정책국 지역정책과장 2005년 同수도권계획과장 2006년 同수도권정책팀장 2006년 국외훈련(서기관) 2008년 국토해양부 기획조정실 기획담당관 2009년 同기획조정실 기획담당관(부이사관) 2010년 녹색성장위원회 녹색생활지속발전팀장(파견) 2012년 국토해양부 기획조정실 정책기획관 2013년 국토교통부 철도국장 2014~2015년 대통령 경제수석비서관실 국토교통비서관 2015년 국토교통부 건설정책국장 2016년 국립외교원 글로벌리더십과정 파견(고위공무원) 2017년 국토교통부 국토정책관 2017년 새만금개발청 차장 2018년 국토교통부 교통물류실장 2019년 同기획조정실장 2019년 同제2차관(현)

## 김경웅(金京雄) KIM Kyung Woong

(생)1953·12·10 (본)김해(金海) (출)서울 (주)서울특별시 영등포구 여의대방로67길 8 고려빌딩 701호 한반도통일연구원(02-761-0012) (학)1972년 선린상고졸 1976년 한양대 정치외교학과졸 1990년 同대학원졸 1994년 정치학박사(한양대) (경)1975년 한양대 대학신문사 편집국장 1977년 국토통일원 보좌관 1991년 통일연수원 교수 1993년 통일원 비서실장 1994년 통일부 대변인 1997년 同남북회담사무국 회담협력관 1999~2001년 통일교육원 교수 2000년 한국정치학회 상임이사 2000년 독일 베를린자유대 동아시아연구소 초빙교수 2001~2004년 통일부 남북회담사무국 상근회담대표 2004년 민간남북경제교류협의회 위원장(현) 2008년 국회 개성포럼자문위원회 위원장 2009년 세계정보연구원 원장 2013년 (사)한반도통일연구원 원장(현) (상)통일원장관표창, 국무총리표창, 대통령표창 (저)'정치교육론' '민주주의와 전체주의 전망' '사하로프-자유·민주화 과제' '북한정치사회화론' '신북한개론' '금강산 길라잡이' '김 박사의 통일여행기 : 길 위에서 다시 길을 만난다'

## 김경익(金京益) KIM Kyung Ik

(생)1967·9·5 (본)경주(慶州) (출)전북 익산 (주)경기도 성남시 분당구 대왕판교로644번길 49 (주)판도라TV 임원실(070-4484-7100) (학)1992년 경희대 기계공학과졸 1994년 同대학원 기계공학과졸 (경)대우고등기술연구원(IAE) 자동차연구실 근무 1996년 시작시스템즈 설립 1997년 대통령선거스크린세이버 제작 및 무료배포 1998년 금모으기스크린세이버 제작 및 무료배포 1999년 중소기업청 기술혁신개발사업 멀티미디어스크린세이버 제작툴 개발 1999년 (주)레떼컴 대표이사, 벤처기업인증 획득 2005~2011년 (주)판도라TV 대표이사 2011~2014년 同이사회 의장 2012~2013년 에브리온TV 대표 2014년 (주)판도라TV 대표이사(현) (상)LAE 특허왕(1996), 정보통신부장관표창(1998), 문화체육관광부장관표창(2017) (저)'신뢰의 마법(共)'(2014, 다산3.0) (종)천주교

## 김경일(金京一)

(생)1966·10·17 (주)경기도 수원시 팔달구 효원로 1 경기도의회(031-8008-7000) (학)건국대 사회과학대학 경영학과졸 (경)민주평통 자문위원 2017년 더불어민주당 제19대 문재인 대통령후보 경기파주시乙선거연락소장 2017년 同문재인 대통령후보 조직특보, 同경기파주시乙지역위원회 지방자치위원회 위원장 2018년 경기도의회 의원(더불어민주당)(현) 2018년 同건설교통위원회 위원(현) 2018년 同예산결산특별위원회 위원(현)

## 김경자(金景子·女) Kim, Kyung-Ja

(생)1963·4 (주)서울특별시 영등포구 은행로 38 한국수출입은행 임원실(02-3779-6114) (학)연세대 법학과졸 2006년 同공학대학원 환경공학과졸 (경)2003년 한국수출입은행 연불금융본부 부부장 2006년 同해외투자금융부 투자사업금융2팀장 2008년 同해외투자금융부 투자사업금융1팀장 2009년 同녹색성장금융부 신성장산업팀장 2010년 同선박금융부 선박금융2팀장 2012년 同국제협력실장 2012년 同글로벌협력부장 2014년 同미래산업금융부장 2016년 同수원지점장 2018년 同심사평가단장 2019년 同중소중견기업금융본부장(현)

## 김경자(金徑子·女) Kim Kyoung Ja

(생)1974·4·12 (주)전라남도 무안군 삼향읍 오룡길 1 전라남도의회(061-286-8200) (학)조선대병설공업전문대학 전자계산과졸 (경)한우리영농조합법인 대표이사(현), 민주평통 함평군협의회 여성분과위원회 위원장(현), (사)광주전남행복발전소 공동대표(현) 2018년 전남도의회 의원(비례대표, 더불어민주당)(현) 2018년 同청년발전특별위원회 위원(현) 2018년 同남북교류협력지원특별위원회 위원(현) 2018년 同한빛원전특별위원회 위원(현) 2018년 同교육위원회 위원(현) 2018년 同예산결산특별위원회 위원(현)

## 김경재(金京材)

(생)1959·11·19 (주)충청남도 태안군 태안읍 중앙로 285 한국서부발전(주) 기술본부(041-400-1004) (학)1977년 대헌공업고졸 1979년 경기공업전문학교 전기과졸 1998년 서울산업대 전기공학과졸 (경)1978년 한국전력공사 입사 2014년 한국서부발전(주) 평택발전본부장 2014년 同태안발전본부장 2016년 同평택발전본부장 2017년 同태안발전본부장 2018년 同기술본부장(현)

## 김경준(金京俊)

(생)1963 (주)서울특별시 영등포구 국제금융로 10 OneIFC빌딩 12층 딜로이트(02-6676-1000) (학)서울대 농경제학과졸, 同대학원 농경제학과졸 (경)쌍용투자증권 기업금융부·기업조사부 근무, 쌍용경제연구원 전략연구부·산업연구부 근무, 쌍용정보통신 전략기획실 근무, 딜로이트 투쉬 기업금융담당 2011~2016년 딜로이트컨설팅 대표이사 2016년 딜로이트 경영연구원장 겸 컨설팅부회장(현) (저)'소니는 왜 삼성전자와 손을 잡았나'(2005, 원앤원북스) '엄홍길의 휴먼리더십' '위대한 기업 로마에서 배운다'(2006, 원앤원북스) '대한민국 초우량기업7(共)'(2007, 원앤원북스) '김경준의 미래경영지식사전'(2007, 살림Biz) '기업의 미래를 바꾸는 모바일 빅뱅(共)'(2010, 원앤원북스) '위기를 지배하라-역사가 증명한 위기극복 전략'(2012, 위즈덤하우스) '마흔이라면 군주론: 시대를 뛰어넘는 세상과 인간에 대한 통찰'(2012, 위즈덤하우스) '통찰로 경영하라'(2014, 원앤원북스) '사장이라면 어떻게 일해야 하는가'(2015, 원앤원북스) '팀장이라면 어떻게 일해야 하는가'(2015, 원앤원북스) '직원이라면 어떻게 일해야 하는가'(2015, 원앤원북스)

## 김경준

(생)1965·2·1 (주)경기도 수원시 영통구 삼성로 129 삼성전자(주) 무선사업부 글로벌CS팀(031-200-1114) (학)1987년 한양대 전자통신공학과졸 2014년 同대학원 전자컴퓨터통신공학과졸 (경)1987년 삼성전자(주) 무선사업부 연구실 근무 1995년 同무선사업부 개발1그룹 책임연구위원 2007년 同무선사업부 Wibro개발그룹 수석연구위원 2008년 同무

선사업부 WiMAX개발그룹장 2015년 同무선사업부 개발2그룹장(전무) 2016년 同무선사업부 응용제품개발팀장 2017년 同무선사업부 글로벌CS팀장(부사장)(현)

**김경진(金慶鎭) KIM Kyung Jin**

(생)1941·12·8 (출)충남 홍성 (학)1968년 한양대 토목공학과졸 1972년 同산업대학원 산업공학과졸 1991년 공학박사(충남대) (경)1981~1991년 경희대 경영대학원 교수 1981년 부천시 정책자문위원 1982~2001년 한국가스안전공사 가스안전기술심의위원 1991~2017년 (재)한국건설안전기술원 이사장 1994~2001년 건설교통부 중앙건설심의위원, 同고속철도건설심의위원회 위원, 同중앙안전점검대책반 자문위원, 한국건설기술연구원 건설신기술 심사위원, 시설안전기술공단 기술자문위원, 국무총리 안전관리자문위원회 위원, 경기도 지방건설기술심의위원회 위원, 대전지방국토관리청 설계자문위원 1996~2000년 국무총리 행정심판위원 1999~2004년 건설안전관리연합회 회장 2001년 환경부 중앙환경분쟁조정위원, 한국건설안전기술사회 부회장·고문 2004년 건설안전관리연합회 명예회장 (상)건설교통부장관표창(1996), 산업포장(2003), 과학기술훈장 웅비장(2010)

**김경진(金敬眞) KIM Kyungjin**

(생)1952·1·1 (본)김해(金海) (주)대구광역시 달성군 현풍면 테크노중앙대로 333 대구경북과학기술원 뇌인지과학과(053-785-6144) (학)1970년 서울대사대부고졸 1975년 서울대 문리과대학 동물학과졸 1979년 同대학원 동물학과졸 1984년 이학박사(미국 일리노이대) (경)1977~1979년 연세대 의과대학 내분비연구실 연구조교 1979~1984년 문교부 국비유학생(생물학분야 제1회) 1979~1984년 미국 일리노이대 생리학 및 생물물리학과 강의 및 연구조교 1984~1985년 同생리학 및 생물물리학과 박사 후 연구원 1985~2000년 서울대 자연과학대학 분자생물학과 조교수·부교수·교수 1985년 미국 컬럼비아의과대 생화학과 박사 후 연구원 1986~1988년 한국동물학회 학술간사 1988년 미국 내분비학회 정회원 1988년 미국 신경과학회 정회원 1990~1992년 서울대 학생생활연구소 외국유학생지도부장 1990~1993년 한국생물과학협회 총무간사·학술간사 1990~1993년 한국분자생물학회 학술지 편집위원 1992~1993년 독일 괴팅겐의대 훔볼트 연구객원교수 1994~1998년 서울대 실험동물사육장 소장 1997~2007년 국제 Molecular Reproduction & Development 학술지 Associate Editor 1999~2000년 同자연과학대학 분자생물학과장 1999~2003년 同인지과학협동과정 겸임교수 2000~2003년 同뇌과학협동과정 주임교수 2000~2003년 한국과학기술연구원(KIST) 뇌신경생물학사업단 부단장 및 겸임교수 2000~2003년 한국분자세포생물학회지 Molecules & Cells 편집위원장 2000~2013년 과학기술부 국가지정연구실(NRL) 발생 및 신경내분비연구실 연구 책임자 2000~2015년 서울대 자연과학대학 생명과학부 교수 2000년 한국생명공학연구협의회 운영위원 2000~2003년 아시아·오세아니아비교내분비학회(AOSCE) 사무총장 2000~2003년 아시아태평양신경화학회(APSN) 이사 2001~2003년 국제신경내분비협회(INF) 한국측 이사 2003~2013년 과학기술부 21세기뇌프론티어연구개발사업단장 2006년 국제 Neuroendocrinology 학술지 편집위원(현) 2006년 국제 Prontiers in Neuroendocrinology 리뷰학술지 편집위원(현) 2006년 국제 Progress in Neurobiology 리뷰학술지 편집위원(현) 2006년 한국뇌협회 회장 2008년 한국분자세포생물학회 부회장 2009년 한국뇌신경과학회 회장 2010년 한국통합생물학회 회장 2013년 대한내분비학회 2014년 한국분자세포생물학회 회장 2015년 同대학원 뇌·인지과학전공 교수 2015년 대구경북과학기술원 대학원 뇌·인지과학전공 석좌교수(현) 2015~2018년 한국뇌연구원 원장 (상)과학기술우수논문상(1991), 독일 훔볼트 펠로우쉽(1992), 한국분자생물학회 목암생명과학상(1997), 대한민국학술원상 자연과학기초부문(2011), 한국통합생물학회 관정동물학상(2013), 최우수성과(생명해양분과) 미래창조과학부장관표창(2015), 한국분자세포생물학회 일천상(2016) (저)'척추동물의 비교해부학'(1990) '신경호르몬'(2000) (역)'생명과학 이야기'(2002)

**김경진(金京鎭) Kevin KIM**

(생)1957·9·1 (출)서울 (주)서울특별시 강남구 테헤란로 152 강남파이낸스센터 18층 델 EMC(02-2125-7000) (학)1981년 한국항공대 전자공학과졸 2008년 미국 스탠퍼드대 경영대학원 최고경영자과정 수료 (경)1981년 육군 학사장교 1기 임관(기갑) 1984년 현대전자 입사 1994년 실리콘그래픽스(SGI) 입사 1997년 同아시아태평양지역 비즈니스 개발이사 1999년 한국EMC(주) 입사 2001년 EMC 아시아태평양 및 일본지역 프로그램담당 총괄이사 2003년 한국EMC(주) 제조영업본부장 2003년 同대표이사 사장 2008년 미국 EMC Corporation Vice President 2010년 同수석부사장(Senior Vice President) 2016년 델테크놀로지스 본사 수석부사장 겸 델 EMC(Dell EMC) 한국엔터프라이즈 비즈니스총괄 사장(현) (상)한국경제신문 글로벌CEO대상(2006), 전자신문 올해의 인물(2010), 글로벌EMC 가장 신뢰받는 리더(2015) (종)천주교

**김경진(金京鎭) KIM Kyung Jin**

(생)1966·7·14 (본)청도(淸道) (출)전남 장성 (주)서울특별시 영등포구 의사당대로 1 국회 의원회관 634호(02-784-2601) (학)1983년 광주 금호고졸 1987년 고려대 법학과졸 1989년 同대학원 법학과 수료 2004년 중국 정법대학 연수 (경)1989년 사법시험 합격(31회) 1992년 사법연수원 수료(21기) 1992년 軍법무관 1995년 인천지검 검사 1997년 전주지검 군산지청 검사 1998년 광주지검 검사 2000년 대검찰청 검찰연구관 2001년 전주지검 검사 2003년 서울지검 검사 2004년 광주지검 부부장검사 2004년 광주고검 검사 2004년 해외 연수 2005년 대전지검 부부장검사 2006년 同천안지청 부장검사 2007~2008년 광주지검 형사3부장 2008년 법무법인 이인 대표변호사, 촛불인권연대 고문변호사 2008년 제18대 국회의원선거 출마(광주시 북구甲, 무소속) 2012년 제19대 국회의원선거 출마(광주시 북구甲, 무소속) 2014~2016년 김경진·윤우희합동법률사무소 변호사 2016년 제20대 국회의원(광주시 북구甲, 국민의당·민주평화당〈2018.2〉·무소속〈2019.9〉)(현) 2016~2018년 국민의당 광주시북구甲지역위원회 위원장 2016~2017년 국회 미래창조과학방송통신위원회 간사 2016~2017년 국회 '박근혜 정부의 최순실 등 민간인에 의한 국정농단 의혹 사건 진상규명을 위한 국정조사특별위원회' 간사 2017년 국민의당 수석대변인 2017년 同제19대 안철수 대통령후보 중앙선거대책본부 홍보본부장 2017~2018년 同법률담당 원내부대표 2017~2018년 국회 예산결산특별위원회 위원 2017~2018년 국회 과학기술정보방송통신위원회 간사 2017~2018년 국민의당 원내대변인 2017년 국회 운영위원회 위원 2018년 민주평화당 최고위원 2018년 同6.13지방선거대책위원회 상임위원장 2018~2019년 同광주시북구甲지역위원회 위원장 2018년 국회 과학기술정보방송통신위원회 위원(현) (상)전국 우수검사상(2000), 한국을 빛낸 사람들 대상 '국정감사최우수의원대상'(2017), 서울개인택시운송사업조합 감사패(2019), 2018년도 입법 및 정책개발 우수국회의원상(2019) (저)'문명1·2'(2011, 카데트출판사)

**김경진(金敬珍)**

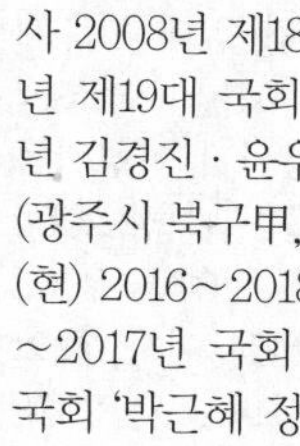

(생)1969·9·21 (출)부산 (주)부산광역시 연제구 법원로 31 부산지방법원 총무과(051-590-1507) (학)1988년 낙동고졸 1993년 서울대 사법학과졸 (경)2001년 사법시험 합격(43회) 2004년 사법연수원 수료(33기) 2004년 수원지법 예비판사 2006년 서울중앙지법 판사 2008년 부산지법 판사 2011년 수원지법 성남지원 판사 2014년 서울동부지법 판사 2017년 서울중앙지법 판사 2019년 부산지법 부장판사(현)

**김경창(金慶昌) KIM Kyung Chang**
(생)1964·10·18 (출)대구 (주)서울특별시 영등포구 국제금융로6길 26 리딩투자증권 임원실(1544-7004) (학)계성고졸, 연세대 경영학과졸, 同경영대학원졸 (경)1992년 하나은행 입행, 同주식운용팀장, 국은투신 주식운용팀장, 부국증권 IB사업본부 상무, 아인에셋투자자문 대표이사 2013년 코리아에셋증권 주식부문 대표 2013~2016년 현대자산운용 대표이사 2017년 리딩투자증권 경영관리부문 각자대표이사 2018년 同부회장(현)

**김경천(金敬天·女) Kim Kyung Cheon (都喜)**
(생)1941·12·16 (본)안동(安東) (출)전북 무주 (주)서울특별시 영등포구 의사당대로 1 대한민국헌정회(02-757-6612) (학)1960년 광주여고졸 1970년 전남대 철학과졸 1986년 同행정대학원졸 2000년 고려대 정책대학원 수료(27기) 2000년 同교육·문화·체육대학원 수료(10기) 2003년 명예 교육학박사(고신대) 2004년 고려대 대학원 정책학 박사과정 수료 (경)1962~1987년 광주YWCA 간사 1978년 유신헌법 긴급조치9호위반으로 투옥 1978년 국제사면위원회 회원·이사 1980년 광주5.18민주화운동관련 전국현상금지명수배·투옥 1987~2000년 광주YWCA 사무총장 1988년 同가정법률상담소장 1988년 同일하는여성의집 관장 1993년 민주평통 상임위원 1993~1994년 무등산보호단체협의회 공동의장 1993년 한국기독교장로회 광주한빛교회 장로(현) 1995~1998년 5.18기소촉구를위한대책위원회 공동의장 1996년 광주NCC 부회장 1996~2000년 광주시민단체협의회 공동의장 1998년 한국여성정치연맹 광주시연맹 고문 1998년 언론개혁광주시민연대 공동대표 1998년 제2의건국범국민추진위원회 위원 1999년 한국사회발전시민실천협의회 광주·전남지부 상임의장 2000~2004년 새천년민주당 광주東지구당 위원장 2000~2004년 제16대 국회의원(광주 東, 새천년민주당) 2000년 새천년민주당 제3정책조정위원회 부위원장 2000년 통일시대평등사회정책연구회 회장 2000~2003년 새정치여성연대 공동대표 2000~2003년 새천년민주당 김대중 총재특보 2002~2004년 同정책위원회 부의장 2003~2004년 同기초생활보장제도 추진단장 2003~2004년 제16대 대통령선거 여성기독인 특별위원회 위원장 2004년 광주초교파장로연합회 부회장 2004년 대한민국헌정회 회원(현) 2005년 동신대 객원교수 2005~2008년 한국여성정치연맹 부총재 2005~2012년 광주YWCA 이사, 同교육위원회 위원장 2005년 캐나다 알바타주 한인여성회 고문 2008년 한국여성정치연맹 중앙상무위원 2008~2013년 김천과학대(現 경북보건대) 총장 2008~2015년 조아라기념사업회 이사장 2009~2011년 대한민국헌정회 이사 2010~2013년 대구지검 김천지청 검찰시민위원회 위원장 2010년 해공신익희선생기념관 건립추진위원회 자문위원 2011~2013년 한국전문대학교육협의회 이사 2012~2017년 광주YWCA 교육위원회 위원 2012년 광주5.18민주 유공자(현) 2012년 대한민국헌정회 송화회 부회장(현) 2013~2017년 同여성위원회 부위원장 2013년 한국여성벤처협회 광주전남지회 고문(현) 2013년 전남대총동창회 고문(현) 2013년 광주여고총동창회 고문(현) 2014년 국제앰네스티 광주·전남본부 이사장·고문(현) 2014년 광주YWCA 역대이사회 회장(현) 2014~2016년 광주공동체시민회의 인권·복지분과위원장 2015년 광주사랑범시민운동연합 상임회장(현) 2015년 대한민국국가조찬기도회 광주광역시지회 수석부회장 2017년 同광주광역시지회 회장·고문(현) 2017년 광주초교파장로연합회 회장 2017~2019년 광주3.15의거기념사업회 상임회장 2017~2018년 대한민국헌정회 여성정책위원회 위원 2018년 광주YWCA 기획 및 지도력양성위원회 위원(현) 2019년 대한민국헌정회 광주광역시지회 회장(현) 2019년 同제16대 부회장(현) 2019년 同정책연구위원회 위원(현) 2019년 광주3.15의거선양회 제60주년준비기념사업위원회 준비위원장(현) (상)대통령표창(1992·1994), 평등부부상(1996), 세계인권선언기념일 인권대통령상(1997), 새정치국민회의 김대중총재표창(1998), 국제로타리 진 헤리스표창(1999), 대한민국 국민상(2001), 한국YWCA 전국대회 40년 봉사상(2009), 광주YWCA 45년 봉사패(2012), 한국YWCA 창립90주년 기념 전국회원대회 박에스터상(2012), 광주YWCA 창립90주년 기념 50년 공로패(2012) (저)'태극기가 바람에 휘날립니다'(2000) '생각의 정원에서 1·2권'(2013) (종)기독교

**김경철(金敬喆) KIM GYENG CHUL**
(생)1960 (주)대전광역시 서구 월드컵대로 480 대전도시철도공사 사장실(042-539-3001) (학)1988년 서울대 대학원 도시계획학과졸(석사) 1993년 행정학박사(서울대) (경)1992~2008년 서울시정개발연구원 선임연구위원 2001년 同도시교통연구부장 2002~2006년 서울시 대중교통개혁단장 2008년 UN 도시정부연대 부사무총장 2009~2011년 베올리아트랜스포트코리아(서울9호선 운영회사 모기업) 대표이사 2011년 한국과학기술원(KAIST) 녹색교통대학원 초빙교수 2011~2014년 한국교통연구원 원장 2019년 대전도시철도공사 사장(현)

**김경태(金敬泰) Kim Gyeongtae**
(생)1965·5·1 (출)전남 완도 (주)서울특별시 강남구 테헤란로 126 대공빌딩 7층 법무법인 민(民)(02-6250-0100) (학)1984년 광주 송원고졸 1988년 서울대 법과대학졸 (경)1990년 사법시험 합격(32회) 1993년 사법연수원 수료(22기) 1993년 軍법무관 1996년 부산지검 검사 1998년 전주지검 정읍지청 검사 1999년 서울지검 검사 2001년 광주지검 검사 2003년 대검찰청 검찰연구관 2006년 광주지검 순천지청 부장검사 2007년 서울서부지검 부부장검사 2008년 법무부 감찰담당관실 검사 2009년 수원지검 특수부장 2009년 대검찰청 감찰2과장 2010년 서울남부지검 형사3부장 2011년 서울고검 검사 2011년 법무연수원 연구위원 2012년 청주지검 충주지청장 2013년 수원지검 안양지청 차장검사 2014년 춘천지검 강릉지청장 2015년 광주지검 부장검사(광주광역시 파견) 2015년 법무법인 민(民) 변호사(현)

**김경태(金炅泰) Kim Kyoung-tae**
(생)1966·10·22 (출)강원 삼척 (주)경기도 수원시 영통구 센트럴타운로 114-6 연합뉴스 경기취재본부(031-224-0290) (학)1985년 강릉고졸 1991년 한양대 신문방송학과졸 2015년 가천대 일반대학원 언론영상광고학과졸 (경)1993~2000년 강원도민일보 사회부·경제부 기자 2000년 연합뉴스 수도권취재본부 성남주재 기자 2007년 同경기취재본부 법조담당 기자 2009년 同경기취재본부 교육담당 기자 2011년 同경기취재본부 성남주재 기자(차장) 2014년 同경기취재본부 교육담당 기자(차장) 2016년 同경기취재본부 취재국장 2016년 同경기취재본부 성남주재 부장대우 2017년 同전국부 부장대우 2019년 同전국부 근무(부장급) 2019년 同경기취재본부 취재부본부장(현)

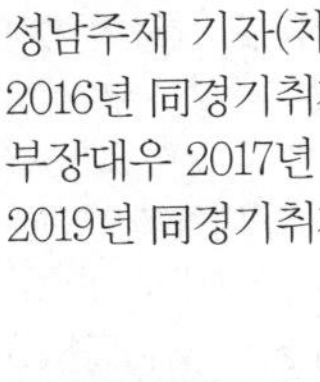

**김경태(金暻台) Kim kyoungtae**
(생)1971·4·25 (본)경주(慶州) (출)부산 (주)서울특별시 종로구 청와대로 1 행정안전부 지역경제지원관실 지방규제혁신과(044-205-3931) (학)1991년 동래고졸 1998년 서울대 심리학과졸 2015년 영국 버밍엄대 대학원 문학석사 (경)2001~2003년 중앙인사위원회 직무분석과·인재조사과 근무 2003~2006년 기획예산처 예산기준과·일반행정예산과 근무 2006~2008년 중앙인사위원회 균형인사과·심사임용과 근무 2009년 행정자치부 교부세과 근무 2009~2013년 同재정정책과 근무 2013~2015년 국외훈련(영국 버밍엄대) 2015년 행정자치부 인사총괄팀장 2016년 同지방재정경제실 재정협력과장 2017년 대통령인사수석비서관실 균형인사비서관실 행정관 2019년 행정안전부 지역경제지원관실 지방규제혁신과장(현)

## 김경택(金京澤) KIM Kyung Taek

(생)1948·3·24 (본)김해(金海) (출)전남 영암 (주)전라남도 영암군 학산면 영산로 76-57 동아보건대학교 총장실(061-470-1600) (학)1966년 인창고졸 1973년 고려대 물리학과졸 1974년 同경영대학원 수료 1998년 단국대 교육대학원졸 2001년 서울대 보건대학원 의료보건정책과정 수료 2003년 교육학박사(단국대) (경)1991년 대한투자금융 이사 1994~2005년 동아인재대 복지관광학부·전기통신설비과·전기과·유아교육과·선교복지계열 교수 1998~2009년 同학장 1998년 제2의건국범국민추진위원회 고문, 민주평통 자문위원, 광주지법 목포지원 조정위원 2009~2016년 동아인재대 총장 2010·2014년 전남도 교육감선거 출마, 한국성인교육학회 이사 2016년 동아보건대 총장(현) (상)영암군수표창, 특허청장표창(2007), 광주지법 목포지원 우수조정위원 감사장 (저)'장애인복지와 특수교육의 이해' '따뜻함이 교육을 살린다' (종)기독교

## 김경학(金京學) Kim Kyung-hak

(생)1965·7·5 (출)제주 북제주 (주)제주특별자치도 제주시 문연로 13 제주특별자치도의회(064-741-1820) (학)제주 세화고졸, 제주대 행정학과졸 (경)제주특별자치도 제주시 구좌읍 연합청년회장, 제주도연합청년회 부회장, 구좌읍 주민자치위원장, 김우남 국회의원 보좌관, 동제주종합사회복지관 운영위원장(현), (사)한국자폐인사랑협회 제주지부 이사, (사)한국농업경영인 구좌읍회 운영위원(현) 2006년 제주도의원선거 출마(열린우리당) 2014~2018년 제주특별자치도의회 의원(새정치민주연합·더불어민주당) 2014년 同행정자치위원회 부위원장 2014~2016년 同FTA대응특별위원회 위원 2015년 새정치민주연합 중앙당 부대변인 2015년 제주특별자치도의회 새정치민주연합 수석부대표 2015~2016년 제주복지공동체포럼 부대표 2015~2016년 더불어민주당 중앙당 부대변인 2015~2016년 제주특별자치도의회 더불어민주당 수석부대표 2016년 同예산결산특별위원회 위원장 2016~2018년 同환경도시위원회 위원, 제주특별자치도 제주시 구좌읍주민자치위원장 2018년 제주특별자치도의회 의원(더불어민주당)(현) 2018년 同의회운영위원회 위원장(현) 2018년 同윤리특별위원회 위원장(현) 2018년 同농수축경제위원회 위원(현) (상)제주카메라기자회 2015 올해의 의원상(2016), 제12회 우수조례상 장려상(2016)

## 김경한(金慶漢) Kim Kyung-Han

(생)1943·5·11 (본)김해(金海) (출)경북 경주 (주)경기도 안양시 만안구 엘에스로 256 (주)빅솔(031-441-8300) (학)1961년 경북고졸 1968년 서울대 문리과대 외교학과졸 2006년 서강대 경영대학원 경영학과졸 (경)1968~1976년 동방상사 대표 1976~2001년 (주)태경 대표이사 1997~2002년 한국동물약품공업협동조합 이사 2001년 (주)빅솔 대표이사, 同회장(현) 2003년 한국아지노모도(주) 대표이사(현) 2005~2007년 한국접착제및계면학회 회장 2005~2007년 (주)빅솔에이엔씨 대표이사 2006~2008년 한국계면활성제접착제공업협동조합 이사 2007년 한국동물약품협회 이사 2007년 (주)태경식품 대표이사 (종)기독교

## 김경한(金慶漢) KIM Kyung Han

(생)1944·2·5 (본)광산(光山) (출)경북 안동 (주)서울특별시 영등포구 국제금융로6길 11 김경한법률사무소(02-769-1210) (학)1962년 경북고졸 1966년 서울대 법대졸 1972년 同대학원 법학과졸 1975년 미국 조지타운대 Law School 수료 (경)1970년 사법시험 합격(11회) 1972년 사법연수원 수료(1기) 1972~1982년 대구지검·서울지검·법무부·서울지검 검사 1982년 부산지검 거창지청장 1983년 대검찰청 검찰연구관 1985년 법무부 검찰3과장 1987년 同검찰1과장 1989년 서울지검 형사6부장 1990년 同공안1부장 1992년 同의정부지청 차장검사 1993년 同남부지청 차장검사 1993년 同의정부지청장 1994년 同남부지청장 1995년 법무부 기획관리실장 1997년 대검찰청 공판송무부장 1998년 춘천지검 검사장 1998년 법무부 교정국장 1999~2001년 同차관 2001년 서울고검장 2002~2008년 법무법인 세종 대표변호사 2004년 GS건설 사외이사 2006년 (주)두산 사외이사 2008~2009년 법무부장관 2010~2012년 서울대법과대학총동창회 회장 2010년 변호사 개업(현) 2010년 사랑의장기기증운동본부 생명나눔친선대사 2014년 천고법치문화재단 이사(현) 2014년 한국범죄방지재단 이사장(현) 2016년 한화생명보험(주) 사외이사 겸 감사위원(현) (상)홍조근정훈장(1988), 황조근정훈장(2001), 중소기업중앙회 감사패(2009), 청조근정훈장(2012), 자랑스러운 서울법대인(2014), 영예로운 안동인상(2014) (종)천주교

## 김경한(金景漢) KIM Kyung Han

(생)1960 (주)서울특별시 성동구 성수일로 77 서울숲삼성IT밸리 14층 컨슈머타임스(02-723-6622) (학)고려대 정책대학원졸 (경)문화방송(MBC) 기자, CBS 국제부장, YTN 경제부장, 이코노믹리뷰 편집국장, 법무부 선진법제포럼 위원, 서울여대 신문방송학과 겸임교수, LIG손해보험 감사위원, 한화자산운용 사외이사, 한국선박금융 감사 2009년 컨슈머타임스 대표이사(현) 2014년 미래에셋생명보험 사외이사(현) (저)'새로 쓰는 예술사(共)'(2013, 글항아리)

## 김경해(金敬海) KIM Kyong Hae

(생)1946·4·20 (본)김녕(金寧) (출)대구 달성 (주)서울특별시 강남구 도산대로54길 37 (주)커뮤니케이션즈코리아 사장실(02-511-8001) (학)1968년 대구 계성고졸 1973년 서강대 영어영문학과졸 1999년 同언론대학원 PR학과졸 (경)1972년 코리아헤럴드 사회부 기자 1975년 로이타통신 駐한국특파원 1977~1983년 코리아헤럴드 정치부·경제부 부장대우 1983년 비즈니스코리아 창간·발행인 겸 편집인 1987년 (주)커뮤니케이션즈코리아 대표이사 사장(현) 1990~1992년 한국PR협회 회장(제1·2·3대) 1998~2001년 서강대총동창회 회장 2000년 숙명여대 홍보기획학과 겸임교수 2000년 한국PR기업협회 초대공동회장 2001년 서강대 언론·영상대학원 겸임교수 2002년 한양대 언론정보대학원 겸임교수 2002년 괌정부 명예대사 2003~2004년 중앙대 겸임교수 2006년 전남 진도군 명예홍보대사 (상)서울올림픽기장, 한국PR협회 올해의 PR인상(1995·2015), 대통령표창(1999) (저)'생생한 PR현장 이야기'(1999) '위기를 극복하는 회사' '위기로 붕괴되는 기업'(2001) 'Let's PR'(2003) '큰 생각 큰 PR'(2004) (종)기독교

## 김경헌(金敬憲) KIM Kyung Heon

(생)1956·1·14 (출)서울 (주)서울특별시 성동구 왕십리로 222-1 한양대의료원 마취통증의학과(02-2290-8114) (학)1980년 한양대 의대졸 1987년 同대학원 의학석사 1995년 의학박사(순천향대) (경)1987~2000년 한양대 의대 마취과학교실 전임강사·조교수·부교수 1992~1993년 미국 Thomas Jefferson Univ. PA Researcher 2000년 한양대 의대 마취통증의학교실 교수(현) 2001년 대한중환자의학회 보험이사 2002년 대한마취과학회 간행위원 2005~2007년 한양대 구리병원 교육연구부장 2007~2008년 同구리병원 부원장 2013~2015년 同구리병원장 2015~2019년 한양대 의무부총장 겸 의료원장 2016~2018년 대한병원협회 병원평가위원장 2018~2019년 同경영위원장 (저)'마취과학(共)'(2002)

## 김경협(金炅俠) KIM KYUNG HYUP

(생)1962 · 11 · 7 (출)전남 장흥 (주)서울특별시 영등포구 의사당대로 1 국회 의원회관 834호(02-784-1190) (학)1981년 부산기계공고졸 1995년 성균관대 사회학과졸 2006년 고려대 노동대학원 경제학과졸 2009년 한국기술교육대 HRD대학원 고용정책 박사과정 재학 중 (경)1985년 민주화운동관련 투옥(2년4개월) 1993년 한국노총 부천지역지부 기획실장 1994년 부천지역금속노조 위원장 1995년 한국노총 부천노동교육상담소장 1997년 同부천지역지부 의장 1998년 同경기본부 부의장 1998년 실업극복부천시민운동본부 공동대표 1999년 부천시노사정위원회 근로자위원 1999년 부천시노동복지회관 관장 2000년 부천시근로자종합복지관 관장 2001년 부천시근로자장학문화재단 이사장 2002년 새천년민주당 노무현 대통령후보 중앙선거대책위원회 노동위원회 부위원장 2003년 부천상공회의소 자문위원 2003년 정치개혁부천시민연대 상임대표 2005~2006년 대통령 사회조정3비서관 2006년 한국산업인력공단 감사 2012년 제19대 국회의원(부천시 원미구甲, 민주통합당 · 민주당 · 새정치민주연합 · 더불어민주당) 2012년 민주통합당 제18대 대통령중앙선거대책위원회 기획본부 부본부장 2013년 민주당 정책위원회 부의장 2014년 새정치민주연합 경기도당 6.4지방선거공천관리위원회 위원 2014년 국회 국토교통위원회 위원 2014년 국회 지속가능발전특별위원회 야당 간사 2014~2015년 새정치민주연합 원내부대표 2015년 국회 서민주거복지특별위원회 위원 2015년 새정치민주연합 수석사무부총장 2016년 제20대 국회의원(부천시 원미구甲, 더불어민주당)(현) 2016~2017년 국회 예산결산특별위원회 위원 2016~2018년 국회 외교통일위원회 간사 2016~2017년 국회 민생경제특별위원회 위원 2016년 한국아동인구환경의원연맹(CPE) 회원(현) 2016년 더불어민주당 경기부천시원미구甲지역위원회 위원장(현) 2016~2017년 同정책위원회 제1정책조정위원장 2017년 국회 헌법개정특별위원회 위원 2017년 더불어민주당 제19대 문재인 대통령후보 중앙선거대책본부 유세본부 공동수석부본부장 2017년 同정책조정위원회 제2정책조정위원장 2018년 국회 헌법개정 및 정치개혁특별위원회 위원 2018년 국회 기획재정위원회 위원(현) 2018년 더불어민주당 제1사무부총장(현) 2018년 同경기도당 위원장(현) 2018년 국회 남북경제협력특별위원회 간사(현) (상)한국언론인연대 · 한국언론인협동조합 2015 대한민국 창조혁신대상(2015), 전국청소년선플SNS기자단 국회의원 아름다운 말 선플상(2015), 법률소비자연맹 제20대 국회 1차년도 국회의원 헌정대상(2017)

## 김경호(金京鎬) KIM Kyung Ho

(생)1959 · 6 · 4 (출)경기 안양 (주)서울특별시 영등포구 여의공원로 101 국민일보 비서실(02-781-9114) (학)1983년 서강대 정치외교학과졸 1987년 同대학원 신문방송학과졸 2006년 언론학박사(서강대) (경)1987년 제주문화방송(MBC) 보도국 기자 1988년 국민일보 정치부 기자 2000년 同사회부 차장대우 2002년 同전국부 차장대우 2002년 同사회2부 차장대우 2002~2005년 同사회부 · 경제부 · 국제부 차장 2004~2006년 한국기자협회 부회장 · 언론연구소장 · 수석부회장 2005년 국민일보 뉴미디어센터장 직대 2005년 同편집위원 2006년 同고충처리인 2007년 同조직역량강화팀장 2008~2009년 한국기자협회 회장 2008년 한국언론재단 비상임이사 2008~2010년 한국신문윤리위원회 이사 2010년 국민일보 편집국 산업부 선임기자(부국장대우) 2010년 同광고마케팅국장 2011년 同비서실장 직대 2012년 同편집국장 2013년 同논설위원 2013년 同감사실장 겸임 2014~2018년 同비서실장 2016~2019년 한국신문협회 기조협의회장 2018년 국민일보 비서실장(이사)(현) (상)이달의 기자상(1992), 서강언론상(2012) (저)'돈의 충돌'(1999, 삶과꿈) 'JP를 알면 DJ가 보인다'(2000, 밀리언북스) '신문독자가 사라진다'(2005, 커뮤니케이션북스)

## 김경호(金京鎬) Kim Kyung Ho

(생)1959 · 8 · 27 (출)경기 수원 (주)경기도 과천시 통영로 12 과천소방서(02-331-4114) (학)한국방송통신대 법학과졸 (경)1984년 소방공무원 공채임용, 경기도 재난안전본부 구급팀장, 同재난안전본부 상황팀장, 同북부소방재난본부 소방행정기획과장 2015년 부천소방서장 2017년 경기 분당소방서장 2018년 경기 과천소방서장(현)

## 김경호(金炅鎬) Kim, Kyungho

(생)1959 · 12 · 20 (본)영광(靈光) (출)전남 장흥 (주)서울특별시 송파구 양재대로 932 서울시농수산식품공사(02-3435-0501) (학)1979년 광주 사레지오고졸 1986년 전남대 경영학과졸 1993년 서울대 행정대학원 수료 2003년 미국 오레곤대 대학원 행정학과졸 (경)1887년 행정고시 합격(제31회) 1991년 서울시 사회과 생활보호계장 1993년 同청소사업본부 작업2과장 1994년 同기획담당관실 기획관리계장 1996년 同심사평가담당관실 심사평가총괄계장 1997년 同기획담당관실 기획조정계장 1998년 同산업국 소비자보호과장 직대 2000년 同문화국 월드컵기획담당관(지방서기관) 2003년 同산업국 디지털미디어시티(DMC)담당관 2004년 同교통개선총괄반장(지방서기관) 2005년 同환경과장 2006년 同맑은서울총괄반장 겸 맑은서울관리반장 2007년 同맑은서울총괄담당관 2009년 서울시 도시교통본부 교통기획관 2010년 서울 구로구 부구청장 2012년 서울시 복지건강실장(지방이사관) 2013년 同상수도사업본부장 2014년 同도시교통본부장 2015년 서울 광진구 부구청장 2016~2017년 서울시의회 사무처장(지방관리관) 2018년 서울시농수산식품공사 사장(현)

## 김경호(金慶鎬) KIM Kyung Ho

(생)1961 · 3 · 1 (본)김해(金海) (출)경북 의성 (주)경기도 고양시 일산동구 동국로 27 동국대학교 일산한방병원(031-961-9361) (학)1989년 동국대 한의학과졸 1991년 同대학원 침구학과졸 1995년 침구학박사(동국대) (경)1992~1994년 동국대 한의대학 부속한방병원 침구과 임상연구원 1994년 同한의학과 교수 1995년 同인천한방병원 진료 · 교육 · 연구부장 1998~2001년 同분당한방병원 진료 · 교육 · 연구부장 1999~2001년 同보건소장 2005~2008년 同분당한방병원장 2010~2015년 同경주한방병원장 2015년 同일산한방병원 침구과 교수(현) (종)불교

## 김경호(金敬浩) Kim Gyeongho

(생)1962 · 4 · 6 (출)충남 서산 (주)충청남도 태안군 태안읍 동백로 100 태안소방서(041-671-0263) (학)1980년 서산농림고졸 (경)1987년 소방사 임용(공채) 1999~2000년 경기도 의정부소방서 둔야소방파출소장 2005~2006년 소방방재청 소방대응본부 구조구급팀 근무 2006~2007년 同소방정책본부 U119팀 근무 2007~2008년 同소방정책본부 소방기획팀 근무 2008~2009년 同소방정책국 소방행정과 근무 2009~2010년 同중앙119구조단 첨단장비팀장 2010~2012년 同소방정책국 소방정책과 근무 2012~2013년 同중앙119구조단 긴급기동팀장 2013년 충남 예산소방서장 2015년 충남 서산소방서장 2017~2018년 충남 천안동남소방서장 2019년 충남 태안소방서장(현) (상)행정자치부장관표창(1998), 국무총리표창(2004 · 2008), 근정포장(2015)

## 김경호(金京虎) Kim Kyeong Ho

(생)1962 · 12 · 10 (출)전남 순천 (주)전라남도 무안군 삼향읍 오룡길 1 전라남도청 비서실(061-286-2001) (학)1981년 광주 사레지오고졸 1987년 조선대 무역학과졸 1997년 전남대 행정대학원 정책학과졸 (경)1983년 9급 공채시험 합격 2005년 전남 고흥군 재무과장(행정사무관) 2007년 전남도

행정혁신과 기록물관리담당 2011년 同행정과 행정담당 2013년 同스포츠산업과장 2014년 同스포츠산업과장(서기관) 2015년 同자치행정국 총무과장 2016년 지방행정연수원 고급리더과정 교육파견 2017년 전남 화순군 부군수 2019년 전남도지사 비서실장(현)

**김경호(金慶浩)**

(생)1964 · 12 · 12 (주)경기도 수원시 팔달구 효원로 1 경기도의회(031-8008-7000) (학)강원대 대학원 사회학 박사과정 수료 (경)가평군자원봉사센터 사무국장, 가평군 국회의원선거구 이전분할추진위원회 사무국장, 팔당7개시군 한강지키기운동본부 사무처장, 조종면사회복지협의체 위원, 청평면 주민자치위원, 더불어민주당 중앙당 부대변인(현) 2018년 경기도의회 의원(더불어민주당)(현) 2018년 同운영위원회 · 기획재정위원회 · 예산결산특별위원회 위원(현)

**김경호(金敬澔)**

(생)1967 · 3 (출)경남 김해 (주)서울특별시 중구 을지로 158 삼풍빌딩 10층 롯데쇼핑(주) e커머스사업본부(02-1577-1110) (학)서울대 응용생물화학부 식물병리전공졸 (경)1994년 롯데그룹 입사(공채), 대홍기획 광고 AE 1996년 대홍기획 인터랙티브팀 근무(국내 최초 인터넷쇼핑몰 '롯데인터넷백화점' 오픈) 2000년 (주)롯데닷컴 창립멤버 · 경영전략팀장 2004년 同마케팅기획팀장 2007년 同마케팅부문장 2011년 同영업부문장 2015년 同EC영업본부장 2018년 同대표이사 전무 2018년 롯데쇼핑(주) e커머스사업본부 대표(전무)(현)

**김경호(金耕皥) KIM Kyung Ho**

(생)1967 · 8 · 31 (출)서울 (주)서울특별시 종로구 종로3길 17 디타워 23층 법무법인 세종(02-316-4039) (학)1986년 홍익대 사대부고졸 1991년 서울대 법과대학졸 (경)1990년 사법시험 합격(32회) 1993년 사법연수원 수료(22기) 1993년 軍법무관 1996년 서울지법 판사 1997년 창원지법 밀양지원 창녕군법원 판사 1997년 서울지법 판사 1998년 同동부지원 판사 2000년 춘천지법 원주지원 판사 2002~2003년 미국 윌리엄앤드메리대 연수 2003년 춘천지법 판사 2004년 서울고법 판사 2006년 대법원 재판연구관 2008년 창원지법 부장판사 2009년 수원지법 제4형사부 부장판사 2011년 同제8민사부 부장판사 2013~2014년 서울가정법원 부장판사 2014년 법무법인 세종 파트너변호사(현)

**김경환(金景煥) KIM Kyung Hwan (愚玄)**

(생)1946·7·16 (본)김녕(金寧) (출)경북 (주)서울특별시 서대문구 연세로 50-1 연세대학교 의과대학 약리학교실(02-2228-1732) (학)1964년 경북사대부고졸 1970년 연세대 의대졸 1973년 同대학원 의학석사 1977년 의학박사(연세대) (경)1971년 연세대 의과대학 조교 1974년 공군 항공의학연구원 연구부장 1977~2011년 연세대 의대 약리학교실 전임강사·조교수·부교수·교수 1978~1979년 영국 뉴캐슬대 의대 연구원 1979~1980년 미국 브라운대 의대 초청강사 1988년 영국 맨체스터대 명예방문교수 1991년 대한약리학회 부회장 1993년 同회장 1996년 연세대 세브란스병원 임상약리과장 1997년 연세의료기술품질평가센터 소장 1997년 대한의학회 이사 1999~2006년 연세대 BK21의과학사업단장 1999~2003년 2003아시아·태평양약리학회 조직위원장 2002년 한국과학기술한림원 종신회원(현) 2003~2005년 대한임상약리학회 회장 2004년 대한민국의학한림원 종신회원(현) 2004~2006년 연세대 의과대학장 2006년 대한임상약리학회 고문(현) 2011년 연세대 의대 약리학교실 명예교수(현) (상)대한소화기학회 학술상, 대한의사협회 학술상, 대한약리학회 학술상 (저)'약리학 강의'(2003) '의학용어에 숨겨진 이야기 사전'(2011, 군자출판사) (종)기독교

**김경환(金京煥) KIM Kyung Hwan**

(생)1957·6·12 (출)서울 (주)서울특별시 마포구 백범로 35 서강대학교 경제학부(02-705-8501) (학)중앙고졸 1980년 서강대 경제학과졸 1984년 미국 프린스턴대 대학원 경제학과졸 1987년 경제학박사(미국 프린스턴대) (경)1980~1981년 한국은행 근무 1984~1985년 세계은행 연구원 1986년 미국 시라큐스대 경제학과 조교수 1988~1997년 서강대 경제학과 조교수·부교수 1992~1996년 국제연합 인간정주기구 도시재정자문관 1997~2013년 서강대 경제학과 교수 1997년 同경제학과장 2000년 同경제연구소장 2001~2002년 아시아부동산학회 회장 2002~2003년 미국 위스콘신대 부동산학과 방문계약교수 2004년 한국주택금융공사 사외이사 2006~2009년 서강대 교무처장 겸 교수학습센터 소장 2008년 대통령자문 국가균형발전위원회 위원 2008~2009년 서울시 도시계획위원 2009~2010년 한국지역학회 부회장 2009~2010년 싱가포르경영대 경제학부 방문교수 2011년 서강대 경제대학원 공공경제학과 주임교수 2013년 대통령자문 국민경제자문회의 민생경제분과 민간위원 2013~2015년 국토연구원 원장 2015~2017년 국토교통부 제1차관 2017년 서강대 경제학부 경제학전공 교수(현) (상)서강경제대상(2018) (저)'도시경제론(共)'(1994·1999·2002·2009) '시장현상과 대중경제 지식(共)'(1994) '미래 지향적 수도권 정책 – 경제학적 접근(共)'(2002) '맨큐의 경제학(共)'(1999·2001·2005·2009) '부동산경제학(共)'(2010) (종)기독교

**김경환(金敬桓) KIM Kyung Hwan**

(생)1960 · 11 · 25 (출)서울 (주)경기도 성남시 수정구 성남대로 1342 가천대학교 글로벌캠퍼스 공과대학 전기공학과(031-750-5348) (학)1982년 한양대 전기공학과졸 1984년 광운대 대학원 전기공학과졸 1990년 공학박사(광운대) (경)1992~2004년 경원대 전기전자공학부 전임강사 · 조교수 · 부교수 1995년 일본 도쿄공업대 객원연구원 1997년 경원대 종합기술연구원 연구협력부장 2000년 同전기전자공학부장 2003 · 2011년 미국 텍사스주립대 방문교수 2004년 한국전기전자재료학회 총무이사 2004년 경원대 전기정보공학과 교수, 同전기공학과 교수 2004~2012년 同나노입자기술혁신센터 운영부장 2005년 한국반도체디스플레이기술학회 이사 · 부회장 2012년 가천대 글로벌캠퍼스 공과대학 전기공학과 교수(현) 2012년 同나노입자기술혁신센터 운영부장, 한국공학교육학회 논문지 편집위원장 2014년 同공학교육혁신센터장(현) 2017년 가천대 IT대학장 2019년 同IT융합대학장(현) (상)한국전기전자재료학회 우수논문상(2005) (저)'일반전기전자공학개론(共)'(1992) '건축전기설비개론(共)'(1994) '대체에너지(共)'(2005)

**김경환(金暻煥) Kyunghwan KIM**

(생)1962 · 2 · 4 (주)경기도 수원시 영통구 광교산로 154-42 경기대학교 영어영문학과(031-249-9177) (학)1986년 서강대 영어영문학과졸 1994년 언어학박사(미국 시카고대) (경)1991~1994년 미국 시카고대 연구조교 · 강의조교 1995~1997년 경희대 강의조교수 1995~1997년 교육부 교과서검정심사위원 1998년 경기대 영어영문학과 교수(현) 2000~2002년 同어학교육원 부원장 2002~2005년 同대외협력처 부처장 2005년 同서양어문학부장 2009~2011년 同일반대학원 부원장 2011 · 2018년 同인문대학 교수회장(현) 2013~2014 · 2018년 同대학평의원회 평의원(현) 2015~2016년 同교무처장 2018년 同교수회 수석부회장(현) (상)미국 시카고대 Endowment Fund Scholarship(1988), Linguistic Society of America Summer Institute Scholarship(1989), 미국 시카고대 International House Resident Scholarship(1992), 경기대 우수강의교수상(2005 · 2007 · 2009) (저)'The Syntax and Semantics of Causative Constructions in Korean'(1995) 'KUTE Prep Book I'(1999) 'Middle School English 1'(2009) 'Middle School English 2'(2010)

## 김경환(金京煥) KIM Kyung Hwan

(생)1969 · 10 · 13 (출)서울 (주)강원도 원주시 상지대길 83 상지대학교 미디어영상광고학부(033-738-7543) (학)1988년 중동고졸 1992년 한양대 국어국문학과졸 2000년 일본 조치대 대학원 신문학과졸(언론학석사) 2004년 언론학박사(일본 조치대) (경)2005~2008년 문화방송(MBC) 전문연구위원 2008년 상지대 인문사회과학대학 미디어영상광고학부 부교수(현) 2010~2012년 문화방송(MBC) 시청자평가원 2014년 한국방송학회 총무이사 2014년 한국방송공사(KBS) 뉴스옴부즈맨위원 2014~2017년 방송통신심의위원회 통신특별위원회 위원 2016~2017년 G1(강원민방) 시청자위원 2017~2019년 상지대 교무부처장 2016~2017년 한국언론학회 총무이사 2017 · 2018년 방송문화진흥회 이사(현) (저)'미디어정책론(共)'(2010, 커뮤니케이션북스) 외 다수 (역)'여론조작 위기의 시대'(2009, 이담)

## 김경환(金敬桓) KIM Kyung Hwan

(본)선산(善山) (출)대구 (주)서울특별시 종로구 대학로 103 서울대학교병원 흉부외과(02-2072-3971) (학)1984년 광성고졸 1990년 서울대 의대졸 1997년 同대학원 의학석사 2000년 의학박사(서울대) (경)1998~2001년 서울대 의과대학 흉부외과학교실 전임강사 1998년 대한흉부외과학회 전산위원 1999년 同고시위원 2001~2006년 서울대 의과대학 흉부외과학교실 조교수 2002~2003년 미국 오하이오주 클리브랜드 클리닉심장외과 임상연구전임의 2004~2007년 서울대병원 전자의무기록팀장 2005년 대한혈관외과학회 논문심사위원 2005년 건강자료심의위원회 심의위원 2005년 대한의학회지 논문심사위원 2006~2011년 서울대 의과대학 흉부외과학교실 기금부교수 2007~2013년 서울대병원 의료정보운영실장 2009년 대한흉부외과학회 총무이사 2010~2011년 서울대 대외협력실 부실장 2010~2012년 同심폐기계중환자진료실장 2010~2011년 同의료정보센터 부센터장 2011년 同의과대학 흉부외과학교실 교수(현) 2011년 서울대병원 흉부외과 의료진(현) 2017년 글로벌기업 에드워드사(Edwards Lifescience) '대동맥판막수술 국제전문가' 선정 2016년 대한흉부외과학회 간행위원(현) 2017년 同고시위원장(현) 2017년 서울대병원 정보화실장(현) (상)대한흉부외과학회 이영균학술상(2000), Asian Society for Cardiovascular Surgery Young Investigator Award(젊은 연구자상)(2005) (저)'임상윤리학(共)'(2015, 서울대출판사)

## 김경회(金京會) KIM Kyung Hwoi

(생)1955 · 10 · 19 (본)안동(安東) (출)충남 연기 (주)서울특별시 성북구 보문로34다길 2 성신여자대학교 교육학과(02-920-7161) (학)1973년 금산고졸 1978년 서울대 사회교육학과졸 1989년 경북대 경영대학원 경영학과졸 1993년 철학박사(미국 아이오와대) (경)1977년 행정고시 합격(20회) 1982~1994년 교육부 행정사무관 · 서기관 1994년 대통령비서실 행정관 1996년 교육부 기획관리실 기획예산담당관 1997년 同산업교육정책관 1998년 同공보관 1999년 충남도교육청 부교육감(이사관) 2001년 교육인적자원부 평생직업교육국장 2002년 고려대 초빙교수 2003~2005년 제주도교육청 부교육감 2004년 한국교육정책학회 회장 2005년 교육인적자원부 인적자원정책국장 2007년 同정책홍보관리실장 2008~2010년 서울시교육청 부교육감 2010년 同교육감 직대 2010~2012년 한국교육정책연구소 소장 2010년 성신여대 교육학과 교수(현) 2013~2015년 同사범대학장 2014~2015년 전국사립사범대학장협의회 회장 2015년 성신여대 학교안전연구소장(현) 2017년 한국학교안전학회 초대 회장(현) 2017~2018년 한국교육학회 부회장 2018년 사학분쟁조정위원회 위원(현) (상)황조근정훈장(1997), 한나라당 제4회 대한민국나눔대상(2010) (저)'한국의 평생직업교육'

## 김경효(金曉孝 · 女) KIM, KYUNG-HYO

(생)1958 · 12 · 11 (출)서울 (주)서울특별시 양천구 안양천로 1071 이대목동병원 소아청소년과(02-2650-2857) (학)1983년 이화여대 의대졸 1987년 同대학원 의학석사 1990년 의학박사(이화여대) (경)1991년 수원의료원 소아과 과장 1991년 이화여대부속병원 소아과 전임의 1992년 미국 Washington Univ. at St. Louis Postdoctoral Fellow 1993~2004년 이화여대 의과대학 소아과학교실 조교수 · 부교수 2004년 同교수(현) 2006년 同동대문병원 소아청소년과장 2006년 同의학전문대학원 이화백신효능연구센터장(현) 2009년 同임상의학연구센터장 2014~2017년 同의과대학장 겸 의학전문대학원장 2015~2017년 대한소아감염학회 회장 2018년 대한민국의학한림원 정회원(소아청소년과학 · 현) 2019년 아시아소아감염학회 제10회 아시아소아감염학술대회장(현) (상)대한소아과학회 석천학술상(1998), 대한소아과학회 우수초록상(2005 · 2009), 대한소아과학회 건일학술상(2007), 세계소아감염병학회 Best Poster Award(2007), 한국소아감염병학회 노바티스학술연구상(2011), 한독 여의사 학술대상(2017) (저)'예방접종지침서'(2002) '여성과 어린이 건강 증진-관리자를 위한 이론과 실제'(2002) '홍창의 소아과학'(2004) '백신 Q & A'(2006) '감염학'(2007) '소아과학'(2007)

## 김경훈(金敬勳) Kim Gyeonghun

(생)1963 · 8 · 7 (주)충청북도 청주시 청원구 오창읍 과학산업4로 146 삼성SDI(주) 전자재료사업부 전략마케팅팀(043-200-0114) (학)고창고졸 1985년 전남대 기계공학과졸 1987년 同대학원 기계공학과졸 1995년 한양대 대학원 기계설계공학 박사과정 수료 (경)1987년 삼성코닝 입사 2008년 제일모직(주) 입사, 삼성SDI(주) 전자재료부문 Display소재사업부 사업2팀장(부장) 2010년 同전자재료부문 생산기술담당 상무 2012년 同전자재료사업부 생산기술센터 상무 2012년 同전자재료사업부 오창사업장 공장장(상무) 2014년 同전자재료사업부 디스플레이소재사업팀장(상무) 2015년 同전자재료사업부 디스플레이소재사업팀장(전무) 2015~2017년 에스디플렉스 기타비상무이사 2018년 삼성SDI(주) 전자재료사업부 전략마케팅팀장(전무)(현)

## 김경훈(金敬勳) KIM Kyung Hoon (遂安)

(생)1968 · 12 · 10 (출)서울 (주)서울특별시 종로구 율곡로2길 25 (주)연합인포맥스 취재 · 방송본부(02-398-4900) (학)1987년 서울 오산고졸 1994년 한양대 철학과졸 1999년 서강대 대학원 경제학과졸(석사) (경)1995년 연합뉴스 뉴미디어국 근무 2001년 연합인포맥스 증권팀 기자 2003년 同국제경제팀 기자 2004년 同국제경제부장 직대 2005~2012년 KBS · TBS 경제해설 고정출연 2006년 연합인포맥스 국제경제부장 2010~2015년 同산업증권부장 2012년 연합뉴스TV(뉴스Y) '마켓워치' 진행 2014년 同'이슈토크쩐' 진행 2015년 연합인포맥스 산업증권부장(부국장) 2017년 同취재 · 방송본부장(현) (저)'금융시장을 움직이는 핵심키워드 83'(2008, 원앤원북스) '잃어버릴 3년 한국경제의 해법을 말한다'(2009, 원앤원북스)

## 김경훈(金勁勳) KIM Kyung Hoon

(생)1970 · 12 · 4 (출)경북 성주 (주)서울특별시 서초구 서초대로 219 대법원 재판연구관실(02-3480-1100) (학)1989년 능인고졸 1994년 서울대 법학과졸 (경)1997년 사법시험 합격(39회) 2001년 사법연수원 수료(30기) 2002년 서울지법 판사 2004년 서울남부지법 판사 2006년 춘천지법 원주지원 판사 2009년 수원지법 안양지원 판사 2012년 서울남부지법 판사 2014년 대법원 재판연구관 2016년 서울중앙지법 판사 2017년 대구지법 포항지원 · 대구가정법원 포항지원 부장판사 2019년 대법원 재판연구관(현)

**김경희(金京熙) KIM Kyung Hee**

(생)1938·4·15 (본)언양(彦陽) (출)전남 완도 (주)서울특별시 종로구 자하문로6길 18-7 ㈜지식산업사(02-734-1978) (학)1956년 목포고졸 1961년 서울대 사학과졸 (경)1962~1966년 민중서관 편집국 근무 1966~1971년 을유문화사 편집기획실 근무 1972년 지식산업사 전무 1975년 同사장 1984년 ㈜지식산업사 대표이사(현) 1991~1998년 (재)한국출판연구소 이사장 1994년 한국전자출판협회 회장 1998~2000년 문화비전2000 위원 1998~2005년 저작권심의조정위원회 위원 2000~2003년 한국전자책컨소시엄 회장 (상)대한민국문화예술상, 간행물윤리상 대상, 서울사랑시민문화상, 한국출판인회의 공로상(2016), 보관문화훈장(2018)

**김경희(金敬姫·女)**

(생)1961·7·23 (주)제주특별자치도 제주시 연삼로 489 제주도서관 관장실(064-717-6400) (학)제주대 경영학과졸 (경)1980년 공무원 임용 2003년 제주 중문상고 주사 2008년 제주특별자치도교육청 혁신복지담당관실 사무관 2009년 제주여상 사무관 2011년 제주특별자치도교육청 공보감사담당관실 사무관 2014년 同교육재정과 사무관 2015년 제주학생문화원 사무관 2017년 제주특별자치도교육청 체육복지과 사무관 2018년 同공보관(지방서기관) 2019년 제주도서관장(현) (상)국무총리표창(2001)

**김경희(金京姬·女) Kim Kyung Hee**

(생)1965·10·27 (본)의성(義城) (출)서울 (주)경기도 수원시 팔달구 효원로 1 경기도의회(031-8008-7000) (학)성균관대 가정대학 가정관리학과졸 (경)열린우리당 고양일산甲지역위원회 운영위원, 고양환경운동연합 자문위원, 지역예산정책연구회 회장 2006년 경기 고양시의회 의원(비례대표, 열린우리당), 고양사회창안센터 이사 2010년 경기 고양시의회 의원(민주당·민주통합당·민주당·새정치민주연합) 2010년 同기획운영위원장 2014~2018년 경기 고양시의회 의원(새정치민주연합·더불어민주당) 2015년 同예산결산특별위원회 위원 2018년 경기도의회 의원(더불어민주당)(현) 2018년 同제2교육위원회 위원(현) (상)파워블로그상(2009), 경기도우수장애인정책의원(2009), 지방의원 매니페스토 약속대상(2015), 제2교육위원회 의정대상(2019)

**김경희(金敬熙)**

(생)1967·5·25 (출)전남 무안 (주)경기도 의정부시 녹양로34번길 23 의정부지방법원 총무과(031-828-0102) (학)1986년 대광고졸 1991년 서울대 법학과졸 (경)1999년 사법시험 합격(41회) 2002년 사법연수원 수료(31기) 2002년 광주지법 예비판사 2004년 同판사 2005년 同해남지원 판사 2007년 의정부지법 판사 2010년 서울북부지법 판사 2014년 서울중앙지법 판사 2016년 서울북부지법 판사 2017년 대전지법 부장판사 2019년 의정부지법 부장판사(현)

**김경희(金景羲·女) KIM Kyung Hee**

(생)1969·8·27 (본)경주(慶州) (출)경남 통영 (주)세종특별자치시 갈매로 477 기획재정부 국유재산심의관실(044-215-5121) (학)1988년 통영여고졸 1992년 연세대 영어영문학과졸 1994년 同법학과졸 2002년 미국 미네소타대 법학대학원 법학과졸 2003년 미국 하버드대 행정대학원 행정학과졸 (경)1993년 행정고시 합격(37회) 1994~1996년 총무처 수습행정관·재정경제원 법무담당관실 사무관 1997년 재정경제부 소비세제과 사무관 2000년 同국제조세과 사무관 2001~2003년 국비 유학 2003년 재정경제부 경제분석과 사무관 2004년 同지역경제정책과 사무관 2005년 同국제기구과 서기관 2006~2008년 UNDP 북경사무소 근무 2008년 기획재정부 세제실 국제조세협력과장 2009년 同세제실 환경에너지세제과장 2011년 同세제실 조세정책관실 조세특례제도과장 2012년 同관세정책관실 산업관세과장 2013년 同조세분석과장 2014년 同소득세제과장 2015년 同재산세제과장 2015년 同역외소득·재산자진신고기획단 부단장(부이사관) 2016년 미국 워싱턴대 국외훈련(일반직고위공무원) 2017년 기획재정부 복권위원회 사무처장 2019년 同국유재산심의관(현) (상)재정경제부장관표창(1998)

**김계조(金桂助) Kim Gye Jo**

(생)1964 (주)세종특별자치시 정부2청사로 13 행정안전부 재난안전관리본부(044-205-2000) (학)1983년 마산고졸 1987년 연세대 토목공학과졸 1989년 同대학원 토목공학과졸 2002년 미국 위스콘신대 메디슨교 대학원 교통공학과졸 (경)1989년 기술고시 합격(22회) 1991년 부산시 도시계획국 시설계획과 기반시설계장·강서구 건설과장·부산시 부산종합개발사업기획단 근무 1994년 내무부 재해복구담당관실 방재시설담당·방재계획과 방재연구담당·행정자치부 지역진흥과 시군도담당 2002년 국무총리실 수해방지대책기획단 파견 2004년 소방방재청 수습대책과장 2007년 同평가관리팀장(부이사관) 2009년 同재난상황실장 2009년 同방재관리국 복구지원과장 2011년 同방재관리국장 2014년 국민안전처 재난관리실장 2015~2017년 대통령 정책조정수석비서관실 재난안전비서관 2017년 행정안전부 재난안전관리본부 재난안전조정관 2018~2019년 同재난안전관리본부 재난관리실장 2019년 同재난안전관리본부장(차관급)(현) (상)대통령표창(1995), 녹조근정훈장(2005)

**김계현(金桂炫) KIM Kye Hyun**

(생)1956·11·23 (본)김해(金海) (출)서울 (주)인천광역시 미추홀구 인하로 100 인하대학교 공과대학 공간정보공학과(032-860-7602) (학)1982년 한양대 자원공학과졸 1986년 미국 텍사스대 대학원 토목공학과졸 1989년 미국 애리조나대 수문학과졸 1993년 토목공학박사(미국 위스콘신대) (경)1982~1984년 한국과학기술원(KAIST) 연구원 1992~1993년 미국 위스콘신대 연구원 1993~1995년 한국과학기술연구원(KIST) 시스템공학연구소 선임연구원 1995~2015년 인하대 환경토목공학부 조교수·부교수 1995~2015 同사회기반시스템공학부 지리정보공학전공 교수 2001~2014년 국토해양부 국가GIS추진위원 2003년 국회 환경노동위원회 정책자문위원(현) 2008년 제17대 대통령직인수위원회 상임자문위원 2008~2013년 대통령 사회통합수석비서관실 정책자문위원 2008~2012년 한국수자원공사 사외이사 2010~2011년 기획재정부 공기업·준정부기관 경영평가위원 2011~2013년 대통령직속 지역발전위원회 민간위원 2015년 인하대 공과대학 공간정보공학과 교수(현) 2017년 同기획처장(현) (상)환경부·건설교통부·국토해양부장관표창(2001~2009), 한국지형공간정보학회 논문상(2003), 한국공간정보시스템학회 우수논문상(2009), 국무총리표창(2010) (저)'GIS 개론'(1998) '공간분석'(2004) '환경GIS'(2007)

**김계홍(金季弘) Kim Gyehong**

(생)1966·12·22 (출)전남 장흥 (주)세종특별자치시 국책연구원로 15 한국법제연구원(044-861-0300) (학)광주 송원고졸, 서울대 공법학과졸, 한국방송통신대 법학석사 (경)1989년 행정고시 합격(33회) 1991년 법제처 행정사무관 2004년 同법제기획관실 법제기획담당관(서기관) 2004년 同법제조정실 기획예산담당관 2007년 同행정법제국 법제관 2008년 同행정법제국 법제관(부이사관) 2009년 同법령해석정보국 법령해석총괄과장 2011년 同경제법제국 법제심의관(고위공무원) 2012년 同법령해석정보국 법령정보정책관 2013년 同법제지원단장 2014년 국외훈련(고위공무원) 2015년 법제처 법령해석정보국장 2016년 同행정법제국장 2017~2019년 同차장 2019년 한국법제연구원장(현)

## 김곤중(金坤中) KIM Gon Joong

(생)1957·10·3 (본)광산(光山) (출)충북 제천 (주)서울특별시 마포구 서강로 136 아이비타워 3층 (주)아벤트리자기관리부동산투자회사(02-875-5527) (학)1976년 경동고졸 1983년 고려대 식품공학과졸 1989년 同경영대학원졸 2011년 경기대 대학원 호텔경영학과졸 (경)1984~1997년 (주)호텔신라 입사·재무담당 과장 1997~2011년 (주)HTC 대표이사, 세계청년봉사단(KOPION) 이사, 충주문화방송 시청자위원, 인천경제자유구역청 정책자문위원 2011년 (주)아벤트리자기관리부동산투자회사(약칭 아벤트리 리츠) 대표이사(현) 2015년 세계청년봉사단(copion) 부총재(현) (상)한국호텔경영학회 호스피탈리티경영대상(2005), 한국관광학회 관광기업경영대상(2007), 관광진흥유공 대통령표창(2015)

## 김공열(金孔烈) KIM Kong Yul (盛巖)

(생)1938·3·3 (본)김해(金海) (출)충북 청주 (주)경기도 수원시 영통구 월드컵로 206 아주대학교 사회과학대학 행정학과(031-219-2731) (학)1956년 경기고졸 1960년 서울대 법과대학 행정학과졸 1962년 同행정대학원졸(석사) 1990년 행정학박사(동국대) (경)1981년 한국행정학회 회원 1981~2003년 아주대 교수 1981~1985년 同기획관리실장 1987~1989년 同사회과학대학 행정학과장 1991~1993년 同사회과학대학장 1993~2003년 同사회과학연구소 북한 및 통일문제연구센터장 1996~1997년 同공공정책대학원장 겸 사회교육센터 소장 1997~1998년 同교육대학원장 1997~1999년 同사무처장 1999~2003년 同공공정책대학원장 겸 평생대학원장 2001~2003년 (사)한국대학평생교육원협의회 상임이사 1995~1997년 경기도 인사위원회 위원 1997~2004년 경기도의회 간행물편찬위원회 위원 1997~2006년 경기일보 제정 '경기공직대상' 심사위원회 위원 2002~2013년 경기지방경찰청 국가대테러협상 전문위원 2003~2006년 학술지 '통일문제연구' 편집위원장 2003년 (사)평화문제연구소 상임이사(현) 2003년 아주대 사회과학대학 행정학과 명예교수(현) 2007~2011년 사회복지공동모금회 경기지회 운영위원 겸 배분분과 위원장 (상)녹조근정훈장(1978), 교육부장관표창(1997), 홍조근정훈장(2003) (저)'한국사회의 현실 : 다각적 접근(共)'(1988) '사회주의 국가의 개혁과 전망(共)'(1991) '사회주의 국가의 해체와 변혁(共)'(1992) '북한-오늘과 내일(共)'(1992) '북한의 이해(共)'(1993) '북한관료제론'(1993) '북한 이해의 길라잡이(共)'(1999) (종)기독교

## 김공주(金公珠·女)

(생)1975·4·5 (출)경북 안동 (주)울산광역시 남구 법대로 45 울산지방검찰청 공판송무부(052-228-4309) (학)1994년 부산 충화여고졸 1998년 부산대 사법학과졸 (경)2000년 사법고시 합격(42회) 2003년 사법연수원 수료(32기) 2003년 인천지검 검사 2005년 창원지검 통영지청 검사 2006년 서울중앙지검 검사 2010년 의정부지검 검사 2014년 창원지검 검사 2016년 부산지검 검사 2017년 同부부장검사 2018년 同서부지청 부부장검사 2019년 울산지검 공판송무부장(현)

## 김관구(金寬求)

(생)1977·12·10 (출)충북 청원 (주)울산광역시 남구 법대로 55 울산지방법원(052-216-8000) (학)1996년 청주 신흥고졸 2001년 고려대 법학과졸 (경)2000년 사법고시 합격(42회) 2003년 사법연수원 수료(32기) 2003년 육군 법무관 2006년 인천지법 판사 2008년 부산지법 가정지원 판사 2010년 창원지법 마산지원 판사 2014년 수원지법 판사 2016년 서울중앙지법 판사 2018년 울산지법 부장판사(현)

## 김관선(金寬先) KIM Kwan Sun

(생)1958·8·20 (출)전남 해남 (주)서울특별시 용산구 후암로4길 10 (주)헤럴드 비서실(02-727-0530) (학)1977년 해남고졸 1983년 조선대 체육학과졸 (경)1983~1989년 Nedeco 근무 1991~1998년 한국영화인협회 근무 2000~2002년 IKR카리아 근무 2002년 헤럴드미디어 경영지원국장(부장대우) 2004년 한국신문협회 총무협의회 이사 2008~2012년 (주)헤럴드 이사 2009년 한국신문협회 경영지원협의회 감사 2012년 (주)헤럴드 상무이사 2013년 同경영지원총괄 상무 2014년 同부사장(현)

## 김관성(金官聖) KIM Kwan Sung

(생)1958·11·30 (주)서울특별시 강서구 마곡동로 33 한국의약품수출입협회 부회장실(02-2162-8000) (학)1977년 천안고졸 1983년 중앙대 약학과졸 1987년 同대학원 약학과졸 (경)1986년 보건사회부 중앙약사심의위원회 참사, 同약정국 약무과 보건주사, 마산결핵병원 혈액과 근무, 식품의약품안전청 검정관리보호담당관실 근무, 同의약품관리과 근무, 同의약품안전정책팀 근무 2006년 경인지방식품의약품안전청 의약품팀장 2007년 식품의약품안전청 생물의약품관리팀장 2008년 同생물의약품관리팀장 2009년 同통상협력팀장 2009년 식품의약품안전평가원 독성평가연구부 부작용감시팀장 2009년 대전지방식품의약품안전청 의료제품안전과장 2010년 경인지방식품의약품안전청 의료제품안전과장 2011년 식품의약품안전청 의료기기정책과장 2012년 同의료기기정책과장(부이사관) 2013년 식품의약품안전처 의료기기안전국 의료기기정책과장 2013년 대전지방식품의약품안전청장 2014년 서울지방식품의약품안전청장 2015년 식품의약품안전처 의약품안전국장 2016~2017년 서울지방식품의약품안전청장 2018년 한국의약품수출입협회 상근부회장(현)

## 김관영(金寬泳) KIM Kwan Young

(생)1940·9·17 (본)연안(延安) (출)서울 (주)서울특별시 강남구 도곡로 233 (주)신일 임원실(02-538-5260) (학)1959년 경복고졸 1963년 성균관대 영어영문학과졸 (경)1965~1968년 대한요업 근무 1968년 성신양회공업 입사 1984년 同이사 1991년 진성레미콘 사장 1993~1998년 성신양회공업 사장 1996년 한국양회공업협회 회장 1996년 한국건자재시험연구원 이사장 1998~2005년 성신양회공업 대표이사 부회장 2005년 (주)신일 대표이사 회장(현)

## 김관영(金寬永) KIM Kwan Young

(생)1956·9·1 (주)서울특별시 중구 을지로 100 B동 21층 제이알투자운용(주) 비서실(02-564-7004) (학)1979년 서울대 경제학과졸 1986년 미국 펜실베이니아대 대학원졸 1987년 경제학박사(미국 펜실베이니아대) (경)1979년 한국은행 조사1부 일반경제과 근무 1984~1987년 The Whenton Real Estate Center 연구원 1987~1994년 한국개발연구원(KDI) 연구위원 1994년 한양대 디지털경제학과 교수 2000~2005년 同디지털경제연구소장 2000년 (사)e-비지니스연구원 원장 2005~2008년 한양대 경상대학 경제학부 교수 2008년 제이알투자운용(주) 대표이사 사장(현) 2010년 아시아부동산학회 회장 2012년 한국부동산분석학회 부회장, 同감사(현) 2013~2016년 한국리츠협회 회장 2017년 同고문(현) 2016~2018년 대통령직속 국가건축정책위원회 위원 (상)서울경제신문 한국부동산금융대상 베스트부동산금융인(2016) (저)'중산층 실태분석과 정책과제'(1990) 'Housing Policy in the 1990s'(1992) '금융환경변화에 따른 보증보험의 중장기발전전략'(2000) '전문가의 컨설팅 리츠투자'(2001)

## 김관영(金寬永) KIM Kwan Young

(생)1969·11·15 (본)경주(慶州) (출)전북 군산 (주)서울특별시 영등포구 의사당대로 1 국회 의원회관 507호(02-784-1781) (학)1987년 군산제일고졸 1991년 성균관대 경영학과졸 1995년 서울대 행정대학원 행정학과졸 (경)중위 예편(육군 경리장교) 1988년 공인회계사시험 합격(23회) 1988년 청운회계법인 공인회계사 1992년 행정고시 재경직 합격(36회) 1993년 경제기획원 심사평가국 근무 1995년 재경경제원 국고국 근무 1998년 재정경제부 감사관실 근무 1999년 사법시험 합격(41회) 2002년 사법연수원 수료(31기) 2002~2011년 김앤장법률사무소 변호사 2012년 제19대 국회의원(군산시, 민주통합당·민주당·새정치민주연합·더불어민주당·국민의당) 2012년 민주통합당 대선후보경선준비기획단 기획위원 2012년 국회 운영위원회 위원 2012~2014년 국회 정치쇄신특별위원회 위원 2013년 민주통합당 원내부대표 2013년 국회 국토교통위원회 위원 2013년 민주당 수석대변인 2014년 同대표비서실장 2014년 새정치민주연합 대표비서실장 2014년 국회 기획재정위원회 위원 2014~2015년 새정치민주연합 원내부대표 2014년 同공적연금발전TF 위원 2014년 同새로운대한민국위원회 희망사회추진단 자본독점분과위원장(경제) 2014년 同군산지역위원회 위원장 2015년 同조직사무부총장 2015년 국회 예산결산특별위원회 위원 2015년 새정치민주연합 수석사무부총장 2015년 同제2정책조정위원회 위원장 2015년 同조선해양산업대책위원회 공동위원장 2015년 同경제정의·노동민주화특별위원회 위원 2016년 국민의당 디지털정당위원회 위원장 2016년 同전북도당 위원장 2016년 제20대 국회의원(군산시, 국민의당·바른미래당〈2018.2〉)(현) 2016~2017년 국민의당 원내수석부대표 2016~2018년 同군산시지역위원회 위원장 2016년 국회 운영위원회 간사 2016~2017년 국회 정무위원회 간사 2016~2018년 국회 평창동계올림픽 및 국제경기대회지원특별위원회 위원 2017년 국민의당 제19대 안철수 대통령후보 중앙선거대책본부 정책본부장 2017년 同비상대책위원 2017년 국회 헌법개정특별위원회 간사 2017년 국민의당 전당대회준비위원회 위원장 2017~2018년 同사무총장 2017~2018년 국회 정무위원회 위원 2017~2018년 국민의당 조직강화특별위원회 위원장 2018년 국회 헌법개정및정치개혁특별위원회 간사 2018년 바른미래당 군산시지역위원회 위원장(현) 2018년 同전북도당 공동위원장 2018년 同바른정책연구원장 2018~2019년 同원내대표 2018년 국회 산업통상자원중소벤처기업위원회 위원(현) 2018~2019년 국회 정보위원회 간사 2018~2019년 국회 운영위원회 위원 (상)국무총리표창(1999), 제15회 백봉신사상(2013), 법률소비자연맹 국회의원 헌정대상(2013·2015·2017), 국정감사NGO모니터단 국정감사우수의원(2014), 성균관대 경영대학동문회 자랑스런 경영대학동문상(2015), 제1회 머니투데이 대한민국최우수법률상(2015), 일치를 위한 정치포럼 제5회 국회를 빛낸 바른언어상 상임위 모범상(2015), 한국납세자연합회 납세자권익상 입법부문(2015) (종)기독교

## 김관용(金寬容) KIM Kwan Yong (浩然)

(생)1942·11·29 (본)선산(善山) (출)경북 구미 (학)1961년 대구사범학교졸 1969년 영남대 경제학과졸 1998년 명예 공학박사(금오공과대) 2001년 영남대 행정대학원 행정학과(자치행정전공)졸 2015년 명예 사회과학박사(몽골국립대) 2015년 명예 행정학박사(인도네시아 가자마다대) 2015년 명예 공공행정학박사(캄보디아 왕립아카데미) 2015년 명예 교육학박사(계명대) 2018년 명예 경제학박사(안동대) 2018년 명예 체육정책학박사(인도네시아 국립교육대) 2018년 명예박사(카자흐스탄 국립대) (경)1961년 구미초 교사 1971년 행정고시 합격(10회) 1989년 구미세무서장 1991년 대통령 민정비서실 행정관 1993년 용산세무서장 1995·1998·2002~2006년 경북 구미시장(민자당·신한국당·한나라당) 1998년 금오공대 겸임교수 1999년 중국 심양공대 명예교수 1999~2002년 경북도시장·군수협의회 회장 1999년 전국시장·군수·구청장협의회 공동회장 2006·2010~2014년 경북도지사(한나라당·새누리당) 2006~2018년 한국국학진흥원 이사장 2006년 (재)문화엑스포 이사장 2007년 전국시도지사협의회 한미FTA대책특별위원장 2008년 영남대 총동창회 회장 2008~2018년 (사)대구·경북국제교류협의회(DGIEA) 공동의장 2010년 세계유교문화축전 명예대회장 2011년 경주세계문화엑스포조직위원회 위원장 2012~2013·2017~2018년 전국시도지사협의회 회장 2012~2013년 국가경쟁력강화위원회 위원 2013년 국무총리직속 사회보장위원회 위원 2014~2018년 경북도지사(새누리당·자유한국당) 2014년 캄보디아 훈센 총리 문화정책고문 2016~2018년 경북도체육회 회장 2016년 새누리당 '혁신과 통합 보수연합' 공동대표 2017년 同비상대책위원회 상임고문 2017년 중부권정책협의회 회장 2017년 BTN붓다회 자문위원 2018년 필리핀 아테네오 데 마닐라대 객원교수(현) (상)근정포장(1989), 독일 콘라드 아데나우어상(1998), 전문직여성클럽 한국연맹 금상(2000), 캄보디아 최고훈장 로얄 모니사라포인 마하세나(2007), 대통령표창(2007), 자랑스런 한국인상(2007), 한국의 존경받는 CEO대상(2008), 한국여성단체협의회 우수지방자치단체장표창(2009), 대한민국 소통경영대상(2011), 인물대상 행정대상(2011), 매니페스토 공약이행 최우수등급(2011~2013), 글로벌CEO대상(2012), 사회책임경영 CEO 선정(2012), 대한민국 경제리더 대상(2012), 국민훈장 모란장(2013), 한국의 영향력 있는 CEO 선정(2013), 매경미디어그룹 선정 대한민국 창조경제리더 미래부문(2013), KBC 목민자치대상(2014), 대구교육대 총동창회 자랑스런 대구교대인상(2015), 국제군인스포츠위원회(CISM) 지휘장(2015), 세네갈 국가공로훈장(2015), 베트남 우호훈장(Friendship Order)(2017) (종)기독교

## 김관용(金琯龍) KIM Kwan Yong

(생)1969·12·4 (출)전북 군산 (주)서울특별시 서초구 서초중앙로 157 서울고등법원(02-530-1114) (학)1988년 군산고졸 1993년 서울대 법학과졸 (경)1993년 사법시험 합격(35회) 1996년 사법연수원 수료(25기) 1996년 공익 법무관 1999년 대전지법 판사 2003년 수원지법 평택지원 판사 2007년 서울남부지법 판사 2008년 서울고법 판사 2009년 대법원 재판연구관 2011년 전주지법 부장판사 2012년 서울고법 판사(현)

## 김관재(金琯在) KIM Kwan Jae (山汀)

(생)1953·7·13 (본)안산(安山) (출)전남 강진 (주)광주광역시 동구 지산로 70 동산빌딩 3층 법률사무소 시원(062-229-0001) (학)1970년 광주제일고졸 1975년 서울대 법과대학졸 1977년 同대학원 법학과 수료 (경)1975년 사법시험 합격(17회) 1977년 사법연수원 수료(7기) 1977년 육군 법무관 1980년 광주지법 판사 1982년 同순천지원 판사 1985년 광주지법 판사 1987년 광주고법 판사 1991년 대법원 재판연구관 1992년 광주지법 부장판사 1994년 同순천지원장 1995년 광주지법 부장판사 1999~2005년 광주고법 부장판사 2000~2003년 광주지법 수석부장판사 겸임 2005년 광주고법 수석부장판사 2005년 전주지법원장 2006년 광주지법원장 2008~2010년 광주고법원장 2010년 변호사 개업 2016년 법률사무소 시원 변호사(현) (종)기독교

## 김관정(金官正)

(생)1964·7·17 (주)경기도 고양시 일산동구 장백로 213 의정부지방검찰청 고양지청 총무과(031-909-4542) (학)1983년 대구 영진고졸 1988년 고려대 법학과졸 (경)1994년 사법시험 합격(36회) 1997년 사법연수원 수료(26기) 1997년 인천지검 검사 1999년 수원지검 평택지청 검사 2001년 대구지검 검사 2003년 서울남부지검 검사 2007년 대검찰청 검찰연구관 2009년 대전지검 검사 2009년 서울중앙지검 부부장검사 2010년 창원지검 공판송무부장 2011년 울산지검 특수부장 2012년 청주지검 제천지청장 2013년 대검찰청 범죄정보1담당관 2014년 서울남부지검 형사5부장 2015년 서울중앙지검 형사4부장 2016년 대전지검 형사1부장 2017년 수원지검 평택지청장 2018년 전주지검 차장검사 2019년 의정부지검 고양지청장(현)

## 김관주(金寬柱) KIM Kwan Joo

(생)1957 · 6 · 27 (주)서울특별시 마포구 와우산로 94 홍익대학교 기계 · 시스템디자인공학과(02-320-1643) (학)서울대 공학과졸, 미국 스탠퍼드대 대학원졸, 기계공학박사(미국 스탠퍼드대) (경)홍익대 기계 · 시스템디자인공학과 교수(현) 2013~2017년 同PACE센터장 2018년 同공학교육혁신센터(서울) 소장(현) 2019년 同공과대학장 겸 정보대학원장(현)

## 김관진(金寬鎭) KIM Kwan Jin

(생)1949 · 8 · 27 (출)전북 전주 (학)1968년 서울고졸 1972년 육군사관학교졸(28기) (경)1972년 육군 소위 임관 1983~1988년 제15보병사단 대대장 · 작전참모 1990년 수도기계화보병사단 제26기계화 보병여단장 1992~1993년 합동참모본부 군사전략과장 1994년 대통령비서실 국방담당관 1996년 육군본부 비서실장 1998년 同기획참모부 전략기획처장 1999년 제35사단장 2000년 육군본부 기획관리참모부장 2002년 제2군단장(중장) 2004년 합동참모본부 작전본부장 2005년 제3야전군사령관(대장) 2006~2008년 합참의장 겸 통합방위본부장(대장) 2010~2014년 국방부 장관 2014~2017년 국가안보실장(장관급) 겸 국가안전보장회의(NSC) 상임위원장 (상)자랑스런 서울인상(2007)

## 김관형(金寬衡) KIM Kwan Hyung (송암)

(생)1939 · 12 · 29 (본)함창(咸昌) (출)충북 옥천 (주)서울특별시 강남구 테헤란로33길 12 선빌딩 지하1층 (사)이색업종진흥회(02-508-1565) (학)1958년 대전공고졸 1962년 건국대 국어국문학과졸 1989년 同행정대학원 행정학과졸 (경)1966~1975년 상공부 근무 1977~1981년 특허청 심사관 1982~1994년 특허전문 심사위원 1982~1994년 한국발명진흥회 상근이사 1984~1990년 중소기업중앙회 무역진흥특별위원 1985~1994년 전국학생과학발명품경진대회 심사위원 1989~1993년 민경신문 운영위원 1989년 (사)한국지적소유권학회 감사 1990~2004년 (사)대한민국순국선열유족회 부회장 1990~1994년 대한민국학생발명전시회 심사위원 1991~2001년 대한상사중재원 중재위원 1991~1994년 한국교육개발원 자문위원 1994년 대관경영기술연구원 원장 겸 교수 1994년 중소기업청 · 중소기업진흥공단 지도위원 겸 경영지도사 1995~2009년 (사)한국산업재산권법학회 감사 1996~1998년 대통령 국정자문위원 1997~1998년 순천향대 겸임교수 1997~2000년 서초문인협회 · 한국공간시인협회 부회장 1997년 건국문학회 고문(현) 1997~2013년 (사)현대시인협회 이사 겸 감사 1998~2001년 사랑방낭송문학회 회장 1998~2001년 한국농민문학회 부회장 1999~2005년 명지대 교수 2002년 (재)순국선열김순구선생외25인기념재단 이사장(현) 2003년 (사)국제펜클럽 한국본부 회원(현) 2003년 (사)한국기술거래사회 명예회장 · 자문위원장 2003~2006년 (사)한국문인협회 옥천지부 회장 2006년 同고문(현) 2008년 한우리낭송문학회 회장 2008년 국가주요인사선정(청와대 대통령) 2009~2011년 한국산업기술평가관리원 평가위원 2009~2011년 한국지식산업혁신재단 고문 2011년 (사)이색업종진흥회 회장 2012년 同총재(현) 2013년 (사)한국현대시인협회 중앙위원회 부위원장 2014년 同지도위원(현) 2014년 불교문학회 고문(현) 2016년 한우리기술시문학회 회장(현) (상)재무부장관표창(1970), 상공부장관표창(1977), 대통령표창(1980), 미국 국제발명전시회 동상(1984), 국민포장(1989), 건국대 행정대학원 석사학위 최우수논문상(1989), 문학공간상대상(1997), 최초발명기법창작(한국기네스북등재)(1997), 농민문학작가상 대상(2006), 한국기술거래사회 공로상(2007), 한우리문학대상(2009), 옥천군수 감사패(2014), 불교문학 대상(2014), 제3회 장폴사르트르 문학상(2018) (저)'수출실무'(1974, 서울신문) '수출입 실무'(1974, 한국무역서비스센터) '발명특허창업'(1987, 경문사) '상표법 해설'(1988, 경문사) '논제 신 상표법'(1990, 한빛지적소유권센터) '발명기술 성공비결'(1990, 법경출판사) '직무발명 전략'(1990, 한국발명진흥회) '특허관리 전략'(1990, 한국발명진흥회) '올바른 가정 교육(창조적인 지혜)'(1992, 충남교육청) '손쉽게 성공하는 발명의 지름길'(1993, 경문사) '아이디어 발명기술로 돈버는 이야기'(1995, 매일경제신문) '산업재산권법'(1998, 경문사) '지적재산권법 개론'(2000, 경문사) '지적재산권법 이해'(2001, 두남) '지식재산권법 이해'(2006, 두남) '기술시창작론'(2009, 박이정) 전자책 '기술시창작론의 요람'(2012, 한국문학방송) '아침햇살'(2013, 타임비) '문학짓는 비결'(2014, 한국문학방송) '인생의 길'(2014) (작)'멀고 먼길'(1989, 뿌리) '태양이 머문 날 까지'(1993, 길출판사) '발명슬기'(2001, 한맥문학사) '마음의 향기'(2004, 문예운동) '아름다운 보람'(2007, 한국문학도서관) '귀향'(2009, 박이정) '한국유명시사냥둥지'(2011, 한국디지털종합도서관), 비석 '순국선열시' '서시 : 새누리' (종)기독교

## 김 광(金 珖)

(생)1954 · 1 · 30 (출)전남 영암 (주)서울특별시 강남구 논현로81길 13 삼화빌딩 2층 세무법인 세연(02-539-7788) (학)광주제일고졸 1978년 육군사관학교졸(34기) 1992년 전남대 경영대학원 회계학과졸 (경)1993년 국세청 개발1담당 사무관 1994년 서울반포세무서 소득세2과장 1998년 서울지방국세청 재산세국 송무과 서기관 1999년 중부지방국세청 감사관 2000년 해남세무서장 2001년 서울지방국세청 조사3국 조사3과장 2002년 대통령비서실 행정관 2003년 국세청 소비세과장 2005년 同조사1과장 2006년 同조사1과장(부이사관) 2006년 중부지방국세청 조사2국장 2007년 同조사1국장 2008년 서울지방국세청 조사2국장 2008년 국세청 법인납세국장 2009년 광주지방국세청장 2009~2012년 세왕금속공업(주) 대표이사 사장 2012년 세무법인 세연 회장(현) 2015 · 2019년 (주)현대그린푸드 사외이사(현) (상)녹조근정훈장(2004)

## 김광근(金珖根)

(생)1961 (출)전남 해남 (주)전라북도 익산시 익산대로52길 19 익산세무서(063-840-0200) (학)광주동신고졸, 전남대 공법학과졸 (경)1990년 세무공무원 임용(7급 공채) 2007년 행정사무관 승진, 전남 목포세무서 조사과장, 광주지방국세청 소득재산세과장, 同조사2국 조사관리과장(사무관) 2013년 同조사2국 조사관리과장(서기관) 2014년 同납세자보호담당관 2014년 同감사관 2015년 전북 정읍세무서장 2016년 광주지방국세청 조사2국장 2017년 전남 목포세무서장 2018년 전남 익산세무서장(현)

## 김광기(金光起) KIM Kwang Kee

(생)1957 · 1 · 11 (본)의성(義城) (출)강원 원주 (주)부산광역시 부산진구 복지로 75 인제대학교 보건대학원(051-890-6876) (학)1975년 원주고졸 1982년 충남대 사회학과졸 1984년 서울대 보건대학원 보건학과졸 1988년 미국 유타주립대 대학원 사회학과졸 1993년 사회학박사(미국 켄터키대) (경)1988~1993년 미국 켄터키대 College Medicine 연구원 1993~2000년 인제대 보건관리학과 교수 1997년 同학생생활연구소장 1998년 대한보건협회 학술차장 1998~2005년 인제대 보건대학원 부교수 1999~2003년 同보건대학원 부원장 2001년 同음주연구소장 2002년 국무총리 산하 청소년보호위원회 정책자문위원 2002년 국립암센터 암조기검진사업지원평가단 교육홍보분과위원 2002~2003년 범국민절주운동본부 학술담당 본부장 2003~2004년 미국 미네소타대 알코올역학교실 교환교수 2004~2014년 대한보건협회 학술이사 · 사업이사 · 부회장 2005~2015년 인제대학원대 교수 2005년 同부학장 2005년 서울시 건강증진사업지원단 자문위원 2005~2007년 국가청소년위원회 정책자문위원 2005년 보건복지부 건강증진사업지원단 기획평가위원 2005~2008년 한국보건사회학회 회장 2007년 파랑새포럼(음주폐해 감소를 위한 사회협약포럼) 실무운영위원장 2009년 인제대학원대 알코올 및 도박문제연구소장 2009~2010년 한국보건교육건강증진학회 회장 2011~2017년 서울시 건강증진사업지원단장 2012년 세계보건기구 서태평양지역사무소

알코올정책단기자문관 2012년 한국건강관리협회 이사(현) 2013~2015년 인제대학원대 학장 2013~2016년 보건의료인국사시험위원회 보건교육사시험위원장 2014~2016년 보건복지부 건강증진정책심의위원회 위원 2015~2017년 여성가족부 정책자문위원 2015년 인제대 보건대학원 교수(현) 2019년 한국건강증진개발원 이사(현) 2019년 인제대 보건대학원장(현) [상]대통령표창(2014)

### 김광남

[생]1963·2·17 [출]충남 [주]충청남도 천안시 동남구 청수6로 73 천안동남경찰서(041-590-2321) [학]천안북일고졸, 한양대 법학과졸, 同공공정책대학원졸 [경]1944년 경위 임용(경찰간부후보 42기) 1999년 경감 임용 2004년 경정 임용 2005년 국립과학수사연구소 근무 2006년 서울 광진경찰서 수사과장 2007년 경찰청 수사국 근무(경정) 2013년 교육 파견 2013년 충북지방경찰청 청문감사담당관 2014년 전남 고흥경찰서장(총경) 2015년 전남지방경찰서 형사과장 2016년 전남 완도경찰서장 2017년 충남지방경찰청 수사과장 2018년 충남 천안동남경찰서장(현)

### 김광두(金廣斗) KIM Kwang Doo

[생]1947·8·5 [출]전남 나주 [주]서울특별시 마포구 마포대로 15 현대빌딩 202호 (사)국가미래연구원(02-715-2669) [학]1964년 광주제일고졸 1970년 서강대 경제학과졸 1976년 경제학박사(미국 하와이주립대) [경]1977~1981년 국제경제연구원 수석연구원 1981~1983년 산업연구원 초청연구원 1981년 서강대 부교수 1985~2011년 同경제학과 교수 1985년 同기술관리연구소장 1987년 일본 히토쓰바시대 객원교수 1988년 중앙경제 비상임논설위원 1991~1996년 (사)양지경제연구회 회장 1991년 매일경제 비상임논설위원 1992년 MBC라디오 컬럼니스트 1992년 서강대 기획관리실장 1994년 同경제연구소장 1995년 同21세기기획단장 1995~1998년 금융통화운영위원회 위원 1998년 현대자동차서비스 사외이사 1998~2000년 서강대 경제대학원장 겸 경상대학장 1998년 금호석유화학 사외이사 1999~2002년 서울은행 사외이사 2000년 동양백화점 사외이사 2000~2004년 산업자원부 장관자문·산업발전심의회 위원장 2001년 서울은행 이사회 의장 2003년 한국응용경제학회 회장 2004년 국가경쟁력플랫폼 공동대표 2004년 국가경쟁력연구원 원장 2005년 한국국제경제학회 회장 2006년 서강대 시장경제연구소장 2006년 同교학부총장 2010~2017·2019년 (사)국가미래연구원(IFS) 원장(현) 2011~2013년 서강대 명예교수 2012년 새누리당 국민행복추진위원회 힘찬경제추진단장 2013~2017년 서강대 남덕우기념사업회장 2013~2017년 同경제학과 석좌교수 2015년 산업경쟁력포럼 대표 2017년 더불어민주당 제19대 문재인 대통령후보 중앙선거대책위원회 '새로운 대한민국 위원회' 위원장 2017~2018년 대통령직속 국민경제자문회의 부의장(장관급) [저]'국제경쟁력 강화를 위한 기술혁신연구' '금융혁신과 기술금융제도에 관한 연구' '기술경제학' '기술이전협력론' '아시아 금융위기와 일본의 역할' '한국의 기업·금융구조 조정' '한국제조업의 경쟁력수준 평가' '산업조직론' '산업경제론' [종]천주교

### 김광란(金光蘭·女)

[생]1971·5·11 [주]광주광역시 서구 내방로 111 광주광역시의회(062-613-5102) [학]영암여자고졸, 전남대 사범대학 물리교육학과 제적(4년) [경]투게더광산나눔문화재단 참여이사, 광주 광산구더불어락노인복지관 사무국장 2014~2018년 광주시 광산구의회 의원(새정치민주연합·더불어민주당), 同예산결산특별위원장 2018년 광주시의회 의원(더불어민주당)(현) 2018년 同의회운영위원회 위원(현) 2018년 同환경복지위원회 위원(현) 2018년 예산결산특별위원회 위원(현) 2018년 同윤리특별위원회 위원(현) 2018년 세계수영선수권대회지원특별위원회 위원(현) 2018년 자치분권특별위원회 위원(현)

### 김광림(金光琳) KIM Gwang Lim

[생]1948·4·28 [본]안동(安東) [출]경북 안동 [주]서울특별시 영등포구 의사당대로 1 국회 의원회관 944호(02-784-3063) [학]1966년 안동농림고졸 1973년 영남대 경제학과졸 1976년 서울대 행정대학원졸 1979년 미국 하버드대 대학원졸 1999년 행정학박사(경희대) [경]1973년 행정고시 합격(14회) 1975년 경제기획원 종합기획과·예산총괄과 사무관 1980년 상공부 장관비서관·미주통상과장 1983년 경제기획원 공정거래제도과장·인력개발계획과장 1986년 일본 아세아경제연구소 객원연구원 1988년 경제기획원 예산실 문교예산담당관 1990년 대통령비서실 행정관 1991년 경제기획원 예산정책과장·예산총괄과장·총무과장 1993년 同대외경제조정실 협력관 1994년 대통령 기획조정비서관 1995년 재정경제원 감사관 1996년 同대외경제심의관 1996년 同공보관 1997년 同행정방위예산심의관 1998년 기획예산위원회 재정기획국장 1999년 기획예산처 재정기획국장 2000년 국회 예산결산특별위원회 수석전문위원 2002년 특허청장 2003~2005년 재정경제부 차관 2005년 영남대 교양학부 석좌교수 2006~2008년 세명대 총장 2008년 제18대 국회의원(경북 안동시, 무소속·한나라당·새누리당) 2008년 국회 기획재정위원회 위원 2008·2009·2010·2011년 국회 예산결산특별위원회 위원 2009년 한나라당 제3정책조정위원장 2009~2012년 同안동시당원협의회 위원장 2009년 국회 예산결산특별위원회 간사 2010년 세계유교문화축전 고문 2011~2012년 한나라당 원내부대표 2011~2014년 한국발명진흥회(KIPA) 회장 2012~2013년 새누리당 여의도연구소장 2012년 제19대 국회의원(경북 안동시, 새누리당) 2013년 국회 예산·재정개혁특별위원회 위원장 2014~2015년 국회 정보위원회 위원장 2014년 국회 기획재정위원회 위원 2014년 국회 남북관계및교류협력발전특별위원회 위원 2014년 새누리당 경제혁신특별위원회 규제개혁분과 위원장 2015~2019년 예우회 회장 2015년 새누리당 정책위원회 부의장 2016년 제20대 국회의원(경북 안동시, 새누리당·자유한국당〈2017.2〉)(현) 2016년 새누리당 정책위원회 의장 2016년 同혁신비상대책위원회 위원 2016·2018년 국회 기획재정위원회 위원(현) 2017년 국회 헌법개정특별위원회 위원 2017년 자유한국당 제19대 홍준표 대통령후보 중앙선거대책위원회 공동위원장 2017~2018년 국회 예산결산특별위원회 위원 2017~2018년 국회 예산결산특별위원회 추경예산안등조정소위원회 위원 2017년 자유한국당 정책위원회 의장 2019년 同최고위원(현) 2019년 同2020경제대전환위원회 위원장(현) [상]한나라당 우수당원협의회 표창(2011), 희망·사랑나눔재단 선정 모범국회의원(2013), 법률소비자연맹 선정 국회 헌정대상(2013), 자유경제입법상(2016) [역]'일본이 본 한국공업화의 정치경제학'(1988) [종]기독교

### 김광만(金光滿) KIM Kwang Mahn

[생]1959·6·5 [본]경주(慶州) [출]서울 [주]서울특별시 서대문구 연세로 50-1 연세대학교 치과대학 치과생체재료학교실(02-2228-3082) [학]1978년 오산고졸 1984년 연세대 치의학과졸 1986년 同대학원 치의학과졸 1992년 치의학박사(연세대) [경]1987~1990년 용인정신병원 치과 과장 1992년 연세대 치과대학 치의학과 외래조교수 1996~2008년 同치과대학 치과생체재료학교실 전임강사·조교수·부교수 2000년 미국 Univ. of Alabama at Birmingham School of Dentistry 방문교수 2001년 국립기술품질원 전문위원 2002년 국제치과연구학회 한국지부 학술위원 2003년 대한치과기재학회 학술이사 2003년 同학회지 편집위원장 2004·2014년 연세대 치과대학 치과생체재료공학연구소장(현) 2004년 同치과대학 치과생체재료공학교실 주임교수(현) 2011~2013년 대한치과기재학회 회장 2012~2014년 연세대 치과대학 교무부학장 2013년 대한치과기재학회 고문(현) 2016년 同치과대학 치과의료기기시험평가센터 소장 2016~2018년 同치과대학장 겸 치의학전문대학원장 [저]'치과재료학' [종]기독교

## 김광모(金洸模) Kim Kwang Mo

(생)1973 · 2 · 8 (주)부산광역시 연제구 중앙대로 1001 부산광역시의회(051-888-8245) (학)2004년 부산대 국제대학원 국제학과졸 (경)진보신당 부산시당 홍보위원장, 同전국위원 2010~2014년 부산시 해운대구의회 의원(진보신당 · 무소속) 2010~2012년 同기획관광행정위원장 2012~2014년 同운영위원회 위원 2012~2014년 同주민도시보건위원회 위원 2014년 부산시 해운대구의원선거 출마(정의당), 부산시교육청 감사관실 청렴담당 공무원 2018년 부산시의회 의원(더불어민주당)(현) 2018년 同교육위원장(현) 2018년 同남북교류협력특별위원회 부위원장(현)

## 김광묵(金匡默)

(생)1963 · 8 · 13 (주)서울특별시 영등포구 의사당대로 1 국회사무처 예산결산특별위원회(02-788-2736) (경)1990년 입법고시 합격(10회), 국회사무처 정무위원회 입법조사관, 同의전과장, 同기획재정위원회 전문위원, 同산업통상자원위원회 전문위원 2015년 국회예산정책처 예산분석실장(관리관) 2016년 국회사무처 기획재정위원회 수석전문위원(차관보급) 2018년 同예산결산특별위원회 수석전문위원(차관보급)(현)

## 김광범(金洸範) KIM Kwang Beom

(생)1965 · 10 · 3 (본)김해(金海) (출)전남 고흥 (주)경기도 수원시 팔달구 권선로 733 중부일보 편집국(031-230-2114) (학)1991년 조선대 중국어학과졸 (경)1990년 수도권일보 근무 1997년 중부일보 경제부 차장 2000년 同경제부장 2001년 同사회부장 2003년 同경제부장 2005년 同편집국 경제부 부국장대우 2006년 同편집국 사회부 부국장대우 2008년 同편집국 정치부 부국장 2011년 同편집국장 2016년 同기획이사 2017년 同편집국장 겸 상무이사(현) (상)한국신문협회상(2001)

## 김광석(金光石) KIM Kwang Seok

(생)1939 · 11 · 20 (본)김해(金海) (출)경남 하동 (주)서울특별시 강남구 영동대로 318 (주)참존 비서실(02-3485-9301) (학)1959년 부산공고졸 1966년 성균관대 약대졸 1974년 고려대 경영대학원 수료 1993년 서강대 경영대학원 최고경영자과정 수료 1995년 서울대 경영대학원 최고경영자과정 수료 1996년 고려대 언론대학원 최고위과정 수료 1998년 同정보통신대학원 최고위과정 수료 2000년 명예 약학박사(성균관대) 2001년 국제산업디자인대학원 뉴밀레니엄과정 수료 2001년 연세대 언론홍보대학원 최고위과정 수료 2003년 단국대 산업경영대학원 문화예술최고경영자과정 수료 (경)1966년 피보약국 개설 1972년 서울중부경찰서 명예경찰관 1973년 서울시 중구청 자문위원 1974년 국민상호신용금고 대표이사 1975년 반공연맹 서울중부지부장 1977년 서울시 중구새마을지도자협의회장 1978년 서울시 중구새마을연수원장 1984년 참존 설립 · 대표이사 1987년 새마을금고연합회 서울중구협의회장 1991년 강남경찰서 치안자문위원 1993년 민주평통 자문위원 1995년 직장새마을운동 강남 · 서초구협의회장 1996년 한국화장품공업협동조합 초대 이사장 1997 · 2003년 민주평통 상임위원 1999년 대한화장품공업협회 부회장 2003년 학교법인 숙명학원 감사 2005년 성균관대 약대 겸임교수 2006~2012년 서울대AMP총동창회 회장 2006~2013년 학교법인 숙명학원 이사 2008년 (주)참존 회장(현) 2012년 서울대AMP총동창회 명예회장 겸 고문(현), 성균관대총동창회 32대 부회장 (상)경남도지사 감사장(1973), 서울시장표창(1976), 새마을훈장 협동장(1976), 중앙정보부장 감사패(1976), 경남도교육장표창(1977), 새마을금고연합회장표창(1980), 민주공화당 총재 유신의기수상, 국민은행장 감사장(1987), 국무총리표창(1999), 재정경제부장관표창, 전경련 국제경영원 제1회 최고경영자부문 글로벌경영인상, 고려경영포럼대상, 국민훈장 모란장(2001), 한국경영교육학회 경영자대상, 대통령표창(2004), 자랑스러운 한국인대상(2006), 대한민국마케팅대상 신상품부문 명품상(2006), 자랑스런 성균인상(2009), 2013 서울대 AMP 대상(2014), 한국전문경영인학회 한국창업대상 제조업부문(2014), 한국언론인연합회 한국참언론인대상(2016) (저)'성공은 나눌수록 커진다'(2000, 아이북) '주가 쓰시겠다 하라'(2005, 국민일보) '성공은 나눌수록 커진다'(2013, 아이북) '삶이 변하는 시간 25분'(2014, 다니엘하우스) (종)기독교

## 김광석(金光錫) Kim Guang Sok (廣灘)

(생)1958 · 2 · 28 (본)김해(金海) (출)경기 남양주 (학)1976년 보성고졸 1983년 서울시립대 도시행정학과졸 2003년 국방대 안보대학원졸 (경)1982년 한국방송공사(KBS) 편집제작부 기자 1991년 SBS 보도국 편집제작부 기자 1995년 同편집제작부 차장대우 · 전국부 차장 1997년 同편집부 차장 1998년 同보도본부 부장대우 2000년 同보도본부 부장 2001년 同문화과학CP 2004년 同전국부장 2005년 同보도본부 사회부장 2006년 同보도본부 보도제작2부장 2007년 同기획본부 심의팀장(부국장급) 2010년 同보도본부 논설위원 2012~2014년 SBS뉴스텍 대표이사 사장 2016~2019년 YTN 상근감사 (종)불교

## 김광선(金光善) Kim Gwangseon

(생)1960 (주)서울특별시 중구 을지로5길 19 삼덕빌딩 DK유엔씨(주)(02-2101-0900) (학)1978년 서울공업고졸 1988년 중앙대 기계공학과졸 (경)1990년 한국HP 입사 2008년 同엔터프라이즈서버&스토리지비즈니스사업본부장 2010년 DK유엔씨(주) 시스템사업본부장(상무) 2011년 同SI사업본부장(전무) 2013년 同SI사업본부장(부사장) 2014년 同대표이사 사장(현)

## 김광섭(金光燮) KIM Kwang Sup

(생)1966 · 1 · 23 (출)제주 서귀포 (주)서울특별시 서초구 서초중앙로 157 서울중앙지방법원(02-530-1114) (학)1984년 제주 남주고졸 1988년 서울대 법학과졸 1990년 성균관대 대학원 법학과 수료 (경)1994년 사법시험 합격(36회) 1997년 사법연수원 수료(26기) 1997년 부산지법 판사 2001년 수원지법 판사 2004년 서울중앙지법 판사 2006년 서울북부지법 판사 2008년 서울고법 판사 2010년 대법원 재판연구관 2012년 춘천지법 부장판사 2014년 수원지법 성남지원 부장판사 2016년 서울북부지법 부장판사 2018년 서울중앙지법 부장판사(현)

## 김광섭(金光燮) KIM Kwang Sup

(생)1970 · 1 · 21 (출)대구 (주)대전광역시 서구 청사로 189 통계청 통계데이터허브국(042-481-2310) (학)1988년 대구 심인고졸 1993년 연세대 경제학과졸 2004년 미국 오리건대 대학원 경제학과졸 (경)1993년 행정고시 합격(37회) 1999년 통계청 사회통계국 사회통계과 사무관 2002년 同경제통계국 서비스업통계과 서기관 2004년 同경제통계국 산업동향과 서기관 2005년 同경제통계국 산업동향과장 2007년 同통계정책국 통계정책과장 2008년 同통계정책국 통계정책과장(부이사관) 2009년 同조사관리국 조사기획과장 2009년 同조사관리국장(고위공무원) 2011년 同통계정책국장 2012년 同통계정보국장 2012년 국제연합(UN) 파견 2013년 통계청 사회통계국장 2015년 同경제통계국장 2017년 고용 휴직 2018년 통계청 통계정책국장(고위공무원) 2019년 同통계데이터허브국장(현) (상)홍조근정훈장(2011) (저)'국가통계의 이해(共)'(2016)

**김광수(金光洙) KIM Kwang Soo**

(생)1950 · 2 · 6 (본)경주(慶州) (출)서울 (주)울산광역시 울주군 언양읍 유니스트길 50 울산과학기술원(UNIST) 화학과(052-217-5410) (학)1967년 중동고졸 1971년 서울대 응용화학과졸 1973년 同대학원 응용화학과졸 1975년 한국과학기술원(KAIST) 물리학과졸(석사) 1982년 화학박사(미국 캘리포니아대 버클리교) (경)1975~1978년 충남대 전임강사 · 조교수 1984년 미국 IBM 연구원 1985~1988년 미국 럿거스대 방문조교수 · 연구조교수 1987~2013년 포항공대 화학과 조교수 · 부교수 · 교수 2006~2014년 同기능성분자계연구소장 2008~2009년 미국화학회지 'Journal of Physical Chemistry' 편집위원 2009년 NPG Asia Materials (Nature Publ. Group) Board Member(현) 2009년 국제양자분자과학원(IAQMS) 회원(현) 2009년 Elsevier 'Chemical Physics Letters' Board Member(현) 2010년 '국가과학자'에 선정 2010년 일본화학회지 'Chemistry Letters' Board Member(현) 2011년 Wiley Inter. Rev.: Comput. Mol. Sci. Board Member(현) 2014년 울산과학기술대 화학과 교수, 울산과학기술원(UNIST) 화학과 특훈교수(현), 同초기능성소재연구센터장(현) (상)대한화학회 학술상(2001), 제9회 한국과학상(2004), 대한민국 최고과학기술인상(2010), Asia-Pacific Ass. of Theoretical and Computational Chemistry 'Fukui medal'(2010), 미국 조지아대 Mulliken lecture Award(2011), QMOA Senior Scientist medal for outstanding scientific achievements at the Quantum Systems in Chemistry, Physics, and Biology (QSCP XXII) conference, China(2017)

**김광수(金光洙) KIM Kwang Sou**

(생)1957 · 2 · 26 (본)광산(光山) (출)전남 곡성 (주)서울특별시 중구 세종대로 125 서울특별시의회(02-2180-8526) (학)한국방송통신대 중퇴(1년) 2007년 국민대 경영대학 중퇴(1년) (경)탑세일타운 대표, 열린우리당 서울시당 지방자치특별위원회 부위원장, 김근태 국회의원 보좌역 겸 사무국장 2006년 서울시의원선거 출마(열린우리당), 한국외국어대 총동문회 이사, 同정책과학대학원 총동문회장 2008~2010년 스피드워싱 대표 2010년 서울시의회 의원(민주당 · 민주통합당 · 민주당 · 새정치민주연합) 2010년 同운영위원회 위원 2010년 同행정자치위원회 위원 2010년 同정책연구위원회 위원장 2010년 同인권특별위원회 위원 2011년 同장애인특별위원회 위원 2012년 同행정자치위원회 위원장 2013년 同강남 · 북교육격차해소특별위원회 위원 2014~2018년 서울시의회 의원(새정치민주연합 · 더불어민주당) 2014년 同행정자치위원회 위원 2015년 同인권특별위원회 위원 2015~2016년 同예산결산특별위원회 위원 2015년 同윤리특별위원회 위원 2016년 同환경수자원위원회 위원 2017년 녹색서울시민위원회 감사 2018년 서울시의회 부의장 2018년 서울시의회 의원(더불어민주당)(현) 2018년 同환경수자원위원회 위원(현) 2018년 同예산결산특별위원회 위원장 (상)새천년민주당 김대중총재표창(2000), 대통령표창(2003) (종)불교

**김광수(金光洙) KIM Kwang Soo**

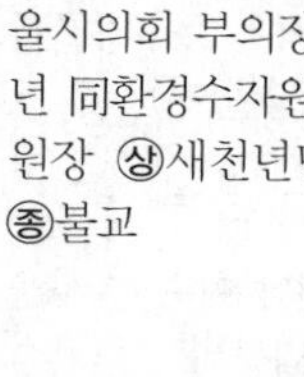

(생)1957 · 4 · 18 (출)전남 보성 (주)서울특별시 중구 새문안로 16 10층 NH농협금융지주 회장실(02-2080-5081) (학)1976년 광주제일고졸 1981년 서울대 경제학과졸 1985년 同행정대학원 행정학과졸 1990년 프랑스 파리국제정치대학원 국제경제학과졸 1991년 프랑스 국립행정대학원 국제행정학과졸 (경)1983년 행정고시 합격(27회) 1994~1997년 재정경제원 금융정책과 근무 1997~1998년 아프리카개발은행(AFDB) 대리이사 1998년 금융감독위원회 기획행정실 의사과장 1998년 同법규과장 1999년 同법규심사과장 2000년 同위원장 비서관 2000년 同은행팀장 2001년 同은행감독과장 2001년 대통령 비서실 서기관 2002년 대통령 경제정책비서관실 부이사관 2002년 재정경제부 국제조세과장 2003년 同행정법무담당관 2004년 同금융정책과장 2005년 대통령비서실 파견 2006년 재정경제부 공적자금관리위원회 사무국장 2008년 금융위원회 금융서비스국장 2009년 한나라당 수석전문위원 2011년 금융정보분석원장 2014~2018년 법무법인(유) 율촌 고문 2016년 멀티에셋자산운용(주) 사외이사 2016~2018년 미래에셋자산운용(주) 사외이사 2018년 NH농협금융지주 회장(현) (상)근정포장(1995) (종)기독교

**김광수(金光守) KIM Kwang Soo**

(생)1958 · 6 · 11 (본)경주(慶州) (출)전북 정읍 (주)서울특별시 영등포구 의사당대로 1 국회 의원회관 528호(02-784-5970) (학)전주고졸, 전북대 불어불문학과졸, 同행정대학원 석사과정 수료 (경)전주지검 형사조정위원, 신성초 운영위원장, 학산복지관 운영위원장, 완산중총동창회 회장, 전북행정개혁시민연합 정책위원장, 전주항소법원설치범도민추진위원회 대변인 1998~2002 · 2006~2010년 전북 전주시의회 의원 2008~2010년 同도시건설위원장, 민주당 전주시완산구甲지역위원회 부위원장 2010년 전북도의회 의원(민주당 · 민주통합당 · 민주당 · 새정치민주연합) 2010년 同문화관광건설위원회 위원 2010 · 2012년 同예산결산특별위원회 위원 2010년 同버스운영체계개선을위한특별위원회 위원장 2012년 同운영위원장 2012년 同환경복지위원회 위원 2013년 전북대 기초교양교육원 초빙교수 2014~2016년 전북도의회 의원(새정치민주연합 · 더불어민주당 · 무소속) 2014~2016년 同의장 2014년 전국균형발전지방의회협의회 회장 2016년 제20대 국회의원(전주시甲, 국민의당 · 민주평화당〈2018.2〉)(현) 2016년 국민의당 정책담당 원내부대표 2016~2018년 同전주시甲지역위원회 위원장 2016~2018년 국회 보건복지위원회 간사 2016년 국회 예산결산특별위원회 위원 2016~2017년 국회 저출산 · 고령화대책특별위원회 간사 2016~2017년 국민의당 전북도당 위원장 2016년 同사무총장 2017년 同시도위원장단협의회 공동대표 2017년 同제19대 대통령선거 경선 선거관리위원회 부위원장 2017년 同제19대 안철수 대통령후보 중앙선거대책위원회 종합상황실장 겸 전북도선거대책위원회 상임위원장 2017년 同정책위원회 제5정책조정위원장 2017년 同이낙연국무총리임명동의에관한인사청문특별위원회 간사 2018년 국회 보건복지위원회 위원(현) 2018년 민주평화당 전주시甲지역위원회 위원장(현) 2018년 同정책위원회 수석부의장 2018년 同제4정책조정위원회 위원장 2018년 국회 헌법개정 및 정치개혁특별위원회 위원 2018년 국회 공공부문채용비리의혹과 관련된 국정조사특별위원회 위원(현) 2019년 민주평화당 사무총장 (상)대한민국문화예술공헌대상 사회공헌의정활동부문(2016), 국정감사 NGO모니터단 국정감사 우수국회의원(2016), 국민의당 국정감사 우수의원상(2016), 법률소비자연맹 제20대 국회 1차년도 국회의원 헌정대상(2017), 유권자시민행동 2017 대한민국 유권자대상(2017), JJC지방자치TV 대한민국 의정대상(2017), 국민의당 오늘의국감의원(2017), 국민의당 선정 2017국정감사우수의원(2017), 제16회 대한민국 의정대상 국회의원 의정대상(2017), 대한아동병원협회 선정 자랑스러운 국회의원상(2018), 유권자시민행동 대한민국유권자대상(2018), 국회사무처 2017년도 입법 및 정책개발 최우수의원(2018), 한국여성유권자연맹 여성정치발전인상(2018), 제5회 대한민국 인성교육 및 교육공헌 대상 2018 대한민국 인성교육대상(2018), 사회정의시민행동 제10회 공동선 의정활동상(2018), 청년과미래 청년 정책 우수국회의원 종합대상(2018), 대한민국의정대상 선정위원회 제19회 대한민국 의정대상(2018), 민주평화당 국정감사 우수의원상(2018), 제5회 행복나눔봉사대상 국회의회부문매니페스토상(2018), JJC지방자치TV 국정감사 우수의원(2018), 한국환경정보연구센터 선정 국정감사 친환경 베스트의원(2018), 2018년도 입법 및 정책개발 우수위원(2019), 2019 대한민국 의정대상(2019) (저)'광수생각, 희망생각'(2015) (종)천주교

## 김광수(金光洙)

(생)1961·4 (주)인천광역시 연수구 컨벤시아대로 165 (주)포스코인터내셔널 국내철강본부(02-759-2114) (학)1987년 경북대 금속공학과졸 1998년 미국 매사추세츠공과대(MIT) 수학 (경)1987년 (주)포스코 광양제철소 생산관리부 입사 1995년 同광양제철소 미니밀부 근무 2001년 同판매생산계획그룹 근무 2007년 同판매생산계획실장 2010년 同선재판매그룹장 2012년 同재고제로화Mega-Y추진반장(상무보) 2015년 同물류Infra혁신프로젝트팀장(상무) 2016년 同글로벌마케팅조정실장(상무) 2018년 同철강사업전략실장(전무) 2019년 (주)포스코대우 국내철강본부장(전무) 2019년 (주)포스코인터내셔널 국내철강본부장(전무)(현)

## 김광수(金光洙) kim, kwang su

(생)1962·2·13 (본)청풍(淸風) (출)강원 원주 (주)강원도 원주시 시청로 1 원주시청 부시장실(033-742-2111) (학)춘천기계공고졸 1992년 한국방송통신대 행정학과졸 1999년 강원대 정보과학대학원 행정학과졸 (경)1990년 강원 원주시 사회산업국 지역경제과 근무(8급) 2000년 강원도 서울본부 근무(6급) 2001년 同예산담당관실 예산계·재정지원계·투자심사계 근무 2008년 춘천시 서면 면장(5급) 2008년 同도시경관과장 2009년 행정자치부 재정정책과 파견 2012년 강원도 예산담당관실 예산계장·재정지원계장·투자심사계장·공기업계장, 평창군 문화관광과장(서기관) 2016년 강원도의회 사무처 기획행정전문위원 2016년 강원도 예산과장 2017년 同기획관(부이사관) 2018년 강원 원주시 부시장(현) (상)국무총리표창(2000), 대통령표창(2012)

## 김광수(金廣洙) Kim Kwang-Soo

(생)1968·4·3 (본)경주(慶州) (출)부산 (주)서울특별시 서초구 서초대로 265 대신빌딩 5층 김광수법률사무소(02-599-2580) (학)1987년 부산진고졸 1992년 서울대 법과대학졸 (경)1993년 사법시험 합격(35회) 1996년 사법연수원 수료(25기) 1999년 서울지검 검사 2001년 춘천지검 강릉지청 검사 2003년 부산지검 검사 2005년 법무부 검찰1과 검사 2008년 서울남부지검 검사 2009년 同부부장검사 2010년 대검찰청 연구관 2011년 同감찰2과장 2012년 법무부 공안기획과장 2013년 서울중앙지검 공안2부장 2014년 대전지검 형사2부장 2015년 법무부 대변인 2017년 광주지검 순천지청장 2018~2019년 부산지검 제1차장검사 2019년 변호사 개업(현) (상)법무부장관표창(2002), 모범검사 선정(2004), 홍조근정훈장(2016)

## 김광숙(金光淑·女) KIM Kwang Suk

(생)1953·12·20 (본)경주(慶州) (출)서울 (주)경기도 안성시 대덕면 서동대로 4726 중앙대학교 예술대학 전통예술학부 행정실(031-670-4722) (학)1990년 중앙대 국악과졸 1998년 同예술대학원졸 (경)1971년 중요무형문화재 제29호 서도소리 전수장학생 선정 1977년 同이수자 선정 1982년 同전수조교 선정 2001년 국가무형문화재 제29호 서도소리(관산융마·수심가) 예능보유자 지정(현) 2008년 중앙대 예술대학 전통예술학부 연희예술전공 겸임교수(현), 국립국악원 민속연주단 지도위원 2011~2013년 同민속악단 악장 (종)기독교

## 김광순(金光淳) KIM Kwang Soon

(생)1939·9·7 (본)김해(金海) (출)서울 (주)서울특별시 동작구 보라매로5길 15 (주)한국하우톤 회장실(02-3284-3302) (학)1957년 경기고졸 1966년 공군사관학교졸 (경)1968년 삼연사 대표이사 1972년 (주)한국하우톤 대표이사 회장(현) 1975년 동호물산 대표이사 회장(현) 1975년 (주)한국발보린 대표이사 회장(현) (상)제30회 무역의날 수출의탑(1993), 서울환경상(2001)

## 김광식(金光植) KIM Kwang Sik

(생)1941·12·10 (출)인천 (주)인천광역시 연수구 인천타워대로132번길 24 (주)정광종합건설(032-888-3986) (학)1992년 중앙대 건설대학원 수료 1993년 인하대 경영대학원 수료 (경)1985년 (주)정광종합건설 회장(현) 1991~1998년 인천시아마추어복싱연맹 회장 1998~2003년 새마을운동중앙협의회 인천지회장 1999~2008년 인천시 남구체육회 부회장 2000~2003년 민주평통 인천부의장 2000~2008년 인천상공회의소 상임의원·부회장 2002~2009년 대한주택건설협회 인천시회장 2007~2011년 법무부 범죄예방위원회 인천지역협의회장 2008년 사랑의쌀나눔운동본부 운영위원장 2008~2015년 인천상공회의소 회장 2009년 인천납세자연합회 고문 2015년 인천경영포럼 상임고문(현) (상)국무총리표창(1992), 인천시체육회 특별공로상(1999), 대통령훈장(2000), 국가보훈처장표창(2003), 건설교통부장관표창(2004), 대통령표창(2006), 인천지검장표창(2006)

## 김광식(金光式) KIM Kwang Sik

(생)1955·1·7 (출)충북 보은 (주)서울특별시 용산구 신흥로 152 한국에너지재단 이사장실(02-6913-2111) (학)1974년 보문고졸 1982년 충남대 사회학과졸 1984년 同대학원 사회학과졸 2003년 한남대 대학원 도시지역계획학 박사과정 수료 (경)1989년 월간 문학시대 취재기자 1993년 대전환경운동연합 창립·사무국장 1995년 대전참여자치시민연대 정책위원장 1999년 충남환경연합 창립·운영위원장·대전충남민주언론운동시민연합 지도위원 2000년 한남대 도시지역계획학과 겸임교수 2000년 대전총선연대 상임운영위원장 2000년 계룡산살리기국민연대 집행위원장 2001년 대전시민사회단체연대회의 상임운영위원장 2001년 한국시민사회단체연대회의 공동운영위원장 2002년 남아프리카공화국 요하네스버그 Rio+10 세계정상회의(WSSD) 한국NGO 대표단 2003년 대전환경운동연합 공동의장 2003년 대전시민사회단체연대회의 공동대표 2003년 지방분권운동대전본부 상임운영위원장 2003년 환경운동연합 조직위원장 2003년 대전정치개혁시민연대 공동준비위원장 2007~2009년 한국조폐공사 감사 2018년 한국에너지재단 이사장(현) (상)국무총리표창(1998)

## 김광식

(생)1971 (출)강원 태백 (주)서울특별시 서대문구 통일로 97 경찰청 홍보담당관실(02-3150-2514) (학)강릉고졸 1994년 경찰대졸(8기) (경)1994년 경위 임용 2011년 서울지방경찰청 홍보담당관실 홍보기획계장(경정) 2012년 同홍보담당관실 홍보운영계장 2013년 강원지방경찰청 경비교통과장(총경) 2014년 同청문감사담당관 2014년 강원 평창경찰서장 2015년 서울지방경찰청 지방자치발전추진단 근무 2017년 서울 중부경찰서장 2017년 경찰청 범죄분석담당관 2019년 同홍보담당관(현)

## 김광암(金光巖) KIM Kwang Am

(생)1962·2·3 (본)경주(慶州) (출)전남 여수 (주)서울특별시 강남구 테헤란로87길 36 법무법인 로고스(02-2188-1066) (학)1981년 보성고졸 1985년 성균관대 법학과졸 1988년 同대학원졸 1997년 미국 캘리포니아대 버클리교 로스쿨 연수 2002년 미국 산타클라라대 로스쿨 연수 (경)1985년 사법시험 합격(27회) 1988년 사법연수원 수료(17기) 1988년 軍법무관 1991년 수원지검 검사 1993년 부산지검 울산지청 검사 1995년 인천지검 검사 1997년 대구지검 검사 1999년 서울지검 서부지청 부부장검사 2000년 광주지검 순천지청 부장검사 2001년 법무연수원 교수 2003년 광주지검 특수부장 2004년 인천지검 형사2부장 2005년 서울서부지검 형사3부장 2005년 변호사 개업 2009년 인천지방변호사협회 심사위원장 2009년 대한변호사협회 윤리장전개정특별위원회 제3

소위 위원장 2010~2012년 법무법인 둘로스 대표변호사 2011년 미국 George Mason Law School CIP연구소 객원연구원 2012년 법무법인 로고스 변호사(현) 2013~2016년 대통령직속 원자력안전위원회 위원 2013~2017년 同원자력안전 옴부즈만(초대·2대) 2016~2019년 학교법인 명지학원 비상임감사 (상)검찰총장표창(1995) (저)'미국의 부패방지법 연구' (종)기독교

### 김광열

(생)1961 (주)서울특별시 종로구 종로33길 31 삼양화성(주)(02-741-5011) (학)1984년 중앙대 경제학과졸 (경)1984년 (주)삼양사 입사, 同경영기획실 기획팀장, 삼양웰푸드 경영지원팀장 2012년 (주)삼양홀딩스 경영지원실장(상무) 2017년 삼양화성(주) 대표이사(현)

### 김광용(金光龍) KIM Kwang Yong

(생)1956·2·14 (본)상산(商山) (출)서울 (주)인천광역시 미추홀구 인하로 100 인하대학교 공과대학 기계공학부(032-860-7317) (학)1974년 용산고졸 1978년 서울대 원자핵공학과졸 1981년 한국과학기술원(KAIST) 기계공학과졸(석사) 1987년 공학박사(한국과학기술원) (경)1981~1992년 인하대 공대 기계공학부 전임강사·조교수·부교수 1988년 영국 런던대 Imperial공대 객원연구교수 1993년 인하대 공대 기계공학과 교수(현) 1997년 미국 스탠퍼드대 객원연구교수 2002~2004년 인하대 기계기술공동연구소장 2004년 유체기계공업학회 부회장 2005~2006년 미국 플로리다대 연구교수 2006~2009년 대한기계학회 논문집 편집장 2007년 제9회 아시아유체기계학술대회 조직위원장 2008년 미국기계학회(ASME) Fellow(현) 2008년 일본기계학회 유체공학저널 자문위원(현) 2008년 학술지 'International Journal of Fluid Machinery and Systems' 편집장 2009년 미국항공우주학회(AIAA) Associate Fellow 2009~2011년 한미일기계학회 공동유체공학학술대회 공동조직위원장 2009~2010년 인하대 공대 기계공학부장 2010~2011년 한국유체기계공업학회 회장 2010년 인하대 공대 기계공학부 인하펠로우교수(현) 2013~2015년 아시아유체기계평의회(AFMC) 회장 2014년 미국기계학회 유체공학학술지 부편집인(현), Micromachines 편집위원(현) 2017년 한국과학기술한림원 공학부 정회원(현) 2017~2019년 인하대 공과대학장 2018년 한국공학한림원 기계공학분과 회원(현) 2018년 한국과학기술정보연구원(KISTI) 펠로우(현) (상)대한기계학회 남헌학술상(2004), 한국유체기계학회 공로상(2007), 대한기계학회 학술상(2008), 인하대 우수연구상(2008), 대한기계학회 공로상(2009), 한국유체공학학술대회 NCFE학술상(2010), 미국기계학회 YEP Contest 3등상(2011), 유체기계공업학회 학술상(2015), 과학기술훈장 도약장(2017), 대한기계학회 유체공학학술상(2018) (저)'원자로 열공학'(1983) '유체역학'(1985) '공업수학'(1989) 'Fluid Machinery Optimization'(2010) 'Passive Micromixers'(2018) 'Design Optimization of Fluid machinery'(2019, Wiley)

### 김광용(金光龍) KIM Kwang Yong

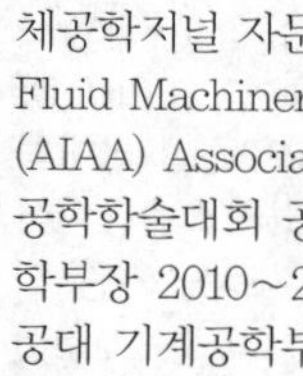

(생)1961·7·15 (본)경주(慶州) (출)강원 춘천 (주)서울특별시 동작구 상도로 369 숭실대학교 경영학부(02-820-0597) (학)1979년 춘천고졸 1984년 고려대 금속학과졸 1991년 미국 조지아주립대 대학원 보험수리학과졸 1995년 경영학박사(미국 조지아주립대) (경)1986년 대우자동차연구소 연구원 1991~1994년 미국 통계컨설팅연구소 연구원 1996년 숭실대 경영학부 조교수·부교수·교수(현), 기업소송연구회 회원 2000년 한국데이터베이스학회 이사 2007~2009년 숭실대 연구·산학협력처장 2007년 同산학협력단장 2007년 同벤처중소기업센터장 겸 기술이전센터장 2012년 同해외교육사업·사이버담당 특임부총장 2014~2016년 한국IT서비스학회 회장 2015년 미국 세계인명사전 'Marquis Who's Who in the World 2016년판'에 등재 2015년 영국 케임브리지 국제인명센터(IBC) 선정 '2015 세계 100대 교육자' 2019년 숭실대 경영대학장 겸 경영대학원장(현) (상)지능정보시스템학회 우수논문상(1998) (저)'A Guide to COMPSTAT on System D'(1994) '로그분석과 eCRM(共)'(2002) '서비스사이언스'(2006) (역)'경영정책게임'(1999) 'e-Business 시대를 위한 경영정보시스템(共)'(2003) (종)천주교

### 김광용(金光龍) Kim, Kwang Yong

(생)1966·11·10 (주)세종특별자치시 다솜2로 94 해양수산부 해양정책실 해양정책과(044-200-5220) (학)서울대 서어서문학과졸, 미국 콜로라도대 대학원 행정학과졸 (경)1998년 해양수산부 어업자원국 국제협력과 근무 2003년 同기획관리실 행정관리담당관실 근무 2005년 同정책홍보관리실 행정법무팀 근무 2007년 同해운물류본부 해운정책팀 근무 2008년 부산지방해양항만청 항만물류과장 2010년 2012여수세계박람회조직위원회 파견 2013년 평택지방해양항만청장 2014년 해양수산부 해양정책실 해양영토과장 2015년 同세월호배상및보상지원단 보상운영과장 2016년 同해양정책실 연안계획과장 2018년 同해양정책실 해양환경정책과장 2019년 同해양정책실 해양정책과장(부이사관)(현)

### 김광용(金光龍)

(생)1970 (출)충북 제천 (주)인천광역시 남동구 정각로 29 인천광역시청 기획조정실(032-440-2040) (학)1989년 충북 제천고졸 1996년 고려대 무역학과졸 (경)1996년 지방고시 합격(1회) 1996~2002년 충북 제천시청 지방사무관 2003년 행정자치부 지방재정경제국 재정과 사무관 2009년 행정안전부 지방재정세제국 재정정책과 서기관 2009년 同지방행정연수원 기획지원부 기획협력과장 2011년 同정책기획관실 법무담당관 2012년 안전행정부 지방세정책과장 2013년 同안전정책과장 2016년 국민안전처 안전기획과장 2017년 同생활안전정책관 2017년 행정안전부 생활안전정책관 2017년 국정기획자문위원회 파견 2017년 행정안전부 재난대응정책관 2018년 인천시 기획조정실장(현)

### 김광우(金光禹) KIM Kwang Woo

(생)1952·8·18 (출)대구 (주)서울특별시 관악구 관악로 1 서울대학교 공과대학 건축학과(02-880-7051) (학)1971년 경복고졸 1975년 서울대 건축학과졸 1979년 同대학원 건축공학과졸 1981년 미국 미시간대 대학원졸 1984년 공학박사(미국 미시간대) (경)1985~1989년 숭실대 건축학과 교수 1990~2017년 서울대 공과대학 건축학과 교수 2008~2010년 대한건축학회 연구1담당 부회장 2014~2016년 대한건축학회 회장 2015년 미국공기조화냉동공학회(ASHRAE) 석학회원(현) 2015년 국제빌딩성능시뮬레이션학회(IBPSA) 석학회원(현) 2016년 국제학술지 'Building and Environment' 편집자(현) 2017년 서울대 공과대학 건축학과 명예교수(현) (상)건설교통부장관표창(2006), 서울대 훌륭한 공대교수상 연구상(2011), 일본 공기조화위생공학회 이노우에 우이치 기념상(2012), 대한건축학회 우수발표논문상(2013), 한국공학한림원 일진상(2017) (역)대학캠퍼스 계획의 분류에 관한 연구

### 김광우(金光佑)

(생)1956·9·25 (주)세종특별자치시 도움4로 9 국가보훈처 제대군인국(044-202-5700) (학)1975년 동래고졸 1981년 육군사관학교졸 1995년 경남대 대학원 북한학과졸 (경)2006년 국방부 기획조정관실 국회업무연락단장 2008년 한미연합사령부 기획참모부 차장(준장) 2009년 육군 교육사령부 교리발전부 차장 2010년 특전사령부 제1공수특전여단장 2012년 육군 리더십센터 단장 2012년 특전사령부 부사령관 2017년 국가보훈처 제대군인국장(현)

## 김광원(金光元) KIM Kwang Won

(생)1940 · 12 · 15 (본)선산(善山) (출)경북 울진 (학)1959년 대구 계성고졸 1963년 서울대 법과대학 행정학과졸 1992년 영남대 환경대학원 도시계획학과졸 2011년 명예 행정학박사(용인대) (경)1970년 행정고시 합격(10회) 1972~1974년 경북도 법제 · 송무계장 1974~1979년 내무부 근무 1979년 금릉군수 1980년 김천시장 1982년 경북도 지방공무원교육원장 1983년 同보건사회국장 1984년 내무부 지방행정연수원 총무과장 1985년 同민방위국 편성운영과장 1986년 同지방개발국 새마을기획과장 1987년 강릉시장 1988년 경북도 기획관리실장 1991년 포항시장 1991년 경북도 부지사 1993년 내무부 감사관 1994년 민자당 울진지구당 위원장 1996년 제15대 국회의원(영양 · 봉화 · 울진, 신한국당 · 한나라당) 1996년 신한국당 민원위원장 1998년 한나라당 민원실장 1998년 同제1정책조정실장 1998~1999년 同사무부총장 2000년 제16대 국회의원(봉화 · 울진, 한나라당) 2003년 한나라당 중앙위 수석부의장 2004~2008년 제17대 국회의원(영양 · 영덕 · 봉화 · 울진, 한나라당) 2004~2005년 국회 농림해양수산위원장 2006~2008년 한나라당 경북도당 위원장 2008~2011년 한국마사회 회장 2010~2012년 대한승마협회 회장 2010년 농촌희망재단 명예이사장 2011년 아시아승마협회 회장 (상)홍조근정훈장(1988) (저)'희망주식회사 경상북도를 팝니다'(2006)

## 김광원(金光源) KIM Kwang Won

(생)1947 · 5 · 20 (출)전북 부안 (주)인천광역시 남동구 남동대로774번길 21 가천대학교 길병원 당뇨내분비센터(1577-2299) (학)1965년 전주고졸 1972년 서울대 의대졸 1975년 同대학원 의학석사 1982년 의학박사(서울대) (경)1972~1977년 서울대병원 인턴 · 내과 레지던트 1977~1980년 육군 軍의관 1980~1993년 경희대 의대 내과학교실 전임강사 · 조교수 · 부교수 · 교수 1986~1988년 캐나다 캘거리의대 당뇨병연구소 연구원 1994~1999년 삼성서울병원 내분비대사내과 과장 1997~2012년 성균관대 의대 내과학교실 교수 1999~2005년 삼성서울병원 내과 과장 2001~2005년 성균관대 의대 내과학교실 주임교수 2001~2003년 대한당뇨병학회 이사장 2003년 삼성서울병원 조직공학센터장 2005년 대한당뇨병학회 회장 2007년 대한내분비학회 회장 2007년 한국조직공학재생의학회 회장 2007년 삼성서울병원 당뇨병센터장 2012년 성균관대 명예교수(현) 2012년 가천대 길병원 내과 교수(현) 2013년 同당뇨내분비센터장(현) (상)근정포장(2012), 보건복지부장관표창(2017) (저)'당뇨병 대탐험' '진료도 경영이다(좋은 의사를 생각하며)'(2006, 시몽) '건강하세요'(2009, 시몽)

## 김광원(金光源) KIM Kwang Won

(생)1949 · 10 · 23 (본)부안(扶安) (출)전북 부안 (주)서울특별시 서대문구 북아현로22나길 75 저널리즘학연구소(070-8744-8539) (학)1968년 전주고졸 1977년 연세대 국어국문학과졸 1988년 영국 옥스포드대 수학 2002년 한양대 언론대학원 신문학과졸 2007년 정치학박사(경기대) (경)1976~1992년 동아일보 국제 · 문화 · 사회부 기자 1992년 同노조위원장 1993~1996년 同국제부 차장 1996~1998년 문화일보 국제부장 · 사회부장 1999년 관훈클럽 편집위원 1999년 문화일보 편집국 부국장 2002~2005년 同논설위원 2004~2005년 EBS 시청자위원 2004년 육군 자문위원 2004년 한국기자협회 '이달의 기자상' 심사위원 2005~2007년 한국언론재단 사업이사 2006년 규제개혁위원회 위원 2008~2013년 순천향대 신문방송학과 초빙교수 2011년 저널리즘학연구소 소장(현) (저)'명저의 고향'(共) '이란리포트' (역)'칼릴 지브란 잠언집' (작)'언론사의 지배 · 편집구조가 보도내용에 미치는 영향' (종)천주교

## 김광윤(金光潤) KIM Kwang Yoon

(생)1952 · 10 · 5 (본)함창(咸昌) (출)경북 영주 (주)경기도 수원시 영통구 월드컵로 206 아주대학교 경영대학 경영학과(031-219-2716) (학)1969년 영주 영광고졸 1973년 성균관대 경영학과졸 1978년 서울대 대학원 경영학과졸 1990년 경영학박사(고려대) (경)1972년 공인회계사 합격(6회) 1973~1974년 한국은행 근무 1977년 삼일회계법인 개업 1983~2018년 아주대 경영대학 경영학과 전임강사 · 조교수 · 부교수 · 교수 1987~1996년 공인회계사시험 출제위원 1990~1993년 아주대 경영대학원 수원원장 겸 경영연구소장 1994년 미국 하버드대(Harvard University) 초빙학자 1995년 교통개발연구원 자문위원 1996~1999년 사법시험 · 행정고등고시 · 입법고등고시 출제위원 2003~2004년 한국세무학회 회장 2004년 同고문(현) 2006~2007년 한국회계학회 회장 2007년 同고문(현) 2008년 한국공인회계사회 회계감사인증기준위원회 위원장 2008년 중부지방국세청 납세자보호위원 2009~2012년 조세심판원 비상임심판관 2010년 한국공인회계사회 위탁감리위원장 겸 금융위원회 감리위원(현) 2013년 세금바로쓰기납세자운동 공동대표(현) 2014~2016년 한국감사인포럼 공동대표 2016년 한국감사인연합회 상임공동대표(회장)(현) 2018년 아주대 경영대학 경영학과 명예교수(현) (상)교육부장관표창(1993), 금융감독위원장표창(2002), 재정경제부장관표창(2007), 자랑스러운 성우회동문상(2015), 한국납세자연합회 납세자권익상 학술부문(2015) (저)'세무회계'(1986) '기업의 회계원리'(1990) '세법원론'(1996) '기업회계 실무해설서'(1997) '현대 세무회계' '재무회계원리' '객관식세법'(2002) '세법1, 2'(2009) '최신회계원리'(2009)

## 김광은(金光殷)

(생)1961 · 8 · 21 (주)대전광역시 유성구 과학로 124 한국지질자원연구원(042-868-3026) (학)1985년 서울대 자원공학과졸 1987년 同대학원 자원공학과졸 1993년 지구환경시스템공학박사(서울대) (경)2004년 한국지질자원연구원 입사 2005년 同정책연구부장 직대 2016~2018년 同성과확산부장 2017~2018년 同광물자원연구본부장 2018년 同부원장(현)

## 김광재(金廣宰)

(생)1962 · 12 · 19 (출)전남 해남 (주)전라북도 전주시 완산구 서원로 77 전북지방중소벤처기업청(063-210-6400) (학)1981년 조선대부고졸 1997년 경기대 지역개발학과졸 2012년 고려대 대학원 정책학과졸 (경)1986년 공업진흥청 국립공업시험원 강원지방공업시험소 근무 2005년 중소기업청 재래시장소기업과 사무관 2008~2012년 同사업전환과 · 기술협력과 · 공정혁신과 사무관 2013년 同기획조정관실 기획재정담당관실 서기관 2014년 同재도전정장과 · 소상공인정책국 시장상권과 2015년 同소상공인정책국 소상공인지원과장 2016년 통일교육원 교육(서기관) 2017년 경기지방중소벤처기업청 공공판로지원과장 2017년 전북지방중소벤처기업청장(현)

## 김광조(金光兆) KIM Kwang Jo

(생)1956 · 4 · 10 (본)청풍(淸風) (출)강원 동해 (주)대전광역시 유성구 대학로 291 한국과학기술원 공과대학 전산학부(042-350-3550) (학)1980년 연세대 전자공학과졸 1983년 同대학원 전자공학과졸 1991년 공학박사(일본 요코하마국립대) (경)1979~1997년 한국전자통신연구원 근무 1995년 한국정보통신표준협회 일반보안기술 실무작업반 의장 1996년 ASIACRYPT96 프로그램위원장 1996년 충남대 컴퓨터과학과 겸임부교수 1998년 한국정보통신대 공학부 부교수 · 교수 1998년 한

국통신정보보호학회(KIISC) 국제학술이사 1999년 세계암호학회 한국인체초 이사 1999년 일본 요코하마국립대 · 도쿄대 방문교수 2000년 IT영재교육원 원장 2000년 국제정보보호기술연구소 소장 2005년 미국 MIT · UCSD 방문교수 2006년 한국정보통신대 공학부장 2008년 同정보통신대학원장 겸 공학부장 2008년 한국정보보호학회(KIISC) 수석부회장 2009년 同회장 2009년 한국과학기술원(KAIST) 공과대학 전산학부 교수(현) 2010년 한국정보보호학회(KIISC) 명예회장(현) 2014년 국제정보처리연합(IFIP) 정보보호위원회 한국대표(현) 2017년 세계암호학회(IACR) 석학회원(현) (상)대통령표창(2009) (저)'Advances in Cryptology-ASIACRYPT(共)'(1996) 'Public Key Cryptogrphy-PKC2001'(2001) 'Information Security and Cryptology'(2002) 'Network Intrusion Detection Using Deep Learning'(2018)

## 김광준(金光俊) KIM Kwang Jun

(생)1967 · 2 · 5 (출)서울 (주)서울특별시 강남구 테헤란로 133 한국타이어빌딩 법무법인 태평양(02-3404-0481) (학)1985년 배재고졸 1990년 서울대 법과대학졸 1993년 同대학원 법학과 수료 (경)1991년 사법시험 합격(33회) 1994년 사법연수원 수료(23기) 1994년 軍법무관 1997년 광주지검 검사 1999년 수원지검 평택지청 검사 2000년 대구지검 검사 2001년 서울지검 검사 2003년 수원지검 안산지청 검사 2005년 미국 스탠포드대 후버연구소 연수 2006년 전주지검 부부장검사 2007년 서울남부지검 부부장검사 2007년 형사정책연구원 파견 2008년 (주)NHN 법무그룹장(전무) 2010~2012년 同경영지원그룹장(부사장) 2012년 법무법인(유) 태평양 변호사(현) 2013년 한국인터넷기업협회 자문변호사(현) 2013년 대한변협법률구조재단 이사(현) 2014년 대검찰청 정책연구심의위원회 위원(현) 2015~2016년 미래창조과학부 인터넷주소분쟁조정위원회 위원 2015년 SK가스(주) 사외이사 겸 감사위원장(현) 2015년 (사)한국인터넷소사이어티 이사(현) 2017년 대검찰청 디지털수사 자문위원회 위원(현)

## 김광직(金光稙)

(생)1961 · 6 · 6 (출)충북 단양 (주)충청북도 음성군 맹동면 원중로 1390 한국가스안전공사 감사실(043-750-1000) (학)한성고졸, 충북대 토목공학과졸 1988년 고려대 문과대학 영어영문학과졸, 연세대 정경 · 창업대학원 재학 중 (경)(주)금강제화 영업기획마케팅담당, 열린우리당 전자정당위원회 사이버문화위원, 미래로상사 대표, 리버벨 대표 2007년 대통합민주신당 충북도당 문화관광특별위원회 위원장 2007년 同제17대 정동영 대통령후보 중앙선거대책위원회 국민대통합위원회 충북도본부장, 민주당 충북도당 환경특별위원회 위원장 2010년 충북 단양군수선거 출마(국민참여당) 2012년 민주통합당 제18대 문재인 대통령후보 선거대책위원회 충북도당 대외협력위원회 부위원장 2013년 충북1004통일포럼 대표(현) 2014~2018년 충북 단양군의회 의원(새정치민주연합 · 더불어민주당) 2016년 더불어민주당 충북도당 환경위원회 위원장 2017년 同충북도당 국민주권선거대책위원회 소상공인위원장 2018년 충북 단양군수선거 출마(더불어민주당) 2019년 한국가스안전공사 상임감사(현)

## 김광진(金光鎭) KIM Kwang Jin

(생)1960 · 4 · 9 (출)경북 울진 (주)서울특별시 송파구 법원로 101 서울동부지방법원(02-2204-2114) (학)1978년 울진종고졸 1985년 경북대 법학과졸 (경)1992년 사법시험 합격(34회) 1995년 사법연수원 수료(24기) 1995년 대구지법 판사 1998년 同경주지원 판사 1998년 同포항지원 판사 2001년 대구지법 판사 2006년 대구고법 판사 2008년 대구지법 판사 2010년 전주지법 부장판사 2012년 수원지법 부장판사 2015년 서울중앙지법 부장판사 2018년 서울동부지법 부장판사(현)

## 김광진(金光珍) Kim Kwang Jin (청지)

(생)1981 · 4 · 28 (본)경주(慶州) (출)전남 여수 (주)서울특별시 종로구 청와대로 1 대통령 정무비서관실(02-770-0011) (학)2000년 순천고졸 2004년 순천대 조경학 · 경영학과졸 2009년 同대학원 사학 석사과정 수료, 홍익대 대학원 사학과 재학 중 (경)2012년 민주통합당 최고위원 2012년 同제19대 국회의원선거 공동선대위원장 2012~2016년 제19대 국회의원(비례대표, 민주통합당 · 민주당 · 새정치민주연합 · 더불어민주당) 2012 · 2014년 국회 국방위원회 위원 2012년 국회 여성가족위원회 위원 2012년 국회 학교폭력대책특별위원회 위원 2012년 민주통합당 제18대 대통령선거 문재인후보 청년특보실장 2013년 민주당 전국청년위원장 2013년 국회 예산결산특별위원회 위원 2013~2019년 함께여는미래 대표 2014년 국회 정보위원회 위원 2014년 국회 세월호침몰사고의진상규명을위한국정조사특별위원회 위원 2014~2015년 새정치민주연합 원내부대표 2014년 同정책위원회 부의장 2014년 同공적연금발전TF 위원 2014~2015년 국회 군인권개선및병영문화혁신특별위원회 위원 2015~2019년 전남 순천리틀야구단 초대 단장 2015~2016년 더불어민주당 정책위원회 부의장 2017년 同제19대 문재인 대통령후보 중앙선거대책본부 유세본부 부본부장 2019년 대통령 정무수석비서관실 정무비서관(현) (상)민주통합당 국정감사 최우수의원상(2012), 경제정의실천시민연합 국정감사 우수의원(2014), 한국투명성기구 투명사회상(2014), 새정치민주연합 국정감사 우수의원상(2015), 대한민국 의정대상(2016) (저)'7분의 전투'(2013)

## 김광철(金光鐵) KIM Kwang Chul

(생)1950 · 4 · 28 (본)충주(忠州) (출)대전 (주)대전광역시 중구 계룡로 742 대전교통 사장실(042-523-2575) (학)대전고졸 1976년 경희대 체육학과졸, 충남대 대학원 행정학과졸, 고려대 경영대학원 고위관리자과정 수료 (경)대전교통(주) 사장(현), 한국JC중앙회 회장, 중부교통 사장, 민주평통 대전중구협의회장, 대전상공회의소 부회장 2005년 대전버스(주) 대표이사(현), 대전버스운송사업조합 이사장(현) (상)국민훈장 석류장(1990), 은탑산업훈장(2014) (종)천주교

## 김광철(金光喆) KIM Kwang Chul

(생)1953 · 3 · 8 (출)전남 장성 (주)서울특별시 강남구 테헤란로4길 38-4 태양빌딩 6층 현대세무법인(02-2051-2052) (학)목포고졸, 인천교육대졸, 고려대 대학원 경영학과졸(석사) (경)1974년 국세청 근무(공채) 1984년 同조사국 근무 1988년 재무부 조세심판원 근무 2007년 기획재정부 세제실 근무, 同감사담당관실 근무 2009년 서울지방국세청 납세지원국 법무2과 서기관 2010~2011년 정읍세무서장 2011~2014년 한국세무사회 상근부회장 2014년 세무사 개업 2015~2017년 한국세무사회 선임부회장, 현대세무법인 대표(현) (상)홍조근정훈장(2011), 기획재정부장관표창(2014)

## 김광철(金光哲) KIM Gwang Cheol

(생)1958 · 9 · 8 (본)청도(淸道) (출)경기 (주)경기도 연천군 연천읍 연천로 220 연천군청 군수실(031-839-2001) (학)1977년 연천실업고졸 2010년 경희사이버대 글로벌경영학과졸, 대진대 통일대학원 석사과정 휴학 중 (경)김영우 국회의원 사무소장, 연천군4-H연합회 회장, 연천군 새마을지도자, 우리방송지역채널전문위원, 연천군체육회 상임이사, 민주평통 자문위원, (주)한북관광 영업이사, 연천군지방건축위원회 위원, 연천군21세기 군정발전자문위원 1998 · 2002~2006년 경기 연천군의회 의원 2006년 경기도의원선거 출마(무소속) 2010년 경기도의회 의원(한나라당 · 새누리당) 2010년 同건설교통위원회 간사 2012

년 同기획위원회 간사, 同남북교류특별위원회 위원, 同규제개혁특별위원회 위원 2012년 새누리당 제 18대 대통령선거 직능총괄본부 지역여론수렴본부 경기도본부장 2012년 同제18대 대통령후보 연천군선거대책위원회 본부장 2013년 同경기도지방공기업건전운영특별위원회 간사 2014~2018년 경기도의회 의원(새누리당·자유한국당) 2014년 同여성가족평생교육위원회 위원장 2014~2016년 同여성가족교육협력위원회 위원장 2016~2018년 同문화체육관광위원회 위원 2018년 경기 연천군수(자유한국당)(현) (상)시민일보 의정대상 (종)기독교

## 김광태(金光泰) KIM Kwang Tae

(생)1937·1·14 (출)서울 (주)서울특별시 영등포구 시흥대로 657 대림성모병원 이사장실(02-829-9253) (학)1961년 가톨릭대 의대졸 1973년 의학박사(가톨릭대) (경)1968년 예편(육군 소령) 1969년 대림성모병원 개원·원장·이사장(현) 1988년 가톨릭대 의대 외래교수 1991년 서울시의사회 부회장 1995년 국제로타리 3640지구 총재 2000~2003년 국립합창단 이사장 2000년 대한병원협회 수석부회장·회장·명예회장(현) 2005~2007년 국제로타리세계본부 이사 2007년 아시아병원연맹(AHF) 회장 2010년 CMC생명존중기금 공동후원회장 2013~2015년 국제병원연맹(IHF) 회장 (상)재무부장관표창(1987), 서울시장표창(1988), 국무총리표창(1995), 국민훈장 모란장(1998)

## 김광태(金光泰) KIM Gwang Tae

(생)1961·11·8 (출)광주 (주)서울특별시 서초구 서초중앙로 157 서울고등법원(02-530-1186) (학)1980년 전주고졸 1984년 서울대 법대졸 1994년 미국 하버드대 법학전문대학원졸 (경)1983년 사법시험 합격(25회) 1985년 사법연수원 수료(15기) 1989년 서울민사지법 판사 1991년 서울형사지법 판사 1993년 청주지법 판사 1994년 대전지법 강경지원 판사 1995년 대전고법 판사 1996년 인천지법 부천지원 판사 1997년 법원행정처 법무담당관 1998년 同기획담당관 1999년 서울고법 판사 2000년 제주지법 부장판사 2000년 영국 캠브리지대 교육파견 2002년 대법원 재판연구관 2004년 서울동부지법 부장판사 2006년 서울중앙지법 부장판사 2008년 부산고법 부장판사 2009년 서울고법 부장판사 2009년 同양형위원회 상임위원 2016년 광주지법원장 2018년 서울고법 부장판사(사법연구)(현)

## 김광현(金光顯) KIM Kwang Hyun

(생)1957·1·31 (본)안동(安東) (출)경북 울진 (주)서울특별시 종로구 종로1길 42 이마빌딩 11층 아주뉴스코퍼레이션(02-767-1500) (학)1975년 대구고졸 1982년 서울대 인문대학 독어독문학과졸 1995년 독일 프랑크푸르트대 대학원 경제학과 수학 2001년 한양대 언론정보대학원졸 2006년 고려대 언론대학원 최고위과정 수료(25기) (경)1983~1988년 서울신문 사회부·외신부·경제부 기자 1988년 국민일보 경제부 기자 1990년 조선일보 경제부 기자 1996년 同독일특파원 1998년 同경제과학부 산업팀장 1999년 同경제과학부장 2001년 同사장실 부장 2002년 同편집국 경제담당 부국장대우(경제에디터) 2003년 同독자서비스센터장 2004년 同광고국 부국장 2006년 同광고국장 2007~2013년 同AD본부장 2008~2013년 한국신문협회 광고협의회장 2008·2010년 한국신문윤리위원회 위원 2008년 한국신문공정경쟁위원회 위원 2011년 한국광고자율심의기구 광고분쟁조정위원회 위원 2013년 국민권익위원회 자문위원 2013~2017년 조선일보 AD본부장(이사대우) 2017년 아주경제 사장 2019년 아주뉴스코퍼레이션 총괄 사장(현) 2019년 아주경제 편집인·인쇄인 겸임(현) (저)'은밀한 게임'(2003) (종)기독교

## 김광현(金光鉉) KIM Kwang Hyon

(생)1960·8·25 (본)광산(光山) (출)전남 장흥 (주)대전광역시 서구 한밭대로 797 창업진흥원(042-480-4311) (학)순천고졸 1983년 전남대 영어영문학과졸 1986년 서강대 대학원 영문학과졸 2009년 同경제대학원졸 (경)1988~1995년 서울경제신문 산업부·국제부 근무 1995년 한국경제신문 입사·국제부·사회부·유통부·IT부 근무 2001년 同편집국 IT부 차장 2002년 同생활경제팀장 2004년 同편집국 IT부장 2008년 同기획조정실 기획부장 2010년 同IT전문기자(부장) 2012년 同기획조정실 전략기획국 디지털전략부장 겸 편집국 IT모바일부 IT전문기자 2013~2015년 同한경+(플러스)부장 겸 IT전문기자 2015~2018년 은행권청년창업재단 상임이사 겸 디캠프(D.CAMP)센터장 2018년 창업진흥원 원장(현) (저)'재벌과 가벌(共)'(1991) '멀티미디어 신산업혁명(共)'(1994) '블로그 콘서트'(2008) (역)'경쟁에서 이기는 IT(정보기술)전략'(1993)

## 김광호(金光鎬) KIM Kwang Ho

(생)1942·3·31 (본)광산(光山) (출)전북 전주 (주)전라북도 전주시 덕진구 백제대로 751 뱅크빌딩 (주)홍건(063-244-3311) (학)1962년 전주고졸 1966년 고려대 정치외교학과졸 1968년 同행정대학원졸 1996년 행정학박사(전북대) (경)1975년 (합)홍건사 대표이사 1980년 (주)홍건 회장(현) 1981년 전주시문화원 원장 1983년 평통 전주시협의회 기획위원 1991년 새마을운동중앙본부 전북도지부장 1991년 전주상공회의소 부회장 1993년 전북도체육회 부회장 1994년 전북정보화추진협의회 회장 1994~2000년 전주상공회의소 회장 1995년 전북애향운동본부 부총재 1998년 국민회의 전북도지부 후원회장 2000년 새천년민주당 전북도지부 후원회장 2000~2008년 전북태권도협회 회장 2005년 (사)전북애향운동본부 고문, 同원로위원(현) 2005년 전북도체육회 고문 2013년 대한적십자사 전북지사 회장(현) (상)법무부장관표창(1984·2000), 재무부장관표창(1986), 전북도지사표창(1987), 내무부장관표창(1988), 대통령표창(1990), 부총리 겸 재정경제원장관표창(1997)

## 김광호(金光浩) KIM Kwang Ho

(생)1948·8·16 (본)김해(金海) (출)제주 서귀포 (주)제주특별자치도 제주시 도공로 9-1 제주신문(064-712-8509) (학)제주제일고졸, 제주대 법학과졸, 중앙대 신문방송대학원 수료 (경)1976~1991년 제주일보 사회부 차장·교육체육부 차장·지방부장대우·정경부장·교육체육부장·사회부장·편집부국장대우 1992년 同서울지사 편집부국장 겸 청와대 출입기자 1995년 同편집국장대우 1996년 同논설위원 1998년 同편집국장 1999~2004년 同논설위원 2006년 제주타임스 대기자 2012~2013년 제주매일 상임논설위원 2013년 제주신문 편집국장 2015년 同논설위원실장 2016년 同편집국장 2017년 同주필 2018년 同주필(이사)(현) (상)제주도문화상(언론·출판부문)(2004) (종)가톨릭

## 김광호(金光豪) KWANGHO KIM

(생)1960 (주)서울특별시 중구 명동길 26 유네스코한국위원회 사무총장실(02-6958-4100) (학)한성고졸 1987년 성균관대 사회학과졸 2011년 부산대 교육대학원졸(석사) 2015년 숭실대 대학원졸(평생교육학박사) (경)1987년 행정고시 합격(31회) 1994~1995년 유네스코 아태지역사무소 전문관 2001~2005년 駐OECD대표부 참사관 2005년 교육인적자원부 서기관 2005년 국무조정실 인적자원개발·연구개발기획단 파견 2006~2009년 교육인적자원부 교원정책과·평가기획과·다자협력과 과장(부이사관) 2009년 한국교육개발원 책임전문원 2011년 한국교통대 사무국장 2012년 한국교원대 사무국장 2014년 부산대 사무국장 2014년 충북도교육청 부교육감 2015~2016년 국립국제교육원 원장 2016년 유네스코 한국위원회 제20대 사무총장(현) 2016년 同세계시민학교 교장 겸임

## 김광호(金光鎬) Kim Kwang Ho

(생)1964 (출)전남 장성 (주)광주광역시 북구 첨단과기로208번길 43 광주본부세관(062-975-8000) (학)광주제일고졸, 전남대 경영학과졸 (경)1993년 행정고시 합격(37회) 2006년 관세청 조사감시국 전략조사정보과장 2008년 同조사감시국 외환조사과장 2008년 청주세관장 2010년 관세청 세원심사과장(서기관) 2011년 同세원심사과장(부이사관) 2011년 인천본부세관 통관국장 2013년 평택세관장 2014년 관세청 정보협력국장(고위공무원) 2015년 미국 관세국경관리청 파견(고위공무원) 2016년 관세청 조사감시국장 2017년 대구본부세관장 2018년 관세청 통관지원국장 2019년 광주본부세관장(현)

## 김광회(金光會)

(생)1966 · 5 · 5 (주)부산광역시 연제구 중앙대로 1001 부산광역시청 도시균형재생국(051-888-2700) (학)1985년 부산 해운대고졸, 부산대 경제학과졸, 서울대 행정대학원졸 (경)1996년 지방고등고시 합격(1회) 1996년 공무원 임용 2005년 부산시 기획관실 기획담당 2008년 同관광진흥과장 2009년 행정안전부 조직실 근무 2010년 소방방재청 민방위과장 2012년 부산시 경제정책과장 2014년 同기획재정관 2015년 同문화관광국장 2015년 同부산진구청 부구청장 2017년 同건강체육국장 2018년 同도시균형재생국장(현)

## 김광훈(金光勳) KIM Kwang Hoon

(생)1962 · 1 · 5 (본)함창(咸昌) (출)경북 영주 (주)서울특별시 서초구 서초중앙로 154 화평빌딩 8층 법무법인 세양(02-594-4700) (학)1978년 대구고졸 1983년 서울대 법학과졸 1984년 한양대 행정대학원졸 1993년 서울대 대학원 사법발전연구과정 수료 2000년 同대학원 전문분야법학연구과정 수료 (경)1983년 사법시험 합격(25회) 1985년 사법연수원 수료(15기) 1986년 軍법무관 1989년 청조법무법인 변호사 1990년 삼원국제법률특허사무소 변호사 1995년 변호사 개업(서울) 2002~2010년 전자상거래분쟁조정위원회 위원 2005년 법무법인 세양 대표변호사(현) 2009년 법제처 법령해석심의위원회 위원 2012~2013년 기획재정부 예규심의위원 2015~2017년 한국화재소방학회 대외협력위원, 대한변호사협회 이사, 서울지방변호사회 재정위원, 한국전력공사 · 한국자산관리공사 · 한국철도시설공단 · 한국감정평가협회 법률고문 (상)서울지방변호사회장표창

## 김광휘(金光輝) KIM Kwang Hwi (龜岩)

(생)1965 · 12 · 28 (본)김녕(金寧) (출)전북 진안 (주)광주광역시 서구 내방로 111 광주광역시청 기획조정실(062-613-2400) (학)1983년 전주고졸 1991년 전북대 행정학과졸 2007년 미국 미주리대 트루먼행정대학원 행정학과졸(석사) 2008년 한국개발연구원(KDI) 국제정책대학원 정책학과졸(석사) 2013년 행정학박사(전북대) (경)1996년 지방고시 합격(1회), 익산시 정보통신과장, 전북도 정책담당 사무관, 同기획담당 사무관 2005년 한국개발연구원(KDI) 교육파견(서기관) 2008년 전북도 정책기획관 2010년 同새만금환경녹지국장(지방부이사관) 2014년 안전행정부 지방규제개혁추진단장 2014년 행정자치부 지방규제개혁추진단장 2015년 同지방행정실 지방규제혁신과장 2015년 同지방행정실 지방행정정책관실 자치행정과장 2016년 同지방행정실 지방행정정책관실 자치행정과장(부이사관) 2016년 국무조정실 새만금사업추진지원단 정책기획과장(파견) 2017년 행정자치부 장관정책보좌관 2017년 행정안전부 평창동계올림픽중앙지방협력지원단 부단장 2018년 同이북5도위원회 사무국장 2018년 광주시 기획조정실장(고위공무원)(현) (상)홍조근정훈장(2011)

## 김교성(金敎星) Gyosung Kim

(생)1961 · 6 · 18 (주)전라남도 광양시 폭포사랑길 8 포스코기술연구원 자동차소재연구소(061-790-0114) (학)1979년 경북고졸 1983년 서울대 금속공학과졸 1985년 한국과학기술원(KAIST) 재료공학과졸(석사) 1994년 공학박사(러시아 Baikov Institute of Metallurgy) (경)1985~1987년 포스코 기술연구소 연구원 1987~1994년 포항산업과학연구원 연구원 1994년 포스코 기술연구원 연구원 2004년 同박판연구그룹 리더 2007년 同TWIP강연구프로젝트팀 리더 2009~2010년 同기술연구원 자동차가공연구그룹 리더 2012년 同승도제품이용연구센터장 2014~2017년 同AHSS솔루션마케팅실 상무 2016~2017년 同철강사업본부 연구위원(상무) 겸임 2017년 同철강생산본부 광양제철소 기가스틸 상용화추진반장(전무 · AHSS솔루션프로젝트팀장 겸임) 2019년 同기술연구원 자동차소재연구소장(전무)(현)

## 김교윤(金敎允) KIM Kyo Youn

(생)1958 · 6 · 29 (본)경주(慶州) (출)서울 (주)대전광역시 유성구 대덕대로989번길 111 한국원자력연구원(042-868-2765) (학)1977년 경성고졸 1984년 한양대 원자력공학과졸 1986년 同대학원 원자력공학과졸 1994년 공학박사(한양대) (경)1986년 한국원자력연구원 책임연구원(현) 1987~1988년 캐나다 원자력공사(AECL-WNRE) 객원연구원 1991~1993년 캐나다 원자력공사(AECL-CANDU) 객원연구원 2000~2014년 한국원자력학회 방사선차폐전문위원장 2001~2004년 한양대 공대 원자력공학과 강사 2001년 한국과학재단 평가위원 2002~2007년 대한방사선방어학회 편집위원 · 편집위원장 2004년 한국과학재단 젊은과학자지원사업 평가위원 2004년 가톨릭대 대학원 의공학과 몬테칼로시뮬레이션 강사 2004~2007년 대한방사선방어학회 편집이사 2006년 미국 인명연구소(ABI : American Biographical Institute) 자문연구위원(현) 2007~2009년 교육과학기술부 원자력안전전문위원 2008년 미국 원자력학회 Journal of Nuclear Technology 심사위원(현) 2008~2012년 한국원자력연구원 스마트개발본부 노심설계책임자 2012년 대한방사선방어학회 부회장 겸 학술위원장 2014년 한국원자력연구원 동력로개발부장 2014~2017년 한국원자력학회 방사선이용및방호 연구부회장 2014년 국제방사선방호연합(IRPA) Montreal Fund Committee 위원(현) 2014년 ISORD-8(8th International Symposium on Radiation Safety and Detection Technology) 조직위원장 2015~2017년 한국원자력연구원 해양원전개발센터장 2016년 제13회 방사선차폐국제회의 및 제19회 미국원자력학회 방사선방호및차폐주제별회의 국제자문위원(현) 2016~2018년 제15회 국제방사선방호협회국제회의 프로그램위원회 사무총장 2019년 대한방사선방어학회 부회장(현) 2020년 대한방사선방어학회 회장(현) (상)대한방사선방어학회 춘계학술대회 우수발표상(2010), 한국원자력학회 추계학술대회 우수논문상(2010) (저)'원자력 이론(共)'(2004) '방사선측정과 취급(共)'(2004) '원자력관련 질의응답모음집(共)'(2007) '희망에너지, 행복에너지 원자력(共)'(2015) '원자력상식사전'(2016) (종)불교

## 김교준(金敎俊) KIM Gyo Joon

(생)1958 · 11 · 16 (본)선산(善山) (출)강원 춘천 (주)서울특별시 중구 서소문로 88 중앙일보 임원실(02-751-9100) (학)춘천고졸 1982년 연세대 철학과졸 (경)1985~1990년 서울신문 기자 1990~1994년 조선일보 정치부 기자 1994년 중앙일보 정치부 기자 1996년 同차장 1998년 同기획취재팀 기자 1999년 同국제부 차장 2000년 同정치부 차장 2003년 同정치부 부장대우 2004년 同논설위원 2004년 同정치부장(부장대우) 2006년 同편집국 정치에디터(부장) 2007년 同편집국 정치에디터(부국장대우)

2007년 同편집국 정치·기획에디터(부국장대우) 2008년 同편집국장 2009년 同방송사업추진단장 겸 논설실장 2010년 同방송사업추진단장 겸 논설위원실장(이사대우) 2011년 同방송설립추진단 보도본부장(이사) 2011~2013년 同상무(편집인) 2012년 JTBC 보도총괄겸임 2012년 同뉴스제작총괄 겸임 2014년 중앙일보 전무(편집인) 2015년 同부사장(부발행인 겸 편집인) 2016년 同발행인·편집인·그룹콘텐트코디네이터(부사장) 겸임 2016~2018년 한국신문협회 부회장 2016~2018년 중앙일보 대표이사 겸 발행인 2018년 同상근고문(현) [상]연세언론인회 연세언론상(2015)

## 김교태(金敎台) Kim, Kyo Tae

[생]1958·10·5 [출]경북 영주 [주]서울특별시 강남구 테헤란로 152 강남파이낸스센터 27층 삼정KPMG(02-2112-0001) [학]1977년 부산 배정고졸 1982년 성균관대 경상대학 경영학과졸 1996년 同경영대학원 경영학과졸 2006년 서울대 경영대학 최고경영자과정 수료 2011년 同인문대학 최고지도자인문학과정 수료 [경]1981~1983년 동영회계법인 근무 1983~1986년 육군 특검단 경리장교 1986~2000년 산동회계법인 근무 1989~1991년 미국 KPMG 근무 1991~1992년 영국 KPMG 근무 2000년 삼정회계법인 근무 2003~2004년 재정경제부 공적자금관리위원회 매각소위원회 위원 2007~2011년 KPMG ASPAC Financial Services Head 2009~2011년 금융위원회 금융공공기관 경영예산심의회 심의위원 2009년 삼성그룹 미소금융재단 감사(현) 2011년 삼정회계법인 대표이사(현) 2011~2018년 삼정KPMG CEO 2012~2014년 금융감독자문위원회 자본시장분과위원회 위촉위원 2012년 국립중앙박물관회 감사(현) 2013년 한국중견기업연합회 감사(현) 2014년 KB금융공익재단 감사(현) 2017년 유엔글로벌콤팩트(UNGC) 한국협회 감사(현) 2018년 삼정KPMG 대표이사 회장(현) [상]한국상장회사협의회 공인회계사부문 감사대상(2008), 성균관대 자랑스러운 경영대학 동문상(2013), 자랑스러운 성균인상 기업인 전문경영인부문(2018)

## 김교태(金敎太) KIM Gyo Tae

[생]1964·7·25 [출]강원 춘천 [주]서울특별시 서대문구 통일로 97 경찰청 기획조정관실(02-3150-2102) [학]강원고졸 1987년 경찰대졸(3기) [경]1993년 부천중부경찰서 조사계장(경감) 1994년 同형사과장 1994년 경기지방경찰청 수사2계장 1996년 同기동7중대장 1997년 부천중부경찰서 경비과장 2003년 경찰청 예산과 예산담당(경정) 2006년 同혁신기획단 경찰혁신팀장(총경) 2007년 강원 횡성경찰서장 2008년 경찰청 경무기획국 장비과장 2009년 춘천경찰서장 2011년 경찰청 경무과장 2011년 서울 관악경찰서장 2013년 경찰청 규제개혁법무담당관 2014년 同재정담당관(경무관) 2014년 중앙공무원교육원 교육파견 2015년 전남지방경찰청 제1부장 2017년 경찰청 평창올림픽기획단장 2018년 同정보국 정보심의관 2019년 同기획조정관(치안감 직위 직대)(현) [상]녹조근정훈장(2014)

## 김교현(金敎賢) KIM Gyo Hyun

[생]1957·8·5 [출]서울 [주]서울특별시 송파구 올림픽로 300 롯데그룹 화학BU(02-750-7380) [학]1976년 경신고졸 1983년 중앙대 화학공학과졸 [경]1984년 호남석유화학(주) 입사 2001년 同생산지원팀장(부장) 2004년 同생산지원팀 이사대우 2006년 同신규사업담당 이사 2009년 同신규사업담당 상무 2011년 同신규사업담당 총괄전무 2012년 롯데케미칼(주) 신규사업본부장(전무) 2014년 말레이시아 롯데케미칼 타이탄 대표이사 부사장 2017년 롯데케미칼(주) 대표이사 사장(현) 2019년 롯데그룹 화학BU장(사장)(현) [상]외자유치공로 대통령표창(2007), 한국공학한림원·지식경제부 대한민국100대기술상(2010), 무역의날 대통령표창(2013)

## 김교흥(金敎興) KIM Kyo Heung

[생]1960·8·30 [본]선산(善山) [출]경기 여주 [주]서울특별시 송파구 올림픽로 424 대한체육회 학교생활체육본부(02-2144-8114) [학]1978년 용문고졸 1989년 인천대 정치외교학과졸 1991년 同대학원 정치외교학과졸 1998년 동국대 대학원 국제정치학 박사과정 수료 [경]1986년 인천대 총학생회장 1986년 5.3인천사태 때 집시법 위반으로 구속 1992년 한국여론정치연구소 소장 1995년 정치전문연구소 A&T 대표 1996년 조철구 국회의원 정책비서관 1996년 인천사회복지연구소 소장 1997년 인천대 평화통일연구소 연구위원 2002년 중소기업연구원 원장 2002년 새시대전략연구소 중소기업정책위원장 2002년 인천대 정치외교학과 겸임교수, 同행정대학원 초빙교수 2003년 인천사회연구소 소장 2003년 북한경제전문가100인포럼 회원 2004년 열린우리당 정책위원회 부의장 2004~2007년 同중앙위원 2004년 공해추방국민운동본부 부총재 2004~2008년 제17대 국회의원(인천西·강화甲, 열린우리당·대통합민주신당·통합민주당) 2005~2007년 열린우리당 인천시당 위원장 2006년 同원내부대표 2007년 同사무부총장 2008~2011년 민주당 인천西·강화甲지역위원회 위원장 2008~2009년 同수석사무부총장 2008년 인천도시경영연구원 이사장 2011년 민주통합당 인천西·강화甲지역위원회 위원장 2012년 제19대 국회의원선거 출마(인천 서구·강화군甲, 민주통합당) 2012년 2014인천아시아장애인경기대회 집행위원 2012년 민주통합당 문재인 대통령후보 캠프 중소기업특별위원장 2012~2014년 인천시 정무부시장 2013~2014년 2014인천아시아경기대회조직위원회 감사 2014~2015년 새정치민주연합 인천西·강화甲지역위원회 위원장 2015년 同인천시당 수도권매립지연장저지특별대책위원장 2015년 同인천시당 수석부위원장 2016년 더불어민주당 인천서구甲지역위원회 위원장 2016년 제20대 국회의원선거 출마(인천 서구甲, 더불어민주당) 2016년 국회의장 비서실장(차관급) 2017~2018년 국회 사무총장(장관급) 2018년 대한체육회 생활체육부문 부회장(현) [상]국정감사 우수의원상(2005~2007) [저]'1등 선거전략' '통해야 흥한다 - 김교흥의 인천, 인천사람 이야기'(2009)

## 김구년(金具年) Goonyun Kim

[생]1968·7·14 [본]안동(安東) [출]서울 [주]세종특별자치시 갈매로 477 기획재정부 국고국 국유재산정책과(044-215-5150) [학]1987년 숭실고졸 1991년 고려대 무역학과졸 2013년 미국 피츠버그대 행정국제대학원(GSPIA)졸 [경]1999년 농림부 식량정책과 사무관 2001년 同농지과 사무관 2003년 기획예산처 재정기획실 사무관 2004년 同재정전략실 사무관 2006년 同사회서비스향상기획단 서기관 2007년 同양극화민생대책본부 서기관 2008년 기획재정부 예산실 행정예산과 서기관 2016년 同복권위원회 기금사업과장 2017년 同국고국 국유재산조정과장 2019년 同국고국 국유재산정책과장(현) [상]대통령표창(2006)

## 김국기(金國起) KIM Gook Ki (可藍)

[생]1943·2·5 [본]강릉(江陵) [출]강원 삼척 [주]서울특별시 종로구 종로5길 68 코리안리빌딩 손해보험협회 의료심사위원회(02-3702-8640) [학]1960년 춘주고졸 1967년 서울대 의대졸 1970년 同대학원 의학석사 1975년 의학박사(서울대) [경]1967년 서울대 의대 부속병원 인턴 1968~1971년 해군 군의관 1971~1975년 서울대 의대 부속병원 신경외과 레지던트 1976년 경희대 의대 부속병원 신경외과 전임강사 1977~1981년 同의대 신경외과학교실 조교수 1979~1981년 캐나다 온타리오대 부속병원 신경외과학교실 연수(뇌혈관질환) 1981~1986년 경희대 의대 신경외과학교실 부교수 1986년 스위스 취리히대 부속병원·미국 메이오크리닉·일본 나고야대학병원 연수 1986~2008년 경희대 의대 신경외과학교실 교수 1991년 미국 보건성병

원(NIH) 연수(뇌하수체 종양) 1995~1997년 경희대 의대 부속병원 진료부장 1995~1998년 대한신경외과학회 고시위원장 1995~2000년 경희대 의대 부속병원 신경외과 과장 겸 주임교수 1998~1999년 대한신경외과학회 회장 1999년 고용노동부 산업재해보상보험재심사위원회 위원(현) 1999~2012년 대한의사협회 고시실행위원회 위원 2000~2004년 민주화운동관련자명예회복및보상심의위원회 장해등급판정분과위원회 위원장 2001~2002년 대한뇌혈관외과학회 회장 2002~2007년 서울대 의대 21회동기회 회장 2002~2004년 경희대 의대 교수협의회 회장 2003~2005년 재경충주고동문회 회장 2004~2005년 대한노인신경외과학회 회장 2004~2015년 건강보험심사평가원 신경외과전문심사위원 2005~2015년 국토해양부 자동차보험분쟁조정위원회 위원장 2005~2008년 대한신경외과학연구재단 이사장 2006~2009년 경희대동서신의학병원(現 강동경희대병원) 중풍뇌질환센터장 2006년 (재)충주고동문장학회 이사(현) 2006~2009년 대한의학회 감사 2006~2009년 대한의사협회 이사 2006~2012년 同대의원 2007~2013년 (재)한국뇌척수연구재단 이사 2008년 경희대 의대 신경외과학교실 명예교수(현) 2009~2012년 대한의학회 임상진료지침위원회 위원장 2009~2012년 대한의사협회 감사 2009~2015년 국가보훈처 보훈심사위원회 비상근심사위원 2012~2016년 대한의사협회 중앙윤리위원회 위원 겸 연구분과위원장 2013~2015년 근로복지공단 의정부지사 산재의료전문위원 2015~2017년 대한의사협회 의사윤리지침강령개정TFT위원장 2015년 대한수술중신경감시연구회 고문(현) 2015년 손해보험협회 의료심사위원장(현) 2017년 고용노동부 산업재해보상보험재심사위원회 부위원장(현) 2018년 대한의학회 고문(현) 2018년 고용노동부 산업재해보상보험재심사위원회 뇌심소위원회 위원장(현) (상)자랑스런 충고인상 학술부문(1999), 옥조근정훈장(2008), 보건복지부장관표창(2010·2018), 대통령표창(2014), 대한의학회 창립50주년기념 공로상(2016), 서울의대 동창회 함춘대상 사회공헌부문(2017) (저)'신경외과학'(1996, 중앙문화 진수 출판사) '의료윤리'(1999, 계축 문화사) '뇌혈관외과학'(2010, 고려의학) '유발전위, 원리와 임상응용'(2012, 신흥메드싸이언스) '신경외과 보험진료 지침서'(2013, 대한신경외과학회) '신경외과 전문의고시 50년사'(2014, 대한신경외과학회)

## 김국용(金國鎔) KIM Kuk Yong

(생)1958·9·30 (주)서울특별시 중구 을지로5길 26 미래에셋센터원빌딩 이스트타워 미래에셋대우 임원실 (학)우신고졸, 한국외국어대 독일어교육과졸 (경)삼성증권 Syndicate팀장, 同채권팀장, ABN AMRO Asia 증권 서울지점 상무, Daiwa증권 서울지점 전무, IBK투자증권 PI본부장, 대우증권 GFM사업부 전무 2010년 同Global Financial Market사업부장(전무) 2013년 KDB대우증권 세일즈·트레이딩사업부문 대표(부사장) 2016년 미래에셋대우 세일즈·트레이딩사업부문 대표(부사장) 2016~2018년 同트레이딩부문 대표(부사장) 2018년 同글로벌담당 부사장(현) (종)천주교

## 김국일(金國一) KIM Kuk Il

(생)1968·1·6 (출)전북 전주 (주)서울특별시 서초구 반포대로 158 서울고등검찰청 총무과(02-530-3261) (학)1986년 전주 신흥고졸 1991년 서울대 법대졸 1993년 同대학원 법학과 수료 (경)1992년 사법시험 합격(34회) 1995년 사법연수원 수료(24기) 1995년 서울지검 검사 2000년 대전지검 서산지청 검사 2001년 부산지검 검사 2003년 대전지검 홍성지청 검사 2005년 서울중앙지검 검사 2007년 수원지검 부부장검사 2009년 사법연수원 교수 2011년 청주지검 부장검사 2012년 서울중앙지검 공판2부장 2013년 광주지검 형사1부장 2014년 수원지검 형사2부장 2015년 전주지검 남원지청장 2016년 광주지검 목포지청장 2017년 의정부지검 고양지청장 2018년 서울고검 검사(현) (종)천주교

## 김국주(金國柱) KIM Kook Joo (白河)

(생)1946·1·3 (본)광산(光山) (출)서울 (주)제주특별자치도 제주시 조천읍 남조로 2023 곶자왈공유화재단(064-783-6047) (학)1964년 경기고졸 1968년 서울대 경제학과졸 1975년 미국 뉴욕대 대학원 수료 (경)1968년 한국외환은행 입행 1972년 同뉴욕지점 대리 1976년 同임원부속실 비서역 1979년 同런던지점 과장 1983년 同국제금융부 차장 1987년 同시애틀지점 차장 1991년 同인사동지점장 1993년 전북투자금융(주) 전무이사 1994년 삼양종합금융(주) 전무이사 1996년 同부사장 1997년 同대표이사 부사장 1998년 삼양파이낸스 대표이사 사장 1998년 (주)테크니코 대표이사 사장 1998년 경제정의실천시민연합 하이텔정보교육원 이사장 1999년 同경제정의연구소 이사 2000~2001년 (주)에이브레인 대표이사 사장 2003~2006년 제주은행장 2003~2006년 제주육상경기연맹 회장 2003년 청소년금융교육 제주지역협의회장, 아름다운가게 이사·제주본부 공동대표(현) 2007년 곶자왈공유화재단 초대상임이사 2007~2011년 금호종합금융(주) 사외이사 2010년 대한적십자사 제주지사 회장 직대 2011~2014년 메리츠금융지주 사외이사·감사위원장 2015년 곶자왈공유화재단 이사장(현) (저)'노력하는 당신에게'(2007, 제주 유림원색) (종)천주교

## 김국진(金國鎭) KIM Kook Jin (靑雪)

(생)1962·1·23 (본)전주(全州) (출)대구 (주)서울특별시 서초구 논현로 57 (사)미디어미래연구소(02-3471-4172) (학)1980년 중앙사대부고졸 1985년 한국외국어대 신문방송학과졸 1987년 고려대 대학원 신문방송학과졸 1998년 신문방송학박사(고려대) (경)1988~2005년 정보통신정책연구원 책임연구원 1991~1993년 문화방송(MBC) 자문위원 1995년 정보통신부 위성통신·방송발전위원 1998년 방송개혁위원회 전문위원 2000년 정보통신부 데이터방송제도연구반장 2000~2005년 同디지털방송방식발전위원회 위원 2000~2002년 방송위원회 편집위원 2000년 同디지털방송추진위원 2001~2007년 한국방송공학회 학술위원 2002년 위성DAB도입연구반 위원장 2002년 DMB정책연구반 위원장 2002년 방송위원회 방송통신법제정비위원 2003년 同자문위원 2003~2007년 한국방송공사(KBS) 연구개발자문위원 2003년 디지털방송산업진흥협회 정책·제도분과위원장 2003년 IT신성장동력기술기획위원회 분과위원장 2003년 SmartTV 기획위원회 위원 2003~2005년 방송통신포럼 기획위원 2004~2005년 방송위원회 중장기방송발전위원회 위원 2004~2005년 同디지털방송활성화소위원회 위원 2005년 (사)미디어미래연구소 소장(현) 2005년 한국홈네트워크산업협회 자문위원 2005년 한국방송학회 이사 2006~2007년 방송통신융합추진위원회 민간위원 2007년 한국언론학회 이사 2007~2012년 국방홍보원 경영자문위원 2008~2013년 대통령직속 미래기획위원회 위원 2010~2013년 여론집중도조사위원회 위원 2010~2013년 MBN 시청자위원회 위원 2011~2012년 한국콘텐츠진흥원 비상임이사 2011~2014년 개인정보보호위원회 위원 2011~2014년 YTN라디오 청취자위원회 위원 2012~2017년 CJ CGV(주) 사외이사 2012년 한국방송공학회 협동부회장(현) 2013년 방송통신정책자문위원회 위원 2013년 미래창조과학부 방송정책자문위원 2013년 방송통신정책고객대표자회의 위원 2013~2015년 한국교육개발원 자문위원 2013년 국회 한류연구회 자문위원 2014년 미래창조과학부 상위기관평가위원 2014년 미디어리더스포럼 운영위원장(현) 2015년 개인정보보호위원회 정책자문위원(현) 2017년 한국콘텐츠진흥원 비상임이사(현) 2017년 대통령직속 정책기획위원회 포용사회분과 위원(현) 2018년 방송통신위원회 제8기 방송분쟁조정위원회 위원(현) 2019년 연세대 언론홍보대학원 겸임교수(현) (상)정보통신부장관표창(1994·2000), 문화관광부장관표창(2005) (저)'현대방송의 이해(共)'(2000·2004) '데이터방송시스템론(共)'(2002) '디지털방송론(共)'(2002) '방송통신융합의 이해'(2003) 'IPTV(共)'(2007) '방송영상미디어(共)'(2007) '디지털방송법제론(共)'(2007) '디지털혁신국가건립'(2008) '스마트미디어시대 미디어정책'(2013) (종)기독교

**김국현(金國鉉) KIM Kook Hyun**

(생)1966·5·9 (출)경북 안동 (주)서울특별시 양천구 신월로 386 서울남부지방법원(02-2192-1114) (학)1984년 안동고졸 1988년 서울대 법학과졸 1991년 同대학원 법학과졸 (경)1992년 사법시험 합격(34회) 1995년 사법연수원 수료(24기) 1995년 대전지법 판사 1997년 同천안지원 판사 1998년 수원지법 성남지원 판사 2002년 서울행정법원 판사 2004년 서울북부지법 판사 2006년 서울고법 판사 2006년 헌법재판소 파견 2008년 대법원 재판연구관 2010년 대전지법 공주지원장 2012~2015년 수원지법 부장판사 2012~2013년 헌법재판소 파견 2015년 서울행정법원 부장판사 2018년 서울남부지법 부장판사(현)

**김국현(金國鉉) Kim Gook Hyun**

(생)1969·5 (출)전남 여수 (주)부산광역시 연제구 연제로 12 부산지방국세청 성실납세지원국(051-750-7370) (학)대전고졸, 서울대 경제학과졸 (경)1996년 행정고시 합격(40회) 2007년 국세청 조사기획과 서기관 2011년 同세무조사선진화TF팀 서기관 2011년 충남 공주세무서장 2012년 서울지방국세청 국제조사관리과장 2013년 국세청 조사기획과장 2015년 同소비세과장 2016년 대전지방국세청 성실납세지원국장(서기관) 2017년 同성실납세지원국장(부이사관) 2018년 서울지방국세청 첨단탈세방지담당관 2019년 부산지방국세청 성실납세지원국장(고위공무원)(현)

**김국환(金國煥)**

(생)1959·4·23 (주)인천광역시 남동구 정각로 29 인천광역시의회(032-440-6040) (학)인하대 정책대학원 사회복지학과졸 (경)더불어민주당 박찬대 국회의원 보좌관, 인천 연수경찰서 시민경찰연합회 회장, 인천 연수구 주민자치협의회장, 인천 연수구 생활체육걷기연합회 회장, 인천 연수구 청학동주민자치위원장, 법사랑(범죄예방위원회) 연수구지회 부회장, 인천 연수구 벚꽃축제추진위원회 위원장, 인천 연수구 다문화축제추진위원회 회장, 인천 연수구 청학노인문화센터운영위원 인사위원, 민주평통 자문위원회 연수구지회 부회장(현), 인천 청학역신설추진위원회 상임대표, 인천 주민자치연합회 부회장, (사)한국실버경찰봉사대 연수지회 자문위원(현), 인천 스페셜올림픽코리아 이사, 인하대 정책대학원 49대 회장 2018년 인천시의회 의원(더불어민주당)(현), 同문화복지위원회 위원(현), 同윤리특별위원회 부위원장(현) (상)한국을 빛낸 대한민국 충효대상(2019)

**김군현(金君鉉) Kim, Gun Hyun**

(생)1961·11·17 (본)광산(光山) (출)전남 고흥 (주)서울특별시 강서구 강서로 448 서울강서우체국(02-2660-8900) (학)1980년 고흥 영주고졸 1990년 조선대 무역학과졸 (경)2001년 정보통신부 총무과 행정주사 2005년 同정책홍보관리본부 재정기획관실 행정주사 2008년 지식경제부 정보통신산업정책관실 정보통신총괄과 행정주사 2009년 同서울서초우체국 우편물류과장 2011년 同우정사업본부 우편사업단 집배운송과 사무관 2012년 同우정사업본부 우편사업단 우편정책과 사무관 2013년 미래창조과학부 우정사업본부 우편사업단 우편물류과 사무관 2015년 同우정사업본부 우편사업단 우편정책과 사무관 2016년 同우정사업본부 우편사업단 우편정책과 서기관 2017년 同우정사업본부 우편사업단 우편집배과장 2017년 과학기술정보통신부 우정사업본부 우편사업단 우편집배과장 2018년 서울지방우정청 우정사업국장 2019년 과학기술정보통신부 우정사업본부 서울지방우정청 서울강서우체국장(현)

**김군호(金君虎) KIM Kun Ho**

(생)1958·3·19 (주)서울특별시 중구 소월로 10 단암빌딩 8층 (주)에어릭스 임원실(02-739-0994) (학)1977년 여의도고졸 1984년 성균관대 기계공학과졸 2006년 고려대 경영대학원졸 (경)1984~2001년 삼성전자 입사·글로벌마케팅실 브랜드전략그룹장·영상본부 FPD & 미주마케팅그룹장, 同영국 런던 구주본사 마케팅실장, 同국제본부 마케팅기획팀장, 同독일 프랑크푸르트그룹 자동차사업기획담당 과장, 同런던·프랑크푸르트 구주총괄 상품기획담당 과장, 同해외본부 상품기획담당 2001년 팬텍(주) 해외영업본부장 2002년 소니코리아 AVIT(가전)부문 마케팅본부장 2005~2007년 한국코닥(주) 대표이사 사장 2007년 (주)레인콤 최고운영책임자(COO·수석부사장) 2009년 同사장 2009년 (주)아이리버 대표이사 사장 2009년 同등기이사 2011~2014년 (주)미래엔 부사장 겸 최고운영책임자(COO) 2014년 (주)에어릭스 대표이사(현)

**김군호(金君鎬) Kim, Goonho**

(생)1973·7·14 (본)김해(金海) (출)제주 제주시 (주)서울특별시 종로구 청와대로 1 대통령 사회적경제비서관실(02-730-5800) (학)1992년 제주제일고졸 1999년 성균관대 독어독문학과졸 2013년 영국 버밍엄대 대학원 사회정책학과졸 (경)2000년 행정고시 합격(44회) 2005~2008년 행정자치부 자치제도과 사무관 2009년 행정안전부 성과급여기획과 사무관 2010~2011년 同성과급여기획과 서기관 2013~2014년 안전행정부 자치제도과 서기관 2014년 행정자치부 선거의회과 서기관 2014년 同국가기록원 행정지원과장 2015년 同주민과장 2017년 행정안전부 지방자치분권실 주민과장 2018년 대통령 사회적경제비서관실 행정관(현)

**김권배(金權培) KIM Kwon Bae**

(생)1951·12·25 (본)김해(金海) (출)대구 (주)대구광역시 중구 달성로 56 계명대학교 동산의료원 부속실(053-250-7423) (학)1970년 경북고졸 1976년 경북대 의대졸 1987년 同대학원졸 1991년 의학박사(경북대) (경)1980년 계명대 동산의료원 내과 전공의 1983~1994년 同의과대학 내과학교실 심장내과 전임강사·조교수·부교수 1983년 동의대 내과학교실 심장내과 전임강사 1989년 미국 노스웨스턴대 연수 1990년 대한순환기학회 학술회원 1994~2017년 계명대 의과대학 내과학교실 심장내과 교수 1994년 同동산의료원 순환기내과 과장 2001년 同동산의료원 부원장 2007~2009년 同동산의료원장 2011~2012년 同의과대학장 2013·2017년 同의무부총장 겸 동산의료원장(현) 2013~2015년 대구경북병원회 회장 2013~2018년 사립대의료원협의회 감사 2014~2018년 대구경북첨단의료산업진흥재단 이사 2016~2018년 대한병원협회 감사

**김권수(金權洙) KIM Gwon Su** (미령재)

(생)1960·10·20 (본)광산(光山) (출)경남 진주 (학)진주 대아고졸, 경상대 낙농학과졸, 同경영대학원졸, 경영학박사(서울벤처정보대학원) (경)신한국당 진주乙지구당 조직부장, 한나라당 진주乙지구당 부위원장, 하순봉 국회의원 보좌역, 진주시택견협회 회장 2002~2006년 경남도의회 의원(한나라당), 同운영위원회 부위원장, 한나라당 중앙위원 2007년 민주평통 자문위원, 선진국민연대 진주시 상임대표, 경상대총동창회 부회장, 진주 대아고총동창회 부회장, 진주시생활체육연합회 이사, 진주시태권도협회 이사 2010년 경남 진주시장선거 출마(무소속) 2012~2013년 주택관리공단 감사 2017~2019 경남도민신문 사장 (저)'내일이면 늦다'(2007)

## 김권용(金權溶) Kwon-Yong Kim

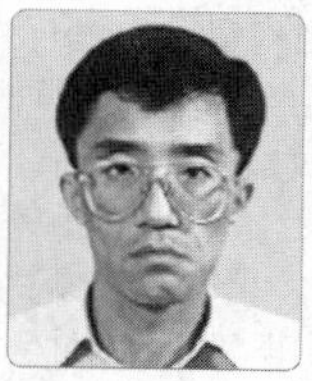

(생)1962 · 12 · 23 (본)해풍(海豊) (출)경기 화성 (주)서울특별시 종로구 율곡로2길 25 연합뉴스 편집국 선임데스크팀(02-398-3114) (학)1981년 인창고졸 1988년 건국대 영어영문학과졸 (경)2000년 연합뉴스 산업부 차장대우 2001년 同국제뉴스2부 차장대우 2001년 同국제뉴스2부 차장 2005년 同정보과학부 부장대우 2006년 同정보과학부장 2008년 同국제뉴스2부장 2009년 同한민족센터 온라인사업팀장 2010년 同국제뉴스3부 기획위원 2011년 同지방국 에디터 2011년 同지방국 에디터(부국장대우) 2011년 同국제국 국제뉴스3부 에디터(부국장대우) 2012년 同하노이특파원(부국장대우) 2014년 同하노이특파원(부국장급) 2015년 同국제뉴스3부 기획위원(부국장급) 2015년 同편집국 선임데스크팀 근무(부국장급) 2018년 同편집국 선임데스크팀 근무(국장대우) 2019년 同편집국 선임데스크팀 근무(선임)(현) (저)'총성없는 3차 대전 표준전쟁'(共) '당신은 이제 유티즌'(共) (종)천주교

## 김귀곤(金貴坤) KIM Kui Gon

(생)1944 · 9 · 29 (본)김해(金海) (출)전북 (주)서울특별시 관악구 관악로 1 서울대학교 농업생명과학대학 조경지역시스템공학부(02-880-4870) (학)1967년 서울대 임학과졸 1974년 뉴질랜드 캔터베리대 대학원 조경학과졸 1981년 영국 리딩대 계획대학원 도시지역계획학과졸 1985년 환경계획학박사(영국 런던대) (경)1978~2010년 서울대 농업생명과학대학 조경지역시스템공학부 조경학과 교수 1988년 미국 하와이대 동서문화센터 환경정책연구소 객원연구원 1990년 독일 베를린공대 객원교수 1995년 한국환경영향평가학회 부회장 1998년 한국환경교육학회 명예회장 1998~2005년 대한주택공사 설계자문위원 2000년 서울시 도시공원위원 2000년 유네스코 한국인간과생물권계획(MAB)위원회 부위원장 2000~2008년 지방의제21전국협의회 공동회장 및 푸른경기21실천협의회장 2000년 대통령자문 지속가능발전위원회 위원 · 자문위원 2001년 행정자치부 국가전문행정연수원 자치행정연수부 지도교수 2001년 환경부 사전환경성검토 및 환경영향평가 전문위원 2002년 同생태네트워크구축정책포럼 위원장 2002년 한국환경복원녹화기술학회 회장 · 고문 2003년 환경부 중앙환경보전자문위원회 위원 2003년 同영향평가조정협의회 부위원장 2003년 'International Study Group for a sustainable Environment' Core Group 위원 2003년 'Horizon International' Scientific Review Board 위원 2004년 유네스코 도시그룹위원회 위원 2005년 (사)한국생태도시네트워크 대표(현) 2006년 행정자치부 살고싶은지역사회만들기 지역자원위원장 2007년 국제경관생태공학회 회장 2007년 UN-해비타트 강원도국제도시훈련센터 원장(현) 2008~2009년 대통령자문 국가지속가능발전위원회 위원 2009년 한국지역공동체발전학회 회장(현) 2010년 서울대 조경지역시스템공학부 명예교수(현) 2010~2011년 조선일보 DMZ취재팀 환경 · 생태부문 자문위원 2010~2014년 코리아DMZ협의회 공동 상임대표 2010년 Cochairman of International Inter-Agency Advisory group for urban CDM 2015~2018년 2018평창동계올림픽 조직위원회 위원 겸 환경전문위원회 위원장 2018년 UNFCCC(유엔기후변화협약) Community Team Leader(현) (상)대통령표창(1991), 녹조근정훈장(2001) (저)'환경영향평가원론' '식재계획 · 설계론'(共) '생태도시 계획론' '범지구적 도전과 지방적 해결-지방의제 21' '공원녹지 계획 · 설계론' 'New Towns in East and South-east Asia'(共) 'Restoring the Land'(共) '현대 산업사회와 환경문제'(共) 'Urban Ecology Applied to City of Seoul : Implementing Local Agenda 21' '환경 영향평가 개론' 'Crucibles of Hazard : Mega-Cities and Disasters in Transition'(共) 'Urban Ecology' '습지학 원론 : 한국의 늪'(共) '21세기 생태환경 조성을 위한 새로운 조경기법'(共) '환경정책론'(共) '비무장지대와 민통지역의 생물상 : 파주시 일원' 'DMZ Ⅱ - 횡적분단에서 종적 연결로'(共) '도시개발론'(共) '습지와 환경' '지속가능발전의 전략과 실행' '평화와 생명의 땅 DMZ'(2010) (역)'환경교육의 세계적 동향' '환경위험과 문화' (종)천주교

## 김귀룡(金貴龍) KIM Gui Ryong

(생)1956 · 3 · 3 (본)광산(光山) (출)서울 (주)충청북도 청주시 서원구 충대로 1 충북대학교 인문대학 철학과(043-261-2150) (학)1975년 중동고졸 1986년 연세대 철학과졸 1991년 同대학원 철학과졸 1998년 철학박사(연세대) (경)1991~1997년 울산대 · 연세대 · 광운대 시간강사 1997년 광운대 겸임교수 1999년 충북대 인문대학 철학과 교수(현) 2002~2004년 전국대학인문학연구소협의회 사무국장 2004년 한국서양고전학회 편집이사 2006년 서양고전철학회 총무 2008년 한국서양고전학회 총무이사 2010~2011년 충북대 교무처장 2018년 同대학원장(현) (저)'고대와 현대의 철학적 대화'(2000, 동과서) '주체사상과 인간중심철학'(2003, 예문서원) '철학, 죽음을 말하다'(2004, 산해) '언어와 사유'(2007, 동과서)

## 김귀언(金貴彦) KIM Gwi Eon

(생)1946 · 2 · 16 (출)전남 순천 (주)제주특별자치도 제주시 제주대학로 102 제주대학교 의학전문대학원 방사선종양학교실(064-717-2329) (학)1976년 연세대 의대졸 1997년 원광대 대학원 의학석사 2001년 의학박사(원광대) 2002년 연세대 보건대학원 고위자과정 수료 (경)1981~2011년 연세대 의대 방사선과학교실 전임강사 · 조교수 · 부교수 · 교수 1984~2002년 대한두경부종양학회 이사 1987년 미국 미네소타대 교환교수 1992~2005년 대한암학회 상임이사 · 이사 · 부회장 1994~1997년 대한치료방사선종양학회(KOSTRO) 이사장 1996년 유럽방사선종양학회(ESTRO) 회원(현) 1997년 연세대 의대 치료방사선과학교실 주임교수 겸 과장 1998년 미국 방사선종양학회(ASTRO) 회원 1998~2000년 대한방사선종양학회(KOSTRO) 회장 2002~2008년 연세대 영동세브란스병원 암센터 원장 2004~2005년 同암연구소장 2004년 대한민국의학한림원 정회원(현) 2005~2013년 대한암협회 부회장 2011년 제주대 의학전문대학원 방사선종양학교실 석좌교수(현) 2014~2016년 대한암협회 고문 (상)연세대 우수업적교수상(1997), 보원아카데미학술상(2000), 서울시의사회 의학대상(2005), 연세대 연구업적우수교수포상(2005), 홍조근정훈장(2009) (종)천주교

## 김귀열(金貴熱) KIM Kyu Yeul

(생)1942 · 5 · 20 (출)경기 평택 (주)서울특별시 강남구 테헤란로 614 (주)슈페리어 회장실(02-565-1311) (학)평택종고졸 1976년 동국대 경영대학원 수료 2003년 고려대 대학원 최고경영자과정 수료 (경)1967~1977년 동원섬유 설립 · 대표 1978~1995년 보라매스포츠 · (주)보라매 · (주)금명F.G 대표이사 1989년 (주)시마인터내셔널 설립 1991년 다산섬유 설립 1996년 (주)슈페리어 사장 2002년 同회장(현) 2014년 슈페리어재단 이사장(현) (상)국세청장표창(1991), 노동부장관표창(1994), 철탑산업훈장(1998) (종)기독교

## 김귀옥(金貴玉 · 女) KIM Gui Ok

(생)1963 · 1 · 9 (본)의성(義城) (출)대구 (주)경기도 수원시 영통구 법조로 105 수원지방법원 총무과(031-210-1101) (학)1981년 명성여고졸 1985년 고려대 법학과졸 (경)1992년 사법시험 합격(34회) 1995년 사법연수원 수료(24기) 1995년 대구지법 판사 1997년 대전지법 천안지원 판사 1998년 수원지법 판사 2002년 서울지법 판사 2004년 서울가정법원 판사 2006년 서울고법 판사 2008년 서울동부지법 판사 2010년 서울가정법원 부장판사 2015년 서울동부지법 부장판사 2019년 수원지법 부장판사(현) (종)가톨릭

## 김귀진(金貴珍) KIM Kwi Jin

(생)1957·10·12 (본)연안(延安) (출)제주 북제주 (주)제주특별자치도 제주시 아연로 2 (주)KCTV제주방송 사장실(064-741-7777) (학)1976년 제주제일고졸 1980년 제주대 생물학과졸 1994년 同경영대학원졸 (경)1983년 제주문화방송 편성국 입사(PD) 1996년 同차장대우 1999년 同차장 2000년 同TV제작부장 2002년 同광고사업부장 2002년 同편성제작국장 2003년 (주)KCTV제주방송 편성제작국장 2006년 同편성제작국 이사 2007년 同보도·편성제작이사 2012년 同대표이사 사장(현) (상)가톨릭방송대상 우수작품상(1994), 한국방송위원회 우수작품상, 한국방송대상 우수작품상(1997·1999), 한국방송프로듀서상(1998), 제주방송인대상(1999), 방송위원회 이달의좋은프로그램(3회), 방송통신위원장표창(2009)

## 김귀찬(金貴讚) KIM Guy Chan

(생)1960·6·23 (출)경북 의성 (주)서울특별시 서초구 서초중앙로 160 법률센터 501호 김귀찬법률사무소(02-3477-5400) (학)1979년 대입검정고시 합격 1989년 성균관대 법학과졸 (경)1991년 사법시험 합격(33회) 1994년 사법연수원 수료(23기) 1994년 구미경찰서 수사과장 2005년 대구지방경찰청 수사과장(총경) 2005년 문경경찰서장 2006년 경찰청 장비과장 2008년 同경무기획국 규제개혁법무과장 2009년 서울강서경찰서장 2010년 경찰청 정보2과장 2010년 충남지방경찰청 차장(경무관) 2011년 대구지방경찰청 차장 2012년 경기지방경찰청 제2부장 2012년 경찰청 정보국장(치안감) 2013년 경북지방경찰청장 2013년 경찰청 수사국장 2014년 대전지방경찰청장 2015년 경찰청 보안국장 2016~2017년 경찰청 차장(치안정감) 2017년 변호사 개업(현) 2018년 협동조합 법률자문위원(현) (상)대통령표창(2006), 홍조근정훈장(2013)

## 김규돈(金圭敦) KIM Kyu Don

(생)1958·7·9 (주)경기도 성남시 분당구 대왕판교로 700 코리아바이오파크 B동 4층 (주)제넥신(031-628-3200) (학)경기고졸, 연세대 생화학과졸, 서강대 경영대학원 경영학과졸, 이학박사(미국 노던일리노이대) (경)(주)LG생명과학 의약품해외영업팀장 2005년 同의약품해외영업담당 상무, 同제품개발담당 상무 2009년 同임상RA담당 상무 2011~2013년 삼성전자(주) 신사업추진단 전문위원 2013~2015년 (주)종근당 공동대표이사 부사장 2015년 (주)제넥신 사업개발본부장(부사장급) 2016년 同경영지원본부장 겸 연구소장(부사장) 2018년 同최고운영책임자(COO) 겸 해외조인트벤처개발총괄 사장 2018년 同사장(현)

## 김규동(金圭東) Kim Kyudong

(생)1966·3·2 (본)김녕(金寧) (출)대구 (주)서울특별시 용산구 서빙고로 137 국립중앙박물관 유물관리부(02-2077-9370) (학)1985년 대구 계성고졸 1992년 영남대 문화인류학과졸 2001년 충남대 대학원 고고학과 수료 (경)1994~2004년 국립대구박물관·국립전주박물관·국립부여박물관 학예연구사 2004~2005년 국립중앙박물관 고고부 학예연구사 2005~2010년 同전시팀·유물관리부 학예연구관 2011년 同학예연구관 2013년 同전시과장 2017년 국립공주박물관장 2019년 국립중앙박물관 유물관리부장(현) (상)문화관광부장관표창(2004), 국무총리표창(2008)

## 김규섭(金圭燮) KIM Kyu Sub

(생)1945·12·1 (본)김녕(金寧) (출)전남 함평 (주)서울특별시 강남구 학동로 401 금하빌딩 4층 법무법인(유) 정률(02-2183-5662) (학)1963년 목포고졸 1969년 성균관대 법대졸 (경)1973년 사법시험 합격(15회) 1975년 사법연수원 수료(5기) 1975년 부산지검 검사 1977년 광주지검 검사 1980년 서울지검 동부지청 검사 1983년 인천지검 검사 1986년 서울지검 북부지청 검사 1987년 광주지검 해남지청장 1989년 서울고검 검사 1990년 대구지검 특수부장 1991년 법무부 관찰과장 1992년 同보호과장 1993년 수원지검 형사2부장 1993년 서울지검 북부지청 형사2부장 1994년 同동부지청 형사2부장 1995년 전주지검 차장검사 1996년 서울지검 의정부지청 차장검사 1997년 인천지검 차장검사 1998년 대검찰청 수사기획관 1998년 서울지검 제3차장검사 1999년 대검찰청 공판송무부장 2000년 대전지검장 2001년 대검찰청 강력부장 2002년 수원지검장 2003년 변호사 개업 2006~2009년 법무법인 일신 대표변호사 2009년 법무법인 정률 대표변호사 2011년 법무법인(유) 정률 변호사(현) (상)검찰총장표창(1981), 법무부장관표창(1985), 홍조근정훈장(1998) (종)천주교

## 김규섭(金圭燮) Gyuserb Kim

(생)1980·8·11 (본)김해(金海) (출)강원 횡성 (주)세종특별자치시 다솜2로 94 해양수산부 기획조정실 규제개혁법무담당관실(044-200-5160) (학)1999년 강원과학고졸 2002년 서울대 지구환경시스템공학부졸 2015년 미국 캘리포니아대 버클리교 대학원 토목환경공학과졸 (경)2004~2005년 해양수산부 어촌어항과 근무 2005~2007년 2012여수세계박람회 유치위원회 근무 2007~2012년 국토해양부 항만정책과·항만개발과·항만민자계획과 근무 2012~2013년 同재정담당관실 근무 2013년 해양수산부 기획재정담당관실 근무 2013~2014년 미국 국무부 파견(H.Humphrey 교환프로그램) 2014~2015년 미국 캘리포니아대 데이비스교 직무연수 2015년 해양수산부 항만정책과 서기관 2017년 인천지방해양수산청 항만개발과장 2019년 해양수산부 기획조정실 규제개혁법무담당관(현)

## 김규식(金奎植) KIM KYOU SIK

(생)1969·1·3 (출)대전 (주)대전광역시 서구 영골길 158 (주)맥키스컴퍼니(042-537-2051) (학)대전상고졸, 한남대 법학과졸, 同대학원 언론광고학과졸 (경)1990년 (주)선양 입사 2010년 同비서팀장·홍보마케팅실장(부장) 2012년 同기획조정실장(상무) 2013년 (주)맥키스컴퍼니 유통사업본부장(전무) 2014년 同대외협력실장(전무) 2016년 同주류사업부문총괄 부사장 2019년 대전시육상연맹회 회장(현) 2019년 (주)맥키스컴퍼니 대표이사 사장(현)

## 김규열(金圭烈) KIM GYU YEOL (平山)

(생)1958·2·15 (본)경주(慶州) (출)충남 서천 (주)전라북도 익산시 익산대로 460 원광디지털대학교 총장실(1588-2854) (학)1989년 경희대 한의학과졸 1991년 同대학원졸 1995년 한의학박사(경희대) (경)은생한의원 원장, 경희대 한의학과 조교, 세명대 한의학과 전임강사·조교수·부교수 2003~2004년 천안부부한의원 대표원장 2005년 원광디지털대 한방건강학과 부교수 2019년 同총장(현) (저)'황제내경소문교주회수(상·중·하)' '약선식료학개론'(2011, 의성당) '식료본초학'(2011, 의성당) (종)원불교

## 김규열(金圭烈) KIM Kyu Yeol

(생)1961·5·10 (출)전남 (주)광주광역시 남구 효덕로 277 광주대학교 일본어학과(062-670-2252) (학)전남대 일어교육학과졸, 한국외국어대 대학원졸, 일본 주오대 대학원 문학 박사과정 수료 (경)1992년 광주대 외국어학부 일본어전공 교수, 同일본어학과 교수(현) 1999년 한국일본학회 이사 2002~2007년 광주대 대외협력실장 2009~2017년 同평생교육원장 2011년 同대학원 부원장 2019년 同인문사회대학장(현)

## 김규영(金奎榮) KIM Kyoo Young

(생)1948 · 5 · 2 (본)김해(金海) (출)부산 (주)서울특별시 마포구 마포대로 119 (주)효성 임원실(02-707-7200) (학)부산고졸 1972년 한양대 섬유공학과졸 (경)1972년 동양나이론(주) 입사 1990년 同울산공장 부공장장(이사) 1995년 同언양공장장(상무) 1996년 同안양공장장 2000년 (주)효성 섬유PG 나일론원사PU장(전무) 2004년 同섬유PG CTO(부사장), 同산업자재PG 타이어보강재PU장(부사장) 2011년 同중국총괄 사장 2014년 同타이어보강재PU장(사장) 2016년 同산업자재PG CTO(사장) 2017년 同대표이사 사장(현) (상)동탑산업훈장(2006)

## 김규옥(金奎玉) KIM Kyu Ok

(생)1961 · 3 · 12 (출)부산 (주)서울특별시 강남구 테헤란로 306 14층 (사)한국M&A협회(02-559-0943) (학)1979년 부산 혜광고졸 1983년 서울대 경제학과졸 1985년 同행정대학원졸 1992년 미국 미시간대 대학원 경제학과졸 2011년 행정학박사(동국대) (경)1984년 행정고시 합격(27회) 1996년 재정경제원 농수산예산담당관실 서기관 1999년 미국 국제부흥개발은행(IBRD) 파견 2002년 기획예산처 산업정보예산과장 2003년 同농림해양예산과장 2004년 同예산총괄과장(부이사관) 2005년 대통령비서실 근무(부이사관) 2006년 同선임행정관(고위공무원) 2007년 국방대 파견 2007년 제17대 대통령직인수위원회 경제1분과위원회 전문위원 2008년 기획재정부 대변인 2009년 同사회예산심의관 2010년 同예산총괄심의관 2012~2013년 同기획조정실장 2014년 새누리당 수석전문위원 2014~2016년 부산시 경제부시장 2016년 부산국제영화제조직위원회 부위원장 2017~2018년 기술보증기금 이사장 2019년 한국M&A협회 회장(현) (상)홍조근정훈장(2011)

## 김규원(金奎元) KIM Kyu Won (元峰)

(생)1928 · 5 · 30 (본)전주(全州) (출)평북 선천 (주)서울특별시 강북구 덕릉로 72 국제가스공업(주)(02-988-5565) (학)1944년 평북 용암포수산학교졸 1978년 성균관대 경영행정대학원졸 1985년 미국 UCLA 경영대학원 경영개발기법연수과정 수료 1986년 연세대 행정대학원 수료 1988년 미국 조지워싱턴대 행정대학원 경영행정특별연수과정 수료 (경)1960년 국산택시 이사 1969년 국제운수(주) 회장 1972년 평북도민회 부회장 1974년 국제가스공업(주) 회장(현) 1978년 서울시택시운송사업조합 이사장 1979년 통일안보연구소 상임고문 1982년 동원가스 회장 1985년 제12대 국회의원(전국구, 한국국민당) 1987년 신민주공화당 총재특별보좌역 1989년 한국LP가스공업협회 회장 1990년 민주자유당 서울도봉乙지구당 위원장 1995년 자유민주연합 서울도봉乙지구당 위원장 1995~2000년 同서울강북甲지구당 위원장 1998년 평안북도중앙도민회 상임고문 (상)재무부장관표창, 서울시장표창 (저)'새로운 도약을 다지는 길목에서'(1993) (종)천주교

## 김규원(金奎源) Kyu-Won Kim

(생)1952 · 7 · 1 (출)대구 (주)서울특별시 관악구 관악로 1 서울대학교 약학대학 약학과(02-880-9180) (학)1976년 서울대 약대졸 1978년 한국과학기술원(KAIST) 생화학과졸(석사) 1985년 분자생물학박사(미국 미네소타대) (경)1978년 한국화학연구소 연구원 1980년 미국 미네소타대 연구조교 1985년 미국 하버드대 Dana-Farber Cancer Institute 연구원 1987~2000년 부산대 분자생물학과 조교수 · 부교수 · 교수 2000~2017년 서울대 약대 약학과 교수 2001년 한국혈관연구회 회장 2001년 한국과학기술한림원 정회원(현) 2002년 대한분자영상의학회 부회장 2003년 '뇌혈관 생성에 필수적 역할을 하는 단백질(SSeCKS)'을 세계 최초로 발견 2005년 과학기술부 · 과학문화재단 '닮고 싶고 되고 싶은 과학기술인 10인'에 선정 2011년 대한암학회 부회장 2017년 서울대 약대 약학과 명예교수(현) (상)목암생명과학상(1996), 과학기술우수논문상(2001), 올해의 생명과학자상(2002), 대한민국 최고과학기술인상(2003), 과학기술부 · 과학문화재단 닮고싶고되고싶은 과학기술인상(2005), 제15회 호암상(2005), 청산상(2012), 오당상(2017) (저)'분자생물학 - 한국분자생물학회편'(1997) 'Blood-Brain Barrier from Ontogeny to Artificial Interfaces'(2006) 'New Perspectives On Aloe'(2006) '최신의과학용어사전'(2006, Springer) '과학의 발전과 항암제의 역사(共)'(2015) 'Cancer Drug Discovery : Science and History'(2016, Springer) '약의 역사'(2017) (역)'킴볼생물학(共)'(1996) '생명과학을 위한 비주얼 생화학 · 분자생물학(共)'(1997)

## 김규원(金奎原) KIM Gyu Won

(생)1956 · 9 · 4 (본)서흥(瑞興) (출)경남 진주 (주)대구광역시 북구 대학로 80 경북대학교 사회학과(053-950-5225) (학)1978년 경북대 사회학과졸 1984년 미국 위스콘신대 메디슨교 대학원졸 1989년 사회학박사(미국 위스콘신대 메디슨교) (경)1991~2002년 경북대 사회학과 전임강사 · 조교수 · 부교수 1997~1998년 同사회학과장 1998년 우리복지시민연합 공동대표(현) 1999~2000년 경북대 사회과학대학장보 2000년 대구사회연구소 사회조사센터 본부장 2002년 경북대 사회학과 교수(현) 2002년 同자율전공부장 2003년 대구사회연구소 소장 2004년 한국지역사회학회 부회장 2005년 대구경북지역혁신협의회 위원 2006년 대구경북연구원 대구경북학연구센터 소장 2006~2008년 경북대 사회과학대학장 2006~2008년 同정책정보대학원장 2011~2012년 同교무처장 2012~2016년 대구시지방분권협의회 의장 2013~2014년 경북대 부총장 겸 대학원장 2016년 교육부 대학구조개혁위원회 위원 겸 평가관리위원장(현) (저)'현대사회와 가족'(2001) '탈근대세계의 사회학'(2001) '21세기 한국사회의 구조적 변동'(2005) '진짜 대구를 말해줘'(2006) '교육문제와 교육정책'(2017) '한국 대학의 혁신:평가사회의 정부 역할'(2018) (역)'계급연구와 미국사회학'(1995)

## 김규창(金奎昌) KIM Kyuchang

(생)1955 · 2 · 28 (주)경기도 수원시 팔달구 효원로 1 경기도의회(031-8008-7000) (학)경기 대신고졸 (경)여주군4-H연합회 회장, 한국자유총연맹 여주군지회장, 경기 여주군 대신면 농업경영인협의회장, 경기 여주군 대신면 이장협의회장, 민주평통 자문위원, 여주군축산업협동조합 감사 2006 · 2010~2013년 경기 여주군의회 의원(한나라당 · 새누리당) 2006 · 2008년 同부의장 2010~2013년 同의장 2013~2014년 경기 여주시의회 의원(새누리당) 2013년 同의장 2013년 여주시 대신면재향군인회 회장 2013년 同주민자치위원회 위원, 경기동부권시군의회의장협의회 의장 2014~2018년 경기도의회 의원(새누리당 · 바른정당 · 자유한국당) 2014년 同도시환경위원회 간사 2014년 同윤리특별위원회 위원 2016~2018년 同건설교통위원회 위원 · 간사 2017~2018년 同예산결산특별위원회 위원 2018년 경기도의회 의원(자유한국당)(현) 2018년 同건설교통위원회 부위원장(현) (상)전국시 · 도의회의장협의회 우수의정대상(2017)

## 김규창(金奎暢) KIM Gyu Chang

(생)1962 · 1 · 14 (본)김해(金海) (주)경상북도 구미시 구미대로 102 도레이첨단소재(주) 구미사업장(054-469-4114) (학)경북공고졸 1987년 영남대 섬유공학과졸 (경)1999년 (주)새한 원사생산팀장 2005년 同구미1공장 생산담당 임원 2007년 同FIBER생산담당 이사 2008년 웅진케미칼(주) FIBER생산담당 이사 2008년 同안성공장장(상무) 2009년 同소재사업본부장(상무) 2015년 도레이첨단소재(주) 도레이폴리텍난통 총경리 겸 생산부문장(상무) 2016년 同섬유생산담당 상무 2017년 도레이케미칼 구미사업장장 겸 섬유생산담당 상무 2019년 도레이첨단소재(주) 구미사업장장(상무)(현)

**김규철(金圭喆) KIM Kyu Chol**

(생)1947·2·28 (본)안동(安東) (출)전남 나주 (주)서울특별시 은평구 연서로 40 힐튼맨션 202호 남북포럼(02-473-1826) (학)1967년 호만애암공고졸 1969년 광운대 공업교육과 중퇴 (경)1968~1972년 지멘스(주) 한국지사 근무 1970~1973년 한독청년문화회 회장 1981~1982년 아시아헤르텔(韓·獨합작회사) 근무 1983~2003년 독일어학원 원장 1999년 시민의신문 홍보실장 2000년 남북포럼 창립·대표(현) 2001년 금강산사랑운동본부 대표(현) 2004년 개성사랑회포럼 대표 2005년 남북경협시민연대 대표(현) 2006~2008년 한국토지공사 개성공단 자문위원 2014년 한반도관광협동조합 이사(현) (종)천주교

**김규철(金圭哲) KIM Kyu Chul**

(생)1953·1·17 (출)부산 (주)부산광역시 해운대구 수영강변대로 140 게임콘텐츠등급분류위원회(051-746-0027) (학)1971년 동래고졸 1978년 중앙대 무역학과졸 2005년 동명대 대학원 경영정보학과졸 (경)1978~1986년 (주)흥아해운 과장 1987~1995년 (주)두원실업 대표이사 1999~2003년 (주)네이텍 대표이사 2001년 (사)부산정보기술협회 부회장 2003~2004년 同회장 2003년 ITU조직위원회 위원 2004년 국가균형발전부산지역기업협의회 위원 2004년 부산시지역혁신협의회 위원 2004~2010년 (재)부산정보산업진흥원 원장 2010~2015년 영산대 대외부총장 2011~2016년 (재)영화의전당 이사 2013년 울산테크노파크 이사 2014년 게임콘텐츠등급분류위원회 초대 위원장(현) 2014~2016·2018~2019년 게임문화재단 이사 2016년 동명대 게임공학과 교수(현) (종)불교

**김규철(金圭哲) KIM Gyu Chul**

(생)1960·9·8 (본)영광(靈光) (출)전남 장흥 (주)서울특별시 강남구 테헤란로 306 카이트타워 18층 한국자산신탁 비서실(02-2112-6457) (학)1978년 전남 장흥고졸 1982년 전남대 경영학과졸 1985년 서울대 대학원 경영학과졸 2002년 고려대 언론대학원 최고위과정 수료 2005년 同정책대학원 CRO과정 수료 (경)1988~1991년 한신경제연구소 근무 1991~1999년 광은창업투자(주) 부장 1999~2000년 한국주택저당채권유동화(주) 근무 2000~2007년 세종증권(주)·NH투자증권 상무이사 2007~2010년 (주)엠디엠 부사장 2010년 한국자산신탁(주) 부사장 2012년 同대표이사 사장 2018년 同대표이사 부회장(현)

**김규태(金奎太) KYUTAE KIM**

(생)1962·2·8 (주)서울특별시 중구 남대문로 90 SK네트웍스(주) 현장경영본부(02-6098-3020) (학)1980년 용산고졸 1986년 강원대 영어영문학과졸 (경)1989년 유공 입사 1996년 SKC(주) 인력관리팀 과장 2002년 同인력팀 부장 2005년 同인력관리2팀장 2007년 同인재개발팀장 2008년 同회장실장 2010년 同회장실장(상무) 2014년 同회장실장(전무) 2018년 SK네트웍스(주) 회장실장(전무) 2019년 同현장경영본부장(현)

**김규태(金圭泰) KIM Gyu Tae**

(생)1964·9·1 (출)전북 정읍 (주)세종특별자치시 갈매로 408 교육부 고등교육정책실(044-203-6800) (학)연세대 행정학과졸 (경)1988년 행정고시 합격(32회) 1998년 교육부 교육정책총괄과 서기관 2002년 전북대 사무국 과장 2004년 교육인적자원부 정책조정과장 2005년 同대학구조개혁팀장 2005년 同대학구조개혁팀장(부이사관) 2006년 同평가지원과장 2007년 同대학학무과장 2008년 교육과학기술부 인재정책총괄과장 2009년 제주대 사무국장 2009년 교육과학기술부 평생직업교육국장(고위공무원) 2011년 同평생직업교육관 2011년 유네스코 본부 파견(고위공무원) 2015년 목포대 사무국장 2016년 전북도교육청 부교육감 2018년 교육부 고등교육정책관 2019년 同고등교육정책실장(현) (상)대통령표창(1997)

**김규학(金圭學) KIM Gyu Hak (斗庵)**

(생)1964·1·31 (본)김해(金海) (출)경북 의성 (주)대구광역시 중구 공평로 88 대구광역시의회(053-803-5112) (학)사회복지학박사(대구한의대) 2014년 정치학박사(경북대) (경)한나라당 대구시당 청년위원장, 소상공인협회 대구시 북구지회 초대회장 2006년 대구시 북구의회 의원 2008~2010년 同도시건설위원회 위원장 2008년 대구보건대 겸임교수 2010년 대구시의회 의원(한나라당·새누리당) 2014~2018년 대구시의회 의원(새누리당·자유한국당) 2014년 同교육위원회 위원 2014년 同예산결산특별위원회 위원장 2015년 同문화복지위원회 위원 2016~2018년 同윤리특별위원회 위원 2016년 대구취수원이전특별위원장 2016~2018년 同문화복지위원회 위원장 2018년 대구시의회 의원(북구·자유한국당 시의회 원내대표)(현) 2019년 경북대 차세대에너지기술연구소 겸임교수(현) (상)교육부장관겸부총리표창(2006), 대학생NGO단체의회모니터단 3년연속 의정대상(2011~2013), 대구시청소년지도자대상 의정대상(2012), 전국시·도의회의장협의회 우수의정 대상(2016), 대한민국안전문화시상식 대상(2017), (사)세계신지식인협회 지방의정대상(2019)

**김규한(金圭漢) KIM Kyu Han**

(생)1957·5·31 (본)함녕(咸寧) (출)서울 (주)서울특별시 종로구 대학로 101 서울대병원 피부과(02-2072-3643) (학)1982년 서울대 의대졸 1986년 同대학원 의학석사 1991년 의학박사(서울대) (경)1982년 서울대병원 인턴·전공의 1986년 대한피부과학회 정회원(현) 1986~1989년 대한나관리협회 경기도지부 진료소장 1989~1991년 경상대 의대 전임강사 1991~1993년 서울대병원 임상교수 1993년 서울대 의대 피부과학교실 교수(현) 1995년 미국 에모리대 School of Medicine 연구원 1997~2000년 대한알레르기학회 재무이사·서울지부회 총무 1999~2005년 대한피부과학회 영문잡지편찬위원회 간사 2001~2006년 대한피부연구학회 간행이사·학술이사 2003~2006년 대한의학회 수련교육위원회 위원 2003~2006년 대한알레르기학회 감사 2003~2006년 서울대 교육연구부 교육수련담당 교수 2005~2013년 대한피부과학회 고시이사·학술이사·연구실험부장 2006년 서울대 의대 학생부학장 2008·2012·2014년 서울대병원 피부과 진료과장 2013~2016년 서울대병원 의생명연구원 의학연구협력센터장 2011년 대한아토피피부염학회 회장 2016년 대한천식알레르기학회 회장 (종)기독교

**김규헌(金圭憲) KIM Kyu Hun**

(생)1954·9·17 (본)경주(慶州) (출)강원 (주)서울특별시 서초구 서초대로 266 한승아스트라빌딩 8층 큐렉스(Q LEX)법률사무소(02-3487-5580) (학)1973년 서울고졸 1977년 성균관대 법정대학졸, 연세대 행정대학원졸(사법행정학석사) (경)1981년 사법시험 합격(23회) 1983년 사법연수원 수료(13기) 1983년 서울지검 북부지청 검사 1986~1987년 독일 뮌헨대 방문연구원 1987년 부산지검 검사 1989년 법무부 법무심의관실·통일법연구단 검사 1992년 서울지검 검사 1994년 부산지검 동부지청 검사 1995년 부산고검 검사 1996년 춘천지검 강릉지청 부장검사 1997년 인천지검 부천지청 부장검사 1998년 인천지검 조사부장 1999년 대검찰청 공판송무과장 2001년 서울지검 강력부장 2002년 청주지검 충주지청장 2003년 광주고검 검사 2004년 서울고검 검사 2006년 대전고검 검사 2007~2008년 일본 게이오대 방문연구원,

성균관대 법대 연구교수 2008~2011년 서울고검 검사 2011년 큐렉스(Q LEX)법률사무소 대표변호사(현), (주)중외신약 사외이사, (사)한국발레협회 법률고문, 문화체육관광부 문화예술공정위원회 위원장, 서울지방세무사회 고문(현), 성세의료재단 고문(현), 무의자문화재단 이사(현), 서울국제문화교류회 이사(현) 2014년 (재)정동극장 비상임감사, JW중외홀딩스 법률고문(현), 무용교육혁신위원회 법률고문(현), 새로운한국을위한국민운동 공동대표(현), 세금바로쓰기납세자운동 고문(현), (재)국립발레단 고문변호사(현), 국가인권위원회 정책자문위원(현) (상)법무부장관표창, 근정포장, 한국발레협회 디아길레프상, 서울고 총동창회 '자랑스러운 서울인상'(2018) (저)'독일법률용어대역집' '구동독의 법질서와 사법조직' '현행 보석제도에 관한 연구'

## 김규혁(金奎赫) KIM Gyu Hyeok

(생)1958 · 12 · 3 (주)서울특별시 성북구 안암로 145 고려대학교 환경생태공학부(02-3290-3014) (학)1982년 고려대 임학과졸 1984년 同대학원 임산학과졸 1986년 미국 콜로라도주립대 대학원 임산공학과졸 1989년 임산공학박사(미국 미시시피주립대) (경)1990~1999년 고려대 자연자원대학 산림자원환경학과 객원조교수 · 조교수 · 부교수 1997~1998년 미국 오리건주립대 방문교수 1999~2001년 고려대 자연자원대학 산림자원환경학과 교수 2001~2005년 국립산림과학원 겸임연구관 2001년 고려대 생명과학대학 환경생태공학부 교수(현) 2004년 同생명환경과학대학 공동기기센터장 2006~2009년 同관리처장 2006~2007년 일본 교토대 생존권연구소(Research Institute for Sustainable Humanosphere) 객원교수 2010~2010년 말레이시아 Universiti Putra Malaysia 객원교수 2011~2015년 고려대 총무처장 2017년 同생명과학대학장 겸 생명환경과학대학원장(현) (상)한국목재공학상 장려상(1994), 한국목재공학회 학술대상(2004) (저)'목재보존과학'(2004) '목조건축구조설계매뉴얼'(2008)

## 김규현(金圭賢) GIM Gyu Hyeon

(생)1963 · 9 · 12 (출)서울 (주)서울특별시 서대문구 통일로 97 경찰청 보안국(02-3150-2291) (학)1982년 서울 대일고졸 1986년 경찰대졸(2기) 2002년 대전대 대학원 법학과졸 2005년 법학박사(대전대) (경)1986년 경위 임용 1999년 충남지방경찰청 정보2계장(경정) 2001년 대전 동부경찰서 정보과장 2002년 서울 강서경찰서 경비교통과장 2003년 서울지방경찰청 경비부 경비1과 근무 2007년 강원 영월경찰서장(총경) 2008년 경기지방경찰청 제1부 경무과장 2009년 경기 광명경찰서장 2010년 경찰청 인사과장 2011년 서울 마포경찰서장 2011년 경찰청 홍보담당관 2014년 전남지방경찰청 제1부장(경무관) 2014년 대전지방경찰청 제1부장 2015년 경찰청 대변인 2017년 同정보화장비정책관 2017년 同경비국장(치안감) 2018년 광주지방경찰청장(치안감) 2019년 경찰청 보안국장(현)

## 김규현(金奎賢) KIM Kyu Hyeon

(생)1965 · 11 · 11 (주)전라북도 익산시 익산대로52길 27 익산지방국토관리청(063-850-9103) (학)1984년 전라고졸 1988년 서울대 경영학과졸 (경)2000년 건설교통부 육상교통국 도시철도과 사무관 2002년 同토지국 토지정책과 사무관 2003년 同토지국 토지정책과 서기관 2007년 同복합도시기획팀장 2008년 국토해양부 수도권정책과장 2009년 同동서남해안권발전기획단 파견(과장급) 2011년 同공공주택건설추진단 파견(서기관) 2012년 同공공주택건설추진단 공공주택총괄과장(부이사관) 2013년 국토교통부 공공주택건설추진단 공공주택총괄과장 2013년 同국토정책과장 2015년 同도시정책과장 2017년 同동서남해안및내륙권발전기획단 기획관 2017년 同정책기획관 2018년 同토지정책관 2019년 교육파견(국장급) 2019년 전북 익산지방국토관리청장(현)

## 김규형(金奎亨) Kim, Kyu Hyeong

(생)1964 · 7 · 25 (본)연안(延安) (출)서울 (주)서울특별시 서초구 서초대로74길 14 삼성화재해상보험(주) 인사팀(1588-5114) (학)1983년 동래고졸 1987년 서강대 경영학과졸 2006년 同대학원 OLP과정 수료(8기) 2013년 연세대 대학원 언론홍보최고위과정 수료(35기) (경)1989~1993년 삼성SDS 마케팅팀 대리 1994~1997년 삼성인력개발원 과장 1998년 삼성화재해상보험(주) 법인영업본부 과장 2001년 同인사팀 차장 2003~2009년 同홍보팀 부장 2010~2011년 同인사팀 부장 2012년 同방카슈랑스사업부장 2013년 同전략영업사업부장 2013~2015년 同홍보팀장(상무) 2015년 同인사팀장(상무)(현) (상)제12회 서강언론인상 공로상(2015)

## 김규호(金奎鎬) KIM Kyu Ho

(생)1956 · 6 · 15 (본)경주(慶州) (출)충남 공주 (주)경상북도 경주시 태종로 188 경주대학교 문화관광산업학과(054-770-5114) (학)1976년 성남고졸 1984년 경기대 관광경영학과졸 1986년 서울대 대학원 환경계획학과졸 1997년 관광개발학박사(경기대) (경)1985~1988년 한국산업경제연구원 선임연구원 1988년 경주대 관광레저학과 · 문화관광산업학과 교수(현) 1992~1994년 同학생처장 1997년 同관광진흥연구원장 1998~2000년 同관광학부장 1999~2001년 同특성화사업단 기획조정실장 2000~2002년 대한관광경영학회 부회장 2000~2002년 한국관광학회 부회장 2004~2006년 同관광자원개발분과학회 회장 2009년 경주대 대학원장 2009년 (재)경주축제조직위원회 이사 2009년 동해안권발전공동협의회 위원 2009년 울주군 관광분야자문위원 2011년 경북도의회 청사초롱연구회 정책연구위원 2015년 새정치민주연합 경북도당 윤리심판위원회 위원 2017년 경주대 대학원장(현) (상)경주대 문화관광학술상(1998), 한국관광학회 학술논문심사자상(2003), 한국관광협회 공로상(2005) (저)'관광학'(1997) '경주문화의 이해'(1997) '지속가능한 관광: 보전과 개발의 조화'(2001)

## 김규호(金圭浩) KIM Kyu Ho

(생)1958 · 5 · 9 (출)전남 화순 (주)경기도 고양시 일산서구 고양대로 283 한국건설기술연구원 국토보전연구본부(031-910-0257) (학)1978년 광주서석고졸 1982년 육군사관학교졸 1985년 연세대 대학원 수공학과졸 2000년 수공학박사(연세대) (경)1982년 육군 소대장 1983년 서울산업대 강사 1985년 육군사관학교 강사 1985년 연세대 산업기술연구소 연구원 1987~2000년 한국건설기술연구원 수자원연구실 선임연구원 2000년 同수자원연구그룹장 2001년 同하천연구그룹장 2004년 同기획조정실 연구관리팀장 2006년 同수자원연구부장 2007년 同하천 · 해안항만연구실 책임연구원 2012년 同그린리버연구단장 2015년 同수자원 · 하천연구소 선임위원 2019년 同국토보전연구본부 선임위원(현) (종)불교

## 김규호(金圭鎬) KIM Gyu Ho

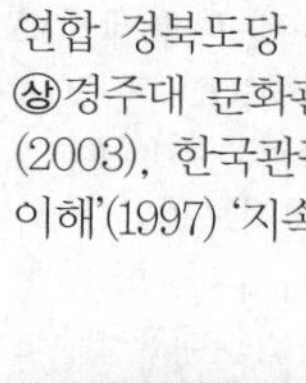

(생)1962 · 8 · 25 (본)경주(慶州) (출)강원 양구 (주)강원도 춘천시 중앙로 1 강원도의회(033-256-8035) (학)성수고졸, 강원대 사학과졸, 문학박사(강원대) (경)1992~1997년 강원 양구군 문화재전문위원 1997~2014년 양구선사박물관 관장, 강원 공립박물관 학예사협회 회장 2010~2013년 강원대 사학과 겸임교수, 강원고고문화연구원 감사, 예맥문화재연구원 이사, 양구향토문화연구소 소장 2014년 강원도의원선거 출마(무소속) 2015년 강원도의원선거 출마(보궐선거, 새정치민주연합), 국사편찬위원회 사료조사위원(현), 더불어민주당 강원도당 부위원장(현) 2018년 강원도의회 의원(더불어민주당)(현) 2018년 同평화지역개발촉진지원 특별위원회 위원장(현) (상)강원도지사표창, 육군 참모총장표창

**김규환(金奎煥) KIM GYU HWAN**

(생)1956 · 6 · 18 (본)삼척(三陟) (출)강원 평창 (주)서울특별시 영등포구 의사당대로 1 국회 의원회관 1017호(02-784-5680) (경)1977~2010년 대우종합기계(現 두산인프라코어) 근무(33년) 1986년 국제품질관리 분임조 경진대회(ICQCC) 한국대표 분임조장 1992년 대한민국 국가품질명장 2012년 새누리당 제18대 박근혜 대통령후보 중앙선거대책위원회 일자리 특보 2012년 한국잡월드 명예대사(꿈을 이룬 직업인) 2016년 제20대 국회의원(비례대표, 자유한국당)(현) 2016 · 2018년 국회 산업통상자원중소벤처기업위원회 위원(현) 2016~2018년 자유한국당 미래전략특별위원회 위원 2016년 국회 아프리카새시대포럼 간사(현) 2017년 자유한국당 정책조정위원회 간사 2017년 同4차산업혁명특별위원회 위원 2017 · 2018년 同원내부대표(현) 2017~2018년 同소상공인특별위원회 위원 2017년 국회 운영위원회 위원 2017~2018년 국회 평창동계올림픽및국제경기대회지원특별위원회 위원 2017년 미래연료전지발전포럼 자문위원단장(현) 2017~2018년 자유한국당 중앙위원회 산업자원분과 위원장 2018년 同한국GM대책특별위원회 위원 2018년 문화유산회복재단 자문위원(현) 2019년 자유한국당 대구동구乙당원협의회 운영위원장(현) (상)대통령표창(1983 · 1991), 전국공장새마을 품질관리 표준화 대회 금상(1985), 대우중공업 창원공장 공장새마을 품질관리 최우수 분임조장(1986), 새마을포장(1986), 국회사무처 입법 및 정책개발 우수 국회의원(2017), 유권자시민행동 대한민국유권자대상(2017), 자유한국당 국정감사 우수의원(2017), 제5회 국회의원 아름다운말 선플상(2017), 코리아혁신대상 의정부문(2018), 대한변호사협회 우수국회의원상(2018) (저)'어머니 저는 해냈어요'(2009, 김영사) (종)불교

**김규회(金珪會)**

(생)1963 · 2 · 4 (주)서울특별시 종로구 청계천로 1 동아미디어센터 지식서비스센터(02-2020-0399) (학)1986년 연세대 도서관학과졸 (경)1999년 동아일보 조사연구팀 기자, 同지식정보센터 조사연구팀장(차장급) 2002년 한국조사기자협회 부회장 겸 출판위원장 2007년 同운영위원대표 2008년 동아일보 지식서비스센터 지식정보팀장(부장급), 同지식서비스센터 정보파트장 2011~2016년 채널A 편성본부 아카이브팀장 겸임 2011~2015년 한국조사기자협회 회장 2017년 동아일보 지식서비스센터 콘텐츠파트장(현) (저)'뉴스정보 소프트'(2000)

**김 균(金 均) KIM Kyun**

(생)1959 · 11 · 6 (주)서울특별시 마포구 백범로 35 서강대학교 커뮤니케이션학부(02-705-8379) (학)1985년 서강대 영어영문학과졸 1987년 同대학원졸 1995년 신문방송학박사(미국 위스콘신대) (경)한국언론연구원 객원연구위원 2003~2017년 서강대 신문방송학과 교수 2006~2010년 同언론문화연구소장 2017년 同커뮤니케이션학부 커뮤니케이션학전공 교수(현) 2017~2018년 同커뮤니케이션학부 학장 겸 언론대학원장 2018년 同교학부총장(현) 2019년 同대학원장 겸임(현)

**김 균(金 均)**

(생)1966 · 8 · 8 (출)경남 통영 (주)경상남도 창원시 마산합포구 3 · 15대로 147 마산중부경찰서(055-240-2321) (학)1985년 통영고졸 1989년 경찰대 행정학과졸(5기) (경)1989년 경위 임관 1997년 경감 승진, 경남 거제경찰서 경비교통과장 · 청문감사관, 경남 사천경찰서 생활안전과장, 경남 거제경찰서 생활안전과장 2004년 경정 승진, 경남 통영경찰서 생활안전과장, 경남 창원서부경찰서 생활안전과장, 경남지방경찰청 작전전경계장 · 생활안전계장 2013년 경남지방경찰청 치안지도관(총경) 2013년 同여성청소년과장 2014년 경남 합천경찰서장 2016년 울산지방경찰청 경무과장 2016년 부산지방경찰청 청문감사담당관 2016년 경남 의령경찰서장 2017년 경남지방경찰청 수사과장 2019년 경남 마산중부경찰서장(현)

**김균미(金均美 · 女) KIM Kyun Mi**

(생)1965 · 8 · 8 (출)경기 수원 (주)서울특별시 중구 세종대로 124 서울신문 젠더연구소(02-2000-9055) (학)1988년 이화여대 영어영문학과졸 1998년 미국 아메리칸대 대학원 저널리즘과졸 (경)1989년 서울신문 기자 2000년 同편집국 국제팀 기자 2001년 同경제팀 기자 2001년 同국제팀 기자 2002년 同국제부 차장 2005년 同편집국 경제부 차장 2008년 同워싱턴특파원(부장급) 2011년 同편집국 국제부장 2012년 한국여기자협회 감사 2012년 서울신문 편집국 문화부장 겸 문화에디터(부국장급) 2013년 同편집국 부국장 2014년 관훈클럽 편집담당 운영위원 2015년 서울신문 편집국 부국장(국장급) 2015년 同편집국 수석부국장 2016년 同편집국장 2017년 同수석논설위원 2018년 한국여기자협회 회장(현) 2018년 서울신문 논설위원실 대기자 2019년 同논설위원실 대기자(이사대우) 2019년 同젠더연구소설립추진위원장 2019년 同젠더연구소장(현) (상)제10회 한국참언론인대상 국제부문(2014), 이화여대 올해의이화언론인상(2017)

**김극천(金克千) KIM Kuk Chen (예의)**

(생)1951 · 6 · 29 (본)김해(金海) (출)경남 통영 (주)경상남도 통영시 안개3길 36 통영공예전수교육관內 통영무형문화재보존협회(055-645-2971) (학)1970년 통영고졸 (경)1970년 故김덕룡 선생에게 사사 1982~1985년 전승공예대전 입선(제7 · 8 · 9회) · 장려상(10회) 1992년 대전엑스포 실기공연 2000년 국가무형문화재 제64호 두석장 기능보유자(현), 통영무형문화재보존협회 이사(현) (상)전승공예대전 입선(1982 · 1984 · 1985 · 1988), 전승공예대전 장려상(10회) (종)원불교

**김 근(金 槿) KIM Keun**

(생)1942 · 9 · 7 (본)연안(延安) (출)전북 전주 (학)1960년 전주고졸 1967년 한국외국어대 스페인어과졸 1973년 서울대 신문대학원졸 1987년 문학박사(프랑스 파리제7대) (경)1968년 한국경제신문 기자 1975년 동아방송 기자 1980년 강제해직 1988년 한겨레신문 경제부장 1990년 同논설위원 1993년 同편집부위원장 1993년 同논설위원 1997년 同논설주간 1999년 방송위원회 위원 1999년 한겨레신문 이사 논설주간 1999년 한국신문방송편집인협회 이사 1999년 대통령자문 정책기획위원회 위원 2000~2003년 연합뉴스 대표이사 사장 2000~2003년 연합인포맥스 사장 2000~2003년 연합P&M 사장 겸임 2000년 통일고문 2000~2003년 국제언론인협회(IPI) 한국위원회 이사 2002년 한국외국어대 이사 2002~2003년 아시아신문재단(PFA) 한국위원회 이사 2003년 한국신문협회 감사 2003~2006년 한국방송광고공사 사장 2008년 통합민주당 공천심사위원 2014년 새정치민주연합 최고위원 (상)한국외국어대 언론인상(2001)

**김 근(金 瑾)**

(생)1964 · 2 · 11 (출)광주 (주)전라남도 여수시 하멜로 2 여수경찰서(061-660-8321) (학)광주 진흥고졸 1986년 경찰대 행정학과졸(2기) (경)1986년 경위 임용 2009년 전남지방경찰청 청문감사담당관(총경) 2010년 전남 영광경찰서장 2011년 광주지방경찰청 경비교통과장 2012년 광주광산경찰서장 2013년 광주지방경찰청 정보과장 2014년 광주서부경찰서장 2015년 광주지방경찰청 생활안전과장 2016년 전남 해남경찰서장 2017년 광주지방경찰청 청문감사담당관 2019년 전남 여수경찰서장(현)

## 김근배(金根培) KIM Gune Bae

(생)1959·12·21 (출)경북 김천 (주)서울특별시 강남구 테헤란로87길 36 도심공항타워빌딩 9층 한미글로벌(주) 임원실(02-3429-6300) (학)1978년 성의상고졸, 중앙대 경영대학원 경영학과졸 (경)(주)선경·(주)SK네트웍스 재무회계팀 근무, 한별텔레콤(주) 경영기획실장 1999~2000년 同대표이사, 서울전자통신(주) 감사, (주)XMT 대표이사, (주)플라웍스 경영관리 전무이사, 랜드마크디벨럽먼트(주) 대표이사 2007년 한미글로벌(주) 경영지원팀장, 同경영기획본부장(부사장) 2016년 同국내및개발사업총괄 부사장 2017년 同국내및개발사업총괄 사장(현) (종)불교

## 김근수(金根洙) KIM Keun Soo

(생)1946·9·11 (본)김해(金海) (출)부산 (주)경기도 용인시 기흥구 마북로 184 칼빈대학교 총장실(031-284-4752) (학)1972년 한국성서대 신학과졸 1975년 총신대 대학원졸 1983년 철학박사(미국 남가주성서대) 1984년 칼빈대 대학원졸 2000년 신학박사(영국 웨일즈대) (경)1976~1996년 한국성서대 조교수·부교수·대학원장 1989년 미국 예일대 연구교수 1996년 칼빈대 신학과 교수 1999년 同신학대학원장 2000년 同대학원장 2000년 同부총장 2010년 同대학원장 2010년 개혁신학회 회장, 同자문위원 2018년 칼빈대 총장(현) (저)'복음서 이해' '정죄에서의 자유' '실패에서의 자유' '죽음에서의 자유' '절망에서의 자유' '요한계시록 주석' '로마서 주석' 등 (역)'신약의 기독론' '마가의 기독론' '그리스도와 시간' '마태복음연구' (종)기독교

## 김근수(金根秀) KIM Keun-Soo

(생)1958·1·18 (본)김해(金海) (출)서울 (주)서울특별시 영등포구 국회대로66길 11 신용정보협회(02-3775-2761) (학)1976년 경동고졸 1981년 서울대 경영학과졸 1988년 同행정대학원 행정학과졸 1998년 영국 맨체스터대 대학원 경제학과졸 2016년 경제학박사(서울시립대) (경)1979년 행정고시 합격(23회) 1981~1982년 총무처 교육·수습 1982~1985년 해군장교 복무(중위 예편) 1985~1995년 재무부 금융정책실·금융국·증권국·국고국 사무관 1995~1996년 재정경제원 국민생활국 서기관 1999~2002년 유엔산업개발기구(UNIDO) 파견 2002~2004년 대통령 정책기획비서관실·경제보좌관실 근무(부이사관) 2004~2005년 재정경제부 외환제도과장(부이사관) 2005~2006년 전국경제인연합회 파견(국장급) 2006~2007년 재정경제부 정책조정국 규제혁신심의관 2007~2008년 국무조정실 재경금융심의관 2008~2009년 기획재정부 국고국장 2009~2010년 대통령직속 국가브랜드위원회 사업지원단장(1급) 2010~2013년 2012여수세계박람회 조직위원회 사무총장(차관급) 2013~2016년 신용카드사회공헌위원회 위원장 2013~2016년 여신금융협회 제10대 회장 2016~2018년 법무법인 태평양 고문 2017~2018년 한국장학재단 정책연구위원 2018년 신용정보협회 회장(현) (상)KDI 국제정책대학원 제10기 경제정책과정 논문우수상(2004), 서강대 경제대학원 제7기 OLP과정 공로상(2006), 해군 OCS73차·해군간부67기 자랑스러운 동기생상(2010), 대통령표창(2010), 여수명예시민증(2012), 은탑산업훈장(2013), 한국개발연구원 국제정책대학원 '올해의 자랑스런 동문'(2014) (종)가톨릭

## 김근수(金根洙) KIM Geun Soo

(생)1961·4·10 (출)부산 (주)부산광역시 연제구 법원로 28 부산법조타운빌딩 1110호 부산고등법원 국선전담법률사무소(051-506-7400) (학)1980년 부산 동래고졸 1984년 서울대 법대졸 (경)1984년 사법시험 합격(26회) 1987년 사법연수원 수료(16기) 1990년 서울지검 검사 1992년 대구지검 상주지청 검사 1994년 법무부 검찰4과 검사 1995년 러시아 모스크바국립대 연수 1995년 서울지검 동부지청 검사 1999년 청주지검 부부장검사 2000년 광주고검 검사 2001년 부산지검 동부지청 형사2부장 2002년 사법연수원 교수 2004년 서울동부지검 형사5부장 2005년 同형사3부장 2006~2007년 부산지검 형사1부장 2007년 법무법인 국제 변호사 2014년 부산고법 국선전담변호사(현)

## 김근수(金槿洙) KIM KEUN SU

(생)1962 (주)서울특별시 강남구 언주로 211 강남세브란스병원 신경외과(02-2019-2480) (학)1987년 연세대 의대졸 1996년 同대학원 의학석사 2000년 의학박사(연세대) (경)1995~1996년 연세대 의대 신경외과학교실 연구강사 1997년 일본 홋카이도대 의과대학 척추센터 연수 1997~2003년 전북대 의대 신경외과학교실 전임강사·조교수·부교수 1998년 미국 클리블랜드 국제척추센터 연수 2001~2003년 미국 에모리대 척추센터 교환교수 2004~2010년 연세대 의대 신경외과학교실 부교수 2009~2011년 강남세브란스병원 기획관리실 부실장 2010년 연세대 의대 신경외과학교실 교수(현) 2011~2014년 강남세브란스병원 척추병원 진료부장 2011년 同척추신경외과장 2014년 同척추병원장 2014년 연세대 의대 신경외과학교실 주임교수 2016~2018년 강남세브란스병원 병원장 2018년 대한병원협회 미래정책위원장(현) (상)국제요척추학회 최우수학술상(2004), 대한신경외과학회 최우수논문상(2005), 대한신경외과학회 임언 학술상(2013)

## 김근식(金根植)

(생)1967·9·6 (출)서울 (주)서울특별시 서대문구 통일로 97 경찰청 인사운영계(02-3150-2131) (학)1986년 서울 중경고졸 1992년 경희대 법학과졸, 同대학원 법학과졸 (경)1996년 사법시험 합격(37회) 1999년 사법연수원 수료(27기) 1999년 경정 임용(특채), 경기 성남남부경찰서 수사과장, 경기 분당경찰서 경비교통과장, 경찰청 수사1계장, 재정경제부 금융정보분석원 파견 2008년 전북 임실경찰서장(총경) 2009년 駐뉴델리대사관 주재관 2012년 경찰청 규제개혁법무담당관 2013년 서울 구로경찰서장 2014년 서울지방경찰청 수사과장 2016년 전남지방경찰청 제2부장(경무관) 2016년 해외파견(현)

## 김근익(金根益) KIM Kun Ik

(생)1965·10·15 (주)서울특별시 종로구 세종대로 209 금융정보분석원(FIU) 원장실(02-2100-1701) (학)1984년 광주 금호고졸 1988년 서울대 경제학과졸 1991년 同정책대학원졸 (경)1990년 행정고시 합격(34회) 2005년 금융감독위원회 감독정책1국 시장조사과장 2005년 同의사국제과장 2006년 同기획행정실 기획과장 2008년 금융위원회 금융정책국 금융구조개선과장 2009년 금융정보분석원 기획행정실장 2009년 금융위원회 기획재정담당관 2010년 同은행과장 2011년 금융정보분석원 기획행정실장 2012년 同기획행정실장(부이사관) 2012년 국가경쟁력강화위원회 파견(국장급) 2013년 중앙공무원교육원 고위정책과정 파견(고위공무원) 2014년 금융위원회 금융소비자보호기획단장 2015년 同금융현장지원단장 2016년 국무총리소속 민관합동규제개선추진단 부단장 2018년 금융정보분석원(FIU) 원장(현)

## 김근제(金根濟) KIM Keun Je

(생)1959·8·17 (출)충남 보령 (주)충청남도 보령시 성주산로 63 보령소방서(041-930-0266) (학)대천고졸, 공주대 대학원 행정학과졸 (경)1986년 소방공무원 임용 1986년 충남 천안소방서 근무, 충남 서산소방서 예방계장, 충청소방학교 전임교관, 충남 홍성소방서 방호구조과장, 충남 보령소방서 소방행정과장, 충남도 소방안전본부 종합상황실장 2010년 충남 부여

소방서장 2011년 충남 보령소방서장 2013년 충남도 소방본부 방호구조과장 2014년 同소방본부 소방행정과장 2015년 충남 홍성소방서장 2017년 충남도 소방본부 화재대책과장 2018년 충남 서천소방서장 2019년 충남 보령소방서장(현) (상)내무부장관표창, 충남도지사표창, 국무총리표창

### 김근태(金根泰) Gun Tai Kim

(생)1960·5·29 (주)서울특별시 영등포구 여의대로 128 LG전자 임원실(02-3777-1114) (학)경남대 무역학과졸, 핀란드 알토대(舊 헬싱키대) 대학원 MBA (경)1987년 금성사 입사 2009년 LG전자 중남미경영관리팀장(상무) 2014년 同H&A기획관리담당 상무(CFO) 2017년 同H&A기획관리FD담당 전무(CFO) 2018년 同VC기획관리담당 전무 2019년 同VS기획관리담당 전무(현)

### 김근호(金根鎬) Kim Geunho

(생)1970·5·3 (본)김해(金海) (출)부산 (주)세종특별자치시 갈매로 388 문화체육관광부 저작권정책과(044-203-2471) (학)1989년 부산중앙고졸 1995년 연세대 행정학과졸 2003년 영국 버밍엄대 대학원 지역개발학과졸 (경)2008년 문화체육관광부 홍보담당관 2009년 駐이란 문화홍보관 2012년 국립중앙박물관 기획총괄과장 2013년 문화체육관광부 규제개혁법무담당관 2015년 同국제관광과장 2015년 同박물관정책과장 2017년 同인문정신문화과장 2017년 同문화인문정신정책과장 2017년 同문화비전수립지원단 행정지원팀장 겸임 2019년 同저작권정책과장(현)

### 김금란(金錦蘭·女) Kim, Keum Ran

(생)1964·12·28 (주)서울특별시 동작구 여의대방로16길 61 기상청 기상서비스진흥국(02-2181-0856) (학)서울대 대학원 대기과학과졸 (경)1994년 기상청 위성담당관실 근무 2000년 同원격탐사과 기상연구관 2004년 同기상연구관 2007년 국립기상연구소 지구환경시스템연구팀장 2009년 기상청 창의혁신담당관 2009년 同기획조정관실 행정관리담당관 2011년 同기상선진화담당관 2013년 同국가기상위성센터 위성기획과장 2013년 同국가기상위성센터 위성분석과장 2014년 同창조행정담당관 2015년 同기상서비스진흥국 국가기후데이터센터장 2016년 국립외교원 교육파견(부이사관) 2017년 기상청 기상기후인재개발원장 2018년 同기상서비스진흥국장(고위공무원)(현)

### 김금영(金錦永) KIM Keum Yeong

(생)1947·3·12 (본)서흥(瑞興) (출)전남 나주 (주)서울특별시 서초구 서초대로 286 서초프라자 407호 김금영법무사사무소(02-596-5555) (학)1967년 나주고졸 1986년 한국방송통신대 행정학과졸 1998년 중앙대 행정대학원 행정학과졸 2000년 同고위정책과정 수료 2001년 고려대 언론대학원 최고위언론과정 수료 2004년 중앙대 건설대학원 최고경영자과정 수료 2006년 전국경제인연합회 국제경영원(IMI) 수료(53기) (경)1983년 대검찰청 총무계장 1990년 同마약과 수사사무관 1994년 서울남부지검 수사과 수사사무관 1995년 대검찰청 형사과 검찰사무관 1997년 同총무과 경리서기관 1999년 서울중앙지검 마약수사과장 2000년 同외사수사과장 2001년 인천지검 부천지청 사무과장 2002년 서울중앙지검 조사과장 2004년 케이테크개발(주) 회장 2008년 법무사 개업(현) (상)법무부장관표창(1978), 재무부장관표창(1978), 검찰총장표창(1979·1984), 국무총리표창(1987), 대통령표창(1992), 중앙대 최우수경영자상(2004), 전국경제인연합회 최우수지식경영인상(2006) (저)'마약류사범의 실태와 억제대책에 관한 연구' '조직혁신을 위한 경영전략과 기법에 관한 연구' (종)기독교

### 김금자(金今子·女) KIM KEUM-JA

(생)1947·8·6 (주)전라북도 전주시 완산구 서원로 383 예수대학교 총장실(063-230-7701) (학)1969년 예수간호대 간호학과졸 1984년 우석대 영어영문학과졸 1987년 이화여대 대학원 간호학과졸 2001년 간호학박사(한양대) (경)예수대 교수, 同교무처장, 同학사지원처장, 同동문회장 겸 장학재단 이사장, 同명예교수, 한국국제협력단(KOICA) 캄보디아 지역주민 건강증진사업단, 미국 Univ. of Azusa Pacific Nursing College 객원교수 2017년 예수대 총장(현)

### 김긍수(金兢洙) KIM Geung Soo

(생)1958·12·20 (본)개성(開城) (출)전북 군산 (주)경기도 안성시 대덕면 서동대로 4726 중앙대학교 예술대학 무용학과(031-670-3123) (학)1982년 중앙대 무용학과졸 1986년 同교육대학원 무용학과졸 2003년 단국대 경영대학원 문화예술최고경영자과정 수료 2007년 무용학박사(한양대) 2013년 경희대 문화예술최고위과정 수료 (경)1982년 국립발레단 입단 1983~1993년 同주역무용수 1993~1998년 同지도위원 1999년 중앙대 예술대학 무용전공 교수(현) 2000년 국립발레단 운영자문위원 2001년 세계무용연맹 한국본부 이사 2001~2016년 대한무용학회 상임이사 2002~2004년 국립발레단 단장 겸 예술감독 2005년 한국무용협회 이사 2005~2014년 한국남성무용포럼 회장 2006~2014년 한국발레협회 이사 2009~2017년 한국무용협회 부이사장 2009년 서울국제공연예술제 이사 2014년 한국남성무용포럼 명예회장(현) 2014~2016년 한국발레협회 상임이사·운영위원 2015~2018년 세계무용연맹 한국본부 부회장 2016~2018년 한국발레협회 부회장 2016~2018년 대한무용학회 부회장 2017년 탄츠올림프아시아 대표(현) 2018년 세계무용연맹 한국본부 회장(현) 2018년 무용교육혁신위원회 공동대표(현) (상)국립극장장 예술인 공로상(1984), 문화공보부장관표창(1987), 한국예술문화단체총연합회예술문화상 공로상(2008), 한국발레협회 작품상(2010), 대한민국무용대상 우수상(2010) (저)'해설이 있는 발레'(1998) '김긍수 Stage'(2012) (작)'백조의 호수' '지젤' '호두까기인형' '세헤라자데' '노트르담의 꼽추' '카르멘' 한국창작발레 '지귀의 꿈' '처용' '배배장' '춘향의 사랑' '왕자 호동' 등에 출연

### 김기남(金奇南) Kim, Kinam

(생)1958·4·14 (본)전주(全州) (출)강원 강릉 (주)경기도 용인시 기흥구 삼성로 1 삼성전자(주)(031-209-7114) (학)1977년 강릉고졸 1981년 서울대 전자공학과졸 1983년 한국과학기술원(KAIST) 전자공학과졸(석사) 1994년 전자공학박사(미국 UCLA) (경)1981년 삼성그룹 입사 1983년 삼성전자(주) 근무 1985~1988년 同반도체연구소 DramPA팀장 1994년 同반도체연구소 TD팀 부장 1997~1999년 同반도체연구소 TD3팀 이사보 1998년 Microelectronics Reliability Advisory 편집위원 1998~2003년 IEDM(International Electron Device Meeting) Committee Member 1999년 삼성전자(주) 반도체총괄 반도체연구소 TD팀담당 이사(연구위원) 2001~2002년 同반도체총괄 반도체연구소 TD팀담당 상무(연구위원) 2001년 서울대 공대 전기공학부 초청부교수 2002~2004년 삼성전자(주) 디바이스솔루션총괄 반도체연구소 차세대연구팀장 (상무·연구위원) 2003년 미국 전기전자학회(IEEE) 석학회원(현) 2003년 삼성 Fellow(현) 2003년 제10회 반도체학술대회 학술위원장 2004년 삼성전자(주) 디바이스솔루션총괄 반도체연구소 차세대연구팀장(전무·연구위원) 2007년 同반도체총괄 메모리사업부 DRAM개발실장(부사장·연구위원) 2009년 同반도체연구소장(부사장·연구위원) 2010~2012년 同종합기술원장(사장) 2010~2013년 3D융합산업협회 초대회장 2011년 한국공학한림원 회원(현) 2011~2018년 한국인쇄전자산업협회(KOPEA) 초대회장 2010~2011년 미국 전기전자학회(IEEE) Asian Solid-State

Conference General Chair 2012년 미국 공학한림원 회원(현) 2012~2015년 기초과학연구원 비상임이사 2012~2013년 삼성디스플레이 대표이사 사장 겸 OLED사업부장 2013~2014년 한국디스플레이산업협회 회장 2013년 한국과학기술단체총연합회 부회장 2013년 서울대 전자전기정보장학재단 이사(현) 2013~2014년 삼성전자(주) DS부문 메모리사업부장(사장) 2014~2016년 한국반도체산업협회 회장 2014~2017년 삼성전자(주) 반도체총괄 겸 DS부문 시스템LSI 사업부장(사장) 2015년 한국과학기술한림원 정회원(공학부 · 현) 2017~2019년 한국공학한림원 부회장 2017년 삼성전자(주) 반도체총괄 사장 2017년 同DS(디바이스솔루션)부문장(현) 2017년 삼성종합기술원장 겸임(현) 2018년 한국전자정보통신산업진흥회(KEA) 회장(현) 2018년 삼성전자(주) 대표이사 사장 겸임 2018년 한국인쇄전자산업협회(KOPEA) 명예회장(현) 2019년 삼성전자(주) 대표이사 부회장 겸임(현) 2019년 한국공학한림원 이사장(현) [상]삼성그룹 기술대상(1Mb DRAM개발, 1986), 삼성그룹 기술대상(1Gb DRAM 개발, 1996), ISI Citation Award(2000), 삼성그룹 기술은상(0.12㎛ DRAM개발, 2000), IR52 장영실상(2003), Professional Achievement Award of UCLA School of Eng.(2008), IEEE Reynold B. Johnson Storage data device technology Award(2009), 금탑산업훈장(2010), 서울대 자랑스런 전자동문상(2010), KAIST 자랑스러운 동문상(2012), 백남상 공학상(2015), 플래시 메모리 서밋(FMS) 평생공로상(2016), 벨기에 아이멕(Imec) 평생혁신상(2017), 서울대 공과대학 올해의 자랑스러운 동문상(2017), 매경이코노미 선정 '올해의 CEO 종합 2위'(2017), 한국공학한림원 대상(2018), 대한민국 최고과학기술인상(2019) [저]'Future Trends in Microelectronics : The Nano, the Giga, and the Ultra(共)'(2004, Wiley-Interscience) 'Ferroelectric Random Access Memory : Fundamentals and applications'(2004) 'Electronic Device Architectures for Nano-CMOS Era : from ultimate CMOS Scaling to beyond CMOS Deveices'(2008, Pan stanford Publishing) 'Integrated Interconnect Technologies for 3D nanoelectronics systems'(2009, Architecture House) 'Future Trends in Microelectronics : Frontiers and Innovations(共)'(2013, Wiley-IEEE PRESS) [종]천주교

### 김기남(金起男) KIM Kinam

[생]1970 · 9 · 18 [본]김녕(金寧) [출]전남 곡성 [주]세종특별자치시 도움4로 13 보건복지부 보건의료정책실 질병정책과(044-202-2510) [학]1997년 고려대 사회학과졸 2006년 미국 오레곤대 대학원졸 [경]1997년 행정고시 합격(41회) 2007년 보건복지부 사회복지정책본부 사회서비스기획팀 서기관 2007년 同저출산고령사회정책본부 아동복지팀장 2008년 보건복지가족부 보육지원과장 2008년 同장관 비서관 2009년 同사회복지통합관리망추진TF팀장 2010년 보건복지부 사회복지정책실 급여기준과장 2010년 세계보건기구(WHO) 서태평양지역사무처(WPRO) 파견(과장급) 2012년 보건복지부 보건의료정책실 공공의료과장 2014년 同연금정책국 국민연금재정과장 2015년 대통령 보건복지비서관실 행정관 2016년 보건복지부 연금정책국 국민연금정책과장 2017년 국방대 교육파견(부이사관) 2018년 보건복지부 보건의료정책실 질병정책과장(현) [상]대통령표창(2009)

### 김기대(金琪大) KIM Ki Dae

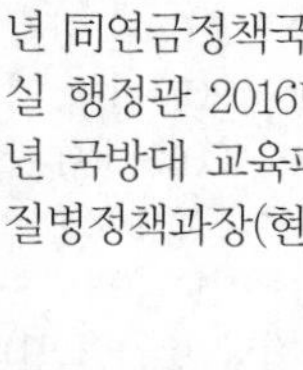

[생]1960 · 12 · 4 [출]전남 해남 [주]서울특별시 중구 세종대로 125 서울특별시의회(02-3702-1400) [학]영흥고졸, 경복대학 복지행정과졸, 서경대 경영학과졸 [경]제일석유(주) 이사, 혼수전문점 대표, 대나무가든 대표, 한얼식품 대표, 성동환경연구소 기획실장, 열린우리당 주거환경개선특별위원회 위원, 同남북평화교류위원회 부위원장, 同서울성동구乙지구당 운영위원, 민주평통 자문위원, 서울 성동경찰서 시민경찰회장, 성동교육포럼 부회장, 민주당 서울성동구乙지역위원회 부위원장 2006 · 2010년 서울시 성동구의회 의원(민주당 · 민주통합당 · 민주당 · 새정치민주연합) 2010~2012년 同운영위원장 2012년 同복지건설위원회 위원 2014~2018년 서울시의회 의원(새정치민주연합 · 더불어민주당) 2014 · 2016년 同도시계획관리위원회 위원 2015~2016년 同지역균형발전지원특별위원회 위원장 2015~2017년 同예산결산특별위원회 위원 2016년 同운영위원회 부위원장 2017년 同소상공인지원을위한특별위원회 위원 2017년 同마을과학교협력을위한특별위원회 위원 2018년 서울시의회 의원(더불어민주당)(현) 2018년 同도시안전건설위원장(현) 2019년 同윤리특별위원회 위원(현) 2019년 同독도수호특별위원회 위원(현) [상]서울사회복지대상 서울복지신문사 사장상(2015) [종]기독교

### 김기대(金氣代) KIM, KI DAE

[생]1973 · 12 · 10 [본]의성(義城) [출]경북 영천 [주]세종특별자치시 도움6로 11 국토교통부 항공정책과(044-201-4204) [학]1991년 경산 무학고졸 1999년 고려대 경제학과졸 2003년 서울대 행정대학원 행정학과 수료 2005년 영국 요크대 대학원 경제학과졸 [경]1998년 행정고시 합격(42회) 2000년 건설교통부 국토정책과 사무관 2007년 同토지정책팀 서기관 2007년 국민경제자문회의 사무처 근무 2008년 駐블라디보스톡총영사관 영사 2011년 국무총리실 건설정책과장 2013년 국토해양부 해외건설정책과장 2014년 국토교통부 홍보담당관 2015년 同국제항공과장 2016년 同도시정책관실 도시경제과장 2017년 同교통물류실 대중교통과장 2019년 同항공정책과장(서기관)(현) [상]국방부장관표창(2018), 근정포장(2019) [저]'활 화살 그리고 나'(2019)

### 김기덕(金基德) KIM Kee Duck

[생]1948 · 7 · 25 [본]경주(慶州) [출]충남 공주 [주]서울특별시 광진구 능동로36길 109 3층 SKY Z (주)와미디어(02-468-6493) [학]1966년 용산고졸 1970년 동국대 연극영화과졸 1973년 同대학원 연극영화과졸(문학석사) [경]1972년 MBC 입사(아나운서) 1973~1996년 同FM라디오 '2시 데이트 김기덕입니다' PD 겸 진행 1978년 同라디오 '별이 빛나는 밤에' 진행 1994년 同라디오 FM부장(4CP) 1996~2010년 同FM '골든디스크 김기덕입니다' PD 겸 진행 1996년 同라디오본부 제작위원 1998년 同라디오본부 국장 2005~2008년 명지전문대학 실용음악과 겸임교수 2006년 (주)와미디어 대표이사(현) 2011년 한국음악교육진흥원 원장 2012~2017년 SBS 러브FM '2시의 뮤직쇼 김기덕입니다' 진행 [상]제12회 MBC 연기대상 라디오부문 최우수상(1989), 기네스북 인증 '단일프로그램 최장수진행'(1994), 제1회 MBC 라디오 골든마우스상(1996), 한국방송공사 라디오 선정 '광복 이후 대중문화를 빛낸 BEST 20인'(1997), 제31회 한국방송대상 라디오부문 PD상(2004), 자랑스런 용산인상(2009), 대한민국문화예술대상 국무총리표창(2011) [저]'POP PM 2:00'(1984, 서울음악사) '팝음악의 세계'(1986, 중앙일보사) '끼에 살고 큐에 살고'(1992, 나남출판사) '한국인이 좋아하는 팝송'(2003, 삼호출판사) '한국인이 좋아하는 팝아티스트 100'(2007, 삼호출판사)

### 김기덕(金奇德) KIM Ki Duck

[생]1954 · 12 · 26 [본]광산(光山) [출]전북 고창 [주]서울특별시 중구 세종대로 125 서울특별시의회(02-3702-1400) [학]중앙대 교육대학원 교육학과졸 [경]서일유치원 설립, 마포신문 자문위원, 한국학원총연합회 마포상임위원 1998 · 2010~2014년 서울시의회 의원(국민회의 · 새천년민주당 · 민주당 · 민주통합당 · 민주당 · 새정치민주연합 · 무소속) 1999년 同2002월드컵특별위원회 위원장, 서울시의정회 이사, 서울서부지검 범죄예방위원 2010년 서울시의회 윤리특별위원장 2012~2014년 同건설위원회 위원 2018년 서울시의회 의원(더불어민주당)(현) 2018년 同환경수자원위원회 위원(현) 2018년 同윤리특별위원회 위원장(현) 2018년 서부지역 광역철도 건설 특별위원회 위원(현) 2019

년 서울시의회 예산결산특별위원회 위원(현) (상)서울시교육감표창(1993), 서울지방경찰청장표창(1993), 문화체육부장관표창(1994) (저)'김기덕의 마포살림'(2015) (종)기독교

**김기덕(金起德) KIM KEE DEOG**

(생)1962 (주)서울특별시 서대문구 연세로 50-1 연세대학교 치과대학병원(02-2228-8600) (학)1988년 연세대 치의학과졸 1991년 同대학원 치의학과졸 1997년 치의학박사(연세대) (경)1994~1996년 연세대 치과대학 연구강사 1996~2006년 同치과대학 전임강사·조교수·부교수 1998~2002년 同치과대학병원 원내생진료실장 2002~2003년 미국 아이오와대 치과대학 방문교수, 연세대 개인식별연구소장, 대한노년치의학회 학술이사, 미국 치과임플란트학회 회원, 대한구강악안면방사선학회 이사, 대한PACS학회지 편집위원 2006~2014년 연세대 치과대학병원 통합진료과장 2007년 同치과대학 통합치의학과 교수(현) 2014~2016년 同치과대학병원 진료부장 2016년 同치과대학병원장(현)

**김기동(金箕東) KIM Ki Dong (視無言)**

(생)1938·6·25 (본)안동(安東) (출)충남 서산 (주)서울특별시 영등포구 도림로 311 서울성락교회(070-7300-6201) (학)1970년 명지대 국어국문학과졸 1981년 침례신학대 목회대학원졸 1985년 목회학박사(캐나다 크리스찬신학대) 1987년 명예 신학박사(미국 사우스웨스턴침례교신학교) 1993년 신학박사(캐나다 크리스찬신학대) (경)1969년 서울성락교회 설립·담임목사·감독(현) 1978년 베뢰아아카데미 설립·원장 1987~2011년 (재)기독교베뢰아아카데미진흥재단 이사장 1987~1992년 기독교남침례회 총회의장 1993년 영국 옥스퍼드 해리스맨체스터대 명예감독 1997년 한국수필문학인협회 이사 1998년 베뢰아국제대학원대학교 총장 1999~2001년 기독교베뢰아교회연합 총회의장 2001년 한국문인협회 회원 2007~2015년 한국수필가협회 부이사장 2008년 학교법인 베뢰아아카데미학원 이사장(현) 2010년 월산재단 이사장(현) (상)한국문학예술상(1997), 한국수필문학상(2004), 포스트모던작품상(2006) (저)시집 '가슴에 그린 美花' 외 9권 수필집 '이야기가 있는 산' 외 6권 수상록 '내 평생에' 외 14권 칼럼 '나는 보고도 벙어리처럼 산다' 외 6권 기독교서집 '전도원리' '베뢰아원강' 외 200여권 (종)기독교

**김기동(金起東) KIM Ki Dong**

(생)1955·12·16 (출)전북 익산 (주)서울특별시 강남구 테헤란로 317 동훈타워 13층 법무법인(유) 대륙아주(02-563-2900) (학)1975년 경기고졸 1979년 서울대 법대 법학과졸 (경)1980년 사법시험 합격(22회) 1982년 사법연수원 수료(12기) 1982년 서울형사지법 판사 1984년 서울지법 남부지원 판사 1986년 광주지법 판사 1989년 서울지법 동부지원 판사 1990년 서울가정법원 판사 1992년 미국 캘리포니아대 버클리교 법대 Visiting Scholar 1993~1995년 서울고법 판사·서울민사지법 판사 1995년 대법원 재판연구관 1997년 대구지법 경주지원 부장판사 1998년 同경주지원장 1999년 수원지법 부장판사 2000년 서울지법 서부지원 부장판사 2002년 서울지법 부장판사 2003년 변호사 개업 2005~2009년 법무법인 대륙 파트너변호사 2007년 국회입법조사처 자문위원 2009년 법무법인(유) 대륙아주 변호사(현) 2011~2013년 법제처 법령해석심의위원

**김기동(金技東) Kim Gi Dong**

(생)1959·4·23 (출)경북 상주 (주)경상북도 경산시 화랑로 140-10 한국조폐공사 화폐본부(053-819-2300) (학)1978년 대구공고졸 1986년 영남대 기계공학과졸 2004년 한양대 공학대학원 기계공학과졸 (경)1977년 한국조폐공사 입사 2009년 同조달실 조달1PL 2010년 同차기주민증사업단 공정개발팀장 2012년 同ID사업단 주민증사업팀장 2012년 同해외자회사(GKD) 법인장 2013년 同기술처 기술관리팀장 2014년 同생산처장 2014년 同ID본부장 2015년 同화폐본부장 2017년 同제지본부장 2018년 同전문위원 2018년 同화폐본부장(현)

**김기동(金基東) KIM Ki Dong**

(생)1964·12·15 (출)경남 진주 (주)서울특별시 서초구 반포대로30길 44-5 파크뷰빌딩 6층 김기동법률사무소(02-583-6300) (학)1983년 부산 혜광고졸 1987년 서울대 사법학과졸 1995년 同대학원 법학과 수료 (경)1989년 사법시험 합격(31회) 1992년 사법연수원 수료(21기) 1993년 육군 법무관 1995년 서울지검 남부지청 검사 1997년 대구지검 경주지청 검사 1998년 부산지검 검사 2000년 법무부 인권과 검사 2002년 서울지검 검사 2004년 대구지검 부부장검사 2005년 서울고검 검사 2006년 대구지검 의성지청장 2007년 서울중앙지검 부부장검사 2009년 同특수3부장 2009년 同특수1부장 2010년 대검찰청 검찰기획단장 겸 연구관 2011년 수원지검 성남지청 차장검사 2012년 대구지검 제2차장검사 2013년 부산지검 동부지청장 2013~2014년 원전비리수사단장 겸임 2014~2015년 의정부지검 고양지청장 2014~2016년 방위사업비리 정부합동수사단장 겸임 2015년 대전고검 차장검사(검사장급) 2016년 검찰총장 직속 부패범죄특별수사단장 2017년 사법연수원 부원장 2018~2019년 부산지검장 2019년 변호사 개업(현) (상)검찰총장표창(1999), 법무부장관표창(2002), 홍조근정훈장(2013)

**김기동(金岐東) Kim, Ki-Dong**

(생)1968·5·5 (출)경북 안동 (주)경기도 부천시 경인로160번길 70 부천소사경찰서(032-456-0321) (학)안동고졸 1991년 경찰대 행정학과졸(7기) (경)1991년 경위 임관 1999년 경감 승진 2004년 경정 승진 2005년 경기 시흥경찰서 형사과장 2007년 수원서부경찰서 형사과장 2009년 경기지방경찰청 사이버수사대장 2011년 同수사2계장 2013년 同치안지도관(총경) 2013년 同홍보담당관 2015년 경기 안양만안경찰서장 2016년 경기지방경찰청 수사과장 2016년 경기남부지방경찰청 수사과장 2016년 경기 부천오정경찰서장 2017년 경기남부지방경찰청 기동대장 2019년 경기 부천소사경찰서장(현)

**김기동(金基東) KIM Gi-Dong**

(생)1972·1·12 (출)충남 당진 (주)경상북도 포항시 북구 중흥로 231 동양빌딩 7층 포항스틸러스(054-282-2002) (학)신평고졸, 위덕대졸, 영남대 스포츠과학대학원졸 (경)1991~1993·2003~2011년 프로축구 포항 스틸러스 소속(미드필더) 1992·2007년 프로축구 K리그 우승(포항 스틸러스) 1993~2002년 프로축구 부천 SK 소속(미드필더) 2009년 아시아축구연맹(AFC) 챔피언스리그 우승(포항 스틸러스) 2011년 현역 은퇴 2013년 프로축구 성남 일화 천마 스카우트 2013~2016년 대한축구협회 U-23 국가대표팀(아시안게임·올림픽) 코치 2016~2019년 프로축구 포항 스틸러스 수석코치 2019년 同감독(현) (상)프로축구 K리그 베스트11(2007), 포항 스틸러스 명예의 전당 헌액(2011) (작)A매치(3출장) (종)기독교

**김기만(金基萬) KIM Key-Man**

(생)1954·1·3 (본)안동(安東) (출)전북 완주 (주)서울특별시 중구 세종대로 124 한국방송광고진흥공사 사장실(02-731-7114) (학)1972년 전주고졸 1980년 성균관대 철학과졸 1989년 同대학원 정치외교학과졸 1998년 정치학박사(성균관대), 고려대 언론대학원 최고위과정 수료, 서울대 행정대학원 최고정책과정 수료 (경)1978~1981년 전국경제인연합회 연구원 1981~

1999년 동아일보 사회부·경제부·정치부·신동아부 기자·파리특파원·정치부 차장·사회부 차장·국제부 차장·기획팀장·노조위원장 1999~2003년 대통령 해외언론비서관·대통령 국내언론비서관·대통령 보도지원비서관(청와대 춘추관장) 2003년 키즈TV 사장 2003년 열린우리당 언론특별위원회 부위원장 2003년 전북지방발전연구원 원장 2004~2006년 국회의장 공보수석비서관 2006~2008년 게임물등급위원회 위원장(차관급) 2009년 우석대 교양학부 초빙교수 2010년 군산대 미디어문화학과 초빙교수 2015년 단국대 커뮤니케이션학부 초빙교수 2018년 한국방송광고진흥공사 사장(현) (상)황조근정훈장(2003), 공공부문 CEO대상(2007) (저)'창(共)'(1988) (역)'한국인을 말한다'(1999) (종)기독교

## 김기만(金起萬) Kim Keeman

(생)1960·11·18 (본)김해(金海) (출)부산 (주)대전광역시 유성구 과학로 169-148 국가핵융합연구소 선행기술연구센터(042-879-5621) (학)1983년 서울대 원자핵공학과졸 1985년 同대학원 핵융합학과졸 1989년 원자력공학박사(미국 일리노이주립대 어배나샴페인교) (경)2005년 한국기초과학지원연구원 핵융합연구센터 연구개발부 시스템연구팀장 2006년 同핵융합연구센터 ITER한국사업단 엔지니어링1팀장 2007년 국가핵융합연구소 ITER한국사업단 초전도기술팀장 2011년 同미래기술부장 2013년 同핵융합공학센터 DEMO기술연구부장 2014~2017년 同소장 2018년 同선행기술연구센터 연구위원(현) (상)교육과학기술부장관표창(2009), 과학기술포장(2009) (종)천주교

## 김기만(金基萬) KIM Gi Man

(생)1963 (출)서울 (주)서울특별시 강남구 봉은사로 303 경복빌딩 4층 (주)인터콘웨어(02-518-1217) (학)1981년 부산 가야고졸 1985년 서울대 전자공학과졸 1995년 서강대 경영대학원졸 (경)1984~1990년 삼성전자 통신연구소 연구원 1990년 삼보컴퓨터 Network사업팀장 1999년 한국루슨트테크놀리지스 데이타네트워킹엔터프라이즈 영업·마케팅총괄 이사 2000년 (주)인터콘웨어 대표이사(현)

## 김기문(金基文) KIM, Kimoon

(생)1954·6·29 (본)경주(慶州) (출)서울 (주)경상북도 포항시 남구 청암로 77 포항공과대학교 화학과(054-279-2113) (학)1972년 서울고졸 1976년 서울대 화학과졸 1978년 한국과학기술원(KAIST) 화학과졸(석사) 1986년 화학박사(미국 스탠퍼드대) (경)1978~1981년 전남대 공대 화학공학과 조교·전임강사 1981~1986년 미국 스탠퍼드대 교육 및 연구조교 1986년 미국 노스웨스턴대 연구원 1988년 포항공과대 화학과 조교수·부교수·교수(현) 1995년 미국 매사추세츠공과대 방문교수 1997~2012년 지능초분자연구단 단장 2003년 한국과학기술한림원 종신회원(이학부·현) 2004~2005년 미국 하버드대 교환교수 2007년 정부 선정 '미래를 여는 우수 과학자' 2007~2009년 포항공과대(POSTECH) 홍덕석좌교수 2009~2017년 同Fellow 2012년 기초과학연구원 복잡계자기조립연구단장(현) 2012년 러시아과학아카데미 시베리아분원 명예교수(현) 2016년 클래리베이트 애널리틱스 '2016 세계에서 가장 영향력 있는 연구자' 선정 2017년 포항공과대 유니버시티 프로페서(University Professor)(현) 2019년 연세대 겸임교수(현) (상)한국과학기술단체총연합회 우수논문상(1997), 포항공과대 우수연구업적표창(1997), 대한화학회 우수연구상(1998), 대한화학회 학술상(1999), 한국과학재단 이달의 과학기술자상(2000), 과학기술훈장 도약장(2001), 제3세계 과학아카데미상(2001), 제8회 한국과학상(2002), 호암과학상(2006), 과학기술부 나노연구혁신상(2007), 교육과학기술부 및 한국과학기술단체총연합회 대한민국 최고과학기술인상(2008), 자랑스러운 포스테키안상(2009), 미국 캘리포니아대 버클리분교 뮤터티강연자상(2011), 아이잗-크리스텐슨(Izatt-Christensen)상(2012), 지식창조대상(2014) (저)'Cucurbiturils: Chemistry, Supramolecular Chemistry and Applicaions'(2018)

## 김기문(金基文) KIM Ki Mun

(생)1955·10·11 (출)충북 괴산 (주)서울특별시 영등포구 은행로 30 중소기업중앙회(02-2124-3001) (학)1973년 청주농고졸, 충북대 축산학과졸 2001년 서울대 경영대학원 최고경영자과정 수료 2006년 세계경영연구원 최고경영자과정 수료 2008년 명예경제학박사(충북대) (경)1980년 SAPERI Co. 근무 1982~1987년 솔로몬시계공업 입사·영업이사 1988~2014년 (주)로만손 설립·대표이사 회장 1998~2007년 한국시계공업협동조합 이사장 1999년 제2의건국범국민추진위원회 위원 2004년 중소기업중앙회 부회장 2006~2008년 (사)개성공단기업협의회 회장 2007~2010년 코스닥상장법인협의회 부회장 2007~2015년 중소기업중앙회 회장 2007~2015년 중소기업연구원 이사장 2008년 국가경쟁력강화위원회 위원 2009~2012년 대통령자문 통일고문회의 고문 2009년 국세청 국세행정위원회 위원장 2012년 감사원 정책자문위원 2012년 케이비즈사회나눔재단 이사장 2012~2015년 홈앤쇼핑 이사회 의장 겸 대표이사 회장 2012년 헌법재판소 자문위원 2013~2015년 중소기업사랑나눔재단 이사장 2013~2015년 국세청 국세행정개혁위원회 위원장 2013년 同관세행정발전심의위원회 위원장 2014년 (재)중소상공인희망재단 이사장 2014년 (주)로만손 공동대표이사 회장 2015년 同회장 2015년 (재)통일과나눔 이사(현) 2016년 (주)제이에스티나 회장(현) 2018년 진해마천주물공단사업협동조합 이사장(현) 2019년 중소기업중앙회 회장(현) 2019년 홈앤쇼핑 기타비상무이사(현) (상)수출유공자상(1991), 상공업진흥발전유공표창(1994), 우수디자인상품선정 우수상(1994~2006년 13년 연속), 생산성유공표창(1995), 무역의날 대통령표창(1997), 우수중소기업 대통령표창(1998), 성실납세표창(1999), 중소기업 신지식인 선정(2000), 제2의건국 신지식인 모범사례 선정(2000), 보람의일터 우수상(2001), 대한민국디자인경영대상 우수상(2001), 제38회 무역의날 철탑산업훈장(2001), 무역의날 2천만불 수출탑(2001), 한국경영생산성대상 미래경영부문 산업자원부장관표창(2002), 신산업경영대상 관리대상 영업부문(2003), 존경받는 기업및기업인 대상(2004), (사)개성공단기업협의회 2007미래를여는 기업 & CEO 가치혁신부문(2007), (사)개성공단기업협의회 비전2007 대한민국혁신기업대상 협력부문(2007), 은탑산업훈장(2008), 충청인상 경제산업부문(2010), 국민훈장 무궁화장(2013), 예술의전당 감사패(2014) (종)불교

## 김기문(金基文) Kim, Ki Moon

(생)1964·2·17 (출)충남 서천 (주)서울특별시 서초구 서초대로49길 12 한승아스트라2 405호 법무법인 온세(02-3472-0300) (학)1983년 상문고졸 1987년 한양대 법학과졸 (경)1990년 사법시험 합격(32회) 1993년 사법연수원 수료(22기) 1993년 軍법무관 1996년 광주지검 검사 1998년 대전지검 논산지청 검사 1999년 서울지검 의정부지청 검사 2001년 서울지검 서부지청 검사 2003년 대구지검 검사 2005년 同부부장검사 2005년 인천지검 부천지청 부부장검사 2007년 서울중앙지검 부부장검사 2009년 부산고검 검사 2010년 서울고검 검사 2012년 광주고검 검사 2012년 同전주지부 검사 2014년 부산고검 검사 2016년 서울고검 검사 2018년 대구지검 중요경제범죄조사단 부장검사 2018년 법무법인 온세 변호사(현)

## 김기배(金杞培) KIM Ki Bae (栢崧)

(생)1936·8·9 (본)김해(金海) (출)서울 (주)서울특별시 구로구 개봉로 125 백송복지재단 (학)1955년 경기고졸 1960년 고려대 법과대학 행정학과졸 1991년 한양대 행정대학원졸 (경)1961년 재무부 근무 1963년 상공부 근무 1971년 同행정관리담당관 1972~1977년 同수출2·수출계획·총무

과장 1977~1980년 공업진흥청 표준·품질국장 1980년 상공부 감사관 1982년 同상역국장 1984년 민주정의당(민정당) 상공담당 전문위원 1984~1991년 한국수출산업공단 이사장 1985년 제12대 국회의원(서울 구로구, 민정당) 1988년 제13대 국회의원(서울 구로구甲, 민정당·민자당) 1988년 민정당 도시영세민대책특별위원장 1988년 同행정위원장 1990년 민자당 노동문제특별위원회 위원장 1990·1992년 同서울시지부장 1991년 同제1사무부총장 1992년 제14대 국회의원(서울 구로구甲, 민자당·신한국당) 1992년 백승복지재단 이사장(현) 1993년 민자당 당무위원 1993년 국회 국제경쟁력강화 및 경제제도개혁특별위원회 위원장 1994년 同내무위원장 1997년 한나라당 서울구로甲지구당 위원장 2000년 제16대 국회의원(서울 구로구甲, 한나라당) 2000년 한나라당 사무총장 2000년 한·프랑스의원친선협회 회장 2002년 한나라당 서울시지부장 2003년 同재정위원장 2004년 제17대 국회의원선거 출마(서울 구로구甲, 무소속) 2012~2017년 새누리당 상임고문 2017년 자유한국당 상임고문(현) (상)대통령표창(1970), 상공부장관표창(1972), 국제라이온스 지도자상, 새마을금고대상, 건설부장관표창(1979) (저)'民議餘韻' '노사관계와 기업발전' '내가 바라는 아침은' (종)불교

## 김기범(金起範) KIM Ki Bum (桑村)

(생)1956·10·21 (출)서울 (주)서울특별시 영등포구 의사당대로 97 한국기업평가(주)(02-368-5507) (학)1975년 경복고졸 1979년 한국외국어대 정치외교학과졸 1983년 미국 펜실베이니아대 와튼스쿨 대학원 경영학과졸(MBA) (경)1983년 시티은행 기획실장·기업금융 심사역 1988년 대우투자자문 국제업무과장 1990년 헝가리 대우은행 기획본부장 1993년 대우증권 헝가리현지법인 사장 1994년 同국제금융부장 1997년 同런던법인지사장 2000년 同국제사업본부장 2001~2007년 메리츠종합금융(주) 대표이사 사장 2007~2010년 메리츠증권(주) 대표이사 사장 2007~2010년 메리츠종합금융(주) 비상근이사 2009년 한국거래소 업계대표 사외이사 2011년 한국금융투자협회 자율규제위원회 위원 2011년 카디프생명보험 사외이사 2012~2014년 한국거래소 비상임이사 2012~2014년 KDB대우증권 대표이사 사장 2014년 同경영자문역 2017년 한국기업평가(주) 대표이사 사장(현) (상)다문화가족지원 대통령표창(2012), 대한민국 증권대상 증권부문 경영혁신 최우수상(2012), 대한민국 증권대상 파생상품부문 최우수상(2013), 산업통상자원부 제20회 기업혁신대상 최우수CEO상(2013) (저)'세상을 바꿔라 2(共)'(2014, 조명문화사) (종)천주교

## 김기병(金基炳) KIM Kee Byung

(생)1938·3·22 (본)김해(金海) (출)함남 원산 (주)서울특별시 종로구 세종대로 149 광화문빌딩 5층 롯데관광개발(주) 임원실(02-399-2335) (학)1962년 한국외국어대졸 1966년 고려대 경영대학원 경영학과졸 1967년 서울대 행정대학원 행정학과졸, 한국외국어대 세계경영대학원 최고세계경영자과정 수료 (경)1963년 내무부 행정사무관 1964년 부총리 겸 경제기획원장관 비서관 1967년 상공부 상무과장·총무과장·공보관 1971년 同기획지도국장 1973년 同공업단지관리청 기획관리관 1974년 롯데관광(주) 대표이사 회장 1975년 학교법인 미림학원 이사장(현) 1978년 (주)동화면세점 대표이사 회장(현) 1980년 동화투자개발(주) 대표이사 회장(현) 1986년 동화종합상사(주) 대표이사 회장 1987년 동화주류(주) 대표이사 회장 1993년 (재)원산장학회 이사장(현) 1996년 (주)코모스텔레콤 대표이사 회장 2005년 Korea Women's Wind Orchestra(K.W.W.O) 이사장(현) 2007년 서울대행정대학원총동창회 회장 2007년 드림허브프로젝트금융 대표이사 겸 이사회 의장(현) 2009년 민주평통 부의장 2009년 우리은행 우수기업우리다이아몬드클럽 회장(현) 2010년 국민녹색관광포럼 초대위원장 2011년 엔터테인먼트 마이데일리(체육·연예) 회장(현) 2015년 롯데관광개발(주) 각자대표이사 회장(현) 2017년 강원도 명예도지사(현) (상)철탑산업훈장(1978), 대통령건국포장, 상공부장관표창, 관광기업가상(1996), 금탑산업훈장(2004), 동탑산업훈장, 한국관광학회 서울시 건축상, 자랑스런한국인대상 경제혁신부문(2018)

## 김기병(金紀柄) Kim, Kibyoung

(생)1968·1·2 (주)세종특별자치시 한누리대로 411 행정안전부 전자정부국 글로벌전자정부과(044-205-2781) (학)1986년 전주 동암고졸 1990년 서울대 계산통계학과졸 1992년 同대학원 계산통계학과졸 1994년 同대학원 컴퓨터공학 박사과정 수료 (경)1994년 일본 국립전자기술종합연구소(ETL) 방문연구원 1997년 독일 국립정보기술연구소(GMD-IPSI) 방문연구원 1997~2002년 한국휴렛팩커드 수석컨설턴트 2002~2009년 同마케팅매니저 2009~2014년 LG전자 수석연구원·솔루션기술전략그룹장(상품기획, 해외사업개발 등) 2014년 서울시 정보시스템담당관 2015~2016년 同통계데이터담당관 2016년 행정자치부 전자정부국 글로벌전자정부과장 2017년 행정안전부 전자정부국 글로벌전자정부과장(현)

## 김기서(金基瑞) KIM Ki Seo

(생)1955·6·17 (본)경주(慶州) (출)서울 (학)1973년 용산고졸 1979년 연세대 신문방송학과졸 (경)1979~1980년 동양통신 기자 1981~1992년 연합통신 정치부·경제부·외신부 기자 1993년 同경제부·정치부 차장대우 1994년 同정치부 차장 1995년 同외신2부 차장 1996년 同워싱턴특파원 1998년 연합뉴스 워싱턴특파원 1999년 同국제뉴스2부·정치부 부장대우 2000년 同정치부장 2002년 同부국장대우 정치부장 2003년 同편집국 부국장 직대 2003년 同편집부국장 2004년 관훈클럽 감사 2005년 연합뉴스 편집국장 2005년 연세언론인회 부회장 2006~2009년 연합뉴스 대표이사 사장 2006~2009년 연합인포맥스 대표이사 회장 2006~2009년 연합P&M 사장 2006~2009년 연합M&B 사장 2006~2009년 연합뉴스 동북아정보문화센터 이사장 2006년 한국신문협회 감사 2007년 한중교류자문위원회 자문위원 2007년 한국여성유권자연맹 자문위원 2008년 대법관제청자문위원회 위원 2009~2012년 연합뉴스 고문 2009~2012년 학교법인 을지학원 이사 2014~2016년 NH농협생명 사외이사 2016~2018년 NH농협은행 사외이사 2017년 대법관후보추천위원회 위원 (상)연세언론인상(2008)

## 김기서(金基書)

(생)1973·4·26 (주)충청남도 예산군 삽교읍 도청대로 600 충청남도의회(041-635-5057) (학)부여고졸, 건양대 경영학과졸, 고려대 경영정보대학원 조직관리전공졸 (경)2017년 더불어민주당 제19대 대통령선거 충남직능지역본부장, (재)부여군상권활성화재단 홍보위원(현) 2018년 충남도의회 의원(더불어민주당)(현)

## 김기석(金基奭) KIM Ki Seok (小庵)

(생)1948·6·25 (본)경주(慶州) (출)인천 (주)서울특별시 관악구 관악로 1 서울대학교 사범대학 교육학과(02-880-7646) (학)1972년 서울대 교육학과졸 1977년 同대학원 교육학과졸 1985년 교육학박사(미국 위스콘신대 메디슨교) (경)1972년 가나안농군학교 연구주임 1977~1979년 한국행동과학연구소 학습개발부장 1985~2013년 서울대 사범대학 교육학과 교수 1992년 同사범대학 교육연구소장 1993~1994년 미국 위스콘신대·하버드대 파견교수 1997~1998년 한국정신문화연구원 현대사연구소 현대사연구부장 겸 자료조사연구실장 1998년 서울대 대학기록관리실장 1999~2000년 한국기록학교육원 원장 2001

~2002년 서울대 학생처장 2005년 유네스코 한국위원회 집행위원 겸 교육분과 부위원장 2005년 World Bank 방문학자 2005년 독일 유네스코 Institute of Education, Alternate Executive Board Member 2005~2011년 서울대 기록관장 2006~2007년 미국 교육학회 Task Force on International Exploration 위원 2007년 '제6회 유네스코 국제성인교육 컨퍼런스 자문그룹' 아시아태평양 대표위원 2007년 유네스코 한국위원회 교육위원회 의장 2007년 국경없는교육가회(Educators Without Borders) 대표(현) 2007년 일가재단 상임이사, 同이사(현) 2009~2013년 서울대 교육학과 글로벌교육개발협력전공 주임교수 2010년 아프리카교육개발협회(ADEA) 한국대표부 대표 2013년 서울대 사범대학 교육학과 명예교수(현) 2014년 부르키나파소 한국주재 명예영사(현) 2016~2017년 서울여대 석좌교수 (상)미국 위스콘신대 메디슨교 교육대학 동문공로상(2003), 서남아프리카 부르키나파소 기사훈장(Chevalier de L'ordre National)(2012), 서울대 사회봉사상(2012), 옥조근정훈장(2013) (저)'한국교육의 저력과 과제'(1997, 집문당) '한국 근대교육의 기원과 발달'(1997, 교육과학사) '북한 사회형성과 교육(共)'(1999) '한국 근대교육의 태동(共)'(1999) '북한 사회주의 형성과 교육(共)'(1999, 교육과학사) '경기고등학교와 현대사회(共)'(2000, 교육과학사) '해방직후 미군정기 문해교육, 1945-48(共)'(2001, 교육과학사)

### 김기석(金基石) KIM Ki Seok

(생)1961·2·28 (출)충북 (주)서울특별시 송파구 양재대로62길 53 (주)제이에스티나 비서실(02-2190-7008) (학)청주대 전자공학과졸 2008년 서울대 대학원 최고경영자과정 수료 2014년 청주대 산업경영대학원 관광호텔경영학과졸 (경)1989년 (주)로만손 입사 1994년 同시계부문 국내영업본부장 2002년 同주얼리부문 J.ESTINA사업본부장 2005년 同부사장 2007년 同사장 2014년 同공동대표이사 사장 2015년 同대표이사 사장 2016년 (주)제이에스티나 대표이사 사장(현) (상)동탑산업훈장(2008), 조선일보 대한민국수출경영대상(2009), 포브스코리아 브랜드경영부문 최고경영자대상(2011), 매일경제 브랜드분야 브랜드부문 대한민국 글로벌 리더(2013·2014), 대통령표창(2015)

### 김기석(金基奭) KIM Gi Seok

(생)1963·5·6 (출)전북 익산 (주)전라남도 화순군 화순읍 학포로 2750 화순소방서 서장실(061-379-0900) (학)1983년 인천고졸 1990년 인하대 화학공학과졸 2008년 호서대 행정대학원 소방정책학과졸 (경)1990년 소방장 임용(특채) 1995년 내무부 소방과·방호과·장비통신과 근무(소방위) 1998년 행정자치부 소방과 근무(소방경) 2002년 중앙소방학교 경리·서무·교수(소방령) 2007년 소방방재청 소방상황실장 2008년 전남소방본부 방호구조과장(소방정) 2010년 전남 보성소방서장 2011년 전남소방본부 방호구조과장 2014년 전남 강진소방서장 2017년 전남 목포소방서장 2018년 전남 영암소방서장 2019년 전남 화순소방서장(현) (저)'소방재정론'(2005)

### 김기석

(주)서울특별시 구로구 연동로 320 성공회대학교 총장실(02-2610-4100) (학)성공회대 신학과졸, 同신학대학원졸, 영국 버밍엄대 대학원졸, 박사(영국 버밍엄대) (경)1990년 사제 서품 2004년 성공회대 신학과 교수(현) 2009년 同신학대학원장 2012년 同신학전문대학원장 2017년 同연구대외협력처장 2017년 한국기독교교회협의회 생명윤리위원장 2017년 기독교환경운동연대 공동대표, 同이사(현) 2018년 전국신학대학협의회 이사(현) 2018년 성공회대 총장(현) (저)'종의 기원 VS 신의 기원 : 도킨스의『만들어진 신』에 대한 한 신학자의 응답'(2009, 동연) 'Science-Religion Dialogue in Korea'(2009, 지문당)

### 김기선(金起善) KIM Ki Sun

(생)1952·10·29 (본)연안(延安) (출)강원 원주 (주)서울특별시 영등포구 의사당대로 1 국회 의원회관 410호(02-784-1511) (학)1970년 휘문고졸 1980년 경희대 행정학과졸 (경)한나라당 정책국장, 同행정자치위원회 수석전문위원, 同강원도당 사무처장 1999~2000년 국회 정책연구위원(1급) 2003~2004년 강원도 정무부지사 2005~2010년 강원신용보증재단 이사장 2010~2017년 어린이재단 강원도후원회장 2011년 강원희망포럼 공동대표 2011년 강원감영문화학교 총동문회장(현) 2012년 한국폴리텍Ⅲ대학 원주캠퍼스 홍보대사 겸 대학발전위원회 고문 2012년 제19대 국회의원(원주시甲, 새누리당) 2012~2013년 새누리당 원내부대표 2012~2013년 국회 안전행정위원회 위원 2012년 국회 운영위원회 위원 2012~2015년 국회 평창동계올림픽 및 국제경기대회지원특별위원회 위원 2014년 새누리당 중앙위원회 수석부의장 2014년 同지방선거기획위원회 기획위원 2014년 국회 보건복지위원회 위원 2015년 새누리당 정책위원회 보건복지정책조정위원회 부위원장 2015년 同메르스비상대책특별위원회 위원 2015년 국회 메르스대책특별위원회 위원 2015~2016년 새누리당 강원도당 위원장 2015년 국회 공적연금강화와노후빈곤해소를위한특별위원회 위원 2015년 국회 평창동계올림픽및국제경기대회지원특별위원회 위원 2016년 새누리당 제20대 총선 강원권선거대책위원장 2016년 제20대 국회의원(원주시甲, 새누리당·자유한국당〈2017.2〉)(현) 2016~2017년 국회 산업통상자원위원회 위원 2016년 국회 윤리특별위원회 간사 2016~2018년 국회 평창동계올림픽 및 국제경기대회지원특별위원회 위원 2016년 새누리당 제1사무부총장 2016~2017년 同중앙연수원장 2016~2017년 同중소·중견기업특별위원회 부위원장 2017년 자유한국당 중앙연수원장 2017년 同중소·중견기업특별위원회 부위원장 2017년 同제19대 홍준표 대통령후보 중앙선거대책본부 중앙직능본부 공동본부장 2017년 국회 예산결산특별위원회 위원 2017년 자유한국당 중소기업특별위원장 2017·2018년 국회 산업통상자원중소벤처기업위원회 위원 2019년 자유한국당 신정치혁신특별위원회 부위원장(현) 2019년 同에너지정책파탄및비리진상규명특별위원회 위원장(현) 2019년 국회 산업통상자원중소벤처기업위원회 간사(현) (상)국회사무처 입법 및 정책개발 우수의원(2012), 유권자시민행동 국정감사 최우수상(2013), 유권자시민행동 대한민국 유권자대상(2013·2014·2016·2017), 새누리당 국정감사 우수의원(2014·2015), 대한민국 국회의원 의정대상(2014), 대한민국소비자평가우수대상 의정부문 대상(2018), 2018 입법 및 정책개발 우수국회의원(2019) (종)기독교

### 김기선(金基善) KIM, Ki Sun

(생)1955·9·19 (본)언양(彦陽) (출)서울 (주)서울특별시 관악구 관악로 1 서울대학교 농업생명과학대학 식물생산과학부(02-880-4561) (학)1974년 대광고졸 1978년 서울대 농과대학 원예학과졸 1983년 미국 텍사스A&M대 대학원졸 1987년 농학박사(미국 텍사스A&M대) (경)1986년 미국 텍사스A&M대 연구원 1988년 서울대 농업생명과학대학 식물생산과학부 조교수·부교수·교수(현) 1992년 네덜란드 알스미어국립화훼연구소 초빙연구원 1998년 서울대 농업생명과학대학원 원예학전공 주임교수 1999년 同농업생명과학대학 학생담당 부학장 2001년 同학생처부처장 2004~2005년 미국 미시간주립대 원예학과 방문교수 2005년 서울대 농업생명과학대학 식물생산과학부장 2006년 국제원예학회조직위원회 사무총장 2009~2011년 서울대 농업생명과학대학 교무부학장 2009~2011년 한국화훼산업육성협회 회장 2009~2011년 한국원예학회 부회장 2010~2013년 한국잔디학회 부회장 2014~2016년 同회장 2014~2015년 한국원예학회 회장 (상)한국원예학회 학술공적상, 서울대 상록문화재단 교육상, 서울대 우수강의교수상(2011), 서울대 우수연구교수상(2011), 서울대 교육상(2017) (저)'생활원예' '원예작물학2' '고등학교 화훼' '신제 조경관리학' '조경수생산관리론' 등 (역)'암면재배의 이론과 실제' (종)기독교

## 김기선(金基宣) KIM Ki Seon

(생)1956·8·27 (주)광주광역시 북구 첨단과기로 123 광주과학기술원 총장실(062-715-2001) (학)1978년 서울대 전자공학과졸 1980년 同대학원 전자공학과졸 1987년 통신공학박사(미국 서던캘리포니아대) 2000년 미국 스탠퍼드대 경영대학원 IT최고경영자과정 수료 (경)1981~1983년 육군사관학교 전자과 전임강사 1987~1989년 Communication Sciences Institute CA 연구원 1989~1994년 미국 Schlumberger 통신연구소 Texas 연구원 1994년 광주과학기술원(GIST) 정보통신공학과 교수 2000~2006년 同초고속광네트웍연구센터 소장 2004년 同연구처장 2006~2019년 同광주디지털가전부품개발지원센터장 2010~2012년 방송통신위원회 기술자문위원, 광주과학기술원(GIST) 전기전자컴퓨터전공 교수(현) 2013년 同전자전특화연구센터장(현) 2015~2017년 同에너지밸리기술원장 2012~2019년 同고령친화산업지원센터장 2018년 한국공학한림원 정회원(전기전자정보공학·현) 2019년 광주과학기술원(GIST) 총장(현) (상)광주과학기술원 교수상(1999), WPMC학회 최우수논문상(2001), 대통령표창(2003), 과학기술부 과학기술포장(2007), UUWSN Best Paper Award(2007), 광주과학기술원 GIST연구상(2009), 과학기술훈장 도약장(2015) (저)'셀룰러 이동통신 시스템 방식 설계'(1996) '21세기 이동통신(共)'(2000, 시그마프레스) 'CDMA Systems Capacity Engineering'(2005)

## 김기섭(金起燮) Kim Kiseob (洌泉)

(생)1962·6·23 (본)김해(金海) (출)충북 단양 (주)서울특별시 송파구 위례성대로 71 한성백제박물관 관장실(02-2152-5801) (학)1981년 검정고시 합격 1986년 경기대 사학과졸 1988년 한국학중앙연구원 대학원 역사학과졸 1997년 문학박사(한국학중앙연구원) (경)2002~2005년 경기대 인문학부 대우교수 2005~2009년 서울역사박물관 한성백제박물관건립추진단 학예연구팀장 2009~2011년 서울시 한성백제박물관건립추진단 전시기획팀장 2012~2017년 한성백제박물관 전시기획과장 2017~2019년 공주대 백제문화연구소·박물관 연구교수 2019년 한성백제박물관장(현) (상)서울시장표창(2012) (저)'주제별로 풀어쓴 한국사강의록'(1998, 가람기획) '백제와 근초고왕'(2000, 학연문화사) '사료를 보니 백제가 보인다'(2006, 주류성) '풍납토성과 몽촌토성'(2008, 스쿨김영사) '금석문으로 백제를 읽다(共)'(2014, 학연문화사) '박물관이란 무엇인가'(2017, 주류성) (역)'고대 한일관계사의 이해-왜'(1994, 이론과 실천) '고대 동북아시아의 민족과 문화(共)'(1994, 여강출판사) (종)가톨릭

## 김기성(金基星) Kim Ki Soung

(생)1956·2·7 (주)전라남도 무안군 삼향읍 오룡길 1 전라남도의회(061-286-8200) (학)조선대부속고졸 (경)광남운수 대표(현), 고서택시 대표(현), 새천년민주당 담양군 고서협의회장, 전남택시사업조합 이사, 담양일반택시협의회 회장, 민주평통 자문위원 2006·2010년 전남 담양군의회 의원(민주당·민주통합당·민주당·새정치민주연합) 2008·2012년 同운영위원장 2012년 同자치행정위원회 위원 2014~2018년 전남 담양군의회 의원(새정치민주연합·더불어민주당) 2016~2018년 同의장 2018년 전남도의회 의원(더불어민주당)(현), 同보건복지환경위원회 위원 겸 윤리특별위원회 위원(현) (종)천주교

## 김기세

(생)1962·10·6 (주)경기도 수원시 팔달구 효원로 1 경기도청 자치행정국(031-8008-2200) (학)중앙대 대학원 해운물류학과졸 (경)경기도 자치행정팀장 2014년 同특화산업과장 직대 2017년 同도시주택실 지역정책과장(지방서기관) 2018년 경기 과천시 부시장 2019년 경기도 자치행정국장 직대 2019년 同자치행정국장(현)

## 김기수(金璂洙) KIM Ki Soo

(생)1936·8·2 (본)김해(金海) (출)충남 홍성 (주)서울특별시 성동구 상원길 62 한국가면극연구회(02-466-2174) (학)1956년 대전고졸 1964년 서울예술전문대학졸 (경)1961~1969년 金辰玉·李根成선생께 봉산탈춤 전수 1966~1974년 서울대·서울예술전문대학 강사 1973~2014년 한국가면극연구회 부이사장 1973~1977년 미국·일본·대만·캐나다·벨기에·프랑스 등 봉산탈춤 순회공연 1983년 봉산탈춤보존회 이사장 1987년 국가무형문화재 제17호 봉산탈춤(노장·목중·가면제작) 예능보유자 지정(현) 1988년 봉산탈춤전수연구소 개설 1994년 동국대 연극영화과 강사 1996년 국제민속축전기구협의회(CIOFF) 한국본부 상임이사 겸 사무총장 2008~2016년 同한국본부 이사장 2014년 한국가면극연구회 이사장(현) (상)전국민속예술경연대회 공로상

## 김기수(金起秀) KIM Ki Soo

(생)1940·6·18 (본)김해(金海) (출)경남 양산 (주)서울특별시 서초구 사임당로 33 홍인빌딩 2층 김기수법률사무소(02-581-9400) (학)1958년 경남고졸 1962년 고려대 법대졸 1966년 서울대 사법대학원졸 (경)1964년 사법시험 합격(2회) 1966~1969년 육군 법무관 1969~1979년 부산지검·전주지검 군산지청·서울지검 남부지청·창원지검 통영지청·서울지검 동부지청 검사 1979~1983년 법무부 조정과장·보호과장 1983년 서울지검 동부지청 부장검사 1986년 서울지검 형사1부장 1987년 부산지검 제1차장검사 1988년 서울지검 제1차장검사 1989년 부산고검 차장검사 1991년 춘천지검장 1992년 법무부 보호국장 1993년 同교정국장 1993년 부산지검장 1993년 부산고검장 1994년 법무연수원장 1995년 서울고검장 1995~1997년 검찰총장 1997년 변호사 개업 1998년 (재)한국범죄방지재단 이사 1999년 백범김구선생기념관건립추진위원회 위원 2001년 (재)송천재단 이사(현) 2007년 법무법인 영진 대표변호사 2013년 학교법인 가톨릭학원 이사(현) 2015년 변호사 개업(현) (상)홍조근정훈장(1988), 황조근정훈장(1993), 청조근정훈장(1997) (종)천주교

## 김기수(金基壽) KIM Ki Soo (우남)

(생)1954·9·21 (본)경주(慶州) (출)대전 (주)서울특별시 중구 필동로 80 낙원빌딩 4층 영선코리아 대표이사실(02-2266-2348) (학)1973년 국립철도고졸 1980년 한양대 건축학과졸 1987년 국제대 법학과졸 1989년 인하대 대학원 수료 (경)1973~1983년 철도건설국 서울건축공사사무소 건축기술원 1986년 삼우건축사사무소 운영 1989~1994년 동원건설·비룡건설 대표이사 1994~1998년 영선부동산(주) 개발본부장·영선산업개발 이사 1998년 영선코리아 대표이사(현) 1998년 (주)다이너스코리아 대표이사 1998년 전국부동산협회 권리분석교수 2000년 안영수법률사무소 국장 2010년 (주)월드온천 회장(현) 2014년 비씨케이 회장(현) (상)건설교통부장관표창 (종)불교

## 김기수(金基壽) KIM Ki Soo

(생)1957·12·20 (주)서울특별시 송파구 올림픽로 43길 88 서울아산병원 의무부총장실(02-3010-4276) (학)1982년 서울대 의과대학 의학과졸 1991년 同대학원 의학석사 1997년 의학박사(서울대) (경)1985~1990년 서울대병원 인턴·전공의·전임의 1991~2002년 울산대 의대 소아과학교실 전임강사·조교수·부교수 1992년 미국 조지타운대 페어팩스(Fairfax)병원 신생아 임상전임의 1993~1994년 미국 미네소타 의대 교환교수 2002년 울산대 의대 소아청소년과학교실 교수(현) 2002~2008년 同신생아과장 2010~2014년 同의과대학장 2015년 同의무부총장(현) (저)'홍창의 소아과학(共)'(2004) '신생아 진료지침(共)'(2008)

## 김기수(金琪洙) KIM Ki Soo

(생)1958·5·16 (출)대구 (주)경상북도 경산시 대학로 280 영남대학교 경영대학 경영학과(053-810-2749) (학)1977년 경북고졸 1981년 영남대 경영학과졸 1984년 미국 조지아대 경영대학원 경영학과졸 1990년 경영학박사(미국 조지아대) (경)1984~1990년 미국 조지아대 강사 1984~1990년 同평생교육원 강사 1991~2000년 영남대 경영학부 조교수·부교수 1998년 미국 올드도미니언대 방문교수 2000년 영남대 경영대학 경영학과 교수(현) 2001~2002년 한국정보시스템학회 상임이사 2014~2016년 영남대 산업경영연구소장 2017년 同박정희새마을대학원장(현) (저)'컴퓨터와 정보시스템'(1995) '사회과학을 위한 PC의 이해와 활용'(1996) '컴퓨터와 정보시스템'(1997) '구미지역 기업의 품질경영 실태 및 개선방안 연구'(1997) '경제-경영-정보시스템의 이해'(2008, 페가수스) (종)기독교

## 김기수(金記洙) KIM Ki Su

(생)1959·12·20 (출)경북 김천 (주)서울특별시 서초구 고무래로 10-6 상영빌딩 4층 한국지역진흥재단(02-3496-2101) (학)대구 성광고졸, 영남대 행정학과졸, 同대학원 행정학과졸 (경)1988년 행정고시 합격(32회) 1997년 내무부 기획관리실 법무담당관실 서기관 1998년 행정자치부 자치지원국 자치제도과 서기관, KDI 국제정책대학원(미국 캘리포니아주립대) 연수 2005년 대통령비서실 행정관 2006년 행정자치부 지방조직발전팀장(부이사관) 2008년 행정안전부 자치행정과장 2008년 한국지역정보개발원 파견 2009년 외교안보연구원 교육파견(일반직고위공무원) 2009년 친일반민족행위자재산조사위원회 기획단장(파견) 2010년 대통령직속 지역발전위원회 지역협력국장(파견) 2011년 행정안전부 행정선진화기획관 2012년 同공무원노사협력관 2013년 안전행정부 지방행정실 자치제도정책관 2014년 同감사관 2014년 행정자치부 감사관 2015~2017년 국토교통부 공공기관지방이전추진단 지원국장(파견) 2017년 한국지역진흥재단 이사장(현) (상)홍조근정훈장(2013)

## 김기수(金起秀)

(생)1966 (출)충남 당진 (주)경상북도 영덕군 영덕읍 영덕로 35-11 영덕세무서(054-730-2200) (학)호서고졸, 서울시립대졸 (경)1990년 세무공무원 임용(7급 공채), 국세청 소득지원국 소득지원과 소득지원3계장, 同소득지원국 소득지원과 소득지원2계장 2010년 사무관 승진 2010년 충남 천안세무서 소득지원과장·소득세과장 2012년 충북 충주세무서 납세자보호담당관 2013년 대전고법 파견 2014년 서대전세무서 소득세과장 2014년 북대전세무서 소득세과장 2015년 국세청 소득지원국 장려세제운영과 장려세제운영2계장·장려세제운영3계장 2018년 서기관 승진 2019년 경북 영덕세무서장(현) (상)대통령표창(2017)

## 김기승(金基承) KIM KI SEOUNG (盈堂)

(생)1961·3·22 (본)경주(慶州) (출)충남 서산 (주)전라북도 전주시 덕진구 기지로 120 한국국토정보공사 경영지원본부(063-906-5023) (학)2004년 서울산업대 구조공학과졸 2005년 서울시립대 대학원 공간정보공학과졸 2012년 서울대 대학원 방송통신정책과정 수료 2015년 행정학박사(청주대) (경)2012년 대한지적공사 당진지사장 2012년 同경영지원처 인사부장 2013년 同지적재조사추진단장 2015년 LX한국국토정보공사 대전충남지역본부장 2016년 중도일보 경제포럼 집필위원 2017년 LX한국국토정보공사 경기지역본부장 2017년 경기일보 천자춘추 집필위원 2018년 경인일보 경제전망 집필위원 2018년 LX한국국토정보공사 경영지원본부장(상임이사)(현) 2019년 엘엑스파트너십 비상임이사(현) 2019년 한국지적정보학회 부회장(현) (상)서울특별시장표창(1999), 행정자치부장관표창(1999), 국토해양부장관표창(2003·2008)

## 김기식(金起式) KIM Ki Sik

(생)1966·3·6 (본)김해(金海) (출)서울 (주)서울특별시 영등포구 국회대로68길 23 더미래연구소(02-785-2030) (학)1984년 경성고졸 1998년 서울대 인류학과졸 (경)1993년 참여민주주의를위한사회인연합 사무국장 1994년 참여연대 창립발기인 1998년 同사무국장 1999년 同정책실장 2002~2007년 同사무처장 2003년 범국민정치개혁협의회 위원 2003년 정치개혁시민연대 운영위원장 2003년 파병반대국민행동 집행위원장 2004년 탄핵반대부패정치청산범국민행동 공동집행위원장 2004년 2004총선시민연대 공동집행위원장 2005년 사회양극화해소국민연대 집행위원장 2007~2011년 참여연대 정책위원장 2010~2011년 시민사회단체연대회의 운영위원장 2011년 시민정치행동 내가꿈꾸는나라 공동대표 2011~2012년 혁신과통합 공동대표 2012년 민주통합당 전략기획위원장 2012~2016년 제19대 국회의원(비례대표, 민주통합당·민주당·새정치민주연합·더불어민주당) 2012년 민주통합당 정책위원회 원내부의장 2012년 국회 정무위원회 위원 2013년 국회 쌍용자동차여야합의체 위원 2013년 민주당 정책위원회 원내부의장 2013년 국회 예산재정개혁특별위원회 위원 2014~2015년 더좋은미래 책임운영간사 2014년 국회 정무위원회 야당 간사 2014~2015년 국회 예산결산특별위원회 위원 2014~2015년 새정치민주연합 정치혁신실천위원회 간사 2015년 국회 정치개혁특별위원회 위원 2015년 새정치민주연합 제2정책조정위원회 위원장 2015년 同재벌개혁특별위원회 간사 2015년 더불어민주당 재벌개혁특별위원회 간사 2016년 同더미래연구소장 2016년 同정책특보 2018년 금융감독원 원장, 더미래연구소 정책위원장(현) (상)경제정의실천시민연합 국정감사 우수의원(2014), 시민일보 의정·행정대상(2015) (종)천주교

## 김기영(金基永) KIM Kee Young

(생)1937·10·7 (본)상산(商山) (출)서울 (주)서울특별시 서대문구 연세로 50 연세대학교(02-2123-2500) (학)1957년 양정고졸 1961년 연세대 상학과졸 1966년 同대학원 경영학과졸 1973년 미국 워싱턴대 대학원졸(MBA) 1975년 경영학박사(미국 워싱턴대) (경)1968~1979년 연세대 상경대 전임강사·조교수·부교수 1975년 한국경영연구원 상임이사 1979~2003년 연세대 경영학과 교수 1982년 미국 MIT 객원연구원 1983년 연세대 재무처장 1986년 同컴퓨터센터 소장 1987년 한국경영과학회 부회장 1988년 연세대 기획실장 1988년 미국 보스턴대 국제생산기술전략연구회 공동연구위원 겸 한국책임연구원 1990년 생산관리학회 회장 1991년 한국경영학회 회장 1991년 연세대 경영대학원장 1995년 한국경영과학회 회장 1995년 한국경영사례연구원 원장 1996년 미국 경영과학회 부회장 겸 부편집인·특별호 편집인 1996~1998년 연세대 대외부총장 1998년 同상남경영학 석좌교수 1998년 同정보화추진위원회 위원장 1998년 삼성화재해상보험 사외이사 1999년 연세대 2002월드컵연구소 설립·소장 1999년 제일은행 사외이사 2000~2002년 연세대 정보대학원장 2003년 同명예교수(현) 2003년 KTB네트워크 사외이사 2004~2009년 (주)GS홀딩스 사외이사 2004년 미국 워싱턴대 특임교수 2006년 대한유화공업 사외이사(현) 2006년 평촌사회복지재단 이사 2007년 대한민국학술원 회원(경영학·현) 2008년 한국경제연구원 초빙연구위원 2009~2014년 광운대 총장 2011~2015년 (주)신한금융지주회사 사외이사 2013년 3.1문화재단 이사장(현) 2017년 전국경제인연합회 혁신위원회 위원 2017~2019년 화도기념사업회 이사장 (상)미국 경영과학회(DSI) 국제우수연구교수상(1994), 연세대 우수연구업적교수상(1995), 황조근정훈장(2001), 정진기언론문화상(2002) (저)'계량의사결정론(共)'(1979) '생산관리'(1981) '우리나라 기술도입전략'(1985) '관리경제학(共)'(1987) '생산전략'(1993) '우리나라 제조기업의 생산전략'(1998) '한국제조업경쟁력 재발굴'(1999) '품질경영(共)'(1999) '창의력, 문제해결의 힘'(2008) (종)기독교

## 김기영(金奇泳) KIM Ki Young

[생]1954·3·5 [본]영암(靈巖) [출]충남 예산 [주]충청남도 예산군 삽교읍 도청대로 600 충청남도의회(041-635-5057) [학]1972년 홍성고졸, 청양대학 자치행정과졸 1991년 충남대 경영대학원 최고경영자과정 수료 [경]1989년 삽교청년회의소 회장 1990년 충남지구청년회의소 감사 1991년 충남도 도정평가위원 1994년 예산군축산업협동조합장 1995년 예산군축산발전위원회 위원장 1995년 홍성교도소 교화위원 1999~2005년 대전지법 홍성지원 조정위원 2001년 한나라당 예산지구당 부위원장 2002·2006·2010년 충남도의회 의원(한나라당·자유선진당·선진통일당·새누리당) 2003년 한나라당 충남도지부 홍보위원장 2004년 충남도의회 경제위원회 부위원장 2005년 예산문화원 이사 2005년 2006금산세계인삼엑스포 자문위원 2006~2008년 충남도의회 행정자치위원장 2008~2010년 同운영위원장 2008년 전국시도의회운영위원장협의회 부회장 2010년 충남도의회 도청이전특별위원회 위원장 2012~2014년 同제1부의장 2014~2018년 충남도의회 의원(새누리당·자유한국당) 2014~2016년 同의장 2014년 전국시도의장협의회 부회장 2016~2018년 충남도의회 문화복지위원회 위원 2016~2018년 同내포문화권발전특별위원회 위원 2018년 충남도의회 의원(자유한국당)(현) 2018년 同내포문화권발전을위한특별위원회 위원장(현) [상]새마을훈장 노력장 [종]천주교

## 김기영(金基暎) Kim Ki Young

[생]1962·7·6 [출]인천 강화 [주]서울특별시 송파구 올림픽로 299 대한제당(주) 임원실(02-410-6093) [학]1986년 인하대 무역학과졸 [경]1988년 대한제당(주) 입사 2000년 同무역유통사업본부 해외개발팀장 2001년 同무역유통사업본부 동경지사장 2011년 同제당BU 가공무역담당(상무) 2017년 同제당BU 해외영업담당(전무) 2019년 同축산무역BU장 2019년 同대표이사 부사장(현)

## 김기영

[생]1964 [출]서울 [주]경기도 안양시 동안구 관평로 202번길 27 동안양세무서(031-389-8200) [학]경기 송림고졸, 세무대학졸(3기), 가천대 대학원 회계세무학과졸 [경]세무공무원 임용(8급 특채), 서울지방국세청 조사국 근무, 국세청 국제세원과 근무, 중부지방국세청 조사1국 근무, 국세공무원교육원 교수, 국세청 심사2담당관실 근무, 同심사1계장 2016년 전북 익산세무서장 2017년 광주지방국세청 조사2국장 2018년 경기 용인세무서장 2019년 경기 동안양세무서장(현)

## 김기영(金起永) Kim Gi Yeong

[생]1965·4·28 [출]전남 완도 [주]서울특별시 서초구 반포대로30길 81 웅진타워 13층 김기영법률사무소(02-6951-3160) [학]1984년 광주 서석고졸 1988년 경희대 법과대학 법학과졸 1991년 同대학원 형법 석사과정 수료 2003년 홍익대 세무대학원 세무학과졸 [경]1992년 군법무관 임용시험 합격(10회) 1993년 공군 법무관 1995년 사법연수원 수료(법무 10기) 1995년 공군본부 법무감실 고등검찰관 1996년 제5전술공수비행단 법무참모 1998년 공군 교육사령부 법무참모 1999년 국방부 법무관리관실 군사법담당관 2000년 공군 작전사령부 법무참모 2001년 고등군사법원 판사 2006년 법무법인 서호 대표변호사 2007~2017년 법무법인 태승 구성원변호사 2008~2013년 한국마사회 고문변호사 2009년 한국도로공사 고문변호사 2009년 한국농어촌공사 고문변호사 2011년 한국버섯생산자연합회 자문위원 2011년 쌍방울 감사 2013년 한국고용인적자원진흥협회 이사 2013년 흥사단 민족통일운동본부 이사 2013년 광림 감사 2014~2015년 새정치민주연합 서울서초乙구지역위원회 위원장 2014~2015년 同다문화위원회 부위원장 2016년 더불어민주당 정책위원회 부의장 2016~2018년 同서울서초구乙지역위원회 위원장 2016년 제20대 국회의원선거 출마(서울 서초구乙, 더불어민주당) 2017년 변호사 개업(현) [저]'기도하는 자의 메시지'(2013, 지식과감성)

## 김기영(金基穎) KIM Ki Young

[생]1968·4·9 [출]충남 홍성 [주]서울특별시 종로구 북촌로 15 헌법재판소 재판관실(02-708-3456) [학]1985년 홍성고졸 1991년 서울대 법대졸 [경]1990년 사법시험 합격(32회) 1993년 사법연수원 수료(22기) 1993년 軍법무관 1996년 인천지법 판사 1998년 서울지법 북부지원 판사 2000년 대전지법 서산지원 판사 2001년 同논산지원 판사 2003년 특허법원 판사 2007년 서울중앙지법 판사 2009년 광주지법 부장판사 2010년 수원지법 안산지원 부장판사 2012년 서울남부지법 부장판사 2014년 서울중앙지법 부장판사 2017년 서울동부지법 부장판사 2018년 한국저작권위원회 위원 2018년 서울동부지법 수석부장판사 2018년 헌법재판소 재판관(현)

## 김기영(金淇瑩)

[생]1970·1·25 [본]김해(金海) [출]경남 통영 [주]경상남도 창원시 의창구 중앙대로 300 경상남도청 경제통상국(055-211-3300) [학]1988년 통영고졸 1995년 부산대 법학과졸 [경]1993년 지방고시 합격(2회) 2007년 경남도 산업이벤트팀장 2008년 同법제담당 사무관 2009년 同광역행정담당 사무관 2010년 同일자리창출과장(서기관) 2010년 同고용촉진담당관 2012년 교육파견(서기관) 2013년 경남도 기업지원단장 2014년 同투자유치단장 직대 2014년 경남 밀양시 부시장 2014년 경남도의회 총무담당관 2015년 同총무담당관(부이사관) 2016년 교육 파견 2016년 경남도 해양수산국장 2017년 同경제통상국장(현)

## 김기영(金基泳) Kim Kiyoung

[생]1970·10·27 [주]전라북도 전주시 완산구 효자로 225 전라북도의회(063-280-3970) [학]전북 이리고졸, 전북대 경영학과졸, 同경영대학원 경영학과졸, 군산대 대학원 사법행정학 박사과정 수료 [경]세무사 개업(현), 전북중소기업청 비즈니스지원단 전문위원, 군산대 사회과학대학 법학과 겸임교수(현) 2018년 전북도의회 의원(더불어민주당)(현) 2018년 同행정자치위원회 의원 겸 윤리특별위원회 의원(현), 전북도 남북교류협력위원회 위원(현)

## 김기영(金基永) KIM Kee Young

[생]1971·10·13 [출]부산 [주]서울특별시 금천구 가산디지털1로 186 제이플라츠 304호 (주)T3엔터테인먼트(070-4050-8000) [경]1996년 대만 소프트월드 한국지사 마케팅매니저 1997년 애니콤소프트웨어 마케팅매니저 1999년 (주)T3엔터테인먼트 대표이사(현) 2008~2016년 (주)한빛소프트 대표이사 2010~2011년 한국게임산업협회 회장 2016년 (주)한빛소프트 이사회 의장(현)

## 김기완(金基完) KIM Ki Wan (曙海)

[생]1942·3·21 [본]의성(義城) [출]경북 상주 [주]서울특별시 서대문구 수색로 154 (주)통일감정평가법인(02-719-7272) [학]1959년 경북고졸 1964년 서울대 법학과졸 1999년 건국대 대학원 경제학과졸 2011년 행정학박사(선문대) [경]1969년 삼성그룹 비서실 근무 1972~1977년 감사원 근무 1983년 범양상선 기획이사 1985~1990년 대한감정평가사합동사무소 대표 1987년 한국토지평가사회 부회장 1987년 부동산컨설팅제도

최초도입 1990~1999년 대한감정평가법인 대표이사 1990~2000년 대한부동산컨설팅 대표이사 1991년 건설교통부 중앙토지평가위원 1992년 한국감정평가업협회 컨설팅위원회 초대위원장 1994년 한국감정평가업협회 부회장 1996년 同국제 · 컨설팅위원장 1996년 한국주택신문 논설위원 1997년 한국부동산컨설팅업협회 부회장 및 국제위원장 1997년 경기대 행정대학원 겸임교수 1998년 전국감정평가법인 대표자협의회장 1999년 한국부동산분석학회 감사 1999~2008년 건국대 부동산대학원 겸임교수 2000~2004년 (주)글로벌감정평가법인 대표이사 2000~2004년 글로벌부동산투자자문 대표이사 2000~2004년 글로벌부동산중개 대표이사 2001년 한국감정평가학회 국제분과위원장, 同부회장 2003년 한국부동산자문협회 부회장 2003년 한국부동산투자분석가협회 부회장 2004년 (주)글로벌감정평가법인 · 글로벌부동산중개 · 글로벌부동산투자자문 회장, (주)위닉스 사외이사 2006년 하나글로벌감정평가법인 회장 2007년 (사)부동산투자분석전문가협회 회장 2007~2008년 CCIM 한국협회 한국지회장 2008년 同고문(현) 2008년 하나감정평가법인 회장 2010년 문화예술위원회 자문위원 2010년 서울 은평구 자문위원(현) 2011년 통일감정평가법인 회장(현) 2011년 한국감정평가학회 수석부회장 2011년 한국부동산자산관리학회 회장 2013~2015년 한국감정평가학회 회장 2013년 (사)창조와혁신 부동산분과위원장(현) 2013년 서울시 재생건축사업분석T/F 위원(현) 2013년 (사)창조벤처융합협회 회장(현) 2014년 NCS 기업가치사분석전문가(현) 2015년 영국왕립협회(RICS) 국제사정관(현) 2015년 대치미도재건축사업추진준비위원회 위원장(현) 2017년 미국부동산컨설턴트(CRE) 국제사정관 2017년 재개발재건축 협력위원(서울시본청 · 용산구청 외 15구청)(현) (상)감사원장표창(1972), 감정평가협회장표창(1996) (종)기독교

## 김기완(金基完) KIM Ki Wan

(생)1959 · 12 · 10 (본)광산(光山) (출)경북 예천 (주)서울특별시 영등포구 여의대로 128 LG전자(주) 인사과(02-3777-1114) (학)대륜고졸, 영남대 무역학과졸 (경)1982년 LG전자(주) 수출4과 입사 1988년 同GSDG 과장 직대 1989년 同부다페스트지사 과장 1995년 同조직활성화팀 부장 1998년 同AV해외영업 수석부장 1999년 同AV수출담당 상무 2005년 同DM해외마케팅담당 겸 AV마케팅팀장(상무) 2006년 同중아지역대표 겸 두바이지사장(상무) 2007년 同중아지역대표(부사장) 2008년 同두바이지역대표(부사장) 2008년 同중동아프리카지역본부장 2011년 同중동아프리카지역 대표(부사장) 2011년 同글로벌마케팅부문장(부사장) 2013년 同HE해외영업그룹장(부사장) 2015년 同인도법인장(부사장)(현) (종)가톨릭

## 김기완

(생)1966 (출)전북 무주 (주)세종특별자치시 국세청로 8-14 국세청 운영지원과(044-204-2243) (학)전주고졸, 세무대학졸(4기) (경)세무공무원 임용(8급 특채), 경기 안양세무서 근무, 중부지방국세청 근무, 국세청 통계기획담당관실 통계기획2팀장, 서울지방국세청 조사3국 조사2과 3계장, 同감찰계장, 同조사3국 조사2과 2팀장, 광주지방국세청 체납자재산추적과장 2016년 전남 목포세무서장 2017년 전북 정읍세무서장 2018년 광주지방국세청 성실납세지원국장 2019년 경기 수원세무서장 2019년 국세청 본부 근무(과장급)(현)

## 김기용(金基鏞) KIM Ki Yong

(생)1945 · 10 · 10 (주)경기도 성남시 분당구 황새울로200번길 9-7 현대판테온 (재)글로벌비젼네트워크(031-718-4652) (학)1968년 서울대 농과대학 축산학과졸 1990년 미국 하버드대 경영대학원 국제최고경영자과정 수료 1995년 서울대 경영대학원 최고경영자과정수료 2000년 핀란드 헬싱키경제경영대학원 경영학과졸(Executive MBA) (경)(주)퓨리나코리아 전무이사, 同부사장 1990~1998년 同대표이사 사장 1995~1998년 랄스톤퓨리나인터내셔널 북아시아지구 사장 1998~1999년 애그리브랜드퓨리나코리아 대표이사 사장 1998~2001년 애그리브랜드인터내셔널 북아시아지구 회장 1999~2001년 (주)애그리브랜드퓨리나코리아 대표이사 회장 2001년 카길 한국 대표 겸 동물영양사업부 수석부사장 2007년 (주)카길애그리퓨리나 대표이사 회장 · 카길애그리퓨리나문화재단 이사장 2010~2012년 (주)카길애그리퓨리나 명예회장 2011년 (재)글로벌비젼네트워크(GVN) 대표이사 회장(현) 2011년 (주)글로벌비젼(GVI) 대표이사 회장(현) 2011년 (사)밝은청소년행복한동행 후원회장(현) 2012년 세계경영연구원(IGM) 고문 2013년 (사)한국4-H본부 특별고문 2014년 同자문위원(현) (상)한국능률협회 선정 '올해의 경영자상'(2002), 포브스코리아 선정 '대한민국 글로벌CEO'(2009) (저)'사막은 낙타처럼 건너라'(2010) (종)기독교

## 김기용(金基用) KIM Ki Yong

(생)1957 · 8 · 13 (출)충북 제천 (주)서울특별시 성북구 삼선교로16길 116 한성대학교 행정대학원(02-760-4077) (학)서울대 행정대학원 정책학과졸 (경)1986년 행정고시 합격(30회) 1993년 경남 충무경찰서 경비과장 1995년 경찰청 보안2과 · 보안1과 근무(경정) 2000년 同보안1과 근무(총경) 2001년 전남 담양경찰서장 2002년 전남 완도경찰서장 2003년 경찰청 예산과장 2004년 교육 파견 2004년 서울지방경찰청 청사경비대장 2005년 서울 용산경찰서장 2006년 경찰청 정보3과장 2008년 충북지방경찰청 차장(경무관) 2009년 외교안보연구원 교육파견 2010년 서울지방경찰청 보안부장 2010년 충남지방경찰청장(치안감) 2011년 경찰청 경무국장 2012년 同차장(치안정감) 2012~2013년 경찰청장(치안총감) 2013년 (사)한국청소년육성회 수석고문 2016년 同명예총재(현) 2014~2017년 세명대 경찰 · 공공행정학부 경찰행정학전공 초빙교수 2014년 충북 제천경찰서 학교폭력예방 홍보대사 2017년 한성대 행정대학원 초빙교수(현) (상)대통령표창(1997)

## 김기웅(金基雄) KIM Ki Woong

(생)1952 · 8 · 7 (본)광산(光山) (출)대구 (주)서울특별시 중구 청파로 463 한국경제신문 비서실(02-360-4109) (학)1971년 대구 계성고졸 1978년 한양대 신문방송학과졸 1996년 미국 캘리포니아대 버클리교 연수 (경)1978년 내외경제 산업부 기자 1980년 매일경제 사회부 기자 1981년 한국경제신문산업부 기자 1990년 同경제부 차장대우 1993년 同정치부 차장 1995년 同국제1부장 1996년 同산업부장 1998년 同편집국 부국장대우 2000년 同편집국 부국장 2001년 同광고국장 2002년 同편집국장 2004년 同이사 편집국장 2005~2011년 한국경제TV 대표이사 사장 2011년 한국경제신문 대표이사 사장(현) 2011년 한국신문윤리위원회 윤리위원 2012년 한국신문협회 운영위원 2012~2015년 세계태권도평화봉사재단 총재 2014년 한국신문협회 이사 2014년 同부회장(현) 2015년 한국신문윤리위원회 이사장(현) 2015년 세계태권도평화봉사재단 고문(현) (상)중앙언론문화상(2011), 자랑스러운 한양인상(2011)

## 김기웅(金基雄) Kim Ki Woong

(생)1957 · 11 · 22 (출)충남 서천 (주)충청남도 서천군 마서면 장서로 524 해양선박(041-951-2200) (학)2007년 군산대 해양생명과학과졸 2013년 공주대 경영행정대학원 경영학과졸 (경)1986년 해양선박 대표이사(현) 2008~2014년 서천군수산업협동조합 조합장 2009년 대전지검 홍성지원 범죄피해자지원센터 부이사장(현) 2012~2017년 새누리당 중앙위원회 충남도연합회장 2012~2013년 국제라이온스협회 356F지구 총재 2013~

2016년 충남도세팍타크로협회 회장 2013~2014년 새누리당 중앙위원회 전국시도연합회장 2013~2014년 한국자유총연맹 충남도지부 회장 2014년 보령해양시안협의회 위원장(현) 2015년 (사)대한민국에너지상생포럼 공동대표(현) 2015년 장항읍발전협의회 회장(현) 2017년 군산동중·고총동창회 회장(현) 2018년 충남 서천군수선거 출마(무소속) 2019년 한국예선업협동조합 이사장(현) (저)'서천에 살어리랏다'(2014)

### 김기원(金祺原) KIM Ki Won

(생)1956·12·2 (출)부산 (주)경상남도 진주시 진주대로 501 경상대학교 공과대학 나노·신소재공학부 금속재료공학전공(055-772-1663) (학)1975년 경남고졸 1979년 서울대 금속공학과졸 1981년 同대학원 금속공학과졸 1989년 금속공학박사(서울대) (경)1990년 경상대 공과대학 나노·신소재공학부 금속재료공학전공 교수(현) 2005~2010년 (사)한국전지학회 부회장 2011~2012년 同회장 2018년 경상대 대학원장(현) (상)한국전기화학회 부산울산경남지부 공로상(2007), 경상대 아이큐브사업단 연구상(2009), 한국전지학회 논문상(2009) (저)'아연과 납이용 및 재생(共)'(2005, 한국철강신문) (종)원불교

### 김기원(金基元) KIM Ki Won

(생)1957·6·13 (출)강원 원주 (주)인천광역시 미추홀구 소성로185번길 28 명인빌딩 702호 법무법인 서창(032-861-0999) (학)1976년 경복고졸 1981년 성균관대 법과대학졸 (경)1981년 사법시험 합격(23회) 1983년 사법연수원 수료(13기) 1983년 軍법무관 1986년 인천지법 판사 1988년 서울지법 남부지원 판사 1990년 춘천지법 영월지원 판사 1993년 서울민사지법 판사 1994년 서울고법 판사 1996년 청주지법 영동지원장 1997년 서울지법 판사 1998년 일본 도쿄대 객원교수 1999년 대구지법 부장판사 2000년 인천지법 부장판사 2002년 변호사 개업 2002년 (주)현정씨앤씨 법률고문, 법무법인 로우25 변호사 2003년 중부지방국세청 고문변호사 2007년 인천시환경시설공단 이사 2007년 인천지방변호사협회 부회장 2008년 인천도시개발공사 고문변호사 2008년 한국토지공사(인천) 지정변호사 2008년 인천시체육회 인사위원 2008년 인천시재향군인회 고문변호사 2008년 법무법인 한덕 변호사 2013년 법무법인 서창 변호사(현) 2013~2015년 인천지방변호사회 회장

### 김기인 KIM Ki In

(생)1962·1·10 (주)경기도 성남시 분당구 판교역로 220 (주)안랩 임원실(031-722-8000) (학)서강대 경영학과졸 (경)삼성전기 기획팀 근무, 이랜드 재무팀 근무, (주)안랩 이사, 同상무보 2009년 同경영지원본부장(상무) 2011년 同경영지원본부장(전무), 同CFO(전무) 2013~2014년 同임시대표이사 2019년 同최고재무책임자(CFO·부사장)(현) (상)한국CFO대상 회계투명성부문 대상(2013)

### 김기재(金杞載) KIM Ki Jae

(생)1946·9·6 (본)김해(金海) (출)경남 하동 (주)서울특별시 송파구 올림픽로35가길 10 한중민간경제협력포럼(02-3461-7888) (학)1963년 진주사범학교졸 1972년 고려대 경영학과졸 1981년 미국 하버드대 행정대학원 수료 1986년 동국대 대학원졸 1993년 행정학박사(동국대) 2009년 중국 베이징대 국제관계대학원 박사과정 수료 (경)1972년 행정고시 합격(11회) 1972~1975년 부산시 사무관 1976~1980년 내무부 행정계장·지방행정연수원 교무과장·내무부 행정관리담당관 1981년 산림청 기획예산담당관 1982~1986년 내무부 민방위편성운영과장·세정과장·행정과장 1986년 경기 안양시장 1988년 내무부 지방자치기획단장·지역경제국장 1991년 同공보관 1992년 同지방세제국장 1992년 同지방재정국장 1993년 同지방행정연수원장 1993년 同기획관리실장 1994년 同차관보 1994년 부산시장 1995년 총무처 장관 1996~1998년 제15대 국회의원(부산 해운대·기장乙, 신한국당·한나라당) 1996년 신한국당 원내부총무 1997~1998년 한나라당 대표최고위원 비서실장 1999~2000년 행정자치부 장관 2000년 새천년민주당 최고위원 2000~2004년 제16대 국회의원(전국구, 새천년민주당) 2001년 새천년민주당 부산시지부장 2002년 부산아시안게임지원특별위원회 위원장 2001년 同상임고문 2002년 同부산선거대책위원회 공동위원장 2002년 同당무위원 2009년 고려대 국제대학원 초빙교수 2012년 통합민주당 문재인 대통령후보 담쟁이캠프 부산선거대책위원회 고문 2013~2017년 가락중앙종친회 회장, 한중발전촉진협회 회장(현) 2015년 (사)한·중민간경제협력포럼 고문(현) (상)대통령표창(1974), 녹조근정훈장(1982), 청조근정훈장(1996) (저)'행정혁명의 시대' (종)불교

### 김기재(金基載)

(생)1965·6·20 (출)충남 서산 (주)경기도 수원시 영통구 창룡대로 315 수원세관(031-547-3910) (학)공주사대부고졸 (경)1992~1998년 재무부·재정경제원 근무 1998년 예산청·기획예산처 총무과 근무 2002년 기획예산처 총무과·예산총괄과 사무관 2002년 관세청 조사감시국 감시과 사무관 2004년 인천공항세관 휴대품검사관 2006년 인천본부세관 화물검사과장 2007년 관세청 혁신기획관실 사무관 2008년 同기획재정담당관실 사무관 2010년 서기관 승진 2011년 여수세관장 2012년 금융위원회 금융정보분석원 파견 2014년 인천공항세관 조사감시국장 2015년 인천본부세관 감시국장 2017년 同특송통관국장 2017년 부산본부세관 신항통관국장 2019년 수원세관장(현)

### 김기정(金基正) KIM Ki Jeung

(생)1954·9·19 (본)광산(光山) (출)경북 안동 (주)서울특별시 성동구 아차산로 103 영동테크노타워 304호(02-461-5821) (학)1973년 대구상고졸 1985년 한국방송통신대졸 1998년 건국대 행정대학원졸 (경)2006년 김천세무서장 2007년 재정경제부 금융분석원 파견 2009년 서울지방국세청 세원관리국 법인세과장 2010년 서울 역삼세무서장 2011년 서울지방국세청 조사2국 조사관리과장 2012년 서울 성동세무서장 2013년 세무사 개업 2019년 세무법인 메가넷 대표이사(현) (상)대통령표창(1997·2002), 홍조근정훈장(2013), 서울시장표창(2018) (종)기독교

### 김기정(金基正) KIM Ki Jung

(생)1956·4·30 (출)경남 통영 (주)서울특별시 서대문구 연세로 50 연세대학교 정치외교학과(02-2123-2954) (학)1975년 경남고졸 1979년 연세대 정치외교학과졸 1984년 미국 코네티컷대 대학원졸 1989년 정치학박사(미국 코네티컷대) (경)1988년 미국 코네티컷대 Stamford Campus 정치학과 강사 1989~1995년 연세대·이화여대·숙명여대 강사 1994~1995년 대통령자문 21세기위원회 전문위원 1995~2003년 연세대 정치외교학과 조교수·부교수 2000~2001년 同행정대학원 교학부장 2002년 同대외협력처 차장 2003~2005년 同연세춘추 주간 2003년 同정치외교학과 교수(현) 2006~2008년 同학생복지처장 2007년 同장애학생지원센터 소장 2008년 同동서문제연구원장 2012년 민주통합당 문재인 대통령후보 선거대책위원회 '미래캠프' 산하 남북경제연합위원회 위원 2014·2016~2017년 연세대 행정대학원장 2017년 국정기획자문위원회 외교안보분과위원회 위원장 2017년 국가안보실 제2차장 (상)한국국제정치학회 학술상(2003) (저)'미국정치의 과정과 정책(共)'(1994) '세계외교정책론(共)'(1995) 'Alliance versus Governance : Theoretical Debates Regarding Security of

Northeast Asia'(2002) '미국의 동아시아 개입의 역사적 원형과 20세기 초 한미관계연구'(2003) '꿈꾸는 평화'(2003) 'Northeast Asian Regional Security Order and Strategic Calculus on the Taiwan Straits'(2003) '1800자의 시대 스케치'(2011, 오래) (역)'외교정책의 이해'(1994) (종)기독교

### 김기정(金基正) KIM Ki Jeong

(생)1960·1·26 (출)경북 안동 (주)서울특별시 도봉구 마들로 747 서울북부지방검찰청 중요경제범죄조사단(02-3399-4939) (학)1976년 검정고시 합격 1981년 서울대 법학과졸 (경)1981년 사법시험 합격(23회) 1983년 사법연수원 수료(13기) 1985년 부산지검 울산지청 검사 1987년 서울지검 남부지청 검사 1989년 대구지검 검사 1991년 서울지검 검사 1994년 청주지검 검사 1996년 서울고검 검사 1997년 대구지검 의성지청장 1998년 대구지검 조사부장 1999년 사법연구원 교수 2002년 서울지검 남부지청 형사3부장 2003년 대구고검 검사 2004년 서울고검 검사 2006년 부산고검 검사 2008년 서울고검 검사 2011년 대전고검 검사 2013년 서울고검 검사 2015년 광주고검 검사 2017년 서울고검 검사 2019년 서울북부지검 중요경제범죄조사단장(현)

### 김기정(金基正) KIM Kee Jurng

(생)1962·11·14 (출)서울 (주)서울특별시 마포구 마포대로 174 서울서부지방법원(02-3271-1114) (학)1981년 환일고졸 1985년 고려대 법대졸 (경)1984년 사법시험 합격(26회) 1987년 사법연수원 수료(16기) 1987년 軍법무관 1990년 수원지법 판사 1992년 서울민사지법 판사 1994년 청주지법 충주지원 판사 1996년 同충주지원 음성군법원 판사 1997년 서울지법 남부지원 판사 1999년 서울고법 판사 2000년 대법원 재판연구관 2002년 청주지법 제천지원장 2003년 사법연수원 교수 2006년 서울북부지법 부장판사 2008년 서울중앙지법 부장판사 2010년 대구고법 부장판사 2011~2012년 인천지법 수석부장판사 2011~2013년 대법원 양형위원회 양형위원 2012~2018년 서울고법 부장판사 2016~2017년 법원도서관장 겸임 2017~2018년 서울중앙지법 부장판사 겸임 2018년 서울서부지법원장(현)

### 김기정(金基正)

(생)1964·1·28 (출)강원 영월 (주)서울특별시 서초구 명달로22길 8 서덕빌딩 3층 환경TV 사장실(02-525-8878) (학)1981년 영월고졸 1987년 한양대 신문방송학과졸 2008년 同대학원 언론정보학과졸 (경)1999년 국민일보 경제부 기자 2000년 同경제부 차장대우 2003년 同경제부 차장 2005년 同경영전략실 전략기획팀장 2005년 同뉴미디어센터 방송팀장 2006년 同뉴미디어센터장 2008~2011년 同쿠키미디어 대표 2010~2012년 한국온라인신문협회 회장 2011년 환경TV 대표이사 사장(현)

### 김기주(金起周) Kim Khee-Joo

(생)1956·10·5 (출)강원 명주 (주)서울특별시 종로구 인사동5길 29 도원회계법인 회장실(02-3673-1700) (학)육군사관학교졸(33기), 홍익대 세무대학원졸 (경)1983년 세무공무원 임용, 서울지방국세청 조사2국 1과 5계장, 同3계장, 同1계장, 同부가계장, 국세청 행정관리계장, 광주 군산세무서장, 중부지방국세청 조사1과장, 同2과장 2002년 同총무과장 2003년 서울지방국세청 조사3과장 2004년 국세청 감찰과장 2005년 同심사1과장 2006년 중부지방국세청 납세자보호담당관 2006년 국세청 감사관 2008년 광주지방국세청장 2012~2014년 도원회계법인 부회장 2012년 동부건설(주) 사외이사 겸 감사위원 2014년 도원회계법인 종로지점 회장(현)

### 김기주(金琦周) KIM KIJU

(생)1960·11·6 (출)전남 장성 (주)세종특별자치시 다솜2로 94 농림축산식품부 유통소비정책관실 원예경영과(044-201-2251) (학)1977년 장성농고졸 1980년 한국방송통신대 행정학과졸 (경)1983년 공직 입문(9급 공채) 2007년 농림부 과수화훼과 농업사무관 2007~2010년 同농산경영과 농업사무관 2010~2014년 농림수산식품부 원예경영과 농업사무관 2014~2015년 同유통정책과 기술서기관 2015~2016년 농림축산식품부 원예경영과 기술서기관 2016년 국립농산물품질관리원 충남지원장 2017년 농림축산식품부 유통소비정책관실 원예경영과장(현) (상)대통령표창(1999) (종)개신교

### 김기주(金基主) Kim Kie-joo

(생)1967·10·10 (주)서울특별시 종로구 사직로8길 60 외교부 인사운영팀(02-2100-7139) (학)1990년 한국외국어대 정치외교학과졸 1994년 미국 버지니아주립대 대학원 국제정치학과졸 (경)1990년 외무고시 합격(24회) 1990년 외무부 입부 1996년 駐타이왕국 2등서기관 1999년 駐그리스 1등서기관 2004년 駐국제연합(UN) 1등서기관 2007년 국무총리비서실 파견 2008년 외교통상부 국제안보과장 2009년 駐필리핀 참사관 2012년 駐베트남 공사참사관 2014년 국가안보실 정책조정비서관실 파견 2016년 駐벨기에 유럽연합 공사 2018년 駐콩고민주공화국 대사(현) (상)근정포장(2006)

### 김기준(金基俊) KIM Kee Joon

(생)1949·10·31 (본)경주(慶州) (출)서울 (주)서울특별시 용산구 한강대로 273 용산빌딩10층 (주)용산화학(02-3274-9109) (학)1975년 경희대 경제학과졸 1983년 고려대 경영대학원 수료 (경)한일시멘트공업 감사, 한일흥업(주) 대표이사, 영우화학(주) 대표이사, 한승철강(주) 대표이사, 용산화학(주) 대표이사 사장, 용산미쓰이화학(주) 대표이사 사장, (주)용산 대표이사 사장 2003년 용산화학(주) 회장(현) 2003~2014년 용산미쓰이화학(주) 회장 2003년 (주)용산 회장(현) 2003년 코리아PTG 회장(현) 2014년 용산미쓰이화학(주) 사내이사(현) (상)1천만불 수출의 탑(1999), 3천만불 수출의 탑(2005), 국무총리표창(2006)

### 김기준(金基俊) KIM Ki Jun

(생)1957·7·4 (출)경기 파주 (주)경기도 수원시 영통구 광교로 107 경기도경제과학진흥원 원장실(031-259-6006) (학)1976년 경기고졸 1981년 서울대 무역학과졸 (경)1985년 한국외환은행 입행 1995~1999년 同노조위원장 1998년 전국금융산업노동조합 수석부위원장 2000년 同사무처장 2000년 노사정위원회 금융특별위원회 위원 2002~2005년 전국금융산업노동조합 정치위원장 2003~2004년 한국사회민주당 정책위원회 의장 2003~2004년 同고양덕양甲지구당 위원장 2005~2006년 전국금융산업노동조합 위원장 2006~2008년 (사)금융경제연구소 이사장 2008~2011년 외환은행 지점장 2010~2013년 한국비정규노동센터 이사 2012년 제19대 국회의원(비례대표, 민주통합당·민주당·새정치민주연합·더불어민주당) 2013년 민주당 서울양천구甲지역위원회 위원장 2013년 同인권위원장 2013년 同정책위원회 부의장 2014년 국회 운영위원회 위원 2014년 국회 정무위원회 위원 2014년 국회 지속가능발전특별위원회 위원 2014년 새정치민주연합 원내부대표 2014년 同서울양천구甲지역위원회 위원장 2015년 同재외담당 원내부대표 2015~2016년 더불어민주당 서울양천구甲지역위원회 위원장 2015~2016년 同대외담당 원내부대표 2017년 同제19대 문재인 대통령후보 중앙선거대책본부 정책본부 부본부장 2018년 경기도경제과학진흥원 원장(현) (상)경제정의실천시민연합 국정감사 우수의원(2014)

**김기준(金基峻) Kim Kijune**
(생)1966 (주)세종특별자치시 한누리대로 402 산업통상자원부 통상교섭실(044-203-5790) (학)미국 매릴랜드대 법과대학원 법학과졸 (경)산업자원부 에너지자원개발본부 신재생에너지팀장 2008년 지식경제부 해외투자과장 2009년 同실물경제종합지원단 부단장 2009년 駐OECD대표부 참사관 2016년 산업통상자원부 통상정책국 미주통상과장 2016년 同통상협력국 통상협력총괄과장 2017년 同통상교섭실 자유무역협정교섭관(고위공무원)(현)

**김기준(金己俊) KIM Ki Joon**

(생)1966·9·10 (출)경남 김해 (주)충청북도 청주시 서원구 산남로70번길 51 청주지방검찰청 중요경제범죄조사단(043-299-4543) (학)1985년 동아고졸 1989년 서울대 법대졸 1992년 同대학원졸 (경)1991년 사법시험 합격(33회) 1994년 사법연수원 수료(23기) 1994년 軍법무관 1997년 서울지검 검사 1999년 춘천지검 원주지청 검사 2000년 부산지검 검사 2003년 법무부 국제법무과 검사 2006년 서울남부지검 부부장검사 2008년 지식경제부 법률자문관 파견 2009년 대전지검 천안지청 부장검사 2009년 춘천지검 형사1부장 2010년 법무부 국제법무과장 2011년 서울서부지검 형사3부장 2012년 인천지검 형사2부장 2013년 同부천지청 부장검사 2014년 부산고검 검사 2014년 울산지검 형사1부장 2015년 부산지검 부장검사(부산시 파견) 2016년 서울고검 검사 2018년 청주지검 중요경제범죄조사단 부장검사(현) (상)홍진기법률연구상 장려상(2017) (저)'국제형사법'(2017, 박영사)

**김기중(金基重) Kim Ki Jung**

(생)1963·11·21 (출)경북 경주 (주)서울특별시 서초구 헌릉로 13 대한무역투자진흥공사 인재경영실(02-3460-7030) (학)1982년 성동고졸 1988년 한국외국어대 서반아어과졸 1992년 同무역대학원 국제경제학과졸 (경)1988년 대한무역투자진흥공사(KOTRA) 입사 1999년 同아순시온무역관장 2001년 同E-KOTRA팀 근무 2002년 同총무팀 근무 2003년 同산호세무역관 개설요원 2003년 同산호세무역관장 2006년 同감사실 검사역(부장급) 2008년 同실리콘밸리KBC 해외IT지원센터 운영팀장(부장) 2011년 同보고타코리아비즈니스센터장 2013년 同공공조달팀장 2014년 同공공조달팀장(처장) 2014년 同마드리드무역관장 2017년 同전시컨벤션실장 2019년 同중남미지역본부장 겸 멕시코시티무역관장(현)

**김기중(金基中)**

(생)1965·1·12 (출)광주 (주)서울특별시 서초구 서초대로54길 29-6 법무법인 동서양재(02-3471-3705) (학)1984년 대동고졸 1991년 서울대 법학과졸 2004년 미국 산타클라라대 대학원 법학과졸 (경)1991년 사법시험 합격(33회) 1994년 사법연수원 수료(23기) 1994~2000년 법무법인 덕수 변호사 1996년 한국정보법학회 회원(현) 1999~2007년 동서법률사무소 변호사 2000~2003년 한국인터넷정보센터 NNC 위원 2002년 특허청 법령개정위원회 위원 2003년 한국저작권법학회·한국언론법학회 회원(현) 2003년 한글인터넷주소분쟁조정위원회 위원 2006~2008년 영화진흥위원회 매체융합소위 위원 2006년 저작권위원회 교육원 강사(현) 2007~2013년 법무법인 동서파트너스 변호사 2009~2011년 사법연수원 전자거래법인터넷법 강사 2009년 국회 교육문화체육관광위원회 미디어위원회 위원 2009~2015년 NAVER(주) 자문변호사 2010~2014년 인터넷선거보도 심의위원 2013년 개인정보보호위원회 자문변호사(현) 2014년 법무법인 동서양재 변호사(현) 2016년 미래창조과학부 제4이동통신사업자선정심사위원 2016년 국가인권위원회 비상임위원(현)

**김기찬(金基燦) KIM Ki Chan (乙山)**

(생)1955·12·27 (본)김해(金海) (출)경기 광주 (주)전라남도 보성군 문덕면 모후로 22 계심헌공예미술관(061-852-2105) (학)故이동연 선생께 낙죽 사사 (경)1993년 전통공예관개관 5주년기념 특별기획전 1994년 태국문화원 초청전(아태지역 대나무공예작품전) 2000년 국가무형문화재 제31호 낙죽장(낙죽) 기능보유자(현) 2000년 독일 하노버박람회 한국관 전시 및 시연 2008년 계심헌 작품전 및 전수교육(현) 2009년 프랑스 보르도시 전시 및 시연 (상)전남공예품경진대회 특선(2회), 전승공예대전 장려상(1984), 전남공예품경진대회 최우수상(1987), 전남공예품경진대회 우수상, 전승공예대전 문화재위원장상(1993) (종)불교

**김기찬(金基燦) Ki-Chan Kim**

(생)1958·11·7 (출)경북 (주)경기도 부천시 원미구 지봉로 43 가톨릭대학교 경영학부(02-2164-4283) (학)1976년 대구고졸 1982년 영남대 경영학과졸 1984년 서울대 대학원 경영학과졸 1992년 경영학박사(서울대) (경)1989년 가톨릭대 경영학부 교수(현) 1992년 일본 도쿄대 객원연구원 1995년 삼성전자(주) 자문교수 1997년 미국 하버드대 객원연구원 1998년 가톨릭대 산업경영연구소장 2001년 同취업지원실장 2005년 부패방지위원회·중소기업특별위원회 전문위원 2007~2009년 한국자동차산업학회 회장 2007년 가톨릭대 경영대학원장 2007년 한국중소기업학회 중소기업연구 편집위원장 2008년 가톨릭대 창업보육센터장 2009년 同기획처장 2009~2015년 현대모비스 사외이사 2009년 미국 세계인명사전 'Marquis Who's Who in the world' 2010년판에 등재 2009년 영국 국제인명센터(IBC) 'Outstanding Intellectuals of The 21st Century 2000인'에 등재 2009년 한국상품학회 수석부회장 2011년 중소기업학회 회장, 한국경영학회 부회장, 국민경제자문회의 위원, 국가청렴위원회 전문위원, 윤경포럼 공동대표, 한국평가연구원 원장 2013년 한국상품학회 회장 2013년 세계중소기업학회(ICSB) 부회장 2013~2015년 아시아중소기업학회(ACSB) 회장 2013년 가톨릭대 대학발전추진단장 2013~2019년 Journal of Small Business Management 편집위원 2013~2015년 서울대 장수기업연구센터 연구교수 2013~2016년 (재)중소기업연구원 비상임이사 2015~2016년 세계중소기업학회(ICSB) 회장 2015~2018년 (주)킨텍스(KINTEX) 사외이사 2015년 미국 조지워싱턴대 경영대학원(GWSB) 초빙교수 2016년 同석좌교수(현) 2017~2019년 대통령직속 국민경제자문회의 혁신경제분과 의장 2019년 한국전력공사 윤리준법위원회 외부위원(현) 2019년 신남방정책특별위원회 민간자문위원(현) (상)한국상품학회 우수논문상(1998), 산업자원부장관표창(2003), 한국중소기업학회 최우수논문상(2004), 한국경영학회 최우수논문상(2005), 매경이코노미 '한국의 경영대가 29인'에 선정, 산업포장(2013), 한국경영학회 60주년기념 최우수논문상(2016), 세계중소기업학회(ICSB) 베스트페이퍼논문상(2017) (저)'마케팅조사, 이렇게(共)'(1995, 범문사) '상생경영(共)'(2006, 김영사) '마케팅철학을 팔아라'(2008, 가산출판사) '플랫폼의 눈으로 세상을 보라(共)'(2015, 성안북스) '사람중심 기업가정신(共)'(2018, 더메이커) (역)'기업진화의 속도'(2001, 민미디어) '도요타방식'(2004, 가산출판사) '보이지 않는 것을 팔아라'(2005, 대한상공회의소) '도요타 진화의 본질(共)'(2005, 가산출판사) '도요타DNA'(共)

**김기창(金基昌) KIM Keechang**
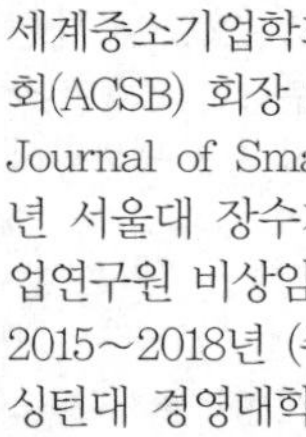
(생)1963·1·23 (출)대구 (주)서울특별시 성북구 안암로 145 고려대학교 법학전문대학원(02-3290-1901) (학)1981년 대구고졸 1985년 서울대 법과대학 사법학과졸 1986년 미국 시카고대 로스쿨졸 1994년 법학박사(영국 케임브리지대 퀸즈칼리지) (경)1985년 사법시험 합격(27회) 1986~1988년 세종합동법률사무소 근무 1990년 사법연수원 수료(19기) 1990년 세방종합법률사무소 변호사 1994~1997년 영국 케임브리지대 퀸즈칼

리지 전임연구교원 1997~2002년 同셀윈칼리지 전임강사 2000~2002년 同법과대학 노튼로즈 기금교수 2003~2008년 고려대 법학과 부교수 · 교수 2009년 同법학전문대학원 교수(현) 2014~2015년 同자유전공학부장 2017년 대통령직속 국가과학기술자문회의 위원(현) (상)영국 캠브리지대 우수논문상 Yorke Prize(1995) (저)'Aliens in Medieval Law : The origins of modern citizenship'(2001)

## 김기창(金基昌)

(생)1968 · 7 · 20 (주)충청북도 청주시 상당구 상당로 82 충청북도의회(043-220-5116) (학)강동대학 창업경영학과 재학 중 (경)충북 음성군 금왕읍체육회장, 더불어민주당 충북도당 부위원장(현) 2018년 충북도의회 의원(더불어민주당)(현)

## 김기철(金基喆) KIM Ki Chule

(생)1956 · 7 · 29 (출)서울 (주)서울특별시 종로구 창경궁로 136 보령바이오파마(주) 임원실(02-708-8451) (학)1980년 단국대 화학과졸 (경)동신제약(주) 마케팅팀장, 同이사대우, 同경영지원본부장, 同상무이사 2004년 同전무이사 2006년 SK케미칼 전무이사 2007년 보령바이오파마(주) 대표이사 부사장 2011년 同대표이사 사장(현)

## 김기춘(金淇春) KIM Ki Choon (海巖)

(생)1939 · 11 · 25 (본)김해(金海) (출)경남 거제 (학)1958년 경남고졸 1962년 서울대 법과대학졸 1967년 同대학원 법학과졸 1984년 법학박사(서울대) (경)1960년 고등고시 사법과 합격(12회) 1961년 해군 · 해병대 법무관 1964~1973년 광주지검 · 부산지검 · 서울지검 · 법무부 검사 1973년 법무부 인권과장 1980년 대검찰청 특수1과장 1980년 서울지검 공안부장 1981년 법무부 출입국관리국장 · 검찰국장 1982년 법무연수원 검찰연구부장 1985년 대구지검장 1986년 대구고검장 1987년 법무연수원장 1988~1990년 검찰총장 1991~1992년 법무부 장관 1993년 변호사 개업 1995~1996년 한국야구위원회 총재 1995년 한양대 대학원 법학과 겸임교수 1996년 제15대 국회의원(거제, 신한국당 · 한나라당) 1998년 한나라당 인권위원장 2000년 제16대 국회의원(거제, 한나라당) 2000년 한나라당 정책위원회 부의장 2003년 국회 법제사법위원장 2004~2008년 재일동포법적지위위원회 위원장 2004년 한 · 일의원연맹 부회장 2004~2008년 제17대 국회의원(거제, 한나라당) 2005~2006년 한나라당 여의도연구소장 2007~2008년 同경남도당 위원장 2008~2010년 한국기원 상임이사 2008~2013년 (주)농심 비상임법률고문 2009~2013년 한국에너지재단 이사장 2010년 한 · 일친선협회중앙회 부회장 2010년 한나라당 상임고문 2010~2013년 한국기원 부이사장 2010~2011년 국회 의정활동강화자문위원회 위원장 2011년 한나라당 중앙윤리위원장 2012년 새누리당 상임고문 2013년 한국기원 고문 2013년 박정희대통령기념사업회 이사장 2013~2015년 대통령 비서실장(장관급) 2014~2015년 국가안전보장회의(NSC) 상임위원회 상임위원 2016년 (주)농심 비상임법률고문 (상)홍조근정훈장(1973), 보국훈장 천수장(1976), 황조근정훈장(1987), 5.16민족상(1990), 청조근정훈장(1990) (저)'형법개정시론'(1984) '조선시대형전'(1990) (종)천주교

## 김기출(金基出) Kim Ki Chool

(출)서울 (주)경상북도 안동시 풍천면 검무로 77 경북지방경찰청 청장실(054-824-2131) (학)장훈고졸, 인하대 행정학과졸 2003년 고려대 대학원 경영학과졸 (경)1988년 경위 임관(경찰간부후보 36기), 서울지방경찰청 101경비단 소대장, 경기 고양경찰서 정보보안과장, 대통령 치안비서관실 파견, 경북지방경찰청 청문감사담당관 2008년 경북 울진경찰서장(총경), 서울지방경찰청 4기동단장 2011년 경기 고양경찰서장 2011년 경찰청 교통안전담당관 2012년 서울 강남경찰서장 2014년 강원지방경찰청 차장(경무관) 2014년 경기지방경찰청 제2청 제4부장 2015년 서울지방경찰청 교통지도부장 2016년 경찰청 생활안전국장(치안감) 2017년 경기북부지방경찰청장(치안감) 2018년 경북지방경찰청장(현)

## 김기태(金琪泰) Ki Tai KIM

(생)1953 · 5 · 10 (본)광산(光山) (출)전남 해남 (주)인천광역시 부평구 경인로 707 일진빌딩 201호 경기일보 인천본사(032-439-2020) (학)1979년 단국대 중어중문학과졸 2011년 가천의과대 경영대학원졸 (경)2000년 연합뉴스 데스크조정팀장 2000년 同경제국 기획위원 2002년 同광고영업부장 2003년 同광고영업부장(부국장대우) 2004년 同전략사업본부 부본부장 겸 마케팅부장 2005년 同전략사업본부 부본부장 2005년 同전략사업본부장 2006년 同인천지사장 2007년 同인천취재본부장 2007년 인천시 남구장애인종합복지관 운영위원장 2008년 가천대 교양학부 초빙교수(현) 2011년 연합뉴스 인천취재본부 고문 2011년 인하대 언론정보학과 겸임교수 2011년 인천시시설관리공단 비상임이사 2012년 (주)코암인터내셔날 사장, 同고문(현) 2018년 경기일보 인천본사 사장(현) (저)'경제기사로 부자아빠 만들기(共)'(2001) (종)천주교

## 김기태(金基太) KIM Ki Tae

(생)1954 · 8 · 10 (본)김해(金海) (출)전남 순천 (주)전라남도 무안군 삼향읍 오룡길 1 전라남도의회(061-286-8200) (학)순천공고졸 2004년 순천청암대학 e-비즈니스과졸 (경)가장건설(주) 대표이사, 조광종합건설(주) 대표이사, 한국도로공사 고속도로건설 자문위원, 순천시 도시계획심의위원회 위원, 同건축심의위원회 위원, 순천만국제정원박람회특별위원회 위원 겸 해외유치단원, 순천평화병원 감사 2002 · 2006~2010년 전남 순천시의회 의원(민주당) 2004년 同운영위원장 2009년 순천시 인재육성장학위원회 부위원장, 도사초총동창회 회장, 광주 · 전남우리민족서로돕기운동본부 이사, 상사호환경지킴이 회장, 장애인자립센터 운영이사, 민족통일협의회 지도위원 2010년 전남도의원선거 출마(무소속), 청암대총동창회 회장 2014~2018년 전남도의회 의원(새정치민주연합 · 더불어민주당) 2014년 同기획사회위원회 위원 2014년 同예산결산특별위원회 위원 2016~2018년 同안전건설소방위원장 2018년 전남도의회 의원(더불어민주당)(현), 同경제관광문화위원회 위원 겸 여수순천10.19사건특별위원회 위원(현) (상)전국시 · 도의회의장협의회 우수의정대상(2017) (종)기독교

## 김기태(金起泰) KIM Kitai

(생)1957 · 3 · 15 (출)전북 고창 (주)광주광역시 광산구 어등대로 417 호남대학교 신문방송학과(062-940-5263) (학)1974년 환일고졸 1981년 서강대 신문방송학과졸 1983년 同대학원 신문방송학과졸 1990년 신문방송학박사(서강대) (경)1985~2001년 서강대 · 연세대 · 이화여대 · 한양대 강사 1991~1995년 한국방송개발원 방송정책연구실 책임연구원 1996~1999년 KBS-서강대 방송아카데미 교수부장 1996~2001년 정보통신윤리위원회 전문위원 1996년 한국방송비평회 총무 · 부회장 1996년 한국여성민우회 미디어운동본부 전문위원 1998년 한국미디어교육학회 총무이사 2000년 미디어세상 열린사람들 기획위원 2001년 한국미디어환경운동센터 대표 2002년 호남대 신문방송학과 교수(현) 2002년 (사)광주여성민우회 이사(현) 2004~2005년 여의도클럽 미디어교육분과장 2007~2014년 한국미디어교육학회 회장, 한국언론학회 미디어교육분과장, 광주전남민주언론시민연합 상임

대표·이사, (사)학부모정보감시단 이사장, 同이사 2011년 제47회 백상예술대상 TV부문 심사위원 2013년 스마트미디어학회 상임이사 2015년 광주CBS 라디오 생방송 시사프로그램 'CBS매거진' 진행 2015~2019년 호남대 신문방송학과장 2015년 한국스마트미디어학회 이사(현) 2017년 광주·전남언론학회 회장 2018년 한국지역언론학회 회장(현) 2019년 광주시 대표음식선정위원회 위원장 (상)국민훈장 동백장(2009) (저)'텔레비전, 어떻게 볼 것인가'(1999) '방송비평의 실제(共)'(2001) '세상에서 가장 쉬운 매스미디어 101문 101답(共)'(2001) '대중매체의 이해와 활용(共)'(2002) '미디어교육과 교과과정(共)'(2006) '우리 아이들에게 인터넷을 어떻게 가르칠까?'(2006) '미디어의 이해(共)'(2007) '새로운 세상을 위한 디지털 패러다임(共)'(2007) '미디어교육의 이해와 활용'(2009) '디지털시대 교회와 커뮤니케이션'(2017) (종)기독교

### 김기태(金琦泰) KIM Ki Tae

(생)1959·8·2 (출)전북 군산 (주)서울특별시 강남구 논현로 508 GS칼텍스 지속경영실(1544-5151) (학)1977년 남성고졸 1982년 고려대 법학과졸 1987년 同대학원 법학 석사과정 수료 (경)1987년 GS칼텍스 입사 2003년 同인재개발팀장 2007년 同변화지원부문장(상무) 2007년 同대외협력부문장(상무) 2007년 GS칼텍스재단 상임이사 2013년 GS칼텍스 대외협력실장(전무) 2014년 同보상TF팀장 겸임(전무) 2015년 同대외협력실장(부사장) 2017년 同지속경영실장(부사장) 2018년 同지속경영실장(사장)(현)

### 김기택(金基澤) KIM KITACK

(생)1957·7·13 (출)충남 예산 (주)서울특별시 동대문구 경희대로 23 경희대학교의료원(02-958-8101) (학)1975년 휘문고졸 1982년 경희대 의대졸 1986년 同대학원 의학석사 1994년 의학박사(경희대) (경)1987년 정형외과 전문의과정 수료 1990~1991년 서울대병원 척추전임의 1991년 경희대 의대 정형외과학교실 교수(현) 1993년 세계정형외과학회 정회원(현) 1995년 아시아정형외과학회 정회원(현) 1997년 세계측만증연구회 정회원(현) 2002~2005년 대한정형외과학회지 편집위원 2004~2005년 대한척추외과학회 학술의료평가위원회 총무 2004~2007년 아시아태평양척추최소침습학회 사무총장 2006~2011년 경희대 동서신의학병원 척추센터장 2008~2011년 同동서신의학병원 정형외과장 2010~2011년 아시아태평양척추최소침습학회 회장 2010~2013년 강동경희대병원 정형외과장 2011~2015년 同기획진료부원장 2011~2015년 同협진진료처장 2011년 아시아태평양정형외과학회(APOA) 척추분과 평의원(현) 2011년 대한골절학회 평의원(현) 2014~2015년 대한척추외과학회 회장 2015~2016년 대한정형외과학회 이사장 2015년 강동경희대병원장(현) 2017년 대한병원협회 상임이사(현) 2018년 同재무위원장(현) 2018년 경희대 의무부총장(현) 2019년 경희대의료원장 겸임(현) (상)대한골절학회 우수논문상(1994), 대한척추외과학회 학술상(2005), 제79차 일본정형외과학회 외국인연구분야 학술상(2006) (저)'척추외과학' '척추질환' '요통'

### 김기학(金基學) Kim Ki-Hak (송학)

(생)1951·5·30 (본)경주(慶州) (출)충남 부여 (주)경기도 안양시 동안구 비산로 27 바른인재개발연구회(031-384-3387) (학)1969년 강경상고졸 1983년 경기대 무역학과졸 1998년 성균관대 경영대학원 경영학과졸(기업경영전공) 2004년 국방대 안보대학원 국가안보보장학과졸 2008년 경영학박사(서울벤처대학원대) (경)1998~2001년 한국전력공사 KEDO원전사업처 계약팀장 2003~2005년 同경영정보처장 2004~2005년 한국전력기술(주) 이사 2004~2005년 한전KPS(주) 이사 2005~2007년 한국전력공사 자재처장 2005~2013년 (사)한국여성벤처협회 자문위원 2006~2007년 전국경제인연합회 중소기업협력센터 상생협력연구회 연구위원 2006년 (사)한국벤처창업학회 부회장(현) 2007~2009년 한국전력공사 서울본부장 2007~2009년 서울시 통합방위협의회 위원 2009년 (사)한중일지역경제문화협회 회장(현) 2009년 (사)4월회 자문위원(현) 2010~2013년 (사)한국원자력학회 평의원회 의원 2010년 국방대 안보과정총동창회 기별동문회장(현) 2010~2013년 (사)대한전기협회 전무이사 2010~2013년 (사)WEC대구총회조직위원회 집행위원 2010~2013년 (사)한국원자력산업회의 이사 2010~2013년 한전원자력연료(주) 사장 2012년 (사)도산안창호선생기념사업회 이사(현) 2012~2015년 서울벤처대학원대 대학평의원회 의원 2016년 (주)코아테크놀로지 고문(현) 2016년 바른인재개발연구회 이사장(현) (상)한국전력공사 사장표창(3회), 통일부장관표창(2000), 산업포장(2005), 대통령경호실장표창(2007), 중앙일보 Forbes 최고경영자대상(2011), 국제비즈니스대상(2011·2012), 기획재정부장표창(2012), 철탑산업훈장(2012), 국방대총동문회 국방대상(2013), 한국상업교육학회 최고경영자대상(2013), 헤럴드경제·코리아헤럴드 대한민국 가치경영대상(2015) (종)천주교

### 김기한(金奇漢) KIM Ki Han

(생)1959·6·23 (본)안동(安東) (출)충북 제천 (주)서울특별시 영등포구 63로 50 한화금융센터 한화63시티 임원실(02-789-6363) (학)1978년 청주고졸 1984년 연세대 경영학과졸, 서울대 CFO전략과정 4기 수료, 고려대 최고경영자과정 71기 수료 (경)1984년 (주)한화 입사 1995년 同홍콩법인 운영실장 1999년 同경영지원실 자금팀장 2002년 한화그룹 구조조정본부 금융파트장 2007년 한화S&C(주) 전략경영부문장(상무) 2011년 同제조공공사업부장 2012~2013년 휴먼파워 대표이사 2013년 한화S&C(주) IT인프라사업부장 2015년 同기획재무실장 2016년 同서비스사업본부장(전무) 2018년 同금융사업부장 2018년 한화63시티 대표이사(현) (종)천주교

### 김기혁(金基赫) KIM Ki Hyuk

(생)1958·8·1 (출)대구 (주)대구광역시 달서구 달구벌대로 1095 계명대학교 공과대학 교통공학과(053-580-5249) (학)1977년 중경고졸 1983년 중앙대 토목공학과졸 1985년 호주 Newsouth Wales대 대학원졸 1989년 공학박사(호주 Newsouth Wales대) (경)1989년 계명대 공과대학 교통공학과 조교수·부교수 1990년 同교수(현), 대한교통학회 대구·경북지회장 2009년 국무총리산하 국가교통위원회 위원, 대한교통학회 학술담당 수석부회장 2012년 계명대 공과대학장(현) 2013~2015년 (사)대한교통학회 회장 2014~2015년 한국공과대학학장협의회 회장 2014년 계명대 융합공학대학원장(현) (상)대통령표창(2017)

### 김기혁(金基赫) KIM Ki Hyeok

(생)1962·9·3 (본)원주(原州) (출)경기 부천 (주)서울특별시 종로구 와룡공원길 20 남북회담본부 회담운영부(02-2706-1086) (학)상문고졸, 연세대 경제학과졸 2003년 미국 볼티모어대 대학원 행정학과졸, 연세대 대학원 통일학 박사과정 수료 (경)1993년 행정고시 합격(37회), 통일부 경협지원과 사무관 2004년 同경협지원과 서기관 2006년 同남북경제협력국 남북경협2팀장 2007년 同남북경제협력본부 남북기반협력팀장 2008년 同남북회담본부 회담2과장 2008년 同운영지원과장 2010년 同통일교육원 교육운영과장 2012년 同행정법무담당관 2013년 同남북회담본부 회담1과장 2015년 同남북회담본부 회담1과장(부이사관) 2015년 同기획조정실 기획재정담당관 2016년 同남북회담본부 회담기획부장(고위공무원) 2017년 통일연구원 파견(고위공무원) 2017년 통일부 남북회담본부 회담운영부장(현) (상)통일부장관표창, 국무총리표창, 국민포장(2009)

**김기현(金基鉉) KIM Ki Hyune**

(생)1955·7·27 (본)김해(金海) (출)서울 (주)경기도 의왕시 이미로 40 D동 404호 (주)해양기술연구소(070-7705-9875) (학)1974년 양정고졸 1979년 고려대 지질학과졸 1981년 同대학원졸 1991년 이학박사(미국 노던일리노이대) (경)1980~1981년 한국지질자원연구소 자원정보실 연구원 1983년 육군사관학교 환경학과 교수 1985~1987년 미국 노던일리노이대 연구원 1991년 한국해양연구원 심해저자원연구센터 책임연구원 1996~2004년 해양수산부 정책자문위원 1997~2007년 한국해양연구원 심해저자원연구센터 단장 1999년 과학기술부 국가연구개발사업 평가위원 2000~2012년 한국해양연구원 해양자원연구본부장 2003년 同심해저자원연구센터장 2004년 국회 바다포럼 전문위원(현) 2005년 한국해양연구원 선임연구본부장(부원장) 2008~2015년 해양문화재단 연구위원 2008년 한국해양연구원 심해연구사업단 책임연구원 2008~2009년 한국종합환경연구소장 2008년 한국지질자원연구원 자문위원 2012년 (주)해양기술연구소 소장(현) 2014~2016년 국립해양수산생물자원관 자문위원 2014년 미국 AGU 동아시아책임분과위원장(현) 2017년 미국 AGU 준비위원회 위원(현) (상)한국해양연구원 발전상(1994), 통상산업부장관표창(1997), 철탑산업훈장(2005), 국제해양광물학회(IMMS) 공로패(2006) (저)'환경학개론'(1982) '지형분석'(1983) '해양과학서 제5권'(2000) '미고생물학 원리'(2001) '심해저에도 우리 땅이 있다고'(2007) (역)'해양미고생물학'(2005) (종)기독교

**김기현(金起炫) KIM Gi Hyeon** (晴志)

(생)1959·2·21 (본)김해(金海) (출)울산 (주)서울특별시 영등포구 버드나루로 73 자유한국당 신정치혁신특별위원회(02-6288-0200) (학)1977년 부산동고졸 1982년 서울대 법과대학 법학과졸 1984년 同대학원 수료 (경)1983년 사법시험 합격(25회) 1985년 사법연수원 수료(15기) 1986년 軍법무관 1989년 대구지법 판사 1991년 부산지법 울산지원 판사 1993년 변호사 개업 2002년 (사)울산종합자원봉사센터 이사장 2003년 울산YMCA 이사장 2003년 한나라당 부대변인 2004년 제17대 국회의원(울산南乙, 한나라당) 2005~2006년 한나라당 원내부대표 2006년 同제1정책조정위원장 2007년 同제17대 대통령중앙선거대책위원회 법률위원장 2007년 同클린정치위원회 전략기획팀장 2007년 同수석정책조정위원장 2008년 제18대 국회의원(울산南乙, 한나라당·새누리당) 2008~2009년 한나라당 제4정책조정위원장 2008~2010년 국회 지식경제위원회 간사 2009~2010년 한나라당 울산시당 위원장 2009년 그린전기자동차포럼 공동대표 2009년 녹색화학포럼 공동대표 2010년 한나라당 예산결산특별위원장 2010년 同서민행복추진본부장 2010년 부품소재선진화포럼 공동대표 2010년 한나라당 비상대책위원회 위원 2010년 同중앙교육원장 2010년 국회 국토해양위원회 위원 2011~2012년 한나라당 직능특별위원회 4그룹위원장 2011년 同대변인 2012년 국회 국토해양위원회 새누리당 간사 2012~2014년 제19대 국회의원(울산 남구乙, 새누리당) 2012~2013년 새누리당 원내수석부대표 2012년 한·일의원연맹 안보외교위원장 2013년 국회 미래창조과학방송통신위원회 위원 2013~2014년 새누리당 정책위원회 의장 2014~2018년 울산광역시장(새누리당·자유한국당) 2014년 울산시생활체육회 회장 2014~2015년 전국시·도지사협의회 부회장 2016~2018년 울산시체육회 회장 2017~2018년 대한민국시도지사협의회 지방분권특별위원장 2017~2018년 同부회장 2017~2018년 울산인재육성재단 초대이사장 2018년 울산광역시장선거 출마(자유한국당) 2019년 자유한국당 신정치혁신특별위원회 위원(현) 2019년 同당대표 특별보좌역(현) (상)NGO모니터단 선정 국정감사우수의원상(2004·2005·2006·2007·2008·2009), 바른사회시민회의 선정 국정감사우수의원상(2004·2006), 한나라당 선정 국정감사우수의원상(2006), 국회사무처 선정 국회입법우수의원상(2006·2007), 명예 화학산업인상(2011), 법률소비자연맹 선정 국회 헌정대상(2013), 한국여성단체협의회 우수지방자치단체장상(2015) (종)기독교

**김기현(金奇炫) KIM Ki Hyun**

(생)1961·10·27 (본)김해(金海) (출)대구 (주)서울특별시 성동구 왕십리로 222 한양대학교 건설환경공학과(02-2220-2325) (학)1980년 대구 청구고졸 1984년 한양대 자원공학과졸 1986년 미국 플로리다주립대 대학원 해양·대기환경학과졸 1992년 이학박사(미국 사우스플로리다주립대) (경)1992~1994년 미국 오크리지 국립과학연구소 연구원 1999년 세종대 지구환경과학과 조교수·부교수·교수 2004~2005년 한국대기환경학회 영문편집이사 2006~2013년 한국분석과학회 편집위원 2006년 교육인적자원부-한국학술진흥재단 선정 '대한민국 국가석학(Star Faculty)' 2008년 한국실내환경학회 편집이사 2008년 한국냄새환경학회 편집이사 2010~2014년 세종대 환경에너지융합학과 교수 2012~2013년 한국실내환경학회 부회장 2012~2013년 한국냄새환경학회 부회장 2014년 한국대기환경학회 부회장 2014년 한양대 건설환경공학과 교수(현) 2019년 한국과학기술한림원 정회원(현) (상)대양학술상(2001), 한국지구과학회 학술상(2001), 한국대기환경학회 학술상(2002), 한국과학재단지원 우수연구과제선정(2003), 한국과학기술단체총연합회 과학기술우수논문상(2003), Most Viewed Article J. Atmos. Chemistry-Springer(2005), 지구과학분야 국가석학 선정(2006), 이달의 과학기술인상(2018), 한양대 백남석학상(2018)

**김기현(金基鉉) Kim, Gi Hyeon** (東材)

(생)1964·8·3 (본)경주(慶州) (출)서울 (주)울산광역시 남구 신정로 76 JCN울산중앙방송 사장실(070-8121-9500) (학)1983년 서울 광성고졸 1988년 연세대 이과대학 물리학과졸 (경)1990~1993년 KCC정보통신(주) 기획조정실 근무 1994~1996년 포항CATV방송 경영기획실장 1997~1999년 드림씨티방송 기술제작부장 2000~2007년 JCN울산중앙방송 경영기획상무 2007년 同대표이사 사장(현) 2013~2016년 개별종합유선방송사업자(SO)발전연합회 회장 (상)문화관광부장관표창(1999), 국세청장표창(2010), 문화체육부장관표창(2010) (종)기독교

**김기현(金基鉉)**

(생)1966·11·9 (주)서울특별시 중구 서소문로11길 19 (주)빙그레(02-2022-6090) (학)서강대 경영대학원 석사 (경)(주)빙그레 광고팀장 2006년 同홍보실장 2013년 同홍보실 상무보 2016년 同홍보담당 상무(현)

**김기현(金冀鉉)**

(생)1973·4·25 (출)서울 (주)경기도 의정부시 녹양로34번길 23 의정부지방법원 총무과(031-828-0102) (학)1992년 시흥고졸 1998년 서울대 법학과졸 (경)1997년 사법시험 합격(39회) 2000년 사법연수원 수료(29기) 2000년 공익법무관 2003년 전주지법 판사 2006년 의정부지법 판사 2010년 同고양지원 판사 2013년 서울고법 판사 2015년 대전지법 서산지원·대전가정법원 서산지원 부장판사 2017년 의정부지법 부장판사(현)

**김기현(金基鉉) KIM, KIHYUN**

(생)1973·9·6 (본)경주(慶州) (출)서울 (주)서울특별시 중구 세종대로 110 서울특별시청 안전총괄과(02-731-2120) (학)1992년 서울고졸 2000년 고려대 행정학과졸 2009년 영국 버밍엄대 경영대학원 경제개발·정책분석과졸 (경)2010년 서울시 인사과 인사기획팀장 2011년 同경제정책과 경제정책팀장 2011년 同일자리정책과 일자리정책팀장 2012년 同사회혁신담당관실 혁신기획팀장 2013년 同문화관광디자인본부 관광사업과장(서기관) 2014년 문화체육관광부 대한민국역사박물관 문화교류홍보

과장 2014~2016년 해외파견(서기관) 2017년 서울시 국제협력관실 국제교류담당관 2019년 同안전총괄실 안전총괄과장(현)

## 김기형(金基炯) Kim Kihyeong

(생)1962·5·3 (본)경주(慶州) (출)충남 청양 (주)서울특별시 서대문구 충정로 60 KT&G빌딩 NH농협손해보험(02-3786-7600) (학)1980년 청양농업고졸 1985년 건국대 행정학과졸 1987년 同대학원 행정학과졸 2008년 행정학박사(건국대) (경)1991년 농협중앙회 입사, 同인력개발부 과장·차장, 同경영지원부 총무팀장, 同중앙교육원 교수, 同청양군지부장, 同협동조합교육단장, 同회원경영컨설팅부장 2019년 NH농협손해보험 부사장(현) (상)농협 농업발전유공상(2017), 국무총리표창(2017)

## 김기형(金紀亨) Kim Ki Hyung

(생)1965·3·11 (본)김해(金海) (출)경남 진주 (주)서울특별시 영등포구 국제금융로6길 15 메리츠종합금융증권(주) 종합금융사업(02-6309-2620) (학)1985년 경남고졸 1989년 홍익대 경제학과졸 2005년 고려대 경영전문대학원 경영학과졸 2007년 연세대 경영전문대학원 최고경영자과정 수료 (경)2004년 우리투자증권 부동산금융팀장 2005년 한국투자증권 부동산금융부장 2006년 메리츠증권 IB사업본부 이사 2007년 同프로젝트금융사업본부장(상무) 2007년 同부동산금융연구소장 2012년 메리츠종합금융증권(주) 프로젝트금융사업본부장(전무) 2015년 同종합금융사업총괄 부사장 2019년 同종합금융사업총괄 사장(현) (상)제1회 헤럴드증권대상 최우수PI상(2008), 제5회 머니투데이 대한민국IB대상 최우수혁신상(2008) (저)'부동산개발사업의 Project Finance'(2010, 부연사) '부자투자론'(2010, 신정)

## 김기호(金基虎) KIM Ki Ho

(생)1952·7·16 (본)경주(慶州) (출)경기 양평 (주)서울특별시 동대문구 서울시립대로 163 서울시립대학교 도시공학과(02-6490-6114) (학)1970년 보성고졸 1977년 서울대 건축학과졸 1979년 同대학원 건축과졸 1986년 공학박사(독일 Aachen대) (경)1975년 국전·건축부문 특선 1976~1977년 공간건축연구소 근무 1978~1979년 한샘건축연구소 근무 1979~1980년 울산대 교수 1981~1982년 독일 뒤셀도르프HPP건축설계사무소 근무 1986년 독일 아헨시 도시계획국 도시설계과 근무 1987~1989년 수원대 도시공학과 교수 1989~2017년 서울시립대 도시과학대학 도시공학과 교수 2005년 同도시과학연구원장 2007년 (사)걷고싶은도시만들기시민연대 이사장(현) 2008~2010년 한국도시설계학회 부회장 2008~2012년 서울시 도시계획위원회 위원 2009년 국토해양부 보금자리주택 통합심의위원 2011년 同도시재정비위원회 위원 2013~2015년 서울시립대 대학원장 2015년 서울시 도시계획위원회 위원(현) 2015년 同도시건축공동위원회 위원(현) 2017년 서울시립대 도시과학대학 도시공학과 명예교수(현) 2018년 행복도시건설추진위원회 위원장(현) 2019년 국토교통부 신도시포럼 도시·건축분과위원장(현) 2019년 행정중심복합도시건설청 행복도시 제9기 총괄기획가(현) (상)국전 건축부문 특선(1976) (저)'도시계획론(共)'(1991) '역사도심 서울-개발에서 재생으로'(2016) (역)'도시설계 : 장소만들기의 여섯차원'(2009) (종)기독교

## 김기호(金起浩) KIM Gi Ho

(생)1960·8·20 (출)경기 김포 (주)서울특별시 영등포구 은행로 11 일신빌딩 5층(02-6271-7790) (학)부평고졸, 고려대 경영학과졸, 미국 일리노이주립대 대학원 1년과정 수료 (경)LG 구조조정본부 근무, LG화학 근무, (주)LG홈쇼핑 CATV사업부 마케팅부문장(상무) 2005년 (주)GS홈쇼핑 EC사업부문 상무 2006년 同EC사업부문 전무 2008년 同통합채널부문 전무 2009년 同신사업부문 전무 2009년 GS강남방송 대표 2011~2018년 예스24(주) 대표이사 사장 2012~2018년 아이스타일24 대표이사 2013~2018년 한세예스24홀딩스 대표이사 2017년 한국이퍼브 대표이사(현)

## 김기홍(金基洪) KIM Ki Hong

(생)1957·1·10 (출)서울 (주)서울특별시 영등포구 여의나루로 77 JB빌딩 12층 JB금융지주 회장실(02-2128-2701) (학)1976년 경동고졸 1985년 미국 바랫대 경영학과졸 1987년 미국 미주리대 경영대학원졸 1992년 경영학박사(미국 조지아대) (경)한국조세연구원 전문위원, 보험개발원 연구조정실장 1999~2001년 금융감독원 부원장보 1999년 한국금융학회 이사 2001~2005년 충북대 국제경영학과 교수 2002년 (주)KorEI 이사 2005년 국민은행 사외이사 2005년 LG화재해상보험 사외이사 2005년 국민은행 수석부행장·전략그룹부행장 2007년 同지주회사설립기획단장 2008년 同지주회사설립기획단 자문역 2008년 同지주회사설립기획단 부행장(이사) 2014년 팬아시아리컨설팅(Pan Asia ReConsulting) 대표 2014~2019년 JB자산운용 대표이사 2019년 JB금융지주 대표이사 회장(현) (저)'노령화사회의 진전에 따른 개인연금제도의 도입방안'(共) '주요국의 보험브로커제도 및 관련법규현황'(共)

## 김기홍

(생)1967·12·12 (출)전남 곡성 (주)전라남도 무안군 삼향읍 오룡길 1 전라남도청 정책기획관실(061-286-2110) (학)전남대 행정학과졸 (경)2003년 지방행정고시 합격(8회) 2014년 지방서기관 승진, 전남도 회계과장, 지방자치발전위원회 파견, 전남도 투자유치담당관 2018년 전남 고흥군 부군수 2019년 전남도 정책기획관(현)

## 김기환(金錡煥)

(생)1957·3·31 (주)경기도 의왕시 철도박물관로 176 한국철도기술연구원 고속철도연구팀(031-460-5100) (학)1984년 단국대 기계공학과졸 1989년 독일 아헨공과대 대학원 기계공학과졸 1996년 공학박사(독일 아헨공과대) (경)1991~1996년 독일 아헨공과대 수송기계연구소 연구원 1996년 한국철도기술연구원 고속철도기술개발사업단 사업총괄팀장 1998년 同고속철도기술개발사업단장 2010년 同고속철도연구본부장 2012년 同선임본부장 2014~2017년 同원장 2017년 同기술전략실 연구원 2018년 同고속철도연구팀 연구원(현)

## 김기환(金沂奐) Ki-Hwan Kim

(생)1963·3·20 (출)서울 (주)서울특별시 영등포구 국제금융로8길 26 KB금융지주 임원실(02-2073-7114) (학)1982년 우신고졸 1987년 서울대 경제학과졸 (경)2011년 KB금융지주 홍보부장 2013년 KB국민은행 인사부장 2015년 KB금융지주 홍보총괄 상무 겸 KB국민은행 소비자보호그룹 상무 2016년 KB금융지주 리스크관리총괄 상무(CRO) 겸 KB국민은행 리스크관리그룹 상무 2017년 KB금융지주 리스크관리총괄 전무(CRO) 겸 KB국민은행 리스크관리그룹 전무 2018년 (주)KB손해보험 기타비상무이사(현) 2018년 (주)KB국민카드 기타비상무이사(현) 2018년 KB금융지주 재무총괄 전무(CFO) 2019년 同재무총괄 부사장(CFO)(현)

## 김기환(金基煥)

(생)1972·12·16 (주)대전광역시 서구 둔산로 100 대전광역시청 대변인실(042-270-2110) (학)1991년 서대전고졸 1998년 충남대 행정학과졸 (경)2001년 지방고시 합격(7회) 2003년 대전시 대덕구 총무국 총무과 사무관 2005년 同대덕구 구정기획단장 2006년 同대덕구의회 사무국 전문위원

2008년 대전시 미래산업본부 산학연담당 사무관 2008년 同과학문화산업본부 문화산업과 엑스포재창조담당 사무관 2013년 同과학문화산업본부 문화산업과장(지방서기관) 2015~2016년 국외 훈련 2017년 대전시 과학경제국 기업지원과장 2018년 同대변인(현)

### 김길성(金吉聖) KIM Kil Sung

[생]1959 · 3 · 3 [출]전북 고창 [주]인천광역시 중구 공항로424번길 47 인천국제공항공사 감사실(032-741-6892) [학]1985년 한국방송통신대 행정학과졸 2001년 경희대 행정대학원졸 [경]민주연합청년동지회 조직국장, 同사무총장, 아 · 태평화재단 후원회 중앙위원 1995~1998년 경기도의회 의원 1998년 대통령 정무수석비서관실 · 민정수석비서관실 국장 2002~2004년 근로복지공단 감사, 국회의장 정세균 정책기획비서관(2급) 2018년 인천공항공사 상임감사위원(현) [상]고운문화상

### 김길성(金吉成) GIL SUNG KIM

[생]1959 · 5 · 22 [본]김해(金海) [출]광주 [주]전라남도 여수시 대학로 50 전남대학교 문화사회과학대학 물류통상학부(061-659-7534) [학]1978년 조선대부고졸 1986년 조선대 무역학과졸 1988년 同대학원 무역학과졸 1995년 경영학박사(전남대) [경]1992~1997년 전남대 · 광주대 · 조선대 강사 1997~2006년 여수대 국제통상학과 부교수 1998년 전남대 경영대학원 외래강사 2003~2005년 미국 Univ. of Central Florida 객원교수 2005년 한국산업경제학회 이사 2005년 한국항만경제학회 이사 2005년 한국국제상학회 이사 2006년 전남대 국제통상학과 교수, 同문화사회과학대학 물류통상학부 교수(현) 2008~2015년 同지역사회발전연구소장 2009년 전남도 녹색성장포럼위원회 위원 2010~2016년 전문경영인학회 편집위원 2011~2012년 미국 Univ. of Central Florida Rosen Collage 객원교수 2012년 (사)국제지역학회 회장 2012년 여수세계박람회 자문위원 2012년 한국수산회 전문컨설턴트 2012년 광양시 경관위원회 위원 2014년 (사)국제지역학회 편집위원장 2018년 전남대 문화사회과학대학장(현) [상]전남대 교육우수교수상(2010), 해양수산부장관표창(2015) [저]'경영전략'(2009) '고흥의 맛(共)'(2009) '국제마케팅전략'(2013) [종]가톨릭

### 김길수(金吉洙) KIM Gil Soo

[생]1952 · 9 · 11 [출]경남 진주 [주]경상남도 진주시 진양호로 476 종합사회복지관 진주문화원(055-746-5001) [학]1975년 경상대 영어교육과졸 1984년 同대학원 영어영문학과졸 1993년 영문학박사(국민대) [경]1977~1980년 경남 남해군 설천중 교사 1980~1984년 경남 사천시 곤양고 교사 1984~1986년 경상대사대부고 교사 1986~1994년 진주교육대 영어과 연구조교 1994~2018년 경상대 인문대학 영어영문학과 교수 1994~1996년 대한수영연맹 경남도연맹 홍보이사 1994년 한국영어영문학회 경남지회 총무 1996년 한국영미어문학회 회장 1996년 대한유도회 경남연맹 이사 1999년 진주시유도회 회장 2006~2010년 경남도 교육위원, 국제로타리3590지구 총재 2010년 경남도교육감선거 출마 2017년 진주문화원 원장(현) 2018년 경상대총동문회 회장(현) [저]'Effective Listening to Practical English'(1989) '사람, 문화 그리고 진주'(2009) [역]'현대대학영문법(Modern English)'(1995)

### 김길수(金吉壽) KIM Kil Soo

[생]1960 · 2 · 7 [본]평산(平山) [출]강원 [주]서울특별시 금천구 가산디지털1로 24 대륭테크노타운13차 10층 영진닷컴(02-2105-2107) [학]배재고졸, 연세대 경영학과졸, 同경영전문대학원졸, 건국대 대학원 기술경영학 박사과정 수료 [경](주)베스트기술투자 대표이사 2004년 (주)영진닷컴 대표이사(현) 2008년 서울시미식축구협회 회장 [종]천주교

### 김길수(金吉洙)

[생]1960 · 2 · 26 [출]강원 영월 [주]강원도 춘천시 외솔길 17 강원도개발공사 사장(033-259-6101) [학]1976년 영월고졸 1981년 안동대 행정학과졸 1993년 강원대 경영행정대학원 정책학과졸 [경]1996년 강원도 지역경제국 관광과 근무 2000년 同기획관리실 기획관 2002년 同자치행정국 총무과 근무 2005년 同환경관광문화국 관광정책과 관광홍보담당 2006년 同공무원교육원 교육지원과 서무관리담당 2007년 同인재개발원 교육지원과 서무관리담당 2008년 同자치행정국 총무과 고시훈련담당 2010년 同자치행정국 총무과 인사담당 2012년 同자치행정국 자치정책과 행정담당 2012년 2018평창동계올림픽조직위원회 수익사업부장(서기관) 2013년 춘천시문화재단 상임이사 2014년 강원도 경제진흥국 전략산업과장 2015년 강원 화천군 부군수 2016년 강원도 기획조정실 예산과장 2016년 同재난안전실장 직대 2017년 교육 파견(서기관) 2018년 강원도 녹색국장 2018년 同총무행정관(부이사관) 2019년 강원도개발공사 사장(현)

### 김길수(金吉洙) KIM KIL SU

[생]1961 · 1 · 8 [출]부산 [주]서울특별시 영등포구 은행로 3 익스콘벤처빌딩 11층 (주)한창제지 대표이사실(02-3774-5330) [학]1985년 동아대 회계학과졸 [경]1985년 롯데그룹 기획조정실 근무 1992년 동양그룹 기획실 근무 1995년 한창그룹 기획조정실 근무 1999년 서울트래드클럽 경영지원본부 근무 2001년 (주)한창 상무이사 2005년 서울트래드클럽 대표이사 2006년 네오마루 대표이사 2012년 (주)한창제지 부사장 2013년 同각자대표이사 2014년 同대표이사(현)

### 김길용

[생]1966 [출]경북 김천 [주]세종특별자치시 국세청로 8-14 국세청 자산과세국 상속증여세과(044-204-3441) [학]김천고졸, 세무대학졸(5기), 경희대 대학원 조세법무학과졸 [경]8급 특채, 중부지방국세청 조사관실 근무, 서울 광진세무서 법인세과 근무, 서울지방국세청 조사1국 근무, 재정경제부 세제실 근무, 同감사관실 근무, 조세심판원 근무, 동수원세무서 법인세과장 2014년 국세청 세원정보1계장(서기관) 2015년 서울지방국세청 감사1계장, 국세청 청장실 근무 2016년 동안양세무서장 2017년 서울지방국세청 조사3국 조사1과장 2018년 서울 중부세무서장 2019년 국세청 자산과세국 상속증여세과장(현)

### 김길용(金吉龍) Kim Gil Yong

[생]1976 · 8 · 7 [주]전라남도 무안군 삼향읍 오룡길1 전라남도의회(061-286-8200) [학]전남대 사회과학대학 인류학과졸 [경]전남대 부총학생회장, 더불어민주당 우윤근 국회의원 비서, 전남 광양시재향군인회 이사 2018년 전남도의회 의원(더불어민주당)(현), 同전라남도청년발전특별위원회 위원장(현), 同보건복지환경위원회 위원 겸 여수순천10.19사건특별위원회 위원(현), 同광양만권해양생태계보전특별위원회 부위원장(현)

### 김길출(金吉出) KIM Kil Chool

[생]1946 · 1 · 9 [출]부산 [주]부산광역시 사하구 을숙도대로 525 한국주철관공업(주) 대표이사실(051-291-5481) [학]1964년 동아고졸 1968년 중앙대 상과대학 경영학과졸 1973년 미국 아메리카대 경영학과졸 [경]1976년 한국주철관공업(주) 전무 1987년 同부사장 1994년 同대표이사 사장 2002년 同대표이사 회장 2019년 同각자대표이사 회장(현) [종]불교

**김꽃마음(金꽃마음 · 女) kkok ma eum Kim**

(생)1971 · 12 · 29 (본)경주(慶州) (출)서울 (주)세종특별자치시 가름로 194 과학기술정보통신부 국제협력총괄담당관실(044-202-4330) (학)1990년 성심여고졸 1994년 고려대 행정학과졸 2005년 서울대 행정대학원 행정학과졸 2011년 경영학박사(영국 케임브리지대) (경)1996~2004년 총무처 · 정보통신부 정보전략담당관실 행정사무관 2004~2010년 정보통신부 통신전파방송정책본부 통신이용제도팀 서기관 2010년 방송통신위원회 네트워크정책국 스마트워크전략팀장 2011년 국가과학기술위원회 연구개발기획과장(서기관) 2012년 同연구개발기획과장(부이사관) 2012년 대통령실 미래전략기획관실 과학기술비서관실 행정관 2013년 미래창조과학부 연구제도과장(부이사관) 2014년 통일교육원 교육파견(부이사관) 2015년 미래창조과학부 세계과학정상회의 준비기획단 부단장 2016~2017년 同연구개발정책실 우주기술과장 2017년 과학기술정보통신부 연구개발정책실 우주기술과장 2017년 同기획조정실 국제협력관실 국제협력총괄담당관(현) (상)국무총리표창(2003), 황조근정훈장(2016)

**김나윤(金拏潤 · 女)**

(생)1971 · 12 · 15 (주)광주광역시 서구 내방로 111 광주광역시의회(062-613-5117) (학)홍익대 법학과졸, 전남대 법학전문대학원졸 (경)2015년 변호사시험 합격(4회) 2015년 변호사 개업(현), 더불어민주당 중앙당 부대변인 2018년 광주시의회 의원(더불어민주당)(현) 2018년 同교육문화위원회 위원(현) 2018년 同청년발전특별위원회 위원(현) 2018년 자치분권특별위원회 위원(현)

**김낙동(金洛動)**

(생)1962 · 4 · 21 (출)전남 장성 (주)경기도 의정부시 금오로23번길 22-49 경기북부지방경찰청 정보화장비담당관실(031-961-2041) (학)전남고졸, 전남대 법학과졸, 同대학원 법학과졸, 법학박사(전남대) (경)1991년 경위 임관(경찰간부후보 39기) 2010년 경찰청 보안국 보안수사3대장 2015년 충남지방경찰청 보안과장(총경) 2016년 전남 구례경찰서장 2016년 서울지방경찰청 기동단 2기동대장 2017년 경기 양주경찰서장 2019년 경기북부지방경찰청 정보화장비담당관(현)

**김낙두(金洛斗) KIM Nak Doo**

(생)1933 · 12 · 1 (본)풍산(豊山) (출)충북 충주 (주)서울특별시 서초구 반포대로37길 59 대한민국학술원(02-3400-5220) (학)1953년 용산고졸 1957년 서울대 약대졸 1972년 약학박사(캐나다 매니토바대) (경)1960~1962년 서울대 의대 조교 1962~1982년 同약학대학 강사 · 전임강사 · 조교수 · 부교수 1971~1972년 미국 Mayo클리닉 연구원 1973~1975년 서울대 약학도서관장 1974~1994년 보건사회부 중앙약사심의위원 1976~1979년 한국생약학회 편집위원장 1977~1978년 서울대 실험동물사육장장 1978~1982년 同약학대학 학장보 1981~1983년 대한약학회 편집위원장 1981~1988년 서울대병원 약제부장 1983~1988년 한국병원약사회 회장 1983~1999년 서울대 약학과 교수 1984년 서울대총동창회 이사 1985년 한국독성학회 부회장 1985~1986년 대한약학회 부회장 1987~1992년 한국소비자보호원 의약품전문위원회 자문위원 1988~1990년 서울대부설 약학교육연수원장 1989년 미국 약리학회 회원(현) 1989~1990년 한국독성학회 회장 1989~1990년 한국환경성돌연변이발암원학회 회장 1991~1993년 서울대 약학대학장 1992~1993년 한국약학대학협의회 회장 1994~1999년 보건복지부 중앙약사심의위원 1995년 한국과학기술한림원 종신회원(현) 1995~1996년 대한약리학회 회장 1995~1998년 서울대 신의약품개발연구센터 소장 1996~1999년 한국과학기술단체총연합회 과학기술봉사단 보건부장 1997~1998년 고려인삼학회 회장 1997~1998년 식품의약품안정청 기획조정위원회 약리분야자문위원 1997~2003년 (사)대한공정서협회 회장 1998년 특허청 특허및실용신안등록출원심사 자문위원 1998~1999년 보건의료기술연구기획평가단 평가위원 겸 의약분과위원장 1999년 서울대 약학과 명예교수(현) 1999~2002년 한국과학기술단체총연합회 과학기술봉사단 부단장 2001년 대한민국학술원 회원(약학 · 현) 2003~2007년 (재)한국보건공정서연구회 회장 (상)대한약학회상(1980), 약업신문사 '東巖 藥의 賞'(1985), 고려인삼학회상(1993), 국민훈장 석류장(1999), 대한약학회 약학교육상(2000), 한국과학기술한림원상(2009), 자랑스러운 서울대 약대인(2017) (저)'약물학(共)'(1969) '약물상호작용과 투약(共)'(1976) '약물요법과 처방(共)'(1977) '병과 치료(共)'(1977) '고려인삼(共)'(1978) 'Korean Ginseng(共)'(1978) '한국인삼사(上 · 下)(共)'(1980) '병원약국학'(1984) '약물학독물학실험'(共) '약학개론'(共) '약물학 독물학 실험(共)'(1987) '약물치료, 기초와 임상(共)'(1990) '인삼의 약리작용 연구, 고려인삼연구 20년사(共)'(1997) '약학개론(共)'(1998) '현대인의 과학기술4(共)'(2001) (역)'병과 치료(共譯)'(1977) '병원약국학(共譯)'(1984) 'Medication Teaching Manual'(1985) '약물치료, 기초와 임상(共譯)'(1990)

**김낙명(金洛明) Nak Myeong Kim**

(생)1958 · 2 · 1 (본)영산(永山) (출)경북 상주 (주)서울특별시 서대문구 이화여대길 52 이화여자대학교 공과대학 전자공학과(02-3277-2802) (학)1976년 경주고졸 1980년 서울대 전자공학과졸 1982년 한국과학기술원(KAIST) 전기전자공학석사 1990년 공학박사(미국 코넬대) (경)1980~1987년 금성전기(주) 연구원 1988~1996년 LG정보통신(주) 중앙연구소 책임연구원 1995년 대한전자공학회 편집위원 1996년 이화여대 공대 전자공학과 교수(현) 2001~2002년 同정보통신처장 2002~2003년 대한전자공학회 이사 2003~2005년 한국통신학회 이사 2006~2007년 IEEE VTS Seoul Chapter 위원장 2007년 이화여대 컴퓨터정보통신공학부장 2009~2011년 同정보통신연구소장 2012~2014년 同정보통신처장 2013~2015년 한국대학정보화협의회 이사장(회장) 2013~2014년 IEEE APWCS 이사회 의장 2015~2018년 한국대학정보화협의회 상임감사 2018년 이화여대 융합전자기술연구소장(현) (상)장영실상(1992), 국무총리표창(1993), 통신학회 모토로라학술상(2001) (역)'통신네트워크'(2000) '디지털 통신'(2001) '무선 및 이동통신'(2004 · 2013) (종)가톨릭

**김낙순(金洛淳) KIM Nag Soon**

(생)1957 · 8 · 24 (본)의성(義城) (출)충남 천안 (주)경기도 과천시 경마공원대로 107 한국마사회 비서실(02-509-1001) (학)1975년 천안농고졸 2001년 서경대 철학과졸 2004년 고려대 정책대학원졸 2012년 문화예술학박사(서경대) (경)1981~1987년 고려웅변학원 원장 1985년 신한민주당 서울강서지구당 조직부장 1985년 同연수부장 1987년 통일민주당 경리부장 1987~1994년 국회의원 입법보좌관 1987년 평민당 대통령선거대책본부 유세부위원장 1992년 민주당 대통령선거대책본부 기획위원 1995년 (주)영구아트무비 대표이사 1995년 새천년민주당 중앙위원 1995~1998년 서울시의회 의원(국민회의 · 새천년민주당) 1997년 새정치국민회의 대통령선거 기획부위원장 2000년 새천년민주당 서울양천乙지구당 상임부위원장 2003년 양천포럼 대표 2004년 열린우리당 선대위 부단장 2004년 同행정수도이전대책 부위원장 2004~2008년 제17대 국회의원(서울양천乙, 열린우리당 · 중도통합민주당 · 대통합민주신당 · 통합민주당) 2004년 열린우리당 원내부대표 2006~2007년 同수석사무부총장 2007년 중도통합민주당 사무부총장 2008년 민주당 서울양천乙지역위원회 위원장 2017년 더불어민주당 제19대 문재인 대통령후보 중앙선거대책본부 조직본부 부본부장 2018년 한국마사회 회장(현) (종)천주교

## 김낙준(金洛駿) KIM Nak Jun (耘平)

(생)1932·2·2 (본)함창(咸昌) (출)경북 의성 (주)서울특별시 마포구 만리재옛길 23 금성출판사(02-2077-8010) (학)1949년 안계농업고졸 1960년 단국대 정치학과졸 1976년 고려대 경영대학원 수료 (경)1950년 대구문화서점 경영 1965년 금성출판사 설립·회장(현) 1981년 금성교과서 설립 1985년 대한출판문화협회 부회장 1989년 한국출판금고 이사 1992~1996년 대한출판문화협회 회장 1992년 유네스코 한국위원회 홍보분과 위원 1993년 금성출판문화재단 이사장(현), 문화부 도서관발전위원회 위원, 93책의해조직위원회 위원장, 은평문화재단 이사장, 한국문화정책개발원 이사 1996년 대한출판문화협회 명예회장 1997년 同고문(현) 1998년 한국출판금고 이사장 1998~2006년 한국출판문화진흥재단 이사장 2002년 독서새물결추진위원회 위원장 (상)문화공보부장관표창(1984), 국무총리표창(1985), 옥관문화훈장(1989), 서울시 문화상(1991), 서울시 감사패, 과학기술처 감사패, 서울시장표창 (종)불교

## 김낙회(金樂會) KIM Nack Hoi

(생)1951·7·23 (출)충남 당진 (주)서울특별시 송파구 올림픽로35길 137 한국광고문화회관 9층 한국광고총연합회(02-2144-0750) (학)1969년 성남고졸 1977년 서강대 신문방송학과졸 1999년 연세대 언론홍보대학원 최고위과정 수료 2002년 한양대 언론정보대학원졸 2005년 서울대 최고경영자과정 수료 2008년 同최고지도자과정 수료 (경)1976년 (주)제일기획 제2광고영업팀 근무 1981년 同국제국 과장 1985년 同제3광고국 과장 1987~1988년 삼성 회장비서실 홍보팀 차장 1988~1989년 (주)제일기획 제3광고국장 1989년 同경영기획팀장 1993년 同광고기획·영업담당 이사 1994년 同광고1사업부장(이사) 1996년 삼성 회장비서실 기획홍보팀 이사 1998~1999년 同구조조정본부 기획팀 이사 1999~2001년 (주)제일기획 4사업부장(상무) 1999년 대한민국광고대상 집행위원회 이사 1999년 행정자치부 국가상징자문위원 1999년 월드컵조직위원회 마케팅전문위원 2000~2001년 홍익대 광고홍보대학원 겸임교수 2001~2004년 (주)제일기획 1본부장(전무) 2001년 세계광고협회(IAA) 한국지부 부회장 2005년 (주)제일기획 CS1본부장 겸 CS2본부장(부사장) 2005~2017년 육군본부 발전자문위원 2005~2006년 아시아광고대회조직위원회 사무총장 2006년 (주)제일기획 CS본부장(부사장) 2007년 同대표이사 사장 2007년 한국광고업협회 부회장 2010~2011년 同회장 2011년 국가브랜드위원회 위원 2011년 서강대 아트&테크놀로지학부 초빙교수(현) 2011~2013년 한국광고자율심의기구 광고분쟁조정위원회 위원 2012년 육군사관학교 발전자문위원(현) 2012년 (주)제일기획 상담역, 同고문(현) 2018년 한국개발연구원(KDI) 50주년위원회 위원(현) 2019년 한국광고총연합회 회장(현) (상)MBC 광고상(1978), FAC 대상(1984), 미국 CLIO 광고상(1985), NEWYORK 페스티발 은상(1998), 국민포장(2001), 대한민국 광고대상(2005), ABLA 대한민국비즈니스리더상(2008), 중앙언론문화상 광고부문(2008), 자랑스러운 서강인상(2011), 동탑산업훈장(2012) (저)'광고왕국 일본'(1992) '결단이 필요한 순간'(2014) (역)'스포츠 마케팅(共)'(1999) '한 권으로 읽는 브랜드 마케팅'(2002) '100억짜리 입소문 마케팅'(2004) (종)천주교

## 김낙회(金樂會) KIM Nak Hoe

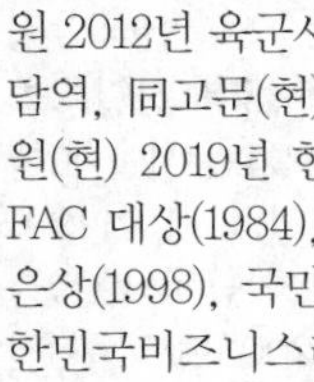

(생)1959·11·12 (본)안동(安東) (출)충북 괴산 (주)경기도 성남시 수정구 성남대로 1342 가천대학교 경영대학원(031-750-5114) (학)1978년 청주고졸 1982년 한양대 행정학과졸 1985년 同행정대학원졸 2000년 영국 버밍햄대 대학원 경영학과졸 2010년 경영학박사(가천대) (경)1983년 행정고시 합격(27회) 2003년 재정경제부 국고국 재정정보과장 2003년 同세제실 소비세제과장 2005년 同세제실 소득세제과장 2006년 同조세정책국 조세정책과장(서기관) 2007년 同조세정책국 조세정책과장(부이사관) 2008년 기획재정부 조세기획관 2010년 OECD 재정위원회 이사회 비상임이사 2010년 기획재정부 조세정책관(고위공무원) 2011년 국무총리소속 조세심판원장 2013년 기획재정부 세제실장 2014~2016년 관세청장 2016년 가천대 경영대학원 석좌교수(현) 2017년 종근당 고촌학원 감사(현) 2019년 법무법인 율촌 고문(현) (상)근정포장(1996), 2014 자랑스런 한양인상(2015)

## 김난도(金蘭都) KIM Rando

(생)1963·3·2 (출)서울 (주)서울특별시 관악구 관악로 1 서울대학교 생활과학대학 소비자아동학부(02-880-8791) (학)1986년 서울대 법학과졸 1989년 同행정대학원졸 1996년 행정학박사(미국 서던캘리포니아대) (경)1996년 경기개발연구원 비상임연구원 1997년 한국전자통신연구원 초빙연구원 1997년 서울대 생활과학대학 소비자학과 교수 1998년 同생활과학대학 소비자아동학부 소비자학전공 교수(현) 2001년 한국소비자보호원 광고심의위원회 심의위원 2008년 한국방송공사 시청자위원 2012~2014년 제일모직(주) 사외이사 2014년 삼성SDI(주) 사외이사(현) (상)한국정책학회 학술상(1998), 서울대 교육상(2006), 한국갤럽 최우수박사학위논문 지도공로상(2007), 정진기언론문화상(2008), 한국소비자학회 최우수논문상(2008), 한국소비자학회 2008추계학술대회 우수발표논문상(2008), 한국소비문화학회 최우수논문상(2010), 환경연합 '올해를 빛낸 사람들'(2011), 한국소비자정책교육학회 최우수논문상(2012) (저)'공공가정경영 : 이론과 실제'(1999, 학지사) '합리적 선택과 신제도주의'(1999, 대영문화사) '정부조직구조 연구'(1999, 한국행정학회 조직학연구회) '현대소비자정보론'(2004, 시그마프레스) '사치의 나라 : 럭셔리 코리아'(2007, 미래의 창) '배움과 한국인의 삶'(2008, 나남출판사) '트렌드 코리아 2009' '트렌드 코리아 2010' '아프니까 청춘이다'(2010, 쌤앤파커스) '트렌드 코리아 2011' '천 번을 흔들어야 어른이 된다'(2012, 오우아) '내일'(2013, 오우아) '트렌드 차이나(共)'(2013, 오우아) '트렌드 코리아 2014(共)'(2013, 미래의 창) '트렌드 코리아 2015(共)'(2014, 미래의 창) '소비자정보론(共)'(2015, 시그마프레스) '웅크린 시간도 내 삶이니까'(2015, 오우아) '트렌드 코리아 2016(共)'(2015, 미래의 창)

## 김 남(金 男) KIM Nam

(생)1959·3·30 (본)김해(金海) (출)전남 보성 (주)충청북도 청주시 서원구 충대로1 충북대학교 전자정보대학 정보통신공학부(043-261-2482) (학)1977년 성남고졸 1981년 연세대 전자공학과졸 1983년 同대학원졸 1988년 공학박사(연세대) (경)1989~1998년 충북대 정보통신공학과 조교수·부교수 1992~1993년 미국 스탠퍼드대 교환교수 1998년 충북대 전자정보대학 정보통신공학부 교수(현) 1999년 同컴퓨터정보통신연구소장 2000~2001년 미국 Caltech 방문연구원 2005년 충북BIT연구중심대학사업단 단장 2005년 한국전자파학회(KIEES) 전자장과생체관계연구회 위원장 2006~2010년 생체전자파학회(The Bioelectromagnetics Society, BEMS) 이사 2011년 국제암연구소 RF전자파에대한발암등급 평가위원 2014~2016년 생체전자파학회(BEMS) 회장 2015년 충북대 산학협력단부설 홀로그램융합기술연구센터장(현) (상)한국전자파학회 학술상(1997), 한국광학회 우수논문상(1999), 정보통신부장관표창(1999), 대한전자공학회 해동상(2000), 한국통신학회 학술상(2001), 한국과학기술단체총연합회 과학기술우수논문상(2003), 광전자및광통신학술회의 공로상(2003), 대통령표창(2003), 대한전자공학회 학술상(2007) (저)'정보통신공학'(1996) '전자회로실험'(1997) '셀룰라 이동통신공학'(1997) '광통신'(1998) (역)'통신시스템공학'(1994) '전자기학'(1995) '정보통신공학'(1999) '통신시스템공학'(2000) '광신호처리'(2001) '광전자공학'(2002) (종)기독교

## 김남구(金楠玖) KIM Nam Goo

(생)1963 · 10 · 10 (출)전남 강진 (주)서울특별시 영등포구 의사당대로 88 한국투자금융지주 임원실(02-3276-4021) (학)1982년 경성고졸 1987년 고려대 경영학과졸 1991년 일본 게이오대 대학원 경영학과졸 (경)1987년 동원산업 입사 1991년 동원증권(주) 명동지점 대리 1998년 同자산운용본부 상무 1999년 同전무 2000년 同부사장 2002년 同전략기획실장(부사장) 2003년 동원금융지주 대표이사 사장 2004년 동원증권 대표이사 사장 겸임 2005년 한국투자증권 부회장(현) 2005년 한국투자금융지주 대표이사 사장 2011년 同대표이사 부회장 겸임(현)

## 김남규(金南奎) KIM Nam Kyu

(생)1956·12·10 (본)김녕(金寧) (출)서울 (주)서울특별시 서대문구 연세로 50 세브란스병원 대장항문외과(02-2228-2117) (학)1975년 휘문고졸 1981년 연세대 의대졸 1985년 同대학원 의학석사 1992년 의학박사(연세대) (경)1981~1982년 세브란스병원 인턴 1982~1986년 同일반외과 전공의 1986~1989년 육군 군의관 1989~1991년 연세대 의과대학 외과학교실 연구강사 1991~2002년 同의과대학 외과학교실 전임강사·조교수·부교수 1994~1996년 미국 미시간주 Ferguson Clinic 연구원 2003년 연세대 의과대학 외과학교실 교수(현) 2003년 同대장항문외과 분과장(현) 2005~2007·2011~2013년 同대장암전문클리닉팀장 2008년 同가정간호사업소장 2010년 대한대장항문학회 이사장 2012~2017년 아시아태평양대장암학회(APCC) 초대회장 2013~2017년 연세대 의과대학 외과학교실 주임교수 2013년 세브란스병원 외과부 외과장 2014년 同대장항문외과장 2014~2016년 同가정간호사업소장 2017년 대한민국의학한림원 정회원(현) 2017년 러시아 대장항문외과학회 명예회원(현) 2017년 미국 대장항문학회(ASCRS) 'Disease of the Colon and Rectum' 부편집인(현) (상)연세대 의대 올해의 교수상(1999), 대한대장항문학회 우수포스터상(2001), 유한의학상(2001), 동아일보 선정 베스트중견의사 1위(2001), 세브란스병원 임상 최우수교수상(2003), 대한대장항문학회 우수논문상(2003·2005), 동아일보 선정 대장항문질환분야 베스트닥터 1위(2003), 대한대장항문학회 우수논문연구상(2004), 연세대 우수업적교수상(2005), 연세대 의대 외과우수논문상(2006), 조선일보 선정 대장수술분야 한국최고의사(2006), 대한대장항문학회 우수포스터연제상(2006), 최우수연구업적 교수상(2010) (저)'소화기학'(2009) '임상종양학'(2011) '대장항문학'(2012) '외과수술 아틀라스'(2014) '장루,요루관리'(2016) 에세이 '당신을 만나서 참 좋았다'(2016) '외과학'(2017) '대장암의 외과적 치료'(2018) '몸이 되살아나는 장습관'(2019, 매일경제신문사) (종)천주교

## 김남부(金南釜) Kim Nam Boo (민강)

(생)1958·1·3 (본)강릉(江陵) (출)경남 진주 (주)경기도 안양 만안구 만안로 49 호정타워 519호 안보기술연구원 (학)1976년 대아고졸 1980년 해군사관학교졸 1992년 서강대 공공정책대학원 통일정책·북한정치과졸 2005년 서울대 세계경제최고전략과정 수료 (경)1980~2005년 해군본부·국방정보본부 지휘관 참모 2004~2005년 통일부 탈북자대책협의회 위원 2005년 합동참모본부 과장(대령 예편) 2007~2010년 (사)대한민국국기선양회 사무총장 2007~2010년 제이제이이엔티 대표 2009~2010년 한나라당 여의도연구소 정책자문위원 2009~2013년 (사)한몽민간협력증진위원회 사무총장 겸 상임대표 2010~2011년 한나라당·새누리당 중앙당 부대변인 2010~2012년 同서울시당 부위원장 2011년 민주평화통일자문회의 자문위원(현) 2013년 희망나눔협의회 상임이사(현) 2013년 (사)국가원로회의 전문위원(현) 2018년 안보기술연구원 기타연구본부 북한·정보본부장(현) (상)연평해전 전투유공표창(1999), 국방부장관표창 2회, 국무총리표창(2002), 대통령표창(2005), 한나라당 공로패(2009) (저)'러시아 군사편람'(1997, 국방정보본부) '북한-주변국안보정세평가집(상·하)'(2001, 해군본부) (종)가톨릭

## 김남석(金南石) KIM Nam Seok

(생)1957 · 8 · 14 (출)부산 (주)경상남도 창원시 마산합포구 경남대학로 7 경남대학교 법정대학 미디어커뮤니케이션학과(055-249-2548) (학)1979년 서울대 신문학과졸 1985년 同대학원 신문학과졸 1994년 신문학박사(경남대) (경)1985년 청주대 신문방송학과 강사 1986년 경남대 법정대학 신문방송정치외교학부 신문방송학과 교수 2004~2005년 한국언론정보학회 회장 2006년 언론중재위원회 중재위원 2012~2014년 경남대 법정대학장 2017년 同법정대학 미디어커뮤니케이션학과 교수(현) 2019년 연합뉴스 경남취재본부 콘텐츠자문위원(현) (저)'한국언론산업의 역사와 구조(共)'(2000) '지역사회와 언론'(共) '6월 민주항쟁과 한국사회 10년'(共) '현대 매스미디어 원론'(共) '한국언론산업구조론'(共)

## 김남선(金南宣) Nam-Sun Kim

(생)1954 · 3 · 16 (출)강원 (주)경상북도 경산시 진량읍 대구대로 201 대구대학교 미래융합대학 평생교육학과(053-850-6346) (학)1981년 서울대 농업교육과졸 1983년 同대학원 평생교육학과졸 1988년 교육학박사(서울대) (경)1988~2018년 대구대 행정대학 지역사회개발복지학과 교수 1990년 한국지역사회개발회 이사 1994년 한국농촌계획학회 이사 1995년 한국사회교육협회 이사 1999~2000년 한국국제지역사회개발학회 회장 1999년 영남평생교육학회 회장 1999~2000년 국제지역사회개발학회 이사 2000~2007년 同편집위원 2004 · 2006년 한국평생교육학회 부회장 2006~2007년 한국지역사회생활과학회 이사 2006~2007년 (사)한국농촌계획학회 이사 2011~2012년 한국평생교육총연합회 회장 2013~2014년 대구대 경북평생교육진흥원 부원장 2015~2017년 同경북평생교육진흥원장, 경북도평생교육포럼 위원장, (사)한국지역사회개발협회 회장(현) 2016~2017년 전국시·도평생교육진흥원협의회 회장 2017년 同고문 2018~2019년 대구대 미래융합대학 평생교육학과 교수 2018~2019년 同미래융합대학장 (저)'지역사회개발학개론'(1991) '청소년과 지역사회'(1995) '사회교육개론'(1997) '사회교육방법론'(1997) '농촌개발론'(1998) '지역사회조직론'(2000) '평생교육개론'(2001) '청소년교육론'(2001) '지역사회개발론'(2002) '여성교육론'(2003) '평생학습도시론'(2005) '인간자원개발론'(2006) '평생교육프로그램개발론'(2007) (역)'지역사회개발학연구'(1994)

## 김남성(金南成) KIM Nam Sung (曔沅)

(생)1964 · 10 · 29 (본)강릉(江陵) (출)경기 의정부 (주)서울특별시 서초구 강남대로 587 한국감정평가협회(031-826-4722) (학)1983년 신일고졸 1987년 고려대 농업경제학과졸 1994년 서울대 행정대학원졸 2013년 행정학박사(건국대) (경)1991~2004년 한나라당 중앙당 사무처 근무 1999~2003년 同정책위원회 건설교통심의위원 2001~2003년 국회 건설교통위원회 정책연구위원 2003년 한나라당 최병렬대표 보좌역 2003년 同중앙연수원 교수 2003년 의정부희망정치연대 대표 2003년 한국감정평가협회 기획홍보위원 2005년 의정부감정평가사사무소 대표감정평가사(현) 2005년 (주)대일에셋감정평가법인 이사 2006~2008년 경기도의회 의원(제6 · 7대)(한나라당) 2006년 한나라당 부대변인 2007~2008년 同의정부甲당원협의회 위원장 2008년 同경기도당 선임부위원장 2008년 同전국위원회 경기도대표위원 2010년 의정부시장선거 출마(한나라당) 2010~2011년 국제와이즈멘 회룡클럽 회장 2011년 의정부교육문화포럼 공동대표 2011년 한나라당 부대변인 2013년 새누리당 경기도당 대변인 2017년 자유한국당 경기도당 대변인 2019년 한국감정평가사협회 회장(현) (저)'의 · 양 · 동 통합의 길을 묻다 – 통합 창원시를 다녀와서'(2014) (종)가톨릭

## 김남수(金南壽) Kim Nam Soo

(생)1963·12·27 (본)강릉(江陵) (출)서울 (주)서울특별시 서초구 서초대로74길 4 삼성경제연구소(02-3780-8000) (학)여의도고졸, 서울대 경영학과졸 (경)1986년 동방생명 입사 2004년 삼성생명보험(주) 재무전략팀 부장 2007년 同자산PF운용팀 담당임원(상무보) 2008년 同전사RM팀장(상무) 2011년 同지원팀장(상무) 2012년 同경영지원실장(전무) 2014년 삼성증권 경영지원실장(전무) 2015~2018년 삼성생명보험(주) 자산운용본부장(부사장) 2018년 삼성경제연구소 금융산업정책본부장(부사장)(현)

## 김남순(金南順·女)

(생)1973·11·13 (출)강원 강릉 (주)서울특별시 서초구 반포대로 158 서울중앙지방검찰청 공판2부(02-530-4520) (학)1992년 울산여고졸 1997년 관동대 법학과졸 (경)1998년 사법시험 합격(40회) 2001년 사법연수원 수료(30기) 2001년 인천지검 검사 2003년 대전지검 천안지청 검사 2005년 부산지검 검사 2008년 서울중앙지검 검사 2012년 수원지검 검사 2014년 울산지검 검사 2015년 서울북부지검 부부장검사 2016년 대검찰청 피해자인권과장 2017년 대전지검 논산지청장 2018년 대검찰청 수사지원과장 2019년 서울중앙지검 공판2부장(현)

## 김남용(金南龍) KIM NAM-YONG

(생)1973·5·21 (본)광산(光山) (출)광주 (주)세종특별자치시 다솜3로 95 공정거래위원회 기업거래정책국 건설용역하도급개선과(044-200-4611) (학)1991년 광주 송원고졸 1995년 서울대 경제학과졸 1997년 同대학원 행정학과 중퇴 (경)2002년 행정고시 합격(46회) 2003년 행정사무관 임용 2004년 경인지방노동청 안산노동사무소 안산고용안정센터장 2005년 노동부 근로기준국 퇴직급여보장팀 사무관 2007년 서울지방노동청 강릉지청 강릉종합고용안정센터 소장 2008년 노동부 기획조정실 고객만족팀 사무관 2011년 대전지방고용노동청 대전고용센터 직업능력개발과장 2011년 고용노동부 산재예방보상정책관실 산재보상정책과 사무관 2013년 同산재예방보상정책관실 산재보상정책과 서기관 2014년 중부지방고용노동청 성남지청 근로개선지도1과장 2015년 중앙노동위원회 사무처 기획총괄과 정책서기관 2017년 공정거래위원회 기업거래정책국 건설용역하도급개선과장(현) (상)국무총리표창(2010)

## 김남우(金南佑) KIM Nam Woo

(생)1969·9·21 (출)서울 (주)대구광역시 수성구 동대구로 366 대구지방검찰청 제2차장검사실(053-740-3300) (학)1988년 우신고졸 1993년 서울대 경제학과졸 (경)1992년 행정고시 합격(36회) 1995년 중앙공무원교육원 수료 1996년 사법시험 합격(38회) 1999년 사법연수원 수료(28기) 1999년 서울지검 남부지청 검사 2001년 창원지검 진주지청 검사 2003년 대전지검 검사 2005년 수원지검 검사 2008년 법무부 법조인력정책과 검사 2009년 서울중앙지검 검사 2011년 수원지검 안양지청 부부장검사 2013년 서울고검 검사 2013년 대전지검 논산지청장 2014년 대검찰청 범죄정보2담당관 2015년 법무부 법무과장 2016년 대검찰청 수사지휘과장 2017년 同정책기획과장 2018년 서울중앙지검 형사1부장 2019년 대구지검 제2차장검사(현)

## 김남욱(金南旭)

(생)1963·3·27 (주)서울특별시 동작구 여의대방로16길 61 기상청 기후과학국(02-2181-0691) (학)1983년 진주고졸 1989년 연세대 천문기상학과졸 1995년 同대학원 천문대기과학과졸 (경)2009년 기상청 예보상황과장 2012년 同총괄예보관 2014년 同예보정책과장 2015년 同관측정책과장 2016년 국가기상위성센터장 2016년 기상청 지진화산관리관 2017년 부산지방기상청장 2017년 기상청 관측기반국장 2019년 同기후과학국장(현)

## 김남윤(金南潤·女) KIM Nam Yoon

(생)1949·9·20 (본)서흥(瑞興) (출)서울 (주)서울특별시 서초구 반포대로37길 59 대한민국예술원(02-3479-7223) (학)1974년 미국 줄리어드음대졸 1976년 同대학원졸 (경)1970년 미국 워싱턴내셔널심포니오케스트라 협연·데뷔(바이올린) 1978년 경희대 음대 조교수 1982~1993년 서울대 음대 교수 1985년 일본 독주회 1986년 미국 시카고·뉴욕·카네기홀 독주회 1990년 대만 국제콩쿠르·싱가포르롤렉스콩쿠르 심사위원 1992년 미국 보드윈서머페스티벌 객원교수 1993~2015년 한국예술종합학교 음악원 기악과 교수 2001년 벨기에 퀸엘리자베스음악콩쿠르 심사위원 2002~2009년 한국예술종합학교 음악원장 2004년 이탈리아 파가니니국제콩쿠르 심사위원 2005년 핀란드 시벨리우스콩쿠르 심사위원 2006·2007년 러시아 모스크바 차이코프스키 국제콩쿠르 바이올린부문 심사위원 2010년 예술의전당 현악부문 자문위원 2014년 김남윤 정년기념 음악회 2014~2015년 한국예술종합학교 예술영재교육원장 2015년 김남윤과 바이올린 오케스트라의 크리스마스 콘서트 2016년 대한민국예술원 회원(음악·현) 2017년 여수음악제 공동 음악감독(현) (상)이화경향콩쿠르 특등, 동아음악콩쿠르 1등, 줄리어드 차이코프스키 콩쿠르 우승, 워싱턴 메리워더 포스트 콩쿠르 입상, 허드슨 밸리 영 아티스트 콩쿠르 입상, LA영뮤지션스 파운데이션 입상, 스위스 티보바가 국제콩쿠르 1등, 한국 음악팬클럽상(1977·1979), 난파음악상(1980), 월간음악상(1985), 채동선음악상(1987), 한국음악평론가상(1989), 예음상(1993), 옥관문화훈장(1995), 음악동아 올해의 음악상(1995), 대한민국예술원상(2008), 제6회 공연예술경영상 공연예술가상(2013), 한국언론인연합회 '자랑스런 한국인대상' 음악예술부문(2014), 홍조근정훈장(2015)

## 김남이(金南利) Kim Nam Lee

(생)1962·7·2 (본)강릉(江陵) (출)충북 진천 (주)경기도 과천시 홍촌말로 44 중앙선거관리위원회 인사과(02-503-6875) (학)1980년 청주상고졸 1990년 성균관대 무역학과졸 (경)2007년 중앙선거관리위원회 선거연수원 행정사무관 2013년 同홍보과 서기관 2014년 충남도선거관리위원회 홍보과장 2015년 서울시선거관리위원회 홍보과장 2016년 중앙선거관리위원회 선거기록보존소장 2017년 同인사과장 2018년 同감사관 2018년 국외직무훈련(현) (상)대통령표창(2016)

## 김남일(金湳鎰) KIM, NAM YLL

(생)1963·11·26 (주)울산광역시 중구 종가로 405-11 에너지경제연구원 전력정책연구본부 전력정책연구실(052-714-2119) (학)1999년 경제학박사(미국 오하이오주립대) (경)1994~1999년 미국 오하이오주립대 강의 1999년 한국개발연구원 공정거래분야 연구원 2000~2002년 인천대 강사 2004~2006년 에너지경제연구원 기획실장 2006년 한국자원경제학회 상임이사 2006년 산업자원부 재정기획평가위원 2007~2008년 미국 버클리대 동아시아연구소 객원연구원, 에너지경제연구원 에너지정보통계센터 에너지국제협력연구실장 2011년 同에너지국제협력본부장 2013년 同에너지정책연구본부장 2013~2014년 同전력정책연구소장 겸임 2015년 同석유가스정책연구본부 선임연구원 2015년 同전력정책연구본부 전력정책연구실 선임연구위원(현) 2015~2017년 同전력정책연구실장 겸임 2016~2017년 산업통상자원부 장관 에너지자문관 (저)'최근 미국 에너지정책 기조변화의 의미와 우리나라에 대한 시사점'(2007, 에너지경제연구원) '세계 에너지 환경변화와 한국의 에너지안보 전략'(2008, 에너지경제연구원)

**김남일(金南鎰) KIM Nam Il** (표건)

(생)1967·3·20 (출)경북 상주 (주)경상북도 포항시 남구 지곡로 394 경상북도청 환동해지역본부(054-880-7500) (학)1985년 대구 심인고졸 1989년 고려대 국어교육학과졸 1993년 서울대 행정대학원졸 (경)1990년 공보처 장관비서관 1995년 국무총리실 행정쇄신위원회 근무 1997년 경북도 도지사비서관 1998년 同조직관리계장 1999년 경주엑스포조직위원회 홍보실장 2001년 경북도 과학기술진흥과장 2002년 미국 델라웨어대 에너지환경연구센터 방문연구원 2005년 경북도 국제통상과장 2006년 同경북종합문화테마파크조성사업단장 2006년 대구경북경제통합추진위원회 사무국장 2007년 경북도 새경북기획단장 2008년 同환경해양산림국장 2008년 同독도수호대책본부장 겸임 2009년 지방행정연수원 교육파견(부이사관) 2010년 경북도 환경해양산림국장 2010년 同독도수호대책본부장 겸임 2012년 同투자유치본부장 2013년 同일자리투자본부장 2013년 同실크로드프로젝트추진본부장 2014년 同문화관광체육국장 2014년 경주시 부시장 2016년 국방대 안보과정교육 파견(부이사관) 2017년 경북도 일자리민생본부장 2018년 同도민안전실장(이사관) 2018년 同재난안전실장 2019년 同환동해지역본부장(현) (상)한국곡예협회 감사패(1999), 근정포장(2002), 상주시민상(2005), 울릉군 명예군민(2008), 홍조근정훈장(2010), 장보고대상 본상(2011) (저)'아빠와 함께 쓴 영어일기' (종)불교

**김남정(金楠晶) KIM Nam Jung**

(생)1973·1·21 (출)서울 (주)서울특별시 서초구 마방로 68 동원그룹(02-589-3118) (학)중경고졸, 고려대 사회학과졸 2003년 미국 미시간대 경영대학원졸(MBA) (경)동원F&B 근무, 동원산업 근무 2004년 동원F&B 마케팅전략팀장 2006년 동원산업 경영지원실장 2009년 동원시스템즈(주) 건설본부 부본부장(상무), (주)동원엔터프라이즈 상무 2011년 同부사장 2013년 동원그룹 부회장(현) 2014년 (주)동원엔터프라이즈 부회장 겸임(현)

**김남조(金南祚 · 女) KIM Nam Jo**

(생)1927·9·26 (본)김해(金海) (출)대구 (주)서울특별시 서초구 반포대로37길 59 대한민국예술원(02-3479-7223) (학)1944년 일본 九州여고졸 1951년 서울대 사범대학 국어교육과졸 1991년 명예 문학박사(서강대) (경)1951~1953년 성지여고·마산고·이화여고 교사 1954~1955년 서울대·숙명여대·성균관대 강사 1955~1966년 숙명여대 국어국문학과 전임강사·조교수·부교수 1966~1993년 同국어국문학과 교수 1984~1986년 한국시인협회 회장 1985~1988년 교육개혁심의위원 1986~1988년 한국여성문학인회 회장 1988년 한국방송공사 이사 1990년 대한민국예술원 회원(詩·현) 1990년 세계시인대회 계관시인 1993년 숙명여대 명예교수(현) 2000~2002년 방송문화진흥회 이사 2008년 대한민국건국60년기념사업추진위원회 공동위원장 2009년 대통령자문 국민원로회의 공동의장 2016년 정지용문학상 심사위원장 (상)자유문인협회상(1958), 5월 문예상(1963), 한국시인협회상(1974), 서울시문화상(1985), 대한민국 문화예술상(1988), 3.1문화상(1992), 국민훈장 모란장(1993), 예술원상(1996), 은관문화훈장(1998), 지구문학상(2000), 제4회 영랑시문학상 본상(2006), 만해대상 문학부문(2007), 청관대상 공로상(2011), 김달진문학상(2014), 한국카톨릭문학상(2014), 정지용문학상(2017), 김삿갓문학상(2018) (저)시집 '목숨'(1953) '나아드의 향유(香油)'(1955) '나무와 바람'(1958) '정념(情念)의 기(旗)'(1960) '풍림(楓林)의 음악(音樂)'(1963) '겨울바다'(1967) '설일(雪日)'(1971) '사랑초서'(1974) '동행(同行)'(1976) '빛과 고요'(1982) '시로 쓴 김대건신부'(1983) '바람세례'(1988) '평안을 위하여'(1995) '희망학습'(1998) '영혼과 가슴'(2004) '귀중한 오늘'(2007) '심장이 아프다'(2013) '충만한 사랑'(2017, 열화당), 시선집 '수정(水晶)과 장미(薔薇)'(1959) '오늘 그리고 내일의 노래'(2009) '가슴들아 쉬자'(2012), 수필집 '잠시 그리고 영원히'(1964) '시간은 모래'(1966) '달과 해 사이'(1967) '그래도 못 다한 말'(1968) '여럿이서 혼자서'(1972) '은총과 고독의 이야기'(1977) '끝나는 고통 끝이 없는 사랑'(1991) '사랑 후에 남은 사랑'(1999), 콩트집 '아름다운 사람들' '희망학습' (종)가톨릭

**김남조(金南祖) KIM Nam Cho**

(생)1955 · 6 · 1 (출)경북 의성 (주)충청북도 청주시 청원구 오창읍 과학산업3로 86 한국캠브리지필터 대표이사실(043-215-0291) (경)대성산업(주) 기계과 차장, 同기계사업부장, 同기계사업부 이사, 同상무이사, 同전무이사 2005년 한국캠브리지필터 대표이사 전무 2013년 同대표이사 부사장 2016년 同대표이사 사장(현)

**김남조(金南鏪) KIM Nam Jo**

(생)1961 · 4 · 3 (출)강원 강릉 (주)서울특별시 성동구 왕십리로 222 한양대학교 사회과학대학 관광학부(02-2220-0866) (학)1985년 고려대 건축공학과졸 1987년 同대학원 건축공학과졸 1997년 관광학박사(미국 펜실베이니아주립대) (경)1988~1993년 교통개발연구원 연구원 1997~1999년 한국관광연구원 책임연구원 1999년 한양대 사회과학대학 관광학부 교수(현) 2000~2002년 同주임교수 2001~2003년 同사회과학대학 학부장 2005~2006년 同관광연구소장 2007~2009년 한국관광학회 국제협력위원장(부회장) 2008~2010년 한양대 관광학부 학부장 2009~2013년 한국관광학회 학술출판위원장(부회장) 2011~2015년 한양대 국제관광대학원장 2014년 한국관광학회 관광학연구 편집위원장 2015년 同수석부회장 2015년 미국 세계인명사전 'Marquis Who's Who in the World 2016년판'에 등재 2017~2019년 (사)한국관광학회 회장 2019년 同대의원(현) (상)교통개발연구원장표창(1992), 한국관광학회 최우수관광학술상(2007), 한국관광공사 공로상(지도교수상), 한국관광학회 Conference Paper 최우수상(2008 · 2009 · 2012), 한국관광공사장표창(2012), 2nd International Hospitality & Tourism Conference Universiti Teknologi MARA (Malaysia) Best Paper Award & Gold Paper Award(2014), 한양대 공로상(2015), 국회 학술윤리대상(2015), Marquis Who's Who 앨버트 넬슨 평생공로상(2017) (저)'지속가능한 관광(共)'(2001) '글로벌 리더로서 관광을 말하라(共)'(2008) '관광학 총론(共)'(2009) '한국현대관광사(共)'(2012) (역)'현대관광론 : 세계적 조망'(2000) '관광과 관광공간(共)'(2013) (종)불교

**김남중(金南中) KIM Nam-Jung**

(생)1963·10·11 (출)강원 강릉 (주)서울특별시 종로구 와룡공원길 20 통일부 남북회담본부(02-2076-1114) (학)강릉고졸, 건국대 행정학과졸, 일본 나고야대 대학원 정치학과졸 (경)1989년 행정고시 합격(33회), 駐일본 통일연구관 2005년 同정보분석국 분석총괄팀장(서기관) 2006년 同남북회담사무국 회담기획팀장 2006년 同사회문화교류본부 사회문화총괄팀장 2007년 同인도협력단 인도협력기획팀장 2008년 同남북교류협력국 교류협력기획과장 2009년 同남북교류협력국 교류협력기획과장(부이사관) 2010년 대통령 국가위기관리실 정보분석비서관실 행정관 2013년 통일부 통일교육원 교수부장(고위공무원) 2014년 중앙공무원교육원 교육파견(고위공무원) 2015년 통일부 교류협력국장 2016~2019년 同통일정책실장 2019년 同남북회담본부 상근회담대표(고위공무원)(현)

**김남진(金南辰) KIM Nam Jin**

(생)1932·8·8 (본)강릉(江陵) (주)서울특별시 서초구 반포대로37길 59 대한민국학술원(02-3400-5213) (학)1955년 서울대 법학과졸 1959년 同대학원 법학과졸 1975년 법학박사(단국대) (경)1959~1965년 건국대 강사 1965~1969년 서울시 시정연구원 전문연구원 1969~1977년 단국대 교수 1977

~1983년 경희대 교수 1983~1997년 고려대 교수 1989~1990년 한국공법학회 회장 1996~2002년 국무총리 행정심판위원회 위원 1997~2002년 순천향대 대우교수 2003~2006년 경원대 겸임교수 2005~2006년 강원대 초빙교수 2006년 대한민국학술원 회원(공법·현), 숙명여대 법대 객원교수 2007~2008년 동아대 법과대학 초빙교수 2007년 고려대 대학원 강사 2010~2013년 한국행정법학회 이사장 (상)서울시공무원교육장 감사장(1962), 단국대총장표창(1973), 한국공법학회장 공로상(1990), 제4회 자랑스런 忠高人賞(1995), 행정절차법 심의 감사장(1996), 한국교원단체총연합회 교육공로표창(1997), 고려학원 이사장 감사장(1997), 대통령표창(1997), 고주노융희지방자치상(2008), 고려대 석탑강의상(2008), 목촌법률상(2010) (저)'행정법연습'(1979) '행정법의 기본문제'(1980) '신판 행정법의 기본문제'(1989) '행정법 Ⅰ, 제1판'(1989) '행정법 Ⅱ, 제1판'(1989) '행정법의 기본문제, 제4판'(1994) '토지공법론'(1994) '행정법 Ⅰ, 제7판'(2002) '경찰행정법'(2002) '행정법 Ⅱ, 제7판'(2002) '행정법 Ⅰ, 제8판'(2004) '행정법 Ⅱ, 제8판'(2004) '행정법 Ⅰ, 제9판'(2005) '행정법 Ⅱ, 제9판'(2005) '행정법 Ⅰ, 제10판'(2006) '행정법 Ⅱ, 제10판'(2006) '행정법 Ⅰ, 제10판'(2006, 법문사) '행정법 Ⅰ, 제17판(共)'(2013, 법문사) '행정법 Ⅱ, 제17판(共)'(2013, 법문사)

## 김남천(金南天) KIM Nam Cheon

(생)1937·2·10 (본)강릉(江陵) (출)강원 고성 (주)서울특별시 영등포구 국제금융로6길 30 백상빌딩 714호 노무법인 현율(02-583-9732) (학)1956년 용산고졸 1960년 한국외국어대 독어학과졸 (경)1978년 노동부 울산지방사무소 보상과장 1981~1989년 춘천·수원·인천지방노동청 감독과장 1989년 노동부 노동조합과 근무 1991년 노동교육원 파견 1991년 충남지방노동위원회 상임위원 1992~1998년 강원지방노동위원회 위원장 1998~1999년 코리아브레인뱅크(주) 대표이사 1999년 정진노무관리컨설팅 대표공인노무사 2000년 강원지방노동위원회 심판담당 공익위원 2005~2014년 정진노무법인 대표공인노무사 2014년 노무법인 현율 회장(현) (상)근정포장(1988)

## 김남철(金南喆) Namchul Kim

(생)1957·1·1 (본)경주(慶州) (출)전북 정읍 (주)서울특별시 영등포구 여의나루로 67 신송빌딩 (주)영화엔지니어링(02-783-7111) (학)1976년 서울 경성고졸 1984년 고려대 영어영문학과졸 2013년 중부대 원격대학원 교육행정경영학과졸 (경)2007~2013년 (주)대우건설 해외영업담당 상무 2012년 국토해양부·해외건설협회 신시장개척사업심의위원 2013년 외교부 '아프리카의 친구들' 전문위원 2013년 (주)대우건설 외주구매실장(전무) 2014년 同알제리본부장(전무) 2015년 同MENA지원본부장(전무) 2017년 同고문 2017년 (사)세상을품은건설인 대표(현) 2018년 (주)영화엔지니어링 대표이사 사장(현) (종)기독교

## 김남철(金湳喆)

(생)1971·4·4 (출)전북 부안 (주)세종특별자치시 가름로 194 과학기술정보통신부 통신경쟁정책과(044-202-6181) (학)1989년 전주 동암고졸 1994년 경희대 행정학과졸 1999년 서울대 환경대학원 도시 및 지역계획학과졸 2013년 영국 셰필드대 대학원졸(Town Planing 석사) (경)2002년 행정고시 합격(45회) 2003년 정보통신부 정보화기획실 정보이용보호과 사무관 2004년 同정보화기획실 정보보호정책과 사무관 2004년 同정보통신정책본부 산업기술팀 사무관 2007년 同정보통신정책본부 정책총괄과 사무관 2008년 방송통신위원회 이경자 상임위원 비서관 2010년 同통신정책국 통신경쟁정책과 서기관 2013년 미래창조과학부 방송통신융합실 융합정책관실 정책총괄과 서기관 2013년 同정보통신융합정책관실 정책총괄과 서기관 2014년 同대변인실 공보팀장 2017년 과학기술정보통신부 지능정보사회추진단 과장 2018~2019년 미국 샌디에이고대 교육파견 2019년 과학기술정보통신부 융합신산업과 서기관 2019년 同통신경쟁정책과장(현) (상)국무총리표창(2010)

## 김남학(金南鶴) KIM Nam Hak

(생)1947·4·1 (본)김해(金海) (출)강원 명주 (주)서울특별시 성북구 화랑로32길 76 한화제약(주) 비서실(02-940-0203) (학)1965년 원주고졸 1969년 고려대 독어독문학과졸 (경)1971~1976년 대화무역 대표 1976~1995년 양지약품 사장 1982~2008년 한화제약 사장 1987~2008년 양지화학 사장 1989~2000년 대한보디빌딩협회 회장 1991~2008년 양지기획 사장 1991~2001년 아시아보디빌딩연맹 회장 1994~2008년 블란서 현지법인 YANIKEM s.a 회장 1996년 전남대 약학대학 객원교수 1997년 강원대 약학대학 미래글로벌발전위원회 위원 1997~2002년 대한체육회 감사 겸 KOC 위원 2002년 아시아보디빌딩연맹 명예회장(현) 2002년 세계보디빌딩협회 고문(현) 2002~2008년 (주)네츄럴라이프 사장 2003년 (주)네츄럴라이프아시아 회장(현) 2007~2016년 웨이더아시아(주) 회장 2009년 한화제약 대표이사 회장(현) 2009년 양지화학 회장(현) 2009년 (주)네츄럴라이프 대표이사 회장(현) 2009년 대한보디빌딩협회 회장 (상)네덜란드 오가논 금상(1991), 체육훈장 기린장(1991), 체육훈장 청룡장(1998) (종)천주교

## 김남현(金男炫)

(생)1964·5·15 (출)전남 강진 (주)전라남도 무안군 삼향읍 후광대로359번길 28 전남지방경찰청 청장실(061-289-2110) (학)1982년 광주 금호고졸 1986년 경찰대학졸(2기) 2006년 법학박사(연세대) (경)1986년 경위 임관, 서울 종로경찰서 605 전경대 소대장, 인천 부평경찰서 보안계장 1991년 경감 승진 1994년 인천 부평경찰서 형사계장, 인천 동부경찰서 교통과장 1999년 울산 남부경찰서 수사과장(경정) 2007년 국립경찰대학 경찰학과 교수·경찰학과장(총경) 2008년 전남 강진경찰서장 2009년 경찰청 외사국 외사기획주재관, 駐벤쿠버총영사관 영사 2012년 서울지방경찰청 경무부 경무과 치안지도관 2013년 서울 광진경찰서장 2014년 광주지방경찰청 제1부장(경무관) 2015년 駐중국 참사관 2018년 경찰청 자치경찰추진단장(경무관) 2019년 同자치경찰추진단장(치안감) 2019년 전남지방경찰청장(현)

## 김남훈(金南勳)

(생)1978·8·31 (출)강원 춘천 (주)충청남도 서산시 공림4로 23 대전지방검찰청 서산지청 형사부(041-660-4543) (학)1997년 춘천고졸 2001년 서울대 법학과졸 (경)2001년 사법시험 합격(43회) 2004년 사법연수원 수료(33기) 2004년 해군 군법무관 2007년 서울중앙지검 검사 2009년 수원지검 평택지청 검사 2011년 부산지검 검사 2013년 법무부 형사기획과 검사 2014년 서울동부지검 검사 2017년 청주지검 검사 2018년 인천지검 부부장검사 2019년 대전지검 서산지청 형사부장(현)

## 김능구(金能求) KIM Neung Gou

(생)1961·7·18 (본)안동(安東) (출)대구 (주)서울특별시 영등포구 여의나루로 71 동화빌딩 1607호 폴리뉴스(02-780-4392) (학)1980년 부산상고졸 1989년 서울대 서양사학과졸 2008년 서강대 언론대학원졸(언론학석사) (경)1986~1987년 한국기독노동자 인천지역연맹 홍보부장 1987년 호헌철폐국민운동본부 인천본부 집행위원 1991년 (주)e윈컴 대표이사(현) 2000년 폴리뉴스 대표(현) 2002~2006년 한국인터넷신문협회 부회장 2009년 월간 폴리피플 발행인(현) 2012년 동국대 언론정보대학원 신문방송전공 겸임교수(현) 2012년 KBS 대선방송자문위원 (저)'선거실전론'(1994)

**김능진(金能鎭) Kim, Nung-Jin**

(생)1949·11·25 (본)안동(安東) (출)경북 (주)대전광역시 유성구 대학로 99 충남대학교 경영학부(042-821-5537) (학)1967년 경북고졸 1972년 연세대 화학공학과졸 1974년 서울대 경영대학원졸 1986년 경영학박사(서울대) (경)1974~1979년 영남이공대 공업경영과 조교수 1979~2015년 충남대 경상대학 경영학부 교수 1982년 미국 Wisconsin대 연구원 1983년 서울대 강사 1983년 충남대 교무과장 1985~1987년 同경영학과장 1989년 同교무처 부처장 1991년 同경영대학원 교학과장 1997~1999년 同경상대학장 겸 경영대학원장 1999~2000년 일본 나고야대 국제경제동태연구센터 객원연구원 2003년 광복회 회원(현) 2003~2004년 충남대 평생교육원장 2004~2005년 同기획정보처장 2004~2006년 조달청 혁신자문위원 2006~2007년 대전지검 구속심사위원 2010~2011년 충남대신협 이사장 2011~2014년 독립기념관 관장 2015년 충남대 경영학부 명예교수(현) 2016~2019년 광복회 이사 (상)홍조근정훈장(2015) (저)'공정관리(共)'(1980) '생산관리(共)'(1991) '품질중시의 경영(共)'(2003, 형설출판사) '기술혁신경영'(2009·2016, 경문사) (종)기독교

**김능환(金能煥) KIM Neung Hwan**

(생)1951·10·23 (출)충북 진천 (주)서울특별시 강남구 테헤란로 518 법무법인 율촌(02-528-5910) (학)1970년 경기고졸 1975년 서울대 법대졸 (경)1975년 사법시험 합격(17회) 1977년 사법연수원 수료(7기) 1977년 육군 법무관 1980년 전주지법 판사 1983년 同군산지원 판사 1985년 인천지법 판사 1988년 서울고법 판사 1990년 법원행정처 송무심의관 1992년 청주지법 충주지원장 1994년 수원지법 부장판사 1996년 서울가정법원 부장판사 1997년 서울지법 부장판사 1998년 수원지법 성남지원장 1999년 부산고법 부장판사 2000년 서울고법 부장판사 2002년 대법원 선임재판연구관 2003년 同수석재판연구관 2004년 서울고법 부장판사 2005년 울산지법원장 2006~2012년 대법원 대법관 2011~2013년 중앙선거관리위원회 위원장 2013년 법무법인 율촌 고문변호사(현) (저)'민사소송법'(共) '주석민사집행법'(共) '법원실무제요 강제집행(上·下)'(共)

**김달수(金達洙) KIM Dal Soo**

(생)1960·1·2 (본)울산(蔚山) (출)경기 수원 (주)경기도 성남시 중원구 양현로405번길12 (주)티엘아이(031-784-6800) (학)1978년 경복고졸 1983년 서울대 전자공학과졸 1985년 同대학원 전자공학과졸 (경)1985~1989년 금성반도체 입사·공정설계책임자 1986년 同256K SRAM·1M DRAM·High Voltage CMOS 공정설계책임자 1987~1989년 同4M DRAM·16M DRAM소자 공정설계책임자 1990년 同1M DRAM 제품개발책임자 1990~1993년 LG반도체-일본히타치社 4M DRAM 공동개발책임자 1993~1997년 LG반도체 64M DRAM·64M SDRAM 설계실장 1997~1998년 트루로직(주) 대표이사 1997년 한국반도체학술대회 Memory분과위원 1997년 (주)티엘아이 대표이사(현) 2007년 한국반도체산업협회 이사 2013년 (주)윈팩 각자대표이사 2014~2016년 同대표이사 (상)언스트앤영 최우수기업가상 라이징스타부문(2009), 올해의 자랑스러운 한국인 대상 IT부문(2010)

**김달수(金達洙) KIM Dal Su**

(생)1967·8·24 (출)충북 충주 (주)경기도 수원시 팔달구 효원로 1 경기도의회(031-8008-7000) (학)충주고졸, 청주대 법학과졸, 경희대 NGO대학원 석사과정 수료 (경)1996~1999년 월간 '함께 사는 길' 취재부 기자 2000년 ASEM 2000 국제민간포럼 미디어·홍보팀장, 총선시민연대 조직3국장 2000~2002년 중앙환경분쟁조정위원회 홍보위원, 고양국제어린이영화제 집행위원, 경희대 NGO대학원학생회 회장, 환경운동연합 기획조정팀장, 고양시학교운영위원협의회 회장, 고양시학교운동연합 정책위원장, 고양유소년축구연합 이사, 고양환경운동연합 정책위원장, 초록정치연대의원단 간사 2002~2006년 경기 고양시의회 의원 2006년 경기 고양시의원선거 출마, 환경운동연합 전략홍보팀장 2007년 희망제작소 지혜센터 총괄팀장 2008~2009년 同뿌리센터장 2010년 同객원연구위원 2010년 경기도의회 의원(민주당·민주통합당·민주당·새정치민주연합) 2010년 同문화체육관광위원회 위원, 同예산결산특별위원회 위원 2011년 경희대 후마니타스칼리지 외래강사 2013~2014년 한살림고양파주생활협동조합 감사 2014~2018년 경기도의회 의원(새정치민주연합·더불어민주당) 2014년 同안전행정위원회 위원 2015년 同수도권상생협력특별위원회 위원 2016~2018년 同문화체육관광위원회 위원 2016년 同선감학원진상조사및지원대책마련특별위원회 위원장 2016~2018년 同제4연정위원장 2018년 경기도의회 의원(더불어민주당)(현) 2018년 同문화체육관광위원회 위원장(현) (종)가톨릭

**김달원(金達源) Kim, Dalwon**

(생)1970·10·2 (주)세종특별자치시 다솜로 261 국무조정실 규제총괄정책관실 규제총괄과(044-200-2114) (학)1996년 고려대 행정학과졸 2011년 미국 콜로라도주립대 정책대학원졸 (경)1997년 행정고시 합격(41회) 1998년 국무조정실 총괄조정관실 국회과·경제조정관실 기후변화에너지과 사무관 2004년 同규제개혁조정관실 규제총괄과 사무관 2004년 同사회문화조정관실 사회총괄과 서기관 2006년 同기획관리조정관실 정책3팀장 2007년 同기획관리조정관실 정책관리과장 2008년 국무총리 규제개혁실 사회규제심사2과장 2009년 同정책분석평가실 평가정보과장 2011년 同국정운영2실 녹색성장정책과장 2013년 유럽연합 집행위원회 기후변화총국 파견(과장급) 2016년 국무조정실 공직복무관리관실 기획총괄과장 2017년 同사회복지정책관실 사회정책총괄과장(부이사관) 2018년 同규제총괄정책관실 규제총괄과장(현) (상)대통령표창

**김달호(金達浩) KIM Dal Ho**

(생)1951·11·12 (주)서울특별시 중구 세종대로 125 서울특별시의회(02-3702-1400) (학)경복대학 복지행정과졸 (경)자영업, 민주평통 서울성동구협의회 자문위원, 국민건강보험공단 서울성동지사 자문위원, 민주당 서울시당 주거환경특별위원회 부위원장 2006·2010년 서울시 성동구의회 의원(민주당·민주통합당·민주당·새정치민주연합), 同행정재무위원회 부위원장 2010~2012년 同부의장 2012년 同행정재무위원회 위원, 성동구교육발전협의회 위원 2014~2018년 서울시 성동구의회 의원(새정치민주연합·더불어민주당) 2016~2018년 同의장 2018년 서울시의회 의원(더불어민주당)(현) 2018년 同기획경제위원회 위원(현) 2018년 同정책위원회 위원(현) 2018년 同예산결산특별위원회 위원(현) (종)기독교

**김 담(金 潭) KIM Tom**

(생)1965·4·7 (출)서울 (주)서울특별시 영등포구 영중로 15 (주)경방(02-2638-6045) (학)1984년 경신고졸 1989년 인하대 경영학과졸 (경)(주)KEIBO JAPAN 차장 1999년 (주)경방유통 식품부장 겸 이사 2000년 (주)경방 이사 겸 관리본부장(상무) 2003년 同관리본부장(전무) 겸 경방유통 부회장 2005~2007년 (주)우리홈쇼핑 부회장 2007년 (주)경방 부사장 2009년 同대표이사 부사장 2010년 (주)JEDI 대표이사(현) 2016년 (주)경방 대표이사 사장(현)

**김대경(金大敬) KIM Dae Kyong**

(생)1955·4·24 (본)김해(金海) (출)강원 삼척 (주)서울특별시 동작구 흑석로 84 중앙대학교 약학대학 약학부(02-820-5610) (학)1974년 강릉고졸 1983년 서울대 제약학과졸 1986년 同대학원 약학과졸 1990년 생명약학박사(일본 도쿄대) (경)1990년 한국과학기술원 유전공학센터 객원연구원 1990~1991년 포

항공대 생명과학과 전임강사 1991~1994년 미국 Harvard Medical School·MGH-East Renal Unit Research Fellow 1992~1994년 America Heart Association Principal Investigater/Paul Dudley Fellow 1994년 중앙대 약학대학 조교수·부교수·교수(현) 1996~2000년 대한약학회 편집간사·학술간사 1998~1999년 중앙대 약대 약학부장 2001년 대한약학회 학술위원장 2001년 지식경제부 차세대 신기술개발사업단장 2001년 한국인간프로테옴기구 창립준비위원 겸 기획위원 2003~2004년 同사무총장 겸 감사 2003년 한국식품안전성학회 편집위원장·이사 2005년 대한약학회 이사 2005년 의약품광고심의위원회 위원 2006~2009년 중앙대 분자조절신학개발연구소장 2007년 식품의약품안전청 자체평가위원회 위원 2008년 국가과학기술위원회 운영위원·사회기반기술전문위원회 위원장 2008년 서울시 신기술연구개발지원사업선정 평가위원 2008~2010년 식품의약품안전연구정책심의위원회 위원 2008~2010년 지식경제부 바이오스타 책임평가위원 2009~2010년 (사)한국식품위생안전성학회 부회장 2009~2010년 (사)대한약학회 부회장 2009~2011년 중앙대 약학대학장·의약식품대학원장 겸임 2009년 한국약학대학협의회 회장 2010~2012년 (사)한국약학교육협의회 이사장 2011년 국가과학기술위원회 생명·복지전문위원회 위원 2012년 한국산업기술평가관리원 비상임이사 2013~2014년 국가과학기술심의회 운영위원 겸 생명·복지전문위원장 2013년 한국식품위생안전성학회 수석부회장 2015~2016년 同회장 (상)미국심장협회 Paul Dudley White상(1992), 헤럴드경제 선정 ECONOMY KOREA상-미래성장동력산업 우수사업단부문(2008), 뉴스피플지 선정 대한민국혁신경영인대상-단백질의약품부문(2008), 중앙대 연구상(2010), 신약개발유공 한국신약개발연구조합장표창(2011), 의학신문 의약평론가상(2011), 경찰청장 감사장(2011), 제50회 동암 약의상 약학부문(2013), 대한민국인물대상(2014) (저)'혈소판 세포질 Phospholipase A2에 관한 연구' (종)가톨릭

### 김대관(金大觀) KIM Dae Kwan

(생)1964·10·25 (출)경북 경주 (주)서울특별시 강서구 금낭화로 154 한국문화관광연구원(02-2669-9800) (학)1983년 서울 영일고졸 1991년 서울대 산림자원학과졸 1993년 同대학원 산림자원학과졸 1999년 여가·관광학박사(미국 미시간주립대) (경)1994~1999년 미국 Michigan State Univ. 조교 및 강사 1994~1995년 세계관광협의회 연구원 1999년 同준회원 1999~2002년 한국관광연구원 책임연구원 2001년 세계관광협의회 특별전문위원회 위원 2001년 Annals of Tourism Research(SSCI저널) 심사위원 2002년 한국관광학회 이사 2002년 순천향대 전임강사 2002년 세계관광기구(WTO) 관광경제전문가 2003년 경희대 호텔관광대학 컨벤션경영학과 조교수·부교수·교수(현) 2004~2005년 국가균형발전위원회 지역개발TF팀장 2006년 문화관광부 관광산업본부 관광레저도시추진기획단장 2008년 문화체육관광부 관광레저도시기획관 2013~2019년 한국문화재재단 비상임이사 2016~2019년 경희대 호텔관광대학장 겸 관광대학원장 2019년 한국관광학회 부회장(현) 2019년 문화재청 문화재위원(현) 2019년 한국문화관광연구원 원장(현) (상)문화관광부장관표창(2000), 국무총리표창(2002) (저)'지속가능한 관광'(2001, 일신사) '내가 가는 여행 내가 디자인한다'(2001, 미래M&B)

### 김대권(金大權) KIM, DAE KWON

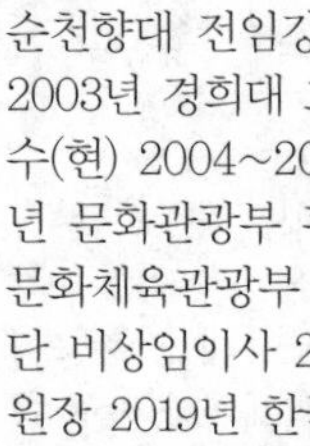

(생)1962·2·17 (출)경북 울진 (주)대구광역시 수성구 달구벌대로 2450 수성구청 구청장실(053-666-2002) (학)1981년 예천 대창고졸 1988년 계명대 법학과졸 2003년 미국 California Western School of Law, MCL(비교법학 석사) 2008년 한국개발연구원(KDI) 국제정책대학원 MBA(경영학 석사) (경)1996년 지방고등고시 합격(1기) 1996~1999년 대구 수성구 정보통신과장·의회전문위원 1999~2015년 대구시 첨단산업계장·문화체육관광국장·대구경북경제자유구역청 대구본부장 2015~2018년 대구 수성구 부구청장 2018년 대구시 수성구청장(자유한국당)(현)

### 김대규(金大圭)

(생)1974·5·4 (출)경기 과천 (주)대구광역시 수성구 동대구로 364 대구지방법원 총무과(053-757-6470) (학)1993년 과천고졸 1998년 경희대 법학과졸 (경)2001년 사법시험 합격(43회) 2004년 사법연수원 수료(33기) 2004년 전주지법 예비판사 2006년 同판사 2007년 수원지법 판사 2010년 서울중앙지법 판사 2012년 서울북부지법 판사 2016년 서울동부지법 판사 2016~2018년 헌법재판소 파견 2018년 서울중앙지법 판사 2019년 대구지법 부장판사(현)

### 김대균(金大均) KIM DAI KYUN

(생)1961·2·11 (본)개성(開城) (출)경기 의정부 (주)서울특별시 서초구 남부순환로 2351 아리랑국제방송 경영본부장실(02-3475-5000) (학)1979년 서울 용문고졸 1984년 성균관대 신문방송학과졸 (경)1994년 행정고시 합격(38회) 1995~2000년 공보처 해외공보관실 홍보과·기획과·문화홍보과·지원과 사무관 2000~2003년 駐영국대사관 문화홍보관 2003~2004년 국무조정실 총괄심의관실 사무관 2004년 해외홍보원 기획과 서기관 2005~2007년 국정홍보처 홍보기획과장·협력총괄팀장·정책포털기획팀장 2007~2010년 駐남아프리카공화국대사관 문화홍보관(참사관) 2010년 해외문화홍보원 국제문화과장 2012년 同해외문화홍보사업과장 2013년 문화체육관광부 국민소통실 정책여론과장 2014년 同국민소통실 홍보정책과장 2015년 2018평창동계올림픽및패럴림픽조직위원회 홍보담당관(부이사관) 2017년 同홍보국장(고위공무원) 2018년 同청산총괄국장 2019년 아리랑TV 경영본부장(현) (상)대통령표창(2014) (종)무교

### 김대근(金大根)

(생)1966·9·1 (출)부산 (주)부산광역시 사상구 학감대로 242 사상구청 구청장실(051-310-4002) (학)부산 성도고졸, 동의대 건축공학과졸, 부산대 행정대학원 행정학 석사과정 재학 중 (경)제19대 배재정 국회의원 보좌관, 한신공영 건축부 근무, 더불어민주당 부산사상구지역위원회 위원장 직대, 同정책위원회 부의장 2017년 민주평통 부산시 사상구협의회장 2017년 더불어민주당 제19대 문재인 대통령후보 부산시 사상구 상임선대본부장 2018년 부산시 사상구청장(더불어민주당)(현)

### 김대기(金大起) KIM Dae Kee

(생)1956·9·20 (본)김해(金海) (출)부산 (주)서울특별시 서대문구 이화여대길 52 이화여자대학교 약학대학 약학관(02-3277-3025) (학)1973년 동아고졸 1977년 서울대 약학과졸 1982년 同대학원 약품화학과졸 1987년 약학박사(미국 뉴욕주립대 버펄로교) (경)1986년 미국 ICN-핵산연구소 연구원 1987년 한국화학연구소 선임연구원 1989년 선경인더스트리 생명과학연구개발실 책임연구원 1997년 同이사대우 1998년 SK케미칼 중앙연구소 생명과학연구개발실장(이사대우) 1998년 同중앙연구소 생명과학연구개발실장(상무보) 1999년 SK옥시케미칼 중앙연구소 생명과학연구실장(상무대우) 1999년 국내신약1호 위암 항암제 '선플라'개발 2000~2001년 SK옥시케미칼 중앙연구소장(상무이사) 2000~2005년 인투젠 대표이사 2002년 이화여대 약학대학 약학과 교수(현) (상)특허기술상(1995), 대한화학회 기술진보상(1995), 특허청 선정 신지식특허인(1999)

### 김대기(金大起) KIM, Dae-Ki

(생)1968·3·5 (본)강릉(江陵) (출)서울 (주)세종특별자치시 가름로 194 과학기술정보통신부 운영지원과(044-202-4144) (학)1986년 서울 영일고졸 1992년 한양대 전기공학과졸 2001년 영국 버밍엄대 대학원 전력전자과졸 (경)1992년 기술고시 합격(28회) 1993~1999년 과학기술부 기계전자조정관

실·연구관리과·기술협력1과 사무관 1999~2001년 영국 버밍엄대 유학 2002년 과학기술부 종합조정과 기술서기관 2004~2006년 한국원자력연구원 책임연구원 2006년 과학기술부 과학기술진흥과 기술서기관 2006년 소방방재청 과학방재팀장 2007년 과학기술부 동북아협력과장 2008년 교육과학기술부 원자력국 원자력협력과장 2009년 국제원자력기구(IAEA) 파견(서기관) 2013년 미래창조과학부 미래선도연구실 우주원자력협력과장 2013년 同연구개발정책실 우주원자력협력과장 2015년 同연구개발정책실 거대공공연구정책과장(부이사관) 2017년 同연구예산총괄과장 2017년 과학기술정보통신부 연구예산총괄과장 2019년 駐오스트리아 겸 駐빈국제기구대표부 공사참사관(현) (상)과학기술부장관표창(2002), 근정포장(2014) (종)기독교

## 김대모(金大模) KIM Dae Mo

(생)1943·3·10 (본)진주(晋州) (출)평남 평양 (주)서울특별시 동작구 흑석로 84 중앙대학교 경제학부(02-820-5487) (학)1961년 서울고졸 1966년 서울대 공대 화학공학과졸 1970년 同대학원 경제학과졸 1977년 경제학박사(미국 Rice Univ.) (경)1976~1993년 중앙대 경제학과 대우교수·조교수·부교수 1992년 최저임금심의위원회 공익위원 1993~1996년 한국노동연구원 원장 1996~2008년 중앙대 정경대학 경제학과 교수 2000~2001년 同정경대학장 겸 신문방송대학원장 2002년 대통령직속 규제개혁위원회 위원 2008년 중앙대 경제학부 명예교수(현) 2008~2010년 경제사회발전노사정위원회 위원장(장관급) 2009년 경제위기극복을위한노사민정(勞使民政)비상대책회의 공동대표 (상)국민훈장 동백장(1998), 노사화합공로상 (저)'한국적 임금교섭방향의 모색' '경제사회발전에 따른 적정근로조건' '기업규모간 임금격차의 원인과 과제' '기업복지제도의 실태와 과제'

## 김대성(金大成) KIM Dae Seong

(생)1962·1·16 (출)대구 (주)강원도 춘천시 공지로 284 춘천지방법원 총무과(033-259-9105) (학)1980년 대구 심인고졸 1985년 서울대 법학과졸 1987년 同대학원졸 1998년 미국 캘리포니아대 버클리교 대학원 법학과졸 (경)1987년 사법시험 합격(29회) 1990년 사법연수원 수료(19기) 1990년 변호사 개업 2000년 대구지법 판사 2001년 대구고법 판사 2003년 대구지법 판사 2004년 의정부지법 판사 2005년 대구지법 부장판사 2007년 수원지법 성남지원 부장판사 2009년 서울서부지법 부장판사 2011년 서울중앙지법 민사11부 부장판사 2014년 서울북부지법 부장판사 2016년 수원지법 부장판사 2019년 춘천지법 부장판사(현)

## 김대성(金大成)

(생)1963 (주)경상남도 양산시 물금읍 금오로 20 양산부산대학교병원(055-360-1155) (학)1988년 부산대 의대졸 1991년 同대학원졸 1999년 의학박사(부산대) (경)2006~2015년 대한임상신경생리학회 편집이사 2007~2009년 부산대 의대 신경과학교실 주임교수 2007~2008년 부산대병원 신경과장 2008~2013년 양산부산대병원 신경과장 2008년 'Asian and Oceanian Myology Center' Executive Board Member(현) 2010년 부산대 의대 신경과학교실 교수(현) 2012~2013년 대한신경과학회 부산울산경남지회 이사장 2016~2017년 同영호남지회 이사장 2016~2018년 한국연구재단 의약학단 전문위원 2017~2018년 대한임상신경생리학회 부회장 2017~2019년 양산부산대병원 기획실장 2012년 대한신경근육질환학회 기획이사(현) 2018년 대한신경과학회 법제이사(현) 2019년 대한임상신경생리학회 회장(현) 2019년 양산부산대병원장(현)

## 김대성(金大成) KIM Dae Seong

(생)1963·8·16 (주)서울특별시 서초구 사평대로 84 (주)이수페타시스 관리본부(02-590-5100) (학)1982년 진주고졸 1986년 서울대 경영학과졸 (경)대우전자(주) 외환팀장, 한국선박운용(주) 이사, (주)이수경영지원팀 상무, 이수화학(주) 재무본부장(상무) 2010년 同관리본부장(전무) 2013~2016년 이수앱지스(주) 대표이사 사장 2016년 同사내이사 2016년 (주)이수창업투자 대표이사 2018년 (주)이수페타시스 관리본부장(부사장)(현)

## 김대순(金大淳) KIM Dae Soon

(생)1953·6·11 (출)경남 창녕 (주)서울특별시 서대문구 연세로 50 연세대학교 법학전문대학원 광복관 507호 (학)1975년 연세대 법대 법학과졸 1977년 同대학원졸 1984년 법학박사(연세대) (경)1983~1994년 전북대 법대 공법학과 전임강사·조교수·부교수 1986년 영국 런던정경대(LSE) 법학과 Research Fellow 1992년 영국 Univ. of Hull 법대 교환교수 1994년 연세대 법대 부교수 1995~2011년 同법대 국제법전공 교수, 사법시험·외무고시·행정고시·입법고시 시험위원 1998~2001년 국제법평론회 회장 1999년 대한국제법학회 부회장 1999~2001년 세계국제법협회 한국본부 부회장 1999~2003년 한국유럽학회 출판이사·총무이사·부회장 2000년 연세대 법무대학원 교학부장, 同법학연구소장 2003년 미국 워싱턴대 로스쿨 방문학자 2003년 캐나다 브리티시컬럼비아대 법대 방문학자 2004년 한국유럽학회 회장 2006년 대한국제법학회 회장 2006년 국제법평론회 편집위원 2006년 외교통상부 정책자문위원 2011~2018년 연세대 법학전문대학원 국제법전공 교수 2013년 SKC(주) 사외이사 2018년 연세대 법학전문대학원 국제법전공 명예교수(현) (상)한국유럽학회 저작상(2000), 대한국제법학회 학술상(2004) (저)'판례중심 국제법'(共·編) '국제조약집'(共·編) '유럽공동체법' 'EU법론' '법학개론'(共) '국제경제법론' 'EU:정치, 경제, 법'(共) '국제법론 제13판'(2008) (역)'국제법과 독립국'(共)

## 김대순(金大舜)

(생)1959·1·29 (주)서울특별시 종로구 율곡로 75 현대건설기계(주) R&D본부(02-1899-7282) (학)성균관대 기계공학과졸, 기계공학박사(독일 아헨대) (경)2010년 현대중공업(주) 산업기술연구소 상무 2014년 同산업기술연구소장(상무) 2015년 同중앙기술원 생산기술연구소장(전무) 2017년 현대건설기계(주) R&D본부장 겸 최고기술경영자(CTO·부사장)(현)

## 김대순(金大淳) Kim Dae Soon

(생)1967·4·8 (출)경북 봉화 (주)경기도 양주시 부흥로 1533 양주시청 부시장실(031-8082-5020) (학)1985년 대구 경원고졸 1991년 한양대 건축공학과졸 1997년 同대학원 도시및지역계획학과졸 (경)1993년 기술고등고시 합격(제28회) 2004년 김포시 건설교통국장 2008년 경기도 광교개발사업단 근무 2008년 황해경제자유구역청 투자1과장 2011년 경기도 상하수과장 2012년 同융복합재생과장 2013년 同융복합도시정책관 2013년 同팔당수질개선본부장(지방부이사관) 2014년 경기 광주시 부시장 2016년 경기도 도시주택실장 직대 2016년 국토교통부 행복주택기획과장 2016년 경기 안성시 부시장 2018년 경기 양주시 부시장(현)

## 김대식(金大植) KIM Dae Sikk

(생)1956·4·12 (본)김해(金海) (출)부산 (주)서울특별시 서초구 법원로3길 6-9 법조빌딩 501호 김대식법률사무소(02-595-6767) (학)1975년 경기고졸 1979년 서울대 법학과졸 1981년 同대학원 법학과 수료 (경)1979년 사법시험 합격(21회) 1981년 사법연수원 수료(11기) 1981년 육군 법무관 1984년 서울

지검 북부지청 검사 1987년 대전지검 홍성지청 검사 1988년 서울지검 남부지청 검사 1989년 독일 막스프랑크형사법연구소 연수 1991년 부산지검 동부지청 고등검찰관 1993년 창원지검 거창지청장 1993년 同진주지청 부장검사 1994년 창원지검 형사1부장 1995년 수원지검 조사부장 1996년 사법연수원 교수 1998년 서울지검 남부지청 형사5부장 1999년 同북부지청 형사2부장 2000년 同북부지청 형사1부장 2000년 서울고검 검사 2002년 부패방지위원회 법무관리관 2003년 대구지검 1차장검사 2004년 서울고검 검사 2005년 변호사 개업(현)

## 김대식(金大植) Kim Dae-sik

(생)1960·6·24 (주)서울특별시 종로구 사직로8길 60 외교부 인사운영팀(02-2100-7136) (학)1984년 한국외국어대 독일어과졸 1990년 미국 윌리엄스대졸 (경)1983년 외무고시 합격(17회) 1985년 외무부 입부 1991년 駐베를린 영사 1994년 駐폴란드 1등서기관 1999년 대통령실 파견 2000년 駐독일 1등서기관 2002년 영국 국제전략문제연구소(IISS) 파견 2003년 국가안전보장회의 파견 2004년 외교통상부 구주2과장 2005년 駐영국 공사참사관 2009년 중앙공무원교육원 파견 2010년 외교통상부 유럽국 심의관 2011년 국무조정실 외교안보정책관 2013년 駐오만 대사 2016년 전남도 국제관계대사 2017년 駐카자흐스탄 대사(현) (상)홍조근정훈장(2012)

## 김대식(金大植) KIM DAI SIK (해운)

(생)1962·8·11 (본)김해(金海) (출)전남 영광 (주)부산광역시 사상구 주례로 47 동서대학교 일본어학과(051-320-1658) (학)1981년 경남고부설방송통신고졸 1985년 동의대 일어일문학과졸 1988년 한남대 대학원 일어일문학과졸 2000년 문학박사(일본 오타니대) (경)1995년 동서대 일본어학과 교수(현) 1997~1998년 同대학원 교수부장 1997~1999년 同외국어학부장 1999~2000년 부산동시통역협회 회장 1999~2001년 민주평통 자문위원 1999~2003년 제2의건국범국민추진위원회 부산시추진위원회 기획팀장 1999~2005년 부산동서포럼 대표 2001~2006년 동서대 학생복지취업처장 2002년 대한일어일문학회 회장 2005~2006년 한국일본학연합회 회장 2006~2007년 전국대학교학생처장협의회 회장(제32대) 2007년 제17대 대통령직인수위원회 사회교육문화분과위원회 인수위원 2008~2010년 민주평통 사무처장 2010년 전남도지사선거 출마(한나라당) 2011년 국민권익위원회 부위원장(차관급) 2011년 서울대 통일한반도인프라연구센터 자문위원 2012~2014년 한국농어촌공사 비상임이사 2013~2014년 국무조정실 재외동포정책위원 2014년 새누리당 인재영입위원 2017년 자유한국당 제19대 홍준표 대통령후보 수행단장 2017~2018년 同여의도연구원장 2018년 同6.13지방선거총괄기획단 여론조사팀장 2018년 同6.13전국지방선거공약개발단 부단장 2018년 同부산해운대구乙당원협의회 운영위원장 2018년 제20대 국회의원 재보궐선거 출마(부산 해운대乙, 자유한국당) (상)대한일어일문학회 학술상(2005), 홍조근정훈장(2009), 황조근정훈장(2012), 대한민국성공대상(2013), 월드킴와 재외동포권익보호대상(2013) (저)시집 '깍굴가에서'(1990) '일본현대시와 시인'(1991) '대학일본어'(1995) 시집 '기꺼이 호흡할 수 있을 때까지'(1995) '일본어교본(共)'(1997) '네트워크일본어'(1998) 시집 '나는 매일 아침을 기다린다'(2001) '미디어일본어'(2001) '아이티의 눈물'(2010) '연탄 한 장'(2011) '사람을 남기는 관계의 비밀'(2015, 북클라우드) (종)기독교

## 김대식(金大植) GHIM Dae Shig

(생)1963·1·8 (출)서울 (주)서울특별시 관악구 관악로 1 서울대학교 물리천문학부(02-880-8174) (학)1985년 서울대 물리학과졸 1986년 미국 캘리포니아대 버클리교 대학원 생물물리학과졸 1990년 생물물리학박사(미국 캘리포니아대 버클리교) (경)1987~1990년 미국 Univ. of California Berkeley 물리학과 연구조교 1991년 미국 오클라호마주립대 박사 후 연구원 1991~1993년 미국 AT&T 벨연구소 Post-Doc. Researcher 1993~1994년 미국 오클라호마주립대 선임연구원 1994~2005년 서울대 자연과학대학 물리학과 조교수·부교수 2005~2007년 同자연과학대학 물리학과 교수 2006년 '2005 국가석학 지원사업 대상자(물리학분야)' 선정 2007~2019년 서울대 물리천문학부 물리학전공 교수 2008~2015년 同파장한계광학연구센터장 2010년 미국광학회 석학회원(현) 2011년 미국물리학회(APS) 석학회원(현) 2016년 한국과학기술한림원 정회원(이학부·현) 2019년 서울대 물리천문학부 물리학전공 겸임교수(현) 2019년 울산과학기술원(UNIST) 자연과학대학 물리학전공 석학교수(현) (상)롯데 펠로우(1997), Human Rights Award by The International Symposia on Genital(2000), 포경수술반대관련 국제인권상(2000), 한국과학기술한림원 제6회 젊은 과학자상(2002), 제5회 한국공학상(2003), 교육부 선정 물리학분야 '국가석학(Star Faculty)'(2006), 한국광학회 성도 광과학상(2009), American Physical Society Fellow(2011), 미래창조과학부 한국과학상(2013) (저)'다시보는 물리'(2002, 개신) '우멍거지 이야기'(2002, 이슈투데이) '공부논쟁(共)'(2014, 창비)

## 김대업(金大業) KIM Dae Up

(생)1964·6·17 (출)부산 (주)서울특별시 서초구 효령로 194 대한약사회(02-581-1201) (학)1983년 브니엘고졸 1994년 성균관대 제약학과졸 2005년 同대학원 사회약학과졸 2012년 사회약학박사(성균관대) (경)2006년 부천 대화약국 대표약사(현) 2007년 (재)약학정보원 원장 2007년 보건복지부 약제급여조정협의회 위원 2008년 약국청구소프트웨어대표자협의회 회장 2010~2013년 대한약사회 부회장 2012년 성균관대 약학대학 겸임교수(현) 2013년 同약학대학 의약정보센터장 2019년 대한약사회 회장(현) 2019년 약학정보원 이사장(현) (상)2019 대한민국공헌대상 보건부문 의약대상(2019)

## 김대영(金大榮) KIM Dae Young

(생)1961·1·5 (주)충청남도 예산군 삽교읍 도청대로 600 충청남도의회(041-635-5057) (학)영남공업전문대학 전자과졸, 대전대 경영학과졸 (경)계룡시애향장학회 이사, 계룡대쇼핑타운번영회 회장 2010~2014년 충남 계룡시의회 의원(민주당·민주통합당·민주당·새정치민주연합) 2010~2012년 同부의장 2014~2018년 충남도의회 의원(새정치민주연합·더불어민주당) 2018년 충남도의회 의원(더불어민주당)(현) 2018년 同계룡세계군문화엑스포지원특별위원회 위원장(현)

## 김대영(金大榮) KIM Dae Young

(생)1962·10·25 (출)경남 진주 (주)경상남도 진주시 진양호로 313 신안빌딩 5층 김대영법률사무소(055-759-6611) (학)1981년 진주고졸 1985년 서울대 법대졸 1994년 미국 조지타운대 법과대학원졸(법학석사) (경)1984년 사법시험 합격(26회) 1987년 사법연수원 수료(16기) 1987년 공군 법무관 1990년 서울형사지법 판사 1992년 서울민사지법 판사 1994년 부산지법 판사 1995년 同동부지원 판사 1996년 부산고법 판사 1997년 인천지법 판사 1999년 서울고법 판사 2000년 대법원 재판연구관 2002년 수원지법 평택지원장 2003~2004년 창원지법 부장판사 2004년 변호사 개업(현), 경남도·경남도교육청 고문변호사, 경남도의사회 자문변호사, 경상대 법대 겸임교수, (사)한국음식업중앙회 경남도지회 고문변호사, 민속장 서부경남연합본부 고문변호사, 在진주 산청군향우회 법률고문, 포럼경남비전 공동대표, 경남신문 고충처리인, 경남여성신문 자문변호사, 경남도 행정심판위원, 同토지수용위원회 위원장 직대, 경남이주여성인권센터 고문변호사, 진주시장애인총연합회 고문변호사, 진주시학원연합회 자문변호사, 진주시주택관리사협의회 자문변호사

## 김대오(金大五) Kim Daeoh

(생)1955 · 6 · 9 (주)전라북도 전주시 완산구 효자로 225 전라북도의회(063-280-3970) (학)남성고졸, 서해공업전문대학 기계과 제적(1년) (경)1991 · 1995 · 2010년 전북 익산시의회 의원(민주당 · 민주통합당 · 민주당 · 새정치민주연합) 2012년 전북 익산시의회 의장, 민주당 익산甲지역위원회 상무위원, 同익산甲지역위원회 홍보위원장 2014~2018년 전북 익산시의회 의원(새정치민주연합 · 더불어민주당), 민주연합청년동지회 회장 2018년 전북도의회 의원(더불어민주당)(현) 2018년 同예산결산특별위원회 위원장(현) 2018년 同문화건설안전위원회 위원 겸 윤리특별위원회 위원(현) (상)지방의정봉사대상(2013)

## 김대웅(金大雄) KIM Dae Woong

(생)1945 · 12 · 10 (본)선산(善山) (출)전남 나주 (주)서울특별시 강남구 테헤란로 145 우신빌딩 15층 법무법인 서정(02-311-1109) (학)1964년 광주제일고졸 1968년 서울대 법대 법학과졸 (경)1971년 사법시험 합격(13회) 1973년 사법연수원 수료(3기) 1977년 수원지검 검사 1980년 서울지검 성북지청 검사 1982년 법무부 법무실 조사과 검사 1983년 서울지검 검사 1985년 광주지검 해남지청장 1986년 서울지검 검사 1987년 광주지검 순천지청 부장검사 1988년 同특수수사부장검사 1989년 대검찰청 형사2과장 1989~1992년 同중앙수사부 4 · 3 · 2과장 1993년 서울지검 특수3 · 2부장 1994년 청주지검 차장검사 1995년 서울지검 북부지청 차장검사 1996년 대구지검 차장검사 1997년 수원지검 성남지청장 1998년 서울고검 검사 1999년 서울지검 동부지청장 1999년 대전고검 차장검사 2000년 대검찰청 강력부장 2001년 同중앙수사부장 2002년 서울지검장 2002년 KOC위원 2002년 광주고검장 2003년 법무연수원 연구위원 겸 대검찰청 차장검사 2003년 법무법인 서정 대표변호사(현) 2003년 광주희망21연구소 이사장 2003년 밀알중앙회 고문변호사 2004년 제17대 총선 출마(광주東, 새천년민주당) (상)홍조근정훈장 (종)기독교

## 김대웅(金大雄) KIM Dae Woong

(생)1965 · 11 · 19 (본)광산(光山) (출)서울 (주)서울특별시 서초구 서초중앙로 157 서울고등법원(02-530-1114) (학)1984년 경희고졸 1988년 서울대 법대졸 (경)1987년 사법시험 합격(29회) 1990년 사법연수원 수료(19기) 1990년 軍법무관 1993년 수원지법 판사 1995년 서울지법 서부지원 판사 1997년 춘천지법 원주지원 판사 2000년 서울지법 판사 2002년 서울고법 판사 2002년 헌법재판소 파견 2004년 서울고법 판사 2005년 광주지법 부장판사 2007년 사법연수원 교수 2010년 서울중앙지법 형사합의22부 · 제51민사부 부장판사 2013년 광주고법 제1형사부 부장판사 2014년 서울고법 부장판사 2016년 인천지법 수석부장판사 2017년 서울고법 부장판사(현)

## 김대원(金大元) KIM Dae Won

(생)1960·2·15 (출)서울 (주)경기도 용인시 처인구 명지로 116 명지대학교 정보통신공학과(031-330-6755) (학)1983년 서울대졸 1985년 同대학원졸 1990년 공학박사(서울대) (경)1987년 대우중공업(주) 근무 1990~1992년 同중앙연구소 선임연구원 1992~2010년 명지대 정보공학과 조교수·부교수·교수 1995~1996년 제어시스템자동화공학회 편집위원 1996~1998년 한국과학재단 지원 필드버스연구회 총무 1997~2000년 IEC/SC 65C전문위원회 전문위원 1998~1999년 대한전기학회 편집위원 1998~2006년 한국싸이버대학 컨소시엄 기술위원장·학사위원장 1999~2001년 명지대 가상교육원장 2001~2005년 同정보지원처 부처장 2001~2004년 전국대학사이버교육기관협의회 부회장 2001~2004년 ISO/IEC JTC1/SC36(교육정보) 전문위원회 전문위원 2003~2005년 한국로봇공학회 기획이사 2004~2007년 산업자원부 지능형로봇사업단 기술위원 2004~2009년 (주)제드시스템 CEO 2005~2006년 미국 Nenix Corp. Senior Consultant 2006~2009년 산업자원부 로봇산업정책포럼TFT 로봇윤리헌장제정 실무위원장 2007~2010년 지식경제부 로봇윤리헌장제정위원회 제정위원장 2009~2010년 同로봇S/W발전전략위원회 위원장 2009~2010년 서울지방중소기업청 융복합기술개발클러스터포럼 로봇·IT분과위원장 2010년 명지대 정보통신공학과 교수(현) 2010년 (주)와이즈오토모티브 기술자문 2011년 지식경제부 로봇팀 클라우로보틱스기획위원회 기획위원 2016년 명지대 ICT융합대학장(현) (상)산업자원부장관표창(2007) (저)'마이크로 콘트롤러 및 실습'(2005, 명지대 출판부) '녹색융합 비지니스'(2009, 아스팩국제경영교육컨설팅)

## 김대원(金大源) KIM Dai Won

(생)1961 · 2 · 22 (출)전북 부안 (주)세종특별자치시 도움4로 9 국가보훈처 대변인실(044-202-5010) (학)영등포고졸 1987년 숭실대 산업공학과졸, 연세대 대학원 저널리즘과졸 (경)1988년 무등일보 정치부 기자 1991년 광주매일 정치부 기자 1997년 同서울지사 정치부 차장 1999년 同서울지사 취재부 부장대우 2002년 同서울취재부장 2004년 同서울지사 부국장 2012~2017년 무등일보 서울취재본부장(국장) 2017년 더불어민주당 문재인 전 대표 신문 · 통신분야 미디어특보 2017년 국가보훈처 대변인(고위공무원)(현) (상)한국기자협회 이달의 기자상(1993), 광주 · 전남기자협회 올해의 기자상(1994) (저)'正史5 · 18'(共) (종)가톨릭

## 김대원(金大元) KIM Dae Won

(생)1971 · 8 · 12 (본)김해(金海) (출)경남 김해 (주)제주특별자치도 서귀포시 서호북로 36 국세청주류면허지원센터(064-730-6200) (학)1990년 김해고졸 1996년 서울대 전산과학과졸 2003년 미국 펜실베이니아주립대 대학원졸 (경)기술고시 합격(31회) 1997년 국세청 자료관리관실 근무 1999년 국세공무원교육원 교수 2003년 국세청 전산운영담당관실 근무 2007년 중부지방국세청 전산관리과장(기술서기관) 2008년 국세청 전산운영담당관 2010년 인천세무서장 2010년 국세청 전산정보관리관실 정보개발1담당관 2013년 同차세대국세행정시스템추진단 시스템개발과장 2015년 同전산정보관리관실 전산운영담당관(서기관) 2017년 同전산정보관리관실 전산운영담당관(부이사관) 2017년 대구지방국세청 조사1국장 2018년 국세청 전산기획담당관 2019년 同주류면허지원센터장(현)

## 김대의(金大義) KIM DAE EUI

(생)1974 · 5 · 30 (출)경기 화성 (주)경기도 수원시 장안구 경수대로 893 수원FC(031-228-4521) (학)정명고, 고려대 (경)1992년 청소년 국가대표 축구선수 1995년 올림픽예선 국가대표 1997년 유니버시아드 국가대표 1997년 월드컵예선 국가대표 2000년 프로축구 성남 일화 천마 입단 2004~2010년 프로축구 수원 삼성 블루윙즈 소속 2010년 同플레잉코치 2014년 매탄고 축구부 감독 2017년 프로축구 수원 FC 감독(현) (상)실업리그 MVP(1997), 실업 봄철연맹 어시스트부문 최우수상(1999), K리그 MVP(2002), 헬로! 풋볼팬즈어워즈 베스트팬즈플레이어(2009)

## 김대일(金大鎰)

(생)1966 · 9 · 28 (주)경상북도 안동시 풍천면 도청대로 455 경상북도의회(054-880-5126) (학)경일고졸, 안동대 생물학과졸, 同행정경영대학원 관광학과졸 (경)한국자유총연맹 사무차장, 한나라당 안동시당원협의회 운영위원, 同경북도당 대외협력위원회 부위원장 2010년 경북 안동시의회 의원(한나라당 · 새누리당) 2010년 同산업건설위원회 부위원장 2012년 同

예산결산특별위원장 2012년 同운영위원회 위원 2012년 새누리당 안동시당원협의회 운영위원 2014~2018년 경북 안동시의회 의원(새누리당·자유한국당) 2014~2016년 同산업건설위원장 2015년 同예산결산특별위원회 위원 2016년 同부의장 2018년 경북도의회 의원(자유한국당)(현) 同기획경제위원회 위원(현) 同독도수호특별위원회 위원(현) 同의회운영위원회 부위원장(현) (상)경북도 의정봉사대상(2013), 안동대 자랑스러운동문상(2017)

## 김대일(金大一) Dae-il Kim

(주)경기도 안양시 동안구 시민대로327번길 24 (주)펄어비스 임원실(031-476-8583) (학)한양대 컴퓨터공학과 중퇴(2년) (경)2000년 가마소프트 근무(PC온라인게임 '릴 온라인' 개발) 2003~2009년 NHN 근무(PC온라인게임 'R2'와 'C9' 개발) 2010~2016년 펄어비스 창업·대표이사 2010~2014년 게임 '검은사막' 엔진·게임개발 총괄 2016년 (주)펄어비스 이사회 의장(현) 2016~2018년 게임 '검은사막 모바일' 엔진·게임개발 총괄 2017년 문재인 대통령 경제사절단원(중국 방문) (상)대한민국 게임대상 우수개발자상(2009), 2017 대한민국콘텐츠대상 해외진출유공 대통령표창(2017)

## 김대자(金大滋) DAEJA KIM

(생)1970·4·13 (출)경남 김해 (주)세종특별자치시 한누리대로 402 산업통상자원부 운영지원과(044-203-5061) (학)1989년 마산고졸 1996년 서울대 건축학과졸 2004년 미국 시러큐스대 대학원 행정학과졸 (경)1996년 기술고시 합격(31회) 2006년 통상산업부 통상협력정책과 서기관 2007년 同기술정책과 서기관 2008년 경제협력개발기구(OECD) 대한민국정책센터 파견 2009년 지식경제부 산업환경과장 2010년 同소프트웨어융합과장 2011년 同방사성폐기물과장 2012년 駐베트남 상무참사관 2015년 산업통상자원부 아주통상과장(서기관) 2016년 同아주통상과장(부이사관) 2017년 同산업기술정책과장 2019년 코트라 방산물자교역지원센터 파견(국장급)(현)

## 김대정(金大正)

(생)1962·12·18 (출)경기 용인 (주)경기도 용인시 처인구 중부대로 1199 용인시청 제2부시장실(031-324-2012) (학)아주대 화학공학과졸 (경)민주평통 자문위원, 김대정공인중개사사무소 대표 2006년 경기 용인시의원선거 출마, 용인시택견연맹 회장, 용인시 장애인자립생활센터 감사 2010년 경기 용인시의회 의원(민주당·민주통합당·민주당·새정치민주연합) 2012년 同자치행정위원장 2014년 경기 용인시의회 의원(새정치민주연합·더불어민주당) 2018년 同의장 2018년 경기 용인시 제2부시장(현)

## 김대중(金大中) KIM Dae Joong

(생)1939·9·3 (본)광산(光山) (출)서울 (주)서울특별시 중구 세종대로 135 조선일보(02-724-5009) (학)1958년 서울고졸 1963년 서울대 법대졸 (경)1965~1972년 조선일보 정치부·사회부·외신부 기자 1972년 同미국특파원 1979년 同외신부장 1980년 同사회부장 1981년 同정치부장 1984년 同출판국장 1986년 同현대사연구소장 겸 논설위원 1986년 영국 옥스퍼드대 특별연구원 1988년 조선일보 이사대우 논설주간 1989년 同이사·편집국장 1990~2002년 同주필 1995년 한국신문편집인협회 부회장 1998년 통일고문 2002년 조선일보 전무대우 편집인 2003년 同이사기자(미국 워싱턴 파견) 2004년 同부사장대우 이사기자 2004년 同고문(현) (상)韋庵언론상, 雲耕상, 효령상-언론부문(1999), 영국 파이낸셜타임스 선정 '한국 대표 칼럼니스트' (저)'워싱턴 4季' '부자유시대' '언론 조심하라구'

## 김대중(金大中) Dae Joong Kim

(생)1964·1·23 (본)김해(金海) (출)전남 영광 (주)전라남도 담양군 담양읍 죽녹원로 152 전남도립대학교(061-380-8400) (학)1982년 광주 서석고졸 1989년 전남대 공과대학 토목공학과졸 1991년 同대학원 토목공학과졸 1995년 토목공학박사(전남대) (경)1996~1998년 미국 코넬대 Visiting Scientist 1998~1999년 건설기술호남교육원 토목전임교수 1999~2017년 전남도립대 토목환경과 교수 2004년 전남도 지방건설기술심의위원 2005년 同안전관리자문위원 2006~2008년 대한토목학회 국문논문편집위원 겸 평의원 2007~2013년 한국콘크리트학회 이사·기준정비위원장·도서출판위원장 2012년 국토해양부 제정 도로교설계기준및콘크리트구조기준 집필위원 2014년 전남도립대 총장 직대 2017년 同총장(현) 2019년 한국전문대학교육협의회 이사(현) (상)대한토목학회 학술대회 우수논문상(2005), 대한토목학회 광주전남지회 논문상(2007), 대한토목학회 광주전남지회 학술상(2011), 전라남도지사표창(2011·2016), 전남도립대학교총장표창(2016) (저)'콘크리트 구조부재의 스트럿-타이 모델 설계 예제집(共)'(2007, 기문당) '공용중인 콘크리트 교량의 안전성 평가기준(안) 및 예제집(共)'(2010, 기문당) '만화로 보는 정역학(共)'(2010, 기문당) '철근콘크리트공학(共)'(2014, 구미서관) '콘크리트구조 및 강구조공학(共)'(2015, 구미서관) (종)천주교

## 김대중(金大中) KIM Dae Jung

(생)1968·1·22 (본)광산(光山) (출)전북 정읍 (주)전라북도 전주시 완산구 효자로 225 전라북도의회(063-280-3970) (학)1986년 호남고졸 1992년 전북대 공법학과졸 (경)1989~2004년 울림야학교 교사, (주)정인티엔씨 관리이사, 민족통일 정읍시협의회 운영위원, 민주당 전북도당 부대변인, 同무상급식추진특위 전북본부장 2006년 전북도의원 후보(민주당) 2010~2014년 전북도의회 의원(민주당·민주통합당·민주당·새정치민주연합) 2010년 同행정자치위원회 위원 2013년 同윤리특별위원회 위원 2013년 同버스운영체계개선을위한특별위원회 간사 2014년 同행정자치위원장, 전북대 초빙교수 2014년 전북도의원선거 출마(무소속) 2018년 전북도의회 의원(더불어민주당)(현) 2018년 同운영위원회 위원장(현) 2018년 同행정자치위원회 위원 겸 윤리특별위원회 위원(현), 전북대도약 정책협의체 위원(현)

## 김대지(金大智) KIM Dae Ji

(생)1967·4·7 (출)부산 (주)세종특별자치시 국세청로 8-14 국세청 차장실(044-204-2211) (학)1985년 부산 내성고졸 1991년 서울대 경영학과졸 (경)1992년 행정고시 합격(36회) 1994~1999년 남부산세무서·부산진세무서·울산세무서·서울 성동세무서 과장 2000년 서울지방국세청 조사3국 사무관 2005년 同총무과 서기관 2006년 대통령비서실 파견 2006년 서울지방국세청 소득재산세과장 2007년 캐나다 국세청 파견 2009년 서울지방국세청 납세지원국 법무1과장 2009년 파주세무서장 2010년 국세공무원교육원 지원과장 2010년 국세청 재산세국 부동산거래관리과장 2012년 同징세법무국 징세과장 2013년 同징세법무국 징세과장(부이사관) 2014년 중부지방국세청 납세자보호담당관 2015년 부산지방국세청 성실납세지원국장(고위공무원) 2016년 중부지방국세청 조사2국장(고위공무원) 2017년 서울지방국세청 조사1국장(고위공무원 나급) 2018년 부산지방국세청장 2019년 국세청 차장(현)

## 김대진(金大鎭) KIM Dai Jin

(생)1957·12·28 (출)부산 (주)경상북도 포항시 남구 청암로 77 포항공과대학교 컴퓨터공학과(054-279-2249) (학)1981년 연세대 전자공학과졸 1984년 한국과학기술원(KAIST) 전기및전자공학과졸 1991년 전기및컴퓨터박사(미국 Syracuse대) (경)1984~1986년 KBS 기술연구소 연구원 1992~

1999년 동아대 컴퓨터공학과 교수 1999년 포항공과대 컴퓨터공학과 교수(현) 2010~2012년 同두뇌연구센터 소장 2012~2015년 同학술정보처장 (저)'전산개론(共)'(1997, 이한출판사) 'Xilinx 교육(共)'(1998, IDEC 부산지역센터) '정보처리개론(共)'(1998, 이한출판사) 'Automated Face Analysis : Emerging Technologies and Research(共)'(2009, IGI Global)

## 김대진(金大鎭) KIM Dae Jin

(생)1962·6·4 (출)서울 (주)서울특별시 서초구 남부순환로 2374 한국예술종합학교 음악원 기악과(02-520-8114) (학)미국 줄리어드음대졸, 同대학원졸, 기악박사(미국 줄리어드음대) (경)1973년 국립교향악단과 협연으로 피아니스트 데뷔, 미국 맨하탄음대 Associate Faculty, 同예비학교 Faculty, 스위스 티보바가국제음악제·미국 보드윈국제음악제 참가, 클리브랜드 오케스트라·프랑스 릴국립교향악단·프랑스 빠들루교향악단 연주회 참가, 뉴욕 화이트플레인즈 오케스트라 쇼팽서거 150주년기념협주곡 전곡 연주회, 서울시립교향악단·부천시립교향악단·코리안 심포니 등과 협연, 부천필 말러 전곡 연주회, 강충모 바흐 피아노곡 전곡 연주회 협연 1994년 한국예술종합학교 음악원 기악과 교수(현) 2001~2004년 모차르트 피아노협주곡 전곡 연주회 2008~2017년 수원시립교향악단 상임지휘자 2010년 예술의전당 피아노부문 자문위원 2012~2014년 한국예술종합학교 예술영재교육원장 2013년 피스앤피아노페스티벌 예술감독 2014년 제14회 아르투르루빈스타인국제피아노콩쿠르 심사위원 2015년 한국예술종합학교 음악원 기악과장 2015년 서초문화재단 이사 2016년 퀸엘리자베스국제콩쿠르 피아노부문 심사위원 2017년 창원시립교향악단 예술감독 겸 상임지휘자(현) 2018년 한국예술종합학교 음악원장(현) (상)이화콩쿠르 1등, 중앙콩쿠르 1등, 동아콩쿠르 1등 및 대상, 줄리어드 협주곡콩쿠르 1위, 로베르 카사드쉬 국제콩쿠르 1등, 지나 바카우어 국제콩쿠르 입상, 제18회 난파음악상, 금호음악스승상(2004·2006), 한국예술문화단체총연합회예술문화상 음악부문 대상(2005), 대한민국 문화예술상(2006), 객석예술인상(2010), 제11회 대원음악상 대상(2017) (저)'음악이 아이에게 말을 걸다'(2014, 웅진리빙하우스)

## 김대철(金大哲) KIM Dae Cheol

(생)1958·11·13 (출)서울 (주)서울특별시 용산구 한강대로23길 55 HDC현대산업개발(02-2008-9114) (학)서라벌고졸, 고려대 경영학과졸, 미국 펜실베이니아대 경영대학원졸(MBA) (경)현대자동차(주) 부장, 자딘플레밍 부장, 현대산업개발(주) 공사관리·자재담당 상무 2005~2007년 아이콘트롤스(주) 대표이사 사장 2006년 아이파크스포츠(주) 대표이사 사장 2007~2010년 현대산업개발(주) 기획실장(부사장), 호텔아이파크 감사 2011년 아이투자신탁운용(주) 대표이사 사장 2012년 HDC자산운용(주) 대표이사 사장 2017년 현대산업개발 경영관리부문 사장 2018년 HDC현대산업개발 각자대표이사 사장(현) 2018년 한국주택협회 회장(현) 2018년 대한건설단체총연합회 감사(현) (종)기독교

## 김대하(金大河) KIM Dae Ha

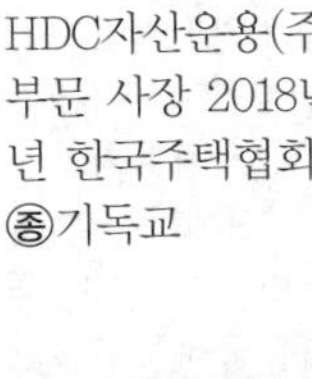

(생)1951·1·18 (본)김해(金海) (출)경남 창원 (주)서울특별시 송파구 송이로30길 7 동일빌딩 3층 (주)동일기술공사(02-3400-5702) (학)서울대 토목공학과졸, 도시계획학박사(홍익대) (경)1974~1979년 해군 시설감실 시설장교(대위) 1979~1981년 (주)우대기술단 과장 1981~1985년 (주)동아엔지니어링 과장 1985~1990년 (주)선진엔지니어링 종합건축사사무소 이사 1990년 (주)동일기술공사 전무, 同사장, 同부회장(현) 2002년 대한교통학회 이사·고문 (상)과학기술포장(2006) (저)'도시철도시스템개론'(1993) (역)'도로교통용량편람'(1990)

## 김대현(金大現) KIM Dae Hyun

(생)1957·11·1 (주)부산광역시 금정구 부산대학로63번길 2 부산대학교 사범대학 교육학과(051-510-2629) (학)1982년 부산대 교육학과졸 1984년 同대학원 교육학과졸 1992년 교육학박사(부산대) (경)1995~2005년 부산대 사범대학 교육학과 조교수·부교수 2001~2005년 同대학원 교육학과장 2004~2005년 同교육과정방법개발센터 소장 2005년 同사범대학 교육학과 교수(현) 2005~2007년 同교수학습지원센터 소장 2012년 同교무처장 2014년 교육부 대학수학능력시험개선위원회 위원 2015~2017년 부산대 사범대학장 겸 교육대학원장 2017년 대통령직속 국가교육회의 위원(현) (상)사회부총리 겸 교육부장관표창(2015) (저)'지식과 교육과정'(1994) '학교중심 통합교육과정개발(共)'(1995) '교과의 통합 운영(共)'(1997) '프로젝트 학습의 운영(共)'(1999) '쿠레레를 적용한 도덕 윤리과의 교수 학습 모형'(2006) '부산대학교 국제화 관련 교육체제 재구축 방안 연구'(2007) '배움과 돌봄의 학교공동체(共)'(2008) '질적연구 : 우리나라의 걸작선'(2008) '교육과정의 이해'(2011) '국제이해교육의 이론과 실제(共)'(2012)

## 김대현(金大鉉) Kim Dai Hyun

(생)1958·2·18 (출)제주 (주)서울특별시 강동구 양재대로 1378 (주)선진 임원실(02-2225-0777) (학)1976년 동래고졸 1980년 서울대 축산학과졸 (경)1982년 (주)선진 입사 1998년 (주)유전자원 이사 2007년 (주)선진 총괄일반 상무 2011년 同마케팅실 전무 2015년 同전략기획실장 겸 경영품질혁신실장(부사장)(현)

## 김대현(金大顯) Dae Hyun Kim

(생)1962·12·11 (본)안동(安東) (출)경북 안동 (주)대구광역시 중구 달성로 56 계명대 동산의료원 가정의학과(053-250-7548) (학)1981년 대륜고졸 1987년 경북대 의대졸 1998년 의학박사(전북대) (경)1987~1990년 연세의료원 전공의 1993년 부산침례병원 가정의학과장·고혈압진료소장 1994년 계명대 의과대학 가정의학교실 교수(현) 2005~2007년 보건복지부 금연사업지원단 교육분과 위원장 2005~2009년 대한가정의학회 대구경북지회장 2010년 청소년건강활동진흥재단(YNSA) 대구지회장(현) 2010년 대한임상노인의학회 부회장(현) 2011~2012년 국제금연학회(ISPTID) 회장 2014년 한국위킹협회 이사장(현) (상)보건복지부장관표창(1998), 임상노인의학회 학술상, 대한가정의학회 저술지원상(2008) (저)'한국인의 건강증진' '가정의학'(共) '의료인을 위한 지침서 : 담배와 건강' '의료커뮤니케이션' '기본의학 학습성과' (역)'의학면담'(2002) '영양균형과 모발 미네랄 검사'(2003) (종)가톨릭

## 김대현(金大賢) Dae Hyun, Kim

(생)1964·1·26 (본)광산(光山) (출)전북 부안 (주)서울특별시 종로구 세종대로 209 금융위원회 감사담당관실(02-2100-2790) (학)1982년 군산고졸 1989년 건국대 무역학과졸 2009년 중국 중앙재경대 대학원 금융학원석사 (경)1990년 총무처 근무 1990~1994년 재무부 금융정책과·중소금융과·손해보험과 근무 1995년 재정경제원 금융정책과·증권제도과 근무 2004년 재정경제부 공보관실 근무 2007년 同통상기획과 근무 2008년 기획재정부 인사과 인사팀장 2011~2014년 駐상하이총영사관 파견 2015년 기획재정부 세제실 다자관세협력과장 2015년 同재정관리국 회계결산과장 2016년 금융위원회 감사담당관(현)

## 김대현(金大賢)

(생)1965 · 1 · 12 (출)대구 (주)대구광역시 수성구 무학로 227 대구지방경찰청 보안과(053-804-7081) (학)대구 달성고졸 1987년 경찰대졸(3기), 경북대 행정대학원 행정학과졸 (경)1987년 경위 임용 2002년 경정 승진 2003년 대구지방경찰청 U대회기획단 근무 2003년 대구 북부경찰서 생활안전과장 2004년 대구 수성경찰서 정보보안과장 2005년 대구 달서경찰서 정보보안과장 2006년 대구지방경찰청 정보2계장 2010년 同정보3계장 2011년 경북지방경찰청 정보과장(총경) 2011년 경북 문경경찰서장 2013년 경북지방경찰청 홍보담당관 2014년 대구 북부경찰서장 2015년 대구지방경찰청 정보과장 2016년 경북 구미경찰서장 2017년 경북지방경찰청 정보과장 2017년 경북 청도경찰서장 2019년 대구지방경찰청 보안과장(현)

## 김대현(金大鉉)

(생)1965 · 9 · 17 (주)대구광역시 중구 공평로 88 대구광역시의회(053-803-5041) (학)계명대 법학과졸 (경)법무사(현), 자유한국당 대구시당 서구당원협의회 부위원장 2018년 대구시의회 의원(자유한국당)(현) 2018년 同건설교통위원회 위원(현)

## 김대현(金大玹) KIM Dae Hyun

(생)1971 · 4 · 6 (출)대구 (주)대구광역시 중구 공평로 88 대구광역시청 비서실(053-803-2006) (학)경신고졸, 고려대 경영학과졸, 同정책대학원 도시및지방행정학과졸, 행정학박사(경북대) (경)김만제 국회의원 보좌관, 한나라당 대구시당 부대변인, 同대구시당 운영위원회 부위원장, 대구시유도회 이사, (사)대구아파트연합회 수성구지회 정책자문위원, (사)대구시지체장애인협회 수성구지회 자문위원, 대구수성문화원 자문위원 2006~2010년 대구시의회 의원(한나라당) 2008~2009년 대구시 도시계획위원회 위원 2008~2009년 대구시의회 첨단의료복합단지유치특별위원회 부위원장 2011~2013년 (사)한국청년유권자연맹 대구시지부장, 새누리당 중앙연수원 교수, 同여의도연구원 정책자문위원 2014년 대구시 수성구청장 예비후보(새누리당) 2014년 대구시 교통연수원장 2018년 同비서실장(현)

## 김대현(金大鉉)

(생)1976 · 1 · 17 (출)전남 장흥 (주)충청남도 천안시 동남구 청수14로 77 대전지방법원 천안지원(041-620-3000) (학)1994년 국제고졸 1999년 서울대 사법학과졸 (경)2000년 사법고시 합격(42회) 2003년 사법연수원 수료(32기), 공익법무관 2006년 광주지법 판사 2008년 同순천지원 판사 2011년 광주지법 판사 2015년 수원지법 안산지원 판사 2018년 대전지법 천안지원 · 대전가정법원 천안지원 부장판사(현)

## 김대형(金大亨) kim dae hyung

(생)1954 · 8 · 11 (주)제주특별자치도 제주시 서사로 25 (주)제주일보방송(064-757-3114) (학)1977년 동아대 문리대학졸, 제주대 행정대학원 최고위과정 수료(1기), 同경영대학원 최고위과정 수료(2기), 경기대 대학원 범죄예방전문화교육과정 수료 (경)대경산업 회장(현), 법무부 범죄예방위원 전국연합회 부회장, 법무부 범죄예방위원 제주지역협의회 총회장, 제주지방경찰청 행정발전위원회 고문(현), 법무부 법사랑위원 제주연합회 고문(현), 제주창조경제혁신센터 이사장(현) 2015년 (주)제주일보방송 회장(현) 2015년 제주상공회의소 회장(현) 2015년 대한상공회의소 부회장(현) (상)동탑산업훈장, 국무총리표창, 국민훈장 목련장(2012)

## 김대호(金大鎬) KIM Dae Ho

(생)1958 · 3 · 3 (출)광주 (주)서울특별시 서초구 서초대로 254 오퓨런스 608호 충장 법률사무소(02-6250-3225) (학)1973년 광주제일고 중퇴 1973년 대입검정고시 합격 1975년 전남대 사범대학 중퇴 (경)1976년 국가행정직 7급 공무원시험 합격 1977년 통일부 통일연수원 근무 1983년 同교육홍보실 근무 1987년 사법시험 합격(29회) 1990년 사법연수원 수료(19기) 1990년 광주지검 검사 1992년 전주지검 정주지청 검사 1993년 서울지검 검사 1996년 부산지검 검사 1998년 법무부 조사과 검사 1999년 同보호과 검사 2000년 서울지검 남부지청 검사 2002년 대검찰청 중앙수사부 검찰연구관 2002년 서울지검 남부지청 부부장검사 2003년 대전지검 천안지청 형사2부장 2004년 법무부 관찰과장 2005년 同보호과장 2006년 서울남부지검 형사5부장 2007~2008년 서울중앙지검 조사부장 2009~2014년 김앤장법률사무소 변호사 2014년 충장 법률사무소 대표변호사(현) 2018년 '드루킹 댓글 조작 사건' 특별검사보

## 김대호(金大浩) KIM Dae Ho

(생)1960 · 5 · 18 (본)경주(慶州) (출)인천 (주)인천광역시 미추홀구 인하로 100 인하대학교 언론정보학과(032-860-8793) (학)1978년 대일고졸 1984년 서울대 언론학과졸 1986년 同대학원 언론학과졸 1994년 언론학박사(영국 버밍엄대) (경)1989~1991년 방송위원회 연구원 1994~1996년 同선임연구원 1996~1999년 정보통신정책연구원 연구위원(방송정책팀장) 1999년 인하대 언론정보학과 교수(현) 1999년 인하펠로우교수 2003~2004년 한국언론학회 연구이사 2007년 인하대 신문사 주간 겸 방송국 주간 2008~2010년 同대외협력처장 2008년 방송통신위원회 시청자불만처리위원회 위원 2008년 인천국제교류센터 이사 2008년 디지털방송활성화추진위원회 위원 2009년 국방부 책임운영기관 운영심의위원 2010년 한국정책방송원 운영심의회 위원 2010년 한국미디어경영학회 회장 2010년 프랑스 르아브르대 초빙교수 2010년 한국언론진흥재단 신문과방송 편집위원 2010 · 2013~2016년 방송통신위원회 자체평가위원회 위원 2010년 국가미래연구원 과학기술 · 방송통신분야 발기인 2011년 일본 와세다대 초빙연구원 2013년 대통령자문 국민경제자문회의 창조경제분과 자문위원 2013~2016년 同방송정책자문위원 2013~2015년 미래창조과학부 자체평가위원 2014~2018년 한국인터넷진흥원 비상임이사 2014~2016년 한국방송광고진흥공사 비상임이사 2014~2018년 SBS 사외이사 2014~2015년 금융위원회 금융혁신위원회 위원 2016~2017년 KT 사외이사 (상)정보통신부장관표창(1998), 경제인문사회연구회이사장표창(2002), 인하대 우수연구상(2003), 문화체육관광부 우수학술도서(2008 · 2009), 대통령표창(2013) (저)'멀티미디어시대를 대비한 미디어정책'(1996, 박영률출판사) '디지털시대의 방송정책'(2000, 커뮤니케이션북스) '21세기 한국방송의 좌표'(2002, 나남출판사) '멀티미디어시대 텔레비전과 인터넷의 융합'(2002, 나남출판사) 'Media Big Bang: Impact on Business and Society'(2007, Communications Books Publishing Co.) 'Media Big Bang, Seoul Digital Forum'(2007, 커뮤니케이션북스) '한국의 인터넷, 진화의 궤적'(2008, 커뮤니케이션북스) '방송통신법 연구 V'(2008, 경인문화사) '미디어의 미래'(2008, 커뮤니케이션북스) '한국미디어산업의 변화와 과제'(2010, 커뮤니케이션북스) '미디어 생태계'(2011, 커뮤니케이션북스) '소셜미디어'(2012, 커뮤니케이션북스) '미디어생태계의 미래'(2012, 한국학술정보) '콘텐츠'(2013, 커뮤니케이션북스) 'ICT 생태계'(2014, 커뮤니케이션북스) '인간, 초연결사회를 살다'(2015, 커뮤니케이션북스) '인터넷거버넌스'(2015, 커뮤니케이션북스) '4차 산업혁명'(2016, 커뮤니케이션북스) '공유경제'(2018, 커뮤니케이션북스) 'media governance in korea'(2018, MacMillen) (역)'텔레비전의 이해'(1995, 한나래출판사) '세계의 방송법'(1998, 한울출판사) 'BBC 프로듀서 가이드라인'(2000, 한국방송공사) 'e-브리타니아: 커뮤니케이션 혁명'(2001, 커뮤니케이션북

스) '커뮤니케이션연구 어떻게 할 것인가?'(2001, 커뮤니케이션북스) '방송, 케이블, 인터넷 마케팅과 프로모션'(2004, 한울아카데미) 'BBC없는 공공서비스방송은 가능한가?'(2006, 한울아카데미)

### 김대호(金大浩) KIM DAE HO

(생)1968·5·23 (본)김해(金海) (출)경북 안동 (주)서울특별시 종로구 율곡로2길 25 연합뉴스 전국부(02-398-3114) (학)1987년 의정부고졸, 경희대 신문방송학과졸 (경)1994년 연합뉴스 산업부·스포츠부·사회부·경제부·증권부 기자 2009년 同상하이특파원 2012년 연합뉴스TV 경제부 부장대우 2013년 同진행팀장 2014년 同경제부장 2015년 연합뉴스 편집국 IT의료과학부장 2016년 同마케팅부장 2018년 同전국부 근무(부장급)(현) (종)기독교

### 김대환(金大煥) KIM Dae Hwan

(생)1949·10·19 (본)경주(慶州) (출)경북 금릉 (주)인천광역시 미추홀구 인하로 100 인하대학교 경상대학 경제학과(032-860-7770) (학)1968년 계성고졸 1975년 서울대 경제학과졸 1977년 同대학원 경제학과졸 1985년 경제학박사(영국 옥스퍼드대) (경)1978~2004년 인하대 경상대학 경제통상학부 교수 1991년 영국 옥스퍼드대 St. Antony's College 초빙교수 1992년 인하대 산업경제연구소장 1993년 학술단체협의회 상임공동대표 1994년 한국산업노동학회 부회장 1994년 참여민주사회시민연대 정책위원장 1995년 한국노동사회연구소 부소장 1996년 참여사회연구소 소장 1998년 참여민주사회시민연대 청문회감시단장 2000년 노사정위원회 위원(공익대표) 2000~2004년 규제개혁위원회 경제2분과 간사 2001년 인하대 경상대학장 2001~2003년 대통령자문 정책기획위원회 경제노동분과위원장 2002년 제16대 대통령직인수위원회 경제2분과위원회 간사 2003~2004년 국민경제자문위원회 민간위원 2004~2006년 노동부 장관 2006~2015년 인하대 경상대학 경제학과 교수 2006~2007년 한국고용정보원 이사장 2008년 고용전략연구회 좌장 2009년 在韓옥스퍼드대동문회 회장 2013년 (주)LG 감사위원 2013~2016년 대통령소속 경제사회발전노사정위원회 위원장(장관급) 2015~2016년 청년희망재단 이사 2015~2017년 인하대 석좌교수 2017년 同경제학과 명예교수(현) (상)Inchon Memorial Fellowship, 자랑스런 계성인, 홍조근정훈장(2003), 청조근정훈장(2006), 자랑스런 옥스퍼드동문인상, 서울대상과대학총동창회 빛내자상(2015) (저)'자본주의의 이해'(編) '중국사회 성격논쟁'(共) '경제발전론' '영국 민영화기업 규제' '한반도 통일국가의 체제구상'(共) '세계경제환경 변화와 노동운동'(共) '미시경제 이론'(共) 'The Korean Peninsula in Transition'(共) '한국노사관계의 전개와 현장'(共) '발전 경제학' '한국의 지성 100년' '노동의 미래와 신질서'(共) '한국 노사관계의 진단과 처방' '노동운동, 상생인가 공멸인가'(共)

### 김대환(金大煥)

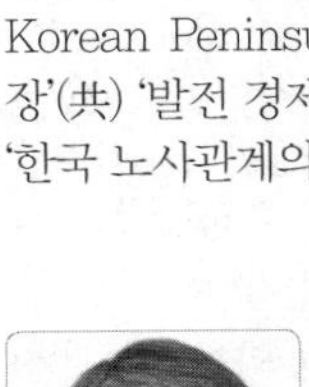

(생)1963 (주)서울특별시 서초구 서초대로74길 11 삼성생명보험(주)(1588-3114) (학)서울대 경제학과졸 (경)1986년 삼성생명보험(주) 입사, 同마케팅전략그룹 상무, 同경영지원실 상무 2015년 同경영지원실 CFO(전무) 2019년 同CFO(부사장)(현)

### 김대환(金大煥)

(생)1964·8·22 (본)안동(安東) (출)대전 (주)세종특별자치시 한누리대로 422 고용노동부 근로기준정책관실(044-202-7526) (학)1987년 서울대 공법학과졸 1990년 同행정대학원 행정학과졸 2008년 미국 인디애나대 블루밍턴교 법학대학원 법학과졸 2008년 법학박사(미국 인디애나대 블루밍턴교) (경)1993년 행정고시 합격(37회) 1995~2002년 노동부 노정국 국제협력과·駐UN대표부·노동부 산업안전국 안전정책과 근무(사무관) 2002년 노동부 노동조합과·노사조정과·노사정책과 근무(서기관), 경인지방노동청 근로감독과장 2005년 대구지방노동청 관리과장 2005~2006년 보건복지부 저출산고령사회정책본부 인력경제팀장 2006~2007년 미국 교육파견 2007~2008년 미국노동총연맹 산업별조합회의(AFL-CIO) White River Central Labor Council 파견 2008년 노동부 근로기준국 근로기준과 근무(서기관) 2008~2009년 중앙노동위원회 심판1과장 2009년 국무총리실 사회통합위원회 설치TF 파견(서기관) 2009년 고용노동부 기획조정실 규제개혁법무담당관 2011년 同기획조정실 규제개혁법무담당관(부이사관) 2011년 서울지방고용노동청 고용센터 소장 2012년 고용노동부 기획조정실 행정관리담당관 2013년 제18대 대통령직인수위원회 고용복지분과 파견(부이사관) 2013년 대통령 고용노동비서관실 행정관(부이사관) 2014년 대통령 고용노동비서관실 선임행정관(고위공무원) 2015년 전북지방노동위원회 위원장 2017년 대통령소속 경제사회발전노사정위원회 운영국장 2017년 고용노동부 국제협력관 2019년 同근로기준정책관(국장급)(현) (종)불교

### 김대환(金大煥) KIM Dae Hwan

(생)1965·3·23 (주)서울특별시 중구 을지로5길 26 미래에셋대우 강남1Hub지역본부(02-768-3355) (학)부산중앙고졸, 서강대 경제학과졸, 同대학원 경제학과졸 (경)국민은행 근무, 하나은행 근무, 미래에셋증권 퇴직연금추진본부장 2010년 同경기사업본부장 2013년 同WM추진본부장(상무) 2016년 同경영혁신본부장(상무) 2016년 미래에셋대우 창업추진단장(상무) 2016년 同경영혁신부문 대표(상무) 2018년 同WM연금지원부문 대표(전무) 2018년 同강남1Hub지역본부장(전무)(현)

### 김대휘(金大彙) KIM Dae Hwi

(생)1956·3·12 (본)예안(禮安) (출)대구 (주)서울특별시 강남구 영동대로 517 아셈타워 19층 법무법인 화우(02-6003-7120) (학)1974년 경동고졸 1978년 서울대 법과대학졸 1981년 同대학원 법철학과졸 1992년 법학박사(서울대) (경)1977년 사법시험 합격(19회) 1980년 사법연수원 수료(10기) 1980년 해군 법무관 1983년 서울민사지법 판사 1985년 서울형사지법 판사 1987년 춘천지법 판사 1989년 同강릉지원 판사 1989년 독일 본대 연수 1990년 법원행정처 사법정책연구심의관 겸 서울고법 판사 1992년 서울고법 판사 1994년 제주지법 부장판사 1997년 인천지법 부장판사 1998년 서울남부지법 부장판사 1999년 서울중앙지법 부장판사 2001년 부산고법 부장판사 2003년 서울고법 부장판사 2008년 춘천지법원장 2009년 의정부지법원장 2010~2011년 서울가정법원장 2011년 법무법인 화우 파트너변호사(현) 2011년 이화여대 법학전문대학원 겸임교수(현) 2011~2015년 (주)동국제강 사외이사 겸 감사위원 2014년 세종대 자유전공학부 석좌교수(현) (상)근정포장(2011)

### 김대희(金大熙) KIM Dae Hee

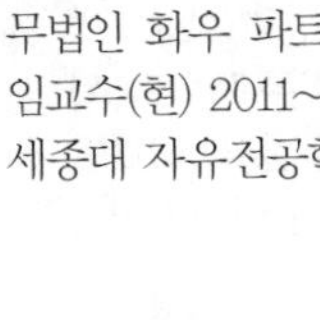

(생)1960·2·20 (출)충남 (주)충청북도 진천군 덕산면 정통로 18 정보통신정책연구원(KISDI)(043-531-4000) (학)1978년 공주사대부고졸 1982년 성균관대 행정학과졸 1984년 서울대 행정대학원졸 1997년 캐나다 칼턴대 대학원 수료 (경)1983년 행정고시 합격(26회) 1988년 체신부 기획예산담당관실 근무 1991년 同차관비서관 1993년 同통신기획과 근무 1997년 정보통신공무원교육원 기획연구과장 1998년 정보통신부 기획관리실 법무담당관 1999년 同장관 비서관 2000년 同정보화기획실 정보화지원과장 2001년 대통령비서실 파견 2002년 정보통신부 정보화기획실 정보이용보호과장 2002년 同정보통신지원국 통신기획과장 2003년 同총무과장 2004년 전북체신청장 2004년 駐미국대사관 참사관 2007년 정보통신부 정보통신협력본부장 2008년 국방대 안보과정교육훈련 파견 2009년 대통령 선임행정관 2010년 방송통신위

원회 이용자보호국장 2010년 同기획조정실장 2011년 대통령 방송정보통신비서관 2012~2014년 방송통신위원회 상임위원(차관급), 가천대 석좌교수 2016~2017년 한국방송광고진흥공사 비상임이사 2017년 정보통신정책연구원(KISDI) 원장(현)

### 김대희(金大熙) KIM Dae Hee

(생)1962·10·21 (출)대구 (주)서울특별시 강남구 테헤란로 317 동훈타워 법무법인(유) 대륙아주(02-563-2900) (학)1981년 신일고졸 1985년 서울대 경제학과졸 (경)1986년 사법고시 합격(28회) 1989년 사법연수원 수료(18기) 1989년 軍법무관 1992년 변호사 개업 1994~1996년 함&김법률사무소 변호사 1996년 법무법인 대륙 대표변호사 1997년 동양물산 사외감사 1997년 엔케이텔레콤 사외이사 1997년 대한축구협회 고문 1999년 주택공제조합 주택보증(주) 전환업무 법률자문 1999년 성업공사 법률자문역 1999년 ADB(아시아개발은행) 법률자문역 1999년 JP Morgan 상대 Advanced Fund 소송 대한생명 대리인 1999년 대우건설 법률자문역 1999년 주택저당채권유동화(주)(KOMOCO) 법률자문역 2000년 동화리스 법률자문역 2001년 해외개발은행(IBRD) CRV설립 법률자문 2001년 부동산리츠관계법률 개정안 법률자문 2001년 지역난방공사 민영화 법률자문 2002~2003년 한국산업단지공단 발전소매각·두루넷매각 법률자문 2005년 디케이유아이엘(주) 사외이사 2005년 삼성그룹 공정거래법 헌법소원사건 공정거래위원회측 소송대리인 2006년 현대그룹 적대적M&A방어 법률자문 2006년 주택공사 투자자문위원 2006년 수자원공사 투자자문위원 2006년 굿앤리치자산운용 이사 2007년 (주)에이로직스 대표이사 2008년 법무법인(유) 대륙아주 변호사 2018년 同대표변호사(현) (종)기독교

### 김덕경(金德經) Kim Duk-Kyung

(생)1957·4·10 (출)서울 (주)서울특별시 강남구 일원로 81 삼성서울병원 순환기내과(02-3410-3419) (학)경기고졸 1982년 서울대 의대졸 1988년 同대학원 의학석사 1991년 의학박사(서울대) (경)1985~1986년 서울대병원 인턴·레지던트 1989~1991년 同내과 전임의 1991~1994년 미국 스탠포드대 Falk Cardiovascular Research Center Post-Doc. 1994년 삼성서울병원 순환기내과 전문의(현) 1997~2002년 성균관대 의대 내과학교실 부교수 1997~2000년 대한동맥경화학회 학술이사 2002년 성균관대 의대 내과학교실 교수(현) 2003~2006년 삼성서울병원 유전자치료연구센터장 2007~2009년 同순환기내과장 2007~2011년 同심장혈관센터 부센터장 2011~2014년 同심장혈관센터 혈관질환팀장 2014~2017년 同심장뇌혈관병원 혈관센터장

### 김덕곤(金德坤)

(생)1970·6·8 (출)전북 정읍 (주)경기도 수원시 영통구 법조로 91 수원지방검찰청 형사5부(031-210-4431) (학)1989년 전주고졸 1997년 서울대 경영학과졸 (경)1999년 사법시험 합격(41회) 2002년 사법연수원 수료(31기) 2002년 광주지검 검사 2004년 부산지검 검사 2006년 서울북부지검 검사 2009년 수원지검 성남지청 검사 2011년 법무부 국가송무과 검사 2013년 대전지검 검사 2016년 서울중앙지검 부부장검사 2017년 부산지검 공판부장 2018년 전주지검 부장검사 2019년 수원지검 형사5부장(현)

### 김덕규(金德圭) KIM Duk Kyu

(생)1941·3·9 (본)안동(安東) (출)전북 무주 (학)1960년 대전사범학교졸 1965년 고려대 정치외교학과졸 1980년 미국 미주리주립대 신문대학원 수료 (경)1960년 무주 신안성초등학교 교사 1967년 신민당 중앙상무위원 1975년 同원내총무실 전문위원 1981년 제11대 국회의원(전국구, 민한당) 1986년 민주화추진협의회 상임운영위원 1988년 제13대 국회의원(서울중랑乙, 평민당·신민당·민주당) 1988년 평민당 원내수석부총무 1991년 신민당 원내수석부총무 1992년 제14대 국회의원(서울중랑乙, 민주당·국민회의) 1992년 민주당 사무총장 1994년 국회 행정경제위원장 1995년 국회 행정위원장 1995년 국민회의 서울중랑乙지구당위원장 1997년 제15대 대통령직인수위원회 정무분과 위원 1998~2000년 한국산업단지공단 이사장 2000~2003년 제16대 국회의원(서울 중랑乙, 새천년민주당·열린우리당) 2000년 한·베네수엘라의원친선협회장 2000년 국회 국무총리인사청문특위 위원장 2000년 새천년민주당 서울시지부장 2001년 국회 정보위원장 2003년 열린우리당 인사추천위원장 2003년 미국 미주리대 한국총동문회장 2004~2008년 제17대 국회의원(서울 중랑乙, 열린우리당·대통합민주신당·통합민주당) 2004~2006년 국회 부의장 2006~2007년 열린우리당 상임고문단장 2007년 국회 방송통신융합특별위원회 위원장 2007년 대통합민주신당 국민경선위원장 2008년 한·멕시코의원친선협회 회장 2008년 민주당 전당대회 의장 2008년 同당무위원 2008년 同상임고문 2008년 同서울중랑乙지역위원회 위원장 2012년 제19대 국회의원선거 출마(서울 중랑乙, 정통민주당) (상)대통령표창(1961) (종)천주교

### 김덕규(金德奎) Kim Deokkyu

(생)1949·3·14 (주)서울특별시 성동구 마장로 210 한국기원 홍보팀(02-3407-3870) (경)1971년 프로바둑 입단 1983년 국수전·대왕전·제왕전 본선 1984년 국수전 본선 1985년 대왕전·바둑왕전 본선 1987년 바둑왕전 본선 1989년 바둑왕전 본선 1990년 제27기 패왕전 본선 1994년 제3기 연승바둑최강전 본선 1995년 7단 승단 1995년 연승바둑 최강전·한국이동통신배·비씨카드배·국기전 본선, 한국기원 감사 1997년 23대 한국프로기사회 회장, 김덕규바둑도장 운영(현) 2007년 8단 승단 2015년 9단 승단(현)

### 김덕규(金德奎) KIM DUK KYOO

(생)1966·2·17 (출)서울 (주)서울특별시 영등포구 여의나루로 50 KB증권 부동산금융본부(02-6114-0114) (학)1984년 서울 양정고졸 1991년 고려대 무역학과졸 2017년 同경영전문대학원 최고경영자과정(AMP) 수료 (경)1990~1992년 (주)럭키 국내영업팀 근무 1992~1999년 외환은행 명동지점·인사부·신탁부 근무 1999년 同종합금융부 차장 2003~2009년 同종합금융부 CP중개팀장 2009년 NH농협증권 기업금융2팀 이사 2013~2014년 同종합금융본부 상무대우 2014년 NH투자증권 종합금융사업본부 상무대우 2015년 同부동산금융본부 상무 2018년 同프로젝트금융본부 상무 2018년 KB증권 부동산투자본부장(상무) 2019년 同부동산금융본부장(상무)(현)

### 김덕길(金德吉) Kim Duk Kil

(생)1965·10·1 (출)경남 합천 (주)대전광역시 서구 둔산중로78번길 15 대전고등검찰청 총무과(042-470-3242) (학)1984년 부산진고졸 1992년 부산대 법학과졸 (경)1994년 사법시험 합격(36회) 1997년 사법연수원 수료(26기) 1998년 창원지검 검사 2000년 대전지검 홍성지청 검사 2001년 서울지검 의정부지청 검사 2003년 서울지검 검사 2004년 서울중앙지검 검사 2006년 부산지검 검사 2009년 서울북부지검 검사 2009년 同부부장검사 2010년 광주지검 목포지청 부장검사 2011년 춘천지검 부장검사 2012년 부산지검 동부지청 형사2부장 2013년 전주지검 남원지청장 2014년 서울북부지검 형사4부장 2015년 서울중앙지검 여성아동범죄조사부장 2016년 울산지검 형사1부장 2017년 서울중앙지검 인권감독관 2018년 부산지검 서부지청장 2019년 대전고검 검사(현)

## 김덕남(金德男) KIM Duk Nam

(생)1945·8·22 (출)제주 (주)제주특별자치도 제주시 삼무로1길 5 정도빌딩 3층 제주투데이(064-751-9521) (학)1974년 제주대 국어국문학과졸 (경)1974년 제남신문 기자 1978년 제주신문 기자 1979~1990년 同문화부 차장·편집부 차장·지방부 차장·지방부장·특집부장·교육체육부장·사회부장·편집부국장 1991년 제민일보 편집부국장 1992년 同논설위원 1994년 同편집국장 1997년 同논설위원실장 1999년 제주타임스 편집국장 2002년 同대기자(이사대우) 2005년 同주필 2012~2013년 제주매일 이사 겸 주필 2014년 제주투데이 주필(현)

## 김덕남(金德男) KIM Deok Nam

(생)1961·12·15 (출)서울 (주)강원도 삼척시 중앙로 346 강원대학교 디자인스포츠대학 멀티디자인학과(033-570-6681) (학)1980년 청량공고졸 1987년 서울산업대 산업디자인학과졸, 국민대 대학원 산업디자인학과졸 (경)삼척대 산업디자인학과 조교수·부교수 2006년 강원대 디자인대학 산업디자인학과 부교수 2006년 同산업디자인학과장, 同디자인스포츠대학 멀티디자인학과 교수(현) 2016년 同디자인스포츠대학장(현) (종)불교

## 김덕룡(金德龍) KIM Deog Ryong

(생)1941·4·6 (본)김녕(金寧) (출)전북 익산 (주)서울특별시 서초구 방배로6길 13 파크에비뉴빌딩 402호 세계한인상공인총연합회(02-733-4401) (학)1960년 경복고졸 1964년 서울대 문리과대학 사회학과 제적(4년) 2001년 명예 인문학박사(미국 포틀랜드대) (경)1963년 서울대 문리대학생회 회장 1964년 對日굴욕외교반대 서울대투쟁위원장 1970년 김영삼 국회의원 비서 1979년 신민당 총재 비서실장 1984년 민주화추진협의회 기획조정실장·상임운영위원 1987년 민주당 총재특보 1988년 同정무위원 1988년 제13대 국회의원(서울 서초구乙, 민주당·민자당) 1988년 민주당 중앙청년위원장 1988년 외교안보연구원 정책자문위원 1989년 민주청년학교 개설·교장 1990년 민자당 당무위원 1992년 제14대 국회의원(서울 서초구乙, 민자당·신한국당) 1992년 민자당 총재 비서실장 1993년 세계한인상공인총연합회 회장 1993년 정무제1장관 1993년 민자당 당무위원 1994년 同서울시지부 위원장 1995년 同사무총장 1995년 국회 과학기술연구회장 1996년 제15대 국회의원(서울 서초구乙, 신한국당·한나라당) 1996년 정무제1장관 1997년 한나라당 대통령선거대책위원장 1998~2000년 同부총재 1999년 국회 대중문화&미디어연구회장 1999년 한나라당 뉴밀레니엄위원장 2000년 제16대 국회의원(서울 서초구乙, 한나라당) 2000년 윤봉길의사기념사업회 회장 2000년 세계한민족공동체재단 총재 2002년 (사)민주화추진협의회 공동이사장 2002년 한나라당 제16대 대통령선거대책위원회 공동의장 2003년 同지도위원 2004~2008년 제17대 국회의원(서울 서초구乙, 한나라당) 2004~2005년 한나라당 원내대표 2005년 민족화해협력범국민협의회 상임의장 2005~2008년 한·중의원외교협의회 회장 2006~2010년 한국경영·기술컨설턴트협회 회장 2007년 한나라당 제17대 대통령중앙선거대책위원회 한민족네트워크위원장 2007년 세계한인상공인총연합회 이사장(현) 2008년 한나라당 제18대 총선 중앙선거대책위원회 공동위원장 2008년 겨레말큰사전남북공동편찬사업회 후원회장 2008~2011년 대통령 국민통합특별보좌관 2009~2013년 민족화해협력범국민협의회 대표상임의장 2011~2013년 겨레의숲 공동대표 2013년 국민동행 전국상임공동대표 2016년 국제커피기구(ICO) 가입 및 런던본부 한국유치위원회 위원장 2017년 (사)김영삼민주센터 이사장(현) 2017년 더불어민주당 제19대 문재인 대통령후보 중앙선거대책위원회 하나된대한민국위원회 상임위원장 2017~2019년 대통령직속 민주평화통일자문회의 수석부의장(장관급) (상)대한민국 무궁화대상 정치부문(2009), 자랑스런 한국인대상 최고대상(2009), 미주한인재단 자랑스런 한국인 대상(2010), 경북동문대상(2014) (저)'새벽을 열며'(1987) '고문정치학' '열린 세상 열린 정치'(1991) '머리가 하얀 남자'(1995) '눈물을 닦아주는 남자'(1995) '우리, 멋진야당 한번 해봅시다'(1998) (종)기독교

## 김덕섭(金德燮) KIM Duck Seop

(생)1962·5·20 (출)경남 밀양 (주)강원도 원주시 혁신로 2 도로교통공단 운전면허본부(033-749-5141) (학)부산 동인고졸 1985년 경찰대졸(1기) (경)1985년 경위 임용 2002년 총경 승진 2002년 울산지방경찰청 보안과장 2003년 경남 합천경찰서장 2004년 경찰청 수사국 범죄피해자대책실 근무 2005년 인천국제공항경찰대장 2006년 서울지방경찰청 국회경비대장 2007년 서울 중랑경찰서장 2008년 경찰청 보안3과장 2009년 同보안2과장 2010년 울산지방경찰청 차장(경무관) 2010년 서울지방경찰청 기동본부장 2011년 同보안부장 2012년 경기지방경찰청 제1차장(치안감) 2013년 同제2차장(치안감) 2013년 제주특별자치도지방경찰청장(치안감) 2014년 경찰교육원 원장(치안감) 2015년 대전지방경찰청장(치안감) 2016~2017년 경찰청 경무담당관실 근무(치안감) 2018년 도로교통공단 운전면허본부장(상임이사)(현) (상)대한민국사회발전대상 행정부문(2016)

## 김덕성(金德成) KIM Duk Sung

(생)1943·9·25 (출)서울 (학)1962년 경기고졸 1971년 고려대 정치외교학과졸 (경)1971년 합동통신 기자 1981년 연합통신 기자 1986년 同경제2부 차장 1991년 同경제1부장 1993년 同경제1부장(부국장대우) 1994년 同논설위원 1996년 同경제국 부국장 1997~1998년 同경제국장 1998년 同뉴미디어국장 겸임 1998년 연합뉴스 경제국장 2000년 同논설위원실 고문 2000~2003년 同업무담당 상무이사 2004년 코스닥증권시장 공익이사 2004~2007년 한국서부발전(주) 비상임이사 2014~2016년 연합뉴스사우회 회장

## 김덕수(金德洙) KIM Duk Soo

(생)1952·9·23 (출)대전 (주)서울특별시 성북구 화랑로32길 146-37 한국예술종합학교 전통예술원(02-746-9742) (학)1971년 서울국악예술학교졸 1973년 단국대 요업공학과 수료(2년) (경)국가무형문화재 제92호 태평무 이수자(경기도당굿) 1957년 남사당 무동으로 데뷔·전통예술공연단체 일원 1957~1964년 양도일·남용윤·송순갑·최성구·이원보·송복산 등 명인들에게 남사당 전종목 사사 1965~1971년 지영희·지갑성 명인에게 피리 및 타악(경기도당굿) 사사·문백윤·황일백 명인에게 진주 12차 농악 사사 1978~1985년 이동안·정일동·김숙자 명인에게 경기도당굿 사사·김석출 명인에게 동해안별신굿 사사·박병천 명인에게 진도씻김굿 사사 1978년 김덕수사물놀이패 리더 1978년 사물놀이 창단공연(소극장 공간사랑) 1982년 세계타악인대회 참가(미국 댈러스) 1988년 서울올림픽 성화봉송 공연, 사물놀이 부여교육원 운영(현), 양평공방문화원 운영 1993년 사물놀이 '한울림' 창단 1995년 同예술감독(현) 1997년 동국대 경주캠퍼스 국악과 겸임교수 1997년 목원대 한국음악과 겸임교수 1997년 제7회 세계사물놀이겨루기한마당 총감독 1997년 뮤지컬 퍼포먼스 '난타' 예술감독 1997년 민족음악인협회 이사 1997년 대한민국국악제·세계음악제 공연 1998년 한국예술종합학교 전통예술원 연희과 조교수 1999~2018년 同전통예술원 연희과 교수 2001년 독주회(서울문예회관 대극장) 2001년 독주회 김덕수 솔로콘서트(서울문예회관 대극장) 2003~2004년 난장극장 대표 2008년 청솔극장 광화문아트홀 대표 2008년 (사)한국전통연희단체총연합회 이사장(현) 2008년 2009안면도국제꽃박람회 홍보대사 2010년 부천무형문화엑스포 홍보대사 2011~2014년 태권도진흥재단 비상임이사 2018년 한국예술종합학교 전통예술원 연희과 명예교수(현) (상)전국농악

경연대회 대통령표창(1959), 국민훈장 모란장(1995), 자랑스런 서울시민상, 자랑스러운 충남인상, 일맥문화상 나라빛냄상, 월드컵공로 대통령표창, KBS 국악대상(2002), 은관문화훈장(2007), 후쿠오카아시아문화상 예술·문화상(2007) (저)'사물놀이 교칙본 1·2·3' '사물놀이의 기초 1 – 영남농악' '사물 놀이의기초 2 – 웃다리풍물' '사물놀이의 기초 3 – 설장고가락' '글로벌 광대, 신명으로 세상을 두드리다' (작)음반 '청배', '난장(new horizon)', '사물놀이', '여기 백호 납신다', '새지평', '땅에서 하늘로', '김덕수 사물놀이 결정판' CD 대표곡 '어우름', '길', '소리', '덩더쿵', 'Mr. Changgo', 'RED SUN/SAMULNORI'

## 김덕술(金德述)

(생)1963·7·17 (주)서울특별시 송파구 법원로11길 25 H비즈니스센터 A동 1405호 삼해상사(주)(02-431-2345) (학)1985년 한국외국어대 동양어대학 일본어과졸 (경)1987년 삼해상사(주) 입사 1994년 同영업이사 2000년 同전무이사 2000년 삼해야마코(주) 전무이사 2005년 삼해상사(주) 대표이사 사장(현) 2009~2018년 한국김산업연합회 회장 2014년 중소기업미래포럼 회원(현) 2014년 수협중앙회 한·중FTA수산업대책위원회 위원 2015년 중소기업중앙회 가업승계특별위원회 위원 2018년 (사)자랑스러운중소기업인협의회 회장(현) (상)산업포장(2007), 자랑스러운 중소기업인상(2009), 국무총리표창(2011·2014), 중소기업청장표창(2013), 한국을 빛낸 이달의 무역인상(2016), 해양수산부장관 공로패(2016), 한국을 빛낸 올해의 무역인상(2016)

## 김덕용(金德龍) KIM Duk Yong

(생)1957·5·4 (출)인천 (주)경기도 화성시 영천로 183-19 (주)케이엠더블유(031-370-8650) (학)1976년 인천고졸 1983년 서강대 전자공학과졸 2008년 명예공학박사(서강대) (경)1982년 대영전자공업 연구원 1983년 대우통신 종합연구소 선임연구원 1987~1991년 삼성휴렛팩커드 근무 1991년 (주)케이엠더블유 창업(대표이사 사장), 同회장(현) 2000년 정보통신중소기업협회 부회장 2001년 한국전파진흥협회 이사(현) 2003년 한국고주파부품연구조합 부이사장 2004년 통신위성 우주산업연구회 이사(현) 2013~2016년 서강대총동문회 회장 2015년 한국공학한림원 정회원(현) (상)상공부장관표창, 공업진흥청장표창, 국무총리표창, 과학기술처장관표창, 대통령표창, 정보통신부장관표창, 한국산업기술진흥협회 기술경영인상(2001), 금탑산업훈장(2013) (종)기독교

## 김덕재(金德載) KIM Deog Jai

(생)1962·12·12 (본)김해(金海) (출)서울 (주)서울특별시 서초구 법원로 10 정곡빌딩남관 505호 법무법인 좋은친구(02-537-7600) (학)1981년 성동고졸 1985년 고려대 법학과졸 (경)1984년 사법시험 합격(26회) 1987년 사법연수원 수료(16기) 1987년 육군본부 감찰관실 근무 1990년 광주지검 순천지청 검사 1991년 부산지검 검사 1993년 수원지검 검사 1995년 서울지검 검사 1998년 대전지검 검사 1999년 同부부장검사 1999년 법무연수원 교수 2001년 서울고검 검사 2002년 제주지검 부장검사 2003년 수원지검 성남지청 부장검사 2004년 법무부 인권과장 2006년 창원지검 진주지청장 2007년 부산고검 검사 2007년 고충처리위원회 파견 2008년 서울고검 검사 2009년 대전고검 검사 2009~2010년 충남도 파견 2010년 서울고검 검사 2011~2017년 법률사무소 좋은친구 변호사 2012년 장미란재단 감사(현) 2012·2015년 법제처 법령해석심의위원회 위원(현) 2012년 同국민법제관, 대한복싱협회 법제상벌위원회 위원장 2016년 (주)에이티세미콘 사외이사 2017년 대한변호사협회 기획위원회 위원장(현) 2017년 법무법인 좋은친구 변호사(현) (상)검찰총장표창, 법무부장관표창, 국민포장 (종)기독교

## 김덕재(金德在)

(생)1964·1·14 (출)경북 (주)서울특별시 영등포구 여의공원로 13 한국방송공사 제작1본부(02-781-1000) (학)안동고졸, 경북대 토목공학과졸 (경)2002년 한국방송공사(KBS) 대구방송총국 편성제작국 TV제작부장 2003년 同경영혁신프로젝트팀 근무 2011~2016년 同TV본부 기획제작국 근무 2016~2018년 同미래사업본부 디지털서비스국 근무 2018년 同제작본부장 2019년 同제작1본부장(현)

## 김덕주(金德柱) KIM Dok Ju

(생)1965·5·1 (본)연안(延安) (출)경기 수원 (주)서울특별시 서초구 남부순환로 2572 국립외교원 유럽아프리카연구부(02-3497-7632) (학)1983년 동성고졸 1987년 서울대 법대졸 1989년 同대학원졸 1995년 법학박사(러시아 모스크바대) (경)1994년 러시아 모스크바대 강사 1995년 수원대 강사 1995년 외교안보연구원 조교수 2000년 이화여대 법대 겸임교수 2001~2012년 외교안보연구원 교수 2009년 同경제통상연구부장 직대 2012~2016년 국립외교원 유럽아프리카연구부장 2016년 同유럽아프리카연구부 교수(현) (상)근정포장(2008) (종)불교

## 김덕중(金德中) KIM Duck Choong (仁谷)

(생)1934·6·9 (출)대구 (주)서울특별시 마포구 백범로 35 서강대학교 경제학부(02-705-8179) (학)1956년 경기고졸 1961년 미국 위스콘신주립대졸 1966년 미국 미주리대 대학원졸 1970년 경제학박사(미국 미주리대) 1997년 명예 법학박사(미국 미주리대), 명예 공학박사(루마니아 루마니아공대) (경)1965~1969년 미국 미주리대 강사·전임강사 1968년 미국 위스콘신주립대 조교수 1970~1977년 서강대 경상대학 부교수·교수 1975년 同경제경영문제연구소장 1977년 대우실업 사장 1978년 해우선박·대양상선 회장 1978년 한·방글라데시협회 회장 1978년 駐네팔 총영사 1982~1999년 (주)대우 상임고문 1983~1995년 서강대 경제학과 교수 1984년 同경제경영문제연구소장 1987년 同경상대학장 1992년 국제경제학회 회장 1995~1999년 아주대 총장 1995년 한국대학교육협의회 대학평가기획위원회 회장 1996년 교육개혁위원회 부위원장 1998년 새교육공동체위원회 위원장 1999~2000년 교육부 장관 2000~2001년 아주대 총장 2003년 서강대 경제학부 명예교수(현) (상)이탈리아·벨기에공화국훈장, 국민훈장 석류장(1981), 청조근정훈장 (저)'거시경제이론' '경제원론' '정부보상정책모형' '경제학과 사회'

## 김덕진(金德鎭) KIM Duk Jin

(생)1953·8·8 (출)충남 논산 (주)서울특별시 서초구 서초중앙로 121 법무법인 대동(02-523-5550) (학)1972년 경기고졸 1977년 서울대 법학과졸 (경)1980년 軍법무관시험 합격(4회) 1982년 사법시험 합격(24회) 1985년 사법연수원 수료(15기) 1987년 국방부 조달본부 법무관 1990년 군수사령부 법무참모 1991년 수원지법 판사 1993년 서울지법 동부지원 판사 1995년 대전고법 판사 1998년 서울고법 판사 2000년 광주지법 부장판사 2002년 수원지법 부장판사 2004~2006년 서울중앙지법 부장판사 2009년 법무법인 두우 변호사 2009년 법무법인 두우&이우 변호사 2013~2019년 법무법인 두우 변호사 2019년 법무법인 대동 변호사(현) (종)천주교

## 김덕현(金德鉉) KIM Duk Hyun

(생)1957·10·19 (본)경주(慶州) (출)경기 안산 (주)경기도 시흥시 경기과기대로 269 경기과학기술대학교 총장실(031-496-4500) (학)1987년 독일 RWTH Aachen대 화학과졸 1992년 同대학원 화학과졸 1995년 이학박사(독일 RWTH Aachen대) (경)1992년 독일 RWTH Aachen대 유기화학

연구소 연구원 1996년 충남산업대 공업화학과 전임강사 1998~2018년 한국산업기술대 생명화학공학과 교수 1999년 同산업기술연구소장 1999년 시화지구민간환경감시단장 2000년 인천지방중소기업청 기술혁신개발사업심사위원장 2008~2010년 한국산업기술대 교무처장, 환경부 환경연구기관협의회 공동위원장, 지식경제부·환경부 국가환경경영대상 심사위원장 겸 포상심의위원회 위원장, 지식경제부 산업기술진흥원 대한민국기술대상 심의위원 겸 위원장 2011년 한국산업기술대 시흥환경기술개발센터장 2011년 시흥녹색환경지원센터 센터장 2015~2018년 한국산업기술대 일반대학원장 2015~2018년 同지식기반에너지대학원장 2015~2018년 同산업기술경영대학원장 2018년 경기과학기술대 총장(현) (상)환경부장관표창(2000) (저)'대학화학의 기초' '화학' '일반화학' (종)가톨릭

## 김덕호(金德浩) KIM Duk Ho

(생)1968·9·1 (출)전남 장성 (주)세종특별자치시 다솜2로 94 농림축산식품부 농업정책국(044-201-1501) (학)1987년 광주 석산고졸 1991년 서울대 사회복지학과졸 2003년 미국 일리노이대 대학원 경제학과졸 (경)1991년 행정고시 합격(35회) 1992년 농림부 입부 2000년 同식량생산국 친환경농업과 사무관 2001년 同식량생산국 친환경농업과 서기관 2003년 同공보관실 서기관 2004년 국가균형발전위원회 파견 2005년 농림부 국제농업국 자유무역협정과장 2007년 同농촌정책국 농촌사회과장 2008년 농림수산식품부 농생명산업팀장 2009년 同식량정책팀장 2009년 대통령 농수산식품비서관실 행정관 2010년 농림수산식품부 농업정책과장 2011년 同농림수산검역검사본부 인천공항검역검사소장(고위공무원) 2012년 중앙공무원교육원 파견 2013년 농림축산식품부 국제협력국장 2016년 한국농촌경제연구원 농업농촌정책연구본부 초빙연구위원 2017~2019년 농림축산식품부 식품산업정책실 식품산업정책관 2019년 同농업정책국장(현)

## 김덕호(金德浩) Kim, Dug Ho

(생)1969·4·6 (출)경남 진해 (주)세종특별자치시 한누리대로 422 고용노동부 대변인실(044-202-7600) (학)1987년 진해고졸 1993년 성균관대 사회학과졸 2000년 서울대 행정대학원 행정학과졸 2006년 영국 워릭대 Business School 경영학석사 2019년 행정학박사(성균관대) (경)1992년 행정고시 합격(36회) 2002년 노동부 고용정책과 서기관 2003년 부산지방노동청 부산고용안정센터장(서기관) 2004년 제주지방노동사무소장 2005년 국외훈련(영국) 2007년 노동부 자격정책팀장 2008년 同일자리창출지원과장 2008년 대통령 고용노사비서관실 행정관 2010년 세계은행 파견(부이사관) 2013년 대통령직속 청년위원회 파견 2014년 고용노동부 고용서비스정책과장 2015년 同고용정책실 고용정책총괄과장 2015년 인천지방노동위원회 위원장(일반직고위공무원) 2017년 고용노동부 청년여성고용정책관 2019년 同대변인(현) (상)대통령표창(2001), 근정포장(2015), 제2회 대한민국 공무원상(2016) (저)'Review of Public Employment Services in Korea'(2014, 노사발전재단)

## 김도경(金渡炅) Kim, Do Kyung

(생)1959·9·19 (본)광산(光山) (출)전남 여천 (주)대전광역시 유성구 대학로 291 한국과학기술원 공과대학 신소재공학과(042-350-4118) (학)1977년 순천고졸 1982년 서울대 공대졸 1984년 한국과학기술원(KAIST) 석사 1987년 공학박사(한국과학기술원) (경)1987~1994년 Agency for Defense Development Senior Researcher 1992~1993년 미국 Univ. of Calif at San Diego(UCSD) Visiting Fellow 1994~2002년 한국과학기술원(KAIST) 응용공학부 재료공학과 조교수·부교수 1998~1999년 미국 NIST Guest Scientist 2002년 한국과학기술원(KAIST) 공대 신소재공학과 교수(현) 2007~2008년 미국 Univ. of California Berkeley 객원교수 2007~2014년 (사)한국세라믹학회 편집위원·이사 2009~2011년 한국과학기술원(KAIST) 입학처장 2013년 미국세라믹학회 Fellow(현) 2015년 한국공학한림원 정회원(재료자원공학·현) 2015~2017년 한국과학기술원(KAIST) 교무처장

## 김도균(金度均) Kim Dogyun

(생)1965·7·4 (출)강원 속초 (주)서울특별시 용산구 이태원로 22 국방부 대북정책관실(02-748-6700) (학)속초고졸 1988년 육군사관학교졸(44기), 고려대 대학원 정치학과졸, 경기대 정치전문대학원 박사과정 수료 (경)2011년 남북군사실무회담 남측대표단, 국방부 정책기획관실 대북정책총괄담당, 同정책기획차장, 同북한정책과장 2016년 同북한정책과장(준장) 2017년 국가안보실 국방개혁비서관(소장) 2018년 국방부 대북정책관(소장)(현)

## 김도균(金度均) KIM Do Kyun

(생)1967·6·26 (출)대구 (주)세종특별자치시 도움5로 19 우정사업본부 예금사업단 금융총괄과(044-200-8410) (학)광성고졸, 서울대 경제학과졸, 법학박사(미국 시라큐스대) (경)1991년 행정고시 합격(35회) 2007년 산업자원부 산업정책본부 디지털혁신팀장 2007년 대통령자문 정책기획위원회 파견 2008년 지식경제부 경제자유구역기획단 교육의료팀장 2009년 同해외투자과장 2010년 同무역진흥과장 2011~2012년 同전력산업과장 2011년 한전KPS 비상근이사 2012년 지식경제부 소프트웨어산업과장 2013년 미래창조과학부 정보통신산업국 정보통신정책과장 2013년 同소프트웨어정책과장 2015년 국외 훈련 2016년 미래창조과학부 우정사업본부 경영기획실 재정기획담당관(부이사관) 2016년 同우정사업본부 보험사업단 보험자산운용과장 2017년 同우정사업본부 보험사업단 보험대체투자과장 2017년 과학기술정보통신부 우정사업본부 보험대체투자과장 2018년 同우정사업본부 보험기획과장 2019년 同우정사업본부 예금사업단 금융총괄과장(현)

## 김도균(金度均) KIM Do Kyun

(생)1970·1·2 (출)대구 (주)서울특별시 서초구 서초대로 219 법원행정처 윤리감사기획심의관실(02-3480-1100) (학)1988년 영진고졸 1993년 서울대 법학과졸 1995년 同대학원 법학과 석사과정 수료 (경)1995년 사법시험 합격(37회) 1998년 사법연수원 수료(27기) 1998년 軍법무관 2001년 대구지법 포항지원 판사 2003년 서울지법 판사 2004년 서울중앙지법 판사 2005년 부산지법 동부지원 판사 2006년 서울중앙지법 판사 2007년 수원지법 안산지원 판사 2008년 대구지법 김천지원 판사 2009년 서울고법 판사 2011년 서울행정법원 판사 2013년 서울가정법원 판사 2015년 전주지법 부장판사 2016년 사법연수원 교수 2018년 수원지법 부장판사(현) 2018년 법원행정처 윤리감사기획심의관(현)

## 김도균(金度均)

(생)1972·9·30 (출)경남 하동 (주)경상남도 진주시 진양호로 303 창원지방법원 진주지원(055-760-3211) (학)1991년 대아고졸 1996년 서울대 법학과졸 (경)2001년 사법시험 합격(43회) 2004년 사법연수원 수료(33기) 2004년 서울서부지법 예비판사 2005년 서울고법 예비판사, 부산지법 동부지원 판사 2019년 창원지법 진주지원 부장판사(현)

## 김도균(金度均) KIM Do Kyun

[생]1973·2·19 [출]경남 마산 [주]충청북도 충주시 계명대로 101 청주지방검찰청 충주지청 총무계(043-841-4543) [학]1991년 경상고졸 1995년 서울대 법학과졸 1999년 同대학원졸 [경]1997년 사법시험 합격(39회) 2000년 사법연수원 수료(29기) 2000년 육군 법무관 2003년 서울지검 검사 2004년 서울중앙지검 검사 2005년 수원지검 평택지청 검사 2007년 부산지검 검사 2010년 서울남부지검 검사 2013년 同부부장검사 2013년 대검찰청 연구관 2014년 춘천지검 강릉지청 부장검사 2015년 광주고검 검사(국무조정실 파견) 2016년 서울서부지검 형사5부장 2017년 부산지검 특수부장 2018년 서울중앙지검 형사6부장 2019년 청주지검 충주지청장(현)

## 김도언(金道彦) KIM Do Eun

[생]1940·6·15 [본]강릉(江陵) [출]부산 [주]서울특별시 서초구 서초중앙로 15 김도언법률사무소(02-566-8111) [학]1958년 동래고졸 1963년 서울대 법대 공법학과졸 1964년 同사법대학원 수료 [경]1963년 고등고시 사법과 합격(16회) 1968~1969년 부산지검·서울지검 검사 1972년 법무부 법무실 검사 1975~1979년 서울지검·대구지검 검사 1979년 대검찰청 검찰연구관 1981년 同중앙수사부 제3과장 1982년 서울지검 특수1부장 1983년 법무부 보호국장 1985년 대구고검·서울고검 차장 1986년 대검찰청 형사2부장 1987년 대전지검 검사장 1989년 수원지검 검사장 1990년 법무부 검찰국장 1991년 부산지검 검사장 1992년 대전고검 검사장 1993년 대검찰청 차장 1993~1995년 검찰총장 1996년 제15대 국회의원(부산 금정乙, 신한국당·한나라당) 1999년 한나라당 총재 법률특보 2000년 변호사 개업 2001년 법무법인 청률 고문변호사 2005년 금호산업(주) 사외이사 2015년 한온시스템(주) 사외이사(현) 2017년 변호사 개업(현) [상]황조근정훈장(1990), 청조근정훈장(1995), 녹조근정훈장 [종]기독교

## 김도연(金度演) KIM Doh Yeon

[생]1961·5·13 [출]서울 [주]서울특별시 성북구 정릉로 77 국민대학교 사회과학대학 언론정보학부(02-910-4457) [학]1980년 서라벌고졸 1985년 서울대 언론정보학과졸 1987년 同대학원 신문학과졸 1996년 언론학박사(미국 Texas at Austin대) [경]1992~1998년 방송개혁위원회 전문위원 1997~2002년 정보통신정책연구원 방송정책연구팀장, 서울대·한양대·한국외국어대·광운대 강사 2000년 방송정책기획위원회 위원 2002년 국민대 사회과학대학 언론정보학부 조교수·부교수·교수(현) 2009~2011년 同교양과정부장 2011년 부산콘텐츠마켓 자문위원 2011~2012년 한국미디어경영학회 회장 2016~2018년 방송통신위원회 방송시장경쟁상황평가위원회 위원장 2016~2018년 국제방송교류재단(아리랑TV) 비상임이사 2018년 국민대 사회과학대학장(현) [상]정보통신부장관표창(2002)

## 김도연(金度演)

[생]1961·7·26 [출]전남 나주 [주]전라남도 나주시 예향로 4201 나주소방서 서장실(061-330-0900) [학]한국방송통신대졸, 동신대 대학원 사회복지학과졸 [경]1986년 소방공무원 임용(공채), 전남도 소방본부 소방행정계장, 전남 순천소방서 현장대응단장, 전남 나주소방서 소방·방호과장, 전남도 소방본부 소방항공대장 2014년 同소방본부 방호구조과장(소방정) 2015년 전남 담양소방서장 2017년 전남 영광소방서장 2018년 전남 화순소방서장 2019년 전남 나주소방서장(현)

## 김도열(金道熱) KIM Do Youl

[생]1958·6·25 [출]전남 목포 [주]경기도 안양시 동안구 시민대로109번길 24-3 동보프라자 3층 하나기술(주)(031-458-9367) [학]1982년 고려대 물리학과졸 1984년 同대학원 고체물리학과 수료 2000년 同경영대학원 국제경영학과졸 [경]1983~1992년 금성전선연구소 입사·레이저연구팀장 1992년 하나기술(주) 설립·대표이사 사장(현) 1993년 산업자원부 공업기반과제심의위원 1993년 과학기술부 국제공동연구과제평가위원 1995년 한국물리학회·한국광학회·미국 레이저학회 회원(현) 1998~1999년 양재·포이벤처협의회 운영위원 1999년 산업자원부 레이저발진기·응용시스템기술에관한연구담당 총괄책임자 1999년 한국스마트21엔젤클럽 이사 1999년 하나루미너스(주) 설립·대표이사(현) 2000년 세계인명사전 'International Who's Who'에 등재 2000년 한국광산업진흥회 이사 2000년 한국광학기기협회 부회장 2000년 한국레이저가공학회 재무이사 2002년 Inno-Biz협의회 이사 2015~2016년 국제로타리 3650지구(서울 강북) 총재 [상]상공부장관표창(1985), LG그룹연구개발회장표창(1986·1989), 산업자원부장관표창(2002), 한전원자력연료사장표창(2002), POSCO사장표창(2008), POSCO기술연구원장표창(2010), POSCO전기강판부장표창(2011) [종]기독교

## 김도영(金都泳)

[생]1963 [출]서울 [주]경기도 부천시 오정구 오정로 233 OBS 경인TV 보도국(032-670-5110) [학]서울 배문고졸, 한양대 경제학과졸, 한세대 경영대학원졸, 수원대 대학원 경영학 박사과정 수료 [경]1988~1991년 경기일보 사회부 기자 1991년 국민일보 입사 1999년 同편집국 사회부 기자 2000년 同사회2부 기자 2002년 同전국부 기자 2005년 同사회부 차장대우 2008~2014년 同사회2부 차장대우 2014년 OBS 경인TV 경기총국장 2016년 同보도국장 2018년 (사)경기언론인클럽 운영위원장(현) 2019년 OBS 경인TV 보도국 논설주간(현)

## 김도완(金度完)

[생]1972·3·19 [출]경북 의성 [주]경기도 고양시 일산동구 장백로 213 의정부지방검찰청 고양지청 형사1부(031-909-4308) [학]1991년 오성고졸 1997년 서울대 정치학과졸 [경]1999년 사법시험 합격(41회) 2002년 사법연수원 수료(31기) 2002년 서울지검 서부지청 검사 2004년 대구지검 상주지청 검사 2006년 전주지검 검사 2008년 서울중앙지검 검사 2011년 대검찰청 연구관 2013년 대구지검 공안부 검사 2015년 법무부 감찰담당관실 검사 2017년 창원지검 거창지청장 2018년 대검찰청 공안2과장(부장검사) 2019년 의정부지검 고양지청 형사1부장(현) [상]대검찰청 '올해(2010년)의 검사' 선정

## 김도요(金度姚·女) KIM Do Yo

[생]1977·1·5 [출]전남 구례 [주]부산광역시 연제구 법원로 31 부산지방법원 총무과(051-590-1505) [학]1995년 광주 동신여고졸 1999년 서울대 법과대학 사법학과졸, 同법과대학원 수료 [경]2000년 사법고시 합격(42회) 2003년 사법연수원 수료(32기), 법무법인 지평 변호사 2013년 청주지법 판사 2017년 수원지법 판사 2019년 부산지법 부장판사(현)

## 김도용(金道勇)

[생]1943·10·1 [출]경북 울진 [주]충청북도 단양군 영춘면 구인사길 73 구인사(043-423-7100) [학]1981년 구인사 대교과졸 [경]1977년 남대충 대종사를 은사로 득도 1980년 구인사에서 득도(은사 남대충) 1983년 6급 법계 품수 1993년 법계고시 2급 합격 1993년 대한불교천태종 종정(현) [종]불교

**김도읍(金度邑) KIM Do Eup**

(생)1964·7·6 (본)김해(金海) (출)부산 (주)서울특별시 영등포구 의사당대로 1 국회 의원회관 408호(02-784-1740) (학)1983년 부산동고졸 1989년 동아대 법학과졸 (경)1993년 사법시험 합격(35회) 1996년 사법연수원 수료(25기) 1996년 제주지검 검사 1998년 창원지검 진주지청 검사 2000년 부산지검 검사 2002년 서울지검 북부지청 검사 2004년 춘천지검 원주지청 검사 2006년 서울중앙지검 검사 2009년 부산지검 공판부장 2010~2011년 同외사부장 2011~2012년 변호사 개업 2011년 부산시 북구다문화가족지원센터 자문변호사 2012년 새누리당 민간인불법사찰TF 위원 2012년 제19대 국회의원(부산시 북구·강서구乙, 새누리당) 2012년 새누리당 아동학대방지 및 권리보장특별위원회 위원 2012년 同연로회원지원금제도개선TF 위원 2012년 국회 대법관인사청문회특별위원회 위원 2012~2013년 새누리당 부산시당 수석부위원장 2012~2013년 同법률담당 원내부대표 2012~2013·2014년 국회 예산결산특별위원회 위원 2012~2013·2014년 국회 운영위원회 위원 2012·2014년 국회 법제사법위원회 위원 2012년 국회 민간인불법사찰 및 증거인멸사건의진상규명을위한국정조사특별위원회 위원 2012년 국회 학교폭력대책특별위원회 위원 2013년 국회 이동흡헌법재판소장인사청문회특별위원회 위원 2013년 새누리당 4.24재보궐선거공직후보자추천위원회 위원 2013년 국회 박한철헌법재판소장인사청문회특별위원회 위원 2013년 국회 방송공정성특별위원회 위원 2013년 새누리당 동아시아역사특별위원회 위원 2014~2015년 同원내부대표 2014~2015년 국회 예산결산특별위원회 예산안조정소위원회 위원 2015년 국회 서민주거복지특별위원회 위원 2015~2016년 새누리당 중앙윤리위원회 윤리관 2016년 제20대 국회의원(부산시 북구·강서구乙, 새누리당·자유한국당〈2017.2〉)(현) 2016년 새누리당 원내수석부대표 2016년 국회 외교통일위원회 위원 2016년 국회 운영위원회 여당 간사 2016~2018년 국회 산업통상자원위원회 위원 2017년 자유한국당 제19대 홍준표 대통령후보 중앙선거대책위원회 국가대개혁위원회 부패특권척결위원장 2017~2018년 국회 예산결산특별위원회 간사 겸 추경예산안등조정소위원회 위원 2017년 국회 헌법재판소장(김이수)임명동의에관한인사청문특별위원회 위원 2017~2018년 국회 산업통상자원중소벤처기업위원회 위원 2017년 자유한국당 정치보복대책특별위원회 부위원장 2018년 국회 법제사법위원회 간사(현) 2018년 국회 정보위원회 위원(현) 2019년 자유한국당 사법개혁특별위원회 위원(현) 2019년 同대표최고위원 비서실장(현) (상)자랑스러운 동아인상(2012), 새누리당 국정감사 베스트팀(2012), 국회 입법 및 정책개발 정당추천 우수국회의원(2012), 새누리당 국정감사 우수의원(2013·2014·2015), 국회사무처 입법 및 정책개발 정당추천 우수국회의원상(2014), 부산시민단체선정 지역공헌상(2015), 전국 청소년선플SNS기자단 선정 국회의원 아름다운말 선플상(2016), 국정감사 NGO모니터단 국정감사 우수의원(2016), 2016년도 입법 및 정책개발 우수 국회의원(2017), JJC지방자치TV 대한민국 의정대상(2017), 국회도서관 이용 최우수 국회의원(2017·2018), 법률소비자연맹 총본부 국회의원 헌정대상(2017·2018)

**김도인(金道仁) Kim, Do In**

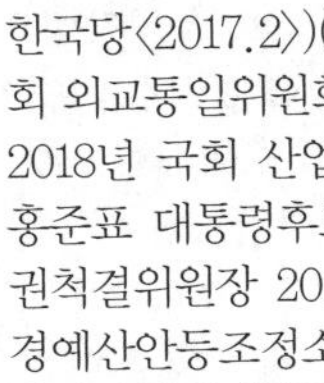

(생)1961·1·25 (출)경남 사천 (주)서울특별시 영등포구 국제금융로 20 율촌빌딩 6층 방송문화진흥회(02-780-2490) (학)1979년 부산 동아고졸 1985년 서울대 서양사학과졸 2001년 미국 로욜라메리마운트대 대학원졸(MBA) (경)1986~1996년 문화방송(MBC) 라디오 프로듀서 1997년 同심의실 근무 1998~1999년 同라디오 프로듀서 2000년 미국 연수 2001년 문화방송(MBC) 기획국 근무 2002년 同라디오본부 라디오1CP 차장 2006년 同라디오본부 라디오1CP 2007년 同라디오본부 라디오2CP(부장대우) 2009년 同라디오본부 라디오편성기획부장 2010년 同라디오본부 라디오1부장 2011년 同라디오본부 편성기획부장 2011년 同라디오본부 라디오3부장 2012년 同뉴미디어글로벌사업국 부국장 2012년 同특보 2013년 同외주제작국장 2013년 同라디오국장 2015년 同편성국장 2017~2018년 同편성제작본부장(이사) 2018년 방송문화진흥회 이사(현) (상)한국방송대상 보도부문 공동우수상(1990), 방송위원회 올해의 어린이·청소년 프로그램상(1998)

**김도인(金渡寅)**

(생)1963·3·12 (주)서울특별시 영등포구 여의대로 38 금융감독원(02-3145-5332) (학)1982년 광주 인성고졸 1988년 서울대 법학과졸 2006년 성균관대 대학원 법학과졸 (경)1989년 증권감독원 입사 1999년 금융감독원 감독7국 근무 2006년 同자산운용감독국 팀장 2007년 대통령비서실 파견(팀장급) 2008년 금융감독원 금융지주서비스국 팀장 2009년 同감사실 팀장 2011년 同자산운용검사실 부국장 2012년 同개인정보보호TF 실장급 2013년 同자산운용감독실장 2014년 국방대 파견(실장급) 2015년 금융감독원 자산운용검사국장 2016년 同기업공시국장 2017년 同금융투자담당 부원장보(현)

**김도종(金度宗) KIM Do Jong**

(생)1953·12·8 (주)전라북도 전주시 완산구 홍산로 245 전북창조경제혁신센터(063-220-8900) (학)1971년 원광고졸 1975년 원광대 원불교학과졸 1977년 同대학원 동양철학 석·박사과정 1987년 철학박사(원광대) (경)1979~1981년 오산공업전문대학·전북대·원광대 강사 1982~2014년 원광대 인문대학 철학과 조교수·부교수·교수 1988년 역사철학연구회 회장 1990년 (사)채문(彩文)연구소 소장 1997~2000년 전주문화방송 시사토론프로그램 진행 2000~2001년 범한철학회 회장 2001~2002년 대한철학회 회장 2004~2006년 원광대 인문대학장 2006~2014년 (사)국제문화학회 이사장 2007~2008년 세계철학대회 조직위원 2011~2013년 원광대 도덕교육원장 2011~2013년 원광고 총동문회 회장 2012년 학교법인 원불교대학원대학교 이사(현) 2014~2018년 원광대 총장 2015년 한국사립대학총장협의회 감사 2016~2018년 한국대학교육협의회 감사 2016년 한국대학가상교육연합 회장(현) 2017~2019년 인문학 및 인문정신문화진흥심의회 초대 위원장 2017년 전북창조경제혁신센터 이사장(현) 2017년 한국대학스포츠총장협의회(KUSF) 이사 2018년 원광대 철학과 명예교수(현) (상)전북환경대청상(2015), 중앙일보 주최 2017 대한민국CEO리더십대상 사회책임경영부문(2016), 중앙일보 주최 한국을 빛낸 창조경영인상 인재경영부문(2017), 조선일보 주최 신성장기업 경영인상 최고경영인 인재육성경영부문(2017), 동아일보 주최 2017 한국 경제를 움직이는 CEO대상 창의인재부문(2017), 중앙일보 주최 대한민국 경제리더대상 인재경영부문(2017), 동아일보 주최 2018 대한민국 공감경영대상 참교육경영부문(2018), 중앙일보 주최 2018 한국을 빛낸 창조경영대상 인재경영부문(2018) (저)'문화철학의 기본개념'(1997) '환경과 철학'(1999, 원광대 출판국) '종교·문명의 대전환과 큰 적공'(2015)

**김도종(金道鍾) KIM Do Jong**

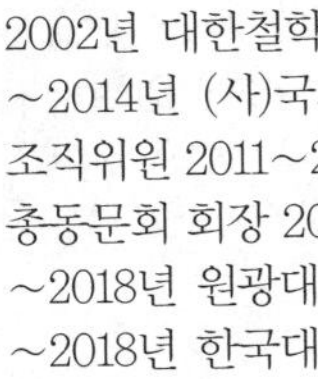

(생)1955·9·4 (본)배천(白川) (출)서울 (주)서울특별시 서대문구 거북골로 34 명지대학교 사회과학대학 정치외교학과(02-300-0695) (학)1981년 연세대 정치외교학과졸 1986년 미국 사우스캐롤라이나대 대학원 국제정치학과졸 1991년 정치학박사(미국 애리조나주립대) (경)1994년 국무총리 정무비서관 1995년 여의도연구소 정치연구실장 1996년 명지대 사회과학대학 정치외교학과 교수(현) 2005년 同전략기획실장 2006년 同기획조정실장 2009년 同사회과학대학장 겸 사회복지대학원장 2014년 국무총리소속 부마민주항쟁진상규명및관련자명예회복심의위원회 위원 2016·2018년 명지대 행정부총장 겸 미래기획위원회 위원장 2016·2018년 同대외협력·홍보위원회 위원장(현) (저)'The Korean Peninsula in Transition : The Summit and its Aftermath'

(2002) '정치심리학 : 정치행위의 이해'(2004, 명지대 출판부) '남북관계와 한국정치'(2005, 명지대 출판부) (종)기독교

**김도진(金道鎭) Kim Do Jin (靑吾)**

(생)1959 · 7 · 26 (본)안동(安東) (출)경북 의성 (주)서울특별시 중구 을지로 79 IBK기업은행 은행장실(02-729-6211) (학)1978년 대륜고졸 1983년 단국대 경제학과졸 (경)1985년 IBK기업은행 입행 2005년 同인천원당지점장 2008년 同본부기업금융센터장 2009년 同카드마케팅부장 2009년 同전략기획부 대외협력부장 2010년 同전략기획부장 2012년 同남중지역본부장 2013년 同남부지역본부장 2014년 同경영전략본부장(부행장) 2015년 同경영전략그룹장(부행장) 2016년 同은행장(현) (상)2018 대한민국 금융인상 '올해의 금융인상'(2018) (종)기독교

**김도한(金道漢) KIM, Dohan**

(생)1950 · 5 · 15 (본)안동(安東) (출)서울 (주)서울특별시 관악구 관악로 1 서울대학교 수리과학부(02-880-5857) (학)1968년 경기고졸 1972년 서울대 전자공학과졸 1974년 同대학원 수학과졸 1981년 이학박사(미국 럿거스대) (경)1982~1992년 서울대 수학과 조교수 · 부교수 1984년 대한수학회 이사 1991년 同총무이사 1992~2015년 서울대 수리과학부 교수 2004~2005년 同수리과학부장 겸 BK21수리과학사업단장 2005~2006년 대한수학회 부회장 2006년 한국과학기술한림원 정회원(현) 2007~2010년 대한수학회 회장 2011~2014년 2014세계수학자대회 공동자문위원장 2013년 아시아수학학술회의 조직위원장 2015년 서울대 수리과학부 명예교수(현) 2016년 한국과학기술한림원 이학부장 2016년 대한민국학술원 회원(수학 · 현) 2018년 대한민국학술원 자연제1분과회장(현) 2019년 한국과학기술한림원 시상위원장(현) (상)교육부장관표창(1992), 대한수학회 학술상(1995), 과학기술훈장 도약장(2011), 대한수학회 공로상(2014), 옥조근정훈장(2015), 서울시문화상(2016) (저)'후리에 해석과 의미분작용소'(1987, 민음사) '해석개론(共)'(1995, 서울대 출판부) '북한의 수학연구 현황(共)'(2016, 서울대 출판부) '주기선형계(共)'(2018, 경문사)

**김도한(金道漢) KIM Do Han**

(생)1950 · 9 · 4 (본)안동(安東) (출)경북 안동 (주)광주광역시 북구 첨단과기로 123 광주과학기술원 생명과학부(062-715-2485) (학)1973년 서울대졸 1977년 同대학원졸 1981년 분자생물학박사 (미국 마아퀘트대) (경)1994~2016년 광주과학기술원(GIST) 대학원 생명과학부 교수 1994~2003년 同인사심의위원회 위원장 1994~1996년 同기획연구처장 1994~1998년 同생명과학과장 1995~2000년 한국분자세포생물학회지 편집위원 1998~2000년 서울대 세포분화센터 SRC평가위원 1998년 인하대 의과대학 생리학교실 외래교수 1999년 한국과학재단 우수연구센터 생명과학분야 심사위원장 1999~2003년 과학기술부 중점연구사업기획위원회 위원 1999~2000년 '분자의 과학' 중점연구사업단 자문위원 1999~2001년 학술진흥기반사업 선도연구자 및 협동연구과제 심사위원 2000~2003년 중점국가연구개발사업 '생명현상 및 기능연구' 사업단장 2000~2008년 광주과학기술원(GIST) 생명현상기능연구소장 2000~2002년 한국과학재단 전문분과위원 2000년 21세기프론티어 '인간유전체 기능연구사업단' 기획운영위원 2001~2003년 인간유전체기능연구사업단 평가위원 2001~2006년 한국나노바이오테크놀로지센터 부소장 2002년 21C프론티어사업 '생체물질기능조절개발사업단' 평가위원 2002년 한국과학재단 지방대학우수과학자 연구비심사위원장 2002년 한국시스템생물학연구회 회장 2003~2005년 아시아나노바이오과학기술연구원 연구위원 2003년 한국분자세포생물학회 뉴스지 편집위원장 및 학술상 위원 2003~2004년 한국생물물리학회 회장 2003년 국책연구개발사업 '시스템생물학사업단' 단장 2008년 한국분자세포생물학회 시스템생물학분과장 2008년 광주과학기술원(GIST) 생명과학부 시스템생물학분과장 2009~2015년 同시스템생물학연구소장 2010년 한국통합생물학회 회장 2012년 한국분자세포생물학회 회장 2016~2018년 광주과학기술원(GIST) 대학원 생명과학부 특훈교수(Senior Fellow) 2019년 同명예교수(현) (상)교육과학기술부 한국과학기술포장(2008) (저)'유전자, 사랑 그리고 진화(共)'(1998, 전파과학사) '찰스다윈(共)'(1999, 전파과학사) '세포의 발견(共)'(2000, 전파과학사) '생존의 한계(共)'(2001, 전파과학사) '정자들의 유전자 전쟁(共)'(2003, 전파과학사) '세계동물백과(포유류)(共)'(2004, 교원)

**김도향(金道鄕) KIM Do Hyang**

(생)1958 · 1 · 26 (출)서울 (주)서울특별시 서대문구 연세로 50 연세대학교 공과대학 신소재공학과(02-2123-4255) (학)1976년 경동고졸 1980년 서울대 금속공학과졸 1982년 同대학원 금속공학과졸 1989년 공학박사(영국 옥스퍼드대) (경)1990~1992년 한국과학기술연구원(KIST) 연구원 · 선임연구원 1992~1995년 포항공대 금속재료공학과 조교수 1995~2001년 연세대 재료공학부 부교수 1998~2007년 同준결정재료연구단장 2001년 同공과대학 신소재공학과 교수(현) 2008년 同나노국방응용특화연구센터장 2014~2015년 한국현미경학회 회장 2016년 한국공학한림원 정회원(재료자원공학분과 · 현) (상)대한금속학회 논문상(1992), 한국주조공학회 논문상(1999), 한국과학기술단체총연합회 과학기술우수논문상(2006), 대한금속재료학회 포스코학술상(2008), 연세대 최우수업적교수(2015) (저)'투과전자현미경 분석학'(1998) '알루미늄 응용기술의 이해와 활용'(2005)

**김도현(金都現) Kim, Dohyun**

(생)1967 · 8 · 9 (본)광산(光山) (출)서울 (주)서울특별시 서초구 서초중앙로 157 서울중앙지방법원(02-530-1114) (학)1986년 성보고졸 1992년 한양대 법학과졸 (경)1994년 사법시험 합격(36회) 1997년 사법연수원 수료(26기) 1999년 부산지법 판사 2002년 수원지법 안산지원 판사 2004년 서울중앙지법 판사 2006년 서울남부지법 판사 2008년 서울고법 판사 2010년 서울중앙지법 판사 2012년 전주지법 군산지원 부장판사 2013년 인천지법 부장판사 2016년 서울남부지법 부장판사 2018년 서울중앙지법 부장판사(현)

**김도현(金道鉉)**

(생)1975·3·21 (출)강원 횡성 (주)서울특별시 서초구 서초대로74길 11 삼성전자(주) 법무실(02-2255-3737) (학)1994년 경기 효원고졸 1998년 중국 베이징화공대학 연수 1999년 서울대 법대졸 2007년 한국해양대 항만물류 최고경영자과정 수료 2008년 중국 화둥정법대학 연수 (경)1997년 사법시험 합격(39회) 2001년 사법연수원 수료(30기) 2001년 공익법무관 2004년 의정부지검 고양지청 검사 2006~2009년 부산지검 검사 2009년 법무법인 세종 변호사 2013년 삼성전자(주) 준법경영실 상무 2014년 同법무실 상무대우(현) (저)'중국 반독점법'(2009, 법문사)

**김도형(金度亨) KIM Do Hyung**

(생)1953 · 10 · 14 (출)경남 통영 (주)서울특별시 서대문구 통일로 81 NH농협생명빌딩 동북아역사재단(02-2012-6004) (학)1976년 서울대 국사학과졸 1979년 연세대 대학원 사학과졸 1989년 문학박사(연세대) (경)1981~2000년 계명대 전임강사 · 조교수 · 부교수 · 교수 2000년 연세대 사학과 부교수 2001~2018년 同사학과 교수 2001년 한국역사연구회 감사 2002년 한국사연구회 연구이사 2003년 한일역사공동연구위원회 연구위원 2003~2007년 연세대 국학연구원 부원장 2004~2005년 한국사연구회 회장 2004년 국사교육발전위원회 위원 2005년 한국사

연구단체협의회 초대회장 2005년 역사연구단체협의회 공동의장 2005~2006년 바른역사정립기획단 자문위원 2009~2014년 연세대 박물관장 2009~2012년 동북아역사재단 자문위원장 2017년 同이사장(현) (상)국무총리표창(2005) (저)'대한제국기의 정치사상 연구'(1994, 지식산업사) '대한제국의 개혁과 근대화(Reform and Modernity in the Taehan Empire)(共)'(2006) '일제하 한국사회의 전통과 근대인식'(2009, 혜안) '식민지시기 재만조선인의 삶과 기억'(2009, 선인) '한일역사교과서와 역사인식'(2010, 한일관계사연구논집 편찬위원회) '근대 한국의 문명전환과 개혁론'(2014, 지식산업사) '가마니로 본 일제강점기 농민 수탈사(共)'(2016, 창비) '연희전문학교의 학문과 동아시아 대학(共)'(2016, 혜안) '민족과 지역'(2017, 지식산업사) '민족문화와 대학'(2018, 혜안) (역)'한국통사'(1997, 계명대 출판부) '한국독립운동지혈사'(2008, 소명출판사)

## 김도형(金度亨) KIM Do Hyung

(생)1963·7·14 (출)부산 (주)서울특별시 성북구 보문로34다길 2 성신여자대학교 지식서비스공과대학 컴퓨터공학과(02-920-7190) (학)1985년 서울대 컴퓨터공학과졸 1987년 한국과학기술원 대학원 전산학과졸 1992년 공학박사(한국과학기술원) (경)1992년 한국과학기술원 부설 정보전자연구소 연수연구원 1992년 성신여대 지식서비스공과대학 컴퓨터공학과 교수(현) 1992년 한국과학기술원 정보전자연구소 연수연구원 1994~1996년 성신여대 전산학과장 1995년 한국정보과학회 추계학술대회 학술위원 1997~1998년 Department of Computer Science SUNY at Stony Brook 방문교수 1999년 한국정보고학회 춘계학술대회 학술위원 2004년 성신여대 교수평의회장 2004년 同컴퓨터정보학부장 2018년 同부총장(현)

## 김도형(金度亨) KIM Do Hyung

(생)1966·10·5 (본)김해(金海) (출)강원 삼척 (주)서울특별시 서대문구 통일로 97 경찰청 정보화장비기획담당관실(02-3150-2241) (학)강원대 행정학과졸 (경)동해경찰서 방범과장, 경찰청 인사교육과 인사운영계 운영담당 2013년 서울 은평경찰서 청문감사관 2014년 서울지방경찰청 인사교육과 계장 2014년 강원지방경찰청 경비교통과장(총경) 2015년 강원 화천경찰서장 2016년 경찰청 정보화장비기획담당관 2017년 同감찰담당관 2017년 서울 서초경찰서장 2019년 경찰청 정보화장비기획담당관(현)

## 김도형(金度亨) KIM, Do-hyung

(생)1968·12·12 (본)김해(金海) (출)경남 진주 (주)광주광역시 동구 문화전당로 38 문화체육관광부 옛전남도청복원추진단(062-601-4220) (학)1987년 대아고졸 1995년 고려대 국어교육학과졸 1999년 同경영대학원 경영학과졸(MBA) 2007년 미국 듀크대 정책대학원 정책학과졸(MA) 2013년 무역학박사(동국대) (경)1996년 공보처 광고진흥국 광고정책과 근무 1998~1999년 문화관광부 국립영상제작소 기획편성과 근무 1999~2008년 국정홍보처 홍보조사과·기획관리과·혁신기획과 행정사무관·혁신인사과 서기관·장기국외 훈련·정책포털기획팀장 2008~2013년 국가균형발전위원회(지역발전위원회)·대통령실 부이사관 2013년 문화체육관광부 박물관정책과장 2016년 同미디어정책과장 2019년 同지역문화정책과장 2019년 同옛전남도청복원추진단장(현)

## 김도형(金度亨)

(생)1969·11·9 (출)부산 (주)서울특별시 서초구 반포대로 158 서울중앙지방검찰청 외사부(02-530-4939) (학)1988년 부산고졸 1995년 서울대 사회학과졸 (경)1998년 사법시험 합격(40회) 2001년 사법연수원 수료(30기) 2001년 서울지검 검사 2003년 청주지검 제천지청 검사 2004년 창원지검 검사 2006년 인천지검 검사 2008년 법무부 법무심의관실 검사 2010년 서울남부지검 검사 2014년 부산지검 검사 2015년 서울중앙지검 부부장검사 2016년 부산지검 외사부장 2017년 대전지검 공안부장 2018년 인천지검 외사부장 2019년 서울중앙지검 외사부장(현)

## 김도형(金度亨)

(생)1971·11·17 (출)경남 남해 (주)경기도 과천시 관문로 47 서울지방교정청 사회복귀과(02-2110-8662) (학)진주 동명고졸, 고려대 행정학과졸, 同대학원 공안행정학과졸 (경)1999년 행정고시 합격(43회) 2000년 교정관 임용 2001년 청송제2보호감호소 작업과장 2004년 법무부 작업지도과 교정관 2007년 서울구치소 경비교도대대장 2010년 법무연수원 교수 2014년 밀양구치소장(서기관) 2015년 안양교도소 부소장 2016년 강릉교도소장 2016년 법무부 의료과장 2017년 원주교도소장 2018년 여주교도소장 2019년 서울지방교정청 사회복귀과장(현)

## 김도호(金道鎬) Do Ho Kim

(생)1956·1·22 (출)경남 합천 (주)서울특별시 강남구 남부순환로 2806 군인공제회 이사장실(02-2190-2001) (학)거창고졸 1980년 공군사관학교졸(28기) 2007년 한남대 대학원 군사학과졸 (경)공군본부 전력기획참모부 전력소요처장, 공군 생도대장, 16전투비행단장, 공군본부 인사참모부장(소장) 2012~2015년 서울대 국제대학원 초빙교수 2012~2017년 한국교통대 항공운항과 초빙교수 2018년 군인공제회 이사장(현) (상)국방부장관표창(1999), 환경부장관표창(2003), 대통령표창(2007), 보국훈장 천수장(2011)

## 김도환(金道桓) KIM Do Hwan

(생)1959·5·27 (출)서울 (주)서울특별시 광진구 능동로 209 세종대학교 경영학부(02-3408-3712) (학)신일고졸 1982년 성균관대 경영학과졸 1984년 한국과학기술원(KAIST) 경영학과졸(석사) 1993년 경영학박사(미국 노스웨스턴대) (경)1993~2000년 정보통신정책연구원(KISDI) 연구위원 1996~1999년 한국소프트웨어산업발전위원회 위원 1997~1999년 한국소프트웨어수출진흥위원회 위원 2000년 세종대 경영학부 경영학전공 교수(현) 2000년 정보통신부 IMT-2000사업자심사평가단 심사위원 2002~2006년 同심사평가위원회 평가위원 2002~2007년 기획예산처 기금운용평가단 평가위원 2006년 정보통신부 재정사업평가위원회 위원장 2006~2011년 정보통신정책학회 이사 2006~2009년 (주)KT 사외이사 겸 감사위원 2012년 새누리당 국민행복추진위원회 방송통신추진단 위원 2013년 국무총리소속 공공데이터전략위원회 민간위원 2013년 한국경영과학회 부회장 2014~2017년 정보통신정책연구원 원장 2016~2017년 국무총리소속 정부3.0 추진위원회 위원장 (상)정보통신부장관표창(1997·2006), 국무총리표창(1999), 국민훈장 동백장(2016) (저)'정보화촉진기금의 안정적 확보 및 효율적 지원방안'(1997, 정보통신정책연구원) '컨텐트산업의 현황과 정책과제'(1998, 정보통신정책연구원) '정보통신창업 애로요인 분석 및 활성화 방안 연구'(1999, 정보통신정책연구원)

## 김도환(金道煥) Kim Do Hwan

(생)1970·5·5 (본)경주(慶州) (출)서울 (주)서울특별시 강서구 허준로 91 대한한의사협회 홍보실(02-2657-5081) (학)1989년 서울 대원고졸 1997년 경기대 영어영문학과졸 1999년 단국대 행정대학원 행정학과졸 (경)2000년 일간보사 의학신문 취재기자 2003년 청년의사 취재기자 2005년 메디포뉴스 취재부장, 同편집국장 2008년 뉴시스헬스 편집국장 2008년 대한한의사협회 홍보실장(현) (상)보건복지부장관표창(2012)

**김도환(金度煥) KIM DO HWAN**

(생)1972 · 2 · 16 (출)서울 (주)서울특별시 금천구 가산디지털1로 134 S&T홀딩스 임원실(02-3279-5010) (학)1990년 서울고졸 1994년 성균관대 법학과졸 1996년 同대학원 법학과졸 (경)1998년 사법고시 합격(40회) 2003년 사법연수원 수료(32기) 2003년 변호사 개업 2008년 S&T홀딩스 경영관리실장(이사) 2013~2016년 S&TC 대표이사 2016년 S&T중공업 대표이사 사장 2017년 S&T홀딩스 대표이사 사장(현) 2017년 S&T중공업(주) 대표이사 사장

**김도훈(金道勳) KIM Do Hoon**

(생)1953 · 11 · 3 (본)청도(淸道) (출)경남 양산 (주)경상남도 창원시 의창구 원이대로 470 창원경륜공단(055-239-1111) (학)1972년 경남공고졸 1981년 아주대 공업경영학과졸 (경)1987년 한국중공업(주) 예산과장 1989년 同기획과장 1992년 同경영혁신담당과장 1995년 同연수원 교수 1995년 제2대 창원시의회 의원 1996년 창원YMCA 시민사업위원장 1997년 경남포럼 운영의원 1999년 국민회의 경남도지부 민원실장 1999년 同경남도지부 연수국장 2001년 민주평통 자문위원 2001년 새천년민주당 창원乙지구당 위원장 2002년 노무현 대통령후보 중앙선거대책위원회 경남선거대책본부 수석부본부장 2003년 열린우리당 창원乙지구당 창당준비위원장 2004~2009년 한국마사회 부산 · 경남경마본부장 2005~2008년 同부회장, YTN 비상근이사(3년) 2019년 창원경륜공단 이사장(현) (상)민주평통자문회의 공로상(1997)

**김도훈(金度勳) KIM Do Hoon**

(생)1961 · 2 · 10 (출)충북 영동 (주)대전광역시 서구 갈마중로30번길 67 충청투데이 사장실(042-380-7007) (학)충남고졸, 충남대 경영학과졸, 고려대 경영대학원졸(석사) (경)1988년 동남증권 경제연구소 근무 1990년 대전매일신문 경제부 기자 1992년 同사회부 기자 1995년 同정치부 기자 1997년 同정치팀장 1998년 同경제과학부 차장 2001년 同정치부장 2002년 同경제부장 2004년 同정치부장 2005년 충청투데이 정치부장 2006년 同마케팅국장 직대 2008년 同편집국장 2009년 同편집국장(상무보), 同기획조정실 상무보 2010년 同기획조정실장 겸 충남총괄본부장(상무보) 2012년 同세종 · 충남총괄본부장 2014년 同충남본부 부사장 2015년 同대전 · 충남본사 대표이사 사장(현) 2019년 대통령소속 자치분권위원회 정책자문위원(현)

**김도훈(金度勳) KIM Do Hoon**

(생)1970 · 7 · 21 (출)경남 통영 (주)울산광역시 동구 봉수로 507 현대스포츠클럽 울산 현대 축구단(052-202-6141) (학)1989년 울산 학성고졸 1993년 연세대 체육교육학과졸 (경)1988년 청소년 국가대표 1993년 유니버시아드대회 국가대표 1998년 프랑스월드컵 국가대표 1998~2000년 일본 프로축구 빗셀 고베 소속 2000년 시드니올림픽 국가대표 2000~2003년 전북 현대 프로축구단 소속 2000년 국내프로축구리그 득점왕(12골) 2001년 컨페더레이션스컵 국가대표 2002년 제6회 북중미골드컵 국가대표 2003~2005년 성남 일화 프로축구단 소속 2003년 국내프로축구리그 삼성하우젠 득점왕(28골) · MVP · 베스트11 2003년 국제축구역사통계연맹(IFFHS) 선정 세계골잡이랭킹 12위 2004년 프로축구 통산 100골 기록(프로축구 통산 4번째) 2006~2012년 성남 일화 프로축구단 코치 2013년 프로축구 강원 FC 코치 2015년 프로축구 인천 유나이티드 FC 감독 2016년 울산 현대 프로축구단 감독(현) (상)브론즈슈 수상, 2003프로축구 골든볼 · 골든슈, 스포츠서울 선정 올해의 프로축구 대상(2003), 제18회 올해의 프로축구 대상 올해의 인기선수(2004), 성남일화 선정 올해의 선수(2005), 삼성 하우젠 K-리그 대상 앙드레김 특별상(2005), 이성구 체육인상(2015), K-리그 9월의 감독(2017) (종)불교

**김 돈(金 敦) KIM DON**

(생)1957 · 11 · 23 (본)김해(金海) (출)경남 의령 (주)서울특별시 성동구 왕십리로 342 교보생명빌딩 7층 제일안전서비스(주) 대표이사실(02-2210-2191) (학)1976년 창신공고졸 1981년 경상대 임학과졸 2012년 서울대 대학원 최고경영자과정 수료 (경)1983년 교보생명보험(주) 입사 2002~2007년 同강동 · 강남FP지원단장 2008~2011년 同강북FP본부장(상무) 2011~2013년 同경인FP본부장 2013년 同AM본부장 2013~2014년 同강남FP본부장(전무) 2015년 同자문역 2016년 제일안전서비스(주) 대표이사(현)

**김돈곤(金敦坤) KIM, Don-Gon**

(생)1957 · 8 · 10 (본)김해(金海) (출)충남 청양 (주)충청남도 청양군 청양읍 문화예술로 222 청양군청 군수실(041-940-2001) (학)1974년 예산고졸 2004년 충남대 행정대학원 행정학과졸 (경)1979년 공직 입문 1979년 충남 청양군 비봉면사무소 근무 1986~1999년 충남도 내무국 · 도로관리사업소 · 농어촌개발국 · 정책기획정보실 근무 1999년 충남 청양군 운곡면장 2001년 충남도 공무원교육원 사무관(교무담당) 2002년 同건설교통국 신도시개발팀장 2003년 同문화관광국 관광홍보팀장 2008년 同기획관리실 사무관(기획담당) 2009년 교육파견(서기관) 2010년 충남도 국제협력과장 2011년 同홍보협력관 2013년 同문화예술과장 2013년 同정책기획관(부이사관) 2014년 同농정국장 2015~2016년 同자치행정국장 2017~2018년 同정책특별보좌관 2018년 충남 청양군수(더불어민주당)(현) (상)충남 청양군수표창(1983), 충남도지사표창(1984 · 1986 · 1988), 내무부장관표창(1986 · 1994), 국무총리표창(1996), 지방행정연수원장표창(1998), 대통령표창(2005)

**김돈규(金燉奎) Don-Kyu Kim**

(생)1967 · 11 · 13 (본)김녕(金寧) (출)대구 (주)서울특별시 동작구 흑석로 102 중앙대학교병원 재활의학과(02-6299-1865) (학)1986년 대구 달성고졸 1992년 서울대 의대졸 1998년 同대학원 의학석사 2006년 의학박사(서울대) (경)1992~1993년 서울대병원 인턴 1993~1997년 同전공의 1997~2000년 軍의관(공중보건의) 1999~2014년 대한장애인사격연맹 의무이사, 국민연금보험 중증장애심사 자문위원(현) 2000년 국제장애인올림픽위원회(IPC) 사격국제등급분류위원(현) 2000~2001년 국립재활원 재활의학과장 2001~2011년 중앙대 의대 재활의학과 조교수 · 부교수 2004년 아테네올림픽 대한민국대표팀 주치의 2007~2008년 Research Fellow, 미국 Johns Hopkins Univ. 연수 2010년 대한뇌졸중학회 정보위원 2011년 중앙대 의대 재활의학교실 교수(현) 2012년 대한장애인승마협회 등급분류이사, 同부회장(현) 2012년 대한재활의학회 고시위원(현) 2013~2019년 중앙대병원 재활의학과장 겸 주임교수 2013~2015년 대한연하장애학회 수련교육위원장, 同총무이사(현) 2014년 대한노인재활의학회 홍보위원장 · 총무이사 2014년 2014인천장애인아시안게임 등급분류지원단장 2015~2017년 대한뇌신경재활학회 총무위원장 2015년 대한신경근골격초음파학회 교육위원장 2016년 미국 세계인명사전 'Marquis Who's Who in the World'에 등재 2017년 중앙대병원 적정진료관리실장 2019년 同기획조정실장(현) 2019년 대한신경근골격초음파학회 이사장(현) (상)제주도지사표창(1998), 대통령표창(2004), 대한노인재활의학회 우수연구상(2013) (저)'신경근골격초음파'(2013, 한솔의학) '재활의학'(2014, 군자출판사) (역)'프롤로테라피를 이용한 인대와건의 이완에 대한 치료'(2002, 신흥메드사이언스) (종)가톨릭

## 김동건(金東建) KIM Dong Kun

(생)1943·10·16 (출)강원 강릉 (주)경기도 성남시 분당구 수내로 54 보보스쉐르빌 10층 한국철도문화재단(031-715-1772) (학)1961년 경기고졸 1965년 서울대 상대 경제학과졸 1969년 미국 조지아대 대학원졸 1973년 경제학박사(미국 조지아대) (경)1973~1978년 미국 테네시대 조교수·부교수 1977년 미국 시카고대 객원교수 1978~2009년 서울대 행정대학원 교수 1986년 同행정대학원 원장보 1989년 경제기획원 예산회계제도심의위원회 위원 1990년 (사)한국재정연구회 상임이사 1991년 재무부 세제발전심의위원 1993~1995년 서울대 기획실장 1993년 한국환경경제학회 회장 1994년 한국재정학회 부회장 1995~1996년 同회장 1995~1997년 대통령자문 정책기획위원 1997년 한국학술진흥재단 비상임이사 1999년 대한주택공사 사외이사 2000년 국무총리자문 정책평가민간위원회 위원 2000년 한국조세연구소 연구위원 2000년 대통령자문 정부혁신추진위원회 위원 2002~2003년 同위원장 2002년 한국재정연구회 이사장(현) 2009년 한국철도문화재단 이사장(현) 2009년 서울대 명예교수(현) 2014년 지방재정부담심의위원회 위원(현) (상)국민포장, 홍조근정훈장 (저)'현대재정학' '비용·편익분석' '재정과 경제복지' 등 (종)기독교

## 김동건(金東建) KIM Dong Gun

(생)1946·11·2 (출)경북 의성 (주)서울특별시 서초구 서초대로41길 20 법무법인 천우(02-591-6100) (학)1965년 경북대사대부고졸 1969년 서울대 법대졸 1974년 同대학원졸 1982년 영국 케임브리지대 수료 (경)1970년 사법시험 합격(11회) 1972년 사법연수원 수료(1기) 1975~1982년 서울형사지법·서울민사지법·대전지법·서울지법 동부지원 판사 1982년 서울고법 판사 1986년 대구지법 부장판사 1989년 사법연수원 교수 1991년 서울형사지법 부장판사 1992년 법원행정처 조사국장 1993년 대구고법 부장판사 1994년 대구지법 수석부장판사 1995~2000년 서울고법 부장판사 1998년 법원행정처 기획조정실장 2000년 제주지법원장 2000년 수원지법원장 2003년 서울지법원장 2004~2005년 서울고법원장 2004년 중앙선거관리위원회 위원 2005~2011년 법무법인 바른 대표변호사 2005년 현대상선 사외이사 2006~2008년 학교법인 영남학원 이사장 2006년 참여불교재가연대 상임대표 2007~2009년 정부공직자윤리위원회 위원장 2009년 경찰청 인권위원장 2012~2016년 법무법인 바른 명예대표 2012~2013년 국민체육진흥공단 비상임이사, 불교포럼 상임대표, 장욱진미술문화재단 이사장(현), 세종문화회관 후원회장(현) 2014~2016년 서울대 법과대학 동창회장 2014년 천고법치문화재단 이사(현), 영국 케임브리지대 한국동문회장 2017년 법무법인 천우 고문변호사(현) 2018년 효성첨단소재(주) 사외이사(현) (상)의성군민상 애향부문(2010), 대한불교조계종 불기2558년 불자대상(2014), 법조언론인클럽 공로패(2017), 자랑스러운 서울법대인상(2019) (종)불교

## 김동건(金東建)

(생)1976·4·2 (출)부산 (주)부산광역시 연제구 법원로 31 부산지방법원 총무과(051-590-1507) (학)1995년 동래고졸 2001년 서울대 법학과졸 (경)2001년 사법고시 합격(43회) 2004년 사법연수원 수료(33기) 2007년 청주지법 판사 2010년 의정부지법 고양지원 판사 2014년 서울중앙지법 판사 2016년 서울북부지법 판사 2017년 서울고법 판사 2019년 부산지법 부장판사(현)

## 김동곤(金東坤) Kim Donggon

(생)1965·12·15 (출)충남 서산 (주)세종특별자치시 갈매로 477 기획재정부 경제정책국 물가정책과(044-215-2770) (학)1985년 지곡고졸 1993년 단국대 행정학과졸 (경)2004~2006년 재정경제부 금융정책국 보험제도과·은행제도과 행정사무관 2007년 국무조정실 의료산업발전기획단 행정사무관 2008~2011년 기획재정부 경제정책국 인력개발과·자금시장과 행정사무관 2011년 대통령실 경제수석비서관실 경제금융비서관실 행정관(서기관) 2013년 산업통상자원부 경제자유구역기획단 지식서비스팀장 2016년 기획재정부 경제정책국 부동산정책팀장 2017년 同미래경제전략국 복지경제과장 2017년 同협동조합정책과장 2017년 同장기전략국 사회적경제과장 2019년 同경제정책국 물가정책과장(현)

## 김동관

(생)1958·8·10 (주)대구광역시 달성군 논공읍 논공로 597 평화홀딩스(주) 임원실(053-610-8500) (학)2006년 인하대졸 (경)AMT컨설팅그룹 대표, 샤인시스템 대표이사, 인하대 경영학부 겸임교수, 평화오일씰공업(주) 대표이사 사장(현) 2005년 공군 정책발전자문위원 2005년 KS인증심사원 자격심의위원 2011년 평화홀딩스(주) 사장 2012년 同대표이사 사장 2016년 대구상공회의소 상임의원 2018년 同부회장(현) 2018년 평화홀딩스(주) 대표이사 부회장(현) (상)매일경제 선정 '대한민국 글로벌 리더'(2014·2015)

## 김동관(金東官)

(생)1983·10·31 (출)서울 (주)서울특별시 중구 청계천로 86 한화큐셀 임원실(02-729-3163) (학)2002년 미국 세인트폴고졸 2006년 미국 하버드대 정치학과졸 (경)2010년 한화그룹 회장실 차장 2011년 한화솔라원 기획실장 2013년 한화큐셀 CSO(전략마케팅실장·Chief Strategy Officer) 2014년 한화솔라원 영업실장 2015년 同영업실장(상무) 2015년 한화큐셀 영업실장(상무) 2016년 同영업실장(CCO·전무)(현) (상)세계경제포럼 2013 젊은 글로벌리더(Young Global Leader)(2013)

## 김동구(金東九) KIM Dong Goo

(생)1944·3·5 (본)나주(羅州) (출)전남 무안 (주)서울특별시 구로구 공원로8길 24 백제약품(주) 회장실(02-2109-9401) (학)1966년 조선대 약학과졸 1978년 고려대 경영대학원 최고경영자과정 수료 1993년 서울대 경영대학원 최고경영자과정 수료 2010년 건국대 대학원 의료최고경영자과정 수료 (경)1964년 백제약품(주) 입사 1965년 同상무 1973년 同부사장, 同기획관리실장 겸임 1989~1991년 대한핸드볼협회 부회장 2003~2011년 학교법인 초당학원 이사 2003년 백제약품(주) 대표이사, 초당약품공업(주) 대표이사, 백제에치칼(주) 대표이사(현) 2014년 백제약품(주) 대표이사 회장(현) 2015년 한국의약품유통협회 상임자문위원(현) (상)동암약의상 유통부문(2010), 건국대 경영대학원장표창(2010)

## 김동구(金東求) KIM Dong Gu

(생)1951·10·22 (출)경북 안동 (주)대구광역시 달서구 성서로 276 금복홀딩스(053-357-5111) (학)1969년 경북사대부고졸 1973년 중앙대 사범대학졸 1985년 영남대 환경대학원졸 (경)1987~1994년 대구시 문화예술진흥위원회 위원 1987년 (주)금복주·경주법주(주) 대표이사 1990~1994년 (사)산학경영기술연구원 부원장 1995~2013년 대구시테니스협회 회장 1999~2003년 경북도 제2의건국범도민추진위원회 위원 2001~2004년 대구하계유니버시아드대회조직위원회 집행위원 2007~2008년 국세청 세정자문위원 2008년 (재)금복문화재단 이사장(현) 2008년 사회복지법인 금복복지재단 이사장(현) 2009년 법무부 범죄예방대구경북지역협의회 운영부위원장(현) 2010년 금복홀딩스(주) 회장(현) 2010년 대구상공회의소 부회장 2010~2011년 2011대구세계육상선수권조직위원회 집행위원 2012~2015년 대구상공회의소 회장 2012~2015년 대한상공회의소 부회장 2014년 법사랑위원연합회 부회장(현) (상)체육훈장 맹호장(2007)

## 김동구(金東龜) KIM, Dong Goo (無下)

(생)1955·1·23 (출)서울 (주)서울특별시 성북구 동소문로 127-1 세연빌딩 3층 (사)한국스트레스협회(02-922-0419) (학)1979년 연세대 의대졸 1982년 同대학원 약리학과졸 1988년 약리학박사(연세대) 1992년 이학박사(미국 미네소타대) (경)연세대 의대 약리학교실 부교수 2000~2019년 同의대 약리학교실 교수 2001년 대한스트레스학회 학술이사 2003년 대한의학회 부회장 2004~2012년 연세대 의대 약리학교실 주임교수 2004년 대한약리학회 기금이사 2005년 한국뇌신경과학회 상임이사 2005년 대한약리학회 이사 2006년 한국통합의학회 이사장 2006~2008년 한국뇌신경과학회 이사장 2006~2014년 연세평생교육원 스트레스관리전문가과정 책임교수 2007년 (사)한국스트레스협회 회장(현) 2011~2012년 대한약리학회 이사장 2012~2019년 연세대 의대 정신과학교실 겸임교수, 대한스트레스학회 부회장(현) 2019년 연세대 의대 약리학교실 명예교수(현) (역)'수용전념치료 : 핵심과 적용'(2014)

## 김동구(金東九) KIM Dong Gu

(생)1967·9·11 (본)안동(安東) (출)부산 (주)세종특별자치시 도움6로 11 환경부 환경경제정책관실(044-201-6550) (학)1986년 동아고졸 1994년 부산대 행정학과졸 2008년 조선대 대학원 환경공학과졸 (경)1996년 환경부 평가제도과·환경평가과 사무관 2004년 同상하수도국 수도정책과 서기관 2007년 同재정기획관실 재정운용과장 2008년 同환경전략실 기후대기정책관실 대기관리과장 2009년 同기획조정실 규제개혁법무담당관 2011년 4대강살리기추진본부 파견(서기관) 2012년 환경부 기획조정실 조직성과담당관 2013년 同기획조정실 창조행정담당관 2014년 同자원순환국 폐자원관리과장 2015년 同자원순환국 자원순환정책과장(부이사관) 2017년 국립생물자원관 생물자원활용부장(고위공무원) 2017~2019년 수도권대기환경청 청장 2019년 환경부 환경경제정책관(현) (상)대통령표창(2001), 근정포장(2005) (종)불교

## 김동국(金東國)

(생)1971·10·13 (출)경남 진주 (주)서울특별시 서초구 서초중앙로 157 서울중앙지방법원(02-530-1114) (학)1989년 대아고졸 1994년 서울대 법학과졸 1996년 同대학원졸 (경)1996년 사법시험 합격(38회) 1999년 사법연수원 수료(28기) 1999년 육군 법무관 2002년 서울지법 판사 2004년 서울동부지법 판사 2006년 창원지법 통영지원 판사 2006년 미국 유학 2010년 서울고법 판사 2012년 대법원 재판연구관 2016년 춘천지법 수석부장판사 2016년 언론중재위원회 강원중재부장 2018년 서울중앙지법 부장판사(현)

## 김동권(金東權) KIM Dong Gyun

(생)1951·4·11 (본)김해(金海) (출)경남 양산 (주)부산광역시 서구 구덕로142번길 7 동남약품 비서실(051-248-0008) (학)1974년 동아대 경영학과졸 (경)1974~1989년 제일약품 영업본부장 1990년 동남약품 설립 2001년 同대표이사(현) 2003년 한국의약품도매협회 부산·경남지부 회장 2004년 同부회장 2015년 (사)한국의약품유통협회 부회장(현) 2016~2017년 법사랑위원회 부산동부지역연합회 회장 (상)보건복지부장관표창(1996), 부산시장표창(1997)

## 김동권(金東權)

(생)1961·3·20 (출)경남 고성 (주)경상남도 양산시 물금읍 황산로 719 양산소방서 서장실(055-379-9212) (학)부산동고졸, 창신대 중어중문학과졸 (경)2002년 경남도 소방본부 상황실장 2007년 경남 통영소방서 예방대응과장 2011년 경남도 소방본부 기획감찰담당 2013년 경남 양산소방서 소방행정과장 2013년 경남도 소방본부 구조구급과장 2014년 경남 사천소방서장 2016년 경남 하동소방서장 2017년 경남 거제소방서장 2019년 경남 양산소방서장(현)

## 김동권(金東權)

(생)1970·12·10 (출)경남 함안 (주)충청북도 충주시 수안보면 수회리로 138 중앙경찰학교 운영지원과(043-870-2210) (학)1996년 동아대 해양공학과졸 2008년 고려대 정책대학원 정치학과졸 (경)1998년 경위 임관(경찰간부후보 46기) 1998년 서울지방경찰청 101경비단 근무 2002년 제주지방경찰청 해안경비단 129중대장(경감) 2004년 서울 종암경찰서 생활안전계장 2005년 경찰청 외사국 외사기획계 근무 2009년 駐뭄바이총영사관 근무(경정) 2012년 서울 성북경찰서 청문감사관 2013년 경찰청 대변인실 홍보기획계장 2015년 同대변인실 홍보협력계장 2016년 제주지방경찰청 홍보담당관(총경) 2017년 경남 함양경찰서장 2019년 중앙경찰학교 운영지원과장(현) 2019년 同학교장 직대

## 김동규(金東奎) KIM Donggyu

(생)1957·10·26 (본)김해(金海) (출)경남 마산 (주)부산광역시 사하구 낙동대로550번길 37 동아대학교 신소재공학과(051-200-7755) (학)1979년 고려대 금속공학과졸 1981년 서울대 대학원졸 1987년 공학박사(서울대) (경)1985년 동아대 공과대학 신소재공학과 조교수·부교수·교수(현) 2000~2001년 재료공학분야자체평가연구위원회 위원 2004~2005년 동아두뇌한국21총괄사업단 단장·위원장 2006~2007년 동아대 신소재공학과장 2013~2014년 同산학협력단장 2014~2015년 同공과대학장 2017년 同교학부총장(현) (상)한국재료학회 논문상(2003) (저)'공업역학'(1984) (종)가톨릭

## 김동규(金東奎) KIM Dong Gyu

(생)1959·5·22 (본)선산(善山) (출)전남 영광 (주)서울특별시 광진구 능동로 120 건국대학교 언론홍보대학원(02-450-3276) (학)1978년 광주 숭일고졸 1983년 서강대 신문방송학과졸 1985년 同대학원 신문방송학과졸 1992년 신문방송학박사(서강대) (경)1986~1992년 서강대 언론문화연구소 연구원 1993~2016년 건국대 신문방송학과 교수 1994년 동아일보 객원편집위원 1994년 충주MBC 시청자위원회 부위원장 1996년 건국대 언론홍보대학원 주임교수 1996~1998년 한국사회언론연구회 회장 1998년 한국언론정보학회 기획이사 1998년 한국방송학회 이사 1998~2002년 건국대 언론사 주간교수 2004~2006년 한국방송광고진흥공사 미디어포럼위원 2004년 방송위원회 외주개선협의회 위원 2004~2006년 문화관광부 방송영상정책기획위원회 위원 2005~2006년 미국 일리노이대 초빙교수 2006~2008년 건국대 중원도서관장 2007~2008년 한국방송학회 편집위원장 2008~2009년 한국기자협회 언론협력단장 2009년 同이달의기자상 및 한국기자상 심사위원장 2009~2012년 한국미디어경영학회 이사 2009~2012년 한국언론학회 미디어경제경영연구회장 2010년 同감사 2010년 언론중재위원회 선거기사심의위원회 위원 2010~2013년 지역신문발전위원회 위원 2012년 한국방송공사 경영평가위원회 위원 2012~2014년 건국대 사회과학대학원장 2013~2014년 한국언론학회 회장 2014년 건국대 언론홍보대학원장(현) 2014~2017년 언론중재위원회 위원 2015~2016년 同시정권고위원 2016년 건국대 언론홍보대학원 디지털저널리즘학과 교수(현) 2016~2018년 언론진흥기금 관리위원 2016년 KT스카이라이프방송 시청자위원장 2016년 건국대 KU미디어센터장(현) 2018년 뉴스통신진흥회 이사(현) 2018년 연합뉴스 사장추천위원회 위원 2019년 4.3재보궐선거 선거방송심의위원회 위원장 (상)한국방송학회 학술상(2009) (저)'매스미디어조사방법론(共)'(1996) '현대사회와 매스커뮤니케이션' '재벌과 언론(共)'(1997) '정보화시대의 지역방송(共)'(1998) '과학문화의 이해(共)'(2000) '현대미디어의 이해(共)'(2001) '사라진 독자'(커뮤니케이션북스) (역)'미디어경제경영론(共)'(2009) '매스미디어 연구방법론(共)'(2014)

## 김동규(金東圭)

(생)1961·3·18 (출)전북 남원 (주)전라북도 남원시 시청로 60 남원시청 부시장실(063-620-6004) (학)남원고졸, 전주대 법학과졸 (경)1979년 공직 입문·전북 익산시 근무 2009년 전북도 건설교통국 지역개발과 균형발전담당 사무관 2009년 국무총리실 새만금사업추진기획단 파견 2010년 전북도 기획관리실 교육지원과 학력지원담당 2012년 전북 진안군의회 사무처 전문위원 2013년 전북도 건설교통국 지역정책과 건설행정팀장 2016년 同농축수산식품국 농식품산업과장 2017년 지방행정연수원 파견(서기관) 2018년 전북도 대외협력국 국제협력과장 2018년 전북 남원시 부시장(현)

## 김동규(金東奎) KIM Dong Kyu

(생)1970·3·25 (출)서울 (주)대전광역시 서구 둔산중로 69 특허법원(042-480-1400) (학)1989년 충암고졸 1993년 고려대 법학과졸 (경)1996년 사법시험 합격(38회) 1999년 사법연수원 수료(28기) 1999년 軍법무관 2002년 부산지법 판사 2005년 수원지법 판사 2008년 서울북부지법 판사 2010년 서울고법 판사 2012년 대법원 재판연구관 2014년 춘천지법 강릉지원 부장판사 2016년 특허법원 판사(현)

## 김동규(金東奎)

(생)1971·3·8 (출)경북 영주 (주)경기도 수원시 영통구 법조로 105 수원지방법원 총무과(031-210-1114) (학)1990년 대영고졸 1996년 서울대 법학과졸 (경)1997년 사법시험 합격(39회) 2000년 사법연수원 수료(29기) 2000년 공익법무관 2003년 부산지법 동부지원 판사 2006년 인천지법 판사 2010년 서울중앙지법 판사 2012년 서울고법 판사 2013년 대법원 재판연구관 2015년 광주지법 부장판사 2017년 수원지법 부장판사(현)

## 김동기(金東基) KIM Dong Ki (殷山)

(생)1934·6·28 (본)김해(金海) (출)경북 안동 (주)서울특별시 서초구 반포대로37길 59 대한민국학술원(02-3400-5220) (학)1954년 안동고졸 1958년 고려대 상대졸 1963년 미국 뉴욕대 경영대학원졸 1970년 미국 하버드대 경영대학원졸 1974년 경제학박사(고려대) (경)1964~1971년 고려대 상대 전임강사·조교수·부교수 1969~1974년 同경영신문 주간 1971~1999년 同경영학과 교수 1974년 필리핀 마닐라 아시아경영대학원 초빙교수 1981·1988년 고려대 경영대학장 1984년 미국 아이젠하워 펠로우 1985년 고려대 경영대학원장 1987년 한국마케팅학회 회장 1987년 경제기획원 소비자정책심의위원 1990년 한국경영학회 회장 1990년 국제학술교류위원회 위원장 1994년 재정경제원 소비자정책심의위원 1995년 한국로지스틱스학회 회장 1995년 한국상품학회 회장 1995년 국제상품학회 부회장 1996년 고려대 국제대학원장 1996년 일본 와세다대 교환교수 1997년 대한민국학술원 회원(경영학·현) 1998년 현대자동차 사외이사 1998년 한국전력공사 사외이사 1998년 평화은행 사외이사 1998~2002년 하나로통신(주) 이사장 겸 사외이사 1998년 고려대 국제대학원재단 이사장 1999년 同명예교수(현) 1999~2002년 명지대 무역경영대학원 석좌교수 2000년 대한민국학술원 인문사회과학부 제6분과회 회장 2001년 일본 구주산업대 객원교수 2005년 일본 가고시마국제대 초빙교수 2005~2017년 고려대 국제대학원 석좌교수 2007~2010년 현대자동차 사외이사 겸 감사위원 2008~2015년 고려대경제인회 '고우경제' 편집위원장 2009년 한국상품학회 고문, 同명예회장(현) 2009년 (주)삼천리 경영고문 2010년 일본 리츠메이칸대 학사자문위원(현) 2012~2015년 일진그룹 사외이사 2015~2016년 同경영고문 2016~2018년 대한민국학술원 부회장 2018년 同회장(현) (상)매일경제광고 공로상, 新산업경영대상, 고려대 학술상, 올해의 교수상, 국민훈장 석류장, 上南한국경영학자상 (저)'현대마케팅원론' '현대유통기구론' '국제마케팅'(영문) '소비자신용제도론' '한국의 물류산업' '국제화시대의 경영전략' '살아남기 시험의 모범답안' '新직장인론' (역)'하버드경영사관학교' '광고사전' '新경영관리론' (종)기독교

## 김동기(金東起) Kim Dong-gi

(생)1964·4·7 (출)강원 강릉 (주)서울특별시 종로구 사직로8길 60 외교부 인사운영팀(02-2100-7140) (학)강릉고졸(20회) 1987년 고려대 영어영문학과졸 1994년 미국 워싱턴대 대학원 법학과졸 (경)1988년 외무고시 합격(22회) 1988년 외무부 입부 1995년 駐캐나다 2등서기관 1998년 駐불가리아 1등서기관 2003년 駐벨기에구주연합 1등서기관 2007년 외교통상부 주한공관담당관 2008년 同유럽지역협력과장 2009년 同중유럽과장 2009년 기획재정부 남북경제과장 2010년 외교통상부 문화외교국 심의관 2014년 외교부 문화외교국장 2016년 駐미국 공사 겸 워싱턴 총영사 2019년 駐유엔교육과학문화기구(UNESCO) 대사(현)

## 김동기(金東起) KIM Dong Ki

(생)1965·4·8 (본)강릉(江陵) (출)강원 영월 (주)강원도 삼척시 봉황로 101 삼척소방서(033-572-9119) (학)영월공고졸, 강원대 레저스포츠학과졸 (경)1987년 소방공무원 임용, 영월소방서 근무, 삼척소방서 방호담당, 同119구조대장, 태백소방서 소방행정담당 2008년 삼척소방서 현장대응과 진압조사담당, 강원도소방학교 교육지원과 계장 2013년 동해소방서 현장대응과장(지방소방령) 2015년 강원도소방본부 상황접수1팀장 2017년 2018평창동계올림픽 소방안전기획단 부단장 2018년 강원도소방본부 특수구조단장(지방소방정) 2019년 강원 삼척소방서장(현) (상)강원도지사표창 (종)기독교

## 김동길(金東吉) Dong Kil Kim

(생)1960·9·5 (본)광주(廣州) (출)경남 밀양 (주)경기도 성남시 분당구 안양판교로 1207 한국석유관리원 임원실(031-789-0230) (학)1988년 부경대 화학공학과졸 2002년 충북대 대학원 화학공학과졸 (경)1984년 한국석유관리원 입사 2004~2009년 同시험기술처장·영남지사장·검사처장·연구센터장 2009~2010년 산업통상자원부 국가기술표준원 기술심의회 위원 2009~2018년 한국석유관리원 기술정보처장·미래전략처장·경영기획처장·사업기획처장·대전세종충남본부장 2015~2017년 한국거래소 석유제품위원회 위원 2018년 한국석유관리원 사업이사(현) (상)통상산업부장관표창(1997), 산업통상자원부장관표창(2012)

## 김동녕(金東寧) KIM Dong Nyung

(생)1945·9·6 (본)경주(慶州) (출)서울 (주)서울특별시 영등포구 은행로 11 일신빌딩 6층 (주)한세예스24홀딩스 비서실(02-3779-0789) (학)1964년 경기고졸 1968년 서울대 상대 경제학과졸 1972년 미국 펜실베이니아대 와튼스쿨 경영대학원졸 (경)1972~1979년 한세통상 대표이사 사장 1973~1975년 이화여대 강사 1974~1975년 세무공무원교육원 강사 1982~2004년 한세실업 대표이사 사장 1986~1999년 경기고총동창회 이사 1988~2007년 한세사이판 대표 1988년 서울대상대동창회 부회장(현) 1990~1991년 在사이판한인봉제협회 회장 1992~2006년 한세유통 대표이사 1998~2007년 한세Nicaragua S.A. 대표이사 2000년 경기고총동창회 부회장 2001~2007년 Hansae Vietnam Co. 대표이사 2002년 서울대총동창회 이사 2003년 예스24 대표이사 회장 2004년 이화여대 경영학부 겸임교수 2004~2007년 한세실업 대표이사 회장 2005~2007년 한·베트남친선협회 부회장 2005~2007년 미국 펜실베이니아대 한국총동문회 회장 2006년 ISTYLE24 회장 2007~2008년 한세실업 회장, 同이사(현) 2009년 한세예스24홀딩스(주) 대표이사 회장(현) 2013~2014년 학교법인 숙명학원 이사 2015

년 예스24 이사(현) 2015년 ISTYLE24 이사 2017년 한세엠케이(주) 각자대표이사 사장(현) [상]미국 인적자원관리협회(SHRM) 올해의 경영인상(2002), 한국경제 비전경영CEO대상(2004), 서울대상대총동창회 2007년 빛내자상(2007), 한국일보 대한민국 신뢰받는 CEO상(2007·2008), 한국CEO 그랑프리(2008), 중앙일보 선정 '대한민국 창조경영인'(가치경영부문)(2009), 포브스 선정 'Global CEO of Korea'(2010·2011), 한국유통대상 국무총리표창(2010), Fortune 선정 '한국경제를 움직이는 인물'(2011), 주간조선 선정 '상생을 위한 사회책임경영자'(2011), 매일경제 럭스멘 기업인상(2013), 은탑산업훈장(2014), 언스트앤영 최우수기업가상 마스터상(2014) [종]기독교

### 김동노(金東魯) KIM Dong No

[생]1959·7·19 [주]서울특별시 서대문구 연세로 50 연세대학교 사회과학대학 사회학과(02-2123-2429) [학]1982년 연세대 사회학과졸 1984년 同대학원 사회학과졸 1994년 사회학박사(미국 시카고대) [경]1994년 미국 캘리포니아대 버클리교 Post-Doc. 1995년 연세대 사회과학대학 사회학과 조교수·부교수·교수(현) 2004년 한국사회사학회 편집위원 2007~2013년 아름다운재단 배분위원장 2008~2010년 연세대 국가관리연구원장 2010~2012년 同입학처장 2016년 同기획실장 2018년 同미래전략실장(현) [저]'일제하 한국사회의 전통과 근대인식'(2009) '사회변동과 사회적 배제'(2009) '근대와 식민의 서곡'(2009)

### 김동락(金東洛)

[생]1964·1·17 [출]부산 [주]경기도 안성시 알미산로 140 안성경찰서(031-8046-0321) [학]중동고졸 1986년 경찰대졸(2기) [경]1986년 경위 임용 2008년 경기지방경찰청 형사과 광역수사대장(경정) 2010년 同홍보계장 2012년 강원 화천경찰서장 2013년 대전지방경찰청 홍보담당관 2014년 충남 부여경찰서장 2015년 경기남부지방경찰청 청문감사담당관 2016년 경기 수원중부경찰서장 2017년 경기남부지방경찰청 외사과장 2019년 경기 안성경찰서장(현)

### 김동률(金東律) KIM Dong Yule

[생]1960·1·22 [본]김해(金海) [출]대구 달성 [주]서울특별시 마포구 백범로 35 서강대학교 기술경영전문대학원(02-705-4781) [학]경북대사대부고졸, 고려대 문과대학졸, 언론학(매체경영)박사(미국 사우스캐롤라이나대) [경]1987~1998년 경향신문 편집국 기자 2003년 연세대·이화여대·서강대 대학원 강사, KBS 시청자평가원, MBC 시청자위원회 부위원장, 同법적고충처리인 겸 시청자주권위원, YTN 시청자위원, SBS 시청자위원회 부위원장, CBS 객원해설위원, KBS 방송평가위원, MBN·K-TV 시사프로그램 메인 앵커, YTN '김동률의 세상만사' 앵커 2005~2010년 언론정보학회 총무이사·기획이사, 코레일 경영자문위원, 同철도안전위원회 안전분과위원장, 한국전력공사 경영자문위원, 특임장관 자문위원, 청소년흡연음주예방협회 부회장, 경찰청 사이버범죄대책위원회 자문위원, 공정거래위원회 자문교수, 방송통신심의위원회 특별심의위원, 조선일보·한국일보·동아일보·서울신문·경향신문·중앙일보 등 주요 일간지 기명 칼럼니스트, 매일신문 독자위원회 위원장, 동아일보 독자위원, 부산일보 등 지방 8개지 신디케이트 칼럼니스트 2009년 정치커뮤니케이션학회 이사 2009~2011년 영화진흥위원회 위원, 한국개발연구원(KDI) 연구위원, 同정책홍보실장 2011년 서강대 기술경영전문대학원 교수(현) 2012~2016년 해군 발전자문위원회 위원 2012년 한국인적자원개발학회 부회장 2013년 공기업경영평가위원 2013년 2015세계군인올림픽 자문위원 2013년 채널A 시청자마당 앵커 2014년 방송통신위원회 미디어다양성위원회 위원 2014년 정부 공공기관평가단 평가교수, 국방홍보원 자문위원(현), 외교부 문화외교자문위원, 同공공외교자문위원 2015년 한국국제교류재단 공공외교자문위원 2015년 공공기관 경영평가위원(현) 2015~2018년 한국교육방송공사(EBS) 이사 2016년 국방부 정책자문위원(현) 2016년 공군 정책발전자문위원회 위원(현) [상]경향신문 올해의 최고기자상(1991), 경제부총리표창(2007) [저]'신문경영론 : MBA 저널리즘과 한국언론'(2005, 나남출판) '철학자들의 언론강의 : 언론사상사'(2010, 나남출판) '인생 한곡'(2015, 랜덤하우스 코리아)

### 김동만(金東萬) Kim Dong Man

[생]1959·8·16 [주]울산광역시 중구 종가로 345 한국산업인력공단(052-714-8022) [학]1978년 마산용마고졸 1979년 한국체육대 체육학과 중퇴 1987년 고려대 대학원 노동문제연구소 수료(25기) 2017년 서울대 법학전문대학원 SNU-KLI 노사관계 최고지도자과정 수료 2017년 서강대 경제대학원 글로벌윤리준법·상생건강(G-EnH)최고위과정 수료 [경]1978~2017년 우리은행(舊 한일은행) 근무 1985~1996년 同노동조합 상근간부 및 행우회 이사 2000년 대한장애인수영연맹 자문위원 2000~2004년 전국금융산업노동조합 상임부위원장 2000~2004년 노사정위원회 금융특별위원회 위원 2000년 전태일열사기념사업회 이사 2004~2006년 한국노동조합총연맹 대외협력본부장 2004~2009년 일본교과서운동본부 대외협력위원장 2004~2009년 노사정위원회 상무위원 2005년 김태환기념사업회 대표이사 2006년 우리농업지키기운동본부 이사 2006~2008년 전국금융산업노동조합 위원장 2006~2007년 국제사무전문노동조합연맹(UNI-KLC) 의장 2006~2008년 국민건강보험공단 재정운영위원회 위원 2006년 노사발전재단 국제노동협력원 운영위원회 위원 2006~2011년 임금채권보장기금심의위원회 위원 2006~2011년 노사정위원회 상무위원 2008~2013년 한국노동조합총연맹 상임부위원장 2008~2013년 同통일위원장 2008~2015년 중앙노동위원회 근로자심판위원 2009~2013년 국민건강보험공단 비상임이사 2009~2014년 건강보험심사평가원 비상임이사 2009~2014년 국민연금공단 비상임이사 2011~2014년 보건복지부 국민연금기금운용위원회 위원 2012년 한국노동조합총연맹 위원장 직대 2013~2015년 민주평통 자문위원 2014년 국제노동조합총연맹(ITUC) 정이사 2014~2016 경제사회발전노사정위원회 본위원회 위원 2014~2017년 민족화해협력범국민협의회 상임의장 2014~2017년 한국노동조합총연맹 위원장 2014~2017년 대통령직속 저출산·고령화사회위원회 위원 2015년 광복70주년기념사업추진위원회 국운융성분과 위원 2015년 청년희망재단 이사 2017년 더불어민주당 제19대 대통령선거 중앙선거대책위원회 일자리위원장 2017년 한국노동조합총연맹 상임지도위원 2017년 한국산업인력공단 이사장(국제기능올림픽 한국위원회 회장·한국직업방송 대표·한국기술교육대학교 이사장 겸임)(현) [상]국민포장(2005)

### 김동면(金東勉) Kim Dongmyeon

[생]1956·10·24 [출]서울 [주]서울특별시 성동구 마장로 210 한국기원 홍보팀(02-3407-3870) [학]충암고졸 [경]1983년 프로바둑 입단 1984년 2단 승단 1985년 신왕전 본선 1986년 3단 승단 1989년 명인전 본선 1992년 4단 승단 1993년 5단 승단 1993년 한국이동통신배 본선 1996년 6단 승단 1996년 기성전·대왕전·명인전·천원전·삼성화재배 본선 1998년 7단 승단 1998년 테크론배·배달왕·기성전 본선 2003년 8단 승단 2005년 잭필드배 프로시니어기전 본선 2009년 9단 승단(현) 2009년 맥심커피배 본선

### 김동명(金東明)

[생]1969·6 [주]서울특별시 영등포구 여의대로 128 (주)LG화학 소형전지사업부(02-3777-1114) [학]연세대 금속공학과졸, 한국과학기술원(KAIST) 재료공학과졸(석사), 재료공학박사(한국과학기술원) [경]2014년 (주)LG화학 Mobile전지개발센터장(상무) 2016년 同소형전지상품기획담당 상무 2017년 同소형전지사업부장(상무) 2017년 同소형전지사업부장(전무)(현)

## 김동민(金東敏) KIM Dong Min

(생)1954 · 9 · 20 (출)전남 (주)서울특별시 송파구 양재대로 1239 한국체육대학교 사회체육학과(02-410-6808) (학)경희대 체육학과졸, 同대학원졸 (경)한국체육대 사회체육학과 교수(현), 대한체조협회 수석부회장 2003년 한국체육대 교무처장 2016년 국제체조연맹(FIG) 집행위원(현) 2017년 대한체육회 이사(현) 2018~2019년 한국체육대 교학처장 (상)대통령표창(2010) (저)'체조운동'(2011, 교학사)

## 김동민(金東敏) KIM Dong Min

(생)1969 · 2 · 20 (출)충북 청주 (주)충청북도 청주시 흥덕구 무심서로715 충북일보 편집국(043-277-0900) (학)1987년 청석고졸 1996년 청주대 공법학과졸 (경)1995년 충청매일 · 충청일보 기자 2012년 충북일보 정치부장 · 청와대및국회담당 부국장 2012년 한국기자협회 편집위원 2016년 충북일보 편집국장(현) 2018년 식품의약품안전처 정책자문위원회 위원(현) 2018년 소방청 갈등관리위원(현)

## 김동민(金東民) kim dong-min

(생)1969 · 5 · 13 (본)경주(慶州) (출)경북 월성 (주)인천광역시 미추홀구 소성로163번길 17 인천지방법원 사무국(032-860-1100) (학)1987년 경주고졸 1991년 단국대 법학과졸 1993년 同대학원 법학과 수료 (경)2006~2010년 인천지법 · 수원지법 사법보좌관 2011년 서울중앙지법 민사집행과장 2013년 同종합민원실장(법원서기관) 2014년 부산지법 동부지원 사무국장(법원부이사관) 2015~2016년 법원행정처 사법지원심의관 2016년 청주지법 사무국장 2018년 인천지법 사무국장(현)

## 김동배(金東培) KIM Dong Bae

(생)1950 · 1 · 20 (출)대전 (주)서울특별시 종로구 대학로 19 한국기독교회관 705호 한국기독교사회복지협의회 한국교회봉사단(02-747-1225) (학)1968년 서울고졸 1972년 연세대 정치외교학과졸 1983년 미국 켄트주립대 대학원 사회학과졸 1987년 미국 미시간대 대학원 사회복지학과졸 1988년 도시학박사(미국 미시간대) (경)1975~1979년 한일합섬섬유(주) 사장실 대리 1988~1990년 연세대 · 이화여대 · 서울여대 · 숭실대 강사 1990~2015년 연세대 사회과학대학 사회복지학과 교수 1993년 보건복지부 노인복지대책실무위원 1993년 한국사회복지사협회 이사 1994년 샬롬노인문화원 감사 1995년 법무부 서울보호관찰소 보호선도위원회 부회장 2001~2003년 연세대 사회복지대학원장 2003년 同사회복지센터소장 2005~2019년 한국기독교사회복지협의회 공동대표 2012년 영성과보건복지학회 초대회장 · 고문(현) 2015년 연세대 사회복지학과 명예교수(현) 2019년 한국기독교사회복지협의회 한국교회봉사단 상임단장(현) (저)'교회사회봉사사업의 실태' '노년학을 배웁시다'(共) '예장총회 사회부'(共) '청소년 집단지도론'(共) '청소년 자원봉사의 길'(共) '한국노인의 삶' '인간행동이론과 사회복지실천' (역)'노년기 정신건강'(2007, 학지사) (종)기독교

## 김동배(金東培) KIM DONG-BAE

(생)1971·7·7 (주)서울특별시 종로구 사직로8길 60 외교부 인사운영팀(02-2100-7139) (학)1990년 숭실고졸 1997년 서울대 정치학과졸 2000년 영국 런던정경대 대학원 국제정치학과정 수료(Diploma) 2001년 영국 케임브리지대 대학원 국제정치학과졸(석사) (경)1997년 외무부 입부 1997년 외무부(외교통상부) 서구과·통상교섭본부 사무관 1999년 국외연수(영국) 2001년 외교통상부 개발협력과 사무관 2003년 駐제네바대표부 2등서기관 2006년 駐짐바브웨대사관 1등서기관 2008년 외교통상부 인사제도팀 1등서기관 2010년 同북미1과 1등서기관 2011년 駐미얀마대사관 참사관 2013년 외교부 해외언론과장 2014년 同서남아태평양과장 2017년 駐시드니 부총영사 2019년 駐베트남대사관 공사참사관(현)

## 김동빈(金東彬)

(생)1974 · 4 · 7 (출)경기 화성 (주)서울특별시 서초구 강남대로 193 서울가정법원(02-2055-7116) (학)1993년 효원고졸 1997년 서울대 법학과졸 (경)1997년 사법시험 합격(39회) 2000년 사법연수원 수료(29기) 2000년 서울지법 서부지원 예비판사 2002년 서울지법 판사 2004년 춘천지법 영월지원 판사 2007년 수원지법 판사 2010년 서울남부지법 판사 2012~2014년 헌법재판소 파견 2014년 서울고법 판사 2015년 창원지법 부장판사 2017년 수원지법 부장판사 2019년 서울가정법원 부장판사(현)

## 김동석(金東石) KIM Dongseok

(생)1963 · 7 · 16 (출)서울 (주)세종특별자치시 남세종로 263 한국개발연구원 국제정책대학원(044-550-1079) (학)1985년 연세대 경제학과졸 1987년 同대학원 경제학과졸 1996년 경제학박사(미국 스탠퍼드대) (경)1996년 한국개발연구원(KDI) 연구위원, 同기획조정실장, 同산업국제경제연구부장, 同산업경쟁정책연구부 선임연구위원 2013년 同연구본부 서비스경제연구팀장 2013년 同연구본부장 2013년 同부원장 2017년 同국제정책대학원 교수(현) (상)석탑산업훈장(2015) (저)'인구고령화와 거시경제'(2004) '산업부문별 성장요인 분석 및 국제비교'(2004) '한국경제 구조변화와 고용창출'(2004, 한국개발연구원) '혁신주도형 경제로의 전환에 있어서 중소기업의 역할'(2005, 한국개발연구원)

## 김동선(金東善) KIM Dong Sun

(생)1955 · 5 · 2 (본)경주(慶州) (출)강원 영월 (주)서울특별시 강남구 영동대로 517 법무법인(유) 화우(02-6003-7078) (학)1974년 신일고졸 1981년 고려대 무역학과졸 2000년 핀란드 헬싱키 경제경영대학원 국제경영학과졸 (경)1982년 행정고시 합격(25회) 1982년 특허청 행정사무관 1986년 상공부 상역국 수출1과 사무관 1987년 同통상국 국제협력과 사무관 1989년 대전엑스포조직위원회 국제1과장 1995년 경제협력개발기구(OECD) 가입준비사무소 OECD대한민국대표부 과장 1998년 대통령비서실 경제구조조정기획단 과장 1999년 산업자원부 미주협력과장(서기관) 2000년 同무역투자실 산업협력과장 2000년 同자원정책실 자원정책심의관실 자원개발과장 2002년 同무역투자실 무역정책심의관실 수출과장 2003년 同장관비서관(부이사관) 2004년 同무역투자실 국제협력투자심의관실 중국협력기획단장 2004년 駐중국 상무참사관 2007년 산업자원부 한국형헬기개발(KHP)사업단 국산화부장(이사관) 2007년 대통령직인수위원회 외국인투자유치TF 전문위원 2008년 대통령 경제수석비서관실 지식경제비서관 2010~2011년 중소기업청장(차관급) 2012~2013년 숭실대 경제학부 벤처중소기업학과 교수 2012~2014년 중소기업연구원 원장 2012~2014년 한국무역보험공사 비상임이사 2013년 한국광기술원 사외이사(현) 2014년 국민대 글로벌창업벤처대학원 창업학전공 객원교수(현) 2014년 법무법인(유) 화우 고문(현) 2015~2017년 (주)성우하이텍 사외이사 2015~2017년 미원에스씨 사외이사 2016년 한국·이스라엘친선협회 회장(현) 2016년 서울과학기술대 경영학과 초빙교수(현) 2017년 미원스페셜티케미칼주식회사 사외이사(현)

## 김동섭(金東燮) Kim Dong Seop

(생)1958 (주)강원도 춘천시 수변공원길 54 춘천MBC 비서실(033-259-1213) (학)서울 인창고졸, 서울대 영어영문학과졸, 同대학원 영문학과졸 (경)1985년 MBC 입사 2000년 MBC 보도국 뉴스편집1부 차장대우 2001년 同보도국 뉴스편집1부 차장 2003년 同도쿄특파원(부장대우) 2006년 同보

도국 국제팀장(부장대우) 2007년 同보도국 뉴스데스크팀장 2008년 同보도국 정치1팀장 2008년 同보도국 정치에디터 2009년 同보도국 부국장 2012년 同논설위원 2018년 춘천MBC 대표이사 사장(현) (작)'이건희 회장의 복귀와 과제'(2010, MBC논평) '군 당국, 불신 자초한 측면 없나?'(2010, MBC논평)

## 김동섭(金東燮) Dongsub Kim

(생)1959 · 12 · 10 (출)경기 수원 (주)전라남도 나주시 전력로 55 한국전력공사(061-345-3114) (학)1978년 중앙고졸 1982년 한양대 전기공학과졸 2000년 同산업대학원 전기공학과졸 2014년 기술정책협동과정박사(연세대) (경)1985년 한국전력공사 입사 2004년 同배전처 배전리비아사업팀장 2009년 同배전운영처 계량기술팀장 2010년 同영업처 수요개발팀장 2012년 同광명지사장 2013년 同배전운영처장 2014년 同배전계획처장 2015년 同상생협력처장 2015년 同전력연구원장 2016년 同신성장기술본부장 2017년 국제전기기술위원회(IEC) 시장전략이사회(MSB) 위원(현) 2017년 한국스마트그리드협회 부회장(현) 2018년 한국전력공사 사업총괄부사장(상임이사)(현) 2019년 국제배전협의회(CIRED) 한국위원회 위원장(현) 2019년 한국전력공사 윤리준법위원회 위원(현)

## 김동섭(金東燮)

(생)1963 · 1 · 18 (출)경남 함안 (주)경기도 이천시 부발읍 경충대로 2091 SK하이닉스 대외협력총괄 사장실(031-630-4114) (학)1981년 마산고졸 1985년 서울대 사회복지학과졸 1990년 중앙대 대학원 신문방송학과졸 (경)1986년 경향신문 편집국 사회부 기자 1992년 同편집국 경제부 기자 1999년 중앙일보 편집국 산업부 기자 2002년 同편집국 산업부 차장대우 2003년 同편집국 시민언론부 차장 2006년 同편집국 산업부 산업데스크(부장대우) 2010년 同경제부문 부에디터(부국장대우) 2011년 同방송설립추진단 주주협력실장 2011년 JTBC IR실장 2011~2015년 J골프 대표이사 2015년 중앙일보 광고사업본부장(상무) 2016년 同광고사업본부장(전무) 2017년 SK그룹 SUPEX(Super Excellent)추구협의회 커뮤니케이션위원회 부사장 2018년 SK하이닉스 대외협력총괄 부사장 2018년 연합뉴스 수용자권익위원회 위원(현) 2019년 SK하이닉스 대외협력총괄 사장(현)

## 김동성(金東成) KIM Dong Sung

(생)1962 · 4 · 13 (본)김해(金海) (출)서울 (주)부산광역시 영도구 해양로 385 한국해양과학기술원 해양생태연구센터(051-664-3287) (학)1992년 일본 도쿄대 대학원 동물학과졸 1996년 이학박사(일본 도쿄대) (경)1996~1997년 KIST 유치과학자 1997~2000년 한국해양연구소 연수연구원 1997~2000년 인하대 · 건국대 · 한양대 · 경기대 생물학과 강사 2001~2004년 한국해양연구원 해양생물자원연구본부 선임연구원 2002년 한국환경생물학회 이사(현) 2003~2004년 과학기술부 과학기술정책위원 2004년 경기도 자율관리어업협회 위원(현) 2004년 한국해양연구원 해양생물자원연구본부 책임연구원 2005년 同해양생태계보전연구사업단장 2005년 과학기술연합대학원대 교수(현) 2006년 해양환경영향평가 자문위원(현) 2006년 한국해양연구원 해양자원연구본부 책임연구원 2007년 同대양열대해역연구사업단 책임연구원 2009년 해양과학기술분류체계 수립위원 2009년 국토해양부 국립해양생물과학동건립 자문위원 2009년 同우리나라주변해역이용자문위원 2010년 同공유수면매립기본계획 자문위원 2010년 한국해양연구원 전략개발실장 2010년 녹색성장해양포럼 사무국장 2011년 한국해양연구원 해양생물자원연구부장 2012년 한국해양과학기술원 해양기반연구본부장 2012년 同해양생태계연구부장 겸임 2013년 同동해연구소장 2014년 同동해연구소 독도전문연구센터 책임연구원 2014년 同생태기반연구센터 책임연구원 2018년 同해양생태연구센터 책임연구원(현) (상)OPR 최우수논문상(2000), 한국해양연구원 올해의KORDI인상(2011) (저)'아름다운 섬 독도'(2000) '항만과 갯벌의 공생 지침서'(2001) '경관생태학'(2002) '심해 생명체의 비밀'(2004) '이상한 생물이야기'(2005) '독도의 자연해양생태계'(2009) '바다 위, 바다 속 독도의 재발견'(2011) '독도사전'(2012) (종)기독교

## 김동성(金東星)

(생)1963 (주)서울특별시 영등포구 여의대로 38 금융감독원 임원실(02-3145-5321) (학)1981년 전주신흥고졸 1991년 서울대 경제학과졸 2001년 미국 선더버드대 대학원 국제경영학과졸 (경)1991년 보험감독원 입사 2006년 금융감독원 보험계리실 생명보험팀장 2008년 同뉴욕사무소 근무 2012년 同기획조정국 조직예산팀장 2013년 同감독총괄국 부국장 2015년 同금융상황분석실장 2016년 同보험감리실장 2016년 同감독총괄국장 2017년 同기획조정국장 2019년 同은행담당 부원장보(현)

## 김동성(金東成) KIM Dong Sung

(생)1963 · 7 · 1 (주)서울특별시 강남구 논현로 322 패션그룹형지(주) 임원실(02-3498-7200) (학)장충고졸, 건국대 섬유공학과졸 (경)1988년 삼성그룹 입사 1989~1994년 신세계백화점 · 이마트 근무, (주)현대백화점 기획조정본부 할인점사업담당(이사대우), 同기획조정본부 할인점사업부장(상무보) 2007년 同기획조정본부 할인점사업부장(상무) 2008년 同신촌점장 2010년 同목동점장(상무갑) 2012년 同대구점장 2013~2014년 同대구점장(전무) 2016년 패션그룹형지 유통총괄 사장(현) 2017년 아트몰링 사장

## 김동성(金東星) Kim Dong Sung

(생)1963 · 9 · 5 (본)경주(慶州) (출)경기 (주)서울특별시 동대문구 한빛로 41 안성빌딩 305호 데일리서울 편집국(02-929-4222) (학)2003년 연세대 법무대학원 석사과정 수료 (경)1988~1991년 법률경제신문 기자 · 차장(월간 사법행정, 월간 노사, 기타 법률 주석서 발행) 1991~1995년 월간 내외노동 발행인 겸 편집인 · 내외경제출판사 대표이사 1995~1999년 법률경제신문 편집국장 1999~2000년 국정일보 편집국 사회2부장 2000~2001년 서울매일신문(국정일보사 자매지) 편집국 사회부장 2001년 월요신문 편집국 사회부장 2006년 同편집국 부국장 2007년 同편집국장, cnb뉴스 편집국장(경제담당) 2007년 월요시사신문 편집국장 2012~2013년 同편집국 · 전략기획마케팅부총괄 부사장 2013~2014년 뉴스엔뷰 대표이사 2014년 데일리서울 편집국장 겸 발행인(현) (상)연세대 최우수경영법무상(2003) (종)가톨릭

## 김동성(金東聖) KIM Dong Sung

(생)1971 · 1 · 11 (출)서울 (주)서울특별시 서초구 서초중앙로 215 홍익대 강남교육원 법무법인 민주(02-591-8400) (학)1989년 성동고졸 1994년 서울대 사법학과졸 (경)1994년 사법시험 합격(36회) 1997년 사법연수원 수료(26기) 1997년 軍법무관 2000년 인천지법 판사 2001년 변호사 개업 2001~2004년 경제정의실천시민연합 시민입법위원 2002~2004년 SBS '솔로몬의 선택' 고정자문변호사 2004년 서울시 고문변호사 2006년 한나라당 중앙청년위원회 위원장 2008년 同서울성동乙당원협의회 위원장 2008~2012년 제18대 국회의원(서울 성동乙, 한나라당 · 새누리당) 2009~2010년 한나라당 원내부대표 2009~2016년 법무법인 우면 변호사 2009년 한국군사학회 이사장 2009년 한양대 대학원 겸임교수 2010년 국회 국방위원회 간사 2012~2016년 새누리당 서울성동乙당원협의회 운영위원장 2012년 제19대 국회의원선거 출마(서울 성동乙, 새누리당) 2016년 새누리당 서울중구 · 성동구甲당원협의회 운영위원장 2016년 제20대 국회의원선거 출마(서울 중구 · 성동구甲, 새누리당) 2016년 법무법인 민주 변호사(현)

## 김동수(金東洙) KIM Dong Soo

(생)1936·3·5 (본)김해(金海) (출)충북 청주 (주)서울특별시 동대문구 청계천로 447 한국도자기(주) 임원실(02-2250-3422) (학)1955년 청주고졸 1959년 연세대 경제학과졸 1993년 명예 경제학박사(충북대) (경)1965년 도자기공업협동조합 이사 1975~1990년 한국도자기(주) 사장 1978~1983년 대한검도회 회장 1979~1985년 국제검도연맹 부회장 1981년 민주평통 상임운영위원 1983년 대한검도회 명예회장 1985년 민주평통 서울서대문구협의회장 1985년 충북정화추진위원회 회장 1989년 바르게살기운동중앙협의회 충북협의회장 1990년 한국도자기(주) 회장(현) 1991년 바르게살기운동중앙협의회 회장 1991년 경찰청 초대경찰위원 1993년 민주평통 지역협력분과 위원장 1995~2001년 同충북지부 부의장 2001~2004년 대한적십자사 중앙위원 (상)철탑산업훈장, 새마을훈장 협동장, 국민훈장 동백장, 금탑산업훈장, 한국의 경영자상, 환경재단·한겨레신문 '올해의 기업인상', 자랑스러운 충북인상(2017) (종)기독교

## 김동수(金銅洙) KIM Dong Soo

(생)1953 · 12 · 25 (본)김해(金海) (출)부산 (주)전라북도 전주시 덕진구 원장동길 111-18 전라북도생물산업진흥원(063-210-6500) (학)1980년 부산수산대 식품공학과졸 1983년 고려대 대학원졸 1992년 이학박사(한양대) 2008년 서울대 대학원 최고전략과정 수료 (경)한국식품개발연구원 수산물이용연구부장 2003년 同식품자원이용연구본부 해양자원연구팀장 2003년 同기획조정부장 2005년 한국식품연구원 선임본부장 2007~2008년 同원장 2008년 同지역특화산업연구단 책임연구원 2008년 同공정기술연구단 책임연구원 2012년 (사)한국식품기술사협회 회장 2014년 한국식품연구원 창조과학연구본부 책임연구원, 同전략산업연구본부 소재연구센터 책임연구원 2014년 (사)한국수산과학회 회장 2014년 (재)전북도생물산업진흥원 원장(현) 2016년 한국BT특화센터협의회 회장(현) (상)농림부장관표창(1987 · 1994 · 2001), 국무총리 농업과학기술상(2005), 농림수산식품과학기술최고대상 산업포장(2008), 한국수산과학회 공로상(2015) (저)'한국의 젓갈'(1988) '수산식품가공이용학'(2000) '식품기술사'(2005) '식품이야기'(2008) (종)천주교

## 김동수(金東洙) KIM Dong Soo

(생)1955·3·15 (본)경주(慶州) (출)충남 서천 (주)서울특별시 성북구 안암로 145 고려대학교 미래성장연구소(02-3290-5315) (학)1973년 덕수상고졸 1979년 고려대 경영학과졸 1983년 서울대 행정대학원졸 1997년 경제학박사(미국 하와이대) (경)1978년 행정고시 합격(22회) 1979~1995년 경제기획원 사무관·과장 1992~1993년 한국국제협력단 개발조사부장·개발협력부장 1995년 미국 하와이 동서문화센터 Visiting Fellow 1997년 재정경제부 소비자정책과장 2000년 同생활물가과장 2001년 同물가정책과장 2001~2003년 국무조정실 규제개혁2심의관(이사관) 2004년 국방대 파견 2005년 외교통상부 다자통상국장 2006년 재정경제부 경제협력국장 2007년 同정책홍보관리실장 2008년 기획재정부 차관보 2008~2009년 同제1차관 2009~2010년 한국수출입은행장 2011~2013년 공정거래위원회 위원장 2013년 고려대 석좌교수(현) 2013년 同미래성장연구소장(현) (상)대통령표창(1991), 홍조근정훈장(2006), 고려대 경영대학 올해의 교우상(2009), 베트남 감사훈장(2011)

## 김동수(金東洙) KIM Dong Soo

(생)1955·10·19 (출)전남 (주)전라북도 군산시 조촌안3길 20 군산상공회의소(063-453-8604) (학)한양대 경영학과졸 1987년 숭실대 중소기업대학원졸 2013년 명예 경영학박사(군산대) (경)1983년 (주)화성산업 대표이사 1990년 군산도시가스(주) 회장(현) 1993년 (주)동우팜투테이블 회장(현) 1998년 (사)한국도시가스협회 이사 2005년 (사)군산·익산범죄피해자지원센터 부이사장 2008년 (주)나눙 회장 2010년 (주)참프레 회장(현) 2012년 법무부 법사랑위원군산·익산지역연합회 회장(현) 2012년 사랑의열매 '아너소사이어티 클럽' 전북대표 2013년 대한적십자사 전북지사 상임의원(현) 2014년 (재)법사랑 군산·익산지역장학회 초대 이사장(현) 2015년 수시탑포럼 의장(현) 2016년 군산상공회의소 제22대 회장(현) 2017년 2023새만금세계스카우트잼버리범도민지원위원회 초대 이사장(현) 2018년 전북사회복지공동모금회 회장(현) (상)한국사랑의집짓기운동연합회 감사패(2001), 중소기업CEO대상(2007), 대한민국윤리경영 종합대상(2009), 지식경제부장관표창(2010), 국무총리표창(2015), 법무부장관표창(2015) (종)기독교

## 김동수(金東秀) KIM Dong Soo

(생)1956·3·21 (본)강릉(江陵) (출)강원 명주 (주)서울특별시 서초구 서초대로 248 한국프랜차이스산업협회 부회장실(02-3471-8135) (학)1975년 경기고졸 1981년 서울대 무역학과졸 1996년 미국 미시간대 대학원 경제학과졸 (경)1980년 행정고시 합격(24회) 1992년 대전EXPO조직위원회 파견(서기관급) 1996년 통상산업부 수출과장 1997년 미국 스탠포드대 아·태센터 파견 1999년 산업자원부 수입과장 2000년 남북정상회담준비기획단 기획통제실 파견 2000년 산업자원부 생물화학산업과장 2002년 同디자인브랜드과장 2003년 同자본재산업총괄과장 2003년 同자본재산업국장 직대(부이사관) 2004년 同자본재산업총괄과장 2004년 同산업기술국장 2004년 국무조정실 산업심의관실 부이사관 2006년 同산업심의관실 이사관 2006년 산업자원부 감사관 2008년 지식경제부 주력산업정책관 2009~2010년 同투자정책관 2010년 한국섬유산업연합회 상근부회장 2013~2016년 강원도 동해안권경제자유구역청장 2017년 한국프랜차이즈산업협회 상근부회장(현)

## 김동수(金東洙) KIM Dong Soo

(생)1956 · 9 · 10 (출)충북 청주 (주)서울특별시 마포구 월드컵북로54길 12 DMS빌딩8층 한국디지털케이블연구원(KLabs) 원장실(02-300-3491) (학)1975년 세광고졸 1979년 청주대 행정학과졸 1985년 서울대 행정대학원 행정학과졸 1995년 미국 위스콘신주립대 대학원 행정학과졸 2006년 행정학박사(성균관대) (경)1979년 행정고시 합격(22회) 1990년 충주우체국장 1990년 국제무역산업박람회 조직위원회 파견 1994년 정보통신부 정보통신지원국 통신업무과장 1996년 同국제협력관실 협력기획담당관 1996년 同총무과장 1998년 한국전자통신연구원(ETRI) 파견 1999년 중앙공무원교육원 파견 2000년 강원체신청장 2000년 정보통신부 정보기반심의관 2002년 同감사관 2003년 同정보통신진흥국장 2006년 同정책홍보관리실장 2006년 同정책홍보관리본부장 2007~2008년 同차관 2008~2015년 법무법인 광장 고문 2012~2014년 한국방송광고진흥공사 비상임이사 2015년 한국디지털케이블연구원(KLabs) 원장(현) 2015년 (주)현대HCN 사외이사(현) (상)근정포장(1988), 홍조근정훈장(2003) (종)기독교

## 김동수(金東洙 · 女) KIM Dong Soo

(생)1957·7·10 (출)서울 (주)서울특별시 종로구 동숭길 134 동덕여자대학교 공연예술대학 모델과(02-940-4172) (학)1976년 상명여고졸 1987년 일본 도쿄 Takikawa Beauty College 토탈패션·미용 수료 1994년 미국 LA 시네마메이크업스쿨 수료 (경)1987년 미국 LA모델컨테스트 3위 입상 1996~1997년 에스콰이어(아웃클래스) 전속모델 1996~1997년 국민대 사회교육원 스포츠모델학과 주임교수 1998년 (주)이오디(iodi)김동수 대표 1999~2000년 동덕여대 스포츠학과 겸임교수 2000~2003년 同스포츠학과 전임교수 2003년 同공연예술대학 모델과 부교수, 同공연예술대학 모델과 교수(현) 2003년 同공연예술대학원 모델전공 부교수 겸임 2004년 경향신문 자문위원 2004년 동덕여대 모델과 나눔

회장 2007년 한국모델학회 회장(현) (저)'못생긴 톱 모델 김동수의 챠밍 스쿨'(1993) '성공하는 남자의 옷입기'(1993) '미운 오리 김동수 이야기'(1995) '김동수의 핸드백엔 먹을 것이 가득하다'(1999) '모델학'(2002) '여자들이 가장 알고 싶은 다이어트 비밀'(2003) '성공하는 여성을 위한 파워워킹'(2005) (역)'여자들이 가장 알고 싶은 미의 비밀(다이언 아이언즈 지음)'(2000)

## 김동수(金東洙) KIM Dong-Soo

(생)1961·3·7 (출)서울 (주)대전광역시 유성구 대학로 291 한국과학기술원(KAIST) 공과대학 건설및환경공학과(042-350-3619) (학)1983년 서울대 토목공학과졸 1985년 同대학원졸 1991년 토목공학박사(미국 텍사스대) (경)1986년 삼성종합건설 기술연구소 연구원 1988~1991년 미국 텍사스대 연구조교 1991~1994년 미국 뉴욕 Polytechnic대 조교수 1994년 한국과학기술원(KAIST) 공과대학 건설및환경공학과 조교수·부교수·교수(현) 2001년 한국지진공학회 이사 2002년 한국수자원공사 자문위원 2002~2012년 대전지방국토관리청 설계자문위원 2002~2003년 미국 Utah State Univ. 교환교수 2003~2014년 충남도 건설기술심의위원 2003~2010년 한국지진공학회 지반구조물 내진설계위원장 2010~2012년 한국지반환경공학회 국제부회장 2011년 한국과학기술원(KAIST) 입학처장 2011~2013년 한국지진공학회 부회장 2013~2017년 한국지반공학회 부회장 2014~2017년 19th ICSMGE2017 서울대회조직위원장 2015~2017년 한국과학기술원(KAIST) 연구처장 2017년 한국대댐회 국제협력부회장(현) (상)한국지반공학회 논문상(1998), 젊은 과학자상(2002), 대한토목학회 저술상(2003), 건설교통부장관표창(2005), 대통령표창(2011), KSCE-Springer Award(2014), 국토교통부장관표창(2017)

## 김동수(金東洙) Dongsoo Kim

(생)1962·4·4 (주)서울특별시 서초구 서초대로70길 32 코오롱스포렉스 본관 2층 오운문화재단(02-732-5059) (학)1980년 부산동고졸 1985년 서울대 경영학과졸 1987년 同대학원 경영학과졸, 미국 뉴욕주립대 대학원 행정학과졸 (경)1988~1991년 영화회계법인 회계사 1991~1995년 신한회계법인 회계사 1995~2004년 감사원 근무 2004~2005년 김앤장법률사무소 근무 2005년 코오롱그룹 경영전략본부 윤리경영팀장(상무) 2009년 同경영기획실 윤리경영팀장(전무) 2011~2012년 同프로세스개선T/F장(전무) 2012~2013년 스위트밀(주) 대표이사 2013년 덕평랜드(주) 대표이사 2014~2016년 코오롱글로벌(주) 전략기획본부장(전무) 2017년 오운문화재단 대표이사 겸 코오롱인재개발센터 원장(현) (종)불교

## 김동수(金東洙) Kim, Dongsoo

(생)1969·4·3 (본)김해(金海) (출)서울 (주)세종특별자치시 시청대로 370 산업연구원 북경지원(044-287-3102) (학)1987년 오산고졸 1995년 연세대 수학과졸 1999년 미국 조지워싱턴대 대학원 재무학과졸(경영학석사) 2007년 경제학박사(미국 조지워싱턴대) (경)1995~1996년 삼성생명보험 계리인실 근무 2005년 세계은행 인턴 2007년 산업연구원 부연구위원 2009년 同연구위원 2009~2013년 경희대 강사 2013년 산업연구원 연구조정실장 2014~2016년 同기획조정실장 2016년 同지역발전연구센터 연구위원 2016년 同북경지원 부장(현) (종)기독교

## 김동식(金東植) KIM Dong Sik

(생)1959·12·25 (본)순천(順天) (출)전북 완주 (주)서울특별시 중구 세종대로 125 서울특별시의회(02-3702-1400) (학)전주농림고졸 2007년 나주대학 사회복지학과졸 (경)남양전기 대표, 열린우리당 서울시당 서민대책특별위원, 서울시 강북구교육특별위원장 2006·2010년 서울시 강북구의회 의원(민주당·민주통합당·민주당·새정치민주연합), 同부의장 2010년 同건설위원장 2011년 민주통합당 무상급식추진위원 2014~2018년 서울시 강북구의회 의원(새정치민주연합·더불어민주당) 2014~2016년 同의장 2018년 서울시의회 의원(더불어민주당)(현) 2018년 同보건복지위원회 위원(현) 2019년 同예산결산특별위원회 위원(현)

## 김동식(金東植)

(생)1965·12·16 (주)대구광역시 중구 공평로 88 대구광역시의회(053-803-5041) (학)계명대 사회과학대학 행정학과졸 (경)대구참여연대 집행위원장, 대구시민의료생협 이사 2014년 대구시의원선거 출마(무소속), 김부겸 국회의원 보좌관, 대구경북지방분권개헌청원본부 공동실행위원장 2018년 대구시의회 의원(더불어민주당)(현) 2018년 同경제환경위원회 위원(현)

## 김동식(金東湜) KIM Dong Sik

(생)1970·6·4 (본)선산(善山) (출)서울 (주)서울특별시 구로구 디지털로26길 5 에이스하이엔드타워 1차 401호 케이웨더(주) 비서실(02-360-2206) (학)1994년 한양대 기계공학과졸 1996년 미국 매사추세츠공과대학(MIT) 대학원졸 (경)1994~1996년 미국 MIT 전임연구원·수석연구원 1996년 Arthur D. Little컨설팅社 경영컨설턴트 1997~2006년 (사)한국기상협회 이사 1998년 케이웨더(주) 대표이사(현) 1998년 케이그라우(주) 대표이사 1998년 기상청 정책자문위원 2002년 기상사업자연합회 회장(현) 2003~2005년 기상청 기상·지진기술개발사업 총괄위원 2003~2005년 매일경제 날씨경영대상 심사위원 2003~2006년 한국기상학회 이사 2005~2009년 한국기상산업진흥원 이사 2006년 한국법제연구원(기상산업진흥법) 자문위원 2006년 기상산업진흥협의회 위원 2009년 (사)기상산업연합회 회장(현) 2009년 한국DB산업협의회 DB서비스분과 위원장 2010년 한국실내환경학회 이사 2011년 녹색성장위원회 민간위원 (상)한양대총장표창(전체 수석)(1994), 미국 MIT Design & Manufacturing Auto Race First Place & Fastest Pit Crew(1995), 제2회 정보통신기업디지털대상 인터넷서비스부문 중소기업청장표창(2001), 기상청 세계기상의 날 과학기술부장관표창(2002), 기상청 제1회 기상정보대상 대통령표창(2006), 매일경제 벤처기업우수상(2006), 중소기업청 신지식인상(2008), 한국DB산업협의회 '데이터구루(Guru)'(2014), 산업포장(2014) (저)'날씨장사'(2001) '날씨경영'(2006) '날씨 읽어주는 CEO'(2013, 프리스마) '미세먼지 극복하기(共)'(2017, 프리스마)

## 김동신(金東信) KIM Dong Shin

(생)1941·3·13 (본)경주(慶州) (출)광주 (학)1960년 광주제일고졸 1965년 육군사관학교졸(21기) 1969년 서울대 영어영문학과졸 1976년 미국 지휘참모대졸 1987년 미국 해군대 대학원졸 1988년 영국 국방대학원졸 1995년 서울대 대학원 최고경영자과정 수료 2001년 한남대 경영대학원졸 (경)1983년 육군 제1사단 12연대장 1984년 국방부 국외정책담당관 1987년 同정책기획관실 차장(준장) 1989년 합동참모본부 전략기획국 차장 1990년 육군 제51사단장(소장) 1992년 합동참모본부 전력기획부장 1993년 육군 수도군단장(중장) 1994년 합동참모본부 작전참모부장 1996년 한미연합사령부 부사령관(대장) 1998~1999년 육군 참모총장(대장) 2000년 새천년민주당 안보위원회 고문 2001~2002년 국방부 장관 2005~2007년 민주당 광주北甲지역운영위원회 위원장 2007년 同최고위원 2013~2018년 건국대 산업대학원 방위사업학과 석좌교수 2019년 대한민국수호예비역장성단 공동대표(현) (상)무공포장, 인헌무공훈장, 보국훈장 삼일장·국선장·통일장, 미국 공로훈장, 터키 공로훈장 (종)기독교

## 김동업(金東業) Tong Op Kim

(생)1964·8·6 (주)서울특별시 종로구 사직로8길 60 외교부 인사운영팀(02-2100-7139) (학)1990년 서울대 독어독문학과졸 (경)1986년 외무고시 합격(20회) 1990년 외무부 입부 1997년 駐그리스 2등서기관 1999년 駐러시아 1등서기관 2004년 외교부 러시아·독립국가연합(CIS)과장 2005년 駐뉴욕 영사 2007년 駐러시아 참사관 2008년 2012여수세계박람회조직위원회 파견 2009년 駐밴쿠버 부총영사 2012년 駐러시아 공사참사관 2015년 駐독일 공사 2018년 駐아제르바이잔 대사(현)

## 김동연(金東淵) KIM Dong Yun

(생)1938·1·20 (출)서울 (주)서울특별시 동작구 상도로 7 부광약품(주) 회장실(02-828-8022) (학)1957년 서울대사대부고졸 1961년 한양대 화학공학과졸 (경)1973년 부광약품공업(주) 대표이사 1991년 同부회장 2000년 同회장 2001년 부광약품(주) 회장(현)

## 김동연(金東淵) KIM Dong Yeon

(생)1950·8·19 (출)강원 삼척 (주)서울특별시 강남구 도곡로 194 일양약품(주) 사장실(02-570-3700) (학)1969년 강원 삼척고졸 1976년 한양대 공과대학 화학공학과졸 1995년 아주대 대학원졸 1997년 의약화학박사(아주대) (경)1976년 일양약품(주) 중앙연구소 입사 1992~2005년 보건복지부·과학기술처 국책과제 총괄연구책임자 1996년 일양약품(주) 중앙연구소 부소장 2001년 同중앙연구소장(전무이사) 2004년 한국화학연구원 안전성평가연구소 자문위원 2008년 일양약품(주) 대표이사 부사장 2009년 同대표이사 사장(현) 2010년 한국과학기술정보원 수석부회장 2012년 한국제약협회 바이오분과 위원장 2013년 한국신약개발연구조합 이사장(현) (상)대한민국기술대전 산업자원부장관표창(2000), 특허청 특허기술상 세종대왕상(2000), 대한민국 신약개발대상(2001·2009·2012·2014), 우수기술경진대회 장려상(2003), 보건의료기술진흥사업 우수연구자 보건복지가족부장관표창(2005), 보건복지가족부 연구개발 우수연구자 선정(2008), 국가연구개발 우수성과 100선(2009), 오송 신약대상(2011·2012), 대한약학회 약학기술인상(2011), 아시아소비자 대상(2012), 오송 신약R&D상(2013), 보건복지부 보건의료기술진흥유공 대통령표창(2013), 장영실상(2014), 혁신형제약기업 보건복지부장관표창(2015), 동암약의상(2016) (종)불교

## 김동연(金東兗) KIM Dong Yeon

(생)1957·1·28 (본)경주(慶州) (출)충북 음성 (학)1975년 덕수상고졸, 1982년 국제대(現 서경대) 법학과졸, 1986년 서울대 대학원 행정학과졸(석사), 1991년 미국 미시간대 대학원졸(정책학석사), 1993년 정책학박사(미국 미시간대) (경)1975년 한국신탁은행 심사부 근무, 1981년 서울신탁은행 기업분석부 근무, 1982년 입법고시 합격(6회), 1982년 행정고시 합격(26회), 1982년 국회 예산결산위원회 입법조사관, 1983년 경제기획원 대외경제조정실·예산실·경제기획국 사무관, 1994년 대통령 기획조정비서관실 행정관(서기관), 1995년 재정경제원 과장(정보통신부 초고속정보화기획단 국가망구축과장 파견), 1996년 同ASEM 추진기획단 총괄과장, 1997년 부총리 겸 재정경제원장관 특별보좌관실 과장, 1998년 예산청 청장비서관(과장), 1999년 기획예산처 정부개혁실 행정개혁단 행정3팀장, 2000년 同재정기획국 사회재정과장, 2001년 同재정기획국 재정협력과장, 2002년 同기획관리실 정보화담당관(부이사관), 대통령 비서실장 보좌관(국장급), 2002년 미국 세계은행(IBRD) 프로젝트 매니저 겸 선임정책관, 2005년 기획예산처 전략기획관(이사관), 2006년 同산업재정기획단장, 2007년 미국 존스홉킨스대 국제대학원(SAIS) 교환교수, 2007년 기획예산처 재정정책기획관, 2007년 제17대 대통령직인수위원회 기획조정분과위원회 전문위원, 2008년 대통령 경제수석비서관실 재정경제비서관, 2008년 대통령 경제수석비서관실 경제금융비서관, 2009~2010년 대통령 국정기획수석비서관실 국정과제비서관, 2010년 기획재정부 예산실장, 2012년 同제2차관, 2013~2014년 국무조정실장(장관급), 2015~2017년 아주대 총장, 2016년 한국장학재단 경영고문, 2017~2018년 경제부총리 겸 기획재정부 장관, 2019년 미국 미시간대 정책대학원 초빙교수(현) (상)장한덕수인상(2011), 홍조근정훈장(2011), 미국 미시간대 자랑스런 동문상(2014), 한국풀브라이트 자랑스러운 동문상(2015) (저)'있는 자리 흩트리기'(2017, 쌤앤파커스) (종)기독교

## 김동열(金銅烈) KIM Dong Yul

(생)1965·8·10 (출)전북 순창 (주)서울특별시 동작구 신대방1가길 77 중소기업연구원 원장실(02-707-9801) (학)1987년 서울대 경제학과졸 1989년 同대학원 경제학과졸 2007년 同대학원 행정학 박사과정 수료 (경)서울대 경제연구소 근무, 한국개발연구원(KDI) 산업경제실 근무, 한솔제지·한솔PCS 근무, 정동영 국회의원 정책보좌관 2004년 부총리 겸 재정경제부 장관 정책보좌관, 한국금융연구원 초빙연구원 2008년 현대경제연구원 정책연구실장 겸 수석연구위원 2015년 同정책조사실장(이사대우) 2017년 중소기업연구원장(현) (상)대통령표창(1994) (역)'기술혁신과 기업조직'(1992) '우정사업민영화, 작은정부는 가능한가'(2008) (종)가톨릭

## 김동엽(金東燁) KIM Dong Yeop

(생)1957·1·10 (본)김해(金海) (출)부산 (주)서울특별시 성동구 마장로 210 한국기원 홍보팀(02-3407-3870) (경)1983년 프로바둑 입단 1985년 2단 승단 1987년 3단 승단 1989년 4단 승단 1990년 동양증권배 본선 1991년 바둑왕전 본선 1992년 5단 승단 1993년 한국이동통신배 본선 1994년 6단 승단 1994년 한국이동통신배·명인전·동양증권배 본선 1995년 바둑왕전·테크론배 본선 1996년 바둑왕전·최고위전 본선 1997년 7단 승단 1999년 기성전·삼성화재배 본선 2000년 배달왕전·천원전 본선 2003년 8단 승단 2005년 제5기 잭필드배 프로시니어기전 우승 2005년 9단 승단(현) 2005년 제1회 강원랜드배 한중바둑대전 한국대표 2006년 국수전 본선 2007년 제1회 지지옥션배 시니어팀 대표 2007년 맥심커피배 입신최강 본선 2008년 KB국민은행 바둑리그 본선 2009년 지지옥션배 본선 2016년 한국기원총재배 시니어 바둑리그 준우승

## 김동엽(金東燁) KIM, Dong-Yup

(생)1960·7·5 (본)의성(義城) (출)서울 (주)대전광역시 서구 청사로 189 특허심판원 심판8부(042-481-5259) (학)1979년 서울 대성고졸 1983년 연세대 금속공학과졸 1985년 同대학원 금속공학과졸 1991년 공학박사(연세대) 2006년 충남대 법무대학원 특허학과 수료 (경)1988~1991년 한국과학기술원 금속부 위촉연구원 1992~1997년 쌍용중앙연구소 책임연구원 1994~1995년 일본 금속재료기술연구소 객원연구원 1997년 특허청 반도체2심사담당관실 심사관 2005년 同전자소자심사담당관실 심사관(기술서기관) 2006년 同컴퓨터심사팀 기술서기관 2007년 특허심판원 심판8부 심판관 2009년 특허청 전기심사과 기술서기관 2010년 同전자상거래심사과장 2013년 특허법원 파견(서기관) 2015년 특허청 특허심사기획국 국제특허출원심사2팀장 2017년 同특허심판원 심판8부 선임심판관 2018년 同특허심판원 심판8부 수석심판관(현) (역)'자성재료학(共)'(1991, 반도출판사) '특허의 지식(共)'(2001, 명현) '특허명세서 기재방법(共)'(2008, 애드파워) (종)천주교

## 김동영(金東映) Kim Dong-young

(생)1961 · 8 · 30 (주)서울특별시 종로구 사직로8길 60 외교부 인사기획관실(02-2100-7141) (학)1987년 전북대 전산통계학과졸 2003년 미국 거버너스주립대 대학원 전산학과졸 (경)1987년 외무부 입부 1990년 駐네덜란드 행정관 1995년 駐인도네시아 3등서기관 2004년 駐이탈리아 2등서기관 2009년 駐미국 1등서기관 2012년 駐알제리 참사관 2013년 외교부 외교통신담당관 2015년 駐유엔 참사관 2016년 외교부 정보관리기획관 2018년 駐뭄바이 총영사(현)

## 김동오(金東旿) KIM Dong O

(생)1957 · 2 · 20 (출)서울 (주)서울특별시 서초구 서초중앙로 157 서울고등법원(02-530-1114) (학)1975년 경기고졸 1979년 서울대 법대졸 1986년 미국 미시간대 법과대학원졸 (경)1982년 사법시험 합격(24회) 1984년 사법연수원 수료(14기) 1986년 미국 뉴욕주 변호사시험 합격 1987년 광주지법 판사 1991년 법원행정처 법무담당관 1992년 서울민사지법 판사 1994년 서울지법 동부지원 판사 1996년 미국 스탠퍼드대 연수 1997년 서울지법 판사 1997년 헌법재판소 파견 1998년 서울고법 판사 2000년 서울지법 판사 2001년 창원지법 부장판사 2003년 인천지법 부천지원 부장판사 2005년 서울중앙지법 부장판사 2008년 부산고법 부장판사 2010년 서울고법 부장판사 2011~2012년 헌법재판소 수석부장연구관 파견 2014년 서울고법 수석부장판사 2014년 인천지법원장 2014년 인천시선거관리위원회 위원장 2017년 서울고법 부장판사(현)

## 김동완(金銅完)

(생)1964 · 1 · 6 (주)대구광역시 동구 첨단로 7 신용보증기금 임원실(053-430-4078) (학)1982년 충북 청석고졸 1986년 한양대 법학과졸 (경)1990년 신용보증기금 입사 2012년 同서산지점장 2013년 同보증심사부장 2014년 同강서지점장 2015년 同부산지점장 2015년 同인사부장 2016년 同마포지점장 2017년 同신용보증부 본부장 2018년 同서울동부영업본부장 2018년 同서울서부영업본부장 2018년 同상임이사(현) (상)부총리 겸 재정경제부장관표창(2006)

## 김동우

(생)1953 (출)서울 (주)경상남도 김해시 한림면 장방로 157-5 (주)신우콘크리트산업 임원실(055-342-0204) (학)한국기술교육대 대학원 경영학과졸 (경)1990년 (주)신우콘크리트산업 대표이사(현), 충북콘크리트공업협동조합 이사장 2016년 한국콘크리트공업협동조합연합회 회장(현) 2017년 중소기업중앙회 부회장(현) 2017년 중소기업사랑나눔재단 이사(현) (상)석탑산업훈장(2012)

## 김동우(金東雨) KIM DONG WOO

(생)1958 · 10 · 13 (본)안동(安東) (출)대구 (주)서울특별시 마포구 마포대로 119 효성중공업(주) 부사장실(02-707-7000) (학)1978년 중경고졸 1982년 영남대 인류학과졸 (경)1990~1995년 고속도로시설공단 기획부 근무 1995년 삼성물산(주) 주택부문 재건축팀 근무 2002년 同주택부문 주택영업팀 근무 2009~2011년 同주택사업부 주택2본부 도시재생3팀장(상무) 2012년 (주)효성 건설PU 주택영업담당 상무 2013년 同건설PU장 겸 건설PU 해외영업담당 전무 2016~2018년 同건설PG 건설PU장(부사장) 2017~2019년 진흥기업(주) 대표이사 겸임 2018년 효성중공업(주) 부사장(현) (종)불교

## 김동욱(金東旭) KIM, Dong Wook (南丁)

(생)1938·1·4 (본)김해(金海) (출)경남 통영 (주)서울특별시 영등포구 버드나루로 73 우성빌딩 자유한국당(02-6288-0200) (학)1956년 서울고졸 1960년 연세대 정치외교학과졸 1962년 同대학원 수료 (경)1962~1964년 한국제망 이사 1976~1978년 상보교역 회장 1979~1980년 신민당 충무·통영·거제·고성지구당 위원장 1979년 제10대 국회의원(충무·통영·거제·고성, 신민당) 1985년 제12대 국회의원(전국구, 신민당) 1987년 민주당 창당발기인 1988년 同충무·통영·고성지구당 위원장 1990년 민자당 정책평가위원 1992~1996년 한국관광공사 이사장 1996년 제15대 국회의원(경남 통영·고성, 신한국당·한나라당) 1996년 한·필리핀의원친선협회 회장 1997년 한나라당 경남도지부장 1998년 국회 재정경제위원장 2000~2004년 제16대 국회의원(경남 통영·고성, 한나라당) 2000~2004년 한·태국의원친선협회 회장 2000~2004년 한·필리핀의원친선협회 이사 2000년 APPF(아·태의회포럼) 회원 2003년 한나라당 운영위원·지도위원 2003년 同상임고문 2004년 월간 현대해양 고문(현) 2005년 김정문알로에 상임고문(현) 2005년 재정경제연구원 회장(현) 2009년 21세기경영인클럽 회장(현) 2012~2017년 새누리당 상임고문 2013년 대한민국헌정회 부회장 2013년 同고문(현) 2013년 제16대 국회의원회 회장(현) 2017년 자유한국당 상임고문(현) (상)경영문화대상(2001) (종)천주교

## 김동욱(金東旭) KIM Dongwook

(생)1959·12·25 (본)월성(月城) (출)대구 (주)서울특별시 관악구 관악로 1 서울대학교 행정대학원(02-880-5600) (학)1982년 서울대 경제학과졸 1984년 同행정대학원 행정학과졸 1993년 정책학박사(미국 Ohio State Univ.) (경)1994년 서울대 행정대학원 교수(현) 2002~2004년 방송위원회 법률자문특별위원회 위원 2005~2006년 서울대 행정대학원 부원장 2005~2008년 전자정부특별위원회 위원 2006~2007년 방송통신융합추진위원회 위원 2007년 한국행정학회 총무위원장 2007~2014년 서울행정학회 법정이사 2008~2013년 대통령직속 미래기획위원회 위원 2008~2013년 행정안전부 정책자문위원회 정보화분과위원장 2009년 한국정보처리학회 'The e-Bridge' 편집위원회 위원(현) 2009~2012년 정보공개위원회 위원 2009~2011년 인터넷주소정책심의위원회 위원장 2010~2012년 한국교육학술정보원 비상임이사 2011~2013년 한국콘텐츠진흥원 비상임이사 2011년 방송통신위원회 방송통신발전기금운용심의회 위원 2011~2017년 서울대 SSK스마트사회연구센터장 2011~2013년 정보통신정책연구원 원장 2013년 안전행정부 '정부3.0' 민간자문단 위원 2013년 전국경제인연합회 창조경제특별위원회 위원 2013~2017년 공공데이터전략위원회 위원 2013~2015년 교육부 고등교육분과 정책자문위원 2013~2014년 민주평통 자문위원 2014~2016년 서울대 행정대학원장 2015년 중앙선거관리위원회 국회의원선거구획정위원회 위원 2017년 서울대 행정대학원 지능정보사회정책연구센터장(현) 2018~2019년 총신대 이사장 (상)정보화유공자 대통령표창(1998), 전자정부유공자 홍조근정훈장(2007), 문화체육관광부장관표창(2010) (저)'새 정부조직 설계'(2008) '공공갈등과 정책조정 리더십(共)'(2011, 법문사) '정부 기능과 조직'(2012, 법문사) '다가온 미래 스마트라이프(共)'(2012)

## 김동욱(金東煜) KIM Dong Wook

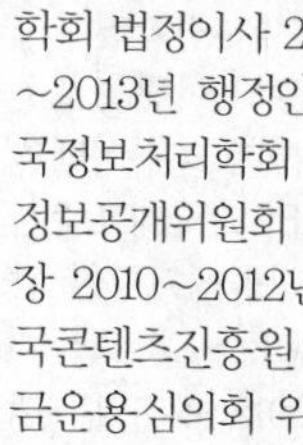

(생)1960·1·26 (본)선산(善山) (출)서울 (주)서울특별시 종로구 성균관로 25-2 성균관대학교 문과대학 영어영문학과(02-760-0266) (학)1978년 배문고졸 1982년 성균관대 영어영문학과졸 1984년 同대학원 영어영문학과졸 1990년 문학박사(미국 미시간주립대) (경)1992년 영국 셰익스피어연구소 명예연구원 1993~2002년 성균관대 영어영문학과 조교수·부교수 2002년 同문과대학 영어영문학과 교수(현) 2002년 한국셰익스피어학회 부회장·편집이사 2004~2006년 성균관대 영어영문학과장 2006

~2007년 同성균어학원장 2007~2008년 한국연극학회 편집이사 2017년 성균관대 교무처장(현) (저)'교양고전 100선 해제'(1995, 성균관대 출판부) '열린가상대학 시사영어'(1998, 열린사이버대학) '세계연극의 이해'(1999, 열린가상대학) '시사영어'(1999, 열린가상대학) '현대연극의 이해'(2000, 열린가상대학) '연극의 이해'(2000, 집문당) '셰익스피어 작품해설1'(2000, 한국셰익스피어학회) '셰익스피어 작품해설2'(2002, 범한서적) '셰익스피어 공연읽기'(2003, 한국셰익스피어학회) '연희단 거리패 햄릿(編)'(2003, 연희단 거리패) '서양연극의 이해'(2004, 열린사이버대학) '영국 르네상스 드라마의 세계 : 1. 튜더왕조편'(2004, 고전르네상스영문학회) '9급 영어 문제집'(2005, 법률저널) '7급 영어 문제집'(2005, 법률저널) '셰익스피어 연극 사전'(2005, 한국셰익스피어학회) (역)'글렌게리 글렌로스'(1999, 도서출판 동인) '세계연극사'(2000, 한신문화사·맥그로우-힐 출판사) '자에는 자로'(2001, 성균관대 출판부) '햄릿읽기'(2001, 우리극연구소) '얀 코트의 연극론'(2002, 도서출판 동인) '트로이의 여인들'(2003, 고전르네상스영문학회) '셰익스피어 연기론'(2005, 성균관대 출판부) '레프 도진과 말리 드라마 극장 : 리허설에서 공연까지'(2010, 도서출판 동인)

## 김동욱(金東煜) KIM Dong Wook

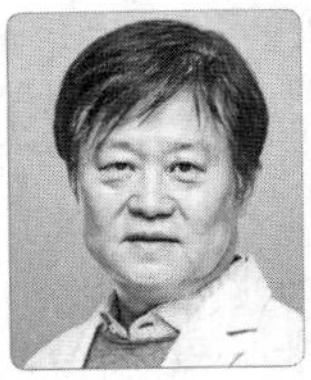

(생)1961·1·1 (본)경주(慶州) (출)서울 (주)서울특별시 서초구 반포대로 222 서울성모병원 혈액내과(02-2258-6051) (학)1985년 가톨릭대 의대졸 1992년 同대학원 의학석사 1996년 의학박사(가톨릭대) (경)1985년 가톨릭중앙의료원 인턴·레지던트 1989년 軍의관 1992년 가톨릭대 의대 혈액종양내과 임상강사 1994년 삼성서울병원 내과 전문의 1994~2004년 가톨릭대 의대 혈액종양내과학교실 전임강사·조교수·부교수 1996년 한국골수은행협회 이식조정위원회 간사 1997~1999년 미국 프레드허친슨암연구소·워싱턴주립대병원 객원교수 2000년 국제혈액학회 학술위원회 총괄간사 2001~2003년 보건복지부 한국희귀의약품센터 글리벡공급심의위원장 2002년 식품의약품안전청 중앙약사심의위원 2002년 한국백혈병은행장(현) 2003년 대한조혈모세포이식학회 학술이사 2003년 국제비혈연간이식협회(WMDA) 연구위원, 同학술위원회 아시아대표위원 2003~2012년 가톨릭대 의대 분자유전학연구소장 2005년 同의대 혈액내과학교실 교수(현) 2005년 아시아만성골수성백혈병연구위원회(ACSA) 위원장(현) 2009년 세계만성골수성백혈병재단 이사, 同한국대표(현) 2011년 유럽백혈병네트워크 국제표준지침제정위원회 패널위원(현) 2011~2017년 가톨릭대 서울성모병원 암병원 연구부장 2011~2015년 同의대 암연구소장 2012~2016년 同의대 혈액내과장 2013년 대한암협회 집행이사(현) 2015~2017년 대한조혈모세포이식학회 임상시험위원회 위원장 2015~2017년 가톨릭대 서울성모병원 혈액내과분과장 2015년 同의대 백혈병연구소장(현) 2016년 식품의약품안전처 중앙약사심의위원회 전문가(현) 2017년 한국희귀의약품센터 희귀필수의약품위원회 위원(현) 2017년 대한혈액학회 국제화추진위원회 위원장(현) 2017년 식품의약품안전평가원 의약품심사자문단(현) 2017년 가톨릭대 서울성모병원 BMT센터장(현) 2018년 同서울성모병원 초대 혈액병원장(현) (상)한국BRM학회 학술상(2000), 올해의 과학자상(2005), 자랑스런 가톨릭의대인상(2015) (저)'그림으로 이해하는 만성골수성백혈병'(2008) '굿바이 암(共)'(2012, 책읽는달) (종)기독교

## 김동욱(金東旭) Dong-Wook Kim

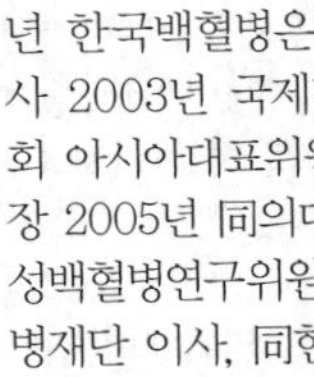

(생)1961·6·7 (출)충북 (주)서울특별시 서대문구 연세로 50-1 연세대학교 의료원 신관 4층 403호 생리학교실(02-2228-1703) (학)1986년 고려대 생명과학과졸 1991년 同대학원 유전공학과졸 1996년 생명공학박사(일본 도쿄대) (경)1997~2001년 미국 예일대 의대 연구원 2001~2004년 미국 하버드대 의대 Junior Faculty 2003년 연세대 의대 생리학교실 교수(현) 2004~2005년 줄기세포서울국제심포지움 위원장 2005~2006년 아시아·오세아니아생리학회 줄기세포분과위원장 2005~2006년 세계조직공학 및 재생의학회 줄기세포분과위원장 2005년 한미과학자협회(UKC) 줄기세포분과위원장 2005~2009년 국제줄기세포학회(ISSCR) 국제분과위원 2006년 한국줄기세포학회 이사 2006년 범부처국가줄기세포종합계획수립기획단 위원장 2006~2007년 국제줄기세포학회 준비위원회 한국대표 2006년 한국조직공학재생의학회 부회장 2006~2007년 미국 남가주대 Faculty 2006~2012년 교육과학기술부 세포응용연구사업단장 2006~2008년 Tissue Engi. and Regenerative Medicine 편집위원장 2007~2012년 세계줄기세포프로테옴이니셔티브 공동의장 2007~2012년 국제줄기세포포럼 한국대표 2007~2012년 아시아태평양줄기세포네트워크(SNAP) 한국대표 2008~2009년 국제줄기세포학회(ISSCR) 정부정책분과 위원 2008~2011년 Stem Cell Research 편집위원 2008년 International Journal of Stem Cells 편집위원 2009년 Stem Cell Reviews 편집위원 2009년 세계조직공학및재생의학회 학술대회 부회장 2009년 매일경제 객원논설위원 2010~2011년 국가과학기술위원회 재생의료실무위원 2010년 한국조직공학재생의학회 줄기세포분과위원장 2011년 Inflammation and Regeneration 편집위원 2011~2015년 식품의약품안전처 특별자문위원 2012~2017년 연세대 줄기세포기반신약개발연구단장 2014년 국가줄기세포은행심의위원(현) 2019년 한국줄기세포학회 회장(현) (상)한국조직공학재생의학회 우수논문상(2006), 대한생리학회 유당학술상(2008), 연세대 연구활동 우수교수상(2010), 교육과학기술부장관표창(2012), 연세대 의대 연구활동 우수교수상(2013) (저)'내 품안에 줄기세포'(2007) '생체조직공학'(2008) '성체줄기세포 및 세포치료제'(2008) '배아줄기세포'(2008) '조직공학 실험서'(2012)

## 김동욱

(생)1963·9·26 (주)경기도 수원시 영통구 삼성로 129 삼성전자(주) 인사팀(031-200-1114) (학)1986년 광운대 전자계산기공학과졸 1994년 한국과학기술원 대학원 정보통신공학과졸 1998년 전산학박사(한국과학기술원) (경)1986년 삼성전자(주) 컴퓨터사업부 개발팀 근무 1998년 同컴퓨터사업부 Mobile개발그룹 수석 2004년 同컴퓨터사업부 개발1그룹수석 2006년 同컴퓨터사업부 개발2그룹장 2008년 同컴퓨터사업부 Global CS팀장 2010년 同IT솔루션사업부 Global CS팀장(상무) 2010년 同IT솔루션사업부 서비스혁신그룹장 2012년 同무선사업부 중국 소주생산법인장 2014년 同무선사업부 베트남생산법인 근무 2015년 同무선사업부 베트남생산법인장(전무) 2019년 同무선사업부 태국생산법인장(부사장)(현)

## 김동욱(金東昱) Kim Dong Ug

(생)1964·11·12 (주)서울특별시 종로구 율곡로2길 25 연합뉴스 경영지원국 총무부(02-398-3114) (학)1991년 국민대 경영학과졸 (경)1991년 연합통신 기획부 입사 1998년 연합뉴스 기획부 근무 1999년 同경영기획실 근무 2002년 同총무부 차장대우 2003년 同경리부 차장대우 2005년 同경리부 차장 2005년 同경리관재부 차장 2008년 同경리부장 2010년 同경영기획실 인사부장 2011년 同기획조정실 인사부장 2013년 同기획조정실 기획부장 2013년 同감사팀장 겸임 2014년 同기획조정실 기획부장(부국장대우) 2015년 同기획조정실 부실장 겸 경영기획부장 2016년 同기획조정부장 2018년 同경영지원국장 2019년 同총무부 선임(현)

## 김동욱(金東旭)

(생)1966·3·10 (출)경남 진주 (주)울산광역시 중구 성안로 112 울산지방경찰청 정보화장비과(052-210-2141) (학)1984년 경남 대아고졸 1989년 경찰대 법학과졸(5기) (경)1989년 경위 임용(경찰대 5기) 1996년 경남 합천경찰서 방범과장(경감) 1998년 경남 산청경찰서 경무과장 2001년 울산중부경찰서 경비교통과장(경정) 2002년 울산남부경찰서 정보과장 2004년 울산동부경찰서 정보과장 2006년 울산지방경찰청 정보과 정보2계

장 2007년 同경비교통과 경비경호계장 2010년 同정보과 정보3계장 2011년 同경비교통과장(경정) 2012년 同경비교통과장(총경) 2013년 울산동부경찰서장 2014년 울산지방경찰청 생활안전과장 2015년 경남 사천경찰서장 2016년 울산지방경찰청 홍보담당관 2017년 경남 양산경찰서장 2019년 울산지방경찰청 정보화장비과장(현)

## 김동욱

(생)1967·1·20 (출)전북 순창 (주)세종특별자치시 국세청로 8-14 국세청 징세과(044-204-3001) (학)서울 한성고졸, 숭실대 정치외교학과졸, 가천대 대학원 세무회계학과졸 (경)7급 공채 임용, 부산 금정세무서 소득세과 근무, 중부지방국세청 인사과 근무, 국세청 인사과 근무, 대통령비서실 파견, 안산세무서 재산세과장 2012년 중부지방국세청 조사3국 조사1과 2계장 2013년 국세청 개인납세국 소득세과 소득1계장 2016년 대전지방국세청 징세송무국장 2017년 경기 평택세무서장 2018년 중부지방국세청 조사3국 조사2과장 2019년 국세청 징세과장(현)

## 김동욱(金東旭) Kim Dongwook

(생)1970 (주)서울특별시 영등포구 여의대로 128 LG전자(주)(02-3777-1114) (학)서울고졸 1992년 한국과학기술원(KAIST) 전산학과졸(학사) 1994년 同대학원 전산학과졸 1999년 전산학박사(한국과학기술원) (경)1997~2001년 새롬기술 메신저개발 총괄담당 2002~2003년 Airdast Inc. Bluetoothe stack개발 PM 2003~2004년 삼성SDS 홈네트워킹Framework개발 PM 2004~2015년 네이버(주) 플랫폼본부장 2015년 NHN엔터테인먼트 payco사업본부장 2017년 同얼라인서비스팀 총괄이사 2017년 LG전자(주) 서비스플랫폼FD담당 상무 2018년 同클라우드센터 서비스플랫폼담당 상무 2019년 同CTO서비스플랫폼담당 상무(현)

## 김동원(金東園) KIM Dong Won

(생)1959·9·23 (출)전남 (주)전라북도 전주시 덕진구 백제대로 567 전북대학교 총장실(063-270-2001) (학)1982년 서울대 산업공학과졸 1984년 한국과학기술원 대학원 산업공학과졸 1994년 공학박사(일본 北海島大) (경)1988~1999년 전북대 산업공학과 전임강사·조교수·부교수 1990~1993년 전북대 산업공학과 학과장 1996~1997년 미국 매사추세츠대 기계산업공학과 객원교수 1996~1997년 미국 피츠버그대 산업공학과 객원교수 1998~2001년 전북대 정책연구팀 위원·팀장 1998~2001년 同정보화기획단 위원 1999년 同산업공학과 교수, 同산업정보시스템공학과 교수(현) 2001~2003년 미국 버지니아주립대 방문연구교수 2003~2006년 전북대 산학협력단장 2003~2006년 전북지역산학협력단협의회장 2004~2006년 전국거점국립대학산학협력단협의회 부회장 2004~2005년 대한산업공학회 호남지회장 2006년 대한산업공학회 이사 2010~2012년 전북대 공과대학장 2010~2012년 同산업기술대학원장 2010~2012년 同환경대학원장, 同유연인쇄전자전문대학원장 2012~2019년 同청소년창의기술인재센터장 2012~2018년 同공학교육혁신거점센터장 2019년 同총장(현) (상)전북도지사표창(2004), 대한산업공학회 백암기술상(2009), 교육과학기술부장관표창(2012)

## 김동원(金東元) Dong-One Kim

(생)1960·1·15 (본)의성(義城) (출)서울 (주)서울특별시 성북구 안암로 145 고려대학교 경영학과(02-3290-1949) (학)1982년 고려대 경영학과졸 1991년 미국 위스콘신대 메디슨교 대학원 노사관계학과졸 1993년 노사관계학박사(미국 위스콘신대 메디슨교) (경)1996~1997년 미국 뉴욕주립대 경영대학 교수 1997년 고려대 경영학과 교수(현) 2001년 Social Asia Forum 한국위원장 2002년 한국ILO협회 상임이사 2006~2007년 고려대 총무처장 2007년 同노동대학원 인력관리학과 주임교수 2007년 중앙노동위원회 공익위원 2007년 노사정위원회 공익위원 2011~2013년 고려대 기획예산처장 2011년 한국노사관계학회 부회장 2013~2015년 고려대 노동대학원장 2014년 국민경제자문회의 위원 2014~2015년 한국고용노사관계학회 회장 2014년 대통령직속 규제개혁위원회 위원 2014~2016년 고려대 경영대학장 겸 경영전문대학원장 2014년 현대자동차 임금체계개선위원회 자문위원 2015~2018년 국제노동고용관계학회(ILERA) 회장 2015~2018년 국무총리산하 경제·인문사회연구회 비상임이사 (상)한국노사관계학회 최우수논문상(2003), SK Research Award(2003), IBRE Research Award(2004), 고려대 경영대교우회 특별공로상(2016) (저)'한국노사관계 세계화 지표'(1995) '종업원 참여제도의 이론과 실제'(1996) '미국의 노사관계와 한국에의 시사점'(1997) '기술급제도 보상체계의 혁신시리즈'(1999) '인사노무관리론'(2000) '교수노조 관련연구'(2000) '신노사문화노사참여 활성화 방안연구'(2000) '신노사문화추진성과분석연구 : 우수기업에 대한 사례연구를 중심으로(신노사문화우수기업 사례연구)'(2000) '집단성과배분제도 보상체계의 혁신시리즈'(2000) '신노사문화 추진기업 재정지원방안연구'(2001) '현대고용관계론'(2002·2003·2005·2008) 'ILO의 결사의 자유 협약비준에 따른 정책적 시사점연구'(2002) '세계의 노사관계 변화와 전망'(2003) (종)기독교

## 김동원

(생)1985·8·20 (주)서울특별시 영등포구 63로 50 63한화생명빌딩 한화생명보험(주) 미래혁신부문(02-789-8618) (학)미국 세인트폴고졸, 미국 예일대 동아시아학과졸 (경)2014년 (주)한화 경영기획실 디지털팀장 2015년 한화생명보험(주) 전사혁신실 부실장 2016년 同전사혁신실 부실장(상무) 2017년 同미래혁신담당 상무 2019년 同해외총괄담당 상무 겸임 2019년 同미래혁신부문장(현)

## 김동유(金東裕) Dong-Yu Kim

(생)1963·8·5 (출)서울 (주)광주광역시 북구 첨단과기로 123 광주과학기술원 신소재공학부(062-715-2319) (학)1986년 서울대졸 1988년 同대학원졸 1997년 공학박사(미국 Univ. of Massachusettes Lowell) (경)1989~1991년 한국과학기술연구원(KIST) 연구원 1997~1999년 미국 Univ. of Massachusettes Lowell 박사 후 연구원 1999년 광주과학기술원(GIST) 신소재공학부 조교수·부교수·교수(현) 2005~2007년 同히거신소재연구센터 부센터장 2013~2015년 同신소재공학부장 2014년 한국과학기술한림원 정회원(공학부·현) (상)제37회 과학의 날 국무총리표창(2005), 광주과학기술원(GIST) 최고 Impact Factor 논문상(2005), 나노코리아 나노연구혁신상(2005), Best Teacher Award by GIST(2007), 광주과학기술원(GIST) 최다논문상(2008·2014), 광주과학기술원(GIST) 연구상(2009), 과학기술포장(2016)

## 김동윤(金東潤) KIM Dong Yoon

(생)1956·6·22 (본)순천(順天) (출)경기 고양 (주)서울특별시 강남구 강남대로 330 우덕빌딩 법무법인(유) 에이펙스(02-2018-9730) (학)1975년 중앙고졸 1980년 서울대 법과대학졸 1986년 同대학원 수료 (경)1981년 사법시험 합격(23회) 1983년 사법연수원 수료(13기) 1983년 공군 법무관 1986년 서울지법 북부지원 판사 1989년 서울민사지법 판사 1991년 창원지법 진주지원 판사 1993년 서울지법 서부지원 판사 1994년 서울고법 판사 1996년 서울지법 판사 1997년 대법원 재판연구관 1999년 청주지법 부장판사 2000년 서울지법 의정부지원 부장판사 2002년 서울지법 부장판사 2004년 서울중앙지법 부장판사 2005년 씨앤케이법률사무소 변호사 2005년 법무법인 장한C&K 대표변호사 2006년 법무법인 렉스 대표변호사 2009년 법무법인(유) 에이펙스 대표변호사(현) (종)불교

## 김동은(金東殷) KIM Dong Eun

(생)1964·12·14 (출)부산 (주)서울특별시 중구 남대문로 63 한진빌딩 법무법인 광장(02-772-4397) (학)1983년 부산 동천고졸 1987년 서울대 사법학과졸 1990년 同대학원졸 2000년 미국 코넬대 Law School졸(LL.M.) (경)1991년 사법시험 합격(33회) 1994년 사법연수원 수료(23기) 1994년 법무법인 광장 변호사(현) 1996년 건설교통부 민자유치사업 자문위원 2000년 미국 뉴욕주 Milbank, Tweed, Hadley & Mccloy 근무 2003~2004년 해양수산부 민간투자사업계획 평가위원 2003~2006년 환경관리공단 민간투자사업 자문위원 2004~2008년 부산거제간연결도로건설조합 고문변호사 2014~2016년 금융감독원 분쟁조정위원 2014~2016년 부산좋은기업유치위원회 위원 2016년 국민연금공단 대체투자위원회 위원(현) 2018년 한국환경공단 제9기 환경시설 민간투자사업 심의위원(현)

## 김동익(金東翼) KIM Dong Ik

(생)1952·10·28 (출)서울 (주)경기도 성남시 분당구 판교로 335 차의과학대학교 의료원장 비서실(031-881-7387) (학)1977년 연세대 의대졸 1981년 同대학원 의학석사 1988년 의학박사(연세대) (경)1985~1998년 연세대 의대 방사선과학교실 강사·조교수·부교수 1990년 미국 뉴욕대 의대 연구강사 1991년 대한방사선의학회 고시위원장 1994~2000년 아·태신경중재치료의학회 재무이사 1996~1999년 대한방사선의학회 고시이사 겸 고시위원장 1998~2000년 대한자기공명의과학회 총무이사 1998~2015년 연세대 의대 영상의학교실 교수 1999~2002년 대한방사선의학회 재무이사 1999~2002년 대한신경중재치료의학회 회장 2000~2001년 아·태신경방사선의학회 회장 2001~2002년 세계신경중재치료의학회 학술대회조직위원장 2001~2002년 아·태신경방사선의학회 사무총장 2002~2004년 대한신경두경부영상의학회 회장 2002~2005년 대한영상의학회 수련이사 2002~2004년 대한자기공명의과학회 부회장 2004년 (재)성광학원 이사(현) 2005~2008년 대한영상의학회 총무이사 2005년 한국방사선의학재단 이사(현) 2005~2007년 연세대 세브란스병원 제2진료부원장 2006년 국무조정실 의료산업발전기획단 첨단의료복합단지위원회 위원 2006~2009년 대한의학회 재무이사 2006~2008년 아·태방사선의학회 사무총장 2006~2012년 식품의약품안전청 진단용방사선안전관리자문위원 2007~2012년 대한의사협회 대의원회 부의장 2008~2012년 대한영상의학회 회장 2008년 (재)고촌학원 이사(현) 2009~2012년 대한의학회 부회장 2009~2011년 보건복지부 R&D선진화HT포럼운영위원회 위원 2009~2012년 건강보험심사평가원 비상근심사위원 2011년 아시아태평양생명의학연구재단 이사(현) 2011~2014년 의료방사선안전문화연합회 회장 2012~2014년 대한의사협회 종합학술대회조직위원장 2012~2014년 한국의학학술지원재단 이사장 2012년 한국의학100주년기념사업재단 이사(현) 2012~2015년 대한의학회 회장 2012~2015년 보건복지부 제약산업육성지원위원회 위원 2012~2015년 한국보건산업진흥원 Smartcare발굴사업자문위원회 위원 2012~2015년 한국의학교육협의회 위원 2013~2015년 오송첨단의료산업진흥재단 자문위원 2013년 국민건강보험공단 병원운영심의위원회 위원(현) 2014년 건강보험심사평가원 국민의료평가발전위원회 위원장 2014년 국립암센터 국가암검진권고안재개정자문위원회 위원(현) 2015년 한국방사선의학재단 이사장(현) 2015년 차의과학대 의학전문대학원 영상의학과교실 교수(현) 2015~2016년 同전략사업추진본부장 2016~2018년 同의무부총장 겸 분당차병원장 2016년 대한병원협회 상임고문(현) 2018년 차의과학대 의무부총장 겸 의료원장(현) (상)대한방사선의학회 학술상(1990), 대한의사협회 대의원회공로상(2009), 연세대 의과대학 우수업적교수상(2009), 대한의학회 공로상(2011), 대한의사협회 공로상(2012), 연세대 우수교수상(2012) (저)'Embolization of spinal vascular malformation. In Interventional Radiology'(1999, 일조각) '중재적 신경방사선학. In 두개저외과학'(2007, 군자출판사) '방사선학적 검사. In 재활의학'(2007, 한미의학) '척수의 혈관. In 척추학'(2008, 군자출판사) '혈관내 수술의 합병증과 대처방안. In 뇌혈관외과학'(2010, 고려의학) '기능영상. In 정위기능신경외과학'(2010, 엠엘커뮤니케이션) '두개저부 종양의 색전술과 경동맥의 풍선폐색검사. In 두개저외과학. 2nd edition'(2012, 군자출판사) '척추의혈관. In 척추학 2nd edition'(2013, 군자출판사)

## 김동익(金東翊) KIM Dong Ik

(생)1959·12·12 (출)제주 (주)서울특별시 강남구 일원로 81 삼성서울병원 혈관외과(02-3410-3467) (학)1984년 한양대 의대졸 1988년 同대학원 의학석사 1995년 의학박사(한양대) (경)1984~1992년 한양대병원 인턴·전공의 1992~1994년 일본 오사카대 혈관외과 전임의 1994년 삼성서울병원 혈관외과 전문의(현) 1997년 성균관대 의대 외과학교실 조교수·부교수·교수(현) 1999~2005·2011~2015년 삼성서울병원 혈관외과 과장 2008년 국제줄기세포학술지 편집위원장(현), 대한혈관외과학회 상임이사, 대한임상초음파학회 부회장, 한국줄기세포학회 상임이사 2011~2013년 대한정맥학회 이사장 2011~2015년 세계정맥학회학술대회(Seoul UIP 2015) 조직위원장 2012~2015년 Asian Venous Forum 회장 2012~2017년 대한순환기의공학회 부회장 2013년 대한당뇨발학회 회장(현) 2014~2015년 대한정맥학회 회장 2015년 2015세계정맥학회학술대회(Seoul UIP 2015) 대회장 2016년 대한혈관외과학회 이사장(현) 2016년 제1회 Diabetic Limb Salvage in Asia 대회장 2017년 한국줄기세포학회 회장 2017년 삼성서울병원 혈관외과 과장(현) 2018년 대한민국의학한림원 정회원(외과학·현) 2018년 대한순환기의공학회 이사장(현) (상)대한혈관외과학회 우수논문상 (저)'당뇨족 : 진단과 치료' '혈관외과' '정맥학' '경동맥질환' '외과학'(共) '임상심장학'(共) '노인병학'(共) '동영상으로 배우는 혈관초음파'

## 김동일(金東一) KIM Dong-Il

(생)1949·4·1 (주)충청남도 보령시 성주산로 77 보령시청 시장실(041-930-3202) (학)대천고졸 2009년 동아인재대학 사회복지과졸 (경)보령시 감사담당관·기획담당관, 同총무과장, 보령시의회 사무국장, 보령시 산업건설국장, 同총무국장 2006~2010년 충남도의회 의원(국민중심당·자유선진당), 충남장학회 이사, 충남도 균형발전위원회 위원, 충남도 중소기업지원센터 이사, 민주평통 자문위원, 자유선진당 충남도당 부위원장 2010년 충남 보령시장선거 출마(무소속) 2014~2018년 충남 보령시장(새누리당·자유한국당) 2015년 환황해권행정협의회 회장 2018년 충남 보령시장(자유한국당)(현) (상)근정포장(2001), 홍조근정훈장(2006), 21세기 한국인상 사회부문대상(2015), 한국여성단체협의회 우수지방자치단체장상(2015), 풀뿌리자치대상 충청인상(2016), 대한민국사회발전대상 사회발전부문(2016), 글로벌자랑스런세계인상 국제지방자치발전부문(2017), 대한민국 CEO 명예의 전당 글로벌부문대상(2017), 2019대한민국소비자대상 글로벌베스트행정부문(2019)

## 김동일(金東逸) KIM Dong Il

(생)1958·2·1 (주)부산광역시 부산진구 엄광로 176 동의대학교 정보통신공학과(051-890-1689) (학)1981년 광운대 무선통신공학과졸 1983년 同대학원 전자통신공학과졸 1992년 공학박사(광운대) (경)1983~1991년 엘지정보통신연구소 연구개발실장 1991년 동의대 정보통신공학과 교수(현) 1997~2001년 한국해양정보통신학회 홍보상임이사·기획상임이사 1998~1999년 한국전자통신연구원 초빙연구원 1999~2004년 한국통신학회 논문지 편집위원 1999년 한국통신기술협회 전략위원회

위원 2000년 정보통신부 정보통신국제표준화전문위원 2003년 동의대 전산정보원장 2017년 同산업문화대학원장(현) (상)한국해양정보통신학회 우수논문상(2002) (저)'정보통신공학'(1994, 형설출판사) '최신 교환공학'(1998, 다성출판사) '최신 기초전자전기실험'(1998, 다성출판사) '컴퓨터구조'(2002, 오성미디어) '차세대통신망(NGN)과 무선 인터넷'(2007, 도서출판 두양사) '전자계산기구조론'(2008, 오성미디어)

## 김동일(金同一)

(생)1961 · 8 · 15 (주)부산광역시 연제구 중앙대로 1001 부산광역시의회(051-888-8311) (학)1990년 경성대 상경대학 회계학과졸 (경)1995년 부산시 강서구의원선거 출마(무소속) 2000 · 2002 · 2006~2010년 부산시 강서구의회 의원 2002년 同부의장 2008~2010년 同의장, 대저2동 체육회 고문 2010년 부산시 강서구의원선거 출마(무소속) 2017년 더불어민주당 제18대 문재인 대통령후보 부산北 · 강서乙 선거대책위원장 2018년 부산시의회 의원(더불어민주당)(현) 2018년 同도시안전위원회 위원(현)

## 김동일(金東壹)

(생)1966 · 11 · 14 (출)경남 진주 (주)서울특별시 종로구 종로5길 86 서울지방국세청 조사4국(02-2114-4506) (학)진주 동명고졸, 서울대 경제학과졸, 同경영대학원 수료, 미국 사우스캐롤라이나대 법과대학졸(법학박사) (경)행정고시 합격(38회), 마산세무서 총무과장 1997년 진주세무서 부가가치세과장 1998년 서울지방국세청 송무과 근무 2002년 同조사3국 4과 근무 2006년 국세청 국제협력담당관실 국제협력2계장(서기관), 駐인도네시아 주재관 2011년 평택세무서장 2012년 서울지방국세청 첨단탈세방지담당관 2013년 국세청 국제협력담당관(서기관) 2016년 同국제협력담당관(부이사관) 2016년 서울 성동세무서장 2016년 중부지방국세청 납세자보호담당관 2017년 同납세자보호1담당관 2017년 同조사4국장 2018~2019년 서울지방국세청 국제거래조사국장 2019년 同조사4국장(현) (상)녹조근정훈장(2013)

## 김동일(金東日)

(생)1972 · 10 · 1 (주)충청남도 예산군 삽교읍 도청대로 600 충청남도의회(041-635-5057) (학)대전 대신고졸 1999년 충남대 행정학과졸, 同행정대학원 행정학석사 (경)개혁국민정당 공주시 대변인, 민주개혁지도자회의 충남대표, 국민정치연대 충남지역 대표, 열린우리당 공주시 청년위원장, 참여정치개혁포럼 공동대표, 충남동아 대표 2006년 충남 공주시의원선거 출마(열린우리당) 2010년 충남 공주시의회 의원(민주당 · 민주통합당 · 민주당 · 새정치민주연합) 2010~2012년 同산업건설위원장, 민주통합당 충남도당 교육복지위원장, 노무현대통령추모기념사업회 공주시운영위원장 2014~2018년 충남 공주시의회 의원(새정치민주연합 · 더불어민주당) 2014~2016년 同산업건설위원장 2016~2018년 同행정복지위원장 2018년 충남도의회 의원(더불어민주당)(현)

## 김동전 KIM Dong Jeon

(생)1963 · 11 · 21 (출)제주 서귀포 (주)제주특별자치도 제주시 아연로 253 제주연구원(064-751-2168) (학)서귀포고졸, 제주대 사학과졸, 단국대 대학원졸, 문학박사(단국대) (경)1995~2014년 제주대 인문대학 사학과 전임강사 · 조교수 · 부교수 2008 · 2012년 同박물관장 2014~2017년 同인문대학 사학과 교수 2014~2016년 제주도 문화재위원회 위원, 제주대 제주문화콘텐츠 창의인재양성사업단장 2016~2017년 同인문대학장 2016~2018년 역사문화학회 회장 2017년 제주연구원 원장(현)

## 김동주(金東周) KIM Dong Joo

(생)1944 · 5 · 20 (본)김해(金海) (출)부산 (주)서울특별시 영등포구 의사당대로 1 대한민국헌정회(02-757-6612) (학)1963년 경남공고졸 1973년 부산대 경영대학원 수료 1989년 서울대 행정대학원 수료 1990년 고려대 정책대학원 수료 1995년 연세대 경영대학원 수료 2003년 한국방송통신대 행정학과졸 (경)1973년 부산시승공회 회장 1979년 양산군노인학교 회장 1980년 대한민국재향군인회 양산군회장 1982년 신사당 부총재 1985년 신한민주당(신민당) 농수산국장 1985년 제12대 국회의원(경남 김해 · 양산, 신민당) 1985년 민주화추진협의회 상임운영위원 1987년 민주당 훈련원 부원장 · 원내부총무 1988년 제13대 국회의원(경남 양산, 민주당 · 민자당) 1989년 민주당 민주불교회장 1989년 同수석사무차장 1990년 민자당 제1부총장 1990년 同양산지구당 위원장 1997년 민주산악회 중앙부회장 1998년 자민련 부산해운대 · 기장乙지구당 위원장 1998~2000년 제15대 국회의원(부산 해운대구 · 기장乙 보궐선거, 자민련 · 민주국민당) 1998년 국회 2002월드컵등국제경기지원특별위원회 위원장 2000년 민주국민당 부산 해운대 · 기장乙지구당 위원장 2000년 同최고위원 2003~2004년 同대표최고위원 2008년 (재)일석장학회 이사 2009년 한나라당 상임고문 2010년 고려대정책대학원총동창회 초대이사장 2011년 부산 기장군 국회의원단독선거구추진위원회 상임고문 2012년 새누리당 상임고문 2017년 대한민국헌정회 부회장(사무총장 겸직) 2017~2019년 同사무총장, 同회원(현) (상)부산아시안게임 체육훈장 거상장(2003)

## 김동주 Kim Dong Joo

(생)1955 (주)서울특별시 강남구 테헤란로 335 MG손해보험(주) 비서실(02-3788-2757) (학)1974년 광주 살레시오고졸 1980년 서강대 외교학과졸 1996년 연세대 경영대학원 MBA 2008년 미국 스탠퍼드대 대학원 최고경영자과정 수료 (경)1981~1997년 OB씨그램(주) 마케팅본부장 1997~2003년 GM KOREA 마케팅 부사장 2004~2013년 PMP인터네셔널(주) 대표이사 2013년 MG손해보험(주) 마케팅총괄 2015년 同마케팅총괄 전무이사 2016년 同대표이사 사장(현)

## 김동주(金東杜)

(생)1971 · 7 · 30 (출)경남 진양 (주)광주광역시 동구 준법로 7-12 광주고등검찰청 총무과(062-233-2169) (학)1990년 중동고졸 1994년 서울대 사법학과졸 (경)1993년 사법시험 합격(35회) 1997년 사법연수원 수료(26기) 1997년 부산지검 검사 1998년 대구지검 안동지청 검사 2000년 수원지검 검사 2002년 서울지검 검사 2004년 서울중앙지검 검사 2004~2005년 미국 조지워싱턴대 법대 Visiting Scholar 2005년 법무부 검찰국 검사 2006년 同형사법제과 검사 2008년 대구지검 검사 2009년 서울중앙지검 부부장검사 2010년 대검찰청 연구관 2012년 춘천지검 속초지청장 2013년 서울중앙지검 총무부장 2014년 同공공형사부장 2015년 부산지검 형사3부장 2016년 서울동부지검 형사1부장 2017년 부산지검 서부지청 차장검사 2018년 대구지검 포항지청장 2019년 광주고검 검사(현)

## 김동준(金東俊) KIM Dong Joon

(생)1957 · 3 · 10 (본)김해(金海) (출)서울 (주)부산광역시 남구 용소로 45 부경대학교 조선해양시스템공학과(051-629-6614) (학)1980년 서울대 조선공학과졸 1982년 同대학원 조선공학과졸 1989년 공학박사(서울대) (경)1982년 대한조선공사(주) 계장 1989~2000년 부경대 전임강사 · 조교수 · 부교수 1992~2001년 International Society of Offshore and Polar Engineers 1995~1996년 미국 미시간대 Post-Doc. 1997~1999년

부경대 기획실 부실장 2000년 同조선해양시스템공학과 교수(현) 2005년 同기획처장 2008년 일본 큐슈대 조선해양공학과 방문연구원 2018년 부경대 학무부총장(현) [저]'선박계산(共)'(1997) '선박의장(共)'(2000) '컴퓨터를 이용한 선박제도(共)'(2008) '크루즈선 인테리어디자인'(2008)

**김동준(金東俊) KIM Dong Jun**

[생]1959·9·20 [출]서울 [주]서울특별시 강서구 공항대로 260 이화여자대학교 서울병원 정형외과(02-2650-2873) [학]1985년 연세대 의대 의학과졸 1988년 同대학원 의학석사 1998년 의학박사(연세대) [경]1985~1990년 신촌세브란스병원 정형외과 수련의·전공의 1990~1993년 성애병원 정형외과장 1993~1999년 이화여대 의대 정형외과학교실 조교수 1998년 대한정형외과학회 학회지 심사위원 1999년 이화여대 의대 정형외과학교실 부교수·교수(현) 2000년 대한정형외과학회 홍보위원회 간사 2009~2011년 이화여대 목동병원 의무부장 [상]대한척추외과학회 향산재단상(1997), 대한척추외과학회 최우수논문상(1999), 대한척추외과학회 학술상(2000)

**김동준(金東俊) KIM, DONG JOON**

[생]1968·5·15 [본]강릉(江陵) [출]서울 [주]세종특별자치시 갈매로 477 기획재정부 개발금융국 개발금융총괄과(044-215-8710) [학]1987년 영동고졸 1994년 캐나다 칼턴대 경제학과졸 1995년 캐나다 토론토대 대학원 경제학과졸 [경]1998년 조달청 사무관 2003년 재정경제부 국고국 재정정보관리과 사무관 2004년 同경제정책국 생활경제과 사무관 2005년 同경제정책국 복지경제과 사무관 2006년 同경제협력국 통상조정과 사무관 2007년 기획재정부 경제협력국 개발협력과 서기관 2009년 영국 재무성 파견 2009년 G20정상회의준비위원회 재무장관회의기획과장 2011년 미국 IIC(미주투자공사) 한국신탁기금담당관 2015년 기획재정부 기획조정실 경제교육홍보팀장 2016년 同대외경제국 국제경제과장 2018년 同개발금융국 국제기구과장 2019년 同개발금융국 개발금융총괄과장(현) [상]장관급표창(2003), 대통령표창(2006), 근정포장(2011) [종]천주교

**김동준(金東俊) Kim Dong-jun**

[생]1971·6·23 [주]세종특별자치시 도움6로 11 국토교통부 교통물류실 대중교통과(044-201-3828) [학]1990년 브니엘고졸 1998년 연세대 건축공학과졸 [경]2005년 건설교통부 국토균형발전본부 근무 2008년 국토해양부 공공기관지방이전추진단 근무 2009년 同주택정비과·간선철도과 근무 2013년 국토교통부 철도건설과 근무 2015년 同국토정책과 근무 2016년 새만금개발청 계획총괄과장 2017년 국토교통부 용산공원조성추진기획단 공원정책과장(기술서기관) 2019년 同교통물류실 대중교통과장(현)

**김동진(金東晉) KIM, Dong-Jin (靑原)**

[생]1950·4·12 [출]경남 진주 [주]서울특별시 송파구 송파대로22길 5-23 (주)아이에이(02-3015-1300) [학]1968년 경기고졸 1972년 서울대 공과대학 기계공학과졸 1988년 산업관리공학박사(미국 핀레이공대) [경]1972년 한국과학기술연구소·국방과학연구소 근무 1978년 현대중공업(주) 입사 1985년 현대정공(주) 이사 1988년 同상무이사 1989년 同연구소장 1994년 同전무이사 1996년 현대우주항공(주) 부사장 1998년 同대표이사 사장 1999~2002년 한국지리정보기술협회 회장 2000년 현대자동차(주) 상용차담당 사장 2001년 현대자동차(주) 대표이사 사장 2002년 한국공학교육인증원 부원장 2003~2005년 한국자동차공업협회 회장 2003~2008년 현대자동차(주) 대표이사 부회장 2009년 현대모비스(주) 대표이사 부회장 2010~2013년 (주)씨앤에스테크놀로지 회장 2013년 (주)아이에이 대표이사 회장(현) 2015년 한국엔지니어연합회 회장(현) 2015년 한국전력소자산업협회 초대 회장(현) [상]보국훈장 삼일장(1985), 한경비즈니스 올해의 CEO(2000·2003), 금탑산업훈장(2002), 베스트CEO(2002), 100억불 수출탑, 한국능률협회 한국의 경영자상(2004), 올해의 테크노CEO상(2007) [저]'A Heuristically Optimal Quality Control Model for a Single-Line Multi-Stage Manufacturing Process'

**김동진(金東鎭)**

[생]1962·7·29 [출]충북 청원 [주]전라북도 부안군 부안읍 동중2길 15 부안해양경찰서 서장실(063-928-2212) [학]한국방송통신대 문화교양학과졸 [경]1986년 순경 임용 2008년 경정승진 2008년 군산해양경찰서 1001함장 2010년 태안해양경찰서 1507함장 2011년 해양경찰청 상황실장 2012년 동해해양경찰서 5001함장 2015년 국민안전처 서해해양경비안전본부 상황담당관 2016년 同청문감사담당관 2016년 여수해양경비안전서장 2017년 해양경찰교육원 인재개발과장 2018년 동해지방해양경찰청 경비안전과장 2019년 서해지방해양경찰청 부안해양경찰서장(현)

**김동진(金東禛) KIM Dong Jin**

[생]1969·3·21 [본]광산(光山) [출]서울 [주]서울특별시 서초구 서초중앙로 157 서울중앙지방법원(02-530-1114) [학]1988년 숭실고졸 1993년 서울대 법학과졸 2003년 고려대 대학원 지적재산권법학 석사과정 수료 2006년 스위스 바젤대 법학과 연구과정 수료 [경]1993년 사법시험 합격(35회) 1996년 사법연수원 수료(25기) 1999년 수원지법 판사 2001년 서울지법 판사 2003년 부산지법 판사 2007년 서울고법 판사 2009년 대법원 재판연구관 2011~2012년 춘천지법 부장판사 2011년 춘천시 선거관리위원장 2012년 수원지법 성남지원 부장판사 2015년 인천지법 부장판사 2018년 서울중앙지법 부장판사(현) [저]'법원행정처 발행 지적재산권재판실무편람'(2001·2011년 집필위원) [종]천주교

**김동찬(金東燦) KIM Dong Chan**

[생]1958·3·5 [주]전라북도 전주시 덕진구 건지로 20 전북대학교병원 마취통증의학과(063-250-1251) [학]1982년 전북대 의대졸 1986년 同대학원 의학석사 1994년 의학박사(원광대) 2007년 한국방송통신대 대학원 경영학과졸 [경]1991~2002년 전북대 의대 전임강사·조교수·부교수 2002년 同의학전문대학원 마취통증의학교실 교수(현) 2006년 대한뇌신경마취학회 회장 2010~2012년 전북대 의학전문대학원 교육부원장 2012년 대한마취과학회 회장 2014년 대한중환자의학회 회장 [상]보건복지부장관표창(2019) [저]'중환자의학(共)'(2006) '뇌신경마취 핸드북(共)'(2008)

**김동찬(金東燦) KIM Dong Chan**

[생]1958·4·4 [출]서울 [주]서울특별시 서초구 서초대로 254 오퓨런스빌딩 16층 법무법인 세창(02-595-7121) [학]1976년 경복고졸 1981년 서울대 법학과졸 1991년 한국외국어대 대학원 법학과 수료 [경]1981년 사법시험 합격(23회) 1983년 사법연수원 수료(13기) 1983년 軍법무관 1986년 부산지검 검사 1989년 대전지검 천안지청 검사 1990년 수원지검 성남지청 검사 1992년 서울지검 검사 1994년 부산고검 검사 1995년 광주지검 목포지청 부장검사 1996년 대전지검 강경지청장 1997년 서울지검 부부장검사 1998년 同의정부지청 부장검사 1999년 인천

지검 공판송무부장 2000년 서울지검 북부지청 형사6부장 2001년 서울고검 검사 2002년 서울지검 남부지청 형사2부장 2003년 서울고검 검사 2004년 수원지검 전문부장검사 2004년 변호사 개업 2009년 법무법인 세창 파트너변호사(현) 2009년 사학분쟁조정위원회 위원

## 김동찬(金東燦) Kim Dong-chan

(생)1962·4·1 (주)서울특별시 종로구 사직로8길 60 외교부 인사기획관실(02-2100-7139) (학)1985년 연세대 정치외교학과졸 1987년 同대학원 행정학과졸 1998년 일본 게이오대 대학원 법학과졸 (경)1993년 외무고시 합격(27회) 1999년 駐일본 2등서기관 2002년 駐오만 1등서기관 2006년 외교통상부 제2차관 보좌관 2007년 同인사제도팀장 2009년 同동남아과장 2011년 駐남아프리카공화국 참사관 2012년 駐댈러스출장소 소장 2016년 駐앙골라 대사 2019년 駐크로아티아 대사(현)

## 김동찬(金東贊) KIM Dong Chan

(생)1965·3·19 (본)김해(金海) (출)전남 여수 (주)광주광역시 서구 내방로 111 광주광역시의회(062-613-5044) (학)순천 금당고졸 2002년 한국외국어대 정치행정언론대학원 공공정책학과졸, 전남대 대학원 국제정치학 박사과정 수료 (경)광주신일교회(대한예수교장로회) 안수집사, 광주시야구협회 상임고문, 금호중앙중 운영위원장, 한미외국어학원 원장, 한영대 겸임교수, 열린우리당 광주시당 교육사회특별위원장 2006·2010~2014년 광주시 북구의회 의원(열린우리당·민주당·민주통합당·민주당·새정치민주연합) 2008~2010년 同운영위원장 2010~2012년 同부의장 2012~2014년 同의장, 광주시5개구의장단 대표회장 2014~2018년 광주시의회 의원(새정치민주연합·더불어민주당) 2014~2016년 同부의장 2014년 同산업건설위원회 위원 2014·2016년 同운영위원회 위원 2015년 同예산결산특별위원회 위원, 同문화도시특별위원회 위원, 同여성재단인사청문특별위원회 위원 2016~2017년 同행정자치위원회 위원 2016~2017년 同윤리특별위원회 위원 2016년 더불어민주당 광주시당 대변인 2017~2018년 광주시의회 산업건설위원회 위원 2017년 더불어민주당 중앙당 정책위원회 부의장(현) 2018년 광주시의회 의원(더불어민주당)(현) 2018년 同의장(현) (상)제8회 대한민국의정대상 '2014년을 빛낸 최고의장'(2014), 한국신지식인협회 '지방자치의회 공무원분야 신지식인' 선정(2016) (종)기독교

## 김동철(金東哲) Dong Chul Kim

(생)1951·2·13 (본)경주(慶州) (출)경북 경산 (주)경기도 수원시 장안구 서부로 2066 성균관대학교 시스템경영공학과(031-290-7590) (학)1972년 영남대 기계공학과졸 1981년 서울대 행정대학원 행정학과졸 1989년 미국 워싱턴대 대학원 산업공학과졸 2007년 산업공학박사(성균관대) (경)1971년 기술고시 합격(6회) 1971~1978년 건설부 근무 1978~1985년 상공부 정밀기계과·산업기계과·반도체산업과장 1996년 특허청 특허연수원 교수부장 1997년 특허청 심사2국장 1998년 同심사4국장 1998년 同특허심판원 심판장 1999년 기술표준원 표준부장 2000년 同기초기술표준부장 2001~2003년 同원장 2003~2005년 한국산업기술평가원 원장 2005년 한국부품소재산업진흥원 초대 원장 2008~2011년 부산테크노파크 원장 2011~2013년 국가과학기술위원회 지방과학기술진흥협의회 위원 2011~2014년 부경대 산학협력단 연구교수 2014년 성균관대 시스템경영공학과 초빙교수(현) (상)대통령표창, 황조근정훈장 (저)'우리나라 광학기기 산업의 현황과 수출산업화 방안' (종)불교

## 김동철(金東喆) KIM Dong Cheol

(생)1955·6·30 (본)경주(慶州) (출)광주 (주)서울특별시 영등포구 의사당대로 1 국회 의원회관 613호(02-784-3174) (학)1974년 광주제일고졸 1978년 서울대 법과대학 법학과졸 2001년 한국개발연구원 경제정책전문과정 수료 2005년 중앙대 중국경제전문가과정 수료 (경)1983~1989년 한국산업은행 근무 1989~1994년 권노갑 국회의원 정책보좌관 1994~1995년 새정치국민회의 정책위원회 법제사법전문위원·국회 정책연구위원(2급) 1996년 제15대 국회의원선거 출마(새정치국민회의) 1997년 새정치국민회의 제15대 대통령중앙선거대책위원회 상황실 부실장 1998년 제15대 대통령직인수위원회 사회·문화분과 전문위원 2002년 대통령 정무기획비서관(1급) 2003년 한국석유수출입협회 회장 2004년 열린우리당 정책위원회 부의장 2004년 제17대 국회의원(광주시 광산구, 열린우리당·대통합민주신당·통합민주당) 2004년 국회 건설교통위원회·예산결산특별위원회 위원 2005년 국회 운영위원회 위원 2005년 열린우리당 원내부대표 2006~2007년 국회 법제사법위원회 간사 2007년 열린우리당 제1정책조정위원장 2008년 제18대 국회의원(광주시 광산구甲, 통합민주당·민주당·민주통합당) 2008~2010년 민주당 광주시당 위원장 2008~2010년 同당무위원 2008년 국회 미국산쇠고기수입협상국정조사특별위원회 간사 2008년 국회 정무위원회 위원 2010~2011년 국회 사법제도개혁특별위원회 총괄간사·국회 외교통상통일위원회 간사 2010~2011년 민주당 전략기획위원장·민주정책연구원 부원장 2011년 同대표 비서실장 2011년 국회 남북관계발전특별위원회 위원 2012년 제19대 국회의원(광주시 광산구甲, 민주통합당·민주당·새정치민주연합·국민의당) 2012년 국회 지식경제위원회 위원 2012년 국회 예산결산특별위원회 위원 2012년 국회 평창동계올림픽 및 국제경기대회지원특별위원회 위원 2012년 국회 한반도평화포럼 대표의원 2012년 민주통합당 제18대 대통령중앙선거대책위원회 신성장동력산업특별위원장 2013년 同비상대책위원 2013~2014년 국회 산업통상자원위원회 위원 2014년 국회 대법관(조희대)임명동의에관한인사청문특별위원회 위원장 2014~2015년 국회 산업통상자원위원회 위원장 2014년 (사)민간복지포럼 이사장(현) 2014년 고려인마을협동조합 명예이사장(현) 2015년 국회 안전행정위원회 위원 2015년 국회 국토교통위원회 위원장 2016년 국민의당 창당준비위원회 부위원장 2016년 同광주시당 위원장 2016년 제20대 국회의원(광주시 광산구甲, 국민의당·바른미래당〈2018.2〉)(현) 2016~2018년 국민의당 광주시광산甲지역위원회 위원장 2016~2018년 국회 국방위원회 위원 2016년 국회 예산결산특별위원회 간사 2016년 국회 동북아평화·협력의원외교단 단원 2016년 국민의당 비상대책위원회 위원장 2017년 국회 헌법개정특별위원회 간사 2017년 국민의당 제19대 안철수 대통령후보 특보단장 2017~2018년 同원내대표 겸 최고위원 2017년 同비상대책위원 2017~2018년 국회 운영위원회 위원 2017~2018년 국회 정보위원회 위원 2018년 바른미래당 원내대표 2018년 同광주광산구甲지역위원회 위원장(현) 2018년 同광주광역시당 위원장(현) 2018년 同비상대책위원장 2018년 국회 환경노동위원회 간사(현) 2018년 헌법재판소 재판관 선출에 관한 인사청문특별위원회 위원장 2018~2019년 국회 정치개혁특별위원회 위원 2019년 사랑의장기기증운동본부 홍보대사(현) (저)'정치는 더 큰 경제'(2011) (종)기독교

## 김동철(金東喆) KIM Dong Chul

(생)1961·1·5 (출)충남 태안 (주)대전광역시 서구 둔산중로 74 인곡타워 3층 법무법인 유앤아이(042-472-0041) (학)1981년 대전고졸 1988년 중앙대 법학과졸 (경)1989년 사법시험 합격(31회) 1992년 사법연수원 수료(21기) 1992년 서울지검 남부지청 검사 1994년 대전지검 홍성지청 검사 1995년 대전지검 검사 1997년 서울지검 검사 1999년 수원지검 성남지청 검사 2000년 러시아 모스크바국립대 연수 2002년 제주지

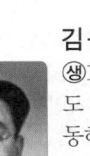

검 검사 2004년 同부부장검사 2005년 대전지검 서산지청 부장검사 2006년 서울고검 검사 2007년 의정부지검 고양지청 부장검사 2008년 서울동부지검 공판송무부장 2009년 대전지검 형사3부장 2009~2010년 同형사2부장, 법무법인 유앤아이 대표변호사(현), 대전고검 행정심판위원회 위원, 대전지방국세청 고문변호사, 대전동구청 고문변호사 2017~2018년 대전지방변호사회 제2부회장, 대한주택보증(주) 고문변호사(현), 대전장애인부모회 감사(현), 대전장애인인권센터 고문변호사(현), 대전장애우권익문제연구소 대표(현) 2019년 대전지방변호사회 제1부회장(현)

## 김동철(金東哲)

[생]1964·6·16 [출]경기 고양 [주]경기도 과천시 관문로 47 방송통신위원회 기획조정관실(02-2110-1311) [학]1992년 서울대 영어영문학과졸 2002년 미국 시라큐스대 대학원 행정학과졸 [경]1994년 행정고시 합격(37회) 2002년 정보통신부 정보통신진흥국 통신기획과 서기관 2005년 한국정보보호진흥원 정보화기획실 기반보호팀장(파견) 2007년 UN 경제사회이사회 아시아·태평양지역본부(UN-ESCAP) 파견 2010년 방송통신위원회 의안조정팀장 2012년 同방송시장조사과장 2013년 同방송정책국 방송정책기획과장 2013년 同방송기반국 방송기반총괄과장 2016년 국립외교원 교육파견(고위공무원) 2017년 방송통신위원회 방송기반국장 2018년 同방송정책국장 2019년 同기획조정관(현) [상]대통령표창(2006)

## 김동철 KIM Dong Cheol

[생]1964·7·22 [주]경기도 성남시 분당구 정자일로 45 티맥스소프트 사장실(031-8018-1000) [학]1987년 고려대 통계학과졸 1989년 同대학원 통계학과졸 2009년 IT정책경영학박사(숭실대) [경]1990~2013년 한국IBM 금융사업본부장·공공담당 파트너 2013년 데이타솔루션 전무 2015년 同데이터부문장 겸 대표이사 2018년 티맥스소프트 대표이사 사장(현) [저]'BIG Data BLOG: 빅데이터 삐딱하게 보기'(2015, 데이터솔루션) '삐딱하게 바라본 4차 산업혁명'(2019, 영진닷컴)

## 김동철(金東哲)

[생]1965·8·16 [주]경기도 수원시 팔달구 효원로 1 경기도의회(031-8008-7000) [학]동두천고졸 [경]동두천중·고총동문회 사무국장, 동두천신문 편집국장, 경기북부시민신문 취재부장 2006년 경기도의원선거 출마(무소속), 경기신문 기자 2012년 정성호 국회의원 정책특보 2012년 경기도의원선거 출마(동두천시 보궐선거, 민주통합당) 2014~2018년 경기 동두천시의회 의원(새정치민주연합·더불어민주당), 불현동체육회 이사(현) 2018년 경기도의회 의원(더불어민주당)(현) 2018년 안전행정위원회 위원(현)

## 김동철(金東喆) KIM DONG CHUL

[생]1974·6·22 [주]서울특별시 강남구 도산대로 139 제이타워 13층 법무법인 현(02-3218-8504) [학]1993년 대륜고졸 2002년 서울대 경영학과졸 2006년 同법과대학원 수료 [경]2003년 사법시험 합격(45회) 2006년 사법연수원 수료(35기) 2009년 동부저축은행 법률고문 2010년 신용협동조합중앙회 법률고문(현) 2011년 신한캐피탈 법률고문(현) 2012년 팅크웨어 법률고문 2014년 하나에프앤아이 법률고문(현) 2014년 법무법인 현 대표변호사(현) 2015년 수산업협동조합중앙회 법률고문 2015년 신한은행 법률고문(현) 2016년 스타파이낸셜서비시스 법률고문(현) 2016년 (주)푸른파트너스자산운용 법률고문 2016년 한국지방재정공제회 투자심의위원(현) 2018년 동아쏘시오홀딩스 사외이사(현)

## 김동표(金東表) KIM Dong Pyo (죽하)

[생]1941·5·10 [본]김해(金海) [출]전북 전주 [주]서울특별시 강남구 봉은사로 406 국가무형문화재전수교육관(02-3453-1685) [학]1960년 편재준 선생께 사사 1964년 강백천 선생께 사사 [경]1972년 국악협회 부산지부 기악분과위원장 1974년 무형문화재발표공연 1983년 동래아류발표공연 특별출연 1983년 김해가야문화제 참가 1986·1991년 김동표 대금산조 발표 1993년 국가무형문화재 제45호 대금산조 예능보유자 지정(현) 1993년 전국국악경연대회 심사위원 1999년 대금산조공개행사 공연 [종]불교

## 김동하(金東夏) Kim Dong Ha

[생]1957·12·8 [주]부산광역시 연제구 중앙대로 1001 부산광역시의회(051-888-8245) [학]1976년 영남상고졸, 동부산대학 유통경영학과졸 [경]중국칭따오막걸리체인점 어화둥둥 대표, 사남초등학교 운영위원장, 사하중 학부모협의회장 2010년 부산시 사하구의회 의원(민주당·민주통합당·새정치민주연합) 2014~2018년 부산시 사하구의회 의원(새정치민주연합·더불어민주당) 2014~2016년 同도시위원장, 부산시 사하구업무평가위원회 위원, 국민건강보험공단 장기요양등급판정위원회 위원(현) 2018년 부산시의회 의원(더불어민주당)(현) 2018년 同도시안전위원회 위원(현) 2018년 同예산결산특별위원회 위원(현) 2018~2019년 同부산시산하공공기관장후보자인사검증특별위원회 위원

## 김동하(金東河) KIM Dong Ha

[생]1961·3·5 [본]안동(安東) [출]경북 안동 [주]경기도 의정부시 녹양로34번길 30 법전빌딩 602호 김동하법률사무소(031-875-3131) [학]1980년 우신고졸 1984년 서울대 법대졸 [경]1983년 사법시험 합격(25회) 1985년 사법연수원 수료(15기) 1986년 軍법무관 1989년 변호사 개업 1998년 창원지법 판사 1999년 대전고법 판사 2002년 대전지법 부장판사 2004년 수원지법 부장판사 2006년 서울남부지법 부장판사 2006년 언론중재위원회 중재위원 2009~2011년 의정부지법 수석부장판사 2011년 변호사 개업(현) [종]불교

## 김동학(金東鶴) KIM Dong Hak (琴鶴)

[생]1931·1·24 [본]월성(月城) [출]경북 영일 [주]경상북도 경주시 하동공예촌길 51 민속공예촌(054-745-0838) [학]1955년 고교 중퇴 [경]1941년 조부 김고성에게 전통제작기능 전수 1950년 부친 김용묵에게 전통제작기능 전수 1985년 한국미술협회 경북월성지부 공예분과위원장 1989년 국가무형문화재 제93호 전통장 기능보유자 지정(현) 1993~1995년 문화재청주관 전승공예전 심사위원 1994~1995년 경주민속공예촌 이사장 1999년 중요무형문화재총연합회 부이사장, 同고문 1999년 청주국제비엔날레조직위원회 심사위원 2003~2006년 한국무형문화재기능보존협회 이사장 2006년 同고문(현) [상]한국문화예술진흥원장표창(1981), 문화공보부장관표창(1983·1987), 국무총리표창(2006), 옥관문화훈장(2010) [종]불교

## 김동혁(金東赫) KIM Dong Hyuk

[생]1969·6·10 [출]강원 강릉 [주]강원도 고성군 간성읍 탑동길 12 고성경찰서(033-680-6223) [학]강릉고졸, 경찰대 법학과졸 [경]인제경찰서 경비과장, 同경비교통과장, 화천경찰서 방범수사과장, 강원지방경찰청 수사지도관, 춘천경찰서 조사계장, 횡성경찰서 수사과장, 홍천경찰서 수사과장, 강원지방경찰청 강력수사대장, 同광역수사강력팀장, 同강력계장

2016년 경찰대학 교육파견(총경) 2016년 강원지방경찰청 수사1과장 2017년 속초경찰서장 2018년 강원지방경찰청 수사과장 2019년 강원 고성경찰서장(현)

**김동혁(金東赫) Dong Hyuk KIM**

(생)1974·5·24 (출)대구 (주)전라북도 군산시 법원로 68 전주지방법원 군산지원 총무과(063-450-5100) (학)1993년 오성고졸 1998년 서울대 법대 공법학과졸 2004년 同법대 전문분야법학연구(조세법)과정 수료 2011년 미국 캘리포니아대 대학원 법학과졸(LL.M.) (경)1998년 사법시험 합격(40회) 2001년 사법연수원 수료(30기) 2001~2002년 대한법률구조공단 공익법무관 2002~2004년 서울고검 공익법무관 2004년 법무법인 충정 변호사 2013년 대구지법 판사 2016년 수원지법 판사 2018년 전주지법 군산지원 부장판사(현)

**김동현(金東炫) KIM Dong Hyun**

(생)1960·12·4 (출)전남 순천 (주)서울특별시 마포구 마포대로 136 한국지방재정공제회 이사장실(02-3274-2114) (학)전주고졸, 한양대 행정학과졸, 영국 버밍햄대 대학원 행정학과졸(석사) (경)1985년 행정고시 합격(29회) 1986~1996년 전남도 경제분석계장·문화재계장·농업정책계장·기획계장 1996년 同도정발전기획단 통합이전사업부장 1999년 同통상협력과장 2002년 同기업경제과장 2003년 완도군 부군수 2003년 전남도 도지사비서실장 2004년 同감사관 2005년 同해양수산환경국장(부이사관) 2007년 지방혁신인력개발원 고위정책과정 교육입교 2008년 전남도 행정지원국장 2009년 광양만권경제자유구역청 행정개발본부장 2010년 同투자유치본부장 2011년 전남도 경제산업국장 2012년 중앙공무원교육원 교육파견(부이사관) 2013~2014년 소방방재청 예방안전국장 2014년 국민안전처 안전정책실 생활안전정책관 2015년 同안전정책실 안전총괄기획관 2015~2017년 同기획조정실장 2018년 한국지방재정공제회 이사장(현) (상)내무부장관표창(1993), 근정포장(1996), 홍조근정훈장(2014)

**김동현(金東炫)**

(생)1971·8·24 (출)전북 남원 (주)서울특별시 서초구 서초중앙로 157 서울중앙지방법원(02-530-1114) (학)1990년 전주영생고졸 1995년 서울대 법학과졸 (경)1996년 사법시험 합격(38회) 1999년 사법연수원 수료(28기) 1999년 육군 법무관 2002년 인천지법 판사 2004년 서울중앙지법 판사 2006년 제주지법 판사 2006년 광주고법 제주부 판사 2010년 서울고법 판사 2012년 대법원 재판연구관 2014년 광주지법 순천지원·광주가정법원 순천지원 부장판사 2016년 수원지법 평택지원 부장판사 2018년 서울중앙지법 부장판사(현)

**김동현(金東鉉)**

(생)1973·9·22 (출)전남 장성 (주)경기도 안산시 단원구 광덕서로 75 수원지방법원 안산지원(031-481-1136) (학)1992년 우신고졸 1997년 고려대 법학과졸 (경)1998년 사법시험 합격(40회) 2001년 사법연수원 수료(30기) 2001년 軍법무관 2006년 광주지법 목포지원 판사 2007년 인천지법 부천지원 판사 2010년 서울동부지법 판사 2012년 서울중앙지법 판사 2014년 서울고법 판사 2016년 부산지법 부장판사 2019년 수원지법 안산지원 부장판사(현)

**김동현(金東鉉)**

(생)1975·1·3 (출)전남 목포 (주)인천광역시 미추홀구 소성로163번길 17 인천지방법원 총무과(032-860-1169) (학)1993년 환일고졸 1998년 서울대 공법학과졸 (경)1998년 사법시험 합격(40회) 2001년 사법연수원 수료(30기) 2001년 공익 법무관 2004년 대전지법 판사 2007년 同홍성지원 판사 2009년 대전지법 판사 2012년 同서산지원 판사 2013년 대전고법 판사 2015년 대전지법 판사 2016년 부산지법 동부지원 부장판사 2019년 인천지법 부장판사(현)

**김동현(金東炫) KIM Dong Hyun**

(생)1987·11·12 (주)강원도 춘천시 중앙로 1 강원도청 봅슬레이·스켈레톤팀(033-249-3326) (학)2010년 연세대 체육교육학과졸 (경)대한체육회 봅슬레이스켈레톤루지클럽 입단 2008년 아메리카컵2차대회 봅슬레이 4인승 동메달 2010년 제21회 밴쿠버동계올림픽 봅슬레이 국가대표 2010년 아메리카컵8차대회 봅슬레이 4인승 은메달 2011년 아메리카컵3차대회 봅슬레이 4인승 은메달 2011년 아메리카컵5차대회 봅슬레이 4인승 동메달 2011년 아메리카컵6차대회 봅슬레이 4인승 은메달 2013년 강원도청 봅슬레이·스켈레톤팀 입단(현) 2013년 아메리카컵6차대회 봅슬레이 2인승 금메달 2014년 제22회 소치 동계올림픽 봅슬레이 국가대표 2018년 제23회 평창동계올림픽 봅슬레이 오픈 4인승 은메달 (상)제23회 코카콜라체육대상 우수단체상(2018)

**김동호(金東虎) KIM Dong Ho**

(생)1937·8·6 (본)경주(慶州) (출)강원 홍천 (주)서울특별시 종로구 종로33길 15 두산아트센터 동대문미래재단(02-3670-8244) (학)1956년 경기고졸 1961년 서울대 법대졸 1969년 同행정대학원 수료 1990년 한양대 행정대학원졸 2004년 명예 영화예술학박사(동서대) (경)1961년 문화공보부 근무 1964년 국전 입선 1965년 한국미술협회 회원 1969~1972년 문화공보부 국내과장·문화과장 1972년 同비상임계획관 1973년 同문화예술진흥관·문화국장·보도국장 겸 대변인 1976년 同공보국장 1979년 同국제교류국장 1980년 同기획관리실장 1988년 한국영화진흥공사 사장 1992년 예술의전당 사장 1992년 문화부 차관 1993년 공연윤리위원회 위원장, 영상산업발전민간협의회 제2분과위원회(제도개선위) 위원장, 在京홍천상록회 회장 1994년 문공회 회장 1995년 동신대 객원교수 1995년 (주)마이TV 사장 1996~2010년 부산국제영화제조직위원회 집행위원장 1996~2002년 중앙대 예술대학원 객원교수 1997년 로테르담국제영화제 심사위원장 1997년 한국예술종합학교 객원교수 1998년 인도국제영화제 심사위원 1998년 강원동계아시아대회조직위원회 사무총장 1998~2010년 아시아영화진흥기구(NETPAC) 부위원장 1999년 세종문화회관 이사 1999~2006년 민주평통 문화예술분과위원장 1999~2001년 (재)광주비엔날레 이사 2001~2004년 중앙대 첨단영상전문대학원 연구교수 2002년 싱가포르국제영화제 국제영화평론가협회(FIPRESCI)상·아시아영화진흥기구(NETPAC)상 심사위원장 2002년 민주평통 사회문화분과위원회 상임위원 2002년 시애틀국제영화제 심사위원 2003년 청룡영화상 심사위원장 2004년 라스팔마스영화제·소치영화제 심사위원 2004년 대통령직속 문화중심도시조성위원회 부위원장 2004년 동서대 객원교수 2005~2007년 (재)광주비엔날레 이사 2006~2010년 세계영화제작자연맹(FIAPF) 이사 2006년 한국과학기술원 문화기술대학원 겸직교수 2007년 문화관광부 한류정책자문위원장 2008년 외교통상부 문화외교자문위원 2009~2010년 일본 오키나와국제영화제 경쟁부문 심사위원장 2010년 칸국제영화제 주목할만한시선부문 심사위원 2010~2015년 부산국제영화제(BIFF) 명예집행위원장 2010년 아시아영화진흥기구(NETPAC) 고문 2011~2012년 강원문화재단 이사장 2011~2017년 단국대 영상대학원 석좌교수 2012~2017년 同영화콘텐츠전문대학원장 2013~2015년 대통령소속 문화융성위원회 초대위원장 2015~2016년 경기도 DMZ2.0음악과대화조직위원회 고문 2015~2018년 동대문창조재단 초대 이사장 2016~2017년 부산국제영화제(BIFF) 이사장 2016년 코리아문화수도조직위원회(KCOC) 선정위원 2018년 동대문 미래재단 이사장(현) 2019년 강릉국제영화제 초대 조직위원장(현) (상)면려포장, 홍조근정훈장(1972), 황조근정훈장(1993), 체육훈장 맹호장(1999), 프랑스 예술문화훈장 기사장(2000), 허행초상(2001), 대한민국영화대상 공로상(2005), 마닐라시 평생공로상(2005), 은관문화훈장(2005), 아르메니아 문화부훈장(2006), 프랑스 문화예술훈장 오피시에(2007), 유네스코 펠리니상(2007), 아시아그라프 공로상(2008), 닐슨임팩트상(2008), 한불문화상(2009), 일맥문화대상 문화예술상(2010), 제48회 영화의날 자랑스런 영화인상(2010), 일본 도쿄

국제영화제 우정상(2010), 세계패션그룹 한국협회 패션그룹상(2010), 제5회 아시아영화상 공로상(2011), 제19회 자랑스러운 서울법대인(2011), 이탈리아 우디네극동영화제 평생공로상(2013), 한국영화배우협회 대한민국특별공로상(2013), 2013 자랑스러운 경기인상(2014), 프랑스 최고 영예 훈장 '레지옹 도뇌르 슈발리에 장'(2014), 몽블랑 문화예술후원자상(2015), 동곡상 자랑스러운 출향 강원인부문(2015) ㉠'구주 및 유럽의 영화정책'(2000) '한국영화상영관의 변천과 발전방향'(2001) '한국영화 정책사'(2005) '영화, 영화인 그리고 영화제'(2010, 문학동네)

### 김동호(金東鎬) KIM Dong Ho

㉡1954·4·8 ㉢경상북도 포항시 남구 대송로 180 포스코건설 인프라사업본부(054-223-6114) ㉣경북대 금속과졸 ㉤(주)포스코 석도강판공장장(냉연부장) 2007~2014년 (주)포스코건설 플랜트사업본부 상무 2014년 (주)포스코 CSP법인장(일관밀사업단)(상무) 2016년 同CSP(브라질)법인장(상무) 2018년 同CSP(브라질)법인장(전무) 2019년 포스코건설 인프라사업본부장(현)

### 김동호(金東皓) KIM Dongho

㉡1957·11·1 ㉥김해(金海) ㉦서울 ㉢서울특별시 서대문구 연세로 50 연세대학교 이과대학 화학과(02-2123-2652) ㉣1980년 서울대 자연대학 화학과졸 1984년 이학박사(미국 워싱턴대) ㉤1984~1985년 미국 프린스턴대 화학과 Post-Doc. 1985년 한국표준과학연구원 책임연구원 1986~2000년 同분광연구그룹리더 1988년 일본 분자과학연구원 객원연구원 1991~1995년 충남대 화학과 겸임교수 1991년 고려대 기초연구센터 겸임교수 1992년 한국과학기술원(KAIST) 물리학과 겸임교수 1994년 충북대 물리학과 겸임교수 1997년 미국 워싱턴대 객원교수, 창의연구단장협의회 회장 1997~2006년 과학기술부 창의적연구진흥사업 초고속광물성제어연구단장 2000년 연세대 이과대학 화학과 교수(현) 2006년 '2005 국가석학 지원사업 대상자(화학분야)' 선정 2007~2009년 연세대 BK21 나노·바이오분자집합체연구단장 2007~2008년 미국 Northwestern Univ. 방문교수 2007·2013년 연세대 언더우드 특훈교수(현) 2014년 同미래융합연구원 부원장 2015~2017년 同미래융합연구원장 ㉧표준논문상(1989), 국무총리표창(1995), 이달의 과학자상(1999), Sigma Aldrich상(2005), 한국과학상(2006), 국가석학(2006), Underwood Professor(2007), 연세학술상(2010), 한국과학기술한림원 제4회 FILA기초과학상(2017), 과학기술훈장 도약장(2017) ㉠'Multiporphyrin Arrays : Fundamentals and Applications' ㉨기독교

### 김동환(金東煥) KIM Dong Hwan

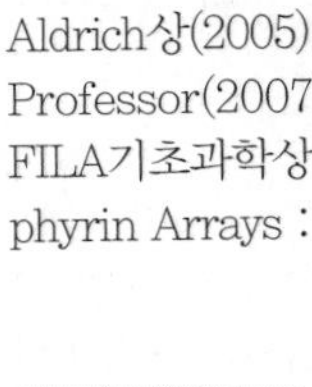

㉡1958·6·20 ㉢경기도 안양시 만안구 삼덕로37번길 22 안양대학교 글로벌경영학과(031-467-0978) ㉣관악고졸 1981년 서울대 축산학과졸 1983년 同대학원 농경제학과졸 1994년 경제학박사(미국 위스콘신대 메디슨교) ㉤1986~1996년 한국농촌경제연구원 책임연구원 1989~1994년 미국 위스콘신대 응용경제학과 연구조교 1996~1998년 신세계백화점 부설 한국유통산업연구소 연구위원 1998~2014년 안양대 무역유통학과 교수 2003년 (사)농식품신유통연구원 원장(현) 2007년 안양대 평생교육원장 겸 외국어교육센터장 2010년 국가미래연구원 농림·수산분야 발기인 2011년 안양대 학생지원처장 2013년 대통령자문 국민경제자문회의 민생경제분과 민간위원 2013~2017년 농업협동조합중앙회 사외이사 2014년 안양대 글로벌경영학과 교수(현) 2015년 한국농업경제학회 회장 2019년 안양대 일반대학원장(현) ㉧농림축산식품부장관표창(2016) ㉠'잘 팔리는 농축산물 만들기'(2008, 해남) '농식품 이제 마케팅으로 승부하라'(2009, HN-COM) '농산물유통론'(2015, 농민신문사)

### 김동환(金東煥) KIM Dong Hwan

㉡1958·9·28 ㉥전주(全州) ㉦서울 ㉢경기도 안산시 상록구 한양대학로 55 한양대학교 예체능대학 스포츠과학부(031-400-5744) ㉣1977년 중경고졸 1981년 연세대 체육학과졸 1983년 미국 아이다호대 대학원 체육학과졸 1986년 교육학박사(미국 아이다호대) ㉤1987~1998년 한양대 예체능대학 조교수·부교수 1989년 국제승마협회 장애물 국제심판(현) 1990년 KBS스포츠 승마경기 해설위원 1998~2017년 한양대 예체능대학 생활스포츠학부 교수 2008~2010년 同생활체육과학대학장 2010~2012년 同예체능대학장 2010~2018년 아시아올림픽평의회(OCA) 교육위원회 위원 2017~2019년 한양대 대학평의원회 의장 2017년 同예체능대학 스포츠과학부 스포츠코칭전공 교수(현) ㉧문화체육부장관표창(1988), 교육부장관표창(2013), 농림수산식품부장관표창(2017) ㉠'현대 스키 이론과 기술'(共) '마술학'(2016, 대한미디어) ㉨불교

### 김동환(金東煥) KIM Dong Hwan

㉡1959·8·17 ㉥강릉(江陵) ㉦서울 ㉢서울특별시 성북구 안암로 145 고려대학교 신소재공학부(02-3290-3275) ㉣1982년 서울대 금속공학과졸 1984년 同대학원 금속공학과졸 1992년 공학박사(미국 스탠퍼드대) ㉤1987~1992년 미국 스탠포드대 연구조교 1992~1993년 미국 콜로라도대 자원공과대학 물리학과 연구원 1993~1994년 同조교수 1994~1995년 미국 Applied Materials 엔지니어 1995~2002년 고려대 재료금속공학부 부교수 2001~2002년 미국 델라웨어대 Institute of Energy Conversion(IEC) 객원연구원 2003년 고려대 신소재공학부 교수(현) 2004년 산업자원부 태양광사업단장 2009년 고려대 그린스쿨(에너지환경정책기술대학원)대학원 부원장 2017년 同그린스쿨(에너지환경정책기술대학원)대학원장(현) 2017년 (사)한국태양광발전학회 수석부회장 2018년 同회장

### 김동환(金東煥) KIM Dong Hwan

㉡1960·6·9 ㉥김해(金海) ㉦서울 ㉢서울특별시 중구 명동11길 19 한국금융연구원 부원장실(02-3705-6108) ㉣1979년 배문고졸 1981년 성균관대 경제학과 수료 1986년 서울대 경제학과졸, 일본 東京大 대학원 경제학과졸 1997년 경제학박사(일본 東京大) ㉤산업연구원(KIET) 연구원, 일본 문부성 국비연구원, 건국대 경영대학원 강사, 미국 뉴욕주립대 Visiting Scholar, 한국정책금융공사 조사연구실장, 전북은행 사외이사, 국무조정실 정책평가위원회 전문위원, 노사정위원회 금융특별위원회 전문위원·공익위원, 공정거래위원회 시장구조분과위원회 자문위원, 금융감독원 제재심의위원회 위원, 금융위원회 금융발전심의회 은행분과 위원, 감사원 금융재정분과 자문위원, '금융연구' 편집간사, 한국금융연구원 연구위원·선임연구위원, 同은행팀장 직대, 同금융정책제도팀장, 同금융산업제도연구실장, 同금융회사경영연구실장, 한일경상학회 상임이사(현) 2007년 은행법학회 부회장, 공정거래위원회 약관심사위원회 자문위원, 同경쟁정책자문위원(현), 연합자산관리 공정가치심의위원(현), 국민연금 기금운용실무평가위원회 위원, 고려대 법무대학원 강사 2011~2012년 한국금융학회 부회장 2012년 한국금융연구원 글로벌금융연구센터장 2013년 同금융산업연구실 선임연구위원 2013년 신한카드(주) 사외이사 2014년 예금보험공사 금융부실책임심의위원(현) 2015~2018년 한국금융연구원 은행·보험연구실 선임연구위원 2017년 페이퍼코리아 사외이사 2018년 한국금융연구원 부원장(현), 한국금융학회(KMFA) 부회장(현), (사)은행법학회 부회장(현) ㉧산업연구원 우수연구자상 ㉠'산업금융정책의 효율화 방안' '흑자시대 일본의 매크로경제전략' '일본의 금융빅뱅' '은행의 기업지배와 금융시스템의 향방' '금융규제의 경제분석' '담보대출제도에 관한 연구' '산업-금융자본 결합규제에 관한 연구' ㉩'아담스미스'(2004, 소화출판사) ㉨천주교

ㄱ

## 김동훈(金東勳) Kim Dong Hoon

(생)1969 · 12 · 1 (본)순천(順天) (출)경북 안동 (주)울산광역시 남구 중앙로 201 울산광역시청 도시창조국(052-229-4310) (학)1988년 해운대고졸 1997년 서울대 토목공학과졸 (경)1998년 울산시 울주군 건설과 근무 2001년 同울주군 환경보호과 근무 2002년 同경제통상국 경제정책과 산업단지담당 2004년 同울주군 건설과장 2007년 同울주군 도로교통과장 2008년 同하수관리과 근무 2011년 同하수관리과장 2013년 同도시개발과장 2014년 同도시계획과장 2015년 同도시창조국장 2016년 국방대 교육파견(부이사관) 2018년 울산시 종합건설본부장 2018년 同도시창조국장(현) (종)천주교

## 김동희(金東熙) Kim Donghee

(생)1982 (본)김해(金海) (출)부산 (주)전라남도 목포시 통일대로 130 목포지방해양안전심판원 심판관실(061-285-9057) (학)부산진고졸, 성균관대 법학대학 법학과졸, 同대학원 법학과졸, 同대학원 법학박사과정 수료 (경)2012년 변호사시험 합격(1회) 2012년 대한법률구조공단 근무 2013년 해양경찰청 근무 2014년 근로복지공단 근무 2015년 해양수산부 목포지방해양안전심판원 심판관(서기관)(현)

## 김두관(金斗官) KIM Doo Gwan

(생)1959 · 4 · 10 (본)경주(慶州) (출)경남 남해 (주)서울특별시 영등포구 의사당대로 1 국회 의원회관 543호(02-784-2566) (학)1977년 남해종합고졸 1981년 경북전문대학 행정학과졸 1987년 동아대 정치외교학과졸 1999년 경남대 대학원 최고경영자과정 수료 2011년 명예 정치학박사(동아대) (경)1987년 남해농민회 사무국장 1988년 민중의당 남해·하동지구당 위원장 1989~1995년 남해신문(주) 대표이사 사장 겸 발행인·편집인 1995 · 1998~2002년 경남 남해군수(무소속) 2001년 자치연대 공동대표 2002년 경남도지사선거 출마(새천년민주당) 2002년 새천년민주당 경남남해군·하동군지구당 대통령선거대책위원회 공동위원장 2003년 同당개혁특별위원회 위원 2003년 행정자치부 장관 2003년 열린우리당 중앙위원 2003년 지방분권연구소 이사장 2004년 열린우리당 경남도지부장 2004년 열린정책포럼 정책위원장 2005년 자치분권연구소 상임고문 2005년 자치분권전국연대 상임고문 2005년 포스트서울포럼 대표 2005~2006년 대통령 정무특보 2006년 열린우리당 최고위원 2006년 경남도지사선거 출마(열린우리당) 2006년 (사)민부정책연구소 이사장 2007년 대통합민주신당 정동영 대통령후보 중앙선거대책위원회 상임고문 2008년 제18대 국회의원선거 출마(경남남해군·하동군, 무소속) 2010~2012년 경남도지사(무소속·민주통합당) 2010~2012년 경남발전연구원 이사장 2011년 경남고성공룡세계엑스포 명예위원장 2014년 새정치민주연합 6.4지방선거대책위원회 공동위원장 2014년 제19대 국회의원선거 출마(김포시 보궐선거, 새정치민주연합) 2016년 더불어민주당 김포시甲지역위원회 위원장(현) 2016년 제20대 국회의원(김포시甲, 더불어민주당)(현) 2016 · 2018년 국회 기획재정위원회 위원(현) 2016년 국회 예산결산특별위원회 위원 2016~2017년 국회 남북관계개선특별위원회 위원 2017년 더불어민주당 제19대 문재인 대통령후보 중앙선거대책위원회 공동위원장 겸 자치분권균형발전위원회 위원장 2017년 국회 '지방분권개헌 국회추진단' 공동단장(현) 2018년 더불어민주당 참좋은지방정부위원회 상임위원장(현) (상)대한불교조계종 감사패(1997), 환경운동연합 녹색공무원상(1998), 동아대 자랑스런 동아인상(1998), 매일경제신문 환경부 환경경영대상(1999), 자랑스런 경상남도 포럼인상(2000), 대한축구협회 축구발전유공감사패(2001), 유권자시민행동 대한민국유권자대상(2017) (저)'성공시대'(1999) '지방정치비전만들기'(1999) '남해군수 번지점프를 하다'(2002) '김두관의 지방자치 이야기'(2003) '길은 누구에게나 열려 있다'(2007) '아래에서부터'(2012)

## 김두년(金斗年) KIM Doo Nyeon

(생)1952 · 4 · 10 (본)안동(安東) (출)강원 원주 (주)충청북도 괴산군 괴산읍 문무로 85 중원대학교 총장실(043-830-8114) (학)1972년 묵호고졸 1987년 건국대 법학과졸 1989년 同대학원 법학과졸 1990년 연세대 대학원 행정학과졸 1996년 법학박사(건국대) (경)1972~2001년 농협중앙회 입사·조사부 금융조사실장·연수원 부원장 2001~2008년 한중대 행정학과 교수·대학원장·총장, 민주평통 자문위원, (사)남북경협국민운동본부 공동대표 2009~2018년 중원대 사회문화대학 법무법학과 교수 2010~2016년 통일부 제16~18기 통일교육위원 2013~2016년 여성가족부 자문위원 2013~2015년 중원대 대학원장 2013~2017년 同교학부총장 2014~2017년 한국법이론실무학회 회장 2015~2016년 한국협동조합학회 회장 2017~2019년 중원대 총장 직대 2019년 同총장(현) (상)한국법학회 최우수논문상(2013), 대통령표창(2014) (저)'인권사회학(共)'(2013, 다산출판사) '협동조합 키워드사전(共)'(2014, 다산출판사) (역)'일본 농협법 해설'(2004, 농협중앙회)

## 김두식(金斗植) KIM Doo Sik

(생)1957 · 5 · 7 (출)충북 보은 (주)서울특별시 종로구 종로3길 17 디타워 23층 법무법인 세종(02-316-4223) (학)1976년 서울고졸 1980년 서울대 법학과졸 1987년 미국 시카고대 대학원 법학과졸 (경)1980년 사법시험 합격(22회) 1982년 사법연수원 수료(12기) 1982~2006년 법무법인 세종 변호사 1987년 미국 뉴욕주 변호사시험 합격 1991~1997년 통상산업부 법률고문(전문직 공무원) 1995년 대한상사중재원 중재인·자문위원 1998~2004년 관세청 관세심사위원회 위원 1998~2009년 삼성테크윈 사외이사 1999~2000년 동국대 국제정보대학원 겸임교수 2002~2003년 미국 Columbia Law School 객원연구원 2006년 법무법인 세종 대표변호사(현) 2008년 한국무역구제포럼 초대 회장 2009년 대한중재인협회 부회장 2011년 서울대 법학전문대학원 겸임교수(현) 2014년 기상청 청렴옴부즈만 2017년 성신여대 총장 직무대행 (상)산업포장(2007)

## 김두식(金斗植) Kim Doo-sik

(생)1960 · 7 · 27 (주)서울특별시 종로구 사직로8길 60 외교부 인사운영팀(02-2100-7141) (학)1982년 동국대 법학과졸 (경)1986년 외무부 입부 1989년 駐세네갈 행정관 1991년 駐도미니카 행정관 1998년 駐토론토 영사 2002년 駐파라과이 1등서기관 2006년 駐코스타리카 참사관 2009년 외교통상부 남미과장 2011년 駐칠레 공사참사관 2012년 駐페루 공사참사관 2013~2015년 駐니카라과 대사 2015년 충북도 국제관계대사 2017년 駐콜롬비아 대사(현) (상)근정포장(2009), 니카라과 호세 데 마르꼴레따 대십자훈장(2017)

## 김두영(金斗寧) KIM Doo Young

(생)1960 · 10 · 21 (본)언양(彦陽) (출)경남 합천 (학)1979년 부산상고졸 1987년 부산대 경영학과졸 1996년 미국 선더버드대 대학원 국제경영학과졸 (경)1987년 대한무역투자진흥공사(KOTRA) 입사 1987년 同총무부 근무 1987년 同해외조사부 근무 1988년 同통상진흥부 근무 1988년 同해외조사부 근무 1989년 상공부 파견 1991년 대한무역투자진흥공사(KOTRA) LA무역관 근무 1994년 同기획조사부 근무 1994년 同국제경제부 근무 1996년 同지역조사처 근무 1997년 同시장조사처 근무 1999년 同시카고무역관 근무 2002년 同해외조사팀 근무 2003년 同KOTRA아카데미 근무 2004년 同KOTRA아카데미 연구위원 2004년 同달라스무역관장 2008년 同컨설팅팀장 2008년 同해외사업개발팀장 2009년 同기획조정실 기획예산팀장 2010년 同남미지역총괄 겸 상파울루KBC센터장 2011년 同상파울루무역관장 겸 남미지역총괄

2012년 同고객미래전략실장 2012년 同경영지원본부 인재경영실장 2015년 同유럽지역본부장 겸 프랑크푸르트무역관장 2016년 同전략마케팅본부장(상임이사) 2017년 同전략사업본부장(상임이사) 2018년 同혁신성장본부장(상임이사) 2019년 법무법인(유) 지평 고문(현) (상)장관표창(1990·1997·2006), 석탑산업훈장(2017) (종)기독교

## 김두완(金斗玩)

(생)1954·7·28 (주)부산광역시 중구 중구로 71 부산가톨릭평화방송 임원실(051-600-8800) (학)광주가톨릭대졸 1982년 同대학원졸 1989~1991년 필리핀 E.A.P.I 연수 (경)1982년 사제서품 1982~1984년 천주교 부산교구 중앙성당 보좌신부 1984년 同부산교구 석포성당 주임신부 1991년 同부산교구 해운대성당 주임신부 1997년 同우동성당 주임신부 2000년 미국 인디애나폴리스 한인성당 주임신부 2002~2004년 미국 샌안토니오 한인성당 주임신부 2005년 천주교 부산교구 하단성당 주임신부 2009년 同부산교구 화명성당 주임신부 2010년 부산가톨릭평화방송 사장(현)

## 김두우(金斗宇) KIM Du Woo

(생)1957·4·5 (본)김녕(金寧) (출)경북 구미 (주)경기도 성남시 분당구 판교역로2번길 34 1층 한국정책재단(031-606-7006) (학)1975년 경북고졸 1980년 서울대 외교학과졸 1982년 同대학원 정치외교학 석사과정 수료 (경)1983년 국무총리실 사무관 1983년 중앙일보 편집국 입사 1985년 同사회부 기자 1989년 同정치부 기자 1995년 同정치부 차장대우 1997년 同정치부 차장 2000년 同사회부 차장 2001년 同정치부장 2003년 同논설위원 2007년 同논설위원(부국장) 2008년 同수석논설위원 2008년 대통령 정무수석비서관실 정무2비서관 2008년 대통령 정무기획비서관 2009년 대통령 메시지기획관 2010년 대통령 기획관리실장(기획관급) 2011년 대통령 홍보수석비서관 2013년 한국정책재단 이사(현) 2014년 동양대 석좌교수 (상)한국기자상(1987), 한국참언론인대상 칼럼부문(2007) (저)'실록 박정희시대'(1998)

## 김두우

(생)1966·10 (주)부산광역시 부산진구 새싹로 1 BNK투자증권 IB영업그룹(051-669-8000) (학)부산 동천고졸, 부산대 경영학과졸, 同경영대학원졸 (경)1989~1999년 LG종합금융(주) 근무 1999~2007년 우리투자증권 기업여신팀장 2007~2009년 우리파이낸셜 기업여신팀장 2010년 KTB투자증권 IB본부 기업금융팀 이사 2013년 同프로젝트금융센터장(상무) 2018년 BNK투자증권 부동산금융본부 총괄본부장(전무) 2018년 同IB영업그룹장 겸 부동산금융본부장(전무)(현)

## 김두철(金斗哲) Doochul Kim

(생)1948·8·8 (출)서울 (주)대전광역시 유성구 엑스포로 55 기초과학연구원(IBS) 원장실(042-878-8001) (학)1970년 서울대 전자공학과졸, 미국 존스홉킨스대 대학원졸 1974년 이학박사(미국 존스홉킨스대) (경)1974~1977년 미국 뉴욕대 물리학과 및 멜버른대 수학과 연구원 1977~2010년 서울대 물리천문학부 교수 1986년 미국 멜버른대 방문연구원 1994년 미국 워싱턴대 방문교수 1997년 서울대 물리학과장 1999년 同BK21 물리연구단장 2004년 한국과학기술한림원 종신회원(현) 2010~2013년 고등과학원(KIAS) 원장 2010년 아태이론물리센터(APCTP) 이사(현) 2010~2013년 IUPAP(International Union for Pure and Applied Physics) STATPHYS25 조직위원장 2010년 서울대 자연과학대학 명예교수(현) 2014년 기초과학연구원(IBS) 원장(현) (상)한국물리학회 논문상(1987), 한국물리학회 학술상(1998), 서울대 교육상(2008), 서울시문화상 자연과학부문(2009), 근정포장(2011), 3.1문화상 학술부문(2011), 수당상 기초과학부문(2011) (저)'상전이와 임계현상'(1983) '통계물리의 발전'(1990) 'KT 상전이와 초전도체 배열'(1993) 'Dynamics of Fluctuating Interfaces and Related Problems'(1997)

## 김두현(金斗鉉) KIM Doo Hyun (嘉松)

(생)1926·9·25 (본)김해(金海) (출)충남 당진 (주)서울특별시 광진구 능동로 90 김두현법률사무소(02-2218-6263) (학)1946년 선린상고졸 1950년 고려대 법대졸 (경)1948년 조선변호사시험 합격(2회) 1950년 육군 법무관(대위) 1957년 예편(육군 중령) 1957년 서울지법 판사 1961년 同부장판사 1965년 대구고법 부장판사 1965년 변호사 개업 1965년 서울시 법률고문 1966년 국세청 법률고문 1967년 제7대 국회의원(당진, 민주공화당) 1971년 대한변호사협회 부회장 1977년 서울변호사회 회장 1980~1991년 국제법률가협회 회장 1981년 대한변호사협회 회장 1981~1990년 한국법학원 원장 1983년 미국 Harvard대 객원학자 1986~1991년 중앙선거관리위원회 위원 1987년 대한상사중재원 중재위원, 훌부라이트 한국동문회장 1990년 세계법률가협회 부회장 1990년 한·미교육문화재단 이사장 1991년 세계법률협회 아세아지역협회장 1992년 종근당고촌재단 이사장(현) 1993~1999년 언론중재위원회 위원장 1999년 대한중재인협회 회장 2001년 서울한양컨트리클럽 이사장 2015년 변호사 개업(현) (상)국민훈장 무궁화장 (저)'육법전서'(編) (역)'대한민국 영문법전' (종)기독교

## 김두호(金斗鎬) Kim Doo ho

(생)1962·11·18 (출)충북 괴산 (주)전라북도 완주군 이서면 혁신로 181 국립식량과학원 원장실(063-238-5100) (학)1979년 청주 세광고졸 1983년 충북대 농생물학과졸 1986년 同대학원 응용곤충학과졸 1993년 응용곤충학박사(충북대) (경)1986년 호남작물시험장 식물환경과 농업연구사 1993년 농촌진흥청 연구관리국 연구조정과 농업연구사 2008년 同기획조정관실 평가조정담당관 2008년 국립농업과학원 유해생물과장 2010년 농촌진흥청 청장실 비서관 2011년 통일부 통일교육원 교육이수 2012년 국립농업과학원 화학물질안전과장 2013년 同기획조정과장 2014년 농촌진흥청 연구정책과장 2016년 국립농업과학원 농업생물부장 2018년 국립식량과학원장(고위공무원 가급)(현) (상)대통령표창(2000·2016)

## 김두희(金斗喜) KIM Doo Hee

(생)1941·1·10 (본)경주(慶州) (출)경남 산청 (주)경기도 성남시 분당구 정자일로 1 코오롱트리폴리스 B동 3310호 김두희법률사무소(031-728-1038) (학)1956년 검정고시 합격 1958년 경기고 수료(2년) 1962년 서울대 법대졸 1963년 同사법대학원졸 1976년 국방대학원졸 (경)1962년 고등고시 사법과 합격(14회) 1963년 해군 법무관 1966~1973년 서울지검·법무부 검사 1973년 대검찰청 검찰연구관 1974년 서울지검 검사 1975년 광주고검 검사(국방대학원 교육파견) 1976년 법무부 검찰2과장 1979년 부산지검 특수1부장 1980년 법무부 검찰1과장 1980년 대통령 사정비서관(파견) 1981년 서울고검 차장검사 1982년 대검찰청 형사2부장 1983년 同중앙수사부장 1985년 법무부 검찰국장 겸 대검찰청 검사 1987년 서울지검장 1989~1991년 법무부 차관 1990~1991년 한국법학원 부원장(겸직) 1991~1992년 대검찰청 차장검사 1992~1993년 검찰총장 1993~1994년 법무부 장관 1993~1994년 고시동지회 회장 1994~2015년 유민문화재단 감사 1995년 변호사 개업(현) 1996~2005년 성균관대 이사 1996년 (사)21세기국가발전연구원 이사(현) 2001~2007년 헌법재판소 자문위원 2002년 한국피해자학회 고문 2003~2015년 사회복지법인 중부재단 이사 2007년 (재)서암윤세영재단 이사(현) 2009~2013년 세종연구소 이사 2014~2018년 한국기원 고문 (상)황조근정훈장(1986), 청조근정훈장(1995)

**김득응(金得應) KIM Duk Eung**

(생)1963·4·13 (본)안동(安東) (출)충남 천안 (주)충청남도 예산군 삽교읍 도청대로 600 충청남도의회(041-635-5057) (학)1982년 안양 신성고졸 1988년 동국대 법정대학 사회학과졸, 同경영대학원 재무회계학과 중퇴 (경)2004~2010년 아우내농협 이사 2010~2011년 민주당 충남도당 지역균형발전특별위원회 위원장 2010~2014년 충남도의회 의원(민주당·민주통합당·민주당·새정치민주연합) 2011~2012년 同행정자치위원회 위원 2011년 민주통합당 충남도당 지역균형발전특별위원회 위원장 2012~2014년 충남도의회 농수산경제위원회 위원 2012년 충남도 주민소청심사위원장(현) 2014년 충남도의원선거 출마(새정치민주연합), 더불어민주당 중앙당 부대변인 2018년 충남도의회 의원(더불어민주당)(현) 2018년 同농업경제환경위원회 위원장(현)

**김득중(金得中) KIM Deuk Jung**

(생)1956·1·27 (주)경기도 수원시 장안구 서부로 2066 성균관대학교 공과대학 신소재공학부(031-290-7394) (학)1979년 서울대졸 1981년 한국과학기술원(KAIST)졸(석사) 1987년 공학박사(독일 슈투트가르트대) (경)1987~1993년 대한중석광업 중앙연구소 책임연구원 1992~1993년 한국요업학회 편집위원 1993년 한국분말야금학회 평의원·편집위원 1993년 성균관대 신소재공학부 조교수·부교수·교수(현) 1995년 한국재료학회 편집위원 1998~2008년 한국분말야금학회 편집이사·사업이사·부회장·편집위원장 2008년 한국세라믹학회 편집위원장 2010년 한국분말야금학회 회장 2016년 한국공학한림원 정회원(재료자원공학분과·현) (상)한국과학기술단체총연합회 과학기술우수논문상(2006)

**김득환(金得煥)**

(생)1971·1·16 (주)경상북도 안동시 풍천면 도청대로 455 경상북도의회(054-880-5126) (학)금오공과대 기계공학과졸 (경)2018년 경북도의회 의원(더불어민주당)(현) 2018년 同기획경제위원회 위원(현) 2018년 同예산결산특별위원회 위원(현) 2018년 同통합공항이전특별위원회 위원(현)

**김락현(金洛賢)**

(생)1975·5·9 (출)전남 순천 (주)경기도 평택시 평남로 1040 수원지방검찰청 평택지청 형사1부(031-8053-4308) (학)1994년 부산 동천고졸 1999년 고려대 법학과졸 (경)2001년 사법고시 합격(43회) 2004년 사법연수원 수료(33기) 2004년 공익법무관 2007년 전주지검 군산지청 검사 2009년 부산지검 검사 2011년 울산지검 검사 2013년 법무부 법무과 검사 2015년 서울중앙지검 검사 2017년 국가정보원 파견 2018년 서울중앙지검 부부장검사 2019년 수원지검 평택지청 형사1부장(현)

**김락환(金洛煥) KIM Rak Hwan**

(생)1952 (본)선산(善山) (출)경북 구미 (주)경상북도 구미시 송원서로2길 19 중부신문(054-453-8111) (학)2008년 명예 경영학박사(금오공과대) (경)1986년 경북장애인재활자립복지회관 건립·관장(현) 1986~1989년 (주)삼우건설 회장 1992년 (사)한국지체장애인협회중앙회 회장 권한대행 1992년 중부신문 창간·회장(현) 1994년 중수회 자문위원(현) 1995년 (사)한국교통장애인협회 경북협회장(현) 1999년 금오공과대 최고경영관리자과정 총동창회장 2000년 구미경제살리기범시민대책위원회 부위원장 2000~2005년 박정희대통령기념사업구미추진위원회 부위원장 2000~2008년 사회복지법인 경북장애인복지단체협의회 초대회장 2000~2004년 장애인편의시설설치시민촉진단 초대단장 2004~2006년 전국장애인체육대회 경북선수단장 2006~2009년 금오공과대 발전후원회장 2006년 경북도장애인복지위원회 위원(현) 2006년 경북도장애인복지기금 심의위원(현) 2006년 구미시장애인종합복지관 대표이사(현) 2007년 경북도장애인체육회 부회장(현) 2008년 한국사회복지법인협의회 공동대표 2009년 금오공과대 발전후원회 고문 2009년 국립재활원 운영자문위원회 위원(현) 2009년 (사)한국교통장애인협회 중앙회장 2009년 한국장애인단체총연합회 공동대표 2009년 한국장애인재단 이사 2010~2017년 대한장애인육상연맹 회장 2010년 선산(일선)김씨대종회 부회장·운영위원(현) 2013~2015년 구미초 총동창회장 2013년 구미시장애인체육회 자문위원(현) 2013년 경북지역외상센터 지역외상위원회 외상위원(현) 2013년 구미시장애인체육관 대표이사(현) 2013년 (사)한국교통장애인협회 중앙회장(현) 2013년 자유한국당 중앙장애인위원회 부위원장 2013년 국토교통부 재활시설운영심의위원회 심의위원 2014년 2014인천장애인아시아경기대회 한국선수단장 2014년 대한장애인체육회 지방장애인체육발전위원회 위원(현) 2015년 구미중총동창회 회장 2017년 특별교통수단 광역이동지원센터 대표이사(현) 2019년 서울시 경전철장애인편의시설 기술자문위원 (상)보건사회부장관표창(1989), 상공부장관표창(1989), 구미시장표창(1989), 경북도지사표창(1990), 일본 긴끼대학총장 감사장(1994), 금오공대총장표창(1994), 노동부장관표창(1996), 경북도지사 공로패(1998), 구미시장 공로패(2001), 정보통신부장관표창(2003), 경북도지사 공로패(2007), 건설교통부장관표창(2007), 국무총리표창(2008), 구미시장 공로패(2010)

**김래니(金래니·女)**

(생)1969·4·28 (출)경북 봉화 (주)서울특별시 서초구 서초중앙로 157 서울중앙지방법원(02-530-1690) (학)1987년 정화여고졸 1992년 서울대 사법학과졸 (경)1995년 사법시험 합격(37회) 1998년 사법연수원 수료(27기) 1998년 대구지법 예비판사 2000년 同판사 2001년 同경주지원 판사 2002년 인천지법 부천지원 판사 2005년 서울중앙지법 판사 2008년 서울서부지법 판사 2010년 서울고법 판사 2011년 대법원 재판연구관 2013년 서울중앙지법 판사 2014년 대구지법 부장판사 2017년 수원지법 부장판사 2019년 서울중앙지법 부장판사(현)

**김 량(金 亮) KIM Ryang**

(생)1955·6·1 (출)서울 (주)서울특별시 종로구 종로33길 31 (주)삼양사(02-740-7114) (학)1974년 중앙고졸 1978년 고려대 경제학과졸 1984년 미국 American Graduate School of International Management졸 (경)1986년 (주)경방 입사 1992년 (주)경방유통 근무 1994년 同이사 1996년 同상무이사 1997년 同전무이사 1998년 同대표이사 부사장 2000년 同사장 2002년 삼양제넥스 대표이사 부사장 2004~2011년 同대표이사 사장 2009년 (주)삼양사 대표이사 사장 2011년 同대표이사 부회장 2011~2018년 (주)삼양홀딩스 대표이사 부회장 2012~2015년 (재)명동정동극장 비상임이사 2018년 (주)삼양사 부회장(현) (상)은탑산업훈장(2013), 고려대정경대학교우회 선정 '자랑스러운 정경인'(2015)

**김 린(金 麟) KIM Reen**

(생)1954·3·24 (출)서울 (주)서울특별시 성북구 고려대로 73 고려대 의과대학 정신건강의학교실(02-2286-1125) (학)1973년 서울고졸 1979년 고려대 의대졸 1982년 同대학원졸 1990년 의학박사(고려대) (경)1979~1983년 고려대병원 인턴·레지던트 1983~1986년 공주의료원 신경정신과 공중보건의 1990~2019년 고려대 의대 정신건강의학교실 교수 1995년 미국 코넬대 의대 뉴욕병원 수면·각성장애센터 연구원 1999년 고려대 안암병원 신경정신과장 2003년 고려대의료원 기획조정실장 2005~2007년 대한수면의학회 회장 2005~2007년 고려대 안암병

원장 2011~2013년 同의무부총장 겸 의료원장 2012년 대한병원협회 총무부회장 2017~2019년 고려대 KU-MAGIC 연구원장 2019년 同의대 정신건강의학교실 명예교수(현)

**김만기(金滿基) Kim Mangi**

(생)1957·2·7 (주)전라북도 전주시 완산구 효자로 225 전라북도의회(063-280-3970) (학)전북 영선고졸, 한국방송통신대졸, 전주대 경영대학원 경영학과졸 (경)(유)고창고속관광여행사 대표이사(현), 전북 고창로타리클럽 회장, 전북 고창군시민연대 공동대표 2010년 전북도의원선거 출마(민주당), 고창군 재향군인회 이사(현) 2018년 전북도의회 의원(더불어민주당)(현) 2018년 同농산업경제위원회 위원 겸 예산결산특별위원회 위원(현)

**김만기(金滿技) Kim man gi**

(생)1959·12·13 (본)의성(義城) (출)부산 (주)서울특별시 종로구 인사동5길 20 오원빌딩 402호 (주)온전한커뮤니케이션(070-7728-8562) (학)1978년 경남고졸 1985년 연세대 경제학과졸 1998년 同대학원 광고홍보학과졸 2010년 광고홍보학박사(서강대) (경)1985년 SK(주) 입사 1991년 同홍보실 근무 2001년 SK텔레콤 기업문화실 기업문화팀장 2005년 同기업문화실 기업문화팀장(상무) 2005년 SK텔레텍 홍보실장(상무) 2005년 팬택(주) 기업홍보실 국내홍보팀장(상무) 2007년 롯데백화점 홍보실장(이사) 2009년 세명대 초빙교수 2010~2012년 (재)자유기업원 기획실장 2012~2014년 자유경제원 홍보실장 2012년 서강대 언론대학원 초빙교수 2015~2018년 (주)온전한커뮤니케이션 PR전략연구소장 2019년 同감사(현)

**김만복(金萬福) KIM Man Bok (月亭)**

(생)1946·4·25 (본)김녕(金寧) (출)부산 (주)서울특별시 중구 퇴계로36가길 10 세정IT빌딩 210호 통일전략연구원(070-4145-3237) (학)1965년 부산고졸 1970년 서울대 법대졸 1979년 건국대 대학원 법학과졸 2008년 법학박사(국민대) (경)1974년 국가안전기획부 입부 1988~1991년 駐자메이카 한국대사관 1등서기관 1993~1996년 駐미국 한국대사관 참사관 2002년 세종연구소 북한연구 객원연구위원 2003년 국가안전보장회의(NSC) 사무처 정보관리실장 2003년 제2차 이라크 정부합동조사단장 2004년 국가정보원 기획조정실장 2006년 同해외담당 제1차장 2006~2008년 同원장 2007년 대통령 대북 특사 2008년 (재)안중근장학회 이사장(현) 2009년 통일전략연구원 원장(현) 2014~2015년 한국골프대 총장 대리 2015년 김만복 행정사합동사무소 대표행정사(현) 2016년 남북평화통일운동연합 총재(현) (상)보국포장(2000), 보국훈장 국선장(2005) (저)'북한의 협상전략'(2001) '분단국의 국가정보'(2012) '한반도 평화의 길'(2013) 회고록 '노무현의 한반도 평화구상 : 10.4 남북 정상선언(共)'(2015) (역)'어느 스파이의 고백'(1999)

**김만수(金萬洙) KIM Man Soo (青村)**

(생)1930·12·18 (본)상산(商山) (출)경남 산청 (주)경상남도 양산시 유산공단11길 11 동아타이어공업(주) 회장실(055-389-0011) (학)1956년 동아대 공대졸 1966년 부산대 경영대학원졸 1994년 명예경제학박사(동아대) (경)1956~1971년 동명목재상사 총무상무 1971년 동아타이어공업 창립·대표이사 1990년 청촌문화재단 이사장(현) 1993년 동남주택 대표이사 사장 1994~1995년 부산방송 이사·감사 1996년 청촌장학재단 이사장(현) 2000년 동아타이어공업(주) 대표이사 회장(현) (상)대통령표창, 국무총리표창(1984), 철탑산업훈장(1987), 경남도 산업평화상 은상(1991), 은탑산업훈장(1994) (종)불교

**김만수(金萬洙) KIM Man Soo**

(생)1954·4·20 (출)충남 공주 (주)서울특별시 은평구 통일로 1021 가톨릭대학교 은평성모병원(02-3660-3665) (학)1981년 가톨릭대 의대졸 1985년 同대학원 의학석사 1991년 의학박사(가톨릭대) (경)1981~1985년 가톨릭대부속 성모병원 수련의 1985~2002년 가톨릭대 의과대학 안과학교실 전임강사·조교수·부교수 1991~1993년 미국 미네소타대 연구교수 2002~2019년 가톨릭대 의과대학 안과학교실 교수 2005~2010년 대한안과학회 각막기증활성화위원회 위원장 2007년 네이버 하이닥 의료상담고문(현) 2009~2019년 가톨릭대 서울성모병원 안은행장 2014년 대한안과학회 이사장 2015년 대한민국의학한림원 정회원(현) 2019년 가톨릭대 은평성모병원 명예진료교수(현)

**김만수(金萬洙)**

(생)1969·1·21 (출)부산 (주)부산광역시 연제구 중앙대로 999 부산지방경찰청 정보과(051-899-2281) (학)부산 구덕고졸 1992년 경찰대졸(8기), 부산대 행정대학원졸 (경)1992년 경위 임용 2008년 부산진경찰서 교통과장(경정) 2009년 同정보보안과장 2012년 부산지방경찰청 제3부 정보과 정보2계장 2014년 同제3부 정보과 정보4계장 2015년 同제1부 경무과 경무계장 2016년 同청문감사담당관실 감찰계장 2016년 총경 승진 2017년 부산지방경찰청 제1부 경무과 교육 2017년 경남지방경찰청 112종합상황실장 2018년 경남 밀양경찰서장 2019년 부산지방경찰청 정보과장(현)

**김만식(金晩植) KIM ManSig**

(생)1958·4·7 (주)경상남도 김해시 인제로 197 인제대학교 공과대학 산업경영공학과(055-320-3668) (학)1986년 미국 덴버대 컴퓨터과학과졸 1990년 미국 우스터폴리테크닉대 대학원 컴퓨터과학과졸 1993년 同대학원 생산공학과졸 1996년 공학박사(미국 우스터폴리테크닉대) (경)1990~1996년 미국 우스터폴리테크닉대 연구원 1997~1998년 同교수 2000~2014년 인제대 공대 시스템경영공학과 교수 2000년 대한산업공학회 종신회원(현) 2008·2012~2013년 인제대 취업진로처장 2014년 同공과대학 산업경영공학과 교수(현) 2019년 同산업융합대학원장(현) (상)ERP System Implementation Aword(1999), 제4회 중소기업기술혁신대전 산학연 유공자 부총리 겸 교육인적자원부장관표창(2003), 제8회 경남산학연기술대전 산학연유공자 경남도지사표창(2005) (저)'CATDS(Computer Aided Tool Design System)'(1997) 'Handbook of the Common Crack in Green P/M Compacts'(1998)

**김만영(金萬永) Kim, Mann-Young**

(생)1959·10·4 (본)경주(慶州) (출)전북 남원 (주)서울특별시 은평구 진흥로 215 한국환경산업기술원 친환경전략팀(02-2284-1513) (학)1977년 경성고졸 1982년 고려대 화학공학과졸 1984년 한국과학기술원(KAIST) 화학공학과졸(석사) 1997년 공학박사(충북대) (경)1984~1987년 한국화학연구원 화학공학부 연구원 1987~2000년 한국소비자원 시험검사소 기술위원·시험기획실장 1997년 지식경제부 석유제품품질관리심의위원회 위원 2000년 한국환경산업기술원 연구위원(현) 2002년 한국전과정평가학회(LCA학회) 부회장(현) 2004~2016년 상명대 대학원 겸임교수 2010년 한국소비자원 소비자위해정보평가위원회 위원(현) 2011년 한국환경산업기술원 녹색생활본부장 2012년 同환경인증본부장 2013년 국립외교원 파견 2014~2017년 환경부 책임운영기관운영심의회 위원 2015년 한국환경산업기술원 환경인증평가단장 2016~2017년 同경영기획단장 2018년 소비자정책위원회 위원(현) 2018년 同공산품분야 전문위원장(현) (상)대통령표창(1997), 지식경제부장관표창(2009), 한국환경전문기자회 선정 환경100인

(2012) 저'환경을 살리는 소비생활—녹색소비생활 지침서(共)'(1997, 한국환경민간단체진흥회 · 환경마크협회) 역'에코머티리얼학(共)'(2006, 친환경상품진흥원)

**김만오(金滿五) KIM Man Oh**

생1956 · 8 · 9 출광주 주서울특별시 강남구 영동대로 517 아셈타워 22층 법무법인 화우(02-6003-7592) 학1975년 광주 동신고졸 1979년 단국대 법과대학 법학과졸 2007년 연세대 보건대학원 고위자과정 수료(18기) 2011년 同보건대학원 고위자과정 수료(23기) 경1980년 사법시험 합격(22회) 1982년 사법연수원 수료(12기) 1982년 軍법무관 1985년 춘천지법 판사 1987년 同강릉지원 판사 1989년 수원지법 판사 1993년 서울고법 판사 1995~1998년 대법원 재판연구관 1998년 전주지법 정읍지원장 1999년 수원지법 부장판사 2000년 서울지법 북부지원 부장판사 2003년 서울지법 부장판사 2004~2005년 서울 중구선거관리위원장 2004년 서울중앙지법 부장판사 2005년 서울남부지법 수석부장판사 2005~2006년 서울 양천구선거관리위원장 2006년 법무법인 화우 변호사(현) 2007~2013년 고려대 의료법학연구소 외래교수 2007년 한국의료법학회 이사 2008년 중앙행정심판위원회 위원 2009년 건강보험심사평가원 이의신청위원회 위원 2010~2014년 한국보건산업진흥원 비상임감사 2010년 한국의료법학회 부회장(현) 2012~2014년 중앙행정심판위원회 비상임위원 2012년 대한상사중재원 중재인(현) 2014년 고려대 의과대학 외래교수 2014~2018년 식품의약품안전처 고문변호사 2015년 국민권익위원회 자체규제심사위원회 위원(현) 2016년 同청탁금지법 자문위원(현) 2017년 환경부 석면피해구제재심사위원회 위원(현) 2018년 서울지방식품의약품안전청 정보공개심의회 위원(현)

**김만진(金晩進) KIM Man Jin (正道)**

생1944 · 7 · 26 본김녕(金寧) 출경남 의령 주서울특별시 강남구 선릉로62길 15 베뉴지(주)(02-3665-0101) 학동국대 대학원 경영학과졸, 同경영대학원 최고경영자과정 수료 경1979년 (주)시대주택 설립 · 대표이사, 그랜드산업개발(주) 대표이사 회장 1980년 그랜드물산(주) 대표이사 1984년 (주)그랜드 대표이사 1986~1995년 그랜드백화점(주) 대표이사 사장 1995~2019년 同대표이사 회장 2019년 베뉴지(주) 대표이사 회장(현) 상한국마케팅연구원 마케팅대상 종불교

**김만호(金万鎬) KIM Manho**

생1965 · 8 · 31 출서울 주서울특별시 종로구 대학로 103 서울대학교병원 신경과(02-2072-2193) 학경기고졸 1986년 서울대 자연대학 의예과졸 1990년 同의대졸 1995년 同대학원 의학석사 2002년 의학박사(서울대) 경1990~1991년 서울대병원 인턴 1991년 대한신경과학회 수련위원 1991~1995년 서울대병원 전공의 1994년 American Academy of Neurology Corresponding Associate 1995년 미국 Univ. of Florida 신경과 전임의 1999년 미국 Harvard Medical School 부속 Massachusetts General Hospital 전임의 1999~2010년 서울대 의대 신경과학교실 전임강사 · 조교수 · 부교수 1999년 한국뇌신경과학회 학술위원 1999년 대한유전학회 학술위원 2001년 대한임상신경생리학회 간사 2001년 한국ALS협회 재무이사 2004~2010년 대한신경과학회 편집위원 2004~2006년 대한두통학회 학술이사 2008년 대한치매학회 편집위원 2008~2010년 한국줄기세포학회 총무이사 2010년 서울대 의대 신경과학교실 교수(현) 2010~2012년 미국 컬럼비아대 연수 2014년 한국줄기세포학회 편집위원(현) 2014년 대한유전학회 학술위원(현) 2018년 서울대병원 신경과장(현), 한국뇌염학회 이사, 파킨슨 및 이상운동질환학회 편집위원(현), 사이언스픽레포트 Editional-Board Member(현) 2018년 대한뇌염 · 뇌염증학회 회장(현) 상서울대 의대 기초의학종합평가우수상(1986), 서울대 의대 최우등급표창(1990), 대한신경과학회 젊은연구자상(2003), 서울대병원 학술상(2008)

**김만흥(金萬興) Kim Man Heung**

생1961 · 2 · 7 본김해(金海) 출서울 주경기도 성남시 분당구 성남대로343번길 9 SK주식회사 C&C 금융 · 전략사업부문(02-6400-0114) 학인하대 전산학과졸 경2002년 SK C&C 물류 · 서비스1팀장 2007년 同텔레콤e-서비스사업팀장 2009년 同전략구매본부장 2011년 同서비스 · 제조사업본부장(상무) 2015년 同전략사업3본부장(상무) 2015년 SK주식회사 C&C 전략사업3본부장(상무) 2016년 同물류 · 서비스사업본부장(상무) 2017년 同금융 · 전략사업부문장 2019년 同금융 · 전략사업부문장(현) 종기독교

**김매경(金梅慶 · 女)**

생1968 · 5 · 14 출전남 장성 주대전광역시 서구 둔산중로78번길 45 대전지방법원 총무과(042-470-1684) 학1986년 조선대부속여고졸 1990년 서울대 사회학과졸 1992년 同보건대학원졸 경1998년 사법시험 합격(40회) 2002년 사법연수원 수료(31기) 2002년 서울지법 예비판사 2004년 서울가정법원 판사 2006년 대전지법 판사 2009년 수원지법 판사 2013년 서울중앙지법 판사 2015년 서울남부지법 판사 2017년 광주지법 부장판사 2019년 대전지법 부장판사(현)

**김명곤(金明坤) KIM Myung Gon**

생1952·12·3 출전북 전주 주서울특별시 종로구 세종대로 175 세종문화회관 비서실(02-399-1114) 학1971년 전주고졸 1976년 서울대 독어교육과졸 경1977년 뿌리깊은 나무 편집기자 1978~1979년 배화여고 교사 1986~1999년 극단 아리랑 창단·대표 1989~1991년 예술극장 한마당 대표 1993~1997년 명지대 사회교육원·성균관대 사회교육원 강사 1997~1998년 우석대 연극영화과 전임강사 1998년 전국민족극운동협의회 의장 1998년 SBS '추적! 사건과 사람들' 진행 1999년 한국예술종합학교 연극원 객원교수 2000~2005년 국립중앙극장장 2006~2007년 문화관광부 장관 2009~2010년 전주세계소리축제조직위원회 위원장 2010년 2010세계대백제전 총감독 2011년 동양대 연극영화과 석좌교수 2015년 (재)세종문화회관 이사장 2016년 동양대 예술대학장 2017년 전주대사습놀이전국대회 조직위원장 2019년 세종문화회관 이사장(현) 상어린이연극제 최우수작품상·연출상(1992), 영화평론가협회상 남우주연상(1993), 청룡영화상 남우주연상(1993), 자랑스런 서울시민상(1994), 연극평론가협회 올해의 연극 베스트3(1997) 저'광대열전'(1989) '꿈꾸는 퉁소리쟁이'(1989) '김명곤의 광대기행-한(限)'(1993) '비가비광대'(1994) 창작희곡집 '아리랑'(1996) '격정만리'(1996) '배꼽춤을 추는 허수아비'(1996) '김명곤 아저씨가 들려주는 우리 소리 우리 음악'(2009, 상수리) 작공연 '민족의 소리 한마당' '우리노래 마당' '정부수립 50주년 기념 창극 백범 김구' 드라마 '떠도는 혼' '신TV문학관 오늘도 나는 집으로 간다' 시나리오 '춘향전' 연극 '장산곶매' '나의 살던 고향은' '장사의 꿈' '갑오세 가보세' '배꼽춤을 추는 허수아비' '난장이가 쏘아올린 작은 공' '유랑의 노래' 영화 '일송정 푸른 솔은' '바보선언' '서울예수' '어우동' '명자 아끼꼬 쏘냐' '개벽' '서편제' '우연한 여행' '태백산맥' '영원한 제국' '나그네는 길에서도 쉬지 않는다' 음반 '얘야 별을 따러가자'

**김명곤**

생1961 · 11 주전라남도 나주시 문화로 227 한국농수산식품유통공사(aT) 감사실(061-931-1400) 학목포고졸, 건국대 정치외교학과졸 경국회의원 보좌관, 전남도 기획관리실 전문위원 2014~2018년 (재)전남생물산업진흥원 감사실장 2018년 한국농수산식품유통공사(aT) 상임감사(현)

## 김명규(金明圭) KIM MYOUNG KYU

(생)1962 · 12 · 27 (주)서울특별시 영등포구 여의대로 128 LG디스플레이 모바일사업부(02-3777-1114) (학)고려대 물리학과졸, 충북대 산업대학원 전기전산공학과졸, 핀란드 헬싱키대 대학원 경영학과졸(MBA) (경)2007년 LG디스플레이 모니터개발담당 상무 2010년 同IT상품기획담당 상무 2014년 同TV개발그룹장(전무) 2015년 同모바일사업부장(전무) 2016년 同모바일개발 · 생산총괄 전무 2017년 同IT사업부장(전무) 2019년 同IT사업부장(부사장) 2019년 同모바일사업부장(부사장)(현)

## 김명규(金明奎)

(생)1974 · 5 · 6 (주)세종특별자치시 갈매로 477 기획재정부 자금시장과(044-215-2750) (학)1993년 청주고졸 2000년 서울대 경제학과졸 2006년 영국 노팅햄대 대학원 경제학과졸 2007년 同대학원 경영학과졸 (경)1998년 행정고시 합격(42회) 2000년 사무관 임용 2001년 재정경제부 금융정책국 증권제도과 사무관 2002년 同금융정책국 보험제도과 사무관 2007년 同경제협력국 통상기획과 사무관 2008년 국가경쟁력강화위원회 파견 2009년 기획재정부 경제정책국 자금시장과 서기관 2011년 同정책조정국 정책조정총괄과 서기관 2012년 駐경제협력개발기구(OECD) 파견 2015년 기획재정부 경제정책국 종합정책과 통일경제기획팀장 2015년 同인사과 인사운영팀장 2016년 同예산실 예산총괄심의관실 기금운용계획과장 2017년 同예산실 행정예산과장 2018년 同경제정책국 자금시장과장(현)

## 김명룡(金明龍) Myong-Yong Kim

(생)1963 · 3 · 25 (주)경상남도 창원시 의창구 창원대학로 20 창원대학교 사회과학대학 법학과(055-213-3205) (학)1982년 마산 용마고졸 1987년 창원대 법학과졸 1989년 동아대 대학원 법학과졸 1998년 법학박사(독일 뮌헨대) (경)한국법제연구원 부연구위원, 창원대 사회과학대학 법학과 교수(현), 同법학과장, 同행정대학원 부원장, 同학생처장, 同사회과학연구소장, 同종합인력개발원장, 국회 환경포럼 정책자문위원, 경남도교육청 행정심판위원, 미래창조포럼 상임대표, 한국공법학회 이사, 국회환경포럼 정책자문위원, 국방부 군사시설국 법률자문위원, 국립공원관리공단 정보공개심의위원, 국방부 정책자문위원, 경남도 규제개혁위원회 위원, 경남지방경찰청 인권위원회 위원, 경남개발공사 인사위원회 위원, 경남도의회 입법고문, 노사발전재단 고용차별개선위원회 위원, 창원서부경찰서 집회시위자문위원회 자문위원, 경남도 행정심판위원, 국회 입법지원위원(현), 다살이교육 공동대표, 김해이주민의집 이사장, 경남도 주민감사청구심의회 위원(현), 바르게살기운동경남도협의회 부회장, 개헌추진국민연대 경남 상임대표 2004년 창원중부경찰서 집회시위자문위원회 자문위원 2013~2015년 한국비교공법학회 회장 2014년 경남도 교육감 예비후보 2015~2017년 창원대총동창회 회장, 창원팔각 회원, (사)민부정책연구원 이사장, 경남도 지방소청심사위원회 심사위원(현), 경남기후환경네트워크 운영위원(현), 경남지방노동위원회 차별시정위원(현) 2018년 창원대 학생생활관장(현) 2018년 바르게살기운동경상도협의회 회장(현), 제18기 민주평통 창원시협의회 수석부회장(현) (상)한국비교공법학회 우수논문상(2017)

## 김명선(金明鮮) KIM MYOUNG SUN (만우)

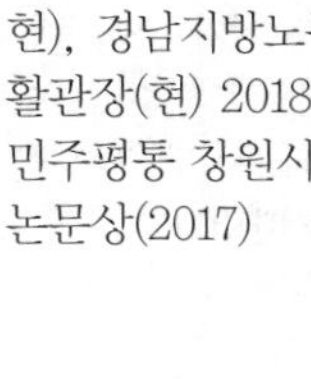

(생)1956 · 10 · 6 (출)충남 당진 (주)충청남도 예산군 삽교읍 도청대로 600 충청남도의회(041-635-5057) (학)합덕농고졸, 예산농업전문대학졸, 공주대 농학과졸, 한국방송통신대 행정학과졸 (경)행복예식장 대표, 합덕청년연합회 회장, 민주평통 당진군협의회 회장 1995 · 1998 · 2002년 충남 당진군의회 의원(무소속) 1998~2000년 同부의장 2006~2008년 同의장 2006년 충남 당진군의회 의원(국민중심당) 2010년 충남 당진군의회 의원(자유선진당), 연호라이온스클럽 회장, 당진경찰서 행정발전위원회 위원, 한국BBS 당진시지부 지회장, 당진시유소년야구단 단장, 충남내일포럼 공동의장 2014~2018년 충남도의회 의원(새정치민주연합 · 더불어민주당) 2014 · 2016~2018년 同농업경제환경위원회 부위원장 2015년 同예산결산특별위원회 부위원장 2016~2018년 同운영위원회 부위원장 2017~2018년 同석탄화력발전소등배출미세먼지및유해물질저감특별위원회 위원 2018년 충남도의회 의원(더불어민주당)(현) 2018년 同윤리특별위원회 위원장(현) (상)대통령표창(2004 · 2008), 전국시 · 도의회의장협의회 우수의정대상(2017) (종)천주교

## 김명선(金明善) KIM Myung-Sun

(생)1965 · 11 · 20 (본)경주(慶州) (출)강원 양양 (주)서울특별시 종로구 세종대로 209 정부서울청사 8층 자치분권위원회(02-2100-2205) (학)1984년 강원 양양고졸 1991년 성균관대 영어영문학과졸 1995년 서울대 대학원 행정학과졸 (경)1992년 행정고시 합격(36회) 2004년 경기도 경제총괄과장 2005년 同국제통상과장 2005년 同투자진흥과장 2008~2010년 수원시 권선구청장 2012년 경기도 기획조정실 비전기획관 2012년 안전행정부 주민과장 2014년 同지역발전과장 2015년 강원도 기획조정실장(고위공무원) 2019년 대통령소속 자치분권위원회 자치분권국장(현) (상)통일부장관표창(1995), 근정포장(2007)

## 김명섭(金明燮) Myungsub Kim

(생)1965 · 10 · 4 (출)전남 나주 (주)서울특별시 중구 남대문로 63 한진빌딩 법무법인 광장(02-6386-6260) (학)1983년 광주 서석고졸 1991년 연세대 경영학과졸 (경)1990년 공인회계사시험 합격(25회) 1995년 사법시험 합격(37회) 1998년 사법연수원 수료(27기) 1998년 대전지법 예비판사 2000년 同천안지원 판사 2002년 서울지법 의정부지원 판사 2004년 의정부지법 판사 2005년 서울행정법원 판사 2007년 서울서부지법 판사 2009년 서울고법 판사 2010년 대법원 재판연구관 2013년 대구지법 부장판사 2014~2016년 사법연수원 교수 2016년 법무법인 광장 변호사(현)

## 김명수(金明秀) KIM Myung Soo

(생)1952 · 8 · 13 (본)김해(金海) (출)경북 문경 (주)서울특별시 강남구 강남대로 542 (주)영풍 임원실(02-519-3309) (학)1971년 함창고졸, 성균관대 경영학과졸, 경북대 대학원 경영학과졸 (경)2005년 (주)영풍 석포제련소 부소장 겸 비상계획팀장(상무이사) 2005년 同석포제련소장(대표이사 전무) 2008년 同석포제련소장(대표이사 부사장) 2014년 同대표이사 부사장 2017년 同부사장(현) (종)불교

## 김명수(金明洙) KIM Myung Soo

(생)1957 · 3 · 12 (출)서울 (주)경기도 용인시 처인구 명지로 116 명지대학교 공과대학 화학공학과(031-330-6391) (학)1980년 서울대 화학공학과졸 1982년 한국과학기술원(KAIST) 대학원 화학공학과졸 1991년 공학박사(미국 Auburn대) (경)1980년 제일제당(주) 종합연구소 연구원 1983~1986년 同종합연구소 주임연구원 1986~1991년 미국 Auburn Univ. 화학공학과 연구조교 1992~1993년 미국 Pennsylvania State Univ. Material Research Lab. 연구원 1993~1995년 한화에너지(주) 기술연구소 제품연구실 책임연구원(연구실장) 1995년 명지대 공과대학 화학공학과 조교수 · 부교수 · 교수(현) 2003~2005년 한국탄소학회 편집위원장 (상)한국유화학회 학술상 (저)'화학공학실험'(2006) '탄소재료 응용편람'(2008) (종)기독교

## 김명수(金命洙) KIM Meong Su

(생)1959·10·12 (출)부산 (주)서울특별시 서초구 서초대로 219 대법원(02-3480-1100) (학)1977년 부산고졸 1981년 서울대 법학과졸 (경)1983년 사법시험 합격(25회) 1985년 사법연수원 수료(15기) 1986년 서울지법 북부지원 판사 1988년 서울민사지법 판사 1990년 마산지법 진주지원 판사 1992년 서울지법 서부지원 판사 1994년 서울민사지법 판사 1996년 서울지법 동부지원 판사 1997년 서울고법 판사 1999년 대법원 재판연구관 2002년 수원지법 부장판사 2004년 서울중앙지법 부장판사 2007년 서울북부지법 부장판사 2008년 특허법원 부장판사 2009년 同수석부장판사 2010년 서울고법 부장판사 2016년 춘천지법원장 2017년 대법원장(현)

## 김명수(金明洙)

(생)1961·10·16 (주)서울특별시 송파구 올림픽로35길 123 삼성물산(주)(02-2145-2114) (학)1980년 혜광고졸 1984년 부산대 경영학과졸 (경)1984년 삼성전자(주) 입사 2004년 同경영지원팀담당임원 2009년 同DMC지원팀장 2010년 同지원팀장 2010년 삼성 미래전략실 전략2팀장 2014년 삼성엔지니어링 경영지원총괄(삼성물산·삼성엔지니어링·삼성중공업 등 제조 계열사 전략 업무 총괄) 부사장 2018년 삼성물산(주) EPC경쟁력강화TF장(부사장) 2019년 同EPC경쟁력강화TF장(사장)(현)

## 김명수(金明洙) Myung Soo Kim

(생)1965·12·24 (본)김해(金海) (출)대전 (주)대전광역시 유성구 동서대로 125 한밭대학교 도시공학과(042-821-1188) (학)1988년 대전공업대 토목공학과졸 1991년 국민대 대학원 토목공학과졸 1999년 공학박사(명지대) (경)1991년 (주)홍익기술단 도로부 근무 1991년 대전시 시정연구단 및 도시계획상임기획단 전임연구원 1993~2001년 대전산업대 토목공학과 조교수·부교수 2000년 미국 테네시대 교환교수 2001년 한밭대 도시공학과 교수(현) 2001~2008년 대전시 도시계획위원 2001년 도시정책포럼 상임집행위원장 겸 도시교통분과 위원장·대표 2001년 대전시·충남도 교통영향분석개선 대책위원 2002~2007년 대전지방국토관리청 설계자문위원 2002~2004년 한밭대 대학원 및 평생교육원 교학부장 2003년 행정수도이전범국민연대 상임집행위원 겸 공동위원장 2004년 신행정수도건설추진위원회 후보지평가위원 2004~2011년 충남도 지방도시계획위원 2005년 한밭대 토목환경도시공학부장 겸 학과장 2005년 금산세계인삼엑스포조직위원회 자문위원 2005~2009년 충남도청이전추진위원회 위원 2008~2010년 한밭대 기획홍보처장 2008~2017년 대한교통학회 대전·충청지회장, 행정중심복합도시 건설자문위원 겸 도시계획위원 2009년 대전시·충남도 교통영향분석개선대책위원회 위원장(현) 2012~2018년 국토교통부 강력교통대책위원회 위원 2012~2018년 同공공주택통합심의위원회 위원 2014년 산림청 중앙산지관리위원회 위원(현) 2014~2018년 행정중심복합도시건설추진위원회 위원 2015~2018년 한밭대 개교90주년기념사업추진단 부단장 2015년 교통안전포럼 대전·충청지역 회장(현) 2017~2019년 대한교통학회 부회장 2017년 교통안전공단 자문위원(현) (상)대한교통학회 우수논문상(1999), 대한토목학회 우수논문상(2000·2002), 충남지방경찰청장표창(2006), 충남도지사표창(2006·2015), 대전시장표창(2009), 자랑스런 한밭대인상(2010·2016), 대전지방경찰청장 감사장(2011), 국토해양부장관표창(2012), 대한교통학회 우수논문상(2015·2017), 국토교통부장관표창(2015), 충남도지사표창(2015), 대한적십자사 사회봉사 사업자문위원회 표창(2017) (저)'도시계획업무편람(共)'(1992, 대전시) '도시계획사'(1995, 한밭대 출판부) '대중교통론(編)'(1997) '도시계획(編)'(1997) '교통계획의 이해(共)'(1998, 청문각) '포럼글로컬'(2004, 도서출판 아신) '한국의 도로경관 터널편'(2004, 반석기술)

## 김명수(金明秀) Kim, Myung Su

(생)1967·10·29 (출)전북 남원 (주)전라북도 완주군 이서면 농생명로 100 국립원예특작과학원 과수과(063-238-6700) (학)1993년 전북대 원예학과졸 1995년 同대학원 원예학과졸 2003년 원예학박사(전북대) (경)1993년 농촌진흥청 배연구소 농업연구사 2005년 同정책홍보관리관실 평가조정담당관실 근무 2008년 同연구정책국 연구운영과 농업연구관 2010년 국무총리실 정책분석평가실 파견 2011년 농촌진흥청 연구정책국 연구정책과 근무 2012년 국립원예특작과학원 배연구소장 2016년 同사과연구소장 2018년 同과수과장(현)

## 김명수(金明洙)

(생)1971·1·10 (출)경남 마산 (주)강원도 춘천시 공지로 288 춘천지방검찰청 형사1부(033-240-4317) (학)1989년 마산 중앙고졸 1995년 한양대 법학과졸 (경)1998년 사법시험 합격(40회) 2001년 사법연수원 수료(30기) 2001년 공익법무관, 창원지검 통영지청 검사 2006년 인천지검 검사 2009년 서울북부지검 검사 2012년 부산지검 검사 2014년 서울중앙지검 검사 2015년 同부부장검사 2016년 대구지검 김천지청 부장검사 2017년 전주지검 형사3부장 2018년 서울북부지검 형사5부장 2019년 춘천지검 형사1부장(현)

## 김명수(金明洙)

(생)1971·6·15 (출)전북 부안 (주)경기도 수원시 영통구 법조로 105 수원지방법원 총무과(031-210-1101) (학)1990년 신흥고졸 1997년 고려대 법학과졸 (경)1999년 사법시험 합격(41회) 2002년 사법연수원 수료(31기) 2002년 전주지법 예비판사 2004년 同판사 2005년 인천지법 판사 2008년 서울서부지법 판사 2013년 서울남부지법 판사(국회 파견) 2016년 서울중앙지법 판사 2017년 창원지법 통영지원 부장판사 2019년 수원지법 부장판사(현)

## 김명숙(金明淑·女) KIM Myung Sook

(생)1957·12·5 (본)경주(慶州) (출)서울 (주)강원도 원주시 상지대길 83 상지대학교 교양대학(033-730-0288) (학)이화여대 영어영문학과졸, 同대학원 정치학과졸, 정치학박사(이화여대) (경)상지대 교양대학 교수(현) 1998~2000년 대통령자문정책기획위원회 위원 2001~2002년 미국 미시간대학교 정치연구센터 방문교수 2003~2004년 민주평통 상임위원 2006~2008년 상지대 여대생커리어개발센터장 2008~2010년 同인문사회과학대학장 2009~2010년 강원정치학회 회장, 국제정치학회 강원지회장 2013~2015년 상지대 대학원장, 同교육연수원장, 同사회복지정책대학원장 2013~2015년 同평화안보상담심리대학원장 겸임 2015년 한국여성수련원 이사 2016~2017년 강원도 양성평등위원장 2016년 산업기술진흥원 이사 (상)원주시장표창(2005), 상지대총장표창(2015), 강원도지사표창(2015)

## 김명숙(金明淑·女)

(생)1965·5·16 (출)충남 청양 (주)충청남도 예산군 삽교읍 도청대로 600 충청남도의회(041-635-5321) (학)2010년 한국방송통신대 문화교양학과졸, 공주대 문화유산대학원 문화유산학과졸 (경)뉴스청양 편집국장 1990~2004년 청양신문 기자, 충남문화관광 해설사(현), 충남여성포럼 농촌환경분과위원 2006년 충남 청양군의회 의원(열린우리당) 2008·2010~2014년 同총무위원장 2010~2014년 충남 청양군의회 의원(민주당·민주통합당·민주당·새정치민주연합) 2014년 충남 청양군수선거 출마(새정치민주연합) 2018년 충남도의회 의원(더불어민주당)(현)

**김명술(金明述) KIM Myung Sool**
(생)1960·2·16 (출)전북 정읍 (주)광주광역시 북구 제봉로 324 (주)SRB애드 비서실(062-510-0999) (학)1978년 정읍고졸 1983년 조선대 법학과졸 (경)2000년 무등일보 기획실장 겸 총무국장 2001년 同경영관리본부장 2003년 同대표이사 사장 2004년 同고문 2006년 同대표이사 사장 2006~2008년 同부회장 2008~2013년 同고문 2008년 (사)한국전시산업협회 이사장(현) 2008년 (사)광주관광컨벤션뷰로 이사(현) 2008년 광주NGO시민재단 이사(현) 2013년 무등일보 대표이사 사장 2015~2017년 同부회장 2017년 광주전남벤처기업협회 회장(현) 2017년 (주)SRB애드 대표이사 사장(현) 2018년 (사)광주평화재단 상임대표(현)

**김명식(金明植) Kim Myeong Sik (백천)**
(생)1957·8·19 (본)김녕(金寧) (출)대구 (주)인천광역시 중구 월미로 338 국립인천해사고등학교(032-770-1001) (학)대구 대륜고졸, 한국해양대 기관학과졸, 부산대 중국최고경영자과정 1기 수료 (경)(주)한진해운 해상인사교육팀장, 同해사기획팀장, 同환경안전팀장(상무보), 同선박정비담당 상무보 2006~2008년 同해사본부장(상무) 2006~2008년 (주)한진에스엠 대표이사 겸임 2009~2011년 (주)한진해운 ZESCO SHIPYARD 사장 2012년 국립인천해사고 교장(현) (상)매경·노동부주최 안전경영대상(2000) (종)천주교

**김명신(金明信) KIM Myung Shin (素潭)**
(생)1944·1·28 (본)김녕(金寧) (출)경북 포항 (주)서울특별시 마포구 마포대로 44 진도빌딩 12층 명신특허법률사무소(02-714-9922) (학)1966년 고려대 법학과졸 1971년 同대학원 법학과졸 (경)1971~1974년 한국항공대·강원대 강사 1972년 명신특허법률사무소 대표(현) 1979~1985년 고려대 경영대학원 강사 1982년 대한상사중재원 중재인(현) 1988년 사법연수원 강사 1992년 서강대 강사 1995~2003년 민주평통 자문위원 1995~2000년 서울지법 민사조정위원 1996~1998년 대한변리사회 회장 1997~1998년 한국과학기술단체총연합회 이사 1998~2000년 한국지적소유권학회 회장 2000~2003년 아세아변리사협회(APAA) 회장 2001~2002년 국제라이온스협회 354복합지구(한국) 의장 2005~2015년 (사)지식재산포럼 공동회장 2011~2015년 대통령소속 국가지식재산위원회 민간위원 2013~2016년 법원 전문심리위원 2016~2017년 유니세프 한국위원회 이사 2018년 同한국위원회 부회장(현) (상)특허청장표창(1994), 동탑산업훈장(1998), 서울시장 감사패(2002), 국제라이온스협회 친선대사상(2002), 한국중재학회 국제거래신용대상(2005), 자랑스러운 고대법대인상(2013), 은탑산업훈장(2013), 사회공헌대상(2015) (저)'미국통상관련 법령해설'(1985) 'Recent Development in Intellectual Property Field in Korea'(1987) '개정한국특허법해설(日文)'(1990) '한국지적재산권관련법규해석(日文)'(1997) '지적재산권의 현재와 미래'(2004) 'Present & Future of Intellectual Property'(2004) 'Legal Action against Intellectual Property Infringment in Asia'(2004) '지식재산혁명'(2011, 피알라인) '이제는 지식재산이다'(2011, 매경출판) '일류로 가는 길'(2011, 자음과 모음)

**김명애(金明愛·女)**
(생)1958·4·16 (주)서울특별시 성북구 화랑로13길 60 동덕여자대학교 총장실(02-940-4011) (학)1980년 동덕여대 식품영양학과졸 1982년 고려대 대학원 식품공학과졸 1988년 식품화학박사(일본 나라여대) (경)1988~2018년 동덕여대 식품영양학과 교수 2004년 同학생생활연구소장 2010~2013년 同생활과학연구소장 2011~2014년 同학생처장 2014~2016년 同자연과학대학장 2018년 同총장(현) (저)'서양요리 조리학'

**김명언(金明彦) KIM Myung Eon**
(생)1954·4·4 (주)서울특별시 관악구 관악로 1 서울대학교 심리학과(02-880-6441) (학)1977년 서울대 심리학과졸, 미국 미시간대 대학원졸 1988년 심리학박사(미국 미시간대) (경)1987~1988년 미국 미시간대 방문교수 1988~2019년 서울대 심리학과 교수 1997~1999년 한국산업및조직심리학회 회장 1998~2000년 서울대 심리과학연구소 소장 2005~2006년 同대학생활문화원장 2009~2010년 한국심리학회 회장 2012~2014년 한국잡월드 비상임이사 2019년 서울대 심리학과 명예교수(현) (저)'한국기업문화의 이해(共)'(1997) '한국사회의 불평등과 공정성 의식의 변화(共)'(2005) '외환위기 10년, 한국사회 얼마나 달라졌나(共)'(2007) '사회과학의 명저 재발견(共)'(2011) (역)'긍정에너지 경영'(2009) '조직변화의 긍정혁명(共)'(2009) '이기는 결정(共)'(2010) (종)기독교

**김명연(金明淵) KIM Myung Yeon**
(생)1964·2·28 (출)경기 안산 (주)서울특별시 영등포구 의사당대로 1 국회 의원회관 805호(02-784-1797) (학)인천고졸, 건국대 축산대학 사료영양학과졸, 한양대 대학원 지방자치학과졸 (경)대한제당(주) 사료사업부 근무, 한나라당 원곡본동협의회 회장, 단원구여성축구단 단장, 무지개사료 대표 2006년 경기 안산시의회 의원 2006~2008년 同행정위원장 2012년 제19대 국회의원(안산시 단원구甲, 새누리당) 2012·2014년 국회 보건복지위원회 위원 2012·2015년 국회 운영위원회 위원 2012년 국회 예산결산특별위원회 위원 2012~2013년 새누리당 원내부대표 2014년 同세월호사고대책특별위원회 위원 2014년 국회 여성가족위원회 위원 2014~2015년 새누리당 재능나눔위원회 위원장 2014년 同경제혁신특별위원회 공적연금개혁분과 위원 2014년 국회 국민안전혁신특별위원회 위원 2015년 새누리당 원내대변인 2015년 국회 정치개혁특별위원회 위원 2015년 새누리당 메르스비상대책특별위원회 위원 2015년 국회 메르스대책특별위원회 위원 2015~2016년 새누리당 경기도당 위원장 2015년 同국가간호간병제도특별위원회 위원 2015년 同나눔경제특별위원회 위원 2016년 제20대 국회의원(안산시 단원구甲, 새누리당·자유한국당〈2017.2〉)(현) 2016년 새누리당 원내대변인 2016~2018년 국회 보건복지위원회 위원 2016~2018년 국회 여성가족위원회 위원 2016~2017년 새누리당 수석대변인 2017년 자유한국당 수석대변인 2017년 同제19대 홍준표 대통령후보 중앙선거대책위원회 수석대변인 2017~2018년 국회 예산결산특별위원회 위원 2017~2018년 자유한국당 전략기획담당 사무부총장 2018년 同6.13지방선거총괄기획단 지방선거기획본부장 2018년 同6.13 전국지방선거 및 국회의원재보선공천관리위원회 간사 2018년 국회 보건복지위원회 간사(현) 2019년 자유한국당 수석대변인(현) (상)한국매니페스토실천본부 선정 '국정감사 우수의원 베스트 20'(2015), 대한민국 입법대상(2015), 중부일보 율곡대상 국가정치부문(2016), 대한민국 유권자대상(2016), 한부모가정사랑상(2016)

**김명옥(金明玉·女)**
(생)1962 (주)경상남도 진주시 진주대로 501 경상대학교 자연과학대학 생명과학부(055-772-1345) (학)1986년 경상대 생물학과졸 1991년 同대학원 생물학과졸 1994년 생물학박사(경상대) (경)1998년 경상대 자연과학대학 생물학과 교수, 同자연과학대학 생명과학부 교수(현) 1998년 미국 신경학회 및 유럽뇌신경학회 정회원(현) 2007~2010년 경상대 수의예과·생물학과 학과장 2007~2009년 경상대 농생명 바이오BK21 사업단 운영위원 2008년 한국여성과학 기술인협회 운영위원(현) 2012~2017년 미래창조과학부 치매제어기술개발융합연구단장 2013년 미래유망 융합기술파이오니어연구단 단장협의회 회장(현) 2016~2017년 同대사조절퇴행성뇌질환제어연구단장 2017~2018년 과학기술정보통신부 치매제어기술개발융합연구단장 2017년 同대사조

절퇴행성뇌질환제어연구단장(현) (상)경남도 과학기술대상(2017), 올해의 여성과학기술인상(2018)

**김명완(金明完) KIM Myung Wan**

(생)1978·2·2 (출)전남 진도 (주)서울특별시 성동구 마장로210 한국기원 홍보팀(02-3407-3870) (학)고려대 신문방송학과졸 (경)1994년 입단 1995년 2단 승단 1996년 3단 승단 1997년 SK가스배 신예프로 10걸전 3위 1998년 4단 승단 1998년 제8기 비씨카드배 신인왕전 준우승 1999년 제9기 비씨카드배 신인왕전 준우승 2000년 5단 승단 2000년 SK가스배 신예프로 10걸전 3위 2001년 6단 승단 2002년 비씨카드배 신인왕전 준우승 2003년 KBS 바둑왕전·기성전·비씨카드배 신인왕전 본선진출 2004년 한국바둑리그 본선 진출 2005년 삼성화재배 본선8강 진출 2005년 7단 승단 2007년 8단 승단(현) 2011년 미국바둑협회(AGA) 프로기사제도위원회 위원장

**김명용(金明容) KIM Myung Yong**

(생)1952·12·20 (본)선산(善山) (출)경북 칠곡 (학)1971년 계성고졸 1975년 서울대 영어영문학과졸 1978년 장로회신학대 신학대학원졸 1980년 同대학원 조직신학과졸 1985년 신학박사(독일 튀빙겐대) (경)1985~1994년 장로회신학대 조직신학과 조교수·부교수 1987~1989년 서울동남노회 반석교회 담임목사 1989년 세계개혁교회(WARC) 서울대회 본교단 대표 1994~2018년 장로회신학대 조직신학과 교수 1995년 미국 프린스턴 신학대학원 객원교수 2000~2002년 장로회신학대 기획처장 2001년 한국생명목회실천협의회 신학위원장 2002~2004년 장로회신학대 신학대학원장 2003~2005년 한국조직신학회 회장 2004~2007년 한국목회자협의회 신학위원장 2008년 호주 웨슬리대 초빙교수 2010~2012년 한국칼바르트학회 회장 2011년 생명신학연구소 소장 2011~2012년 장로회신학대 대학원장 2012년 기독교사상과문화연구원 원장 2012~2016년 장로회신학대 총장 (저)'열린 신학 바른 교회론'(1997) '현대의 도전과 오늘의 조직신학'(1997) '이 시대의 바른 기독교 사상'(2001) '통전적 신학(共)'(2004) '칼바르트의 신학'(2007) (역)'성령신학'(1989) '예수 그리스도의 길(共)'(1990) '약속과 성취'(1993) '다른 복음은 없다'(1999) (종)기독교

**김명운(金明運) Kim Myung Woon**

(생)1961·2·9 (본)경주(慶州) (출)강원 횡성 (주)서울특별시 강서구 하늘길 78 한국공항공사 임원실(02-2660-2202) (학)1980년 원주고졸 1988년 연세대 정치외교학과졸 1999년 미국 델라웨어대 대학원 도시정책학과졸 2002년 서울대 행정대학원 정책학과 수료 (경)1992년 행정고시 합격(36회) 1999년 건설교통부 도시철도과 근무 2000년 同수송정책실 교통정보화기획과 근무 2002년 同토지관리과 서기관 2004년 同기획관리실 혁신담당관실 서기관 2004~2005년 국무조정실 규제개혁기획단 과장 2005~2006년 건설교통부 제도개혁팀장 2006~2009년 駐필리핀대사관 1등서기관 2009년 국토해양부 해양생태과장 2010년 同행정관리담당관 2012년 同항공정책과장 2013~2014년 국토교통부 토지정책과장 2014년 행정중심복합도시건설청 도시계획국장 2016년 同옥외광고심의위원회 위원장 2017~2018년 대전지방국토관리청장 2018년 한국공항공사 부사장(현) 2018년 同사장 직대 (상)근정포장(1992)

**김명운(金明雲)**

(생)1966 (출)강원 철원 (주)경기도 파주시 광탄면 기산로 207-160 감사교육원 원장실(031-940-8810) (학)강원고졸, 서울대 경영학과졸, 경제학박사(미국 미주리대) (경)행정고시 합격(37회), 총무처·통상산업부 근무, 감사원 제1국 제4과·기획관리실 국제협력담당관실·감사품질관리심의관실 감사품질관리팀·재정금융감사국 총괄과 근무(감사관) 2009년 감사원 감사연구원 연구부 연구1팀장 2010년 대통령비서실 파견(3급상당 별정직) 2011년 감사원 행정지원실장(부이사관) 2012년 同감사청구조사국장(고위감사공무원) 2016년 同SOC·시설안전감사단장 2017년 同지방행정감사1국장 2018년 同사회·복지감사국장 2019년 同감사교육원장(현)

**김명운(金銘雲) KIM Myong-Woon**

(생)1966·4·20 (본)광산(光山) (출)인천 (주)대전광역시 대덕구 대화로132번길 142 (주)디엔에프 대표이사실(042-932-7939) (학)1989년 연세대 화학과졸 1992년 한국과학기술원(KAIST) 화학과졸 1996년 화학박사(한국과학기술원) (경)1996~2000년 한화석유 중앙연구소 촉매개발팀장 2001년 (주)디엔에프 대표이사(현) 2005~2007년 대한화학회 대전·충남지부 이사 2005년 첨단부품소재클러스터(대덕R&D특구전략사업기획단 소속) 회장 2007~2010년 한국중소화학기업협회 수석부회장 2008년 대한화학회 부회장·평의원 2013년 대덕이노폴리스벤처협회 부회장 2014년 (사)대전산업단지협회 이사 (종)기독교

**김명운(金溟雲) KIM Meung Woon**

(생)1970·10·22 (출)강원 원주 (주)경기도 수원시 영통구 법조로 91 수원지방검찰청 강력부(031-5182-4485) (학)1989년 배명고졸 1998년 연세대 경영학과졸 (경)2000년 사법시험 합격(42회) 2003년 사법연수원 수료(32기) 2003년 부산지검 검사 2005년 춘천지검 강릉지청 검사 2007년 제주지검 검사 2009년 서울중앙지검 검사 2013년 수원지검 검사 2017년 춘천지검 검사 2017년 同부부장검사 2018년 전주지검 군산지청 형사2부장 2019년 수원지검 강력부장(현)

**김명원(金明源)**

(생)1955·1·5 (주)경기도 수원시 팔달구 효원로 1 경기도의회(031-8008-7000) (학)서울대 공과대학 응용화학과졸 (경)민주화운동관련 투옥(특별사면 석방), 부천노동법률상담소 소장, 민주주의민족통일부천연합 의장, 새천년민주당 부천소사지구당 위원장 직무대행, 한국환경공단 감사, (주)월드에너지 전무이사 2017년 더불어민주당 제19대 문재인 대통령후보 국민통합특보 2018년 경기도의회 의원(더불어민주당)(현)

**김명자(金明子·女) KIM Myung Ja**

(생)1944·7·13 (본)선산(善山) (출)서울 (주)서울특별시 강남구 테헤란로7길 22 한국과학기술단체총연합회(02-3420-1200) (학)1962년 경기여고졸 1966년 서울대 화학과졸 1971년 이학박사(미국 버지니아대) (경)1974~1999년 숙명여대 이과대학 화학과 조교수·부교수·교수 1989년 일본 동경이과대학 객원연구원 1990~1998년 한국과학사학회 부회장·이사 1991~1993년 숙명여대 이과대학장 1991~1999년 민주평통 자문위원 1992~1999년 KBS 객원해설위원 1993~1999년 (사)한국과학저술인협회 이사·부회장 1994년 한국과학기술한림원 종신회원(현) 1996~1999년 한국과학기술단체총연합회 이사 1996~1999년 경제정의실천시민연합 환경정의시민연대 이사 1996~1998년 녹색소비자연대 공동대표 1996~1998년 교육부 중앙교육심의위원 1997~1999년 국무총리 여성정책심의위원 1997~1999년 UNESCO 한국위원 1997~1999년 대통령자문 국가과학기술자문회의 위원 1998~1999년 산업자원부 산업기술발전심의회 위원 1999년 국무총리실 기초기술연구회 이사 1999년 국가과학기술위원회 민간위원 1999년 한국산업기술대학 이사 1999~2003년 환경부 장관 2003~2004년 LG생활건강 사외이사 2003~2004년 KTF 사외이사 2003~2004년 대통령직속 동북아경제중심추진위원회 위원 2003~2004년 대통령자문 국민경제자문회의 위원 2003년 아시아·태평양환경개발포럼(APFED) 한국대표 2003~2004년 명지대 석좌교수 2003~2004년 KBS 객원해설위원 2004년 대통령자

문 정책기획위원회 위원 2004년 UN대학-광주과학기술원 운영위원 2004년 열린우리당 중앙선거대책본부 공동본부장·상임고문·저출산 및 고령화대책테스크포스팀 단장 2004년 서울대총동창회 부회장(현) 2004~2008년 제17대 국회의원(비례대표, 열린우리당) 2005년 열린우리당 병영문화개선위원장 2005년 안보경영연구원 이사, 同고문(현) 2005~2006년 친환경상품진흥원 이사장 2006~2008년 국회 윤리특별위원회 위원장 2006년 열린우리당 정책위 부의장 2006~2008년 한국수자원공사 지속가능경영자문회의 위원장 2007~2008년 과학기술부 과학기술원로정책자문위원 2007~2008년 국회 국방위원회 간사 2007년 (사)안중근의사기념관건립위원회 건립추진위원 2008년 (사)아시아정당국제회의(ICAPP) 의원연맹 고문 2008년 CDP(Carbon Disclosure Project) 한국위원회 위원장 2008년 (재)IT전략연구원 이사장 2008년 한미연합사령관·美8군사령관 자문위원 2008~2017년 (사)그린코리아21포럼 이사장 2008년 한국과학기술원(KAIST) 총장자문위원회(PAC) 위원(현) 2008~2016년 同과학기술정책대학원 초빙특훈교수 2009년 동아일보 객원논설위원 2009년 (주)두산 사외이사 2009년 한국과학기술원(KAIST) 입학사정관 2009년 세계자연보전총회유치위원회 위원 2009년 유민문화재단 홍진기창조인상 심사위원(현) 2009년 (사)4월회 부회장 2009년 한중일30인위원회 한국측 위원(현) 2009년 (사)아시아정당국제회의 감사(현) 2009·2011년 대통령직속 사회통합위원회 민간위원 2009~2010년 국민일보 객원논설위원 2010년 (사)한국여성과학기술단체총연합회 고문 2010년 (사)김대중평화센터 이사(현) 2010년 여성가족부 총괄자문위원 겸 여성정책자문위원 2011년 대한민국헌정회 고문(이사)(현) 2011년 극지포럼 공동대표(현) 2011년 2018평창동계올림픽지원범국민협의회 공동의장 2012년 녹색소비자연대 고문(현) 2012~2013년 한국여성과학기술단체총연합회 회장 2013년 벨기에 Ghent University Korea(송도캠퍼스) 이사 2013년 민주평통 자문위원(상임고문) 2013년 (재)김대중노벨평화상기념관 이사(현) 2013년 기획재정부-한국개발연구원(KDI) KSP 수석고문 2013년 새누리당 여성가족위원회 정책자문위원 2013~2014년 지속가능발전해법네트워크(UNSDSN) Korea Foum 공동대표 2013~2016년 (재)한국여성과학기술인지원센터(WISET) 초대 이사장 2013년 (사)한국여성의정 이사(현) 2014년 (사)한국여성과학기술단체총연합회 명예회장(현) 2014년 대한화학회 'IUPAC-2015 조직위원회' 자문위원 2014년 대한민국헌정회 통일문제특별위원(현) 2014년 서울대 총장추천위원 2014년 중앙일보 중앙시평·과학 오디세이 칼럼니스트(현) 2014년 지속가능발전기업협의회(KBCSD) 자문위원 2014년 조선일보 한일국제환경상 심사위원 2014~2015년 서울대 자연대기금조성위원 2015년 행정안전부 함경남도행정자문회의 위원 2015년 (재)사회복지공동모금회 이사, 同배분분과실행위원장 2015년 호스피스국민본부 공동대표 2015년 IPCC의장진출민간지원위원회 위원장 2015년 원자력클러스터포럼 자문위원 2016~2018년 지속가능발전기업협의회(KBCSD) 회장 2017년 (재)사회복지공동모금회 부회장 2017년 흥릉포럼 이사장(현) 2017년 한국과학기술단체총연합회 회장(현) 2017년 국무총리자문 국민안전안심위원회 위원(현) 2018년 (재)사회복지공동모금회 회장 직대 2018년 (주)효성 사외이사(현) 2018년 환경정책평가연구원 환경포럼 공동대표(현) 2018년 한국환경한림원 이사장(현) 2018년 기초과학연구원 과학자문위원(SAB)(현) 2018년 아시아인프라투자은행(AIIB) 국제자문위원(현) 2019년 한국국제협력단(KOICA) 자문위원(현) [상]한국과학저술인협회 저술상(1984), 과학기술진흥유공 대통령표창(1985), 대한민국과학기술상 진흥상 대통령표창(1994), 한국공업학회 우수논문상(1997), 제1회 닮고싶고 되고싶은 과학기술인상(2002), 미국 Michigan State University 'Global Korea Award 2003'(2003), 자랑스런 경기인상(2003), 청조근정훈장(2004), 서울대 자랑스러운 자연대인상(2014), 과학기술훈장 창조장(2015), 서울대 자랑스러운 서울대인상(2015) [저]'현대인과 비타민'(1982) '화장품의 세계'(1985) '동서양의 과학전통과 환경운동'(1991) '과학사'(1992) '현대사회와 과학'(1992) '과학기술의 세계'(1998) '원자력 딜레마'(2011, 사이언스북스) '원자력 트릴레마'(2013) '인터넷 바다에서 우리아이 구하기'(2013) '사용후 핵연료 딜레마(共)'(2014, 까치글방) [역]'과학혁명의 구조'(1981~2015) '엔트로피'(1981~1992) '여성과 사회참여'(1981) '에덴의 용'(1981) '앞으로 50년'(1984) [종]천주교

**김명전(金明銓) KIM Myung Jeon**

[생]1955·6·30 [본]영광(靈光) [출]전남 [주]서울특별시 영등포구 여의공원로 111 태영빌딩 EY한영 임원실(02-3787-6300) [학]1974년 조선대사대부고졸 1983년 성균관대 법률학과졸 1987년 同행정대학원 정책학 석사과정 수료 1989년 고려대 정책과학대학원 최고위정책과정 수료 1999년 성균관대 언론대학원졸 2004년 서울대 행정대학원 국가정책과정 수료 2006년 언론학박사(성균관대) [경]1983~1992년 KBS 라디오·TV 프로듀서 1989년 (사)한그루녹색회 회장 1989년 (사)한국숲청소년단(Korea Green Rranger) 이사장(현) 1993~1995년 KBS 특집부·사회부 기자 1995년 同특집부 차장·편집부 차장 1995년 전국언론노동조합연맹 사무처장 1997년 KBS 사회부 차장 1998년 同정치부 차장 1998년 생명의숲 국민운동 운영위원·이사 2001~2003년 대통령 국내언론2비서관 2003~2004년 한국교육방송공사(EBS) 부사장 2003년 성균관대 언론대학원 겸임교수 2003년 서울그린트러스트 자문위원 2004~2012년 삼정KPMG그룹 부회장 2006년 경기대 다중매체영상학부 정치매체관리학과 겸임교수 2008년 성균관대 법과대학·법학전문대학원 초빙교수(현) 2013년 파인스트리트그룹 부회장 2014년 同비상임고문 2014년 EY한영 부회장(현) 2015년 GOOD TV(기독교복음방송) 대표이사(현) 2018년 세계한인방송협회(WAKB) 회장(현) [상]KBS 한국방송보도상(12회), 서울올림픽 기장(1988), 한국방송대상(1990), 산업포장(1998), 한국경제 사회공헌대상(2012) [저]'희망으로 걸어온 길'(2004) '국가PR론' '미디어법'(2010) [종]기독교

**김명정(金明楨) KIM Myung Jung**

[생]1960·2·14 [주]서울특별시 강남구 테헤란로 123 한국의료기기산업협회(02-596-7404) [학]1984년 중앙대 약학과졸 [경]1992년 보건사회부 약정국 약품안전과 사무관 1996년 同식품의약품안전본부 안전관리부 의약품안전과 약무사무관 2002년 식품의약품안전청 의약품안전국 의약품안전과 약무사무관 2007년 보건복지부 보건의료정책본부 의약품정책팀 서기관 2008년 보건복지가족부 보건의료정책실 의약품정책과 기술서기관 2009년 식품의약품안전평가원 부작용감시팀장 2012년 경인지방식품의약품안전청 의료제품안전과장 2013년 同의료제품실사과장 겸임 2013년 식품의약품안전처 의약품안전국 임상제도과장(서기관) 2016년 同의약품안전국 임상제도과장(부이사관) 2017년 세종연구소 교육훈련 파견(부이사관) 2018년 오송첨단의료산업진흥재단 파견(부이사관) 2019년 한국의료기기산업협회 상근부회장(현)

**김명주(金明柱) KIM, Myuhng Joo**

[생]1963·12·15 [본]김녕(金寧) [주]서울특별시 노원구 화랑로 621 서울여자대학교 미래산업융합대학 정보보호학과(02-970-5699) [학]1986년 서울대 컴퓨터공학과졸 1988년 同대학원졸 1993년 공학박사(서울대) [경]1992년 일본 쓰쿠바대 정보전자공학계 연구원 1993~1995년 서울대 컴퓨터신기술공동연구소 특별연구원 1995~2005년 서울여대 정보통신대학 전산학과 조교수·부교수 2001년 서울중앙지검 컴퓨터수사부 자문위원 2002년 서울여대 전자계산교육원장 2003년 미국 펜실베이니아대 컴퓨터및정보과학전공 교환교수 2004년 서울여대 입학관리처장 2004년 한국정보보호진흥원(KISA) 스팸대응연구위원 2004년 정보통신부 프로그램심의조정위원 2005~2017년 서울여대 정보미디어대학 정보보호학과 교수 2008~2010년 同정보미디어대학장 2012년 同입학홍보처장 2012년 同학부교육선진화선도대학지원사업추진단장 2013~2014년 同교무처장 2013년 한국저작권위원회 감정인(현) 2013년 한국인터넷윤리학회 수석부회장 2015~2016년 同회장 2015~2017년 서울여대 교육혁신단장·창의성센터장·이러닝MOOC센터장 2015~2017년 방송통신위원회 인터넷문화정책자문위원회 위원 2015~2016년 서울여대 기획정보처장 2016년

ㄱ

同정보보호영재교육원장 2016~2017년 정보문화포럼 지능정보사회윤리분과위원장 2017년 서울여대 미래산업융합대학 정보보호학과 교수(현) 2017년 한국인터넷윤리학회 명예회장(현) (상)Summa Cum Laude 서울대총장표창(1986), 서울여대 10년 근속상(2006), 교육부장관표창(2015), 방송통신위원장표창(2016), 서울여대 20년 근속상(2016), 근정포장(2018) (저)'Understanding of Multimedia'(2007) 'Understanding of Ubiquitous'(2008) 'Understanding of Computers'(2009) 'IEQ 인터넷윤리지도사'(2014) '정보처리기사실기'(2017) (역)'XML and Java'(1999) (종)기독교

## 김명준(金明俊) KIM Myung Joon

(생)1941·11·25 (본)김해(金海) (출)서울 (주)경기도 용인시 기흥구 지삼로 89 우리산업홀딩스 비서실(031-201-6544) (학)1962년 대전고졸 1968년 연세대 경영학과졸 (경)1968~1970년 현대건설(주) 근무 1970~1979년 현대양행(주) 상무 1979~1986년 한라해운 대표이사 겸 한라그룹 종합기획실장 1986~1989년 인천조선(주) 부사장 1989년 한라자원(주) 부사장 1989~2015년 우리산업(주) 대표이사 회장 1998~2007년 한라건설(주) 사외이사 2006년 (사)한국근육병재단 이사(현) 2011~2013년 한국품질경영학회 부회장 2016년 우리산업홀딩스(주) 대표이사 회장(현) (상)제39회 무역의날 은탑산업훈장(2002), 경기도 경제인상(2002), 기업혁신대상 대통령표창(2004), 글로벌시스템 대상(2009), 국가품질상 품질경영상(2010), 한국품질경영인대상(2011), 제37회 국가품질경영대회 금탑산업훈장(2011) (종)불교

## 김명준(金明俊) KIM Myung Joon

(생)1955·8·7 (출)서울 (주)대전광역시 유성구 가정로 218 한국전자통신연구원(042-860-6001) (학)1978년 서울대 계산통계학과졸 1980년 한국과학기술원(KAIST) 전산학과졸(석사) 1986년 이학박사(프랑스 낭시제1대) (경)아주대 종합연구소 연구원, 프랑스 LORIA(INRIA Lorraine) 연구원 1986년 한국전자통신연구원 선임연구원·책임연구원·데이타베이스연구실장·소프트웨어공학연구실장·소프트웨어연구부장·데이타공학연구부장·인터넷서비스연구부장·컴퓨터·소프트웨어연구소장 2004년 同디지털홈연구단 인터넷서버그룹장 2008년 同SW콘텐츠연구부문 인터넷플랫폼연구부장 2008년 同기획본부장 2009년 同SW콘텐츠연구부문장 2010년 同창의연구본부장 2012~2013년 한국정보과학회 회장 2013년 한국전자통신연구원 SW연구부문 연구위원 2013년 미국 리눅스재단 이사 2015년 한국전자통신연구원 사업화본부 R&D사업화센터 담당 2016~2019년 소프트웨어정책연구소(SPRI) 소장 2019년 한국전자통신연구원(ETRI) 원장(현) (상)체신부장관표창(1991), 한국정보과학회 기술상(1998), 정보통신부장관표창, 과학기술포장 (저)'데이타베이스 관리시스템 구조'(1997) '미래를 위한 공학, 실패에서 배운다' '바다의 풍랑은 높고도 높다'(2003)

## 김명준(金明俊) Myung Jun KIM

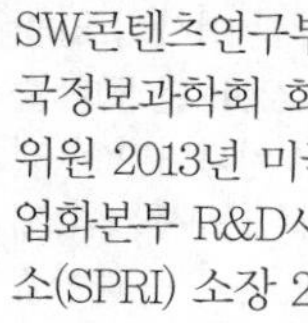

(생)1968·9·12 (본)부안(扶安) (출)전북 부안 (주)서울특별시 종로구 종로5길 86 서울지방국세청 청장실(02-2114-2200) (학)전주고졸, 서울대 국제경제학과졸, 同행정대학원졸 (경)1993년 행정고시 합격(37회) 1995년 전북 군산세무서 총무과장 1999년 전북 전주세무서 재산세과장 2001년 서울지방국세청 조사2국 4과 근무 2003년 국세청 조사국 조사1과 근무 2004년 同기획관리관실 혁신담당 2005년 同총무과 인사담당 2005년 同조사국 조사기획담당 2006년 전북 북전주세무서장 2007년 駐OECD대표부 주재관 2010년 국세청 기획조정관실 정책조정담당관(서기관) 2012년 同기획조정관실 정책조정담당관(부이사관) 2013년 중부지방국세청 감사관 2014년 부산지방국세청 세원분석국장(고위공무원) 2015년 부산지방국세청 조사1국장 2016년 서울지방국세청 국제거래조사국장 2017년 국세청 기획조정관(고위공무원 나급) 2018년 同조사국장 2019년 서울지방국세청장(현)

## 김명중(金明中) KIM Myung Joong

(생)1957·2·28 (출)전북 정읍 (주)경기도 고양시 일산동구 한류월드로 281 한국교육방송공사(EBS) 사장실(02-526-2503) (학)1974년 익산 남성고졸 1981년 중앙대 신문방송학과졸 1983년 同대학원졸 1989년 언론학박사(독일 뮌스터대) (경)1989년 독일 카셀대 Post-Doc. 1990~1993년 광주대 사회과학대학 광고정보학과 교수 1990~1996년 한국방송공사(KBS) 뉴미디어국 객원연구교수·뉴미디어위원회 위원·코리아채널 정책기획단 위원 1994년 호남대 인문사회대학 신문방송학과 교수(현) 1996년 독일 뮌스터대 연구교수 1996년 한국언론학회 이사·집행이사 1997년 한국방송학회 편집위원 1999년 한국정치정보학회 출판편집위원 2000년 문화방송(MBC) 경영자문위원 2002년 한국문화컨텐츠진흥원 전문위원·HDTV지원심사위원장 2002년 문화관광부 방송정책자문위원 2002년 한국방송학회 집행이사 2002~2006년 국제방송교류재단(아리랑TV) 부사장(이사) 2003~2004년 한국언론학회 연구이사 2006년 방송통신융합추진위원회 민간위원 2008년 한국방송광고공사 감사 2011~2017년 언론중재위원회 광주중재부 위원 2015~2016년 同운영위원 2017년 방송통신위원회 방송미래발전위원회 제1분과(공영방송지배구조개선) 방송미디어분야 위원 2019년 한국교육방송공사(EBS) 사장(현) (상)교육부장관표창(2017) (저)'공영방송의 위성TV 참여와 이용'(1990, KBS) '방송환경 변화와 공영방송의 발전방안'(1992, KBS) '위성방송(共)'(1993, 한국언론연구원) '디지털 시대의 위성방송론'(1997, 나남출판사) '커뮤니케이션의 유토피아(共)'(1997, 나남출판사) '디지털 양방향서비스(共)'(2002, 커뮤니케이션북스) '디지털 컨버전스(共)'(2004, 커뮤니케이션북스)

## 김명중(金明中) MYEONG JOONG KIM

(생)1967·1·24 (본)김해(金海) (출)광주 (주)세종특별자치시 갈매로 477 기획재정부 예산실 예산총괄과(044-215-7110) (학)1985년 광주서석고졸 1992년 서울대 경영학과졸 2012년 미국 조지아공대 대학원 기술경영학과졸 (경)1998년 광주세관 통관지원과장 1999~2001년 관세청 정보관리과·평가분류과 사무관 2001년 인천세관 이사화물과장 2002~2006년 기획예산처 기금총괄과·투자관리과·일반행정재정과 사무관 2006~2012년 同농림해양재정과·기획재정부 국방예산과·중앙공무원 파견교수(서기관) 2012~2016년 기획재정부 협동조합운영과장·지역경제정책과장·국유재산정책과장·홍보담당관 2017년 同법사예산과장 2018년 同예산정책과장 2019년 同예산실 예산총괄과장(부이사관)(현)

## 김명지(金明志) KIM Myung Ji

(생)1963·5·26 (주)전라북도 전주시 완산구 효자로 225 전라북도의회(063-280-3970) (학)전주고졸, 원광대 공대졸 2007년 전북대 행정대학원 지방자치학과졸 (경)민주평통 전북 전주시 덕진구지회장, 새천년민주당 전주시덕진지구당 상무위원, 새시대새정치연합청년회 전북 전주시 덕진지구 회장, 전주G갤러리 대표 2002·2006·2010년 전북 전주시의회 의원(민주당·민주통합당·민주당·새정치민주연합), 同사회문화위원회 부위원장 2006~2008년 同운영위원장 2012년 同도시건설위원회 위원, 전북대 초빙교수(현) 2014~2018년 전북 전주시의회 의원(새정치민주연합·더불어민주당) 2014~2016년 同부의장 2016~2018년 同의장 2016~2018년 전북시·군의회의장단협의회 회장 2016년 전국시군자치구의회의장협의회 감사 2017~2018년 同사무총장 2018년 전북도의회 의원(더불어민주당)(현) 2018년 同교육위원회 위원 겸 윤리특별위원회 위원(현) (상)대한민국유권자대상(2017)

## 김명직(金明稷) KIM Myung Jig

(생)1959·10·19 (본)경주(慶州) (출)충남 보령 (주)서울특별시 성동구 왕십리로 222 한양대학교 경제금융대학 경제금융학부(02-2220-1034) (학)대광고졸 1982년 한양대 경제학과졸 1985년 미국 워싱턴대 대학원 경제학과졸 1989년 경제학박사(미국 워싱턴대) (경)미국 앨러배마대 조교수·부교수, 한국채권연구원 이사, Asia-Pacific Journal of Financial Studies 편집위원장 1995년 한양대 경제금융대학 경제금융학부 교수(현), 同경제연구소장 2010년 국가통계위원회 위원 2011~2014년 메리츠금융지주 사외이사 2012년 한국증권학회 회장 2012~2016년 한양대 경제금융대학장 2013년 주택금융전문가협의회 위원(현) 2014~2015년 KB금융지주 사외이사 2014년 코스닥상장위원회 위원(현) 2014~2019년 한양대 CK-II특성화사업단장 2016년 한국금융연구원 비상임연구위원 2017년 고용산재보험기금 자산운용위원회 위원(현) 2018년 한양대 교무처장(현) (상)한국금융학회 최우수논문상(2000), 한국선물학회 최우수논문상(2004), 한국파생상품학회 최우수논문상(2009), 미국 워싱턴대 한국총동문회 올해의 동문상(2015), 녹조근정훈장(2016) (저)'금융시계열분석'(1998) '금융IT'(2001) '제2판 금융시계열분석'(2002) 'ViewTAA 전술적 자산배분시스템'(2008) 'Financial Modeling and consulting'(2008)

## 김명진(金明振) KIM Myoung Jin

(생)1955·1·2 (본)김해(金海) (출)충북 단양 (주)서울특별시 서초구 서초대로 254 오퓨런스빌딩 1602호 법무법인 로월드(02-6223-1000) (학)1978년 서울대 법학과졸 1985년 同대학원 법학과 수료 1989년 미국 코넬대 법과대학졸 (경)1979년 사법시험 합격(21회) 1981년 사법연수원 수료(11기) 1981년 공군법무관 1984년 수원지검 검사 1987년 대전지검 천안지청 검사 1988년 서울지검 검사 1991년 대검찰청 검찰연구관 1993년 대구지검 안동지청장 1993년 광주고검 검사 1994년 춘천지검 강릉지청 부장검사 1994년 대전지검 형사2부장 1995년 인천지검 조사부장 1996년 사법연수원 교수 1998년 서울지검 동부지청 형사4부장 1999년 同동부지청 형사5부장 1999년 同동부지청 형사2부장 2000년 대구지검 경주지청장 2001년 부산지검 동부지청 차장검사 2002년 울산지검 차장검사 2003년 인천지검 1차장검사 2004년 부산지검 동부지청장 2005~2006년 서울고검 형사부장 2006년 변호사 개업 2008년 법무법인 민주 대표변호사 2009년 법무법인 로월드 변호사(현) 2009~2011년 국민은행 사외이사 2013~2014년 동양증권(주) 사외이사 (종)기독교

## 김명진(金明辰) MYUNG JIN KIM

(생)1959·1·15 (출)부산 (주)경기도 용인시 기흥구 공세로 150-20 삼성SDI(주)(031-8006-3100) (학)동국대 전자계산학과졸 (경)삼성SDI(주) PDP 인사팀 상무보 2007년 同인사팀장(상무) 2011년 同인사팀장(전무) 2015년 同인사지원팀장(전무) 2016년 同인사지원그룹장(전무) 2019년 同중대형전지사업부 운영팀장(전무)(현) (종)천주교

## 김명철(金明哲) Kim Myeong Cheol

(생)1963·1·22 (출)부산 (주)경기도 과천시 관문로 47 법무부 보안정책단(02-2110-3000) (학)부산금성고졸, 부산대 법학과졸, 국방대학원 안전관리과졸 (경)1992년 행정고시 합격(35회) 2006년 대구지방교정청 직업훈련과장(서기관) 2008년 홍성교도소장 2009년 청주교도소장 2011년 천안교도소장 2012년 춘천교도소장 2012년 화성직업훈련교도소장(부이사관) 2013년 의정부교도소장 2015년 인천구치소장(일반직고위공무원) 2015년 국방대학원 교육파견 2016년 부산구치소장 2016년 대구지방교정청장 2018년 법무연수원 교정연수부장 2019년 법무부 보안정책단장(현)

## 김명한(金明漢) KIM Myoung Han

(생)1961·11·19 (본)안동(安東) (출)서울 (주)울산광역시 남구 법대로 55 울산지방법원 총무과(052-216-8000) (학)1980년 신일고졸 1984년 서울대 법학과졸 1986년 同대학원 법학과졸 (경)1989년 사법시험 합격(31회) 1992년 사법연수원 수료(21기) 1992~1998년 변호사 개업 1997년 환경운동연합 법률위원장 1998년 부산지법 판사 2000년 춘천지법 판사 2002년 수원지법 성남지원 판사 2004년 서울고법 판사 2006년 서울중앙지법 판사 2008년 청주지법 영동지원장 2010년 수원지법 안산지원 부장판사 2012년 서울중앙지법 부장판사 2015년 서울동부지법 부장판사 2017년 서울서부지법 부장판사 2019년 울산지법 부장판사(현)

## 김명혜(金明惠·女) KIM Myung Hye

(생)1958·3·6 (출)대구 (주)부산광역시 부산진구 엄광로 176 동의대학교 인문대학 신문방송학과(051-890-1313) (학)1976년 정신여고졸 1980년 서울대 농가정학과졸 1986년 미국 매사추세츠대 대학원졸 1992년 커뮤니케이션학박사(미국 매사추세츠대) (경)1993~1996년 부산대·동아대 언론광고학부 강사 1996년 동의대 인문대학 신문방송학과 교수(현) 1999~2001년 同교육방송국 주간교수 1999년 금양케이블방송 고문 2003~2006년 한국여성커뮤니케이션학회 편집이사 2006~2007년 同회장 2007년 同이사 2008년 한국언론정보학회 편집이사 2013년 동의대 미디어랩연구소장 (상)한국언론학회 학술상(번역부문)(2003) (저)'대중매체와 성의 상징질서'(1997) '대중매체와 성의 정치학'(1999) '사이버문화와 여성(共)'(2000) '한류와 21세기 문화비전(共)'(2006) (역)'성, 미디어, 문화'(1994) '인간커뮤니케이션의 이해'(1996) '포스트페미니즘과 문화이론'(2003)

## 김명호(金命鎬) KIM Myung Ho

(생)1960·1·8 (출)부산 (주)대전광역시 유성구 대학로 291 한국과학기술원 공과대학 전산학부(042-350-3450) (학)1978년 동래고졸 1982년 서울대 컴퓨터공학과졸 1984년 同대학원 컴퓨터공학과졸 1989년 공학박사(미국 미시간주립대) (경)1989년 미국 미시간주립대 연구원 1989년 한국과학기술대 조교수 1989~2000년 한국과학기술원(KAIST) 정보과학기술대학 전산학과 조교수·부교수 2000~2015년 同정보과학기술대학 전산학과 교수 2004~2006년 한국정보기술과학회 이사회 임원 2010~2013 한국과학기술원(KAIST) 학술정보처장 2013년 同학술문화원장 2015년 同공과대학 전산학부 교수(현) (저)'멀티미디어 개념 및 응용'(1996·1997, 홍릉과학출판사) '데이터베이스 시스템 개론'(1998, 그린출판사) '멀티미디어 시스템 개론'(2005, 홍릉과학출판사) (역)'데이터베이스 시스템 개론'(2004)

## 김명호(金明浩) KIM Myeong Ho

(생)1960·3·19 (본)김해(金海) (출)경북 안동 (주)경상북도 안동시 풍천면 도청대로 455 경상북도의회(054-880-5126) (학)1979년 안동고졸 1984년 건국대 정치외교학과졸 1986년 同대학원 정치학과졸 1992년 정치학박사(건국대) 1997년 정치학박사(러시아 모스크바국립대) (경)1987~2003년 건국대·안동대·상주대·경원대·인천대·가톨릭상지대 강사 1989년 건국대 대학원 총학생회 회장 1992년 러시아 외무부 외교아카데미 객원연구위원 1993년 부산대 민족문제연구소 연구위원 1993년 러시아 과학아카데미 동방학연구소 연구위원 1994년 모스크바국립대(MSU) 객원교수 1995년 同한국학국제학술센터 객원부소장 1998년 건국대 민족통일연구소 연구위원 1999년 안동21세기시민문화연구소 소장(현) 1999년 한국가정법률상담소 안동지부 이사 2000년 제16대 국회의원선거 출마(안동, 무소속) 2001년 안동가정폭력상담소 부소장 2006년 안동시장선거 출마(열린우리당),

(사)한·러시아문화협회 연구기획이사, 대구경북발전포럼 이사 2010~2014년 경북도의회 의원(한나라당·새누리당) 2010~2012년 同독도수호특별위원회 위원 2013~2014년 同예산결산특별위원회 부위원장, 새누리당 중앙위원회 상임위원 2014~2018년 경북도의회 의원(새누리당·자유한국당) 2014~2016년 同지방분권추진특별위원회 위원장 2016~2018년 同건설소방위원회 위원장 2018년 경북도의회 의원(자유한국당)(현) 2018년 전국시도의회의장협의회 지방분권TF 부단장(현) (상)한국환경정보연구센터 주관 '친환경 최우수 의원' 6년 연속 선정(2013~2018) (저)'엄마들의 반란'(2009) (역)'러시아의 운명'(1996) (종)가톨릭

**김명호(金明鎬) KIM Myeong Ho**

(생)1961·8·3 (본)김해(金海) (출)경북 안동 (주)경기도 성남시 분당구 야탑로81번길 16 한일개발(주) 임원실(031-704-1700) (학)안동고졸, 영남대 법학과졸 1994년 단국대 산업노사대학원 경영학과졸 2017년 경영학박사(극동대), 서울대 건설산업최고전략과정(ACPMP) 수료 (경)두산건설 근무, 한일건설(주) 상무, (주)동원시스템즈 상무 2014년 한일개발(주) 대표이사 부사장 2016년 同대표이사 사장(현) (상)건설교통부장관표창(2007)

**김명환(金明煥) KIM Myung Hwan**

(생)1954·9·5 (본)경주(慶州) (출)부산 (주)서울특별시 관악구 관악로 1 서울대학교 수리과학부(02-880-6551) (학)1973년 서울 중앙고졸 1977년 서울대 수학과졸 1982년 미국 오하이오주립대 대학원 수학과졸 1985년 이학박사(미국 오하이오주립대) (경)1985년 미국 오하이오주립대 수학과 전임강사 1986년 한국과학기술대 수학과 조교수 1987~2000년 한국수학올림피아드위원회(KMO) 출제위원 1989~1998년 서울대 수학과 조교수·부교수 1991년 한국수학올림피아드위원회(KMO) 위원 1994년 미국 오하이오주립대 수학과 객원부교수 1996~2000년 국제수학올림피아드조직위원회 사무국장 1998년 서울대 수리과학부 교수(현) 2001~2003·2005년 한국수학올림피아드위원회(KMO) 출제위원장 2004~2010년 서울대 수학연구소 정보보호및암호연구센터(ISaC) 소장 2004년 APMO(아시아-태평양수학올림피아드) 의장 2005~2006년 미국 Wesleyan대 수학과 객원교수 2006~2014년 국제수학올림피아드자문위원회(IMOAB) 선출직위원 2007~2008년 서울대 자연과학대학 교무부학장 2008~2010년 同교무처장 2010~2014년 同자연과학대학장 2010~2014년 전국자연과학대학장협의회 회장 2011~2012년 국제과학비즈니스벨트위원회 민간위원 2012년 한국과학기술단체총연합회 감사 2013~2014년 대한수학회 회장 2013~2014년 한국과학기술단체총연합회 이사 2014년 기초과학학회협의체 회장 2016년 한국과학기술한림원 정회원(이학부·현) 2018년 기초과학연구원(IBS) 과학자문위원회 위원(현) (상)국무총리표창(2001), 정진기언론문화상 과학기술부문 장려상(2003), 대한수학회 학술상(2009), 과학기술훈장 도약장(2014), 서울대 교육상(2017) (저)'Higher Degree Theta-Series and Representations of Quadratic Forms' 'Algebra and Topology'(編) 'Topics in Algebra'(編) 'In Algebra, Algebraic Geometry and Number Theory I'(編) '현대수학 입문: Hilbert문제를 중심으로'(共) 등 (종)천주교

**김명환(金明煥) KIM Myung Hwan**

(생)1957·12·22 (출)서울 (주)대전광역시 유성구 문지로 188 LG화학 BATTERY연구소(042-866-2535) (학)서울대 공업화학과졸, 한국과학기술원(KAIST) 화학공학과졸(석사), 고분자공학박사(미국 애크런대) (경)1999년 LG화학 BATTERY연구소장(상무) 2004년 同전지사업부장(상무) 2005년 同BATTERY연구소장(상무) 2009년 同BATTERY연구소장(전무) 2010년 同BATTERY연구소장(부사장) 2015년 同BATTERY연구소장(사장)(현) 2017년 한국공학한림원 정회원(화학생명공학)(현) (상)과학기술훈장 웅비장(2013), 포스코청암상 기술상(2017)

**김명환(金明煥) MYOUNG HWAN KIM**

(생)1965·9·20 (본)연안(延安) (출)경기 평택 (주)서울특별시 중구 정동길 3 전국민주노동조합총연맹(02-2670-9100) (학)1984년 서울 서라벌고졸 1987년 성균관대 영어영문학과 수료 (경)1991년 철도청 입청(기능직 10급) 1993~1994년 전국기관차협의회 교육부장 1994년 전국지하철노동조합협의회 공동파업으로 해고 및 구속 1999년 전국민주철도지하철노조연맹 사무차장 2001~2004년 공공운수노조연맹 조직국장·조직실장 2006년 전국철도노동조합 수석부위원장 2013~2014년 同위원장 2014년 KTX분할 민영화 저지 파업으로 해고 및 구속 2016~2017년 전국철도노동조합 정치위원장·통일위원장 2017년 중앙노동위원회 근로자위원 2018년 전국민주노동조합총연맹 위원장(현)

**김명희(金明熙·女) KIM Myoung Hee**

(생)1966·1·26 (출)전남 순천 (주)대전광역시 유성구 대덕대로 481 국립중앙과학관 시설공간과(042-601-7850) (학)1984년 동명여고졸 1988년 서울대 노어노문학과졸 2005년 연세대 언론홍보대학원졸 (경)1989년 방송위원회 근무 1996년 同광고부 차장 2000년 同평가총괄부 차장 2003년 同평가분석부장 직대 2004년 同평가분석부장 2007년 同심의운영부장 2008년 방송통신위원회 방송정책국 지역방송팀장(서기관) 2009년 同이용자네트워크국 방송환경개선팀장 2009년 同이용자보호과장 2010년 세종연구소 교육훈련 2011년 방송통신위원회 중앙전파관리소 전파계획과장 2013년 미래창조과학부 중앙전파관리소 전파계획과장 2015년 同중앙전파관리소 위성전파감시센터장 2016년 同중앙전파관리소 서울전파관리소 운영지원과장 2017년 과학기술정보통신부 중앙전파관리소 서울전파관리소 운영지원과장 2017~2019년 同방송통신서비스과 과장 2019년 국립중앙과학관 시설공간과 과장(현)

**김명희(金明熙) KIM Myung Hee**

(생)1966·2·26 (출)강원 평창 (주)경기도 의정부시 녹양로 44 삼형빌딩301호 법무법인 좋은사람(031-876-6111) (학)1985년 강릉고졸 1989년 연세대 법학과졸 1991년 同대학원졸 (경)1992년 사법시험 합격(34회) 1995년 사법연수원 수료(24기) 1995년 대한법률구조공단 춘천지부 공익법무관 1998년 수원지검 검사 2000년 청주지검 제천지청 검사 2001년 부산지검 검사 2003년 서울지검 고양지청 검사 2004년 의정부지검 고양지청 검사 2005년 서울중앙지검 검사 2007년 울산지검 부부장검사(미국 연수) 2009년 광주지검 목포지청 부장검사 2009년 同순천지청 형사1부장 2010년 서울고검 검사 2011년 제주지검 부장검사 2012년 수원지검 성남지청 부장검사 2013년 서울동부지검 형사3부장 2014년 의정부지검 형사2부장 2015년 서울고검 검사 2016년 변호사 개업 2017년 법무법인 좋은사람 대표변호사(현)

**김명희(金明熙·女) Kim, Myoung Hee**

(생)1968·1·16 (주)대전광역시 유성구 대덕대로 755 행정안전부 국가정보자원관리원(042-250-5001) (학)1990년 한국과학기술원(KAIST) 경영과학과졸 1996년 서강대 대학원 경영학과졸 (경)1990~2005년 한국IBM 시스템엔지니어·프로젝트매니저·컨설턴트 2005~2006년 同IA(Infra Architect)실장 2006년 同SO(Strategic Outsourcing)/Total Solution Manager 2007~2010년 同BAS/ES(Business Acquistion Support and Engagement Service) GTS/실장(팀장) 2010~2012

ㄱ

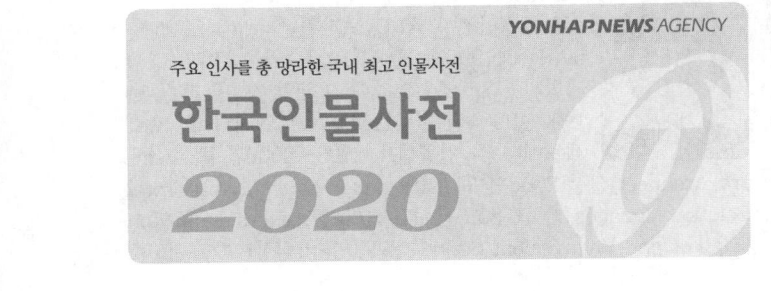

년 同SM(Service Management) GTS/상무 2012년 同SSO(Sever System Operation) GTS/상무 2013년 同ITS(Infra Technology Service) GTS/상무 2013~2016년 SK텔레콤 솔루션컨설팅본부장 2016~2017년 同IoT솔루션사업본부장 2017년 행정자치부 정부통합전산센터장 2017년 행정안전부 국가정보자원관리원장(현)

## 김모임(金慕妊·女) KIM Mo Im

[생]1935·5·23 [본]안동(安東) [출]서울 [주]서울특별시 서대문구 연세로 50-1 연세대학교 간호대학(02-2228-3234) [학]1955년 이화여고졸 1959년 연세대 간호대졸 1967년 미국 하와이대 보건대학원졸 1968년 미국 존스홉킨스대 보건대학원졸 1973년 보건학박사(미국 존스홉킨스대) 1984년 연세대 행정대학원 최고정책결정자과정 수료 2000년 명예 간호학박사(캐나다 빅토리아대) [경]1958~1959년 연세대 의대부속 세브란스병원 간호사 1963~2000년 同간호대학 전임강사·조교수·부교수·교수 1978~1984년 대한간호협회 회장 1979~1982년 한국여성단체협의회 부회장 1979년 대한적십자사 비서장 1979년 세계여성단체협의회 보건상임위원회 수석부위원장 1981년 제11대 국회의원(전국구, 민주정의당) 1981~1985년 국제간호협회 서태평양지역 상임이사 1981~2004년 WHO 간호정책고문위원 1982년 대한가족계획협회 부회장 1985년 국제간호협회(ICN) 간호사업전문위원회 부위원장 1988년 대한간호협회 회장 1989~1993년 국제간호협회 회장 1991~1994년 연세대 간호대학장 1991~1998년 여성정치연맹 부총재 1992년 연세대 간호정책연구소장 1994~1998년 同보건대학원장 1995년 대한가족계획협회 회장 1996년 대한적십자사 부총재 1998~1999년 보건복지부 장관 1998~2000년 자민련 부총재 2000~2004년 한국여성정치연맹 총재 2000년 연세대 간호대학 명예교수(현) 2000년 중국 연변과학기술대 명예교수 2001~2009년 적십자간호대학 학장 2002~2005년 대한에이즈예방협회 회장 2002~2011년 월드비전 이사 2005~2010년 한국에이즈예방재단 이사장 2012년 월드비전 명예이사(현) 2019년 과학기술유공자 지정 [상]국민훈장 모란장(1985), 서울올림픽대회 올림픽기장증 수여(1988), 세계보건기구 사사카와 세계 보건상(1994), 대한간호협회 간호대상(1995), 미국 존스홉킨스대 선정'Society of Scholar 15인'(1996), 국제간호협회 Christiane Reimann상(1997), 광무장 금장(1999), 태국 스리나가린드라상(2000), 플로렌스 나이팅게일 기장(2001), 춘강상(2001), 청조근정훈장(2003), 비추미 여성대상 해리상(여성지위향상과 권익신장 부문)(2005), 자랑스러운 연세인상(2010), 유한양행 제11회 유일한상(2014), 2018 과학기술유공자 지정(2019) [종]기독교

## 김무경(金武慶) KIM Moo Kyung

[생]1955·12·2 [출]서울 [주]서울특별시 마포구 백범로 35 서강대학교 사회과학부 사회학과(02-705-8371) [학]1979년 서강대졸 1985년 프랑스 파리제5대 대학원졸 1994년 사회학박사(프랑스 파리제5대) [경]서강대 사회학과 조교수·부교수·교수, 同사회과학부 사회학과 교수(현) 2012~2014년 同사회과학부학장 겸 공공정책대학원장 2015년 한국사회학회 회장 [저]'서울 도시문화 발전방안'(1995) '저소득층 지역 청소년 여가문화와 소집단 활성화'(1998, 집문당) '자연회귀의 사회학 : 미셸 마페졸리'(2007, 살림출판사) [역]'집단적 기억'(2001, 한국학술진흥재단)



## 김무성(金武星) KIM Moo Sung

[생]1951·9·20 [본]김해(金海) [출]부산 [주]서울특별시 영등포구 의사당대로 1 국회 의원회관 706호(02-784-5274) [학]1970년 중동고졸 1975년 한양대 경영학과졸 2005년 고려대 정책대학원 최고위정책과정 수료, 명예 정치학박사(부경대) 2015년 명예 정치학박사(동국대) 2015년 명예 행정학박사(한국해양대) [경]1976~1982년 동해제강 상무·전무 1982년 삼동산업 대표이사 1985년 민주화추진협의회 특별위원회 부위원장 1985년 민족문제연구소 이사 1987년 통일민주당 창당발기인 1987년 同제13대 대통령선거대책본부 재정국장 1988년 同총무국장 1988년 同원내총무실 행정실장 1989년 同기획조정실 차장 1990~1992년 민자당 의사국장·의원국장 1992년 김영삼 대통령후보 정책보좌역 1993년 대통령직인수위원회 행정실장 1993년 대통령 민정비서관 1993년 대통령 사정1비서관 1994년 내무부 차관 1996년 제15대 국회의원(부산 남구乙, 신한국당·한나라당) 1998년 한나라당 원내부총무 2000년 제16대 국회의원(부산 남구, 한나라당) 2000년 한나라당 원내수석부총무 2001년 민주화추진협의회동지회 공동대표 2001년 한나라당 총재 비서실장 2002년 (사)민주화추진협의회 부회장 2002~2003년 대한웅변인협회 총재 2002년 한나라당 이회창 대통령후보 비서실장 2004년 제17대 국회의원(부산 남구乙, 한나라당·무소속) 2004년 국회 재정경제위원장 2005년 한나라당 사무총장 2005년 (사)민주화추진협의회 회장·공동회장(현) 2007년 한나라당 제17대 대통령중앙선거대책위원회 부위원장 2007~2008년 同최고위원 2008년 제18대 국회의원(부산 남구乙, 무소속·한나라당) 2008년 국회 한·중의원외교협의회장 2009년 한나라당 부산남구乙당원협의회 운영위원장 2010~2011년 同원내대표 2010~2011년 국회 운영위원장 2010년 한나라당 비상대책위원장 2012년 새누리당 제18대 대통령중앙선거대책위원회 총괄본부장 2013년 박근혜 대통령당선인 중국특사단장 2013년 제19대 국회의원(부산 영도구 재선거 당선, 새누리당) 2013년 국회 국토교통위원회 위원 2014년 국회 농림축산식품해양수산위원회 위원 2014~2016년 새누리당 대표최고위원 2015년 국회 미래창조과학방송통신위원회 위원 2016년 새누리당 부산중구·영도구당원협의회 운영위원장 2016년 同제20대 총선 중앙선거대책위원회 공동위원장 2016년 제20대 국회의원(부산 중구·영도구, 새누리당·바른정당〈2017.1〉·자유한국당〈2017.11〉)(현) 2016·2018년 국회 외교통일위원회 위원(현) 2017년 바른정당 고문 2017년 同전략홍보본부 부본부장 2017년 同제19대 유승민 대통령후보 중앙선거대책위원회 공동위원장 2017년 同민생특별위원회20 행복한고령사회특별위원장 2017~2018년 자유한국당 부산중구·영도구당원협의회 운영위원장 2018~2019년 同북한핵폐기추진특별위원회 위원장 [상]황조근정훈장(1996), 백봉신사상 올해의 신사의원 베스트11(2010), 한국언론인협회 '자랑스런 한국인대상' 정치혁신부문 최고대상(2014), 백봉신사상 올해의 신사의원 베스트10(2014), 범시민사회단체연합 좋은국회의원상(2014), 서울석세스대상 정치부문(2015), 백봉신사상 올해의 신사의원 베스트10(2015), 범시민사회단체연합 선정 '올해의 인물'(2015), 한양언론인회 '한양을 빛낸 자랑스러운 동문상'(2015) [저]'왜 김영삼이어야 하는가?' '선거와 홍보'

## 김무신(金武信) KIM Moo Shin

[생]1968·12·9 [출]부산 [주]서울특별시 서초구 서초중앙로 157 서울고등법원(02-530-1114) [학]1987년 동래고졸 1992년 고려대 법학과졸 2010년 同법무대학원 수료 [경]1992년 사법시험 합격(34회) 1995년 사법연수원 수료(24기) 1995년 軍법무관 1998년 부산지법 판사 2003년 서울지법 고양지원 파주시법원 판사 2004년 의정부지법 고양지원 판사 2006년 서울고법 판사 2008년 대법원 재판연구관 2010년 창원지법 밀양지원장 2012년 서울고법 판사(현) 2019년 광주고법 부장판사 직대(현)

## 김무한(金武漢) KIM Moo Han

(생)1959·10·30 (출)경북 영천 (주)서울특별시 동작구 상도로 369 숭실대학교 경제통상대학 글로벌통상학과(02-820-0570) (학)1977년 경북고졸 1983년 영남대 영어영문학과졸 1988년 연세대 경영대학원 경제학과졸 1993년 영국 브리스톨대 대학원 통상법학 박사과정 수료 2010년 경제학박사(국제무역전공)(건국대) (경)1983년 한국무역협회 입사 1999~2003년 同워싱턴지부장 2003~2006년 同국제통상팀장 2006년 同인력개발팀장 2009년 同전략경영실장(상무) 2010년 同경영관리본부장(상무) 2012~2015년 同전무이사 2015~2018년 산학협동재단 사무총장 2018년 숭실대 경제통상대학 글로벌통상학과 교수(현) (상)한국무역협회장표창(1987), 대통령표창(2004), 무역의 날 철탑산업훈장(2013)

## 김무환(金武煥) KIM Moo Hwan

(생)1958·2·25 (본)금산(金山) (출)부산 (주)경상북도 포항시 남구 청암로 77 포항공과대학교 총장실(054-279-0114) (학)1976년 경기고졸 1980년 서울대 원자핵공학과졸 1982년 同대학원 원자력공학과졸 1986년 원자력공학박사(미국 위스콘신대) (경)1980년 한국에너지연구소 연구원 1983~1987년 미국 위스콘신대 연구조교·연구원·방문교수 1987~2010년 포항공과대 기계공학과 조교수·부교수·교수 1987~1989년 한국에너지연구소 위촉연구원, LG전자 생활시스템연구소 기술고문, 일본 큐슈대 초청교수 2007~2010년 원자력위원회 민간위원 2007~2011년 포항공과대 학생처장 2009년 한국원자력학회 학술이사 2010~2013·2016년 포항공과대 첨단원자력공학부 교수(현) 2010~2013년 同첨단원자력공학부 주임교수 2011년 同기획처장 2011~2013년 同대외협력차장 2011~2013년 원자력안전전문위원회 위원 2013~2016년 한국원자력안전기술원 원장 2014~2017년 국가과학기술자문회의 자문위원 2017~2018년 국무총리소속 원자력안전위원회 비상임위원 2019년 포항공과대 총장(현) (상)한국원자력학회 학술상(2003), 한국표준협회 우수논문발표대회 우수상(2004), 대한기계학회 남헌학술상(2007), 교육과학기술부장관표창(2009) (저)'이상유동 열전달'(1993) 'Handbook of Phase Change – Boiling and Condensation(共)'(1999, Taylor & Francis) '최신 이상유동 실험기법 및 응용(共)'(2000, 대선) 'Two Phase Flow, Phase Change and Numerical Modeling(共)'(2011, InTech) (역)'공기조화 및 냉동'(2002) (종)불교

## 김문겸(金文謙) KIM Moon Kyum

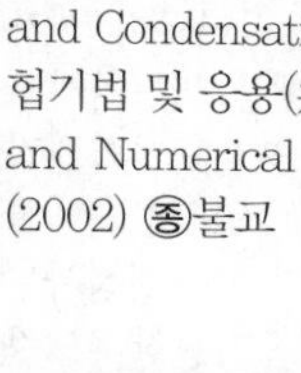

(생)1954·10·14 (출)서울 (주)서울특별시 서대문구 연세로 50 연세대학교 공과대학 건설환경공학과(02-2123-2803) (학)1973년 경기고졸 1977년 연세대 토목공학과졸 1979년 同대학원 토목공학과졸 1984년 공학박사(미국 Univ. of California Los Angeles) (경)1985년 연세대 공과대학 토목공학과 조교수·부교수·교수, 同공과대학 건설환경공학과 교수(현) 1993년 미국 미네소타대 객원교수 1995~1998년 연세대 공대 교학부장 1999~2001년 同대학원 교학처장 2001~2002년 한국건설기술연구원 객원연구원 2005~2007년 건설교통부 첨단융합건설연구단 단장 2005~2007년 연세대 공과대학장 2005~2008년 국가과학기술자문회의 위원 2006~2009년 연세대 공학원장 2006~2008년 한국공학교육학회 부회장 2007~2008년 대한토목학회 부회장 2007~2018년 포스코(POSCO) 전문교수 2008~2010년 한국전산구조공학회 회장 2008~2010년 한국공학교육인증원 수석부원장 2009~2015년 (주)고려개발 사외이사 2011~2012년 한국공학교육학회 회장 2012~2014년 연세대 국제캠퍼스 총괄본부장 2013년 포항산업과학연구원 사외이사(현) 2015년 대한토목학회 회장 2015~2018년 한국공학한림원 부회장 2015~2017년 아시아태평양 공학교육협의회(AEESEAP) 회장 (상)대한토목학회 논문상(1992), 한국전산구조공학회 논문상(1994), 건설교통부장관표창(2001), 대한토목학회 학술상(2004), 한국지진공학회 학술상(2004), 교육과학기술부장관표창(2009), 홍조근정훈장(2011), 한국공학한림원 해동상 공학교육혁신부문(2013) (역)'응용탄성학'(1990) '정역학과 재료역학'(2014) '재료역학'(2019) (종)기독교

## 김문겸(金文謙) KIM Moon Kyum

(생)1956·10·29 (본)김해(金海) (출)대전 (주)서울특별시 동작구 상도로 369 숭실대학교 경상대학 벤처중소기업학과(02-820-0567) (학)1980년 숭실대 경영학과졸 1984년 미국 뉴욕주립대 대학원 MBA 1990년 경영학박사(미국 일리노이대) (경)1991년 숭실대 경상대학 벤처중소기업학과 교수(현) 1997~2000년 同대외협력처장 2002~2011년 APO(아시아생산성본부) 국제자문교수 2003~2013년 서울신기술창업센터 운영위원장 2003~2005년 APEC 중소기업분과 소기업위원회 한국대표 2005~2011년 숭실대 평생교육센터장 2007~2008년 同기획처장 2007년 중소기업학회 부회장 2008~2011년 IDB(Inter-America Development Bank) 국제자문교수 2009~2010년 숭실대 중소기업대학원장 2009~2011년 (사)한국대학평생교육원협의회 이사장 2009~2015년 미국 일리노이대 한국총동문회 회장 2011~2017년 국무총리실 중소기업옴부즈만(기업호민관) 제2·3대 옴부즈만 2017년 숭실대 중소기업대학원장(현) (상)근정포장(2012), IBK학술상(2012), 미국 일리노이대 한국총동문회 공로상(2015) (종)기독교

## 김문경(金文卿) KIM Mun Kyung

(생)1941·7·15 (출)충북 괴산 (주)서울특별시 강남구 영동대로 646 동흥빌딩 8층 원일종합건설(주) 비서실(02-515-3015) (학)1987년 건국대 경영대학원 수료 1990년 중앙대 건설대학원 수료 (경)1984년 원일종합건설(주) 대표이사 회장(현), 경기도 구리시실업인회 부회장, 구리시재향군인회 회장, 구리시 재정자문위원, 서울지법 북부지원 조정위원·감사, 새마을운동중앙협의회 구리시지회장, 대한주택건설사업협회 서울시지회장 1999~2001년 주택산업연구원 이사 2001~2004·2013~2016년 대한주택건설협회 회장 2004년 대한주택보증 이사 2006~2018년 구리문화원 원장 2012년 한국문화원연합회 부회장 2014~2017년 주택산업연구원 이사장 (상)산업포장(1997), 금탑산업훈장(1999), 대통령표창(2001) (종)불교

## 김문곤(金文坤) KIM Moon Kon

(생)1959·3·1 (본)김해(金海) (출)충남 서산 (주)경기도 의정부시 서부로 675 대경빌딩 301호 공동법률사무소 정제(031-873-6166) (학)1976년 성동고졸 1982년 서울대 법학과졸 1984년 同대학원 법학과졸 (경)1984년 사법시험 합격(26회) 1987년 사법연수원 수료(16기) 1987년 광주지검 검사 1989~1991년 청주지검 충주지청 검사 1991~1993년 인천지검 검사 1993~1996년 법무부 법무심의관실 검사 1996~1997년 서울지검 검사 1997~1999년 국민고충처리위원회 법률보좌관 1999년 서울지검 남부지청 부부장검사 1999년 대구지검 상주지청장 2000년 서울지검 부부장검사 2001년 광주지검 조사부장 2002년 사법연수원 교수 2004년 서울서부지검 형사4부장 2005년 의정부지검 형사2부장 2005년 변호사 개업(현), 공동법률사무소 정제 변호사(현) (상)검찰총장표창(1992), 법무부장관표창(1994), 근정포장(1999)

## 김문관(金紋寬) KIM Moon Gwan

(생)1964·2·24 (출)부산 (주)부산광역시 연제구 법원로 31 부산고등법원(051-590-1114) (학)1982년 부산 배정고졸 1986년 서울대 법대 공법학과졸 1989년 同대학원 수료 (경)1991년 사법시험 합격(33회) 1994년 사법연수원 수료(23기) 1994년 서울형사지법 판사 1996년 서울지법 판사 1997

년 同서부지원 판사 1999년 부산지법 판사 2002년 同동부지원 판사 2004년 부산고법 판사 2006년 대법원 재판연구관 2008년 부산지법 판사 2009년 同부장판사 2010년 대법원 재판연구관실 부장판사 2012년 부산지법 동부지원 부장판사 2012년 사법연수원 교육파견 2014년 부산지법 부장판사 2015년 울산지법 수석부장판사 2016년 대구고법 부장판사 2018년 부산고법 부장판사(현)

### 김문규(金文圭) KIM Moon Kyou

(생)1947·8·15 (본)김녕(金寧) (출)충남 당진 (주)부산광역시 동구 대영로 267 국민생활체육전국낚시연합회(051-464-7330) (학)1970년 서울대 사범대학 체육교육과졸 1982년 同대학원 체육교육과졸 1992년 교육학박사(서울대) (경)1970~1981년 강남중·신용산중·서울사대부속여중 교사 1979~1984년 서울대 강사 1981~1984년 한국교육개발원 연구원·편성실장 1984~2012년 부산교육대 체육교육과 교수 1987년 同학생과장보 1991년 同초등교원연수원장 1993년 한국스포츠교육학회 부회장 1995년 부산교대 교무처장 1998~2001년 부산체육학회 회장 2003년 한국교육개발원 연구자문위원 2003년 한국교육과정평가원 연구자문위원 2005~2009년 부산교대 총장 2006년 한국스포츠교육학회 회장 2014년 국민생활체육전국낚시연합회 회장(현) (상)부산교원단체연합회장표창, 황조근정훈장(2012)

### 김문기(金文起) KIM Moon Kee (魯岩)

(생)1932·3·7 (본)강릉(江陵) (출)강원 강릉 (주)서울특별시 영등포구 의사당대로 1 대한민국헌정회 원로회의(02-757-6619) (학)1953년 강릉상고졸 1964년 건국대 법학과졸 1972년 同대학원졸 1975년 명예 인류사회학박사(미국 웨슬리대) (경)1954년 빠고다가구공예점 회장 1970년 (사)강원도민회 고문(현) 1970년 대한가구공업협동조합연합회 회장 1972년 통일주체국민회의 대의원(제1·2대) 1974년 학교법인 상지학원 설립·이사장 1974년 학교법인 상지문학원 설립·이사장 1976년 서울중앙라이온스클럽 회장 1980년 민정당 창당발기인 1982~2013년 (주)강원상호저축은행 은행장 1983년 국제라이온스협회 354-A지구 총재·복합지구 의장, 한국라이온스연합회 회장 1987년 제12대 국회의원(전국구, 민주정의당) 1987년 민주정의당(민정당) 중앙위원회 운영실장 1988년 제13대 국회의원(강원 명주·양양, 민정당·민자당) 1988년 국회 라이온스의정동우회 회장 1989년 인화장학재단 설립 1990년 민자당 강원도지부 위원장 1991년 건국대총동문회 회장 1992년 민자당 당무위원 1992년 제14대 국회의원(강원 명주·양양, 민자당) 1996년 자민련 강릉乙지구당 위원장 1998년 공동체의식개혁국민운동 강원도협의회 상임의장 2008년 대한민국헌정회 제14대의원회 회장 2009년 건국대 대학원 동문회장 2010년 한국의약신문사 회장 2010년 민주평통 종로구협의회 고문단장 2011년 건국대 원로위원회 의장(현) 2014~2015년 상지대 총장 2019년 대한민국헌정회 원로회의 부의장(현) (상)사학육성공로 봉황장(1981·2009), 국민훈장 석류장(1982), 위대한 건국인 대상(1990), 한국서화예술대전 초대작가 대상(2000), 해범문화상(2002), (사)한국서화작가협회 공로상(2009), 대한민국유권자대상 유권자시민행동 감사패(2015) (종)불교

### 김문기(金文基) KIM Moon Ki

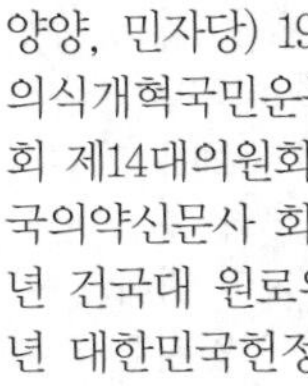

(생)1946·10·2 (본)의성(義城) (출)경북 영일 (주)대구광역시 달서구 달서대로 554 (주)세원정공(053-582-5656) (학)1963년 대륜고졸 1969년 영남대 경영학과졸 2000년 同경영대학원 최고경영자과정 수료 2002년 명예 경영학박사(영남대) (경)1985년 (주)세원물산 설립·대표이사(현) 1989년 (주)세원정공 설립·대표이사 회장(현) 1993년 영천도남농공단지협의회 회장 1995년 (주)세원테크 설립·대표이사(현) 1996년 (주)세원E&I 설립·대표이사(현) 1998년 경북세계일류중소기업협의회 회장 1998~2000년 영천상공회의소 회장 1999~2017년 영남대총동창회 수석부회장 2001년 경북도체육회 부회장 2005~2010년 대구경영자총협회 회장 2006~2009년 학교법인 영남학원 감사 2006년 법무부 대구·경북지역 범죄예방위원 2007년 범죄예방대구서부지역협의회 회장·명예회장(현) 2009년 학교법인 영남학원 이사 (상)대통령표창, 노동부장관표창(1993), 노사화합상(1993), 상공부장관표창, 동탑산업훈장(1995), 자랑스런 대경인상(1999), 무역진흥상(2005), 금탑산업훈장(2008) (종)불교

### 김문기(金文基) KIM Moon Kee

(생)1957·1·9 (본)울산(蔚山) (출)전남 목포 (주)경기도 평택시 서동대로 3825 평택대학교 신학과(031-659-8214) (학)1976년 목포고졸 1977년 감리교신학대 신학과 수료 1980년 서울신학대 신학과졸 1985년 同대학원졸 1995년 신학박사(독일 아우구스타나신학대) (경)1995~2003년 중앙성결교회 협동목사 1997년 평택대 신학과 교수(현), 同교목실장 2004년 평택성결교회 협동목사 2005~2008년 평택대 신학전문대학원장 2005~2007년 同상담대학원장, 평택대학교회 담임목사, 한국복음주의역사신학회 회장 2008년 同자문위원(현) 2009년 한국교회사학회 편집위원장 및 연구윤리위원장, 同총무, 同자문위원(현) 2018년 평택대 교학부총장 (저)'중앙교회 90년사'(1998) '알기쉬운 교회사(共)'(2000, 이레서원) '기독교신앙의 이해(共)'(2000) 'Gemeinde der Wiedergeborenen'(2003) '기독교 알기(共)'(2006, 이컴비즈넷) '성결교회인물전 제14집(共)'(2012, 도서출판 두루) '평택대학교 100년사(共)'(2012, 평택대출판부) '성경과 세계(共)'(2016, 평택대출판부) (역)'교회사 무엇을 공부할 것인가(共)'(2008, 한국신학연구소) '근대선교세기'(2012, 평택대출판부) '경건주의'(2015, 호서대출판부) (종)기독교

### 김문기(金文基)

(생)1969·1·22 (주)부산광역시 연제구 중앙대로 1001 부산광역시의회(051-888-8245) (학)영산대 경찰행정학과졸 (경)(주)에스원 근무, 同서부산서비스지사 CS팀장, 同울산지사장, 同해운지사 영업팀장, 백만장학회 회장, 한국안전연구학회 자문위원장, 동의과학대 경찰경호행정계열 외래교수 2018년 부산시의회 의원(더불어민주당)(현) 2018년 同기획행정위원회 부위원장(현) 2018년 同운영위원회 위원(현) 2018년 同예산결산특별위원회 위원장(현) 2018년 同시민중심 도시개발 행정사무조사특별위원회 위원(현) 2018년 同부산시산하공공기관장후보자인사검증특별위원회 위원 (상)대한민국자치발전대상 지방의회광역부문(2019)

### 김문상(金汶相) Kim, Mun Sang

(생)1957 (주)광주광역시 북구 첨단과기로 123 광주과학기술원 융합기술원(062-715-5362) (학)1980년 서울대 기계설계학과졸 1982년 同대학원 기계설계학과졸 1987년 로봇공학박사(독일 베를린공대) (경)1987~2003년 한국과학기술연구원(KIST) 지능로봇연구센터장 1996~1997년 미국 Michigan Univ. 교환교수 2000년 고려대 Adjunct Professor 2003~2013년 국가프런티어기술개발사업 '인간기능생활지원지능로봇사업단' 단장 2008년 일본 와세다대 Adjunct Professor 2016년 광주과학기술원 융합기술원 헬스케어로봇센터장(현) 2016~2019년 同융합기술원 특훈교수 2017년 同융합기술원장(현) 2018~2019년 同한국문화기술연구소 소장 (상)과학기술처 연구개발상(1990), IR52장영실상(1991·1994), 대한기계학회 백암논문상(1992), 산업포장(1994), 한국과학기술연구원(KIST) 이달의 KIST인상(1999·2003), 산업자원부장관표창(2002), 대통령표창(2012), 제어로봇공학회 로봇기술상(2014)

ㄱ

## 김문석(金紋奭) KIM Moon Seok

(생)1959 · 2 · 25 (출)부산 (주)경기도 고양시 일산동구 호수로 550 사법연수원(031-920-3114) (학)1977년 중앙고졸 1981년 서울대 법대졸 (경)1981년 사법시험 합격(23회) 1983년 사법연수원 수료(13기) 1983년 해군 법무관 1986년 서울지법 남부지원 판사 1989년 서울민사지법 판사 1991년 마산지법 진주지원 판사 1993년 서울지법 동부지원 판사 1994년 서울고법 판사 1996년 서울지법 판사 1997년 대법원 재판연구관 1999년 대전지법 부장판사 2000년 수원지법 부장판사 2002년 서울지법 부장판사 2004년 서울중앙지법 부장판사 2005년 서울동부지법 부장판사 2006년 대전고법 부장판사 2007년 서울고법 부장판사 2013년 同수석부장판사 2013년 서울남부지법원장 2015년 서울행정법원장 2017년 서울고법 부장판사 2019년 사법연수원장(현)

## 김문성(金文聖) Kim, Moon Sung

(생)1958 · 9 · 26 (본)김해(金海) (출)서울 (주)서울특별시 강서구 화곡로68길 36 에이스에이존 우리모두복지재단(02-747-9787) (학)1981년 서울대 건축학과졸 (경)1980~1987년 (주)현대건설 건축엔지니어 1987~1997년 한국IBM 제품수명주기관리부장(기술 · 영업담당) 1998~2005년 同제조산업영업본부장 2005~2008년 同통합기술서비스담당 상무 2008~2012년 버라이존코리아(주) 지사장 2012년 한국하니웰(주) 빌딩제어사업부 대표(부사장) 2015년 필립스라이팅코리아(주) 대표이사 사장, 한국장학재단 차세대리더육성 멘토(현), 한국그린빌딩협의회(KGBC) 이사(현), 우리모두복지재단 이사(현) (종)기독교

## 김문성(金紋聖)

(생)1972 · 5 · 5 (출)서울 (주)경기도 의정부시 녹양로34번길 23 의정부지방법원 총무과(031-828-0102) (학)1991년 잠실고졸 1995년 고려대 법학과졸 1999년 同대학원졸 (경)1998년 사법시험 합격(40회) 2001년 사법연수원 수료(30기) 2001년 軍법무관 2004년 울산지법 판사 2008년 인천지법 판사 2011년 서울중앙지법 판사 2013년 서울북부지법 판사 2014년 대법원 재판연구관 2017년 춘천지법 영월지원장 2019년 의정부지법 부장판사(현)

## 김문수(金文洙) KIM Moon Soo

(생)1947 · 11 · 5 (본)김해(金海) (출)대구 (주)서울특별시 종로구 종로 19 (종로1가,르메이에르 종로타운), 403-1호(02-778-6313) (학)1966년 경북대사대부고졸 1970년 서울대 법학과졸 (경)1972년 사법시험 합격(14회) 1974년 사법연수원 수료(4기) 1975년 육군 법무관 1977년 부산지법 판사 1980년 同진주지원 판사 1981년 부산지법 판사 1985년 대구고법 판사 1987년 대법원 재판연구관 1990년 부산지법 부장판사 1994년 同울산지원장 1996년 부산고법 부장판사 1998년 부산지법 수석부장판사 직대 1998~2000년 同동부지원장 2000년 법무법인 청률(青律) 대표변호사, 同고문변호사 2002년 부산시선거관리위원회 위원 2004년 부산고법 조정위원 2018년 변호사개업 2019년 법무법인 신한 변호사(현) (종)불교

## 김문수(金文洙) KIM Moon Soo

(생)1951·8·27 (본)경주(慶州) (출)경북 영천 (주)서울특별시 영등포구 버드나루로 73 자유한국당 사회주의개헌·정책저지투쟁본부(02-6288-0200) (학)1970년 경북고졸 1994년 서울대 경영학과졸 (경)1971년 민청학련사건으로 제적 1971년 재단보조로 위장 취업 1978년 한일도루코 노조위원장 1984년 한국노동자복지협의회 부위원장 1985년 전태일기념사업회 사무국장 1990년 민중당 서울구로甲지구당 위원장 1990년 同노동위원장 1992년 노동인권회관 소장 1994년 同이사 1995년 민자당 기획조정위원 1996년 제15대 국회의원(부천 소사, 신한국당·한나라당) 1996년 신한국당 대표특보 1998년 한나라당 원내부총무 1998년 同정책위원회 노동위원장 2000년 제16대 국회의원(부천 소사, 한나라당) 2000~2005년 민생정치연구회 회장 2001년 한나라당 제1사무부총장 2002년 同기획위원장 2003년 同비상대책위원회 대외영입위원장 2003년 同제17대 총선 공천심사위원장 2004~2006년 제17대 국회의원(부천 소사, 한나라당) 2006·2010~2014년 경기도지사(한나라당·새누리당) 2006~2014년 경기문화재단 이사장 2010년 2010대한민국뷰티디자인엑스포 공동조직위원장 2010년 DMZ국제다큐멘터리영화제 조직위원장 2014~2015년 새누리당 보수혁신특별위원회 위원장 2015~2017년 同대구수성구甲당원협의회 운영위원장 2016년 同대구시당 선거대책위원회 공동위원장 2016년 제20대 국회의원선거 출마(대구 수성구甲, 새누리당) 2017년 새누리당 비상대책위원회 위원 2017~2018년 자유한국당 대구수성구甲당원협의회 운영위원장 2017년 同비상대책위원회 위원 2017년 同제19대 홍준표 대통령후보 중앙선거대책위원회 공동위원장 2018년 서울특별시장선거 출마(자유한국당) 2018년 자유한국당 사회주의개헌·정책저지투쟁본부 위원장(현) (상)포브스코리아 경영품질대상 리더십부문(2007·2009), 한국매니페스토실천본부 민선4기 공약이행도평가1위 광역자치단체장(2007·2009), 한국택시희망연대 택시희망상(2009), 2010 굿네이버상(2010), 한국여성단체협의회 우수지방자치단체장상(2010), 한국언론연합회 자랑스러운 한국인상 행정혁신부문 최고상(2010), 서울석세스어워드 광역단체장부문(2010), 한국여성유권자연맹 6.2지방선거 매니페스토실천대상(2011), 한국신뢰성학회 주관 제1회 한국신뢰성대상 정부공공부문 대상(2013), 대한민국한센인대회 특별상(2013), '2013년을 빛낸 도전한국인 10인' 행정부문 대상(2014), 한국패션협회 코리아패션대상 특별공로상(2014) (저)'80년대를 꿰뚫는 양심수 104인의 항소이유서'(1992) '아직도 나는 넥타이가 어색하다'(1995) '지옥철, 대통령도 같이 타봅시다'(1996) '맨발로 쓴 일기장'(2003) '나의 길, 나의 꿈'(2006) '나는 자유를 꿈꾼다 규제감옥 경기도에서'(2008) '나는 일류국가에 목마르다'(2009) '어디로 모실까요? 나는 경기도 택시운전사'(2010) '김문수 스토리 靑'(2011) '김문수는 말한다'(2012) (종)천주교

## 김문수(金文守) KIM Moon Soo

(생)1955 · 1 · 17 (출)경남 사천 (주)서울특별시 동대문구 서울시립대로 163 서울시립대 세무전문대학원(02-6490-5032) (학)1974년 경남공고졸 1983년 고려대 정경대학 경제학과졸 1999년 미국 아메리칸대 대학원 경제학과졸 2011년 세무학박사(서울시립대) (경)1983년 행정고시 합격(25회) 1983년 총무처 · 국세청 · 재무부 세제실 부가가치세제과 행정사무관 1996년 재정경제원 세제실 재산세제과 서기관 1997년 미국 아메리칸대 연수 1999년 재정경제부 경제홍보기획단 서기관 2001년 同국세심판원 조사관 2002년 同세제실 재산세제과장 2005년 同세제실 재산세제과장(부이사관) 2005년 同부동산실무기획단 부단장 2006년 해외 연수 2007년 경제협력개발기구(OECD) 서울센터 조세본부장 2008년 중부지방국세청 세원관리국장 2009년 서울지방국세청 납세지원국장 2009년 국세청 소득지원국장 2010~2012년 同차장 2012년 서울시립대 세무전문대학원 겸임교수(현) 2015년 (주)신세계인터내셔날 사외이사 겸 감사위원(현) 2015년 (주)한익스프레스 비상근감사(현) 2019년 (주)한진 사외이사(현) (상)근정포장(1995)

## 김문수(金紋帥) KIM Moon Soo (어사)

(생)1958·4·3 (본)김해(金海) (출)전남 신안 (주)전라남도 무안군 삼향읍 오룡길 1 전라남도의회(061-286-8200) (학)목포 덕인고졸 2007년 목포과학대 사회복지학과졸 (경)증도면4-H회 회장, 신안군 농어촌발전심의위원, 증도초등학교 운영위원장, 한국농업경영인 신안군연합회 회장, 신안군산·학협동 심의위원, 신안군교육청 교육과정 운영위원, 증도농업협동조합 감

사 2002~2006년 전남 신안군의회 의원(무소속) 2004~2006년 同산업건설위원장 2006~2010년 전남 신안군의회 의원(비례대표, 민주당) 2008~2010년 同총무위원장 2017년 더불어민주당 제19대 문재인 대통령후보 신안군 총괄선거대책본부장 2018년 전남도의회 의원(더불어민주당)(현), 同한빛원전특별위원회 위원(현), 同농수산위원회 위원 겸 윤리특별위원회 위원(현) 2019년 민주평통 국민소통분과위원회 상임위원(현) (상)전남도지사표창(2회) (종)기독교

**김문숙(金文淑·女) Kim, Moon-Sook (瑞園)**

(생)1928·12·27 (본)김해(金海) (출)서울 (주)서울특별시 서초구 반포대로37길 59 대한민국예술원(02-3479-7224) (학)1946년 배화고등여학교졸 1950년 중앙대 교육학과 중퇴(4년) 1972년 同개발대학원 사회교육과 수료 (경)1947년 함귀봉무용연구소 입소 1954년 김문숙무용예술학원 개설·원장 1959년 미국 NBC-TV 초청공연 1962~1982년 한국무용협회 이사 1968년 멕시코올림픽예술제 공연 1971~1972년 구주·중동·동남아 각국공연 1973년 홍콩 '한국의 날' 행사공연 1974년 국립극장 전속무용단 지도위원 1974년 중앙대 예술대학 무용과 강사 1976년 미국 독립200주년기념 현지공연 1988년 네덜란드·유고·프랑스 각지공연 1989년 중국 少數민족무용학교 방문공연 1989년 프랑스 독립기념 공연 1990년 한국무용협회 이사장 1993년 아세아무용단 부회장 1994년 한국무용협회 고문(현) 1997년 대한민국예술원 회원(무용·현) 1997년 무용원로원 고문 1999년 국립극장 무용분야 자문위원 2000년 전국무용제 위원장 2000년 한국예술종합학교 무용원 겸임교수 2001년 용인대 예술대학 무용학과 강사 2002년 문화재청 문화재위원 2003~2005년 국립중앙극장 운영심의위원 2004년 벽사국제무용콩쿨 심사위원 2004년 서울무용제 운영위원 2009년 (사)우리춤협회 명예고문(현) 2009년 대한민국예술원 연극·영화·무용분과 회장 2012~2015년 (재)명동·정동극장 이사 2016년 한국전통춤협회 고문(현) (상)국민훈장 목련장(1973), 예총 예술공로상(1991), 예총 문화대상(2000), 한국무용협회 무용 대상(2002), 대한민국예술원상 연극·영화·무용 부문(2003), 한국연예인협회 스승의날 무용분야 올해의 스승상(2004), 벽사춤아카데미 벽사 본상(2005), 세계국립대총장 문화예술교육 국제심포지엄 평화상(2009), 은관문화훈장(2010) (작)공연작품 '무영탑', '별의 전설', '황진이', '명무전', '가사호접', '썰물', '살풀이' 외 다수 (종)천주교

**김문순(金文純) KIM Moon Soon (逸堂)**

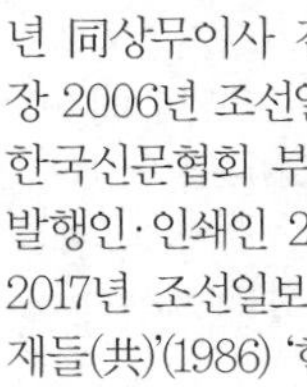

(생)1944·3·3 (출)대구 달성 (학)1962년 대구 계성고졸 1967년 연세대 정치외교학과졸 (경)1975년 조선일보 경제부 기자 1985년 同경제부 차장 1988년 同경제부 부장대우 1989년 同경제부장 1990년 同부국장대우 경제부장 1991년 同편집국 부국장 1992년 同논설위원 1997년 同사장실 실장 1999년 同이사대우 출판편집인 2000년 同출판본부장 겸임 2001년 조선일보 이사대우 광고국장 2002년 同이사 광고국장 2003~2006년 한국신문협회 광고협의회장 2004년 조선일보 상무이사 광고국장 2004년 同상무이사 겸 마케팅전략실장 2006~2018년 연세언론인회 회장 2006년 조선일보 대표이사 전무 겸 발행인·인쇄인 2007~2010년 한국신문협회 부회장 2008~2010년 조선일보 대표이사 부사장 겸 발행인·인쇄인 2010년 (재)조선일보미디어연구소 이사장(현) 2016~2017년 조선일보 기타비상무이사 (저)'재벌25시(共)'(1985) '재계의 인재들(共)'(1986) '한국경제는 살아있다'(1995, 솔) (종)기독교

**김문식(金文植) KIM MOON SIK**

(생)1956 (주)서울특별시 영등포구 은행로 30 중소기업중앙회 825호 한국주유소운영업협동조합 이사장실(02-780-4911) (학)1989년 숭실대 경상대학 경영학부졸 (경)1983~1992년 범아석유(주) 근무 1992년 계림주유소 대표(현) 2002~2004년 한·몽골경제학회 회장 2003~2009년 한국주유소협회 경기도지회 안성시지부장 2003~2004년 국제로타리3600지구 서안성로타리클럽 회장 2006~2007년 (사)21세기여성교육장학회 회장 2009년 한국소방안전원 경기지부 회원위원회 회장 2009~2012년 한국주유소협회 경기도지회장 2010~2014년 민안신문 안성지국 회장 2011년 경상향우회 회장(현) 2012~2018년 (사)한국주유소협회 회장 2012~2016년 법제처 국민법제관 2014년 소상공인연합회 부회장 2014~2017년 소방안전협회 이사 2014년 법률소비자연맹 집행위원장 2016~2018년 최저임금위원회 위원 2017~2018년 중소기업중앙회 이사 2018년 한국주유소운영업협동조합 이사장(현) 2019년 중소기업중앙회 이사협의회장(현) (상)경기도지사표창(1996·2006), 안성시장표창(2003), 경기도교육감표창(2006), 행정안전부장관표창(2009)

**김문오(金文澳) KIM Moon Oh**

(생)1949·5·4 (본)김해(金海) (출)대구 (주)대구광역시 달성군 논공읍 달성군청로 33 달성군청 군수실(053-668-2001) (학)1968년 경북사대부고졸 1973년 경북대 법정대학 법학과졸 (경)1975년 대구MBC 기자 1986년 同사회부 차장 1988년 同편집부 차장 1990~1991년 한국기자협회 대구경북지부장 1991년 대구MBC 사회부장 직대 1994년 同사회부장 1995년 同취재1부장 1996년 同편집부장 1997년 同보도국장 1999년 同경영국장 2001년 同편성국장 2003년 同기획심의실장 2004년 同플러스사업국장 2005년 대구MBC미디컴 대표이사 2008년 한국언론재단 기금이사 2009년 민주평통 자문위원 2009년 신문유통원 비상임이사 2010~2014년 대구시 달성군수(무소속·새누리당) 2014~2018년 대구시 달성군수(새누리당·자유한국당·무소속) 2015년 계명대 행정학전공 특임교수(현) 2018년 대구시 달성군수(무소속)(현) (상)대구시 문화상(1998), 한국방송대상(2002), 지식경영인대상 자치단체장부문(2012), 한국경제신문 대한민국 공공경영대상 지역경제발전부문(2013), 달성군 모범선행표창(2014), TV조선 한국의 영향력 있는 CEO 창조경영부문 대상(2015·2017), 대한민국미래창조경영대상 기업가정신부문 미래혁신경영대상(2015·2016), 한국관광공사 한국관광발전기여 감사패(2017) (종)불교

**김문용(金文容)**

(생)1968·4·20 (출)전남 해남 (주)세종특별자치시 정부2청사로 13 소방청 소방정책과(044-205-7414) (학)1988년 광주 금호고졸 1999년 한국해양대졸 (경)1999년 소방위 임용(소방간부후보 10기) 2005년 서울 종로소방서 예방담당 2008년 소방방재청 소방정책국 대응전략과 근무 2008~2010년 同소방정책국 방호조사과 근무 2011년 전남도 소방본부 방호구조과 근무(지방소방령) 2012년 소방방재청 소방정책국 소방정책과 근무 2014년 국민안전처 중앙소방본부 소방정책국 소방정책과 근무 2015년 전남도 소방본부 소방행정과장(지방소방정) 2016년 전남 보성소방서장 2017년 부산시 소방학교장 2019년 소방청 소방정책과 근무(지방소방정)(현)

**김문일(金文一) KIM Moon Il (曉泉)**

(생)1947·4·12 (본)김해(金海) (출)전남 곡성 (주)서울특별시 강남구 강남대로 606 삼주빌딩 402호 현우서비스(주)(02-514-2002) (학)1979년 명지대 체육교육학과졸 (경)1967~1978년 국가대표 테니스 선수 1982~1989년 현대중공업(주) 테니스 감독 1982~1994년 국가대표 테니스 감독 1987~1988년 제24회 서울올림픽대회 테니스본부 사무총장 1988~1990년 (주)서울방송 테니스 해설위원 1989~1990년 대한테니스협회 전무이사 1990~1992년 제14대 국회의원 출마(곡성·구례, 통일국민당) 1999~2001년 현대해상화재보험(주) 호남본부장 2001~2006년 경일산업개발(주) 대표이사 2001년 곡성중앙초 봉순장학회 이사장(현) 2002년 국민통합21 전남도지부장 2004년 제17대 국회의원(

비례대표, 국민통합21) 2007년 현우서비스(주) 대표이사(현) 2007~2008년 3650지구 서울인현로타리클럽 회장 2007~2009년 국민생활체육협의회 전국테니스연합회 부회장 2008년 한나라당 담양·곡성·구례당원협의회 운영위원장 2008년 제18대 국회의원선거 출마(담양·곡성·구례, 한나라당) 2009~2012년 한나라당 4대강살리기특별위원회 위원 2010~2012년 국민생활체육협의회 전국테니스연합회장 2010년 한나라당 정치대학원 10기 동문회 회장 2010~2012년 한나라당 문화예술체육특별위원회 문화소통소위원 2011년 同조직강화특별위원회 위원 2011~2012년 同전남도당 위원장 2014~2016년 재경광주전남향우회 수석부회장 2015~2016년 한국시니어테니스연맹 회장 (상)대통령표창, 체육훈장 기린장, 문화체육관광부장관표창 (저)김문일 자전 에세이 '앙스트블뤼테'(2010, 출판시대) (종)기독교

## 김문재(金文才) KIM Moon Jae

(생)1953·4·25 (출)제주 서귀포 (주)인천광역시 미추홀구 인하로 100 인하대학교 의학전문대학원(032-860-9801) (학)1972년 광주고졸 1979년 연세대 의대졸 1983년 同대학원 의학석사 1991년 의학박사(연세대) (경)1979~1982년 연세대 세브란스병원 내과전공의 1983~1985년 국군수도병원 심장내과 과장 1986년 연세대 의대 연구강사 1987~1996년 인하대 의대 내과학교실 조교수·부교수 1992년 미국 뉴욕주립의대·코넬대 의대 교환교수 1996~2018년 인하대 의대 내과학교실 교수 1996년 同신장센터 소장 2000~2004년 대한신장학회 간행이사 2006~2010년 아시아태평양지역신장학회(APCN) 조직위원 2007~2009년 대한고혈압학회 보험이사 2010~2018년 인하대 의대 내과학교실 주임교수 2012년 대한투석접근학회 회장 2013~2014년 대한고혈압학회 회장 2013년 대한내과학회 부회장 2014년 대한투석접근학회 고문(현) 2015~2016년 세계고혈압학회 학술대회 부대회장 2018년 현대유비스병원 신장내과 과장(현) 2018년 인하대 의학전문대학원 명예교수(현) (상)대한신장학회 Gambro연구상(2004), 대한투석혈관학회 발전 공로상(2018) (저)'신장학'(1999) '임상신장학'(2001) '임상노인의학- Practice of Geriatrics'(2003) '신장학의 최근 진전-Angiotenin II Receptor Blocker(ARB)'(2003) '만성사구체신장 환자를 위한 Q&A'(2007) '전문의를 위한 Cardiology 2008 Mangement'(2008) '고혈압'(2009) '전문의를 위한 고혈압 진료'(2009) 'Textbook of Hypertension 고혈압교과서'(2009) '혈액투석 접근로 관리지침서'(2013) '한국의 신장투석의 역사와 현황'(2014, 일본투석학회 신과 투석) (역)'해리슨 내과학'(2005·2009) (종)기독교

## 김문현(金文鉉) KIM Moon Hyun

(생)1956·1·31 (본)삼척(三陟) (출)대구 (주)경기도 수원시 장안구 서부로 2066 성균관대학교 소프트웨어대학 소프트웨어학과(031-299-4100) (학)1978년 서울대졸 1980년 한국과학기술원(KAIST) 석사 1988년 공학박사(미국 서던캘리포니아대) (경)1988~2015년 성균관대 정보통신대학 컴퓨터공학과 조교수·부교수·교수 2015년 同소프트웨어대학 소프트웨어학과 교수(현), 정보과학회 논문지 편집위원 2012~2014·2016년 성균관대 정보통신대학원장(현) (저)'인공지능'(2002, 생능출판사)

## 김문환(金文煥)

(생)1961·6·12 (주)경기도 오산시 성호대로 141 오산시청 부시장실(031-8036-7010) (학)1981년 서울 장훈고졸 (경)1982년 공무원 임용 2011년 경기도 감사총괄담당관실 사무관 2012~2014년 세종연구소 교육파견·경기도 항만물류과장 2014년 경기도 복지정책과장 2014년 同무한돌봄복지과장 2017년 지방행정연수원 교육 파견(지방서기관) 2017년 지방부이사관 승진 2018년 경기도 수자원본부장 2018년 경기 오산시 부시장(현) (상)대통령표창(2005)

## 김문환(金文煥) KIM Moon Hwan

(생)1966·11·19 (본)경주(慶州) (출)부산 (주)광주광역시 서구 경열로17번길 12 광주·전남지방중소벤처기업청(062-360-9205) (학)1986년 부산 내성고졸 1990년 연세대 경제학과졸 2006년 미국 콜로라도대 덴버교 대학원 경영학과졸 (경)1995~1997년 농림수산부 기획관리실 행정관리담당관실·농업정책실 농지관리과 행정사무관 1997년 중소기업청 기획관리관실 행정법무담당관실 행정사무관 1998년 同중소기업정책국 구조개선과 행정사무관 1998년 同판로지원국 판매지원과 행정사무관 1999년 同기술지원국 기술정책과 행정사무관 1999년 미국 버클리대 동아시아연구센터 국비단기훈련 파견 2000년 중소기업청 기술지원국 기술지도과 행정사무관 2000년 同기획관리관실 기획예산담당관실 행정사무관 2003년 同중소기업정책국 정책총괄과 사무관 2003년 同중소기업정책국 정책총괄과 서기관 2004년 인천지방중소기업청 지원총괄과장 2006년 중소기업청 창업벤처본부 창업제도팀장 2008년 同기술혁신국 기술정책과장 2009년 同경영지원국 기업금융과장 2010년 同기획조정관실 기획재정담당관 2011년 同기획조정관실 기획재정담당관(부이사관) 2012년 同중소기업정책국 기업금융과장 2013년 同경영판로국 판로정책과장 2013년 同경영판로국 공공구매판로과장 2014년 同옴부즈만지원단장 2014년 同창업벤처국장 2015년 중앙공무원교육원 교육파견 2016년 대구·경북지방중소기업청장 2017년 대구·경북지방중소벤처기업청장 2017~2018년 서강대 고용휴직 2018년 중소벤처기업부 해외시장정책관 2019년 광주·전남지방중소벤처기업청장(현)

## 김문희(金汶熙) KIM Moon Hee (靑平)

(생)1937·2·25 (출)울산 (주)서울특별시 마포구 신촌로 88 태영빌딩 3층 법무법인 신촌(02-333-2477) (학)1955년 경남고 수료(2년) 1959년 서울대 법대졸 (경)1958년 고등고시 사법과 합격(10회) 1959년 해군 법무관 1962~1972년 서울형사지법·대구지법·서울고법 판사 1972년 대법원 재판연구관 1973~1977년 서울지법 영등포지원·서울민사지법·서울형사지법 부장판사 1977년 법원행정처 법정국장 1979년 서울민사지법 부장판사 1979년 수원지법 인천지원장 1980년 서울고법 부장판사 1981~1988년 변호사 개업 1985년 국무총리 행정심판위원 1988~2000년 헌법재판소 재판관 2000년 변호사 개업 2003년 법무법인 신촌 대표변호사(현) 2010년 (주)농심홀딩스 사외이사(현) (상)청조근정훈장(2000) (종)불교

## 김문희(金紋希·女) Kim Moon Hyee

(생)1965·10·30 (본)김해(金海) (출)경북 상주 (주)부산광역시 강서구 명지국제7로 77 부산지방법원 서부지원(051-812-1114) (학)1984년 상주여고졸 1989년 서울대 법대 공법학과졸 (경)1993년 사법시험 합격(35회) 1996년 사법연수원 수료(25기) 1996년 변호사 개업 1998년 부산지법 판사 2002년 同가정지원 판사 2004년 부산지법 판사 2007년 부산고법 판사 2010년 부산지법 동부지원 판사 2011년 울산지법 부장판사 2013년 부산가정법원 부장판사 2015년 부산지법 부장판사 2019년 同서부지원장(현)

## 김미경(金美璟·女) Kim MeeKyung

(생)1959·12·14 (주)인천광역시 미추홀구 주안로 137 경인지방식품의약품안전청 유해물질분석과(032-450-3200) (학)1983년 단국대 화학과졸 1997년 환경분석화학박사(미국 뉴욕주립대) (경)1983~1987년 한국표준과학연구원 연구원 2000~2013년 국립수의과학검역원·농림축산검역검사본부 연구관 2007~2015년 미국 세계인명사전 'Marquis Who's Who in the World'에 등재 2008~2009년 영국 인명사전 'IBC'에

등재 2013년 식품의약품안전평가원 잔류물질과 연구관 2014년 국립수산과학원 동해수산연구소 해역산업과장 2014년 식품의약품안전처 대전지방식품의약품안전청 유해물질분석과장 2016년 식품의약품안전평가원 첨가물포장과장 2019년 경인지방식품의약품안전청 유해물질분석과장(현) [상]농림부장관표창(2007), 농림축산식품부장관표창(2013)

### 김미경(金美冏 · 女) Kim Mee Kyung

[생]1961·10·6 [본]안동(安東) [출]대전 [주]서울특별시 종로구 홍지문2길 20 상명대학교 공공인재학부(02-2287-5083) [학]1995년 성균관대 일반대학원 행정학과졸(행정학박사) [경]1992~1993년 성균관대 강사 1995~2006년 상명대 행정학과 전임강사·조교수·부교수 2002·2007년 행정고시 출제위원 2004년 한국국방연구원(KIDA) Fellow 2004년 한국행정학회 총무이사 2004년 뉴거버넌스센터연구소 소장(현) 2005년 한국정책분석평가학회 총무이사 2006~2017년 상명대 행정학과 교수 2006·2008년 한국정책학회 연구이사 2007년 한국정책분석평가학회 연구위원장 2007년 한국행정학회 섭외위원장 2007년 중앙인사위원회 소청심사위원회 비상임위원 2007~2008년 진실화해진상규명위원회 행정심판위원 2009년 서울신문 열린세상 컬럼집 필진 2010년 국무총리소속 행정협의조정위원회 협의조정위원 2010~2014년 국가보훈처 국가보훈위원회 보훈위원 2010~2012년 국무총리실 정부업무평가위원회 평가위원 2010~2013년 중앙공무원교육원 강사 2010~2013년 변호사등록심사위원회 심사위원 2010~2013년 행정안전부 책임운영기관운영위원회 운영위원 2010~2014년 기획재정부 부담금심의위원회 심의위원 2010~2012년 한국보훈복지의료공단 비상임이사 2010~2012년 원자력문화재단 비상임이사 2010~2012년 녹색산업단 비상임이사 2011~2013년 행정안전부 지방공기업정책위원회 운영위원 2012년 한국보훈복지의료공단 비상임이사 2012년 한국정책학회 섭외위원장 2012년 기획재정부 규제개혁위원회 심의위원 2014년 同재정운용심의위원회 자문위원 2014년 한국정책학회 연구위원장 2014년 한국미래행정학회 연구위원장 2015~2016년 同회장 2016년 국세청 정부업무평가위원회 위원장 2016~2018년 국방부 방위사업추진위원회 위원 2016년 방위사업청 정책심의위원회·군수조달위원회·연구개발재정사업평가위원회 위원 2016년 인사혁신처 중앙선발시험위원회 위원 2017년 상명대 공공인재학부 교수(현) 2017년 국가보훈처 규제개혁위원회 위원 2017년 행정개혁시민연합 상임집행위원(현) 2017년 (사)거버넌스센터 비상임이사(현) 2017년 해병대 발전자문위원(현) 2017년 한국행정학회 전략부회장 2018년 행정안전부 지방자치단체합동평가위원회 평가위원(현) 2018년 기획재정부 부담금심의위원회 심의위원(현) 2018년 감사원 적극행정심의위원회 위원(현) [상]한국지방행정연구원 공로상(2001), 국무총리표창(2002), 대통령표창(2006), 상명대 강의평가우수상(2011), 국방대총장표창(2013), 녹조근정훈장(2015) [저]'미래의 국정관리(共)'(1998, 법문사) '미래국가로 가는 길 뉴거버넌스(共)'(2008, 대영문화사) '새로운 시대의 공공성연구(共)'(2008, 법문사) '한국행정60년 1948-2008(共)'(2008, 법문사) '21세기 국가운영 선진화와 거버넌스(共)'(2011, 휴머니즘) [역]'미래의 국정관리(共)'(1998)

### 김미경(金美京 · 女) KIM Mi Kyung (松我)

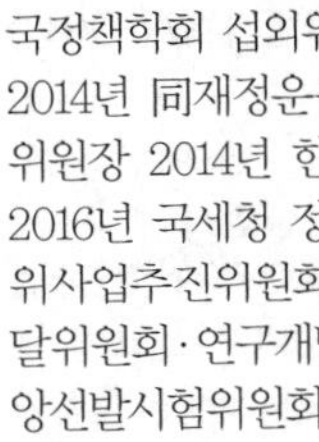

[생]1965·7·5 [본]김해(金海) [출]전남 영암 [주]서울특별시 은평구 은평로 195 은평구청 구청장실(02-351-6000) [학]1984년 정화여상졸 2007년 한국방송통신대 행정학과졸 2009년 고려대 정책대학원 도시 및 지방행정학과졸 [경](주)테마 의류디자이너, ING무역 대표, 미우치아의류 대표, 은평문화마당 대표, 경제정의실천시민연합 회원, 노사모(노무현을 사랑하는 사람들의 모임) 회원, 대통합민주신당 서울시당 여성국장, 은평구생활체육협의회 이사, 법제처 국민법제관(지방행정분야) 2002년 서울시 은평구의회 의원 2007년 서울시 은평구의회 의원(재·보궐선거 당선) 2010~2014년 서울시의회 의원(민주당·민주통합당·민주당·새정치민주연합) 2010년 同민주당 공보부대표(대변인) 2010년 同운영위원회 위원 2010년 同문화관광위원회 위원 2010년 同친환경무상급식지원특별위원회 위원 2010년 同개혁과발전특별위원회 위원 2010년 同해외문화재찾기특별위원회 위원 2010년 同문화체육관광위원회 위원 2011년 同예산결산특별위원회 위원 2012년 同도시계획관리위원회 부위원장 2012년 同정책연구위원회 위원 2012년 제18대 문재인 대통령후보 서울시민캠프 상임대표 2013년 서울시의회 골목상권및전통시장보호를위한특별위원회 위원 2013년 同강남·북교육격차해소특별위원회 위원 2014년 새정치민주연합 서울시당 대변인 2014~2018년 서울시의회 의원(새정치민주연합·더불어민주당) 2014년 同도시계획관리위원회 위원장 2015~2016년 더불어민주당 서울시당 대변인 2016~2017년 서울시의회 의회역량강화TF 위원 2016~2018년 同운영위원회 위원 2016~2018년 同문화체육관광위원회 위원 2016~2018년 同서부지역광역철도건설특별위원회 위원 2016년 더불어민주당 중앙당 부대변인, 同전국여성위원회 부위원장, 同정책위원회 부의장 2017년 同제19대 문재인 대통령후보 서울시캠프 보훈안보 공동위원장 2017년 UIA2017서울세계건축대회조직위원회 자문위원 2018년 서울시 은평구청장(더불어민주당)(현) [상]제4대 은평구의회 의정대상(2005), 한국매니페스토약속대상 최우수상(2010), 제8대 서울시의회 의정대상(2012), 대한민국 공정사회발전대상(2014), 제14회 대한민국 환경창조경영 대상(2016), 한국청년유권자연맹 최우수의원상(2016), 한국매니페스토 약속대상(2017), 전국여성지방의원네트워크 우수의정대상 최우수상(2018) [저]'미경이의 특별시'(2014) '서서울에가면 우리는(共)'(2018)

### 김미경(金美京 · 女)

[생]1975 · 2 · 16 [출]대구 [주]서울특별시 서초구 서초대로 219 대법원(02-3480-1100) [학]1993년 원화여고졸 1997년 고려대 법학과졸 [경]1998년 사법시험 합격(40회) 2001년 사법연수원 수료(30기) 2001년 서울지법 서부지원 예비판사 2002년 서울고법 예비판사 2003년 서울지법 판사 2005년 대구지법 판사 2008년 인천지법 판사 2009년 서울중앙지법 판사 2011년 서울서부지법 판사 2013년 서울남부지법 판사 2013~2016년 법원행정처 사법정책심의관 겸임 2016년 부산지법 부장판사 2018년 대법원 재판연구관(현)

### 김미경(金美京 · 女) KIM Mi Kyung

[생]1975 · 8 · 6 [출]서울 [주]경기도 과천시 관문로 47 법무부 장관정책보좌관실(02-2110-3033) [학]1994년 수도여고졸 2000년 고려대 법학과졸 [경]2001년 사법고시 합격(43회) 2004년 사법연수원 수료(33기) 2004~2017년 법무법인 해마루 구성원변호사 2007~2010년 한국여성의전화 전문위원 2010~2011년 대한변호사협회 일제피해자인권소위원회 위원 2011~2013년 수원시 법률상담관 2011년 법제처 국민법제관 2011년 노원구 규제개혁위원회 위원 2012년 경기도 계약심의위원회 위원 2012년 YCA 전문코치(연세 비즈니스코치) 2012년 대한변호사협회 일제피해자인권특별위원회 위원 2013년 성남시 시민조정위원회 위원 2013년 서울지방노동위원회 심판담당 공익위원 2013년 한국코치협회 KCA 전문코치 2013년 검찰시민위원회 전문가 자문위원 2015년 한양대 법학전문대학원 겸임교수 2017~2019년 청와대 민정수석실 법무행정관 2019년 법무부 장관정책보좌관(현)

### 김미도(金美都 · 女) MIDO KIM

[생]1964 · 11 · 23 [주]서울특별시 노원구 공릉로 232 서울과학기술대학교 문예창작학과(02-970-6293) [학]1987년 고려대 국어국문학과졸 1989년 同대학원 국어국문학과졸 1993년 국어국문학박사(고려대) [경]1997~2010년 서울산업대 문예창작학과 부교수 · 교수, 한국연극학회 이사, 한국연극평론가협회 이사, 연극평론가(현) 2008~2010년 서울산업대 홍보실

장 2010년 서울과학기술대 문예창작학과 교수(현) 2015~2016년 계간「연극평론」편집장 2017~2018년 문화체육관광부 블랙리스트 진상조사 및 제도개선위원회 위원 2018년 한국문화예술위원회 아르코혁신TF 위원 2018년 문화체육관광부 이행협치추진단 위원(현) 2019년 한국연극평론가협회 회장(현) [상]객석예술평론상 연극부문(1988), 문화체육부 오늘의젊은예술가상 연극부문(1995), 현대미학사 PAF비평상(2003), 여석기 연극평론가상(2015) [저]'연극의 이해'(1995, 현대미학사) '한국 근대극의 재조명'(1995, 현대미학사) '세기말의 한국연극'(1998, 태학사) '한국 대표 단막극선'(1999, 월인) '우리 희곡 재미있게 읽기'(2000, 연극과 인간) '21세기 한국연극의 길찾기'(2001, 연극과 인간) '한국 현대극 연구'(2001, 연극과 인간) '연극배우 박정자'(2002, 연극과 인간) '한국연극의 새로운 패러다임'(2006, 연극과 인간) '한국 현대극의 전통 수용'(2006, 연극과 인간) '무대 너머, 상상과 해석'(2014, 연극과 인간) [종]가톨릭

### 김미리(金美利 · 女)

[생]1964 · 5 · 29 [주]경기도 수원시 팔달구 효원로 1 경기도의회(031-8008-7000) [학]성동여실졸, 숭의여자대학 도서관학과졸 [경]답내초 사서, 전국회계직연합 학교비정규직본부 경기지부 부지부장, 한국학교사서협회 회장 2014~2018년 경기도의회 의원(비례대표, 새정치민주연합 · 더불어민주당) 2014~2015년 同예산결산특별위원회 위원 2014년 同여성가족평생교육위원회 위원 2014년 同여성가족교육협력위원회 위원 2015년 同안보대책특별위원회 야당 간사 2015년 同어린이집 · 유치원교육환경개선특별위원회 야당 간사 2015년 同청년일자리창출특별위원회 위원 2016년 同교육위원회 위원 2016년 同노동자인권보호특별위원회 간사 2016~2017년 同미래신산업육성 및 일자리창출특별위원회 위원 2018년 경기도의회 의원(더불어민주당)(현)

### 김미리(金美利 · 女) Kim Mi Lee

[생]1969 · 1 · 9 [출]제주 북제주 [주]서울특별시 서초구 서초중앙로 157 서울중앙지방법원(02-530-1114) [학]1988년 제주여고졸 1992년 서울대 법학과졸 1998년 同대학원졸 [경]1994년 사법시험 합격(36회) 1997년 사법연수원 수료(26기) 1997년 부산지법 판사 2001년 同동부지원 판사 2002년 제주지법 판사 2006년 수원지법 판사 2009년 서울고법 판사 2010년 대법원 재판연구관 2012년 대전지법 부장판사 2014년 사법연수원 교수 2016년 서울서부지법 부장판사 2018년 서울중앙지법 부장판사(현)

### 김미숙(金美淑 · 女) KIM Mi Sook

[생]1958 · 5 · 8 [출]인천 [주]서울특별시 용산구 청파로47길 100 숙명여자대학교 음악대학 관현악과(02-710-9545) [학]1981년 연세대 음악학과졸 1984년 음악철학박사(미국 뉴욕대) [경]1983년 Tuttle Wood 음악학교 · New York대 강사 1978년 서울시향과 협연 1979년 연세오케스트라와 협연 1990~1998년 바로크합주단 · 연세심포니에타 · 부산시향과 협연 1992년 연세대 시간강사 1993년 순신대 시간강사, 숙명여대 음악대학 관현악과 교수(현) 2016~2018년 同학생처장 2018년 同음악대학장(현) [역]마르셀 모이즈 '천상의 소리'

### 김미숙(金美淑 · 女)

[생]1964 · 7 · 6 [주]경기도 수원시 팔달구 효원로 1 경기도의회(031-8008-7000) [학]숙명여대 약학과졸 [경]군포시 광정로 대림약국 경영, 수원지검 안양지청 의료자문위원, 경기도마약퇴치운동본부 이사, 군포시 건강생활실천 및 지역보건의료심의위원회 위원, 同지역사회보장협의체 대표협의체 위원, 더불어민주당 군포시乙지역위원회 부위원장, 대한약사회 보건환경위원장, 군포시약사회 회장 2018년 경기도의회 의원(더불어민주당)(현) 2018년 同제2교육위원회 위원(현)

### 김미연(金美延 · 女)

[생]1966 · 6 · 3 [주]서울특별시 동작구 여의대방로 54길 18 여성플라자 3층 장애여성문화공동체 [학]1992년 한양대 식품영양학과졸 [경]1999년 장애여성문화공동체 설립 · 대표(현), 열린네트워크 이사(현) 2002~2006년 유엔(UN) 장애인권리협약제정을위한특별위원회 한국정부 자문위원, 한국장애인권리협약제정추진연대 기획위원 2005~2006년 국제장애인간부단 여성위원회 운영위원장 2006~2007년 장애청년여성경력개발센터 소장 2007~2008년 세계은행 장애와개발부 컨설턴트 2010년 유엔(UN) 장애인권리협약국가보고서자문위원회 자문위원 2011~2015년 국가인권위원회 자문위원 2013년 장애인법연구회 기획이사 2017년 여성가족부 정책자문위원 2018년 한국국제협력단(KOICA) 인권분야 전문위원 2019년 유엔(UN) 장애인권리위원회(CRPD) 위원(현) [저]'Human Rights and Disability Advocacy(共)'(2013, 미국 펜실베니아대)

### 김미연(金美連 · 女) Kim Mi Yeon

[생]1967 · 8 · 10 [주]서울특별시 강남구 테헤란로 534 글래스타워 6층 한국알콘(02-2007-5000) [학]진선여고졸, 연세대 영어영문학과졸, 미국 미시간대 대학원 통신과졸, 미국 예일대 대학원(MBA)졸 [경]미국 제일기획 근무, 한국 버슨&마스텔러 근무, 한국화이자제약(주) 이스태블리쉬드프로덕츠사업부 총괄 전무 2011년 同북미 EPBU US 브랜드 부사장 2015년 한국노바티스(주) 심혈관대사질환사업부 총괄책임자(부사장급) 2016년 한국알콘 대표이사 사장(Country General Manager)(현)

### 김미예(金美藝 · 女) KIM Mi Yea

[생]1955 · 1 · 31 [주]서울특별시 성북구 화랑로13길 60 동덕여자대학교 영어과(02-940-4355) [학]1977년 고려대 영어영문학과졸 1980년 同대학원 영어영문학과졸 1992년 영문학박사(고려대) [경]1982년 고려대 강사 1983년 숙명여대 강사 1983~1990년 동덕여대 영어과 강사 · 조교수 · 부교수 1991년 同영어과 교수(현) 1993~1995년 영미희곡학회 편집이사 1996년 同연구이사 2002년 동덕여대 홍보국제협력실장 2006년 同대학원 교학부장 2010년 同춘강학술정보관장 2013년 同동덕문화관광이벤트전략연구소장 2013~2014년 同인문대학장 2014~2016년 同생활관장, 한국셰익스피어학회 부회장 2018년 동덕여대 대학원장 겸 특수대학원장(현) [저]'영어영문학의 이해를 위해'(1986, 범문사) '현대영미희곡작품론 노트'(1987, 한신문화사) '셰익스피어공연읽기'(2003, 동인) '셰익스피어/현대영미극의 지평'(2004, 동인) '오셀로'(2008, 지만지)

### 김미형(金美形 · 女)

[생]1967 · 1 · 26 [주]울산광역시 남구 중앙로 201 울산광역시의회(052-229-5125) [학]울산대 경영학과 재학 중 [경]더불어민주당 중앙당 부대변인(현), 同울산시당 대변인(현) 2018년 울산시의회 의원(비례대표, 더불어민주당)(현) 2018년 同행정자치위원회 위원(현) 2018년 同예산결산위원회 위원(현)

### 김미희(金美希 · 女) KIM Mi Hee

[생]1956 · 8 · 14 [출]광주 [주]광주광역시 북구 용봉로 77 전남대학교 생활과학대학 생활환경복지학과(062-530-1322) [학]1975년 전남여고졸 1980년 연세대 주생활학과졸 1982년 同대학원 주거환경학과졸 1992년 주거환경학박사(연세대) [경]1984~1996년 전남대 가정관리학과 전임강사 · 조교

수 · 부교수 1989~1990년 同가정관리학과장 1990~1991년 同가정대학 학생과장 1993~1995년 벨기에 브뤼셀 자유대 건축공학과 객원교수 1996년 전남대 가정관리학과 교수 2000년 同생활과학대학 생활환경복지학과 교수(현) 2001~2003년 同생활환경복지학과장 겸 교학위원 2003~2004년 연세대 밀레니엄환경디자인연구소 객원교수 2005~2007년 전남대 생활과학연구소장 2009년 同생활과학대학장 2016년 한국주거학회 회장 2016~2018년 국무총리소속 국토정책위원회 민간위원 (저)'주택 · 주거 · 집'(2000, 태림출판사) '주거공간의 계획과 설계(共)'(2000, 기문당) '세계의 주거문화(共)'(2000, 신광출판사) '주거복지론'(2007) (역)'주거 · 문화 · 디자인(共)'(1996) '스웨덴의 주택연구와 디자인'(1999) '주택 · 주거 · 집-디자인 이론 · 연구 · 실제'(1999)

### 김 민(金 旻) KIM Min

(생)1942 · 8 · 10 (본)안동(安東) (출)서울 (주)서울특별시 서초구 남부순환로325길 9 DS홀빌딩 201호 코리안챔버오케스트라(02-592-5728) (학)1964년 서울대 음대 기악음악학과졸 1974년 독일 함부르크대 대학원 바이올린과졸 (경)1962년 국립교향악단과 비에니아프스키협연 데뷔 1965년 서울바로크합주단 창단 · 부악장 1969년 독일 함부르크국립음악원 연수 1972~1974년 독일 N.D.R방송 교향악단 단원 1972~1974년 독일 쾰른 챔버 오케스트라 악장 1974~1979년 독일 베를린방송 교향악단 단원 1977~2008년 독일 바이로이트페스티벌오케스트라 단원 1979~1981년 한양대 음대 교수 1979~1981년 국립교향악단 악장 1980~2015년 (사)서울바로크합주단 음악감독 1981~2007년 서울대 음대 기악과 교수 1981~1993년 KBS교향악단 악장 1984년 KBS교향악단과 일본 · 동남아 순회연주 1985년 호암아트홀초청 독주회 1986년 브라질 리오데자네이로월드필오케스트라 제1바이올린 초청연주 1996년 차이코프스키 주니어국제콩쿨 심사위원 1997년 폴란드 비에냐프스키국제콩쿨심사위원회 부위원장 2000~2006년 서울대 음대학장 2000년 폴란드 비에냐프스키국제콩쿨심사위원회 심사위원 2003~2007년 (재)코리안심포니오케스트라 음악감독 2006 · 2016년 독일 레오폴드 모차르트 바이올린국제콩쿨 심사위원 2007년 서울 윤이상앙상블 음악감독(현) 2008년 서울대 음대 명예교수(현) 2009 · 2012년 벨기에 퀸엘리자베스콩쿨 바이올린부문 심사위원 2010년 대한민국예술원 회원(음악 · 현) 2011 · 2013~2016년 서울국제음악제 예술감독 2016년 슈포아 콩쿨 심사위원 2016년 코리안챔버오케스트라 음악감독(현) (상)한국음악팬클럽선정 '이달의 음악가'(1984), 한국음악가협회선정 '올해의 음악가'(1987), 감사패(1989 · 2002 · 2006), 음악동아선정 '올해의 음악가'(1989), 한독협회 이미륵상(2001), 우경문화예술상(2002), 폴란드문화훈장(2007), 이탈리아 대통령메달(2009), 자랑스러운 보성인상(2011), 보관문화훈장(2015), 대원음악상 대상(2016) (작)'서울바로크합주단CD' 외 총 17장 발매 (종)기독교

### 김 민(金 珉) KIM Min

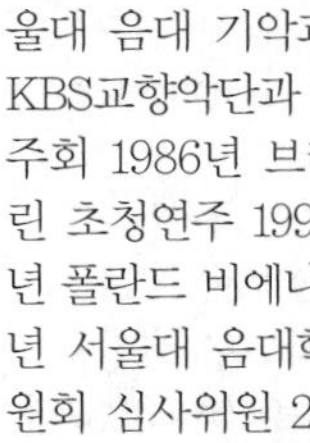

(생)1972 · 11 · 7 (본)강릉(江陵) (출)강원 춘천 (주)세종특별자치시 다솜로 261 국무조정실 청년정책추진단(044-200-2932) (학)강원대사대부고졸, 서울대 국사학과졸, 미국 콜로라도대 덴버교 대학원 행정학과졸 (경)1997년 행정고시 합격(41회), 환경부 자연정책과 사무관, 금강환경관리청 관리과장, 한강유역환경청 근무, 국무조정실 기획관리조정관실 총괄심의관실 근무 2006년 同규제개혁2심의관실 환경해수과장 2008년 국무총리실 규제개혁실 경제규제관리관실 경제규제심사3과장(서기관) 2008년 교육파견(서기관) 2010년 복지정보연계추진단 파견(서기관) 2011년 국무총리실 주한미군기지이전지원단 정책조정팀장 2011년 同사회복지정책과장 2013~2015년 대통령 국정기획수석비서관실 행정관 2015년 국무조정실 기획총괄정책관실 과장 2017년 同공직복무관리관실 기획총괄과장 2018년 同기획총괄정책관실 기획총괄과장 2019년 同청년정책추진단 부단장(국장급)(현)

### 김민구(金珉九) KIM Min Goo

(생)1954 · 10 · 20 (출)서울 (주)경기도 수원시 영통구 월드컵로 206 아주대학교 소프트웨어학과(031-219-2437) (학)1977년 서울대 계산통계학과졸 1979년 한국과학기술원(KAIST) 석사 1989년 공학박사(미국 펜실베이니아대) (경)1979년 한국과학기술원(KAIST) 연구원 1981~1998년 아주대 전자공학과 전임강사 · 조교수 · 부교수 1998~2016년 同정보통신대학 정보컴퓨터공학부 교수 2004년 同정보통신대학장 겸 대학원 정보통신학계열장 2006년 同정보통신전문대학원장 2006 · 2011년 同기획처장 2016년 同소프트웨어학과 교수(현) 2016년 同정보통신대학장 2016 · 2018년 同정보통신전문대학원장(현) 2018년 同정보통신대학원장 겸임(현) (역)'The X-Window System Programming and Applications with Xt'(1996)

### 김민규(金旻奎) KIM MIN KYU

(생)1975 · 3 · 4 (본)김해(金海) (주)서울특별시 마포구 상암산로 66 CJ E&M(주) 임원실(02-371-5501) (학)1994년 남산고졸 2000년 성균관대 행정학과졸 2013년 同언론대학원 신문방송학과졸 2014년 同대학원 정책학 박사과정 재학 중 (경)2005년 CJ미디어 콘텐츠파트장 2008년 중앙일보 월간중앙 기자 2009년 국무총리실 팀장 2010~2013년 대통령 홍보수석비서관실 · 대통령정책실 행정관(국장) 2013년 CJ E&M(주) 전략지원담당 상무(현) (상)대통령실장 우수공무원표창(2012)

### 김민기(金敏基) KIM Min Gi

(생)1951 · 3 · 31 (출)전북 익산 (주)서울특별시 종로구 대학로12길 46 삼광빌딩 2층 학전(02-763-8233) (학)경기고졸 1977년 서울대 미대 회화과졸 (경)1978년 노래극 '공장의 불빛' 작곡 1983년 '멈춰선 저 상여는 상주도 없다더냐' 연출 1991년 학전소극장 대표(현) 1994년 록뮤지컬 '지하철 1호선' 연출 1995년 록오페라 '개똥이' 연출 1997년 록뮤지컬 '모스키토' 예술감독 1998년 뮤지컬 '의형제' 연출 2002년 서울청계천복원시민위원회 위원 2004~2008년 '우리는 친구다' 연출 2006년 노래극 '개똥이 2006' 작 · 연출 (상)민족문학작가회의 문예인 우정상, 백상예술대상 연극부문 대상 및 연출상, 한국뮤지컬대상 특별상, 동아연극상 작품상, 서울연극제 극본상 · 특별상, 백상예술대상 음악상, 파라다이스상-문화예술부문(2005), 독일연방정부 괴테메달(2007), 서울시 문화상 연극분야(2008), 제10회 한국대중음악상 특별분야 공로상(2013), 이미륵상(2014), 은관문화훈장(2018) (저)뮤지컬 '지하철 1호선' '백구'(2002 · 2014) '소리굿 아구/공장의 불빛'(2014, 지식을만드는지식) '아빠 얼굴 예쁘네요'(2016, 한울) (작)'김민기'(1971) '아빠 얼굴 예쁘네요'(1987) '엄마, 우리 엄마'(1988) '김민기 1, 2, 3, 4집'(1992) 뮤지컬 '지하철 1호선' '개똥이'(2006)

### 김민기(金敏基) KIM Min Ki

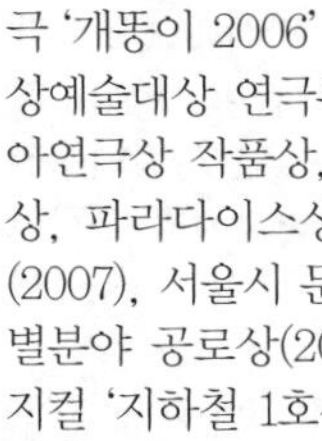

(생)1952 · 6 · 15 (본)경주(慶州) (출)경기 용인 (주)서울특별시 동작구 상도로 369 숭실대학교 숭실평화통일연구원(02-828-7080) (학)1973년 경남고졸 1978년 서울대 농과대학 농업교육과졸 1988년 연세대 행정대학원 언론홍보전공졸 1999년 정치학박사(성균관대) (경)1977~1980년 중앙일보 · 동양방송 기획조사부 근무 1981~1989년 한국방송광고공사 연구2부 차장 · 광고정보편집장 1997~2001년 경주대 방송언론학과 교수 1997~2001년 同언론광고학부장 2001~2017년 숭실대 사회과학대학 언론홍보학과 교수, 同숭실평화통일연구원 특임교수(현) 2004~2009년 동작구선거방송토론위원회 위원장 2005~2007년 숭실대 대학신문 · 방송 주간 2005~2007년 한국광고자율심의기구 제1광고심의위원장 2007년 전국대학신문주간교수협의회 회장 2008~2009년 한국정치커뮤니케이션학회 회장 2008년 (사)광고정책포

럼 사무총장(현) 2009~2010년 방송통신심의위원회 광고특별위원회 위원 2009년 동작구선거방송토론위원회 위원(현) 2009~2011년 한국DMB 시청자위원회 부위원장 2009~2016년 한국광고자율심의기구 회장(7·8대) 2010~2013년 도시농업포럼 공동대표 2010~2012년 한국에이즈퇴치연맹 회장 2011~2013년 숭실대 교수협의회 회장 2011~2013년 同대학평의원회 의장 2012~2014년 경기방송 시청자위원장 2012~2015년 한국케이블TV시청자협의회 위원 2013~2014년 (사)한국사립대학교수회연합회 이사장 2013~2018년 서울시 영상물·간행물·홍보물심의위원회 부위원장 2013~2015년 기독교방송 시청자위원장 2013~2016년 방송광고균형발전위원회 위원 2014~2016년 숭실대 사회과학대학장 2014~2019년 중앙선거관리위원회 선거자문위원 2014~2015년 건강기능식품표시광고심의위원회 부위원장 2014~2015년 미래창조과학부 스마트광고발전협의회 위원 2014~2017년 국회방송 자문위원장 2014~2017년 서울브랜드추진위원회 위원장 2015~2017년 숭실평화통일연구원 원장 2015~2016년 국가브랜드추진단 위원 2016년 케이블TV시청자협의회 위원장(현) 2017·2019년 한국광고자율심의기구 회장(제10·11대)(현) 2017년 서울시 서울브랜드위원회 위원(현) 2019년 在京경남중고동창회 덕형포럼 회장(현) 2019년 한국도시브랜드학회 회장(현) (상)문화관광부장관표창(2001), 대구시장표창(2002), 중앙선거관리위원장표창(2010), 숭실대 우수강의교수상(2010), 숭실대 Best Teacher상(2012), 지방재정공제회이사장표창(2014), 숭실대장학회 학술상(2014) (저)'광고산업의 이해'(2001, 나남) '문화상품과 기독교적 문화읽기(共)'(2003, 불과구름) '신문의 기사형광고'(2006, 한국언론재단) '한국광고산업의 현재와 미래'(2006) '주간교수, 대학신문을 만나다(共)'(2007, 전국대학신문주간교수협의회) 'Korean Ad : Facts and Insights(共)'(2007, 한국방송광고공사) '미디어 공공성(共)'(2009, 미디어공공성포럼) '뉴스 바로보기 : 보도비평의 성찰'(2015, 시간의물레) (역)'맥도널드 쿠데타'(1995, 책과길) '공익광고 연구'(2005, 한국방송광고공사) (종)기독교

## 김민기(金敏基) KIM MINKI

(생)1966·4·28 (출)경기 용인 (주)서울특별시 영등포구 의사당대로 1 국회 의원회관 945호(02-784-1930) (학)유신고졸(9회), 고려대 농업경제학과졸 (경)1988~1990년 육군 제201특공여단 소대장(ROTC 26기) 1990~1991년 중소기업은행 근무 2006~2010년 제5대 용인시의회 의원 2008~2010년 同민주당 대표의원 2009~2012년 민주당 경기도당 대변인 2011~2012년 同경기기흥지역위원회 위원장 2012년 민주통합당 정책위 부의장 2012~2016년 제19대 국회의원(용인시乙, 민주통합당·민주당·새정치민주연합·더불어민주당) 2012~2016년 국회 행정안전위원회 위원 2012년 국회 학교폭력대책특별위원회 간사 2012~2014년 국회 정보위원회 위원 2013년 국회 국가정보원댓글의혹사건등의진상규명을위한국정조사특별위원회 위원 2014~2015년 국회 국민안전혁신특별위원회 위원 2015년 새정치민주연합 교육연수원 부원장 2015년 同디지털소통본부 부본부장 2015년 더불어민주당 디지털소통본부 부본부장 2016년 제20대 국회의원(용인시乙, 더불어민주당)(현) 2016~2018년 국회 교육문화체육관광위원회 위원 2016~2017년 더불어민주당 제5정책조정위원장 2017~2018년 同제1사무부총장 2017~2018년 同지방선거기획단 부단장 2017년 국회 재난안전대책특별위원회 위원 2018년 국회 정보위원회 간사(현) 2018년 국회 행정안전위원회 위원(현) 2018년 국회 '공공부문채용비리의혹과 관련된 국정조사특별위원회' 위원(현) (상)국회 입법 및 정책개발 정당추천 우수의원(2012), NGO모니터단 국정감사 우수의원(2012), 민주당 국정감사 우수의원(2013), 법률소비자연맹 국회 헌정대상(2014·2015·2016·2017), 대한민국 의정대상(2014), 대한민국 인물대상 국정감사 우수 국회의원 대상(2014), 유권자시민행동 대한민국 국정감사 최우수의원상(2014), 시사경제매거진 국정감사 우수국회의원 대상(2015), 한국매니페스토실천본부 국정감사 우수의원(2015), 한국유권자총연맹 국정감사 우수의원(2015), 국회 윤리특별위원회 최우수의원상(2017)

## 김민기(金珉岐·女)

(생)1971·1·7 (출)서울 (주)서울특별시 서초구 서초중앙로 157 서울고등법원(02-530-1114) (학)1989년 서문여고졸 1995년 서울대 법대 공법학과졸 (경)1994년 사법시험 합격(36회) 1997년 사법연수원 수료(26기) 1997년 서울지법 판사 1999년 서울행정법원 판사 2001년 대전지법 판사 2004년 서울동부지법 판사 2007년 서울중앙지법 판사 2009년 서울고법 판사 2010년 대법원 재판연구관 2012년 서울고법 판사 2018년 부산고법 창원재판부 판사 2019년 서울고법 판사(현)

## 김민배(金敏培) KIM Min Bae

(생)1957·11·1 (출)충남 서산 (주)인천광역시 미추홀구 인하로 100 인하대학교 법학전문대학원(032-860-7929) (학)1981년 인하대 법학과졸 1983년 同대학원 법학과졸 1991년 법학박사(인하대) (경)1991~2009년 인하대 법대 교수 1994~1995년 일본 히도쯔바시대 법대 방문학자 1995~1998년 참여연대 의정감시센터 부소장·운영위원 1995년 (사)해반문화사랑회 이사 1995~2010년 경인일보 객원논설위원 1996~2004·2006~2008년 인천시 도시계획위원회 위원 1997~1998년 민주주의법학연구회 회장 1997~2000년 인하대 법대 산업재산권학과장 1998년 인천시 토지수용위원회 위원(현) 1998~2004년 iTV 시청자위원회 위원 1999~2010년 인천지법 조정위원회 민사·가사·노동전문위원 2000년 (사)인천아카데미 이사(현) 2000~2001년 인하대 신문사 및 방송국 주간교수 2000년 인하대총동창회 부회장(현) 2000~2010년 (재)정수장학회 범동창회 부회장 2000~2012년 同장학지도위원 2000년 국회사무처 입법고등고시 출제 및 채점위원 2001~2002년 인하대 법과대학장 2002~2004년 同학생지원처장 2003~2007년 인천시교육청 행정심판위원·소청심사위원회 위원장 2003~2009년 인천지방노동위원회 심판담당 공익위원 2003~2008년 행정자치부 행정고시 출제 및 채점위원 2003년 사법시험 문제은행 출제위원 2004~2005년 대통령자문 국가균형발전위원회 전문위원 2004년 동아시아행정법학회 한국대회 조직위원회 상임위원 2004~2008년 인하대 법과대학장·로스쿨실무추진위원장 2004년 사법시험 문제은행 심사위원 2005~2012년 한국지방자치법학회 부회장 2005년 제14회 공인노무사 2차시험 출제위원 2005년 인천시 군·구의원선거구획정위원회 위원장 2005년 사법시험 문제은행 심사위원 2006~2008년 선박안전기술공단 사외이사 2006년 관세사시험 선정위원 2006년 전남도지방공무원 공채시험 출제위원 2007~2009년 국가정보원 산업기밀보호센터 자문위원 2008년 사법시험 2차시험 출제위원 2008년 관세사자격 출제위원 2008년 한국공법학회 부회장 2008~2013년 인천시 민간투자사업심의위원회 위원·위원장 2008~2014년 (사)한국산업보안연구회 총무이사·부회장 2009년 일본 츄오대 로스쿨 방문학자·일본비교법연구소 연구원 2009년 인하대 법학전문대학원 교수(현) 2009~2012년 한국법학교수회 부회장 2010~2016년 법제처 법령해석심의위원 2010~2013년 인천발전연구원 원장 2011~2016년 국무총리실 산업기술보호위원회 위원 2012~2014년 인천장애인아시아경기대회조직위원회 위원 2012년 TBN 인천교통방송 시청자위원회 부위원장 2012년 행정고시 제2차 출제 및 채점위원 2012~2016년 인천지방경찰청 수사이의심사위원장 2014년 새얼문화재단 운영위원(현) 2015년 (사)한국산업보안연구회 회장 2016년 인천지방법원 국선변호 운영위원회 위원(현) 2017년 더불어민주당 인천시당 선출직공직자평가위원회 위원장 2018년 더불어민주당 인천광역시장 후보 박남춘 후원회장 2018년 인천시 노사민정협의회 부위원장(현) 2018년 (재)인천인재육성재단 이사(현) 2019년 인천시 시정정책자문단 공약이행분과위원장(현) 2019년 2040인천도시기본계획수립을위한시민계획단 총괄MP(현) (상)홍조근정훈장(2013), 인하비룡대상 교육부문(2017) (저)'공법연습(共)'(2002-초판·2007-개정판, 한국방송통신대 출판부) '정치자금과 법제도'(2004, 인하대 출판부) '전투적 민주주의와 국가보안법'(2004, 인하대 출판부) '행정법1, 2(共)'(2004·2010, 한국방송통신대 출판부) '산업기술보호법'(2010, 명문 미디어아트 팩) (종)천주교

## 김민배(金民培)

(생)1958 · 5 · 23 (본)김해(金海) (주)서울특별시 중구 세종대로21길 40 TV조선 임원실(02-2180-1808) (학)1984년 고려대 사회학과졸 (경)1984년 조선일보 입사 1999년 同정치부 차장 2003년 同정치부 부장대우 2004년 同주간조선편집부 편집장(부장) 2005년 同사회부장 2006년 同부국장대우 사회부장 2006년 同부국장대우 정치부장 2008년 同편집국 부국장 겸 기자역량개발팀장 2009~2011년 관훈클럽 기획운영위원 2010년 조선일보 동경지국장 2011년 국회도서관 발전자문위원회 위원 2011년 조선일보 뉴미디어실장 2012년 同경영기획실장 겸임 2012년 관훈클럽 총무 2013년 TV조선 보도본부장(상무) 2015년 同보도본부장(전무) 2015년 同총괄전무 2016년 고려대언론인교우회 회장(현) 2017년 TV조선 대표이사 전무(현) (상)한국참언론인대상 정치부문(2007)

## 김민석(金珉奭) KIM Min Seok

(생)1958 · 8 · 18 (출)울산 (주)서울특별시 중구 서소문로 88 중앙일보 논설위원실(02-751-5511) (학)1977년 계성고졸 1982년 울산대 공업경영학과졸 1992년 고려대 경영대학원 경영학과졸 2002년 경영학박사(고려대) (경)1982년 한국국방연구원 전력발전연구부 연구원 1992년 同군비통제연구센터 선임연구원 1994년 同전력발전연구부 선임연구원 1994년 중앙일보 정치2부 군사전문기자(차장대우) 1995년 同정치부 외교안보팀 군사전문기자(차장대우) 1996년 同통일팀 군사전문기자(차장대우) 1996년 同정치부 군사전문기자(차장대우) 1997년 同정치부 군사전문기자(차장) 1998년 同편집위원(전문기자) 1998년 同사장실 신규사업팀 전문기자(차장) 1999년 同통일문화연구소 통일문제연구팀 군사전문기자(차장) 2000년 同통일문화연구소 전문위원 2000년 同통일외교팀 전문위원 2003~2010년 同편집국 정치부 군사전문기자(부장) 2003년 미국 국방대 안보전략연구소(INSS) 초빙연구원 2010년 한남대 겸임교수 2010~2016년 국방부 대변인(별정직고위공무원) 2016년 중앙일보 논설위원(현) 2016년 同군사안보전문기자 2017년 同군사안보연구소장 겸임(현) (상)국방부장관표창(1987), 중앙일보 우수기사상(1995), 중앙일보 특집기획상(1996), 중앙일보 특종상(1996 · 1997) 등 다수 (저)'무기체계의 발전과 장차전 양상'(1988, 한국국방연구원) '신의 방패 이지스-대양해군의 시대를 열다'(2008, 플래닛미디어) (종)불교

## 김민석(金民錫) KIM Min Seok

(생)1964 · 5 · 29 (본)경주(慶州) (출)서울 (주)서울특별시 영등포구 국회대로68길 7 더불어민주당 일본경제침략대책특별위원회(1577-7667) (학)1982년 숭실고졸 1989년 서울대 사회학과졸 1995년 미국 하버드대 케네디스쿨졸 2010년 중국 칭화대 법과대학원 법학과졸(LL.M.) 2011년 법무학박사(미국 뉴저지주립대) (경)1985년 서울대 총학생회장 1985년 전국학생총연합 의장 1985년 민주화운동관련 3년 투옥 1991년 민주당 서울양천구甲지구당 위원장 1991년 同총재단 특별보좌역 1992년 同서울영등포구乙지구당 위원장 1992년 김대중 대통령후보 특보 1995년 새정치국민회의 당무위원 1996년 제15대 국회의원(서울 영등포구乙, 새정치국민회의 · 새천년민주당) 1996 · 1999년 새정치국민회의 총재 특보 1997년 同수석부대변인 1998년 同제2정책조정위원회 부위원장 2000년 새천년민주당 총재 비서실장 2000~2002년 제16대 국회의원(서울 영등포구乙, 새천년민주당) 2002년 새천년민주당 서울시장 후보 2002년 同당무위원 2002년 국민통합21 전략위원장 2002년 同서울영등포구乙지구당 위원장 2002년 同중앙선거대책위원회 총본부장 2002년 同대표 선거대책특보 2002년 살기좋은나라문화운동본부 이사장 2004년 새천년민주당 서울영등포구甲지구당 위원장 2007년 민주당 최고위원 2007년 同대통령 예비경선 출마 2008년 통합민주당 최고위원 2008~2010년 민주당 서울영등포구乙지역위원회 위원장 2008~2010년 同최고위원 2008년 同한나라당서울시의회뇌물사건대책위원회 위원장 2008년 同당무위원 2010년 同지방선거기획본부 공동본부장 2012~2013년 한양대 법학전문대학원 초빙교수 2012년 단국대 행정법무대학원 국가지도자양성과정 주임교수 2012년 공유프로보노코리아 대표 2012년 법무법인 세하 미국변호사 2013년 同고문 2015년 (사)아이공유프로보노코리아 상임이사 겸 대표 2016년 민주당 대표 2016년 同선거대책위원회 위원장 2016년 同선거대책본부장 겸임 2016년 同제20대 국회의원 후보(비례대표 2번) 2017년 더불어민주당 제19대 문재인 대통령후보 중앙선거대책본부 종합상황본부장 2017~2019년 同민주연구원장 2019년 더불어민주당 일본경제침략대책특별위원회 위원(현) 2019년 포용국가특별위원회 위원장(현) (상)다보스포럼(세계경제포럼) 선정 21세기의 지도자(2000), 뉴스위크 선정 21세기의 100대 지도자(2000) (저)'새날 새시대를 여는 불씨가 되어' '뛰면서도 사랑할 시간은 많습니다' '세상은 꿈꾸는 자의 것이다' '디지털 경제-희망의 정치' '퇴수일기' '3승' (종)기독교

## 김민석(金珉奭) KIM Min Suk

(생)1966 · 1 · 7 (출)경북 선산 (주)세종특별자치시 한누리대로 422 고용노동부 노사협력정책관실(044-202-7301) (학)1992년 고려대 사회학과졸 (경)2002년 노동부 공보관실 서기관 2002년 同서울중부고용안정센터장 2005년 同고용정책실 노동시장기구과 서기관 2007년 同중앙노동위원회 기획총괄과장 2008년 국제노동기구(ILO) 파견 2011년 고용노동부 고용정책실 직업능력정책과장 2012년 同기획조정실 기획재정담당관(부이사관) 2013년 同운영지원과장 2015년 강원지방노동위원회 위원장 2017년 고용노동부 노사협력정책관(현)

## 김민석 Kim, Min seok

(생)1999 · 6 · 14 (학)2018년 평촌고졸 (경)2014년 스피드스케이팅 최연소(16세) 국가대표 선수로 발탁 2015년 국제빙상연맹(ISU) 주니어월드컵 1500m 금메달 2015년 제96회 전국동계체전 1500m · 5000m · 8주 팀추월 금메달(3관왕) 2016년 제2회 동계유스올림픽 남자 스피드스케이팅 1500m 금메달 · 매스스타트 금메달 2016년 제97회 전국동계체전 스피드스케이팅 남자고등부 1500m · 5000m · 매스스타트 · 팀추월 금메달(4관왕) 2017년 제98회 전국동계체전 스피드스케이팅 남자고등부 매스스타트 · 8주 팀추월 · 5000m · 1500m 금메달(4관왕) 2017년 삿포로 동계아시안게임 스피드스케이팅 남자 팀추월 금메달 · 1500m 금메달(2관왕) · 매스스타트 동메달 2017년 국제빙상연맹(ISU) 스피드스케이팅 월드컵1차대회 남자 팀추월 금메달 2018년 성남시청 소속(현) 2018년 제23회 평창동계올림픽 스피드스케이팅 남자 1500m 동메달(1분44초93 : 아시아 최초 올림픽 메달) · 남자 팀추월 은메달 2018년 국제빙상경기연맹(ISU) 스피드스케이팅 세계주니어선수권대회 남자 1500m 동메달 · 매스스타트 동메달 · 팀스프린트 금메달 · 남자 팀추월 금메달 (상)전국동계체육대회 MVP(4관왕)(2014), 대한체육회 체육상 대상(2018)

## 김민성(金珉成) KIM Min Seong

(생)1963 · 5 · 17 (주)서울특별시 종로구 성균관로 25-2 성균관대학교 경제학과(02-760-0621) (학)1986년 서울대 국제경제학과졸 1989년 同대학원 국제경제학과졸 1996년 경제학박사(미국 브라운대) (경)1996~2001년 미국 Univ. of Pittsburgh 조교수 2001년 고려대 연구조교수 2002년 한국경제학회 편집위원 2002년 성균관대 경제학과 교수(현) 2003~2006년 계량경제학회 편집위원, 인터파크(주) 사외이사 2017~2018년 성균관대 경제대학장 (역)'경제성장(共)'(2006)

**김민성(金珉成)**

생1973·2·28 본의성(義城) 출서울 주서울특별시 중구 통일로 10 현대오일뱅크(주) 법무팀(02-2004-3000) 학1992년 서울 중화고졸 2003년 고려대 법학과졸 경2002년 사법고시 합격(44회) 2005년 사법연수원 수료(34기), 현대중공업(주) 법무팀 변호사 2015년 현대오일뱅크(주) 법무팀장(부장) 2016년 同법무팀장(상무보) 2017년 同법무팀장(상무)(현)

**김민성(金玟成) Kim, Min-sung**

생1976·4·7 본선산(善山) 출서울 주세종특별자치시 다솜로 261 국무총리비서실 공보실(044-200-2693) 학1995년 대원외국어고졸 2000년 서울대 독어독문학과졸 2012년 미국 펜실베이니아대 대학원 행정학과졸 경2000년 국무조정실 재경금융심의관실 사무관 2002~2005년 공군 교재창 인사행정장교 2005년 국무조정실 사무관 2007년 同서기관 2008년 국무총리실 정책분석평가실 정책분석운영팀장 2009년 同정무실 국회행정관 2009년 同정무실 정무분석팀장 2010년 同정무기획비서관실 정무분석행정관 2010년 국외훈련(서기관) 2012년 국무총리실 사회규제심사3과장 2013년 국무조정실 성과관리정책관실 성과관리1과장 2014년 同정상화과제관리관실 정상화과제총괄과장 2015년 휴직 2016년 국무조정실 고용정책과장 2017년 국무총리의전비서관실 행정관 2019년 국무총리 수행비서관 2019년 해양수산부 파견(부이사관)(현) 상근정포장(2014)

**김민수(金敏洙) KIM Min Soo**

생1957·7·21 출서울 주서울특별시 강남구 삼성로 720 청담동성당(02-3447-0750) 학1976년 대신고졸 1980년 한국항공대졸 1985년 가톨릭대 신학과졸 1993년 미국 노스텍사스주립대 대학원 신문방송학과졸 1997년 신문방송학박사(미국 펜실베이니아주립대) 경1985년 사제 서품, 천주교 일산성당 주임신부, 미국 텍사스주 포트워스한인교회 교포사목 1997~2001년 평화방송 TV주간 1998년 서강대 신문방송학과 전임강사, 천주교 서울대교구청 신수동성당 주임신부 2008년 同역촌동성당 주임신부 2012년 同불광동성당 주임신부 2017년 同청담동성당 주임신부(현) 저'디지털 시대의 문화 복음화와 문화사목'(2008, 평사리) '아홉성자의 선교이야기'(2009, 평사리) 종천주교

**김민수(金旼秀)**

생1976·11·14 출경남 고성 주경상남도 창원시 마산합포구 완월동 7길 16 창원지방법원 마산지원(055-240-9374) 학1992년 명덕외국어고졸 2001년 서울대 사법학과졸 경2000년 사법고시 합격(42회) 2003년 사법연수원 수료(32기), 공군 법무관, 서울중앙지법 판사 2008년 서울동부지법 판사 2010년 춘천지법 판사 2013년 수원지법 여주지원 판사, 同평택지원 판사 2015~2016년 법원행정처 기획제2심의관 겸임 2016년 서울중앙지법 판사 2016~2017년 법원행정처 기획제1심의관 겸임 2018년 창원지법 마산지원 부장판사(현)

**김민아(金珉娥·女) Kim, Min A**

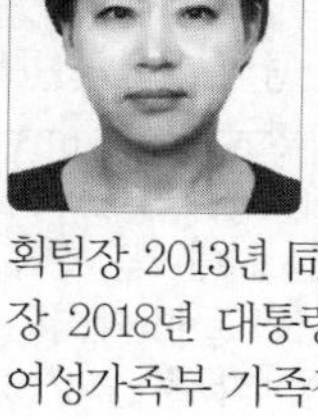

생1968·4·9 출경남 남해 주서울특별시 종로구 세종대로 209 여성가족부 가족정책과(02-2100-6321) 학1987년 진주여고졸 1991년 이화여대 생물학과졸 2009년 연세대 행정대학원 사회복지학과졸 경2010년 여성가족부 다문화가족과 사무관 2012년 同여성정책과 서기관 2013년 同미래전략기획팀장 2013년 同경력단절여성지원과장 2016~2018년 同복지지원과장 2018년 대통령직속 저출산고령사회위원회 문화혁신팀장 2019년 여성가족부 가족정책과장(현) 상여성가족부 '혁신 공무원'(2007)

**김민웅(金民雄) KIM Min Woong**

생1956·10·6 출일본 오사카 주서울특별시 동대문구 경희대로 26 경희대학교 미래문명원(02-961-0995) 학1975년 경복고졸, 한국외국어대 정치외교학과졸, 同대학원 정치외교학과졸 1982년 정치철학박사(미국 델라웨어대), 기독교윤리학박사(미국 뉴욕유니언신학교) 경'코리아타임즈'·'미주동아'·'말' 미주특파원, 미국 뉴욕신학대 강사, 미국 뉴저지 길벗교회 담임목사, 성공회대 사회과학정책대학원 교수, 뉴욕라디오코리아 '김민웅의 세상읽기' 진행, SBS 'SBS전망대-김민웅의 월드리포트' 진행, CBS '시사자키' 출연, MBC '손석희의 시선집중' 출연 2005~2007년 EBS '토론카페' 진행 2006년 EBS 라디오 '월드센터 김민웅입니다' 진행, 인터넷신문 프레시안 편집위원 2014년 서울브랜드추진위원회 위원 2015년 경희대 미래문명원 특임교수(현) 저'물 위에 던진 떡'(1995) '패권시대의 논리'(1996) '콜럼버스 달걀에 대한 문명사적 반론'(1996) '사랑이여 바람을 가르고'(2001) '보이지 않는 식민지'(2001) '밀실의 제국'(2003) '자유인의 풍경'(2007) '창세기 이야기1·2·3'(2010, 한길사) '열려라 아가리(共)'(2013)

**김민자(金民子·女) KIM MIN JA**

생1955·10·23 본김해(金海) 출제주 주서울특별시 성북구 인촌로 73 고려대학교 안암병원 감염내과(02-920-5096) 학1980년 고려대 의대졸 1983년 同대학원 의학석사 1987년 의학박사(고려대) 경1986년 일본 에히메대 객원강사 1990~1992년 미국 미시간대 Research Fellow 1995년 대한감염학회 평의원(현) 1996~2000년 고려대 생명과학대학 겸임교수 1998~2000년 同안암병원 감염내과 분과장 1999년 同의대 내과학교실 교수(현) 2001~2002년 미국 NIH/NCI Visiting Scholar 2002~2012년 고려대 안암병원 감염관리실장 2002년 同신종전염병연구소장(현) 2005~2006년 건강보험심사평가원 진료심사부 상근위원 2006년 同진료심사부 전문심사위원 2006년 질병관리본부 폐구균백신분과위원회 위원 2006~2007년 대한감염학회 회장 2007~2009년 同감사 2009~2011년 진료수가분쟁심의회 심사부 전문심사위원 2009~2011년 대한화학요법학회 감사 2011~2013년 同회장 2011~2013년 고려대 의과대학 교원인사위원회 위원 2011~2017년 질병관리본부 HIB·폐구균·수막구균분과위원회 위원 2011~2013년 자동차보험진료수가분쟁심의회 전문위원 2011~2017년 지식경제기술혁신평가단 위원 2012년 식품의약품안전청 의약품심사자문단 항생제분과 자문위원 2013~2014년 식품의약품안전처 의약품심사자문단 항생제분과 자문위원 2014~2015년 대한에이즈학회 회장 2014~2016년 고려대 안암병원 내과 과장 2014~2016·2017년 식품의약품안전평가원 의약품심사자문단 위원(현) 2014년 식품의약품안전처 중앙약사심의위원회 전문가(현) 2016~2017년 보건복지부 제4기 감염병관리위원회 위원 2017년 同후천성면역결핍증전문위원회 위원(현) 2017년 질병관리본부 HIB·폐렴구균·수막구균분야 전문가 자문위원단(현) 2017년 대한감염학회 이사장 2018년 대한민국의학한림원 정회원(내과학·현) 2018년 질병관리본부 자체평가위원회 위원(현) 2018년 건강보험분쟁조정위원회 의료자문단 자문위원(현) 2018년 근로복지공단 자문의사(현) 상대한감염학회 학술상(1998), 한국여자의사회 학술상(1999), 고대의료원 학술상(2002), 대한감염학회 학술상(2006), 고려대 장기근속상(2009), 대한감염학회 학술상(2010), 군진의학학술대회 우수상(2011), 제23회 과학기술우수논문상(2013), 녹조근정훈장(2016) 저'오늘의 진단 및 치료(共)'(1999, 한우리) '항생제의 길잡이(共)'(2000, 광문출판사) '해리슨 내과학(共)'(2003, MIP) '노인병학(共)'(2003, 한우리) '병원감염관리(共)'(2006, 한미의학) '감염학(共)'(2007, 군자출판사) '성인예방접종(共)'(2007, 군자출판사) '일차 진료의를 위한 약처방가이드(共)'(2010, 한국의학원) '의료기관의 감염관리 제4판(共)'(2017, 한미의학) '국내유입가능 해외감염병 신규 관리지침(共)'(2017, 군자출판사) '한국전염병사(共)'(2019, 군자출판사) 역'해리슨 내과학(共)'(2003, MIP) '해리슨 내과학 제17판(共)'(2010, MIP) '해리슨 내과학 제19판(共)'(2017, MIP) 종가톨릭

**김민정(女)**

(생)1971·7 (주)경기도 수원시 영통구 삼성로 129 삼성전자(주) 메모리사업부 기획팀(031-200-1114) (학)1990년 중앙여고졸 1995년 한국외국어대 일본어학과졸 2010년 한국과학기술원(KAIST) 석사(MBA) (경)1995년 삼성전자(주) 반도체총괄 국제팀 근무 1997년 同DS부문 기획팀 근무 2011년 同전략TF 근무 2015년 삼성 미래전략실 전략1팀 부장 2015년 삼성전자(주) DS부문 기획팀 사업전략그룹장(부장) 2015년 同DS부문 사업전략그룹장(상무) 2019년 同메모리사업부 기획팀 상무(현)

**김민정(金玟廷·女)**

(생)1975·12·21 (주)부산광역시 연제구 중앙대로 1001 부산광역시의회(051-888-8245) (학)부산여자대학 유아교육과졸 (경)시민의힘민들레 공동대표, 기장해수담수반대대책협의회 공동대표 2018년 부산시의회 의원(더불어민주당)(현) 2018년 同복지환경위원회 위원(현) 2018년 同운영위원회 위원(현) 2018년 同시민중심 도시개발 행정사무조사특별위원회 부위원장(현) 2018년 同예산결산특별위원회 위원(현)

**김민정(金旻貞·女)**

(생)1977·3·20 (출)서울 (주)경상남도 창원시 성산구 창이대로 681 창원지방법원 총무과(055-239-2009) (학)1995년 진명여고졸 1999년 서울대 사법학과졸 2002년 同대학원 법학과졸 (경)2001년 사법시험 합격(43회) 2004년 사법연수원 수료(33기) 2004년 수원지법 예비판사 2005년 서울고법 예비판사 2006년 서울중앙지법 판사 2008년 광주지법 판사 2011년 수원지법 판사 2014~2015년 헌법재판소 파견 2015년 서울중앙지법 판사 2017년 서울서부지법 판사 2019년 창원지법 부장판사(현)

**김민종(金珉鐘) Kim Min-jong**

(생)1964·4·17 (주)세종특별자치시 다솜2로 94 해양수산부 해사안전국(044-200-5800) (학)1982년 전북 남성고졸 1986년 한국해양대 항해학과졸 2008년 스웨덴 세계해사대 대학원 해사행정학과졸 (경)1986~1989년 현대상선 근무 1990~1998년 부산지방해운항만청 근무 1998~2004년 해양수산부 안전관리관실 근무 2005년 국외훈련(스웨덴 세계해사대) 2006~2011년 해양수산부 해사안전정책과 사무관·서기관 2011년 아시아지역 해적퇴치정보센터 파견(싱가포르) 2014년 해양수산부 허베이스피리트피해지원단 보상협력팀장 2014년 同해사안전정책과장 2017년 중앙해양안전심판원 수석조사관 직무대리 2018년 국립외교원 교육훈련 파견(국장급) 2018년 해양수산부 해사안전국장(현)

**김민철(金敏哲) KIM Min Chul**

(생)1962·8·17 (주)충청남도 천안시 동남구 호서대길 12 호서대학교 경영학부(041-560-8383) (학)1985년 중앙대 경영학과졸 1987년 서강대 대학원 경영학과졸 1995년 경영학박사(서강대) (경)1990~2003년 전주기전여자대학 세무회계과 교수 1993~2004년 군산제일의료법인 감사 1999~2002년 전주기전여자대학 대학발전과장 2002년 同산학협력처장 2002년 동명회계법인 산학협력위원 2002~2005년 삼성병원 경영고문 2003년 호서대 세무회계학과 교수, 同경영학부 세무회계학전공 교수(현) 2008년 同입학관리처장 2017년 同생활관장 2019년 同학사부총장(현) 2019년 同행정부총장 겸임 (상)한국전산회계학회 우수논문상(2003), 한국국제회계학회 우수논문상(2004·2005), 한국경영교육학회 학술상(2007) (저)'기업도산의 실제와 이론(共)'(2007, 다산출판사) '회계순환과정의 회계원리(共)'(2008, 탐21북스) '회계순환과정 중심의 회계학입문(共)'(2009, 세학사) 'IFRS시대의재무회계(共)'(2012·2014) 'IFRS시대의회계원리(共)'(2012·2014) '재무회계연습(共)'(2014) (역)'기업의 재무위기와 도산'(1998)

**김민철(金旻徹) KIM Min Chol**

(생)1963·1·23 (주)서울특별시 종로구 율곡로2길 25 연합뉴스(02-398-3114) (학)1981년 전주고졸 1989년 연세대 정치외교학과졸 2000년 미국 미주리대 연수 (경)1989년 연합통신 입사(8기) 1989년 同해외부 기자 1991년 同사회부 기자 2000년 연합뉴스 정치부 차장대우 2002년 同정치부 차장 2003년 同경영기획실 차장 2005년 同요하네스버그 특파원 2006년 同요하네스버그 특파원(부장대우) 2008년 同국제뉴스2부 부장대우 2008년 同사회부장 2009년 同국제뉴스2부장 2011년 同요하네스버그특파원(부장급) 2012년 同요하네스버그특파원(부국장대우) 2014년 同국제뉴스2부 기획위원 2014년 同편집국 사회담당 부국장 2015년 同콘텐츠평가실장 2015년 同고충처리인 2016년 同저작권팀장 겸임 2016년 同기획조정실장 2017년 同미래전략실장 2018년 한국신문협회 기조협의회 이사 2018년 연합뉴스 유럽총국장(현) (저)'남아공로드'(2011, 서해문집) (종)기독교

**김민철(金民哲) Kim Min Chul**

(생)1964·9·12 (출)충북 청주 (주)서울특별시 중구 장충단로 275 두산타워 31층 (주)두산 임원실(02-3398-3710) (학)1983년 운호고졸 1989년 서강대 경영학과졸 (경)1989년 두산그룹 입사 2006년 (주)두산 상무 2011년 同경영전략 전무(CFO) 2018년 同대표이사 부사장 겸 지주부문 CFO(현)

**김민철(金敏徹)**

(생)1967·11·18 (출)전남 함평 (주)경기도 수원시 장안구 정자로146 더불어민주당 경기도당(031-244-6501) (학)2007년 연세대 대학원 통일학과졸 (경)2003~2004년 대통령 비서실장실 행정관 2004~2013년 국회의원 보좌관 2012년 민주통합당 제18대 대통령중앙선거대책위원회 의정부乙선거대책위원장 2013년 민주통합당 당대표비서실 부실장 2013~2014년 민주당 의정부시乙지역위원회 위원장 2014년 새정치민주연합 비상대책위원장 정무특보 2015년 同의정부시乙지역위원회 위원장 2015년 더불어민주당 의정부시乙지역위원회 위원장(현) 2016년 제20대 국회의원선거 출마(의정부시乙, 더불어민주당) 2017년 더불어민주당 경기도당 지방선거기획단 위원(현) 2019년 대통령소속 자치분권위원회 정책자문위원(현) (상)국회의장표창(2013)

**김민형(金玟炯) Kim, Min Hyung**

(생)1974·5·14 (출)부산 (주)대구광역시 수성구 동대구로 366 대구지방검찰청 특별수사부(053-740-4315) (학)1992년 부산남일고졸 1998년 서울대 법학과졸 (경)1999년 사법시험 합격(41회) 2002년 사법연수원 수료(31기) 2002년 서울지검 의정부지청 검사 2004년 부산지검 동부지청 검사 2006년 인천지검 검사 2008년 서울중앙지검 검사 2011년 광주지검 검사 2013년 전두환 전(前) 대통령 미납추징금 환수전담T/F팀장 2016년 서울중앙지검 부부장검사 2018년 대검찰청 범죄수익환수과장 2019년 대구지검 특별수사부장(현)

**김민호(金敏鎬) Minho Kim**

(생)1959·12·26 (출)서울 (주)부산광역시 남구 문현금융로 40 부산국제금융센터 한국주택금융공사 부사장실(051-663-8013) (학)1978년 용문고졸 1982년 서울대 경제학과졸 1984년 同대학원 경제학과졸 1997년 미국 Univ. of Michigan 대학원 Master of Applied Economics(경제학)졸 (경)1986

년 한국은행 입행 1997년 同자금부 조사역 1999년 同금융시장국 조사역 2000년 同금융통화위원회실 보좌역 2002년 同금융시장국 선임조사역 2007년 同정책기획국 정책총괄팀장 2009년 同금융시장국 통화금융팀장 2012년 同통화정책국장 2014년 同국제국장 2015~2018년 同부총재보 2018년 한국주택금융공사 부사장(현)

## 김민호(金珉湖) KIM Min Ho (靑泉)

(생)1965·6·1 (본)상산(商山) (출)부산 (주)서울특별시 종로구 성균관로 25-2 성균관대학교 법학관 416호(02-760-0376) (학)1984년 부산남고졸 1988년 성균관대 법학과졸 1990년 同대학원 법학과졸 1995년 법학박사(성균관대) (경)1994~1996년 한세정책연구원 책임연구원 1996~1998년 미국 보스턴대 로스쿨 Post-Doc. 1998~2009년 성균관대 법학과 교수 2004~2005년 미국 아이오와대 방문교수 2007년 성균관대 과학기술법연구소장 2009년 同법학전문대학원 교수(현) 2009~2010년 진실화해를위한과거사정리위원회 비상임위원 2010년 방송통신심의위원회 통신특별위원회 위원 2012~2015년 개인정보분쟁조정위원회 위원 2012~2014년 바른사회시민회의 사무총장 2013~2016년 정보통신활성화추진실무위원회 위원 2013~2017년 사립학교연금관리공단 운영위원 2013~2018년 (사)바른아카데미 이사장 2014~2016년 대통령직속 규제개혁위원회 위원 2014년 안전행정부 개인정보보호법 과징금부과위원 2014년 同법령해석자문위원장 2015~2017년 법제처 법령해석심의위원회 해석위원 2015년 개인정보보호법학회 회장(현) 2015년 선거방송심의위원회 위원 2015년 중앙행정심판위원회 위원(현) 2016~2018년 전자정부추진위원회 위원 2016년 서울시선거방송토론위원회 위원(현) 2016년 주민등록번호변경위원회 비상임위원(현) 2017년 방송통신위원회 방송통신정책고객대표자회의 위원(현) 2018년 국가인권위원회 비상임위원(현) 2018년 (사)체감규제포럼 공동대표(현) (상)한국공법학회 신진학술상(2007), 정보문화유공자 행정안전부장관표창(2011), 성균관대 법학전문대학원 송암학술상(2015), 근정포장(2017) (저)'별난 법학자의 그림이야기'(2004, 도서출판 예경) '행정법'(2018, 박영사) (종)가톨릭

## 김민호(金敏豪)

(생)1969·2·19 (주)인천광역시 미추홀구 매소홀로 290번길 32 미추홀경찰서(032-717-9507) (학)인천 제물포고졸 1991년 경찰대 법학과졸(7기) (경)1991년 경위 임관 2000년 경감 승진 2006년 경정 승진, 인천 서부경찰서 방범과 근무, 인천 남동경찰서 형사계장·강력팀장, 인천 부평경찰서 수사과장 2015년 인천지방경찰청 수사1과장 2015년 同치안지도관 2015년 충북지방경찰청 여성청소년과장(총경) 2016년 충북 진천경찰서장 2017년 인천지방경찰청 경비교통과장 2019년 인천 미추홀경찰서장(현)

## 김민환(金敏煥) KIM Min Hwan

(생)1960·11·18 (본)경주(慶州) (출)충남 보령 (주)서울특별시 용산구 한남대로 98 일신빌딩 깨끗한나라(주)(02-2270-9200) (학)1979년 경기 부천고졸 1987년 고려대 법학과졸 1999년 한국노동연구원 노사관계고위지도자과정 수료 2009년 한국능률협회(KMA) 와튼스쿨 최고경영자과정 수료(Wharton-KMA CEO Institute) (경)1987~1991년 LG화학 인사팀 사원 1995~1998년 LG그룹 회장실 차장 1999~2003년 同구조조정본부 부장 2005~2010년 LG화학 노경담당 상무 2011~2012년 同오창·청주공장 주재임원(상무) 2012~2013년 同최고인사책임자(CHO·상무) 2014~2017년 同최고인사책임자(CHO·전무) 2015년 중앙노동위원회 사용자위원(현) 2017~2018년 LG화학 오창공장 전무 2019년 깨끗한나라(주) 각자대표이사 부사장(현) (상)일자리창출지원 유공 철탑산업훈장(2013) (종)기독교

## 김민희(金民嬉·女) KIM Min Hee

(생)1948·3·13 (출)서울 (주)서울특별시 강남구 테헤란로25길 20 한국발레협회(02-538-0505) (학)1967년 금란여고졸 1972년 이화여대 무용학과졸 1981년 同대학원 무용학과졸 1991년 무용학박사(한양대) (경)1967년 국내 초연 '백조의 호수' 출연 1970년 국제예술원 벨지움무드라 수학 1977~1978년 독일 요한크랑코발레스쿨·모나코댄스아카데미 연수 1983년 숭의여전 무용학과 전임강사·조교수 1984년 미국 하버드대 Dance Center 연수 1988년 대한무용학회 이사 1989년 한국발레협회 이사 1989~2013년 한양대 생활무용예술학과 교수 1989년 밀문무용제 김민희발레공연 1991년 한국미래춤학회 상임이사 1991년 전국발레콩쿠르 심사위원 1994년 국립극장 발레자문위원 1994년 한국스포츠무용철학회 부회장 1996년 전국무용제 심사위원 1996년 한국발레협회 부회장 1997년 同발레연수회 강사 1998년 동아무용콩쿠르 발레부 심사위원 1998년 서울국제무용제 작품평가위원 1999~2002년 한국무용과학회 초대회장·명예회장 2000~2007년 (사)한국발레협회 회장 2001년 유니버설발레단 자문위원 2004~2006년 예술의전당 이사 2005년 한국문화예술위원회 무용위원회 위원 2005~2017년 (사)한국무용협회 부이사장 2007년 (사)한국발레협회 명예회장 2008~2010년 국립발레단 부설 발레아카데미 교장 2010년 (사)한국발레협회 고문(현) 2010년 한양대 생활무용예술학과장 2016년 대한민국예술원 회원(연극영화무용분과·현) (상)서울국제무용제 연기상·대상·안무상, 한국발레협회상 대상, 무용과학회 공로상(2004), 문화관광부장관표창(2005), 서울시문화상 무용분야(2006), 제20회 예총 예술문화상(2006), 제1회 대한민국무용대상 대통령표창(2008) (저)'무용예술강좌'(1987) '무용과학지침서'(2002) (역)'Classic Ballet-기초기법과 용어해설'(1984, 도서출판 금광) '세계발레작품해설집'(1987, 교학연구사) (작)'죽은 아이들을 위한 노래' '사람, 사람들' '숲에서' '우리안에는…' '목탄화 몇 점' '또 다른 고향' '비창' '바흐와의 여행' '발레의 열정' (종)기독교

## 김방룡(金邦龍) Pang-Ryong, Kim

(생)1955·6·22 (출)대구 (주)대전광역시 유성구 대학로 99 충남대학교 국가정책대학원(042-821-5114) (학)1978년 경북대 행정학과졸 1983년 同대학원 경제학과졸 1994년 경제학박사(일본 쓰쿠바대) (경)1982년 한국전자통신연구소 연구원 1985년 同선임연구원 1995년 同책임연구원 1995년 한밭대 경제학과 강사 1997년 정보통신부 통신위원회 전문위원, 한국전자통신연구원 공정경쟁연구팀장 2002년 캐나다 Simon Fraser Univ. 초빙연구원 2006년 금강대 국제통상학부 강사 2007년 과학기술연합대학원대 교수 2007년 한국전자통신연구원 미래기술전략연구팀 책임연구원 2011년 同산업전략연구부 책임연구원 2013년 同경제분석연구실 책임연구원 2015년 한국과학기술원(KAIST) 기술경영학과 강사, 同대우교수(현) 2015년 충남대 국가정책대학원 과학기술정책전공 겸임교수(현) 2017~2018년 한국전자통신연구원 기술경제연구그룹 책임연구원 (저)'정보통신경제론'(1997, 한국전자통신연구원) (역)'보편적 서비스' (종)기독교

## 김방림(金芳林·女) KIM Bang Rim

(생)1940·1·16 (본)언양(彦陽) (출)서울 (주)서울특별시 마포구 독막로 331 마스터즈타워 1310호 한국여성정치연맹(02-703-5237) (학)1976년 성균관대 행정대학원 수료 1992년 서울대 행정대학원 국가정책과정 수료 (경)1982년 도서출판 '민우사' 대표 1984년 신민당 여성분과위원회 부위원장 1985년 민주화추진협의회 여성부국장 1987년 민주당 여성부국장 1987년 평화민주당 여성국장 1987년 동남특수금속 대표 1988년 '실천하는 여성' 발행인 1988년 여성평민회 회장 1991년 평민당 중앙연수원 상임부원장 1992년 민주당 인권위원회 상임부위원장 1993년 同여성위원회 상임부위원장 1995~1998년 서울시의회 의원·여성특별

위원장 1997년 국민회의 개혁추진위원회 위원 1999년 同연수원 상임부원장 2000년 새천년민주당 종교특별위원장 2000년 同연수원 상임부원장 2000~2004년 제16대 국회의원(전국구, 새천년민주당) 2006년 한국여성정치연맹 부총재 2006년 한국가정발전연구센터 이사장 2009년 한국여성정치연맹 총재(현) 2015년 대한민국헌정회 이사 (상)INAK(Internet Newspaper Association of Korea) Press CEO Clib상(2015)

## 김방신(金芳新) Bang-Shin, Kim

(생)1959·8·2 (출)제주 (주)전라북도 군산시 동장산로 172 타타대우상용차(주) 임원실(063-469-3009) (학)1978년 제주 오현고졸 1985년 연세대 법학과졸 1996년 서강대 경영대학원 수료(MBA) (경)1986년 현대자동차(주) 입사, 同기획실 근무, 同해외영업본부 근무, 同홍보팀장, 同마케팅전략팀장, 기아자동차(주) 경영전략실장, 현대자동차(주) 연구개발본부 지원사업부장, 同북경현대기차유한공사 부총경리(상무) 2009~2010년 한국후지쯔 대표이사 사장, 효성 중공업PG 기전PU장 2012~2014년 (주)두산 모트롤BG장(부사장) 2015~2018년 대림자동차공업(주) 대표이사 사장 2019년 타타대우상용차(주) 대표이사 사장(현)

## 김백봉(金白峰·女) KIM Paik Bong

(생)1927·2·12 (본)개성(開城) (출)평남 평양 (주)서울특별시 동대문구 경희대로 26 경희대학교 무용학부(02-961-0539) (학)1943년 일본 송음여고졸 1950년 최승희 무용연구소졸 1966년 서라벌예술대졸 1983년 명예 이학박사(미국 유니언대) (경)1952~1962년 김백봉 무용연구소 대표 1958년 동남아6개국 순방공연 1960년 서울시 문화위원 1962년 프랑스·이탈리아등 유럽4개국 순방공연 1964년 경희대 체육대 무용과 부교수 1969~1992년 同교수 1974년 미국 독립200주년기념 축하예술제 참가 1981~1985·1987년 대한민국예술원 회원(한국무용·현) 1992년 경희대 무용학부 명예교수(현) 1999년 한국예술종합학교 객원교수 2004년 (사)최승희춤연구회 이사장 2005~2007년 서울시무용단 단장 (상)서울시 문화상, 캄보디아1등 문화훈장, 예술원상, 사회교육문화대상, 보관문화훈장, 예술문화대상, 은관문화훈장(2005), 한민족문화예술대상 한국무용부문(2010), 국제춤축제연맹 대한민국을 빛낸 최고명인상(2016), 제58회 3·1문화상 예술상(2017) (저)'봉산탈춤무용' '무용교육의 이념과 지도원리' (작)무용극 '우리마을의 이야기' '종이여 울려라' '청명심애' '심청' 부채춤 '광란의 제단' '인삼의 정' '정을 남긴채' '만다라' '화관무' (종)불교

## 김백조(金白祚) KIM Baek-Jo

(생)1970·3·30 (본)김해(金海) (출)경북 경주 (주)강원도 강릉시 죽헌길 7 국립기상과학원 재해기상연구센터(070-7850-6631) (학)1989년 울산고졸 1993년 부산대 대기과학과졸 1995년 同대학원 대기과학과졸 1999년 이학박사(부산대) (경)1993~1997년 부산대 대기과학과 연구조교·행정조교·시간강사 1996·1998년 중국 대기물리연구소 단기기후연구센터 방문과학자 1997년 일본 기상연구소 기후연구실 방문과학자 1997년 부산대 컴퓨터및정보통신연구소 연구원 1999년 기상청 기상연구소 예보연구실 기상연구관 2005년 同기상연구소 태풍연구팀장 2007·2011~2015년 同국립기상연구소 정책연구과장 2010년 同청장 비서관 2010년 한국환경과학회 이사 2011년 기상청 기상기술과장 2011년 同기상산업정책과장 2014년 한국기후변화학회 이사(현) 2014년 한국기상학회 섭외이사 2015년 국립기상과학원 응용기상연구과장 2018년 同환경기상연구과 기상연구관 2018년 同재해기상연구센터장(현) (상)한국자료분석학회 학술상(2001), 한국기상학회 학술상(2002), 부산대 자연대 자랑스러운동문상(2011), 한국물학술단체연합회 학술상(2015) (저)'미국의 기상산업 정책'(2009) '기후변화와 녹색환경'(2014) '날씨변화를 알면 건강해진다'(2015)

## 김범기(金範起)

(생)1968·5·26 (출)경북 안동 (주)서울특별시 서초구 반포대로 158 서울고등검찰청 형사부(02-530-3114) (학)1987년 서울 재현고졸 1991년 고려대 법학과졸 (경)1994년 사법시험 합격(36회) 1997년 사법연수원 수료(26기) 1997년 광주지검 검사 1999년 同순천지청 검사 2001년 서울지검 의정부지청 검사 2003년 서울지검 검사 2004년 서울중앙지검 검사 2005년 대구지검 검사 2008년 대검찰청 연구관 2010년 서울북부지검 부부장검사(금융위원회 파견) 2011년 대전지검 특별수사부장 2012년 서울북부지검 형사6부장 2013년 대검찰청 과학수사담당관 2014년 서울중앙지검 금융조세조사2부장 2015년 울산지검 형사2부장 2016년 수원지검 부부장검사(금융정보분석원 파견) 2017년 창원지검 진주지청장 2018년 서울남부지검 제2차장검사 2019년 서울고검 형사부장(현)

## 김범년(金範年) KIM, BUM-NYUN

(생)1958·5·1 (본)안동(安東) (출)충북 음성 (주)전라남도 나주시 문화로 211 한전KPS(주)(061-345-0114) (학)1976년 청주고졸 1980년 부산대 기계공학과졸 1985년 同대학원 경제학과졸 1993년 충남대 산업대학원 기계공학과졸 2008년 기계공학박사(충남대) 2014년 서울대 최고경영자과정 MBA 수료(76기) (경)1987~2005년 한국전력공사 전력연구원 원자력연구소 연구·총괄관리담당 2005~2010년 同전력연구원 연구전략실 팀장·실장 2010~2011년 同전력연구원 원자력발전연구소장 2011년 한국수력원자력(주) 중앙연구원 연구전략실장 2011년 同중앙연구원 원전기술지원센터장 2012년 同울진원자력본부 제2발전소장 2012년 同엔지니어링본부장 2013~2014년 대한기계학회 부회장 2014~2016년 한국수력원자력(주) 발전부사장 겸 발전본부장(상임이사) 2014년 국가원자력이용개발 전문위원 2014년 한전원자력연료 비상임이사 2014~2015년 한국압력기기공학회 회장 2015~2016년 한국원자력학회 부회장 2016년 산업통상자원부 사이버안전센터 운영위원 2018년 한전KPS(주) 대표이사 사장(현) (상)과학기술진흥유공 대통령표창(2003), 자랑스러운 부산대인(2015), 철탑산업훈장(2016) (종)천주교

## 김범석

(생)1978·10·7 (주)서울특별시 송파구 송파대로 570 쿠팡(주)(1577-7011) (학)미국 하버드대 정치학과졸, 同경영대학원 경영학과졸 (경)1998~2001년 미국 무료잡지 '커런트(Current)' 대표 2002~2004년 미국 보스턴컨설팅그룹 컨설턴트 2004~2009년 빈티지미디어 대표 2010년 한국인터넷기업협회 부회장 2010년 쿠팡(주) 창업·대표이사 2019년 同전략기획총괄 각자대표이사(현) (상)미국 경제전문매체 패스트컴퍼니 선정 '가장 창의적인 기업인 100인'(2019)

## 김범성 Kim Beom Seong

(생)1964·1·27 (출)서울 (주)서울특별시 서초구 남부순환로 2620 SPC그룹 홍보실(02-2276-5619) (학)1983년 경동고졸, 성균관대 신문방송학과졸, 同경영대학원졸(석사) (경)1989년 삼성생명보험 근무 2010년 삼성증권 홍보담당 상무 2012년 SPC그룹 홍보실장(상무) 2015년 同홍보실장(전무)(현) (종)기독교

## 김범수(金範洙) Beomsu Kim

(생)1963·9·15 (출)서울 (주)서울특별시 종로구 종로5길 7 Tower8 7층 케이엘파트너스(02-6226-7701) (학)1982년 경기고졸 1986년 서울대 법학과졸 1997년 미국 플로리다 법대(Univ. of Florida Coll. of Law) 비교법학과졸 1999년 미국 휴스턴대 Law Cente 지적재산권법학과졸 (경)1985년 사법시험 합

격(27회) 1988년 사법연수원 수료(17기) 1988년 부산지법 판사 1993년 서울지법 의정부지원 판사 1996년 서울가정법원 판사 1996~1997년 법관 해외장기연수 파견(미국 Univ. of Florida College of Law) 1999년 미국 New York주 변호사자격 취득 1999년 미국 Houston 소재 Computize' Inc.' General Counsel 1999년 미국 Houston 소재 Jones 'Roland & Young P.C.' of Counsel 2000~2016년 법무법인 세종 변호사 2002년 법무부 국제거래법연구단 연구위원 2005년 국제중재실무회 이사 2007~2009년 대한변호사협회 국제이사 2009년 대한상사중재원 중재인 2011년 대한상사중재원 국제중재위원회 위원(현) 2014년 일성건설(주) 사외이사(현) 2015년 국제상업회의소(ICC) 국제중재법원(International Court of Arbitration) 위원(현) 2015년 법무법인 케이엘파트너스 대표변호사(현) 2016년 국제중재실무회 수석부회장 2018년 同회장(현) 2019년 오렌지라이프생명보험(주) 사외이사(현) (상)Chambers Global – Chambers Asia Dispute Resolution 분야 'Leading Individual' 선정(2011~2013), IFLR1000 – M&A 분야 'Leading Lawyer' 선정(2011~2012), Asialaw Profiles M&A – Dispute Resolution 'Leading Lawyer' 선정(2012), 'ALB Client Choice 75(최고의 로펌변호사 75인)' 선정(2013), Legal Times 2015 올해의 변호사 선정(2015), Legal 500 – International Arbitration 분야 'Leading Individual' 선정(2016), Chambers Asia-Pacific/Dispute Resolution-Arbitration분야 'Leading Individual' 선정(2016), Legal Times – 2016 국제중재분야 'Leading Lawyer' 선정(2016), Legal 500-International Arbitration 분야 'Leading Individual' 선정(2017) (저)'South Korea : Receptive to Foreign Arbitration Awards?'(共)'(2009·2010) 'Investing Across Borders 2010'(2010, Investment Climate Advisory Services of the World Bank Group) 'South Korea : A Legal Guide to Doing Business in the Asia-Pacific(共)'(2010, American Bar Association) 'Korea Chapter in Getting the Deal Through-Dispute Resolution 2011'(共) 'Arbitration in South Korea(共)'(2012, The Asia-Pacific Arbitration Review 2012) 'Korea Chapter in The International Arbitration Review, 3rd Edition(共)'(2012, Law Business Research) 'Korea Chapter in Getting the Deal Through-Litigation Funding 2017'(共) 'Korea Chapter in Getting the Deal Through-Litigation Funding 2018'(共)

## 김범수(金範洙) KIM Beom Su

(생)1966·3·27 (출)서울 (주)경기도 성남시 분당구 판교역로 235 H스퀘어 N동 6층 (주)카카오 임원실(070-7492-1300) (학)1986년 건국대사대부고졸 1990년 서울대 산업공학과졸 1992년 同대학원 산업공학과졸 (경)1992년 삼성SDS 입사, 유니텔프로그램 개발, 유니원프로그램 개발 1998년 한게임커뮤니케이션 설립·대표이사 사장 2002~2006년 NHN(주) 대표이사 사장 2002년 한국인터넷게임협회 회장 2003~2004년 한국게임산업개발원 이사 2004년 벤처기업협회 부회장 2004~2006년 한국게임산업협회 회장 2007년 NHN(주) USA 대표이사 2007~2008년 同비상근이사 2008년 아이위랩 등기이사 2010년 同대표 2011~2014년 카카오 이사회 의장 2011년 국가지식재산위원회 민간위원 2014~2015년 다음카카오 이사회 의장 2015년 (주)카카오 이사회 의장(현) 2016년 경기도 스타트업캠퍼스 초대 총장(현) 2016년 (재)여시재 이사(현) 2017년 카카오브레인 대표이사(현) (상)제1회 한경인터넷대상(1998), 제1회 우수정보통신기업 디지털대상(2000), 조선일보 인터넷대상-포털부문대상(2000), 신산업경영원주최 인터넷 그랑프리-엔터테인먼트부문(2001), 한국능률협회컨설팅 선정 한국의웹사이트게임부문 3년 연속 1위(2002), 한국정보통신산업협회 선정 개인정보보호우수사이트(2002), 한국소프트웨어저작권협회 소프트웨어 정품사용모범기업인증 획득(2002), 한국인터넷기업협회 및 한국기자협회 선정 올해의 인터넷기업 대상(2002), 딜로이트컨설팅 Korean Technology Fast 50 Growth Company 대상(2003), 한국표준협회 한국서비스품질지수 인터넷포털부문 1위(2003), 삼성경제연구소 및 중앙일보 선정 네이버 지식검색 2003 히트상품(2003), 대통령표창(2003), 한국표준협회 한국서비스품질지수 인터넷 포털부문 1위(2004), 한국경제신문 제1회 한국을 빛낸 CEO 인재경영부문상(2005), 포니정 혁신상(2012), 올해의 자랑스러운 서울대 공대 동문상(2013), 동탑산업훈장(2015), 제9회 EY 최우수기업가상 마스터상(2015)

ㄱ

## 김범식(金範式) Bumsig Kim

(생)1968·2·10 (출)충남 공주 (주)서울특별시 동대문구 회기로 85 고등과학원 수학부(02-958-3841) (학)1989년 서울대 수학과졸 1996년 이학박사(미국 캘리포니아대 버클리교) (경)1996년 스웨덴 왕립수학연구소(Mittag-Leffler) 박사후연구원 1997년 미국 캘리포니아대 데이비스교 방문 연구조교수 1999년 포항공대 조교수·부교수 2003년 고등과학원 수학부 교수(현) 2007년 교육인적자원부 및 한국학술진흥재단 '국가석학(우수학자)' 선정 2010~2012년 고등과학원 수학부장 2017년 한국과학기술한림원 정회원(이학부)(현) 2019년 고등과학원 수학부 학부장(현) (상)한국과학기술단체총연합회 과학기술 우수논문상(2000), 한국과학기술한림원 제6회 젊은과학자상 수학부문(2003), 한국과학기술한림원 도약연구부문 우수과학자상(2007), 포스코청암상 과학상(2014)

## 김범준(金範俊) KIM Beom Jun

(생)1969·1·7 (출)충남 부여 (주)서울특별시 양천구 신월로 386 서울남부지방법원(02-2192-1114) (학)1987년 대전 동산고졸 1993년 서울대 공법학과졸 1996년 同대학원 공법학과 수료 (경)1992년 사법시험 합격(34회) 1995년 사법연수원 수료(24기) 1995년 변호사 개업 2000년 울산지법 판사 2004년 인천지법 판사 2008년 서울고법 판사 2009년 서울중앙지법 판사 2011년 부산지법 부장판사 2012년 인천지법 부장판사 2015년 서울중앙지법 부장판사 2018년 서울남부지법 부장판사(현)

## 김범준(金凡峻) Beomjoon Kim

(생)1974·12·12 (본)김해(金海) (출)부산 (주)서울특별시 동작구 흑석로 102 중앙대학교병원 피부과(02-6299-1525) (학)2000년 중앙대 의대졸 2003년 同대학원 의학석사 2007년 의학박사(중앙대) (경)2000년 대한의사협회 홍보위원(현) 2005~2006년 서울대병원 피부과 전임의 겸 임상강사 2005~2006년 대한의학회 건강정보심의위원회 전문위원 2005~2015년 미국피부과학회지(JAAD) 심사위원 2005~2015년 국제피부과학저널(IJD) 심사위원 2006년 대한피부과학회 교과서편찬위원회 실무위원 2006년 미국 펜실베이니아이스턴대 전임강사 2006~2007년 동국대 의대(일산병원) 피부과학교실 조교수 2007년 중앙대 의대 피부과학교실 조교수·부교수·교수(현) 2007년 영국 국제인명센터(IBC) '2007 올해의 의학자' 선정 2007년 중앙의대지 편집위원 2007~2011년 대한피부과학회 교육위원회 위원 2009년 同논문심사위원(현) 2010~2012년 同서울지부회 학술이사 2011년 보건복지부 의료기기위원회 위원(현) 2011~2013년 대한피부과학회 고시위원회 위원, 同피부미용사대책위원회 위원 2011~2017년 同간행위원회 위원 2011년 대한색소학회 이사(현) 2011~2014년 식품의약품안전처 의료기기 임상전문가 겸 자문의 2012년 대한탈모치료학회 자문위원 2013년 대한미용피부외과학회 이사 2013년 농림수산식품기술기획평가원 평가위원 2013~2015년 同자체규제심사위원, 아토피피부염학회 평의원 2014년 대한미용피부외과학회 중앙약사심의위원회 전문가(현) 2014년 식품의약품안전평가원 외부전문가(현) 2014년 중앙대병원 피부과장 겸 주임교수(현) 2014년 한국연구재단 기초연구본부 의약학단 전문위원(현) 2014년 대한피부과학회 재정위원회 부간사(현) 2014~2015년 同전산정보통신위원회 위원, 同대외협력위원회 위원 2014~2016·2018년 대한모발학회 무임소 이사(현) 2015년 법원행정처 전문심리위원(현) 2015년 대한피부항노화연구회 기획이사(현) 2015~2017년 대한

천식알레르기학회 간행위원회·법제위원회 위원 2016년 대한모발학회 홍보이사(현) 2016년 의료기기정보기술지원센터 의료기기이상사례 심의위원(현) 2016년 식품의약품안전처 차세대의료기기100프로젝트 전문가위원(현) 2016년 同의료제품분야 산업표준(KS)전문위원 겸 소통자문위원 겸 정책자문위원(현) 2016년 중앙대병원 의생명연구원장(현) 2017년 식품의약품안전처 의료기기재평가전문가협의회 위원(현) 2017년 대한피부항노화연구회 국제관계이사(현) 2017년 대한피부과학회 '2018 피부과 전문의자격시험' 문제출제위원 2017년 피부연구학회 정보위원회 위원·대외협력이사(현) 2018년 보건복지부 건강보험분쟁조정위원회 의료자문단 자문위원(현) 2018년 한국피부장벽학회 이사(현) 2018년 식품의약품안전처 중앙약사심의위원회 전문가(현) 2018년 한국의료기기안전정보원 인과관계조사관(현) 2018년 同의료기기이상사례 심의위원(현) (상)대한의진균학회 노바티스 학술상(2003), 한국정보처리학회 UIT연구회 우수논문상(2006), 대한피부과학회 Dr. Paul Janssen Award(2007), 대한피부과학회 심포지엄 최우수포스터상(2007), 미국 피부과학회 장학금(2008), 중앙대 학술연구상(2009), 대한의진균학회 우수논문상(2010·2011), 서울신문 Vision 2010 대상(2010), 교육과학기술부·한국연구재단 기초연구사업 우수평가자(2011), 대한천식알레르기학회 청산우수논문상(2011), 대한피부과학회 동아학술상(2012), 중앙대 산학협력단 우수교수상(2012), 피부과학제6판 교과서편찬위원회상(2013), 중앙대의료원 학술기여상(2013), 과학기술진흥유공자 대통령표창(2014), 한국과학기술단체총연합회 제25회 과학기술우수논문상(2015), 중앙대 학술기여상(2016·2017·2018), 중앙대 PR특별상(2016), 중앙대 내과계 우수논문상(2017·2018), 일본 Laser therapy 저널 'Ming-Chine Kao Award'(2018), 대웅제약 Best Clinical Investigator of NAB-OTA(2018), 안국 어준선 학술상(2019) (저)'모발-완전정복(共)'(2007, 한언) '피부과학-제5판'(2008) '미용경영 성공전략'(2009) 'Medical skin care'(2009) '에스테틱 피부과학'(2009) '임신 출산 신생아 관리의 실용적 접근'(2011) '천식과 알레르기질환'(2012) '미용피부외과학'(2013) '제6판 피부과학교과서'(2014) (역)'사진으로 보는 미용피부과학'(2007) 'The art of aesthetic practice'(2009) '피부외과학 아틀라스 : 절제술과 복원술'(2011)

### 김법민(金法敏) KIM, Beop-Min

(생)1967·1·15 (본)경주(慶州) (주)서울특별시 성북구 안암로 145 고려대학교 바이오의공학부 하나과학관(02-3290-5656) (학)1989년 고려대 기계공학과졸 1991년 미국 텍사스 A&M대 대학원 의공학과졸 1996년 의공학박사(미국 텍사스 A&M대) (경)1989~1995년 미국 Univ. of Texas/M.D. Anderson Cancer Center·Texas A&M Univ.·Univ. of Texas/Medical Branch, Research Assistant 1995년 미국 Univ. of Texas/Lawrence Livermore National Laboratory, Visiting Scientist 1995~1996년 미국 Univ. of Texas/M.D. Anderson Cancer Center·-Texas A&M Univ.·Univ. of Texas/Medical Branch Research Assistant Classification & Estimation 1996~2001년 미국 Univ. of California/Lawrence Livermore National Laboratory 연구원 2001~2009년 연세대 의공학부 조교수·부교수 2001년 대한의용생체공학회 교육위원 2001년 한국광학회 학술위원회 간사 2007년 한국광학회지 편집위원(현) 2008년 광전자및광통신학술회의 운영위원(현) 2009~2011년 보건복지부 HT포럼위원회 위원 2009~2010년 고려대 생체의공학과 부교수 2010~2014년 同생체의공학과 교수 2010~2013년 대한의용생체공학회 국제협력이사 2012년 고려대 생체의공학과 학과장 2012~2014년 同보건과학대학 부학장 2013~2015년 식품의약품안전처 의료기기위원회 전문위원 2013년 한국보건산업진흥원 보건신기술(NET)전문분과 위원(현) 2014~2017년 同PM운영위원 2014년 고려대 보건과학대학 바이오의공학부 교수(현), 同바이오의공학부장 2017년 범부처 의료기기R&D기획 총괄위원장(현) 2018년 한국보건의료연구원 전문평가위원(현) 2019년 한국광학회 부회장(현) 2019년 대한의용생체공학회 감사(현) 2019년 보건복지부 미래의료기술정책심의위원회 미래첨단의료 전문위원회 위원장(현) 2019년 同보건의료기술정책심의위원회 위원(현) (상)우수강의교수 연세대총장표창(2006·2008), 한국광학회 우수논문상(2007), 고려대 석탑강의상(2011), 한국연구재단 우수논문상(2012), 보건복지부장관표창(2014) (저)'바이오의광학(共·編)'(2008) (종)천주교

### 김법정(金法征) KIM Beob Jeong

(생)1967·4·8 (출)서울 (주)서울특별시 종로구 새문안로 76 콘코디언빌딩 13층 미세먼지문제해결을위한국가기후환경회의(02-6744-0500) (학)1986년 보성고졸 1993년 서울대 국제경제학과졸, 미국 오레곤대 대학원 환경학과졸 (경)2000년 환경부 환경정책국 정책총괄과 사무관 2002년 同기획관리실 기획예산담당관실 서기관 2004년 同기획관리실 혁신인사담당관실 서기관 2004년 국립환경연구원 기획과장, 해외 파견 2006년 환경부 정책홍보담당관 2007년 同수질보전국 수질총량제도과장 2007년 同수질보전국 유역총량제도과장 2008년 同물환경정책국 유역총량제도과장 2009년 同기획조정실 창의혁신담당관 2009년 프랑스 OECD사무국 파견 2012년 환경부 환경정책실 생활환경과장 2014년 同기후대기정책관실 기후대기정책과장(서기관) 2015년 同기후대기정책관실 기후대기정책과장(부이사관) 2017년 同기후대기정책관(고위공무원) 2017년 同환경정책실 대기환경정책관 2017년 새만금지방환경청장 2018년 환경부 대기환경정책관(일반직고위공무원) 2019년 국가기후환경회의 사무처 지원 2019년 대통령직속 미세먼지문제해결을위한국가기후환경회의 사무처장(실장급)(현)

### 김법혜(金法慧) Kim Beop Hye (靑山)

(생)1946·8·2 (본)안동(安東) (출)충남 천안 (주)충청남도 천안시 서북구 쌍용대로 292 금정빌딩 5층 민족통일불교중앙협의회(041-578-4747) (학)1975년 동국대 행정대학원 수료 1992년 명예 철학박사(스리랑카 국립팔리대) 1995년 부산대 행정대학원 수료 1997년 서울대 행정대학원 수료 (경)1973~1997년 대한불교조계종 부산 금강대 주지 1977년 법무부 갱생보호위원회 부산동래구협의회장 1979년 부산시 향토예비군 법사단장(육군) 1980~1993년 부산시불교연합회 창립·초대 사무총장 1987~1997년 부산중부경찰서 경승실장 1982년 범국민올림픽 부산직할시추진위원회 위원 1989~1999년 민주평통 상임위원 겸 종교분과 간사 1990년 법무부 보호관찰 부산동래구협의회장 1991~2007년 통일부 통일교육위원 1994년 (사)민족통일불교중앙협의회 의장(현) 1994년 아시아경기대회 부산유치범시민추진위원회 위원 1997년 경찰청 경승법사 1997년 대한불교조계종 금정사 회주(현) 1999~2008년 천안경찰서 경승실장 2003년 민주평통 천안시협의회 회장 2006년 (사)한민족평화포럼 설립·상임의장 2010~2017년 민주평통 상임위원 2011년 서울대행정대학원총동창회 부회장(현) 2011년 충무공김시민장군동상건립추진위원회 위원장 2013년 한민족원로회의 원로위원(현) 2015년 (사)충무공김시민장군기념사업회 회장(현) 2016년 안동김씨대종회 고문(현) 2016년 충청일보 칼럼니스트(현), 중앙일보·충청신문·충남일보·주간종교 칼럼니스트 2017년 민주평통 자문위원(현) (상)국무총리표창(1978), 법무부장관표창(5회), 국민훈장 석류장(1987), 갱생보호대상(1992), 부총리 겸 통일원장관표창(1993), 대통령표창(1996), 대한불교조계종 총무원장표창(1997), 국민훈장 목련장(1999), 민주평통 의장공로표창(2005) 등 다수 (저)'선사상과 임제록(編)'(1992) (역)'깨어있어야 바로 본다'(2016) (종)불교

### 김벽수(金闢洙) KIM Byuk Soo (三頂)

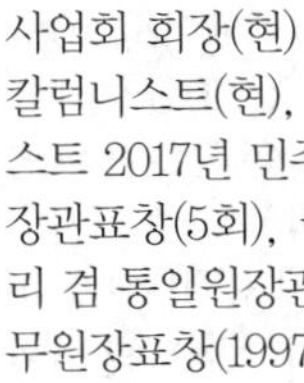

(생)1951·10·20 (본)김해(金海) (출)충남 홍성 (주)서울특별시 양천구 목동로 223 한국방송기자클럽(02-782-0002) (학)1978년 고려대 사학과졸 1999년 동국대 언론정보대학원졸 2004년 연세대 정보대학원 최고위과정 수료 2010년 고려대 일민미래국가전략최고위과정 수료 (경)1977~1980년 TBC

기자 1980~1991년 한국방송공사(KBS) 기자(차장) 1991~1994년 SBS 편집부·경제부 부장대우 1994~2000년 同보도본부 보도특집부장·보도제작부장·라디오뉴스부장 1995년 同지방선거 선거방송기획단장 1996년 (사)한국민족문화협의회 자문위원 1998년 SBS 총선 선거방송기획단장 2000년 同문화과학CP·전국CP·특임CP(부국장) 2000년 관훈클럽 편집위원 2001년 SBS 편성본부 데이터정보팀장 2003년 同보도본부 논설위원(국장) 2004년 同총선 선거방송기획팀장 2004년 TU미디어 해외사업개발실장(상무) 2006년 同콘텐츠본부장(상무) 2008~2011년 SBS프로덕션 감사 2012~2014년 한국방송기자클럽 사무총장 2013~2018년 극동대 언론홍보학과 초빙교수 2014년 한국방송기자클럽 부회장 2014년 방송통신심의위원회 통신특별위원회 위원 2018년 한국방송기자클럽 회장(현) 2019년 JTBC 시청자위원회 위원장(현)

**김병관(金秉寬) Kim, Byungkwan**

(생)1948·12·12 (출)경남 김해 (주)서울특별시 노원구 화랑로 564 화랑회관 2층 육군사관학교총동창회(02-971-3064) (학)1967년 경기고졸 1967년 서울대 화학공학과 입학 1972년 육군사관학교졸(28기) (경)6포병여단장, 육군대학 교수부장 1999년 2사단장(소장) 2001년 합동참모본부 전략기획부장(소장) 2003년 7군단장(중장) 2005년 제1군사령관(대장) 2006~2008년 韓美연합사령부 부사령관(대장) 2012년 새누리당 국민행복추진위원회 국방안보추진단 위원 2014년 국가안보전략연구소 이사장 2017년 육군사관학교총동창회 제12대 회장(현) (상)대통령표창(1972), 대한불교조계종 불자대상(2007) (종)불교

**김병관(金炳寬) Kim Byeong-Gwan**

(생)1968·8·12 (주)서울특별시 동작구 보라매로 5길 20 서울특별시보라매병원 원장실(02-870-2105) (학)1992년 서울대 의대졸 1996년 同대학원 의학석사 2003년 의학박사(서울대) (경)서울대 의과대학 내과학교실 교수(현) 2009~2016년 서울특별시보라매병원 기획조정실장, 대한소화기학회 정회원(현), 소화기내시경학회 정회원(현), 장연구학회 정회원(현), 대한헬리코박터 및 상부위장관연구학회 정회원(현), 대한소화관운동학회 보험위원(현), 대한간학회 정회원(현) 2016년 서울특별시보라매병원 병원장(현) (상)보건복지부장관표창(2019)

**김병관(金炳官) KIM BYOUNG GWAN**

(생)1973·1·15 (출)전북 정읍 (주)서울특별시 영등포구 의사당대로 1 국회 의원회관 847호(02-784-5490) (학)서울대 경영학과졸, 한국과학기술원(KAIST) 경영공학 석사 (경)1996년 넥슨 인터넷개발팀장, (주)솔루션홀딩스 창업, (주)NHN 게임제작실장, 同한게임사업부장, 同게임사업부문장 2005~2010년 (주)NHN게임스 대표이사 사장 2010~2012년 웹젠 대표이사 2010년 同이사회 의장 2016년 더불어민주당 제20대 총선 선거대책위원회 위원 2016년 同비상대책위원회 위원 2016년 同총선정책공약단 더불어성장본부 공동본부장 2016년 同성남시분당구甲지역위원회 위원장(현) 2016년 제20대 국회의원(성남시 분당구甲, 더불어민주당)(현) 2016~2017년 국회 산업통상자원위원회 위원 2016~2018년 더불어민주당 전국청년위원회 위원장 2016~2018년 同최고위원 2017~2018년 同신성장특별위원회 공동위원장 2017~2018년 국회 산업통상자원중소벤처기업위원회 위원 2017~2018년 국회 청년미래특별위원회 간사 2018년 국회 행정안전위원회 위원(현) 2018~2019년 국회 4차산업혁명특별위원회 위원 2019년 더불어민주당 청년미래기획단 간사 2019년 同민생입법추진단 위원(현) 2019년 同일본경제침략대책특별위원회 위원(현) (상)대한민국 게임대상(2009), 대한민국 유권자대상(2017), 한국소비자협회 대한민국소비자대상 입법의정부문 올해의 최고인물(2017)

**김병구(金柄究) Kim Byoung Gu**

(생)1966·11·20 (출)경남 마산 (주)제주특별자치도 제주시 문연로 18 제주지방경찰청 청장실(064-798-3213) (학)1985년 경남 경상고졸 1989년 경찰대졸(5기) 1998년 고려대 대학원 법학과졸 (경)1989년 경위 임관 2005년 서울 동대문경찰서 경비과장(경정) 2006년 제주지방경찰청 해안경비단장(총경) 2007년 경남 창녕경찰서장 2008년 서울지방경찰청 1기동단장 2009년 경기 과천경찰서장 2010년 경찰청 대테러센터장 2011년 서울 은평경찰서장 2011년 서울지방경찰청 1기동단장 2014년 同경비1과장 2014년 울산지방경찰청 제2부장(경무관) 2017년 서울지방경찰청 기동본부장 2018년 경찰청 대테러위기관리관 2018년 同경비국장(치안감) 2019년 제주경찰청장(현)

**김병구(金秉求) KIM Byung Gu**

(생)1967·9 (주)서울특별시 영등포구 여의대로 128 LG트윈타워 서관 17층 LG디스플레이(주) Mobile 개발2그룹(02-3777-1114) (학)서울대 전기공학과졸, 포항공과대 대학원 전자공학과졸, 전자전기공학박사(포항공과대) (경)2010년 LG디스플레이(주) Mobile소형개발담당 상무 2011년 同모바일·OLED사업본부 개발담당 상무 2012년 同IT·모바일사업부 개발그룹장(상무) 2015년 同IT·모바일사업부 개발그룹장(전무) 2018년 同Mobile 개발1그룹장(전무) 2019년 同Mobile 개발2그룹장(전무)(현) (상)한국공학한림원 젊은 공학인상(2015)

**김병국(金秉國) KIM Byung Guk (厚縝)**

(생)1955·9·28 (본)김해(金海) (출)서울 (주)인천광역시 미추홀구 인하로 100 인하대학교 공과대학 공간정보공학과(032-860-7603) (학)1978년 서울대졸 1986년 미국 위스콘신주립대 대학원 공학석사 1989년 공학박사(미국 위스콘신주립대) (경)1977~1983년 한국전력공사 근무 1989년 미국 Brunson Instrument Co. 선임연구원 1990년 POSTECH 가속기연구소 측량연구실장 1993년 아주대 토목공학과 조교수 1996년 인하대 공과대학 공간정보공학과 조교수·부교수·교수(현) 1999년 국제표준기구 지리정보전문위원회(ISO/TC211-Korea) 위원 2004년 일본 동경대 대학원 공학계연구과 방문연구원 2004~2006년 한국GIS학회 회장 2006~2009년 한국측량학회 부회장 2006~2008년 건설교통부 지능형국토정보기술혁신사업단장 2008~2012년 한국공학한림원 후보회원 2008~2012년 국토해양부 지능형국토정보기술혁신사업단장 2009~2012년 同국가공간정보위원회 민간위원, 同공간정보참조체계분과위원장 2009~2011년 바른과학기술사회실현을위한국민연합 회원 2010~2012년 서울시 건설기술심의위원회 위원 2012년 한국공학한림원 정회원(현) 2013~2015년 인하대 공과대학장 공학대학원장 (상)국무총리표창(2004), 대한토목학회 학술상(2006), 인하대 연구대상(2008), 국토해양부장관표창(2008), 한국공간정보학회 학술상(2011) (저)'3D Geo-Information Sciences(共)'(2008, Springer)

**김병국(金炳國)**

(생)1963·3·16 (출)부산 (주)서울특별시 영등포구 여의공원로 13 한국방송공사 네트워크센터(02-781-1000) (학)경남고졸, 동아대 전자공학과졸 (경)2001~2004년 한국방송공사(KBS) 창원방송총국 기술국 근무 2013~2015년 同부산방송총국 기술부장 2018년 同부산방송총국 기술국 근무 2018년 同네트워크센터장 직대(현)

**김병권(金柄權) Kim Byungkwun**

(생)1964·6·12 (주)서울특별시 종로구 사직로8길 60 외교부 인사운영팀(02-2100-7139) (학)1988년 경찰대 행정학과졸 1994년 국립대만대 대학원 법률학과졸 2001년 법학박사(중국정법대) (경)1998년 駐중국 3등서기관 겸 부영사 2007년 경찰대학 경찰학과 교수 2007년 駐이집트 1등서기관 2011년 駐체코 1등서기관 2013년 외교부 감사담당관 2014년 駐시애틀 부총영사 2016년 駐이집트 공사 2018년 駐시안 총영사(현)

**김병규(金炳圭) KIM Pyung Kyu**

(생)1956·9·24 (출)서울 (주)서울특별시 서초구 나루터로 56 하이웨이빌딩 3층 (주)아모텍 비서실(02-542-0951) (학)1975년 서울고졸 1980년 서울대 금속공학과졸 1982년 同대학원 금속공학과졸 1985년 금속공학박사(서울대) (경)1983~1993년 (주)유유 부설연구소장 1986년 전자부품연구원(KETI) 전기전자부문 심사평가위원 1994~1998년 (주)아모스 대표이사 1996년 한국과학기술기획평가원(KISTEP) 전기전자부문 심사평가위원 1999년 (주)아모텍 대표이사 회장(현) 2007년 코스닥상장법인협의회 부회장 2009~2011년 同회장 2010년 한국산업융합협회 부회장 2010년 청소년희망재단 이사 2011년 코스닥상장법인협의회 명예회장(현) 2011년 대한금속재료학회 부회장 2012년 실로암의료선교복지연합회 총재(현) 2012년 두리하나 국제학교 이사장(현) 2012년 (사)한국입양홍보회 이사(현) 2015년 한국공학한림원 정회원(재료자원공학·현) (상)중소기업진흥공단 선정 수출유망중소기업(1978), 경기도지사표창(1998), 산업자원부 선정 중소기업수출유망부문대상(1999), 대한민국코스닥대상 최우수 차세대기업상(2004), 제1회 생생코스닥대상 공로상(2010), 무역의날 석탑산업훈장(2013), 나노코리아 어워드 국무총리표창(2014) (종)기독교

**김병규(金炳圭) KIM Byung Kyu**

(생)1965·10·4 (본)김녕(金寧) (출)경남 진주 (주)세종특별자치시 갈매로 477 기획재정부 세제실(044-215-2006) (학)1983년 진주고졸 1990년 연세대 경제학과졸 1999년 미국 오리건주립대 대학원 경제학과졸 (경)행정고시 합격(34회) 2001년 재정경제부 세제실 소비세제과 서기관 2002년 同세제실 조세정책과 서기관, 유럽부흥개발은행(EBRD) 파견 2007년 재정경제부 세제실 조세분석과장 2008년 同조세지출예산과장, 대통령 경제수석비서관실 파견 2009년 기획재정부 예산실 교육과학예산과장 2011년 同세제실 조세정책관실 법인세제과장 2011년 同인사과장 2012~2015년 駐영국 공사참사관 2015년 국무조정실 조세심판원 상임심판관 2017~2018년 기획재정부 세제실 재산소비세정책관 2017년 국정기획자문위원회 경제1분과 전문위원 2018년 기획재정부 세제실장(현) 2018~2019년 대통령직속 정책기획위원회 산하 재정개혁특별위원회 위원

**김병근(金炳根) KIM Byoung Keun**

(생)1960·11·20 (본)경주(慶州) (출)충북 청주 (주)대전광역시 서구 한밭대로 713 나라키움대전센터 14층 신용보증재단중앙회(042-480-4201) (학)서울 성동고졸, 성균관대 행정학과졸, 고려대학교 행정대학원졸 (경)1988년 행정고시 합격(32회) 1989~2000년 산업자원부·중소기업청 기술지원국 기술정책과·경영지원국 판로지원과 사무관 2000년 중소기업청 기획관리관실 기획예산담당관실 서기관 2001~2006년 同기획관리관실 행정법무담당관실 과장·창업벤처국 벤처진흥과장 2006년 同기업성장지원국 금융지원과장 2006년 중소기업특별위원회 총괄조정팀장(부이사관) 2007년 중소기업청 소상공인지원본부 소상공인정책팀장 2007년 同중소기업정책본부 정책총괄팀장 2008년 同중소기업정책본부 정책총괄과장(부이사관) 2008년 대구경북지방중소기업청장 2009년 중소기업청 중소기업정책국장 2010년 국방대학원 교육파견(고위공무원) 2011년 중소기업청 경영지원국장 2012년 경기지방중소기업청장 2012년 순천향대 파견(고위공무원) 2014년 중소기업청 경영판로국장 2015년 同중소기업정책국장 2017년 중소벤처기업부 중소기업정책실 중소기업정책관 2017년 同소상공인정책실장 2018년 신용보증재단중앙회 회장(현) (상)홍조근정훈장(2015)

**김병근(金秉根) Kim Byung Keun**

(생)1961·11·19 (출)경남 김해 (주)부산광역시 해운대구 센텀서로 30 (주)KNN 사장실(051-850-9110) (학)1980년 부산고졸 1985년 부산대 사회학과졸 1988년 同대학원 사회학과졸 (경)1988~1994년 중앙일보 기자 1995년 부산방송 입사 2001년 同정경사회팀 차장대우 2002년 同뉴스제작정경팀 차장 2004년 同스포츠팀장(차장) 2005년 同보도국 스포츠팀장(부장급) 2006년 (주)KNN 보도정보팀 부장 2007년 同보도국 정경데스크 2009년 同경영본부 광고사업국장 2012년 同방송본부 보도국장 2014년 同서울본부장(이사) 2016년 同경남본부장(이사) 2017년 同콘텐츠본부장(상무이사) 2018년 同대표이사 사장(현) 2019년 한국지역민영방송협회 회장(현)

**김병기(金秉棋) KIM Byung Gee**

(생)1958·2·19 (출)대구 (주)서울특별시 관악구 관악로 1 서울대학교 공과대학 화학생물공학부(02-880-6774) (학)1980년 서울대 공업화학과졸 1982년 同대학원 공업화학과졸 1989년 식품공학박사(미국 코넬대) (경)1988~1991년 미국 제넨코 인터내셔널회사 선임연구원, 한국생물공학회 이사, 한국공업학회 학술간사 1996년 서울대 바이오공학연구소장 2002년 同공대 화학생물공학부 교수(현) 2002년 同유전공학연구소 교수 겸임(현) 2008~2009년 同코리아바이오허브센터장 2014년 한국생물공학회 회장 2015년 한국공학한림원 정회원(화학생명공학·현) 2019년 서울대 생명공학공동연구원장(현) (상)한국미생물생명공학회 공로상(2003), 한국화학관련학회연합회 공로상(2003), 한국공업화학회 공로상(2005)

**김병기(金丙箕)**

(생)1959·3·25 (주)인천광역시 남동구 정각로 29 인천광역시의회(032-440-6055) (학)대동고졸, 동국대 법학과졸 (경)KB국민은행 인천 구월동수석지점장 2017년 더불어민주당 제19대 문재인 대통령후보 경제산업특보, 同정책위부의장, 캠프마켓(부평미군기지) 시민참여위원회 부위원장(현), 인천시 공직자윤리위원회 부위원장(현) 2018년 인천시의회 의원(더불어민주당)(현), 同산업경제위원회 위원(현), 同윤리특별위원회 위원(현)

**김병기(金炳基) KIM BYUNG KEE**

(생)1961·7·10 (출)경남 사천 (주)서울특별시 영등포구 의사당대로 1 국회 의원회관 721호(02-784-1322) (학)중동고졸, 경희대 국민윤리학과졸 (경)1987년 국가안전기획부 입부 1989년 同인사처 근무 1998년 제15대 대통령직인수위원회 파견 2003년 참여정부 국가정보원개혁TF 파견 2009년 미국 서던캘리포니아대 방문교수, 국가정보원 인사처장 2013년 부이사관 퇴직 2016년 더불어민주당 서울동작구甲지역위원회 위원장(현) 2016년 제20대 국회의원(서울 동작구甲, 더불어민주당)(현) 2016~2017년 더불어민주당 민주주의회복TF 위원 2016~2018년 국회 정보위원회 간사 2016·2018년 국회 국방위원회 위원(현) 2017년 더불어민주당 제19대 문재인 대통령후보 중앙선거대책본부 종합상황본부 제1상황실 부실장 2017년 同당대표 특보단장 2017년 국정기획자문위원회 외교안보분과위원회 위원 2017~2018년 국회 예산결산특별위원회 위원 2017년 더불어민주당 적폐청산위원회 간사 2018년 국회 정보위원회 위원(현) 2019년 일본경제보복대책특별위원회 외교안보분과장(현)

**김병내(金丙乃)**

(생)1973 · 5 · 16 (주)광주광역시 남구 봉선로 1 남구청 구청장실(062-607-2000) (학)1990년 조선대부속고졸 2001년 광주대 경제학과졸 2013년 전남대 행정대학원 행정학 석사과정 수료 (경)1999~2000년 광주대 총학생회장 2000~2010년 강운태 국회의원 보좌관 2010~2014년 광주시 직소민원실장 2014~2018년 시민의회 운영위원 2016~2018년 포럼광주 공동대표 겸 자치분권위원장 2016~2017년 더불어민주당 중앙당 부대변인 2017년 同제19대 문재인 대통령후보 중앙선거대책위원회 조직지원팀장 2017~2018년 대통령 정무수석비서관실 행정관 2018년 광주시 남구청장(더불어민주당)(현)

**김병도(金秉濤) KIM Byung Do**

(생)1935·1·22 (출)함남 영흥 (주)서울특별시 중구 명동길 74-3 천주교 서울대교구청(02-727-2023) (학)1955년 성신고졸 1961년 가톨릭대 신학부졸 1970년 미국 듀겐대 대학원졸 (경)1961년 사제 수품 1961~1966년 해군 군종신부 1966년 후암성당 주임신부 1967년 미국 유학 1971년 천주교 서울대교구 비서실장 겸 홍보담당 1972년 가톨릭출판사 사장 1973년 한국천주교매스컴위원회 총무 1980년 대방동성당 주임신부 1985년 천주교 서울대교구 사무처장 1986~1988년 명동성당 주임신부 1988년 평화신문 편집인 1989년 同이사 1990년 가락동성당 주임신부 1995년 구의동성당 주임신부 1998년 천주교 서울대교구 8지구장 신부 2001년 교황 명예전속사제(몬시뇰) 서임 2002년 천주교 경기도지역교구장 대리 2004년 同교육및수도회담당 교구장 대리 2004~2010년 학교법인 가톨릭학원 상임이사 2006~2010년 천주교 교육담당 교구장 대리 2010년 同서울대교구청 원로사제(몬시뇰)(현) (저)'인간회복의 경영학' '어떻게 기도할 것인가' 회고록 '흘러가는 세월과 함께' (작)복음에세이집 '그 사람이 바로 당신이다' (종)천주교

**김병도(金炳道) KIM Byung Do**

(생)1958 · 8 · 13 (본)울산(蔚山) (출)서울 (주)서울특별시 관악구 관악로 1 서울대학교 경영학과(02-880-8258) (학)1982년 서울대 경영대학졸 1985년 미국 뉴욕대 대학원 경영학과졸 1992년 경영학박사(미국 시카고대) (경)1992년 미국 Carnegie Mellon Univ. 조교수 1996년 서울대 경영학과 교수(현) 2000년 'Seoul Journal of Business' 편집위원장 2002년 미국 하버드대 경영대학원 방문교수 2005~2007년 한국철도시설공단 이사회임원 2007년 서울대 경영대학 교무부학장 겸 경영전문대학원 부원장 2007년 한국마케팅학회 부회장 2008년 '마케팅연구' 편집위원장 2009년 한국소비자학회 부회장 2011년 한국경영학회 부회장 2013~2015년 서울대 경영대학장 겸 경영전문대학원장 2017년 롯데지주(주) 사외이사(현) (저)'출판경영론(共)'(1999) '코카콜라는 어떻게 산타에게 빨간 옷을 입혔는가'(2003) 'Database Marketing : Analyzing and Managing Customers, Springer'(2008) '혁신으로 대한민국을 경영하라'(2013) (종)기독교

**김병두(金炳斗) KIM Byung Doo**

(생)1954 · 12 · 3 (출)전남 목포 (주)서울특별시 영등포구 여의대로 8 여의도파크센터 A동 2205호 (주)메가마케팅그룹(02-785-9872) (학)1973년 경복고졸 1977년 서울대 산업공학과졸 1979년 한국과학기술원(KAIST) 산업공학 석사 1990년 서강대 경영대학원졸(MBA) (경)1979년 대우자동차 근무 1982년 대우그룹 기획조정실 전략기획팀 근무 1982년 대우전자 상품기획실 해외개발부 과장 1985년 한국휴렛팩커드 제조산업과학기술시스템 마케팅담당 매니저 1992년 同시스템영업 이사 1997년 同시스템사업본부 시스템영업담당 상무 2000년 同컨설팅사업본부장(전무) 2003~2005년 同커스터머솔루션그룹 총괄부사장 2005~2011년 PTC코리아 사장 2011년 비핸즈 대표이사 2013~2015년 아이티데일리 대표 2015년 同고문 2015~2019년 (주)참달 대표이사 2019년 (주)메가마케팅그룹 대표이사(현)

**김병두**

(생)1967 · 5 (주)경기도 성남시 분당구 성남대로 343번길 9 SK주식회사(02-6400-1023) (학)서강대 경영학과졸, 미국 뉴욕주립대 대학원 Tech Management 석사 (경)2003년 SK C&C 인력팀장 2009년 同전략기획팀장 2011년 同Compliance팀장 2014년 同구매본부장(상무) 2015년 同SKMS실장 2015년 SK주식회사 C&C SKMS실장 2016년 同지속경영본부장 2017년 同HR본부장 2019년 同고문(현)

**김병량(金炳良) KIM Byung Ryang**

(생)1955·7·5 (본)연안(延安) (출)전북 진안 (주)경기도 용인시 수지구 죽전로 152 단국대학교 도시계획·부동산학부(031-8005-3325) (학)1978년 단국대 행정학과졸 1987년 연세대 행정대학원 수료 1990년 도시및지역계획학박사(일본 쓰쿠바대) (경)1991~2001년 단국대 도시행정학과 조교수·교수 1993~2006년 충남도 교통영향평가위원 1994~2002년 同도립공원위원 1994~1999년 천안시 도시계획위원 1995~1999년 충남도 분쟁조정위원 1995~2000년 同지방도시계획위원 1995~2002년 천안시 공공근로사업추진위원장 1997~2001년 아산시 시정자문위원 2001년 건설교통부 자체평가위원 2001년 단국대 사회과학대학 도시계획·부동산학부 도시지역계획학전공 교수(현) 2002~2004년 同대학원 교학부장 2004~2008년 同건설사업본부장 2004~2007년 건설교통부 중앙건설기술심의위원 2004~2008년 한국철도시설공단 설계자문위원 2005~2008년 건설교통부 전략환경평가위원 2006~2007년 단국대 부동산건설대학원장 2006~2008년 (사)녹색소비자연대전국협의회 공동대표 2007~2008년 한국도로공사 설계자문위원 2010~2011년 단국대 부동산건설대학원장 2011년 同대외협력부총장 2011~2017년 (사)녹색소비자연대전국협의회 이사장 2013~2014년 단국대 대외부총장 2015~2019년 同교학부총장 2017년 (사)녹색소비자연대전국협의회 공동대표(현) (상)성남시민문화상 예술부문(2011), 홍조근정훈장(2014) (저)'신행정학개론'(1995) (역)'도시경제학'(1989) (종)천주교

**김병로**

(생)1964 (출)경북 영덕 (주)전라남도 목포시 남악로162번길 25 서해지방해양경찰청 청장실(061-288-2000) (학)경북 영덕고졸, 한국해양대 항해학과졸, 미국 오클라호마시티대 대학원졸 (경)1998년 경위 임용(간부후보 46기), 해양경찰청 수색구조계장, 제주해양경찰서 해상안전과장, 해양경찰청 경비계장 2011년 同창의성과담당관(총경) 2011년 同경비과장 2012년 속초해양경찰서장 2013년 해양경찰청 수상레저과장, 한국수상레저안전협회 이사 2016년 해양경찰청 구조안전국장(경무관) 2017년 동해지방해양경찰청장 2018년 해양경찰청 경비국장 2019년 서해지방해양경찰청장(치안감)(현)

**김병룡(金柄龍)**

(생)1963 · 8 · 7 (본)김해(金海) (출)대구 (주)서울특별시 서초구 서초중앙로 157 서울중앙지방법원(02-530-1114) (학)1982년 대구 계성고졸 1989년 서울대 사법학과졸 (경)1994년 사법시험 합격(36회) 1997년 사법연수원 수료(26기) 1997년 대구지법 판사 2000년 同상주지원 판사 2003년 서울지법 의정부지원 판사 2004년 서울북부지법 판사 2006년 서울중앙지법 판사 2009년 서울고법 판사 2011년 서울동부지법 판사 2012년 제주지법 부장판사 2013년 의정부지법 부장판사 2016년 서울북부지법 부장판사 2018년 서울중앙지법 부장판사(현)

## 김병만(金炳滿) Kim Byung Man

(생)1964·2·1 (주)경기도 의정부시 추동로 140 경기북부상공회의소 2층 연합뉴스 경기북부취재본부(031-853-1414) (학)1990년 전남대 신문방송학과졸 (경)1990년 연합뉴스 입사·사진부 기자 2002년 同사진부 차장대우 2003년 同월간부(월간 르페르) 차장대우 2004년 同월간부 차장 2006년 同사진부 차장 2007년 同사진부 부장대우 2011년 同사진부 부장급 2012년 同편집국 사진부장 2014년 同사진부 근무(부국장대우) 2015년 同콘텐츠총괄본부 콘텐츠편집부 선임기자 2018년 同디지털융합본부 콘텐츠편집부 선임기자(부국장) 2018년 同디지털융합본부 디지털뉴스부 선임기자(부국장) 2018년 同편집국 콘텐츠편집부 선임기자(부국장) 2019년 同편집국 콘텐츠편집부 기자(선임) 2019년 同경기북부취재본부 기자(선임)(현) (상)한국기자협회 이달의 기자상(2000), 연합뉴스 공정보도상·올해의 기자상, 한국사진기자협회 기자상 (저)'1인미디어 기획에서 제작까지'(2009, 커뮤니케이션북스)

## 김병묵(金昞默) KIM Byung Mook (春崗)

(생)1943 · 5 · 19 (본)언양(彦陽) (출)충남 서산 (주)충청남도 당진시 정미면 대학로 1 신성대학교 총장실(041-350-1552) (학)1964년 목포해양고졸 1968년 경희대 법률학과졸 1976년 일본 긴키대(近畿大) 대학원 법률학과졸 1979년 법학박사(일본 긴키대) (경)1976년 일본 법질서연구회 연구위원 1978년 일본 긴키대(近畿大) 강사 1980~2008년 경희대 법학과 교수 1983년 同학생처장 1985년 일본 긴키대(近畿大) 교환교수 1990년 경희대 법과대학장 1994년 同행정대학원장 1996~1998년 同기획관리실장 · 기획조정실장 1998~2003년 同서울캠퍼스 부총장 1998년 교육부 자문위원 1998년 경찰청 개혁위원회 위원 2003년 전국대학부총장협의회 회장 2003~2006년 경희대 총장 2005년 한국사립대학총장협의회 회장 2005~2006년 한국대학교육협의회 회장 2005년 충청향우중앙회 수석부총재 2006년 대한민국ROTC중앙회 회장 2006년 한의학국제박람회의 조직위원장 2009년 바른교육국민연합 상임대표 2011~2012년 학교법인 덕성학원(덕성여대) 이사장 2013년 신성대 총장(현) 2013~2017년 민주평통 충남지역회의 부의장 2013년 대한민국ROTC출신대학총장협의회 부회장 2014~2017년 (사)교육과학강국실천연합 이사장 (상)화랑무공훈장(1968), 자랑스러운 ROTC인상(2004), 자랑스러운 경희인상(2007), 청조근정훈장(2008), 자랑스러운 목포해양대인(2010), 자랑스러운 충청인 특별대상 교육부문(2016) (저)'현대 미국 대통령제' '인권과 역사' '新헌법' '헌법체계론' '북한의 인권' (종)기독교

## 김병문(金秉文) KIM Byung Moon

(생)1957·10·23 (본)김해(金海) (출)경남 (주)서울특별시 관악구 관악로 1 서울대학교 화학부(02-880-6644) (학)1980년 서울대 화학과졸 1982년 同대학원 화학과졸 1988년 이학박사(미국 매사추세츠공대) (경)1988~1990년 미국 Massachusetts Institute of Technology Post-Doc. 1990~1995년 미국 Merck제약회사 연구원 1995년 서울대 화학과 조교수·부교수, 同화학부 교수(현), 同BK21 화학분자공학사업단장, 미국 국립보건원(NIH) 객원연구원 2003년 독일 레겐스부르그대 Innovatec Guest Lecturer, (주)LG 자문위원, (주)크리스탈지노믹스 자문위원, (주)테라젠 자문위원 2006~2012년 서울대 화학부 학부장 2012~2014년 한국연구재단 화학분야 책임전문위원 2014년 대한화학회 Bulletin of the Korean Chemical Society 및 대한화학회지 편집장 2014~2016년 서울대 교무처장 2018년 서울대 평의원회 연구위원장(현) (상)Top-Five-Percent Performance Award(1995), SBS Scholar상(2002), 서울대 자연과학대학 우수강의상(2005·2018), ACP Lectureship Award(2010~2012·2014) (저)'과학과 신앙(共)'(1997) '과학 그 위대한 호기심(共)'(2002) '생명의 화학, 삶의 화학(共)'(2009) '영재들을 위한 화학강의(共)'(2010) '물질에서 생명으로(共)'(2018) (종)기독교

## 김병삼(金炳三) Kim Byeong Sam

(생)1968·8·28 (출)경북 영천 (주)경상북도 안동시 풍천면 도청대로 455 경상북도청 자치행정국(054-880-2800) (학)대구고졸, 영남대 경제학과졸 (경)경북도 과학기술진흥과 산학협력담당 2006년 同생활경제교통지원팀장 2007년 同경제과학진흥본부 미래전략사업팀장 2010년 同국제통상과장(서기관) 2012년 同예산담당관 2013년 경북 의성군 부군수 2015년 경북 영천시 부시장(부이사관) 2017년 교육파견(부이사관) 2018년 경북도 문화관광체육국장 2019년 同자치행정국장(현)

## 김병석(金炳錫)

(생)1961·6·4 (주)강원도 춘천시 중앙로 1 강원도의회(033-256-8035) (학)한국방송통신대 농학과졸 (경)남원주초 운영위원장, 제16대 안상현 국회의원 보좌관(4급), 민주당 원주지역운영위원회 위원장, 同강원도당 상무위원 2010~2014년 강원 원주시의회 의원(비례대표, 민주당·민주통합당·민주당·새정치민주연합) 2012년 同산업경제위원회 위원, 원주시 단구동번영회장(현) 2018년 강원도의회 의원(더불어민주당)(현) 2018~2019년 同예산결산특별위원회 위원장 2018년 同사회문화위원회 위원(현)

## 김병석(金秉奭) Kim Byeong Seok

(생)1965 (출)전남 장흥 (주)경기도 이천시 마장면 청강가창로 389-94 청강문화산업대학교 공연예술스쿨(031-639-5988) (학)1983년 광주고졸 1988년 고려대 경제학과졸 2015년 중앙대 예술경영대학원졸 (경)1988~2000년 삼성전자(주) 영상사업단 공연사업담당 2000~2001년 WAD엔터테인먼트 COO 2001~2003년 한국문화콘텐츠진흥원 음악산업팀장 2003~2014년 CJ엔터테인먼트 및 CJ E&M 공연사업부문 대표 2014년 CJ E&M 자문역 2015~2017년 아시아문화원 초대원장, 청강문화산업대 공연예술스쿨 교수(현) 2019년 정동극장 이사장(현)

## 김병섭(金秉燮) KIM Byong Seob

(생)1954·4·5 (본)김해(金海) (출)부산 (주)서울특별시 관악구 관악로 1 서울대학교 행정대학원(02-880-5602) (학)1972년 부산고졸 1976년 서울대 농경제학과졸 1978년 同행정대학원 행정학과졸 1990년 행정학박사(미국 조지아대) (경)1982~1997년 목원대 행정학과 전임강사·조교수·부교수 1991~1994년 현대사상연구소 소장 1997~2019년 서울대 행정대학원 조교수·부교수·교수 1998년 한국행정학회 편집위원장 1998년 참여연대 정책사업단 위원·단장 1998~2002년 서울대 행정대학원 정보통신방송정책과정 주임교수 1999년 한국행정학회 연구위원장 1999~2000년 국무총리실 인문사회연구회 이사 2002년 기획예산처 정부산하기관평가위원회 위원 2003~2004년 독일 베를린자유대 초빙교수 2004년 행정자치부 정부조직진단변화관리자문위원회 위원장 2004년 대통령자문 정부혁신지방분권위원회 수석운영위원 2004~2008년 투명성포럼 공동대표 2006년 대통령자문 정부혁신지방분권위원회 위원장 2011년 한국행정학회 회장 2011~2012년 서울대 행정대학원장 2012~2013년 한국도로공사 비상임이사 2015년 서울대 평의원회 부의장 2017년 同평의원회 의장 2019년 同행정대학원 명예교수(현) (저)'현대조직의 이해' '중앙정부의 직무분석' '조직의 이해와 관리'(2000)

## 김병수(金炳洙) KIM Byung Soo

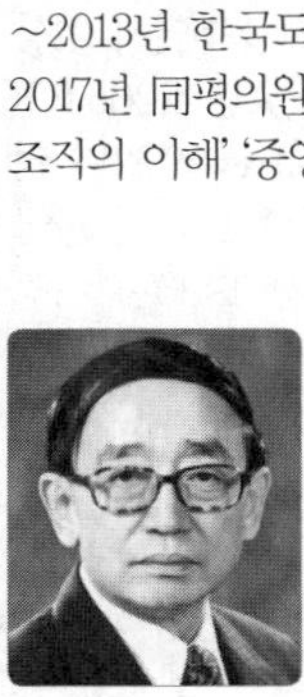

(생)1936 · 5 · 8 (본)광산(光山) (출)강원 원주 (주)서울특별시 서대문구 연세로 50-1 연세대학교 의과대학(1599-1004) (학)1955년 배재고졸 1961년 연세대 의대졸 1985년 의학박사(일본 岡山大) 1998년 명예 법학박사(고려대) 1998년 명예 인문학박사(미국 뉴욕주립대) (경)1966년 미국 시카고대 의

대 Michael Reese Hosp. Medical Center 인턴 1968년 미국 일리노이대 Cook County Hosp. 레지던트 1970년 미국 하버드대 의대 Dana-Farber Cancer Institute 수료 1970년 미국 Boston Children's Medical Center 수료 1970~1974년 미국 하버드대 의대 전임강사 1974~2002년 연세대 의대 교수 1978년 同암센터원장 1989~1993년 대한암학회 이사장·회장 1993년 대한두경부종양학회 회장 1995년 대한암협회 이사장(부회장) 1996년 한국과학기술한림원 종신회원(현) 1996~2017년 소화아동병원 이사장 1996~2000년 연세대 총장 1997년 Global Care(NGO) 이사장(현) 1999~2002년 한국과학기술단체총연합회 회장 2000년 '2000건강박람회' 조직위원장 2001년 연세대 의대 명예교수(현) 2002~2009년 포천중문의대 총장 2002년 대한민국학술원 회원(의학·현) 2006~2009년 포천중문의대 대학원장 (상)국민훈장 무궁화장(1999), 청조근정훈장(2001) (저)'소아과학(共)'(1983) '소아과학대전(共)'(1998) (종)기독교

## 김병수(金秉洙)

(생)1954·11·19 (출)대구 달성 (주)경상북도 울릉군 울릉읍 도동2길 66 울릉군청 군수실(054-790-6001) (학)2010년 대구고부설 방송통신고졸, 호산대 노인보건복지학과졸 (경)경북 울릉군 지적계장, 울릉군학교운영위원장협의회 회장, 울릉군체육회 이사 2006·2010~2014년 경북 울릉군의회 의원(한나라당·새누리당) 2010~2012년 同의장, 경북 울릉로타리클럽 회장 2018년 경북 울릉군수(자유한국당)(현) (상)행정자치부장관표창(2001), 대통령표창(2006), 지방의정 봉사상(2011)

## 김병수(金秉洙) KIM Byoung Soo

(생)1956·1·9 (출)강원 원주 (주)서울특별시 영등포구 국제금융로8길 19 한우리경제(02-6959-1321) (학)원주 진광고졸, 강원대 관광경영학과졸 (경)1981년 종교신문 기자 1990년 운송신문 차장 1999년 세계일보 경제부 차장 2000년 同체육부 차장 2003년 同경제부 부장대우 2003년 同경제2부장 2004년 同산업부장 2005년 同체육부장 2006년 同편집인 겸 대표이사 부사장 2007~2011년 한국신문방송편집인협회 이사 2008~2013년 (주)세계닷컴 대표이사 2008년 강원도민회 이사 2010~2013년 스포츠월드 사장 2010년 세계일보 대표이사 총괄부사장 2012~2013년 同대표이사 사장 2014~2017년 세계평화터널재단 부이사장 2017년 (유)한우리정경문화연구소 인터넷매체 'Business First' 발행인 겸 편집인 2018년 한우리경제 발행인 겸 편집인(현) (상)대통령표창(1994) (저)'바다경영'(1998)

## 김병수(金炳秀)

(생)1960 (주)서울특별시 송파구 중대로 221 송파경찰서(02-3402-6321) (학)경북 죽변종고졸, 경찰대학졸(5기), 고려대 대학원 경영학과졸, 행정학박사(서울시립대) (경)2008년 대구지방경찰청 경비교통과장(총경) 2009년 경북 영주경찰서장 2011년 서울지방경찰청 경비2과장 2011년 同정보2과장 2013년 서울 서대문경찰서장 2014년 경찰청 보안3과장 2015년 서울지방경찰청 정보2과장 2016년 울산지방경찰청 제1부장(경무관) 2017년 경북지방경찰청 제2부장 2018년 경남 창원중부경찰서장 2019년 서울 송파경찰서장(현)

## 김병수(金炳洙) byungsoo kim

(생)1961·1·3 (출)충남 논산 (주)서울특별시 광진구 자양로 76 우체국물류지원단 이사장실(070-7202-1121) (학)1981년 강경상고졸 1985년 성균관대 행정학과졸 1990년 서울대 행정대학원졸 (경)1996년 정보통신부 전파방송관리국 방송과 서기관 1997년 同전파방송관리국 통신위성과 서기관 2002년 서대전우체국장 2003년 정보통신부 우정사업본부 금융사업단 예금과장 2005년 同정보통신정책국 소프트웨어진흥팀장 2006년 同소프트웨어진흥단 소프트웨어정책팀장(서기관) 2006년 同소프트웨어진흥단 소프트웨어정책팀장(부이사관) 2008년 지식경제부 소프트웨어진흥과장 2009년 同투자정책과장 2009년 강원체신청장(고위공무원) 2010년 국방대 교육파견(고위공무원) 2011년 지식경제부 외국인투자지원센터 종합행정지원실장 2012년 전남지방우정청장 2014년 미래창조과학부 우정사업본부 우편사업단장 2015년 전북지방우정청장 2018년 우체국물류지원단 이사장(현) (상)근정포장(2006)

## 김병수(金秉洙) KIM Byeong Su

(생)1963·11·13 (본)광산(光山) (출)전북 부안 (주)충청남도 예산군 예산읍 대학로 54 공주대학교 특수동물학과(041-330-1523) (학)1986년 전북대 수의학과졸 1990년 同대학원 수의학과졸 1993년 수의학박사(전북대) (경)1987년 대한수의학회 회원 1988년 한국수의공중보건학회 회원 1989~1996년 군산전문대학 강사 1992년 대한기생충학회 회원 1994~2004년 서해대학 부교수 1995년 대한임상병리학회 회원 1999년 실험동물학회 회원 2005년 공주대 특수동물학과 교수(현) 2006년 同특수동물학과장 2010년 충남야생동물구조관리센터 구조본부장(현) 2011년 한국동물복지학회 부회장(현) 2011년 수바이오젠 대표(현) 2012~2017년 공주대 산학협력선도대학육성사업단 부단장 겸 창업교육센터장 2018년 同산업과학대학장 겸 산업과학대학원장(현) (상)서해대학 공로상(2002), 중소기업청 공로상(2004) (저)'공중보건학'(1996) '인체해부학도보'(1998) '임상생리학실습'(1999) '임상생리검사학'(2000) (종)기독교

## 김병수(金炳秀) KIM Byung Soo

(생)1968·1·10 (본)김해(金海) (출)대구 (주)서울특별시 서초구 서초중앙로 157 서울중앙지방법원(02-530-1690) (학)1986년 관악고졸 1990년 고려대 법학과졸 (경)1991년 사법시험 합격(33회) 1994년 사법연수원 수료(23기) 1994년 軍법무관 1997년 인천지법 부천지원 판사 1999년 서울지법 남부지원 판사 2002년 창원지법 밀양지원 창녕군법원 판사 2004년 서울행정법원 판사 2006년 서울고법 판사 2007년 대법원 재판연구관 2009년 전주지법 부장판사 2011년 의정부지법 부장판사 2013년 서울북부지법 부장판사 2013년 서울행정법원 부장판사 2015~2017년 한국디자인진흥원 디자인분쟁조정위원회 위원 2017년 서울북부지법 부장판사 2019년 서울중앙지법 형사수석부장판사(현)

## 김병수(金炳秀) Kim Byoung-Soo

(생)1970·11·24 (출)강원 홍천 (주)강원도 강릉시 남부로 222 강남축구공원 강원FC(033-655-0500) (학)서울 경신고졸, 고려대졸 (경)1989년 국가대표 축구선수 1992년 제일은행축구단 소속 1992년 바르셀로나올림픽 국가대표 1994~1997년 일본 프로축구 코스모 석유 욧카이치FC 소속 1998년 일본 프로축구 오이타 트리니타 소속 1998년 경신고 코치 1999~2001년 포철공고 코치 2002년 고려대 코치 2003~2006년 프로축구 포항 스틸러스 코치 2007년 同기술부장 2008~2016년 영남대 감독 2017년 서울 이랜드 FC 감독 2018년 강원FC 전력강화부장 2018년 同감독(현) (상)대학축구연맹 최우수지도자상(2016), 대학스포츠총장협의회 우수지도자상(2016)

## 김병숙(金炳塾) Kim Byung-sook

(생)1958·3·15 (본)광산(光山) (출)전북 정읍 (주)충청남도 태안군 태안읍 중앙로 285 한국서부발전(주) 임원실(041-400-1000) (학)1976년 전라고졸 1980년 전북대 전기공학과졸 1983년 同대학원 전기공학과졸 2000년 핀란드 헬싱키경제대 대학원 공익기업경영학과졸 2008년 전기공학박사(전북대) (경)2007년 한국전력공사 배전운영처 배전운영팀장 2008년

同배전계획처 배전전략팀장 2009년 同전북본부 익산지점장 2010년 同배전건설처장 2012년 同기술기획처장 2012년 同전력연구원장 2013년 同기술엔지니어링본부장(상임이사) 2013~2015년 同신성장동력본부장(상임이사) 2014~2015년 (사)대한전기학회 부회장 2014년 한국서부발전 비상임이사 2014~2017년 한국전력기술 비상임이사 2015~2018년 울릉도친환경에너지자립섬(주) 대표이사 2018년 한국서부발전(주) 사장(현) (상)대통령표창(2003), 지식경제부장관표창(2008), 국무총리표창(2009), 동탑산업훈장(2014)

**김병식(金炳植) KIM Byung Shik**

(생)1959·1·3 (본)김해(金海) (출)전북 전주 (주)서울특별시 송파구 양재대로 1239 한국체육대학교 레저스포츠학과(02-410-6964) (학)1978년 전주농림고졸 1982년 한국체육대 체육학과졸 1984년 同대학원 체육학과졸 1990년 미국 오하이오주립대 대학원 스포츠경영학박사과정 수료 1992년 스포츠경영학박사(미국 뉴멕시코대) (경)1978~1984년 배드민턴 국가대표 및 주장 1982년 제9회 뉴델리아시아경기대회 단체3위(동메달) 1985~1987년 일본 후쿠오카대·쓰쿠바대 연구원 1993~1996년 연세대·세종대·이화여대 강사 1995년 이란 배드민턴대표단 감독 1995년 한국스포츠산업경영학회 총무이사 1997년 한국체육대 레저스포츠학과 조교수·부교수·교수(현) 2002년 국제스포츠외교연구회 상임이사 2002년 한국스포츠산업경영학회 상임이사(총무·편집인), 同창설추진위원 2002~2004년 아시아스포츠산업경영학회 사무총장 2003~2006년 한국스포츠산업경영학회 상임이사 2004~2006년 한국체육대 기획실장 겸 사회체육과장(야간) 2007년 아시아스포츠산업경영학회 부회장 2007~2008년 한국체육학회 이사, 同논문심사위원, 대한체육회 선수심의위원, 한국체육과학연구원 출판위원, 대한배드민턴협회 사업개발위원회 위원, 同연수위원회 위원, SBS스포츠TV 배드민턴 해설위원 2009년 서울시인라인롤러연맹 부회장(현) 2009년 대한롤러스포츠연맹 운영위원(현) 2009년 서울시근대오종연맹 부회장(현) 2011~2013년 국민생활체육회 국제분과 자문위원 2013년 한국스포츠산업경영학회 회장 (상)체육포장(1982), 한국스포츠리서치 논문우수상·감사장(2007), 태국스포츠산업경영학회 감사패(2008), 한국체육학회 공로패(2009) (저)'스포츠경영학'(1994) '스포츠마케팅'(1995) '스포츠 경영학'(2판)(1996) '스포츠 경영학'(3판)(1996) '스포츠 마케팅'(2판)(1997) '스포츠연구법'(2000) '스포츠 마케팅'(3판)(2002) '스포츠개론(共)'(2003) '스포츠연구법(共)'(2004) '스포츠경영학'(2004) '체육지도자 훈련지도서(근대5종)(共)'(2010)

**김병식(金炳植)**

(생)1966·8·10 (출)대전 (주)충청남도 홍성군 홍성읍 법원로 38 대전지방법원 홍성지원(041-640-3100) (학)1985년 서대전고졸 1989년 서울대 경영학과졸 (경)1996년 사법시험 합격(38회) 1999년 사법연수원 수료(28기) 1999년 서울지법 예비판사 2002년 광주지법 판사 2003년 전주지법 판사 2004년 대전지법 재판부 행정단독 판사 2009년 특허법원 판사 2012년 대법원 재판연구관 2014년 대전지법 부장판사 2017년 청주지법 부장판사 2018년 대전지법 홍성지원장·대전가정법원 홍성지원장(현)

**김병연(金炳椽) Kim, Byung-Yeon**

(생)1962·2·20 (주)서울특별시 관악구 관악로 1 서울대학교 경제학부(02-880-6370) (학)1985년 서울대 경제학과졸 1987년 同대학원 경제학과졸 1996년 경제학박사(영국 Univ. of Oxford) (경)1993~1994년 러시아 노동및국제관계대학원 방문연구원 1996~2001년 영국 Univ. of Essex 경제학과 조교수 1996~1997년 대통령자문 정책기획위원회 비상임전문위원 1998~1999년 영국 경제·사회연구학술진흥재단 지원연구과제 '소련/러시아 가계의 비공식부문 경제활동' 총책임연구원 1999년 러시아 이행기경제연구소 초청연구원 2000~2002년 유럽연합지원 4개국 공동연구과제 '루마니아와 불가리아의 비공식부문 경제활동' 간사 겸 총책임연구원 2001~2003년 영국 경제사회연구학술진흥재단 자문 겸 심사위원 2001~2003년 영국 Univ. of Essex 경제학과 부교수 2001년 핀란드 중앙은행 이행기경제연구소 방문연구원 2003년 서강대 경제학부 부교수 2006년 서울대 경제학부 부교수·교수(현) 2007~2016년 同통일평화연구원 부원장 2014~2017년 대통령직속 통일준비위원회 경제분과위원회 전문위원, 외교부 자체평가위원, 同정책자문위원(현) 2015년 (재)통일과나눔 이사(현) 2017년 통일부 남북교류협력위원회 위원 2019년 同정책자문위원(현) (상)영국 교육부 Overseas Research Scholarship(1997), Economic History Association(U.K.) T.S. Ashton Prize(최고논문상)(2003), 한국경제학회 청람상(2006), 제63회 대한민국학술원상 사회과학부문(2018) (저)'Financial Sector Reform in Transition Economies : Implications for North Korea(SNU Press and IMF)'(共·編) '남북통합지수(共)'(2009)

**김병연(金丙淵) Kim Byung-yun**

(생)1964·11·27 (주)서울특별시 종로구 사직로8길 60 외교부 인사운영팀(02-2100-7136) (학)1990년 서울대 철학과졸 (경)1992년 외무고시 합격(26회) 1992년 외무부 입부 2001년 駐애틀랜타 영사 2004년 駐파라과이 참사관 2007년 외교통상부 남미과장 2009년 同정책홍보담당관, 同제4차원조효과고위급포럼준비기획단 파견(수석부장) 2012년 駐그리스 참사관 2014년 駐스위스 공사참사관 2017년 駐도미니카공화국 대사(현) (상)근정포장(2012)

**김병옥(金秉玉) KIM Byung-Ock (素田)**

(생)1959·8·1 (본)김해(金海) (출)전남 장흥 (주)광주광역시 동구 필문대로 303 조선대학교 치과병원 치주과(062-220-3850) (학)1977년 광주고졸 1984년 조선대 치의학과졸 1987년 同대학원 치의학과졸 1994년 치의학박사(경희대) (경)1990~2001년 조선대 치과대학 치의학과 전임강사·조교수·부교수 1995년 同치과병원 소아치과장 1996~1997년 미국 베일러대 치과대학 교환교수 1997년 미국 치주과학회 국제회원(현) 1998~2001년 조선대 치과대학 학장보 2001~2003년 同치과병원 진료부장 2001년 同치과대학 교수(현) 2007~2009년 同치과대학장 겸 치의학전문대학원장, 同대학원 치의학과 주임교수 2009년 同치과병원 치주과장 2009~2014년 대한치주과학회 부회장 2010~2012년 조선대 치과병원장, 대한임프란트학회 광주지부 고문 2013년 건강보험진료심사평가위원회 위원(광주)(현) 2014년 조선대 치과병원 임플란트센터장(현) 2015년 同치과대학 치의학도서실장(현) 2016년 대한치과감염학회 부회장(현) (상)대한치주과학회 신인학술상(1993), 한국과학기술단체총연합회 제18회 과학기술우수논문상(2008) (저)'치주과학'(1992·2009) '최신임상 심미치과 원색도해'(1998) '치주학'(2003) '임플란트 문제점의 해결'(2004) '치주과학임상지침서'(2004) '치아건강 요람에서 무덤까지'(2005) '임상치의학'(2006) '치과치료의 응급처치'(2007) '치주과학 치위생사를 위한 치주학' '치주과학 6판'(2015) (역)'Implant의 연조직과 심미'(2004) '재생의학과 조직공학'(2004) '조직-생체재료 상호작용 개론'(2005) '치주-성형-재건술'(2008) '치과임플란트 합병증-원인과 예방 및 치료'(2012) '치주-임플란트 심미-성형술'(2015) '임상치주임플란트학'(2016) '임상치주학'(2016) (종)불교

**김병우(金炳宇) KIM, Byoung Woo (亨周)**

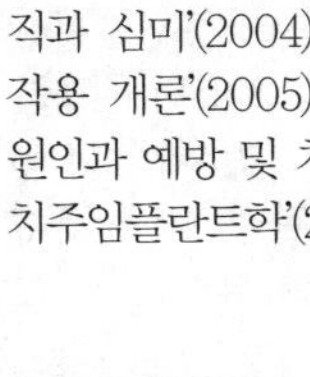

(생)1945·4·21 (본)청도(淸道) (출)서울 (주)서울특별시 강남구 광평로56길 8-13 수서타워 1912호 한국시니어과학기술인협회(KASSE)(02-3411-7630) (학)1964년 중앙고졸 1969년 동국대 응용생물학과졸 1978년 同대학원졸(석사) 1985년 이학박사(동국대) (경)1978~1986년 상지대 과학교육학과 전임강사·조교수 1980년 同학생과장 1983년 한국동굴학회 부회장 1986~2000년 상지대 생물학과 부교수·교수 1987년 강원도립공원위원회 위원 1987년 한국생태학회 이사 1988년 상지대 이학부장 1989~

1992년 同기획관리실장 1992~1993년 同환경과학연구소장 1997~1999년 同이공과대학장 1999~2003년 한국동굴학회 회장 2000~2010년 상지대 생명과학과 교수 2001년 강원도 문화재위원 2001년 원주지방환경청 생태계조사책임전문가 2001~2008년 국회 환경포럼 정책자문위원 2003~2018년 한국생태학회 상임평의원 2005~2010년 한국과학기술정보연구원 강원지역협의회 자문교수·위원 2007~2010년 한국환경자원공사 자문위원 2008~2012년 원주지방환경청 멸종위기종인공증식심사위원회 자문위원 2008~2010년 同대암산용늪보전협의회 위원 2009~2012년 강원도 DMZ정책자문위원회 위원 2010~2012년 상지대 생명과학과 외래교수 2010~2011년 한국자연환경보전협회 부회장 2010년 환경부 한국형생태관광활성화연구포럼 위원 2012~2017년 한국과학기술정보연구원 ReSEAT프로그램 전문연구위원 2012년 한국식물학회 대의원 2013년 한국과학기술개발원 이사(현) 2013년 한국과학기술정보연구원 인천어린이과학관 심층해설위원 2013년 同큐레이터프로그램 과학교실 강연강사 2015년 강원녹색환경지원센터 연구사업평가위원회 위원(현) 2017년 한국시니어과학기술인협회(KASSE) 농식품·바이오·의약분과 전문위원 겸 청소년과학꿈나무육성교육사업 위원(현) 2018년(사)과학기술연우연합회 ReSEAT청소년과학교육사업 전문위원(현) 2018년 한국과학창의재단 2018개인교육기부자(현) (상)한국동굴학회장 학술상(1995), 환경부장관표창(2007), 옥조근정훈장(2010) (저)'자연과학개론'(共) '일반생물학'(共) '테라리움'(共) '동굴환경의보존관리지침'(共) '한국비무장지대의 식물생태'(共) '일반식물학'(共) 'Technical Terminology of Caves Multilingual Translation'(共·編) (역)'일반생물학'(共) '환경과학'(共) '생물학개론'(共) '환경생물학'(共) '생명과학'(共) (종)불교

## 김병우(金炳佑) KIM Byoung Woo

(생)1957·8·4 (본)함창(咸昌) (출)경북 상주 (주)충청북도 청주시 서원구 청남로 1929 충청북도교육청 교육감실(043-290-2001) (학)1976년 김천고졸 1980년 충북대 국어교육과졸 1989년 同교육대학원 국어교육학과졸, 同대학원 교육행정학 박사과정 수료 (경)1980~2006년 회인중·목도중·증평여자중·매포중·옥천중·주성중·청주남중 교사, 충북교사협의회 정책실장 1999년 전국교직원노동조합 충북지부장 2003~2005년 충북영상교사모임 회장 2004~2005년 전국민주노동조합총연맹 충북본부 부본부장 2005년 새충청일보 논설위원 2006년 청주시 학교급식조례제정운동본부 대표 2006~2010년 충북도교육위원회 교육위원 2010년 충북도 교육감 선거 출마 2012~2013년 충북교육발전소 상임대표 2014·2018년 충청북도 교육감(현) (상)충북도교육감표창(1996) (저)'신나는 학교가 진짜 경쟁력이다'(2013) (종)천주교

## 김병욱(金炳旭) KIM BYUNG WOOK

(생)1965·4·15 (출)경남 산청 (주)서울특별시 영등포구 의사당대로 1 국회 의원회관 1003호(02-784-3670) (학)1984년 배정고졸 1988년 한양대 법학과졸 1995년 고려대 경영대학원 경영학과졸 2009년 경영학박사(국민대) (경)손학규 정책특보, 국민대 겸임교수, 경제정의실천시민연합 상임집행위원, 성남산업진흥재단 이사 2012년 제19대 국회의원선거 출마(성남시 분당구乙, 민주통합당) 2013년 동아시아미래재단 사무총장 2015년 더불어민주당 경기성남시분당구乙지역위원회 위원장(현) 2015년 가천대 경영학과 겸임교수 2016년 제20대 국회의원(성남시 분당구乙, 더불어민주당)(현) 2016~2017년 더불어민주당 원내부대표 2016~2018년 국회 교육문화체육관광위원회 위원 2016·2018·2019년 국회 운영위원회 위원 2017년 더불어민주당 제19대 문재인 대통령후보 중앙선거대책위원회 공보단 대변인 2017~2018년 국회 예산결산특별위원회 위원 2017년 국회 예산결산특별위원회 추경예산안등조정소위원회 위원 2017~2018년 국회 미세먼지대책특별위원회 위원 2018~2019년 더불어민주당 원내부대표 2018년 국회 정무위원회 위원(현) (상)법률소비자연맹 국회의원 헌정대상(2017·2018), 소상공인연합회 초정상(2017) (저)'김병욱, 분당에 서다'(2012)

## 김병운(金秉云) KIM Pyung Un (旨山)

(생)1957·1·22 (본)김녕(金寧) (출)충북 옥천 (주)서울특별시 강남구 테헤란로92길 7 법무법인 바른(02-3479-2690) (학)1975년 대전고졸 1980년 서울대 법과대학졸 (경)1980년 사법시험 합격(22회) 1982년 사법연수원 수료(12기) 1982년 사단 보통군법회의 검찰관 1985년 춘천지법 판사 1988년 同강릉지원 판사 1990년 수원지법 성남지원 판사 1992년 인천지법 판사 1993년 서울고법 판사 1995년 대법원 재판연구관 1999년 서울지법 의정부지원 부장판사 2000년 同북부지원 부장판사 2001년 미국 Columbia Law School Visiting Scholar 2003년 서울중앙지법 부장판사 2005년 대전지법 수석부장판사 2005년 대전고법 부장판사 2006년 서울고법 부장판사 2011년 同수석부장판사 2011년 전주지법원장 2013~2014년 수원지법원장 2014년 법무법인 바른 변호사(현) 2018년 교육부 사학분쟁조정위원회 위원(현) (종)불교

## 김병원(金炳沅) KIM BYEONG WON

(생)1953·10·5 (출)전남 나주 (주)서울특별시 중구 새문안로 16 농업협동조합중앙회 회장실(02-2080-5093) (학)광주농고졸, 광주대 경영학과졸 2001년 전남대 경영대학원 경영학과졸 2004년 同농업개발대학원 농업개발학과졸 2010년 경제학박사(전남대) (경)1978년 농협중앙회 입회 1994~1999년 남평농협 전무 1999년 MBC 시청자자문위원·21세기 자치발전위원회 위원·전국RPC조합운영협의회 자문위원 1999~2012년 제13·14·15대 남평농협 조합장 2003년 전국무배추협의회 회장 2004년 농협중앙회 이사 2004년 전남도 농어촌진흥기금 운용심의위원회 위원 2006년 농림축산식품부 양곡정책심의회 위원 2007년 민주평통 상임위원 2013~2015년 NH무역 대표이사 2015년 농업법인회사 농협양곡(주) 대표이사 2016년 농업협동조합중앙회 회장(현) 2016년 국제협동조합농업기구(ICAO) 회장(현) (상)농림부장관표창(2000·2003·2005·2006·2007), 나주시장 감사패(2001), 농협중앙회장표창(2002·2003·2005·2006·2007·2008·2009), 대통령표창(2003), 전남도지사표창(2005), 나주시장표창(2006), 철탑산업훈장(2007), 지역사회발전 남평읍민의상(2009), 제13회 자랑스러운 전남인표창(2009), '자랑스러운 전남대인' 선정(2016), 국제협동조합연맹 로치데일공정개척자대상(2019)

## 김병윤(金炳允) Byoung Yoon Kim

(생)1953·6·25 (주)대전광역시 유성구 대학로 291 한국과학기술원 자연과학대학 물리학과(042-350-2527) (학)1977년 서울대 물리학과졸 1979년 한국과학기술원(KAIST) 물리학과졸(석사) 1985년 이학박사(미국 스탠포드대) (경)1979~1982년 한국과학기술연구원(KIST) 연구원 1985~1989년 Litton Systems Inc. 기술고문 1985~1990년 미국 Stanford Univ. 전기과 조교수 1988년 SRI International 기술고문 1989~1990년 미국 NASA 기술고문 1990~2018년 한국과학기술원(KAIST) 물리학과 부교수·교수 1996~1998년 영국 물리학회(MST) 편집위원 1997~1999년 미국 광학회(Optics Letters) 편집위원 1998~1999년 International Conference on Optical Fiber sensors 운영위원장 1999년 IEEE 연구원(현) 1999년 영국 Institute of Physics Chartered Physicist 연구원(현) 1999년 OSA(Optical Society of America) 연구원(현) 2000년 Optical Society of Japan(일본광학회) Optical Review 편집위원(현) 2000년 한국광학회(OSK) 이사·고문(현) 2000~2008년 Novera Optics Inc. CEO 2013~2015년 한국과학기술원(KAIST) 연구부총장 2014년 미래창조과학부 공과대학혁신위원회 위원 2017~2018년 한국과학기술원(KAIST) KAIST창업원장 겸 K-School원장 2018년 同물리학과 명예교수(현)

## 김병윤(金柄潤) KIM Byung Yun

(생)1962 · 6 · 15 (출)서울 (주)서울특별시 중구 을지로5길 26 미래에셋 센터원빌딩 이스트타워 미래에셋대우 혁신추진단(02-3774-5910) (학)1981년 숭실고졸 1989년 서울대 계산통계학과졸 (경)1988년 동원증권 정보시스템실 근무 1999년 同기획실 과장 1999년 KTB 기획팀 부장 1999년 미래에셋증권(주) 사이버팀 본부장 2002년 同IT사업본부장(상무이사) 2005년 同IT사업본부장(부사장) 2006년 同IT사업부문장(부사장) 2006년 同경영지원부문 대표 2009~2011년 同IT사업부담당 부사장 2012년 미래에셋펀드서비스 대표이사 2016년 미래에셋캐피탈 공동대표이사 2017년 미래에셋대우(주) 혁신추진단 대표(현)

## 김병일(金炳日) KIM Byung Il

(생)1945 · 9 · 1 (본)김녕(金寧) (출)경북 상주 (주)경상북도 안동시 도산면 백운로 268-6 (사)도산서원선비문화수련원(054-851-2000) (학)1963년 중앙고졸 1967년 서울대 사학과졸 1977년 同행정대학원졸 (경)1971년 행정고시 합격(10회) 1971년 행정사무관 임용 1974년 경제기획원 행정사무관 1979년 同기획관리실 법무담당관 1981년 同예산실 예산제도담당관 1982년 미국 남가주대 · 일본 산업능률대 연수 1982년 경제기획원 예산실 건설교통예산담당관 1986년 同공정거래실 단체과장 1986년 同물가정책국 조정과장 1988~1990년 同예산실 예산정책과장 · 예산총괄과장 1990년 한국개발연구원 파견 1991년 경제기획원 공보관 1992년 同예산심의관 1994년 同예산실 총괄심의관 1994년 同국민생활국장 1995년 국회 예산결산특별위원회 전문위원 1995년 국회 예산결산특별위원회 수석전문위원 1997년 통계청장 1998년 기획예산위원회 사무처장 1999년 조달청장 2000~2002년 기획예산처 차관 2002년 금융통화위원회 위원 2004~2005년 기획예산처 장관 2005~2008년 한국개발연구원(KDI) 자문위원 2006~2009년 삼성고른기회장학재단 이사 2008년 (사)도산서원선비문화수련원 이사장(현) 2009~2014년 한국국학진흥원 원장 2010~2011년 신한금융지주 사외이사 2013년 월봉서원 원장(현) 2015년 도산서원 원장(현) 2015~2017년 영남대 석좌교수 (상)대통령표창(1979), 황조근정훈장(2003), 청조근정훈장(2005), 자랑스런 서울대 사학인(2010) (저)'퇴계처럼'(2012, 글항아리) '선비처럼'(2015, 나남) '퇴계의 길을 따라'(2019, 나남) (종)유교

## 김병일(金炳日) KIM Byung Il

(생)1951 · 1 · 20 (본)안동(安東) (출)경북 의성 (주)서울특별시 강서구 화곡로68길 82 국가경영전략연구원 원장실(02-786-7799) (학)1969년 대구 계성고졸 1973년 연세대 경제학과졸 1980년 서울대 행정대학원 수료 1982년 미국 헌터대 대학원 도시경제학과졸 2003년 연세대 정보대학원 최고위과정 수료 2004년 서울대 법과대학 공정거래법전문연구과정 수료 (경)1972년 행정고시 합격(11회) 1973년 원호처 사무관 1978~1984년 경제기획원 경제기획국 사무관 1984년 同비상계획보좌관 1984~1987년 서울올림픽조직위원회 방영권과장(서기관) 파견 1987~1990년 경제기획원 대외경제조정실 협력1과장 · 북방경제1과장과장(서기관) 1990~1991년 同동향분석과장 1991~1993년 同총무과장 1993~1996년 駐일본대사관 참사관(부이사관) 1996~1997년 공정거래위원회 정책국장(이사관) 1997~1998년 同경쟁국장 1998~1999년 同정책국장 1999~2000년 同사무처장 직대 2000~2002년 同부위원장(차관급) 2002~2019년 김앤장법률사무소 고문 2002년 (사)한국경쟁법학회 회원(현) 2007~2011년 현대카드 사외이사 2008~2017년 SK건설 사외이사 겸 감사위원 2008~2014년 홈플러스 자문위원 2012~2018 · 2019년 삼천리 사외이사(현) 2019년 국가경영전략연구원(NSI) 원장(현) (상)원호처장표창, 근정포장, 황조근정훈장 (종)기독교

## 김병재(金炳宰) KIM Byoung Jai

(생)1951 · 8 · 5 (출)충남 청양 (주)서울특별시 중구 남대문로 63 한진빌딩본관 18층 법무법인 광장(02-2191-3003) (학)1970년 경기고졸 1974년 서울대 법학과졸 1976년 同대학원졸 1989년 Academy of American and International Law 수료 1996년 서울대 법학연구소 지적재산권전문과정 수료 (경)1975년 사법시험 합격(17회) 1977년 사법연수원 수료(7기) 1977년 공군 법무관 1980년 서울형사지법 판사 1982년 서울민사지법 판사 1984년 청주지법 판사 1985년 서울지법 의정부지원 판사 1986년 서울민사지법 판사 겸 법원행정처 송무심의관 1988년 서울고법 판사 1993~1998년 미래법무법인 대표변호사 1996년 사법연수원 초빙교수 1998~2005 · 2011년 법무법인 광장 변호사(현) 2002년 중앙일보 법률자문위원 2003년 국무총리 행정심판위원회 위원 2005~2011년 법무법인 광장 대표변호사 2005년 헌법재판소 자문위원, 중앙에너비스(주) 사외이사 2008~2017년 어린이재단 이사 2008~2010년 금융감독원 제재심의위원회 위원 2010~2013년 한국전쟁기념재단 감사 2010~2015년 대한루지경기연맹 이사 (상)법무부장관표창 (저)'민법주해' (종)기독교

## 김병재(金秉宰) KIM Byung Jae

(생)1961 · 3 · 20 (본)경주(慶州) (출)충남 서산 (주)서울특별시 강남구 테헤란로 131 지식센터빌딩 법무법인 태평양(02-3404-7580) (학)1980년 서령고졸 1988년 건국대 경영학과졸 2011년 고려대 최고경영자과정 수료 2012년 건국대 부동산대학원졸 (경)1988년 한국증권업협회 입사 1996년 코스닥증권(주) 주식과장 2002년 同등록심사부 심사팀장 2004년 코스닥관리부 등록관리팀장 · 제도연구팀장 2005년 한국증권연수원 강사 2005년 한국증권선물거래소 코스닥시장본부 공시제도팀장 2007년 同경영지원본부 정보서비스부장 2008년 同코스닥시장본부 본부장보 2009~2011년 한국거래소 코스닥시장본부 본부장보 2011년 법무법인 태평양 전문위원(현) 2011~2013년 차이나킹하이웨이홀딩스 사외이사 2013년 씨케이에이치푸드앤헬스리미티드 사외이사(현) (상)한국증권업협회장표창(1991), 부총리 겸 재정경제원장관표창(1996 · 2001), 증권선물거래소이사장표창(2006) (저)'코스닥 & 나스닥 주식시장이 보인다'(2000, 청림출판사)

## 김병주(金秉奏) Michael Byung Ju KIM

(생)1963 · 10 · 8 (출)경남 진해 (주)서울특별시 중구 세종대로 136 파이낸스센터 20층 MBK파트너스 회장실(02-3706-8610) (학)미국 하버퍼드대 영문학과졸, 미국 하버드대 경영대학원졸(MBA) (경)골드만삭스 뉴욕본사 · 홍콩지사 근무, 살로만스미스바니 근무, 칼라일그룹 부회장 겸 칼라일 아시아 파트너스 회장 2005년 MBK파트너스 설립 · 회장(현) 2006~2013년 HK상호저축은행 회장 (상)포춘코리아 선정 '2012 한국 경제를 움직이는 인물'(2012), 블룸버그 선정 '세계에서 가장 영향력있는 50인'(2015)

## 김병주(金秉柱) KIM Byoung Joo

(생)1964 · 3 · 3 (출)충남 (주)경상북도 경산시 대학로 280 영남대학교 사범대학 교육학과(053-810-3124) (학)1986년 서울대 교육학과졸 1988년 同대학원 교육행정학과졸 1994년 교육학박사(서울대) (경)1988~1995년 한국대학교육협의회 연구원 1995년 영남대 사범대학 교육학과 조교수 · 부교수 · 교수(현) 1999년 同기획부처장 2001년 同교무부처장 2002년 미국 워싱턴주립대 객원교수 2003년 영남대 학생상담센터 소장 2004년 同홍보협력실장 2007~2009년 同교수회 부의장 2007년 同학교교육연구소장 2009년 同자체평가위원장 2009년 한국대학신문 논설위원 2009~2011년 영남대 사범대학장 겸 교육대학원장

2011년 국가교육과학기술자문회의 수석전문위원 2011년 한국교육신문 논설위원 2012년 한국장학재단 비상임등기이사 2014년 영남대 입학처장 2016년 同고등교육정책연구소장(현) 2019년 同교육혁신본부장(현) [상]교육과학기술부장관표창(2011), 부총리 겸 교육부장관표창(2016) [저]'한국의 교육정책' '교육행정학원론' '한국교육정책의 탐구' '대학교육비와 등록금' '한국교육정책의 쟁점과 과제' '학교 재무관리 이론과 실제' '정보사회의이해' '학교가 무너지면 미래는 없다' 'Higher Education in Korea : Tradition and Adaptation'

### 김병주(金炳住) KIM Byung Joo

[생]1964·9·30 [본]김해(金海) [출]부산 [주]경상남도 양산시 주남로 288 영산대학교 공과대학 컴퓨터공학과(055-380-9447) [학]부산고졸 1990년 부산대 전산학과졸 1992년 同대학원 전산학과졸 2003년 이학박사(경북대) [경]1992~1996년 경주전문대 전자계산과 전임강사·조교수 1996~2003년 성심외국어대 정보통신학부 조교수 1997~2002년 뉴로테크(주) 기술고문 1999~2000년 부산시 교원연수원 위촉강사 2000년 부산·울산지방중소기업청 생산현장기술지도위원 2000~2001년 부산시 교원연수원 위촉강사 2002년 해운대구 지역정보화촉진위원회 부위원장 2003년 영산대 공대 컴퓨터공학과 교수(현) 2003년 부산 해운대구 지역정보화촉진위원회 부위원장 2004~2006년 영산대 IT교육혁신센터장 2007~2010년 同중앙도서관장 2007~2010년 同정보전산원장 2007~2012년 울산시 건축심의위원 2007년 학술진흥재단 학문분야 평가위원(현) 2010·2011년 영국 국제인명센터(IBC) '세계 100대 과학자'에 선정 2010·2011년 미국 세계인명사전 'Marquis Who's Who in the World'에 등재 2011년 미국 인명정보기관(ABI) 2012년판에 등재 2015~2016년 영산대 컴퓨터공학과장

### 김병주(金柄周) Kim Byeongju

[생]1964 · 11 · 30 [출]전남 나주 [주]전라남도 순천시 장명로 30 순천시청 부시장실(061-749-5411) [학]서울대 대학원 행정학과졸 [경]1997년 지방고시 합격(2회) 2003년 전남도 투자진흥과 인프라투자담당 2005년 同법무담당관실 송무담당 2009년 同광역경제권기획단 근무 2009년 여수엑스포조직위원회 파견 2013년 광양만권경제자유구역청 기업지원부장 2014년 전남도 창조산업과장 2015년 同해양수산국장 직대 2017년 한국전력공사 빛가람협력부처장(한전협력관) 파견 2018년 전남도 일자리정책실장 2019년 전남 순천시 부시장(현)

### 김병주(金柄住) Byung Joo KIM

[생]1965·12·18 [본]광산(光山) [출]부산 [주]서울특별시 강남구 테헤란로92길 7 법무법인 바른(02-3479-7549) [학]1984년 부산 동인고졸 1988년 서울대 사법학과졸 [경]1987년 사법시험 합격(29회) 1990년 사법연수원 수료(19기) 1990~1993년 육군 법무관 1993년 부산지법 동부지원 판사 1995년 부산지법 판사 1997년 서울지법 의정부지원 판사 1999년 인천지법 판사 2001년 서울지법 판사 2002년 서울고법 판사 2004년 서울북부지법 판사 2005년 의정부지법 부장판사 2006~2010년 (주)두산 법무실 전무 2010~2014년 두산인프라코어 법무실장 2014년 법무법인(유) 바른 변호사(현) 2015년 (주)씨에스에이코스믹 사외이사(현)

### 김병준(金秉準) KIM Byong Joon

[생]1954·3·26 [본]의성(義城) [출]경북 고령 [학]1972년 대구상고졸 1976년 영남대 정치학과졸 1979년 한국외국어대 대학원 정치학과졸 1984년 정치학박사(미국 델라웨어대) [경]1984년 강원대 행정학과 조교수 1986~2018년 국민대 사회과학대학 행정정책학부 교수 1989년 同대학원 교학부장 1990년 同행정대학원 교학부장 1992년 미국 델라웨어대 연구교수 1994년 지방자치실무연구소 소장 1995년 한국정책학회 총무이사 1995년 경제정의실천시민연합 지방자치특별위원장 1996년 국민대 지방자치경영연구소장 1998년 同사회과학부장 1998년 전국시장·군수·구청장협의회 자문교수 1998년 행정자치부 정책자문위원 1998년 서울시 시민평가단장 1998년 사단법인 자치경영연구원 이사장 1999년 경찰위원회 위원 1999년 일본 게이오대 연구교수 2001년 국민대 교수협의회장 2001년 대한정치학회 부회장 2002년 전국사립대학교수협의회연합회 공동회장 2002년 국민대 행정대학원장 2002년 새천년민주당 노무현 대통령후보 정책자문단장 2002년 제16대 대통령직인수위원회 정무분과위원회 간사 2003~2004년 대통령직속 정부혁신 및 지방분권위원회 위원장 2003년 대통령자문 정책기획위원회 위원 2004~2006년 대통령 정책실장 2005~2006년 대통령소속 동북아평화를위한바른역사정립기획단 단장 2006년 부총리 겸 교육인적자원부 장관 2006~2008년 대통령자문 정책기획위원회 위원장 2006~2008년 대통령 정책특보 2008~2010년 이투데이 회장 2008~2016년 (사)공공경영연구원 이사장 2018~2019년 자유한국당 비상대책위원장 [상]George Hebert Ryden Prize(Univ. of Delaware 사회과학부문 최우수 박사학위 논문상)(1984), 외대인상(2004), 개교60주년기념 자랑스런 영대인상(2007), 청조근정훈장(2007), 고주 노융희 지방자치상(2012) [저]'한국지방자치론' '김병준 교수의 지방자치 살리기' '정보사회와 정치과정' 'Building Good Governance' '높이나는 연(鳶)-성공하는 국민, 성공하는 국가'(2007) '지방자치론'(2009, 법문사) '99%를 위한 대통령은 없다'(2012) [종]불교

### 김병준(金炳俊) KIM Byung Jun

[생]1957·3·24 [본]김해(金海) [출]서울 [주]서울특별시 서초구 헌릉로 12 현대자동차 임원실(02-3464-1114) [학]창원기능대학 기계정비과졸 [경]현대자동차(주) 총무실장(상무) 2007년 同경영지원본부장(전무) 2009~2018년 同경영지원본부장(부사장) 2019년 同사업지원담당 부사장(현) [종]기독교

### 김병직(金丙稙)

[생]1965 · 4 · 8 [출]대전 [주]서울특별시 중구 새문안로 22 문화일보 논설위원실(02-3701-5040) [학]1983년 남대전고졸 1990년 고려대 정치외교학과졸 [경]1999년 문화일보 편집국 경제산업과학부 기자 2000년 同편집국 사회2부 기자 2001년 同편집국 경제부 기자 2004년 同편집국 경제부 차장대우 2006년 同편집국 경제부 차장 2008년 同편집국 경제산업부 차장 2008년 同편집국 경제산업부장 2015년 同편집국 부국장 2016년 同편집국장 2019년 同논설위원(현)

### 김병진(金炳鎭) KIM Byung Jin

[생]1952·3·12 [본]울산(蔚山) [출]전북 전주 [주]서울특별시 동작구 상도로 321 동진빌딩 5층 (주)대한약사통신(02-526-1800) [학]1970년 서울 경복고졸 1975년 서울대 제약학과졸 [경]1975~1976년 한국바이엘약품(주) 근무 1977년 (주)삼화유리 이사 1982~2000년 태한약국 대표 1997~2000년 대한약사통신 대표이사 2000년 팜스넷(주) 대표이사(현) 2000~2009년 양천구약사회 회장, 대한약사회 홍보이사 2006년 (주)대한약사통신 대표이사(현), 대한약사회 부회장 [저]'약국경영학(共)'(2003)

### 김병진(金柄辰) Kim Byung-Jin

[생]1966 · 5 · 13 [출]충남 논산 [주]서울특별시 서초구 강남대로 577 한국야쿠르트(02-3449-6100) [학]1991년 한남대 회계학과졸 [경]1991년 한국야쿠르트(주) 입사 2005년 同경영지원팀장 2011년 同경영기획부문장 2012년 同상무이사 2015년 同전무이사 2017년 同부사장 2017년 同대표이사 사장(현) [상]독거노인보호유공자및유공단체 보건복지부장관표창(2018)

**김병진(金炳辰)**

(생)1970·5·12 (출)부산 (주)부산광역시 해운대구 센텀중앙로 79 센텀사이언스파크 부산산업과학혁신원(051-795-5001) (학)1997년 부경대 화학공학과졸 1999년 同대학원 화학공학과졸 2002년 화학공학박사(부경대) (경)2002~2012년 부산테크노파크 해양생물산업육성센터 팀장 2012~2017년 부산시 연구개발과 연구개발기획팀장 2017년 (재)부산과학기술기획평가원 전략기획·사업관리본부장 2018년 同원장 직무대행 2018년 同원장 2019년 (재)부산산업과학혁신원(BISTEP) 원장(현) (저)'연구개발 추진 및 성과활용 전략'(2009)

**김병찬(金炳贊) KIM Byung Chan**

(생)1933·10·20 (본)연안(延安) (출)제주 (주)제주특별자치도 제주시 한라대학로 38 한라의료재단 이사장실(064-740-5000) (학)제주 오현고졸 1960년 서울대 의대졸 1971년 의학박사(서울대) (경)1973년 제주도립병원 원장 1976년 제주한라병원 원장 1981년 제주지검 법의학자문위원 1982년 제주지법 조정위원 1982년 의료법인 한라의료재단 이사장(현) 1982~2018년 학교법인 한라학원 설립·이사장 1983년 한라병원 병원장 1985년 대한의학협회 이사 1986~1997년 제주병원협회 회장 1994년 대한병원협회 부회장 1997년 한라전문대학 학장 1998~2008년 제주한라대학 학장 2002년 한국전문대학교육협의회 부회장 2003년 서울대 의대 총동창회 이사 2009~2010년 제주한라대학 총장 2009~2011년 한국전문대학교육협의회 전국전문대학윤리위원장 2018년 학교법인 한라학원 이사장(현) (상)행정자치부장관표창(2001), 국민훈장 석류장(2004), 제주도문화상(2005), 국민훈장 모란장(2012) (종)불교

**김병찬(金炳攢)**

(생)1970·7·6 (출)경기 안산 (주)경기도 수원시 영통구 법조로 105 수원지방법원 총무과(031-210-1114) (학)1989년 창현고졸 1996년 연세대 법학과졸 (경)1998년 사법시험 합격(40회) 2001년 사법연수원 수료(30기) 2001년 대구지법 예비판사 2003년 同판사 2004년 인천지법 판사 2006년 서울남부지법 판사 2008년 서울중앙지법 판사 2010년 서울북부지법 판사 2012년 서울서부지법 영장전담 판사 2016년 전주지법 군산지원 부장판사 2018년 수원지법 부장판사(현)

**김병철(金炳哲) Byoung Chul Kim**

(생)1954·11·19 (본)선산(善山) (출)경북 (주)서울특별시 성동구 왕십리로 222 한양대학교 공과대학 유기나노공학과(02-2220-0494) (학)1973년 계성고졸 1979년 서울대 섬유공학과졸 1981년 同대학원 섬유공학과졸 1985년 섬유공학박사(서울대) (경)1982~1985년 한국과학기술원(KAIST) 고분자공정연구실 선임연구원 1985~1992년 同섬유고분자연구실 책임연구원 1989~1990년 미국 아크론대 방문과학자 1992~1998년 한국과학기술원(KAIST) 고분자연구부 책임연구원 1995년 미국 Almaden IBM Research Center 방문과학자 1996~1997년 한국유변학회 편집이사 1997년 한국섬유공학회지 학술이사 1998~1999년 폴리머 편집위원 1998년 한양대 공과대학 유기나노공학과 교수(현) 1999~2001년 한국공학교육인증원(ABEEK) 프로그램위원회 위원 2000~2001년 한국섬유공학회 총무이사 2002~2005년 아시아섬유공학회(SOTSEA) 수석부회장 2010년 한국유변학회 부회장 2011년 同회장 (상)한국과학기술단체총연합회 우수논문상(2006) (저)'섬유사전'(1993) 'Polymer Modification'(2000) '유변학의 이론과 응용'(2001) '최신합성섬유'(2001)

**김병철(金炳喆) Kim Byung Chul**

(생)1957·12·6 (출)서울 (주)부산광역시 남구 문현금융로 40 한국남부발전(주) 사업본부(070-7713-8000) (학)서울 숭문고졸, 중앙대 법학과졸 1985년 同대학원 법학과졸 (경)1986년 한국전력공사 입사 2004년 한국남부발전(주) 경영혁신실 혁신팀장 2006년 同사업처 연료팀장 2012년 同경영전략처장 2012년 同경영지원처장 2014년 同영월발전본부장 2018년 同기획관리본부장(상임이사) 2018년 同사업본부장(상임이사)(현)

**김병철(金炳澈) KIM Byoung Chul**

(생)1958·9·8 (본)광산(光山) (출)전남 장성 (주)서울특별시 송파구 올림픽로 424 올림픽문화(올림픽컨벤션)센터 대한체육회(02-2144-8114) (학)서울대 인문대학졸, 행정학박사(성균관대) (경)1980년 행정고시 합격(24회) 1995년 감사원 제5국 6과 감사관 1999년 同공보관실 근무 2000년 同과장 보임 2002년 同제5국 1과장 2003년 同재정금융감사국 총괄과장 2004년 同기획관리실 대외협력심의관 2004년 同비서실장 2005년 교육 파견(국장급) 2007년 감사원 재정·금융감사국장 2008년 同기획홍보관리실장 2009년 同감사교육원장 2009년 同제2사무차장 2009년 同제1사무차장 2011~2015년 同감사위원 2016년 산학연종합센터 산학정정책과정 수석부원장 2016년 同고문(현) 2017년 금융위원회 금융발전심의회 금융서비스분과 위원 2017~2019년 대한체육회 회장특별보좌관 2019년 대한체육회 위원(현)

**김병철(金炳徹) Kim Byung Cheol**

(생)1959·10·19 (본)예안(禮安) (출)충남 청양 (주)부산광역시 남구 문현금융로 40 한국자산관리공사 정보시스템실 정보보안부(051-794-3310) (학)1978년 우신고졸 1982년 성균관대 물리학과졸 2002년 홍익대 정보대학원 전자계산학과졸 (경)1982~1987년 대우중공업 전산실 근무 1987~1995년 대신증권 전산실 전산개발팀 근무 1995년 대신자산운용 설립위원 1996년 대신증권 전산본부 전산개발팀장 1999~2007년 同고객지원부장 2007~2010년 同IT본부장(상무) 2010~2014년 同IT서비스본부장(전무) 2015~2016년 同정보보호최고책임자(CISO·전무) 2017년 한국자산관리공사 정보시스템실 정보보안부장(현) (상)올해의 최고기술경영자(CIO)상(2009), 금융위원회위원장표창(2009), 매일경제증권인상 IT혁신부문 금상(2012), 올해 최고정보책임자(CIO) 대상(2014) (종)기독교

**김병철(金炳哲) KIM Byeong Cheol**

(생)1962·1·19 (출)경북 고령 (주)서울특별시 영등포구 여의대로 70 신한금융투자(주)(02-3772-1111) (학)1981년 대건고졸 1985년 서울대 경제학과졸 1988년 同대학원 경제학과졸 (경)동양종합금융증권(주) 금융상품운용팀장, 同금융상품운용팀장 겸 채권팀장(상무보) 2005년 同금융상품운용팀장(상무보) 2008년 同IB본부 상무 2010년 同IB본부 전무 2011~2012년 同FICC본부장(전무) 2012년 신한금융투자(주) S&T그룹 부사장 2018년 (주)신한금융지주회사 투자운용사업부문장(부사장) 2019년 신한금융투자(주) 대표이사 사장(현)

**김병철(金炳澈)**

(생)1964·6·10 (출)서울 (주)서울특별시 서초구 서초중앙로 157 서울중앙지방법원(02-530-1690) (학)1983년 한성고졸 1987년 서울대 법학과졸 (경)1995년 사법시험 합격(37회) 1998년 사법연수원 수료(27기) 1998년 부산지법 예비판사 2000년 同판사 2002년 同동부지원 판사 2004년 부산지법

판사 2007년 수원지법 판사 2009년 서울고법 판사 2011년 서울중앙지법 판사 2013년 대전지법 부장판사 2013년 세종특별자치시 공직자윤리위원회 위원장 2016년 수원지법 안산지원 부장판사 2017년 서울남부지법 부장판사 2019년 서울중앙지법 부장판사(현)

**김병철(金炳澈) kim byengchul**

(생)1968·3·1 (주)서울특별시 중구 소공로 48 남산센트럴타워 18층 (주)KG제로인 임원실(02-769-9901) (학)연세대 경영학과졸, 경희대 대학원 경영학과졸(연금재무석사) (경)1991~2000년 국민투자신탁 근무 2000년 (주)KG제로인 전무이사 2015년 同대표이사 전무(현)

**김병태(金秉兌) KIM Byung Tae**

(생)1954·12·7 (본)김해(金海) (출)서울 (주)서울특별시 강남구 일원로 81 삼성서울병원 핵의학과(02-3410-2627) (학)1973년 신일고졸 1979년 서울대 의대졸 1988년 同대학원 의학석사 1995년 의학박사(서울대) (경)1979~1983년 서울대병원 인턴·레지던트 1983~1986년 국군수도병원 핵의학과 軍의관 1986년 예편(대위) 1986~1993년 한림대 의과대학 내과 부교수 1991~1992년 미국 엠디앤더슨암센터 연구원 1994~2005년 삼성서울병원 핵의학과장 1997년 성균관대 의과대학 핵의학과 교수(현) 1998~2012년 삼성서울병원 의공학과장 1999~2001년 同교육수련부장 2001~2005년 同임상의학연구소장 2002~2004년 대한의용생체공학회 국제협력이사 2002~2005년 대한핵의학회 이사장 2007~2009년 삼성서울병원 임상의학연구소장 2008~2011년 대한핵의학회 고시수련위원장 2013년 삼성서울병원 건강보험자문위원(현) (상)대한핵의학회 우수논문상(1996), 한국핵의학청봉상(2015) (종)가톨릭

**김병하(金丙夏) KIM Byung Ha**

(생)1957·10·9 (출)전남 무안 (주)광주광역시 동구 준법로 25 김병하법률사무소(062-236-0046) (학)1976년 광주제일고졸 1981년 전남대 법학과졸 1983년 同대학원 수료 (경)1983년 사법시험 합격(25회) 1985년 사법연수원 수료(15기) 1986년 軍법무관 1989년 광주지법 판사 1991년 同순천지원 판사 1993년 광주지법 판사 1995년 광주고법 판사 1998년 광주지법 판사 2001년 전주지법 남원지원장 2003년 광주지법 부장판사 2005년 同목포지원장 2007~2011년 광주지법 부장판사 2011년 변호사 개업(현) (종)불교

**김병학(金秉學) KIM Byung Hak**

(생)1942·2·9 (본)경주(慶州) (출)전남 나주 (주)서울특별시 강남구 영동대로 517 아셈타워 법무법인 화우(02-6003-7113) (학)1960년 광주제일고졸 1966년 서울대 법대졸 1968년 同사법대학원 수료 (경)1966년 사법시험 합격(6회) 1968~1975년 춘천지검·원주지청·부산지검·대구지검 검사 1975~1982년 서울지검 영등포지청·인천지청·서울지검 검사 1982년 청주지검 충주지청장 1983년 사법연수원 교수 1986년 서울지검 동부지청 형사2부장 1987년 서울지검 총무부장 1988년 전주지검 차장검사 1990년 부산지검 동부지청 차장검사 1991년 인천지검 차장검사 1992년 서울지검 의정부지청장 1993년 광주고검 차장검사 1993년 대전고검 차장검사 1993년 제주지검장 1994년 법무부 보호국장 1995년 대검찰청 형사부장 1997년 대전지검장 1998년 감사원 감사위원 2002년 한국외환은행 사외이사 2002~2003년 법무법인 화백 고문변호사 2002년 국민신용카드(주) 사외이사 2003년 정부공직자윤리위원회 위원 2003년 법무법인 화우 고문변호사(현) (상)황조근정훈장 (저)수필집 '흐르는 강물처럼'(2017, 인간과문학사) 서예작품집 '여강서첩(如江書帖)'(2017) (종)기독교

**김병한(金柄漢) Kim Byounghan**

(생)1961·8·25 (본)경주(慶州) (출)경북 의성 (주)경상북도 김천시 혁신8로 177 농림축산검역본부 구제역백신연구센터(054-912-0903) (학)1979년 대구 오성고졸 1984년 경북대 수의학과졸 1986년 同대학원 수의학과졸 1994년 수의학박사(경북대) (경)1986~2001년 가축위생연구소 연구사 1986년 대한수의학회 및 대한바이러스학회 회원(현) 2001~2010년 국립수의과학검역원 연구관 2010년 同역학조사과장 2011년 농림축산검역본부 구제역진단과장 2015년 同해외전염병과장 2016년 同구제역백신연구센터장(현) (상)농촌진흥청장표창, 농림축산식품부장관표창(농림축산식품 과학기술대상 포함 2회), 카길애그리퓨리나 축산사료연구기술대상 (저)수의학 및 의학 미생물학 관련 공저 5권 (종)불교

**김병현(金秉玹) KIM Byeang Hyean**

(생)1955·2·28 (본)경주(慶州) (출)부산 (주)경상북도 포항시 남구 청암로 77 포항공과대학교 화학과(054-279-2115) (학)1973년 동래고졸 1977년 서울대 화학과졸 1979년 한국과학기술원(KAIST) 화학(유기화학)과졸(석사) 1987년 이학박사(미국 피츠버그대) (경)1979~1983년 한국화학연구소 연구원 1988~1999년 포항공대 화학과 조교수·부교수 1995년 일본 도쿄대 방문교수 1999년 포항공대 화학과 교수(현) 2006~2008년 BK분자과학사업단 단장 2010년 한국과학기술한림원 정회원(현) 2015~2017년 포항공대 대학원장 2016~2018 同박태준미래전략연구소장 2018년 同박태준미래전략연구위원회 위원(현) (상)장세희 유기화학학술상(1999), Lectureship Award(2000), Aldrich Award(2005), 교육과학기술부·한국과학재단 선정 '이달(5월)의 과학기술자상'(2008) (저)'Receptive and Responsive Molecules: Design, Synthesis, and Evaluation, Advanced Macromolecular and'(2003) 'Modified Nucleic Acid Systems: Design, Synthesis, and Evaluation(共)'(2003, 과학기술부) '과학과 기술(共)'(2003, 한국과학기술단체총연합회) (종)불교

**김병현(金炳炫) Kim Byong Hyon**

(생)1965·11·20 (출)전북 부안 (주)서울특별시 서초구 반포대로30길 81 웅진타워 4층 김병현법률사무소(02-582-8500) (학)1983년 전주 해성고졸 1987년 서울대 사법학과졸 1993년 전북대 대학원 법학 박사과정 수료 (경)1993년 사법시험 합격(35회) 1996년 사법연수원 수료(25기) 1996년 인천지검 검사 1998년 대구지검 경주지청 검사 1999년 포항지청 개청요원 2000년 서울지검 남부지청 검사 2002년 울산지검 검사 2004년 서울중앙지검 검사 2007년 수원지검 검사 2008년 대통령 법무비서관실 파견 2008년 서울남부지검 검사 2008년 감사원 파견 2009년 서울남부지검 부부장검사 2010년 대전지검 공주지청장 2011년 대검찰청 형사2과장 2012년 인천지검 공안부장 2013년 서울서부지검 형사4부장 2014년 서울중앙지검 공안2부장 2015년 울산지검 형사1부장 2016년 수원지검 안산지청 차장검사 2017년 부산지검 동부지청장 2018~2019년 서울고검 검사 2019년 변호사 개업(현) (상)국무총리표창(2002) (종)기독교

**김병호(金鉼昊) BYOUNG HO KIM (백두)**

(생)1947·10·1 (본)김해(金海) (출)대구 (주)경상북도 칠곡군 가산면 다부거문1길 202 학교법인 세기학원 이사실(054-973-5311) (학)1966년 대구고졸 1974년 경북대 지질학과졸 1999년 영남대 행정대학원졸 2006년 계명대 대학원 중국학 박사과정 수료 (경)매일신문 제2사회부 부장대우, 同정치부 부장대우 1993년 同체육부장 겸 주간부장 1994년 同사회부장 1995년 同중부지역부장 1996년 同주간부장 1997년 同광고국 부국장 2001년 同라이프사업국장 2003년 同문화사업국장 2004년 同서울지사장

2005년 매일P&I 사장 2006년 매일애드 사장 2009~2011년 대구문화재단 이사 2010년 한국수자원공사 강문화전문위원 2013년 학교법인 세기학원 이사(현) 2014~2016년 대구예술대 총장 (종)가톨릭

**김병호(金丙浩) KIM Byung Ho**

(생)1948·3·7 (본)김해(金海) (출)서울 (주)서울특별시 서대문구 북아현로1길 24 한성학원(한성중·고) 이사장실(02-392-0789) (학)1966년 경기고졸 1970년 서울대 문리과대학 사회학과졸 2002년 연세대 교육대학원졸 (경)1972년 중앙정보부 사무관 1975년 한성학원(한성중·고) 이사장(현) 1978~1979년 공화당 중앙위원·운영위원 1981~1985년 민정당 중앙위원회 청년분과 수석부위원장 1985년 평통 자문위원 1988년 민정당 서울시지부 부위원장 1990년 민자당 상무위원 1991년 민주평통 상임위원 1992년 민자당 중앙위원회 부의장 1993년 同중앙상무위원회 부의장 1995~2000년 자민련 서대문乙지구당 위원장·전당대회 부의장 1995년 同부대변인 1999년 한국사립중고등학교법인협의회 서울시회 부회장 (상)국민포장(2002) (종)천주교

**김병호(金炳豪) KIM Byoung Ho**

(생)1961·9·24 (출)서울 (주)서울특별시 종로구 종로 26 SK(주) 임원실(02-2121-5114) (학)1980년 명지고졸 1984년 서울대 영어영문학과졸 1986년 미국 캘리포니아대 버클리교(U.C.Berkeley) 대학원졸(MBA) (경)1987년 한국투자금융 입사 1989년 First National Bank of Chicago 입행 1991년 하나은행 입행 1998년 同국제센터지점장 2000년 同경영관리팀장 2002년 同뉴욕지점장 2005년 同하나금융지주설립기획단 팀장 2005년 (주)하나금융지주 상무이사 2008년 同최고재무책임자(CFO·부사장) 2009년 하나은행 경영관리그룹총괄 부행장 2013년 同기업영업그룹 부행장 2014년 同마케팅그룹 부행장 2014년 同은행장 직대 2015년 同은행장 2015년 KEB하나은행 비상임이사 2015년 하나금융지주 경영관리부문 부회장 2015~2018년 同그룹총괄센터 부회장 2018년 KEB하나은행 자문위원(현) 2019년 SK(주) 사외이사 겸 감사위원(현)

**김병호(金炳浩) KIM Byung Ho** (병남)

(생)1964·11·20 (본)김녕(金寧) (출)전남 보성 (주)서울특별시 노원구 섬밭로 56 극단 즐거운사람들(02-972-1072) (학)1984년 안양영화예술고졸 2000년 고려대 교육대학원 문화예술최고위과정 수료 (경)1986년 민중극단 기획단 입단 1989년 다운기획 설립·대표 1992년 극단 즐거운사람들 창단 1995년 同단장(현) 1997~2005년 (사)국제아동청소년연극협회 이사 1999년 (사)아·태아동청소년공연프로듀서네트웍 한국본부 설립·상임이사·부이사장(현) 2002~2003년 (재)세종문화회관 뮤지컬단 기획실장 2004~2006년 (사)한국연극협회 감사 2004~2006·2010년 (사)한국공연프로듀서협회 이사(현) 2004년 천상병예술제 예술감독(현) 2004~2010년 구로구 문화정책자문위원 2005~2009년 (사)한국예술문화단체총연합회 감사 2006~2008년 (사)국제아동청소년연극협회 한국본부 부이사장 2006년 (사)천상병시인기념사업회 상임이사 2007~2018년 (사)한국연극협회 이사 2007년 가족문화공동체 즐거운사람들 운영(현) 2009~2012년 (사)국제아동청소년연극협회(ASSITEJ) 한국본부 이사장 2009~2014년 춘천국제연극제 이사 2010~2013년 (사)한국예술문화단체총연합회 이사 2011년 (사)천상병시인기념사업회 부이사장(현) 2011~2015년 구로문화재단 이사 2011~2014년 나눔연극제 예술감독 2012년 한국문화예술위원회 소위원회 위원 2012년 공릉동꿈마을공동체 공동대표(현) 2012~2015년 안양예고총동문회 회장 2013년 문화예술공방행복충전소 운영(현) 2014년 노원탈축제 추진위원 2015년 공릉청소년문화정보센터 운영위원(현) 2015년 (사)현대문화포럼 서울지부장(현) 2015년 노원구 문화발전위원회 위원(현) 2015년 한국축제포럼 감사(현) 2016년 스쿨씨어터협동조합 부이사장(현) 2018년 노원구 협치회의 위원(현) (상)동아연극상, 백상예술대상, 서울연극제 연기상, 서울어린이 연극상·개인상·작품상, 한국예총 대한민국예술인상, 문화체육관광부장관표창(2009·2017) (작)연극 제작 '서울열목어' '북어대가리' '인간 박정희' 연극 기획 '리타 길들이기' '귀천' 뮤지컬 기획 '마지막 춤은 나와 함께' 서사극 제작 '천상시인의 노래' 가족뮤지컬 제작 '오래된 약속' '춤추는 모자' '책키와 북키' '소중한 약속' 음악극 '푸른하늘은하수' 뮤지컬 '용감한 친구들' 외 다수 (종)천주교

**김병화(金炳華) KIM Byung Wha**

(생)1955·2·17 (본)해평(海平) (출)경북 군위 (주)서울특별시 종로구 사직로8길 39 세양빌딩 김앤장 법률사무소(02-3703-4537) (학)1973년 경북고졸 1978년 서울대 법학과졸 1983년 同대학원 법학과졸 1995년 미국 하버드대 로스쿨 연수 1999년 법학박사(서울대) (경)1978년 행정고시 합격(22회) 1979~1983년 내무부 행정사무관 1983년 사법시험 합격(25회) 1985년 사법연수원 수료(15기) 1986년 서울지검 동부지청 검사 1988년 부산지검 울산지청 검사 1990년 부산지검 검사 1992년 서울지검 북부지청 검사 1995년 인천지검 검사 1997년 법무연수원 교수 1999년 서울지검 부부장검사 2000년 대구지검 특수부장 2001년 사법연수원 교수 2003년 서울지검 형사2부장 2004년 서울서부지검 형사1부장 2005년 창원지검 진주지청장 2006년 울산지검 차장검사 2007년 법무연수원 연구위원 2008년 서울고검 공판부장 2009년 대구고검 차장검사 2009년 서울고검 차장검사 2010년 의정부지검장 2011~2012년 인천지검장 2012년 김앤장법률사무소 변호사(현) 2015~2017년 대한변호사협회 법률구조재단 이사장 2016~2018년 농협중앙회 이사 (상)검찰총장표창(1994·1995·1997), 법무부장관표창(1998), 황조근정훈장(2012) (저)'수사기법연구(共)'(1999, 법무부) 'M&A 법제연구(共)'(2007, 법무연수원)

**김병희(金昞希) KIM Byoung Hee**

(생)1964·8·9 (본)언양(彦陽) (출)전남 강진 (주)충청북도 청주시 서원구 무심서로 377-3 서원대학교 광고홍보학과(043-299-8633) (학)1986년 서울대 국어국문학과졸 1998년 연세대 대학원 광고학과졸 2006년 광고홍보학박사(한양대) (경)1988~1993년 한겨레신문 근무 1993~2000년 (주)선영 부장 2000~2010년 서원대 광고홍보학과 부교수 2003년 국립암센터 광고홍보 자문교수 2004년 미국 Univ. of Illinois at Urbana-Champaign 광고학과 교환교수 2005년 한국광고학회 이사·총무이사 2006년 한국광고홍보학회 광고비평분과장 2006년 서원대 광고홍보학과장 2006년 질병관리본부 광고홍보 자문교수 2009~2010년 한국홍보PR학회 총무이사 2009~2017년 KOBACO 공익광고 운영위원 2010년 서원대 광고홍보학과 교수(현) 2012~2015년 세계인명사전(마르퀴즈 후즈 후·IBC·ABI)에 등재 2014~2015년 한국PR학회 제15대 회장 2014~2015년 서원대 교수회 감사 2014년 서울브랜드위원회 위원(현) 2015~2018년 공정거래위원회 광고심의위원 2015년 포털뉴스제휴평가위원회 위원 2016~2018년 네이버-카카오뉴스제휴평가위원회 제재소위원장 2019년 한국광고학회 회장(현) 2019년 문화체육관광부 정부광고자문위원장(현) (상)소비자가 뽑은 올해의 광고상 대상(1998), 대한민국 광고대상 우수상(1999), 최우수교수상(2005), 한국갤럽학술논문 최우수상(2011), 제일기획학술상 저술대상(2011), 보건복지부장관표창(2015), 한국광고PR실학회 MIT학술상(2015) (저)'광고 비평이 수용자의 광고태도에 미치는 영향'(1997) '광고하나가 세상을 바꾼다'(1997) '광고와 대중문화'(2000) '유쾌한 광고 통쾌한 마케팅'(2003) '크리에이티브의 길을 묻다'(2004) '광고로 보는 근대문화사'(2014) '정부광고의 정석'(2015) '문화예술 8P마케팅'(2015) '오길비, 광고가 과학이라고?'(2015) '구보씨가 살아온 한국 사회'(2017)

**김병희(金秉熙)**

[생]1965·1·8 [주]서울특별시 영등포구 의사당대로 3 현대캐피탈(주) 임원실(02-3150-5366) [학]계성고졸, 연세대 응용통계학과졸, 同대학원 응용통계학과졸 [경]현대카드(주) 국민신용카드 리스크관리 근무, 同신용관리실장(부장) 2005년 同신용관리실장(이사대우) 2007년 同리스크관리실장(이사) 2008~2011년 同리스크본부장(상무) 2008년 현대커머셜(주) 리스크담당 이사 2011년 同리스크관리본부장 2012년 同총괄임원(전무) 2017년 同총괄임원(부사장) 2018년 同커머셜본부장 2018년 현대캐피탈(주) 캐피탈부문 대표(현) 2019년 현대커머셜(주) 기타비상무이사(현)

**김보관(金補官) KIM, BO GOAN**

[생]1963·7·3 [본]김해(金海) [출]경기 [주]서울특별시 중랑구 동일로 890 메스트빌딩 7층 한국행정관리협회 협회장실(02-3493-9944) [학]1988년 필리핀 그레고리오 아라네타대졸 1990년 同대학원 경영학과졸 1992년 경영학박사(필리핀 DELA SALLE ARANETA대) [경]1990~1992년 필리핀 DELA SALLE ARANETA대 해외협력처장 1990~1992년 김천대 교수 1996~1998년 유니티산업(주) 기획실장 1998~2000년 세계학술교육연구원 부원장 2004~2006년 고석산업(주) 상무이사 2006년 한국정보교류진흥재단 상임이사 2006년 한국행정관리협회 자격관리위원장 2006년 同수석부회장 2017년 同회장(현)

**김보금(金寶金·女)**

[생]1960·6·13 [주]전라북도 전주시 완산구 전룡4길 8 한국여성소비자연합 전북지회 소장실(063-278-9790) [학]1975년 원광여자종합고졸 1977년 인천체육전문대 무용과졸 1991년 호원대 유아교육학과졸 1993년 계명대 대학원 가정학과졸 2006년 가정학박사(원광대) [경]1977~1983년 진성여자중학교 교사 1984~2011년 한국여성소비자연합 전북소비자정보센터 소장 1985~2011년 전북도·전주시물가대책실무위원 위원 2000~2005년 순천대학교 겸임교수 2007~2011년 전주시 유통상생발전협의회 부위원장 2007~2011년 전북의제21 상임대표 2008~2011년 원광대학교 겸임교수 2009~2011년 전북마을만들기센터 상임대표 2010년 전북선거방송토론회 위원(현) 2012~2015년 전북여성교육문화센터·전북광역새일센터·전북여성일자리센터·전북새일센터 센터장 2012년 전주MBC 시청자위원(현) 2015년 한국양성평등교육진흥원 초빙교수(현) 2016년 전주지법 가사조정위원(현) 2016년 한국여성소비자연합 전북지회 소장(현) 2017년 전주시생태교통시민모임 공동대표(현) 2019년 연합뉴스 전북취재본부 콘텐츠자문위원(현) [상]재정경제부 제1회 소비자의 날 대통령표창(1996), 공정거래위원회 소비자보호및소비자주권확립 포상(2008), 국민훈장 목련장(2011) [저]'대한민국소비생활가이드'(2004, 시그마프레스) '엄마 어디가?'(2014, 경향신문사)

**김보름(女) KIM Bo-Reum**

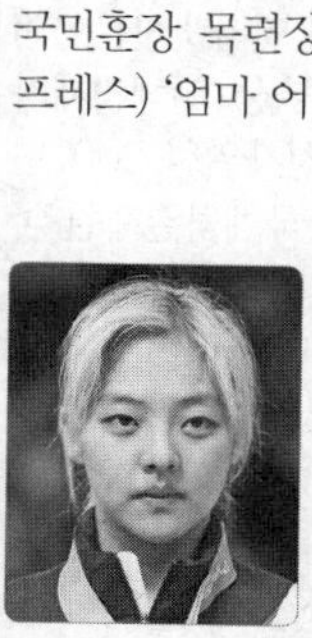

[생]1993·2·6 [출]대구 [주]강원도 춘천시 중앙로 1 강원도청 빙상팀(033-249-3326) [학]2011년 대구 정화여고졸 2015년 한국체육대졸 [경]2011년 전국남녀빙상경기대회 스피드스케이팅 여자 1500m 금메달 2011년 전국남녀주니어빙상선수권대회 스피드스케이팅 여자부 종합우승 2011년 카자흐스탄 동계아시안게임 스피드스케이팅 여자 3000m 은메달 2011년 KB금융스피드스케이팅챔피언십 여자 1500m 금메달·3000m 금메달 2011년 국제빙상연맹(ISU) 스피드스케이팅 월드컵2차대회 여자 매스스타트 동메달 2011년 국제빙상연맹(ISU) 스피드스케이팅 월드컵3차대회 여자 팀 추월 동메달 2011년 전국남녀종합스피드스케이팅선수권대회 여자 3000m 은메달 2012년 전국남녀종목별스피드스케이팅선수권대회 여자 1500m 금메달·3000m 금메달 2012년 국제빙상연맹(ISU) 스피드스케이팅 월드컵3차대회 여자 팀 추월 은메달 2013년 국제빙상연맹(ISU) 스피드스케이팅 월드컵대회 매스스타트 종합우승 2013년 전국남녀종목별스피드스케이팅선수권대회 여자 1500m 금메달·3000m 금메달·5000m 금메달 2013년 이탈리아 동계유니버시아드대회 스피드스케이팅 여자 1500m 금메달·3000m 은메달·5000m 은메달 2014년 국제빙상연맹(ISU) 스피드스케이팅 월드컵4차대회 여자 매스스타트 은메달 2016년 강원도청 입단(현) 2016년 국제빙상경기연맹(ISU) 스피드스케이팅 세계선수권(러시아 콜롬나)대회 여자 매스스타트 은메달 2016년 네덜란드 헤이렌베인 스피드스케이팅 4차 월드컵 여자부 매스스타트 금메달 2017년 2016~2017시즌 국제빙상연맹(ISU) 스피드스케이팅 세계선수권대회 겸 2018년 평창동계올림픽 테스트 이벤트 여자매스스타트 우승 2017년 삿포로 동계아시안게임 스피드스케이팅 여자 3000m 은메달·팀추월 은메달·5000m 금메달·매스스타트 동메달 2017년 국제빙상경기연맹(ISU) 스피드스케이팅 월드컵 파이널 여자 매스스타트 은메달 2017년 국제빙상경기연맹(ISU) 스피드스케이팅 월드컵4차대회 여자 매스스타트 동메달 2018년 제23회 평창동계올림픽 스피드스케이팅 여자 매스스타트 은메달 2019년 국제빙상경기연맹(ISU) 스피드스케이팅월드컵 파이널 여자 매스스타트 은메달 [상]MBN 여성스포츠대상 우수상(2017)

**김보상(金步相)**

[생]1966·5·16 [출]충남 당진 [주]충청남도 예산군 삽교읍 청사로 201 충남지방경찰청 정보과(041-336-2181) [학]천안중앙고졸, 경찰대 법학과졸(5기), 한남대 행정복지대학원 경찰행정학과졸 [경]1989년 경위 임용 1997년 경감 승진 2004년 경정 승진 2013년 총경 승진 2013년 대전지방경찰청 생활안전과장 2014년 충남 공주경찰서장 2015년 충남지방경찰청 생활안전과장 2016년 충남 천안서북경찰서장 2017년 충남지방경찰청 정보과장 2018년 충남 아산경찰서장 2019년 충남지방경찰청 정보과장(현)

**김보연(金補然·女) KIM Bo Yeon**

[생]1956·8·12 [본]개성(開城) [출]서울 [주]강원도 원주시 혁신로 60 건강보험심사평가원(033-739-2074) [학]1975년 계성여고졸 1979년 숙명여대 약대 제약학과졸 2004년 고려대 보건대학원졸 [경]1979~1981년 약국관리 약사 및 약국경영 1981년 의료보험연합회 입사 1992년 同진료비청구·심사EDI시스템개발팀장 1996년 同의료급여심사기준 및 심사업무담당(의료보호) 1998~2000년 보건복지부 파견 2000년 건강보험심사평가원 진료비평가기준 및 평가실무담당(CT평가 등) 2002년 同의약품신규등재·급여기준·DUR업무 담당 2004년 同급여관리실장 2006년 同약제관리실장 2007년 한국보건산업진흥원 파견 2008년 건강보험심사평가원 의약품관리종합정보센터장 2011년 同업무상임이사 2011년 同진료심사평가위원회 상근평가위원(현) [종]가톨릭

**김보원(金甫源) KIM Bowon**

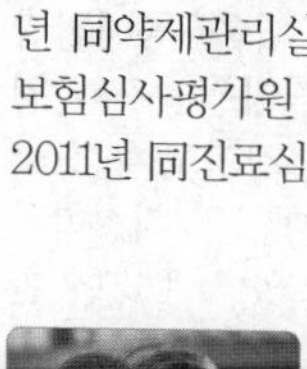

[생]1965·7·12 [본]서흥(瑞興) [출]서울 [주]서울특별시 동대문구 회기로 85 한국과학기술원 경영대학 경영공학부(02-958-3610) [학]1988년 서울대 경영학과졸 1989년 미국 스탠퍼드대 대학원 경영과학과졸 1995년 경영학박사(미국 하버드대) [경]1996년 한국과학기술원(KAIST) 경영대학 조교수 2001년 同경영대학 부교수 2006년 同경영대학 경영공학부 교수(현) 2017년 同기획처장 겸 전략기획센터장(현) [상]국무총리표창(1988), 국방부장관표창(1990), KAIST 우수강의상(2000·2001), KAIST 공적상(2007), 정진기언론문화상(2007) [저]'글로벌 생산경영론'(1998) 'Supply Chain Management'(2005) '지속가능한 가치사슬전략'(2011) 'Supply Chain Management : A Learning Perspective'(2014)

**김복근(金福根) Kim Bokkeun**

(생)1963 · 10 · 11 (주)서울특별시 종로구 율곡로 84 부산국제영화제조직위원회(02-3675-5097) (학)1990년 경성대 연극영화과졸 (경)1994~2009년 (주)씨네이천 이사 2010~2011년 (주)상상역엔터테인먼트 대표이사 2012~2018년 스페이스엠(주) 대표 2018년 (주)씨에이씨엔터테인먼트 영화부문 대표 2019년 부산국제영화제조직위원회 부집행위원장(현) (작)'미술관 옆 동물원', '인터뷰', '여고괴담', '방가? 방가!', '강철대오 - 구국의 철가방' 등 15여편의 드라마와 영화의 프로듀서와 제작

**김복만(金福萬)**

(생)1946 · 2 · 13 (주)충청남도 예산군 삽교읍 도청대로 600 충청남도의회(041-635-5057) (학)1962년 금산고등공민학교졸 (경)금산군4-H후원회 회장, 금산라이온스클럽 회장, 금산교육청 교육행정자문위원, 금산경찰서 경찰행정자문위원 2006 · 2010~2014년 충남 금산군의회 의원(한나라당 · 자유선진당 · 선진통일당 · 새누리당) 2008~2010년 同운영위원장 2010 · 2012~2014년 同의장 2012년 충남도시 · 군의회의장협의회 회장 2014~2018년 충남도의회 의원(새누리당 · 자유한국당) 2014 · 2016~2018년 同농업경제환경위원회 위원 2014~2015년 同충청권상생발전특별위원회 위원 2015년 同예산결산특별위원회 위원장 2016~2017년 同윤리특별위원회 위원장 2016~2018년 同금산세계인삼엑스포지원특별위원회 위원 2018년 충남도의회 의원(자유한국당)(현) (상)전국시 · 도의회의장협의회 우수의정대상(2016)

**김복실(金福實 · 女) Kim Bok Sil**

(생)1949 · 5 · 5 (주)전라남도 무안군 삼향읍 오룡길 1 전라남도의회(061-286-8200) (학)세한대 사회복지학과졸 (경)장흥경찰서 근무, 장흥주류 대표, 민주당 전남도당 봉사단장, 同장흥 · 강진 · 영암지역위원회 장흥여성위원장, 장흥군 문화관광해설가 2010년 전남 장흥군의회 의원(비례대표, 민주당 · 민주통합당 · 민주당 · 새정치민주연합), 민주평통 자문위원(현) 2014~2018년 전남 장흥군의회 의원(새정치민주연합 · 더불어민주당 · 국민의당 · 민주평화당) 2016~2018년 同의장 2016년 전남도시 · 군의회의장협의회 부회장, 장흥주류상사 대표(현) 2018년 전남도의회 의원(비례대표, 민주평화당)(현), 同안전건설소방위원회 위원(현) (상)동산문학 수필부문 신인상(2012), 성공자치경영대상(2017), 한울문학 시부문 신인문학상(2017)

**김복철(金福哲) Bok Chul Kim**

(생)1959 · 11 · 9 (본)연안(延安) (출)서울 (주)대전광역시 유성구 과학로 124 한국지질자원연구원 원장실(042-868-3000) (학)1978년 경기고졸 1983년 연세대 지질학과졸 1985년 同대학원 지질학과졸 1997년 이학박사(연세대) (경)1988~2015년 한국지질자원연구원 연구원 · 선임연구원 · 책임연구원 1999~2000년 미국 스탠포드대 박사 후 과정 2000~2002년 한국지질자원연구원 충서연구팀장 2005년 同지질도 · 지구조연구실장 2005~2008년 同지질기반정보연구부장 2010~2012년 同기획조정부장 2013~2014년 캐나다 캘거리대 초빙교수 2014년 한국지질자원연구원 국토지질연구본부장 2015년 국가과학기술연구회(NST) 정책지원본부장 2017년 同이사장 직무대행 2017년 同융합연구본부장 직대 2018년 과학기술정보통신부 국가연구개발정보관리위원회 민간전문위원(현) 2018년 한국지질자원연구원 원장(현) (상)국토해양부장관표창(2008), 지식경제부장관표창(2012), 과학기술훈장 진보장(2016) (종)기독교

**김복형(金福馨 · 女) KIM Bok Hyeong**

(생)1968 · 5 · 5 (출)경남 거제 (주)강원도 춘천시 공지로 284 춘천지방법원(서울고법 춘천재판부)(033-259-9000) (학)1987년 부산서여고졸 1991년 서울대 사법학과졸 (경)1992년 사법시험 합격(34회) 1995년 사법연수원 수료(24기) 1995년 서울지법 판사 1997년 同북부지원 판사 1999년 울산지법 판사 2001년 수원지법 판사 2004년 서울중앙지법 판사 2006년 서울고법 판사 2008년 대법원 재판연구관 2010년 대구지법 부장판사 2011년 서울고법 판사 2018년 同춘천재판부 부장판사(현)

**김복환(金福煥) KIM BOK HWAN**

(생)1968 (주)세종특별자치시 도움6로 11 행정중심복합도시건설청 기반시설국(044-200-3198) (학)2002년 영국 리즈대 대학원 지리학과졸 2006년 지리학박사(영국 리즈대) (경)2008년 국토해양부 자동차대외협력팀장 2009년 同한국토지주택공사설립사무국 총괄과장 2009년 同건축문화경관팀장 2010년 駐아랍에미리트 국토교통관 2014년 국토교통부 창조행정담당관 2017년 同운영지원과장(부이사관) 2017년 同동서남해안 및 내륙권 발전기획단 기획관(부이사관) 2018년 同주택토지실 토지정책과장 2019년 행정중심복합도시건설청 기반시설국장(고위공무원)(현)

**김봉교(金琫敎) Kim Bong Gyo**

(생)1957 · 2 · 10 (본)선산(善山) (출)경북 구미 (주)경상북도 안동시 풍천면 도청대로 455 경상북도의회(054-880-5126) (학)2010년 동국대 사회과학대학 행정학과졸, 同대학원 행정학과졸 (경)스포랜드골프클럽 대표(현), 한나라당 경북도당 부위원장, (사)아름다운가정만들기 이사장, 구미시검도협회 회장 2010년 경북도의원선거 출마(한나라당) 2012년 경북도의회 의원(새누리당), 同기획경제위원회 위원, 同서민경제특별위원회 부위원장, 새누리당 중앙위원회 경북연합회장 2014~2018년 경북도의회 의원(새누리당 · 자유한국당) 2014 · 2016년 同행정보건복지위원회 위원 2014 · 2016년 同경북 · 대구상생발전특별위원회 위원 2016년 同운영위원회 위원장 2017년 전국시 · 도의회운영위원장협의회 공동회장 2018년 경북도의회 의원(자유한국당)(현) 2018년 同부의장(현) 2018년 同문화환경위원회 위원(현) 2018년 同통합공항이전특별위원회 위원(현)

**김봉국(金鳳國) KIM Bong Kook**

(생)1962 · 5 · 6 (본)함창(咸昌) (출)경남 하동 (주)서울특별시 중구 다동길 46 다동빌딩 607호 한국금융신문(02-773-1850) (학)1981년 대전고졸 1987년 고려대 신문방송학과졸 2009년 세종대 대학원 신문방송학과졸 (경)1988~2000년 매일경제신문 기자 2000년 이데일리 창립멤버 2004년 同편집국장, 同총괄부사장 2005년 同대표이사 사장 2005년 한국인터넷신문협회 부회장 2006년 한국디지털뉴스협회 감사 2006년 부산 · 진해경제자유구역청 외자유치자문위원 2007년 한국DMB 시청자위원 2007년 한국언론재단 한국언론교육원 자문위원 2009년 한국예탁결제원 국제예탁결제제도 자문위원 2009~2010년 세종대 신문방송학과 겸임교수 2013년 아주경제 총괄국장(부사장) 2014년 同편집국장(부사장) 2015년 同부사장 2015년 한국금융신문 사장 2015년 행복한기업연구소 대표(현) 2019년 한국금융신문 편집인 겸 대표이사 사장(현)

**김봉규(金奉奎) KIM Bong Kyu**

(생)1969 · 1 · 22 (출)전북 군산 (주)경기도 고양시 일산동구 장백로 209 의정부지방법원 고양지원 총무과(031-920-6112) (학)1987년 군산동고졸 1994년 중앙대 법학과졸 (경)1997년 사법시험 합격(39회) 2000년 사법연수원 수료(29기) 2000년 인천지검 검사 2002년 전주지검 남원지청 검사 2003

년 부산지검 동부지청 검사 2005년 대전지검 검사 2006년 칠레 연수 2008년 서울남부지검 검사 2011년 청주지법 판사 2013년 대전고법 청주재판부 판사 2015년 인천지법 부천지원 판사 2016년 전주지법 부장판사 2018년 의정부지법 고양지원 부장판사(현)

## 김봉균(金俸均)

(생)1968·4·9 (주)경기도 수원시 팔달구 효원로 1 경기도의회(031-8008-7000) (학)1994년 경희대 환경학과 중퇴(4년) (경)봉투어 대표, 수원평화나비 공동대표(현), 경기도수원월드컵재단 사업전략실장, 경기도조정협회 부회장, 문화재찾기 한민족네트워크 사무총장, 더불어민주당 평창올림픽비전개발특별위원회 위원장, 同미주연구원 지방정책연구위원 2018년 경기도의회 의원(더불어민주당)(현) 2018년 同문화체육관광위원회 위원(현)

## 김봉덕

(생)1975·6 (출)경기 안양 (주)대전광역시 서구 청사로 189 중소벤처기업부 운영지원과(042-481-4381) (학)신성고졸, 서강대 경제학과졸 (경)2011년 중소기업청 중소기업정책국 국제협력과 서기관 2012년 同해외시장과 서기관 2013년 同정책분석T/F팀장 2014년 同기술협력보호과장 2015년 대통령직속 청년위원회 파견 2016년 중소기업청 중소기업정책국 정책분석과장 2017년 同생산기술국 기술개발과장 2017~2018년 중소벤처기업부 창업벤처혁신실 기술개발과장 2018년 교육파견(현)

## 김봉렬(金奉烈) KIM Bong Ryol

(생)1958·1·14 (본)김해(金海) (출)전남 순천 (주)서울특별시 성북구 화랑로32길 146-37 한국예술종합학교 총장실(02-746-9004) (학)1976년 경기고졸 1980년 서울대 건축학과졸 1982년 同대학원 건축학과졸 1989년 공학박사(서울대) 1991년 영국 런던 AA Graduate School of Architecture 수학 (경)1985~1995년 울산대 건축학과 전임강사·조교수·부교수 1992~1998년 문화체육부 문화재전문위원 1995~1997년 울산대 건축학과 교수 1996년 월간 '이상건축' 편집위원 1997년 한국예술종합학교 미술원 건축과 교수(현) 2001~2005년 同교학처장 2001년 서울시 문화재위원 2003년 문화재위원회 박물관분과 위원 2005년 태권도진흥재단 이사 2005~2007년 문화재위원회 건조물문화재분과 위원 2006~2009년 용산민족공원추진위원회 위원 2007~2009·2015년 문화재청 문화재위원회 건축문화재분과·민속문화재분과 위원 2007~2009년 한국예술종합학교 기획처장 2012년 同미술원 건축과장 2012~2013년 한국건축역사학회 회장 2013년 서울시 건축정책위원회 위원 2013년 한국예술종합학교 총장(현) 2014년 한국콘텐츠공제조합 명예조합원(현) 2017~2019·2019년 同문화재위원회 건축문화재분과 위원장(현) 2019년 同문화재위원장 겸임(현) (상)대한건축학회 남파상 (저)'한국의 건축-전통건축편'(1985) '서원건축' '화엄사' '법주사'(共) '건축교육의 미래' '시대를 담는 그릇' '이 땅에 새겨진 정신' '앎과 삶의 공간' '불교건축' '김봉렬의 한국건축이야기 1·2·3'(2006) '가보고 싶은 곳, 머물고 싶은 곳 1·2'(2013) '한국건축개념사전(共)'(2013) (작)대표작품 '한국예술종합학교 석관동캠퍼스 마스터플랜'(1999) '독일 프랑크푸르트 한국정원'(2005) '현대중공업 울산영빈관'(2007) '아모레퍼시픽 기업추모관'(2009) '국가영빈관 삼청장'(2010) '미국 피츠버그대학 한국실'(2015) (종)기독교

## 김봉석(金峰石) KIM Bong Sug

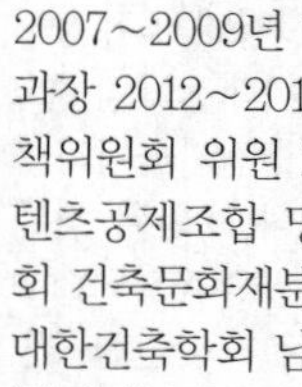

(생)1967·12·11 (출)경남 통영 (주)서울특별시 서초구 서초대로 250 스타갤러리브릿지 11층 법무법인 담박(02-548-4301) (학)1986년 진주고졸 1990년 서울대 법학과졸 1993년 同법과대학원 수료 (경)1991년 사법시험 합격(33회) 1994년 사법연수원 수료(23기) 1994년 軍법무관 1997년 부산지검 검사 1999년 대전지검 서산지청 검사 2000년 수원지검 검사 2002년 대검찰청 검찰연구관 2004년 서울중앙지검 검사 2006년 창원지검 부부장검사 2007년 춘천지검 원주지청 부장검사 2008년 울산지검 특수부장 2009년 부산지검 형사5부장 2009년 同형사4부장 2010년 청주지검 부장검사 2011년 서울중앙지검 첨단범죄수사2부장 2012년 대구지검 경주지청장 2013년 법무부 형사사법공통시스템운영단장 2014년 수원지검 부장검사(법무연수원 대외협력단장 파견) 2014년 同안양지청 차장검사 2015년 대전고검 검사(공정거래위원회 파견) 2016년 서울고검 검사 2016년 변호사 개업 2017년 법무법인 담박(淡泊) 구성원변호사(현) 2018년 공정거래위원회 비상임위원(현)

## 김봉선(金鳳先) KIM Bong Seon

(생)1960·1·1 (본)김해(金海) (출)광주 (주)서울특별시 중구 정동길 3 경향신문 임원실(02-3701-1114) (학)1978년 금호고졸 1987년 고려대 영어영문학과졸 (경)1988년 경향신문 입사 1999년 同편집국 정치부 기자 2000년 同편집국 정치부 차장 2005년 同편집국 정치부 부장대우 2006년 同편집국 정치부장 2008년 同편집국 국제부장 2008년 同논설위원 2008년 중앙선거관리위원회 자문위원 2009년 경향신문 편집국 정치·국제에디터 2010년 관훈클럽 감사 2011년 경향신문 논설위원 2013년 同출판국장 2015년 同상무이사(현) 2017년 관훈클럽 신영연구기금 감사(현) (상)한국참언론인대상 칼럼부문(2011)

## 김봉선(金夆宣)

(생)1976·12·23 (출)충남 청양 (주)경기도 수원시 영통구 법조로 105 수원지방법원 총무과(031-210-1101) (학)1996년 대전고졸 2000년 서울대 법학과졸 (경)1999년 사법시험 합격(41회) 2002년 사법연수원 수료(31기) 2002년 해군 법무관 2005년 수원지법 판사 2007년 서울중앙지법 판사 2009년 부산지법 가정지원 판사 2012년 수원지법 판사 2013년 법원행정처 사법지원심의관 겸임 2015년 서울중앙지법 판사 2017년 전주지법 부장판사 2019년 수원지법 부장판사(현)

## 김봉식(金峰植)

(생)1967·5·1 (출)대구 (주)경상북도 경산시 원효로 68 경산경찰서(053-770-0211) (학)경북고졸, 경찰대졸(5기), 경북대 국제대학원졸 (경)2012년 경북지방경찰청 수사과장 2013년 대구 달서경찰서장(총경) 2014년 대구지방경찰청 수사과장 2015년 同형사과장 2016년 대구 동부경찰서장 2017년 경북지방경찰청 형사과장 2019년 경북 경산경찰서장(현)

## 김봉옥(金峯玉·女) KIM Bong Ok

(생)1954·11·6 (본)강릉(江陵) (출)전북 (주)대구광역시 북구 학정로 515 근로복지공단 대구병원(053-715-7575) (학)1978년 연세대 의대졸 1985년 同대학원 의학석사 1994년 의학박사(연세대) (경)1981년 미국 Univ. of Louisville Fellowship 1983년 전주예수병원 재활의학과장 1988~2018년 충남대 의과대학 재활의학과학교실 교수 1992년 미국 George Washington Univ. Fellowship 1995~1997년 충남대병원 의무기록실장 1996~2002년 同재활의학과장 2005~2006년 충남대 언어교육원장 2010~2012년 대전보조기구센터장 2011~2013 제29차 세계여자의사회 국제학술대회 조직위원장 2011~2016년 (사)국제키비탄 한국본부 한밭클럽 회장 2012~2014년 대한재활의학회장 2013~2016년 충남대병원장 2014~2016년 한국여자의사회 부회장 2014~2016년 대한병원협회 국제이사 2015~2018년 대한의사협회 부회장 2016~2018년 한국보건복지인력개발원 비상임이사 2016~2019년 한국의학교육평가원 이사장 2016~2018년 한국여자

의사회장 2016~2018년 대한병원협회 의료협력위원 2017~2019년 (사)국제키비탄 한국본부 부총재 2018년 근로복지공단 대구병원장(현) 2019년 (사)국제키비탄 한국본부 차기총재(현) 2019년 충남대 의대 재활의학교실 명예교수(현) (상)대한재활의학회 학술상(1996), 충남대 우수교수상(2006), 아시아·오세아니아재활의학회 최우수논문상(2008), 대전유공시민표창(2009), 한국장애인단체총연합회 공로패(2011), 장애학생교육유공 교육부장관표창(2013), 대한의사협회 화이자국제협력공로상(2014), 병원경영혁신유공 교육부장관표창(2015), 양성평등유공 근정포장(2016), 대한재활의학회 우수포스터상(2017), 세계여자의사회 명예로운 회원상(2019) (저)'재활간호'(1994, 현문사) (역)'임상보행분석'(1994, 세진기획) (종)장로교

## 김봉운(金奉碩) Kim Bong Un

(생)1968 (출)전남 화순 (주)인천광역시 중구 제물량로 237 인천중부경찰서(032-760-8321) (학)1985년 송원고졸 1989년 경찰대졸(5기) (경)1989년 경위 임관 1999년 경감 승진 2004년 인천국제공항경찰대 경비교통과장(경정) 2006년 인천계양경찰서 생활안전과장 2009년 인천지방경찰청 경무과 기획예산계장 2012년 同경무과 경무계장 2014년 광주지방경찰청 홍보담당관(총경) 2015년 전남 나주경찰서장 2016년 인천지방경찰청 생활안전과장 2016년 인천 부평경찰서장 2017년 인천지방경찰청 홍보담당관 2019년 인천중부경찰서장(현)

## 김봉원(金鳳元)

(생)1972·7·12 (출)서울 (주)서울특별시 서초구 서초중앙로 157 서울고등법원(02-530-1114) (학)1991년 서울 중앙고졸 1996년 서울대 법학과졸 1999년 同대학원졸 (경)1997년 사법시험 합격(39회) 2000년 사법연수원 수료(29기) 2000년 軍법무관 2003년 인천지법 판사 2005년 서울중앙지법 판사 2007년 광주지법 목포지원 판사 2009년 창원지법 진주지원 판사 2012년 서울고법 판사 2014년 서울중앙지법 판사 2015년 광주지법 부장판사 2016년 서울고법 판사(현)

## 김봉재(金鋒在) Kim, Bong Jae

(생)1963·5·7 (출)경북 (주)대전광역시 대덕구 신탄진로 200 한국수자원공사 물관리기획처(042-629-2203) (학)1989년 경북대 토목공학과졸 2000년 同대학원 토목공학과졸 2017년 同대학원 토목공학박사 예정 (경)1989년 한국수자원공사 입사 2010년 同기술관리실 품질안전팀장 2012년 同보현산댐건설단장 2015년 同친수사업처장 2016년 同댐유역관리처장 2016년 同사업관리부문 이사(상임이사) 2018년 同사업총괄이사(상임이사) 2019년 同물관리기획처 물관리기획이사(현) (상)국무총리표창(1999), 대통령표창(2005)

## 김봉조(金奉祚) KIM Bong Jo (海松)

(생)1939·4·15 (본)김녕(金寧) (출)경남 거제 (학)1959년 마산 창신고졸 1963년 연세대 법대졸 1986년 同행정대학원졸 (경)1964년 4.19장학회 이사 1968년 신민당 중앙상무위원 1970년 同총재 특보 1971년 同거제지구당 위원장 1984년 민주화추진협의회 운영위원 1984년 신한민주당(신민당) 창당발기인 1985년 제12대 국회의원(충무·통영·거제·고성, 신민당) 1987년 통일민주당(민주당) 창당발기인 1987년 同경남제5지구당 위원장 1988년 제13대 국회의원(거제, 민주당) 1988년 민주당 경남도지부장 1992년 제14대 국회의원(장승포·거제, 민자당·신한국당) 1992년 국회 예산결산특별위원장 1993년 국회 우루과이라운드대책특별위원회 위원장 1994년 민자당 당무위원 겸 경남도지부 위원장 1996년 한국마사회 회장 2009년 민주동지회 회장(현) 2011년 대한민국헌정회 부회장, 同고문 2017년 同원로위원(현) (종)기독교

## 김봉조(金俸助) KIM BONG JO

(생)1964·4·7 (출)경남 창녕 (주)대전광역시 서구 청사로 189 조달청 대변인실(042-724-7077) (학)1982년 마산고졸 1989년 한국외국어대 중국어학과졸 2010년 동국대 대학원 신문방송학과졸 (경)2007~2009·2014~2015년 불교방송(BBS) 정치부장 2009~2011년 국가보훈처 홍보기획팀장 2011~2013년 경기도 홍보담당관 2013~2015년 (주)킨텍스 단장 2015~2016년 한국콜마(주) 홍보이사 2016년 조달청 대변인(현) (상)직무수행모범 BBS사장표창(2010), 경기도지사표창(2013)

## 김봉준(金奉俊)

(생)1972·4·3 (출)광주 (주)경상남도 통영시 용남면 동달안길 67 창원지방검찰청 통영지청 형사1부(055-640-4314) (학)1990년 광주 석산고졸 1997년 전남대 공법학과졸 2000년 同법과대학원 법학과졸 (경)2001년 사법시험 합격(43회) 2004년 사법연수원 수료(33기) 2004~2007년 변호사 개업 2004년 대한법률구조공단 전주지부 변호사 2007년 광주지검 목포지청 검사 2009년 광주지검 검사 2011년 제주지검 검사 2013년 서울북부지검 검사 2016년 서울중앙지검 검사 2018년 부산지검 검사 2018년 同부부장검사 2019년 창원지검 통영지청 형사1부장(현)

## 김봉진(金逢進) KIM BONG JIN

(생)1976·10·10 (본)김해(金海) (출)서울 (주)서울특별시 송파구 위례성대로 2 장은빌딩 18층 (주)우아한형제들(1644-0025) (학)1995년 수도전기공고졸 1997년 서울예술대학 실내디자인학과졸 2015년 국민대 디자인대학원 시각디자인학과졸 (경)2002년 디자인그룹 이모션 디자이너 2003~2005년 네오위즈 디자이너 2008~2010년 NHN(네이버) 디자이너 2011년 (주)우아한형제들(스마트폰 서비스 '배달의민족') 대표이사(현) 2014년 서울시 인사혁신자문위원 2015년 한국벤처기업협회 이사 2015년 에피어워드 코리아 2015 심사위원 2015년 대통령직속 제3기 청년위원회 위원 2016년 디자인하우스 사외이사 2016년 코리아스타트업포럼 의장(현) 2019년 중소벤처기업부 '컴업(Come-Up) 2019' 조직위원회 공동위원장(현) 2019년 문재인대통령 핀란드 순방경제사절단 단원 (상)대통령표창(2014·2017)

## 김봉태(金奉泰) KIM, BONG TAE

(생)1959·5·1 (출)전남 순천 (주)대전광역시 유성구 가정로 218 한국전자통신연구원 미래전략연구소(042-860-6621) (학)1983년 서울대 전자공학과졸 1991년 미국 노스캐롤라이나주립대 대학원 컴퓨터공학과졸 1995년 컴퓨터공학박사(미국 노스캐롤라이나주립대) (경)2004년 한국전자통신연구원 광대역통합망연구단 광가입자망연구그룹장, 同광대역통합망연구단 광통신연구센터 그룹장 2008년 同방송통신융합연구부문 네트워크연구본부장 2009년 同방송통신융합연구부문 네트워크연구부장 2009년 同네트워크연구본부장 2010년 同창의경영기획본부장, 同차세대통신연구부문장(소장) 2016년 同미래전략연구소장(현) (상)산업포장(2011)

## 김봉현(金奉顯) KIM Bong Hyun

(생)1962·1·27 (출)서울 (주)서울특별시 중구 필동로1길 30 동국대학교 사회과학대학 광고홍보학과(02-2260-3807) (학)1986년 중앙대 신문방송학과졸 1989년 同대학원졸 1991년 미국 미시간주립대 대학원졸 1995년 광고학박사(미국 앨라배마대) (경)1996~1999년 금강기획 마케팅전략연구소 책임연구원 1996~1999년 중앙대·경희대·한양대 시간강사 1999년

동국대 사회과학대학 광고홍보학과 전임강사·조교수·부교수·교수(현) 2007년 同전략홍보실장, 방송통신위원회 규제개혁및법제선진화특별위원회 위원 2014~2015년 한국광고학회 회장 (역)'현대광고홍보론'(2001) '현대광고론'(2002) '신화를 만드는 브랜드, 브랜드를 만드는 신화'(2003)

### 김봉현(金鳳鉉)

(생)1973·9·25 (본)경주(慶州) (출)전남 신안 (주)서울특별시 송파구 정의로 30 서울동부지방검찰청 사이버수사부(02-2204-4806) (학)1991년 목포고졸 1997년 한양대 법학과졸 (경)1999년 사법시험 합격(41회) 2002년 사법연수원 수료(31기) 2002년 서울지검 동부지청 검사 2004년 대전지검 공주지청 검사 2005년 창원지검 검사 2007년 인천지검 부천지청 검사 2009년 서울중앙지검 검사 2013년 광주지검 순천지청 검사 2015년 의정부지검 검사 2016년 同부부장검사 2017년 광주지검 공판부장 2018년 인천지검 부부장검사 2018~2019년 감사원 파견 2019년 서울동부지검 사이버수사부장(현) (종)기독교

### 김봉호(金琫鎬) KIM Bong Ho (愼軒)

(생)1933·5·10 (본)김해(金海) (출)전남 해남 (주)서울특별시 영등포구 의사당대로 1 대한민국헌정회 원로회의(02-757-6612) (학)1946년 해남고졸 1957년 전남대 농과대학졸 1982년 연세대 경영대학원 수료 1987년 同고위정책결정자과정 수료 1999년 명예 정치학박사(전남대) 2001년 명예 정치학박사(청주대) (경)1974년 한국문화원연합회 부회장 1976년 전남도 자문위원 1978년 전남도체육회 배드민턴협회 회장 1979년 제10대 국회의원(해남·진도, 민주공화당) 1985년 제12대 국회의원(해남·진도, 신사당·신민당) 1985년 한·일의원연맹 부간사장 1987년 민주당 정책위원회 부의장 1987년 민주화추진협의회 상임운영위원 1988년 평화민주당 당무위원 1988~1992년 제13대 국회의원(해남·진도, 평화민주당·신민당·민주당) 1988년 평민당 정책위 의장 1988년 남북국회회담준비접촉 남측대표 1990년 국회 경제과학위원장 1990년 평민당 사무총장 1991년 신민당 사무총장 1991년 민주당 김대중 대표최고위원 특보역 1992년 제14대 국회의원(해남·진도, 민주당·새정치국민회의) 1992년 민주당 당무위원 1993년 통일산하회 이사장 1995~2000년 새정치국민회의 전국대의원대회 의장 1996년 제15대 국회의원(해남·진도, 새정치국민회의·새천년민주당) 1997년 새정치국민회의 지도위 의장 1997년 同중앙당후원회장 1998~2000년 국회 부의장 1998년 한·일의원연맹 회장대행 1999년 가락중앙종친회 회장 2000년 새천년민주당 중앙당후원회 회장 2000년 同당무위원 2000년 제16대 국회의원선거 출마(해남·진도, 민주당) 2007~2008년 대한민국헌정회 고문 2009년 同원로위원 2013~2017년 同원로위원회 부의장 2019년 대한민국헌정회 원로회의 의장(현) (상)콜롬비아 대십자훈장(1999) (저)'정책과 전망'(1988) (종)기독교

### 김봉환(金鳳煥) KIM Bong Hwan (善洲)

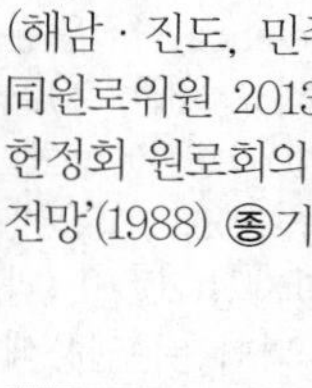

(생)1921·1·2 (본)선산(善山) (출)경북 선산 (주)서울특별시 서초구 남부순환로 2636 성물빌딩 201호 김봉환법률사무소(02-572-4334) (학)1941년 지방관리양성소 수료 1943년 전검(專檢) 합격 1950년 서울대 법대졸 (경)1940년 보통문관시험 합격 1941년 양주군 근무 1945년 경기도·내무부 근무 1948년 변호사시험 합격(2회) 1949년 변호사 개업 1952년 경북대 전임강사 1963~1973년 제6·7·8대 국회의원(군위·선산, 민주공화당) 1965년 국회 법사위원장 1971년 국회예산결산위원장 1973년 제9대 국회의원(통일주체국민회의, 유신정우회) 1973년 국회 보사위원장 1977~1994년 삼성화재해상보험(주) 법률고문 1996년 한양합동법률사무소 변호사, 변호사 개업(현) (저)'사쿠란줄 알았는데 무궁화로다' (종)기독교

### 김부겸(金富謙) KIM Boo Kyum

(생)1958·1·21 (본)김해(金海) (출)경북 상주 (주)서울특별시 영등포구 의사당대로 1 국회 의원회관 814호(02-784-4367) (학)1975년 경북고졸 1987년 서울대 정치학과졸 1999년 연세대 행정대학원 행정학과졸 (경)1977년 유신반대시위 주동 투옥 1980년 계엄령위반 구속 1986년 민주통일민중운동연합 간사 1987년 민주헌법쟁취국민운동본부 집행위원 1991~1992년 민주당 부대변인 1992년 이선실 간첩사건연루 구속 1995년 민주당 4대 선거대책위원회 기획실장 1995년 同수석부대변인 1996년 同과천·의왕지구당 위원장 1998~2003년 한나라당 군포지구당 위원장 1998년 同부대변인 2000~2004년 제16대 국회의원(군포, 한나라당·무소속·열린우리당) 2001년 국회 예산결산특별위원회 위원 2002년 국회 공적자금국정조사특별위원회 위원 2002년 한나라당 대외협력위원장 2003년 열린우리당 원내부대표 2004년 제17대 국회의원(군포, 열린우리당·대통합민주신당·통합민주당) 2004년 열린우리당 의장 비서실장 2005~2006년 同원내수석부대표 2006년 同홍보기획위원장 2006~2007년 同비상대책위원회 상임위원 2006년 同7·26재보궐선거공천심사위원장 2008년 통합민주당 공천심사위원 2008년 제18대 국회의원(군포, 통합민주당·민주당·민주통합당) 2008~2009년 국회 교육과학기술위원장 2012년 민주통합당 최고위원 2012년 제19대 국회의원선거 출마(대구시 수성구甲, 민주통합당) 2012~2013년 민주통합당 대구시수성구甲지역위원회 위원장 2012년 同문재인 대통령후보선거기획단 기획위원 2012년 同제18대 대통령중앙선거대책위원회 공동위원장 2013년 민주당 대구시수성구甲지역위원회 위원장 2014년 새정치민주연합 대구시수성구甲지역위원회 위원장 2014년 대구광역시장선거 출마(새정치민주연합) 2015년 새정치민주연합 지역분권정당추진단장 2015년 더불어민주당 지역분권정당추진단장 2015년 同대구시수성구甲지역위원회 위원장(현) 2016년 제20대 국회의원(대구시 수성구甲, 더불어민주당)(현) 2016~2018년 국회 기획재정위원회 위원 2016년 국회 예산결산특별위원회 위원 2016년 더불어민주당 정책엑스포추진위원장 2017년 同제19대 문재인 대통령후보중앙선거대책위원회 공동위원장 2017~2019년 행정안전부 장관 2018년 국회 농림축산식품해양수산위원회 위원 2019년 국회 외교통일위원회 위원(현) (상)백봉라용균선생기념회 백봉신사상(2004), 백봉신사상 올해의 신사의원 베스트10(2005·2017), 국정감사우수의원(2009·2010), 의정대상(2011), 대한민국 혁신경영대상 정치혁신부문(2015), 대한민국의정대상(2016), 대한민국 국회의원소통대상(2016) (저)'나는 민주당이다'(2011, 미래인) '캠페인 전쟁, 2012'(2011, 폴리테이아) '공존의 공화국을 위하여'(2015, 더난출판사) (종)기독교

### 김부균(金富均) Kim, Boo-Gyoun

(생)1957·3·25 (본)도강(道康) (출)대전 (주)서울특별시 동작구 상도로 369 숭실대학교 IT대학 전자정보공학부(02-820-0635) (학)1975년 서울 중앙고졸 1979년 서울대 전자공학과졸 1981년 한국과학기술원(KAIST)졸(석사) 1989년 전자공학박사(미국 서던캘리포니아대) (경)1981~2000년 숭실대 전자공학과 전임강사·조교수·부교수 1992~1994년 同전자공학과장 1993년 IBM Almaden연구소 방문연구원 1995년 대한전기학회 광전자공학 및 전자파연구분과 간사장 1996년 한국광학회 편집위원 1997년 미국 Univ. of California at Santa Barbara 방문부교수 1998~1999년 광전자공학학술회의 의장 1998~2006년 산업자원부 기술개발기획평가단 위원 1999~2001년 숭실대 정보통신전자공학부장 1999~2006년 산업표준심의원 IEC/TC86 전문위원 2000년 숭실대 정보통신전자공학부 교수 2000년 대한전자공학회 광파및 양자전자공학회 전문위원장 2001년 한국산업기술진흥협회 국산신기술인정제도전문분과 심사위원 2002~2004년 한국광학회 국제협력이사 2002~2005년 숭실대 정보통신연구소장 2008~2010년 同IT대학장 2010~2012년 대한전자공학회 상임이사 2011~2014년

산업기술연구회 이사 2011~2014년 중앙전파관리소 전파관리자문위원회 위원 2015년 숭실대 전자정보공학부 교수(현) (상)한국광학회 논문상(2004), 한국광학회 공로상(2006), 과학기술우수논문상(2011) (저)'초고속 광통신기술'(1997) (종)가톨릭

**김부민(金富敏) Kim Bu Min**

(생)1975 · 9 · 6 (주)부산광역시 연제구 중앙대로 1001 부산광역시의회(051-888-8311) (학)명지대 철학과졸 2009년 부산대 대학원 석사과정 수료 (경)민주공원 교육문화팀 과장, 부산 노사모 사무국장 2010~2014년 부산시 사상구의회 의원(민주당 · 민주통합당 · 민주당 · 새정치민주연합) 2012년 同사회도시위원장 2014년 부산시 사상구의원선거 출마(무소속), 부산장애인력비협회 회장 2018년 부산시의회 의원(더불어민주당)(현) 2018년 同경제문화위원장(현)

**김부섭(金富燮) KIM Boo Seop (간석)**

(생)1962 · 1 · 5 (본)풍산(豊山) (출)경북 안동 (주)경상북도 안동시 풍천면 도청대로 455 경상북도청 문화관광체육국(054-880-3100) (학)1980년 대구 영신고졸 1985년 경북대 경영학과졸 2005년 미국 포틀랜드주립대 행정대학원졸 2016년 행정학박사(영남대) (경)1988년 행정고시 합격(32회) 1989년 사무관 임용 1990년 대구시 지방공무원교육원 관리계장 1991년 同이재과 이재2계장 1992년 同기획관리실 법제심사계장 1995년 同조직관리계장 1996년 同의회협력계장 1999년 同기획관리실 법무담당관 2000년 同세정담당관 2006년 同혁신분권담당관 2006년 同보건복지여성국 복지정책과장 2007년 同보건복지여성국 복지정책관 2009년 同환경녹지국장 직대(서기관) 2009년 同환경녹지국장(부이사관) 2010년 세종연구소 교육파견 2010년 대구시 교통국장 2011년 대구 남구 부구청장 2013년 대구시 환경녹지국장 2014년 同녹색환경국장 2015년 대구 달성군 부군수 2019년 대구시 상수도사업본부장 2019년 경북도 문화관광체육국장(현) (상)내무부장관표창, 대통령표창(2003), 홍조근정훈장(2014)

**김부성(金富成) KIM Bu Sung**

(생)1935·11·6 (본)안동(安東) (출)서울 (주)서울특별시 용산구 대사관로 59 순천향대학교 이사장실(02-709-9103) (학)1960년 가톨릭대 의대졸 1974년 同대학원졸 1975년 미국 뉴욕 마운트사이나이의대 수학 1976년 의학박사(가톨릭대) (경)1971년 호주 시드니병원혈액원 연구원 1974년 駐월남한국의료원 내과자문의·사이공 의대 외래부교수 1986년 대한의학회 학술이사 1986~2001년 가톨릭대 의대 내과학교실 교수 1987년 대한성인병예방협회 이사 1988년 가톨릭의사협회 서울시의사회장 1988년 한국간연구회장 1988년 가톨릭대 의학부 내과학교실 주임교수·의대부속 강남병원장 1992년 대한내과학회 이사장 1994~1997년 가톨릭중앙의료원 의무원장 1994년 同병원연구소장 1997~1999년 가톨릭대 의무부총장 2001~2008년 순천향대 의무부총장 겸 중앙의료원장 2001년 同부천병원장 2002년 전국사립대학교의료원장협의회 회장 2003~2008년 대한병원협회 부회장 2008~2013년 순천향대 명예의료원장 2010년 CMC생명존중기금 고문(현) 2013년 학교법인 동은학원(순천향대) 이사장(현) (상)서울시민대상 본상(1995), 로마교황청 '성 그레고리오 대교황 기사 훈장'(2007) (종)천주교

**김부찬(金富燦) KIM Boo Chan**

(생)1955 · 3 · 4 (주)제주특별자치도 제주시 제주대학로 102 제주대학교 법학전문대학원(064-754-2917) (학)1978년 서울대 법학과졸 1983년 부산대 대학원졸 1990년 법학박사(부산대) (경)1983년 부산대 시간강사 1984년 한국해양대 강사 1985~1997년 제주대 법학과 강사 · 전임강사 · 조교수 · 부교수 1989년 同법정대학 교학과장 1991년 同법학과장 1992년 제주일보 논설위원 1996년 미국 워싱턴대 Law School 교환교수 1997년 제주대 법학과 교수, 同법학전문대학원 교수(현) 1998~2002년 제주지법 민사 및 가사조정위원 1998~2001년 제주대 동아시아연구소장 1999년 제주도 행정심판위원 1999년 민주평통 자문위원 2001년 중국 하남대 겸임교수 2003~2005년 제주대 기획처장 2003년 외교통상부 국제법자문위원회 자문위원 2003년 영남국제법학회 회장(현) 2003년 한국지방자치법학회 부회장(현) 2003년 서울국제법연구원 이사 겸 편집위원 2004~2005년 제주대 산학협력단장 2005년 미국 코넬대 Law School 교환교수 2008년 해양경찰청 국제해양법위원(현) 2008년 국회 입법지원위원(현) 2010년 대한국제법학회 회장 2017~2018년 국민안전처 해양경비안전본부 국제해양법위원장 (상)고하 학술상(2004), 대한국제법학회 현민국제법학술상(2017)

**김부한(金枎漢) Kim Buhan**

(생)1972 · 12 · 22 (출)충북 괴산 (주)서울특별시 중구 남대문로 63 법무법인 광장(02-772-4000) (학)1991년 충주고졸 1997년 서울대 물리학과졸 (경)2000년 사법시험 합격(42회) 2003년 사법연수원 수료(32기) 2003년 광주지법 예비판사 2004년 광주고법 예비판사 2005년 광주지법 판사 2006년 同해남지원 판사 2007년 대전지법 천안지원 판사 2011년 대전지법 판사 2015년 특허법원 판사 2018~2019년 대구지법 부장판사 2019년 법무법인 광장 변호사(현)

**김빛내리(金빛내리 · 女) V. Narry Kim**

(생)1969 · 6 · 18 (본)연안(延安) (출)전남 영광 (주)서울특별시 관악구 관악로 1 서울대학교 자연과학대학 생명과학부(02-880-9120) (학)1988년 상명여대부속여고졸 1992년 서울대 미생물학과졸 1994년 同대학원 미생물학과졸 1998년 분자세포유전학박사(영국 옥스퍼드대) (경)1999~2001년 미국 펜실베이니아대 Howard Hughes Medical Institute 박사 후 연구원 2001~2004년 서울대 생명과학인력양성사업단 조교수 2004~2013년 同자연과학대학 생명과학부 조교수 · 부교수 2010~2015년 同자연과학대학 생명과학부 중견석좌교수 2010년 학술지 '셀' 편집위원 2010년 '국가과학자' 선정 2012년 기초과학연구원 RNA 연구단장(현) 2012년 유럽분자생물학기구(EMBO) 회원(현) 2012년 Genes & Development 편집위원(현) 2012년 엠보저널 편집위원(현) 2013~2017년 서울대 자연과학대학 생명과학부 교수 2013~2014년 국가과학기술자문회의 자문위원 2014년 한국과학기술한림원 정회원(이학부 · 현) 2014년 미국 국립학술원(NAS) 외국회원(Foreign Associate)(현) 2015년 Science 편집위원(현) 2017년 서울대 자연과학대학 생명과학부 석좌교수(현) 2018년 국제학술지 '네이처'의 '동아시아 스타 과학자 10명'에 선정 (상)영국 Overseas Research Student Awards(1994 · 1995 · 1996), 마크로젠 신진과학자상(2004), 마크로젠 여성과학자상(2006), 과학기술부 젊은과학자상(2007), 한국과학재단 및 과학논문인용색인(SCI) 주관사 미국 톰슨사이언티픽 선정 '올해 세계 수준급 연구영역 개척자상'(2007), 과학기술부 및 과학문화재단 선정 '닮고 싶고 되고 싶은 과학기술인 10인'(학술분야, 2007), 과학기술부 선정 '올해의 여성과학기술자상'(2007), 로레알 유네스코 여성과학자상(2008), 호암상 의학상(2009), 한국과학기술정보연구원 지식창조대상 분자생물학 · 유전학분야(2009), 아모레퍼시픽 여성과학자상 대상(2010), 서울대총동창회 제15회 관악대상 영광부문(2013), 2013대한민국최고과학기술인상(2013), 에쓰오일 과학문화재단 선정 '올해의 선도 과학자 펠로십'(2013), 제21회 대한민국을 빛낸 한국인물대상 생명과학부문 대상(2016), 한국과학기자협회 올해의 과학자상(2016), Human Genome Organisation(HUGO) Chen Award(2017), 아산의학상(2019)

**김사인(金思寅) KIM Sa In**

(생)1956·3·30 (출)충북 보은 (주)서울특별시 강남구 영동대로112길 32 한국문학번역원(02-6919-7700) (학)1974년 대전고졸 1980년 서울대 인문대학 국문학과졸 1987년 고려대 대학원 국문학과졸 2010년 미국 아이오와대 국제창작프로그램(IWP) 수료 (경)1982년 '한국문학의 현단계'에 '지금 이곳에서의 시'로 평론가 등단 1983~1987년 계간 '실천문학' 편집위원 1985~2005년 (사)한국작가회의 사무국장·한국작가회의부설 민족문학연구소 부소장, 同시분과 위원장·부이사장·이사(현) 1987년 시집 '밤에 쓰는 편지'로 시인 등단, 시와 경제 동인 2001~2007년 BBS-FM라디오 '살며 생각하며' 진행 2002년 계간 '창작과 비평' 편집위원(현) 2002~2018년 동덕여대 문예창작과·전임강사·조교수·부교수·교수 2003~2005년 (재)시민방송 RTV 상임이사 2003~2004년 同'김사인의 시의 매혹' 진행 2004~2006년 아시아문화유목 대표 2005~2006년 방송발전기금관리위원회 위원 2008~2010년 (사)한국작가회의 시분과위원장 2008~2010년 해인승가대학 강사 2009~2010년 서울시창작공간 연희문학창작촌 운영위원 2011년 미국 하버드대 한국학연구소 교환교수 2012년 서울문화재단 문화정책위원회 위원 2013~2014년 동덕여대 인문과학연구소장 2017~2018년 중국 중앙민족대 외래교수 2018년 한국문학번역원 원장(현) (상)제6회 신동엽창작기금(1987), 제50회 현대문학상(2005), 제14회 대산문학상(2006), 제15회 지훈문학상(2015), 제7회 임화문학예술상(2015) (저)시집 '밤에 쓰는 편지'(1987), '형님 전상서', '초혼', '사람들 가슴에', '가만히 좋아하는'(2006), '시를 어루만지다'(2013, 시해설), '어린 당나귀 곁에서'(2015, 창비) '박상륭 깊이 읽기(編)'(2001) (작)평론 '최근소설의 한 모습-현길언 용마의 땅, 임철우 아버지의 땅', '소설의 왜소화'

**김 산(金 山) KIM San**

(생)1958·4·3 (주)전라남도 무안군 무안읍 무안로 530 무안군청 군수실(061-450-5207) (학)목포대 지역개발학과졸 (경)무안군 운남면 청년회장, 승달장학회 이사 2006·2010~2014년 전남 무안군의회 의원(민주당·민주통합당·민주당·새정치민주연합) 2010~2012년 同의장, 더불어민주당 전남도당 무안미래전략특별위원회 위원장 2018년 전남 무안군수(더불어민주당)(현)

**김삼수(金杉洙) KIM Sam Soo**

(생)1979·3·11 (본)김해(金海) (출)경남 밀양 (주)부산광역시 연제구 중앙대로 1001 부산광역시의회(051-888-8245) (학)영산대 부동산대학원졸 2018년 부동산학박사(영산대) (경)센텀우신골든빌아파트입주자대표회의 감사 2014~2018년 부산시 해운대구의회 의원(새정치민주연합·더불어민주당), 부산반산초 운영위원장(현) 2018년 부산시의회 의원(더불어민주당)(현) 2018년 同기획행정위원회 위원(현) 2018년 同시민중심 도시개발 행정사무조사특별위원회 위원(현) 2018년 더불어민주당 부산시당 청년위원장(현) 2019년 부산시의회 더불어민주당 원내대표(현) (상)매니페스토약속대상(2015·2016·2017) (종)불교

**김삼천(金三天) KIM Sam Cheon**

(생)1949·11·27 (출)경북 청도 (주)서울특별시 중구 정동길 3 경향신문사빌딩 11층 정수장학회 이사장실(02-735-9144) (학)1969년 영남고졸 1973년 영남대 화학공학과졸, 서강대 대학원 경영학과졸 (경)(주)방림 차장, 同부장, 同이사대우, 同이사, 同상무이사 2002년 同전무이사, JSN코리아 대표 2005~2008년 상청회 회장 2009~2012년 한국문화재단 감사 2013년 정수장학회 이사장(현) (상)대한적십자사총재표창, 섬유산업연합회 섬유수출공로상 (종)기독교

**김삼호(金三鎬) KIM Samho**

(생)1965·7·11 (주)광주광역시 광산구 광산로29번길 15 광산구청(062-960-8005) (학)고려대 문과대학 사학과졸, 한양대 지방자치대학원 지방자치학과졸 (경)고려대총학생회 부회장, 곡성군수 비서실장, 새천년민주당 곡성지구당 선거대책본부 사무장, 대통령 인사수석비서관실 행정관, 대통령 민원제안비서관실 행정관, 대통령 신문고담당 행정관 2006년 전남도의원선거 출마(열린우리당), 광해방지사업단 호남지역본부장 2014~2017년 광주 광산구시설관리공단 이사장, 사람사는세상 노무현재단 광주지역위원회 공동대표 2018년 광주시 광산구청장(더불어민주당)(현)

**김삼화(金三和·女) KIM Sam Hwa**

(생)1962·8·1 (본)광산(光山) (출)충남 보령 (주)서울특별시 영등포구 의사당대로 1 국회 의원회관 709호(02-784-8231) (학)1980년 대전여고졸 1984년 서울시립대 법정대학 행정학과졸 1990년 서울대 법대 사법발전과정 수료 1992년 서울시립대 도시행정대학원 세무관리학과졸 2004년 서울대 행정대학원 국가정책과정 수료 (경)1985년 사법시험 합격(27회) 1988년 사법연수원 수료(17기) 1988년 변호사 개업 1999~2001년 서울지방변호사회 이사 2000~2006년 (사)한국성폭력상담소 이사장 2001년 서울가정법원 가사조정위원 2001~2006년 대한변호사협회 조사위원 2002~2007년 국방부 국가배상심의위원 2003~2005년 (재)서울여성 운영위원 2003~2005년 서울시 여성위원회 위원 2004~2006·2010~2011년 법무부 제2기·제3기 가족법개정특별분과위원회 위원 2004~2009년 대한법률구조재단 이사 2005년 경찰청 학교여성폭력피해자원스톱지원센터 법률지원단 자문변호사 2005~2007년 관세청 과세전적부심사위원 2005~2009년 중앙선거관리위원회 소청심사위원 2005~2011년 국가보훈처 보훈심사위원회 비상임위원 2006년 산업자원부 승강기사고조사판정위원회 위원 2006년 (사)한국성폭력상담소 상임이사 2008~2013년 법무부 여성정책심의위원 2008~2011년 독립기념관 비상임이사 2010~2016년 소민합동법률사무소 대표변호사 2010~2011년 (사)대한미용사회중앙회 회장 직무대행 2011~2012년 대한변호사협회 여성변호사특별분과 위원장 2011~2014년 한국여성변호사회 회장 2012~2013년 보건복지부 중앙생활보장위원회 위원 2012년 (사)한국성폭력상담소 이사 2012~2013년 보건복지부 보건의료직능발전위원회 위원 2013~2014년 대한변호사협회 부회장 2013~2014년 국무총리산하 사회보장위원회 위원 2013~2014년 안전행정부 국민추천포상심사위원회 위원 2013~2014년 국세청 국세행정개혁위원회 위원 2014년 새정치민주연합 최고위원 2014년 국회 윤리심사자문위원회 위원 2015년 새정치민주연합 윤리심판원 위원 2016년 제20대 국회의원(비례대표, 국민의당·바른미래당〈2018.2〉)(현) 2016년 국민의당 제5정책조정위원장 2016년 국회 가습기살균제사고진상규명과피해구제 및 재발방지대책마련을위한국정조사특별위원회 위원 2016~2018년 국회 여성가족위원회 위원 2016~2018년 국회 환경노동위원회 간사 2016년 국회 윤리특별위원회 위원 2016년 한국아동인구환경의원연맹(CPE) 회원(현) 2017년 국민의당 원내대변인 2017년 同사무총장 2017년 同제19대 안철수 대통령후보 중앙선거대책본부 총무본부장 2017~2018년 同정책위원회 제5정책조정위원장 2017~2018년 同민생경제살리기위원회 노동분과 위원장 2017년 국회 미세먼지대책특별위원회 위원 2018년 국회 산업통상자원중소벤처기업위원회 위원 2018년 바른미래당 서울강남구丙지역위원회 위원장 2018년 同전국여성위원회 공동위원장 2018년 同원내부대표(현) 2018~2019년 同수석대변인 2018년 국회 운영위원회 위원(현) 2018년 국회 에너지특별위원회 간사(현) 2019년 국회 산업통상자원중소벤처기업위원회 간사(현) (상)법원행정처장 감사장(2009), 자랑스러운 서울시립대인상(2014), 법률소비자연맹 국회의원 헌정대상(2017·2018·2019) (저)'변호사 아줌마, 이럴 땐 어떻게 해요'(1993) '가족법의 생활법률'(1998) (종)천주교

## 김삼환(金森煥) KIM Sam Hwan

(생)1945·1·7 (출)경북 영양 (주)서울특별시 강동구 구천면로 452 명성교회(02-440-9000) (학)1978년 장로회신학대 신학대학원졸 1996년 아세아연합신학대 신학대학원졸 2001년 명예 신학박사(미국 휘트워스대) 2003년 명예 신학박사(장로회신학대) 2004년 명예 신학박사(서울여대) 2008년 명예 기독교학박사(숭실대) (경)1980~2015년 명성교회 설립·담임목사(당회장) 1989년 대한예수교장로회총회(통합) 서울동남노회 노회장 1990년 (재)한국기독교100주년기념사업회 이사 1992년 대한예수교장로회총회(통합) 도서의료선교위원회 위원장 1992년 외항선교회 총재 1996년 한남대 이사장 1998년 한국기독교총연합회 남북통일위원회 위원장 2000년 팔레스타인가나안농군학교 이사장 2000년 거리의천사 이사장, 숭실대 이사, 아세아연합신학대학원 이사 2001년 (재)아가페(기독교교도소) 이사장(현), 국민일보 이사 2001년 대한예수교장로회총회(통합) 순교자기념선교회 회장 2005년 학교법인 아세아연합신학대학원 이사장 2006년 대한예수교장로회총회(통합) 세계선교부장 2007년 同부총회장 2008년 한국교회봉사단 대표 2008년 한국기독교교회협의회(NCCK) 부회장 2008년 대한예수교장로회총회(통합) 총회장 2008년 한국기독교교회협의회(NCCK) 회장 2008년 한국기독공보 이사장 2009년 (사)한국기독교사회복지협의회 한국교회희망봉사단 대표회장 2009~2010년 2013세계교회협의회(WCC) 총회 유치준비위원장 2010년 세계교회협의회(WCC) 부산총회 한국교회준비위원장 2010년 출산장려국민운동본부 대표회장(현) 2016~2018년 학교법인 평택대 이사장 2016~2018년 학교법인 숭실대 이사장 2017년 명성교회 원로목사(현) (상)기독교선교대상(1992), 국민훈장 목련장(2001), 몽골 건국800주년기념훈장(2007), 에티오피아정부 1등훈장(2014) (저)'가까이 계실때 부르라' '장막터를 넓히라' '바로 바라보라' '올라가자 벧엘로!' '주님의 옷자락을 잡고' '주님보다 귀한 것은 없네' '세상을 이기는 삶' (종)기독교

## 김상건(金相建) KIM Sang Geon

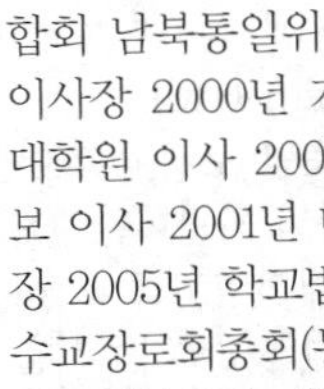

(생)1959·8·19 (주)서울특별시 관악구 관악로 1 서울대학교 약학대학 약학과(02-880-9185) (학)1978년 인천 대건고졸 1982년 서울대 제약학과졸 1985년 同대학원졸 1989년 약물학박사(미국 노스웨스턴대) (경)1982~1986년 서울대병원 약제부 근무 1990~1992년 미국 웨인주립대 Institute of Chemical Toxicology, Research Associate·조교수 1992년 대한약리학회 이사 1992~1999년 덕성여대 약대 조교수·부교수 1999~2006년 서울대 약학대학 약학과 조교수·부교수 2005년 同약학과장 2006년 同약학대학 약학과 교수(현) 2006년 한국과학기술한림원 정회원(현) 2007년 서울대 대사 및 염증질환신약개발연구센터장 2009년 同약학대학 학생부학장 2011년 同실험동물자원관리원장 2017년 대한약리학회 회장 2017~2018년 대한약학회 부회장 (상)서울대총장표창(1982), Award of the Molecular Biology Specialty Section The Society of Toxicology U.S.A.(1990), 대한약리학회 중외학술상(1996), 한국과학기술단체총연합회 과학기술우수논문상(2001·2003), BRIC(한국을 빛낸 사람들)(2002·2003), 대한약학회 녹암학술상(2003), 생명약학회 우수논문상(BPS Award)(2004), 서울대 학술연구상(2008), 대한약리학회 최우수약리학자상(2008), 이달의 과학기술자상(2010), 대통령표창(2010), 한독학술대상(2015)

## 김상겸(金相謙) KIM Sang Kyum

(생)1957·9·2 (주)서울특별시 중구 필동로1길 30 동국대학교 법학과(02-2260-3586) (학)1981년 동국대 법학과졸 1983년 同대학원 법학과졸 1997년 법학박사(독일 Albert-Ludwigs Univ. Freiburg) (경)1990~1997년 독일 프라이브르그대 공법연구소 연구원 1998년 동의대 전임강사 1999~2007년 동국대 법학과 전임강사·조교수·부교수 2003년 건설교통부 토지공개념검토위원 2005년 국회사무처 정보공개심의위원 2005년 한국부패학회 부회장 2005년 한국예술치료정보통신법학회 회장 2006년 감사원 정책자문위원 2006~2018년 법무부 배상심의위원회 위원 2006년 법제처 정보공개심의위원 2006~2012년 한국비교공법학회 부회장 2006년 한국토지공법학회 부회장 2007년 동국대 법학과 교수(현) 2007년 (사)한국입법학연구소 학술이사 2010년 비교법문화연구원 원장 2010~2015년 중앙행정심판위원회 위원 2011년 동국대 법무대학원장 겸 법과대학장 2012년 경제정의실천시민연합 지도위원(현) 2012~2016년 문화체육관광부 청렴옴부즈만 2012년 행정안전부 정보공개위원회 민간위원 2013~2014년 한국인터넷법학회 회장 2014년 행정자치부 정보공개위원회 민간위원 2015년 동국대 법무대학원장·법과대학장·미래인재개발원장 2015년 同학생처장·인권센터장·기숙사(고시학사) 관장 겸임 2015~2016년 유럽헌법학회 회장 2016~2018년 국민체육진흥공단 비상임이사 2017~2018년 동국대 인권센터장 2017년 주민등록번호변경위원회 위원(현) 2019년 동국대 일반대학원장(현) (상)한국공법학회 학술장려상(2003), 동국대 학술상(2006) (저)'독일 연방헌법재판소의 가처분을 통한 잠정적 권리보호(Vorlaeufiger Rechtsschutz durch die einstweilige Anordnung des Bundesverfassungsgerichts)' '체육관계법 정비 및 보완연구' '유럽연합정부론' '신경제법론'(共) '독일지방정부론' '독일사회복지론' 'ADR의 실제와 이론II' '인터넷과 개인정보보호법'(共) 등 (역)'칼슈미트 연구—헌법이론과 정치이론 : Carl Schmitt-Forschung'(2001, 세종출판사) '주권론의 뿌리를 찾아서 : Die Monarchomachen(루돌프 트로이만著)'(2003, 푸른세상) 등 (종)불교

## 김상경(金相敬·女) KIM Sang Kyung

(생)1949·6·1 (본)청풍(淸風) (출)서울 (주)서울특별시 중구 퇴계로20길 50-8 한국국제금융연수원 원장실(02-778-0819) (학)1967년 영등포여고졸 1971년 성균관대 사학과졸 1995년 서강대 대학원 국제경제학과졸 2003년 서울대 경제연구소 세계경제최고전략과정 수료 (경)1971년 TAHAL-DPU CONSULTING ENGINEERS 비서 1975년 Standard Chartered Bank 서울지점 행원 1977년 American Express Bank 서울지점 이사 1994년 Bank of China 서울지점 자금부장·Chief Dealer 1995년 한국국제금융연수원 원장(현) 1999~2002년 한국외환은행 사외이사 1999~2007년 동양고속건설 사외이사 1999~2001년 중견기업연합회 부회장 2000~2002년 서울시 금고전문위원 2003년 (사)여성금융인네트워크 회장(현) 2004~2006년 금융감독원 금융제재심의위원회 위원 2004년 기획예산처 투자풀운영위원회 위원 2005~2011년 국가보훈처 보훈기금운용위원회 위원 2005~2009년 한국전력 환리스크관리위원회 위원 2006년 재정경제부 금융인력양성분과위원회 위원 2011~2013년 기획재정부 투자프로운영위원회 위원 (상)서강경제대상 동문부문상(2016) (저)'우리나라 외환시장 육성방안 연구' '나는, 나를 베팅한다' '환율, 제대로 알면 진짜 돈 된다'

## 김상곤(金相坤) KIM Sang Gon

(생)1949·12·5 (본)김해(金海) (출)광주 (주)경기도 수원시 장안구 수성로 421 경기도교육연구원 이사장실(031-8012-0900) (학)1968년 광주제일고졸 1976년 서울대 경영대학 경영학과졸 1982년 同대학원 경영학과졸 1992년 경영학박사(서울대) 2011년 명예 교육학박사(카자흐스탄 크즐오르다국립대) (경)1971년 서울대 상과대학 학생회장, 서울대 총학생회장 1979~1983년 한국산업경제기술연구원 책임연구원 1983~1990년 한신대 경영학과 전임강사·조교수 1987년 민주화를위한전국교수협의회 창립 주도 1988년 同총무간사 1990~2009년 한신대 경영학과 부교수·교수·교무처장 1992~2001년 노동조합기업경영연구소 소장 1995~1997년 민주화를위한전국교수협의회 공동의장 1996년 노동법·안기부법개악철폐 및 민중생존권쟁취범국민대책위원회 상임공동대표·운영위원장 1999~2000년 한국산업노동학회 회장 2002~2009년 노동조합기업경영연구소 이사장 2005~2007년 전

국교수노동조합 위원장 2005~2008년 전태일을따르는사이버노동대학 총장 2006~2008년 (사)한국비정규노동센터 공동대표 2007~2008년 학교법인 상지학원(상지대) 임시이사 2009 · 2010~2014년 제14 · 15대 경기도교육청 교육감 2014~2017년 혁신더하기연구소 이사장 2015년 새정치민주연합 당권재민혁신위원장 2016년 더불어민주당 인재영입위원장 2017년 同제19대 문재인 대통령후보 중앙선거대책위원회 공동위원장 2017~2018년 제58대 사회부총리 겸 교육부 장관 2019년 경기도교육연구원 이사장(현) 2019년 광주서중 · 일고총동창회 회장(현) (저)'더불어 행복한 민주공화국(共)'(2012, 폴리테이아) '김상곤의 교육 편지 : 행복한 교육을 꿈꾸는 이들께'(2012, 한겨레출판)

**김상곤(金相坤) KIM Sang Gon**

(생)1965 · 9 · 18 (본)김해(金海) (출)전북 부안 (주)전라남도 순천시 왕지로 21 광주지방법원 순천지원(061-729-5114) (학)1983년 검정고시 합격 1989년 서울대 법학과졸 (경)1994년 사법시험 합격(36회) 1997년 사법연수원 수료(26기) 1997년 전주지법 군산지원 판사 1999년 전주지법 판사 2003년 同군산지원 판사 2007~2012년 광주고법 전주재판부 판사 2007년 전주지법 판사 겸임 2012년 전주지법 정읍지원장 2014년 전주지법 부장판사 2018년 광주지법 순천지원장 겸 광주가정법원 순천지원장(현) (종)기독교

**김상구(金相九) KIM Sang Gu**

(생)1946 · 5 · 27 (주)서울특별시 관악구 관악로 1 서울대학교 생명과학부(02-880-6685) (학)1974년 서울대 식물학과졸 1976년 同대학원졸 1980년 이학박사(미국 오리건주립대) (경)1980~1981년 미국 오리건주립대 연구원 1981~2000년 서울대 생물학과 부교수 · 교수 1986~1987년 미국 캘리포니아대 방문연구교수 1995년 서울대 자연대학 교무담당 부학장 1998년 한국유전학회 부회장 1999년 서울대 유전공학연구소장 1999~2006년 同생명과학인력양성단(BK21) 사업단장 2000~2011년 同생명과학부 교수 2000년 한국유전학회 회장 2003년 한국식물학회 부회장 2008년 서울대 연구진실성위원회 위원장 2009~2010년 한국생물과학협회 회장 2011년 서울대 생명과학부 명예교수(현) 2012년 대한민국학술원 회원(식물분자유전학 · 현)

**김상구(金相九) Kim Sanggu**

(생)1961 · 10 · 3 (주)경상남도 창원시 의창구 우곡로 10 창원서부경찰서(055-290-0321) (학)중앙대 행정학과졸, 경남대 행정대학원 석사과정 수료, 중앙대 대학원 회계학과졸 (경)1991년 경위 임용(경찰간부후보 39기) 2011년 경남지방경찰청 홍보담당관 2012년 울산지방경찰청 청문감사담당관 2013년 부산 사상경찰서장 2014년 경남지방경찰청 외사과장 2015년 경남 하동경찰서장 2016년 경남지방경찰청 경무과장 2016년 경남 김해중부경찰서장 2017년 경남지방경찰청 경무과장 2019년 경남 창원서부경찰서장(현)

**김상국(金相國) KIM Sang Kook**

(생)1952 · 10 · 20 (주)전라북도 전주시 덕진구 백제대로 566 (주)JB금융지주 임원실(063-250-7973) (학)광주제일고졸 1973년 한국외국어대 중국어문학과졸 (경)1991년 (주)한보 북경지사장(상무) 1997년 SK텔레콤(주) 중국사업팀장(상무) 2000년 SK(주) 중국사업보좌역(상무) 2004년 同중국본부장(상무) 2004~2009년 SK중국투자유한공사 총경리 겸임 2005~2009년 同중국본부장(전무) 2009년 同비상근고문 2015년 (주)광주은행 사외이사 겸 감사위원(현) 2018년 (주)JB금융지주 사외이사 겸 감사위원(현)

**김상국(金相局) KIM Sang Kuk**

(생)1958 · 7 · 8 (출)경남 의령 (주)부산광역시 연제구 법원로 28 부산법조타운 법무법인 정인(051-911-6161) (학)1976년 부산고졸 1981년 서울대 법대졸 1983년 한양대 행정대학원 수료 (경)1983년 사법시험 합격(25회) 1985년 사법연수원 수료(15기) 1986~2000년 변호사 개업 1995년 부산지방변호사회 홍보이사, 민주사회를위한변호사모임 회원 1998년 부산지역중소기업 법률행정자문위원 2000년 창원지법 판사 2002년 부산고법 판사 2004년 부산지법 동부지원 부장판사 2006년 부산지법 부장판사 2008년 울산지법 부장판사 2010년 부산지법 가정지원장 2011년 부산가정법원 부장판사 2012년 부산지법 부장판사 2015~2017년 대구가정법원장 2017년 법무법인 정인(正人) 변호사 2017년 同대표변호사(현) (종)불교

**김상규(金商奎) KIM Sang Kyu**

(생)1955 · 9 · 1 (본)김녕(金寧) (출)경북 (주)대구광역시 남구 중앙대로 219 대구교육대학교 사회과교육과(053-620-1327) (학)1974년 평해상고졸 1976년 대구교대졸 1982년 대구대 경제학과졸 1984년 영남대 대학원졸 1992년 경제학박사(계명대) (경)1988년 대구교육대 사회과교육과 전임강사 · 조교수 · 부교수 · 교수(현) 1999~2011년 한국개발연구원(KDI) 경제모니터전문가위원 2004~2012년 한국경제교육학회 부회장 2004년 교육과학기술부 중등임용고시 경제영역출제위원 2006~2007년 미국 위스콘신대 교환교수 2007년 대구교대 전자계산소장 2007~2010년 同도서관장 겸 박물관장 2010년 교육과학기술부 개정교육과정 경제교과서집필기준검토위원 2010년 한국교육과정평가원 중3사회 교과서 심사 · 검정위원 2013~2015년 대구교육대 교육연수원장 겸 평생교육원장 2014~2016년 한국경제교육학회 회장 2014~2016년 고용노동부 컨설팅지역전문가위원 2016~2018년 고등학교통합사회교과서 심의위원장 (저)'경제질서와 국제관계'(1994, 학문사) '세계경제질서와 경제교육'(1996, 학문사) '사고중심의 경제학강의'(1998, 형설출판사) '도랑치고 경제잡는다'(2001, 오늘의책) '만화로 보는 속담경제'(2002, 아낌없이주는나무) '속담으로 풀어보는 이야기 경제학'(2005, 오늘의책) '어린이 경제사전'(2006) '어린이 경제 스쿨'(2007, 매일경제신문) '알기쉬운 경제학(共)'(2009 · 2010 · 2013, 형설출판사) '속풀이 경제학'(2009, 오늘의책) '생각학교초등경제교과서1 · 2 · 3 · 4 · 5'(2011, 사람in) '왜 세상에는 가난한 사람과 부자가 있을까요?'(2013, 나무생각) '캥거루족, 주머니에서 탈출!'(2016, 그루) '민요와 경제학의 만남'(2017, 이모션북스) '공자와 묵자로 만나는 군자의 경제'(2017, 그루) '속담 먹고 경제 잡고'(2018, 공동체) (역)'인구론'(2011, 동서문화사) (종)가톨릭

**김상규(金相圭) Kim Sang-Kyu**

(생)1960 · 5 · 20 (주)서울특별시 종로구 인사동5길 29 태화빌딩 7층 성신양회(주) 비서실(02-3782-7000) (학)1989년 동국대 교육대학원졸 (경)1984년 성신양회(주) 입사 2008년 同감사부문 이사 2011년 同시멘트영업2본부장 2013년 同감사부문 상무 2014년 同경영지원본부장(전무) 2015년 同대표이사 부사장 2018년 同대표이사 사장(현)

## 김상규(金尙圭) Sang Kyu Kim

(생)1961·2·10 (본)김해(金海) (출)경남 김해 (주)서울특별시 종로구 북촌로 112 감사원 감사위원실(02-2011-2020) (학)1979년 마산고졸 1983년 연세대 법학과졸 1985년 서울대 대학원 행정학과졸 2001년 영국 버밍엄대 대학원 경영학과졸 (경)1984년 행정고시 합격(28회) 1985년 총무처 수습행정관(5급) 1986년 국세청 남부산·동래세무서·서울지방세무청 근무 1993년 재무부 세제실 세제조사과·기본법규과 근무 1994년 同세제실 세제정책과 근무 1994년 재정경제원 예산실 법사행정예산담당관실 근무 1996년 同예산실 통상과학예산담당관실 근무(서기관) 1997년 同예산실 복지노동예산담당관실 근무 1999년 예산청 예산총괄국 예산기준과 근무 1999년 기획예산처 기획관리관실 법무담당관실 근무 1999년 영국 버밍엄대 파견 2001년 전남도청 파견 2002년 기획예산처 기획관리실 감사법무담당관 2003년 同예산실 과학환경예산과장 2004년 同기금정책국 기금총괄과장(부이사관) 2005년 同재정운용실 기금운용계획과장 2007년 진실화해를위한과거사정리위원회 파견(고위공무원) 2008년 대통령 교육과학문화수석비서관실 과학기술비서관실 선임행정관 2010년 대통령 국정기획수석비서관실 지역발전비서관실 선임행정관 2010년 대통령정책실 정책기획관실·지역발전비서관실 선임행정관 2010~2012년 기획재정부 예산실 경제예산심의관 2012년 새누리당 기획재정위원회 수석전문위원 2013년 기획재정부 재정업무관리관 2014년 조달청장 2016년 감사원 감사위원(차관급)(현) 2016년 한국공무원불자연합회 회장(현) (상)홍조근정훈장(2009) (종)불교

## 김상규(金相圭) KIM Sang Kyu

(생)1961·12·30 (본)김해(金海) (출)서울 (주)대전광역시 유성구 대학로 291 한국과학기술원 자연과학대학 화학과(042-350-2843) (학)1984년 서울대 화학과졸 1986년 同대학원 화학과졸 1993년 이학박사(미국 캘리포니아대 버클리교) (경)1987~1988년 한국과학기술원(KAIST) 연구원 1993년 미국 캘리포니아대 버클리교 Post-Doc. 1993~1996년 미국 캘리포니아공과대 Post-Doc. 1995년 미국화학회 정회원(현) 1996년 대한화학회 종신회원(현) 1996~2007년 인하대 화학과 조교수·부교수 1999~2000년 서울대 겸임교수 2000년 대한화학회 홍보실무이사 2002년 同국제협력위원 2002년 미국 콜로라도대 볼더캠퍼스 Joint Institute for Lab Astrophysics 방문교수 2002~2003년 일본 IMS 방문교수 2003~2007년 한국과학기술원(KAIST) 화학과 부교수 2007년 同자연과학대학 화학과 교수(현) 2011년 同화학과장 2014년 대한화학회 부회장 2016년 同학술위원회 위원 2017년 한국과학기술원(KAIST) 자연과학대학장(현) (상)대한화학회 젊은물리화학자상(2002), 한국과학기술원 우수연구상(2007), 일본광화학회 강의상(2007), 대한화학회 입재물리화학상(2011), 대한화학회 탄소문화상(2012), 여천생태연구회 여천생태학상(2019) (저)'일반화학' '물리화학실험'(1994)

## 김상규(金相奎) KIM Sang Kyu

(생)1973·8·31 (출)인천 (주)서울특별시 마포구 성암로 189 중소기업DMC타워 20층 더팩트 임원실(02-3151-9400) (학)1992년 인천고졸 1998년 경희대 신문방송학과졸 (경)1999년 웰콤 근무 2000년 스포츠서울21 입사 2003~2006년 스포츠서울 I&B 총괄사업팀장·미디어전략부장 2006~2016년 (주)스포츠서울미디어 사장 2013년 한국디지털뉴스협회 이사 2016년 (주)더팩트 대표이사 사장(현) 2016년 한국인터넷신문협회 이사 2016년 법무법인 비전 전문위원(현) 2017년 한국인터넷신문협회 부회장(현) 2019년 포털 뉴스제휴평가위원회 제재소위원회(2소위) 위원장(현)

## 김상균(金尙均) KIM Sang Kyun

(생)1946·3·19 (본)영암(靈巖) (출)부산 (주)서울특별시 관악구 관악로 1 서울대학교 사회복지학과(02-880-6456) (학)1970년 서울대 사회사업학과졸 1975년 同대학원졸 1977년 영국 Aberdeen대 대학원졸 1982년 사회정책박사(영국 Aberdeen대) (경)1987~2011년 서울대 사회과학대 사회복지학과 교수 1995년 대통령자문 정책기획위원 1995년 여성정책심의위원회 민간위원 1997년 서울대 학생생활연구소장 1998년 서울시 정책자문위원 1998년 同여성위원 1999~2001년 정부출연연구기관연합이사회 경제사회연구회 민간이사 1999년 서울대 학생생활연구소장 1999년 민주평통 사회복지분과 위원장 2001년 자활사업자문평가단 공동단장 2002~2003년 국민연금발전위원회 위원 겸 제도발전전문위원회 위원장 2002~2004년 노동부 중앙근로자복지정책위원회 위원 2002~2003년 한국보건사회연구원 연구자문위원 2003년 대통령직속 노사정위원회 위원 2006~2008년 공무원연금제도발전위원회 위원장 2007년 경제사회발전노사정위원회 하역부문위원회 위원장 2007년 보건복지부 중앙생활보장위원회 부위원장 2008년 재단법인 중앙재활센터 이사장 2008년 자체평가위원회 위원장 2009년 고용노동부 노동정책자문회의 위원 2010년 사회복지공동모금회 이사 2011년 서울대 사회복지학과 명예교수(현) 2011~2012년 보건복지부 100세시대대비저출산·고령사회포럼 위원장 2013년 국민행복연금위원회 위원장 2017~2018년 보건복지부 국민연금제도발전위원회 위원장 (저)'삶의 질 향상을 위한 길잡이' '사회복지개론' '사회윤리와 철학' '현대사회와 사회정책' '사회과학과 사회복지'(共) '현대사회와 과학문명'(共) 'Combatting Poverty'(共) '현대사회와 인권'(共) 'IMF체제의 사회과학적 진단(共)'(1998) '낙타와 국민 연금'(2010)

## 김상균(金相均) KIM Sang Kyun

(생)1949·12·19 (본)광산(光山) (출)광주 (주)서울특별시 영등포구 국제금융로 20 율촌빌딩 방송문화진흥회(02-780-2491) (학)1966년 광주제일고졸 1972년 서울대 정치외교학과졸 2008년 광주대 언론홍보대학원졸 (경)1976년 문화방송 사회부·정치부·경제부 기자 1980년 해직 1980~1987년 유네스코한국위원회 근무 1987년 문화방송 복직, 同경제부 차장대우 1992년 同워싱턴특파원 1994년 同사회부장 직대 1995년 同경제과학팀장 1996년 同통일외교부장 1998년 同정치부장 1999년 同보도국 부국장 2000년 同보도제작국장 2000년 同보도국장 2000년 同해설위원 2001년 同해설위원실 주간 2002~2004년 同정책기획실장 2004년 마산문화방송 사장 2005~2008년 광주문화방송 사장 2009~2014년 광주대 신문방송학과 교수 2010~2011년 연합뉴스 수용자권익위원회 위원 2010~2014년 대통령직속 아시아문화중심도시조성위원회 위원 2011년 연합뉴스 수용자권익위원회 위원장 2011~2014년 뉴스통신진흥회 이사 2018년 방송문화진흥회 이사장(현) (저)'누구를 위한 뉴스였나 – 기자 김상균의 방송뉴스 돌아보기'(2014, 나남)

## 김상균(金相均) KIM Sang Gyun

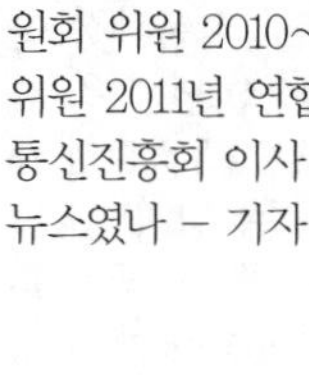

(생)1956·1·2 (본)경주(慶州) (출)경기 고양 (주)대전광역시 동구 중앙로 242 한국철도시설공단 이사장실(042-607-3082) (학)1976년 경기공고졸 1979년 고려대 건축공학과졸 1984년 서울대 환경대학원 환경계획학과졸 2008년 서울산업대 철도전문대학원 철도경영정책학과 수료 (경)1978년 기술고시 합격(14회) 1979년 대전지방철도청 건축계장 1990년 철도청 대전건축소장 1998년 同시설국 건축과장 2000년 同고속철도건설사업소장 2002년 同시설본부장 2003년 同건설본부장 2004년 건설교통부 철도정책국장 2005년 同건설교통인재개발원장 2006년 서울지방국토관리청장 2007년 한강유역환경청장 2008년 서울지방국토관리청장 2008~2011년 한국철도시설공단 부이사장 2018년 同이사장(현) 2018년 한국철도협회 회장(현) (상)대통령표창(1988), 녹조근정훈장(1996)

## 김상균(金庠均) KIM Sang Kyun

(생)1958·7·8 (출)대구 (주)서울특별시 서초구 서초대로74길 11 삼성전자(주) 법무실(02-2255-0114) (학)1977년 경북고졸 1981년 서울대 법대졸 (경)1981년 사법시험 합격(23회) 1983년 사법연수원 수료(13기) 1983년 서울형사지법 판사 1985년 서울민사지법 판사 1987년 대구지법 경주지원 판사 1991년 서울지법 동부지원 판사 1994~1998년 서울고법 판사 1994년 법원행정처 사법정책연구심의관 겸임 1998년 서울지법 판사 1998년 제주지법 부장판사 1999년 언론중재위원회 위원 2000년 수원지법 평택지원장 2002년 서울지법 부장판사 2004년 서울중앙지법 부장판사 2005년 삼성 구조조정본부 법무실 부사장 2005년 同사장단협의회 법무실 부사장 2010년 同법무실장(사장) 2010~2014년 同준법경영실장(사장) 2014년 삼성전자(주) 법무실장(사장)(현)

## 김상균(金相均) Kim Sang Gyun

(생)1962 (출)부산 (학)부산 동아고졸, 부산대 정치외교학과졸 (경)국가정보원 대북전략부서 처장 2017년 同제3차장 2017년 同제2차장(현) 2018년 남북정상회담준비위원회 운영지원분과장

## 김상균(金相均) Kim Sang Kyun

(생)1967·8·27 (본)김해(金海) (출)경북 경주 (주)대구광역시 동구 동부로 94 대구신문 임원실(053-424-0004) (학)1986년 대구 경신고졸 1992년 건국대 행정학과졸 2011년 경북대 경영대학원 경영학과졸 (경)1993년 대구일보 편집국 기자 2002년 대구신문 기획실 차장 2007년 同기획이사 2010년 同기획관리이사 겸 편집위원 2012년 同상무이사 2013년 同전무이사 2014년 同부사장(현)

## 김상근(金祥根) KIM Sang Keun

(생)1939·10·22 (본)경주(慶州) (출)전북 군산 (주)서울특별시 영등포구 여의공원로 13 한국방송공사(KBS) 이사장실(02-781-1005) (학)1958년 군산고졸 1963년 한국신학대졸 1968년 연세대 연합신학대학원졸 (경)1968~1982년 기독교장로회 수도교회 전도사·부목사·담임목사 1978년 한국기독교교회협의회(KNCC) 실행위원 1979~2008년 기독교사회문제연구원 이사 1982~1990년 한국기독교장로회총회 총무 1986년 한국기독교교회협의회(KNCC) 고문폭력대책위원장 1988~2017년 (사)장공김재준목사 기념사업회 재정·이사 1990년 한국기독교교회협의회(KNCC) 정책연구위원장 1990년 5.18진상규명과광주항쟁정신계승국민위원회 공동대표 1991년 한국기독교교회협의회(KNCC) 언론대책위원장 1993~2008년 민족의평화와통일을위한종교협의회 상임대표 1994년 한국기독교교회협의회(KNCC) 인권위원장 1994~2008년 (재)아우내재단 이사장·이사 1995년 한국인권단체협의회 회장 1996년 한국기독교교회협의회(KNCC) 대외협력위원장 1998~2002년 (재)대한기독교서회 대표이사 사장 1998년 한국기독교교회협의회(KNCC) 통일위원장 1998년 (사)민족화해협력범국민협의회 상임의장·상임고문 1999년 대통령직속 방송개혁위원회 위원 1999년 민주평통 상임위원 2000~2003년 제2의건국범국민추진위원회 상임위원장 2000~2008년 (사)국민방송 이사장 2000~2004년 (주)한국디지털위성방송 이사회 의장 2001~2003년 민주화운동관련자명예회복 및 보상심의위원회 위원장 2002년 한국기독교교회협의회(KNCC) 교회일치위원회 위원장 2002년 한국교회연합을위한18인위원회 한국기독교교회협의회(KNCC)측 대표 2003년 한국투명성기구 회장 2005~2008년 법무부 감찰위원회 위원장 2005~2008년 고령화사회희망재단 대표이사 2005년 민주화운동기념관건립추진위원회 공동대표 2005년 (사)6월민주항쟁계승사업회 대표이사장 2005년 한국기독교교회협의회(KNCC) 발전과계획을위한특별위원회 위원장 2006~2008년 민주평통 수석부의장 2009년 6.15공동선언실천 남측위원회 상임대표 2009년 (사)통일맞이 이사장·상임고문(현) 2009년 (재)사람사는세상노무현재단 고문(현) 2011년 2012생명평화기독교행동 상임대표 2012년 '강기훈의 쾌유와 재심개시 촉구를 위한 모임' 공동대표 2012년 '승리2012희망2013 원탁회의' 참여 2013년 김근태기념치유센터 '숨' 공동대표 2013년 6.15공동선언실천 남측위원회 명예대표(현) 2014~2016년 (재)경기도교육연구원 이사장 2016~2017년 한국기독교교회협의회(KNCC) 비상시국대책회의 상임의장 2017년 (사)장공김재준목사기념사업회 이사장(현) 2018년 한국방송공사(KBS) 이사장(현) (상)5.18윤상원상(1996), 자랑스런 군산중·고인상 대상(1999), 국민훈장 모란장(2003), 한신상(2008) (저)기독교사회평론 '다시 하나로 서기 위하여' '역사와 성서읽기' '새벽은 밤을 지샌 가슴에 온다'(2000, 지성과실천사) '땅과 하나되는 하늘'(2000, 지성과실천사) '믿음은 행동이다'(2007, 지성과실천사) '평화의 집을 짓는 꿈'(2007, 지성과실천사) (종)기독교

## 김상근(金湘根) KIM Sang Kun

(생)1959·6·5 (출)전북 정읍 (주)서울특별시 서초구 서초중앙로 157 서울중앙지방법원(02-530-1114) (학)1978년 전주고졸 1982년 서울대 법대졸 (경)1982년 사법시험 합격(24회) 1984년 사법연수원 수료(14기) 1985년 서울지법 동부지원 판사 1987년 서울민사지법 판사 1989년 제주지법 판사 1991년 서울지법 북부지원 판사 1993년 서울형사지법 판사 1994년 서울민사지법 판사 1995년 서울지법 판사 1995년 同동부지원 판사 1996년 서울고법 판사 1996년 법원도서관 조사심의관 겸임 1999년 서울지법 판사 2000년 대전지법 논산지원장 2001년 사법연수원 교수 2004~2006년 서울동부지법 부장판사 2006~2018년 김앤장법률사무소 변호사 2018년 서울중앙지법 전담법관(현)

## 김상길(金相吉)

(생)1961·3·21 (출)대구 (주)강원도 원주시 혁신로 199 한국광물자원공사 해외자원본부(033-736-5700) (학)대구 대건고졸, 경북대 지질학과졸, 同대학원 지질학과졸 (경)한국광물자원공사 개발기획팀장, 同탐사사업처장, 同탐사지원처장 2015년 同개발기획처장 2016년 同자원기반본부장 2016~2017년 남북교류협력지원협회 비상임이사 2019년 한국광물자원공사 해외자원본부장(현)

## 김상길(金相吉) Kim, Sang-gil

(생)1961·12·14 (본)김해(金海) (출)전남 고흥 (주)인천광역시 연수구 능허대로 484 인천환경공단(032-899-0128) (학)1983년 제물포고부설 방송통신고졸 1988년 인하대 행정학과졸 1999년 한국개발연구원(KDI) 국제정책대학원 경제정책과정 수료 2007년 미국 노스텍사스대 대학원 정책학/ESL 수료 2009년 미국 트리니티대 대학원졸(MBA) (경)1993년 행정고시 합격(37회) 1996~1997년 인천시 국제협력관실 국제교류팀장 1998년 同경제정책과 과학기술팀장 2002~2004년 인천경제자유구역청 기획정책과 기획팀장 2005~2007년 同기획정책과장 2010년 同u-City사업과장 2010년 인천시 경제수도추진본부 경제수도정책관 2011년 인천경제자유구역청 기획조정본부장 직대 2012년 同기획조정본부장(부이사관) 2013년 인천시 자치행정국 지방부이사관 2014년 同인재개발원장 2015년 인천 계양구 부구청장 2017년 인천시 재난안전본부장 2017년 인천 부평구 부구청장(이사관) 2018년 同구청장 권한대행 2019년 인천환경공단 이사장(현) (종)기독교

**김상길(金相吉)**

(생)1963 · 3 · 29 (주)제주특별자치도 서귀포시 장수로 47 서귀포의료원(064-730-3000) (학)1987년 서울대 의대졸 (경)1987~1988년 서울대병원 인턴 1988~1991년 해군 군의관 1992~1995년 서울대병원 가정의학과 전문의 1995~2017년 제주 안덕의원 원장 2005~2017년 호텔신라제주 촉탁의 2014년 대한가정의학회 제주지회장 2017년 제주특별자치도 서귀포의료원장(현)

**김상남(金庠南) Kim Sangnam**

(생)1963 · 11 · 16 (주)전라북도 전주시 덕진구 농생명로 300 농촌진흥청 농촌지원국(063-238-0900) (학)1982년 강릉고졸 1987년 서울대 농업생명과학대학 농업교육학과졸 1997년 同대학원 농업교육학과졸 (경)2011~2014년 농촌진흥청 대변인 2014~2015년 국방대 안정보장대학원 안보과정 교육파견 2015년 농촌진흥청 지도정책과장 2016년 同농촌지원국 기술보급과장 2016년 同농촌지원국장(고위공무원)(현)

**김상년(金尙年) KIM Sang Nyun (松竹)**

(생)1929 · 1 · 21 (본)안동(安東) (출)경북 의성 (주)서울특별시 영등포구 의사당대로 1 대한민국헌정회(02-757-6612) (학)1948년 대구중졸 1950년 육군사관학교졸 1953년 미국 보병학교졸 1970년 중앙대 사회개발대학원졸 1983년 미국 컬럼비아대 수학 (경)1960년 방첩부대장 1963~1967년 중앙정보부 전남 · 경북 · 충남북지부장 1968년 通運 상무 1970년 민주공화당 경북제12지구위원장 1971년 제8대 국회의원(의성, 민주공화당) 1973년 사회사업시설연합 회장 1973년 제9대 국회의원(안동 · 의성, 민주공화당) 1976~1981년 한국사회복지협의회 회장 1979년 제10대 국회의원(안동 · 의성, 민주공화당) 1979년 민주공화당 중앙위원회 부의장 1979년 국회 내무위원회 위원장 1981년 한국사회복지협의회 고문 2013년 대한민국헌정회 고문(현) (상)충무무공훈장(1952), 화랑무공훈장(1952), 을지무공훈장(1953), 대통령표창 (저)시집 '인생은 고뇌하고 여행은 노래하고1'(2001), '인생은 고뇌하고 여행은 노래하고2'(2007) (종)가톨릭

**김상대(金相大) KIM SANGDAE**

(생)1964 · 10 · 8 (주)서울특별시 서초구 헌릉로 12 현대자동차(주) 상품매니지먼트사업부(02-3464-1114) (학)영남고졸, 서울대 국민윤리교육학과졸, 미국 미시간대 앤아버교 대학원 마케팅관리학과졸 (경)2004~2009년 현대자동차(주) 브랜드전략팀 근무 2011년 同마케팅전략실장 2012년 同국내마케팅실장(이사) 2015년 同국내마케팅실장(상무) 2015년 同상품기획사업부장(상무) 2019년 同상품매니지먼트사업부장(상무)(현)

**김상도(金相道) KIM Sang Do**

(생)1958 · 1 · 20 (출)경기 의정부 (학)1976년 중앙고졸 1980년 고려대 법대 행정학과졸 1982년 同대학원 법학과 수료 (경)1983년 사법시험 합격(25회) 1985년 사법연수원 수료(15기) 1986년 軍법무관 1989년 대구지검 검사 1991년 대전지검 서산지청 검사 1992년 법무부 송무심의관실 검사 1994년 서울지검 검사 1997년 부산지검 동부지청 검사 1997년 同동부지청 부부장검사 1998년 대검찰청 검찰연구관 1999년 전주지검 부장검사 2001년 사법연수원 교수 2003년 서울지검 북부지청 형사2부장 2004년 서울중앙지검 형사6부장 2005년 대전지검 홍성지청장 2006년 서울고검 검사 2006년 국가청렴위원회 법무관리관 2007~2008년 의정부지검 차장검사 2008년 변호사 개업 2008년 한나라당 의정부甲당원협의회 위원장 2008년 제18대 국회의원선거 출마(의정부甲, 한나라당) 2012~2016년 새누리당 의정부甲당원협의회 운영위원장 2012년 제19대 국회의원선거 출마(의정부甲, 새누리당) 2015~2019년 법무법인 조율 변호사

**김상도(金湘道) KIM Sang Do**

(생)1966·4·22 (본)의성(義城) (출)경북 의성 (주)세종특별자치시 도움6로 11 국토교통부 종합교통정책관실(044-201-3802) (학)1984년 성동고졸 1988년 서울대 사회복지학과졸 1990년 同행정대학원 행정학과졸 1998년 미국 캘리포니아대 버클리교 정책대학원졸 (경)1991년 행정고시 합격(35기) 1992년 입법고시 합격(11기) 2003년 건설교통부 국토정책국 국토정책과 서기관 2003년 同감사관실 참여담당관실 서기관 2003 영국 케임브리지대 울프손대학 방문교수 2005년 건설교통부 물류지원팀장 2006년 同자동차팀장 2008년 국토해양부 항공철도국 국제항공과장 2009년 同항공정책실 국제항공과장 2010년 同항공정책실 항공정책과장 2010년 同교통정책실 종합교통정책과장 2011년 同교통정책실 종합교통정책과장(부이사관) 2013년 대통령 국토교통비서관실 행정관 2014년 駐몬트리올총영사관 및 駐국제민간항공기구(ICAO)대표부 파견(고위공무원) 2017년 국토교통부 항공안전정책관 2019년 同종합교통정책관(현) 2019년 同'택시제도 개편방안'실무논의기구 공동위원장 겸임(현) (상)대통령표창(2002), 홍조근정훈장(2012)

**김상돈(金相敦) Kim Sangdon**

(생)1961 · 1 · 10 (출)경기 의왕 (주)경기도 의왕시 시청로 11 의왕시청 시장실(031-345-2114) (학)운봉공고졸, 나주대학졸 (경)의왕시생활체육협의회 회장, 의왕시시민장학회 이사 2002 · 2006 · 2010년 경기 의왕시의회 의원(민주당 · 민주통합당 · 민주당 · 새정치민주연합) 2004~2006 · 2008~2010년 同부의장 2010~2012년 同의장 2010년 경기도중부권의장협의회 부회장, 의왕청년회의소 회장, 의왕청소년상담센터 운영협의회 위원장 2014~2018년 경기도의회 의원(새정치민주연합 · 더불어민주당) 2014년 同건설교통위원회 간사 2014년 同윤리특별위원회 위원 2016~2018년 同문화체육관광위원회 위원 2016년 同예산결산특별위원회 위원 2018년 경기 의왕시장(더불어민주당)(현)

**김상동(金商東) KIM Sang Dong**

(생)1959 · 5 · 14 (본)영산(永山) (출)경북 상주 (주)대구광역시 북구 대학로 80 경북대학교 총장실(053-950-6001) (학)1976년 경북고졸 1980년 경북대 수학과졸 1982년 서울대 대학원졸 1988년 미국 코네티컷주립대(스토어스교) 대학원졸 1993년 이학박사(미국 위스콘신주립대 메디슨교) (경)1993~2002년 경북대 사범대학 수학교육과 전임강사 · 조교수 · 부교수 1996년 미국 콜로라도주립대 방문연구원 2002년 경북대 자연과학대학 수학과 교수(현) 2004~2007년 과학기술부 세계적선도과학자육성지원사업 연구책임자 2005~2006년 同국가수리과학연구소 설립추진위원 2005년 대한수학회 사업이사 2007년 한국산업응용수학회 부회장 2007~2008년 경북대 교무부처장 겸 교수학습센터장 2008~2009년 同기획처장 2009~2012년 교육과학기술부 기초기술연구회 선임직이사 2016년 경북대 총장(현) (상)대한수학회 논문상(1999), 선도과학자 선정(2004), 경북대 15년 근속상(2008)

**김상렬(金相烈)**

(생)1967 · 5 · 3 (출)경북 안동 (주)경상북도 영주시 영주로82번길 33 영주경찰서(054-639-0321) (학)안동 경일고졸 1989년 경찰대 행정학과졸(5기), 경북대 행정대학원졸 (경)2009년 경북지방경찰청 경무계장(경정) 2011년 同인사계장 2013년 同치안지도관(총경) 2014년 同경비교통과장 2014년 경북 울진경찰서장 2015년 경북지방경찰청 홍보담당관 2016년 경북

안동경찰서장 2017년 경북지방경찰청 경비교통과장 2018년 경북 영주경찰서장(현)

### 김상린(金祥麟) KIM Sang Lin

(생)1947·1·23 (본)광주(廣州) (출)서울 (주)경기도 안산시 단원구 범지기로141번길 90 신신제약(주) 임원실(031-491-6151) (학)1965년 동성고졸 1970년 성균관대 약학과졸 1982년 同대학원 약학과졸 1985년 약학박사(성균관대) (경)1972~1991년 중외제약 입사·신규사업부장 1991년 보령제약 개발학술담당 이사 1995년 同사업본부장(상무) 1997년 同종합연구소장(상무) 2001년 同중앙연구소장(전무) 2004년 同대표이사 부사장 2005년 同대표이사 사장 2015년 신신제약(주) 최고기술경영자(CTO)(현) (종)가톨릭

### 김상면(金相冕) KIM Sang Myun

(생)1946·2·10 (출)충북 청원 (주)충청북도 청주시 청원구 북이면 충청대로 1217 자화전자(주) 회장실(043-210-7105) (학)1968년 청주기계공고졸 1973년 한양대 금속공학과졸 (경)1973년 풍산금속 근무 1976년 한국과학기술원 연구원 1977년 경북대 재료공학과 강사 1977년 전자부품종합기술연구소 소형모타기술개발연구기획 전문위원 1981~2012년 자화전자(주) 대표이사 사장 1998년 산업자원부 공업기반기술개발기획평가단 위원 1999~2007년 한국전자산업진흥회 비상근이사 1999년 한국상장회사협의회 이사 2000년 산업자원부 요업기술원 운영위원 2000년 청주지검 범죄예방위원회 운영위원 2000년 충북대 산학협동위원회 BK사업단 운영위원 2002~2008년 전자부품연구원 이사 2004~2009년 산업자원부 우수제조기술연구센터협회 감사·수석부회장 2005년 (주)청주케이블TV방송 감사 2006년 바르게살기운동 충북협의회 이사 2007년 충북도 감사위원회 위원 2007~2012년 한국전자정보통신산업진흥회 비상근감사 2007년 대전지방국세청 세정자문위원 2009년 한국산업기술미디어문화재단 창립이사 2012년 자화전자(주) 대표이사 회장(현) 2012년 한국전자정보통신산업진흥회 이사 2012년 (사)한국중견기업연합회 이사(현) (상)철탑산업훈장(1985), 동탑산업훈장(1998), 5천만불 수출탑 한국전자산업대상(2000), 7천만불 수출탑 대통령표창(2004), 중소기업은행 명예의전당 헌정(2004), 금탑산업훈장(2011) (종)불교

### 김상무(金相武) KIM, Sang Moo

(생)1954·9·5 (본)김녕(金寧) (출)경남 밀양 (주)강원도 강릉시 죽헌길 7 강릉원주대학교 해양식품공학과(033-640-2343) (학)1973년 마산고졸 1980년 부산수산대 식품공학과졸 1984년 同대학원 식품공학과졸 1989년 식품생물공학박사(미국 Kansas State Univ.) (경)1980~1982년 태평양화학(주) 식품효소부 근무 1986년 미국 Kansas State Univ. 연구조교 1989년 미국 Univ. of Wisconsin-Madison 선임연구원 1990~2007년 강릉대 해양생명공학부 교수 1996년 同해양생명공학부장 1997년 同중소기업기술지원센터장 1997~2012년 강원도산업경제진흥원 이사 1998년 미국 Oregon State Univ. 방문교수 1999년 강릉대 식품연구소장 2001년 미국 Auburn Univ. 방문교수 2002~2008년 보건복지부 식품위생심의위원 2002~2005년 한국식품과학회 수산식품분과위원회 위원장 2003년 강릉대 산업대학원장 겸 생명과학대학장 2004~2006년 한국수산학회 부회장 2005~2013년 산업자원부 해양바이오신소재클러스터사업단장 2007~2008년 강원해양수산포럼 회장 2010년 (사)한국식품영양과학회 부회장 2010년 강릉원주대 해양식품공학과 교수(현) 2010~2011년 同산업대학원장 2013~2015년 (사)강원해양수산포럼 이사장 2013~2014년 (사)전국식품공학교수협의회 이사 2014년 한국식품영양과학회 감사 2014~2015년 (사)강원도특산품수출협회 자문위원 2015년 한국식품영양과학회 이사 2016년 미국 세계인명사전 'Marquis Who's Who in the World'에 등재 2017년 영국 국제인명센터(IBC)에 '21세기의 뛰어난 지식인'에 등재 2017년 한국수산과학회 회장 2017년 강원어촌특화지원센터장(현) (상)과학기술우수논문상(2004), 오뚜기학술상(2012) (저)'해양생명공학개론'(2008)

### 김상문(金相文) KIM Sang Moon

(생)1967·6·12 (본)김해(金海) (출)강원 강릉 (주)세종특별자치시 도움6로 11 국토교통부 건축정책관실(044-201-4797) (학)한양대 건축공학과졸 1999년 프랑스 리옹제2대 대학원 도시학과졸 (경)건설교통부 주거환경과 사무관 2005년 同건축과 서기관, 행정중심복합도시건설추진단 파견 2006년 행정중심복합도시건설청 도시계획본부 도시설계팀장 2008년 국토해양부 건축문화팀장 2008년 駐알제리대사관 1등서기관 2011년 국토해양부 건설안전과장 2012년 同기술기준과장 2013년 同중앙건설기술심의위원회 소위원장 2013년 국토교통부 기술안전정책관실 기술기준과장 2013년 同국토도시실 건축기획과장 2013년 同국토도시실 건축정책과장(서기관) 2014년 同국토도시실 건축정책과장(부이사관) 2016년 同뉴스테이추진단 민간임대정책과장 2017년 새만금개발청 개발사업국장 2019년 국토교통부 국토도시실 건축정책관(현)

### 김상문(金相文) Kim sang moom

(생)1970·1·15 (본)김해(金海) (출)대구 (주)경상북도 안동시 풍천면 검무로 77 경북지방경찰청 형사과(054-824-2472) (학)1988년 심인고졸 1996년 고려대 법학과졸 (경)2003년 사법시험 합격(45회) 2006년 사법연수원 수료(35기) 2006년 경찰공무원 임용(경정 특채), 경기 구리경찰서 수사과장, 서울 서대문경찰서 경비과장, 서울 중랑경찰서 정보보안과장, 서울지방경찰청 정보3계장 2016년 제주지방경찰청 홍보담당관(총경) 2016년 교육 파견(총경) 2016년 충북지방경찰청 수사과장 2017년 충북 영동경찰서장 2019년 경북지방경찰청 형사과장(현)

### 김상배(金相培) KIM Sang Bae

(생)1957·6·19 (출)서울 (주)충청남도 당진시 송산면 무수들길 370 한국내화(주) 임원실(041-359-2200) (학)1976년 서울중앙고졸 1981년 서울대 무기재료학과졸 1983년 同대학원 무기재료학과졸 2000년 무기재료학박사(부산대) (경)독일 Erlangen대 무기재료연구소 근무, 한국내화(주) 상무이사, 同전무이사 2012년 同대표이사 사장(현), 한국세라믹총협회 부회장 2014~2016년 한국세라믹기술원 비상임이사 2016년 한국세라믹연합회 이사(현)

### 김상배(金常培) KIM Sang Bae

(생)1961·8·14 (출)서울 (주)세종특별자치시 도움5로 20 국민권익위원회 중앙행정심판위원회 상임위원실(044-200-7038) (학)1980년 한성고졸 1985년 고려대 법학과졸 (경)1984년 軍법무관 임용시험 합격(6회) 1985년 사단 검찰관 1986년 사법연수원 수료(법무 6기) 1986년 군사령부 검찰관 1988년 사단 법무참모 1995년 변호사 개업 2000년 법무법인 효원 변호사 2006~2012년 수원지법 조정위원(민사) 2007~2017년 법무법인 탑 변호사 2007~2014년 경기지방노동위원회 차별시정심판위원 2015~2017년 대한변호사협회 법제위원 2017년 국민권익위원회 중앙행정심판위원회 상임위원(현)

### 김상배(金相培) KIM Sang Bae

(생)1966·11·29 (본)경주(慶州) (출)경북 상주 (주)서울특별시 서초구 법원로 15 정곡빌딩서관 법무법인 서울센트럴(02-6243-7010) (학)1984년 상주고졸 1992년 성균관대 법학과졸, 同대학원졸 (경)1991년 사법시험 합격(33회) 1994년 사법연수원 수료(23기) 1994년 부산지법 판사 1997년 대구지

법 판사 2000년 同김천지원 판사 2002년 인천지법 부천지원 판사 2006년 서울고법 판사 2007년 대법원 재판연구관 2009년 전주지법 부장판사 2010~2012년 인천지법 부천지원 부장판사 2013년 법무법인 KR 대표변호사 2014년 법무법인 서울센트럴 변호사(현)

## 김상범(金相範) KIM Sang Beom

(생)1957 · 11 · 10 (출)부산 (주)부산광역시 서구 대신공원로 26 동아대학교병원 재활의학과(051-240-5690) (학)1984년 중앙대 의과대학졸 1990년 서울대 대학원 의학석사 1996년 의학박사(서울대) (경)1989년 서울대병원 재활의학과 레지던트 수료 1989년 홍익재활병원 재활의학과장 1991년 고신대 의학부 외래전임강사 1991년 경상대 의과대학 외래전임강사 1992년 동아대 의과대학 재활의학교실 교수(현) 1995~2007년 동아대병원 재활의학과장 2000~2012년 대한임상통증학회 이사 2001년 대한재활의학회 이사 2002년 제14회 부산아시아경기대회 선수촌병원장 2005~2009년 동아대 의과대학발전재단 이사 2006~2007년 同의과대학 재활의학교실 주임교수 2006~2011년 동아대병원 스포츠의학센터 소장 2007~2011년 同진료부장 2010~2011년 同부원장 2011~2016년 동아대 의료원장 겸 동아대병원장 2011~2016년 사립대의료원협의회 부회장 2011~2016년 대한병원협회 상임이사 2011~2012년 대한임상통증학회 회장 2012년 대한임상통증학회 고문(현) 2012년 조선일보 메디컬리더 선정 2012~2014년 대한노인재활의학회 이사장 2015~2016년 대한사립대학병원협회 부회장 2015~2016년 대한상급종합병원협의회 감사 (상)동아일보 대한민국글로벌의료서비스대상(2012), 중앙일보 창조경영인상(2014), 보건복지부장관표창(2014)

## 김상범(金相範)

(생)1961 · 1 · 25 (출)경북 상주 (주)대구광역시 북구 연암로 40 경상북도선거관리위원회(053-943-0426) (학)서울시립대 도시과학대학원 행정학과졸 (경)2011년 중앙선거관리위원회 사무총장실 비서관(서기관) 2012년 同언론홍보TF팀장 2013년 同홍보과장 2015년 同공보과장 2016년 선거연수원 제도연구부 전임교수(부이사관) 2016년 미국 휴스턴대 교육파견 2018년 세종특별자치시선거관리위원회 사무처장 2019년 경북도선거관리위원회 상임위원(관리관)(현)

## 김상범(金相範) KIM Sang Beom

(생)1961 · 5 · 18 (출)대구 (주)서울특별시 서초구 사평대로 84 이수그룹 회장실(02-590-6807) (학)1978년 신일고졸 1982년 서울대 경영학과졸 1985년 미국 미시간대 경영대학원졸 1990년 법학박사(미국 미시간대) (경)1991년 Debevoise & Plimpton 변호사 1993년 (주)대우 국제법무실 고문 1995년 이수화학(주) 대표이사 부사장 1996년 同부회장 2000년 이수그룹 회장(현) 2007 · 2011년 이수페타시스 대표이사 (상)미국 미시간대한국동문회 자랑스런 동문상(2011)

## 김상범(金相凡) Kim Sang Bum

(생)1963 · 1 · 24 (출)강원 동해 (주)부산광역시 동구 초량중로 67 부산지방국토관리청 도로시설국(051-660-1100) (학)1981년 동산고졸 1990년 건국대 농공학과졸 (경)1992년 공무원 임용(7급 공채) 1996~2006년 건설교통부 도로정책과 · 원주지방국토관리청 도로계획과 · 건설교통부 도로환경과 근무 2006~2015년 건설교통부 도로정책과 · 교육과학기술부 국제과학비지니스벨트기획단 · 국토교통부 간선도로과 근무 2015년 익산지방국토관리청 전주국토관리사무소장 2016년 同도로시설국장 2018년 서울지방국토관리청 도로시설국장 2019년 부산지방국토관리청 도로시설국장(현)

## 김상범(金尙範) Kim, Sangbeom

(생)1964 · 5 · 6 (본)김녕(金寧) (출)경기 포천 (주)서울특별시 광진구 군자로 121 세종사이버대학교 부동산경영학부 부동산경매중개학과(02-2204-8016) (학)1983년 휘문고졸 1988년 서울대 법대 공법학과졸 1992년 경제학박사(미국 애리조나주립대) (경)1992~2000년 한국국방연구원 선임연구원 1996~1997년 KBS2라디오 경제포커스 해설위원 1997~1999년 민주평통 자문위원 1998~2015년 한국공공정책학회 총무이사 · 회장 2000~2003년 (주)디지털태인 상무이사 2004년 세종사이버대 부동산경영학부 부동산경매중개학과 교수(현) 2005년 同교무처장 2005년 同부총장 2006년 同교육지원실장 2008년 同부동산경영학부장 2010~2013년 同기획처장 2014년 한국공공정책학회 회장(현) (상)국방부장관표창(2000) (저)'제주 영어전용타운 조성을 위한 사전조사 연구'(2007, 국무조정실) (종)기독교

## 김상봉(金相鳳) KIM Sang Bong

(생)1942 · 11 · 28 (출)경북 의성 (주)충청북도 진천군 진천읍 문사로 331 GMC(주) 임원실(043-537-6601) (학)1961년 안계종합고졸 1985년 숭실대 중소기업대학원 수료 1989년 연세대 행정대학원 고위정책과정 수료 1999년 서울대 경영대학원 최고경영자과정 수료 (경)1968~1971년 삼인광업합명회사 감사 1968~1972년 태백 재건중 교장 1972~1980년 (주)태영광업 소장 1978년 황지JC 회장 1979년 강원지구JC 회장 1979년 강원도 행정자문위원 1979년 통일주체국민회의 대의원 1980년 태백새마을민간단체협의회 회장 1981년 평통 자문위원 1981~1991년 태백민주통일협의회 회장 1981~1994년 태백민족통일협의회 회장 1982년 태영석회(주) 회장 1988~1992년 대한탄광협동조합 이사장 1999~2007년 한국광업협회 회장 2005~2016년 태영EMC(주) 회장 2016년 GMC(주) 대표이사 회장(현)

## 김상봉(金相奉) Sang-Bong Kim

(생)1955 · 8 · 6 (출)경남 (주)부산광역시 남구 신선로 365 부경대학교 기계설계공학과(051-629-6158) (학)1978년 부산수산대 기계공학과졸 1980년 同대학원 기계공학과졸 1988년 공학박사(일본 도쿄공업대) (경)1980~1983년 동의공전 기계설계학과 전임강사 · 조교수 1984~1985년 일본 東京工業大 제어공학과 연구원 1988~1993년 부산수산대 기계공학과 전임강사 · 조교수 1993~1998년 부경대 기계공학과 부교수 1998년 同기계자동차공학과 교수 2011년 베트남 호치민대 종신명예교수(현), 부경대 '수송기계 안전편의 융합부품소재 인재양성 센터' 센터장 2015년 同기계설계공학과 교수(현) 2018년 同대학원장(현) (상)부경대 10년 장기근속상(1998), 산학연 컨소시엄유공 부산시장표창(2007), 베트남정부 교육훈장(2011) (저)'신편 공업수학(共)'(1991, 도서출판 한미) '창의적 팀프로젝트(共)'(2003, 세종출판사) '팀프로젝트 tutorial I(共)'(2004, 세종출판사) '팀프로젝트 tutorial II(共)'(2005, 세종출판사) '마이크로프로세서에 의한 모터의 제어 및 실용회로 설계'(2006, 세종출판사) (역)'기초 시스템 이론(共)'(1991, 도서출판 한미) '메카니칼 시스템제어(共)'(1992, 도서출판 한미)

## 김상봉(金尙鳳) KIM Sang Bong

(생)1958 · 6 · 15 (출)서울 (주)서울특별시 서초구 서초중앙로 203 오릭스빌딩 4층 법무법인(유) 강남(02-537-9900) (학)1977년 서울 동성고졸 1981년 성균관대 법과대학 법학과졸 1983년 同대학원 법학과 수료 (경)1980년 사법시험 합격(22회) 1982년 사법연수원 수료(12기) 1982년 수원지검 검사 1985년 마산지검 진주지청 검사 1986년 부산지검 검사 1988년 대구지검 검사 1990년 서울지검 북부지청 검사 1992년 대전

지검 고등검찰관 1992~1993년 미국 캘리포니아대 버클리교 법과대학원 연수 1994년 대전지검 서산지청장 1995년 서울지검 부부장검사 1996년 광주지검 강력부장 1997년 인천지검 조사부장 1998년 同형사3부장 1999년 同형사2부장 1999년 사법연수원 교수 2001년 서울지검 형사3부장 2002년 서울고검 검사 2004년 광주지검 차장검사 2005년 대전고검 차장검사 2005년 대구고검 차장검사 직대 2006년 제주지검 검사장 2007년 서울고검 차장검사 2008~2009년 부산고검 차장검사 2009년 법무법인 일신 변호사 2009~2013년 법무법인 정률 대표변호사 2013년 법무법인(유) 강남 대표변호사(현)

**김상봉(金相奉) KIM Sang Bong**

[생]1966·7·22 [본]김해(金海) [출]경남 함양 [주]세종특별자치시 조치원읍 세종로 2511 고려대학교 세종캠퍼스 공공정책대학 정부행정학부(044-860-1545) [학]1989년 고려대 행정학과졸 1993년 서울시립대 대학원 도시행정학과졸 1996년 사회공학박사(일본 동경공대) [경]1996년 일본 미쯔비시종합연구소 시스템정책연구센터 도쿄본사 전문연구원 2000년 일본 노무라종합연구소 사업전략연구실장 2003~2005년 同서울지사 정책자문위원 2003~2005년 경남대 행정학과 교수 2005년 한국도시행정학회 편집위원 2005~2017년 고려대 공공행정학부 교수 2006·2007년 입법고시 PSAT 출제위원 2007년 행정자치부 지방공사 및 공단 경영평가위원 2007년 행정중심복합도시건설추진위원회 자문위원 2007~2009년 한국지방정부학회 연구이사·총무이사 2008~2014년 산림청 중앙산지관리위원회 위원 2008년 한국정책과학학회 홍보이사 2009~2012년 황해경제자유구역청 투자유치자문위원 2009년 경기도 북부개발위원회 위원 2009~2010년 고려대 행정대학원 정책학과 주임교수 2009~2011년 同공공행정학부장 2010~2012년 同행정대학원장 2010년 병무청 자체평가위원 2013년 한국정부학회 학술연구위원장 2013년 산림청 산지포럼위원 2013~2015년 고려대 사무처장 2013~2015년 세종특별자치시 분양가심사위원회 위원·교통영향분석 및 개선대책심의위원회 위원 2013~2016년 同정책자문위원회 위원(1기·2기)·기획행정분과위원 2014~2015년 문화체육관광부 예산심의위원회 위원 2014년 한국지방정부학회 편집위원 2014년 한국도시행정학회 편집위원, 同상임이사 겸 명예회장(현) 2016년 同총무기획위원장 2016년 한국정책학회 편집위원 2016년 고려대 세종캠퍼스 사무처장 2017년 同정부행정학부 교수(현) 2017~2019년 同정부행정학부장 2017년 한국도시행정학회 부회장 2017년 대통령직속 기구 산하 '세종·제주자치분권·균형발전특별위원회' 세종특별자치시분과 위원(현) 2018년 한국도시행정학회 회장 2019년 고려대 세종캠퍼스 공공정책대학장(현) 2019년 행정안전부 규제심사위원회 위원(현) 2019년 행정중심복합도시건설청 광역도시계획협의회 위원(현) [상]일본 계획행정학회 논문장려상(1996), 고려대 석탑강의상(2005) [저]'공항정비사업의 비용효과분석 매뉴얼1999(共)'(1999, 일본운수성감수) '공공시스템의 계획학(共)'(2000, 일본 技報堂출판사) '비용편익분석의 이론과 실제(共)'(2004, 박영사) '밀양시 정책개발과 평가(共)'(2005, 세종출판사) '공공투자분석'(2008, 세창출판사) [역]'일본행정의 역사외 이론'(2015, 고려대 출판부)

**김상봉(金相奉) Kim Sang Bong**

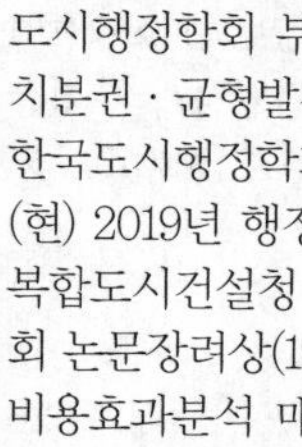

[생]1969·3·2 [본]김해(金海) [출]대구 [주]충청북도 청주시 흥덕구 오송읍 오송생명2로 187 식품의약품안전처 의약품안전국 마약안전기획관실(043-719-2398) [학]1988년 경북대사대부고졸 1994년 서울대 제약학과졸 1996년 同대학원 약학과졸 [경]1996~2006년 식품의약품안전청 경인지방식품의약품안전청 의약품감시과·의약품안전국 의약품안전과·의약품안전국 의약품관리과 주무관 2006~2011년 同의약품안전국 의약품관리과·의료기기안전국 의료기기품질과 사무관 2011~2012년 대전지방식품의약품안전청 의료제품안전과장(서기관) 2012~2013년 식품의약품안전청 의약품안전국 의약품품질과장 2013년 식품의약품안전처 의약품안전국 의약품품질과장 2016~2019년 同의약품안전국 의약품정책과장 2019년 同융복합혁신제품지원단 지원단장(현) 2019년 同의약품안전국 마약안전기획관(현) [상]정보통신부장관표창(2000), 국무총리표창(2003), 대통령표창(2007), 2016대한민국 공무원상 녹조근정훈장(2017)

**김상석(金相錫) KIM Sang Seog**

[생]1964·10·29 [본]울산(蔚山) [출]전북 고창 [주]세종특별자치시 도움6로 11 국토교통부 자동차관리관실(044-201-3833) [학]고창북고졸 1993년 성균관대 행정학과졸 2000년 서울대 대학원 행정학과졸 [경]1994년 행정고시 합격(38회) 1995~2005년 총무처 수습행정관·국토해양부 수도권계획과·국토정책과 근무 2005~2008년 서남권등낙후지역투자촉진단·건설교통부·국토해양부 근무 2009년 미국 미주리주 경제개발국 파견 2011년 행정중심복합도시건설청 도시계획국 도시디자인과장 2013년 同도시기획과장(부이사관) 2013년 同도시계획국 도시발전정책과장 2015년 국토교통부 주택토지실 부동산산업과장 2017년 同주택토지실 토지정책과장 2018년 교육 파견(일반직고위공무원) 2019년 새만금개발청 개발사업국장 2019년 국토교통부 자동차관리관(현)

**김상선(金相善) KIM Sang Seon**

[생]1954·5·27 [본]경주(慶州) [출]전북 정읍 [주]서울특별시 서초구 마방로 68 한국과학기술기획평가원 원장실(02-589-2814) [학]1972년 국립철도고졸 1978년 한양대 전기공학과졸 1993년 영국 맨체스터대 대학원 과학기술정책학 석사 1996년 과학기술정책학박사(영국 맨체스터대) [경]1977년 기술고시 합격(13회) 1978~1979년 국립과학관 전기사무관 1979~1983년 군복무(육군 중위) 1983년 과학기술처 연구관리과 사무관 1989년 同기술정책실 기술진흥담당관 1990년 同연구개발조정실 연구관리과장 1991년 同기술개발국 기술개발과장 1992년 영국 맨체스터대 파견 1996~1997년 과학기술처 기술지원과장·연구관리과장·연구기획과장 1997년 同화공생물연구조정관 1998년 과학기술부 공보관 1999년 同과학기술협력국장 2000년 駐미국 과학참사관 2004년 과학기술부 과학기술협력국장 2006~2007년 同정책홍보관리실장 2007~2010년 한국과학기술단체총연합회 사무총장 2008년 행정안전부 고위공무원임용심사위원회 위원 2009~2011년 국가교육과학기술자문회의 자문위원 2010~2012년 한국과학기술기획평가원 부설 연구개발인력교육원장 2011년 국가과학기술위원회 지방과학기술진흥협의회 위원 2012~2013년 한국연구재단 부설 연구개발인력교육원장 2012~2014년 기초기술연구회 이사 2013~2017년 국가과학기술심의회 정책조정전문위원회 위원장 2013년 (재)멀티스케일에너지시스템연구단 이사장 2014년 한양대 대학원 과학기술정책학과 특임교수(현) 2015~2016년 미래창조과학부 과학기술규제개선 옴부즈맨 2016~2018년 한국지식재산전략원 비상임이사 2017년 과학기술정보통신부 자체평가위원회 지원형기관평가위원장 2018년 한국과학기술기획평가원(KISTEP) 원장(현) [상]과학기술부장관표창(1985·1989), 국무총리표창(1988), 황조근정훈장(2006) [저]'미국의 과학기술동향'(2000) [종]기독교

**김상섭(金相燮) KIM Sang Seob**

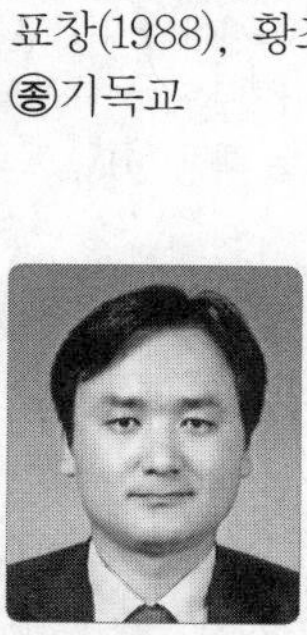

[생]1964·9·21 [출]경북 경주 [주]대구광역시 동구 동부로 94 대구신문 임원실(053-424-0004) [학]능인고졸, 경북대 법대 공법학과졸, 同경영대학원졸 [경]1996년 대구일일신문 근무 1999년 광역일보 사회부 차장대우 2001년 同사회부 차장 2004년 대구신문 사회부 팀장 2005년 同편집국 사회부장 2006년 同편집국 정치부장 2013년 同부사장 2014년 同사장(현)

## 김상수(金常洙) KIM Sang Soo

(생)1950·3·22 (본)김해(金海) (출)부산 (주)대전광역시 유성구 대학로 291 한국과학기술원 공과대학 기계공학과(042-350-3021) (학)1969년 경기고졸 1973년 서울대 기계공학과졸 1976년 미국 버클리대 대학원 기계공학과졸 1981년 공학박사(미국 노스웨스턴대) (경)1983~2015년 한국과학기술원 기계공학과 조교수·부교수·교수 1994~1996년 한국에어로졸연구회 회장 1995년 한국과학기술원 발전협력단장 1997년 대한기계학회 총무이사 1997년 과학기술정책관리연구소 기계및우주항공분야 전문위원 2002년 대한기계학회 열공학부문 위원장 2003년 한국과학기술원 연구처장 2004년 同공학장 겸 정보전자연구소장 2005년 同교학부총장 2006~2010년 同연구원장(부총장) 2006년 한국공학한림원 원로회원(현) 2015년 한국과학기술원 기계공학과 명예교수(현) (상)대한기계학회 남헌학술상(2003), 과학기술훈장 혁신장(2014), 옥조근정훈장(2015) (종)불교

## 김상수(金相守) KIM Sang Soo

(생)1952·11·10 (출)경남 김해 (주)경상남도 창원시 성산구 중앙대로 110 현대증권빌딩 한림건설(주) 비서실(055-289-9000) (학)경남공고졸 2002년 동아대 정치외교학과졸, 同대학원 정치학과졸 2004년 同대학원 정치학 박사과정 수료 (경)1980년 한림건설(주) 대표이사 회장(현) 2001~2014년 한국자유총연맹 경남지부 회장 2001년 창원상공회의소 상공의원 2003년 경남도바둑협회 회장 2015년 대한건설협회 경남도회장(현) 2016~2019년 창원상공회의소 부회장 2017년 건설경제신문 이사(현) 2018년 한국자유총연맹 부총재(현) (상)내무부장관표창(1991), 국세청장표창(1997·1999), 행정자치부장관표창(1999), 창원시청 모범납세표창(1999), 창원세무서 우수납세표창(2004), 국민훈장 모란장(2011)

## 김상수(金相秀) Kim, Sangsoo

(생)1963·10·11 (본)김해(金海) (출)강원 속초 (주)세종특별자치시 도움6로 11 국토교통부 항공안전정책과(044-201-4244) (학)1981년 속초고졸 1991년 청주대 행정학과졸 2004년 연세대 대학원 행정학과졸 2017년 한국항공대 대학원 경영학과졸 (경)2007년 건설교통부 국제항공팀 근무 2008년 국토해양부 국제항공과 근무 2009년 同항공관제과 근무 2011년 同항공관제과장 2014년 국토교통부 항공기술과장 2016년 同항공관제과장 2017년 同항공정책실 항공운항과장 2019년 同항공정책실 항공안전정책과장(현)

## 김상식(金商植)

(생)1968·3·14 (주)서울특별시 송파구 올림픽로 424 올림픽공원內 대한농구협회(02-420-4221) (학)고려대졸 (경)2005~2006년 안양SBS 스타즈 코치 2006~2007년 안양KT&G 카이츠 감독대행 2007년 대구오리온스 코치 2007~2008년 同감독대행 2008~2009년 同감독 2011년 제2회 동아시아남자농구선수권대회 국가대표팀 코치 2011년 제26회 국제농구연맹(FIBA) 아시아남자농구선수권대회 국가대표팀 코치 2012년 삼성 썬더스 코치 2014년 同감독대행 2015년 제28회 FIBA 아시아남자농구선수권대회 국가대표팀 코치 2017년 제29회 FIBA 남자농구 아시아컵 국가대표팀 코치 2018년 남자농구 국가대표팀 감독 대행(현)

## 김상연(金相演) KIM Sang Yeon (佳谷)

(생)1939·5·30 (본)의성(義城) (출)경북 청송 (주)대구광역시 수성구 달구벌대로 2699 대일버스(주) 회장실(053-756-2106) (학)1959년 대구 능인고졸 1968년 대구대 사회과학대학졸 1973년 영남대 경영대학원졸 1997년 명예 경영학박사(대구대) (경)1973~2013년 부강산업 대표 1975년 대구지법 가사조정위원 1980년 대일버스(주) 회장(현) 1984~1986년 한국자동차정비사업조합연합회 회장 1986~1992년 대구西직장새마을협의회 회장 1986~1988년 영남공업전문대 겸임교수 1987~1991년 대구시 서구청 구정자문위원장 1989~1995년 동양투자신탁 비상임이사 1991~1998년 대구시의회 의원 1991년 민주평통 운영위원 1993~1995년 대구시의회 초대의장 1995~2009년 대구대 총동창회 회장 1995~1999년 영남대 경영대학원 총동창회 회장 1995년 바르게살기운동 대구시협의회 회장 1996년 한국산업정보학회 고문 1997~1998년 대구시의회 2대 의장 1997~1998년 대구·경북지방자치학회 고문 1998년 대구대 산업정보대학원 겸임교수 1998년 자유민주연합 대구西乙지구당 위원장 2000년 제16대 국회의원 선거 출마(대구西, 자유민주연합) 2000년 자유민주연합 대구시당 위원장 2002~2006년 대구의정회 회장 2003~2006년 학교법인 영광학원(대구대) 이사 2008년 대한적십자사 경북지사 부회장 (상)새마을훈장 근면장(1987), 산업포장(1987), 국민훈장 동백장(1994) (종)불교

## 김상연(金相延)

(생)1972·2·28 (출)전남 장흥 (주)경기도 수원시 영통구 법조로 105 수원지방법원 총무과(031-210-1114) (학)1990년 광주고졸 1995년 서울대 법학과졸 1997년 同대학원졸 (경)1997년 사법시험 합격(39회) 2000년 사법연수원 수료(29기) 2000년 공군 법무관 2003년 서울지법 의정부지원 판사 2004년 의정부지법 판사 2005년 전주지법 정읍지원 판사 2007년 전주지법 판사 2009년 대구지법 김천지원 판사 2011년 수원지법 판사 2012년 서울고법 판사 2013년 대법원 재판연구관 2016년 광주지법 부장판사 2018년 수원지법 부장판사(현)

## 김상열(金相烈) KIM SANG YEOL

(생)1961 (출)전남 보성 (주)서울특별시 서초구 양재대로2길 18 (주)호반건설(02-6177-0000) (학)광주고졸, 조선대 건축학과졸, 전남대 경영대학원졸, 명예 경영학박사(건국대) (경)1989~2015년 (주)호반건설 대표이사 1999년 호반장학재단 이사장(현) 2010년 대한주택건설협회 광주전남도회장, 광주지역인적자원개발위원회 위원장 2011년 광주방송 회장(현) 2012~2018년 광주사회복지공동모금회 회장 2015~2017년 광주상공회의소 회장 2015~2017년 대한상공회의소 부회장 2015년 (주)호반건설 회장(현) 2017년 한국여자프로골프협회(KLPGA) 회장(현) 2018년 광주상공회의소 명예회장(현) 2018년 대한적십자사 부회장(현) (상)철탑산업훈장(2008), 통합경영학회 창조경영자상(2015), 동탑산업훈장, 용봉경영자대상(2015)

## 김상열(金相烈)

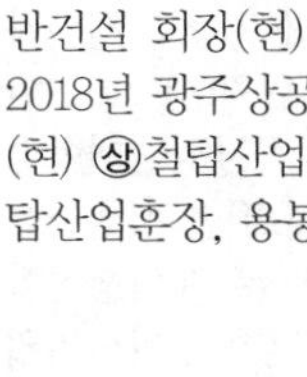

(생)1962·3 (주)서울특별시 영등포구 여의대로 128 LG전자(주) 임원실(02-3777-1114) (학)동국대 전자공학과졸, 同대학원 전자공학과졸 (경)2010년 LG디스플레이(주) TV상품기획담당 상무 2013년 同IT/Mobile 상품기획담당 상무 2015년 LG전자(주) TV상품기획담당 상무 2015년 同TV상품기획FD담당 전무 2018년 同TV상품기획담당 전무(현)

## 김상엽(金相燁) Kim Sang-yub

(생)1963·10·17 (본)김해(金海) (출)경남 진주 (주)경기도 성남시 분당구 판교역로 180 알파돔시티자산관리(주)(031-724-5900) (학)1982년 경남 진주고졸 1987년 고려대 통계학과졸 1996년 同대학원 경영학과졸 2007년 미국 미주리대 대학원 도시계획 및 토지이용과정 수료 (경)1988년 한국토지개발공사 입사 2009년 同해외사업처장 2009년 同홍보실장 2009년 한국토지주택공사(LH) 경제활성화지원단장 2010년 同경기지역본부

보상사업단장 2010년 同재무처 자금기획단장 2011년 同금융사업처장 2012년 同경영관리실장 2013년 同재무관리처장 2014년 同홍보실장 2016년 同서울지역본부장 2018년 同전략사업본부장 2019년 알파돔시티자산관리(주) 대표이사(현)

## 김상영(金相榮) Kim Sang Young

(생)1959·9·16 (주)서울특별시 서초구 헌릉로 12 현대제철(주) 인사팀(02-3464-6077) (학)배명고졸, 연세대 금속공학과졸 (경)현대제철(주) 중기계영업실장(이사대우) 2010년 同중기계영업실장(이사) 2013년 同중기계영업실장(상무), 同조선해양사업부장 2015년 同조선해양사업부장(전무) 2018년 同후판영업사업부장 2019년 同자문(현)

## 김상옥(金相鈺) KIM Sang Ok

(생)1958·2·2 (본)청풍(淸風) (출)충북 청원 (주)경기도 화성시 팔탄면 율암길 223 (주)유양디앤유(031-350-7403) (학)1979년 동양미래대 전기통신과졸 2001년 충남산업대 전자공학과졸 2007년 한양대 산업경영대학원 경영학과졸 2012년 에너지정책학박사(한국산업기술대) (경)1982년 한륙전자(주) 품질보증부 입사·품질연구팀장 1989년 (주)유양정보통신 기술영업팀 과장·영업이사·IT사업본부장 2004년 同대표이사, (주)유양디앤유 대표이사(현), 화성상공회의소 부회장(현), 한국조명연구원 이사(현), LED포럼 부위원장 (상)LG전자 Quality Award상(2008), 지식경제부장관표창(2008), 제7회 장한 한국인상 경제인부문(2008), 중앙일보 한국을 빛낸 창조경영인상(2009), LG전자 Number.1 Supplier상(2009), Forber가 선정한 대한민국 글로벌CEO(2009), 동탑산업훈장(2010), 경기도지사표창(2010), 국제조명산업전 지식경제부장관표창(2010), 품질분임조 경진대회 경기도최우수상·전국은상(2011), 품질경영부문 경기도지사표창(2011), 한국일보 '한국경제를 움직이는 인물' 미래경영부문상(2011), 대한민국 경제리더대상(2013), LG전자 Best Practice Award상(2013), LED&OLED산업신기술부문 대통령표창(2014), 산업혁신3.0 산업자원부장관표창(2014), 기술자료임치제 중소기업청장표창(2015), LG전자 우수BP상(2016)

## 김상용(金相溶) KIM Sang Yong

(생)1935·6·10 (본)안동(安東) (출)서울 (주)서울특별시 관악구 관악로 1 서울대학교 재료공학부(02-880-4303) (학)1954년 보성고졸 1958년 서울대 섬유공학과졸 1961년 同대학원 섬유공학과졸 1972년 공학박사(미국 노스캐롤라이나대) (경)1962~1978년 서울대 공대 전임강사·조교수·부교수 1976년 기술사자격검정위원회 시험위원 1977년 특허및실용신안출원심사위원회 심사위원 1978년 공업표준심의회 위원 1978~2000년 서울대 섬유고분자공학과 교수 1979년 공학계대학평가위원회 실사위원 1983년 대한상사중재원 중재인 1989~1993년 한국유변학회 회장 1991년 에너지관리공단 기술자문위원 1994년 한국과학기술한림원 종신회원(현) 1995년 한국섬유가공연구회 회장 1996년 공업기반기술개발사업의기술대발기획평가단 위원 1996~1998년 한국섬유공학회 회장 1996~2000년 한국공학한림원 정회원 2000년 同명예회원(현) 2000년 대한민국학술원 회원(섬유공학·현) 2000년 서울대 재료공학부 명예교수(현) (상)한국섬유공학회 학술상(1975), 서울대 30년근속공로표창(1990), 한국섬유공학회 공로상(1999), 홍조근정훈장(2000) (저)'섬유공학을 위한 통계학'(1968) '섬유계측과 분석'(1992) '한국의 화섬산업'(1993) '섬유물리학'(1994) '고분자물리학'(1994) '섬유형성공학'(1995) 'Numerical Simulation of Melt Spinning of Polyethylene Terephthalate Fibers(Advance in the Flow and Rheology of Non-Newtonian Fluids, Part B)'(1999) (역)'면방적학'(1966) '고체역학서론'(1983) (종)천주교

## 김상용(金相容) KIM Sang Yong

(생)1949·12·24 (본)경주(慶州) (출)경북 영천 (주)서울특별시 서대문구 연세로 50 연세대학교 법학전문대학원(02-2123-2997) (학)1968년 경북고졸 1973년 서울대 법학과졸 1979년 단국대 대학원 법학과졸 1986년 법학박사(서울대) (경)1979년 국토개발연구원 주임연구원 1981~1986년 충북대 법학과 전임강사·조교수 1986~1993년 한양대 법학과 조교수·부교수·교수 1993년 연세대 법학과 부교수 1994~2012년 同법학과 교수 1996년 한국법제연구원 영문법령집 편찬위원장 1998년 주택산업연구원 초청연구원 1998년 평화문제연구소 연구위원 2006년 한국토지법학회 회장 2007년 한국민사법학회 회장 2009년 대한민국학술원 회원(민법·현) 2011년 한독법률학회장 2012~2014년 연세대 법학전문대학원 교수 2015년 同명예교수(현) (상)우수업적교수 표창(1999), 연구업적우수교수상(2006), 독일 Alexander von Humboldt재단 학술상(2006), 우수업적교수상(2007) (저)'債權總論(改訂版)'(2000, 法文社) '바다와의 대화 : 함부르크에서 홍콩까지의 항해'(2001, 法元社) '比較約法'(2002, 法英社) '債權各論(改訂版)'(2003, 法文社) '不動産去來 公證制度 研究'(2004, 법무부) '(게르만法史, 敎會法史, 獸逸民法學史 중심) 法史와 法政策'(2005, 한국법제연구원) '(韓國法史 중심) 法史와 法政策'(2006, 한국법제연구원) '民事法研究(6)'(2007, 법원사) '不動産去來의 公證과 不動産登記의 公信力 研究'(2008, 법문사) '민법총칙'(2009, 화산미디어) '채권총론'(2010, 화산미디어) '채권각론'(2010, 화산미디어) '비교동산담보법'(2011, 법원사) '민사법연구(1)-(7)'(법원사) (종)기독교

## 김상용(金相龍)

(생)1960·11·24 (주)강원도 춘천시 중앙로 1 강원도의회(033-256-8035) (학)관동대 관광스포츠대학 관광경영학과졸 (경)강원 삼척시 미로면번영회장, 한국농업경영인연합회 삼척시지회장 2006년 강원 삼척시의원선거 출마 2010년 강원도의원선거 출마(무소속), 한국농업경영인중앙연합회 수석부회장 2014년 강원도의원선거 출마(무소속), 더불어민주당 전국농어민위원회 부위원장(현) 2018년 강원도의회 의원(더불어민주당)(현) 2018년 同예산결산특별위원회 위원 2018년 同농림수산위원회 위원(현) 2018년 同의회운영위원회 부위원장(현)

## 김상용(金相龍) KIM Sang Yong

(생)1964·11·11 (본)안동(安東) (출)대전 (주)서울특별시 영등포구 버드나루로12가길 51 전자신문 임원실(02-2168-9200) (학)1983년 대전고졸, 연세대 신문방송학과졸, 경희대 언론정보대학원졸 (경)1995년 전자신문 편집국 경제과학부 기자 2001년 同정보통신부 근무 2003년 同디지털산업부 근무 2006년 同경영전략실 전략기획팀장 2008년 同경제교육부 차장 2009년 同경제교육부장 2009년 同경제과학담당 부장 2010년 同정보통신담당 부장 2010년 同편집국 취재총괄국 부국장 2011년 同편집국장 2012년 同고객부문장 겸 고객서비스국장(이사) 2013년 同고객부문 대표(이사) 2015년 同전략기획실장(이사) 2015년 同편집국장(이사) 2018년 同편집국장(상무이사) 2019년 同주필(상무이사)(현) (상)전자신문 기자상(2000), 올해의 기자상(2006), 대한민국과학문화상 언론부문(2010)

## 김상용(金相用) Kim Sang Yong

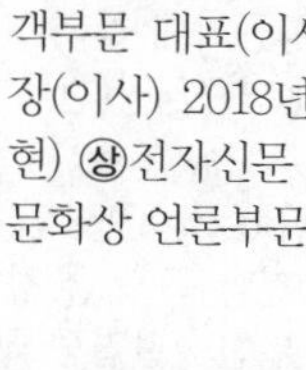

(생)1969·2·1 (출)전북 부안 (주)서울특별시 구로구 디지털로34길 43 코오롱싸이언스밸리 1차 14층 이지웰페어(주) 임원실(02-3282-0579) (학)1995년 세종대 호텔경영학과졸 2015년 연세대 행정대학원 사회복지학과졸 (경)1998~2003년 조선호텔 마케팅실 근무 2003~2017년 이지웰페어(주) 대표이사 2012년 이지웰가족복지재단 이사장(현) 2013~2014년 벤처

기업협회 이사 2015년 同부회장 2015~2017년 이지웰페어(주) 대표이사 2017년 同이사회 의장(현) (상)서울중소기업인상(2010), 모범중소기업인상(2010), 벤처사회공헌상(2011), 지식경제부장관표창(2011), 대통령표창(2012), 산업통상자원부장관표창(2014), 여성가족부장관표창(2014)

**김상우(金相佑) KIM Sang Woo**

(생)1961·3·10 (본)경주(慶州) (출)경북 상주 (주)경기도 의정부시 금오로23번길 22-49 경기북부지방경찰청 사이버안전과(031-961-2607) (학)동국대 경찰행정학과졸, 연세대 행정대학원졸 (경)1989년 경위 임용(경찰간부후보 37기) 2009년 울산지방경찰청 청문감사담당관(총경) 2010년 경북 예천경찰서장 2011년 경찰청 경비국 전의경점검단장 2012년 同정보국 정보1과장 2013년 경기 양평경찰서장 2014년 서울지방경찰청 청사경비대장 2015년 서울 종암경찰서장 2016년 서울지방경찰청 112종합상황실장 2017년 同보안2과장 2017년 경기 포천경찰서장 2019년 경기북부지방경찰청 사이버안전과장(현)

**김상우(金相佑) KIM Sang Woo**

(생)1961·10·10 (출)서울 (주)경기도 수원시 영통구 삼성로 129 삼성전자(주) 법무실 해외법무팀(031-200-1114) (학)1980년 장충고졸 1984년 서울대 법학과졸 1986년 同대학원 법학과 수료 2004년 미국 컬럼비아대 법과대학원졸 (경)1986년 사법시험 합격(28회) 1989년 사법연수원 수료(18기) 1992년 부산지검 검사 1994년 춘천지검 강릉지청 검사 1995년 인천지검 부천지청 검사 1996년 법무부 검찰1과 검사 1999년 서울지검 검사 2001년 제주지검 검사 2001년 수원지검 여주지청장 2002년 서울지검 검사 2003년 서울고검 검사 2004~2005년 서울동부지검 부부장검사 2005년 삼성전자(주) 법무팀 상무 2006년 同법무팀담당 전무 2010년 同컴플라이언스팀장(전무) 2011년 同컴플라이언스팀장(부사장) 2012~2013년 同해외법무팀장 겸임 2012~2013년 同준법지원팀장 겸임 2014~2016년 同구주총괄 법무지원팀장(부사장) 2016년 同구주총괄 대외협력팀장(부사장) 2017년 同법무실 해외법무팀장(부사장)(현)

**김상우(金相禹) Kim, Sang-Woo**

(생)1962·8·14 (주)경상북도 포항시 남구 청암로 77 포항공과대학교 전자전기공학과(054-279-2237) (학)1983년 서울대 제어계측공학과졸 1985년 同대학원 제어계측공학과졸 1990년 공학박사(서울대) (경)1989~1991년 서울대 강사 1991년 同제어계측신기술연구센터 연구원 1991년 서울시립대 강사 1992년 포항공과대 전자전기공학과 조교수·주임교수(현) 1993~1994년 호주국립대 방문연구원 1993~2001년 전국지능로봇경진대회 운영위원 1998~2000년 환경관리공단 기술자문위원 1998년 제어로봇시스템학회 철강계측제어연구회 이사 겸 대구경북지부 이사(현) 2004~2005년 미국 메릴랜드대 방문교수 2006년 대한전기공학회 정보및제어부문 이사(현) 2012년 포항공과대 창의IT융합공학과 겸임교수(현) 2019년 同산학협력단장 겸 연구처장(현)

**김상우(金相遇) KIM Sang Woo**

(생)1962·11·17 (본)순천(順天) (출)전남 목포 (주)경기도 부천시 오정로211번길 40 부천우편집중국(032-680-0002) (학)1980년 목포고졸 1985년 중앙대 행정학과졸 (경)1992년 행정고시 합격(36회) 1999년 정보통신부 전파방송관리국 방송위성과 사무관 2001년 同전파방송관리국 방송위성과 서기관 2003년 同북대구우체국장 2006년 同정보통신공무원교육원 교학과장 2007년 同서인천우체국장 2009년 지식경제부 고양우편집중국장 2011년 同지식경제공무원교육원 미래교육과장 2012년 同지식경제공무원교육원 기획협력과장 2013년 미래창조과학부 우정공무원교육원 기획협력과장 2013년 同우정사업본부 물류기획관실 집배운송과장 2013년 同우정사업본부 우편집배과장 2015년 同우정사업본부 보험사업단 보험위험관리팀장 2015년 同우정사업본부 보험사업단 보험개발심사과장 2017년 과학기술정보통신부 우정사업본부 보험사업단 보험개발심사과장 2018년 同우정사업본부 부천우편집중국장(현)

**김상우(金相佑)**

(생)1966·7 (주)서울특별시 종로구 종로1길 36 대림산업(주) 부회장실(02-3708-3000) (학)미국 뉴욕대 대학원 경영학과졸(석사) (경)2008~2011년 SK Telecom 근무 2014년 대림에너지(주) 대표이사 2017년 대림산업(주) 석유화학부 총괄사장 2018년 同석유화학사업부문 대표이사 사장 2019년 同석유화학사업부문 대표이사 부회장(현)

**김상우(金相佑)**

(생)1976·2·28 (주)울산광역시 남구 법대로 55 울산지방법원(052-216-8000) (학)1994년 경신고졸 1999년 경북대 사법학과졸 (경)1998년 사법시험 합격(40회) 2001년 사법연수원 수료(30기) 2001년 공익 법무관 2004년 대구지법 판사 2007년 同포항지원 판사 2009년 대구지법 판사 2012년 대구고법 판사 2014년 대법원 재판연구관 2017년 울산지법 부장판사(사법연구)(현)

**김상욱(金相郁) Kim Sang-Wook**

(생)1956·3·23 (본)김녕(金寧) (출)대구 (주)대구광역시 북구 엑스코로 10 대구전시컨벤션센터(EXCO)(053-601-5000) (학)1974년 대구 계성고졸 1979년 영남대 영어영문학과졸 2006년 서울대 행정대학원 국가정책과정 수료(62기) 2012년 핀란드 알토대(Aalto Univ.) 경영대학원졸(MBA) (경)1979년 대한무역투자진흥공사(KOTRA) 입사 1992~1994년 同류블리아나무역관장 1996~1999년 同프라하무역관장 2001년 同암스테르담무역관장 2005년 同지방사업본부장 2006년 同런던무역관장 2009년 同투자기획처장 겸 투자전략팀장 2010년 同해외투자지원단장 2011~2013년 同러시아CIS지역본부장 2014년 (주)킨텍스(KINTEX) 마케팅본부장(부사장) 2016~2019년 대구전시컨벤션센터(EXCO) 사장 2018년 한국전시산업진흥회 회장(현) (상)산업포장(2010) (종)천주교

**김상욱(金相旭)**

(생)1968·2·20 (출)서울 (주)서울특별시 서초구 반포대로 201 국립중앙도서관 기획연수부(02-590-0511) (학)대광고졸, 연세대졸 (경)1990년 행정고시 합격(34회) 2004년 문화관광부 공보관실 서기관 2005년 同문화산업국 게임산업과장(서기관) 2006년 同베트남문화원장 2009년 문화체육관광부 홍보지원국 홍보콘텐츠기획관실 뉴미디어홍보과장 2010년 同인사과장(부이사관) 2011년 대한민국예술원 사무국 진흥과장 2012년 문화체육관광부 관광산업국 관광정책과장 2013년 同예술국 예술정책과장 2014년 한국예술종합학교 사무국장(고위공무원) 2014년 문화체육관광부 문화예술정책실 예술정책관 2015년 대한민국예술원 사무국장 2016년 국방대 교육훈련파견 2017년 문화체육관광부 문화콘텐츠산업실 콘텐츠정책관 2017년 국립중앙도서관 기획연수부장(현)

**김상원(金祥源) KIM Sang Won (竹堂)**

(생)1933·4·30 (본)상산(商山) (출)경기 이천 (주)서울특별시 서초구 서초중앙로24길 27 G-5센트럴빌딩 431호 법무법인 한누리(02-595-4622) (학)1952년 이천농고졸 1956년 서울대 농대 농경학과졸 1996년 명예 인문학박사(미국 웨스턴신학대) 2002년 명예 법학박사(호서대) (경)1956년 고

등고시 행정과 합격(7회) 1957년 고등고시 사법과 합격(8회) 1960년 해군 법무관 1960~1965년 대구지법 · 서울민사지법 · 서울형사지법 판사 1965~2002년 장충단성결교회 장로 · 원로장로 1965년 서울고법 판사 1970~1975년 대전지법 · 서울민사지법 부장판사 1975년 서울지법 영등포지원장 1975년 서울고법 부장판사 1981~1988년 변호사 개업 1987~1994년 기독교 세진회 이사장 1988~1994년 대법원 대법관 1988년 기독법조인회 회장 1990년 민사실무연구회 회장 1994~1995년 미국 워싱턴대 법과대학 객원연구원 1995년 법무법인 한누리 변호사 · 고문변호사(현) 1996~2002년 호서대 대우교수 1997년 대한변호사협회 상임이사 1997~2000년 한남대 대우교수 1999년 민사소송법및민사집행법개정특별위원회 위원장 1999년 환경정의시민연대 공동대표 1999~2010년 일가기념사업재단 이사장 2000~2004년 (주)한국내셔널트러스트 공동대표 2000~2008년 어린이재단 이사장 2006~2008년 한국기독교총연합회 법률고문단, 한국자연환경국민신탁법인 신탁평의회 의장 2000~2010년 (재)일가기념사업재단 이사장 2000년 학교법인 운화학원 이사장 2008~2010년 한국기독교화해중재원 원장, 同명예원장 2010~2016년 학교법인 호서학원 이사장 2016년 한국기독교화해중재원 상임고문(현) (상)법률문화상(1972), 황조근정훈장, 청조근정훈장, 한국기독교선교대상 (저)'판례실무 민사소송법' '민사소송의 이론 · 실무' '가압류 · 가처분' '논점 중심의 민사소송법' '주석 민사소송법(상 · 중 · 하)'(共) '주석 강제집행법(상 · 중 · 하)'(共) (종)기독교

### 김상원(金相元) KIM Sang Won

(생)1933 · 7 · 1 (본)김해(金海) (출)전북 부안 (주)전라북도 부안군 위도면 대장길 15 위도띠뱃놀이보존회(063-581-2208) (학)1949년 법성중졸 (경)1978년 전국민속경연대회 출연 1979년 同시연팀으로 출연 1988년 同식전행사 참가 1991년 새만금지구 간척기공식 승왕제 출관으로 출연 1995년 국가무형문화재 제82-다호 풍어제 위도띠뱃놀이(장고) 예능보유자 지정(현) (상)전국민속경연대회대상 대통령표창(1978) (종)불교

### 김상원(金相沅) Kim Sang-won

(생)1964 · 3 · 20 (출)부산 (주)서울특별시 영등포구 여의대로 38 금융감독원 감독총괄국 검사지원단(02-3145-8640) (학)1990년 부산대 회계학과졸 2004년 한국과학기술원(KAIST) 금융공학과졸(석사) (경)1989~1993년 삼일회계법인 근무 1993~1995년 산동회계법인 근무 1995~1998년 신용관리기금 근무 1999~2011년 금융감독원 감독조정실 · 총무국 · 회계감독1국 · 회계감독2국 근무 2012년 同부산지원장 2013년 국방대 파견 2014년 금융감독원 회계제도실장 2016년 同회계조사국장 2018년 同회계심사국장 2019년 同감독총괄국 검사지원단 검사지원관(현)

### 김상윤(金相潤) Kim Sang Yoon

(생)1964 · 11 · 20 (본)김해(金海) (출)서울 (주)경기도 수원시 장안구 경수대로 1110-17 중부지방국세청 조사3국 조사관리과(031-888-4083) (학)1983년 홍익대사대부고졸 1988년 서울대 경영학과졸 1991년 연세대 경영대학원 경제학과졸 (경)2006년 서울지방국세청 조사2국 조사2과 3팀장 2008년 국세청 소득세과 소득3계장 · 소득2계장 · 소득1계장 2012년 경북 안동세무서장 2013년 서울지방국세청 조사2국 조사2과장 2014년 세종연구소 교육파견 2015년 서울지방국세청 개인납세2과장 2016년 서울 잠실세무서장 2017~2018년 서울 은평세무서 개청준비단장 2018년 서울 은평세무서장 2019년 중부지방국세청 조사3국 조사관리과장(현) (상)대통령표창(2006), 교육과학기술부장관표창(2010) (종)불교

### 김상윤(金相潤)

(생)1971 · 1 · 28 (출)대구 (주)대구광역시 수성구 동대구로 364 대구지방법원 총무과(053-757-6470) (학)1989년 협성고졸 1993년 고려대 법학과졸 (경)1998년 사법시험 합격(40회) 2001년 사법연수원 수료(30기) 2001년 대구지법 예비판사 2003년 同판사 2004년 同경주지원 판사 2006년 대구지법 판사 2010년 同서부지원 판사 2012년 법원행정처 사법정책심의관 2014년 대구고법 공보판사 2016년 부산지법 부장판사 2017년 대법원 재판연구관 2019년 대구지법 부장판사(현)

### 김상은(金相殷) Sang Eun Kim (소울)

(생)1958 · 1 · 26 (주)서울특별시 관악구 관악로 1 서울대학교 융합과학기술대학원(031-888-9176) (학)1983년 서울대 의대졸 1987년 同대학원 의학석사 2000년 의학박사(서울대) (경)1984~1987년 서울대병원 내과 레지던트 1987~1990년 軍의관 1990~1992년 서울대병원 핵의학과 전임의 1992~1994년 미국 존스홉킨스 의대 Research Fellow 1994~2003년 삼성서울병원 핵의학과 전문의 1997~2003년 성균관대 의대 핵의학교실 조교수 · 부교수 2003년 서울대 의대 핵의학교실 교수(현) 2003~2017년 분당서울대병원 핵의학과장 2009~2010년 同홍보실장 2010년 서울대 융합과학기술대학원 교수(현) 2014~2018년 同융합과학기술대학원장 2014~2015년 同의대 핵의학교실 주임교수 2016~2018년 대한핵의학회 회장 2018년 (사)미래융합협의회 초대 회장(현) (상)대한핵의학회 Daiichi 최우수논문상(1992), 대한핵의학회 DuPont 최우수논문상(1995), 삼성서울병원 QA표창(1998), 대한핵의학회 Abott 최우수논문상(1998), 국립보건원 우수발표상(2002), 과학기술정보통신부장관표창(2018) (저)'핵의학'(1992 · 2008) '핵의학 입문'(1997) 'Clinical PET : Principles and Applications'(2004) '핵의학 길라잡이'(2009)

### 김상일(金尙一) Kim Sang-il

(생)1960 · 3 · 4 (주)서울특별시 종로구 사직로8길 60 외교부 인사운영팀(02-2100-7863) (학)1983년 동국대 정치외교학과졸 1985년 同대학원 정치학과졸 (경)1985년 외무고시 합격(19회) 1985년 외무부 입부 1991년 駐스페인 2등서기관 1994년 駐도미니카 1등서기관 2000년 駐영국 1등서기관 2002년 외교통상부 중남미지역협력과장 2003년 同의전1담당관 2005년 駐벨기에 · 유럽연합 참사관 2008년 외교통상부 주한공관담당관 2008년 同의전심의관 2009년 대통령실 파견 2011년 외교통상부 문화외교국장 2012년 대통령 의전비서관 2013년 駐시카고 총영사 2016~2018년 경기도 국제관계대사 2018년 駐멕시코 대사(현) (상)홍조근정훈장(2008)

### 김상일(金相日)

(생)1971·2·8 (출)경북 상주 (주)경상북도 상주시 북천로 17-9 대구지방법원 상주지원(054-530-5500) (학)1990년 상주고졸, 고려대 법학과졸 (경)1999년 사법시험 합격(41회) 2002년 사법연수원 수료(31기) 2002년 대구지법 예비판사 2004년 同판사 2005년 同포항지원 판사 2006년 대전지법 판사 2009년 同천안지원 판사 2012년 대전지법 판사 2014년 대전고법 판사 2016년 청주지법 판사 2017년 대구지법 부장판사 2018년 대구지법 상주지원장·대구가정법원 상주지원장(현)

### 김상재(金商在) KIM Sang Jae

(생)1966 · 12 · 5 (주)대전광역시 유성구 테크노11로 58 (주)젬백스앤카엘 대표이사실(042-931-6287) (학)1985년 서울 경성고졸 1992년 한양대 의대졸 1998년 同대학원 세포생리학과졸 2012년 세포생리학박사(한양대) (경)2005~2014년 (주)한국줄기세포뱅크 대표이사 2008~2014년 카엘젬

백스(주) 대표이사 2011~2014년 케이에스씨비(주) 대표이사 2009년 GemVax A/S 이사(현) 2009년 TELOID INC. 대표이사(현) 2012년 (주)젬백스앤카엘 대표이사(현) 2013년 (주)에너전트 대표이사(현) 2015년 삼성제약(주) 대표이사(현) 2017년 (주)필링크 대표이사(현)

### 김상조(金相祚)

(생)1961·1·27 (출)경북 칠곡 (주)경상북도 안동시 풍천면 도청대로 455 경상북도의회(054-880-5126) (학)순심고졸 1987년 울산전문대학 조선과졸 (경)경북 상모초총동창회 회장, 同급식후원회 부회장, 同운영위원장, 한나라당 사곡동협의회 회장, 경북 사곡청년회 고문, 경북 사곡새마을금고산악회 회장 2006·2010년 경북 구미시의회 의원(한나라당·새누리당) 2014~2018년 경북 구미시의회 의원(새누리당·자유한국당) 2018년 경북도의회 의원(자유한국당)(현) 2018년 同행정보건복지위원회 위원(현) 2018년 同예산결산특별위원회 위원장(현) (상)구미시장표창, 구미경찰서장표창

### 김상조(金尚祖) KIM Sang Jo

(생)1962·11·21 (출)경북 구미 (주)서울특별시 종로구 청와대로 1 대통령정책실(02-770-0011) (학)대일고졸 1985년 서울대 경제학과졸 1987년 同대학원 경제학과졸 1993년 경제학박사(서울대) (경)1994~2017년 한성대 무역학과 교수 1995~1997년 민주화를위한전국교수협의회 총무국장 1998~1999년 노사정위원회 경제개혁소위원회 책임전문위원 1999~2001년 참여연대 경제민주화위원회 부위원장 겸 재벌개혁감시단장 2000~2001년 재정경제원 금융산업발전심의회 은행분과 위원 2000~2001년 영국 케임브리지대 경제학과 방문연구원 2001~2006년 참여연대 경제개혁센터 소장 2003~2005년 공정거래위원회 경쟁정책자문위원회 위원 2006~2017년 경제개혁연대 소장 2009~2011년 한국경제학회 이사 2011~2012년 미국 Univ. of California, San Diego 방문연구원 2013~2015년 한성대 무역학과장 2014~2015년 한국금융학회 이사 2015~2017년 한국금융연구센터 소장 2015~2016년 한국금융학회 부회장 2017년 더불어민주당 제19대 문재인 대통령후보 중앙선거대책위원회 '새로운 대한민국 위원회' 부위원장 2017~2019년 공정거래위원회 위원장(장관급) 2017년 대통령직속 일자리위원회 위원(현) 2019년 대통령정책실장(장관급)(현) (상)노사정위원회 공로상(1999), 대통령표창(2008) (저)'재벌과 금융 – 그 진정한 개혁을 위하여'(2000, 대한발전전략연구원)

### 김상주(金商周) KIM Sang Joo (栖巖)

(생)1930·10·20 (본)충주(忠州) (출)강원 춘천 (주)서울특별시 서초구 반포대로37길 59 대한민국학술원(02-3400-5201) (학)1948년 춘천사범학교졸 1956년 서울대 공대 금속과졸 1968년 미국 펜실베이니아주립대 대학원졸 1971년 공학박사(서울대) (경)1951~1954년 유엔 한국民事援助處 근무 1956~1961년 국방부 과학연구소 연구관 1962~1977년 서울대 공대 전임강사·조교수·부교수 1972년 同공대 교무과장 1977~1996년 同공대 금속공학과 교수 1981년 금속학회 회장 1984년 미국 금속학회 한국분회장 1986년 서울대 공과대학장 1987~1994년 교육부 신소재연구사업평가위원회 위원장 1991년 서울대 부총장 1993~1994년 교육부 학술진흥위원회 위원장 1993~1998년 철강공업발전 민간협의회 위원장 1994~1996년 종합과학기술심의회 위원 1995년 한국과학기술한림원 종신회원(현) 1995년 한국공학한림원 명예회원·원로회원(현) 1995년 대한민국학술원 회원(금속공학·현) 1996년 한국과학기술단체총연합회 고문(현) 1996년 서울대 명예교수(현) 1999~2003년 한국과학기술단체총연합회 과학기술자문봉사단장 2005~2013년 호암재단 이사 2008~2012년 대한민국학술원 회장 2009~2013년 국민원로회의 위원 2011~2012년 국제과학비지니스벨트위원회 민간위원 및 입지평가 및 기반구축분과위원회 위원장 (상)금속학회 논문상(1984), 금속학회 학술상(1985), 학술원상(1993), 국민훈장 모란장(1994), 미국 금속학회 David McFarland상(1994), 한국공학기술상(2001), 자랑스런 강원인상(2008), 과학기술훈장 창조장(2012) (저)'물리야금학' '금속재료학연습' '철강재료학' '금속확산론' '전위론의 이론과 연습' (역)'기초물리치금학' '재료과학과 공학' '전위론개론'

### 김상준(金相駿) KIM Sang Joon

(생)1947·5·10 (출)서울 (주)경기도 고양시 덕양구 화수로14번길 55 명지병원 장기이식센터(031-810-7430) (학)1966년 남성고졸 1972년 서울대 의대졸 1975년 同대학원 의학석사 1978년 의학박사(서울대) (경)1994~2012년 서울대 의대 외과학교실 교수 1998년 대한혈관외과학회 이사장 1998년 대한외과학회 이사 겸 학술위원장·대한이식학회 상임이사 2001년 서울대 일반외과장·장기이식진료실장 2001~2004년 同장기이식연구소장 2003년 대한이식학회 이사장·부회장 2004~2007년 보건복지부 바이오이종장기개발사업단장 2007~2008년 대한이식학회 회장 2007년 대한혈관외과학회 회장 2008년 보건복지가족부 바이오이종장기개발사업단장 2010~2013년 보건복지부 바이오이종장기개발사업단장 2013년 명지병원 장기이식센터장(현) 2015~2017년 식품의약품안전처 첨단바이오의약품특별자문단 자문위원 (상)서울대 30년근속상(2007), 근정포장(2012)

### 김상준(金尚埈) KIM, SANG JUN

(생)1960·9·18 (주)서울특별시 중구 세종대로9길 20 신한은행빌딩 법무법인 충정(02-772-2744) (학)1979년 서울 고려고졸 1984년 고려대 경영학과졸 1986년 同대학원 경영학과졸 1998년 한국개발연구원(KDI) 국제정책대학원 국제통상법과정 이수 (경)1983~1994년 산동회계법인 근무 1990~1992년 미국 KPMG Short Hills Office 파견 1992년 미국 캘리포니아주 공인회계사 합격 1994~1996년 청운회계법인 근무 1996~1999년 산업자원부 근무 1999년 법무법인 충정 공인회계사(현) 2006~2009년 한국광해관리공단 비상임감사 2012년 동덕여학단 감사(현) 2013년 한국스마트그리드사업단 감사(현)

### 김상준(金尚遵) KIM Sang Joon

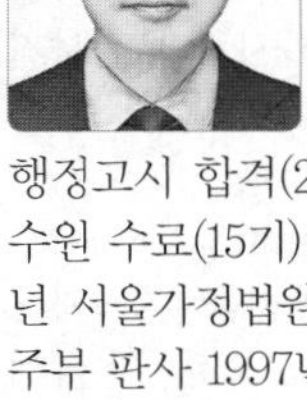

(생)1961·7·17 (출)경북 상주 (주)서울특별시 서초구 서초중앙로24길 16 케이엠타워 5층 법무법인 케이에스앤피(02-596-1234) (학)1980년 서울 우신고졸 1984년 서울대 법대졸 1994년 미국 컬럼비아 법과대학원(LL.M.) 수료 2011년 서울대 법과대학원졸 2013년 법학박사(서울대) (경)1982년 행정고시 합격(26회) 1983년 사법시험 합격(25회) 1985년 사법연수원 수료(15기) 1986년 軍법무관 1989년 서울민사지법 판사 1991년 서울가정법원 판사 1993년 제주지법 판사 1996년 광주고법 제주부 판사 1997년 서울고법 판사 겸 법원행정처 인사1담당관 2000년 부산지법 부장판사 2002년 대법원 재판연구관 2004년 법원행정처 기획조정심의관 2005년 同송무국장 2005년 同사법정책실 정책1심의관 2006년 서울행정법원 부장판사 2007년 대전고법 부장판사 2009년 법원행정처 사법정책실장 2009년 법조윤리협의회 위원 2009년 교육과학기술부 법학교육위원회 위원 2010년 사법연수원 수석교수 2011~2016년 서울고법 부장판사 2016년 변호사 개업 2017~2018년 공정거래위원회 비상임위원 2017년 법무법인 케이에스앤피 대표변호사(현) 2017년 금융위원회 공적자금관리위원회 자금지원심사소위원회 위원(현) (저)'가처분의 연구(共)'(1993, 박영사) '미국 배심 재판제도에 관한 연구'(2003, 이화여대 출판부) '무죄판결과 법관의 사실인정'(2013, 경인문화사) (역)'세계의 배심제도'(2007, 나남출판)

### 김상준(金尙埈) KIM Sang Jun

(생)1964 · 5 · 11 (출)경남 거창 (주)경기도 성남시 분당구 판교로 242 판교디지털센터 C동 5층 한국정보인증(주)(1577-8787) (학)1984년 장훈고졸 1990년 단국대 전산학과졸 (경)(주)다우기술 영업부문 이사 2007~2011년 同상무 2011년 한국정보인증(주) 경영본부장(상무) 2014년 同전무 2015년 同대표이사(현)

### 김상진(金相鎭)

(생)1958 · 8 · 18 (주)서울특별시 중구 세종대로 125 서울특별시의회(02-3702-1400) (학)1984년 경희호텔전문대학 경영과졸 (경)1995 · 1995년 서울시 송파구의회 의원 2002년 서울시 송파구의원선거 출마 2010년 서울시의원선거 출마(민주당) 2014년 서울시 송파구의원선거 출마(무소속), 더불어민주당 서울송파甲지역위원회 부위원장(현) 2018년 서울시의회 의원(더불어민주당)(현) 2018년 同행정자치위원회 위원(현) 2018년 同정책위원회 위원(현) 2018년 同예산결산특별위원회 위원 2018년 서울시농수산식품공사 사장 후보자 인사청문특별위원회 위원(현) 2019년 서울시의회 윤리특별위원회 위원(현)

### 김상진(金相鎭) KIM Sang Jin

(생)1960 · 8 · 22 (주)서울특별시 성동구 왕십리로 342 교보리얼코(주)(02-2210-2100) (학)전북대 경제학과졸 (경)교보생명보험 부동산사업팀장, 同기업금융사업본부장(전무) 2014~2017년 (주)생보부동산신탁 대표이사 사장 2017년 교보리얼코(주) 대표이사(현)

### 김상찬(金祥燦) KIM Sang Chan

(생)1955 · 8 · 18 (본)김해(金海) (출)제주 (주)제주특별자치도 제주시 제주대학로 102 제주대학교 법학전문대학원(064-754-2921) (학)1974년 표선고졸 1986년 제주대 법학과졸 1991년 건국대 대학원 법학과졸 1995년 법학박사(건국대) (경)1992년 일본 큐슈대 법학부 방문연구원 1992~1995년 한라전문대학 · 제주전문대학 · 제주대 강사 1995~2008년 제주대 법학과 전임강사 · 조교수 · 부교수 1999년 同법학과장 2000년 同법학부장 2008~2009년 同법학부 교수 2008년 同법학전문대학원 개원준비단장 2008~2010년 同법과정책연구소장 2009년 同법학전문대학원 교수(현) 2010~2011년 한국법학회 회장 2015~2017년 제주대 법학전문대학원장 (상)한국법학회 학술상(2009) (저)'제주도민의 법의식'(1999) '제주국제자유도시조성과 사법관계'(2006) '의료와 법'(2008) '물권법'(2010) '법과 여성'(2012) 'ADR'(2012) '의료법과 의료소송'(2013) (역)'요건사실 · 사실인정론'(2009) (종)기독교

### 김상철(金祥哲) KIM Sang Chul

(생)1953 · 5 · 20 (출)서울 (주)경기도 성남시 분당구 대왕판교로644번길 49 (주)한글과컴퓨터 회장실(031-622-6016) (학)1981년 단국대 행정학과졸 1998년 연세대 경제대학원 최고경제과정 수료 2001년 서강대 영상대학원 CEO최고위과정 수료 (경)1997~2004년 금호미터텍 대표이사 사장 2011~2013년 (주)한글과컴퓨터 공동대표이사 회장 2013~2015년 同회장 2015~2016년 국제로타리 3640지구(서울 강남) 총재 2015~2018년 서울예술단 이사 2015~2019년 (재)정동극장 이사장 2015년 (주)한글과컴퓨터 각자대표이사 회장 2019년 同대표이사 회장 2019년 同회장(현) (상)산업자원부 측정기개발부분 금상(1999), 대한민국신성장경영대상 최우수상(2008), 캄보디아훈장(2012), 로타리재단 공로상(2014), 한국지식경영학회 한국지식경영인대상(2017) (종)기독교

### 김상철(金相喆) KIM Sang Cheol

(생)1960 · 4 · 22 (출)부산 (주)서울특별시 동작구 여의대방로62길 1 (주)이투데이(02-799-2609) (학)1979년 유신고졸 1987년 경희대 신문방송학과졸 (경)1988년 한국경제신문 입사 1999년 同편집국 유통부 기자 2001년 同편집국 산업부 차장대우 2002년 同편집국 건설부동산부 부장직대 2004년 同편집국 건설부동산부장 2005년 同편집국 산업부장 2008년 同편집국 기획취재부장 2009년 同편집국 사회부장 2010년 한경닷컴 온라인뉴스국장 겸 증권팀장 2011년 한국경제신문 대외협력국장 2017년 同제작국장 2018년 (주)이투데이 대표이사 사장(현)

### 김상태(金相台) KIM Sang Tae

(생)1930 · 3 · 13 (본)김해(金海) (출)경북 청도 (주)서울특별시 강남구 강남대로 354 혜천빌딩 503호 (주)승진기술 대표이사실(02-569-9965) (학)1950년 한양고졸 1953년 공군사관학교졸(2기) 1969년 미국 공군대 참모과정 수료 1970년 국방대학원 수료 1977년 경희대 경영행정대학원 수료 (경)1963년 제10전투비행단 102전투비행대대장 1966년 공군본부 작전국 작전과장 1968년 제11전투비행단 작전부장 1971년 공군본부 작전참모부 작전처장 1972년 제1전투비행단장 1974년 공군본부 감찰감 1975년 同정보참모부장 1976년 同기획관리참모부장 1977년 군수사령관 1979년 작전사령관 겸 한미연합사령부 공군구성군 부사령관 1980년 국가보위비상대책위원회 상임위원 1981년 공군 참모차장 1982~1984년 공군 참모총장 1984년 예편(대장) 1984년 외교안보연구원 연구위원 1985~1988년 駐대만 대사 1991~1994년 대한민국재향군인회 부회장 1992년 항공우주전략연구원 원장 1992년 승진기술 대표이사 2006~2007년 성우회 회장 2007년 (주)승진기술 대표이사(현) (상)국방부장관표창(1963), 보국훈장 삼일장(1968), 보국훈장 천수장(1973), 대통령표창(1976), 중국 특종영수운휘훈장(1976), 충무무공훈장(1980), 미국 공로훈장(1981), 보국훈장 국선장(1981), 보국훈장 통일장(1982), 스페인 항공십자훈장(1983), 이태리 항공십자훈장(1983) (종)천주교

### 김상태(金相太) KIM Sang Tae

(생)1953 · 11 · 20 (본)청풍(淸風) (출)대구 (주)대구광역시 달서구 성서로 236 (주)평화발레오 회장실(053-589-9776) (학)1971년 대구 계성고졸 1977년 경북대 사범대학 영어영문과졸 (경)1982년 평화크랏치공업(주) 입사 1990년 (주)평화발레오 대표이사 1993년 한국자동차공업협동조합 이사(현) 2000년 평화정공(주) 회장(현) 2000~2017년 한국파워트레인(주) 회장 2001년 대구기계부품연구원 이사(현) 2003년 범죄예방협의회 대구 · 경북지역 운영부위원장 · 이사(현) 2005~2007년 2011대구세계육상선수권대회 유치위원회 위원 2006년 대구상공회의소 부회장(현) 2006년 (주)평화발레오 대표이사 회장(현) 2007년 (사)대구 · 경북범죄피해자지원센터 이사 겸 형사조정위원(현) 2008년 (재)대구 · 경북자동차부품산업진흥재단 이사(현) 2017년 카펙발레오 회장(현) (상)100PPM달성 중소기업부문 대통령표창(1996), IE(생산혁신) 최고경영자상(1996), 품질경쟁력 100대기업 선정(1997), 산업포장(1998), 산업자원부 제2회외국인투자기업상(1999), SINGLE PPM 대통령표창(2001), 중소기업협동조합중앙회장표창(2002), SINGLE PPM 품질혁신전진대회 '싱글 PPM 우수모기업상' 대통령단체상(2004), 동탑산업훈장(2007), 금탑산업훈장(2014) (종)기독교

### 김상태(金相兌) KIM Sang Tae

(생)1965 · 2 · 10 (주)서울특별시 중구 을지로5길 26 미래에셋대우 임원실(02-768-3355) (학)대구고졸, 고려대 경영학과졸, 아주대 대학원 투자금융학과졸 (경)1989년 대우증권 입사, 同IB사업본부 주식인수부장 2010년 메리츠종합금융증권(주) IB사업본부장(상무보), 유진투자증권(주) IB사업본

부 기업금융파트장(상무) 2014년 KDB대우증권 기업금융본부장(상무) 2014년 同IB사업부문 대표(전무) 2016년 미래에셋대우 IB사업부문 대표(전무) 2016년 同기업금융(IB)1부문 대표(부사장) 2018년 同IB총괄 사장(현)

**김상택(金相澤) Kim Sang Taek**

(생)1956·7·17 (본)청풍(淸風) (출)대구 (주)경상남도 창원시 의창구 죽전로68번길 43 (주)맥시 사장실(055-287-1455) (학)1975년 경북대사대부고졸 1982년 영남대 문리과대학 영어영문학과졸 (경)창원대우항공신용협동조합 이사장, 두산인프라코어(주) 상무 2006년 同공기자동화BG 품질경영담당 상무 2007년 同공기자동화BG 해외영업담당 상무 2008년 同공기자동화BG 품질경영담당 상무 2010년 (주)맥시 대표이사 사장(현) (종)불교

**김상택(金相澤) Kim Sang Taek**

(생)1961·12·3 (출)경북 경주 (주)서울특별시 종로구 김상옥로 29 SGI서울보증보험(주) 임원실(02-3671-7013) (학)1980년 경주고졸 1988년 경희대 법학과졸 (경)1988년 대한보증보험 입사 2000년 서울보증보험 기획조정실 차장 2002년 同보구상지원부장 2005년 同기업채권부장 2008년 同법무실 부장 2009년 同기획부장 2009년 同기획부·경영전략부·리스크관리부·재무관리부 기획담당 이사 2009년 SGI신용정보 비상무이사 2010·2015~2018년 KCB 비상무이사 2011년 서울보증보험 중장기발전전략TF 이사 2012년 同강서지역본부장 2013년 SGI서울보증보험(주) 구상부문 상무 2014년 同기획부문 상무 2014~2017년 同경영지원총괄 전무이사 2015~2017년 同대표이사 직대 2017년 同대표이사 사장(현) 2017년 同이사회 의장 겸임 (상)중소기업금융지원포상 대통령표창(2016)

**김상필(金相弼) KIM SANG PIL**

(생)1964·6·24 (주)서울특별시 중구 동호로 249 (주)호텔신라 경영전략팀(02-2233-3131) (학)1982년 광성고졸 1988년 고려대 독어독문과졸 (경)1988년 삼성물산(주) 입사 2007~2009년 (주)호텔신라 경영지원담당 상무보 2009~2013년 삼성에버랜드 경영지원실 상무 2013년 (주)호텔신라 경영전략팀장(전무) 2015년 同경영전략팀장(부사장)(현)

**김상하(金相廈) KIM Sang Ha (南皐)**

(생)1926·4·27 (본)울산(蔚山) (출)서울 (주)서울특별시 종로구 종로33길 31 삼양그룹 회장실(02-740-7002) (학)1944년 경복공립중(5년제)졸 1945년 만주 여순고 수료 1949년 서울대 정치학과졸 1999년 명예 경영학박사(인제대) (경)1949년 합자회사 삼양사 입사 1953년 삼양통상(주) 감사 1956년 (주)삼양사 상무이사 1962년 삼양수산(주) 전무이사 1963년 (주)삼양사 전무이사 1963년 삼양모방(주) 전무이사 1968년 (주)삼양사·삼양모방(주) 대표이사 부사장 1973년 남서울로타리클럽 회장 1975~1986년 (주)삼양사 대표이사 사장 1980년 서울대동창회 부회장 1982~1988년 서울상공회의소 부회장 1983년 한국능률협회 부회장 1984년 한국산업기술진흥협회 부회장 1985년 한국상장회사협의회 부회장 1985~1997년 대한농구협회 회장 1986~1988년 (주)삼양사 대표이사 부회장 1988~1996년 同대표이사 회장 1988~2000년 서울상공회의소·대한상공회의소 회장 1988~2000년 아시아·태평양상공회의연합회 부회장 1989~2000년 세계발전심의위원회 위원장 1989~1991년 서울대 정치학과 총동창회장 1989~2005년 세종연구소 이사 1991~2000년 산업기술정보원 이사장 1992~2000년 한·베트남민간경제협의회 회장 1992~2000년 한·중민간경제협의회 회장 1994~2003년 환경보전협회 회장 1994~2000년 한국유통정보센터 이사장 1994~2000년 한국산업디자인진흥원 이사장 1995년 서울평화상문화재단 이사(현) 1995~2000년 산업연구원(KIET) 이사장 1996년 (주)삼양사 회장 1997년 규제개혁추진회의 공동의장 1997~2000년 한국직업능력개발원 이사장 1998년 삼양그룹 회장(현) 1998년 한·일경제협회 회장 1998~2005년 한일산업기술협력재단 이사장 1998~2000년 제2의건국범국민추진위원회 공동위원장 1998년 한국장묘문화개혁범국민협의회 이사장 1999~2001년 민족화해협력범국민협의회 후원회장 2000년 대한상공회의소 명예회장(현) 2000~2003년 제2의건국범국민추진위원회 대표공동위원장 2005년 한·일경제협회 명예회장(현) (상)동탑산업훈장(1975), 경복동문대상(2001), 일본 勳一等 瑞寶章(2001), 국민훈장 무궁화장(2003), 서울대 정치외교학과총동창회 공로상(2010), 서울대총동창회 관악대상 참여상(2010) (저)화보집 '묵묵히 걸어온 길'(2001) (종)불교

**김상한(金尙漢)**

(생)1966·1·5 (주)서울특별시 중구 세종대로 110 서울특별시 인사과 인사기획팀(02-2133-5702) (학)1990년 고려대 법학과졸 2010년 미국 시라큐스대 대학원 행정학과졸 (경)1994년 행정고시 합격(37회) 1995~1998년 서울 성동구 생활체육과장·성수1가1동장·청소과장 1998년 서울시 월드컵주경기장건설단 설비담당관 2000년 同기획예산실 예산담당관 2004년 同대변인실 언론담당관 2008년 同복지국 노인복지과장 2011년 同기획조정실 예산담당관 2014년 同기획조정실 경영기획관 직대 2014~2016년 서울 중랑구 부구청장(지방부이사관) 2018년 서울시 인재개발원장(지방이사관) 2019년 해외 파견(지방이사관)(현) (상)국무총리표창(2001)

**김상헌(金相憲) KIM Sang Hun**

(생)1963·9·11 (본)고성(固城) (출)서울 (주)서울특별시 용산구 청파로 373 국립극단(1644-2003) (학)1982년 배재고졸 1986년 서울대 법학과졸 1988년 同대학원 법학 석사과정 수료 2000년 미국 하버드대 로스쿨졸(LL.M.) (경)1986년 사법시험 합격(28회) 1990년 사법연수원 수료(19기) 1990년 공군 법무관 1993년 서울형사지법 판사 1995년 서울지법 판사 1996년 LG그룹 회장실 상임변호사(이사) 1996년 同구조조정본부 법률고문실 상무 2003년 (주)LG 법무팀 상무 2004년 同법무팀장(부사장) 2007년 NHN(주) 경영고문 2008년 同경영관리본부장(부사장) 2009~2013년 同대표이사 사장 2010~2013년 (사)한국인터넷자율정책기구(KISO) 의장 2010~2015년 (재)국립극단 이사 2010년 한국무역협회 서비스관리위원회 부위원장 겸 이사 2010~2013년 대통령직속 국가경쟁력강화위원회 위원, 한국데이터베이스진흥원 이사 2011~2013년 국가정보화전략위원회 위원 2012~2015년 (재)한국예술인복지재단 비상임이사 2013~2017년 한국인터넷기업협회 회장 2013~2017년 네이버(주) 대표이사 사장 2015년 국립극단 이사장(현) 2017~2019년 네이버(주) 경영고문 2017년 (주)우아한형제들 사외이사(현) 2017년 스타트업발굴·육성전문회사 '프라이머' 파트너(현) 2018년 대통령소속 도서관정보정책위원회 위원(현) 2018년 (주)LG 사외이사 겸 감사위원(현) (상)사법연수원장표창(1990), The 2005 Asialaw Award for South Korea In-house Counsel(2005), 자랑스러운 한국인대상 IT발전부문(2011), 대한변호사협회 공로상(2014)

**김상헌(金相憲)**

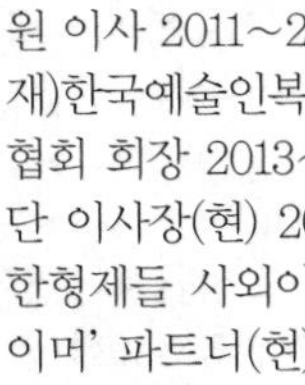

(생)1975·9·23 (주)경상북도 안동시 풍천면 도청대로 455 경상북도의회(054-880-5126) (학)단국대 법학과졸, 同영문학과졸 (경)JB스틸 대표(현), 더불어민주당 중앙당 정책위원회 부위원장(현) 2018년 경북도의회 의원(더불어민주당)(현) 2018년 同건설소방위원회 부위원장(현) 2018년 同의회

운영위원회 위원(현) 2018년 同지진대책특별위원회 위원(현) 2018년 同문화관광일자리연구회 위원(현)

## 김상혁(金相爀) KIM Sang Hyeok

(생)1962·10·30 (출)전북 순창 (주)서울특별시 중구 소파로 131 남산빌딩 2층 서울신문 STV(02-777-6466) (학)1981년 순창고졸 1985년 원광대 국어국문학과졸 2004년 서울대 행정대학원 국가정책과정 수료 2005년 연세대 언론홍보최고위과정 수료 2006년 고려대 언론최고위과정 수료 2007년 서울스포츠대학원대학교 골프석사 2011년 서울대 최고경영자과정(AMP) 수료 2014년 고려대 의용과학대학원졸 2016년 체육학박사(가천대) (경)1995년 동아TV PD 2002년 휴먼TV 대표이사 2002년 (주)남양바둑방송 대표이사 2007년 한국일보 석세스TV 대표이사 2009년 서울신문 STV 대표이사 사장 2016년 同회장(현) (상)방송통신위원장표창(2012)

## 김상현(金尚炫) KIM Sang Hyun

(생)1963·4·20 (출)서울 (학)1985년 미국 펜실베이니아대 와튼스쿨 경제학과졸 (경)1986년 미국P&G 페브릭및홈케어 브랜드매니저 1989~1997년 한국P&G 마케팅담당 이사 1997년 일본P&G 유아용및성인용기저귀 마케팅담당 상무 1999~2003년 미국P&G 데오드란트사업부 북미지역및글로벌전략기획부문장 2003~2008년 한국P&G 사장 2008~2009년 P&G 싱가폴지사 부회장 2008~2014년 同아세안총괄 사장, 駐韓미국상공회의소 이사, 이화리더십개발원 자문이사, 한국여자프로골프협회 사외이사, (사)다국적기업최고경영자협회 이사, 미국P&G 부사장 2016~2017년 홈플러스 대표이사 사장(CEO) 2016년 홈플러스스토어즈(주) 대표이사 2016년 홈플러스홀딩스(주) 대표이사 2017~2018년 홈플러스 대표이사 부회장 2019년 데어리팜 싱가포르법인 CEO(현)

## 김상현(金尚鉉) Kim Sang Hyun

(생)1966·9·22 (출)부산 (주)부산광역시 동구 중앙대로 338 7층 연합뉴스 부산취재본부(051-462-7373) (학)부산 배정고졸 1990년 부산대 사학과졸 2008년 한국해양대 대학원 국제경영학과졸 (경)1995년 연합뉴스 입사, 同부산취재본부 취재국장(부장대우) 2018년 同부산취재본부 취재부본부장(부장급)(현) (종)천주교

## 김상현(金尚鉉)

(생)1977·12·30 (출)서울 (주)부산광역시 연제구 법원로 31 부산지방법원 총무과(051-590-1507) (학)1996년 경기고졸 2002년 서울대 법학과졸 (경)2001년 사법고시 합격(43회) 2004년 사법연수원 수료(33기) 2007년 대구지법 판사 2010년 인천지법 판사 2013년 서울중앙지법 판사 2015년 서울북부지법 판사 2017년 서울고법 판사 2019년 부산지법 부장판사(현)

## 김상호(金商鎬) KIM Sang Ho

(생)1953·8·30 (본)경주(慶州) (출)서울 (주)서울특별시 중구 후암로 110 한국의료분쟁조정중재원 조정1부(02-6210-0311) (학)1972년 경복고졸 1976년 서울대 법학과졸 2007년 미국 노스웨스턴대 법학전문대학원졸 (경)1978년 사법시험 합격(20회) 1980년 사법연수원 수료(10기) 1980년 軍법무관 1983년 울산지법 판사 1985년 부산지법 판사 1987년 서울지법 의정부지원 판사 1989년 同서부지원 판사 1990년 서울고법 판사 1993년 대법원 재판연구관 1995년 창원지법 부장판사 1997년 수원지법 평택지원장 1998년 서울가정법원 부장판사 1998년 변호사 개업 2001년 (주)포스코 상임고문변호사 2005년 同경영지원부문 법무실장(전무) 2009년 同상임고문변호사(부사장대우) 2010년 법무법인 화우 변호사 2011년 고려공증인합동법률사무소 변호사, 변호사 개업 2015년 한국의료분쟁조정중재원 조정1부 상임조정위원(현) (저)'주석민법'(共)

## 김상호(金相淏) KIM Sang Ho

(생)1957·4·20 (출)전남 장성 (주)경상북도 경산시 진량읍 대구대로 201 대구대학교 총장실(053-850-5006) (학)1975년 용산고졸 1984년 성균관대 도서관학과졸 1984년 한국고전번역원 연구부 수료 1986년 성균관대 대학원 문헌정보학과졸 1991년 문학박사(성균관대) (경)1985~1988년 동국대 도서관 사서 1985년 한국서지학회 연구이사·편집위원장·회원(현) 1988~2015년 대구대 문헌정보학과 전임강사·조교수·부교수·교수 1997~2000년 교육부 학술연구심의평가위원, 한국기록관리학회 이사 2006년 대구시 문화재위원(현) 2006~2007년 국가기록원 자문위원 2007~2008년 대구대 사무처장 2009년 同사회과학대학장 2015~2016년 同기초교육대학 고전·현대문화담당 교수 2016년 同교무부처장 겸 교육개발원장 2016년 同인문교양대학 창조융합학부 교수(현) 2018년 同총장(현) 2018년 대구사이버대 총장 겸임(현) (저)'기록보존론'(1999, 아세아문화사) '문헌비평론'(2003, 태일사) '조선의 각수연구'(2013, 대구대 출판부)

## 김상호(金相浩)

(생)1968·8·6 (주)경기도 하남시 대청로 10 하남시청 시장실(031-790-6001) (학)1987년 잠실고졸 1991년 연세대 정치외교학과졸 2009년 북한대학원대졸(석사) 2014년 同박사과정 수료 (경)2008년 안규백 국회의원 보좌관 2012년 우상호 국회의원 보좌관 2016년 더불어민주당 중앙위원 2016년 同우상호 원내대표 정책특보 2017년 同정책위원회 부의장 2017년 同제19대 문재인 대통령후보 하남시선거대책위원회 공동위원장 2018년 경기 하남시장(더불어민주당)(현) 2019년 경기도시장군수협의회 대변인(현)

## 김상호(金相浩) KIM Sang Ho

(생)1970·6·18 (출)경북 영천 (주)대구광역시 달서구 장산남로 30 대구지방법원 서부지원(053-570-2220) (학)1988년 무학고졸 1993년 고려대 법과대학 법학과졸 (경)2001년 사법고시 합격(43회) 2004년 사법연수원 수료(33기) 2007년 서울동부지법 국선전담변호사 2009년 대구지법 판사 2013년 의정부지법 판사 2016년 서울중앙지법 판사 2019년 대구지법 서부지원 부장판사(현)

## 김상화(金相和) KIM Sang Hwa

(생)1940·4·8 (출)경북 상주 (주)경기도 시흥시 공단1대로27번길 47 (주)백산 회장실(031-499-0044) (학)1957년 경북대사대부고졸 1968년 육군병참학교 고등군사반 수료 1992년 서울대 AIP최고산업전략과정 수료 (경)1976년 예편(육군 소령) 1976년 대한복산(주) 상무이사 1979년 백산양행 설립 1984년 백산화성산업사 설립 1986년 (주)백산 설립·대표이사 회장(현) 1993년 (주)백산섬유 설립·대표이사 1995년 (주)백산정공 설립 1996년 (주)백산한정밀 설립·대표이사 2002~2012년 (주)백산OPC 대표이사 회장 2008년 백산린텍스 대표이사(현) (상)500만불 수출탑(2000), 1000만불수출탑(2001), 대통령표창(2003), 수출중소기업인상(2004), 대한민국코스닥대상 대상(2004) (저)'신인조피혁의 발전'

## 김상환(金尙煥) KIM Sang-Hwan

(생)1966·1·27 (본)경주(慶州) (출)대전 (주)서울특별시 서초구 서초대로 219 대법원 대법관실(02-3480-1100) (학)1984년 보문고졸 1989년 서울대 사법학과졸 (경)1988년 사법시험 합격(30회) 1991년 사법연수원 수료(20기) 1992년 제26사단 검찰관 1993년 특전사령부 검찰부장 1994년 부산지법 판사 1996년 同울산지원 판사 1998년 서울지법 의정부지원 판사 1999년 同포천군법원 판사 2000년 同의정부지원 판사 2001년 독일 뮌헨대 연수 2001년 서울서부지원 판사 2002년 헌법재판소 파견 2003년 서울고법 판사 2004년 대법원 재판연구관 2006년 제주지법 수석부장판사 2008년 수원지법 부장판사 2008년 헌법재판소 부장연구관(파견) 2010년 서울중앙지법 영장전담 부장판사 2013년 부산고법 창원재판부 부장판사 2014년 서울고법 부장판사 2018년 서울중앙지법 민사제1수석부장판사 2018년 대법원 대법관(현)

## 김상훈(金商勳) KIM Sang Hoon

(생)1942·3·13 (본)광산(光山) (출)전북 정읍 (주)서울특별시 중구 을지로 80-1 보승빌딩6층 (사)한국CFO협회(02-755-8670) (학)1961년 전주고졸 1965년 서울대 법학과졸 1986년 미국 하버드대 대학원 행정학과졸 (경)1966년 한국은행 입행 1989년 同홍보실장 1990년 同마산지점장 1993년 은행감독원 검사3국장 1993년 同검사5국장 1995년 同검사1국장 1996년 同부원장보 1999년 금융감독원 부원장 2000~2001년 국민은행 은행장 2001~2003년 同이사회 회장 2004년 同상임고문 2004년 (사)한국CFO협회 회장(현) (종)천주교

## 김상훈(金相薰) KIM Sang Hoon

(생)1954·8·1 (본)김녕(金寧) (출)부산 (주)서울특별시 노원구 광운로 20 광운대학교 경영대학 경영학부(02-940-5432) (학)1973년 경동고졸 1978년 서울대 경제학과졸 1982년 한국과학기술원(KAIST) 경영과학과졸(석사) 1991년 경영과학박사(한국과학기술원) (경)1988~1993년 한남대 경영학과 조교수 1993~2019년 광운대 경영대학 경영학부 교수 1997~1998년 아시아공과대학원(Asian Institute of Technology) 초빙교수 1999년 한국경영정보학회 춘계학술대회 조직위원장 1999년 대한경영학회 이사 1999~2000년 광운대 연구처장 2000~2002년 同기획처장 2001~2002년 한국경영정보학회 이사 2002~2012년 한국IT서비스학회 편집위원장 겸 부회장 2002년 (재)선암장학재단 감사(현) 2005~2006년 국제e-비즈니스학회 상임이사 2006~2015년 한국문화정보센터 이사 2006~2008년 한국기업경영학회 상임이사 2006~2008년 광운대 대학평의회 부의장 2006~2009년 同부총장 2009~2011년 국방부 국방정책자문위원 2011~2012년 여수세계박람회 자문위원 2011~2017년 삼성엔지니어링 사외이사 2012~2015년 정보통신산업진흥원(NIPA) SW공학센터 정책자문위원 2012~2014년 한국IT서비스학회 회장 2012~2015년 (재)한국문화정보센터 비상임이사 2012년 문화체육관광부 정보화수준 평가위원(현) 2013~2014년 정보통신정책연구원(KISDI) 연구자문위원 2014년 국방과학연구원 과제평가위원 2016년 기획재정부 공공기관경영평가단 자문위원 2016~2018년 한국저작권위원회 감정전문위원 2018~2019년 방송통신위원회 인터넷상생발전협의회 위원장 2019년 광운대 경영대학 경영학부 명예교수(현) (상)한국경영정보학회 최우수논문상(2002·2003), 한국SI학회 최우수논문상(2004), 부총리 겸 교육인적자원부장관표창(2006), SI우수연구자상(2006), SW산업발전유공 국무총리표창(2006), 한국IT서비스학회 LG우수학술논문상(2010), 정보통신의날 국무총리표창(2014) (저)'ASP 웹프로그래밍 정복'(2001) '사용자 중심의 ASP 웹프로그래밍(共)'(2005) '경영정보시스템원론'(2005) '중소기업 정보화혁신 실천방법론'(2005) '서비스사이언스'(2006) '경영정보시스템원론(개정판)'(2011) '사례로 풀어쓴 국방정보화 평가'(2012) '산업보안 경영관리'(2013) '정보보호개론'(2016)

## 김상훈(金相薰) KIM Sang Hoon

(생)1961·10·5 (출)서울 (주)서울특별시 서초구 남부순환로 2159 (주)사조해표(02-2007-3000) (학)숭문고졸, 한국외국어대 무역학과졸, 同경영대학원 국제경영학과졸, 서울대 최고경영자과정(AMP) 수료 (경)2004년 사조산업(주) 관리본부장(이사대우) 2005년 (주)신동방 경영지원본부장(이사) 2007년 同경영지원본부장(상무) 2007년 (주)사조오앤에프 경영지원본부장(상무) 2008년 同경영지원본부장(전무) 2008년 (주)사조해표 경영지원본부장(전무) 2009년 사조C&C 대표이사 2011년 (주)삼아벤처 대표이사(현) 2011년 (주)사조해표 부사장 2016년 同대표이사 사장(현) 2019년 사조대림 대표이사(현) (종)기독교

## 김상훈(金相勳)

(생)1963 (출)충북 괴산 (주)서울특별시 강서구 마곡서1로 60 강서세무서(02-2630-4241) (학)1983년 세무대학졸(1기) 1996년 한양대 행정대학원졸 (경)1983년 세무공무원 임용(8급 특채) 2000년 국세청 법인세과 근무 2006년 중부지방국세청 조사1국 근무 2007년 서인천세무서 납세자보호담당관 2007년 국세공무원교육원 교수 2010년 서울지방국세청 감사관실 근무 2013년 同법인신고분석과 근무 2014년 대전지방국세청 세원분석국장 2014년 충남 아산세무서 개청준비단장 2015년 충남 아산세무서장 2015년 서울 양천세무서장 2016년 중부지방국세청 감사관 2017년 서울지방국세청 조사1국 조사1과장 2019년 서울 강서세무서장(현) (상)국무총리표창(2003·2011)

## 김상훈(金相勳) KIM Sang Hoon

(생)1963·1·25 (본)김해(金海) (출)대구 (주)서울특별시 영등포구 의사당대로 1 국회 의원회관 541호(02-784-2310) (학)1982년 대구 대건고졸 1990년 영남대 법학과졸 2006년 미국 오리건대 행정대학원 행정학과졸 (경)1989년 행정고시 합격(33회) 2000년 대구시 중소기업과장 2002년 同섬유진흥과장 2003년 同문화예술과장 2004년 同교통정책과장 2004년 국외 훈련(미국 오리건대) 2006년 대구시 경제산업국장 2007년 同기업지원본부장 2008년 同경제통상국장(지방부이사관) 2011년 세종연구소 교육파견 2012년 제19대 국회의원(대구시 서구, 새누리당) 2013년 국회 산업통상자원위원회 위원 2014년 국회 지속가능발전특별위원회 위원 2014~2015년 새누리당 원내부대표 2014~2015년 국회 운영위원회 위원 2015년 국회 정치개혁특별위원회 위원 2016년 제20대 국회의원(대구시 서구, 새누리당·자유한국당〈2017.2〉)(현) 2016년 국회 가습기살균제사고진상규명과피해구제 및 재발방지대책마련을위한국정조사특별위원회 새누리당 간사 2016~2018년 국회 보건복지위원회 간사 2017년 자유한국당 지방자치위원회 위원장 2017년 同정책위원회 부의장 겸 보건복지정책조정위원장 2017~2018년 同대구시당 위원장 2017년 同대표 경제특보 2018년 同대구시당 공천관리위원회 위원장 2018년 국회 국토교통위원회 위원(현) 2018년 자유한국당 정책위원회 부의장(현) 2019년 同생명안전뉴딜특별위원회 위원장(현) (상)전국청소년선플SNS기자단 선정 '국회의원 아름다운 말 선플상'(2015) (저)포토에세이 '서구는 섬이다'(2011, 매일피앤아이) (종)가톨릭

## 김상훈(金相勳)

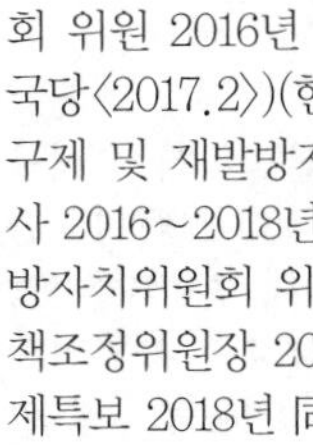

(생)1963·12·19 (출)충남 당진 (주)광주광역시 서구 계수로 31 영산강유역환경청 청장실(062-410-5100) (학)경희고졸 1988년 연세대 행정학과졸 1994년 영국 워릭대 대학원졸(국제정치경제학 Diploma) 1996년 서울대 행정대학원 행정학과졸 2014년 연세대 대학원 행정학 박사과정 수료, 국방대 안보과정 수료 (경)1989년 행정고시 합격(33회) 2002년 캐나다 British Columbia주 환경부 파견(과장급) 2003~2005년 낙동강유

역환경청 유역관리국장·환경관리국장 2005년 駐유럽연합 참사관 2009년 국무총리실 환경정책과장 2010년 환경부 자원순환국 폐자원관리과장 2011년 同기획조정실 해외협력담당관 2013년 제12차 생물다양성협약당사국총회 준비기획단장(고위공무원) 2014년 환경부 국립낙동강생물자원관 건립추진기획단 부단장(고위공무원) 2016년 국립환경인력개발원장 2016년 수도권대기환경청장 2017년 새만금지방환경청장 2019년 영산강유역환경청장(현) (상)홍조근정훈장(2015)

## 김상훈(金相勳) KIM Sang Hun

(생)1967·5·22 (주)서울특별시 중구 세종대로 125 서울특별시의회(02-3702-1400) (학)2009년 수의학박사(전북대) (경)2004~2015년 프란다스 동물의료센터 원장, 대한수의사회 정무부회장 2011~2015년 국립한경대 겸임교수 2012~2014년 단국대 행정법무대학원 초빙교수, 노웅래 국회의원 지역민원국장, 민주당 전국청년위원회 상임부위원장, 同전국청년위원회 보건의료특별위원장 2012년 민주통합당 제18대 대통령중앙선거대책위원회 대외협력부위원장 2014년 새정치민주연합 정책조정위원회 부위원장 2014~2018년 서울시의회 의원(새정치민주연합·더불어민주당) 2014~2016년 同운영위원회 위원 2014년 同교통위원회 위원 2014~2015년 同예산결산특별위원회 위원 2015년 同항공기소음특별위원회 부위원장 2015년 同청년발전특별위원회 위원 2016년 同교통위원회 부위원장 2016년 同서울시설관리공단이사장후보자 인사청문특별위원회 위원 2016년 同서울국제금융센터(SIFC)특혜의혹진상규명을위한행정사무조사특별위원회 위원 2016년 同서울메트로사장후보자인사청문특별위원회 위원 2016년 同서부지역광역철도건설특별위원회 위원 2016~2017년 더불어민주당 서울시당 대변인 2017년 서울시의회 소상공인지원을위한특별위원회 위원 2017년 同예산결산특별위원회 위원 2018년 서울시의회 의원(더불어민주당)(현) 2018년 同교통위원장(현) 2018년 同서부지역광역철도 건설 특별위원회 위원(현), 한경대 겸임교수(현)

## 김상훈(金相勳)

(생)1972·11·26 (출)대구 (주)서울특별시 서초구 서초중앙로 157 서울중앙지방법원(02-530-1690) (학)1991년 성남고졸 1997년 서울대 법학과졸 (경)1996년 사법시험 합격(38회) 1999년 사법연수원 수료(28기) 1999년 육군 법무관 2002년 서울지법 판사 2004년 서울남부지법 판사 2006년 부산지법 판사 2010년 인천지법 판사 2011년 서울남부지법 판사, 대법원 재판연구관 2017년 대전지법 천안지원·대전가정법원 천안지원 부장판사 2019년 서울중앙지법 부장판사(현)

## 김상희(金相喜) KIM Sang Hee

(생)1951·1·25 (본)경주(慶州) (출)대구 (주)서울특별시 서초구 서초대로49길 18 상림빌딩 301호 김상희법률사무소(02-536-7373) (학)1969년 경북고졸 1973년 서울대 법과대학졸 1975년 同대학원졸 1985년 미국 조지워싱턴대 법과대학원졸 1994년 서울대 대학원 법학 박사과정 수료 1996년 同경영대학원 최고경영자과정 수료 (경)1974년 사법시험 합격(16회) 1976년 사법연수원 수료(6기) 1977년 해군 법무관(대위) 1979년 서울지검 남부지청 검사 1982년 제주지검 검사 1983년 서울지검 검사 1986년 대검찰청 검찰연구관 1989년 대전지검 서산지청장 1990년 마산지검 진주지청 부장검사(한국형사정책연구원 파견) 1991년 대구지검 총무부장 1992년 법무부 검찰국 검찰3과장 1993년 대검찰청 기획과장 1993년 서울지검 동부지청 특수부장 1995년 서울지검 형사3부장 1996년 同형사2부장 1997년 대검찰청 중앙수사부 수사기획관 1997년 서울지검 동부지청 차장검사 1998년 울산지검 차장검사 1999년 서울고검 형사부장 2001년 부산고검 차장검사 2002년 서울고검 차장검사 2002년 제주지검장 2003년 대전고검장 2004~2005년 법무부 차관 2005년 변호사 개업(현) 2009~2015년 LG전자(주) 사외이사 2011~2017년 (주)효성 사외이사 2016년 (주)호텔롯데 사외이사(현) (상)검찰총장표창(1982), 홍조근정훈장(1993), 황조근정훈장(1996) (저)'청소년 약물남용에 관한 연구'(1991) '살인범죄에 관한 연구'(1992) '가정파괴범죄 연구'(1992) '마약류 통제정책의 현황과 발전방향'(1992) (종)천주교

## 김상희(金相姬·女) Kim, Sang-Hee

(생)1954·5·18 (본)김해(金海) (출)충남 공주 (주)서울특별시 영등포구 의사당대로 1 국회 의원회관 808호(02-784-4173) (학)1972년 공주사대부고졸 1976년 이화여대 약학대학졸 (경)1992~1993·1997~2001·2002~2004·2005~2007년 한국여성민우회 부회장·공동대표·상임대표·이사 2000~2006년 여성환경연대 상임대표 2002~2004년 시민사회단체연대회의 공동대표 2003~2006년 한국방송공사(KBS) 이사 2003~2005년 대통령자문 정부혁신지방분권위원회 위원 2003~2005년 한국여성단체연합 정치발전센터 소장 2005~2007년 대통령자문 정책기획위원회 위원 2006~2007년 대통령자문 지속가능발전위원회 위원장 2007년 대통합민주신당 최고위원 2008년 통합민주당 최고위원 2008년 제18대 국회의원(비례대표, 통합민주당·민주당·민주통합당) 2008~2010년 민주당 전국여성위원장 2008~2010년 同당무위원 2008년 국회 국민건강복지포럼 공동대표 2008년 국회 아동인구환경의원연맹(CPE) 간사 2008~2010년 국회 환경노동위원회 위원, 국회 여성가족위원회 간사, 국회 교육과학기술위원회 위원 2008~2009년 민주당 대운하대책특별위원회 간사 2009년 同4대강사업저지특별위원회 간사 2009년 同한반도대운하백지화추진위원회 위원장 2010·2012년 同부천시소사구지역위원회 위원장 2010년 국회 교육과학기술위원회 위원 2011~2012년 민주당 원내부대표 2011년 국회 예산결산특별위원회 위원 2012년 제19대 국회의원(부천시 소사구, 민주통합당·민주당·새정치민주연합·더불어민주당) 2012~2014년 국회 여성가족위원회 위원장 2012년 민주통합당 제18대 대통령중앙선거대책위원회 여성위원장 2013년 국회 교육문화체육관광위원회 위원 2014년 새정치민주연합 6.4지방선거 공직선거후보자추천관리위원회 위원 2014년 국회 윤리특별위원회 위원 2014년 국회 국토교통위원회 위원 2015년 국회 서민주거복지특별위원회 위원 2015년 국회 정치개혁특별위원회 위원 2015년 국회 메르스대책특별위원회 위원 2015년 국회 예산결산특별위원회 위원 2016년 제20대 국회의원(부천시 소사구, 더불어민주당)(현) 2016·2018년 국회 보건복지위원회 위원(현) 2016~2017년 국회 민생경제특별위원회 위원장 2016년 더불어민주당 경기부천시소사구지역위원회 위원장(현) 2017년 同제19대 문재인 대통령후보 중앙선거대책위원회 지속가능발전정책위원장 2017년 국회 정치개혁특별위원회 위원 2017년 대통령직속 저출산고령사회위원회 부위원장(현) 2018년 국회 헌법개정 및 정치개혁특별위원회 위원 2018년 국회 정치개혁특별위원회 위원(현) 2019년 더불어민주당 여성정치참여확대위원회 위원장(현), 同을지로위원회 위원(현) 2019년 국회 예산결산특별위원회 위원(현) (상)국민훈장 동백장(2005), 법률소비자연맹 국회 헌정대상(2013·2014·2017), 경제정의실천시민연합 국정감사 우수의원(2014), 2018 입법 및 정책개발 우수국회의원(2019) (저)'아름다운 동행'(2011) (종)천주교

## 김상희(金相希·女)

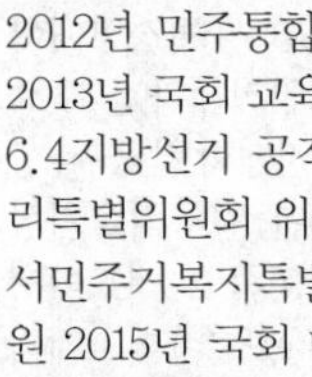

(생)1970 (주)인천광역시 중구 공항로 272 여객터미널 1661호 국립인천공항검역소(032-740-2727) (학)경북대 행정학과졸 2009년 미국 듀크대 대학원 국제개발정책학과졸 (경)1994년 행정고시 합격(38회) 1995년 보건복지부 임용, 同인구정책과장, 同연금급여팀장, 同성과관리팀장, 同보험약제과장, 同자립지원과장, OECD 대한민국정책센터 파견, 보건복지부 건강증진과장 2013년 대통령직속 청년위원회 실무추진단장 2015년 보건복지부 건강정책국장 2016년 同인구정책실 인구아동정책관(국장급) 2016년 同기획조정실 정책기획관 2016년 미국 Univ. of Southern California Institute for Global Health 교육파견 2017년 보건복지부 인구정책실 보육정책관 2019년 同질병관리본부 국립인천공항검역소장(현)

## 김생환(金生煥) KIM Saeng Whan

(생)1957·11·15 (본)양산(梁山) (출)전남 강진 (주)서울특별시 중구 세종대로 125 서울특별시의회(02-3702-1400) (학)한국방송통신대 행정학과졸, 한양대 지방자치대학원졸 2008년 행정학박사(한성대) (경)안경나라 쌍문역점 대표, 서울시 노원구 상계6동 주민자치센터 운영위원장, 대한안경사협회 국제이사, 노원마을숲가꾸기시민모임 운영위원장, 시정신문 논설위원, 열린우리당 서울시정책협의회 위원, 노원중학부모회 회장, 서울 노원구 '노원의제21' 실천위원회 위원 1995·1998·2002~2006년 서울시 노원구의회 의원(2·3·4대), 同운영위원회 위원장 2006년 서울시의원선거 출마(열린우리당), 한성대 행정학과 겸임교수 2010년 서울시의회 의원(민주당·민주통합당·민주당·새정치민주연합) 2010~2012년 同보건복지위원회 위원, 同민주당 대변인 2010~2011년 同예산결산특별위원회 부위원장 2010~2011년 同정책연구위원회 위원 2012~2014년 同인권도시창조를위한서울특별시의회인권특별위원회 위원 2012~2014년 同운영위원회 위원 2012년 同편집위원회 위원장 2014~2018년 서울시의회 의원(새정치민주연합·더불어민주당) 2014~2016년 同교육위원회 위원 2015~2016년 同인권특별위원회 위원장 2016년 同교육위원회 위원장 2018년 서울시의회 의원(더불어민주당)(현) 2018년 同부의장(현) 2018년 同환경수자원위원회 위원(현) (저)'복지야, 활짝 펴라'(2014, 자하커뮤니케이션) (종)천주교

## 김서곤(金西坤) KIM Seo Kon

(생)1940·1·20 (출)전남 화순 (주)경기도 평택시 서탄면 서탄로 154 (주)솔고바이오메디칼 비서실(031-664-4101) (학)1960년 서울 광성고졸 1962년 성균관대 법정대학 법학과졸 1990년 서강대 경영대학원 최고경영자과정 수료 1994년 서울대 공과대학원 최고산업전략과정 수료 1995년 同경영대학원 최고경영자과정 수료 1996년 연세대 대학원 고위경제과정 수료 1998년 同언론홍보대학원 수료 1999년 서울대 경영대학원 전자상거래최고경영자과정 수료 (경)1969년 개인사업 1970년 천우의료기상사 영업부장 1974년 솔고산업 설립·대표 1995년 (주)솔고 대표이사 1999·2008년 한국생체재료학회 부회장 2000년 (주)솔고바이오메디칼 대표이사 회장(현) 2000~2005년 한국의료기기공업협동조합 이사장 2000년 보건복지부 중앙약사심의위원 2000년 솔고알파트로닉스 대표이사 2001년 중소기업진흥재단 감사 2001~2010년 한국생활환경시험연구원 이사 2002년 대한의용생체공학회 부회장·고문 2002~2009년 한국보건산업진흥원 사외이사 2004~2006년 한국의료기기산업협회 고문 (상)중소기업협동조합중앙회장표창(1993), 보건사회부장관표창(1994), 산업포장(1997), 중소기업청 벤처기업인상(1998), 경기도지사표창(1998), 동탑산업훈장(2003), 중소기업을 빛낸 얼굴들 선정(2007), 한국을 빛낸 창조경영인 선정(2009), 대한민국의료건강컨퍼런스 대한민국 대표헬스케어기업 선정(2011), 보건복지부장관표창(2014), 한국의 영향력 있는 CEO 고객만족경영부문대상(2014), 대한민국소비자신뢰대표브랜드 대상(2015) (저)'누구나 저마다의 실패를 안고 산다'(2012) '백세건강 수소수가 답이다'(2015) (종)기독교

## 김서령(金瑞令·女) Suh-Ryung Kim

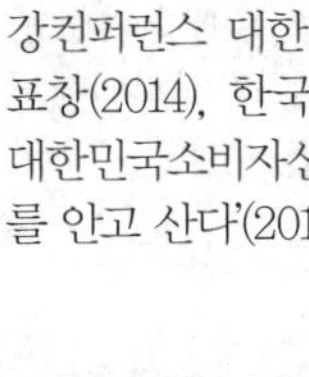

(생)1959·9·11 (본)선산(善山) (출)서울 (주)서울특별시 관악구 관악로 1 서울대학교 사범대학 수학교육과(02-880-9190) (학)1982년 서울대 수학교육과졸 1988년 이학박사(미국 럿거스대) (경)1982~1983년 수도여고 교사 1988년 미국 St. John's Univ. Division of Math and Sciences Assistant Professor 1994년 경희대 수학과 부교수·교수 2000~2003년 同수학과장 2003년 대한수학회 이사 2004~2005·2008~2009년 한국수학교육학회 이사 2004~2007년 한국여성수리과학회 이사 2004년 서울대 사범대학 수학교육과 부교수·교수(현) 2007~2008년 同사범대학 수학교육과 학과장 2013년 대한수학회 전산분과위원장 (상)대한수학회 논문상(2013) (저)'이산수학'(2003, 천재교육) (종)천주교

## 김서중(金瑞中) KIM Seo Joong

(생)1960·10·27 (본)광산(光山) (출)대전 (주)서울특별시 구로구 연동로 320 성공회대학교 미디어컨텐츠융합 자율학부(02-2610-4303) (학)1983년 서울대 신문학과졸 1985년 同대학원 신문학과졸 1996년 신문학박사(서울대) (경)1990~1998년 광주대 출판광고학과 전임강사·조교수·부교수 1998년 민주언론시민연합 정책위원 1998~2005년 한국언론정보학회 이사 1998년 성공회대 미디어컨텐츠융합 자율학부 신문방송학전공 교수(현) 2002년 同출판부장 2002년 광고산업진흥협의회 제도개선분과 위원 2005년 성공회대 교무처장 2005년 청와대 고위공직자인사검증자문회의 위원 2005~2008년 신문발전위원회 부위원장 2006년 민주언론시민연합 공동대표 2008~2010년 신문발전위원회 위원 2010~2011년 미디어공공성포럼 공보위원장 2011년 同운영위원·공동대표(현) 2013~2014년 한국언론정보학회 회장 2014년 민주언론시민연합 정책위원장(현) 2014~2017년 민주화를위한전국교수협의회 공동의장 2014~2016년 4.16세월호참사특별조사위원회 비상임위원 2015~2018년 한국방송공사(KBS) 이사 (저)'현대출판의 이해'

## 김서중(金曙中) Kim Seo Jung

(생)1969·2·21 (본)광산(光山) (출)전북 김제 (주)서울특별시 서대문구 충정로 36 사회보장위원회 사무국(02-6020-3301) (학)1988년 전라고졸 1993년 서울대 경제학과졸 2007년 미국 텍사스A&M대 대학원 경제학과졸 (경)2007년 보건복지부 저출산대책팀장 2008년 同저출산인구정책과장 2009년 기획재정부 규제개혁법무담당관 2011년 駐UN대표부 참사관 2014년 기획재정부 발행관리과장 2014년 同정책조정국 협동조합정책과장 2016년 同정책조정국 협동조합정책과장(부이사관) 2016년 통일교육원 교육훈련 파견 2017년 국무조정실 영유아교육보육통합추진단 과장 2018년 보건복지부 사회보장위원회 사무국장(현) (종)기독교

## 김석곤(金碩坤) KIM Sug Kon

(생)1952·4·25 (본)김해(金海) (출)충남 금산 (주)충청남도 예산군 삽교읍 도청대로 600 충청남도의회(041-635-5057) (학)1970년 중앙대사대부고졸 1977년 중앙대 공과대학 건축공학과졸 (경)공간건축사무소 대표, 바르게살기 금산군협의회장, 충남발전협의회 감사, 대한건축사협회 금산군회장, 충남 금산경찰서 행정발전협의회 총무, 재난안전관리자문단 단장, 금산초 운영위원장, 금산중·고동창회 부회장, 금산문화원 이사, 금산신용협동조합 이사, 국민건강보험공단 홍보대사, 금산로타리클럽 회장 2006·2010년 충남도의회 의원(국민중심당·자유선진당·선진통일당·새누리당) 2006년 同건설소방위원회 위원 2008년 同건설소방위원회 부위원장 2008년 同장애인복지정책특별위원회 위원 2010~2012년 同문화복지위원장 2011년 同예산결산특별위원회 위원 2012년 同교육위원회 위원 2013~2014년 同예산결산특별위원장 2014~2018년 충남도의회 의원(새누리당·자유한국당) 2014년 同교육위원회 위원 2014년 同예산결산특별위원회 위원 2014년 同윤리특별위원회 위원장 2016~2018년 同행정자치위원회 위원 2017~2018년 同금산세계인삼엑스포지원특별위원회 위원장 2018년 同제2부의장 2018년 충남도의회 의원(자유한국당)(현)

## 김석구(金碩九) KIM Suk Goo

(생)1955·4·15 (본)청풍(淸風) (출)경기 화성 (주)서울특별시 성북구 보문로 35 서광빌딩 7층 한국항만물류협회 부회장실(02-924-2457) (학)1974년 경기 수성고졸 1978년 해군사관학교졸, 중앙대 대학원 국제경영학과졸 2001년 행정학박사(서울대) (경)1984~1996년 해운항만청 근무 1996년 해양수산부 공보관실 서기관 2000년 同정보화담당관 2002년 포항지방해양수산청장 2003년 해양수산부 감사담당관 2004년 同총무과장(부

이사관) 2005년 同감사담당관 2006년 同홍보관리관 2008년 국방대 파견 2009~2011년 마산지방해양항만청장(고위공무원) 2011년 한국항만물류협회 상근부회장(현) (저)'21세기 청색혁명과 해양환경정책론' '유류오염에 따른 해양환경피해의 측정'

## 김석규(金奭奎) KIM Suk Kyu

(생)1951·3·7 (주)서울특별시 중구 서소문로 115 한산빌딩 5층 대주항운(주) 임원실(02-319-9196) (학)1969년 중앙고등보통학교졸 1976년 한국외국어대 독일어과졸 (경)영국항공사 한국지역화물담당 이사, KLM 네덜란드항공사 한국지역화물담당 매니저, 대한항공 마닐라지점 화물담당 매니저 1999년 대주항운(주) 대표이사 사장(현) 2004년 Korea Cargo Club 부회장 2005년 同회장

## 김석규(金碩奎)

(생)1956·7·18 (출)경남 창원 (주)경상남도 창원시 의창구 상남로 290 경상남도의회(055-211-7354) (학)1977년 부산해양고 항해과졸, 경산1대학 사회복지과졸 (경)고속도로휴게소노동조합 위원장, 전국민주노동조합총연맹 일반노동조합 부위원장 2005년 민주노동당 창원시 의창동지회장, 창원시무상의료실현을위한추진본부 본부장, 민주노동당 중앙대위원 2006년 경남 창원시의원선거 출마, 전국민주노동조합총연맹 공공운수노조 칠서휴게소지회장(현) 2010년 경남도의원선거 출마(민주노동당) 2018년 경남도의회 의원(더불어민주당)(현) 2018년 同농해양수산위원회 위원(현)

## 김석기(金碩基) KIM Seok Ki

(생)1954·8·6 (본)경주(慶州) (출)경북 경주 (주)서울특별시 영등포구 의사당대로 1 국회 의원회관 1010호(02-788-2576) (학)1971년 대륜고졸 1978년 영남대 행정학과졸 2007년 동국대 대학원 공안행정학과졸 2010년 명예 정치학박사(용인대) (경)1979년 경찰간부 후보(27기) 1986년 경찰대학 학생지도실장(경정) 1988년 서울 노량진경찰서 경비과장 1991년 서울 관악경찰서 정보과장 1994~1997년 駐오사카총영사관 주재관 1997년 경찰청 외사2담당관(총경) 1997년 인천 연수경찰서장 1998년 서울지방경찰청 외사과장 1998년 서울 수서경찰서장 1999년 서울지방경찰청 방범지도과장 2000년 駐일본 외사협력관(경무관) 2003년 서울지방경찰청 경무부장 2004년 경찰청 경무기획국장(치안감) 2004년 경북지방경찰청장(치안감) 2006년 대구지방경찰청장(치안감) 2006년 경찰종합학교 교장(치안감) 2008년 경찰청 차장(치안정감) 2008~2009년 서울지방경찰청장 2009~2011년 한국자유총연맹 부총재 2010년 경주 계림초교총동창회 상임부회장 2011년 駐오사카 총영사 2012년 제19대 국회의원선거 출마(경북 경주시, 무소속) 2013~2015년 한국공항공사 사장 2013~2015년 국제공항협의회(ACI) 아시아태평양지역이사회 이사 2014~2015년 한국항공보안학회(KAFAS) 초대회장 2016년 제20대 국회의원(경북 경주시, 새누리당·자유한국당〈2017.2〉)(현) 2016~2018년 국회 교육문화체육관광위원회 위원 2016~2017년 국회 미래일자리특별위원회 위원 2016년 한·일의원연맹 상임간사(현) 2017년 자유한국당 제19대 홍준표 대통령후보 중앙선거대책위원회 국가대개혁위원회 민생침해범죄척결위원장 2017년 同중앙연수원장 2017~2019년 同재외동포위원장 2017년 同정치보복대책특별위원회 위원 2017~2018년 同정책위원회 부의장 2017~2018년 국회 재난안전대책특별위원회 위원 2018년 자유한국당 경북도당 위원장 2018년 同전략기획담당 사무부총장 2018년 국회 국토교통위원회 위원·에너지특별위원회 위원(현) 2019년 자유한국당 선거관리위원회 부위원장(현) 2019년 同지방자치위원회 위원장(현) 2019년 국회 예산결산특별위원회 위원(현) (상)대통령표창, 근정포장(1999), 홍조근정훈장(2004), 동아일보 한국의최고경영인상 혁신경영부문(2014·2015) (저)'김석기의 길'(2011) '엘리트 경찰에서 1등 CEO로'(2015)

## 김석기

(생)1962·11·15 (주)경기도 수원시 영통구 삼성로 129 삼성전자(주) 영상디스플레이 엔터프라이즈비즈니스팀(031-200-1114) (학)1985년 한양대 전자공학과졸 (경)1984년 삼성전자(주) 연구실(주변기기) 근무 1991년 同개발팀 담당과장 1994년 同M-PROJECT팀 담당과장 1995년 同Display사업부 SDMA 담당차장(말레이시아) 2001년 同영상디스플레이사업부 FPD 수석 2002년 同영상디스플레이사업부 LCD Monitor LAB장 2004년 同영상디스플레이사업부 개발팀 개발3그룹장 2010년 同SAMEX법인장(상무) 2012년 同SAMEX법인장(전무) 2012년 同영상디스플레이사업부 글로벌운영센터장(전무) 2014년 同영상디스플레이사업부 Enterprise Business팀장(전무) 2017년 同영상디스플레이사업부 Enterprise Business팀장(부사장)(현)

## 김석기(金錫基) KIm Seok Ki

(생)1965·6·8 (본)김해(金海) (출)경남 창원 (주)경상남도 진주시 월아산로 2026 경상남도청 서부지역본부(055-211-6020) (학)마산고졸, 고려대 행정학과졸, 同대학원 행정학과졸, 행정학박사(창원대) (경)1993년 총무처 행정사무관 1997년 내무부 행정사무관 1998년 경남도 통계담당·행정심판담당·경제기획담당·기획담당사무관 2004년 마산시 기획경제국장(서기관) 2006년 지방혁신인력개발원 고급간부과정 2007년 부산진해경제자유구역청 투자유치본부 유치2실장 2008년 경남도 문화예술과장 2009년 同남해안기획관(부이사관) 2010년 미국 듀크대 교육파견 2011년 거제시 부시장 2013년 경남도 지역균형발전본부장 2013년 창원시 제1부시장(이사관) 2014년 경남발전연구원 도정연구관 2015년 중앙공무원교육원 교육파견 2015년 경남도 기획조정실 도정연구관 2017년 경남도의회 사무처장 2018년 경남도 서부지역본부장(현) (상)법제처장표창, 대통령표창

## 김석기(金碩起) KIM Seok Ki

(생)1973·6·11 (본)강릉(江陵) (출)강원 강릉 (주)세종특별자치시 도움6로 11 국토교통부 주거복지정책과(044-201-4504) (학)강릉고졸, 연세대 경제학과졸, 서울대 행정대학원 정책학과졸 2008년 미국 시라큐스대 행정대학원졸 (경)1999년 행정고등고시 합격(43회), 건설교통부 주택도시국 주거환경과 행정사무관, 同장관실 행정사무관, 同건설선진화본부 건설경제팀 행정사무관 2007년 미국 시라큐스대 국외훈련(사무관) 2009년 국토해양부 교통정책실 철도정책과 사무관·서기관 2010년 同교통정책실 국제철도팀장(서기관) 2011년 同동서남해안 및 내륙권발전기획단 내륙권발전지원과장 2012년 대통령 연설기록비서관실 행정관 2013년 駐인도네시아대사관 문화홍보관 겸 한국문화원장 2017년 국토교통부 해외건설지원과장 2018년 同주거복지정책과장(현)

## 김석담(金石潭)

(생)1973·6·26 (출)전남 신안 (주)서울특별시 서초구 반포대로 158 서울중앙지방검찰청 공판3부(02-530-4771) (학)1992년 문태고졸 2000년 고려대 법학과졸 (경)1999년 사법시험 합격(41회) 2002년 사법연수원 수료(31기) 2002년 제주지검 검사 2004년 대구지검 김천지청 검사 2005년 서울북부지검 검사 2008년 수원지검 검사 2012년 광주지검 검사 2015년 서울중앙지검 검사 2016년 同부부장검사 2017년 서울서부지검 부부장검사 2017년 광주지검 공안부장 2018년 의정부지검 공안부장검사 2019년 서울중앙지검 공판3부장(현) (상)국무총리표창(2014)

### 김석동(金錫東) KIM Seok Dong

(생)1953·5·3 (본)김해(金海) (출)부산 (주)서울특별시 서대문구 충정로 60 KT&G 서대문타워 10층 법무법인(유) 지평(02-6200-1856) (학)1972년 서울 경기고졸 1978년 서울대 경영학과졸 (경)1979년 행정고시 합격(23회) 1981~1994년 재무부 기획관리실·차관실·국제금융국·이재국 사무관 1994년 同재무정책국 서기관 1995년 한국조세연구원 파견 1995년 재정경제원 금융부동산실명제실시단 총괄반장·부동산반장 1997년 同외화자금과장 1998년 재정경제부 경제분석과장 1999년 同증권제도과장 1999년 금융감독위원회 법규총괄과장 2000년 同조정총괄담당관 2001년 同감독정책과장 2001년 同감독정책1국장 2004년 연합인포맥스 자문위원 2004년 재정경제부 금융정책국장 2005년 同금융정보분석원장 2005년 同차관보 2006~2007년 금융감독위원회 부위원장 2007~2008년 재정경제부 제1차관 2008년 농협중앙회 사외이사 2008~2010년 (주)농협경제연구소 대표이사 2010~2011년 미래에셋자산운용(주) 사외이사 2011~2013년 금융위원회 위원장 2013~2014년 한국금융연구원 초빙연구원 2015년 법무법인(유) 지평 고문(현) 2015년 지평인문사회연구소 대표(현) 2016~2017년 현대중공업(주) 사외이사 2017~2019년 미래에셋자산운용(주) 이사회 의장 2018~2019년 同감사위원 겸임 2019년 SK텔레콤(주) 사외이사 겸 감사위원(현) (상)재무부장관표창(1987), 대통령표창(1987), 근정포장(1992), 고운문화상(2000), 홍조근정훈장(2003), 황조근정훈장(2009), 제16회 매경 증권인상 공로상(2014) (저)'한국 외환시스템의 중장기 발전방안(共)'(2012, 좋은생각좋은사람들) '금융시장론(共)'(2013, 박영사) '한 끼 식사의 행복'(2016, 한국방송출판) (종)기독교

### 김석만(金錫萬) KIM Seok Man

(생)1955·11·24 (출)경북 경주 (주)울산광역시 중구 함월8길 10 (주)SH신한 회장실(052-296-3000) (학)동국대 지역개발대학원 수료 (경)1988년 신한주택건설 설립·대표이사 1989년 (주)신한건설 대표이사 2000년 (주)신한종합건설 대표이사, 대한건설협회 경남도회 부회장, 대한주택건설사업협회 울산·경남지회장 2005년 (주)신한종합건설 대표이사 회장 2011년 (주)SH신한 대표이사 회장(현) 2017년 대한건설협회 회원부회장(현)

### 김석명(金石明) KIM Seuk Myong (竹山)

(생)1939·1·23 (본)김해(金海) (출)경남 고성 (주)경상남도 고성군 상리면 척번정7길 26 고성농요전수회관 고성농요보존회(055-674-2668) (학)1957년 경남 고성농고졸 1961년 동아대 법학과졸 (경)1966년 고성여고·고성중·고성동중·고성농공고 교사, 영악중 교감·고성중 교감 1977~1997년 고성농요발굴·고성농요보존회 회장 1992년 국가무형문화재 제84-가호 고성농요(앞소리) 예능보유자(현) 1998년 고성여중 교감 1999~2000년 충무여중 교장 2000년 한국중요무형문화재총연합회 회장 2008년 한국농요연합회 회장, 고성농요보존회 회장 (상)향토문화상(1984), 국민훈장 목련장(1992), 국민포장(1993), 대통령표창, 녹조근정훈장(2000) (저)'고성농요해설집'(1989) '고성농요교본'(1995) '경남지방의 민속가면극에 관한 연구' (작)완창 '영남의 들노래' (종)불교

### 김석명(金碩命) Kim Suk Myung

(생)1968·11·10 (출)경남 거제 (주)울산광역시 남구 중앙로 201 울산광역시청 정책기획관실(052-229-2110) (학)부산대 행정학과졸 (경)2014년 산업통상자원부 파견 2014년 울산시 정보화담당관실 지방서기관 2015년 同투자유치과장 2016년 同총무과장 2017년 同창조경제과장 2018년 同종합건설본부장(지방부이사관) 2019년 同정책기획관(현)

### 김석민(金錫敏)

(생)1961·2 (출)경남 김해 (주)서울특별시 중구 서소문로 116 연합자산관리(주)(02-2179-2470) (학)마산중앙고졸, 부산대 경제학과졸 (경)2002년 우리은행 인사팀 수석부부장 2007년 同인사전략팀 부장 2008년 同직원만족센터 부장 2011년 우리금융지주 재무기획부 상무대우 2013년 우리종합금융 경영지원본부장(상무) 2015년 同경영지원본부장(전무) 2016년 연합자산관리(주) 기업구조조정 자문위원 2019년 同대표이사(현)

### 김석범(金錫範) KIM Sok Bom

(생)1971·3·17 (출)서울 (주)경상남도 창원시 성산구 창이대로 681 창원지방법원 총무과(055-239-2009) (학)1990년 서라벌고졸 2000년 서울대 경제학과졸 2003년 同법과대학원졸, 세법학박사(SJD, 미국 일리노이주립대) (경)1999년 사법시험 합격(41회) 2002년 사법연수원 수료(31기) 2002년 법무법인 김신앤드유 변호사 2009년 대전지법 판사 2013년 인천지법 판사 2016년 대법원 재판연구관 2019년 창원지법 부장판사(현)

### 김석수(金碩洙) KIM Suk Soo

(생)1932·11·20 (본)김녕(金寧) (출)경남 하동 (주)서울특별시 강남구 테헤란로 317 동훈타워 법무법인 대륙아주(02-3016-5249) (학)1949년 진주사범학교 수료 1952년 배재고졸 1956년 연세대 정법대학 법학과졸 1962년 미국 육군법무학교 수료 1997년 명예 법학박사(연세대) (경)1958년 고등고시 사법과 합격(10회) 1960년 육군 법무관 1963~1973년 부산지법·마산지원·인천지원·서울형사지법·서울고법 판사 1973년 재판연구관 1974~1980년 부산지법·서울지법 성북지원·서울민사지법 부장판사 1980년 수원지법 인천지원장 1981~1982년 서울고법 부장판사 1981~1982년 서울지법 남부지원장 겸임 1983년 서울고법 수석부장판사 1986년 부산지법원장 1988년 법원행정처 차장 1991~1997년 대법원 대법관 1993~1997년 중앙선거관리위원회 위원장 1997~2002·2003~2009년 변호사 개업 1997~2001년 대법원 공직자윤리위원장 1997년 학교법인 연세대재단이사회 감사 1999~2002년 삼성전자(주) 사외이사 2000년 한국신문윤리위원회 위원장 2002년 정부공직자윤리위원회 위원장 2002년 연세법학진흥재단 이사 2002~2003년 국무총리 2003년 연세대재단 이사회 감사 2004년 同이사 2007~2009년 대법원 양형위원회 위원장 2009년 법무법인 대륙아주 고문변호사 2013~2017년 학교법인 연세대 제9대 이사장 2013년 법무법인(유) 대륙아주 고문변호사(현) (상)청조근정훈장(1997)

### 김석수(金石洙)

(생)1975·9·2 (출)경북 김천 (주)부산광역시 연제구 법원로 31 부산지방법원(051-590-1114) (학)1994년 구미고졸 1999년 한양대 법학과졸 (경)1999년 사법시험 합격(41회) 2002년 사법연수원 수료(31기) 2002년 육군 법무관 2005년 부산지법 판사 2009년 수원지법 안양지원 판사 2013년 서울남부지법 판사 2017년 부산지법 부장판사(현)

### 김석오(金錫五) Kim Suk-oh

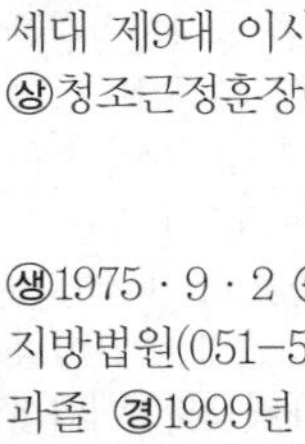

(생)1962·7·7 (본)김해(金海) (출)경남 거창 (주)충청남도 천안시 서북구 봉정로 238 천안세관(041-640-2300) (학)1981년 거창고졸 1984년 세무대학 관세학과졸 1990년 한국방송통신대 법학과졸 1992년 경희대 경영대학원 세무관리학과졸 2001년 태국 아시아공과대 대학원 국제경영학과졸(MBA) 2012년 한남대 대학원 무역학 박사과정 수료 (경)2005~2007년 재정경제부 관세제도과 ·관세협력과 ·양자관세협력과 사무관 2008년 기획재정부 양자관세협력과 사무관(FTA협상 대표) 2009년 관세청 기획심사팀 원산지심사총괄 사무관 2010년 同

FTA종합대책단 원산지검증팀장(서기관) 2011년 同원산지지원담당관 2012년 同자유무역협정협력담당관 2012~2016년 駐로스엔젤레스 관세영사 2016년 관세청 인천세관 자유무역협정총괄과장 2017년 수원세관장 2019년 천안세관장(현) [상]대통령표창(1996), 기획재정부장관표창(2008), 외교통상부장관표창(2008) [저]'관세예규총람'(2002, 삼일인포마인) '우리나라 FTA 원산지규정 연구 및 실증분석'(2005, 현대경제연구원) '특혜원산지 입법체제 간소화에 관한 연구'(2011, 조세연구포럼) [종]기독교

**김석우(金錫友) KIM Suk Woo (永郎)**

[생]1945·3·10 [본]경주(慶州) [출]충남 논산 [주]서울특별시 서초구 사평대로20길 12 대영빌딩 3층 21세기국가발전연구원(02-3447-4311) [학]1963년 경기고졸 1967년 서울대 법과대학 행정학과졸 1970년 同대학원졸 1986년 미국 프린스턴대 우드로윌슨스쿨 수료 [경]1968년 외무고시 합격(1회) 1975년 駐미국대사관 2등서기관 1977년 외무부 행정관리담당관 1979년 同국제법규과장 1981년 駐일본대사관 1등서기관 1983년 외무부 동북아1과장 1986년 駐일본대사관 참사관 1989년 경제기획원 대외경제조정실 제2협력관 1990년 외무부 정세분석관 1991년 同아주국장 1993년 대통령 의전비서관 1995년 대통령 의전수석비서관 1996년 외교안보연구원 연구위원 1996~1998년 통일원 차관 2002~2004년 국회의장 비서실장 2004~2007년 천안대 초빙교수 2004년 21세기국가발전연구원 원장(현) 2004년 북한인권시민연합 고문(현) 2010년 휴먼아시아 고문(현) 2011년 대한변호사협회 인권재단 이사(현) 2012~2017년 국무총리실 6.25전쟁납북피해진상규명및납북피해자명예회복위원회 위원 2013년 북한인권민간단체 '물망초' 이사(현) 2013년 국무총리실 시민사회발전위원회 위원(현) 2013년 국가안보자문단 자문위원 2013년 '뷰티플드림콘서트' 조직위원장 2013~2015년 (사)6.25공원국민운동본부 이사장 2014년 통일준비위원회 정치법제도분과위원장 2014년 국가인권위원회 정책자문위원(현) 2016년 민주평통 운영위원 [상]홍조근정훈장(1984), 수교훈장 숭례장(1992), 황조근정훈장(2003) [저]'대륙붕에 대한 연안국의 권리'(1970) '남북이 만난다 세계가 만난다'(1995, 고려원) '통일은 빠를수록 좋다(共)'(2010, 기파랑) [역]'불가사의한 미일외교'(1998, 자유포럼)

**김석우(金鉐釪) KIM Seok Woo**

[생]1963·10·9 [출]전북 임실 [주]서울특별시 양천구 신월로 390 서울남부지방검찰청 중요경제범죄조사단(02-3219-4610) [학]1982년 전주 완산고졸 1986년 전북대 법학과졸 [경]1989년 사법시험 합격(31회) 1993년 사법연수원 수료(22기) 1993년 광주지검 순천지청 검사 1994년 광주지검 검사 1996년 서울지검 검사 1999년 대전지검 검사 2001년 법무부 보호과 검사 2003년 서울지검 남부지청 검사 2004년 서울남부지검 검사 2005년 同부부장검사 2005년 전주지검 부부장검사 2006년 광주지검 공판부장 2007년 전주지검 남원지청장 2008년 법무부 사회보호정책과장 2009년 서울남부지검 형사5부장 2010년 서울중앙지검 외사부장 2011년 부산지검 형사1부장 2012년 광주지검 목포지청장 2013년 법무연수원 교수 2014년 인천지검 부장검사(인천시 파견) 2015년 서울고검 검사 2017~2019년 광주지검 중요경제범죄조사단장 2019년 서울남부지검 중요경제범죄조사단장(현)

**김석우(金錫佑) KIM Sukwoo**

[생]1972·2·16 [본]김해(金海) [출]부산 [주]서울특별시 종로구 사직로8길 60 외교부 인사운영팀(02-2100-7136) [학]1990년 충렬고졸 1998년 서울대 경제학과졸 2002년 미국 버지니아주립대 대학원 국제정치학과졸 [경]1998년 외교통상부 입부, 駐제네바 1등서기관, 駐일본 1등서기관 2015년 외교부 동아시아경제외교과장 2017년 駐중국 참사관(현)

**김석우(金錫佑)**

[생]1972·6·29 [본]안동(安東) [출]대구 [주]울산광역시 남구 법대로 45 울산지방검찰청 총무과(052-228-4542) [학]1991년 덕원고졸 1995년 서울대 법대졸 [경]1995년 사법시험 합격(37회) 1998년 사법연수원 수료(27기) 1998년 서울지법 예비판사 2000년 서울행정법원 판사 2002년 서울지검 검사 2004년 수원지검 평택지청 검사 2007년 대검찰청 검찰연구관 2009년 대구지검 검사 2010년 同부부장검사 2011년 수원지검 평택지청 부장검사 2012년 광주지검 특수부장 2013년 서울서부지검 형사5부장 2014년 대구고검 검사(법무부 검찰제도개선기획단장 파견) 2015년 서울중앙지검 특수3부장 2016년 同특수2부장 2017년 대구지검 서부지청 형사1부장 2018~2019년 광주지검 순천지청 차장검사 2019년 울산지검 차장검사(현)

**김석원(金錫元) KIM Suk Won (倉齊)**

[생]1945·4·22 [본]김해(金海) [출]대구 [주]서울특별시 영등포구 국회대로62길 14 스카우트회관 5층 한국스카우트지원재단(02-780-5384) [학]1964년 서울고졸 1970년 미국 브랜다이스대(Brandeis Univ.)졸 1991년 경영학박사(서강대) [경]1972~1975년 쌍용양회 상임감사 1973년 국민학원 이사 1973년 동양통신사 이사 1973년 고원개발(주)(現 용평리조트) 설립 1973~1975년 쌍용해운(주) 상무이사 1975~1995년 쌍용그룹 회장 1975~1977년 (주)쌍용 사장 1977~1979년 동양통신사 사장 1977~1983년 駐서울 에콰도르영사관 명예영사 1979년 아시아통신사기구 이사 1979~1981년 쌍용양회공업(주) 사장 1980~1982년 한국보이스카우트연맹 부총재 1981년 쌍용중공업 사장 1982~1992년 한국보이스카우트연맹 총재 1982년 세계스카우트지원재단 세계우애회원 1983년 세계스카우트연맹 이사 겸 홍보분과위원장 1984년 민족통일중앙협의회 이사 1984년 평화통일자문위원회 상임위원 1984년 한·일협력위원회 상임위원 1984년 한·스위스 경제협력위원회 위원장 1986년 한·미경제협의회 부의장 1986~1995년 쌍용자동차 회장 1987년 세계스카우트지원재단 이사 1988년 한국경영자총협회 부회장 1989년 전국경제인연합회 부회장 1989~1998년 한국장애인복지체육회 회장 1990년 성곡언론문화재단 이사 1990년 세계스카우트지원재단 부의장 1991년 제17회 세계잼버리대회 대회장 1992년 한·불최고경영자클럽 공동회장 1992년 한국스카우트지원재단 이사장(현) 1994년 쌍용정유 대표이사 회장 1994년 한국기업메세나협의회 이사 1995년 세계청소년대표자회의 조직위원회 위원 1995~1998년 쌍용그룹 고문 1995년 민자당 대구달성군지구당 위원장 1996~1998년 제15대 국회의원(대구 달성군, 신한국당·한나라당) 1998~2001년 쌍용양회공업(주) 대표이사 회장 1998년 쌍용화재해상보험 비상근이사 2000~2003년 세계스카우트지원재단 의장, 同이사 2001~2002년 쌍용양회공업(주) 이사회 의장 2002~2004년 同상임이사 겸 명예회장, 미국 브랜다이스대 한국동문회 회장 2004~2008년 쌍용양회공업(주) 명예회장 2007년 학교법인 국민학원 이사 [상]가봉공화국 국가공로훈장(1977), 에콰도르공화국 국가공로훈장(1983), 요르단왕국 독립훈장(1985), 국민훈장 동백장(1986), 체육훈장 맹호장(1989), 무역인 대상(1989), 국민훈장 무궁화장(1991), 캐나다스카우트연맹 실버폭스훈장(1992), 미국 브랜다이스대 동문공로상(1994), 세계스카우트연맹 브론즈울프훈장(1996), 대한스키협회 공로패(2016) [저]'특수체육총론'(1994) [종]불교

**김석재(金石載) Kim Seok Jae**

[생]1970·7·17 [출]전남 나주 [주]서울특별시 종로구 사직로8길 39 세양빌딩 김앤장법률사무소(02-3703-1114) [학]1988년 광주 인성고졸 1992년 서울대 법과대학졸 [경]1992년 사법시험 합격(34회) 1995년 사법연수원 수료(24기) 1998년 서울지검 검사 2000년 대전지검 천안지청 검사 2002년 법무부 법무과 검사 2003년 同검찰1과 검사 2006년 서울

남부지검 검사 2007년 同부부장검사 2008년 대전지검 부부장검사 2009년 수원지검 부부장검사 2009년 서울중앙지검 부부장검사 2010년 법무부 장관정책보좌관 2010년 同형사법제과장 2011년 서울중앙지검 총무부장 2012년 同첨단범죄수사2부장 2013년 서울남부지검 부부장검사(금융부실책임조사본부 파견) 2014년 창원지검 형사1부장 2015년 수원지검 여주지청장 2016년 청주지검 차장검사 2017년 인천지검 제1차장검사 2018~2019년 서울고검 형사부장 2019년 김앤장법률사무소 변호사(현)

### 김석종(金奭鍾) KIM Seok Jong

(생)1958·6·21 (본)경주(慶州) (출)충남 공주 (주)서울특별시 중구 정동길 3 경향신문 임원실(02-3701-1114) (학)한양대 언론정보대학원졸 (경)1999년 경향신문 편집국 매거진X부 차장 2000년 同트래블팀장 2003년 同생활레저부장 2004년 同문화부장 2006년 同선임기자 2008년 同선임기자(부국장) 2009년 同문화에디터(부국장) 2014년 同논설위원 겸 문화전문기자 2015년 同상무이사(현) (상)제15회 불교언론문화상(2007) (저)'우리는 오늘 ~으로 떠난다 : 트래블시리즈1·2·3·4·5 (共)'(1999·2000·2001·2002·2003, 경향신문) '잃어버린 시절을 찾아서'(2001) '그 마음을 가져오너라'(2008) '마음살림'(2013, 위즈덤경향)

### 김석종(金碩鍾) KIM Suk Jong (淸溪)

(생)1958·10·21 (본)경주(慶州) (출)경북 포항 (주)대구광역시 북구 영송로 47 대구과학대학교 측지정보과(053-320-1163) (학)1976년 경주공고졸 1987년 경일대 토목공학과졸 1989년 영남대 대학원 환경계획학과졸 2006년 측지공학박사(경일대) (경)1976~1993년 행정자치부 지적과 근무 1993년 대구과학대 측지정보과 교수(현), 同측지정보과학과장 1996~2006년 同산학실습처장 1999~2006년 同측량정보기술연구센터 소장 2003~2005년 행정자치부 자문위원 2003~2007년 대구시 명예감사관 2004~2006년 대구과학대 산학협력단장 2005년 국토지리정보원 자문위원 2006년 대구과학대 부학장 겸 학장 직대 2008년 同학장 2009~2014년 同총장 2011년 국가과학기술위원회 지방과학기술진흥협의회 위원 2011년 대구·경북지역전문대학총장협의회 회장 2015년 남북측지공간정보포럼 회장(현) 2016년 국가공간정보위원회 전문위원(현) 2017년 중앙지적재조사위원회 위원(현) 2017년 전국대학지적교수협의회 회장(현) 2018년 행정안전부 제5기 중앙도로명주소위원회 위원(현) (상)대구시 모범공무원(1984), 내무부장관표창(1989), 건설부장관표창(1991), 한국대학특성화위원회 특성화학과 최우수상(2005), 교육부 산학협력우수상(2005), 한국지적학회 논문상(2006), 한국측량학회 학술상(2010), 대통령표창(2011), 과학기술훈장 도약장(2014) (저)'측량법해설'(1993) '토지조사'(1994) '지적법해설'(1995) '토지공법'(2000) '지적디자인'(2002) '측량법해설'(2003) '북한토지론(共)'(2003) '지형공간정보론'(2003) '지적도근측량'(2005) '도시개발'(2005) 'LIS(토지정보)'(2007) '지적학개론'(2008) '최신지적세부측량'(2009) '핵심지적법규'(2013) '응용측량'(2013) '핵심지적학'(2013)

### 김석주(金碩周) KIM Suk Joo (寅巖)

(생)1930·2·5 (출)경남 남해 (주)부산광역시 연제구 법원로 28 부산법조타운빌딩 7층 법무법인 국제(051-463-7755) (학)1950년 통영중졸 1954년 부산대 법학과졸 (경)1956년 고등고시 사법과 합격(8회) 1957년 공군 법무관 1960~1968년 부산지법·대구지법 판사 1969년 대법원 재판연구원·대구고법 판사 1973년 부산지법 부장판사 1978년 同마산지원장 1979년 대구고법 부장판사 1979년 부산지법 수석부장판사 1982년 제주지법원장 1983년 마산지법원장 1986년 대구지법원장 1987년 대구고법원장 1988년 변호사 개업 1994~2000년 법무법인 국제 대표변호사 2000년 同고문변호사(현) (상)황조근정훈장(1988) (종)불교

### 김석주(金錫柱)

(생)1968·4·17 (출)제주 (주)제주특별자치도 제주시 애월읍 평화로 2700 제민일보 편집국(064-741-3111) (학)1987년 오현고졸 1994년 제주대 행정학과졸 (경)1994년 제민일보 편집국 정치부·교육체육부 기자 1999년 同사회부 기자 2001년 同자치1부 기자 2002년 同사회부 차장대우 2006년 同편집국 자치2팀 차장 2007년 同편집국 자치1팀장, 同경제부장 2008~2009년 제주기자협회 회장 2010년 한국기자협회 부회장 2012년 제민일보 편집부국장 겸 서부지사장 2017년 同편집국장(현)

### 김석준(金錫俊) KIM Suk Joon (沁齊)

(생)1952·6·15 (본)함창(咸昌) (출)경북 의성 (주)경상북도 포항시 북구 흥해읍 한동로 558 한동대학교(054-260-1111) (학)1969년 계성고졸 1973년 서울대 공과대학 토목공학과졸 1975년 同행정대학원 행정학과졸 1985년 미국 캘리포니아대 로스앤젤레스교 대학원 정치학과졸 1987년 정치학박사(미국 캘리포니아대 로스앤젤레스교) (경)1979~1980년 대구대 전임강사 1980~1989년 경북대 행정학과 조교수·부교수 1984~1986년 미국 캘리포니아대 교환교수 1986~1987년 同연구교수 1989~2004년 이화여대 행정학과 교수 1992~1994년 경제정의실천시민연합 정책위원회 부위원장 1992년 한국정치경제학회 부회장 1993~1996년 이화여대 기획처장 1993~1996년 한국산업정책학회 회장 1995년 전국대학기획처장협의회 회장 1996~1998년 이화여대 정보과학대학원장 1996년 경제정의실천시민연합 조직위원장 1997~2002년 同상임집행위원회 부위원장 1997~1998년 대통령자문 정책기획위원회 위원 1998~1999년 미국 하버드대 교환교수 1999년 영국 옥스퍼드대 교환교수 2000년 미국 세계인명사전 'Marquis Who's Who 「세계 지도자 100명」'에 선정 2001~2002년 한국NGO학회 공동대표 2001년 영국 IBC(국제인명센터) '21세기 탁월한 지식인 2000명'에 선정 2001~2004년 비전@한국 창립·공동대표 2001년 경제정의실천시민연합 윤리위원장 2002년 미국 ABI인명연구소 '2002 세계를 움직이는 100인'에 선정 2002년 바른사회를위한시민회의 공동대표 2003년 2010평창동계올림픽유치시민연대 상임고문 2003~2004년 한나라당 제17대 국회의원후보 공천심사위원 2004년 한국행정학회 회장 2004~2008년 제17대 국회의원(대구 달서丙, 한나라당) 2004~2006년 국회 과학기술정보통신위원회 위원 2004~2008년 국회 남북관계발전특별위원회 위원 2004~2008년 국회 한일의원연맹 정치안보특위 부위원장 2005년 한나라당 제1정책조정위원장 2006~2008년 同제4정책조정위원장 2006~2008년 국회 건설교통위원회 위원 2006~2008년 국회 한·EU의원연맹 이사 2008년 한나라당 제18대 국회의원선거중앙선거대책위원회 부위원장 겸 대구경북공동선대위원장 2008~2011년 과학기술정책연구원 원장 2008~2011년 통일문제연구협의회 공동의장 2008년 교육과학기술부 글로벌인재포럼 자문위원 2008년 기획재정부 한국경제60년사 편집위원 2008년 새마을운동중앙회 법인등기이사 2008년 유네스코 한국위원회 위원 2008년 한국자유총연맹 법인등기이사 2008년 대한민국헌정회 회원(현) 2008년 한나라당 국책자문위원 2009년 POSTECH 멘토 2009~2014년 한국하버드옌칭학회 부회장 2010년 대구경북과학기술원(DGIST) 이사 2011~2013년 서울대 행정대학원 초빙교수 2013~2017년 서울대기독총동문회 회장 2014~2015년 안양대 총장 2014~2015년 한국사립대학총장협의회 부회장 2016~2017년 한국대학신문 부회장 겸 발행인 2018년 한동대 석좌교수(현) (상)한국행정학회 학술상(1992), 영국 IBC(국제인명센터) 위대한 학자 1000인상(2002), 미국인명연구소 '2002 세계를 움직이는 1000인'상(2002), 국무총리표창(2005), 경제·인문·사회연구회이사장 최우수기관장표창(2010) (저)'한국산업화국가론' '국가변동론' '한국자본주의 국가위기론' '美 군정시대의 국가와 행정' 'The State, Public Policy and NIC Development' '국가와 공공정책'(共) '경제민주화의 정치경제'(共) '대통령과 국가정책'(共) '열린사회 열린정보'(共) '한국의 정치와 선거문화'(共) '해방 반세기 한국사회의 성찰과 전망'(共) '뉴거버넌스연구'(共

) '뉴거버넌스와 사이버거버넌스'(共) '현대 대통령연구1' '국가능력과 경제통치술' '거버넌스의 정치학'(2001) 'Empowering Korea with New Innovations(共)'(2011) 'Making High-speed Train Fly : Korean Global STI Strategies(共)'(2011) (종)기독교

## 김석준(金錫俊) KIM Suk Joon

(생)1953·4·9 (본)김해(金海) (출)대구 (주)서울특별시 송파구 올림픽로 299 대한제당건물 쌍용건설 임원실(02-3433-7001) (학)1971년 서울 대광고졸 1978년 고려대 상과대학 경영학과졸 1981년 미국 하트퍼드(Hartford)대 대학원 1년 수료 (경)1977년 (주)쌍용 기획조정실 근무 1980년 同LA·뉴욕지사 근무 1982년 쌍용건설 이사 1983년 同사장 1989년 서울시농구협회 회장 1991년 쌍용그룹 부회장 1991년 한·싱가폴 경제협력위원장 1992년 쌍용건설 회장 1994년 쌍용그룹 총괄부회장 겸 쌍용자동차 회장 1995~1998년 쌍용그룹 회장 1995~1998년 쌍용양회공업 회장 1995년 한국경영자총협회 부회장 1996년 한·미경제협의회 부회장 1996~2001년 전국경제인연합회 부회장 1996년 한·일경제협회 부회장 1996년 한·불최고경영자클럽 한국측 회장 1998~2006년 쌍용건설 대표이사 회장 1998년 하나은행 사외이사 1998년 남광토건 대표이사 회장 2006년 쌍용건설 회장 2010년 同대표이사 회장(현) (상)산업포장(1986), 은탑산업훈장(1987), 금탑산업훈장(1991), 세계차세대지도자상(1996) (종)불교

## 김석준(金錫俊) KIM Seok Joon

(생)1957·3·28 (본)수안(遂安) (출)경북 봉화 (주)부산광역시 부산진구 화지로 12 부산광역시교육청 교육감실(051-866-3000) (학)1975년 부산고졸 1979년 서울대 사회학과 문학사 1981년 同대학원 사회학과 문학석사 1992년 同대학원 사회학과 문학박사 (경)1983~1997년 부산대 사범대학 일반사회교육과 전임강사·조교수·부교수 1988년 부산경남민주화교수협의회 총무 1994~2003년 영남노동운동연구소 소장 1997~2014년 부산대 사범대학 일반사회교육과 교수 1997년 부산MBC 라디오 시사진단프로그램 '지방시대 부산' 진행 2000~2014년 부산생활협동조합 이사 2000년 민주노총 부산지역본부 지도위원 2000년 민주노동당 부산시지부 정책위원장 2002년 부산시장선거 출마(민주노동당) 2002년 민주노동당 부산시지부장 2003년 공교육정상화를위한부산교육개혁연대 공동대표 2003~2008년 부산정책연구소 소장 2004년 부산민중연대 공동대표 2004년 제17대 국회의원선거 출마(부산 금정, 민주노동당) 2006년 부산시장선거 출마(민주노동당) 2007년 민주노동당 부산시당 위원장 2007년 同노회찬 대통령예비후보 선거대책본부 상임본부장 2008년 진보신당 공동대표 2008년 同집행위원장 2008년 제18대 국회의원선거 출마(비례대표, 진보신당) 2008~2010년 진보신당 부산시당 위원장 2010~2012년 부산교육희망네트워크 공동대표 2012~2014년 전국교수노동조합 부산·울산·경남지부장 2014~2018·2018년 부산광역시 교육감(현) 2014년 극지해양미래포럼 공동이사장(현), 부산시체육회 부회장(현), 부산국제영화제 조직위원회 위원(현), 부산비엔날레 조직위원회 부위원장(현), 부산영상위원회 임원(현) 2016~2018년 전국시도교육감협의회 부회장 2017~2018년 교육부 교육자치정책협의회 위원 (저)'한국사회의 계급연구(共)'(1985) '부산지역 계급구조와 변동'(1993, 한울 아카데미) '지역발전과 기업전략(共)'(1998, 전남대 출판부) '부산지역 현실과 지역운동'(1999, 부산대 출판부) '한국민주주의의 회고와 전망(共)'(2000) '실업과 지역사회(共)'(2000, 한림대 출판부) '한국의 사회변동과 교육(共)'(2001) '희망으로 가는 길'(2002, 바우디자인) '신자유주의적 구조조정과 노동운동 : 1997-2001(共)'(2003, 한울아카데미) '신자유주의적 구조조정과 노동문제 : 1997-2001(共)'(2003, 한울아카데미) '전환기 부산사회와 부산학'(2005, 부산대 출판부) '진보와 대화하기-따뜻한 진보, 김석준을 만나다(共)'(2006, 산지니출판사) '김석준, 부산을 걷다'(2010, 산지니출판사) '문제는 교육이야!'(2014, 산지니출판사)

## 김석중(金碩中) Kim, Seok-Joong

(생)1958·2·1 (본)광산(光山) (출)충북 음성 (주)서울특별시 종로구 세종대로 163 현대해상화재보험(주)(1588-5656) (학)1975년 운호고졸 1982년 충북대 농업경제학과졸 1984년 미국 캔자스주립대 대학원 경제학과졸 2009년 경제학박사(동국대) (경)1982년 제일은행 1985년 대우경제연구소 경제조사실 선임연구원 1992~2000년 대우증권 국제조사부장·취리히사무소장·리서치센터 부장 2001~2004년 교보증권 이사·상무 2004~2007년 굿모닝신한증권 부사장 2007~2010년 (주)피닉스자산운용 대표이사 2010~2017년 현대인베스트먼트자산운용 대표이사 2018년 현대해상화재보험(주) 자산운용부문장(전무)(현) 2018년 한국투자공사 운영위원 (저)'한국증시 vs 미국증시'(2002) (역)'벤처캐피탈 사이클(共)'(2003, 공일출판사) '달러화 위기'(2004, 국일출판사) '대침체의 교훈'(2010, 더난출판사) '신용천국의 몰락(共)'(2013, 인카운터) '대체투자자산의 이해(共)'(2018년, 에프앤가이드) (종)기독교

## 김석진(金碩鎭) KIM Suk Jin

(생)1957·5·2 (본)김해(金海) (출)울산 (주)경기도 과천시 관문로 47 방송통신위원회 부위원장실(02-2110-1220) (학)서울 배문고졸 1984년 국민대 법정대학 정치외교학과졸 2010년 연세대 언론대학원 최고위과정 수료 2013년 국민대 행정대학원 해공지도자과정 수료 (경)1984년 문화방송(MBC) 입사·보도국 사회부 수습기자 1985년 同외신부 기자 1986년 同정치부 국회출입기자 1989년 同외신부 기자 1991년 同정치부 국회출입기자 1993년 同편집부 아침뉴스담당 1996년 同정치부 국회출입기자 1998년 同편집부 아침뉴스담당 1999년 同제2사회부 사건데스크 2000년 同보도국 국제부 기자 2001년 同모스크바특파원(부장대우) 2005년 同해설위원(부장급) 2005년 同논설위원 2006년 同보도국 사회3부장 2006년 同보도국 네트워크팀장 2007년 OBS 경인TV 보도국장 2009년 同보도본부장(이사) 2010~2011년 同논설위원(이사) 2011년 연합뉴스TV 창사준비위원회 부위원장 2011년 同상무이사 겸 보도본부장 2012년 새누리당 인천남동乙당원협의회 위원장 2012년 제19대 국회의원선거 출마(인천 남동乙, 새누리당) 2012년 새누리당 박근혜 대통령후보 공보단 위원 2013년 건설근로자공제회 감사 2016년 방송통신위원회 상임위원(차관급) 2016~2017년 同남북방송통신교류추진위원장 2019년 同부위원장(현) (상)MBC 특종상(1988), 자랑스러운 국민인의 상(2017) (종)가톨릭

## 김석진(金奭珍) KIM Seok Jin

(생)1963·8·14 (출)인천 (주)서울특별시 영등포구 의사당대로 88 한국투자금융지주 윤리경영지원실(02-3276-6400) (학)제물포고졸, 서울대 경영학과졸 (경)1987년 증권감독원 입사, 同증권감독국 경영지도팀장, 同뉴욕사무소 팀장 2008~2016년 한국투자증권(주) 상근감사위원 2016년 한국투자금융지주(주) 윤리경영지원실장(전무)(현) (종)불교

## 김석진(金錫鎭) Kim Seok Jin

(생)1966·3·10 (출)경북 김천 (주)울산광역시 남구 중앙로 201 울산광역시청 행정부시장실(052-229-2010) (학)1984년 배정고졸 1989년 한양대 행정학과졸 1993년 서울대 대학원 행정학과졸 2003년 미국 콜로라도대 대학원 행정학과졸 (경)1989년 행정고시 합격(32회) 1989년 중앙공무원교육원·경북도청·내무부 수습사무관 1990년 경북도 총무과 행정사무관 1991년 同지방공무원교육원 교수부 행정사무관 1993년 同의회사무처 행정사무관 1995년 同내무국 지방과 행정사무관 1995년 내무부 파견 1996년 同지방공무원과·방재계획과 행정사무관 1997년 행정자치부 장관비서실 행정사무관 1999년 同장관비서실·자치행정과

서기관 2003년 경북도 지역협력관 2004년 소방방재청 청장비서실장 2006년 同정책홍보본부 혁신기획관(부이사관) 2008년 행정안전부 기업협력지원관 2008년 同장관비서실장 2009년 한국지방자치단체국제화재단 미국사무소장 2010년 전국시도지사협의회 미국사무소장 2011년 대통령실 행정자치비서관실 국장 2012년 행정안전부 윤리복무관 2013~2014년 안전행정부 대변인 2014년 행정자치부 대변인 2015년 同창조정부조직실 제도정책관 2015년 同창조정부조직실 공공서비스정책관 2015년 同지방재정세제실 지방재정정책관 2016~2017년 대통령 행정자치비서관 2017년 행정안전부 안전정책실장 2018년 울산시 행정부시장(현)

### 김석진(金石珍) Kim Seok Jin

(생)1969 · 4 · 2 (본)김해(金海) (출)경남 거제 (주)경기도 평택시 포승읍 서동대로 437-27 평택해양경찰서 서장실(031-8046-2516) (학)1987년 거제수산고졸 2004년 한국방송통신대 행정학과졸 (경)2012년 남해지방해양경찰청 통영해양경찰서 수사과장(경정) 2012~2014년 同창원해양경찰서 정보과장 2014년 해양경찰청 정보수사국 광역수사2계장 2014~2016년 해양경비안전본부 교육채용계장 2016~2017년 중부해양경비안전본부 기획운영계장 2017년 남해지방해양경찰청 상황실장(총경) 2018년 해양경찰청 형사과장 2019년 중부지방해양경찰청 평택해양경찰서장(현) (상)국무총리표창(2010), 대통령표창(2016)

### 김석철(金錫哲) KIM Seok Cheol

(생)1953 · 4 · 1 (본)경주(慶州) (출)서울 (주)서울특별시 강남구 테헤란로 329 삼흥빌딩 1210호 하하하컨설팅그룹 회장실(02-564-0771) (학)1972년 신일고졸 1976년 육군사관학교졸 1981년 전남대 경영대학원 경영학과졸 1988년 멕시코 이베로아메리카나대 대학원 노사관계학과졸 2009년 국제통상학박사(고려대) (경)1982년 노동부 행정사무관 1986년 同기획관리실 사무관 1988년 부산동래지방노동사무소 감독과장 1990년 노동부 직업훈련국 사무관 1991년 同산업안전국 사무관 1995년 同고용정책실 서기관 1995년 스페인 노동사회부 파견 1997년 익산지방노동사무소장 2000년 인천북부지방노동사무소장 2001년 노동부 고용정책실 실업급여과장 2002년 同고용정책실 고용보험과장 2002년 同산업안전국 산업안전과장 2003년 서울동부지방노동사무소장 2005년 성남지방노동사무소장 2006년 경인지방노동청 성남지청장 2007년 서울지방노동청 서울북부지청장 2007년 同서울종합고용지원센터 소장(부이사관) 2009년 대전지방노동청 대전종합고용지원센터 소장 2009년 서울지방노동위원회 상임위원(고위공무원) 2011년 하하하컨설팅그룹(주) 대표이사 회장(현) 2012년 FTA컨설턴트협회 회장 2013년 (사)서울고용포럼 회장(현) 2014년 서울 강남구상공회 부회장(현) 2017년 (주)내추럴에너지 총괄부회장(현) 2019년 한양로타리클럽 회장(현) (상)근정포장(1991), 홍조근정훈장(2011) (종)기독교

### 김석철(金錫徹) Sok Chul Kim

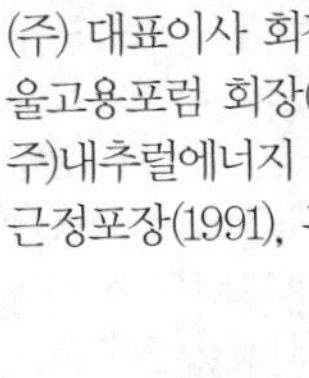

(생)1959 · 5 · 1 (주)대전광역시 유성구 유성대로 1534 한국원자력통제기술원(042-860-9702) (학)1977년 춘천제1고졸 1983년 한양대 원자력공학과졸 1985년 同대학원 원자력공학과졸 2005년 원자력 및 양자공학박사(한국과학기술원) (경)1987~1990년 한국원자력연구소 안전센터 안전해석실 연구원 1990~1999년 한국원자력안전기술원(KINS) 안전해석실 선임연구원 1999~2006년 국제원자력기구(IAEA) 핵사고방지·핵안보 전문관 2001~2005년 '제4세대 원자력발전 시스템 국제포럼'(GIF) · '핵확산 저항성 및 물리적 방호 연구그룹'(PRPPG) · 국제원자력기구(IAEA) 대표 2003년 미국 세계인명사전 'Marquis Who's Who in the World'에 등재 2006~2007년 국방부 군비검증단(KAVA) 핵검증T/F장(부이사관) 2006~2008년 외교부 6자회담전문가 자문그룹 위원 2007년 국방부 군비검증단(KAVA) 북핵 정책자문위원 2007~2011년 한국원자력안전기술원(KINS) 선원보안대책실장 2011년 국제원자력기구(IAEA) · 유럽연합(EU) 국제핵감식전문가그룹 위원 2012~2018년 한국원자력안전기술원(KINS) 리스크평가실 책임연구원 2013년 울산과학기술원(UNIST) 기계항공 및 원자력공학부 겸임교수 2015~2018년 한국과학기술원(KAIST) 원자력 및 양자공학과 겸직교수 2018년 한국원자력통제기술원(KINAC) 원장(현) 2019년 국제원자력기구(IAEA) 핵안보 자문위원회 자문위원(현) (상)국제원자력기구(IAEA) 최우수직원상(2004), 노벨위원회 노벨평화상 IAEA 단체상(2005), 국방부장관표창(2007) (저)'Japan in Crisis(共)'(2014, Palgrave MacMillan) '재난반복사회'(2015, 라온북)

### 김석태(金錫泰)

(생)1958 · 3 · 21 (주)서울특별시 성동구 천호대로 346 서울교통공사 기술본부(02-6311-9007) (학)2008년 서울산업대 전기공학과졸 (경)2013년 서울메트로 계약처장 2013년 同궤도신호처장 2014년 同전기통신처장 2014년 同공사관리처장 2016~2017년 同기술본부장 2017년 서울교통공사 안전관리본부장(상임이사) 2018년 同기술본부장(상임이사)(현)

### 김석환(金石煥) Kim Seok Hwan

(생)1945 · 5 · 30 (본)경주(慶州) (출)충남 홍성 (주)충청남도 홍성군 홍성읍 아문길 27 홍성군청 군수실(041-630-1201) (학)1964년 홍성고졸 (경)1970년 홍성군 홍북면사무소 공무원 최초 임용 1989년 홍성군 지방행정사무관(문화공보실장) 1996년 同회계과장 1997년 同기획감사실장 2000년 충남지방공무원교육원 교수 2001년 충남농업기술원 총무과장 2003년 충남도의회 사무처 의사담당관 2004년 명예 퇴직 2010~2014년 충남 홍성군수(자유선진당·선진통일당·새누리당) 2012년 충남지역 공군정책발전 자문위원 2014~2018년 충남 홍성군수(새누리당·자유한국당) 2018년 충남 홍성군수(자유한국당)(현) 2019년 홍성국제단편영화제 조직위원장(현) (상)홍조근정훈장(2004), 자랑스런 홍고인상(2011), 한국을빛낸자랑스런한국인대상(2011), 충남지역신문협회 풀뿌리지방자치대상 지방자치단체장부문(2012), 한국정경문화인협회 대한민국정경문화대상 지방자치발전부문(2012), 한국사회를빛낸대한민국충효대상 지방자치발전공로(2012), 대한민국나눔봉사대상 지역봉사부문(2013), 한국자유총연맹 국제자유장(2013), 대한민국재향군인회 향군대휘장(2013), 한국언론인연합회 제13회 자랑스런한국인대상 공로패(2013), 전국지역신문협회 행정대상 기초단체장부문(2014), 한국언론인연합회 '자랑스런 한국인대상' 지자체발전부문(2014), 한국농어촌공사 농어촌행복대상(2015), 한국언론인연합회 대한민국 나눔봉사대상(2017), 관광혁신대상 우수상(2019) (종)가톨릭

### 김석환(金晳煥) S.H.Kim

(생)1958 · 7 · 26 (본)경주(慶州) (출)부산 (주)전라남도 나주시 진흥길 9 한국인터넷진흥원 원장실(061-820-1000) (학)1977년 부산남고졸 1981년 부산대 무역학과졸 1997년 동아대 대학원 신문방송학과졸 2011년 언론학박사(동의대) (경)1983년 부산문화방송 보도국 기자 1994년 PSB 부산방송 보도국 보도제작팀장 1997년 동서대 영상매스컴학부 겸임교수 1998년 PSB 부산방송 편성팀장 1999년 同사회부장 2000년 同정책편성기획실장 직대 2002년 同보도국장 2005년 同편성심의국장 2006년 (주)KNN 경남본부장 2007년 同방송본부장 2009~2012년 同상무이사, 부산국제영화제 집행위원, 부산국제광고제 집행위원 2012년 (주)KNN 부사장 2014년 同대표이사 사장 2014년 한국방송협회 이사 2014년 부산대치과병원 비상임이사 2015년 (주)KNN 부회장 2015~2017년 동서대 미디어커뮤니케이션학부 객원교수 2017년 문재인 前더불어민주당 대표 방송분야 미디어특보 2017년 한국인터넷진흥원(KISA) 원장(현) (상)봉생문화상(1996), 한국방송대상(1997), 부산시문화상 언론 · 출판부문(2010) (저)'정보화

시대 I.P.(Information Provider)로서의 지역방송 연구' '다매체·다채널시대 지역방송 생존전략(共)'(2001) '디지털시대 지역방송편성' (작)'지방의 도전(7부작)' '북녘땅으로 가는 백두산(2부작)'

### 김석환(金碩煥) Seok-Hwan Kim

(생)1962·12·12 (출)부산 (주)서울특별시 강남구 논현로 508 (주)GS 경영지원팀(02-2005-8125) (학)1981년 부산 해동고졸 1987년 고려대 경제학과졸 (경)1987~2005년 LG증권(주) 근무 2005~2007년 (주)GS홀딩스 사업지원팀 신사업담당 2007~2009년 GS EPS(주) CFO(상무이사) 2009년 (주)GS글로벌 재경·금융담당 CFO(전무이사) 2014년 (주)GS E&R CFO(전무이사) 2014년 同경영지원본부장 겸임 2014~2018년 (주)GS동해전력 비상무이사 2014~2018년 (주)GS영양풍력발전 비상무이사 2015~2018년 (주)GS E&R 경영지원본부장(CFO)(부사장) 2015~2018년 (주)GS포천그린에너지 비상무이사 2016~2018년 (주)영양제2풍력발전 비상무이사 2019년 (주)GS 경영지원팀장(부사장)(현) 2019년 GS칼텍스(주) 감사위원(현) 2019년 (주)GS홈쇼핑 기타비상무이사(현) (상)재정경제부장관표창(2004)

### 김석환(金錫煥) KIM SUK HWAN

(생)1974·7·8 (주)서울특별시 영등포구 은행로 11 예스24 임원실(02-3215-9365) (학)한영외고졸, 미국 조지워싱턴대 경영학과졸, 同대학원 정보공학과졸 (경)2007년 예스24(주) ENT사업 총괄이사 2012년 同상무이사 2017년 同대표이사 전무(현) 2019년 한세예스24홀딩스 각자대표이사(현)

### 김석희(金錫喜) KIM Suk Hee

(생)1951·5·23 (주)서울특별시 강남구 도산대로 435 (주)삼이그룹 회장실(02-515-6725) (학)1975년 명지대 전자공학과졸 1978년 서울대 행정대학원 국가정책과정 수료 1992년 同경영대학원 최고경영자과정 수료 1992년 연세대 행정대학원 고위정책과정 수료 1997년 서울대 행정대학원 정보통신정책과정 수료 1997년 고려대 정책대학원 고위정책과정 수료 (경)1979~1981년 동용산업사 사장 1981년 삼이실업 대표이사 1990년 (사)한국무역대리점협회 이사 1990~1993년 삼평라이온스클럽 제1·2·3부회장 1990년 삼이흥업 사장 1993~2006년 삼이실업 회장 1993년 (사)한국무역대리점협회 소비재협회 대표위원 1995년 同운영위원 1996년 말리공화국 명예총영사 1997년 민주평통 자문위원 1997년 유엔한국협회 이사 1997년 (사)강남문화원 발기인·이사 1999년 중소기업협동조합중앙회 자문위원 2000년 서울대 행정대학원 방송정책과정총동창회 회장 2006년 (주)삼이그룹 회장(현) (상)대통령표창(1989), 제8회 자랑스런 연세행정최고위인상(2008)

### 김선갑(金善甲) KIM Sun Gab

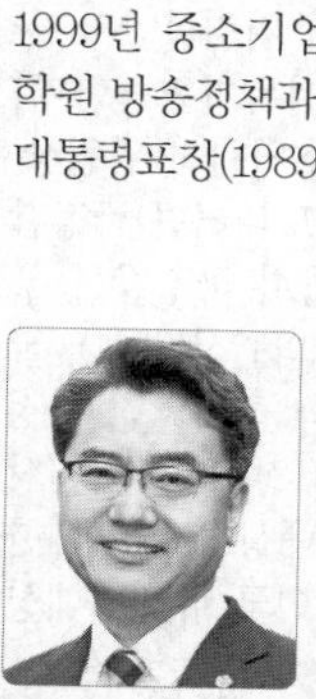

(생)1960·6·25 (본)광산(光山) (출)서울 (주)서울특별시 광진구 자양로 150 광진구청 구청장실(02-450-1303) (학)1979년 대일고졸 1989년 수원대 경상대학 무역학과졸 2014년 서울시립대 도시과학대학원 사회복지학과졸, 서울시립대 일반대학원 사회복지학 박사과정 재학 중 (경)1995~2002년 서울 광진구의회 의원(제2·3대) 2000~2002년 同부의장 2002~2004년 추미애 국회의원 보좌관 2002년 서울시의원선거 출마(새천년민주당) 2006년 서울시의원선거 출마(열린우리당) 2010년 서울시의회 의원(민주당·민주통합당·민주당·새정치민주연합) 2010년 同재정경제위원회 위원 2010년 同예산결산특별위원회 위원 2010년 同시의회개혁과발전특별위원회 위원 2011년 同정책연구위원회 위원장 2011년 同장애인특별위원회 위원 2011년 박원순 서울시장후보 정책자문단 2012년 서울시의회 행정자치위원회 위원 2012년 同예산결산특별위원회 위원장 2013~2014년 同서소문밖역사기념및보전사업추진특별위원회 위원 2014~2018년 서울시의회 의원(새정치민주연합·더불어민주당) 2014·2016년 同보건복지위원회 위원 2014~2015년 同예산결산특별위원회 위원 2015년 同서소문밖역사유적지관광자원화사업지원특별위원회 위원 2015~2017년 同서울살림포럼 대표 2015년 同메르스확산방지대책특별위원회 위원 2016년 同운영위원장 2016~2017년 전국시·도의회운영위원장협의회 공동회장 2017년 더불어민주당 정책위원회 부의장 2017년 同제19대 대통령선거 문재인후보 조직특보 2017년 同추미애 대표최고위원 경제특보 2018년 서울시 광진구청장(더불어민주당)(현) (상)매니페스토약속대상(2010~2015), 대한민국재향군인회 공로휘장, 2016 매니페스토약속대상 공약이행분야(2017), 2017 매니페스토약속대상 우수상 공약이행분야(2017), '2019 대한민국을 빛낼 인물·브랜드 대상' 지방자치부문 대상(2019) (저)'서울, 사회적경제에서 희망찾기'(2013) '50플러스 세대, 인생 제2막을 사는법'(2017) (종)천주교

### 김선관(金宣寬) Kim, Sun Kwan

(생)1961·12·25 (출)충북 청원 (주)충청북도 청주시 상당구 상당로 82 소방본부 소방종합상황실(043-220-4940) (학)청주공고졸, 충북대졸 (경)1990년 충북 충주소방서 소방계장(소방위) 1995년 충북 청주소방서 예방계장(소방경) 2001년 소방령 승진 2008년 충북 진천소방서 방호구조과장 2010년 충북도 소방본부 구조구급팀장 2011년 同소방본부 방호조사팀장 2012년 同소방본부 119종합상황실장 2013년 충북 제천소방서장(소방정) 2014년 충북도 소방본부 소방행정과장 2015년 충북 영동소방서장 2017~2018년 충북 보은소방서장 2019년 충북도 소방본부 소방종합상황실장(현)

### 김선광

(생)1959 (주)서울특별시 송파구 올림픽로 300 롯데월드몰 8층 롯데문화재단(1544-7744) (학)영훈고졸, 고려대 농경제학과졸 (경)1986년 롯데백화점 입사(상품·영업담당) 2008년 同러시아사업부문장 2011년 同해외명품부문장 2013~2014년 마리오아울렛 유통사업본부 사장 2019년 롯데문화재단(롯데콘서트홀·롯데뮤지엄) 대표(현)

### 김선교(金善敎) KIM Seon Kyo

(생)1960·7·22 (출)전남 장흥 (주)서울특별시 종로구 경희궁길 26 세계일보 기획조정실(02-2000-1520) (학)1979년 전남기계공고졸 1990년 서울신학대졸 (경)1991년 세계일보 편집부 기자 1992년 同과학부 기자 1996년 同사회부 기자 1997년 同경제부 기자 2000년 同경제부 차장대우 2002년 同경제부장 2003년 同경제1부장 2004년 同논설위원 2004년 同문화부장 2005년 同경제부장 2006년 同편집국 기획위원 2006년 同논설위원 2007년 同편집국 경제·문화에디터 2008년 同뉴미디어본부 기획위원 2008년 同편집국 온라인담당 기획위원 2008년 同편집국 취재담당 부국장 2009년 同기획담당 부국장 겸 경제부장 2010년 同뉴미디어본부 부본부장 겸 부국장 2010년 同편집국장 2011년 同논설위원 2012년 세계닷컴 뉴미디어본부장 2013년 스포츠월드 본부장 겸 편집국장 2015년 세계일보 기획조정실장 2015년 同광고국장 2017년 同기획조정실장(현) 2017년 한국신문협회 기조협의회 이사(현)

### 김선권(金善權)

(생)1969·2·15 (출)전북 익산 (주)경기도 고양시 덕양구 화중로 12 고양경찰서(031-930-5321) (학)1991년 경찰대 법학과졸(7기) (경)2011년 경찰청 정보화장비기획계장 2016년 서울지방경찰청 경무과 치안지도관(총경) 2016년 광주지방경찰청 생활안전과장 2017년 전남 완도경찰서장 2018년 경찰청 과학수사관리관실 총경 2019년 경기북부지방경찰청 과학수사과장 2019년 경기 고양경찰서장(현)

**김선규(金善圭) Kim Sun Gyu**

[생]1957·7·12 [주]서울특별시 중구 청계천로 100 금호석유화학 관리본부(02-6961-1114) [학]대전고졸, 서강대 무역학과졸 [경](주)대우인터내셔널 DWIS법인대표(상무) 2011년 同CEO보좌역 2012년 同화학1본부장 2013년 同중국지역본부장 겸 북경무역법인대표(전무) 2014년 同영업4부문장(전무) 2015년 同화학본부장(전무) 2016년 同화학본부장(부사장) 2016~2018년 (주)포스코대우 물자화학본부장(부사장) 2018~2019년 同자문역 2019년 금호석유화학(주) 관리본부장(부사장)(현)

**김선기(金銑基) KIM Sun Ki**

[생]1956·9·28 [주]전라북도 전주시 완산구 콩쥐팥쥐로 1696 전북연구원(063-280-7100) [학]1975년 전주고졸 1980년 서울대 지리학과졸 1982년 同환경대학원졸 1991년 행정학박사(서울대) [경]1982년 도시및지역계획연구소 연구원 1983년 서울대 환경계획연구소 연구원 1987년 한국지방행정연구원 연구위원, 同지역개발연구실장·자치정보실장·지역정책연구실 수석연구원 2000년 미국 하와이대 초빙연구원 2003년 한국지방행정연구원 지역정책연구센터 소장 2004년 同기획조정실장 2006년 同정책연구실 균형발전센터 연구위원 2007년 同정책연구실 균형발전센터 선임연구위원 2009년 同정책연구실 지역발전연구부 선임연구위원, 同지역발전연구실 지역공공디자인센터 선임연구위원 2015~2017년 同부원장(선임연구위원) 2018년 同석좌연구위원 2018년 전북연구원 원장(현)

**김선기(金善基) KIM Sun Ki**

[생]1960·5·20 [본]광산(光山) [출]강원 춘천 [주]서울특별시 관악구 관악로 1 서울대학교 물리천문학부(02-880-6594) [학]1979년 보성고졸 1983년 고려대 물리학과졸 1985년 同대학원 물리학과졸 1988년 물리학박사(고려대) [경]1985~1986년 미국 Rutgers Univ. 연구원 1986~1988년 일본 사가대 연구원 1988~1990년 일본 고에너지가속기연구소 연구원 1990~1992년 미국 Rutgers Univ. 선임연구원 1992~2002년 서울대 물리학과 조교수·부교수 1997~1998년 同기술지원실장 1999~2000년 일본 도쿄대 초빙교수 2001~2002년 국립암센터 양성자치료센터건립추진단 자문위원 2002년 서울대 물리천문학부 물리학전공 교수(현) 2005~2009년 고에너지물리연구협의회 회장 2009~2010년 한국물리학회 입자물리분과운영위원장 2010~2011년 유럽핵물리연구소 협력조정위원회 위원 2011년 서울대 핵입자천체물리연구소장 2011~2014년 기초과학연구원 중이온가속기구축사업단장 2012~2017년 국제미래가속기위원회(ICFA) Linear Collider Board 위원 2016년 한국과학기술한림원 정회원(이학부·현) [상]일본 Koshiba상(2006), 과학기술부 및 한국과학재단 선정 이달(2월)의 과학기술자상(2008), 서울대 우수연구상(2008)

**김선남(金善男) KIM Sun Nam**

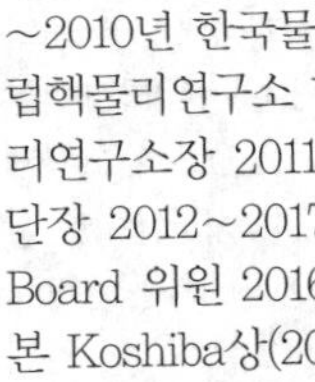

[생]1949·2·19 [본]광산(光山) [출]전남 장흥 [주]광주광역시 북구 제봉로 322 전남매일(062-720-1000) [학]1970년 광주상고졸 1989년 광주대졸 1999년 전남대 행정대학원 석사과정 수료 2003년 同경영대학원 최고경영자과정 수료 [경]1970년 전남일보 입사 1971년 광주일보 근무 1982년 同광고부 차장 1983년 同업무국 지방보급부 차장 1988년 전남일보 지방판매부장 1992년 同업무국 지방부장 1993년 同광고국 부국장 1995년 同광고국 국장대우 1997년 광남일보 광고영업팀 국장대우 1999년 무등일보 광고국장(이사대우) 1999년 광주매일 광고국장 2002년 무등일보 광고담당 상무이사 2004년 광남일보 전무이사 2005년 同부사장 2008년 同대표이사 사장 2008~2009년 同부회장 2008년 민주평통 광주북구협의회장 2009년 일간호남일보 대표이사 회장 2010년 희망일보 대표이사 회장 2010년 2015광주하계유니버시아드조직위원회 위원 2010년 광주시교육청 교육정책발전자문위원(현) 2010년 광주교도소 교화위원장 2011년 광주시 문화수도추진위원 2012~2017년 광남일보 대표이사 사장 2012년 2019광주시세계수영선수권유치추진위원회 위원 2013년 송재 서재필기념사업회 이사(현) 2014~2018년 한국주택공사 이사회 회장 2015년 광주시 아시아문화수도추진위원 2015년 광주시체육회 이사(현) 2015년 KT 21c 통신발전위원회 위원장 2015~2018년 전남대총동창회 부회장 2015년 광주지검 형사조정위원(현) 2017년 민주평통 광주동구협의회장 2018년 전남매일 대표이사 사장(현) 2018년 전남대총동창회 자문위원(현) 2019년 광주시북구방위협의회 회장(현) 2019년 민주평통 국민소통분과위원회 상임위원(현) [상]전남지방경찰청장표창(2000), 행정자치부장관표창(2001), 법무부장관표창(2003), 광주광역시장표창(2006), 대통령표창(2012), 국민훈장 석류장(2013), 국세청장표창(2015), 검찰총장표창(2015), 국무총리표창(2017) [종]천주교

**김선동(金善東) KIM Seon Dong (平石)**

[생]1963·10·9 [본]광산(光山) [출]강원 원주 [주]서울특별시 영등포구 의사당대로 1 국회 의원회관 626호(02-788-2815) [학]1982년 고려대사대부고졸 1986년 고려대 정치외교학과졸 1988년 同대학원 정치외교학과졸 [경]1993년 대통령 정무수석비서관실 행정관 1998~2000년 국회 부의장 비서관 2002년 한나라당 이회창 대통령후보 보좌역 2005년 同박근혜대표 비서실 부실장 2007년 同서울도봉乙당원협의회 운영위원장 2008~2012년 제18대 국회의원(서울 도봉구乙, 한나라당·새누리당) 2008~2009년 한나라당 원내부대표 2009년 同당헌당규특별위원회 위원 2009년 同쇄신특별위원회 대변인 2010년 同중앙당공천심의위원회 심사위원 2010년 국회 교육과학기술위원회 위원 2010년 한나라당 비상대책위원회 위원 2012년 새누리당 서울도봉구乙당원협의회 운영위원장 2012년 제19대 국회의원선거 출마(서울 도봉구乙, 새누리당) 2013년 대통령 정무비서관 2013~2015년 한국청소년활동진흥원 이사장 2015년 한국다문화청소년센터 이사장 2016~2017년 새누리당 서울도봉구乙당원협의회 운영위원장 2016년 제20대 국회의원(서울 도봉구乙, 새누리당·자유한국당〈2017.2〉)(현) 2016년 새누리당 혁신비상대책위원장 비서실장 2016·2018년 국회 정무위원회 위원(현) 2016·2018년 국회 예산결산특별위원회 위원 2016~2017년 새누리당 원내수석부대표 2017년 국회 운영위원회 새누리당 간사 2017년 자유한국당 원내수석부대표 2017년 同서울도봉구乙당원협의회 운영위원장(현) 2017년 국회 운영위원회 간사 2017년 자유한국당 제19대 홍준표 대통령후보 중앙선거대책위원회 총괄선거대책본부 종합상황실장 2017~2018년 同서울시당 위원장 2018년 同서울시당 공천관리위원회 위원장 2018~2019년 同여의도연구원장 2018년 同국가미래비전특별위원회 위원(현) 2019년 同신정치혁신특별위원회 공천혁신소위원회 위원장(현) [상]대통령 비서실장표창(1993), 국정감사 NGO모니터단 국정감사 우수 국회의원(2009), 한국과학기술단체총연합회 국정감사 우수위원(2010·2011), 국회도서관 이용 최우수 국회의원상(2011), 국회를 빛낸 바른언어상 품격언어상(2011), 대한민국 국회의원 의정대상(2011), 뉴스매거진 제10회 대한민국 인물대상 청소년봉사대상(2014), 대한민국가족지킴이 제3회 대한민국 평화대상(2015), 대한민국최고국민대상 바른의정공로대상(2016), 대한민국 유권자대상(2017), 2018 입법 및 정책개발 우수국회의원(2019)

**김선문(金善文)**

[생]1973·12·20 [출]전북 익산 [주]부산광역시 강서구 명지국제7로 67 부산지방검찰청 서부지청 형사2부(051-520-4309) [학]1992년 원광고졸 1998년 한양대 정치외교학과졸 [경]2000년 사법고시 합격(42회) 2003년 사법연수원 수료(32기) 2003년 서울지검 검사 2004년 서울중앙지검 검사 2005년 대구지검 김천지청 검사 2007년 부산지검 동부지

청 검사 2009년 수원지검 안양지청 검사 2011년 서울북부지검 검사 2014~2017년 전주지검 검사 2015~2017년 법조윤리협의회 파견 2017년 광주지검 부부장검사 2018년 수원지검 안양지청 부부장검사 2019년 부산지검 서부지청 형사2부장(현)

**김선미(金善美 · 女)**

(생)1967 · 4 · 20 (주)울산광역시 남구 중앙로 201 울산광역시의회(052-229-5125) (학)울산대 물리학과졸 (경)사람사는세상노무현재단 울산지역위원회 운영위원(현), 더불어민주당 중앙당 정책위원회 부의장(현) 2018년 울산시의회 의원(더불어민주당)(현) 2018년 同에너지특별위원회 · 행정자치위원회 부위원장(현) 2018년 同의회운영위원회 위원(현)

**김선민(女)**

(생)1964 (출)서울 (주)강원도 원주시 혁신로 60 건강보험심사평가원(1644-2000) (학)서울대 의대졸, 同보건대학원 예방의학과졸, 예방의학박사(서울대) (경)한림대 의대 조교수, 한국보건산업진흥원 수석연구위원, 국가인권위원회 인권연구담당관 2006년 건강보험심사평가원 상근평가위원, 同OECD프로젝트지원단장, 同국제협력단장, 同인재개발단장 2016년 세계보건기구(WHO) 서비스제공및안전국 수석기술관 2018년 건강보험심사평가원 기획상임이사(현) 2018년 경제협력개발기구(OECD) '보건의료 질과 성과(HCQO) 평가그룹' 의장(현)

**김선병(金琁炳) Kim sirn byung**

(생)1964 · 1 · 15 (주)인천광역시 중구 아암대로 90 인천지방조달청 청장실(032-450-3101) (학)1985년 서울대 사법학과졸 1987년 同행정대학원 행정학과졸 1999년 경제학박사(미국 캘리포니아대) (경)1987년 총무처 5급 공채 1992년 재무부 경제협력국 외자정책과 사무관 1999년 재정경제부 국제금융국 사무관, 해외파견(서기관) 2007년 재정경제부 경제협력국 국제경제과장 2008년 기획재정부 대외경제국 국제경제과장 2009년 同대외경제국 대외경제총괄과장 2009년 同대외경제국 대외경제총괄과장(부이사관) 2010년 외교안보연구원 교육파견(부이사관) 2011년 기획재정부 기획조정실 정책기획관 2012~2013년 대통령직속 미래기획위원회 미래전략국장 2015년 조달청 전자조달국장(고위공무원) 2017년 국가공무원인재개발원 교육훈련(고위공무원) 2018~2019년 조달청 조달관리국장 2019년 인천지방조달청장(현)

**김선복(金善福) KIM SUN BOK**

(생)1958 · 1 · 23 (출)경기 가평 (주)서울특별시 관악구 남부순환로 2022 서전일렉스(주)(02-521-1051) (학)청평공업고졸, 숭실대 중소기업대학원 경영학과졸, 서울시립대 경영대학원 최고경영자과정(AMP) 수료 (경)1991년 서전일렉스(주) 창업 · 대표이사(현) 2003~2018년 한국전기기술인협회 서울서부시회장 2012~2013년 숭실대중소기업대학원동문회 회장 2012~2018년 한국전기기술인협회 시도회장협의회 의장 2018년 同회장(현) (상)노동부장관표창(1997), 서울특별시장표창(2001), 산업자원부장관표창(2003)

**김선섭(金宣燮) Kim Seon-Seob**

(생)1962·7·4 (본)김해(金海) (출)전남 영광 (주)서울특별시 금천구 가산디지털1로 70 호서대벤처타워 1008호 (주)씨아이디티 비서실(070-4465-5900) (학)1980년 광주공고졸 1987년 전북대 금속공학과졸 2005년 한국과학기술원 경영대학원졸 (경)1986~1997년 해태상사(주) 입사·과장 1997~2006년 (주)넥스지텔레콤 대표이사 2005년 정보통신부 IT벤처연합회 부회장 2010년 (주)씨아이디티 대표이사(현) (상)산업자원부장관표창(2004), 정보통신부장관표창(2004), 자랑스런 중소기업인상(2005), 국무총리표창(2005) (작)'세계최초 13.56Mhz 휴대폰용 Loop Antenna 개발'(1999) '세계최초 휴대폰용 Dual-Socket 개발'(2004) '세계최초 휴대폰 무선충전용 소프트웨어[FTT] 개발'(2011) (종)기독교

**김선섭(金善燮)**

(생)1966 · 9 (주)서울특별시 서초구 헌릉로 12 현대자동차(주) 인도권역본부(02-3464-1114) (학)서울대 경제학과졸 (경)현대자동차 경영세미나팀장(이사대우), 同경영전략실장(이사대우 · 이사 · 상무), 同사업운영전략사업부장(상무 · 전무) 2018년 同인도권역본부장(전무)(현)

**김선수(金善洙) KIM Seon Soo**

(생)1961 · 4 · 23 (출)전북 진안 (주)서울특별시 서초구 서초대로 219 대법원 대법관실(02-3480-1100) (학)1979년 서울 우신고졸 1986년 서울대 법학과졸 2004년 고려대 법과대학원 법학과졸 (경)1985년 사법시험 수석합격(27회) 1988년 사법연수원 수료(17기) 1988년 법무법인 시민종합법률사무소 변호사 1997~1999년 숭실대 노사대학원 겸임교수 2000년 중앙노동위원회 공익위원 2000년 (사)한국비정규노동센터 이사 2001~2005년 여민합동법률사무소 변호사 2002년 민주사회를위한변호사모임 사무총장 2003년 노사정위원회 상무위원 2003년 사법개혁위원회 위원 2004년 대검찰청 공안자문위원회 위원 2005~2007년 대통령 사법개혁비서관 2005~2006년 대통령직속 사법제도개혁추진위원회 기획추진단장 2007~2018년 법무법인 시민 대표변호사 2008년 민주사회를위한변호사모임 부회장 2010~2012년 同회장 2013~2015년 대한변호사협회 사법평가위원회 위원 2014~2018년 同징계위원회 간사 2015년 서울지방변호사회 조영래변호사기념사업회 위원장 2017년 국회 헌법개정특별위원회 자문위원 2018년 대법원 대법관(현) (저)'사법개혁 리포트'(2008, 박영사) '산과 시'(共) '노동을 변호하다'(2014, 오월의 봄) '통합진보당 해산 결정, 무엇이 문제인가?'(2015, 말)

**김선아(金仙兒 · 女) KIM Sun Ah**

(생)1951 · 8 · 20 (주)광주광역시 북구 첨단과기로 235 국립광주과학관(062-960-6153) (학)1973년 조선대 수학과졸, 同대학원졸 1980년 이학박사(조선대) (경)1975~1978년 조선대 사범대학 전임강사 1978~1988년 同문리대학 전임강사 · 조교수 · 부교수 1988~2016년 同자연과학대학 수학과 교수 2004~2016년 광주시 생활과학교실사업단장 2007~2009년 조선대 중앙도서관장 2013~2017년 광주시 과학기술진흥위원회 위원 2016년 조선대 명예교수(현) 2018년 국립광주과학관 관장(현) (상)부총리 겸 교육인적자원부장관표창(2005), 교육공로상(2005), 아모레퍼시픽 여성과학자상 진흥상(2006), 대한수학회 특별공로상(2015), 황조근정훈장(2016) (저)'기초선형대수학'(2007, 경문사)

**김선아(金仙娥 · 女) KIM Sun A**

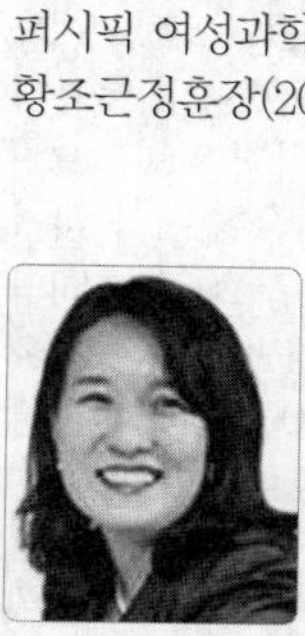

(생)1973 · 2 · 18 (주)서울특별시 중구 퇴계로 110 한국화이자제약(주) 임원실(02-317-2114) (학)1995년 이화여대 제약학과졸 2009년 고려대 대학원 경영학과졸(MBA) (경)게르베코리아 근무, 제일약품 근무 2001년 한국화이자제약(주) 입사 2007년 同항암제 · specialty총괄 마케팅매니저 2009년 同항암제사업부 총괄전무 2012년 同이스태블리쉬트프로덕츠사업부 총괄전무 2014~2017년 同이스태블리쉬트제약사업부문 한국대표(부사장) 2017년 同에이팩리져널마케팅리드 부사장 2017년 일본화이자 에센셜헬스사업부문(Pfizer Essential Health Japan) 총괄 대표(현)

### 김선영(金善榮) Sunyoung Kim

(생)1955·11·3 (본)광산(光山) (출)서울 (주)서울특별시 관악구 관악로 1 서울대학교 자연과학대학 203동 5층 헬릭스미스(02-2102-7248) (학)1974년 서울고졸 1978년 서울대 미생물학과졸 1982년 미국 매사추세츠공과대(MIT) 대학원 생물공학과졸 1984년 미국 하버드대 대학원 분자유전학과졸 1986년 분자유전학박사(영국 옥스퍼드대) (경)1968~1987년 미국 하버드대 의과대학 Post-Doc. Fellow 1987~1989년 미국 MIT 화이트헤드연구소 Post-Doc. Fellow 1989~1992년 미국 하버드대 의과대학 조교수 1992~2018년 서울대 자연과학대학 생명과학부 조교수·부교수·교수 1996~2005년 Genethon Ⅲ 겸직연구원 1998년 국제학술지 Gene Medicine(John Wiley&Sons Ltd.) 편집위원 1999~2000년 국가기술자문위원회 전문위원 1999~2006년 서울대 유전공학 특화 창업보육센터장 2001년 국제백신연구소 과학자문위원 2002년 식품의약품안전청 중앙약사심의위원회 위원(현) 2003~2008년 국제학술지 Gene Therapy 편집위원 2005~2006년 국가과학기술자문위원회 자문위원(9기) 2005~2010·2018년 (주)헬릭스미스 대표이사(현) 2005~2007년 국가생명윤리심의위원회 유전전문위원회 위원 2006~2008년 한국유전자치료학회 회장(초대·2대) 2006년 한국방송공사(KBS) 객원해설위원 2006~2008년 서울대 차세대융합기술원 바이오연구소장 2006년 대한바이러스학회 평의원(현) 2010~2011년 지식경제부 R&D전략기획단 융합신산업팀 MD 2011~2018년 (주)바이로메드 연구개발 총괄사장 2013~2015년 서울대 생명공학공동연구원(Bio MAX) 원장 2014~2016년 국가과학기술연구회 비상임이사 2015~2017년 보건의료기술정책심의위원회 위원장 (상)보건산업진흥원장표창(2005·2009), 특허기술대상 세종대왕상(2006), 보건산업진흥유공자표창(2006), 지식경제부장관표창(2008), 닮고싶은과학기술인상(2008), 국무총리표창(2010), 녹조근정훈장(2017) (저)'현대과학의 쟁점'(2001, 김영사) '세상을 보는 눈'(2001, 이슈투데이) '바이러스학'(2004, 정문각) '도전과 열정의 26년 : 교수와 그 제자들의 이야기를 듣다'(2018, 에세이퍼블리싱)

### 김선영(金善永·女)

(생)1975·6·29 (출)경남 합천 (주)경상북도 김천시 물망골길 39 대구지방법원 김천지원(054-251-2502) (학)1994년 마산여고졸 1997년 고려대 법학과졸 (경)2000년 사법고시 합격(42회) 2003년 사법연수원 수료(32기) 2003년 부산지검 검사 2005년 수원지검 여주지청 검사 2006년 서울남부지검 검사 2009년 창원지법 판사 2012년 인천지법 부천지원 판사 2015년 서울남부지법 판사 2019년 대구지법 김천지원·대구가정법원 김천지원 부장판사(현)

### 김선옥(金善玉) KIM Seon Ok

(생)1960·11·30 (출)광주 (주)대전광역시 유성구 가정로 152 한국에너지기술연구원 한국이산화탄소포집및처리연구개발센터(042-860-3688) (학)1979년 광주 서석고졸 1986년 한국항공대 항공기계공학과졸 (경)1985년 기술고시 합격(21회) 1999년 과학기술부 과학기술협력국 기술협력1과 서기관 2003년 同기초과학인력국 기초과학지원과 서기관 2005년 同기획관리실 정보화법무담당관 2006년 同과학기술기반국 과학기술문화과장 2007년 同연구조정총괄담당관실 과장 2008년 교육과학기술부 기초연구지원과장 2009년 同기초연구지원과장(부이사관) 2009년 국방대학원 교육파견(부이사관) 2010년 교육과학기술부 정책조정지원과장 2011년 同거대과학정책관(고위공무원) 2011년 대구경북과학기술원 건설추진단장 2011년 창원대 사무국장 2012년 중앙공무원교육원 파견 2013년 미래창조과학부 국제협력관 2013년 국립과천과학관 전시연구단장 2014년 전북지방우정청장 2015~2016년 전남지방우정청장 2016년 (재)한국이산화탄소포집및처리연구개발센터 본부장(현)

### 김선옥(金仙玉·女)

(생)1963·12·28 (출)경북 구미 (주)강원도 원주시 건강로 32 국민건강보험공단 건강보험정책연구원 연구조정실(033-736-2801) (학)1981년 대구 원화여고졸 1985년 경북대 인문대학 사학과졸 (경)1985년 공무원및사립학교교직원의료보험공단 입사 2011년 국민건강보험공단 대구달성지사장 2013년 同고객지원실장 2014년 同홍보실장 2016년 同부산지역본부장 2018년 同인력지원실장 2019년 同건강보험정책연구원 연구조정실장(현) (상)보건복지부장관표창(2012)

### 김선용(金善湧)

(생)1974·12·28 (출)충남 논산 (주)대전광역시 서구 둔산중로78번길 45 대전지방법원(042-470-1114) (학)1993년 대건고졸 1999년 연세대 법학과졸 (경)1998년 사법시험 합격(40회) 2001년 사법연수원 수료(30기) 2001년 軍법무관 2004년 대전지법 판사 2007년 同서산지원 판사 2009년 대전지법 판사 2011년 대전고법 판사 2014년 청주지법 영동지원 옥천군법원 판사 2016년 전주지법 부장판사 2018년 대전지법 부장판사(현)

### 김선우(金宣佑) Kim, Sunwoo

(생)1962·9·12 (본)나주(羅州) (출)제주 제주시 (주)제주특별자치도 제주시 중앙로 308 김선우법률사무소(064-757-9944) (학)1981년 제주제일고졸 1985년 연세대 법학과졸 (경)1984년 사법시험 합격(26회) 1987년 사법연수원 수료(16기) 1988년 인천지법 판사 1990년 서울민사지법 판사 1992~1996년 제주지법 판사 1996~2012년 변호사 개업 2012~2014년 제주특별자치도 환경·경제부지사 2014년 변호사 개업(현) 2015년 대한적십자사 제주특별자치도지사 법률고문 2017년 대한적십자사 제주특별자치도지사 상임위원(현) (종)불교

### 김선욱(金善旭·女) KIM Sun Uk

(생)1952·12·21 (출)서울 (주)서울특별시 강남구 테헤란로 422 포스코청암재단 이사장실(02-562-0398) (학)1971년 서울 계성여고졸 1975년 이화여대 법학과졸 1977년 同대학원 법학과졸 1988년 법학박사(독일 콘스탄츠대) (경)1978~1981년 법무부 법무자문위원회 참사·전문위원 1989~1995년 한국여성개발원 연구본부 책임연구원 1993~1995년 한국공법학회 이사 1993~1995년 한국여성학회 이사 1995~2001년 이화여대 법학과 조교수·부교수 1997년 행정쇄신실무위원 1999년 국무총리 행정심판위원 2000년 정부혁신추진실무위원회 민간위원 2001~2018년 이화여대 법학과 교수·법학전문대학원 교수 2001~2003년 同한국여성연구원장 2003년 한국공법학회 부회장 2004년 미국 Cornell Univ. East Asia Program Visiting Scholar 2005~2007년 법제처장(장관급) 2007~2009년 국가인권위원회 정책자문위원회 위원장 2008~2010년 교육과학기술부 법학교육위원회 위원 2008~2009년 한국젠더법학회 회장 2008~2009년 이화여대 젠더법학연구소장 2008년 한국행정판례연구회 감사 2010~2014년 이화여대 총장 2010년 한국독일동문네트워크(ADeKo) 이사장 2011~2013년 헌법재판소 자문위원회 위원 2012~2014년 한국대학교육협의회 이사 2012~2013년 법무부 정책위원회 위원장 2013~2014년 한국젠더법학회 고문 2017년 국회 헌법개정특별위원회 자문위원회 공동위원장 2018년 이화여대 법학전문대학원 명예교수(현) 2018년 삼성전자(주) 사외이사(현) 2018년 포스코청암재단 이사장(현) (상)청조근정훈장(2007) (저)'21세기의 여성과 여성정책' '독일여성정책' '여성정책과 행정조직' '공무원법 비교 연구' '법학입문(共)'(2014, 법문사)

## 김선일(金善日) KIM Sun Il

(생)1965·6·6 (출)경북 안동 (주)서울특별시 양천구 신월로 386 서울남부지방법원(02-2192-1152) (학)1983년 경안고졸 1991년 한양대 법학과졸 (경)1994년 사법시험 합격(36회) 1997년 사법연수원 수료(26기) 1997년 서울지법 남부지원 판사 1999년 서울지법 판사 2003년 대구지법 안동지원 영주시·봉화군법원 판사 2005년 인천지법 부천지원 판사 2007년 서울남부지법 판사 2008년 서울고법 판사 2010년 대법원 재판연구관 2012년 춘천지법 원주지원장 2014년 수원지법 부장판사 2014~2016년 법원행정처 공보관 겸임 2016년 서울중앙지법 부장판사 2019년 서울남부지법 부장판사(현)

## 김선일(金善一)

(생)1974·2·5 (출)경북 의성 (주)강원도 원주시 시청로 149 춘천지방법원 원주지원(033-738-1000) (학)1992년 마산 중앙고졸 1996년 서울대 법학과졸 (경)1997년 사법시험 합격(39회) 2000년 사법연수원 수료(29기) 2000년 해군 법무관 2003년 서울지법 판사 2004년 서울중앙지법 판사 2005년 서울남부지법 판사 2007년 춘천지법 원주지원 판사 2010년 인천지법 판사 2012년 서울동부지법 판사 2013년 대법원 재판연구관 2018년 춘천지법 원주지원장(현)

## 김선재(金善在) KIM Seon Jae

(생)1958·2·16 (본)김해(金海) (출)경남 고성 (주)대전광역시 서구 배재로 155-40 배재대학교 총장실(042-520-5201) (학)진주고졸 1981년 경희대 물리학과졸 1984년 미국 이스턴미시간대 대학원 경제학과졸 1988년 경제학박사(미국 콜로라도주립대) (경)1988년 국회 정책연구위원 1989~2002년 배재대 경영대학 조교수·부교수 1994~1995년 미국 UC-Berkeley대 초빙연구원 1996년 배재대 신문사 주간 1998~2000년 同연구교류처장 2000년 교육부 교육개혁우수대학 평가위원 2000~2002년 미국 하버드대 연구위원 2002년 배재대 전자상거래학과 교수(현) 2017년 同전자상거래학과장 2018년 서울YMCA 시민사회운동부 전문위원(현) 2019년 배재대 총장(현) (저)'The Digital Economy and the Role of Government: Information Technology and Economic Performance in Korea'

## 김선재(金宣在)

(생)1963 (주)서울특별시 광진구 능동로 209 세종대학교 공과대학 나노신소재공학과(02-3408-3780) (학)1986년 서울대 공과대학 금속공학과졸 1988년 한국과학기술원(KAIST) 재료공학과졸(석사) 1992년 재료공학박사(한국과학기술원) (경)1992~2001년 한국원자력연구원 원자력재료팀 선임연구원 2001년 세종대 공과대학 나노신소재공학과 조교수·부교수·교수(현) 2011년 同산학협력단장 겸 연구산학협력처장 2012년 同기술지주회사 대표 2018년 同연구부총장 겸 대학원장(현)

## 김선정(金宣廷·女) Sunjung Kim

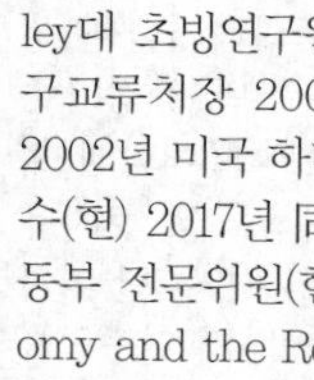

(생)1965·9·17 (출)서울 (주)광주광역시 북구 비엔날레로 111 (재)광주비엔날레(062-608-4114) (학)1988년 이화여대 서양화과졸 1991년 미국 크랜브룩미술대 대학원 서양화과졸 (경)1993~2004년 아트선재센터 부관장 2005~2012년 한국예술종합학교 미술이론과 교수 2005년 제51회 베니스비엔날레 한국관 커미셔너 2006년 테이트미술관 아시아퍼시픽콜렉션 자문위원 2010년 서울국제미디어아트비엔날레 전시총감독 2012년 제9회 광주비엔날레 책임 공동예술감독 2012년 카셀도큐멘타 큐레토리얼팀 에이전트 2012~2017년 리얼디엠지프로젝트 예술감독 2014~2015년 국립아시아문화전당 문화정보원 감독, 국제근현대미술관위원회(CIMAM) 이사회 회원(현) 2016~2017년 아트선재센터 관장 2017년 광주비엔날레 대표이사(현) 2017년 同총괄 큐레이터 겸임(현) 2017년 영국 현대미술전문지 아트리뷰 '미술계 영향력 있는 인사 100인'에 선정 (상)월간미술대상 전시기획부문(2002), 프랑스대사관 문예공로훈장 슈발리에(2003), 문화관광부장관표창(2004)

## 김선정(金善政) KIM Sun Jeong

(출)강원 춘천 (주)서울특별시 중구 필동로1길 30 동국대학교 법학과(02-2260-3853) (학)1976년 동국대 행정학과졸 1982년 고려대 대학원 법학과졸 1992년 법학박사(동국대) (경)1984년 동국대 법학과 교수(현) 1995~1996년 同이부대학장 1996~1998년 同법정대학장 1996년 대한상사중재원 중재인 1998년 성균관대 법대 강사 1998년 보험개발원 자문교수 1999~2000년 미국 노스웨스턴대 로스쿨 방문교수 1999년 한국소비자보호원 분쟁조정위원회 전문위원 1999년 경북도의회 자문교수 2000년 학교법인 경암학원(분당 야탑고) 재단이사 2001~2002년 세계국제법협회(ILA) 한국본부 부회장 2001~2008년 금융감독원 금융분쟁조정위원회 전문위원 2002~2010년 경주시 인사위원 2003년 성균관대 보험문화연구소 객원연구위원 2004~2015년 변리사시험위원 2004년 법무부 사법시험출제위원 2006년 同사법시험위원 2006~2009년 (사)한국법학교수회 부회장 2006~2007년 동국대 사회과학대학원장 겸 법정복지대학장 2006년 직무발명법개정위원 2007~2008년 경주시 지역혁신위원회 위원 2007~2009년 특허청 직무발명연구회 제도분과위원장 2008년 교육과학기술부 대학기술지주회사설립인가위원 2008~2010년 동국대 비교법문화연구원장 2008년 교육부 대학기술지주회사설립인가위원회 위원 2009~2011년 한국상사판례학회 회장 2009~2015년 금융감독원 금융분쟁조정위원, 한국중재학회 부회장, 한국저작권법학회 부회장, 한중지적재산권학회 부회장, 한국경영법률학회 감사·부회장, 한국상사법학회 감사·부회장 2010년 국토해양부 자동차손해배상보장사업채권정리위원회 위원 2010년 동부화재해상보험(주) 사외이사 2010~2015년 세무사시험 출제위원 2010~2015년 공인회계사 시험위원 2011년 한국상사판례학회 고문(현) 2011~2013년 한국저작권법학회 회장 2011년 행정고시 시험위원 2011년 변호사시험 출제위원 2011년 한국외국어대 법대 강사 2011년 연세대 법무대학원 강사 2012~2015년 한국무역보험학회 부회장 2012~2013년 서강대 법학전문대학원 강사 2012년 한국연구재단 산학공동연구법인 설립운영자문위원장 2013년 국토교통부 자동차손해배상보장사업채권정리위원회 위원(현) 2013~2015년 동부화재해상보험(주) 사외이사 겸 감사위원 2015년 DB손해보험(주) 소송심의위원(현) 2015년 DB생명보험(주) 사외이사(현) 2015년 생명보험협회 규제심의위원장(현) 2015~2017년 한국무역보험학회 회장 2015~2017년 한국보험법학회 수석부회장 2016년 금융감독원 특별민원심의위원회 위원장(현) 2017년 보험범죄방지포럼 회장(현) 2017~2019년 한국보험법학회 회장 2017년 한국상사법학회 수석부회장 2018~2019년 同회장 2018년 한국무역보험학회 고문(현) (상)특허청장표창(2005) (저)'금융법'(2007) '주식회사법'(2015, 법문사)

## 김선종(金善鍾) KIM Seon Jong

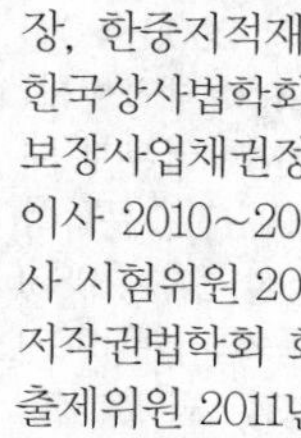

(생)1956·3·6 (출)전북 김제 (주)서울특별시 서초구 서초대로 283 남촌빌딩 4층 법무법인(유) 산경(02-595-0001) (학)1974년 광주제일고졸 1978년 서울대 법학과졸 (경)1979년 사법시험 합격(21회) 1981년 사법연수원 수료(11기) 1981년 서울지법 동부지원판사 1984년 서울형사지법 판사 1985년 광주지법 목포지원 판사 1987년 서울민사지법 판사 1989년 서울지법 북부지원 판사 1991년 서울고법 판사 1994년 대법원 재판연구관 1996년 춘천지법 속초지원장 1998년 수원지법 부장판사 1999년 서울지법 북부지원 부장판사 2000년 서울중앙지법 부장판사 2004년 서울가정법원 수석부장판사 2006년 변호사 개업 2009년 법무법인(유) 산경 대표변호사(현) 2017년 도레이케미칼(주) 사외이사(현)

### 김선종(金先鍾) Kim, Sun Jong (潤史)

(생)1965·8·9 (본)경주(慶州) (출)경기 수원 (주)서울특별시 양천구 안양천로 1071 이대목동병원 치과진료부(02-2650-5197) (학)1984년 부천고졸 1991년 연세대 치대졸 2000년 고려대 대학원 의학석사 2003년 의학박사(고려대) 2007년 미국 펜실베이니아대 대학원 치주·임플란트프로그램과정 수료 2017년 서울대 대학원 행정학과졸 (경)1992~1996년 이화여대 의료원 구강악안면외과 전문의과정 수료 1999년 미국 Harvard-ITI 임플란트프로그램 연수 2007~2009년 고려대 구로병원 치과 보철과 교수 2009년 이화여대 목동병원 구강악안면외과 교수(현) 2011~2015년 同임상치의학대학원 교학부장·부원장 2011~2017년 同목동병원 치과진료부 과장 2014년 同의료원 난치성악골괴사질환치료연구센터장(현) 2015~2017년 同의과대학 치과학교실 주임교수 2015~2017년 同의료원 국제협력실장 2015년 대한악안면성형재건외과학회 학술이사·총무이사(현) 2017년 이화여대 임상치의학대학원장(현) 2017년 대한치과감염학회 회장(현) (상)세계치과의사연맹 최우수 포스터상(2015), 유럽골대사학회 우수논문상(2017), 보건복지부장관표창(2017) (저)'치조정접근법을 통한 상악동 골이식술'(2011) '구강악안면외과학 교과서'(2013) 'Dental implant 이것만은 꼭 알아야 한다'(2014) '악안면성형재건외과학교과서'(2015) '악골괴사질환의 예방과 치료'(2015) (역)'최신임프란트치과학'(2009) (종)기독교

### 김선주(金善珠·女)

(생)1945·4·9 (출)충북 청주 (학)경기여고졸, 이화여대 불어불문학과졸 (경)1985년 '월간문학' 신인상 수상으로 소설가 등단, 소설가(현), 한국문인협회 회원, 여성문학 이사, 이화여대문학회 이사, 한국소설가협회 회원(현), 同중앙위원, 강남문인협회 상임이사, 한국문인협회 소설분과 회장 2008~2019년 이화여대동창문인회 회장 2015년 한국문화콘텐츠21 대표이사(현) 2017~2019년 한국여성문학인회 이사장, 국제펜클럽한국본부 이사(현) (상)월간문학 신인상(1985), 윤동주문학상(1990), 민족문학상(1995), 한국소설문학상, 한국문학백년상(2009) (저)소설 '향수'(1985) '교향'(1986) '잔인한 승부'(1986) '기침소리'(1988) '어둠의 더깨'(1988) '얼음나라'(1988) '박제된 새'(1989) '두꺼비집'(1989) '고추벌레의 땅'(1989) 창작집 '유리벽 저쪽'(1991) '길 위에 서면 나그네가 된다'(1995) '풀각시'(2006, 청개구리) '넌 내 짝이야'(2010, 청개구리) '웃는세상'(2014, 인간과문학사) '꽃비 내리다(2014, 개미) '미친 해바라기'(2016, 등대지기) '아득한 존재의 숨결'(2018, 인간과문학사) 장편소설 '파라도'(1992) '불꽃나무'(1996) '누가 챔피온을 먹었나'(2000) '장대한 희망'(2010, 문학정신사) 역사인물소설 '송자소전(宋子素傳)(2005)

### 김선주(金善柱) KIM Sun Joo

(생)1954·8·18 (주)서울특별시 광진구 능동로 120 건국대학교 사회환경공학부(02-450-3753) (학)보성고졸 1980년 건국대 농공학과졸 1982년 同대학원 농공학과졸 1988년 농공학박사(건국대) (경)1984~1990년 안성농업전문대·건국대·강원대 강사 1989년 일본 농림수산성 농업공학연구소 연구원 1990년 同북륙농업시험장 특별연구원 1991~2016년 건국대 사회환경시스템공학과 교수 1991년 한국농공학회 편찬위원 1994년 농어촌진흥공사 기술심의위원 1995년 한국농공학회 수공분과 부위원장 1995~1997년 건국대 농과대학 농공학과장 겸 대학원 농공학과장 1997년 同신문사 편집인 겸 주간 1998년 同학생복지처장 2002년 同생명환경과학대학장 2003년 농림기술연구센터 전문위원 2004~2006년 건국대 농축대학원장 2010년 한국농어촌공사 비상임이사 2011년 한국농공학회 회장 2016~2019년 건국대 사회환경공학부 교수 2018~2019년 同공과대학장 2019년 同공과대학 사회환경공학부 명예교수(현) (상)한국농공학회 장려상(1995), 한국관개배수위원회 공로상(1996), 한국과학기술단체총연합회 학술기술우수논문상(1998), 한국농공학회 학술상(1998), 한국농공학회 공로상(2001), 근정포장(2011)

### 김선중(金善中) KIM Seon Jung

(생)1952·12·14 (본)김해(金海) (출)전남 목포 (주)서울특별시 강남구 테헤란로 317 동훈타워 법무법인 대륙아주(02-3016-5203) (학)1970년 서울고졸 1974년 서울대 법학과졸 2003년 연세대 보건대학원 최고위자과정 수료 (경)1978년 사법시험 합격(20회) 1980년 사법연수원 수료(10기) 1980년 부산지법 판사 1983년 서울지법 남부지원 판사 1985년 서울민사지법 판사 1987년 서울지법 남부지원 판사 1989년 同서부지원 판사 1990년 서울고법 판사 1993년 대법원 재판연구관 1995년 춘천지법 부장판사 1997년 수원지법 여주지원장 1998년 서울가정법원 부장판사 1999~2002년 서울지법 부장판사 2002~2005년 법무법인 일신 변호사 2005~2012년 법무법인 대륙아주 대표변호사 2010년 대한상사중재원 중재인(현) 2010~2014년 서울시 지방소청심사위원회 위원장 2012년 법무법인(유) 대륙아주 고문변호사(현) 2012년 한국의료분쟁조정중재원 감정위원(현) (저)'법인의 어음행위' '최신실무 의료과오 소송법'(2005) '의료사고 손해배상소송'(2012, 육법사) (종)천주교

### 김선중(金善中) KIM SUN JUNG

(생)1964·12·13 (출)경남 거제 (주)서울특별시 중구 퇴계로 24 SK텔링크(주)(070-7400-5001) (학)경남 통영고졸, 부산대 경제학과졸 (경)2001년 SK텔레콤(주) 부산지사 마케팅기획팀장 2006년 同영업본부 판매기획팀장 2009년 同영업본부장 2011년 同수도권마케팅본부장 2013년 同마케팅전략본부장 2014년 同차세대IT추진실장 2015년 同스포츠단장 2017년 SK텔링크(주) 대표이사 사장(현)

### 김선창(金善昌) KIM Sun Chang (泰勳)

(생)1956·3·17 (본)광산(光山) (출)충남 금산 (주)대전광역시 유성구 대학로 291 한국과학기술원 생명과학과(042-350-2619) (학)1975년 양정고졸 1979년 서울대 식품공학과졸 1981년 同대학원 식품미생물전공 석사 1985년 식품미생물 및 분자유전학박사(미국 위스콘신대) (경)1985~1992년 미국 위스콘신대 의대 암연구센터 분자유전학 및 암의학 박사후연구원·책임연구원 1992~1998년 한국과학기술원(KAIST) 조교수·부교수 1995년 한국생물공학회 편집간사 1996년 유전체학술협의회 운영위원 1997~1998년 한국산업미생물학회 국제협력간사 1998년 한국식품과학회 산학협력간사 1998년 한국산업미생물학회 편집위원 1998년 한국과학기술원(KAIST) 생명과학과 교수(현) 2006~2008년 同생명과학과장 2006년 同바이오융합연구소장(현) 2008년 한국과학기술한림원 정회원(현) 2011년 한국과학기술원(KAIST) 글로벌프론티어사업단 지능형바이오시스템설계 및 합성연구단장(현) (상)서울대총장표창(1979), 한국과학재단 30대 우수연구성과(2001), 대한민국농업과학기술상(2001), BBA Biomembranes Award(2005), 카이스트 연구상(2008)

### 김선출(金善出) KIM Seun Chool (滄山)

(생)1958·9·1 (출)전남 무안 (주)전라남도 나주시 빛가람로 640 한국문화예술위원회(061-900-2110) (학)1976년 광주제일고졸 1985년 전남대 사회학과졸 1999년 목포대 대학원 문화인류학과 수료 (경)1983~1984년 도서출판 '일과놀이' 간사 1984~1988년 무등일보 기자·차장 1990~1998년 광주전남문화연대 대표 1990년 무등일보 노조위원장 1990년 광주·전남언론노조협의회 부의장 1991년 광주매일 체육부 차장대우 1991~2001년 同논설위원 겸임 1992년 同경제부 차장 1993년 우리밀살리기 광주본부 이사 1994년 광주매일 사회부 차장 1996년 同사회부장 1997년 同경제부장 1998년 同사회부장 1999년 同문체부장 2003~2014년 한국민족예술인총연합 광주지회 감사·부지회장 2004~2006년 광주전남영산문화진흥협의회 운영위원 2009~2018년 (사)광주민주

화운동기념사업회 상임대표 2010~2016년 (재)지역문화교류재단 이사 2017년 더불어민주당 제19대 대통령선거 후보경선 광주대책위원회 공동본부장 2017년 5.18등 민중항쟁정신헌법전문수록을위한국민운동본부 전국공동위원장 2018년 한국문화예술위원회 상임감사(현) 저'正史 5.18'(1995) '5월의 문화와 예술'(2001) 종가톨릭

## 김선태 Kim Son-tae

생1961 · 9 · 15 주전라북도 전주시 완산구 기린대로 100 천주교 전주교구청(063-230-1094) 학1980년 서울 성신고졸 1984년 가톨릭대 신학과졸 1989년 광주가톨릭대 대학원 종교철학과졸 1997년 기초신학박사(스위스 프리브르대) 경1989년 사제 수품 1989년 천주교 전동성당 보좌신부 1990년 同둔율동성당 보좌신부 1997년 전주가톨릭신학원 부원장 2001년 同원장 2003년 천주교 전주교구 솔내본당 주임신부 2005년 종교교사 연수 2006년 전주가톨릭신학원 원장 2009년 천주교 화산동성당 주임신부 2013년 同연지동성당 주임신부 2016년 同삼천동성당 주임신부 2017년 주교 서품(현) 2017년 천주교 제8대 전주교구장(현) 2017년 한국천주교주교회의 순교자현양과성지순례사목위원회 위원장(현) 2017년 同선교사목주교위원회 위원(현)

## 김선태(金善台) Kim Sun-Tae

생1964 · 12 · 15 출서울 주대전광역시 동구 계족로 447 대전지방국토관리청(042-670-3200) 학1983년 서울 영동고졸 1987년 연세대 경영학과졸 1989년 서울대 대학원 행정학과졸 1997년 미국 미시간주립대 대학원 도시 및 지역계획학과졸 경1989년 행정고시 합격(33회), 건설교통부 토지국 NGIS팀장 2003년 同철도산업구조개혁과장 2005년 同수송정책실 국제항공과장 2007년 아·태경제사회이사회(ESCAP) 파견 2008년 국토해양부 해양환경정책과장 2009년 同주택토지실 국토정보정책관실 국토정보정책과장 2010년 同주택토지실 국토정보정책관실 국토정보정책과장(부이사관) 2010년 同교통정책실 철도정책과장 2012년 대통령실 파견 2013년 국무조정실 새만금사업추진기획단 개발정책관(국장급) 2013년 새만금개발청 투자전략국장 2015년 국토교통부 주택토지실 국토정보정책관 2016년 국외 직무훈련(일본 호세이대 이노베이션 매니지먼트 연구센터) 2017년 국토교통부 도로국장 2018년 대전지방국토관리청장(현)

## 김선택(金善澤) Kim, Sun Taek

생1960 · 7 · 7 본광산(光山) 출경남 마산 주서울특별시 종로구 세종대로23길 54 세종빌딩 10층2호 한국납세자연맹(02-736-1940) 학1986년 창원대 경영학과졸 경1988년 (주)한양 경리부 근무 1999~2000년 판례법인세법 강사 2000~2001년 삼일회계법인 삼일총서 집필위원 2001년 한국납세자연맹 회장(현) 2003년 재정경제부 소득세법정비위원 2008년 대통령실 국세행정선진화 자문위원 2010년 세계납세자연맹 이사(현) 2010년 同부회장 저'지방세법상 비업무용토지와 조세법실무'(1998) '판례법인세법'(1999) '국민연금 합법적으로 안내는 법'(2004)

## 김선표(金宣杓) Sun Pyo Kim

생1965 · 4 · 27 본김녕(金寧) 출서울 주서울특별시 종로구 사직로8길 60 외교부 인사기획관실(02-2100-7863) 학1991년 고려대 정치외교학과졸 1995년 영국 에든버러대 대학원 법학과졸 1997년 고려대 대학원 법학과졸 2001년 법학박사(영국 에든버러대) 경1991년 외무고시 수석합격(25회) 1991년 외무부 입부 1998년 駐영국 2등서기관 2004년 외교통상부 조약국 국제법규과장 2007년 駐중국 1등서기관 2008년 대통령 외교안보수석비서관실 행정관 2008년 駐네덜란드 참사관 2010년 외교통상부 국제법률국 국제법규과장 2012년 同국제법률국 심의관 2013년 외교부 국제법률국 심의관 2013~2016년 駐아랍에미리트 공사 2016년 법원행정처 외무협력관 2017년 駐히로시마 총영사(현) 저'해양경계획정이전의 잠정조치 연구' 종기독교

## 김선한(金宣漢) KIM Seon-Hahn

생1958 · 6 · 2 본나주(羅州) 출서울 주서울특별시 성북구 인촌로 73 고려대학교 의과대학 외과학교실(02-920-6644) 학1983년 고려대 의대졸 1987년 同대학원 의학석사 1993년 의학박사(고려대) 경1993~2006년 고려대 의대 일반외과학교실 조교수·부교수 1993~2000년 同안산병원 일반외과장 1993년 대한외과학회 평생회원(현) 1995~1997년 미국 오하이오주 Cleveland Clinic Foundation 대장외과 연구원 2001년 이화여대 의대 외래교수 2002년 성균관대 의대 외래교수 2002년 한솔병원 대장암·복강경수술센터 소장 겸 진료원장 2006년 고려대 의대 외과학교실 교수(현) 2007~2015년 同안암병원 외과 대장항문분과장 2008년 싱가포르국립대 의대 초빙교수, 대한대장항문학회 교육수련위원장, 대한내시경복강경외과학회 학술위원장, 미국대장항문학회(ASCRS) 정회원 및 Membership Commitee 위원, 국제복강경대장수술학회(ISLCRS) 대의원(Members-At-Large), 미국소화기내시경외과학회(SAGES)·유럽대장항문학회(ESCP)·국제소화기외과학회(ISDS)·국제로봇수술학회(MIRA) 정회원 2015년 고려대 안암병원 암센터장(현) 2017~2018년 대한암학회 부회장 상미국 오하이오주 클리블랜드클리닉 대장외과 최우수외과연구원상(1995·1997) 저'대장암 총서(제16장. 대장암의 복강경적 치료)'(1999, 대한소화기학회) '대장항문학(제40장. 대장-직장 질환에서의 복강경 수술의 이용)'(2000, 일조각) 종기독교

## 김선한(金繕漢) Kim Sun Han

생1961·3·25 본경주(慶州) 출경북 영덕 주서울특별시 종로구 율곡로2길 25 연합뉴스 국제뉴스2부(02-398-3114) 학경주고졸, 경희대 영어과졸, 연세대 대학원졸(정치외교학, 정치학석사) 경1984년 코리아헤럴드 기자 1986년 연합통신 기자(공채 5기) 1994년 미국 국방부산하 특수전사령부(USSOCOM) 연수 2000년 연합뉴스 생활경제부 차장 2002년 同외신국 부장대우 2003년 同하노이특파원 2006년 同국제뉴스부 부장급 2006년 同인터넷뉴스부장 2006년 同전략사업본부 마케팅부장, 한국군사학회 연구원 2008년 연합뉴스 전략사업본부 마케팅부장(부국장대우) 2009년 同하노이특파원 2011년 同하노이특파원(부국장급) 2012년 同국제국 국제뉴스3부 부국장 2012년 한·베트남 정부간미래협력포럼 한국측 상임위원(현) 2012년 경주세계문화엑스포 자문위원(현) 2012년 연합뉴스 마케팅국장 2013년 同국제국 국제뉴스3부 기획위원 2014년 同국제국 국제뉴스3부 기획위원(국장대우) 2015년 同편집국 정치부(통일외교안보팀) 대기자 2015년 同편집국 국제뉴스부 대기자(국장대우) 2018년 고려대 국제대학원 베트남아세안글로벌비즈니스 최고위과정 초빙교수(현) 2018년 한국경영자총협회 ESC 상생포럼 최고경영자과정 자문위원(현) 2018년 연합뉴스 마케팅본부 고문 2019년 同베트남 하노이 주재 동남아총국장(현) 상베트남 국가우호 최고훈장(The Medal for Peace and Friendship Among Nations 2012) : 한-베트남 외교 갈등 해소와 베트남 결혼이주여성 지원 프로그램 마련 기여 공로 저'람보와 바보 : 세계의 특수부대, 비밀전사들 I·II'(1993) 'X : 세계의 특수부대, 비밀전사들 I·II'(2000) '작전명 트로이 목마'(2001) '베트남 리포트'(2007) '아시아의 젊은 호랑이-베트남'(2007) '베트남을 通하다'(2015) 역'모딜리아니 스캔들'(1993) '트리플'(1993) '페트리엇게임'(1993) 작다큐멘터리 '외국인의 눈으로 본 하노이 정도 1천년' 주인공으로 출연(2009, 베트남 중앙방송국이 定都 1천년 기념사업으로 특별제작한 다큐멘터리에 외국 거주민 가운데 선정돼 출연. 외신기자로서의 일상 등에 대해 밀착취재한 영상물) '한-베 수교 20주년 기념 뉴스Y 다큐멘터리 4부작' 공동기획(2012, 연합뉴스TV) '신남방정책 1주년 기념 3부작 다큐멘터리' 기획(2018, 연합뉴스TV, 연합뉴스) 종기독교

## 김선현(女) Kim Sun Hyun

(생)1968 (출)서울 (주)경기도 포천시 해룡로120 차의과학대학교 미술치료대학원(031-881-7026) (학)서울과학기술대 미술학과졸, 한양대 교육대학원 미술교육학과졸, 가톨릭대 대학원 상담심리학과졸, 이학박사(한양대) (경)차의과학대 미술치료대학원 교수(현), 同미술치료대학원장, 차병원 미술치료클리닉 전문의(현) 1994년 한국미술가협회 정회원(현) 2005년 대한임상미술치료학회(KACAT) 회장(현) 2006년 국제자연치유의학연맹 부회장(현) 2006년 한국통합의학회 총무이사 2007년 미국미술치료학회(AATA) 정회원(현) 2007년 한국심리학회 정회원(현) 2007년 대한암보완대체의학회 부회장(현) 2008년 전국대체의학교수협의회 자문위원(현) 2009년 나눔의 집 홍보대사 2010년 전남도 대한민국통합의학박람회 운영위원장 2010년 국립암센터 완화의료전문가인력풀제 호스피스 실무멘토링 전문가(현) 2012년 전국예술치료교육협의회 부회장(현) 2012년 국군수도병원 자문교수(현) 2013~2014년 세계미술치료학회(WCAT) 조직위원장 2014년 同회장(현) 2014년 안산트라우마센터 프로그램전문위원(현) 2014년 여성가족부 일본군위안부피해자문제진상 규명 및 기념사업추진TF위원회 민간위원(현) 2015년 서울시 학교환경개선컬러컨설팅 자문위원장(현) 2015년 중앙아동보호전문기관 심리치료 자문위원(현) 2015년 (사)대한트라우마협회 회장(현) 2016년 서울시 재난심리회복지원센터 재난심리지원전문가(현) 2019년 제주국제평화센터장(현) (상)여성가족부장관표창(2015)

## 김선혜(金善惠·女) KIM Sun Hae

(생)1955·3·24 (본)김해(金海) (출)광주 (주)서울특별시 서초구 법원로2길 15 길도빌딩 법무법인 길도(02-3476-3300) (학)1973년 경기여고졸 1977년 서울대 법대졸 1982년 同대학원졸 (경)1982년 사법시험 합격(24회) 1984년 사법연수원 수료(14기) 1985년 대전지법 판사 1989년 수원지법 판사 1993년 서울가정법원 판사 1995년 서울지법 판사 1996년 미국 산타클라라대 연수 1997년 서울고법 판사 1999년 서울지법 판사 2000년 대전지법 부장판사 2002년 수원지법 성남지원 부장판사 2004년 서울중앙지법 부장판사 2007~2008년 서울동부지법 부장판사 2008~2017년 연세대 법학전문대학원 교수 2012~2014년 사학분쟁조정위원회 위원 2015~2016년 4.16세월호참사특별조사위원회 상임위원 겸 지원소위원장 2017년 법무법인 길도 변호사(현)

## 김선호(金善鎬) KIM Seon Ho

(생)1953·12·30 (출)서울 (주)서울특별시 강서구 공항대로 260 이화여자대학교 서울병원 신경외과(암센터)(1522-7000) (학)1978년 연세대 의대졸 1983년 同대학원 의학석사 1989년 의학박사(연세대) (경)1979~1983년 연세대 의대 세브란스병원 신경외과 수련의 1983~1985년 同연구강사 1985~1988년 駐韓 美8군병원 신경외과장 1986년 미국 월터리드 육군병원 방문연구원 1988~2019년 연세대 의대 외과학교실 교수 1990~1992년 미국 텍사스대 Marine Biomedical연구소 연구원 1994년 미국 애리조나대 Barrow Neurological연구소 연구원 2003~2005년 연세대 의학도서관장 2011~2016년 同세브란스병원 뇌종양전문클리닉팀장 2012~2016년 同의료원 내분비연구소장 2013년 同세브란스병원 뇌신경센터 소장 2019년 이화여대 서울병원 신경외과(암센터) 교수(현)

## 김선호(金善浩) Sunho Kim

(생)1956·5·19 (본)안동(安東) (출)제주 (주)경기도 용인시 처인구 명지로 116 명지대학교 공과대학 산업경영공학과(031-330-6451) (학)1979년 서울대 산업공학과졸 1986년 미국 펜실베이니아주립대 대학원 산업공학과졸(석사) 1989년 산업공학박사(미국 펜실베이니아주립대) (경)1979~1984년 국방과학연구소 연구원 1989~1992년 한국기계연구원 자동화연구부 선임연구원 1992년 명지대 공과대학 산업경영공학과 교수(현) 1995~1996년 대한산업공학회 편집이사 1996~2009년 한국전자거래학회 이사 1997~1998년 PDM연구회 회장 2000~2007년 한국전자거래표준화통합포럼 전자카탈로그 부위원장 2007~2008년 대한산업공학회 학술부문 부회장 2007~2011년 명지대 사회교육원장 겸 보육교사교육원장 2014~2015년 同산학협력단장·학술연구진흥위원회 부위원장 2015년 전국대학교산학협력단장·연구처장협의회 회장 (상)한국CALS/EC학회 'CALS/EC 학술상'(1998), 한국전자거래학회 학술부문 우수상(2006), 대한산업공학회 백암기술상(2008), 대한산업공학회 정헌학술대상(2009), 부총리 겸 교육부장관표창(2016)

## 김선호(金善浩) KIM Sun Ho

(생)1961·3·26 (출)충남 아산 (주)부산광역시 부산진구 엄광로 176 동의대학교 로봇·자동화공학전공(051-890-2259) (학)1984년 부산대 공과대학 기계공학과졸 1986년 同대학원 정밀기계공학과졸 1997년 공학박사(부산대) (경)1989~2004년 한국기계연구원 지능형정밀기계연구부 책임연구원 1991년 한국정밀공학회 종신회원(현) 2000~2001년 독일 Aachen공대 객원연구원 2003~2004년 과학기술부 국가지정연구실(NRL) 실장 2004년 동의대 로봇·자동화공학전공 조교수·부교수·교수(현) 2004~2007년 산업자원부 국가표준심의위원 2004년 대구시 대구전략산업전문위원회 위원 2005~2006년 (재)부산테크노파크 기계부품소재기술지원센터 기술지원부장 2005년 부산시 기계부품소재산업로드맵작성위원회 위원장(초소형 및 정밀기계분야) 2005년 산업자원부 한일FTA대응부품소재로드맵 기계분과위원장 2006년 미국 세계인명사전 'Marquis Who's Who in the World' 2007년판에 등재 2010년 동의대 산업대학원 부원장 2014~2017년 同산학협력단장 2017~2018년 同LINC+사업단장 2018년 한국기계가공학회 회장 (상)한국과학기술단체총연합회 과학기술우수논문상 (저)'CNC 공작기계 - 원리와 프로그래밍'(2005)

## 김선호(金善鎬)

(생)1962·1·10 (출)전남 화순 (주)전라남도 곡성군 곡성읍 군청로 50 곡성군청 부군수실(061-360-8204) (학)1980년 광주 송원고졸 1986년 전남대 경영학과졸 (경)1989년 공무원 임용(7급) 2004년 전남도 투자진흥과 근무 2009년 同F1대회준비기획단 근무 2011년 同정책기획관 2011년 同도지사 비서관 2015년 同자치행정국 인재양성과장 2016년 행정자치부 파견 2017년 전남도 농림축산식품국 농업정책과장 2018년 전남 곡성군 부군수(현)

## 김선화(金璿和·女) KIM Sun Wha

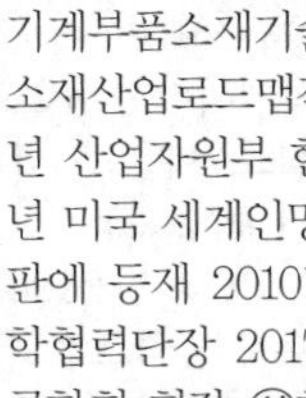

(생)1956·10·9 (출)충남 아산 (주)대전광역시 유성구 대학로 291 한국과학기술원(KAIST) 상임감사실(042-350-2018) (학)정신여고졸 1980년 충남대 금속공학과졸 1982년 同대학원 금속공학과졸 1989년 공학박사(서울대) (경)1982~1985년 포항제철 기술연구소 근무 1989~1992년 한국기계연구소(창원) 제조야금실 선임연구원 1992~2006년 순천향대 공대 신소재공학과 전임강사·조교수·부교수·교수 2006년 同공과대학장 겸 산업기술연구소장, 국가과학기술자문회의 민간위원 2006~2008년 대통령 정보과학기술보좌관 2007~2018년 순천향대 공대 디스플레이신소재공학과 교수 2012년 제19대 국회의원선거 출마(충남 아산, 민주통합당) 2012~2014년 충남도 정책특별보좌관 2014년 새정치민주연합 충남아산지역위원회 위원장 2015~2016년 더불어민주당 충남아산지역위원회 위원장 2018년 한국과학기술원(KAIST) 상임감사(현)

## 김선화(金仙花 · 女)

(생)1969 · 6 · 1 (출)전북 순창 (주)경기도 용인시 기흥구 구성로 243 법무연수원 용인분원(031-288-2300) (학)1987년 성신여고졸 1991년 서울시립대 도시행정학과졸 (경)1998년 사법시험 합격(40회) 2001년 사법연수원 수료(30기) 2001년 서울지검 의정부지청 검사 2003년 광주지검 목포지청 검사 2005년 수원지검 검사 2007년 서울서부지검 검사 2009년 보건복지가족부 파견 2011년 대구지검 검사 2013년 서울중앙지검 검사 2015년 同부부장검사 2016년 대구지검 공판부장 2017년 수원지검 성남지청 형사4부장 2018년 서울중앙지검 공판3부장 2019년 법무연수원 용인분원 교수(현)

## 김선희(金善姬 · 女) KIM Suhn Hee

(생)1956 · 12 · 8 (본)김해(金海) (출)전남 영암 (주)전라북도 전주시 덕진구 건지로 20 전북대학교 의학전문대학원 생리학교실(063-270-3078) (학)1980년 전북대 의대졸 1982년 同대학원 의학석사 1985년 의학박사(전북대) (경)1980년 전북대 의대 조교 1985년 미국 미시간대 의대 박사후 연구원 1986년 전북대 의대 생리학교실 전임강사 · 조교수 · 부교수 · 교수, 同의학전문대학원 생리학교실 교수(현) 2002년 同의과학연구소장 2004년 同의과대학장, 同보건대학원장 2006~2008년 同의학전문대학원 연구부원장 2006년 同의학전문대학원 BK21단장 2010~2012년 同기획처장 2013년 BK21plus 21세기형중개연구인력양성사업단장(현) 2019년 전북대 교학부총장(현) (상)대통령표창(2013), 유당학술상(2013) (저)'신장학'(1991) (종)기독교

## 김선희(女)

(생)1959 (출)경기 여주 (주)부산광역시 해운대구 APEC로 58 부산시립미술관(051-744-2602) (학)전남대 미술교육학과졸, 同대학원졸, 미국 위스콘신대 대학원 미술사학과 수료 (경)1996년 광주시립미술관 학예연구사 1997년 광주비엔날레 전시1팀장 1998년 타이페이비엔날레 한국큐레이터 2000년 광주시립미술관 학예실장 2003~2006년 일본 모리미술관 시니어큐레이터, 중국 상하이 젠다이그룹 히말라야센터 예술감독, 조선대 외국어대학 동양학부 겸임교수, 중국현대미술상 디렉터, 중국현대미술상 큐레이터, 한국국제교류재단 객원큐레이터 2012~2016년 대구시립미술관장 2016년 제주도립김창열미술관 초대 관장 2017년 부산시립미술관장(현)

## 김선희(金善姬 · 女) KIM Sun Hee

(생)1959 · 7 · 25 (본)광산(光山) (출)경기 화성 (주)세종특별자치시 국책연구원로 5 국토연구원 국토환경 · 자원연구본부(044-960-0280) (학)1978년 경기여고졸 1982년 서울시립대 환경공학과졸 1984년 서울대 환경대학원 도시계획학과졸 1994년 공학박사(서울시립대) (경)1982~1990년 국토개발연구원 연구원 1990년 同책임연구원 1999년 환경정의시민연대 생명의물살리기운동본부 부본부장 1999년 국토연구원 국토계획 · 환경연구실 연구위원 1999~2008년 건설교통부 중앙하천관리위원회 위원 2003년 대통령자문 정책기획위원회 위원 2005~2006년 국무조정실 정책평가위원회 위원 2006년 국토연구원 국토환경 · 문화연구실 연구위원 2008~2009년 중앙도시계획위원회 위원 2008~2009년 국가지속가능발전위원회 국토자연분과전문위원회 위원 2009년 경제자유구역위원회 위원 2009년 국토연구원 녹색성장국토전략센터장 2009년 국토연구원 선임연구위원(현) 2010~2013년 행정안전부 정책위원회 위원 2011년 환경부 중앙환경정책위원회 위원 2013년 안전행정부 정책위원회 위원 2014년 산림청 중앙산지관리위원회 위원(현) 2014년 행정자치부 중앙투자심사위원회 위원 2019년 국토연구원 국토환경 · 자원연구본부장(현) (상)대통령표창(2002) (저)'살고싶은 국토만들기(共)'(2006) '공공분쟁의 관리, 과제와 해법(共)'(2008) '강과 한국인의 삶(共)'(2012) '기후변화, 25인의 전문가가 답하다(共)'(2012)

## 김선희(金宣希 · 女)

(생)1964 · 10 · 4 (주)서울특별시 종로구 사직로1길 50 더케이트윈타워 A동 매일유업(주) 임원실(02-2127-2035) (학)1988년 연세대졸 1991년 미국 미네소타대 대학원 경영학과졸 (경)1997~2001년 크레딧아그리콜은행 리스크부장 2005~2007년 한국시티은행 신탁리스크관리부장 2007~2009년 스위스 UBS Investment Bank 신탁리스크관리부 이사 2009년 매일유업(주) 재경본부장(전무) 2010년 同재경본부장(부사장) 2011년 同경영기획본부장(부사장) 2014년 同대표이사 부사장 2014년 同대표이사 사장(현)

## 김선희(金宣希 · 女)

(생)1970 · 9 · 20 (출)전북 익산 (주)서울특별시 서초구 서초중앙로 157 서울중앙지방법원(02-530-1114) (학)1989년 전북 남성여고졸 1994년 한양대 법대졸 (경)1994년 사법시험 합격(36회) 1997년 사법연수원 수료(26기) 1997년 서울지법 동부지원 판사 1999년 서울지법 판사 2002년 전주지법 판사 2006년 서울행정법원 판사 2008년 서울서부지법 판사 2009년 서울고법 판사 2010년 대법원 재판연구관 2012년 춘천지법 강릉지원 부장판사 2014년 인천지법 부장판사 2016년 서울남부지법 부장판사 2018년 서울중앙지법 부장판사(현)

## 김성갑(金聖甲)

(생)1972 · 3 · 1 (주)경상남도 창원시 의창구 상남로 290 경상남도의회(055-211-7370) (학)경남대 행정대학원 사회복지학과졸 (경)삼성중공업 근무(현), 국민참여당 거제지역위원회 청년위원장, 민주당 경남도당 노동위원장, 거제마이스터봉사단 단장, 계룡중 운영위원 2010년 6.2지방선거 경남 거제시의원선거 출마 2014년 새정치민주연합 노동특위원장 2014~2018년 경남 거제시의회 의원(새정치민주연합 · 더불어민주당) 2016~2018년 同총무사회위원장 2016년 더불어민주당 경남도당 을지로위원장 2017년 더불어민주당 제19대 문재인 대통령후보 선거위원회 조직특보 2018년 경남도의회 의원(더불어민주당)(현) 2018년 同경제환경위원회 위원장(현), 민주당 경남도당 상무위원(현), 민주평통 거제시 부회장(현), 통영거제 환경운동연합 회원(현), 거제 사회복지포럼 공동대표(현)

## 김성경(金聖經) KIM Sung Kyung

(생)1950 · 12 · 1 (본)경주(慶州) (출)대전 대덕 (주)대전광역시 동구 백룡로 59 우송학원(042-630-9611) (학)양정고졸 1974년 고려대졸 1981년 건국대 행정대학원졸 1983년 미국 Gonzaga University졸 1990년 행정학박사(단국대) (경)1979~1991년 대전실업전문대 부교수 1991~1994년 同학장 1991년 노동부 노동정책평가위원 1994~2005년 보이스카우트 대전연맹 위원장 · 부연맹장 1994년 중경산업대 총장 1995년 대전방송 시청자위원장(현) 1996년 우송산업대 총장 1998~2005년 우송대 총장 1999년 민주평통 자문위원 2000년 대전고법 조정위원 2005년 학교법인 우송학원 이사장 2016년 同 이사(현) (상)국민훈장 동백장(2010) (종)불교

## 김성곤(金星坤) KIM Sung Gon (眞山)

(생)1952 · 11 · 6 (본)김해(金海) (출)부산 (주)서울특별시 강남구 학동로50길 12 (사)평화(02-784-2811) (학)1971년 경기고졸 1980년 고려대 문과대학 사학과졸 1985년 미국 템플대 대학원 종교학과졸 1991년 철학박사(미국 템플대) (경)1992년 원광대 · 이화여대 · 연세대 강사 1992년 아시아종교인평화회의부설 서울평화교육센터 기획실장 1993년 영산원불교

학교 전임강사 1994년 同종교학과 조교수 1994년 한국종교인평화회의(KCPR) 사무총장 1995년 아시아종교인평화회의 평화교육위원장 1996년 한국산업정책연구소 기획실장 1996년 제15대 국회의원(여천, 새정치국민회의·새천년민주당) 1996년 새정치국민회의 총재특보 1996년 同정책위원회 부의장 1998년 同원내부총무 1999년 同과학기술위원장 1999년 청록청소년육영회 이사장 1999~2009년 한민족평화통일연대 이사장 2000년 원광대 동양대학원 겸임교수 2000년 한국산업정책연구소 이사장 2001년 독립기념관 이사 2001년 국립중앙청소년수련원 원장, 아시아종교인평화회의(ACRT) 사무총장 2003년 열린우리당 종교특별위원회 위원장 2004년 제17대 국회의원(여수甲, 열린우리당·대통합민주신당·통합민주당) 2004년 열린우리당 외교안보시스템개혁단장 2004~2006년 同제2정책조정위원장 2006년 국회 국방위원장 2007년 열린우리당 최고위원 2007년 同윤리위원장 2007년 대통합민주신당 정동영 대통령후보 국방특보단장 2008년 제18대 국회의원(여수甲, 통합민주당·민주당·민주통합당) 2008년 민주당 당무위원 2008년 同중앙위원회 부의장 2009년 同세계한인민주회의 수석부의장 2009년 (사)평화 이사장(현) 2012~2016년 제19대 국회의원(여수甲, 민주통합당·민주당·새정치민주연합·더불어민주당) 2013년 민주통합당 전당대회준비위원회 위원장 2013년 국회 외교통일위원회 위원 2014년 새정치민주연합 남북관계발전 및 통일위원회 위원장 2014년 同세계한인민주회의 수석부의장 2014년 同전국대의원대회준비위원회 위원장 2014~2015년 同비상대책위원회 위원 2015년 국회 남북관계 및 교류협력발전특별위원회 위원 2015년 새정치민주연합 전략공천관리위원장 2015년 同전남도당 위원장 직대 2015년 더불어민주당 세계한인민주회의 수석부의장 2015~2016년 同전략공천관리위원장 2016년 제20대 국회의원선거 출마(서울 강남구甲, 더불어민주당) 2016~2018년 더불어민주당 서울강남구甲지역위원회 위원장 2017년 同제19대 문재인 대통령후보 중앙선거대책위원회 재외국민투표지원위원회 위원장 2018년 국회 사무총장(장관급) (상)매니페스토 약속대상 최우수상(2009), 대한민국 국회의원 의정대상(2013), 한국언론사협회 국제평화언론대상 의정발전공헌 최고대상(2015) (종)원불교

### 김성곤(金成坤) KIM Sung Gon

(생)1960·7·15 (출)전북 남원 (주)광주광역시 동구 준법로 7-12 광주지방법원(062-239-1710) (학)1979년 진주고졸 1983년 중앙대 법학과졸 1985년 同대학원 법학과졸 (경)1987년 사법시험 합격(29회) 1990년 사법연수원 수료(19기) 1990년 전주지법 판사 1993년 同군산지원 판사 1995년 인천지법 부천지원 판사 1998년 서울지법 북부지원 판사 2000년 서울가정법원 판사 2002년 서울고법 판사 2004년 서울중앙지법 판사 2005년 의정부지법 부장판사 2008년 서울남부지법 부장판사 2010년 서울중앙지법 부장판사 2013년 서울서부지법 부장판사 2015년 의정부지법 부장판사 2018년 광주지법 부장판사(현)

### 김성관(金成官)

(생)1952·2·19 (주)서울특별시 강남구 학동로30길 33 삼진빌딩 (주)삼진일렉스(02-2007-0100) (학)1971년 한양공업고졸 1978년 서울산업대(現서울과학기술대) 전기공학과졸 1992년 연세대 경영대학원 수료 2003년 서울산업대 철도기술대학원 철도전기신호공학과졸 2009년 명예 공학박사(서울산업대) (경)1971~1976년 서울시 근무 1976~1978년 (주)동국제강 근무 1978~1980년 (주)한양 근무 1980~1984년 양지종합전설 대표이사 1984년 (주)삼진일렉스 대표이사 회장(현) 1998~2000년 국민생활체육전국족구연합회 회장 2002~2006년 한국조명전기설비학회 부회장, 同최고자문위원(현) 2005년 범전기계발전특별위원회 위원장 2005년 한국전기신문 칼럼니스트 2005~2008년 한국전기공사협회 이사 2005~2013년 민주평통 자문회의 강남구협의회 부회장 겸 자문위원 2008~2011년 전기공사공제조합 이사 2009~2012년 서울과학기술대 명예공과대학장 2013~2014년 한국전기공사협회 CM위원회 위원장 2015년 서울과학기술대 재정위원장(현) 2016년 전기공사공제조합 이사장(현) 2017년 전기관련단체협의회 회장(현) 2019년 산업통상자원부 전기위원회 위원(현) (상)내무부 치안본부장표창(1975), 서울특별시장표창(1996), 건설교통부장관표창(1999), 국무총리표창(2001), 법무부장관표창(2004), 대통령표창(2005), 산업포장(2008), 백만불수출의탑(2009), 기획재정부장관표창(2010), 한국철도공사 사장표창(2011), 자랑스러운 서울과기대인(2014), 한국도시철도공사 사장표창(2015), 글로벌스탠다드경영대상 혁신경영부문 대상(2016) (저)'꿈이라 말하지 마라'(2015, 리더피아)

### 김성권(金聖權) KIM Suhng Gwon

(생)1949·1·2 (본)등주(登州) (출)서울 (주)서울특별시 종로구 창경궁로34길 18-5 서울K내과(02-743-0875) (학)1968년 경기고졸 1974년 서울대 의대졸 1977년 同대학원 의학석사 1979년 의학박사(서울대) (경)1974년~1981년 서울대 의대 인턴·신장내과 전임의 1981년 동부시립병원 내과 과장 1982~1994년 서울대 의대 신장내과학교실 전임강사·조교수·부교수 1985~1987년 미국 신시내티대 의대 내과 교환교수 1994~2014년 서울대 의과대학 내과학교실 교수 1994년 서울대병원 신장내과분과장 1998년 同의료정보실장 2001~2004년 同진료부원장 2003년 同의료정보화추진위원장 2006~2008년 대한신장학회 이사장 2006~2008년 대한의료정보연구소장 2007~2008년 신장학연구재단 이사장 2008~2012년 서울대 의학원 신장연구소장 2008년 대한의료정보학회 회장 2008년 한·중·일 신장컨퍼런스 한국대표 2009~2016년 국제신장학회 이사 2009년 아·태신장학회 이사 2012년 (사)싱겁게먹기실천연구회 이사(현) 2014년 서울대 명예교수(현) 2014년 서울K내과 원장(현) (상)보건복지부 선정 '보건복지신지식인'(2001), 근정포장(2014), 아·태신장학회 로스베일리 공로상(2014) (저)'소금중독 대한민국'(2015, 북스코프) (종)기독교

### 김성규(金成奎) KIM Sung Kyu

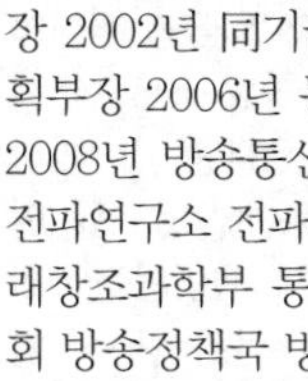

(생)1960·5·30 (본)김녕(金寧) (출)경북 (주)서울특별시 중구 세종대로 124 한국방송광고진흥공사 광고진흥본부(02-731-7114) (학)1978년 오산고졸 1984년 중앙대 심리학과졸, 同신문방송대학원 방송영상뉴미디어학 석사과정 수료 (경)1986~1990년 국방부 근무 1990~1993년 공보처 근무 1993~1998년 종합유선방송위원회 기획조정부 차장·광고부 차장·기획부장·수용자부장·광고부장 1999년 방송위원회 수용자부장 2000년 同심의2부장 2002년 同심의평가실 평가총괄부장 2002년 同기금운영부장 2004년 同심의1부장 2005년 同혁신기획부장 2006년 통일교육원 파견 2006년 방송위원회 매체정책국장 2008년 방송통신위원회 방송정책국 방송정책기획과장 2009년 同전파연구소 전파환경연구과장, 이화여대 파견(공로연수) 2013년 미래창조과학부 통신정책국 통신자원정책과장 2013년 방송통신위원회 방송정책국 방송시장조사과장 2015~2017년 同방송기반국 미디어다양성정책과장 2017년 한국방송광고진흥공사 광고진흥본부장(상임이사)(현) (상)국방부장관표창(1988), 공보처장관표창(1992)

### 김성규(金成圭)

(생)1963·7·2 (주)서울특별시 종로구 세종대로 175 세종문화회관 사장실(02-399-1501) (학)경기고졸, 서강대 경영학과졸 (경)1999년 예술단체경영연구회 D.A.M. 대표(현) 2003~2018년 한미회계법인 대표이사 2006~2014년 (재)예술경영지원센터 이사 및 전임컨설턴트 2007~2018년 추계예술대 문화예술경영대학원 겸임교수 2011~2013년 한국문화예술위원회 기금심의위원 2012~2016년 (재)서울문화재단 문화정책위원 2018년 세종문화회관 사장(현)

## 김성규(金成奎) Kim Seong Gyu

(생)1966 (출)경남 김해 (주)세종특별자치시 한누리대로 411 행정안전부 민원제도혁신과(044-205-2441) (학)김해고졸, 부산대 정치외교학과졸, 同대학원 행정학과졸 (경)2007년 중앙인사위원회 인사심사과 사무관 2009년 안전행정부 교육훈련과 사무관 2012년 同개인정보보호과 사무관 2013년 同창조정부기획과 사무관 2014년 행정자치부 창조정부기획과 서기관 2015년 서울시 재무국 계약심사과장 2016년 행정안전부 통합플랫폼구축과장 2018년 同정부24정책팀 과장 2018년 同민원제도혁신과장(현)

## 김성규(金成圭) KIM Seong Gyu

(생)1972·8·21 (본)김녕(金寧) (출)경남 밀양 (주)서울특별시 종로구 세종대로 178 원자력안전위원회 방사선방재국(02-397-7320) (학)밀양고졸, 고려대졸 (경)2008년 소방방재청 예방안전국 과학방재팀장 2008년 교육과학기술부 인력수급통계과장 2009년 영국 서섹스대 교육파견 2011년 교육과학기술부 대학지원실 대학원제도과장 2013년 미래창조과학부 통신자원정책과장 2015년 同연구개발정책실 기초연구진흥과장 2016년 同거대공공연구정책과장 2017년 과학기술정보통신부 거대공공연구정책과장 2018년 同과학기술혁신본부 성과평가정책과장(부이사관) 2018년 국무총리소속 원자력안전위원회 기획조정관실 혁신기획담당관 2018년 同기획조정관(일반직고위공무원) 2018년 同방사선방재국장(현)

## 김성균(金性勻) KIM Seong Kyoun

(생)1963·2·16 (본)삼척(三陟) (출)강원 삼척 (주)경기도 수원시 팔달구 권선로 733 수도권기상청(031-8025-5049) (학)강릉고졸, 서울대 기상학과졸, 同대학원 대기과학과졸, 강원대 대학원 환경학 박사과정 수료 (경)공군 기상예보장교, 기상청 응용기상국 응용기획과 기상연구관, 同기후정책과 기상사무관, 同재정기획관실 기획담당 2007년 同전략기획담당관 2008년 同창의혁신담당관 2008년 同기획조정관실 기획재정담당관 2009년 同기후변화과학대책과장 2009년 同기후과학국 기후정책과장 2011년 同관측기반국 기상기술과장(부이사관) 2011년 同기상산업정보화국 기상산업정책과장 2012년 부산지방기상청장(고위공무원) 2014년 기상청 기상산업정보화국장 2015년 同기상서비스진흥국장 2015년 同기후과학국장 2016년 국가공무원인재개발원 교육파견 2017년 기상청 기후과학국장(고위공무원) 2018년 同기획조정관 2018년 수도권기상청장(현) (상)대통령표창(2005), 근정포장(2014)

## 김성근(金聖根) Seong Keun KIM

(생)1957·6·19 (본)예안(禮安) (출)대구 (주)서울특별시 관악구 관악로 1 서울대학교 자연과학대학 화학부 503동 425호(02-880-6659) (학)1976년 경기고졸 1980년 서울대 화학과졸 1982년 미국 하버드대 대학원 물리학과졸 1987년 화학물리학박사(미국 하버드대) (경)1987~1989년 미국 시카고대 박사 후 연구원 1989년 서울대 자연과학대학 화학부 교수(현) 2002년 프랑스 파리제13대 석좌초빙교수 2005~2006년 서울대 자연과학대학 기획부학장 2006년 교육인적자원부 선정 '제1회 국가석학' 2008년 국가과학기술위원회 기초과학기술위원회 위원 2008~2013년 대통령직속 미래기획위원회 위원(제1·2기) 2008~2013년 서울대 생물물리 및 화학생물학과정 2008~2013년 교육과학기술부 WCU사업단장 2008~2012년 국가과학기술위원회 기초과학연구진흥협의회 위원 및 부위원장 2009~2010년 대통령직속 미래기획위원회 과학기술TF위원장 2010~2012년 기초기술연구회 전문위원 2010년 교육과학기술부 글로벌프론티어사업 추진위원 2010~2013년 대통령 과학기술비서관 정책자문위원 2010~2013년 한국연구재단 BK21사업 운영위원 2010~2014년 국무총리산하 정부업무평가위원회 위원(제3·4기) 2011~2014년 국제학술지 Physical Chemistry Chemical Physics(PCCP) 부편집인 2011~2015년 기초과학연구원 이사 2012년 국제학술지 Chemical Physics 국제자문이사회 위원(현) 2012~2015년 삼성종합기술원 미래기술연구회장 2013~2016년 삼성미래기술육성재단 이사 2013년 영국왕립화학회 펠로우(Fellow of the Royal Society of Chemistry, FRSC)(현) 2013년 국제학술지 Chemical Science 국제자문이사회 위원(현) 2014~2018년 서울대 자연과학대학장 2014~2018년 同기초과학연구원장 2014~2018년 전국자연과학대학장협의회 회장 2015~2018년 국제학술지 Physical Chemistry Chemical Physics(PCCP) 편집장 및 편집이사회 의장 2015~2018년 과학기술정책평가원(KISTEP) 이사 2016~2018년 한국과학창의재단 이사 2016년 카오스재단 과학위원장(현) 2019년 삼성미래기술육성재단 이사장(현) (상)미국 Harvard Univ. Polaroid Foundation Fellowship(1983), 서암Fellowship 해외연구상(1996), 서울대 SCI 최다인용논문상(1996·1997), Lotte Fellowship 우수연구상(1997), 일본 JSPS Fellowship(1999), 프랑스 파리대 특별초빙교수Award(2002), 교육인적자원부 제1회 국가석학 선정(2006), 과학기술부 우수연구과제 50선 선정(2007), 국가연구개발 우수과제 100선 선정(2007), 나노코리아 2009 심포지엄 Nano Research Award(2009), 홍조근정훈장(2013), Royal Society of Chemistry Fellow 선정(2013), 생물학연구정보센터(BRIC) 국내 Top5 연구 선정(2016) (종)기독교

## 김성근(金聖根) KIM Sung Keun

(생)1958·2·12 (출)경기 안성 (주)서울특별시 종로구 종로3길 17 디타워 23층 법무법인 세종(02-316-4218) (학)1976년 경기고졸 1980년 서울대 법학과졸 1991년 미국 조지타운대 법과대학원졸 (경)1981년 사법시험 합격(23회) 1983년 사법연수원 수료(13기) 1983년 육군 법무관 1986~2010년 법무법인 세종 변호사 1991년 미국 뉴욕주 변호사시험 합격 1991년 미국 Arnold & Porter 법률사무소 근무 1992년 미국 Wilkie Farr & Gallagher 법률사무소 근무 2010년 법무법인 세종 대표변호사(현) 2010~2018년 방송통신위원회 고문변호사 2015년 중앙일보 감사(현) 2016~2018년 산업통상자원부 기업활력제고를위한특별법(기활법)관련 사업재편계획심의위원회 민간위원 2016년 미래창조과학부(現 과학기술정보통신부) 고문변호사(현)

## 김성근(金盛根) Kim Sung Gun

(생)1960·1·17 (주)세종특별자치시 갈매로 408 교육부 학교혁신지원실(044-203-6200) (학)1986년 서울대 사범대학 화학교육과졸 (경)1986년 영동중·제천동중 교사, 전국교직원노동조합 조직국장 2004년 대통령자문 교육혁신위원회 전문위원 2006년 대통령 교육문화비서관실 행정관 2007년 교육인적자원부 교육혁신위원회 근무 2008~2014년 충주여고 교사 2015년 충북도교육청 기획관 2017년 충북도 단재교육연수원장 2018년 교육부 학교혁신지원실장(장학관)(현) (저)'교육 끊어진 길 되짚으며 새 길을 내기 위하여'(2012, 한국과미래)

## 김성근(金聖根) Kim seoungkeun

(생)1964·12·26 (본)경주(慶州) (출)경남 고성 (주)서울특별시 강서구 공항대로 591 대한적십자사 서울중앙혈액원(02-6711-0100) (학)1981년 철성고졸 1989년 국민대 영문학과졸 2001년 서울시립대 대학원 행정학과졸 2017년 북한대학원대 정치통일학 박사과정 수료 (경)1999~2003년 대한적십자사 이산가족팀장·남북협력팀장 2003~2008년 同혈액관리본부 기획조정팀장·기획팀장 2019년 同남북교류팀장·이산가족면회소운영추진단장 2011년 법무부 난민위원회 위원 2012~2017년 대한적십자사 국제남북본부장·인도법연구소장·국제남북국장 2018년 국방대 교수 2019년 대한적십자사 서울중앙혈액원장(현) (상)통일부장관표창(2012) (저)'남북이산가족백서-이산가족70년'(2017, 대한적십자사)

## 김성기(金成基) KIM Seung Kee

(생)1941·7·17 (본)연안(延安) (출)서울 (주)서울특별시 서초구 서초중앙로 118 카이스시스템빌딩 9층 법무법인 신우(02-556-8815) (학)1959년 서울사대부고졸 1963년 서울대 법학과졸 1964년 同사법대학원 수료, 법학박사(서울대) (경)1963년 고등고시 사법과 합격(16회) 1964년 육군 법무관 1968년 서울민사지법 판사 1972년 서울형사지법 판사 1980년 광주고법 판사 1981년 대법원 재판연구관 1981년 제주지법 부장판사 1982년 사법연수원 교수 1984년 서울민사지법 부장판사 1986년 서울지법 남부지원 부장판사 1987년 변호사 개업 1993년 서울지방변호사회 부회장 1993년 대법원 공직자윤리위원 1995~1996년 서울지방변호사회 회장 1998~2002년 조흥은행 비상임이사 1998~2003년 서울지방변호사회 신용조합 이사장 1999~2002년 대한변호사협회 부회장 1999년 법무법인 정현 대표변호사 2003년 법무법인 CHL 변호사 2004년 법무법인 신우 대표변호사(현) 2004년 바른사회시민회의 공동대표 2007년 서울지방변호사회 100주년기념사업위원장 2009~2013년 민주화운동관련자명예회복 및 보상심의위원회 위원장 (상)국민훈장 무궁화장(2010) (종)기독교

## 김성기(金聖基) KIM Song Ki

(생)1953·9·4 (본)경주(慶州) (출)충남 홍성 (주)서울특별시 강남구 강남대로 310 유니온센터 1502호 투데이코리아(0707-178-3820) (학)1972년 경희고졸 1978년 한국외국어대 인도어과졸 (경)1978년 합동통신 입사 1980년 연합통신 기자 1988년 국민일보 제2사회부 차장 1990년 同경제부 차장 1993년 同경제부장 1994년 同전국부장 1995년 同경제부장 1996년 同경제과학부장 1996년 同전국부장 1997년 同충청지역취재본부장 1998년 同전국부장 1999년 同경제부장 2000년 同부국장대우 논설위원 2003년 同심의실장 직대 2004년 同편집국장 2006년 同논설위원 2007~2010년 同감사실장 2007년 同수석논설위원 겸임 2009~2010년 同카피리더 2010년 同편집인 겸 논설위원실장(이사대우) 2012~2014년 同대표이사 사장 2012~2013년 한국신문협회 이사 2016년 同한국신문상심사위원회 위원장 2017년 투데이코리아 부회장(현) (종)기독교

## 김성기(金星基) KIM Seong Ki

(생)1954·2·16 (본)경주(慶州) (출)경기 가평 (주)서울특별시 중구 남대문로 63 한진빌딩 특허법인 광장리앤고(02-772-4258) (학)1978년 서울대 화학교육과졸 1980년 한국과학기술원(KAIST) 화학과졸(석사) 1984년 서울대 행정대학원 행정학과졸 1990년 법학박사(미국 코넬대) (경)1980년 특허청 심사관 1981년 스위스 제네바 세계지적소유권기구(WIPO: World Intellectual Property Organization) 파견 1982년 상공부 석유화학과 사무관 1985~1991년 특허청 심사관 1988년 미국 뉴욕 Baker Botts법률사무소 근무 1990년 '관세와 무역에 관한 일반협정'(GATT) 우루과이라운드 WTO TRIPS 정부협상 대표단 1992년 대한변리사회 상임위원 1994년 연세대 법무대학원 초빙교수 1995년 서울대 행정대학원 강사 1996년 특허소송제도연구위원장 1997년 아시아변리사회(APPA) 한국협회 부회장 1997년 同본부이사 1999년 국제산업재산권보호협회 이사 2002년 同사무국장 2002~2014년 리인터내셔날특허법률사무소 변리사 겸 미국변호사 2002~2010년 서울지법 조정위원 2006~2012년 아시아변리사회(APPA) 한국협회 신지재권공동위원회 위원장 2007~2011년 同한국협회 부회장 2008년 대한변리사회 부회장 2010~2013년 홍익대 일반대학원 MIP과정 겸임교수 2011~2016년 한국국제지식재산보호협회 회장 2012년 AIPPI(국제지적재산보호협회) 제43차 세계총회 조직위원장 2014~2016년 중앙약사심의위원회 전문가 위촉 2015년 특허법인 광장리앤고(Lee & Ko IP) 대표변리사(현) 2016년 한국국제지식재산보호협회 명예회장(현) (상)대통령표창(2006) (종)천주교

## 김성기(金成基) KIM Seong Gi

(생)1956·9·14 (본)삼척(三陟) (출)경기 가평 (주)경기도 가평군 가평읍 석봉로 181 가평군청 군수실(031-580-4501) (학)1975년 가평고졸 1996년 한림전문대 지방행정학과졸 (경)가평군 행정공무원(33년근무), 가평중·고총동문회 회장 2010~2013년 경기도의회 의원(무소속) 2012년 同행정자치위원회 위원 2012년 同보건복지공보위원회 위원 2013년 경기 가평군수(재선거 당선, 무소속) 2014~2018년 경기 가평군수(무소속·새누리당·자유한국당) 2017년 자유한국당 포천시·가평군당원협의회 운영위원장 2018년 경기 가평군수(자유한국당)(현) (상)대한민국 반부패 청렴대상(2016), 대한민국유권자대상 '2017 유권자대상'(2017), 이시대 한국을 빛낸 청렴인 대상(2017), TV조선 경영대상 리더십부문 대상(2018)

## 김성기(金成基)

(생)1958·8·16 (출)경북 (주)경기도 수원시 장안구 서부로 2066 성균관대학교 글로벌바이오메디컬엔지니어링학과(031-290-5702) (학)1980년 경북대졸 1988년 미국 Washington Univ. St. Louis, MO 박사 (경)1991년 미국 미네소타대 CMRR 연구교수 1994년 同방사선과 조교수·부교수 2001~2002년 同방사선과 교수 2002년 미국 피츠버그대 신경생물학 및 방사선과 교수 2009년 同Paul C. Lauterbur 석좌교수 2012년 기초과학연구원(IBS) 뇌과학이미징연구단장(현) 2013년 성균관대 글로벌바이오메디컬공학과 교수(현) 2016년 한국과학기술한림원 정회원(이학부·현) 2017년 성균관대 뇌과학이미징연구단장(현) (상)McKnight Neuroscience Technological Innovation Award(2001), Editors-in-Choice Award NeuroImage(2006), Paul C. Lauterbur Chair in Imaging Research(2009)

## 김성길(金城吉) Kim, Sung Kil

(생)1947·10·7 (주)서울특별시 관악구 관악로 1 서울대학교 음악대학 성악과(02-880-5114) (학)서울대 음악대학 성악과졸, 미국 줄리어드음대 대학원 성악과졸 (경)1974~2007년 서울대 음악대학 성악과 전임강사·조교수·부교수·교수, 同음악대학 성악과장, 몬테칼로 국제성악콩쿠르·동아콩쿠르·중앙콩쿠르·이대웅 한국성악콩쿠르 심사위원 1994~1996년 서울대 음악대학 오페라연구소장 2007년 同음악대학 성악과 명예교수(현) 2008년 신영옥 성악콩쿠르 심사위원장 2014년 대한민국예술원 회원(성악·현) (작)'미국 아스펜심포니 협연'(1971) '미국 워싱턴 필립박물관 초청 독창회'(1971) '미국 피츠버그심포니협연'(1972) 오페라 연주 '피델리오'(1972) '타무타무'(1974) '리골렛또'(1975) '마적'(1976) '한국근대가곡 독일 순회 공연'(1979) '춘향전'(1987) '안중근(창작)'(1995) '나비부인'(2004) 외 다수

## 김성남(金成南) Kim, Sung Nam

(생)1971·5·3 (주)대전광역시 서구 청사로 189 특허심판원(042-481-8672) (학)1989년 한일고졸 1995년 한양대 기계공학과졸 (경)2002년 특허청 심사2국 공조기계심사담당관실 사무관 2003년 同심사2국 공조기계심사담당관실 서기관 2004년 同기계금속심사국 공조기계심사담당관실 서기관, 同기계금속건설심사본부 특허심사정책팀 서기관 2006년 특허심판원 제10부 심판관 2008년 특허청 심사2국 서기관 2010년 특허심판원 심판관 2011년 특허법원 파견(과장급) 2013년 특허심판원 심판5부 심판관 2013년 미국 교육파견(과장급) 2014년 특허심판원 심판4부 심판관 2015년 특허청 특허심사2국 자동차심사과장 2019년 同특허심판원 심판4부 심판관(현)

### 김성대(金聖大) KIM Seong Dae

(생)1953 · 12 · 26 (출)부산 (주)대전광역시 유성구 대학로 291 한국과학기술원 공과대학 전기및전자공학부(042-350-3430) (학)1977년 서울대 전자공학과졸 1979년 한국과학기술원(KAIST) 석사 1983년 공학박사(프랑스 Univ. de Enseeiht) (경)1984~2019년 한국과학기술원(KAIST) 공과대학 전기및전자공학부 조교수 · 부교수 · 교수 1996~1997년 미국 텍사스대 방문교수 2001~2002년 한국과학기술원(KAIST) 전기및전자공학과장 2009년 대한전자공학회 수석부회장 2011~2012년 同회장 2013년 한국공학한림원 정회원(현) 2019년 한국과학기술원(KAIST) 공과대학 전기및전자공학부 명예교수(현) (상)과학기술훈장 진보장(2016)

### 김성대(金成大) KIM Sung Dae

(생)1963 · 6 · 9 (본)의성(義城) (출)강원 강릉 (주)서울특별시 마포구 마포대로 174 서울서부지방법원(02-3271-1114) (학)강릉고졸 1986년 서울대 공법학과졸 (경)1992년 사법시험 합격(34회) 1995년 사법연수원 수료(24기) 1995년 춘천지법 판사 1998년 同원주지원 판사 1999년 수원지법 판사 2002년 서울지법 판사 2004년 서울서부지법 판사 2006년 서울고법 판사 2008년 대법원 재판연구관 2010년 대전지법 제12민사부 부장판사 2012년 의정부지법 고양지원 부장판사 2015년 서울중앙지법 부장판사 2018년 서울서부지법 부장판사(현)

### 김성덕(金聖德) KIM Seong Deok (滿庭)

(생)1946·8·16 (본)경주(慶州) (출)경기 개성 (주)서울특별시 동작구 흑석로 102 중앙대의료원 의료원장실(02-6299-1008) (학)1965년 제물포고졸 1971년 서울대 의대졸 1981년 의학박사(서울대) (경)1971~1976년 서울대병원 인턴·마취과 레지던트 1980~2009년 서울대 의대 마취과학교실 전임강사·조교수·부교수·교수 1984년 미국 펜실베이니아대 교환교수 1985~1996년 서울대 어린이병원 소아마취과장·소아수술실장 1996~2001년 서울대병원 마취통증의학과장·수술부장 1996~1998년 대한소아마취학회 초대 회장 1998~2000년 대한마취과학회 이사장 2001~2005년 서울대 보라매병원장 2004년 대한민국의학한림원 정회원(현) 2006~2007년 대한의사협회 부회장·회장 대행 2007~2010년 한국의학교육평가원 이사장 2008~2010년 한국의학교육협의회 회장 2009년 대한의학회 회장 2009년 중앙대 의무부총장 겸 의료원장(현) 2009~2017년 중앙대병원장 2009년 국방부 정책자문위원 겸 국군수도통합병원 자문위원 2010년 한국의학교육평가원 이사 2011년 서울대 명예교수(현) 2011년 대한대학병원협회 회장, 대한사립대학병원협회 회장(현) 2011~2013년 국가생명윤리정책연구원 원장 2011년 同이사장 2011년 대통령직속 국가생명윤리심의위원회 위원장 2016년 대한병원협회 상임고문단장(현) (상)한독학술경영대상(2016), 게임문화재단 감사패(2019) (저)'실험동물마취학'(1993) '임상소아마취'(1999) '소아호흡관리'(2006) (종)기독교

### 김성도(金聖道) KIM Sung Do

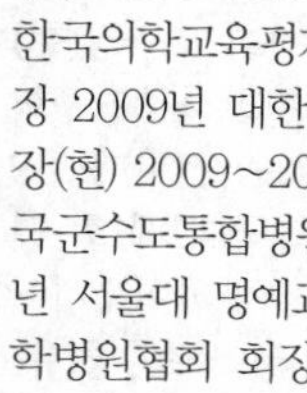

(생)1963 · 7 · 16 (본)경주(慶州) (출)서울 (주)서울특별시 성북구 안암로 145 고려대학교 문과대학 언어학과(02-3290-2175) (학)1986년 고려대 불어불문학과졸, 프랑스 파리제10대(Univ. de Paris X) 대학원 언어학과졸 1991년 언어학박사(프랑스 파리제10대-Univ. de Paris X) (경)1992~1995년 고려대 · 서울대 강사 1995년 고려대 불어불문학과 교수, 同문과대학 언어학과 교수(현) 1996년 프랑스 파리 사회과학고등연구원(EHESS) 연구교수 1998년 캐나다 정부 캐나다학연구자선정 연구교수 1999년 국제기호학회(IASS) 집행위원 2001년 영국 옥스퍼드대 미술사학과 및 언어학연구소 방문교수 2008년 국제소쉬르학술동인회(Cercle Ferdinand de Saussure) 정회원(현) 2008~2009년 미국 하버드대 초청방문학자(풀브라이트 Senior Fellower) 2009~2011년 국제기호학회 집행위원 2010년 프랑스 부르고뉴대 박사논문심사위원장(현) 2010년 同명예석좌교수(현) 2011년 한국영상문화학회 부회장, 고려대 응용문화연구소장 2012년 영국 케임브리지대 방문학자 2013~2014년 한국기호학회 회장 2013년 프랑스 르아브르대 석좌교수(현) 2014년 세계기호학회 부회장(현) 2015~2018년 한국영상문화학회 회장 2015~2017년 고려대 영재교육원장 (상)국제기호학회 Semiotica誌 선정 최우수논문상(1993) (저)'현대기호학강의'(1998, 민음사) '로고스에서 뮈토스까지 : 소쉬르 사상의 새로운 지평'(1999, 한길사) '구조에서 감성으로 : 그레마스 기호학 및 일반 의미론 연구'(2002, 고려대 출판부) '기호학과 철학 그리고 예술(共)'(2002, 소명출판) '21세기 지식 키워드 100(共)'(2003, 한국출판마케팅연구소) '기호학, 마켓팅, 커뮤니케이션'(2003, 나남출판사) '디지털 언어와 인문학의 변형'(2003, 경성대 출판부) '하이퍼미디어 시대의 인문학 : 세계 지성과의 대화'(2003, 생각의 나무) '우리말 철학사전4(共)'(2005, 지식산업사) '도시 인간학'(2014, 안그라픽스) '소쉬르와 서사 – 서사인문학의 효시(共)'(2015, 한국외국어대 출판부) 'Prolegomena to the Urban Semiotics of Seoul : from Historical Amnesia to the Memorable City'(2015, Tallinn : Tallinn University Press) '페르디낭 드 쏘쉬르 : 언어이론의 기호학적 토대(共)'(2015, 창비) 'L'homme trace(共)'(2015, CNRS) 'Hybrid reading(共)'(2016, 신유사) (역)'현대 기호학의 흐름'(1995, 이론과 실천) '그라마톨로지'(1996, 민음사) '의미에 관하여'(1997, 인간사랑)

### 김성동(金盛東) KIM Sung Dong

(생)1954·10·26 (본)안동(安東) (출)서울 (주)서울특별시 영등포구 국회대로74길 20 305호 바른미래당(02-784-1403) (학)1973년 휘문고졸 1977년 고려대 정치외교학과졸 1986년 미국 빌라노바대 대학원 국제정치학과 수료 2001년 중앙대 신문방송대학원졸 2006년 숭실대 대학원 정치학 박사과정 수료 (경)1981년 예편(공군 대위) 1996년 경남대 극동문제연구소 초빙연구위원 2002년 한나라당 서울관악乙지구당 위원장 2004년 同대표비서실 부실장 2005년 同부대변인 2006년 민주화운동보상심의위원회 위원 2006년 여의도연구소 정책자문위원 2007년 한나라당 제17대 대통령중앙선거대책위원회 부대변인 2008~2018년 한세대 미디어영상학부 교수 2010~2012년 한나라당 예산결산특별위원회 위원 2010~2012년 제18대 국회의원(비례대표 승계, 한나라당·새누리당) 2010년 국회 문화체육관광방송통신위원회 위원 2012년 제19대 국회의원선거 출마(서울 마포乙, 새누리당) 2012년 새누리당 통일위원장 2012년 同서울마포구乙당원협의회 운영위원장 2014년 同예산결산위원회 위원 2014~2015년 국회의장 비서실장 2016년 제20대 국회의원선거 출마(서울 마포구乙, 새누리당) 2016년 새누리당 서울마포구乙당원협의회 운영위원장 2016년 同통일위원회 위원장 2017~2018년 바른정당 서울마포구乙당원협의회 운영위원장 2017~2018년 同당무본부장 2017~2018년 同조직강화특별위원회 위원 2017~2018년 同사무총장 2018~2019년 바른미래당 사무부총장 2018년 同조직강화특별위원회 부위원장 2018년 同서울마포구乙지역위원회 위원장(현) (저)'질그릇에 담은 세상'(2011, 석필) (종)기독교

### 김성동(金星東)

(생)1971 · 6 · 23 (출)경북 김천 (주)충청북도 진천군 덕산읍 교연로 780 법무연수원 진천본원 기획과(043-531-1542) (학)1990년 경산고졸 1996년 고려대 법학과졸 (경)1999년 사법시험 합격(41회) 2002년 사법연수원 수료(31기) 2002~2007년 변호사 개업 2007년 의정부지검 고양지청 검사 2009년 울산지검 검사 2011년 부산지검 검사 2013년 서울중앙지검 검사 2016년 同부부장검사 2017년 서울남부지검 부부장검사 2017년 창원지검 공안부장 2018년 대구지검 공안부장 2019년 법무연수원 기획과장(현)

## 김성락(金成樂) KIM SUNG RAK

(생)1961·10·18 (출)부산 (주)서울특별시 종로구 율곡로 75 현대일렉트릭앤에너지시스템(주) R&D 본부(02-746-7545) (학)1980년 부산중앙고졸 1984년 서울대 전기공학과졸 1986년 한국과학기술원 전자공학학과졸(석사) 1993년 전자공학박사(한국과학기술원) (경)2006년 제어로봇시스템학회(ICROS) 총무이사 2008년 한국로봇학회 산학연이사 2008년 제어로봇시스템학회 산학협동이사 2010~2012년 현대중공업(주) 기계전기연구소 로보틱스연구실장 2012년 한국로봇산업협회 부회장 2013년 현대중공업(주) 그린에너지사업본부장 2016년 同그린에너지부문 대표(전무) 2017년 현대일렉트릭앤에너지시스템(주) R&D본부장 겸 CTO(부사장)(현) (상)한국공학한림원 대한민국 100대 기술과 주역상(2010)

## 김성락(金成洛)

(생)1969·5·22 (주)서울특별시 중구 을지로5길 26 미래에셋대우(주) Trading1부문(02-3774-1700) (학)1992년 서강대 정치외교학과졸 2014년 수원대 대학원 금융공학과졸 (경)1992~1995년 신영증권 근무 1995~1999년 한누리살로먼증권 근무 1999년 중앙종합금융 국제투자담당 2000~2002년 Bank of America, Equity Financial Product 2002~2007년 독일 Deutsche Bank, Equity Derivatives Structuring 2009년 한국투자증권(주) 입사 2011년 同Equity담당 상무보 2012년 同Equity담당 상무, 同투자금융본부장(상무) 2016년 同투자금융본부장(전무) 2019년 미래에셋대우(주) Trading1부문대표(부사장)(현)

## 김성래(金聖來) Kim, Sung Rae

(생)1967·2·1 (출)서울 (주)서울특별시 강남구 테헤란로 152 강남파이낸스센터 5층 하이드릭앤스트러글스코리아 사장실(02-3430-6000) (학)1992년 연세대 상경대학 경영학과졸 2004년 同경영대학원졸 (경)1992~1994년 경인에너지 항공유담당 1994~1996년 보스턴은행 외환딜러 1996~2000년 CJ제일제당 기획팀 과장 2000년 同IR팀장(부장) 2005년 同운영팀·기획팀 부장 2007년 하이드릭앤스트러글스코리아 상무 2011년 同전무 2012년 同부사장 2014년 同대표이사 사장(현)

## 김성렬(金成烈) KIM Sung Ryul

(생)1958·11·15 (출)전남 함평 (주)서울특별시 서초구 반포대로 158 서울고등검찰청 총무과(02-530-3261) (학)1987년 단국대 법학과졸 1989년 同대학원졸 (경)1991년 사법시험 합격(33회) 1994년 사법연수원 수료(23기) 1994년 변호사 개업 1995년 대구지검 검사 1997년 춘천지검 영월지청 검사 1998년 서울지검 북부지청 검사 2001년 수원지검 검사 2003년 법무부 법무심의관실 검사 2005년 춘천지검 검사 2006년 同부부장검사 2006년 서울고검 송무부 검사 2007년 대전지검 천안지청 부장검사 2008년 춘천지검 부장검사 2009년 광주지검 공안부장 2009년 수원지검 성남지청 형사3부장 2010년 법무연수원 교수 2010년 광주고검 검사 2011년 의정부지검 고양지청 부장검사 2012년 수원지검 안산지청 부장검사 2013년 서울고검 검사 2015~2017년 대전고검 검사 2015~2017년 수원지검 중요경제범죄조사단 파견 2017년 서울북부지검 중요경제범죄조사단 부장 2019년 서울고검 검사(현) (저)'행위론의 과제'

## 김성록(金成綠)

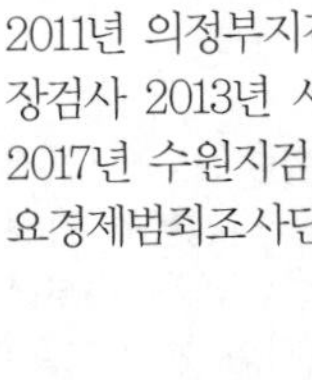

(생)1965·6·1 (주)울산광역시 남구 중앙로 201 울산광역시의회(052-229-5125) (학)울산대 행정학과졸 (경)소상공인시장진흥공단 전문위원(강사)(현), (사)한국사회적일자리창출협회 이사(현) 2018년 울산시의회 의원(더불어민주당)(현) 2018년 同산업건설위원회 위원(현)

## 김성률(金成律)

(생)1969·1·15 (출)대전 (주)대전광역시 서구 둔산중로78번길 45 대전지방법원 총무과(042-470-1684) (학)1987년 충남고졸 1994년 서울대 법학과졸 (경)1997년 사법시험 합격(39회) 2000년 사법연수원 수료(29기) 2000년 울산지법 예비판사 2003년 대전지법 판사 2005년 同천안지원 판사 2008년 同논산지원 판사 2010년 대전고법 판사, 대전지법 판사 2015년 부산지법 부장판사 2019년 대전지법 부장판사(현)

## 김성문(金成文) Kim, Sung Moon

(생)1967·10·9 (출)경북 포항 (주)서울특별시 강남구 테헤란로44길 8 아이콘역삼빌딩 9층 법무법인(유) 클라스(02-555-5007) (학)1986년 포항고졸 1994년 고려대 법학과졸 (경)1997년 사법시험 합격(39회) 2000년 사법연수원 수료(29기) 2000년 수원지검 검사 2002년 대구지검 포항지청 검사 2004년 의정부지검 검사 2006년 춘천지검 원주지청 검사 2008년 서울중앙지검 검사 2012년 수원지검 안양지청 검사 2012년 사법연수원 교수 2014년 창원지검 진주지청 부장검사 2015년 부산지검 외사부장검사 2016~2017년 서울서부지검 공판부장검사 2017년 법무법인 문평 구성원변호사 2018년 법무법인(유) 클라스 변호사(현) 2019년 한국전력기술 청렴시민감사관(현)

## 김성민(金成玟) KIM Sung Min

(생)1958·6·22 (본)황주(黃州) (출)서울 (주)서울특별시 광진구 능동로 120 건국대학교 철학과(02-450-3386) (학)1977년 중앙대사대부고졸 1986년 건국대 철학과졸 1989년 同대학원 철학과졸 1996년 철학박사(건국대) (경)창원대·세종대·상명대·경원전문대·건국대·중부대·한국방송통신대 강사 1996년 중부대 조교수 1997~1999년 同사회교육원장 2000~2001년 同부교수 2001년 건국대 철학과 조교수·부교수·교수(현) 2002년 인문콘텐츠학회 총무이사, 건국대 학생복지처장, 同인문학연구원장(현), 同통일인문학연구단장(현) 2010~2012년 철학연구회 연구위원장, 한국철학사상연구회 이사 2012년 북한연구학회 부회장(현) 2012~2013년 건국대 문과대학장 2012~2014년 한국철학사상연구회 회장 2012년 국제한민족재단 이사(현) 2012~2016년 국제고려학회 한국지회 부회장 2014~2015·2017년 인문한국(HK)연구소협의회 회장 2014년 통일부 자문위원 2014년 한국장학재단 자문위원(현) 2015년 통일부 정책자문위원회 분과장(현) 2015년 (재)민족의학연구원 이사(현) 2018년 한국철학사상연구회 회장(현) 2018년 민족화해협력범국민협의회 정책위원장(현) 2019년 민주평통 국민소통분과위원회 상임위원(현) (상)건국대 제1회 연구공로상(2003), 건국대 연구공로상(2011), KU 리서치 파이오니어(Reserch Pioneer)(2014) (저)'매체철학의 이해'(2005) '소통, 치유, 통합의 통일인문학'(2009, 선인) '인문학자의 통일사유(共)'(2010, 선인) '코리언의 민족정체성(共)'(2012, 선인) '코리언의 분단-통일의식(共)'(2012, 선인) '코리언의 역사적 트라우마(共)'(2012, 선인) '코리언의 생활문화(共)'(2012, 선인) '통일과 인문학'(2014) '통일인문학'(2015, 알렙) '역사가 우리에게 남긴 9가지 트라우마(共)'(2015, 패러다임북) '통일담론의 지성사(共)'(2015, 패러다임북) 등 (역)'영화가 된 철학'(2005) (종)기독교

## 김성민(金聖敏) KIM Sung Min

(생)1962·6·4 (본)김해(金海) (출)전남 신안 (주)서울특별시 영등포구 국회대로76길 18 오성빌딩 1101호 한국농식품융합연구원(02-783-9006) (학)1981년 동국대사대부고졸 1985년 고려대 농업경제학과졸 1995년 캐나다 브리티시컬럼비아대 대학원 농업경제학과졸 2009년 환경자원경제학박사(단국대) 2014년 서울대 경영대학 자연친화고위자과정 수료 (경)1984년 행정고시 합격(28회) 1986년 농림수산부 행정사무관 1989

년 同공보관실 근무 1989년 同장관 비서관 1990년 同유통국 시장과 근무 1995년 同농정기획심의관실 농정기획과 근무 1996년 농림부 농정기획과 서기관 1998년 대통령직인수위원회 경제2분과위원회 파견 2000년 농림부 행정관리담당관 2000~2004년 駐벨기에 참사관 2000년 駐구주연합대표부 참사관 겸임 2004년 농림부 구조정책과장 2006년 同농촌정책과장 2007년 同농산물유통식품산업국 유통정책과장 2008년 농림수산식품부 기획재정담당관(부이사관) 2008~2009년 同식품산업정책단장(고위공무원) 2008년 한국유통학회 이사 2008년 식품유통학회 이사 2008년 농림수산식품부 국가식품클러스터 추진위원 2009~2011년 우송대 글로벌한식조리학과·외식조리학부 전임부교수 2011~2012년 제너시스비비큐 전략기획부문장·사장·경영고문 2012년 (사)한국농식품융합연구원 원장(현) 2012~2018년 한국소비자TV(주) 대표이사 2013년 농림축산식품부 국가식품클러스터 추진위원 2013·2016년 국무총리소속 사행산업통합감독위원회 위원(차관급)(현) 2014~2016년 (사)바르게살기운동본부 중앙부회장 2015~2017년 전남 영암군 민간투자유치자문관 2015년 (사)인성실천범국민연합 공동대표 2017년 한양대 고령산업융합학과 연구교수(현) 2017년 소비자권익포럼 공동대표(현) 2017~2018년 한국농어촌방송 발행인 (상)근정포장(2014) (저)'우리나라 식품산업과 클러스터 정책'(2011, 백산출판사)

## 김성민(金聖玟) Kim seongmin

(생)1962·6·5 (본)전주(全州) (출)평북 희천 (주)서울특별시 강서구 가로공원로 181 (사)자유북한방송국(02-6411-9333) (학)1978년 평양 련광고졸 1992년 북한 김형직사범대 어문학부졸 2005년 중앙대 예술대학원 문예창작학과졸 (경)1992~1995년 북한군 제212군부대 작가(대위) 1995~1999년 탈북·대한민국 입국 2003~2004년 탈북자동지회 회장 2004년 (사)자유북한방송국 대표(현) (상)프랑스 국경없는기자회 '올해의 매체상'(2008), 대만 민주주의기금 '아시아 민주인권상'(2009), 한반도인권과통일을위한변호사모임 '북한인권상'(2019) (저)'북한에서 온 내 친구(共)'(2002, 우리교육) '고향의 노래는 늘 슬픈가'(2004, 다시) '10년 후 북한(共)'(2006, 인간사랑) (작)시 '촌놈주제' 외 12편(2003, 자유문학 여름호) (종)기독교

## 김성배(金聖培) Sung-Bae Kim

(생)1956·11·19 (본)김해(金海) (출)부산 (주)서울특별시 동작구 상도로 369 숭실대학교 사회과학대학 행정학부(02-820-0516) (학)1975년 부산고졸 1979년 서울대 조경학과졸 1985년 미국 캘리포니아대 대학원 도시계획학과졸 1990년 도시계획학박사(미국 하버드대) (경)1991~1995년 국토개발연구원 연구위원 1995년 숭실대 사회과학대학 행정학부 조교수·부교수·교수(현) 2001년 同사회과학대 교학부장 2001~2002년 미국 하버드대 로스쿨 방문교수 2002년 숭실대 사회과학연구소장 2002~2004년 同대학원 교학부장 2003~2005년 정부혁신지방분권위원회 지방분권전문위원회 위원 2007~2008년 숭실대 사회과학연구원장 2008~2009년 영국 런던정경대 방문교수 2009~2010년 세종시 민간합동위원회 민간위원 2010년 숭실대 베어드학부대학장 2011~2012년 한국지역학회 회장 2012~2015년 한국과학기술기획평가원 비상임이사 2012~2013년 숭실대 사회과학대학장 2013년 한국도로공사 비상임이사 2015년 숭실대 숭실평화통일연구원장 (상)한국지방자치학회 우수논문상(2006) (종)기독교

## 김성배(金聖培) KIM Sung Bae

(생)1969·1·7 (본)김해(金海) (출)서울 (주)서울특별시 영등포구 경인로 775 에이스하이테크시티 1동 5층 스포츠서울 사업국(02-2001-0021) (학)여의도고졸, 중앙대 경제학과졸 (경)2006년 스포츠서울 경영기획실 기획관리부 차장 2009년 同경영기획실 기획관리팀장 2010년 同광고국 기획제작부장 2013년 同전략기획실장(국장급) 2014년 同이사 2015~2019년 同경영기획실장(이사) 2016년 한국신문협회 기조협의회 이사 2019년 스포츠서울 사업국장(현) (종)천주교

## 김성범(金晟範) KIM Sung Bum

(생)1968·6·12 (본)광산(光山) (출)제주 남제주 (주)세종특별자치시 다솜2로 94 해양수산부 항만국(044-200-5900) (학)1987년 서귀포고졸 1994년 고려대 행정학과졸 2001년 미국 워싱턴대 해양정책대학원 해양정책학과졸 (경)1993년 행정고시 합격(37회) 1994년 총무처 중앙공무원교육원 행정사무관 1995년 부산지방해운항만청 사무관 1997년 해양수산부 해운물류국 사무관 1997~1998년 同장관 비서관 2001년 同해양환경과 사무관·기획예산담당관실 서기관 2003년 대통령자문 농어업농어촌특별대책위원회 파견 2004년 대통령 농어촌비서관실 행정관 2005년 해양수산부 어업자원국 자원관리과장 2007년 OECD 파견(서기관) 2010년 허베이스피리트피해보상지원단 파견(서기관) 2011년 국토해양부 물류항만실 선원정책과장 2011년 국제유류오염보상기금(IOPC Funds) 추가기금총회 의장(현) 2013년 해양수산부 해운물류국 연안해운과장 2013년 同해운물류국 해운정책과장 2014년 同세월호피해보상지원단 보상운영과장 2015년 同기획조정실 기획재정담당관 2015년 同기획조정실 기획재정담당관(부이사관) 2017년 同해양정책실 해양산업정책관(고위공무원) 2018년 同기획조정실 정책기획관 2019년 同항만국장(현) (종)불교

## 김성보(金成甫)

(생)1968·8·18 (주)서울특별시 중구 세종대로 110 서울특별시청 주택건축본부 주택기획관실(02-2133-7005) (학)1987년 강진고졸 1994년 서울시립대 건축공학과졸 (경)2009년 서울시 공공디자인담당관 2012년 同도시정비과장 2015년 同도시재생본부 공공재생과장 2015년 同도시재생본부 주거사업기획관 직대 2016년 同도시재생본부 주거사업기획관 2018년 同도시재생본부 재생정책기획관 2019년 同주택건축본부 주택기획관(현)

## 김성삼(金聖三) KIM Sung Sam

(생)1966·6·29 (본)청주(淸州) (출)인천 (주)세종특별자치시 다솜3로 95 공정거래위원회 기업집단국(044-200-4849) (학)1985년 부평고졸 1989년 고려대 경제학과졸 (경)1999년 공정거래위원회 기획예산담당관실 사무관 2002년 同독점국 독점정책과 서기관 2005년 경제협력개발기구(OECD) 아시아지역경쟁센터 파견 2005년 공정거래위원회 경쟁정책본부 경쟁주창팀장 2006년 同신유형거래팀장 2007년 금호산업 전략경영본부 부장 2008년 공정거래위원회 규제개혁법무담당관 2009년 同시장분석과장 2009년 同시장구조개선과장 2009년 대통령실 파견(과장급) 2011~2013년 공정거래위원회 경쟁정책국 기업집단과장 2013년 제18대 대통령직인수위원회 경제1분과 실무위원 2013년 미국 교육파견 2014년 공정거래위원회 서울사무소 총괄과장 2015년 同경쟁정책국 경쟁정책과장 2016년 同기획조정관 2018년 서울지방공정거래사무소장 2019년 공정거래위원회 기업집단국장(현)

## 김성수(金成洙) KIM Soung Soo

(생)1930·6·12 (본)광산(光山) (출)인천 강화 (주)서울특별시 중구 수표로 7 인성빌딩 7층 사회연대은행(02-2274-9637) (학)1950년 배재중졸 1957년 단국대 정치학과졸 1961년 연세대 신학과 수료 1964년 대한성공회 성미카엘신학원졸 1973년 영국 셀리오크신학대 수료 1978년 영국 킹알프레드대 특수교육과 수료 1988년 연세대 경영대학원 최고경영자과정 수료 1995년 명예 신학박사(연세대) (경)1964년 대한성공회 부제·사

제 서품 1973년 同성베드로학교장 1975년 동남아성공회의회 한국대표 1978~1984·2003년 세계특수올림픽 한국지부 위원장 1982년 대한성공회 성미카엘신학원 조교수 1984년 주교 서품 1984년 성공회전국의회 의장·유지재단 이사장·성공회재단 이사장 1984~1995년 대한성공회 서울교구장 1984~1995년 연세대 이사 1988년 한국기독교교회협의회 회장 1988~1994년 성공회대 이사장 1989년 정의·평화·창조의보전을위한세계대회(JPIC) 한국준비위원회 상임위원장 1992년 대한성서공회재단 이사장 1993~1995년 대한성공회 관구장, 同은퇴 주교(현) 1995년 유니세프 한국위원회 이사 1995년 성베드로학교 명예교장(현) 1995~2001년 대한성공회 성가수녀회 채플린 1997~2000년 同서울교구 우리마을 설립·원장 1999~2001년 반부패국민연대 회장 1999~2002년 사회복지공동모금회 회장 2000년 지적장애인직업재활시설 우리마을 촌장(현) 2000~2008년 성공회대 총장 2001년 한국대학사회봉사협의회 부회장 2001년 청소년보호위원회 위원 2002년 (사)한국이주노동자건강협회 이사장(현) 2002년 사회연대은행(함께 만드는 세상) 이사장(현) 2003년 통일부 고문 2003~2009년 (사)사랑의친구들 회장 2003년 전국신학대학협의회 회장 2004~2008년 한국대학사회봉사협의회 회장 2004년 사랑밭회 이사장 2004~2016년 푸르메재단 이사장 2004년 열린문화 이사장 2004년 장애인정보문화원 With 뉴스 이사장 2005년 한국YMCA후원회 회장 2010년 하이원리조트 사회공헌위원장 (상)대통령표창(1981), 국민훈장 모란장, 인촌상 공공봉사부문(2011), 제17회 만해대상(2013) (역)'교회의 역사' (종)성공회

**김성수(金聖洙) KIM Soung Soo** (碩耕)

(생)1943·8·18 (본)김해(金海) (출)광주 (주)서울특별시 송파구 법원로 90 문정파트너스2 614호 법무법인 아태(02-755-2980) (학)1961년 경기고졸 1965년 서울대 법과대학졸 1969년 同사법대학원졸 1977년 미국 캘리포니아대 버클리교 대학원졸 1979년 법학박사(미국 캘리포니아 헤이스팅스법과대학원) (경)1967년 사법시험 합격(8회) 1969~1972년 해군 법무관·국방부 법무관실 근무 1972~1976년 서울지법·광주지법 판사 1979년 미국 하버드대 법대 방문교수 1980년 미국 캘리포니아주 변호사시험 합격 1982~2003년 아태합동법률사무소 대표변호사 1983년 대한상사중재원 중재인(현) 1988년 Law Asia Energy법위원회 위원·평생회원(현) 1990년 한국에너지법연구소 소장 2002~2005년 저작권심의조정위원회 위원 2003~2009년 한국산업기술대 에너지대학원 겸임교수 2003년 법무법인 아태 대표변호사(현) (저)'환경법상 기구균형과 법이론의 발전'(1979) '중국 국제기업거래법'(1993) '국제계약법'(1995) '수질환경기사'(1997) '국제에너지자원법' '아태 25년 : 아태법로역정(亞太法路歷程)'(2007) '국제불법행위법'(2009) (종)기독교

**김성수(金聖洙) KIM Sung Soo** (陶星)

(생)1948·6·10 (본)김해(金海) (출)충북 청주 (주)충청북도 청주시 청원구 오창읍 양청송대길 103 (주)젠한국(043-240-9906) (학)1966년 청주고졸 1970년 한양대 공대 화학공학과졸 1975년 연세대 산업대학원졸 1996년 공학박사(충북대) (경)1970년 국립공업연구소 요업과 연구원 1973년 (주)한국도자기 연구실장 1977년 영국 크레스콘 기술연수 1978~1982년 충북대 화학공학과 강사 1982년 (주)한국도자기 전무이사 1989년 同부사장 1990~1999년 한국특수도자기 대표이사 1992~1999년 한도통상 대표이사 1992년 한도관광수안보파크호텔 대표이사 1994~2004년 (주)한국도자기 대표이사 사장 1995년 수안보파크호텔 회장 2004~2006년 (주)한국도자기 부회장 2004년 P.T.한국세라믹인도네시아 회장(현) 2006년 (주)젠한국 회장(현) (상)대통령표창(1983), 동탑산업훈장(1992), 디자인경영 대통령표창, 남녀고용평등상, 글로벌품질경영인대상(2015) (종)기독교

**김성수(金聖秀) KIM Sung Soo** (忍寸)

(생)1952·1·15 (본)경주(慶州) (출)전남 순천 (학)1970년 경복고졸 1975년 고려대 법학과졸 1977년 서울대 대학원 법학과졸, 同대학원 법학 박사과정 수료(2년) (경)국방부/미 고문단 연락장교(해군대위) 1981~1998년 연합통신 외신부·정치부 기자·정치부 차장·정치부 부장대우 1998년 연합뉴스 해외부 부장급 2001년 同워싱턴특파원 2002년 同워싱턴지사장 2004년 同국제부장(부국장대우) 2004년 同국제국 부국장 2005년 同해외국장 2006년 同정치담당 논설위원 2007년 한국전력기술(KOPEC) 비상임이사 2007년 연합뉴스 미주총국장 2009~2012년 同편집인(상무이사) 2009~2013년 외교통상부 정책자문위원 2011년 한국신문방송편집인협회 부회장 2012년 한국외국어대 언론정보학부 외래교수 2012년 가천대 신문방송학과 외래교수 2013~2014년 외교부 정책자문위원 2013~2015년 한국언론진흥재단 경영본부장(상임이사) 2015년 인하대 초빙교수(현) 2016~2018년 원광대 초빙교수 2016~2018년 외교부 정책자문위원 2018년 대한항공 상임고문(현) (상)국방부 1259부대장표창(1981), ASEM보도관련 외교통상부장관표창(2000), 한국참언론인대상(2011) (저)'젊은 세대에게 보내는 대통령이야기'(2001) '오바마의 신화는 눈물이었다'(2009, 열린책들) (종)기독교

**김성수(金性洙) KIM Seong Soo**

(생)1952·6·19 (출)충남 (주)서울특별시 동대문구 경희대로 23 경희대학교한방병원 한방재활의학과(02-958-9213) (학)1974년 경희대 한의학과졸 1977년 同한의과대학원 한의학과졸 1985년 한의학박사(경희대) (경)1975~1978년 경희의료원 한방병원 인턴·레지던트 1978년 육군사관학교 교수 1982~1995년 경희대 한의과대학 전임강사·조교수·부교수 1990~1992년 대한스포츠한의학회 회장 1993년 한방물리요법과학회 회장 1993~1997년 대한한방재활의학과학회 회장 1995년 경희대 한의과대학 재활의학과교실 교수(현) 1998년 경희대한방병원 재활의학과장 2003년 同진료부장 2003년 경희대 한의과대학 재활의학과장 2005~2008·2016~2018년 경희대한방병원장 2017년 문재인 대통령 한방주치의(현) (상)옥조근정훈장(2017) (저)'東醫物理療法科學'(1984) '동의재활의학과학'(1995) '한방재활의학과학'(2003) '한방재활의학과학(제2판)'(2005)

**김성수(金聖洙) KIM Sung Soo**

(생)1956·9·9 (본)선산(善山) (출)서울 (주)서울특별시 영등포구 의사당대로 1 국회 의원회관 313호(02-784-8780) (학)1975년 경기고졸 1982년 서울대 독어독문학과졸 (경)1984년 MBC 입사 1987년 同정치부 기자 1992년 同보도국 TV편집2부 기자 1993년 同보도국 정치부 기자 1996년 同통일외교부 차장대우 2002년 同도쿄특파원(차장) 2003년 同정치부장(부장대우) 2005년 同뉴스편집센터 1CP 2005년 同보도국 부국장 2006년 同보도국 편집에디터 2006년 同편성본부 2TV편성팀장 2007~2008년 同보도국장 2008년 同뉴스데스크 앵커 2008년 同보도국 선임기자(부국장급) 2010년 同논설위원 2011~2014년 목포MBC 사장 2014년 새정치민주연합 원내대표 정무조정실장 2014년 同대변인 2015년 더불어민주당 대변인 2016년 同비상대책위원회 및 선거대책위원회 대변인 2016년 同수석대변인 2016년 제20대 국회의원(비례대표, 더불어민주당)(현) 2016년 더불어민주당 공정언론특별위원회 총괄간사 2016~2017년 국회 미래창조과학방송통신위원회 위원 2017년 더불어민주당 제19대 문재인 대통령후보 중앙선거대책위원회 방송언론정책위원회 부위원장 2017년 통합정부추진위원회 간사 2017~2018년 국회 과학기술정보방송통신위원회 위원 2017·2018년 국회 4차산업혁명특별위원회 위원(현) 2018년 국회 과학기술정보방송통신위원회 간사(현)

**김성수(金星秀) KIM Sung Soo (南泉)**

(생)1956·10·11 (본)연안(延安) (출)제주 서귀포 (주)제주특별자치도 제주시 도령로 65 제주한라병원 원장실(064-740-5203) (학)1975년 경복고졸 1983년 중앙대 의대졸 1990년 同대학원 의학석사 1997년 의학박사(중앙대) (경)1991년 제주한라병원 신장내과장 1992~1996년 同부원장 1996년 중앙대의대동창회 자문위원(현) 1997년 제주한라병원 원장(현) 1998년 중앙대 의대 외래교수(현) 2000년 대한병원협회 기획위원 2000년 대한투석전문의협회 이사(현) 2000년 대한적십자사 제주도지사 대의원 2001년 (사)북한동포돕기 제주도민운동본부 이사(현) 2001년 제주지역장애인고용대책위원회 위원(현) 2003~2006년 제주도의사회 부회장 2005년 법률구조법인 한국가정법률상담소 제주지부 부이사장(현) 2006~2009년 대한의사협회 중앙이사 2006~2009년 대한내과학회 평의원 2011년 제주지방경찰청 경찰발전위원장(현) 2011년 제주도병원협회 회장(현) 2011년 대한병원협회 의무이사(현) 2012년 가톨릭대 여의도성모병원 외래교수 2012년 한국국제의료협회 이사(현) 2012년 同동남아시아분과장(현) 2013년 제주경영자총협회 부회장(현) 2013년 코리아메디컬홀딩스 이사 2013년 헬스리조트 'THE WE' 대표(현) 2013년 한국해양구조협회 제주북부지부 이사 2014년 보건복지부 국제의료사업민관합동TF 자문위원 2015년 韓中의료우호협회 회장(현) 2016년 대한암협회 이사(현) 2016년 제주지방경찰청 경찰발전위원회 위원(현) 2016~2018년 도로교통공단 한국교통방송 제주본부 시청자위원회 위원 2017년 제주해양경찰청 정책자문위원회 위원 2018년 대한병원협회 상임이사(미래정책이사)(현) 2018년 민주평통 제주지역 부의장(현) (상)국무총리표창(2010), 대한민국경제리더대상(2010), 한국을 빛낸 대표브랜드 대상 의료서비스·의료관광부문(2011), 대한민국보건산업대상 지역최우수병원 특별상(2011), 헬스조선 선정 대한민국 대표의료기관(2011), 대한적십자사 명예장(2011), 보건복지부장관표창(2012·2012·2019), 머니투데이 선정 '고부가서비스산업 헬스케어부문 우수기업'(2012), 인도네시아 정부 감사패(2013), 해양수산부장관표창(2014) (종)불교

**김성수(金成洙) KIM Sungsoo**

(생)1956·12·19 (본)김해(金海) (출)경북 경주 (주)서울특별시 관악구 관악로 1 서울대학교 환경대학원 환경계획학과(02-880-8521) (학)1975년 서울고졸 1979년 서울대 공과대학 토목공학과졸 1981년 同환경대학원 환경계획학과졸 1993년 도시계획학박사(미국 하버드대) (경)1983~1984년 육군사관학교 토목공학과 전임강사 1993~2004년 서울대 환경대학원 환경계획학과 조교수·부교수 1996~1998년 건설교통부 중앙교통영향심의위원 1996~2010년 대한교통학회 이사 1998~2000년 서울대 환경대학원 환경계획학과장 2002~2004년 서울시 청계천복원시민위원회 위원 2003년 同도시교통정책심의·교통안전대책위원회 위원 2004년 서울대 환경대학원 환경계획학과 교수(현) 2005~2007년 건설교통부 전략환경평가위원회(교통·물류분야) 위원 2007~2016년 서울시 버스정책시민위원회 위원 2007~2009년 서울대 환경계획연구소장 2010~2012년 국토해양부 국가교통정책조정실무위원회 위원 2010~2012년 同중앙건설기술심의위원회 설계심의분과위원 2010년 서울대 평위원회 위원 2013년 국토교통부 중앙건설기술심의위원회 설계심의분과위원 (상)대한교통학회 논문상(2002), 대한교통학회 논문부문 학술상(2008·2010) (저)'Congestion Pricing in Seoul : A Simulation of the Effects of CBD Cordon Charges'

**김성수(金性洙) Kim Sung Soo**

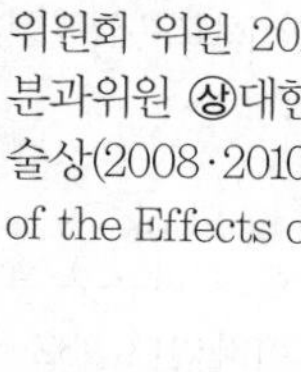

(생)1961·8·20 (본)광산(光山) (출)경기 고양 (주)세종특별자치시 가름로 194 과학기술정보통신부 과학기술혁신본부(044-202-4300) (학)1980년 서울대일고졸 1984년 서울대 화학교육과졸 1985년 한국과학기술원(KAIST) 화학과졸(석사) 1988년 이학박사(한국과학기술원) (경)1990~1997년 한국화학연구원 선임연구원 1997~2019년 同책임연구원 2000~2006년 同한국화합물은행장 2002년 국가기술지도비전II위원회 위원 2003년 미국 PTC제약 방문연구원 2005년 한국화학연구원 신약연구종합지원센터장 2006년 同생명화학연구단장 2007~2008년 과학기술부 과학기술혁신본부 생명해양심의관 2008년 한국화학연구원 선임단장 2010~2011년 同선임연구본부장 2013~2014년 국가과학기술심의회 운영위원회 위원 2014년 한국화학연구원 의약바이오연구본부 의약화학연구센터 연구위원 2016~2018년 한국연구재단 이사 2018~2019년 한국화학연구원 원장 2019년 과학기술정보통신부 과학기술혁신본부장(차관급)(현)

**김성수(金性洙) KIM Sung Soo**

(생)1962·1·8 (출)서울 (주)서울특별시 강남구 테헤란로103길 17 카카오엠(02-2280-7700) (학)1981년 서울 성동고졸 1988년 고려대 불문학과졸 1990년 同대학원 신문방송학과졸 (경)1989년 제일기획 AE 근무 1992년 APEX 마케팅팀장·신규사업팀장 1994년 Tooniverse 편성제작부장 1998년 Tooniverse·OCN·Catchone·바둑TV 방송사업국장 2000년 온미디어 방송본부장(상무) 2001년 同대표이사 2011~2013년 CJ미디어 대표이사 2011~2012년 CJ E&M 대표이사 겸 방송사업부문 대표 2012년 同경영고문 2013년 同공동대표이사 부사장 2015년 同대표이사 부사장 2016~2018년 同대표이사 총괄부사장 2019년 카카오엠 대표이사(현)

**김성수(金聖洙) KIM Sung Soo**

(생)1963·10·15 (본)김해(金海) (출)경북 봉화 (주)대구광역시 수성구 동대구로 364 대구지방법원(053-757-6600) (학)1981년 부평고졸 1985년 서울대 법대 사법학과졸 1986년 중앙대 사회개발대학원 사회개발학과졸 (경)1987년 사법시험 합격(29회) 1990년 사법연수원 수료(19기) 1990년 軍법무관 1993년 수원지법 판사 1995년 서울지법 판사 1997년 춘천지법 영월지원(정선군법원·태백시법원·평창군법원) 판사 2002년 대구고법 판사 2004년 대구지법 판사 2005년 同안동지원장 2007년 대구지법 부장판사 2011년 同서부지원장 2013년 대구지법·대구가정법원 부장판사 2016년 부산지법 부장판사 2018년 대구지법 부장판사(현)

**김성수(金性洙) Kim Sung Soo**

(생)1964 (주)서울특별시 동대문구 이문로 107 한국외국어대학교 사회과학대학 행정학과(02-2173-3121) (학)1987년 서울대 경영학과졸 1989년 同행정대학원 정책학과졸 1996년 정치학박사(독일 베를린자유대) (경)2002~2003년 영국 케임브리지대 객원연구원 2003년 한국외국어대 사회과학대학 행정학과 부교수·교수(현) 2003~2004년 同학과장 2004년 한국행정학회 편집위원 2007년 한국정책학회 연구위원·국제화특별위원회 위원장 2008~2010년 한국외국어대 국정관리연구소장, 同정치행정언론대학원 교수(현) 2018년 同국정관리연구소장(현) 2018년 同사회과학대학장(현) (저)'국제계약법'(1995) '행정법 I'(2000) '행정법 : 7급'(2001) '개별행정법'(2001·2004) '일반행정법 : 행정법이론의 헌법적 원리'(2002·2004) '세법 : 조세법과 공법원리'(2003) '기본서와 요약정리서를 겸한 법무사 수험상법'(2005) '행정법판례평론 : 사례 해설'(2006) '객관식 행정학 개론 : 9급'(2006) 외 다수

**김성수(金聖秀) KIM Seong Su**

(생)1964·3·25 (주)서울특별시 관악구 관악로 1 서울대학교 경영전문대학원(02-880-8797) (학)경기고졸, 서울대 경영학과졸, 미국 시카고대 경영대학원졸, 경영학박사(미국 UCLA) (경)1996~1997년 미국 Case Western Reserve대 교수 1997년 서울대 경영대학 조교수·부교수·교수(현), 同경영전문대학원 교수(현) 1999~2002년 미국 뉴욕주립대 초빙교수 2003~

2005년 서울대 경영사례센터장 2005~2007년 미국 하와이대 경영대학 초빙교수 2011~2013년 서울대 BK경영전문사업단 부단장 2013~2015년 同노사관계연구소장 (상)미국경영학회 최우수논문상, 한국인사조직학회 국제학술상, The Mercer Award Mercer 최우수논문상, 제14회 한국갤럽학술논문상 최우수상(2016), 미국경영학회(Academy of Management) 최우수논문상 학술업적상(Scholarly Achievement Award)(2016) (저)'한국 제약기업의 변화와 도전'(2009) '사원 만족도 관리 전략'(2009) '네오위즈의 인사관리'(2010) '한국기업의 성과주의 인사시스템 변천'(2010) '현대카드현대캐피탈의 변화와 혁신'(2011) '최고의 팀을 만드는 사람관리의 모든 것'(2014)

### 김성수(金星秀) KIM Sung Soo

(생)1965 · 12 · 20 (주)서울특별시 종로구 사직로8길 60 외교부 인사운영팀(02-2100-7863) (학)1990년 건국대 정치외교학과졸 (경)1994년 외무고시 합격(28회) 1994년 외무부 입부 2001년 駐일본 1등서기관 2004년 駐파키스탄 1등서기관 2007년 대통령실 외교안보정책비서관실 파견 2009년 외교안보연구원 교학과장 2010년 외교통상부 동아시아통상과장 2011년 駐아일랜드 참사관 2014년 駐호놀룰루 부총영사 2017년 駐가나 공사참사관 겸 대사 직대 2018년 駐가나 대사(현)

### 김성수(金成洙) KIM SUNG SOO

(생)1966·9·27 (출)경북 영일 (주)부산광역시 연제구 중앙대로 999 부산지방경찰청 여성청소년과(051-899-3948) (학)1990년 경찰대 행정학과졸 (경)2011년 부산 기장경찰서장 2013년 부산지방경찰청 생활안전과장 2014년 부산 연제경찰서장 2015년 부산지방경찰청 경무과장 2016년 부산 해운대경찰서장 2016년 경북지방경찰청 정보화장비과장 2017년 부산지방경찰청 경무과장 2019년 同여성청소년과장(현) (상)녹조근정훈장(2013)

### 김성수(金成洙)

(생)1966 · 12 · 10 (주)경기도 수원시 팔달구 효원로 1 경기도의회(031-8008-7000) (학)한국방송통신대 경제학과 재학 중 (경)명학초등학교 학부모운영회 운영위원, 안양 · 군포 · 의왕 환경운동연합 회원 2010년 경기 안양시의회 의원(민주당 · 민주통합당 · 민주당 · 새정치민주연합), 이종걸 국회의원 지역경제활성화정책특보 2014~2018년 경기 안양시의회 의원(새정치민주연합 · 더불어민주당) 2016~2018년 同보사환경위원회 위원 2016~2018년 同운영위원회 부위원장 2018년 경기도의회 의원(더불어민주당)(현) 2018년 同농정해양위원회 위원(현) 2019년 同예산결산특별위원회 위원(현) 2019년 同일자리창출특별위원회 위원(현) (상)대통령표창(2017)

### 김성수(金聖洙) KIM, Seongsoo

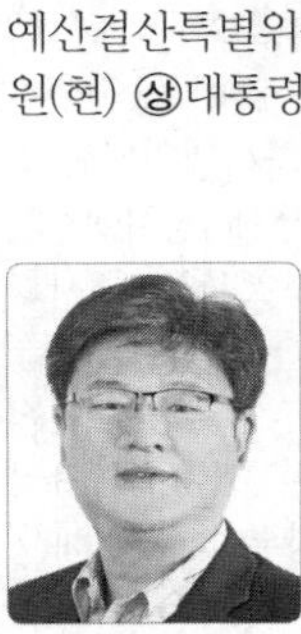

(생)1967 · 7 · 20 (본)광산(光山) (출)서울 (주)서울특별시 종로구 율곡로2길 25 연합뉴스 인사교육부(02-398-3233) (학)1986년 동국대부속고졸 1990년 성균관대 경영학과졸 (경)1990~1995년 두산그룹 (주)두산농산 입사 · 대리 1996년 연합뉴스 입사 2008년 同인사부 차장 2013년 同인사교육부장(현) (종)가톨릭

### 김성수(金性洙) KIM Sung Soo

(생)1968 · 8 · 26 (출)전남 함평 (주)충청북도 청주시 서원구 산남로62번길 51 대전고등법원 청주재판부(043-249-7114) (학)1987년 광주 인성고졸 1992년 한양대 법학과졸 (경)1992년 사법시험 합격(34회) 1995년 사법연수원 수료(24기) 1998년 광주지법 판사 2000년 同해남지원 판사 2002년 광주지법 판사 2003년 同영광군 · 장성군법원 판사 2005년 수원지법 안산지원 판사 2006년 법원행정처 윤리감사제1담당관 2007년 同윤리감사심의관 2010년 제주지법 부장판사 2011년 서울고법 판사 2018년 대전고법 청주재판부 부장판사(현)

### 김성수(金性洙) Kim, Sung Soo

(생)1970 · 1 · 16 (주)서울특별시 종로구 세종대로 178 원자력안전위원회 기획조정관실(02-397-7210) (학)1988년 인하대사대부고졸 1997년 서울대 전기공학부졸 2002년 일본 국립정책연구대학원대(GRIPS) 공공정책학과졸(석사) 2011년 화학박사(영국 임페리얼칼리지런던대) (경)1995년 기술고등고시 합격(32회) 1996~1997년 행정자치부 사무관(시보) 1997~2005년 과학기술부 기술정보과 · 기술개발지원과 · 과학기술인력과 · 장관실 수행비서관 · 원천기술개발과 사무관 2005~2006년 나노소자특화팹센터 전략기획부장(서기관) 2006년 과학기술부 기획법무팀 서기관 2010~2013년 교육과학기술부 글로벌인재협력팀장 · 교육통계과장 · 장관비서관 2013년 미래창조과학부 국제과학비지니스벨트과장 2013~2017년 대통령 과학기술비서관실 행정관(부이사관) 2017년 과학기술정보통신부 성과평가정책과장 2018년 同과학기술혁신본부 과학기술정책과장 2019년 국무총리소속 원자력안전위원회 기획조정관(현) (저)'Advanced Functional Materials(共)'(2010) 'Small(共)'(2010) 'Photonics for Energy(共)'(2012)

### 김성수(金成守) KIM Seong Soo

(생)1972·8·25 (출)광주 (주)서울특별시 강남구 테헤란로 133 법무법인 태평양(02-3404-0673) (학)1989년 광주 진흥고졸 1993년 서울대 법대 공법학과졸 (경)1992년 사법시험 합격(34회) 1995년 사법연수원 수료(24기) 1996년 軍법무관 1998년 서울지법 판사 2000년 서울행정법원 판사 2002년 제주지법 판사 2003년 대전지법 논산지원 판사 2005년 대전고법 판사 2006년 법원행정처 사법정책실 판사 2009년 서울중앙지법 판사 2010년 광주지법 순천지원 부장판사 2011년 대법원 재판연구관 2013년 수원지법 부장판사 2015~2017년 서울중앙지법 부장판사 2017년 법무법인(유) 태평양 변호사(현) (저)'근로기준법 주해 제9조(중간착취배제)(共)'(2010) '난민인정의 요건과 출입국관리법상 난민인정의 검토'(2011, 서울대 공익인권법센터) '국제노동기준의 국내법적 적용'(2011, 노동법실무연구) '법원실무제요 발간위원회(집행비송 분과) 위원'(2014) 'One year after the Korean Refugee Act'(2014, a project of the University of Michigan Law School) '노동조합 및 노동관계조정법 주해 제81조 제4호(부당노동행위 중 지배개입)(共)'(2015)

### 김성수(金成洙)

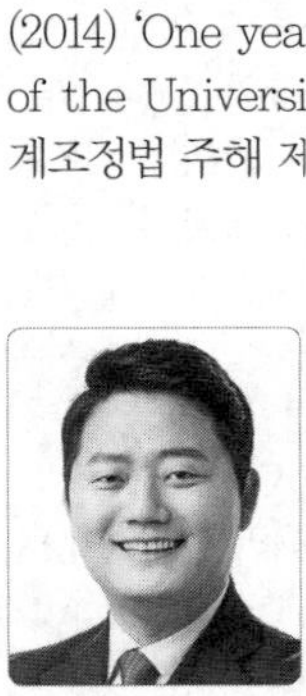

(생)1972 · 11 · 8 (주)인천광역시 남동구 정각로 29 인천광역시의회(032-440-6074) (학)성헌고졸, 용인대 유도학과졸 (경)쌍용자동차 인천 남동구청 대리점 대표(현) 2016년 더불어민주당 인천시당 청년위원장(현) 2017년 同제19대 문재인 대통령후보 중앙선거대책위원회 청년위원회 인천본부장 2018년 인천시의회 의원(더불어민주당)(현) 2018년 同교육위원회 위원(현)

### 김성숙(金星淑 · 女) KIM Sung Sook

(생)1947 · 3 · 3 (출)인천 (주)인천광역시 남동구 문화서로4번길 61-24 인천녹색소비자연대(032-421-6118) (학)1965년 인일여고졸 1969년 이화여대 신문방송학과졸, 숙명여대 경영대학원 경영학과졸 (경)1982~1995년 한국소비자연맹 사무총장 1995년 인천사랑여성모임 대표 1998년 인천방송 심의위원 1999년 인천의제21실천협의회 홍보교육분과 위원장 2000년 인천시 시사편찬위원 2002 · 2006~2010년 인천시의회 의

원(한나라당) 2004~2006년 同운영위원장, 한나라당 인천시당 대변인, 인천시의회 조례정비특별위원장, 한국소비자정책교육학회 이사, 한나라당 인천남구甲당원협의회 부위원장 2009~2010년 인천시의회 예산결산특별위원장 2010년 인천시의원선거 출마(한나라당) 2010년 한나라당 인천시당 서민행복추진단장, 인천녹색소비자연대 상임이사 2011~2013년 한국영상자료원 감사 2013~2015년 인천소비자단체협의회 회장 2015년 인천평생교육진흥원 원장 2017년 인천녹색소비자연대 공동대표(현) 2019년 인천소비자단체협의회 회장(현) (저)'일주일 연수로 배우는 천년의 지방자치' (종)천주교

## 김성식(金成植) Kim Song-Sik

(생)1958·12·16 (본)강동(江東) (출)부산 (주)서울특별시 영등포구 의사당대로 1 국회 의원회관 844호(02-784-2051) (학)1977년 부산고졸 1984년 서울대 경제학과졸 (경)1978·1987년 민주화운동으로 두차례 투옥 1984~1986년 한국노총 전국화학노동조합연맹 정책기획부장 1991년 서울시의원선거 출마(민중당) 1992~1993년 한국사회과학연구소 연구위원 1993~1994년 (사)나라정책연구원 정책기획실장 1994~1995년 방송시사 평론가(CBS 등) 1996년 통합민주당 부대변인·정책실장 1996년 제15대 국회의원선거 출마(통합민주당) 2000~2004년 한나라당 서울관악구甲지구당 위원장 2000년 제16대 국회의원선거 출마(서울 관악구甲, 한나라당) 2003~2004년 한나라당 제2정책조정위원장(경제·예산담당) 2004년 제17대 국회의원선거 출마(서울 관악구甲, 한나라당) 2004~2006년 경기도 정무부지사 2008~2012년 제18대 국회의원(서울 관악구甲, 한나라당·무소속) 2008년 국회 기획재정위원회 위원 2008년 국회 예산결산특별위원회 위원, 국회 일자리특별위원회 위원 2008~2009년 한나라당 초선위원모임 '민본 21' 초대간사 2011년 同정책위원회 부의장(기획재정·정무·예산결산 담당) 2012년 제19대 국회의원선거 출마(서울 관악구甲, 무소속) 2012년 무소속 안철수 대통령후보 공동선거대책본부장 2014년 '국민과 함께하는 새정치추진위원회' 공동위원장 2016년 국민의당 최고위원 2016년 제20대 국회의원(서울 관악구甲, 국민의당·바른미래당〈2018.2〉)(현) 2016년 국민의당 정책위원회 의장 2016~2018년 同서울관악구甲지역위원회 위원장 2016년 同비상대책위원회 위원 2016년 국회 예산결산특별위원회 위원 2016~2018년 국회 기획재정위원회 간사 2016년 국회 저출산·고령화대책특별위원회 위원 2017년 국민의당 수권비전위원회 위원장 2017년 同제19대 안철수 대통령후보 중앙선거대책본부 총괄부본부장 겸 전략본부장 2017~2018년 同복지 및 조세재정개혁TF 위원장 2017~2018년 국회 4차산업혁명특별위원회 위원장 2018년 국회 기획재정위원회 간사(현) 2018년 바른미래당 서울관악구甲지역위원회 위원장(현) 2018년 국회 정치개혁특별위원회 간사(현) (상)국회 백봉신사상 베스트10 선정(2008·2009·2010·2011), NGO모니터단 경제정의실천시민연합 국정감사 우수의원(2008·2009·2010·2011·2016), 바른사회시민회의·시민일보 선정 의정활동 우수의원(2009), 매니페스토약속대상 최우수의원(2010), 국회보좌진 선정 올해의 의원상 대상(2010·2011), 국회헌정대상 종합1위(2011), 국민의당 국정감사 최우수의원(2016), 국회사무처 입법및정책개발 우수의원(2016) (저)'한국경제의 새틀을 찾아'(2009, 새로운 사람들) '김성식의 초선탐구생활 – 국회의원? 뭐하는 사람이야!'(2011, 새로운 사람들) (종)기독교

## 김성식(金成植)

(생)1961·10·16 (출)충북 괴산 (주)충청북도 청주시 상당구 상당로 82 충청북도청 환경산림국(043-220-4000) (학)1979년 청주농고졸 1988년 서울대졸 (경)1990년 공무원 임용(7급 공채) 2006년 충북도 농정국 농정과 사무관 2007년 同문화관광환경국 관광진흥과 사무관 2008년 同행정국 자치행정과 사무관 2009년 同경제통상국 경제정책과 사무관 2010년 同경제통상국 생활경제과 사무관 2012년 同농정국 농업정책과 사무관 2015년 同보건복지국 노인장애인과장(지방서기관) 2017년 同보건복지국 복지정책과장 2018년 충북도 옥천군 부군수 2018년 同환경산림국장(현)

## 김성식(金聖埴) KIM Sung Shik

(생)1967·11·9 (출)서울 (주)서울특별시 중구 퇴계로 307 광희빌딩 14층 (주)벽산 비서실(02-2260-6104) (학)1986년 서울환일고졸 1992년 미국 오하이오주립대(Ohio State Univ.) 마케팅학과졸 1998년 미국 하버드대 경영대학원졸 (경)일본 日東紡織 근무, The Boston Consulting Group 근무, 벽산그룹 구조조정실장, (주)벽산 상무이사 2000년 同전략총괄 전무이사 2005년 同대표이사 사장(현) 2005년 벽산페인트 대표이사 사장(현) 2008년 (주)하츠 공동대표이사 사장 겸임 2009년 同대표이사 사장(현) (상)산업포장(2016) (종)기독교

## 김성암(金聖巖) Kim Sung-arm

(생)1959·12·23 (주)전라남도 나주시 전력로 55 한국전력공사 전력그리드본부(061-345-3114) (학)1977년 남주고졸 1985년 홍익대 전기공학과졸 (경)1985년 한국전력공사 입사 2009년 同감사실 일상감사팀장 2012년 同송변전운영처 근무 2013년 同경남지역본부 전력관리처장 2014년 同남부건설처장 2015년 同송변전건설처장 2016년 同경남지역본부장 2019년 同전력그리드본부장(상임이사)(현) 2019년 同윤리준법위원회 위원(현)

## 김성연(金成娟·女) Kim Seong Yeon

(생)1973·2·9 (출)서울 (주)충청북도 진천군 덕산면 교학로 30 국가공무원인재개발원 연구개발센터(043-931-6030) (학)동덕여고졸 1996년 서울대 독어교육학과졸 2004년 미국 미시간대 경영대학원졸(MBA) (경)1997년 행정고시 합격(40회) 1997년 정보통신부 국제협력관실·협력기획담당관실 사무관 1999년 중앙인사위원회 직무분석과·정책담당관실·인사정책국 정책총괄과 사무관 2004년 同인사정책국 정책총괄과 서기관 2006년 중앙공무원교육원 인재양성부 인재양성2팀장 2008년 행정안전부 지식행정과장 2008년 同기업협력지원관실 서기관 2009년 同기획조정실 행정선진화기획관실 성과고객담당관 2012년 同안전개선과장 2013~2014년 안전행정부 안전개선과장 2014년 국민안전처 운영지원과장 2016년 인사혁신처 인재개발국 인재정책과장 2017년 同인사혁신국 인사혁신기획과장 2018년 국가공무원인재개발원 연구개발센터장(일반직고위공무원)(현) (상)선진교통안전대상 유공 근정포장(2013)

## 김성열(金聖烈) KIM Sung Yeul

(생)1950·1·5 (출)경기 평택 (주)서울특별시 강남구 테헤란로 614 (주)슈페리어 부회장실(02-2192-3112) (학)1986년 대한장로신학대 신학과졸 1992년 고려대 대학원 최고경영자과정 수료 (경)1978년 (주)슈페리어 입사 1995년 同부사장 2001년 同대표이사 2003년 한국패션협회 이사 2005년 강남구상공회의소 부회장 2008년 삼성세무서세정협의회 회장 2008년 광진구 소방방재대책협의회 회장 2009년 서울고법 조정위원협의회 운영위원회 부위원장 2011년 강남포럼 부회장 2013년 (주)슈페리어 부회장(현) 2016년 한국의류시험연구원 이사장(현) (상)대한민국 디자인경영대상(2002), 한국일보 선정 베스트디자인상(2003), 국무총리표창(2009), 기획재정부 성실납세자상(2011), 대통령표창(2012) (종)기독교

## 김성열(金聲烈) Kim Seong Yul

(생)1956·9·15 (본)경주(慶州) (출)제주 (주)경상남도 창원시 마산합포구 경남대학로 7 경남대학교 사범대학 교육학과(055-249-2312) (학)1982년 서울대 교육학과졸 1984년 同대학원 교육학과졸 1993년 교육학박사(서울대) (경)1985~1997년 경남대 사범대학 교육학과 전임강사·조교수·부교수 1997

~1999년 교육부 시·도교육청 평가위원 1997~2008·2011년 경남대 사범대학 교육학과 교수(현) 1998년 同사범대학 교육학과장 2000·2001년 한국교육개발원 학교종합평가위원 2000년 교육부 학술연구심사평가위원 2002년 미국 Northern Illinois Univ. 방문교수 2004~2005년 경남대 교무연구처장 2005~2006년 대통령자문 교육혁신위원회 상임위원 2006~2008년 한국교육정책학회 회장 2008년 경남대 사범대학장 겸 중등교육연수원장 2008년 同교육문제연구소장 2008년 제17대 대통령직인수위원회 자문위원 2008~2011년 한국교육과정평가원 원장 2008~2011년 한국지방교육학회 회장 2011~2014년 경남대 대외부총장 2011~2014년 경남도교육청 정책자문위원장 2011~2014년 교육개혁포럼 대표 2011~2012년 한국교육학회 부회장 2013년 한국교원교육학회 수석부회장 2013~2014년 한국교육학회 상임이사 2013~2014년 국무총리실 정부업무평가위원회 민간전문위원 2014~2018년 한국장학재단 비상임이사 2014년 한국교육행정학회 부회장 2014~2015년 한국교원교육학회 회장 2014~2017년 한국대학교육협의회 대학평가인증위원 2014~2016년 경남대 총장특별보좌역 2015년 한국교육학회 부회장 2015~2016년 한국교육행정학회 회장 2015년 교육부 자체평가위원장(현) 2015~2016년 同교육개혁추진협의회 위원 2016년 미국 세계인명사전 'Marquis Who's Who in the World'에 등재 2016~2017년 교육부 대학구조개혁위원회 위원 2017~2018년 한국장학재단 정책연구위원 2017년 한국교육학회 수석부회장 2019년 同회장(현) (상)한마학술장학재단 학술연구상(1999), 교육과학기술부장관표창(2008) (저)'성인학습과 삶의 변화(共)'(1998) '한국교육50년사(共)'(1998) '학교교육 이렇게 살리자(共)'(2002) '공교육 : 이념·제도·개혁(共)'(2004) '한국교육 60년'(共) (역)'학교교육과 커뮤니케이션'(1989) '국가와 교육'(1992) '학교행정의 윤리적 쟁점'(1995) (종)불교

### 김성열(金聖悅)

(생)1968·8·4 (출)대구 (주)경상남도 창원시 성산구 창이대로 681 창원지방법원 총무과(055-239-2009) (학)1987년 경북고졸 1991년 서울대 법학과졸 1993년 同대학원 법학과졸 (경)1996년 사법시험 합격(38회) 1999년 사법연수원 수료(28기) 2001년 대구지법 판사 2002년 同김천지원 판사 2004년 대구지법 판사 2009년 대구고법 판사 2011년 대구지법 판사 2012년 대법원 재판연구관 2014년 부산지법 부장판사 2016년 대구지법·대구가정법원 경주지원장 2018년 창원지법 부장판사(현)

### 김성열(金星烈) Kim, Sungyeol

(생)1970·5·19 (본)안동(安東) (출)서울 (주)서울특별시 종로구 청와대로 1 대통령정책실 산업정책비서관실(02-770-0011) (학)1989년 배문고졸 1993년 서울대 경영학과졸 1998년 同경영대학원 경영학과졸 2007년 법학박사(미국 뉴욕주립대) (경)1997년 행정고시 합격(41회) 2009년 산업통상자원부 창의혁신담당관 2010년 대통령실 경제수석비서관실 행정관 2012년 駐뉴욕총영사관 상무관 2015년 산업통상자원부 전력진흥과장 2016년 同에너지자원실 전력산업과장 2017년 대통령정책실 경제수석비서관실 산업정책비서관실 행정관(현) (저)'코포릿 아메리카'(2014, 페이퍼로드)

### 김성엽(金成燁)

(생)1963 (출)경남 마산 (주)경상남도 창원시 의창구 중앙대로 300 경상남도청 기획조정실(055-211-2300) (학)마산고졸, 고려대 정치외교학과졸 (경)1992년 행정고시 합격(36회) 2009년 행정안전부 정보화지원과장 2010년 同정보화담당관, 국무총리실 행정정책과장, 부마민주항쟁보상지원단 파견 2015년 정부3.0추진위원회지원단 총괄과장 2016년 행정자치부 조직진단과장 2017~2018년 국립외교원 파견(고위공무원) 2018년 경남도 기획조정실장(현)

### 김성엽(金成燁) KIM Seong Yup

(생)1964·10·10 (출)경북 성주 (주)대구광역시 수성구 동대구로 358-6 성광빌딩 303호 김성엽법률사무소(053-754-7070) (학)1983년 대구 능인고졸 1987년 서울대 공법학과졸 1989년 同대학원졸 (경)1988년 사법시험 합격(30회) 1991년 사법연수원 수료(20기) 1994년 대구지법 판사 1997년 同경주지원 판사 1999년 대구지법 판사 2001년 대구고법 판사 2003년 대구지법 판사 2004년 대법원 재판연구관 2006년 대구지법 부장판사 2008년 미국 시애틀대 교육파견 2010년 대구지법 경주지원장 2012년 대구지법 부장판사 2015~2017년 同서부지원장 2017년 변호사 개업(현)

### 김성영(金成泳)

(생)1963·12 (출)강원 평창 (주)서울특별시 성동구 광나루로 310 푸조비즈타워 (주)이마트24(02-6916-1500) (학)1983년 명륜고졸 1990년 고려대 일어일문학과졸 1992년 일본 와세다대 대학원 일본어과졸 (경)1989년 (주)신세계 입사 1996년 同백화점부문 기획실 기획팀 과장 1998년 同경영기획실 기획팀 과장 2004년 同이마트부문 지원분부 시스템기획팀장 2005년 同경영지원실 기획담당 기획팀장 2009년 同이마트부문 기획담당 수석부장 2011년 (주)이마트 경영지원본부 기획담당 상무보 2011년 신세계그룹 경영전략실 전략기획팀 신규사업 상무 2013년 同전략실 기획팀 사업기획 상무 2015년 (주)이마트 신사업본부장 2016년 (주)이마트위드미 대표이사 2017년 (주)이마트24 대표이사(현)

### 김성옥(金聖玉·女) KIM Sung Ok

(생)1949·2·12 (본)김해(金海) (출)충남 금산 (주)서울특별시 중구 장충단로 72 한국자유총연맹(02-2238-1037) (학)이화여고졸, 이화여대 생물학과졸, 同교육대학원졸, 同대학원 환경공학과졸, 공학박사(이화여대), 연세대 고위여성지도자과정 수료, 이화여대 여성최고지도자과정 수료, 경남대 북한대학원대 민족공동체지도자과정 수료 (경)2010~2012년 보건복지부 중앙보육정책위원회 위원 2010~2016년 (사)한국여성유권자연맹 중앙회장 2010~2015년 여성가족부 정책자문위원회 위원 2010년 이화여대 공과대학 환경공학과 겸임교수(현) 2010~2016년 국정감사NGO모니터단 상임공동대표 2010~2016년 공명선거실천시민운동협의회 상임공동대표 2011년 연세대 여성고위지도자과정(TMP)총동창회 회장, 同고문(현) 2011년 민주평통 자문위원(현) 2011년 (사)여성청소년미디어협회 고문(현) 2011년 서울시 주민투표청구심의회 위원 2014·2015년 삼성생명공익재단 삼성행복대상위원회 추천위원 2014~2017년 한국양성평등교육진흥원 '포럼 본' 운영위원 2015~2016년 혼례문화개선범국민운동본부 공동대표 2015~2017년 대한적십자사 글로벌인도주의여성리더양성프로그램 전문위원 2015년 민주평통 마포구협의회 부회장(현) 2016년 (사)한국여성유권자연맹 고문(현) 2016년 전국시도민향우연합회 공동총재(현) 2016년 한국환경영향평가학회 일반이사(현) 2016·2018년 통일부 제20·21기 통일교육위원(현) 2016년 여성소비자신문 자문위원(현) 2016년 (사)나마스떼코리아 감사(현) 2017년 한국자유총연맹 부총재(현) 2017년 한국여성정치시민대학 학장(현) (상)이화여고 이화를 빛낸 상(2010), 국민포장(2017) (종)천주교

### 김성용(金成龍) KIM Sung Yong

(생)1963·2·17 (본)김해(金海) (출)경북 청도 (주)경상북도 포항시 남구 지곡로 394 포항테크노파크 4벤처동 105호 (주)애인테크놀로지(054-223-2337) (학)1988년 경북대 전자공학과졸 1990년 同대학원 전자공학과졸 1994년 전자공학박사(경북대) (경)1993년 대경전문대학 전자계산과 전임강사 1996년 위덕대 컴퓨터공학부 조교수·부교수·교수, 同컴퓨터공학과 교수, 同자율전공학부 교수, (주)애인테크놀로지 대표이사(현) (저)'교양 컴퓨터입문'(1996) '컴퓨터입문에서 응용까지'(1999) (종)불교

**김성용(金成容) Kim Sung Yong**

(생)1963·7·5 (본)김녕(金寧) (출)전남 담양 (주)경상북도 문경시 모전로 200 산업통상자원부 중부광산안전사무소(054-553-5771) (학)1981년 담양공업고졸 1994년 한국방송통신대 행정학과졸 2009년 한양대 행정자치대학원 행정학과졸 (경)1990년 공무원 임용(7급 공채) 1990~1996년 공보처 홍보국 근무 1996년 통상산업부 무역투자실 수출과 근무(행정주사) 1998년 산업자원부 무역투자실 수출과 근무 2000년 同자원정책실 자원기술과 근무 2002년 同생활산업국 섬유패션산업과 근무 2003년 同기획관리실 법무담당관실 행정사무관 2005년 同감사담당관실 행정사무관 2008년 지식경제부 에너지자원실 석유산업과 행정사무관 2012년 同기획관리실 기획예산과 행정사무관 2014년 산업통상자원부 투자정책과 서기관 2015년 同감사담당관실 서기관 2018년 同중부광산안전사무소장(현) (상)국무총리표창(2000), 대통령표창(2011) (종)불교

**김성용(金聖鎔)**

(생)1964·12·13 (출)부산 (주)서울특별시 종로구 율곡로2길 25 연합뉴스 정보사업국(02-398-3114) (학)1983년 부산고졸 1990년 서울대 서양사학과졸 (경)1990~1994년 세계일보 기자 1994년 연합뉴스 기자 2011년 同마케팅부장 2013년 同사회부장 2014년 同전국부장 2015년 同산업부장 2016년 同논설위원 2016년 同부산취재본부장 2019년 同정보사업국장(현)

**김성용(金性龍) KIM Sung Yong**

(생)1966·3·16 (출)전남 영광 (주)서울특별시 종로구 성균관로 25-2 법학관 법과대학 행정실(02-760-0553) (학)1984년 대성고졸 1988년 서울대 사법학과졸 1997년 미국 펜실베이니아대 법학전문대학원졸(LL.M.) (경)1987년 사법시험 합격(29회) 1990년 사법연수원 수료(19기) 1990~2001년 법무법인 광장 변호사 2001~2006년 법무법인 우현 대표변호사 2004~2007년 재정경제부 금융발전심의회 위원(증권분과) 2006년 법무법인 우현·지산 대표변호사 2006~2009년 성균관대 법학대학 교수 2008년 한국도로공사 비상임이사 2009년 성균관대 법학전문대학원 교수(현) 2009~2012년 금융위원회 자본시장조사심의위원회 위원 2011~2012년 同법률자문위원 2012년 금융감독원 제재심의위원회 위원 2012~2015년 금융위원회 증권선물위원회 비상임위원 2016년 우리은행 사외이사

**김성욱(金聖旭) KIM Sung Wuk**

(생)1968·5·4 (출)서울 (주)서울특별시 송파구 오금로 58 잠실아이스페이스 6층 한올바이오파마 비서실(02-2204-1903) (학)1987년 경기고졸 1993년 연세대 치과대학 치의학과졸 2004년 건국대 정보통신대학원 수료 (경)1997년 연세치과의원 원장 2000~2002년 한올바이오파마(주) 상무이사 2003년 同대표이사 전무 2004년 同대표이사 사장 2013년 同재무기획·마케팅·개발부·전략기획·경영지원·영업부문 대표이사 사장 2015년 同부회장(현) (저)'한올아틀라스'(2009) (종)기독교

**김성원(金聖源) SUNG-WON KIM**

(생)1955·7·23 (출)서울 (주)서울특별시 서대문구 이화여대길 52 이화여자대학교 사범대학 과학교육과(02-3277-2698) (학)1978년 서울대 물리학과졸 1980년 한국과학기술원(KAIST)졸(석사) 1983년 이학박사(한국과학기술원) (경)1985~1994년 이화여대 사범대학 과학교육과 조교수·부교수 1989~1990년 미국 캘리포니아공대 객원교수 1991~1993년 이화여대 사범대학 교학부장 1994년 同사범대학 과학교육과 교수(현) 1995~1998년 同과학교육학과장 1996~2000년 同기초과학연구소 부소장 2000~2002년 同교무처장 2001~2002년 同대학원장 2002년 同총장 직대 2004년 同교과교육연구소장 2005~2006년 한국물리학회 교육과정위원회 위원장 2006~2008년 이화여대 교육대학원장 2007년 한국현장과학교육학회 부회장 2007년 한국물리학회 물리교육위원장 2009년 同물리올림피아드위원장 2010~2014년 한국현장과학교육학회 회장 2013~2014년 한국물리학회 이사 2013~2014년 한국과학교육학회 부회장 2014~2016년 이화여대 사범대학장 2014~2016년 同교육연수원장 겸 이화영재교육원장 (상)이화여대 최우수연구교수상(2000), 교육과학기술부장관표창(2010) (저)'21세기 신기술 시나리오'(1994, 전자신문사) '물리문제 총론'(1997, 교우사) '수리 물리학'(1998, 경문사) '연구방법과 논문작성법'(1999, 이화여대 출판부) '과학이 세계관을 바꾼다'(2000, 푸른나무) '현대과학의 쟁점'(2001, 김영사) 'ICT를 활용한 과학교육'(2003, 이화여대 사범대학) '우주와 인간사이에 질문을 던지다'(2007) '과학수학(共)'(2008) '과학, 삶, 미래'(2009) '중학교과학1 교사용지도서'(2010, 한국과학창의재단) '중학교과학1'(2010, 한국과학창의재단) '과학영재와 영재부모의 역할'(2010, 이화여대 사범대학 이화교육총서) '중학교과학2'(2010, 두배의 느낌) (역)'시간과 화살 : 호킹의 최신 우주론'(1992, 두레출판사) '시간과 공간에 대하여'(1997, 까치사) '우주, 양자, 마음'(2002, 사이언스북스) '빛보다 더 빠른것'(2005, 까치) '시공간의 미래'(2006)

**김성원(金聲遠) Kim Seong Won**

(생)1961·10·19 (출)경기 고양 (주)전라남도 영암군 삼호읍 유수로 46 목포세관(061-460-8500) (학)1981년 서울공고졸 1983년 국립세무대학 관세학과졸 2015년 고려대 행정대학원졸 (경)1983년 공무원 임용 2003~2007년 관세청 심사정책과·종합정책과 근무 2007년 서울세관 4심사관 2009년 同2외환조사관 2010년 인천공항세관 특송1과장 2011년 구미세관장 2012년 관세청 특수통관과장 2013년 同원산지지원담당관 2014년 대전세관장 2015년 김해세관장 2016년 김해공항세관장 2017년 안양세관장 2018~2019년 청주세관장 2019년 목포세관장(현) (상)국무총리표창(1994), 재정경제부장관표창(2002)

**김성원(金成願) Sung Won Kim**

(생)1973·10·15 (본)예안(禮安) (출)경기 동두천 (주)서울특별시 영등포구 의사당대로 1 국회 의원회관 911호(02-784-6566) (학)고려대졸, 同대학원졸 2007년 토목환경공학박사(고려대) (경)2009년 고려대 연구교수 2013년 민주평통 상임위원 2013년 한국자유총연맹 대외협력실장 2014년 국회의장 정무비서관 2016년 제20대 국회의원(경기 동두천시·연천군, 새누리당·자유한국당〈2017.2〉)(현) 2016년 국회 가습기살균제사고진상규명과피해구제및재발방지대책마련을위한국정조사특별위원회 위원 2016년 국회 미래전략자문위원회 위원 2016~2017년 국회 남북관계개선특별위원회 위원 2016년 새누리당 원내부대표 2016·2018년 국회 운영위원회 위원 2016·2018년 국회 정무위원회 위원(현) 2016~2017년 새누리당 청년소통특별위원회 위원장 2016~2017년 同경기동두천시·연천군당원협의회 운영위원장 2016~2017년 同대변인 2017년 자유한국당 경기동두천시·연천군당원협의회 운영위원장(현) 2017년 同청년소통특별위원회 위원장 2017년 同대변인 2017·2018·2019년 국회 예산결산특별위원회 위원(현) 2017년 국회 추경예산안등조정소위원회 위원 겸 '2016 결산심사소위원회' 위원 2017년 자유한국당 통일위원회 위원장(현) 2017~2018년 同원내대변인 2017~2019년 同조직강화특별위원회 위원 2018년 자유한국당 혁신비상대책위원회 준비위원회 위원 2018년 同조직부총장 2018년 국회 남북경제협력특별위원회 위원(현) 2019년 자유한국당 전당대회 준비위원회 부위원장 2019년 국회 여성가족위원회 위원(현) 2019년 자유한국당 대변인(현) (상)경찰청장표창(2015), 국회의장표창(2016), 법률소비자연맹 국회의원 헌정대상(2018·2019), 대한뉴스 탑리더스대상 의정부문(2018) (종)기독교

## 김성원(金聖源)

(생)1974 · 2 · 13 (출)울산 (주)경기도 부천시 상일로 129 인천지방법원 부천지원 총무과(032-320-1213) (학)1992년 학성고졸 1997년 서울대 경제학과졸 (경)1997년 사법시험 합격(39회) 2000년 사법연수원 수료(29기) 2000년 육군 법무관 2003년 수원지법 판사 2005년 서울중앙지법 판사 2007년 대구지법 포항지원 판사 2010년 인천지법 부천지원 판사 2012년 서울중앙지법 판사 2012년 법원행정처 윤리감사제1심의관 2013년 同윤리기획심의관 겸임 2014년 서울고법 판사 2015년 창원지법 통영지원 부장판사 2017년 인천지법 부천지원 · 인천가정법원 부천지원 부장판사(현)

## 김성윤(金成允) KIM, Seong Yun

(생)1961 · 7 · 9 (본)김해(金海) (출)전남 영광 (주)서울특별시 서초구 반포대로 222 가톨릭대학교 의과대학 약리학교실(02-2258-7324) (학)1985년 가톨릭대 의대졸 1987년 同대학원졸 1994년 의학박사(가톨릭대) (경)1992~2003년 가톨릭대 의대 약리학교실 전임강사 · 조교수 · 부교수 2002~2008년 同의대 약리학교실 주임교수 2003년 同의대 약리학교실 교수(현) 2003~2007년 同의대 학생부학장 2007~2009년 同의대 연구부학장 2009~2013년 同의대 교무부학장 2013년 同대학원 성의교정 교학부장 2013~2015년 同가톨릭뇌신경과학연구소장 2014~2015년 한국보건산업진흥원 중개연구단장 · 의료기술개발단장 2017년 대한약리학회 사무총장 2017년 가톨릭대 의과대학장 겸 의학전문대학원장 겸 교학처장(현) 2018년 대한약리학회 부회장(현) 2018년 한국의과대학장협의회 연구이사(현) 2019년 대한의학회 기초의학이사(현) (상)가톨릭대 성의학술대상(1988), Loyola Univ. of Chicago Research Fellowship(1995), 보건복지부장관표창(2017) (역)'Katzung's 임상약리학 : 아드레날린성 효능제와 교감신경흥분제 : 아드레날린성 수용체 길항제'(1998, 도서출판 한우리) '약리학 요점정리 & 문제집'(2004, 신흥메드싸이언스) '간호사를 위한 임상약리학'(2005, 범문사) (종)가톨릭

## 김성은(金聖恩) Kim Soung-eun

(생)1964 · 11 · 23 (주)제주특별자치도 제주시 문연로 6 제주특별자치도청 국제관계대사실(064-710-2900) (학)1989년 고려대 정치외교학과졸 (경)1991년 행정고시 합격(35회) 1992~1998년 경제기획원 · 재정경제원 근무 1998년 외교통상부 전입 2000년 駐태국 1등서기관 2003년 駐포르투갈 1등서기관 2006년 외교통상부 통상투자진흥과장 2009년 同자유무역협정무역규범과 무역규범지원팀장 2010년 G20정상회의 준비위원회 행사기획단 총괄과장 2011년 駐이집트 참사관 2013년 駐아세안대표부 공사참사관 2015년 駐뭄바이 총영사 2018년 외교부 본부 근무 2019년 제주특별자치도 국제관계대사(현) (상)근정포장(2011)

## 김성은(金聖恩) KIM Sung Eun

(생)1966 · 5 · 25 (출)경남 창원 (주)서울특별시 서초구 법원로 16 정곡빌딩 동관204호 법무법인 동민(02-591-8383) (학)1985년 마산고졸 1989년 성균관대 법학과졸 (경)1990년 사법시험 합격(32회) 1993년 사법연수원 수료(22기) 1993년 軍법무관 1996년 대구지검 검사 1998년 창원지검 거창지청 검사 1999년 수원지검 성남지청 검사 2001년 인천지검 검사 2003년 서울지검 검사 2004년 서울중앙지검 검사 2005년 청주지검 부부장검사 2006년 서울고검 공판부 검사 2007년 춘천지검 부장검사 2008년 창원지검 형사2부장 2009년 의정부지검 고양지청 부장검사 2010~2011년 수원지검 안산지청 부장검사 2011~2016년 변호사 개업 2017년 법무법인 동민 대표변호사(현) 2018년 바른미래당 법률위원회 부위원장(현)

## 김성은

(생)1967 · 1 · 1 (주)경기도 성남시 분당구 정자일로 213번길 5 HDC아이콘트롤스 임원실(031-785-1700) (학)춘천고졸, 한양대 전자공학과졸, 同대학원 MBA (경)1987~1993년 삼성전자(주) 입사 · OA사업부 개발실 책임 1993~1998년 同상품기획센터 총괄상품기획그룹 과장 2001~2005년 MPE-ON Asia CEO 2005년 삼성전자(주) 상품기획팀 한국상품기획 과장 2008년 同상품전략팀 글로벌상품기획그룹장(상무) 2013~2015년 同무선사업부 상무 2015~2016년 ADT캡스 상품구매본부 상품개발실장 2018년 HDC아이콘트롤스 대표이사(현)

## 김성의(金晟義) KIM Sung Wei

(생)1959 · 12 · 30 (본)나주(羅州) (출)전남 나주 (주)광주광역시 동구 금남로 238 남도일보 사장실(062-670-1000) (학)석산고졸, 전남대 신문방송학과졸, 호남대 행정복지대학원졸 (경)1988년 무등일보 입사 · 기자 2003년 同기획사업국 부국장 2003년 同기획사업국장 2004년 同제작판매국장 2005년 남도일보 제작판매국장 2006년 同편집국장, 同편집국장(상무이사) 2010년 광주타임즈 기획사업국 부국장대우 2016년 남도일보 사장(현), (사)광주전남언론포럼 사무총장(현) 2019년 대한체육회 전국종합체육대회위원회 위원(현)

## 김성이(金聖二) Soung-Yee Kim

(생)1946·12·5 (본)대구(大邱) (출)평북 신의주 (주)서울특별시 서대문구 이화여대길 52 이화여자대학교 사회복지대학원(02-3277-4530) (학)1965년 경기고졸 1969년 서울대 사회복지학과졸 1973년 同대학원 사회복지학과졸 1979년 사회학박사(미국 유타주립대) (경)1986~2012년 이화여대 사회복지학과 교수 1986년 대한적십자사 청소년단 자문위원 1993년 미국 남가주대 교환교수 1996년 한국청소년학회 회장 1998~2000년 이화여대 사회복지대학원장 1999년 한국사회복지학회 회장 2000년 同이사장 2000~2002년 청소년보호위원회 위원장 2000년 한국복지문화학회 회장 2000년 한국복지개혁시민연합 집행위원장 2000년 사회복지공동대책위원회 위원장 2003~2004년 한국사회복지교육협의회 회장 2004년 국민복지당 공동대표 2005~2007년 한국사회복지사협회 회장 2005년 뉴라이트전국연합 공동대표 2007년 한나라당 제17대 대통령 중앙선거대책위원회 사회복지총괄위원장 2008년 보건복지가족부 장관 2009~2013년 국무총리소속 사행산업통합감독위원회 위원장 2010~2014년 학술전문지 '도박 이슈와 건강' 편집자문 2010~2015년 학교법인 이후학원 이사장 2010년 국제다문화학교설립추진위원회 상임대표 2012년 이화여대 사회복지대학원 명예교수(현) 2014~2015년 사회복지법인 자광재단 이사장 2014~2015년 한국청소년연맹 총재 2015~2018년 한국관광대 총장 (상)대통령표창(1982), 청조근정훈장(2012), 녹조근정훈장(2012) (저)'가족치료 총론'(1995, 동인) '한국사회복지의 선택'(1995, 나남) '청소년 약물남용 예방재활 프로그램'(1995, 문화체육부) '자원봉사의 효율적 관리(共)'(1996, 한국사회복지협의회 부설 자원봉사정보안내센터) '청소년 비행상담(共)'(1996, 청소년 대화의 광장) '자원봉사 프로그램 백과-아동청소년편(共)'(1997, 한국사회복지협의회) '욕구조사론'(1997, 한국사회복지사협회 한국사회복지프로그램연구회) '비교지역사회복지(共)'(1997, 한국사회복지관협회) '자원봉사센터 운영 길잡이'(1997, 한국자원봉사단체협의회) '사회복지시설 표준운영체계에 관한 연구'(1998, 한국사회복지협의회) '청소년학 총론(共)'(1999, 한국청소년학회편, 양서원) '사회봉사의 이해'(1999, 이대출판사) '약물중독총론'(2000, 양서원) '사회복지의 발달과 사상'(2002, 이화출판사) '자원봉사총론'(2003, 양서원) '청소년복지학'(2004, 양서원) '교회사회복지의 철학과 방법'(2005, 영락사회복지재단) '사회행동입문-사회정의 실현을 위한 사회복지사의 책임'(2006, 한국사회복지사협회) '청소년복지 사례분석론'(2007, 양서원) '사회복지교육의 이해(共)'(2009, 양서원) '청소년

복지학(개정)'(2010, 양서원) '자연복지'(2011, 양서원) '청년복지'(2011, 양서원) '동아와 통일복지'(2012, 양서원) (역)'임상사회사업기술론(共)'(1991, 홍익제) '노인복지의 이해(共)'(1992, 홍익제) '지역사회 정신의료 및 사회복지서비스(共)'(1992, 홍익제) (종)기독교

**김성익(金聖翼) Kim Sung Ik**

(생)1960·8·23 (주)서울특별시 노원구 화랑로 815 삼육대학교 총장실(02-3399-3001) (학)1985년 삼육대 신학과졸 1991년 필리핀 AIIAS(Adventist International Institute of Advanced Studies·재림교회 국제대학원) Summa Cum Laude 석사(목회학 전공) 1999년 삼육대 철학 박사과정 수료 2005년 신학박사(미국 앤드루스대) (경)1993~1999년 삼육의명대 교양성경 전임강사·삼육대 교목실 근무 1998~2000년 삼육대 생활교육관장 1999~2000·2004~2005년 同교목부장 2000~2016년 同신학과 교수 2007~2009년 同신학전문대학원 교학부장 2005년 SDA 대총회 성서연구소(Biblical Research Institute)위원회 위원(현) 2009~2012년 삼육대 교목처장·대학교회 담임목사 2016년 同총장(현) 2016년 한국사립대학총장협의회 부회장 2016년 한국대학교육협의회 입학전형위원회 위원(현) 2016년 한국대학사회봉사협의회 이사(현) 2017년 전국신학대학협의회 부회장(현) 2017년 한국신학대학총장협의회 부회장(현) 2018년 한국사립대학총장협의회 수석부회장(현) 2018년 사학발전협의회 공동위원장(현) (상)국제블록체인연합회·일본블록체인개발자협회·한국산업정보보안학회 블록체인대상(2018)

**김성익(金成益) Kim Sung-Ick**

(생)1968·4·19 (주)서울특별시 중구 한강대로 416 SK해운(주) 탱커사업본부(02-3788-8400) (학)1987년 제주 대기고졸 1995년 한양대 경제학과졸 (경)1995년 SK해운(주) 기획부 기획팀 입사 1998년 同기획부 기획팀 대리 2001년 同경영기획팀 대리 2002년 同경영기획팀 과장 2005년 同기획담당 과장 2008년 同경영기획팀 차장 2008년 同Global사업지원팀장(차장) 2008년 同RM팀장(차장) 2010년 同런던현지법인 차장 2010년 同런던현지법인 부장 2012년 同SKSE경영지원팀장(부장) 2013년 同RM·Compliance팀장(부장) 2013년 同탱커운항팀장(부장) 2015년 同벌크정기선영업팀장(부장) 2016년 同가스선영업본부장(상무) 2017년 SK마리타임 가스선영업본부장(상무) 2018년 SK해운(주) 전략기획본부장(상무) 2019년 同탱커사업본부장(상무)(현)

**김성인(金成仁) Kim Seong-in**

(생)1959·5·17 (주)제주특별자치도 서귀포시 신중로 55 한국국제교류재단(064-804-1000) (학)1983년 연세대 행정학과졸 1988년 서울대 행정대학원 수료 1993년 미국 밴더빌트대 대학원 국제경제학과졸 (경)1983년 행정고시 합격(27회) 1985~1998년 서울시·상공부·통상산업부·재정경제원 근무 1998년 외교통상부 입부 2001년 同신흥시장과장 2003년 유엔 아·태경제사회이사회사무국 파견 2006년 駐벨기에·유럽연합 공사참사관 2009년 외교통상부 다자통상국 심의관 2011년 同다자통상국장 2013년 외교부 다자경제외교국장 2013~2018년 駐피지 대사 2018년 한국국제교류재단 교류협력이사(현)

**김성인(金聖仁) Kim seong-in**

(생)1959·12·1 (출)서울 (주)강원도 춘천시 신북읍 신북로 61-10 강원테크노파크(033-248-5600) (학)1978년 서울 숭문고졸 1982년 연세대 금속공학과졸 1985년 미국 스티븐스공대 대학원 재료과학과졸 1989년 응용물리학박사(미국 스티븐스공대) (경)미국 스티븐스공대 교수 1996년 미국 Plasmion사 대표, 미국 Healthpia America사 대표 2006~2010년 LED Folio사 대표 2010~2011년 광운대 전자물리학과 교수, 한국조명연구원 자문위원 2012~2017년 (재)철원플라즈마산업기술연구원 원장 2018년 강원테크노파크 원장(현)

**김성일(金性一) KIM Sung Il**

(생)1940·3·18 (본)선산(善山) (출)경남 거창 (주)부산광역시 사상구 주례로 47 동서대학교 건축토목공학부(051-320-1813) (학)1965년 영남대 공과대학 건축과졸 1989년 부산대 대학원졸 1998년 공학박사(부산대) (경)1985년 부산시 주택사업소장 1988~1995년 同건축과장·주택과장 1989년 부산대 공대 강사 1995년 부산시 개발기획단 기술심의관 1997년 同주택국장 1997년 同종합건설본부장 1999~2005년 동서대 건설공학부 교수 2004~2005년 同경영정보대학원장 2005년 同건설공학부 객원교수, 부산시 도시계획위원·건축위원·경관심의위원·교통영향평가위원 2013년 동서대 건축토목공학부 건축공학전공 석좌교수(현) (상)국무총리표창, 홍조근정훈장(1999) (저)'주택건설촉진법 해설집'(1995) '건축법 해설집' '상세건축법 해설집' '주택건설관련법 해설'

**김성일(金成鎰)**

(생)1959·4 (출)경북 예천 (주)경기도 부천시 부천로 139 (주)한화저축은행 임원실(032-657-5000) (학)1977년 대구고졸 1983년 서강대 회계학과졸 (경)1983년 (주)한화 입사 1996년 한화갤러리아 재무담당 2006년 한화투자증권 기획실장 2010년 한화자산운용(주) 대표이사 2011년 한화손해보험 경영혁신실장 2014년 (주)한화 재경본부장 2017년 (주)한화저축은행 대표이사 전무(현)

**김성일(金成日) KIM SEONG IL**

(생)1960·11·17 (출)전남 영광 (주)전라남도 나주시 산포면 세남로 1508 전남도농업기술원 원장실(061-330-2601) (학)1979년 전남 영광종합고졸 1983년 서울대 농업교육과졸 2007년 농업교육학박사(서울대) (경)1986년 강화군농업기술센터 근무 2006년 농촌진흥청 농촌지원국 지도정책과 기획예산담당 주무관 2008년 同국립축산과학원 기술지원과 주무관 2009년 김제시농업기술센터 소장 2012년 농촌진흥청 농촌지원국 재해대응과장 2015년 同농촌지원국 기술보급과장 2016년 전남도농업기술원 원장(현) (상)국무총리표창(1997), 장관표창(2004), 대통령표창(2015)

**김성일(金成日) KIM SUNG IL (永江)**

(생)1962·4·21 (본)김해(金海) (출)서울 (주)서울특별시 서초구 법원로 10 정곡빌딩 308호 김성일법률사무소(02-591-8300) (학)1981년 서울 광성고졸 1985년 연세대 법대 법학과졸 1990년 同행정대학원 중퇴 2002년 독일 막스플랑크 형사법연구소 연수 2010년 서울대 환경대학원 지속가능경영포럼과정 수료 2011년 한국방송통신대 영어영문학과 중퇴 2012년 연세대 법무대학원 경영정책법무최고과정 수료 2013년 서울대 사회과학대학 세계경제최고전략과정 수료 (경)1990년 사법시험 합격(32회) 1993년 사법연수원 수료(22기) 1993년 인천지검 검사 1995년 대구지검 의성지청 검사 1997년 서울지검 의정부지청 소년전담검사 1999년 서울지검 특수1부 소년전담 검사 2001년 부산지검 특수부 검사 2004년 제주지검 검사 2005년 同부부장검사 2006년 미국 아메리카대 Law School Visiting Scholar 2006년 서울서부지검 부부장검사(검찰정책연구과정 파견) 2007년 대구지검 서부지청 형사2부장 2008년 부산고검 검사 2009년 인천지검 부천지청 형사2부장 2010년 의정부지검 형사3부장 2011년 수원지검 안양지청 형사1부장 2012년 서울고검 검사 2014년 대전고검 청주지부장 2014년 변호사 개업(현) (상)검찰총장표창(2000), 부산지검장표창(2003), 검찰총장 선정 '우수형사부'(2009), 서울대 환경대학원 우수논문상(2010) (저)에세이집 '당신은 어디에서 왔나요'(2014, pubple)

## 김성일(金成一) KIM Sung Il

(생)1962·5·1 (출)전남 영광 (주)세종특별자치시 갈매로 388 문화체육관광부 소통지원관실(044-203-2903) (학)1981년 광주 대동고졸 1985년 전남대 경제학과졸 1987년 서울대 대학원 행정학과졸 1999년 영국 워릭대(Warwick) 대학원 문화정책학과졸 2010년 영상학박사(연세대) (경)1985년 행정고시 합격(29회) 1990년 문화부 생활문화과 행정사무관 1992년 문화체육부 영화진흥과 행정사무관 1998년 문화관광부 공연예술과 서기관 2001년 同문화산업국 문화콘텐츠진흥과장 2003년 同예술국 문화교류과장 2004년 同기획조정실 기획총괄담당관 2008년 국립현대미술관 기획운영단장 2008년 문화체육관광부 정책기획관 2009년 同관광산업국 관광레저기획관 2011년 해외문화홍보원 해외문화홍보기획관 2012년 문화체육관광부 문화정책관 2014년 同아시아문화중심도시추진단장 2015년 국립중앙도서관 디지털자료운영부장 2017년 해외문화홍보원 해외문화홍보기획관 2018년 문화체육관광부 미디어정책국장 2018년 同예술정책관 2019년 同소통지원관(현) (상)대통령표창(1995), 근정포장(2009) (저)'예술경제란 무엇인가(共)'(1993, 신구미디어) '한국영화정책의 흐름과 새로운 전망(共)'(1994, 집문당) '엔터테인먼트산업의 이해(共)'(2009, 넥서스BIZ) '축제에서 일주일을'(2017, 가쎄)

## 김성일(金成一) KIM SUNG IL

(생)1962·10·5 (본)김해(金海) (출)경남 창원 (주)세종특별자치시 국책연구원로 5 국토연구원 주택·토지연구본부(044-960-0380) (학)1982년 마산고졸 1986년 서울대 외교학과졸 1988년 同대학원 행정학과졸 2001년 행정학박사(서울대) (경)2009~2011년 국토연구원 건설경제전략센터장 2012~2013년 미국 미시간대 Visiting Scholar 2015~2017년 국토연구원 건설경제연구센터장 2015년 국토교통부 해외건설진흥위원회 위원, 한국건설경제산업학회 부회장 2016~2017년 국토연구원 주택·토지연구본부장 2016년 국토교통부 상습체불건설업자명단공표심의위원회 위원(현) 2016년 (재)건설산업정보센터 이사(현) 2017년 국토연구원 주택·토지연구본부 선임연구위원(현) 2018년 국토교통부 건설산업혁신위원회 위원(현) (상)건설교통부장관표창(1988·2005), 국토해양부장관표창(2009), 국토교통부장관표창(2016) (저)'최저가 낙찰제 정착방안연구'(2001, 국토연구원) '건설산업 구조변화 및 전망'(2001, 국토연구원) '정부공사 발주제도의 다양화 방안연구'(2002, 국토연구원) '공공공사의 클레임 실태분석과 개선방안'(2003, 국토연구원) '건설산업발전을 위한 건설보증 역할강화방안'(2004, 국토연구원) '공공공사 발주행정의 분권화 방안연구'(2004, 국토연구원) '대형공공공사 입찰방법 선정기준 개발연구'(2005, 국토연구원) '대형공공건설사업의 효율적 추진방안연구'(2005, 국토연구원) '해외건설인력의 원활한 수급방안'(2006, 국토연구원) 'SOC 재정사업의 사후평가모형 구축방안연구'(2006, 국토연구원) '해외건설 재도약을 위한 건설업 경쟁력 강화방안'(2007, 국토연구원) 'BCS구축을 통한 국가균형발전정책의 효과적 성과관리연구'(2007, 국토연구원) '저상장시대 건설산업의 미래이슈 전망과 대응전략연구'(2007, 국토연구원) '건설산업 빅데이터 활용기반 구축 기초연구'(2008, 국토연구원) '전환기의 사회간접자본(SOC) 투자정책 재정립방안(Ⅱ)'(2008, 국토연구원) '한반도 공동번영을 위한 국토분야의 대응방안'(2008, 국토연구원) '자원개발 연계형 해외건설 및 플랜트진출 지원방안연구(Ⅰ·Ⅱ)'(2009·2010, 국토연구원) '민관협력시스템을 통한 해외도시개발 촉진방안연구'(2009, 국토연구원) 'G20시대의 국토인프라분야 글로벌개발협력과 시장진출전략'(2011, 국토연구원) '35인의 전문가에게 건설의 길을 묻다'(2013, 보문당) '건설환경변화에 대비한 건설정책 재정립방안연구'(2013년, 국토연구원) '건설산업의 협력적 기업생태계 조성방안'(2014, 국토연구원) '건설공사 참여자간의 불공정거래관행 개선방안'(2015, 국토연구원) (종)불교

## 김성일(金聖日) Kim Seong-Ill

(생)1966·1·14 (주)전라남도 무안군 삼향읍 오룡길 1 전라남도의회(061-286-8200) (학)강진농고졸, 순천대 농업경제학과 재학 중 (경)전남도4-H연합회 회장, (사)한국농업경영인 해남군연합회장, 전남도 학교급식심의위원회 위원, 국민건강보험공단 자문위원, (사)한국농업경영인 전남연합회장, 광주·전남농민연대 상임대표, 농어민교류센터 전남센터장, 국민농업전남포럼 공동대표 2014~2018년 전남도의회 의원(비례대표, 새정치민주연합·더불어민주당) 2014년 同건설소방위원회 위원 2014년 同윤리특별위원회 위원 2014·2016년 同FTA대책특별위원회 부위원장 2016~2018년 同농림해양수산위원회 부위원장 2016~2018년 同운영위원회 위원 2017~2018년 同광주군사시설이전반대특별위원회 위원장 2018년 전남도의회 의원(더불어민주당)(현) 2018년 同농수산위원회 위원장(현), 同남북교류협력지원특별위원회 위원(현), 同광양만권해양생태계보전특별위원회 위원(현)

## 김성재(金聖在) KIM Sung Jae (默山·墨山)

(생)1948·12·20 (본)선산(善山) (출)경북 포항 (주)서울특별시 마포구 신촌로4길 5-26 김대중아카데미(02-324-7972) (학)1967년 한영고졸 1971년 한신대 신학과졸 1973년 同대학원 기독교육과졸 1996년 영국 Edinburgh대 대학원 박사과정 수료 1997년 명예박사(MEISTER, 칠레 International Univ. Nicolas Doubrowa) 2011년 명예 철학박사(경남대) (경)1973~1975년 한신대 전임연구원 1976년 한국기독교장로회 목사(현) 1976년 同선교교육원 수석연구원 1979~2007년 한신대 기독교교육과 전임강사·조교수·부교수·교수 1981년 同학생처장 1982년 同기획실장 1985년 복지법인 한국디아코니아 이사장(현) 1986년 한신대 민중교육연구소장 1986~1993년 민주교육실천협의회 회장 1988년 (사)장애우권익문제연구소 이사장(현) 1988년 한국장애인복지공동대책협의회 상임대표·의장 1988~1990년 민주화를위한전국교수협의회 부위원장 1989~1999년 경제정의실천시민연합 교육개혁위원장 겸 상임정책위원 1991년 한신대 교수협의회 회장 1991년 전국사립대학교교수협의회 공동대표 1993~1999년 한국기독교학생총연맹(KSCF) 이사 1995~1999년 참여연대 운영위원 1995~1999년 한국정신대문제대책위원회 집행위원장 1996년 아우내재단·한국신학연구소 이사장 1997~1999년 인권법제정을위한공동대책위원회 공동위원장 1997~1999년 민주평통 자문위원 1998년 감사원 부정방지대책위원회 부위원장 1998~1999년 대통령자문 새교육공동체위원회 상임위원 1998~1999년 문화관광부 자문위원장 1998년 (사)사랑의친구들 부총재 1998년 한국장애인단체총연맹 회장 1998~1999년 사회복지공동모금회 이사 1998~1999년 대통령자문 제2의건국범국민추진위원회 기획단 간사 1999년 대통령 민정수석비서관 2000~2001년 대통령 정책기획수석비서관 2001년 한국학술진흥재단 이사장 2001~2002년 민주평통 사회문화분과위원장 2002~2003년 문화관광부 장관 2002년 (재)원곡문화재단 이사장(현) 2003년 (사)사랑의친구들 이사 2003년 연세대 김대중도서관 운영위원 2003~2004년 아태민주지도자회의 이사장 2003~2007년 한신대 발전위원회 위원장 2003년 (사)병영도서관건립국민운동본부 회장(현) 2004년 새천년민주당 총선기획단 공동단장 2004년 한국청소년진흥센터 설립준비위원장 2004~2007년 (재)고도원 아침편지 이사 2004~2007년 (사)한국장애인단체총연맹 상임대표 2004년 서울국제문화교류회 회장(현) 2005~2008년 한국청소년진흥센터 이사장 2005~2014년 연세대 김대중도서관후원회 상임이사 2005년 (재)김대중평화센터 이사(현) 2006년 (사)사랑의친구들 회장(현) 2006년 OBS 경인TV 사외이사 2006~2007년 同대표이사 2007~2008년 同회장 2008년 同이사(현) 2008년 연세대 석좌교수 2008~2015년 OBS문화재단 이사장 2009~2012년 김대중도서관 운영위원장·관장 2009년 (사)한국지역문화콘텐츠연구원 회장(현) 2011년 (주)경인방송iTVFM 회장(현) 2011년 광주국제영화제 김대중노벨평화영화상(KIM DAE-JUNG Nobel Peace Film Award) 심사위원장(현) 2013

년 (재)김대중노벨평화상기념관 부이사장 2014년 김대중아카데미 원장(현) 2014년 (사)한옥마을 이사(현) 2014년 연세대 김대중도서관후원회 회장(현) 2014년 대통령직속 통일준비위원회 사회문화분과위원장 2014년 (재)OBS문화재단 이사(현) 2015년 (재)아우내재단 이사(현) 2015년 국민권익위원회 자문위원(현) 2016년 단국대 이사(현) 2016년 (사)한국서도협회 총재(현) 2016년 (사)지구촌구호개발연대 이사(현) 2017년 (재)김대중노벨평화상기념관 이사장(현) 2018년 김대중평화센터 상임이사(현) 2018년 한신대학교 석좌교수(현) 2018년 (사)한국유엔봉사단 총재(현) (상)한국기독교교회협의회 인권상(1995), 청조근정훈장(2002), 한영인대상(2005), 한신상(2019) (저)'분단현실과 기독교 민중교육'(1989) '평화교육과 민중교육(編)'(1992) '전환기에 선 한국교육(編)'(1994) '한국민중론의 현단계' '21세기 한국그리스도교 생명의 뿌리'(1997) '성령과 영성' '밀레니엄과 종말론' '밀레니엄의 희망을 여는 사람들' '인권시대를 향하여' '김대중대통령'(2009) (역)'의식화와 탈학교' '제3세계 고등교육' (종)기독교

### 김성재(金晟宰 · 女) Kim, Sungjae

(생)1958 · 12 · 12 (주)서울특별시 종로구 대학로 103 서울대학교 간호대학(02-740-8814) (학)1981년 서울대 간호학과졸 1984년 同대학원 간호학과졸 1996년 간호학박사(서울대) (경)1993년 청주과학대 간호학과 교수 2000~2007년 강원대 간호학과 교수 2000년 과학기술부 창의적연구사업추진기획위원 2002년 춘천시 정신보건센터 자문위원 2003년 국립춘천병원 심의위원 2003년 한국약물상담가협회 부회장 2006~2017년 대한스트레스학회 부회장 2007년 서울대 간호대학 모아정신간호학전공 부교수 · 교수(현) 2011~2013년 同간호대학 부학장 2015년 同간호대학장 2018년 대한스트레스학회 이사장(현) (저)'간호개념의 이해와 응용(共)'(2006) '인간, 환경, 건강 그리고 간호(共)'(2006) '중독영역에서의 슈퍼비전(共)'(2009) '스트레스와 긴장 다스리기(共)'(2009) (역)'질적 연구로서의 포커스 그룹(共)'(2007, 군자출판사)

### 김성재(金性在)

(생)1968 · 6 · 21 (출)경남 거창 (주)세종특별자치시 갈매로 388 문화체육관광부 차관보실(044-203-3003) (학)영등포고졸, 서강대 경제학과졸, 동국대 언론정보대학원 수료 (경)한계레신문 기자, 세계일보 기자, 대통령 홍보수석비서관실 행정관 2010년 뉴스토마토 보도국 경제부장 2011년 同금융부장 2013년 한국미래발전연구원 기획실장, 홍종학 국회의원 보좌관, 김병관 국회의원 보좌관 2017~2019년 국무총리실 공보실장 2019년 문화체육관광부 차관보(고위공무원)(현)

### 김성재(金成在)

(생)1969 (출)전북 고창 (주)서울특별시 서대문구 통일로 97 경찰청 정보1과(02-3150-2281) (학)동성고졸 1992년 경찰대 법학과졸(8기) (경)1992년 경위 임관 2000년 경찰청 정보국 근무(경감) 2006년 강원 원주경찰서 생활안전과장(경정), 서울지방경찰청 정보2과 정보1계장 2016년 同경무과 치안지도관(총경) 2016년 강원지방경찰청 평창올림픽기획단장 2017년 전북지방경찰청 경비교통과장 2017년 전북 고창경찰서장 2019년 경찰청 정보1과장(현) (상)대통령표창(2002)

### 김성조(金聖朝) KIM Sung Jo

(생)1953 · 9 · 14 (본)도강(道康) (출)서울 (주)서울특별시 동작구 흑석로 84 중앙대학교 소프트대학 소프트웨어학부(02-820-5301) (학)1971년 서울고졸 1975년 서울대 응용수학과졸 1977년 한국과학기술원(KAIST) 전산학과졸(석사) 1987년 공학박사(미국 텍사스대) (경)1977년 국방과학연구소 연구원 1979년 국방관리연구소 연구원 1980~2019년 중앙대 창의ICT공과대학 컴퓨터공학부 교수 1988년 미국 Univ. of Texas at Austin Research Fellow 1996~1998년 중앙대 정보산업대학원 교학부장 1996~1998년 한국정보과학회 컴퓨터시스템연구회 위원장 1998년 미국 Univ. of California Irvine Visiting Professor 1999~2003년 중앙대 정보산업대학원 전산정보처장 1999~2003년 同정보산업대학원장 겸임 2005~2007년 同공과대학장 2005년 한국정보과학회 부회장 2005년 서울대 컴퓨터공학부 자문위원 2009년 한국정보과학회 회장 2009년 한국정보기술학술단체총연합회 회장 2009년 중앙대 공학교육혁신센터장 2009년 전문대학공학기술교육인증제도입추진위원회 위원 2009년 Seoul Accord 사무총장 2009년 한국SW진흥원 부설 SW공학센터추진단 위원 2009년 한국정보보호진흥원 정책자문위원 2009년 교육과학기술부 교과과정심의회 정보분야위원장 2010년 지식경제부 정보통신산업정책자문위원 2010년 한국공학교육인증원 수석부원장 2013년 중앙대 대학원장 2013년 同자연공학부총장 겸임 2014년 同교학부총장 2014년 미래창조과학부 공과대학혁신위원회 위원 2015~2016년 중앙대 연구부총장 2015~2016년 한국공학한림원 일반회원 2015년 삼성전자 혁신기술자문위원회 위원(현) 2016년 한국공학한림원 정회원(현) 2017~2019년 중앙대 다빈치SW교육원장 2019년 同소프트대학 소프트웨어학부 명예교수(현) (상)국무총리표창(2009), 한송엽 공학교육상(2012), 교육부장관표창(2013), 한국공학한림원 제13회 해동상 공학교육혁신부문(2018) (저)'C프로그래밍' '데이타구조'(1994) (역)'운영체제'(1999)

### 김성조(金晟祚) KIM Seong Jo

(생)1958 · 11 · 15 (본)선산(善山) (출)경북 구미 (주)경상북도 경주시 보문로 446 경상북도문화관광공사 사장실(054-745-7601) (학)1976년 대구 대륜고졸 1983년 영남대 화학공학과졸 1998년 경북대 행정대학원졸 2009년 명예 경영학박사(금오공대) (경)1995년 구미청년회의소 회장 1995 · 1998~2000년 경북도의회 의원(무소속) 1995년 구미미래연구소 소장 1997년 금오공과대학 RRC(Regional Research Center) 위원 1998년 동양전자화학 대표이사 1998~2000년 경북도의회 산업관광위원장 1999년 경운대 객원교수 2000년 제16대 국회의원(구미, 한나라당) 2001년 한나라당 원내부총무 2001~2003년 대구 · 경북포럼 회장 2002년 국회 미래산업연구회장 2004년 제17대 국회의원(구미甲, 한나라당) 2005~2009년 영남대 법학과 겸임교수 2006~2007년 한나라당 전략기획본부장 2007년 同당원교육훈련특별위원회 위원장 2008~2012년 제18대 국회의원(구미甲, 한나라당 · 새누리당) 2008년 한나라당 여의도연구소장 2009~2010년 同정책위원회 의장 2009~2013년 영남대 법학전문대학원 겸임교수 2010년 국회 기획재정위원장 2013~2018년 한국지적발달장애인복지협회 회장 2013년 국회 정치쇄신자문위원회 위원 2015~2018년 한국체육대 총장 2017~2018년 대한체육회 회원학계대표 부회장 2019년 경북문화관광공사 사장(현) (상)구미상공회의소회장표창(1992), 구미세무서장표창(1993), 국정감사 우수의원(2001~2005), 제18대 국회의원 공약대상(2012) (저)'구미 당기는 이야기'(2011, 아마존)

### 김성종(金成種)

(생)1969 · 12 · 4 (출)경남 거창 (주)서울특별시 중구 수표로 27 서울중부경찰서(02-3396-9321) (학)1988년 거창 대성고졸 1992년 경찰대 법학과졸(8기) (경)1992년 경위 임관 2001년 경감 승진, 경남지방경찰청 경비교통과 종합상황실장, 올림픽기획단 근무, 서울지방경찰청 4기동대 806전경대장, 경찰청 수사국 형사과 근무 2006년 경정 승진, 울산 울주경찰서 · 서울 강남경찰서 · 서울 강서경찰서 수사과장, 서울지방경찰청 수사부 형사과 폭력계장 · 강력계장 2014년 울산지방경찰청 제1부 경무과 치안지도관(총경) 2015년 서울지방경찰청 수사부 수사과 총경 2015년 법무부 형사사법공통시스템운영단 과장 2016년 경남 의령경찰서장 2017년 서울지방경찰청 지능범죄수사대장 2017년 同광역수사대장 2019년 서울중부경찰서장(현)

**김성종(金成鐘)**

(생)1972·10·28 (출)광주 (주)세종특별자치시 정부2청사로 13 해양경찰청 국제협력관실(044-200-2114) (학)1991년 광주 진흥고졸 1998년 전남대 사법학과졸 (경)2002년 사법고시 합격(44회) 2005년 사법연수원 수료(34기) 2005년 해양경찰청 특채임용(경정) 2007년 同해상교통계장 2008년 同창의혁신팀장, 同창의실용팀장 2011년 同창의성과담당관(총경) 2014년 제주지방해양경찰청 경비안전과장 2014년 경찰청 지능범죄수사2과장 2016년 서울지방경찰청 사이버안전과장 2016년 서울 금천경찰서장 2017년 서울지방경찰청 경무과 치안지도관 2017년 해양경찰청 수사정보국 외사과장 2017년 同기획조정관실 국제협력관(경무관)(현)

**김성주(金聖株 · 女) Sung-Joo Kim**

(생)1956·11·19 (출)대구 (주)서울특별시 강남구 언주로 734 MCM Holding AG(02-2194-6700) (학)1975년 이화여고졸 1979년 연세대 신학과졸(사회학 부전공) 1981년 미국 Amherst Coll. 사회학과졸 1983년 영국 런던정경대(LSE) M.Sc. 대학원 국제협력관계전공과정 수료 1985년 미국 하버드대 Harvard Divinity School MTS(기독교윤리·경제학전공) 수학 2000년 명예 인문학박사(미국 Amherst Coll.) 2011년 명예박사(스위스 Business School of Lausanne) 2017년 명예박사(영국 Univ. of the Arts London) (경)1990년 (주)성주인터내셔날 설립 2005년 독일 MCM (MCM Products AG) 인수 2005~2017년 성주그룹 대표이사 회장 2007년 MCM Holding AG 대표이사 회장(현) 2009년 성주재단 이사장(현) 2014~2017년 대한적십자사 총재 2017년 성주그룹 이사회 의장(현) (상)World Economic Forum(세계경제포럼)의 Global Leaders for Tomorrow(차세대지도자) 100인으로 선정(1997), 한국언론인연합회 주관 '자랑스런 한국인대상' 경제부문(2002), 올해의 여성상(2004), 미국 Wall Street Journal '주목해야 할 여성기업인 50명'에 선정(2004), 한국여성지도자상 젊은지도자상(2005), 아시안아메리칸연맹(AAFNY) 올해의 인물상(2007), 한국능률협회 한국의 경영자상(2009), 브뤼셀 유럽연합의회 'International Association of Human Values(국제휴먼밸류)의 2009 Ethics in Business Awards(기업윤리상)'(2009), 한국표준협회 창조경영인상(2009), 언스트앤영 최우수기업가상 특별부문(2009), 한인커뮤니티재단(KACF) 자랑스러운 경영인상(2010), 한국패션협회 주최 코리아패션대상 브랜드부문 대통령표창(2011), Fortune Asia '아시아에서 가장 영향력 있는 비즈니스 25인'에 선정(2012), 아시아 여성상 최고영예상(Chairman's Award)(2012), UN인도주의 업무조정국 '세계에서 가장 창의적인 비전을 가진 101명의 리더'(2012), Forbes Asia 'Asia's 50 Power Businesswomen'선정(2012), 대한민국창조경제CEO대상 글로벌경영부문(2013), 전문직여성세계연맹(BPW) 글로벌여성리더십상(2014), 영국 엘리자베스2세여왕 대영제국훈장(Honorary Officer of the Order of the British Empire, OBE)(2015) (저)자서전적 수필집 '나는 한국의 아름다운 왕따이고 싶다'(2000, 랜덤하우스중앙) 'Recreating Asia-Visions for a New Century(共)'(2002, John Wiley & Sons Asia Pte Ltd) 'Wake Up Call(대만판)'(2003, Ace Publishing Company) '나는 정직한 자의 형통을 받는다(共)'(2004) '성공보다 아름다운 도전(The Beautiful Challenge)'(2005) '한국CEO의 경영연금술'(2005, 규장) '내가 준비하는 미래(共)'(2005, 규장) 'COLLECTIVE GENIUS'(2014, HBR Press) (종)기독교

**김성주(金誠柱) KIM Sung Joo**

(생)1960·2·13 (주)대구광역시 달서구 성서4차첨단로 146 (주)제넨바이오(053-665-9000) (학)1986년 가톨릭대 의대졸 1990년 同대학원 의학석사 2000년 의학박사(일본 도쿄의과대) (경)1986년 대한의사협회 회원(현) 1991년 대한외과학회 회원(현) 1995년 대한이식학회 회원(현) 1995~1996년 삼성서울병원 일반외과 전임의 1996~2019년 同일반외과 전문의 2001~2007년 성균관대 의대 외과학교실 부교수 2007~2019년 同의대 외과학교실 교수 2009년 삼성서울병원 삼성암센터 육종센터장 2009~2019년 同이식외과장 2011~2017년 同서울실험동물연구센터장 2011년 (재)한국장기기증원 비상임이사(현) 2012년 삼성서울병원 조직은행장 2012~2019년 同장기이식센터장 2017년 (사)스포츠닥터스 고문(현) 2019년 (주)제넨바이오 대표이사(현)

**김성주(金星宙) Kim Sung Joo**

(생)1962·2·8 (출)대전 (주)서울특별시 영등포구 영신로 136 김안과병원 안성형센터(02-2639-7777) (학)1987년 연세대 의학과졸 1999년 인하대 대학원 의학석사 2004년 의학박사(인하대) (경)1988년 원주기독병원 인턴 1991년 同안과 레지던트 수료 1991~1994년 안성의료원 안과장 1994~1996년 연세대 안과 전문의 1996~1997년 캐나다 UBC 연수 1997~1998년 미국 Jules Stein Eye Institute · UCLA 연수 1998~2002년 연세대 의과대학 전임강사 · 조교수 2002년 김안과병원 성형안과센터 전문의(현) 2002년 건양대 의료보건계열 의학과 교수, 同의과대학 의학과 석좌교수(현) 2006~2009년 건양의료재단 김안과병원장 2009년 (주)디알소프트 대표이사 2010년 대한성형안과학회 회장 2012년 同명예회장, 同고문(현)

**김성주(金成柱) KIM Sung Ju**

(생)1964·4·10 (본)연안(延安) (출)전북 전주 (주)전라북도 전주시 덕진구 기지로 180 국민연금공단(063-713-5002) (학)1982년 전주고졸 1988년 서울대 인문대학 국사학과졸 (경)(주)한누리넷 대표이사, 민주당 전북도당 전자정당국장, 同정책실장, 시민행동21 감사 2006 · 2010~2012년 전북도의회 의원(열린우리당 · 대통합민주신당 · 통합민주당 · 민주당 · 민주통합당), 전주대 전임강사 2012~2016년 제19대 국회의원(전주 덕진구, 민주통합당 · 민주당 · 새정치민주연합 · 더불어민주당) 2012년 국회 보건복지위원회 위원 2013년 민주당 대외협력담당 원내부대표 2013년 同지방선거기획단 정책분과 간사 2013~2014년 국회 정치개혁특별위원회 위원 2014년 민주당 사회적경제정책협의회 부위원장 2014년 국회 보건복지위원회 야당 간사 2014년 새정치민주연합 공적연금발전TF 위원 2014년 同새로운대한민국위원회 희망사회추진단 기회독점분과위원장(사회) 2014년 국회 공무원연금개혁특별위원회 국민대타협기구 위원 2015년 새정치민주연합 제4정책조정위원장 2015년 同정책위원회 수석부의장 2015년 국회 공적연금강화와노후빈곤해소를위한특별위원회 야당 간사 2015년 새정치민주연합 경제정의 · 노동민주화특별위원회 위원 2015년 국회 예산결산특별위원회 위원 2015~2016년 더불어민주당 정책위원회 수석부의장 2015년 同경제정의 · 노동민주화특별위원회 위원 2016년 同전북도당 총선정책기획단장 2016년 同총선정책공약단 수석부단장 2016~2017년 同전주시丙지역위원회 위원장 2016년 제20대 국회의원선거 출마(전주시丙, 더불어민주당) 2016년 더불어민주당 원내대표 호남특보 2017년 同국정기획자문위원회 전문위원단장 2017년 同민주연구원 부원장 2017년 국민연금공단 이사장(현) (상)우수의정활동사례공모 우수상(2010), 자랑스런대한민국시민대상 의회정치부문 지역균형발전공로대상(2014), '2015 자랑스런대한민국시민대상' 국민복지혁신공로대상(2015), 한국전문인대상 정치부문(2015), 유권자시민행동 선정 '대한민국 유권자대상'(2016) (저)'전북을 새롭게 디자인하다'(2011, 한번지사람들) (종)천주교

**김성주(金成柱) KIM Seong Joo**

(생)1967·5·25 (출)광주 (주)광주광역시 동구 준법로 7-12 광주고등법원(062-239-1163) (학)1985년 광주 석산고졸 1993년 연세대 법학과졸 (경)1994년 사법시험 합격(36회) 1997년 사법연수원 수료(26

기) 1997년 광주지법 판사 1999년 同순천지원 판사 2003년 同영광군·장성군법원 판사 2008년 광주고법 판사 2010년 대법원 재판연구관 2012년 광주지법 부장판사 2013년 광주고법 판사(현)

## 김성주(金晟柱) KIM Seong Joo

(생)1971·2·17 (출)서울 (주)서울특별시 서초구 반포대로 158 서울중앙지방검찰청 공공수사3부(02-530-4036) (학)1989년 명지고졸 1996년 서울대 산림자원학과졸 1998년 同법학과졸 (경)1999년 사법시험 합격(41회) 2002년 사법연수원 수료(31기) 2002년 인천지검 검사 2004년 춘천지검 속초지청 검사 2005년 부산지검 검사 2008년 서울중앙지검 검사 2012년 대검찰청 검찰연구관 2014~2016년 울산지검 검사 2015~2017년 헌법재판소 파견 2016년 울산지검 부부장검사 2017년 同공안부장 2018년 서울남부지검 공안부장 2019년 서울중앙지검 공공형사수사부장 2019년 同공공수사3부장(현)

## 김성준(金成俊) KIM Sung June

(생)1954·9·24 (출)서울 (주)서울특별시 관악구 관악로 1 서울대학교 공과대학 전기·정보공학부(02-880-1812) (학)1978년 서울대 공대 전자공학과졸 1981년 미국 Cornell대 대학원 전기공학부졸 1983년 공학박사(미국 Cornell대) (경)1983~1989년 미국 AT&T Bell Laboratory 연구원 1989~1999년 서울대 전자공학과 조교수·부교수 1991~1993년 同반도체공동연구소 운영부장 1993년 이탈리아 토리노공과대학 방문교수 1995~1996년 미국 Lucent Bell Lab. 방문교수 1995년 미국 세계인명사전 'Marquis Who's Who in the World'에 등재 1996~2000년 서울대 반도체공동연구소 교육부장 1999~2012년 同공과대학 전기공학부 교수 2000년 同초미세생체전자시스템연구센터(ERC) 소장 2003년 일본 홋카이도대 전자공학과 방문교수 2004년 미국 Cornell대 방문교수 2012년 서울대 공과대학 전기·정보공학부 교수(현) 2017년 국제전기·전자공학회(IEEE) 석학회원(현) (상)벨연구소 Individual Performance Award(1988), 서울대 교육상(2017) (저)'Ophthalmology Research "Visual Prosthesis and Ophthalmic Devices" New Hope in Sight'(2007, 휴먼프레스) (역)'고체전자공학'(2001) (종)기독교

## 김성준(金成準) KIM Song June

(생)1956·3·20 (본)김해(金海) (출)전남 목포 (주)서울특별시 서초구 법원로3길 6-9 법조빌딩 502호 법무법인 산경(02-595-9601) (학)1974년 경복고졸 1979년 서울대 법대 법학과졸(수석) 1985년 同대학원 법학과졸 1987년 연세대 경영대학원 경영학과졸 1990년 고려대 정책과학대학원 수료 1993년 법학박사(연세대) (경)1979년 행정고시 합격(23회) 1980년 사법시험 합격(22회) 1982년 사법연수원 수료(12기) 1982년 軍법무관·청주대 법대 강사 1985년 서울지검 북부지청 검사 1988년 대전지검 홍성지청 검사 1989년 서울지검 검사 1991~1992년 독일 연방법무성 파견 1993년 법무연수원 교수 1994년 전주지검 정읍지청장 1996년 광주지검 특수부장 1997년 사법연수원 교수 1999년 법무부 국제법무과장 2000년 同법무심의관 2000년 서울지검 외사부장 2001년 광주지검 목포지청장 2002년 청주지검 차장검사 2003년 서울고검 검사 2004년 광주고검 검사 2005년 법무연수원 연구위원 2005년 법무법인·세무법인 산경 대표변호사(현) 2005년 국제기업법연구원 원장 2005년 경제법학회 감사 2007년 기획예산처 법률고문 2007년 우리투자증권 사외이사, CJ·유진그룹·KB·IBK·기획재정부·문화관광부·조달청·중소기업청 법률고문 2012~2014년 한국산업단지공단 비상임이사 2015~2019년 (주)이마트 사외이사 2015년 (사)패션한류 대표, 조선일보재단 감사 (저)'EC기업법(共)'(1993, 조선일보) 'WTO법의 형성과 전망(전5권)'(1998, 삼성출판사) '국제통상법(1·2·3)'(1999, 사법연수원 교재) '유럽법(共)'(1999, 사법연수원 교재) 'WTO 분쟁사례연구(共)'(2000, 무역협회) '농업통상법'(2001, 법무부) '증권형사법(共)'(2007, 산경출판사) 수필집 '인생은 50부터'(2006, 마음풍경)

## 김성준(金成俊) Sung-Joon Kim

(생)1958·9·14 (본)김해(金海) (출)부산 (주)경상북도 포항시 남구 청암로 77 포항공과대학교 철강대학원(054-279-9038) (학)1976년 부산고졸 1980년 서울대 금속공학과졸 1982년 한국과학기술원(KAIST) 금속재료학과졸(석사) 1990년 공학박사(미국 일리노이대) (경)1982년 한국기계연구원 첨단재료연구본부 연구원·선임연구원·책임연구원 1994~1995년 일본 금속재료기술연구소 STA Fellow 1999~2002년 순천대 재료금속공학과 겸직교수 2005년 한국기계연구원 첨단재료연구본부 환경재료연구센터장 2007년 同재료연구소 신금속재료연구부장 2007~2018년 한국공학한림원 회원 2008~2009년 국가과학기술위원회 전문위원 2009~2011년 한국기계연구원 재료연구소 선임연구본부장 2011년 국가과학기술위원회 전문위원 2012년 포항공과대 철강대학원 교수(현) 2013~2014년 대한금속재료학회 부회장 2019년 한국공학한림원 정회원(현) (상)한국기계연구원 최우수연구상(2005), 대한금속재료학회 POSCO학술상(2007), 교육과학기술부 및 한국과학재단 '이달(2월)의 과학기술자상'(2008), 과학기술훈장 웅비장(2010)

## 김성준(金聖埈)

(생)1966·7·25 (주)인천광역시 남동구 정각로 29 인천광역시의회(032-440-6042) (학)동국대졸, 인천대 정책대학원 사회복지학과졸 (경)인천 남구주안노인문화센터장, 더불어민주당 중앙당 사회복지제도개선특별위원회 부위원장(현) 2018년 인천시의회 의원(더불어민주당)(현), 同의회운영위원회 위원(현), 同문화복지위원회 부위원장(현)

## 김성준(金成俊)

(생)1968·8·23 (주)서울특별시 용산구 이태원로 22 국방부 기획관리관실(02-748-6500) (학)광주살레시오고졸, 전남대 행정학과졸, 미국 워싱턴대 대학원 행정학과졸 (경)1994년 행정고시 합격(38회) 2005년 국방부 계획예산관실 총괄조정담당관실 서기관 2007년 同보건복지관실 보건정책팀장 2010년 同국제정책관실 국제정책과장(서기관) 2012년 同국제정책관실 국제정책과장(부이사관) 2013년 同기획조정실 예산편성담당관, 同조직관리담당관 2015년 同기획조정실 계획예산관 2016년 국가공무원인재개발원 교육 파견(고위공무원) 2016년 국방부 감사관 2019년 同기획관리관(현)

## 김성준(金成俊)

(생)1973·6·4 (출)경기 평택 (주)충청북도 단양군 단양읍 중앙1로 3 충북 단양경찰서(043-641-9321) (학)1991년 경기 평택고졸 1995년 경찰대졸(11기) (경)1995년 경위 임용 2010년 서울지방경찰청 기동단 4기동대장 2011년 경찰청 정보국 경정 2017년 제주지방경찰청 여성청소년과장(총경) 2018년 대전지방경찰청 생활안전과장 2019년 충북 단양경찰서장(현)

## 김성중(金聖中) KIM Sung Joong

(생)1952·12·14 (본)광산(光山) (출)전북 고창 (주)전라북도 전주시 덕진구 백제대로 567 전북대학교(063-270-2916) (학)1971년 전주고졸 1977년 전북대 무역학과졸 1979년 同대학원 무역학과졸 1985년 미국 코넬대 노사관계대학원졸 2005년 경제학박사(원광대) (경)1976년 행정고시 합격(19회) 1977

~1990년 노동부 법무담당관실·노동조합과·직업훈련과·산재보험과 사무관 1986~1987년 연세대 경영대학원 강사 1987~1988년 국제대 강사 1991년 노동부 산업보건과장 1992년 안산지방노동사무소 소장 1994년 노동부 능력개발과장 1995년 同노사협의과장 1996년 노사관계개혁위원회 사무국장 1998년 노동부 고용보험심의관 1999년 同노사협력관 2000년 同고용총괄심의관 2001년 중앙공무원교육원 파견 2002년 노동부 근로기준국장 2002년 同고용정책실장 2003년 서울지방노동위원회 위원장 2005년 노동부 정책홍보관리본부장 2006년 同차관 2007~2008년 경제사회발전노사정위원회 위원장(장관급) 2008년 한국외국인근로자지원센터 고문 2008~2017년 법무법인 태평양 고문 2010년 전북대 사회학과 석좌교수(현) (상)대통령표창(1988), 녹조근정훈장(1995), 황조근정훈장(2007) (저)'노동조합, 어떻게 할 것인가'(1993, 중앙경제사) '한국의 고용정책'(2005, 한국노동연구원) (종)기독교

### 김성진(金成珍) KIM Sung Jin

(생)1949·4·18 (본)김녕(金寧) (출)경남 통영 (주)부산광역시 금정구 부산대학로63번길 2 부산대학교 물류혁신네트워킹연구소(051-510-2453) (학)1968년 부산고졸 1973년 서울대 상대 경제학과졸 1975년 同행정대학원 행정학과졸 1984년 미국 캔자스주립대 대학원 경제학과졸 1991년 경제학박사(미국 캔자스주립대) (경)1974년 행정고시 합격(15회) 1975년 경제기획원 사무관 1988년 同행정관리담당관 1991년 同북방경제3과장 1994년 同교통체신예산담당관 1994년 재정경제원 간접자본예산1과장 1996년 同예산정책과장 1997년 同예산총괄과장 1998년 예산청 사회예산국장 1998년 국무조정실 재경금융심의관 2000년 同산업심의관 2000년 駐KEDO사무국(뉴욕) 재정부장 2003년 기획예산처 사회예산심의관 2003년 대통령 정책관리비서관 2004년 대통령 산업정책비서관 2004년 중소기업청장 2006년 해양수산부 장관 2007년 부산대 국제전문대학원 석좌교수 2007~2009년 국무총리소속 사행산업통합감독위원회 위원장 2008~2009년 동양종합금융증권 사외이사 2009~2013년 한경대 총장, 국회 예산정책처 자문위원, 한국벤처산업협회 고문, 한국디자인진흥원 자문위원 2010년 미래물류기술포럼 공동의장(현) 2013~2018년 부산대 물류혁신네트워킹연구소 연구교수 2013년 서울대 경제학부 초빙교수(현) 2013~2019년 삼성증권 사외이사 2018년 (주)포스코 사외이사(현) 2019년 부산대 물류혁신네트워킹연구소 초빙교수(현) (상)대통령표창(1985), 부총리표창(1986), 청조근정훈장(2007) (저)'1997년 한국의 재정'(1997) '한국의 중소기업'(2006) (종)원불교

### 김성진(金聖眞) KIM Sung Jin

(생)1951·3·20 (출)전북 김제 (주)서울특별시 서초구 헌릉로 13 대한무역투자진흥공사(KOTRA) 외국인투자옴부즈만실(02-3497-1820) (학)1969년 전주고졸 1974년 서울대 경영학과졸 1977년 한국과학기술원(KAIST) 산업공학과졸(석사) 1986년 미국 워싱턴대 대학원 경제학과졸 2002년 경제학박사(경희대) (경)1976년 행정고시 합격(19회) 1977년 총무처 수습행정관 1978년 공인회계사 자격 취득 1978년 건설부 국립건설연구소 사무관 1980~1984년 경제기획원 조정2과·국고과·외자정책과 사무관 1984년 해외 유학 1986~1991년 재무부 외자정책과·증권업무과·증권정책과 사무관 1991년 유엔(UN) 다국적기업센터·경제사회개발부 파견(서기관) 1993년 한국개발연구원 파견 1994년 국세심판소 조사관 1995년 국무총리행정조정실 파견 1996~1998년 재정경제원 국제투자과장·증권제도담당관 1998년 재정경제부 증권제도과장(서기관) 1999년 同증권제도과장(부이사관) 1999년 同금융정책과장 1999년 대통령비서실 파견 2001년 재정경제부 국제금융심의관 2002년 同경제협력국장(이사관) 2003년 同공보관 2004년 열린우리당 수석전문위원 2005년 재정경제부 국제업무정책관(차관보) 2007~2008년 조달청장 2008년 한국증권연구원 고문 2009년 한국자본시장연구원 고문 2009~2012년 현대삼호중공업(주) 사외이사 2009~2014년 SC제일은행 사외이사 2009년 숭실대 겸임교수 2012년 한국금융투자협회 공익이사 2014~2018년 법무법인 화우 고문 2014년 교보증권(주) 사외이사 겸 감사위원장 2014년 기획재정부 2014불가리아경제발전경험공유사업(KSP) 수석고문 2015~2018년 同2015·2016니카라과지식공유사업(KSP) 수석고문 2016년 한양증권(주) 사외이사(현) 2018년 삼성화재해상보험(주) 사외이사(현) 2018년 대한무역투자진흥공사(KOTRA) 외국인투자옴부즈만(현) (상)대통령표창(1990) (종)기독교

### 김성진(金成珍) KIM Sung Jin

(생)1953·8·25 (본)김해(金海) (출)전남 신안 (주)서울특별시 서대문구 서소문로 21 한국케이블TV방송협회 협회장실(02-735-6511) (학)1972년 목포고졸 1980년 한국외국어대 터키어과졸 (경)1979년 동양통신 사회부 입사 1981~1989년 연합통신 정치부·외신부 기자 1994년 국민일보 정치부 차장 1995년 同정치부장 1995~1999년 민주평통 자문위원 1998년 대통령 보도지원비서관 2000년 남북정상회담 실무접촉대표 수행원 2001년 대통령 국내언론1비서관 2002년 대통령 부대변인 겸임 2002~2003년 여성부 차관 2003~2005년 고려E&C 부사장 2005년 한국교육방송공사(EBS) 부사장 겸 콘텐츠사업본부장 2006~2007년 국무총리 비서실장 2007~2008년 대한무역투자진흥공사(KOTRA) 감사 2008~2010년 고려E&C 사장 2010~2012년 이투스교육(주) 사장 2014년 한국외국어대 미디어커뮤니케이션학부 초빙교수 2018년 한국케이블TV방송협회 회장(현) (상)황조근정훈장(2004), 자랑스런 외대인상(2007)

### 김성진(金成珍) KIM SUNG JIN

(생)1955 (주)서울특별시 중구 장충단로 59 국립국악관현악단(02-2280-4265) (학)전주대 음악교육학과졸, 同대학원 음악학과졸, 미국 뉴욕시립대 Aaron Copland School of Music 대학원 오케스트라지휘전공 (경)전주대 음악과 겸임교수, 서울시국악관현악단 단장, 서울시청소년국악관현악단 초대 단장, 서울공연예술제 집행위원, 락음국악단 상임지휘자, 숙명여대 겸임교수 겸 숙명가야금연주단 음악감독, 청주시립국악관현악단 예술감독, 서울디자인올림픽 기획위원, 한국문화예술주간사업 추진단장, 한국예술종합학교 객원교수 2019년 국립국악관현악단 예술감독(현)

### 김성진(金成珍) KIM Sung Jin (九菴)

(생)1958·3·23 (출)부산 (주)서울특별시 강남구 테헤란로 133 한국타이어빌딩 법무법인(유) 태평양(02-3404-0125) (학)1977년 경북고졸 1981년 서울대 법학과졸 1984년 同대학원 법학과졸 1994년 미국 워싱턴대 로스쿨졸(LL.M.) (경)1983년 사법시험 합격(25회) 1985년 사법연수원 수료(15기) 1986년 軍법무관 1989~2014년 법무법인(유) 태평양 변호사 2002~2017년 국토교통부 중앙건설분쟁조정위원회 위원장 2003~2006년 전문건설공제조합 운영위원 2003년 대한상사중재원 중재인(현) 2008년 고등과학원 발전기금위원회 위원(현) 2009~2012년 전문건설공제조합 운영위원 2009년 제일모직 사외이사 2012~2015년 (재)명동정동극장 비상임이사 2013~2016년 국토교통부 중앙토지수용위원회 비상임위원 2013년 법무법인(유) 태평양 업무집행 변호사 2014년 (주)동성화인텍 사외이사(현) 2015년 법무법인(유) 태평양 업무집행 대표변호사(현) 2015~2018년 (재)정동극장 비상임이사 (저)'주주대표소송의 비교법적 연구' 'Comparative Study of Derivative Suit'(1994) '소송대리인이 본 건설감정의 문제점'(2002) '건설부동산 분쟁과 의사결정'(2005) (종)천주교

## 김성진(金星瑋 · 女) KIM, Sung-Jin

(생)1958·7·5 (주)서울특별시 서대문구 이화여대길 52 이화여자대학교 자연과학대학 화학생명분자과학부(02-3277-2350) (학)1977년 이화여대부설 금란여고졸 1981년 이화여대 화학과졸 1983년 同대학원 물리화학과졸 1989년 이학박사(미국 아이오와주립대) (경)1990년 이화여대 화학과 교수, 同자연과학대학 화학생명분자과학부 화학·나노과학전공 교수(현) 1995~1998년 同화학과장 2003년 대한화학회 학술실무이사 2003~2004년 이화여대 대학원 나노과학부장 2004~2007년 同대학원 교학부장 2004~2010년 나노·바이오기술연구소장 2010~2014년 이화여대 자연과학대학장 2010년 대한화학회 재료분과회장 2013~2015년 이화여대 분자생명과학기술원장 2013~2017년 나노기술연구협의회 이사 2014~2017년 국가과학기술연구회 비상임이사 2015년 한국과학기술한림원 정회원(이학부·현) 2015~2017년 미래창조과학부 기초연구진흥협의회 위원 (상)대한화학회 우수연구자상(2002), 대한화학회 학술상(2013), 미래창조과학부장관표창(2016)

## 김성진(金成鎭) KIM Sung Jin

(생)1961 · 6 · 25 (출)경북 안동 (주)경상북도 안동시 풍천면 도청대로 455 경상북도의회(054-880-5126) (학)경일고졸 1988년 안동대 국어국문학과졸 1995년 同행정경영대학원 지방행정학과졸 (경)1987년 (주)금성출판사 편집부 근무 1989년 안동신문사 근무 1990년 경북북부신문 편집장, 안동시민합창단 자문위원, 자연사랑연합회 안동시지회 운영위원, 안동YMCA 이사 1995 · 1998 · 2002 · 2006년 경북 안동시의회 의원 2002년 同총무위원장, 경북북부연구원 이사 2014~2018년 경북 안동시의회 의원(새누리당 · 자유한국당) 2016년 同의장, 안동대 총동창회 부회장(현) 2018년 경북도의회 의원(자유한국당)(현) 2018년 同독도수호특별위원회 위원장(현) 2018년 同농수산위원회 위원(현) 2018년 同예산결산특별위원회 위원(현) (상)지방의정봉사대상(2009), 안동대 자랑스러운동문상(2017)

## 김성진(金成珍) KIM Sung Jin

(생)1963 · 4 · 15 (출)전남 고흥 (주)광주광역시 북구 첨단과기로 333 (재)광주테크노파크 원장실(062-602-7710) (학)광주 대동고졸, 건국대졸, 경제학박사(영국 리즈대) (경)1990년 행정고시 합격(33회) 1994년 상공자원부 통상진흥국 아주통상2과 사무관 2002년 산업자원부 자원정책과 사무관 2003년 同생활산업국 디지털전자산업과 사무관 2003년 중국 사회과학원 세계경제정치연구소 파견 2006년 산업자원부 중국협력팀장 2007년 同디지털융합산업팀장 2008년 지식경제부 부품소재총괄과장(서기관) 2008년 同부품소재총괄과장(부이사관) 2009년 同에너지절약정책과장 2010년 同에너지자원정책과장 2011년 전남체신청장(고위공무원) 2011년 전남지방우정청장 2011년 지식경제부 경제자유구역기획단장 2013년 산업통상자원부 경제자유구역기획단장 2014년 同산업기반실 지역경제정책관(국장급) 2016년 同대변인 2018년 (재)광주테크노파크 원장(현)

## 김성진(金星辰) Kim Seong Jin

(생)1963 · 7 · 3 (주)서울특별시 종로구 종로 33 그랑서울 미래에셋자산운용(주)(02-3774-1543) (학)서강대 경제학과졸 (경)1988년 동원증권 채권분석부 입사 1996년 동원투자신탁운용 채권운용역 2004년 미래에셋투자신탁운용 채권운용본부 이사대우 2005년 同채권운용본부장(상무보) 2006년 미래에셋자산운용 채권운용본부장(상무보) 2008년 同채권운용본부 CIO(상무) 2010년 同채권운용부문 대표(전무) 2012년 同채권운용부문 CIO(부사장) 2016년 同채권운용부문 CIO(사장)(현)

## 김성진(金星鎭) KIM Seong Jin

(생)1964 · 8 · 22 (본)김녕(金寧) (출)대구 (주)서울특별시 서초구 서초중앙로 119 세연타워 5, 11층 법률사무소 베이시스(02-522-3200) (학)1983년 대구 대건고졸 1987년 고려대 법학과졸 2002년 캐나다 브리티쉬컬럼비아대 로스쿨 연수(방문학자과정) (경)1990년 사법시험 합격(32회) 1993년 사법연수원 수료(22기) 1993년 軍법무관 1996년 대전지검 검사 1998년 同김천지청 검사 1999년 서울지검 북부지청 검사 2003년 인천지검 부천지청 검사 2005년 대구지검 부부장검사 2006년 창원지검 진주지청 부장검사 2007년 대구지검 마약 · 조직범죄수사부장 2008년 부산지검 부장검사 2008년 동북아역사재단 파견 2009년 광주지검 형사3부장 2009년 서울동부지검 형사4부장 2010년 의정부지검 고양지청 부장검사 2011~2012년 서울북부지검 형사2부장 2012년 법무법인 이촌 대표변호사 2016~2017년 법무법인 올흔 대표변호사 2017년 변호사 개업 2017년 법률사무소 베이시스 변호사(현) (상)검찰총장표창(1999)

## 김성찬(金盛贊) Kim, Sung Chan

(생)1954 · 5 · 7 (출)경남 진해 (주)서울특별시 영등포구 의사당대로 1 국회 의원회관 421호(02-784-2477) (학)1972년 진해고졸 1976년 해군사관학교졸(30기) 1996년 영국 국방대학원졸 2002년 서울대 대학원 해양정책최고과정 수료 2004년 경기대 대학원 국제정치학과졸 2013년 한남대 대학원 정치및지역발전학 박사과정 수료 (경)2003년 해군 진해기지사령관(준장) 2005년 해군 제1함대사령관(소장) 2006년 해군본부 전력기획참모부장(소장) 2008년 해군 참모차장(중장) 2010~2011년 해군 참모총장(대장) 2011~2012년 한국과학기술원(KAIST) 초빙교수 2011~2012년 세종대 석좌교수 2012~2015년 (재)천안함재단 고문위원 2012년 제19대 국회의원(창원시 진해구, 새누리당) 2012~2014년 국회 국방위원회 위원 2013년 국회 운영위원회 위원 2013~2015년 국회 예산결산특별위원회 위원 2013년 새누리당 북핵안보전략특별위원회 위원 2013년 同경남도당 수석부위원장 2014년 국회 지속가능발전특별위원회 위원 2014년 새누리당 세월호사고대책특별위원회 위원 2014년 국회 국방위원회 여당 간사 2015~2016년 새누리당 정책위원회 국방정책조정위원장 2016년 제20대 국회의원(창원시 진해구, 새누리당 · 자유한국당〈2017.2〉)(현) 2016 · 2018년 국회 농림축산식품해양수산위원회 위원(현) 2016년 국회 민생경제특별위원회 간사 2016년 한국아동인구환경의원연맹(CPE) 회원(현) 2016년 새누리당 제4차 전당대회 대표최고위원 · 클린선거소위원회 위원장 2016~2017년 同경남도당 위원장 2016~2017년 同경남도당 혁신위원장 2017년 자유한국당 경남도당 위원장 2017년 同경남도당 혁신위원장 2017년 同제19대 홍준표 대통령후보 중앙선거대책위원회 국가안보위원회 위원장 2017년 국회 민생경제특별위원회 위원 2017년 자유한국당 북핵위기대응특별위원회 부위원장(현) 2018년 同전국위원회 부의장(현) (상)대통령표창(1998), 보국훈장 통일장(2011), 미국정부 공로훈장(2011), 콜롬비아 대십자훈장(2011), 터키군 공로훈장(2012), 인도네시아해군 최고훈장(2012), 법률소비자연맹 선정 국회 헌정대상(2013 · 2017), 새누리당 국정감사 우수의원(2013), 올해의 해사인상(2014) (종)천주교

## 김성천(金聖天) KIM Seong Cheon

(생)1959·12·12 (본)설성(雪城) (출)서울 (주)서울특별시 동작구 흑석로 47 중앙대학교 법학전문대학원(02-820-5423) (학)1978년 대광고졸 1985년 중앙대 법학과졸 1987년 同대학원 법학과졸 1993년 법학박사(독일 빌레펠트대) (경)1980~1982년 육군 보병(30사단 91연대 본부대) 1980~1982년 중앙대 법대 교육조교·한남대 강사 1996~1997년 위덕대 법학과 교수 1996~1997년 포항경제정의실천시민연합 정책위원장 1997~2009년 중앙대 법과대학 법학과 교수 1998~2002년 중앙법학회 출판이사 2000

~2003년 중앙대 법학과장 2002년 청소년보호위원회 정책자문위원 2000~2003년 금융감독원 제재심의위원 2004년 한국성폭력상담소 이사 2007년 한국상사법학회 이사 2009년 중앙대 법학전문대학원 교수(현) 2010년 방송통신심의위원회 통신특별위원회 위원 2011년 한국비교형사법학회 감사, 서울고검 항고심사위원, 한국형사법학회 이사 2018년 중앙대 법학전문대학원장 겸 법과대학장 (저)'형법총론(共)'(1998) '형법각론(共)'(2000) '법규 및 윤리(共)'(2002)

## 김성천(金聖天) KIM Sung Chun

(생)1961 · 1 · 4 (출)서울 (주)서울특별시 마포구 마포대로 137 (재)범부처신약개발사업단 연구개발본부(02-6379-3050) (학)서울대 화학과졸, 화학박사(미국 텍사스A&M대) (경)1989년 럭키 입사 2003년 (주)LG생명과학 Factive팀장 2006년 同사업개발담당 2007년 同기술연구원 R&D전략담당 상무 2008년 同연구개발본부 CTO 2011년 同Business Incubation부문장(상무) 2012~2014년 同사업1부문장(상무) 2014년 안국약품(주) 중앙연구소 바이오본부 전무 2017년 (재)범부처신약개발사업단 연구개발본부장(CSO)(현)

## 김성철(金成哲) Kim, Seongcheol

(생)1961 · 5 · 16 (주)서울특별시 관악구 관악로 1 서울대학교 전기 · 정보공학부(02-880-1822) (학)1984년 서울대 전기공학과졸 1987년 同대학원 전기공학과졸 1995년 무선통신 및 전파공학박사(미국 Polytechnic Institute of New York Univ.) (경)1985~1987년 서울대 전기공학과 연구조교 및 TA 1991~1995년 미국 뉴욕폴리테크닉대 전기공학부 연구조교 1992~1994년 미국 뉴욕 Symbol Technologies 초빙연구원 1995~1999년 미국 뉴저지 AT&T(Bell) 연구소 연구원 1999년 서울대 전기 · 정보공학부 조교수 · 부교수 · 교수(현) 2005~2012년 SK텔레콤 'Telecommunication Review' 편집위원 2008~2010년 서울대 공과대학 정보부학장 2009~2012년 교육과학기술부 기초기술연구회 이사 2009~2011년 산업기술평가관리원 이사 2011~2013년 서울대 뉴미디어통신공동연구소장 2013년 정보통신기술(ICT) 정책고객대표자회의 위원(현), 한국통신요금 Korea Index 개발위원, 한국스마트 ICT포럼 창립위원, 지식경제부 통신해양기상위성 개발 추진위원, 방송통신위원회 전파연구소 자문위원, 국토해양부 항공안전본부 자문위원, 전자정보통신공학회 'Transactions on Communication'편집위원, JCN 편집위원, 통신위성항공우주연구회 이사 · 상임이사, 한국통신학회 이동통신연구회 전문위원, 전자공학회 통신연구회 전문위원, 해상교통관제서비스(VTS) 서울챕터 운영위원 · 위원장, 국제전기전자공학회(IEEE) 정회원 · 선임회원, 서울산악포럼 운영위원 2013~2015년 미래창조과학부 통신정책자문위원 2014~2015년 한국정보방송통신대연합회 정책자문위원 2015~2017년 합동참모본부 정책자문위원 2016~2019년 서울대 연구처장 겸 산학협력단장 2017~2018년 조달청 전문평가위원 2017년 한국금융연구원(KIF) 투자운영위원회 심의위원(현) 2018년 과학기술정보통신부 국가연구개발사업평가자문위원회 민간위원(현) 2018년 정보통신기술진흥센터(IITP) ICT R&D 열린혁신위원회 위원(현)

## 김성철(金聖哲) KIM Sung Chul

(생)1961 · 7 · 23 (출)서울 (주)충청남도 아산시 탕정면 삼성로 181 (주)삼성디스플레이 OLED사업부(041-535-1114) (학)금성고졸, 경희대 물리학과졸, 물리학박사(경희대) (경)(주)삼성디스플레이 연구소장, 삼성SDI(주) AM LTPS제조담당, 同AM공정기술그룹장 2006년 同상무보 2010년 삼성모바일디스플레이 중앙연구소 전무 2013년 (주)삼성디스플레이 OLED 개발실장(부사장) 2014년 同연구소장(부사장) 2017년 同OLED사업부장(부사장)(현) (상)산업포장(2010)

## 김성철(金成鐵) KIM Seong Cheol

(생)1964 · 6 · 12 (본)남포(藍浦) (출)강원 철원 (주)서울특별시 성북구 안암로 145 고려대학교 미디어학부(02-3290-2267) (학)1983년 오산고졸 1987년 서울대 경영학과졸 1989년 同대학원 경영학과졸 1996년 미국 미시간주립대 대학원졸 2000년 정보통신학박사(미국 미시간주립대) (경)1989년 (주)SK 대리 1997년 (주)SK C&C 차장 2001년 (주)모비야 Sale & Marketing 팀장 2002년 서울시 정보화개발담당관 2003년 同정보시스템담당관 2003년 한국정보통신대 IT경영학부 조교수 · 부교수 2008년 고려대 언론학부 부교수 · 교수, 同대학원 미디어학부 교수(현), 한국중소기업학회 이사 2013년 미래창조과학부 방송진흥정책자문위원회 위원 2015년 고려대 도서관장 · 중앙도서관장 · 외국학술지지원센터장 겸임(현) 2016년 대림비앤코 사외이사 2019년 (주)현대홈쇼핑 사외이사(현) (상)ITRC협의회 우수논문상(2005), 매경비트학술상 우수논문상(2009) (저)'휴대인터넷의 이해(共)'(2004, 전자신문) '차세대 디지털컨버전스 DMB 서비스(共)'(2005, 전자신문) (종)기독교

## 김성철(金聖哲)

(생)1966 · 11 · 28 (출)대구 (주)경상남도 창원시 의창구 상남로 289 경남지방경찰청 수사과(055-233-2566) (학)1985년 경북고졸 1989년 경찰대졸(5기) (경)1989년 경위 임용 2007년 경남 김해경찰서 형사과장 2008년 경남지방경찰청 수사과 과학수사계장 2009년 경남 김해중부경찰서 형사과장 2010년 경남 창원중부경찰서 경비교통과장 2012년 경남지방경찰청 제1기동대장 2013년 同생활안전과 생활질서계장 2014년 경남 김해중부경찰서 정보보안과장 2015년 경남지방경찰청 경무과 치안지도관(총경) 2015년 同여성청소년과장 2016년 경남 함양경찰서장 2016년 경남지방경찰청 수사과장 2017년 경남 산청경찰서장 2019년 경남지방경찰청 수사과장(현)

## 김성칠(金星七) Kim Sung-Chil

(생)1962 · 2 · 7 (본)김해(金海) (출)서울 (주)부산광역시 연제구 법원북로 33 부산지방우정청(051-559-3001) (학)1980년 서울 대광고졸 1984년 서강대 경영학과졸 (경)1992년 행정고시 합격(35회) 1993년 상공자원부 통상진흥국 미주통상과 사무관 2001년 산업자원부 생활산업국 섬유패션산업과 사무관 2003년 駐홍콩총영사 영사 2006년 산업자원부 유통물류서비스팀장 2007년 同유통물류팀장 2008년 지식경제부 입지총괄과장 2009년 同자동차조선과장 2010년 同자동차조선과장(부이사관) 2011년 同산업경제정책과장 2012년 행정안전부 중앙공무원교육원 연구개발센터장(고위공무원) 2012년 지식경제부 지식경제공무원교육원장 2013년 미래창조과학부 우정공무원교육원장 2014년 駐중국 공사참사관 2016년 미래창조과학부 우정사업본부 전남지방우정청장 2017년 과학기술정보통신부 우정사업본부 전남지방우정청장 2018년 同우정사업본부 전북지방우정청장 2019년 同우정사업본부 부산지방우정청장(현) (상)근정포장(2009)

## 김성태(金成泰) Kim Sung Tae (海峰)

(생)1948 · 5 · 25 (본)김해(金海) (출)경남 하동 (주)부산광역시 사하구 원양로 391 (주)코르웰(051-200-1100) (학)진주고졸, 한국해양대 기관학과졸, 국제학박사(부산대), 명예 경영학박사(한국해양대) (경)1986년 (주)코르웰 대표이사(현) 1992년 (주)동일조선 대표이사(현) 2001~2008년 부산태권도협회 회장 2004~2015년 대한태권도협회 이사 · 부회장 2009년 駐韓칠레 명예영사 2010년 국기원 이사(현) 2010년 진주고총동창회 회장 2014년 한국해양대 총동창회장 2015~2018년 (재)태권도진흥재단 이사장 2019년 국기원 원장 직대(현) (상)은탑산업훈장(2005), 진주고 자랑스러운진고인상, 한국해양대 제18회 자랑스러운해대인상(2018) (종)불교

**김성태(金成泰) KIM Seang-Tae**

[생]1954·7·24 [출]경남 창원 [주]서울특별시 영등포구 의사당대로 1 국회 의원회관 540호(02-784-6651) [학]1974년 경남고졸 1982년 서울대 영어학과졸 1985년 미국 위스콘신대 메디슨교 대학원 정치학과졸 1989년 행정학박사(미국 조지아대) [경]1991~2000년 충남대 행정학과 교수 1994~1997년 초고속정보통신기반시범지역사업추진협의회 위원장 1998~2000년 국무총리실 정보화추진자문위원 1999~2002년 한국지역정보화학회 회장 1999~2002년 국가정보화평가위원회 위원 2000~2016년 성균관대 행정학과 교수 2000~2016년 同국정전문대학원 교수 2000~2001년 정부혁신추진위원회 공기업경영점검평가단 평가위원 2000~2003년 정부지역균형발전협의회 민간위원 2001~2003년 대통령자문 전자정부특별위원회 위원 2001~2003년 행정자치부 지방자치단체합동평가위원회 위원 2002년 프랑스 파리 OECD회의 정부대표 2002년 스위스 제네바 ITU 정부대표 2002~2003년 OECD PUMA 전자정부프로젝트 정부대표 2002~2006년 성균관대 국제정보정책전자정부연구소장 2003년 APEC 고위급전자정부심포지엄준비단 자문위원 2003년 세계전자정부평가위원회 위원장 2003~2008년 중앙인사위원회 심사평가위원 2005~2006년 영국 맨체스터대 객원교수 2005~2008년 성균관대 국정관리대학원장 겸 행정대학원장 2007~2008년 International Academy of CIO 한국대표 2007~2008년 UN거버넌스센터 자문위원 2007~2008년 (사)국가미래정책포럼 국가미래정책연구원장 2007~2008년 대통령직인수위원회 상임자문위원 2007~2008년 중앙공무원교육원 겸임교수 2007~2009년 한국연구재단 국제학술교류증진위원장 2008년 중앙선거관리위원회 전자선거추진협의회 위원 2008~2009년 한국정보사회진흥원 원장 2008~2010년 국제미래학회 미래정치행정위원장 2009년 국무총리실 유비쿼터스도시위원회 위원 2009~2013년 미래네트워크2020포럼 공동의장 2009~2013년 정보통신공공기관장협의회 회장 2009~2012년 UNESCO 한국위원회 정보커뮤니케이션분과위원장 2009~2012년 同집행위원 2009~2013년 한국정보화진흥원 원장 2010~2012년 'Journal of e-Governance Associate' 편집장 2010년 UN ITU-UNESCO 고위급브로드밴드위원회 상임위원 2010~2011년 전자신문 객원논설위원 2011년 검찰정보화발전자문위원회 자문위원장 2011~2013년 글로벌스마트워크협의회 준비위원장 2011년 (사)We Start운동본부 이사 2011~2012년 미래네트워크2020포럼 대표의장 2011~2013년 나눔국민운동본부 이사 2011~2013년 국가정보화전략위원회 자문단장 2012년 2018평창동계올림픽조직위원회 자문위원 2012~2013년 빅데이터국가전략포럼 의장 2012년 제18대 대통령선거 투개표관련 보안자문위원회 위원 2012~2015년 중앙지적재조사위원회 위원 2012~2014년 국가초고성능컴퓨팅위원회 위원 2012~2014년 가전접근성포럼 운영위원 2012~2014년 ITU 전권회의준비위원회 위원 2013~2015년 국회 예산정책자문위원 2013~2014년 새누리당 창조경제일자리창출특별위원회 위원 2013~2015년 교육부 정책자문위원 2013~2015년 여의도연구원 이사 2014~2015년 국회 창조경제활성화특별위원회 위원 2014년 'Journal of Systemics·Cybernatics and Informatics' 편집자문위원 2014~2016년 SW-ICT 기반융합산업연합회 회장 2016년 (사)국가미래정책포럼 이사장 2016년 제20대 국회의원(비례대표, 새누리당·자유한국당〈2017.2〉)(현) 2016년 새누리당 전당대회선거관리위원회 대변인 2016~2017년 同국민공감전략위원장 2016~2017년 국회 미래창조과학방송통신위원회 위원 2016년 국회 윤리특별위원회 위원 2016년 국회 미래일자리특별위원회 위원 2016년 국회 융합혁신경제포럼 대표의원(현) 2017년 국회 헌법개정특별위원회 위원 2017년 자유한국당 제19대 홍준표 대통령후보 중앙선거대책위원회 국가대개혁위원회 4차산업혁명위원장 2017~2018년 同서울송파乙당원협의회 운영위원장 2017년 국회 과학기술정보방송통신위원회 위원 2017년 자유한국당 대표최고위원 지역특보(서울) 2017·2018년 국회 4차산업혁명특별위원회 위원(현) 2017~2018년 자유한국당 정책위원회 부의장 2018년 국회 헌법개정 및 정치개혁특별위원회 위원 2018년 자유한국당 서울강남구乙당원협의회 운영위원장 2018년 국회 과학기술정보방송통신위원회 위원 2019년 국회 과학기술정보방송통신위원회 간사(현) 2019년 자유한국당 디지털정당위원회 위원장(현) 2019년 在京마산향우회 회장(현) [상]한국정책학회 우수논문상(1998), 홍조근정훈장(2003), 한국여성벤처협회 특별상(2009), 뉴미디어대상 올해의 정보통신인(2010), 가족친화우수기업 여성가족부장관표창(2011), 세종나눔봉사대상(2011), 대한민국나눔대상(2011), 국민훈장 모란장(2013), 제2회 한국을 빛낸 글로벌 100인 정치발전부문(2019) [저]'Municipal Policy-Making and Fiscal Federalism'(1991, 대영문화사) '공공정책의 결정요인 분석(共)'(1993, 법문사) '행정정보체계론 : 정보정책론과 전자정부론'(1999, 법문사) '정책학의 주요이론(共)'(2000, 법문사) '행정학의 주요이론(共)'(2000, 법문사) '사이버 헌법론(共)'(2001, 조세통람사) '뉴거버넌스와 사이버거버넌스 연구(共)'(2001, 대영문화사) '정보정책론과 전자정부론'(2002, 법문사) '전자정부론 : 이론과 실제'(2003, 법문사) '정보정책론 : 이론과 전략'(2004, 법문사) 'Building e-Governance : Challenges and Opportunities for Democracy, Administration and Law(共)'(2005) '신 전자정부론 : 이론과 전략'(2007, 법문사) '한국 행정학 50년사(共)'(2007, 한국행정학회) 'E-Governance : A Global Perspective on a New Paradigm(共)'(2007, IOS Press) 'Digital Governance in Municipalities Worldwide(共)'(2007, National Center for Public productivity, USA) '또 다른 미래를 향하여 : 국정관리를 위한 미래예측과 미래전략'(2007, 법문사) '신정보정책론 : 이론과 전략'(2010, 법문사) '스마트사회를 향한 대한민국 미래전략'(2011, 법문사) '미래한국의 새로운 도전과 기회'(2011, 법문사) 'Global Mobile : Applications and Innovations for the Worldwide Mobile Ecosystem(共)'(2013, Information Today, Inc.) '제4의 물결 중심, 스마티즌'(2013, 북콘서트) '스마트사회의 정보정책과 전자정부 : 이론과 전략'(2013) 'Social Inclusion and the Digital Divide : Case of Korea'(2014) 'E-Governance and Social Inclusion : Concepts and Cases : Concepts and Cases, 271'(2014, IgiGlobal)

**김성태(金煋泰) KIM Sung Tae**

[생]1954·11·10 [본]김해(金海) [출]경북 상주 [주]대구광역시 중구 공평로 88 대구광역시의회(053-803-5041) [학]능인고졸, 한국방송통신대 법학과졸, 경북대 행정대학원 도시행정학과졸 [경]합기도 평무관 관장, 국민생활체육 경북도합기도연합회 사무국장, 전국매일 대구경북취재본부 기자 2006년 대구시 달서구의원선거 출마(열린우리당), 대한합기도회 대구시협회장 2010년 대구시 달서구의회 의원(민주당·민주통합당·민주당·새정치민주연합), 민주당 대구달서乙지역위원회 위원장, 同대구무상급식위원회 본부장 2014~2018년 대구시 달서구의회 의원(새정치민주연합·더불어민주당) 2014~2015년 대구민주자치연구회 파랑새 회장 2015~2018년 同회원 2015~2018년 더불어민주당 대구달서乙지역위원회 위원장 2016~2018년 同정책위원회 부의장 2018년 대구시의회 의원(더불어민주당)(현) 2018년 同건설교통위원회 위원(현) [종]기독교

**김성태(金成泰) KIM SEONG TAI**

[생]1958·1·15 [본]김해(金海) [출]인천 [주]부산광역시 강서구 녹산산업북로 433 테크로스(051-601-4500) [학]1976년 인천기계공고졸, 인천전문대 전기과졸 2001년 호서대 경영학과졸, 단국대 경영대학원 수료 [경](주)부방테크론 이사 2002년 同리빙사업부 각자대표이사 2010년 (주)리홈 전무이사 2010년 (주)테크로스 전무이사, 한국전기안전관리협회 감사, 한국선박평형수협회 회장(현) 2018년 (주)테크로스 부사장(현) [상]제29회 국가품질경영대회 품질부문 대통령표창 [종]불교

## 김성태(金聖泰) KIM Sung Tae

(생)1958·5·23 (본)경주(慶州) (출)경남 진주 (주)서울특별시 영등포구 의사당대로 1 국회 의원회관 910호(02-784-3291) (학)1976년 진주공고졸 1997년 단국대 경영대학원 수료 1998년 고려대 노동대학원 고위지도자과정 수료 2005년 강남대 법학과졸 2007년 한양대 행정대학원 사회복지학과졸 (경)한국통신 공중전화노조위원장, 전국정보통신노조협의회 의장 1994년 전국정보통신노동조합연맹 위원장 1995년 민주평통 자문위원 1996년 한국노동조합총연맹 부위원장 1997년 중앙노동위원회 근로자위원 1998년 한국사회발전실천시민협의회 IMF실업대책위원장 1998년 서울시의회 의원 1998년 同실업자대책 및 고용창출특위 위원장 2002~2004년 한국노동조합총연맹 사무총장 2002년 노동부 남녀고용평등대상 심사위원 2002년 기획예산처 예산자문위원회의 민간위원 2002년 노사정위원회 상무위원 2002년 국민건강보험공단 비상임이사 2002년 국민연금 기금운영위원 2002년 재정경제부 세제발전심의위원회 위원 2003년 고령화사회대책 및 사회통합기획단 자문위원 2004년 한국노동조합총연맹 상임부위원장 겸 중앙교육원장 2005년 전국소년소녀가장돕기 공동대표 2006년 한국고용정보원 비상임이사 2007년 노사발전재단 이사 2008년 제18대 국회의원(서울 강서구乙, 한나라당·새누리당) 2008년 (재)손기정기념재단 대표이사장(현) 2010년 한나라당 원내부대표 2010년 同대표특보 2011년 同직능특별위원회 부위원장 2012년 새누리당 비정규직대책특별위원회 위원장 2012년 同민본21 간사 2012년 제19대 국회의원(서울 강서구乙, 새누리당) 2012년 국회 환경노동위원회 간사 2013~2014년 새누리당 제5정책조정위원장 2013~2014년 同서울시당 위원장 2014~2015년 국회 국토교통위원회 여당 간사 2014~2015년 국회 예산결산특별위원회 위원 2015년 국회 서민주거복지특별위원회 여당 간사 2015년 새누리당 정책위원회 국토교통정책조정위원장 2015년 국회 국토교통위원회 위원 2015년 국회 예산결산특별위원회 여당 간사 2015년 새누리당 노동시장선진화특별위원회 위원 2015년 국회 법제사법위원회 위원 2016년 제20대 국회의원(서울 강서구乙, 새누리당·바른정당〈2017.1〉·자유한국당〈2017.5〉)(현) 2016~2018년 국회 국토교통위원회 위원 2016~2017년 국회 '박근혜 정부의 최순실 등 민간인에 의한 국정농단 의혹 사건 진상규명을 위한 국정조사특별위원회' 위원장 2017년 바른정당 사무총장 2017년 同제19대 유승민 대통령후보 중앙선거대책위원회 조직본부장 2017년 자유한국당 정치보복대책특별위원회 위원장 2017~2018년 同원내대표 2017·2018년 국회 정보위원회 위원 2017~2018년 국회 운영위원회 위원장 2018년 자유한국당 대표최고위원 권한대행 2018년 同서울강서구乙당원협의회 운영위원장(현) 2018년 국회 운영위원회 위원 2018년 국회 문화체육관광위원회 위원 2018년 자유한국당 혁신비상대책위원회 위원 2018년 국회 국방위원회 위원(현) (상)대통령표창(1994), 금탑산업훈장(2004), 복지TV 자랑스러운 대한민국 복지대상 나눔부문(2015) (저)'워크프랜들리 김성태! 서민의 희망을 디자인하다'(2009)

## 김성태(金成泰) Kim Seong Tae

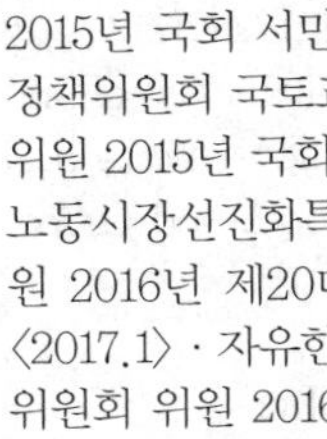

(생)1962·5·26 (출)충남 서천 (주)서울특별시 강남구 테헤란로 414 IBK캐피탈 비서실(02-531-9300) (학)1981년 대전상고졸 1989년 충남대 경영학과졸 2006년 핀란드 헬싱키경제대(Helsinki School of Economics) 석사(MBA) (경)1989년 IBK기업은행 입행 2008년 同평촌아크로타워지점장 2009년 同전략기획부 미래혁신팀장(부장) 2010년 同비서실장 2011년 同미래기획실장 2012년 同종합기획부장 2013년 同마케팅전략부장 2014년 同부산·울산지역본부장 2015년 同경동지역본부장 2016년 同소비자보호그룹장(부행장) 2017년 同경영전략그룹장(부행장) 2019년 IBK캐피탈 대표이사(현)

## 김성태(金晟台) KIM Sung Tae

(생)1968·4·16 (출)경남 의령 (주)서울특별시 성북구 안암로 145 고려대학교 미디어학부(02-3290-2262) (학)1986년 부산동고졸 1993년 고려대 신문방송학과졸 1995년 同대학원 신문방송학과졸 2001년 매스커뮤니케이션학박사(미국 인디애나대) (경)1987~1990년 美8군 공보실 기자 및 편집장 1995년 IMPACT컨설턴터(홍보전문회사) 정치홍보컨설팅 1997~2001년 미국 Indiana Univ. 연구원 2001~2004년 미국 DePaul Univ. 조교수 2002~2004년 미국한인언론학회 총무 2004년 Best Academia 사회과학 인명록(Who's Who) 등재 2004~2010년 고려대 언론학부 조교수·부교수 2004년 미국 세계인명사전 'Marquis Who's Who'에 등재 2010년 고려대 미디어학부 부교수·교수(현), 고려대 정보문화연구소장, 대한민국 인터넷대상 운영위원, 중앙선거관리위원회 인터넷선거보도 심의위원, 동아일보 독자위원, SBS 시청자위원, 국민대통합위원회 갈등관리포럼 위원, 문화체육관광부 온라인홍보 자문위원, 한국언론학회 총무이사, 한국방송학회 연구이사, Channel IT「빅데이터세상을 읽다 '소셜인'」 진행, 미국 드폴대 커뮤니케이션대학 교수, 미국 캘리포니아대(UCSD) 교환교수 2015년 미국 인명사전 '마르퀴스후즈후'에 등재 2019년 고려대 언론대학원장 겸 미디어학부장(현) (상)AEJMC Best Student Paper Award(1997), Kappa Tau Alpha Research Award(1997), ICA Top Paper Award(1998), MAPOR Top Student Research Paper Award(2000), 한국언론학회 우수논문상(2006), 갤럽(Gallup) 사회과학분야 우수논문상(2010) (저)'현대정치커뮤니케이션 연구(共)'(2006) '인터넷 커뮤니케이션 연구'(2008)

## 김성표(金成杓) KIM Sung Pyo

(생)1966·11·28 (주)서울특별시 서초구 서초대로74길 4 삼성경제연구소 산업전략2실(02-3780-8367) (학)1984년 고려대 경영학과졸 1993년 同대학원 경영학과졸 1999년 경영학박사(고려대) (경)1994~1999년 기업경영연구원 연구원 1996~1999년 성신여대 강사 1996~2000년 고려대 강사 1996년 재무학회 회원 1997년 재무관리학회 회원, 삼성경제연구소 경영연구본부 경영전략실 수석연구원, 同산업전략2실 수석연구원 2011년 미국 워싱턴대 Visiting Scholar 2017년 삼성경제연구소 산업전략2실 상무(현) (저)'한국기업 경쟁력의 실상과 과제'(2008) '불황기 신성장전략'(2009) '글로벌 M&A 성공전략'(2010) '저성장기의 경영전략'(2013) 등

## 김성하(金成河) KIM Seong Ha

(생)1958·3·5 (주)충청북도 청주시 흥덕구 강내면 태성탑연로 250 한국교원대학교 제3대학 생물교육과(043-230-3738) (학)서울대 생물교육학과졸, 同대학원졸, 이학박사(미국 텍사스대 오스틴교) (경)1985년 미국 텍사스대 오스틴교 식물학과 강의조교 1985~1989년 同식물학과 연구조교 1987년 미국 식물생리학회 정회원(현) 1988~1993년 미국 중력과우주생물학회 정회원 1989~1990년 미국 텍사스대 오스틴교 식물학과 Post-Doc. 1990~1991년 미국 농무부 식물과학연구소 연구원 1991~1992년 미국 Gelsinger Clinic연구소 Post-Doc. 1992년 한국생화학회 정회원(현) 1992년 한국교원대 제3대학 생물교육과 조교수·부교수·교수(현) 1993년 한국생물교육학회 총무이사 1994년 한국식물학회 학술위원(이사), 同대의원(현) 1995~1999년 한국광과학회 정회원 1995~1997·2005~2006년 한국교원대 생물교육과장 2000~2001년 미국 워싱턴대 생물학과 교환교수 2002~2004년 한국교원대 교수부 연구지원실장 2006~2007년 미국 펜실베이니아주립대 생물학과 방문교수 2013~2014년 미국 메릴랜드대 볼티모어캠퍼스 생물학과 방문교수 2015~2016년 한국생물교육학회 부회장 겸 한국생물올림피아드위원회 위원장 2015~2018년 국제생물올림피아드 한국대

표단장 2018년 한국교원대 제3대학장(현) (저)'96 고등학교 생물교사 생물실험연수교재(共)'(1995, 교육부) '현대과학의 이해'(1996, 자유아카데미) '고등학교 고급생물(共)'(1997, 교육부) '중학교 과학 I(共)'(2001, 교학사) '중학교 과학 II(共)'(2002, 교학사) '고등학교 생물 실험(共)'(2002, 교육인적자원부) '고급생물(共)'(2003, 교육인적자원부) '중학교 과학3(共)'(2004, 교학사) '우리 몸의 생김새(共)'(2004, 한국교원대 자연과학교육연구소)

### 김성한(金成漢) KIM Sung-Han

(생)1959 · 3 · 19 (출)부산 (주)부산광역시 부산진구 가야대로 772 (주)부산롯데호텔 임원실(051-810-1100) (학)1980년 부산 동성고졸 1989년 부경대 경영학과 수석졸업 (경)1984년 롯데삼강 입사 1989년 (주)부산롯데호텔 Project담당 2001년 同식음료팀장 2003년 同마케팅실장 2005년 同면세점장 2007년 同판촉팀장 2009년 同판촉부문장 2011년 同영업상무이사 2012년 同총지배인(상무보A) 2013년 부산관광협회 호텔분과 위원장 2013년 한국해양관광위원회 위원 2013년 한국청년교류협회 이사 2014년 인적자원개발위원회 위원 2014년 부산시 마이스산업육성협의회 위원 2015년 부산지방노동위원회 사용자위원 2016년 (주)부산롯데호텔 대표이사 상무 2019년 同대표이사 전무(현) (상)교육부장관표창(1982), 부산롯데호텔대표이사표창(1999 · 2002 · 2009 · 2010), 부산광역시장표창(2003), 문화관광부장관표창(2003), 문화체육관광부장관표창(2009), 부산관광협회 부산관광대상(2012), 에너지경영대상(2014), 산업통상자원부장관표창(2014), 환경부장관표창(2015), 자랑스러운 부경인상(2017), 동탑산업훈장(2018)

### 김성한(金成漢) Kim, Sung-Han

(생)1960 · 10 · 20 (출)전남 고흥 (주)대전광역시 대덕구 신탄진로 200 한국수자원공사 감사실 기술감사부(042-629-2275) (학)1979년 동국사대부고졸 1987년 전남대 농업토목공학과졸 (경)1987년 한국수자원공사(K-water) 입사 2006년 同전남지역본부 지방상수도팀장 2008년 同수도사업처 유수율관리팀장 2009년 同경인아라뱃길관리단 항 · 뱃길운영팀장 2011년 同수도개발처장 2013년 同울산권관리단장 2014년 同수도관리처장 2015년 同광주전남지역본부장 2016년 同K-water 융합연구원장 2019년 同감사실 기술감사부장(현) (상)국토해양부장관표창(2001)

### 김성한(金聖翰) KIM Sung-han

(생)1960 · 11 · 25 (본)김해(金海) (출)서울 (주)서울특별시 성북구 안암로 145 고려대학교 국제대학원(02-3290-1274) (학)1979년 서울사대부고졸 1983년 고려대 영어영문학과졸 1985년 同대학원 정치외교학과졸 1992년 정치학박사(미국 텍사스대 오스틴교) (경)1992~1994년 사회과학원 연구원 1994~2007년 외교안보연구원 조교수 · 부교수 · 교수 2002년 미국정치연구회 회장 2002~2007년 외교안보연구원 미주연구부장 2003~2004년 국방부 자문위원 2004년 한국정치학회 국제정치분과위원장 2007년 한국국제정치학회 부회장 2007~2012 · 2013년 고려대 국제대학원 교수(현) 2008~2012년 대통령 외교안보자문위원 2010년 대통령직속 국가안보총괄점검회의 위원 2010~2012년 고려대 일민국제관계연구원장 2010년 대통령직속 국방선진화추진위원회 위원 2012~2013년 외교통상부 제2차관 2013~2017년 아태안보협력이사회(CSCAP) 한국위원회 의장 2013년 고려대 일민국제관계연구원장(현) 2017년 同국제대학원장(현) 2017년 同국제학부장(현) (상)외교통상부장관표창(1999 · 2000 · 2002 · 2004 · 2006), 고려대 석탑강의상(2009 · 2010) (저)'미국 외교정책 : 이론과 실제(共)'(1998) '동아시아 환경안보(共)'(2005, 오름) (역)'경도와 태도'(2005)

### 김성한(金晟漢) Sunghan Kim

(생)1961 · 4 · 16 (본)안동(安東) (출)경북 (주)서울특별시 종로구 종로 1 교보생명보험(주) 임원실(1588-1001) (학)대륜고졸, 영남대 경제학과졸 (경)2006년 교보생명보험(주) 대구지역본부장(상무) 2009년 同경영지원실 기획역(상무) 2009년 同마케팅지원팀장(상무) 2010년 同변액자산운영담당 상무 2010년 同계성원장(상무) 2011년 同변액자산운영담당 겸 노블리에담당 상무 2013년 同경영기획담당 전무 2017년 同정책지원 · 홍보담당 전무 2019년 同정책지원담당 겸 노블리에지원팀 담당전무(현)

### 김성현(金成炫) KIM SUNG HYUN

(생)1963·8·5 (본)경주(慶州) (출)전남 광양 (주)서울특별시 영등포구 여의나루로 50 KB증권 임원실(02-3777-8178) (학)순천고졸, 연세대 경제학과졸 (경)1988~2002년 대신증권 입사·기업금융팀장 2003년 한누리투자증권 기업금융팀장(이사) 2006~2007년 同상무 2007년 KB투자증권 기업금융본부장(전무) 2015년 同IB총괄 전무 2016년 同IB총괄 부사장 2017년 KB증권 IB부문 총괄본부장(부사장) 2019년 同각자대표이사(현)

### 김성현(金成炫)

(생)1967 · 12 · 12 (주)서울특별시 영등포구 여의대로 128 LG디스플레이 임원실(02-3777-1114) (학)고려대 사회학과졸, 미국 조지워싱턴대 대학원 경영학과졸(MBA) (경)2010년 LG텔레콤 금융 · IR담당 상무 2011~2018년 LG유플러스 금융담당 상무 2019년 LG디스플레이 금융담당 전무(현)

### 김성혜(金聖惠 · 女) KIM Sung Hae

(생)1942·6·10 (출)서울 (주)경기도 군포시 한세로 30 한세대학교 총장실(031-450-5045) (학)1961년 서울예고졸 1965년 이화여대 음대졸 1970년 同대학원졸 1995년 미국 맨해튼음대 대학원졸 2003년 명예 신학박사(호서대) 2008년 목회학박사(미국 오랄로버츠대) (경)1981~1995년 호서대 예술대 음악과 교수 1984년 서울시립대·동덕여대 강사 1989년 호서대 예술대학장 1991년 同사회교육원장 1994년 가나안노인복지원 원장(현) 1995~1998년 순신대 종교음악과 교수 1995~1997년 同대학원장 1996~2013년 가나안우리집 이사장 1997년 한국피아노학회 부회장 1998~2000년 한세대 예능계열 음악학부 교수 1998~2001년 同대학원장 1998년 비엔나 국제콩쿠르 심사위원 1999년 영산아트홀 관장 1999년 한세대 부총장 2001년 同총장(현) 2008년 성혜장학회 이사장(현) 2013년 그레이스빌 이사장(현) (상)기독교문화예술원 기독교문화대상(1997), 한국기독교총연합회 제1회 여성상(2009), 캄보디아 국왕 최고훈장(2009), 볼리비아 에보 모랄레스 대통령 감사패(2010), 한국을 빛낸 창조경영대상 인재부문(2013), 한국의 영향력있는 CEO 인재경영부문대상(2014), TV조선 경영대상 참교육부문대상(2014), 월간조선 주최 '한국의 미래를 빛낼 CEO' 리더십부문대상(2015) (저)'성가합창곡집' '복음성가' '나도 피아노 가르칠 수 있다'(2011) '음악이 없어도 춤을 추자'(2012) (역)'알렐루야' '교회의 승리' '찬양의 랍소디' '찬양앨범' '귀중한 사랑' '음악의 재발견' '음악의 선물' '뮤직머신' (작)작곡 '호서대 교가' '국민일보 사가' '주를 아는가' (종)기독교

### 김성호(金聖鎬) KIM Sung Ho

(생)1945·9·3 (본)경주(慶州) (출)서울 (주)서울특별시 중구 남대문로5길 37 삼화빌딩 10층 삼화제지 회장실(02-753-5289) (학)1963년 서울고졸 1967년 미국 캘리포니아대(Univ. of California) 버클리교졸 (경)1971년 삼화실업 이사 1977년 한·미엽연초 감사 1981년 창동제지 대표이사 1989년 삼화제지·삼화실업·삼화교역 부회장 2000년 삼화제지 회장(현) (종)기독교

## 김성호(金成浩) KIM Sung Ho

(생)1950 · 3 · 2 (본)김해(金海) (출)경남 남해 (주)서울특별시 강남구 테헤란로108길 19 부림빌딩 6층 (재)행복세상(02-558-0001) (학)1968년 부산 브니엘고졸 1972년 고려대 법대졸 1987년 미국 조지워싱턴대 법과대학원졸 2003년 법학박사(건국대) (경)1974년 사법시험 합격(16회) 1976년 사법연수원 수료(6기) 1976년 해군 법무관 1979년 서울지검 검사 1982년 광주지검 목포지청 검사 1983년 서울지검 검사 1988년 부산지검 검사 1989년 마산지검 밀양지청장 1990년 대검찰청 검찰연구관 1991년 同감찰2과장 1993년 同중앙수사부 4과장 1994년 同중앙수사부 3과장 1994년 同중앙수사부 2과장 1995년 서울지검 특수제3부장 1996년 同특수제2부장 1997년 同의정부지청 차장검사 1998년 창원지검 차장검사 1999년 서울지검 동부지청장 2000년 대구고검 차장검사 2001년 사법연수원 부원장 2002년 춘천지검장 2003년 청주지검장 2003년 대구지검장 2004년 부패방지위원회 사무처장 2004년 국가청렴위원회 사무처장 2006~2007년 법무부 장관 2008~2009년 국가정보원장 2009년 (재)행복세상 이사장(현) 2011년 건국대 법학전문대학원 석좌교수 2011년 고려대 법학전문대학원 겸임교수 2011년 BS금융지주 사외이사 2013~2019년 CJ(주) 사외이사 겸 감사위원 2013~2016년 상청회 회장 2016년 한국프로골프협회(KPGA) 자문위원(현) (상)홍조근정훈장, 법무부장관표창, 검찰총장표창 (저)'금융거래의 실체와 추적'(1995, 대검 중앙수사부) (종)기독교

## 김성호(金成鎬) KIM Seong Ho

(생)1962 · 6 · 15 (출)경북 의성 (주)대구광역시 남구 현충로 170 영남대학교병원 신경외과(053-620-3790) (학)1981년 청구고졸 1987년 영남대 의대졸 1990년 同대학원 의학석사 1999년 의학박사(경상대) (경)1987~1992년 영남대 의대 인턴 · 신경외과 레지던트 1992~1995년 국군논산병원 군의관 1995~2007년 영남대 의대 신경외과학교실 연구강사 · 전임강사 · 조교수 · 부교수 1996년 대한소아신경외과학회 상임이사(현) 1996년 대한신경손상학회 운영위원(현) 1997년 대한정위기능신경외과학회 상임이사 1998~1999년 미국 듀크대병원 통증수술연수 1998년 The Asian Society for Stereotactic Functional and Computer Assisted Neurosugery 정회원(현) 1999~2000년 캐나다 토론토대병원 정위기능신경외과 연수 2001년 Congress of Neurological Surgeons 국제회원(현) 2001년 The American Society for Stereotactic and Functional Neurosurgery 정회원(현) 2005~2011년 영남대 의대 신경외과 주임교수 겸 부속병원 신경외과장 2005~2008년 대한신경외과학회 전문의 고시위원 2005년 영남대의료원 기획조정실 차장 2006~2008년 영남대 의과대학 부학장 2007년 同의대 신경외과학교실 교수(현) 2008~2010년 대한신경외과학회 전문의 학술위원 2008년 대한말초신경외과학회 상임이사, 同자문위원(현) 2008년 International Neuromodulation Society 정회원(현) 2009년 영남대병원 교육연구부장 2010년 대한노인신경외과학회 상임이사 2011~2013년 영남대의료원 사무국장 2013~2014년 同기획조정처장 2014년 대한신경외과학회지 편집위원 2015년 대한정위기능신경외과학회 회장 2017~2018년 대한노인신경외과학회 회장 (상)육군 제5군단장 선행표창(1993), 육군 제2훈련소(논산) 소장표창(1994), 국군논산병원장표창(1994), 대한신경외과학회지 최우수논문상 임상분야(2005 · 2008), 대한신경외과학회지 최우수논문상 기초분야(2007), 영남대 의과대학 연구우수교수표창(2008 · 2013), 대한정위기능신경외과학회 학술대회 최우수구연상(2008), 대한소아신경외과학회 Codman학술상(2010), 제38차 국제소아신경외과학회 최우수전공의발표상(지도)(2010), 대한노인신경외과학회 학술대회 최우수구연상(2011 · 2012), 대한신경외과학회 춘계학술대회 우수포스터발표상(2011), 대한신경외과학회 정기(추계)학술대회 우수포스터발표상(2013), 대한노인신경외과학회 학술대회 우수구연상(2014), 대한정위기능신경외과학회 학술대회 우수포스터발표상(2014) (저)'척추성 통증의 최소침습적 치료(共)'(2004) '신경외과학(제3판)(共)'(2004) '통증의 중재적 및 수술적 치료(共)'(2005) '정위기능신경외과학(共)'(2010) '소아신경외과학(共)'(2011) 신경외과학(제4판)(共)'(2012)

## 김성호(金聖浩)

(생)1966 · 8 · 6 (주)서울특별시 중구 무교로 28 시그너스빌딩 703호 (주)오리온커뮤니케이션즈 대표이사실(02-753-3018) (학)1984년 경주고졸 1992년 서울대 국사학과졸 (경)1992년 한국일보 입사 1992년 同생활과학부 기자 1994년 同사회부 사건팀 기자 1996년 同문화부 방송담당 1996년 同특별취재부 네오포커스팀 기자 1997년 同정치부 정당팀 기자 1999년 同사회부 기자 2003년 同정치부 기자 2004년 同주간한국부 기자 2005년 굿윌커뮤니케이션즈(주) 언론담당 대표 2007년 (주)오리온커뮤니케이션즈 대표이사(현)

## 김성호(金聖昊) KIM Sung Ho

(생)1966 · 11 · 9 (본)청풍(淸風) (출)서울 (주)서울특별시 서대문구 연세로 50 연세대학교 정치외교학과(02-2123-2943) (학)1988년 연세대 정치외교학과졸 1990년 미국 시카고대 대학원 정치학과졸 1997년 정치학박사(미국 시카고대) (경)1995~1999년 미국 시카고대 전임강사 1999년 미국 캘리포니아대 조교수 2000년 미국 윌리암스대 조교수 2002년 연세대 정치외교학과 교수(현) 2005년 조선일보 '아침논단' 고정필진 2007년 동아일보 객원논설위원 2008년 同'동아광장' 고정필진 2009년 미국 하버드대 옌칭연구원 방문교수 2013년 한국미래학회 회장(현) (상)레오스트라우스상 '미국 정치학회 정치철학분야학술상'(1998) (저)'Max Weber's Politics of Civil Society'(2004 · 2007) 'The Politics of Affective Relations(共)'(2004) '한국민주시민교육론(共)'(2004) '한국 권력구조의 이해(共)'(2004) '헌법이 정치를 만날 때'(2007) (종)기독교

## 김성호(金星鎬) KIM Sung Ho

(생)1967 · 5 · 1 (출)강원 고성 (주)강원도 춘천시 중앙로 1 강원도청 행정부지사실(033-249-2010) (학)강릉고졸, 고려대 행정학과졸 (경)행정고시 합격(35회), 강원도 민방위과 훈련장비계장, 同국제통상협력실 통상협력계장, 同기획관실 정책평가계장, 同자치행정과 사회진흥계장, 同기획관실 정책개발2담당, 同농어업정책과 농어업정책담당, 同기업지원과장, 同환동해출장소 연안관리과장 2007년 同기획관실 정책관리담당관 2007년 이명박 대통령취임식준비단 실무과장 2008년 행정안전부 혁신조직실 진단평가과장 2008년 同혁신조직실 조직진단과장 2009년 대통령자문 사회통합위원회 기획총괄팀장(부이사관) 2010년 행정안전부 지방행정국 선거의회과장 2012년 대통령 행정자치비서관실 선임행정관(고위공무원) 2013년 강원도 기획조정실장 2015년 미국 교육 파견 2016년 행정자치부 광주정부통합전산센터장 2016년 同대변인 2017년 행정안전부 대변인 2018년 한국지역정보개발원(KLID) 기획조정실장 2019년 강원도 행정부지사(현)

## 김성호(金聖浩)

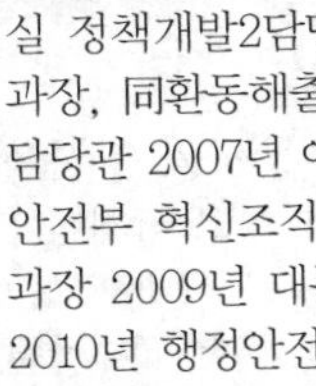

(생)1968 · 7 · 22 (주)서울특별시 종로구 청와대로 1 대통령 고용노동비서관실(02-770-0011) (학)1993년 서울대 공법학과졸 1995년 同대학원 경제학과졸 2007년 법학박사(미국 윌리엄앤드메리대) (경)1994년 행정고시 합격(38회) 1995~2008년 노동부 근로기준국 근로기준과 비정규직대책과 사무관 2008~2011년 同고용정책실 고용보험정책과장 · 기획조정실 행정관리담당관 · 장관비서관 2011년 同노사정책실 노사관계법제과장 2012~2015년 경제협력개발기구(OECD) 고용휴직 2015년 고용노동부 노사정책실 노사협력정책과장 2017년 최저임금위원회 상임위

원 겸 부위원장 2019년 고용노동부 청년여성고용정책관 2019년 同청년고용정책관 2019년 대통령 고용노동비서관실 선임행정관(현)

### 김성호(金成鎬) KIM, SEONG HO

(생)1973·1·29 (출)광주 (주)세종특별자치시 도움6로 11 국토교통부 건축정책과(044-201-3755) (학)1991년 광덕고졸 1998년 고려대 건축공학과졸 2007년 미국 일리노이대 대학원 도시계획과졸 (경)1998년 기술고시 합격(33회) 1998~2005년 건설교통부 건축과·기술정책과·월드컵조직위·공항시설과·도시관리과 근무 2007~2009년 同신도시개발과 사무관·서기관 2009~2010년 同건축기획과 서기관 2010~2011년 대통령소속 국가건축정책위원회 건축진흥과장 2011년 국토해양부 건축문화경관팀장 2012년 同녹색건축과장 2013년 국토교통부 국토도시실 녹색건축과장 2015년 교육파견 2017년 국토교통부 해외건설정책과장 2019년 同국토도시실 건축정책과장(현)

### 김성환(金星煥) KIM Sung-Hwan

(생)1953·4·13 (출)서울 (주)강원도 춘천시 금강로 11 (재)강원문화재단(033-240-1311) (학)1972년 경기고졸 1976년 서울대 경제학과졸 (경)1976년 외무고시 합격(10회) 1977년 외무부 입부·통상국 통상1과 근무 1978~1979년 입대(휴직) 1979년 외무부 미주국 안보문제담당관실 근무 1980년 駐호놀룰루 부영사 1983년 외무부 미주국 북미과 근무 1987년 同구주국 동구과 근무 1987년 대통령비서실 파견 1988년 駐인도 1등서기관 1990년 駐러시아 1등서기관 1994년 외무부 구주국 동구1과장 1995년 同장관 보좌관 1995년 同기획관리실 외무인사기획담당관 1996년 駐미국 참사관 2000년 외교통상부 북미국 심의관 2000년 同장관 보좌관 2001년 同북미국장 2002년 駐우즈베키스탄 대사 2005년 외교통상부 기획관리실장 2006년 駐오스트리아 대사 겸 駐비엔나국제기구대표부 대사 2008년 외교통상부 제2차관 2008~2010년 대통령 외교안보수석비서관 2010~2013년 외교통상부 장관 2012~2013년 UN Post-MDG유엔고위급패널 위원 2012~2016년 (주)대교홀딩스 사외이사 2013년 서울대 국제대학원 초빙교수 겸 글로벌사회공헌단 초대단장 2014년 (재)강원문화재단 이사장(현) 2016년 한양대 국제학부 특훈교수(현) 2016년 同사회봉사단 '희망한대' 단장(현) (저)'격동하는 러시아정치'(1994)

### 김성환(金星煥) KIM Sung Hwan

(생)1962·7·1 (본)영광(靈光) (출)서울 (주)서울특별시 마포구 성암로 267 문화방송 선거방송기획단(02-789-0011) (학)1981년 서울고졸 1985년 고려대 경제학과졸 (경)2000년 MBC 보도국 사회부 차장대우 2001년 同보도제작국 2580부 차장대우 2002년 同시사제작1국 시사제작2부 차장대우 2003년 同보도제작국 보도제작2부 차장 2003년 同보도국 뉴스편집2부 차장, 同뉴스편집센터 2CP 차장, 同인력자원국 인력개발부 차장 2005~2006년 미국 듀크대 연수 2007년 MBC 보도국 편집총괄데스크 2008년 同보도국 수도권팀장 2009년 同보도국 뉴스편집1부장 2009년 同보도국 네트워크부장 2011년 同본부 근무 2017년 同선거방송기획단장(국장) 2018년 同사장정책특보(국장)(현)

### 김성환(金城煥) Kim Sunghwahn

(생)1962·9·19 (주)세종특별자치시 다솜3로 95 공정거래위원회 운영지원과(044-200-4179) (학)1985년 성균관대 사회학과졸 1996년 미국 시라큐스대 대학원 사회학과졸 (경)1988년 행정고시 합격(32회) 1989년 총무처 수습행정사무관 2014년 공정거래위원회 경쟁정책국 시장구조개선정책관 2015년 국방대 교육파견 2016년 공정거래위원회 카르텔조사국장 2017년 駐미국 공사참사관(현)

### 김성환(金星煥) KIM Sung Whan

(생)1965·10·15 (본)경주(慶州) (출)전남 여수 (주)서울특별시 영등포구 의사당대로 1 국회 의원회관614호(02-784-6271) (학)1983년 서울 한성고졸 1990년 연세대 법학과졸 1999년 同행정대학원 도시 및 지방행정학과졸 (경)민주헌법쟁취국민운동본부 학생실무대표, 나라사랑청년회 기획부장, 신계륜 국회의원 비서관 1995년 서울 노원구의회 의원(서울 노원乙, 무소속), 노원복지포럼 운영위원, 새정치국민회의 서울노원乙지구당 정책실장 1998년 서울시의회 의원(국민회의·새정치국민회의), 새천년민주당 정책위원회 전문위원 2002년 서울시의원선거 출마(새천년민주당) 2003년 대통령직인수위원회 사회·문화·여성분과위원회 전문위원, 대통령 정책조정비서관실 행정관 2006~2007년 대통령 정책조정비서관 겸 부대변인 2007년 대통합민주신당 정동영 대통령후보 정책기획실장 2008년 제18대 국회의원선거 출마(서울 노원丙, 통합민주당) 2010년 서울시 노원구청장(민주당·민주통합당·민주당·새정치민주연합) 2010년 교육영향평가 자문위원 2014~2018년 서울시 노원구청장(새정치민주연합·더불어민주당) 2018년 더불어민주당 서울노원구丙지역위원회 위원장(현) 2018년 제20대 국회의원(서울 노원丙 재보궐선거 당선, 더불어민주당)(현) 2018년 국회 산업통상자원중소벤처기업위원회 위원(현) 2018년 더불어민주당 당대표 비서실장(현) 2018년 국회 에너지특별위원회 위원(현) (상)2010 한국매니페스토 약속대상(2010), 선거공약부문 대상(2010), 생명사랑네트워크대상(2012), 제26회 대한민국지식경영인대상 지방자치단체장부문 대상(2013), 올해의 자랑스런 여수인(2014), 서울석세스대상 기초단체장부문(2015), 자랑스런 대한국민대상(2016) (저)'넘은 값지만 보내지 아니하였습니다'(共) '나비효과 - 노원의 날개짓이 세상을 바꾼다'(2012) '생각은 세계적으로 행동은 마을에서 - 나비효과2'(2014, 타커스)

### 김성환(金成煥) Kim, Sung Hwan

(생)1969·11·21 (주)서울특별시 영등포구 의사당대로 88 한국투자증권(주) 임원실(02-3276-5000) (학)당곡고졸, 고려대 경제학과졸, 건국대 부동산대학원 부동산금융학과졸, 서울대 대학원 건설산업최고전략과정 수료, 同대학원 최고경영자과정 수료, 연세대 대학원 최고경영자과정 수료 (경)1994~2001년 교보생명보험(주) Corporate Loan·P-F·LOC 2001~2004년 LG투자증권(주) ABS·PF팀장 2005년 동원증권 근무 2007년 한국투자증권(주) 부동산금융센터장(상무보) 2008년 同부동산금융담당 상무 2012년 同프로젝트금융본부장(상무) 2015년 同프로젝트금융본부장(전무) 2016년 同IB그룹장(전무) 2017~2018년 同경영기획총괄 부사장, (사)금융저축정보센터 감사 2017~2018년 무궁화신탁 사외이사, 한국거래소 자금운용위원(현) 2019년 한국투자증권(주) 개인고객그룹장(부사장)(현) (상)한국증권업협회 제1회 증권인기념 공로패(2005), 금융위원회 제14회 금융증권대상(2014), 제7회 한국IB대상 주식발행부문 대상(2016), 2016금융투자대상 최우수퇴직연금판매부문 수상(2016), 제14회 대한민국IB대상 IB Deal부문 대상(2017), 한국거래소 2016 컴플라이언스우수증권사 대상(2017), FinanceAsia Achievement Awards 'Best Equity Deal', 'Best IPO', 'Best Korea Deal'부문 수상(2017) (종)불교

### 김성회(金成會) KIM SUNG HEI

(생)1956·9·5 (출)경기 화성 (주)경기도 수원시 장안구 정조로 944 자유한국당 경기도당(031-248-1011) (학)1976년 서울고졸 1980년 육군사관학교졸(36기) 1996년 연세대 행정대학원 외교안보학과졸 2006년 경남대 대학원졸(정치학박사) 2012년 명예 경영학박사(국제문화대학원대) (경)2006년 전역(육군 대령) 2006~2008년 남양중·고총동문회 부회장

2006~2008년 화성시 민간기동순찰대 운영위원장 2006~2009년 화성노인전문요양원 후원회장 2006~2009년 화성·오산재향군인회 이사 2006년 연세대 행정대학원 총동창회 49회 회장 2007년 한나라당 이명박 대통령후보 대외협력특보 2007~2008년 뉴라이트 경기안보연합 상임대표 2007~2008년 한나라당 경기도당 통일안보위원장 2008~2009년 한북대 초빙교수 2008~2011년 한나라당 경기도당 특보단장 2008~2012년 同경기화성甲당원협의회 운영위원장 2008~2012년 제18대 국회의원(화성甲, 한나라당·새누리당) 2008~2009년 한나라당 제2정책조정위원회 부위원장 2008~2009년 국회 국방위원회 위원 2009~2010년 연세대행정대학원총동창회 제19대 부회장 2009년 국회 환경노동위원회 위원 2009~2012년 국회 지식경제위원회 위원 2009년 국회 예산결산특별위원회 위원 2009년 협성대 객원교수 2010~2012년 경기도민회 지도위원 2010~2011년 한나라당 인재영입위원회 위원 2010년 국민생활체육전국특공무술연합회 회장 2010년 한나라당 경기도당 공직후보자추천심사위원회 위원 2010~2012년 同대외협력위원회 부위원장 2010년 同원내부대표 2010년 국회 국회운영위원회 위원 2010년 연세대행정대학원총동창회 제20대 부회장 2011년 (사)화성시 3.1독립운동정신문화선양회 회장 2011~2012년 국회 예산결산특별위원회 위원 2011년 한나라당 대표최고위원 특보 2012년 새누리당 경기도당 제19대 총선 선거대책위원회 남부권선대위원장 2012년 아주대 초빙교수 2012년 법무법인 주원 고문 2012년 초당대 석좌교수 2012년 수원대 석좌교수 2012년 새누리당 제18대 대통령중앙선거대책위원회 조직총괄본부 지역소통특별본부장 2013년 한국BBS중앙연맹 고문 2013~2015년 한국지역난방공사 사장 2014년 연세대총동문회 회장 2015년 한국집단에너지협회 회장 2016년 가천대 행정학과 초빙교수(현) 2017년 바른정당 경기화성甲당원협의회 운영위원장 2018년 자유한국당 경기화성시甲당원협의회 운영위원장(현) (상)보국포장(2001), 자유경제입법상(2009), 육사 36기를 빛낸 자랑스런 동기상(2010), 포브스코리아 대한민국 경제를 빛낸 포브스 최고경영자 경영혁신부문대상(2015) (저)'금단의 유혹 두얼굴의 핵'(2010)

### 김성훈(金成薰) KIM Sung Hoon

(생)1957·3·18 (주)서울특별시 광진구 능동로 120 건국대학교 이과대학 화학과(02-450-3420) (학)1979년 서울대 화학과졸 1981년 同대학원 화학과졸 1988년 이학박사(미국 미네소타대) (경)1982~1984년 한국화학연구소 연구원 1985년 미국 화학회 회원(현) 1988~1989년 미국 하버드대 연구원 1989년 한국화학연구소 선임연구원 1989년 대한화학회 종신회원(현) 1992년 건국대 화학과 조교수·부교수·교수(현) 1999년 대한화학회 기획실무이사 2000~2003년 同상임편집위원 2003년 同유기분과위원회 간사 2004~2005년 미국 미주리대 컬럼비아캠퍼스 객원교수 2007년 한국대학교육협의회 학문분야평가위원 2008~2010년 건국대 기초과학연구소장 2011~2012년 서울대 화학과 객원교수 2017~2019년 건국대 이과대학장 (저)'정밀화학의 오늘과 내일'(1997)

### 김성훈(金聖勳) Sunghoon Kim

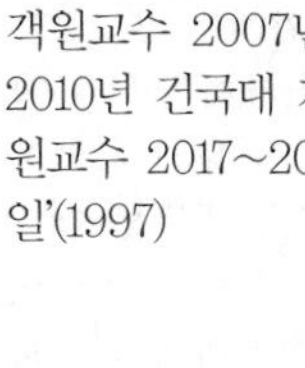

(생)1958·7·10 (본)김해(金海) (출)서울 (주)서울특별시 관악구 관악로 1 서울대학교 약학대학 제약학과(02-880-8180) (학)1981년 서울대 약학과졸 1983년 한국과학기술원(KAIST) 생물학과졸(석사) 1991년 이학박사(미국 브라운대) (경)1983~1986년 한국과학기술원 유전공학연구소 연구원 1991~1994년 미국 MIT 생물학연구원 책임연구원 1994~2001년 성균관대 생명공학과 부교수 1998~2007년 서울대 단백질합성효소네트워크연구단장 2001~2004년 同약학대학 제약학과 부교수 2004년 同약학대학 제약학과 교수(현) 2007~2009년 同의약단백질네트워크연구단장 2008~2009년 同차세대융합기술원 융합생명과학연구소장 2008년 국가지정 생명의약정보센터장 2010년 서울대 의약바이오컨버전스연구단장(현) 2016년 한미약품(주) 사외이사(현) 2016년 한국과학기술한림원 국제학술부장(현) (상)Barry Rosen Premier in Molecular Biology(1991), Matumae Fellowship Award(1997), 성균대상(1998), 서울시문화상(1999), 동헌생화학상(2000), 우수의과학자상(2002), 과학기술부 이달의 과학기술자상(2003), 과학기술부 한국과학상(2004), 대한민국 최고과학기술인상(2006), 대한민국학술원상(2012), 호암재단 의학상(2015) (종)기독교

### 김성훈(金聖勳) GHIM Sung Hoon

(생)1959·7·10 (출)울산 울주 (주)서울특별시 서초구 서초대로46길 25 (주)락앤락 비서실(02-520-9521) (학)1978년 동북고졸 1982년 서울대 경제학과졸 1988년 미국 스탠퍼드대 경영대학원졸 (경)1983년 삼성전자(주) 경영기획실 입사, 同자금부장 2000년 가치네트 대표이사 2003년 삼성SDS 경영지원실장 겸 상무 2007년 同경영지원실장 겸 전무 2009년 同전략마케팅실장(전무) 2009년 同컨설팅본부장 겸 전무 2010년 오픈타이드 대표이사 겸임 2011년 삼성SDS 컨설팅본부장(부사장) 2014년 同자문 2017년 (주)락앤락 대표이사(현)

### 김성훈(金星勳) KIM Sung Hun

(생)1959·12·10 (본)연안(延安) (출)제주 서귀포 (주)제주특별자치도 제주시 한라대학로 38 제주한라대학교 총장실(064-741-7504) (학)1977년 명지고졸 1984년 서울대 임산가공학과졸 1987년 同대학원 경영학과졸 1991년 미국 텍사스대 대학원 통계학과졸 1995년 경영학박사(미국 뉴욕주립대) (경)1995~1996년 미국 뉴욕주립대 강사 1996년 한국금융연구원 부연구위원 1998~1999년 금융감독위원회 자문위원 1999~2001년 同감리위원회 위원 2001년 同연구위원 2001년 경희대 아태국제대학원 교수 2005~2010년 제주한라대 관광경영과 교수, 同부총장 2010년 同총장(현) (상)제5회 대한민국참교육대상 해외취업지원부문대상(2014) (저)'신BIS기준 자기자본비율 산출기준의 도입과 과제'(2000, 한국금융연구원) '금융소비자보호제도 개선방안'(2001, 한국금융연구원) '신용위험자산의 가격결정에 관한 연구'(2002, 한국경제연구원) (종)기독교

### 김성훈(金聖勳)

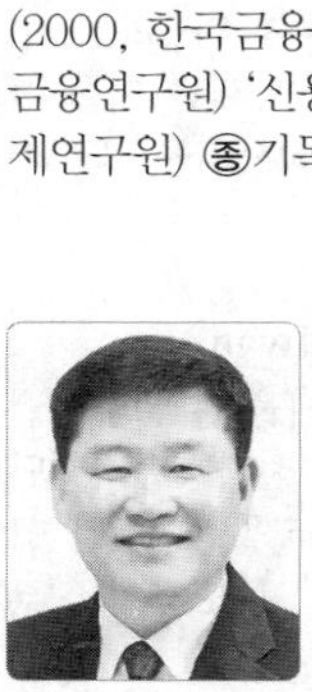

(생)1965·1·13 (주)광주광역시 북구 무등로 272 자유한국당 전남도당(062-525-8747) (학)해군사관학교졸, 경남대 행정대학원 정치외교학과졸 (경)해군 여수함장, 자연보호중앙회 전남도본부장(현) 2012년 제19대 국회의원선거 출마(전남 여수시乙, 무소속), 가락청년중앙회 이사(현) 2016년 새누리당 전남여수시乙당원협의회 운영위원장 2016년 제20대 국회의원선거 출마(전남 여수시乙, 새누리당) 2017년 자유한국당 전남여수시乙당원협의회 운영위원장(현) 2018년 同전남도당 공천관리위원회 위원장 2019년 同당대표 특별보좌역(현)

### 김성훈

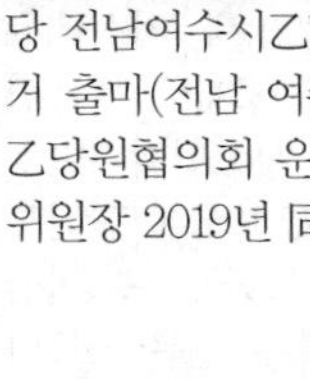

(생)1966 (주)서울특별시 영등포구 여의나루로4길 18 키움투자자산운용(주)(02-789-0300) (학)용산고졸 1991년 한국외국어대 무역학과졸, 미국 테네시주립대 대학원 경영학석사(MBA) (경)1995년 동부증권(주) 입사 2009년 키움증권(주) 자산운용팀장 2011년 同법인영업담당 상무보, 同홀세일총괄 상무보 2014년 우리자산운용 마케팅본부장(상무) 2014년 키움투자자산운용(주) 마케팅본부장(상무) 2015년 同마케팅본부장(전무) 2018년 同대표이사 전무(현)

**김성훈(金成勳) Kim Sung Hoon**

(생)1967 (주)서울특별시 종로구 청와대로 1 대통령비서실(02-730-5800) (학)전남대 경영학과졸 (경)1997년 행정고시 합격(41회) 2013년 개인정보보호위원회 기획총괄과장 2014년 안전행정부 기획조정실 법무담당관 2014년 인사혁신처 기획조정관실 기획재정담당관 2015년 同인사혁신국 고위공무원과장(서기관) 2016년 同인사혁신국 고위공무원과장(부이사관) 2016년 KT 민간 고용 휴직(부이사관) 2017년 인사혁신처 인사조직과장 2018년 同인사혁신국 인사혁신기획과장 2018년 대통령비서실 파견(현)

**김성훈(金聲勳) KIM Sung Hoon**

(생)1972 · 10 · 1 (출)전북 전주 (주)서울특별시 서초구 서초중앙로 157 서울중앙지방법원 총무과(02-530-1690) (학)1991년 한일고졸 1996년 서울대 법학과졸, 미국 조지타운대 법학전문대학원졸 (경)1996년 사법시험 합격(38회) 1999년 사법연수원 수료(28기) 1999년 해군 법무관, 변호사 개업 2008~2011년 한동대 법학부 · 법학전문대학원 교수 2011년 대전지법 판사 2013년 대전고법 판사 2015년 전주지법 부장판사 2017년 인천지법 부장판사(사법연구) 2019년 서울중앙지법 부장판사(현)

**김성훈(金成勳)**

(생)1972 · 11 · 24 (주)경기도 의정부시 녹양로34번길 23 의정부지방검찰청 중요경제범죄조사단(031-820-4450) (학)1991년 동천고졸 1996년 서울대 정치학과졸 1998년 同법학대학원졸 (경)1997년 사법시험 합격(39회) 2000년 사법연수원 수료(29기) 2000년 공익 법무관 2003년 인천지검 부천지청 검사 2005년 대구지검 김천지청 검사 2006년 수원지검 검사 2008년 서울중앙지검 검사 2012년 부산지검 검사 2013년 同부부장검사 2014년 서울중앙지검 부부장검사 2015년 대구지검 경주지청 부장검사 2016년 서울서부지검 부부장검사 2017년 대구지검 형사2부장 2017년 부산지검 서부지청 형사1부장 2018년 수원지검 안양지청 형사2부장 2019년 의정부지검 중요경제범죄조사단 부장검사(현)

**김성훈(金成勳)**

(생)1975 · 3 · 13 (출)서울 (주)서울특별시 서초구 반포대로 157 대검찰청 공안수사지원과(02-3480-2320) (학)1994년 마포고졸 1999년 서울대 인문대학 서어서문학과졸 (경)1998년 사법시험 합격(40회) 2001년 사법연수원 수료(30기) 2001년 육군 법무관 2004년 서울서부지방검찰청 검사 2006년 창원지검 통영지청 검사 2008년 법무부 공공형사과 검사 2009년 同공안기획과 검사 2010년 서울중앙지검 검사 2014년 광주지검 검사 2015년 인천지검 부천지청 부부장검사 2016년 대전지검 홍성지청 부장검사 2017년 서울중앙지검 공공형사수사부장 2018년 同공안2부장 2019년 대검찰청 공안1과장(부장검사) 2019년 同공안수사지원과장(현)

**김성흠(金聖欽)**

(생)1972 · 6 · 12 (출)광주 (주)광주광역시 동구 준법로 7-12 광주지방법원(062-239-1710) (학)1989년 광주 살레시오고졸 1996년 전남대 법학과졸 (경)1999년 사법시험 합격(41회) 2002년 사법연수원 수료(31기) 2002년 전주지법 군산지원 예비판사 2004년 同군산지원 판사 2005년 광주지법 판사 2009년 同순천지원 판사 2011년 광주지법 판사 2012년 광주고법 판사, 광주지법 목포지원 · 광주가정법원 목포지원 판사 2014년 광주고법 판사 2015년 대법원 재판연구관 2018년 광주지법 부장판사(현)

**김성희(金聖曦) KIM Seong Hee**

(생)1949 · 8 · 27 (본)대구(大邱) (출)서울 (주)서울특별시 동대문구 회기로 85 한국과학기술원 경영대학 정보미디어경영대학원(02-958-3611) (학)1968년 경기고졸 1973년 서울대 공대졸 1978년 미국 Univ. of Missouri-Columbia 대학원 산업공학과졸 1983년 공학박사(미국 Stanford Univ.) (경)1975~1977년 대우실업(주) 근무 1982~1983년 미국 Strategic Decision Group 컨설팅회사 컨설턴트 1983~1993년 한국과학기술원 산업공학과 · 경영정책학과 · 경영정보학과 교수 1985~1986년 미국 Michigan 경영대학원 객원교수 1989~1990년 독일 Hagen/Bochum대 객원교수 1994~1996년 LG전자 정보통신기술 자문교수 1996~2005년 한국과학기술원 테크노경영대학원 교수 1996~2010년 한국전자거래협의회 부회장 1996~2006년 현대백화점(주) 사외이사 1996~2000년 국가정보화추진위원회 자문위원 1998~1999년 삼성SDS정보기술(IT) 자문교수 · 고문 1999~2000년 한국과학기술원 테크노경영대학원 부원장 2000~2001년 同테크노경영연구소장 2000~2005년 서울중앙지검 컴퓨터수사부 자문위원 2000~2001년 전자상거래통합포럼 표준화위원장 2000~2001년 한국과학기술원 테크노경영대학원장 2001~2002년 현대자동차 정보기술자문교수 2002년 조달청 정부조달분쟁 자문위원 2002년 외교통상부 외교정보화추진분과위원 2002~2005년 한국과학기술원 지식기반전자정부연구센터장 2003~2007년 대통령자문 정부혁신지방분권위원회 전자정부전문위원 2006~2014년 한국과학기술원 정보미디어경영대학원 교수 2008~2010년 국무총리산하 정부업무평가위원회 민간위원 2008년 그린IT협회 부회장 2009년 한국전자거래협회 IT혁신사업단장 2009년 국제지식서비스학회 회장(현) 2009~2014년 한국정보화진흥원 이사 2011년 한국과학기술원(KAIST) 지식기반전자정부교류센터 회장(현) 2014년 同경영대학 정보미디어경영대학원 명예교수(현) 2014년 디지털비지니스연구원장(현) (상)홍조근정훈장(2011) (저)'의사결정론' '신규사업의 전략과 실무' '컴퓨터와 의료정보' '정보기술과 의사결정' '다이내믹 비즈니스 리엔지니어링' '의사결정분석 및 응용' '전자상거래' (종)기독교

**김성희(金成熙) Seong-Hee Kim**

(생)1967 (출)전남 진도 (주)세종특별자치시 다솜2로 94 해양수산부 수산정책관실 수출가공진흥과(044-200-6047) (학)부경대 교육학과졸 1997년 同대학원 수산양식학과졸 2013년 수산양식학박사(부경대) (경)1996년 공무원 임용, 해양수산부 자유무역대책팀 근무, 농림부 국제기구과 · 원양정책과 · 어업정책과 근무, 국립수산과학원 연구기획과 근무, 해양수산부 창조행정담당관실 · 어촌양식정책과 근무 2016년 同대변인실 보도팀장(서기관) 2018년 同동해어업관리단장 2019년 同수산정책관실 수출가공진흥과장(현)

**김성희**

(생)1970 (출)경북 청도 (주)서울특별시 은평구 연서로 365 은평경찰서(02-350-1321) (학)모계고졸 1993년 경찰대 행정학과졸(9기), 서울대 행정대학원 수료 (경)1993년 경위 임관, 일산경찰서 경무과장, 경찰수사연구원 연수계장, 경찰청 기획조정실 기획계장 · 국회계장 · 조직계장 2014년 경북지방경찰청 생활안전과장(총경), 경찰청 업무중심현장강화TF팀장 2015년 경북 문경경찰서장 2016년 경찰청 기획조정담당관실 자치경찰TF팀장 2017년 경기 일산동부경찰서장 2017년 경찰청 자치경찰TF팀장 2019년 서울 은평경찰서장(현)

## 김세권(金世權) KIM Se Kwon

(생)1948 · 4 · 18 (본)김녕(金寧) (출)경기 안성 (주)부산광역시 영도구 태종로 727 한국해양대학교 해양생명과학부(051-410-4750) (학)1969년 부산수산대 식품공학과졸 1979년 同대학원졸 1983년 효소화학박사(부산수산대) (경)1980년 경성대 강사 1982~2013년 부경대 화학과 교수 1988년 미국 일리노이대 객원교수 1993년 부경대 화학과장 1995년 한국생화학회 영남지부 간사장 1995년 부경대 대학원 부원장 1995년 한국생명과학회 편집위원장 1996년 한국키틴키토산학회 간사장 1996년 한국생명과학회 감사 1997년 한국농화학회 감사 1999년 한국키틴키토산학회 회장 1999년 캐나다 메모리얼대 객원교수 2000년 한국수산학회 감사 2001년 한국생화학회 감사 2001~2018년 한국과학기술한림원 정회원(농수산학부) 2002~2004년 부경대 자연과학대학장 2003년 同한약재개발연구소장 2004~2013년 同해양바이오프로세스연구단장 2005~2011년 한국해양바이오학회 회장 2006년 한국해양수산진흥원 이사 2006년 국제해양생물공학회 이사 2006~2007년 한국수산학회 편집위원장 2008년 국제기능성식품학회 이사 겸 편집위원 2011년 중국 장춘중의약학대 약학원 명예교수(현) 2013~2016년 부경대 연구특임교수 2013년 同화학과 명예교수(현) 2014~2018년 미국 클래리베이트 애널리틱스(Clarivate Analytics) '세계에서 가장 영향력 있는 연구자(HCR: Highly Cited Researcher)'에 5년연속 선정 2015 · 2016년 톰슨로이터(국제학술정보서비스기업)가 선정한 '세계 상위 1% 연구자-해양생명공학 분야'에 2년연속 선정(국내외 유명 학술지에 논문 630여편 발표, 총 피(被)인용 지수는 1만1000여 회) 2016~2018년 콜마(주) 연구자문교수 2017년 한국해양대 해양생명과학부 석좌교수(현) 2019년 한국과학기술한림원 종신회원(농수산학부 · 현) (상)미국 유화학회 최우수논문상, 대통령표창, 부경대 학술상, 산학협동재단 산학협동대상, 한국수산학회 학술상, 부산시 문화상, 과학기술부 국민포장, 부경대 산학협력상(2011), 한국과학기술한림원 목운생명과학상(2012), 동명대상 교육연구부문상(2013), 옥조근정훈장(2013), 대한민국학술원상 자연과학응용부문(2015), 한국해양바이오학회 학술상(2016) (저)'키토산 올리고당이 당신을 살린다' (역)'키토산의 의학적응용' (종)천주교

## 김세빈(金世彬) KIM Se Bin

(생)1956 · 9 · 18 (주)대전광역시 유성구 대학로 99 충남대학교 농업생명과학대학 산림환경자원학과(042-821-5748) (학)1980년 서울대 임학과졸 1984년 강원대 대학원 임학과졸 1990년 임학박사(일본 東京대) (경)1980~1990년 임업연구원 임업연구사 1990~1991년 同산림경영부 임업연구사 1991년 충남대 농업생명과학대학 산림환경자원학과 조교수 · 부교수 · 교수(현) 2011년 同재정총괄본부장 2015년 한국임업진흥원 한국산림인증위원회 부위원장(현) 2016~2018년 충남대 농업생명과학대학장 (상)대통령표창(2011)

## 김세연(金世淵) KIM Se Yeon

(생)1972 · 7 · 15 (본)김녕(金寧) (출)부산 (주)서울특별시 영등포구 의사당대로 1 국회 의원회관 822호(02-784-2844) (학)1991년 부산 금정고졸 1996년 서울대 사회과학대학 국제경제학과졸 (경)금정고총동창회 회장, 同명예회장(현), (재)고촌장학재단 이사 2008년 제17대 대통령취임준비위원회 자문위원 2008년 제18대 국회의원(부산시 금정구, 무소속 · 한나라당 · 새누리당) 2008년 한나라당 대표특보 2009년 同부산시금정구당원협의회 운영위원장 2011년 同원내부대표 2011년 同국민공감위원장 2011년 同민본21 간사 2011년 새누리당 비상대책위원회 위원 2012년 제19대 국회의원(부산시 금정구, 새누리당) 2012년 새누리당 경제민주화실천모임 간사 2012년 국회 교육과학기술위원회 여당 간사 2013년 국회 교육문화체육관광위원회 여당 간사 2013년 국회 윤리특별위원회 위원 2013~2015년 국회 동북아역사왜곡대책특별위원회 여당 간사 2013~2014년 새누리당 제1사무부총장 2014년 同사회적경제특별위원회 위원 2014년 同7.30재보궐선거공천관리위원회 위원 2014~2015년 국회 국방위원회 위원 2014년 국제민주연맹(IDU) 부의장 2015년 새누리당 정책위원회 부의장 2015년 同정책위원회 민생정책혁신위원장 2015년 국회 외교통일위원회 위원 2015~2016년 새누리당 교육개혁특별위원회 위원 2016년 제20대 국회의원(부산시 금정구, 새누리당 · 바른정당〈2017.1〉 · 자유한국당〈2018.1〉)(현) 2016년 새누리당 부산시당 위원장 직무대행 2016년 同미래특별위원회 위원장 2016년 국회 교육문화체육관광위원회 위원 2016년 한국아동인구환경의원연맹(CPE) 회원(현) 2016~2017년 국회 정치발전특별위원회 위원장 2017년 바른정당 사무총장 2017년 同제19대 유승민 대통령후보 중앙선거대책위원회 선거대책본부장 2017년 국회 교육문화체육관광위원회 간사 2017년 바른정당 정책위원회 의장 2017~2018년 同민생특별위원회20 스타트업지원특별위원장 2017~2018년 바른정책연구소 소장 2017년 바른정당 원내대표 권한대행 2017~2018년 국회 교육문화체육관광위원회 위원 2017년 국회 '지방분권개헌 국회추진단' 공동단장(현) 2017 · 2018년 국회 4차산업혁명특별위원회 위원(현) 2017~2018년 국회 운영위원회 위원 2018년 국회 보건복지위원회 위원 2018년 자유한국당 부산시당 위원장(현) 2018년 同시민정치원장 2019년 同부산금정구당원협의회 조직위원장(현) 2019년 同여의도연구원장(현) 2019년 국회 보건복지위원회 위원장(현) (상)재정경제부장관표창, 법률소비자연맹 국회 헌정대상(2013), 백봉라용균선생기념회 백봉신사상 올해의 신사의원 베스트10(2014 · 2017)

## 김세영(金世煐 · 女) KIM Sei Young

(생)1993 · 1 · 21 (학)2011년 대원외국어고졸 2015년 고려대 사회체육학과졸 (경)여자골프 국가대표, 미래에셋 후원 계약(현) 2010년 한국여자프로골프협회 입회 2013년 제6회 롯데마트 여자오픈 우승 2013년 한화금융 클래식 우승 2013년 메트라이프 · 한국경제 KLPGA 챔피언십 우승 2013년 LPGA투어 하나 · 외환챔피언십 공동3위 2014년 KLPGA 우리투자증권 레이디스 챔피언십 우승 2014년 KLPGA투어 MBN 여자오픈 우승 2015년 LPGA투어 퓨어실크 바하마 클래식 우승 2015년 LPGA투어 롯데 챔피언십 우승 2015년 LPGA투어 KPMG 위민스 PGA챔피언십 2위 2015년 LPGA투어 캐나다퍼시픽 여자오픈 공동3위 2015년 LPGA투어 블루베이 LPGA 우승 2015년 LPGA투어 로레나 오초아 인비테이셔널 3위 2016년 LPGA투어 JTBC 파운더스컵 우승 2016년 LPGA투어 마이어 클래식 우승 2017년 혼다 LPGA 타일랜드 3위 2017년 LPGA투어 로레나 오초아 매치플레이 우승 2017년 LPGA투어 손베리 크리크 클래식 3위 2018년 LPGA투어 손베리 크리크 클래식 우승(31언더파 257타 · LPGA투어 최저타 및 최다 언더파 기록) 2019년 LPGA투어 휴젤-에어프레미아 LA오픈 2위 2019년 LPGA투어 메디힐 챔피언십 우승 2019년 LPGA투어 마라톤 클래식 우승 (상)한국여자프로골프(KLPGA)투어 공동 다승왕(2013), 미국여자프로골프(LPGA)투어 4월의 퍼포먼스상(2015), 미국여자프로골프(LPGA) 올해의 신인상(2015), 국기원 자랑스러운 태권도인상 특별상(2015)

## 김세용(金世容) KIM Se Yong

(생)1960 · 6 · 1 (본)청풍(淸風) (출)충북 영동 (주)강원도 원주시 학성길 67 원주문화방송 사장실(033-741-8114) (학)1978년 중앙고졸 1985년 성균관대 사학과졸 2002년 同언론정보대학원졸 (경)1985년 문화방송(MBC) 입사 1985~1999년 同사회부 · 보도특집부 · 정치부 · 국제부 기자 1999~2000년 미국 포틀랜드주립대 객원연구원 2002년 문화방송(MBC) 정치부 차장 · 뉴스데스크 진행 2003년 同보도국 뉴스편집2부 앵커(차장)

2004년 同뉴욕특파원(부장대우) 2007년 同보도국 정치2팀장 2008년 同보도국 정치국제총괄데스크 2008~2009년 同주말뉴스데스크 앵커 2008년 同보도국 정치국제에디터 2009년 同보도국 문화부장 2009년 同보도국 뉴스편집1부장 2010년 同보도국 부국장 2013년 同뉴미디어뉴스국장 2014년 同뉴미디어뉴스국 근무 2018년 원주문화방송(MBC) 대표이사 사장(현)

## 김세용(金世鏞) KIM Sei Yong

(생)1965·11·14 (출)광주 (주)서울특별시 강남구 개포로 621 서울주택도시공사 사장실(02-3410-7001) (학)광주 살레시오고졸, 고려대 건축공학과졸, 서울대 환경대학원졸, 미국 컬럼비아대 건축대학원졸, 건축공학박사(고려대) (경)2004~2006년 건국대 교수 2006~2017년 고려대 공대 건축학과 교수 2006년 호주 시드니대 객원교수 2006~2010년 서울시 Master Planner 2006~2011년 K-Water Master Planner 2007~2012년 LH Master Planner 2012~2013년 미국 하버드대 Fulbright Fellow 2012~2013년 국토해양부 중앙도시계획위원 2012~2015·2017년 고려대 관리처장 2012~2018년 한국도시설계학회 학술위원장·편집위원장·부회장 2013~2015년 서울시 도시계획위원 2013~2015년 대통령직속 국가건축정책위원회 위원 2013·2016년 한국주거학회 부회장 2014~2015년 대한국토도시계획학회 상임이사 2014~2017년 대한건축학회 이사·학술이사·연구이사 2014~2015년 미국 컬럼비아대 겸직교수 2015년 UN Habitat Specialist 2015·2017년 미국 세계인명사전 'Marquis Who's Who in the World'에 등재 2015년 Chinese City Planning Review Editor 2016~2018년 Architectural Review Editor in Chief 2018년 서울주택도시공사 사장(현) (상)문화체육부장관표창(2002·2005·2006), 국토교통부장관표창(2002·2017), Administrative City Urban Design Competition 1st Prize(2008), 한국도시설계학회 학술대회 우수논문상(2008~2014), 고려대 석탑강의상(2012), 새만금설계공모 국토해양부장관표창(2012), 대한건축학회 2012 논문상(2013), Jamsil International Urban Design Competition 1st Prize(2015), Busan International Regeneration Competition 1st Prize(2015), 국가건축정책위원장표창(2015) (저)'도시설계 30년사'(2012, 한국도시설계학회) '탄소중립 도시계획(기후변화대응)'(2013, 기문당) '알기 쉬운 도시이야기'(2015, 한울) '도시와 환경'(2015, 박영사) '도시의 이해(5판)'(2016, 박영사) 외 다수

## 김세용(金世容)

(생)1976·4·18 (출)경남 마산 (주)대구광역시 수성구 동대구로 364 대구지방법원(053-757-6600) (학)1995년 대원외국어고졸 2000년 서울대 법학과졸 (경)1999년 사법시험 합격(41회) 2002년 사법연수원 수료(31기) 2002년 공군 법무관 2005년 대전지법 판사 2008년 同천안지원 판사 2011년 同논산지원 판사 2013년 광주고법 전주재판부 판사 2015년 대법원 재판연구관 2018년 대구지법 부장판사(사법연구)(현)

## 김세웅(金世雄) KIM Sye Woong

(생)1961·5·24 (주)서울특별시 서초구 반포대로 222 가톨릭대학교 서울성모병원 비뇨기과(02-2258-6226) (학)1986년 가톨릭대 의대졸 1989년 同대학원 의학석사 1996년 의학박사(가톨릭대) (경)1986~1987년 가톨릭의대 성모병원 수련의 1987~1991년 同전공의, 근로복지공단 창원병원 비뇨기과장 1994년 가톨릭대 의대 비뇨기과학교실 교수(현) 1998~1999년 미국 Univ. of California San Diego 연구교수 2006~2009년 가톨릭대 여의도성모병원 비뇨기과장 2009~2015년 同서울성모병원 비뇨기과장 2011~2012년 同서울성모병원 입원부장 2012~2016년 同의과대학 비뇨기과학교실 주임교수 2012~2013년 同서울성모병원 홍보실장 2013~2017년 同성의산학협력실장 2013년 同성의교정후원회 사무국장(현) 2014~2016년 대한남성과학회 회장 2014년 가톨릭대 의대 가톨릭양한방융합연구소장(현) 2016년 대한남성건강갱년기학회 회장(현) 2017~2019년 아시아태평양성의학회(APSSM) 회장 2017년 가톨릭대 서울성모병원 연구부원장(현) (상)대한비뇨기종양학회 학술상(2002), 대한전립선학회 학술상(2003), Award of 2006 Asia Pacific Society of Sexual Medicine Research Grant(2006), 대한남성과학회 제2회 천호학술상(2006), 대한남성과학회 제24차 학술대회 해외최우수학술상(2007), GIAF 2007 최고과학논문상(2007), 대한배뇨장애 및 요실금학회 우수논문상(2008), 대한남성과학회 우수논문상(2009·2011·2012·2013), 대한전립선학회 우수논문상(2011), GU-HMF〉AU 우수포스터상(2015·2017), AOFS 우수논문상(2016), GU-HMF〉AU 우수포스터상(2017) (저)'남성과학'(2003, 군자출판사) '전립선비대증'(2004, 일조각) '전립선바로알기'(2006, 일조각) '비뇨기과학'(2007, 일조각) '남성갱년기'(2009)

## 김세원(金世源) Kim, Se-Won

(생)1961·8·1 (본)부령(扶寧) (출)전북 부안 (주)광주광역시 북구 서암대로 71 광주지방기상청 청장실(062-720-0211) (학)1980년 신흥고졸 1985년 연세대 천문기상학과졸 1999년 同대학원 대기과학과졸 (경)1985년 공군 기상전대 예보장교 1988년 부산지방기상청 예보과 근무 1991~1997년 기상청 응용기상국 근무 1997~2002년 同기획국 기획과·행정관리과 근무 2002~2007년 세계기상기구 근무 2007년 기상청 기획조정관실 국제협력팀 사무관 2009년 同기획조정관실 국제협력팀 서기관 2010년 同국립기상연구소 정책연구과장 2011년 同관측기반국 기상기술과장 2012년 同국제협력담당관 2015년 同국제협력담당관(부이사관) 2015년 同기후변화감시과장 2016년 제주지방기상청장 2017~2018년 기상청 국가기후데이터센터장 2018년 同기후과학국장 2019년 광주지방기상청장(현) (상)대통령표창(2014) (종)기독교

## 김세윤(金世潤) KIM Se Yun

(생)1967·9·12 (본)경주(慶州) (출)서울 (주)경기도 수원시 영통구 법조로 105 수원지방법원 총무과(031-210-1101) (학)1986년 휘문고졸 1991년 서울대 법대 사법학과졸 (경)1993년 사법시험 합격(35회) 1996년 사법연수원 수료(25기) 1996년 軍법무관 1999년 서울지법 동부지원 판사 2001년 서울지법 판사 2003년 대전지법 논산지원 판사 2006년 수원지법 판사 2007년 서울고법 판사 2009년 대법원 재판연구관 2011년 전주지법 부장판사 2012년 수원지법 안산지원 부장판사 2014~2016년 법원행정처 윤리감사관 겸임 2016년 서울중앙지법 부장판사 2016~2017년 대법원 형사사법발전위원회 내부위원 2019년 수원지법 부장판사(현)

## 김세은(金世銀·女) Kim, Sae-Eun

(생)1964·9·4 (주)강원도 춘천시 강원대학길 1 강원대학교 사회과학대학 신문방송학과(033-250-6887) (학)1987년 연세대 신문방송학과졸 1991년 서울대 대학원 언론정보학과졸 2001년 언론학박사(영국 서섹스대) (경)강원대 사회과학대학 신문방송학과 교수(현), 한국언론학회 연구이사, 한국방송학회 총무이사, 한국여성커뮤니케이션학회 편집이사·총무이사, 한국언론정보학회 편집이사, 미디어연구소 연구위원, 연세대 신문연구소 연구위원 2012~2015년 문화체육관광부 언론중재위원회 위원 2017~2018년 한국방송학회 부회장 2018년 뉴스통신진흥회 이사(현) 2018년 연합뉴스 사장추천위원회 위원 2019년 한국방송학회 방송저널리즘특별위원회 위원장(현)

## 김세재(金世宰) KIM Se Jae

(생)1957·8·1 (출)제주 (주)제주특별자치도 제주시 제주대학로 102 제주대학교 자연과학대학 생물학과(064-754-3529) (학)1976년 제주제일고졸 1983년 제주대 생물교육학과졸 1985년 서울대 대학원 동물학과졸 1990년 이학박사(서울대) (경)1987~2001년 제주대 생물학과 시간강사·전임강사·조교수·부교수 1992~1993년 미국 노스캐롤라이나대 생물학과 방문연구교수 1997~1999년 제주대 생명과학연구소장 2000년 일본 류큐대 열대생물권연구소 외국인 초빙교수 2001년 제주대 생물학과 교수(현) 2001~2008년 同생명과학기술혁신센터 총괄책임자(RIC 소장) 2003~2004년 제주하이테크산업진흥원 원장 겸 기획단장 직무대리 2003~2011년 同이사 2003~2014년 제주일보 비상임논설위원 2009~2010년 일본 류큐대 열대생물권연구소 외국인 초빙교수 2010년 제주조릿대RIS사업단 단장 2013~2015년 제주대 자연과학대학장 2016년 한국유전학회 회장 2017년 同감사 2018년 同발전운영위원(현) (상)중소기업청장표창(2001), 제주대 연구비수혜부문 우수교수상(2007), 제주대 교수업적부문 우수교수상(2008)

## 김세정(金世楨) KIM Sea Chung

(생)1950·4·8 (출)서울 (주)서울특별시 금천구 가산디지털2로 98 IT캐슬 1동 909호 (주)애리스테크 비서실(02-2026-8930) (학)1969년 경복고졸 1973년 연세대 전기공학과졸 1981년 전자공학박사(미국 미시간대) (경)1982년 미국 AT&T벨연구소 연구원 1987년 현대전자(주) 반도체생산본부 기술담당 이사 1990년 同반도체연구소 공정개발담당 상무이사 1996년 同미국 오레곤유진공장 및 영국 스코틀랜드공장 건설사업추진팀장 전무 1997년 同메모리개발연구소장 1998년 한국반도체학술대회위원회 회장 1998년 SEMICOM Korea Technical Symposium 위원장 1999년 현대전자산업 메모리연구소 부사장 2000년 하이닉스반도체 CTO부문 부사장 2002년 (주)애리스테크 대표이사(현) (상)대통령표창(1999) (종)기독교

## 김세종(金世鍾) KIM Sye Jong

(생)1941·12·29 (출)전북 (주)광주광역시 서구 화운로 1 소화신경과 원장실(062-450-1912) (학)1969년 전남대 의대졸 1972년 同대학원 의학석사 1975년 의학박사(전남대) (경)1974~1987년 전남대 의대 소화기내과 전임강사·조교수·부교수 1987~2007년 同의대 소화기내과 교수 1987~1997년 同신경과 과장·주임교수 1992년 대한신경과학회 회장 1997~2002년 전남대 의대 소화기내과 과장·주임교수 2001년 대한내과학회 무임소이사 2002~2003년 삼남소화기연구회 회장 2003년 호남간담췌연구회 회장 2003년 광주전남내과학회 회장 2005~2007년 대한내과학회 회장 2007년 미래로21병원 소화기내과 원장(현) (상)근정포장(2007)

## 김세종(金世鍾)

(생)1972·4·15 (출)경북 안동 (주)서울특별시 서초구 서초중앙로 157 서울고등법원(02-530-1114) (학)1991년 경원고졸 1996년 서울대 경영학과졸 (경)1998년 사법시험 합격(40회) 2001년 사법연수원 수료(30기) 2001년 서울지법 남부지원 예비판사 2003년 서울지법 판사 2005년 대구지법 판사 2008년 인천지법 판사 2010년 서울중앙지법 판사 2012년 서울동부지법 판사 2014년 대법원 양형위원회 운영지원단장 2015~2016년 법원행정처 사법지원심의관 겸임 2016년 창원지법 마산지원 부장판사 2018년 서울고법 판사(현)

## 김세진(金世振) KIM Se Jin

(생)1956·2·1 (출)서울 (주)서울특별시 종로구 세종대로 149 광화문빌딩 9층 한국펀드평가 임원실(02-399-3383) (학)1974년 신일고졸 1979년 연세대 경영학과졸 1983년 미국 뉴욕주립대 스토니브룩교 대학원 경제학과졸 1987년 경제학박사(미국 예일대) (경)미국 워싱턴주립대 경제학과 조교수, 한국금융연구원 연구조정실장, 한국경제연구원 연구위원, 한국금융학회 이사, 한국재무학회 이사 2000~2010년 한국채권평가(주) 대표이사 사장 2010~2012년 한국자산평가(주) 대표이사 사장 2012년 한국펀드평가 대표이사(현) (상)경제기획원 감사패(1993), 금융감독위원장표창(2007), 한국경제신문 다산금융상(2008) (저)'우리나라 금리연구'(1996) '금융정책 : 새로운 구조모색'(1997) '한국금융의 선진화전략'(1999) '금융구조조정의 향후 과제'(1999) '비은행금융산업의 소유 및 지배구조개편'(1999) (종)기독교

## 김세진(金世鎭) KIM Sae Jin (宙山)

(생)1956·6·4 (본)경주(慶州) (출)대구 (주)경상북도 경산시 대학로 280 영남대학교 법학전문대학원(053-810-2674) (학)1980년 서울대 법학과졸, 영남대 대학원 법학과졸 (경)1982년 사법시험 합격(24회) 1984년 사법연수원 수료(14기) 1985년 대구지법 판사 1989년 同경주지원 판사 1991년 대구지법 판사 1996년 대구고법 판사 1998년 일본 히토쓰바시대 객원연구원 1998년 대법원 재판연구관 2000년 대구지법 부장판사 2004년 同포항지원장 2006년 대구지법 부장판사 2006~2007년 언론중재위원회 중재위원 2007~2009년 대구지법 서부지원장 2009년 영남대 법학전문대학원 교수(현) 2011~2014년 同법무지원실장 겸 감사실장 (저)'민사법실무'(2012, 영남대 출판부) '민사소송의 실무와 이론'(2012, 영남대 출판부) (종)불교

## 김세철(金世哲) KIM Sae Chul

(생)1946·6·2 (출)대구 (주)경기도 고양시 덕양구 화수로14번길 55 명지병원(031-810-5010) (학)1965년 경북고졸 1971년 경북대 의대졸 1973년 同대학원졸 1980년 의학박사(경북대) (경)1982년 미국 뉴욕주립대의료원 연수 1983~1996년 중앙대 의대 비뇨기과학교실 주임교수·부속병원 비뇨기과장 1989년 아시아성의학회 사무총장 1990~2011년 중앙대 의대 비뇨기과학교실 교수 1994~1997년 대한남성과학회 회장 1995~1996년 중앙대부속 용산병원장 1996년 아시아비뇨기과학회 사무총장 1996~2016년 서울고법 조정위원 1997~2000년 국제남성과학회 학술위원 1999~2000년 대한불임학회 회장 1999~2014년 아시아남성과학회지 편집위원 2001~2005년 국제남성과학회 조직위원장 2002~2003년 한국평활근학회 회장 2003~2005년 대한여성성기능연구학회 회장 2004~2005년 아시아·태평양성의학회 회장 2004년 한국과학기술한림원 종신회원 2004년 대한민국의학한림원 종신회원 2005~2009년 중앙대 의료원장 2005~2006년 대한비뇨기과학회 이사장 2006~2007년 대한성학회 회장 2006~2009년 국제성의학회지 편집위원 2007~2008년 중앙대 초대 의무부총장 2010~2013년 한국의료질향상학회 회장 2010년 한일비뇨기과학회 회장 2010~2018년 의료기관평가인증원 이사 2010년 同인증심의위원장 2011~2012년 관동대 의대 명지병원장 2012년 한국전립선관리협회 이사장, 同이사(현) 2013~2015년 명지병원장 2014년 한국헬스케어디자인학회 초대 회장 2015년 교육부 '학교 성교육 표준안 개발' 전문가 자문위원(현) 2015년 서남대 의무부총장 겸 의료원장 2016년 대한민국의학한림원 종신회원(현) 2018년 명지병원 의료원장(현) (상)대한비뇨기과학회 학술상, 유한의학 저작상, 국제포경수술정보교육센터 인권상, 옥조근정훈장(2011) (저)'남성의학' '남성성기능장애의 진단과 치료' '전립선 질환의 모든 것' '아들에게 말하는 남자' '비뇨생식기능장애 : 배상과 보상의 의학적 판단'(2010) '대학에서 의사의 길을 묻다'(2017)

## 김세한(金世漢)

(생)1973·10·14 (출)경북 김천 (주)경기도 안양시 동안구 관평로212번길 52 수원지방검찰청 안양지청 형사2부(031-470-4304) (학)1992년 대륜고졸 2000년 고려대 법학과졸 (경)1999년 사법시험 합격(41회) 2002년 사법연수원 수료(31기) 2002년 변호사 개업, 법무법인 화우 변호사 2010년 대구지검 김천지청 검사 2012년 서울중앙지검 검사 2015년 의정부지검 고양지청 검사 2016년 同고양지청 부부장검사 2017년 광주지검 순천지청 부부장검사 2018년 서울남부지검 부부장검사 2019년 수원지검 안양지청 형사2부장(현)

## 김세헌

(생)1958 (주)서울특별시 종로구 종로5길 76 (사)스페셜올림픽코리아(02-447-1179) (학)1976년 성남고졸 1980년 성균관대 경영학과졸 1986년 연세대 대학원 경영학과졸 1989년 마케팅학박사(미국 미시간주립대) 2007년 서울대 대학원 최고경영자과정(APM) 수료 2011년 同대학원 최고지도자인문학과정(AFP) 수료 (경)삼성물산 고객정보시스템 T/F장, 삼성그룹 회장비서실 광고·홍보과장 2001년 삼성전자(주) 글로벌마케팅실 브랜드전략그룹장, 同디지털오디오 마케팅기획총괄그룹장 2005년 한국타이어 입사·브랜드담당 상무보 2009~2012년 同브랜드담당·모터스포츠담당 상무, 同브랜드담당 국내외마케팅커뮤니케이션총괄 상무, (주)델리후레쉬 마케팅·영업지원총괄 부사장 2018년 (사)스페셜올림픽코리아 사무총장(현)

## 김세형(金世馨) KIM Se Hyung

(생)1956·9·18 (본)김녕(金寧) (출)전남 고흥 (주)서울특별시 중구 퇴계로 190 매일경제신문(02-2000-2114) (학)1981년 고려대 경제학과졸 1995년 미국 캘리포니아대 버클리교 연수 2005년 고려대 경영대학원 최고경영자과정 수료 (경)1981년 삼성물산 근무 1983년 매일경제신문 입사 2000년 同사회2부장 2000년 同경제부장 2002년 同부국장대우 증권부장 2004년 同논설위원 2006년 同편집국장 2007년 산은사랑나눔재단 비상임이사 2008년 매일경제신문 이사대우 논설실장 2009년 관훈클럽 감사 2009~2013년 한국금융투자협회(KOFIA) 공익이사 2009년 규제개혁위원회 민간위원 2009년 매일경제신문 편집담당 이사 2010년 同논설실장 겸 뉴스상황실장 2010~2011년 국민경제자문회의 민간위원 2010~2013년 한국신문협회 기조협의회 이사 2010년 매일경제신문 편집담당 상무이사 2011·2013·2015~2017년 한국신문방송편집인협회 부회장 2012~2016년 매일경제신문 주필(전무이사) 2014년 대통령직속 통일준비위원회 언론자문단 자문위원 2016~2019년 한국신문윤리위원회 이사 2016년 매일경제신문 논설고문(현) 2017~2018년 IBK기업은행 사외이사 (상)삼성언론상(1997), 한국참언론인대상 경제부문(2008), 장한 고대언론인상(2010), 고려대경영대학교우회 선정 '자랑스러운 정경인'(2015) (저)'증권기사 보는법'(1984) '실리콘밸리 벤처기업 성공비결'(1999) '주식투자 아이큐 확 높이기'(2003)

## 김세환(金世煥) Kim Se Hwan

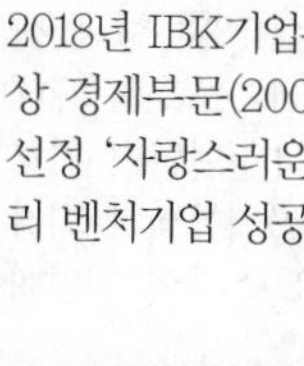

(생)1962·5·2 (본)김녕(金寧) (출)경북 김천 (주)경상북도 안동시 퇴계로 115 안동시청 부시장실(054-840-6006) (학)1980년 김천고졸, 영남대 행정대학원 행정학과졸 (경)1981년 경북도 서기보 1988년 同서기 1996년 同기획관리실 기획관실 주사 2005년 포항시 근무(사무관), 경북도의회 사무처 근무, 경북도 인재양성과 근무, 同자치행정과 근무 2013년 同도시계획과장(서기관) 2015년 同안전행정국 자치행정과장 2015년 同자치행정국 자치행정과장 2015년 경북 성주군 부군수 2017년 교육 파견(부이사관) 2018년 경북도 동해안전략산업국장 2019년 경북 안동시 부시장(현) (상)대통령표창(2010), 근정포장(2015) (종)불교

## 김세환(金世煥)

(생)1964·7·21 (주)경기도 과천시 홍촌말로 44 중앙선거관리위원회 사무차장실(02-503-1114) (학)1983년 인천 선인고졸 2014년 한국방송통신대 행정학과졸 2017년 동국대 행정대학원 재학 중 (경)2014년 인천시선거관리위원회 관리과장 2015년 국회의원선거구획정위원회 사무국장 2016년 중앙선거관리위원회 선거정책실 조사국장 2017년 同선거정책실장(관리관) 2018년 同기획조정실장(관리관) 2018년 중앙선거여론조사심의위원회 상임위원 겸임 2018년 중앙선거관리위원회 사무차장(차관급)(현) (상)중앙선거관리위원장표창(1996), 대통령표창(2014)

## 김세훈(金世勳) KIM Se Hoon

(생)1964·12·25 (주)서울특별시 광진구 능동로 209 세종대학교 예체능대학 만화애니메이션텍전공(02-3408-3244) (학)1987년 홍익대 산업도안학과졸 1990년 同시각디자인학과졸 1995년 미국 캘리포니아대 로스앤젤레스교 대학원 애니메이션과졸 2007년 영상예술학박사(중앙대) (경)1996년 한서대 영상미술학과 조교수 1999년 세종대 만화애니메이션텍전공 조교수·부교수·교수(현) 1999~2006년 스튜디오U.P.K 애니메이션팀 감독 1999~2001년 영화진흥위원회 한국애니메이션예술아카데미 교무운영위원 2003년 (사)영상기술학회 총무이사 2007년 KNP픽처스 사업총괄 총감독 2008~2009년 영화진흥위원회 비상임위원 2009~2012년 한국영상제작기술학회 회장 2010~2014년 세종대 만화애니메이션학과장 2013~2015년 한국애니메이션학회 회장 2015~2017년 영화진흥위원회 위원장 2019년 세종대 만화애니메이션학과장(현)

## 김소선(金小仙·女) KIM So Sun

(생)1953·8·26 (출)경남 진주 (주)서울특별시 서대문구 연세로 50-1 연세대학교 간호대학 임상간호과학과(02-2228-3254) (학)1975년 연세대 간호학과졸 1985년 미국 메릴랜드대 대학원 간호학과졸 1993년 이학박사(연세대) 1997년 미국 조지워싱턴대 Poster-Master's Adult Nurse Practitioner과정 이수 2007년 미국 매사추세츠대 대학원 Poster's Gerontological Master Nurse Practitioner과정 이수 (경)1975~1977년 연세의료원 신촌세브란스병원 간호사 1978~1982년 미국 볼티모어 존스홉킨스병원 간호사 1993~2000년 연세대 간호대학 임상간호과학과 연구강사·전임강사·조교수·부교수 2000년 同간호대학 임상간호과학과 교수·명예교수(현) 2000년 ICN 전문간호사제도특별위원회 자문위원(현) 2000년 성인간호학회지 논문심사위원(현) 2000~2005년 서울시간호사회 부회장 2000~2002년 성인간호학회 부회장 2002~2003년 同회장 2002~2004년 간호학술지 Sigma 논문심사위원 2004년 임상간호사회 논문심사위원(현) 2007년 연세대 간호대학원 교학부원장 2007년 대한간호협회 전문간호사특별위원회 위원(현) 2008~2012년 연세대 간호대학장 겸 간호대학원장 2010~2012년 서울시간호사회 회장 2011년 연세대 간호정책연구소장 2011~2016년 同간호대학원 임상간호전공 책임교수 2011년 WHO 2011APEDNN국제회의조직위원회 위원장 2011년 서울시 고령친화도시추진위원회 위원(현) 2012~2014년 세브란스병원 간호담당 부원장 2014년 서울시간호사회 회장 2014년 대한간호협회 부회장(현) (저)'간호진단 전산 프로그램'(1997) '중환자간호'(1999) '성인간호학 上·下'(2000) '만성질환-영향과 중재'(2002) '사례로 풀어본 성인간호학'(2002) '질적연구방법론'(2005) '전문간호사의 역할과 정책'(2005) '신경계 중환자간호'(2007) (역)'초등학교 저학년 아동들의 안전사고발생 실태 및 관련요인 분석'(1999) '척추 후궁 환자의 표준 임상지침서 개발'(1999) '노인들의 안전사고 발생실태 조사'(1999) '선천성심장병 아동이 인지한 어머니의 양육태도와 자아존중감과 학교생활 적응과의 관계'(2011, Journal of Korean Academy of Child Health Nursing) '일 병원의 대장절제술 환자를 위한 표

준진료지침의 임상적용 효과와 변이분석'(2012, Asian Oncology Nursing) 'Learning needs of patients with heart failure a descriptive, exploratory study'(2013, JOURNAL OF CLINICAL NURSING)

## 김소양(金昭揚 · 女)

(생)1978 · 11 · 18 (주)서울특별시 중구 세종대로 125 서울특별시의회(02-3702-1400) (학)숭실대 정치외교학과졸 (경)행정자치부 장관정책보좌관, 국회 정책연구위원 2018년 서울시의회 의원(비례대표, 자유한국당)(현) 2018년 同보건복지위원회 위원(현) 2018년 同정책위원회 위원(현) 2018년 同청년 특별위원회 위원(현)

## 김소연(金素延 · 女)

(생)1981 · 8 · 3 (주)대전광역시 서구 둔산로 100 대전광역시의회(042-270-5142) (학)충남대 법학전문대학원 법학과졸 (경)2016년 변호사시험 합격(5회), 법무부 로에듀케이터, 법무법인 법승 변호사 겸 변리사(현) 2018년 대전시의회 의원(더불어민주당)(현) 2018년 同윤리특별위원회 부위원장(현)

## 김소영(金素英 · 女) KIM So Young

(생)1955 · 10 · 19 (출)서울 (주)대전광역시 유성구 대학로 99 충남대학교 법학전문대학원(042-821-5836) (학)1976년 고려대 법학과졸 1981년 서울대 대학원 법학과졸 1992년 법학박사(고려대) 2004년 미국 일리노이대 법학대학원졸 (경)1993~2007년 한국노동연구원 선임연구위원 1994년 대한상사중재원 중재인 1997년 여성특별위원회 실무위원 1998년 한국노동법학회 · 한국노사관계학회 이사 2000년 서울지방노동위원회 공익위원 2000년 노사정위원회 근로시간단축특별위원회 위원 2004년 고려대 대학원 법학과 강사 2005년 중앙노동위원회 심판담당 공익위원 2006년 행정자치부 정책자문위원회 위원 2006년 한국노동법학회 부회장 2007년 충남대 법학전문대학원 교수(현) 2013~2014년 한국비교노동법학회 회장 2014~2017년 중앙노동위원회 심판담당 공익위원 2016~2017년 교육부 법학교육위원회 위원장 2017~2018년 충남대 평화안보대학원장 2017~2018년 고용노동부 최저임금위원회 공익위원 (상)국민포장(1998), 노사정위원장표창(1999), 국무총리표창(1999) (저)'양성 평등이 보장되는 복지사회(共)'(1997) '선진국 노동법제의 변화추세와 정책과제(共)'(2002) '부당해고구제의 실효성 제고방안(共)'(2003)

## 김소영(金昭英 · 女) KIM So Young

(생)1965 · 11 · 17 (본)김해(金海) (출)경남 창원 (학)1984년 정신여고졸 1988년 서울대 법대졸 1993년 同대학원 법학과졸(석사) (경)1987년 사법시험 수석합격(29회) 1990년 사법연수원 수료(19기) 1990년 서울민사지법 판사 1992년 서울가정법원 판사 1994년 대전지법 판사 1997년 서울지법 판사 2001년 서울고법 판사 2002~2004년 법원도서관 조사심의관 겸임 2005년 대전지법 공주지원장 2006년 대법원 재판연구관 2008년 법원행정처 사법정책실 사법정책심의관 · 양형위원회 수석전문위원 2009~2010년 同정책총괄심의관 겸임 2011년 서울중앙지법 부장판사 2012년 대전고법 부장판사 2012~2018년 대법원 대법관 2017~2018년 법원행정처장 겸임 (상)근정포장(2011), 청조근정훈장(2019) (종)불교

## 김소영(金昭伶 · 女)

(생)1969 · 10 · 10 (주)경기도 안양시 동안구 관평로212번길 70 수원지방법원 안양지원(031-8086-1104) (학)1987년 이화여고졸 1991년 연세대 천문기상학과졸 1998년 고려대 법학과졸 (경)1999년 사법시험 합격(41회) 2002년 사법연수원 수료(31기) 2002년 서울지법 북부지원 판사 2003년 서울고법 판사 2004년 서울중앙지법 판사 2006년 서울가정법원 판사 2012년 서울동부지법 판사, 서울중앙지법 판사 2017년 광주지법 목포지원 · 광주가정법원 목포지원 부장판사 2019년 수원지법 안양지원 부장판사(현)

## 김소영(金疏榮 · 女)

(생)1971 · 7 · 11 (주)서울특별시 중구 세종대로 125 서울특별시의회(02-3702-1400) (학)2007년 미국 마스터스대 성서학과졸 (경)(사)한국척수장애인협회 정책기획부 차장, 同재활지원센터장 1986년 아시안게임 국가대표 체조선수 2018년 서울시의회 의원(비례대표, 바른미래당)(현) 2018년 同문화체육관광위원회 위원(현) 2018 · 2019년 同윤리특별위원회 위원(현) 2018년 同체육단체 비위근절을 위한 행정사무조사 특별위원회 위원(현) 2019년 同예산결산특별위원회 위원(현)

## 김소정(金昭貞 · 女)

(생)1978 · 7 · 29 (주)부산광역시 사하구 낙동대로 398번길 7 사하구의회(051-220-4843) (학)동아대 법학전문대학원졸 (경)심재철 국회의원 정책인턴 2017년 변호사시험 합격(6회), 변호사 개업(현) 2018년 부산시 사하구의회 의원(자유한국당)(현) 2018년 자유한국당 부산시당 부대변인(현) 2019년 同부산사하구甲당원협의회 조직위원장(현)

## 김수갑(金銖甲) KIM Su Kab

(생)1961 · 8 · 29 (본)의성(義城) (출)충북 괴산 (주)충청북도 청주시 서원구 충대로 1 충북대학교(043-261-2628) (학)1980년 충북고졸 1984년 충북대 법학과졸 1989년 서울대 대학원 법학과졸 1993년 법학박사(고려대) (경)1990~1996년 고려대 법학연구소 연구원 1996~2005년 충북대 법대 조교수 · 부교수 1997~2000년 同고시원감 2001~2002년 미국 산타클라라대 방문교수 2002년 충북참여자치시민연대 정책위원 · 조례개혁특별위원장 2002년 충북도 지방공무원교육소청심사위원 2003~2005년 충북대 법학연구소장 2004년 충북도교육청 지방공무원소청심사위원 2004년 충북지방경찰청 집회 · 시위자문위원(현) 2005년 충북대 법대 교수(현) 2005~2009년 同법무대학원장 겸 법과대학장 2006~2007년 한국비교공법학회 상임이사 2007~2008년 한국헌법학회 상임이사 2007년 충북지방노동위원회 차별시정담당 공익위원 2008~2013년 충북도 행정심판위원회 위원 2010~2013년 同선거방송토론회 위원장 2011~2013년 충북대 법학전문대학원장 겸 법무대학원장 2011~2012년 한국헌법학회 부회장 2012년 충북도교육청 인사위원(현) 2013~2016년 한국법학교수회 부회장 2013~2015년 국회사무처 입법지원위원 2013~2014년 한국공법학회 부회장 2013년 중국 산동대 헌정 및 정치문명연구소 객좌교수(현) 2014년 국가보훈처 제대군인지원협의회 위원(현) 2015~2016년 법학전문대학원협의회 변호사시험 모의시험영역위원장 2015~2017년 한국비교공법학회 부회장 2018년 충북대 총장(현) (저)'헌법다시보기(共)'(2005) '충북의 지역혁신 이렇게 추진하자(共)'(2005) (종)가톨릭

## 김수경(金水鏡 · 女) KIM Soo Kyung

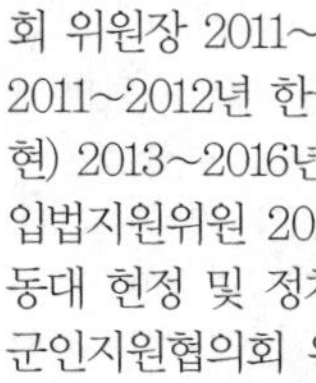

(생)1949 · 9 · 2 (출)부산 (주)서울특별시 강남구 언주로 337 동영문화센터 7층 우리들생명과학(주) 회장실(02-2186-1314) (학)1972년 부산대 영어영문학과졸 1974년 同대학원졸 (경)1977년 '현대문학'에 시인 등단 1983년 열음사 사장, 同대표 1999년 (주)닥터즈메디코아 대표이사 2004년 수도약품공업 대표이사 회장 2008년 우리들생명과학 대표이사 회장(현) 2013~2015년 뉴시스 이사 (저)시집 '어느 영원의 길이로' '제목없는 시' 수필집 '자연 그리고 삶'

**김수경(金秀京·女)**

생1973·9·20 출광주 주경기도 성남시 수정구 산성대로 451 수원지방법원 성남지원(031-737-1558) 학1991년 대입검정고시 합격 1996년 서울대 영어영문학과졸 경1998년 사법시험 합격(40회) 2001년 사법연수원 수료(30기) 2001년 제주지법 예비판사 2003년 同판사 2004년 수원지법 안산지원 판사 2007년 서울중앙지법 판사 2009년 서울서부지법 판사 2012년 서울중앙지법 판사 2015년 서울동부지법 판사 2016년 부산가정법원 부장판사 2018년 수원지법 성남지원 부장판사(현)

**김수경(金秀敬·女) KIM SU-KYUNG**

생1979·10·15 출경남 창원 주세종특별자치시 한누리대로 411 행정안전부 운영지원과(044-205-1262) 학2002년 고려대 영어영문학과졸 경2011년 행정안전부 지방재정세제실 재정정책과 예산정책담당 사무관 2012년 同지방재정세제실 재정정책과 예산정책담당 서기관 2013년 안전행정부 지방재정세제실 재정정책과 예산정책담당 서기관 2014년 행정자치부 지방재정세제실 재정정책과 예산정책담당 서기관 2015년 同지방재정세제실 지방세입정보과 총괄팀장 2015년 同지방재정세제실 재정정책과 재정팀장 2016~2018년 영국 교육파견 2018년 행정안전부 지역혁신정책관실 지역사회혁신정책과 서기관 2019년 국가기록원 대통령기록관실 행정운영과장(현)

**김수곤(金秀坤) KIM Soo Gon**

생1970·7·17 주세종특별자치시 한누리대로 422 고용노동부(044-202-0000) 학경희대 행정대학원 행정학과졸 경2002년 노동부 인적자원개발과 근무 2005년 同국제협력국 근무 2008년 同노사협력정책과 근무 2010년 고용노동부 홍보기획팀 근무 2011년 중부지방고용노동청 강릉지청장 2013년 부산지방고용노동청 통영지청장 2014년 고용노동부 고객상담센터 소장, 경기지방노동위원회 사무국장 2017~2018년 고용노동부 기획조정실 개발협력지원팀장

**김수관(金秀官) KIM Su Gwan (子平)**

생1964·8·23 본김해(金海) 출전남 해남 주광주광역시 동구 필문대로 303 조선대학교 치과대학(062-220-3819) 학1983년 동신고졸 1989년 조선대 치의학과졸 1992년 同대학원 치의학과졸 1998년 치의학박사(전남대) 경1989~1993년 조선대 부속 치과병원 구강악안면외과 수련의 1996~2007년 同치과대학 전임강사·조교수·부교수 1999년 同치과병원 구강악안면외과장 2001년 同치과병원 교육부장 2004년 同치과대학 부학장 2004년 대한악안면성형재건외과학회 학술대회장 2004~2019년 미국 세계인명사전 'Marquis Who's Who in the World'에 연속 등재 2008년 조선대 치과대학 교수(현) 2009~2013년 同치의학전문대학원장 2009년 同치과병원 의료기기임상시험센터장 2009년 同치과대학장 2011년 同치과용정밀장비및부품기술혁신센터장(현) 2012~2014년 대한레이저치의학회 제9대 회장, 조선대 치과대학 교육문화재단 이사장 2012년 세계초음파악안면수술학회(WAUPS) 부회장(현) 2012년 플랩리스임플란트학회 부회장(현) 2014~2015년 대한국제임플란트학회(ICOI Korea) 제7대 회장 2014~2017년 치과의사협회 제29대 수련고시이사 2014년 (사)자평 이사장(현) 2015~2017년 (사)대한턱관절협회 제6대 회장 2015년 제5차 아시아턱관절학회 학술대회장 2016년 대한인공치아골유착학회 제12대 회장 2016~2017년 대한치과감염학회 제4대 회장 2016~2018년 조선대 치과병원장 2016년 사회복지공동모금회 아너소사이어티 회원(현) 2017년 초록우산어린이재단 그린노블레스클럽 회원(현) 2017년 광주의료관광협의회 이사(현) 2017년 在光해남군향우회 자문위원(현) 2017년 안중근의사賞 추진위원회 공동대표 2017년 고려인강제이주80주년기념사업추진위원회 추진위원 2018~2019년 조선대 대외협력처장 2018~2019년 同치의학연구원장 2018~2019년 구강생물학연구 편집장 2018~2019년 조선대치과병원 기관생명윤리위원회 위원장 2018년 한국교육개발원 대학기본역량 진단위원 2018년 BK21플러스사업 성과점검 평가위원 2018년 정책공간 포용혁신 공동대표(현) 2018년 고려인마을 의료지원단 단장(현) 2018년 4.16재단 국민발기인 겸 기억위원(현) 2018년 광주YMCA스포츠센터 운영위원(현) 2018년 제9대 한국대학교수테니스연맹 부회장(현) 2018년 광주광역시국제화추진협의회 위원(현) 2018년 광주광역시교원단체총연합회 부회장(현) 2018년 생체의료전시회 지원센터장(현) 2018년 덴탈헬스케어 지원센터 센터장(현) 2018년 생체의료기기 사용성평가센터 센터장(현) 2019년 대통령 직속 국가균형발전위원회 자문위원(현) 2019년 광주시 시정자문회의 위원(현) 2019년 광주의료산업발전협의회 위원(현) 상조선대총장표창(1999·2000·2001·2002·2003), 대한안면성형재건외과학회·대한구강악안면임플란트학회 학술상(2000), 한국보건산업진흥원 보건의료과학기술연구개발 우수연구자(2002), 일본 구강외과학회 학술상(2003), 한국보건산업진흥원 연구부문우수상(2003), 백악학술상(2003), 보건산업기술대전 우수상(2003), 아시아두개안면외과학회 최우수포스터상(2004), 대한악안면성형재건외과학회 일웅상(2004), 심계학술상(2004·2015), 조선대 이사장표창(2004), 조선대총동창회 올해의 자랑스런 조대인상(2005), 광주동신고총동창회 제3회 자랑스러운 동신인상(2006), IBC '2000 Outstanding Intellectuals of the 21st Century'(2008), ABI 'Order of American Ambassdors'(2008), 대한인공치아골유착학회(KAO) 최우수포스터상(2009), 문화체육관광부 우수학술도서선정(2009), 광주광역시장표창(2009·2016·2019), 치예원학술상(2010), 연송치의학상 임상부문대상(2010), 자랑스러운 치호인상(2010), 광주시민대상(2010), 제1회 광주전남사회공헌대상 최우수상(2010), 보건복지부장관표창(2011·2012), 올해를 빛낸 CEO대상 사회공헌부문(2012), 국무총리표창(2013), 광주교총 교육공로상(2013), 제7회 대한민국 보건산업대상(2013), 연구개발특구진흥재단 이사장표창(2013), 조선대총장 공로패(2013), 대한치과의사협회장표창(2014), 세계초음파악안면수술학회(WAUPS) 최우수포스터상(2015), 산업통상자원부장관표창(2015), 조선대 20년 장기근속상(2016), 광주·전남 사회봉사 나눔대상 무등일보사장표창(2016), 구강생물학연구소지 최다인용상(2017), 대한치과감염학회 춘계학술대회 최우수포스터상(2017), 몽골 민족대총장 감사패(2017), 한국산학협동연구원 공로상(2018), 대한구강악안면외과학회 학술지 공로상 은상(2018), 국가균형발전위원회 교육복지부문 지역혁신가상(2018), 제1회 호남을 빛낸 인물 대상 의료부분(2018), 조선대 공로패(2018), KNBS 제4회 방송대상 교육인부분(2018), 대한치과의사협회 올해의 치과인상(2019), 고려인동행위원회 감사장(2019) 등 298회 저'치과환자의 응급처치 및 외과적 고려사항'(共) '임상의를 위한 치과 소수술(上·下)'(共) '발치를 쉽게 하는 방법' '치과국소마취학'(共) '임상 악기능 교합학'(共) '악골에 발생하는 낭종' '구강악안면영역의 외과적 술식' '치과위생사를 위한 치과응급처치'(共) '악안면 골절학' '악안면 기형학' '치과위생사를 위한 구강악안면외과학'(共) '치과소수술 아트라스' '개원의를 위한 구강악안면외과학' '치과총론' '임프란트 수술학' '악안면 성형외과학' '임상 치과소수술' '상악동골이식술' 'Piezosurgery의 손 쉬운 사용' 등 80권 역'임상가를 위한 외과적 근관치료학' '치과 임프란트 수술 칼라아트라스' '골유도 재생술' '진단학' '재생의학과 조직공학' 등 18권 종기독교

**김수규(金守圭) KIM Su Kyu**

생1959·5·5 주서울특별시 중구 세종대로 125 서울특별시의회(02-3702-1400) 학1997년 해리고졸, 경희사이버대 공공서비스경영학과졸 경태화전기 대표(현), 새마을문고 동대문지부 부회장, 크로바산악회 회장, 열린우리당 청소년특별위원회 부위원장 2006년 서울시 동대문구의원선거 출마(비례대표) 2010년 서울시 동대문구의회 의원(민주당·민주통합당·민주당·새정치민주연합) 2010~2012년 同복지건설위원회 부위원장 2012년 同운영위원장 2012년 同행정기획위원회 위원 2014~2018년 서울시 동대문구의회 의원(새정치민주연합·더불어민주당) 2015~2016년 同의장 2018년 서울시의회 의원(더불어민주당)(현) 2018년 同교육위원회 위원(현) 상서울특별시장표창(2014)

**김수길(金秀吉) KIM Su Gil**

(생)1954·8·9 (본)전주(全州) (출)대구 (주)서울특별시 마포구 상암산로 48-6 JTBC 임원실(02-751-6205) (학)1973년 경기고졸 1978년 연세대 경영학과졸 (경)1977년 중앙일보 문화부·사회부·경제부 기자 1991년 미국 시카고대 연수 1994년 중앙일보 경제1부장 1996년 同국제부장 1996년 同미주총국 워싱턴특파원 1999년 同경제담당 에디터 2000년 금융발전심의회 위원 2002년 중앙일보 경제전문기자(부국장) 2003년 同기획담당 부국장 2003년 同편집국장 2005년 同편집국장(이사대우) 2006~2009년 同제작담당 상무 겸 편집인 2007~2011년 한국신문방송편집인협회 부회장 2007년 한국신문윤리위원회 이사 2009년 한국신문방송편집인협회기금 이사 2009년 중앙일보 부발행인 겸 신문제작총괄(상무) 2009년 同방송본부장 2009년 국가통계위원회 위원 2010년 중앙일보 부발행인 겸 방송본부장(전무) 2011년 同방송설립추진단 총괄본부장 2011년 JTBC 제작총괄 부사장 2011년 중앙일보 주필 2013년 JTBC 대표이사 부사장 2014~2018년 同대표이사 사장 2018년 同상근고문(현) (상)2009 자랑스런 연세상경인상 학술·문화부문(2009), 연세언론인상(2011) (저)'금고가 비었습니다' '그래도 우리는 일본식으로 간다?'

**김수남(金秀南) KIM Soo Nam**

(생)1959·12·29 (출)대구 (주)서울특별시 강남구 테헤란로8길 44 유진빌딩 6층 김수남법률사무소(02-501-8101) (학)1978년 대구 청구고졸 1982년 서울대 법과대학졸 1985년 同대학원 법학과졸 (경)1984년 사법시험 합격(26회) 1987년 사법연수원 수료(16기) 1987년 대구지법 판사 1990년 서울지검 검사 1992년 부산지검 울산지청 검사 1994년 법무부 검찰3과 검사 1997년 서울지검 검사 1999년 대구지검 부부장검사 2000년 광주지검 순천지청 부장검사 2001년 광주지검 공안부장 2002년 대검찰청 컴퓨터수사과장 2003년 同중수3과장 2004년 대구지검 형사2부장 2005년 서울중앙지검 형사4부장 2006년 법무부 정책홍보관리관 2007년 인천지검 2차장검사 2008년 서울중앙지검 3차장검사 2009년 법무부 기획조정실장 2009년 청주지검장 2010년 법무부 범죄예방정책국장 2011년 서울남부지검장 2012년 수원지검장 2013년 서울중앙지검장 2015년 대검찰청 차장검사 2015~2017년 검찰총장 2017~2018년 미국 컬럼비아대 로스쿨 한국법연구소 방문교수 2019년 변호사 개업(현) (상)근정포장(1996)

**김수남(金守男) KIM Soo Nam**

(생)1960·4·14 (출)경남 남해 (주)경기도 양주시 평화로1475번길 23 양주출입국·외국인보호소(031-828-9306) (학)1988년 동아대 법학과졸 (경)2007년 법무부 출입국·외국인정책본부 출입국심사과 근무 2010년 同출입국·외국인정책본부 외국인정책과 근무 2011년 인천공항출입국관리사무소 출국4과장 2012년 법무부 출입국·외국인정책본부 외국인정책과 근무(서기관승진) 2014년 광주출입국관리사무소 소장 2014년 법무부 출입국·외국인정책본부 이민정보과장 2016년 同출입국·외국인정책본부 외국인정책과장 2017년 김해공항출입국관리사무소 소장 2018년 청주 외국인보호소 소장 2019년 양주출입국·외국인보호소장(현)

**김수련(女) KIM, Sue-Ryeon**

(생)1967·4 (주)경기도 수원시 영통구 삼성로 129 삼성전자(주) 메모리제조기술센터(031-200-1114) (학)1985년 부산동여고졸 1989년 부산대 화학과졸 1991년 한국과학기술원(KAIST) 화학과졸(석사) 1997년 화학박사(한국과학기술원) (경)1996년 삼성전자(주) 메모리사업부 생산기술팀 근무 2006년 同Dow Chemical 재료개발담당 2010년 同인프라기술센터 생산기술팀 근무 2011년 同반도체연구소 소재기술팀 근무 2014년 同메모리사업부 소재기술그룹장(부장) 2015년 同메모리사업부 소재기술그룹장(상무) 2019년 同메모리제조기술센터 연구위원(상무)(현)

**김수문(金秀文)**

(생)1959·1·10 (주)경상북도 안동시 풍천면 도청대로 455 경상북도의회(054-880-5126) (학)군위고졸, 경운대 건축학과졸 (경)(주)유성 대표이사, 유성빌딩 대표(현), 한국전력공사 경북지사 무정전협의회 회장, (재)한빛장학회 이사, 민주평통 자문위원, 한국전기공사공제조합 신용평가위원회 위원, 의성군 안전관리자문단 부단장, 의성경찰서 보안협력위원회 위원장 2006년 경북 의성군의회 의원 2008년 同의장, 새마을의성군협의회 지회장, 대구지검 의성지청 범죄피해센터 이사장, 同의성지청 시민위원 2014~2018년 경북도의회 의원(새누리당·자유한국당) 2014·2016년 同건설소방위원회 위원 2015년 초우회 회장 2016년 경북도의회 원자력안전특별위원회 위원 2016~2017년 同예산결산특별위원회 위원 2016년 同대구공항이전특별위원회 위원장 2018년 경북도의회 의원(자유한국당)(현) 2018년 同건설소방위원회 위원장(현) 2018년 同통합공항이전특별위원회 위원(현), (주)유성태양광발전소 대표이사(현), 민주평통자문위원회 위원(현) (상)행정자치부장관 감사패, 산업자원부장관 감사패, 한국전력공사 사장 감사패, 경북도지사표창, 한국전기공사협회장표창, 의성군수표창, 경북지방경찰청장 감사패, 의성경찰서장표창, 봉양면체육회장 감사패, 전국시·도의회의장협의회 우수의정 대상(2016)

**김수민(金秀敏) KIM Soo Min**

(생)1953·12·14 (본)전주(全州) (출)부산 (주)서울특별시 서초구 서초중앙로 215 홍익대 강남교육원 법무법인 민주(02-591-8400) (학)1972년 경기고졸 1977년 성균관대 법학과졸 1979년 同대학원 수료 (경)1980년 사법시험 합격(22회) 1982년 사법연수원 수료(12기) 1985년 부산지검 검사 1988년 대구지검 경주지청 검사 1989년 서울지검 검사 1993년 대검찰청 검찰연구관 1993년 창원지검 충무지청장 1995년 同통영지청장 1995년 법무부 공보관 1997년 대검찰청 공안4과장 1998년 사법연수원 교수 2000년 서울지검 형사5부장 2001년 대구지검 포항지청장 2002년 춘천지검 차장검사 2003년 부산지검 2차장검사 2004년 서울중앙지검 1차장검사 2005년 同2차장검사 2005년 대구고검 차장검사 2005년 법무부 보호국장 2007년 서울서부지검장 2008년 부산지검장 2009년 인천지검장 2009~2014년 법무법인 영진 대표변호사 2014년 방송통신심의위원회 6.4지방선거 선거방송심의위원장 2014~2016년 국가정보원 제2차장 2017년 법무법인 민주 고문변호사(현) (상)대통령표창 (종)기독교

**김수민(金洙敏) KIM Soo Min**

(생)1958·8·5 (출)대구 (주)경상북도 경산시 한의대로 1 대구한의대학교 바이오산업대학 바이오산업융합학부(053-819-1427) (학)1981년 영남대 식품가공학과졸 1983년 同대학원 식품가공학과졸 1989년 식품가공학박사(영남대) (경)1985년 농수산물유통공사 연구원 1988년 한국식품개발연구원 선임연구원 1991년 경산대 생명자원공학부 식품영양학전공 교수 1995년 미국 Iowa State Univ. 방문교수 2002년 경산대 행정처장 2003년 대구한의대 바이오산업대학 바이오산업융합학부 교수(현) 2005~2011년 同중소기업산학협력센터장 2010년 同한방산업대학원장 2012~2013년 同한방산업대학장 2013년 同대학원장(현) 2013~2018년 同교육대학원장 2014년 同한방산업대학원장(현), 同RIS약선식품브랜드화사업단장(현) 2015년 (사)한국지역특화산업협회 경북지부장(현) (저)'KS표시허가 심사내용 및 방향-가공식품의 품질관리-공정관리'(1987, 농수산물유통공사 종합식품연구원) '선진국의 식품표준화 제도 운영현황'(1988, 한국식품개발연

구원) '식품표준화 및 품질관리의 교육'(1989, 한국식품개발연구원) '농수축산 가공식품 표준화와 품질관리'(1989, 한국식품개발연구원) '국내외 식품규격제도 및 식품 연구기관 현황 조사'(1995, 농어촌개발공사 종합식품연구원) '현장식품공업의 품질관리'(1997, 대광문화사) '생명자원의 이해'(2002, 대구한의대) '식육과학(共)'(2004, 선진문화사)

### 김수민(金秀玟·女) KIM SUMIN

[생]1986·12·25 [주]서울특별시 영등포구 의사당대로 1 국회 의원회관 727호(02-784-1534) [학]숙명여대 시각영상디자인과졸 [경]브랜드호텔 공동대표이사 2016년 국민의당 홍보위원장 2016년 제20대 국회의원(비례대표, 국민의당·바른미래당〈2018.2〉)(현) 2016년 국민의당 가습기살균제문제대책특별위원회 위원 2016~2017년 국회 산업통상자원위원회 위원 2017~2018년 국민의당 원내대변인 2017~2018년 同공보담당 원내부대표 2017~2018년 국회 산업통상자원중소벤처기업위원회 위원 2017~2018년 국민의당 민생경제살리기위원회 소상공인분과 공동위원장 2017년 국회 4차산업혁명특별위원회 위원 2018년 바른미래당 충북도당 위원장 2018~2019년 同원내대변인 2018년 同비상대책위원회 위원 2018년 同원내부대표 2018년 同당대표 비서실장 2018년 국회 문화체육관광위원회 위원(현) 2018년 국회 여성가족위원회 간사(현) 2018년 바른미래당 최고위원 겸 전국청년위원장(현) 2018년 同청주시청원구지역위원회 위원장(현) 2019년 국회 예산결산특별위원회 위원(현) 2019년 바른미래당 충북도당 위원장(현)

### 김수보(金壽甫) SOO BO KIM

[생]1950·9·22 [본]김해(金海) [출]강원 춘천 [주]서울특별시 동작구 남부순환로 2017 한국엔지니어링협회(02-3019-2000) [학]1969년 춘천고졸 1976년 한양대 토목공학과졸 1984년 건국대 대학원 토목공학과졸 2005년 공학박사(강원대) [경]1976~1980년 (주)유신설계공단 입사·과장 1980~2017년 (주)동일기술공사 대표이사 사장, 대한상사중재원 중재위원, 건설교통부 중앙설계심의위원, 서울시 건설기술심의위원 2011~2013년 공정거래위원회 하도급분쟁조정협의회 위원 2014~2017년 한국엔지니어링협회 부회장 겸 서울지회장 2014~2016년 한국건설기술관리협회 부회장 2014년 엔지니어링공제조합 운영위원장 겸 이사 2017년 同이사장(현) 2017년 한국엔지니어링협회 자문위원(현) [상]건설교통부장관표창(1999), 대전광역시장표창(2001), 한국기술사회 기술상(2003), 건설교통부장관표창(2003), 대통령표창(2004), 서울시 토목대상(2009), 엔지니어링공제조합 우수조합원상(2012), 은탑산업훈장(2013) [종]기독교

### 김수복(金秀福) KIM Soo Bok

[생]1953·10·7 [본]김해(金海) [출]경남 함양 [주]충청남도 천안시 동남구 단대로 119 단국대학교 총장실(031-8005-2005) [학]1973년 대륜고졸 1978년 단국대 국어국문학과졸 1980년 同대학원 국어국문학과졸 1990년 문학박사(단국대) [경]1978년 효성고 교사 1983년 단국대 강사 1985년 한양대 강사 1985~1996년 단국대 전임강사·조교수·부교수 1992~1997년 同대학신문사 주간 1996~2019년 同예술대학 문예창작과 교수 2000년 同한국어문전공 주임교수 겸 문예창작과 주임교수 2000년 한국시인협회 상임위원(현) 2001년 한국문예창작학회 회장 2004~2006년 단국대 교무처장 2004~2006년 同교수학습개발센터 소장 2004년 同한국문화기술연구소장 2007년 同천안캠퍼스 예술대학장 2016년 한국문예창작학회 평의원(현) 2017~2019년 단국대 천안캠퍼스 부총장 2019년 同총장(현) [상]한국문학 신인상(1975), 단국문학상(1986) [저]시집 '지리산타령', '낮에 나온 반달', '새를 기다리며', '또 다른 사 월', '기도하는 나무' 시론집 '정신의 부드러운 힘 : 우리 시의 표정과 상징', '별의 노래', '상징의 숲' [종]천주교

### 김수봉(金洙奉)

[생]1958·2·12 [주]서울특별시 종로구 종로 33 동양생명보험 부사장실(1800-1004) [학]1976년 배문고졸 1982년 동국대 전자계산학과졸 [경]1986년 보험감독원 입사 1996년 同검사통할국 근무 2004년 금융감독원 보험감독국 경영분석팀장 2005년 同보험계리실 계리팀장 2006년 同복합금융감독실 연금팀장 2007년 同총무국 인사팀장 2008년 同총무국 실장 2009년 同생명보험서비스국장 2010~2013년 同보험 및 IT담당 부원장보 2013~2016년 보험개발원 원장 2017~2018년 알리안츠생명 감사실장(부사장) 2018년 동양생명보험 부사장(현)

### 김수봉(金修奉) Soo-Bong Kim

[생]1960·8·2 [본]김해(金海) [출]부산 [주]서울특별시 관악구 관악로 1 서울대학교 물리천문학부(02-880-5755) [학]1979년 동래고졸 1983년 서울대 물리학과졸 1985년 同대학원졸 1989년 물리학박사(미국 펜실베이니아대) [경]1985~1989년 미국 펜실베이니아대 연구조교 1989~1990년 同박사 후 연구원 1990~1992년 미국 미시간대 박사 후 연구원 1992~1996년 同전임연구원 1996~1998년 미국 보스턴대 조교수 1997~1998년 일본 고에너지연구소 초빙교수 1998년 서울대 물리학과 교수 2001년 LG 해외파견 연구교수 2002년 미국 과학정보연구원(ISI) '세계 최고 15인의 물리학자'에 선정 2004년 서울대 물리천문학부 물리학전공 교수(현) 2009년 同한국중성미자연구센터장(현) 2011년 국가교육과학기술 자문위원 [상]Asahi Prize(1987·1999), Rossi Prize(1989), 우수신진교수상(2002), 서울대 학술연구상(2008), 3.1문화상 학술상 자연과학부문(2014), 제10회 경암학술상 자연과학부문(2014), 부르노 폰테콜포상(2017) [저]'과학이 좋다 퀴즈가 좋다(共)'(2002) '과학, 그 위대한 호기심(共)'(2002)

### 김수봉(金修逢)

[생]1964 [출]제주 [주]제주특별자치도 제주시 공항로 2 한국공항공사 제주지역본부(064-797-2301) [학]제주대 회계학과졸 [경]1990년 한국공항공사 입사 2005년 同사업개발팀장 2006년 同부산지역본부 재무팀장 2014년 同경영관리실장 2016년 同인사관리실장 2017년 同제주지역본부 운영단장 2019년 同제주지역본부장(현)

### 김수삼(金修三) KIM Soo Sam

[생]1945·7·21 [본]김해(金海) [출]전남 목포 [주]경기도 안산시 상록구 한양대학로 55 한양대학교 건설환경시스템학과(031-400-5143) [학]1963년 광주제일고졸 1969년 한양대 토목공학과졸 1974년 同대학원 토목공학과졸 1984년 지반공학박사(중앙대) [경]1969~1975년 한국수자원공사 근무 1976~1981년 선경건설 근무 1981~2001년 중앙대 토목공학과 교수 1989년 조달청 자문위원 1991년 한국토지개발공사 자문위원 1995년 현대건설 사외이사 1998년 금호건설(주) 사외이사 2001~2010년 한양대 토목공학과 교수·건설환경공학과 교수 2002년 대통령자문 지속가능발전위원회 위원 2003년 대한토목학회 회장 2003~2005년 한양대 안산캠퍼스 부총장 2003년 한국공학기술단체중앙회 회장 2004년 한국공학한림원 부회장 2005년 한양대 대외협력부총장 2007년 동북아기반시설협회 회장 2008년 한국과학기술단체총연합회 부회장 2009년 한국건설문화원 이사장 2009년 한국공학한림원 이사 2009년 새만금위원회 위원 2009년 새만금사업추진기획단 환경분과위원장 2010년 토지주택연구원 초대원장 2010년 한양대 건설환경시스템학과 명예교수(현) 2011년 KORAIL 철도안전위원장 2011년 한국공학한림원 원로회원(현) 2011년 한국BIM학회 초대회장 2012년 성

균관대 대학원 u-city공학과 석좌교수 2013년 국제해양극지학회(ISOPE) 회장 2015년 포스코강판 사외이사 2017년 국가경영연구원(MIS) 이사장(현) 2017년 한양대 건설환경시스템학과 석좌교수(현) 2017년 국무총리자문 국민안전안심위원회 부위원장(현) (상)건설교통부장관표창, 대한토목학회 학술상, 과학기술훈장 웅비장, 매일경제 선정 '한국최고 건설기술인', 한국공학한림원 일진상(2009), 지식경제부장관표창(2012) (저)'공학기술로 나라 살리자(共)'(1997) '시민의 도시'(1997) '서비스 산업의 국제경쟁력'(1997) '연약지반'(1997) '부실공사방지를 위한 정책 방향'(1998) '공학기술문화진흥정책'(1998) '준설, 매설기술(共)'(1999) '준설매립과 환경매립'(1999) '과학기술 계산을 위한 계산역학 입문'(1999) '국가경쟁력제고를 위한 건설엔지니어링 진흥 방안'(2000) '공학기술로 21세기 앞장서자'(2002) '미래를 위한 공학 실패에서 배운다'(2003) '건설 · 지반환경 기술자를 위한 오염지반 정화기술'(2003) '한국의 건설산업 그 미래를 건설하자'(2003) '다시 기술이 미래다'(2005) '건설산업, 왜 아직도 혁신인가?'(2010) '압밀의 이론과 실재'(2010) (종)기독교

### 김수상(金秀相) KIM Su Sang

(생)1969 · 2 · 26 (출)대구 (주)세종특별자치시 도움6로 11 국토교통부 물류정책관실(044-201-3991) (학)1988년 대구 능인고졸 1993년 서울대 경제학과졸 2005년 미국 미네소타대 대학원 공공정책학과졸 (경)1993년 행정고시 합격(37회) 2005년 건설교통부 물류혁신본부 항공정책팀 서기관 2009년 국토해양부 주택토지실 주택기금과장 2011년 同국토정책국 수도권정책과장 2012~2013년 대통령실 국토해양비서관실 파견 2013년 국토교통부 주택건설공급과장(부이사관) 2013년 同국민임대주택건설기획단 임대주택관리과장 2015년 同녹색도시과장 2016년 同주택토지실 토지정책과장 2017년 부산지방국토관리청장 2018년 국가공무원인재개발원 파견 2019년 국토교통부 자동차관리관 2019년 同물류정책관(현)

### 김수섭(金水燮) KIM Soo Sup

(생)1955 · 8 · 10 (본)김해(金海) (출)부산 (주)서울특별시 서초구 사임당로 32 재우빌딩 8층 조세일보(02-3146-8250) (학)1974년 부산상고졸 1981년 숭실대 무역학과졸 1985년 同대학원 무역학과졸 (경)2000년 한국경제신문 사회부 차장 2001년 同건설부동산부장 2002년 同정치부장 2003년 同산업부 IT팀장 2004~2011년 한경닷컴 대표이사 사장 2005~2006년 한국온라인신문협회 회장 2011년 한경닷컴 고문 2012년 조세일보 회장(현) 2012~2018년 (주)한라 사외이사 (종)불교

### 김수연(金秀娟 · 女)

(생)1976 · 10 · 26 (출)부산 (주)대구광역시 수성구 동대구로 364 대구지방법원(053-757-6600) (학)1995년 오금고졸 2000년 서울대 사법학과졸 (경)2000년 사법시험 합격(42회) 2003년 사법연수원 수료(32기) 2003년 창원지법 예비판사 2005년 同판사 2006년 인천지법 판사 2009년 서울중앙지법 판사 2013년 서울동부지법 판사 2015년 서울행정법원 판사 2017년 서울남부지법 판사 2018년 대구지법 부장판사(현)

### 김수엽(金水燁) KIM, SOO-YEOP

(생)1961 · 3 · 15 (주)서울특별시 마포구 마포대로 155 LG마포빌딩 8층 LG히다찌(02-705-3700) (학)1980년 대구 달성고졸 1987년 경북대 전자공학과졸 2015년 숭실대 대학원 IT정책경영학과졸 2015년 同대학원 박사과정 중 (경)1987년 LG히다찌 기술부 개발과 입사 2009년 同딜리버리사업부장(상무) 2010년 同경영관리부문장(상무) 2013년 同스마트총괄본부장(상무) 2015년 同대표이사 사장(현)

### 김수영(金水英 · 女) KIM Soo Young

(생)1964 · 12 · 5 (출)서울 (주)서울특별시 양천구 목동동로 105 양천구청 구청장실(02-2620-3003) (학)1983년 금란여고졸 1988년 이화여대 국어국문학과졸 2003년 이화리더십개발원 수료 2005년 서강대 사회복지정책학과졸 2010년 사회복지학박사(숭실대) (경)1986년 이화여대총학생회 회장 1988년 (주)흥창 노동조합 교육부장(파업주도로 구속) 1989년 민주화운동청년연합 동부지부 교육부장 1992년 민주당 14대 대통령선거대책본부 부정선거대책위원회 조사부장 1993~1996년 이부영 국회의원 정책보좌역 1997~1999년 (주)남부두라 관리부장 1998년 의회를사랑하는사람들 중앙상임위원 1999년 여성정치세력민주연대 운영위원 · 정책위원 2003년 여성정치세력민주연대 상임이사 2003년 국민통합개혁신당 추진위원회 여성부단장 2003년 열린우리당 여성팀 부팀장 2004년 同여성국장, 민주당 대표 여성특보 2011년 10.26재보선 서울시 양천구청장선거 출마(민주당) 2013년 숭실대 사회복지학과 겸임교수 2014년 새정치민주연합 여성리더십센터 부소장 2014년 서울시 양천구청장(새정치민주연합 · 더불어민주당) 2017년 더불어민주당 전국기초자치단체장협의회 사무총장 2017년 민선6기 목민관클럽 사무총장 2017년 서부수도권행정협의회 회장 2018년 서울시 양천구청장(더불어민주당)(현) 2019년 대통령직속 제2기 일자리위원회 위원(현) (상)서울석세스 기초단체장대상(2016)

### 김수영(金秀映) Su-Yeong Kim

(생)1965 (본)청풍(淸風) (출)서울 (주)전라북도 전주시 덕진구 중동로 63 한국출판문화산업진흥원(063-219-2700) (학)1983년 중동고졸 1987년 연세대 생화학과졸 1989년 同대학원 철학과졸 2005년 철학박사(독일 콘스탄츠대) (경)연세대 · 성공회대 강사 2002년 (주)문학과지성사 편집부장 · 편집주간 2008~2011년 同대표이사 2009~2011년 한국출판인회의 정책위원장 2011년 同국제교류위원장 2014~2018년 한양여대 문예창작과 조교수 2018년 한국출판문화산업진흥원 원장(현)

### 김수영(金洙英) KIM, SU YOUNG

(생)1965·3·28 (본)김해(金海) (출)경기 가평 (주)서울특별시 중구 퇴계로 173 남산스퀘어빌딩 24층 한국건강증진개발원 경영기획실(02-3781-3502) (학)1984년 부산 배정고졸 1988년 서울대 미학과졸 1990년 同대학원 미학과졸 2012년 영국 켄트대 대학원 국제사회정책학과졸 2012년 한국개발연구원(KDI) 국제정책대학원 정책학과졸 (경)1998~2005년 대통령비서실 근무(공보·정무·시민사회·민정·사회정책수석비서관실) 2005년 보건복지부 근무 2006년 同저출산고령사회정책본부 기획총괄팀장 직대 2007년 同장애인소득보장과장 2009년 국립의료원 장비물품팀장 2010년 OECD 한국정책센터 사회정책본부 부본부장 2013년 보건복지부 사회보장위원회사무국 사회보장조정과장 2015년 고용노동부 고용정책실 장애인고용과장 2016~2018년 보건복지부 보육정책관실 보육기반과장 2018년 한국건강증진개발원 경영기획실장(현)

### 김수영(金秀映) Kim Soo-young

(생)1969·7·8 (본)경주(慶州) (출)경기 파주 (주)세종특별자치시 갈매로 477 기획재정부 인사과(044-215-2252) (학)1988년 서울 대신고졸 1995년 고려대 중어중문학과졸 2013년 중국 북경대외경제무역대 대학원 MBA(석사) (경)2002년 행정고시 합격(46회) 2003년 행정자치부 수습사무관 2004년 기획예산처 예산실 복지노동예산과 사무관 2005년 同재정운용실 노동여성재정과 사무관 2006년 同재정운용실 기금운용계획과 사무관 2007년 同정책홍보관리관실 사무관 2008년 기획재정부 세제실 관세정책관실 양자관세협력과 사무관 2011년 국외파견(중국 북경) 2013년 기획재정부 공공정책국 제도기획과 사무관 2014년 同공공정책국

정책총괄과 사무관 2015년 서기관 승진 2016년 국민경제자문회의지원단 기초경제2팀장 2017년 기획재정부 재정정보공개 및 국고보조금통합관리시스템구축추진단 기획법령팀장 2017년 駐광저우 영사(현)

### 김수영(金秀映·女)

(생)1976·4·26 (출)울산 (주)충청남도 천안시 동남구 청수14로 77 대전지방법원 천안지원(041-620-3000) (학)1995년 한영외고졸 2000년 서울대 사법학과졸 (경)2000년 사법시험 합격(42회) 2003년 사법연수원 수료(32기) 2003년 서울지법 동부지원 예비판사 2004년 서울고법 예비판사 2005년 서울중앙지법 판사 2007년 부산지법 판사 2010년 수원지법 성남지원 판사 2014년 서울북부지법 판사 2016년 서울중앙지법 판사 2018년 대전지법 천안지원·대전가정법원 천안지원 부장판사(현)

### 김수용(金洙容) KIM Soo Yong

(생)1929·9·23 (본)안동(安東) (출)경기 안성 (주)서울특별시 서초구 반포대로37길 59 대한민국예술원(02-3479-7224) (학)1947년 안성농업학교 수료 1950년 서울사범학교 본과졸 (경)1951년 육군 통역장교 1956~1959년 국방부 군영화촬영소 근무 1958년 극영화 감독 1959년 예편(육군 대위) 1975년 서울예전·중앙대·경희대·단국대 강사 1981년 청주대 예술대학 강사·부교수 1985~1998년 同예술대학 교수 1989년 대한민국예술원 회원(영화감독·현) 1991년 몬트리올세계영화제 심사위원 1992년 일본 동경국제영화제 심사위원 1999~2005년 영상물등급위원회 위원장 2007~2009년 대한민국예술원 회장 2009년 국민원로회의 위원 2010년 미장센단편영화제 특별심사위원 (상)국방부장관표창(1958), 서울시 문화상(1965), 아시아영화제 감독상(1967), 대종상 감독상(1967), 예술원상(1990), 우암학술상(1994), 일본가톨릭영화상(1996), 한국기독교문화대상(1999), 은관문화훈장(1999), 춘사영화제 대상(2008), 춘사영화제 공로상(2017) (저)'영화란 무엇인가(共)'(1986) '예술가의 삶'(1993) '영화를 뜨겁게 하는 것들'(1995) '나의사랑 시네마'(2005) (역)'영화영상의 이론'(1985) '5C-영화술'(1988) (작)극영화 '혈맥', '갯마을', '산불', '유정', '까치소리', '봄봄', '안개', '저 하늘에도 슬픔이', '사격장의 아이들', '토지', '화려한 외출', '만추', '웃음소리', '도시로 간 처녀', '허튼소리', '사랑의 묵시록', '침향' 등 109편 (종)불교

### 김수용(金秀勇) KIM Su-Yong

(생)1943·12·14 (본)도강(道康) (출)전북 군산 (주)서울특별시 서대문구 연세로 50 연세대학교 독어독문학과(02-2123-2114) (학)1969년 서울대 독어독문학과졸 1971년 同대학원졸 1980년 문학박사(독일 뒤셀도르프대) (경)1981년 연세대 독어독문학과 조교수·부교수 1987~2009년 同독어독문학과 교수 2009년 同명예교수(현) 2015년 대한민국학술원 회원(독문학·현) (상)우호인문학상 외국문학부문(2010), 연세대 연문인상 학술부문(2017) (저)'파우스트. 한편의 비극1'(2006, 책세상) '아름다움의 미학과 숭고함의 예술론'(2009) '아름다움과 인간의 조건'(2016) (역)'파우스트'(2006) '독일, 어느 겨울동화'(2011) '루테치아'(2015) (종)불교

### 김수일(金秀一) KIM Soo Il

(생)1943·1·4 (출)전남 완도 (주)서울특별시 관악구 관악로 1 서울대학교 농생명공학부(02-880-4650) (학)1965년 서울대 농화학과졸 1969년 同대학원졸 1978년 이학박사(프랑스 파리제6대) (경)1969~1972년 한국과학기술연구소 식량연구부 연구원 1973~1984년 아주대 생물공학과 조교수 1974~1978년 프랑스 농업기술연구소 연구원 1984~2008년 서울대 농생명공학부 교수 1994~1996년 INA.P.G. France 초청교수 2002년 한국농화학회 회장 2008년 서울대 명예교수(현) 2014~2017년 전남생물산업진흥원 해양바이오연구원장 2019년 대한민국학술원 회원(농생명화학·현) (상)화농연학재단 화농상(1999), 근정포장(2008)

### 김수일(金洙一) KIM Soo Il

(생)1952·1·10 (본)김해(金海) (출)강원 영월 (주)서울특별시 영등포구 은행로 30 중소기업회관 본관 808호 한국조리기계공업협동조합(02-780-2431) (학)1971년 제천고졸 1992년 한국방송통신대 영어과졸 (경)1980년 조달청 근무 2005년 同총무과 서기관 2006년 同국제물자본부 외자기기팀장 2008~2010년 충북지방조달청장 2011년 한국조리기계공업협동조합 전무이사(현)

### 김수일(金守一) KIM Soo Il (운거)

(생)1953·1·20 (본)김녕(金寧) (출)경북 상주 (주)경상북도 경산시 경청로222길 33 대신대학교(053-810-0701) (학)1972년 경남공고졸 1980년 한국외국어대 말레이시아·인도네시아어과졸 1987년 부산대 대학원 정치외교학과졸 1995년 말레이시아 국립대 대학원 정치학 박사과정 수료 2000년 정치학박사(한국외국어대) (경)1984~2007년 부산외국어대 인도네시아·말레이시아어과 교수 1988년 말레이시아 UKM대 교수 1989년 외무고시 출제위원 1993~2006년 駐韓인도네시아 명예영사 1994년 부산외국어대 동양어대학장 1996년 국제지역학회 회장 1999년 부산외국어대 국제경영대학원장 2000년 통일정책연구원 자문위원 2000년 대한상사중재원 중재위원 2000·2002년 부산아시아지원협의회 의장 2001년 전국대학원장협의회 회장 2001년 문화관광부 명예홍보대사 2002년 부산亞·太장애인경기대회 선수촌장 2003~2006년 국제PTP(People to People) 회장 2004년 통일부 정책자문위원 2004년 외교통상부 정책자문위원 2005~2006년 부산시장애인체육회 후원회장 2005~2006년 한국정치학회 부회장 2005년 대통령자문 동북아시대위원회 자문위원 2006년 在韓유엔기념공원(UNMCK) 홍보자문위원장 2007년 駐동티모르 대사 2009년 부산외국어대 동양어대 인도네시아·말레이시아어과 교수, 同명예교수(현) 2010년 駐韓인도네시아관광청 대표(현) 2011~2013년 駐韓인도네시아대사관 고문 2012년 부산인도네시아센터 이사장(현) 2015~2017년 대구외국어대 총장 2016~2017년 산림청 정책자문위원회 위원장 2017년 대신대 석좌교수(현) (상)인도네시아 일등공로훈장(1998), 동티모르정부 일등공로훈장(2009) (저)'세계속의 인도네시아'(2000) '말레이시아 외교정책론'(2000) '글로벌 시대, 외국어로 성공하기'(2011) (종)기독교

### 김수일(金秀鎰) KIM Soo Il

(생)1965·3·1 (출)경북 안동 (주)전라북도 전주시 덕진구 사평로 25 전주지방법원 총무과(063-259-5466) (학)1983년 경일고졸 1987년 서울대 법학과졸 1989년 同대학원졸 (경)1989년 사법시험 합격(31회) 1992년 사법연수원 수료(21기) 1995년 대구지법 판사 1997년 同의성지원(청송군법원·군위군법원) 판사 1999년 수원지법 판사 2002년 해외 유학 2003년 서울지법 판사 2004년 서울고법 판사 2005년 대법원 재판연구관 2007년 창원지법 부장판사 2008년 사법연수원 교수 2010년 인천지법 부장판사 2011년 서울동부지법 부장판사 2013년 서울중앙지법 부장판사 2015~2016년 언론중재위원회 시정권고위원 2016년 인천지법 부천지원장 2018년 전주지법 부장판사(현)

### 김수장(金壽長) KIM Soo Jang (又川)

(생)1945·3·17 (본)울산(蔚山) (출)대전 (주)서울특별시 서초구 서초대로 266 한승아스트라빌딩 11층 법무법인 을지(02-2055-3244) (학)1962년 대전고졸 1966년 서울대 법대졸 1969년 同사법대학원 수료 (경)1967년 사법시험 합격(8회) 1969~1972년 육군 법무관 1973~1978년 부산지검·마산지청·서울성북지청 검사 1978~1982년 법무부 검찰2과·제주지검·법무부 보호과 검사 1982년 대검찰청 검찰연구관 1983년 대구지검 특수부장 1986년 인천지검 특수부장 1987년 서울지검 특수2부장

1988년 법무부 법무심의관 1989년 대검찰청 중앙수사부 1과장 1990년 광주지검 순천지청장 1991년 서울지검 서부지청 차장검사 1992년 수원지검 차장검사 1993년 서울지검 의정부지청장 1993년 법무부 보호국장 1994년 同법무실장 1995년 전주지검장 1997년 창원지검장 1997년 법무부 교정국장 1998년 부산지검장 1999년 서울지검장 1999~2000년 변호사 개업 2000년 방송문화진흥회 이사 2000~2001년 중앙선거관리위원회 상임위원 2002년 변호사 개업, 법무법인 을지 변호사(현) 2003~2004년 검찰인사위원회 위원장 2004년 에스원 사외감사 (상)홍조근정훈장(1982) (종)불교

## 김수장(金秀壯) Kim Soojang

(생)1957·11·15 (출)서울 (주)서울특별시 성동구 마장로 210 한국기원 홍보팀(02-3407-3870) (경)1974년 프로바둑 입단 1976년 2단 승단 1977년 3단 승단 1978년 제22기 국수전 준우승 1979년 4단 승단 1980·1981년 왕위전 본선 1981년 5단 승단 1983년 6단 승단 1984년 기왕전 본선 1985년 제16기 명인전 준우승 1985년 기왕전 본선 1986년 7단 승단 1988년 왕위전·기왕전 본선 1989년 제8기 KBS 바둑왕전 준우승 1989년 왕위전·기왕전 본선 1991년 8단 승단 1991년 왕위전 본선 1992년 왕위전·동양증권배 본선 1993년 9단 승단(현) 1994년 기성전·비씨카드배·한국이동통신배·대왕전 본선 1995년 기성전·패왕전 본선 1996년 바둑왕전 준우승 1997년 명인전 본선 1999년 KBS 바둑왕전 본선 2000년 국수전·KBS바둑왕전 본선 2003년 KBS바둑왕전·박카스배 천원전 본선 2004년 제4회 돌씨앗배 프로시니어기전 4위 2005년 잭필드배 프로시니어기전 본선 2007년 한국바둑리그·지지옥션배 본선 2008년 한국바둑리그·전자랜드배 왕중왕전·맥심커피배 입신최강 본선 2009년 BC카드배·맥심커피배 본선 2010년 지지옥션배 본선 2016년 한국기원총재배 시니어바둑리그 준우승 2016년 지지옥션배 본선 2017년 한중일 세계시니어바둑대회 본선 2018년 맥심배 본선 (상)기도문화상 신예기사상(1980) (저)'창작사활'(1998, 한국기원) '이렇게 좋은 수가'(1998, 한국기원) '묘수풀이1·2'(1999, 한국기원)

## 김수정(金水正) Soo-Jung Kim

(생)1950·7·31 (출)경남 진주 (주)서울특별시 강남구 선릉로 431 SK허브 1801호 (주)둘리나라(02-557-2151) (학)경상대 축산학과 자퇴, 인덕대학 애니메이션학과졸 (경)1975년 소년한국일보 신인만화공모 '폭우'로 만화가 등단 1984년 보물섬 4월호에 '둘리' 연재 시작 1995년 (주)둘리나라 설립·대표이사·이사(현) 1995년 우리나라 최초 만화둘리우표 발행 1996년 극장용 장편 애니메이션 '아기공룡 둘리' 총제작 감독 1997년 97 서울국제만화페스티벌(SICAF) 조직위원회 자문위원 1998년 남북어린이어깨동무 이사 2000년 한국만화가협회 회장 2001년 '작은악마 동동' 연재 2005~2010년 인덕대 만화영상애니메이션학과 부교수 2007년 '2009아기공룡둘리' 애니메이션 총감독 2014년 '아기공룡둘리 극장판' 연출 (상)문화체육부 좋은만화영화상 대상(1996), 한국영상대상 애니메이션상(1996), 만화문화대상(1996), 영화평론가상(1997) (작)'1남4녀 막순이' '오달자의 봄' '홍실이' '볼라볼라' '날자 고도리' '신인부부' '아기공룡 둘리' '쩔그렁 쩔그렁 요요' '미스터 점보' '자투리반의 덧니들' '천상천하' '미스터 제로' '아리아리 동동' '꼬마 인디언 레미요' '소금자 블루스' '귀여운 쪼꼬미' '일곱개의 숟가락' '크리스탈유' '티쳐X' 'B.S돌리' (종)불교

## 김수정(金秀貞·女) kim soojeong

(생)1969·5·10 (본)안동(安東) (출)부산 (주)서울특별시 송파구 법원로 101 서울동부지방법원(02-2204-2102) (학)1987년 부산 성모여고졸 1991년 서울대 사법학과졸 (경)1994년 사법시험 합격(36회) 1997년 사법연수원 수료(26기) 1997년 대구지법 판사 2001년 同김천지원 판사 2003년 대구지법 판사 2004년 의정부지법 고양지원 판사 2006년 대구지법 판사 2008년 대전지법 판사 2009년 대구고법 판사 2011년 대구지법 서부지원 판사 2012년 부산지법 부장판사 2014년 수원지법 부장판사 2016년 서울중앙지법 부장판사 2019년 서울동부지법 부장판사(현)

## 김수정(金秀貞·女)

(생)1975·11·16 (출)대구 달성 (주)서울특별시 서초구 강남대로 193 서울가정법원(02-2055-7086) (학)1994년 부산 성일여고졸 2000년 이화여대 법학과졸 (경)1999년 사법시험 합격(41회) 2002년 사법연수원 수료(31기) 2002년 법무법인 세종 변호사 2009년 대구고법 판사 2013년 서울가정법원 판사 2018년 同부장판사(휴직)(현)

## 김수정(金秀珽·女)

(생)1977·3·19 (출)부산 (주)경상남도 창원시 성산구 창이대로 681 창원지방법원 총무과(055-239-2009) (학)1996년 부산 혜화여고졸 2000년 서울대 법학과졸 (경)2001년 사법시험 합격(43회) 2004년 사법연수원 수료(33기) 2004년 서울중앙지법 예비판사 2006년 서울남부지법 판사 2008년 대구지법 판사 2014년 수원지법 성남지원 판사 2017년 서울고법 판사 2019년 창원지법 부장판사(현)

## 김수진(金洙鎭) KIM Soo Jin

(생)1939·1·15 (본)예안(禮安) (출)경북 영주 (주)서울특별시 관악구 관악로 1 서울대학교 지구환경과학부(02-880-5114) (학)1957년 중앙고졸 1961년 서울대 문리대 지질학과졸 1963년 同대학원졸 1971년 지질학박사(서울대) 1974년 광물학박사(독일 하이델베르크대) (경)1964년 서울대 문리과대학 강사 1966년 인하대 공대 조교수 1968~1975년 서울대 문리대 전임강사·조교수 1972년 독일 하이델베르크대 광물학연구소 연구원 1976년 서울대 자연과학대학 부교수 1981~2004년 同지질과학과 교수 1981~1983년 국무총리 정책자문위원 1983~1987년 한국과학재단 연구개발심의위원 1986~1992년 한국광물학회 회장 1990~1992년 서울대 광물연구소장 1991~1995년 한국자원연구소 이사 1991~1996년 대한광업진흥공사 이사 1994년 대한민국학술원 회원(광물학·현) 1994년 한국과학기술한림원 정회원(현) 1994~1997년 한국자연연구소 부이사장 1995~2005년 문화재청 문화재위원 2000~2008년 서울대 석조문화재보존과학연구회 회장 2004~2006년 자연유산보존협회 회장 2004년 서울대 지구환경과학부 명예교수(현) 2009~2012년 한국석면아카데미 원장 2012년 대한민국학술원 자연과학부 회장 (상)광산지질학회상(1975), 대한민국학술원상(1976), 외무부장관표창(1978), 운암지질학상, 국제응용광물학회 우수논문상(1996), 홍조근정훈장(2004) (저)'층상망간광상(영문)' '광물학원론' '광물과학' '한국의 광물종' (종)기독교

## 김수진(金秀珍·女) KIM Soo Jin

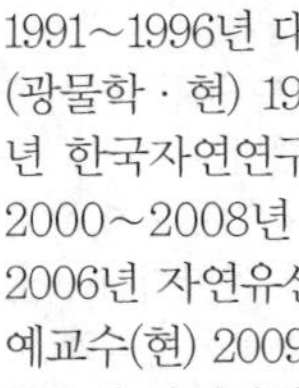

(생)1967·2·10 (본)김해(金海) (출)부산 (주)서울특별시 서초구 강남대로 212 보은빌딩 9층 김수진법률사무소(02-532-0280) (학)1986년 문현여고졸 1990년 고려대 법학과졸 1996년 同대학원 법학과졸 (경)1992년 사법시험 합격(34회) 1995년 사법연수원 수료(24기) 1995년 변호사 개업(현) 1996~1998년 부산여성정책자문위원회 자문위원 2000년 대통령직속 여성특별위원회 소송지원변호위원 2005년 한국방송공사(KBS) 방송자문변호사 2008년 소청심사위원회 비상임위원 2008년 법무부 보안관찰심의위원회 위원 2010년 서울시 인사위원회 위원 2013년 법무부 정책위원회 위원 2013년 법제처 법령심사위원회 위원 2014년 법무부 사면심사위원회 외부위원 2014년 산업통상자원부 광업조정위원회 위원(현) 2015~2016년 대한변호사협회 감사 2017년 同부협회장(현) 2017년

한국여성변호사회 부회장(현) 2017년 법무부 사법시험관리위원회 위원(현) 2017년 법조윤리협의회 위원(현) 2018년 방위사업청 자체평가위원회 위원(현) 2018년 국방부 방위사업추진위원회 위원(현) 2018년 (재)서울대발전기금 법률자문변호사(현) 2019년 대한변호사협회 여성특별위원회 부위원장(현) (저)'민사소송법' (종)기독교

**김수찬(金秀燦) KIM Soo Chan**

(생)1954·1·2 (본)청풍(淸風) (출)인천 (주)경기도 용인시 처인구 금학로 225 용인세브란스병원 피부과(031-331-8888) (학)1978년 연세대 의대졸 1981년 同대학원 의학석사 1987년 의학박사(연세대) (경)1986~1999년 연세대 의대 피부과학교실 전임강사·조교수·부교수 1998년 미국 존스홉킨스의대 피부과 리서치 펠로우 2000~2019년 연세대 의대 피부과학교실 교수 2001~2003년 대한피부과학회 홍보이사 2008~2011년 제22차 세계피부과학회 사무총장 2011년 강남세브란스병원 피부실장 2011~2013년 대한피부과학회 학술위원장 2013~2019년 강남세브란스병원 피부과장 2013~2015년 대한피부연구학회 이사장 2019년 용인세브란스병원 피부과 교수(현) (상)대한피부과학회 제24회 동아학술상(1998), 대한피부연구학회 제4회 우암학술상(2002) (저)'피부과학(共)'(2005, 여문각) (종)기독교

**김수찬(金守燦) KIM Soo Chan**

(생)1963·5·31 (출)경북 영주 (주)서울특별시 중구 청파로 463 한국경제신문 경영지원실 관리국(02-360-4114) (학)용문고졸 1988년 중앙대 영어영문학과졸 2003년 영국 카디프대 대학원 저널리즘과졸 (경)1988년 한국경제신문 입사 1988년 영어경제주간신문 The Korea Economic Weekly 기자 1997년 한국경제신문 편집국 국제부 기자 1999년 同편집국 유통부 기자 2001년 同편집국 사회부 기자 2002년 同편집국 사회부 차장대우 2008년 同편집국 사회부장 2009년 同편집국 오피니언부장 2010년 同전략기획국 기획부장 2014년 同전략기획국 기획부장 겸 디지털전략부장(부국장) 2017년 同경영지원실 관리국장(현)

**김수창(金壽昌) KIM Soo Chang**

(생)1955·3·15 (출)서울 (주)서울특별시 중구 세종대로 55 부영태평빌딩 25층 법무법인 양헌(02-397-9800) (학)1973년 경기고졸 1977년 고려대 법학과졸 1979년 同대학원 법학과졸 (경)1979년 사법시험 합격(21회) 1981년 사법연수원 수료(11기) 1981년 軍법무관 1984~2001년 법무법인 한미 변호사 1992년 대한상사중재원 중재위원(현) 2001년 법무법인 평산 대표변호사 2004년 하이닉스반도체 사외이사 2008년 법무법인 양헌 대표변호사(현)

**김수철(金秀哲) KIM Su Cheol**

(생)1957·2·21 (본)경주(慶州) (출)강원 화천 (주)강원도 춘천시 중앙로 1 강원도의회(033-256-8035) (학)1976년 화천실업고졸 2006년 한림성심대학 지방행정학과졸 (경)1993년 화천청년회의소 회장 2000년 '시·시조와 비평'에 신인상 수상으로 등단, 시인(현), 화천군체육회 감사·이사, 화천중 운영위원장, 한국방송공사(KBS) 화천군 통신원, 화천향토문화연구소 소장, 강원도시조시인협회 회원(현), 화천문화원 사무국장, 화천군번영회 이사 2002~2006년 강원도의회 의원(무소속), 同관광건설위원회 위원, 同예산결산특별위원회 위원장, 대한적십자사 용화봉사회 분과위원장 2006년 강원도의원선거 출마(무소속) 2010년 강원도의원선거 출마(민주당) 2014년 강원도의원선거 출마(새정치민주연합), 민주평통 자문위원(현) 2018년 강원도의회 의원(더불어민주당)(현) 2018년 同경제건설위원회 위원장(현) (저)'화천의 인구감소에 따른 문제점'(1992) '화천의 지명'(1998) '화천의 소리'(2001) (작)시 '가로등'(1994), '애연'(1994), '실연'(1994), '가로수'(1995), '이별'(1995), '가을'(1996), '강촌에서'(1997), '카페에서'(1997), '王道'(1998), '허수아비'(2000), '晩秋'(2000), '시인'(2000)', '갈대'(2000), '커피'(2000), '立春'(2000), '알아서 해요!'(2001), '이별'(2001)

**김수학(金洙學) KIM Soo Hak**

(생)1954·3·17 (본)김해(金海) (출)대구 (주)대구광역시 수성구 동대구로 351 법무빌딩 301호 법무법인 중원(053-214-7000) (학)1972년 경북고졸 1977년 서울대 법대 법학과졸, 同대학원 수료 (경)1977년 사법시험 합격(19회) 1979년 사법연수원 수료(9기) 1979년 육군 법무관 1982년 대구지법 김천지원 판사 1984년 대구지법 판사 1988년 대구고법 판사 1990년 대구지법 영덕지원장 1991년 대구고법 판사 1994년 대구지법 김천지원장 1996년 대구지법 부장판사 1998년 同포항지원장 2000년 대구지법 부장판사 2001년 대구고법 부장판사 2005년 대구지법 수석부장판사 2005년 대구고법 수석부장판사 2008년 울산지법원장 2009년 대구지법원장 2011~2012년 대구고법원장 2012년 법무법인 중원 고문변호사, 同대표변호사 2013~2017년 (주)대구방송 사외이사 2019년 법무법인 중원 고문변호사(현) (종)천주교

**김수한(金守漢) KIM Soo Han (一聲)**

(생)1928·8·20 (본)안동(安東) (출)대구 (주)서울특별시 영등포구 버드나루로 73 우성빌딩 자유한국당(02-6288-0200) (학)1944년 경북중 중퇴 1947년 대구중졸 1953년 영남대 법학과졸 2010년 명예 정치학박사(경남대) 2014년 명예 법학박사(영남대) (경)1959년 민권수호국민총연맹 조직부장 1960년 공명선거전국추진위원회 대변인 1961년 해운공사 감사역 1962년 민주당 정책위원장 1964년 對日굴욕외교반대투쟁위원회 대변인 1966년 신한당 대변인 1967년 제7대 국회의원(전국구, 신민당) 1969년 신민당 원내부총무 1970년 同대변인 1971년 제8대 국회의원(서울 영등포乙, 신민당) 1973년 제9대 국회의원(서울 관악, 신민당) 1979년 제10대 국회의원(서울 관악, 신민당) 1980년 신민당 서울시지부장 1985년 同부총재 1985년 제12대 국회의원(서울 관악, 신민당) 1985년 한·일의원연맹 부회장 1987년 통일민주당 창당준비위원회 부위원장 1988년 同중앙선거대책본부 부본부장 1989년 同중앙상무위원회 의장 1990년 민자당 당무위원 1990년 同관악乙지구당 위원장 1993년 한·일친선협회중앙회 회장 1994년 민자당 총재고문 1996년 제15대 국회의원(전국구, 신한국당·한나라당) 1996~1998년 국회의장 1998년 한나라당 상임고문 2007년 同상임고문단 의장 2007년 同국민승리위원회 위원장 2007년 同제17대 대통령선거 중앙선거대책위원회 상임고문 2010~2017년 (사)김영삼민주센터 이사장 2012~2017년 새누리당 상임고문 2012~2017년 同상임고문단 의장 2012년 同제18대 대통령선거 경선준비위원장 2017년 자유한국당 상임고문 겸 상임고문단 의장(현), 대한민국헌정회 원로회의장 (상)일본 훈1등욱일대수장, 국민훈장 무궁화장 (저)'이런 장관은 사표를 내라' '김수한 국회의장 수상과 연설문집' (종)기독교

**김수한(金壽漢) KIM Soo Han**

(생)1949·8·22 (출)전북 (주)광주광역시 서구 군분2로 8 광주새우리병원 제2척추진료부(062-603-8000) (학)1973년 전남대 의대졸 1978년 同대학원 의학석사 1985년 의학박사(전북대) (경)1981~1982년 원광대부속병원 신경외과 전문의 1982~2014년 전남대 의과대학 신경외과학교실 전임강사·조교수·부교수·교수 1987~1988년 일본 오사카시립대 의과대학 신경외과학교실 객원교수 1998~2004년 전남대병원 신경외과장 1999~2001년 대한척추신경외과학회 회장 2004~2007년 세계신경외과학회(WFNS)유치단 섭외위원장 2004~2009년 전남대 의과대학 신경외과학교실 주임교수 2011~2012년 대한신경외과학회 회장 2014년 광주새우리병원 제2척추진료부 원장(현) (상)대한신경외과학

회 이헌재 학술상(2000), 대한신경외과학회 최우수 포스터상(2004), 대한신경외과학회 이인수학술상(2008), 옥조근정훈장(2014) (저)'신경과학(I)(共)'(2007) '척추학(共)'(2008) '신경과학(II)(共)'(2009)

**김수현(金秀賢 · 女) KIM Soo Hyun**

(생)1943 · 3 · 10 (출)충북 청주 (학)1961년 청주여고졸 1965년 고려대 국어국문학과졸 (경)1961년 고려신문 단편소설공모 당선 1968년 MBC 개국 7주년기념 라디오드라마 극본현상공모 '저 눈밭에 사슴이' 당선 데뷔 1968년 드라마 작가(현) 1987년 한국방송작가협회 이사장 1995년 同고문 2007년 (주)삼화네트웍스 집필담당 이사(비상근)(현) 2008년 한국방송협회 '대한민국대표작가' 선정 2009년 명예 제주도민(현) 2010~2012년 대검찰청 검찰정책자문단 자문위원 (상)한국방송대상 극본상(1972), 한국방송대상 최우수작품상(1975), 한국백상예술대상 극본상(1980 · 1981 · 2001), 청룡상, 제18회 한국방송작가상 드라마부문(2005), 서울드라마페스티벌 올해의 대한민국 대표작가(2008), 백상예술대상 드라마 작품상(2008), 무지개인권상(2010), 자랑스러운 고대인상(2012), 은관문화훈장(2012) (작)방송극본 '신부일기'(1975) '새엄마' '사랑과 진실'(1984) '사랑과 야망'(1987) '사랑이 뭐길래'(1991) '어디로 가나'(1992) '두여자'(1992) '산다는 것은'(1993) '옛날 나 어릴적에'(1993) '결혼'(1993) '작별'(1994) '목욕탕집 남자들'(1995) '강남가족' '모래성' '배반의 장미' '미워도 다시 한번' '상처' '유혹'(1996) '아버지와 딸'(1997) '사랑하니까'(1997) '불꽃'(2000) '부모님 전상서'(2004) '엄마가 뿔났다'(2008) '인생은 아름다워'(2010) '천일의 약속'(2011) '아버지가 미안하다'(2012) '무자식 상팔자'(2012) '세 번 결혼하는 여자'(2013) '그래, 그런거야'(2016)

**김수현(金秀炫) KIM Su Hyun**

(생)1970 · 10 · 15 (출)서울 (주)서울특별시 양천구 신월로 390 서울남부지방검찰청 총무과(02-3219-4524) (학)1989년 관악고졸 1996년 서울대 철학과졸 (경)1998년 사법시험 합격(40회) 2001년 사법연수원 수료(30기) 2001년 서울지검 검사 2003년 춘천지검 속초지청 검사 2004년 대전지검 검사 2006년 캐나다 해외연수 2007년 부산지검 검사 2009년 법무부 상사법무과 검사 2011년 서울북부지검 검사 2014년 광주지검 검사 2015년 제주지검 부부장검사(금융위원회 파견) 2017년 서울중앙지검 총무부장 2018년 同부장검사 2019년 서울남부지검 부부장검사(현) 2019년 법무부 정책기획단장 겸임(현)

**김수형(金壽亨) KIM Soo Hyong**

(생)1956 · 12 · 11 (출)서울 (주)서울특별시 강남구 테헤란로 317 동훈타워 법무법인 대륙아주(02-563-2900) (학)1975년 경기고졸 1979년 서울대 법대졸 1986년 同법과대학원졸 2003년 同법과대학원 박사과정 수료 (경)1978년 사법시험 합격(20회) 1981년 사법연수원 수료(11기) 1981년 서울민사지법 판사 1983년 서울형사지법 판사 1985년 청주지법 판사 1987년 서울지법 동부지원 판사 1989년 서울민사지법 판사 1990년 미국 스탠퍼드대 로스쿨 Visiting Scholar 1991년 서울고법 판사 1993년 대법원 재판연구관 1998년 수원지법 평택지원장 1999년 서울지법 서부지원 부장판사 2000년 서울행정법원 부장판사 2002년 부산고법 부장판사 2004~2008년 서울고법 부장판사 2008~2018년 김앤장법률사무소 변호사 2018년 법무법인(유) 대륙아주 변호사(현) (종)기독교

**김수홍(金壽洪) KIM Soo Hong**

(생)1959 · 3 · 12 (주)경상남도 창원시 마산합포구 경남대학로 7 경남대학교(055-245-5000) (학)미국 캘리포니아주립대 수학, 한국무역협회 무역아카데미 글로벌물류비즈니스 최고경영자과정 수료 2009년 명예 경영학박사(경남대) (경)1999~2000년 AGRA International 한국지사장 2002년 대통령직속 에너지특별대사 상임자문위원 2002~2011년 AMEC Finance Asia 상임이사 · AMEC Partner Korea 대표이사 · AMEC Korea 대표이사 · AMEC Group Ltd. Korea Branch 대표이사 · AMEC 한국총괄대표 2005~2019년 인천대교(주) 대표이사 사장 2007년 인천세계도시축전조직위원회 상임자문위원 2007년 나눔과평화재단 설립 · 운영이사(현) 2007년 Engineering News Record에 '세계를 빛낸 올해의 뉴스메이커 25인' 선정 2009~2011년 인천유나이티드FC 이사 2009~2013년 인천시장학회 이사 2010년 경남대 석좌교수(현) 2010년 同한반도프로젝트개발연구소장(현) 2012년 대한변호사협회 지자체세금낭비조사특별위원회 상임자문위원 2014년 학교법인 심연학원 감사 2015년 학교법인 인천하늘교육재단 이사 2015년 駐韓우간다 명예영사(현) 2016년 IPMA Korea(국제프로젝트경영협회) 한국지사 부회장 2016년 GPI(글로벌프로젝트연구원) 부회장 2017년 한국공학한림원 회원(현), 세계프로젝트경영협회 전략기획위원(현) 2017년 대한적십자사 중앙위원(현), 경남도 도정혁신 새담 자문위원(현), 경남도 전략프로젝트기획위원회 위원장(현) (상)한 · 영 국회의원친선협회 공로상(2005), 영국 건설전문지 컨스트럭션 뉴스 선정 '경이로운 세계10대 건설상'(2005), 유로머니 베스트프로젝트 파이낸싱 부문상(2005), ENR 세계를 빛낸 올해의 건설 뉴스메이커 25인(2007), 은탑산업훈장(2009), 영국 국무부장관표창(2009), 동아TV 건설상(2009), 일본토목학회 다나까상(田中賞)(2010), 미국토목학회 선정 세계5대 우수건설프로젝트(2011), 매경미디어그룹 혁신부문 대한민국창조경제리더(2013), 대한민국지속가능경영대상 기획재정부장관표창(2013), 중앙일보 2013 대한민국 경제리더대상(2013), 한국경제신문 기업가정신부문 올해의 미래창조경영대상(2013), 동아일보 대한민국지속가능경영대상(2013), 한국의 영향력 있는 CEO 상생경영부문대상(2014), 중앙일보 선정 한국을 빛낸 창조경영인(2014), IPMA 세계최우수프로젝트상 최우수상(2015), 금탑산업훈장(2015), 세계프로젝트경영협회 올해의 프로젝트 경영자상(2015), 대한적십자사 유공장 최고명예장(2015)

**김수환(金洙奐) Kim Soo Hwan**

(생)1959 · 6 · 5 (본)김녕(金寧) (출)경남 의령 (주)충청북도 청주시 서원구 청남로 2065 청주교육대학교 수학교육과(043-299-0742) (학)1977년 진주고졸 1982년 서울대 수학교육학과졸 1992년 한국교원대 대학원 수학교육학과졸 1996년 교육학박사(한국교원대) (경)1982년 강남여중 교사 1986년 영등포고 교사 1992년 영등포여고 교사 1993년 한국교육개발원 연구원 1996년 청주교육대 수학교육과 교수(현) 2004년 同학생처장 2004년 한국수학교육학회 편집이사 2008~2012년 청주교육대 총장 2012년 한국수학교육학회 부회장 2013년 한국초등수학교육학회 부회장 2014년 同충북지부장 2014~2016년 한국수학교육학회 회장 (저)'7차 교육과정에 의한 초등수학교육'(共) '방송통신고등학교 공통수학, 수학 I'(共) '과학고등학교 수학Ⅲ'(共) (역)'초등수학 학습지도의 이해'(共)

**김수희(金秀熙)**

(생)1959 (주)대구광역시 수성구 무학로 227 대구지방경찰청 제2부장실(053-804-7033) (학)1978년 경북고졸 1987년 영남대 경제학과졸 2003년 경북대 대학원 행정학과졸 (경)1987년 경사 임관(특채) 1999~2007년 구미경찰서 수사과장(경정) · 포항북부경찰서 수사과장 · 경북지방경찰청 수사1계장 · 경북지방경찰청 강력계장 2007년 경북지방경찰청 수사과장(총경) 2008년 경북 고령경찰서장 2009년 대구지방경찰청 수사과장 2010년 경북 경주경찰서장 2011년 대구남부경찰서장 2012년 금융정보분석원 파견 2013년 경기 부천원미경찰서장 2014년 경기 안산상록경찰서장 2014년 경남지방경찰청 제2부장(경무관) 2015년 대구지방경찰청 제2부장 2017년 同제1부장 2018년 경북지방경찰청 제1부장 2019년 대구지방경찰청 제2부장(현)

## 김 숙(金 淑) KIM Sook

(생)1948·5·17 (출)전남 강진 (주)서울특별시 서초구 반포대로 138 양진빌딩 4층 법무법인 한백(02-596-5551) (학)1968년 광주제일고졸 1976년 서울대 법학과졸 (경)1977년 사법시험 합격(19회) 1979년 사법연수원 수료(9기) 1979년 청주지원 판사 1981년 수원지법 판사 1982년 서울지법 북부지원 판사 1984년 서울민사지법 판사 1986년 서울지법 동부지원 판사 1989년 춘천지법 속초지원장 1992년 대법원 재판연구관 1993년 대전지법 부장판사 1996년 인천지법 부장판사 1997년 서울지법 북부지원 부장판사 1998년 서울지법 부장판사 1999~2006년 변호사 개업 2001~2004년 국민고충처리위원회 위원 2006년 법무법인 한백 변호사(현) (상)국민훈장 동백장(2005) (종)불교

## 김 숙(金 塾) KIM Sook

(생)1952·9·19 (본)청양(靑陽) (출)인천 (주)서울특별시 종로구 새문안로 76 콘코디언빌딩 13층 국가기후환경회의(02-6744-0500) (학)1977년 서울대 사회학과졸 (경)1978년 외무고시 합격(12회) 1978년 외무부 입부 1981년 駐미국 2등서기관 1984년 대통령비서실 파견 1986년 駐인도 2등서기관 1991년 駐미국 1등서기관 1995년 외무부 북미1과장 1996년 駐샌프란시스코 副총영사 1999년 외교통상부 외무인사기획담당관 2000년 駐토론토 총영사 2003년 외교통상부 본부대사 2004~2006년 同북미국장 2006년 미국 스탠퍼드대 연수 2006년 외교통상부 한미관계비전 홍보대사 2007년 제주도 국제관계자문대사 2008년 외교통상부 한반도평화교섭본부장 겸 북핵6자회담 수석대표 2009~2011년 국가정보원 제1차장 2011~2013년 駐유엔 대사 2012년 유엔여성기구(UN Women) 집행이사회 의장 2014년 미국 스탠퍼드대 아태연구소 객원연구원 2019년 대통령직속 미세먼지해결을위한범국가기구 공동단장(현) 2019년 국가기후환경회의 전략기획위원장(현) (상)대통령표창, 황조근정훈장

## 김숙자(金淑子·女) KIM Sook Ja (海燕)

(생)1944·4·16 (본)개성(開城) (출)평북 신의주 (주)서울특별시 성북구 삼선교로16길 116 한성대학교 무용학과(02-760-4101) (학)1963년 덕성여고졸 1968년 수도여자사범대학 무용학과졸 1979년 세종대 대학원 무용학과졸 (경)1980·1983·1987년 창작무용 공연 1981~1989년 한성대 무용학과 조교수·부교수 1986년 서울아시안게임 문화예술축전 공연 1986년 한울무용단 예술감독(현) 1988년 서울국제무용제 공연 1988년 중요무형문화재 제27호(승무) 이수 1990~2009년 한성대 무용학과 교수 1991년 서울무용제 출연 1991년 서울·수원·대구·부산 등 김숙자창작춤 순회공연 1993년 러시아연방 해외공연 1994년 자연보호기금모금 김숙자창작춤 공연 1998~2000년 한성대 예술대학장 2003년 미국 캘리포니아 리버시아드극장 김숙자코리아댄스퍼포먼스 2005~2009년 한국무용사학회 부회장 2006~2009년 한영숙춤보존회 회장 2006년 카자흐스탄 김숙자한울코리아댄스퍼포먼스 2006~2009년 무용교육발전추진위원회 상임이사 2007·2008년 김숙자 링반데룽2 창작공연 '불면의 처' 2009년 무용교육발전추진위원회 상임고문 2009년 대한민국예술원 회원(무용·현) 2009년 한성대 명예교수(현) 2013년 한국춤문화자료원 자문위원·고문(현) 2014년 김숙자·최원서의 춤 '춤의여정 맥을 잇다' 공연 2014년 대한민국예술원 개원 60주년 '춤의 향연' 공연 2014·2015년 우리춤협회 '명작·명무전 Ⅳ' 공연 2017년 더춤연구원 이사장(현) 2017년 한국전통무용협회 자문위원(현) 2017년 대한민국예술원 '춤의 향연' 공연 (상)무용창작상(1969), 제2회 PAF예술상(2001), 교육부장관표창(2007), 환경부장관표창(2008), 한국문화예술교육진흥원 공로상(2009), 서울시문화상 무용부문(2013), 조택원춤예술상(2015) (종)기독교

## 김숙자(金淑子·女) KIM Sook Ja

(생)1944·7·6 (출)서울 (학)1966년 이화여대 법학과졸 1969년 同대학원졸 1983년 법학박사(연세대) (경)1983~1999년 한국가정법률상담소 부소장 1984~2009년 명지대 법과대학 법학과 교수 1992~2000년 한국여성정치연맹 부총재 1995년 명지대 여성·가족생활연구소장 1996년 同교수협의회장 1996년 중국 연변대 객좌교수 1997~2011년 한국가정복지정책연구소 소장 1999년 명지대 법학연구센터 소장 2000년 한국민사법학회 부회장 2001~2004년 명지대 법정대학장 2003~2004년 전국법과대학장협의회 회장 2006년 중국 북경대 여성연구소 초빙연구원 2007~2009년 명지대 사회교육대학원장 2008~2012년 법무부 변호사징계위원회 위원 2009~2010년 용문상담심리대학원대 부총장 2011~2019년 배화여대 총장(제8·9대) 2014년 서울지역전문대학총장회 회장 (상)국민훈장 목련장(1994), 한국여성단체협의회 '김활란 여성지도자상'(2014) (종)기독교

## 김숙진(金叔鎭)

(생)1931·1·31 (출)서울 (주)서울특별시 서초구 반포대로37길 59 대한민국예술원(02-3479-7224) (학)홍익대 서양화과졸, 同대학원 회화과졸 (경)1961~1967년 홍익대 미술대학 조교수 1968년 제18회 국전 서영화부문 심사위원 1974~1977년 세종대 미술대학 부교수 1992~1997년 강남대 미술대학 교수, 장인회·한국인물작가회·신미술회 회장, 대학민국미술전람회 운영위원 겸 심사위원 1994년 同예체능대학장, 한국미술문화진흥회 회원, 한국미술협회 고문(현) 2018년 대한민국예술원 회원(미술)(현) (상)문화공보부장관표창, 대한민국예술원상(2014) (작)'불상'(1973) '여인좌상'(1974) '무희'(2012) '휴식'(2014) 등

## 김숙진(金淑鎭·女)

(생)1970·10·13 (출)경북 문경 (주)서울특별시 강남구 개포로 617 수서경찰서(02-2155-9003) (학)1988년 문경여고졸 1993년 경찰대졸(9기) 2002년 동국대 경찰행정대학원졸 (경)1993년 경위 임관 1993년 서울 강남경찰서 방범과 경위 2001년 경감 승진 2008년 서울지방경찰청 기동단 여경기동대장(경정) 2009년 서울 강동경찰서 정보과장 2010년 서울 수서경찰서 정보과장 2012년 경찰청 여성청소년과 청소년담당계장 2014년 강원지방경찰청 여성청소년과장 2015년 총경 승진 2015년 강원 홍천경찰서장 2016년 경기북부지방경찰청 경무과장 2017년 경기 고양경찰서장 2017년 경찰청 경무담당관 2018년 同여성대상범죄근절추진단 부단장 2019년 서울 수서경찰서장(현) (상)장관표창(2010), 대통령표창(2012)

## 김숙현(金淑賢) KIM Sook Hyun

(생)1959·4·5 (주)울산광역시 동구 방어진순환도로 1000 현대중공업(주) 임원실(052-202-2364) (학)해동고졸, 부산대 기계학과졸 (경)현대중공업(주) 해양사업본부 상무보 2010년 同해양사업본부 상무 2014년 同해양사업본부 전무 2015년 同해양사업본부 대표(부사장) 2019년 同나스르(NASR) 프로젝트 대표(현) (상)건설교통부장관표창(2005)

## 김숙희(金淑喜·女) KIM Sook He

(생)1937·7·30 (본)광산(光山) (출)충남 천안 (주)서울특별시 마포구 마포대로 173 현대하이엘 427호 한국식품영양재단(02-702-7758) (학)1956년 이화여고졸 1960년 이화여대 가정학과졸 1962년 미국 Texas Womans Univ. 대학원 가정학과졸 1964년 이학박사(미국 Texas Womans Univ.) (경)1964년 미국 Johns Hopkins Univ. 연구원 1965~1973년 이화

여대 가정대 조교수·부교수 1971~1986년 同아시아식품영양연구소장 1973~1993·1995~2002년 同식품영양과 교수 1975년 미국 미네소타주립대 방문교수 1976년 대한YWCA연합회 명예이사(현) 1980년 대한가정학회 회장 1983~1989년 이화여대 가정대학장 1985~1989년 한국영양학회 회장 1986년 한국기독자교수협의회 회장 1989~2001년 세계영양학회 이사 1990년 한국식문화학회 회장 1990~2009년 미국영양학회 정회원 1991년 식생활문화학회 회장 1991년 대한YWCA연합회 부회장 1992년 同회장 1993~1995년 교육부 장관 1996~2007년 삼성언론재단 이사 1997~2003년 대한YWCA연합회 회장 1997~2001년 세계영양학회 부회장 1999~2003년 아시아영양학회 회장 2000~2014년 (재)한국식품영양재단 이사장 2001년 UN산하 WHO·FAO 세계열량권장량 공동설정위원 2002~2010년 호서대 특임교수 2002년 이화여대 명예교수(현) 2003~2010년 쌀사랑운동본부 본부장 2003~2009년 가정을건강하게하는시민의모임 이사장 2005~2008년 농림부 산하 농촌희망재단 이사장 2006년 유관순교육사업회 이사장(현) 2009년 대한노인회 고문 2009년 가정을건강하게하는시민의모임 명예이사장 2010~2013년 강남문화재단 이사장 2013년 천안국제웰빙식품엑스포 민간조직위원장 2014년 (재)한국식품영양재단 명예이사장(현) (상)청조근정훈장, 자랑스런이화인상, 한국로레알·유네스코 여성생명과학기술진흥상 공로상 (저)'영양원리와 식이요법' '지방영양' 수필집 '어떻게 무얼 먹지' '먹는 즐거움·먹는 두려움' '영양학' '식생활과 건강' '식생활의 문화적 이해' (역)'적응하는 인간' '유전자의 지혜' (종)기독교

## 김순견(金淳見) Kim Sun Gyeun

(생)1959·12·29 (본)의성(義城) (출)경북 포항 (학)1978년 포항제철공고졸 2000년 동국대 행정학과졸 2002년 연세대 행정대학원 행정학과졸 2010년 행정학박사(영남대) (경)1995년 포항지역발전협의회 이사 1995년 포항미래연구소 소장 1995~1998·2002~2006년 경북도의회 의원(무소속·한나라당), 同예산결산특별위원회 위원장 1997년 박태준 국회의원후보 선거대책본부장 2001~2002년 경북도체조협회 회장 2001년 연세대 행정대학원 총학생회장(64대) 2006~2010년 한나라당 경북도당 운영위원회 부위원장 2005년 위덕대 행정학과 외래교수 2005~2006년 한국노동조합총연맹 경북본부 자문위원 2008년 동국대 행정학과 겸임교수 2009~2014년 포항시축구협회 회장 2010~2018년 의성김씨경북종친회 회장 2010년 영남대 행정학과 외래교수 2010~2014년 (주)대광산기 부사장 2010~2013년 한나라당(새누리당) 중앙당 부대변인 2011~2012년 국제라이온스협회 경북포항 부총재 2012년 새누리당 제18대 박근혜 대통령후보 중앙선거대책위원회 조직총괄본부 지방분권위원장 2012~2013년 同중앙당청년위원회 자문위원장 2012~2013년 同포항남구·울릉군당원협의회 운영위원장 2014년 포항제철공고총동창회 회장 2014년 새누리당 김관용 경북도지사후보선거대책위원회 수석부위원장 2014~2016년 한국전력기술(주) 상임감사 2015년 대한산악연맹 포항시연맹 회장 2017년 경북도 정무실장 2018년 同경제부지사 2019년 포항희망경제포럼 원장(현) (저)'포항사람의 눈으로 미래를 봅니다'(2009, 삼우애드컴) '내일은 희망있다'(2015, 한결미디어) (종)불교

## 김순경(金順卿) Kim Soon Kyung

(생)1957·4·12 (주)강원도 원주시 배울로 85 대한석탄공사 사업본부(033-749-0607) (학)1977년 삼척공업고등전문학교 자원공학과졸 (경)1981년 대한석탄공사 입사 1997년 同장성광업소 철암생산부장 2001년 同안전감독팀장 2008년 同화순광업소 부소장 2009년 同도계광업소장 2011년 同장성광업소장 2012년 同사업본부장(상임이사)(현) (상)지식경제부장관표창(1999·2003)

## 김순권(金順權) KIM Soon Kwon

(생)1945·5·1 (출)울산 (주)경상북도 포항시 북구 흥해읍 한동로 558 한동대학교 올네이션스홀 4층(054-260-1111) (학)1965년 울산농고졸 1969년 경북대 농학과졸 1971년 고려대 대학원 수료 1972년 미국 일리노이대 대학원 수료 1974년 농학박사(미국 하와이대) (경)1971년 농촌진흥청 농업연구사보 1972년 미국 일리노이 Seed Foundation Inc. 연구원 1974년 농촌진흥청 옥수수육종 연구관 1976년 미국 하와이연구소 연구원 1979년 국제열대농업연구소(IITA) 옥수수육종 연구관 1987년 미국 하와이대 방문연구원 1987년 미국 아이오와주립대 방문연구원 1988~1995년 국제열대농업연구소 옥수수연구프로그램 책임연구관 1990년 농촌진흥청 해외명예연구관 1990년 미국 농학회 명예위원 1992~1995년 나이지리아옥수수협회 부회장 1992년 FAO Pan-Africa Striga 방제네트워크 지도위원 1992·1995년 노벨평화상 후보 1993년 IITA국제협의회 의장 1993~1995년 스웨덴 국제과학재단 자문위원 1995년 경북대 농과대학 석좌교수 1995~2001년 同국제농업연구소장 1995년 노벨생리학상 후보 1998년 국제옥수수재단 이사장(현), (주)닥터콘 대표(현) 1999년 대한적십자사 대북사업자문위원 2000년 '브리태니카연감'에 등재 2000년 경제정의실천시민연합 통일협회 이사 2000년 남북이산가족교류협의회 자문위원 2002년 경북대 농업생명과학대학 응용생명과학부 석좌교수 2010년 同명예교수(현) 2010년 한동대 석좌교수(현) (상)녹조근정훈장(1977), 대통령표창(1982), 벨기에국왕 국제농업연구대상(1986), 이탈리아 국제기술개발상(1986), KBS 해외동포상(1993), 아프리카국가연합 농업연구상(1995), 만해평화상(1998), 홍콩 아시아혁신상 은상(1998), 일본 도쿄 Creation Award(2000), 영국 IBC국제명예훈장(2003), 미국 국제작물육종가상(2003), 남양주다산문화제 실용과학부문다산대상(2008) (저)'검은대륙의 옥수수 추장'(1998) (작)'한국에 적응하는 옥수수 교잡종 육성(수원19호)' '아프리카에 적응하는 옥수수 품종 육성(100여 품종)' '서중부아프리카에 적응하는 옥수수 교잡종 육성' (종)기독교

## 김순덕(金順德·女) Kim Sun Duk

(생)1962·2·6 (출)서울 (주)서울특별시 종로구 청계천로 1 동아일보 임원실(02-2020-0114) (학)1984년 이화여대 영어영문학과졸 2001년 한양대 언론정보대학원 방송과졸 2005년 고려대 언론정보대학원 최고위과정 수료 (경)1983년 동아일보 입사 1984~1994년 同생활부·편집부·기획특집부·문화부 기자 1997년 同문화부 차장대우 1999년 同문화부 차장 1999년 同생활부 차장 2000년 同이슈부 차장 2002년 同논설위원 2007년 同편집국 부국장 2008~2010년 한국여기자협회 부회장 2008~2011년 동아일보 논설위원(부국장급) 2009년 한국연구재단 이사 2011년 동아일보 논설위원(국장급) 2013년 同논설위원실장 2017년 同논설주간(상무) 2019년 同대기자(전무)(현) (상)대한언론상 논설부문(2005), 최은희 여기자상(2006), 이화언론인상(2007), 한국참언론인대상 문화부문(2009), (사)청권사 효령상 언론부문(2013), 중앙언론문화상 신문·출판부문(2014) (종)가톨릭

## 김순례(金順禮·女) KIM SOONRYE

(생)1955·6·19 (출)서울 (주)서울특별시 영등포구 의사당대로 1 국회 의원회관 327호(02-784-2890) (학)1974년 무학여고졸 1978년 숙명여대 제약학과졸 2013년 약학박사(숙명여대) (경)2004~2009년 제15·16대 성남시약사회 회장 2010~2014년 경기 성남시의회 의원(비례대표, 한나라당·새누리당) 2013~2016년 대한약사회 여약사회장 2015~2018년 한국여성단체협의회 수석부회장 2015~2016년 민주평통 자문위원 2016년 제20대 국회의원(비례대표, 새누리당·자유한국당〈2017.2〉)(현) 2016년 국회 4차산업혁명포럼 정회원(현) 2016·2018년 국회 보건복지위원회 위원(현) 2016~2018년 국

회 여성가족위원회 위원 2016년 한국아동인구환경의원연맹(CPE) 이사(현) 2016~2017년 국회 남북관계개선특별위원회 위원 2016년 한·일의원연맹 간사(현) 2017년 자유한국당 소상공인특별위원회 위원 2017년 同재외동포특별위원회 수석부위원장 2017년 同재해대책특별위원회 부위원장 2017~2018년 同중앙여성위원회 위원장 2017년 BTN붓다회 자문위원(현) 2018년 자유한국당 원내부대표 겸 원내대변인 2018년 同미세먼지TF 위원 2018년 同경제파탄대책특별위원회 위원 2019년 同최고위원(현) (상)성남시장표창(1991), 경기도약사회장표창(1994), 경기도민상(1995), 경기도지사표창(1997), 대한약사회장표창(1998), 성남모범시민상(2005), 경기약사대상(2006), 전국여약사대상(2008), 성남시 공로패(2009), 올해의 숙명인상(2016), 국정감사 NGO 모니터단 국정감사 우수국감의원상(2016), 한국환경정보연구센터 국정감사 친환경 베스트 의원(2016), 대한약사회 약사금장(2017), 국정감사 NGO 모니터단 국정감사 국리민복상(2018), 법률소비자연맹 국회의원헌정대상(2019)

## 김순석(金淳錫) Kim, Soon Suk

(생)1959 (주)광주광역시 북구 용봉로 77 전남대학교 법학전문대학원(062-530-2262) (학)1982년 성균관대 법학과졸 1989년 同대학원 법학과졸 1995년 미국 서던메소디스트대 로스쿨졸(LL.M.) 1996년 미국 펜실베이니아대 로스쿨졸(LL.M.) 1998년 법학박사(성균관대) (경)1990년 Pillsbury Winthrop Shaw & Pittman 법률회사 근무 1996년 미국 뉴욕주 변호사(현) 2005년 전남대 법학전문대학원 교수(현) 2006·2011·2013년 사법시험 2차 상법 출제위원 2006~2007년 일본 와세다대 대학원 법무연구과 방문교수 2008년 입법고등고시 상법 출제위원 2008~2014년 공정거래위원회 규제개혁심의위원회 위원 2008년 대한상사중재원 중재인 2010년 한국상사법학회 부회장 2011~2014년 한국거래소 코스닥공시위원회 위원장 2012년 독일 프랑크푸르트대 법과대학 방문교수 2013년 한국비교사법학회 부회장(현) 2013~2015년 한국기업법학회 회장 2013년 기획재정부 과징금부과심의위원회 위원 2015년 한국상장회사협의회 자문위원 2015년 코스닥협회 자문위원 2017~2019년 한국증권법학회 회장 2017년 한국거래소 유가증권시장상장공시위원회 위원장 2018년 전남대 법학전문대학원장(현) 2019년 법학전문대학원협의회 이사장(현) 2019년 법무부 검찰총장후보추천위원회 위원 2019년 한국상사법학회 회장(현)

## 김순열(金淳烈)

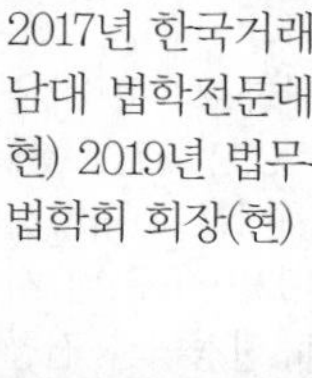

(생)1975·2·11 (출)전남 보성 (주)전라남도 순천시 왕지로 21 광주지방법원 순천지원(061-729-5114) (학)1993년 동신고졸 1997년 한양대 법학과졸 (경)1997년 사법시험 합격(39회) 2000년 사법연수원 수료(29기) 2000년 광주지검 법무관 2003년 부산지법 판사 2006년 광주지법 판사 2009년 수원지법 안산지원 판사 2012년 서울행정법원 판사 2013년 대법원 재판연구관 2015년 광주지법 장흥지원장 겸 광주가정법원 장흥지원장, 광주지법 해남지원·광주가정법원 해남지원 부장판사 겸임 2017년 광주지법 순천지원·광주가정법원 순천지원 부장판사(현)

## 김순은(金順殷) KIM Soon Eun

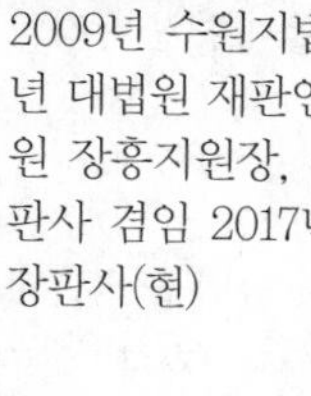

(생)1955·3·13 (출)강원 춘천 (주)서울특별시 종로구 세종대로 209 대통령소속 자치분권위원회(02-2100-2207) (학)1974년 춘천고졸 1979년 서울대 법학과졸 1985년 同대학원졸 1991년 행정학박사(미국 켄트주립대) (경)1989년 미국 Kent State Univ. 강사 1992~2012년 동의대 법정대학 행정학과 교수 1994년 부산정치학회 한국정치 및 지방자치분과 위원장 1995년 영국 Univ. of Cambridge 객원교수 1997년 한국지방자치학회 연구위원 1998년 영국 런던정경대 객원교수 1999년 한국지방자치학회 감사 1999년 동의대 지방자치연구소장 1999년 교육부 두뇌한국21사업단 심사위원 2000년 일본 와세다대 객원교수 2000년 한국지방정부학회 편집위원장 2001년 동의대 연구교류처장 2002·2006년 同대외협력처장 2005년 정부혁신지방분권위원회 전문위원 2008년 한국지방자치학회 회장 2008~2012년 동의대 부산다문화사회통합센터 소장·유학생상담실장 2009년 同기획처장 2010~2011년 한국지방정부학회 회장 2012~2019년 서울대 행정대학원 교수 2017년 행정안전부 자치분권전략회의 위원(현) 2018년 대통령소속 지방자치발전위원회 부위원장 2018~2019년 대통령소속 자치분권위원회 부위원장 2019년 대통령소속 자치분권위원회 위원장(현) (저)'북한의 정치와 사회'(1995) '21세기의 희망 여성정치의 희망'(1997) '신행정학원론'(2000) '21세기를 대비한 대도시 정치행정체제의 개혁'(2002) '바른한국의 비전과 체제'(2002) '지방분권과 지방정부의 혁신'(2003) '한국의 지방분권'(2003) '한국의 행정'(2005)

## 김순자(金順子·女) KIM Soon Ja

(생)1954·5·24 (출)인천 (주)경기도 부천시 오정로134번길 9-10 (주)한성식품 임원실(032-681-3830) (학)서울보건대학(現 을지대)졸 1991년 숭실대 중소기업대학원 수료 1998년 이화여대 대학원 여성경영자과정 수료 2000년 연세대 법무대학원 법무고위자과정 수료 2002년 고려대 언론대학원 최고위언론과정 수료 2002년 명예 식품공학박사(러시아 모스크바국립대) 2003년 고려대 대학원 식품산업최고경영자과정 수료 2017년 경제학박사(세종대) (경)1986년 (주)한성식품 창업·대표이사(현) 2000~2008년 연세대 법무대학원 총동문회 부회장 2002~2003년 국제로타리 제3640지구로타리클럽 회장 2002년 부천시탁구협회 회장 2002년 부천중부경찰서 행정발전위원 2002년 '생거진천' 신지식발전협회장 2003년 부천상공회의소 상임의원(현) 2003~2015년 부천시 경제자문위원 2003년 법무부 범죄예방위원 2003~2009년 (사)한국전통음식관광협회 부회장 2004년 법무부 범죄예방부천지역협의회 여성부회장 2004년 국회 문화관광산업연구회 특별회원 2005년 부천시 지식기반산업육성위원 2005년 러시아 모스크바국립대 객원교수, (사)부천사랑문화센터 이사장 2007년 농림부 선정 '김치 명인'(국내 최초) 2008~2010년 연세대 법무대학원 총동문회장 2009~2012년 세계김치협회 초대회장 2009년 (사)한국음식관광협회 고문 2012~2018년 (사)대한민국김치협회 회장 2012~2018년 고용노동부 국가기술자격 정책심의위원 2015년 군장대 석좌교수(현) (상)우수중소기업인상(1996), 장영실과학산업 금상(2000), 국무총리표창(2000), 과학발명유공자상(2000), 연세대 법무대학원 김치관련 최우수 논문상(2000), 특허청 신지식특허인 선정(2001), 철탑산업훈장(2002), 부천세무서 우수납세자상(2003), 한국전통음식중앙회 감사패(2003), 한국조리기능협회 감사장(2004), 문화관광부장관표창(2004·2007), 서산시장표창(2004), 2005국제요리경연대회 전통식품부문 금상(2005), 2005대한민국생산성대상 기술혁신부문 최우수상(2005), 농림부장관표창(2005), 한국인사조직학회 올해의여성경영인상(2006), 2007국제요리경연대회 전통식품부문 금상(2007), 은탑산업훈장(2008), 금탑산업훈장(2017)

## 김순한(金淳漢)

(생)1974·1·27 (출)경북 봉화 (주)서울특별시 서초구 서초중앙로 157 서울중앙지방법원(02-530-1114) (학)1992년 영주 중앙고졸 1997년 성균관대 법학과졸 (경)1996년 사법시험 합격(38회) 1999년 사법연수원 수료(28기) 1999년 육군 법무관 2002년 서울지법 북부지원 판사 2004년 서울중앙지법 판사 2006년 춘천지법 강릉지원 판사 2009년 인천지법 판사 2011년 서울중앙지법 판사 2012년 대법원 재판연구관 2014년 대구지법 부장판사 2016년 수원지법 안산지원 부장판사 2018년 서울중앙지법 부장판사(현)

## 김순호(金舜鎬)

(생)1962 · 12 · 7 (주)전라남도 구례군 구례읍 봉성로 1 구례군청 군수실(061-780-2201) (학)1982년 구례농고졸 1999년 한국방송통신대 행정학과졸, 순천대 경영행정대학원 행정학과 재학 중 (경)2013년 구례군 간전면장 2015년 同산동면장 2016년 同마산면장 2016년 同스포츠산업과장 2017년 더불어민주당 정책위원회 부의장 2017년 同행정발전특별위원회 위원장 2018년 전남 구례군수(더불어민주당)(현)

## 김순희(金順嬉 · 女) KIM Soon Hee

(생)1958 · 12 · 27 (출)강원 춘천 (주)충청북도 충주시 동량면 대미길 94 중원중학교 교장실(043-853-0037) (학)강릉여고졸, 강원대 체육학과졸, 同교육대학원 체육교육과졸 (경)양양여중 · 양양여고 · 정선여중 · 정선여고 · 춘천여고 · 춘천실업고 교사, 강원도교육청 사임당교육원 교육연구사 2006년 홍천교육청 평생교육담당 장학사 2007년 단재교육연수원 교육연구사 2008년 충청북도교육청 초등교육과 장학사 2010년 보은교육지원청 원감 2015년 충북 청주남성유치원 원장 2019년 충북 중원중 교장(현) (상)건전생활운동확산표창, 국민생활체육진흥공로표창, 전국체육대회지도자상, 무용지도교수연수 우수상

## 김승곤(金承坤)

(생)1972 · 6 · 24 (출)전북 장수 (주)경기도 여주시 현암로 21-12 수원지방법원 여주지원(031-880-7500) (학)1991년 관악고졸 1997년 서울대 법학과졸 (경)1996년 사법시험 합격(38회) 1999년 사법연수원 수료(28기) 1999년 대구지법 판사 2002년 인천지법 부천지원 판사 2006년 서울남부지법 판사 2009년 서울중앙지법 판사 2010년 특허법원 판사 2013년 대전지법 판사 2014년 대구지법 부장판사 2016년 대전지법 부장판사 2017년 수원지법 여주지원 부장판사(현)

## 김승관(金承寬) KIM Seung Kwan

(생)1951 · 8 · 10 (본)나주(羅州) (출)전남 무안 (주)서울특별시 구로구 공원로8길 24 (주)백제약품 비서실(02-2109-9401) (학)1978년 성균관대 철학과졸 (경)1989년 (주)백제에치칼약품 대표이사 사장 2001~2003년 학교법인 초당학원 이사, (주)백제약품 사장 2003년 同부회장(현) 2017년 양은숙복지재단 이사장(현)

## 김승규(金昇圭) KIM Seung Kyu

(생)1944 · 7 · 20 (출)전남 광양 (주)서울특별시 강남구 테헤란로87길 36 도심공항타워 15층 법무법인 로고스(02-2188-2801) (학)1964년 순천 매산고졸 1968년 서울대 법대졸 (경)1970년 사법시험 합격(12회) 1972년 사법연수원 수료(2기) 1972년 공군 법무관 1975년 광주지검 검사 1978년 同목포지청 검사 1980년 인천지검 검사 1983년 서울지검 검사 1985년 광주지검 해남지청장 1986년 제주지검 차장검사 1987년 광주지검 형사2부장 1988년 법무부 보호과장 1992년 서울지검 형사5부장 1993년 광주지검 목포지청장 1993년 서울지검 북부지청 차장검사 1994년 수원지검 차장검사 1995년 서울지검 남부지청장 1996년 서울고검 검사(형사부장) 1997년 대전고검 차장검사(검사장 승진) 1998년 대검찰청 감찰부장 1999년 수원지검 검사장 2000년 대검찰청 공판송무부장 2001년 광주고검장 2001년 법무부 차관 2001~2004년 (재)아가페(민영교도소 설립을 위한 법인) 이사 2002년 대검찰청 차장 2002년 부산고검장 2003~2004년 법무법인 로고스 대표변호사 2004~2005년 법무부 장관 2005~2006년 국가정보원 원장 2006년 법무법인 로고스 고문변호사(현) 2007년 (재)아가페전문위원회 이사(현), 할렐루야교회 장로(현) (상)홍조근정훈장(1996), 황조근정훈장(2002), 청조근정훈장(2007) (저)'효율적인 벌과금집행' (종)기독교

## 김승근(金承根) Kim, Seung-Keun

(생)1966 · 4 · 8 (출)경북 청송 (주)대구광역시 수성구 동대구로 330 대구일보 편집국(053-757-5700) (학)1985년 대구 영신고졸 1993년 한국외국어대 독일어과졸 2014년 대구대 대학원 지역사회개발학과졸 2019년 同대학원 도시학 박사과정 수료 (경)1996년 대구신문 입사 2012년 대구일보 입사 2013년 同편집국 사회1부장 2017년 同편집국 정치부장 2017년 한국기자협회 언론정책연구위원 2018년 대구일보 편집국 경제부장 2018년 同편집국장(현) (저)'90일간의 안데스 다이어리 – 미칠 것 같아 가봤다'(2012, 솔트커뮤니케이션) '비아헤 꼰띠'(2018, 보물섬) (종)가톨릭

## 김승기(金勝基) Kim Seung-ki

(생)1962 · 9 · 16 (주)서울특별시 영등포구 의사당대로 1 국회사무처 사무차장실(02-788-2313) (학)1981년 경북고졸 1986년 서울대 경제학과졸 1988년 同대학원 행정학과졸 2000년 미국 오리건대 대학원 경제학과졸 2003년 경제학박사(미국 오리건대) (경)1990년 입법고시 합격(10회) 1995년 국회사무처 재정경제위원회 입법조사관 1996년 同법제예산실 예산정책1과 서기관 1997년 同국회운영위원회 입법조사관, 국회예산정책처 예산정책3과장 2004년 同경제예산분석팀장 2005년 同경제예산분석팀장(부이사관) 2006년 국회사무처 재정경제위원회 입법조사관 2010년 同운영위원회 입법심의관 2010년 同보건복지위원회 전문위원(이사관) 2010~2011년 同정무위원회 전문위원 2011~2012년 同의정연수원장 2012~2013년 同국제국장 2013~2015년 同기획재정위원회 전문위원 2015~2017년 同보건복지위원회 수석전문위원(차관보급) 2017~2018년 同국토교통위원회 수석전문위원 2018~2019년 同운영위원회 수석전문위원 2019년 同사무차장(차관급)(현)

## 김승기(金承基) Kim, Seung-Ki

(생)1965 (주)서울특별시 종로구 대학로 101 서울대어린이병원 소아신경외과(02-2072-2714) (학)1990년 서울대 의대졸 1999년 同대학원 의학석사 2001년 의학박사(서울대) (경)1990~1991년 서울대병원 수련의 1991~1995년 同신경외과 전공의 1995~1998년 제주의료원 신경외과장(공보의) 1998~2001년 서울대병원 신경외과 전임의 2002~2004년 서울대어린이병원 소아신경외과 분과장 2004~2006년 Brigham & Women's Hospital 장기연수 2006~2011년 서울대어린이병원 소아신경외과 분과장 2006~2011년 서울대 의대 신경외과학교실 부교수 2011년 同의대 신경외과학교실 교수(현) 2013~2016년 서울대어린이병원 소아청소년뇌신경센터장 2016년 서울대병원 신경외과장(현)

## 김승기 KIM SEUNG GI

(생)1972 · 2 · 26 (주)경기도 안양시 동안구 평촌대로 389 안양체육관 1층 안양 KGC인삼공사(031-478-6600) (학)용산고졸, 중앙대졸 (경)1994년 삼성전자 입단 1999~2003년 삼보 엑서스 소속 2003~2005년 울산 모비스 피버스 소속 2005년 원주 동부 프로미 입단 2006년 同코치 2009~2015년 부산 KT 소닉붐 수석코치 2015년 안양 KGC인삼공사 수석코치 2015년 同감독 대행 2016년 同감독(현) 2017년 2016~2017 프로농구 정규리그 우승 · 챔피언 결정전 우승 (상)애니콜 프로농구 수비5걸상 · 우수수비상(2002), 2016~2017 KCC 프로농구 정규리그 감독상(2017)

**김승남(金勝男) KIM Seung Nam**

(생)1941·10·23 (본)광산(光山) (출)전남 화순 (주)서울특별시 영등포구 선유로 70 (주)조은시스템 비서실(02-2122-7501) (학)1963년 성균관대 경제학과졸 1975년 육군대학 75정규과정 수료 1978년 고려대 경영대학원 수료 1992년 同경영대학원 금융과정 수료 1995년 同언론대학원 언론과정 수료 1998년 同컴퓨터과학대학원 정보통신Wharton KMA CEO과정 수료 (경)1980년 61사단 179연대장 1983년 국방관리연구소 책임연구원 1984년 충북은행 안전관리실장 1991년 국제생명 이사 1994년 한신생명 상무이사 1994년 (주)조은시스템 대표이사 사장 1998년 (주)잡코리아 대표이사 사장 1999년 (주)조은시스템 대표이사 회장(현) 2001년 한국오리엔티어링연맹 회장 2008~2010년 국제피플투피플 한국본부 총재 2010~2018년 굿소사이어티 이사 2010~2019년 이파란재단 이사 2012~2016년 UN글로벌콤팩트 한국협회 부회장 2014~2017년 한국정책재단 이사 (상)충무무공훈장, 미국 동성훈장, 인헌무공훈장, 국무총리표창 (저)'고맙습니다'(2007) '좋은 성공'(2010) (종)기독교

**김승남(金承南) KIM SEUNG NAM**

(생)1965 · 10 · 6 (출)전남 고흥 (주)전라남도 무안군 삼향읍 후광대로 274 도청프라자 403호 더불어민주당 전남도당(061-287-1219) (학)전남고졸, 전남대 국어국문학과졸, 同행정대학원 행정학과졸 (경)1987년 전남대 총학생회장(6월 항쟁당시) 1987년 전국대학생대표자협의회 초대 부의장 1995년 민주당 원내총무실 전문위원 2007년 同국가전략연구소 부소장 2009년 同부대변인 2011년 광주테크노파크 기업지원단장 2012~2016년 제19대 국회의원(고흥 · 보성, 민주통합당 · 민주당 · 새정치민주연합 · 더불어민주당 · 국민의당 · 무소속) 2012년 민주통합당 수석사무부총장 2012년 국회 농림수산식품위원회 위원 2013년 국회 농림축산식품해양수산위원회 위원 2014년 민주당 · 새정치연합 신당추진단 총무조직위원 2014년 새정치민주연합 6.4지방선거 공직선거후보자추천관리위원회 위원 2014년 同원내부대표 2014~2015년 국회 지방자치발전특별위원회 위원 2014년 국회 운영위원회 위원 2014~2015년 새정치민주연합 정치혁신실천위원회 위원 2016년 국민의당 창당준비위원회 대외협력위원장 2016년 同원내대변인 2016~2018년 더불어민주당 전남도당 상임고문 2018년 同전남고흥군 · 보성군 · 장흥군 · 강진군지역위원회 위원장(현)

**김승덕(金勝德) KIM Seung Deog**

(생)1956·6·27 (본)광산(光山) (출)대구 (주)충청북도 제천시 세명로 65 세명대학교 건축공학과(043-649-1326) (학)1974년 대구 계성고졸 1982년 계명대 건축공학과졸 1986년 성균관대 대학원 건축공학과졸 1991년 공학박사(일본 도쿄대) (경)1991~1992년 일본 도쿄대 생산기술연구소 박사후연구원 1992~1993년 미국 Purdue대 항공우주공학과 객원연구원 1994~1995년 성균관대 과학기술연구소 특별연구원 1995~1996년 대한주택공사 주택연구소 책임연구원 1996~1997년 충북도 지방건설기술심의위원회 위원 1996~2010년 세명대 건축공학과 부교수 1998~2000년 충북도 건축위원회 위원 1998~2000년 한국전산구조공학회 편집위원회 위원 1999년 수양개선사유물전시관 현상공모작품 심사위원 1999년 제1회 충북건축문화상 심사위원 2000~2002년 충북도 건축위원회 위원 2000~2002년 대한주택공사 설계자문위원회 자문위원 2000년 APCS 2000(Asian Pacific Conference on Shell and Spatial Structures) 조직위원회 위원 2000년 제2회 충북건축상 심사위원 2001~2002년 대한건축학회 충북지회 평의원 2001년 국민체육진흥공단 자문위원 2001~2003년 한국쉘공간구조학회 총무이사·편집위원회 위원·재정위원회 간사 2001~2003년 한국시설안전기술공단 기술자문위원 2002년 경기도 지방건설기술심의위원회 심의위원 2002년 한국학술진흥재단 심사위원 2002~2004년 대한건축학회 논문편집위원회 상임심사위원 2003년 한국시설안전기술공단 정밀안전진단평가위원회 위원 2003~2005년 한국강구조학회 편집위원회 학술분과위원 2003~2005년 한국쉘공간구조학회 연구개발담당이사·스페이스프레임구조위원회 위원장 2003년 부산아시아드주경기장 자문위원회 위원 2003~2005년 한국시설안전기술공단 기술자문위원 2003년 'IASS 2003 at Taipei Taiwan' Invited Lecture 2004~2006년 환경관리공단 기술위원 2004년 제주월드컵경기장 자문위원 2004년 한국학술진흥재단 심사위원 2004~2006년 환경관리공단 환경기술평가 심의위원 2005~2007년 한국쉘공간구조학회 부회장 2005~2007년 한국시설안전기술공단 기술자문위원 2006~2009년 환경관리공단 기술위원 2006~2008년 대한건축학회 셸및공간구조분과 위원장 2006~2008년 한국건설기술연구원 심의위원 2006년 국제쉘공간구조학회 '국제학술회의 IASS 2012' 준비위원장 2007~2008·2011~2012년 청주지법 제천지원 조정위원 2007~2009년 한국공간구조학회 부회장 2007~2009년 한국시설안전기술공단 기술자문위원 2008~2014년 국제공간구조학회(IASS) 상임이사 2008년 한국건축구조기술사회 특별회원 2009년 환경관리공단 설계자문위원 2009~2011년 한국공간구조학회 부회장 2009년 단양군 설계자문위원회 위원 2009년 고척돔야구장건립 자문위원 2010년 세명대 건축공학과 교수(현) 2010년 'IASS 2010 at Shanghai China' Invited Speaker 2011~2013년 정밀점검및정밀안전진단평가위원회 위원 2011~2013년 한국공간구조학회 회장 2011년 중앙건축위원회 위원 2012년 Structural Engineers World Congress(SEWC) 이사 2012~2016년 한국공간구조학회 대의원 2013~2014년 청주지법 제천지원 조정위원 2014년 서울시 건설기술심의위원회 위원 (상)한국전산구조공학회 논문상(2000), 한국쉘공간구조학회 논문상(2006), 세명대 산학협력상(2012), 한국공간구조학회 우수논문상(2013), 세명대 교원업적평가 우수교원(2013), 세명대 교원업적평가 최우수교원(2014), 한국공간구조학회 학술상(2014) (저)'Shell構造의 理論 및 應用(共)'(1994) '유한요소법의 이해와 응용(共)'(1995) 'Space Frame구조물의 구조해석, 설계 및 시공(共)'(1995) '대공간 구조물의 해석 및 설계(共)'(1997) '쉘구조론(共)'(1998) '대공간구조의 설계와 시공(共)'(2006)

**김승두(金承斗) KIM Seung Doo**

(생)1960 · 3 · 1 (출)경남 마산 (주)서울특별시 종로구 율곡로2길 25 연합뉴스 편집국 사진부(02-398-3419) (학)1979년 마산 경상고졸 1983년 경남대 경제학과졸 (경)1984년 연합통신 입사 1995년 同사진부 차장대우 1997년 同사진부 차장 1998년 연합뉴스 사진부 차장 2000년 同사진부 부장대우 2003년 同사진부 부장급 2006년 同사진부장 2006년 同사진부장(부국장대우) 2008년 同편집국 비주얼뉴스 에디터(부국장) 2011년 同암만단기연수특파원(국장대우) 2012년 연합뉴스TV 시청자센터장 2012년 연합뉴스 기사심의실 기사심의위원 2013년 同콘텐츠평가실 콘텐츠평가위원 2014년 同사진부 기획위원 2015년 同콘텐츠총괄본부 콘텐츠편집부 대기자 2015년 同경기북부취재본부 대기자(국장대우) 2016년 同사진부 대기자(국장대우) 2017년 同사진부 대기자(국장급) 2018년 同사진부 대기자(이사대우)(현)

**김승렬(金承烈) KIM, Seung Ryull**

(생)1953 · 5 · 12 (출)광주 (주)경기도 안양시 동안구 시민대로 401 대륭테크노타운 15차 1004호 (주)에스코컨설턴트(031-467-4100) (학)1979년 한양대 공대 토목공학과졸 1987년 태국 아시아공과대(AIT) 대학원 공학과졸 1991년 공학박사(태국 AIT대) (경)1978~1994년 (주)대우엔지니어링 근무 1996년 (주)에스코컨설턴트 대표이사(현) 2007년 한국공학한림원 정회원 2010~2012년 (사)한국터널지하공간학회 회장, 대한토목학회 부회장, 한국지반공학회 부회장, 한국공학한림원 원로회원 (상)정진기언론문화상 기술부문(2004), 토목대상 기술부문(2010), 서울시장표창, 건설교통부장관표창(3회), 은탑산업훈장(2013) (저)'터널'(2004) '터널의 이론과 실무(共)'(2007) '건설시공학(共)'(2009) '압밀의 이론과 실제(共)'(2010)

## 김승룡(金承龍) Kim Seung Ryong (慧潭)

(생)1967·3·21 (본)김해(金海) (출)전북 익산 (주)경기도 남양주시 덕송3로 45 중앙119구조본부 수도권119특수구조대(031-570-2001) (학)1984년 원광고졸 1992년 한국외국어대 독어과졸 2002년 서울시립대 대학원 방재공학과졸 2009년 한양대 대학원 행정학 박사과정 수료 (경)1997년 소방공무원 임용(소방간부후보 9기) 1997년 서울시소방본부 예방과 근무 2000년 서울 송파소방서 소방행정과 행정팀장 2002년 서울 강남소방서 소방행정과 조사팀장 2002~2004년 행정자치부 소방혁신기획단 근무 2004~2006년 소방방재청 개청준비단·차장실 근무 2007~2009년 서울 마포소방서 예방과장 2009~2012년 소방방재청 소방정책국 예방대책계장·구급계장 2012년 전남도소방본부 119종합상황실장 2014년 전남 해남소방서장 2015~2016년 경기 파주소방서장 2016년 경기도소방학교 교수운영과장 2018년 경기 부천소방서장 2018년 소방청 중앙119구조본부 119구조상황실장 2018년 同중앙119구조본부 수도권119특수구조대장 2019년 同소방정책국 화재대응조사과장(현) (상)행정자치부장관표창(2002), 국무총리표창(2011)

## 김승만(金承萬) Kim Seung Man

(생)1967·9·20 (출)서울 (주)경기도 의정부시 송산로 1111-76 의정부교도소(031-850-1000) (학)1985년 재현고졸 1989년 한양대 사회학과졸 (경)1989년 교위 임용(교정간부 31기) 1994년 교감 승진 2002년 교정관 승진 2009년 법무부 교정기획과 서기관 2011년 서울구치소 부소장 2012년 충주구치소장 2012년 법무부 복지과장 2014년 천안교도소장 2015년 서울남부교도소장 2016년 전주교도소장(부이사관) 2017년 화성직업훈련교도소장 2018년 법무부 교정본부 보안과장(부이사관) 2019년 의정부교도소장(현)

## 김승민(金承民) KIM Seung Min

(생)1955·7·21 (출)서울 (주)서울특별시 서대문구 연세로 50-1 세브란스병원 신경과(02-2228-1604) (학)1979년 연세대 의대졸 1994년 고려대 대학원 의학석사 1998년 의학박사(고려대) (경)1979~1983년 연세의료원 인턴·내과 전공의 1983~1986년 육군軍의관 1986~2004년 연세대 의대 신경과학교실 전임강사·조교수·부교수 1990~1992년 同원주의대 신경과장 1992~1994년 미국 Mayo Clinic Research Fellow 2005년 연세대 의과대학 신경과학교실 교수(현), 대한근전도전기진단의학회 이사장, 대한임상신경생리학회 부회장, 말초신경근연구회 회장 2007~2011년 연세대 의과대학 신경과학교실 주임교수 2007~2011년 同세브란스병원 신경과장 2008~2010년 同뇌연구소장 2013년 대한신경과학회 이사장 2014·2016년 세브란스병원 뇌신경센터 소장(현) 2015년 연세대 의료원 세브란스아카데미 소장 (상)지석영 의학상

## 김승민 Kim Seung Min

(생)1969 (출)충북 옥천 (주)서울특별시 성북구 삼선교로16길 13 성북세무서(02-760-8241) (학)1987년 부천고졸 1995년 한양대 회계학과졸 (경)1995년 세무공무원 임용(7급 공채) 1995년 남인천세무서 소득세과 근무 1997년 북인천세무서 소득세과 근무 1998년 국세청 직세국 소득세과 근무 1999년 同개인납세국 소득세과 근무 2003년 서울지방국세청 조사4국 조사4과 근무 2004년 同조사2국 조사3과 근무 2006년 서울 종로세무서 조사과 근무 2007년 국세청 조사국 조사기획과 근무 2012년 중부지방국세청 조사1국 조사3과 세무주사 2012년 同조사1국 국제거래조사과 5팀장 직대 2012년 사무관 승진 2013년 국세청 징세법무국 법규과 근무 2014년 同청장실 근무 2016년 서기관 승진 2017년 국세청 청장실 정책보좌관 2017년 북인천세무서장 2018년 서울지방국세청 조사2국 조사2과장 2019년 서울 성북세무서장(현)

## 김승배(金升培) Kim Seung-bae

(생)1961·10·12 (출)경북 의성 (주)서울특별시 강남구 봉은사로 418 HS빌딩 4층 (주)피데스개발 임원실(02-567-7700) (학)1983년 서울대 건축학과졸 2004년 건국대 대학원 부동산학과 재학 중 (경)1983~2003년 (주)대우건설 주택사업담당 이사 2003년 주택주거문화연구소 소장 2004년 (주)주거사랑 대표이사 2005년 (주)피데스개발 대표이사 사장(현) 2009년 한국부동산개발협회 수석부회장(현) 2011년 대한주택건설협회 서울시회 부회장 2011년 (사)대한국토도시계획학회 이사 2012년 (사)건설주택포럼 부회장(현) (상)주택건설의 날 대통령표창(2011)

## 김승수(金承洙) KIM Seung-su

(생)1965·7·5 (출)경북 상주 (주)서울특별시 종로구 세종대로 209 대통령소속 자치분권위원회 자치분권기획단(02-2100-2258) (학)1983년 영신고졸 1987년 영남대 행정학과졸 2004년 미국 노스캐롤라이나주립대 행정학과졸 (경)1988년 행정고시 합격(32회) 2000년 행정자치부 교육훈련과 서기관 2004년 同경비구난과장 2005년 지방분권지원단 파견 2006년 행정자치부 지방행정본부 지방혁신관리팀장 2007년 同지방행정본부 지방혁신관리팀장(부이사관) 2007년 同자치행정팀장 2008년 駐영국대사관 파견, 대통령 기획비서관실 선임행정관 2013년 경북도 기획조정실장 2014년 안전행정부 창조정부조직실 창조정부기획관 2014년 행정자치부 창조정부조직실 창조정부기획관 2015~2018년 대구시 행정부시장 2018년 同시장 권한대행 2018년 대통령소속 자치분권위원회 자치분권기획단장(현)

## 김승수(金承洙) Kim Seungsu

(생)1969·3·13 (출)전북 정읍 (주)전라북도 전주시 완산구 노송광장로 10 전주시청 시장실(063-281-2001) (학)1987년 이리고졸 1996년 전북대 정치외교학과졸 2011년 同대학원 정치학과졸 (경)2004~2005년 전주시장 비서실장 2006~2007년 전북도지사 비서실장 2007~2009년 (사)전라북도자원봉사종합센터 이사 2007~2016년 전북대 초빙교수 2007~2009년 전북도 대외협력국장 2011~2013년 同정무부지사 2011~2013년 전북대 제34대 총동창회 부회장 2011~2013년 전북의제21추진협의회 공동대표 2011~2013년 전북도남북교류협력위원회 위원장 2011~2013년 전북도다문화가족지원협의체 위원장 2014~2018년 전북 전주시장(새정치민주연합·더불어민주당) 2014~2016년 전국혁신도시협의회 회장 2016~2018년 한국슬로시티시장·군수협의회 회장 2017~2018년 전국대도시시장협의회 부회장 2017~2018년 유니세프 아동친화도시추진지방정부협의회 부회장 2018년 아시아태평양도시관광진흥기구(TPO) 공동회장(현) 2018년 대통령직속 지역발전위원회 특별위원(현) 2018년 전북 전주시장(더불어민주당)(현) 2018년 전국사회연대경제지방정부협의회 사무총장(현) 2018년 행복실감지방정부협의회 상임회장(현) 2018년 민선7기 목민관클럽 공동대표(현) 2018년 도시재생협치포럼 공동대표(현) 2018년 전국책읽는도시협의회 초대회장(현) (저)'두근두근 전주36.5도'(2014)

## 김승억(金承億) Seung-Eock Kim

(생)1960·6·26 (출)서울 (주)서울특별시 광진구 능동로 209 세종대학교 공과대학 건설환경공학과(02-3408-3291) (학)1983년 연세대 토목공학과졸 1990년 한국과학기술원(KAIST) 토목공학과졸(석사) 1996년 토목공학박사(미국 퍼듀대) (경)1983~1993년 (주)대우엔지니어링 사원·대리·과장 1995~1996년 미국 퍼듀대 졸업조교 1996~1997년 연세대 산업기술연구소 선임연구원 겸 토목공학과 강사 1997년 세종대 공과대학 건설환경공학과 조교수·부교수·교수(현) 2000~2005년 국가지정연구실(NRL) 연구책임자 2002~2004년 한국전산구조공학회 이

사 2009~2011년 세종대 공과대학장 2011~2012년 同Vision2020 위원회 위원장 2011년 한국과학기술한림원 정회원(공학부·현) 2012~2016년 세종대 기획처장 2015~2018년 同工학부총장 2017~2018년 同행정부총장 겸임 (상)대우엔지니어링 공로상(1993), 대한토목학회 논문상(2001), 한국강구조학회 논문상(2002), 한국강구조학회 학술상(2003), 대한토목학회장표창(2004), 한국과학기술단체총연합회 우수논문상(2004), 대한토목학회 CIVILEXPO2009 우수논문상(2009), 대한토목학회 학술상·우수논문상(2012) (저)'LRFD Steel Design Using Advanced Analysis'(1997)

### 김승언(金承彦) KIM Seung Eon

(생)1974·2·4 (출)서울 (주)울산광역시 남구 법대로 45 울산지방검찰청 형사4부(052-228-4542) (학)1992년 경성고졸 2000년 한양대 법학과졸 (경)2001년 사법시험 합격(43회) 2004년 사법연수원 수료(33기) 2004년 창원지검 진주지청 검사 2006년 인천지검 검사 2008년 서울남부지검 검사 2011년 부산지검 검사, 서울중앙지검 검사 2017년 수원지검 검사 2018년 대검찰청 검찰연구관 2019년 서울서부지검 부부장검사 2019년 울산지검 형사4부장(현)

### 김승연(金昇淵) KIM Seung Youn

(생)1952·2·7 (본)순천(順天) (출)충남 천안 (주)서울특별시 중구 청계천로 86 한화빌딩 27층 한화그룹 회장실(02-729-1006) (학)경기고졸 1974년 미국 멘로대 경영학과졸 1976년 미국 드폴대 대학원 국제정치학과졸 1996년 명예 경영학박사(서강대) (경)1977~1978년 태평양건설 해외수주담당 이사 1978~1980년 同해외담당 사장 1980~1981년 한화그룹(舊 한국화약그룹) 관리본부장 1981년 同회장(현) 1982~1997년 대한아마추어복싱연맹 회장 1982~1998년 국제아마복싱연맹 부회장 겸 아세아지역 회장 1984~1993년 駐韓그리스 명예총영사 1985년 (주)한화이글스 구단주 1986년 한국능률협회 부회장 1986~1997년 아세아경기단체총연맹(GAASF) 회장 1990년 한미친선회 이사 1991년 전국경제인연합회 부회장(현) 1992~1998년 경향신문 회장 1993~1997년 대한체육회 부회장 1993~1997년 아테네은행 회장 1994년 유엔한국협회 이사 1995~2001년 한국품질환경인정협회 회장 1996~2000년 헝가리 한화은행 회장 1996년 한국경영자총협회 부회장 1997년 아세아경기단체총연맹 명예회장 1997~2003년 성공회대재단 이사장 1998년 한·이스라엘상공회 명예회장 2000년 한일경제협회 부회장 2000~2002년 한화석유화학(주) 회장 2001년 한미교류협회 창립·초대회장 2002~2003년 대통령 특사 겸 경제통상대사 2002~2005년 대한생명보험(주) 대표이사 회장 2003~2004년 국제협력교류대사 2004년 유엔(UN)산하 유엔평화대학 개발위원장 2005~2007년 (주)한화 대표이사 회장 2006년 유엔한국협회 회장 2006년 대한올림픽위원회 고문 2007년 駐韓그리스 명예총영사 2008~2014년 (주)한화 대표이사 회장 2008~2014년 한화건설 대표이사 회장 2008~2014년 한화L&C 대표이사 회장 2008~2014년 한화테크엠 대표이사 회장 2009~2014년 한화석유화학(주) 대표이사 회장 2009년 예술의전당 종신회원(현) 2009년 국제복싱발전재단(FBB) 초대 이사장(현) (상)철탑·금탑산업훈장, 그리스 피닉스대훈장, 체육훈장 백마장·맹호장·청룡장, 대한민국 체육상, 한국경영사학회 창업대상(2009), 백제문화제기여 감사패(2011) (종)성공회

### 김승열(金承烈) KIM Sung Youl

(생)1961·2·9 (출)경북 성주 (주)서울특별시 중구 세종대로 55 부영태평빌딩 20층 법무법인 양헌(02-595-2755) (학)1983년 서울대 법학과졸 1992년 미국 보스턴대 법과대학원 국제금융법학과졸 2011년 미국 노스웨스턴대 School of Law졸(LL. M.) 2011년 서울대 법학전문대학원 JSD Candidate (경)1982년 사법시험 합격(24회) 1984년 사법연수원 수료(14기) 1991년 미국 뉴욕주변호사시험 합격 1994~1995년 미국 New York 소재 Wharton & Garrison 법률사무소 근무 1994년 재무부 OECD 전문위원 1995년 대한상사중재원 중재인(현) 1998~2005년 한국자산관리공사 법률고문 1999~2000년 숙명여대 법학과 겸임교수 2001년 대한상사중재원 조정위원(현) 2001년 신뢰성분쟁조정위원회 조정위원(현) 2002년 홍익대 법무대학원 강사 2005~2009년 법무법인 삼영 대표변호사 2006년 사법연수원 외래교수 2006년 공무원연금급여심의위원회 위원 2007년 통신위원회 약관심사위원회 위원 2009~2010년 기획재정부 공기업경영평가원 평가위원 2009년 한국거래소 상장폐지실질심사위원회 위원 2009년 한국문예학술저작권협회 고문변호사(현) 2010~2012년 대한변호사협회 이사 2010년 지식경제부 에너지정책전문위원회 위원 2010~2014년 경기도 고문변호사 2010년 법무부 변호사시험 국제거래법문제유형연구위원 2010년 同사법시험 제3차시험 면접위원 2011년 同이민정책위원 2011년 법무법인 양헌 대표변호사(현) 2012~2016년 한국과학기술원 지식재산대학원 겸직교수 2012~2015년 감사원 행정심판위원 2014~2015년 한국예탁결제원 청렴옴부즈맨 2015~2016년 대한변호사협회 부회장 2015~2018년 경향신문 사외이사 2016년 대한특허변호사회 초대회장 2016년 한국중재학회 부회장(현) 2016~2018년 (사)대한중재인협회 부회장 2016년 한국증권법학회 부회장(현) 2016년 한국금융법학회 일반이사(현) 2016년 서울경제 골프매거진 '한국 10대 코스' 선정위원(현) 2017~2018년 대한중재인협회 수석부회장 겸 차기회장 (저)'한국의 논단'(2014) '법률의 눈으로 바라본 사회와 경제'(2014) '지식재산금융과 법제도'(2015) '기업법률분쟁과 조정·중재'(2015) '문화와 법의 해석'(2015) '금융법실무-자동차리스금융·할부금융'(2016) '법과 교육'(2016) '법과 금융'(2016) '법과 정보통신'(2016) '법과 지방자치'(2016) '법과 환경'(2016) '골프와 법'(2016)

### 김승오(金昇悟·女) Kim Seungoh

(생)1971·11·16 (주)대전광역시 서구 청사로 189 특허청 자원재생심사팀(042-481-3308) (학)1995년 한양대 섬유공학과졸 1997년 서울대 대학원 섬유고분자공학과졸 (경)1999년 변리사시험 합격(36회) 1999~2005년 특허법인 변리사 2005~2010년 특허청 섬유 및 전자상거래분야 특허심사 담당 2010~2014년 同지재권분야 FTA·미국 협력·IP5협력 담당 2014~2015년 同바이오분야 특허심사 2015년 同특허심판원 심판관 2017년 휴직 2019년 同자원재생심사팀 특허팀장(현)

### 김승옥(金承鈺) KIM Seung Ok

(생)1941·12·23 (본)경주(慶州) (출)일본 오사카 (주)서울특별시 용산구 소월로 109 남산도서관 5층 한국소설가협회 (학)순천고졸, 서울대 불어불문학과졸 (경)1962년 한국일보 신춘문예에 '생명연습'으로 소설가 등단, 소설가(현) 1967년 영화 '감자'로 감독 데뷔, 샘터사 편집장 겸 주간, 한국공연윤리위원회 윤리위원, 한국문인협회 회원, 한국크리스챤아카데미 근무, 세종대 인문과학대학 국어국문학과 교수, 한국소설가협회 회원(현) (상)동인문학상(1964), 대종상 각본상(1968), 이상문학상(1976), 순천문학상(2006), 대한민국예술원상 문학부문(2012), 은관문화훈장(2014) (저)'생명연습'(1962) '서울, 1964년 겨울'(1966) '김승옥 소설집'(1975) '60년대식'(1976) '강변부인'(1977) '무진기행'(1977) '내가 훔친 여름'(1980) '염소는 힘이 세다'(1980) '환상수첩'(1987) '다산성'(1987) '누이를 이해하기 위해서'(1991) '한밤중의 작은 풍경'(2004) '위험한 얼굴' 수필집 '싫을땐 싫다고 하라' 산문집 '내가 만난 하나님'(2007) 소설집 '가짜와 진짜'(2018, 보랏빛소) (역)'Mujin im Nebel' 'KOREANLSCHE LLTERATUR Ausgewahlte Erzahlungen' 'Voyage a Mujin' 'A la facon des annees soixante' 'LA SURPRODUCTIVITE' 'MIRCEA ELIADE' 'Antologia de la narrativa cotrana contemporanea' 'Les Grues' '韓國現代短篇小說選' 'Journey to Mujin' 'ORIENTIERUNGEN' 'CRNLE WRITERS SERIES' 'CEЗОН ΔОЖΔЕЙ' '半拉姑娘' 'Viaje a Muyin, ciudad de la niebla' 외 (종)기독교

**김승우(金承佑) KIM Seung Woo**

(생)1955·7·23 (출)부산 (주)대전광역시 유성구 대학로 291 한국과학기술원 기계항공공학부 기계공학과(042-350-3217) (학)1974년 서울고졸 1978년 서울대 기계설계학과졸 1980년 한국과학기술원 기계공학과졸 1984년 공학박사(영국 크랜필드대) (경)1984~1985년 한국과학기술원 기계공학과 선임연구원 1985~2015년 同기계공학과 조교수·부교수·교수 2001년 대한기계학회 석학위원(Fellow)(현) 2003년 한국광학회 석학위원(Fellow)(현) 2005~2011년 한국정밀공학회 부회장 2011~2012년 同회장 2012년 교육과학기술부 및 한국연구재단 선정 '2012년 국가과학자' - 펨토초(femto second : 펨토초는 1000조분의 1초)를 이용한 초정밀 계측 분야를 선도해온 공학자 2014년 한국공학한림원 정회원(현) 2015년 한국과학기술원 기계항공공학부 기계공학과 교수(현) (상)과학기술부 젊은과학자상(1998), 한국정밀공학회 가헌학술상(2000), 매일경제신문 정진기언론문화상(2004), 한국광학회논문상(2005), 이달(10월)의 과학기술자상(2009), 한국연구재단 우수성과상(2009·2011), 세계측정의날 측정과학상(2010), 경암학술상 공학부문(2011), 한국국가기술위원회 국가연구개발사업우수성과100선(2011), 한국광학회 성도광기술상(2012), KAIST 연구부문우수교원및연구성과10선포상(2016)

**김승우(金承禹) KIM Seung Woo**

(생)1961·10·15 (주)충청남도 아산시 신창면 순천향로 22 순천향대학교 스마트자동차학과(041-530-1369) (학)1987년 연세대 전자공학과졸 1989년 同대학원 공학과졸 1994년 공학박사(연세대) (경)1987년 대한전자공학회 정회원(현) 1988년 IEEE(The Institute of Electrical & Electronic Engineering) 정회원(현) 1989~1990년 삼성종합기술원 연구원 1990년 대한전기공학회 정회원, IFSA(International Fuzzy & System Association) 정회원(현) 1992년 일본 쓰쿠바대 로봇연구소 방문연구원 1992년 한국퍼지시스템학회 정회원(현) 1994년 제어자동화시스템공학회 정회원(현) 1994년 순천향대 전기전자공학과 전임강사·조교수·부교수, 同전자정보공학과 교수 1996~1998년 한국퍼지및지능시스템학회 교육이사 1998~1999년 미국 Case Western Reserve Univ. 방문교수 2000년 대한전자공학회 학술위원회 간사, 순천향대 기획처장 2013년 同경영부총장(현) 2013년 同SIR센터장(현) 2016년 同SCH미디어랩스학장 2016년 同PRIME대형사업단장(현) 2017년 同스마트자동차학과 교수(현) (상)ICASE Best Paper Award(2005)

**김승욱(金承煜) KIM Seung Woog**

(생)1965·2·7 (본)강릉(江陵) (출)경기 용인 (주)서울특별시 서초구 헌릉로 13 대한무역투자진흥공사 경영지원본부 인재경영실(02-3460-7030) (학)1983년 유신고졸 1990년 고려대 무역학과졸 2007년 핀란드 헬싱키경제대 대학원 경영학과졸 (경)1991년 대한무역투자진흥공사(KOTRA) 입사 1999년 同시장조사처 근무 2000년 同노동조합 파견 2001년 同외국인투자옴부즈만사무소 근무 2001년 同샌프란시스코무역관 근무 2005년 同인사팀 근무 2008년 同빈무역관장 2008년 同빈코리아비즈니스센터장 2012년 同총무팀장 2013년 同주력산업팀장 2013년 同전략마케팅본부 글로벌기업협력실 FTA사업팀장 2014년 同테헤란무역관장 2016년 同테헤란무역관장(처장) 2017년 同경제협력사업실장 2018년 同경제통상협력본부 경제협력실장 2019년 同인재경영실장(현)

**김승일(金承一) KIM Seung Il**

(생)1952·12·27 (출)경북 영주 (주)서울특별시 강남구 테헤란로 305 한국기술센터 15층 한국공학한림원(02-6009-4000) (학)경북고졸, 서울대 자동차공학과졸 (경)기아자동차(주) 승용설계3실장, 同P/T개발실장, 同LPM팀장, 同P/T개발센터담당 직대, 현대자동차(주) 승용디젤엔진개발실장(전무) 2004년 同설계센터장(부사장) 2006년 同차량개발2센터장 2007~2012년 기아자동차(주) 차량개발3센터장(수석부사장) 2008년 한국자동차공학회 회장 2009년 한국공학한림원 원로회원(현) 2012년 기아자동차(주) 제품개발담당 수석부사장, 同고문 2014년 한국델파이(Kdac) 사장 2015년 이래오토모티브시스템(주) 사장 2016년 同부회장 (상)동탑산업훈장(2011)

**김승일(金承逸) KIM Seung Il**

(생)1963·4 (출)서울 (주)경기도 과천시 코오롱로 11 (주)코오롱 임원실(02-3677-3114) (학)1981년 대일고졸 1985년 서울대 영어영문학과졸 1997년 미국 아메리칸대 국제대학원 수료 (경)1988년 한국일보 입사 1988~1997년 同편집국 사회부 경찰·법조출입기자 1998년 同사회부 기자 1999년 同정치부(외교) 기자 2001년 同국제부 기자 2001년 同워싱턴특파원(차장) 2004년 同워싱턴특파원(부장대우) 2005년 同국제부 부장대우 2006년 同사회부장 2007~2008년 同국제부장 2008년 (주)코오롱 홍보팀장(상무) 2010년 同브랜드커뮤니케이션실 상무 2012~2018년 同브랜드커뮤니케이션실 전무 2018년 (사)한미클럽 이사(현) 2019년 (주)코오롱 부사장(현) (상)한국마약퇴치대상 보도부문(1997)

**김승정(金承貞·女) Kim Seung-Jeong**

(생)1970·12·20 (출)전북 남원 (주)경기도 고양시 일산동구 장백로 209 의정부지방법원 고양지원 총무과(031-920-6112) (학)1988년 유일여고졸 1992년 성균관대 법학과졸 (경)1995년 사법시험 합격(37회) 1998년 사법연수원 수료(27기) 1998년 수원지법 예비판사 2000년 서울지법 판사 2002년 광주지법 판사 2005년 서울중앙지법 판사 2007년 서울서부지법 판사 2010년 서울고법 판사 2011년 대법원 재판연구관 2013년 전주지법 부장판사 2015년 인천지법 부천지원 부장판사 2017년 서울서부지법 부장판사 2019년 의정부지법 고양지원 부장판사(현)

**김승제(金勝濟) KIM Seung Jae**

(생)1952·1·23 (출)충남 서천 (주)서울특별시 양천구 오목로 325 대학빌딩 5층 (주)이스타코(02-2654-6812) (학)1977년 건국대 축산가공학과졸 2007년 한국방송통신대 경영학과졸 2008년 연세대 경영전문대학원 경영학과졸 (경)양천문화원 원장, 한국학원총연합회 부회장 1999년 (주)세진 대표이사 2001년 (주)스타코 대표이사, (주)스타코넷 대표이사 2002년 학교법인 국암학원(은광여고·은성중) 이사장(현) 2006년 (주)이스타코 대표이사(현) 2009~2011년 바르게살기운동중앙협의회 중앙회장 2014년 새누리당 서울구로구甲당원협의회 운영위원장 2016년 제20대 국회의원선거 출마(서울 구로구甲, 새누리당) 2017년 자유한국당 서울구로구甲당원협의회 운영위원장 2017년 同대외협력위원회 위원장 (상)산업자원부장관표창, 대통령표창(2006), 국민훈장 모란장(2007) (저)자전 에세이 '역경을 딛고 꿈과 희망으로'(2011) '희망의 그날'(2015)

**김승조(金丞兆) KIM Seung Jo (順山)**

(생)1934·11·19 (출)경북 예천 (주)경기도 성남시 분당구 돌마로 42 한국과학기술한림원(031-726-7900) (학)1954년 경기고졸 1960년 가톨릭대 의대졸 1962년 同대학원 의학석사 1969년 의학박사(가톨릭대) (경)1960~1964년 가톨릭대 성모병원 인턴·레지던트 1965~1975년 同의학부 산부인과학교실 전임강사·부교수 1967년 대한산부인과학회 사무국장 1969년 미국 존스홉킨스대병원 산부인과 연구원 1970년 미국 록펠러대 생물의학부 연구원 1972년 미국 포드재단연구기금 책임연구원 1973년 가톨릭대 의학부 산부인과학교실 주임교수 1975~1999년 同산부인과학교실 교수 1976년 국제보건기구 자연피임법자문

위원회 책임연구원 1984년 대한부인암학회 회장 1984년 대한자궁경부병리 및 질확대경학회 회장 1985년 세계산부인과학회 실행이사 1985년 대한산부인과학회 이사장 1986년 대한부인종양·콜포스코피학회 회장·명예회장(현) 1989~1992년 가톨릭중앙의료원 강남성모병원장 1993년 국제융모상피암학회 회장 1994년 가톨릭의과학연구원 원장 1995년 한국과학기술한림원 종신회원(현) 1998년 대한암학회 회장 1999년 대한암협회 부회장 2000년 분당차병원장 2002년 同의료원장 2006~2015년 同명예원장 2006년 국제융모성질환학회 회장 2009년 일본 산부인과학회 명예회원(현) (상)일본 산부인과학회 특별표창(2009) (저)'부인과학' '자궁암근치술' '여성암홈케어' '자궁암광범위 자궁적출술' '부인암' '자궁경부 확대촬영진' '자궁경부 촬영진' (종)기독교

## 김승조(金承祚) Seung Jo Kim (金蘭)

(생)1950·6·24 (본)선산(善山) (출)대구 (주)서울특별시 관악구 관악로 1 서울대학교 기계항공공학부(02-880-7388) (학)1969년 경복고졸 1973년 서울대 항공공학과졸 1981년 미국 텍사스대 오스틴교 대학원 항공우주공학과졸 1985년 항공우주공학박사(미국 텍사스대 오스틴교) (경)1973~1979년 국방과학연구소 선임연구원 1986~2011년 서울대 항공우주공학과 교수 1988~1992년 同공과대학 전자계산실장 1994~1997년 同기획실장 2004~2008년 한국산업응용수학회 회장 2005~2006년 한국복합재료학회 회장 2006~2013년 한국항공우주산업 항공기술교수자문단장 2007~2013년 Microsoft HPC(High Performance Computing) Institute 소장 2009년 한국항공우주학회 회장 2010년 미국항공우주학회(AIAA) Fellow(현) 2010년 교육과학기술부 정책자문위원회 부위원장 겸 대과학기술분과위원장 2011~2014년 한국항공우주연구원 원장 2014~2015년 국가과학기술자문회의 자문위원 2014~2015년 서울대 기계항공공학부 우주항공공학전공 교수 2015년 同기계항공공학부 명예교수(현) 2016~2019년 한국과학기술한림원 기획정책담당 부원장 (상)한국과학기술단체총연합회 우수논문상(1996·1998), 미국 Gordon Bell Prize(2001), Microsoft Leadership Award for Technical Computing(2007), 서울대 제1회 학술연구상(2008), 미국 텍사스대 자랑스런 동문상(2009), 과학기술훈장 혁신장(2013) (역)'항공기 어떻게 나는가?'(1983) (종)불교

## 김승종(金承鐘) KIM Seung Jong

(생)1945·1·18 (출)서울 (학)1965년 경남공고졸 1971년 연세대 교회음악과졸 1996년 同언론홍보대학원 신문방송학과졸 (경)1971년 중앙방송국 입사 1988년 한국방송공사(KBS) 예능국 쇼담당 차장 1991년 同예능제작국 부주간 1994년 同TV1국주간 1994년 同TV2국 주간 1997~1999년 同KBS홀 운영국장 1999년 同시청자국장 2000년 同시청자센터 시청자주간 2001년 同시청자센터장 2002~2003년 同편성본부장 2003~2006년 아리랑TV TV방송본부장 2006~2007년 부총리 겸 과학기술부장관 정책자문관 2012~2015년 한국방송공사(KBS) 감사 2013~2015년 한국방송협회 감사 2016~2019년 경기콘텐츠진흥원 이사장 (상)방송대상 대통령표창(1973)

## 김승종(金承鐘) Sean Seungjong KIM

(생)1970·3·10 (본)경주(慶州) (출)서울 (주)서울특별시 영등포구 63로 40 325호 TMG International(02-780-9208) (학)1990년 경복고졸 1993년 서강대 경영학과졸(학부 전체수석 및 조기졸업) 2000년 미국 펜실베이니아대 와튼스쿨졸(MBA) (경)1994~1998년 Accenture Korea (前 Andersen Consulting) 컨설턴트 2001~2002년 SK그룹 구조조정추진본부 In-House Consulting Team 컨설턴트 2002~2004년 Bain & Company Korea 컨설턴트 2005~2006년 (주)메트로신문 대표이사 사장 2006~2011년 콘페리인터내셔널 부사장 2011~2015년 同한국법인 대표이사 사장 2015년 TMG International 대표이사 사장(현) (상)헤럴드경제 대한민국CEO경영대상 무료신문부문(2005) (저)'Top MBA로 가는 길'(1998, 황금가지) (역)'신뢰의 기술'(2009) (종)기독교

## 김승준(金昇俊) KIM, Seung Joon

(생)1959·10·29 (본)의성(義城) (출)서울 (주)대전광역시 유성구 유성대로 1646 한남대학교 화학과(042-629-8820) (학)1978년 한성고졸 1985년 서울대 농화학과졸 1988년 同대학원 화학과졸(석사) 1993년 이학박사(미국 조지아대) (경)1993~1994년 미국 캘리포니아대 산타바바라교 Post-Doc. 1994~2003년 한남대 화학과 조교수·부교수 1999~2001년 同화학과장 2001~2002년 미국 버지니아공대 방문교수 2003년 한남대 화학과 교수(현) 2008년 대한화학회 대전충남지부장 2009년 同이사 2009년 同평의원(현) 2018년 한남대 생명·나노과학대학장(현) 2018년 同산업단지캠퍼스조성사업단장 겸 자연과학연구소장(현) (상)대한화학회 학술진보상(2016), 대한화학회 우수논문상(2017) (종)기독교

## 김승준(金承俊) Kim Seungjun

(생)1973·3·23 (출)경기 군포 (주)서울특별시 성동구 마장로 210 한국기원 홍보팀(02-3407-3800) (학)충암고졸 (경)1988년 프로바둑 입단 1990년 동양증권배 본선 1990년 2단 승단 1992년 3단 승단 1993년 동양증권배 본선 1994년 제17기 국기전 준우승 1995년 4단 승단 1996년 5단 승단 1996년 명인전·비씨카드배·연승바둑최강전·LG배 세계기왕전 본선 1998년 6단 승단 1999년 왕위전·명인전·기성전·국수전·천원전·패왕전·신인왕전·삼성화재배·LG배 세계기왕전 본선 2000년 7단 승단 2000년 LG정유배·명인전·기성전·국수전·천원전·춘란배 본선 2003년 농심신라면배 한국대표(우승) 2003년 8단 승단 2003년 KBS바둑왕전·LG정유배·박카스배 천원전·패왕전 본선 2004년 LG정유배·박카스배 천원전·한국바둑리그 본선 2005년 9단 승단(현) 2005년 원익배·기성전 본선 2006년 제3기 전자랜드배 왕중왕전 백호부 준우승 2007년 강원랜드배 명인전 본선 2007년 KB국민은행 바둑리그 출전 2008년 同바둑리그 출전 2008년 맥심커피배 입신최강·원익배 십단전·KBS바둑왕전 본선 2010년 광저우아시안게임 바둑국가대표팀 코치 2011년 비씨카드배·원익배 십단전 본선 2014년 백령배 본선 2016년 KBS바둑왕전 본선 (상)바둑문화상 신예기사상(1994) (종)기독교

## 김승진(金承塡) Seung Jin Kim

(생)1968·5 (주)서울특별시 서초구 헌릉로 12 현대자동차(주) 임원실(02-3464-1114) (학)서울대 국제경제학과졸, 경제학박사(미국 펜실베이니아대) (경)현대자동차(주) 경제분석실·자동차산업연구실담당 상무, 기아자동차 경영전략실장(전무), 현대자동차(주) 글로벌미래전략TFT장(전무) 2016년 同글로벌미래전략TF팀장(부사장) 2018년 同사업관리본부장(부사장)(현)

## 김승철(金承喆) KIM Seung Chul

(생)1951·6·2 (본)광산(光山) (출)광주 (주)서울특별시 마포구 상암산로 34 디지털큐브 10층 스포츠토토(02-6350-3870) (학)1970년 광주 사레지오고졸 1974년 성균관대 체육교육학과졸 1978년 同대학원 체육학과졸 1995년 스포츠심리학박사(국민대) (경)1980~2016년 성균관대 스포츠과학부 조교·전임강사·조교수·부교수·교수 1995~1997년 同체육대학장 1983~1984년 미국 Univ. of Califonia Berkely 객원교수 2001~2003년 한국스포츠심리학회 회장 2001~2010년 대한체육회 이사 2002~2003년 문화관광부 정책자문위원 2003년 2003티르비

시오동계유니버시아드대회 한국선수단장 2003~2012년 KT&G 복지재단 이사 2003년 민주평통 자문위원 2004~2007년 국민체육진흥공단 비상임선임이사 2005년 성균관대총동창회 부회장(현) 2006~2009년 대한육상경기연맹 부회장 2006~2008년 (사)한국올림픽성화회 회장 2008~2010년 (사)한국체육학회 회장 2008~2014년 체육인재육성재단 이사 2009~2016년 대한대학스포츠위원회(KUSB) 부위원장 2009~2014년 2014인천아시안게임조직위원회 경기위원장 2010년 대한아마추어복싱연맹 회장 직대 2011년 스포츠선진화포럼 상임대표(현) 2011년 (사)한국체육학회 고문(현) 2011~2016년 대한크리켓협회 회장 2013년 2013카잔하계유니버시아드대회 한국선수단장 2014~2015년 대한체육회 학교체육클럽스포츠지원위원장 2015년 2018평창동계올림픽조직위원회 위원(현) 2016년 대한체육회 회장자문위원(현) 2018년 스포츠토토 감사(현) (상)대한육상경기연맹 지도상(1983), 한국대학육상경기연맹 공로상(1985), 체육부장관표창(1986), 국무총리표창(1988), 한국대학육상경기연맹 지도상(1995), 성균관대총장표창(2000), 성균관대 교육업적우수상(2003), 대한체육회 공로상(2003), 부총리 겸 교육인적자원부장관표창(2006) (저)'스포츠 경쟁 불안'(1993) '스포츠심리학 핸드북'(2005) '코칭론'(2005) (종)천주교

## 김승철(金昇喆) KIM Seung Cheol

(생)1957·1·6 (본)부안(扶安) (출)서울 (주)서울특별시 양천구 안양천로 1071 이대목동병원 산부인과(02-2650-5587) (학)1975년 경기고졸 1982년 서울대 의대졸 1991년 同대학원졸 1994년 의학박사(서울대) (경)1982~1983년 서울대병원 인턴 1983~1986년 육군 군의관(대위 예편) 1986~1990년 서울대병원 산부인과 전문의과정 수료 1990~1991년 삼성제일병원 산부인과장 1991~1993년 충북대 의대 산부인과학교실 조교수 1993~2002년 이화여대 의대 산부인과학교실 조교수·부교수 1996~1998년 同의대 교학부장 2000~2001년 미국 Univ. of Iowa Hospitals and Clinics 부인암연구소 Research Fellow 2002년 이화여대 의대 산부인과학교실 교수(현) 2002년 同목동병원 산부인과장 2007~2009년 同의대 산부인과학교실 주임교수 2007~2009년 同목동병원 의무부장 2008년 同여성암전문병원 준비위원장 2009~2011년 同여성암전문병원장 2009년 同부인암센터장 겸임 2009년 미국 세계인명사전 'Marquis Who's Who in the World'에 등재 2009~2011년 이화여대 목동병원장 2011~2015년 同여성암전문병원 부인종양센터장 2012~2013년 이화여대의료원 이화융합의학연구원장 2012년 同여성암정복특성화연구센터장(현) 2015~2017년 이화여대 의료원장 겸 의무부총장 2016~2018년 서울 강서구 미라클메디특구협의회장 2016~2017년 대한병원협회 재무위원장 2017년 대한산부인과학회 이사장(현) (상)대한부인종양·콜포스코피학회 우수논문상, 일본 산부인과학회 회장상 국제부문, 대한비뇨산부인과학회 우수논문상, 대한산부인과학회 우수논문상(2014) (종)천주교

## 김승태(金勝泰) Steve, Kim

(생)1962·2·7 (주)경기도 성남시 분당구 판교역로 225-20 시공테크 사장실(02-3438-0041) (학)1985년 고려대 문과대학 독문학과졸 (경)2009~2014년 한국멀티미디어학회 부회장 2013년 (주)시공문화 대표이사(현) 2014~2017년 한국실내디자인학회 부회장 2016년 (주)시공테크 사장(현) (저)'BEYOND TIME SPACE 도전 창조 그 이상을 향해'(2012)

## 김승택(金承澤) KIM Seung Taik

(생)1953·8·31 (본)안동(安東) (출)경남 진해 (주)강원도 원주시 혁신로 60 건강보험심사평가원 원장실(033-739-2401) (학)1972년 경기고졸 1978년 서울대 의대졸 1981년 同대학원 의학석사 1988년 의학박사(서울대) (경)1979~1983년 서울대병원 내과 전공의 1983~1986년 육군 軍의관 1986~1988년 서울대병원 혈액종양내과 전임의 1987~1988년 서울대 의과대학 암연구소 특별연구원 1988~2010·2014~2017년 충북대 의과대학 내과학교실 전임강사·조교수·부교수·교수 1989~1991년 同의과대학장 1993~1994년 미국 워싱턴대 Senior Fellow 1999~2001년 충북대 의과대학장 2003~2006년 충북대병원장 2010~2014년 충북대 총장 2017년 건강보험심사평가원 원장(현) (상)대한혈액학회 우수논문상(1998·1999·2004), 한국BRM학술상(1999), 대통령표창(2010)

## 김승택(金承澤) KIM Seong Teak

(생)1963·9·11 (출)경기 파주 (주)세종특별자치시 시청대로 370 한국노동연구원 고용정책연구본부(044-287-6114) (학)1986년 연세대 경제학과졸 1988년 미국 일리노이대 어바나교 대학원 정치경제학과졸 1990년 미국 브라운대 대학원 경제학과졸 1997년 경제학박사(브라운대) (경)1997~2000년 산업연구원(KIET) 수석연구원 1998년 연세대 상경대학 강사 1999년 경희대 국제통상학부 강사 1999년 새정치국민회의 실업대책위원회 연구위원 1999년 중소기업기술경쟁력향상5개년계획전문분과위원 2000~2007년 한국노동연구원(KLI) 연구위원 2001년 과학기술부 과학기술기본계획 과학기술인력부문 위원 2002~2003년 보건복지부 국민연금발전위원회 재정분석전문위원회 위원 2003~2007년 한국태평양경제협력위원회(PECC) 인적자원개발분과 간사 2003년 과학기술정책연구원 연구과제 평가위원 2003년 국민연금연구원 연구과제 평가위원 2003년 정보통신연구진흥원 연구과제 평가위원 2005~2007년 기획재정부 중앙성과관리자문단 위원 2007년 한국노동연구원 선임연구위원 2007년 同국제협력실장 2008년 同사회정책연구본부장 2009년 同인적자원연구본부장 2012년 同연구관리본부장 2013년 성균관대 초빙교수 2016~2018년 한국노동연구원 부원장 2017~2018년 同원장 직무대행 2017년 한국노동경제학회 이사(현) 2017년 연세대총동문회 상임이사(현) 2017년 한국고용노사관계학회 부회장(현) 2018년 한국노동연구원 고용정책연구본부 선임연구위원(현) (저)'밀라노 프로젝트 개별사업의 평가 및 조정방안'(2000, 산업연구원) '종합인력개발기관의 육성방안 연구'(2001, 한국노동연구원) '근로자파견제도의 도입효과 평가 및 개선방안'(2002, 한국노동연구원) '민간인력서비스산업의 실태와 정책과제'(2003, 한국노동연구원) '노사관계의 안정 무엇이 문제인가?'(2003, 한국물가정보) '고용서비스선진화방안'(2004, 한국노동연구원) '공공·민간 직업안정기관 운영실태 및 개선과제'(2004, 한국노동연구원) '문화콘텐츠산업 인력구조 및 직무분석'(2004, 한국문화콘텐츠진흥원) '한·일 자유무역협정이 노동시장에 미치는 영향과 대응방안'(2004, 노동부) '노동시장 조기경보시스템 구축방안 연구'(2004, 노동부) '노동행정에 있어서 성과관리제도 도입방안'(2004, 노동부) '인력알선 및 인력공급서비스와 직업훈련서비스시장 개방에 대비한 대응방안 모색-WTO 서비스협상과 관련하여'(2004, 한국노동연구원) '자유무역협정(FTA) 추진으로 인한 노동관련 서비스 시장 개방 압력에 대한 대책 및 협상전략 연구'(2004, 노동부) 'FTA가 노동시장에 미치는 영향'(2004, 한국노동연구원) '교대근무제 개편과 교육훈련 강화 등을 통한 고용창출 및 노동생산성 제고방안'(2004, 한국노동연구원) '노동비용과 임금수준의 국제비교'(2005, 한국노동연구원) '고용서비스의 개선 방향은 무엇인가?'(2005, 한국노동연구원) '영화·TV 스탭진의 고용실태 및 관련제도 연구'(2005, 노동부) '국내근로자 공급사업 실태조사 및 제도 개선방안'(2005, 노동부) '가격제도의 비전과 발전 방안'(2005, 한국노동연구원) '주5일근무제의 비용과 편익'(2005, 국회도서관) '일자리 창출과 벤처·중소기업의 육성'(2005, 한국물가정보) 'IT전문인력 활용실태조사'(2005, 정보통신부) '노동시장조기경보시스템(EWS) 지표 개발연구'(2006, 한국노동연구원) '민간고용서비스 활성화를 위한 합리화 육성방안'(2006, 한국노동연구원) '한일 FTA체결에 따른 고용정책 차원의 대응방안'(2006, 한국노동연구원) '무역자유화가 노동시장의 미치는 영향 분석'(2006, 한국노동연구원) 외 다수

**김승표(金承杓) KIM Seung Pyo**

(생)1965 · 3 · 2 (본)김해(金海) (출)부산 (주)경기도 수원시 영통구 법조로 105 수원고등법원(031-639-1555) (학)1983년 부산고졸 1987년 서울대 법대졸 1989년 同대학원 법학과 수료 (경)1988년 사법시험 합격(30회) 1991년 사법연수원 수료(20기) 1994년 서울민사지법 판사 1996년 서울가정법원 판사 1998년 창원지법 판사 1999년 同마산지원 판사 2002년 서울고법 판사 2003년 대법원 재판연구관 2005년 서울중앙지법 판사 2006년 대전지법 서산지원장 2007년 대법원 재판연구관 2009년 인천지법 부장판사 2010년 서울동부지법 부장판사 2012년 서울중앙지법 부장판사 2014년 대전고법 청주재판부 부장판사 2016년 서울고법 부장판사 2018년 수원지법 수석부장판사 직대 2019년 서울고법 부장판사 2019년 수원고법 부장판사(현)

**김승학(金承學) KIM Seung Hak**

(생)1960 · 6 · 1 (본)김해(金海) (출)서울 (주)서울특별시 영등포구 의사당대로 1 국회사무처 방송제작과(02-788-3752) (학)1978년 서울 우신고졸 1985년 서울대 미학과졸 (경)1986~1996년 제일기획 · 삼성영상사업단 Q채널 차장 2000~2003년 한솔CSN 부장 2004년 국회사무처 방송제작담당관, 同방송제작과장(현)

**김승한(金承漢) KIM Sung Han**

(생)1956 · 10 · 6 (출)부산 (주)서울특별시 영등포구 은행로 3 익스콘벤처빌딩 11층 (주)한창제지 대표이사실(02-3774-5304) (학)1975년 부산고졸 1979년 성균관대 독어독문학과졸 1985년 미국 노트르담대 경영대학원졸 (경)1989~1991년 (주)한창 대표이사 사장 1991~1995년 同기획조정실 사장 1995년 한창그룹 부회장, 네오웨이브(주) 이사 2003년 한창그룹 회장 2005년 (주)한창제지 회장(현)

**김승현(金承賢) KIM SEUNGHYEON**

(생)1960 · 5 · 11 (본)김해(金海) (출)전남 목포 (주)서울특별시 영등포구 의사당대로 1 국회도서관 기획관리관실 총무담당관실(02-788-4105) (학)1977년 목포 문태고졸 1980년 한국방송통신대 행정학과졸 1987년 同법학과졸 1990년 한양대 대학원 행정학과졸 2014년 국방대 안전보장대학원 안보과정 수료 (경)1985년 국회사무처 공채(7급) 2010년 국회도서관 자료수집과 장서개발담당 2011년 同기획관리관실 서무의전담당 2012년 同법률정보실 법률정보총괄담당 2013~2014년 同법률정보실 법률정보개발과장 2015년 同의회정보실 경제사회정보과장 2017년 同기획관리관실 총무담당관(부이사관)(현) (상)국회도서관장표창(1993), 국회의장표창(2001), 근정포장(2012)

**김승협(金承協) KIM Seung Hyup**

(생)1954·5·17 (출)서울 (주)서울특별시 종로구 대학로 101 서울대학교병원 영상의학과(02-2072-3259) (학)1973년 경기고졸 1979년 서울대 의대졸 1982년 同대학원 의학석사 1988년 의학박사(서울대) (경)1979~1980년 서울대병원 인턴 1980~1983년 同진단방사선과 전공의 1983년 방사선과 전문의자격 취득 1983~1986년 군복무(제주의료원 방사선과 공중보건전문의) 1986년 한국보훈병원 방사선과 전문의 1987~1998년 서울대 의대 방사선과학교실 전임강사·조교수·부교수 1989년 미국 펜실베이니아주립대병원 방사선과 연수 1992~1995년 대한초음파의학회 편집위원 1993~1996·1999~2002년 대한방사선의학회 국제협력위원회 간사 1995~1998년 대한초음파의학회 총무이사 1996~2002년 대한방사선의학회 편집위원 1997~1999년 同무임소이사 1998년 서울대 의대 영상의학교실 교수(현) 1998년 서울대병원 진단방사선과 의무장 2001~2004년 아시아초음파의학회 이사 2002~2004년 서울대 의과대학 학생부학장 2004년 대한민국의학한림원 정회원(현) 2007년 미국초음파의학회 명예회원(현) 2007~2010년 대한초음파의학회 이사장 2008~2009년 대한비뇨생식기영상의학회 회장 2008~2010년 서울대 의대 영상의학교실 주임교수 및 서울대병원 영상의학과장 2009~2013년 세계초음파의학회 이사 2010~2013년 서울대병원 진료부원장 2011~2012년 대한초음파의학회 회장 2012~2014년 아시아초음파의학회 회장 2013~2015년 세계초음파의학회 부회장 2015년 대한영상의학회 회장 2015~2017년 세계초음파의학회 총무이사 2016년 스위스영상의학회 명예회원(현) 2016년 프랑스영상의학회 명예회원(현) 2017~2019년 아시아복부영상의학회 회장 2019년 세계초음파의학회 회장(현) (상)대한초음파의학회 학술상 장려상(1989), 서울대병원 해외학술지게재 우수논문포상(1991·1995·1997·1998), 대한방사선의학회 우수해외논문저작상(1991), 대한초음파의학회 최우수전시상(1992), 대한초음파의학회 우수해외논문저작상(1992·1995), 대한방사선의학회 학술상 최우수상(1993), Society of Uroradiology Best Poster Award(2001), 대한의사협회 동아의료저작상(2005), 보건복지부장관표창(2009) (저)'Radiology Illustrated : Uroradiology(共)'(2003) 'Radiology Illustrated : Gynecologic Imaging(共)'(2005) '비뇨생식기영상진단 : 비뇨기영상(編)'(2009) '비뇨생식기영상진단 : 부인과영상(編)'(2009) '비뇨생식기영상진단 : 산과영상(編)'(2009) 'Radiology Illustrated : Uroradiology(2nd ed)'(2011)

**김승호(金昇浩) KIM Seung Ho (中甫)**

(생)1932 · 1 · 6 (출)충남 보령 (주)서울특별시 종로구 창경궁로 136 보령그룹 회장실(02-708-8100) (학)1950년 승문고졸 1965년 국학대 상학과졸 1966년 고려대 경영대학원졸 1991년 명예 경영학박사(중앙대) 2003년 명예 약학박사(충남대) 2007년 명예 의학박사(강원대) (경)한국종균협회 회장, 한국생명공학연구조합 이사장 1957년 보령약국 창업 1963~1975년 보령약품(주) 사장 1963~1991년 보령제약 대표이사 1977년 보령장업(주) 대표이사 1985년 한국제약협회 수석부회장 1986년 한국의약품수출입협회 이사 1987년 의약품성실신고회원조합 조합장 1987년 한국제약협회 부회장 1989년 세계大衆藥협회(WFPMM) 회장 1991년 한국제약협회 회장 1991년 보령그룹 회장(현) 1996년 한국생명공학연구조합 이사장 2004년 한국전문경영인학회 이사장 2008년 보령중보재단 이사장(현) 2009년 일본 타무라과학기술진흥재단 이사 2013년 同평의원(현) (상)은탑산업훈장, 대통령표창, 국민훈장 모란장, 의약품 100만불수출탑, 프랑스 은장수훈, 한국능률협회 한국의 경영자상(2000), 다산경영상, 한국경영사학회 창업대상, 국민훈장 목련장, 자랑스러운 한국인 대상 의약품개발부문(2007), 한국바이오협회 공로패(2009), 기업경영대상(2010), 제42회 보건의날 국민훈장 무궁화장(2014) (저)'기회는 기다리지 않는다'(2000) '끝은 생각하지도 마'(2007) 'My dream, Healthy society'(2011) (종)불교

**김승호(金承鎬) KIM Seung Ho**

(생)1943 · 2 · 5 (본)경주(慶州) (출)함남 함흥 (주)충청남도 천안시 동남구 신부7길 12 수석빌딩 법무법인 서도(041-554-3333) (학)1962년 경남고졸 1966년 서울대 법대졸 1970년 同대학원 수료 (경)1968년 사법시험 합격(9회) 1970년 軍법무관 1973년 대구지검 검사 1975년 부산지검 검사 1978년 광주지검 장흥지청 검사 1980년 청주지검 검사 1982년 수원지검 성남지청 검사 1983년 서울지검 영등포지청 검사 1985년 대구고검 검사 1986년 춘천지검 강릉지청 검사 1987년 부산지검 공판부 부장검사 1988년 同형사2부 부장검사 1988년 서울고검 검사 1989년 서울지검 의정부지청 부장검사 1991년 서울지검 송무부 부장검사 1992년 춘천지검 차장검사 1993년 창원지검 차장검사 1993년 대전지검 천안지청장 1995년 변호사 개업 2002년 아산시 고문변호사 2002년 법무법인 서도 대표변호사 2013년 同변호사(현) (종)불교

### 김승호(金承鎬) KIM Seung Ho

(생)1961 · 1 · 14 (주)서울특별시 서초구 헌릉로 13 대한무역투자진흥공사 투자유치실(02-3460-7032) (학)1985년 고려대 무역학과졸 1987년 同대학원 무역학과졸 (경)1971년 대한무역투자진흥공사(KOTRA) 입사 1991년 同구아부 근무 1992년 同지역조사부 근무 1993년 同기획관리처 근무 1996년 同도쿄무역관 근무 1999년 同마케팅지원처 근무 2000년 同구아중동팀 근무 2002년 同인도 뉴델리무역관 근무 2006년 同기획조정실 부장 2007년 同기획조정실 차장 2007년 중소기업특별위원회 파견 2008년 대한무역투자진흥공사 기획조정실 부장 2009년 同시카고무역관 수출인큐베이터운영팀장 2011년 同온라인마케팅팀장 2012년 同금융산업유치팀장 2014년 同부다페스트무역관장 2017년 同투자유치실장 2018~2019년 同감사실장 2019년 同투자유치실 실장급(현)

### 김승호(金勝鎬) KIM Seung Ho

(생)1962 · 8 · 12 (출)전북 이리 (주)세종특별자치시 한누리대로 402 산업통상자원부 신통상질서전략실(044-203-5900) (학)전북 대성고졸 1986년 서울대 외교학과졸 1993년 미국 델라웨어대 대학원 국제관계학졸 (경)1984년 외무고시 합격(18회) 1986년 외무부 입부 1997년 駐OECD대표부 1등서기관 2002년 외교통상부 구주통상과장 2003년 駐EU대표부 참사관 2004~2007년 駐제네바대표부 참사관 2006년 세계무역기구(WTO) 세이프가드(Safeguard, 긴급수입제한조치)위원회 의장 2007년 대통령비서실 파견 2008년 외교통상부 에너지자원협력과장 2008년 同지역통상국 심의관 2009년 駐벨기에 유럽연합공사 2013년 외교부 양자경제외교국장 2015~2018년 駐이란 대사 2019년 산업통상자원부 신통상질서전략실장(현)

### 김승호(金勝鎬) KIM, Seung Ho

(생)1963 · 2 · 1 (본)경주(慶州) (출)강원 원주 (주)서울특별시 송파구 올림픽로 424 대한체육회 사무총장실(02-423-5508) (학)원주고졸, 한양대 행정학과졸, 미국 인디애나대 대학원 행정학과졸 (경)1984년 행정고시 합격(28회) 2004년 중앙인사위원회 인사정책국 심사임용과장 2004년 同인사정책국 정책총괄과장 2005년 국외훈련 파견(부이사관) 2007년 대통령비서실 파견(고위공무원) 2008년 중앙공무원교육원 교수(파견) 2008년 駐미국대사관 주재관 2010년 행정안전부 인사실 인력개발관 2011년 同인사기획관 2013~2014년 안전행정부 인사실장 2014년 인사혁신처 차장(고위공무원) 2015년 대통령 인사수석비서관실 인사혁신비서관 2016~2018년 인사혁신처 소청심사위원회 위원장(차관급) 2019년 대한체육회 사무총장(현) (상)대통령표창(2002), 근정포장(2003) (종)천주교

### 김승환(金承煥) KIM Seung Hwan

(생)1953 · 12 · 26 (본)영광(靈光) (출)전남 장흥 (주)전라북도 전주시 완산구 홍산로 111 전라북도교육청 교육감실(063-239-3100) (학)1972년 광주상고졸 1976년 건국대 행정학과졸 1984년 고려대 대학원 법학과졸 1987년 법학박사(고려대) (경)1984~2001년 한일법과사회연구회 간사 1986년 고려대 법과대학 시간강사 · 법학연구소 연구원 1987년 충북대 사회과학대학 시간강사 1987~2010년 전북대 법과대학 법학과 교수 1996~1997년 독일 트리어대 법대 객원교수 1998~2010년 전북평화와인권연대 공동대표 1999~2010년 전북지방노동위원회 심판담당 공익위원 1999~2002년 전주인권영화제 조직위원장 2004~2006년 전북지역혁신연구회 회장 2006~2008년 대통령소속 군의문사진상규명위원회 위원 2006~2009년 KBS 전주방송총국 '포커스 전북21' 진행 2007년 전북대 로스쿨설치추진단장 2008~2009년 한국헌법학회 회장 2009~2010년 전북대 법학전문대학원 교수, 제9회 전주인권영화제조직위원회 위원장, 전주항소법원설치추진위원회 공동대표, 교육개혁과교육자치를위한시민연대 집행위원 2010 · 2014 · 2018년 전라북도 교육감(현) (저)'신헌법-기본이론 및 객관식문제'(1998, 두성사) '김승환의 듣기여행'(2014, 휴먼앤북스) '눈보라 친 뒤에 소나무 돌아보니'(2016, 휴먼앤북스) '교육감은 독서중 – 김승환과 함께 읽는 84권의 책'(2016, 모악) '헌법의 귀환 – 김승환 교육감이 들려주는 헌법이야기'(2017, 휴먼앤북스) (역)'현대헌법재판론(共)'(1989, 법문사) (종)기독교

### 김승환(金昇煥) KIM Seung Hwan

(생)1954 · 9 · 30 (출)충남 공주 (주)충청북도 청주시 서원구 충대로 1 충북대학교 사범대학 국어교육과(043-261-2668) (학)1973년 천안중앙고졸 1980년 충북대 국어교육과졸 1983년 서울대 국어국문학과졸 1991년 문학박사(서울대) (경)1986년 충북대 사범대학 국어교육과 전임강사 · 조교수 · 부교수 · 교수(현) 1992년 이탈리아 나폴리대 연구교수 1993년 교육부 독학사시험출제위원 1995~1996년 폴란드 바르샤바대 한국학과 객원교수 1997년 단재문화예술제전 집행위원장 1999년 벽초홍명희남북학술회의 준비위원장 2001~2002년 미국 듀크대 한국학과 객원교수 2003~2007년 충북민예총 회장 2004년 충북총선시민연대 공동대표, 충북민교협회 회장 2005~2008년 충북시민사회단체연대회의 상임대표 2007년 민주화를위한전국교수협의회 공동의장 2017년 (사)단재신채호선생기념사업회 공동대표(현) 2018년 (재)충북문화재단 대표이사(현) (저)'분단문학비평'(1987) '해방공간의 문학'(1988)

### 김승환(金昇煥) KIM Seunghwan

(생)1959 · 7 · 17 (본)김해(金海) (출)부산 (주)경상북도 포항시 남구 청암로 77 포항공과대학교 물리학과(054-279-2085) (학)1977년 서울 양정고졸 1981년 서울대 물리학과졸, 同대학원 중퇴 1987년 이학박사(미국 펜실베이니아대) (경)1990년 포항공대 물리학과 교수(현) 1997 · 2005년 同뇌연구센터 소장 1997년 한국뇌학회 이사 2004년 물리올림피아드조직위원회 실무간사 2004~2012년 아시아 · 태평양이론물리센터(APTCP) 사무총장 겸 이사 2005년 APEC Climate Center 감사 2007년 아시아 · 태평양물리학연합회(AAPPS) 부회장 2007~2009년 포항공대 연구처장 2007~2008년 한국물리학회 부회장 2008~2010년 국가과학기술자문회의 수석전문위원 2009~2013년 계산뇌과학연구회 초대회장 2009~2014년 바른과학기술사회를위한국민연합 공동대표 2011~2014년 포항공대 연구처장 겸 산학협력단장 2013~2014년 한국뇌연구협회 회장 2013~2014년 아시아태평양이론물리센터(APCTP) 소장 2014년 아시아 · 태평양물리학연합회(AAPPS) 회장(현) 2014~2016년 한국과학창의재단 이사장 2015년 유네스코 한국위원회 인문사회 · 자연과학분과 위원장(현) 2015~2016년 한국물리학회 회장 2015~2018년 국립광주과학관 비상임이사 2015년 국립대구과학관 비상임이사 2017~2019년 포항공대 대학원장 2018년 同박태준미래전략연구소장(현) (상)올해를 빛낸 양정인상(2008), 동아일보 선정 '10년 후 한국을 빛낼 100인'(2011), 한국과학기자협회 올해의 과학자상(2013) (저)'세상은 꿈꾸는 자의 것이다(共)'(1996, 현암사) 'Stochastic Dynamics and Pattern Formation in Biological and Complex Systems(共)'(2000)

### 김승환(金昇煥) KIM Seung Hwan

(생)1964 · 3 · 4 (출)강원 (주)서울특별시 종로구 청계천로 1 동아일보 경영전략실(02-2020-0619) (학)1983년 상문고졸 1987년 서울대 인문대 서양사학과졸 2000년 핀란드 헬싱키대 경제경영대학원졸 (경)1990~1994년 서울신문 기자 1994~1995년 한국경제신문 기자 1995~2002년 동아일보 정보

과학부 · 산업부 · 사장실 · 경영전략실 기자 2000~2008년 산업자원부 E-biz대상 심사위원 2000년 동아닷컴 동아사이언스 이사(현) 2001년 디유넷 대표이사(현) 2002년 동아일보 경영전략실 미디어전략팀장 2005년 同경영전략실 경영총괄팀장 2008년 同경영전략실 경영총괄팀장(부장급) 2008년 同이지에듀 이사(현) 2010~2016년 한국신문협회 기조협의회 부회장 2011년 동아일보 경영전략실장(부국장급) 2011년 채널A 경영전략실장 2015년 동아일보 경영전략실장 겸임(국장급)(현) 2016년 한국신문협회 기조협의회 이사(현) 2019년 채널A 광고총괄기획팀 유통파트장(현)

**김승환(金昇煥) KIM, SEAN**

(생)1969 · 3 · 13 (주)서울특별시 용산구 한강대로 100 (주)아모레퍼시픽그룹 임원실(02-709-5114) (학)연세대 경영학과졸, 미국 시카고대 대학원 MBA (경)(주)아모레퍼시픽 경영전략팀장, 同기획혁신 담당, (주)아모레퍼시픽그룹 전략기획Division장 2015년 同전략Unit장(전무) 2017년 同HR전략실장(전무)(현)

**김승휘(金承輝) Kim Seung Hui**

(생)1969 · 10 · 15 (출)전남 해남 (주)광주광역시 동구 준법로 7-12 광주지방법원 총무과(062-239-1710) (학)1988년 살레시오고졸 1997년 서울대 법학과졸 (경)1998년 사법시험 합격(40회) 2001년 사법연수원 수료(30기) 2002년 광주고법 판사 2003년 광주지법 판사 2004년 同해남지원 판사 2006년 광주지법 판사 2010년 同순천지원 판사 2011년 광주고법 판사 2014년 광주지법 판사 2016년 창원지법 거창지원장 2018년 광주지법 부장판사(현)

**김승희(金承禧 · 女) Kim Seung Hee**

(생)1954 · 2 · 6 (본)안동(安東) (출)서울 (주)서울특별시 영등포구 의사당대로 1 국회 의원회관 638호(02-784-8191) (학)1973년 경기여고졸 1978년 서울대 약학과졸 1980년 同대학원 약학과졸 1987년 화학박사(미국 노트르담대) (경)1988년 보건사회부 국립보건안전연구원 독성부 일반독성과 보건연구관 1989년 미국 국립독성연구소 파견 1991년 국립보건안전연구원 약리부 생화학약리과 근무 1996년 식품의약품안전본부 독성연구소 약리부 생화학약리과 근무 1997년 同독성연구소 약리부 생화학약리과장 1998년 식품의약품안전청 국립독성연구소 약리부 생화학약리과장 2001년 同병리부 종양병리과장 2001년 同일반독성부 위해도평가과장 2002~2004년 미국 국립보건원 파견 2004년 식품의약품안전청 국립독성연구원 유효성연구부 생명공학지원과장 2005~2008년 同국립독성연구원 독성연구부장(고위공무원) 2008년 同생물의약품국장 2009년 국립독성과학원장 2009~2011년 식품의약품안전평가원장 2012~2013년 식품의약품안전청 차장 2015~2016년 식품의약품안전처장 2016년 제20대 국회의원(비례대표, 새누리당 · 자유한국당〈2017.2〉)(현) 2016 · 2018년 국회 보건복지위원회 위원(현) 2016년 국회 민생경제특별위원회 위원 2016~2017년 새누리당 미래먹거리특별위원회 위원 2016년 국회 공직자윤리위원회 위원 2017년 새누리당 정책개발단 위원 2017년 자유한국당 서울양천구甲당원협의회 운영위원장(현) 2017년 국회 민생경제특별위원회 간사 2017년 자유한국당 보건복지정책조정위원회 부위원장(현) 2017~2018년 국회 여성가족위원회 위원 2017년 국회 미세먼지대책특별위원회 간사 2017년 자유한국당 국민공감전략위원회 위원장 2017~2018년 同원내부대표 2017 · 2018년 국회 운영위원회 위원 2018년 국회 예산결산특별위원회 위원(현) 2018년 국회 윤리특별위원회 간사(현) 2019년 자유한국당 당대표 특별보좌역(현) (상)대통령표창(2006), 한국로레알유네스코 여성생명과학 진흥상(2010), 홍조근정훈장(2011), 새누리당 국정감사 우수의원(2016), 국회의원헌정대상(2018)

**김승희(金承熙) Kim Seunghee**

(생)1960 · 11 · 27 (주)광주광역시 북구 하서로 110 국립광주박물관(062-570-7001) (학)1990년 홍익대 대학원 미술사학과졸 (경)1992년 국립중앙박물관 미술부 학예연구사 1998년 同섭외교육과 학예연구사 2004년 국립경주박물관 학예연구실 학예연구관 2005년 국립중앙박물관건립운영지원단 개관행사팀 학예연구관 2005년 국립중앙박물관 전시팀 학예연구관 2007년 同기획총괄과 학예연구관 2008년 국립경주박물관 학예연구실장 2011년 국립공주박물관장 2012년 국립중앙박물관 교육문화교류단 교육과장 2014년 同아시아부장 2016년 국립전주박물관장 2018년 국립광주박물관장(현)

**김승희(金承熙)**

(출)충남 논산 (주)세종특별자치시 도움6로 11 환경부 운영지원과(044-201-6241) (학)대전 대성고졸, 서울대 정치학과졸 (경)1992년 행정고시 합격(36회) 2005년 환경부 대기정책과 서기관 2007년 同지구환경담당관 2010년 낙동강유역환경청 환경관리국장 2011년 환경부 자연보전국 자연자원과장 2012년 同장관비서관(서기관) 2013년 同정책총괄과장 2013년 同환경정책관 직대 2016년 국립환경인력개발원 원장(고위공무원) 2017년 국외교육훈련 파견(고위공무원) 2019년 금강유역환경청장 2019년 대통령비서실 파견(현)

**김시덕(金時德) KIM, SHI-DUG**

(생)1962 · 7 · 15 (본)의성(義城) (출)경북 안동 (주)서울특별시 종로구 세종대로 198 대한민국역사박물관 연구기획과(02-3703-9281) (학)1980년 안동농림고졸 1988년 안동대 민속학과졸 1991년 同대학원 민속학과졸 1999년 일본 오사카외국어대 일본어센터 일본어과정 수료 2007년 문화재학박사(고려대) (경)1988 · 1991년 국립문화재연구소 조사연구원 1989년 영남대 조사연구원 1990~1992년 안동대 민속학과 조교 1991년 국립민속박물관 연구원 1993~2002년 同학예연구사 1996년 과천시향토사 · 수원시사 · 안산시사 집필위원 1996~2009년 수원여자전문대학 · 가톨릭대 · 서울보건대학 · 성균관석전교육원 · 성균관대 유학대학원 · 중앙대 문화예술대학원 · 명지대 사회교육대학원 시간강사 1998~1999년 일본 국립민족학박물관 객원연구원(조교수) 2001~2003년 경기도박물관 경기도민속지 · 화성시사 집필위원 2002~2005년 산업자원부 기술표준원 · 표준협회 장례식장 · 화장장 · 봉안당묘지 · 혼례식장 표준화연구 2002~2009년 국립민속박물관 학예연구관 2003년 공무원연금관리공단 봉안당타당성 조사연구 2003~2005년 서울시 자연장모델 · 화장용품 연구 2007~2008년 한전아트센터 교양강좌 특별강사 2008년 대만 南華大學 특별초청강사 2008년 광주시 시사집필위원 2009년 국립어린이박물관 교육과장 2010년 문화체육관광부 대한민국역사박물관건립추진단 학예연구관 2011년 同대한민국역사박물관건립추진단 전시자료과장 2012년 대한민국역사박물관 전시운영과장 2014~2019년 同교육과장 2015년 서울시 문화재전문위원(현) 2019년 대한민국역사박물관 연구기획과장(현) (상)국립민속박물관장표창(1996), 근정포장(2013) (저)'장례학개론(共)'(2000, 한국장례문화학회) '산골문화(共)'(2004, 한국장묘문화개혁범국민협의회) '장례지도사입문(共)'(2004, 도서출판 대학서림) '중앙아시아의 유목민 뚜바인의 삶과 문화(共)'(2005, 국립민속박물관) '한국인의 일생(共)'(2005, 국립민속박물관 · 한국민속박물관회) '종교와 조상제사(共)'(2005, 민속원) '종교와 일생의례(共)'(2006, 민속원) '자연장모델에 관한 연구(共)'(2006, 서울시 · 생활개혁실천협의회) '종교와 그림(共)'(2008, 민속원) 'Current Issues on Korean Folklore(共)'(2009, 국립민속박물관) '왜 그럴까(共)'(2010, 교원) '호박돌우리문화07-이제가면 언제오나'(2010, 웅진다책) '한국 역사민속학 강의(共)'(2010) '서울 민속의 현재와 미래(共)'(2010, 경인민속학회) '김수환추기경 선종'(2011,

국립민속박물관) '삼년상-소운 김시인'(2011, 국립민속박물관) '삼년상-화재 이우섭'(2011, 국립민속박물관) '한국의 상례문화-한국 유교식 상례의 변화와 지속'(2012, 민속원) '조상제사 어떻게 지낼 것인가?(共)'(2012, 민속원) 'INVISIBLE POPULATION(共)'(2012, Lexington Books) 'La Place des morts dans les megalopoles d'Asie orientale(共)'(2013, les Indes savantes) '신라천년의 역사와 문화-연구총서17 신라인의 일생의례'(2016, 경북도문화재연구원) '전주류씨 임당시제'(2016, 도서출판 드림) '항일독립운동의 기지 북간도와 기독교, 그리고 한신대학교'(2017, 한신대 신학대학원) '화장문화의 이해(共)'(2017, (사)한국장묘문화개혁범국민협의회) '중국 속 항일민족운동과 기독교'(2017, 한신대 신학대학원 · (사)규암김약연기념사업회) 등 다수

## 김시병(金時柄) KIM Sibyung

(생)1956 · 11 · 6 (출)경북 의성 (주)서울특별시 중구 세종대로9길 42 (주)부영주택 비서실(02-3774-5500) (학)1974년 대구상고졸 1983년 건국대 경영학과졸 (경)1973년 한일은행 울산지점 입행 2000년 한빛은행 면목동지점장 2002년 同기업개선팀 수석관리역(부장) 2002년 우리은행 대기업여신담당 부장 겸 수석심사역 2007년 同본점 기업영업본부장 2008년 同외환사업단장 2009~2011년 同IB본부장(집행부행장) 2013년 (주)부영주택 대표이사 사장(현)

## 김시열(金時烈) KIM SI-YEOL

(생)1949 · 2 · 14 (본)김해(金海) (출)대구 (주)대구광역시 수성구 달구벌대로 2397 누네안과병원 대구병원(053-715-3300) (학)1973년 경북대 의대졸 (경)1981년 대한안과학회 평의원 1983년 일본 경도대 의학부 안과학교실 연수 1985~1995년 경북대 의대 안과학교실 조교수 · 부교수 1985년 일본 안과학회 정회원(현) 1985년 한국망막학회 회원(현) 1994~2010년 경북대 의대 안과학교실 교수 1995년 미국 ARVD 회원 2001년 경북대병원 안과 과장 2001년 미국안과협회 국제회원(현), 유럽망막학회 회원(현) 2002~2004년 한국망막학회 회장 2004~2006년 대한안과학회 회장 2004~2006년 同이사장 겸 집행위원 2010년 경북대 명예교수(현) 2011년 누네안과병원 대구병원장(현) (저)'망막'(2001) '안과학'(2006)

## 김시욱(金時郁) KIM Si Wouk

(생)1959 · 8 · 15 (본)경주(慶州) (주)광주광역시 동구 필문대로 309 조선대학교 공과대학 환경공학과(062-230-6649) (학)1982년 연세대 생물학과졸 1984년 同대학원 생물학과졸 1989년 생물학박사(연세대) (경)1990~2001년 조선대 환경공학과 전임강사 · 조교수 · 부교수 1999~2001년 同환경연구소장 2001년 同공과대학 환경공학과 교수(현) 2009년 한국생물공학회 학술위원장 2009년 한국미생물학회 실무위원장 2012~2014년 조선대 기획조정실장 2017년 한국생물공학회 수석부회장 2018년 同회장 2019년 同문화사업위원회 운영위원(현) (저)'환경과 공해(共)'(2004) (역)'필수생명과학(共)'(2007) '생명과학(共)'(2007) '미생물학 5th Edition Microbiology A Human Perspective(共)'(2008)

## 김시중(金是中) KIM Sie Joong

(생)1946 · 1 · 15 (본)광산(光山) (출)서울 (주)서울특별시 마포구 동교로 156-16 (서교동) 제성빌딩 2층 한국섬유신문 대표이사실(02-326-3600) (학)1964년 배재고졸 1971년 한양대 경기지도과졸 1990년 경희대 신문방송대학원졸 (경)1971년 산업경제신문 편집국 기자 1973년 내외경제 · 코리아헤럴드 산업부 기자 1982년 한국섬유신문 발행인 겸 대표이사 회장(현) 1989년 한국전문신문협회 이사 1995~1997년 한국간행물윤리위원회 윤리위원 1997년 한국전문신문협회 수석부회장 1999년 학교법인 배재학당 재단이사 2004~2007년 배재학당총동창회 회장 2006~2010 · 2012~2014년 한국전문신문협회 회장 2014년 同명예회장(현) (상)동암상, 대통령표창, 한국패션협회 코리아패션대상 공로상(2014)

## 김시진(金始眞) KIM SI-JIN

(생)1958 · 3 · 20 (출)경북 포항 (주)서울특별시 강남구 강남대로 278 (사)한국야구위원회 기술위원회(02-3460-4600) (학)대구상고졸, 한양대졸 (경)1983년 삼성라이온스 프로야구단 입단 · 투수 1989년 롯데자이언츠 프로야구단 투수(10년간 통산 124승, 16세이브에 방어율 3.12기록) 1993년 태평양돌핀스 프로야구단 투수코치 1996년 현대피닉스 투수코치 1998년 현대유니콘스 프로야구단 투수코치 2007~2008년 同감독 2007~2008년 프로야구올스타전 서군 코치 2008~2012년 넥센히어로즈 프로야구단 감독 2010년 넥센타이어 서울지사 명예지사장 2010년 제16회 광저우아시안게임 야구국가대표 투수코치(금메달 획득) 2012~2014년 롯데자이언츠 프로야구단 감독 2014~2015년 부산은행 사직운동장지점 명예지점장 2015년 2015세계야구소프트볼연맹(WBSC) PREMIRE12 야구국가대표팀 전력분석팀장 2016년 한국야구위원회(KBO) 경기운영위원회 위원 2016년 同규칙위원회 위원 2016년 2017월드베이스볼클래식(WBC) 야구국가대표팀 전력분석팀장 2018년 한국야구미래협의회 위원(현) 2018년 한국야구위원회(KBO) 경기운영위원장 2018년 同기술위원장(현) (상)최다승 · 승률 · 골든글러브(1985), 프로야구 올스타전 MVP(1985), 최다승 · 골든글러브(1987), 프로야구 티켓링크 프로코치상(2000)

## 김시철(金是哲)

(생)1964 · 1 · 25 (본)경주(慶州) (출)경기 동두천 (주)서울특별시 중구 퇴계로26길 52 서울시소방재난본부 예방과(02-3706-1500) (학)1982년 의정부고졸 1987년 서울대 농생물학과졸 1989년 同자연대학원 식물학과졸 (경)1991년 녹십자 종합연구소 근무 1994년 내무부 소방간부후보생 1995년 同구급주임 1998년 서울소방학교 위험물교관 2001년 서울시 소방본부 인사담당 2004년 행정자치부 구조담당 2005년 서울종합방재센터 전산통신과장 2006년 소방방재청 구급계장 2008년 서울강남소방서 현장지휘대장 2009년 서울시 소방재난본부 안전교육팀장 2013년 同종합방재센터 종합상황실장 2014년 서울 서대문소방서장 2015년 서울 송파소방서장 2016년 서울시 소방학교 인재개발과장 2017년 서울 강남소방서장(지방소방정) 2019년 서울시 소방재난본부 예방과장(지방소방준감)(현) (상)대통령표창(2007)

## 김시철(金時徹) KIM Si Cheol

(생)1965 · 5 · 16 (본)광산(光山) (출)서울 (주)서울특별시 서초구 서초중앙로 157 서울고등법원(02-530-1114) (학)1984년 광성고졸 1988년 서울대 법과대학졸 1999년 미국 버클리대 대학원 법학과졸 (경)1987년 사법시험 합격(29회) 1990년 사법연수원 수료(19기) 1990년 서울형사지법 판사 1992년 서울민사지법 판사 1994년 청주지법 판사 1997년 서울지법 서부지원 판사 1999년 미국 버클리대 장기연수 1999년 서울가정법원 판사 2002년 서울고법 판사 2002년 헌법재판소 파견 2004년 서울고법 판사 2005년 대전지법 홍성지원장 2006년 대법원 재판연구관 2009년 서울중앙지법 부장판사 2012년 수원지법 성남지원장 2013년 대전고법 청주재판부 부장판사 2014~2015년 사법연수원 수석교수 2014년 사법정책연구원 운영위원회 위원 2015년 서울고법 부장판사(현) (상)한국법학원 법학논문상(2016) (저)'언론관계소송(共)'(2007, 한국사법행정학회) '법원실무제요 가사Ⅰ · Ⅱ(共)'(2010, 법원행정처) '헌법판례해설Ⅰ(共)'(2010, 사법발전재단)

**김시평(金時平) kim si pyoung**

(생)1961·12·3 (출)전남 완도 (주)서울특별시 서초구 헌릉로 12 현대자동차그룹 인사팀(02-3464-1114) (학)전남대 산업공학과졸, 울산대 대학원 경영학과졸 (경)현대자동차(주) 경영지원1팀장(이사대우), 同기획지원팀장(이사), 同사업기획실장, 同러시아공장(HMMR) 상무, 同앨라배마공장(HMMA) 상무, 同중국지원사업부장(전무) 2016년 현대자동차그룹 중국사천현대기차유한공사 총경리(현)

**김시현(金始炫·女)**

(생)1989·9·30 (주)울산광역시 남구 중앙로 201 울산광역시의회(052-229-5125) (학)경남정보대 경찰경호행정과졸 (경)더불어민주당 울산시당 여성위원회 차세대위원장(현), 同울산시당 청년위원회 부위원장(현) 2018년 울산시의회 의원(비례대표, 더불어민주당)(현) 2018년 同환경복지위원회 위원(현) 2018년 同예산결산특별위원회 위원(현)

**김시형(金是亨) KIM Si Hyeong**

(생)1967·5·3 (주)대전광역시 서구 청사로 189 특허청 운영지원과(042-481-8638) (학)1986년 경주고졸 1993년 부산대 법학과졸 (경)2003년 특허청 기획관리관실 인력관리담당관실 사무관 2004년 同기획관리관실 인력관리담당관실 서기관 2004년 同기획관리관실 혁신인사담당관실 서기관 2006년 同성과관리팀장 2008년 특허심판원 제1부 심판관(국외 훈련) 2010년 특허청 기획조정관실 행정관리담당관 2010년 특허심판원 심판관 2012년 특허청 산업재산정책국 산업재산인력과장 2012년 同대변인 2016년 同기획조정관실 창조행정담당관 2017년 同기획조정관실 혁신행정담당관 2018년 同기획조정관실 혁신행정담당관(부이사관) 2019년 국가지식재산위원회 파견(현)

**김시호(金時虎) KIM Si-ho**

(생)1958·1·1 (본)의성(義城) (출)경북 안동 (주)제주특별자치도 제주시 연삼로 61 한국전기차충전서비스(주)(070-7712-7442) (학)1976년 안동고졸 1984년 영남대 법학과졸 (경)1984년 한국전력공사 입사 1990년 同종합조정실 차장 2000년 同경북지사 기획관리실장 2002년 同영업본부 전력거래팀장 2007년 同해외사업본부 사업개발팀장 2010년 同기획본부 그룹경영지원처장 2012년 同감사실장 2012년 同대구·경북지역본부장 2013년 同비서실장 2014년 同영업본부장 2015~2018년 同국내부사장(상임이사) 2015~2017년 전력거래소 비상임이사 2017~2018년 한국전력공사 대표이사 사장 직무대행 2018년 한국전기차충전서비스(주) 대표이사(현) (상)산업자원부장관표창(2009), 대통령표창(2011) (종)기독교

**김시홍(金始弘) KIM Si Hong (永步)**

(생)1960·4·19 (본)김해(金海) (출)서울 (주)서울특별시 동대문구 이문로 107 한국외국어대학교 서양어대학 이탈리아어과(02-2173-3156) (학)1979년 서울 서라벌고졸 1983년 한국외국어대 이태리어과졸, 이탈리아 그레고리안대 사회학과졸, 同대학원 사회학과졸, 사회학박사(이탈리아 그레고리안대) (경)1990~1995년 서강대·가톨릭대·한국외국어대 강사 1996년 한국외국어대 조교수·부교수 1998~2008년 한국유럽학회 학술위원·섭외이사·총무이사·부회장 2000년 한국외국어대 국제지역대학원 교학부장 2004년 同서양어대학 이탈리아어과 교수(현) 2006~2009년 同EU연구소장 2009년 한국유럽학회 회장 2010~2011년 미국 델라웨어대 방문교수 2011년 한국외국어대 국제지역대학원 유럽연합학과 교수 겸임(현) 2011~2015년 한국외국어대-현대경제연구원 EU Centre 소장 2013년 한국외국어대총동문회 사무총장 2014년 한국외국어대 서울캠퍼스 학생복지처장 2016년 同장모네 EU센터 소장(현) (저)'이탈리아사회연구 입문'(1995) '통합유럽과 유럽시민권'(2004) '유럽연합의 이해'(2005) '분권과 개혁'(2006) '유럽연합 학술용어사전'(2007) 'The Future of European Studies in Asia'(2008)

**김시환(金時歡)**

(생)1962·10·26 (주)경상북도 안동시 풍천면 도청대로 455 경상북도의회(054-880-5126) (학)1990년 대구대 원예학과졸 (경)청년협의회칠곡군연합회 24대 회장, 북삼중학교 운영위원장 2010년 경북 칠곡군수선거 출마(무소속) 2011년 10.26재보선 경북 칠곡군수선거 출마(무소속), 북삼의용소방대장, 더불어민주당 경북도당 소상공인 특별위원장(현) 2018년 경북도의회 의원(더불어민주당)(현) 2018년 同건설소방위원회 위원(현) 2018년 同저출산고령화대책특별위원회 위원(현) 2018년 同정책연구위원회 위원(현) 2018년 同친환경에너지연구회 위원(현), 칠곡군 통합추진위원회 위원(현), 칠곡발전협의회 회원(현) 2019년 경북도의회 예산결산특별위원회 위원(현)

**김 신(金 信) KIM Shin**

(생)1957·1·9 (출)강원 강릉 (주)서울특별시 서초구 강남대로 299 강남매트로빌딩 6층 삼성미소금융재단 이사장실(02-522-8762) (학)1975년 경기고졸 1979년 서울대 경영학과졸 1997년 미국 스탠퍼드대 경영대학원졸 (경)1979년 삼성그룹 입사 1986년 삼성물산(주) 미주지사 근무 1990년 同회장비서실 재무팀 근무 1998년 同경영지원실 금융팀장(부장) 2000년 同경영지원실 금융팀장(이사보) 2001년 同경영지원실 금융팀장(상무보) 2003년 同경영지원실 금융팀장(상무) 2006년 同전략기획실 금융팀 전무 2007년 同상사부문 경영지원실장(전무) 2010년 同상사부문 자원본부장(부사장) 2010~2018년 同각자대표이사 사장(상사부문장) 2014~2016년 한일산업기술협력재단 비상임이사 2018년 삼성미소금융재단 이사장(현) (종)기독교

**김 신(金 伸) KIM Shin**

(생)1957·3·30 (출)부산 (주)부산광역시 서구 구덕로 225 동아대학교 법학전문대학원(051-200-8581) (학)1976년 부산고졸 1980년 서울대 법대졸 (경)1980년 사법시험 합격(22회) 1982년 사법연수원 수료(12기) 1983년 부산지법 판사 1988년 同울산지원 판사 1990년 부산지법 판사 1993년 부산고법 판사 1996년 부산지법 판사 1998년 울산지법 부장판사 2000년 부산지법 부장판사 2004년 同동부지원 부장판사 2006년 부산고법 부장판사 2010년 부산지법 수석부장판사 2011년 부산고법 수석부장판사 2012년 울산지법원장 2012~2018년 대법원 대법관 2018년 동아대 법학전문대학원 석좌교수(현) (상)청조근정훈장(2019) (저)'다시 시작할 수 있는 용기' (종)기독교

**김 신(金 信) KIM Shin**

(생)1963·11·28 (출)전북 전주 (주)서울특별시 영등포구 국제금융로2길 24 SK증권 임원실(02-3773-8361) (학)해성고졸 1986년 서울대 경영학과졸, 연세대 대학원 경제학과졸 (경)1987년 쌍용증권 입사, 同채권영업팀장, 굿모닝신한증권 근무 2004년 미래에셋증권 장외파생팀장, 同장외파생본부장 2007년 同전략기획본부장 2009년 同경영서비스부문장 2010년 同공동대표이사 부사장 2011년 同대표이사 부사장 2012~2013년 현대증권(주) 각자대표이사 사장 2014년 SK증권 대표이사 사장(현) 2017년 한국예탁결제원 비상임이사(현)

## 김 신(金 信) KIM Sin

(생)1968·2·4 (출)서울 (주)서울특별시 서초구 반포대로 158 서울고등검찰청 총무과(02-530-3114) (학)1986년 마포고졸 1992년 서울대 법학과졸 (경)1995년 사법시험 합격(37회) 1998년 사법연수원 수료(27기) 1998년 공익법무관 2001년 울산지검 검사 2003년 대구지검 안동지청 검사 2004년 서울중앙지검 검사 2008년 대검찰청 연구관 2010년 대전지검 검사 2010년 同부부장검사 2011년 서울중앙지검 부부장검사 2012년 청주지검 영동지청장 2013년 대검찰청 공안2과장 2014년 법무부 공안기획과장 2015년 서울중앙지검 공안2부장 2016년 대구지검 공안부장 2017년 청주지검 형사1부장 2018년 서울고검 검사(현) (상)근정포장(2015) (종)불교

## 김 신(金 新)

(생)1974·2·28 (출)전북 익산 (주)경기도 평택시 평남로 1036 수원지방법원 평택지원(031-650-3100) (학)1993년 부천고졸 1998년 고려대 법학과졸 (경)1999년 사법시험 합격(41회) 2002년 사법연수원 수료(31기) 2002년 육군 법무관 2005년 대전지법 판사 2007년 同천안지원 판사 2010년 同논산지원 판사 2012년 특허법원 판사 2015년 수원지법 판사 2017년 전주지법 부장판사 2019년 수원지법 평택지원 부장판사(현)

## 김신곤(金信坤) KIM Shin Kon (長舟)

(생)1944·5·16 (본)김해(金海) (출)전남 화순 (주)광주광역시 동구 백서로 160 전남대학교 의과대학(062-220-4000) (학)1962년 광주제일고졸 1968년 전남대 의대졸 1982년 同대학원 의학석사 1985년 의학박사(전북대) (경)1983년 전남대 의대 외과 부교수 1988~2009년 同외과 교수, 同소아혈관이식외과 교수 1988년 同대학병원 교육연구실장 1990년 同의대 교무과장 1993년 同교수평의회 부의장 1996년 同의대부속병원장 2005년 대한혈관외과학회 회장 2005년 대한외과학회 부회장 2006~2007년 대한이식학회 회장 2007~2008년 대한외과학회 회장 2009년 전남대 의과대학 명예교수(현) 2009년 상무병원 외과 명예원장 2012~2014년 순천성가롤로병원장 2015~2018년 화순베스트요양병원장 (상)옥조근정훈장(2009) (저)'응급의학' '신장학' '젊은의사를 위한 미국 의학연수 길라잡이' '외과학원론' '어느 외과교수의 연기장' '병원용 실제 미국영어'(2015) (종)천주교

## 김신규(金信圭) Kim Shin Kyu

(생)1956·10·3 (본)김녕(金寧) (출)경북 울진 (주)전라남도 무안군 청계면 영산로 1666 목포대학교 법학과(061-450-2238) (학)1978년 영남대 행정학과졸 1984년 부산대 대학원 법학과졸 1991년 법학박사(부산대) (경)1987~1998년 목포대 법학과 전임강사·조교수·부교수 1992~1994년 독일 하이델베르크대 연구교수 1998년 목포대 법학과 교수(현) 2006~2008년 同도서관장 2007~2019년 목포경제정의실천시민연합 공동대표 2009~2012년 목포대 경영행정대학원장 2011년 목포지방해양안전심판원 비상임심판관 2012~2019년 목포대 법학연구소장, 목포지방해양항만청 징계위원, 전남도 행정심판위원, 同소청심사위원, 전남도교육청 행정심판위원 2014년 목포교도소·해남교도소 징계위원 2015년 한국형사소송법학회 고문(현), 대통령소속 사회통합위원회 전남지역위원, 변호사시험·사법시험·행정고시 출제위원 2016년 한국법무보호복지학회 회장 2016년 전남교육청소청심사위원장(현), 한국형사소송법학회 고문, 대한법학교수회 부회장, 한국형사법학회·한국형사정책학회 상임이사, 목포지역검찰실무연구회 회장, 광주지검 목포지청 수사심의위원, 경제정의실천시민연합 전남협의회 상임대표, 목포교도소 고충심사위원 2017년 한국비교형사법학회장·고문(현) 2018~2019년 전남지방경찰청 개혁자문위원장 2018년 한국법무보호복지학회 고문(현) 2018년 목포대 교무처장(현) 2019년 전남지방경찰청 경찰발전위원회 위원(현) (상)법무부장관표창(2017) (저)'형법총론'(2013, 청목출판사) '여성과 법률'(2014) '형법각론'(2015, 청목출판사) '인권법강의'(2016, 청목출판사) (종)가톨릭

## 김신남(金信男) Kim Sin Nam

(생)1965·8·25 (출)전남 해남 (주)전라남도 목포시 양을로 203 목포시청 부시장실(061-270-3205) (학)1985년 목포고졸 1992년 연세대 경영학과졸 (경)1997년 지방행정고시 합격(3회) 1998년 공무원 임용(지방행정사무관) 2005년 전남도 경제통상국 지식기반담당 사무관 2006년 同기획관리실 엑스포기획담당 사무관 2008년 同관광문화국 관광진흥담당·관광정책담당 사무관 2010년 F1대회지원본부 파견(지방서기관) 2011~2013년 해외 교육파견 2013년 F1대회조직위원회 기획공보부장 2014년 전남도 경제과학국 경제통상과장 2014년 同경제과학국 지역경제과장 2015년 전남 곡성군 부군수 2016년 한국전력공사 빛가람협력부 처장 2017년 교육 파견(부이사관) 2018년 전남도 경제과학국장 2019년 同일자리정책본부장 2019년 전남 목포시 부시장(현)

## 김신배(金信培) KIM Shin Bae

(생)1954·10·15 (출)충남 부여 (주)경상북도 포항시 남구 동해안로 6261 포스코(054-220-0114) (학)1974년 경기고졸 1978년 서울대 산업공학과졸 1980년 한국과학기술원 산업공학과졸 1985년 미국 펜실베이니아대 대학원졸(MBA) (경)1995년 한국이동통신 사업전략담당 이사 1997년 SK텔레콤 사업전략담당 이사 1997~1999년 하나로통신 비상임이사 1998년 한국경영과학회 이사 1998년 SK텔레콤 상무 1998년 同수도권지사장 상무 2000년 신세기통신 경영지원TF팀장 상무이사 2000년 同전략지원부문장 겸 정보시스템실장 전무 2002년 SK텔레콤 전략기획부문장 전무 2004~2008년 同대표이사 사장 2005~2012년 한국RFID/USN협회 회장 2005년 한국e스포츠협회 회장 2008년 한국정보통신산업협회 회장 2008년 서울장학재단 이사 2009~2010년 SK C&C 대표이사 부회장 2009~2011년 한국IT서비스산업협회 회장 2009년 대통령직속 국가정보화전략위원회 위원 2010~2013년 SK(주) 부회장 2011년 지방행정체제개편추진위원회 민간위원 2013~2015년 (주)SK C&C 상임고문, 법무법인(유) 대륙아주 고문 2017년 (주)포스코 사외이사(현) 2019년 同이사회 의장(현) (상)아·태위성통신협의회(APSCC) 올해의 아시아 위성공로상(2004), 외교통상부장관 감사패(2005), 비즈니스 위크 '2005년 최고의 리더들' 선정(2005), 정보통신부장관 감사패(2006), 서울경제 2006 존경받는 기업·기업인대상 기업인 최우수상(2006), 국민훈장 모란장(2006), 다산경영상(2007), 자랑스런 서울대 공대 동문상(2007), 駐韓영국상공회의소(BCCK) 어워즈 사회공헌상(CRS)상(2007), 언스트앤영(Ernst & Young) 최고기업가상(2008), 베트남 국가우호훈장(2008), 대통령표창(2009), 한국IT서비스학회 공로상(2011) (종)기독교

## 김신복(金信福) Shin-Bok, Kim

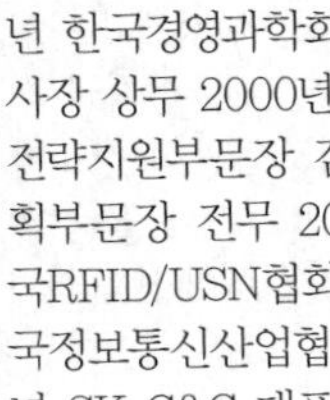

(생)1947·4·29 (본)김해(金海) (출)전남 신안 (주)경기도 성남시 수정구 성남대로 1342 학교법인 가천학원(031-750-5092) (학)1963년 목포고졸 1968년 서울대 사범대학 교육학과졸 1970년 同행정대학원 행정학과졸 1972년 미국 피츠버그대 대학원졸 1973년 행정학박사(미국 피츠버그대) (경)1969~1971년 문교부 장기종합교육계획심의회 연구조교 1973~1976년 한국교육개발원 정책연구실장 1975~1976년 제4차 경제개발5개년계획실무위원회 위원 1976~1978년 국민대 행정학과 조교수 1978~2012년 서울대 행정대학원 조교수·부교수·교수 1981~1984년 총무처·감사원·문교부 정책자문위원 1985~1987년 교육개혁심의회 실무위원장 1989년 미국 캘리포니아대 객원교수 1997~1998년 서울대 교무처장 1998년 한국교육행정학회 회장 1998~2002년 국무총리 정책평가위원회 간사위원 1998~2000년 서울대

행정대학원장 1999년 한국행정학회 회장 2000~2001년 한국학술단체연합회 회장 2000~2011년 학교법인 경원학원 이사장 2001~2002년 교육인적자원부 정책자문위원장 2001년 한국정보통신기술인협회 회장 2002~2003년 교육인적자원부 차관 2006 · 2008~2010년 서울대 부총장 2010~2014년 교통안전공단 비상임이사 2011년 학교법인 가천학원 이사장(현) 2013~2016년 한국사학진흥재단 비상임이사 2019년 한국대학법인협의회 제9대 회장(현) (상)대통령표창(1998), 20년근속 서울대총장표창(1999), 황조근정훈장(2004), 30년근속 서울대총장표창(2009), 미국 피츠버그대 전통의 월계관상(2012) (저)'政策學'(1983) '發展企劃論'(1991) '교육정책론'(1996) '교육정책의 역사적 변동과 전망'(2017) (종)기독교

## 김신엽(金信燁) Kim shinyup

(생)1967 · 7 · 5 (본)김녕(金寧) (출)전북 남원 (주)인천광역시 서구 환경로 42 국립생물자원관 운영관리과(032-590-7010) (학)1986년 완산고졸 1991년 전북대 컴퓨터공학과졸 2005년 연세대 대학원 환경공학과졸 (경)1991~1992년 환경처 시설기술국 측정분석과 주무관 1992~2004년 환경부 정보화담당관실 주무관 2005~2009년 전주지방환경청 화학물질관리과장(사무관) 2009년 환경부 기획조정실 정보화담당관실 사무관 2015년 同기획조정실 정보화담당관실 서기관 2016년 同기획조정실 정보화담당관 2018년 同국립생물자원관 운영관리과장(현) (상)총무처장관표창(1996), 행정안전부장관표창(2011), 인사혁신처 대한민국 공무원상(2015)

## 김신영(金信瑛 · 女) Shinyoung Kim

(생)1957 · 10 · 1 (주)서울특별시 동대문구 이문로 107 한국외국어대학교 사범대학(02-2173-3093) (학)1976년 이화여고졸 1980년 한국외국어대 인도어과졸 1982년 서울대 대학원 교육학과졸 1992년 미국 Univ. of Illinois at Urbana-Champaign 대학원 교육심리학과졸 (경)1989~1992년 미국 일리노이대 교육과정개발 및 평가연구소 연구조교(R.A.) 1992년 한국외국어대 사범대 강사 1993년 서울대 사범대 강사 1996년 한국교육개발원 연구원 1998년 한국교육과정평가원 책임연구원 1999년 한국외국어대 사범대학 교육학전공 교수(현) 2004~2007년 同사범대학장 2010~2011년 한국교육평가학회 회장 2010~2012년 한국외국어대 학생생활상담연구소장 2013~2015년 同교육대학원장 2014년 교육부 대학수학능력시험개선위원회 위원장 2019년 한국외국어대 대학원장(현) (저)'통계방법'(학연사) '심리측정의 원리'(학연사) '차별적 문항기능'(교육과학사) '예비교사를 위한 교육평가'(학지사) (종)기독교

## 김신윤(金信潤) Shin-Yoon Kim

(생)1957 · 9 · 14 (본)김해(金海) (주)대구광역시 중구 동덕로 130 경북대학교병원 정형외과(053-200-5621) (학)경북고졸 1983년 경북대 의대졸 1986년 同대학원 의학석사, 의학박사(영남대) (경)1993년 경북대 의과대학 · 의학전문대학원 정형외과학교실 교수(현) 1996~1998년 미국 피츠버그대 의대 메디칼센터 교환교수 2001~2013년 보건복지부 지정 근골격계유전체연구센터장 2005~2010년 경북대병원 정형외과장 2007~2013년 경북대 의대 정형외과학교실 주임교수 2008~2010년 경북대병원 의료정책연구단장 2010~2011년 同진료처장, 대한정형외과학회 이사, 대한정형외과영문학회지 CIOS 편집위원장, 한국조직공학회 부회장, 대한정형외과연구학회 회장 2017~2018년 한국조직공학 · 재생의학회 회장 2017년 대한고관절학회 부회장 2017~2018년 同회장 (상)전국의과대학생 학술발표대회 우수상(1980), 대구광역시장 표창(2003), 대한정형외과학회 학술상 임상부문(2006), 대한고관절학회 학술상(2008), 경북대 15년 근속상(2008), SICOT Seoul 학술본상(2009), 경북대 학술상(2010), 국가우수연구개발 100선(2011) (종)기독교

## 김신일(金信一) KIM Shinil (河南)

(생)1941 · 2 · 27 (본)경주(慶州) (출)충북 청주 (주)서울특별시 관악구 관악로 1 서울대학교 교육학과(02-880-7652) (학)1959년 청주고졸 1963년 서울대 사범대학 교육심리학과졸 1965년 同대학원 교육학과졸 1978년 교육학박사(미국 피츠버그대) (경)1966년 중앙교육연구소 연구원 1967~1980년 서울여대 전임강사 · 조교수 · 부교수 1980년 서울대 교육학과 부교수 1987~2006년 同교육학과 교수 1990년 아 · 태지역평생교육기구 집행위원 1992년 한국사회교육협회 회장 1992~1997년 도산사상연구회 회장 1993년 서울대 교육행정연수원장 1993~2003년 교육개혁과교육자치를위한시민회의 공동대표 1994년 중앙교육심의위원회 위원 1994~1998년 대통령자문 교육개혁위원 1994년 동아시아사회교육포럼 부의장 1995년 유네스코 한국위원 1997년 미국 노던일리노이대 객원교수 1998년 대통령자문 새교육공동체위원 1998~2002년 교육인적자원부 정책자문위원 1999년 한국사회교육학회 회장 1999년 한국평생교육학회 회장 2000년 과외교습대책위원회 위원 2000년 한국국제이해교육학회 회장 2000년 동아시아사회교육포럼 회장 2002년 서울대 교육연구소장 2002~2005년 흥사단 교육운동본부 초대상임대표 2002~2003년 교육인적자원부 대학설립심사위원장 2002~2005년 同시 · 도교육청평가위원장 2004~2006년 한국HRD학회 회장 2004~2006년 한국교육학회 회장 2005년 교육인적자원부 평생교육정책자문단장 2005년 자립형사립고제도협의회 위원장 2006년 서울대 교육학과 명예교수(현) 2006~2008년 부총리 겸 교육인적자원부 장관 2008년 국제성인평생교육명예의전당 회원 2010~2012년 UNESCO 국제교육상심사위원 2010~2015년 백석대 대학원 석좌교수 (상)홍조근정훈장(2006), 청조근정훈장(2009) (저)'교육사회학'(1985 · 1993 · 2000 · 2009 · 2015) '시민사회의 교육학'(1995) '평생교육학'(2000 · 2009) '학습사회의 교육학'(2005) (종)기독교

## 김신한(金信韓) Shin Han Kim

(생)1975 · 9 (주)서울특별시 구로구 경인로 662 대성산업가스(주) 임원실(02-721-0825) (학)대일외국어고졸, 미국 엠허스트대(Amherst College) 물리학과졸, 미국 미시간대 대학원 컴퓨터공학과졸(석사) (경)삼성전자 근무, IBM 뉴욕 근무, 대성씨앤에스 이사 2006년 대성산업가스(주) 이사 2008년 同경영전략기획부 상무이사 2008년 그린에어(주) 대표이사(현) 2009년 대성산업가스(주) 전무이사 2012년 대성산업(주) 유통사업부 총괄부사장 2013년 대성산업가스(주) 부사장 2014년 同공동대표이사 사장(현)

## 김신형(金信炯)

(생)1960 · 5 · 5 (출)강원 (주)충청남도 보령시 보령북로 160 한국중부발전(주) 비서실(070-7511-1003) (학)1979년 강원 원주고졸 1987년 연세대 경영학과졸 1999년 영국 버밍엄대 대학원 경영학석사(MBA) (경)1987년 한국전력공사 입사 2012~2014년 한국중부발전(주) 신성장동력실장 2014~2016년 同기획조정처장 2016~2017년 同세종발전본부장 2017~2018년 同기획전략처장 2018년 同기획본부장(부사장)(현)

## 김신홍(金信洪) KIM Shin Hong

(생)1963 · 9 · 3 (본)김녕(金寧) (출)경북 풍기 (주)서울특별시 강남구 테헤란로 133 한국타이어앤테크놀로지(02-2222-1064) (학)1982년 대구 경신고졸 1987년 경희대 산업공학과졸 1996년 삼성그룹 네덜란드 지역전문가과정(Leiden University SA Program) 수학 (경)1989년 삼성전자(주) 합리화추진실 근무 1993년 同전략기획실 PI팀 근무 1997년 同경영혁신팀 SCM그룹 근무 2000년 조이인박스(주) 창업 · 대표이사(사장) 2003년 i2 테크놀로지코리아 상무 2005년 同전무, 同아태지역 전략컨설팅그룹(SCG) 총괄

2008년 대상(주) PI본부장 겸 SCM실장(상무) 2008년 한국SCM학회 이사(현) 2009~2010년 대한산업공학회 이사 2012년 LG패션(주) 경영혁신본부장(전무) 2014년 (주)LF 경영혁신본부장(전무) 2014~2016년 매일유업(주) 경영혁신본부장(부사장) 2016년 한국타이어(주) SCM부문장(전무) 2019년 한국타이어앤테크놀로지 SCM부문장(전무)(현) (상)관세청장표창(2010) (저)'작지만 강한 나라 네덜란드'(2002)

**김안모(金安模) Kim An Mo**

(생)1969 · 10 · 14 (주)서울특별시 종로구 돈화문로5가길 1 9층 (주)한국금거래소쓰리엠(02-741-1435) (학)1994년 원광대 행정학과졸 2006년 서울산업대 산업대학원 귀금속최고경영자과정 수료 (경)2005년 (주)한국금거래소쓰리엠 대표이사(현) 2013년 (사)한국귀금속유통협회 이사(현) 2017년 월곡주얼리산업진흥재단 상임이사(현) (상)한국조폐공사 사장표창(2014), 한국거래소 이사장표창(2016), 서울특별시장표창(2016), 5천만불 수출의탑(2016), 산업포장(2016), 7천만불 수출의탑(2017), 5억불 수출의탑(2018)

**김 암(金 巖) KIM Am**

(생)1954·1·15 (출)서울 (주)서울특별시 노원구 한글비석로 68 을지대학교 을지병원 산부인과(02-970-8235) (학)1979년 서울대 의대졸 1987년 同대학원 의학석사 1991년 의학박사(서울대) (경)1979년 서울대병원 인턴 1980~1983년 同산부인과 전공의 1986~1989년 충남대 의대 산부인과학교실 전임강사·조교수 1989~1998년 울산대 의대 산부인과학교실 조교수·부교수 1991년 미국 Cedars-Sinai Medical Center Clinical Fellowship 1998~2018년 울산대 의대 산부인과학교실 교수 2003~2018년 同서울아산병원 의학교육연구지원부장 2003~2005년 同서울아산병원 태아치료센터소장 2003~2006년 同서울아산병원 교육수련부장 2003~2012년 同의과대학 의학도서관장 2004년 대한산부인과학회 제왕절개적정화대책위원회 위원장 2004~2008년 울산대 의대 산부인과장·주임교수 2005~2011년 대한산부인과초음파학회 부회장·회장 2007~2012년 대한주산의학회 부회장·회장 2008~2011년 한국의학도서관협회 회장 2009년 대한산부인과학회 서울남부지회장 2014년 서울아산병원 새마을금고 이사장 2018~2019년 을지대 의대 산부인과학교실 교수 2018년 同을지병원 의무원장(현) 2019년 同의대 석좌교수(현) (저)'태아심박동 모니터링(共)'(2006)

**김애경(金愛卿 · 女) Kim Ae Kyung**

(생)1965·9·17 (주)서울특별시 종로구 청와대로 1 대통령 해외언론비서관실(02-770-0011) (학)1984년 동덕여고졸 1988년 연세대 정치외교학과졸 1991년 同대학원 정치학과졸 1996년 미국 볼주립대 대학원 정치학과졸 2000년 법학박사(J.D.)(미국 미네소타대) 2001년 법학박사(LL.M.)(미국 뉴욕대) 2014년 연세대 대학원 법학 박사과정 수료 (경)2001~2003년 SK네트웍스(주) 법무팀 과장 2003~2005년 삼일회계법인 Senior Associate 2005~2007년 법무법인 율촌 외국변호사 2007~2009년 삼성증권(주) 법무팀 선임변호사 2009~2012년 에스원 법무팀장·수석변호사 2013~2015년 대성산업(주) 법무실장 2015~2018년 비씨카드(주) 컴플라이언스실장(이사) 2018년 대한무역투자진흥공사(KOTRA) 감사 2019년 대통령 국민소통수석비서관실 해외언론비서관(현)

**김양건(金良建) KIM Yang Gun**

(생)1960 · 7 · 24 (본)김해(金海) (출)전북 남원 (주)서울특별시 영등포구 의사당대로 1 국회사무처 환경노동위원회(02-788-2283) (학)1979년 전주고졸 1984년 성균관대 사회학과졸 1986년 서울대 대학원 행정학과졸 2006년 미국 콜로라도대 대학원졸 (경)1994년 국회사무처 법제예산실 근무 1996년 同환경노동위원회 입법조사관 2002년 同법제실 법제3과장 2003년 同산업법제과장 2004년 미국 콜로라도대 연수 2006년 국회사무처 방송기획관실 기획편성담당관 2007년 同방송기획관실 기획편성담당관(부이사관) 2009년 同문화체육관광방송통신위원회 입법조사관 2011년 同예산결산특별위원회 입법심의관 2011년 전국경제인연합회 파견(부이사관) 2012년 국회사무처 정보위원회 입법심의관 2013년 同환경노동위원회 전문위원(이사관) 2017년 同환경노동위원회 수석전문위원(차관보급)(현) (종)기독교

**김양국(金良國)**

(생)1956 (주)경기도 평택시 팽성읍 추팔산단1길 23 추팔산업단지 (주)아이컴포넌트 대표이사실(031-719-4317) (학)1975년 경복고졸 1980년 한양대 고분자공학과졸 1983년 서울대 대학원 화학과졸 1992년 고분자공학박사(미국 미시간대) (경)1982~1985년 LG화학기술원 근무 1985~2000년 LS전선 근무 2000년 (주)아이컴포넌트 대표이사(현) 2010~2012년 한국화학공학회 부회장 2012년 한국고분자학회 부회장 2016년 한국공학한림원 정회원(화학생명공학분과 · 현)

**김양권(金良權) Kim Yang kwon**

(생)1957 · 9 · 11 (본)강릉(江陵) (출)충남 논산 (주)경기도 안산시 상록구 해안로 705 경기테크노파크 지원편의동 328-1호 (사)한국LED플라즈마조명산업협동조합(031-500-4731) (학)1977년 덕수상고졸 1982년 숭실대 경영학과졸 (경)1984~2003년 (주)LG생활건강 근무 2004~2011년 (주)대한하이라이트 대표이사 2004년 (주)코하이 대표이사(현) 2014년 (사)한국LED플라즈마조명산업협동조합 이사장(현)

**김양규(金良奎) KIM Yang Gyu**

(생)1964 · 10 · 28 (출)충남 부여 (주)서울특별시 마포구 마포대로 174 서울서부지방법원(02-3271-1114) (학)1982년 공주사대부고졸 1986년 고려대 법학과졸 (경)1990년 사법시험 합격(32회) 1993년 사법연수원 수료(22기) 1993년 창원지법 판사 1995년 同진주지원 판사 1996년 同사천시법원 판사 1997년 수원지법 평택지원 판사 1998년 同안성시법원 판사 2000년 同평택지원 판사 2001년 서울지법 판사 2003년 同남부지원 판사 2004년 서울고법 판사 2006년 서울남부지법 판사 2008년 대전지법 부장판사 2010년 인천지법 부장판사 2013년 서울남부지법 부장판사 2017년 서울서부지법 부장판사(현)

**김양균(金亮均) KIM Yang Kyun (石泉 · 海亭)**

(생)1937 · 1 · 10 (본)광산(光山) (출)광주 (주)서울특별시 성동구 고산자로 202 국제인권옹호 한국연맹(02-2281-1673) (학)1955년 광주고졸 1959년 전남대 법대졸 1973년 연세대 행정대학원 행정학과졸 1984년 행정학박사(한양대) 1997년 명예 법학박사(전남대) (경)1959년 고등고시 사법과 합격(11회) 1960년 관구(管區) 법무관 1961년 군단 법무관 1963년 육군정훈학교 교관 1964~1974년 광주지검 · 장흥지청 · 목포지청 · 서울지검 검사 1974년 대전지검 금산지청장 1974년 서울지검 의정부지청 검사 1977년 서울지검 검사 1978년 광주지검 부장검사 1979년 춘천지검 차장검사 1980년 청주지검 차장검사 1980년 광주지검 차장검사 1981년 제주지검 검사장 1982년 법무부 기획관리실장 1983년 광주지검 검사장 1985년 부산지검 검사장 1986년 광주고검 검사장 1987년 서울고검 검사장 1988~1994년 헌법재판소 재판관 1994~2018년 변호사 개업 1994년 한국공법학회 부회장 1998~2001년 누리문화재단 이사장 2000년 대한변호사협회 징계위원 2004~2013년 (주)금호산업 사외이사 2007년 국제인권옹호한국연맹 이사(현) 2008~2010년 광주시정원로자문회의 의장 2008~2012년 대동문

화포럼 이사장 2008년 광주한가람 이사장 2009~2015년 광주선진교통문화범시민운동본부 대표회장 2012~2015년 2015광주U대회 대표고문 (상)황조근정훈장(1986), 청조근정훈장(1997) (저)'소년선도 보호지침해설' '소년범죄의 예방책에 관한 연구' '石泉 金亮均박사 화갑기념전집(1·2·3)' '법조인의 좌우명' '독립투사 방원 김용환선생의 살신성인의 생애' '석천의 낚시세상' (종)기독교

## 김양섭(金良燮) Yang Seob KIM

(생)1970·12·22 (출)전남 영암 (주)서울특별시 마포구 마포대로 174 서울서부지방법원(02-3271-1114) (학)1989년 목포덕인고졸 1995년 서울대 법학과졸 (경)1994년 사법시험 합격(36회) 1997년 사법연수원 수료(26기) 1997년 軍법무관 2000년 서울지법 서부지원 판사 2002년 서울지법 판사 2004년 제주지법 판사 2006년 창원지법 진주지원 판사 2008년 의정부지법 고양지원 판사 2009년 서울고법 판사 2010년 대법원 재판연구관 2012년 전주지법 부장판사 2014년 의정부지법 고양지원 부장판사 2016년 서울서부지법 부장판사(현)

## 김양수(金良洙)

(생)1960·9·26 (출)전남 함평 (주)전라남도 광양시 광양읍 인덕로 1100 광양만권경제자유구역청 행정개발본부(061-760-5500) (학)1979년 광주살레시오고졸 1984년 전남대 정치외교학과졸 2005년 同행정대학원 행정학과졸 (경)1986년 공직 입문(7급 공채) 1990년 전남도 지역경제국 지역경제과·상무지원사업소 근무 2000년 함평군 엄다면장·문화관광과장 2004년 전남도 감사관 2005년 同문화예술과 영산강유적담당 사무관 2011년 同서울투자유치사무소장·국회 협력관(서기관) 2012년 행정안전부 광주통합전산센터 서기관 2013년 전남도 사회복지과장 2015년 전남도의회 입법지원관(의사담당관) 2015년 전남 영암군 부군수 2017년 교육파견(서기관) 2018년 전남도 모터스포츠담당관 2018년 同기업도시담당관 2019년 광양만권경제자유구역청 행정개발본부장(지방부이사관)(현) (상)국무총리표창(2007), 대통령표창(2010), 대한민국지역사회복지대상(2014)

## 김양수(金亮秀) KIM Yang Soo

(생)1960·11·30 (본)김해(金海) (출)서울 (주)서울특별시 송파구 올림픽로43길 88 서울아산병원 감염내과(02-3010-3300) (학)1979년 배문고졸 1986년 서울대 의대졸 1994년 同대학원 의학석사 1996년 의학박사(서울대) (경)1986~1987년 서울대병원 인턴 1987~1990년 同내과 전공의 1993~1995년 서울아산병원 전임의 1993년 울산대 의과대학 감염내과학교실 전임강사·조교수·부교수·교수(현) 1998~2000년 미국 Tufts Univ. School of Medicine Center for Adaptation Genetics and Drug Resistance 연구원 2002년 항생제잘쓰기국제연대(APUA) 한국본부 사무총장 2002년 울산대 항균제내성미생물유전학연구센터 소장 2002~2014년 서울아산병원 감염내과 과장 2017년 대한감염학회 이사장(현) (상)보건사회부장관표창(1991), 대한감염학회 학술상(2005) (저)'항생제 길잡이'(編) '감염질환'(編) '성인예방접종'(編) '의료기관의 감염관리'(編)

## 김양수(金良洙) KIM YANG SOO

(생)1964·11·9 (본)김해(金海) (출)전남 해남 (주)부산광역시 동구 중앙대로314 한국감정원 동남권역본부(051-469-9474) (학)서울 삼육고졸, 경희대 산업공학과졸, 연세대 대학원 도시계획학과졸 (경)2007년 한국감정원 천안지점 감정평가팀장 2008년 同천안지점장 2011년 同심사관리실장 2012년 同천안지점장 2014년 同부동산통계처장 2015년 同기획조정실장(1급) 2016년 同신사업본부장 2016년 同적정성조사본부장 2018년 同부동산시장관리본부장 2018년 同동남권역본부장(현) (상)행정자치부장관표창(2001), 재정경제부장관표창(2004), 국토해양부장관표창(2010) (저)'부동산설계'(2004, 한국FPSB)

## 김양수(金良洙) Kim, Yang Soo

(생)1968·3·28 (출)전북 (주)세종특별자치시 다솜2로 94 해양수산부 차관실(044-200-6001) (학)1985년 상산고졸 1989년 고려대 사학과졸 2003년 미국 워싱턴주립대 대학원 해양정책학과졸 2017년 물류학박사(인천대) (경)1991년 행정고시 합격(34회) 1998년 해양수산부 해양정책과 사무관 2000년 同해운물류국 해운정책과 사무관 2003년 同어업자원국 수산자원센터설립추진기획단 사무관 2003년 同기획관리실 행정관리담당관 2004년 同기획관리실 정보화담당관 2005년 同기획예산담당관 2005년 同국제협력담당관 2006년 同국제협력관실 국제협력팀장(부이사관) 2006년 대통령 산업정책비서관실 부이사관 2008년 마산지방해양항만청장 2008년 미국 연방해양대기청(NOAA) 파견(고위공무원) 2011년 교육 파견(고위공무원) 2013년 해양수산부 해양정책실 해양산업정책관 2014년 중앙공무원교육원 파견(고위공무원) 2014년 해양수산부 대변인 2016년 同해양정책실장 2017년 同기획조정실장 2018년 同차관(현) (상)홍조근정훈장(2013)

## 김양수(金洋洙) KIM Yang Soo

(생)1968·8·5 (출)전북 익산 (주)서울특별시 송파구 정의로 30 서울동부지방검찰청 형사1부(02-2204-4312) (학)1987년 원광고졸 1992년 서울대 법학과졸 (경)1997년 사법시험 합격(39회) 2000년 사법연수원 수료(29기) 2000년 수원지검 검사 2003년 제주지검 검사 2005년 인천지검 검사 2007년 서울중앙지검 검사 2010년 대검찰청 연구관 2012년 대구지검 검사 2013년 同부부장검사 2013년 서울중앙지검 부부장검사 2014년 수원지검 여주지청 부장검사 2015년 법무부 인권국 인권조사과장 2016년 춘천지검 속초지청장 2017년 서울중앙지검 조사2부장 2018년 대전지검 천안지청 형사1부장 2019년 서울동부지검 형사1부장(현)

## 김양우(金陽雨) KIM Yang Woo

(생)1953·3·10 (출)전북 전주 (주)인천광역시 남동구 남동대로774번길 21 가천대학교 길병원(032-460-3901) (학)연세대 의대졸, 同대학원 의학석사 1989년 의학박사(연세대) (경)1984~1988년 연세대 의대부속 신촌세브란스병원 성형외과 레지던트 1988~1993년 중앙길병원 성형외과 주임과장 1993~1996년 이화여대 의대 성형외과 조교수 1993년 同목동병원 성형외과장 1996~2013년 同의대 성형외과학교실 부교수·교수 1999년 同목동병원 의무부장 2002년 同의료원 기획조정실장 2007~2009년 同목동병원장 2013년 가천대 의대 성형외과학교실 교수(현) 2013~2016년 同길병원 경영원장 2016~2018년 同길병원 성형외과장 2016~2018년 학교법인 가천학원 의료원장(가천대부속 동인천길병원·길한방병원 총괄) 2018년 가천대 길병원장(현) (저)'성형외과학'

## 김양원(金良源) Kim, Yang-Won

(생)1965·10·19 (본)부안(扶安) (출)전북 부안 (주)전라북도 전주시 완산구 노송광장로 10 전주시청 부시장실(063-281-2010) (학)1983년 전주 영생고졸 1988년 고려대 농업경제학과졸 2006년 미국 미시간대 대학원 도시계획학과졸 (경)1991년 행정고시 합격(35회) 1993년 전북도공무원교육원 교무계장 1996년 전북도 기획계장 2003년 同투자유치사무소장(서기관) 2004년 국외훈련 파견(미국 미시간주립대) 2006년 전북도 투자유치국 투자유치과장 2007년 同투자유치국장 2009년 교육파견(부이사관) 2009년 전북도 대외협력국장 2010년 同대외소통국장 2010년

한국개발연구원 교육파견(부이사관) 2013년 새만금군산경제자유구역청 산업본부장 2014년 전북도 문화체육관광국장 2014년 군산시 부시장 2017년 전북도 자치행정국장 2018년 同도민안전실장 직대 2018년 전북 전주시 부시장(현)

### 김양진(金洋振) KIM Yang Jin

(생)1956·1·1 (출)경기 (주)서울특별시 서초구 효령로 275 BC카드(주) 감사실(02-520-4114) (학)1975년 휘문고졸 1980년 서울대 농업교육학과졸 (경)1983년 한일은행 입행 2003년 우리은행 런던지점장 2005년 同대방동지점장 2007년 同시너지팀장 2007년 同중앙기업영업본부장 2008년 同준법감시인 2009년 同업무지원본부장(집행부행장) 2011년 同업무지원 수석부행장 2011~2014년 同수석부행장 2011년 우리금융지주 전무 겸임 2012~2014년 同미래전략본부 부사장 겸임 2015년 BC카드(주) 상임감사(현) (상)재정경제부장관표창(2003) (종)불교

### 김양평(金良枰) KIM Yang Pyoung

(생)1948·9·21 (본)김해(金海) (출)전남 여천 (주)경기도 파주시 산업단지길 139 (주)지엠피 비서실(031-940-3504) (학)1966년 여수수산고졸 1972년 조선대 기계공학과졸 (경)1972~1982년 광일농산(주) 전무이사, (주)이비코코리아 대표이사 사장 1985년 대산기계 대표 1985~2008년 (주)지엠피 대표이사 사장 1986년 (주)대산프라스틱기계 대표이사 사장 1989년 (주)바인딩코리아 대표이사 1990~1992년 한국사진작가협회 이사 1991년 (주)라미넥스 대표 2008년 (주)지엠피 공동대표이사 회장(현) (상)상공부장관표창(1990), 국민은행 유망중소기업 선정(1990), 국무총리표창(1991), 대통령표창(1992), 국세청장표창(1994), 중소기업협동조합중앙회장표창(1995), 한국경제신문 벤처기업금상(1996)

### 김양하(金亮夏) Kim Yang Ha

(생)1961·1·27 (출)대전 (주)서울특별시 양천구 목동동로 233 방송통신심의위원회 방송심의국(02-3219-5020) (학)1987년 충남대 독어독문학과졸 1990년 중앙대 대학원 신문방송학과졸 (경)1990년 한국언론연구원 근무 1995년 종합유선방송위원회 근무 2003년 방송위원회 공보실장 2007년 同평가심의국 심의2부장 2008년 방송통신심의위원회 선거방송심의지원단장 2008년 同심의1국 광고심의1팀장 2009년 同방송심의실장 2011년 同통신심의국장 2012년 同통신심의국 전문위원 2013년 同광주사무소장 2015년 同부산사무소장 2018년 同방송심의국장 겸 선거방송심의지원단장(현)

### 김양한(金樑漢) KIM Yang Hann (연송제)

(생)1950·8·21 (본)광산(光山) (출)경북 의성 (주)대전광역시 유성구 대학로 291 한국과학기술원 공과대학 기계공학과(042-350-3025) (학)1969년 서울고졸 1978년 서울대 조선공학과졸 1985년 기계공학박사(미국 매사추세츠공과대) (경)1984년 한국과학기술대 메카트로닉스과 부교수 1989~2015년 한국과학기술원(KAIST) 기계공학과 교수 1989~2000년 한국음향학회 교육 및 연구부문 위원장·이사 1992~1996년 한국소음진동공학회 논문편집이사 1996년 한국과학기술원 기계공학부장 1998~2000년 同학생처장 겸 학생생활상담소장 2003~2005년 同기계공학과장 2003~2007년 同BK사업단장 2004~2009년 同소음진동제어연구센터장 2005년 同문화기술대학원 교수 겸임 2006~2007년 同교육혁신본부장, 미국음향학회 석학회원 2015년 한국과학기술원 공과대학 기계공학과 명예교수(현) 2016년 (주)에스큐그리고 대표, 同최고기술책임자(CTO) 겸 자문회의 의장(현) (상)한국음향학회 학술상, 한국소음진동학회 강월논문상, 국제학술상, 미국음향학회 Acoustic Gallery 은상, 한국과학기술원(KAIST) 우수강의상, 기술 혁신상, 한국소음진동공학회 국제협력상, 미국음향학회(ASA) 로싱상(2015), 옥조근정훈장(2015) (저)'Fundamentals of Pneumatics for Automation'(1988) '음향학강의'(2005) 'Sound Propagation : An Impedance Based Approach'(2010, John Wiley and Sons) 'Sound Visualization and Manipulation'(2013, John Wiley and Sons) (종)천주교

### 김양현(金良炫) KIM Yang Hyun

(생)1961·12·28 (출)광주 (주)울산광역시 중구 종가로 345 한국산업인력공단 능력개발이사실(052-714-8004) (학)1981년 광주 인성고졸 1988년 전남대 행정학과졸, 서울대 행정대학원졸 2015년 전남대 대학원 공공행정학과졸 (경)1991년 행정고시 합격(35회) 2000년 노동부 노동조합과 서기관 2002년 同노사정책과 서기관 2002년 목포지방노동사무소장 2006년 노동부 근로기준국 퇴직급여보장팀장 2006년 同근로기준국 임금근로시간정책팀장 2007년 同노사정책국 노사관계법제팀장 2008년 同산업안전보건국 안전보건지도과장 2010년 고용노동부 노사정책실 안전보건정책과장(부이사관) 2010년 중부고용노동청 인천고용센터소장 2011년 전남지방노동위원회 위원장 2015년 광주지방고용노동청장 2017년 전북지방노동위원회 위원장 2019년 한국산업인력공단 능력개발이사(현)

### 김양호(金良鎬) KIM Yang Ho

(생)1961·12·1 (본)삼척(三陟) (출)강원 삼척 (주)강원도 삼척시 중앙로 296 삼척시청 시장실(033-570-3201) (학)1980년 삼척고졸 1987년 강원대 법과대학 행정학과졸 (경)민자당 삼척시지구당 청년부장 1995~2006년 삼척시 비서실장 2006년 민주평통 자문위원 2006·2010~2014년 강원도의회 의원(한나라당·무소속) 2008~2010년 同기획행정위원장, 한나라당 강원도당 정책자문위원 2014~2018년 강원 삼척시장(무소속·더불어민주당) 2018년 강원 삼척시장(더불어민주당)(현) (상)TV조선 '한국의 영향력 있는 CEO'(2015)

### 김양호(金亮澔)

(생)1970·12·27 (출)서울 (주)서울특별시 도봉구 마들로 749 서울북부지방법원(02-910-3114) (학)1989년 숭실고졸 1994년 서울대 법학과졸 (경)1995년 사법시험 합격(37회) 1998년 사법연수원 수료(27기) 1998년 軍법무관 2003년 전주지법 남원지법 판사 2004년 대전지법 판사 2007년 청주지법 충주지원 판사 2009년 대전고법 판사 2010년 대전지법 판사 2011년 사법연수원 교수 2013년 제주지법 부장판사 2015년 의정부지법 고양지원 부장판사 2017년 서울북부지법 부장판사(현)

### 김양훈(金良勳)

(생)1974·12·1 (출)대구 (주)경기도 수원시 영통구 법조로 105 수원지방법원 총무과(031-210-1101) (학)1993년 경신고졸 2000년 서강대 법학과졸 (경)1999년 사법시험 합격(41회) 2002년 사법연수원 수료(31기) 2002년 서울지법 판사 2004년 서울북부지법 판사 2006년 춘천지법 강릉지원 판사 2009년 수원지법 판사 2012년 서울동부지법 판사 2015년 서울중앙지법 판사 2017년 창원지법 부장판사 2019년 수원지법 부장판사(현)

### 김양희(金亮希·女) KIM Yang Hee

(생)1969·11·6 (출)전북 김제 (주)충청북도 청주시 서원구 산남로 62번길 51 청주지방법원(043-249-7114) (학)1986년 기전여고졸 1991년 서울대 사법학과졸 (경)1993년 사법시험 합격(35회) 1996년 사법연수원 수료(25기) 1996년 서울지법 서부지원 판사 1998년 서울지법 판사 2000년 광주지

법 판사 2003년 同순천지원 판사 2005년 수원지법 판사 2007년 서울중앙지법 판사 2008년 서울고법 판사 2010년 서울가정법원 판사 2013년 전주지법 부장판사 2015년 대전지법 부장판사 2018년 청주지법 부장판사(현)

**김억곤(金億坤) KIM Ug Kon**

(생)1950·8·12 (본)김해(金海) (출)경남 양산 (주)경상남도 김해시 생림면 나전로161번길 80 대원기계(주)(055-323-1080) (학)1969년 부산 개성고졸 1974년 동국대 경영학과졸 1995년 포항공대 최고경영자과정 수료 2002년 동국대 대학원 인사관리학과졸 (경)1973년 동국대 총학생회장 1975~2001년 범양상선(주) 해무부·총무부 근무·포항지점장·관리본부장·전무이사 2001~2004년 포스인터내셔날(주) 대표이사 2003년 인천항발전협의회 부회장 2005년 대원기계(주) 대표이사(현) 2008~2011년 한국생산기술연구원 비상임감사

**김언호(金彦鎬) KIM Eoun Ho**

(생)1945·10·26 (출)경남 밀양 (주)경기도 파주시 광인사길 37 도서출판 한길사(031-955-2000) (학)1964년 부산상고졸 1968년 중앙대 신문학과졸 1970년 서울대 대학원 신문학과졸 (경)1968~1975년 동아일보 기자 1975년 동아자유언론실천운동 임원 1976년 도서출판 한길사 설립·대표 1984년 대한출판문화협회 이사 및 상무이사 1990년 한국출판협동조합 이사 1991년 (주)한길사 대표이사(현) 1991년 파주출판문화정보산업단지 문화정책위원장 1997년 서울출판인포럼 대표 1997~2005년 파주헤이리아트밸리건설위원회 이사장 1998~2002년 한국출판인회의 회장 1998년 도서출판 한길아트 대표(현) 1999년 경희대 언론정보대학원 겸임교수 1999년 북토피아 설립위원장 2002년 청암언론문화재단 이사 2005~2008년 한국문화예술위원회 위원 2008~2010년 동아시아출판인회의 의장 2009~2011년 파주출판도시입주기업협의회 회장 2011~2018년 파주북소리축제조직위원회 공동위원장 2011년 한국·중앙아시아스토리텔링위원회 위원장 2013~2019년 파주출판도시문화재단 이사장 (상)중앙 언론문화상(출판부문), 대한민국 문화예술상 문화부문, 파주시문화상(2009), 옥관문화훈장(2011) (저)'출판운동의 상황과 논리' '책의 탄생' '책의 공화국에서'(2009) '한 권의 책을 위하여'(2012) '책들의 숲이여 음향이여'(2014) '세계서전기행'(2016)

**김여송(金汝松) KIM Yeo Song**

(생)1951·9·12 (출)전남 함평 (주)광주광역시 동구 금남로 238 광주일보 사장실(062-222-8111) (학)1975년 한국외국어대 경제학과졸 (경)1977~1987년 광주일보 사회부·정치부 기자 1987~1988년 同정치부 기자(서울) 1988~1992년 同정치부 차장 1992~1999년 同정치부장 1999~2002년 同편집국 정치담당 부국장 2000년 남북정상회담언론대표단 기자 2002~2012년 (주)광림 대표이사 사장 2012년 광주일보 대표이사 사장(현) 2012년 한국신문협회 이사 2013년 한국신문윤리위원회 이사(현) 2014년 한국신문협회 부회장 (상)한국외국어대 언론인상(2012) (종)가톨릭

**김여수(金麗壽) KIM Yer Su**

(생)1936·12·30 (본)청풍(淸風) (출)황해 해주 (주)서울특별시 관악구 관악로 1 서울대학교 철학과(02-880-6218) (학)1959년 미국 하버드대 철학과졸, 同대학원졸 1966년 철학박사(독일 본대) (경)1966~1967년 합동통신 워싱턴지국장 1967~1971년 국가안전보장회의 전문위원 1971~1977년 성균관대 조교수·부교수 1974년 싱가포르국립대 방문교수 1977~1998년 서울대 철학과 조교수·부교수·교수 1980~1985년 유네스코총회 한국대표 1981년 한국정신문화연구원 기획조정실장 겸 철학연구실장 1981~1986년 한국분석철학회 회장 1982~1990년 하버드클럽 회장 1983년 유네스코 한국위원회 사회과학분과 부위원장 1990년 한국철학회 국제교류위원장 1993~1997년 세계철학회(FISP) 집행위원 1993년 서울대 철학사상연구소장 1995년 한국철학회 회장 1995년 유네스코본부 인문과학국장 1996~2000년 同철학윤리국장 1998년 세계철학자회의 부회장 2000년 한국정신문화연구원 초빙교수 2000~2004년 유네스코 한국위원회 사무총장 2002년 인문정책연구위원회 위원장 2003~2005년 문화재청 문화재위원 2003~2005년 문화재위원회 문화재제도분과위원장 2005~2010년 경희대 평화복지대학원 교수 2005~2007년 同NGO대학원장 2007~2014년 同미래문명원장 2010년 同평화복지대학원 객원교수, 서울대 철학과 명예교수(현) (저)'Cultural Policy in Korea' '정의의 철학'(共) 'The Role of University in National Development' '인문과학의 새로운 방향'

**김 연(金 蓮·女)**

(생)1967·11·5 (주)충청남도 예산군 삽교읍 도청대로 600 충청남도의회(041-635-5057) (학)천안여고졸, 경기대 영어영문학과졸, 교육학박사(경기대), 상담학박사(경기대) (경)민주당 충남도당 여성위원장, 미래사회연구원 원장, 경기대 강사, 행복한미래교육을위한시민운동본부 인성충효위원장 2010년 충남 천안시의원선거 출마(비례대표, 민주당) 2014~2018년 충남도의회 의원(비례대표, 새정치민주연합·더불어민주당) 2014·2016~2018년 同문화복지위원회 위원 2014·2016년 同윤리특별위원회 위원 2014년 同충청권상생발전특별위원회 위원 2015년 단국대 초빙교수(현) 2015년 충남도의회 예산결산특별위원회 위원 2016년 더불어민주당 충남도당 대변인(현) 2016~2017년 충남도의회 윤리특별위원회 부위원장 2017~2018년 同백제문화유적세계유산확장등재 및 문화관광활성화특별위원회 부위원장 2017년 충남도 국외소재문화재실태조사단장(현) 2018년 더불어민주당 중앙당 부대변인(현) 2018년 同교육특별위원회 부위원장(현) 2018년 충남도의회 의원(더불어민주당)(현) 2018년 同문화복지위원회 위원장(현) 2018년 同인사청문특별위원회 위원장(현) (상)2015매니페스토약속대상(2016), 2016매니페스토약속대상 좋은조례분야(2017), 2017매니페스토약속대상 최우수상 공약이행분야(2017), 2018매니페스토약속대상 최우수상 지방선거부문(2019), 보건복지부장관표창(2019)

**김연경(金軟景·女) KIM Yeonkoung**

(생)1988·2·26 (본)김해(金海) (출)경기 안산 (학)2006년 한일전산여고졸 (경)2004년 제12회 아시아청소년여자배구선수권대회 청소년 대표 2005년 흥국생명 여자배구단 입단 2005년 제9회 세계유스선수권대회 청소년대표 2006·2007·2009년 흥국생명 V리그 3회 우승 2006년 세계여자배구선수권대회 국가대표 2006년 제15회 도하아시안게임 국가대표 2007년 V리그 올스타 2008년 여자프로배구 첫 2000득점 2009~2011년 일본 JT마베라스 소속 2010년 AVC여자배구대회 국가대표 2010년 제16회 광저우아시안게임 은메달 2011~2017년 터키 페네르바체 아즈바뎀·터키 페네르바체 유니버설 소속(레프트) 2011년 그랑프리 세계여자배구선수권대회 국가대표 2011년 제16회 아시아여자배구선수권대회 국가대표 2011년 여자배구월드컵 국가대표 2012년 제30회 런던올림픽 국가대표 2012년 페네르바체 유럽배구연맹(CEV) 챔피언스리그 우승 2013년 이스탄불·경주세계문화엑스포2013 명예홍보대사 2013년 한국관광공사 명예홍보대사 2014년 그랑프리 세계여자배구대회 국가대표 2014년 제17회 인천아시안게임 금메달 2015·2017년 터키 여자프로배구 수퍼컵 우승 및 터키 리그 우승(2회) 2016년 터키리그 결선 플레이오프 준우승 2017~2018년 중국 상하이 구오후아 라이프 입단(레프트) 2018년 제18회 자카르타-팔렘방아시안게임 여자배구 동메달 2018년 터키 엑자

시바시 비트라 입단(레프트)(현) (상)KT&G V리그 최우수선수 · 신인상 · 득점상 · 공격상 · 서브상(2006), 챔피언결정전 최우수선수상(2006 · 2007), 프로배구 V리그 여자부 최우수선수 · 공격상(2008), 프로배구 V리그 여자부 MVP(2009), 프로배구 V리그 여자부 정규리그 서브상(2009), 일본 V리그 여자부 최우수선수상(2011), CEV 챔피언스리그 MVP · 최다득점상(2012), MBN 여성스포츠대상 최우수선수상(2012), 국제배구연맹(FIVB) 선정 제30회 런던올림픽 여자배구 최우수선수(MVP)(2012), 터키 여자프로배구 수퍼컵 최우수선수(MVP)(2015), 한국여성단체협의회 올해의 여성상(2017), 환경재단 선정 '세상을 밝게 만드는 사람들' 문화부문(2017)

### 김연곤(金淵坤) KIM Youn Gon

(생)1966 · 4 · 25 (출)부산 (주)서울특별시 서초구 서초대로74길 4 삼성생명서초타워 법무법인 동인(02-2046-0648) (학)1985년 부산 배정고졸 1989년 서울대 공법학과졸 (경)1992년 사법시험 합격(34회) 1997년 사법연수원 수료(26기) 1997년 대구지검 검사 1999년 대전지검 논산지청 검사 2000년 수원지검 검사 2002년 서울지검 북부지청 검사 2004년 대구지검 포항지청 검사 2006년 서울중앙지검 검사 2009년 대검찰청 연구관 2010년 서울서부지검 부부장검사 2010년 제주지검 부장검사 2011년 부산지검 외사부장 2012년 서울서부지검 공판부장 2013년 창원지검 형사2부장 2014년 수원지검 안양지청 부장검사 2015년 서울북부지검 형사3부장 2016~2017년 수원지검 안산지청 형사1부장 2017년 법무법인(유) 동인 구성원변호사(현)

### 김연극(金淵極)

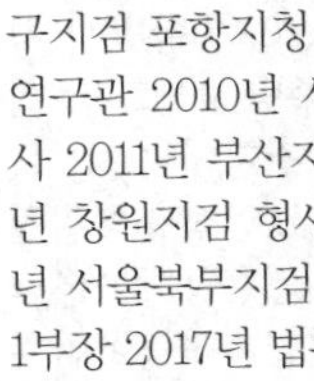

(생)1961 (주)서울특별시 중구 을지로5길 19 (주)동국제강 임원실(02-317-1114) (학)홍익대 경제학과졸 (경)1987년 (주)동국제강 입사 2011~2014년 同인천제강소 관리담당 2015~2017년 同봉강사업본부장 2017~2018년 同후판사업본부장(전무) 2018년 同사장 2019년 同각자대표이사 사장(현)

### 김연근(金連根) KIM Yeon Geun

(생)1960 · 6 · 17 (출)경북 상주 (주)서울특별시 종로구 사직로8길 39 김앤장법률사무소(02-3703-1114) (학)1978년 선린상고졸 1984년 성균관대 경영학과졸 1986년 서울대 국제경영대학원졸 (경)1984년 행정고시 합격(28회) 1998년 국세청 조사국 조사1과 서기관 2000년 김해세무서장 2001년 서부산세무서장 2002년 부산지방국세청 조사2국 1과장 2004년 구로세무서장 2005년 국세청 조사2과장 2005년 同조사기획과장 2006년 同청장비서관 2007년 서울지방국세청 조사2국장(부이사관) 2007년 미국 IRS 파견 2008년 서울지방국세청 국제거래조사국장(고위공무원) 2009년 同조사4국장 2010년 국세청 조사국장 2011년 同개인납세국장 2012년 同징세법무국장 2013년 同국제조세관리관 2013년 부산지방국세청장 2014~2015년 서울지방국세청장 2016년 공인회계사 개업 2016~2018년 세무법인 더택스 회장 2018년 김앤장법률사무소 고문(현) 2019년 SK가스(주) 사외이사 겸 감사위원(현) 2019년 CJ(주) 사외이사 겸 감사위원(현) (상)성균관대 경영대학동문회 자랑스런 경영대학동문상(2015)

### 김연명(金淵明) KIM Yeon Myung

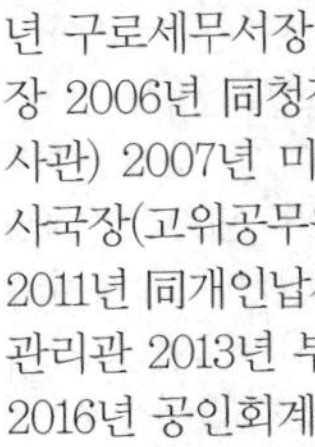

(생)1961 · 3 · 28 (출)충북 옥천 (주)인천광역시 중구 용유로 557 항공안전기술원(032-743-5500) (학)1980년 대전고졸 1985년 인하대 산업공학과졸 1987년 서울대 환경대학원 환경계획학과졸 1997년 교통공학박사(미국 Univ. of Maryland at College Park) (경)1997~2003년 교통개발연구원 항공교통연구실 연구위원 1998년 한국공항공단 외래강사 1998년 인하대 강사 1999년 단국대 강사 1999년 국가전문행정연수원 건설교통연수부 강사 1999~2009년 항공기소음대책위원회 실무위원 2000년 서울시립대 외래강사 2001년 한국항공대 외래강사 2003년 건설교통부 항공분과 평가위원장 2003~2010년 한국교통연구원 연구위원 2003년 同항공교통연구실장 2005년 서울대 환경대학원 객원교수 2008년 한국교통연구원 항공교통정보센터장 2008년 同항공교통연구실장, 국토해양부 항공정책심의위원회 위원, 同중앙건설심의위원회 위원 2010년 한국교통연구원 선임연구위원 2010년 同항공정책기술연구본부장 2010~2012년 국토해양부 인재개발원 교수 2012년 한국교통연구원 항공정책 · 기술본부장 2013년 국토교통부 국토교통인재개발원 교수 2013년 OECD 파견(선임연구위원) 2016년 한국교통연구원 항공교통본부장 2016년 同지식경영본부 경영부원장 2018년 同부원장 2018년 항공안전기술원 원장(현) (상)국민포장(2011) (종)기독교

### 김연명(金淵明) KIM Yeon Myoung

(생)1961 · 8 · 9 (본)경주(慶州) (출)충남 예산 (주)서울특별시 종로구 청와대로 1 대통령정책실 사회수석비서관실(02-770-0011) (학)1980년 제물포고졸 1986년 중앙대 문과대학 사회복지학과졸 1988년 同대학원 사회복지학과졸 1994년 사회복지학박사(중앙대) (경)2000~2018년 중앙대 사회과학대학 사회복지학부 교수 2000~2001년 한국사회복지학회 연구분과위원장 2001~2002년 보건복지부 의료보험통합추진위원회 위원 2003~2004년 참여연대 사회복지위원장 2005년 영국 LSE Asia Research Centre 방문연구원 2005~2006년 미국 워싱턴대 교환교수 2006년 보건복지부 국민연금발전위원회 위원 2006~2007년 한겨레신문 객원논설위원 2007~2009년 참여연대 상임집행위원장 2008~2010년 비판과대안을위한사회복지학회 회장 2008년 Policy & Politics 편집위원 2009~2013년 중앙대 사회개발대학원장 2010년 한국사회정책학회 부회장 2010년 한국사회복지학회 아시아학술교류위원장 2010년 미국 세계인명사전 'Marquis Who's Who in the World' 2011년판에 등재 2011년 미국 세계인명사전 'Marquis Who's Who in Asia' 2012년판에 등재 2011년 한국사회복지정책학회 회장 2015년 국회 공무원연금개혁특별위원회 국민대타협기구 위원 2017년 한국사회복지학회 부회장 2017년 국정기획자문위원회 사회분과 위원장 2017년 대통령직속 정책기획위원회 포용사회분과 위원 2018년 同포용사회분과 위원장 겸 국정과제지원단장 2018년 대통령정책실 사회수석비서관(현) (저)'사회투자와 한국사회정책의 미래(編)'(2009) (역)'한국복지국가성격논쟁(編)'(2002)

### 김연섭(金淵燮)

(생)1963 · 10 · 6 (주)경기도 의왕시 고산로 56 롯데첨단소재 경영기획본부(031-596-3408) (학)1990년 서울대 화학공학과졸 (경)1990년 현대석유화학(주) 입사 2005년 (주)롯데대산유화 기술기획팀장 2010년 호남석유화학(주) 에너지환경팀장 2012년 同기술경영 · 정보전략 이사 2014년 롯데케미칼(주) 안전환경기술부문장(이사) 2015년 同'S사 인수 TFT' 상무보 2016년 롯데첨단소재 경영기획본부장(상무보) 2017년 同경영기획본부장(상무)(현) (상)지식경제부장관표창(2009)

### 김연성(金淵星) KIM Youn Sung

(생)1963 · 11 · 23 (본)경주(慶州) (출)서울 (주)인천광역시 미추홀구 인하로 100 경영대학 경영학과(032-860-7759) (학)1982년 경복고졸 1986년 서울대 경영학과졸 1989년 同대학원 경영학과졸 1997년 경영학박사(서울대) (경)1992~1998년 국민은행 경제연구소 책임연구원 · 중소기업연구실장 1994년 미국 서던캘리포니아대(USC) 객원연구원 2000년 한국은행 객원연구원 2000년 이비즈홀딩스(주) 인터넷마케팅연구소장 2000~2006년 국가품질상 심사위원 2001년 인하대 경영학부 교수, 同경영대학 경영학과 교수(현) 2004~2006년 同산학협력단 경

영지원본부장 2004~2006 · 2008년 공기업경영평가위원 2005~2006년 정부혁신관리평가위원 2004~2008년 기술표준원 서비스품질인증전문위원 2007년 미국 서던캘리포니아대(USC) 교환교수 2010~2011년 OBS '이슈추적10' MC 2011년 인하대 연구처장 겸 산학협력단장 2012~2013년 同기획처장 2017년 한국생산관리학회 회장 2018년 한국품질경영학회 회장(현) (상)대통령표창(2006), 인하대 우수교육상 우수상(2011), 홍조근정훈장(2016) (저)'e-경영 성과를 높이는 101가지 기법(共)'(1999) '경영품질의 세계기준 말콤볼드리지(共)'(2000) 'e-서비스 생산관리(共)'(2002) '진실의 순간-에세이 서비스경영(共)'(2003) '캐스팅론(共)'(2003) '경영품질의 베스트 프랙티스(共)'(2004) '서비스경영(共)'(2004) '말콤볼드리지 성공법칙(共)'(2005) '경영품질론(共)'(2005) 'CEO를 위한 6시그마(共)'(2006) '물류학개론(共)'(2009) '품질경영론(共)'(2009) (역)'수익지대(共)'(1999) '실리콘밸리의 디지털네트워크(共)'(2000) '서비스수익 모델(共)'(2000) '마이클 포터의 경쟁론(共)'(2000) 'WOW프로젝트 1-내이름은 브랜드다(共)'(2004) '24가지 세일즈 함정(共)'(2004) '글로벌 시대의 서비스경영(共)'(2005) '생산관리(共)'(2010) (종)기독교

## 김연수(金連洙) KIM Yun Soo (東松)

(생)1941 · 5 · 8 (본)김해(金海) (출)평북 운산 (주)서울특별시 도봉구 도봉로 683 동성제약(주)(02-6911-3600) (학)1964년 성균관대 약학과졸 1983년 연세대 경영대학원 최고경영자과정 수료 1983년 중소기업진흥공단 최고경영자연수과정 수료 1988년 국제특허연수원 기업체경영자과정 수료 1988년 전국경제인연합회 전문경영인양성과정 수료 1989년 同최고경영자과정 수료 (경)1964년 국립의료원 약제과 근무 1964~1970년 보령제약(주) 근무 1970~1972년 동승약품상사 상무 1972~1977년 건풍제약(주) 무역개발부장 1977년 일양약품(주) 개발부장 1989~1991년 同이사 · 상무이사 1992~1997년 同개발담당 전무이사 1992년 대한약학회 이사 1995~1997년 한보케미칼(주) 대표이사 1996년 한국균학회 부회장 1997년 동성제약(주) 부사장 2000년 同부회장 2007년 세계인명사전 'International Who's Who 2007년판'에 등재 2017년 동성제약(주) 감사(현) 2017년 송음학술재단 이사장(현) (상)러시아 공로훈장 (저)'지름길 영어회화' (종)기독교

## 김연수(金淵秀) KIM Yeon Soo

(생)1960 · 4 · 19 (출)부산 (주)경기도 안양시 동안구 엘에스로 127 LS타워 11층 LS엠트론(주) 임원실(031-689-8288) (학)1978년 브니엘고졸 1982년 부산대 기계공학과졸 2005년 경북대 대학원 경영학과졸 2009년 서울대 최고경영자과정 수료 (경)1985년 LG전선(주) 입사 2000년 同광통신생산팀장 2003년 同통신생산공장장 2004년 同통신생산담당 이사 2007년 同통신사업부장(상무) 2009년 同글로벌마케팅부문장(상무) 2010년 同Global Business Group장(상무) 2011년 同통신솔루션사업본부장(전무) 2013년 同생산본부장(전무) 2014년 (주)LS I&D PMO부문장(전무) 2015년 同PMO부문장(부사장) 겸 Superior Essex PMO 2016년 가온전선(주) 대표이사(CEO) 2017년 LS엠트론(주) 대표이사(CEO) 2018년 同대표이사 사장(CEO)(현) (종)불교

## 김연수(金演洙) KIM Yon Su

(생)1963 · 9 · 15 (출)서울 (주)서울특별시 종로구 대학로 101 서울대학교병원 병원장실(02-2072-2100) (학)영동고졸 1988년 서울대 의대졸 1993년 同대학원 의학석사 1996년 의학박사(서울대) (경)1990년 서울대병원 내과 전공의 1994년 同신장내과 전임의 1996년 미국 Harvard Medical School Fellow 1998년 보라매병원 내과 전담의 1999년 서울대 의대 내과학교실 조교수 · 부교수 · 교수(현) 2002년 미국 Harvard Medical School 교환교수 2006년 서울대병원 중앙실험실장 2006~2008년 대한신장학회 총무이사 2007년 대한이식학회 이사(현) 2008년 서울대병원 신장내과장 2008년 대한신장학회 학술이사 2010년 서울대병원 진료협력담당 겸 국제진료센터장 2012년 서울대 의대 의학교육실장 2012년 同의대 교육부학장 2014~2016년 同의대 교무부학장 겸 의학대학원 교무부원장 2016~2019년 서울대병원 진료부원장 2019년 서울대병원 병원장(현) (상)미국이식학회 Young Investigator Award(1998), 서울대 우수교육상(2008), 대한신장학회 학술상(2011 · 2012), 서울대 의대 학술상(2011 · 2012) (저)'새콩팥과 살아가기'(2006) '만성신부전의 보전적 치료'(2007)

## 김연수(金妍秀 · 女) Kim Yeon Su

(생)1964 · 6 · 10 (주)전라북도 전주시 완산구 서학로 95 국립무형유산원(063-280-1600) (학)서울대 대학원 고고미술사학과졸 (경)2005년 문화재청 궁중유물전시관 학예연구실장 2005년 同국립고궁박물관 전시홍보과장 2011년 同국립고궁박물관 유물과학과장 2013년 同국립문화재연구소 미술문화재연구실장 2014년 통일교육원 교육파견(과장급) 2015년 문화재청 문화재활용국 국제협력과장 2016년 국립고궁박물관장 2018년 국가공무원인재개발원 교육 훈련(과장급) 2019년 문화재청 국립무형유산원장(국장급)(현) (종)불교

## 김연식

(생)1958 · 4 · 27 (출)전북 정읍 (주)전라남도 광양시 광양읍 인덕로 1100 광양만권경제자유구역청 투자유치본부(061-760-5020) (학)전라고졸, 연세대 행정학과졸, 핀란드 알토대 대학원 Executive MBA(석사) (경)1991년 대한무역투자진흥공사(KOTRA) 코펜하겐무역관 과장 1998년 同요하네스버그무역관 차장 2001년 同총무팀 차장 2003년 同파나마무역관장 2007년 同홍보팀장 2010년 同토론토무역관장 2013년 同투자유치실장 2015년 同투자기획실장 2017년 同투자기획실 처장 2018년 광양만권경제자유구역청 투자유치본부장(현)

## 김연우(金淵佑) KIM Yeoun Woo

(생)1967 · 9 · 22 (본)경주(慶州) (출)경북 영양 (주)대구광역시 수성구 동대구로 364 대구고등법원(053-755-1882) (학)1986년 경안고졸 1990년 고려대 법학과졸 1991년 同대학원졸 (경)1991년 사법시험 합격(33회) 1994년 사법연수원 수료(23기) 1994년 軍법무관 1997년 대구지법 판사 2000년 同상주지원 판사 2002년 대구지법 판사 2005년 대구고법 판사 2007년 대법원 재판연구관 2009년 창원지법 부장판사 2010년 대구지법 영덕지원장 2012년 대구지법 부장판사 2016년 대구지법 · 대구가정법원 김천지원장 2017년 부산고법 부장판사 2019년 대구고법 부장판사(현)

## 김연준(金娟準 · 女)

(생)1974 · 8 · 21 (주)서울특별시 종로구 세종대로 209 금융위원회 공정시장과(02-2100-2685) (학)1993년 숙명여고졸 1997년 서울대 경영학과졸 2001년 同국제대학원 경제학과졸 (경)행정고시 합격(44회) 2002년 재정경제부 경제협력국 경협총괄과 행정사무관 2003년 同경제협력국 개발협력과 행정사무관 2006년 同금융정책국 금융허브기획과 행정사무관 2007년 同증권제도과 행정사무관 2008년 기획재정부 증권제도과 행정사무관 2008년 금융위원회 금융정책국 국제협력팀 사무관 2009년 일본 국립정책연구대학원 국외훈련(사무관) 2012년 금융위원회 중소서민금융정책관실 중소금융과 서기관 2014년 同금융소비자보호기획단 금융관행개선개선2팀장 2015년 同금융제도팀장 2016년 同전자금융과장 2017~2018년 한국은행 파견(서기관) 2018년 국민경제자문회의 지원단 파견 2019년 금융위원회 공정시장과장(현)

## 김연철(金淵喆) Kim, Youn Chul

(생)1961·12·5 (출)서울 (주)서울특별시 중구 청계천로 86 한화빌딩 (주)한화시스템(02-729-3030) (학)1979년 여의도고졸 1986년 연세대 기계공학과졸 (경)1986년 (주)한국종합기계 입사 1999년 同항공기부품사업부 항공사업팀장 2005년 (주)한화 제조부문 항공우주사업팀 천안공장장 2007년 한화유니버셜베어링스 법인장 2011년 同상무 2012년 (주)한화테크엠 대표이사 전무 2015년 (주)한화 기계부문 각자대표이사 전무 2016~2019년 同기계부문 대표이사 부사장 2019년 (주)한화시스템 대표이사 사장(현)

## 김연철(金錬鐵) Kim Yeon-Chul

(생)1964·3·26 (출)강원 동해 (주)서울특별시 종로구 세종대로 209 통일부 장관실(02-2100-5600) (학)북평고졸 1990년 성균관대 정치외교학과졸 1992년 同대학원 정치외교학과졸 1996년 정치외교학박사(성균관대) (경)1997~2002년 삼성경제연구소 북한팀 수석연구원 2002~2004·2006~2008년 고려대 아세아문제연구소 연구교수, 국가안전보장회의 자문위원 2003년 대통령자문 정책기획위원회 국가발전전략분과 통일외교위원 2004~2005년 통일부 장관(정동영) 정책보좌관 2008~2010년 한겨레통일문화재단 한겨레평화연구소장 2010~2018년 인제대 통일학부 통일학전공 교수 2017년 통일부 정책혁신위원회 위원 2017~2018년 국가안보실 정책자문위원회 위원 2017~2019년 민주평통 국민소통분과 위원장 2018년 남북정상회담준비위원회 전문가 자문위원 2018~2019년 통일연구원 원장 2019년 통일부 장관(현) (상)제15회 통일언론상 대상(2009) (저)'북한의 산업화와 경제정책' '민족의 희망찾기'(共) '남북경협 GUIDE LINE(북한의 투자환경과 진출전략)'(共) '북한의 배급제 위기와 시장개혁 전망' '북한의 정보통신기술'(共) '북한 경제개혁 연구'(共) '냉전의 추억'(2009) (종)불교

## 김연하(金煉夏) KIM Yon Ha

(생)1963·4·6 (출)경북 (주)경기도 고양시 일산동구 장백로 209 의정부지방법원 고양지원 총무과(031-920-6112) (학)1983년 경신고졸 1989년 서울대 경제학과졸 (경)1991년 사법시험 합격(33회) 1994년 사법연수원 수료(23기) 1994년 부산지법 판사 1996년 同동부지원 판사 1998년 서울지법 의정부지원 판사 2000년 同의정부지원 포천군법원 판사 2001년 同남부지원 판사 2004년 서울중앙지법 판사 2006년 서울고법 판사 2007년 대법원 재판연구관 2009년 청주지법 부장판사 2011년 수원지법 안양지원 부장판사 2014년 서울중앙지법 부장판사 2017년 서울북부지법 부장판사 2018년 의정부지법 고양지원장(현)

## 김연학(金演學)

(생)1960·2·5 (주)서울특별시 서대문구 통일로 81 (주)농협네트웍스(02-2140-5000) (학)1979년 충북고졸 1986년 충남대 사회학과졸 (경)1988년 농협중앙회 입회 2009년 同신봉동지점장 2010년 同음성군지부장 2012년 同중앙교육원장 2013년 NH농협은행 충북영업본부 부행장보 2015년 同미래전략부장 2016년 同기획실장 2016년 同인재개발원 부원장 2017~2019년 同HR·업무지원부문 및 신탁부문 부행장 2019년 (주)농협네트웍스 전무이사(현)

## 김연학(金淵鶴)

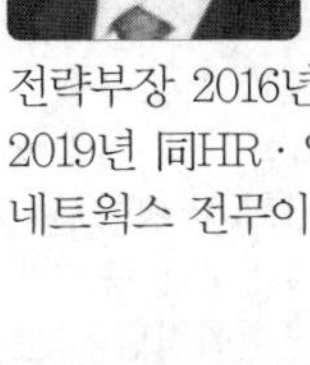

(생)1973·11·16 (출)충남 연기 (주)서울특별시 서초구 서초중앙로 157 서울중앙지방법원(02-530-1114) (학)1992년 한밭고졸 1996년 서울대 법학과졸 (경)1995년 사법시험 합격(37회) 1998년 사법연수원 수료(27기) 1998년 軍법무관 2001년 서울지법 동부지원 판사 2003년 서울지법 판사 2005년 대구지법 판사 2009년 인천지법 인사담당관 2010~2011년 법원행정처 인사심의관 겸임 2011년 서울고법 판사 2013년 광주지법 순천지원·광주가정법원 순천지원 부장판사 2014년 대법원 재판연구관 2015년 인천지법 부장판사 2015~2017년 법원행정처 인사총괄심의관 겸임 2017년 서울중앙지법 부장판사(현)

## 김연호(金淵鎬) KIM Yern Ho (石泉)

(생)1951·9·23 (출)서울 (주)서울특별시 중구 남대문로5길 37 삼화빌딩 10층 삼화제지 비서실(02-753-1136) (학)1970년 경기고졸 1975년 서울대 화학공학과졸 1977년 同대학원졸 1979년 미국 뉴욕대 경영대학원졸 1986년 미국 보스턴대 대학원 경영학 박사과정 수료 (경)1979~1981년 상공부 차관비서관 1981~1982년 경원대 경영대학 전임강사 1986년 삼화실업·삼화제지 로얄금속공업 부사장 1989년 삼화제지 대표이사 사장 1997년 중앙케이블비전 회장 2008년 (주)삼화 회장(현) 2008년 삼화제지 회장(현) 2010~2016년 삼화모터스 회장 (종)기독교

## 김연화(金連花·女) Kim Yeun Hwa

(생)1953·5·1 (본)김해(金海) (출)충북 (주)서울특별시 마포구 독막로6길 11 우대빌딩 (사)소비자공익네트워크(02-325-3300) (학)1971년 무학여고졸 1975년 동덕여대 가정학과졸 1987년 同대학원 가정관리학과졸 1992년 중앙대 대학원 가정학 박사과정 수료 2001년 서울대 행정대학원 고위정책과정 수료 (경)1975~1988년 문경여고 교사 1983~1995년 안동상지실업전문대학·동덕여대·중앙대 강사 1990~1994년 (사)한국부인회 소비자상담실장 1991년 민간소비자단체 실무위원장 1992~1993년 한국소비자보호원 정책심의위원 1992~1994년 同소비자교육 외래전문강사 겸 자문위원 1994~1999년 한국여성개발원 강사 1994~2015년 (사)한국소비생활연구원 원장 1995~2000년 공동체의식개혁국민운동협의회 여성정책의장 1996년 건국대 강사 1997~1999년 환경부 폐기물분과 자문위원 1998~2001년 한국재활용품제품사용촉진국민운동본부 공동대표 1998년 제2의건국범국민추진위원회 위원 1999~2001년 환경부 소음진동분과위원회 위원 1999년 보건복지부 의료보험약관심사위원 1999년 환경농업실천가족연대 공동대표 1999년 민주평통 자문위원 1999~2000년 이화여대 소비자인간발달학과 강사 2000~2016년 금융감독원 분쟁조정위원 2003~2006년 한국소비자보호원 비상임이사 2005년 방송위원회 상품판매방송심의위원회 위원 2008~2012년 한국거래소 자율분쟁조정위원 2008~2010년 한국소비자단체협의회 부회장 2009~2012년 국민연금공단 비상임이사 2009~2011년 국회방송 자문위원 2010~2011년 한국소비자원 분쟁위원, 국무조정실 민간위원협의회 위원(현) 2011~2014년 경찰위원회 위원 2011년 한국의약품안전관리원 설립위원회 위원 2012년 同비상임이사(현) 2012~2014년 한국소비자단체협의회 회장 2012년 건강보험심사평가원 비상임이사 2012년 보건복지부 자문 보건의료직능발전위원회 위원 2012년 국민연금공단 이사 2013년 공정거래위원회 소비자정책위원회 위원(현) 2013~2016년 국민행복기금 비상임이사 2013~2016년 산업통상자원부 전기위원회 위원 2014년 同통상교섭민간자문위원회 위원(현) 2014~2016년 연합뉴스TV(뉴스Y) 시청자위원회 부위원장 2014년 국무총리소속 정보통신전략위원회 위원(현) 2014~2017년 가축위생방역지원본부 비상임이사 2015~2017년 시청자미디어재단 비상임이사 2015~2018년 한국의료분쟁조정중재원 비상임이사 2015년 (사)소비자공익네트워크 회장(현) 2016년 대통령직속 규제개혁위원회 행정사회분과 민간위원(현) 2017년 농림식품축산부 중앙가축방역심의회 위원(현) 2017년 국무조정실 식품안전정책위원회 전문위원회 위원 겸 민간위원협의회장(현) 2018년 해양수산부 자유무역협정이행에따르어업인등의지원위원회 위원(현) 2018년 농림축산식품부 제7기농림식품과학기술위원회 위원(현) 2019년 방송통신위원회 허위조작정보자율규제협의체 위원(현) 2019년 코리아세일

페스타 추진위원장(현) (상)범시민사회단체연합 우호협력상(2014) (저)'소비생활과 세제'(1996, 신광문화사) '소비자 과학콘서트'(2009, 미래북) (종)기독교

**김연화(金連和·女)**

(생)1967·10·24 (출)경남 함양 (주)서울특별시 양천구 신월로 386 서울남부지방법원(02-2192-1152) (학)1986년 정화여고졸 1990년 이화여대 법학과졸 (경)1996년 사법시험 합격(38회) 1999년 사법연수원 수료(28기) 1999년 서울지법 서부지원 판사 2001년 서울지법 판사 2003년 대전지법 논산지원 판사 2006년 인천지법 부천지원 판사 2009년 서울가정법원 판사 2011년 서울남부지법 판사, 서울서부지법 판사 2015년 울산지법 부장판사 2017년 인천지법 부천지원·인천가정법원 부천지원 부장판사 2019년 서울남부지법 부장판사(현)

**김연희(金衍希·女) KIM Yun-Hee**

(생)1957·12·25 (본)김녕(金寧) (출)전북 익산 (주)서울특별시 강남구 일원로 81 삼성서울병원 재활의학과(02-3410-2824) (학)1975년 숙명여고졸 1982년 연세대 의대졸 1990년 同대학원 의학석사 1996년 의학박사(연세대) (경)1986~1992년 전주예수병원 재활의학과 주임과장 1988~1992년 北완주지역장애자재활사업 책임자 1992~2002년 전북대 의대 재활의학과학교실 주임교수·진료과장 1996~1998년 미국 노스웨스턴의대 인지신경학 연구교수 2002~2010년 대한재활의학회 이사 2002~2003년 포천중문의대 재활의학교실 부교수 2003년 성균관대 의대 재활의학교실 교수(현) 2004~2006년 한국뇌기능매핑학회 이사장 2005~2011년 성균관대 의대 재활의학과 주임교수 겸 삼성서울병원 재활의학과장 2005~2012년 同대학원 인지과학협동과정 교수 2007년 보건복지부 질병관리본부 심의위원(현) 2007~2009년 대한뇌신경재활학회 이사장 2012년 삼성융합의과학원 융합의과학과·의료기기산업학과·디지털헬스학과 겸직교수(현) 2012~2017년 한국재활승마협회 초대 회장 2013년 대한신경조절학회 회장 2014년 同이사(현) 2014~2017년 삼성서울병원 심뇌혈관병원 예방재활센터장 2015년 성균관대 대학원 의료기기산업학과·디지털헬스학과 겸직교수(현) 2015~2017년 대한뇌신경재활학회 회장 2017년 同이사(현) 2017년 대한임상노인의학회 부회장(현) 2017년 (사)대한재활승마협회 회장(현) 2017년 건강보험심사평가원 의료평가위원회 급성기뇌졸중분과 평가위원(현) 2018년 대한민국의학한림원 정회원(재활의학·현) (상)대한재활의학회 학술상(1997·2000·2002·2005), 지멘스 뇌기능매핑학술상(2007), 국가연구개발 우수성과 100선(2009), 한국여의사회 JW중외학술대상(2015), 보건복지부장관표창(2015), 대한재활의학회 石筌 신정순 학술상(2016) (저)'재활의학전문의가 권하는 건강한 삶(共)'(2012, 중앙일보헬스미디어) '재활의학'(2012) '신경손상학'(2014) '노인의학'(2018) '뇌혈관외과학'(2018) '치매와 인지재활'(2018) (종)기독교

**김열홍(金烈弘) KIM Yeul Hong**

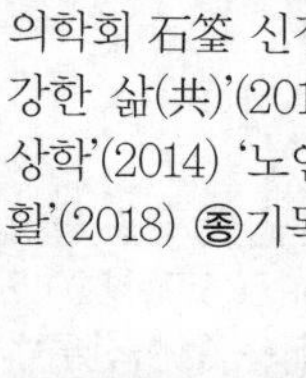

(생)1959·2·15 (본)김해(金海) (출)광주 (주)서울특별시 성북구 고려대로 73 고려대 안암병원 종양혈액내과(02-920-5569) (학)1977년 광주제일고졸 1983년 고려대 의대졸 1987년 同대학원 의학석사 1994년 의학박사(고려대) (경)1987년 軍의관 1990년 고려대 의대 내과학교실 임상강사 1992년 서울위생병원 내과 4과장 1993~1995년 미국 엠디앤더슨암센터 연구강사 1995년 고려대 의대 종양혈액내과학교실 조교수·부교수·교수(현) 1997년 同안암병원 혈액종양내과장 2001~2002년 同혈액종양내과 임상과장(분과장) 2001~2011년 보건복지부 지정 폐암·유방암·난소암유전체연구센터 소장 2002년 미국 MD Anderson Cancer Center 위장종양학·흉부종양학 방문과학자 2004년 대한암학회 총무이사·편집부위원장·학술위원장(상임이사) 2005~2008년 한국임상암학회 총무이사 2007년 보건의료심사평가원 암질환심의위원회 위원 2007~2010년 대한내과학회 수련이사 2007~2010년 대한항암요법연구회 총무·위암분과위원장 2008년 한국유전체학회 운영위원장·부회장 2010~2012년 대한항암요법연구회 회장 2012~2016년 고려대 안암병원 종양혈액내과 암센터장 2013년 한국유전체학회 회장 2016~2019년 대한암학회 이사장 2016년 KU-MAGIC연구원 정밀의료연구단장(현) (상)고려대의료원 학술상·우수상, 사노피아벤티스 학술상(2012), 근정포장(2014)

**김 엽(金 燁) KIM Yub**

(생)1933·8·10 (본)안동(安東) (출)경북 청송 (주)충청북도 제천시 세명로 65 대원교육재단 이사장실(043-646-1717) (학)1952년 안동고졸 1956년 경북대 사학과졸 1958년 同대학원졸 1982년 문학박사(영남대) (경)1964~1969년 경북대 문리대학 조교수·부교수 1969~1984년 同인문대학 교수 1977년 대만대 객원교수 1981년 경북대 도서관장 1983년 미국 하버드대 객원교수 1984~1988년 안동대학 학장 1991년 세명대학 학장 1993~1998년 세명대 총장 1999년 학교법인 대원교육재단(세명대·세명고) 이사장(현) (상)국민훈장 무궁화장 (저)'중국고대연좌제도연구' (종)기독교

**김 영(金 瑛) KIM Yeong**

(생)1954·7·13 (출)경남 마산 (주)경상남도 진주시 진주대로 501 경상대학교 공과대학 도시공학과(055-772-1772) (학)1978년 고려대 건축공학과졸 1981년 同대학원 건축공학과졸 1983년 미국 뉴욕주립대 대학원 도시설계학과졸 1989년 건축공학박사(고려대), 도시계획학박사(영국 리버풀대) (경)경상대 공과대학 건설공학부 도시공학전공 교수 1997~1999년 영국 리버풀대 객원연구교수(교육부 국비해외 파견교수) 2005~2007년 대한국토도시계획학회 이사 2006~2007년 경상대 공과대학 교수회장 2007~2008년 同환경및지역발전연구소장 2009~2010년 同공학연구원장 2009~2010년 경남녹색성장포럼 대표 2009~2015년 한국도시행정학회·(사)한국주거환경학회 부회장 2009~2019년 경상대 공과대학 건축도시토목공학부 도시공학과 교수 2013~2015년 同공과대학장 2013년 국무총리 도시재생특별위원회 민간위원 2014년 창원도시재생지원센터장(현) 2015년 경상대 환경및지역발전연구소장 2016년 (사)한국주거환경학회 회장(현) 2019년 경상대 공과대학 도시공학과 명예교수(현) (저)'단지계획'(1999, 보성각)

**김 영(金 榮) KIM Young**

(생)1958·8·26 (출)전북 완주 (주)전라북도 전주시 덕진구 사평로 20 법무법인 백제(063-275-7070) (학)1984년 전북대 법학과졸 1986년 同대학원졸 (경)1988년 사법시험 합격(30회) 1991년 사법연수원 수료(20기) 1991년 변호사 개업 2013년 전북지방변호사회 회장 2013~2017년 전북대총동창회 회장 2013~2014년 전북도 정무부지사 2014년 법무법인 백제 변호사(현)

**김영걸(金永杰) KIM Young Keol**

(생)1953·7·7 (본)광산(光山) (출)경기 광주 (주)서울특별시 강서구 마곡동로 110 코오롱생명과학(주) 감사실(02-3677-3114) (학)1972년 국립철도고졸 1976년 고려대 토목공학과졸 1984년 서울대 환경대학원 환경계획학과 수료 1986년 미국 텍사스대 오스틴교 대학원 교통공학과졸 2007년 토목공학박사(서울시립대) (경)1979년 기술고시 합격(15회) 1993년 서울시 선유정수사업소장 1995년 同도시시설안전관리본부 안전관리실

장 1996년 同건설안전본부 교량관리부장 1998년 同도로계획과장 2003년 同건설기획국장(부이사관) 2005년 同도시계획국장 2006년 同도시계획국장(이사관) 2006년 同지하철건설본부장 2008년 同도시기반시설본부장(관리관) 2009년 同균형발전본부장 2010~2011년 同행정2부시장 2010년 서울메트로 사장 겸임 2011년 고려대 건축학과 초빙교수(현) 2018년 코오롱생명과학(주) 상근감사(현) (상)녹조근정훈장, 고운문화상(2005), 황조근정훈장 (종)천주교

### 김영걸(金永杰) KIM Young Gul (梧水)

(생)1960 · 7 · 31 (본)김해(金海) (출)서울 (주)서울특별시 동대문구 회기로 85 한국과학기술원 정보미디어경영대학원(02-958-3614) (학)1979년 홍익고졸 1983년 서울대 산업공학과졸 1985년 同대학원졸 1990년 경영학박사(미국 미네소타대) (경)1990~1993년 미국 피츠버그대 조교수 1993년 한국과학기술원(KAIST) 경영대학 및 정보미디어경영대학원 교수(현) 1994~1995년 오리콤 신정보인프라구축 자문교수 1994년 매일유업 IT자문교수 · CIO 1995년 삼성그룹 사장단 정보화교육 책임교수 1996~1999년 증권예탁원 전산고문 1997~2000년 홈쇼핑TV 자문교수 1999~2000년 하나은행 IT자문교수 2001~2002년 맥킨지코리아 KOREA IT전략보고서 자문교수 2001~2007년 한국과학기술원(KAIST) 지식경영연구센터장 2003~2007년 同Executive MBA 프로그램 책임교수 2007년 법무부 전국검사장혁신교육 주임교수 2009~2011년 한국과학기술원(KAIST) 경영대학 부학장 겸 정보미디어경영대학원장 2011~2013년 同정보미디어연구센터장 2012년 (주)대우인터내셔널 사외이사 2015년 신세계백화점 사외이사 2017년 한국과학기술원(KAIST) 글로벌리더십센터장(현) (상)DSI 국제학술대회 최우수논문상(1997), 한국경영정보학회 최우수논문상(2002), 한국과학기술원 우수강의대상(2005), 한국지식경영학회 최우수논문상(2006), 대통령표창(2007) (저)'21세기 미래경영'(2000) '고객관계관리(CRM) 전략'(2009) '소크라테스와 CRM'(2011) (종)기독교

### 김영곤(金榮坤) KIM Young Gon

(생)1955 · 3 · 25 (본)김해(金海) (출)전북 (주)전라북도 전주시 덕진구 건지로 20 전북대학교병원 비뇨기과(063-250-1567) (학)1980년 전북대 의대졸 1984년 同대학원 의학석사 1990년 의학박사(전남대) (경)1987~1994년 전북대 의대 비뇨기과학교실 전임강사 · 조교수 1990 · 1992년 미국 Southwestern Medical School at Dallas 연구원 1994~2006년 전북대 의대 비뇨기과학교실 부교수 · 교수, 대한비뇨기과학회 상임이사, 내비뇨기과학회 상임이사, 한국전립선관리협회 이사 2006년 전북대 의학전문대학원 비뇨기과학교실 교수(현) 2006~2012년 同부속병원장 2012년 전북도병원회 회장

### 김영과(金榮果) KIM Young Kwa

(생)1955 · 12 · 13 (출)서울 (주)서울특별시 영등포구 의사당대로 143 한국금융투자협회(02-2003-9000) (학)1974년 경기고졸 1978년 서울대 경제학과졸 1991년 경제학박사(미국 하와이대) (경)1978년 행정고시 합격(22회) 1979년 행정사무관시보 임용 1981~1994년 경제기획원 사무관 1996~1998년 세계은행 파견 2000년 기획예산처 재정정책과장 2001년 재정경제부 종합정책과장 2002년 한국국제조세교육센터 소장 2003년 재정경제부 국제금융심의관 2004년 중앙공무원교육원 파견 2005년 재정경제부 규제혁신심의관(부이사관) 2006년 同지역특화발전특구기획단장 2007년 同정책기획관 겸 장관비서실장 2007년 同경제협력국장 2008년 금융정보분석원장 2009~2012년 한국증권금융(주) 대표이사 사장 2012년 同고문 2013~2015년 KB금융지주 사외이사 2017~2018년 외교부 아시아산업협력대사 2018년 한국금융투자협회 공익이사(현) (상)근정포장

### 김영광(金榮光) KIM Young Gwang

(생)1960 · 2 · 24 (주)부산광역시 수영구 황령대로 513 부산도시가스 대표이사실(051-607-1234) (학)세종고졸, 서울대 경영학과졸, 미국 뉴욕대 경영학과졸 (경)SKC 미주지사 근무, SK텔레콤 Global전략실 Global기획팀장, SK E&S(주) Global사업개발본부장(상무) 2015년 SK그룹 SUPEX추구협의회 Global성장지원팀장(전무) 2016년 영남에너지서비스(주) 대표이사 2017년 부산도시가스 대표이사(현)

### 김영구(金榮龜) KIM Yung Koo

(생)1940 · 1 · 12 (본)김해(金海) (출)경남 함양 (주)서울특별시 영등포구 버드나루로 73 자유한국당(02-6288-0200) (학)1958년 경기상고졸 1962년 동국대 경제학과졸 2000년 同행정대학원 행정학과졸 (경)1960년 유엔 한국학생협회(UNSA) 부회장 1970년 아세아청년지도자회의 한국위원회 부이사장 1979년 대한역도연맹 부회장 1979년 민주공화당 중앙위원회 청년분과 위원장 1981년 민정당 중앙위원회 청년분과 위원장 1981년 제11대 국회의원(전국구, 민정당) 1985년 제12대 국회의원(전국구, 민정당) 1987년 민정당 원내부총무 · 청년자원봉사단 총단장 1988년 同총재 비서실장 1988년 제13대 국회의원(서울 동대문乙, 민정당 · 민자당) 1988년 민정당 중앙집행위원 1988년 한 · 터키의원친선협회 회장 1990년 국회 재무위원장 1992년 제14대 국회의원(서울 동대문乙, 민자당 · 신한국당) 1992년 민자당 사무총장 1993년 同당무위원 1993년 同원내총무 1993년 국회 운영위원장 1995년 정무제1장관 1996년 제15대 국회의원(서울 동대문乙, 신한국당 · 한나라당) 1996~1998년 국회 국방위원장 1998년 한나라당 부총재 2000~2001년 제16대 국회의원(서울 동대문乙, 한나라당) 2003년 한나라당 운영위원 2004년 同지도위원 2006년 同상임고문 2012~2017년 새누리당 상임고문 2017년 자유한국당 상임고문(현) (상)청조근정훈장 (저)'새벽을 연 議政 열다섯해' '한국국회의 입법과정' (종)기독교

### 김영국(金永國) KIM Young Kook

(생)1957 · 3 · 27 (본)김녕(金寧) (출)부산 (주)경기도 안양시 동안구 동편로20번길 9 스마트넷빌딩 7층 (주)스마트넷테크놀로지(031-8090-3501) (학)1975년 동아고졸 1983년 고려대 물리학과졸 (경)1981년 일본 System Brain사 일본통계청 지역통계시스템 개발 1982년 (주)데이콤 해외DB교육, 천리안사업 기획 및 개발시스템감사, EDIVAN 사업기획 및 개발 1990년 (주)삼보소프트웨어 Group-Ware개발 및 일본사업총괄 1993년 (주)삼보컴퓨터그룹 계열사 관리 및 회장비서실장 1996~1999년 (주)싸이버텍홀딩스 기획 및 마케팅담당 임원 1999년 (주)스마트넷테크놀로지 대표이사(현) 2008~2013년 (주)피씨디렉트 비상근감사 2013년 (주)이지팜 대표이사(현) (종)천주교

### 김영권(金榮權)

(생)1962 · 12 · 8 (주)충청남도 예산군 삽교읍 도청대로 600 충청남도의회(041-635-5057) (학)2017년 한국방송통신대 행정학과 재학 중 (경)아산투데이신문 대표 · 발행인 · 편집국장, 충남지역언론연합회 부회장, 충남 아산지역언론인연대 대표, 더불어민주당 중앙당 부대변인 2018년 충남도의회 의원(더불어민주당)(현)

### 김영규(金咏槻) kim young gyu

(생)1960 · 5 · 11 (본)김해(金海) (출)전남 고흥 (주)전라남도 광양시 광양읍 한려대길 94-13 한려대학교 언어치료학과(061-760-1147) (학)1979년 순천매산고졸 1983년 원광대 미술교육학과졸 1991년 同대학원 미술학과졸 2007년 문학박사(원광대) (경)1985~1991년 순천매산중 미술교사 1996~2015년

한려대 산업디자인학과 전임강사·조교수 2014~2015년 同홍보처장 2015년 同언어치료학과 교수(현) 2016년 同부총장(현) 2001~2004년 한국미술협회 순천지부장 2016년 한국예술인단체총연합회 순천지회장(현) 2016년 지역축제 '아고라순천' 추진위원장(현) (상)한국예술문화단체총연합회 문화예술특별공로상(2016) (작)'도쿄 세이게츠도갤러리 김영규 수작전'(1994) '베이징 연황미술관 김영규 개인전 "day-dreams"'(2007) '사라예보 제33회 윈터페스티벌 "black rice"'(2017)

### 김영규 KIM Young Kyu

(생)1960·8·14 (출)전북 부안 (주)서울특별시 영등포구 국제금융로6길 11 IBK투자증권(주) 임원실(02-6915-5001) (학)1979년 전주상고졸 (경)1979년 IBK기업은행 입행 2005년 同능곡지점장 2005년 同남동공단지점장 2008년 同남동공단기업금융지점장 2012년 同인천지역본부장 2013년 同기업고객본부장 2015년 同IB본부장(부행장) 2016년 제2서해안고속도로 대표이사 2017년 IBK투자증권(주) 대표이사 사장(현)

### 김영규(金伶奎) KIM Young-Kyu

(생)1966·1·26 (출)전남 담양 (주)서울특별시 강남구 테헤란로 317 동훈타워 법무법인 대륙아주(02-563-2900) (학)1984년 광주 인성고졸 1991년 고려대 법학과졸 2007년 전주대 대학원졸 2014년 고려대 법무대학원 조세법연구과정 수료 (경)1992년 사법시험 합격(34회) 1995년 사법연수원 수료(24기) 1995년 전주지검 검사 1997년 대전지검 홍성지청 검사 1998년 서울지검 검사 2001년 同의정부지청 검사 2002년 독일 막스플랑크 국제형사법연구소 연수 2004년 부산지검 검사 2006년 대전지검 검사 2007년 同부부장검사 2008년 대검찰청 연구관 2009년 광주지검 공판부장 2009년 同공안부장 2010년 대검찰청 공안3과장 2011년 수원지검 공안부장 2012년 법무연수원 교수 2013년 의정부지검 형사3부장 2014년 수원지검 부장검사(한국형사정책연구원 파견) 2015년 부산지검 동부지청 차장검사 2016년 대전지검 홍성지청장 2017~2018년 춘천지검 차장검사 2018년 법무법인 대륙아주 변호사(현) 2018~2019년 대한빙상경기연맹 관리위원장 (상)대통령표창(2012)

### 김영균(金泳均) KIM Young Kyoon

(생)1953·5·10 (본)김해(金海) (출)경북 영양 (주)경기도 포천시 호국로 1007 대진대학교 공공인재법학과(031-539-1784) (학)1972년 경안고졸 1985년 대구대 법학과졸 1988년 경북대 대학원 법학과졸 1996년 법학박사(경북대) (경)1979~1981년 한국도로공사 근무 1989~1996년 대구대·동국대·경일대·경북대·한국방송통신대·세명대·성결대 강사 1992년 엔아이시스템 감사 1996년 법률경제신문 논설위원 1997년 대진대 법학과 전임강사·조교수·부교수 2016~2018년 同공공인재법학과 교수, 가맹사업분쟁조정위원회 위원(1·2대), 공정거래위원회 시장구조분과·유통분과 자문위원 2010~2012년 대진대 법무행정대학원장 2013년 경기도 감사자문위원회 자문위원장 2013~2014·2018년 공정거래위원회 규제개혁심의위원(현) 2014년 同PF팀 심의위원 2014년 남양주시 인사위원회 위원(현) 2016년 공정거래위원회 정책자문위원단 위원(현) 2018년 대진대 공공인재대학 공공인재법학과 명예교수(현) (상)공정거래위원장표창(2005) (저)'법학개론'(1999) '어음수표법'(2008) '상법연습'(2008) '법률문서 작성의 이론과 실무'(2010)

### 김영근(金烘根)

(생)1948·2·20 (본)의성(義城) (주)서울특별시 종로구 성균관로 31 성균관(02-760-1472) (경)오산농원 대표 1975년 (주)남광정밀 대표 1980년 (주)강동산업 대표 1985년 김해향교 장의 2007년 성균관유도회총본부 중앙상임위원 2011년 성균관 부관장 2013년 同박물관건립위원회 추진위원 2016년 성균관 수석부관장 2016년 김해가야차인연합회 회장 2016년 성균관유도회총본부 제23대 회장 2016~2017년 한국국학진흥원 자문위원 2017년 제32대 성균관장(현) 2017년 한국종교지도자협의회 공동대표의장(현) 2017년 (사)한국서원연합회 이사장 2017년 한국종교인평화회의(KCRP) 공동대표(현)

### 김영근(金永瑾) KIM Young Geun

(생)1959·12·24 (출)전남 영암 (주)서울특별시 종로구 사직로8길 60 외교부 인사기획관실(02-2100-7141) (학)1978년 목포고졸 1984년 전남대 농업경제학과졸 2005년 동국대 언론정보대학원졸 (경)1986년 한국경제신문 입사 1986~1996년 同사회부·산업부·국제부 기자 1996~1999년 同베이징특파원 1999~2002년 同청와대 출입기자 2000년 제1차 평양남북정상회담 수행취재 2002년 한국경제신문 정치부장 2005년 행정자치부 지방자치평가자문단 자문위원 2005~2007년 국회사무처 공보관 2008년 정동영 前의장 공보특보 2008년 민주당 전남영암·장흥·강진지역위원회 부위원장 2008년 KBS 목포방송국 라디오시사평론가 2010년 민주당 상근부대변인 2012년 민주통합당 상근부대변인 2014~2015년 국회 정책연구위원 2014년 새정치민주연합 수석부대변인 2015년 同대변인 2014~2015년 同원내대표 비서실장 2016~2017년 국회 사무총장 비서실장 2018년 駐우한 총영사(현) (저)'노무현 핵심브레인(共)'(2003)

### 김영기(金永起) KIM Young Kee

(생)1941·1·9 (본)안동(安東) (출)서울 (학)1960년 서울상고졸 1967년 서울대 응용미술학과졸 1974년 同환경대학원 조경학과졸 (경)1978년 유네스코 세계어린이해 디자인콩페그랑프리 1981~1988년 올림픽조직위원회 전문위원 1984~2005년 이화여대 시각정보디자인과 교수 1994년 한국디자인학회 회장 2001~2005년 이화여대 디자인대학원장 2002~2003년 한국인포디자인협회 회장 2003~2005년 이화여대 조형예술대학장 2006~2008년 학교법인 계원학원(계원조형예술대학·계원예고) 이사장 2008년 계원조형예술대학 학장 2008~2010년 계원디자인예술대학 총장 2010~2014년 (사)한국문화산업R&D연구소 이사장 2015년 GEP 고문(현) (상)황조근조훈장(2000) (저)'한국인의 조형의식'(1991) '조센징,한국인,신조선족'(1994) '믿음의 눈으로 광야의 외침으로'(1996) '기질과 성향을 통해 본 한국미의 이해'(1998) 'Native Design'(2000) '디자인 담론'(2002) 'The Contents'(2002) 'The I, The We, The Design(The Tao of Design)'(2005) (작)'석수-용기, 네임, 브랜드 디자인'(미주만) 'DECO Brabd Design' '[A3Fon]-용기, 네임, 패키지 디자인' '햇반-용기, 네임, 개발 디자인' '山心-용기, 네임, 패키지 디자인' 그 외 다수 (종)기독교

### 김영기(金榮基) Young-Kee Kim (麟德)

(생)1954·9·17 (본)김해(金海) (출)충남 예산 (주)경상남도 진주시 소호로 102 한국승강기안전공단(055-751-0701) (학)1972년 예산고졸 1977년 서강대 경제학과졸 1995년 미국 Brigham Young 대 대학원 경영학과졸 2011년 경영학박사(서울과학종합대학원) (경)1989년 LG그룹 기획조정실 부장 1996년 同회장실 인사팀장(이사) 1999년 同구조조정본부 인사지원팀장(상무) 1999~2015년 중앙노동위원회 위원 2000년 LG전자(주) HR부문장(부사장) 2004~2011년 한국전자산업환경협회 회장 2007년 LG전자(주) CHO(부사장) 겸 지원부문장 2009년 同CRO(부사장) 2011년 서울과학종합대학원대 겸임교수(현) 2012~2014년 (주)LG CSR팀장(부사장) 2014년 자유와창의교육원 교수 2014~2017년 (사)대한산업안전협회 회장 2018년 한국승강기안전공단 이사장(현) (상)Outstanding Global Leader Award(2003), 은탑산업훈장(2004), 지속가능경영대상 국무총리표창(2010) (저)'노동조합의 사회적 책임(USR)과 조직성과'(2011) 'Union Social Responsibility'(2013) (역)'전략적 HR 로드맵'(2009) '리더십코드'(2011) '책임의 시대(共)'(2013) '그동안의 CSR은 왜 실패했는가(共)'(2014) (종)천주교

## 김영기(金永基) KIM Young Kee (白波)

(생)1956·9·23 (본)연안(延安) (출)경북 상주 (주)서울특별시 서초구 법원로 10 정곡빌딩남관 102호 세무법인 티앤피(02-3474-9925) (학)1983년 세무대학졸(1기) 1997년 중앙대 행정대학원졸 2004년 연세대 최고위정책과정 수료 2010년 서울대 법과대학 최고지도자과정(ALP) 수료 (경)1983년 국세청 종로세무서 법인세과 근무 1985년 同비서실 근무 1985년 재정경제부 세제실 조세정책과 근무 1993년 국세청 인사계 사무관 1995년 국무총리 제4조정실 조사심의관실 감사관 1995년 국세청 울산세무서 법인세과장 1995년 同중부세무서 직세과장 1998년 서울지방국세청 조사1국 팀장 2003년 국세청 직원고충담당관(서기관) 2003년 경희대 경영대학원 겸임교수 2005년 제주세무서장 2005년 국세청 국제세원정보TF팀장 2006년 同조사2과장 2006년 부천세무서장 2007년 국세청 정책홍보관리관실 통계기획팀장 2008년 同납세자보호과장 2009년 同법인납세국 법인세과장 2009년 同운영지원과장(부이사관) 2010년 중부지방국세청 조사1국장(고위공무원) 2011년 서울지방국세청 조사1국장 2012년 국세청 재산세국장 2013~2014년 同조사국장 2014년 세무법인 티앤피 대표이사 겸 대표세무사(현) 2016년 현대건설(주) 사외이사(현) 2016년 (주)현대홈쇼핑 사외이사(현) (상)공무원 창안 금상(1993), 옥조근정훈장(1993) (작)'갑종근로소득세 반기납부제도 도입제안'(1993) (종)불교

## 김영기(金英基·女) KIM Young Gi

(생)1958·1·15 (본)경주(慶州) (출)경북 경주 (주)서울특별시 마포구 백범로 153-1 김영기 가곡연구소 (학)1977년 국립국악고졸 1981년 서울대 국악과졸 2000년 同대학원졸 (경)1973년 중요무형문화재 제30호 가곡 전수장학생 선정 1980년 同이수자 선정 1984년 同전수조교 선정, 서울시립국악관현악단 단원, KBS 국악관현악단 연주원 1996년 월하문화재단 이사(현) 1999년 월하여창가곡보존회 회장(현) 2001년 국가무형문화재 제30호 가곡(여창 가곡) 예능보유자 지정(현) 2004년 서울대 강사(현), 추계예술대 강사 2016~2018년 이화여대 초빙교수 2018년 한양대 전임교수·강사(현) 2018년 한국교원대 강사(현) 2018년 단국대 강사(현) (상)전국학생국악경연대회 기악독주 최우수상, KBS국악대상(1982·1992·1999)

## 김영기(金永基) KIM Young-Ki

(생)1960·10·3 (출)경북 영천 (주)대전광역시 유성구 대덕대로989번길 111 한국원자력연구원 부원장실(042-868-8477) (학)1979년 대구 오성고졸 1983년 경북대 전자공학과졸 1985년 同대학원 전자공학과졸 (경)1985~1995년 한국원자력연구원 하나로건설사업 연구원 1995~2003년 同하나로운영부 선임연구원 2003~2009년 同하나로냉중성자구축사업 대과제책임자 2008~2014년 同연구로공학부장 2012~2014년 同말레이시아 연구로개조기술수출 사업책임자 2014~2017년 同연구로기술개발단장 2014~2017년 同요르단 연구로기술수출 사업책임자 2019년 同부원장(현) (상)과학기술포장(2011)

## 김영기(金暎基) KIM Young Ky

(생)1962·1·7 (출)서울 (주)경기도 수원시 영통구 삼성로 129 삼성전자(주) 임원실(031-279-3200) (학)1980년 경기고졸 1984년 서울대 전자공학과졸 1985년 미국 서던캘리포니아대 대학원졸 1990년 전자공학박사(미국 서던캘리포니아대) (경)1990~1993년 Hughes Network System Inc. Principal Engineer 1993년 삼성전자(주) 수석연구원 1994년 同기간네트워크사업부 Challenge그룹장 1998년 同연구임원 1999년 同통신연구소 CDMA2000시스템개발팀장 2000년 同연구임원(상무) 2002년 WEF선정 아시아차세대리더 18인 선정 2002년 삼성전자(주) 네트워크시스템개발팀장(상무) 2003년 同전무 2006년 同통신연구소 WiBro사업추진단장(부사장) 2007~2010년 同통신연구소 차세대시스템개발실장 2010년 방송통신위원회 기술자문위원 2010년 삼성전자(주) 네트워크사업부 신규사업개발팀장 2010년 同네트워크사업부장 2012년 同IM부문 네트워크사업부장(부사장) 2013~2018년 同IM부문 네트워크사업부장(사장) 2017년 한국공학한림원 정회원(전기전자정보공학·현) 2019년 삼성전자(주) 고문(현) (상)삼성전자 발명포장 대상(1999), 장영실상(2002), 대통령표창(2002)

## 김영기(金暎基) Kim, Young Ki

(생)1963·1·27 (본)안동(安東) (출)경북 안동 (주)경기도 용인시 수지구 대지로 132 금융보안원(02-3495-9001) (학)1981년 안동중앙고졸 1988년 영남대 경영학과졸 1999년 성균관대 대학원 경영학과졸 2004년 경영학박사(성균관대) (경)1981~1998년 한국은행 대구지점·감독기획국·여신관리국·금융개선국 근무 1999년 금융감독원 비은행감독국 근무 2002년 同조사연구국 근무 2003년 同조사연구국 팀장 2005년 同검사지원국 팀장 2007년 同여전감독실 팀장 2008년 同여신전문서비스실 팀장 2010년 同저축은행서비스국 팀장 2011년 同저축은행감독국 부국장 2012년 同상호여신전문감독국장 2014년 同감독총괄국장 2015년 同업무총괄담당 부원장보 2016~2017년 同은행담당 부원장보 2018년 금융보안원 원장(현) (상)재정경제부장관표창(1992), 국무총리표창(2012)

## 김영기(金寧基) KIM YOUNG KI

(생)1970·6·30 (본)함녕(咸寧) (출)서울 (주)서울특별시 서초구 반포대로 158 서울고등검찰청 총무과(02-530-3261) (학)1989년 강서고졸 1995년 연세대 법과대학 법학과졸 2000년 同대학원 법학과졸 2013년 법학박사(연세대) (경)1998년 사법시험 합격(40회) 2001년 사법연수원 수료(30기) 2001년 전주지검 검사 2003년 청주지검 충주지청 검사 2005년 서울남부지검 검사 2006년 서울중앙지검 특별수사2부 파견 2009년 대검찰청 연구관 2011년 청주지검 검사 2011년 제16차 국제검사협회(IAP)연례총회 한국대표단 2012년 한국거래소 시장감시본부 법률자문관(파견) 2014년 서울중앙지검 형사3부 검사 2015년 同첨단범죄수사1부 부부장검사 2016년 전주지검 남원지청장 2017년 서울서부지검 형사5부장 2018년 대검찰청 부장검사 2019년 서울고검 검사(현) 2019년 서울남부지검 증권범죄합동수사단장 겸임(현) (상)검찰총장표창(2004·2011), 특별수사우수사건 검사표창(2005) (종)기독교

## 김영길(金永吉) KIM Young Gil

(생)1943·2·15 (본)김해(金海) (출)경남 진주 (주)경기도 파주시 금정로 50 2층 김영길법무사사무소(031-941-8448) (학)1961년 진주농림고졸 1986년 한국방송통신대 행정학과졸 1989년 국민대 행정대학원졸 1996년 연세대 언론홍보대학원졸 1996년 행정학박사(단국대) 1997년 고려대 언론홍보대학원졸 1999년 서울대 행정대학원졸 2000년 동국대 국제정보대학원졸 2001년 경북대 경영대학원졸 2001년 영남대 경영대학원졸 2002년 대구대 국제경영대학원졸 2002년 안동대 행정대학원졸 (경)1964~1983년 법무부·서울고검·서울지검·경남지방병무청 근무 1984~1986년 법무부 검찰국·법무실 근무 1986년 대검찰청 중앙수사부 근무 1987년 대통령비서실 파견 1992년 춘천지검 수사과장 1994년 서울지검 공안2과장 1995년 서울서부검찰청 수사과장 1996년 同조사과장 1997년 대검찰청 과학수사과장 1997년 부산고검 총무과장 1998년 춘천지검 사무국장 1999년 서울서부검찰청 사무국장 2000년 의정부검찰청 사무국장 2000년 부산

지검 사무국장 2001년 대구고검 사무국장 2001년 한국행정사학회 부회장 2002~2003년 한국동북아경제학회 이사 2002년 수원지법 집행관 2003년 同안산지원 집행관 2004년 법무사사무소 개업(현) 2007~2012년 대한럭비협회 수석부회장 2010~2017년 한양컨트리클럽 이사 2013년 민주평통 자문위원(현) 2014~2016년 의정부지검 고양지청 형사조정위원 2014년 서울서부지검 형사조정위원(현) 2016~2018년 의정부지검 고양지청 형사조정위원장 2018년 파주시 부동산가격공시위원회 위원(현) ㊿법무부장관표창(1975·1977·1984), 대통령표창(1985), 서울시장표창(1987), 녹조근정훈장(1993), 황조근정훈장(2002), 의정부지법원장표창(2012) ㉨'정보화사회와 리더십론'(1999) '맥 행정학(共)'(2000) 'Pass Net 행정학(共)'(2001) '행정학개론'(共) '현대조직의 리더행태에 관한 연구' ㊧불교

**김영길(金榮吉) KIM Young Kil**

㊉1954·10·3 ㊕부산 ㊟경기도 수원시 영통구 월드컵로 206 아주대학교 정보통신대학 전자공학과(031-219-2364) ㊞1978년 고려대 전자공학과졸 1980년 한국과학기술원(KAIST) 석사 1984년 공학박사(프랑스 E.N.S.T) ㊊1977년 체신부 전기통신연구소 통신기좌 1984년 아주대 공대 전자공학과 조교수·부교수, 同정보통신대학 전자공학부 교수 2011년 同정보통신대학장 2012년 同정보통신대학 전자공학과 교수(현) 2016·2018년 同IT융합대학원장(현) ㉨'전기, 전자, 통신 직무연수교재'(2002) '1경 자격연수교재 전기, 전자, 통신(2)'(2003) '부전공 자격연수 교재(2차)'(2004)

**김영길(金泳吉)**

㊉1961·11·25 ㊕전남 진도 ㊟서울특별시 서초구 남부순환로 2364 국립국악원 민속악단(02-580-3224) ㊞1980년 광주 대동고졸 1984년 조선대 사범대학 국어과졸 2003년 용인대 예술대학원 국악과졸 ㊊아쟁연주자(현) 1987~1994년 국립창극단 기악부 단원 1995~1999년 국립국악관현악단 단원·수석단원 1999~2014년 국립국악원 민속악단 단원·수석단원·지도단원 2015~2018년 국립국악원 민속악단 악장 2018년 同민속악단 예술감독(현) ㊿제2회 서울전통공연예술경연대회 기악부 대상(1994), 제8회 KBS서울국악대경연대회 종합대상(1997), 프랑스아카데미 샤를크로월드뮤직상(2013)

**김영나(金英那·女) KIM Youngna**

㊉1951·4·7 ㊋전주(全州) ㊕부산 ㊟서울특별시 관악구 관악로 1 서울대학교 인문대학 고고미술사학과(02-880-6216) ㊞1969년 경기여고졸 1973년 미국 뮬렌버그대 미술과졸 1976년 미국 오하이오주립대 대학원 미술사학과졸 1980년 미술사학박사(미국 오하이오주립대) ㊊1980~1995년 덕성여대 교수 1981년 同박물관장 1990~1991년 일본 도쿄대 객원연구원 1993~1995년 서양미술사학회 회장 1995년 한국미술사교육연구회 회장 1995~ 2011·2016년 서울대 인문대학 고고미술사학과 교수 2001년 미국 하버드대 객원연구원 2001년 미술사와시각문화학회 회장 2003~2005년 서울대 박물관장 2004년 한국박물관협회 이사 2006~2009년 한국근현대미술사학회 회장 2007·2009·2011년 문화재위원회 근대문화재분과 위원 2011~2016년 국립중앙박물관장(차관급) 2011~2016년 전쟁기념사업회 비상임이사 2013년 삼성문화재단 이사(현) 2016~2018년 국사편찬위원회 위원 2016년 서울대 인문대학 고고미술사학과 명예교수(현) 2018년 이탈리아공화국 기사 '까발리에레(Cavaliere) 칭호 수여 ㊿石南미술이론상(2005), 제14회 한국미술저작상(2011), 자랑스런 경기인상(2016), 이탈리아 국가공로훈장(2018) ㉨'서양현대미술의 기원'(1996, 시공사) '조형과 시대정신'(1998, 열화당) '20세기의 한국미술'(1998, 예경) 'Tradition, Modernity and Identity' 'Modern and Contemporary Art in Korea'(英文) '20th Century Korean Art'(2005, Laurence King, London) '김영나의 서양미술사 100'(2017, 효형출판)

**김영노(金泳魯) Kim Young Noh**

㊉1970·12·3 ㊟세종특별자치시 갈매로 477 기획재정부 세제실 소득세제과(044-215-4210) ㊞1989년 서울 인헌고졸 1997년 서울대 경제학과졸 ㊊1998년 행정고시 합격(42회) 2007년 통계청 통계분석과장(서기관) 2013~2016년 OECD(경제개발협력기구) Senior Adviser 2016년 기획재정부 조세법령개혁팀장 2016년 同세제실 산업관세과장 2017년 同세제실 조세분석과장 2018년 同정책조정국 서비스경제과장 2019년 同세제실 소득세제과장(현)

**김영달(金永達) YD Kim**

㊉1968·7·17 ㊕대구 ㊟경기도 성남시 분당구 판교로 344 아이디스타워 (주)아이디스홀딩스 임원실(031-723-5101) ㊞1991년 한국과학기술원 전산학과졸 1993년 同대학원 전산학과졸(석사) 1998년 전산학박사(한국과학기술원) ㊊1997년 (주)아이디스홀딩스 대표이사(현) 2004년 한국과학기술원(KAIST) 발전기금재단 이사(현) 2011년 벤처기업협회 부회장(현) ㊿무역의날 대통령표창(2004), IMI경영대상 기술혁신부문(2005), 한국회계학회 투명회계대상(2007), 코스닥대상 최우수경영상(2008), 동탑산업훈장(2009), 한국경영학회 강소기업가상(2014)

**김영대(金英大) KIM Young Tae**

㊉1942·10·2 ㊕대구 ㊟서울특별시 구로구 경인로 662 디큐브시티오피스 11층 대성산업(주) 회장실(02-2170-2100) ㊞1961년 경북대사대부고졸 1965년 서울대 법대 행정학과졸 1970년 同경영대학원졸 ㊊1970년 대성산업(주) 이사 1979~1993년 (사)한국-그리스협회 회장 1985~2014년 대성산업가스(주) 대표이사 회장 1985~2014년 한국캠브리지필터(주) 대표이사 회장 1987년 대성계전(주) 대표이사 회장(현) 1988년 대성산업(주) 대표이사 회장(현) 1988년 대성나찌유압공업(주) 대표이사 회장(현) 1989~2014년 대성씨앤에스(주) 대표이사 회장 2001년 전국경제인연합회 이사 2002~2010년 서울대경영대학원동창회 회장 2003년 서울상공회의소 이사 2004~2011년 대한상공회의소 국제위원회 위원장 겸 ICC Korea 회장 2004~2005년 서울로타리클럽 회장 2005~2015년 한국상장회사협의회 부회장 2005~2007년 한국자원경제학회 회장 2006~2016년 駐韓에콰도르 명예영사 2007~2015년 학교법인 호서학원 이사 2008~2014년 국제상업회의소(ICC) Executive Board Membe 2010~2017년 대성합동지주(주) 대표이사 회장 2011년 서울상공회의소 부회장 ㊿서울대 경영인 대상(2010), 서울대 발전공로상(2017) ㉨'구름속 구만리' ㊧기독교

**김영대(金永大) Kim, Yung Dae**

㊉1958·2·21 ㊕서울 ㊟서울특별시 영등포구 은행로 17 나이스신용평가 사장실(02-2014-6200) ㊞1976년 대구 계성고졸 1982년 서울대 경제학과졸 ㊊1982년 한국은행 입행 1999년 금융감독원 기획조정국 과장 2001년 同신용감독국 팀장 2003년 同은행검사1국 팀장 2005년 同총괄조정국 부국장 2007년 同복합금융감독실장 2008년 同금융지주서비스국장 2009년 同은행서비스국총괄국장 2010년 同총무국장 2011년 同부원장보 2012~2015년 전국은행연합회 상근부회장 2014년 한국사회적기업진흥원 비상임이사 2015~2016년 법무법인(유) 율촌 고문 2017년 나이스신용평가 사장(현)

### 김영대(金榮大) KIM Young Dae

(생)1960·10·15 (출)서울 (주)서울특별시 마포구 백범로31길 21 서울50플러스재단(02-460-5050) (학)서울산업대 중퇴 (경)1980년 청계피복노동조합 강제해산 항의투쟁·구속 1985년 구로동맹파업·구속 1987년 청계피복노동조합 위원장 1990년 전국노동조합협의회 수석부위원장 1995년 전국민주노동조합총연맹 서울지역본부 의장 1995년 同부위원장 1997년 同사무총장 1997년 노사정위원회 상무위원 1998년 전국민주노동조합총연맹 부위원장 2002년 개혁국민정당 집행위원 겸 사무총장 2002년 제16대 대통령직인수위원회 사회·문화·여성분과 위원 2003년 열린우리당 중앙위원 2003년 同노동위원장 2003년 대통령비서실 행정관 2005~2007년 근로복지공단 감사, 열린우리당 서울영등포甲지역위원회 위원장 2007~2008년 제17대 국회의원(비례대표 승계, 열린우리당·대통합민주신당·통합민주당) 2009년 국민참여당 실행위원 2010년 同최고위원 2011년 同비서실장 2018년 서울50플러스재단 대표이사(현) (저)'도울 수만 있다면, 이룰 수만 있다면'

### 김영대(金榮大) KIM Young Dae

(생)1963·12·14 (본)의성(義城) (출)경북 청송 (주)서울특별시 서초구 반포대로 158 서울고등검찰청(02-530-3114) (학)1982년 대구 영남고졸 1986년 경북대 법학과졸 1991년 同대학원졸 (경)1990년 사법시험 합격(32회) 1993년 사법연수원 수료(22기) 1993년 청주지검 검사 1995년 대구지검 안동지청 검사 1997년 서울지검 검사 1999년 대구지검 검사 2001년 일본 중앙대 비교법연구소 연수 2002년 인천지검 검사 2004년 대구지검 검사 2005년 同부부장검사 2005년 대검찰청 혁신추진단 파견 2007년 창원지검 밀양지청장 2008년 법무연수원 교수 2009년 대검찰청 정보통신과장 2010년 서울중앙지검 첨단범죄수사2부장 2011년 대구지검 포항지청장 2012년 법무부 기획조정실 형사사법공통시스템운영단장 2013년 대검찰청 과학수사기획관 2014년 창원지검 차장검사 2015년 대구지검 제1차장검사 2015년 대검찰청 과학수사부장(검사장급) 2017년 창원지검장 2018년 부산지검장 2018년 서울북부지검장 2019년 서울고검장(고등검사장급)(현) (상)홍조근정훈장(2015)

### 김영덕(金暎德) KIM Young Duk

(생)1962·5·8 (본)김해(金海) (출)서울 중구 (주)서울특별시 서초구 서초대로51길 14 302호 김영덕법률사무소(02-3487-5673) (학)1980년 휘문고졸 1985년 단국대 법학과졸 1991년 同행정대학원 수료 (경)1992년 사법시험 합격(34회) 1994년 사법연수원 수료(24기) 1995년 법무법인 북부합동법률사무소 변호사 1996년 변호사 개업 1996년 (주)서울보증보험 법률고문 1997년 경기도의회 법률고문 2000년 (주)서울보증보험 법무팀 상근변호사 2007~2009년 법무법인 홍윤 수석변호사 2008~2010년 (주)Mnet Media 사외이사 2008년 (주)서울보증보험 사외이사 2009~2010년 (주)서울신문 비상임감사 2009~2010년 법무법인 홍윤 대표변호사 2010~2013년 (주)YTN 상근감사 2013~2018년 법무법인 명덕 변호사 2015년 방송통신심의위원회 제20대 국회의원선거방송심의위원회 위원 2018년 변호사 개업(현) (저)'공무원시험대비행정법'(1994) (종)불교

### 김영덕(金永德) KIM Young Duk

(생)1962·8·4 (출)전남 영암 (주)서울특별시 서초구 사평대로 16 (주)누리텔레콤 사장실(02-781-0792) (학)1981년 숭일고졸 1989년 인하대 전자공학과졸 (경)1989~1994년 (주)대우통신 기술연구소 근무 1994~2001년 (주)누리텔레콤 기술연구소장 2002~2003년 同경영지원본부 이사 2004~2007년 同국내AMI사업부 이사 2008~2017년 同해외사업부 상무이사 2017년 同대표이사 사장(현) (상)지식경제부장관표창(2008)

### 김영동(金永東) Kim, Young-Dong (昇鶴)

(생)1960·2·15 (본)나주(羅州) (출)전남 함평 (주)서울특별시 영등포구 국회대로66길 23 산정빌딩 702호 21세기경제학연구소(02-554-1389) (학)1979년 학다리고졸 1981년 송원공업전문대학졸 1998년 한국방송통신대 행정학과졸 2003년 연세대 행정대학원 행정학과졸 (경)1985~1986년 서울시지하철공사 근무 1987~1996년 민주헌정연구회 이사 1987~1995년 평화민주당 총무국 부장 1995~2000년 새정치국민회의 총무국 부국장 1998~2002·2013~2015년 민주평통 자문위원 1998~2002년 아·태평화재단 후원위원 1999~2006년 에너지미래(주) 이사 2000~2004년 새천년민주당 연수국장 2003년 대한실전무술협회 부회장 2004년 민주청년포럼 기획조정위원장 2006년 중청련 사무총장 2007~2008년 (재)민주당국가전략연구소 사무처장 2008~2010년 민주당 전남도당 사무처장 2009~2016년 (사)한국대중문화예술진흥회 이사 및 감사 2010~2016년 백두산문인협회 부회장 2011년 민주당 생활정치국장 2011년 (주)세종에너지 이사 2011년 계간 '백두산문학'으로 등단·시인(현) 2011년 백두산문인협회 부회장 2012~2013년 국회 정책연구위원(2급 상당) 2012년 21세기경제학연구소 정책연구위원(현) 2012~2014년 (재)민주정책연구원 국장(지역정책관) 2012년 민주통합당 대외협력국장 2013년 민주당 대외협력국장 2013년 민주정책연구원 정책관 2014~2016년 새정치민주연합 제주도당 사무처장 2015~2016년 더불어민주당 제주도당 사무처장 2016~2017년 同제주도당 지방자치위원장 2016년 (사)제주김대중기념사업회 이사(현) 2016년 푸른여름팩토리(주) 회장(현) 2016년 제주특별자치도펜싱협회 이사(현) 2017년 (사)한국인간과학연구소 이사 2018년 민주평화당 조직위원회 공동위원장 2019년 대안정치연대 원외준비모임 지역위원장(현) (상)계간 '백두산문학' 신인문학상(2008)

### 김영두(金榮斗)

(생)1959·6·15 (출)서울 (주)대구광역시 동구 첨단로 120 한국가스공사 임원실(053-670-0003) (학)1977년 전주고졸 1984년 전북대 기계공학과졸 1994년 고려대 대학원 기계공학과졸 2000년 경제학박사(서울대) (경)1983~1986년 한국가스공사 입사·건설부 근무 2003년 同건설사업처장 2007년 同경남지사장 2008년 同연구개발원장 2013년 同자원개발본부장 2017년 同기술부사장 2018년 同경영관리부사장 2018년 同안전기술부사장(현) 2018~2019년 同대표이사 사장 직대 (상)한국가스공사 모범직원상(1986), 동력자원부장관표창(1992), 대통령표창(2002)

### 김영두(金英斗) KIM Young Doo

(생)1961·6·5 (출)강원 춘천 (주)서울특별시 구로구 디지털로27길 36 이스페이스빌딩 7층 동우A&E 비서실(02-3282-9500) (학)2000년 중앙대 대학원 국제최고경영자과정 수료 (경)1983년 대원동화 동화애니메이터 1984년 세영동화 애니메이션 감독 1991년 동우동화 설립 1999~2012년 동우애니메이션 대표이사 2000년 부천대 애니메이션학과 겸임교수, 한국애니메이션제작자협회 이사 2002~2006년 한국애니메이션예술인협회 회장 2000~2004년 한국문화콘텐츠진흥원 사외이사 2003년 同회장 2007년 同명예회장 2007년 한류정책자문위원회 위원 2009년 중국 하얼빈시 문화산업 고문 2009년 민주평통 위원 2009년 한국애니메이션예술인협회 회장, 同명예회장(현) 2010년~2013년 한국산업단지공단 디지털콘텐츠 미니클러스트 회장 2010~2013년 문화체육관광부 미래전략포럼 위원 2010년 서울산업단지미니클러스터 고문(현) 2012~2017년 부산콘텐츠마켓조직위원회 이사 2012~2017년 광주 ACE Fair 이사 2012년 동우A&E 대표이사(현) 2013~2016년(사)한국애니메이션제작자협회 회장 2013년 구로디지털G-밸리경영자협의회 부회장(현) 2017~2018년 한국콘텐츠공제조합 이사 2016~2018년 서울국제애니메이션만화페스티벌(SICAF) 조직

위원회 위원장 2017년 (사)한국애니메이션제작자협회 고문(현) (상)무역의날수출유공 대통령표창(2004), 대한민국콘텐츠어워드 문화체육관광부장관표창(2009), 국가산업발전부문 지식경제부장관표창(2010), 지역산업진흥및산업발전 국무총리표창(2011), SICAF애니메이션 어워드(2014)

### 김영락(金永洛) Kim Young Lag

(생)1964·12·1 (본)김해(金海) (출)전남 완도 (주)광주광역시 남구 중앙로 87 광주방송 비서실(062-650-3008) (학)1983년 광주 동신고졸 1991년 한국외국어대 정치외교학과졸 (경)1991~1995년 여수MBC 보도국 근무 1995년 kbc광주방송 입사 2002년 同보도국 기자 2004년 同보도국 차장대우 2008년 同보도국 보도제작부 차장 2010년 同보도국 보도제작부장 2012년 同보도국 취재부장 2012년 同광고사업국장 2014년 同보도국장 2014년 同보도제작부장 겸임 2016년 同상무이사 2018년 同전무이사(현) (상)한국방송기자클럽 특별상(1995) (종)천주교

### 김영란(金英蘭·女) Kim, Young Ran

(생)1956·11·10 (본)김해(金海) (출)부산 (주)서울특별시 서초구 서초대로 219 대법원 동관 235호 양형위원회(02-3480-1926) (학)1975년 경기여고졸 1979년 서울대 법학과졸 1983년 同법과대학원졸 (경)1978년 사법시험 합격(20회) 1981년 사법연수원 수료(11기) 1981년 서울민사지법 판사 1983년 서울가정법원 판사 1986년 서울지법 동부지원 판사 1987년 부산지법 판사 1988년 수원지법 판사 1990년 서울지법 남부지원 판사 1991년 서울고법 판사 1992년 서울민사지법 판사 1993년 대법원 재판연구관 1998년 수원지법 부장판사 1999년 서울가정법원 부장판사 2000년 사법연수원 교수 2001년 서울지법 부장판사 2003년 대전고법 부장판사 2004~2010년 대법관 2010·2012~2019년 서강대 법학전문대학원 석좌교수 2011~2012년 국민권익위원회 위원장 2018년 대통령직속 국가교육회의 '2022학년도대입제도개편' 공론화위원장 2019년 대법원 양형위원회 위원장(현) 2019년 아주대 석좌교수(현) (상)자랑스러운 경기인(2010), 관악대상(2018) (저)'판결을 다시 생각한다'(2015, 창비)

### 김영래(金永來) KIM Young Rae

(생)1946·10·19 (본)강릉(江陵) (출)경기 여주 (주)경기도 수원시 영통구 월드컵로 206 아주대학교 사회과학대학 정치외교학과(031-219-2792) (학)1964년 중동고졸 1968년 연세대 정치외교학과졸 1978년 미국 서던캘리포니아대 대학원 정치학과졸 1981년 同대학원 정치학박사과정 수료 1986년 정치학박사(연세대) (경)1981~1991년 경남대 정치외교학과 전임강사·조교수·부교수 1991년 경기일보 비상임논설위원 1991~2010년 아주대 정치외교학과 교수 1991년 同학생처장 1995년 同평생교육원장 1995년 경제정의실천시민연합 조직위원장 1995년 同상임집행부위원장 1997년 미국 샌디에이고캘리포니아대 교환교수 1997년 경제정의실천시민연합 경기도협의회 공동대표 1998년 아주대 사회과학대학장 1998년 수원경제정의실천시민연합 공동대표 1998년 샘터야학 교장 2000년 한국NGO학회 공동대표 2000년 경기도선거관리위원회 위원 2001년 한국정치학회 회장 2001년 한국NGO학회 회장 2002년 아주대 교수협의회 의장 2003년 한국시민사회포럼 공동회장 2003년 수원시 정책자문위원장 2004년 경기도 선거방송토론위원장 2004년 일본 게이오대 연구교수 2004년 학교법인 단국대 이사 2005년 수원발전연구센터 소장 2005년 경기도선거구획정위원회 위원장 2005년 내나라연구소 소장·이사장(현) 2006년 시민운동정보센터 이사장(현) 2006년 한국매니페스토실천본부 상임공동대표 2006년 KBS 객원해설위원 2008년 한나라당 제18대 국회의원 공천심사위원 2008년 서울시 정책자문위원 2008년 한국학술진흥재단 사회과학발전위원 2009년 민주평통 자문위원 2009~2012년 국민권익위원회 투명신뢰사회실천을위한정책협의회 의장 2010~2014년 동덕여대 총장 2010~2014년 한국대학총장협회 감사 2013년 국민권익자문위원회 부패방지분과위원장(현) 2013~2017년 국무총리자문 시민사회발전위원회 위원장 2013~2014년 대한민국ROTC대학총장협의회 회장 2014년 아주대 사회과학대학 정치외교학과 명예교수(현) 2015~2017년 대한민국ROTC통일정신문화원 원장 (상)여주문화상(2001), 근정포장(2008), 자랑스러운 중동인(2010), 자랑스러운 USC동문상(2010), 연세정외인상(2010), 연세ROTC인상(2010), 청조근정훈장(2014) (저)'한국이익집단과 민주정치발전' '현대한국정치와 국가' '한국정치자금제도' '비정부조직(NGO)의 정치참여 비교연구' '한국정치 어떻게 볼 것인가' 'NGO와 한국정치' '매니페스토와 정책선거' (역)'현대정치학의 이해' (종)천주교

### 김영록(金瑛錄) KIM Yung Rok

(생)1955·2·17 (본)경주(慶州) (출)전남 완도 (주)전라남도 무안군 삼향읍 오룡길 1 전라남도청 도지사실(061-286-2001) (학)1973년 광주제일고졸 1979년 건국대 행정학과졸 1987년 미국 시라큐스대 맥스웰대학원 행정학과졸 (경)1978년 행정고시 합격(21회) 1978~1990년 전남도 기획담당관실·서무과 근무 1990~1994년 내무부 총무과·행정과 근무 1994년 강진군수 1995년 완도군수·전남도지사 비서실장 1996년 전남도 경제통상국장 1998년 목포시 부시장 2000년 전남도 자치행정국장 2001년 同의회 사무처장 2001년 행정자치부 총무과장 2002년 국민고충처리위원회 조사2국장 2003년 국방대 입교 2004년 행정자치부 국가전문행정연수원 자치행정연수부장 2005년 同자치인력개발원 교수부장 2005년 同홍보관리관 2006~2008년 전남도 행정부지사, 동서교류협력재단 이사장, 목포대 겸임교수 2008년 제18대 국회의원(전남 해남군·완도군·진도군, 민주당·민주통합당) 2009~2011년 민주당 전남도당 윤리위원장 2011년 同구제역·AI 및 축산업대책특별위원회 간사 2011년 同원내부대표 2012~2016년 제19대 국회의원(전남 해남군·완도군·진도군, 민주통합당·민주당·새정치민주연합·더불어민주당) 2012년 국회 농림수산식품위원회 간사 2012년 민주통합당 제3정책조정위원장 2012년 同제18대 대통령중앙선거대책위원회 공명선거실천단장 2013년 同비상대책위원회 사무총장 2013~2014년 국회 농림축산식품해양수산위원회 간사 2014년 새정치민주연합 원내수석부대표 2014년 국회 운영위원회 간사 2014년 국회 기획재정위원회 위원 2015년 새정치민주연합 수석대변인 2015년 국회 예산결산특별위원회 위원 2015년 새정치민주연합 재벌개혁특별위원회 위원 2015년 더불어민주당 수석대변인 2015년 同재벌개혁특별위원회 위원 2016년 제20대 국회의원선거 출마(전남 해남군·완도군·진도군, 더불어민주당) 2016년 더불어민주당 조직강화특별위원회 위원 2016~2017년 同전남해남군·완도군·진도군지역위원회 위원장 2016년 同전남도당 상임고문 2017년 同제19대 문재인 대통령후보 중앙선거대책본부 조직본부 공동본부장 2017~2018년 농림축산식품부 장관 2018년 전남도지사(더불어민주당)(현) 2018년 대한민국시도지사협의회 공동부회장(현) (상)대통령표창(1991), 홍조근정훈장(2000), 미국 시라큐스대 한국총동문회 자랑스러운 동문상(2008), 법률소비자연맹 선정 국회 헌정대상(2013), 한국농업경영인중앙연합회 국정감사우수의원(2013), 건국대총동문회 '자랑스런 건국인'(2014) (저)'나를 키운 건 팔 할이 바다였다'(2008) 자서전 '무릎걸음'(2011) '정치, 희망의 꽃을 피우다'(2014)

### 김영록(金永錄) KIM Young Rok

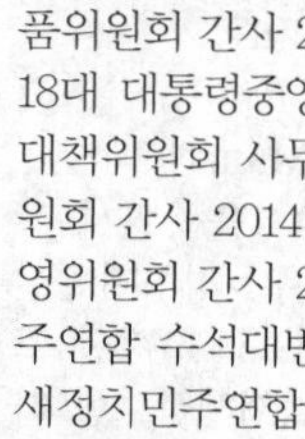

(생)1966·10·16 (출)광주 (주)광주광역시 서구 하남대로 706 김영록세무회계사무소(062-522-0074) (학)광주 금호고졸, 세무대학 내국세학과졸(6기) (경)벌교세무서·서인천세무서·남인천세무서·남동세무서 등 근무 1997년 세무사시험 합격 1998년 세무회계사무소 개업(현), 광주·호남지방세무사회 부회장, 민주당 광주시당 당무감사국장, 광주지방세

무사회 부회장 2013~2016년 (사)우리민족 공동대표 2015년 한국세무사회 상임이사(현) 2015년 광주지방세무사회 회장(현) 2016년 우리민족서로돕기운동 공동대표(현) 2017년 (사)우리민족 이사장(현) 2017년 행정안전부 정책자문위원회 지방재정경제분과 위원(현) 2017년 더불어민주당 광주시당 중소기업특별위원장 2017년 同정책위원회 부의장(현)

### 김영률(金泳律) Young-Yul Kim

(생)1957 · 8 · 1 (본)경주(慶州) (출)서울 (주)서울특별시 관악구 관악로 1 서울대학교 기악과(02-880-7966) (학)서울예고졸 1980년 서울대 기악과졸 1983년 미국 템플대 대학원졸 1989년 음악박사(미국 이스트먼음대) (경)서울대 음대 기악과 교수(현), 同인사위원 2006년 同음악대학 부학장, 同기악과 학과장 2010년 예술의전당 관악부문 자문위원 2012~2014년 국제호른협회 이사 2012~2015년 제주국제관악제 집행위원 2013~2014년 서울대 음악대학장 (상)Punto상(2000) (작)음반 모짜르트 '호른협주곡 1~4번' Romantic Wind Trios'Reinecke&Herzogenberg Trio for Oboe, Horn and Piano' (종)천주교

### 김영만(金瑛晩) KIM Young Man

(생)1952 · 8 · 9 (출)경북 군위 (주)경상북도 군위군 군위읍 군청로 200 군위군청 군수실(054-380-6001) (학)대건고졸, 경북대 농업개발대학원졸 (경)1981년 대구지검 의성지청 상임청소년선도위원 1982년 대한통운 우보출장소 대표 1986년 (사)한국청년회의소 경북지구 회장 1987년 대구지법 의성지원 조정위원 1990년 대구보호관찰소 보호위원 1991년 경북도의회 의원 1994년 새마을운동군위군지회 운영위원 1995년 군위군체육회 부회장 2006~2010년 경북도의회 의원(무소속) 2008~2010년 同농수산위원장 2014~2018년 경북 군위군수(무소속 · 새누리당 · 자유한국당) 2018년 경북 군위군수(자유한국당)(현) (상)동아일보 대한민국 창조경제대상 미래창조부문(2015 · 2016), 동아일보 대한민국 가장신뢰받는 CEO대상 미래경영부문(2017)

### 김영만(金榮萬) KIM Yeong Mann

(생)1954 · 11 · 8 (출)전북 부안 (주)서울특별시 강남구 테헤란로 432 DB손해보험(주) 경영지원실(02-3011-3140) (학)1973년 서울고졸 1977년 고려대 경영학과졸 (경)1980년 동부화재해상보험 입사 1991년 同광지점장 1994년 同상품개발팀장 1997년 同동부지점장 2002년 同안양지점장 2003년 同경영기획팀장 2005년 同경영기획팀장(상무) 2009년 同기획관리팀장(상무) 2010년 同경영지원실장 2011년 同경영지원실장(부사장) 2017년 DB손해보험(주) 경영지원실장(부사장)(현) (상)금융감독위원회 금융산업발전기여 공로상

### 김영만(金永晩) Kim Yeong Man

(생)1958 · 7 · 6 (본)김해(金海) (출)부산 (주)서울특별시 서초구 서초대로 320 하림인터내셔널빌딩 7층 한국전자인증(주) 임원실(02-3019-5501) (학)해동고졸, 동아대 무역학과졸 2014년 同경영대학원 경영학과졸 (경)2002~2006년 KB국민은행 금곡동지점장 · 구포지점장 2006~2010년 同e-비즈니스부장 · 온라인채널부장 2008~2009년 전국은행연합회 전자금융전문위원회 위원 2008~2010년 (사)금융보안연구원 OPT운영위원회 위원 2009~2010년 (사)금융결제원 전자금융위원회 2010~2013년 KB국민은행 중부산지역본부장 · 동부산지역본부장 2013년 부산시 남북교류협력위원회 위원 2014년 KB국민은행 인재개발원 교수 2015~2017년 KB저축은행 대표이사 사장 2018년 한국전자인증(주) 미래전략부문 사장(현) (상)금융위원장표창(2008), 국무총리표창(2009), 부산시장표창(2013)

### 김영만(金榮萬) Kim, Young-Man

(생)1961·11·10 (출)전북 완주 (주)서울특별시 금천구 가산디지털1로 186 (주)한빛소프트(070-4050-8000) (학)1980년 이리고졸 1988년 광운대 전자계산학과졸 2001년 경희대 국제법무대학원 국제법무지도자과정 수료 2001년 고려대 경영대학원 최고경영자과정 수료 2005년 중앙대 첨단영상대학원 영상공학과졸 (경)1988~1999년 LG LCD(주) 컨텐츠사업팀장 1999~2008년 (주)한빛소프트 회장 2000년 벤처기업협회 부회장 2000~2005년 (사)한국e스포츠협회 회장 2001~2004년 추계예술대 문화산업대학원 겸임교수 2001~2004년 (사)한국문화컨텐츠진흥원 이사 2003~2009년 한국게임산업진흥원 이사 2005~2007년 정보통신부 온라인디지털콘텐츠산업발전위원회 위원 2005~2007년 한국게임산업협회 회장 2005~2008년 문화관광부 정책자문위원회 위원 2005~2009년 조이임팩트 대표이사 2006~2007년 한국과학기술원 문화기술대학원 운영위원 2007년 同이사 2007년 방송통신위원회 규제개혁심의위원 2008~2010년 한국소프트웨어저작권협회 회장 2009~2018년 (주)한빛소프트 고문 2010년 티컴즈 회장 2013~2017년 (주)B&M홀딩스 회장 2017~2019년 전북 이리고총동창회 회장 2018년 (주)한빛소프트 부회장(현) 2018년 (사)한국e스포츠협회 회장(현) (상)보건복지부장관표창(2001), 문화관광부장관표창(2005), 산업포장(2006) (종)기독교

### 김영명(金榮明) Young-Myoung Kim

(생)1961 · 11 · 13 (본)김해(金海) (출)부산 (주)서울특별시 종로구 종로3길 33 KT 광화문빌딩 East (주)KT 미래플랫폼사업부문 에너지플랫폼사업단(02-3495-3770) (학)1987년 성균관대 산업공학과졸 1989년 한국과학기술원(KAIST) 산업공학과졸(석사) 2001년 경영공학박사(한국과학기술원) (경)2007~2015년 포항공과대(POSTECH) 컴퓨터공학과 겸직교수 2010~2013년 (주)KT 종합기술원 기술전략 · 기술경영담당 상무 2013~2015년 미래창조과학부 총괄 및 창조융합 CP 2016년 (주)KT 창조경제추진단장(상무) 2017년 同스마트에너지사업단장(상무) 2017년 대통령직속 4차산업혁명위원회 스마트시티특별위원회 위원(현) 2018년 (주)KT 에너지플랫폼사업단장(전무)(현) (상)한국통신학회 해동기술상(2009), 과학기술포장(2013), 산업포장(2018)

### 김영모(金榮模) KIM Young Mo

(생)1957·4·16 (주)인천광역시 중구 인항로 27 인하대학교병원 병원장실(032-890-2005) (학)1982년 연세대 의대졸 1988년 同대학원 의학석사 1991년 의학박사(연세대) (경)미국 캘리포니아대 로스앤젤레스교 두경부외과 연수, 일본 구루메대 두경부외과 연수, 대한두경부외과연구회 기획이사, 同학술이사, 대한기관식도학회 학술이사 1989년 인하대 의대 이비인후과학교실 교수(현) 2006년 同의대 이비인후과학교실 주임교수, 대한두경부외과학회 부회장, 대한기관식도과학회 총무이사, 대한이비인후과학회 대외공보이사 2011년 대한두경부외과학회 회장 2011년 대한갑상선학회 부회장 2013년 인하대 의무부총장 겸 의료원장(현) 2013년 同부속병원장(현) 2014~2016년 한국국제의료협회(KIMA) 부회장 2014년 (재)한국병원경영연구원 이사 2016년 대한병원협회 의무위원장(현) 2018년 상급종합병원협의회 회장(현) (상)인천광역시장표창(2016) (저)'두경부외과학'(2000) '이비인후과학 두경부외과학'(2002) '구강암의 수술'(2003) '개정판 두경부외과학'(2005)

### 김영모(金榮謨) Kim Youngmo

(생)1960 (출)서울 (주)서울특별시 영등포구 은행로 30 KDB캐피탈 사장실(02-6330-0114) (학)1983년 서울대 경영학과졸 1995년 미국 펜실베이니아주립대 경영대학원졸(MBA) (경)1983년 한국산업은행 입행 2002년 同런던지점 부부장 2006년 同기업금융2실 팀장 2007년 同발행시장실 팀

장 2008년 同기업금융4실 총괄팀장 2009년 同기업금융2실 총괄팀장 2010년 同자금거래실장 2011년 同홍콩현지법인 사장 2013년 同국제금융부장 2014년 同리스크관리부문장(부행장) 2015년 同자본시장부문장(부행장) 2016년 同글로벌사업부문장(부행장) 2017년 KDB캐피탈 부사장 2018년 同대표이사 사장(현)

## 김영모(金英模)

(생)1961·3·5 (출)경남 거제 (주)세종특별자치시 정부2청사로 13 해양경찰청 구조안전국(044-205-2646) (학)연세대 대학원 사법경찰행정학과졸(석사) (경)1985년 순경 특채 2008년 해양경찰청 함정사업계장 2010년 同함정정비계장 2011년 同함정정비계장(총경) 2011년 同인사교육담당관 2012년 평택해양경찰서장 2014년 해양경찰청 정보과장 2014년 국민안전처 해양경비안전본부 수상레저과장 2015년 同남해해양경비안전본부 상황담당관 2016년 同창원해양경비안전서장 2017년 同해양경비안전본부 해양장비기획과장 2017년 해양경찰청 장비기술국 장비기획과장 2017년 남해지방해양경찰청 안전총괄부장(경무관) 2018년 해양경찰청 장비기술국장 2018년 同구조안전국장(현)

## 김영목(金榮穆) KIM Young Mok

(생)1964·11·28 (출)충북 청주 (주)서울특별시 동대문구 청계천로 447 한국도자기리빙(주) 사장실(02-2250-3480) (학)1983년 인창고졸 1988년 미국 루이스앤드클라크대졸 1990년 미국 워싱턴대 대학원졸 1991년 예술학박사(미국 뉴욕대) 2005년 고려대 경영대학원졸(MBA) (경)1991년 한국도자기(주) 입사 1993년 同이사 1994~1999년 한도통상(주) 상무이사 1999년 한국도자기(주) 상무이사 1999년 이화여대 강사 1999년 미국 루이스앤드클라크대 한국동문회장, 同고문(현) 2002년 한국도자기(주) 전무이사 2004년 同부사장 2006년 한국도자기리빙(주) 대표이사 사장(현) 2007년 고려대 경영대학원 ExecutiveMBA총교우회 회장 (종)기독교

## 김영무(金英武) KIM Young Moo

(생)1955·1·20 (주)서울특별시 영등포구 국회대로68길 17 해운빌딩 9층 한국선주협회(02-739-1551) (학)1977년 한국해양대 항해학과졸, 스웨덴 세계해사대학 대학원 해운경영학과졸 (경)한국선주협회 상무이사, 관세청 수출입통관물류시스템민관협의회 위원, 국토해양부 정책자문위원회 위원 2004년 (주)케이엘넷 비상근이사 2008년 한국선주협회 전무이사 2016년 同상근부회장(현) 2016년 관세청 관세행정발전심의위원회 위원(현) 2016년 해양수산부 중앙항만정책심의회 위원(현)

## 김영문(金榮文) KIM Young Moon

(생)1964·1·17 (본)경주(慶州) (출)울산 (주)대전광역시 서구 청사로 189 관세청 청장실(042-481-7601) (학)1983년 경남고졸 1990년 서울대 법학과졸 (경)1992년 사법시험 합격(34회) 1995년 사법연수원 수료(24기) 1995년 부산지검 검사 1997년 창원지검 거창지청 검사 1998년 서울지검 서부지청 검사 2000년 캐나다 UBC 장기연수 2001년 대구지검 검사 2003년 법무부 법무과 검사 2005년 대통령 사정비서관실 행정관 2006년 서울중앙지검 검사 2007년 인천지검 부부장검사 2008년 서울고검 형사부 파견 2009년 대구지검 마약·조직범죄수사부장 2009년 수원지검 마약·조직범죄수사부장 2010년 법무부 보호법제과장 2011년 同법질서선진화과장 2012년 同범죄예방정책국 범죄예방기획과장 2013년 서울중앙지검 첨단범죄수사1부장 2014~2015년 대구지검 서부지청 형사1부장 2015년 법무법인 지평 파트너변호사 2017년 관세청장(현)

## 김영미(金姈美·女) KIM Young Me

(생)1959·5·31 (본)경주(慶州) (출)서울 (학)1978년 혜화여고졸 1983년 이화여대 의류직물학과졸 2005년 한양대 언론정보대학원졸 (경)1998년 연합뉴스 문화부 차장 2000년 同과학정보부 부장대우 2000년 同여론매체부장(직대) 2003년 同문화부장 2003년 관훈클럽 감사 2004년 연합뉴스 기사심의위원(부장급) 2004년 한국여기자협회 부회장 2005년 연합뉴스 기사심의위원(부국장대우급) 2006년 同멀티미디어본부장(부국장대우급) 2007~2009년 이화언론인클럽 부회장 2007년 연합뉴스 멀티미디어본부장(부국장급) 2008~2012년 한국여기자협회 제23·24대 회장 2008년 연합뉴스 콘텐츠평가실장 겸 고충처리인 2009년 同전략사업본부장 2009년 同고충처리인 겸임 2009년 한국간행물윤리위원회 위원 2009년 한국신문방송편집인협회 감사 2010년 연합뉴스 전략사업본부장(국장대우) 2011년 同한민족센터본부장(이사대우) 2012년 同정보사업국장(이사대우) 2012년 대법원 국민사법참여위원회 위원 2012년 국무총리실 산하 여성정책조정회의 위원 2013~2015년 연합뉴스 논설위원실 주간(이사대우) 2013년 한국신문방송편집인협회기금 이사 2013년 지방자치발전위원회 자문위원 2014년 한국언론진흥재단 언론진흥기금관리위원회 위원 2015~2018년 연합뉴스TV 전무이사 (상)연세대 언론홍보대학원 최고위과정 총동창회 '2010 동문을 빛낸 인물'(2010), 한국언론인연합회 방송경영부문 한국참언론인대상(2016) (종)불교

## 김영미(金英美·女) KIM Young Mi

(생)1963·7·28 (출)서울 (주)서울특별시 종로구 홍지문2길 20 상명대학교 공공인재학부(02-2287-5212) (학)1986년 상명대 행정학과졸 1988년 한국외국어대 대학원 행정학과졸 1993년 행정학박사(한국외국어대) (경)1994~2015년 상명대 행정학과 교수 1997~2003년 서울시 정보화추진위원회 자문위원 1999년 경제정의실천연합회 정부개혁위원회 운영위원 2000~2003년 행정자치부 정책자문위원 2001년 문화관광부 자문위원 2002년 관세청 관세심의위원 2002~2004년 미국 Univ. of Oregon 대우교수 2004년 서울행정학회 양성평등특별위원장 2004년 대통령자문 정부혁신지방정부추진위원회 전문위원 2004년 한국지역정보화학회 여성정보위원장 2006년 상명대 신문방송국장 2007년 同학생복지처장 2007년 한국지역정보화학회 부회장 2007년 행정자치부 자문위원 2007년 한국행정연구원 객원연구원 2007년 관세청 자문위원 2007년 한국디지털정책학회 부회장(현) 2008년 사이버커뮤니케이션학회 편집위원 2008~2012년 한국행정학회 학술정보위원장·여성특별위원장 2010년 여성가족부 정책자문위원(현) 2011년 한국해양과학기술진흥원 비상임이사 2011~2012년 산림청 자체평가위원장 2011년 인사혁신처 자문위원(현) 2012~2015년 (재)한국문화정보센터 비상임이사 2012년 한국지역정보화학회 회장 2013년 안전행정부 정책자문위원 2013~2018년 외교부 정책자문위원 2013~2015년 대한지적공사 비상임이사 2014년 한국데이터사이언스학회 부회장 2014~2018년 축산물품질평가원 비상임이사 2015~2018년 한국국토정보공사 비상임이사 2015년 상명대 공공인재학부 교수(현) 2015~2017년 同인문사회과학대학장 겸 복지상담대학원장 2016~2017년 한국정책과학학회 회장 2017~2018년 외교부 혁신외부자문위원회 위원 2018년 공공데이터전략위원회 실무위원장 2019년 한국지역정보개발원 이사장(현) (상)정보통신부장관표창(2005), 대통령표창(2007) (저)'정부와 여성참여'(2000) '밀레니엄의 성정치학'(2001) '행정학교육워크샵'(2002)

## 김영민(金英民) KIM Young Min

(생)1945·6·23 (출)서울 (주)서울특별시 강서구 공항대로 607 서울도시가스(주) 비서실(02-3660-8009) (학)1963년 경북사대부고졸 1970년 서울대 문리대 사학과졸 1974년 미국 캘리포니아주립대졸 (경)1977년 대성산업(주) 차장 1978년 同개발부장 1979~1982년 대성광업개발(주) 이사 1979년

대성탄좌개발(주) 이사 겸임 1982년 同상무 1985년 同전무 1987년 대성자원(주)·대성광업개발(주) 부사장 1988년 대성산업(주) 부사장 1989년 同부동산개발본부장 1997~2000년 同사장 2000년 서울도시가스(주) 대표이사 회장 2003년 同회장(현) (종)기독교

### 김영민(金榮敏) KIM Young-Min

(생)1953·12·26 (본)김해(金海) (출)경기 옹진 (주)부산광역시 금정구 부산대학로63번길 2 부산대학교 사범대학 물리교육과(051-510-2687) (학)1974년 한영고졸 1978년 서울대 물리교육학과졸 1981년 同대학원 물리교육학과졸 1991년 물리교육학박사(서울대) (경)1978~1981년 신림여중 교사 1981~1992년 한국교육개발원 책임연구원 1992~1997년 멀티미디어교육연구센터 부연구위원 1997~2019년 부산대 사범대학 물리교육과 조교수·부교수·교수 2008년 미국 세계인명사전 'Marquis Who's Who on Science and Engineering' 2008년판에 등재 2009년 미국 세계인명사전 'Marquis Who's Who in the World' 2009년판에 등재 2010년 영국 국제인명센터(IBC) '2008-2009 Outstanding Scientists 2000'에 등재 2012~2013년 동아시아과학교육학회 부회장 2013년 한국과학교육학회 회장 2019년 부산대 사범대학 물리교육과 명예교수(현) (상)교육부장관표창(1995), 한국과학교육학회 학술상(2009), 부산대 사범대학 우수강의교수상(2010), 한국과학교육학회 동계학술대회 포스터 발표상(2010) (저)'물리교육학연구'(2000) '비유론과 과학교육'(2001) '물리교육학총론1'(2001) '학생의 물리 오개념 지도'(2004) '물리 교재연구 및 학습지도론'(2005) '과학교육에서 비유와 은유 그리고 창의성'(2012) (종)기독교

### 김영민(金英敏) Kim Yung-Min

(생)1961·8·15 (본)경주(慶州) (출)경기 이천 (주)서울특별시 영등포구 여의대로 128 LG경제연구원 원장실(02-3777-1114) (학)1980년 경기 이천고졸 1987년 고려대 경제학과졸 1990년 同대학원 경제학과졸 2001년 경제학박사(미국 Vanderbilt대) (경)1990년 LG경제연구원 입사 1997년 同부연구위원 2004년 同산업기술그룹장(부장) 2005년 LG경영개발원 산업기술그룹장 겸 화학전략그룹장(상무) 2007년 同화학전략그룹장(상무) 2008년 同화학전략실장(수석연구위원) 2011~2012년 同사업전략실장 2011년 한국공학한림원 기술경영정책분과 정회원 2012년 LG경영개발원 사업전략부문장 2014~2016년 (주)LG 경영관리팀장(전무) 2017년 同신사업전략팀장(전무) 2017년 LG경제연구원 부원장 2018년 同부원장(부사장) 2019년 同원장(부사장)(현) (종)기독교

### 김영민(金榮敏) KIM Young Min

(생)1967·1·25 (주)경기도 화성시 영천로 38 (주)에스에프에이 임원실(031-379-7400) (학)대구고졸, 연세대 세라믹공학과졸, 한국과학기술원(KAIST) 무기재료공학과졸(석사), 미국 컬럼비아대 비즈니스스쿨졸(MBA) (경)Citigroup Global Markets Limited·Salomon Smith Barney Inc, Bain & Company 근무, (주)디와이에셋 전무이사 2009년 (주)에스에프에이 최고재무관리자(CFO) 2012년 同대표이사 사장(현) 2015년 (주)SFA반도체 대표이사 겸임(현) (종)기독교

### 김영민(金英敏) Young-Min Kim

(생)1970·4·13 (주)서울특별시 강남구 압구정로 423 (주)에스엠엔터테인먼트(02-6240-9800) (학)고려대 사회학과졸, 同경영대학원 경영학과 MIS 전공 중퇴 (경)1999년 에스엠엔터테인먼트 입사·해외사업팀장 2001년 OnLine음악포털 판당고코리아 대표이사, (주)에스엠엔터테인먼트 온라인·일본사업총괄 이사 2005년 同대표이사 사장 2007년 한류정책자문위원회 위원 2013~2017년 KT뮤직 이사회 의장 2015년 대통령소속 문화융성위원회 위원 2017년 (주)에스엠엔터테인먼트 총괄사장 2017년 同이사회 의장 2018년 (주)키이스트 공동대표이사(현) 2019년 (주)에스엠엔터테인먼트 공동대표이사(CEO)(현) (상)대한민국문화콘텐츠해외진출유공자 대통령표창(2008), 제6회 아시아모델어워즈 국제문화교류 공로상(2011), 제48회 무역의날 공로패(2011), 매경이코노미 선정 올해의 CEO(2012), 매경미디어그룹 2013 대한민국 창조경제리더 글로벌부문(2013), 2014 한국의 영향력 있는 CEO 글로벌경영부문대상(2014)

### 김영민(金瑛敏)

(생)1977·6·1 (출)경남 산청 (주)부산광역시 연제구 법원로 31 부산지방법원(051-590-1114) (학)1996년 진주고졸 2001년 고려대 법학과졸 (경)2000년 사법고시 합격(42회) 2003년 사법연수원 수료(32기), 軍법무관, 인천지법 판사 2008년 서울중앙지법 판사 2010년 광주지법 순천지원 판사 2013년 수원지법 판사 2016년 서울중앙지법 판사 2018년 부산지법 부장판사(현)

### 김영배(金榮培) KIM Young Bae (瑞峰)

(생)1937·4·15 (본)김해(金海) (출)충남 금산 (주)서울특별시 서대문구 경기대로 47 진양빌딩 4층 (주)듀켐바이오 회장실(02-332-7003) (학)1957년 금산고졸 1961년 중앙대 약학과졸 (경)1970~2002년 삼진제약(주) 대표이사 회장 1979~2004년 한국제약협회 이사 1980~2000년 대한약품공업협동조합 이사 1984~2007년 일진제약(주) 대표이사 회장 1988~1997년 한국의약품수출입협회 부회장 1995년 대한약학회 이사 1997~2000년 한국의약품수출입협회 회장 2003년 한국의약품수출입협회 고문 2007년 (주)듀켐바이오 대표이사 회장(현) (상)생산성대상(1984), 대통령표창(1985), 국민포장(1986), 약의상(1990), 훌륭한 중앙인의 상(1996), 국민훈장 동백장(2000) (종)불교

### 김영배(金永培) Kim Young bae

(생)1958·1·7 (출)서울 (주)서울특별시 동대문구 회기로 85 한국과학기술원 경영대학 테크노경영대학원(02-958-3608) (학)1976년 서울고졸 1980년 서울대 경제학과졸 1982년 한국과학기술원(KAIST) 석사 1986년 경영학박사(한국과학기술원) (경)1986년 한국과학기술원(KAIST) 과학기술정책평가센터 선임연구원 1988~1993년 同조교수·부교수 1990~1993년 삼성경제연구소 자문교수 1993~1994년 삼성물산 미래경영포럼위원 1994~1995년 태국 아시아공과대학원(AIT) 파견교수 1994~1996년 삼성전자(주) 인재개발연구소 자문교수·신경영포럼 위원 1995~1998년 한국이동통신 미래경영포럼 위원 1995~1996년 삼양사 중앙연구소 자문위원 1996년 삼성전자(주) 반도체부문 조직혁신자문교수 1996년 한국과학기술원(KAIST) 경영대학 테크노경영대학원 부교수·교수(현), 同경영대학 경영공학부 교수(현) 2000년 삼성전자(주) 인사평가연구회 자문교수 2001~2002년 미국 워싱턴대 교환교수 2004~2007년 삼성전자(주) 반도체부문 자문교수 2005~2006년 한국전략경영학회 회장 2006~2016년 한국과학기술원(KAIST) 경영대학 혁신 및 기업가정신 연구센터장 2009~2010년 한국기술경영경제학회 회장 2010~2011년 한국인사조직학회 부회장 2011~2013년 지식재산학회지 공동편집위원장 2011~2012년 한국과학기술원(KAIST) 경영대학 교학부학장 겸 테크노경영대학원장 2012~2016년 AS젯텍 사외이사 2017년 한국과학기술한림원 정회원(정책학부)(현) 2017년 한국과학기술원 경영대학장(현) (상)한국경영학회 최우수논문상(1994), 한국기술경영경제학회 우수논문상(1998), 중소기업학회 우수논문장려상(2001), 한국과학기술원 경영대학 우수강의상(2002·2003·2006) (저)'21세기 인적자원관리'(1999, 노동연구원) '경영학 뉴패러다임:중소벤처기업, 마케팅'(2002, 박영사) '지식과 학습 그리고 혁신(共)'(2004, 시그마인사이트)

## 김영백(金榮伯) KIM Young Baeg

(생)1953 · 12 · 18 (본)김해(金海) (출)전북 (주)인천광역시 연수구 컨벤시아대로 165 동북아트레이드타워 건강보험심사평가원 인천지원 지역심사평가위원회(032-830-7437) (학)1979년 중앙대 의대졸 1983년 同대학원 의학석사 1987년 의학박사(중앙대) (경)1990~1996년 중앙대 의과대학 신경외과학교실 조교수 · 부교수 1997~2019년 同의과대학 신경외과학교실 교수 2002~2005년 대한신경손상학회 상임이사 2005~2007년 중앙대병원 기획실장 2007~2012년 同신경외과 과장 2008~2013년 대한노인신경외과학회 부회장 2009~2014년 대한신경외과학회 고시위원장 2010~2011년 대한척추신경외과학회 회장 2011년 同고문(현) 2011~2013년 대한척추신기술학회 회장 2013년 대한민국의학한림원 정회원(현) 2013~2015년 대한노인신경외과학회 회장 2018년 건강보험심사평가원 인천지원 지역심사평가위원장 직대(현) 2019년 중앙대 의과대학 신경외과학교실 명예교수(현) (저)'신경외과학'(2004) '척추학(共)'(2008, 군자출판사) '나무와 디저트'(2013) (종)기독교

## 김영범(金英範) KIM Young Bum

(생)1950 · 9 · 14 (출)부산 (주)서울특별시 종로구 율곡로2길 7 서머셋팰리스 4층 대성MDI 비서실(02-765-3003) (학)1969년 대광고졸 1974년 연세대 사학과졸 1982년 미국 아칸소주립대 경영대학원졸 (경)1984~1988년 ICOS-KOREA(주) 이사 1988년 대성산업(주) 이사 1988년 대성산소(주) 이사 1990년 同상무이사 1995년 대성산업(주) 공업가스사업부 전무이사 1997년 대성광업(주) · 대성산소(주) 부사장 2001년 대성광업개발(주) · 대성산업(주) 석회사업부 사장 2001년 대성광업개발(주) 대표이사 사장 2002년 한국광산장학회 이사 2006년 대성MDI 대표이사 회장(현) 2008년 대성지엠텍 회장(현) 2012년 DFC(주) 대표이사 회장(현) 2013~2019년 한국광업협회 회장 2015년 강원머티리얼(주) 대표이사 회장(현) (종)기독교

## 김영범(金榮範) KIM Young Bum

(생)1965 · 5 · 26 (주)경상북도 김천시 공단3길 64 코오롱플라스틱(주) 임원실(054-420-8371) (학)선인고졸, 연세대 경영학과졸 (경)코오롱 코오드사업부 근무, 同전략기획실 경영기획팀 근무 2009년 코오롱아이넷(주) 경영지원본부장(상무보) 2011년 同경영지원본부장(상무) 2013년 (주)코오롱 사업관리실장(상무) 2017년 同사업관리실장(전무) 2017년 코오롱플라스틱(주) 대표이사 부사장(현) 2018년 코오롱바스프이노폼(주) 공동대표이사 겸임(현)

## 김영복(金榮福) Yung Bok Kim

(생)1956 · 2 · 2 (본)김해(金海) (출)전남 장흥 (주)서울특별시 광진구 능동로 209 세종대학교 소프트웨어융합대학 컴퓨터공학과(02-3408-3236) (학)1974년 광주제일고졸 1978년 서울대 전기공학과졸 1981년 한국과학기술원(KAIST) 석사 1990년 공학박사(미국 일리노이공대) (경)1981년 현대건설 전산실 근무 1983년 현대전자 미국법인 과장 1986년 同선임연구원 1988~1990년 미국 일리노이공대 연구원 1990년 현대전자 산업전자연구소 수석연구원 1993년 同멀티미디어연구소 수석연구원 1996~1998년 同미디어연구소장 · 이사 1998년 정보통신부 객원교수 1999년 세종대 공과대학 컴퓨터공학과 교수(현) 2000~2011년 同벤처창업보육센터 소장 2013~2014년 同컴퓨터공학과장 2015년 조달청 기술평가위원회 위원(현) (상)현대그룹 정주영상 컴퓨터개발부문(1983) (저)'웹프로그래밍 with 한국.net 이름포털 사례기반'(2017) '벤처창업 특허 RFP 표준'(2018) '롤모델 100명'(2018) (종)기독교

## 김영봉(金英鳳) KIM Young Bong

(생)1953 · 8 · 15 (출)대구 (주)서울특별시 중구 청계천로 100 (주)모토닉(02-730-8711) (학)1972년 경북고졸 1977년 성균관대 경영학과졸 1982년 미국 롱아일랜드대 대학원 경영학과졸 (경)1988년 대성산업(주) 이사 1990년 同상무이사 1991년 서울도시가스(주) 상무이사 1993년 대성정기 대구공장 상무이사 1995년 대성정밀 전무이사 1997년 창원기화기공업(주) 부사장 1997년 대성정기(주) 부사장 겸임 2000~2002년 창원기화기공업(주) 대표이사 사장 2000~2014년 대성정기(주) 사장 2002년 (주)모토닉 대표이사 사장 2005년 同각자대표이사 회장(현)

## 김영분(金泳分 · 女) KIM Young Boon

(생)1958 · 5 · 30 (본)원주(原州) (출)인천 (주)인천광역시 서구 봉수대로 806 인천아시아드주경기장 4층 인천시설공단(032-456-2005) (학)서울신학대 보육학과졸 2010년 인하대 대학원 사회복지학과졸 (경)숲속의유치원 대표, 인천YWCA 이사, 同사회개발위원장, 바르게살기 인천시 남동구 자문위원, 인천시어린이집연합회 회장, 인천시아동학대예방협의회 이사, 열린우리당 인천남동甲지역위원회 여성위원장, 同중앙당 보육특별위원 2006~2010년 인천시 남동구의회 의원(비례대표) 2008~2010년 同운영위원장 2010~2014년 인천시의회 의원(민주당 · 민주통합당 · 민주당 · 새정치민주연합) 2010년 同산업위원회 위원 2010년 同예산결산특별위원회 위원 2010년 同친환경무상급식추진특별위원회 제2간사 2012년 同제1부의장 2014년 인천시의원선거 출마(새정치민주연합) 2016~2018년 더불어민주당 인천시당 여성위원장 2017년 同인천시당 선출직공직자평가위원회 위원 2019년 인천시설공단 이사장(현) (상)대한민국위민의정대상 우수상(2014) (종)기독교

## 김영빈(金永彬) Youngbin, Kim

(생)1968 · 2 · 17 (본)김해(金海) (출)경남 통영 (주)세종특별자치시 한누리대로 411 행정안전부 지방세제정책관실 지방세정책과(044-205-3802) (학)1986년 진주고졸 1995년 부산대 행정학과졸 2008년 한국방송통신대 법학과졸 (경)1997년 지방고시 합격(3회) 1998~2003년 경남 하동군 지역경제과장 · 종합민원실장 · 적량면장 2003~2009년 경남도 정책기획관실 근무 2009~2017년 행정자치부 재정정책과 근무 2017년 행정안전부 지방세특례제도과장 2018년 同지방세제정책관실 지방세정책과장(현) (상)대통령표창(2회) 등 다수

## 김영삼(金榮三) KIM Young Sam

(생)1963 · 5 · 14 (본)김녕(金寧) (출)부산 (주)경기도 성남시 분당구 새나리로 25 전자부품연구원 원장실(031-789-7005) (학)1982년 부산 동성고졸 1986년 서울대 경제학과졸 1992년 同행정대학원 경제학과 수료 1998년 미국 Univ. of Michigan 대학원 경제학과졸 (경)1986~1988년 중위 예편(ROTC 24기) 1989년 행정고시 합격(33회) 1990~1991년 총무처 · 경기도 · 상공부 행정사무관시보 1991~1993년 상공부 지방공업과 · 공업배치환경과 근무 1994년 감사원 파견 1994~1996년 통상산업부 석유정책과 · 차관 비서관 1996~1998년 미국 유학 1998~2001년 산업자원부 산업기계과 · 자본재총괄과 · 아주협력과 근무 2001년 同인사계장 2002~2005년 駐상하이총영사관 상무관 2005년 산업자원부 신재생에너지과장 2006년 同신재생에너지팀장 2007년 同철강석유화학팀장 2007년 同철강화학팀장 2008년 지식경제부 유전개발과장(서기관) 2008년 同유전개발과장(부이사관) 2008년 同지역경제총괄과장 2010년 대통령자문 지역발전위원회 지역경제국장(고위공무원) 2011년 駐중국 공사참사관 2014년 산업통상자원부 투자정책관 2016년 同산업기반실 시스템산업정책관 2016년 同산업정책실 산업기술정책관 2017년 同무역위원회 상임위원(실장급) 2017~2018년 同무역투자실장 2018년 전자부품연구원

원장(현) (상)중앙공무원교육원장표창(1990), 감사원장표창(1994), 대통령표창(2000), 산업포장(2015) (저)'메갈로폴리스 상하이'(共) (종)천주교

## 김영삼(金榮三) Kim Youngsam

(생)1974·12·10 (본)부안(扶安) (출)서울 (주)서울특별시 성동구 마장로 210 한국기원 사무국(02-3407-3870) (경)1993년 프로바둑 입단 1995년 비씨카드배 도전자결정전 진출 1996년 제1기 박카스배 천원전 본선 1997년 SK가스배 신예프로10걸전 준우승 1998년 제33기 패왕전 본선 1999년 제4기 천원전·제34기 패왕전 본선 2000년 농심신라면배 세계바둑최강전 한국대표 우승 2000년 5단 승단 2001~2002년 중국바둑리그 진출 2003년 6단 승단 2004년 7단 승단 2006년 한국바둑리그 한게임팀 출전 준우승 2008년 8단 승단 2011년 한국바둑리그 영남일보팀 감독 2011년 9단 승단(현) 2012~2018년 한국바둑리그 정관장황진단팀 감독 2016년 김영삼바둑학원 개원(현) 2018년 BGF리테일 감독(현) 2018년 한국기원 사무총장(현)

## 김영상(金永商) KIM, Young-Sang

(생)1957·1·26 (출)부산 (주)인천광역시 연수구 컨벤시아대로 165 (주)포스코인터내셔널 사장실(02-759-2114) (학)1975년 경남고졸 1980년 서울대 경영학과졸 (경)1982년 (주)대우 입사 1988년 同말레이시아 쿠알라룸푸르지사 근무 1999년 (주)대우인터내셔널 캐나다 토론토지사장 2004년 同러시아 모스크바지사장 2006년 同러시아 모스크바지사장(상무) 2007년 同철강본부장(상무) 2010년 同철강본부장(전무) 2011년 同금속본부장(전무) 2013년 同영업3부문장(전무) 2013년 同영업1부문장(전무) 2014년 同영업1부문장(부사장) 2015년 同대표이사 사장 2016~2019년 (주)포스코대우 대표이사 사장 2016년 한국무역협회 비상근부회장(현) 2018년 대한상공회의소 국제통상위원회 위원장(현) 2019년 (주)포스코인터내셔널 대표이사 사장(현)

## 김영석(金永錫) KIM Young Seok

(생)1954·3·31 (본)광산(光山) (출)충북 청원 (주)서울특별시 서대문구 연세로 50 연세대학교 언론홍보영상학부 연희관 304호(02-2123-2976) (학)1977년 연세대 신문방송학과졸 1982년 미국 스탠퍼드대 대학원 커뮤니케이션학과졸 1985년 커뮤니케이션학박사(미국 스탠퍼드대) (경)1984년 미국 스탠퍼드대 커뮤니케이션연구소 연구위원 1987~2006년 연세대 신문방송학과 조교수·부교수·교수 1989년 한국방송공사 자문위원 1996~2006년 연세대 대외협력처장 2002~2004년 同영상대학원장 2002년 同언론연구소장 2005~2006년 한국언론학회 회장 2006~2019년 연세대 언론홍보영상학부 교수 2006년 (재)조선일보미디어연구소 이사(현) 2006년 SBS문화재단 이사(현) 2007~2011년 사학분쟁조정위원회 위원 2008년 LG상남언론재단 이사(현) 2009~2011년 KBS 경영평가위원회 위원장 2010년 OBS(경인TV) 이사 2011년 국가정보화전략위원회 실무위원 2011~2015년 (주)현대홈쇼핑 사외이사 2011년 콘텐츠산업진흥위원회 민간위원 2012년 2013평창동계스페셜올림픽세계대회 홍보전문위원회 위원장 2016~2018년 연세대 행정·대외부총장 2019년 同언론홍보영상학부 명예교수(현) (상)연세언론인상(1998) (저)'뉴미디어와 정보사회'(1987) '현대사회와 뉴미디어'(1988) '국제정보질서문화'(1990) '방송과 독립프로덕션'(1992) '언론학 원론'(1994) '정보사회와 우리'(1995) '여론과 현대사회'(1996) '멀티미디어와 정보사회(共)'(1997) '디지털미디어와 사회' '사회조사방법론: SPSS WIN 통계분석'(1999) '멀티미디어와 광고'(2001) '라디오의 미래'(2001) '디지털시대의 방송 : 개념과 현황'(2001) '현대광고론'(2001) '현대신문론'(2002) '인터넷 언론과 법'(2004) '설득커뮤니케이션'(2005) (역)'개혁의 확산'(2005) (종)기독교

## 김영석(金永錫) Kim Young Seok

(생)1959·10·1 (출)전남 영암 (주)전라남도 목포시 영산로 334 목포문화방송(MBC) 사장실(061-270-9550) (학)광주농고졸, 조선대 전자공학과졸 (경)1987년 목포문화방송(MBC) 입사 2007년 同경영국 총무부장 2008년 同경영국 경영관리부장 2010년 同경영국 경영심의부장 2011년 同경영국장 2018년 同대표이사 사장(현)

## 김영석(金泳錫) KIM YOUNG SOK

(생)1968·4·20 (본)김해(金海) (출)전북 익산 (주)서울특별시 종로구 사직로8길 60 외교부 인사운영팀(02-2100-7140) (학)1985년 남성고졸 1990년 서울대 공법학과졸 1993년 同대학원 법학과졸 1998년 미국 일리노이대 대학원 법학과졸 2000년 법학박사(미국 일리노이대) (경)1991년 외무고시 합격(25회) 1991~2001년 외무부 사무관 2001~2003년 아주대 법학부 조교수 2003~2010년 이화여대 법과대학 조교수·부교수 2010~2019년 同법학전문대학원 교수, 영국 런던의정서 준수평가위원회 부의장, 대한적십자사 인도법자문위원, 외교통상부 자체평가위원, 대한국제법학회 이사, 서울국제법연구원 연구이사, 해성국제문제윤리연구소 감사 2018~2019년 이화여대 법학전문대학원 교무부원장 2019년 駐시카고 총영사(현) (상)외교통상부장관표창(2000), 아주대 강의우수교수상(2002), 이화여대 법학전문대학원 강의우수교수상(2013) (저)'The Law of the International Criminal Court'(2007, W.S. Hein) '국제인도법'(2012, 박영사) '국제형사재판소법강의'(2014, 법문사) '국제법'(2017, 박영사) 'The Law of the International Criminal Court'(2019, W.S. Hein) (역)'세계질서의 기초'(2004, 박영사) '국제법의 역사'(2013, 한길사) 'The Crime of Aggression: A Commentary'(2016, cambridge university press) '국제법의 역사 : 전쟁과 평화와 국제법'(2019, 박영사) (종)기독교

## 김영선(金映宣·女) KIM Young Sun

(생)1960·5·16 (본)선산(善山) (출)경남 거창 (주)경기도 고양시 일산서구 중앙로 1576 태진프라자 902호 법무법인 한사랑(031-819-2560) (학)1978년 신광여고졸 1985년 서울대 법과대학 공법학과졸 2000년 연세대 행정대학원졸 2002년 미국 아메리카대 법학전문대학원졸(LL. M.), 경영학박사(연세대) (경)1988년 사법시험 합격(30회) 1990년 경제정의실천시민연합 입법위원 1991년 사법연수원 수료(20기) 1991년 YMCA 시민중계실 운영위원 1992년 변호사 개업 1995년 대한출판문화협회 고문 1995년 강동종합법률사무소 개소, 법무법인 한사랑 대표변호사(현) 1996년 제15대 국회의원(전국구, 신한국당·한나라당) 1996년 신한국당 부대변인 1997년 한나라당 부대변인 1999년 同정무위원장 2002년 同수석부대변인 2002년 제16대 국회의원(전국구 승계, 한나라당) 2002년 국제지식포럼 대표의원 2003년 한나라당 제3정책조정위원장 2003년 同공동대변인 2003년 同제2사무부총장 2004년 제17대 국회의원(고양 일산乙, 한나라당) 2004~2006년 한나라당 최고위원 2006년 同대표최고위원 2008년 제18대 국회의원(고양 일산서구, 한나라당·새누리당) 2008~2010년 국회 정무위원장 2010~2012년 한나라당 비상대책위원회 위원 2010년 아시아금융경제국제의원회(APFEC) 초대 공동의장 2011~2015년 생활체육전국자전거연합회 회장 2012년 제19대 국회의원선거 출마(고양 일산서구, 새누리당) 2012~2013년 금융소비자연맹 회장 2013년 同고문 2014년 새누리당 고양일산서구당원협의회 운영위원장 2015년 (사)대한자전거연맹 고문(현) 2016년 새누리당 경기고양시丁당원협의회 운영위원장 2016년 제20대 국회의원선거 출마(경기 고양시丁, 새누리당) 2017년 자유한국당 경기고양시丁당원협의회 운영위원장 2017년 同디지털정당위원회 고문(현) (상)대한변리사회·한국지식재산서비스협회·KAIST 주최 '2012 지식재산대상'(2012) (저)'IT 미래 한국의 블루오션 – 푸른 바다로 가는 희망통신' 'R&D 첨단 한

국으로 가는 행진곡 – 과학기술, 미래한국을 열다' '과학기술의 미래 IT산업의 미래'(2011) '위기의 중심에서 바라본 금융산업의 미래'(2011) (종)기독교

**김영선(金永善)**

(생)1965 · 1 (주)서울특별시 강남구 테헤란로 301 현대글로비스(주) 기획재경본부 임원실(02-6191-9114) (학)서울대 대학원 경제학과졸 (경)현대 · 기아자동차 글로벌전략1팀장(이사대우 · 이사) 2013년 同기획지원2팀장(상무) 2015년 同재경사업부장 겸 회계관리실장(전무), 현대글로비스(주) 기획재경본부장(전무) 2018년 同기획재경본부장(부사장)(현) 2018년 同사외이사후보추천위원장 겸임(현)

**김영선(金永善 · 女)**

(생)1966 · 11 · 27 (주)경상북도 안동시 풍천면 도청대로 455 경상북도의회(054-880-5126) (학)경북대 농학과졸 (경)2010년 경북도의원선거 출마(비례대표, 국민참여당) 2014년 경북도의원선거 출마(비례대표, 새정치민주연합) 2017년 제19대 대통령선거 여성본부 경북2본부장 2018년 경북도의회 의원(비례대표, 더불어민주당)(현) 2018년 同의회운영위원회 위원(현) 2018년 同문화환경위원회 위원(현) 2018년 同저출산고령화대책특별위원회 위원장(현)

**김영섭(金榮燮) Kim Young Seup**

(생)1955·9·6 (출)경남 창원 (주)부산광역시 남구 용소로 45 부경대학교 총장실(051-629-5000) (학)마산고졸 1978년 부산수산대 어업학과졸 1981년 同대학원 수산물리학과졸 1992년 이학박사(일본 도쿄대) (경)1980~1992년 군산대 해양토목과 전임강사·조교수 1992~1996년 부산수산대 대기과학과 전임강사·조교수 1994~1996년 同해양과학대학 학생과장 1996년 同대기과학과장 1996~1997년 부경대 환경대기과학과 조교수 1996~1998년 同해양환경대학 부학장 1998~1999년 同대학원 환경대기과학과 주임교수 1998~1999년 同지구환경과학부 부교수 1998~1999년 同해양탐구교육원 행정부장 1999년 同환경·해양대학 공간정보시스템공학과 부교수·교수(현) 1999~2001년 同위성정보과학과장 2004~2007년 同교무처장 2007~2012년 유비쿼터스위치기반서비스학회(LBS) 회장 2009~2011년 대한원격탐사학회 회장 2012년 (사)세계해양포럼 조직위원회 운영이사(현) 2012년 한국해양산업협회 공동이사장(현) 2012년 부산수산정책포럼 공동이사장(현) 2012년 부산과학기술협의회 이사(현) 2012년 해양수산강국국민포럼 공동회장(현) 2012·2016년 부경대 총장(제5·6대)(현) 2013년 한국수산산업총연합회 수석부회장(현) 2013~2015·2017~2019년 열린대학교육협의회 회장 2014년 극지해양미래포럼 명의대표(현) 2016년 부산창조경제혁신센터 이사장(현) 2016년 국제해양기관연맹(IAMRI) 의장(현) 2016~2017년 지역중심국·공립대학교총장협의회 회장 2017년 부산·울산·경남·제주지역대학교총장협의회 회장 2018년 해양수산국립대총장협의회 초대 회장(현) 2019년 전국국·공립대학교총장협의회 회장(현) (상)교육과학기술부장관표창(2002), 국민포장(2003) (저)'바다의 이해' '지구유체역학' '해양목장' '원격탐사개론' (역)'지구유체역학' '해양목장' '원격탐사개론'

**김영섭(金永燮) KIM Young Shub**

(생)1959 · 4 · 10 (출)경북 (주)서울특별시 영등포구 여의대로 24 LG CNS 임원실(02-2099-0114) (학)1977년 경북사대부고졸 1984년 고려대 경영학과졸 (경)럭키금성상사 회장실 감사팀장, 同총무1과장, 同부장, LG상사 미국법인 관리부장, LG그룹 구조조정본부 재무개선팀 부장, 同상무, (주)LG CNS 경영전략본부 경영관리부문장(상무) 2007년 同경영관리본부장(부사장) 2008년 同하이테크사업본부장(부사장) 2013년 同솔루션사업본부장(부사장) 2014년 (주)LG유플러스 경영관리실장(부사장) 2015년 LG CNS 대표이사 사장(현) 2016~2018년 LG엔시스 대표이사 겸임 (종)천주교

**김영섭(金英燮) KIM Young Sub**

(생)1962 · 10 · 19 (주)서울특별시 마포구 상암산로 82 SBS콘텐츠허브(02-2001-6641) (학)서울대 인류학과졸 (경)1996년 SBS 입사 2003년 同제작본부 차장대우 2005년 同제작본부 책임프로듀서(차장) 2009년 同제작본부 드라마기획CP소속 총괄책임프로듀서(부장) 2010년 同드라마센터 드라마기획CP 겸 드라마3CP(부장급) 2010년 同드라마센터 드라마기획2CP(부장급) 2011년 同드라마센터 특별기획총괄 2012년 同드라마본부 드라마2EP 2013년 同드라마본부 드라마2EP(부국장급) 2014년 同드라마본부장(이사대우) 2015년 同드라마본부장(이사) 2018년 同드라마본부장(상무) 2019년 SBS콘텐츠허브 대표이사(현)

**김영성(金榮成) Kim Yeong Seong**

(주)서울특별시 금천구 시흥대로73길 70 금천구청 부구청장실(02-2627-2304) (학)1983년 문일고졸 1987년 고려대 법학과졸 1990년 서울대 대학원 행정학과졸 2001년 지역경제학박사(미국 코넬대) (경)1990년 행정고시 합격(34회) 2004~2006년 서울시 법무담당관(지방서기관) 2007년 同재정분석담당관 2008~2009년 同투자유치담당관 2009~2010년 同평가담당관 2010년 同맑은환경본부 녹색환경정책담당관 2010년 同맑은환경본부 환경정책과장 2010~2013년 同환경정책과장 2013년 서울문화재단 파견(지방서기관) 2014년 서울시 학교지원과장 2014~2015년 同교육정책과장 2015년 同교육정책담당관(지방부이사관) 2015년 同평생교육정책관 직대 2016~2017년 同부이사관(해외교육파견) 2018년 서울시립대 행정처장 2019년 서울시 금천구 부구청장(현)

**김영세(金暎世) Young KIM**

(생)1950 · 12 · 18 (출)서울 (주)서울특별시 강남구 역삼로19길 3 이노디자인코리아 대표이사 비서실(02-3456-3000) (학)1969년 경기고졸 1974년 서울대 산업디자인학과졸 1976년 미국 일리노이대 산업디자인학과졸 1978년 同대학원 산업디자인학과졸 (경)1978~1979년 미국 멜 볼트 어소시에이트(Mel Boldte and Associates) 근무 1979~1980년 미국 하리 어소시에이트(Hari and Associates) 근무, 미국 두퐁(Du Pont) 디자인컨설팅 1980~1982년 미국 Univ. of Illinois 산업디자인과 교수 1983~1985년 미국 GVO 프로덕트 디자인매니저 1983년 미국 ID FOCUS 설립 1986년 미국 (주)이노디자인 설립 1999년 (주)이노디자인코리아 설립 · 대표이사(현) 2004년 중국 (주)이노디자인차이나 설립 2005년 광주디자인비엔날레 자문위원 2010년 상명대 디자인대학 석좌교수 2012~2015년 한국문화예술교육진흥원 비상임이사 2014~2017년 상명대 미술대학 석좌교수 2014년 경기 광명시 디자인고문 2014년 민관합동제조혁신위원회 위원 2018년 샤블리에 설립 (상)미국 산업디자이너협회(IDSA) IDEA 동상(1990), 미국 1990 베스트프로덕트(1991), 일본 GD마크 획득(1991), 미국 산업디자이너협회(IDSA) IDEA 금상(1993), 한국산업디자이너협회(KAID) 한국산업디자인상 대상(1997 · 1998), 한국 Good Design전 대통령표창(1999), 미국 산업디자이너협회(IDSA) IDEA 은상(2000), 미국 베스트프로덕트(2000), 대한민국 디자인및브랜드대상 디자인공로부문(2001), 독일 Red Dot Design Award(2005), 미국 산업디자이너협회(IDSA) IDEA 은상(2005), 독일 IF디자인어워드(2007), 한국산업디자인상(KAID) 대상(2007), 옥관문화훈장(2012), 2013 대한민국 혁신대상 창조혁신상 특별상(2013) (저)'Digital Design A to Z'(2000) '디자인 사랑으로 출발하라'(2001) '12억짜리 냅킨 한 장'(2001) '트렌드를 창조하는 자 이노베이터'(2005) '이매지너'(2009)

작'iriver의 IFP series' '삼성VM-C5000' 'iriver PMP100 series' 'iriver H300 series' 'iriver n1' '라네즈 슬라이딩 팩트' '삼성휴대폰 SGH-Z130' 'ACME Collection' 'Taeguk' Series TCL Florence 'Veron' 'iriver H10' '삼성전자 휴대폰「가로본능」디자인' '2018 평창동계올림픽 성화봉 · 성화대 디자인'

## 김영세(金泳世) KIM Youngse

생1962·10·23 본고령(高靈) 출울산 주서울특별시 서대문구 연세로 50 연세대학교 상경대학 경제학부(02-2123-2491) 학1981년 중동고졸 1985년 연세대 경제학과졸 1987년 同대학원 경제학과졸 1992년 경제학박사(미국 UCLA) 경1993~1994년 영국 케임브리지대 응용경제학과 연구전임교수 1994~1996년 영국 런던대 경제학과 조교수 1995~2003년 연세대 경제학과 조교수·부교수 1997~1998년 한국경제학회 사무차장 2002년 한국산업조직학회 사무국장 2003년 연세대 상경대학 경제학부 교수(현) 2004년 同상경대학 부학장 2006년 同경제학부장 2008년 同교무부처장 2009~2012년 同학부대학장 2011년 예금보험공사 성과관리위원회 위원 2012~2014년 금융감독원 자문위원회 은행·비은행분과 위원 2012~2016년 연세대 기획실장 2013~2015년 공적자금관리위원회 민간위원 2016년 한국자산관리공사(KAMCO) 경영자문위원(현) 상연세학술상(1998), 매경이코노미스트상(2003), 기획재정부장관표창(2008), 매일경제 경제논문30주년 특별감사패(2015) 저'미시경제학'(1998) '게임이론'(1998·2018) '전략과 정보'(2002) '정치게임과 공공경제'(2015) '공공경제론'(2019) 종기독교

## 김영수(金榮秀) KIM Young Soo (旲齊)

생1942·5·10 본전주(全州) 출인천 주서울특별시 송파구 백제고분로 455 성보빌딩 (사)한국청소년문화연구소(02-737-9001) 학1960년 서울고졸 1964년 서울대 법과대학졸 1967년 同사법대학원 수료 1988년 국방대학원 수료 2014년 명예 스포츠박사(몽골 국립교육대) 경1965년 사법시험 합격(5회) 1968년 駐월남사령부 군법회의 검찰관 1971년 서울지검 검사 1975년 법무부 검찰국 검찰3과 검사 1976년 국방대학원 파견 1977년 서울지검 검사 1980년 수원지검 검사 1981년 청주지검 제천지청장 1982년 제주지검 차장검사 1983년 서울지검 의정부지청 부장검사 1985년 同북부지청 부장검사 1987년 서울지검 공안2부장 1988년 국가안전기획부 제2특보 1990~1992년 同제1차장 1992년 청소년문화연구소 소장 1992년 제14대 국회의원(전국구, 민자당) 1993~1995년 대통령 민정수석비서관 1995~1997년 문화체육부 장관 1997년 (사)한국청소년문화연구소 이사장(현) 1997년 변호사 개업 1998~2003년 민주평통 체육청소년분과위원장 1999~2003년 한국박물관회 회장 2000년 한국페스티발앙상블 이사 2000년 한국문화연구재단 이사장 2001~2007년 헌법재판소 자문위원 2001~2005년 예술의전당 후원회장 2002년 월드컵축구대회조직위원회 부위원장 2004~2008년 한국농구연맹(KBL) 총재 2009년 연세대 석좌교수 2010년 대종상영화제 조직위원장 2011년 춤의날조직위원장 2011년 광화문문화포럼 회장 2011년 (사)우남소사이어티 이사장 2013년 국립중앙박물관 운영자문위원장(현) 2014년 인천아시안게임 조직위원장 2018년 평창동계올림픽유치위원회 고문 2019년 프로당구협회(PBA) 초대 총재(현) 상황조근정훈장(1995), 청조근정훈장(1997), 올해의 자랑스러운 서울인(2009), 올림픽골든스타훈장 금장(2014), 관악대상(2015), 체육훈장 청룡장(2016) 저'발상을 바꾸자 세상을 바꾸자'(1995) 종기독교

## 김영수(金英秀) KIM YOUNG-SOO

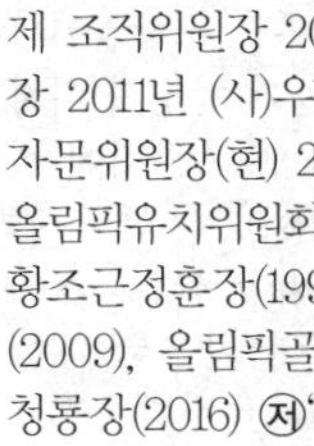

생1957·1·14 주서울특별시 마포구 백범로 35 서강대학교 정치외교학과(02-705-8398) 학1979년 서강대 정치외교학과졸 1981년 同대학원 정치외교학과졸 1992년 정치학박사(서강대) 경1981~1985년 육군사관학교 교수 1985~1993년 서강대·숙명여대·인천교대 강사 1992~1993년 서강대 사회과학연구소 연구원 1993~1996년 제주대 교수 1994~1999년 한국지역연구협의회 편집위원 1996년 북한연구학회 이사·상임이사 1996~2019년 통일부 정책자문위원 1997~1998년 성균관대 정치외교학과 강사 1998년 서강대 정치외교학과 조교수·부교수·교수(현) 2002년 민주평통 상임위원 2004년 일본 게이오대 법학부 초빙교수 2008년 대통령실 외교안보자문위원 2008~2009년 서강대 기획처장 2010년 북한연구학회 회장 2010~2014년 통일교육위원협의회 운영위원 2011년 한국국제정치학회 부회장 2011~2013년 서강대 교학부총장 2012년 국가정보학회 부회장(현) 2013~2014년 서강대 정치외교학과장 2013~2016년 북한이탈주민지원재단 비상임이사 2014~2017년 통일부 정책자문위원장 2014~2018년 국방부 정책자문위원 2015~2017년 민주평통 상임위원(통일정책위원장) 2017년 同자문위원(현) 상서강대총장표창(1979), 육군사관학교장표창(1981), 대통령표창(2001), 국민훈장 석류장(2004), 통일부장관표창(2010), 전경련 국제경영원 선정 최우수강연상(2016) 저'한국 내셔널리즘의 전개와 글로벌리즘(共)'(2006, 백산서당) '세계화 정보화 시대 국가-시민사회와 정체성(共)'(2006, 이매진) '제주특별자치도 남북교류협력 로드맵(共)'(2006, 신아문화사) '북한의 미래와 딜레마(共)'(2011, 법문사)

## 김영수(金永壽) KIM Young Soo

생1960·3·26 출충남 금산 주경상북도 경산시 대학로 280 영남대학교 정치행정대학 정치외교학과(053-810-2645) 학1979년 대전고졸 1987년 성균관대 정치외교학과졸 1990년 서울대 대학원 정치학과졸 1997년 정치학박사(서울대) 경1999~2000년 서울대 사회과학연구원 한국정치연구소 선임연구원 2000~2003년 일본 도쿄대 법학부 객원연구원 2003~2008년 국민대 일본학연구소 책임연구원 2008년 영남대 정치외교학과 부교수·교수(현) 2009년 한국정치학회 편집이사 2009년 한국정치사상학회 총무이사 2010~2013년 대통령 연설기록비서관 2014~2016년 同통일문제연구소장 2014~2016년 대구통일교육협의회 부회장 2015~2017년 영남대 신문방송사 주간 겸 출판부장 상한국정치학회 학술상(2006), 제32회 월봉저작상(2007), 제6회 매경비트학술상(2008), 홍조근정훈장(2012) 저'건국의 정치 : 여말선초 혁명과 문명 전환'(2006, 이학사) '변용하는 일본형시스템: 현장보고(共)'(2008) '세종 리더십의 형성과 전개(共)'(2009) '세종리더십이야기(共)'(2010) '독도영유권 확립을 위한 연구 2(共)'(2010)

## 김영수(金永壽) KIM Young Soo

생1960·10·25 출서울 주서울특별시 서초구 서초중앙로 157 서울중앙지방법원 총무과(02-530-1114) 학1979년 배재고졸 1983년 서울대 법과대학 법학과졸 1985년 同대학원 법학과졸 경1983년 사법시험 합격(25회) 1987년 사법연수원 수료(16기) 1988년 대전지법 판사 1991년 同천안지원 판사 1993년 수원지법 판사 1996년 서울지법 판사 1998년 同북부지원 판사 1999년 서울고법 판사 2002년 대구지법 부장판사 2004~2006년 사법연수원 교수 2006년 춘천지법 강릉지원장 2008~2010년 서울중앙지법 부장판사 2010년 변호사 개업 2015년 서울중앙지법 민사단독전담판사(현)

## 김영수(金榮洙) Kim Young soo

생1961·10·2 본김해(金海) 출충북 청주 주서울특별시 강남구 개포로 621 서울주택도시공사 건설안전사업본부(02-3410-7006) 학1985년 서울시립대 건축공학과졸 경1989년 서울시 종합건설본부 기사보 1992~2006년 서울주택도시공사 건축 4급·3급 2007년 同전문상가TF팀장(건축2급) 2009년 同기술감사팀장 2011년 同설계기준팀장 2015년 同건설사업처장(건축1급) 2017년 (주)세빛섬 시설본부장 파견 2018년 서울주택도시공사 건설안전사업본부장(상임이사)(현)

**김영수**

[생]1962·6·4 [주]서울특별시 강동구 구천면로 229-1 (주)에이치엠디씨 비서실(070-7018-6543) [학]1988년 홍익대 산업디자인학과졸 [경]2005년 해리메이슨코리아(주) 설립, (주)에이치엠디씨 대표이사(현) 2015년 한국시계산업협동조합 이사장(현) 2017~2018년 중소기업중앙회 이사

**김영수(金永秀) KIM Young Soo**

[생]1962·8·2 [주]서울특별시 마포구 백범로 35 서강대학교 사회과학부 사회학과(02-705-8372) [학]1990년 미국 오리건대 사회학과졸 1992년 미국 애리조나주립대 대학원 사회학과졸 1996년 사회학박사(미국 스탠퍼드대) [경]1996~1998년 한국개발연구원 국민경제교육연구소 전문연구위원 1998~2000년 순천향대 국제문화과 전임강사 2000~2015·2017년 서강대 사회학과 조교수·부교수·교수(현) 2004~2008·2013~2015년 同입학처장 2013년 제18대 대통령직인수위원회 국정기획조정분과 전문위원 2013년 대통령직속 규제개혁위원회 민간위원 2015~2017년 한국교육과정평가원 원장

**김영수(金泳秀)**

[생]1964 [주]서울특별시 중구 세종대로21길 52 (주)디지틀조선일보(02-3701-2822) [학]서울대 영어영문학과졸 [경]1988년 조선일보 입사 2006년 同산업부장 2011년 (주)조선경제i 대표이사 2014년 조선일보 경영기획실장 2017년 (주)디지틀조선일보 대표이사(현)

**김영수(金暎洙)**

[생]1965·1·6 [주]충청남도 예산군 삽교읍 도청대로 600 충청남도의회(041-635-5057) [학]충남 서령고졸 1993년 고려대 행정학과 중퇴(1년) [경]서산시보디빌딩협회 감사, 서산시광고협회 감사 2002·2006·2010년 충남도의원선거 출마(무소속), 민주평통 자문위원, 더불어민주당 제19대 문재인 대통령후보 외교안보특보, 同충남도당 농어촌발전특별위원회 상임부위원장(현) 2018년 충남도의회 의원(더불어민주당)(현)

**김영수(金榮洙) KIM, Youngsoo**

[생]1965·6·20 [출]경북 안동 [주]경상북도 구미시 송원동로 11-4 구미경찰서(054-450-3321) [학]대구 대건고졸 1987년 경찰대졸(3기), 부산대 행정대학원 행정학과졸, 경찰학박사(대전대) [경]2004년 대구동부경찰서 경비교통과장 2005년 대구서부경찰서 정보보안과장 2007년 대구지방경찰청 경비교통과 교통계장 2009년 同생활안전과 질서계장 2010년 同생활안전과 생활안전계장 2014년 同생활안전과장(총경) 2015년 경북 고령경찰서장 2016년 대구지방경찰청 경비교통과장 2017년 경북 김천경찰서장 2017년 경북지방경찰청 청문감사담당관 2019년 경북 구미경찰서장(현)

**김영수(金泳秀) KIM Young Soo**

[생]1966·1·22 [본]고령(高靈) [출]부산 [주]충청남도 아산시 신창면 황산길 100-50 경찰대학 치안정책연구소 치안정책연구부(041-968-2016) [학]1984년 동래고졸 1988년 고려대 법학과졸 1998년 부산대 행정대학원 행정학과 수료 [경]1993년 행정고시 합격(36회) 1993년 공보처 해외공보관실 근무 1995년 동래경찰서 경비과장(경정) 1996년 부산 금정경찰서 수사과장 1998년 부산지방경찰청 외사과 외사2계장 1999년 경찰청 정보1과 근무 2000년 同공보1계장·공보2계장 2002년 울산지방경찰청 경비교통과장(총경) 2003년 문경경찰서장 2004년 경북지방경찰청 생활안전과장 2004년 서울지방경찰청 국회경비대장 2005년 경기 광주경찰서장 2006년 경찰청 혁신기획단 발전전략팀장 2007년 서울 남대문경찰서장 2008년 대통령 치안비서관실 행정관 2009년 경찰청 혁신기획단장(경무관) 2009년 駐미국 주재관 2012년 경찰청 수사구조개혁단장 2012년 同대변인 2014년 서울지방경찰청 경무부장 2014년 경찰청 경무관(공로연수파견) 2015년 경찰대학 치안정책연구소 치안정책연구부장(현) [상]대통령표창

**김영수(金永洙) KIM Young Su**

[생]1966·10·16 [본]광산(光山) [출]전북 부안 [주]세종특별자치시 다솜로 261 국무조정실 국정과제관리관실(044-200-2081) [학]1985년 부천고졸 1992년 서울시립대 행정학과졸 [경]1992년 행정고시 합격(36회) 2003년 대통령비서실 행정관(파견) 2006년 駐시드니총영사관 영사(문화홍보관) 2009~2010년 국무총리실 재정정책과장·경제총괄과장 2010년 同사회정책총괄과장(부이사관) 2013년 국무조정실 사회조정실 사회정책총괄과장 2014년 同국정과제관리관실 국정과제총괄과장 2015년 중앙공무원교육원 교육파견(고위공무원) 2015년 국무조정실 개발협력정책관 2017년 同국정운영실 일반행정정책관 2019년 同정부업무평가실 국정과제관리관(현) [상]근정포장(2013) [종]천주교

**김영수(金暎洙) Kim Young soo**

[생]1967·3·10 [출]서울 [주]세종특별자치시 갈매로 388 문화체육관광부 정책기획관실(044-203-2203) [학]서울 배문고졸, 서울대 미학과졸, 同행정대학원 수료, 미국 시러큐스대 행정대학원졸 [경]1995년 행정고시 합격(38회), 문화체육관광부 비서관, 同국제문화협력과장, 駐시드니 한국문화원장, 대통령 관광진흥비서관실 행정관, 문화체육관광부 체육관광정책실 체육협력관 2016년 한국예술종합학교 사무국장 2018년 국방대 파견 2019년 문화체육관광부 정책기획관(현)

**김영수(金英洙) Young Soo Kim**

[생]1969·5·7 [본]연안(延安) [출]강원 홍천 [주]서울특별시 종로구 세종대로 209 국무총리소속 부마민주항쟁진상규명및관련자명예회복심의위원회 부마민주항쟁보상지원단(02-6744-3121) [학]1987년 춘천고졸 1991년 서울대 사회교육과졸 1997년 同행정대학원 행정학과졸 [경]1996년 행정고시 합격(40회) 1996년 지방고시 합격(2회) 1997~2003년 총무처·문화관광부·행정자치부 행정사무관 2004년 중앙인사위원회 기획예산담당관실 서기관 2005년 同재정기획관실 서기관 2007년 同정책홍보관리실 서기관, 同혁신인사기획관실 서기관 2008년 행정안전부 기획조정실 국제협력팀장 2009년 同국가기록원 정책기획과장 2010년 OECD 대한민국정책센터 파견 2011년 중앙공무원교육원 기획협력과장 2012년 행정안전부 미래정보화과장 2013년 안전행정부 전자정부국 스마트서비스과장 2014년 同전자정부지원과장 2014년 행정자치부 전자정부국 지역정보지원과장 2016년 同장관 비서실장(부이사관) 2016년 同공공서비스혁신과장 2017년 대통령 의전비서관실 행정관 2019년 국무총리소속 부마민주항쟁진상규명및관련자명예회복심의위원회 부마민주항쟁보상지원단장(국장급)(현)

**김영숙(金英淑·女) KIM Young Sook**

[생]1943·1·20 [본]김해(金海) [출]충북 영동 [주]서울특별시 영등포구 의사당대로 1 대한민국헌정회(02-757-6612) [학]1962년 서울사범학교졸 1965년 명지대 가정학과졸 1988년 숙명여대 교육대학원 유아교육학과졸 1997년 고려대 교육대학원 교육문화최고위과정 수료 2006년 성균관대 경

영대학원 최고경영자과정(W-AMP) 수료 2008년 숭실대 대학원 평생교육학 박사과정 수료 ㉠1986~1991년 서울시교육청 장학사 1994년 교육부 교육연구관 1999년 서울 성북교육청 교육장 2000년 서울교육대총동창회 고문 2000년 충북영동군민회 고문 2002년 전국초등여자교장협의회 회장 2002년 전국초·중·고교장협의회 회장단 2004~2008년 제17대 국회의원(비례대표, 한나라당) 2004년 국회 좋은교육연구회 대표 2004년 국회 남북관계발전특별위원회 위원 2004년 한나라당 운영위원회 위원 2006년 同중앙윤리위원회 위원 2006년 국회 교육위원회 위원 2006년 국회 여성가족위원회 간사 2006~2008년 한나라당 원내부대표 2007년 同이명박대통령후보 중앙선거대책위원회 교육직능위원장 2007년 국회 운영위원회 위원(예결소위원장) 2007~2009년 한국여자야구연맹 초대회장 2007년 국제로타리클럽 무궁화RC 회장 2008년 한나라당 국책위원회 여성위원회 부위원장 2011년 同직능특별위원회 부위원장 2011~2013년 대한민국헌정회 이사 2012년 새누리당 국책위원회 여성위원회 부위원장 2013년 대한민국헌정회 여성위원회 부위원장 2015~2019년 同이사 2019년 同위원(현) ㉡대한교육연합회장표창(1978), 서울대총장표창(1980), 대통령표창(1981), 서울교육대학장상(1983), 교육부장관표창(1990), 서울교육상(2003), 자랑스런 영동군민대상(2003), 황조근정훈장(2004), 자랑스런 서울교대인상(2005) ㉢'더불어 사는 사람(共)'(교육부) '유아교육활동 180일(共)'(교육부) '김영숙의원 국정감사 첫농사'(2004, 세원문화사) '국회의원 김영숙의 좋은 교육 만들기'(2005, 세원문화사) '김영숙의원 교육살리기 국정감사 두번째 이야기'(2006, 세원문화사) '여자가 공부해서 뭐하나'(2007, 해피스토리) '교육지킴이 김영숙의원 국정감사 세번째 이야기'(2007, 세원문화사) ㉣천주교

**김영식(金英埴) KIM Young Sik**

㉤1947·9·17 ㉥경남 창녕 ㉦서울특별시 서초구 서초대로 277 기영빌딩 503호 법무법인 하나(02-596-7799) ㉧1966년 대구상고졸 1970년 서울대 상대 경영학과졸 1984년 영국 런던대 대학원졸 ㉠1973년 사법시험 합격(15회) 1975년 사법연수원 수료(5기) 1976년 해군 법무관 1978년 서울민사지법 판사 1978년 서울지법 의정부지원 판사 1980년 同남부지원 판사 1982년 춘천지법 원주지원 판사 1984년 춘천지법 판사 1985년 서울민사지법 판사 1986년 서울고법 판사 1989년 대법원 재판연구관 1990년 춘천지법 강릉지원 부장판사 1992년 인천지법 부장판사 1994년 서울지법 동부지원 부장판사 1996년 서울지법 부장판사 1997년 변호사 개업 2009년 법무법인 하나 변호사 2010년 同대표변호사(현) ㉣불교

**김영식(金永植) KIM Young Shik**

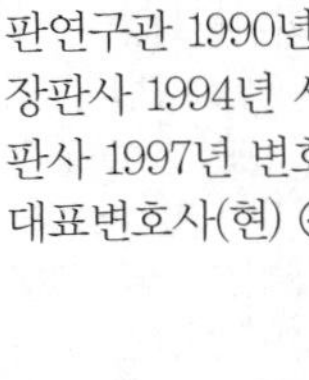

㉤1951·5·2 ㉨김해(金海) ㉥경남 거제 ㉦경기도 의왕시 계원대학로 66 학교법인 계원학원(1899-5823) ㉧1969년 거제고졸 1979년 부산대 사회복지학과졸 1987년 서울대 행정대학원졸 2000년 교육학박사(미국 피츠버그대) ㉠1979년 행정고시 합격(22회) 1990년 강원대 총무과장 1990년 대통령비서실 교육담당 행정관 1993년 교육부 감사과장 1994년 同대학행정지원과장 1996년 同교육정책총괄과장 1997년 同대학교육정책관 1997년 부산시교육청 부교육감 1999년 교육부 고등교육지원국장 2001년 대전시교육청 부교육감 2002년 교육인적자원부 평생직업교육국장 2003년 同기획관리실장 2004~2006년 同차관 2006~2008년 한국대학교육협의회 제7대 사무총장 2008년 한국외국어대 교육대학원 석좌교수 2009~2011년 세계미래포럼(WFF) 원장 2010년 (사)APEC 국제교육협력원(IACE) 이사장(현) 2010년 중앙공무원교육원 교육정책자문위원회 부위원장 2011년 부산공적개발원조(ODA)포럼 초대위원장 2011~2013년 한국국제대 총장 2014~2016년 백석문화대 총장 2014~2017년 백석예술대 총장 2017년 학교법인 계원학원(계원예술학교·계원예술고·계원예술대) 제9대 이사장(현) ㉡대통령표창(1987), 황조근정훈장(2006), 몽골정부 우정훈장(2006), '한국경제를 빛낸 인물' 선정(2014), 대한민국 최고의 경영대상(2015), 대한민국 글로벌리더대상(2016) ㉢'교육의 틀 바꿔야 대한민국이 산다'(2010, 매일경제신문) ㉣기독교

**김영식(金永植) Young Sik Kim**

㉤1957 ㉦서울특별시 용산구 한강대로 100 삼일회계법인(02-3781-3131) ㉧제물포고졸, 고려대 경영학과졸, 미국 하버드대 경영대학원 최고경영자과정 수료, 경영학박사(국민대) ㉠1978년 삼일회계법인 입사 1989~1991년 同독일 프랑크프루트지사 근무, 同부대표 2008년 同감사대표 2012~2018년 학교법인 고려중앙학원 감사, 한국공인회계사회 홍보이사, 행정자치부 책임운영기관평가위원회 위원, CJ문화재단 비상임감사, (사)BBB코리아 감사(현), 에쓰오일과학문화재단 감사, CJ나눔재단 비상임감사(현) 2014년 삼일회계법인 부회장 2016년 同대표이사 겸 CEO(현) ㉡재정경제부장관표창(2003), 한국공인회계사 개인부문 감사대상(2003), 대통령표창(2004)

**김영식(金英植) KIM Young Sik**

㉤1957·12·25 ㉨대구(大邱) ㉥서울 ㉦서울특별시 송파구 올림픽로43길 88 서울아산병원 가정의학과(02-3010-3811) ㉧1982년 서울대 의대졸 1985년 同대학원 보건학과졸 1992년 예방의학박사(서울대) ㉠1989~2000년 울산대 의과대학 가정의학교실 전임강사·조교수·부교수 1989~1990· 1994~2000년 서울아산병원 가정의학과 과장 1995~1996년 미국 존스홉킨스대 임상역학 Post-Doc. 1997년 약물시판후조사연구회 회장(현) 1998~2014년 보건복지부 중앙약사심의위원 2000년 울산대 의과대학 가정의학교실 교수(현) 2003~2007년 국가암관리사업지원단 암예방조기검진사업위원 2005~2009년 울산대 의과대학 교수협의회장 2007년 대한약물역학위해관리학회 부회장(현) 2008~2014년 대한임상건강증진학회 회장 2010~2013년 질병관리본부 검진기준및질관리반 검진항목평가분과위원 2011~2013년 대한가정의학회 이사장 2012년 보건복지부 국가건강검진제도개선 자문위원 2014~2018년 2018서울세계가정의학회(WOCA) 학술대회 조직위원장 2017년 서울아산병원 가정의학과장(현) ㉡보건복지부장관표창(2010) ㉢'의학자 114인이 내다보는 의학의 미래(共)'(2003) '한국인의 평생건강관리 개정판(共)'(2003) '한국인의 건강증진 개정판(共)'(2004) '최신 가정의학(共)'(2007) '제3판 한국인의 평생건강관리(共)'(2009, 대한가정의학회) '건강검진 내비게이터(共)'(2012, 하서) '평생주치의가 전하는 건강 레시피'(2017, 허원북스) ㉣기독교

**김영식(金英植) KIM Young Sik**

㉤1959·10·18 ㉥대전 ㉦경기도 시흥시 공단1대로 379번안길 74 (주)태림포장 비서실(031-499-3333) ㉧1978년 환일고졸 1984년 한양대 경영학과졸 ㉠1987년 신무림제지(주) 입사 1993년 同경영정보팀장(대리) 1996년 同경영기획팀장(차장) 1998년 同기획관리팀장 1998년 중국 무화목업유한공사 부사장 겸임 1998년 신무림제지(주) 기획관리팀장(부장) 2001~2006년 오피스웨이(주) 대표이사 2004~2006년 신무림제지(주) 전략경영본부장(이사) 겸임 2006년 무림오피스웨이 대표이사 2006년 무림페이퍼 전략경영본부장(이사) 2007년 同전략기획본부장(상무) 2009~2011년 同전략기획본부장 겸 경영지원본부장(전무) 2010년 무림SP 전략기획본부장 2010년 무림P&P 전략기획본부장(전무) 2011년 무림인터내셔널 대표이사 2011~2013년 무림그룹 전략기획본부장·경영지원본부장 2013년 同영업본부장(부사장) 겸임 2015년 태림포장(주)·태림페이퍼(주)·월산페이퍼(주)·동원페이퍼(주) 대표이사 사장 겸임(현) ㉣불교

ㄱ

## 김영식(金泳植)

(생)1967 · 12 · 29 (출)전남 함평 (주)서울특별시 종로구 청와대로 1 대통령 법무비서관실(02-770-0011) (학)1986년 송원고졸 1990년 연세대 행정학과졸 (경)1998년 사법시험 합격(40회) 2001년 사법연수원 수료(30기) 2001년 광주지법 판사 2002년 광주고법 판사 2003년 광주지법 판사 2004년 同목포지원 판사 2005년 수원지법 안산지원 판사 2008년 서울남부지법 판사 2010년 서울행정법원 판사 2012년 서울남부지법 판사 2014년 서울고법 판사 2016년 광주지법 부장판사 2018년 인천지법 부장판사 2019년 법무법인(유) 지평 변호사 2019년 대통령 민정수석비서관실 법무비서관(현)

## 김영신(金英信 · 女) Kim Young Shin

(생)1943 · 3 · 11 (본)김해(金海) (출)전북 김제 (주)경기도 성남시 수정구 성남대로 1342 가천대학교 미디어커뮤니케이션학과(031-750-5262) (학)1961년 군산여고졸 1965년 고려대 법학과졸 2000년 성균관대 언론정보대학원 언론매체학과졸 (경)1965년 조선일보 기자 1975년 합동통신 기자 1980년 연합통신 기자 1989년 同생활부장 1992년 同라디오뉴스부 부장급 1993년 同문화부장 1993년 정무2장관실(現 여성부) 여성정책심의실무위원회 위원 1994~1996년 한국여기자클럽 회장 1994~1998년 대통령자문 정책기획위원회 위원 1995년 연합통신 부국장대우 뉴스속보부장 1995~1999년 보건복지부 중앙보육위원회 위원 1995~1999년 민주평통 자문위원 1996~1999년 정무2장관실(現 여성부) 성차별개선위원회 위원 1996~2000년 한국간행물윤리위원회 심의위원 1996~1998년 서울시 서울여성위원회 위원 1996년 연합통신 방송뉴스부 부국장대우급 1997년 同부국장대우 조사부장 1998년 연합뉴스 편집국 부국장 1999년 同논설위원 2000년 同출판국장 직대 2000~2003년 감사원 부정방지대책위원회 위원 2000~2002년 경찰청 경찰위원회 위원 2000~2001년 연합뉴스 출판국 고문(국장급) 2001년 세종대 신문방송학과 겸임교수 2001년 경원대 신문방송학과 겸임교수 2001~2003년 여성부 · 교육인적자원부 정책자문위원 2002~2006년 감사원 국민감사청구심사위원회 위원 2002~2008년 중앙선거관리위원회 위원 2004~2012년 경원대 신문방송학과 초빙교수 2009~2013년 대통령직속 사회통합위원회 위원 2012년 가천대 사회과학대학 미디어커뮤니케이션학과 초빙교수(현) 2015년 학교법인 의화학원(군산 대성중) 이사장(현) (상)제7회 최은희 여기자상(1990), 국민훈장 동백장(1998) (저)'주요 선진국의 여성정책과 남녀평등법 제도(共)'(2000) (종)기독교

## 김영신(金榮信) KIM Young Shin

(생)1962 · 5 · 1 (본)김해(金海) (출)충북 청주 (주)서울특별시 동대문구 청계천로 447 한국도자기(주) 비서실(02-2250-3423) (학)1981년 명지고졸 1985년 한국외국어대 무역학과졸 1989년 미국 포틀랜드대 대학원 경영학과졸 2000년 국제산업디자인대학원대 IDAS New Millennium Course 수료(2기) (경)1990년 한국도자기(주) 종합기획실 차장 1991년 同감사(이사) 1992년 同상무이사 1994년 同부사장 1995년 수안보파크호텔 대표이사 2004년 한국도자기(주) 대표이사 사장(현) 2014~2017년 한국표준협회 비상임이사 (상)대통령표창(2007) (종)기독교

## 김영신(金榮信) Youngsin Kim

(생)1968 · 11 · 6 (본)김해(金海) (출)충남 논산 (주)경상남도 창원시 의창구 창원대학로 20 창원대학교 사무국(055-213-2010) (학)1986년 대전 대성고졸 1994년 한국외국어대 행정학과졸 2002년 미국 뉴욕주립대 대학원 경제학과졸(석사) (경)1993년 행정고시 합격(37회) 1994년 총무처 수습사무관 1995년 공보처 해외홍보관 기획과 사무관 1997년 同장관 수행비서 1998년 중소기업청 공보담당관실 사무관 2000년 미국 뉴욕주립대 유학파견 2002년 중소기업청 정책총괄과 사무관 2004년 同기업환경개선과 사무관 2005년 同구조개선과 서기관 · 산업자원부 전출 2005년 캐나다 천연자원부 에너지효율실 파견 2008년 중소기업청 기업협력과 서기관 2008년 국가경쟁력강화위원회 민관합동규제개혁추진단 총괄조정팀장(파견) 2010년 중소기업청 규제영향평가과장 2011년 同공공구매판로과장 2012년 同기획조정관실 기획재정담당관(부이사관) 2013년 同대변인 2014년 부산 · 울산지방중소기업청장(고위공무원) 2015년 국방대 교육파견 2016년 중소기업청 중견기업정책국장 2017년 경기지방중소기업청장 2017년 경기지방중소벤처기업청장 2018년 중소벤처기업부 대변인 2019년 창원대 사무국장(현) (상)근정포장(2013) (종)기독교

## 김영애(女) Kim, Young Ye

(생)1964 · 2 · 23 (출)대구 (주)대구광역시 중구 공평로 88 대구광역시청 시민행복교육국(053-803-2160) (학)1983년 경화여고졸 1989년 경북대 의대졸 1995년 계명대 대학원 방사선과졸 2003년 예방의학박사(계명대) (경)1996년 대구 달성군보건소 지방의무사무관(의무 5급 특채) 2000~2006년 同소장 2006~2010년 대구 중구보건소장 2010년 대구시 보건과장 2014년 同보건복지국장 2017년 장기교육 파견(지방부이사관) 2018년 대구경북경제자유구역청 파견(지방부이사관) 2018년 대구시 시민행복교육국장(현) (상)국무총리표창(2003), 대통령표창(2012)

## 김영오(金永梧) KIM Young Oh

(생)1966 · 4 · 12 (본)경주(慶州) (출)서울 (주)서울특별시 관악구 관악로1 서울대학교 공과대학 건설환경공학부(02-880-8916) (학)1985년 영동고졸 1989년 서울대졸 1991년 미국 신시내티대 대학원졸 1996년 공학박사(미국 워싱턴대) (경)1996~1997년 미국 워싱턴대 방문연구원 1997~1999년 미국 NASA Global Hydrology & Climate Center 연구조교 1999~2012년 서울대 건설환경공학부 전임강사 · 조교수 · 부교수 2001~2003년 한국수자원학회 운영위원 2002~2003년 수해방지대책기획단 자문위원 2002~2005년 한국수자원학회 영문논문집 편집위원 2003~2005년 同수자원시스템분과위원회 간사 2003~2005년 대한토목학회 영문논문집 편집위원 2004년 同학회지 편집위원 2004~2005년 서울대 공학연구소 기획부장 2005년 한국수자원학회 학술간사 2007년 同국문논문집 편집위원 2007년 서울대 공학연구소 정책부장 2008년 대한토목학회 학회지 편집위원 2008~2009년 바른과학기술사회실현을위한국민연합회 조직팀장 2009년 한국수자원학회 학회지 편집위원회 간사장 2009~2010년 4대강살리기 자문위원 2009년 기후변화센터 기후변화정책연구위원회 연구위원 2009년 기후변화행동연구소 이사 2010년 행정중심복합도시건설추진위원회 자문위원 2010~2011년 기상청 정책자문위원회 자문위원 2010~2012년 토지주택연구원 학술지(LHI Journal)편집위원 2010년 국토해양부 남강댐 용수공급능력검토협의회 위원 2010년 바른과학기술사회실현을위한국민연합회 조직위원장 2011~2012년 서울대 공과대학 미래전략위원회 위원 2011년 국토해양부 남한강살리기사업수자원분야 자문위원 2011년 국제수문학프로그램 한국위원회 위원 2011~2012년 한국기후변화학회 이사 2011~2012년 대한토목학회 영문논문집 편집위원 2012년 同영문논문집 편집간사 2012~2014년 서울대 학생처 부처장 2012년 同공과대학 건설환경공학부 교수(현) 2012년 同공과대학 대외부학장 2012년 한국기술연구원 연구자문위원회 자문위원 2012년 (사)바른과학기술사회실현을위한국민연합 집행위원장 · 사무처장(현) 2019년 아시아 · 오세아니아수문학회 차기(2020년 7월부터) 회장(현) (상)대한토목학회장표창(2005), 한국수자원학회 공로상(2005), 한국수자원학회 학술발표회 우수논문발표상(2007 · 2008 · 2010), 한국방재학회 우수논문상(2010), 서울대 신양공학학술상(2012) (저)'수자원계획의 불확실성 평가기법 개발'(2004) '추계학적 특성을 고려한 우간 최적운영률 작성'(2004) '장단기 물관리 운영시스템 구축'(2004) (종)가톨릭

**김영옥(金英玉 · 女) KIM Young Ok**

(생)1955 · 4 · 19 (본)부안(扶安) (출)전북 전주 (주)광주광역시 북구 용봉로 77 전남대학교 유아교육과(062-530-2363) (학)1978년 이화여대 교육학과졸 1980년 同대학원졸 1986년 교육학박사(미국 밴더빌트대) (경)1987년 전남대 유아교육과 교수(현) 1987~1990년 광주시교육청 · 전남도교육청 장학위원 1991~1992년 미국 보스턴대 객원교수 1993~1997년 한국유아교육학회 이사 겸 광주 · 전남지회장 1995년 기독교광주방송 객원해설위원 1996년 미국 밴더빌트대 객원교수 1997년 광주시 시정정책자문위원 1998년 광주MBC 칼럼니스트 1999~2001년 삼성복지재단 광주어린이집 교사연수원장 2001년 한국유아교육학회 부회장 2001~2001년 한국아동학회 이사 2001~2002년 미국 밴더빌트대 Research Fellow 2002년 전남대 유아교육학과장 2002년 교육인적자원부 시도교육청 평가위원 2003~2005년 한국유아교육학회 회장 2004년 교육인적자원부 주요업무 평가위원 2004년 同교육과정심의위원 2004년 대통령자문 고령화및미래사회위원회 전문위원 2004~2008년 세계유아교육기구(OMEP) 한국위원회장 2005년 (사)새세대육영회 연수원자문교수 2005년 한국학술진흥재단 학술연구심사평가위원 2005년 한국유아교육학회 이사 2007~2008년 한국교육학회 감사 2007년 한국영유아보육학회 이사 2008~2009년 한국대학교육협의회 육아정책연구소 국내교류교수 2011~2012년 한국교육학회 부회장 2011~2014년 한국교원교육학회 부회장 · 수석부회장 2013년 미국 세계인명사전 'Marquis Who's Who' 30주년판에 등재 2013~2016년 교육부 중앙유아교육위원회 위원 2013~2015년 同중앙유아교육위원회 부위원장 겸임 2015년 한국교원교육학회 회장, 환태평양유아교육학회(PECERA ) 이사, 한국교육인류학회 이사 (상)Kappa Delta Pi Award(1986), 한국교원단체총연합회 공로패(2004), 보건복지부장관표창(2010), 한국열린유아교육학회 제1회 학술상(2011), 전남대 사림학술상(2012), 교육과학기술부장관표창(2012), 미국 밴더빌트대한국총동문회 올해의 자랑스런 동문상(2014), 대통령표창(2014), 교육부장관표창(2014) (저)'탁아연구'(共) '아이들의 생각에 날개를 달아주자' '세계의 보육제도'(共) '영유아보육개론'(共) '유아를 위한 부모교육' '대답을 기다리자' '유아를 위한 다문화 교육' '사회 · 표현 · 탐구적 놀이'(共) '영유아발달과 교육'(共) '유아사회교육의 통합적 운영'(共) '유아교육학탐구'(共) '유아를 위한 견학활동'(共) '유아협동활동의 현장적용'(共) '유치원행사활동 계획'(共) '한국현대유아교육사'(共) '유아교육학의 이해-한국 유아교육학의 학문적 정체성과 과제(共)'(2005, 양서원) '아이들아 네 꿈은 무엇이니'(2007, 학지사) '21C 변화에 적합한 영유아 인성교육 프로그램(共)'(2007, 다음세대) '유아사회교육(共)'(2018, 학지사) 외 다수

**김영옥(金永玉) KIM Young Ok**

(생)1962 · 8 · 25 (본)김해(金海) (출)전북 부안 (주)충청북도 청주시 흥덕구 오송읍 오송생명2로 187 식품의약품안전처 의약품안전국(043-719-2656) (학)1981년 청주고졸 1985년 원광대 약학과졸 1987년 同대학원 위생제약학과졸 2000년 위생제약학박사(원광대) (경)1987년 국립보건원 약품부 생물약품과 보건연구사 1996년 식품의약품안전본부 의약품안전평가실 약품화학과 근무 1997년 同약품규격과 근무 1998년 식품의약품안전청 약품규격과 근무 2001년 同의약외품과 연구관 2007년 同의약품평가부 품질동등성평가팀장 2008년 同의약품안전국 의약품평가부 품질동등성평가팀장 2009년 식품의약품안전평가원 의료제품연구부 심사과학과장 2010년 식품의약품안전청 위해예방정책국 임상제도과장 2012년 同바이오생약국 화장품정책과장 2013년 식품의약품안전처 바이오생약국 화장품정책과장 2015년 同바이오생약국 바이오의약품정책과장(부이사관) 2018년 同바이오생약국장 2018년 同의약품안전국장(일반직고위공무원)(현)

**김영용(金英勇) KIM Young Yong (巨像)**

(생)1943 · 6 · 23 (본)김해(金海) (출)전남 영광 (주)광주광역시 동구 무등로 328 광주4.19혁명기념관 4.19전국통일의병대(062-433-4190) (학)1963년 광주공고졸 1967년 성균관대 정치외교학과졸 (경)KBS 광주방송총국 보도부 차장 1980년 해직 1985년 호남교육신문 대표이사 1989년 복직 1989년 KBS 광주방송총국 취재부장, 同방송심의실 차장, 同라디오정보센터 뉴스편집담당 1992년 미국 국무부 초청 미국 전역 주요언론기관 시찰 1998년 동서일보 대표이사, (사)4.19문화원 원장, 4.19민주혁명회 광주전라지부장, 호남4.19혁명단체총연합회 상임대표(현) 2006~2007년 전남매일 사장 2008년 호남도민일보 발행인 · 대표이사 2012년 4.19전국통일의병대 중앙의병장(현) 2012년 남도문화예술진흥회 이사장(현) 2015년 (사)4.19혁명단체총연합회 상임대표(현) 2017년 자연보호중앙연맹 광주시협의회장(현) (상)건국국신포장

**김영우(金永祐) Kim young woo**

(생)1963 · 12 · 22 (본)광산(光山) (출)전북 고창 (주)부산광역시 중구 충장대로 20 관세청 부산본부세관 감시국(051-620-6700) (학)1982년 고창고졸 1984년 세무대학 관세학과졸 1992년 동아대 행정학과졸 2014년 한국해양대 대학원 국제관세학과졸 (경)2009~2010년 관세청 조사감시국 외환조사과 사무관 2010~2011년 同김해공항세관 통관지원과장 2011년 同부산본부세관 조사총괄과장 2014년 同세관운영과장(서기관) 2016년 同광양세관장 2017년 同양산세관장 2018년 同부산본부세관 감시국장(현)

**김영우(金榮雨) KIM YOUNG WOO**

(생)1964 · 4 · 30 (본)김해(金海) (출)경기 포천 (주)경기도 고양시 일산동구 일산로 323 국립암센터 위암센터(031-920-1212) (학)1988년 서울대 의대졸 1992년 同대학원 의학석사 1998년 의학박사(서울대) (경)1988년 서울대병원 인턴 1989년 同레지던트 1993년 공군 제7병원 의무대장 1996년 이대목동병원 외과 전임의 1997~1999년 이화여대 의대 외과학교실 전임강사 1999년 미국 메릴랜드대 Visiting Fellow 1999~2002년 이화여대 조교수 2002년 국립암센터 위암센터 전문의(현) 2005년 ASCO 정회원(현) 2006~2012년 국립암센터 위암연구과 책임연구원 2006~2012년 同위암센터장 2006년 대한위암학회 복강경위장관연구회 운영위원(현) 2007~2009년 국립암센터 위암연구과장 2007년 同이행성임상제1연구부장 2008~2010년 同암예방검진센터장 2009년 대한로봇위장관수술연구회(KRSG) 회장(현) 2010~2012년 대한임상종양학회 고시이사 2011년 국제위암학회 Editorial Board of the 'Gastric Cancer'(현) 2012~2013년 국립암센터 연구소 위암연구과장 겸 책임연구원 2014년 'World Journal of Surgery' Editorial Board(현) 2015년 'World Journal of Gastrointestinal Oncology' Associate Editor(현) 2015년 국제암센터 국제암대학원대 암관리학과 교수(현) 2015~2017년 국제암대학원대 암관리정책학과 교수 2016년 Korea Patients Blood Management Research Group(KPBM) President(현) (상)국제위암학회 The Best Poster of the Session Prize(2005), 산업기술평가원 지식경제부전략과제 우수성과상(2008), 유럽복강경외과학회(EAES) Best Poster Award(2008), 서울의대외과동문 젊은연구자상(2008), 대한암학회 우수연구자상(2009), 유럽복강경외과학회 최우수논문상(2011), 국립암센터 개원10주년기념 공로상(2011) (저)'Laparoscopic Gastectomy for Cancer. Standard Techniques and Clinical Evidences'(Springer) '위암 100문 100답'(2010, 국립암센터) '위암과 위장관질환'(2011, 대한위암학회) 'Laparoscopic Gastectomy for Cancer. Standard Techniques and Clinical Evidences'(2012, Springer)

ㄱ

**김영우(金榮宇) KIM Young Woo**

(생)1967·1·20 (출)경기 포천 (주)서울특별시 영등포구 의사당대로 1 국회 의원회관 627호(02-784-1521) (학)1985년 경희고졸 1989년 고려대 정치외교학과졸 1991년 同대학원 정치외교학과졸 2004년 성균관대 국정관리대학원 박사과정 수료 (경)YTN 기자, 한나라당 정책기획위원, 한반도대운하연구회 운영위원, 한나라당 여의도연구소 정책자문위원 2007년 同이명박 대통령후보 중앙선거대책위원회 정책상황실 부실장 2007년 제17대 이명박 대통령당선인비서실 정책기획부 팀장, GSI(국제정책연구원) 정책국장 2008년 제18대 국회의원(포천시·연천군, 한나라당·새누리당) 2008년 국회 국방위원회 위원 2008년 국회 예산결산특별위원회 위원 2008년 국회 외교통상통일위원회 위원 2008년 한나라당 대표특보 2010년 同중앙교육원 부원장 2010년 同비상대책위원회 위원 2011년 同직능특별위원회 총괄기획단장 2011년 同제1사무부총장 2012년 새누리당 대변인 2012년 제19대 국회의원(포천시·연천군, 새누리당) 2012년 국회 외교통상통일위원회 위원, 한·불가리아의원친선협회 회장 2013·2014년 국회 외교통일위원회 위원 2013년 국회 남북관계발전특별위원회 여당 간사 2013년 국회 예산결산특별위원회 위원 2014년 국회 외교통일위원회 여당 간사 2014~2016년 새누리당 수석대변인 2014~2015년 同제2정책조정위원장 2014~2015년 同보수혁신특별위원회 위원 2016년 同포천시·가평군당원협의회 운영위원장 2016년 제20대 국회의원(포천시·가평군, 새누리당·바른정당〈2017.1〉·자유한국당〈2017.11〉)(현) 2016년 새누리당 혁신비상대책위원회 위원 2016~2017년 국회 국방위원회 위원장 2017년 바른정당 제19대 유승민 대통령후보 중앙선거대책위원회 정책본부 공동본부장 2017년 同최고위원 2017년 同청년인큐베이팅위원회 공동위원장 2017년 同민생특별위원회20 다문화다함께특별위원장 2017년 자유한국당 국가안보·북핵위기특별위원회 위원장(현) 2017~2018년 국회 국방위원회 위원 2018년 자유한국당 6.13전국지방선거공약개발단 중앙핵심공약개발단 산하 노동환경복지혁신단장 2018년 국회 행정안전위원회 위원(현) 2018년 자유한국당 정책위원회 부의장(현) 2018년 同경기도당 위원장 (상)국회를 빛낸 바른 언어상(2015), 전국청소년선플SNS기자단 선정 '국회의원 아름다운 말 선플상'(2015), 대한민국 혁신경영대상 정치신인부문(2015), 2016 대한민국국회의원 의정대상(2017) (저)'김영우의 꿈'(2011) (종)가톨릭

**김영우(金映佑) KIM YOUNG WOO**

(생)1969·9·18 (본)김해(金海) (출)광주 (주)세종특별자치시 도움6로 11 환경부 생활환경정책실 푸른하늘기획과(044-201-6860) (학)1988년 광주 금호고졸 1995년 서울시립대 환경공학과졸 1999년 서울대 환경대학원 환경계획학과졸, 미국 델라웨어대 대학원 에너지·환경센터 박사과정 수료 (경)2011~2012년 환경부 대변인실 뉴미디어팀장 2012~2015년 한·인도네시아경제협력사무국(자카르타) 환경협력관 2015년 국립환경과학원 운영지원과장 2015년 환경부 폐자원관리과장 2017년 同교통환경과장 2017년 낙동강유역환경청 유역관리국장 2018년 환경부 푸른하늘기획과장(현) (상)대통령표창(2010), 근정포장(2017) (종)기독교

**김영욱(金寧昱) KIM Young Wook (智山)**

(생)1955·2·16 (본)강서(江西) (출)강원 철원 (주)부산광역시 연제구 법원로 18 세종빌딩 901호 종합법률사무소 대양(051-505-9501) (학)1972년 경동고졸 1976년 서울대 법대졸 1978년 同대학원 법학과 수료 (경)1984년 사법시험 합격(26회) 1987년 사법연수원 수료(16기) 1987년 서울지검 검사 1989년 춘천지검 강릉지청 검사 1991년 부산지검 검사 1993년 수원지검 검사 1995년 서울지검 의정부지청 검사 1997년 광주지검 검사 1999년 서울지검 남부지청 부부장검사 2000년 부산고검 검사 2001년 부산지검 동부지청 형사1부장 2002년 부산지검 조사부장 2003년 변호사 개업 2007년 미래경영종합법률사무소 변호사 2011년 법무법인 좋은 변호사, 종합법률사무소 대양 변호사(현)

**김영욱(金永旭) KIM Young Uk**

(생)1956·12·23 (본)월성(月城) (출)경북 영주 (주)대전광역시 유성구 대학로 291 한국과학기술원 문술미래전략대학원(042-350-4022) (학)1979년 서강대 신문방송학과졸 1997년 사회학박사(독일 지겐대) (경)1990~1994년 독일 지겐대 매체학과 연구원 1997~1998년 한국방송진흥원 객원연구위원 1999년 한국언론재단 선임연구위원 2004년 同미디어연구팀장 2004~2010년 지역신문발전위원회 위원 2007년 한국언론재단 미디어연구실장 겸 미디어연구팀장, 同수석연구위원 2008~2010년 同미디어연구실장 2010년 한국신문협회 정책기획자문위원 2010~2014년 한국언론진흥재단 수석연구위원 2011~2013년 同연구교육센터장 2012년 한국과학기술원(KAIST) 과학저널리즘대학원 겸임교수 2015년 同문술미래전략대학원 과학저널리즘과정 연구교수 2019년 同문술미래전략대학원 과학저널리즘과정 초빙교수(현) 2019년 연합뉴스 수용자권익위원회 위원(현) 2019년 문화체육관광부 여론집중도조사위원회 위원장(현) (저)'라디오방송 저널리즘의 현황과 가능성'(1998) '저널리즘의 객관성'(2002) (종)개신교

**김영욱(金瑛郁) KIM Young Wook**

(생)1958·9·25 (본)청풍(淸風) (출)서울 (주)서울특별시 동대문구 서울시립대로 163 서울시립대학교 공과대학 신소재공학과(02-6490-2407) (학)1981년 연세대졸 1983년 한국과학기술원(KAIST) 재료공학과졸(석사) 1990년 재료공학박사(한국과학기술원) (경)1983년 한국과학기술원(KAIST) 연구원 1990년 한국과학기술연구원(KIST) 세라믹스연구부 선임연구원 1993년 일본 무기재질연구소 객원연구원 1996년 서울시립대 공과대학 재료공학과 조교수 1999년 同재료공학과장 2002~2003년 캐나다 토론토대 방문교수 2005년 서울시립대 신소재공학과 교수(현) 2007년 유럽세라믹학회 국제자문이사(현) 2009년 한국세라믹학회 편집위원장 2010~2014년 서울시립대 공학교육혁신센터장 2013년 한국세라믹학회 이사 2015~2016년 同부회장 2016년 미국세라믹학회 Fellow(석학회원)(현) 2017년 World Academy of Ceramics academician(현) 2019년 서울시립대 신소재공학과장(현) (상)한국과학기술연구원 우수논문상(1990), 서울시립대 연구우수상(2000·2001·2004·2005·2008·2009·2010), 서울시립대 강의우수상(2002·2003·2006·2013·2014·2016·2017·2018), 한국세라믹학회 양송포스터상(2005), 서울시립대 최우수연구교수상(2006), 한국세라믹학회 학술진보상(2006) 한국세라믹학회 양송논문상(2009), 대한금속재료학회 논문상(2010), 한국세라믹학회 학술상(2015), 미국세라믹학회 Global Star Award(2017), 유럽세라믹학회 Richard Brook Award(2019) (저)'세라믹실험'(1998, 반도출판사)

**김영운(金英云) KIM Young Woon (遠峰)**

(생)1954·8·11 (본)김해(金海) (출)경북 칠곡 (주)서울특별시 마포구 월드컵북로54길 12 국악방송 사장실(02-300-9900) (학)1973년 국악고졸 1977년 서울대 음악대학 국악과졸 1985년 한양대 대학원 국악이론과졸 2004년 문학박사(성균관대) (경)1977년 충남 서령고 교사 1979~1984년 한국방송공사(KBS) 프로듀서 1985~1993년 강릉대 음악과 전임강사·조교수·부교수 1993~2006년 한국정신문화연구원 어문예술연구실 교수 1993년 同예술연구실장 1997년 同인문연구실장 겸 예술전공 주임교수 1997년 문화재 전문위원 1997~2008년 한국국악학회 상임이사 1998~2002년 한국민요학회 감사·부회장·회장 1998년 경

기도 문화재전문위원 1999년 한국정신문화연구원 한국학정보센터 소장 1993~2007년 한국학중앙연구원 한국학대학원 어문예술연구실 교수 2005년 同한국학대학원장 2006~2009년 경기도 문화재위원 2007년 한양대 음악대학 국악과 교수(현) 2008~2012년 한국국악학회 편집위원장 2010~2012년 국악방송 이사 2010~2015년 서울시 문화재위원 2010~2012년 인천시 문화재위원 2010년 한국국악학회 부이사장 2013년 문화재청 무형문화재위원(현) 2015~2016년 한국국악학회 이사장 2015~2019년 (재)정동극장 비상임이사 2016~2017년 한국민속예술축제 추진위원장 2019년 국악방송 사장(현) (상)관재국악상(2008), 난계악학대상(2009), 옥관문화훈장(2018) (저)'한국의 고악보현황' '한국전통음악의 기보법 연구' '경기도의 향토민요(上·下)' '가곡' '경기민요' '가곡연창형식의 역사적 전개양상' '국악개론' (종)기독교

### 김영원(金英媛·女) KIM Young-Won

(생)1953 (본)청풍(淸風) (출)서울 (주)서울특별시 도봉구 삼양로144길 33 덕성여자대학교 도서관 466호 동양미술사학회(02-309-6130) (학)1971년 이화여고졸 1976년 서울대 고고학과졸 1980년 同대학원졸 1995년 미술사학박사(서울대) (경)1976년 국립중앙박물관 미술부 학예연구관 1997~1999년 국립공주박물관장 1999~2001년 국립중앙박물관 건립추진기획단 전시과장 2001~2002년 국립광주박물관 학예연구실장 2002~2003년 국립제주박물관장 2004년 국립중앙박물관 미술부장 2008년 문화체육관광부 국립중앙박물관 미술부장, 同역사부장 2008~2010년 국립전주박물관장 2009년 문화재위원회 동산문화재분과 위원 2010~2013년 국립문화재연구소장(계약직고위공무원), 한국미술사학회 정회원(현) 2010~2013년 유네스코 아태무형유산센터 집행위원 2012~2013년 同한국위원회 문화분과 위원 2013년 동양미술사학회 회장 2015년 同감사 2017년 同고문(현) (상)한국미술사학회 우현학술상 우수상(2003), 국립중앙박물관 학술상(2008) (저)'조선백자' 'Punch'ong Stoneware' 'Korea Ceramic' 'Stad Antwerpen Snoeck-Ducaju & Zoon'(共) '조선전기 도자의 연구' '박물관 밖의 문화유산 산책'(共) '통일신라시대 한국교역과 자기의 출현'(共) '항해와 표류의 역사'(共) '조선시대 도자기' '계룡산 도자기'(共) '중국도자'(共) (역)'중국 도자사'

### 김영원(金榮源) KIM Young Won

(생)1959·8·26 (출)서울 (주)서울특별시 용산구 청파로47길 100 숙명여자대학교 통계학과(02-710-9434) (학)1982년 성균관대 통계학과졸 1984년 서울대 대학원 계산통계학과졸 1989년 통계학박사(미국 조지아대) (경)1991년 숙명여대 통계학과 교수(현) 1992~1998년 한국통계학회 조사통계연구회 간사 1999년 미국 조지아대 방문교수 2000~2005년 한국조사연구학회 편집위원 2003~2007년 해양수산부 수산통계자문위원 2004~2005년 한국통계학회 '응용통계연구' 편집위원 2005~2006년 同조사통계연구회장 2006~2012년 한국조사연구학회 '조사연구' 편집위원장 2006년 KBS·SBS 제4회 지방선거예측조사 자문교수 2007~2008년 KBS 선거방송여론조사 자문위원 2008~2013년 서울시 행정서비스시민평가단 위원 2008~2009년 한국통계학회 총무이사 2008년 국가통계위원회 정책·경제분과 위원 2009~2012년 한국은행 경제통계국 자문교수 2010년 KBS 선거방송여론조사 자문위원 2010~2014년 방송통신위원회 미디어다양성위원회 위원 2011~2012년 한국조사연구학회 부회장 2013~2014년 同회장 2014년 중앙선거여론조사심의위원회 위원장(현) 2014년 KBS 6.4지방선거여론조사 자문위원 2017년 신고리원전5·6호기 공론화위원회 위원(조사통계분야) 2018년 숙명여대 이과대학장(현) 2018년 국가통계위원회 위원(현) 2019년 한국통계학회 회장(현) (상)근정포장(2010) (저)'표본조사의 이해와 활용'(共) '인터넷 조사'(共) '조사방법의 이해'(共) (역)'통계조사방법-통계조사 실무자를 위한'

### 김영윤(金瑩允) KIM Young Yoon

(생)1951·11·9 (본)김녕(金寧) (출)부산 (주)서울특별시 도봉구 마들로 724 한양수자인 1104호 (사)남북물류포럼(02-2249-6674) (학)1975년 경희대 경제학과졸 1984년 독일 브레멘대 대학원 경제학과졸 1988년 경제학박사(독일 브레멘대) (경)1985~1989년 독일 브레멘 세계경제연구소 전임연구원 1989~2000년 서울시립대·동덕여대·경희대 강사, 민족통일연구원 정책연구실장, 통일연구원 정책연구실 연구위원 2003~2009년 북한경제전문가100인포럼 회원 2004년 통일연구원 북한경제연구센터 소장 2005년 (사)남북물류포럼 회장(현) 2006년 통일연구원 북한연구실 선임연구위원 2007년 同남북협력연구센터 선임연구위원 2008년 同대외협력실장 2010년 조선일보 DMZ취재팀 관광·경제부문 자문위원, 통일연구원 명예연구위원 2016~2017년 더불어민주당 한반도경제통일특별위원회 위원 2017년 민주평통 경제협력분과위원회 위원장 2019년 同평화발전분과위원회 상임위원(현) (저)'21세기 통일국가경영' '사회적 시장경제와 독일통일' '동서독 교류협력이 남북한에 주는 시사점' '국가연합사례와 남북한 통일과정'(2004) '북한의 농업부문 개혁개방 정책과 남북협력방안(共)'(2005) (종)기독교

### 김영윤

(생)1953·5·20 (주)서울특별시 강남구 테헤란로52길 21 3층 보강기술(주) 사장실(02-555-4482) (학)마산고졸, 한양대 토목공학과졸, 토목환경공학박사(한양대) (경)1977년 포항종합제철 입사, 대림산업 근무 1993년 대한콘설탄트 근무 1994년 보강기술(주) 대표이사 사장(현) 2006년 대한전문건설협회 토공사업협의회 기술위원장 2011년 (사)대한토목학회 부회장 2013년 대한전문건설협회 토공사업협의회장, 同중앙회 회원부회장, (사)한국지반공학회 부회장, (사)한국지반신소재학회 부회장 2017년 대한전문건설협회 제11대 회장(현) 2019년 대한건설단체총연합회 수석부회장(현) (상)석탑산업훈장(2010), 서울시 토목상 우수상, 송산토목문화대상

### 김영익(金永翊) KIM Young Ick

(생)1959·4·18 (본)광산(光山) (출)전남 함평 (주)서울특별시 마포구 백범로 35 서강대학교 경제대학원(02-705-8179) (학)1982년 전남대 경제학과졸 1985년 서강대 대학원 경제학과졸 1997년 경제학박사(서강대) 2000년 영국 Oxford대 Templeton Coll. Advanced Management과정 수료 (경)1988년 통신개발연구원 연구원 1988년 대신경제연구소 입사 1998년 KBS 1TV 경제전망대 고정출연 1998~2000년 불교방송 아침저널 고정출연 1999~2000년 동국대 경영대학원 강사 2001~2005년 대신경제연구소 투자전략실장 2001년 매경TV 증권와이드쇼 고정출연 2001년 오마이뉴스 '김영익의 경제이야기' 연재 2002년 이코노미21 '김영익의 투자칼럼' 연재 2002년 서울신문 명예논설위원 겸 자문위원 2003년 한국경제TV '선택! 전략과 종목' 고정출연 2003년 서강대 경제대학원 강사 2003~2004년 중앙대 국제대학원 강사 2004~2015년 서강대 경제대학원 겸임교수 2004년 한국금융연수원 강사·겸임교수(현) 2004년 지방행정공제 자문위원 2005년 대신증권 리서치본부장(상무보) 2005년 공무원연금관리공단 자산운용위원회 위원 2006년 대신증권 대신경제연구소 사장 2007년 대한투자증권 리서치센터장(부사장) 2007~2010년 하나대투증권(주) 리서치센터장(부사장) 2008년 하나금융경영연구소 소장 2010~2013년 한국창의투자자문 마게팅리서치 대표 2015~2016년 서강대 경제대학원 교수 2016년 (주)LG하우시스 사외이사(현) 2016년 서강대 경제학부 산학협력중점 교수 2018년 同경제대학원 주임교수(현) (상)매일경제·한국경제 Fn가이드 베스트 애널리스트선정(2002~2007), 서울경제 대한민국 증권대상(2004), 매경증권인상(2005), 자랑스러운 전남대 경영대인상(2016) (저)'프로로 산다는 것'(2006) '이기는 기업과 함께 가라'(2011) '3년 후의 미래'(2014)

## 김영익(金英翼) KIM Yung Ik

(생)1966 · 8 · 22 (출)충남 논산 (주)서울특별시 양천구 신월로 390 서울남부지방검찰청 중요경제범죄조사단(02-3219-4610) (학)1984년 대전 충남고졸 1988년 성균관대 법학과졸 1995년 서울대 대학원 법학과졸 (경)1995년 사법시험 합격(37회) 1998년 사법연수원 수료(27기) 1998년 수원지검 검사 2000년 대전지검 홍성지청 검사 2002년 청주지검 검사 2004년 부산지검 동부지청 검사 2007년 서울남부지검 검사 2010년 인천지검 검사 2010년 同부부장검사 2011년 전주지검 군산지청 부장검사 2012년 부산지검 외사부장 2013년 대구지검 특별수사부장 2014년 수원지검 특별수사부장 2015년 서울북부지검 형사4부장 2016년 수원지검 안산지청 형사3부장 2017년 대전지검 인권감독관 2018년 서울동부지검 인권감독관 2019년 서울남부지검 중요경제범죄조사단 부장검사(현)

## 김영인(金榮仁) KIM YOUNG IN

(생)1960 (주)서울특별시 종로구 대학로 86 한국방송통신대학교 교육과학대학 청소년교육과(02-3668-4405) (학)1983년 서울대 사범대학 사회교육과졸 1998년 한국교원대 대학원 교육학과졸 2002년 사회교육박사(서울대) (경)한국교육과정평가원 연구원 2004~2009년 한국방송통신대 교육과 교수 2008~2014년 미래를여는청소년학회 부회장 2009년 한국방송통신대 교육과학대학 청소년교육과 교수(현) 2010년 同학생처장 2012년 同서울지역대학장 2014~2018년 同프라임칼리지학장 · 평생교육원장 · 종합교육연수원장 겸임, 한국시민청소년학회 회장 2014~2016년 미래를여는청소년학회 회장 2017년 同고문(현) 2018년 한국방송통신대 부총장(현) (저)'직업과 윤리(共)'(2005, 한국방송통신대 출판부) '청소년 진로 및 학업지도(共)'(2005, 한국방송통신대 출판부) '민주시민교육의 전략과 과제(共)'(2007, 오름) '청소년학개론(共)'(2007, 교육과학사) '청소년의 참여와 시민성 함양'(2007, 한국학술정보)

## 김영인(金榮寅) KIM YOUNG IN

(생)1962 · 2 · 14 (본)김해(金海) (출)강원 홍천 (주)강원도 춘천시 경춘로 2350 연합뉴스 강원취재본부(033-252-7711) (학)1979년 홍천고졸 1985년 강원대 행정학과졸 (경)1988년 강원일보 입사 1991년 연합통신 입사 2001년 연합뉴스 원주주재 차장대우 2004년 同원주주재 차장 2007년 同원주주재 부장대우 2011년 同원주주재 부장급 2014년 同강원취재본부장 2018년 同강원취재본부 원주주재 근무(부국장) 2019년 同강원취재본부 원주주재 기자(선임)(현)

## 김영인(金永寅) KIM Yeong In

(생)1963 · 3 · 11 (출)전남 순천 (주)인천광역시 서구 심곡로100번길 25 가톨릭관동대학교 국제성모병원(032-290-2836) (학)1987년 가톨릭대 의대졸 1991년 同대학원졸 2000년 의학박사(가톨릭대) (경)1988~1992년 가톨릭대 인턴 · 수련의 1991~1994년 군산의료원 신경내과장 1994~1996년 가톨릭대 임상강사 1996~2009년 同의과대학 신경과학교실 전임강사 · 조교수 · 부교수 2001~2002년 미국 메이요클리닉 Research Fellow 2007~2012년 가톨릭대 서울성모병원 신경과장 2008~2012년 同의과대학 신경과학교실 주임교수 2009~2014년 同의과대학 신경과학교실 교수 2010~2011년 가톨릭중앙의료원 연구윤리사무국장 겸 서울성모병원 IRB사무국장 2012~2013년 가톨릭대 성바오로병원장 2014년 가톨릭관동대 의과대학 신경과학교실 교수(현) 2014~2017년 同국제성모병원 부원장 겸 수련교육부장 2017년 同국제성모병원장(현) 2018년 同총장 직대 (종)천주교

## 김영일(金永日) KIM Young Il

(생)1935 · 3 · 3 (본)언양(彦陽) (출)서울 (주)서울특별시 강남구 언주로 711 건설회관 6층 (주)우일 (학)1952년 대구 계성고졸 1956년 경북대졸 1958년 同대학원졸 1968년 지형학박사(미국 UCLA) 1973년 미국 USC(LA) 최고경영자과정 · CALTEC(pasadena) 기술관리과정 수료 (경)1968~1971년 미국 Wisconsin주립대 조교수 · 부교수 1971년 미국 Union Oil社 근무 1973~1982년 (주)경인에너지 대표이사 1981~1982년 인도네시아 Kodeco에너지 대표이사 1981~1982년 동력자원부 정책자문위원 1984년 (주)우일 회장(현) 1984년 (주)Wendy's Korea Inc 대표이사(현) 1986~1992년 한국석유개발공사 기술고문 1988~1992년 미국 UCLA한국동창회 회장 1992~2004년 Boeing Corp. 자문역 1992~2008년 BAE Corp. 자문역 1992년 駐韓파키스탄 명예총영사(현) 1993~1997년 한국가스공사 사외이사 2003년 UN한국협회 부회장(현) 2008~2011년 새만금코리아 고문 2012년 POSCO ict 신생에너지 자문역(현) 2014년 (주)UCSolution 회장(현) (상)서울올림픽기장, 자랑스러운 UCLA인(2008) (저)'한국 연안 석유부존자원' (역)'에너지의 내일' '지구의 온실효과와 그 영향' '한국인만 몰랐던 파랑아리랑'

## 김영일(金榮一) KIM Young Il

(생)1940 · 9 · 29 (본)김해(金海) (출)경남 진주 (학)1959년 부산고졸 1964년 연세대 상경대학 경영학과졸 1990년 同행정대학원 고위정책과정 수료 1999년 同언론홍보대학원 언론홍보최고위과정 수료 (경)1965~1974년 합동통신 정치부 · 외신부 · 해외부 기자 1974년 同미국특파원 1981년 연합통신 해외부장 1982년 同정치부장 1985년 同편집국장 1988년 관훈클럽 총무 1988년 연합통신 이사대우 기획실장 1988년 同상무이사 1991~1997년 同전무이사 1992년 신문편집인협회 부회장 1993년 관훈클럽 신영연구기금 이사장 1993~1996년 YTN 전무이사 1997~1998년 연합통신 사장 1998년 국제언론인협회(IPI) 한국위원회 이사 1998년 국민일보 상임고문 1998년 同대표이사 사장 1998년 연세대언론인회 회장 1999년 국민일보 부회장 1999년 NTV 대표이사 2000년 국민일보 대표이사 회장 겸 발행인 2001년 넥스트미디어그룹 회장 2001년 스포츠투데이 · 파이낸셜뉴스 회장 겸임 2002년 프랑스 '코망데리' 와인기사(Knight of the Commanderie)(현) 2003년 스포츠투데이 고문 2003년 도산아카데미연구원 자문위원 2004년 고려대 신문방송학과 초빙교수 2004년 스포츠투데이 회장 2005년 금호석유화학(주) 사외이사 2005년 대한올림픽위원회(KOC) 미디어위원장 2006년 대한언론인회 부회장 2006년 강원관광대학 이사장 2007년 한국ABC협회 상근부회장 2011~2014년 同회장 2014년 同고문(현) 2015년 풍석문화재단 고문(현) (상)연세언론인회 연세언론인상, 대한병원협회 언론인상, 연세대상경대학동창회 학술 · 문화부문 '자랑스런 연세상경인상'

## 김영일(金榮馹) KIM Young Iel

(생)1942 · 7 · 7 (본)김해(金海) (출)경남 김해 (학)1960년 경북대사대부고졸 1965년 서울대 법과대학졸 1969년 同사법대학원 법학과졸 (경)1969~1972년 육군 법무관 1973년 부산지검 검사 1975년 서울지검 검사 1978년 법무부 검찰국 검사 1980년 서울지검 검사 1981년 대검찰청 검찰연구관 겸 서울고검 검사 1982~1988년 대통령 사정비서관 1983년 서울고검 검사 1986년 서울지검 특수2부장 1987년 同제3차장검사 1988년 서울고검 검사 1988년 대통령 민정비서관 1990년 대통령 민정수석비서관 1991년 대통령 사정수석비서관 1992년 제14대 국회의원(김해, 민자당 · 신한국당) 1992년 민자당 당기위원 1995년 同정세분석위원장 1996년 제15대 국회의원(김해, 신한국당 · 한나라당) 1997년 신한국당 제1정책조정위원장 1997년 한나라당 기획조정위원장 1998년 同제1사무부총장 2000~2004년 제16대 국회의원

(김해, 한나라당) 2000년 국회 건설교통위원장 2002~2003년 한나라당 사무총장 2002년 同대통령중앙선거대책위원회 총괄본부장 (상)홍조·황조근정훈장, 의정을 빛낸 인물상 (종)불교

### 김영일(金榮一) KIM Young Il

(생)1952·5·12 (본)김해(金海) (출)부산 (주)서울특별시 강남구 역삼로7길 21 평원빌딩 3층 (주)태명실업 회장실(02-501-5511) (학)1971년 동아고졸 1979년 미국 뉴욕대 경영학과졸 1982년 고려대 경영대학원졸 1984년 미국 캘리포니아대 로스앤젤레스교(UCLA) 경영대학원졸 (경)1974년 성신화학(주) 이사 1976년 대원화성(주) 뉴욕주재원 1980년 성신양회공업(주) 상무 1982년 부산산업(주) 사장 2001년 (주)태명실업 사장 2010년 同회장(현) 2010년 부산산업(주) 회장(현) (종)불교

### 김영일(金榮一) Young il, Kim (청암)

(생)1963·11·21 (본)김녕(金寧) (출)경남 밀양 (주)부산광역시 연제구 중앙대로 999 부산지방경찰청 경무과(051-899-2931) (학)1981년 김해건설공업고졸 1990년 동아대 법학과졸 2008년 同법무대학원 법학과졸 (경)2006~2012년 부산지방경찰청 정보과 정보계장 2013년 경남 거창경찰서장 2014년 경남지방경찰청 수사과장 2015년 경남 거제경찰서장 2016년 부산지방경찰청 정보과장 2017년 부산 동래경찰서장 2019년 부산지방경찰청 경무과장(현) (종)불교

### 김영일(金英逸)

(생)1972·1·3 (출)전남 신안 (주)서울특별시 서초구 반포대로 157 대검찰청 수사정보1담당관실(02-3480-2240) (학)1989년 광주 살레시오고졸 1993년 성균관대 법학과졸 (경)1999년 사법시험 합격(41회) 2002년 사법연수원 수료(31기) 2002년 서울지검 동부지청 검사 2004년 대구지검 상주지청 검사 2005년 대구지검 검사 2007년 서울중앙지검 검사 2010년 인천지검 검사 2012년 광주지검 검사 2014~2016년 한국거래소 파견 2014년 창원지검 검사 2016년 서울중앙지검 부부장검사 2018년 서울남부지검 형사6부장 2019년 대검찰청 수사정보2담당관(현)

### 김영임(金英任·女) KIM Young Im

(생)1955·1·27 (주)서울특별시 종로구 대학로 86 한국방송통신대학교 간호학과(02-3668-4704) (학)숙명여고졸 1977년 서울대 의과대학 간호학과졸 1980년 同보건대학원 보건관리학과졸 1990년 간호학박사(서울대) (경)1981~1992년 한국보건사회연구원 책임연구원 1992년 한국방송통신대 간호학과 조교수·부교수·교수(현) 1998년 한국산업간호협회 부회장 1998년 한국학교보건학회 부회장 2001~2002년 미국 워싱턴대 간호대학 방문교수 2003년 한국산업간호협회 회장 2003~2006년 직업과여성건강연구회 부회장 2004~2007년 한국임상건강증진학회 부회장 2004년 한국학교보건학회 회장 2005년 노동부 정책자문위원 2007~2012년 한국방송통신대 제주지역대학장 2007년 한국산업간호학회 논문심사위원 2008년 교육과학기술부 교육과정심의회위원 2009년 한국산업간호학회 회장 2016~2018년 한국방송통신대 자연과학대학장, 임상건강근지학회지 논문심사위원 2017년 한국건강증진개발원 금연정책평가사업 평가위원 2018년 한국방송통신대 대학원장(현) (상)보건사회부장관표창(1987), 대통령표창(2007) (저)'간호이론'(共) '가정간호'(共) '보건교육'(共) '환자와 가족을 위한 가정간호'(1997, 신광출판사) '간호이론'(1999, 한국방송통신대 출판부) '한국사회문제'(2002, 한국방송통신대 출판부) '간호학특론'(2003, 한국방송통신대 출판부) '보건교과교육론'(2004, 현문사) '보건교육사를 위한 보건교육의 이론과 실제'(2005, 한국방송통신대 출판부) '건강증진 이론과 적용'(2007, 한국방송통신대 출판부) '산업전문간호사'(2008, 군자출판사)

### 김영임(金榮姙·女) KIM Young Im

(생)1956 (출)서울 (주)서울특별시 강남구 삼성로146길 4-3 (사)아리랑보존회 2층 이사장실(02-516-9661) (학)1973년 한국국악예술학교졸 (경)이창배에게 사사, 회심곡으로 민요가수 데뷔 1989년 김희조선생 고희기념 연주회(호암아트홀) 1996년 '효를 위한 음악회 부모은중송'(국립중앙극장 대극장) 1996년 우리노래 마당(호암아트홀) 1997년 국립국악관현악단 제7회 정기연주회-봄맞이 굿(세종문화회관 대강당) 1997년 김영임의 회심곡(호암아트홀) 1997년 경기·서도민요-우리노래의 아름다움(국립국악원 예악당) 1997년 김영임의 소리(세종문화회관) 1997년 김영임의 회심곡(부산시민회관) 1998년 신춘국악한마당-희망가(프라자호텔 그랜드볼룸) 1998년 사물놀이 한울림 특별공연(문예회관 대극장) 1999년 어버이날 孝콘서트(예술의전당 콘서트홀) 1999년 이웃사랑-김영임의 소리(음성꽃동네) 1999년 참여연대 창립5주년기념공연-가슴 시원한 신명 한판 휘나리(세종문화회관 대강당) 1999년 경기명창 김영임 효 잔치(탑골공원) 2000년 회심극(세종문화회관 대극장) 2004년 김영임 효 대공연(경희대 평화의 전당) 2007년 함평세계나비곤충엑스포 홍보대사 2010년 문화체육인 환경지킴이단 2013년 (사)아리랑보존회 이사장(현) 2013년 연천군 홍보대사 2015년 김영임 효 대공연(청양군 문예회관) 2015~2016년 청양군 홍보대사, 국가무형문화재 제57호 전수교육조교(현), (사)한국국악협회 부이사장(현), 담월 묵계월소리보존회 회장(현), 김영임소리아트컴퍼니 대표(현) (상)문화공보부장관표창(1976), 전국민요경창대회 대상(1980), 제11회 국악대상 신인상 민요부문(1982), KBS 국악대상 대상 민요부문(1995), 한국방송대상 국악인상(1997), 저축의 날 국민포장(2000), 대한민국 국회대상 올해의 국악인상(2009), 한국언론인연합회 자랑스러운 한국인 대상 국악예술부문(2013) (작)'회심곡 음반'(1979) '한국민요전집 대감놀이 음반'(1980) '대중민요1~4집 음반' '민요조 신작 가요집 음반' '현대화시킨 경기도 민요집 음반' '김영임 아리랑 음반'(1995) '회심곡CD 음반'(1997)

### 김영재(金榮載) KIM Young Jae

(생)1944·3·3 (본)선산(善山) (출)충북 괴산 (주)경기도 시흥시 소망공원로 173 한신전선(주) 회장실(031-499-5522) (학)1989년 미국 조지워싱턴대 행정경영대학원 수료 1994년 서울대 경영대학원 최고경영자과정 수료 1997년 한국과학기술원(KAIST) 테크노경영대학원 최고정보경영자과정 수료 (경)1969년 한신전선(주) 설립·대표이사 회장(현) 1988년 국제라이온스협회 309K지구 강일라이온스클럽 회장 1991년 한국전선공업협동조합 이사 (상)산업포장, 무역의 날 2천만불 수출탑(2013)

### 김영재(金泳宰) KIM Young Jae

(생)1947·1·17 (본)경주(慶州) (출)경기 용인 (주)서울특별시 서초구 남부순환로 2374 한국예술종합학교 전통예술원(02-746-9750) (학)1967년 국악예술고졸 1971년 서라벌예대 음악과졸 1977년 경희대 음대 작곡과졸 1980년 同대학원졸 (경)1965년 서울시립국악관현악단 단원 1968년 리틀앤젤스 미국 순회공연 1971년 한국국악예술학교 교사 1972년 한국민속예술단원으로 일본 등 24개국 순회공연·연주 1975년 Little Angels 악사로 10개국 순회연주 1982~1998년 전남대 예술대학 국악과 교수 1982년 세종대·서울예전·전남대 강사 1985년 전남도 문화재전문위원 1986년 아시안게임공개행사 음악작곡 1986년 전남도립남도국악단 운영위원·상임지도위원 1988년 무형문화재 제16호 거문고산조 예능보유자 후보 1990년 동아일보 창사기념 소연공연·미국 링컨센터 연주 1991년 환태평양일본해 국제예술제 참가 1992년 서울국악예고 이사장 1993년 상설무대 우리소리 대표 1999~2012년 한국예술종합학교 음악과 교수 2004~2005년 同전통예술원장

2010~2011년 同교학처장 2012년 同명예교수(현) 2013년 국가무형문화재 제16호 거문고산조 예능보유자 지정(현) [상]난계예술제 특상, 국민훈장 석류장(1973), 문교부장관표창, KBS국악대상 작곡상(1989), KBS국악대상 관악상 및 대상(2002), 대한민국문화예술상 음악부문(2004), 제22회 방일영국악상(2015) [저]'현금곡집' '가야금병창곡집'(1979) '김영재 해금창곡집'(1999) '김영재 거문고 창작곡집Ⅰ'(2002) '김영재 가야금창작곡집'(2002) '국악창작곡집'(2007) '김영재 거문고 창작곡집Ⅱ'(2011) 등 다수 [작]'현금곡 전집' '남도의 창' '그날이 오면' [종]불교

**김영재(金映宰) KIM Young Jae**

[생]1947·5·12 [본]선산(善山) [출]전남 강진 [주]서울특별시 용산구 한강대로 372 KDB생명타워 18층 칸서스자산운용(주) 비서실(02-2077-5001) [학]1966년 광주제일고졸 1977년 성균관대 행정학과졸 1991년 중앙대 대학원 경영학과졸 1994년 미국 미시간주립대 VIP Program 수료 [경]1977년 한국투자공사 입사 1977~1986년 증권감독원 기업공시부·정보분석실·총무부·기업등록부·검사3부·검사2부·검사총괄부·지도부·재무관리부 근무 1986~1991년 同검사총괄부·검사2국·지도평가국 과장 1991년 同홍보실·검사3국 차장 1996년 同홍보실장 1996년 同기업등록국장 1996년 同기업재무국장 1998년 금융감독위원회 대변인 1999년 금융감독원 부원장보 2003~2004년 솔로몬신용정보 회장 2003~2004년 솔로몬상호저축은행 회장 2003~2004년 솔로몬AMC 회장 2004년 칸서스자산운용(주) 대표이사 회장(현) [상]증권감독원장표창(1981·1996), 재무부장관표창(1988)

**김영재(金榮哉) KIM Young Jae**

[생]1956·7·10 [출]서울 [주]충청북도 청주시 청원구 대성로 298 청주대학교 사회과학대학 정치안보국제학과(043-229-8254) [학]1980년 성균관대 정치외교학과졸 1983년 同대학원졸 1989년 정치학박사(미국 사우스캐롤라이나대) [경]1993~2014년 청주대 정치외교학과 조교수·부교수·교수 1997년 통일원 통일정책자문 1999년 한국국제정치학회 연구이사 1999년 외무·사법·행정고시 출제위원 1999년 국방부 정책자문위원 2000년 충청국제정치학회 회장 2001년 새천년포럼 사무총장 2004~2005년 한국정치외교사학회 부회장 2006년 청주대 국제교류처장 겸 한국어교육센터장 2006년 한국국제정치학회 이사 2006년 한국정치학회 이사 2006년 아태정치학회 상임이사 2014년 한국정치학회 회장 2014년 청주대 사회과학대학 정치안보국제학과 교수(현) 2019년 同대외협력부총장(현) [상]청주대 사회과학학술상(2001) [저]'현대국제정치론'(1991, 대왕사) '북한의 정치와 사회'(1994, 서울프레스) '북한의 국가성격 변용에 관한 연구'(2001, 한울) '북한의 이해'(2002, 법문사) 'Peace and Stability on the Korean Peninsula'(2002, 예진) '현대국제정치의 이해'(2004, 오름) [역]'Peace Building on the korean Peninsula and the New World Order'(2005, 오름)

**김영재(金榮宰) KIM Young Jae**

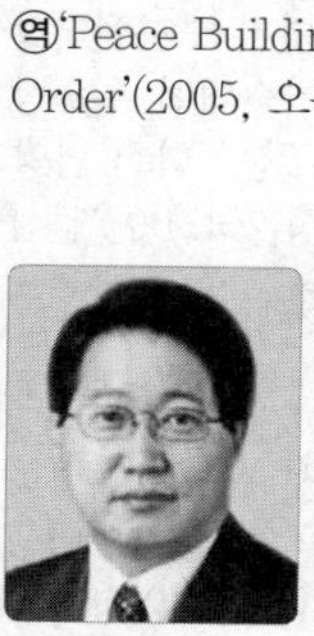

[생]1959·1·1 [출]서울 [주]경기도 안산시 단원구 강촌로 230 대덕전자(주) 비서실(031-8040-8005) [학]1977년 동국대사대부고졸 1981년 서울대 공업화학과졸 1983년 한국과학기술원 화학과졸 [경]1980년 대덕전자(주) 입사, 同부장 1996년 同이사 1996~1997년 同상무, 대덕산업(주) 이사 1997년 대덕전자(주) 사업총괄 전무이사 2002년 同영업관리 전무이사 2002년 同부사장 2004년 同대표이사 사장(현) 2014년 한국공학한림원 정회원(현) [상]자랑스런 삼성인상 특별상(2014) [종]천주교

**김영조(金英助) KIM Young Jo**

[생]1941·5·10 [출]부산 [주]경상남도 창원시 성산구 공단로 675 나라엠앤디(주) 사장실(055-239-3600) [학]1959년 부산상고졸 1967년 부산대 기계공학과졸 1978년 경남대 대학원 경영학과졸 [경]1967년 (주)금성사 입사 1987년 同COMP사업부 이사 1990년 同냉장고사업부·COMP사업부 부장(이사) 1992년 LG전자(주) 생산기술센터장(상무이사) 1999년 나라엠앤디(주) 대표이사 사장(현) 2004년 나라플라테크(주) 대표이사 사장(현) 2005년 나라엠텍(주) 대표이사 사장(현)

**김영조(金暎照) KIM YOUNG JO**

[생]1961·10·9 [출]강원 홍천 [주]강원도 양구군 양구읍 중심로 92 양구소방서(033-249-5112) [학]강원고졸, 삼척공업전문대학 기계과졸 [경]1985~2008년 강원 춘천소방서·홍천소방서·영월소방서 근무 2008년 강원도 소방본부 상황팀장 2010년 강원 영월소방서 소방행정과장 2012년 강원도 소방학교 교육운영과장 2013년 강원도 소방본부 방호구조과 예방담당 2016년 강원 동해소방서장 2018년 강원 속초소방서장 2019년 강원 양구소방서장(현) [상]국무총리표창(2015)

**김영종(金泳宗) KIM Young Jong**

[생]1951·5·25 [본]김해(金海) [출]부산 [주]경상북도 경주시 동대로 123 동국대학교(054-770-2290) [학]1969년 부산고졸 1974년 부산대 행정학과졸 1980년 서울대 행정대학원졸 1986년 행정학박사(동국대) [경]1973년 행정고시 합격 1974년 부산시 수출지원계장 1977~1985년 노동부 직업안정과장 1985~2013년 동국대 경주캠퍼스 행정학과 전임강사·조교수·부교수·교수 1992년 同법정대학장 1997년 경주지역발전협의회 회장 1997년 대구경북행정학회 회장 1998년 동국대 경주캠퍼스 지역개발대학원장 1998년 同사회문화교육원장 2002~2003년 同경주캠퍼스 부총장 2002년 한국정책과학학회 부회장 2005~2006년 동국대 사회과학대학원장 겸 법정대학장 2011~2012년 同경주캠퍼스 총장 2013~2017년 同경주캠퍼스 행정경찰공공학부 교수 2017년 同명예교수(현) [저]'노사문제 이렇게 푼다'(1990, 형성 출판사) '행정철학'(1995, 법문사) '행정학'(1995, 법문사) [종]불교

**김영종(金永稷) KIM Young Jong**

[생]1953·12·3 [본]광산(光山) [출]전남 곡성 [주]서울특별시 종로구 삼봉로 43 종로구청 구청장실(02-2148-1000) [학]1973년 조선대병설공업고등전문학교 건축과졸 1990년 서울산업대 건축공학과졸 1993년 홍익대 도시건축대학원 환경설계학과 수료 2001년 한양대 지방자치대학원 지방자치학과졸 2010년 행정학박사(한양대) [경]1985~2000년 중원종합건축사(주) 대표이사 1999~2009년 서울 종로구 도시계획위원회 심의위원 2004~2007년 한국수자원공사 비상임이사 2010년 서울시 종로구청장(민주통합당) 2012~2014년 세계문화유산도시협의회 회장 2014~2018년 서울시 종로구청장(새정치민주연합·더불어민주당) 2015년 한양대 공공정책대학원 겸임교수 2015~2018년 서울시구청장협의회 부회장 2017년 2017제천국제한방바이오산업엑스포 자문위원 2018년 서울시 종로구청장(더불어민주당)(현) [상]국민훈장 석류장(2007), 한국매니페스토약속대상 우수사례부문 최우수상(2010), 한국건축문화대상 올해의 건축문화인상(2012), 시민일보 의정·행정대상 행정부문(2012·2013), 유권자시민행동 대한민국유권자대상(2014·2015), 대한민국도시대상 도시사회부문 특별상(2015), '대한민국 위민 33인대상' 행정혁신대상(2019) [저]'건축쟁이 구청장하기'(2012, 희망제작소) [종]기독교

**김영종(金暎鐘) KIM Young Jong**

(생)1966·9·5 (출)강원 정선 (주)서울특별시 서초구 서초대로 266 아스트라빌딩506호 법률사무소 송결(02-6959-4115) (학)1984년 건국대사대부고졸 1988년 한양대 법대졸 (경)1991년 사법시험 합격(33회) 1994년 사법연수원 수료(23기) 1994년 서울지검 검사 1996년 춘천지검 강릉지청 검사 1997년 서울지검 북부지청 검사 1999년 창원지검 검사 2001년 수원지검 검사 2003년 법무부 검찰국 검사 2005년 서울남부지검 검사 2005~2006년 미국 조지워싱턴대 연수 2006년 서울남부지검 부부장검사 2007년 춘천지검 강릉지청 부장검사 2007년 미국 리드신문기법 및 IPT 신문기법 연수 2008년 청주지검 영동지청장 2009년 서울중앙지검 부부장검사 2009년 대검찰청 첨단범죄수사과장 2010년 同범죄정보1담당관 2011년 서울중앙지검 첨단범죄수사1부장 2012년 부산지검 형사1부장 2013년 대검찰청 범죄정보기획관 2014년 수원지검 안산지청 차장검사 2015년 의정부지검 차장검사 2016~2017년 수원지검 안양지청장 2017년 법률사무소 송결(松潔) 변호사(현) 2018~2019년 자유한국당 중앙윤리위원장 (상)검찰총장표창(1997), 모범검사상(2003)

**김영주(金榮珠·女) Young Joo KIM**

(생)1948·2·17 (본)수안(遂安) (출)대구 (주)서울특별시 용산구 후암로57길 57 절제회관 대한기독교여자절제회연합회 회장실(02-754-1707) (학)1965년 이화여고졸 1970년 서울대 미술대학졸 1973년 미국 크랜브룩대 미술대학원졸 (경)1973~2001년 미국·불란서·한국 등 개인전 16회 1980년 쌀롱아트 씨크레전 초대 1982년 미국 하버드대학원 초청 아시아우수기독작가전 초대 1983~1989년 세계기독교여자절제회 부회장 2001년 코리아닷컴 부회장(현) 2005년 한국체코코메니우스학회 이사장(현) 2006년 대구도시가스 이사(현) 2006년 기독교미술협회 회원(현) 2006년 한국미술협회 회원(현) 2006년 대한기독교여자절제회연합회장(현) 2006년 김영주상설개인전시실 전시(현) 2006~2012년 세계기독교여자절제회 시민사회부장, 대성그룹 부회장(현) 2013~2015년 세계기독교여자절제회 제3부회장 2016년 同수석부회장(현) (상)국제 입선·특선(1969·1978·1981), 크랜브룩 미술대학원 경매전 입상(1973), 중앙미술대전 특선(1978), 모나코왕실 주최 국제현대미술전 입상(1981), 일본 국제예술문화상 훈장 수장(2002)

**김영주(金榮柱) KIM Young Joo**

(생)1950·1·2 (본)경주(慶州) (출)경북 의성 (주)서울특별시 강남구 영동대로 511 한국무역협회 회장실(02-6000-5000) (학)1968년 서울고졸 1975년 서울대 사회학과졸 1983년 미국 시카고대 대학원 경영학과졸 (경)1975년 행정고시 합격(17회) 1990년 경제기획원 방위예산담당관 1991년 대통령 사회간접자본투자기획단 파견 1992년 경제기획원 건설환경예산담당관 1993년 同교통체신예산담당관 1994년 同재정계획과장·예산정책과장 1995년 재정경제원 예산총괄과장 1996년 한국개발연구원(KDI) 파견 1997년 국가경쟁력강화기획단 파견 1998년 예산청 기획관리관 1999년 기획예산처 공보관 2000년 同사회예산심의관 2000년 同재정기획국장 2001년 대통령 정책비서관 2002년 대통령 기획조정비서관 2002년 재정경제부 차관보 2003년 대통령 정책기획비서관 2004년 대통령 정책기획수석비서관 2004년 대통령 경제정책수석비서관 2006년 국무조정실장(장관급) 2007~2008년 산업자원부 장관 2008년 법무법인 세종 고문 2009~2011년 서울대 행정대학원 초빙교수 2009~2017년 연세대 경제대학원 석좌교수 2010년 SK이노베이션(주) 사외이사 2012년 (주)케이씨텍 사외이사 2017년 하트하트재단 인터내셔널 이사장 2017년 한국건설생활환경시험연구원 이사장 2017년 두산건설 사외이사 2017년 한국무역협회 회장(현) 2019년 신남방비즈니스연합회 회장(현) (상)재무부장관표창(1977), 국무총리표창(1985), 홍조근정훈장(2000), 청조근정훈장(2009)

**김영주(金榮珠·女) KIM Young Joo**

(생)1955·7·27 (본)김해(金海) (출)서울 (주)서울특별시 영등포구 의사당대로 1 국회 의원회관 526호(02-784-2470) (학)1974년 무학여고졸 1997년 한국방송통신대 국어국문학과졸 2000년 서강대 경제대학원졸 (경)1995년 전국금융산업노동조합연맹 상임부위원장 2002년 노무현 대통령후보 선거대책위원회 국민참여운동본부 부본부장 2004년 제17대 국회의원(비례대표, 열린우리당) 2006년 열린우리당 재정담당 사무부총장 2008년 통합민주당 사무총장 2012년 제19대 국회의원(서울 영등포구甲, 민주통합당) 2012년 국회 정무위원회 간사 2014년 국회 환경노동위원회 위원장 2016년 제20대 국회의원(서울 영등포구甲, 더불어민주당)(현) 2016년 더불어민주당 수석최고위원 2016년 同서울시당 위원장 2017~2018년 문재인정부 초대 고용노동부 장관 2018년 국회 문화체육관광위원회 위원 2019년 더불어민주당 문화예술특별위원회 위원장(현) (상)국민포장(1996), NGO국정감사 우수의원(2004~2007·2012), 국회사무처 선정 입법 및 정책개발 우수의원(2006~2007), 민주통합당 국정감사 우수의원(2012), 법률소비자연맹 선정 국회 헌정대상(2013·2014·2015·2016), 서강경제대상 사회경제인부문(2013), NGO국정감사 모니터단 헌정대상(2016) (저)'열정으로 긍정으로'(2007) '1%의 힘, 세상을 바꾼다!'(2010) '영등포의 정치와 문화이야기'(2013) (종)불교

**김영주(金瑛珠·女) Kim Young Ju**

(생)1963·10·31 (본)의성(義城) (출)경기 안성 (주)서울특별시 양천구 안양천로 1071 이대목동병원 산부인과(02-2650-5029) (학)1988년 이화여대 의대졸 1992년 同대학원 의학석사 1997년 의학박사(이화여대) (경)1988~1993년 이화여대의료원 인턴·레지던트 1993년 서울대 의대 산부인과학교실 전임의 1993~1994년 이화여대의료원 산부인과 전임의 1994년 이화여대 의대 산부인과학교실 전임강사·조교수·부교수·교수(현) 2002~2013년 이대목동병원 모자센터장 2004~2011년 대한산부인과초음파학회 이사 2007년 대한의학회지 심사위원 2008년 보건복지가족부 R&D사업 실무위원 2009년 영국 국제인명센터(IBC) 선정 '올해의 의학자' 2009~2014년 건강보험심사평가원 비상근위원 2010~2016년 모태태아의학회 간행위원장 2010~2013년 이대목동병원 IRB팀장 2011~2013년 보건산업진흥회 Project Manager 2012~2016년 대한산부인과학회 부편집장 2013~2015년 이대목동병원 교육연구부장 2013년 대한산부인과학회 부대변인 2015~2017년 보건복지부 정책심의위원 2016년 이대목동병원 산부인과장 2016년 모체태아의학회 정책위원장 2016년 대한모자보건학회 기획법제위원장 2017년 대한산부인과 영문잡지편집위원장(현) 2017년 이화여대의료원 의료선교센터장 2017년 이화여대 의대 산부인과학교실 주임교수(현) 2017년 세계조산학회(PREBIC : Preterm Birth International Collaborative) 오세아니아·아시아지부 초대 회장(현) 2018년 대한민국의학한림원 정회원(산부인과학·현) 2018년 세계조산학회(PREBIC) 이사(현) 2019년 이대목동병원 모자센터장(현) 2019년 同융합의학연구원장(현) (상)보건산업기술대전 우수상(2004), 태아의학회 학술상(2004·2009), 대한주산기학회 남양학술상(2011), 서울대 AHP병원경영고위자과정 은상(2013) (저)'임신중독증'(2002, 여문각) '산과학'(2007, 군자) (종)기독교

**김영주**

(생)1964·2·12 (주)서울특별시 서대문구 충정로 8 종근당 비서실(02-2194-0329) (학)고려대 미생물학과졸, 미국 롱아일랜드대 대학원 면역학과졸 (경)1993년 한독제약 소염진통제 및 항생제부문의 생산관리자(PM) 1995년 JW중외제약 항생제·항암제부문 마케팅담당자(BM) 1998년 영국 제약회사 스미스클라인비참 한국지사 항암제부문 마케팅담당(BM) 2000년 제약회사 '릴리' 영업마케팅본부장 2005년 스위스 제약회사 '노

바티스' 한국지사 영업마케팅 총괄 2007년 머크세로노 부서장 2015년 종근당 대표이사 사장(현) 2017년 한국제약바이오협회 부이사장(현) 2018년 同약사제도위원회 약가제도 및 유통위원회 위원장(현) (상)보건복지부장관표창(2015)

### 김영주(金瑛住 · 女)

(생)1965 · 3 (주)서울특별시 송파구 올림픽로35길 125 삼성SDS(주) IT혁신사업부 ERP사업팀(02-6155-3114) (학)숙명여대졸, 한국과학기술원(KAIST) 전산학과졸(석사) (경)2003년 삼성SDS 입사 2010년 同제안센터장 2010년 同컨설팅본부 제안센터장(상무) 2011년 同ERP일류화추진팀 담당임원(상무) 2013년 同ERP일류화추진팀장(상무) 2014년 同ICTO사업부 ERP일류화추진TF장(상무) 2017년 同금융사업부 보험ERP TF 담당임원(상무) 2017년 同IT혁신사업부 ERP사업팀장(전무)(현)

### 김영주(金永柱) KIM Yeong Joo

(생)1973 · 12 · 20 (본)광산(光山) (출)충남 공주 (주)충청북도 청주시 상당구 상당로 82 충청북도의회(043-220-5116) (학)1991년 청주 금천고졸 2002년 충북대 전기전자공학과졸 (경)충북정치개혁추진위원회 집행위원, 충북평화통일포럼 운영위원, 생활정치네트워크 국민의힘 충북대표, 충북대총동문회 상임이사, 민주당 충북도당 정책실장 2010년 충북도의회 의원(민주당 · 민주통합당 · 민주당 · 새정치민주연합) 2010년 同행정문화위원회 부위원장 2012년 同대변인 2012년 同예산결산특별위원장 2012년 同건설소방위원회 위원 2012년 同청원청주통합지원특별위원회 위원 2014~2018년 충북도의회 의원(새정치민주연합 · 더불어민주당) 2014~2016년 同행정문화위원회 위원 2016년 同정책복지위원회 위원 2016년 同예산결산특별위원회 위원 2017~2018년 同정책복지위원회 위원장 2017~2018년 同충북경제현안실태조사를위한행정사무조사특별위원회 위원 2018년 충북도의회 의원(더불어민주당)(현) 2018년 同의회운영위원회 위원장(현) (상)민주평화통일자문회의 의장(대통령)표창 (종)천주교

### 김영준(金榮俊) KIM Young Jun

(생)1944 · 4 · 1 (본)김해(金海) (출)경남 (주)서울특별시 종로구 인사동5길 29 태화빌딩 7층 성신양회(주) 회장실(02-739-9951) (학)1962년 경기공고졸 1972년 미국 수폴스(Sioux Falls)대 경영학과졸 (경)1973년 성신화학 입사 1975~1977년 同이사 · 상무 1977년 성신양회공업 상무 1978~1994년 진성레미컨 사장 · 부회장 1983년 성신양회공업 전무 1984년 코리아스파이서 사장 1986년 성신양회공업 사장 1990년 同부회장 1994년 성신그룹 회장 2000년 성신양회(주) 대표이사 회장(현) (상)동탑산업훈장(1987), 산업포장, 국민훈장 목련장(2015) (종)불교

### 김영준(金寧俊) KIM Young Jun (睦山)

(생)1948 · 3 · 21 (본)김해(金海) (출)전북 부안 (주)서울특별시 서초구 방배로6길 13 파크에비뉴 402호 한민족공동체재단(02-522-3344) (학)1967년 전주 영생고졸 1973년 한양대 경영학과졸 1975년 同경영대학원졸 2000년 이학박사(경기대) (경)1972~1974년 방콕아시안게임 · 뮌헨올림픽 · 테헤란아시안게임 레슬링 국가대표 선수 1972~1997년 대한주택공사 입사 · 홍보실장 1978년 同호남지사 서무과장 · 차량과장 · 후생과장 1980~1982년 대한레슬링협회 감사 1984년 KBS · MBC · SBS 레슬링해설위원 1984년 미국 LA올림픽 레슬링국가대표팀 감독 1986년 대한주택공사 경기지사 서무부장 · 후생부장 · 택지조사부장 · 홍보부장 1988~1991년 대한레슬링협회 이사 1991년 아시아레슬링선수권대회 선수단장 1994년 대한주택공사 전북지사 부지사장 1996년 同주택연구소 연구관리부장 1996~1998년 뉴한벗라이온스클럽 회장 1997년 대한주택공사 홍보실장 1997년 한나라당 이회창대통령후보 정치특보 1998년 경기대 체육학부 겸임교수 1998~2007년 한국학교체육학회 부회장 1999~2014년 KBS 스포츠해설위원 1999~2003년 在京영생고총동문회 회장 1999년 21세기국가경영연구회 이사 2000년 국민대 강사 2000년 경기대 총동문회 부회장 2001~2013년 同스포츠과학대학원 교수 2002년 세계한민족공동체재단 상임이사 2002년 전북체육인모임 회장 2003년 한국체육과학회 부회장 2003년 대한체육회 전임강사 2003~2005년 대한레슬링협회 부회장 2003년 매헌윤봉길의사기념사업회 지도위원 2003년 同상임위원 2003년 김영준스포츠문화원 원장(현) 2003년 한나라당 민원정책자문위원 2003년 어린이교통안전협회 안전운전교통봉사회중앙회 장학위원장 2003~2005년 경기대 스포츠과학대학원 교학부장 2004~2005년 전북동계올림픽위원회 운영위원 2005년 부안군 관광홍보대사(현) 2005~2007년 경기대 대학원교수협의회장 2006년 경기도생활체육협의회 자문위원 2006년 태권도성지조성전북추진위원회 위원 2006년 경기대 일반대학원 체육과동문회장 2006년 한나라당 오산시당원협의회 위원장 2006년 수원월드컵경기장관리재단 홍보대사 2006~2008년 오산시 지방재정계획심의위원회 위원 2007년 한나라당 상임전국위원회 위원 2007년 同경기도당 남부권본부장 2007년 어린이교통안전협회 안전운전교통봉사회중앙회 장학위원장 2007년 한민족문화협회 이사 2007년 경기일보 마라톤홍보대사 2008년 한나라당 경기도당 선임부위원장 2010년 경기대 스포츠과학대학원장 2011년 (사)연설인협회 총재 2012년 (사)대한건강체육진흥회 상임고문(현) 2012년 (사)경찰경호무도협회 상임고문(현) 2013년 경기대 명예교수 2013년 한민족공동체재단 부총재(현) 2013년 윤봉길기념사업회 이사(현) 2014년 새누리당 오산시당원협의회 위원장 (상)대통령표창(1970), 체육부장관표창(1982), 체육훈장 맹호장(1984), 전북일보사 전북대상 체육부문(1996), 대한체육회 체육상 연구상(2002), 전북애향대상 본상(2005), 2018 부안군민대상 체육부문(2018) (저)'강암 천자문' '빠떼루 없는 세상 만들기'(1997) '스포츠지도론'(2001) (종)기독교

### 김영준(金榮俊) KIM YOUNG JUN

(생)1960 (주)서울특별시 중구 을지로5길 26 센터원빌딩 롯데BP화학(주) 임원실(02-6363-7700) (학)부산남고졸, 서울대 화학공학과졸, 同대학원 화학공학과졸 (경)1985년 LG화학 입사 1990년 바스프 마케팅 · 세일즈 매니저 1993년 루브리졸 마케팅 매니저 1994년 아서디리틀 부사장 2002년 현대오일뱅크 기획조정실장(전무) 2004년 머서매니지먼트컨설팅 한국지사장 2009년 롯데쇼핑 경제연구소장(전무) 2012년 롯데상사 대표이사 2016년 롯데BP화학(주) 대표이사(현)

### 김영준(金英晙) KIM Young June

(생)1960 · 8 · 10 (본)김해(金海) (출)전북 군산 (주)서울특별시 서초구 반포대로 138 양진빌딩 4층 법무법인 삼우(02-536-8100) (학)1978년 서울고졸 1983년 서울대 법학과졸 1985년 同대학원 법학과졸 (경)1986년 사법시험 합격(28회) 1989년 사법연수원 수료(18기) 1989년 軍법무관 1992년 서울지검 동부지청 검사 1994년 수원지검 여주지청 검사 1995년 인천지검 부천지청 검사 1996년 미국 듀크대 법대 연수 1999년 한국형사정책연구원 기획운영실장 1999년 대검찰청 검찰연구관 2002년 창원지검 부부장검사(駐미국대사관 법무협력관 파견) 2004년 전주지검 제1부장검사 2005년 서울서부지검 형사5부장 2006년 법무부 국제법무과장 2007년 同법무심의관 2008년 수원지검 여주지청장 2009년 同성남지청 차장검사 2009년 춘천지검 차장검사 2010년 수원지검 제1차장검사 2011년 법무연수원 연구위원 2012년 서울고검 공판부장 2013년 同차장검사 2013년 창원지검장 2015년 법무부 출입국 · 외국인정책본부장(검사장급) 2016년 변호사 개업 2016년 (주)풀무원 사외이사(현) 2019년 법무법인 삼우 변호사(현) (상)대통령표창(1995)

**김영준(金英俊)**

(생)1962 (주)서울특별시 강남구 논현로 525 한국콘텐츠진흥원 원장실(02-2016-4001) (학)1981년 영신고졸, 한국외국어대 철학과졸, 경희대 언론정보대학원 문화콘텐츠학과졸 (경)1995~2013년 (주)다음기획 설립·대표이사, 음반제작자연대 대표, 한국대중음악연구소 이사, 한양대 문화콘텐츠학과 겸임교수, 고양문화재단 선임직 이사 2013년 세한대 실용음악학부 교수 2014년 同실용음악학부장 2017년 한국콘텐츠진흥원 원장(현)

**김영준(金英俊) Kim Young-jun**

(생)1964·6·18 (출)부산 (주)서울특별시 종로구 사직로8길 60 외교부 인사운영팀(02-2100-7146) (학)동국대사대부고졸 1989년 서울대 외교학과졸 1995년 미국 조지아주립대 대학원 국제정치학과졸(석사) (경)1990년 외무고시 합격(24회) 1990년 외무부 입부 1997년 駐구주연합 2등서기관 1998년 駐벨기에유럽연합 2등서기관 2000년 駐에티오피아 1등서기관 2005년 대통령비서실 파견 2006년 외교통상부 유럽연합통상과장 2008년 駐벨기에유럽연합 참사관 2011년 외교통상부 통상기획홍보과장 2013년 외교부 양자경제외교국 심의관 2015년 同다자경제외교국장 2015~2017년 同국제경제국장 2017년 駐애틀랜타 총영사(현)

**김영준(金永埈) KIM Yeong Jun**

(생)1965·10·27 (본)경주(慶州) (출)경북 포항 (주)대구광역시 수성구 동대구로 351 법무빌딩 301호 법무법인 중원(053-214-7000) (학)1984년 영남고졸 1989년 고려대 법학과졸 2018년 고려대 대학원 법학과졸 (경)1991년 사법시험 합격(33회) 1994년 사법연수원 수료(23기) 1994년 軍법무관 1997년 대구지법 판사 1999년 同영덕지원 판사 겸 영양군법원 판사 2002년 대구지법 판사 2006년 대구고법 판사 2008년 대구지법 판사 2009년 同서부지원 부장판사 2011년 대구지법 부장판사 2011년 변호사 개업 2011년 영남대 법학전문대학원 겸임교수 2012년 법무법인 중원 변호사(현) 2012년 경북도 행정심판위원회 위원(현) 2012~2017년 한국농어촌공사 자문변호사 2015년 학교법인 영남학원 자문변호사(현) 2015~2016년 한국자산관리공사 자문변호사

**김영준(金榮俊)**

(생)1967·4·13 (주)경기도 수원시 팔달구 효원로 1 경기도의회(031-8008-7000) (학)서울대 사회복지학과졸 (경)ROTC 장교 임관(군복무 9년), 삼부통상&삼부종건 대표, 더불어민주당 광명甲지역위원회 사무국장 2018년 경기도의회 의원(더불어민주당)(현) 2018년 同도시환경위원회 부위원장(현) 2019년 同예산결산특별위원회 위원(현)

**김영중(金榮中·女) KIM Young Choong**

(생)1946·4·4 (출)서울 (주)서울특별시 관악구 관악로 1 서울대학교 약학과(02-880-7825) (학)1968년 서울대 약학과졸 1970년 미국 인디애나대 대학원졸 1976년 이학박사(미국 일리노이대 어배나 샘페인교) (경)1968년 미국 인디아나대 조교 1970년 미국 일리노이대 연구조교 1976년 미국 플로리다대 연구원 1977년 이화여대 강사 1978~1988년 서울대 조교수·부교수 1988~2010년 同약대 약학과 교수 1989년 同약대 부속 약초원장 1994년 한국과학기술한림원 정회원·종신회원(현) 1994~1995년 한국생약학회 부회장 1994년 대한약학회 편집위원장 1995년 한국생약학회 수석부회장 1997년 同회장 1997년 고려인삼학회 편집위원장 1999년 대한약학회 간사장 2001년 서울대 여교수협의회 부회장 2003년 同여교수협의회장 2003~2008년 서울대학교원임용양성평등추진위원회 위원 2003~2008년 서울대 인사위원회 위원 2004년 대한민국학술원 회원(약학·현) 2005~2010년 한국과학기술단체총연합회 부회장 2007~2011년 서울대 평의원회 위원 2008~2010년 전국약학대학약초원협의회 회장 2008~2011년 한국보건산업진흥원 이사 2009년 여성생명과학기술포럼 이사 2009~2010년 대한약학회 회장 2009년 교육과학기술부 약학대학정책자문위원회 위원장 2010년 서울대 약학과 명예교수(현) (상)한국생약학회 학술상(1998), 과학기술훈장 웅비장(2001), 경기여고 영매상(2001), 대한약학회 학술본상(2001), 한국과학재단 올해의 여성과학기술자상(2002), 약학신문 제26회 약학평론가상(2003), 제2회 로레알 여성생명과학상(2003), 삼성생명공익재단 제3회 비추미 여성대상 별리상(2003), 약학신문 동암 약의상(2004), 제1회 아모레퍼시픽 여성과학자상 과학대상(2006), 한·영여성과학자 글로벌 리더(2007), 서울대 우수연구상(2008), 자랑스러운 경기인상(2008), 한국생약학회 우수논문상(2008) (저)'영양과 성장유지(共)'(1982) '생약학(共)'(1988) '녹용(共)'(1994) '본초학(共)'(1994) '아름다움의 잣대(共)'(1994) '식물지(共)'(2001) '생약학(共)'(2006)

**김영중(金永中) KIM, YOUNG-JOONG**

(생)1957·12·11 (주)부산광역시 강서구 미음산단5로 41번길 48 한국기계연구원 부산기계기술센터 원자력기기검진연구단(051-310-8100) (학)1976년 서울 대광고졸 1980년 서울대 조선공학과졸 1982년 同대학원 조선공학과졸 2005년 공학박사(충남대) (경)1982~1987년 한국기계연구원 구조연구부 연구원 1987~2005년 同선임연구원 2006년 同기계시스템안전연구본부 책임연구원 2006년 미국 General Atomics Urban Maglev Lab. 방문연구원 2014년 전력산업기술기준(KEPIC) 기기검증기술위원회 기술위원(현) 2015년 한국기계연구원 원자력산업기기검증센터장 2017~2018년 同원자력안전기기연구실장 2018년 同부산기계기술센터 원자력기기검진연구단 책임연구원(현) (상)한국기계연구원 공로상(1991), 한국기계연구원 연구개발상(2005), 국무총리표창(2009)

**김영중(金英中) KIM YOUNG JUNG**

(생)1964·1·28 (본)광산(光山) (출)인천 (주)인천광역시 미추홀구 인하로 190 인천소방본부(032-870-3010) (학)1982년 인천 송도고졸 1986년 인하대 건축공학과졸 2000년 同교육대학원 교육학(기계금속)과졸 (경)1985년 기술고시 합격(21회), 문화공보부·노동부 근무 1994년 소방공무원 특채 임용 2004년 인천북부소방서장 2005년 인천중부소방서장 2006년 인천소방본부 소방행정과장 2007년 소방방재청 방호과 소방정 2008년 중앙소방학교 교육기획과장 2009~2010년 국무총리실 안전환경정책관실 근무 2010년 소방방재청 소방제도과 소방정 2011년 同소방산업과장 2012년 울산시 소방본부장 2014년 경기소방학교장 2015년 국민안전처 소방정책국 소방산업과장 2016년 同특수재난실 조사분석관 2017년 국방대 교육 파견 2018년 인천시 소방본부장(현) (상)대통령표창(1991), 근정포장(2012) (종)천주교

**김영중(金暎中) Kim Young-Jung**

(생)1970·3·23 (본)광산(光山) (출)서울 (주)세종특별자치시 한누리대로 422 고용노동부 노동시장정책관실(044-202-7201) (학)1988년 광주 진흥고졸 1992년 서울대 경영학과졸 1994년 同행정대학원 행정학과졸 2010년 행정학박사(미국 콜로라도대) (경)1992년 행정고시 합격(36회) 1993년 행정자치부 행정사무관 시보 1994년 노동부 행정사무관 2001년 同고용정책과 사무관 2002년 경남지방노동위원회 사무국 서기관 2002년 노동부 고용정책심의관실 고용정책팀 서기관 2007년 사람입국·일자리위원회 파견, 노동부 양극화민생대책본부 계층이동촉진팀장 2008년 同지역고용개발팀장 2009년 同고용정책실 청년고용대책과장 2010년 同인력수급정책과장 2010년 고용노동부 인력수급정책과장 2011년 중부지방고용노동청 인천고용센터 소장 2012년 同인천

고용센터 소장(부이사관) 2013년 교육파견(부이사관) 2014년 고용노동부 여성고용정책과장 2015년 전남지방노동위원회 위원장 2018년 고용노동부 고용서비스정책관 2019년 同노동시장정책관(현) (상)대통령표창(2000)

**김영진(金泳鎭) KIM Young Jin (鹿天)**

(생)1947 · 11 · 17 (본)도강(道康) (출)전남 강진 (주)서울특별시 영등포구 은행로 30 중소기업중앙회 806호 3.1운동유엔유네스코등재기념재단(02-362-0419) (학)1966년 강진농고졸 1980년 전남대 행정대학원 수료 1998년 고려대 자연자원대학원 수료 1998년 명예 농학박사(우크라이나 국립농업대) 1999년 명예 정치학박사(미국 루이지애나벱티스트대) 1999년 고려대 노동대학원 수료 2001년 명예 정치학박사(용인대) 2003년 명예 경제학박사(조선대) 2015년 명예 선교학박사(백석대) (경)1970~1980년 농협 근무 1971년 민주수호국민협의회 강진군 사무국장 1978년 기독교청년전남연합 회장 1979년 광주YWCA사건으로 투옥 1981년 기독교장로회청년회 전국회장 1982년 전국EYC 회장 1982년 광주5.18추모식사건으로 투옥 1983년 기독교교회협의회(NCC) 중앙위원 1984년 전남NCC인권위원회 총무 1985년 광주5.18복직복권추진위원회 사무국장 1987년 헌정민권회 전남副본부장 1987년 민주쟁취국민운동 전남본부 상임공동의장 1987년 평화민주당 창당발기인 1988년 제13대 국회의원(강진·완도, 평민당·신민당·민주당) 1990년 평민당 원내부총무 1991년 신민당 원내부총무 1991년 민주당 원내부총무 1992년 제14대 국회의원(강진·완도, 민주당·새정치국민회의) 1994년 민족농어업연구소 이사장(현) 1996년 제15대 국회의원(강진·완도, 새정치국민회의·새천년민주당) 1996년 새정치국민회의 농어민특별위원장 1996년 국회 한국·우크라이나의원친선협회 회장 1998년 국회 국가경영전략위원장 1998년 국회 농림해양수산위원장 2000~2003년 제16대 국회의원(전국구, 새천년민주당) 2000년 새천년민주당 농어민특별위원장 2000년 국제농림어업의원연맹 회장 2002년 조선대 경영대학원 겸임교수 2003년 농림부 장관 2003년 새만금범국민협의회 상임대표 2003년 세계기독의원연맹(WCPA) 회장 2003년 (사)대한민국국가조찬기도회 회장 2003년 세계한인교류협력기구(W-KICA) 창설·상임대표(현) 2003년 새천년민주당 당무위원 2004년 해돋는마을 이사장(현) 2004년 제17대 국회의원선거 출마(광주西乙, 새천년민주당), 국제사랑재단 창립·대표회장(현) 2007년 대통합민주신당 중앙위원 2008년 제18대 국회의원(광주西乙, 통합민주당·민주당·민주통합당) 2008년 민주당 당무위원, 한국·아프리카친선협회 회장, 한일기독의원연맹 대표회장 2008년 유네스코 아태지역교육의원연맹 의장 2008년 한·일의원연맹 고문 2008년 (사)사랑의쌀나눔운동본부 상임대표회장(현) 2009년 (사)대한민국국가조찬기도회 회장 2009년 (사)5.18기록물유네스코세계기록유산등재위원회 위원장 2010년 민주희망2012 상임대표 2012년 (사)2018평창동계올림픽지원범국민운동본부 총재 2012년 (사)광주5.18민주화운동유엔유네스코세계기록유산아카이브(국제전시관)설립위원회 이사장(현) 2013년 5.18역사왜곡대책위원회 위원장(현) 2013년 광주대 석좌교수(현) 2014년 (사)4.19혁명유엔유네스코세계기록유산등재 및 기념사업추진위원회 위원장(현) 2015년 새정치민주연합 고문 2016년 고려대 CEO과정 이사장(현) 2016년 대한민국평화통일국민문화제조직위원회 공동위원장(현) 2017년 유엔 지속가능발전협의회 한국상임대표(현) 2017년 3.1운동유엔유네스코등재기념재단 창설이사장(현) 2018년 5.18기념재단 이사장 (상)전국기독교농민회 기독농민대상, 피스코평화상(2000), 미국 워싱턴 세계평화봉사단 세계평화상(2000), 국회의정활동대상(2000), 마틴루터킹 인터내셔널 그랜드마샬 추대(2000·2013), 마틴루터킹 국제평화상(2007), 우크라이나 건국공로훈장, 미주한인재단 자랑스런 한국인 대상(2010), 제1회 한·흑갈등해소평화상(2013), 미국 캐네디기념재단 세계평화대상(2018) (저)'충정작전과 광주항쟁' '한국농업의 진단과 개혁과제' 'WTO시대 우리의 농업은' '전남 쌀 줄게, 개성인삼 다오'(2000) '오월의 하늘'(2010) '역경속에 핀 꿈'(2011) (종)기독교

**김영진(金永珍) KIM Yeong Jin**

(생)1948 · 12 · 9 (본)경주(慶州) (출)경남 밀양 (주)서울특별시 서초구 서초대로 254 오퓨런스 813호 법무법인 청림(02-6203-0228) (학)1968년 부산고졸 1972년 서울대 법대졸 (경)1972년 사법시험 합격(14회) 1974년 사법연수원 수료(4기) 1975년 軍법무관 1977년 전주지검 검사 1979년 서울지검 검사 1982년 법무부 검찰국 검사 1984년 서울지검 검사 1987년 법무부 검찰국 고등검찰관 1988년 대통령 법률비서관 1989년 수원지검 형사2부장 1990년 부산지검 강력부장 1991년 법무부 검찰3과장 1992년 同검찰1과장 1993년 서울지검 형사6부장 1993년 同형사2부장 1994년 대검 중앙수사부 수사기획관 1995년 서울지검 북부지청 차장검사 1996년 서울고검 검사 1997년 부산지검 제1차장검사 1998년 서울고검 검사 1998년 同송무부장 1999년 서울지검 서부지청장 1999년 제주지검 검사장 2000년 창원지검 검사장 2001년 법무부 법무실장 2002~2003년 대구지검장 2003년 변호사 개업 2005년 남해화학(주) 사외이사 2007년 삼성생명보험 사외이사 2008년 법무법인 청담 대표변호사 2011~2017년 법무법인 청림 대표변호사 2017~2018년 同변호사 2018년 同고문변호사(현) (종)불교

**김영진(金永珍) KIM Young Jin**

(생)1954 · 4 · 5 (본)김해(金海) (출)전남 진도 (주)전라남도 화순군 화순읍 서양로 264 전남대학교 의과대학 의학과(061-379-2500) (학)1973년 광주제일고졸 1979년 전남대 의대졸 1984년 同대학원 의학석사 1989년 의학박사(전북대) (경)1985~2019년 전남대 의과대학 외과학교실 전임강사·조교수·부교수·교수 1989~1990년 미국 코넬대 의대 교환교수 1997~2000년 전남대병원 위장관외과장 2002~2004년 전남대 의대 외과학교실 주임교수 2002~2004년 전남대병원 외과 과장 2004~2008년 화순전남대병원 암센터 소장 2004~2008년 전남대병원 암센터소장 2006~2008년 화순전남대병원 병원장 2008~2011년 전남대병원 병원장 2010년 대한대장항문학회 회장 2012~2014년 대한암학회 부회장 2015년 광주하계유니버시아드 선수촌 병원장 2015~2016년 대한외과학회 회장 2019년 전남대 의대 의학과 명예교수(현) (상)전남대병원 우수논문상(1995), 대한대장항문학회 에보트학술상(1997), 근정포장(2011), 제27회 무등의림상(2017) (저)'응급의학'(1990) '대장항문학'(1991) '위암'(1999) '대장암'

**김영진(金泳珍) Kim, Young Jin**

(생)1956 · 1 · 6 (본)연안(延安) (출)광주 (주)대전광역시 유성구 대덕대로989번길 111 한국원자력연구원(042-868-2985) (학)1974년 광주일고졸 1979년 서울대 원자핵공학과졸 1981년 同대학원 원자핵공학과졸 1986년 핵공학박사(미국 퍼듀대) (경)1979년 한국원자력연구소 연구원 1982~1986년 미국 퍼듀대 원자핵공학엔지니어 어시스턴트 1986~1990년 한국원자력연구소 선임연구원 1990~1999년 同실장(MOX·신형로 노심설계 기술개발) 1999~2002년 同연구지원부장 2002~2005년 同하나로이용기술개발부장 2005~2006년 同하나로이용연구단장 2006년 한국원자력연구원 책임연구원(현) 2007~2008년 同원자력기초과학연구본부장 2010~2014년 同정읍방사선과학연구소장, 한국방사선산업학회 부회장·고문 (종)불교

**김영진(金寧珍) KIM Young Jin**

(생)1956 · 11 · 22 (본)김해(金海) (출)서울 (주)서울특별시 강남구 테헤란로 132 (주)한독(02-527-5102) (학)1975년 중앙고졸 1979년 연세대 경영대학 경영학과졸 1984년 미국 인디애나대 Kelley School of Business(MBA)졸 1996년 미국 하버드대 Business School AMP 수료 1999년 한국과학기술원(KAIST) AIM 수료 (경)1996~2006 (주)한독약품 대표이

사 사장 1999~2007년 한국제약바이오협회 부이사장 2006년 (주)한독 대표이사 회장(현) 2010년 미국 인디애나대한국동문회 회장 2010년 (사)한독협회 회장(현) 2011~2015년 연세대 상경·경영대학동창회 회장 2014년 한독제석재단 이사장(현) 2015~2016년 한독상공회의소 제5대 이사장 (상)국무총리표창(2000), 한국능률협회 한국경영대상(2004), 한국경제신문 비전경영 CEO대상(2004), 동탑산업훈장(2005), 한국회계학회 투명회계대상(2009), 한국경영자총협회·전국경제인연합회 등 경제 5단체 주관 제6회 투명경영대상 우수상(2010), 미국 인디애나대 자랑스러운 동문인상(2010), 보건복지부 '아이낳기 좋은세상 운동 경진대회' 대통령표창(2010), 자랑스러운 연세상경인상(2015), 한국경영학회 선정 '대한민국 최우수경영대상 윤리경영부문'(2019), 고용노동부 '남녀고용평등분야' 우수기업 대통령표창(2019) (종)기독교

## 김영진

(생)1958 (출)제주 (주)제주특별자치도 제주시 애월읍 평화로 2700 제민일보 사장실(064-741-3111) (학)제주 한림공고, 제주대 산업대학원 수료 (경)1977년 공직 입문 2012년 제주특별자치도 재난방재과 재난안전담당 지방시설사무관 2013년 同감사위원회 감사과 기술감사팀장 2015년 同국제자유도시건설교통국 국제자유도시계획과장 직대 2015년 同국제자유도시건설교통국 국제자유도시계획과장(지방기술서기관) 2016년 同국제자유도시건설교통국장 직대 2016년 同상하수도본부장(부이사관) 2017년 제주개발공사 파견(부이사관) 2018년 제민일보 대표이사 사장(현)

## 김영진(金永鎭)

(생)1962·7·2 (출)경북 청송 (주)서울특별시 영등포구 여의공원로 13 한국방송공사 시청자본부 재원관리국(02-781-1000) (학)1981년 경주고졸 1989년 영남대 경제학과졸 2009년 세종대 언론홍보대학원 신문방송학과졸 (경)1990년 한국방송공사(KBS) 입사(공채 17기) 1990년 同대구방송총국 기획심의부 근무 1996년 同기획조정실 근무 2000년 同정책기획국 계열사운영부 아트비전담당 2000년 同경영본부 노무기획업무담당 2005년 同경영본부 재원관리국 재원운영팀 선임 2010년 同정책기획본부 노사협력팀장 2011년 同정책기획본부 성과관리부장 2012년 同시청자본부 재원관리국 재원운영부장 2014년 同시청자본부 재원관리국장 2016년 同정책기획본부 노사협력주간(국장) 2017년 同원주방송국장 2018년 同시청자본부 재원관리국 근무(국장급)(현) (상)한국방송공사(KBS)사장표창, 국무총리표창(2005)

## 김영진(金永眞) KIM Young Jin

(생)1963·2·15 (본)광산(光山) (출)경북 안동 (주)서울특별시 종로구 사직로8길 39 세양빌딩 김앤장 법률사무소(02-3703-1035) (학)1981년 경희고졸 1985년 고려대 법학과졸 2008년 同법무대학원 금융법학과졸 (경)1989년 사법시험 합격(31회) 1992년 사법연수원 수료(21기) 1992년 서울지검 동부지청 검사 1994년 춘천지검 강릉지청 검사 1996년 서울지검 검사 1998년 부산지검 검사 2000년 서울지검 북부지청 검사 2000년 대검찰청 중앙수사부 공적자금비리합동단속반 파견 2002년 예금보험공사 부실채무기업특별조사단 파견 2004년 서울북부지검 부부장검사 2004년 미국 버클리대 연수 2005년 울산지검 형사3부장 2006년 서울중앙지검 부부장검사 2007년 청주지검 제천지청장 2008년 대검찰청 형사2과장 2009년 同조직범죄과장 2009년 서울중앙지검 강력부장 2010년 법무부 대변인 2011년 수원지검 안산지청 차장검사 2012년 대검찰청 범죄정보기획관 2013년 창원지검 차장검사 2014년 수원지검 제1차장검사 2015~2016년 법무연수원 연구위원 2016년 김앤장법률사무소 변호사(현) (저)'부실채무기업 특별조사단의 업무성과와 향후 과제'

## 김영진(金榮鎭)

(생)1964·7·26 (주)경상남도 창원시 의창구 상남로 290 경상남도의회(055-211-7314) (학)1991년 동국대 사범대학 교육학과졸 (경)2010년 경남 창원시의원선거 출마(국민참여당), 더불어민주당 경남도당 교육특별위원장(현), 사람사는세상노무현재단 경남지역위원회 운영위원(현), 제18대 문재인대통령후보 중앙선대위 뿌리깊은나무 공동대표, 제19대 문재인대통령후보 경남선대위 교육특별본부장, 경상남도 민주도정협의회 위원 2018년 경남도의회 의원(더불어민주당)(현) 2018년 同기획행정위원회 위원(현)

## 김영진(金英振) Kim Young Jin

(생)1965·12·12 (본)김해(金海) (출)강원 원주 (주)대전광역시 서구 한밭대로 797 금융감독원 대전충남지원(042-479-5101) (학)1984년 성동고졸 1992년 한양대 경영학과졸 2005년 同대학원 재무관리과졸 (경)2010년 금융감독원 공시제도실 제도팀장 2012년 同자산운용감독실 제도팀장 2014년 同자산운용검사국 총괄팀장 2015년 同금융투자감독국 총괄부국장 2016년 강원도 금융협력관 2017년 금융감독원 자산운용감독실장 2018년 同기업공시국장 2019년 同대전충남지원장(현) (종)불교

## 김영진(金英眞) Kim Young Jin

(생)1967·4·19 (출)경기 연천 (주)경기도 동두천시 상패로 89 경기 동두천경찰서(031-869-0321) (학)의정부고졸 1990년 경찰대 행정학과졸(6기) (경)1990년 경위 임관 1998~2000년 제주지방경찰청 303전경대장 2005년 경기 연천경찰서 경무과장 2007년 경기 양주경찰서 생활안전과장 2016년 강원지방경찰청 생활안전과장 2017년 강원 동해경찰서장 2018년 강원지방경찰청 112종합상황실장 2019년 경기북부지방경찰청 생활안전과장 2019년 경기 동두천경찰서장(현)

## 김영진(金榮鎭) Kim, Young Jin

(생)1967·9·10 (주)서울특별시 영등포구 의사당대로 1 국회 의원회관 840호(02-784-8410) (학)중앙대 경영학과졸 (경)중앙대 총학생회장 2011년 민주통합당 수원丙지역위원회 위원장 2011년 同원내대표 정책특보 2012년 제19대 국회의원선거 출마(수원시丙, 민주통합당) 2012년 민주통합당 정책위원회 부의장 2012년 同경기도당 수석대변인 2013년 민주당 수원시丙지역위원회 위원장 2013년 同경기도당 수석대변인 2013년 同정책위원회 부의장 2014년 새정치민주연합 경기도당 대변인 2014년 同수원시丙지역위원회 위원장 2015년 더불어민주당 경기도당 대변인 2015년 同경기수원시丙지역위원회 위원장(현) 2016년 제20대 국회의원(수원시丙, 더불어민주당)(현) 2016~2017년 국회 안전행정위원회 위원 2016~2017년 국회 지방재정·분권특별위원회 간사, 더불어민주당 동북아평화협력특별위원회 위원장 2017년 同제19대 문재인 대통령후보 중앙선거대책본부 종합상황본부 제1상황실 부실장 2017~2018년 同전략기획위원장 2017~2018년 국회 윤리특별위원회 위원 2017~2018년 국회 행정안전위원회 위원 2017~2018년 더불어민주당 지방선거기획단 간사 2017년 同인사위원회 위원 2018~2019년 국회 국토교통위원회 위원 2019년 더불어민주당 민주연구원 부원장(현)

## 김영진(金暎珍) Kim Yeong-Jin

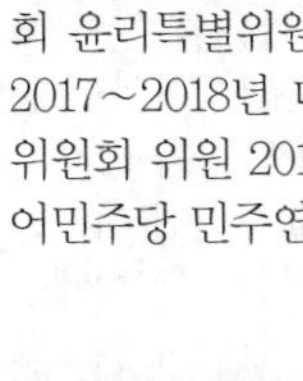

(생)1967·11·11 (주)제주특별자치도 제주시 선덕로 23 제주웰컴센터 4층 제주특별자치도관광협회(064-741-8701) (학)1986년 제주 중앙고졸 2007년 전남과학대졸 2008년 제주대 경영대학원 최고경영자과정 수료 2017년 제주국제대 관광경영학과졸 2019년 제주대 경영대학원 관광

경영학과 석사과정 중 (경)1996~2015년 (유)자유여행사 대표이사 2010~2012년 제주시관광축제추진협의회 위원 2011~2013년 제주대 관광·레저선도사업인재양성센터 사업추진위원 2011~2013년 (사)제주곶자왈 공유화재단 이사 2011~2014년 제36대 제주특별자치도지사 공약실천자문위원회 위원 2011~2013년 제주도세계평화의섬범도민실천협의회 자문위원 2011년 세계자연보전총회 범도민지원위원회 위원 2011년 (사)제주특별자치도관광협회 회장(현) 2011~2018년 제주권공항인프라확충추진협의회 공동대표 2011~2017년 (사)제주영상위원회 이사 2012~2013년 제주관광학회 자문위원 2013년 제주국제자유도시개발센터 정책자문위원 2013년 제주특별자치도 장기기증활성화위원회 위원 2013년 同지역치안협의회 회원(현) 2013~2016년 대한적십자사 제주지사 상임위원 2014~2016년 국제전기자동차엑스포조직위원회 자문위원 2014년 제주지법 시민사법참여위원(현) 2014~2016년 이중섭탄생100주년기념사업추진위원회 위원 2015년 제주국제감귤박람회 조직위원회 위원(현) 2016~2019년 제주대 지역선도대학육성사업 위원 2016년 (주)제이트립 대표이사(현) 2017년 제주국립공원범도민추진위원회 위원(현) 2017년 제주지역 경제단체협의회 부회장(현) 2018년 제주권공항인프라확충범도민추진협의회 공동대표(현) (상)제주대 경영대학원 제18기 최고경영자 최우수논문상(2008), 제주관광대상(2009), 국토해양부장관표창(2009), 문화체육관광부장관표창(2010), 대한적십자사 적십자회원유공자 은장(2014), 대한적십자사 적십자회원유공자 금장(2015), 2016년을 빛낼 도전한국인 대상(2016), 제45회 관광의날 기념 산업포장(2018)

**김영찬(金永燦) KIM Young Chan**

(생)1951·10·1 (출)전북 전주 (주)서울특별시 종로구 인사동5길 29 태화빌딩 7층 성신양회(주)(02-3782-7054) (학)1969년 전주고졸 1973년 고려대 경영학과졸 (경)1976년 한국산업은행 입행 1990년 同기업분석부 과장 1991년 同투자개발부 과장 1993년 同종합기획부 과장 1995년 同종합기획부 부부장 1997년 同싱가폴지점 부지점장 겸 현지법인 부사장 1999년 同자금거래실 부부장 2000년 同홍보실장 2002년 同투자금융실장 2003년 同기업금융3실장 2004년 同IT본부장(이사대우) 2005년 同투자금융본부장(이사) 2005년 同지역금융본부장(이사) 2006년 同기업금융본부장(이사) 2007~2008년 同기획관리본부장(이사) 2008년 성신양회(주) 부사장 2009~2013년 同대표이사 사장 2012~2014년 한국시멘트협회 회장 2013년 성신양회(주) 대표이사 부회장 2018년 同상임고문(현) (상)재무부장관표창, 경제기획원장관표창 (종)천주교

**김영찬(金永燦) KIM Young Chan**

(생)1959·11·17 (출)서울 (주)서울특별시 동대문구 이문로 107 한국외국어대학교 미디어커뮤니케이션학부(02-2173-3066) (학)1984년 한국외국어대 스페인어과졸 1987년 미국 일리노이대 대학원 광고학과졸 2001년 커뮤니케이션학박사(미국 일리노이대) (경)2003년 한국언론진흥재단 객원연구위원 2003~2004년 한림대 언론정보학부 교수 2004~2012년 한국외국어대 언론정보학부 조교수·부교수·교수, 방송위원회 방송언어특별위원회 위원, 문화연대 미디어문화센터 부소장, 한국일보 '김영찬의 미디어비평'칼럼 필자 2007~2010년 한국외국어대 언론정보연구소장, 한국언론학회 연구이사, 한국방송학회 편집이사 2011년 한국외국어대 교수학습개발원장, 한국언론학회 부회장 2012년 한국외국어대 대학원 교학처장 2013년 同미디어커뮤니케이션학부 교수(현) 2017년 한국방송학회 회장 (저)'한국방송의 사회문화사'(共) '글로벌 미디어 환경의 수용과 문화정체성' '커뮤니케이션 연구와 방법'(共) '글로벌 시대 미디어 문화의 다양성'(共) '광고비평의 이해'(2004) (역)'미디어연구 질적방법론(共)'(2005)

**김영찬(金永讚) KIM Young Chan (米筆)**

(생)1962·1·2 (본)경주(慶州) (출)부산 (주)부산광역시 사상구 엄궁로 70-16 (재)부산지역사업평가단(051-315-9250) (학)1980년 동인고졸 1988년 부산대졸 2013년 同국제전문대학원졸(국제학석사) 2015년 기술사업정책학박사(부산대) (경)1988년 국제신문 사회1부 기자 1997년 同경제부 차장 1998년 同사회1부 차장 1998년 同정치부 차장 1999년 同편집국장석 차장 1999년 한국기자협회 부산시협회장 2000년 국제신문 기획특집팀장 2000년 同경제부장 직대 2000년 한국기자협회 부회장 2001년 국제신문 사회2부장 직대 2002년 同사회1부장 직대 2003년 同사회1부장 2003년 同체육부장 2004년 同국제부장 2005년 同전략기획실장 2008년 同기획실장 2010~2018년 (재)부산테크노파크 기업지원단장 2010~2013년 同지식재산센터장 2012~2016년 부산시 지식재산위원회 위원 2013년 同투자유치위원회 위원 2018년 (재)부산지역사업평가단 단장(현)

**김영창(金榮昌) KIM Young Chang**

(생)1953·8·18 (출)서울 (주)서울특별시 종로구 대학로1길 10 연지드림빌 203호 한국의학교육평가원(02-795-1591) (학)1982년 연세대 의대졸 1985년 同대학원졸, 의학박사(연세대) (경)1983년 순천향대 의대 소아청소년과학교실 교수(현) 1991~1992년 미국 하버드의대 보스턴아동병원 신경과 방문교수 2001~2007년 대한소아신경학회 교육수련위원장 2002~2003년 미국 텍사스A&M의대 의학교육실 International Fellow 2004년 한국의학교육평가원 방문평가단장 2006~2008년 순천향대 의대 의학교육학과장 2013년 한국의학교육평가원 전문역량평가단장 2016년 同원장(현) (저)'소아신경질환의 진단과치료' '고려의학' (종)기독교

**김영창(金榮昌) Kim Young Chang**

(생)1961·4·15 (출)전남 나주 (주)광주광역시 동구 예술길 33 광주 동부경찰서(062-609-4321) (학)전남대 정치외교학과졸, 同행정대학원 행정학과졸 (경)1988년 경위 임용(경찰간부 후보 36기) 2011년 광주지방경찰청 보안과장 2011년 同청문감사담당관 2013년 전남 광양경찰서장 2014년 광주지방경찰청 경비교통과장 2015년 광주북부경찰서장 2016년 광주지방경찰청 형사과장 2017년 전남 곡성경찰서장 2017년 광주지방경찰청 112종합상황실장 2019년 광주 동부경찰서장(현)

**김영채(金泳采) KIM Young Chae**

(생)1952·6·10 (본)김해(金海) (출)경북 금릉 (주)대구광역시 수성구 달구벌대로 2503 동일빌딩 5층 안경회계법인 대구본부(053-741-7711) (학)1968년 성의상고졸 1972년 경희대 경영학과졸 1991년 국방대학원졸 (경)1974~1986년 국세청 근무 1986년 중부지방국세청 법인세과장 1987년 同총무과장 1988년 서울지방국세청 총무과 근무 1989년 홍천세무서장 1991년 駐뉴욕 총영사 1995년 서울지방국세청 소비세과장 1995년 同감사관 1996년 국세청 국제조세1과장 1998년 경인지방국세청 직세국장 1999년 대구지방국세청 직세국장 1999년 同조사1국장 2004년 회계사 개업 2005년 삼정회계법인 영남본부 대표 2013년 同영남본부 부회장 2015년 안경회계법인 대구본부 회장(현) 2016~2019년 학교법인 일청학원(경일대학교) 감사 (상)대통령표창(1986)

**김영철(金永喆) KIM Young Chul**

(생)1946·2·25 (본)일선(一善) (출)경북 김천 (주)서울특별시 강남구 테헤란로 133 한국타이어빌딩 법무법인 태평양(02-3404-0116) (학)1964년 경북사대부고졸 1968년 서울대 법대 법학과졸 1972년 同법과대학원졸 (경)1970년 사법시험 합격(11회) 1972년 사법연수원 수료(1기) 1972~1975년 육군

법무관 1975~1980년 전주지검·부산지검·서울지검 검사 1980~1982년 대검찰청 검찰연구관 1982~1983년 서울지검 검사 1982~1983년 일본 게이오대 법학부 객원연구원 1983~1985년 대전지검 서산지청장 1985~1987년 법무부 관찰과장·조사과장 1987~1988년 인천지검 특수부장 1988~1989년 대구지검 형사2부장 1989~1990년 서울지검 남부지청 형사3부장 1990~1991년 서울지검 특수2부장 1991~1992년 同강력부장 1992~1993년 대검찰청 중앙수사부 제1과장 1993년 서울지검 북부지청 차장 1993~1994년 서울지검 제1차장 1993~1995년 同북부지청장 1995~1997년 부산고검 차장 1997~1998년 법무부 보호국장 1998~1999년 同법무실장 1999년 부산지검장 1999~2000년 대전고검장 2000~2001년 대구고검장 2001~2002년 법무부 연수원장 2001년 법무법인 태평양 고문변호사(현) 2002~2011년 삼성화재해상보험 사외이사 2003~2009년 중앙선거관리위원회 위원 2004~2014년 삼성생명공익재단 감사 2006~2011년 삼성화재해상보험 이사회 의장 2012~2013년 방송통신심의위원회 제18대 대통령선거 방송심의위원장 (상)홍조근정훈장, 황조근정훈장 (종)가톨릭

**김영철(金永哲) Kim, Young-cheol**

(생)1949·2·21 (출)평북 선천 (주)서울특별시 종로구 비봉길 64 이북5도위원회 평안북도지사실(02-2287-2641) (학)육군3사관학교졸, 한국방송통신대 법학과졸, 동국대 대학원 행정학과졸, 경제학박사(목원대) (경)1991~1992년 육군 제9보병사단(백마부대) 28연대장 1998~2000년 제1군사령부 군수처장·육군본부 군수참모부처장 2000~2002년 제1군수지원사령부 사령관 2003~2006년 대한민국재향군인회 이사 2003~2013년 목원대 경제학과 객원 및 겸임교수 2006~2016년 국가보훈처 심의위원 2010~2016년 평안북도 성우회 사무총장 2016년 이북5도위원회 평안북도지사(차관급)(현) (상)보국포장(1984), 대통령표창(1989·1992·2003), 보국훈장 천수장(1997)

**김영철(金泳哲) KIM Young Cheol (炅柰)**

(생)1953·1·2 (본)경주(慶州) (출)제주 서귀포 (주)서울특별시 종로구 새문안로5길 13 법무법인 대종(02-733-0284) (학)1971년 제주 오현고졸 1975년 건국대 법대졸 1988년 同대학원졸 1989년 스페인 마드리드국립대 장기연수 1996년 법학박사(건국대) (경)1975년 사법시험 합격(17회) 1977년 사법연수원 수료(7기) 1977년 육군 법무관 1980~1989년 부산지검·여주지청·수원지검·서울지검 검사 1989년 서울지검 고등검찰관 1989년 헌법재판소 헌법연구관 1991년 창원지검 진주지청 부장검사 1992년 대구지검 강력부장 1993년 同형사2부장 1993년 법무부 보호과장 1995년 서울지검 서부지청 형사2부장 1996년 同서부지청 형사1부장 1997년 서울지검 송무부장 1997년 同조사부장 1998년 춘천지검 차장검사 1999년 수원지검 1차장검사 2000년 서울고검 송무부장 2001년 同검사 2003년 변호사 개업 2003년 국민대 법학과 부교수 2004년 건국대 법과대학 법학과 부교수·교수 2004~2007년 대종종합법률사무소 변호사 2005~2008년 건국대 법과대학장 2005~2008년 국회 법제사법위원회 자문위원 2006~2007년 전국법과대학장협의회 회장, 로스쿨법비상대책위원회 상임공동대표 2007~2008년 법조윤리협의회 위원 2008년 법학전문대학원협의회 이사 2008~2013년 CBS 객원해설위원 2008~2017년 건국대 법학전문대학원 교수 2009년 미국 Texas Tech Univ. 로스쿨 방문학자 2013년 민주평통 상임위원 2013~2014년 건국대 법학연구소장 2014~2017년 同기관생명윤리위원장 2014~2016년 同행정대학원장 2014~2015년 민주평통 기획법제위원장 2015~2016년 대한변호사협회 남북교류협력소위원장 2015년 한반도인권과통일을위한변호사모임 통일위원장 2018년 법무법인 대종 변호사(현) (상)검찰총장표창, 홍조근정훈장(2000) (저)'법의 이해(共)'(2004) (종)천주교

**김영철(金永喆) KIM Young Chol**

(생)1954·5·5 (본)김해(金海) (출)경남 김해 (주)서울특별시 종로구 종로5길 58 석탄회관빌딩 6층 법무법인 케이씨엘(02-721-4220) (학)1974년 경기고졸 1978년 서울대 법학과졸 (경)1982~1990년 김앤장법률사무소(KIM & CHANG) 변호사 겸 변리사 1986년 국제지적재산보호협회(AIPPI)·국제라이센스협회(LES)·아시아 변리사협회(APAA) 회원 1990년 김&황법률특허사무소(Kim & Hwang) 개설 1991년 삼정법률특허사무소로 명칭 변경·변호사 1994~1996년 대한변리사회 감사 1995~1996년 변리사 시험출제 및 채점위원 1996년 법무법인 케이씨엘과 통합 1996~2008년 법무법인 케이씨엘 변호사 1996년 서울대 법학연구소 지적재산권전문과정 강사 1997년 서울지방변호사회 지적재산권전문연수과정 강사 1998년 서울지법 민사조정위원(현) 1998년 국민대 산업재산권대학원 지적재산권과정 강사 2001년 사법시험 출제위원 2001년 대한변호사협회 지적재산권세미나 강사 2002년 국제변리사연맹(FICPI) 회원 2002년 국가전문행정연수원 국제특허연수부 지적재산권과정 강사(현) 2003년 서울대 산학협력재단 제1회 산학협력워크샵 강사 2007~2009년 서울지방변호사회 특허연수원장 2008년 법무법인 케이씨엘 대표변호사(현) 2008년 국제상표협회(INTA) 및 유럽상표협회(ECTA) 회원 2010년 법조협회 '법조'지 논문심사위원(현) 2011년 한국CFO스쿨 경영자로스쿨 강사(현) 2015~2017년 대한변호사협회 지식재산연수원장 2016~2019년 대한상사중재원 중재인 2017~2019년 한국경영연구원 기업가회 회장 (상)정보통신부장관표창(2005) (저)'상표의 선정과 활용'(삼보가족, 1991) '특허권의 간접침해'(1992, 발명특허) (역)'미국과 일본에 있어서의 영업비밀 : 비교와 전망'(1990, 법조) '특허침해와 균등론'(1990·1991, 월간 지적재산) '영업비밀보호법에 의한 소프트웨어의 보호'(1991, 발명특허) '가장 빠른 발명일자를 획득하는 미국특허출원방법'(1991, 특허와상표) '상표의 번역과 음역'(1992, 발명특허) '선행기술도표이용법'(1993, 특허와상표) (종)기독교

**김영철(金永喆) KIM Young Chol**

(생)1954·12·29 (본)김해(金海) (출)충북 보은 (주)충청북도 청주시 서원구 충대로 1 충북대학교 전자정보대학 전자공학부(043-261-2475) (학)1975년 대전공고졸 1981년 고려대 전기공학과졸 1983년 서울대 대학원졸 1987년 공학박사(서울대) (경)1974~1987년 한국전력공사 근무 1984년 대한전기학회 편집위원 1988~1997년 충북대 전자공학과 조교수·부교수 1992년 미국 텍사스A&M대 연구교수 1997년 충북대 전기전자컴퓨터공학부 교수 2001년 미국 Vanderbilt Univ. 객원연구교수 2001년 미국 Tennessee State Univ. 객원연구교수 2004~2005년 대한전기학회 제어계측연구회장 2004년 제어로봇시스템학회 평의원(현) 2004~2006년 충북대 학연산공동기술연구원장 2009~2010년 대한전기학회 부회장(정보및제어부문 회장 겸임) 2010~2012년 충북대 도서관장 2010년 同전자정보대학 전자공학부 교수(현) (상)대한전기학회 학술상(1987), 제어자동화시스템공학회 고명삼학술상(2004), 대한전기학회 우수논문상(2008·2011), 국제학술대회 우수논문상(2009), 전력전자학회 우수영문논문상(2011), 대한전기학회 양흥석학술상(2011), 현대자동차 미래자동차기술공모전 무인자율주행차대회 준우승, 충북대 공적상(2012) (저)'회로이론(共)'(2006, 교보문고) '회로이론(共)'(2012, 퍼스트북) (종)가톨릭

**김영철(金永哲) KIM Young Cheol**

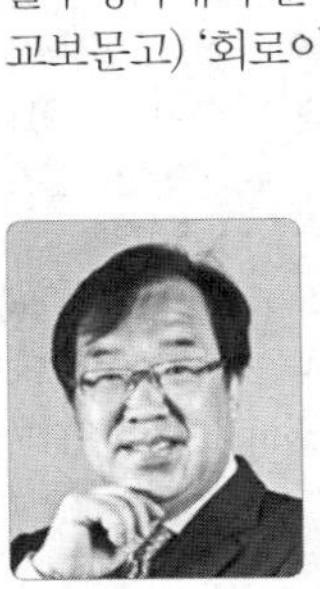

(생)1959·2·27 (출)서울 (주)서울특별시 서초구 서초대로 254 오퓨런스빌딩 15층 법무법인 정세(02-581-4040) (학)1977년 마포고졸 1982년 서울대 법학과졸 1989년 미국 서던메소디스트대 법학대학원졸(LL.M.) 1993년 미국 하버드대 국제협상과정 이수 1996년 법학박사(경희대)

2000년 고려대 최고위정보통신과정 이수 2001년 미국 컬럼비아대 국제통상과정 이수 2003년 서강대 언론대학원 최고위과정 이수 2010년 서울대 예술문화최고지도자과정 이수 (경)1982년 사법시험 합격(24회) 1984년 사법연수원 수료(14기) 1985년 청주지검 검사 1987년 광주지검 목포지청 검사 1988년 서울지검 북부지청 검사 1988년 광운대 법학과 강사 1991년 법무부 국제법무심의관실 검찰관 1994년 서울지검 검사 1996년 부산지검 부부장검사 1997년 대검찰청 검찰연구관 1998년 춘천지검 원주지청장 1999년 서울고검 검사 2000년 사법연수원 교수 2002년 법무부 법무과장 2002년 同법무심의관 2003년 서울지검 형사6부장 2004년 인천지검 부천지청 차장검사 2005년 대전지검 천안지청장 2006~2007년 서울중앙지검 제1차장 2008~2010년 법무법인 정진 대표변호사 2010년 법무법인 정세 대표변호사(현), 이화여대 법학전문대학원 겸임교수, 서울대 미술대학원 겸임교수, 국립현대미술관진흥재단 감사, 한국방송공사 자문변호사, 육아정책연구소 경영자문위원회 위원 (저)'유엔 국제상거래법위원회 자료집' 'U.R 협정의 법적고찰'

## 김영철(金榮澈) KIM Young Chul

(생)1960·1·23 (주)경기도 안양시 동안구 시민대로 180 지스퀘어빌딩 대한시스템즈(주) 대표이사실(02-316-9160) (학)덕수상고졸, 인천대 경영학과졸, 동국대 행정대학원졸 (경)1977년 대한전선(주) 입사 1989년 同4급 승진 1995년 同과장 2001년 同재무관리팀장 2004년 同부장 2004년 同재경부문 부문장 2007년 同상무보 2010년 同재무그룹장 2010년 同재무구조개선팀장 2010년 옵토매직 대표이사 2011년 대한전선(주) 재무구조개선팀 실장 2011~2012년 (주)티이씨리딩스 대표이사, 무주기업도시(주) 대표 2012년 대한시스템즈(주) 대표이사(현)

## 김영철(金暎喆) KIM Yung Chul

(생)1963·1·30 (출)강원 영월 (주)대구광역시 동구 첨단로 80 중앙교육연수원(053-980-6500) (학)춘천고졸 1988년 고려대 사범대학 교육학과졸 2001년 미국 오하이오주립대 대학원 평생직업교육과정 석사 2004년 교육학박사(미국 오하이오주립대) (경)1989년 교육행정고시 합격(32회) 1990년 속초도서관 서무과장 1991~1995년 충남도교육청 의사법무계장·기획계장·충남도교육위원회 의사계장 1995~1999년 교육부 교육개혁추진기획단 홍보팀·조사통계과·과학기술과·학교정책총괄과 근무 1999년 경북대 경리과장 2004년 교육부 직업교육발전기획팀장 2005년 同산학협력과장 2005년 산업자원부 산업기술인력과장 2006년 교육인적자원부 정책총괄과장(서기관) 2007년 同정책총괄과장(부이사관) 2007년 同인적자원정책본부 정책총괄팀장 2007년 대통령비서실 행정관 2008년 교육과학기술부 교육분권화추진단장 2008년 프랑스 유네스코본부 파견(부이사관) 2011년 교육과학기술부 평생직업교육관(고위공무원) 2013년 강원대 사무국장 2015년 강원도교육청 부교육감 2017년 교육부 기획조정실장 2019년 同중앙교육연수원장(현)

## 김영철(金榮鐵)

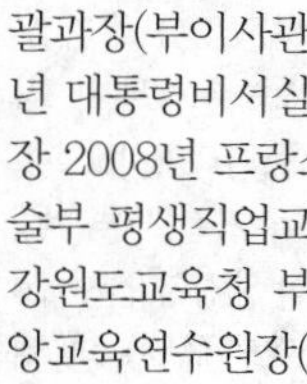

(생)1963·12·17 (출)경북 상주 (주)경기도 화성시 봉담읍 참샘길 27 화성세무서(031-8019-1200) (학)상주고졸, 세무대학졸(1기), 강남대졸 (경)세무공무원 임용(8급 특채) 1984년 동대구세무서 징세과 근무, 중부지방국세청 조사1국 1과 근무 2010~2011년 경기 이천세무서 법인세과장 2012~2013년 국무총리실 파견 2013~2016년 국세청 감사관실 감사계장·청렴세정2계장 2016~2017년 동대구세무서장 2017~2018년 대전지방국세청 조사2국장 2018~2019년 중부지방국세청 체납자재산추적과장 2019년 경기 화성세무서장(현)

## 김영춘(金榮春) KIM Young Choon

(생)1962·2·5 (본)김해(金海) (출)부산 (주)서울특별시 영등포구 의사당대로 1 국회 의원회관 739호(02-784-1091) (학)1980년 부산동고졸 1988년 고려대 영어영문학과졸 1990년 同대학원 정치외교학과졸 1997년 건국대 경영대학원 최고경영자과정 수료 1999년 미국 컬럼비아대 동아시아연구소 수료 2002년 고려대 산업정보대학원 반도체최고위과정 수료 2003년 연세대 정보대학원 정보화최고위자과정 수료 2011년 한국방송통신대 일본학과 재학 중 (경)1984년 고려대 총학생회장 1987년 통일민주당 총재 비서 1993~1994년 대통령 정무비서관 1994년 민자당 서울성동구丙지구당 위원장·서울광진구甲지구당 위원장 1995년 신한국당 서울광진구甲지구당 위원장 1996년 同중앙연수원 부원장 1996~2008년 광진법률무료상담소 소장 1997~2003년 한나라당 서울광진구甲지구당 위원장 2000~2004년 제16대 국회의원(서울 광진구甲, 한나라당·무소속·열린우리당) 2001년 한나라당 대외협력위원장 2003년 윤봉길의사기념사업회 부회장 2003년 열린우리당 원내대변인 2003년 同국민참여운동본부장 2004년 同의장 비서실장 2004년 同서울시당 위원장 2004~2008년 제17대 국회의원(서울 광진구甲, 열린우리당·대통합민주신당·창조한국당) 2004년 열린우리당 기획원내수석부대표 2005년 同서울지역발전대책위원장 2005년 同신강령기초위원장 2005년 同비상집행위원 2006년 同윤리위원장 2007년 同최고위원 2007년 同사무총장 2007년 창조한국당 문국현대통령후보 선거대책위원회 공동본부장 2009~2016년 (사)인본사회연구소 소장 2010년 민주당 최고위원 2010년 同서민생활특별위원장 2011년 민주통합당 부산진구甲지역위원회 위원장 2012년 제19대 국회의원선거 출마(부산진구甲, 민주통합당) 2012년 부경대 정치외교학과 겸임교수 2013년 부산동고총동창회 회장 2013년 민주당 부산진구甲지역위원회 위원장 2014년 부산광역시장선거 출마(새정치민주연합) 2015년 더불어민주당 부산시당 위원장 2015년 同부산진구甲지역위원회 위원장(현) 2016년 同제20대 총선 선거대책위원회 위원 2016년 제20대 국회의원(부산진구甲, 더불어민주당)(현) 2016년 더불어민주당 비상대책위원회 위원 2016~2017년 국회 농림축산식품해양수산위원회 위원장 2017년 더불어민주당 제19대 문재인 대통령후보 중앙선거대책위원회 농림해양정책위원장 2017~2019년 해양수산부 장관 2017·2018년 국회 행정안전위원회 위원 2018년 국회 과학기술정보방송통신위원회 위원 2019년 국회 문화체육관광위원회 위원(현) 2019년 더불어민주당 부산시당 오륙도연구소장(현) 2019년 국회 수소경제포럼 위원장(현) (상)국정감사우수상 (저)'내 손으로 바꾸는 정치'(2003, 새로운사람들) '신40대기수론'(2006, 범우사) '사람의 정치학, 나라뒤집기'(2011, 청람) '대한민국 자전거&도보여행'(2011, 세상의모든책들) '김영춘의 부산 희망찾기'(2014) (종)천주교

## 김영춘(金榮春)

(생)1963·8·5 (주)부산광역시 남구 문현금융로 33 기술보증기금(051-606-7504) (학)1982년 대구상고졸 1990년 영남대 무역학과졸 (경)1991년 기술보증기금 대구지점 근무 2007년 同대구북지점 팀장 2011년 同기술보증부 팀장 2011년 同대전지점 수석팀장 2012년 同대구북지점장 2014년 同보증운영실장 2015년 同기술보증부장 2017년 同대구지역본부장 2018년 同경영기획부장 2019년 同상임이사(현) (상)녹색성장위원회위원장표창(2010), 산업통상자원부장관표창(2015)

## 김영탁(金永鐸) KIM Young Tak

(생)1956·10·18 (주)서울특별시 송파구 올림픽로 43길 88 서울아산병원 산부인과(02-3010-5591) (학)1981년 연세대 의대졸 1988년 同대학원 의학석사 1992년 의학박사(연세대) (경)산부인과 전문의, 대한부인종양학회 사무총장, 세계부인종양학회 사무총장 1989년 울산대 의대 산부인과학교실 교

수(현) 2001~2003년 전국교수협의회 사무총장 2003~2004년 미국 오하이오주립대 방문교수 2008년 서울아산병원 아산아카데미소장 2008년 同산부인과장 2009~2014년 同부인암센터 소장 2012년 同국제사업실장(현) 2015년 세계산부인과연맹(FIGO) 집행위원(현) 2016~2018년 대한부인종양학회장 (상)대한부인종양학회 최우수논문상, 일본 산부인과학회 최우수논문상

## 김영탁(金寧鐸) KIM Young Tark

(생)1956·11·28 (본)김해(金海) (출)전북 (주)부산광역시 사하구 사리로55번길 16 동주대학교 총장실(051-200-3201) (학)1979년 중앙대 기계공학과졸 1981년 同대학원졸 1989년 공학박사(일본 교토대) (경)1985~1986년 일본 규슈공업대 연구원 1990~1995년 중앙대 기계설계공학과 교수 1996~2013년 同공대 기계공학부 교수 1997년 미국 토론토대 객원교수 1998년 산업기술진흥협회 국산신기술인정 심의위원 1998년 장영실상 심의위원 2000년 건설교통부 중앙건설심의위원 2001년 중앙대 대학원장보 2005~2007년 同기획조정실장 2007~2009년 同공과대학장 2011~2013년 同대학원장 2013년 동주대 총장(현) 2015년 중국 운남외사외어직업학원 명예총장(현) (저)'시스템 제어 이론' '메카트로닉스' (종)불교

## 김영탁(金永鐸) KIM Young Tak

(생)1959·10·5 (주)경상북도 경산시 대학로 280 영남대학교 기계IT대학 정보통신공학과(053-810-2497) (학)1984년 영남대 전기전자공학과졸 1986년 한국과학기술원 대학원 전기전자공학과졸 1990년 공학박사(한국과학기술원) (경)1990~1994년 한국통신 통신망연구소 선임연구원(실장) 1992~2001년 IEEE Communication Soc 회원 1994~1997년 영남대 전자공학과 조교수 1998~2004년 영남대 정보통신공학과 부교수 2004년 同전자정보공학부 정보통신전공 교수 2009~2011년 同정보전산원장 2010년 同공과대학 정보통신공학과 교수 2011년 同산학연구처장 겸 산학협력단장 2015년 同기계IT대학 정보통신공학과 교수(현) 2019년 同기계IT대학장(현) (저)'정보통신과 사회(共)'(2003) '데이터 통신 및 컴퓨터 네트워크(共)'(2003) 'Solomon을 이용한 TCP/IP 프로토콜 분석 및 네트워크 프로그래밍(共)'(2006) '공학입문설계(共)'(2008) 'SIP Handbook – Services, Technologies, and Security of Session Initiation Protocol(共)'(2009)

## 김영태(金英泰) KIM YOUNGTAE

(생)1963·1·19 (본)김해(金海) (출)서울 (주)경기도 안양시 동안구 엘에스로116번길 39 하이테크센터 4층 KCFT(031-688-6600) (학)대일고졸, 서울대 금속공학과졸, 일본 도호쿠대 대학원 재료공학과졸, 재료공학박사(일본 도호쿠대) (경)1985~2004년 LG전선(주) 중앙연구소 금속기술그룹장(수석연구원) 2005년 同중앙연구소 연구위원(이사) 2008년 LS엠트론 중앙연구소 연구위원(이사) 2009년 同중앙연구소 연구위원(상무) 2010년 同회로소재사업부장(상무) 2013년 同CF사업부장(상무) 2017년 同동박·박막소재사업부장(상무) 2018년 同동박·박막소재사업부장(전무) 2018년 KCFT 대표이사(현) (상)과학기술부장관표창(1994·2004·2005·2007), 장영실상(2009·2015), 소재부품기술상 은탑산업훈장(2013), 파나소닉 품질우수상(2015) (종)가톨릭

## 김영태(金暎泰) KIM Young Tae

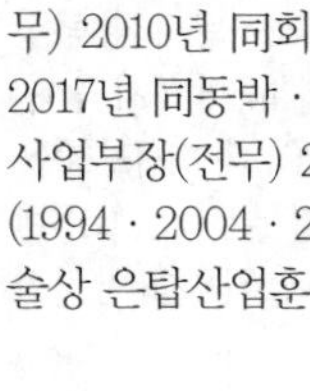

(생)1963·11·4 (본)김해(金海) (출)서울 (주)서울특별시 종로구 대학로 101 서울대학교병원 흉부외과(02-2072-3161) (학)1982년 동성고졸 1988년 서울대 의대졸 1993년 同대학원 의학석사 1998년 의학박사(서울대) (경)1988년 서울대병원 인턴 1989년 同전공의 1996~2009년 서울대 의대 흉부외과학교실 전임강사·조교수·부교수 1998~2000년 Mayo Clinic, USA Clinical Fellow 2003~2008년 서울대병원 전임상실험부장 2008~2010년 同심폐기계중환자실장 2009년 서울대 의대 흉부외과학교실 교수(현) 2011~2012년 同암진료부문 기획부장 2012년 同흉부외과장(현) 2013~2017년 서울대 의생명동물자원연구센터장 2015~2016년 대한폐암학회 국제교류위원장 2015~2017년 대한흉부외과학회 국제교류위원장 2016년 서울대병원 중환자진료부장(현) 2019년 대한폐암학회 이사장(현) (저)'Mycotic Infections of the Lung(共)'(2002) (종)기독교

## 김영태(金永泰) KIM Young Tae

(생)1964·8·16 (출)충북 청주 (주)경기도 수원시 영통구 법조로 91 수원고등검찰청 총무과(031-5182-3307) (학)1983년 청주 청석고졸 1988년 서울대 법대졸 (경)1987년 사법시험 합격(29회) 1990년 사법연수원 수료(19기) 1990년 軍법무관 1993년 광주지검 검사 1995년 대전지검 홍성지청 검사 1996년 부산지검 검사 1998년 서울지검 남부지청 검사 2000년 전주지검 검사 2002년 同부부장검사 2002년 수원지검 성남지청 부부장검사 2003년 서울지검 부부장검사 2004년 서울중앙지검 부부장검사 2005년 창원지검 형사3부장 2006년 대전지검 형사3부장 2007년 서울북부지검 형사4부장 2008년 대전지검 형사2부장 2009년 법무연수원 연구위원 2009년 서울고검 형사부 검사 2011년 부산고검 창원지부 검사 2013~2017년 서울고검 검사 2014년 서울중앙지검 중요경제범죄조사팀 파견 2015~2017년 同중요경제범죄조사단 파견 2017년 서울남부지검 중요경제범죄조사단장 2019년 수원고검 검사(현) (상)홍조근정훈장(2015)

## 김영태(金鶯太) KIM Young Tae

(생)1967·8·12 (본)안동(安東) (주)세종특별자치시 도움6로 11 국토교통부 운영지원과(044-201-3159) (학)1986년 경기고졸 1991년 연세대 행정학과졸 1995년 서울대 대학원 행정학과졸 1998년 프랑스 파리제8대 대학원 도시 및 지역정책학과졸 2002년 정책학박사(프랑스 파리정치대) (경)1986~1987년 연세대 영자신문사 기자 1988년 서울올림픽 국제방송센터 유럽방송연맹 통역 겸 지원요원 1996년 국무총리 행정쇄신위원회 사무관 1996~2002년 해외교육 파견 2002년 건설교통부 국제협력과 행정사무관 2003~2005년 同주거복지과·공공주택과 행정사무관 2005년 同공공주택과 서기관 2005년 대통령자문 빈부격차차별시정위원회 서기관 2007년 건설교통부 복합도시개발팀장 2008년 국토해양부 산업입지정책과장 2008년 교육 파견 2008~2010년 국토해양부 해외건설과장 2010~2014년 駐미국대사관 참사관 2014년 국토교통부 행복주택개발과장 2015~2017년 同교통정책조정과장(부이사관) 2017년 경제협력개발기구(OECD) 국제교통포럼(ITF) 사무총장(현) (상)국무총리표창(2004) (저)'주거복지 지원 및 전달체계 구축방안 연구(共)'(2004, 국토연구원) '프랑스 주거복지정책 100년의 교훈'(2006, 삼성경제연구소) '주거복지론(共)'(2007, 교문사) '해외건설, 이제는 전략이다'(2010, 삼성경제연구소) '프랑스의 도시계획 및 토지이용제도 연구'(2010, 국토연구원) (역)'세계 대도시의 발전전략'(2006, 경기개발연구원)

## 김영태(金英泰) Kim Young Tai

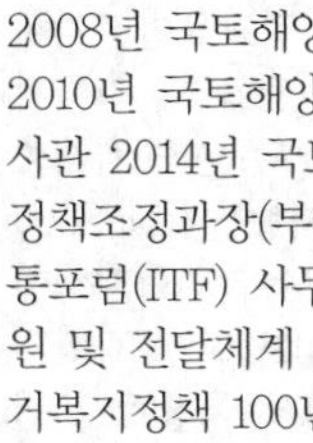

(생)1967·12·25 (본)김해(金海) (출)서울 (주)서울특별시 송파구 송파대로 570 쿠팡(주)(1577-7011) (학)1990년 서울대 경제학과졸 2008년 핀란드 헬싱키경제대 대학원졸(eMBA) 2011년 한국과학기술원(KAIST) 정보미디어(ATM)최고경영자과정 수료 (경)1993년 한국장기신용은행 중견행원 1994년 매일경제신문 경제부·기획부·지식부·중소기업부 기자 2000년 코리아인터넷닷컴(주) 부사장 2001년 (주)케이랩 대표이사 2003년 (주)경인방송 보도국 기자 2004년 이종구 국회의원 선임보좌관 2005년 하이트맥주(주) 홍보담당 이사 2009년 同업무지원실장 겸 IT·물류·법

무·교육담당 상무이사 2012년 하이트진로(주) 전무이사 2013년 同법무·대외협력담당 전무이사 2013년 同업무혁신실장 겸 교육문화담당 전무이사 2014년 同경영혁신·경영지원·정보개발담당 전무이사 2015년 同총무팀담당 전무이사 2015년 (주)한샘 기획실 상무 2016년 同커뮤니케이션실장(전무) 2018년 쿠팡(주) 커뮤니케이션총괄 부사장(현) (저)'신지식업그레이드51(共)'(1998, 청아출판사) '벤처창사AtoZ(共)'(1999, 한경PC라인) '토네이도마케팅(共)'(2001, 세종서적)

## 김영표(金泳杓) Young Pyo KIM

(생)1960·6·20 (본)김해(金海) (주)서울특별시 강남구 테헤란로 418 다봉타워 2층 신한저축은행 사장실(02-6965-2100) (학)1987년 동국대 경영학과졸 1998년 서강대 경영대학원 수료 2011년 한국과학기술원(KAIST) 최고경영자과정 수료 2012년 서울대 최고경영자과정 수료 (경)1987년 신한은행 입행 1998년 同인사부 부부장 2001년 同화정지점장 2002년 同고객만족센터 부장 2004년 同PB사업부장 2005년 한국서비스경영학회 이사 2009년 신한은행 시너지지원본부장 2011년 同마케팅지원그룹 전무 2011년 同마케팅지원그룹 부행장보 2012년 한국품질경영학회 이사(현) 2013~2014년 신한은행 리테일부문장 겸 영업추진그룹 부행장 2015년 신한저축은행 대표이사 사장(현) (상)산업자원부장관표창(2004) (종)기독교

## 김영하(金榮夏) KIM Young Ha

(생)1954·12·12 (출)전북 (주)서울특별시 동대문구 장한로25길 34 우진빌딩 (주)힐링스팜 비서실(02-2038-2882) (학)국제대 무역학과졸, 고려대 경영대학원졸 (경)1978년 보령제약(주) 입사, 同병원사업본부장, 同운영지원본부장, 보령메디앙스(주) 상무 2006년 보령제약(주) 상무 2009년 同영업마케팅본부장(전무), 同경영개선실장(전무) 2014~2015년 보령메디앙스(주) 대표이사 2015~2016년 보령제약(주) 자문역 2017년 (주)힐링스팜 대표이사(현)

## 김영하(金榮河)

(생)1961·10·20 (출)경북 예천 (주)대전광역시 동구 중앙로 242 한국철도시설공단 시설본부(042-607-3016) (학)1981년 대창고졸 1983년 철도전문대학 토목과졸 1989년 서울과학기술대 토목공학과졸 2016년 철도건설공학박사(서울과학기술대) (경)2004년 한국철도시설공단 기술실 설계부장 2008년 同감사실 시설감사부장 2009년 同영남본부 건설처장 2011년 同감사실장 2012년 同충청본부장 2013년 同강원본부장 2015년 同수도권본부장 2016년 同KR연구원장 2018년 同시설본부장(상임이사)(현) (상)산업포장(2008), 국무총리표창(2010)

## 김영학(金英鶴) KIM Young Hak

(생)1962·3·26 (주)서울특별시 강남구 봉은사로 135 현대약품(주) 서울본사 임원실(080-024-5525) (학)원주고졸, 성균관대 산업공학과졸 (경)삼성전자(주) 디지털미디어 총괄그룹장 2008년 현대약품(주) 경영관리 총괄부사장 2009~2013년 (주)현대내츄럴 대표이사 사장 2013년 현대약품(주) 경영관리본부장(사장) 2014년 同대표이사 사장(현)

## 김영학(金永鶴)

(생)1966·10·10 (출)전남 해남 (주)경기도 수원시 영통구 법조로 105 수원지방법원 총무과(031-210-1101) (학)광주고졸, 서울대 공법학과졸 (경)1992년 사법시험 합격(34회) 1995년 사법연수원 수료(24기) 1995년 인천지법 판사 1997년 서울지법 남부지원 판사 1999년 전주지법 군산지원 판사 2002년 서울지법 판사 2004년 수원지법 성남지원 판사 2006년 서울고법 판사 2008년 대법원 재판연구관 2010년 광주지법 부장판사 2011년 수원지법 성남지원 부장판사 2014년 서울동부지법 부장판사 2016년 서울중앙지법 부장판사 2018년 언론중재위원회 시정권고위원 2019년 수원지법 부장판사(현)

## 김영한(金榮漢) KIM Young Han (三星·仙巖)

(생)1943·10·25 (본)김해(金海) (출)충북 제천 (학)1962년 서울고졸 1966년 서울대 문리대학 사학과졸 1971년 同대학원 사학과졸 1983년 문학박사(서강대) (경)1975~1984년 한양대 인문대학 사학과 전임강사·조교수·부교수 1984~2009년 서강대 문과대학 사학과 부교수·교수 1990~1991년 미국 일리노이대 객원연구교수 1993~1995년 서강대 교수협의회장 1994~1996년 역사학회 회장 1998~2000년 한국서양사학회 회장 1999년 서강대 도서관장 2001~2003년 同문학부 학장 2005~2007년 同대학원장 2005~2007년 전국대학원장협의회 회장 2005년 대한민국학술원 회원(서양사·현) 2009년 서강대 사학과 명예교수(현) 2013~2018년 한·일역사가회의 한국운영위원회 위원 (상)한국출판문화상 저작상(1984), 황조근정훈장(2009) (저)'르네상스의 유토피아사상'(1983) '르네상스 휴머니즘과 유토피아니즘'(1989) '불평등사상의 연구(共)'(1992) '서양의 지적운동Ⅰ(編)'(1994) '전통사회에서의 종교와 반란(共)'(1997) '서양의 지적운동Ⅱ(編)'(1998) '새천년의 한국문화, 다른 것이 아름답다(共)'(1999) '역사교육, 무엇을 어떻게 가르칠까(共)'(2000) '서양의 인문주의 전통(共)'(2001) '과학시대의 인문학'(2004) '한국역사학의 성과와 과제(共)'(2007) '인문학콘서트(共)'(2010) '한국의 서양사학60년, 서양사학회 50년'(2011) (역)'나폴레옹'(1977) (종)천주교

## 김영해(金榮海·女)

(생)1972·1·5 (주)경기도 수원시 팔달구 효원로 1 경기도의회(031-8008-7000) (학)건국대 생화학과졸 (경)두레생활협동조합 조합원, 장애인보호자협동조합 '오름' 이사, 경기서부장애인주간보호센터 사회복지사 2018년 경기도의회 의원(더불어민주당)(현) 2018년 同보건복지위원회 위원(현) 2019년 同예산결산특별위원회 위원(현)

## 김영현(金永炫)

(생)1957·3·14 (주)서울특별시 종로구 율곡로 194 현대그룹빌딩 현대아산(주) 임원실(02-3669-3000) (학)광주상고졸, 전남대 영어영문학과졸, 고려대 대학원 경영학과졸 (경)현대아산(주) 사업운영부장 2005년 同영업본부 상무보 2007년 同영업본부 상무 2007년 同금강산사업소 총소장 2008년 同개성사업소 총소장 2011년 同개성사업소 총소장(전무) 2011년 同관광사업본부장 2014~2015년 同비상근상담역 2018년 同관광경협부문 전무 2019년 同관광경협부문장(현)

## 김영현(金永賢) KIM, YOUNG HYUN

(생)1963 (주)세종특별자치시 도움6로 11 국토교통부 동서남해안및내륙권발전기획단 기획총괄과(044-201-4546) (학)1979년 국립철도고졸 1990년 단국대 행정학과졸 1996년 성균관대 대학원 감사행정학과졸 2014년 한국과학기술원(KAIST) 공공혁신·전자정부고위과정 수료 (경)2001년 영국 쉐필드대 선진철도연구소 객원연구원 2011년 여수세계박람회 사무국 교통운영부장 2014년 국무조정실 제주정책관실 산업진흥과장 2015년 국토교통부 기획조정실 정보화통계담당관 2019년 同동서남해안및내륙권발전기획단 기획총괄과장(부이사관)(현)

**김영현(金永鉉)**

(생)1967·8·26 (출)서울 (주)경기도 부천시 상일로 127 인천지방검찰청 부천지청 총무과(032-320-4621) (학)1986년 배명고졸 1991년 성균관대 법학과졸 (경)1997년 사법시험 합격(39회) 2000년 사법연수원 수료(29기) 2000년 수원지검 검사 2002년 창원지검 통영지청 검사 2004년 의정부지검 검사 2006년 서울중앙지검 검사 2009년 부산지검 동부지청 검사 2011년 서울동부지검 검사 2012년 금융감독원 파견 2013년 서울동부지검 부부장검사 2013년 인천지검 부천지청 부부장검사(금융감독원 파견) 2014년 서울중앙지검 부부장검사 2016년 전주지검 정읍지청장 2017년 서울중앙지검 외사부장 2018년 대검찰청 검찰연구관 2018년 同인권수사자문관 겸임 2019년 인천지검 부천지청 부부장검사(현)

**김영혜(金榮惠·女) KIM Yung Hay**

(생)1959·9·24 (출)인천 (주)서울특별시 중구 남대문로 63 한진빌딩 법무법인 광장(02-6386-6657) (학)1978년 인천 신명여고졸 1982년 고려대 법대졸 1985년 서울대 대학원 법학과 수료 1996년 미국 스탠포드 대학원 로스쿨(V.S.)졸 2012년 인하대 법과대학원 석박사 통합과정(행정법) 수료 (경)1985년 사법시험 합격(27회) 1988년 사법연수원 수료(17기) 1988년 수원지법 판사 1990년 서울지법 서부지원 판사 1992년 부산지법 판사 1995년 서울가정법원 판사 1995~1997년 미국 스탠포드대 연수 1998년 서울지법 판사 2000년 서울고법 판사 2002년 서울지법 판사 2003년 인천지법 부장판사 2006년 서울남부지법 부장판사 2006~2008년 세계여성법관회의(IAWJ) 이사 2007년 同부회장 2008년 서울중앙지법 부장판사 2009~2010년 법무법인 오늘 대표변호사 2009년 법치주의수호국민연대 공동상임대표 2010년 시민과함께하는변호사들 공동대표 2010년 대통령직속 미래기획위원회 위원 2010~2016년 국가인권위원회 상임위원(차관급) 2014년 여성가족부 사이버멘토링 공무원·공공기관분야 대표멘토(현) 2014~2016년 아시아·태평양국가인권기구 고문방지대사 2015년 한국양성평등교육진흥원 초빙교수(현) 2017년 軍인권자문위원회 위원 2017년 법무법인 광장 변호사(현) 2018년 국무총리소속 공직인사혁신위원회 민간위원(현) (상)자랑스러운 고대법대인상(2017)

**김영호(金泳鎬) KIM Young Ho**

(생)1940·8·26 (본)김해(金海) (출)경남 합천 (주)서울특별시 강남구 학동로 402 천마빌딩 707호 한국사회책임투자포럼(02-738-1142) (학)1958년 대구상고졸 1962년 경북대 경제학과졸, 영남대 대학원졸 1988년 경제학박사(일본 오사카시립대) (경)1962~1967년 공군사관학교 교수부 경제학 전임강사·조교수 1967년 고려대·이화여대·연세대·서울대 강사 1971년 미국 하버드대·일본 아세아경제연구소 객원연구원 1973년 경북대 경제학부 교수 1984년 일본 東京大 객원교수 1985~1988년 일본 오사카시립대 교수 1989년 同경제경영연구소장 1992~1995년 일본 東京大 교수 1995년 중국 吉林大 객좌교수 1995~2000년 산업자원부 산업기술발전심의회 위원장 1995~2000년 아사히신문(朝日新聞) 21세기위원 1995~2006년 경북도21세기위원회 위원장 1996년 중국 北京大 객좌교수 1996년 경북대 인문사회과학연구원장 겸 지역개발연구소장 1996년 同테크노파크추진위원장 1996~1998년 국가과학기술자문회의 위원 1996~2000년 대구시 시정자문위원회 위원장 1997년 공정거래위원회 정책자문위원 1997년 문화관광부 정책자문위원 1997년 경북대 경상대학장 겸 경영대학원장 1997년 일본 경제학자 설문조사 '아담 스미스 이래 100대 세계경제학자' 선정 1998년 제2의건국범국민추진위원회 위원 1998년 동북아평화센터 이사장 1999년 제3회 대한민국과학축전 추진위원장 1999년 일본 동경대 국제평가위원 1999년 경북대 환태평양연구소장 1999년 대구라운드 한국위원장 2000년 산업자원부 장관 2000년 노사정위원회 위원 2001년 중국 연변대 석좌교수 2002~2015년 (사)국채보상운동기념사업회 회장, 同명예이사장(현) 2003년 유한대학 학장 2005년 대구대 경영학과 석좌교수 2005년 한국CSR표준화포럼 회장 2006년 국제아세아공동체학회 공동대표(현) 2007년 한국사회책임투자포럼 이사장(현) 2007~2011년 유한대학 총장 2009년 한겨레신문 아시아미래포럼 공동위원장(현) 2010년 한일지식인회의 공동대표(현), 단국대 석좌교수 2012~2019년 UN 생물다양성한국협회 이사장 2015년 한국사회책임네트워크(KSRN) 공동대표(현) 2015~2018년 한국학중앙연구원 한국학대학원 석좌교수 (상)다산경제학상(1992), 국민훈장 모란장(1998), 인간 상록수(2011) (저)'동아시아 공업화와 세계자본주의(日語)'(1988) '한일간 기술경제질서론(共)'(1998) '한국경제의 분석' '엔고에 따른 한일 산업구조조정과 기술이전' '한국의 2001년 설계(共)'(1998) 'Co-Design of East Asia After Financial Crisis'(2003) (종)기독교

**김영호(金英浩) KIM Young Ho**

(생)1944·3·9 (출)서울 (주)서울특별시 영등포구 은행로 11 일신방직 회장실(02-3774-0211) (학)1963년 서울고졸 1966년 연세대 건축과 수료(2년) 1971년 미국 뉴욕 프랫대(Pratt Institute) 건축학과졸 1987년 명예 박사(미국 뉴욕 프랫대) 2008년 명예 박사(숭실대) (경)1982~2001년 일신방직 대표이사 사장 1983~1987년 숭실대재단 이사장 1985~2001년 한·스페인협회 회장 1987년 현대미술관회 이사(현) 1987년 전국경제인연합회 이사 1989년 (주)신동 회장(현) 1994년 미국 뉴욕 프랫대재단 이사(현) 1997~2002년 대한방직협회 회장 1998년 한국건축가협회 이사·명예이사(현) 2000년 미국 뉴욕현대미술관(MoMA) 국제위원회 회원(현) 2001년 일신방직 대표이사 회장(현) 2001년 일신창업투자(주) 대표이사 회장(현) 2002~2004년 한국섬유기술연구소 이사장 2003~2018년 한국메세나협회 부회장 2004년 삼성문화재단 이사 2004~2012년 금호아시아나문화재단 이사 2013~2016년 예술의전당 비상임이사 2018년 한국메세나협회 회장(현) (상)국무총리표창, 국민훈장 석류장, 한국경영대상 최우수기업상, 스페인 국민훈장 십자기사장, 대통령표창(1995·2009), 독일 몽블랑 예술후원자상(2007), 이탈리아 공로훈장 코멘다토레(2009), 보관문화훈장(2017) (종)기독교

**김영호(金榮豪) KIM Young Ho**

(생)1944·6·3 (출)대구 (주)서울특별시 서대문구 통일로 107-15 효곡빌딩 601호 언론광장(02-720-3721) (학)1964년 경복고졸 1972년 경희대 법률학과졸 1994년 서울대 대학원 사법발전연구과정 수료 1995년 同행정대학원 국가정책과정 수료 (경)1972년 한국일보 경제부 기자 1981년 현대정공 총무과장 1984년 현대강관 수출부장 1988년 한국일보·주간한국·서울경제신문 차장 1988년 세계일보 경제부장 1991년 同논설위원 1996~2005·2008년 한국기자협회 '이 달의 기자상' 심사위원 1997년 세계일보 편집국장 1997년 同논설위원 1998년 순천향대 강사 1999년 신구대학 강사 1999년 미디어포럼 부회장 1999년 언론개혁시민연대 신문개혁특위 위원장 2000~2002년 방송발전기금관리위원회 회원 2000년 한양대 신문방송학과 강사 2002년 방송위원회 선거방송심의위원회 부위원장 2003년 미디어포럼 회장 2003~2006년 언론인권센터 부이사장 2003~2010년 언론개혁시민연대 대표 2003년 제17대 국회의원선거 선거기사심의위원 2004~2007년 지역신문발전위원회 위원 2005년 언론광장 공동대표(현) 2005~2008년 신문발전위원회 위원 2005~2008년 신문유통원 비상임이사 2005년 미디어포럼 고문 2007~2008년 학교법인 대양학원(세종대) 임시이사 2007년 방송위원회 제18대 총선 선거방송심의위원 2009~2012년 한국방송공사(KBS) 이사 2011~2012년 고려대 강사 2011~2016년 한국외국어대 미디어커뮤니케이션학부 외래교수 (저)'경제의 현장'(1985) '관권경제 특혜경제'(1988) '와르르 공화국(IMF부른 정책실패 고발서)'(1998) '언론비평과 언론권력'(2003) '건달정치 개혁실패'(2004) '경제민주화시대 대통령'(2012) (종)천주교

**김영호(金榮浩) KIM Young Ho**

(생)1954·9·8 (본)김해(金海) (출)충북 충주 (주)서울특별시 종로구 종로3길 17 디타워 23층 법무법인 세종(02-316-4019) (학)1973년 서울고졸 1976년 성균관대 행정학과졸 1991년 미국 서던캘리포니아대 대학원 행정학과졸 2009년 명예 행정학박사(대불대) 2010년 행정학박사(성균관대) (경)1976년 행정고시 합격(18회) 1987년 서울올림픽조직위원회 언어자원담당관·사후인력담당관 1991년 총무처 교육훈련과장 1991년 同국외훈련과장 1992년 同장관 비서관 1994년 同조직기획과장 1995년 駐미국대사관 행정참사관 1999년 국민고충처리위원회 조사2국장 2000년 국방대학원 파견 2001년 행정자치부 행정관리국장 2003년 충북도 행정부지사 2005년 대통령직속 정부혁신지방분권위원회 기획운영실장(비서관) 2006년 중앙인사위원회 상임위원 겸 사무처장 2008~2009년 행정안전부 제1차관 2009년 법무법인 세종 고문 2009년 중앙공무원교육원 겸임교수 2010~2013년 대한지적공사 사장 2010년 국무총리소속 행정업무조정위원회 위원 2013년 성균관대 겸임교수 2014~2018년 한국교통대 총장 2018년 법무법인 세종 상임고문(현) 2019년 서울고총동창회 회장(현) (상)근정포장(1986), 홍조근정훈장(2002), 2008 자랑스러운 성균인상(2009), 황조근정훈장(2012), 한국을 빛낸 창조경영대상(2013)

**김영호(金永鎬) KIM Young Ho**

(생)1954·11·9 (본)선산(善山) (출)경남 창녕 (주)서울특별시 관악구 관악로 1 서울대학교 농업생명과학대학 응용생물화학부(02-880-4675) (학)1973년 성남고졸 1977년 서울대 농생물학과졸 1981년 同대학원 식물병리학과졸 1985년 농학박사(미국 아칸소대) (경)1981년 미국 아칸소대 조교 1985~1991년 한국인삼연초연구소 경작시험장 선임연구원 1991년 同특수연구부 선임연구원 1993년 미국 아칸소대 협동연구원 1994년 한국인삼연초연구원 원료연구부 선임연구원 1996~1999년 同원료연구부 책임연구원보 1999년 서울대 농업생명과학대학 응용생물화학부 조교수·부교수·교수(현) 2008년 同식물병원장 (상)한국인삼연초연구원 우수연구원상(1996~1998), 한국연초학회 우수논문상(1997), 제13회 과학기술우수논문상(2003) (저)'수목병리학'(1999, 향문사) '한국 고추의 분자 유전과 육종'(2003, 서울대) '가드너 양성 기본교재'(2006, 산림청) (역)'식물병리학 제5판'(2004, 월드사이언스) '균류생물학 제4판'(2006, 월드사이언스) (종)기독교

**김영호(金營浩) KIM, YOUNG-HO**

(생)1964·7·6 (본)덕수(德水) (출)서울 (주)서울특별시 강남구 학동로53길 22 삼성빌딩 3층 (주)두들커뮤니케이션(02-3702-7000) (학)1983년 영등포공고졸 1991년 서울시립대 시각디자인과졸 (경)1991년 제일기획 공채입사 1998년 아트와카피 대표 2000년 제일기획 최연소 크리에이티브디렉터 2002년 커뮤니케이션 컴온(주) 상무 2003년 뉴데이커뮤니케이션 대표 2005~2015년 뉴데이즈 대표이사 2015년 (주)두들커뮤니케이션 대표이사(현) (상)중앙일보광고대상 신인부문 대상(1988), 조선일보광고대상 신인부문 우수상(1989), 제일기획 대학생광고대상 일러스트상(1989), 대한민국광고대상 대상(1993), 조선일보광고대상 대상(1993), 제일기획 최우수작품상(1994), London International Advertising Awards 파이널리스트(1994), 한국방송광고공사 공익광고최우수상(1996), 한국광고학회 '올해의 최우수 광고상'(1996), 조선일보광고대상 장려상(1997), 대한민국광고대상 건설부문 최초 동상(2003), 한국광고주협회 신문부문 '소비자가 뽑은 좋은 광고상'(2003), 대한민국광고대상 TV부문 파이널리스트(2005), 대한민국광고대상 신문부문 파이널리스트(2008·2009), 부산국제광고제 파이널리스트(2010), 대한민국광고대상 인쇄부문 파이널리스트(2013) (작)광고 '삼성전자 애니콜-한국 지형에 강하다'(1993~1996), '삼성그룹 기업PR-세계 일류 캠페인'(1996), '한국통신 메가패스-대한민국 초고속 인터넷'(1999~2000), '청원건설 라페스타-거리가 예술이다'(2003), '농협생명·농협화재-초록코끼리'(2005), '러시앤캐시-무과장캠페인'(2009)

**김영호(金永浩) KIM Young Ho**

(생)1964·8·1 (출)충남 부여 (주)서울특별시 서초구 반포대로30길 34 신정빌딩 5층 법무법인 에이원(02-521-7400) (학)1983년 경성고졸 1990년 고려대 법과대학졸 2003년 미국 캘리포니아대 데이비스교 법과대학원졸(LL.M.) (경)1991년 사법시험 합격(33회) 1994년 사법연수원 수료(23기) 1994년 수원지검 검사 1996년 창원지검 진주지청 검사 1997년 부산지검 동부지청 검사 1999년 서울지검 검사 1999년 변호사 개업 1999~2000년 삼성물산 건설부문 법무팀장(이사보) 2000~2004년 삼성 기업구조조정본부 법무팀 담당임원(상무보) 2004~2005년 同법무실 담당임원(상무) 2005~2009년 삼성물산 건설부문 법무팀장(상무) 2010~2011년 同건설부문 법무팀장(전무) 2011~2013년 삼성테크윈 법무팀장(전무) 2013~2014년 법무법인 원 구성원변호사 2013~2015년 사단법인 선 이사 2015년 법무법인 에이원 변호사(현)

**김영호(金永浩) Kim Yong Ho (安城)**

(생)1965·11·15 (본)광산(光山) (출)전남 화순 (주)서울특별시 서초구 신반포로 194 경부선터미널 904호 금호고속(주)(02-530-6016) (학)1984년 광주서석고졸 1992년 전남대 경영학과졸 1996년 중국 쓰촨대 중국어과 수료 2005년 연세대 대학원 금호MBA 수료 (경)1991년 금호고속(주) 입사 1996년 同해외사업팀 근무 1997~2002년 同항주금호 부총경리 2002년 同경영기획팀 근무 2006년 同길림금호 총경리 2008년 同심천신금호 총경리 2012년 同영업1팀장 2015년 同해외사업담당 상무 2016년 同고속해외담당 상무 2018년 同고속영업담당 상무(현)

**김영호(金暎豪) KIM Young Ho**

(생)1967·9·13 (본)김해(金海) (출)서울 (주)서울특별시 영등포구 의사당대로 1 국회 의원회관 935호(02-784-4020) (학)1986년 마포고졸 1997년 중국 베이징(北京)대 국제정치학과졸 2001년 서강대 대학원 중국학과졸 (경)1994~1997년 在中교민지 한성월보 발행인, 북경대 한국총동문회 부회장 1999년 국민일보·스포츠투데이 기자 2001년 마산대 겸임교수 2003년 BKCLUB 대표 2003년 한중문화연구소 소장 2003년 법무법인 CHL 중국법률연구소 자문위원 2003년 한국외국어대 중국연구소 연구위원 2004년 제17대 국회의원선거 출마(서울 서대문구甲, 새천년민주당), 한중미래연구소 소장, 민주당 서울서대문구甲지역위원회 위원장, 同서울시당 대변인·총무위원, 한중미래포럼 공동대표 2008년 제18대 국회의원선거 출마(서울 서대문구乙, 통합민주당) 2012년 제19대 국회의원선거 출마(서울 서대문구乙, 민주통합당) 2012년 민주통합당 상근부대변인 2013~2014년 민주당 전국대의원대회 부의장 2013년 시민카페 '길' 운영위원장 2015년 더불어민주당 서울서대문구乙지역위원회 위원장(현) 2016년 제20대 국회의원(서울 서대문구乙, 더불어민주당)(현) 2016~2017년 국회 안전행정위원회 위원 2016~2017년 더불어민주당 사드대책특별위원회 간사 2017년 同제19대 문재인 대통령후보 중앙선거대책위원회 외교통일정책위원회 부위원장 2017~2018년 同제2사무부총장 2017·2018년 국회 행정안전위원회 위원(현) 2017~2018년 국회 재난안전대책특별위원회 간사 2018년 국회 윤리특별위원회 위원(현) 2018년 국회 '공공부문채용비리의혹과 관련된 국정조사특별위원회' 위원(현) 2019년 더불어민주당 기획담당 원내부대표(현) 2019년 국회 세종의사당추진특별위원회 위원(현) (종)천주교

**김영호(金暎浩) Kim, Young Ho**

(생)1971·4·2 (출)부산 (주)충청북도 영동군 영동읍 영산로 32 영동경찰서(043-740-5321) (학)1994년 경찰대 법학과졸(10기) 2014년 연세대 행정대학원 북한학과졸 (경)1994년 경위 임용 2007년 경기 수원서부경찰서 생활안전과장(경정) 2008년 경기 남양주경찰서 생활안전과장 2009년 경기 남양주경찰서 정보보안과장 2010년 경찰청 경비국 G20기획단 계장 2011년 同보안국 보안1계장 2017년 경찰수사연구원 교무과장(총경) 2018년 대전지방경찰청 112종합상황실장 2019년 충북 영동경찰서장(현) (상)국무총리표창(2002), 근정포장(2011), 대통령표창(2015)

**김영화(金永和·女) KIM Young Hwa**

(생)1954·2·24 (출)부산 (주)대구광역시 중구 국채보상로 648 대구시사회서비스원(053-253-0818) (학)이화여고졸 1977년 이화여대 사회학과졸 1979년 同대학원 사회학과졸 1986년 사회과학박사(독일 보쿰대) (경)1987~2019년 경북대 사회복지학과 전임강사·조교수·부교수·교수 1991년 미국 하버드대 객원교수 1997년 경북대 국제부실장·연구부실장 1999년 미국 버클리대 객원교수 2002년 UNESCO 아·태국제이해교육원 초빙교수 2003년 경북대 교수회 부의장 2004년 同여교수회 초대회장 2004년 중앙인사위원회 평가위원 2008년 여성부 여성정책자문위원, 대구시 여성정책위원회 위원장 2009년 대구여성가족정책연구센터 센터장, 대구경북여성사회교육원 원장, 경북지방노동위원회 차별시정위원(현), 대학교원임용양성평등위원회 위원, 대구경북여성사회교육원 공동대표 2017~2019년 대통령직속 지역발전위원회 위원 2018년 학교법인 영광학원 이사(현) 2019년 경북대 사회복지학과 명예교수(현) 2019년 대구시사회서비스원 초대 원장(대표이사)(현) 2019년 대통령직속 국가균형발전위원회 위원(현) (상)교육과학기술부장관표창(2008) (저)'성인지적 가족복지정책' '현대사회와 여성복지정책' 등 (역)'세계화와 인간복지' '복지와 이데올로기' 등

**김영화(金榮和·女) KIM Young Hwa**

(생)1957·8·18 (본)김해(金海) (출)서울 (주)서울특별시 마포구 와우산로 94 홍익대학교 사범대학 교육학과(02-320-1845) (학)1976년 경기여고졸 1980년 서울대 교육학과졸 1983년 同대학원 교육학과졸 1987년 철학박사(미국 스탠퍼드대) (경)1980~1981년 화곡여중 교사 1988~2000년 한국교육개발원 선임연구위원·연구본부장 1998~1999년 국제노동기구(ILO) 제네바본부 수석연구원 2000년 홍익대 사범대학 교육학과 교수(현), 同취업진로지원센터 소장, 同학생상담센터 소장, 국무총리실 정부업무평가 실무위원회 실무위원 2010~2012년 한국교육사회학회 회장 2016년 홍익대 교육대학원장(현) 2016~2018년 同사범대학장 (상)국민교육유공자상 (저)'한국교육의 현단계'(1989) '노동과 불평등'(1990) '한국사회와 교육갈등'(1990) '한국의 교육불평등 : 고등교육 팽창의 과정과 결과'(1993, 교육과학사) '시민의 교육학'(1995, 한길사) '아태지역 교육연구 핸드북'(2003) '평생학습 사회에서의 인적자원 개발을 위한 사회적 파트너십 구축'(2003, 집문당) '가정과 또래집단에서의 초등학교 학생의 사회화 연구'(2004, 한국학술정보) '공교육 : 이념, 제도, 개혁'(2004, 원미사) '한국의 교육과 경제발전'(2004, 한국학술정보) '학습사회의 교육학'(2005, 학지사) '지역사회 교육개혁을 위한 시민사회조직의 참여'(2010, 집문당) '교육사회학'(2010, 교육과학사) (종)기독교

**김영환(金永煥) KIM Young Whan**

(생)1955·3·14 (출)충북 청주 (주)인천광역시 중구 인중로 226 인천일보 비서실(032-452-0100) (학)2011년 인천대 동북아물류대학원졸(물류학박사) 2016년 인하대 대학원졸(언론학박사) (경)1982년 경인일보 기자 1988년 한겨레신문 기자 1994년 同민권사회2부 차장 1997년 同민권사회2부 부장대우 2001년 同민권사회1부 부장대우 2003년 同사회부 부장대우 2004년 同사회부장 2006년 同편집국 국내담당편집장석 24시팀 부국장대우 2009~2017년 同편집국 지역팀 부국장 2018년 인하대 언론정보학과 초빙교수 2019년 인천일보 대표이사 사장(현)

**김영환(金榮煥) KIM Young Hwan**

(생)1955·5·27 (본)일선(一善) (출)충북 괴산 (주)경기도 안산시 단원구 고잔1길 33 봉산빌딩 5층 이해박는집치과의원(031-475-2855) (학)1973년 청주고졸 1988년 연세대 치대졸 2001년 同경제대학원 경제학과졸 (경)1977년 긴급조치위반으로 2년간 투옥 1981~1986년 전기공사 주임·신축현장소장 1986년 '시인'·'문학의 시대'로 문단 데뷔 1988년 민주통일민중운동연합 정책실 차장 1989년 민족민주운동연구소 부소장 1992~1998년 치과의원 개원 1995년 통일시대민주주의국민회의 홍보위원장 1995년 민주당 6·27선거대책위원회 부대변인 1996년 제15대 국회의원(안산甲, 국민회의·새천년민주당) 1996년 국민회의 정세분석실장 1998년 同정세분석위원장 1998~2001년 한국아마추어천문학회 회장 1999년 새시대새정치연합청년회 중앙회장 2000~2004년 제16대 국회의원(안산시甲, 새천년민주당) 2000년 새천년민주당 홍보위원장 2000년 同대변인 2001~2002년 과학기술부 장관 2003년 새천년민주당 정책위원회 의장 2003~2004년 同상임중앙위원 2003~2004년 同대변인 2004년 e-믿음치과 대표원장 2004년 제17대 국회의원선거 출마(안산시 상록구甲, 새천년민주당) 2005년 민주당 안산시상록구甲지역위원회 위원장 2006년 북촌포럼 설립 2008년 제18대 국회의원선거 출마(안산시 상록구甲, 무소속) 2009년 제18대 국회의원(안산시 상록구乙 재보선 당선, 민주당·민주통합당) 2010년 국회 지식경제위원장 2012~2016년 제19대 국회의원(안산시 상록구乙, 민주통합당·민주당·새정치민주연합·더불어민주당·국민의당) 2012·2014년 국회 정무위원회 위원 2013년 민주당 인재영입위원장 2014년 새정치민주연합 인재영입위원회 공동위원장 2015년 국회 메르스대책특별위원회 위원 2016년 국민의당 창당준비위원회 부위원장 2016년 同전략위원장 2016년 同인재영입위원장 2016년 同선거대책위원회 공동위원장 2016년 제20대 국회의원선거 출마(안산시 상록구乙, 국민의당) 2016년 국민의당 사무총장 2016년 同안산시상록구乙지역위원회 위원장 2017년 同최고위원 2017년 同대선기획단장 2017년 同제19대 안철수 대통령후보 중앙선거대책본부 미디어본부장 2018년 바른미래당 경기안산시상록구乙지역위원회 공동위원장 2018년 경기도지사선거 출마(바른미래당) 2018년 이해박는집치과의원 원장(현) (상)한국유권자운동연합 과학기술정보통신위원회 최우수상(1999), 환경운동연합 녹색정치인상(1999), 광주민주유공자 인정(2000), 한국여성유권자연맹 남녀평등정치인상(2000), 여성생명과학상 공로상(2002), 청조근정훈장(2003), NGO선정 최우수상임위원장(2010·2011), 민주통합당 선정 최우수상임위원장(2011), 전국소상공인단체연합회 초정대상(2011·2012), 동반성장위원회 감사패(2011), 바른과학기술사회실현을위한국민연합 선정 최우수 과학기술국회의원(2011), 한국콘텐츠학회 정책대상(2011), 중소기업중앙회 중소기업지원대상(2011), 문화예술유권자연합회 선정 최우수상임위원장(2011), 한국과학기술단체총연합회 선정 과학기술분야 의정활동 우수의원(2011), NGO선정 국정감사우수의원(2012·2013) (저)시집 '따라오라 시여'(1988) '지난날의 꿈이 나를 밀어간다'(1994) '똥 먹는 아빠'(1997, 산하출판사) '꽃과 운명'(2000, 푸른숲) '불타는 바그다드의 어머니'(2003, 명상) '물왕리에서 우리가 마신 것은 사랑이었습니다'(2003, 명상) '돌관자여, 흐르는 강물에 갈퀴손을 씻으라'(2010, 생각의나무) '눈부신 외로움'(2010, 생각의나무) 과학동시집 '방귀에 불이 붙을까요?'(2001, 김영사), 수필집 '그대를 위한 사랑의 노래'(1996, 살림터) '홀로 선 당신이 아름답습니다'(1999, 중앙M&B) '원망(怨望)은 물에 새기고 사랑은 돌에 새기라'(2003, 명상) '최초에 도전하라'(2010, 생각의 나무) '지난날의 꿈이 나를 밀어간다'(2011, 쌤앤파커스) '나라를 살리는 10가지 생각창고'(2012, 쌤앤파커스) '두눈박이의 이력서'(2012, 작가세계) '잔도를 불태워라'(2013, 두리미디어) '상상력을 디자인하다'(2013, 블랙쉽), 평론집 '덧셈의 정치, 뺄셈의 정치'(2006, 나무와 숲) (종)천주교

ㄱ

**김영환(金榮煥) Kim Young Hwan**

(생)1964·5·13 (본)선산(善山) (출)경북 선산 (주)경상북도 영천시 금호읍 최무선로 1 영천경찰서(054-339-1334) (학)오성고졸 1987년 경찰대졸(3기), 경북대 행정대학원졸 (경)1987년 경위 임용 2001년 경정 승진 2002년 대구 남부경찰서 경비교통과장 2004년 대구 서부경찰서 생활안전과장 2005년 대구지방경찰청 경비교통과 교통안전계장 2006년 同경비교통과 작전전경계장 2009년 同경비교통과 경비경호계장 2012년 同경비교통과장 2013년 경북 안동경찰서장 2014년 경북지방경찰청 홍보담당관 2015년 대구 북부경찰서장 2016년 대구지방경찰청 보안과장 2017년 경북 청도경찰서장 2017년 경북지방경찰청 보안과장 2019년 경북 영천경찰서장(현)

**김영환(金英煥) Kim Younghwan**

(생)1967 (출)전남 장흥 (주)대전광역시 서구 청사로 189 중소벤처기업부 중소기업정책실(042-481-3904) (학)1989년 서울대 국제경제학과졸 1995년 同행정대학원졸(행정학석사) 2005년 경제학박사(미국 컬럼비아대 미주리교) (경)1989년 행정고시 합격(33회) 2005년 산업자원부 재정기획관실 서기관 2006년 同산업통상팀장 2006년 同투자유치팀장 2008년 同광물자원팀장 2008년 지식경제부 광물자원팀장 2011년 同전기위원회 총괄정책과장 2011년 同전략시장정책과장(서기관) 2012년 同전략시장정책과장(부이사관) 2013년 한국무역협회 FTA무역종합지원센터 파견 2014년 중소기업청 중견기업정책국 중견기업정책과장 2014년 同중견기업정책국장 2015년 광주·전남지방중소기업청장 2017년 국가공무원인재개발원 교육훈련(국장급) 2018년 중소벤처기업부 해외시장정책관 2018년 同기획조정실장 2019년 同중소기업정책실장(고위공무원)(현)

**김영환(金英桓) Kim Youngwhan**

(생)1970·12·21 (출)부산 (주)서울특별시 성동구 마장로 210 한국기원 홍보팀(02-3407-3850) (경)1987년 프로바둑 입단 1989년 2단 승단 1993년 3단 승단 1996년 4단 승단 1996년 배달왕전 본선 1996년 동양증권배 4강 진출 1996년 제5기 진로배 한국대표 1998년 5단 승단 1998년 배달왕전 본선 1998년 제1회 세계청소년바둑대회 우승 1999년 배달왕전·기성전 본선 2000년 6단 승단 2000년 배달왕전 본선 2001년 중국 바둑리그 진출 2003년 7단 승단 2003년 KT배·LG정유배 본선 2005년 KB국민은행 바둑리그 본선 2005년 8단 승단 2007년 기성전·원익배 십단전 본선 2007·2008년 KB국민은행 바둑리그 울산디아채 감독 2008년 9단 승단(현) 2009년 KB국민은행 바둑리그 바투 감독 2009년 박카스배 천원전 본선 2010년 同바둑리그 충북&건국우유 감독 2011·2012·2014·2017·2018년 同바둑리그 Kixx 감독(현) 2017년 분당기원 개원(현)

**김영후(金永厚) KIM Young Hoo**

(생)1944·5·29 (출)전남 해남 (주)서울특별시 양천구 신정이펜1로 20 이화여자대학교의료원 서남병원(02-6300-9185) (학)1969년 연세대 의대졸 (경)1974년 연세대의료원 정형외과 전공의 1974~1975년 캐나다 토론토대 토론토웨스턴병원 및 소아병원 정형외과 전공의 1976~1979년 미국 시카고대학병원 정형외과 전공의 1979~1980년 미국 하버드대부속 메사추세츠종합병원 Fellow 1983~1989년 연세대 의대 조교수·부교수 1989~1991년 미국 텍사스테크대 의대 정형외과 부교수 1996~1998년 포천중문의대 의학부 정형외과 교수 2003~2009년 이화여대 의대 정형외과학교실 교수, 同의료원운영 서울시 서남병원 인공관절센터 소장(현) 2009년 同의대 정형외과학교실 임상교수(현) 2010년 대한민국의학한림원 회원(현) (상)연세의학상(1987), 대한정형외과학회 임상부문 학술본상(1987·2003), 만례재단상(1989·2001), 대한정형외과학회 임상부문 학술장려상(2002), 연세학술상(2003), 대한정형외과학회 Sicot'93 서울학술상 장려상(2004), 이화학술상(2005), 대한의사협회 한국의과학신기술개발 및 발명품 선정(2005), American Hip Society 'John Charley Award'(2007), 대한정형외과학회 기초부문 학술본상(2008·2009), 미국인명정보기관(ABI) 히포크라테스상(2011), 국제관절척건학회 범태평양국제회의 범태평양 임상과학연구 우수상(2014), 대한고관절학회 최우수학술상(2015), The Knee Society's Chitranjan S. Ranawat MD Award(2017)

**김영훈(金榮薰) KIM Young Hoon (솔뫼)**

(생)1947·6·5 (본)김해(金海) (출)충남 청양 (학)1959년 미당초졸 1962년 정산중졸 1966년 영명고졸 1988년 공주교대졸 2002년 同대학원 교육학과졸 2008년 문학박사(중부대) (경)1983년 '아동문예'에 '꿈을 파는 가게'로 아동문학가 등단, 아동문학작가(현), 한국아동문학회 부회장, 同지도위원(현), 충남아동문학회 회장, 대전교단문학회장, 쎄레 동인(현), 한국문인협회 이사, 대전 동광초 교장 2002년 공주대·중부대 강사, 대전 변동초 교장, 대전문인총연합회 회장(현), 문학시대문학대상 운영위원장(현), 계간 '한국문학시대' 발행인 겸 편집인(현) 2013년 대전대지역개발협력위원회 자문위원(현) 2014년 법무복지재단 교육전문위원(현) 2016년 대전고법 조정위원(현) (상)해강아동문학상(1984), 한국아동문학작가상(1993), 공산교육상 예술부문 본상(1996), 모범공무원포상(1997), 대전광역시문화상 문학부문(2006), 호서문학상(2008), 문학시대 문학대상(2009), 대한아동문학상(2009), 김영일문학상(2010), 천등아동문학상(2011), 전영택문학상(2016) (저)'꿈을 파는 가게'(1983) '달섬에 닻을 내린 배'(1986) '솔뫼마을에 부는 바람'(1988) '바람과 구름과 달님'(1990) '공해는 정말 싫어요'(1991) '생활속의 발명이야기' '퉁소소리'(1993) '아기토끼의 달님'(2001) '꿀벌이 들려준 동화'(2003) '우리들의 산타클로스'(2003) 중편동화집 '별이 된 꽃상여'(2009) 단편동화집 '밀집모자는 비밀을 알고 있다'(2009) '동화를 만나러 동화숲에 가다'(2009) '마해송 동화의 주제연구'(2009, 정인) '솔뫼의 삶과 문학이야기'(2013, 오름) '익명의 섬에 서다'(2014, 청어) '장군님의 말씀'(2016, 오름) (작)'소나기'

**김영훈(金英薰) Younghoon David Kim**

(생)1952·2·29 (본)수안(遂安) (출)대구 (주)서울특별시 종로구 우정국로 68 동덕빌딩 12층 대성그룹 회장실(02-3700-1700) (학)1971년 경기고졸 1975년 서울대 법과대학 행정학과졸 1981년 미국 미시간대 대학원 법학·경영학과졸 1984년 미국 하버드대 대학원 국제경제학과 Special Student 1987년 同대학원 신학과졸 (경)1981~1983년 Citibank Seoul, Assistant Manager 1988~1993년 대성산업(주) 상무이사 겸 그룹 기획조정실장 1990~1993년 창원기화기공업(주) 상무이사, 대성그룹 상무이사 1995~1997년 同부사장 1997~2000년 同기획조정실장(사장) 1997~2000년 창원기화기공업(주) 대표이사 사장 1997~2000년 대성정기(주) 대표이사 사장 1997~2001년 대성산업(주) 대표이사 사장 1997~2000년 경북도시가스(주) 대표이사 사장 1997~2005년 한국케이블TV 경기방송(주) 회장 1997~1998년 서울충정로로타리클럽 초대회장 1998~2010년 사랑의집짓기운동연합회(해비타트) 한국본부 이사 1999~2011년 APEC 기업자문위원 1999년 전국경제인연합회 이사 1999~2002년 APEC(아시아·태평양경제협력기구)산하 PEG(Partnership for Equitable Growth)위원회 임원 2000년 대성에너지(주)·경북도시가스(주) 대표이사 회장(현) 2000년 대성그룹 회장(현) 2000년 대한상공회의소 한·몽경제협력위원회 위원장(현) 2001~2011년 駐韓몽골 명예영사 2001년 글로리아트레이딩(주) 대표이사 회장(현) 2002년 대성창업투자(주)·(주)대성·대성차이나(주) 회장(현) 2002년 한국능률협회 부회장 2002~2008년 한국도시가스협회 제8·9대회장 2002년 ASEM산하 AEBF(Asia-Europe Bussiness

Forum) 한국위원 2002년 전국경제인연합회 한미재계회의 한국위원(현) 2003년 同동북아특별위원회 위원 2004~2012년 同문화산업특별위원회 위원장 2005년 서울산업대 에너지환경대학원 명예 대학원장(현) 2005~2012년 대구시육상경기연맹 회장 2005~2011년 세계에너지협의회(WEC: World Energy Council) 아시아·태평양지역담당 부회장 2006년 코리아닷컴커뮤니케이션즈(주) 회장(현) 2006년 대구세계육상선수권대회조직위원회 부위원장 2008~2011년 ABAC 지속가능개발실무그룹(SDWG) 기후변화이슈 공동의장 2008~2011년 문화체육관광부 민간정책자문기구 콘텐츠코리아추진위원회 위원장 2009~2011년 대구은행 사외이사 2009~2013년 2013대구세계에너지총회 조직위원회 수석부위원장 2009~2012년 한국문화산업교류재단 이사장 2009년 대성이앤씨(주) 회장(현) 2009년 대성홀딩스(주) 회장(현) 2011~2013년 한중국제교류재단 자문위원 2012~2014년 산업통상자원부 제2기 에너지위원회 위원 2012~2016년 세계에너지협의회(WEC) 공동회장 2012년 2013대구세계에너지총회조직위원회 위원장 직대 2013년 同대외협력공동위원장 2015년 2015세계물포럼조직위원회 부위원장 2016~2019년 세계에너지협의회(WEC) 회장 2016년 산업통상자원부 에너지정책 고위자문단(현) 2019년 국가기후환경회의 위원(현) [상]국세청장표창(2001), 한국능률협회 '대한민국 녹색경영대상' 경영자부문 최고경영자상(2002), 한국능률협회 녹색경영대상 경영자부문대상(2002), PBEC(태평양경제협력기구)총회 환경상(2003), 동탑산업훈장(2005), 몽골 북극성훈장(2008), 문화체육관광부 문화컨텐츠위원회위원장 공로상(2008), 체육훈장 맹호장(2012), 서상돈상(2014)

### 김영훈(金暎薰) KIM Young Hoon

[생]1954·2·5 [출]서울 [주]충청남도 공주시 고분티로 623-21 국립공주병원 원장실(041-850-5711) [학]1978년 서울대 의대졸 1987년 인제대 대학원 의학석사 1990년 의학박사(인제대) [경]1980년 서울백병원 신경정신과 전공의 1984~1998년 인제대 의대 신경정신과학교실 전임강사·조교수·부교수 1995·2001년 同신경과학연구소장 1998~2016년 同의대 신경정신과학교실 교수 2003~2007년 同백인제기념임상의학연구소장 2003~2006년 대한생물치료정신의학회 회장 2003~2005년 대한노년신경정신약물학회 회장 2005년 부산진구 정신보건센터장 2005~2006년 대한정신약물학회 이사장 2007년 인제대 백인제기념임상의학연구소 연구부장 2008년 同대학원 부원장 2014년 대한신경정신의학회 이사장 2016년 국립공주병원장(현) [저]'생식, 성의학 및 가족계획'(1998) '행동과학'(1998)

### 김영훈(金渼勳) Kim Young Hoon

[생]1962·3·24 [본]김해(金海) [출]전남 강진 [주]세종특별자치시 정부2청사로 13 행정안전부 상황총괄담당관실(044-205-1514) [학]1981년 부산기계공고졸 1990년 조선대 법학과졸 1993년 전남대 행정대학원 행정학과졸 2002년 법학박사(중국 인민대) [경]2011년 소방방재청 기획재정담당관실 서기관 2012년 同방재관리국 재해영향분석과 서기관 2014년 同예방안전국 예방전략과 서기관 2016년 국민안전처 비상대비자원과장 2017년 행정안전부 재난안전관리본부 비상대비정책국 비상대비자원과장 2017년 同안전사업조정과장 2018년 同중앙재난안전상황실 상황총괄담당관(부이사관)(현) [상]국무총리표창(2001), 대통령표창(2013) [종]기독교

### 김영훈(金永勳) KIM Young Hoon

[생]1963·1·14 [주]울산광역시 울주군 온산읍 산암로 148 LS-Nikko동제련(주) 제련소(052-231-0114) [학]달성고졸, 영남대 기계공학과졸 [경]LS-Nikko동제련(주) 생산담당 이사, 同생산공장장(이사) 2011년 同생산담당 상무 2011년 同제련소장 2012년 同상무(CTO) 2014년 同제련사업부문장(상무) 2014년 同제련소장(전무)(현) [상]대통령표창(2019)

### 김영훈(金榮勳) Kim, Young-hoon

[생]1965·2·15 [출]전북 익산 [주]세종특별자치시 도움6로 11 환경부 물통합정책국(044-201-7100) [학]1984년 전북 원광고졸 1991년 연세대 행정학과졸 2000년 서울대 행정대학원 정책학과졸 [경]1994년 건설교통부 비상계획관, 한국건설기계정비협회 전무이사 2004년 환경부 법무담당관 2004년 국무조정실 규제개혁기획단 서기관 2005년 환경부 유해화학물질과장 2007년 건설교통부 지역발전정책팀장 2008년 국토해양부 지역정책과장 2008년 환경부 자원순환국 자원재활용과장 2009년 同물환경정책국 물환경정책과장 2009년 同물환경정책국 물환경정책과장(부이사관) 2010년 同녹색환경정책관실 정책총괄과장 2011년 同대변인(고위공무원) 2012년 미국 Oregon State Univ. 교육파견 2013년 한강유역환경청장 2015년 환경부 물환경정책국장 2017년 同환경정책관 2017년 同기후미래정책국장 2018년 同기후변화정책관 2018년 同물환경정책국장 2019년 同물통합정책국장(현) [상]홍조근정훈장(2015)

### 김영훈(金泳勳)

[생]1974·7·28 [출]부산 [주]서울특별시 서초구 서초대로 219 법원행정처 인사총괄심의관실(02-3480-1797) [학]1992년 부산중앙고졸 1999년 서울대 법학과졸 [경]1998년 사법시험 합격(40회) 2001년 사법연수원 수료(30기) 2001년 軍법무관 2004년 서울중앙지법 판사 2006년 서울가정법원 판사 2008년 부산지법 판사 2012년 의정부지법 고양지원 판사 2014년 대법원 재판연구관 2016년 대구지법 부장판사 2017년 서울고법 판사(현) 2017년 법원행정처 인사총괄심의관 겸임(현)

### 김영희(金榮希) KIM Young Hee

[생]1960·6·16 [출]부산 [주]서울특별시 마포구 성암로 267 문화방송 임원실(02-789-0011) [학]환일고졸, 서울대 국어국문학과졸 [경]1984년 문화방송(MBC) 입사 2002년 同TV제작2국 차장 2004년 同예능국 프로듀서5 프로듀서(차장) 2005년 同예능국장(부장대우) 2005년 同예능국 3CP(부장대우) 2007~2009년 同PD협회 회장 2008년 한국프로듀서연합회(한국PD연합회) 회장 2010년 문화방송(MBC) 예능국 예능4부장 2011년 同예능국 예능1부 근무 2011년 同예능2국 기획제작1부 PD(부장) 2012~2015년 同예능본부 특임국장 2015년 제작사 미가(米家)미디어·B&R(Blue Flame & Rice House) 설립(중국 활동) 2018년 문화방송(MBC) 콘텐츠 총괄 부사장(현) [상]건설교통부장관표창(1996), 경찰총장표창(1996), 내무부장관표창(1996), 아시아태평양방송연맹(ABU) 특별상(1997), 중앙언론문화상(방송부문)(1999), 국무총리표창(2002), 어린이청소년미디어상(2002), 대한민국 청소년보호대상(2002), 한국방송대상 TV프로듀서상(2003) [저]'헉! 아프리카'(2009, 교보문고) '소금사막'(2011, 알마) [작]'MBC 일요일 일요일 밤에' 'MBC 웃으면 복이와요' 'MBC 칭찬합시다' 'MBC 21세기 위원회' 'MBC 전파견문록' 'MBC !느낌표'

### 김영희(金英希·女)

[생]1974·5·20 [주]전라북도 전주시 덕진구 사평로 25 전주지방법원 총무과(063-259-5466) [학]1993년 서귀포여고졸 2000년 연세대 법학과졸 [경]2001년 사법시험 합격(43회) 2004년 사법연수원 수료(33기) 2004년 전주지법 군산지원 예비판사 2006년 同군산지원 판사 2007년 의정부지법 판사 2011년 서울북부지법 판사 2014년 서울남부지법 판사 2018년 서울중앙지법 판사 2019년 전주지법 부장판사(현)

## 김예동(金禮東) Yeadong Kim (淸石)

(생)1954·4·2 (출)서울 (주)인천광역시 연수구 송도미래로 26 극지연구소 한국극지연구위원회(032-770-8400) (학)1973년 서울고졸 1977년 서울대 지질학과졸 1981년 同대학원 지구물리학과졸 1983년 미국 노던일리노이대 대학원 박사과정 수료 1987년 지구물리학박사(미국 루이지애나주립대) 2005년 서울대 과학 및 정책최고연구과정 수료 (경)1983년 미국 남극연구프로그램 남극현장조사 참여 1987년 한국해양연구원 선임연구원 1988·1992·1994년 한양대 지구해양학과 강사 1989년 국제남극과학위원회 지구물리분과위 한국대표 1989년 남극세종과학기지 제2차월동대장 1990년 서울대 지질학과 강사 1990~1991년 제4차 남극하계연구 참여 1991년 한양대 교육대학원 강사 1991~1992년 제5차 남극하계연구 참여 1991~1999년 한국남극과학위원회 위원 1992년 한국해양연구원 극지연구소 책임연구원 1992~1993년 제6차 남극하계연구대장 1993년 일본 극지연구소 초빙교수 1994년 제8차 남극하계연구대장 1995~1996년 남극세종과학기지 제9차 월동대장 1997~1999년 한국해양연구원 극지연구센터 부장 1998~2000년 대한지질학회 이사 2000년 해양수산부 해양과학기술위원회 위원 2000년 대한지구물리학회 이사 2000년 기상청 기상등연구개발사업 심의·실무위원회 위원 2001년 한국극지연구위원회 간사위원 2001년 과학기술부 국가지정연구실 '북극환경자원연구실' 연구책임자 2002년 국제북극과학위원회(IASC) 한국대표 2002년 북극 니알슨 과학운영자위원회(NySMAC) 한국대표 2002년 북극다산과학기지 설립 2002년 한국해양연구원 극지연구본부장 2003~2007년 同극지연구소장 2003~2008년 대한지구물리학회 회장 2004년 아시아극지과학위원회 의장 2004~2009년 과학기술연합대학원대 겸임교수 2004~2006년 아시아극지과학포럼(AFOPS) 회장 2004~2007년 국제남극활동운영자위원회(COMNAP) 집행위원 2005년 한국수자원공사 일반기술심의위원 2008년 한국해양수산기술진흥원 자문위원 2008년 일본 극지연구소 초빙교수 2009년 과학기술연합대학원대 극지과학전공 책임교수 2009년 남극대륙기지건설단장 2010~2014년 국제남극과학위원회(SCAR) 부회장 2012년 한국해양과학기술원 극지연구소 대륙기지건설단장 2012년 同극지연구소 책임연구원 2013~2016년 同극지연구소장 2015년 한국극지연구위원회 위원장(현) 2016~2019년 한국해양과학기술원 극지연구소 한·뉴질랜드남극협력센터장 (상)국무총리표창(1996), 한국해양연구소 우수논문상(1999), 과학기술훈장 도약장(2003), 과학기술부·과학문화재단 선정 '닮고 싶고 되고 싶은 과학기술인 10인'에 선정(2005), 과학기술훈장 웅비장(2014) (저)'남극과학(共)'(1991) '남극과 지구환경(編)'(2001) '남극을 열다'(2015) (역)'환경변화와 인간의 미래(共)'(1997) (종)천주교

## 김예영(金禮英·女)

(생)1975·4·16 (출)경북 문경 (주)인천광역시 미추홀구 소성로163번길 17 인천지방법원 총무과(032-860-1169) (학)1994년 대원외국어고졸 1999년 서울대 법학과졸 (경)1998년 사법시험 합격(40회) 2001년 사법연수원 수료(30기) 2001년 창원지법판사 2004년 의정부지법 판사 2006년 서울북부지법 판사 2008년 서울중앙지법 판사 2010년 서울서부지법 판사 2012~2014년 헌법재판소 파견 2014년 서울중앙지법 판사 2016년 전주지법 부장판사 2018년 인천지법 부장판사(현)

## 김예철(金禮喆)

(생)1964·11 (주)서울특별시 중구 남대문시장10길 2 6층 에스에스지닷컴(1577-3419) (학)1983년 전라고졸 1990년 연세대 경제학과졸 (경)1989년 (주)신세계 입사 1997년 同인천점 MD팀 과장 2003년 同백화점부문 신규사업담당 부장 2009년 同경영지원실 기획담당 신세계포인트팀장(수석부장) 2010년 同이마트부문 마케팅운영담당 상무보 2011년 (주)이마트 경영지원본부 기획담당 상무보 2012년 신세계그룹 경영전략실 S.com총괄 영업담당 상무 2015~2019년 同이마트부문 e-커머스총괄 영업담당 상무 2019년 에스에스지닷컴 영업본부장(상무)(현)

## 김오년(金五年)

(생)1959·7·16 (출)경북 안동 (주)경기도 성남시 분당구 양현로 14 분당소방서(031-8018-3212) (학)안동고졸 (경)1982년 소방공무원 임용 2004~2008년 대구소방본부 방호과·구조구급과 근무 2008~2011년 소방방재청 중앙119구조단 첨단장비팀·항공팀 근무 2011년 경남 거창소방서장 2013년 경기 연천소방서장 2015년 경기 여주소방서장 2017년 경기 과천소방서장 2018년 경기 분당소방서장(현) (상)국무총리표창(2000), 대통령표창(2011)

## 김오성(金五星) Kim Oh Sung

(생)1964·5·15 (본)김녕(金寧) (출)충남 아산 (주)서울특별시 종로구 율곡로2길 25 연합뉴스 마케팅본부 신사업팀(02-398-3114) (학)1983년 서울 화곡고졸 1990년 동국대 사학과졸 (경)1991년 월간 맨즈라이프 기자 1991~1998년 문화일보 광고기획팀 근무 1998~1999년 월간 베스트일산 발행인 2000년 파이낸셜뉴스 광고국 차장 2002년 한겨레신문 광고국 부장대우 2004년 데일리줌 광고국 부국장대우 2005년 경향신문 광고국 부장 2008년 스포츠동아 광고국장 2009년 미디어윌M&B 광고국장 2010년 SBS미디어넷 광고국 부장 2011년 연합뉴스 마케팅국 TV마케팅부장 2018년 同TV마케팅부 마케팅1팀 부국장대우 2018년 同마케팅본부 신사업팀장(부국장대우)(현) (상)국가보훈처장표창(1996), 한겨레신문 공로상(2003)

## 김오수(金沍洙) KIM Oh Soo

(생)1963·1·9 (출)전남 영광 (주)경기도 과천시 관문로 47 법무부 차관실(02-503-7003) (학)1983년 광주 대동고졸 1987년 서울대 법과대학 법학과졸 (경)1988년 사법시험 합격(30회) 1991년 사법연수원 수료(20기) 1994년 인천지검 검사 1996년 광주지검 장흥지청 검사 1997년 서울지검 남부지청 검사 1999년 부산지검 검사 2003년 수원지검 부부장검사 2004년 광주지검 공판부장 2005년 광주지검 장흥지청장 2006년 인천지검 특수부장 2007년 서울서부지검 형사5부장 2008년 대검찰청 범죄정보1담당관 2009년 서울중앙지검 특수1부장 2009년 춘천지검 원주지청장 2010년 수원지검 성남지청 차장검사 2011년 청주지검 차장검사 2012년 서울고검 검사 2012년 공정거래위원회 파견 2013년 부산지검 제1차장검사 2013년 서울고검 형사부장(검사장급) 2015년 대검찰청 과학수사부장(검사장급) 2015년 서울북부지검장 2017년 법무연수원장(고등검사장급) 2018년 법무부 차관(고등검사장급)(현) (종)가톨릭

## 김오영(金旲泳) Kim oh young

(생)1970 (출)강원 원주 (주)세종특별자치시 국세청로 8-14 국세청 자산과세국 부동산납세과(044-204-3401) (학)대성고졸, 서강대졸, 미국 샌디에이고대 대학원졸 (경)1998년 행정고시 합격(42회) 2010~2011년 국세청 정책조정담당관실 서기관 2012년 충북 동청주세무서장 2013년 중부지방국세청 조사3국 조사관리과장 2014년 서울지방국세청 국제거래조사국 국제조사2과장 2015년 금융정보분석원 서기관 2016년 국세청 국세통계담당관 2016년 同징세법무국 법무과장 2017년 同자산과세국 부동산납세과장(현)

### 김옥곤(金沃坤)

(생)1976·1·12 (출)경남 함안 (주)경기도 고양시 일산동구 장백로 209 의정부지방법원 고양지원(031-920-6112) (학)1994년 마산고졸 1998년 한양대 법학과졸 (경)1998년 사법시험 합격(40회) 2001년 사법연수원 수료(30기) 2001년 공익 법무관 2004년 부산지법 판사 2007년 同동부지원 판사 2009년 부산지법 판사 2011년 창원지법 통영지원 판사 2012년 부산고법 판사 2014년 부산가정법원 판사 2016년 同부장판사 2019년 의정부지법 고양지원 부장판사(사법연구)(현)

### 김옥두(金玉斗) KIM Ok Doo

(생)1938·8·18 (본)경주(慶州) (출)전남 장흥 (주)서울특별시 마포구 신촌로4길 5-26 연세대학교 김대중도서관 4층 김대중평화센터(02-324-7972) (학)1958년 목포해양고졸 1990년 고려대 정책과학대학원 수료 1994년 연세대 행정대학원 수료 1998년 한양대 공과대학 명예졸업 2001년 명예 행정학박사(목포해양대) (경)1983년 민주화추진협의회 운영위원 1985년 한국인권문제연구소 상임이사 1987년 헌정민권회 이사 1987년 평민당 총재비서실 차장 1987년 同대외협력위원장 직대 1987년 同대통령후보 경호실장 1988년 정치규제 후 12년만에 복권 1990년 평민당 조직담당 사무부총장 1991년 신민당 조직담당 사무부총장 1992년 민주당 대외협력위원회 부위원장 1992년 제14대 국회의원(전국구, 민주당·국민회의) 1994년 민주연합청년동지회 중앙회장 1994년 민주당 원내부총무 1996년 제15대 국회의원(장흥·영암, 국민회의·새천년민주당) 1998년 국민회의 지방자치위원장 1999년 同총재비서실장 2000년 새천년민주당 사무총장 2000~2004년 제16대 국회의원(장흥·영암, 새천년민주당) 2002~2004년 국회 남북관계발전지원특별위원장 2003년 새천년민주당 대표특보단장 2009년 김대중평화센터 이사(현) 2010~2011년 민주당 고문단 단장 2013년 김대중노벨평화상기념관 이사(현) 2015년 새정치민주연합 고문 2015년 대한민국헌정회 부회장 2017년 同고문(현) 2017년 국민의당 제19대 안철수 대통령후보 중앙선거대책위원회 고문 2018년 민주평화당 고문 (상)자랑스러운 목포해양대인(2010) (저)'다시 김대중을 위하여'(1995) '든든해요 김대중(日文)'(1998) 자전적에세이 '고난의 한길에서도 희망은 있다'(1999) (종)천주교

### 김옥랑(金玉浪·女) KIM Ock Rang

(생)1952·10·15 (출)대구 (주)서울특별시 종로구 동숭길 122 동숭아트센터(02-747-3928) (학)1984년 연세대 경영대학원 최고경영자과정 수료 2003년 성균관대 대학원 공연예술학전공 박사과정 수료 (경)1984년 동숭아트센터 대표이사(현) 1985년 꼭두극단 '낭랑' 창단·대표 1986년 꼭두극전문지 계간 '꼭두극' 발행인 겸 편집인 1988년 연극인훈련소 '아리 아카데미' 개관·대표 1991년 옥랑문화재단 이사장(현) 1994년 동숭씨네마텍 대표이사 2001년 한국민속박물관회 부회장 2002~2007년 단국대 산업경영대학원 예술경영학과 주임교수 2003년 세계박물관대회(ICOM2004) 조직위원회 상임위원, 동숭아트센터 씨어터컴퍼니 예술감독 2007년 국립민속박물관회 부회장(현) 2008년 유니마 한국본부(UNIMA-KOREA) 회장 2010년 꼭두박물관 관장(현) 2010년 내분비시기질환사업단 이사장 2015~2016년 단국대 문화예술대학원 석좌교수 2017년 서울무용제 후원회장(현) (상)제26회 동아연극상 특별상, 제10회 서울국제여성영화제 공로상, 문화체육관광부장관표창(2009) (저)'한국의 나무꼭두'(1998) '문화예술공간과 문화연구'(2004) 'Art Cultural Space and the Cultural Studies'(2005) '한국의 꼭두'(2010)

### 김옥민(金沃玟) KIM Ok Min (간디)

(생)1963·4·22 (본)김해(金海) (출)전남 해남 (주)전라남도 해남군 옥천면 해남로 597 해남우리종합병원 원장실(061-530-7000) (학)1981년 조선대부속고졸 1988년 조선대 건축공학과졸 1993년 원광대 의대졸 2001년 조선대 대학원 의학석사 2004년 의학박사(조선대) (경)논산백제병원 인턴 1994~1997년 운봉의원 원장 2000년 서남대 부속남광병원 가정의학과 전문의 2000~2006년 해남혜민병원 원장 2007~2016년 해남우리병원 원장 2016년 해남우리종합병원 원장(현)

### 김옥선(金玉仙·女) KIM Ok Sun (巽石)

(생)1934·4·2 (본)광산(光山) (출)충남 서천 (학)1950년 정신여고졸 1954년 중앙대 정치학과졸 1969년 同사회개발대학원졸 1975년 同대학원 정치학 박사과정 수료 1984년 연세대 경영대학원 최고경영자과정 수료 1994년 일본 동경성서학원 수료 (경)1953년 에벤에셀모자원 설립·이사장 1955년 송죽학원(정의여중·정의여고·원의중) 이사장, 同명예이사장 1956년 정의여중·고 교장 1964년 원의중 교장 1966~1972년 신민당 부녀국장 1967년 제7대 국회의원(서천·보령, 신민당) 1970년 기독교방송 자문위원·실행위원 1973년 제9대 국회의원(부여·서천·보령, 신민당) 1974년 신민당 당기위원장 1975년 정신학원 이사장 1981년 교민사 발행인·회장 1982년 (재)랜드 이사장 1985년 신민당 정무위원 1985년 제12대 국회의원(부여·서천·보령, 신한민주당) 1987년 신한민주당 부총재 1992년 제14대 대통령 후보(무소속) 1993~1998년 일본 도쿄대 객원연구원 1996년 무당파국민연합 선거대책위원회 공동의장 1996년 同최고위원 1996년 미국 LA 기독교중앙방송국(CNS) 상임고문 1997년 대한민국헌정회 고문·이사 2002년 우리겨레당 창당준비위원장 2003년 '민주화운동관련자'로 인정 2005년 대한민국헌정회 부회장 2007년 同원로위원 (상)일본문화진흥회 사회문화공로훈장, 허균·허난설헌문학상, 황희문화예술상(청렴결백부문), 세계평화 십자대훈장(미국 링컨 세계평화재단) (저)'웅변연구' '빛과 소금의 삶 : 김마리아 생애' (역)네루전기 '역사의 교훈' (종)장로교

### 김옥수(金玉洙·女) Kim, Oksoo

(생)1958·7·25 (주)서울특별시 서대문구 이화여대길 52 이화여자대학교 간호대학(02-3277-3703) (학)1980년 이화여대 간호대학졸 1985년 同대학원 간호학과졸 1996년 간호학박사(미국 네브래스카대) (경)1984~1991년 성신간호전문대학 전임강사·조교수 1992~1996년 미국 네브래스카대 연구 및 강의조교 1997년 이화여대 간호대학 교수(현) 2000~2005년 성인간호학회 출판위원장 겸 총무이사 2002~2004년 한국간호과학회 학술위원장 2004~2006년 이화여대 간호과학대학 교학부장 2008~2010년 同간호과학연구소장 겸 간호과학부장 2008~2010년 한국간호과학회 총무이사 2011~2014년 한국간호시뮬레이션학회 회장 2012년 대한간호협회 제1부회장 2014~2018년 同회장(연임) 2014~2018년 한국간호교육평가원 이사장 2014~2016년 한국시그마테타타우학회 회장 2014~2018년 한국보건의료인국가시험원 비상임이사 2014~2018년 한국여성단체협의회 이사 2015~2018년 민주평통 상임위원 (종)기독교

### 김옥수(金玉洙·女)

(생)1959·7·28 (주)충청남도 예산군 삽교읍 도청대로 600 충청남도의회(041-635-5057) (학)제주삼성여고졸 (경)옛한옥마을 대표(현), 충남여성단체협의회 회장, 충남새마을부녀회 회장, 충남도생명존중및자살예방위원회 위원 2018년 충남도의회 의원(비례대표, 자유한국당)(현) 2018년 同문화복지위원회 부위원장(현)

### 김옥신(金玉信) KIM Ok Sin

(생)1954·9·3 (본)광산(光山) (출)대구 (주)서울특별시 강남구 테헤란로87길 22 한국도심공항터미널 615호 법무법인 한길(02-551-2211) (학)1973년 경기고졸 1977년 고려대 법과대학 법학과졸 1979년 同대학원 법학과졸 (경)1979년 사법시험 합격(21회) 1981년 사법연수원 수료(11기) 1981년 육군법무관 1984

년 마산지법 판사 1987년 대전지법 천안지원 판사 1990년 수원지법 판사 1992년 서울고법 판사 1994년 서울민사지법 판사 1996년 서울지법 판사 1997년 제주지법 부장판사 1998~1999년 인천지법 부장판사 1999년 변호사 개업 2000년 제일화재해상보험(주) 고문변호사 2002년 서울보증보험(주)·경인방송·유한대학 고문변호사 2002년 인천시선거관리위원회 위원 2003년 인천지방경찰청 법률지원 상담관 2003년 법무법인 한길 구성원변호사(현) 2009~2010년 국가인권위원회 사무총장 2012년 인권정책연구소 이사장(현) (종)기독교

### 김옥연(金玉淵·女) KIM Oak Yeon

(생)1967·12·2 (출)대전 (주)서울특별시 용산구 한강대로 92 얀센 아시아태평양본부 사업전략 및 마켓액세스담당 부회장실(02-2094-4500) (학)1986년 대전여고졸 1990년 서울대 약학과졸 1992년 同대학원 약학과졸 (경)1992~1996년 한국얀센 마케팅부 Product Manager 1996~1999년 Janssen Pharmaceutica Belgium, International Product Manager 1999년 한국얀센 Franchise Manager 2002년 同Marketing Manager 2004년 얀센-실락 아시아태평양지역 마케팅팀장 2006년 존슨앤드존슨 아태지역 제약부문 마케팅총괄 부사장 2007년 말레이시아 얀센 사장 2011년 중국얀센 부사장 2012~2017년 한국얀센 사장 겸 북아시아 총괄사장 2013년 한국다국적의약산업협회(KRPIA) 이사 2014년 同부회장 2015~2017년 同회장 2017년 얀센(Janssen) 아시아태평양본부 사업전략 및 마켓액세스(Commercial Strategy & Market Access)담당 부회장(현)

### 김옥영(金玉英·女) KIM Ok-young

(생)1952·12·24 (본)김해(金海) (출)경남 김해 (주)서울특별시 강서구 마곡서로 152 두산더랜드타워 A동 1017호 (주)스토리온(070-8770-7900) (학)1972년 마산교대졸 (경)1973년 「월간문학」에 '비오는 날'로 신인상, 시인(현) 1973년 교사 재직 1975년 의협신보 기자 1982년 한국방송공사 TV다큐멘터리 「문학기행」으로 입문, 방송작가(현) 1992~1997년 한국방송작가협회 이사 1996년 서울다큐멘터리영상제 심사위원 1997~2008년 한국방송작가협회 부이사장 1999~2002년 서울여대 언론영상학과 겸임교수 2002~2008년 한국예술종합학교 영상원 방송영상과 겸임교수 2002~2004년 연세대 영상대학원 강사 2002~2003년 방송위원회 방송언어특별위원회 위원 2004~2005년 제1회 한국교육방송공사 국제다큐멘터리페스티벌 운영위원 겸 인디다큐멘터리페스티벌 조직위원 2004~2011년 전주영화제 JPM다큐멘터리 피칭·방송콘텐츠진흥재단 다큐멘터리 피칭·한국교육방송공사 다큐멘터리페스티벌 피칭·방송통신위원회 국제경쟁력우수다큐멘터리 사전제작지원작 심사·한국콘텐츠진흥원 다큐멘터리사전제작지원작 심사·DMZ영화제 다큐멘터리사전제작지원작 심사·I3DS페스티벌 3D어워드 심사위원 2007~2008년 방송위원회 보도교양심의위원 2008~2012년 한국방송작가협회 이사장 2009년 고려대 대학원 응용언어문화학협동과정 강사 2009~2011년 국회 방송자문위원회 부위원장 2010년 방송통신위원회 방송콘텐츠진흥정책자문위원회 자문위원 2010~2016년 스토리텔링연구소 온 대표 2011년 한국교육방송공사 국제다큐멘터리페스티벌자문단 위원 2011년 국제농업박람회조직위원회 집행위원 2011~2013년 방송통신심의위원회 방송언어특별위원회 위원 2014년 문화체육관광부 제2·3기 콘텐츠분쟁조정위원회 위원(현) 2014~2015년 예술인복지재단 예술인증명심의위원 2014~2016년 인천다큐멘터리포트 자문위원 2016년 同집행위원(현) 2017년 DMZ국제다큐멘터리영화제 조직위원(현) 2017년 (주)스토리온 대표(현) 2018~2019년 한국영상제작사협회 회장 (상)한국방송작가상(1992), 대한민국콘텐츠대상 문화체육관광부장관표창(2013), 코리아3D어워즈 작가상(2013), 방송통신위원회 방송대상특별상 방송작가상(2014), 보관문화훈장(2018) (저)시집 '어둠에 갇힌 불빛은 뜨겁다'(1979) (작)시 '누가 그대의 뒤를 부르랴' '혼례' '나의 평화주의' '켄터키 치킨' '수색' '우리는 아무것도 질문하지 않았다' 방송다큐멘터리 '사랑방중계' '한국의 미' 'KBS 다큐멘터리극장' '역사의 라이벌' 'KBS 10대문화유산 시리즈' '이제는 말할 수 있다' '인물현대사' '선인장 꽃피다'(KBS1TV) '서원-인재의 탄생' 등, 레귤러프로그램 집필 특집다큐멘터리 '판소리기행' '광주는 말한다' '양자강'(8부작) '도시의 새'(2부작) '자본주의100년 한국의 선택'(6부작) '전쟁과 인간' '8.15의 기억-우리는 8.15를 어떻게 기억하는가?' '문화의 질주' '전향' '인간의 땅' '호찌민-코끼리를 이긴 호랑이' '창조도시'(2부작) 'YTN기획특집 진실' 'Crossing Beyond(평창동계올림픽 공식 다큐멘터리 영화)'(2018), 드라마 '길위의 날들'(KBS TV문학관), EBS 3D다큐멘터리 '위대한 로마'(3부작) '천불천탑의 신비 미얀마'(3부작), 전시영상 '여수 엑스포 한국관 돔영상' '기후환경관 복합영상', 구성 및 제작컨설팅 UHD다큐멘터리 '패셔너블'(2부작) '길 위의 피아노', UHD다큐멘터리 '우주극장'(2부작) '우리가 들어줄게'(2부작) '어디서 누구와 함께 살아야 할까?'(2부작) '안녕 우리 할머니' 등

### 김옥임(女) KIM Ock Im

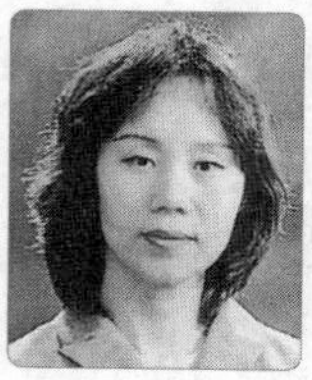

(생)1958·7·6 (주)서울특별시 성북구 보문로34다길 2 성신여자대학교 일본어문·문화학과(02-920-7522) (학)1981년 성신여대 일어일문학과졸 1984년 同대학원 일어일문학과졸 1993년 일본 筑波대 대학원 문예언어연구과졸 1997년 언어학박사(일본 筑波대) (경)1985~1989·1997~1998년 한국외국어대 시간강사 1985~1989년 한양대 시간강사 1997~2006년 성신여대 일어일문학과 시간강사·전임강사·조교수·부교수 2003~2005년 한국일본어학회 부회장 2006년 성신여대 일본어문·문화학과 교수(현) 2009년 한국일본어학회 회장 2017년 성신여대 교양교육대학장(현) (저)'일본어 작문노트 1·2(共)'(2006) '일본어학 중요용어 743(共)'(2005) '일본어 기초표현(共)'(2005) '오모시로이 일본어1(共)'(2011) (역)'일본인들은 쉬운 경어로 말한다'(2008)

### 김옥채(金玉彩) Kim Ok-chae

(생)1960·4·2 (주)경상북도 포항시 남구 지곡로 394 동북아시아지역자치단체연합(054-223-2308) (학)1982년 육군사관학교졸(38기) (경)1993년 외무부 입부 1993년 駐일본 2등서기관 1999년 駐일본 1등서기관 2005년 駐일본 참사관 2007년 駐일본 공사참사관 2013년 駐일본 공사 2016~2017년 駐후쿠오카 총영사 2019년 동북아시아지역자치단체연합(NEAR) 제5대 사무총장(현) (상)보국포장(2012)

### 김옥환(金玉煥) kim-okhwan

(생)1968·8·14 (출)충남 서산 (주)서울특별시 서초구 서초대로 274 3000타워 9층 법무법인 서중(02-3487-0033) (학)1987년 공주대사대부고졸 1992년 한양대 법학과졸 2010년 미국 장기연수(UC Irvine) (경)1996년 사법시험 합격(38회) 1999년 사법연수원 수료(28기) 1999년 공익 법무관 2002년 광주지검 검사 2004년 대전지검 논산지청 검사 2005년 수원지검 성남지청 검사 2007년 서울중앙지검 검사 2011년 대전지검 검사 2011년 同부부장검사 2012년 창원지검 진주지청 부장검사 2013년 대구지검 강력부장 2014년 수원지검 강력부장 2015년 同성남지청 부장검사 2016~2017년 서울동부지검 형사4부장 2017~2018년 법무법인 아인 서초분사무소 대표변호사 2018년 법무법인 서중 대표변호사(현)

### 김온경(金昷慶·女) KIM On Kyung (淸和堂)

(생)1938·7·13 (본)김해(金海) (출)부산 (주)부산광역시 동래구 우장춘로 195-46 (사)부산민속예술보존협회(051-555-0092) (학)1959년 부산 남성여고졸 1961년 덕성여대 국문학과졸 1979년 이화여대 대학원 한국무용과졸(체육학석사) 1986년 同대학원 박사과정 수료 (경)1983~2003년 신라대 예술

대 무용과 교수 1986년 경남도 문화재위원 1990년 한국무용연구회 부이사장 1994년 부산시무형문화재 제10호 동래고무 예능보유자(현) 2000~2005년 한국무용협회 부산지회장 2002년 아시안게임 식전문화행사 전문위원 2002년 (사)금정문화원 부원장 2003년 금정무용원 원장 2009~2013년 부산민속예술보존협회 이사장 2009년 同동래고무보존회 회장(현) 2010년 부산무형문화재연합회 회장 (상)부산시 문화상, 문화관광부장관표창, 부총리 겸 교육인적자원부장관표창, 신라학술상, 부산예술상 (저)'한국민속무용 연구'(1982, 형설출판사) '부산·경남 향토무용 총론'(1991, 도서출판 한국평론) '동래고무 총람'(1999, 미주기획) '부산춤 100년사'(2011, 부산민속예술보존협회) '한국춤 총론(共)'(2016, 두손컴) (작)무용작품명 '삶의 집념', '오작교', '곡두질', '영고', '날개', '한밝춤', '흑사리', '할미꽃 각시꽃', '광수무산자를 위하여', '할미광대' 등 (종)천주교

### 김완국(金完國) Wankuk Kim

(생)1973·2·15 (본)김녕(金寧) (출)서울 (주)세종특별자치시 도움6로 11 국토교통부 물류산업과(044-201-4016) (학)1990년 성남고졸 1996년 연세대 행정학과졸 2010년 영국 셰필드대 대학원 도시계획과졸 (경)국토교통부 규제개혁법무담당관실 근무, 同물류산업과 근무, 同국제항공과 근무, 국무조정실 농림국토해양정책관실 근무 2014년 새만금개발청 대변인 2016년 同기획조정관실 창조행정담당관 2016~2017년 同투자전략국 교류협력과장 2017년 국토교통부 공공기관지방이전추진단 혁신도시재정과장 2018년 同물류정책관실 물류산업과장(현)

### 김완규(金完圭) KIM Wan Kyu

(생)1970·8·16 (출)전북 남원 (주)광주광역시 동구 준법로 7-12 광주고등검찰청(062-233-2169) (학)1988년 남원 성원고졸 1996년 한양대 법학과졸 (경)1997년 사법시험 합격(39회) 2000년 사법연수원 수료(29기) 2000~2002년 변호사 개업 2002년 전주지검 검사 2004년 춘천지검 강릉지청 검사 2006년 청주지검 검사 2008년 서울남부지검 검사 2011년 의정부지검 검사 2013년 同부부장검사 2013년 서울동부지검 부부장검사 2014년 전주지검 부부장검사 2015년 대구지검 김천지청 부장검사 2016년 수원지검 안산지청 부부장검사 2017년 의정부지검 형사4부장 2017년 창원지검 형사2부장 2018년 광주고검 검사(현)

### 김완기(金完基) Kim Wan Ki

(생)1971·2·27 (주)세종특별자치시 한누리대로 402 산업통상자원부 장관정책보좌관실(044-203-5054) (경)2008년 지식경제부 산업피해조사팀장 2009년 同홍보지원팀장 2010년 同중국협력기획과장 2011년 駐상하이총영사관 영사 2014년 산업통상자원부 실물경제지원단 근무(서기관) 2014년 同산업분석과장 2014~2016년 同FTA정책기획과장(서기관) 2016년 同ASEM경제장관회의 준비기획단장(부이사관) 2017년 同산업정책실 산업정책과장 2018년 同장관 비서실장 2019년 同장관정책보좌관(국장급)(현)

### 김완두(金晥斗) KIM Wan Doo

(생)1957·2·10 (본)김해(金海) (출)전북 전주 (주)대전광역시 유성구 가정북로 156 한국기계연구원(042-868-7627) (학)1980년 서울대 공대 기계설계학과졸 1982년 同대학원졸 1993년 공학박사(서울대) 2009년 서울대 최고산업전략과정 수료 (경)1982년 한국기계연구원 연구위원(현) 1995~1996년 미국 퍼듀대 방문연구원 2005~2007년 한국기계연구원 미래기술연구부장 2006~2019년 국제자연모사심포지움(ISNIT) 회장·명예회장 2008~2009년 한국기계연구원 선임연구본부장 2010년 同영년직연구원(현) 2010~2011년 국가과학기술위원회 운영위원회 민간위원 2011~2013년 同거대공공기술전문위원회 전문위원 2011년 독일 베를린공대·킬대학 방문연구원 2011~2013년 서울대 공대 객원교수 2012~2015년 과실연 정책위원 2013~2019년 과학기술연합대학원대학교(UST) 겸임교수 2013~2018년 (사)과학기술정책연구회 이사 2014~2019년 (사)대덕클럽 총무이사·사업이사 2017년 대한기계학회 회장 2017년 한국과학기술단체총연합회 이사 2017년 한국기계기술단체총연합회 회장 2017년 국가과학기술심의회 평가전문위원회 전문위원 2018년 국제청색경제포럼 조직위원장 2018년 국제기계공학신기술학술대회(ETME) 조직위원장 (상)한국기계연구원 최우수연구상 금상(2003), 창립30주년 유공자, 부총리 겸 과학기술부장관표창(2006), 대한기계학회 기술상(2008), 과학기술훈장 도약장(2008), 국가녹색기술대상 국무총리표창(2012), 대한기계학회 바이오공학상(2013), 국가연구개발우수성과 미래창조과학부장관표창(2013·2015), 산학연 협력 공헌(기계의 날) 산업부 장관 표창(2014), 융합기술 활성화, 미래창조과학부장관 표창(2014), 한국을 빛내는 70인의 서울공대 박사 선정(2016) (저)'자연을 닮은 발명품'(2008, 웅진다책) '청정생산에서 녹색기술까지(共)'(2010, 국가청정기술센터) '재생의학4판 – 재생의학에서의 조형가공기술(共)'(2018, 군자출판사) '알고보면 쓸모 있는 뇌과학 이야기(共)'(2018, 콘텐츠하다) '고무제품의 신뢰성 및 수명예측(共)'(2018)

### 김완섭(金琓燮) KIM Wan Sup

(생)1968·4·19 (본)김해(金海) (출)강원 원주 (주)세종특별자치시 갈매로 477 기획재정부 장관실(044-215-2000) (학)1986년 서울 영동고졸 1991년 고려대 경영학과졸 1993년 서울대 행정대학원졸, 경제학박사(미국 미주리대) (경)1992년 행정고시 합격(36회), 기획예산위원회 재정기획국 재정협력과 근무, 同기획총괄과 근무, 기획예산처 예산실 교육문화예산과 근무, 同과학환경예산과 서기관, 고령화 및 미래사회위원회 파견 2006년 대통령비서실 파견 2007년 기획예산처 민자사업관리팀장(서기관) 2007년 제17대 대통령직인수위원회 기획조정분과위원회 실무위원 2008년 기획재정부 예산실 예산기준과장 2009년 同예산실 노동환경예산과장 2009년 EBRD 파견(과장급) 2012년 기획재정부 사회정책과장 2013년 同산업정보예산과장 2014년 대통령비서실 파견 2015년 고용 휴직 2017년 기획재정부 재정관리국 재정성과심의관(고위공무원) 2018년 경제부총리 비서실장 겸 기획재정부 장관비서관(현) (종)기독교

### 김완주(金完柱) KIM Wan Joo

(생)1942·4·17 (출)전남 구례 (주)경기도 남양주시 경강로 27 (주)씨트리 비서실(031-560-7106) (학)1961년 전주고졸 1969년 성균관대 약대졸 1975년 약학박사(서독 함브루크대) 2001년 명예 경영학박사(세종대), 한국과학기술원(KAIST) 벤처최고경영자과정 수료 (경)1969년 서독 마인츠대 조교 1970~1975년 서독 함브르크대 조교 1975~1976년 독일 Schering 제약 선임연구원 1976~1977년 미국 Cincinnati 약학대 Post-Doc. 1977~1984년 한국과학기술원(KAIST) 연구실장·교수 1984년 성균관대 약대 교수 1986년 한국화학연구소 유기화학연구부장 1990년 同신물질창출국책연구사업단장 1991~1993년 충남대 약학과 교수 1993년 한국화학연구소 의약연구부장 1993년 성균관대 약대 초빙교수 1995~1998년 한미약품 부사장 겸 한미정밀화학 대표이사 1998년 (주)씨트리 대표이사(회장)(현), 同연구소장 2000~2004년 수원대 석좌교수 2002~2005년 한국바이오벤처협회 회장 2002년 독일 레겐스브르크시 한국대표부 대표 2005년 서울여대 겸임교수 2005년 전북대 초빙교수, 한국바이오벤처협회 명예회장(현) (상)과학기술원장표창(1983), 국민훈장 목련장(1984), 과학기술처장관표창(1989), 독일 레겐스브르크대 공로훈장 Bene Mereti(2002), 철탑산업훈장(2004) (저)'스테로이드 화학'(1992) '생명과학과 벤처 비즈니스'(2001) (종)천주교

**김완중(金完重) Kim Wan-joong**

(생)1963·9·12 (출)전남 함평 (주)서울특별시 종로구 사직로8길 60 외교부 인사운영팀(02-2100-7141) (학)1989년 한국외국어대 영어과졸 (경)1990년 외무고시 합격(24회) 1990년 외무부 입부 1997년 駐일본 2등서기관 1999년 駐미얀마 1등서기관 2001년 駐오사카 영사 2005년 국가안전보장회의 사무처 전략기획실 파견 2006년 駐뉴욕 영사 2007년 외교통상부 동아시아통상과장 2009년 駐페루 공사참사관 2012년 駐싱가포르 공사참사관 2015년 중앙공무원교육원 고위정책과정 파견 2016년 외교부 재외동포영사국장 2017년 駐로스앤젤레스 총영사(현)

**김완진(金完鎭) KIM Wan Jin**

(생)1931·8·26 (본)안동(安東) (출)충남 홍성 (주)서울특별시 서초구 반포대로37길 59 대한민국학술원(02-3400-5220) (학)1950년 중앙중졸 1954년 서울대 문리대 국어국문학과졸 1958년 同대학원 국어국문학과졸 1973년 문학박사(서울대) (경)1958년 충남대 문리대 전임강사 1959년 단국대 전임강사 1961~1971년 서강대 전임강사·조교수·부교수·교수 1967~1969년 미국 하버드대 燕京학회 객원교수 1971~1979년 서울대 조교수·부교수 1975~1976년 일본 도쿄외국어대 부설 아시아·아프리카언어문화연구소 연구원 1979~1996년 서울대 국어국문학과 교수 1982년 대한민국학술원 회원(국어학·현) 1985년 서울대 한국문화연구소장 1987년 同인문대학장 1989년 국어국문학회 대표이사 1991년 국어학회 회장 1992년 언어학회 회장 1995년 서울대 대학원장 1996년 同명예교수(현) 1997년 한국정신문화연구원 객원교수 (상)세종문화상(1993), 국민훈장 동백장(1996), 동숭학술상(2001), 위암장지연상(2006) (저)'국어음운체계의 연구' '중세국어聲調의 연구' '향가해독법연구' '음운과문자' '향가와 고려가요' (종)천주교

**김완하(金完河) KIM Wan Ha**

(생)1958·6·15 (본)김해(金海) (출)경기 안성 (주)대전광역시 대덕구 한남로 70 한남대학교 국어국문·창작학과(042-629-7523) (학)1985년 한남대 국어국문학과졸 1988년 同대학원 국어국문학과졸 1994년 국문학박사(한남대) (경)1988년 한국언어문학회 회원 1989년 한남대·침례신학대·대전대·배재대·우송대·을지의과대·건양대·대전신학대 강사 1990년 한남대 평생교육원 시창작과 교수 1997년 同인문과학연구소 전임연구원 1998년 침례신학대 국문학과 겸임교수 2000년 한남대 문예창작학과 교수 2001년 한국문예창작회 지역이사 겸 총무이사, 同감사 2002년 시전문계간지 '시와 정신' 창간 2009~2010·2016~2017년 미국 UC버클리 객원교수 2011년 한나문인회장(현) 2012년 한국문예창작회 부회장 2012~2016년 대전문학관 개관준비위원 겸 운영위원 2013년 '버클리문학' 창간 2015년 고은문학연구소 소장(현) 2015년 한남대 국어국문·창작학과 교수(현) 2016년 한국문예창작학회 자문위원(현) 2016년 대전고법 예술법정 자문위원 2017년 대전시교육청 정책자문위원(현) 2017년 대전시 문화예술자문위원(현) 2017년 시와정신국제화센터 대표(현) (상)문학사상사 신인상(1987), 소월시문학상 우수상(2005·2006), 시와시학상 젊은시인상(2007), 대전시문화상(2010), 충남시협 본상(2018) (저)시집 '길은 마을에 닿는다'(1992) '그리움없인 저 별 내 가슴에 닿지 못한다'(1995) '한국 현대시의 지평과 심층'(1996) '중부의 시학'(1997) '현대문학의 이해와 감상(共)'(1998) '네가 밟고 가는 바다'(2002) '시창작이란 무엇인가(共)'(2003) '한국 현대시와 시정신'(2004) '긍정적인 밥(共)'(2004) '현대시의 이해(共)'(2006) '허공이 키우는 나무'(2007) '어둠만이 빛을 지킨다'(2008, 천년의시작) '시창작의 이해와 실제(共)'(2008, 한남대) '신동엽의 시와 삶'(2013) '절정'(2013) '김완하의 시 속의 시 읽기'(2014) '김완하의 시 속의 시 읽기 2'(2015) '우리시대의 시정신'(2015) '김완하의 시 속의 시 읽기3'(2016) '김완하의 시 속의 시 읽기4'(2017) 시집 '집 우물'(2018) (종)기독교

**김 왕(金 汪) KIM Wang**

(생)1964·12·12 (본)울산(蔚山) (출)전남 순천 (주)세종특별자치시 한누리대로 422 중앙노동위원회 상임위원실(044-202-8207) (학)1988년 연세대 사회학과졸 2002년 미국 코넬대 대학원 노사관계과졸 (경)1989년 행정고시 합격(33회) 1990년 총무처 행정사무관 1991년 노동부 분석관리과·부녀소년과 사무관 1994년 同차관 비서관 1995년 안양지방노동사무소 산업안전과장 1996년 노동부 안전정책과 사무관 1997년 同산업안전국 서기관 2000년 同경제담당관, 해외연수 2002년 대통령비서실 삶의질향상기획단 파견 2003년 노동부 장관비서관 2004년 부천지방노동사무소장 2004년 국제노동기구(ILO) 파견 2007년 노동부 능력개발정책팀장 2008년 同노사협력정책국 노사협력정책과장 2009년 同노사협력정책국 노사협력정책과장(고위공무원) 2010년 고용노동부 노사정책실 노사협력정책과장 2010년 국제노동기구 파견(고위공무원) 2013년 고용노동부 산재예방보상정책국 산재예방정책과장 2014년 경기지방노동위원회 위원장 2016년 국가공무원인재개발원 교육파견(고위공무원) 2017년 고용노동부 산재예방보상정책국장 2017년 同근로기준정책관 2018년 중앙노동위원회 상임위원(현) (상)대통령표창(1997) (저)'주관식 사회학' (종)기독교

**김왕규(金旺圭)**

(생)1963·2·23 (출)강원 양구 (주)강원도 양구군 양구읍 관공서로 38 양구군청 부군수실(033-481-2191) (학)강원고졸, 강원대졸 (경)2012년 강원도 서울사무소관리담당(사무관) 2014년 同투자유치담당 2018년 同올림픽운영국 총괄관리과장 직대(서기관) 2018년 강원 양구군 부군수(현)

**김왕식(金旺植) KIM Wang Sik**

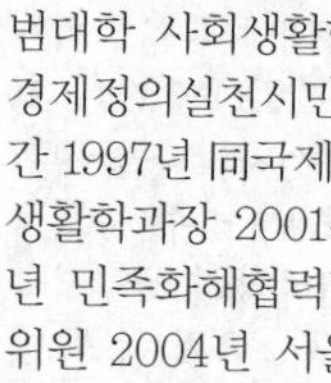

(생)1953·2·25 (본)김해(金海) (출)서울 (주)서울특별시 서대문구 이화여대길 52 이화여자대학교 사범대학 사회과교육과(02-3277-2709) (학)1971년 보성고졸 1980년 연세대 정치학과졸 1982년 同대학원 정치학과졸 1989년 정치학박사(미국 미주리대) (경)1982~1983년 연세대 사회과학연구소 연구원 1983년 한국과학기술원(KAIST) 시스템공학센터 연구원 1989~1990년 미국 Univ. of Missouri Columbia 정치학과 조교수 1990~1991년 연세대 강사 1991~2011년 이화여대 사범대학 사회생활학과 교수 1993년 同사범대학 교학부장 1995년 경제정의실천시민연합 정책위원 1995년 이화여대 이대학보사 주간 1997년 同국제대학원 겸임교수 1999~2001년 同사범대학 사회생활학과장 2001~2002년 일본 게이오대 법학부 방문교수 2003년 민족화해협력범국민협의회 정책위원 2003년 민주평통 상임위원 2004년 서울시 서대문구선거방송토론위원회 위원장 2006년 사이버커뮤니케이션학회 회장 2008~2009년 미국 존스홉킨스대 방문교수 2011년 이화여대 사범대학 사회과교육과 교수 2012~2015년 대한민국역사박물관 초대관장 2013년 중앙공무원교육원 정책자문위원 2013~2015년 국립한글박물관 개관위원 2016~2018년 국가인권위원회 정책자문위원 2018년 이화여대 사범대학 사회과교육과 명예교수(현) (저)'한일 경제협력의 정치경제' '한국정치과정 : 제도의 운용과 정치과정' '남북한의 최고지도자'(共) '동아시아 : 위기의 정치경제'(共) '국제기구와 한국외교'(共) '국제정치학의 새로운영역과 쟁점'(共) '국가·사회·정치민주화'(共) '한국현대정치사'(共) '한국정치과정론'(共) '중국 조선족의 정치사회화과정과 동화적 국민통합의방향'(共) (역)'정치교육론' '민주주의' '비교정치학' (종)기독교

**김외숙(金外淑 · 女) Kim Oe Sook**

[생]1967 · 8 · 10 [출]경북 포항 [주]서울특별시 종로구 청와대로 1 대통령 인사수석비서관실(02-770-0011) [학]1985년 포항여고졸 1989년 서울대 법학과졸, 미국 버지니아대 법학전문대학원졸 [경]1989년 사법시험 합격(31회) 1992년 사법연수원 수료(21기) 1992~2017년 법무법인 부산 변호사, 한국여성변호사회 부회장, 부산지방노동위원회 공익위원 2010년 진실화해를위한과거사정리위원회 비상임위원 2017~2019년 법제처장 2019년 대통령 인사수석비서관(현) [종]기독교

**김요셉(金요셉) KIM Yoseb** (恩約)

[생]1947 · 12 · 11 [출]전남 무안 [주]서울특별시 광진구 뚝섬로43길 7 선린교회(02-446-8017) [학]1975년 안양대졸 2001년 同신학대학원졸 2001년 명예 신학박사(미국 Faith Evangelical Luteran Seminary) [경]1976년 서울 선린교회 개척 · 담임교역자 1977년 목사 임직(대한예수교장로회총회(대신) 서울동노회) 1977~2017년 서울 선린교회 담임목사 1997년 대한예수교장로회총회(대신) 서울북노회장 2000년 同총회 서기 2001년 同부총회장 2002년 同총회장 2002년 한국교회신보 발행인 2002년 대한예수교장로회총회(대신) 교단통합대책위원회 위원장 2004년 한국기독교총연합회 사회위원장 2005 · 2009년 同공동회장 2005년 대한예수교장로회총회(대신) 군선교위원회 회장 2006~2016년 (사)인도선교협의회 이사장 2007년 한국기독교총연합회 신규가입심사위원장 2007년 同가입교단실사위원장 2007년 同법규개정위원장 2007년 同남북교회협력위원장 2008~2017년 (주)기독교텔레비전(CTS) 법인이사 2008년 한국기독교회해중재원 실행이사 겸 조정위원 2008~2010년 안양대총동문회 회장 2008~2009년 한국장로교총연합회 대표회장 2009~2016년 (재)찬송가공회 감사 2010년 안양대 평의회 의원 2012년 (사)한국교회연합 대표회장 2013년 (사)한국미래포럼 대표회장 2015년 (사)세계한인기독교총연합회 대표회장 2016년 (사)세계한국인기독교총연합회 법인이사장(현) 2018년 서울 선린교회 원로목사(현) 2019년 은약선교회 법인이사장(현) [상]한국기독교선교대상(2013) [저]'신약에 나타난 예수님의 기적들'(2006, 쿰람출판사) '신약에 나타난 예수님의 비유들'(2006, 쿰람출판사) '구약에 나타난 기적들'(2007, 쿰람출판사) '성경의 파노라마'(2011, 쿰람출판사) '구약인물설교 Ⅰ · Ⅱ'(2016, 선교횃불) '부부는 평등하지 않다'(2016, 쿰람출판사) '신약인물설교'(2016, 선교횃불) '성경에 나오는 동 · 식물설교'(2016, 선교횃불) [종]기독교

**김　룡(金　龍) KIM Ryong** (處容)

[생]1933 · 4 · 20 [본]경주(慶州) [출]서울 [주]서울특별시 성동구 왕십리로 222 한양대학교 올림픽체육관 331호 한국무용사학회(02-2220-1334) [학]1951년 경주고졸 1957년 계림대 정치학과졸 1977년 동국대 행정대학원졸 [경]1957년 경주 동도국악원 국악사 1962~1980년 국립국악원 국악사 · 掌樂과장 · 樂士長 1964년 미국 · 일본 · 대만 · 홍콩 · 유럽 등 10여개국 공연 1971년 국가무형문화재 제39호 처용무(무용) 예능보유자 지정(현) 1980~1995년 한국문화재보호협회 부장 · 전문위원 1983~1987년 미국 일리노이주립대 예술대학 명예교수 1984년 88서울올림픽경기장 개장기념 행사취타대 지휘 1987년 처용무 氣功개발연구 1996년 명지대 동방무예센터 연구위원 1999년 숙명여대 전통문화예술대학원 겸임교수, 서울대 · 충남대 등 출강 2000년 경상대 출강(현) 2002년 한국무용사학회 고문 · 평생회원(현), 한국음악사학회 회원(현), 국악학회 회원(현) [상]문화공보부장관 공로표창, 서울정도 600주년기념 자랑스런 서울시민상 [저]'時用舞譜의 纂刊年代考' '時用舞譜속에 나타난 술어구성체제의 특징' '時用舞譜의 樂과舞와의 관계연구' [종]불교

**김　용(金　瑢) KIM Yong**

[생]1954 · 1 · 18 [본]도강(道康) [출]전북 부안 [주]서울특별시 강남구 테헤란로87길 36 도심공항타워 14층 법무법인 로고스(02-2188-1038) [학]1972년 전주고졸 1976년 고려대 법학과졸 [경]1981년 사법시험 합격(23회) 1983년 사법연수원 수료(13기) 1985년 서울지검 검사 1986년 광주지검 해남지청 검사 1987년 인천지검 검사 1990년 광주지검 검사 1992년 서울지검 검사 1994년 광주고검 검사 1995년 광주지검 부부장검사 1996년 제주지검 부장검사 1997년 대전지검 서산지청장 1997년 광주지검 특수부장 1998년 대검찰청 공판송무과장 1999년 서울지검 북부지청 형사4부장 2000년 同북부지청 형사3부장 2000년 대검찰청 중수1과장 2002년 대전지검 홍성지청장 2003년 서울고검 검사 2004년 대구지검 포항지청장 2005년 의정부지검 차장검사 2006년 서울고검 검사 2006년 법무법인 로고스 변호사 2013년 同대표변호사 2017년 同변호사(현) [상]홍조근정훈장(2005) [종]기독교

**김　용(金　湧)**

[생]1966 · 10 · 31 [주]경기도 수원시 팔달구 효원로 1 경기도청 대변인실(031-8008-2030) [학]1992년 연세대 신학과졸 [경]분당리모델링추진연합회 회장, 새바람성남시민회의 운영위원 2010년 경기 성남시의회 의원(민주당 · 민주통합당 · 민주당 · 새정치민주연합) 2012년 同운영위원회 간사 2014~2018년 경기 성남시의회 의원(새정치민주연합 · 더불어민주당) 2014년 同예산결산특별위원장 2014년 새정치민주연합 성남분당甲지역위원회 위원장 직무대행 2015~2016년 더불어민주당 성남분당甲지역위원회 위원장 직무대행 2016년 同중앙당 부대변인 2016~2018년 경기 성남시의회 더불어민주당 대표의원 2018년 새로운경기위원회 대변인 2018년 경기도 대변인(현)

**김용갑(金容甲) KIM Yong Kap**

[생]1936 · 9 · 28 [본]김해(金海) [출]경남 밀양 [주]서울특별시 영등포구 버드나루로 73 우성빌딩 자유한국당(02-6288-0200) [학]1957년 밀양농잠고졸 1961년 육군사관학교졸(17기) 1980년 국방대학원졸 1986년 미국 캘리포니아대 버클리교 수학 [경]1960~1961년 재무부 차관 1971~1974년 국제문제연구소 연구원 1980~1985년 국가안전기획부 감찰실장 · 기획조정실장 1986년 미국 버클리대 동아시아문제연구소 객원연구원 1986~1999년 대통령 민정수석비서관 1988~1989년 총무처 장관 1989년 민주개혁연구소 이사장 1989년 민주개혁범국민운동협의회 회장 1996년 제15대 국회의원(밀양, 무소속 · 신한국당 · 한나라당) 1996~2000년 한 · 과테말라의원친선협회 회장 2000년 제16대 국회의원(밀양 · 창녕, 한나라당) 2003년 한나라당 상임고문 2004~2008년 제17대 국회의원(밀양 · 창녕, 한나라당) 2005~2006년 국회 산업자원위원장 2012~2017년 새누리당 상임고문 2017년 자유한국당 상임고문(현) [상]화랑무공훈장(1967), 보국훈장 천수장(1981), 황조근정훈장(1985), 체육훈장 맹호장(1988), 청조근정훈장(1990) [저]'김대중 정부 대북 · 안보정책 백서' '국가보안법을 이야기한다' '금강산 관광 백서' '고지가 바로 저긴데 예서 말수는 없다' 수필집 '아내 얼굴을 화장하는 남자' [종]불교

**김용관(金龍寬) Kim, Yong-Kwan**

[생]1961 · 4 · 5 [본]경주(慶州) [출]강원 동해 [주]서울특별시 송파구 양재대로 1239 한국체육대학교 사무국(02-410-6508) [학]1980년 율곡고졸 1984년 건국대 철학과졸 2006년 한국교원대 대학원 교육정책학과 수료 [경]1988년 총무처 7급 공채 1988년 서울시교육청 근무 1991~1996년 교육부 사회교육진흥과 · 편수담당관실 · 대학행정과 주사보 1996~2005년 同총무과 · 전문대학과 · 대학재정과 · 감사관실 주사 2005~2011년 同

사립대지원과·학생장학복지과·감사관실 사무관 2012~2017년 강릉원주대 기획과장·교원소청위원회 심사과장·교육부 특별감찰팀장·사학감사담당관(서기관) 2017년 교육부 사학감사담당관(부이사관) 2017년 한국체육대 사무국장(현) (저)'개정 사립학교법시행령 길라잡이'(2006) '한국장학재단 설립 등에 관한 법률 및 동 시행령 제정안 해설서'(2008) (종)기독교

## 김용관(金容寬) KIM Yong Kwan

(생)1965·4·20 (출)전남 장흥 (주)서울특별시 강남구 테헤란로 317 동훈타워 법무법인 대륙아주(02-3016-5235) (학)1984년 마포고졸 1988년 서울대 법학과졸 (경)1989년 사법시험 합격(31회) 1992년 사법연수원 수료(21기) 1992년 해군 법무관 1995년 서울지법 의정부지원 판사 1997년 서울지법 판사 1999년 제주지법 판사 2000년 광주고법 제주부 판사 2002년 서울행정법원 판사 2004년 서울고법 판사 2005년 대법원 재판연구관 2007년 대전지법 부장판사 2009년 의정부지법 고양지원 부장판사 2011년 서울남부지법 부장판사 2013~2016년 서울중앙지법 부장판사 2016년 법무법인 이헌 대표변호사 2017년 법무법인 대륙아주 파트너변호사(현) (상)청조근정훈장

## 김용관(金容寬) KIM Yongkwan

(생)1970·7·23 (본)경주(慶州) (출)충남 논산 (주)대전광역시 서구 청사로 189 산림청 산림항공본부장실(042-481-4284) (학)1989년 대성고졸 1993년 고려대 산림자원학과졸 1996년 同대학원 산림자원학과졸 2013년 산림자원학박사(고려대) (경)1997년 산림청 산지계획과 사무관 1998년 同산림경영과 사무관 1999년 同국유림경영과 사무관 2002년 同국제협력과 사무관 2002년 同산지관리과 서기관 2005년 북부지방산림관리청 춘천국유림관리소장 2006년 산림청 경영지원과장 2006년 同산림환경보호팀장 2007년 駐인도네시아대사관 농림수산관 겸 영사(1등서기관) 2009년 同농림수산관 겸 영사(참사관) 2011년 산림청 산지관리과장 2013년 同산림환경보호과장(서기관) 2014년 同산림환경보호과장(부이사관) 2015년 同해외자원협력관(고위공무원) 2017년 同국제산림협력관(고위공무원) 2018년 국방대 교육파견(고위공무원) 2019년 산림청 산림항공본부장(현) (종)불교

## 김용광(金龍光) KIM YONG KWANG

(생)1966·5·5 (출)부산 (주)서울특별시 강남구 광평로 281 수서오피스빌딩 15층 갤럭시아커뮤니케이션즈(주)(02-6005-1699) (학)1985년 부산 혜광고졸 1989년 서울대 경영학과졸 1997년 연세대 경영대학원 국제경영학과졸 2015년 한국과학기술원(KAIST) 최고경영자과정 수료 2016년 서울대 경영대학 최고경영자과정 수료 (경)2003~2011년 효성인포메이션시스템(주) 전략기획본부장(상무) 2011~2014년 (주)효성 전략본부 정보통신PG담당 상무 2014~2017년 갤럭시아커뮤니케이션즈(주) COO(전무) 2017년 同대표이사(현)

## 김용구(金容九) KIM Yong Koo

(생)1937·7·4 (본)광산(光山) (출)인천 (주)강원도 춘천시 한림대학길 1 한림대학교 한림과학원(033-248-2900) (학)1956년 서울고졸 1961년 서울대 문리과대학 외교학과졸 1964년 同대학원 외교학과졸 1979년 정치학박사(서울대) (경)1969~1972년 서울대 문리과대학 전임강사 1970~1971년 일본 동경동양문고 객원연구원 1972~1975년 서울대 문리과대학 조교수 1975~1984년 서울대 사회과학대학 외교학과 조교수·부교수 1984~2002년 同사회과학대학 외교학과 교수 1985년 同학생처장 1987~1989년 同국제문제연구소장 1987~1991년 同출판부장 1987~1988년 한국국제정치학회 회장 1993~1995년 서울대 사회과학대학장 1998~1999년 미국 캘리포니아대 샌타바버라교 교환교수 2002년 대한민국학술원 회원(국제정치학·현) 2002년 서울대 명예교수(현) 2003년 한림대 한림과학원 특임교수(현) 2005~2019년 同한림과학원장 2008년 근대한국외교문서편찬위원회 위원장(현) (상)옥조근정훈장(2002), 용재학술상(2010) (저)'전쟁과 평화'(1972) '소련국제법이론연구'(1979) '중소국제법이론 및 러시아 : 소련의 한말외교사연구―문헌목록'(1979) '세계외교사 上'(1989) '세계외교사 下'(1990) '러시아 국제법'(1994) '한일외교미간극비사료총서'(1995) '러시아 국제법학의 전통'(1996) '한국 외교사 연구. 기본 사료 : 문헌해제'(1996) '세계관 충돌의 국제정치학'(1997) '춤추는 회의. 비엔나회의 외교'(1997) '세계관 충돌과 한말 외교사, 1866~1882'(2001) '영구평화를 위한 외로운 산책자의 꿈. 루소와 국제정치'(2001) 'The Five Years' Crisis, 1866~1871. Korea in the Maelstrom of Western Imperialism'(2001) '외교사란 무엇인가'(2002) '임오군란과 갑신정변 : 사대질서의 변형과 한국 외교사'(2004) '장 자크 루소와 국제정치'(2004) '세계외교사(크라운 판)'(2006) 'Korea and Japan. The Clash of Worldviews, 1868~1876'(2006) '만국공법'(2008) '거문도와 블라디보스토크. 19세기 한반도의 파행적 세계화 과정'(2009) '근대한국외교문서 1·2'(2009) '3.1운동과 1919년의 세계사적 의의'(2010) '근대한국외교문서 3·4·5'(2012) '약탈제국주의와 한반도. 세계외교사 흐름 속의 병인·신미양요'(2013) '근대한국외교문서 6·7'(2013) '근대한국외교문서 8·9·10·11'(2015) (역)'러시아 국제법사'(1982)

## 김용구(金容九) KIM Yong Gu

(생)1940·3·30 (본)광산(光山) (출)경북 안동 (주)서울특별시 강남구 언주로 710 성암빌딩 8층 (주)신동 회장실(02-557-7744) (학)1959년 용문고졸 1963년 성균관대 법률학과졸 1999년 서울대 경영대학원 DMP(디지털경영자)과정 수료 2001년 고려대 경영대학원 글로벌e-최고경영자과정 수료 2001년 미국 U.C. Berkeley대 Hass Business School CEO프로그램 수료 2003년 숭실대 중소기업대학원 AMP과정 수료 2005년 서울대 환경대학원 CEO환경경영포럼과정 수료 2006년 명예 경영학박사(제주대) (경)1990년 (주)신동 대표이사 회장(현) 1996년 대한광업협동조합 이사장 1998년 중소기업협동조합중앙회 이사 2001년 중소기업개발원 명예원장 2003년 대한적십자사 남북적십자교류전문위원회 위원 2003년 同서울지사 상임위원 2003년 同RCY 서울시위원회 위원 2004~2006년 중소기업협동조합중앙회 회장 2004~2006년 중소기업국제협의회(ISBC) 한국위원회장 2004~2006년 중소기업진흥재단 이사장 2004년 중소기업연구원 이사장 2004년 민간남북경제교류협의회 공동의장 2004년 대통령자문 국민경제자문회의 자문위원 2004년 민족화해협력범국민협의회 공동의장 2004~2007년 중소기업중앙회 회장 2006년 제주대 초빙교수, 우즈베키스탄 상공회의소 명예고문(현) 2007~2011년 (사)중소기업동우회 회장 2008년 자유선진당 재정위원장 2008년 제18대 국회의원(비례대표, 자유선진당) 2008년 국회 지식경제위원회 위원 2010년 국회 기획재정위원회 위원 2011년 자유선진당 사무총장 2011~2013년 (사)중소기업진흥회 회장 2018년 同제10대 회장(현) (상)우즈베키스탄 대통령훈장(2011) (저)'중소기업이 흥해야 한국이 산다'(2004) '9988김용구의 4.0시대 중소기업이야기'(2012)

## 김용구(金勇久) KIM Yong Koo

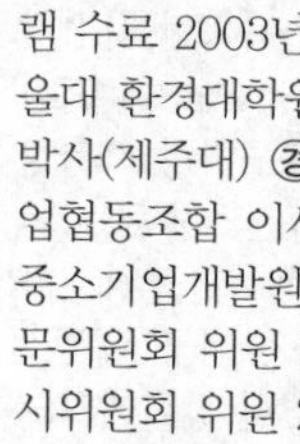

(생)1957·1·9 (본)김해(金海) (출)제주 제주시 (주)제주특별자치도 제주시 서사로 154 한라일보(064-750-2114) (학)1975년 제주제일고졸 1984년 제주대 행정학과졸 2002년 한국개발연구원 국제정책대학원 국제경영학과졸(석사) (경)1984년 지방7급 공채 2004년 제주도 투자진흥과 투자유치담당 2004년 同총무과 인사담당 2006년 제주특별자치도 인적자원과장(지방서기관) 2008년 同총무과장 2010년 同인력개발원장 직대 2010년 同식품산업육성추진단장 2011년 同수출진흥관 2011년 同문화예

술진흥원장 2012년 同교육 파견 2013년 同민군복합형관광미항추진단장(지방부이사관) 2014년 同특별자치행정국장 2015년 同기획조정실장 2016~2017년 제주발전연구원 파견(이사관) 2019년 한라일보 대표이사(현) (상)대통령표창, 국무총리표창, 문화관광부장관표창, 홍조근정훈장(2015)

## 김용구(金容龜) KIM Yong Koo

(생)1963·2·24 (주)서울특별시 서초구 반포대로 222 가톨릭대학교 서울성모병원 진단검사의학과(02-2258-1650) (학)1987년 가톨릭대 의대졸, 同대학원 의학석사 1998년 의학박사(가톨릭대) (경)1991~1994년 국군병원 임상병리과장 1994~2003년 가톨릭대 의대 진단검사의학교실 전임강사·조교수·부교수 2000~2001년 일본 나고야의대 골수이식병리 연수 2007~2009년 가톨릭대 서울성모병원 진단검사의학과장 겸 성분헌혈실장 2007~2009년 가톨릭중앙의료원 가톨릭세포치료사업단 연구부장 겸 세포생산부장 2007~2009년 식약청 의료기기 안전성 유효성 심사협의회 위원 2008년 가톨릭대 의대 진단검사의학교실 교수(현) 2008~2009년 식약청 의료기기 기술전문가 2013~2017년 가톨릭대 서울성모병원 수련교육부장 2013~2019년 同서울성모병원 진단검사의학과 임상과장 2015년 同의생명산업연구원 진단검사개발평가센터장(현)

## 김용국(金龍國) KIM Yong Goog

(생)1960·2·20 (본)순천(順天) (출)강원 횡성 (주)강원도 춘천시 중앙로 1 강원도청 총무행정관실(033-249-2211) (학)강원고졸, 강원대 행정학과졸 (경)강원 홍천군청 근무, 강원도 농촌진흥원 근무, 同지역경제국 상공과 근무, 同동해출장소 총무과 근무, 同경제진흥과 근무, 同체육청소년과 근무, 同지역지원과 근무, 同기업지원과 근무 2004년 同환동해출장소 기획총괄과 개발사업담당 2006년 同기업유치과 유치전략담당 2008년 同투자유치사업본부 경제자유구역기획단 기획팀 지정기획담당 2013년 同경제자유구역청준비단 기획행정담당 2013년 同경제자유구역청 기획정책과 사무관 2014년 同경제자유구역청 기획정책과 근무(과장급) 2014년 同경제자유구역청 기업지원과장 2014년 同경제자유구역청 투자유치1과장 직대 2015년 同동해안권경제자유구역청 투자유치본부 투자유치1부장 2016년 강원 홍천군 부군수 2017년 강원도 인재개발원 교육운영과장 2017~2018년 강원테크노파크 정책협력관(부이사관) 2018년 강원도 녹색국장 2019년 공로연수(부이사관)(현) (상)국무총리표창, 행정자치부장관표창

## 김용권(金容權) KIM Yong Kwon

(생)1960·10·23 (주)서울특별시 관악구 관악로 1 서울대학교 전기정보공학부(02-880-7440) (학)1979년 경동고졸 1983년 서울대 전기공학과졸 1985년 同대학원 전기공학과졸 1990년 공학박사(일본 도쿄대) (경)1990~1992년 일본 히타치제작소 중앙연구소 연구원 1992~2002년 서울대 전기공학부 조교수·부교수 2002~2012년 同전기공학부 교수 2003년 대한전기학회 조직위원 2012년 서울대 공과대학 전기정보공학부 교수(현) 2012~2015년 기초전력연구원 원장 2018년 한국공학한림원 정회원(전기전자정보공학·현) 2018년 서울대 공학전문대학원 부원장 겸 학과장(현) (상)대한전기학회 학술상(2000), 삼성전자 제10회 휴먼테크 논문대상 은상(2003), 서울대 공과대학장 우수강의상(Best Teacher Award)(2004·2008·2009), 서울대총장표창(2011), 교육과학기술부장관표창(2011), 지식경제부장관표창(2012), 대한전기학회 우형주 학술상(2012) (저)'마이크로 머신의 세계'(1995, 대영사) 'MEMS의 기술동향'(1999, 센서학회지) '마이크로시스템기술의 소개'(2000, 한국전산구조공학회) 'Optical MEMS에서의 액추에이터 응용'(2001, 전기전자재료학회지) 'MEMS 쌀알 크기의 초소형 전기기계'(2002, 전기공학정보사회)

## 김용규(金龍奎)

(생)1973·1·20 (출)전남 영광 (주)서울특별시 서초구 반포대로 158 서울중앙지방검찰청 총무과(02-530-4771) (학)1991년 광주서석고졸 1996년 경희대 법학과졸 (경)1998년 사법시험 합격(40회) 2001년 사법연수원 수료(30기) 2001년 공익법무관 2004년 광주지검 검사 2006년 대전지검 홍성지청 검사 2008년 전주지검 검사 2010년 서울중앙지검 검사 2013년 인천지검 검사 2015년 同부부장검사 2016년 창원지검 공판송무부장 2017년 광주지검 여성아동범죄조사부장 2018년 서울서부지검 부부장검사 2019년 부산지검 동부지청 형사1부장 2019년 서울중앙지검 부장검사(현)

## 김용균(金容鈞) KIM Yong Kyun (韓山)

(생)1942·2·18 (본)광산(光山) (출)경남 합천 (주)서울특별시 서초구 법원로3길 21 이정빌딩 3층 법무법인 정론(02-521-2005) (학)1960년 경기고졸 1964년 서울대 법과대학졸 1972년 미국 아메리칸대 대학원 정치학과졸 1974년 미국 조지워싱턴대 법학대학원졸 1977년 법학박사(미국 조지워싱턴대) 1993년 고려대 언론대학원 수료 (경)1967~1980년 육군·국방부 법무관 1970년 판사·검사 및 변호사자격 취득 1979년 국방연구원 수석연구위원 1979~1988년 한국외국어대 헌법·한국정부론 강사 1980년 예편(중령) 1980년 국회 법제사법위원회 전문위원 1981~1984년 국회 문화공보위원회 전문위원 1981~1986년 방송심의위원회 위원 1984~1986년 변호사 개업 1985~1988년 공연윤리위원회 위원·감사 1986년 국회 행정차장 1988년 민정당 부산동래乙지구당 위원장 1990년 체육부 차관 1991~1992년 체육청소년부 차관 1992~1994년 헌법재판소 사무처장 1996년 자민련 경남거창·합천지구당 위원장 1996년 同경남도당 위원장 1996년 同당무위원겸 사무부총장 1996~2005년 법무법인 진주 대표변호사 2000~2004년 제16대 국회의원(경남산청·합천, 한나라당) 2001~2003년 한나라당 법률지원단장 2002~2004년 국회 법제사법위원회 간사 2003년 대한국제법학회 부회장 2004~2005년 한나라당 제2사무부총장 2004~2006년 경남대 행정대학원 초빙교수 2005~2006년 법무법인 비전인터내셔널 대표변호사 2009년 대한민국헌정회 청소년국제협력위원장 2009년 대한민국재향군인회 법률고문 2009년 법무법인 영포 대표변호사 2012~2017년 법무법인 세민대표변호사 2012년 신라문화보존회 이사장 2012년 신라김씨연합대종원 총재 2014년 한국교직원공제회 법률고문 2015~2017년 대한민국헌정회 감사 2017년 법무법인 정론 대표변호사(현) 2019년 (사)4월회 회장(현) (상)보국훈장 천수장, 황조근정훈장 (저)'한·미주둔군 지위협정의 이론과 운용' 'SOFA협정과 한미상호방위조약' '젊은 수레바퀴' '국민을 위하여 역사를 위하여' '우리 헌법이 걸어온 길' '헌법오디세이' (종)불교

## 김용균(金龍均) KIM Yong Kyun (如山)

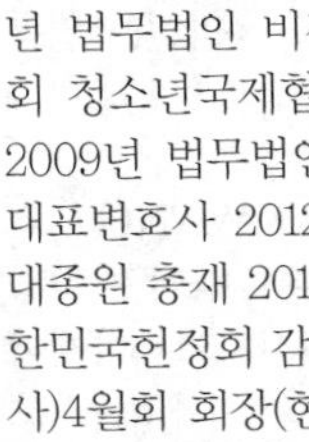

(생)1954·7·2 (본)김녕(金寧) (출)전북 익산 (주)서울특별시 강남구 테헤란로92길 7 법무법인 바른(02-3479-2328) (학)1972년 남성고졸 1977년 서울대 법과대학 법학과졸 (경)1977년 사법시험 합격(19회) 1979년 사법연수원 수료(9기) 1979년 공군 법무관 1982년 서울지법 동부지원 판사 1984년 서울민사지법 판사 1986년 전주지법 군산지원 판사 1988년 서울형사지법 판사 1989년 서울고법 판사 1991년 대법원 재판연구관 1993년 청주지법 부장판사(대법원 재판연구관 파견) 1995년 서울지법 의정부지원 부장판사 1997년 서울지법 북부지원 부장판사 1998년 서울지법 부장판사 2000년 광주고법 부장판사 2002년 서울고법 부장판사 2006년 의정부지법원장 2008년 서울북부지법원장 2009~2010년 서울행정법원장 2009~2010년 서울가정법원장 겸임 2010년 법무법인 바른 변호사(현) 2010년 사회복지법인 밥상공동체복지재단(연탄은행) 홍보대사(현) 2013~2015년

在京남성고총동창회 회장 2013~2015년 서울대 법학전문대학원 겸임교수 2015년 대법원 사실심충실화사법제도개선위원회 위원 2015~2017년 서울중앙지법 시민사법위원회 위원장 2017년 공익사단법인 정 초대 공동이사장(현) 2017년 남성중·고총동창회 회장(현) 2018년 삼성전기(주) 사외이사(현) (저)'소중한 인연' '숲길에서 부친편지' '낙타의 눈'(2014, 리토피아) '능수벚꽃 아래서'(2016, 리토피아)

## 김용균(金容均) Kim, Yong Kyun

(생)1976·9·26 (본)안동(安東) (출)강원 춘천 (주)서울특별시 강남구 테헤란로 623 삼성빌딩 GR코리아(02-556-4205) (학)1995년 춘천고졸 2001년 서울대 사회과학대학 정치학과졸 2018년 국방대 국방관리대학원 안보정책학과 수료 (경)2009년 국회 법제사법위원회 인턴 2010년 서울대정치외교학부 총동창회 상임이사(현) 2010~2012년 국회의원 비서관(5급·국회 산업통상자원중소벤처기업위원회 및 학교폭력대책특별위원회 소속) 2012~2018년 국회의원 보좌관(4급·법제사법위원회·예산결산특별위원회·헌법개정특별위원회 소속) 2018년 시스템행정사사무소 대표행정사(현) 2019년 GR코리아 이사(현)

## 김용근(金容根) KIM Yong-Geun

(생)1956·3·7 (출)전남 순천 (주)서울특별시 마포구 백범로 88 경총회관 한국경영자총협회(02-3270-7302) (학)1974년 순천고졸 1980년 서울대 경제학과졸 1987년 同대학원 행정학과졸 2013년 명예 경영학박사(전주대) (경)1979년 행정고시 합격(23회) 1983~1990년 해운항만청·상공자원부 사무관 1990년 산업자원부 서기관 1997년 통상산업부 국제기업담당관 1998년 미국 허드슨연구소 연수 2000년 산업자원부 산업정책과장 2002년 경수로사업지원기획단 건설기술부장 2003년 산업자원부 국가균형발전추진단 부단장 2004년 駐제네바대표부 주재관(파견) 2007년 산업자원부 산업정책관 2007년 同산업정책본부장(차관보) 2008년 한국산업기술재단 이사장 2009~2013년 한국산업기술진흥원 원장 2013~2018년 한국자동차산업협회 회장 2014~2016년 세계자동차산업협회(OICA) 회장 2018년 한국경영자총협회 상근부회장(현) 2018년 국민연금공단 비상임이사(현) (저)'디지털제국의 흥망'(2000) '기술은 예술이다'(2013)

## 김용기(金容基) KIM Yong Kee

(생)1955·1·7 (출)서울 (주)서울특별시 강남구 테헤란로 142 아크플레이스 A동 10층 (주)노루홀딩스(02-2191-7726) (학)1973년 경기고졸 1980년 연세대 경영학과졸 (경)1980~1999년 한국개발리스(주) 자금부장 1999~2001년 한국렌탈(주) 상무이사 2002년 동신에스엔티(주) 대표이사 2003년 한국GMD 대표이사 2009년 한국토지신탁 사외이사 겸 감사위원장 2010~2015년 同대표이사 사장 2015년 (주)노루기반 대표이사 2016년 (주)노루홀딩스 각자대표이사 부회장(현) 2018년 (주)노루페인트 각자대표이사 부회장 겸임(현) (종)기독교

## 김용기(金容基) KIM YONG KI

(생)1966·12·23 (본)부안(扶安) (출)전북 부안 (주)서울특별시 영등포구 양평로19길 19 롯데유통사업본부(02-2169-3400) (학)1984년 부안고 졸 1988년 명지대 경영학과졸 2011년 중앙대 대학원 경영학(MBA)졸 (경)1990년 롯데제과 입사 2000년~2006년 롯데제과 총무과장 2006~2010년 롯데제과 총무부장 2010년 (주)롯데삼강 총무·구매담당 이사대우 2012년 롯데푸드 경영지원부문장(이사) 2013년 同구매부문장 2017년 同파스퇴르사업본부장(상무) 2019년 롯데유통사업본부 대표(상무)(현)

## 김용길(金容吉) KIM, YONG KIL

(생)1957·3·1 (본)광산(光山) (출)충남 예산 (주)전라북도 익산시 익산대로 460 원광대학교 법학전문대학원(063-850-6309) (학)1976년 예산고졸 1981년 충남대 법학과졸 2000년 경희대 대학원 지적재산권법학과졸 2004년 법학박사(성균관대) 2005년 미국 노스웨스턴대 대학원 법학과졸(석사) 2017년 중국 정법대(政法大) 법학과 수료 (경)2007년 원광대 법과대학 전임강사 2009~2018년 同법학전문대학원 조교수·부교수 2015년 同민사법무센터장(현) 2015년 국회 입법지원위원(현) 2015~2018년 (사)한국자원봉사사회개발원 이사장 2017~2018년 한국채무자회생법학회 회장 2017년 세제발전심의위원회 위원 2017년 관세청 관세행정혁신위원회 위원 2017년 (사)대한중재인협회 지식문화중재포럼 대표 겸 부협회장(현) 2017년 한국효문화학회 부회장(현) 2017년 한국법학회 부회장(현) 2017년 비교사법학회 부회장(현) 2017년 한국경영법률학회 부회장(현) 2017년 한국관세학회 회장 2018년 원광대 법학전문대학원 교수(현) 2018년 한국중재학회 회장(현) 2018년 중국 남창국제중재원 수석중재인(현) 2018년 한국관세학회 명예회장(현) 2018년 한국집합건물법학회 수석부회장 2019년 同회장(현) 2019년 한국자원봉사사회개발원 대표이사(현) 2019년 한국채무자회생법학회 명예회장(현) 2019년 수원고법 조정위원(현) 2019년 대한상사중재원 교육위원(현) 2019년 법무부 중재제도5개년 위원(현) 2019년 국토교통부 하자안전 중재위원(현) (상)(사)한국중재학회장 공로상(2010), 한국자원봉사협의회 공로상(2010), 원광대 학술상(2012), 산업통상자원부장관표창(2014), 대한중재인협회 특별공로상(2014), 행정자치부장관표창(2014), 연합매일신문 KOREA CEO 대상(2015), 올해의 신한국인 대상 교육인대상(2015), 대한중재인협회 대한민국 중재인대상(2016), 관세청장표창(2017) (저)'契約法의 課題와 展望(共)'(2005) '集合物의 讓渡擔保理論과 判例의 動向'(2006) '유비쿼터스 환경에 적합한 인증체계 구축을 위한 법과 제도연구(共)'(2008) '인터넷중독 대응법(共)'(2008) '기업규제 이렇게 풀자(共)'(2009) '사시1차 전범위 모의고사 8회분(민법)(共)'(2010, 고시계사) '객관식 민법(共)'(2010, 三潮社) '사시1차 전범위 모의고사(共)'(2011, 고시계사) '손해배상액 산정기준 및 입증책임 전환규정 분석을 통한 징벌배상제의 보완방안'(2012, 전국경제인연합회 중소기업협력센터) '한국 민법의 새로운 전개(共)'(2012)

## 김용남(金勇男) KIM Yong Nam

(생)1970·2·14 (출)경기 수원 (주)경기도 수원시 영통구 광교중앙로248번길 7-2 원희캐슬광교 B동 10층 법무법인 일호(031-213-0411) (학)1988년 수원고졸 1993년 서울대 법대 사법학과졸 2007년 고려대 대학원 법학과졸 (경)1992년 사법시험 합격(34회) 1995년 사법연수원 수료(24기) 1995년 공군 법무관 1998년 서울지검 검사 2000년 수원지검 여주지청 검사 2001년 광주지검 검사 2001~2002년 영국 캠브리지대 객원연구원 2004년 서울북부지검 검사 2007년 수원지검 부부장검사 2009년 법무부 장관정책보좌관 2009년 서울시장애인체육회 이사 2010년 수원지검 공판송무부장 2010년 서울서부지검 공판부장 2011년 수원지검 안양지청 부장검사 2012년 새누리당 수원장안구당원협의회 운영위원장 2012년 제19대 국회의원선거 출마(수원甲, 새누리당) 2012년 법무법인 삼우 변호사 2012년 새누리당 중앙당 법률지원단 위원 2012년 同제18대 대통령중앙선거대책위원회 수원시선거대책위원회 공동위원장 2013·2016년 법무법인 일호 대표변호사(현) 2013년 경기화물자동차운송사업협회 고문변호사 2013년 예금보험공사 전담변호사 2013년 용인시 시정자문위원 2014~2016년 제19대 국회의원(수원 팔달丙 보궐선거 당선, 새누리당) 2014년 국회 환경노동위원회 위원 2014~2015년 국회 군인권개선및병영문화혁신특별위원회 위원 2014년 새누리당 법률지원단 부단장 2014년 同통일위원회 수석부위원장 2015년 同아동학대근절특별위원회 위원 2015년 국회 예산결산특별위원회 위원 2015~2016년 새누리당 원내대변인 겸 공보담당 원내부대표 2015년 국회 운영위원회 위원 2015년 국회 공적연금강화와노후빈곤해소를위한특별위원회 위원

2015년 새누리당 국가간호간병제도특별위원회 위원 2016년 제20대 국회의원선거 출마(경기 수원시丙, 새누리당) 2016년 (사)가족이 행복한세상 이사장(현) (상)대통령표창(2003), 유권자시민행동 대한민국유권자대상(2015) (저)'쾌도보수'(2014) (역)'감사의 힘'(2008) '두려워도 앞으로 한 걸음'(2012)

## 김용담(金龍潭) KIM Yong Dam

(생)1947·11·30 (본)연안(延安) (출)서울 (주)서울특별시 종로구 종로3길 17 디타워 23층 법무법인 세종(02-316-4022) (학)1966년 서울고졸 1970년 서울대 법대졸 1972년 同대학원졸 (경)1970년 사법시험 합격(11회) 1972년 사법연수원 수료(1기) 1972년 춘천지법 판사 1975년 제주지법 판사 1977년 서울지법 인천지원 판사 1978년 同남부지원 판사 1980년 서울민사지법 판사 1982년 서울고법 판사 1985년 대법원 재판연구관 1986년 부산지법 부장판사 1988년 사법연수원 교수 1990년 서울민사지법 부장판사 1992년 인천지법 수석부장판사 1993년 부산고법 부장판사 1995년 서울고법 부장판사 1998년 대법원 수석재판연구관 2000년 법원행정처 차장 2003년 광주고법원장 2003~2009년 대법원 대법관 2008~2009년 법원행정처장 겸임 2010년 법무법인 세종 대표변호사(현) 2012~2016년 (사)한국법학원 원장 2012~2014년 대통령직속 규제개혁위원회 위원장 2014~2019년 법조공익모임 나우 이사장 2014년 (사)나눔과이음 이사장(현) 2017~2019년 한국신문윤리위원회 위원장 (상)청조근정훈장(2009), 상허(常虛)대상 법률부문(2012) (저)회고록 '김용담 대법관의 판결 마지막 이야기'(2009) (종)기독교

## 김용대(金容大) KIM Yong Dae

(생)1960·12·20 (본)광산(光山) (출)경북 칠곡 (주)서울특별시 서초구 강남대로 193 서울가정법원(02-2055-7114) (학)1979년 대구 심인고졸 1983년 서울대 법과대학졸 1985년 同대학원 법학과 수료 (경)1985년 사법시험 합격(27회) 1988년 사법연수원 수료(17기) 1988년 육군 법무관 1991년 서울지법 남부지원 판사 1993년 서울민사지법 판사 1995년 창원지법 통영지원 판사 1997년 부산고법 판사 1998년 서울지법 의정부지원 판사 1999년 同서부지원 판사 2000년 서울고법 판사 2000년 법원행정처 법정심의관 겸임 2003년 인천지법 부장판사 2004년 대전지법 부장판사 2006년 서울북부지법 부장판사 2007년 정보통신윤리위원회 비상임위원 2008년 서울중앙지법 부장판사 2011년 대전고법 부장판사 2012년 수원지법 수석부장판사 2013~2015년 서울고법 부장판사 2014년 (사)한국정보법학회 공동회장 2015년 서울중앙지법 민사수석부장판사 2017년 서울고법 부장판사 2019년 서울가정법원장(현) (종)불교

## 김용덕(金容德) KIM Yong Deok

(생)1944·8·6 (본)광산(光山) (출)서울 (주)서울특별시 종로구 종로1길 42 이마빌딩 6층 일제강제동원피해자지원재단(02-721-1800) (학)1963년 경기고졸 1967년 서울대 사학과졸 1970년 同대학원 수료 1979년 역사학박사(미국 하버드대) (경)1967~1970년 해군사관학교 교관(해군 중위 예편) 1971년 수도여자사범대학 전임강사 1977년 일본 도쿄대 객원연구원 1978년 미국 하버드대 일본연구소 연구원 1980년 서울대 인문대학 동양사학과 교수 1986년 일본 히토쓰바시대 객원연구원 1993년 중국 난카이대 초빙교수 1994년 교육부 중앙교육심의위원 1995년 서울대 출판부장 1996~1999년 한국대학출판부협회 회장 1996년 일본역사연구회 회장 1997년 교육부 교육개혁자문위원 1998년 한국국가기록연구원 이사 1999~2000년 역사학회 회장 2000~2001년 일본 도쿄대 객원교수 2003~2006년 서울대 국제대학원장 2003~2009년 국사편찬위원회 위원 2003년 International Journal of Asian Studies 편집위원 2004년 Social Science Japan Journal 편집고문(현) 2006~2009년 동북아역사재단 초대이사장 2008~2012년 대우학원재단 이사 2009년 서울대 명예교수(현) 2009년 광주과학기술원 GIST대학 석좌교수(현) 2011년 동아시아역사학포럼 운영위원(현) 2012년 한일문화교류기금 이사(현) 2018년 일제강제동원피해자지원재단 이사장(현) (상)두계학술상 (저)'명치유신의 토지세제개혁'(1989) '일본 근대사를 보는 눈'(1991) '19세기 일본의 근대화(共)'(1996) '近代交流史と相互認識(共)·(編)'(2001) '근대교류사와 상호인식'(2001) '일본사의 변혁기를 본다(編)'(2011) (역)'일본근대사'(1983) (종)기독교

## 김용덕(金容德) KIM Yong Duk

(생)1950·10·23 (본)김해(金海) (출)전북 정읍 (주)서울특별시 종로구 종로5길 68 손해보험협회(02-3702-8500) (학)1969년 용산고졸 1974년 고려대 경영학과졸 1979년 미국 워싱턴대 경영대학원 PRBP 금융과정 수료 1985년 필리핀 아테네오대 경영대학원졸(MBA) (경)1974년 행정고시 합격(15회) 1975년 재무부 국제금융국·기획관리실·국세심판소 사무관 1982년 아시아개발은행(ADB) 재무담당관(Treasury officer) 1989년 금융거래실명제실시단 과장 1991년 국무총리 행정조정실 과장 1992년 재무부 경제협력국·국제금융국 과장 1994년 재정경제원 통상과학예산과장 1996년 대통령 조세금융비서관실 행정관 1998년 대통령 법무비서관실 행정관 1998년 재정경제부 국제금융심의관 1999년 同국제금융국장 2001년 同국제업무정책관(차관보) 2003년 관세청장 2005년 건설교통부 차관 2006년 대통령 경제보좌관 2007년 금융감독위원회 위원장(장관급) 겸 금융감독원장 2008년 미국 캘리포니아대 버클리교 Visiting Scholar 2009년 법무법인 광장 고문 2009년 고려대 경영대학원 초빙교수 2017년 손해보험협회 회장(현) (상)우수공무원 대통령표창(1987), 황조근정훈장(2001), 올해의 고대 경영인상(2007), 자랑스런 용산인상(2007), 고려대 석탑강의상(2010~2016), 제33회 정진기언론문화상 경제·경영도서부문대상(2015) (저)'정부의 초일류화, 이젠 꿈이 아니다'(2005, 매일경제 출판부) '아시아 외환위기와 신국제금융체제'(2007, 박영사) '아주(亞洲) 외환위기와 국제금융신질서'(2009, 중국길림대학 출판부) '반복되는 금융위기 – 두개의 위기, 하나의 교훈'(2010, 삼성경제연구소) '금융이슈로 읽는 글로벌 경제'(2015, 삼성경제연구소) (종)가톨릭

## 김용덕(金容德) KIM Yong Duk

(생)1955·6·23 (출)서울 (주)서울특별시 강남구 도산대로 306 효성캐피탈(주) 임원실(1588-9688) (학)1974년 서울고졸 1978년 한국외국어대 무역학과졸 (경)1978년 삼성그룹 입사 1979년 모간은행 서울지점 자금부 지배인 1985년 엥도수에즈은행 서울지점 자금부 총괄부장 1987년 同서울지점 여신담당 부장 1988년 삼성그룹 비서실 재무팀 국제금융담당 차장 1991년 삼성물산(주) 프로젝트금융팀장(부장) 1993년 同싱가폴현지법인 부법인장 1995년 삼성 동남아본사 금융담당 부장 1997년 同금융기획팀장(이사) 1998년 삼성생명보험(주) 해외투자팀장(이사) 2000년 외환코메르쯔투자신탁운용(주) 부사장 2004~2005년 同대표이사 사장 2005~2007년 뉴욕은행 대표이사, 한국스탠다드차타드캐피탈 대표이사, 삼성고른기회장학재단 선정·평가위원회 위원 2009년 효성캐피탈(주) 대표이사 사장(현) 2010년 삼성꿈장학재단 선정평가위원회 위원 (종)기독교

## 김용덕(金龍德) Kim Yong Deok

(생)1957·11·20 (출)서울 (학)1976년 경기고졸 1980년 서울대 법과대학졸 1989년 同대학원 법학과졸 (경)1979년 사법시험 합격(21회) 1982년 사법연수원 수료(12기) 1982년 軍법무관 1985년 서울민사지법 판사 1987년 서울지법 동부지원 판사 1990년 춘천지법 영월지원 판사 1990년 해외 연수 1991년 대전지법 판사 1992년 청주지법 제천지원장 1993년 서울고법 판사 1993년 법원행정처 연구심의관 1994년 同법무담당관 1995년 同기획담당관 1996년 서울고법 판사 1997년 청주지법 부장판사 1999년 사법연수원 교수 2001년 서울지법 부장판사 2002년

법원행정처 법정국장 겸임 2004년 대전고법 부장판사 2005년 서울고법 부장판사 2005년 대법원 수석재판연구관 2010년 서울고법 부장판사 2010년 同수석부장판사 직대 2011년 법원행정처 차장 2012~2017년 대법원 대법관 2016~2017년 중앙선거관리위원회 위원장 겸임 (상)청조근정훈장(2017) (저)'회사정리절차와 다수당사자의 채권관계' '민법주해'(共)

**김용덕(金容德)**

(생)1961·3·23 (출)충북 (주)서울특별시 강서구 공항대로 376 (주)KBS비즈니스(02-2600-8643) (학)인천고졸, 인하대 전자공학과졸 (경)1989~1993년 한국방송공사(KBS) 용문산중계소 근무 1993~2007년 同중계기술국 TV중계부 근무 2007~2018년 同네트워크센터 네트워크운영국 관악산송신소 근무 2018년 同제작기술본부장 2019년 同기술본부장 2019년 (주)KBS비즈니스 이사(현)

**김용덕(金容德)**

(생)1964·11·26 (출)충남 논산 (주)대전광역시 서구 둔산중로78번길 45 대전지방법원(042-470-1114) (학)1983년 서대전고졸 1993년 서울대 법학과졸 (경)1995년 사법시험 합격(37회) 1998년 사법연수원 수료(27기) 1998년 전주지법 예비판사 2000년 同판사 2003년 대전지법 판사 2007년 청주지법 영동지원 판사 2008년 同제천지원 판사 2009년 특허법원 판사 2012년 대전지법 공주지원 판사 2013년 同부장판사 2016년 대전지법·대전가정법원 홍성지원장 2018년 대전지법 부장판사(현)

**김용두(金容斗) KIM Yong Du**

(생)1969·11·23 (출)경남 합천 (주)울산광역시 남구 법대로 55 울산지방법원(052-216-8000) (학)1987년 능인고졸 1992년 경북대 법학과졸 2000년 서울대 대학원 법학과졸 (경)1999년 사법시험 합격(41회) 2002년 사법연수원 수료(31기) 2002년 춘천지법 예비판사 2004년 同판사 2005년 의정부지법 판사 2008년 서울북부지법 판사 2012년 서울중앙지법 판사 2014년 창원지법 통영지원 판사 2017년 울산지법 부장판사(현)

**김용래(金龍來) KIM Yong Rae**

(생)1968·1·15 (본)강릉(江陵) (출)경북 영주 (주)세종특별자치시 한누리대로 402 산업통상자원부 통상차관보실(044-203-5101) (학)1986년 영락고졸 1991년 연세대 전기공학과졸 2004년 경영학박사(영국 리즈대 Business School) (경)1990년 기술고시 합격(26회) 1991년 총무처 수습사무관 1992년 동력자원부 전력수급과·에너지기술과 사무관 1996년 산업자원부 디지털전자산업과 사무관 2004년 同전력산업과 서기관 2004년 同기술사업화팀장 2006년 同자동차조선팀장 2007년 駐타이왕국대사관 참사관 2010년 지식경제부 가스산업과장(서기관) 2011년 同가스산업과장(부이사관) 2012년 同운영지원과장 2013년 산업통상자원부 운영지원과장 2014년 대한무역투자진흥공사 종합행정지원센터장 2015년 산업통상자원부 산업정책실 소재부품산업정책관 2016년 同에너지자원실 에너지산업정책관 2017년 同장관정책보좌관(국장급) 2018년 同통상정책국장 2018년 同통상차관보(현)

**김용만(金容滿) Yong-Man Kim**

(생)1956·5·5 (주)서울특별시 광진구 아차산로 439 (주)김가네(02-454-1710) (학)2001년 연세대 외식산업고위자과정 수료 2002년 同프랜차이즈CEO과정 수료 (경)1994년 (주)김가네 대표이사(현) 1998~2005년 (사)한국프랜차이즈협회 부회장 2003~2004년 강남중앙라이온스클럽 회장 2005~2008년 (사)한국프랜차이즈협회 수석부회장 2005년 (사)한일외식문화교류협회 이사 2008~2012년 (사)한국프랜차이즈협회 회장 2008년 대한상공회의소 유통위원회 부위원장 (상)한국프랜차이즈대상 8년 연속 수상(2000~2007), 신지식인상(2006), 농림부장관표창, 한국프랜차이즈대상 산업자원부장관표창, 한국재능기부협회 선정 창조경영인상(2013)

**김용민(金用民) Kim, Yongmin**

(생)1953·5·19 (출)제주 제주시 (주)경상북도 포항시 남구 청암로 77 포항공과대학교 창의IT융합공학과(054-279-8841) (학)1975년 서울대 전자공학과졸 1979년 미국 Univ. of Wisconsin-Madison 대학원 전자공학과졸 1982년 전자공학박사(미국 Univ. of Wisconsin-Madison) (경)1982~1986년 미국 Univ. of Washington 전자공학과 조교수 1984년 同생명공학과 조교수 겸임 1986~1990년 同전자공학과 부교수 1988년 同생명공학과·컴퓨터공학과 부교수 겸임 1990~1999년 同전자공학과 교수 1990~1999년 同생명공학과·컴퓨터공학과·방사선의학과 교수 겸임 1999년 同생명공학과·전자공학과 교수 1999년 同컴퓨터공학과·방사선의학과 교수 겸임 1999~2007년 同생명공학과 학과장 2004~2007년 同생명공학과 W. Hunter and Dorothy L. Simpson 석좌교수 2005~2006년 국제전기전자공학회(IEEE) 의학및생물학협회(EMBS) 회장 2009년 포항공과대(POSTECH) 전자과 석학교수 2011~2015년 同총장 2012년 同창의IT융합공학과 총괄책임자 2013~2014년 국가과학기술자문회의 자문위원 2015년 포항공과대(POSTECH) 창의IT융합공학과 교수(현) 2015년 미국 Univ. of Washington 연구원(파견) (상)조선일보 선정 Outstanding Young Korean(1990), 호암상 공학부문(2003), 미국 Univ. of Wisconsin-Madison College of Engineering 'Distinguished Achievement Award'(2005), IEEE EMBS 'William J. Morlock Award'(2011), 대한의용생체공학상(2011), 미국 워싱턴대 올해의 발명가상(2012) (저)'VLIW processor architecture and algorithm mapping for DSP applications'(共) 'Programmable Digital Signal Processors : Architecture, Programming and Applications(共)'(2002, Marcel Dekker) 외 26권 (역)'Fully-programmable computing architecture for medical ultrasound machines(共)'(2010, IEEETrans. Information Technology in Biomedicine Vol.14, University of Washington) 외 167편

**김용배(金容培) KIM Young Bae**

(생)1954·10·2 (본)교하(交河) (출)서울 (주)서울특별시 서대문구 북아현로11가길 7 추계예술대학교 음악대학 피아노과(02-362-9966) (학)서울고졸 1976년 서울대 미학과졸 1979년 同대학원 피아노학과졸 1982년 미국 버지니아 Commonwealth Univ. 대학원졸, 미국 가톨릭대 대학원 피아노학 박사과정 수료 (경)1990~2004년 추계예술대 음악학부 피아노과 부교수·교수 2002년 한국피아노학회 부회장 2004년 한국피아노듀오협회 부회장 2004~2007년 예술의전당 사장 2007년 추계예술대 음악대학 피아노과 교수(현) 2011~2018년 同기획처장 (상)미국 버지니아필하모닉오케스트라 Young Artist Competition 1위(1982), 제4회 Joanna Hodge Piano Competition 2위, 한국음악팬클럽 선정 이달의 음악가상(1985), 한국예술평론가협의회 선정 88최우수예술가 음악부문(1988), 자랑스러운 서울인상(2015) (저)'행복한 클라시쿠스(共)'(2012, 생각정원) (종)기독교

**김용배(金容培) Kim Yong Bae**

(생)1966·8·20 (출)전북 김제 (주)서울특별시 서초구 서초대로74길 4 삼성생명서초타워 17층 법무법인(유) 동인(02-2046-0692) (학)1985년 전북 전일고졸 1991년 서울대 공법학과졸 1995년 同법과대학원졸 2000년 同대학원 법학과졸(석사) (경)1993년 사법시험 합격(35회) 1996년 사

법연수원 수료(25기) 1996년 인천지법 판사 1998년 서울가정법원 판사 2000년 전주지법 판사 2003년 서울지법 판사 2004년 서울중앙지법 판사 2005년 서울서부지법 판사 2006년 서울고법 판사 2008년 서울북부지법 판사 2011년 광주지법 부장판사 2012~2014년 수원지법 부장판사 2014년 법무법인(유) 동인 변호사(현) (종)기독교

## 김용범(金龍範) KIM Yong Bom (翠菴)

(생)1942·1·14 (본)개성(開城) (출)제주 (주)서울특별시 종로구 새문안로 92 성곡언론문화재단(02-734-0342) (학)1958 제주 오현고 중퇴 1960년 동아고졸 1964년 서울대 문리대학 사회학과졸 1975년 同신문대학원졸 1976~1977년 미국 컬럼비아대 연수 (경)1964년 동양통신 입사 1973년 同해외부 차장 1977년 同외신부장 1977~1980년 同일본특파원 1981년 연합통신 외신2부장 1983년 同편집부국장 1986년 同지방국장 직대·워싱턴특파원 1987년 同워싱턴지국장 1990년 同논설위원 1990년 同국제국장 1991~1993년 IPI한국위원회 사무국장 1992~1995년 연합통신 동북아시아정보문화센터 상임이사 1995년 한국방송공사(KBS) 라디오24시 담당앵커 1996~1998년 문화일보 도쿄특파원 1999년 국민대 지역학부·언론학부 강사 1999~2000년 고려대 정책대학원 강사 1999~2001년 문화방송(MBC) 시청자위원회 위원 1999년 국민대 언론학부 겸임교수 2003년 배재대 일본학부 겸임교수, 2010년 성곡언론문화재단 이사(현), 성곡학술문화재단 이사 (저)'일본주의자의 꿈'(1999) '꽃은 스스로 아름답다고 말하지 않는다'(2008) '김용범의 看茶錄'(2011) (역)'신경제시대 승자의 조건' (작)'차 한 잔 따라놓고'(연재 중, 월간 다도) (종)불교

## 김용범(金容範) KIM Yong Bom

(생)1958·10·2 (본)광산(光山) (출)강원 영월 (주)대구광역시 북구 노원로 280 (주)NUC전자 사장실(053-665-5005) (학)서울 동북고졸, 고려대 영어영문학과졸 (경)LG 회장실 근무, LG상사 근무, (주)LG홈쇼핑 MD영업부문 상무 2005년 (주)GS홈쇼핑 생활건강사업부문 상무 2005년 同CATV사업부장(상무) 2005년 공정거래위원회 경쟁정책자문위원(유통분과위) 2008년 同해외사업부문장(상무) 2009~2011년 同중국사업부장(상무), 중국 중경 GS홈쇼핑 동사장 겸 총경리 2011년 (주)B&A SHOP 대표이사 사장 2013년 (주)NUC전자 사장(현) 2017년 산업통상자원부 산업기술혁신평가단 평가위원(현) 2018년 한국산업기술진흥원(KIAT) 공학교육혁신정보센터 운영위원 (종)불교

## 김용범(金龍範) Kim Yong Bum

(생)1961·1·10 (출)충북 음성 (주)대전광역시 동구 중앙로 242 한국철도시설공단(042-607-3025) (학)1981년 명지고졸 1983년 경희대 건축공학과 수료 (경)1986년 공무원 7급 공채 합격 1986~1991년 감사원 제5국 제1과·제1국 제4과 감사주사보 1991~1998년 同제1국 제1과·총무과·제4국 제1과·국책사업감사단 제1과 감사주사 1998~2006년 同국책사업감사단 제1과·제4국 제4과·환경문화감사단 제2과·사회복지감사국 제3과·자치행정감사국 제2과 부감사관 2007년 同감사교육원 회계교육과 감사관, 同행정지원실 서무행정팀 감사관 2009년 同자치행정감사국 총괄과 감사관 2011년 同감찰관실 감찰담당관 2012년 同공공기관감사국 제2과장 2014년 同심의실 조정1담당관(부이사관) 2016년 同운영지원과장 2016년 同감사청구조사단장(고위공무원) 2017년 同지방행정감사2국장 2018년 同공직감찰본부장 2019년 한국철도시설공단 상임감사(현) (상)감사원장표창(1990·1993·2001·2006), 모범공무원상(1995)

## 김용범(金容範) Kim Yongbeom

(생)1962·2·5 (본)광산(光山) (출)전남 무안 (주)세종특별자치시 갈매로 477 기획재정부 제1차관실(044-215-2021) (학)1981년 광주 대동고졸 1985년 서울대 경제학과졸 1987년 同행정대학원 행정학과졸 1997년 경제학박사(미국 조지워싱턴대) (경)1986년 행정고시 합격(30회) 1987~1992년 재무부 사무관 1996년 재정경제원 사무관 1999년 재정경제부 증권제도과 서기관 2000년 세계은행 금융발전국 선임재무전문가 2004년 同아시아태평양실 선임재무전문가 2005년 재정경제부 은행제도과장 2006년 대통령비서실 파견(과장급) 2008년 대통령직속 국가경쟁력위원회 파견(국장급) 2009년 지식경제부 우정사업본부 보험사업단장(고위공무원) 2010년 대통령직속 G20정상회의준비위원회 국제금융시스템개혁국장 2010년 공적자금관리위원회 사무국장(고위공무원) 2012년 금융위원회 자본시장국장 2013년 同금융정책국장 2015년 同증권선물위원회 상임위원 2015년 同사무처장 2017~2019년 同부위원장 겸 증권선물위원회 위원장(차관급) 2019년 기획재정부 제1차관(현) (상)홍조근정훈장(2011) (저)'떠오르는 중국의 기관투자가(共)'(2004, 세계은행) 'Post-Crisis Growth and Development(共)'(2010, 세계은행) (역)'오너십 솔루션(共)'(2000, 푸른길) (종)기독교

## 김용범(金龍範) KIM Yong Beom

(생)1962·9·24 (출)서울 (주)인천광역시 연수구 갯벌로 92 (주)토비스 비서실(032-712-5100) (학)1986년 서울시립대 전자공학과졸 (경)1989~1995년 대우전자 주임연구원 1995~1998년 (주)현우맥플러스 개발부 책임연구원 1998년 同영상기기사업부 이사 1998년 (주)토비스 공동대표이사(현) 2010년 (주)아이디 대표이사 2015년 코스닥협회 이사 (상)인천시 남동구청장 우수기업인상(2002), 대통령표창(2002), 한국무역협회 '한국을 빛낸 올해의 무역인상'(2014)

## 김용범(金容範) Kim Yong Beom

(생)1963·1·3 (출)경기 (주)서울특별시 강남구 강남대로 382 메리츠금융지주 임원실(02-2018-6822) (학)한성고졸 1986년 서울대 경영학과졸 (경)1989년 대한생명보험 증권부 근무 1995년 CSFB fixed income trading desk 부장 1997년 同Global Emerging Market Group 이사 1998년 삼성화재해상보험 자산운용실 펀드운용부장 1999년 삼성투자신탁운용 채권운용팀장 2001년 同채권운용CIO 2001년 同주식·채권통합CIO 겸 운용전략실장(상무) 2005년 삼성증권 CM영업본부장(상무) 2011년 메리츠종합금융증권(주) 최고재무관리자(CFO·전무) 2011년 同부사장 2012~2015년 同대표이사 사장 2013년 (주)메리츠금융지주 최고운영책임자(COO·사장) 2014~2015년 同공동대표이사 사장 겸임 2015년 메리츠화재해상보험(주) 대표이사 사장 2018년 同대표이사 부회장(현) 2018년 메리츠금융지주 대표이사 부회장 겸임(현) (상)2018 대한민국 금융인상 손해보험 대상(2018)

## 김용범(金容範) KIM Yong Beom

(생)1963·12·12 (출)제주 서귀포 (주)제주특별자치도 제주시 문연로 13 제주특별자치도의회(064-741-1880) (학)남주고졸, 대구대 중어중문학과졸, 제주대 행정대학원 행정학과졸, 同일반대학원 관광개발학 박사과정 수료 (경)제주 서귀포시연합청년회 회장, 새정치국민회의 서귀포·南제주지구당 상무위원, 민주평통 자문위원, 제주 서귀포문화원 이사, 지구환경보존운동본부 제주 서귀포시지회장, 열린우리당 서귀포·남제주지구당 사무국장, 同제주도당 윤리위원, 同서귀포시지역위원회 운영위원, 4.3진상규명과명예회복을위한도민연대 공동대표, 제주문화관광포럼 부대표 2006년 제주특별자치도의원선거 출마(열린우

리당) 2010년 제주특별자치도의회 의원(민주당 · 민주통합당 · 민주당 · 새정치민주연합) 2012년 同행정자치위원회 위원장 2014~2018년 제주특별자치도의회 의원(새정치민주연합 · 더불어민주당) 2014년 同인사청문특별위원회 위원 2014년 同문화관광스포츠위원회 위원 2015년 同예산결산특별위원회 위원 2016~2018년 同보건복지안전위원회 위원장 2016~2018년 同FTA대응특별위원회 위원 2016~2018년 同제주특별법제도개선및토지정책특별위원회 위원, 同제주복지공동체포럼 위원, 제주특별자치도 유네스코등록유산관리위원회 위원(원) 2017년 행정안전부 정책자문위원(안전정책분과)(현) 2018년 제주특별자치도의회 의원(더불어민주당)(현) 2018년 同환경도시위원회 위원(현) [상]위민의정대상 최우수상(2016), 대한민국유권자대상 광역자치단체의회의원부문(2017)

## 김용빈(金龍彬) KIM Yong Bin

[생]1959 · 11 · 13 [본]선산(善山) [출]경기 포천 [주]서울특별시 서초구 서초중앙로 157 서울고등법원(02-530-1114) [학]1978년 중경고졸 1983년 서울대 법대졸 1985년 同대학원 법학과 수료 [경]1984년 사법시험 합격(26회) 1987년 사법연수원 수료(16기) 1990년 인천지법 판사 1992년 서울민사지법 판사 1994년 대전지법 공주지원 판사 1997년 서울지법 북부지원 판사 1999년 서울고법 판사 2000년 대법원 재판연구관 2002년 춘천지법 영월지원장 2003년 사법연수원 교수 2006년 서울중앙지법 부장판사 2009년 서울서부지법 수석부장판사 2010년 부산고법 부장판사 2011년 서울고법 행정11부 부장판사 2017~2019년 춘천지법원장 2017~2019년 강원도선거관리위원회 위원장 2019년 서울고법 부장판사(현) [종]가톨릭

## 김용빈(金容彬) KIM Yong Bin

[생]1968·7·27 [출]전남 장흥 [주]대전광역시 서구 둔산중로78번길 15 대전고등검찰청(042-470-3242) [학]1987년 영훈고졸 1994년 서울대 영어영문학과졸 [경]1997년 사법시험 합격(39회) 2000년 사법연수원 수료(29기) 2000~2002년 변호사 개업 2002년 대전지검 검사 2004년 광주지검 검사 2006년 인천지검 부천지청 검사 2008년 서울서부지검 검사 2011년 울산지검 검사 2013년 同부부장검사 2013년 대구지검 서부지청 부부장검사 2014년 의정부지검 부부장검사 2015년 전주지검 군산지청 부장검사 2016년 부산지검 부부장검사 2017년 대전고검 검사(현)

## 김용빈(金用彬) Kim Yong Bin

[본]김해(金海) [출]서울 [주]서울특별시 송파구 올림픽로 424 올림픽공원 테니스경기장 310호 대한카누연맹(02-420-4282) [학]1991년 서초고졸 1996년 일본 주오대 법학부졸 2000년 고려대 언론대학원 신문방송학과졸 [경]1997년 디엠지아이엔씨 대표 1998년 풍연 기획총괄 이사 2000년 아이디아이엔씨 대표이사 2003년 시저스파트너스 대표이사 2004년 케이앤컴퍼니 대표이사 2006년 케이앤엔터테인먼트 대표이사 2008년 유라시아알앤티 부회장 2012~2017년 한국테크놀로지 대표이사 부회장 2016년 콘텐츠난다긴다 대표이사(현) 2016~2018년 덕성여대 특임연구교수 2016년 이디 대표이사 부회장 2017년 (주)한국코퍼레이션 대표이사 부회장 2017년 대한카누연맹 회장(현) 2018년 제18회 자카르타-팔렘방아시안게임 국가대표선수단 부단장 [종]기독교

## 김용삼(金龍三) Kim Yong Sam

[생]1957 [출]경기 연천 [주]세종특별자치시 갈매로 388 문화체육관광부 제1차관실(044-203-2010) [학]1975년 연천종합고졸 [경]1981년 7급 공무원시험 합격 2003년 문화관광부 문화산업국 게임음반과장 직대 2005년 한국예술종합학교 교학처 교무과장 2007년 문화관광부 예술국 전통예술팀장 2008년 문화체육관광부 예술국 전통예술과장 2008년 同인사과장 2009년 국립국악원 국악진흥과장(부이사관) 2011년 문화체육관광부 감사관(고위공무원) 2014년 同종무실장(고위공무원), 김포대 문화학부 초빙교수 2017년 문화체육관광부 조직문화혁신위원회 위원 2018년 국민체육진흥공단 전무이사 2018년 문화체육관광부 제1차관(현)

## 김용상(金容祥) KIM Yong Sang

[생]1963 · 5 · 3 [출]서울 [주]서울특별시 종로구 사직로8길 39 김앤장법률사무소(02-3703-4602) [학]1982년 신일고졸 1986년 서울대 법대졸 [경]1985년 사법시험 합격(27회) 1988년 사법연수원 수료(17기) 1988년 공군 법무관 1991년 서울민사지법 판사 1993년 서울형사지법 판사 1995년 청주지법 판사 1998년 서울지법 동부지원 판사 1999년 법원도서관 조사심의관 겸임 2001년 서울고법 판사 2003년 대전지법 부장판사 2004년 대법원 재판연구관 2005년 법원행정처 인사제1심의관 2006년 同사법정책제2심의관 2007년 서울중앙지법 부장판사 2010년 부산고법 부장판사 2012~2013년 서울고법 부장판사 2012~2013년 중앙토지수용위원회 위원 2013년 김앤장법률사무소 변호사(현) 2019년 (주)동국제강 사외이사(현)

## 김용석(金容奭) KIM Yong Suk

[생]1962 · 11 · 10 [주]서울특별시 동대문구 경희대로 23 경희대학교 한방병원 침구과(02-958-9192) [학]1987년 경희대 한의학과졸 1993년 同대학원 침구학과졸 1997년 침구학박사(경희대) [경]1998년 경희대 강남경희한방병원 침구과 전문의 1999년 同한의과대학 침구학교실 조교수 2001~2003년 연세대 치대 외래교수 2002~2003년 미국 미네소타주립대 방문교수 2003년 경희대 한의과대학 침구학교실 부교수 · 교수(현), 同강남경희한방병원 부원장, 同뇌신경센터장, 세계침구학회연합회 집행위원, 대한한의학회 국제이사, 대한침구의학회 회장 2005년 세계침구학회연합회(WFAS) 집행이사 2018년 同부회장(현) 2018년 ISO/TC249 한국대표전문위원(현) [저]'통증완화법으로서의 TENS와 진동자극 및 침요법'(2002) '신경학'(2003) '실용침구임상'(2003) '암은 진맥과 침, 뜸으로 치료된다'(2003)

## 김용석(金容奭) KIM Yong Suk

[생]1963 · 8 · 29 [출]서울 [주]서울특별시 서초구 강남대로 193 서울행정법원(02-2055-8114) [학]1981년 휘문고졸 1985년 서울대 법대졸 [경]1984년 사법시험 합격(26회) 1987년 사법연수원 수료(16기) 1990년 서울지법 동부지원 판사 1991년 서울형사지법 판사 1994년 청주지법 판사 1997년 수원지법 성남지원 판사 1998년 서울고법 판사 1998년 법원행정처 사법정책담당관 1999년 同기획담당관 겸 법무담당관 2000년 서울고법 판사 2002년 대전지법 서산지원장 2003년 대법원 재판연구관 2005년 서울동부지법 부장판사 2007년 서울중앙지법 부장판사 2010년 부산고법 부장판사 2011년 수원지법 수석부장판사 2012년 서울고법 부장판사 2018년 서울행정법원장(현)

## 김용석(金容奭) Kim Yong Seok

[생]1965 · 8 · 17 [본]김해(金海) [출]부산 [주]인천광역시 서구 환경로 42 국립환경과학원 낙동강물환경연구소(054-950-9700) [학]1984년 동천고졸 1991년 부산수산대 환경공학과졸 1996년 서울시립대 대학원 환경공학과졸 2002년 환경공학박사(일본 쓰쿠바대) [경]1993~2006년 국립환경과학원 환경연구사 2006~2012년 同환경연구관 2012년 同물환경연구부 유역총량연구과장 2018년 同4대강물환경연구소 낙동강물환경연구소장(현) [상]환경부장관표창(2004)

## 김용석(金龍錫) KIM Yong Seog (石花)

(생)1966·2·28 (본)광산(光山) (출)전남 장흥 (주)세종특별자치시 도움6로 11 국토교통부 도로국(044-201-3879) (학)1988년 성균관대 정치외교학과졸 1995년 고려대 대학원 행정학과 수료 1998년 영국 크랜필드대 경영대학원졸 (경)1991년 행정고시 합격(35회) 1992년 총무처·교통부·국무총리실 사무관 1995년 건설교통부 안전정책과 사무관 1998년 同도시철도과 사무관 2000년 同수송물류정책과 서기관 2003년 同예산담당관실 총괄서기관 2004년 대통령자문 동북아시대위원회 물류과장 2005년 건설교통부 광역교통정책과장 2006년 同정책조정팀장 2006년 駐아제르바이잔 건설교통관 2011년 국토해양부 대중교통과장 2013년 국토교통부 교통정책조정과장(부이사관) 2015년 同자동차안전및서비스선진화기획단 단장 2016년 행정중심복합도시건설청 기반시설국장 2017년 국토교통부 항공정책실 공항항행정책관 2019년 同도로국장(현) (상)국무총리표창(2002), 자랑스러운 해외건설 외교관상(2010), 근정포장(2012) (저)'카스피해 자원부국 아제르바이잔'(2011)

## 김용석(金容錫) KIM Yong Suck

(생)1970·7·29 (본)김해(金海) (출)경남 사천 (주)서울특별시 중구 세종대로 125 서울특별시의회(02-3702-1400) (학)1989년 진주동명고졸 1994년 경희대 사학과졸 2014년 서울시립대 도시과학대학원 도시행정학과졸 (경)1998~2010년 서울시 도봉구의회 의원(3선) 1996~2008년 김근태 국회의원 민원비서 2002~2004년 서울시 도봉구의회 의장(4대) 2009년 민주당 서울시당 교육연수위원회 부위원장 2010년 서울시의회 의원(민주당·민주통합당·민주당·새정치민주연합) 2010년 同시의회개혁과발전특별위원회 부위원장 2011년 同예산결산특별위원회 부위원장 2012년 同재정경제위원회 부위원장 2012년 同정책연구위원회 위원 2012년 同독도영토주권수호및일제식민지피해자지원특별위원회 위원 2013년 同예산결산특별위원회 위원 2014~2018년 서울시의회 의원(새정치민주연합·더불어민주당) 2014년 同기획경제위원회 위원장 2015년 同청년발전특별위원회 위원 2015~2019년 더불어민주당 서울도봉구甲지역위원회 사무국장 2015~2016년 서울시의회 하나고등학교특혜의혹진상규명을위한행정사무조사특별위원회 위원 2016년 同행정자치위원회 위원 2018년 서울시의회 의원(더불어민주당)(현) 2018년 同행정자치위원회 위원(현) 2018년 더불어민주당 대표의원(현) 2018년 同전국광역의회의원협의회 회장(현) (상)시민일보 의정대상(2010), 지방의회 우수의정활동대상(2010), 새정치민주연합 서울시의원 다면평가 1등(2014), 한국청년유권자연맹 우수지방의원상(2014), 전국 시·도 의장단협의회 대한민국위민의정대상 최우수상(2016), 2016 매니페스토약속대상 좋은조례분야(2017) (종)기독교

## 김용선(金容善) KIM Yong Seon

(생)1952·1·9 (출)전남 완도 (주)서울특별시 용산구 이촌로 352 신동아건설(주) 비서실(02-709-7135) (학)1972년 광주숭실고졸 1981년 전남대 토목공학과졸 1996년 서강대 경영대학 최고경영자과정 수료 (경)1981~1985년 한신공영(주) 근무 1986~1996년 (주)신우토목 대표이사 1996년 (주)일해토건 대표이사 2001년 신동아건설(주) 대표이사 회장(현) (상)동탑산업훈장(2009)

## 김용선(金容善) KIM YONG SUN

(생)1967·12·5 (주)대전광역시 서구 청사로 189 특허심판원 심판2부(042-481-5823) (학)1986년 전라고졸 1994년 서울시립대 도시행정학과졸 2005년 미국 워싱턴대 대학원 법학과졸(LL.M.) 2006년 법학박사(JSD)(미국 워싱턴대) (경)1993년 행정고시 합격(37회) 1994년 특허청 조사과·국제협력과·심사기준과 사무관 2000년 同청장 비서관 2003년 同심사1국 의장2심사담당관 2007년 同정보기획본부 정보개발팀장 2008년 同국제협력과장 2010년 특허심판원 심판관, 駐제네바대표부 참사관, 특허청 대변인 2013년 同산업재산정책국 산업재산정책과장(부이사관) 2017년 특허심판원 심판제3부 심판장(고위공무원) 2017년 특허청 산업재산정책국장 2018년 특허심판원 심판2부 심판장(현) (상)근정포장(2008), 홍조근정훈장(2017) (역)'WIPO 지식재산권편람(共)'(1999, 특허청)

## 김용섭(金容燮) KIM Yong Seop

(생)1931·10·8 (출)강원 통천 (주)서울특별시 서초구 반포대로37길 59 대한민국학술원(02-3400-5220) (학)1955년 서울대 사범대 사학과졸 1957년 고려대 대학원졸 1983년 문학박사(연세대) (경)1959~1967년 서울대 사범대 시간강사·전임강사·조교수 1967~1975년 同문리대 사학과 교수 1975~1997년 연세대 문과대학 인문학부 교수 1977~1979년 한국사연구회 대표간사 1984~1985년 프랑스 파리제7대 방문교수 2000년 대한민국학술원 회원(한국사·현) (상)제11회 한국출판문화상 저작상(1971), 연세대학교 연세학술상(1977), 제1회 치암학술상(1984), 제17회 중앙문화대상 학술상(1991), 국민훈장 동백장(1997), 성곡학술문화상(2002), 용재상(2009) (저)'조선후기농업사 연구 1- 농촌경제·사회변동' '조선후기농업사 연구 2-농업과 농업론의 변동' '한국근현대농업사 연구-한말·일제하의 지주제와 농업문제' '한국중세농업사연구'(2000, 지식산업사) '역사의 오솔길을 가면서'(2011)

## 김용섭(金庸燮) KIM Yong Sup

(생)1956·8·14 (출)부산 (주)서울특별시 중구 남대문로 63 한진빌딩 법무법인 광장(02-772-5949) (학)1975년 경기고졸 1979년 서울대 정치학과졸 1984년 同대학원 법학과 수료 (경)1984년 사법시험 합격(26회) 1987년 사법연수원 수료(16기) 1987년 인천지법 판사 1989년 서울가정법원 판사 1990년 서울민사지법 판사 1998년 서울지법 판사 1999년 서울고법 판사 1999년 법원행정처 공보관 2001년 서울고법 판사 2002년 춘천지법 부장판사 2003년 사법연수원 교수 2006년 서울중앙지법 부장판사 2007년 인천지법 부천지원장 2009년 특허법원 부장판사 2010년 同수석부장판사 2011~2012년 서울고법 부장판사 2012년 변호사 개업 2013~2015년 공적자금관리위원회 민간위원 2014년 법무법인 광장 변호사(현) 2015년 한국토지주택공사 법률고문(현) 2015년 한국유방암학회 법률고문 2016~2018년 대한체육회 미래기획위원회 위원 2018년 同스포츠공정위원회 부위원장(현)

## 김용섭(金容燮) KIM Yong Sub

(생)1962·8·13 (출)경남 (주)서울특별시 마포구 마포대로 119 효성티앤씨(주) 임원실(02-707-7000) (학)1981년 진해고졸 1985년 서울대 섬유학과졸 (경)1985년 (주)효성 입사 1999년 同중앙연구소 신소재연구팀장 2001년 同스판덱스PU 구미공장장 2005년 同나이론원사PU 영업담당 상무 2006년 同나이론원사PU장(상무) 2008년 同스판덱스PU 구미공장장(상무) 2010년 同브라질스판덱스법인장 겸 공장장(상무) 2014년 同브라질스판덱스법인장 겸 공장장(전무) 2015년 同스판덱스PU장(전무) 2018년 효성티앤씨(주) 대표이사 전무 2019년 同대표이사 부사장 겸 스판덱스PU장(현)

## 김용성(金龍成)

(생)1968·11·17 (주)경기도 수원시 팔달구 효원로 1 경기도의회(031-8008-7000) (학)연세대 행정대학원 행정학과졸 (경)민주당 국회정책연구위원, 더불어민주당 경기도당 사무처장, 同정책위원회 부의장 2018년 경기도의회 의원(비례대표, 더불어민주당)(현) 2018년 同문화체육관광위원회 위원(현)

ㄱ

## 김용수(金龍秀) KIM Yong Soo

(생)1956·9·19 (본)경주(慶州) (출)서울 (주)서울특별시 성동구 왕십리로 222 한양대학교 원자력공학과(02-2220-0467) (학)1975년 경복고졸 1983년 한양대 원자력공학과졸 1987년 同대학원 원자력공학과졸 1992년 원자력공학박사(미국 캘리포니아대 버클리교) (경)1993~1994년 미국 국립로렌스버클리연구소 박사 후 연구원 1994년 한양대 공과대학 원자력공학과 교수(현) 1999~2001년 同원전기기기술연구소장 2002~2005년 천주교인권위원장 2002~2003년 천주교정의구현전국연합 상임대표 2004~2011년 (사)한국원자력기기검증협회 총무이사 겸 기술위원장 2004년 국제원자력기구(IAEA) 지정 원자로재료물성DB센터장(현) 2007~2009년 한양대 공과대학 시스템응용공학부장 2008~2010년 同공학교육혁신센터장 2009~2011년 한국방사성폐기물학회 총무이사 2011년 (주)HN에너테크 CTO 2011~2013년 한양대 대외협력처장 2011년 한국공학교육인증원 대외홍보위원장 2012년 미국 세계인명사전 'Marquis Who's Who in the World'에 등재 2012~2016년 (사)함께한대봉사단 상임이사 2013~2015년 한양대 사회봉사단장 2013~2016년 원전해체안전연구센터 센터장 2014년 한국원자력학회 부회장 2015~2017년 한양대 공과대학장 겸 공과대학원장 2017~2018년 우주에너테크 CTO 2017~2018년 同최고경영자(CEO) 겸임 2017년 한국연구재단 원전해체선진연구센터장(현) 2018년 국경없는과학기술자회 회장(현) (상)미국 Univ. of California Regents Fellowship(1989~1990), 미국 J.H. Wheeler and E.H. Wheeler Fellowship(1990~1991), 미국 Josept A. Dias Scholarship(1991~1992), 한국원자력학회 학술상(2000), 한국원자력공로상(2014), Marquis Who's Who 앨버트 넬슨 평생공로상(2017) (역)'지속가능한 세상을 위한 신의 마지막 제안'(2005) (종)천주교

## 김용수(金龍洙) KIM Yong Soo

(생)1958·11·5 (출)경남 창녕 (주)서울특별시 강서구 마곡중앙로 201 롯데중앙연구소 소장실(02-6309-3000) (학)1977년 부산남고졸 1981년 고려대 농업경제학과졸 2004년 同대학원 경영학과졸 (경)롯데제과(주) 인사교육과장, 同총무부장, 同기획실장 2004년 同기획담당 이사대우 2006~2008년 同기획·총무담당 이사 2008년 (주)롯데삼강 총무·구매담당 상무 2009년 同대표이사 상무 2010~2012년 同대표이사 전무 2011~2012년 (주)롯데햄 대표이사 2012년 롯데제과(주) 대표이사 부사장 2016~2018년 同대표이사 사장 2018년 롯데중앙연구소 소장(사장)(현)

## 김용수(金容守)

(생)1964·6 (주)서울특별시 송파구 올림픽로35길 123 삼성물산(주) 경영지원팀(02-2145-2114) (학)숭실고졸, 서강대 경영학과졸 (경)1987년 삼성그룹 입사, 삼성물산(주) 재무팀 근무, 同경영관리팀 근무, 제일모직(주) 경영관리팀 근무 2009년 삼성물산(주) 상무 2015년 同상사부문 경영지원실 기획팀장(전무) 2016~2018년 同상사부문 동남아대양주총괄 전무 2018년 同상사부문 경영지원팀장(전무)(현)

## 김용숙(金容淑) Kim yong sook

(생)1956·9·21 (본)광산(光山) (출)전북 고창 (주)서울특별시 영등포구 당산로 139 장한빌딩 4층 (사)전국지역신문협회(02-2632-1260) (학)1976년 명지대 경영학과졸 2011년 동국대 대학원 신문방송학과졸(언론학석사) (경)1996년 TV서울·(주)시사연합 대표이사(현) 2003년 (사)전국지역신문협회 중앙회장(현) 2005~2006년 뉴시스저널 편집고문 2006~2010년 (사)한국언론인연합회 부회장 2007년 경기도 김포시 제1호 명예시민(현) 2009년 서울지방병무청 정책자문위원장(현) (상)경찰청장표창(2006), 대한적십자사총재표창(2008), 민주평통 사무처장표창(2011), 서울시장표창(2012), 자랑스런인물대상(2012), 국세청 모범납세자상(2015), 모범납세자 국세청장표창(2018) (저)'우리 헌법이 걸어온 길(共)'(1995, 광산) (종)기독교

## 김용순(金龍淳) Kim, Yong Soon

(생)1956·10·1 (본)광산(光山) (출)서울 (주)서울특별시 서초구 나루터로 56 하이웨이빌딩 2층 (주)아모에스넷(02-542-0951) (학)1975년 서울고졸 1983년 서울대졸 2009년 한국과학기술원(KAIST) 최고경영자과정 수료 (경)1982년 (주)한화 무역부문(前골든벨상사) 입사 1993~1997년 同알마티·우루무치지사 근무 2009년 한화S&C(주) U-인프라사업본부장(상무) 2010년 同제조공공사업본부장 2013~2018년 (주)아모텍 부사장 2019년 (주)아모에스넷 대표이사 부사장(현)

## 김용순(金用淳) KIM Yong Soon

(생)1957·3·28 (주)서울특별시 강서구 양천로 13 한국공항(주) 경영지원실(02-2660-3114) (학)중앙고졸, 고려대 정치외교학과졸, 미국 서던캘리포니아대 대학원 경영학과졸 (경)2002년 (주)대한항공 중앙교육원 교육지원팀장 2003년 同경영전략본부 경영관리팀장 2005년 同미주지역본부 관리팀장(상무보) 2008년 同미주지역관리팀장(상무B) 2009년 同인재개발실장(상무B) 2010년 同인재개발실장(상무A) 2010년 同인력개발센터담당·항공의료센터담당 겸임 2013년 同인력관리본부 부본부장 겸 인재개발실장(전무A) 2014년 同인력관리본부장(전무A) 2015년 同HR부문총괄 전무A 2016~2017년 同객실승무본부장(전무) 2018년 한국공항(주) 경영지원실장(현)

## 김용승(金龍昇) KIM Yong Seung

(생)1955·9·19 (본)의성(義城) (출)대구 (주)경기도 부천시 지봉로 43 가톨릭대학교 경제학과(02-2164-4571) (학)고려대 경제학과졸, 同대학원졸, 경제학박사(고려대) (경)1990년 가톨릭대 회계학과 교수 1997년 내무부 지방재정발전기획단 연구위원 1998~2016·2018년 가톨릭대 경제학과 교수(현) 1998년 행정자치부 지방공기업경영평가위원, 同지방공기업선진화위원회 위원, 한국재정학회 총무이사, 한국경제학회 발간위원 2000년 가톨릭대 학생선발본부장, 同교무부처장 2010년 同학부교육선진화사업단장 2010~2011년 한국재정정책학회 회장 2011년 同명예회장 2011~2016년 가톨릭대 교학부총장 2012~2016년 同LINC사업단장 2012년 행정안전부 지방재정위기관리위원회 위원 2013년 안전행정부 지방공기업경영평가위원 2013년 同지방재정위기관리위원회 위원 2013년 전국대학교부총장협의회 회장 2015년 교육부 교육개혁추진협의회 공동의장 겸 총괄위원장 2016~2017년 대통령 교육문화수석비서관

## 김용승(金龍昇) KIM Yong Seung

(생)1965·7·10 (출)전남 고흥 (주)세종특별자치시 도움6로 11 국토교통부 감사관실(044-201-3100) (학)1983년 동신고졸 1987년 고려대 법학과졸 1990년 同대학원 법학과졸 2003년 국방대 대학원 안보과정 수료 2008년 미국 Fordham Law School 방문학자과정 수료 (경)1990년 사법시험 합격(32회) 1993년 사법연수원 수료(22기) 1993년 軍법무관 1996년 부산지검 검사 1998년 전주지검 군산지청 검사 2000년 서울지검 검사 2002년 수원지검 검사 2005년 광주지검 순천지청 부부장검사 2006년 광주고검 검사 2007년 광주지검 공안부장 2008년 서울중앙지검 부부장검사(미국 해외연수) 2009년 인천지검 공안부장 2009년 同형사4부장 2010년 대전지검 형사3부장 2011년 법무연수원 연구위원(파견) 2012년 서울북부지검 형사제2부장 2012년 서울

고검 검사 2013년 광주지검 순천지청 차장검사 2014년 서울고검 검사 2015년 춘천지검 강릉지청장 2016~2017년 서울고검 검사(서울시 법률자문검사 파견) 2017년 서울고검 검사(서울시 파견 복귀) 2018년 국토교통부 감사관(현) (상)업무유공 법무부장관표창(2001) (저)'사기범죄 수사실무'(2012, 법무연수원) (종)기독교

## 김용식(金容植) KIM Yong Sik

(생)1954·2·14 (주)서울특별시 서초구 반포대로 222 서울성모병원 병원장실(02-2258-1078) (학)1980년 가톨릭대 의대졸 1984년 同대학원 의학석사 1991년 의학박사(가톨릭대) (경)2001~2019년 가톨릭대 의대 정형외과학교실 교수 2005~2015년 (주)코렌텍 이사 2007년 IHS(International Hip Society) 회원(현) 2008년 제15차 아시아태평양정형외과학회의 사무총장 2009~2010년 대한고관절학회 회장 2009~2010년 대한정형외과연구학회 회장 2013년 AAHKS(미국인공관절학회) 국제분과위원회 위원(현) 2014~2015년 대한정형외과학회 이사장 2017년 가톨릭대 서울성모병원장(현) 2017년 同여의도성모병원장 겸임(현) 2017~2019년 同은평성모병원 건설사업추진위원회 부위원장 2017년 대한병원협회 상임이사(현) 2019년 가톨릭대 의대 정형외과학교실 명예교수(현) (상)대한정형외과학회 Traveling Fellow(1995), 대한정형외과학회 기초부문 학술본상(1996), 한국과학기술연합회 학술상(1997), 대한고관절학회 장려상(1998), 가톨릭대 대학원 학술상(1998), 대한정형외과학회 학술상(1999), 대한정형외과연구학회 최우수논문상(1999·2002·2004), 대한정형외과학회 임상부문 학술본상(2001), 대한정형외과학회 MSD Fellow(2002)

## 김용식(金龍植) KIM Yong Shik

(생)1961·1·5 (본)안동(安東) (출)서울 (주)인천광역시 연수구 아카데미로 119 인천대학교 도시과학대학 도시건축학부(032-835-8478) (학)1984년 인천대 건축공학과졸 1991년 일본 도쿄공업대 대학원졸(건축환경설비전공) 1994년 공학박사(일본 도쿄공업대) (경)1994년 삼성건설연구소 선임연구원 1998년 청운대 건축환경설비학과 조교수 2000~2015년 대한건축학회 건축환경분과위원장·건축설비부위원장·이사 2001~2013년 한국생활환경학회 이사·총무이사·부회장·회장 2004년 인천대 도시과학대학 도시건축학부 조교수·부교수·교수(현) 2006~2012년 한국그린빌딩협의회(KGBC) 이사·부회장 2008~2011년 한국설비기술협회 부회장 2014~2016년 인천대 학생처장 겸 사회봉사센터장 2015~2017년 미국 냉난방공조학회(ASHRAE : American Society of Heating Refrigerating and Air conditing Engineers) 한국지회 초대 회장 2018년 한국그린빌딩협의회(KGBC) 회장(현) 2019년 대한건축학회 참여이사(현) 2019년 인천대 대외협력부총장(현) (상)Most Cited Articles 2005~2008, Building and Environment, Elsvier, UK(2009), 대한설비공학회 공로장(2009), 국토해양부장관표창(2012), 한국설비기술협회 공로상(2012), 한국생활환경학회 학술대상(2014), 대한민국 인물대상 학술-그린빌딩부문(2018), 아시아 도시환경학회 논문상(2018), 한국태양에너지학회 최우수논문상(2018), 한국생활환경학회 학술상(2018), 대한건축학회 학술상(2018) (저)'백만인의 공기조화'(2000) '설비공학편람'(2001) '건축 텍스트북 : 제5편 건축설비'(2001)

## 김용연(金用淵)

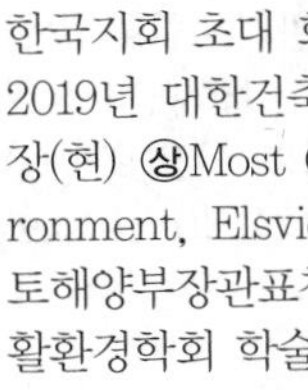

(생)1960·9·29 (주)서울특별시 중구 세종대로 125 서울특별시의회(02-3702-1400) (학)연세대 산업대학원졸 (경)건축사사무소 비사벌 대표이사(현), 더불어민주당 서울강서乙지역위원회 사무국장(현) 2017년 同제19대 문재인 대통령후보 국토교통특보 2018년 서울시의회 의원(더불어민주당)(현) 2018년 同보건복지위원회 위원(현) 2018년 同정책위원회 위원(현) 2018년 同예산결산특별위원회 위원(현) 2018년 同서부지역광역철도건설특별위원회 위원(현) 2018년 同항공기소음특별위원회 위원(현), 서울남부지방법원 건축조정위원(현), 민주평통 자문회의 상임위원(현), 서울시 강서구상공회의소 수석부회장(현), 서울시 강서구장학회 이사(현) 2019년 서울시의회 김포공항주변지역활성화특별위원회 위원(현)

## 김용옥(金容沃) KIM Young Oak (檮杌)

(생)1948·6·14 (본)광산(光山) (출)충남 천안 (학)1965년 보성고졸 1967년 고려대 생물학과 중퇴 1968년 한국신학대 신학과 중퇴 1972년 고려대 철학과졸 1974년 국립대만대 대학원 철학과졸 1977년 일본 도쿄대 대학원 중국철학과졸 1982년 철학박사(미국 하버드대) 1996년 원광대 한의대졸 2011년 한신대 명예신학사 (경)1982~1986년 고려대 철학과 부교수·교수 1986년 '한국의 오늘을 사는 한 지성인의 양심선언' 발표 1989~1994년 한국사상사연구소 소장 1993~2000년 도올서원 강주 1996~1998년 도올한의원 원장 1996~1998년 서울대 천연물과학연구소 객원교수·용인대 교수·중앙대 교수·한국예술종합학교 연극원 강사 1998년 미국 하버드대 의대 신경생물학교실 연구교수 1998년 미국 케임브리지 뉴잉글랜드복잡계연구소(NECSI) 철학분과위원장 1999~2000년 EBS '노자와 21세기' 강의(56회) 2000~2001년 KBS '도올의 논어이야기' 강의(64회) 2002년 EBS '도올 인도를 만나다' 강의(28회) 2002~2004년 문화일보 기자 2003년 중앙대 교양학부·국악교육대학원 석좌교수 2004년 MBC '한국사상사특강 – 우리는 누구인가' 강의(26회) 2005년 순천대 인문학부 석좌교수 2005년 EBS 10부작 다큐멘터리 '도올이 본 한국독립운동사' PD 2006년 EBS '논술세대를 위한 철학교실' 강의(50회) 2006년 춘사대상영화제 집행위원장 2007~2008년 세명대 석좌교수 2007년 중앙일보 편집국장석 기자 2010~2012년 원광대 석좌교수 2011년 한신대 교양학부 초빙교수 2013~2014년 同교양학부 석좌교수 (저)'동양학 어떻게 할 것인가' '여자란 무엇인가' '노자철학 이것이다' '중고생을 위한 김용옥선생의 철학강의' '아름다움과 추함' '도올세설' '절차탁마대기만성' '기철학 무엇인가' '기철학산조' '길과 얻음' '나는 불교를 이렇게 본다' '독기학설' '태권도 철학의 구성원리' '김우중과의 대화' '삼국유사인득' '삼국통일과 한국통일' '기옹은 이렇게 말했다' '도올선생 중용강의' '금강경강해' '노자와 21세기' '도올논어' '도올의 청계천이야기' '혜강 최한기와 유교' '삼봉 정도전의 건국철학' '도올심득 동경대전' '도올의 국가이념' '앙코르와트·월남가다' '달라이라마와 도올의 만남' '논술과 철학강의' '논어 한글역주'(2009) '효경 한글역주'(2009, 통나무) 시나리오 '장군의 아들', '취화선', '새춘향뎐', '도바리', '깜동'(共), '날개', '개벽' (역)'번역의 이론과 실제' '루어투어시앙쯔'(共) '석도화론' '화두, 혜능과 셰익스피어' '이성의 기능' (작) 연극 '천명', '백두산 신곡', '시간의 그림자'(共), '그 불'

## 김용완(金容完) Kim, Yong-Wan

(생)1969 (주)세종특별자치시 국세청로 8-14 국세청 운영지원과(044-204-2241) (학)공주대사대부고졸, 한양대 경제학과졸 1998년 同대학원 경제학과졸 (경)2002년 행정고시 합격(46회), 서울지방국세청 국제조사2과 근무 2012년 국세청 법규과 서기관 2013년 보령세무서장 2014년 중부지방국세청 국제거래조사과장 2015년 조세심판원 1심판부 3심판조사관 2017년 서울 중랑세무서장 2018년 서울지방국세청 조사3국 조사관리과장 2018년 대통령비서실 파견(현)

## 김용우(金用楀) KIM Yong Woo

(생)1950·11·23 (본)김해(金海) (출)전북 부안 (주)서울특별시 서초구 강남대로12길 41 동우빌딩 303호 신본통상(주)(02-571-2567) (학)1970년 양정고졸 1974년 고려대 이공대학졸 (경)1976년 예편(육군 중위) 1990년 신본통상 대표이사(현) 1997~2001년 한국초등학교롤러연맹 회장 2002~2004

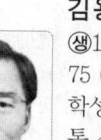

년 대한올림픽위원회(KOC) 위원 2002년 대한인라인롤러연맹 회장 2005년 대한체육회 감사 2006년 세계인라인롤러대회 유치 · 개최 2007~2010년 아시아롤러연맹 부회장 2009년 대한체육회 법제상벌위원회 부위원장, 인천아시안게임조직위원회 자문위원 2010년 세계슬라럼스케이트협회 회장 2014년 대한우슈쿵푸협회 관리위원장 2014년 인천아시안게임 우슈쿵후대회본부장 2014년 아시아우슈쿵후협회 집행위원 2016년 대한체육회 자문위원(현) [상]대한체육회 최우수공로상(2008) [종]가톨릭

**김용웅(金龍雄) KIM Yong Woong**

[생]1942 · 5 · 19 [출]경남 남해 [주]충청남도 아산시 음봉면 아산온천로 528-24 KB오토시스(주) 회장실(041-537-5345) [학]1961년 남해고졸 1991년 고려대 경영대학원 수료 [경]1972년 부산 서부교통 부장 1977년 유신교통(주) 대표이사 1979년 강릉동명실업 대표이사 1981년 (주)북구대우자판 대표이사 1983년 영남여객 대표이사 1985~2002년 (주)한국베랄 대표이사 사장 2002~2009년 同대표이사 회장 2002년 천안상공회의소 회장 2002~2012년 충남북부상공회의소 회장 2005년 대전MBC 경영자문위원장 2006년 대한상공회의소 부회장 2009년 충남도체육회 부회장 2009~2012년 KB오토시스(주) 대표이사 회장 2010년 IP리더스클럽 회장 2012년 KB오토시스(주) 회장(현) [상]자랑스러운 충남인상(2010), 충남북부상공회의소 공로패(2016), 금탑산업훈장(2017) [종]불교

**김용원(金容源) KIM Yong Won**

[생]1956 · 10 · 25 [출]인천 [주]서울특별시 강남구 봉은사로 628 엘슨빌딩 5층 사장실(02-557-9371) [학]1983년 인하대 전자공학과졸 1997년 서울대 행정대학원 정보통신정책과정 수료 [경]1983~1993년 삼보컴퓨터 근무 1993~1998년 나래이동통신 영업본부 입사 · 상무이사 1998년 (주)나래텔레콤 대표이사 사장 1998년 나래블루버드 프로농구단장 1999년 엘렉스컴퓨터 부사장 2000년 아이야닷컴 대표이사 2001년 (주)모컨스 대표이사 사장(현) 2004년 (주)틸만코리아 대표이사 사장 겸임(현) 2009년 KBL(프로농구연맹) 재정위원 [상]정보통신부장관표창(1997) [종]기독교

**김용원(金龍源) KIM Yong Won**

[생]1960 · 7 · 24 [주]서울특별시 영등포구 선유로 75 (주)GS리테일 슈퍼사업부(02-2005-3115) [학]학성고졸, 건국대 섬유공학과졸 [경]2003년 LG유통 상무 2005년 GS리테일 편의점사업부 영업부문장 2009년 同전략부문장(상무) 2011년 同전략부문장(전무), 同슈퍼마켓사업부 영업부문장(전무) 2013년 同정보서비스부문장(전무) 2015~2016년 同경영정보부문장(부사장) 2017년 同슈퍼사업부 대표(부사장)(현)

**김용원(金龍源) Kim Yong Won**

[생]1963 · 4 · 18 [본]상산(商山) [출]경북 상주 [주]세종특별자치시 도움6로 11 국토교통부 항공보안과(044-201-5422) [학]1982년 국립철도고졸 1998년 한국방송통신대 행정학과졸 2001년 한남대 경영대학원 경영정책학과졸 2013년 철도차량시스템공학박사(서울과학기술대) [경]1990~1993년 부산지방철도청 운수국 · 철도건설창 · 철도청 운전관리관실 근무 1994~2003년 철도청 안전환경실 조사과 근무 · 천안기관차승무사무소장 2004~2013년 건설교통부(국토해양부) 교통정책실 자동차정책과 · 자동차운영과 근무 2013년 국토교통부 자동차운영과 근무 2014년 同철도시스템안전팀장 2015년 항공철도사고조사위원회 사무국장 2016년 민간 고용 휴직(과장급) 2017년 국토교통부 항공보안과장(현)

**김용윤(金容允) KIM Yong Yoon**

[생]1960 · 9 · 13 [본]광산(光山) [출]충북 청원 [주]서울특별시 종로구 율곡로2길 25 연합뉴스 콘텐츠평가실(02-398-3114) [학]1978년 충남고졸 1985년 충남대 사회학과졸 2002년 한국체육대 대학원 체육학과졸 [경]1984년 연합통신 입사 1998년 同체육부 차장대우 1998년 미국 미주리대 저널리즘스쿨 연수 2000년 연합뉴스 스포츠레저부 차장 · 특신부 부장대우 2002년 同LA특파원 2005년 同국제뉴스부 근무(부장급) 2005년 同스포츠레저부장 2006년 同스포츠레저부장(부국장대우) 2008년 同논설위원 2009년 同한민족센터 부본부장(부국장급) 2011년 同정보사업국장 2012년 同경기취재본부장(국장대우) 2014년 同콘텐츠평가실 콘텐츠평가위원(국장대우) 2015년 同대전 · 충남취재본부 천안주재 기자(국장대우) 2017년 同국제뉴스부 기자(국장대우) 2017년 同스포츠부 파견 2018년 同콘텐츠평가실 콘텐츠평가위원(이사대우)(현) [종]가톨릭

**김용익(金容益) KIM Yong-Ik**

[생]1952 · 10 · 10 [본]광산(光山) [출]충남 논산 [주]강원도 원주시 건강로 32 국민건강보험공단 이사장실(033-736-1057) [학]1971년 서울고졸 1977년 서울대 의대졸 1979년 同대학원 보건학과졸 1983년 의학박사(서울대) 1984년 영국 리즈대 대학원 보건학과졸 1998년 영국 런던대 보건대학원 보건정책학 박사후 과정 수료 [경]1984~2013년 서울대 의과대학 의료관리학교실 교수 1994~1996년 '의료보장 통합일원화와 보험적용 확대를 위한 범국민연대회의' 집행위원장 1998년 보건복지부 의료보험통합추진기획단 제1분과장 1998~1999년 同의약분업실행위원회 위원 1999년 '의약분업 실현을 위한 시민대책위원회' 자문위원 2003~2004년 보건복지부 공적노인요양보장추진기획단 위원장 2004~2006년 한국보건행정학회 회장 2004~2005년 대통령자문 고령화및미래사회위원회 위원장 2006~2008년 대통령 사회정책수석비서관 2010년 사람사는세상 노무현재단 상임운영위원(현) 2010~2012년 건강보험하나로시민회의 공동대표 2011년 민주통합당 보편적복지특별위원회 위원장 2011~2012년 서울대 의학연구원 의료관리학연구소장 2011~2012년 (사)한국미래발전연구원 원장 2012~2016년 제19대 국회의원(비례대표, 민주통합당·민주당·새정치민주연합·더불어민주당) 2013년 민주당 정책위원회 원내부의장 2013년 同제4정책조정위원장 2013년 同진주의료원정상화및공공의료대책특별위원회 위원장 2013년 국회 공공의료정상화를위한국정조사특별위원회 간사 2014~2015년 새정치민주연합 의료영리화저지특별위원회 위원장 2014년 국회 보건복지위원회 위원 2014년 새정치민주연합 공적연금발전TF 위원 2015년 국회 메르스대책특별위원회 야당 간사 2015년 새정치민주연합 총무본부 부본부장 2015년 同경제정의·노동민주화특별위원회 위원 2015년 국회 공적연금강화와노후빈곤해소를위한사회적기구 위원 2015~2016년 더불어민주당 총무본부 부본부장 2016년 同총선정책공약단 더불어민생교육복지본부 공동본부장 2016~2017년 同민주정책연구원장 2017년 同제19대 문재인 대통령후보 중앙선거대책본부 정책본부 공동본부장 겸 국민의나라위원회 총괄부위원장 2017년 국민건강보험공단 이사장(현) [상]황조근정훈장(2008), 경제정의실천시민연합 국정감사 우수의원(2014), 한국매니페스토실천본부 국정감사 우수의원(2015) [저]'지역사회 의학'(1988) '의료, 좀 더 알아둡시다'(1993) '의료, 이렇게 개혁합시다'(1994) '잘못 알려진 건강상식 100'(1994) '복지도시를 만드는 6가지 방법'(2010) '의료관리(교과서)'(2013)

**김용일(金龍逸) KIM Young Il**

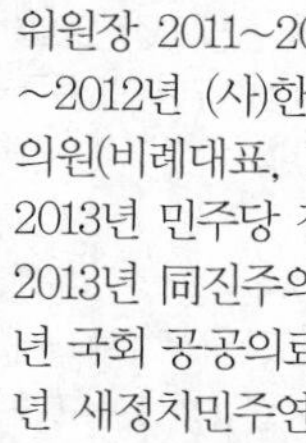

[생]1954 · 8 · 25 [출]광주 [주]광주광역시 동구 동명로 101-1 변호사회관 2층 법무법인(유) 바른길(062-232-0050) [학]1972년 광주고졸 1976년 고려대 법학과졸 1978년 同대학원 법학과졸 [경]1976년 사법시험 합격(18회) 1978년 사법연수원 수료(8기) 1978년 육군 법무관 1981년 광주지법 순천

지원 판사 1984년 광주지법 판사 1987년 同소년부지원 판사 1989년 광주고법 판사 1991년 대법원 재판연구관 1993년 광주지법 부장판사 1994년 同목포지원장 1996년 광주지법 부장판사 2000년 同순천지원장 2002년 광주지법 부장판사 2006년 전주지법 정읍지원장 2008~2009년 광주지법 부장판사 2009년 변호사 개업 2009년 법무법인(유) 바른길 대표변호사(현) 2009년 학교법인 조선대 감사 종가톨릭

## 김용일(金龍一) KIM Yong Il

생1957 · 1 · 22 본김해(金海) 출대구 주대구광역시 달서구 달구벌대로 1095 계명대학교 인문국제학대학 철학윤리학과(053-580-5691) 학1976년 대구 달성고졸 1981년 계명대 철학과졸 1985년 同대학원 철학과졸 1992년 철학박사(독일 튀빙겐대) 경1995년 계명대 인문대학 철학과 전임강사 1997~2015년 同인문대학 철학윤리학과 조교수 · 부교수 · 교수 1999년 同신문사주간 겸 교육방송국장 2006~2010년 同학생처장 2006 · 2008년 同종합인력개발원장 2012년 同학생부총장(현) 2015년 同인문국제학대학 철학윤리학과 교수(현) 2015~2016년 同대학원장 상교육부장관표창(1999) 저'철학과 삶(共)'(1994) '해석학과 현대철학(共)'(1996) '하버마스의 비판적 사회이론(共)'(1996) '21세기 학문의 전망과 과제(共)'(1999) '정신문화와 기독교'(2000) 종기독교

## 김용일(金龍逸) Kim, Yongil

생1966 · 8 · 30 본김해(金海) 출경남 남해 주경기도 과천시 관문로 47 방송통신위원회 단말기유통조사담당관실(02-2110-1550) 학1985년 진주고졸 1989년 서울대 외교학과졸 2003년 핀란드 헬싱키경제대 경영대학원졸(MBA) 2010년 서울대 기술경영경제정책대학원 수료 경1995년 행정고시 합격(39회) 2005년 정보통신부 정보통신진흥국 통신안전과 서기관 2006년 同창원우체국장 2008년 서울대 교육파견 2010년 방송통신위원회 방송정책국 지역방송팀장 2011년 同미디어다양성추진단 미디어기반정책과장 2012년 同방송정책국 방송채널정책과장 2013년 同방송정책국 방송지원정책과장 2014년 同이용자정책국 이용자정책총괄과장 2016년 대통령소속 국민대통합위원회 홍보부장(부이사관) 2017년 방송통신위원회 단말기유통조사담당관(현) 상대통령표창(2004)

## 김용자(金容子 · 女)

생1975 · 3 · 18 출경북 영양 주서울특별시 양천구 신월로 390 서울남부지방검찰청 공판부(02-3219-4451) 학1994년 명성여고졸 1999년 한국외국어대 중국어과졸 경2000년 사법고시 합격(42회) 2003년 사법연수원 수료(32기) 2003년 서울지검 서부지청 검사 2004년 서울서부지검 검사 2005년 대구지검 김천지청 검사 2007년 인천지검 부천지청 검사 2009년 서울남부지검 검사 2014년 대구지검 검사 2016년 서울중앙지검 검사 2017년 사법연수원 교수 2019년 서울남부지검 공판부장(현)

## 김용재(金容材) KIM Yong Jae

생1944 · 3 · 5 본광산(光山) 출대전 주서울특별시 영등포구 국회대로76길 18 오성빌딩 1105호 국제펜클럽 한국본부(02-782-1337) 학1962년 대전고졸 1967년 충남대 영어영문학과졸 1978년 同교육대학원졸 1996년 문학박사(충남대) 경1969년 예편(중위) 1970~1979년 공주고 · 충남고 교사 1974년 월간「시문학」추천으로 문단데뷔 1979년 충남대 · 목원대 강사 1980년 중경전문대학 전임강사 1982~1996년 대전대 영어영문학과 전임강사 · 조교수 · 부교수 1991년 한국문인협회 대전시지회장 · 회원 · 자문위원(현) 1994년 미국 USC 객원교수 1996~2008년 대전대 영어영문학과 교수 1998~2002년 국제펜클럽 이사 1999~2001년 대전대 문과대학장 2002년 국제계관시인연합(UPLI) 한국회장(현) 2003~2005년 한국시문학회 회장 2005년 同명예회장 2005년 대전대 대학원장 2005년 대전 · 충남대학원장협의회 회장 2014년 한국현대시인협회 부이사장 2017년 국제펜클럽 한국본부 부이사장(현) 2017년 (사)한국현대시인협회 이사장(현) 상대전시문화상, 한성기문학상, 호서문학상, 한국현대시인상 저시집 '겨울산책' '아침바람 행차' '휴일의 새' '저무는 날의 명령법' '병사와 달맞이꽃' '바퀴에 깔려도 햇살은 죽지 않는다' 'Hanbit Tower & a Song of Asterism' 'The Lost Summer' '청동빛' '머물러있던 시간의 비상'

## 김용정(金容正) KIM Yong Jung

생1966 · 1 · 19 본광산(光山) 출충남 논산 주서울특별시 서초구 서초대로 264 법조타워 법무법인 다담(02-501-5100) 학1984년 대전 보문고졸 1988년 서울대 사법학과졸 경1993년 사법시험 합격(35회) 1996년 사법연수원 수료(25기) 1996년 광주지검 검사 1998년 同장흥지청 검사 1999년 인천지검 검사 2001년 서울지검 남부지청 검사 2004년 대전지검 검사 2006년 서울중앙지검 검사 2009년 인천지검 부부장검사 2009년 청주지검 충주지청 부장검사 2010년 전주지검 부장검사 2011년 의정부지검 공판송무부장 2012년 대구지검 서부지청 부장검사 2013년 광주지검 순천지청 부장검사 2014년 수원지검 형사3부장 2015년 서울북부지검 형사2부장 2016년 법무법인 다담 대표변호사(현)

## 김용제(金容濟) KIM Yong Je

생1962 · 4 · 15 주경기도 수원시 영통구 삼성로 129 삼성전자(주) 무선 서비스사업실(031-200-1114) 학마산고졸, 아주대 대학원 전자공학과졸 경삼성전자(주) 디지털미디어연구소 플랫폼솔루션팀 수석연구원 2005년 同디지털미디어연구소 플랫폼솔루션팀 상무보, 同DMC연구소 M/M연구팀장(상무) 2010년 同DMC연구소 M/M연구팀장(전무) 2014년 미국 세계인명사전 'Marquis Who's Who in the World'에 등재 2015년 삼성전자(주) 삼성리서치아메리카(SRA)연구소장(부사장) 2017년 同소프트웨어분야 총괄부사장 2019년 同무선서비스사업실장(연구위원)(현)

## 김용종(金龍鍾)

생1967 출서울 주서울특별시 서대문구 통일로 97 경찰청 위기관리센터(02-3150-1214) 학1989년 경찰대 행정과졸(5기) 경2003년 경기 광명경찰서 경비교통과장 2004년 경기 고양경찰서 정보보안과장 2005년 서울지방경찰청 기동단 특수기동대 부대장 2006년 경찰청 정보국 정보2과 근무 2011년 同기획조정관실 근무 2012년 대전지방경찰청 경기교통과장 · 치안정책조정관 2013년 울산지방경찰청 청문감사담당관(총경) 2013년 강원 양구경찰서장 2015년 경찰청 기획조정관실 새경찰추진단 근무(총경) 2016년 서울 서부경찰서장 2017년 경찰청 테러대응과장 2019년 同위기관리센터장(현)

## 김용주(金容柱) KIM Yong Joo

생1954 · 12 · 25 본광산(光山) 출전남 순천 주경기도 양주시 은현면 화합로 1049-56 서정대학교 사회복지행정과(031-860-5081) 학1973년 조선대부속고졸 1986년 경기대 법과대학 법학과졸 2003년 한양대 언론정보대학원 언론학과졸 2007년 법학박사(서울시립대) 2013년 한성대 행정대학원졸(사회복지학석사) 경1986년 언론중재위원회 근무 1996년 同기획부장 1997년 同조사연구부장 1999년 同기획팀장 2000년 同기획실장 2003년 同중재심의실장 2005~2011년 同사무총장 2012년 서정대 사회복지행정과 교수(현) 2013~2016년 한국광고자율심의기구 기사형광고심의위원회 위원 2014~2015년 연합뉴스TV 시청자위원회 위원 2014~2018년 경기대총동문회 회장 상대통령표창(2001), 국민훈장 동백장(2011)

**김용주(金容柱) Kim Yong Joo**

(생)1962·2·10 (출)울산 (주)부산광역시 연제구 법원로 15 부산고등검찰청(051-606-3242) (학)1980년 부산 금성고졸 1988년 부산대 법대졸 (경)1988년 사법시험 합격(30회) 1991년 사법연수원 수료(20기) 1991년 서울지검 동부지청 검사 1993년 창원지검 충무지청 검사 1994년 인천지검 검사 1995년 부산지검 동부지청 검사 1997년 서울지검 의정부지청 검사 1999년 법무부 조사과 검사 2000년 同보호과 검사 2001년 서울지검 남부지청 검사 2005년 인천지검 부부장검사 2006년 부산고검 검사 2007년 대구지검 형사4부장 2008년 수원지검 안산지청 부장검사 2009년 창원지검 형사1부장 2009년 대구고검 검사 2011년 부산고검 검사 2011~2012년 부산시 파견 2012~2014년 한국해양대 정책연구원 파견 2015년 대구고검 검사 2017년 부산지검 중요경제범죄조사단장 2019년 부산고검 검사(현)

**김용준(金容駿) KIM Yong Jun**

(생)1933·11·6 (본)의성(義城) (출)경북 의성 (주)서울특별시 서초구 반포대로22길 77 송죽법무사합동사무소(02-598-2211) (학)1952년 부산고졸 1956년 고려대 정법대졸 1977년 연세대 행정대학원졸 1985년 법학박사(연세대) (경)1960년 용인등기소 근무 1965~1978년 서울지법·법원행정처 근무 1978년 청주지법 사무국장 1979년 대구지법 사무국장 1981년 대구고법 사무국장 1982년 사법연수원 사무국장 1984년 법원공무원교육원 원장 1987~1993년 서울민사지법 집달관합동사무소 집달관 1990년 同집달관합동사무소장 1993년 법무사 개업 1997년 대한법무사협회 이사 1998년 서울고법 조정위원 2002년 송죽(松竹)법무사합동사무소 대표법무사(현) (상)녹조근정훈장(1977) (저)'판례예규 등기법총람' '등기공무원의 심사권에 관한 연구' '부동산 등기제도에 관한 연구' (종)기독교

**김용준(金容俊) KIM Yong Joon**

(생)1938·12·2 (본)광산(光山) (출)서울 (주)서울특별시 영등포구 의사당대로 97 교보증권빌딩 4층 법무법인 넥서스(02-6335-3901) (학)1955년 서울고 2년 수료 1959년 서울대 법대졸 1967년 同법과대학원졸 1998년 명예 법학박사(대구대) 1998년 명예 법학박사(제주대) 1999년 명예 철학박사(명지대) (경)1957년 고등고시 수석합격(9회) 1960년 대구지법 판사(최연소: 만22세) 1961년 서울지법 판사 1966년 서울고법 판사 1969년 대법원 재판연구관 1970년 서울고법 판사 1973년 서울민사지법 부장판사 겸 사법연수원 교수 1975년 서울민사지법 부장판사 1977년 서울지법 남부지원 부장판사 1979년 서울가정법원 부장판사 1980년 광주고법 부장판사 1981년 서울고법 부장판사 1984년 서울가정법원장 1988년 대법관 1994년 헌법재판소 소장(2대) 2000~2010년 법무법인 율촌 상임고문 2001년 헌법재판소 자문위원장 2001년 청소년참사랑운동본부 명예총재 2002년 조선일보 독자권익보호위원회 초대위원장 2004년 대검찰청 공안자문위원회 위원장 2004년 사회복지공동모금회 회장 2011년 법무법인 넥서스 고문변호사(현) 2012년 새누리당 제18대 대통령중앙선거대책위원회 공동위원장 2012~2013년 제18대 대통령직인수위원회 위원장 2013년 국무총리 후보자 (상)청조근정훈장(1994), 국민훈장 무궁화장(2000), 제2회 대한민국법률대상 사법부문(2009), 대한변호사협회 한국법률문화상(2011) (종)기독교

**김용준(金鏞準) KIM Yong June**

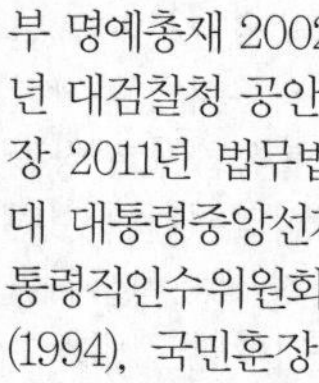

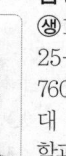

(생)1960·1·10 (주)서울특별시 종로구 성균관로 25-2 성균관대학교 국제관3층 중국대학원(02-760-0453) (학)1978년 서울 중앙고졸 1982년 서울대 경영학과졸 1984년 미국 텍사스대 대학원 경영학과졸 1989년 마케팅박사(미국 노스웨스턴대) (경)1989년 캐나다 브리티시콜롬비아대 경영학과 조교수 1990년 중국 상하이교통대학 초빙교수 1991~1998년 성균관대 경영학부 부교수 1996년 중국 청화대 객좌교수 1998년 성균관대 경영전문대학원 교수(현) 2000년 e-삼성 차이나 부사장 2000~2001년 삼성 오픈타이드차이나 사장 2002년 성균관대 현대중국연구소장(현) 2003~2004년 同경영전문대학원 MBA Director 2008~2011년 (주)농심 사외이사, (주)이건 사외이사 2012~2014년 (주)LG패션 사외이사 겸 감사위원 2014년 한국국제경영학회 회장 2014~2017년 (주)LF 사외이사 겸 감사위원 2015~2016년 (사)한국마케팅학회 회장 2015~2019년 (주)한독 사외이사 2015년 성균관대 중국대학원장(현) 2018년 한중디지털경영연구소 소장(현) 2019년 한국경영학회 회장(현) (상)'미국 텍사스대 대학원 Phi Kappa Phi, Beta Gamma Sigma', '미국 텍사스대 대학원 최우수졸업상'(1984) (저)'현대의 마케팅과학(共)' '마케팅전략기획(共)' '중국 일등기업의 4가지 비밀'(2013) '중국의 상업관행과 제도적 환경변화'(2014) '혁신의 시간(共)'(2016) '신 차이나 드림'(2016) '차이나 마케팅'(2016) (역)'경쟁과 협력의 전략'(1993)

**김용중(金容重)**

(생)1975·7·4 (출)서울 (주)부산광역시 연제구 법원로 31 부산지방법원(051-590-1114) (학)1994년 경성고졸 2000년 서울대 법학과졸 (경)2000년 사법고시 합격(42회) 2003년 사법연수원 수료(32기), 육군 법무관, 인천지법 판사 2008년 서울중앙지법 판사 2010년 광주지법 장흥지원 판사 2013년 수원지법 안양지원 판사 2016년 서울중앙지법 판사 2018년 부산지법 부장판사(현)

**김용직(金容直) KIM Yong Jick**

(생)1955·11·18 (본)광산(光山) (출)경기 포천 (주)서울특별시 종로구 종로5길58 석탄회관빌딩 법무법인 케이씨엘(02-721-4242) (학)1974년 경기고졸 1978년 서울대 법대졸 1980년 단국대 대학원 법학과 수료 1996년 서울대 공과대학 최고산업전략과정 수료 2006년 同경영대학원 최고경영자과정 수료 (경)1978년 행정고시 합격(22회) 1979~1980년 경제부처 및 강원도 수습사무관·동력자원부 행정사무관 1980년 사법시험 합격(22회) 1982년 사법연수원 수료(12기) 1982~1985년 공군 법무관 1985년 서울지법 동부지원 판사 1987년 서울형사지법 판사 1990년 춘천지법 원주지원 판사·서울민사지법 판사 1993년 서울고법 판사 1994년 대법원 재판연구관 재심위원 1997년 대전지법 부장판사 1999년 수원지법 부장판사 2000년 서울지법 동부지원 부장판사 2001~2008년 법무법인 케이씨엘(KCL) 변호사 2002~2004년 사법연수원 외래교수 2002년 신용협동조합중앙회 경영평가위원 2003~2010년 서울동부지법 조정위원 2004년 서울고검 항고심사위원 2005년 학교법인 고황재단 고문변호사 2005년 한국경쟁포럼 이사 2005년 (사)행복한동행 감사 2005년 대한상사중재원 중재인(현) 2006년 (사)한국자폐인사랑협회 회장(현) 2006~2018년 행복나눔재단 감사 2007~2010년 한국자산관리공사 경영관리위원 2008~2016년 법무부 장애인차별시정심의위원회 위원 2008~2010년 여수세계박람회조직위원회 재정법무자문위원장 2008~2013년 서울대 공대 객원교수 2008년 법무법인 케이씨엘 대표변호사(현) 2008년 (재)하나미소금융재단 감사(현) 2009년 국세청 국세심사위원 2010년 서울시 법률고문(현) 2010~2014년 학교법인 덕성학원 감사 2010년 학교법인 서울예술학원 이사(현) 2010년 소화장학재단 상임이사(현) 2011년 한국장애인개발원 이사(현) 2012~2015년 조세심판원 비상임심판관 2013년 바보의나눔재단 이사(현) 2013년 한국장애인단체총연맹 공동대표 2015년 하나금융나눔재단 이사(현) 2015년 대한변호사협회 부회장 2015~2018년 법관인사위원회 위원 2015~2019년 서울시 규제개혁위원회 위원장 2015년 한국해양재단 감사(현) 2016년 헌법재판소 공직자윤리위원회 위원(현) 2016년 한국의료분쟁조정중재원 비상임조정위원(현) 2016년 한국장애인단체총연맹 법률고문(현) 2016년 한국건강증진개발원 감사(현) 2017년 한국장애인문화예술원 감사(현) 2017년 국민연금심사위원회 위원(현) 2017년 대검찰청 검찰개혁위원회 위원(현) (상)스페셜올림픽 유공 체육포장(2013), 헌법재판소 모범국선대리인 표창(2013), 법조협회 법조봉사대상 대상(2014), 법조언론인클럽 '2015 올해의 법조인상'(2016) (저)'주석 민법(共)'(2001) (종)천주교

## 김용진(金容珍) Kim, Yong Jin (관산)

(생)1951·3·7 (본)광산(光山) (출)전북 익산 (주)경기도 부천시 호현로489번길 28 부천세종병원 의학연구소(032-340-1207) (학)1969년 남성고졸 1975년 서울대 의대졸 1978년 同대학원 의학석사 1983년 의학박사(서울대) (경)1975~1980년 서울대병원 흉부외과 인턴·레지던트 1983년 서울대병원 흉부외과 전임의사 1983~1995년 서울대 의대 흉부외과학교실 전임강사·조교수·부교수 1983~1985년 대한흉부외과학회 총무 1985~1986년 同감사 1986~1987년 미국 하버드의대 보스턴소아병원 연구원 1986~2005년 대한흉부외과학회 이사 1988~2006년 국방부 의무자문관 1991년 미국 하버드의대 소아병원 교환교수 1992~1994년 서울대병원 외과중환자실장 1993~2000년 同소아흉부외과장 1993년 대한순환기학회 평의원(현) 1994년 미국 흉부외과의사협회 회원(현) 1994~1997년 이화여대병원 자문교수 1995년 호주 왕립멜번의대소아병원 교환교수 1995~2016년 서울대 의대 흉부외과학교실 교수 1999~2006년 건강보험심사평가원 중앙심사평가위원 2000년 미국 샌디에고의대 교환교수 2000~2004년 서울대병원 흉부외과장 겸 의과대학 주임교수 2000~2005년 대한흉부외과 상임이사 겸 학술위원장 2000~2002·2006~2008년 대한순환기학회 이사 2001~2002년 국방부 정책자문위원 2002년 아시아심혈관학회 이사 2003~2005년 대한소아심장학회 회장 2004년 대한민국의학한림원 정회원(현) 2006~2008년 세계선천성및소아심장외과학회 이사 2010년 아시아심장혈관학회 명예회원(현) 2011~2012년 대한흉부외과학회 회장 2016년 서울대 명예교수(현) 2016년 부천세종병원 의학연구소장(현) (상)이영균 학술상(1997), 중국 우의상(友誼賞)(2010), Medtronic 학술상(2010), St. Jude 공로상(2012) (저)'흉부외과 영역의 중환자 관리지침(共)'(1984) '중환자진료학 : 제47장 개심술후 환자관리' '심장외과학(共)'(2011) (종)기독교

## 김용진(金容震) KIM Yong Jin

(생)1965·2·4 (출)충남 공주 (주)서울특별시 서초구 법원로4길 17 대한법률구조공단 서울중앙지부(02-3440-9503) (학)1983년 충남고졸 1988년 연세대 법학과졸 (경)1996년 사법시험 합격(38회) 1999년 사법연수원 수료(28기) 1999년 조달청 법무담당관실 변호사 2000년 대한법률구조공단 구조부장 2004년 同서울중앙지부 구조부장 2006년 同서울동부지부장 2008년 同구조정책부장 2013년 同서울남부지부장 2016년 同부산지부장 2018년 同서울중앙지부장(현) (상)법무부장관표창(2003)

## 김용진(金容珍) KIM Yong Jin

(생)1967·12·11 (주)서울특별시 종로구 대학로 101 서울대학교병원 순환기내과(02-2072-1963) (학)1992년 서울대 의대졸 2000년 同대학원 의학석사 2003년 의학박사(서울대) (경)1993년 서울대병원 전공의 1998년 同전임의 2002년 同내과 촉탁교수 2002년 대한순환기학회 연구위원 2004년 서울대 의과대학 내과학교실 교수(현) 2004년 한국심초음파학회 재무이사 2012~2014년 서울대 의과대학 비전추진단장 2016~2018년 서울대병원 의료혁신실장 (저)'임상내과학'(2004, 고려의학) '내과전공의를 위한 진료지침'(2004, 대한내과학회) '직무스트레스의 현대적 이해'(2005, 고려의학) '심부전 매뉴얼'(2007, 대한순환기학회)

## 김용진(金勇進) Kim Yong jin

(생)1970·6·20 (본)함창(咸昌) (출)경북 봉화 (주)인천광역시 연수구 해돋이로 130 해양경찰청 운영지원과(032-835-2716) (학)1989년 영주 중앙고졸 1997년 서울대 서어서문학과졸 2000년 同행정대학원 행정학과 수료 2010년 한국방송통신대 법학과졸 (경)1998년 행정고시 합격(42회) 2002~2005년 감사원 부감사관 2005년 서울시 공보관리팀장(사무관) 2006년 同조직관리팀장 2007~2008년 同기획관리팀장 2008년 해양경찰청 입청(경정 특채) 2008년 同발전전략팀장 2009년 同조직팀장 2011년 同대변인 직대 2012~2013년 대통령 치안비서관실 행정관(총경) 2013년 해양경찰청 인사교육담당관 2014년 국민안전처 규제개혁법무담당관 2014년 同울산해양경비안전서장 2016년 국립외교원 교육연수 2017년 국민안전처 해양경비안전본부 해양안전과장 2017년 동해지방해양경찰청 동해해양경찰서장 2018년 중부지방해양경찰청 수사정보과장 2019년 해양경찰청 운영지원과장(현) (상)국무총리표창(2011) (종)불교

## 김용집(金容集) KIM Yong Jyb

(생)1963·10·30 (주)광주광역시 서구 내방로 111 광주광역시의회(062-613-5044) (학)동신고졸, 전남대 행정학과졸, 호남대 사회융합대학원 상담심리학과졸 (경)전남매일신문 기자, 민주당 광주시당 정책실장, 同광주시당 조직국장, 광주지검 형사조정위원, 광주시민사회단체 공동대표, 성시화운동본부 실행위원, 함세아예술인협동조합 감사, (사)안전모니터봉사단 광주지부 부회장, 광주시 남구 의용소방대원 2006년 광주시 남구의원선거 출마 2014년 새정치민주연합 중앙당 부대변인 2014~2018년 광주시의회 의원(비례대표, 새정치민주연합·더불어민주당) 2014년 同환경복지위원회 위원장 2016년 同예산결산특별위원회 부위원장 2016년 同교육위원회 위원 2016년 同교육문화위원회 위원 2016년 同도시재생특별위원회 위원 2016년 同윤리특별위원회 위원 2017년 同윤리특별위원회 부위원장, 광주시민사회단체총연합 공동대표 2018년 광주시의회 의원(더불어민주당)(현) 2018년 同행정자치위원회 위원(현) 2018년 同의회운영위원회 위원(현) 2018년 同세계수영선수권대회지원특별위원회 위원장(현) 2018년 同예산결산특별위원회 위원(현) (상)2017매니페스토약속대상 최우수상 좋은조례분야(2017)

## 김용찬(金容粲) Kim Yong Chan

(생)1955·7·30 (본)광산(光山) (출)대전 (주)대전광역시 서구 대덕대로 223 대우토피아빌딩 금강일보(042-346-8000) (학)1981년 단국대 건축공학과졸 1998년 목원대 대학원 도시공학과졸 (경)1994~2004년 아림건설(주) 대표이사 2010년 금강일보 회장(현)

## 김용찬(金容贊) KIM Yong Chan

(생)1961·5·15 (본)김해(金海) (출)서울 (주)서울특별시 종로구 종로5길 86 서울지방국세청 송무국(02-2114-3100) (학)1980년 우신고졸 1984년 서울대 법학과졸 2000년 同대학원 법학과졸 2007년 서울시립대 세무대학원 박사과정 수료 (경)1985년 사법시험 합격(27회) 1988년 사법연수원 수료(17기) 1991년 수원지법 판사 1993년 서울가정법원 판사 1995년 전주지법 군산지원 판사 1996년 일본 게이오대 객원연구원 1997년 광주고법 판사 1998년 인천지법 판사 1999년 서울지법 판사 2000년 서울고법 판사 2001년 대법원 재판연구관 2003년 청주지법 부장판사 2004년 사법연수원 교수 2007~2009년 서울행정법원 부장판사 2009~2018년 변호사 개업 2009년 민주화보상심의위원회 위원 2009년 중부지방국세청 고문변호사, 서울지방국세청 국세심사위원회 위원, 법무법인 유진 대표, 이화여대 법학전문대학원 겸임교수 2018년 서울지방국세청 송무국장(현)

## 김용찬(金容讚) KIM Yong Chan

(생)1962·10·27 (출)충남 (주)충청남도 홍성군 홍북읍 충남대로 21 충청남도청 행정부지사실(041-635-2010) (학)서대전고졸, 충남대 행정학과졸 (경)1992년 행정고시 합격(36회) 2002년 행정자치부 자치행정국 자치행정과 서기관 2003년 同자치행정국 민간협력과 서기관, 同행정혁신국 시민협력과 서기관 2006년 국가균형발전위원회 파견 2007년 행정자치부 단체교섭팀장 2008년 충남도 혁신정책기획관(부이사관) 2009년 同

행정도시지원·도청이전추진본부장 2010년 행정안전부 선거의회과장 2011년 대통령비서실 근무(부이사관) 2014년 충남도의회 사무처장 2015년 충남도 기획조정실장 2017년 행정안전부 사회혁신추진단장 2019년 同지역혁신정책관 2019년 충남도 행정부지사(현) 2019년 同환경교육정책위원회 위원장(현) [상]홍조근정훈장(2015)

**김용찬(金容讚)**

[생]1965·9·25 [주]경기도 수원시 팔달구 효원로 1 경기도의회(031-8008-7000) [학]강남대 부동산·법무·행정대학원 부동산학과졸 [경]수지신용협동조합 이사 2017년 더불어민주당 제19대 문재인 대통령후보 조직특보 2018년 경기도의회 의원(더불어민주당)(현) 2018년 同안전행정위원회 위원(현) 2018년 同예산결산특별위원회 위원(현)

**김용찬(金容贊)**

[생]1973·5·10 [출]서울 [주]대전광역시 서구 둔산중로78번길 45 대전지방법원(042-470-1114) [학]1992년 용문고졸 1996년 고려대 법학과졸 [경]1998년 사법시험 합격(40회) 2001년 사법연수원 수료(30기) 2001년 공익 법무관 2004년 창원지법 판사 2007년 同통영지원 판사 2009년 의정부지법 판사, 서울중앙지법 판사 2013~2015년 헌법재판소 파견 2016년 광주지법 목포지원·광주가정법원 목포지원 부장판사 2018년 대전지법 부장판사(현)

**김용창(金用昶) KIM YONG CHANG**

[생]1952·4·14 [출]경북 구미 [주]경상북도 구미시 1공단로6길 144 (주)신창메디칼 비서실(054-463-2400) [학]2008년 경운대 의료경영학과졸 2011년 안동대 경영대학원졸 [경]1988년 유신산업 대표(현) 1998년 (주)신창메디칼 대표이사(현) 1999년 제6·7·8·9·10·11·12대 구미상공회의소 상공의원 1999년 구미시이업종교류회 회장 2001년 구미국가산업단지중소기업협의회 초대·2대·3대 회장 2003년 구미시체육회 골프협회 회장 2007년 구미국가산업단지 초대 경영자협의회장 2008년 구미국제친선교류협회 회장 2008년 SC모터스(INFINITI자동차) 대표이사, 同회장(현) 2009년 신창모터스(NISSAN자동차) 대표이사 2009~2015년 구미상공회의소 제12·13대 회장 2012~2015년 경북도상공회의소협의회 회장 2012~2015년 대한상공회의소 부회장 [상]납세공로 국세청장표창(2005), 산업발전부문 산업자원부장관표창(2006), 자랑스런도민상(2008), 철탑산업훈장(2012) [종]불교

**김용채(金鎔采) KIM Yong Chae (蓮谷)**

[생]1932·10·5 [본]광산(光山) [출]경기 포천 [주]서울특별시 강남구 테헤란로7길 32 국기원 원로회의(02-567-1058) [학]1958년 조선대 경제학과졸 1986년 연세대 행정대학원 수료 1996년 광운대 경영대학원 최고경영자과정 수료 2001년 명예 이학박사(용인대) [경]1962년 재무부·경제기획원 장관 특별보좌관 1963~1965년 민주공화당(공화당) 정책위원·청년분과위원장 1967년 대한태권도협회 회장(8단) 1968년 제7대 국회의원(전국구, 공화당) 1971년 국제외교협의회 회장 1972년 동방유량 사장 1973년 제9대 국회의원(연천·포천·가평·양평, 공화당) 1980년 서부트럭터미널 사장 1985년 제12대 국회의원(연천·포천·가평, 국민당) 1985년 국민당 원내총무 1987년 同전당대회 의장 1987년 신민주공화당 사무총장 1987년 同선거대책본부장 1988년 제13대 국회의원(서울노원乙, 신민주공화당·민자당) 1988년 신민주공화당 원내총무 1990년 남북국회회담 대표 1991년 국회 건설위원장 1992년 정무제1장관 1995년 자민련 노원乙지구당 위원장 1995년 同부총재 1996년 同상임고문 1996~1998년 서울시 노원구청장(자민련) 1997~1999년 자민련 부총재 1998년 同개혁추진위원장 1999년 국무총리 비서실장 2000년 한국토지공사 사장 2001년 건설교통부 장관 2001년 자민련 부총재 2010년 국기원 원로회의 위원(현) [상]중화민국 대수경성훈장(1976), 청조근정훈장(1993), 국기원 자랑스러운 태권도인상(진인장)(2017) [종]불교

**김용채(金用采) KIM Young Chae**

[생]1965·5·21 [출]충남 천안 [주]세종특별자치시 한누리대로 402 산업통상자원부 경제자유구역기획단(044-203-4610) [학]1984년 천안고졸 1991년 연세대 정치외교학과졸 [경]1993년 행정고시 합격(37회) 2002년 정보통신부 우정사업본부 총무과 국제협력담당 사무관 2002년 서기관 승진 2003년 부산금정우체국장 2004년 아시아태평양우편연합 파견 2006년 군산우체국장 2007년 전북체신청 사업지원국장 2007년 정보통신부 우정사업본부 우편사업단 물류기획관실 인터넷사업팀장 2008년 지식경제부 우정사업본부 인터넷사업팀장 2009년 同우정사업본부 우편사업단 물류기획관실 우편물류팀장 2009년 同지역특화발전특구기획단 특구운영1과장 2010년 同에너지관리과장 2011년 同무역구제정책팀장 2012년 同입지총괄과장 2013년 산업통상자원부 입지총괄과장 2014년 同투자정책과장 2017년 同투자정책과장(부이사관) 2018년 同경제자유구역기획단장(국장급)(현)

**김용철(金容喆) KIM Yong Chul**

[생]1924·12·17 [본]김해(金海) [출]경북 성주 [주]서울특별시 동대문구 경희대로 26 경희학원(02-961-0101) [학]1944년 경북중졸 1950년 서울대 법대졸 1989년 명예 법학박사(경희대) [경]1949년 변호사시험 합격(3회) 1951년 해군 법무관 1957년 예편(소령) 1957년 대구지법 판사 1960년 대구고법 판사 1962년 서울지법 부장판사 1964년 서울민사지법 부장판사 1966년 서울형사지법 부장판사 1968년 서울고법 부장판사 1973년 춘천지법원장 1975~1986년 대법원 판사 1981~1986년 법원행정처장 1981~1986년 헌법위원 1986~1988년 대법원장 1988~2011년 한양합동법률사무소 대표변호사 2006~2015년 학교법인 경희학원 이사장 2015년 同명예 이사장(현) [상]청조근정훈장, 수교훈장 광화대장, 화랑무공훈장, 국민훈장 무궁화장(2015) [종]불교

**김용철(金容喆) Kim, Yong Chul**

[생]1949·2·14 [본]나주(羅州) [출]전북 군산 [주]서울특별시 광진구 능동로 209 세종대학교 교양학부(02-3408-3546) [학]1967년 서울대사대부고졸 1971년 서울대 문리대 철학과졸 [경]1977년 문화방송(MBC) 입사 1977~1993년 同사회부·정치부 기자, 同정치부 차장 1986~1987년 미국 조지타운대 수학 1993~1999년 문화방송(MBC) 기획취재부장·TV편집1부장·사회부장·TV편집2부장 1999년 同문화과학부장 1999년 同해설위원 1999년 同보도국 부국장 2000년 同기획국장 2000년 同이사 겸 정책기획실장 2001년 춘천문화방송 사장 2003년 문화방송(MBC) 전무 겸 시사제작본부장 2004~2005년 同부사장 2005~2006년 여의도클럽 회장 2007~2009년 (주)MBC애드컴 고문 2009년 대양학원(세종대) 임시이사 2010년 세종대 교양학부 석좌교수(현) 2012~2015년 방송문화진흥회 이사 [종]기독교

**김용철(金容哲) KIM Yong Cheol**

[생]1964·11·29 [출]전남 보성 [주]서울특별시 양천구 신월로 386 서울남부지방법원(02-2192-1152) [학]1983년 광주 동신고졸 1987년 서울대 경영학과졸 1989년 同대학원 경영학과졸 [경]1993년 사법시험 합격(35회) 1996년 사법연수원 수료(25기) 1996년 서울지법 남부지원 판사 1998년 서울지법 판사 2000년 대전지법 천안지원 판사 2003년 서울지법 판사 2007년 서울고법 판사 2008년 대법원 재판연구관 2010년 서울동부지법 판사 2011년 대전지법 서산지원장 2013년 수원지법 성남지원 부장판사 2016년 서울행정법원 부장판사 2019년 서울남부지법 부장판사(현)

**김용태(金瑢泰) KIM Yong Tae**
(생)1935·12·25 (본)김해(金海) (출)경북 안동 (학)1954년 대구 계성고졸 1958년 서울대 법대졸 (경)1963년 서울신문 정치부 기자 1963년 조선일보 정치부 기자 1970년 同정치부장 1973년 同편집부국장 1979년 同편집국장 1981년 제11대 국회의원(대구東·北, 민주정의당) 1981년 민주정의당(민정당) 경북지부 위원장 1982년 同대변인 1985년 제12대 국회의원(대구東·北, 민정당) 1985년 국회 재무위원장 1987년 민정당 정책위원회 부의장 1988년 제13대 국회의원(대구北, 민정당·민자당) 1988·1990년 국회 예결위원장 1992년 제14대 국회의원(대구北, 민자당) 1992년 민자당 정책위 의장 1992년 同원내총무 1992년 국회 운영위원장 1993년 민자당 당무위원 1994년 국회 예산결산특별위원장 1994~1995년 내무부 장관 1996년 신한국당 대구北乙지구당 위원장 1997~1998년 대통령 비서실장 2003년 성천문화재단 이사, 대경회 회장, 대구 계성고 이사 (상)서울시 문화상, 청조근정훈장 (저)'코메리칸의 낮과 밤' (종)천주교

**김용태(金容台) KIM Yong Tae**
(생)1958·9·3 (출)서울 (주)서울특별시 강남구 강남대로 298 푸르덴셜생명보험(주)(02-2144-2300) (학)동성고졸 1982년 서울대 수학과졸 1989년 미국 웨스턴일리노이대 대학원졸(Computer Science 석사) 2002년 미국 스탠퍼드대 Business Management 수료 2012년 서울대 최고경영자과정 수료 (경)1985~1987년 보험감독원 근무 1989년 푸르덴셜생명보험(주) 과장 1992년 同전산부 차장 1997년 同영업정보시스템부장 1998년 同이사 2001년 同상무 2003년 同전무 2005년 同부사장 2014~2017년 同COO(부사장) 2017년 해외파견(현) (종)천주교

**김용태(金容兌) Yongtae Kim**
(생)1968·3·26 (본)광산(光山) (출)대전 (주)서울특별시 영등포구 의사당대로 1 국회 의원회관 338호(02-784-5076) (학)1988년 대전고졸 1999년 서울대 정치학과졸 (경)2003년 (주)알티캐스트 이사 2004년 한나라당 여의도연구소 기획위원 2004년 미국 존스홉킨스대 국제관계대학원(SAIS) 객원연구원 2007년 중앙일보 전략기획실 기획위원 2008년 제17대 대통령직인수위원회 기획조정분과 전문위원 2008년 제18대 국회의원(서울 양천구乙, 한나라당·새누리당) 2008년 한나라당 대표특보 2010~2011년 同원내부대표 2010년 국회 운영위원회 위원 2011년 한나라당 기획위원장 2012년 제19대 국회의원(서울 양천구乙, 새누리당) 2012년 국회 정무위원회 위원 2012년 새누리당 지역화합특별위원회 위원 2013년 국회 법안심사소위원회 위원 2013년 국회 예산결산특별위원회 위원 2014년 국회 정무위원회 여당 간사 2014년 새누리당 '새누리당을 바꾸는 혁신위원회' 위원 2014~2015년 同정책위원회 제3정책조정위원장 2014~2015년 同보수혁신특별위원회 위원 2015년 同정책위원회 부의장 2015년 同정책위원회 정무정책조정위원장 2015~2016년 同서울시당 위원장 2015~2016년 同핀테크특별위원회 위원 2016년 제20대 국회의원(서울 양천구乙, 새누리당·무소속〈2016.11〉·바른정당〈2017.1〉·자유한국당〈2017.11〉)(현) 2016·2018년 국회 정무위원회 위원(현) 2017년 바른정당 대선기획단장 2017년 同청년인큐베이팅위원회 공동위원장 2017년 同청년희망사다리위원회 위원장 2017년 同민생특별위원회20 북한이탈주민지원특별위원장 2017~2018년 국회 정무위원회 위원장 2017년 자유한국당 혁신위원회 위원장 2018~2019년 同사무총장 2018년 同조직강화특별위원회 위원장 (상)전국청소년선플SNS기자단 선정 '국회의원 아름다운 말 선플상'(2015), 금융소비자보호대상 국회의정활동부문(2015) (저)'대한민국 생존의 조건'(2008) '팔도강산사거리'(2011) '문재인 포퓰리즘'(2017, 다이얼) (종)기독교

**김용표(金容杓) Yong Pyo KIM**
(생)1958 (주)서울특별시 서대문구 이화여대길 52 이화여자대학교 엘텍공과대학(02-3277-2832) (학)1981년 서울대 화학공학과졸 1983년 한국과학기술원 대학원 화학공학과졸 1992년 화학공학박사(미국 캘리포니아공과대) (경)1983~1986년 한국과학기술원 연구원 1991~1992년 미국 캘리포니아공과대 연구원 1992~2000년 한국과학기술연구원 선임연구원·책임연구원 1996~1997년 미국 어바인대 방문연구원 2000년 이화여대 공과대학 환경공학과 교수 2006년 일본 도쿄대 방문교수 2007~2008년 한국과학기술연구원 연구정책실 방문연구원 2011년 중국 베이징대 방문교수 2014년 (재)한국형수치예보모델개발사업단 비상임이사 2017년 당진시 대기오염물질배출량감축 검증위원 2017년 이화여대 엘텍공과대학 차세대기술공학부 교수, 同엘텍공과대학 화학신소재공학전공 교수(현) 2019년 同대학원장(현)

**김용하(金龍河) KIM Yong Ha**
(생)1960·3·2 (본)삼척(三陟) (출)강원 삼척 (주)경상북도 봉화군 춘양면 춘양로 1501 한국수목원관리원 원장실(054-679-1000) (학)1978년 강릉고졸 1983년 서울대 임학과졸 1985년 同대학원 임학과졸 1993년 미국 아이다호대 대학원 자연휴양학과졸 1995년 同대학원 자연휴양학 박사과정 수료 2008년 농학박사(충남대) (경)1982년 기술고시 합격(18회) 1985년 산림청 입청 1997년 同자원조성국 산림환경과장 1999년 同임업정책국 임업정책과장 1999년 同사유림지원국 산림자원과장 2000년 同국유림관리국 국유림경영과장 2002년 同국유림관리국 산림문화과장 2004년 同산림정책국 산림정책과장 2004년 同산림항공관리소장 2005년 동부지방산림청장 2008년 중앙공무원교육원 파견 2009년 산림청 국립수목원장 2012년 同해외자원협력관 2012년 同산림자원국장 2013~2017년 同차장 2018년 한국수목원관리원 초대원장 겸 국립백두대간수목원 원장(현) (상)농림수산부장관표창(1990), 근정포장(1999), 홍조근정훈장(2012) (종)가톨릭

**김용하(金龍夏) KIM Yong Ha**
(생)1961·5·1 (본)김해(金海) (출)경북 영주 (주)충청남도 아산시 신창면 순천향로 22 순천향대학교 글로벌경영대학 IT금융경영학과(041-530-1191) (학)1980년 배정고졸 1984년 성균관대 경제학과졸 1986년 同대학원 경제학과졸 1990년 독일 본대 연수 1993년 경제학박사(성균관대) (경)1981~1994년 한국개발연구원(KDI) 주임연구원 1992~1996년 국민연금재정추계전문위원회 자문위원 1994~1997년 한국보건사회연구원 부연구위원 1995년 국무총리실 삶의질기획단 전문위원 1997~1998년 삼성금융연구소 선임연구원 1998~2008년 순천향대 사회과학대학 경상학부 금융보험학전공 교수 1999년 공사연금제도개선실무위원회 위원 1999년 국민연금기금운용실무평가위원회 위원 1999년 한국사회보험연구소 소장 2003년 대통령자문 정부혁신지방분권위원회 재정세정전문위원 2007년 순천향대 건강과학대학원 교학부장 2008~2012년 한국보건사회연구원 원장 2008년 국민연금기금운용위원회 위원 2008년 한국경제60년사편집위원회 위원 2008년 저출산고령사회위원회 위원 2009년 국가보훈위원회 위원 2009년 보건의료발전계획수립을위한추진위원회 위원 2011년 한국재정정책학회 회장 2012~2015년 순천향대 글로벌경영대학 금융보험학과 교수 2014년 한국연금학회 회장 2014~2015년 순천향대 글로벌경영대학장 2014년 대통령직속 규제개혁위원회 위원 2015년 국회 공무원연금개혁특별위원회 국민대타협기구 위원 2015~2017년 대통령자문 국민경제자문회의 기초경제2분과 자문위원 2016년 새누리당 제20대 총선 공직자후보추천관리위원회 위원 2016년 同중앙윤리위원회 위원 2016년 순천향대 글로벌경영대학 IT금융경영학과 교수(현) 2016~2017년 기획재정부 통합재정추계위원회 위원장 2017년 한국경제연구학회 회장 2018년 한국

사회보장학회 회장 2018년 한국경제연구학회 명예회장(현) 2018년 자유한국당 국가미래비전특별위원회 위원(현) 2019년 대통령소속 경제사회노동위원회 연금특별위원회 공익위원(현) (저)'보험과 리스크 관리(共)'(2006, 문영사)

**김용학(金用學) KIM Yong-Hak**

(생)1953·1·17 (출)서울 (주)서울특별시 서대문구 연세로 50 연세대학교 총장실(02-2123-2001) (학)1980년 연세대 사회학과졸 1985년 미국 시카고대 대학원 사회학과졸 1986년 사회학박사(미국 시카고대) 2019년 명예 문학박사(고려대) (경)1984년 American J. of Sociology 편집위원 1987년 연세대 사회학과 교수(현) 1992년 同기획처장 1992년 同사회학과장 1994년 미국 시카고대 초빙교수 1996년 대통령자문 정책기획위원 1997년 국무총리실 청소년보호위원 1998년 연세대 대학원 교학처장 1999~2000년 교육부 대학원설립위원회 위원 2002~2004년 연세대 입학관리처장 2004년 한국사회이론학회 부회장 2004년 한국사회학회 부회장 2005~2006년 연세대 학부대학장 2010~2012년 同사회과학대학장 겸 행정대학원장 2015년 삼성생명공익재단 이사(현) 2016년 연세대 총장(현) (상)미국 시카고대 최우수박사학위논문상(1986), 연세학술상(1994), 문화관광부 우수도서('사회연결망 이론') 선정(2003), 대한민국학술원 우수도서('사회연결망 분석') 선정(2004), 한국갤럽 학술논문 우수상(2006) (저)'사회연결망 이론'(2010, 박영사) '생각 엮고 허물고 뒤집어라'(2011, 21세기북스) '사회연결망 분석(共)'(2016, 박영사) (역)'역사와 행위'(1997, 을유문화사) '현대사회학(共)'(2011, 을유문화사)

**김용학(金龍學) KIM Yong Hak**

(생)1956·10·20 (본)김해(金海) (출)강원 영월 (주)강원도 영월군 영월읍 봉래산로 5 김용학법률사무소(033-374-0330) (학)1974년 배명고졸 1978년 한양대 법학과졸 (경)1980년 軍법무관 임용시험 합격(4회) 1982년 사법연수원 수료 1983년 사단 법무참모 1985년 육군본부 관리참모부 법령관리장교 1987년 군단 법무참모 1992년 예편(중령) 1992년 변호사 개업(현) 1996~2000년 세경대 행정과 겸임교수 2000~2004년 제16대 국회의원(영월·평창, 한나라당) 2001년 한나라당 총재특보 2001년 同부대변인 2003년 同대표비서실장 (종)불교

**김용한(金容漢) KIM Yong Han**

(생)1969·7·5 (출)경남 함양 (주)서울특별시 서초구 서초중앙로 157 서울중앙지방법원(02-530-1690) (학)1987년 대아고졸 1991년 한양대 법학과졸 (경)1994년 사법시험 합격(36회) 1997년 사법연수원 수료(26기) 1997년 서울지법 의정부지원 판사 1998년 인천지법 판사 1999년 서울지법 판사 2001년 창원지법 통영지원 판사 2004년 수원지법 판사 2007년 서울중앙지법 판사 2008년 서울고법 판사 2010년 대법원 재판연구관 2012년 부산지법 부장판사 2014년 수원지법 부장판사 2017년 서울남부지법 부장판사 2019년 서울중앙지법 부장판사(현)

**김용해(金容海) Kim Yong-hae**

(생)1939·7·27 (주)대전광역시 유성구 대학로 291 한국과학기술원 자연과학대학 화학과(042-350-2114) (학)1964년 일본 오카야마(岡山)대 화학과졸 1966년 일본 오사카(大阪)대 대학원 유기화학과졸 1969년 이학박사(일본 오사카대) (경)1971~1975년 미국 스탠퍼드대 NIH Fellow 1975~1978년 일본 쓰쿠바(筑波)대 방문교수 1978년 미국 스탠퍼드대 방문교수 1979~2002년 한국과학기술원(KAIST) 자연과학부 화학과 교수 2000년 同자연과학부장 겸 자연과학연구소장 2002~2004년 同석좌교수 2002~2003년 대한화학회 학술위원장 2004년 한국과학기술원(KAIST) 자연과학대학 화학과 명예교수(현) 2007년 대한민국학술원 회원(유기화학·현) (상)KAIST 연구특별상(1996), KAIST 학술상(1999), 상허 학술대상(2000), 3.1문화상(2001), KAIST 학술대상(2003), 과학기술훈장 혁신장(2004) (저)'Organic Chemistry of Sulfur'(1982, Kyoto, Japan) 'Activation of Superoxide : Peroxysulfur Intermediate'(1990, Review on Heteroatom Chemistry) 'Bioaspect of disulfide'(1992, CRC, U.S.A.) 'Peroxides of Sulfur and Phosporous Compounds'(1992, John and Wiley Co., U.S.A.) 'International Union of Pure and Applied Fourth International Conference on Heteroatom Chemistry'(1997, Blackwell Science, U.K.) 'Sulfur and Phosphorous Peroxides'(2006, John and Wiely Co., U.S.A.)

**김용해(金龍海) KIM Yong Hae**

(생)1960·5·5 (본)김해(金海) (출)전남 목포 (주)서울특별시 마포구 백범로 35 서강대학교 신학대학원 철학과(02-705-8356) (학)1979년 목포고졸 1986년 전남대 법학과졸 1991년 서강대 대학원 철학과졸 1996년 오스트리아 인스브루크대 대학원 신학과졸 2002년 철학박사(독일 뮌헨예수회철학대) (경)1986년 가톨릭예수회 수도자 1996년 同사제(신부)(현) 2003년 서강대 신학대학원 철학과 조교수·부교수·교수(현) 2004~2005년 同학생문화처장 2004년 푸르메재단 이사(현) 2008~2010·2019년 서강대 신학대학원장(현), 同생명문화연구소장 2013~2017년 同교목처장 2019년 同신학연구소장(현) 2019년 同IRB위원장(현) (저)'Zur Begruendung der MenschenWuerde und Menchenechte'(2005) '젊은이의 행복학'(2011, 서광사) (역)'일반윤리학'(2006) '예수회신부 알프레드 델프'(2011, 시와진실) '인간존엄성의 철학'(2015, 서강대 출판부) (종)가톨릭

**김용헌(金庸憲) KIM Yong Hun**

(생)1955·3·29 (본)영산(永山) (출)충북 영동 (주)서울특별시 광진구 능동로 209 세종대학교 법학부 집현관 415호(02-3408-3151) (학)1973년 서울고졸 1979년 서울대 법과대학졸 1991년 미국 워싱턴주립대 연수 (경)1978년 사법시험 합격(20회) 1981년 사법연수원 수료(11기) 1981년 서울민사지법 판사 1983년 서울형사지법 판사 1985년 전주지법 군산지원 판사 1987년 서울지법 동부지원 판사 1989년 서울민사지법 판사 1991년 서울고법 판사 겸 법원행정처 조사심의관 1993년 청주지법 영동지원장 1995년 서울고법 판사 1996년 전주지법 부장판사 1998년 사법연수원 교수 2001년 서울지법 부장판사 2003년 대전고법 부장판사 2005년 서울지법 부장판사 2006년 서울중앙지법 민사수석부장판사 2008년 서울지법 부장판사 2009년 서울고법 수석부장판사 2010년 대전지방법원장 2010년 대전시 선거관리위원장 2011년 서울가정법원장 2012년 광주고등법원장 2013~2017년 헌법재판소 사무처장 2018년 세종대 법학부 교수(현) 2018년 법무법인(유) 대륙아주 파트너변호사(현) (상)청조근정훈장(2019) (저)'미국사법제도론'(1993) '일본환경법판례백선(共)'(2009) '사랑을 꿈꾸는 법원(共)'(2012) (역)'환경법판례백선(共)'(2008) (종)불교

**김용현(金容顯) Kim Yong-hyon**

(생)1965·1·5 (출)경북 영천 (주)서울특별시 종로구 사직로8길 60 외교부 인사운영팀(02-2100-7141) (학)대구 대륜고졸 1989년 서울대 외교학과졸 (경)1990년 외무고시 합격(24회) 1990년 외무부 입부 1996년 駐케냐 2등서기관 1998년 駐미국 2등서기관 2003년 국가안전보장회의 사무처 행정관 2004년 駐중국 1등서기관 2007년 외교통상부 한미안보협력과장 2009년 駐뉴욕 영사 2012년 駐이라크 공사참사관(아르빌연락사무소장) 2014년 외교부 한반도평화교섭본부 부단장 2016년 同평화외교기획단장 2017년 駐보스턴 총영사(현)

**김용현 Yong Hyun Kim**

[생]1967 [출]전남 담양 [주]서울특별시 중구 필동로1길 30 동국대학교 북한학과(02-2260-8602) [학]1985년 광주제일고졸 1991년 동국대 정치외교학과졸 1994년 同대학원 정치학과졸 2002년 정치학박사(동국대) [경]2006년 동국대 북한학과 교수(현) 2009~2010년 同동국미디어센터장 2011년 매일경제 객원논설위원 2012년 미국 존스홉킨스대 국제관계대학원 School of Advanced International Studies(SAIS) 방문학자 2014년 민족화해협력범국민협의회 정책위원(현) 2015~2017년 동국대 대학원 교학부장 2016년 북한연구학회 부회장(현) 2017년 한국국제정치학회 기획이사(현) 2017년 한국정치학회 북한통일분과 위원장(현) 2017년 국정기획자문위원회 외교안보분과 위원 2017년 대통령직속 정책기획위원회 평화번영분과 위원(현) 2019년 동국대 학생처장(현) 2019년 민주평통 기획조정분과위원회 상임위원(현)

**김용현(金容鉉) Kim Yong-Hyun**

[생]1968·3 [주]서울특별시 영등포구 63로 50 한화자산운용 임원실(02-6950-0000) [학]미국 시카고대 물리학과졸, 미국 하버드대 로스쿨졸(J.D), 미국 컬럼비아대 경영대학원졸(MBA) [경]1999년 미국 골드만삭스(The Goldman Sachs Group) 근무 2001년 미국 칼라일그룹(The Carlyle Group) 근무 2006년 칼라일코리아 바이아웃사업부 전무 2009~2011년 同대표이사 2012년 한화생명보험(주) 대체투자사업부장(상무) 2015년 同대체투자사업부장(전무) 2016년 한화자산운용(주) 대표이사 사장(현)

**김용호(金容浩) KIM Yong Ho (竹山)**

[생]1952·3·16 [본]광산(光山) [출]경북 [주]경기도 과천시 홍촌말로 44 중앙선거관리위원회(02-503-1114) [학]1970년 경북고졸 1975년 서울대 정치학과졸 1979년 同대학원졸 1989년 정치학박사(미국 펜실베니아대) [경]1989~1991년 서울대·서강대·경희대·인하대·이화여대 강사 1991~1998년 외교안보연구원 조교수·부교수 1996년 영국 옥스퍼드대 초청교수 1998~2002년 한림대 정치외교학과 교수 2002~2017년 인하대 사회과학부 정치외교학과 교수 2004년 중앙선거방송토론위원회 위원 2004년 한나라당 여의도연구소 이사 2004년 한국정당학회 대표이사 2005년 중앙선거관리위원회 전자선거추진협의회 위원장 2006년 한국정치학회 회장 2006년 외교부 정책자문위원 2006~2008년 인하대 사회과학대학장 겸 행정대학원장 2014년 중앙선거관리위원회 위원(현) [저]'비교정치학 서설(共)'(1990) '현대정치경제학의 주요 이론가들'(2000) '한국정당정치의 이해'(2001) '한국정치자금제도'(2003) '정치개혁의 성공조건'(2003) '북한의 협상스타일'(2004) '한국 권력구조의 이해'(2004) '17대 총선 현장 리포트'(2004) '인천광역시 의회사'(2005) '박정희시대와 한국현대사'(2007) '정치학 이해의 길잡이 7권 : 한국정치'(2008) '21세기 한국정치의 발전방향'(2009) 'Institutionalising Regions'(2010, APOPSIX) '헌법 개정의 정치'(2010, 인간사랑) '19대 총선 현장 리포트'(2012, 푸른길) '한국현대사'(2013, 세종연구원) '4월혁명과 한국의 민주주의'(2015, 4.19혁명국민문화제위원회) '윤보선과 1960년대 한국정치'(2015, 한국학중앙연구원 출판부) '정당이 살아야 민주주의가 산다'(2015, 푸른길) [역]'민주주의 이론 서설 : 미국민주주의의 원리(A Preface to Democratic Theory)'(1990) '한국 권력구조의 이해(共)'(2004) [종]가톨릭

**김용호(金容鎬) KIM Yong Ho (단비)**

[생]1958·1·18 [본]광산(光山) [출]서울 [주]서울특별시 강남구 테헤란로87길 36 도심공항타워 16층 법무법인 로고스(02-2188-2811) [학]1976년 경기고졸 1980년 서울대 법대졸 1982년 同대학원졸 1994년 연세대 특허법무대학원 수료 2001년 미국 스탠퍼드대 로스쿨 수료 [경]1979년 사법시험 합격(21회) 1982년 사법연수원 수료(12기) 1982년 軍법무관 1985년 수원지법 판사 1987년 서울지법 북부지원 판사 1990년 대전지법 홍성지원 판사 1992년 서울고법 판사 1992년 광주고법 판사 1993년 서울고법 판사 1994년 법원행정처 조사심의관 1996년 서울민사지법 판사 1997년 제주지법 부장판사 1999년 사법연수원 교수 2001년 서울지법 부장판사 2004년 서울중앙지법 부장판사 2005년 부산고법 부장판사 2006년 서울고법 부장판사 2007년 법무법인(유) 로고스 변호사 2010년 同대표변호사(현) 2015~2018년 국무총리산하 경제·인문사회연구회 비상임감사 [저]시집 '생명을 주소서' 수필집 '아빠는 판사라면서' [종]기독교

**김용호(金勇浩) Kim Yong Ho**

[생]1959·2·1 [주]전라남도 무안군 삼향읍 오룡길 1 전라남도의회(061-286-8200) [학]성화대 토목과졸, 호남대졸 2013년 호남대 대학원 생물학과졸 [경](사)한국농업경영인 군동면회장, 군동면 청년회장, 군동농협 이사, 민주연합청년동지회 강진지구회장, 새천년민주당 군동면 지방자치위원장, 同강진·완도지구당 부위원장, 민주평통 자문위원, 금강수산 대표(현), 민주당 전남도당 정보통신특별위원장 2002·2006~2010년 전남 강진군의회 의원 2008~2010년 同부의장 2014년 전남도의원선거 출마(무소속), 더불어민주당 중앙당 중소기업권익보호특별위원회 부위원장 2018년 전남도의회 의원(더불어민주당)(현), 同경제관광문화위원회 위원 겸 예산결산특별위원회 위원(현) [종]기독교

**김용호(金容琥) Kim Yong-ho**

[생]1962·6·18 [주]서울특별시 종로구 사직로8길 60 외교부 인사기획관실(02-2100-7139) [학]1986년 연세대 정치외교학과졸 1990년 프랑스 파리정치대학원 박사과정 수료 [경]1986년 외무고시 합격(20회) 1991년 駐프랑스 2등서기관 1993년 駐카메룬 1등서기관 1998년 駐아일랜드 1등서기관 2002년 외교통상부 인사제도계장 2003년 同재외공관담당관 2004년 駐시애틀 영사 2007년 駐제네바 공사참사관 2009년 駐필리핀 공사겸 총영사 2012년 동북아역사재단 정책기획실장 2013년 駐벨기에 유럽연합 공사 겸 총영사 2016년 駐벨라루스 대사 2019년 駐루마니아 대사(현) [상]대통령표창(2004)

**김용호(金溶浩) KIM Yong Ho**

[생]1962·11·30 [출]경북 예천 [주]서울특별시 서초구 서초대로 280 태양빌딩 8층 법무법인 이룸(02-3481-1100) [학]1981년 신일고졸 1989년 연세대 법학과졸 2000년 홍익대 경영대학원 조세법학과졸 2008년 연세대 법무대학원 조세법학과 수료 [경]1988년 사법시험 합격(30회) 1991년 사법연수원 수료(20기) 1991년 대구지검 검사 1993년 창원지검 진주지청 검사 1994년 대전지검 검사 1996년 서울지검 서부지청 검사 1998년 수원지검 검사 2000년 법무부 법무심의검사 2002년 서울중앙지검 검사 2003년 대전지검 부부장검사 2004년 광주지검 순천지청 부장검사 2005년 청주지검 영동지청장 2006년 사법연수원 교수 2007년 제49회 사법시험 출제위원(형법) 2008년 서울서부지검 형사4부장 2009년 同형사1부장 2009년 대전지검 홍성지청장 2010년 대구지검 서부지청 차장검사 2011년 대구고검 검사(한국형사정책연구원 파견) 2011~2012년 삼성화재보험 보험범죄자문위원회 위원 2012년 법무법인 이룸 대표변호사, 同변호사(현)

**김용호(金勇昊) Kim Youn Ho**

[생]1965·2·2 [본]김녕(金寧) [출]경남 사천 [주]서울특별시 종로구 북촌로 15 헌법재판소 기획조정실(02-708-3421) [학]1983년 대아고졸 1987년 서울대 경제학과졸 1990년 同대학원 행정학과졸 [경]1993년 행정고시 합격(37회) 2002년 기획예산처 정부개혁실 개혁기획팀 서기관 2003년 同재정개

혁국 재정개혁1과 계장 2007년 同서기관 2007년 同재정운용협력과장 2008년 기획재정부 예산실 노동환경예산과장 2009년 同정책조정국 기업환경과장 2010년 同정책조정국 신성장정책과장 2012년 同공공정책국 민영화과장 2013년 同인재경영과장 2014년 同공공정책국 제도기획과장 2015년 통일교육원 교육파견 2016년 고용노동부 기획조정실 정책기획관 2017년 同기획조정실장 직대 2018년 헌법재판소 기획조정실장(현)

## 김용호(金鎔浩) KIM Yong Ho

(생)1969 · 10 · 27 (출)대구 (주)서울특별시 종로구 종로3길 17 디타워 23층 법무법인 세종(02-316-4202) (학)1988년 대구 경원고졸 1993년 서울대 법과대학 사법학과졸 (경)1993년 사법시험 합격(35회) 1996년 사법연수원 수료(25기) 1996~1999년 해군 법무관 1999년 수원지법 판사 2001년 서울지법 판사 2003년 부산지법 판사 2005~2006년 영국 런던대 방문교수 2007년 서울동부지법 판사 2008년 사법연수원 교수 2010년 서울고법 판사 2011년 춘천지법 부장판사 2011~2012년 강원대 법학전문대학원 초빙교수 2011~2012년 강원 양구군선거관리위원회 위원장 2012~2015년 인천지법 부장판사 2013~2015년 인천시선거관리위원회 위원장 2014년 인하대 법학전문대학원 초빙교수 2015년 법무법인 세종 파트너변호사(현)

## 김용환(金龍煥) KIM Yong Hwan

(생)1952 · 4 · 8 (출)충남 보령 (주)서울특별시 마포구 큰우물로 75 성지빌딩 17층 한국FPSB(02-3276-7609) (학)1972년 서울고졸 1980년 성균관대 경제학과졸 1983년 연세대 대학원졸 1991년 미국 밴더빌트대 대학원졸 2003년 경영학박사(경희대) (경)1979년 행정고시 합격(23회) 1980년 총무처 수습행정관 1982년 재무부 기획관리실 근무 1983년 同국제금융국 외환정책과 근무 1988년 同증권국 증권정책과 근무 1989년 미국 벤더빌트대 해외유학 1991년 재무부 증권국 증권정책과 · 증권발행과 근무 1995~1998년 미국 증권관리위원회 파견 1999년 재정경제부 국민생활국 복지생활과장 2001년 금융감독위원회 공보담당관 2002년 同감독정책1국 증권감독과장 2004년 同공보관 2005년 同홍보관리관 2006년 同감독정책2국장 2007년 증권선물위원회 상임위원 2008년 금융감독위원회 상임위원 2008~2011년 금융감독원 수석부원장 2008~2011년 기업재무개선지원단 단장 겸임 2010~2011년 금융감독원 금융소비자자문위원장 2011~2014년 한국수출입은행장 2014년 한국금융연구원 초빙연구위원 2015~2018년 NH농협금융지주 대표이사 회장 2018년 아시아신탁 사외이사(현) 2018년 (사)한국FPSB 회장(현) (상)매일경제 선정 금융서비스부문 '대한민국 글로벌 리더'(2013), 제23회 다산금융상 공공금융CEO상(2014), 2015 자랑스러운 성균인상 기업인부문(2016), 국제전자상거래창조협회(IECIA) 주관 ECI어워즈 '국제전자상거래혁신리더상'(2016), 자랑스러운 충청인 특별대상 경제부문(2016)

## 김용환(金容煥) KIM Yong Hwan

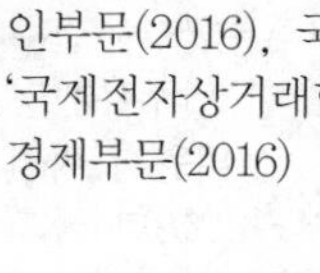

(생)1956 · 1 · 18 (출)경기 (주)서울특별시 서초구 헌릉로 12 현대제철(주) 임원실(02-3464-6114) (학)인창고졸, 동국대 무역학과졸, 고려대 경영대학원졸 (경)현대자동차(주) HME법인장(이사대우), 기아자동차(주) 해외영업본부장(부사장) 2006년 현대자동차(주) 해외영업본부장(부사장) 2008년 同기획조정실담당 사장 2010년 同기획조정실담당 부회장 2010~2018년 同전략기획실담당 부회장 2015~2017년 현대건설(주) 비상무이사 2016년 현대자동차(주) 구매담당 부회장 겸임 2017년 同감사실 · 법무실 · 비서실담당 부회장 겸임 2019년 현대제철(주) 부회장(현) (상)금탑산업훈장(2010)

## 김용환(金龍煥) KIM Young Hwan

(생)1957 · 8 · 25 (주)서울특별시 구로구 디지털로 34길 43 (주)사람인HR 사장실(02-2025-4760) (학)1976년 신일고졸 1980년 서울대 수학교육과졸 1990년 연세대 대학원 공학과졸 (경)한국신용평가정보(주) 인터넷사업본부장, 同정보사업본부장(상무이사) 2008년 同전무이사, 同CB사업본부 전무 2010년 나이스신용평가정보 그룹CIO(전무) 2010년 (주)나이스디앤비 전무 2013~2015년 同대표이사 사장 2015~2016년 NICE신용평가(주) 대표이사 사장 2016년 同고문 2018년 (주)사람인HR 대표이사 사장(현)

## 김용환(金容煥) Yong Hwan KIM

(생)1958 · 9 · 29 (본)김해(金海) (출)서울 (주)경기도 성남시 분당구 판교로 338 (주)한국무역정보통신(KTNET)(02-6000-2100) (학)1977년 대신고졸 1982년 서울대 무역학과졸 (경)행정고시 합격(25회) 1999년 기획예산처 정보화기획팀장 2000년 同정보화담당관 2001년 同교육문화예산과장 2002년 同장관비서관 2003년 同재정개혁국 재정개혁2과장 2003년 同재정개혁국 재정개혁2과장(부이사관) 2003년 대통령비서실 파견 2004년 駐미국대사관 파견 2007년 기획예산처 재정정책기획관 2007년 同성과관리본부장 2008년 기획재정부 경제예산심의관 2009~2010년 同예산총괄심의관 2010년 대통령실 국정과제비서관 2012~2013년 문화체육관광부 제2차관 2013년 (사)한국언론인공제회 이사, 한국문화관광연구원 초빙연구위원 2016~2018년 호텔롯데 사외이사 2016년 스페셜올림픽코리아 수석부회장 2016~2018년 신용보증기금 비상임이사 2018년 (주)한국무역정보통신(KTNET) 대표이사 사장(현)

## 김용환(金龍煥) YONG HWAN KIM

(생)1964 · 9 · 2 (출)대구 (주)서울특별시 관악구 관악로 1 서울대학교 공과대학 조선해양공학과(02-880-1543) (학)1987년 서울대 조선공학과졸 1989년 同대학원 조선공학과졸(조선유체전공) 1998년 조선공학박사(미국 매사추세츠공과대) (경)1989~1994년 대우조선 기술연구소 연구원 · 선임연구원 1998~2001년 American Bureau of Shipping(ABS) Technology Assistant Senior Engineer 2001~2004년 미국 매사추세츠공과대 해양공학과 연구과학자 2004년 서울대 공과대학 조선해양공학과 교수(현) 2008년 同로이드기금선박유탄성연구센터장(현) 2009년 同선박해양성능고도화연구사업단장(현) 2012~2018년 同공과대학 조선해양공학과장 2013년 同해양플랜트특성화대학사업단장 2013~2018년 同BK21플러스 해양플랜트창의인재양성사업단장 2015년 영국 왕립공학학술원 선정 '2015~2016 유명방문석학' 2015년 한국공학한림원 일반회원 · 정회원(현) 2016년 오사카대 겸임교수(현) 2017년 대우조선해양 경영정상화관리위원회 위원(현) 2018년 STX엔진(주) 사외이사(현) 2019년 한국조선해양발전협의체 자문위원(현) (상)대한조선학회 송암상(2003), 신양학술상(2009), 대한조선학회 논문상(2013), 공학한림원대상 젊은공학자상(2014), 한국해양공학회 학술상(2015) (저)'축적의 시간'(해양프랜트) '코리아아젠다'(공과대학 산학협력)

## 김용회(金龍會)

(생)1961 · 2 · 14 (주)경기도 수원시 영통구 삼성로 129 삼성전자(주)(031-200-1114) (학)휘문고졸 1983년 광운대 전자공학과졸 (경)삼성전자(주) 영상디스플레이사업부 구매팀 부장 2003년 同영상디스플레이사업부 회로구매그룹장 2007년 同영상디스플레이사업부 구매팀 상무보 2009년 同영상디스플레이사업부 구매팀 상무 2012년 同영상디스플레이사업부 구매담당 전무 2013년 同생활가전사업부 구매팀장(전무) 2015년 同

생활가전사업부 구매팀장(부사장) 2017년 同영상디스플레이사업부 구매팀장(부사장), 同자문역(현)

## 김용훈(金龍勳) Kim Yong Hoon

(생)1970·7·23 (본)함창(咸昌) (출)부산 (주)대전광역시 서구 청사로 189 특허청 혁신행정담당관실(042-481-5051) (학)해운대고졸, 한양대 원자력공학과졸 2000년 서울대 대학원 원자핵공학과졸 2004년 원자핵공학박사(서울대) (경)특허청 전기심사과·전자상거래과 심사관, 同정보기획과 사무관 2009년 同산업재산정책과 서기관 2013년 同특허심사기획과 서기관 2015년 특허심판원 심판제6부 심판관, 특허법원 기술심리관(파견) 2018년 특허청 특허심사1국 전자부품심사팀장 2019년 同기획조정관실 혁신행정담당관(현) (상)특허청 특허행정유공대상(2014) (종)천주교

## 김용희(金容熙) Kim Yong Hi

(생)1957·9·20 (본)광산(光山) (출)전북 정읍 (주)인천광역시 연수구 아트센터대로 175 G타워 세계선거기관협의회 사무총장실(032-455-7210) (학)1987년 성균관대 행정학과졸 2003년 同행정대학원 행정학과졸 (경)2000년 중앙선거관리위원회 정치교육과·감사담당관실 서기관 2003년 同지도과장 2005년 同선거관리관 2006년 同전자선거추진단장 2008년 전북도선거관리위원회 사무국장(이사관) 2009년 중앙선거관리위원회 정당지원국장 2010년 同선거실장(관리관) 2012년 同사무차장 2013년 세계선거기관협의회(A-WEB) 사무총장(현) 2014~2016년 중앙선거관리위원회 사무총장(장관급) (상)중앙선거관리위원장표창(1992), 홍조근정훈장(2006) (종)천주교

## 김　우(金　愚)

(생)1976·1·20 (출)경북 성주 (주)경기도 수원시 영통구 법조로 91 수원지방검찰청 총무과(031-210-4541) (학)1994년 영동고졸 1998년 서울대 공법학과졸 (경)2000년 사법시험 합격(42회) 2003년 사법연수원 수료(32기) 2003년 공익 법무관 2006년 울산지검 검사 2008년 창원지검 진주지청 검사 2010년 수원지검 검사 2012년 법무부 기획검사실 검사 2014년 서울중앙지검 검사 2015년 서울남부지검 검사 2017년 同부부장검사 2018년 광주지검 순천지청 형사3부장 2019년 수원지검 부부장검사(현) 2019년 금융감독원 파견(현)

## 김우경(金雨慶) KIM Woo Kyung

(생)1953·4·17 (출)경기 안양 (주)인천광역시 부평구 무네미로 446 근로복지공단 인천병원(032-500-0114) (학)1972년 중앙고졸 1978년 고려대 의대졸 1984년 同대학원 의학석사 1987년 의학박사(고려대) (경)1987~1997년 고려대 의대 성형외과학교실 전임강사·조교수·부교수 1990~1991년 미국 하버드대 교환교수 겸 Massachusetts General Hospital 연구원 1992~2004년 고려대 구로병원 성형외과장 1992~1998년 同의대 성형외과학교실 주임교수 1995년 同의대 제2의학과장 1997~2018년 同의과대학 성형외과학교실 교수 1997~2009년 同성형재건특수외과연구소장 2001~2003년 대한수부재건외과학회 이사장 2003~2005년 대한미세수술외과학회 이사장 2006~2008년 대한성형외과학회 이사장 2006~2008년 대한미세수술외과학회 이사장 2007~2009년 대한수부외과학회 이사장 2007년 대한민국의학한림원 정회원(현) 2009년 대한병원협회 기획이사 2009~2011년 고려대 의과대학 교원인사위원회 위원 2009~2013년 同구로병원장 2012~2016년 대한병원협회 재무위원장 2012~2014년 同부회장 2013~2015년 고려대 의무부총장 겸 의료원장 2014년 사립대의료원협의회 부회장 2016~2019년 대한민국의학한림원 홍보위원장 2018년 근로복지공단 인천병원장(현) (상)도농교류농촌사랑대상 국무총리표창(2014), TV조선 경영대상(2014), 동아일보 한국의 최고경영인상 리더십경영부문(2015) (저)'미세수술의 기법'(1998, 최신의학사) '표준 성형외과학'(1999, 군자출판사) '말초신경의 손상'(1999, 최신의학사) '임상미세수술학'(2003, 최신의학사) '하지 재건과 수부종양학'(2004, 최신의학사) '성형외과학 3판'(2004, 군자출판사) '수부피판과 손목질환의 최신지견'(2004, 최신의학사) '수부손상과 미세수술'(2005, 최신의학사) '미세수술기법 및 주관절 외과의 최신지견'(2006, 최신의학사) '최신 미세수술 및 수부외과'(2006, 최신의학사) '수부 건 및 조갑'(2007, 최신의학사) '주관절 질환과 미세수술의 최신 지견'(2008, 우리의학사) '표준 성형외과학 2판'(2009, 군자출판사) '수근부 손상과 수부의 미세재건술'(2009, 우리의학사) '주상골 손상과 미세재건술 비법'(2010, 우리의학사)

## 김우경(金佑卿) KIM Woo Kyung

(생)1956·10·2 (본)김해(金海) (출)서울 (주)서울특별시 서초구 법원로3길 15 영포빌딩 법무법인 루츠(02-6010-9900) (학)1975년 서울고졸 1979년 한양대 법학과졸 1982년 同행정대학원졸 (경)1980년 사법시험 합격(22회) 1982년 사법연수원 수료(12기) 1982년 軍법무관 1985년 대구지검 검사 1988년 同경주지청 검사 1989년 법무부 조사과 검사 1991년 서울지검 검사 1993년 창원지검 밀양지청장 1994년 창원지검 형사2부장 1996년 인천지검 부천지청 형사2부장 1997년 부산지검 강력부장 1998년 대검찰청 강력과장 1999년 서울지검 소년부장 2000년 同특수3부장 2001년 서울고검 검사 2002년 제주지검 차장검사 2003년 대구지검 포항지청장 2004년 변호사 개업 2005년 (사)청년의뜰 설립·상임대표(현) 2013년 법무법인 루츠 변호사(현) (종)기독교

## 김우남(金宇南) KIM Woo Nam

(생)1955·5·23 (본)광산(光山) (출)제주 북제주 (학)1973년 세화고졸 1981년 제주대 경영학과졸 1985년 경희대 대학원 경영학과 수료 2015년 명예 농학박사(제주대) (경)1990년 민주산악회 제주도지부 조직국장 1993년 제주구좌청년회의소 회장 1997년 새정치국민회의 새시대새정치청년연합 지도위원 1998·2002~2004년 제주도의회 의원(새정치국민회의·새천년민주당) 2000년 同운영위원장 2002년 同부의장 2003년 새천년민주당 북제주지구당 부위원장 2004년 대한가족보건복지협의회 제주도지회장 2004년 제17대 국회의원(제주시·북제주군乙, 열린우리당·대통합민주신당·통합민주당) 2008년 제18대 국회의원(제주乙, 통합민주당·민주당·민주통합당) 2008년 통합민주당 제주도당 위원장 2008~2010년 민주당 제주도당 위원장 2008~2011년 同당무위원 2008년 同원내부대표 2010~2011년 同총괄기획 원내부대표 2011년 민주통합당 당무위원 2012~2016년 제19대 국회의원(제주乙, 민주통합당·민주당·새정치민주연합·더불어민주당) 2012~2013년 민주통합당 제주도당 위원장 2013년 국회 농림축산식품해양수산위원회 위원 2013년 민주당 해양수산특별위원회 위원장 2014~2016년 국회 농림축산식품해양수산위원회 위원장 2016~2018년 더불어민주당 제주특별자치도당 위원장 2017~2018년 同최고위원 2017년 同제19대 대통령중앙선거대책위원회 제주특별자치도상임선거대책위원장 (상)국정감사 NGO 모니터단 선정 국정감사 우수의원상(2009·2010·2011·2012·2013·2015), 수협중앙회 감사패(2011), 법률소비자연맹 선정 국회 헌정대상(2013), 한국환경정보연구센터 친환경베스트의원(2011·2012·2013·2014·2015), 한국농업경영인중앙연합회 우수국감의원 공로패(2014), 한국소비자협회 대한민국 소비자대상(2015), 한국산림기술인협회 감사패(2015), 제주도농업인단체협의회 감사패(2015), 전국청소년선플SNS기자단 선정 '국회의원 아름다운 말 선플상'(2015), 대한변호사협회 선정 '최우수 국회의원상'(2016), 법률소비자연맹 헌정대상(2016) (종)가톨릭

## 김우동(金優東) WOO-DONG KIM

(생)1966 · 6 · 3 (본)안동(安東) (주)서울특별시 송파구 중대로 135 서울동부고용노동지청(02-2142-8888) (학)고려대 사회학과졸 2019년 행정학 박사(한남대) (경)1993년 행정고시 합격(36회) 2007년 국무조정실 조사심의관실 파견 2009년 미국 국외훈련 2010년 중앙노동위원회 심판1과장 2015년 고용노동부 고용정책실 청년취업지원과장 2015년 同감사관실 고객지원팀장 2017년 인천고용센터 소장 2018년 서울동부고용노동지청장(현)

## 김우룡(金寓龍) KIM U Ryong

(생)1943 · 7 · 18 (본)함창(咸昌) (출)일본 (주)서울특별시 동대문구 이문로 107 한국외국어대학교(02-2173-2314) (학)1961년 중앙고졸 1966년 고려대 영어영문학과졸 1972년 네덜란드 국제방송학교 수료 1973년 서울대 신문대학원졸 1984년 미국 컬럼비아대 신문대학원졸 1987년 언론학박사(고려대) (경)1966년 시사영어사 편집기자 1969~1985년 문화방송(MBC) 텔레비전 PD · 영화부장 · 편성기획부장 · 심의위원 · 제작위원 1985년 수원대 신문방송학과 조교수 1987~1992년 한국외국어대 부교수 1988년 방송위원회 심의위원 1989년 종합유선방송추진위원회 법제도소위원장 1989년 방송제도연구위원회 뉴미디어분과 위원장 1991년 방송문화진흥회 이사 1992년 한국방송학회 회장 1992~2008년 한국외국어대 언론정보학부 교수 1993년 2000 방송정책연구위원회 분과위원장 1993년 금강기획 · 현대방송 자문교수 1993년 공보처 행정쇄신위원 1994년 미국 UC Berkeley 교환교수 1995년 한국외국어대 정책과학대학원 주임교수 1997년 대통령선거방송토론위원회 위원 1998년 한국외국어대 언론정보연구소장 1999년 아세아사회과학연구원 이사 2001~2003년 한국외국어대 정책과학대학원장 2005년 21세기방송통신연구소 이사 2006~2008년 제3기방송위원회 위원 2008~2009년 공정언론시민연대 공동대표 2008년 한양대 석좌교수 2008년 한국외국어대 명예교수(현) 2009년 국회 미디어발전국민위원회 위원장 2009~2010년 MBC방송문화진흥회 이사장 2010년 용인송담대 이사(현) 2011~2012년 한국경제TV 사외이사 2013~2015년 방송통신위원회 방송통신정책고객대표자회의 의장 2015년 (사)방송통신연구원 원장 2015년 (사)아세아사회과학연구원 이사장 2018년 서울국제음악제(SIMF) 조직위원회 위원(현) (상)방송문화진흥대상 학술상, 新산업경영대상 경영문화부문 대상, KIPA공로상, 교육과학기술부장관표창(2008), 고려대 자랑스러운 문과대학인상(2010) (저)'TV프로듀서' '방송학 강의' '방송제작론' '뉴미디어개론' '케이블TV 원론' '커뮤니케이션 기본이론'(編) '매스컴 대사전'(共 · 編) '방송 대사전'(編) '뉴미디어시대의 방송문화' '한국방송론'(共) '방송과 독립프로덕션'(共) '현대사회와 매스미디어'(共) '방송광고론' '방송학 개론'(共) '방송경영론'(共) '현대방송학' '미디어 윤리' '텔레비전뉴스의 이해' '비언어적 커뮤니케이션론'(共) '세계방송의 거인들(共)'(2014) '통신의 역사, 봉수에서 아이폰까지(共)'(2015) '뉴스와 콩글리시 : 저널리즘의 외래어 진단'(2018, 행복에너지) (작)'한국의 영상' '장학퀴즈' '스마일작전' '세계로 뻗는 대한의 날개-미국속의 한국인' '서울국제가요제' (종)기독교

## 김우룡(金雨龍)

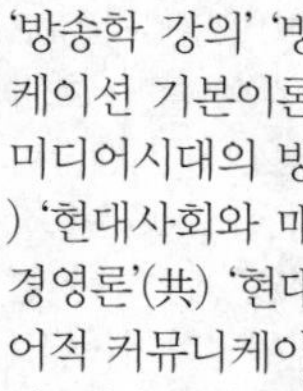

(생)1963 · 9 · 17 (주)부산광역시 동래구 명륜로94번길 55 동래구청 구청장실(051-550-4001) (학)2000년 부경대 대학원 경영학과졸 2004년 경영학박사(경성대) (경)(주)반도모터스 대표이사, 부경대 경영학부 겸임교수, (주)우진티에스 대표이사 2014년 부산시의원선거 출마(새정치민주연합) 2016년 더불어민주당 부산동래구지역위원회 위원장 2016년 제20대 국회의원선거 출마(부산 동래구, 더불어민주당) 2018년 부산시 동래구청장(더불어민주당)(현)

## 김우상(金宇祥) Woosang Kim

(생)1958 · 6 · 10 (출)부산 (주)서울특별시 서대문구 연세로 50 연세대학교 정치외교학과(02-2123-2952) (학)1977년 부산남고졸 1982년 한국외국어대 독일어학과졸 1984년 미국 시라큐스대 대학원 정치학과졸 1988년 정치학박사(미국 로체스터대) (경)1987~1988년 미국 스탠퍼드대 후버연구소 연구원 1988~1994년 미국 텍사스A&M대 정치학과 조교수 1994~1995년 同부교수 1995년 숙명여대 정치외교학과 부교수 1998~2008년 아태안보협력위원회(CSCAP) 한국대표부 운영위원 1999~2000년 숙명여대 정치외교학과 교수 1999~2000년 국가안전보장회의(NSC) 정책전문위원 2000~2002년 연세대 정치외교학과 부교수 2000~2006년 同동서문제연구원 부원장 2002년 同정치외교학과 교수(현) 2002~2003년 同정치외교학과장 2003년 동아일보 객원논설위원 2003년 국가안전보장회의(NSC) 자문위원 2003~2005년 연세대 사회과학대학 부학장 2004~2006년 국회 입법지원위원 2004년 한국해로연구회(SLOC) 집행위원장 2005~2006년 외교통상부 자체평가위원 2005~2008년 한국정치학회 및 한국국제정치학회 이사 2006~2008년 연세대 동서문제연구원장 2006~2008년 대한민국공군 정책발전자문위원 2008년 제17대 대통령직인수위원회 외교통일안보분과위원회 상임자문위원 2008년 제17대 대통령당선인 방미(美)특사 2008~2011년 駐호주 특명전권대사 2012~2013년 한국국제교류재단 이사장 (상)AFR매거진 '캔버라의 뛰어난 외교관 12인' 선정(2009) (저)'외교정책의 이론과 이해'(1998) '21세기 동아시아와 한국'(1998) '동북아 재래식 군사력 평가'(1999) '21세기 미국패권과 국제질서'(2000) '동북아 전력구조와 한국의 우주항공력'(2000) '21세기 세계질서 : 변혁시대의 적응논리'(2003) '현대국제관계이론과 한국'(2004) 등

## 김우석(金宇錫) KIM Woo Suk

(생)1947 · 6 · 15 (본)함창(咸昌) (출)경북 영양 (주)서울특별시 서초구 효령로 380 예일회계법인 회장실(02-2037-9200) (학)1965년 영양고졸 1969년 건국대 무역학과졸 1979년 미국 윌리엄스대 대학원 경제학과졸 1991년 경제학박사(필리핀 산토토마스대) 1994년 미국 UCLA 경영대학원 최고경영자과정 수료 2000년 서울대 행정대학원 국가정책과정 수료 2000년 국제산업디자인대학원대 뉴밀레니엄디자인혁신정책과정 3기 수료 2006년 서울대 경영대학 최고경영자과정 수료 (경)1969년 공인회계사시험 합격(1회) 1973년 행정고시 수석합격(14회) 1975년 재무부 출자관리과 · 국제금융과 · 외환정책과 사무관 1981~1984년 대통령비서실 행정관(서기관) 1984년 재무부 이재국 산업금융과장 1987년 同국제금융국 국제금융과장 1988년 아시아개발은행(ADB) 이사보좌관 1991년 재무부 경제협력국 외자정책과장 1991년 同국제금융국 국제기구과장 1991년 同외환정책과장 1994년 한국금융연구원 초빙연구원 1994년 駐일본대사관 재경관(참사관) 1997년 재정경제부 금융정책실 심의관 1998년 同국제금융국장 1999년 同국고국장 1999년 세무대학 학장 2000~2003년 한국은행 감사 2003년 신용회복위원회 위원장 2005~2007년 한국자산관리공사 사장 2008년 예일회계법인 회장(현) 2009~2015년 (주)GS 사외이사 2011~2016년 BNK금융지주 사외이사 2016년 신한금융투자 사외이사(현) (상)재무부장관표창(1975 · 1980), 대통령표창(1985), 한국경영대상 혁신부문 최우수상(2005), 자랑스런 건국인상(2006) (저)'주관식 회계학(共)'(1974) '신회계원리(共)'(2000)

## 김우석(金禹錫)

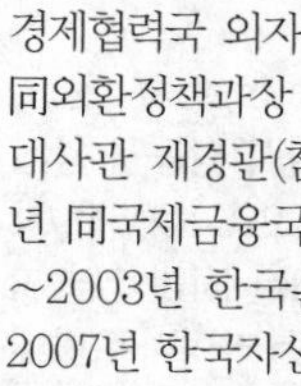

(생)1974 · 3 · 17 (주)경기도 수원시 팔달구 효원로 1 경기도의회(031-8008-7000) (학)고려대 법무대학원 지방자치법학과졸 (경)국회 비서관, 포천석탄발전소반대 공존 공동대표 2010년 경기도의원선거 출마(무소속) 2017년 4.12보궐선거 경기도의원선거 출마(더불어민주당) 2018년 경기도의회 의원(더불어민주당)(현) 2018년 同기획재정위원회 위원(현) 2019년 同청년대책특별위원회 위원(현)

### 김우석(金祐奭)

(생)1974·4·10 (출)서울 (주)전라북도 정읍시 수성6로 27 정읍지청 총무과(063-570-4544) (학)1993년 신일고졸 1999년 서울대 법학과졸 (경)1999년 사법시험 합격(41회) 2002년 사법연수원 수료(31기) 2005년 의정부지검 검사 2007년 수원지검 성남지청 검사 2009년 광주지검 검사 2012년 법무부 형사기획과 검사 2013년 서울중앙지검 검사 2016년 同부부장검사 2017년 부산지검 부부장검사(국무조정실 부패예방감시단 파견) 2018년 수원지검 평택지청 형사1부장 2019년 전주지검 정읍지청장(현)

### 김우섭(金祐燮) Woo Seob Kim

(생)1957·6·21 (본)의성(義城) (출)경북 (주)서울특별시 동작구 흑석로 102 중앙대학교병원 성형외과(02-6299-1627) (학)1984년 중앙대 의대졸 1988년 同대학원 의학석사 1991년 의학박사(중앙대) (경)1989~1992년 울산대병원 성형외과 전문의 1990~1992년 울산대 의과대학 전임강사 1992~1993년 미국 하버드대 의대부속병원 성형외과 연구교수 2003년 중앙대 의대 성형외과학교실 교수(현) 2007년 대한성형외과학회 상임이사 2007년 건강보험심사평가원 비상근심사위원 2008년 대한미용성형외과학회 상임이사 2010~2011년 미국 하버드대 생명공학과 교환교수 2011년 중앙대 의대 성형외과학교실 주임교수(현) 2011~2016·2017~2019년 중앙대병원 성형외과장 2014~2016년 중앙대 대외협력실장 2014~2016년 대한미용성형외과학회 이사장 2019년 대한민국의학한림원 정회원(현) (상)중앙대 업적우대교수(2005), 대한성형외과학회 학술상(2013) (종)기독교

### 김우수(金又洙) KIM Woo Soo

(생)1966·6·25 (출)경북 김천 (주)서울특별시 서초구 서초대로 219 대법원 양형위원회(02-3480-1100) (학)1985년 구로고졸 1990년 서울대 법학과졸 1993년 同대학원 상법전공(석사) 2010년 고려대 대학원 헌법학 박사과정 수료 (경)1990년 사법시험 합격(32회) 1993년 사법연수원 수료(22기) 1993년 육군 법무관 1996년 춘천지법 판사 1998년 同홍천군·인제군·양구군법원 판사 1999년 춘천지법 판사 2000년 수원지법 성남지원 판사 2003년 서울지법 판사 2004년 서울고법 판사 2005년 헌법재판소 파견 2007년 대법원 재판연구관 2008년 춘천지법 강릉지원 부장판사 2009년 대법원 재판연구관 2011년 인천지법 부장판사 2013년 서울중앙지법 부장판사 2016년 특허법원 부장판사 2018년 서울고법 부장판사(현) 2019년 대법원 산하 양형위원회 상임위원 겸임(현) (종)개신교

### 김우승(金于勝) Kim, Woo Seung

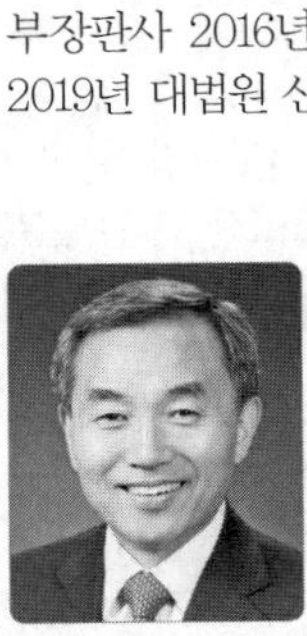

(생)1957·6·6 (출)서울 (주)서울특별시 성동구 왕십리로 222 한양대학교 총장실(02-2220-0034) (학)1981년 한양대 기계공학과졸 1983년 同대학원 기계공학과졸 1986년 미국 노스캐롤라이나주립대 대학원 기계공학과졸 1989년 공학박사(미국 노스캐롤라이나주립대) (경)1991~2018년 한양대 기계공학과 교수 1992~1999년 정수장학회 지도위원 2004년 한양대 산학협력중심대학육성사업단장 2004년 同산학협력실장 2004년 대통령자문 교육혁신위원회 전문위원 2006년 한양대 창업보육센터 소장 2008년 同학연산클러스터사업단장 2008·2012년 同산학기획처장 2008~2010년 국가과학기술위원회 주력기간산업기술 전문위원 2011~2015년 한양대 산학협력단장 2011년 기초기술연구회 이사 2011~2015년 한국산학협력학회 초대회장 2011년 한국공학한림원 정회원(현) 2012~2018년 (주)금호엔티 사외이사 2014년 미래창조과학부 공과대학혁신위원회 위원 2017~2018년 한양대 프라임(PRIME)사업단장 2017년 同ERICA캠퍼스 부총장 2017년 교육부 대학구조개혁위원회 위원(현) 2019년 한양대 총장(현) 2019년 한국공학교육인증원 원장(현) (상)한양대 수석졸업상(1981), 대한기계학회 남헌학술상(2000), 산업자원부장관표창(2005), 대통령표창(2008), 홍조근정훈장(2011), 한국공학한림원 일진상 산학협력증진부문(2013) (저)'공업열역학'(2000) (종)기독교

### 김우식(金雨植) KIM Woo Sik (湖岩)

(생)1940·1·26 (출)충남 공주 (주)충청남도 아산시 배방읍 호서로79번길 20 학교법인 호서학원(02-312-4871) (학)1957년 강경상고졸 1961년 연세대 공대 화학공학과졸 1965년 同대학원 화학공학과졸 1965년 성균관대 경영학과졸 1971년 미국 노스캐롤라이나주립대 대학원 산업공학과 수료 1975년 공학박사(연세대) 2003년 명예 경영학박사(고려대) (경)1961년 삼호방직 사원 1965~1968년 이정산업 대표 1965~2005년 연세대 공대 화학공학과 전임강사·조교수·부교수·교수 1975~1977년 同산업대학원 교학과장 겸 주임교수 1977~1980·1984~1986년 同화학공학과장 1980년 미국 Lehigh대 연구객원교수 1981~1984년 연세대 공대 교학과장 1985~1986년 同연세춘추 주간 1986~1988년 同연세춘추 및 신문방송국 편집인 1988~1989년 同학생처장 1989~1990년 한국화학공학회 이동현상부문 위원장 1990년 과학기술처 세계화추진과학기술전문위원 1990년 상공부 생산기술연구원 총괄위원회 및 공업기반기술개발심의위원 1990~1992년 동력자원부 대체에너지기술개발 전문위원 1990~1992년 연세대 총무처장 1992년 한국화학공학회 감사 1993~1995년 연세대 공과대학장 1994~1995년 한국화학공학회 교육위원장 1994~1995년 전국공과대학장협의회 부회장 1994~1996년 한국산업인력관리공단 기술사심의 검정위원 1994년 상공자원부 공기반개발기획평가위원 겸 전문위원 1994년 한국공학기술학회 창립정회원 1995~1996년 同부회장 1995~1997년 연세대 공학연구센터 본부장 1995년 (재)한국공학한림원 이사 1995~1998년 한국공학원 화학공학분과 위원장 1995~1997년 교육부 중앙산업교육심의위원장 1996년 한국화학공학회 부회장 1996~1998년 연세대 신에너지·환경시스템연구소장 1996년 한국공학기술학회 회장 1997년 동남아·태평양공학교육학회(AEESEAP) 부회장 1997년 교육부 대학원중점육성지원사업평가위원 1998~2000년 同지방대특성화사업평가위원장 1998년 LG-Caltex가스 사외이사 1998년 미국 캘리포니아대 교육대학원 연구객원교수 1998~2000년 연세대 대외부총장 1998년 LG환경안전연구소 고문 1998년 한국공학한림원 부회장 1999~2001년 대통령직속 국가과학기술자문위원 1999~2004년 한국공학교육인증원 원장 1999~2004년 전국과학정보기술인협회 공동회장 2000~2004년 연세대 총장 2000년 (재)한국대학가상교육연합 이사장 2000년 성곡학술문화재단 이사 2000년 광주과학기술원 이사 2001년 (재)토지문화재단 이사 2002~2004년 한국대학교육협의회 회장 2004~2005년 대통령 비서실장 2005년 연세대 명예교수(현) 2006~2008년 부총리 겸 과학기술부 장관 2008년 한국과학기술원(KAIST) 초빙특훈교수 2008년 과학문화융합포럼 명예회장 2008~2009년 한국미래발전연구원 원장 2009년 과학문화융합포럼 이사장(현) 2009년 창의공학연구원 이사장(현) 2009년 사람사는세상 노무현재단 고문 겸 기금모금위원장 2017년 국무총리자문 국민안전안심위원회 위원장(현) 2019년 학교법인 호서학원 이사장(현) (상)연세학술상(1993), 대통령표창(1996), 한국교원단체총연합회 교육공로상(2002), 신산업경영원 경영문화대상(2003), 프랑스 와인작위·라랑드뽀므롤의 바이이기사(2003), 청조근정훈장(2005), 2018 자랑스러운 연세인상(2018) (저)'화학공학요론(Ⅰ·Ⅱ)' '화학공학통론' '공업화학' '운동량열 및 물질이동론' '세월이 내게 가르쳐 준 것들 : 김우식의 일흔일곱 굽이 인생수업'(2016, 웅진윙스) (역)'이동현상론' '화학반응공학' (종)기독교

### 김우연(金禹鍊) KIM Woo-Youn

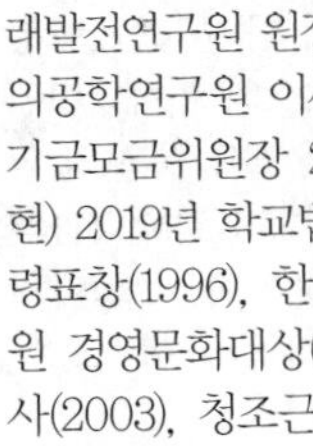

(생)1960·10·2 (출)충남 서천 (주)서울특별시 마포구 마포대로 136 한국지방재정공제회 공제사업본부(02-3274-2001) (학)1993년 한밭대 경제학과졸 (경)2008년 행정안전부 인사기획관실 서기관 2010년 同지방행정연수원 인력개발1과장 2012년 同공무원단체담당관 2013년 안전행정부

공무원단체담당관 2014년 대전시 감사관 2015~2016년 同자치행정국장(부이사관) 2017년 同시민안전실장 2017~2018년 대전시의회 사무처장(지방이사관) 2018년 한국지방재정공제회 공제사업본부장(이사)(현)

### 김우영(金尤榮) KIM Woo Young

(생)1956·9·29 (주)전라북도 전주시 완산구 서학로 50 전주교육대학교 총장실(063-281-7000) (학)1983년 고려대 서양철학과졸 1985년 同대학원 서양철학과졸 1991년 서양철학박사(고려대) (경)1986~1993년 강원대·고려대·상명여대·동국대·군산대 강사 1993~2003년 전주교육대 윤리교육과 전임강사·조교수·부교수 1994~1996년 同윤리교육과 학과장 1998~2000년 同신문·방송사 주간, 同교육정보원장 2003년 同윤리교육과 교수 2018년 同총장(현) (저)'현대사회와 윤리'(共) '현대사회와 정의'(共) (역)'현대도덕철학'(共)

### 김우영(金佑泳) KIM Woo Young

(생)1969·7·19 (출)서울 (주)서울특별시 서초구 효령로 341 (주)세보엠이씨 임원실(02-2046-7922) (학)1988년 여의도고졸 1992년 한양대 건축공학과졸 2001년 서강대 대학원 경영학과졸 (경)1992~1998년 삼성물산(주) 근무, (주)세보엠이씨 공사담당 이사 2000년 同공사총괄 전무 2006년 同공사담당 부사장 2007년 同대표이사 2012년 同대표이사 사장(현) (상)산업포장(2017)

### 김우재(金祐在)

(생)1966·12·4 (주)경기도 화성시 향남읍 향남로 470 IBK 기업은행 알토스(031-371-0011) (학)홍익대졸 (경)1994~1996년 서울중앙여중·여고 배구부 코치 1996~1999년 실업배구 한국담배인삼공사 코치 2000년 실업배구 한국도로공사 코치 2003년 대한배구협회 여자국가대표팀 코치 2004~2010년 서울중앙여고 배구부 감독 2006년 프로배구 현대건설 그린폭스 코치 2015~2019년 강릉여고 배구부 감독 2019년 프로배구 IBK 기업은행 알토스 감독(현) (상)전국남녀중·고교배구대회 지도자상(2014·2016)

### 김우정(金于楨)

(생)1968·2·3 (출)전남 완도 (주)서울특별시 서초구 서초중앙로 157 서울중앙지방법원(02-530-1690) (학)1985년 동래고졸 1990년 연세대 법학과졸 (경)1997년 사법시험 합격(39회) 2000년 사법연수원 수료(29기) 2000년 광주지법 예비판사 2002년 同판사 2003년 同목포지원 판사 2004년 수원지법 안산지원 판사 2006년 서울북부지법 판사 2008년 서울중앙지법 판사 2010년 서울동부지법 판사 2012년 서울고법 판사 2014년 서울중앙지법 판사 2015년 대전지법 부장판사 2017년 의정부지법 부장판사 2019년 서울중앙지법 부장판사(현)

### 김우종(金佑鐘) KIM Woo Jong (愚松)

(생)1960·1·18 (본)김해(金海) (출)충북 제천 (주)경상남도 진주시 소호로 102 한국승강기안전공단 임원실(055-751-0708) (학)1977년 충북 제천농고졸 1989년 한국방송통신대 행정학과졸 2001년 호주 울런공대 대학원 경영학과졸(MBA) (경)1990년 행정고시 합격(34회) 1991~1996년 충북도 경제분석계장·공기업계장 1996~1999년 행정자치부 자치기획단·기획예산담당관실 근무 1999년 호주 교육파견 1999~2003년 중앙인사위원회 기획총괄과·정책지원과·인사심사과 서기관 2003년 同급여정책과장 2004년 同급여후생과장 2006년 국방대 파견 2007년 중앙인사위원회 능력발전과장 2008년 행정안전부 교육훈련과장 2008년 同지역발전과장 2008~2011년 駐우즈베키스탄 주재관 2011년 행정안전부 윤리복무관실 공무원단체담당관 2012년 충북도 문화관광환경국장 2013~2014년 충북 청원군 부군수 2014년 인사혁신처 복무제도과장 2015년 행정중심복합도시건설청 기획조정관 2018년 한국승강기안전공단 경영기획이사(현) (상)엑스포성공개최 국무총리표창(1994), 동계유니버시아드유공 대통령표창(2007)

### 김우중(金宇中) KIM Woo Choong

(생)1936·12·19 (본)광산(光山) (출)대구 (주)서울특별시 중구 퇴계로 18 대우세계경영연구회(02-6366-0017) (학)1956년 경기고졸 1960년 연세대 상경대 경제학과졸 1985년 명예 경제학박사(연세대) 1986년 명예 경영학박사(고려대) 1988년 명예 공공봉사학박사(미국 조지워싱턴대) 1992년 명예 경제학박사(러시아 이코노믹아카데미) 1994년 명예 인문학박사(미국 사우스캐롤라이나대) 1995년 명예 경영학박사(콜롬비아 바제대) 1996년 명예 박사(루마니아 크라이오바대) 1997년 명예 법학박사(미국 보스톤대) 1997년 명예 철학박사(전남대) 1997년 명예 경제학박사(베트남 국립하노이대) (경)1960~1966년 한성실업 부장·이사 1967년 대우실업 상무이사 1970년 同사장 1976년 한국기계 사장 1976년 대우중공업 사장 1978년 새한자동차 사장 1978년 대우조선 사장 1979년 대우개발 사장 1979~1998년 전국경제인연합회 부회장 1979~1993년 한국무역협회 부회장 1980년 한국섬유산업연합회 부회장 1980년 한국중공업 사장 1980년 대한체육회 부회장 1981~1998년 대우그룹 회장 1981~1998년 한·일경제협의회 부회장 1982년 SAGOC 부위원장 1983년 한·아랍친선협회 회장 1983~1986년 대한요트협회 회장 1983~2000년 한국기원 총재 1985년 아시아요트연맹회 회장 1985년 SLOOC·SAGOC 위원 1986~1989년 한국섬유산업연합회 회장 1988~1992년 대한축구협회 회장 1989년 한국섬유산업연합회 명예회장 1991년 국제민간경제협의회(IPECK) 회장 1993~2000년 한·독협회 회장 1993년 한국섬유산업연합회 고문 1995년 심석학원 이사장 1996년 우즈베키스탄 세계경제외교대 명예교수 1996년 중국 항주대 명예고문 겸 명예교수 1997년 한국국제노동재단 이사장 1998~1999년 대우중공업·(주)대우·(주)대우자동차 대표이사 회장 1998년 평화와통일을 위한복지기금재단 이사장 1999년 전국경제인연합회 회장 2010년 대우세계경영연구회 명예회장(현) (상)금탑산업훈장, 한국의 경영자상, 수단국 오더오브트누일훈장, 국제상공회의소 국제기업인상, 마로니에기업문화상, 국민훈장 모란장, 파키스탄 의별훈장, 벨기에 대왕관훈장, 독일 십자공로훈장, 콜롬비아 명예대십자훈장, 프랑스 레지옹도뇌르훈장, 우즈베키스탄 듀스크리크훈장, 모로코국왕 최고영예훈장, 한국과학기술연구원 공로패(2009) (저)'세계는 넓고 할 일은 많다' '대화'(共) (종)기독교

### 김우진(金禹辰) KIM Woo Jin

(생)1964·3·25 (출)서울 (주)경기도 고양시 일산동구 호수로 550 사법정책연구원 연구위원실(031-920-3550) (학)1983년 경성고졸 1987년 서울대 법학과졸 1990년 同대학원졸 (경)1987년 사법시험 합격(29회) 1990년 사법연수원 수료(19기) 1990년 서울민사지법 판사 1992년 서울형사지법 판사 1994년 부산지법 동부지원 판사 1997년 서울지법 동부지원 판사 1999년 서울가정법원 판사 2000~2005년 서울고법 판사 2000년 법원행정처 사법정책연구실 국제담당관 겸임 2005년 광주지법 부장판사 2006년 대법원 재판연구관 2008년 서울동부지법 부장판사 2008년 대법원 양형위원회 운영지원단장 파견 2010년 서울중앙지법 부장판사 2012년 서울서부지법 부장판사 2012년 특허법원 부장판사 2014년 서울고법 부장판사(현) 2019년 사법정책연구원 수석연구위원 겸임(현) (종)기독교

## 김우창(金禹昌) KIM Woo Chang

(생)1937 · 12 · 17 (출)전남 함평 (주)서울특별시 성북구 안암로 145 고려대학교 영어영문학과(02-3290-1982) (학)1954년 광주고졸 1958년 서울대 영어영문학과졸 1961년 미국 코넬대 대학원 영어영문학과졸 1975년 문학박사(미국 하버드대) (경)1963~1974년 서울대 문리대학 영어영문학과 전임강사 1965년 '청맥'誌에 '엘리어트의 예'로 등단 1969~1972년 미국 버팔로대 조교수 1974~2003년 고려대 영어영문학과 교수 1980년 미국 하버드대 방문연구원 1992년 영국 케임브리지대 방문연구원 1993년 일본 도쿄대 방문연구원 1995년 미국 하버드대 방문교수 1997년 일본 국제일본문화연구소 방문교수 2000년 서울국제문학포럼 조직위원장 2000~2002년 고려대 대학원장 2003년 同영어영문학과 명예교수(현) 2004년 2005프랑크푸르트국제도서전 주빈국조직위원회 위원장 2006년 대한민국예술원 회원(문학·현) 2008~2013년 이화여대 이화학술원 석좌교수 2018년 이탈리아 '아카데미아 암브로시아나에' 정회원(극동연구분과·현) (상)서울문화예술평론상(1981), 팔봉비평문학상(1993), 대산문학상(1994), 금호 학술상(1997), 고려대 학술상(1998), 한국백상출판문화상 저작상(2000), 녹조근정훈장(2003), 인촌상(2005), 경암교육문화재단 경암학술상(2015), 2019 만해대상 문예대상(2019) (저)평론집 '궁핍한 시대의 시인' '지상의 척도' '문학의 비평'(編) 평론 '존재의 인식과 감수성의 존중' '주체의 형식으로서의 문학' '서정적 모더니즘의 경과' '괴로운 양심의 시대의 시-최근의 시 경향' '한국문학의 시간' '읽는 행위의 안과 밖' '대중문화 속의 예술교육' 에세이 '풍경과 마음'(2003) '시대의 흐름에 서서'(2005) '체험의 조형'(2013) '깊은 마음의 생태학'(2014, 김영사) '문화의 안과 밖 1 : 풍요한 빈곤의 시대(共)'(2014, 민음사) '문학의 안과 밖 3 : 예술과 삶에 대한 물음(共)'(2014, 민음사)

## 김우철(金宇哲) KIM Woo Cheol

(생)1963 · 3 · 18 (주)인천광역시 중구 인항로 27 인하대학교병원 방사선종양과(032-890-3070) (학)1987년 연세대 의대졸 1997년 건국대 대학원졸 2001년 의학박사(인하대) (경)1990~1996년 연세대 세브란스병원 치료방사선과 전공의·전임의 1996~2008년 인하대 의과대학 방사선종양학교실 전임강사·조교수·부교수 2002년 인하대병원 방사선종양과장(현), 대한소아뇌종양학회 이사 2004~2005년 스웨덴 카로린스카의대 교환교수 2008년 인하대 의과대학 방사선종양학교실 교수(현) 2010~2018년 인하대병원 사이버나이프센터장 2012년 同외래진료부장 2013년 同적정진료지원실장 2015년 同의료혁신실장(현) (상)국무총리표창(2010)

## 김우철(金友哲) Kim, Woocheol

(생)1965 · 8 · 26 (본)경주(慶州) (출)세종특별자치시 (주)경기도 과천시 교육원로 86 국사편찬위원회 편사부(02-500-8311) (학)1983년 대전 동산고졸 1987년 고려대 사학과졸 1990년 同대학원 사학과졸(문학석사) 1999년 문학박사(고려대) (경)1986년 고려대 고대신문 편집국장 1989년 同고대신문 기획간사 1991~1992년 공군사관학교 교관 1992~1994년 同전임강사 2001~2004년 한중대 전임강사 2001~2004년 同조교수 2009~2015년 同교양학과 부교수 2010~2018년 한국고전번역원 번역위원 2015년 서울역사편찬원 원장 2018년 국사편찬위원회 편사부장(현) (저)'조선후기 지방군제사'(2001, 경인문화사) '조선후기 정치·사회 변동과 추국'(2013, 경인문화사) '조선후기 지방사의 이해'(2013, 경인문화사) (역)'대한계년사 3·8·9'(2004, 소명출판) '여지도서 4~17·27~30'(2009, 디자인흐름) '승정원일기-영조대 13·37·60·79'(2011~2015, 한국고전번역원) '추안급국안 10~18·26~36·64~66·79~81'(2013~2014, 흐름출판사)

## 김우철(金禹哲) KIM Woo Cheol

(생)1968 · 8 · 10 (본)나주(羅州) (출)충남 서천 (주)세종특별자치시 다솜2로 94 해양수산부 항만국 항만기술안전과(044-200-5950) (학)1987년 서울 환일고졸 1991년 연세대 행정학과졸 (경)1991년 행정고시 합격(35회) 1993년 부산지방해운항만청 사무관 1996년 해양수산부 항만정책과·수산정책과·해양정책과 사무관 2000년 同해양정책과 서기관 2002년 同정보화담당관 2004년 同선원노정과장 2004년 부산지방해양수산청 환경안전과장·총무과장 2005년 해양수산부 연안해운과장 2007년 同해운물류본부 연안해운팀장 2008년 국토해양부 연안해운과장 2008년 同교통정책실 교통안전과장 2009년 同교통정책실 신교통개발과장 2011년 同해양정책국 해양환경정책과장 2012년 인천지방해양항만청 운영지원과장 2013년 해양수산부 해사안전국 해사안전시설과장(부이사관) 2014년 同국립해양조사원 운영지원과장 2015년 통일교육원 교육파견 2016년 해양수산부 항만국 항만기술안전과장(현)

## 김우택(金佑澤) WOODY KIM

(생)1964 · 7 · 4 (본)김해(金海) (출)서울 (주)서울특별시 강남구 언주로 726 두산빌딩 8층 (주)넥스트엔터테인먼트월드(02-3490-9369) (학)1984년 환일고졸 1988년 서울대 경영학과졸 1990년 미국 에모리대 대학원 경영학과졸 (경)1990년 삼성물산 뉴욕지사 근무 1996년 동양글로벌(주) 근무 1997년 (주)투니버스 부장 1999~2005년 메가박스씨네플렉스(주) 대표 2005~2008년 (주)미디어플렉스 대표이사 2008~2010년 (주)메가박스 대표이사 2011년 (주)넥스트엔터테인먼트월드(NEW) 대표 2018년 同회장(현) (상)제2회 문화콘텐츠 글로벌리더상(2009), 올해의 영화인상(2014) (종)기독교

## 김우현(金宇鉉) Woo-Hyeon Kim

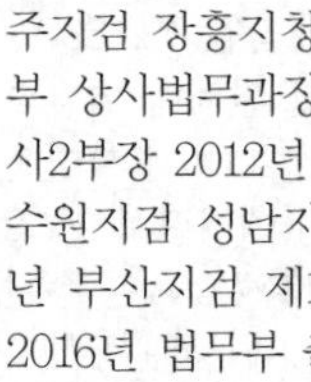

(생)1967 · 8 · 25 (출)전남 여천 (주)경기도 수원시 영통구 법조로 91 수원고등검찰청(031-5182-3114) (학)1985년 광주제일고졸 1989년 고려대 법학과졸 (경)1990년 사법시험 합격(32회) 1993년 사법연수원 수료(22기) 1993년 軍법무관 1996년 수원지검 검사 1998년 광주지검 목포지청 검사 1999년 법무부 법무심의검사 2001년 서울지검 검사 2004년 광주지검 검사 2004~2005년 미국 Law School of Duke 연수 2005년 광주지검 부부장검사 2006년 대검찰청 검찰연구관 2007년 광주지검 장흥지청장 2008년 인천지검 공판송무부장 2009년 법무부 상사법무과장 2010년 同법무심의관 2011년 서울중앙지검 형사2부장 2012년 대검찰청 연구관 2012년 同형사정책단장 2013년 수원지검 성남지청 차장검사 2014년 전주지검 군산지청장 2015년 부산지검 제1차장검사 2015년 대구고검 차장검사(검사장급) 2016년 법무부 출입국·외국인정책본부장 2017년 대검찰청 반부패부장 2018년 인천지검장 2019년 수원고검장(고등검사장급)(현) (종)가톨릭

## 김우현(金佑鉉)

(생)1971 · 4 · 19 (출)경북 안동 (주)서울특별시 서초구 서초대로 219 법원행정처 사법등기국(02-3480-1100) (학)1989년 경안고졸 1999년 서울대 법학과졸 (경)1998년 사법시험 합격(40회) 2001년 사법연수원 수료(30기) 2001년 서울지법 예비판사 2003년 同남부지원 판사 2004년 서울남부지법 판사 2005년 대전지법 판사 2008년 인천지법 부천지원 판사 2010년 서울행정법원 판사 2012년 서울동부지법 판사, 국회 파견 2016년 울산지법 부장판사 2017·2018년 법원행정처 사법등기국장(현) 2018년 수원지법 부장판사

## 김우호(金尤鎬) Kim Woo-ho

(생)1963 · 6 · 15 (출)전북 고창 (주)세종특별자치시 도움5로 20 소청심사위원회 상임위원실(044-201-8613) (학)전주고졸, 서울대 독어독문학과졸, 同행정대학원졸, 행정학박사(서울시립대) (경)1993년 행정고시 합격(37회) 2004년 행정안전부 프로세스혁신팀장 2005년 同성과관리팀장 2006년 대통령 인사수석비서관실 행정관 2008년 駐중국 주재관 2010년 안전행정부 인사실 인력기획과장(부이사관) 2012년 同인사실 심사임용과장 2014년 법무부 국적 · 통합정책단장(고위공무원) 2016년 국가공무원인재개발원 교수부장 2016년 인사혁신처 인재개발국장 2017~2018년 대통령 인사수석비서관실 인사비서관 2018년 인사혁신처 소청심사위원회 상임위원(현)

## 김 욱(金 煜)

(생)1966 · 2 · 13 (주)서울특별시 송파구 송파대로28길 28 해양환경공단 기획조정실(02-3498-8531) (학)1998년 한국해양대 항해학과졸 2010년 스웨덴 World Maritime Univ. 대학원 해양환경관리과졸 (경)1988년 범양상선(주) 근무 1996년 대한해운(주) 근무 1997년 해양오염방제조합설립기획단 근무 1997년 해양오염방제조합 방제부 연수과장 2007년 해양환경관리공단설립기획단 총괄팀장 2008년 해양환경관리공단 기획팀장 2011년 同경영혁신팀장 2015년 同창조혁신실장 2016년 同기획조정실장 2017년 同부산지사장 2018년 해양환경공단 부산지사장 2019년 同기획조정실장(현) (상)해양오염방제조합 이사장표창(1998), 해양수산부장관표창(2005)

## 김욱규(金昱珪) Uk Kyu Kim

(생)1960 · 11 · 18 (본)김해(金海) (출)부산 (주)경상남도 양산시 물금읍 부산대학로 49 부산대학교 치의학전문대학원(051-510-8206) (학)1985년 부산대 치과대학졸 1989년 同대학원졸 1997년 치의학박사(부산대) (경)1985~1989년 부산대병원 전공의 1989~1992년 국군부산병원 군의관(치과부장) 1992~1997년 부산대 치과대학 외래시간강사 1992~1993년 부산춘해병원 치과 과장 1994~1997년 부산대병원 수술참석의사 1998~2009년 부산대 치과대학 구강악안면외과학교실 전임강사 · 조교수 · 부교수 2000년 일본 구주대 방문교수 2005년 부산대 치과대학 부학장 2007~2009년 同치과대학장 겸 치의학전문대학원장 2009년 同치의학전문대학원 구강악안면외과학교실 부교수 · 교수(현) 2014년 同치과병원장 2015~2018년 국립대치과병원장협의회 부회장 (상)대한악안면성형재건외과학회 기초의학논문상(2001), 미국 구강악안면외과학회 Scientific Poster Award(2002), 미국 구강악안면외과학회 Oral Abstract Presentation Award(2007), Marquis Who's Who Biography Listing(2009), 보건복지부장관표창(2016) (저)'악안면성형재건외과학'(2003) '치과국소마취학'(2004) (역)'치과치료의 진정요법'(2001) (종)기독교

## 김욱준(金郁埈)

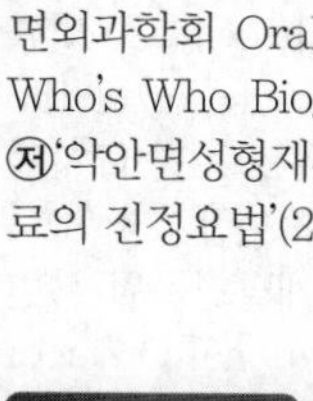

(생)1972 · 9 · 12 (출)서울 (주)전라남도 순천시 왕지로 19 광주지방검찰청 순천지청(061-729-4511) (학)1991년 휘문고졸 1996년 서울대 법학과졸 (경)1996년 사법시험 합격(38회) 1999년 사법연수원 수료(28기) 1999년 육군 법무관 2000년 육군 고등검찰부 검찰관 2002년 서울지검 검사 2004년 대전지검 천안지청 검사 2006년 법무부 공공형사과 검사 2008년 서울서부지검 검사 2011년 同부부장검사 2012년 부산지검 동부지청 형사3부장 2013년 대구지검 상주지청장 2014년 광주지검 부부장검사(駐LA총영사관 파견) 2016년 서울북부지검 부부장검사 2016년 법무부 검찰제도개선기획단장 겸임 2017년 대전지검 형사1부장 2018년 同특허범죄조사부장 2018년 수원지검 부장검사 2019년 광주지검 순천지청장(현)

## 김운걸(金雲杰)

(생)1964 · 10 · 25 (출)경북 영주 (주)경상북도 영주시 중앙로 15 영주세무서(054-639-5241) (학)1983년 대구 오성고졸 1985년 세무대학졸(3기) (경)1985년 세무공무원 임용(8급 특채), 서울 성동세무서 · 광화문세무서 · 반포세무서 근무, 경기 시흥세무서 근무, 중부지방국세청 조사1국 · 2국 · 감사관실 근무, 경기 안산세무서 · 시흥세무서 근무 2010년 경기 동안양세무서 부가가치세과장 2011년 중부지방국세청 조사2국 조사관리과 근무 2014년 同운영지원과 근무 2015년 서기관 승진 2016년 중부지방국세청 조사4국 조사2과 근무 2017년 同조사4국 운영지원팀장 2017년 강원 영월세무서장 2019년 경북 영주세무서장(현)

## 김운경(金運經) Kim, Woonkyung

(생)1954 · 2 · 23 (주)서울특별시 영등포구 국회대로 750 금산빌딩 4층 한국방송작가협회(02-782-1696) (학)1972년 동인천고졸 1979년 서울예술전문대 문예창작과졸 (경)방송작가(현) 1981년 KBS 전설의 고향 '쌍불암'으로 데뷔 1996년 (사)한국방송작가협회 드라마부문 간사, 同이사 2016년 同이사장(현) (상)한국방송작가상 드라마부문(1995) (저)'낮에도 별은 뜬다'(2004, 시나리오친구들) '세월은 흐르는 것이 아니라 쌓이는 것이다(共)'(2014, 페이퍼로드) (작)방송극본 'KBS 1TV 회전목마'(1989) 'KBS 2TV 서울뚝배기'(1991) 'KBS 2TV 형'(1992) 'MBC 한지붕 세가족'(1994) 'MBC 서울의 달'(1994) 'SBS 옥이이모'(1995) 'KBS 파랑새는 있다'(1997) 'SBS 흐린날에 쓴 편지'(1999) 'SBS 도둑의 딸'(2000) 'MBC 죽도록 사랑해'(2003) 'KBS 2TV 황금사과'(2006) 'KBS 2TV 돌아온 뚝배기'(2008) 'MBC 짝패'(2011) 'JTBC 유나의 거리'(2014)

## 김운근(金沄根) KIM Woon Keun

(생)1944 · 4 · 4 (본)김해(金海) (출)울산 (주)서울특별시 용산구 이촌로 223-13 농업기술진흥관 3층 (사)통일농수산정책연구원(02-790-0201) (학)1975년 고려대 대학원 농업경제학과졸 1986년 농업경제학박사(고려대), 미국 노스캐롤라이나주립대 대학원 수료 (경)1970년 농촌진흥청 농업기술연구소 근무 1975년 국립농업경제연구소 근무 1978년 농수산부 근무 1982년 한국농촌경제연구원 농업사연구실장 · 수석연구위원 1984~1991년 단국대 · 명지대 · 건국대 · 성균관대 강사 1989년 한국농촌경제연구원 토지경제실장 1990년 同농업구조개선실장 1992년 同북방농업실장 1994년 同국제농업연구부장 겸 북한연구팀장 1998년 同북한농업연구센터 부장 1999년 同북한농업연구센터장 2002년 同농림기술관리센터 소장 2002년 한국농업정책학회 회장 2003년 (사)통일농수산정책연구원 원장(현) 2003년 북한경제전문가100인포럼 회원 2009년 민주평통 자문위원 (저)'북한의 농업 개황' '북한의 임업과 수산업 개황' (종)불교

## 김운아

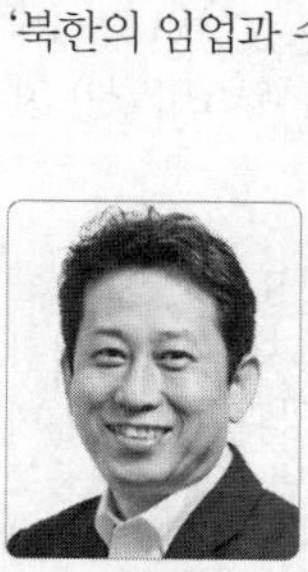

(생)1964 · 3 · 21 (출)서울 (주)서울특별시 성동구 성수일로 56 (주)신세계푸드 임원실(02-3397-6058) (학)안동고졸, 숭실대 섬유공학과졸 (경)1996년 (주)신세계 경영지원실 인사기획과장 2001년 同이마트부문 이천점장 2004년 同이마트부문 안동점장 2005년 同이마트부문 일상가공담당 가공A팀장 2010년 同이마트부문 가공식품담당 기호건강식품팀장(수석부장) 2010년 同이마트부문 고객서비스본부 고객서비스3담당 수석부장 2011년 (주)이마트 고객서비스본부 고객서비스3담당 수석부장 2011년 同MD전략본부 HMR담당 상무보 2012년 (주)신세계엘앤비 대표이사 2019년 (주)신세계푸드 제조서비스부문 대표이사(현)

## 김운환(金沄桓) KIM Woon Hwan (一松)

㉕1946 · 12 · 13 ㉔김해(金海) ㉕울산 ㉔1968년 울산공고졸 1972년 동아대 정치외교학과졸 1976년 同경영대학원 수료 ㉖일송문화장학회 회장, 울산국악관현악단 단장, 새운주택 대표 1987년 통일민주당(민주당) 울주군선거대책위원장 1988년 제13대 국회의원(전국구, 민주당 · 민자당) 1988년 민주당 부대변인 1988년 同울산中지구당 위원장 1992년 제14대 국회의원(부산 해운대, 민자당 · 신한국당) 1993~1997년 대한씨름협회 회장 1994년 민자당 부산시지부장 1995년 同조직위원장 1995년 대한주택건설사업협회 고문 1996년 제15대 국회의원(부산 해운대 · 기장甲, 신한국당 · 국민신당 · 국민회의 · 새천년민주당) 1997년 국민신당 부산시지부장 1998년 국민회의 부산해운대 · 기장甲지구당 위원장 2000년 새천년민주당 총재특보 2000~2003년 同부산해운대 · 기장甲지구당 위원장 ㉗국민포장 ㉘불교

## 김운회(金雲會) KIM Woon-hoe

㉕1944 · 10 · 18 ㉕서울 ㉗강원도 춘천시 공지로 300 천주교 춘천교구(033-240-6044) ㉔1972년 가톨릭대졸 ㉖1973년 사제 수품 1973~1982년 동성중 교사 1982~1989년 천주교 서울대교구 방배동 · 발산동 본당 주임신부 1989~1992년 同서울대교구 성소국장 1989~1995년 同서울대교구 사제평의회 위원 1990~1992년 同서울대교구 성소위원회 총무 1990~1994년 同서울대교구 성직자교육위원회 위원 1992~1995년 同서울대교구 교육국장 1992~1995년 同서울대교구 참사위원 1994~1995년 同서울대교구 사제평생교육위원회 위원 1995~2002년 동성고 교장 2002년 천주교 서울대교구 보좌주교 2002년 주교 수품 2002~2012년 한국천주교주교회의 민족화해위원장 2002~2012년 同선교사목주교위원회 위원 2002~2010년 同민족화해주교특별위원회 위원 2005~2011년 同상임위원 2010년 천주교 춘천교구장 겸 함흥교구장 서리(현) 2010년 한국천주교주교회의 민족화해주교특별위원회 위원장(현) 2012년 同사회복지위원장 2012년 한국카리타스인터내셔널 이사장(현) 2012년 한국천주교주교회의 사회주교위원회 위원(현) ㉘가톨릭

## 김 웅(金 雄)

㉕1970 · 5 · 5 ㉕전남 순천 ㉗충청북도 진천군 덕산읍 교연로 780 법무연수원 진천본원 총무과(043-531-1542) ㉔1988년 순천고졸 1993년 서울대 정치학과졸 ㉖1997년 사법시험 합격(39회) 2000년 사법연수원 수료(29기) 2000년 인천지검 검사 2002년 창원지검 진주지청 검사 2004년 서울중앙지검 검사 2006년 법무부 법무심의관실 검사 2008년 광주지검 순천지청 검사 2013년 同순천지청 부부장검사 2013년 서울남부지검 부부장검사 2014년 서울중앙지검 부부장검사 2015년 광주지검 해남지청장 2016년 법무연수원 용인분원 대외연수과장 2017년 인천지검 공안부장 2018년 대검찰청 검찰연구관 2018년 同미래기획 · 형사정책단장 겸임 2019년 법무연수원 진천본원 교수(현) ㉙'검사내전'(2018, 부키)

## 김웅서(金雄西) KIM Woong Seo

㉕1958 · 4 · 11 ㉔강릉(江陵) ㉕서울 ㉗부산광역시 영도구 해양로 385 한국해양과학기술원 비서실(051-664-3004) ㉔1977년 서울 양정고졸 1981년 서울대 생물교육과졸 1984년 同대학원 해양학과졸 1993년 해양생태학박사(미국 뉴욕주립대 스토니브룩교) ㉖1986~1990년 미국 뉴욕주립대 연구조교 1990~1992년 미국 New York Sea Grant 연구원 1993~1995년 한국해양연구소 Post-Doc. 1993~2001년 서울대 · 건국대 · 고려대 · 서강대 강사 1995~1999년 한국해양연구원 선임연구원 1996년 IOC WESTPAC 한국대표 1998년 APEC ANZECC 한국대표 1998년 북태평양해양과학기구(PICES) 해양생물위원 1999년 한국해양연구원 책임연구원 2000~2002년 한국환경생물학회지 편집위원 2001~2015년 Ocean and Polar Research 편집위원 2005~2012년 국제해양광물학회(IMMS) 이사 2005~2008년 한국해양연구원 해양자원연구본부장 2005년 과학기술연합대학원대(UST) 교수(현) 2006년 한국해양학회지 편집위원 2007~2011년 국제해저기구(ISA) 법률기술위원 2008~2012년 여수세계박람회조직위원회 자문위원 2008년 한국해양연구원 여수세계박람회 TF팀장 2009년 同여수엑스포지원단장 2011년 同선임연구본부장 2011~2013년 한국간행물윤리위원회 좋은책 선정위원 2012년 한국해양과학기술원 제1부원장 2002년 과학기술홍보대사(현) 2013년 한국해양과학기술원 심해저광물연구센터 책임연구원(현) 2014년 국립해양박물관 설립위원 2014~2015년 한국해양학회 부회장 2014~2015년 한국해양정책학회 부회장 2014~2018년 한국자연환경보전협회 부회장 2014년 '자연보존' 편집장(현) 2014년 미국 세계인명사전 'Marquis Who's Who in the World'에 등재 2014년 해양실크로드탐험대장 2015년 영국 국제인명센터(IBC)에 등재 2016~2017년 한국해양학회 회장 2016~2017년 한국해양과학기술협의회 부회장 2016~2018년 국립해양생물자원관 교육위원 2018년 한국해양과학기술원 원장(현) ㉗동탑산업훈장(2013) ㉙'해양생물'(1997) '바다는 왜'(2000) '바다에 오르다'(2005) '포세이돈의 분노'(2010) '해양과학기술의 현재와 미래(編)'(2012) '물과 땅이 만나는 곳, 습지'(2014) ㉚'동물플랑크톤 생태연구법'(1996) '바다는 희망이다-21세기를 위한 해양보전'(2002) '아름다운 바다'(2003) '난파선의 역사'(2003) '미래동물대탐험'(2004) '빙하기'(2006) '바다의 비밀'(2010) '호모 아쿠아티쿠스'(2013) '잠수정의 세계'(2015)

## 김웅용(金雄鎔) KIM, UNG-YONG

㉕1962 · 3 · 8 ㉔수안(遂安) ㉕서울 ㉗경기도 의정부시 호암로 95 신한대학교 교양학부(031-870-3777) ㉔1966년 한양대 물리학과 특별입학 1970년 충북대 물리학과졸 1974년 미국 콜로라도주립대 대학원 열물리학 · 핵물리학 석 · 박사과정 수료 1985년 충북대 토목공학과졸 1989년 同대학원 수공학과졸 1994년 수공학박사(충북대) ㉖1974~1978년 미국 항공우주국(NASA) 선임연구원 1973~1980년 기네스북에 세계 최고 지능지수 보유자로 등재, 국토환경연구소 연구위원, 연세대 · 충북대 강사 1999~2002년 한국과학기술원(KAIST) 대우교수 2002~2006년 국토환경연구소 연구위원 2005년 충북개발공사 보상팀장 2006년 미국 세계인명사전 'Marquis Who's Who in the World'에 등재 2006년 영국 국제인명센터(IBC) 선정 '21세기 우수 과학자 2000'(2000 Outstanding Intellectuals of the 21th Century) 2006년 미국 인명연구소(ABI) '21세기 위대한 지성(Great Minds of the 21st Century)'에 선정 2006년 영국 국제인명센터(IBC) 토목및환경공학분야의 '올해의 국제교육자(International Educator of the Year)'에 선정 2007년 충북개발공사 단지조성팀장 2009년 同사업계획부장 2011년 同기획홍보부장 2012~2014년 同사업처장 2014년 신한대 교양학부 교수(현) 2014년 同경기북부개발연구원 부원장(현) ㉗영국 국제인명센터 국제공로훈장(International Order of Merit)(2006) ㉙'별한테 물어봐라'(1966) '세계의 천재'(1966) '글자의 안에 우주가 있다'(1970) '수문학 문제풀이'(2004) '수문학연습'(2004) ㉚'폐수처리공정설계'(2006)

## 김 원(金 洹) KIM Won

㉕1943 · 3 · 10 ㉔김해(金海) ㉕서울 ㉗서울특별시 종로구 대학로12길 53 (주)건축환경연구소 광장(02-744-8225) ㉔1961년 경기고졸 1965년 서울대 건축공학과졸 1973년 네덜란드 로테르담바우센트룸연구소졸 ㉖1976년 (주)건축환경연구소 광장 대표(현) 1976년 도서출판 광장 대표(현) 1982년 건축대전 초대작가 1982년 인테리어디자이너협회 회

장 1987년 한국건축가협회 이사 1988~2002년 김수근문화재단 사무국장 1994년 한국건축가협회 명예이사(현) 1996년 서울건축학교 운영위원장 1998년 건국대 건축대학원 겸임교수 2003년 NGO 푸른나라를생각하는전문가회의 대표(현) 2007년 문화재청 문화재위원회 사적분과 위원 2009년 김수근문화재단 이사장 2009년 한국인권재단 후원회장(현), (사)봄(독일 카리타스 대북지원사업법인) 이사장(현) 2013년 내셔널트러스트 공동대표 2013년 서울생태문화포럼 공동대표(현) (상)석탑산업훈장(1988), 한국건축가협회 작품상(1995), 보관문화훈장(2017) (저)'건축평론집' '우리시대의 거울'(1975) '건축수상집' '한국 현대건축의 이해'(1976) '빛과 그리고 그림자'(1982) '金洹건축작품집'(1983) (역)'마천루' '건축가 없는 건축' '건축예찬' (작)'쎈뽈수도원' '독립기념관 마스터플랜' '국립국악당' '통일연수원' '수협중앙회관' '종합촬영소' '광주가톨릭대학' 등 설계 (종)천주교

### 김 원(金 元) KIM Won

(생)1955·3·12 (출)서울 (주)서울특별시 관악구 관악로 1 서울대학교 자연과학대학 생명과학부(02-880-6695) (학)1977년 서울대 동물학과졸 1981년 同대학원 동물학과졸 1985년 이학박사(미국 플로리다주립대) (경)1986~1989년 미국 Florida State Univ. 생물학과 연구조교 1989년 서울대 자연대학 동물학과 조교수 1991~1999년 同자연대학 분자생물학과 조교수·부교수 1995~1999년 同분자생물학과장 1999년 同자연대학 부학장 2000년 同자연과학대학 생명과학부 교수(현) 2001~2002년 미국 메릴랜드대 곤충학과 연구교수 2004년 한국과학기술한림원 정회원(이학부·현) (상)환경부장관표창(1998), 한국과학기술단체총연합회 과학기술우수논문상, 제19회 관정동물학상(2017) (역)'진화학' '생명 생물의 과학' '무척추동물보전 생물학' '생물학' '플로리다의 해산 갑각십각류 삽화 검색가이드'

### 김 원(金 沅) KIM Won

(생)1958·3·5 (본)울산(蔚山) (출)서울 (주)서울특별시 종로구 자하문로33길 31 (주)삼양사 비서실(02-740-7114) (학)1977년 중앙고졸 1981년 연세대 화학과졸 1986년 미국 유타대 대학원 재료공학과졸 1987년 同대학원 산업공학과졸 (경)1988년 (주)삼양사 입사 1994년 同이사 1997년 同전무이사, 同연구개발본부장 1999년 同부사장 2001년 同대표이사 COO(사장) 2011~2018년 (주)삼양홀딩스 대표이사 부회장 2012년 서울상공회의소 상공의원·부회장·의원(현) 2016~2018년 대한상공회의소 국제통상위원회 위원장 2018년 (주)삼양사 대표이사 부회장(현) (상)금탑산업훈장(2017) (종)불교

### 김원갑(金元甲) Won-Kab, KIM

(생)1952·10·25 (출)경남 양산 (주)서울특별시 종로구 율곡로2길 25 현대종합상사(주) 임원실(02-390-1114) (학)1971년 부산고졸 1976년 성균관대 경영학과졸 1997년 홍익대 세무대학원졸 1999년 고려대 대학원 최고경영자과정 수료 (경)1978년 현대건설(주) 경리부 입사 1995년 현대그룹 종합기획실 재무팀 이사 1997년 현대산업개발 상무이사 1999년 현대자동차(주) 재경사업부 전무이사 2001년 위아(주) 부사장 2002년 현대하이스코(주) 부사장 2003~2005년 同대표이사 사장 2003년 글로비스(주) 감사 2005년 현대하이스코(주) 대표이사 부회장 2009년 한국철강협회 강관협의회 부회장 2011년 현대하이스코(주) 상근고문 2011~2015년 同부회장 2015년 同상근고문 2015년 현대제철(주) 상근고문 2016년 현대종합상사(주) 대표이사 부회장(현) 2016년 현대씨앤에프 총괄부회장 겸임 2017년 현대코퍼레이션홀딩스(주) 대표이사 부회장(현) (상)석탑산업훈장(2004), 자랑스러운 성균언론인상 대외부문(2013), 자랑스러운 성균인상(2017)

### 김원경(金元經) KIM Won Kyung

(생)1948·1·1 (본)경주(慶州) (출)대구 (주)대구광역시 중구 동성로1길 16 동성로타워 호산교육재단 이사장실(053-421-1661) (학)1966년 경북대사대부고졸 1972년 가톨릭대졸 1978년 고려대 경영대학원 수료 1997년 미국 서던캘리포니아대 경영대학원졸 1999년 同대학원 경영학 박사과정 수료 (경)1983년 대구시조정협회 부회장 1984~1992년 대구청구라이온스클럽 회장 1986년 정암장학재단 이사 1987~1993년 대구빙상경기연맹 회장 1987~1996년 청운학원 이사장 1991년 호산교육재단 이사 2000~2008년 경산1대학 총장 2000년 국제인권옹호한국연맹 대구시·경북도본부 상임위원 2002년 同부위원장 2005년 안전생활실천시민연합 대구본부 공동대표(현) 2008년 호산교육재단 이사장(현) (상)세계평화박애운동기구 세계평화공로상, 대통령표창(2017)

### 김원경(金圓暻) KIM Won Kyong

(생)1967·8·3 (본)김해(金海) (출)대구 (주)경기도 수원시 영통구 삼성로 129 삼성전자(주) 임원실(031-200-1114) (학)1986년 대구 대륜고졸 1990년 고려대 법학과졸 1997년 미국 조지타운대 대학원 법학과졸(LL.M.) 1998년 미국 존스홉킨스대 국제대학원 국제관계학과졸 (경)1990년 외무고시 합격(24기) 1990년 외무부 기획관리실 외무사무관 1995년 同조약국 국제협약과 외무사무관 1998년 同북미통상과 외무사무관 2001~2004년 駐미국 1등서기관 2004년 駐세르비아 참사관 2005년 외교통상부 통상전략과장 2006년 同자유무역협정(FTA)지역교섭과장 2006년 同한미FTA협상총괄팀장 2007년 同통상교섭본부장 보좌관 2008년 대통령 경제수석비서관실 행정관 2009년 외교통상부 통상법무과장 2009~2011년 駐미국 참사관 2012년 삼성전자(주) 미주법인 상무 2013년 同글로벌마케팅실 담당임원(전무) 2014년 同워싱턴사무소장(전무) 2014년 同북미총괄 대외협력팀장(전무) 2017년 同글로벌공공업무팀(Global Public Affairs) 팀장(부사장)(현)

### 김원구(金元久) KIM Won Goo

(생)1959·5·24 (본)김해(金海) (출)대구 (주)대구광역시 북구 노원로 169 (재)한국안광학산업진흥원 원장실(053-350-7800) (학)1978년 대륜고졸 1982년 서울대 경영학과졸 1985년 同대학원 경영학과졸 2004년 경영학박사(계명대) (경)김원구세무회계사무소 대표공인회계사, (주)도들샘 감사, 대구경실련 집행위원장, 남대구세정협의회 회장 2010년 대구시의회 의원(한나라당·새누리당) 2011년 同예산결산특별위원회 위원장 2012년 同행정자치위원회 위원장 2014~2016년 대구시의회 의원(새누리당) 2014~2016년 同경제환경위원회 위원 2014~2016년 同예산결산특별위원회 위원 2016년 (재)한국안광학산업진흥원 원장(현)

### 김원규(金元圭) KIM Won Kyu

(생)1960·5·17 (출)대구 (주)서울특별시 영등포구 여의대로 14 이베스트투자증권(주)(02-3779-0010) (학)1979년 대구상고졸 1985년 경북대 경영학과졸 (경)1985년 LG투자증권 입사, 우리투자증권(주) 중부지역담당 상무보 2006년 同강남지역담당 상무보 2007년 同연금신탁영업담당 상무보 2008년 同연금신탁영업담당 상무 2010년 同WM사업부 대표 겸 WM영업1본부장(상무) 2010년 同WM사업부 대표(전무) 2013년 同Wholesale사업부 대표(전무) 2013~2014년 同대표이사 사장 2014~2016년 한국거래소 투자매매·중개업자대표 비상임이사 겸 감사위원 2015~2018년 NH투자증권 대표이사 사장 2016~2018년 한국금융투자협회 부회장 2019년 이베스트투자증권 대표이사(현) 2019년 코스닥협회 감사(현) (상)매경증권대상 증권부문 공로상(2016), 산업포장(2017)

**김원규(金元奎)**

(생)1961 · 10 · 7 (주)대구광역시 중구 공평로 88 대구광역시의회(053-803-5041) (학)영남이공대학 경영과졸 (경)(주)한국협해 대구지점 대표(현), 우리마을교육나눔 현풍면위원장, 자유한국당 대구시당 달성군 당원협의회 홍보위원장 2018년 대구시의회 의원(자유한국당)(현) 2018년 同건설교통위원회 위원(현)

**김원기(金元基) KIM One Ki (仁山)**

(생)1937 · 2 · 16 (본)도강(道康) (출)전북 정읍 (주)서울특별시 영등포구 국회대로68길 7 더불어민주당(1577-7667) (학)1955년 전주고졸 1960년 연세대 정치외교학과졸 1965년 서울대 신문대학원 수료 2004년 명예 정치학박사(숭실대) 2005년 명예 정치학박사(전북대) 2009년 명예 행정학박사(전주대) (경)1960~1976년 동아일보 기자 1976년 同조사부장 겸 안보통일연구위원 1979년 제10대 국회의원(정읍 · 김제, 신민당) 1979년 신민당 원내부총무 1981년 제11대 국회의원(정읍 · 고창, 민한당) 1983년 민한당 정치훈련원장 1987년 헌정민권회 부이사장 1988년 제13대 국회의원(정주 · 정읍, 평민당 · 신민당 · 민주당) 1988년 평민당 원내총무 1990년 同총재 정치담당특보 1990년 국회 문화교육체육위원장 1991년 신민당 총재 정치담당특보 1991년 同사무총장 1991년 국회 교육체육청소년위원장 1991년 IPU 평양총회 대표 1991년 민주당 사무총장 1992년 제14대 국회의원(정주 · 정읍, 민주당) 1992년 민주당 최고위원 1993년 同당무위원 1993년 同광주특별위원회 위원장 1995년 同부총재 · 상임고문 · 공동대표 1996년 국민통합추진회의 공동대표 1997년 새정치국민회의 상임고문 1998~1999년 제2기 노사정위원회 위원장 2000년 새천년민주당 고문 2000~2004년 제16대 국회의원(정읍, 새천년민주당 · 열린우리당) 2000년 새천년민주당 최고위원 2001년 同상임고문 2002년 同노무현 대통령후보 정치고문 2002년 同중앙선거대책위원장 2002년 同당개혁특위 위원장 2003년 열린우리당 창당준비위원회 상임위원장 2004년 同최고상임고문 2004년 대통령 정치특별보좌관 2004~2008년 제17대 국회의원(정읍, 열린우리당 · 무소속 · 열린우리당 · 대통합민주신당 · 통합민주당) 2004~2006년 국회 의장 2007년 열린우리당 상임고문 2007년 대통합민주신당 대통령중앙선거대책위원회 최고고문 2008~2011년 민주당 상임고문 2011~2013년 민주통합당 상임고문 2013~2014년 민주당 상임고문 2014~2015년 새정치민주연합 상임고문 2015년 더불어민주당 상임고문(현) 2017년 국회 헌법개정특별위원회 자문위원회 공동위원장 (상)독립신문상(1967), 자랑스러운 연정인(延政人)(2004), 자랑스런 연세인상(2005), 자랑스러운 전고인상(2007) (저)'北洋개척사' '비화 제1공화국' '믿음의 정치학'(1993) (종)기독교

**김원기(金元基) KIM Won Ki**

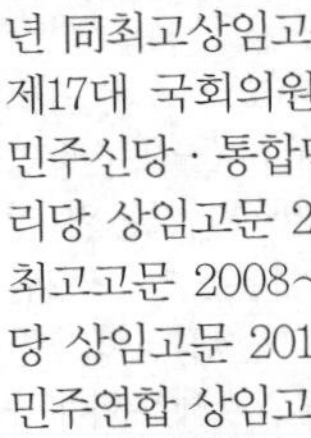

(생)1964 · 1 · 27 (본)경주(慶州) (출)전북 정읍 (주)경기도 수원시 팔달구 효원로 1 경기도의회(031-8008-7000) (학)광주대 무역학과졸, 동국대 행정대학원 복지행정학과졸, 행정학박사(건양대) (경)경기도 민방위소양교육강사, 바르게살기운동중앙회 부회장, 통일부 통일교육위원, 의정부시 평생교육비전센터장, 한국능력교육개발원 연구교수 2012~2014년 경기도의회 의원(재보선 당선, 민주통합당 · 민주당 · 새정치민주연합) 2012년 同여성가족평생교육위원회 위원 2012년 同접경지역발전특별위원회 위원 2012년 同의회입법활동지원위원회 위원 2014~2018년 경기도의회 의원(새정치민주연합 · 더불어민주당) 2014~2016년 同간행물편찬위원회 위원장 2014 · 2016년 同안전행정위원회 위원 2016~2018년 同개발제한구역특별위원회 위원 겸 간사 2016~2018년 同정보화위원회 위원장 2018년 경기도의회 의원(더불어민주당)(현) 2018년 同부의장(현) 2018년 同여성가족평생교육위원회 위원(현) (상)국무총리표창(2000) (종)기독교

**김원길(金元吉) KIM Won Gil (煊石)**

(생)1943 · 1 · 2 (본)강릉(江陵) (출)서울 (학)1961년 경기고졸 1968년 서울대 상과대학 경제학과졸 (경)1967~1982년 대한전선 입사 · 부사장 1982~1985년 미국 Wesco Inc. 상담역 1985년 청보식품 사장 1990년 중앙증권신문 사장 1992년 제14대 국회의원(서울도봉乙, 민주당 · 국민회의) 1992년 민주당 정책위원회 부의장 1995년 국민회의 환경특별위원장 1996년 제15대 국회의원(서울강북甲, 국민회의 · 새천년민주당) 1997~1999년 국민회의 정책위원회 의장 1998년 한국서화작가협회 총재 · 고문 1999년 국민회의 총재특보 1999년 한국백혈병지원센터 명예이사장 1999~2012년 한국여자농구연맹(WKBL) 총재 2000년 새천년민주당 당무위원 2000년 同총재특보 2000~2002년 제16대 국회의원(서울강북甲, 새천년민주당 · 한나라당) 2000년 새시대전략연구소 이사장 2001~2002년 보건복지부 장관 2002년 새천년민주당 사무총장 2004~2005년 생활경제TV 회장 2006년 탑코리아 회장 2012~2016년 국민희망포럼 상임고문 2012~2016년 국민희망서울포럼 상임대표 (상)청조근정훈장(2003), 제7회 인물대상 체육진흥대상(2009) (저)'정책을 세일즈하는 사람'(2002) (종)기독교

**김원남(金原南) KIM Won Nam**

(생)1960 · 3 · 16 (출)강원 (주)경기도 파주시 월롱면 공수물길 130 (주)탑엔지니어링(031-956-3300) (학)한양대 물리학과졸 (경)LG반도체 선임연구원 2003~2012년 (주)탑엔지니어링 대표이사 2009년 (주)파워로직스 대표이사(현) 2012년 (주)탑엔지니어링 공동대표이사 겸임(현) (상)대한민국코스닥대상 최우수테크노경영상(2004)

**김원대**

(생)1959 (주)서울특별시 영등포구 여의나루로 76 한국IR협의회(02-6922-5000) (학)울산 학성고졸 1982년 경북대 법학과졸 2003년 同대학원 법학과졸 2018년 법학박사(한양대) (경)1987년 한국증권선물거래소 입사 2007년 同청산결제실장 2009년 한국거래소 청산결제실장 2010년 同신사업총괄팀장 2012년 同파생상품시장본부장 2014년 同파생상품시장본부장(상무) 2014년 同유가증권시장본부장(부이사장) 2018년 한국IR협의회 회장(현) (상)재무부장관표창(1993), 재정경제원장관표창(1999), 재정경제부장관표창(2005)

**김원득(金源得)**

(생)1960 · 4 · 1 (주)서울특별시 중구 새문안로 26 청양빌딩 10층 중앙입양원(02-776-9680) (학)경북고졸, 경북대졸, 정책학박사(서울과학기술대) (경)1987년 행정고시 합격(30회), 국무총리실 문화노동정책관, 同사회총괄교육정책관, 국무조정실 사회복지정책관 2014~2017년 보건복지부 사회복지정책실장 2017년 (재)중앙입양원 원장(현)

**김원범(金源汎)**

(생)1968 (출)경북 안동 (주)서울특별시 중구 한강대로 410 남대문경찰서(02-778-0112) (학)1987년 안동 경일고졸 1991년 경찰대 법학과졸(7기) (경)1991년 경위 임관 2006년 경정 승진 2014년 서울지방경찰청 2기동단장(총경) 2015년 충남지방경찰청 경비교통과장 2015년 울산지방경찰청 경비교통과장 2016년 경북 청송경찰서장 2016년 경북지방경찰청 경무과 치안지도관 2017년 경기북부지방경찰청 여성청소년과장 2017년 서울지방경찰청 제4기동대장 2019년 서울 남대문경찰서장(현)

ㄱ

## 김원석

(생)1959 · 2 · 25 (주)서울특별시 중구 새문안로 16 농업협동조합중앙회 농협경제지주 임원실(02-2080-5114) (학)승문고졸, 건국대 농학과졸, 고려대 대학원 농학과졸 (경)1987년 농업협동조합중앙회 입회 2001년 同채소팀장 2008년 同단양군지부장 2010년 同산지유통혁신단장 2011년 同농업경제기획부 단장 2012년 同판매장지원부장 2013년 同마트마케팅부장 2014년 同농업경제기획부장 2015년 同농경전략본부장(상무) 2016년 同기획조정본부장(상무) 겸 농협이념중앙교육원장 2016 · 2018년 同농협경제지주 농업경제 대표이사(현) 2017년 대통령직속 일자리위원회 위원(현)

## 김원수(金遠守)

(생)1964 · 6 · 25 (출)경남 김해 (주)경상남도 창원시 마산합포구 완월동 7길 16 창원지방법원 마산지원(055-240-9374) (학)1982년 검정고시 합격 1993년 동아대 법학과졸 (경)1994년 사법시험 합격(36회) 1997년 사법연수원 수료(26기) 1997년 부산지법 판사 2000년 창원지법 밀양지원 판사 2002년 창원지법 판사 2005년 부산지법 판사 2006년 부산고법 판사 2009년 부산지법 판사 2012년 울산지법 부장판사 2015년 부산지법 부장판사 2015년 부산 동래구선거관리위원회 위원장 2017년 창원지법 마산지원장(현)

## 김원식(金元植) KIM Won Sik

(생)1955 · 2 · 7 (본)경주(慶州) (출)충남 부여 (주)대전광역시 중구 계룡로 832 중도일보 비서실(042-220-1001) (학)1995년 대전대 경영대학원 수료 2000년 공주대 행정대학원 수료 2011년 배재대 민족공동체지도자과정 수료(1기) (경)1994년 (주)성원레미콘 · (주)부원건설 설립 · 대표이사, 同회장(현) 1994~1999년 대한체육회 충남도역도연맹 회장 2001년 충청매일신문 대표이사 2003~2013년 중도일보 사장 2010년 한국신문윤리위원회 이사(현) 2010년 전국신문협회 감사 2011년 충남장애인체육회 부회장 2012~2013년 충남대 예술CEO과정 2기 회장 2013~2015년 한국디지털뉴스협회 감사 2013년 중도일보 회장(현) 2014년 브릿지경제신문 회장(현) 2015~2019년 在田부여군민회 회장 2016년 한국신문협회 이사(현) (종)기독교

## 김원식(金元植) KIM Wonshik

(생)1956·10·23 (출)서울 (주)충청북도 충주시 충원대로 268 건국대학교 국제비스니스대학 경영경제학부(043-840-3464) (학)1975년 경동고졸 1980년 서강대 경제학과졸 1982년 同대학원 경제학과졸 1988년 경제학박사(미국 텍사스A&M대) (경)1982~1984년 한국개발연구원(KDI) 연구원 1983년 삼육대 강사 1988~2013년 건국대 사회과학대학 경제학과 교수 1992년 한국노동연구원 고용보험연구기획단 연구위원 1994년 건국대 학보사 편집인 겸 주간 1995년 노동부 고용보험전문위원 1995년 미국 Univ. of Minnesota 방문교수 1997년 국민연금제도개선기획단 전문위원 1998년 미국 Arizona State Univ. 방문교수 2001년 21세기근로복지연구회 회장 2002년 노동부 근로자복지정책전문위원 2003년 산업자원부 노사관계자문단 위원 2003년 한국고용정책학회 수석부회장 2004년 한국사회보장학회 부회장 2006년 공무원연금개혁위원회 위원 2008년 건국대 충주캠퍼스 기획조정처장 2008~2009년 同사회과학대학장 2009년 한국사회보장학회 회장, 바른사회시민회의 정책위원장 2009년 국민연금심의위원회 위원 2009년 대통령 사회정책수석비서관실 자문위원 2009년 국민건강보험공단 자문위원 2010년 同건강보험정책심의위원회 위원 2010년 보건복지부 자체평가위원회 위원 2011년 대통령직속 사회통합위원회 위원 2011년 고용보험위원회 위원 2011년 한국사회복지공제회 설립위원 겸 감사 2011년 한국연금학회 초대회장 2012년 경제사회발전노사정위원회 위원 2012년 同세대간상생위원회 위원장 2012년 국민연금심의위원회 위원 2012년 대통령 고용복지수석비서관실 자문위원 2012년 고용보험평가전문위원회 위원장 2012년 미국 템플대 풀브라이트재단 선임연구교수 겸 방문교수 2013년 보건복지부 자체평가위원회 위원 2013년 건국대 국제비스니스대학 경영경제학부 교수(현) 2014년 한국재정학회 회장 2014년 공무원연금제도개선위원회 위원 2015년 한국재정학회 명예회장 2015년 국회 공적연금강화사회적기구 위원 2015년 한국연구재단 자문위원(현) 2015년 보건복지부 국민연금정책위원회 위원(현) 2016년 同건강보험정책심의위원회 위원(현) (상)노동부장관표창(2009), 국민연금공단 창립23주년 공로패(2010) (저)'외국의 고용보험제도'(1990) '21세기 한국 보건의료정책 개혁방향(共)'(2002) '기업연금의 도입과 국민연금과의 관계설정(共)'(2002) '1세기 노사정위원회 정책과제(共)'(2002) '선택적 근로자 복지제도 이해'(2003) '국회의원 공제제도의 도입에 관한 연구(共)'(2003) '고령화의 경제적 파급효과와 대응과제(共)'(2004) '근로시간단축과 정책과제(共)'(2004) '경제상식의 허와 실(共)'(2005, 굿인포메이션) '21세기 대한민국 선진화 국정과제(共)'(2007, 한반도선진화재단) '지속가능한 평생복지사회의 구축'(2008, 한반도선진화재단) 외 다수 (역)'재정학과 시장경제'(시그마프레스)

## 김원식(金源植) KIM Won Sik

(생)1958 · 9 · 15 (출)충북 청주 (주)서울특별시 강남구 봉은사로61길 15 대천빌딩 3층 뷰티한국(02-724-2622) (학)1983년 한양대 신문방송학과졸 (경)한국일보 근무 1999년 서울경제신문 광고국 영업2부장 2000년 同광고국 영업총괄 및 기획부장, 同광고국 총괄부장 2003년 한국일보 광고국 부국장 2004년 스포츠한국 부국장 2006~2011년 同광고마케팅국장 2009년 同경영지원실장 겸임 2011년 同경영기획실장 겸 광고국장(이사대우) 2011년 同경영기획실장 겸 광고국장(이사) 2011년 한국일보 사업국장(이사) 2011년 뷰티한국 대표이사(현)

## 김원식(金元植) Kim won sik (명진)

(생)1964 · 1 · 31 (본)김해(金海) (출)서울 (주)서울특별시 송파구 오금로 111 한국감정원 수도권본부(02-424-9341) (학)용산고졸, 숭실대 섬유공학과졸, 同대학원 섬유공학과졸 (경)2006년 한국감정원 일산지점 팀장 2007년 同강릉지점장 2008년 同일산지점장 2011년 同보상사업처장 2012년 同경영관리실장 2013년 同경기지역본부장 2014년 同신사업본부장 2016년 同수도권본부장(현) (종)불교

## 김원식(金源植)

(생)1967 · 3 · 1 (주)세종특별자치시 한누리대로 2120 세종특별자치시의회(044-300-7000) (학)한밭대졸, 고려대 경영정보대학원 석사과정 중 (경)원측량설계사무소 대표, 조치원중 운영위원, 세종특별자치시법원 민사조정위원, 세종라이온스클럽 회장, 세종특별자치시생활체육태권도연합회 회장 2014~2018년 세종특별자치시의회 의원(새정치민주연합 · 더불어민주당) 2014년 同산업건설위원회 부위원장 2014 · 2016~2018년 同운영위원회 위원 2016년 同산업건설위원회 위원(현) 2016~2018년 同제2부의장 2018년 세종특별자치시의회 의원(더불어민주당)(현) (상)2017매니페스토약속대상 우수상 공약이행분야(2017), 우수의정대상(2018)

## 김원양(金元良) KIM Won Yang (壺隱)

(생)1964 · 7 · 21 (본)김녕(金寧) (출)경남 창녕 (주)서울특별시 중구 서소문로89 순화빌딩14층 일요신문(02-2198-1545) (학)대아고졸, 중앙대 법학과졸 (경)일요신문 편집국 기자, 同편집부장, 同편집국 부국장 2009년 同편집국장 2016~2019년 同편집국장(이사대우) 2019년 同대표이사 겸 발행인(현) (상)중앙언론동문상(2016)

## 김원웅(金元雄) KIM Won Wung

(생)1944·3·8 (본)의성(義城) (출)중국 중경 (주)서울특별시 영등포구 국회대로62길 15 광복회관 4층 광복회(02-780-9661) (학)1962년 대전고졸 1974년 서울대 정치학과졸 1980년 대만 국립정치대 대학원 정치학과졸 (경)1972년 공화당 공채시험 합격 1974년 새세대문제연구회 조직부 차장 1975년 공화당 해외국 간사 1980년 同청년국장 1980~1986년 상덕장학회 이사장 1981년 민정당 창당준비위원 1982~1986년 同정책국 부국장·조직국 부국장 1986년 同헌법특별위원회 행정국장·청년국장 1988년 同국책연구소 상근연구위원 1990년 사회정책연구소장 1992년 제14대 국회의원(대덕, 민주당) 1993년 민주당 대전시지부장 1993년 同정책위원회 부의장 1994년 계간 '환경과 생명' 편집위원 1995년 민주당 원내수석부총무 1996년 同당무위원 1996년 同대전대덕지구당 위원장 1996년 국민통합추진회의 대변인 1996년 한양대 객원교수 1997년 식당 夏爐冬扇 대표 1997년 한나라당 이회창 대통령후보 정무특보 1998년 대전대 겸임교수 2000~2017년 (사)단재신채호선생기념사업회 회장 2000~2012년 (사)해외입양인연대 이사장 2000~2004년 제16대 국회의원(대덕, 한나라당·개혁국민정당·열린우리당) 2001~2008년 백범정신실천겨레연합 공동대표 2003년 개혁국민정당 대표 2004~2008년 제17대 국회의원(대덕, 열린우리당·대통합민주신당·통합민주당) 2004년 국회 윤리특별위원회 위원장 2006~2008년 국회 통일외교통상위원회 위원장 2007년 대통합민주신당 정동영 대통령후보 통일외교통상특보단장 2006~2011년 조선왕실의궤환수위원회 공동대표 2008~2011년 민주당 대전대덕지역위원회 위원장 2010년 대전시장선거 출마(민주당) 2011~2017년 항일독립운동가단체연합회 회장 2012년 조선의열단기념사업회 회장(현) 2014~2019년 사회적협동조합 허준약초학교 이사장 2015~2016년 민주주의국민행동 공동대표 2017년 (사)단재신채호선생기념사업회 고문 2019년 광복회 제21대 회장(현) 2019년 조선의열단100주년기념사업추진위원회 공동위원장(현) (상)환경운동연합 녹색정치인상(2000), 국회의장표창(2001) (저)'지방자치, 어떻게 참여할 것인가'(1988) '현대를 연 사상가들'(1991) '교육백서'(1993·1994·1995) '의원님들 요즘 장사 잘돼요?(共)'(1997) 'SOFA백서'(2000) 'DTV전송방식 백서'(2002) '간도백서'(2004)

## 김원이(金元二)

(생)1968·11·11 (주)서울특별시 중구 세종대로 110 서울특별시청 정무부시장실(02-2133-6140) (학)1987년 목포 마리아회고졸 1997년 성균관대 사학과졸 (경)1996~1999년 서울시 성북구청장(진영호) 비서 1999~2000년 서울시 정무부시장(박병석) 비서 2000~2002년 박병석 국회의원 비서관 2002~2003년 조순용 대통령 정무수석비서관 보좌관 2003~2005년 신계륜 국회의원 비서관 2005~2008년 김근태 국회의원 보좌관 2008~2009년 천정배 국회의원 보좌관 2010년 서울시 은평구청장(김우영) 비서실장 2011년 박원순 서울시장후보 희망캠프 일정기획팀장 2011년 서울시장 정무보좌관 2014~2015년 서울시장 정무수석비서관 2018~2019년 교육부 장관정책보좌관(별정직고위공무원) 2019년 서울시 정무부시장(현)

## 김원일(金源一) KIM Won Il

(생)1942·3·15 (본)함창(咸昌) (출)경남 김해 (주)서울특별시 서초구 반포대로37길 59 대한민국예술원(02-3479-7223) (학)1960년 대구농림고졸 1962년 서라벌예술전문대학졸 1968년 영남대 국어국문학과졸 1984년 단국대 대학원 국어국문학과졸 (경)1968~1985년 국민서관 주간·상무이사·전무이사 1991~1993년 국제펜클럽 한국본부 인권위원회장 1993~2005년 계간 '동서문학' 주간 1993~1995년 중앙대 예술대학 문예창작과 강사 1995년 계원조형예술전문대 이사 1996~1999년 한국문학번역금고 이사 1997~2000년 한국번역원 초대이사 1998년 계원조형예술전문대 이사 1998~2005년 한국현대문학관 관장 2008년 대한민국예술원 회원(소설·현) 2010년 순천대 석좌교수(현) (상)한국소설문학상, 대한민국 문학상, 대통령상, 한국창작문학상, 현대문학상(1974), 동인문학상(1984), 이상문학상(1990), 우경문화예술상(1992), 황순원문학상(2002), 대한민국 문화예술상-문학부문(2002), 이수문학상(2003), 만해문학상(2005), 은관문화훈장(2012), 대산문학상 소설부문(2014) (저)'알제리아'(1966) '어둠의 혼'(1973) '잠시 눕는 풀'(1975) '오늘 부는 바람'(1976) '절망의 뿌리'(1976) '진토'(1977) '노을'(1978) '도요새에 관한 명상'(1979) '어둠의 사슬'(1980) '불의 제전'(1983) '환멸을 찾아서'(1984) '바람과 강'(1985) '어둠의 축제'(1986) '겨울 골짜기'(1987) '마당 깊은집'(1989) '늘푸른 소나무'(1992) '마추피추로 가는길'(1994) '아우라지로 가는 길'(1996) '그곳에 이르는 먼길' '가족'(2000) '물방울 하나 떨어지면'(2004) '바람과 강'(영어·불어·독일어·스페인어) '푸른혼'(2005) '전갈'(2007) '오마니별'(2008) '김원일 소설전집(全3권)'(2009) '불의 제전(5권)'(2010, 강) '아들의 아버지 : 아버지의 시대, 아들의 유년'(2013, 문학과지성사) 산문집 '김원일의 피카소'(2004) (종)기독교

## 김원일(金元日) KIM Won Il

(생)1963·1·1 (출)부산 (주)서울특별시 강남구 영동대로 517 아셈타워 38층 LS메탈(주) 임원실(02-6942-6114) (학)1980년 부산상고졸 1985년 부산대 회계학과졸 (경)1985년 LG산전(주) 입사 1998년 同부장 2003년 同경영기획담당 2004년 同경영혁신담당 이사 2005년 LS산전(주) 경영혁신담당 상무 2008년 同전략기획담당 상무(CSO) 2010년 同재경전략부문장(CFO·상무) 2011년 同재경전략부문장(CFO·전무) 2012년 同경영관리부문장(CFO·전무) 2013년 同CFO부문장(CFO·전무) 2014년 同융합사업본부장(CFO·전무) 2016년 同대표이사 부사장 겸 전력인프라사업본부장 2017년 LS오토모티브 경영지원부문장(CFO·부사장) 2018년 LS메탈(주) 대표이사 부사장(CEO)(현) (종)기독교

## 김원준(金沅俊)

(생)1965 (출)경남 (주)서울특별시 서대문구 통일로 97 경찰청 외사국(02-3150-2276) (학)서울 경문고졸 1987년 경찰대졸(3기), 고려대 정책과학대학원 행정학과졸 (경)2004년 충북 영동경찰서장 2005년 서울지방경찰청 2기동대장 2006년 경기 파주경찰서장 2008년 서울 남대문경찰서장 2008년 서울지방경찰청 서울경비1과장 2009년 서울 혜화경찰서장 2010년 서울지방경찰청 홍보담당관 2011년 同외사과장 2011년 경찰청 외사수사과장 2012년 충남지방경찰청 차장(경무관) 2013년 駐프랑스 주재관(경무관) 2016년 대전지방경찰청 2부장(경무관) 2017년 서울지방경찰청 정보관리부장(경무관) 2018년 경기남부지방경찰청 제3부장(경무관) 2018년 강원지방경찰청장(치안감) 2019년 경찰청 외사국장(현) (상)대통령표창(2000), 국가정보원장표창(2002), 국무총리표창(2003), 경찰청장표창(2006)

## 김원지(金原鋕)

(생)1976·6·17 (출)광주 (주)경기도 안양시 동안구 관평로212번길 52 수원지방검찰청 안양지청 총무과(031-470-4510) (학)1994년 광주 석산고졸 1999년 고려대 법학과졸 (경)2000년 사법시험 합격(42회) 2003년 사법연수원 수료(32기), 대한법률구조공단 공익법무관, 법무법인 대륙아주 변호사 2009년 의정부지검 고양지청 검사 2011년 전주지검 군산지청 검사 2013년 광주지검 검사 2016년 서울중앙지검 검사 2017년 同부부장검사 2018년 대구지검 포항지청 형사2부장 2019년 수원지검 안양지청 부부장검사(현)

## 김원진(金元辰) Kim Weon-jin

(생)1960·8·12 (주)서울특별시 종로구 사직로8길 60 외교부 인사운영팀(02-2100-7863) (학)1983년 연세대 경영학과졸 (경)1983년 외무고시 합격(17회) 1983년 외무부 입부 1990년 駐일본 2등서기관 1993년 駐파푸아뉴기니 1등서기관 1998년 駐말레이시아 1등서기관 2000년 駐일본 1등서기관 2004년 국가안전보장회의(NSC) 사무처 파견 2005년 외교통상부 아시아태평양국 동북아1과장 2006년 駐중국 공사참사관 2010년 외교안보연구원 글로벌리더십과정 교육파견 2011년 행정안전부 국제행정발전지원관 2013년 駐일본 공사 2014년 駐캄보디아 대사 2018년 駐홍콩 총영사(현) (상)홍조근정훈장(2012)

## 김원찬(金元燦) Won Chan, Kim

(생)1962·11·27 (본)청주(淸州) (출)전남 강진 (주)서울특별시 종로구 송월길 48 서울특별시교육청 부교육감실(02-399-9205) (학)1981년 전주고졸 1985년 서울대 교육학과졸 2000년 영국 리즈대 대학원 교육학과졸 2007년 교육학박사(동국대) (경)1984년 행정고시 합격(28회) 1985~1997년 교육부 교육시설과·외자사업과·교원정책과·교육정책담당관실·전문대학행정과 근무 1997년 강릉대 근무 1998년 영국 리즈대 파견 2000년 교육부 재외동포교육담당관(과장) 2001년 교육인적자원부 평가관리과장 2003년 同대학행정지원과장 2003년 同대학정책과장 2004년 同학술연구진흥과장 2005년 同교육복지정책과장 2005년 한국체육대 총무과장(부이사관) 2006년 전남대 초빙교수 2007년 한국해양대 사무국장 2007년 충주대 사무국장 2008년 한국방송통신대 사무국장 2009년 경기도교육청 기획관리실장(고위공무원) 2011년 전라남도 부교육감 2013년 교육 파견(고위공무원) 2014년 제주특별자치도 부교육감 2014년 제주장애인체육회 부회장 2014년 경기도 제1부교육감 2016년 경상대 사무국장 2017년 경상남도 부교육감 2017년 서울특별시 부교육감(현) 2018년 同교육감 권한대행 (상)대통령표창(1995) (종)기독교

## 김원태(金元泰) KIM, Wontae

(생)1951·11·8 (본)김해(金海) (출)경북 포항 (주)서울특별시 송파구 충민로 10 가든파이브툴관 7층 B-10호 (사)한국토지보상관리회(02-557-8004) (학)법학박사(서울시립대) 1999년 캐나다 The Canadian College of English Language과정 수료 2005년 캐나다 국제용지협회 제51회 연수과정 수료 (경)1979년 한국감정원 입사 1998년 건설교통부 감정평가제도 개선기획단 위원 2000년 同감정평가사자격시험 출제위원 2007~2009년 同감정평가사징계위원회 위원 2007~2010년 한국감정원 기획본부장(상임이사) 2008년 국토해양부 감정평가사시험위원회 위원 2008~2009년 기획재정부 정부소유주식매각가격산정자문위원회 위원 2008년 국무총리실 국민권익위원회 보상심의위원회 위원 2009년 기획재정부 국유재산정책자문위원회 위원 2010~2016년 중앙토지수용위원회 위원 2010~2016년 한양대 공공정책대학원 부동산공법 겸임교수 2015년 (사)한국토지보상관리회 상임부회장(현) 2016년 한국골재협회 운영위원(현) 2016년 한국토지보상원 원장(현) (상)재무부장관표창(1987), 건설교통부장관표창(1996·2004) (저)'토지보상연구' (종)불교

## 김원태(金沅泰) Kim Won Tae

(생)1961·1·1 (본)광산(光山) (출)대구 (주)서울특별시 마포구 성암로 255 문화방송미디어센터 10층 (주)iMBC(02-2105-1100) (학)1979년 배재고졸 1983년 한국외국어대 서반아어학과졸 1986년 同동시통역대학원졸 (경)1986년 문화방송(MBC) 입사·기자 2002년 同보도국 정치부 차장 2005년 同뉴스편집센터 1CP(부장대우) 2005년 同보도국 통일외교부 부장대우 2005년 同선거방송기획단 특임CP(부장대우) 2006년 同LA특파원(부장대우) 2009년 同보도국 정치2부장 2010년 同정치부장 2010년 同뉴스편집1부장 2011년 同보도국 부국장 2012년 관훈클럽 운영위원(기획) 2012년 문화방송(MBC) 논설위원 2013년 同경인지사장 2014~2016년 관훈클럽 신영연구기금 감사 2014년 문화방송(MBC) 심의위원 2018년 (주)iMBC 대표이사(현)

## 김원택(金元澤) Wontaik Kim (흑파)

(생)1951·1·24 (본)김해(金海) (출)부산 (주)인천광역시 연수구 송도문화로 119 강의연구동 A동 610호(032-626-1405) (학)1969년 경기고졸 1973년 서울대 기계공학과졸 1975년 미국 브라운대 대학원 기계공학과졸 1978년 공학박사(미국 미시간대) 2002년 핀란드 헬싱키경제경영대학원 국제디자인경영학과졸(MBA) (경)1978년 미국 GE 스팀터빈사 터빈성능 엔지니어 1980년 GE CORP R&D Center 엔지니어 1984년 GE Aircraft Engines 선행엔진디자인 그룹매니저 1989년 삼성항공 엔진사업본부 대우이사 1990년 同항공우주연구소 연구위원(이사) 1994년 삼성첨단기술연구소장 1995년 삼성디자인연구원 원장 1997년 제일제당 디자인센터장 1999~2004년 국제디자인전문대학원대 디자인경영 주임교수 2001년 同문화연구소장 2002년 FID연구원 대표(현) 2004~2016년 홍익대 국제디자인전문대학원 디자인경영학과 주임교수 2005년 HCI학회 부회장 2006년 한국인포디자인학회 회장 2009년 세계미래학회 Fellow member(현) 2014년 (사)디자인엔지오 이사장(현) 2016년 한국뉴욕주립대 석좌교수(현) (상)한국정보과학회 공로상(2008), 대한민국 공공디자인 우수상(2008) (저)'새로운 디자인 파라다임의 발견'(2002) (역)'생각의 미래' (종)기독교

## 김원학(金源學)

(생)1972·5·1 (출)경북 청송 (주)울산광역시 남구 법대로 45 울산지방검찰청 총무과(052-228-4542) (학)1990년 포항고졸 1998년 경북대 행정학과졸 (경)1999년 사법시험 합격(41회) 2002년 사법연수원 수료(31기) 2002~2007년 변호사 개업 2007년 대전지검 검사 2009년 창원지검 검사 2011년 울산지검 검사 2013년 부산지검 동부지청 검사 2016년 서울북부지검 부부장검사 2017년 인천지검 부천지청 부부장검사 2018년 광주지검 순천지청 형사2부장 2019년 울산지검 인권감독관(현)

## 김원호(金源鎬) KIM Won Ho

(생)1945·12·24 (출)전북 옥구 (주)서울특별시 영등포구 의사당대로 1 국회(02-788-2114) (학)1963년 경복고졸 1972년 고려대 정치외교학과졸 1983년 미국 인디애나대 신문대학원 수료 (경)1972년 동양통신 정치부 기자 1981~1987년 연합통신 정치부 기자·LA특파원 1987년 同외신부 차장 1989년 同정치부 차장 1991년 同정치부 부장대우 1993년 同정치부장 1996년 同논설위원 1996~1998년 KBS 제1라디오 정치대담 1997년 연합통신 편집국 부국장 1998년 同논설위원실 수석심의위원 1998년 연합뉴스 논설위원실 수석심의위원 1999년 同기사심의실장 직대 1998~2000년 2002월드컵축구대회조직위원회 자문위원 1999년 대한적십자사 홍보자문위원 1999년 관훈클럽 운영위원 1999년 연합뉴스 영문뉴스국장 직대 2000년 同영문뉴스국장 2000년 同이사대우 논설위원실장 2000년 한국프레스클럽 운영위원 2001~2003년 한국신문방송편집인협회 이사 2001~2003년 연합뉴스 이사대우·영문뉴스국 고문 2003~2005년 한국신문방송편집인협회 부회장 2003년 한국신문윤리위원회 이사 2003~2006년 (주)연합인포맥스 대표이사 사장, 고려대 언론학부 초빙교수 2008~2010년 실크로드재단 초대이사장 2010~2013년 (사)한국디지털미디어산업협회 회장 2013~2016년 SK텔레콤(주) 고문 2019년 국회 의회외교활동자문위원(현)

## 김원호(金元皓) KIM Won Ho

(생)1955 · 7 · 20 (출)대구 (주)서울특별시 서대문구 연세로 50-1 세브란스병원 소화기내과(02-2228-1951) (학)1980년 연세대 의대졸 1983년 同대학원 의학석사 1992년 의학박사(연세대) (경)1980년 연세대 세브란스병원 인턴 1981년 同내과 레지던트 1984년 軍의관 1987~2001년 연세대 의과대학 내과학교실 전임강사 · 조교수 · 부교수 1992년 同소화기병연구소 상임연구원 2001년 同의과대학 내과학교실 교수(현) 2002년 대한항공의학협회 부회장 2004~2006년 세브란스병원 기획관리실장 2008년 연세대의료원 발전기금사무국장 2011년 세브란스병원 소화기병센터 내시경검사실장 2013~2014년 대통령 의무실장 2013~2015년 대한소화기학회 이사장 2014년 한독 사외이사(현) 2014~2015년 연세대의료원 이상검진센터추진단장 2015년 세브란스병원 소화기병센터 소장 (상)대한소화기학회 최우수논문상 (저)'염증성장질환을 이겨나가는 113가지 지혜(共)'(1998) '염증성장질환'(1999) '근거중심의 소화기병학'(2002) '알기쉬운 궤양성대장염(共)'(2002) '알기쉬운크론병'(2003) '소화기내시경학'(2004) '대장암 가이드북'(2007) (역)'Gastroenterological Endoscopy'(2004)

## 김원호(金元鎬) KIM Won Ho

(생)1958 · 1 · 10 (본)김해(金海) (출)서울 (주)서울특별시 동대문구 이문로 107 한국외국어대학교 국제지역대학원(02-2173-2911) (학)1976년 양정고졸 1980년 한국외국어대 서반아어과졸 1987년 서울대 대학원 법학과졸 1992년 국제지역학박사(미국 텍사스 오스틴대) (경)1983~1990년 연합통신 사회부 · 외신부 기자 1990~1992년 멕시코 아메리카스대 조교수 · 부교수 1993년 연합통신 외신부 기자 1994~1997년 대외경제정책연구원 중남미실장 1996~2014년 한중남미협회 사무총장 1996년 한국라틴아메리카학회 상임이사 1997년 대외경제정책연구원 미주경제실장 2001년 미국 노스캐롤라이나대 교환교수 2001년 미국 라틴아메리카학회 아태분과 공동위원장 2002~2003년 대외경제정책연구원 연구조정실장 2002~2005년 한국라틴아메리카학회 부회장 2004~2006년 대외경제정책연구원 세계지역연구센터 소장 2004~2007년 同선임연구위원 2006~2010년 한국라틴아메리카학회 회장 2006년 한국소비자원 정책자문위원 2007~2008년 아시아대양주라틴아메리카학회 회장 2007년 한국외국어대 국제지역대학원 부교수 2008~2010년 同국제지역대학원 부원장 2009년 同국제지역대학원 교수(현) 2010~2013 · 2019년 同국제지역대학원장(현) 2011~2013년 아시아중남미협력포럼(FEALAC) 비전그룹 의장 2011~2015년 한미경제연구소(KEI) 이사 2014~2015년 미국 존스홉킨스대 국제학대학원(SAIS) 풀브라이트 교환교수 2015년 한국외국어대 미래위원회 위원장, 同국제협력전략센터 소장 (상)대통령표창(1979), 브라질 리우브랑쿠 수교훈장(2000) (저)'북미의 작은거인 멕시코가 기지개를 켠다' '중남미의 신경제질서와 우리의 경제협력 정책방향' '미주지역 경제통합의 전망과 한국의 대응과제' (종)기독교

## 김원호(金元淏)

(생)1976 · 6 · 12 (출)경남 합천 (주)부산광역시 연제구 법원로 15 부산지방검찰청 여성아동범죄조사부(051-606-4313) (학)1995년 창원고졸 2001년 고려대 법학과졸 (경)2000년 사법고시 합격(42회) 2003년 사법연수원 수료(32기) 2003년 공익법무관 2006년 창원지검 진주지청 검사 2008년 울산지검 검사 2010년 대구지검 검사 2012년 서울남부지검 검사 2015년 창원지검 검사 2017년 부산지검 서부지청 검사 2017년 同서부지청 부부장검사 2018년 춘천지검 부부장검사 2019년 부산지검 여성아동범죄조사부장(현)

## 김원환(金元煥) Kim Won Hwan

(생)1965 · 8 · 25 (출)경남 (주)충청북도 청주시 청원구 향군로 60 청주청원경찰서(043-251-1220) (학)1983년 울산 학성고졸 1987년 경찰대 법학과졸 (경)1987년 경위 임용(경찰대학 3기) 2009년 경남 남해경찰서장(총경) 2010년 경기지방경찰청 청문감사담당관 2011년 경찰청 인사과장 2011년 경찰대 치안정책연구소 근무 · 운영지원과 교육 2011년 경찰대 학생과장 2013년 서울 동작경찰서장 2014년 경찰청 경비국 위기관리센터장 2016년 同보안국 보안1과장 2017년 경기 안양동안경찰서장 2017년 경기남부지방경찰청 청문감사담당관 2019년 충북 청주청원경찰서장(현) (상)대통령표창, 국무총리표창, 근정포장(2014), 경찰청장표창 등 총 27회

## 김위정(金煒靜) KIM WI JUNG

(생)1974 · 10 · 24 (본)의성(義城) (출)서울 (주)세종특별자치시 갈매로 477 기획재정부 예산실 국방예산과(044-215-7450) (학)1993년 여의도고졸 1999년 고려대 무역학과졸 2013년 영국 버밍엄대 대학원 사회정책학과졸 (경)1999년 행정고시 합격(43회) 2001~2003년 중소기업청 정보화지원과 · 창업지원과 사무관 2003년 기획예산처 예산실 예산제도과 사무관 2004년 同노동여성예산과 사무관 2005년 同양극화민생대책본부 사무관 2007~2008년 대통령비서실 정책실장실 행정관 2008년 기획재정부 공공정책국 제도기획과 서기관 2009년 同정책총괄과 서기관 2010~2011년 同인재경영과 서기관 2011~2013년 해외연수(영국 버밍엄대) 2013~2015년 대통령직속 국민대통합위원회 국민통합기획단과장 2015년 기획재정부 공공정책국 제도개선팀장 2016년 同국고국 출자관리과장 2017년 同예산실 지역예산과장 2018년 同세제실 자유무역협정관세이행과장 2019년 同예산실 국방예산과장(현) (종)기독교

## 김유경(金有鏡) Kim You Kyung

(생)1958 · 6 · 15 (본)김해(金海) (출)부산 (주)서울특별시 동대문구 이문로 107 한국외국어대학교 사회과학대학 미디어커뮤니케이션학부(02-2173-3115) (학)1977년 인창고졸 1985년 한국외국어대 신문방송학과졸 1989년 미국 하와이주립대 대학원 커뮤니케이션학과졸 1996년 매스컴학박사(미국 시라큐스대) (경)1984~1987년 LG애드 근무 1989~1991년 중앙일보 미주본사 차장 1996~1997년 LG애드 해외광고팀 부장 1996~1997년 한국방송통신대 교수 1997년 한국외국어대 신문방송학과 조교수 2002년 同사회과학대학 언론정보학부 부교수 · 교수, 同미디어커뮤니케이션학부 교수(현) 2003년 同홍보실장 2006~2007년 同언론정보연구소장 2008~2009년 한국광고학회 회장 2009년 국가브랜드위원회 위원 2010년 한국외국어대 언론정보연구소장 2010~2012년 同사회과학대학장 2012년 한경아카데미 공공브랜드아카데미 원장 2012년 한국외국어대 공공브랜드연구센터장(현) 2014년 同국제교류처장 2014년 서울브랜드추진위원회 위원장(현) 2014년 국가브랜드추진위원회 위원 2015~2017년 한국외국어대 대외부총장 (상)한국언론학회 우수논문권장상(1997), 한국광고학회 우수논문상(2002 · 2005) (저)'인간과 커뮤니케이션'(共) '글로벌시대의 국제광고' '글로벌 광고' '마케팅 차별화의 법칙' '정보화시대의 미디어와 문화'(共) '단순함의 원리' '글로벌마케팅커뮤니케이션' '국가브랜드의 전략적관리' (역)'글로벌 광고'(共) '글로벌시대의 국제광고론'(共) '국가브랜드, 국가이미지' '국가브랜드 전략' (종)기독교

## 김유경(金栖炅) Kim, Yukyung

(생)1962 · 7 · 28 (주)서울특별시 서초구 서초대로74길 11 삼성증권(주)(02-2020-8310) (학)1981년 부산대사대부고졸 1987년 부산대 영어영문학과졸 (경)1987년 동방생명보험(주) 입사 1992~1993년 삼성생명보험(주) 미국지역 전문가 1993~1999년 삼성생명보험 · 삼성증권 근무 2000년 삼

성증권(주) 장충지점장 2001년 同목동지점장 2003년 同도곡지점장 2004년 同서울주식전문지점장 겸임 2005년 同영업부장 2008년 同대전지점 총괄지점장 2010년 同분당지점 총괄지점장 2011년 同삼성타운지점 총괄지점장 2012년 同강남1사업부장 2012년 同감사실장(상무) 2014년 同스마트사업부장(상무) 2015년 同부산·경남권역장(상무) 2016년 同부산·경남지역사업부장(상무) 2018년 同자문역(현)

**김유근(金有根) Kim You-Geun (智田)**

(생)1957·6·22 (본)경주(慶州) (출)충북 청주 (주)서울특별시 종로구 청와대로 1 국가안보실 제1차장실(02-770-7117) (학)1976년 충북 청석고졸 1980년 육군사관학교졸(36기) 1991년 경남대 경영대학원 경영학과졸, 아주대 정보통신대학원 박사과정 재학 중 (경)1980년 소위 임관 2003~2004년 육군 제8사단 10연대장 2004~2005년 대통령경호실 군사관리관 2006~2008년 육군본부 전략기획처장(준장) 2009~2010년 제8사단장(소장) 2011년 국방부 합동참모본부 작전기획부장 2012~2013년 8군단장(중장) 2014년 육군 참모차장(중장) 2014~2015년 국방부 합동참모차장(중장) 2015년 중장 예편 2016~2017년 국방과학연구소 전문연구위원 2017~2019년 국방부 주한미군기지이전사업단장 2019년 국가안보실 제1차장 겸 국가안전보장회의(NSC) 사무처장(현) (종)기독교

**김유라(金裕羅·女) KIM YOO RA**

(생)1976·6·23 (주)서울특별시 금천구 가산디지털1로 186 제이플라츠 304호 (주)한빛소프트(02-703-0743) (학)한국외국어대 무역학과졸 (경)프리랜서 라이센싱 에이전트 1999년 T3엔터테인먼트 입사 2008년 同본부장, 同이사(현), G10엔터테인먼트코리아 이사 2009년 한빛소프트 온라인사업본부장 2011년 일본 한빛유비쿼터스엔터테인먼트(HUE) 대표이사(현) 2016년 (주)한빛소프트 대표이사 사장(현) (상)문화체육관광부장관표창(2008)

**김유랑(金유랑·女)**

(생)1976·9·18 (출)인천 (주)전라북도 전주시 덕진구 사평로 25 전주지방법원 총무과(063-259-5466) (학)1995년 이화여자외국어고졸 2000년 고려대 법학과졸 (경)1999년 사법시험 합격(41회) 2002년 사법연수원 수료(31기) 2002년 서울지검 서부지청 검사 2004년 울산지검 검사 2006~2007년 수원지검 성남지청 검사 2007년 대전지법 판사 2010년 수원지법 안산지원 판사 2013년 서울중앙지법 판사 2015년 서울북부지법 판사 2018년 전주지법 부장판사(현)

**김유미(金由美·女) Kim You Mee**

(생)1958·2·25 (주)경기도 용인시 기흥구 공세로 150-20 삼성SDI 소형전지개발사업부 개발실(031-8006-3100) (학)대전여고졸, 충남대 화학과졸, 同대학원 화학공학과졸 (경)1996년 삼성SDI(주) 전지사업팀 개발그룹 근무, 同폴리머전지그룹 근무 2005년 同전지본부 개발팀 연구위원(상무보) 2006~2007년 同전지사업부 개발팀장(상무보) 2008년 同전지사업부 개발팀장(상무) 2008년 同전지사업부 개발1팀장(상무) 2010년 同전지사업부 개발팀장(상무) 2010년 同전지사업부 Cell사업팀 개발팀장(상무) 2011~2012년 同중앙연구소장(전무) 2011년 同CTO(전무) 2013년 同자동차전지사업부 개발팀장(전무), 同소형전지사업부 개발실장(전무) 2015년 同소재R&D센터장(부사장) 2017년 同소형전지개발사업부 개발실장(부사장)(현)

**김유상(金裕尙) Kim You Sang**

(생)1964·6·27 (주)서울특별시 서초구 서초대로74길 11 삼성자산운용(02-3774-7712) (학)보성고졸, 서강대 경제학과졸 (경)1987년 삼성생명보험 입사, 同경영기획팀 부장 2009년 삼성화재해상보험(주) 보상기획팀장(상무) 2014년 삼성자산운용 경영지원실장(전무) 2019년 同경영지원실장(부사장) 2019년 同마케팅총괄부사장(현)

**김유석(金裕錫) Kim Yoosuk**

(생)1970 (출)서울 (주)서울특별시 종로구 종로 26 SK그룹 회장 비서실(02-6400-0114) (학)1989년 서울 반포고졸 1993년 서울대 철학과졸 2002년 미국 예일대 대학원졸(MBA) (경)1996~2001년 외교통상부 근무 1997~1998년 대통령비서실 의전담당 행정관 2000~2005년 맥킨지앤컴퍼니(McKinsey & Company) 근무 2005~2009년 영국 BP사 근무 2010~2012년 SK차이나 사업개발 및 전략기획 담당 2013~2015년 SK이노베이션 상무 2016년 SK에너지 글로벌사업개발실장 2017년 同전략본부장(전무) 2018년 SK그룹 회장 비서실장(현)

**김유성(金裕盛) KIM Yoo Sung**

(생)1940·9·24 (본)김해(金海) (출)서울 (주)서울특별시 관악구 관악로 1 서울대학교 법과대학(02-880-7534) (학)1959년 서울고졸 1964년 서울대 법대졸 1968년 일본 도쿄대 대학원 외국인연구생과정 수료 1979년 미국 서던감리교대 대학원졸 1980년 미국 캘리포니아대 버클리교 대학원 수료 2002년 법학박사(일본 큐슈대) (경)1969~1972년 서울대 법학연구소 전임강사 1972~2006년 同법대 전임강사·조교수·부교수·교수 1985년 일본 東京大 법학부 교환교수 1995~1998년 노사관계개혁위원회 공익위원 1996~1998년 행정쇄신위원회 공익위원 1996~2000년 중앙노동위원회 공익위원 1997~1999년 한국노동법학회 회장 1998~2000년 서울대 법과대학장 2000~2001년 미국 Harvard Law School 방문연구원 2006년 서울대 법대 명예교수(현) 2006~2007년 중앙노동위원회 위원장(장관급) 2008~2015년 세명대 총장 2014~2019년 바른사회운동연합 공동대표 (상)30년국민훈장 동백장(1998), 홍조근정훈장(2006), 관악대상(2018) (저)'ILO가입에 따르는 법률상의 제문제'(共) '한국방송통신대학 교재' '노동법Ⅰ·Ⅱ'(1992) '한국사회보장법론'(2000) '사회보장법'(共) (종)기독교

**김유성(金酉性)**

(생)1971·10·26 (출)경남 창원 (주)서울특별시 서초구 서초중앙로 157 서울중앙지방법원(02-530-1690) (학)1990년 마산 창신고졸 1996년 경희대 법학과졸 (경)1996년 사법시험 합격(38회) 1999년 사법연수원 수료(28기) 1999년 대전지법 판사 2002년 수원지법 판사 2007년 서울행정법원 판사 2009년 서울서부지법 판사 2010년 서울고법 판사 2010년 헌법재판소 파견 2012년 대법원 재판연구관 2014년 창원지법 부장판사 2015년 사법연수원 교수 2017년 수원지법 안양지원 부장판사 2019년 서울중앙지법 부장판사(현)

**김유영(金有瑩) KIM Yoo Young**

(생)1945·2·2 (출)서울 (주)서울특별시 종로구 대학로 101 서울대학교병원 알레르기내과(1588-5700) (학)경기고졸 1969년 서울대 의대졸 1976년 同대학원 의학석사 1980년 의학박사(서울대) (경)1992~2010년 서울대 의대 내과학교실 교수 1995년 대한알레르기학회 이사장 1996년 서울대병원 알레르기내과 분과장 1996년 同알레르기검사실 소장 1998년 同내과 과장, 아시아·태평양천식및알레르기학회 회장, 한국천

식알레르기협회 명예회장(현), 국제천식학회 부회장 2010년 서울대학교병원 알레르기내과 명예교수(현) 2010년 을지의과대 석좌교수 2011년 세계천식학회 회장 2011년 국립중앙의료원 알레르기내과장, 同 의약품유해반응관리센터장 (상)세계흉부질환학회 젊은연구자상, 과학기술훈장 도약장, 국민훈장 석류장(2010), 자랑스러운 경기인상(2014)

## 김유정(金有正) KIM Yoo Jung

(생)1959 · 10 · 23 (출)서울 (주)서울특별시 서초구 헌릉로 13 대한무역투자진흥공사 해외취업팀(02-3460-3415) (학)1978년 덕수상고졸 1984년 한국외국어대 아랍어과졸 (경)1987년 대한무역투자진흥공사 입사 2006년 同기획조정실 예산팀장 2006년 同KOTRA아카데미 연구위원 2007년 통일교육원 통일미래지도자과정 교육파견 2007년 대한무역투자진흥공사 KOTRA아카데미 연구위원 2008년 同경기국제보트쇼전담반 부반장 2008년 (주)한국국제전시장 파견 2008년 대한무역투자진흥공사 바그다드무역관장 2008년 同바그다드코리아비즈니스센터장 2010~2012년 同싱가포르 수출인큐베이터운영팀장 2012년 同글로벌인재사업단 글로벌취업부장 2013년 同종합행정지원센터 외국기업고충처리단장 2015년 同카이로무역관장 2018년 同해외취업팀 연구위원(현)

## 김유정(金裕貞 · 女) Kim Yoo-Jung

(생)1969·1·18 (출)광주 (주)서울특별시 서대문구 통일로 107-39 동아시아미래재단(02-364-9111) (학)1987년 광주 살레시오여고졸 1991년 이화여대 법정대학 정치외교학과졸 2002년 서강대 공공정책대학원 사회정책학과졸 2007년 성균관대 국정관리대학원 행정학 박사과정 수료 (경)1991년 신민주연합당 창당발기인 1991년 同이우정 수석최고위원 비서 1991~1993년 민주당 정치연수원 교무부장·기획부장 1993~1995년 同여성위원회 사업부장 1995~1997년 새정치국민회의 지방자치위원회 부국장 대우 1997년 同제15대 대통령선거기획단 국장 1998~2002년 대통령비서실 행정관 2006년 (사)환경분쟁연구소 이사 2007~2008년 민주당 여성국장 2008년 제18대 국회의원(비례대표, 통합민주당·민주당·민주통합당) 2008년 통합민주당 원내부대표 2008~2009년 민주당 대변인 2008년 성균관대총동창회 부회장 2008~2009년 국회 독도영토수호대책특별위원회 위원 2008~2010년 국회 행정안전위원회 위원 2009년 한·슬로바키아의원연맹 부회장 2009년 한·터키의원연맹 이사 2009년 한·멕시코의원연맹 이사 2010년 (사)아시아정당국제회의(ICAPP)의원연맹 정회원 2010년 (사)여성정치세력민주연대 고문 2010년 민주당 제5회 전국동시지방선거중앙선거대책위원회 대변인 2010년 국회 교육과학기술위원회 위원 2010년 국회 여성가족위원회 위원 2010~2011년 국회 운영위원회 위원 2010~2011년 민주당 원내부대표 2011년 同제6정책조정위원장 2011년 민주통합당 원내부대변인 2011년 同원내부대표 2011·2012년 同대변인 2012년 同손학규 대선예비후보캠프 대변인 2013년 새정치민주연합 정책위원회 부의장, (재)동아시아미래재단 이사(현) 2014년 (사)한국여성정치연맹 이사 2016년 TV조선 '이것이 정치다' 진행 2017년 국민의당 대변인 2017년 同제19대 안철수 대통령후보 중앙선거대책위원회 대변인 (상)대통령표창(2000), 21세기 한국인상 정치공로부문(2008), 정기국회 국정감사 우수의원(2009·2010·2011), 대한민국헌정상 우수상(2011) (저)'유정(裕貞)'(2011)

## 김유진(金유진) KIM Eu Gene

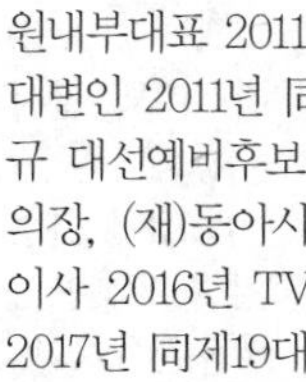

(생)1961 · 8 · 12 (출)서울 (주)인천광역시 연수구 벤처로 87 (주)휴니드테크놀러지스 회장실(032-457-6010) (학)1980년 미국 베버리고졸 1984년 미국 서던캘리포니아대 경영학과졸 (경)1983~1989년 Multinational Trading Co. 대표이사 1989~1998년 한남전자산업(주) 대표이사 1998~2006년 Defense Korea Industries Ltd. 대표이사 2002~2011년 (주)휴니드테크놀러지스 대표이사 회장 2011년 同회장(현) (상)한국품질경영학회 한국품질경영인대상(2006) (종)기독교

## 김유찬(金裕燦) KIM You Chan

(생)1957 · 11 · 16 (출)경기 (주)세종특별자치시 시청대로 336 한국조세재정연구원(044-414-2101) (학)1976년 대구 대륜고졸 1981년 서울대 원예학과졸 1985년 독일 프라이부르크대 경제학과졸 1988년 독일 함부르크대 대학원 경제학과졸 1992년 경제학박사(독일 함부르크대) (경)1992~1998년 한국조세연구원 연구위원 1999~2001년 회계법인 KPMG 시니어컨설턴트(독일 프랑크푸르트) 2002~2006년 계명대 경영대학 세무학과 교수, 재정경제부 OECD가입준비재정조세분과 전문위원, OECD재정위원회 전문위원, 재정경제부 세제발전심의위원회 기업과세분과 전문위원, 한국세무학회 부회장 2007년 중부지방국세청 납세지원국장 2008~2018년 홍익대 경영대학 부교수·교수 2010~2012년 同취업진로지원센터 소장 2012년 한국조세연구포럼 회장 2013년 경제정의실천시민연합 상임집행위원회 부위원장 2017년 대통령직속 정책기획위원회 국민성장분과 위원(현) 2018년 한국조세재정연구원 원장(현) (저)'전자상거래 활성화를 위한 세제개편방향(共)'(2002) '비상장주식의 과세평가방안에 대한 연구'(2003) '독일 · 일본 · 미국의 세무사관계법령집(共)'(2003) '주요국의 조세제도(독일편)'(2004) '세무조사제도의 문제점과 개편방향'(2004)

## 김유철(金裕喆) Kim Yu Cheol

(생)1969 · 8 · 5 (출)서울 (주)서울특별시 서초구 반포대로 157 대검찰청 수사정보정책관실(02-3480-2378) (학)1988년 현대고졸 1993년 서울대 법학과졸 (경)1996년 사법시험 합격(38회) 2000년 사법연수원 수료(29기) 2000년 서울지검 검사 2002년 청주지검 충주지청 검사 2003년 수원지검 성남지청 검사 2005년 대구지검 검사 2008년 법무부 공안기획과 검사 2009년 수원지검 검사 2012년 대검찰청 연구관 2014년 울산지검 공안부장 2014년 서울남부지검 형사6부장 2015년 대검찰청 공안3과장 2016년 同공안2과장 2017년 서울동부지검 형사4부장 2018년 서울중앙지검 형사7부장 2019년 대검찰청 수사정보정책관(현)

## 김유항(金裕恒) KIM Yoo Hang

(생)1945 · 4 · 29 (본)청풍(淸風) (출)서울 (주)경기도 성남시 분당구 돌마로 42 아시아과학한림원연합회 회장실(031-710-4622) (학)1962년 서울고졸 1966년 서울대 공대 화학공학과졸 1972년 이학박사(미국 네바다주립대) (경)1968~1972년 미국 네바다대 조교 1972~1981년 인하대 화학과 조교수 · 부교수 1980년 프랑스 Nantes대 연구교수 1981~2010년 인하대 자연과학대학 화학과 교수 1982~1986년 同대학원 교학부장 1986년 同국제협력실장 1987~1989년 미국 플로리다대 객원교수 1990년 인하대 교무처장 1994년 同기획처장 1994년 한국과학기술한림원 정회원 · 종신회원(현) 1994년 전국대학기획처장협의회 부회장 1998년 대한화학회 물리화학분과 회장 1999년 同교육홍보위원장 1999년 인하대 자연과학대학장 2001~2003년 同부총장 2005~2006년 대한화학회 학술위원회 위원장 2010년 한국과학기술한림원 정책연구센터 소장 2011년 인하대 자연과학대학 화학과 명예교수(현) 2011~2013년 한국과학기술한림원 총괄부원장 2012~2016년 아시아과학한림원연합회(AASSA) 사무총장 2013~2016년 한국과학기술한림원 이사 2014~2017년 한국에너지기술연구원 비상임감사 2016 · 2018년 아시아과학한림원연합회(AASSA) 회장(현) (상)국방부장관표창, 서울대총장표창, 참모총장표창, 자랑스러운 서울인상(2009), 황조근정훈장(2010) (저)'대학화학' '일반화학' '일반화학실험' (역)'물리화학연습' '물리화학' '물리화학실험' '과학철학'

ㄱ

## 김유환(金裕煥) KIM Yoo Hwan

(생)1959·8·16 (본)일선(一善) (출)경북 경주 (주)서울특별시 서대문구 이화여대길 52 이화여자대학교 법학전문대학원(02-3277-3932) (학)1982년 서울대 법학과졸 1984년 同대학원졸 1992년 법학박사(서울대) (경)1988~1994년 한남대 법정대학 전임강사·조교수 1989~1994년 기독교윤리실천운동 대전실무책임자(대표) 1992~1994년 한남대 법정대학 법학과장 1993~1994년 同법정대학 교학부장 1994~1999년 기독교윤리실천운동 기획위원 1994~2001년 중앙대 법과대학 조교수·부교수·교수 1995~2011년 경제정의실천시민연합 시민입법위원회 위원 1996~1998년 중앙대 법학과장 겸 법과대학 교학부장 2000년 미국 Univ. of Washington 객원교수 2001년 이화여대 법과대학·법학전문대학원 교수(현) 2003~2004년 행정법이론실무학회 회장 2004년 미국 미시간대 객원교수 2004~2008년 대통령소속 규제개혁위원회 위원 2004년 이화여대 기획처 부처장 2005~2009년 법제처 법령해석심의위원회 위원 2006~2008년 한국개발연구원(KDI) 국제정책대학원대학교 갈등조정협상센터 자문위원 2006~2008년 행정자치부 정책자문위원회 위원(지방행정분과위원장) 2006~2011년 국제법률봉사기구 Advocates Korea 이사 2007~2008년 국방부 갈등관리위원회 위원 2007~2010년 사회복지법인 열매나눔재단 감사 2008~2010년 이화여대 학생처장 2008~2010년 同생활협동조합 이사장 2008년 한국행정연구원 객원연구위원 2009년 국방부 정책자문위원 2009년 한국지방자치법학회 부회장 2010~2012년 감사원 행정심판위원회 위원 2011년 한국교육법학회 부회장 2011년 경제정의실천시민연합 시민입법위원장 2011~2013년 법제처 국민법제관 2011~2013년 한국법제연구원 원장 2011~2015년 미국 세계인명사전 'Marquis Who's Who in The World'에 등재 2012~2014년 세계입법학회(IAL) 이사 2013년 동아시아행정법학회 이사(현) 2015~2018년 한국규제법학회 회장 2015~2017년 대학설립심사위원회 위원 2016년 한국지방자치법학회 회장 2016~2018년 교육부 사학분쟁조정위원회 위원 2017년 서울시 행정심판위원회 위원(현) 2018년 한국공법학회 회장 (상)특허청 국제특허연수원 Best Teacher(1993), 한국공법학회 학술장려상(1996), 이화여대 강의우수교수상(2003), 근정포장(2007) (저)'행정절차법 제정연구(共)'(1996, 법문사) '한국법의 이해(共)'(1996, 두성사) '지방자치법주해(共)'(2004, 박영사) '주석 행정소송법(共)'(2004, 박영사) '공공갈등관리의 이론과 기법(共)'(2005, 도서출판 논형) '공공갈등 : 소통, 대안 그리고 합의형성(共)'(2007, 르네상스) '國外行政立法的公衆參與制度(共)'(2008, 中國法制出版社) '행정법과 규제정책 : 개정증보판'(2017, 삼원사) '행정법판례강의 제4판'(2018, 율곡출판사) '현대행정법강의 : 제4판'(2019, 법문사) (종)기독교

## 김 윤(金 鈗) KIM YOON

(생)1953·2·24 (본)울산(蔚山) (출)부산 (주)서울특별시 종로구 종로33길 31 (주)삼양홀딩스(02-740-7063) (학)1971년 경복고졸 1979년 고려대 경영학과졸 1983년 미국 몬터레이국제연구학교 경영전문대학원졸(MBA) (경)1978~1981년 (주)반도상사 근무 1983~1985년 미국 Louis Dreyfus Co. 근무 1985년 (주)삼양사 입사 1989년 同이사 1991년 同상무이사 1993년 同대표이사 전무 1995년 同대표이사 부사장 1996년 同대표이사 사장 1998~2012년 (주)경방 사외이사 1999~2004년 (주)신도리코 사외이사 2000년 (주)삼양사 대표이사 부회장 2001년 전국경제인연합회 부회장(현) 2003년 한국능률협회 부회장(현) 2004년 한국경영자총협회 부회장(현) 2004~2011년 (주)삼양사 대표이사 회장 2005~2014년 한일경제협회 부회장 2009년 한국메세나협의회 부회장(현) 2011~2019년 (주)삼양홀딩스 대표이사 회장 2012년 BIAC(Business and Industry Advisory Committee to the OECD) 한국위원회 위원장(현) 2014년 한일경제협회 회장(현) 2014년 한일산업기술협력재단 이사장(현) 2014년 청소년희망재단 이사장(현) 2017년 전국경제인연합회 혁신위원회 위원 2019년 (주)삼양홀딩스 회장(현) (상)제1회 한국을 빛낸 CEO(2005), 금탑산업훈장(2007), 제45회 한국의 경영자상(2013), EY최우수기업가상 마스터상(2017) (종)불교

## 김윤규(金潤圭) KIM Yoon Kyu

(생)1944·4·15 (출)서울 (주)서울특별시 강남구 논현로71길 6 영신빌딩 4층 (주)아천글로벌코퍼레이션 임원실(02-713-8888) (학)1962년 성동공고졸 1969년 서울대 공대 기계학과졸 2004년 명예경영학박사(한성대) (경)1969년 현대건설(주) 입사 1983년 同이사 1984년 同상무이사 1989년 同전무이사 1993년 同부사장 1997년 대한배구협회 부회장 1998년 현대 남북경협사업단장 1998~2001년 현대건설(주) 대표이사 1999~2005년 현대아산(주) 대표이사 사장 1999년 한국능률협회 부회장 1999~2001년 한국건설CALS협회 회장 1999년 한국엔지니어클럽 부회장 1999년 한국건설경제협의회 부회장 2000년 대한상공회의소 부회장 2000년 대한건설협회 부회장 2000년 현대건설(주) 이사회 의장 2003년 현대여자농구단 구단주 2003~2006년 한국공학한림원 이사 2005년 현대아산(주) 대표이사 부회장 2005년 同부회장 2005~2007년 민주평통 서울지역 부의장 2005~2007년 同서울평화통일포럼 대표 2006년 (주)아천글로벌코퍼레이션 회장(현) 2007년 샤인시스템 이사회 의장 (상)금탑·석탑·동탑산업훈장, 국무총리표창, 대통령표창, 예원 통일문화 화해협력대상

## 김윤근(金潤根) Yoon-Keun, Kim

(생)1963·2·1 (주)서울특별시 양천구 안양천로 1071 이화여자대학교 목동병원(02-2650-2946) (학)1987년 서울대 의대졸 1995년 同대학원 의학석사 1997년 의학박사(서울대) (경)1987년 대한나관리협회 제주지부 공중보건의 1990년 서울대병원 인턴·내과 전공의 1995년 同전임의 1997년 서울대 의학연구원 알레르기및임상면역연구소 연구원 1999~2005년 同의과대학 내과학교실 조교수·부교수 2000년 대한천식및알레르기학회 간행위원 2002~2003년 미국 예일대 Visiting Professor 2006~2014년 포항공대 생명과학과 교수 2014~2015년 이화여대의료원 이화융합의학연구원장 2014~2015년 同연구중심병원추진단장 2014년 이화여대 의학전문대학원 의학과 임상교수(현)

## 김윤기(金潤基) KIM, YOON KI

(생)1957·10·14 (출)전남 함평 (주)광주광역시 남구 천변좌로338번길 7 광주문화재단(062-670-7401) (학)1976년 광주제일고졸 1985년 전남대 법학과졸 (경)2001~2003년 광주비엔날레재단 홍보사업부장 2003~2007년 (주)얼트씨(디자인 전문회사) 이사·공동대표 2007년 광주·전남사회적기업협의회 회장 2008~2009년 지역문화교류호남재단(예비 사회적기업) 사업단장 2011~2012년 광주문화재단 아트광주사무국장·운영감독 2014~2015년 지역문화교류호남재단 이사 2017년 광주문화재단 대표이사(현)

## 김윤기(金倫起) Kim Yoon Kee

(생)1965·3·3 (출)강원 춘천 (주)서울특별시 중구 을지로 79 IBK기업은행 임원실(02-729-6292) (학)1984년 강원대사대부고졸 1988년 강원대 통계학과졸 (경)1990년 IBK기업은행 입행 2012년 同마포역지점장 2014년 同IBK고객센터장 2015년 同나눔행복부장 2017년 同비서실장 2018년 同검사부장(본부장) 2019년 同준법감시인(부행장급)(현)

## 김윤덕(金胤德 · 女) KIM Yun Duk (素泉)

(생)1936 · 7 · 15 (본)김해(金海) (출)전남 신안 (학)1956년 목포여고졸 1964년 성균관대 법률학과졸 1966년 同대학원 법학과졸 (경)1963년 민정당 부녀부 차장 1967년 신민당 부녀부장 1971년 同부녀국장 1971년 제8대 국회의원(전국구, 신민당) 1971~1980년 제8 · 9 · 10대 국회 보건사회위원회 간사 1973년 제9대 국회의원(나주 · 광산, 신민당) 1973년 소비자문제연구소장 1974년 신민당 복지위원장 1974년 한국적십자사 조직위원장 1976년 공연윤리위원회 부위원장 1979년 제10대 국회의원(나주 · 광산, 신민당) 1980~1994년 한국부인회 이사 · 이사장 1984년 민한당 당무위원 1985년 생활문화연구원 원장 1987년 민정당 국책평가위원 1989~1992년 한국여성개발원 원장 1991년 사랑의장기기증운동본부 총재 1992~1998년 한국여성지도자협의회 회장 1992년 인간교육개발원 이사장 1993년 민자당 당무위원 1995년 광주사건보상위원회 위원 1996~1997년 정무제2장관 1996년 한국장애인단체총연합회 명예회장 1997~1998년 국민신당 최고위원 1998년 국민회의 지도위원 1998~2015년 한국여성지도자연합 총재 1998년 한국문화포럼 고문 (상)황조근정훈장, 대한민국무궁화대상 장한어머니부문(2008) (저)'농촌가정의 자녀교육' (종)기독교

## 김윤덕(金潤德) KIM Youn Duck

(생)1961 · 4 · 17 (출)강원 춘천 (주)경기도 용인시 수지구 디지털벨리로 81 디지털스퀘어 6층 (주)다우기술 비서실(070-8707-1000) (학)1980년 배문고졸 1984년 중앙대 컴퓨터공학과졸 1986년 同대학원 컴퓨터공학과졸 (경)1987~1995년 (주)다우기술 차장 1995~2001년 한국인포믹스 이사 2001~2002년 다우데이타 이사 2003년 (주)다우기술 Account사업본부장(이사) 2006년 同Account사업본부장(전무) 2008년 同영업본부장(전무) 2009년 同솔루션부문장(전무) 2013년 同솔루션부문장(부사장) 2015년 同대표이사 부사장 2016년 同대표이사 사장(현)

## 김윤덕(金潤德) KIM Yun Duk

(생)1966·5·23 (출)전북 부안 (주)전라북도 전주시 완산구 백제대로 221 한국스카우트 전북연맹(063-232-8100) (학)1984년 전주 동암고졸 1993년 전북대 상대 회계학과졸 (경)1998년 한국청년단체협의회 전북의장 2000년 한국청년연합회 전주지부장 2000년 시민행동21 공동대표 2003년 개혁국민정당 전주완산지구당 위원장 2003년 전북지역개혁신당연대회의 공동대표·대변인 2003년 시민행동21 자문위원 2003년 참여시민전주비전연구소 대표 2003년 열린우리당 전북도지부 정책위원 2006~2010년 전북도의회 의원(열린우리당·통합민주당·민주당), 사람사는 세상 노무현재단 기획위원(현) 2008년 전주시통합배구연합회 회장, 더좋은민주주의연구소 부소장 2010년 전북도경제통상진흥원 원장 2012~2016년 제19대 국회의원(전주 완산甲, 민주통합당·민주당·새정치민주연합·더불어민주당) 2012년 국회 문화관광산업연구포럼 책임연구위원 2013년 더좋은민주주의연구소 소장 2013년 국회 교육문화체육관광위원회 위원 2013년 국회 예산결산특별위원회 위원 2013년 전북대동창회 장기발전위원장(현) 2014년 국회 국토교통위원회 위원 2014년 새정치민주연합 원내부대표 2014~2015년 同정치혁신실천위원회 위원 2015년 국회 정치개혁특별위원회 위원 2016년 더불어민주당 전북도당 총선기획단장 2016년 同전북전주시甲지역위원회 위원장(현) 2016년 제20대 국회의원선거 출마(전북 전주시甲, 더불어민주당) 2016년 더불어민주당 조직강화특별위원회 위원 2016년 더불어포럼 대표(현) 2016년 전주 민들레학교(대안학교) 교장(현) 2018년 더불어민주당 한국GM대책특별위원회 위원(현) 2018년 同전북도당위원회 위원장 2018년 한국스카우트 전북연맹장(현) 2018년 同제25회 세계스카우트잼버리 공동준비위원장(현) (상)전국소상공인단체연합회 초정대상(2013), 유권자시민행동 대한민국유권자대상(2015) (저)'디자인드 인 전주'(2011) '한옥마을에서 본 한류'(2013) (종)기독교

## 김윤모(金允模) KIM Yoon Mo

(생)1959 · 10 · 12 (출)부산 (주)서울특별시 송파구 정의로8길 9 AJ빌딩 6층 AJ캐피탈파트너스(주)(02-6240-0483) (학)1978년 대동고졸 1983년 고려대 통계학과졸 2003년 미국 하와이대 HELP과정 수료 2004년 미국 보스턴대 대학원 경영학과졸 (경)1983~1984년 조흥은행 수출입업무 1984~1989년 한미은행 신탁부 · 영업부 근무 1998~1999년 하나은행 종합기획부 구포지점장 1999~2000년 하나증권(주) 기업금융팀장 2000~2002년 同이사 2002~2004년 同투자은행본부장(상무) 2004년 同상무 2007년 HFG IB증권 상무 2008년 하나IB증권(주) 자본시장본부장(전무) 2008년 리딩투자증권 투자은행(IB)부문 대표(부사장) 2009~2011년 솔로몬투자증권 대표이사 사장 2012년 KTB프라이빗에쿼티 부회장 2013년 同고문 2013년 AJ인베스트먼트파트너스(주) 대표이사 2014년 同각자대표이사 2015년 AJ캐피탈파트너스(주) 각자대표이사(현)

## 김윤배(金允培) KIM Yoon Bae (羅軒)

(생)1943 · 5 · 29 (본)김해(金海) (출)충남 보령 (주)서울특별시 종로구 우정국로 68 동덕빌딩 8층 세한국제특허법률사무소(02-733-9991) (학)1966년 서울대 농업생명과학대학 농공학과졸 1974년 同환경대학원 환경계획학과졸 2007년 同국제대학원 GLP과정 수료 (경)1964년 서울대 향토개척단장 1965~1968년 육군 보병사단 보병대대 소총소대장 · 중화기중대 부중대장 · 보병대대 군수참모장교 · 보병대대 중대장 1968~1971년 동아건설(주) · 토지개량 조합연합회 · 농업진흥공사 근무 1969~1973년 원자력청 · 상공부 특허국 · 과학기술처 행정수습 1971년 변리사시험 합격(10회) 1973년 세한국제특허법률사무소(Kims and Lees) 대표변리사(현) 1975~2000년 대한상공회의소 산업재산권 상담역 1985년 대한상사중재원 중재인 · 부회장 1985~2000년 한국상품모조방지위원회 부위원장 1987~1997년 특허청 부정경쟁심의위원 1987~1992년 과학기술처 컴퓨터프로그램심의위원 1988~1990년 대한변리사회 부회장 1990~1996년 (사)한국국제산업재산권보호협회(AIPPI KOREA) 회장 1993~2003년 아세아변리사회 국제본부 상품모조방지위원장 1994~1997년 국제라이센싱협회 국제본부 특허기술라이센싱위원장 1996~2002년 (사)한국라이센싱협회(LES-KOREA) 회장 2000~2001년 국제라이센싱협회(LES International Inc.) 집행임원 겸 부회장 2001~2004년 同Pan Asian Committee 위원장 2002~2009년 (사)한국국제지적재산권보호협회(AIPPI KOREA) 회장 2006년 국제라이센싱협회(LES International Inc.) 서울총회 조직위원장 2008년 AIPPI 제43차 서울 · 인천총회(World Intellectual Property Congress) 조직위원회 위원장 2010~2012년 국제지적재산권보호협회(AIPPI INTERNATIONAL) 회장 2013~2014년 (사)한국산업보안연구학회 회장 (상)서울대 상록문화상(1965), AIPPI AWARD OF MERIT(1997, Vienna), Licensing Executive Society International Award of Achievement(2004, Boston), 아시아변리사협회 공로상(APAA Enduring Award)(2011, Manila), AIPPI Award of member of honour(2013, Helsinki), 서울대 농업생명과학대학 자랑스러운동문상(2015) (저)'특허관리' '공업소유권 용어해설집' '특허전담부서 업무지침서' '지적소유권 상담사례집' '지적재산관리' '기업비밀보호대책 실무지침서' 'Current Trends in Counterfeiting Practices and Intellectual Property System in Korea'(영문판) '기업내지적재산 관리실무' '영업비밀보호사례집'(1996, 대한상공회의소) '세계 212개국에 대한 상표등록 가이드'(2004, 한국무역협회) 'THE INDUSTRIALIZATION OF KOREA (1962 TO 2002) FROM THE PATENTING AND LICENSING PERSPECTIVE(영문판)'(2006, JOHN WILEY & SONS, INC. New York) '글로벌 시대의 지식자산과 정보전쟁'(2007, 집문당) '세계 219개국에 대한 상표등록가이드'(2010, 집문당) '산업보안학(共)'(2011, 박영사)

ㄱ

## 김윤배(金潤培) KIM Yoon Bae (禾川)

(생)1955·12·23 (본)도강(道康) (출)전남 강진 (주)경기도 포천시 호국로 1007 대진대학교 예술대학 디자인학부(031-539-2050) (학)1974년 목포상고졸 1985년 홍익대 시각디자인학과졸 1988년 同대학원졸 1995년 호주 RMIT Univ. 산업디자인학과 수료 2004년 미술학박사(홍익대) (경)1984년 일신여상 미술교사 1986년 경기도 문화공보실 홍보사무관 1987~1990년 서울시올림픽기획단 전문위원 1990~1994년 한국국제협력단 홍보실장 1994~1997년 초당대 산업디자인학과 조교수 1997년 대진대 예술대학 디자인학부 교수(현) 1997년 同디자인학부장 1998년 경기북부상공회의소 산업디자인연구소장 1999년 하남국제환경박람회 전문위원 2000~2004년 대한민국산업디자인전람회 초대작가 2000년 대한민국미술대전 심사위원장 2003~2006년 대진대 예술대학장 2004년 교육인적자원부 미술교과서교육과정 자문위원 2004년 한국조형예술학회 부회장 2004년 대한민국디자인대전 초대디자이너 2005년 대한민국산업디자인전 심사위원, 한국시각정보디자인협회 부회장 2007년 홍익커뮤니케이션디자인포럼 회장·명예회장 2007~2010년 대진대 산학능력개발원장 2010~2013년 한국미술협회 부이사장 2010·2011·2014년 대한민국미술대전 운영위원 겸 심사위원 2011년 대진대 대진혁신디자인센터장(현) 2012~2014년 同문화예술전문대학원장 겸 예술대학장 2013~2015년 (사)한국융복합산업협회 회장 2015년 한국상품문화디자인학회 회장(현) 2015년 교육부 국정교과서 출판사 선정위원장 (상)중소기업진흥공단이사장표창, 대한민국문화콘텐츠대전 은상, 체육부장관표창, 대진대 이사장표창(2회), 대진대 총장표창(3회), 한국노동교육원장표창, 경기산업디자인협회 감사패(2회), 경기동부상공회의소 회장 감사패(2013), 국무총리표창(2014), 전남도지사 감사패(2016) (저)7차 교육과정 고등학교 교과서 '미술과 생활'(대한교과서) '고교 교과서-미술창작' '컴퓨터 그래픽 실무' '시각이미지 읽고 쓰기'(2005, 미담북스) '디자인 발상 이론과 실제(共)'(2011, 태학원) '미술감상과 비평'(2017, 천재교과서) (작)'김윤배꽃그림전' '대한민국산업디자인전' 등 단체전 200회 출품

## 김윤배(金倫培) KIM Yun Bae

(생)1959·6·14 (주)경기도 수원시 장안구 서부로 2066 성균관대학교 시스템경영공학과(031-290-7600) (학)1982년 성균관대 산업공학과졸 1987년 미국 플로리다대 대학원 산업공학과졸 1990년 미국 랜실레어폴리테크닉대 대학원 제조공학과졸 1992년 공학박사(미국 랜실레어폴리테크닉대) (경)1983~1984년 (주)포항종합제철 시스템개발실 기간직사원 1992~1993년 미국 New Mexico Tech. 수학과 조교수 1993~1995년 한국통신연구개발원 통신망연구소 선임연구원 1995~2003년 성균관대 공대 산업공학과 조교수·부교수 2001년 한국과학기술원(KAIST) 테크노경영대학원 교환교수 2001~2002년 미국 RPI 교환교수 2004년 성균관대 공대 시스템경영공학과 교수(현) 2005~2006년 同시스템경영공학과장 2006년 同기숙사 학사장 2013~2015년 한국시뮬레이션학회 회장 2015년 同고문(현) 2016년 성균관대 학사처장 겸 식물원장(현) 2017년 同스포츠단장(현) 2018년 同교육학술팀장 겸임(현)

## 김윤상(金潤相) KIM Yoon Sang

(생)1969·10·1 (출)서울 (주)서울특별시 서초구 반포대로138 양진빌딩2층 법무법인 진(02-2136-8100) (학)1988년 대원외국어고졸 1992년 서울대 법대 법학과졸 (경)1992년 사법시험 합격(34회) 1995년 사법연수원 수료(24기) 1998년 수원지검 검사 2000년 청주지검 충주지청 검사 2001년 대전지검 검사 2003년 법무부 법무심의실 검사 2005년 서울중앙지검 검사 2007년 부산지검 부부장검사 2008년 서울고검 파견 2009년 청주지검 영동지청장 2010년 법무부 상사법무과장 2012년 서울중앙지검 형사8부장 2013년 대검찰청 감찰부 감찰1과장 2017년 법무법인 진 변호사(현)

## 김윤석(金允錫) Kim Yoon Seok

(생)1966·4·1 (출)충북 단양 (주)서울특별시 용산구 이태원로 22 국방부 전력자원관리실(02-748-6142) (학)제천고졸, 청주대 행정학과졸 (경)1989년 행정고시 합격(33회) 2012년 국방부 기획조정관 2013년 同계획예산관 2015년 同보건복지관 2016~2018년 同駐韓미군기지이전사업단 기획지원부장 2017년 同駐韓미군기지이전사업단장 직무대리 2019년 국립서울현충원장 2019년 국방부 전력자원관리실장(현)

## 김윤선(金潤善·女)

(생)1971·5·15 (출)경남 양산 (주)광주광역시 동구 준법로 7-12 광주지방법원 총무과(062-239-1503) (학)1990년 울산여고졸 1994년 서울대 식품영양학과졸 (경)2000년 사법시험 합격(42회) 2003년 사법연수원 수료(32기) 2003년 청주지법 판사 2006년 수원지법 판사 2009년 서울중앙지법 판사 2011년 서울서부지법 판사 2013년 서울중앙지법 판사 2016년 서울동부지법 판사 2017년 서울고법 판사 2019년 광주지법 부장판사(현)

## 김윤선(金侖宣·女) KIM Yoon Sun

(생)1976·11·24 (출)광주 (주)충청북도 청주시 서원구 산남로70번길 51 청주지방검찰청 형사3부(043-299-4543) (학)1994년 광주 동신여고졸 1999년 고려대 정치외교학과졸 (경)2001년 사법시험 합격(43회) 2004년 사법연수원 수료(33기) 2004년 광주지검 목포지청 검사 2006년 광주지검 검사 2008년 인천지검 검사 2010년 서울남부지검 검사 2013년 청주지검 검사 2016년 대검찰청 검찰연구관 2018년 서울중앙지검 검사 2018년 법무부 검찰과 검사 2019년 청주지검 부장검사(현)

## 김윤섭(金潤燮)

(생)1970·3·17 (출)서울 (주)서울특별시 서초구 반포대로 158 서울중앙지방검찰청 형사7부(02-530-4536) (학)1988년 서울고졸 1992년 연세대 법학과졸 1998년 同대학원졸 (경)1998년 사법시험 합격(40회) 2001년 사법연수원 수료(30기) 2001년 서울지검 검사 2003년 광주지검 순천지청 검사 2005년 부산지검 검사 2007년 춘천지검 강릉지청 검사 2010년 법무부 법무과 검사 2012년 서울동부지검 검사 2015년 同부부장검사 2017년 법무연수원 용인분원 교수 2017년 법무부 법무과장 2018년 同법무실 법무심의관 2018년 대전지검 형사3부장 2019년 서울중앙지검 형사7부장(현)

## 김윤섭(金倫燮)

(생)1974·5·10 (출)충남 공주 (주)서울특별시 강남구 테헤란로 629 강남소방서(02-553-2247) (학)1999년 충남대 화학공학과졸 (경)2001년 지방소방위 임용 2006년 서울 강동소방서 구조구급팀장·경리팀장(지방소방경), 소방방재청 소방정책과 지방소방경 2011년 서울소방학교 소방과학연구센터장·인재채용팀장(지방소방령), 서울소방재난본부 조직경영팀장, 서울 광진소방서 예방과장 2016년 서울 노원소방서장 직대 2017년 서울 노원소방서장(지방소방정) 2019년 서울 강남소방서장(현) (상)정부모범공무원표창(2010)

## 김윤세(金侖世) Kim, Yoon-Se (鶴林)

(생)1955·6·2 (본)언양(彦陽) (출)충남 논산 (주)경상남도 함양군 수동면 수동농공길 23-26 (주)인산가 임원실(055-963-9991) (학)사서삼경·제자백가 독학 1980년 한국고전번역원 부설 고전번역교육원 연수부졸 1987년 同연구부졸 2000년 서울대 행정대학원 국가정책과정 수료 2001년 한국과학기

술원(KAIST) 최고벤처경영자과정 수료 2002년 同최고정보경영자과정 수료 2006년 전주대 문화경영아카데미 수료 (경)1981~1989년 佛敎신문 편집부 기자·차장 1987년 세계최초 죽염제조업체 (주)인산가 대표이사 회장(현) 1991~1993년 월간 시사종합지 '時事春秋' 발행인 겸 편집인 1995년 월간 '신토불이건강' 발행인 겸 편집인 1995년 월간 '인산의학' 발행인 겸 편집인(현) 1997~2011년 한국죽염공업협동조합 이사장 2002~2006년 함양군상공협의회 회장 2004~2012년 전주대 대체의학대학 객원교수 2005~2006년 민중의술살리기 부산·울산·경남연합 회장 2007년 주간 '함양신문' 회장(현) 2011~2014년 (사)거창·합천·함양 범죄피해자지원센터 이사장 2012년 지식경제부·한국표준협회 주관 명품창출CEO포럼 부회장 2012년 경남벤처산업협회 부회장, 경남벤처기업협회 부회장(현) 2012~2016년 국민생활체육회 이사 2012년 광주대 대체의학과 교수 2013년 산업통상자원부·한국표준협회 주관 명품창출CEO포럼 수석부회장(현) 2014~2016년 광주대 생명건강과학과 교수 2016년 국민건강연대 공동대표(현) 2016년 전주대 대체의학대학원 객원교수 2017년 同경영대학원 객원교수(현) 2017년 (사)청렴코리아 함양군 위원장(현) 2018년 IBK증권 백동포럼 초대회장(현) (상)불교출판문화상(1991), 문화관광부장관표창(2002), 한국표준협회 중소기업부문 신기술으뜸상 최우수상(2003), 지식경제부장관표창(2011), 한국신지식인협회 신지식경영인대상(2011), 검찰총장표창(2011), 미래지식경영원 한국재능나눔대상(2012), 벤처산업발전유공 지식경제부장관표창(2012), 법무부장관표창(2012), 미래지식경영원 대한민국창조경영인상(2013), 한국창조경영인협회 2015신창조인 선정(2015), 해양수산부 전통식품분야 식품명인 선정(2016), 국가품질경영대회 명품창출부문 대통령표창(2016) (저)'죽염요법' '김윤세의 신토불이 건강' '병주는 별 약주는 별' '仁山쑥뜸요법' '心身건강 천자문' '마음밭에 道의 꽃 피던 날' '한 생각이 癌을 물리친다' '내 안의 의사를 깨워라' (역)'東師列傳' (종)불교

## 김윤수(金允洙) KIM Yun Soo

(생)1946·7·9 (출)제주 (경)1961년 제주굿 사사 1981년 제주칠머리당굿 발표공연 1987년 제주칠머리당굿 이수생 1988년 서울올림픽 성화봉송맞이 공연 1995년 국가무형문화재 제71호 제주칠머리당영등굿(무가) 예능보유자 지정(현) 1996년 전국무용제 개막공연 1997년 광주비엔날레 무형문화재 축제공연 1998년 일본 오사카 공연 2001년 한라문화재민속놀이 걸궁심사위원 2002년 월드컵 문화행사 공연 2003년 탐라문화재 무형문화재공개행사 공연 (상)한국예술문화단체총연합회 무가경창대회 장려상(1985), 한국민속예술경연대회 대통령표창(1990), 전국민속경연대회 문화체육부장관표창(1994), 한라문화재 걸궁부문지도 최우수상(2000), 제주도 신지식인(2001) (종)불교

## 김윤수(金潤受) KIM Yoon Soo

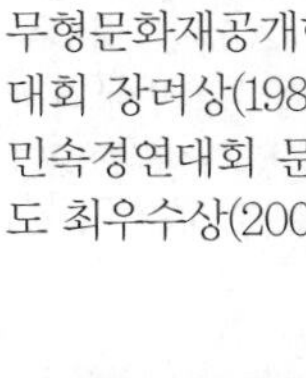

(생)1949·8·11 (본)김해(金海) (출)광주 (주)광주광역시 북구 용봉로 77 전남대학교 농업생명과학대학 산림자원학부(062-530-2093) (학)1967년 광주고졸 1971년 전남대 임학과졸 1976년 同대학원졸 1983년 농학박사(오스트리아 빈농과대) (경)1984~1993년 전남대 농대 조교수·부교수 1987년 서독 뮌헨대 초빙교수 1988년 미국 Maine대 방문교수 1989년 전남대 교무부처장 1991년 스웨덴 농업과학대학 초빙교수 1992년 뉴질랜드 임업연구원 방문연구원 1993년 프랑스 국립과학연구센터 초빙연구원 1994~2014년 전남대 산림자원조경학부 임산공학과 교수 1994~1996년 同기획연구실장 1997~1999년 국제목재학회誌 편집위원 1998년 국제목재과학아카데미 종신Fellow(현) 1998년 제4차 태평양지역목재해부학대회 조직위원장 2001년 한국과학기술한림원 정회원·종신회원(현) 2001~2003년 한국과학재단 전문위원 2005~2007년 전남대 대학원장 2006~2008년 한국목재공학회 회장 2006년 국제임업연구연합 목재보존연구회 코디네이터 2008~2012년 전남대 총장 2010년 국가과학기술위원회 전문위원 2011년 대학구조개혁위원회 위원 2011~2012년 전국국공립대총장협의회 회장 2012~2015년 기초과학연구원 자문위원 2014년 대한민국학술원 회원(임산목재공학·현) 2014년 전남대 농업생명과학대학 산림자원학부 명예교수(현) 2017년 한국과학기술단체총연합회 부회장(현) 2017년 국제목재과학한림원(IAWS·International Academy of Wood Science) 부회장 겸 차기(2020년 6월부터) 회장(현) 2018년 중국 운남성 서남임업대학 초빙객원교수(현) (상)과학기술우수논문상(1995), 한국목재공학상(1999), 독일 1등십자공로훈장(2014), 청조근정훈장(2014) (저)'임산화학실험서'(共) '목질바이오매스'(共) 'New Horizons in Wood Anatomy'(編) '木林保存科學'(共) 'Secondary Xylem Biology'(2016, Elsevier) 'Academic Press'(2016) (종)천주교

## 김윤수(金倫洙) Kim Youn Su

(생)1959·9·15 (주)경기도 안양시 동안구 시민대로 317 대한전선(주) 초고압사업부(02-316-9114) (학)명지고졸, 성균관대 금속공학과졸, 국민대 대학원 경영학과졸 (경)1987년 대한전선(주) 입사 2003년 同통신기술팀장 2008년 同사업지원부문장(상무보) 2010년 同생산부문장(상무), 同생산부문장(전무) 2016년 同초고압사업부장(전무) 2017년 同초고압사업부장(부사장)(현) (상)산업포장(2017) (종)천주교

## 김윤수(金胤秀) KIM YUN SU

(생)1963·11·2 (본)경주(慶州) (출)서울 (주)서울특별시 양천구 목동서로 201 KT정보전산센터 19층 KT파워텔(주)(02-2166-0130) (학)1986년 서울대 경제학과졸 1988년 同대학원 경제학과졸 1995년 경제학박사(서울대) (경)2009년 (주)KT 대외협력실 공정경쟁담당 2011년 同전략기획실 경영기획담당 2013년 同Customer부문 충남고객본부장 2014년 同Customer부문 Customer전략본부장 2015~2017년 (주)케이티스카이라이프 운영총괄 부사장 2018년 KT파워텔(주) 대표이사 사장(현)

## 김윤식(金允式) KIM Yun Seek

(생)1947·8·10 (본)경주(慶州) (출)서울 (주)서울특별시 영등포구 국제금융로2길 37 대오빌딩 902호 (주)신동에너콤 비서실(02-761-6530) (학)1966년 경복고졸 1970년 성균관대 경영학과졸 1984년 同무역대학원졸 2004년 명예 철학박사(우즈베키스탄 니자미종합대) 2005년 명예박사(우즈베키스탄 세계경제외교대학) (경)1970~1972년 삼성그룹 근무 1973~1978년 부국교역상사 근무 1978년 신동무역상사 설립·대표이사(현) 1983년 (주)신동에너콤 설립·대표이사(현) 1986년 서울청년회의소 회장 1990~1992년 한·중우호협회 상무이사 1992년 한국무역대리점협회 부회장 1993년 한·우즈벡친선협회 회장(현) 1998년 駐韓마다가스카르공화국 명예영사(현) 1998년 전국ROTC중앙회 부회장 2000년 전국중소기업신지식인협의회 회장 2000~2004년 제16대 국회의원(경기 용인乙, 새천년민주당·한나라당·무소속) 2000년 한국무역협회 이사(현) 2000년 새천년민주당 중소기업특위 위원장 2002년 신용정보집중화정책기획단 단장 2004~2006년 경원대 겸임교수 2004년 중소기업중앙회 정책위원 2010년 성균경영인포럼 회장 2017년 (사)ROTC통일정신문화원 원장 2017년 駐韓명예영사단 단장(현) 2018년 국제통상협력위원회 위원(현) (상)무역의날 수출 500만불탑, 대통령표창, 우즈베키스탄정부 친선우호훈장(2005), 성균경영인상(2010), 삼우당 섬유패션대상 특별공로상(2014) (저)'사랑보다 먼 길'

## 김윤식(金潤植) KIM Yoon Sik

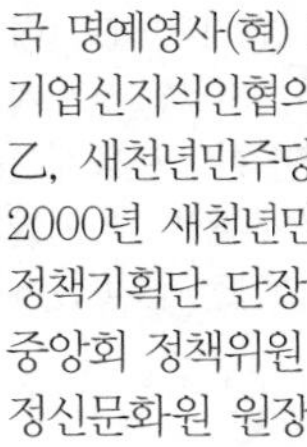

(생)1955·4·16 (출)대구 (주)부산광역시 영도구 태종로 727 한국해양대학교 공과대학 전자전기정보공학부(051-410-4411) (학)1977년 한국해양대 기관공학과졸 1979년 同대학원 기관공학과졸 1986년 일본 도쿄공업대 대학원 전기전자학과졸 1989년 전기전자학박사(일본 도쿄공업대) (경)1978~

1997년 한국해양대 기관학과 전임강사·조교수·부교수 1997~2015년 同공과대학 전기전자공학부 교수 1998~1999년 한국해양정보통신학회 자격이사 1999~2001년 미국 콜로라도대 방문교수 2004~2006년 한국해양대 공과대학장 2008~2009년 대한전기학회 부산지회장 2010년 한국해양대 공과대학 전기전자공학부장 2010년 同도서관장 2010~2012년 (사)한국조선해양IT학회 회장 2013년 미국 미시간대 방문교수 2015년 한국해양대 공과대학 전자전기정보공학부 전기전자공학전공 교수(현) 2018년 同대학원장(현)

## 김윤식(金閏植) Kim Youn Sik

[생]1956·1·19 [출]대구 [주]대전광역시 서구 한밭대로 745 신용협동조합중앙회(042-720-1001) [학]대륜고졸, 신구대학졸 [경]세림신용협동조합 부이사장, 同이사장, 신용협동조합중앙회 대구지역협의회장, 同이사 1991년 효성청과(주) 대표이사(현), 대한민국미술대전 서예부문 초대작가(현) 2003년 제19회 무등미술대전 운영위원 2005년 대한민국미술대전 서예부문 심사위원 2014년 새누리당 정무조정위원회 정무정책자문위원 2016년 (주)아리아나 대표이사(현) 2018년 매일신문 매일탑리더스아카데미 총동창회장 2017년 더불어민주당 정책위원회 부의장 2018년 신용협동조합중앙회 회장(현) 2018년 세계신협협의회(WOCCU) 이사(현) 2018년 한국협동조합협의회 회장(현) 2018년 아시아신협연합회(ACCU) 회장(현) [상]매일서예대전 대상(1997), 제19회 대한민국미술대전 서예부문 우수상(2000)

## 김윤식(金允植)

[생]1964 [출]전북 군산 [주]대전광역시 서구 청사로 189 관세청 정보협력국(042-481-7765) [학]전북 이리고졸 1985년 세무대학 관세과졸(3기) 2008년 고려대 행정대학원 정책학과졸 [경]1985년 관세공무원 임용(8급특채) 1985년 부평세관 근무 2004년 제주세관 통관지원과장(사무관) 2011년 관세청 조사총괄담당(서기관) 2012년 同국경관리연수원 교수부장 2012년 서울본부세관 자유무역협정집행국장 2014년 관세청 원산지지원담당관 2015년 同조사감시국 조사총괄과장 2016년 부이사관 승진 2016년 관세청 통관지원국 통관기획과장 2018년 인천본부세관 수출입통관국장 2019년 관세청 정보협력국장(현) [상]국무총리상(1994·2000), 대통령표창(2010)

## 김윤식(金允植) KIM Yun Sig

[생]1966·3·25 [출]전남 무안 [주]서울특별시 중구 서소문로 106 대한민국시도지사협의회(02-2170-6074) [학]1983년 광주 석산고졸 1990년 연세대 중어중문학과졸 2005년 同행정대학원 지방자치및도시행정학과졸 [경]1992년 제정구 국회의원 비서관 1995~1998년 경기도의회 의원 2007년 행정자치부 장관정책보좌관, 지방자치실무연구소 연구원, (사)남북민간교류협의회 사무총장, 대통령직속 국가균형발전위원회 자문위원, 경북대 사회과학연구원 선임연구원, 민주당 정책위원회 부의장 2009년 경기 시흥시장(재·보궐선거 당선, 민주당) 2010년 경기 시흥시장(민주당·민주통합당·민주당·새정치민주연합) 2014~2018년 경기 시흥시장(새정치민주연합·더불어민주당) 2016~2018년 경기도시장군수협의회 회장 2017~2018년 전국시장·군수·구청장협의회 사무총장 2018년 대통령소속 지방자치발전위원회 위원 2018년 대통령소속 자치분권위원회 위원 2018년 대한민국시도지사협의회 사무총장(현) [상]한국매니페스토실천본부 선거공약 최우수상(2010), 전국지역신문협의회 행정대상(2010), 장애인미디어인권연대 인권대상(2011), 시민일보 행정대상(2011·2012), 한국경제 공공부문 '올해의 CEO 대상'(2013), 법률소비자연맹 민선5기 우수지방자치단체장공약대상(2014), 한국매니페스토실천본부 민선5기 전국시장군수구청장공약이행 및 정보공개종합평가 최우수등급(2014), 전국시장·군수·구청장전국총회 지방자치특별상(2015), kbc광주방송 목민자치대상 기초자치단체장상(2015), (사)대한민국가족지킴이 대한민국실천대상 지역혁신교육부문(2015), 한국정책학회 지방자치단체부문 정책상(2016), 농협중앙회 지역농업발전선도인상(2016) [저]'거침없이 꿈꾸고 거짓없이 살다'(2014) '새로운 미래는 쉬어가지 않는다'(2014) [종]기독교

## 김윤신(金潤信) KIM Yoon Shin

[생]1949·10·16 [본]김해(金海) [출]전북 군산 [주]서울특별시 성동구 왕십리로 222 한양대학교 직업환경의학교실(02-2220-0692) [학]1967년 서울대사대부고졸 1972년 성균관대 화학과졸 1975년 서울대 보건대학원졸 1978년 보건학박사(일본 도쿄대) 1985년 환경학박사(미국 텍사스주립대) [경]1980년 미국 텍사스주립대 객원연구원 1983년 미국 하버드대 초청연구원 1984~1986년 미국 텍사스주립대 보건대학원 조교수대우 1986년 서울대 보건대학원 국민보건연구소 특별연구원 1986~1991년 한양대 의대 산업의학교실 부교수 1989~2014년 同의대 환경및산업의학연구소장 1991~2012년 同의대 산업의학교실 교수 1992년 한양대병원 산업보건센터장 1994년 교육부 중앙교육심의회 과학기술교육분과위원 1996년 세계보건기구(WHO) 국제전자파연구 자문위원 2001년 한국보건통계학회장 2002년 한국대기환경학회장 2004년 한국실내환경학회장 2011년 국제실내공기학회 석좌회원(Fellow)(현) 2012~2015년 한양대 의대 직업환경의학교실 교수 2012~2014년 同고령사회연구원장 2012년 아·태실내환경보건연구소 소장(현) 2013년 한국생애설계협회 초대 회장·명예회장(현) 2015년 한양대 의대 직업환경의학교실 명예교수(현) 2015년 건국대 환경공학과 석좌교수(현) 2015~2018년 한국국제보건의료재단 이사 2016년 세계맑은공기연맹 대표(현) [상]홍조근정훈장(2008) [저]'인간이란 무엇인가'(共) '대기오염개론'(共) '실내환경과학' '대기환경개론'(共) '실내환경과학특론'(2010) [종]기독교

## 김윤영(金潤榮) Kim, Yoon Young

[생]1959·1·15 [출]부산 [주]서울특별시 관악구 관악로 1 서울대학교 기계항공공학부(02-880-7154) [학]1981년 서울대 기계설계학과졸 1983년 同대학원 기계설계학과졸 1989년 공학박사(미국 Stanford Univ.) [경]1989년 미국 스탠포드대 Research Associate 1991~2001년 서울대 기계항공공학부 조교수·부교수 1993~1994년 기아자동차 고문교수 1997년 미국 Stanford Univ. 방문교수 2001년 서울대 기계항공공학부 교수(현) 2001년 'Int'l of Journal of Solids and Structures' Editor 2002년 과학기술부 멀티스케일설계창의연구단장 2003년 한국소음진동공학회 학술이사 2004년 대한기계학회 논문집 편집인 2005년 과학재단 대표적우수연구성과50선 선정 2008년 The Asian Pacific Association for Computational Mechanics Council(APACM) 위원(현) 2009~2012년 대한기계학회 논문지 편집위원장 2009~2012년 서울대 차세대자동차연구센터장 2009년 한국과학기술한림원 정회원(현) 2010~2012년 대한기계학회 CAE 및 응용역학부문 회장·사업이사 2014년 同부회장 2015년 同수석부회장 2016년 同회장 [상]한국소음진동공학회 학술상, 한국전력공사 지원 전력기술기초연구 최우수과제상, MBC 창작동화 대상, 대한민국기술대상(2005), 산업자원부장관표창(2005), 대한기계학회 학술상(2006), 서울대 학술연구상(2017) [저]기계전공서적 '탄성이론과 응용' 장편동화 '우면산의 비밀'

## 김윤영(金潤榮·女)

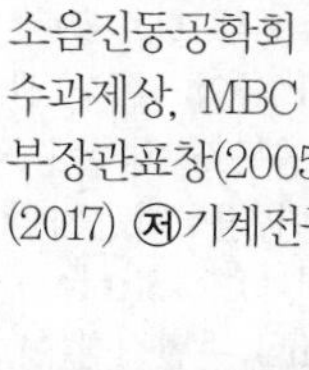

[생]1969·7·5 [출]부산 [주]부산광역시 연제구 법원로 31 부산지방법원(051-590-1114) [학]1987년 대구 효성여고졸 1993년 서울대 법학과졸 [경]1997년 사법시험 합격(39회) 2000년 사법연수원 수료(29기) 2000년 법무법인 태평양 변호사 2005~2007년 국세청 과세품질혁신위원회 위원 2007년 사법연수원 법관임용연수 2008년 부산지법 판사 2011년 부산고법 판사 2013년 부산지법 판사 2016년 대전지법 부장판사 2018년 부산지법 부장판사(현)

## 김윤원(金允源) KIM, Yoon-Won (취산)

(생)1955 · 10 · 21 (본)상산(商山) (출)경북 김천 (주)강원도 춘천시 한림대학길 1 한림대학교 의과대학 미생물학교실(033-258-6554) (학)1974년 김천고졸 1981년 서울대 의대졸 1985년 同대학원 의학석사 1987년 의학박사(서울대) (경)1981~1984년 공중보건의사 1986~1997년 한림대 의과대학 미생물학교실 전임강사 · 조교수 · 부교수 1988~1990년 캐나다 캘거리대 의과대학 방문교수 1993~2012년 대한미생물학회 편집위원 1993~1994 · 2011년 이후 미국 세계인명사전 'Marquis Who's Who in the World'에 7회 등재(바이러스억제물질 발견) 1997년 한림대 의과대학 미생물학교실 교수(현) 1997~2003년 同의과학연구소장 1997~1999년 同교수평의원회 부의장 · 의장 2000~2012 · 2017년 (주)이뮨메드 대표이사(현) 2000~2013년 중앙약사심의위원회 위원 2012년 (주)이뮨메드 학술개발이사, 同이사회 의장 2012~2013년 대한미생물학회 부회장 2014~2015년 同회장 2014~2015년 한국미생물학회연합 회장 (상)동신스미스클라인상(1990), 강원과학기술대상(2016), 국무총리표창(2017), 중소벤처기업부장관표창(2017), 강원도지사표창(2018) (저)'전자파가 생체에 미치는 영향' '하이브리도마에서 분비하는 바이러스 억제물질' 'Insights From Animal Reproduction'(2016) (역)'BT 산업의 성공전략'(2007) '간호미생물학(외피보유 DNA바이러스 외)'(2008) 'Kuby 면역학(6판)'(2008) '의학미생물학(6판, 항바이러스 요법)'(2009) '간호미생물학'(2011) '의학미생물학(7판, 항바이러스제)'(2014) '간호미생물학(3판)'(2014) 'Kuby 면역학(7판)'(2014)

## 김윤일(金鑰溢) Kim, Yunil

(생)1965·1·27 (주)부산광역시 연제구 중앙대로 1001 부산광역시청 일자리경제실(051-888-4400) (학)동천고졸, 서울대 법학과졸, 부산대 대학원 행정학과졸 (경)1991년 행정고시 합격(35회) 2001년 부산시 경제진흥국 투자통상과 외자유치담당 2004년 서기관 승진 2007년 부산시 경제진흥실 통상협력팀장 2008년 同경제진흥실 경제정책과장 2011년 同인재개발원장(서기관) 2012년 同인재개발원장(부이사관) 2013년 전국시도지사협의회 파견 2015년 부산시 청년정책지원단장 2015년 同신성장산업국장 2017년 부산 북구 부구청장 2018년 부산시 문화관광국장 2018년 同문화복지진흥실장 2019년 同일자리경제실장(현)

## 김윤제(金允濟) KIM Youn Jea

(생)1960 · 12 · 26 (주)경기도 수원시 장안구 서부로 2066 성균관대학교 기계공학부(031-290-7448) (학)1982년 성균관대 기계공학과졸 1987년 미국 뉴욕주립대 버펄로교 대학원 기계공학과졸 1990년 기계공학박사(미국 뉴욕주립대 버펄로교) (경)1990~1991년 미국 뉴욕주립대 강사 겸 연구원 1991~1995년 한국원자력연구소 선임연구원 1994년 캐나다 원자력공사 공동연구원 1995년 성균관대 기계공학부 조교수 · 부교수 · 교수(현) 1996년 기술표준원 품질인증심사위원 1997년 산업자원부 산업표준심의회 심의위원 1997~1998년 한국원자력연구소 위촉연구원 2009~2011 · 2015년 성균관대 입학처장 2012년 한국자동차안전학회 총무이사 · 부회장 · 회장 · 고문(현) 2012년 IJFMS(International Journal of Fluid Machinery and Systems) 주편집장(현) 2013년 同부회장 2015년 한국유체기계학회 회장 · 고문(현)

## 김윤종(金胤宗) KIM Yoon Jong

(생)1959 · 5 · 24 (출)서울 (주)서울특별시 영등포구 여의공원로 101 농업정책보험금융원(02-3775-6700) (학)1978년 장훈고졸 1982년 서울대 경제학과졸 1985년 同행정대학원 행정학과졸 1997년 미국 인디애나대 대학원 경제학과졸 (경)1990년 행정고시 재경직 합격(34회) 1991~1998년 농림부 기획예산 · 유통국 · 축산국 · 농정국 사무관 1999년 同농업정책국 농업정책과 서기관 2002년 농어업 · 농어촌특별대책위원회 파견 2003~2005년 경제협력개발기구(OECD) 파견 2005년 국립종자관리소 종자유통과장 2005년 국가균형발전위원회 파견 2007년 농림부 통계기획팀장 2009~2010년 농림수산식품부 국제농업국 지역무역협정팀장 2010년 同농가소득안정추진단장 2012년 同공무원교육원 원장(고위공무원 승진) 2012년 한국농촌경제연구원 초빙연구위원(파견) 2013~2016년 산림청 산림공무원교육원장(직위 교류) 2017년 농업정책보험금융원 원장(현) (상)국무총리표창(1998) (저)'농가소득, 어떻게 지켜줄 것인가?'(2008, 자프린트닷컴) '농가소득안정정책'(2013, 농촌경제연구원)

## 김윤중(金允中) KIM Yoon Joong (石泉)

(생)1942 · 7 · 24 (본)광산(光山) (출)전남 순천 (주)서울특별시 서초구 서초중앙로 69 르네상스빌딩 906호 삼원기업(주) 회장실(02-598-6257) (학)순천고졸, 서강대 경영학과졸, 고려대 경영대학원졸, 숭실대 중소기업대학원졸, 서강대 경영대학원졸, 무역학박사(전주대) (경)삼원콘크리트공업(주) 대표이사, 한국원심력콘크리트공업협동조합 이사 1990년 삼원기업(주) 대표이사, 전남동부레미콘사업협동조합 이사장, 한국레미콘공업협동조합연합회 감사, 삼원기업(주) 회장(현), 재경순천향우회 회장, 同순천중고총동창회 회장, 同광주전남향우회 회장, G20동반성장연구소 회장, 서울GPC로타리클럽 회장, 광산김씨대종회 회장, 광산김씨장학문화재단 이사장 (상)석탑산업훈장(1992), 중소기업진흥 대통령표창(2004), 자랑스러운 전남인상(2016) (종)기독교

## 김윤철(金潤哲) KIM Yun Cheol

(생)1949 · 9 · 11 (출)서울 (학)1968년 용산고졸 1972년 서울대 사범대학 영어교육과졸 1981년 중앙대 예술대학원 연극영화학과졸 1986년 문학박사(미국 Brigham Young대) (경)연극평론가(현) 1989년 세종대 영어영문학과 교수 1990년 한국연극평론가협회 회장 1994~2015년 한국예술종합학교 연극원 연극학과 교수 1994년 국제연극평론가협회 부회장 2007~2010년 한국예술종합학교 연극원 연극학과장 2008 · 2010~2012년 국제연극평론가협회(IATC) 회장 2009~2014년 (재)명동정동극장 비상임이사 2010~2011년 한국예술종합학교 연극원장 2013~2014년 국립예술자료원 원장 2014~2017년 (재)국립극단 예술감독 (상)올해의 연극평론가상(1995), 여석기연극평론가상(2005) (저)'우리는 지금 추학의 시대로 가는가' '영미극작가론'(共) '영미희곡연구'(共) '혼돈과 혼종의 경계에서' '동시대 미국 희곡 분석 I · II' (역)'연극개론' '산 연기' '극마당 : 기호로 본 극'(共) '영미 실험, 전통극 모음 : 마로위츠 햄릿 외' '아서 밀러 희곡집' (종)기독교

## 김윤철(金潤哲) KIM Youn Chail

(생)1964 · 9 · 3 (출)경남 합천 (주)경상남도 창원시 의창구 상남로 290 경상남도의회(055-211-7394) (학)마산공고졸 1991년 고려대 영어영문학과졸 (경)합천군체육회 이사, 합천경찰서 선진질서추진위원, 경남도 여론모니터위원회 위원 1998년 경남 합천군의회 의원(초계면) 2006~2010년 경남도의회 의원(무소속 · 한나라당) 2008~2010년 同건설소방위원회 부위원장 2008~2010년 同운영특별위원회 위원 2010년 경남 합천군수선거 출마(무소속) 2018년 경남도의회 의원(무소속)(현) 2018년 同건설소방위원회 위원(현), 합천군 3.1독립만세운동 재현행사 추진위원(현), 제8대 경상도의회 전반기 기획행정위원회 위원, 합천군재향군인회 회장, 합천소방서 클린위원회 위원(현), 안전문화운동추진위원(현)

**김윤태(金允泰) KIM Yoon Tae**

(생)1960·9·20 (주)서울특별시 마포구 월드컵북로 494 푸르메재단 넥슨어린이재활병원(02-6070-9125) (학)1980년 우신고졸 1987년 가톨릭대 의대졸 1991년 同대학원 의학석사 1995년 의학박사(가톨릭대) (경)1987~1988년 강서종합병원 인턴 1988~1991년 가톨릭대 의대 성모병원 재활의학과 전공의 1991~1993년 강남성모병원 재활의학과 임상강사 1993년 의정부성모병원 재활의학과장 1993~2003년 가톨릭대 의대 재활의학교실 전임강사·조교수·부교수, 同의대 재활의학교실 교수, 국립교통재활병원 진료부원장 2003년 (사)장애우권익문제연구소 이사(현) 2012년 (사)푸르메재단 이사(현) 2018년 국립교통재활병원장 2019년 푸르메재단 넥슨어린이재활병원장(현)

**김윤하(金允廈) KIM Yoon Ha**

(생)1961·1·17 (주)광주광역시 동구 제봉로 42 전남대학교병원 산부인과(062-220-5021) (학)1978년 제주제일고졸 1985년 전남대 의대졸 1989년 同대학원 의학석사 1996년 의학박사(전남대) (경)1985~1986년 전남대병원 인턴 1986~1990년 同산부인과 전공의 1990~1993년 전남 담양동산병원(공중보건의) 산부인과장 1993~1994년 전남대 의대 조교 1995~2001년 同의대 산부인과학교실 전임강사·조교수 1996~1997년 미국 Wake Forest Univ. School of Medicine 교환교수 2001년 전남대 의대 산부인과학교실 부교수·교수(현) 2004년 전남대병원 진료지원실장 2009~2011년 同의료질관리실장 2009~2013년 전남대 의대 산부인과장 2011~2013년 전남대병원 홍보실장 2011~2015년 광주해바라기아동센터 소장 2013~2015년 전남대병원 진료처장 2014년 同원장 직대 2014년 대한모체태아의학회 부회장 2016년 同수석부회장 겸 연구회장 2018년 同회장(현), 전남대병원 고위험산모·신생아통합치료센터장(현) 2019년 세계산부인과연맹(FIGO) '안전한모성과신생아건강위원회' 위원(현) (상)대한주산의학회 학술상(1999·2002), 전남대병원 우수논문상(2000), 대한주산의학회 우수논문상(2004·2009·2017), 대한모체태아의학회 우수논문상(2011), 광주지검장표창(2012), 보건복지부장관표창(2012), 제주특별자치도지사표창(2017) (저)'아침에 읽는 임산부를 위한 건강이야기2'(2019, 전남대병원)

**김윤호(金潤浩) KIM Youn Ho**

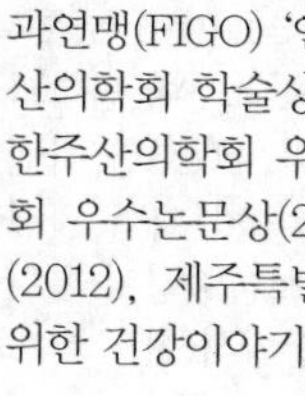

(생)1947·12·22 (주)서울특별시 강남구 역삼로 114 현죽빌딩 13층 법무법인 태웅(02-3453-0044) (학)1965년 광주제일고졸 1969년 서울대 법학과졸 (경)1972년 사법시험 합격(14회) 1974년 사법연수원 수료(4기) 1976년 부산지검 검사 1986년 광주고검 검사 1987년 전주지검 남원지청장 1988년 서울지검 검사 1989년 대검찰청 감찰2과장 1991년 부산지검 형사4부장 1993년 서울지검 서부지청 형사1부장 1995년 서울지검 형사3부장 1995년 서울고검 검사 1996년 전주지검 군산지청장 1997년 대전고검 검사 1998년 부산지검 동부지청장 1999~2000년 서울고검 검사 2000~2003년 한국소비자보호원 소비자분쟁조정위원장 2003년 변호사 개업, 반석합동법률사무소 변호사 2007~2010년 법무법인 태웅 대표변호사 2010년 同고문변호사(현)

**김윤호(金允鎬) Yun-ho KIM**

(생)1950·5·24 (출)울산 (주)경기도 김포시 대곶면 소래로 66 한국씰마스타(주)(031-983-7700) (학)1970년 경복고졸 1978년 연세대 화학공학과졸 (경)대우엔지니어링 설계팀 과장, 한국씰마스타(주) 이사 1985년 同대표이사(현) (상)국민포장(2004), 국세청장표창(2005), 교육과학기술부-한국산업기술진흥협회 중소기업부문 올해의테크노CEO상(2008), 연세공학인상(2009)

**김윤환(金潤煥) KIM Yoon Hwan (代山)**

(생)1949·10·23 (본)김녕(金寧) (출)경남 함안 (주)부산광역시 부산진구 서면문화로 10 (주)영광도서 대표이사실(051-816-9506) (학)2001년 한국방송통신대 일본학과졸 2005년 부산외국어대 경영대학원 경영학과졸 2007년 부산대 국제전문대학원졸 2012년 경영학박사(동아대) (경)1968년 (주)영광도서 대표이사(현) 1985년 국제청년회의소 참의원 1987년 부산시 시정자문위원 1987년 JCI 부산시 지구회장 1988년 (사)한국JC 중앙부회장 1989~1992년 부산시체육회 이사 1993년 (사)목요학술회 부회장(현) 1994년 부산을가꾸는모임 공동대표(현) 1996년 (재)부산진구장학회 상임이사(현) 1998년 영광독서문화신서 발행인(현) 1998년 (주)도서출판 영광도서 대표이사(현) 2000년 부산상공회의소 상임의원 2001~2014년 在釜山함안군향우회 선임부회장 2003년 부산시민서포터즈 사무총장(현) 2003년 새마을운동 부산진구지회장 2003년 김녕김씨부산종친회 고문 2004년 부산불교실업인회 회장(현) 2004년 이웃사랑을파는 '나눔의 가게' 대표 2005년 향토기업사랑시민연합 공동대표(현) 2006년 국제신문 부사장 2006년 同비상임고문 2006년 부산고법 민사조정위원 2006년 묘광선원 원장(현) 2007년 부산외국어대 AMP총동창회 회장 2007년 한국방송통신대 부산지역대학총동문회장 2008년 (사)한국소비문화학회 영구회원(현) 2009~2015년 부산시새마을회 회장 2009년 낙동강사랑연대 회장 2009년 부산문화재단 이사 2012년 부산상공회의소 감사(현) 2012년 (사)한국마케팅관리학회 부회장 2013~2015년 민주평통 부산진구협의회장 2013년 안전문화운동추진 부산시협의회 기획운영위원 2014년 부산ITU전권회의 범시민지원협의회 부회장 2014년 한·아세안특별정상회의 범시민지원협의회 부회장 2014~2015년 在釜山함안군향우회 회장 2015년 동아대 경영학박사동문회장 2015년 새마을운동중앙회 감사(현) 2016년 내사랑부산운동추진협의회 공동회장(현) 2017년 (사)부산비엔날레 조직위원회 이사(현) (상)충무시교육장 감사패(1975), JCI국제청년회의소 표창(1980), 대한출판문화유공자표창, 부산시장표창(1984·1987·1994·2009), 대한출판문화협회 전국서점경영인상 대상(1987), 부산진세무서장표창(1991), 내무부장관표창(1992), 한국출판문화협회 올해의 자랑스런 서점대상(1995), 전국직능독서대학 최우수상(1995), 새마을포장(1999), 부산진구의회 의장표창(2001), 한국간행물윤리상 독서진흥상(2003), 새마을훈장 협동장(2005), 경찰청장 감사패(2007), 부산시민산업대상(2007), 부산산업봉사대상(2007), 부산시우수기업인 선정(2007), 행정안전부장관 감사장(2008·2012), 부산시 성실납세자표창(2008), 자랑스러운 시민상 대상(2009), 우리문화상(2010), 자랑스러운 함안인상(2011), 자랑스러운 방송대인상(2011), 아름다운 납세자상(2011), 대한불교조계종 포교대상 공로상(2011), 자랑스러운 부산진구 구민상(2011), 자랑스러운 김녕인상(2012), 동아대 자랑스러운 동아인상(2013), 부산문화대상(현대예술)(2013), 국민훈장 동백장(2014), 민주평화통일자문회의 공로장(2015), 함안군민상 출향인부문(2016) (저)'조직활동을 통한 자기개발 : 그래도 우리는 믿는다(共)'(1987) '나의 선생님(共)'(1997) '천천히 걷는자의 행복'(1998) '종이거울 보기 40년'(2008) '서른에 법구경을 알았더라면'(2011) (종)불교

**김윤후(金潤候) KIM Yoon Hu**

(생)1972·1·21 (출)인천 (주)서울특별시 서초구 반포대로 157 대검찰청 사이버수사과(02-3480-2032) (학)1990년 명덕고졸 1997년 서울대 경영학과졸 2002년 미국 하버드대 로스쿨 PIL과정 수료 2003년 변호사연수원 조세관계법 수료 2004년 서울대 공정거래법연구과정 수료 (경)2000년 사법고시 합격(42회) 2002년 사법연수원 수료(32기) 2003~2005년 법무법인 케이씨엘 변호사 2005년 법무법인 화우 변호사, 법무법인 서정 변호사 2006년 울산지검 형사3부 검사 2008년 의정부지검 고양지청 검사 2010년 대구지검 서부지청 검사 2012년 서울중앙지검 검사 2016년 수원지검 검사 2016~2018년 공정거래위원회 파견 2017년 수원지검 부부장검사 2018년 서울고검 공정거래팀 파견 2019년 대검찰청 사이버수사과장(부장검사)(현)

**김윤희(金允姬 · 女) KIM Yoon Hee**

(생)1975 · 12 · 27 (출)충남 금산 (주)서울특별시 서초구 반포대로 158 서울중앙지방검찰청 과학기술범죄수사부(02-530-4071) (학)1994년 유성여고졸 1998년 충남대 법학과졸 (경)1999년 사법고시 합격(41회) 2002년 사법연수원 수료(31기) 2002년 대전지검 검사 2004년 광주지검 검사 2006년 서울중앙지검 검사 2009년 수원지검 성남지청 검사 2011년 법무부 파견 2013년 창원지검 검사, 법무연수원 용인분원 교수 2016년 창원지검 부부장검사 2018년 법무연수원 용인분원 교수 2018년 대검찰청 디엔에이 · 화학분석과장 2019년 수원지검 산업기술범죄수사부장 2019년 서울중앙지검 과학기술범죄수사부장(현)

**김율리(女) Youl-Ri Kim**

(생)1971 · 1 · 26 (주)서울특별시 중구 마른내로 9 서울백병원 정신건강의학과(02-2270-0063) (학)1990년 연세대 의대졸 2003년 同대학원 의학석사 2005년 의학박사(연세대) (경)1998~2002년 연세의료원 전공의 2002~2003년 삼성서울병원 임상전임의 2003~2004년 영국 런던 킹스칼리지 연구원 2005년 인제대 의과대학 정신건강의학과 교수(현), 同서울백병원 정신건강의학과 섭식장애클리닉 전문의(현), 同섭식장애정신건강연구소장(현), 세계보건기구(WHO) 산하 정신질환국제진단기준(ICD-11) 개정실무위원 2011년 세계정신의학회(WPA: World Psychiatric Association) 성격장애분야 상임위원 2016년 국제섭식장애학회(Academy for Eating Disorders) 석학회원(종신직 · 현) 2017년 세계정신의학회(WPA) 성격장애분과 사무장(Secretary)(현) (상)한국과학기술단체총연합회 우수논문상(2005), 보건복지부장관표창(2014) (역)'한입씩, 조금씩 나아가는 법'(2006) '비만의 인지행동치료적 접근'(2006)

**김은경(金恩京 · 女) KIM Eun Kyung**

(생)1956 · 6 · 9 (출)서울 (학)1975년 중경고졸 1982년 고려대 경영학과졸 2003년 서울시립대 도시과학대학원 도시행정학과졸 2015년 디지털경영학박사(고려대) (경)1982~1988년 한국외환은행 근무 1993년 한국여성민우회 환경위원장 1994년 한국여성단체연합 지방자치특별위원회 위원 1995~1998년 서울시 노원구의회 의원 1998~2002년 서울시의회 의원(새천년민주당) 2000년 새천년민주당 시민사회특별위원회 부위원장 2002년 同노무현 대통령후보 환경특보 2003년 대통령직 인수위원회 환경전문위원 2003년 대통령자문 정책기획위원회 위원 2003년 열린우리당 환경특별위원장 2004년 대통령 민원제안비서관 2005년 대통령 제도개선비서관 겸임 2006~2007년 대통령 지속가능발전비서관, (주)지속가능성센터 지우 대표 2017년 국정기획자문위원회 사회분과위원회 위원 2017~2018년 환경부 장관 (상)홍조근정훈장(2005)

**김은경(金銀慶 · 女) KIM Eunkyoung**

(생)1959 · 1 · 8 (주)서울특별시 서대문구 연세로 50 연세대학교 공과대학 화공생명공학과(02-2123-5752) (학)1982년 연세대 화학과졸 1984년 서울대 대학원 화학과졸 1990년 유기광화학박사(미국 휴스턴대) (경)1983~1985년 한국과학기술원(KAIST) 응용화학부 연구원 1990~1992년 미국 휴스턴대 화학과 객원조교수 1992~1994년 한국화학연구원 전도성고분자 Post-Doc. · 화학소재연구부 책임연구원 · 화학소재연구부 팀장 · 화학소재연구부장 2002~2004년 과학기술부 여성과학기술정책자문위원회 위원 2004년 연세대 공대 화공생명공학과 교수(현) 2006~2008년 한국과학재단 이사 2006~2011년 서울시 바이오융합산업혁신클러스터사업단장 2007~2016년 한국연구재단 선도연구센터(ERC) 패턴직접형능동폴리머소재센터장 2009~2010년 교육과학기술부 과학기술장기비전위원회 위원 2012~2013년 한국화상학회 편집위원장 2013~2016년 호주 퀸즈랜드대 Azobisisobutyronitrile(AIBN · 개시제) 명예교수 2013년 일본 시바대 방문교수 2013~2014년 서울시 산학연정책위원회 위원 2013~2014년 연세대 미래융합연구원 부원장 2013년 同언더우드국제대학 특훈교수(현) 2014년 한국고분자학회 'Macromolecular Research' 편집위원장 2014년 연세대 연구처장 겸 산학협력단장 2014~2016년 同기술지주회사 대표이사 겸임 2015년 한국고분자학회 전무이사 2015~2016년 한국광과학회 상임이사 2015년 과학기술정보통신부 나노소재기술개발사업추진위원회 위원(현) 2018년 한국공학한림원 정회원(화학생명공학 · 현) (상)과학기술부 제1회 여성과학기술자상(2001), 한국화학연구원 연구업적우수팀(2002), 일본화상학회 회장특상(2006), 연세대 우수연구실적표창(2007), 연세대 우수업적교수상(2008), 제4회 아모레퍼시픽 여성과학자상 대상(2009), 한국고분자학회 삼성고분자학술상(2014) (저)'나노과학과 나노기술 사전'(2004) 'Optical loss of photochromic polymer films(共)'(2003) 'Fluorescent Photochromic Diarylethene Oligomers(共)'(2003) '유기 광변색 스위치'(2007)

**김은경(金銀京 · 女)**

(생)1974 · 7 · 15 (주)인천광역시 남동구 정각로 29 인천광역시청 대변인실(032-440-5000) (학)인천 부평여고졸, 인하대 정치외교학과졸 2010년 정치학박사(인하대) (경)인천시 남구 평생학습관장, 통일부 통일교육위원, 인천남구지역교육혁신협의회 위원장, 인천발전연구원 연구원, 한국자치학회 편집위원 2017년 더불어민주당 제19대 문재인 대통령후보 직능특보 · 미래한국전략특보 2018년 同중앙당 정책위원회 부의장, 同인천시당 미래전략특별위원장 2018년 인천시 남구청장 예비후보(더불어민주당), 인하대 정치외교학과 초빙교수 2018년 인천시 대변인(현)

**김은구(金恩九)**

(생)1975 · 7 · 25 (출)경북 의성 (주)대구광역시 수성구 동대구로 364 대구지방법원 총무과(053-757-6600) (학)1994년 배명고졸 1999년 고려대 법학과졸 (경)2000년 사법고시 합격(42회) 2003년 사법연수원 수료(32기), 육군 법무관, 울산지법 판사 2009년 의정부지법 판사 2013년 서울중앙지법 판사 2016년 대법원 재판연구관 2018년 대구지법 부장판사(현)

**김은나(金銀娜 · 女)**

(생)1968 · 6 · 23 (주)충청남도 예산군 삽교읍 도청대로 600 충청남도의회(041-635-5057) (학)예산농업전문대학 농가정과졸, 국가평생교육원 행정학과졸 (경)천안학교사랑어머니회 사무국장, 천안쌍용고 운영위원장, 민주평통 자문위원(현), 천안쌍용지구대 생활안전협의회 부위원장 2014년 새정치민주연합 천안乙지역위원회 여성위원장 2014~2018년 충남 천안시의회 의원(비례대표, 새정치민주연합 · 더불어민주당) 2015년 더불어민주당 천안乙지역위원회 여성위원장 2016~2018년 충남 천안시의회 총무환경위원회 부위원장 2016~2018년 同운영위원회 위원 2017년 제19대 대통령선거 문재인후보 중앙선거대책위원회 부대변인 2018년 충남도의회 의원(더불어민주당)(현)

**김은미(金銀美 · 女) KIM Eun Mi**

(생)1960 · 6 · 22 (출)광주 (주)세종특별자치시 도움5로 20 국민권익위원회 중앙행정심판위원회(044-200-7037) (학)1979년 광주 경신여고졸 1983년 이화여대 법학과졸 1991년 한양대 법학대학원 법학과 수료 (경)1991년 사법시험 합격(33회) 1994년 사법연수원 수료(23기) 1994년 서울지법 남부지원 판사 1996년 서울지법 판사 2002년 미국 조지워싱턴대 방문교수 2003~2007년 삼성카드 준법감시실장(상무) 2007~2009년 성균관대 법학전문대학원 교수 2009~2014년 공정거래위원회 심판관리관(국장

급) 2013년 공공데이터제공분쟁조정위원회 위원 2014~2017년 법무법인 바른 변호사 2015년 서울중앙지법 조정위원 2015년 법무부 치료감호심의위원회 위원 2015년 국회예산정책처 예산분석 자문위원 2016년 법제처 법령해석심의위원회 위원 2017년 국민권익위원회 중앙행정심판위원회 상임위원(고위공무원)(현) (저)'한국식 동의의결 제도'(2011, 성균관대 출판부) '과징금의 취소'(2011, 사법발전재단) '불공정 "거래" 행위의 의미'(2011, 사법발전재단)

## 김은미(金銀美·女) Kim, Eun-Mi

(생)1964 (출)강원 원주 (주)강원도 원주시 입춘로 10 국립과학수사연구소 법독성학과(033-902-5423) (학)1982년 원주여자고졸 1986년 이화여대 약학과졸 1988년 同대학원 약학과졸 2000년 약학박사(이화여대) (경)1986~1988년 영동세브란스병원 약제과 약사 1989년 국립과학수사연구소 보건연구사 임용, 同보건연구관, 同마약연구실장, 미국국립보건원(NIH) 근무 2010년 국립과학수사연구원 보건연구관(현) 2010년 同약독물과 약품연구실장 2011년 SBS 드라마 '싸인' 약독물 감수 2011년 국립과학수사연구원 마약분석과장 2013~2015년 同부산과학수사연구소장 2019년 同법독성학과장(현) (상)국립과학수사연구소장표창(1992), 내무부장관표창(1997), 경찰청장표창(2001), 지식경제부장관표창(2011), 대한민국 과학수사대상 단체상(2013)

## 김은미(金恩美·女) KIM Eun Mi

(생)1978·6·29 (출)대구 (주)경기도 안산시 단원구 광덕서로 73 수원지방검찰청 안산지청 형사4부(031-481-4312) (학)1997년 대구혜화여고졸 2002년 경북대 법학과졸 (경)2001년 사법시험 합격(43회) 2004년 사법연수원 수료(33기) 2004년 서울북부지검 검사 2006년 대구지검 김천지청 검사 2008년 울산지검 검사 2010년 대구지검 서부지청 검사 2013년 서울남부지검 검사 2015년 의정부지검 검사 2018년 법무연수원 용인분원 교수 2019년 서울중앙지검 부부장검사 2019년 수원지검 안산지청 형사4부장(현)

## 김은생(金殷生)

(생)1965·5·21 (본)광산(光山) (출)전북 익산 (주)서울특별시 강서구 마곡중앙8로 71 엘지사이언스파크 고객데이터 분석사업부(02-3773-1114) (학)1984년 남성고졸 1988년 서울대 경제학과졸 (경)1991~2011년 한국IBM(주) 상무 2011~2014년 한국테라데이타(유) 컨설팅서비스 총괄 전무 2014~2019년 델 EMC 서비스총괄 부사장 2019년 델 테크놀로지스 본사 부사장 2019년 한국 델 EMC 컨설팅부문 사장 2019년 LG CNS 고객데이터 분석사업부 부사장(현) (저)'Data Modeling Techniques for Data Warehousing'(1988, 미국 IBM) (종)기독교

## 김은선(金恩璿·女) KIM Eun Sun

(생)1958·3·25 (본)경주(慶州) (출)서울 (주)서울특별시 종로구 창경궁로 136 보령홀딩스 회장실(02-708-8000) (학)1982년 성심여대 한방식품영양학과졸 1998년 연세대 경영대학원졸, 고려대 언론대학원 최고위언론과정 수료 (경)1986년 보령제약(주) 입사 1986~2018년 (주)킨즈컴 대표이사 1986~2018년 비알네트콤 대표이사 1997년 보령제약(주) 비서실장(부사장) 2000년 同회장실 사장 2001년 同부회장 2001년 보령제약그룹 부회장(현) 2009~2018년 한국제약협회·한국제약바이오협회 부이사장 2009~2018년 보령제약(주) 대표이사 회장 2010·2012년 한국제약협회 일반의약품위원장 2012~2014년 아·태지역대중약협회(APSMI) 회장 2012년 한국무역협회 부회장(현) 2013년 駐韓에콰도르 명예영사(현) 2016년 유니세프 한국위원회 이사(현) 2018년 한국국제보건의료재단(KOFIH) 이사(현) 2019년 보령홀딩스 회장(현) (상)서울과학종합대학원대 자랑스러운 원우상(2010), 포브스 아시아판 선정 '아시아 파워 여성 기업인 50인'(2015), 동탑산업훈장(2016) (종)불교

## 김은선(金銀瑄)

(생)1959 (출)서울 (주)서울특별시 용산구 이태원로55길 60-16 삼성문화재단 비서실(02-2014-6990) (학)경성고졸, 성균관대 경영학과졸 (경)1989년 삼성BP화학 입사 1995년 同경영지원팀장 2004년 同경영지원팀장(상무보) 2007년 同경영관리담당 상무, 삼성문화재단 근무 2010년 同총괄대표이사 전무 2013년 同총괄대표이사 부사장(현)

## 김은성(金垠成) KIM Eun Sung

(생)1971·5·24 (출)서울 (주)서울특별시 서초구 서초중앙로 157 서울중앙지방법원(02-530-1114) (학)1990년 한영고졸 1994년 서울대 법대 사법학과졸 2017년 同법과대학원졸 (경)1993년 사법시험 합격(35회) 1996년 사법연수원 수료(25기) 1996년 軍법무관 1999년 서울지법 서부지원 판사 2001년 서울지법 판사 2003년 청주지법 영동지원 판사 2006년 수원지법 판사 2008년 서울고법 판사 2010년 서울중앙지법 판사 2011년 전주지법 부장판사 2012년 한양대 법학전문대학원 겸임교수 2012년 한국외국어대 법학전문대학원 겸임교수 2012년 사법연수원 교수 2013~2014년 서울대 겸임교수 2013년 고려대 겸임교수 2014년 수원지법 부장판사 2014년 의정부지법 부장판사 2015년 서울동부지법 부장판사 2017년 서울중앙지법 부장판사(현) (저)'보험재판실무편람'(2007, 보험재판실무편람집필위원회)

## 김은수(金垠洙)

(생)1962·7 (출)서울 (주)서울특별시 영등포구 63로 50 63한화생명빌딩 (주)한화갤러리아 임원실(02-410-7492) (학)1981년 한영고졸 1987년 미국 콜로라도대 경제학과졸 1989년 同대학원 국제경제학과졸 (경)1989년 (주)한화 입사 2003년 同무역부문 수지가공팀장 2009년 同무역부문 유럽법인장(상무) 2014년 한화그룹 경영기획실 운영팀장(전무) 2017년 (주)한화갤러리아 대표이사 부사장(현) 2018년 (주)한화갤러리아타임월드 대표이사 겸임(현)

## 김은숙(金恩淑·女) Kim Eun Suk

(생)1965·8·25 (본)김해(金海) (출)강원 영월 (주)충청남도 아산시 배방읍 공원로 40 국립특수교육원(041-537-1401) (학)1984년 강릉여고졸 1988년 이화여대 특수교육학과졸 2001년 同대학원 특수교육학과졸 2015년 특수교육학박사(이화여대) (경)1988~2001년 연세재활학교·서울맹학교 특수교사 2002~2003년 한국복지대 교육연구사 2004년 국립특수교육원 교육연구사 2012년 同교육연구관 2015년 교육부 특수교육정책과장 2017년 국립특수교육원 원장(장학관)(현) (상)대통령표창(2013) (저)'특수교육학 용어사전(共)'(2010) (역)'장애아동 가족지원(共)'(2009) (종)기독교

## 김은숙(金銀淑·女)

(주)인천광역시 서구 환경로 42 한국환경공단 자원순환본부(032-590-4100) (학)전남대 지역개발학과졸, 서울과학기술대 에너지환경공학대학원 수료 (경)1987년 한국자원재생공사(現한국환경공단) 입사(공채 2기), 한국환경공단 자원순환제도운영팀장, 同폐기물부담금실장, 同석면관리처장, 同자원순환지원처장, 同자원순환본부 폐기물관리처장 2019년 同자원순환본부장(상임이사)(현) (상)대통령표창(2013)

**김은식(金恩植) KIM Eun Shik (无阮)**

(생)1954·5·28 (본)안동(安東) (출)전남 곡성 (주)서울특별시 성북구 정릉로 77 국민대학교(02-910-4814) (학)1981년 서울대 임학과졸 1983년 同대학원졸 1985년 미국 예일대 대학원 임학·환경학과졸 1988년 임학·환경학박사(미국 예일대) (경)1991~2019년 국민대 산림환경시스템학과 조교수·부교수·교수 1995~2016년 한국장기생태연구위원회 위원장 2003~2005년 국민대 산림과학대학장, 2004~2017년 세계생태학회 사무총장 겸 이사 2005~2006년 미국 브라운대 방문교수 2006~2008년 국민대 성곡도서관장 2008~2016년 동아시아·태평양지역국제장기(長期)생태연구(ILTER)네트워크 위원장 2009~2010년 한국생태학회 회장 2010년 동아시아생태학회 회장 2011~2015년 한국생태관측대네트워크 위원장 2012년 아시아·태평양지역생물다양성관측네트워크 공동위원장(현) 2014년 GEO BON 자문위원(현) 2017년 세계생태학회 회장(현) 2017년 국립생태원 비상임이사(현) 2019년 국민대 산림환경시스템학과 명예교수(현) (상)10년 뒤 한국을 빛낼 100인 선정(2011), 국민대 우수교수상(2011) (저)'산림생태학' '한국의 환경비전 2050' 'Ecological Issues in a Changing World' '생태복원공학' 'Beautiful Wildflowers in Korea' '그래서 나는 실험실 불을 끌 수 없었다' (역)'대기정화 식수지침'

**김은심(金恩心·女) KIM Eun Sim**

(생)1975·6·2 (출)충남 공주 (주)울산광역시 남구 법대로 45 울산지방검찰청 총무과(052-228-4542) (학)1994년 영파여고졸 2000년 연세대 정치외교학과졸 (경)1999년 사법시험 합격(41회) 2002년 사법연수원 수료(31기) 2002년 대구지검 검사 2004년 춘천지검 검사 2006년 서울동부지검 검사 2009년 의정부지검 고양지청 검사 2012년 부산지검 검사 2015년 서울서부지검 검사 2016년 同부부장검사 2017년 서울중앙지검 부부장검사 2018년 의정부지검 고양지청 형사4부장 2019년 울산지검 부부장검사(현)

**김은정(金恩玎·女) KIM Eun Jung**

(생)1969·10·31 (출)서울 (주)서울특별시 강남구 논현로64길 4 보령메디앙스(주) 임원실(02-740-4219) (학)1988년 성심여고졸 1992년 가톨릭대 경영학과졸 1995년 미국 세인트루이스대 대학원 경영학과졸 (경)1994년 보령제약 입사 1997년 보령메디앙스(주) 근무, 同모자생활과학연구소장, 同전무이사 2003년 同부사장 2006년 同패션유통사업본부 부사장 2010년 同각자대표이사 부회장(현) 2017년 駐한국 콜롬비아 명예영사(현)

**김은주(金恩珠·女) KIM Eun Joo**

(생)1960·9·24 (출)부산 (주)서울특별시 종로구 율곡로2길 25 연합뉴스 콘텐츠평가실(02-398-3114) (학)1984년 서울대 불어불문학과졸 1986년 同대학원 신문학과졸 1994년 프랑스 파리3대학 커뮤니케이션학과 수학 2012년 언론학박사(성균관대) (경)1986년 연합뉴스 해외부·생활부·특집부·외신부 기자 1998년 同파리특파원 2002년 同문화부 부장대우 2004년 同문화부 대중문화팀장 2005년 同문화부장 2006년 한불수교120주년 자문위원 2007년 연합뉴스 논설위원 2008년 同논설위원(부국장대우) 2009년 同국제뉴스2부 기획위원(부국장대우) 2011년 同국제국 해외에디터(부국장급) 2012년 同논설위원 2012년 누리과정발전포럼 위원 2013년 국무조정실 산하 유보통합추진위원회 민간위원 2014년 연합뉴스 콘텐츠평가실장(부국장급) 2014~2015년 同고충처리인 2014년 여성가족부 사이버멘토링 언론인분야 대표멘토 2014년 연합뉴스 콘텐츠평가실장(국장대우) 2015~2016년 同한민족센터 본부장 2015년 한국영상자료원 비상임이사 2015년 국무조정실 재외동포정책위원회 민간위원 2015년 한국건강가정진흥원 비상임이사 2016년 연합뉴스 한민족센터 한민족사업부장 겸임 2016년 同글로벌코리아센터 고문 2018년 국가보훈처 국가보훈위원회 민간위원(현) 2018년 연합뉴스 논설위원 2018년 서울공예박물관 건립추진위원(현) 2019년 연합뉴스 콘텐츠평가실 콘텐츠평가위원(현) (상)제31회 최은희여기자상(2014) (저)'한국의 여기자, 1920~1980'(2014, 커뮤니케이션북스)

**김은주(金恩珠·女) Kim Eunjoo**

(생)1962·10·8 (출)경기 양평 (주)서울특별시 종로구 필운대로 97 국립서울맹학교(02-731-6772) (학)1985년 이화여대 특수교육과졸 1993년 同대학원 특수교육과졸 2008년 특수교육학박사(이화여대) (경)1985~1989년 수원서광학교 교사 1990~1994년 서울여의도초교 교사 1994~1996년 서울정진학교 교사 1996년 국립특수교육원 교육연구사 2004년 同정보운영과장·연수과장 2004~2009년 교육인적자원부 특수교육지원과 교육연구관·장학관 2009년 교육과학기술부 특수교육과장 2011년 국립특수교육원 원장 2011년 한국특수교육학회 이사 2011년 한국특수교육총연합회 이사 2012년 한국직업능력개발원 진로·직업정보자문위원회 위원 2013년 국가평생교육진흥원 대한민국평생학습대상선정위원회 위원 2014년 한국경진학교 교장 2018년 국립서울맹학교 교장(현) (상)교육부장관표창(2000), 교육인적자원부장관표창(2006), 대통령표창(2010) (저)'특수교육 교과교육론(共)'(2010, 양서원) '특수교육법해설(共)'(2010, 교육과학사) '특수학생의 과학교육(共)'(2011, 블록미디어) '지적장애아교육(共)'(2012, 학지사) (종)기독교

**김은주(金誾株·女)**

(생)1972·5·2 (주)경기도 수원시 팔달구 효원로 1 경기도의회(031-8008-7000) (학)이화여대 대학원 임상사회복지학 박사과정 수료 (경)성결대 사회복지학부 겸임교수, 경기도노인자살예방센터 실장, 한국노인상담연구소 소장(현) 2018년 경기도의회 의원(비례대표, 더불어민주당)(현) 2018년 同보건복지위원회 위원(현) 2019년 同예산결산특별위원회 위원(현)

**김은준(金恩俊) Eunjoon Kim**

(생)1964·1·20 (주)대전광역시 유성구 대학로 291 한국과학기술원 생명과학기술대학 생명과학과(042-350-2633) (학)1986년 부산대 약학과졸 1988년 한국과학기술원(KAIST) 생물공학과졸(석사) 1994년 약학박사(미국 미시간주립대) (경)1988~1991년 생명공학연구소 유전자은행 연구원 1995~1997년 미국 Havard Medical School Post-Doc. 1997~2000년 부산대 약학과 조교수 2002~2009년 한국과학기술원(KAIST) 생명과학과 조교수·부교수 2009년 同생명과학기술대학 생명과학과 교수(현) 2011~2014년 同생명과학과 석좌교수 2012년 기초과학연구원 시냅스뇌질환연구단장(현) (상)과학기술부 선정 젊은과학자상(2005), BPS Award(생명약학 우수논문상)(2005), 인촌상 자연과학부문(2012), 한국대학총장협회 우수학위지도교수상 생물학분야대상(2012), 포스코 청암과학상(2013), 미래창조과학부·한국과학기술기획평가원 선정 국가연구개발 우수성과자상(2013), 2014 올해의 KAIST인(2015), 아산사회복지재단 제11회 아산의학상 기초의학부문(2018)

**김은혜(金恩慧·女) KIM Eun Hye**

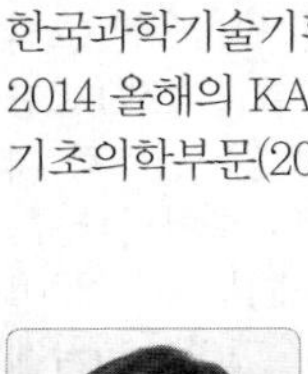

(생)1971·1·6 (출)서울 (주)서울특별시 중구 퇴계로 190 MBN(매일방송)(02-2000-3129) (학)1989년 정신여고졸 1993년 이화여대 신문방송학과졸 (경)1993년 MBC 사회부 경찰기자 1996년 同정치부 국회·총리실 출입기자 1999년 同뉴스데스크 앵커 2000년 同아침뉴스 앵커 2002년 同보도

국 경제부 한국은행 출입기자 2002년 同경영관리국 인력개발부 기자(해외교육자) 2003년 同보도국 뉴스편집2부 기자 2003년 同뉴스24 앵커 2004년 同뉴스투데이 앵커 2004년 대검찰청 초대 명예검사 2005년 MBC 보도국 뉴스편집센터 2CP(차장대우) 2006~2008년 同보도국 뉴스편집2부 차장 2008년 대통령 제1부대변인(외신담당) 2009년 대통령 부대변인(외신담당) 2009~2010년 대통령 제2대변인 2010년 (주)KT 그룹콘텐츠전략담당 전무 2010년 同GMC전략실장(전무) 2012년 同커뮤니케이션실장(전무) 2014년 (주)매일방송(MBN) '뉴스&이슈' 앵커(현) 2015년 同특임이사(현) (상)한국기자협회 이달의 기자상(1994), 한국기자협회 특종상(1999), 이화여대 자랑스러운 언론홍보영상인상(2000), 아시아소사이어티 코리아센터 '여성 리더상'(2011) (저)'나는 감동을 전하는 기자이고 싶다'(2001, 비전코리아) '아날로그 성공모드'(2006, 순정아이북스) (종)불교

### 김을동(金乙東·女) KIM Eul Dong

(생)1945·9·5 (본)안동(安東) (출)서울 (주)서울특별시 강남구 봉은사로 129 거평타운 B1층 103호 백야김좌진장군기념사업회(02-780-8877) (학)1963년 풍문여고졸 1963년 중앙대 정치외교학과 중퇴 1995년 고려대 자연과학대학원 수료 1999년 이화여대 여성최고지도자과정 수료 (경)탤런트(현) 1967년 동아방송 성우 1971년 TBC 탤런트 1980년 KBS 탤런트 1988년 KBS극회 부회장 1989년 한국방송연예인노조 집행위원 1991년 대한독립유공자협회 이사 1995년 서울시의회 의원 1996년 자민련 서울종로지구당 위원장 1996년 同중앙위원회 부의장 1997년 同서울시지부 부위원장 1998년 백야김좌진장군기념사업회 회장(현) 1998년 우석대 겸임교수 2002년 한중우의공원 유한공사 대표이사 2002년 자민련 성남수정지구당 위원장 2002년 한나라당 이회창 대통령후보 문화특보 2003년 同성남수정지구당 위원장 2004년 同여성대표 운영위원 겸 상임운영위원 2004년 대한독립군가선양회 회장, (사)한양여성팔각회 회장, 한민족운동단체연합 공동의장 2008~2012년 제18대 국회의원(비례대표, 친박연대·미래희망연대·새누리당) 2009~2016년 독립기념관 비상임이사 2012~2016년 제19대 국회의원(서울 송파구丙, 새누리당) 2012~2013년 새누리당 원내부대표 2012~2014년 한국여자야구연맹 회장 2012~2014년 새누리당 중앙여성위원장 2013년 국회 미래창조과학방송통신위원회 위원 2014년 국회 정무위원회 위원 2014~2016년 새누리당 최고위원 2015년 同역사교과서개선특별위원회 위원장 2016년 제20대 국회의원선거 출마(서울 송파구丙, 새누리당) 2016년 새누리당 제20대 총선 서울권선거대책위원장 2017년 바른정당 제19대 유승민 대통령후보 중앙선거대책위원회 실버본부장 2017년 同당원대표자회의 부의장 (상)국정감사 우수의원상(2011·2012), 대한민국 국회의원 의정대상(2013), 전국청소년선플SNS기자단 선정 '국회의원 아름다운 말 선플상'(2015) (저)'김을동과 세 남자이야기'(2011, 순정아이북스) (작)TV드라마 'TBC 하얀장미'(1973), 'KBS 새벽', 'KBS 해돋는 언덕'(1989), 'KBS 역사는 흐른다'(1989), 'KBS 남자는 외로워'(1994), 'SBS 장희빈'(1995), 'KBS 서궁'(1996), 'KBS 용의 눈물'(1996), 'SBS OK 목장'(1997), 'SBS 파도'(1999), 'MBC 며느리들'(2001), 'KBS 반올림3'(2006), 'MBC 김치 치즈 스마일'(2007), 'KBS 며느리 전성시대'(2007) 출연영화 '가슴깊게 화끈하게'(1981), '나는 할렐루야 아줌마였다'(1981), '영자의 전성시대2'(1982), '춤추는 달팽이'(1982), '불새의 늪'(1983), '저 하늘에도 슬픔이'(1984), '영자의 전성시대 87'(1987), '그 마지막 겨울'(1988), '모래성'(1989), '발바리의 추억'(1989), '영심이'(1990), '사랑은 지금부터 시작이야'(1990), '가보면 알거야'(1990), '별이 빛나는 밤에'(1991), '미란다'(1995), '내츄럴시티'(2003), '마파도'(2005), '카리스마 탈출기'(2006), '마파도2'(2007) 연극 '아내란 직업의 여인', '해마' (종)불교

### 김응걸(金應杰) Eungkeol Kim

(생)1973 (주)대전광역시 서구 청사로 189 조달청 기획재정담당관실(042-724-7044) (학)1998년 서울대 정치학과졸 2010년 영국 엑세터대 대학원 공공정책행정학과졸 (경)1998년 행정고시 합격(36회) 2007년 조달청 국제물자본부 원자재총괄팀 서기관 2008년 同기획조정관실 경영지원팀장 2010년 同국제물자국 원자재비축과장 2012년 同국제물자국 국제협력과장 2012년 同정보기술용역과장 2014년 駐영국 조달관 2017년 조달청 구매사업국 구매총괄과장 2018년 同구매사업국 구매총괄과장(부이사관) 2019년 同시설총괄과장 2019년 同기획재정담당관(현)

### 김응권(金應權) KIM Eung Kweon

(생)1955·9·14 (출)인천 (주)서울특별시 서대문구 연세로 50-1 세브란스 안이비인후과병원(02-2228-3577) (학)1980년 연세대 의대졸 1983년 同대학원 의학석사 1989년 의학박사(연세대) (경)1980~1984년 연세대 세브란스병원 인턴·안과 레지던트 1984~1987년 육군 군의관 1987~2002년 연세대 의과대학 안과학교실 연구강사·전임강사·조교수·부교수 1990~1992년 미국 에모리대 Research Fellow 1999~2001년 콘텍트렌즈연구회 간행편집이사 2002년 연세대 의과대학 안과학교실 교수(현) 2003~2005년 한국백내장굴절수술학회 회장 2008년 연세대의료원 의과학연구처장 2012년 세브란스병원 안이비인후과병원 안과 과장 2012년 연세대 의대 각막이상증연구소장(현) 2012년 세브란스병원 안이비인후과병원 진료부장 2014~2015년 同안이비인후과병원 안과 과장 2014~2016년 연세대 의대 안과학교실 주임교수 2018년 연세대의료원 안·이비인후과병원장(현) (상)일간보사 Topcon 안과 학술상(2005), 대한의학협회 의과학상, 서울시의사회 의학상 우수상 (저)'각막'(1999, 일조각) '안과학'(2002, 일조각) '굴절교정수술'(2005, 한국백내장굴절수술학회)

### 김응상(金應祥) KIM Eung Sang

(생)1952·10·3 (출)부산 (주)경기도 안양시 동안구 학의로 282 금강펜테리움IT타워 A동 18층 (주)한농화성 임원실(031-388-0141) (학)1971년 경복고졸 1976년 고려대 경영학과졸 (경)1975년 (주)한농 입사 1980년 (주)한정화학 이사 1985~1987년 同상무이사 1987~1995년 (주)한농 비상임이사 1987년 (주)한정화학 전무이사 1992년 同대표이사 부사장 1994~1995년 同대표이사 사장 1997~2014년 (주)한농화성 대표이사 사장·회장 2014년 同각자대표이사 회장(현)

### 김응석(金應錫) KIM Eung Suk

(생)1968·7·7 (출)서울 (주)경기도 성남시 분당구 판교역로241번길 20 미래에셋벤처타워 11층 미래에셋벤처투자(주) 비서실(031-780-1440) (학)1987년 대성고졸 1991년 연세대 전기공학과졸 1996년 同대학원 전기공학과졸 (경)2002년 미래에셋벤처투자(주) 이사 2006년 (주)다음커머스 비상근감사 2007년 (주)디앤샵 비상근감사 2007년 미래에셋벤처투자(주) 투자본부장(상무보) 2008년 同대표이사 상무 2013년 同대표이사 사장(현)

### 김응수(金應秀) KIM Eung Soo

(생)1958·10·24 (주)경기도 수원시 영통구 광교산로 154-42 경기대학교 창의공과대학 신소재공학과(031-249-9764) (학)1984년 연세대 요업공학과졸 1986년 同대학원 요업공학과졸 1991년 공학박사(연세대) (경)1986~1991년 연세대 부설 산업기술연구소 연구원 1990~1991년 同공대 세라믹공학과 시간강사 1991년 同산업기술연구소 선임연구원 1991~2002년 경기대 공대 재료공학과 전임강사·조교수·부교수 1995~1996년 미국 일리노이대 어배나교 Materials Research Laboratory 객원연구원 2002~2018년 경기대 이공대학 신소재공학과 교수 2002년 한국세라믹학회 총무운영위원 2003년 한국화학관련연합회 이사 2010~2011년 전자부품연구원 전문위원 2011년 한국세라믹학회 수

석운영이사 2011~2013년 경기대 산학협력단장 겸 연구처장 2015~2016년 同연구처장·산학협력단장·출판부장 겸임 2016년 同공과대학장 겸 건설·산업대학원장 2016~2017년 한국세라믹학회 학계부회장 2017~2018년 Journal of the Korean Ceramic Society Editor-in-Chief 2018년 경기대 창의공과대학 신소재공학과 교수(현) 2018년 한국세라믹학회 수석부회장 2019년 同회장(현) 2019년 경기대 평가사업단장(현)

## 김응수

(생)1966·1·13 (주)서울특별시 중구 퇴계로 18 대우재단빌딩 15층 (사)한국MICE협회(02-3476-8325) (학)1984년 청주상고졸 1990년 청주대졸 2012년 중앙대 예술대학원 CEO최고경영자과정 수료 (경)1984~2002년 국민은행 근무 2003~2005년 신한은행 근무 2007년 (주)프리미엄패스인터내셔널 대표이사(현) 2014년 (사)한국MICE협회 회장(현) 2014년 한국관광협회중앙회 부회장(현) 2014년 서비스산업총연합회 부회장(현) 2014년 MPI 한국지부 대표(현) 2014년 서울시 일자리위원회 위원(현) 2015년 경기도마이스산업지원협의회 위원(현) 2015년 인천시마이스산업지원협의회 위원(현) 2015년 2018평창동계올림픽사후활용방안 자문위원(현) 2015년 (재)정동극장 비상임이사(현) 2015년 중국 사천성 관광홍보대사 2016년 호서대 특임교수(현) 2016년 이화여대 국제회의센터 전문위원(현) 2016년 서울시관광협회 일반여행업인바운드위원회 위원(현) 2016년 전남도 마이스발전협의회 위원(현) 2017년 한국무역전시학회 자문위원(현) 2018년 경남도 지능형로봇자문위원회 위원(현) (상)한국을 빛낸 대표브랜드 대상(2011), 중앙대 예술대학원 한류최고경영자상(2012), 대한민국 신지식경영대상(2012), 한국을 이끄는 혁신리더(2013), 관광진흥유공 국무총리표창, 문화체육관광부장관표창(2015)

## 김응식(金應植) KIM Eung Sik

(생)1958·6·28 (출)서울 (주)충청남도 당진시 송악읍 부곡공단로 241 GS EPS 임원실(041-351-2024) (학)1977년 장훈고졸 1982년 연세대 화학공학과졸 1984년 同대학원 화학공학과졸 (경)1985년 LG칼텍스정유(주) 입사 1998년 同원유기획팀장 2003년 同원유·제품부문장(상무) 2005년 GS칼텍스(주) 싱가폴현지법인장(상무) 2006년 同싱가폴현지법인장(전무) 2008년 同원유수급운영본부 전무 2009년 同S&T전략실장(전무) 2011년 同윤활유사업본부장(전무) 2011년 同윤활유사업본부장(부사장) 2014년 同Supply&Trading본부장(부사장) 2015년 GS파워(주) 대표이사 부사장(CEO) 2017~2018년 同대표이사 사장(CEO) 2018년 (사)한국집단에너지협회 회장(현) 2019년 GS EPS 대표이사 사장(현) 2019년 GS E&R 기타비상무이사(현) (상)철탑산업훈장(2018) (종)기독교

## 김응용(金應龍) KIM Euong Yong

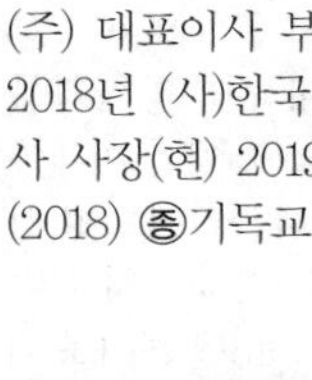

(생)1941·9·15 (출)평남 평원 (주)서울특별시 강남구 강남대로 278 야구회관 4층 대한야구소프트볼협회 회장실(02-572-8411) (학)1960년 부산상고졸 1965년 우석대졸 (경)1960년 한국운수 소속 1961년 남선전기 소속 1961년 국가대표 야구선수 1962년 한국미창 소속 1963년 대한통운 소속 1964~1965년 크라운맥주 소속 1965·1967년 실업야구 홈런왕 1966~1972년 한일은행 소속 선수·코치 1973~1981년 同감독 1977년 제3회 니카라과 슈퍼월드컵 국가대표 야구팀 감독(우승) 1980년 일본 도쿄 세계아마야구선수권대회 국가대표 야구팀 감독(준우승) 1982~2000년 프로야구 해태 타이거즈 감독 1983·1986~1989·1991·1993·1996~1997·2002년 프로야구 한국시리즈 우승 1998년 프로야구 사상 첫 단일팀 감독 1000승 달성 2000년 프로야구 최초 2000경기 출장 2000년 호주 시드니올림픽 국가대표팀 감독(동메달) 2000~2004년 프로야구 삼성 라이온즈 감독 2001·2004년 프로야구 한국시리즈 준우승 2004~2010년 프로야구 삼성 라이온즈 사장 2010년 同고문 2012~2014년 프로야구 한화 이글스 감독 2016년 스포츠투아이 야구학교 총감독 2016년 대한야구소프트볼협회 초대 회장(현) 2017년 대한체육회 심판위원회 위원장(현) 2017년 스포츠투아이 야구학교 명예감독(현) (상)국민훈장 석류장(1971), 체육훈장 백마장(1977), 한국야구선수권대회 최우수감독상, 세계야구연맹(IBAF) 최우수감독상(2001), 일구대상(2005), 체육훈장 기린장(2005), 프로야구30주년 공로상(2011), 카스포인트어워즈 레전드상(2015)

## 김응중(金應中) Kim Eung-joong

(생)1961·4·30 (주)서울특별시 종로구 사직로8길 60 외교부 인사운영팀(02-2100-7138) (학)1988년 충남대 법학과졸 (경)1988년 외무부 입부 1991년 駐나고야 부영사 1997년 駐튀니지 3등서기관 2000년 駐오스트리아 3등서기관 2006년 駐알제리 1등서기관 2008년 駐뉴욕 영사 2011년 외교통상부 감사담당관 2013년 駐이집트 참사관 2016년 駐르완다 대사(현)

## 김응태(金應台) Kim Eung Tae

(생)1961·8·4 (본)경주(慶州) (출)부산 (주)서울특별시 강남구 테헤란로87길 58 컨벤션별관 5층 그랜드코리아레저(GKL) 서울사업본부(02-3466-6107) (학)1979년 부산 동성고졸 1986년 부산대 영어영문학과졸 1991년 同대학원 경영학과졸 2018년 경희대 관광대학원 관광학 박사과정 수료 (경)1987~2005년 파라다이스부산 기획부장 2005년 한국관광공사 카지노사업준비단 영업준비팀장 2005~2013년 그랜드코리아레저(GKL) 채널마케팅팀장·영업기획팀장·CS팀장·마케팅기획팀장 2013년 同경영기획실장 2015년 同기획조정실장 2018년 同서울사업본부장(상임이사)(현) (종)무교

## 김의구(金義求) KIM Eui Gu

(생)1962·1·9 (본)안동(安東) (출)경북 (주)서울특별시 영등포구 여의공원로 101 국민일보 논설위원실(02-781-9286) (학)1984년 서울대 철학과졸 1987년 同대학원 철학과졸 (경)1990년 국민일보 사회부 기자 1993년 同경제부 기자 1996년 同사회부 기자 1998년 同국제부 기자 2000년 同정치부 기자 2004년 同정치부 차장 2005년 同사회부 차장 2005년 同탐사기획팀장 2006년 同국제부장 2008년 同교육생활부장 2009년 同정치부장 직대 2009년 同사회2부장 2010년 同정치부장 2011년 同논설위원 2013년 同정치·국제담당 부국장 2014년 同편집국 정치국제센터장 2014년 同편집국 정치·국제·기획담당 부국장 2016년 同경영전략실장 2018년 同제작국장 겸 신사업국장 2019년 同논설위원(현) (상)한국기자협회 이달(11월)의 기자상(1992), 한국기자협회 이달(7월)의 기자상(1996), 한국기자협회 이달(2월)의 기자상(2006), 관훈언론상(2007)

## 김의근(金義根) Kim, Eui Keun

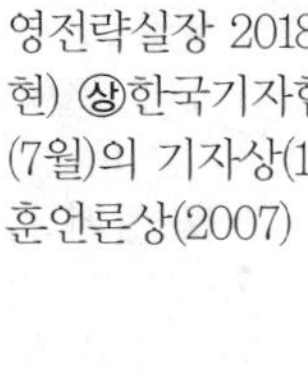

(생)1968·8·20 (출)제주 (주)제주특별자치도 서귀포시 중문관광로 224 제주국제컨벤션센터 임원실(064-735-1000) (학)제주제일고졸 1993년 국민대 금속공학과졸 1995년 세종대 대학원 호텔경영학과졸 2001년 관광경영학박사(경기대) (경)탐라대 관광학부 관광산업학과 교수, 同기획처장 2003년 행정자치부 정책자문위원회 자문위원 2007년 대통령자문 국가균형발전위원회 자문위원 2012~2018년 제주국제대 글로벌관광융합학부 관광경영학과 교수 2012~2014년 중국사회과학원 객원연구원 2013~2016년 아시아풍력에너지박람회 조직위원회 위원장 2013~2017년 제주국제크루즈포럼 조직위원회 위원장 2017년 중국 상하이공정기술대학 초빙교수 2018년 제주국제컨벤션센터(ICC JEJU) 대표이사(현) (상)국무총리표창(2015)

### 김의도(金義道) KIM Yi Do

[생]1960·9·8 [본]충주(忠州) [출]강원 양구 [주]강원도 춘천시 후석로462번길 22 강원도민일보 광고국(033-260-9500) [학]1979년 춘천한샘고(舊춘성고)졸 1987년 강원대 법학과졸 [경]1988년 강원일보 기자 1992년 강원도민일보 편집부 기자 1993년 同문화부 기자 1994년 同문화부 차장 1997년 同편집부 차장 1998년 同사회부 차장 1999년 同횡성주재 사회2부장대우 2001년 同사회부장 2003년 同편집국 부국장 2006년 同영서본부 취재부 국장(국장대우) 2007년 同광고국장 2011년 同마케팅본부 광고국장(이사) 2012년 同편집국장 겸 뉴미디어국장(이사) 2015년 同마케팅본부장 겸 독자국장(이사) 2016년 同출판국장 겸임 2019년 同광고국장(상무)(현) [종]불교

### 김의승(金意承) Kim, Eui Seung

[생]1966·1·22 [본]의성(義城) [출]경북 안동 [주]서울특별시 중구 덕수궁길 15 서울특별시청 기후환경본부(02-2133-3500) [학]1984년 안동 경안고졸 1990년 고려대 행정학과졸 1993년 서울대 행정대학원 정책학과졸(행정학석사) 2009년 미국 포틀랜드주립대 대학원 행정학과졸(MPA) [경]1992년 행정고시 합격(36회) 1993년 총무처 행정사무관시보 1996년 서울시 용산구 건설관리과장 1997년 同용산구 기획예산과장 2000년 同용산구 총무과장 2000년 서울시 행정과 민간협력팀장 2002년 同행정과 행정팀장 2005년 同시장 정책비서관 2006년 同심사평가담당관 2009년 同행정과장 2010년 同인사과장 2012년 同경제진흥실 경제정책과장 2014년 同경제진흥실 일자리기획단장 직대(부이사관) 2014년 同행정국장 2015~2016년 同관광체육국장 2017년 국가공무원인재개발원 파견 2018년 서울시 대변인(지방이사관) 2019년 同기후환경본부장(현) [상]녹조근정훈장(2012)

### 김의영(金義英) Kim, Euiyoung

[생]1962·1·15 [주]서울특별시 관악구 관악로 1 서울대학교 사회과학대학(02-880-6369) [학]1980년 서울 동성고졸 1984년 서울대 정치학과졸 1989년 미국 미시간대 대학원 정치학과졸 1997년 정치학박사(미국 미시간대) [경]1997~1999년 경남대 극동문제연구소 객원연구위원 1997~2001년 국제정치학회 회원 1998~1999년 서울대 국제지역원 초빙전임강사 1998년 한국외국어대 시간강사 1998년 한국정치학회 회원, 同부회장 1999년 이화여대 지역협동과정대학원 시간강사 1999년 연세대 초빙강사 2001~2010년 경희대 정경대학 사회과학부 정치외교학과 조교수·부교수·교수 2007~2009년 同국제교류처장, 세계시민포럼(World Civic Forum) 사무총장 2011년 서울대 사회과학대학 정치외교학부 정치학전공 교수(현), 同한국정치연구소장 2016년 同사회과학연구원장(현) 2018년 한국정치학회 회장 2018년 세계정치학회 집행위원(현) [상]세계정치학회 최우수발표논문상(1999) [저]'네오르네상스-신 인류의 길'(2004) '인터넷과 NGO'(2004) '제17대 국회의원 총선거 분석'(2005) '한국과 일본의 정치와 거버넌스'(2005)

### 김의옥(金義玉·女)

[생]1961·8·25 [주]대전광역시 동구 충무로 222 동부경찰서(042-600-2004) [학]대전여상졸, 대덕대 경찰행정학과졸 [경]1983년 순경 임용(공채) 2006년 충남 연기경찰서 생활안전과장 2007년 대전동부경찰서 생활안전과장 2007년 대전지방경찰청 인사계장 2012년 同외사계장 2014년 同경무계장 2015년 치안정책과정 입교 2015년 대전지방경찰청 치안지도관 2015년 충북지방경찰청 보안과장 2016년 충남 금산경찰서장 2017년 대전지방경찰청 여성청소년과장 2019년 대전 동부경찰서장(현)

### 김의재(金義在) KIM Eui-Jae (栢甫)

[생]1937·6·21 [본]김해(金海) [출]충남 보령 [주]서울특별시 중구 소파로 145 대한적십자사 서울지사(02-2290-6612) [학]1956년 서울사대부고졸 1962년 서울대 법대 행정학과졸 1972년 미국 콜로라도주립대 수자원관리과정 수료 1973년 미국 노스캐롤라이나주립대 신흥공업국환경관리과정 수료 1989년 경희대 행정대학원 행정학과졸 1993년 행정학박사(서울시립대) [경]1962년 한국전력공사 입사 1966년 서울시 사무관 1975년 同동대문구 민방위국장 1977년 同마포구 총무국장 1977~1980년 同공원과장·도로관리과장·총무과장 1980년 同수도국 업무과장 1982년 同재무재정기획과장 1982년 同기획관리실 예산담당관 1983년 同투자관리관 1986년 同동작구청장 1988년 同성북구청장 1989년 同감사관 1991년 同시민생활국장 1992년 同청소사업본부장 1993년 同공무원교육원장 1993년 同상수도사업본부장 1994년 同기획관리실장 1995년 同행정제1부시장 1996년 국가보훈처 차장 1998~1999년 同처장 1999년 자민련 경기시흥지구당 위원장 1999년 제15대 국회의원(시흥 보궐선거 당선, 자민련) 1999년 자민련 원내부총무 겸 정책조정위원장 2001년 한양대 겸임교수 2002년 대아건설 상근고문 2003년 同부회장 2003~2009년 (사)사육신현창회 이사장 2003~2006년 경남기업(주) 회장 2005년 駐에리트리아 명예영사(현) 2005~2009년 대한적십자사 서울지사 부회장 2006~2018년 (사)한국도시정비전문관리협회 고문 2008~2009년 (주)대명종합건설 상임고문 2010년 대한적십자사 서울지사 상임운영위원(현) 2015~2019년 서울시우회 회장 2015년 대한민국헌정회 이사 2017년 同정책자문위원회 의장(현) 2017년 대한다트협회 회장(현) 2017년 (주)홍인터내셔날 고문(현) [상]녹조근정훈장(1982), 홍조근정훈장(1995), 황조근정훈장(2000) [종]불교

### 김의정(金宜正·女) KIM Eui Jung (茗園)

[생]1941·12·29 [본]김해(金海) [출]대구 [주]서울특별시 성북구 대사관로13길 17-19 명원문화재단(02-742-7190) [학]1959년 서울예술고졸 1961년 이화여대 음대 수료(3년) 1963년 미국 오클라호마대 음대 수료(2년) 1966년 미국 메레디스대 음대 수료(3년) 1998년 이화여대 여성고위경영자과정 수료 1998년 명예 문학박사(카자흐스탄 국립여자사범대) 2000년 명예 문학박사(성균관대) [경]1968년 동양통신 국제국 기자 1970년 (사)자생회 이사 1974년 학교법인 국민대 이사 1995년 예술의전당 이사 1995년 국립현대미술관 이사 1995년 명원문화재단 이사장(현) 1995년 조계사신도협회 수석부회장 1995년 불교TV 이사 1995년 한국다도총연합회 총재 1996년 만해사상실천선양회 공동대표 1997년 대한불교조계종 중앙신도회 상임부회장 1997년 (사)대한무궁화중앙회 후원회장 1997년 민족정기헌창탑 홍보위원장 1997년 여성신문 이사 1998년 궁중복식연구원 이사 1998년 (사)사랑의친구들 이사 1999년 (사)한일여성친선협회 이사 1999년 아시아전통혼례문화교류협의회 한국대표 2001년 서울시무형문화재 제27호 궁중다례의식 보유자 지정(현) 2004년 대한민국차품평대회 대회장 2004년 국립민속박물관후원회 부회장 2005년 대한불교조계종 중앙신도회장 2008년 세계불교도우의회(WFB: World Fellowship of Buddhists) 부회장 2008년 한국다문화센터 공동대표 2011년 국립민속박물관회 회장(현) 2011년 해외문화재귀환환영위원회 위원장(현) 2011년 사회적기업활성화전국네트워크 공동대표 2011년 한국다도총연합회 총재(현) 2011년 서울시 문화재찾기시민위원장(현) 2015~2019년 대한불교조계종 조계사 신도회장 2018년 인성교육진흥위원회 위원장(현) [상]부총리 겸 경제기획원장관표창(1981), 대통령표창(1998), 문화관광부장관표창(1998), 한국언론인연합회 자랑스러운 한국인 대상(2005), 서울시문화상 문화재부문(2009), 옥관문화훈장(2011) [저]'한국의 차문화와 궁중다례' '茶 알고 마시면 맛과 향이 더욱 깊어집니다' '명원다례' '명원 생활 다례' '명원 다화 1~8권' '차의 선구자 명원 김미희'(2010, 학고재) [종]불교

## 김의준(金義埈) Kim, Euijune

(생)1962 · 11 · 10 (본)경주(慶州) (출)서울 (주)서울특별시 관악구 관악로 1 서울대학교 농업생명과학대학 농경제사회학부(02-880-4742) (학)1981 서울 보성고졸 1985년 연세대 공대 건축공학과졸 1987년 同대학원 도시계획학과졸 1991년 지역경제학박사(미국 코넬대) (경)1987년 연세대 공대 산업기술연구소 연구원 1991~1995년 국토개발연구원 책임연구원 1995~1996년 同연구위원 1996~2005년 연세대 공대 도시공학과 조교수 · 부교수 · 교수 2003~2005년 한국연구재단 BK21 지역균형발전사업단장 2003년 미국 일리노이대 REAL 연구교수 2004~2005년 ARS(Annals of Regional Science) 편집위원 · 부편집위원장 2005년 서울대 농업생명과학대학 농경제사회학부 교수(현) 2006~2019년 ARS(Annals of Regional Science) 편집위원장(Editor) 2006~2019년 WRSA(Western Regional Science Asssociation) 이사 2006~2013년 한국연구재단 BK21 범국가 및 지역분석전문가양성사업팀장 2007~2008년 (사)한국지역학회 '지역연구' 편집위원장 2010년 한국경제통상학회 부회장(현) 2011년 JES(Journal of Economic Structures) 편집위원(현) 2011~2014년 IJUS(International Journal of Urban Science) 편집위원 2011년 IPS(International Planning Studies) 편집위원(현) 2013년 한국연구재단 BK21플러스지역계량분석전문인력사업팀장(현) 2014년 동부건설(주) 사외이사 겸 감사위원 2014년 (사)한국지역학회 회장 2014년 NFRS(New Frontiers in Regional Science : Asian Perspectives) 편집위원(현) 2015~2016년 International Journal of Urban Science 편집위원장 2016년 REP(Regional Economies and Policies) Advisory Editor(현) 2016년 APJRC(Asian-Pacific Journal of Regional Science) 부편집위원장(현) 2016년 한국지역사회발전학회 학회논문집 편집위원장(현) 2016~2018년 국토교통부 정책연구용역심의위원 2017년 홍콩대학 도시계획학과 방문연구교수(현) 2017~2018년 국토교통부 중앙지적재조사위원 2018년 진흥기업(주) 사외이사(현) 2018년 국무총리소속 정부업무평가위원회 민간위원(현) (상)Charles Tiebout Competition Honorable Commentary(1991), Member of The Honor Society of Phi Kappa Phi(1991), The 14th Doctoral Dissertation Competition Finalist(1993), 건설교통부장관표창(2004 · 2007), 대한국토 · 도시계획학회 추계학술대회 우수논문상(2004 · 2007 · 2008 · 2010 · 2016 · 2017), 국토연구원 국토연구 우수논문상(2006 · 2016), Second Prize Award in International Journal of Urban Science 2008(2008), 국토연구원 국토연구최우수논문상(2009 · 2015), 서울대 우수연구상(2010), 한국도시행정학회 추계학술대회 우수논문상(2011), 한국지역학회 학술상(2011), 대한국토 · 도시계획학회 국제학술활동상(2014), 九州大學 · 世界トップレベル研究者招へいプログラム「Progress 100」(2014), 한국지역학회 전기학술대회 우수발표논문상(2015 · 2016), 제9회 도시의 날 도시학술상 국토교통부장관표창(2015), 제33회 국토학회 학술상 우수논문상(2016), 대한국토 · 도시계획학회 춘계학술대회 우수논문상(2017) (저)'지역도시경제학(共)'(2015, 홍문사) 'Quantitative Regional Economic and Environmental Analysis for Sustainability in Korea(共)'(2016, Springer Verlag) (종)기독교

## 김의형

(생)1956 (출)서울 (주)서울특별시 중구 세종대로 39 대한상공회의소빌딩 4층 한국회계기준원(02-6050-0151) (학)서울 경기고졸 1979년 서울대 경제학과졸 1981년 同대학원 경영학과졸 (경)1979년 한국은행 조사1부 근무 1981년 삼일회계법인 근무 1983~1985년 미국 PwC(Pricewaterhouse Coopers) 뉴욕사무소 근무 1985~2010년 삼일회계법인 부대표 2002~2005년 한국회계기준원 비상임위원 2004~2007년 한국증권거래소 공시위원회 비상임위원 2010~2017년 삼일PwC컨설팅 대표이사 · 상임고문 2011년 삼일회계법인 대표 2011~2012년 국민경제자문회의 위원 2012~2014년 한국언론진흥재단 기금관리위원회 위원 2012~2015년 공정거래위원회 비상임위원 2017년 한국회계기준원 원장 겸 회계기준위원회 위원장(현)

## 김의환(金義桓) KIM Euy Whan

(생)1960 · 9 · 1 (본)김해(金海) (출)경북 안동 (주)세종특별자치시 도움5로 20 국민권익위원회 상임위원실(044-200-7028) (학)1980년 중동고졸 1988년 고려대 사회학과졸 1997년 미국 오하이오주립대 대학원 공공정책학과졸 (경)1989~1991년 한국소비자보호원 근무 1990년 행정고시 합격(34회) 1991년 총무처 수습사무관 1992년 국가보훈처 제대군인정책관실 근무 1995년 미국 유학 1997년 공정거래위원회 기업결합과 근무 1998년 同국제업무과 근무 2002년 부패방지위원회 대외협력과장 2005년 同심사관 2005년 국가청렴위원회 신고심사국 심사관 2006년 同심사본부 심사기획관(서기관) 2007년 同심사본부 심사기획관(부이사관) 2007년 제17대 대통령직인수위원회 국민성공정책제안센터 실무위원 2008년 대통령 중소기업비서관실 선임행정관 2008년 대통령 홍보기획관실 선임행정관 2010년 국민권익위원회 본부 근무(고위공무원) 2011년 同부패방지국장 2012년 중앙공무원교육원 교육파견 2013년 국민권익위원회 행정심판국장 2014~2018년 同고충처리국장 2018년 고용 휴직(고위공무원) 2019년 국민권익위원회 상임위원(현) (종)천주교

## 김의환(金義煥) KIM Eui Hwan

(생)1962 · 1 · 12 (본)의성(義城) (출)경북 성주 (주)서울특별시 종로구 사직로8길 39 세양빌딩 김앤장 법률사무소(02-3703-4601) (학)1980년 성광고졸 1985년 서울대 법대 사법학과졸 (경)1984년 사법시험 합격(26회) 1987년 사법연수원 수료(16기) 1987년 사단 검찰관 1988년 수도방위사령부 검찰관 1990년 수원지법 판사 1992년 서울지법 남부지원 판사 1994년 광주지법 목포지원 판사 1996년 미국 듀크대 연수 1997년 인천지법 판사 1998년 서울지법 판사 1999년 서울고법 판사 2000년 대법원 재판연구관 2000년 미국 주법원센터(NCSC) 연수 2004년 수원지법 부장판사 2006년 서울행정법원 부장판사 2009년 특허법원 부장판사 2011~2013년 서울고법 부장판사 2011~2017년 (사)한국행정판례연구회 섭외이사 2011년 사법시험 3차 면접위원 2012~2013년 법원실무제요 행정분과 위원장 2013년 김앤장법률사무소 변호사(현) 2013~2017년 중앙행정심판위원회 행정심판사건 자문위원 2014년 한국방송공사 법률고문(현) 2019년 한국행정법학회 부회장(현) (저)'형법각칙(共)'(2006, 한국사법행정학회) '행정소송의 이론과 실무(共)'(2008, 사법연구지원재단) '행정소송 I · II(共)'(2008, 한국사법행정학회) (종)천주교

## 김이수(金二洙) KIM Yi Su

(생)1953 · 3 · 24 (본)청주(淸州) (출)전북 고창 (주)광주광역시 북구 용봉로 77 전남대학교 법학전문대학원(062-530-5228) (학)1972년 전남고졸 1976년 서울대 법과대학졸 1977년 同대학원 공법학과 중퇴 1991년 미국 텍사스대 연수 (경)1977년 사법시험 합격(19회) 1979년 사법연수원 수료(9기) 1979년 軍법무관 1982년 대전지법 판사 1984년 同홍성지원 판사 1986년 대전지법 판사 1987년 수원지법 판사 1989년 서울고법 판사 1991년 대법원 재판연구관 1992년 서울고법 판사 1993년 서울민사지법 부장판사 1993년 전주지법 정읍지원장 1996년 사법연수원 교수 1999년 서울지법 부장판사 2000년 특허법원 부장판사 2002~2006년 서울고법 부장판사 2003년 통신위원회 위원 2006년 청주지방법원장 2008년 인천지방법원장 2009년 서울남부지방법원장 2010년 특허법원장 2011~2012년 사법연수원장 2012~2018년 헌법재판소 재판관 2017년 同소장 권한대행 2018년 전남대 법학전문대학원 석좌교수(현) (상)청조근정훈장(2018) (종)기독교

## 김이수(金珥壽) Kim Lee Su

(생)1958·5·3 (본)삼척(三陟) (출)강원 속초 (주)경기도 안양시 동안구 관평로170번길 22 한림대학교 성심병원 유방내분비외과(031-380-5933) (학)1985년 중앙대 의대졸 1992년 同대학원 의학석사졸 1995년 의학박사(중앙대) (경)1993~2006년 한림대 의대 외과학교실 전임강사·조교수·부교수 1998~2000년 한국유방암학회 간사 2000~2002년 미국 M.D. Anderson Cancer Center 연수 2000~2002년 미국암연구학회(AACR) Associate Member 2002년 미국암연구학회(AACR) Active Member(현) 2002~2004년 대한암학회 학술위원 2002~2004년 대한외과학회 의료보험위원회 간사 2002~2004년 한국유방암학회 학술및보험위원회 위원 2003~2005년 同의료보험이사 2004·2007·2008·2010년 한국의사국가고시 출제위원 2004~2008년 대한내분비외과학회 학술위원·의료심사이사 2005~2006년 대한임상종양학회 기획위원 2005년 한림대 성심병원 유방내분비암센터장(현) 2006년 同의대 외과학교실 교수(현) 2006~2012년 대한외과학회 기획위원·학술위원·의료심사위원 겸 보험위원 2006~2009년 한국감시림프절연구회 수련이사 2007년 한림대 성심병원 유방내분비외과장 2007~2013년 한국유방암학회 진료권고안제1위원장·재무이사·임상시험위원장 2007~2011년 同학회지 부편집장 겸 심사위원 2007~2010년 대한두경부종양학회 편집및심사위원 2007년 JKMS(Journal of Korean Medical Science) 심사위원(현) 2007~2016년 대한외과학회 연강학술상 심사위원 2008~2016년 대한림프부종학회 정보이사·부회장·회장 2009~2011년 Journal of Breast Cancer 부편집장 2010년 대한임상종양학회 임상시험위원장 2010~2012년 대한갑상선내분비외과학회 보험이사 2011년 Breast Cancer Research and Treatment 심사위원(현) 2011년 British Journal of Cancer 심사위원(현) 2012년 Biochimie 심사위원(현) 2012년 대한갑상선내분비외과학회 무임소이사 2012년 한림대 성심병원 진료부원장 2013년 同의과대학 외과학교실 주임교수 2013년 同성심병원 외과 과장 2013년 한국유방암학회 부회장 2013년 대한외과학회 고시위원 2014년 American Journal of Breast Cancer Research 편집위원(현) 2015년 Journal of Clinical Oncology 편집위원(현) 2016~2018년 대한갑상선내분비외과학회 이사장 2017년 미국외과학회(ACS) 한국지부 총무이사(현) 2018년 대한종양외과학회 부회장(현)

## 김이숙(金二淑·女) PAULA KIM

(생)1959·12·12 (본)김녕(金寧) (출)전남 보성 (주)서울특별시 서초구 서초대로74길 51 롯데골드로즈 216호 이코퍼레이션(주)(070-7566-5222) (학)이화여대 영어영문학과졸, 미국 밴더빌트대 대학원졸 (경)1982~1984년 한국IBM 근무 1988~1990년 미국 Vanderbilt Univ. Medical Center Mktg & Communication Dept. System Analyst 1991년 한국IBM 유통영업지사 Systems Engineer 1994년 한국아이시스(주) PC DOCS 사업부장 1997년 한국파일네트(주) 영업총괄이사 1999년 이코퍼레이션(주) 대표이사(현) 2000년 (사)한국인터넷기업협회 부회장 2009년 국제피플투피플 한국본부 이사 2014년 이화여대 경영대학 겸임교수(현) (역)'CEO 코치의 비밀'(2001, 좋은책만들기)

## 김이재(金伊財·女) Kim Leejae

(생)1961·12·13 (주)전라북도 전주시 완산구 효자로 225 전라북도의회(063-280-3970) (학)조선대 산업미술학과졸, 원광대 대학원 미술학과졸 (경)베니키아전주한성관광호텔 대표(현), 더불어민주당 전북도당 직능위원회 위원장, (사)한국공예문화협회 이사(현) 2017년 전북도의원보궐선거 출마(무소속) 2018년 전북도의회 의원(더불어민주당)(현) 2018년 同행정자치위원회 위원(현) 2018년 同외교활동운영협의회 위원장(현), 더불어민주당 전북도당 여성위원장(현)

## 김이주(金二柱) KIM YEE JOO

(생)1965·9·20 (본)김해(金海) (출)전남 함평 (주)세종특별자치시 가름로 232 보훈심사위원회 사무국 심사1과(044-202-5830) (학)1984년 전남고졸 1991년 조선대 경영학과졸 1993년 전남대 행정대학원 행정학과졸 (경)1985년 공무원 임용(9급) 1985년 국가보훈처 근무 2008년 사무관 승진 2014년 국가보훈처 나라사랑정책과 서기관 2016년 同충북남부보훈지청장 2017년 同보훈단체협력관실 보훈단체협력담당관 2019년 同보훈심사위원회 사무국 심사1과장(현)

## 김이탁(金利柝) KIM Ei Tak

(생)1969·9·27 (주)세종특별자치시 도움6로 11 국토교통부 도시재생사업기획단(044-201-4900) (학)1987년 서울 광성고졸 1992년 서울대 경제학과졸 (경)2000년 건설교통부 기획담당관실 사무관 2003년 同기획담당관실 서기관 2006년 同복합도시개발팀장 2007년 同민자사업팀장 2008년 국토해양부 민자사업팀장 2008년 同주택시장제도과장 2009년 同주택토지실 주택건설공급과장 2011년 同국토정책국 지역정책과장 2011년 同운영지원과장 2012년 同운영지원과장(부이사관) 2013년 국토교통부 운영지원과장 2013년 미국 교육파견 2015년 국토교통부 주택정비과장 2016년 同주택정책과장 2017년 同정책기획관 2017년 同도시재생사업기획단장(현) (상)고운문화상 창의부문(2009)

## 김이태(金二泰) KIM I Tae

(생)1966·4·18 (출)경남 하동 (주)경기도 수원시 영통구 삼성로 129 삼성전자(주) 커뮤니케이션팀(031-200-1114) (학)1985년 마산 경상고졸 1990년 서울대 경영학과졸 1992년 同경영대학원졸 (경)1992년 행정고시 합격(36회) 1995년 재정경제원 세제실 국제조세과 사무관 1997년 同차관실 사무관 1998년 미국 미주리대 연수 2001년 재정경제부 국제금융국 국제금융과 사무관 2002년 서기관 승진 2002년 미국 IMF 파견 2003년 재정경제부 외화자금과 서기관 2006년 同복지경제과장 2007년 대통령비서실 파견 2008년 기획재정부 국제금융국 국부운용과장 2009년 同국제금융국 금융협력과장 2010년 同국제금융국 외화자금과장 2011년 同국제금융국 국제금융과장(부이사관) 2012년 국제통화기금(IMF) 통화자본시장국 어드바이저(부이사관) 2016년 삼성전자 IR그룹 상무 2017년 同기획팀 상무 2017년 同기획팀 전무 2018년 同커뮤니케이션팀 전무(현)

## 김이택(金利澤) KIM Yi Taek

(생)1961·10·8 (출)인천 (주)서울특별시 마포구 효창목길 6 한겨레신문 논설위원실(02-710-0121) (학)1986년 서울대 공법학과졸 (경)1986년 한국일보 사회부 기자 1988년 한겨레신문 입사 1999년 同사회부 기자 2000년 同민권사회1부 차장 2001년 同민권사회2부 차장 2002년 同정치부 차장 2003년 同사회부장 2005년 同뉴스총괄담당 부국장 2006년 同국내담당 편집장 2006년 同편집국 어젠다팀장 2007년 同편집국 기획담당 부국장 2008년 법조언론인클럽 부회장 2009년 한겨레신문 편집국 수석부국장 2010년 관훈클럽 편집위원 2011년 한겨레신문 논설위원 2014년 同편집국장 2016년 同논설위원(현) 2018년 '국민과 함께하는 사법발전위원회' 위원(현) 2019년 법무부 검찰총장후보추천위원회 위원

## 김이환(金貳煥) KIM Yi Hwan (月湖)

(생)1942·4·5 (본)경주(慶州) (출)충남 서천 (주)서울특별시 영등포구 버드나루로7길 7 카보드동우빌딩 한국베트남문화교류협회(02-2637-3220) (학)1960년 대전 보문고졸 1964년 중앙대 신문방송학과졸 1969년 同대학원 신문방송학과 수료 1975년 서울대 신문대학원졸 1991년 고려대 정책과학대학원

수료 1995년 서강대 경영대학원 수료 1995년 서울대 행정대학원 수료 1999년 고려대 언론대학원 최고위과정 수료 2000년 경희대 NGO대학원 최고위과정 수료 2005년 언론학박사(성균관대) (경)1966년 롯데그룹·롯데삼강 홍보실장 1980년 연합통신 국장 1992년 아남그룹·아남반도체 사장 2004년 한국광고주협회 상근부회장 2013~2016년 방송통신위원회 방송광고균형발전위원장 2013년 (사)한국베트남문화교류협회(KOVECA) 상임고문, 同고문(현) (상)국민포장(1996), 한국광고인대상(1997), 중앙언론문화상(1998), 한국PR대상(1998), 한국언론대상 공로부문(2002), 화관문화훈장(2007), 산업포장(2014) (역)'시각적 사고(共)'(1989) '101가지 PR전략'(1997) '101가지 동기부여'(1998) '의욕적인 사람으로 만들어주는 101가지 방법'(1998) (종)기독교

## 김익래(金翊來) KIM Ik Rae

(생)1950·12·16 (본)강릉(江陵) (출)강원 강릉 (주)서울특별시 마포구 독막로 311 다우키움그룹(070-8707-1000) (학)1969년 경복고졸 1974년 한국외국어대 영어과졸 1978년 연세대 경영대학원졸 2001년 명예 경영학박사(한국외국어대) (경)1976년 한국IBM 입사 1981년 (주)큐닉스 근무 1986~2000년 (주)다우기술 대표이사 사장 1988년 소프트웨어산업발전 민간위원 1990년 (주)옴니테크 대표이사 1992년 (주)다우데이타시스템 대표이사 1995~2000년 한국벤처기업협회 부회장 1996년 유망정보통신기업협회 부회장 1997~2002년 (주)다반테크 대표이사 2000년 다우그룹 회장 2000년 국민은행 사외이사 2000년 한국ASP산업컨소시엄 위원장 2000년 키움닷컴증권(주) 설립·대표 2002년 同고문 2003년 同이사 2003년 同이사회 의장, 엘렉스컴퓨터 회장 2007년 키움증권(주) 이사회 의장(현) 2008년 同회장(현) 2015년 (주)다우데이타 각자대표이사(현) 2019년 다우키움그룹 회장(현) (상)벤처기업상 우수상, 재무부장관표창(1993), 동탑산업훈장(1998)

## 김익주(金益柱)

(생)1963·2·10 (주)광주광역시 서구 내방로 111 광주광역시의회(062-613-5010) (학)금호고졸, 단국대 법학과졸, 同행정대학원 행정학과졸 (경)평동농협 감사, 새천년민주당 중앙당 대의원, 同광산지구당 선전부장, 同광주시지부 교통대책특별위원장, 민주평통 자문위원 2002~2006년 광주시 광산구의회 의원 2002년 同운영위원장, 호남대 행정학과 겸임교수 2010년 광주시의원선거 출마(무소속) 2018년 광주시의회 의원(더불어민주당)(현) 2018년 同행정자치위원장(현), 더불어민주당 광주광역시당 국민통합특별위원회 부위원장(현), 同광주광산구甲지역위원회 부위원장(현) (상)제15회 지방의회 우수조례 개인부문 우수상(2019) (저)'오메! 평동…'(1997) '오메! 광산…'(2005) (종)가톨릭

## 김익태(金益泰) Kim Ik Tae

(생)1964·2·24 (본)김해(金海) (주)서울특별시 은평구 서오릉로 7 은평세무서(02-2132-9200) (학)전주 신흥고졸 1984년 세무대학졸(2기), 고려대 경영대학원 수료 (경)1984년 세무공무원 임용(8급 특채) 2011년 서울지방국세청 조사4국 서기관 2012년 同조사3국 서기관 2013년 서광주세무서장 2014년 경기 동고양세무서장 2014년 서울지방국세청 조사1국 조사2과장 2015년 서울 삼성세무서장 2016년 경기 고양세무서장 2017년 중부지방국세청 조사4국 징세송무팀장 2019년 서울 은평세무서장(현)

## 김익현(金益鉉) KIM Ik Hyun

(생)1965·6·25 (본)풍산(豊山) (출)서울 (주)서울특별시 서초구 서초대로 264 법조타워 법무법인 다담(02-501-5100) (학)1984년 휘문고졸 1988년 서울대 법대 법학과졸 (경)1987년 사법시험 합격(29회) 1990년 사법연수원 수료(19기) 1990년 서울지법 남부지원 판사 1992년 서울민사지법 판사 1994년 춘천지법 원주지원 판사 1997년 서울지법 남부지원 판사 1999년 서울지법 판사 2001년 서울가정법원 판사 2003년 서울고법 판사 2005년 서울가정법원 부장판사 2010년 서울북부지법 부장판사 2012년 서울중앙지법 부장판사 2015년 서울남부지법 부장판사 2016년 인천지법 부장판사 2016년 법무법인 다담 대표변호사(현)

## 김익환(金益煥) KIM Ik Hwan

(생)1970·6·12 (출)전남 담양 (주)서울특별시 서초구 강남대로 193 서울가정법원(02-2055-7116) (학)1988년 광주고졸 1994년 서울대 법학과졸 1996년 同대학원졸 (경)1996년 사법시험 합격(38회) 1999년 사법연수원 수료(28기) 1999년 해군 법무관 2002년 수원지법 판사 2004년 서울중앙지법 판사 2006년 춘천지법 속초지원 판사 2010년 서울고법 판사 2012년 서울중앙지법 판사 2014년 광주가정법원 부장판사 2016년 수원지법 부장판사 2019년 서울가정법원 부장판사(현)

## 김 인(金 寅) Kim In

(생)1943·11·23 (출)전남 강진 (주)서울특별시 성동구 마장로 210 한국기원 홍보팀(02-3407-3870) (학)1957년 덕수중졸 (경)1958년 프로바둑 입단 1959년 2단 승단 1960년 3단 승단 1961년 4단 승단 1962년 제6기 국수전 준우승·제3기 최고위전 준우승 1962년 渡日·기타니 미노루(木谷實) 입문 1963년 귀국 1964년 제4기 최고위전 준우승 1964년 5단 승단 1965년 제6기 패왕전 우승 1966년 제10기 국수전·제11기 국수전·제1기 왕위전 우승 1966년 6단 승단 1967년 제12기 국수전·제7기 패왕전·제2기 왕위전 우승 1967년 제7기 최고위전 준우승 1968년 제13기 국수전·제2기 왕좌전·제1기 최강전·제6기 청소년배·제8기 최고위전·제3기 왕위전 우승 1969년 제1기 명인전·제3기 왕좌전 준우승 1969년 제4기 왕위전·제8기 패왕전·제9기 패왕전 우승 1969년 7단 승단 1970년 제14기 국수전·제10기 패왕전·제5기 왕위전·제2기 명인전 우승 1971년 제15기 국수전(6연패)·제11기 패왕전·제6기 왕위전 우승 1971년 제3기 명인전 준우승 1971~1974년 한국프로기사회 회장 1972년 제12기 최고위전 우승 1972년 제16기 국수전 준우승 1973년 제1기 최강자전 준우승 1973년 제13기 최고위전(2연패)·제7기 왕위전(7연패) 우승 1974년 제8기 왕위전·제14기 최고위전 준우승 1974년 제1기 백남배 우승 1974년 8단 승단 1975년 제2기 백남배·제15기 최고위전 준우승 1975년 제9기 왕위전 우승 1976·1977년 제10·11기 왕위전 준우승 1977년 제3기 기왕전·제12기 패왕전 우승(7연패) 1978년 제4기 기왕전 준우승 1979년 제5기 최강자전 준우승 1983년 9단 승단(현) 1986년 제4기 박카스배 준우승 1988년 7·8·9단전 준우승 1989·1990년 동양증권배 본선 1992·1994년 기성전 본선 1995년 비씨카드배·왕위전 본선·테크론배 본선 1996년 왕위전·명인전·삼성화재배 본선 2000년 기성전 본선 2004년 전자랜드배 왕중왕전 봉황부 본선 2004년 (재)한국기원 이사(현) 2005년 제5기 잭필드배 프로시니어기전 본선 (상)기도문화상 감투상(1983), 국수(國手) 선정(2018), 문화체육관광부장관표창(2018), 바둑대상 공로상(2018)

## 김인걸(金仁杰) KIM In Geol

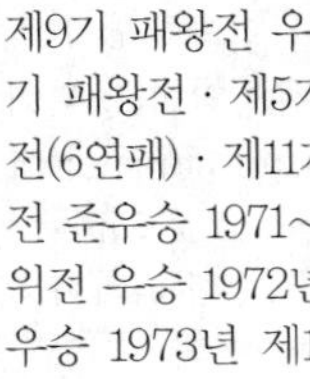

(생)1952·4·22 (출)서울 (주)서울특별시 은평구 진관1로 85 한국고전번역원(02-350-4800) (학)1975년 서울대 국사학과졸 1979년 同대학원 국사학과졸 1991년 문학박사(서울대) (경)1986~2017년 서울대 인문대학 국사학과 전임강사·조교수·부교수·교수 1995~1996년 한국역사학회 회장 2008년 학교법인 경기학원 이사 2011~2012년 서울대 박물관장 2012~2016년 同규장각한국학연구원장 2017년 同국사학과 명예교수(현) 2018년 한국고전번역원 이사장(현) (저)'조선시대 사회사 연구사료 총서 : 향약 1~3(共)'(1986, 보경문화사) '조선시기 사회사 연구법(共)'(1993, 한국정신문화연구원) '한국 현대사 강의(共)'(1998,

돌베개) '새로운 한국사 길잡이(共)'(2008, 지식산업사) '개정신판 한국사특강(共)'(2008, 서울대 출판부) '서울대 교과과정 및 학점이수제도 연구(共)'(2009, 서울대 평의회)

## 김인겸(金仁謙) KIM In Kyeom

(생)1963·10·31 (본)김해(金海) (출)서울 (주)서울특별시 서초구 서초대로 219 법원행정처 차장실(02-3480-1100) (학)1982년 광성고졸 1986년 서울대 법학과졸 1988년 同대학원 법학과졸 (경)1986년 사법시험 합격(28회) 1989년 사법연수원 수료(18기) 1989년 공군 법무관 1992년 서울형사지법 판사 1994년 서울민사지법 판사 1996년 전주지법 군산지원 판사 1998년 광주고법 판사 1999년 서울지법 동부지원 형사2부 판사 2000년 서울고법 판사 2000년 법원행정처 송무심의관 겸임 2003년 국회 파견 2004년 제주지법 수석부장판사 2005년 대법원 재판연구관 2007년 법원행정처 사법정책심의관 2008년 同윤리감사관 2009년 서울중앙지법 윤리감사관 2010년 同민사합의14부 부장판사 2011년 서울고법 춘천재판부 제1행정부·제1형사부 부장판사 2013년 수원지법 수석부장판사 2014년 서울고법 부장판사 2019년 법원행정처 차장(현) 2019년 법무부 검찰총장후보추천위원회 위원

## 김인권(金仁權) KIM In Kwon

(생)1951·3·27 (출)서울 (주)경기도 용인시 수지구 용구대로 2736 예스병원 병원장실(1899-7580) (학)서울고졸 1975년 서울대 의대졸 1982년 同대학원 의학석사 1990년 의학박사(서울대) (경)1975년 서울대병원 인턴 1977년 국립소록도병원 파견근무 1980~1983년 同공중보건의 1981년 인도 Schiefflin 나환자 재활병원 및 연구소·나환자를 위한 재활수술 수련의 1983년 여수애양병원 정형외과 과장 1987~1988년 영국 Oswestry. Robert Jone & Agues Hunt병원 정형외과 연수 1992년 여수애양병원 부원장 1995~2016년 同원장 1999~2008년 중국연변대학 복지병원 수술의료봉사 2003~2006년 베트남 St. Paul Hospital in Hanoi & ITO Hospital in Hochimin City에서 수술의료봉사 2007년 아프카니스탄 Curd Kabul Hospital에서 수술의료봉사 2008~2009년 미얀마 Yangon General Hospital에서 수술의료봉사, 한센복지협회 이사, 대한나학회 감사·부회장·이사(현) 2011년 EBS '명의' 선정 2016~2019년 여수애양병원 명예원장 2019년 예스병원 병원장(현) 2019년 한국한센복지협회 회장(현) (상)인돈문화상(1996), 세계성령봉사상(1997), 중외박애상(2000), 장기려의도상(2004), 국민훈장 무궁화장(2006), 도산봉사상(2012), 서울고총동창회 '자랑스런 서울인상'(2014), 중외학술복지재단 성천상(2016)

## 김인규(金仁圭) KIM In Kyu

(생)1950·2·5 (본)김해(金海) (출)서울 (주)경기도 수원시 영통구 광교산로 154-42 경기대학교 총장실(031-249-9114) (학)1968년 경기고졸 1973년 서울대 정치학과졸 1977년 同대학원 정치학과졸 2003년 고려대 언론대학원 최고위과정 수료 2007년 언론학박사(성균관대) (경)1973년 KBS 입사(공채 1기) 1973~1995년 同외신부·사회부·정치부 기자·기획보도실 특집부 차장·정치부 차장·정치부장·뉴욕지국장·워싱턴특파원 1995년 同정치부장 1996년 同보도국 취재주간 1997년 同보도국장 1998년 同부산방송총국장 1999년 同정책기획국장 1999년 同뉴미디어센터장 2000년 同특임본부장 2001~2003년 同뉴미디어본부장 2001년 국회 방송자문위원 2003~2006년 KBS 편성제작분과 이사 2003년 고려대 언론대학원 석좌교수 2004년 한국방송기자클럽 부회장 2005~2016년 (사)한국장애인재활협회 부회장 2005~2006년 한국방송학회 부회장 2007년 성균관대 언론정보대학원 초빙교수 2007년 한나라당 제17대 대통령선거 중앙선거대책위원회 방송전략팀장 2008년 이명박 대통령당선자 언론보좌역 2008~2009년 (사)한국디지털미디어산업협회 초대회장 2009~2012년 한국방송공사(KBS) 대표이사 사장 2009~2012년 한국지상파디지털방송추진협회(DTV코리아) 회장 2009~2012년 한국방송협회 회장 2010년 보건복지부 휴먼네트워크협의회 공동위원장 2010~2012년 한국전쟁기념재단 부이사장 2010년 G20정상회의준비위원회 민간위원 2010~2011년 아시아태평양방송연맹총회(ABU) 부회장 2011년 콘텐츠산업진흥위원회 민간위원 2011~2013년 아시아태평양방송연맹(ABU) 회장 2012년 한국방송협회 부회장 2012~2015년 한국전쟁기념재단 이사장 2013년 문화일보 드라마 칼럼니스트 2014년 대한언론인회 상담역 2015~2017년 (주)CJ오쇼핑 사외이사 겸 감사위원 2016년 (사)한국장애인재활협회 회장(현) 2016년 한국프로골프협회(KPGA) 자문위원(현) 2017년 경기대 총장(현) 2019년 경인지역대학총장협의회 제5대 회장(현) (상)국회의장표창(1983), 교육부장관표창(1999), 대통령표창(2000), 일맥문화대상 사회봉사상(2010), 올해의 자랑스러운 한국인 대상-방송언론부문(2010), 서울대 언론인대상(2011), 중앙언론문화상(2011), 국제 에미상 공로상(2012), 은탑산업훈장(2013), 아시아태평양방송연맹(ABU) 공로패(2014), 서울대총동창회 제18회 관악대상 참여부문(2016) (저)'지금 녹음하자는거요?' '그 해 겨울은 뜨거웠다'(2004) '방송인 김인규의 공영방송특강'(2005) '드라마 스캔들'(2013) (종)기독교

## 김인규

(생)1961 (출)경남 김해 (주)경상남도 거창군 거창읍 중앙로 97 거창경찰서(055-949-0321) (학)김해고졸, 동아대 행정학과졸 (경)1987년 경사 특채 1990년 경위 승진, 인천지방경찰청 보안1계장 2008년 경정 승진 2009년 인천 계양경찰서 경비교통과장 2009년 同정보보안과장 2011년 경찰청 보안3과 보안수사1담당 2015년 同감사담당관실 근무 2016년 충남지방경찰청 112종합상황실장(총경) 2016년 경남 통영경찰서장 2017년 울산지방경찰청 청문감사담당관 2019년 경남 거창경찰서장(현)

## 김인규(金寅圭) Kim In Kyu

(생)1962·11·16 (출)서울 (주)서울특별시 강남구 영동대로 714 하이트진로(주)(02-520-3103) (학)1981년 배재고졸 1989년 연세대 수학과졸 2012년 同경영대학원졸(MBA) (경)1989년 하이트맥주(주) 입사 2007년 하이트진로(주) 상무보 2008년 同상무 2009년 同전무 2010년 同부사장 2011년 同사장 2011년 同영업총괄 사장 2012년 同관리총괄 사장 2013~2018년 同영업·관리총괄 대표이사 사장 2017년 하이트진로홀딩스(주) 대표이사 사장 겸임(현) 2019년 하이트진로(주) 생산·관리총괄 대표이사 사장(현)

## 김인석(金仁奭) KIM Ihn Seok

(생)1947·8·4 (출)서울 (주)경기도 용인시 기흥구 덕영대로 1732 경희대학교 전자공학과(031-201-2520) (학)1967년 경희대 전파공학과졸 1982년 캐나다 오타와대 대학원졸 1990년 공학박사(캐나다 오타와대) (경)1982년 Com Dev Satellite System Technical Staff 1992년 경희대 전파공학과 조교수 1996년 同전파공학과 부교수 1998년 미국 전기전자기술자협회(IEEE) MTT(논문심사위원)(현) 2001~2007년 경희대 전자정보학부 교수 2005~2015년 IEC CISPR B분과 위원장 2005~2008년 과학기술부 한국EMC 기준전문위원 2007~2012년 경희대 전자전파공학과 교수 2008~2013년 교육과학기술부 한국EMC 기준전문위원 2012년 경희대 전자공학과 명예교수(현) 2013년 미래창조과학부 한국EMC 기준전문위원회 연구위원(현) (상)교육과학기술부장관표창(2012) (저)'새로 쓴 전자기학'(2007, 청문각) (종)기독교

**김인석(金仁錫) Kin In Seog**

(생)1961 · 1 · 3 (주)서울특별시 영등포구 여의대로 128 LG그룹 정도경영TFT팀(02-3777-0485) (학)부산남고졸, 부산대 경영학과졸 (경)1984년 금성사 입사 2004년 LG전자 DA경영기획팀장(상무) 2006년 同유럽경영관리팀장(상무) 2012년 同MC경영관리담당 전무 2012년 (주)LG 전자부문 경영관리팀장(전무) 2012년 (주)루셈 비상무이사 2015년 (주)LG 전자부문 경영관리팀장(부사장), (주)엘지실트론 비상무이사 겸임, 에릭슨엘지(주) 비상무이사 겸임 2016~2018년 LG전자(주) 경영전략부문장(부사장) 2019년 (주)LG그룹 정도경영TFT팀장(부사장)(현)

**김인선(金寅善) Kim, Insun**

(생)1956 (출)서울 (주)대전광역시 유성구 과학로 169-84 한국항공우주연구원 한국형발사체개발사업본부(042-870-3805) (학)1975년 경동고졸 1980년 서울대 항공공학과졸 1986년 미국 텍사스주립대 대학원 항공우주공학과졸 1991년 항공우주공학박사(미국 노스캐롤라이나주립대) (경)1980~1981년 (주)대한항공 항공기(Airbus-300) 정비담당 1981~1983년 (주)대림산업 플랜트설계및시공담당 1983~1984년 (주)한국전력기술 발전소설계담당 1991~2003년 한국항공우주연구원 선임연구원 · 책임연구원 2002~2004년 한국과학기술원(KAIST) 겸직교수 2003~2013년 한국항공우주연구원 발사체열공력팀장 2008~2013년 同나로호발사준비관리책임자 2013~2014년 同책임연구원 2014~2018년 同부원장 2018년 同한국형발사체개발사업본부 책임연구원(현) (상)국무총리표창(2003), 과학기술훈장 혁신장(2013)

**김인선(金仁善 · 女)**

(생)1960 · 10 · 5 (출)충남 논산 (주)경기도 성남시 수정구 수정로 157 한화생명빌딩 한국사회적기업진흥원(031-697-7700) (학)1979년 인천 인일여고졸 1983년 이화여대 사학과졸 1996년 숭실대 노사관계대학원 경제학과졸 2008년 경영학박사(한국항공대) (경)2004~2014년 (사)여성이만드는일과미래 상임이사 · 이사장 2007~2014년 사회적기업 (주)우리가만드는미래 대표이사 2010~2012년 (사)한국사회적기업중앙협의회 상임대표 2014~2018년 서울시 동부여성발전센터 대표 2017~2018년 대통령직속 일자리위원회 사회적경제전문위원회 위원장 2018년 한국사회적기업진흥원 원장(현) (상)올해의 공공부문 사회적기업가상(2019)

**김인섭(金仁燮) KIM In Sub (東泉)**

(생)1936 · 8 · 28 (출)충북 영동 (주)서울특별시 강남구 테헤란로 133 한국타이어빌딩 법무법인 태평양(02-3404-0111) (학)1955년 영동고졸 1961년 고려대 법대졸 1963년 서울대 사법대학원 수료 (경)1962년 고등고시 사법과 합격(14회) 1963년 서울지법 인천지원 판사 1965~1971년 서울민사지법 · 서울형사지법 · 대전지법 판사 1972년 서울고법 판사 1974년 대법원 재판연구관 1977년 서울민사지법 부장판사 겸 사법연수원 교수 1980~1990년 사법연수원 자문위원 겸 강사 1980년 변호사 개업(법무법인 태평양 설립) 1981~1998년 연합통신 법률고문 1983~1985년 감사원 정책자문위원회 위원 1984~1985년 대한변호사협회 이사 1984년 조달청 법률고문 1985~1988년 서울지방변호사회 이사 1986년 법무법인 태평양 대표변호사 1986~1987년 노동부 산업재해심사위원회 위원 1991~1998년 한국은행 금융분쟁조정위원회 위원 1992년 종합유선방송위원회 위원 1998~2004년 연합뉴스 법률고문 1998년 국세청 법률고문 1999년 미국 하와이 East-West Center 객원연구원 2001년 조흥은행백년재단 이사회 이사, 법무법인 태평양 명예 대표변호사(현) 2008~2012년 (재)굿소사이어티 이사장 (상)석탑산업훈장(2002) (종)기독교

**김인수(金仁洙) KIM In Soo**

(생)1955 · 8 · 2 (출)서울 (주)서울특별시 서대문구 충정로 13 삼창빌딩경영(주) 대표이사실(02-392-6611) (학)1979년 서울대 건축학과졸 1984년 고려대 경영대학원졸 (경)1980~2011년 (주)삼창텔레콤 대표이사 1980~1992년 삼창광업개발(주) 대표이사 부사장 1994년 서서울케이블TV 이사 1994년 운암지질학상운영위원회 이사장(현) 2012년 삼창빌딩경영(주) 대표이사(현) (상)과학기술처장관표창

**김인수(金仁洙) Kim In Soo**

(생)1959 · 7 · 13 (본)광산(光山) (출)경북 영천 (주)서울특별시 구로구 공원로 54 (재)한국SGI 이사장실(02-6300-7041) (학)1977년 포항제철공업고졸, 건양대 경영학과졸, 同대학원 경영학과졸 (경)1977~1993년 포항종합제철(주) 근무 1993년 (재)한국SGI 입사 1999~2011년 同조직국장 2003~2013년 同장년부장 2004~2013년 同부이사장 2011~2013년 同사무총장 2013년 同이사장(현) (상)캐나다 SGI 평화상(2007), 세계교육공헌상(2010)

**김인수(金仁洙)**

(생)1961 · 7 · 31 (주)충청남도 천안시 서북구 광장로 215 충남문화산업진흥원(041-620-6400) (학)서울공고졸, 서울대 자원공학과졸 (경)2000~2005년 (주)시네마서비스 부사장 2005~2008년 同대표이사 2011년 한국영화진흥위원회 기반조성본부장 2013~2015년 同사무국장, 부산일보 영화연구소장 2015~2017년 충남영상위원회 위원장 2017년 충남문화산업진흥원 제8대 원장(현)

**김인숙(金仁淑 · 女) KIM In Sook (慧垠)**

(생)1945 · 9 · 17 (본)청풍(淸風) (출)서울 (주)서울특별시 강남구 논현로97길 19-6 (주)서림에이엔씨 회장실(02-470-2630) (학)1964년 숙명여고졸 1969년 연세대 공대 건축공학과졸 1985년 同산업대학원 건축공학과졸 (경)1969~1973년 대한주택공사 건축연구실 기수 1979~1981년 (주)한성 기술개발부 계장 1982~1988년 우림콘크리트공업(주) 기술영업부 실장 1988~1994년 효성드라이비트(주) 기술영업부장 1994~1996년 동해엔지니어링(주) 기술영업 상무 1995~1997년 한국건축가협회 이사 1997~2001년 한내엔지니어링(주) 대표이사 1999~2003년 한국여성건축가협회 회장 2000~2002년 대한건축학회 이사 2001~2005년 대한건축가협회 이사 2001년 건설교통부 중앙건축위원 2003년 한국여성건축가협회 명예회장 2005년 (주)서림에이엔씨 회장(현) (종)불교

**김인숙(金仁淑 · 女) Kim In Sook (貞明)**

(생)1953 · 1 · 12 (본)김해(金海) (출)대구 (주)서울특별시 서초구 사평대로22길 65 해원빌리지 301호 국민무용진흥협회(02-591-3555) (학)1971년 진명여고졸 1975년 이화여대 무용학과졸(故홍정희 교수에게 사사) 1984년 세종대 대학원 무용학과졸(김정욱 교수에게 사사) 1985년 일본 Tokyo City Ballet Company 수료 1986년 미국 New York Univ. Summer Session 수료 1998년 이학박사(한양대) (경)2000~2018년 서울기독대 무용학과 교수, 同기획관리처장 · 학생복지처장 · 학술정보관장 · 평생교육원장 · 무용학과장, 한국문화예술위원회 중앙위원, 예술강사 서울지역위원장, 同제주지역위원장, (사)한국발레협회 부회장, (사)한국발레연구학회 부회장, 무용교육발전추진위원회 사무국장, (사)한국무용협회 무용대상 운영위원, (사)대한무용학회 상임이사, 한국무용예술학회 이사, (사)한국교육무용교육학회 이사, 강동 스프링댄스페스티벌 조직위원, 무용교육혁신위원회 부위원장(현), (사)한국무용교육학회 상임

이사, 김인숙그랑발레단 예술감독 2013~2016년 (사)한국발레협회 회장 2013~2016년 대한민국발레축제조직위원회 위원장 2017년 국민무용진흥협회 회장(현) 2018~2019년 서울기독대 무용학과 특임교수 (상)무용콩쿨개인무 금상(1983), (사)한국발레연구학회 아카데미상(2007), (사)한국발레협회 무용가상(2008), 한국문화예술교육진흥원 공로상(2009), (사)한국발레협회 대상(2010), 스포츠조선 자랑스런 혁신한국인상(2011), 서울기독대 강의평가우수교수표창(2011), 문화체육관광부장관표창(2013) (저)'기독교와 무용'(1994, 하나글방) (역)'서양무용의 역사(編)'(1995) '동양의 전통무용'(1997) (작)'人間의 都市'(1988) '영혼의 고백'(1990) '욕망이라는 이름의 전차'(1990) '블랑슈의 환상'(1996) '그 땅에 살게 하소서'(1996) '봄의 제전'(1998) '야누스'(2002) '5월의 신부'(2003) '사랑하는 영혼만이 행복하다'(2004) '탄생'(2004) '피에타의 꽃길'(2005) '봄, 여름, 가을, 겨울로의 여행'(2006) '불의 숲으로의 여행'(2006) '환희의 소나타'(2006) '사마리아의 샘물'(2007) '생명의 물갈'(2008) '사랑의, 사랑에 의한, 사랑을 위한 발레'(2009) '10주년 In The Beginning'(2010) '가슴밤의 Promenade'(2011) '유리바다'(2012) '2013 K-Ballet World'(2013) '파샤의 정원'(2013) '2014 K-Ballet World'(2014) (종)기독교

### 김인순(金仁順·女)

(생)1967·8·1 (주)경기도 수원시 팔달구 효원로 1 경기도의회(031-8008-7000) (학)한세대 경찰법무·경영대학원 복지경영학과졸 (경)'참 좋은 사랑의 밥차' 부회장, 화성시 남부노인복지관 운영위원, 사랑한모금연합회 이사, 화성노동복지연구소(기아노동집행부) 이사, 화성문화원 이사, 독일정치경제연구소 감사, 크리스토퍼리더십평생교육원 화성지부장, 화성참여자치시민연대 상임대표, 더불어민주당 중앙당 부대변인 2018년 경기도의회 의원(더불어민주당)(현) 2018년 同여성가족평생교육위원회 부위원장(현)

### 김인술(金仁述) KIM In Sul

(생)1940·9·25 (출)서울 (주)충청남도 천안시 동남구 목천읍 학수소사길 219 연합정밀(주) 비서실(041-620-3110) (학)1962년 한양대 기계공학과졸 (경)1975년 연합전선(주) 상무 1978년 同부사장 1980년 연합정밀(주) 대표이사 부사장 1986년 同대표이사 사장, 同회장(현)

### 김인식(金仁植) KIM In Sik

(생)1936·1·25 (본)김해(金海) (출)서울 (주)서울특별시 강남구 논현로134길 11 한국건설품질연구원 이사장실(02-501-5561) (학)1956년 경동고졸 1962년 서울대 공대 토목과졸 (경)1962년 서울시 건설국 토목과 근무 1972년 同지하철건설본부 공사계장 1977년 同수도국 수원과장 1978~1980년 同건설국 도로과장·도로국장 직대 1981년 同건설관리국장 1983년 同종합건설본부 공정관리실장 1984년 同도시국장 1986년 국방대학원 파견 1987년 서울시 상하수국장 1988년 同건설관리국장 1989~1990년 同종합건설본부장 1992년 (주)신성 사장 1996년 한국건설품질관리연구원 원장 1998년 시설안전진단협회 회장 2000·2004년 한국건설품질연구원 이사장(현) 2001년 (주)쌍용엔지니어링 회장 (상)대통령표창, 홍조근정훈장 (종)불교

### 김인식(金寅植) KIM In Sik

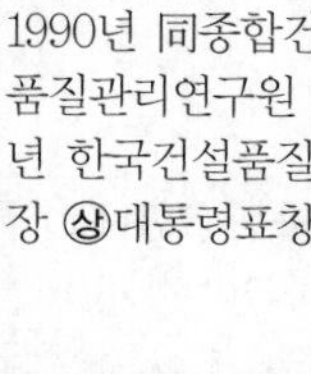

(생)1947·5·1 (본)경주(慶州) (출)서울 (주)서울특별시 강남구 강남대로 278 한국야구위원회(KBO)(02-3460-4600) (학)1965년 배문고졸 (경)1965년 크라운맥주 야구단 선수 1969~1972년 한일은행 야구단 투수 1973~1985년 배문고·상문고·동국대 야구부 감독 1986년 프로야구 해태 타이거즈 수석코치 1990~1992년 프로야구 쌍방울 레이더스 감독 1994~1997년 프로야구 OB 베어즈 감독 1995년 한국시리즈 우승 1997~2003년 프로야구 두산 베어스 감독 2000년 시드니올림픽 국가대표팀 코치 2000년 한국시리즈 준우승 2001년 한국시리즈 우승 2002년 부산아시안게임 국가대표팀 야구감독(금메달) 2004~2009년 프로야구 한화 이글스 감독 2006년 월드베이스볼클래식(WBC) 국가대표 감독(4강 진출) 2006년 한국시리즈 준우승 2008~2009년 제2회 월드베이스볼클래식(WBC) 국가대표팀 감독(준우승) 2009년 프로야구 한화 이글스 고문 2010년 광저우아시안게임 야구대표팀 기술위원장 2010년 (사)일구회 부회장 2010~2017년 한국야구위원회(KBO) 규칙위원장 2010년 同기술위원장 2015년 세계야구소프트볼연맹(WBSC) 주관 '2015 프리미어 12' 국가대표팀 감독(우승) 2016년 2017 월드베이스볼클래식(WBC) 기술위원장 2016년 (사)일구회 고문(현) 2016년 2017 월드베이스볼클래식(WBC) 국가대표팀 감독 2017년 한국야구위원회(KBO) 총재특보 2018년 同총재고문(현) (상)일구회 마구마구일구상 대상(2009), 조아제약 프로야구대상 공로상(2009), 한국야구위원회 공로패(2009), 한국야구위원회 공로상(2010), 프로야구 30주년 공로상(2011), 조아제약 프로야구대상 공로상(2014), 대한민국체육상 공로상(2015), 일구회 넷마블마구마구일구상 대상(2015), 동아스포츠대상 특별상(2015), 조아제약 프로야구대상 공로상(2015), 플레이어스 초이스 어워드 공로상(2015), 스포츠서울 프로야구 공로상(2017)

### 김인식(金仁植) KIM In Sik

(생)1954·12·21 (출)경남 진주 (주)전라남도 나주시 그린로 20 한국농어촌공사(054-531-3607) (학)1974년 진주고졸 1982년 경상대 축산학과졸 (경)전국농민단체협의회 사무총장 2003년 제16대 대통령직인수위원회 경제2분과 전문위원 2003년 대통령직속 농어촌·농어업특별대책위원회 상임위원 2003년 대통령 농어촌대책태스크포스팀장 2004년 대통령 농어촌비서관 2006~2008년 농촌진흥청장 2009년 경상대 농업생명과학대학 동물생명과학전공 객원교수 2010년 경남민주도정협의회 위원 2019년 한국농어촌공사 사장(현)

### 김인식(金仁植·女) KIM In Sik

(생)1957·9·9 (본)경주(慶州) (출)대전 (주)대전광역시 서구 둔산로 100 대전광역시의회(042-270-5142) (학)주성대학 사회복지학과졸, 한밭대 경영학과졸 2012년 충남대 행정대학원 행정학과졸 (경)열린우리당 대전시당 상무위원, 한국웅변연합회 대전시 회장, 대전시자원봉사연합회 이사, 대한어린이집 이사장 2006~2010년 대전시의회 의원(비례대표, 열린우리당·통합민주당·민주당), 同윤리특별위원회 부위원장 2008년 통합민주당 대전시당 상무위원 2008년 同대전시당 여성위원장 2008년 민주당 대전시당 상무위원 2009년 대전시의회 운영위원회 위원 2009년 同교육사회위원회 부위원장 2009년 同예산결산특별위원회 부위원장 2009년 同윤리특별위원회 부위원장 2010년 대전시의회 의원(민주당·민주통합당·민주당·새정치민주연합) 2011년 민주통합당 대전시당 여성위원장 2012년 대전시의회 부의장 2014~2018년 대전시의회 의원(새정치민주연합·더불어민주당) 2014~2016년 同의장 2015~2016년 전국시·도의회의장협의회 사무총장 2016~2018년 대전시의회 교육위원회 위원 2018년 대전시의회 의원(더불어민주당)(현) 2018년 더불어민주당 여성지방의원협의회 공동대표(현) (상)대전장애인인권포럼 장애인정책 우수의원상(2011), 지방의원 매니페스토 약속대상(2015), 대한민국 유권자 대상(2016) (종)기독교

### 김인영(金仁泳) KIM In Young

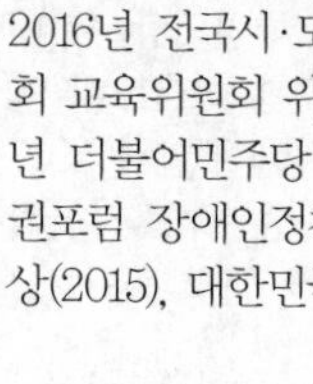

(생)1939·12·26 (본)연안(延安) (출)황해 벽성 (학)1958년 수원고졸 1962년 중앙대 경제학과졸 1990년 서울대 행정대학원 수료 (경)1977년 수원청년회의소 회장 1978~2008년 인영약품(주) 대표이사 1981년 민주정의당(민정당) 경기1지구당 부위원장·수원시 사회정화위원장 1983년 同경기도지

부 운영위원 1987년 경기도 도정자문위원 1987년 경기일보 창업준비위원장 1988년 제13대 국회의원(수원甲, 민정당·민자당) 1990년 민자당 정책조정실 부실장 1992년 제14대 국회의원(수원권선甲, 민자당·신한국당) 1992~2000년 환경보건문제연구소 이사장 1993년 민자당 원내부총무 1993년 한·구주의원외교협의회 부회장 1996년 제15대 국회의원(수원권선, 신한국당·한나라당·국민회의·새천년민주당) 1997년 한나라당 경기도지부 위원장 1998년 국회 정보위원장 1998년 경기일보 고문 2000년 새천년민주당 당무위원 2000년 同수원권선지구당 위원장, 경기일보 비상임이사 (상)국무총리표창, 국민훈장 목련장 (종)불교

### 김인영(金仁泳)

(생)1958·2·12 (출)전북 (주)서울특별시 강남구 학동로 309 6층 국제에프엑스렌트본부(주)(1899-7564) (학)검정고시 합격 1982년 경희대 정치외교학과졸 1984년 同대학원 정치학과졸, 정치학박사(경희대) (경)2000년 한국방송공사(KBS) 국제부 기자 2001년 同보도본부 해외지국 방콕특파원 2003년 同라디오 '안녕하십니까 김인영입니다' 진행 2004년 同보도본부 라디오뉴스제작팀 기자 2009년 同보도본부 보도국 행정복지팀장, 同보도본부 탐사제작팀장 2012년 同보도본부 보도국 인터넷뉴스 주간 2014년 同이사회 사무국장 2014년 同강릉방송국장 2015~2016년 同보도본부장 2015~2016년 경희언론인회 회장 2017~2019년 KBS미디어 감사 2019년 국제에프엑스렌트본부(주) 대표이사(현)

### 김인영(金仁榮)

(생)1958·3·10 (주)경기도 수원시 팔달구 효원로 1 경기도의회(031-8008-7000) (학)이천농고졸, 동원대졸 (경)부발농협 이사, 경기 이천시 부발읍 죽당2리 이장 2010~2014년 경기 이천시의회 의원(한나라당·새누리당) 2010~2012년 同의장, 부발읍발전협의회 회장 2014년 경기도의원선거 출마(새누리당) 2018년 경기도의회 의원(더불어민주당)(현) 2018년 同건설교통위원회 위원(현) 2018~2019년 예산결산특별위원회 위원

### 김인원(金仁垣) KIM Inwon

(생)1962·12·10 (출)전북 남원 (주)서울특별시 서초구 법원로 15 정곡빌딩 서관 517호 법무법인 서울센트럴(02-537-4100) (학)1980년 우신고졸 1984년 성균관대 법학과졸, 同대학원 법학과졸 (경)1989년 사법시험 합격(31회) 1990년 사법연수원 연수(21기) 1992년 인천지검 검사 1994년 광주지검 순천지청 검사 1996년 광주지검 검사 1998년 법무부 송무과 검사 2000년 서울지검 검사 2002년 제주지검 검사 2004년 同부부장검사 2005년 대전지검 홍성지청 부장검사 2006년 사법연수원 교수 2007년 법무연수원 교수 2008년 미국 스탠포드대 로스쿨 Visiting Scholar 2009년 서울북부지검 형사4부장 2009년 同형사3부장 2010년 변호사 개업 2011년 법무법인 서울센트럴 대표변호사(현) 2016년 제20대 국회의원선거 출마(서울 성북구乙, 국민의당) 2016년 국민의당 서울성북구乙지역위원회 위원장 2017년 同제19대 안철수 대통령후보 중앙선거대책위원회 공명선거추진단 부단장 2017년 同문자피해대책TF단장 2018년 바른미래당 서울성북구乙지역위원회 위원장 (저)'눈 크게 떠도 코 베가는 세상'(2012)

### 김인자(金仁子·女) Rose-Inza KIM (壽園)

(생)1932·8·17 (본)안동(安東) (출)서울 (주)서울특별시 영등포구 경인로71길 70 벽산디지털밸리 605호 한국심리상담연구소(02-790-9361) (학)1951년 경기여고졸 1958년 미국 세인트메리대 생화학과졸 1965년 미국 시카고로욜라대 대학원졸 2005년 명예 인문학박사(미국 시카고로욜라대) (경)1960년 한국국제가톨릭부인회 부회장 1960~1978년 서강대 전임강사·조교수·부교수 1970~1974년 가톨릭여성연합회 회장 1973년 서강대 여학생감 1977년 同학생생활상담실장 1978~1997년 同교양과정부 교수 1981년 민주평통 자문위원 1981년 한·이스라엘친선협회 부회장 1983년 전문직여성클럽연맹 공보분과위원장 1985년 평통 여성분과위원장 1986년 전문직여성클럽연맹 서울클럽 회장 1986년 한국심리상담연구소 소장(현) 1992년 한국가족치료학회 회장 1993년 한국대학상담학회 회장 1993년 서강대 교양과정부장 1996년 同평생교육원장 1997년 同명예교수(현) 2002년 한국좋은인간관계학회 회장·이사장 2008년 대인긍정심리교육재단 이사장(현) 2009~2011년 용문상담심리대학원대 총장 (상)국민훈장 동백장(1985) (저)'사람의 마음을 여는 열쇠 8가지' '엄마도 그럴 때가 있었지' '열린 부모 신나는 아이들' '현실요법과 선택이론' '처음 살아보는 오늘'(2008) (역)'적응심리' '동기유발' '인간관계와 자기표현' '효과적인 부모역할 훈련' '부모역할 배워지는 것인가' '현실요법의 적용' '당신의 삶은 누가 통제하는가' '다이어트는 이제 그만'(共) '행복의 심리' '긍정적 중독'(共) '섬유근육통' '긍정심리학(共)'(2006, 물푸레) '긍정심리학 프라이머(共)'(2010, 물푸레) '긍정심리학의 입장에서 본 성격강점의 덕목과 분류(共)'(2009, 한국심리상담연구소) (종)천주교

### 김인재(金仁在) KIM In Jae

(생)1959·2·11 (출)전남 무안 (주)인천광역시 미추홀구 인하로 100 인하대학교 법학전문대학원(032-860-8967) (학)1982년 서울대 법학과졸 1984년 同대학원 법학과졸 1996년 법학박사(서울대) (경)1991~1996년 한국법제연구원 선임연구원 1996~2006년 상지대 법학과 전임강사·조교수·부교수 1997년 학술단체협의회 연구위원장 1998년 민주주의법학연구회 기획위원장 1999년 상지대 사회과학연구소장 2001~2009년 월간 '노동법률' 편집위원 2001년 민주평통 자문위원 2003년 학교법인 상지학원 사무국장 2003년 노사정위원회 특수형태근로종사자특위 공익위원 2004년 전국민주노동조합총연맹 정책연구원 정책자문위원 2006년 국가인권위원회 인권정책본부장 2007년 인하대 법학전문대학원 교수(현) 2011~2013년 민주주의법학연구회 회장 2011~2013년 인천시 분쟁조정위원회 위원 2012년 同노사민정협의회 위원(현) 2013~2014년 학술단체협의회 상임대표 2014년 인천지방노동위원회 공익위원(현) 2014~2015년 한국노동법학회 회장 2014~2015년 한국사회보장법학회 회장 2015~2017년 인하대 법학전문대학원장 겸 법과대학장 2017년 더불어민주당 인천시당 선출직공직자평가위원회 위원 (상)경기도교육감표창(2013), 근정포장(2018) (저)'한반도 시대와 민주공동체'(2000) '노동법강의'(2002, 법문사) '장애우법률입문'(2004, 장애우권익문제연구소) '전력산업의 공공성과 통합적 에너지 관리'(2007, 도서출판 노기연) '2006 노동법의 쟁점'(2007, 한국노동연구원) '국가에너지 정책과 한국의 천연가스산업 연구'(2008, 노기연) '노동법의 이론과 실제 – 신인령선생님 정년기념논문집'(2008, 박영사) '전력산업 구조개편과 수직 통합의 경제학'(2010, 사회평론) '동북아 항공산업과 한국 허브공항의 발전 전망'(2010, 한모임) '노동법'(2011, 오래) '더불어 행복한 민주공화국'(2012, 폴리테이아) 'GLOBAL LEGAL ISSUES 2012 [1]'(2012, 한국법제연구원) '노동법(제2판)'(2013, 도서출판 오래) (종)천주교

### 김인재(金仁載) KIM In Jae

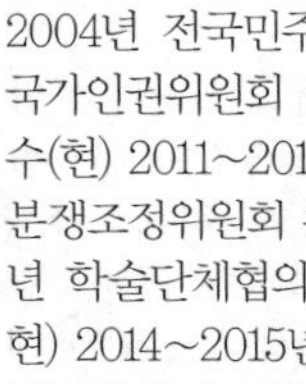

(생)1959·9·13 (주)서울특별시 송파구 올림픽로43길 88 아산사회복지재단 사무총장실(02-3010-2501) (학)1978년 동국대사대부고졸 1985년 한국외국어대 서반아어과졸 (경)1984년 현대건설 입사 1986~1996년 현대그룹 명예회장비서실 부장 1996~2001년 현대전자 영업·마케팅 담당임원(상무) 2001~2010년 하이닉스반도체 영업·마케팅 담당임원(상무) 2010~2013년 同미주법인장(전무) 2013~2014년 현대중공업 홍보실장(전무) 2014년 同서울사무소장 겸 기획실 커뮤니케이션팀장(전무) 2015년 아산사회복지재단 사무총장(현)

ㄱ

## 김인제(金仁濟) KIM In Je

[생]1974·1·15 [주]서울특별시 중구 세종대로 125 서울특별시의회(02-3702-1400) [학]성균관대 국정관리대학원 행정학과졸(석사) [경]2014~2018년 서울시의회 의원(새정치민주연합·더불어민주당) 2014년 同도시계획관리위원회 위원 2014년 同예산결산특별위원회 위원 2014년 同도시건축공동위원회 위원 2014년 同기금운영심의위원회 위원 2014년 同서울시민디자인위원회 위원 2014·2016년 同남북교류협력지원특별위원회 위원 2015~2016년 同하나고특혜의혹진상규명을위한행정사무조사특별위원회 위원 2015년 새정치민주연합 전국청년위원회 부위원장 2015~2016년 더불어민주당 전국청년위원회 부위원장 2016년 서울시의회 도시계획관리위원회 부위원장 2016년 同의회역량강화TF 위원 2016년 同서부지역광역철도건설특별위원회 위원 2016~2017년 同장기미집행도시공원특별위원회 위원 2016년 서울시 도시계획위원회 위원장(현) 2014~2016년 同도시건축공동위원회 위원 2016년 서울세계건축비엔날레 운영위원(현) 2017~2018년 서울시사회주택종합지원센터 자문위원장 2017~2018년 UIA서울세계건축대회 조직위원회 자문위원 2017년 서울시의회 서울주택도시공사사장후보자인사청문특별위원회 위원장 2018년 同더불어민주당 원내대표 2018년 서울시의회 의원(더불어민주당)(현) 2018년 同도시계획관리위원장(현) 2018년 서울시 중앙주거복지센터 자문위원장(현) 2018년 성공회대 열림교양대학 겸임교수(현) [상]서울사회복지대상 서울복지신문사장상(2014), 2014 매니페스토약속대상 지방선거부문 최우수상(2014), 지방자치100대좋은조례상(2015), 2016 매니페스토약속대상 좋은조례분야 최우수상(2017), 전국시·도의회의장협의회 우수의정대상(2017)

## 김인종(金仁宗) KIM In Jong (木山)

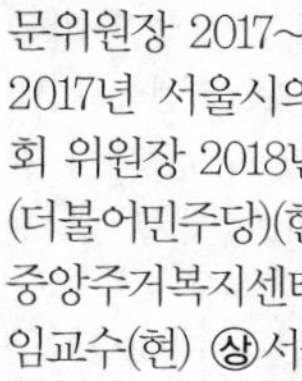

[생]1958·9·6 [출]전북 익산 [주]전라북도 익산시 익산대로 514 원광보건대학교 총장실(063-840-1113) [학]원광대 원불교학과졸, 同대학원 불교학과졸 1992년 철학박사(원광대), 한서대 대학원 노인복지학과졸, 문학박사(한서대) [경]원광보건대학 사회복지과 교수, 同기획조정처장 2007~2011년 同9대 총장 2010년 한국전문대학교육협의회 이사 2011~2015년 원광보건대 10대 총장 2013년 한국전문대학교육협의회 감사 2015년 원광보건대 11대 총장(현) [상]몽골 울란바토르 철도청 명예훈장(2017) [종]원불교

## 김인주(金仁宙) KIM In Ju

[생]1958·12·13 [출]경남 김해 [주]경기도 수원시 영통구 삼성로 129 삼성전자(02-2255-0114) [학]1976년 마산고졸 1980년 서울대 산업공학과졸 1982년 한국과학기술원(KAIST) 산업공학과졸(석사) [경]1980년 제일모직(주) 입사 1990년 삼성그룹 비서실 재무담당 과장 1997년 同이사 1998년 同상무이사 1999~2004년 同기업구조조정본부 재무팀장(전무·부사장·사장) 2004년 同기업구조조정본부 차장(사장) 2006년 同전략기획위원회 위원 2006년 同전략기획실 전략기획지원팀장(사장) 2008년 삼성전자(주) 상담역 2010년 삼성카드 고문 2011~2014년 (주)삼성선물 사장 2014년 삼성경제연구소 전략담당 사장 2016~2018년 同상담역 2019년 삼성전자 상담역(현)

## 김인중(金仁中) KIM In Joong

[생]1948·7·7 [출]경기 시흥 [주]경기도 안산시 상록구 석호공원로 8 안산동산교회(031-400-1105) [학]경복고졸, 서울대 사범대학 불어교육과졸, 총신대 대학원졸 [경]1979~2015년 안산동산교회 전도사·강도사·담임목사 1993년 학교법인 동산학원(안산동산고) 이사장, 안산시기독교연합회 회장, 교회갱신을위한목회자협의회 공동회장, 한국교회미래를준비하는모임 대표회장, 한국셀교회사역네트워크(KCCMN) 공동회장, 한국기독교귀순동포정착지원협의회 대표회장, 국제기아대책기구 이사, 총신대 운영이사, 세계성시화운동본부 총재 2015년 안산동산교회 원로목사(현) [저]'셀이 살아나는 이야기' '나는 행복한 전도자' '백절불굴 크리스천' '안산동산고 이야기' [종]기독교

## 김인중(金仁中)

[생]1968·7·25 [주]세종특별자치시 다솜2로 94 농림축산식품부 식량정책관실(044-201-1801) [학]1986년 청주 신흥고졸 1991년 연세대 행정학과졸 1995년 同행정대학원졸 [경]1993년 행정고시 합격(37회) 1994년 농림부 행정관리·투자심사·국제협력과 행정사무관 2001년 농림수산식품부 공보관실·식량정책과 근무 2004년 同재정평가팀장·미국 농무성 파견·장관 비서관 2011년 同기획조정실 기획재정담당관·농어촌정책국 농어촌정책과장 2013년 중앙공무원교육원 파견 2015년 새만금개발청 개발사업국장 2016년 농림축산식품부 창조농식품정책관 2017년 同식량정책관(현)

## 김인창(金仁昌)

[생]1966·11·8 [출]제주 [주]세종특별자치시 정부2청사로 13 해양경찰청 구조안전국 수색구조과(044-200-2114) [학]성산수산고졸, 목포해양대 항해학과졸, 동국대 법학과졸, 연세대 행정대학원졸 [경]1994년 경위 임관(경찰간부 후보 42기) 2003년 포항해양경찰서 해상안전과장 2010년 해양경찰청 정보2계장 2013년 동해지방해양경찰청 경비안전과 상황담당관 2014년 국민안전처 해양경비안전본부 해양항공과장(총경) 2015년 同동해해양경비안전본부 포항해양경비안전서장 2016년 同제주해양경비안전본부 경비안전과장 2016년 同해양경비안전본부 수상레저과장 2017년 제주해양경비안전서장 2017년 해양경찰청 제주해양경찰서장 2017년 同구조안전국 수색구조과장(현)

## 김인철(金仁哲) KIM In Chul

[생]1938·4·16 [출]경기 수원 [주]경기도 이천시 신둔면 이장로311번길 197-73 한국관광대학 노인전문병원(031-644-9131) [학]1957년 수원농림고졸 1963년 가톨릭대 의대졸 1967년 同대학원 의학석사 1971년 의학박사(가톨릭대) 1976년 미국 뉴욕 NYU Medical Center 외과 수련의 1980년 일본 도쿄암센터 연수 1986년 영국 캠브리지대 Addenbrooke's병원 외과 연수 1986~1987년 일본 준텐도대 외과 연수 [경]1968~1983년 가톨릭대 의대 전임강사·조교수·부교수 1980~1992년 同강남성모병원 외과 과장 1983~2003년 同의대 외과학교실 교수 1985~1989년 서울시의사회 부회장 1990년 가톨릭대 가톨릭중앙의료원 기획실장 1992~1996년 同강남성모병원장 1992~1998년 同의대 외과학교실 주임교수 1995년 대한병원협회 부회장 1996년 가톨릭대 의과연구원장 1999~2001년 대한병원협회 경영이사 1999~2001년 가톨릭대 의무부총장 겸 가톨릭중앙의료원 의무원장 2000~2003년 대한의학회 부회장 2000년 사립대학교의료원장협의회 회장 2001년 대한병원협회 정책담당 부회장 2002~2003년 대한외과학회 회장 2003년 가톨릭대 의대 명예교수 2004~2010년 한국관광대학 총장 2008년 同노인전문병원장(현) [상]옥조근정훈장(2003) [저]'복부외과의 실제'(1994) '최신외과학'(1995) '외과의 최신지견'(2003) '한국의 학술연구' '외과연구사'(2004) [종]천주교

## 김인철(金仁喆) Kim, In Chul

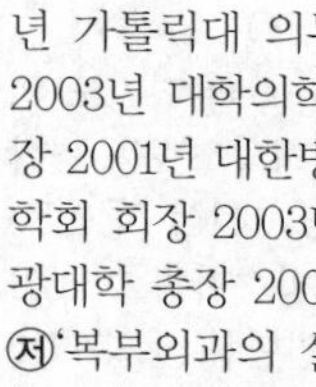

[생]1957·6·22 [본]분성(盆城) [출]경남 마산 [주]서울특별시 동대문구 이문로 107 한국외국어대학교 총장실(02-2173-2118) [학]1976년 용산고졸 1980년 한국외국어대 행정학과졸 1984년 同대학원 행정학과졸 1988년 정치학박사(미국 델라웨어대) [경]1988년 한국외국어대 행정학과 교수(현) 1994

년 호주 캔버라대 단기 초빙교수 1995 · 1996 · 2005년 미국 델라웨어대 계절학기 강의교수 1996년 미국 존스홉킨스대 정치학과 초빙교수 Fulbright Research Fellow 2002~2004년 한국외국어대 기획조정처장 2006년 재정경제부 혁신지원위원회 위원장 2007~2008년 한국외국어대 정치행정언론대학원장 2008~2010년 同서울캠퍼스 교무처장 2008~2010년 대검찰청 감찰위원회 감찰위원 2009~2011년 한미교육문화재단 이사 2010년 한국정책학회 회장 2010~2011년 한국외국어대 대외부총장 2010~2011년 국가교육개혁협의회 위원 2010~2011년 정부업무평가위원회 위원 2010~2011년 서울예술학원 재단이사 2011~2013년 감사원 감사위원(차관급 정무직) 2013~2016년 한국풀브라이트총동문회 회장 2014년 한국외국어대 총장(현) 2014~2015년 (재)한국 · 아랍소사이어티 이사장 2017년 (사)BBB코리아 회장(현) 2018년 한국사립대학총장협의회 회장(현) (상)대한민국무궁화대상 교육부문(2015), 러시아 푸시킨메달(2018) (저)'행정학세미나'(2006, 한국외국어대 정책과학대학원) '행정학조사방법론'(2006, 한국외국어대 정책과학대학원) '조직론'(2006, 한국외국어대 정책과학대학원) '한국정부와 민주행정(共)'(2006, 다산출판사) '정부평가의 이해와 실제(共)'(2007, 대영문화사) '새정부의 광역별 지역 현안(共)'(2008, 바른정책연구원) (종)기독교

## 김인철(金仁喆) KIM In Chul

(생)1965 · 6 · 1 (주)서울특별시 노원구 노해로 437 노원구청 부구청장실(02-2116-3012) (학)1991년 서울대 대학원 행정학과졸 (경)1988년 행정고시 합격(32회) 1989년 총무처 임용(행정사무관) 2002년 서울시 행정관리국 지방서기관 2003년 同교통국 버스체계개선반장 2005년 同복지건강국 건강도시추진단장 2006년 同대변인실 언론담당관 2006년 同복지건강국 노인복지과장 2009년 同복지국 복지정책과장 2010년 同일자리창출대책추진단장 2010년 同성동구 부구청장(지방부이사관) 2012년 同기획조정실 경영기획관 2013년 해외 훈련(지방부이사관) 2014년 서울시 대변인 2015년 同대변인(지방이사관) 2017년 同행정국장 2018년 同복지본부장 2018년 同노원구 부구청장(현)

## 김인철(金仁澈) Kim In-chul

(생)1965 · 10 · 20 (주)서울특별시 종로구 사직로8길 60 외교부 대변인실(02-2100-8050) (학)1987년 서울대 경제학과졸 1990년 한국외국어대 대학원 서반아어과졸 (경)1989년 외무고시 합격(23회) 1995년 駐국제연합(UN) 2등서기관 1998년 駐콜롬비아 1등서기관 2003년 駐프랑스 1등서기관 2005년 외교부 조약과장 2007년 駐보스턴 영사 2010년 駐아르헨티나공사 참사관 2013년 외교부 국제법률국 심의관 2014년 同국제법률국장 2016년 駐제네바대표부 차석대사 2018년 국립외교원 외교안보연구소장 2019년 외교부 대변인(현)

## 김인철(金仁哲) KIM IN CHEOL

(생)1968 · 7 · 8 (본)김해(金海) (출)서울 (주)경기도 의정부시 추동로 140 경기북부상공회의소 2층 연합뉴스 경기북부취재본부(031-853-1414) (학)1986년 영락고졸 1991년 한양대 신문방송학과졸 2011년 미국 듀크대 연수 (경)1994년 연합통신 입사(15기) 1994~1998년 同청주지사 · 제천주재 · 문화생활부 기자 1998~2005년 연합뉴스 문화생활부 · 문화부 · 사회부 · 산업부 기자 2005년 同산업부 차장대우 2007년 同전국부 차장대우 2008년 同전국부 차장 2008년 同사회부 차장 2011년 同편집국장석(해외연수) 부장대우 2012년 同사회부 부장대우 2013년 同전국부 부장대우 2013년 同미디어과학부 부장대우 2015년 同IT의료과학부 부장대우 2015년 同미디어여론독자부 부장대우 2016년 同미디어연론독자부 부장급 2017년 同미디어여론독자부장 2018년 同IT의료과학부장 2019년 同경기북부취재본부장(현)

## 김인택(金仁澤) KIM In Taek

(생)1970 · 4 · 21 (출)경북 봉화 (주)서울특별시 서초구 서초중앙로 157 서울중앙지방법원(02-530-1114) (학)1989년 경북 봉화고졸 1996년 경북대 법대졸 2004년 同대학원 수료 (경)1994년 사법시험 합격(36회) 1997년 사법연수원 수료(26기) 1997년 서울지법 서부지원 판사 1999년 서울지법 판사 2001년 창원지법 밀양지원 판사 2004년 의정부지법 고양지원 판사 2007년 서울중앙지법 판사 2008년 서울고법 판사 2010년 대법원 재판연구관 2012년 제주지법 부장판사 2015년 수원지법 여주지원장 2017년 서울중앙지법 부장판사(현)

## 김인현(金仁顯) KIM In Hyeon

(생)1959 · 8 · 5 (본)안동(安東) (출)경북 영덕 (주)서울특별시 성북구 안암로 145 고려대학교 법학전문대학원(02-3290-2885) (학)경북 영해고졸 1982년 한국해양대 항해학과졸 1996년 고려대 대학원 법학과졸 1999년 법학박사(고려대) 2004년 미국 텍사스대 대학원 법학과졸(LL.M) 2005년 고려대 법학과졸 (경)1982~1993년 일본 산코기센(三光汽船) 1등 항해사 및 선장(Captain) 1995년 김앤장법률사무소 해상팀 선장 1999~2007년 목포해양대 해상운송시스템학부 전임강사 · 조교수 · 부교수 1999년 중앙해양안전심판원 심판변론인(현) 2000년 국제해사기구 법률위원회 한국대표단 2003~2009년 UNCITRAL 운송법회의 한국대표단 2003년 한국해법학회 편집이사 2007년 부산대 법학과 부교수 2007년 대법원 전문심리위원(현) 2008년 대한상사중재원 중재인(현) 2009년 고려대 법학전문대학원 교수(현), 한국해법학회 수석부회장 2012년 싱가폴국립대(NUS) 법과대학 Fellow 겸 방문교수 2013년 고려대 법학전문대학원 부원장 2014~2018년 인천항만공사 항만위원 2016~2018년 한국해법학회 회장 2018년 해양수산부 정책자문위원장(현) (상)근정포장(2003), 국제거래법학회 심당학술상(2014), 고려대 석탑연구상(2016 · 2018) (저)'해상법 연구'(2002, 삼우사) '해상법'(2003) '해상교통'(2003) '보험해상법'(2003) '해상법 연구 II'(2008, 삼우사) '공저 보험해상법'(2008, 박영사) '해상교통법 제3판'(2011, 삼우사) '해상법 제3판'(2011, 법문사) 'Transport Law in South Korea'(2011, Kluwer) '선박충돌법'(2013, 법문사) '해상법 제4판'(2015, 법문사)

## 김인호(金仁浩) KIM In Ho (心石)

(생)1942 · 9 · 24 (본)김해(金海) (출)경남 밀양 (주)서울특별시 강남구 봉은사로30길 56 KDN빌딩 4층 시장경제연구원(02-3288-1970) (학)1960년 경기고졸 1966년 서울대 법대졸 1973년 미국 시라큐스대 맥스웰대학원졸 1988년 국방대학원 안보과정졸 1995년 고려대 언론대학원 최고경영자과정 수료 (경)1966년 행정고시 합격(4회) 1967년 경제기획원 사무관 1975년 同행정관리담당관 1976년 駐시카고총영사관 경제협력관 1980년 경제기획원 물가총괄과장 1982년 한국개발연구원(KDI) 파견 1984년 해외협력위원회 투자협력관 1985년 경제기획원 물가정책국장 1989년 同경제기획국장 1989년 同차관보 1990년 同대외경제조정실장 1992년 환경처 차관 1993년 한국소비자보호원 원장 1994년 철도청장 1996년 공정거래위원회 위원장(장관급) 1997년 대통령 경제수석비서관(장관급) 1999년 국가경영전략연구원 원장 2000~2001년 (주)와이즈인포넷 회장 2001~2004년 법무법인 세종 부설 시장경제연구원 운영위원장 2004~2007년 (재)중소기업연구원 원장 2008년 (재)시장경제연구원 이사장(현) 2010~2013년 공정거래위원회 소비자정책위원회 민간위원장 2014~2016년 기획재정부 중장기전략위원회 민간위원장 2015~2017년 한국무역협회 회장 2019년 코리안챔버오케스트라(KCO) 후원회장(현) (상)홍조근정훈장(1987), 황조근정훈장(1993), 자랑스러운 서울법대인(2018) (저)'경쟁이 꽃피는 경제'(1997, 공정거래위원회) '시장으로의 귀환'(1999, 국가경영전략연구원) '시장원리와 한국의 경제운용'

(2008, 중소기업연구원) '길을 두고 왜 길 아닌 데로 가나'(2010, 시장경제연구원) '시장이 살아 숨 쉬는 경제, 창조적 기업이 샘솟는 나라'(2017, 무역협회) (종)기독교

### 김인호(金仁浩) KIM In Ho

(생)1943·4·20 (출)충남 보령 (주)서울특별시 마포구 만리재옛길 23 금성출판사 사장실(02-2077-8027) (학)충남 홍성고졸, 숭실대 농촌사회학과졸 (경)삼화인쇄 이사, 양지사 대표이사, 명지문화사 대표이사, 그래픽아트 대표이사, 금성출판사 대표이사 사장(현) 1997년 학습자료협회 이사(현) 1997년 한국검정교과서 이사(현) 2000년 同발행조합 대표(현) (상)책의 날 기념 출판유공자 문화관광부장관표창(2004), 향토예비군 육성·발전 공로 서울특별시장표창(2006), 납세자의 날 대통령표창(2007), 책의 날 기념 출판유공자 국무총리표창(2009), 바른교육인상 교육과학기술부장관표창(2011)

### 김인호(金仁鎬) KIM In Ho

(생)1956·1·8 (본)김녕(金寧) (출)경남 합천 (주)서울특별시 서초구 언남길 51 법률사무소 길(02-555-9998) (학)1974년 경남고졸 1978년 서울대 법과대학졸 (경)1977년 사법시험 합격(19회) 1980년 사법연수원 수료(10기) 1980년 軍법무관 1983년 서울지검 검사 1985년 독일 뮌헨대 종합형사법연구소 연수 1987년 법무부 법무실 검사 1989년 서울지검 검사 1991년 창원지검 고등검찰관 1992년 법무부 특수법령과장 1994년 부산지검 특수부장 1996~1998년 대검찰청 환경과장·형사과장·중수2과장·중수1과장 1998년 서울지검 특수2부장 1999년 대전지검 천안지청장 2000년 서울고검 검사 2000년 제주지검 차장검사 2001년 부산지검 2차장검사 2002년 서울고검 검사 2003년 서울지검 고양지청장 2004년 대구고검 부장검사 2006년 광주고검 수석부장검사 2008년 서울고검 부장검사 2010년 광주고검 부장검사(법무부 정책연구과정 파견) 2012년 법률사무소 길 변호사(현) 2013년 법무법인 로텍 고문변호사 (저)'독일의 형사실무' '독일의 사법경찰제도' '북한법의 고찰(Ⅰ·Ⅱ)' '통일독일 및 동구제국의 몰수재산 처리 개관' (종)기독교

### 김인호(金仁鎬) KIM In Ho

(생)1967·5·24 (본)김해(金海) (출)전남 영암 (주)서울특별시 중구 세종대로 125 서울특별시의회(02-3702-1400) (학)2009년 고려대 법무대학원 지방자치법학과졸 (경)VIP홈쇼핑 CEO, 고려대 지방자치법학연구회 이사 2002년 새천년민주당 제16대 대통령중앙선거대책위원회 부위원장 2006년 서울시의원선거 출마(열린우리당) 2010년 서울시의회 의원(민주당·민주통합당·민주당·새정치민주연합) 2010년 同재정경제위원회 부위원장 2011년 同윤리특별위원회 위원 2011년 同정책연구위원회 위원 2011년 同예산결산특별위원회 위원 2012년 同인권도시창조를위한서울특별시의회인권특별위원회 위원 2012년 同지하철9호선및우면산터널등민간투자사업진상규명특별위원회 위원장 2012년 同재정경제위원회 위원장 2012년 중국 상해대 법학원 객좌교수(현) 2013년 서울시의회 남북교류협력지원특별위원회 위원 2014~2018년 서울시의회 의원(새정치민주연합·더불어민주당) 2014~2015년 同윤리특별위원회 위원 2014~2016년 同부의장 2014~2016년 同행정자치위원회 위원 2015년 同청년발전특별위원회 위원 2016년 同교통위원회 위원 2017년 同마을과학교협력을위한특별위원회 위원 2017년 同면목선등경전철건설사업조속추진지원을위한특별위원회 위원 2018년 서울시의회 의원(더불어민주당)(현) 2018년 同문화체육관광위원회 위원(현) 2018년 同정책위원회 위원(현) 2018년 同예산결산특별위원회 위원(현) 2019년 同체육단체 비위근절을 위한 행정사무조사 특별위원회 위원(현) (상)지방자치 의정대상(2014), 서울시립대 감사패(2015), (사)대한민국가족지킴이 대한민국실천대상 의정활동정책부문(2015), 범시민사회단체연합 선정 '올해의 좋은 정치인'(2015) (종)기독교

### 김인환(金仁煥) KIM In Whan

(생)1946·5·10 (출)경북 경주 (주)서울특별시 동작구 사당로 143 총신대학교(02-3479-0322) (학)1974년 총신대 신학과졸 1975년 同신학대학원졸 1980년 미국 웨스트민스터신학교 대학원졸 2000년 철학박사(영국 웨일즈대) (경)1982~2011년 총신대 신학과 교수 1984~1985년 同신학과장 1991년 同교무처장 1992~1994년 同평생교육원장 1994~1996년 同신학과장 1997년 同교무처장 1997~2000·2002~2004년 同부총장 1998~1999년 기독신문 논설위원 2003년 개혁신학회 구약학회장 2004~2007년 동작복지재단 이사장 겸 대표이사 2004~2008년 총신대 총장 2006~2008년 대학교육협의회 이사 2006~2008년 신학대학총장협의회 회장 2006~2010년 개혁신학회 회장 2007~2009년 (사)한국대학법인협의회 이사, 세계개혁주의협의회 이사 2011년 총신대 신학과 명예교수(현) 2014~2016년 대신대 총장 2016년 스와질란드 크리스천대(SCU) 총장(현) (상)(사)한국기독교문화예술원 문화교육부문(2007), 자랑스런 신학자상(2007) (저)'십일조 생활을 해야만 하는가?'(2001) (역)'하나님의 나라'(1994) '성경 해석학'(1995) (종)기독교

### 김인환(金仁煥) KIM In Hwan

(생)1954·9·21 (출)인천 (주)서울특별시 강남구 테헤란로 516 동일방직(주) 비서실(02-2222-3073) (학)1973년 성동고졸 1977년 인하대 섬유공학과졸 (경)동일방직(주) 인천·장항공장장(상무이사), 同생산본부 상무이사 2010~2016년 同대표이사 부사장 2017년 同대표이사 사장(현)

### 김인환(金仁煥) KIM In Hwan

(생)1959·11·30 (주)서울특별시 중구 세종대로 39 OK금융그룹 임원실(02-2009-6600) (학)덕수상고졸, 연세대 경영학과졸, 미국 미시간대 경영대학원졸(MBA) (경)1985년 한미은행 전산부 행원, 同자금부 대리, 同종합기획부 과장, 하나은행 전략기획팀장 2002년 同제휴추진팀장 2002년 同삼성센터지점장 2006년 同대기업금융2본부장 2008년 同대기업금융본부 부행장보 2009년 同기업영업그룹소속 부행장보 2009~2012년 同중국유한공사법인장 2012~2013년 하나금융지주 부사장 2014~2016년 하나생명보험(주) 대표이사 사장 2016년 OK금융그룹 부회장(현) 2016년 OK캐피탈 대표이사 겸임(현)

### 김인환(金仁煥)

(생)1968·1·12 (출)경북 예천 (주)대구광역시 달서구 성서4차첨단로 25 (주)맥스로텍 비서실(053-584-6540) (학)1990년 영남이공대학 전기제어과졸 2011년 同기계공학과졸 2016년 경북대 경영대학원졸 (경)1990년 대공ENG 대표 2001년 (주)가우스 대표이사 2003년 아진기계공업(주) 대표이사(CEO) 2006년 (주)맥스로텍 대표이사(현) 2013~2015년 (사)대구경북첨단벤처기업협회 회장 2013년 대구성서산업단지관리공단 이사(현) (상)지식경제부장관표창(2008), 중소기업청장표창(2010·2011), 대통령표창(2012), 대구지방국세청장표창(2012)

### 김인회(金仁會) Kim In Hoe

(생)1964·5·20 (출)부산 (주)인천광역시 미추홀구 인하로 100 인하대학교 법학전문대학원(032-860-8965) (학)1983년 동래고졸 1991년 서울대 공법학과졸 2006년 한국해양대 법학대학원 해사법학과졸 2008년 서울대 법과대학원 박사과정 수료 (경)1992년 공인노무사시험 합격 1993년 사법시험 합격(35회) 1996년 사법연수원 수료(25기) 1996~2005년 변호사 개업 2002년 민족화해협력범국민협의회 화해분과정책위원 2002년

(사)경제정의실천시민연합 통일협회 감사 2003년 법무법인 길상 변호사 2003년 대법원 산하 사법개혁위원회 전문위원 2004년 민주사회를위한변호사모임 수석사무차장 2005년 대통령 법무비서관실 행정관 겸 사법제도개혁추진위원회 기획추진단 간사 2006년 대통령 사회조정1비서관 2007~2008년 대통령 시민사회비서관 2008년 인하대 법학전문대학원 교수(현) 2012년 제19대 국회의원선거 출마(부산 연제구, 민주통합당) 2017년 대통령직속 정책기획위원회 국민주권분과 위원장(현) (저)'법조윤리(共)'(2010·2014·2017, 박영사) '문재인·김인회의 검찰을 생각한다'(2011, 오월의봄) '형사소송법'(2015, 피앤씨미디어) '시민의 광장으로 내려온 법정'(2016, 나남) '문제는 검찰이다'(2017, 오월의봄) '정의가 희망인 이유'(2018) '김인회의 사법개혁을 생각한다'(2018)

## 김인회(金仁會)

(생)1964·6·25 (주)경기도 성남시 분당구 불정로 90 (주)KT 경영기획부문(031-727-0114) (학)수성고졸 1987년 서울대 국제경제학과졸, 한국과학기술원(KAIST)경영학과졸(석사) (경)1989년 삼성전자(주) 경리과 근무, 同일본본사 경영기획팀 부장 2005년 同일본본사 경영기획팀 상무보 2009년 同일본본사 경영기획팀 상무 2009년 삼성코닝정밀소재 상무 2010~2013년 삼성중공업 자문역(상무) 2014년 (주)KT 재무실장(CFO·전무) 2015년 同비서실 2담당 전무 2015년 同비서실장(부사장) 2018년 同경영기획부문장(사장)(현)

## 김 일(金 一) KIM Il

(생)1970·8·16 (본)김해(金海) (출)서울 (주)서울특별시 금천구 가산디지털1로 212 코오롱디지털타워 애스턴빌딩 (주)솔고바이오메디칼 사장실(02-2082-7700) (학)1989년 문일고졸 1996년 연세대 응용통계학과졸 2006년 서울대 공과대학 최고산업전략과정 수료(35기) (경)1996~1999년 현대전자 메모리사업부 해외영업팀 근무 2000~2002년 일본 미즈호메디칼 해외영업부 근무 2002년 (주)솔고바이오메디칼 부장 2010년 同대표이사 사장(현) 2018년 (주)바이오넷 이사(현)

## 김일구(金一九) KIM ILGOO

(생)1966·12·14 (주)서울특별시 영등포구 여의대로 56 한화투자증권 리서치센터(02-3772-7000) (학)1986년 경남고졸 1990년 서울대 경제학과졸 1995년 同대학원 경제학 석사과정 수료 (경)1995~1998년 장은경제연구소 경제연구실 연구원 1998~1999년 LG경제연구원 금융연구실 선임연구원 1999년 LG선물 국제부 과장 2000년 미래에셋증권 리서치센터 이코노미스트 2000~2001년 미래에셋투자신탁 채권전략팀장 2001~2004년 굿모닝신한증권 기업분석부 연구위원 2004~2007년 랜드마크자산운용 운용본부장 2010~2011년 대우증권 리서치센터 채권분석부장 2011~2015년 씨티은행 WM상품부 리서치담당 부장 2015년 한화투자증권 리서치센터 투자전략팀장 2016년 同리서치센터장(현) 2018년 同투자전략팀장 겸임(현)

## 김일권(金一權)

(생)1951·10·19 (출)경남 양산 (주)경상남도 양산시 중앙로 39 양산시청(055-392-2001) (학)양산고졸 2006년 영산대 법경대학 행정학과졸 (경)1978~1985년 양산군청 근무 1989년 양산청년회의소 근무 1988~1993·1998~2007년 양산시볼링협회 회장 2002·2006~2010년 경남 양산시의회 의원 2005년 양산교육청 어깨동무운동추진위원장 2006~2008년 경남 양산시의회 의장 2010년 경남 양산시장선거 출마(무소속) 2014년 경남 양산시장선거 출마(새정치민주연합) 2017~2018년 더불어민주당 경남도당 지방자치특별위원회 위원장 2018년 경남 양산시장(더불어민주당)(현) (상)한국청년회의소 전국최우수개인회원상, 행정안전부장관표창(2017)

## 김일권(金日權) KIM IL Kwon

(생)1955·1·26 (본)김녕(金寧) (출)대구 (주)서울특별시 종로구 사직로 130 적선현대빌딩 8층 나라감정평가법인(02-6360-1109) (학)1973년 대륜고졸 1981년 영남대 경영학과졸 (경)1981~1991년 한국감정원 과장 1991년 나라감정평가법인 이사 2007년 同대표이사 2007~2008년 한국감정평가협회 부회장 2008년 나라감정평가법인 부회장(현), 감정평가사(현)

## 김일권(金一權)

(생)1967·8·15 (주)서울특별시 영등포구 의사당대로 1 국회예산정책처 예산분석실(02-788-3767) (학)서울대 영어영문학과졸, 미국 터프츠대 대학원 국제관계학과졸 (경)입법고시 합격(12회), 국회사무처 국제국 의전과 의전2담당, 同법제예산실 법제2과 입법조사관, 同농림해양수산위원회 입법조사관 2003년 同국제국 국제기구과장 2007년 同교육위원회 입법조사관 2008년 국회예산정책처 사업평가국 사회행정사업평가팀장(부이사관), 同사업평가국장 직대, 미국 국제전략문제연구소(CSIS) 방문연구원 2012년 국회사무처 외교통일위원회 입법조사관 2013년 同국제국 의회외교정책심의관 2015년 同국제국장(이사관) 2017년 同예산결산특별위원회 전문위원 2019년 국회예산정책처 예산분석실장(관리관)(현)

## 김일규

(생)1958 (주)서울특별시 마포구 서강로 77 (주)이랜드월드 임원실(02-2012-5366) (학)고려대 신문방송학과졸 (경)1984년 이랜드패션 입사 1994년 同해외법인 뉴욕지사본부장 1996년 同해외법인 영국법인장 2010년 同그룹 전략기획실장(CSO) 2013년 同미래사업부문 비지니스그룹(BG)장 2015년 이랜드건설 대표이사 부사장 2017년 (주)이랜드월드 지주부문 대표이사 부사장 2018년 이랜드그룹 커뮤니케이션실 총괄부사장 겸임 2019년 (주)이랜드월드 대표이사 부회장(현)

## 김일동(金一東)

(주)서울특별시 용산구 이태원로 22 국방부 전력정책관실(02-748-5600) (학)경북 자인고졸, 대구대 행정학과졸, 미국 워싱턴대 대학원 행정학과졸(석사) (경)1993년 행정고시 합격(37회) 2004년 국방부 군수기획담당관실 서기관, 국무조정실 파견 2006년 방위사업청 전력계획과장 2011년 同사업관리본부 경공격기사업팀장(부이사관) 2013년 同획득기획국 획득정책과장 2015년 同공직감사담당관 2015년 同획득기획국장(고위공무원) 2018년 同방위사업진흥국장 2018년 국방부 전력정책관(현)

## 김일섭(金一燮) KIM Il Sup

(생)1946·7·1 (출)부산 (주)서울특별시 서대문구 충정로7길 12 한국공인회계사회(02-3149-0100) (학)1964년 경기고졸 1969년 서울대 경영학과졸 1981년 同대학원 경영학과졸 1991년 경영학박사(서울대) (경)1971년 삼일회계법인 입사 1972년 한국공인회계사 자격취득 1982~1991년 서울대 강사 1982년 미국 공인회계사 자격취득 1982~1988년 공인회계사시험 출제위원 1983~1990년 정부투자기관경영평가단 계량간사 1994~1995년 행정쇄신위원회 실무위원 1994~1998년 한국공인회계사회 부회장, 세계회계사연맹 이사 1995~1997년 세계화추진위원회 위원 1995~1996년 한국회계학회 부회장 1996~1999년 삼일회계법인 부회장 1997년 금융개혁위원회 위원 1998~2000

년 한국공기업학회 회장 1998~2002년 규제개혁위원회 위원·간사 1999~2002년 한국회계연구원 초대원장 2002~2006년 이화여대 경영학과 전임교수 2002~2005년 同경영부총장 2002~2004년 한국이사협회 부회장 2002년 FPSB·한국FP협회 이사 2003~2006년 신한지주 사외이사 2004~2006년 LG전자 사외이사 2004~2006년 다산회계법인 대표이사 2006~2009년 삼성고른기회장학재단 감사 2006~2011년 딜로이트안진회계법인 회장 2006~2013년 학교법인 유한학원 이사장 2009~2011년 삼성고른기회장학재단 이사 2010~2013년 중앙공무원교육원 교육정책자문위원장 2011~2014년 한국형경영연구원 원장 2012~2017년 서울과학종합대학원(aSSIST) 총장 2014~2017년 포스코 사외이사 2014~2017년 (주)삼천리 사외이사 2016년 한국프로골프협회(KPGA) 자문위원 2017~2018년 한국FP협회(KFPA) 회장 2017~2018년 한국FPSB 회장 2017년 한국공인회계사회 사회공헌위원회 위원장(현) 2018년 대신증권(주) 사외이사 (상)국방부장관표창(1969), 대통령표창(1987), 국민훈장 동백장(1997), 삼일저명교수상(2004) (저)'한국기업의 성공조건'(1992) '중소기업의 성공조건'(1993) '서비스기업의 성공조건'(1993) '세계로 가는 우리경영'(1995) (종)기독교

### 김일수(金日洙) KIM IL-SOO

(생)1962·6·2 (본)김해(金海) (출)강원 원주 (주)대전광역시 서구 청사로 189 대전지방조달청 청장실(070-4056-8301) (학)1981년 원주고졸 1989년 성균관대 전자공학과졸 (경)2011년 부산지방조달청 자재구매과장 2012년 조달청 쇼핑몰단가계약팀장 2012년 同쇼핑몰기획과장 2013년 同외자구매과장 2014년 관세청 관세국경감시과장 2015년 조달청 자재장비과장 2017년 同시설사업국 시설사업기획과장(부이사관) 2019년 대전지방조달청장(현)

### 김일수(金鎰洙) Kim Il Soo

(생)1962·7·20 (출)전북 부안 (주)세종특별자치시 정부2청사로 13 소방청 119구조구급국(044-205-7600) (학)1984년 군산대 물리학과졸 1998년 한양대 환경대학원졸 (경)1984년 소방장 임용(특채) 1999년 행정자치부 월드컵기획단 근무 2004년 전북 부안소방서장 2007년 소방방재청 과학화기반팀 근무 2010년 충청소방학교 교장 2012년 소방방재청 방호조사과장 2013년 同중앙119구조단장 2013년 同중앙119구조본부장 2014년 국민안전처 중앙119구조본부장(소방준감) 2015년 경기도북부소방재난본부장 2018년 소방청 119구조구급국장(현) (상)근정포장(2002)

### 김일수(金壹洙)

(생)1967·4·7 (주)경상남도 창원시 의창구 상남로 290 경상남도의회(055-211-7374) (학)경상대 대학원 원예학과졸 (경)한국휴바스 대표, 자유한국당 경남도당 부위원장(현), 同거창군정책개발연구위원회 회장(현) 2018년 경남도의회 의원(자유한국당)(현) 2018년 同경제환경위원회 위원(현), 새거창로타리클럽회장(현), 법무부 거창지청 법사랑위원(현), 거창경찰서 보안협력위원(현)

### 김일순(金馹舜) KIM Il Soon

(생)1937·2·26 (본)청송(青松) (출)함남 함흥 (주)서울특별시 송파구 오금로 58 잠실I-SPACE빌딩 1002호 한국골든에이지포럼(02-333-5071) (학)1955년 서울고졸 1961년 연세대 의대졸 1968년 미국 존스홉킨스대 보건대학원졸 1974년 미국 일리노이주립대 대학원 수료 1975년 의학박사(연세대) 1996년 명예 의학박사(몽골 국립대) (경)1962~1965년 육군 군의관 1968~1978년 연세대 의대 예방의학교실 전임강사·조교수·부교수 1978~2002년 同교수 1981년 연세의료원 기획조정실장 1983년 연세대 인구및보건개발연구소장 1985년 同의과대학장 1985년 아시아기독의대협의회(ACCMA) 회장 1985년 대한예방의학회 회장 1987년 연세대 보건대학원장 1987년 한국역학회 회장 1988~2010년 한국금연운동협의회 회장 1992~1996년 연세대 의무부총장 겸 의료원장 1995년 한국기초의학협의회 회장 1996년 의료개혁위원회 부위원장 1998년 연세대 보건대학원 국민건강증진연구소장 1999년 보건복지부 보건의료기술연구기획평가단장 2000년 (주)헬스로드 대표이사(현) 2000~2002년 보건복지부 보건의료기술정책심의위원장 2002년 연세대 명예교수(현) 2002년 한국건강증진학회 회장 2002년 대통령자문 의료제도발전특별위원회 위원장 2006~2009년 대한인체조직은행 이사장 2009년 한국골든에이지포럼 공동대표회장(현) 2010년 한국금연운동협의회 명예회장(현) 2014년 연세대재단 감사(현) 2015년 (사)사전의료의향서실천모임(사실모) 공동대표(현) 2015년 (사)참행복나눔운동 공동대표(현) 2018년 同이사장(현) (상)연세대 올해의 교수상(1987), 국민훈장 모란장, 녹조근정훈장, Kazue McLaren Leadership Achievement Award, WHO International Recognition Medal for Tobacco Free Society, 보건협회 보건대상, 보건복지부ICEF 암예방공로상, 석천과학자상 대상(2015) (저)'지역사회의학' '역학개론' '의료윤리' '역학적 연구방법' '새롭게 알아야 할 의료윤리' '의료윤리의 네가지 특성' (역)'죽음을 파는 회사' '지역사회 의학' (종)기독교

### 김일윤(金一潤) KIM Il Yun (원석)

(생)1938·12·17 (본)경주(慶州) (출)경북 경주 (주)경상북도 경주시 태종로 188 학교법인 원석학원(054-748-2621) (학)1958년 경주고졸 1967년 한국외국어대 영어과졸 1969년 연세대 교육대학원 수료 1992년 동국대 대학원 경제학과졸 1995년 명예 정치학박사(러시아 국립하바로브스크대) 2002년 경영학박사(중앙대) 2002년 명예 교육학박사(몽골 국립사범대) (경)1971~1977년 학교법인 경흥학원 설립·이사장 1973년 원석장학회 이사장(현) 1981~2008년 학교법인 원석학원 설립·이사장 1981~2008년 서라벌대학 설립·이사장 1982년 신라고 설립 1985년 제12대 국회의원(경주·월성·청도, 민한당·국민당) 1987년 UNESCO 한국위원회 위원 1987~2008년 경주대 설립·이사장 1988년 경주YMCA 이사장 1988년 제13대 국회의원(경주, 민정당) 1989년 국제라이온스협회 354-A지구 총재 겸 한국지구 의장 1992~1993년 경주대 총장 1996년 제15대 국회의원(경주甲, 무소속·신한국당·한나라당) 1996년 한국·브라질의원친선협회장 1996년 국회 라이온스의원연맹 회장 1998년 국제라이온스협회 국제이사 1998년 국회 건설교통위원장 2000년 제16대 국회의원(경주, 한나라당) 2002~2010년 경주중·고총동창회장 2003년 국회 대구하계유니버시아드대회지원특별위원회 위원장 2003~2005년 국제사회봉사의원연맹 회장 2005년 同명예회장(현) 2005~2006년 경주대 총장 2006~2009년 경주김씨중앙종친회 총재 2008년 제18대 국회의원(경주, 친박연대·무소속) 2008년 학교법인 원석학원(경주대·서라벌대학·신라고) 학원장(현) 2011년 세계수도문화연구회 공동대표(현) 2011년 한국예술원 이사장(현), 학교법인 경흥학원 학원장(현) 2015년 대한민국헌정회 부회장 (저)'남산의 옥돌처럼' '고속철아 내 무덤을 밟고 가라' (종)천주교

### 김일융

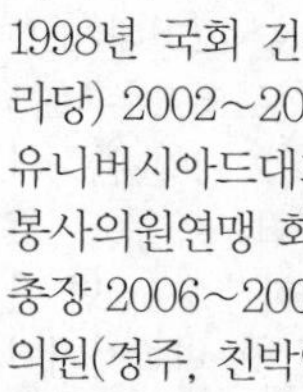

(생)1969·7·7 (주)광주광역시 서구 내방로 111 광주광역시청 복지건강국(062-613-3200) (학)장흥관산고졸, 전남대 경영학과졸 (경)2004년 광주시 혁신분권담당관실 사무관 2011년 행정안전부 민간협력과 서기관 2014년 지방행정연수원 교육파견 2015년 광주시 문화산업과장 2015년 同문화관광정책실장(부이사관) 2017년 2019광주세계수영선수권대회조직위원회 파견 2018년 교육 파견(지방부이사관) 2018년 광주시 복지건강국장(현)

**김일응(金日應) Kim Ileung**

(생)1969 · 11 · 15 (주)서울특별시 종로구 사직로8길 60 외교부 인사운영팀(02-2100-7136) (학)1988년 안양고졸 1996년 한국외국어대 불어과졸 (경)1999년 외무고시 합격(33회), 駐탄자니아 1등서기관, 駐프랑스 1등서기관, 아프가니스탄 지방재건팀(PRT) 참사관, 駐유엔대표부 참사관 2015년 외교부 중동1과장 2016년 駐이라크 참사관 2017년 駐벨기에 참사관(현) (상)대통령표창(2011) (저)'우리는 모두 울고 있는 아이를 본 적이 있다(共)'(2012, 공감의 기쁨)

**김일재(金日載) KIM Iljae**

(생)1960 · 12 · 25 (출)전북 순창 (주)서울특별시 종로구 세종대로 209 대통령소속 개인정보보호위원회(02-2100-2403) (학)서울 숭실고졸 1987년 서울대 정치학과졸 1994년 미국 인디애나대 행정환경대학원졸 2014년 행정학박사(가천대) (경)1987년 행정고시 합격(31회), 국외 훈련(미국 농무성 국제교육훈련원), 대통령 정책기획비서관실 행정관, 대통령 사회정책비서관실 행정관, 행정자치부 조직기획팀장, UN 경제사회처 파견 2009년 진실화해를위한과거사정리위원회 파견(고위공무원) 2009년 전북도 기획관리실장 2010년 행정안전부 기획조정실 행정선진화기획관 2011년 同기획조정실 정책기획관 2013년 안전행정부 인사실 인력개발관 2014년 同인사기획관 2014년 행정자치부 인사기획관 2015~2017년 전북도 행정부지사 2016년 (재)백제세계유산센터 이사장 2017년 행정안전부 정부혁신조직실장 2018년 대통령소속 개인정보보호위원회 상임위원(차관급)(현) (상)녹조근정훈장(2002), 홍조근정훈장(2012) (저)'인터넷시대의 미국인사행정론'(2003) '지방 현장행정 25시'(2017)

**김일주(金一柱) KIM IL JOO**

(생)1952 · 9 · 6 (본)울산(蔚山) (출)전북 전주 (주)경기도 성남시 중원구 산성대로 492-1 산성빌딩 401호 (사)환태평양문화연구원(031-732-4488) (학)1970년 전주고졸 1980년 고려대 정치외교학과졸 1985년 同대학원 정치외교학과졸 1991년 정치학박사(고려대) (경)1981년 한국정신문화연구원 연구원 1991년 고려대 평화연구소 책임연구원 1992~1993년 한성대 행정학과 전임강사 1992년 (사)환태평양문화연구원 이사장(현) 1992년 고려대교우회 상임이사 1993년 미국 미시간주립대 초빙교수(Visiting International Scholar) 1994~1995년 고려대 교육대학원 객원조교수 1994년 한국정치학회 이사 1994~2002년 고려대 교우회보 편집위원 1995~1996년 同아세아문제연구소 연구조교수 1995~1996년 한국국제정치학회 이사 1996~2005년 학교법인 웨스터민스터 신학대학원 감사 1997년 한나라당 총재 사회교육담당특보 2005년 경원대 초빙교수 2005년 안암라이온스 부회장 2009년 한국정치학회 이사(현) 2009~2013년 (사)건국대통령이승만박사기념사업회 사무총장 2009년 고려대 교육대학원 겸임교수 2014년 성남신광교회(예장통합) 시무장로(현) 2015년 올바른북한인권법과통일을위한시민모임(올인통) 공동대표(현) 2017년 통일부 북한인권증진자문위원회 위원 (저)'루카치사상 연구'(1982, 고려원) '자본주의사회와 국가(共)'(1987, 도서출판 한울) '지령 : 청계천 한복판에 쇠말뚝을 박아라'(2007, 청미디어) (역)'비교정치학의 새 방향'(1987, 도서출판 삼중당) (종)기독교

**김일중(金一中) KIM Il Joong**

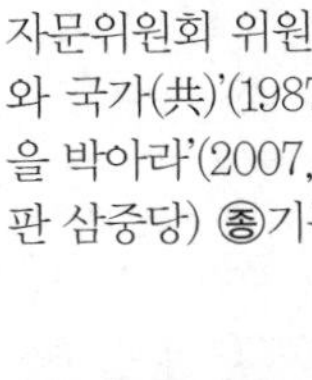

(본)광산(光山) (주)경기도 과천시 별양상가로 2 그레이스빌딩 12층 (주)천일 상임고문실(02-558-1001) (학)1965년 남성고졸 1970년 서울대 토목학과졸 1981년 미국 뉴욕 폴리테크닉대 대학원 교통계획 · 공학과졸 (경)1974년 기술고시 합격(10회) 1994년 건설교통부 기술정책과장 1998년 한강홍수통제소장 1998년 건설교통부 대도시권광역교통기획단 교통시설국장 1999년 중앙공무원교육원 파견 1999년 원주지방국토관리청장 2001년 건설교통부 도로국장 2002년 同중앙토지수용위원회 상임위원 2002년 同대도시권광역교통정책실장 2003년 同차관보 2004~2008년 전문건설공제조합 이사장 2009년 (주)천일기술단 상임고문 2009년 (사)교통투자평가협회 회장 2011년 (주)천일 상임고문(현) 2012년 (재)건설산업교육원 이사장 2013~2016년 한국건설기술인협회 법제위원장 2014년 (재)건설산업교육원 회장(현) (상)홍조근정훈장(2001)

**김일한(金日漢) KIM Il Han**

(생)1954 · 11 · 22 (본)안동(安東) (출)서울 (주)서울특별시 종로구 대학로 101 서울대병원 방사선종양학과(02-2072-2528) (학)1973년 경기고졸 1979년 서울대 의대졸 1991년 의학박사(서울대) (경)1987년 서울대 의대 방사선종양학교실 교수(현) 1987년 서울대병원 방사선종양학과 겸직교수(현) 1991년 미국 스탠퍼드대 방사선종양학연구소 방문교수 1997년 대한방사선방어학회 총무이사 1998년 대한방사선종양학회 총무이사 2000~2002년 제1차 아세아 · 오세아니아방사선방호학회 국제학술대회 사무차장 2002~2004년 대한암학회 총무이사 2002~2016년 同상임이사 2003~2014년 서울대 대학원 방사선응용생명과학협동과정 겸임교수 · 주임교수 2004~2012년 同의대 방사선종양학교실 주임교수 2004~2012년 서울대병원 방사선종양학과장 2008~2009년 국제방사선수술학회 2009 ISRS국제학술대회 공동조직위원장 2008~2016년 대한암학회 편집위원장 2008~2016년 同SCIE학술지 Cancer Research and Treatment 편집인 2009~2011년 서울대 방사선의학연구소장 2009~2011년 대한방사선종양학회 이사장 2010~2011년 대한소아뇌종양학회 회장 2011~2013년 방사선의학포럼 회장 2012년 서울대 융합과학기술대학원 방사선융합의생명전공 겸무교수(현) 2013~2016년 국제방사선방호위원회(ICRP) 제3차 국제심포지엄 조직위원장 2014~2015년 대한방사선방어학회 회장 2014년 원자력연합 운영위원장 2015~2017년 원자력안전위원회 전문위원 2015년 대한민국의학한림원 정회원(현) 2016~2017년 대한암학회 회장 2016~2017년 방사선보건원 자문위원 (상)대한치료방사선과학회 학술상(1987), 대한암연구재단 학술상(2006), 세계소아방사선종양학회 최우수논문상(2007 · 2009), 대한암학회 공로상(2012 · 2016) (종)가톨릭

**김일호(金壹浩) KIM Il Ho**

(생)1968 · 5 · 17 (본)상주(尙州) (출)강원 영월 (주)대전광역시 서구 청사로 189 중소벤처기업부 운영지원과(042-481-4532) (학)제천고졸, 성균관대 기계공학과졸, 영국 버밍햄대 경영대학원졸(MBA) (경)1993년 기술고시 합격(29회), 중소기업청 기술개발과 · 조사평가과 · 기술정책과 · 창업지원과 근무, 同경영정보화혁신팀장, 同소상공인정책과장(서기관) 2011년 同소상공인정책과장(부이사관) 2011년 대전 · 충남지방중소기업청장 2013년 중소기업청 생산기술국 생산혁신정책과장 2013년 산업통상자원부 산업정책실 섬유세라믹과장 2014년 중소기업청 중견기업정책국장(고위공무원) 2014~2015년 휴직 2015년 중소기업청 소상공인정책국장 2017년 同중소기업협력관(중국 파견) 2017년 중소벤처기업부 중소기업협력관(중국 파견)(현) (종)기독교

**김일환(金日煥) Kim Ilhwan**

(생)1956 · 4 · 28 (출)울산 울주 (주)서울특별시 성동구 마장로 210 한국기원 홍보팀(02-3407-3870) (경)1974년 프로바둑 입단 1976년 2단 승단 1980년 3단 승단 1981년 최고위전 본선 1981년 4단 승단 1983년 왕위전 본선 1983년 5단 승단 1985년 명인전 · 바둑왕전 · 제왕전 본선 1986년 명인전 ·

바둑왕전 · 제왕전 · 기왕전 본선 1986년 6단 승단 1987년 명인전 · 바둑왕전 · 제왕전 · 기왕전 본선 1989년 최고위전 · 명인전 · 패왕전 · 대왕전 본선 1990년 명인전 · 바둑왕전 · 제왕전 · 박카스배 본선 1991년 명인전 · 바둑왕전 · 제왕전 본선 1992년 최고위전 · 명인전 · 패왕전 · 비씨카드배 본선 1993년 제왕전 · 국수전 본선 1993년 7단 승단 1994년 바둑왕전 · 박카스배 · 한국이동통신배 본선 1995년 바둑왕전 · 대왕전 · 연승바둑최강전 본선 1995년 8단 승단 1996년 바둑왕전 · 연승바둑최강전 · 한국이동통신배 · 박카스 본선 1998년 9단 승단(현) 1999년 명인전 본선 2000년 LG정유배 본선 2001년 제3기 입신연승최강전 준우승 2003년 기성전 본선 2004년 제4회 돌씨앗배 프로시니어기전 준우승 2005년 잭필드배 프로시니어기전 본선 2005~2006년 한국기원 연구생 사범 2007년 지지옥션배 본선 2007년 제4기 전자랜드배 왕중왕전 준결승전 2008년 전자랜드배 왕중왕전 · 지지옥션배 본선 2009년 삼성화재배 본선 2010 · 2011년 비씨카드배 본선 2011~2017년 가백프로바둑 대표 2014년 시니어바둑클래식 시니어국수전 준우승 2017년 맥심배 본선 2018년 대주배 본선

## 김일환(金一煥) KIM Il Hwan

(생)1962 · 1 · 11 (출)충북 충주 (주)전라북도 군산시 새만금북로 466 새만금개발청 차장실(063-733-1002) (학)충주고졸 1985년 서울대 공대 건축학과졸 1995년 同대학원졸 1997년 미국 콜로라도대 대학원 경영학과졸 (경)1988년 기술고시 합격(24회) 1990년 건설부 기술관리관실 사무관 1991년 대전엑스포 파견 1994년 건설교통부 주택도시국 주택관리과 사무관 1995년 미국 연수 1999년 건설교통부 도시정책과 사무관 2003년 서울대 기술합동과정 파견 2005년 건설교통부 도로국 도로정책과 민자도로사업팀장 2005년 同민자사업팀장 2006년 同광역도로팀장 2007년 同주거환경팀장 2008년 국토해양부 주택토지실 주택정비과장 2009년 同국토정책국 건축기획과장 2010년 同국토정책국 건축기획과장(부이사관) 2011년 同주택토지실 신도시개발과장 2012년 행정중심복합도시건설청 근무(고위공무원) 2013년 同공공건축추진단장 2015년 대전지방국토관리청장 2018년 더불어민주당 수석전문위원 2019년 국토교통부 중앙토지수용위원회 상임위원 2019년 새만금개발청 차장(현)

## 김임권(金任權) KIM IM KWEON

(생)1949 · 12 · 16 (출)경남 남해 (주)경상남도 고성군 하일면 춘암2길 16-57 (주)혜승수산 고성지점(055-674-6066) (학)부산 경남상고졸 1975년 부산수산대 수산경영학과졸 2005년 서울대 해양정책최고과정 수료 (경)1998년 (주)혜승수산 설립 · 대표이사(현) 2006~2015년 대형선망수산업협동조합 조합장(제16 · 17대) 2013~2015년 부산CBS 운영이사장 2015~2019년 수산업협동조합중앙회 회장 2015~2019년 수협재단 이사장 2015~2019년 국제협동조합연맹(ICA) 수산위원회 위원장 2015~2019년 한국수산산업총연합회 회장 2017년 駐부산 스리랑카 명예영사(현) 2018~2019년 부산장신대 이사장 (상)기획재정부장관표창(2013), 은탑산업훈장(2014), 대한민국 해양대상(2015) (종)기독교

## 김자동(金滋東) KIM, JA DONG

(생)1929 · 10 · 17 (본)안동(安東) (출)중국 상해 (주)서울특별시 중구 세종대로21길 49 오양수산빌딩 305호 대한민국임시정부기념사업회(02-3210-0411) (학)1949년 보성고졸 1950년 서울대 법학과 수료 (경)1953~1958년 조선일보 기자 1961년 민족일보 기자 1961년부터 약40년간 각종 개인사업 및 집필 · 번역 2004년 대한민국임시정부기념사업회 회장(현) (저)'상하이 일기'(2012) (역)'한국전쟁의 기원(브루스 커밍스 저)' '레닌의 회상(크루프스카야 저)' '모택동 전기(한수인 저)'

## 김자혜(金慈惠 · 女)

(생)1951 · 11 · 1 (주)세종특별자치시 다솜로 261 정부세종청사 국무조정실(044-200-2114) (학)1970년 숙명여고졸 1974년 이화여대 사회학과졸 1978년 同대학원 사회학과졸 (경)2001~2013년 (사)소비자시민모임 사무총장 2002~2007년 대통령자문 농업특별위원회 위원 2002~2013년 건강보험심사평가원 중앙평가위원 2007~2008년 소비자분쟁조정위원회 위원 2009~2010년 한국소비자원 비상임이사 2009~2012년 금융감독원 금융분쟁조정위원 2010~2012년 대통령 사회통합수석비서관실 자문위원 2013년 보건복지부 국민연금기금 운용위원 2013년 의료분쟁중재조정원 자문위원 2013~2019년 (사)소비자시민모임 회장 2013년 한국소비자단체협의회 이사 2014년 同부회장 2014년 대법원 양형위원회 자문위원 2014~2016년 한국신문윤리위원회 윤리위원 2015~2018년 의료기관평가인증원 제도자문위원 2015~2018년 국민건강보험공단 비상임이사 2016년 한국소비자단체협의회 회장 2017년 대법원 대법관후보추천위원회 위원 2017년 국무총리자문 국민안전안심위원회 위원(현) (상)국민훈장 목련장(2014)

## 김자호(金自浩) KIM Ja Ho

(생)1945 · 12 · 10 (출)서울 (주)서울특별시 중구 동호로20다길 16 (주)간삼건축종합건축사사무소(02-745-7161) (학)1965년 중앙대 공대 건축공학과졸 (경)1972~1979년 TOKYU ARCHITECTS & ENGINEERS INC. 근무 1979~1981년 (주)정림건축종합건축사사무소 근무 1981~1983년 일양건축연구소 대표 1983~2009년 (주)간삼파트너스 종합건축사사무소 대표이사 1986~1990년 중앙대 건축공학과 강사 1998~2001년 同겸임교수 1998~2002년 2002월드컵조직위원회 시설자문위원 2004년 대한건축학회 부회장 2006~2015년 同참여이사 2010년 (주)간삼건축종합건축사사무소 회장(현) 2015~2017년 중앙대총동창회 회장 (상)한국건축가협회 장려상(1988), 대전시 건축상(1996), 건축물환경가꾸기 동상(1996), 한국건축문화대상 본상(1997), 서울시 건축상 은상(1998), POSCO강구조학회 금상(1998), 서울시 건축상(2002), 한국건축문화대상 입선(2002), 서울사랑시민상 건축상 장려상(2006), 인천시 건축상 우수상(2006), 한국건축문화대상 우수상(2006), 과학기술부장관표창(2007), 대구시 건축상 금상(2010), 자랑스러운 중앙인상(2012), 은탑산업훈장(2018) (저)'농담하는 CEO'(2009) 사진 에세이집 '행복한 사전'(2014, 북산)

## 김장곤(金莊坤) KIM Jang Kon

(생)1938 · 11 · 11 (본)김해(金海) (출)전남 나주 (주)서울특별시 영등포구 국회대로68길 7 더불어민주당(1577-7677) (학)1956년 목포고졸 1959년 고려대 임학과 중퇴 1966년 연세대 경영대학원 수료 (경)1961년 다도공민중 설립 · 교장 1971년 신민당 김대중 대통령후보 보좌역 1977년 통일당 정책연구실장 1984년 민주화추진협의회 기획실장 1987년 농민생존권문제연구소 소장 1990년 민주당 창당준비위원회 사무차장 1991년 同서울성동乙지구당 위원장 1992년 제14대 국회의원(나주시 · 나주군, 민주당 · 새정치국민회의) 1995년 새정치국민회의 정책위원회 부의장 1996년 21세기농업연구원 원장 1996~1998년 새정치국민회의 지방자치위원회 부위원장 1997년 대한민국헌정회 정책연구실장 1998~2001년 한국원자력문화재단 이사장 1998년 국민회의 윤리위원회 부위원장 2001~2005년 한국수력원자력(주) 상임고문 2001년 민주화추진협의회동지회 공동대표 2002년 민주화추진협의회 수석부회장(현) 2005년 대한민국헌정회 운영위원 2007~2009년 同이사 2009년 同운영위원회 부의장 2013년 同이사 2015~2017년 同감사 2016년 더불어민주당 다문화위원회 위원장(현) 2017년 대한민국헌정회 부회장(현) (저)'한국농업진단' 'IMF 한국농업' '원자력문화 21' (종)불교

**김장구(金章求)**

생1970·8·16 출경북 의성 주경기도 평택시 평남로 1036 수원지방법원 평택지원(031-650-3100) 학1988년 대구 계성고졸 1993년 서울대 법학과졸 1998년 同대학원졸 경1997년 사법시험 합격(39회) 2000년 사법연수원 수료(29기) 2000년 대구지법 예비판사 2002년 同판사 2003년 인천지법 부천지원 판사 2006년 서울서부지법 판사 2009년 서울중앙지법 판사 2012년 서울고법 판사, 서울북부지법 판사 2015년 광주지법 부장판사 2017년 수원지법 부장판사 2019년 同평택지원 부장판사(현)

**김장국(金壯國) Kim Jang Guk**

생1961·6·26 출전북 완주 주서울특별시 종로구 율곡로2길 25 연합뉴스 논설위원실(02-398-3114) 학1979년 전주 해성고졸 1983년 전북대 경제학과졸 2001~2002년 미국 클리블랜드대 연수 경1986년 연합통신 입사(5기) 1986~1997년 同전주주재·외신2부·경제2부·전국부 기자 1997년 同전국부 차장대우 1998년 연합뉴스 지방1부 차장대우 1999년 同산업부 차장대우 2000년 同산업부 차장 2002년 同산업부 부장대우 2003년 同인터넷뉴스부 부장대우 2005년 同산업부장 2008년 同뉴미디어국 부국장(부국장대우) 2009년 同편집국 특별취재팀 에디터 2010년 同충북취재본부장 2011년 同통합뉴스국장(부국장급) 2012년 同기획조정실장 2013년 同정보사업국장 2014년 同정보사업국장(국장대우) 2015년 同광주·전남취재본부장 2016년 同콘텐츠평가실 콘텐츠평가위원 2017년 同논설위원(현)

**김장기(金章基) Kim jang gie**

생1964·2·21 주서울특별시 강남구 영동대로 112길 36 (주)캡스텍 비서실(1644-8788) 학1982년 장훈고졸 1990년 한양대 철학과졸 1999년 중앙대 대학원 경영학과졸 경1990~2007년 SK텔레콤 근무 2007~2011년 TU미디어 경영기획실장·본부장 2011년 SK브로드밴드 기업사업본부장 2011~2016년 SK텔레콤 솔루션전략본부장 2017년 同Data Science 추진단장 2017년 同IoT사업부문장 2017년 (주)엔에스오케이 대표이사 2018년 (주)캡스텍 대표이사(현) 2018년 (주)ADT시큐리티 대표이사 겸임(현)

**김장성(金章性) Jang-Seong Kim**

생1968 주대전광역시 유성구 과학로 125 한국생명공학연구원 원장실(042-860-4270) 학1989년 서울대 농생물학과졸 1991년 한국과학기술원(KAIST) 생화학과졸(석사) 2005년 종양생물학박사(한국과학기술원) 경1990~2010년 (재)목암생명공학연구소 연구위원·이사 2010년 한국생명공학연구원 책임연구원(현) 2015년 同미래연구정책본부장 2017년 同부원장, 과학기술연합대학원대(UST) 한국생명공학연구원스쿨 캠퍼스대표교수, 국가과학기술심의회 전문위원 2018년 한국생명공학연구원 원장(현) 상과학기술훈장 진보장(2018)

**김장수(金章洙) Kim Jang-soo**

생1948·2·26 본광산(光山) 출광주 학1967년 광주제일고졸 1971년 육군사관학교졸(27기) 1988년 국방대학원 안보과정 수료 1989년 연세대 행정대학원졸 2008년 명예 행정학박사(건양대) 경1971년 보병 소위 임관 1989년 7사단 5연대장 1993년 수도방위사령부 작전처장 1994년 육군사관학교 생도대장 1996년 제1군사령부 작전처장 1997년 6사단장 2000년 합동참모본부 작전부장 2001년 7군단장 2003년 합동참모본부 작전본부장 2004년 韓美연합사 부사령관(대장) 2005년 육군 참모총장(대장) 2006~2008년 국방부 장관 2008~2012년 제18대 국회의원(비례대표, 한나라당·새누리당) 2008년 국회 국방위원회 위원 2010년 한나라당 국가안보점검특별위원장 2011년 同정책위원회 외교통상·통일·국방분야 부의장 2011년 同최고위원 2012년 새누리당 국민행복추진위원회 국방안보추진단장 2012년 건양대 석좌교수 2013년 제18대 대통령직인수위원회 외교·국방·통일분과 간사 2013~2014년 국가안보실장(장관급) 2014년 국가안전보장회의(NSC) 상임위원장 겸임 2015~2017년 駐중국 대사 상보국훈장 천수장(1996), 보국훈장 국선장(2002), 미국 공로훈장(2006), 레지옹도뇌르 훈장(2007), 프랑스 보국훈장 통일장(2008), 미국 국방부 공로훈장(2008) 종기독교

**김장실(金長實) KIM Jang Sil (錦山)**

생1956·3·15 출경남 남해 주서울특별시 영등포구 국회대로70길 18 한양빌딩 4층 (재)여의도연구원 부원장실(02-6288-0502) 학1974년 경남공고졸 1979년 영남대 행정학과졸 1981년 서울대 행정대학원졸 1992년 정치학박사(미국 하와이대) 경1979년 행정고시 합격(23회) 1980년 총무처 수습행정관 1981~1985년 문화공보부 보도과·조사과 사무관 1985년 대통령 사정비서관실 행정관 1987년 대통령 정무비서관실 행정관 1989년 미국 하와이대 연수 1992년 문화부 비상계획관실 서기관 1993년 문화체육부 어문과장 1994년 대통령 정무비서관실 국장 1996년 대통령 비서실장 보좌관 1997년 대통령 정치특보 보좌관 1998년 문화관광부 공보관 1999년 국립중앙도서관 지원연수부장 2000년 중앙공무원교육원 파견 2001년 문화관광부 예술국장 2003년 한국예술종합학교 사무국장 2005년 국무조정실 교육문화심의관 2006년 문화관광부 종무실장 2008~2009년 문화체육관광부 제1차관 2009~2012년 예술의전당 사장 2009~2010년 코리안심포니오케스트라 이사장 2009~2012년 (사)한국문화예술회관연합회 회장 2010년 국립현대무용단 이사 2012~2016년 제19대 국회의원(비례대표, 새누리당) 2012~2014년 새누리당 대외협력위원장 2012~2016년 대한장애인농구협회 회장 2012~2015년 국민생활체육회 부회장 2013년 국회 교육문화체육관광위원회 위원 2013년 2014인천세계휠체어농구선수권대회조직위원회 위원장 2014년 새누리당 세월호사고대책특별위원회 위원 2014년 국회 안전행정위원회 위원 2014년 국회 예산결산특별위원회 위원 2018년 (재)여의도연구원 부원장(현) 상홍조근정훈장(1998), 행정자치부장관표창(2000), 대한민국 국회의원 의정대상(2013), 복지TV 자랑스러운 대한민국복지대상 나눔부문(2015), (사)대한민국가족지킴이 대한민국실천대상 의정활동 문화체육관광부문(2015) 저'한국대중가요의 정치사회학'(2010, 민음사) 종불교

**김장연(金丈淵) KIM Jang Yeon**

생1957·12·21 출서울 주서울특별시 종로구 돈화문로 58 (주)삼화페인트공업 회장실(02-765-3641) 학1976년 서울 신일고졸 1980년 서울대 화학공학과졸 1988년 연세대 경영대학원졸 경1983년 (주)삼화페인트공업 기술부 입사 1986년 同기획실장 1989년 同기획이사 1992년 同영업이사 1993년 同영업담당 상무이사 1993년 츄고쿠삼화페인트(주) 대표이사 1994년 (주)삼화페인트공업 대표이사 사장 2018년 同대표이사 회장(현) 상대통령표창 종천주교

**김장영(金張永)**

생1955·10·28 출제주 제주시 주제주특별자치도 제주시 문연로 13 제주특별자치도의회 교육위원회(064-741-1974) 학제주 오현고졸, 제주대 사범대학 수학교육과졸, 同교육대학원 교육학과졸 경제주도축구협회 부회장 2013~2014년 제주 노형중 교장 2014~2016년 제주특별자치도교육청 학교생활문화과장 2016~2018년 제주중앙여고 교장 2018년 제주특별자치도의회 교육의원(현) 2018년 同교육위원회 부위원장(현) 2018년 同윤리특별위원회 위원 겸 의회운영위원회 위원(현) 2018년 同예산결산특별위원회 위원 겸 4.3특별위원회 위원(현)

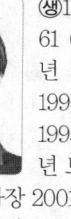

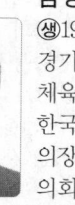

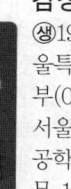

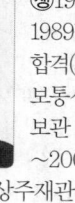

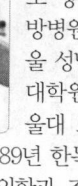

**김장욱(金壯昱)**

[생]1966·5·24 [주]서울특별시 구로구 디지털로31길 61 (주)신세계I&C 비서실(02-3397-1100) [학]1984년 여의도고졸 1988년 서울대 컴퓨터공학과졸 1990년 한국과학기술원(KAIST) 전산학과졸(석사) 1995년 미국 버클리대 대학원 경영학과졸 [경]1995년 보스턴컨설팅그룹 이사 2000년 소프트뱅크벤처스코리아 부사장 2001년 Valmore Partners 대표이사 2007년 SK텔레콤 글로벌사업본부장 2012년 SK플래닛 LBS사업부장(상무) 2013년 신세계그룹 전략실 기획팀 사업기획II 부사장 2014년 同최고정보관리책임자(CIO)(현) 2015년 (주)신세계I&C 대표이사(현)

**김장일(金章鎰)**

[생]1959·1·7 [주]경기도 수원시 팔달구 효원로 1 경기도의회(031-8008-7000) [학]국민대 대학원 체육학과졸 [경]한국전력공사 경기지역본부 과장, 한국노동조합총연맹 경기지역본부 수원지역지부 의장(현), 同경기지역본부 부의장 2018년 경기도의회 의원(비례대표, 더불어민주당)(현) 2018년 同경제노동위원회 위원(현)

**김장주(金嶂柱) Jang-Joo Kim**

[생]1955·5·7 [본]연안(延安) [출]전북 임실 [주]서울특별시 관악구 관악로 1 서울대학교 재료공학부(02-880-7893) [학]1973년 전주고졸 1977년 서울대 화학공학과졸 1980년 同대학원졸 1986년 공학박사(미국 스탠퍼드대) [경]1977년 삼양사 근무 1986~1987년 SRI International Post-Doc. 1987~1996년 한국전자통신연구소 선임연구원·책임연구원 1997년 광주과학기술원 신소재공학과 교수 1998년 同도서관장 2003년 서울대 재료공학부 교수(현) 2008년 한국과학기술한림원 정회원(현) 2012~2015년 (주)LG화학 사외이사 [상]한국전자통신연구소 우수연구원상(1996), 삼성전자 휴먼테크 논문대상(2009), 한국과학기술한림원 덕명한림공학상(2013), 서울대 학술연구상(2017), 과학기술훈장 창조장(2019)

**김장주(金章周) KIM Jang Joo**

[생]1964·10·10 [출]경북 영천 [학]1982년 포항고졸 1989년 성균관대 행정학과졸 [경]1990년 행정고시 합격(34회) 1997년 경북도 기획계장 2000년 同정보통신담당관 2002년 同새마을과장 2003년 同공보관 2004년 同기획관 2005년 同비서실장 2005~2007년 영천시 부시장, (주)경축 사외이사 2007년 駐중국 통상주재관(파견) 2008년 경북도 새경북기획단장 2009년 同보건복지여성국장(지방부이사관) 2010년 행정안전부 지역희망일자리추진단장 2010년 同지방행정국 민간협력과장 2011년 同정부청사관리소 청사기획관 2012년 同지역녹색정책관 2012년 대통령실 파견(고위공무원) 2013~2014년 안전행정부 중앙공무원교육원 기획부장 2014년 국립외교원 교육파견(고위공무원) 2014~2015년 경북도 기획조정실장 2015년 행정자치부 지방세제정책관 2016~2018년 경북도 행정부지사 2017~2018년 경북지역재난방송협의회 위원장 2018~2019년 한국정보화진흥원 부원장 [상]홍조근정훈장(2009)

**김장현(金璋顯) Kim Jang Hyun (牧垠)**

[생]1956·5·10 [본]안동(安東) [출]경북 봉화 [주]경기도 성남시 분당구 불정로 268 동국대학교 분당한방병원 한방소아과(031-710-3724) [학]1974년 서울 성남고졸 1980년 경희대 한의학과졸 1982년 同대학원졸 1988년 한의학박사(경희대) 1999년 서울대 보건대학원 보건의료정책최고관리자과정 수료 [경]1986~1989년 한독의료재단병원 한방진료부장 1993년 동국대 한의과대학 한의학과 조교수·부교수·교수, 同한의과대학 한방소아과학교실 교수(현) 1994~1998년 同서울캠퍼스 보건진료소장 1998~2003년 同분당한방병원장, 同분당한방병원 한방부인소아과 의사 1999년 한방병원협회 중앙수련위원장 2002~2004년 대한한방소아과학회 회장 2004년 대한한의학회 부회장 2004~2010년 경희대총동창회 이사 2006~2010년 서울대총동창회 이사 2006~2010년 대한한의학회 회장 2007년 대한한의사협회 회장 직대 2007~2009년 동국대 한의과대학장 2007~2009년 同경주한방병원장 2008년 대한한의사협회 부회장 2010년 동국대 일반대학원 한의학과 교수(현) 2010년 대한한의학회 명예회장(현) 2011~2013년 한국한의학교육평가원 이사 2011년 식품의약품안전청 의료기기제도개선분과 위원 2011~2017년 세계중의약학회연합회(WFCMS) 회장고문 2011~2013년 보건의료인국가시험원 한의사시험위원회 위원장 2012~2015년 동국대 분당한방병원장 2012년 대한한방병원협회 수석부회장 2013년 황송노인종합복지관 운영위원(현) 2013년 식품의약품안전처 의료기기제도개선분과 위원(현) 2016~2018년 대한한의학회 대의원총회 의장 [상]보건복지부장관표창(2000) [저]'실용동서의학임상총서'(2002) '동의소아과학'(2002) '소아수기의학'(2002) '고려인삼의 이해'(2008) '생활 속의 고려인삼'(2010) '한방소아청소년의학'(2010)

**김장호(金壯鎬)**

[생]1964·8·6 [출]충남 아산 [주]충청남도 예산군 예산읍 사직로 5 충남 예산경찰서(041-330-9221) [학]천안중앙고졸, 인하대 행정학과졸, 동국대 대학원 행정학과 중퇴 [경]1992년 경위 임관(간부후보 40기) 2007년 대전 동부경찰서 생활안전과장(경정) 2009년 서울지방경찰청 기동단 1기동대 부단장 2010년 서울지방경찰청 기동단 경비과장 2011년 서울 중부경찰서 경비과장 2011년 서울 광진경찰서 경비과장 2013년 서울 성북경찰서 경비과장 2014년 서울 혜화경찰서 경비과장 2015년 서울 서대문경찰서 생활안전과장 2016년 서울 강서경찰서 생활안전과장(총경) 2017년 서울지방경찰청 경무과 총경(치안정책과정 교육) 2017년 충남지방경찰청 정부세종청사경비대장 2019년 충남 예산경찰서장(현)

**김장호(金璋鎬) KIM Jang Ho**

[생]1969·3·11 [본]선산(善山)-들성) [출]경북 구미 [주]경상북도 안동시 풍천면 도청대로 455 경상북도청 기획조정실(054-880-2100) [학]경북대사대부고졸 1994년 경북대 경제학과졸 1998년 同행정대학원 수료 2002년 한국개발연구원(KDI) 국제정책대학원 정책학과졸 2003년 미국 오하이오주립대 공공정책학과졸 [경]1995년 지방고시 합격(1회) 1996년 경북 구미시 근무 2000년 경북도 경제통상실 국제통상과 근무 2004년 同경제통상실 투자유치과 근무 2005년 同기획관실 기획계장 2006년 同투자통상본부 투자유치팀장 2008년 同투자통상국 투자유치과장 2010년 同새경북기획단장 2010년 울진군 부군수 2011년 경북도 미래전략기획단장 2012년 행정안전부 지방행정국 선거의회과 서기관 2012년 同복무담당관 2013년 안전행정부 윤리복무관실 복무담당관 2014년 同지방재정정책관실 교부세과장 2014년 행정자치부 지방재정세제실 교부세과장 2015년 同지방재정세제실 재정정책과장 2016년 同지방재정세제실 재정정책과장(부이사관) 2017년 대통령 행정자치비서관실 행정관 2018년 국토교통부 혁신도시발전추진단 지원국장 2019년 경북도 기획조정실장(고위공무원)(현) [상]공무원컴퓨터활용능력대회 우수상(2000), 근정포장(2008)

**김장환(金章煥) Billy KIM**

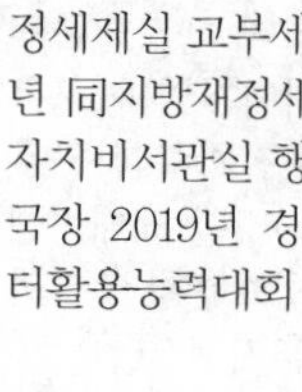

[생]1934·7·25 [출]경기 수원 [주]서울특별시 마포구 와우산로 56 극동방송 이사장실(02-320-0103) [학]1958년 미국 봅존스대(Bob Jones)졸 1975년 명예 신학박사(미국 트리니티대) 1984년 명예 신학박사(미국 사우스웨스트주립대) 1986년 명예 신학박사(미국 캠벨대) 1992년 명예 문학박사(미국 휘턴대) 1993년 명예 문학박사(명지대) 2004년 명예 인

문학박사(미국 댈러스침례신학대) 2007년 명예 법학박사(서울기독대) 2009년 명예 목회학박사(미국 벨헤이번대) 2010년 명예 철학박사(침례신학대) 2010년 명예 신학박사(미국 캘리포니아침례신학교) 2010년 명예 신학박사(미국 바이올라대) 2012년 명예 신학박사(미국 에즈베리대) 2012년 명예 경영학박사(부산외국어대) 2013년 명예 신학박사(미국 블루필드주립대) 2013년 명예 신학박사(미국 카슨뉴맨대) 2014년 명예 철학박사(백석대) (경)1959년 미국 단테제1침례교회에서 목사 안수 1960년 수원 중앙침례교회 목사 · 원로목사(현) 1966~1993년 한국YFC(Youth For Christ) 회장 1970년 아세아방송 설립준비위원장 1976~2001년 同이사장 1977~2008년 극동방송 사장 1982년 침례교세계대회 준비위원장 1988년 명지학원 이사장 · 명예이사장(현) 1993년 한국YFC(Youth For Christ) 명예이사장(현) 2000~2005년 세계침례교연맹(BWA) 총회장 2009년 극동방송 이사장(현), (재)국민문화재단 명예이사(현) (상)국민훈장 동백장, 국민훈장 무궁화장, 국제라이온스 인도주의 봉사대상, 美교민 제정100주년 기념대상(2007), 캄보디아정부 외교관계증진부문 최고훈장(2009), 외교부장관표창(2014), 미국종교방송협회(NRB) '명예의 전당'상(2018) (저)설교집 '오늘의 양식', '목양의 뜰', '능력주시는 자 안에서', '힘을 다하여', '하나님과 함께 모든 일에 넉넉히 이기라' 자서전 '그를 만나면 마음에 평안이 온다(上 · 下)' (종)기독교

## 김장환

(주)서울특별시 강남구 영동대로 517 27층 한국암웨이(주)(02-3468-6000) (경)1993년 한국암웨이 입사 2002년 同경리부·인사부·구매부 근무 2003년 직접판매공제조합 최고운영책임자(COO·전무이사) 2010년 ABG North Asia 대표이사 2010년 한국암웨이 상무이사 2012년 同영업기획 전무이사 2013년 同영업총괄 부사장 2017년 同대표이사(현) 2019년 글로벌암웨이 Executive Staff Member(현) 2019년 주한미국상공회의소(AMCHAM) 이사(현) (상)산업통상자원부장관표창(2019)

## 김장회(金璋會)

(생)1964 (출)충북 청주 (주)세종특별자치시 한누리대로 411 행정안전부 지역경제지원관실(044-205-3900) (학)청석고졸, 고려대 행정학과졸, 미국 텍사스 오스틴대 대학원 행정학졸 (경)1993년 행정고시 합격(37회) 2003년 행정자치부 자치제도과 서기관 2003년 충북도 기획관 2005년 충북 진천군 부군수, 대통령 사회정책비서관실 행정관(파견) 2008년 행정안전부 시군세과장 2008년 同회계공기업과장 2010년 同주민과장 2012년 同자치행정과장 2013년 안전행정부 자치행정과장(부이사관) 2014년 충북도 기획관리실장(고위공무원) 2015년 駐캐나다 공사참사관 2019년 행정안전부 지역경제지원관(현)

## 김장훈(金長勳) KIM JANG HOON

(생)1962 · 1 · 22 (본)김해(金海) (출)전남 신안 (주)경기도 의정부시 평화로 589 경기북부보훈지청(031-820-0401) (학)2015년 연세대 행정대학원 공공정책학과졸 (경)국가보훈처 기념사업과 근무 2009년 同6.25전쟁60주년사업추진기획단 근무 2011년 同나라사랑정책과 근무 2012년 同대변인실 근무 2015년 同대변인실 서기관 2015년 대구지방보훈청 총무과장 2016년 강원동부보훈지청장 2018년 경기북부보훈지청장(현)

## 김재경(金在庚) KIM Jae Kyung

(생)1961 · 10 · 10 (본)안동(安東) (출)경남 진주 (주)서울특별시 영등포구 의사당대로 1 국회 의원회관 1008호(02-784-0054) (학)1980년 진주고졸 1984년 경상대 법학과졸 1987년 서울대 대학원 법학과(경제법전공)졸 (경)1987년 사법시험 합격(29회) 1990년 사법연수원 수료(19기) 1990년 청주지검 검사 1992년 창원지검 거창지청 검사 1993년 부산지검 검사 1995년 서울지검 검사 1997년 변호사 개업 1998년 변호사 등록변경(진주) 2003년 민주평통 자문위원 2003~2004년 진주미래연구소 소장 2004년 제17대 국회의원(경남 진주시乙, 한나라당) 2004년 국회 법제사법위원회 · 윤리특별위원회 위원 2006년 한나라당 제1정책조정위원장 2008년 제18대 국회의원(경남 진주시乙, 한나라당 · 새누리당) 2008~2010년 국회 기획재정위원회 위원 2008~2009년 한나라당 경남도당 위원장 2009년 同법률지원단장 2010년 국회 지식경제위원회 간사 2011년 한나라당 인권위원장 2011년 국회 기후변화대응 · 녹색성장특별위원회 한나라당 간사 2012년 제19대 국회의원(경남 진주시乙, 새누리당) 2012년 국회 정무위원회 위원 2012년 국회 예산결산특별위원회 위원 2014년 국회 지방자치발전특별위원회 위원 2014년 새누리당 원내대표선거관리위원회 위원장 2014~2015년 국회 윤리특별위원회 위원장 2014~2015년 국회 미래창조과학방송통신위원회 위원 2014~2016년 새누리당 재외국민위원회 중남미지역본부장 2015년 국회 법제사법위원회 위원 2015년 국회 예산결산특별위원회 위원장 2016년 제20대 국회의원(경남 진주시乙, 새누리당 · 바른정당〈2017.1〉 · 자유한국당〈2017.5〉)(현) 2016~2017년 국회 미래창조과학방송통신위원회 위원 2016년 국회 정치발전특별위원회 위원 2017년 국회 헌법개정특별위원회 위원 2017년 바른정당 경남도당 위원장 2017년 同최고위원 2017년 同대통령후보 경선관리위원회 부위원장 2017년 同제19대 유승민 대통령후보 중앙선거대책위원회 부위원장 2017년 자유한국당 중앙위원회 의장(현) 2017 · 2018년 국회 과학기술정보방송통신위원회 위원 2017~2018년 국회 미세먼지대책특별위원회 위원 2017년 자유한국당 정책위원회 부의장 2018년 국회 헌법개정 및 정치개혁특별위원회 위원장 2018년 국회 외교통일위원회 위원 2019년 국회 외교통일위원회 간사(현) (상)한국언론사협회 대한민국우수국회의원대상 특별대상(2014), 세계언론평화대상 국회의정활동부문 대상(2015), 대한민국소비자대상 입법부문(2019) (저)'큰 바위 얼굴을 찾아서'(2003) '진주를 지키는 등 굽은 소나무' '이야기 좀 할까요' '2009 우리 경제는' '산업강국으로 가는 길' '의연(毅然)'(2011) '정당의 민주화'(2019)

## 김재광(金在光) Kim, Jae-Kwang

(생)1961 · 10 · 5 (출)경북 김천 (주)경상북도 안동시 풍천면 도청대로 455 경상북도청 복지건강국(054-880-3700) (학)영남대 행정대학원졸 (경)1981년 공직 입문(경북 청도군청) 1991년 경북도 전입 2006년 同공보관실 사무관 2009년 同농수산국 사무관 2013년 전국시도지사협의회 기획관리국장(서기관) 2014년 경북도 기업노사지원과장 2015년 同농업정책과장 2016년 경북 문경시 부시장 2017~2018년 경북 영주시 부시장 2018년 同시장 권한대행 2019년 경북도 복지건강국장(현) (상)국무총리표창(1999), 대통령표창(2008) (종)천주교

## 김재구 KIM Jae Gu

(생)1964 · 2 · 25 (주)서울특별시 서대문구 거북골로 34 명지대학교 경영대학 경영학과(02-300-0749) (학)부산 동인고졸 1986년 서울대 경영학과졸 1988년 同대학원 경영학과졸 1995년 경영학박사(서울대) (경)1995년 서울대 강사, 同노사관계연구소 책임연구원 1997년 한국노동연구원 연구위원 2001년 미국 스탠퍼드대 방문연구원 2002년 명지대 경영대학 경영학과 교수(현) 2003~2006년 대통령직속 정부혁신지방분권위원회 행정개혁전문위원 2012년 한국생산성학회 회장 2012~2015년 한국사회적기업진흥원 원장 2016년 한국기업경영학회 회장 2017년 명지대 부동산대학원장(현) 2017년 대통령직속 일자리위원회 사회적경제전문위원 (상)전국경제인연합회 시장경제대상 (저)'신조직환경론'

**김재구(金在龜) KIM Jae Gu**

(생)1966·7·1 (출)강원 인제 (주)서울특별시 서초구 서초중앙로24길 16 케이엠타워 5층 김재구법률사무소(02-596-1234) (학)1984년 경문고졸 1991년 서울시립대 법학과졸 (경)1992년 사법시험 합격(34회) 1995년 사법연수원 수료(24기) 1995년 서울지검 서부지청 검사 1997년 전주지검 군산지청 검사 1998년 창원지검 검사 1998년 춘천지검 영월지청 검사 1999년 서울지검 검사 2002년 수원지검 검사 2004년 울산지검 검사 2006년 서울북부지검 검사 2007년 同부부장검사 2008년 대검찰청 연구관 2009년 광주지검 특수부장 2010년 부산지검 특수부장 2011년 의정부지검 형사4부장 2012년 춘천지검 부장검사 2013년 서울북부지검 형사3부장 2014년 서울동부지검 형사2부장 2015년 청주지검 제천지청장 2016년 서울고검 검사 2016년 법무연수원 용인분원 교수 겸임 2017년 부산지검 서부지청장 2017년 법무연수원 용인분원장 2018년 부산지검 제1차장검사 2018~2019년 법무연수원 연구위원 2019년 변호사 개업(현) (상)서울시립대총동창회 '자랑스러운 서울시립대인' 공로상(2017)

**김재권(金在權) KIM Jae Kwon**

(생)1952·12·26 (본)청도(淸道) (출)부산 (주)서울특별시 강남구 테헤란로7길 22 과학기술회관 신관 501호 한국기술사회(02-2098-7102) (학)1980년 동아대 토목공학과졸 1994년 연세대 대학원 토목공학과졸 2003년 토목공학박사(연세대) 2005년 서울대 행정대학원 최고정책과정 수료 2009년 同법과대학원 최고위과정 수료 (경)1999년 동아건설산업(주) 이사·기술담당 고문 2001년 삼성물산(주) 건설부문 상무, 한국방재협회 이사, 한국철도학회 이사, 대한환경공학회 이사, 한국SM학회 부회장, 한국터널공학회 부회장, 대한토목학회 이사, 한국기술사회 이사, 한국재난관리표준학회 이사, 건설안전포럼 위원, KTX경제권포럼 위원, 한국지반환경공학회 부회장, 해양항만공학회 부회장, 한국암반공학회 부회장, 대한상사중재원 중재인(현), 한국폐기물학회 부회장 2007년 두산건설 인프라BG 부사장, 경기철도(주) 사장 2013~2019년 용인경량전철(주) 대표이사 2016년 한국기술사회 회장(현) (상)철탑산업훈장, 건설기술상(제15회·토목부문), 한국암반공학회 기술상, 일본VE협회장 장려상, 한국지반환경공학회 기술상, 건설교통부장관표창, 동아대 자랑스런 동아인상, 건설기술교육원장표창, 연세대 공학인상

**김재권(金在權) Kim, Jae Gweon**

(생)1961·12·15 (본)경주(慶州) (출)경북 고령 (주)경상남도 창원시 마산합포구 제2부두로 10 마산세관(055-981-7000) (학)1981년 대구 대륜고졸 1983년 세무대학졸 (경)1983~1995년 관세청·인천본부세관·수원세관·울산세관·안산세관 근무 1996~2008년 재정경제부 관세제도과·산업관세과 근무 2009~2014년 부산본부세관 심사총괄과장·관세청 감찰과장 2014년 청주세관장 2016년 김포공항세관장 2017년 광양세관장 2019년 마산세관장(현)

**김재규(金才奎) KIM Jae Kyu** (雅元)

(생)1948·6·7 (본)김녕(金寧) (출)전남 순천 (주)광주광역시 서구 월산로245번길 2 (사)지역문화마케팅전략개발(062-511-8848) (학)1968년 조선대부속고졸 1972년 조선대 법과대학졸 2003년 同대학원 신문방송학과졸 (경)1976년 전일방송 PD 1980년 KBS 광주방송총국 프로듀서 1992년 同여수방송국 방송부장 1994년 同TV2국 차장 1997년 同광주방송총국 편성제작국장 1999년 광주방송 보도제작국장 2001년 同보도제작국 상임이사 2002~2004년 同제작본부장(상임이사) 2004년 광주문화예술진흥위원회 위원 2005~2007년 광주비엔날레 사무총장 2008~2011년 (사)문화마케팅전략개발 회장 2010~2015년 광주영어FM방송 사장 2010~2013년 광주문화재단 이사 2013년 광주사회복지공동모금회 부회장(현) 2015년 (사)지역문화마케팅전략개발 대표(현) 2019년 광주광역시자원봉사센터 이사장(현) (상)프로그램 기획상·작품상, 재무부장관표창, 재정경제부장관표창, 국민포장 (종)천주교

**김재규(金在圭) KIM Jea Kyu**

(생)1962·7·8 (출)전남 고흥 (주)강원도 춘천시 동내면 세실로 49 강원지방경찰청 청장실(033-248-0114) (학)1982년 순천고졸 1986년 경찰대졸(2기) 1999년 연세대 행정대학원졸 (경)1999년 서울 영등포경찰서 수사과장 2000년 서울지방경찰청 수사2계장 2001년 同수사3계장 2003년 同사이버범죄수사대장 2007년 同홍보담당관실 홍보계장 2007년 전남지방경찰청 경비교통과장(총경) 2008년 교육 파견 2009년 경찰청 사이버테러대응센터장 2009년 강원 삼척경찰서장 2011년 강원 동해경찰서장 2011년 경찰청 수사국 사이버테러대응센터장 2013년 경찰대학 경찰학과장 2014년 서울 종암경찰서장 2015년 서울지방경찰청 홍보담당관(총경) 2015년 同홍보담당관(경무관) 2015년 국가공무원인재개발원 교육파견(경무관) 2017년 광주지방경찰청 제1부장 2017년 경기북부지방경찰청 차장 2017년 경찰청 수사구조개혁단장(경무관) 2018년 同수사구조개혁단장 2018년 同사이버안전국장(치안감) 2019년 강원지방경찰청장(현) (상)대통령표창(2005)

**김재균(金載鈞) KIM Jae Gyun** (백송)

(생)1962·5·10 (본)김해(金海) (출)경기 평택 (주)경기도 수원시 팔달구 효원로 1 경기도의회(031-8008-7000) (학)효명종합고졸 (경)전인학원 대표, (주)인스케어 송탄지점장, 민주평통 평택시협의회 간사 겸 사무국장 2002·2006·2010년 경기 평택시의회 의원(열린우리당·민주당·민주통합당·민주당·새정치민주연합) 2004년 열린우리당 경기남부지역경제특별위원장, 同대의원, 同경기도당 지역발전특별위원장 2006년 경기 평택시의회 자치행정위원장 2010년 同부의장 2014~2018년 경기 평택시의회 의원(새정치민주연합·더불어민주당) 2018년 경기도의회 의원(더불어민주당)(현) 2018년 同제1교육위원회 위원(현) (상)제2회 대한민국바른지도자상 의정대상(2007), 대통령표창(2007), 의정행정대상 기초의원부문(2010)

**김재근(金在根) KIM Jae Keun**

(생)1960·8·8 (본)김해(金海) (출)충남 금산 (주)세종특별자치시 한누리대로 2130 세종특별자치시청 대변인실(044-300-2610) (학)1978년 금산고졸 1987년 충남대 국어국문학과졸 (경)1988년 대전일보 입사 1996년 同사회부 차장 1998년 同정치행정부 차장대우 1999년 同경영기획부 차장 2000년 同문화체육부 차장 2001년 同경제과학부 부장대우 2002년 同경제과학부장 2003년 同사회부장 2003년 同편집국 기획취재부장 2004년 한국기자협회 대전·충남협회장 2005년 대전일보 자치행정2부장 2006년 同행정팀장 겸 행정2부장, 同정치행정부장 겸 충남도청팀장 2006년 同경제부 부국장대우 2008년 同경영지원국 국장대우 겸 기획사업단장 2008년 同충북취재본부장 2009년 同대전일보60년사 편찬위원(국장급) 2010년 同미디어연구소장 겸 지령2만호 준비위원장 2011년 同논설실장 겸 미디어연구소장 2012년 同논설실장 겸 포럼국장 2012~2014년 同세종취재본부장 겸 포럼국장 2014년 同논설위원 2015년 同편집국 취재1부장 2015년 세종특별자치시 대변인(현)

**김재근(金載根)**

(생)1970·6·9 (출)서울 (주)전라남도 해남군 해남읍 중앙1로 330 광주지방법원 해남지원(061-534-9151) (학)1989년 동성고졸 1998년 한양대 법학과졸 (경)2000년 사법고시 합격(42회) 2003년 사법연수

원 수료(32기) 2003년 대구지검 검사 2005년 청주지검 검사 2007년 서울북부지검 검사 2009년 대전지법 판사 2013년 의정부지법 판사 2016년 서울북부지법 판사 2019년 광주지법·광주가정법원 해남지원장(현)

## 김재동(金在東)

(생)1957·8·3 (출)경북 포항 (주)경상북도 포항시 남구 포스코대로 333 포항상공회의소(054-274-2233) (학)대동고졸, 포항1대학 전기과졸 (경)(주)진영종합건설 대표이사(현) 2000년 포항시검도협회 회장 2001년 포항시체육회 이사, 同재정위원회 부위원장(현), 포항문화재단 이사(현) 2003년 포항청년회의소 특우회 이사 2004년 포항상공회의소 상공의원, 同부회장 2018년 同회장(현)

## 김재련(金在蓮·女) KIM Jae Ryon

(생)1972·11·20 (출)강원 강릉 (주)서울특별시 서초구 서초중앙로26길 13 법무법인 온세상(02-599-7700) (학)1991년 강릉여고졸 1996년 이화여대 법학과졸 2002년 보험연수원 연수 2007년 명지대 산업대학원 이민학과졸(석사) (경)2000년 사법시험 합격(42회) 2003년 사법연수원 수료(32기) 2003~2004년 법률사무소 나우리 변호사 2003년 여성법률상담소 상담변호사 2003년 컴퓨터니트 고문변호사 2003년 여성의전화 상담변호사 2003년 가정법률상담소 상담변호사 2003년 한국성폭력상담소 상담변호사 2003년 중앙아동학대예방센터 자문변호사 2003년 경기아동학대예방센터 자문변호사 2003년 서울시 성매매관련 '다시함께' 프로젝트법률지원단 운영위원 2003년 한부모가정연구소 자문위원 2004년 서울 동작구 고문변호사 2004년 법률사무소 로피아 개업·변호사 2004~2007년 드림씨티케이블방송 '김재련의 법률이야기' 출연 2004년 서울 동작구 규제개혁위원장 2004년 법무법인 베스트 변호사 2007~2013년 법무법인 다온 변호사 2008년 동작어린이집연합회 자문변호사 2009년 한부모가정사랑회 이사 2009년 한국성폭력위기센터 이사·법률자문위원 2009년 대한변호사협회 인권위원회 위원 2009년 同인권위원회 이주외국인법률지원위원회 부위원장 2009년 서울지방경찰청 여성·아동대책자문위원 2010년 대검찰청 성폭력범죄전문가 2011년 여성·아동폭력피해중앙지원단 수퍼바이저 2011년 대한변호사협회 다문화소위원회 위원장 2013~2015년 여성가족부 권익증진국장 2015년 법무법인 온세상 대표변호사(현) 2015년 한국양성평등교육진흥원 폭력예방교육 전문강사(현) 2015년 육군본부 병영문화혁신 자문위원 2015년 한국성폭력위기센터 이사(현) 2015년 서울해바라기센터 운영위원(현) 2015년 여성·아동폭력피해중앙지원단 모니터링위원회 위원(현) 2015~2017년 한국건강가정진흥원 비상임이사 2015년 서울시 다시함께상담센터 법률·의료전문지원단(현) 2015~2016년 일본군위안부피해자문제진상규명및기념사업추진민관TF 위원 2016년 여성가족부 다문화가족정책위원회 위원(현) 2016~2017년 국방부 특수임무수행자보상심의위원회 위원 2016년 중앙행정심판위원회 비상임위원(현) 2016~2017년 (재)화해·치유재단 이사 2016년 여성신문사 편집위원(현) 2017년 국가인권위원회 정책자문위원(현) 2017년 국회입법조사처 자문위원(현) 2018년 국가인권위원회 성차별조정위원회 위원(현) 2018년 행정안전부 고문변호사(현) 2018년 EBS 특별징계위원회 위원(현) 2019년 서울지방국세청 보통징계위원회 위원(현) 2019년 경찰청 법률자문단 위원(현) (상)한국성폭력상담소 공로상(2011), 대한변호사협회장표창(2011), 한국한부모가정사랑회 감사패(2011), 한국성폭력상담소 감사장(2011), 여성신문 미래를 이끌어갈 여성지도자상(2012), 여성가족부장관표창(2012), 육군참모총장 감사패(2015)

## 김재령(金在玲·女)

(생)1976·9·20 (출)서울 (주)서울특별시 서초구 서초중앙로 157 서울고등법원(02-530-1114) (학)1995년 이화여자외국어고졸 2001년 서울대 경제학과졸 (경)2000년 사법시험 합격(42회) 2003년 사법연수원 수료(32기) 2003년 서울지법 예비판사 2005년 서울서부지법 판사 2007년 대전지법 판사 2010년 인천지법 판사 2012년 서울서부지법 판사, 서울행정법원 판사 2015년 서울남부지법 판사 2015년 헌법재판소 파견 2017년 서울북부지법 판사 2018년 창원지법 통영지원 부장판사 2019년 서울고법 판사(현)

## 김재민(金在珉) KIM Jae Min (本然)

(생)1938·6·18 (본)안동(安東) (출)강원 강릉 (주)서울특별시 광진구 능동로 209 세종대학교 호텔관광대학(02-3408-3312) (학)1957년 강릉상고졸 1963년 고려대 법경대학 상학과졸 1968년 同경영대학원졸 1988년 경영학박사(인하대) (경)1967~1974년 경기대학 관광경영학과 강사 1970~1979년 (주)메트로호텔 관리부장 1976년 국제관광공사 관광호텔 서비스진단 전문위원 1980년 대전실업대학 관광과 조교수 1981~1989년 세종대 관광경영학과 조교수·부교수·관광경영학과장 1984~1991년 서울시 시정자문위원·관광문화분과 위원 1987~1989년 한국관광산업연구소 소장 1990~2003년 세종대 호텔관광경영학부 교수 1994~2004년 교통부·문화관광부·호텔업 등급심사위원 1995년 교육부 고등학교1종도서편찬심의회 심의위원 1998~1999년 UNDP(United Nations Development Program) '환경보전차원의 백두산·장백산관광계발계획' 연구위원 1998~2002년 한국호텔관광학회 회장 1999~2005년 문화관광부 호텔경영사 자격시험위원 2001~2003년 세종대 관광대학원장 2002~2004년 문화관광부 컨벤션기획사 자격시험위원 2003년 세종대 호텔관광대학 명예교수(현) 2005년 인천시 도시개발공사 관광분야 설계심사위원 2009~2014년 한국관광협회중앙회 호텔업등급심사 위원 2009~2013년 환경부 환경표지 전문위원 2013년 국회 기후변화포럼 회원(현), 한국경영학회 영구회원(현), 한국호텔관광학회 평생회원 겸 고문(현) (상)학교법인 세종대 이사장 근속표창(2001), 국무총리표창(2003) (저)'호텔경영관리'(1969, 교학사) '현대호텔경영론(共)'(1981, 남영문화사) '관광계획·개발론'(1996, 대왕사) '관광경영학 이론과 실제'(2002, 웃고문화사) '관광경영론'(2003, 일신사) '관광자원개발론'(2003, 대왕사) '신호텔경영론'(2005, 대왕사) '신관광경영론'(2010, 대왕사) '새호텔경영론(New Hotel Management)(共)'(2012, 대왕사)

## 김재범(金宰範) KIM Jaebum (漢無)

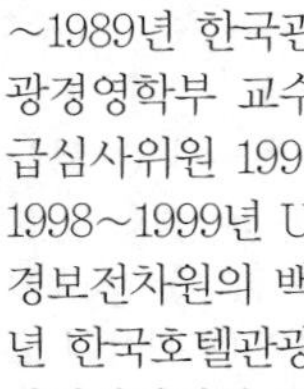

(생)1950·11·7 (본)김해(金海) (출)전남 나주 (주)서울특별시 종로구 삼봉로 81 두산위브파빌리온 809호 한미협회(02-589-0005) (학)1969년 광주제일고졸 1973년 한국외국어대 서반아어과졸 1975년 영국 옥스퍼드대 대학원 외교관과정 수료 1991년 국방대학원 국제관계학과 수료 2001년 중앙공무원교육원 고위정책과정 수료 2002년 미국 아태안보연구소(APCSS) 관리과정 수료 2005년 同고위관리과정 수료 2006년 한림국제대학원대 글로벌리더십과정 수료 2009년 국제영어대학원대졸 (경)1973년 외무부 입부 1977년 駐사우디아라비아 3등서기관 1979년 駐콜롬비아 2등서기관 겸 영사 1984년 駐미국 정무서기관 1989년 국방대학원 파견 1991년 외무부 문화협력1과장 1991년 미주기구(OAS) 파견 1993년 駐우루과이 참사관 1996년 駐브라질 공사참사관 1998년 한반도에너지개발기구(KEDO) 파견 2001년 중앙공무원교육원 파견 2002년 아시아태평양안보연구센터(APCSS) 파견 2002년 駐우루과이 대사 2005년 연세대 정치외교학과 겸임교수 2005년 외교통상부 본부대사 2006년 연세대 국제학대학원 외교특임교수 2007~2009년 국세공무원교육원 초빙교수 2007년 외교안보연구원 명예교수 2008년 한국외교협회 대국민외교홍보사업추진단원 2010년 同정책위원, 同학술연구위원 겸 문예동호회장(현) 2011년 국제정책연구원 이사 겸 부원장(현) 2013~2018년 (사)한미협회 이사 겸 사무총장 2018년 同상근부회장(현) (상)근정포장(1983), 홍조근정훈장(2007)

## 김재범(金宰範) KIM Jae Bum

(생)1953·9·10 (출)서울 (주)경기도 안산시 상록구 한양대학로 55 한양대학교 언론정보대학 신문방송학과(031-400-5414) (학)1972년 중앙고졸 1976년 한양대 신문학과졸 1983년 미국 오클라호마대 대학원 커뮤니케이션학과졸 1987년 커뮤니케이션학박사(미국 뉴욕주립대) (경)1987년 KBS 방송문화연구소 비상임연구위원 1988~2018년 한양대 언론정보대학 신문방송학과 교수 1993년 방송개발원 방송정책연구위원 1993년 방송위원회 심의위원 1994년 유선방송위원회 심의위원 1994~1999년 그린훼밀리운동연합 사무총장 1996년 국제연합환경계획(UNEP) 한국위원회 사무총장(현) 1997년 가톨릭 메스컴위원회 이사(현) 1998년 미국 오리건대 교환교수 1999년 한국언론정보학회 회장 1999년 그린훼밀리운동연합 부총재 2000년 에너지절약시민운동 공동대표 2003~2005년 한양대 언론정보대학장 2004년 한국방송학회 회장 2007~2009년 한국광고홍보학회 회장 2007·2010년 UNEP-Eco Peace Leadership Center 이사(현) 2007년 자연환경국민신탁 자문위원 2008·2010~2012년 한양대 언론정보대학원장 2018년 한양대 언론정보대학 신문방송학과 명예교수(현) (상)대통령표창(1997), 유엔환경상 글로벌500(1998) (저)'언론과 부정부패'(共) (역)'미디어경영론' '녹색공동체를 위한 실천' '커뮤니케이션 이론 및 조사실습' (종)가톨릭

## 김재복(金在福) KIM Jai Bok

(생)1942·3·20 (본)김해(金海) (출)충북 충주 (주)경기도 김포시 월곶면 김포대학로 97 김포대학교 총장실(031-999-4114) (학)1962년 충주사범학교졸 1966년 연세대 교육학과졸 1975년 경희대 행정대학원 개발행정학과졸 1984년 교육학박사(동국대) (경)1964~1971년 서울 창천·금옥초 교사 1971년 중앙교육연구소 연구원 1973년 한국교육개발원 책임연구원 1982~2001년 인천교육대 교육학과 교수 1988년 同초등교육연구소장 1989년 同교무처장 1989년 교육인적자원부 교육과정심의위원 1994~1995년 국립교육평가원 대학수학능력시험 평가위원 겸 부위원장 1996년 미국 데이튼대 교환교수 1996~1998년 한국교육과정학회 회장 1997년 인천교육대 기획연구처장 1998년 同교육대학원장 1998년 전국교육대학교교육대학원장협의회 회장 1999~2001년 인천발전연구원 이사 2000~2001년 인천일보 객원논설위원 2001년 인천교육대 총장 2001~2005년 민주평통 자문위원 2002년 태양학원(경인여대) 이사 2003~2007년 경인교육대 교육학과 교수 2003~2004년 同총장 2003~2004년 전국교육대학교총장협의회 회장 2003~2005년 교육인적자원부 정책자문위원회 교원정책분과위원장 2004년 연세대총동문회 부회장 겸 인천지회장 2005년 한국교육학회 부회장 2007~2011년 동서남북포럼 이사장 2008년 경인교육대 명예교수(현) 2014~2018년 한국교육개발원 동문회장 2015~2016·2017년 김포대 총장(현) (상)황조근정훈장(2007) (저)'수업전략' '미술과의 수업과 평가' '통합교육과정의 이론과 적용' '인지·정의·기능학습을 위한 전략' '교육과정의 통합적 접근' '영재교육' '교과 교육원리' '교육과정 운영론' '교육학의 이해' '통합교육과정' (역)'수업모형' '효과적인 학교와 교사' (종)기독교

## 김재복(金在馥) KIM Jae Bok

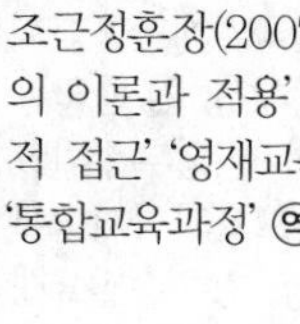

(생)1960·11·5 (본)김해(金海) (출)대구 (주)서울특별시 강남구 테헤란로87길 36 도심공항타워 법무법인 로고스(02-2188-2814) (학)1978년 대구 능인고졸 1982년 고려대 법학과졸 2008년 고려대 생명환경대학원 생명환경최고위과정 수료 (경)1982년 사법시험 합격(24회) 1984년 사법연수원 수료(14기) 1985년 軍법무관 1989년 수원지법 판사 1993년 대구지법 판사 1995년 同소년부지원장 1995년 대구고법 판사 1996년 서울고법 판사 1997년 헌법재판소 헌법연구관 겸임 1999년 서울지법 판사 2000년 청주지법 부장판사 2002년 서울지법 동부지원 부장판사 2003년 미국 윌리암앤메리대 연수 2004년 서울동부지법 부장판사 2005~2008년 서울중앙지법 부장판사 2008년 법무법인 로고스 대표변호사(현) (종)기독교

## 김재복 KIM JAE BOCK

(생)1967·3·6 (주)서울특별시 서초구 헌릉로 260 서울특별시어린이병원 원장실(02-570-8100) (학)중앙대 의대졸, 同대학원 의학석사, 의학박사(중앙대) (경)1998년 서울아산병원 소아청소년과 임상의 1999년 영등포성애병원 소아청소년과장 2001년 광명성애병원 소아청소년과장 2005년 경기 파주시보건소 의사 2007년 경기 군포시보건소 의사 2010년 서울시어린이병원 진료부 의사·진료부장 2015년 同병원장(현)

## 김재봉(金在鳳) KIM Jae Bong

(생)1945·4·4 (본)김해(金海) (출)경남 합천 (주)서울특별시 중구 세종대로 124 프레스센터빌딩 1407호 지역신문발전위원회(02-2001-7821) (학)1967년 중앙대 신문학과졸 (경)1968년 중앙일보 기자 1980년 同사회부 차장 1986년 同총무부장 1987년 법무부 대변인 1989년 세계일보 사회부장 1991년 同사회부장(부국장대우) 1991년 문화일보 사회부장(부국장대우) 1993년 同부국장 1998년 同국장대우 1999년 同논설위원 2000년 同편집국 차장 2001년 同논설위원(국장대우) 2002년 同수석논설위원 2003년 법무법인 세종 고문 2006년 문화일보 사외이사 2009년 방송통신심의위원회 보도교양방송특별위원장 2010년 중앙매스컴사우회 회장 2014년 언론중재위원회 중재위원 2015년 同부위원장 2017년 지역신문발전위원회 위원장(현)

## 김재석 KIM Jae Seok

(생)1956·11·19 (주)대구광역시 북구 대학로 80 경북대학교 인문대학 국어국문학과(053-950-5109) (학)1980년 경북대 국어국문학과졸 1986년 同대학원졸 1993년 문학박사(경북대) (경)1990~1991년 경북대 인문대학 국어국문학과 조교 1995~1996년 안동대 인문대학 국어국문학과 전임강사 1999년 문학과언어연구회 현대문학 연구이사 1999~2000년 한국어문학회 연구이사 1999년 경북대 인문대학 국어국문학과 조교수·부교수·교수(현) 2001~2005년 한국극예술학회 회장 2013년 경북대 한국어문화원장(현) 2019년 同교학부총장(현) (상)노정김재철학술상(2011) (저)'일제강점기 사회극 연구'(1995, 태학사) '한국연극사와 민족극'(1998, 태학사) '중국조선민족 희곡선집 1~4'(2005, 연극과인간)

## 김재섭(金在燮) KIM Jae Seop

(생)1961·2·18 (본)영광(靈光) (출)전남 장흥 (주)경상남도 창원시 성산구 정동로162번길 40 두산공작기계(주) 사장실(055-600-4900) (학)1978년 광주제일고졸 1983년 서울대 공대 기계설계학과졸 (경)대우종합기계 공기생산·생산담당 이사부장, 두산기상연대유한공사 법인장(상무) 2005년 두산인프라코어(주) 상무 2008년 同기획조정실장(전무) 2009년 同공기자동화BG장(전무) 2011년 同공작기계BG장(부사장) 2013년 同공작기계BG장(사장) 2013년 同오퍼레이션본부장(사장) 2016년 두산공작기계(주) 대표이사 사장(현) 2017년 한국공학한림원 정회원(기계공학·현) (종)불교

## 김재수(金宰洙) Kim Je Soo

(생)1959·11·8 (출)경기 안성 (주)경기도 평택시 도일유통길 25 평택도시공사(031-8053-8800) (학)1977년 평택공고졸 1986년 단국대 토목학과졸 2011년 同대학원 도시및부동산개발학과졸 (경)2002년 부패방지위원회 심사관실 사무관 2003년 同제도2담당관실 사무관 2006~2008년 국민권익위원회 법령분석관리팀 서기관 2008년 同부패영향분석과 서기관 2010년 同도시수자원민원과 서기관 2011년 同이동신문고팀장

2011년 同사회제도개선담당관 2012년 同행동강령과장 2013년 同도시수자원민원과장 2016년 同운영지원과장 2018년 同부패방지국 신고심사심의관(고위공무원) 2018년 同심사보호국장 2018년 평택도시공사 사장(현)

### 김재수(金在洙)

(생)1964·3·25 (주)서울특별시 강남구 영동대로 416 케이티앤지타워 (주)한국인삼공사 사장실(02-2189-6504) (학)한국해양대졸, 부산대 경영대학원졸 (경)1991년 (주)KT&G 입사, 同영업기획실장, 同부산본부장, (주)한국인삼공사 국내사업본부장, (주)KT&G 윤리경영감사단장(전무) 2018년 (주)한국인삼공사 대표이사 사장(현)

### 김재승(金載承) KIM, Jae Seung

(생)1965·12·14 (출)서울 (주)서울특별시 서초구 서초중앙로 176 한울빌딩 7층 법무법인 예헌(02-3478-2001) (학)1984년 명지고졸 1988년 서울대 법대졸 2001년 미국 조지타운대 로스쿨졸(LL.M.) (경)1990년 사법시험 합격(32회) 1993년 사법연수원 수료(22기) 1993년 軍법무관 1996년 수원지법 성남지원 판사 1998년 서울지법 판사 2000년 제주지법 판사 2003년 광주고법 제주부 판사 2004년 서울고법 판사 2006년 대법원 재판연구관 2008년 부산지법 부장판사 2009~2012년 인천지법 부천지원 부장판사 2012~2018년 법무법인(유) 태평양 변호사 2018년 법무법인 예헌 대표변호사(현)

### 김재식(金在植) KIM Jae Sik

(생)1966·2·20 (본)경주(慶州) (출)전북 옥구 (주)서울특별시 중구 을지로5길 26 미래에셋센터원빌딩 이스트타워 미래에셋대우 혁신추진단(1588-6800) (학)1985년 충북 운호고졸 1989년 서강대 경영학과졸 2008년 同경영대학원 재무관리과졸 (경)동양화재 근무, 한남투자신탁 근무, 한누리투자신탁 근무, 同증앙종합금융과장, 미래에셋증권(주) 자산운용본부장 2005년 同자산운용본부장(상무보) 2005년 同자산운용본부장(상무) 2006년 同자산운용사업부문장(상무) 2008년 同자산운용사업부문장(전무) 2008~2009년 同자산운용본부장(전무) 2009년 同에쿼티트레이딩본부장(전무) 2009~2011년 同최고리스크관리책임자(CRO·전무) 2011년 同주식파생센터장 2012년 미래에셋생명보험(주) 자산운용부문 대표 2016년 同가치경영총괄 부사장 2017년 同대표이사 부사장 2018년 同대표이사 사장 2019년 미래에셋대우(주) 혁신추진단 사장(현) (종)기독교

### 김재신(金載信) KIM Jae Sin

(생)1952·1·7 (출)인천 (주)전라북도 군산시 새만금산단3로 213 (주)OCISE 임원실(063-440-9100) (학)1976년 고려대 화학공학과졸 (경)(주)동양화학공업 경영기획팀장 1997년 同인천공장 부공장장(이사) 1999년 同인천공장 부공장장(상무) 2004년 (주)동양제철화학 포항공장장(전무) 2009년 (주)OCI 케미칼사업본부장(전무) 2010~2013년 同케미칼사업본부장(부사장) 2012년 (주)OCISE 대표이사 사장(현) 2013~2018년 OCI(주) 사업총괄 사장(COO)

### 김재신(金在信) KIM, Jae-Shin

(생)1968·6·6 (본)영광(靈光) (출)서울 (주)세종특별자치시 다솜3로 95 공정거래위원회 상임위원실(044-200-4187) (학)화곡고졸, 성균관대 경제학과졸, 한국개발연구원(KDI) 국제정책대학원 MBA, 미국 미시간주립대 대학원 재무관리과졸(석사) (경)1990년 행정고시 합격(34회), 통계청 근무, 공정거래위원회 정책국 총괄정책과 서기관 2004년 同위원장 비서관 2007년 同혁신성과팀장 2007년 駐EU 참사관, 공정거래위원회 기획조정관실 기획재정담당관 2012년 同카르텔총괄과장(부이사관) 2013년 同경쟁정책국 경쟁정책과장 2015년 同기업거래정책국장 2017년 국가공무원인재개발원 교육파견 2018년 공정거래위원회 경쟁정책국장 2019년 同상임위원(현) (상)대통령표창(2012) (종)기독교

### 김재실(金在實) KIM Jae Sil (운황)

(생)1945·11·13 (본)안동(安東) (출)충남 천안 (주)서울특별시 강남구 도산대로45길 20 도산안창호선생기념사업회(02-541-1800) (학)1963년 보성고졸 1968년 서울대 수학과졸 1973년 同대학원 경영학과졸 2002년 同경제연구소 세계경제최고전략과정(ASP) 수료 2008년 고려대 부동산금융최고위과정(CRO) 수료 2011년 중앙일보 최고위과정 수료 (경)1968년 한국산업은행 입행 1979년 同조사부 과장 1981년 同도쿄사무소 과장 1985년 同종합기획부 차장 1987년 同금융1부 차장 1988년 同도쿄사무소 차장 1990년 同도쿄사무소장 1991년 同도쿄지점장 1992년 同국제금융부장 1994년 同금융1부장 1994년 同경영지원팀장 1997년 同자금부장 1997년 同부총재보 1997~2000년 同이사 2000~2003년 산은캐피탈(주) 대표이사 사장 2001년 한국부품소재투자기관협의회 부회장 2003년 중앙일보 시사미디어 상임고문 2003년 대아건설 감사 2004년 경남기업 관리부문 총괄사장 2006년 성신양회(주) 사장 2008년 同대표이사 부회장 2009년 同고문 2010년 대우증권그린코리아기업인수목적회사 회장 2011년 쌍용레미콘 고문 2013년 (주)태강 고문 2015~2017년 동양시멘트(주) 상임감사 2017년 도산안창호선생기념사업회 이사장(현) 2017~2018년 (주)삼표시멘트 상임감사 (종)기독교

### 김재열(金在烈) KIM Jae Yeol

(생)1958·6·2 (본)김해(金海) (출)전남 순천 (주)광주광역시 동구 필문대로 309 조선대학교 기계시스템미래자동차공학부(062-230-7745) (학)1977년 전남 순천고졸 1981년 조선대 정밀기계공학과졸 1983년 한양대 대학원 정밀기계공학과졸 1990년 공학박사(한양대) (경)1989년 일본 도쿄대 생산기술연구소 외국인협력연구원 1989~1998년 조선대 공과대학 정밀기계공학과 전임강사·조교수·부교수 1990~1992년 일본 도쿄공업대 정밀공학연구소 객원연구원 1998년 조선대 공과대학 정밀기계공학과 교수, 同기계시스템미래자동차공학부 교수(현) 1998년 한국정밀공학회 사업이사 1999~2001년 한국비파괴검사학회 기술이사 2002년 한국기계가공학회 사업이사 2002년 광주전남테크노파크 조선대지원센터장 2002~2004년 산업자원부 나노기술집적화센터 기획위원 2002~2008년 한국공작기계학회 편집이사 2005년 (주)광주삼성전자-조선대 R&D센터 소장 2007~2009년 조선대 산학협력단 부단장 2016년 한국산학연협회협의체 회장 2017년 한국기계가공학회 회장 2018~2019년 한국자동차공학회 광주·호남지회장 (상)한국윤활학회 포스터우수기술상(2006), 한국공작기계학회 논문우수발표상(2006·2007), 2012산학연협력우수사례경진대회 교육과학기술부장관표창(2012), 한국기계가공학회 논문 우수발표상·최우수발표상(2015), 과학기술우수논문상(2018), 광주광역시장표창(2018) (저)'최신 동역학'(2006) '쉽게 배우는 AutoCAD 2006'(2007) '평면 X-Y스테이지의 초정밀위치결정을 위한 최적설계 및 제어시스템 개발'(2007) 'HEV동력시스템'(2010) '동역학'(2011) 'EV센서공학'(2012) (종)기독교

### 김재열(金載烈) KIM Jae Youl

(생)1968·10·14 (출)서울 (주)서울특별시 서초구 서초대로74길 4 (주)삼성경제연구소(02-3780-8000) (학)1991년 미국 웨슬리안대 국제정치학과졸 1993년 미국 존스홉킨스대 대학원 국제정치학과졸 2000년 미국 스탠퍼드대 경영대학원졸(MBA) (경)2000~2001년 미국 e-Bay 근무 2001년 동아닷컴 대표 2002년 (주)제일기획 Global전략담당 상무보 2003년 제일모직(주)

경영기획담당 상무보 2004년 同전략기획실 상무 2005년 同경영관리실 경영기획담당 상무 2009년 同경영관리실 경영기획담당 전무 2010년 同경영관리실 경영기획담당 부사장 2010년 대한빙상경기연맹 국제부회장 2011~2016년 同회장 2011년 2018평창동계올림픽대회조직위원회 부위원장 2011년 제일모직(주) 경영기획총괄 사장 2011~2014년 삼성엔지니어링(주) 경영기획총괄 사장 2012~2017년 대한체육회 부회장 2013~2014년 소치 동계올림픽한국선수단 단장 2014년 자카르타 아시아경기대회 아시아올림픽평의회(OCA) 위원 2014~2018년 (주)제일기획 스포츠사업총괄 사장 2015년 2017삿포로동계아시아경기대회 아시아올림픽평의회(OCA) 위원 2016년 2022베이징동계올림픽대회 국제올림픽위원회(IOC) 조정위원회 위원(현) 2016년 2018평창동계올림픽대회조직위원회 국제부위원장 2016년 국제빙상경기연맹(ISU) 집행위원(현) 2018년 (주)삼성경제연구소 스포츠마케팅연구담당 사장(현) [상]체육훈장 맹호장(2012)

**김재엽(金在燁) KIM Jae Yup**

[생]1965 · 5 · 17 [출]대구 [주]경기도 성남시 수정구 복정로 76 동서울대학교 스포츠학부 경호스포츠과(031-720-2235) [학]1987년 계명대 상업교육과졸, 국민대 대학원졸 2010년 경호학박사(동서울대) [경]1984년 미국 LA올림픽 유도 은메달 1986년 서울아시안게임 유도 금메달 1987년 에센 세계유도선수권대회 금메달 1988년 서울올림픽 유도 금메달, 한국마사회 유도팀 코치 2000년 토탈미디어서비스 대표, 동서울대 스포츠학부 경호스포츠과 교수(현) 2019년 ATA(AThletes Association) Club 어드바이저(현) 2019년 (사)남북체육교류협회 남북스포츠교류종합센터건립추진위원회 위원(현) [상]체육훈장 청룡장 · 맹호장 · 기린장 · 백마장, 국제언론인클럽 글로벌 자랑스런 한국인대상 스포츠발전과 지역사회발전공헌부문(2015)

**김재영(金在榮)**

[생]1949 · 10 · 25 [주]부산광역시 연제구 중앙대로 1001 부산광역시의회(051-888-8245) [경]감천2동새마을금고 이사장, 부산시 사하구의회 의원 2010년 부산시의원선거 출마(민주당) 2014년 부산시의원선거 출마(새정치민주연합) 2018년 부산시의회 의원(더불어민주당)(현) 2018년 同복지환경위원장(현)

**김재영(金在榮) KIM Jae Young**

[생]1956 · 9 · 2 [본]의성(義城) [출]경북 영주 [주]부산광역시 사상구 백양대로700번길 140 신라대학교 항공운항학부(051-999-5314) [학]1976년 공군항공과학고졸 1995년 한국방송통신대 법학과졸 1998년 한국항공대 대학원졸 [경]2007년 부산지방항공청 안전운항국장 2008년 서울지방항공청 관제통신국장 2009년 국토해양부 항공정책실 항공관제과장 2011년 同운항정책과장(부이사관) 2013년 국토교통부 항공정책실 운항정책과장 2013년 서울지방항공청장 2014년 교통안전공단 철도항공본부장(상임이사) 2014년 同기획본부장(상임이사) 2016년 同자동차안전연구원장(상임이사) 2016년 同철도항공교통안전본부장(상임이사) 2018년 한국교통안전공단 철도항공안전본부장(상임이사) 2019년 신라대 항공운항학부 초빙교수(현) [상]건설교통부장관표창(2003), 국무총리표창(2005), 홍조근정훈장(2014) [종]기독교

**김재영(金載英) Kim Jaeyoung**

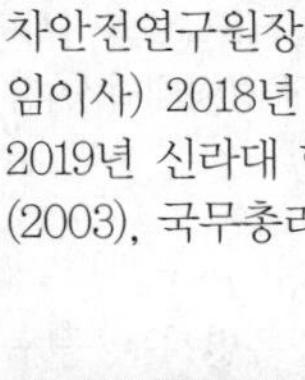

[생]1957·8·15 [출]광주 [주]경기도 수원시 영통구 법조로 105 수원지방법원 총무과(031-210-1114) [학]1977년 광주제일고졸 1985년 서울대 법학과졸 [경]1986년 사법시험 합격(28회) 1989년 사법연수원 수료(18기) 1989년 광주지법 판사 1991년 同장흥지원 판사 1993년 광주지법 판사 1997년 同담양군법원·곡성군법원·화순군법원 판사 1998년 광주지법 판사 1999년 광주고법 판사 2002년 광주지법 판사 2004년 同장흥지원장 2006년 광주지법 부장판사 2008년 同가정지원장 2010년 전주지법 군산지원장 2012년 광주지법 부장판사 2014년 광주가정법원장 2016년 광주지법 부장판사 2018년 수원지법 부장판사(현) [종]천주교

**김재영(金宰永) Kim, Jae Young**

[생]1963 · 7 · 14 [주]서울특별시 중구 을지로 66 KEB하나은행 신탁사업단(1599-1111) [학]1982년 동인천고졸 1989년 홍익대 무역학과졸 [경]1989년 서울은행 부평지점 입행 1992년 하나은행 인사부 행원 1993년 同부천지점 대리 1996년 同검사부 검사역 2000년 同용산전자상가지점 차장 2004년 同운영리스크관리팀장 2007년 同BRM센터 팀장 2009년 同청담사거리지점장 2013년 하나금융지주 인사전략팀장 2014년 同최고인사책임자(CHRO · 상무) 2014년 하나은행 경영관리본부장 2015년 同경영기획그룹 홍보부 본부장 2015년 KEB하나은행 변화추진본부장 2016년 同IT통합지원단장(전무) 2016년 同신탁본부장(전무) 2017년 同신탁사업단장(전무)(현)

**김재영(金才英) KIM Jae Young**

[생]1966·10·5 [출]전북 정읍 [주]경기도 과천시 관문로 47 방송통신위원회 사무처(02-2110-1417) [학]1985년 군산제일고졸 1990년 서울대 사회학과졸, 同행정대학원 수료 [경]행정고시 합격(34회), 국무총리실 행정쇄신위원회 위원, 서대문우체국 업무과장, 정보통신부 정보통신정책과·정책총괄과·총무과 근무 2001년 춘천우체국장 2003년 정보통신부 우정사업본부 경영기획실 재무관리과장 2005년 同우정사업본부 금융사업단 보험기획과장 2007년 同미래정보전략본부 정보통신인프라정책팀장(서기관) 2008년 방송통신위원회 이용자네트워크국 심결지원팀장 2009년 同방송통신융합정책실 평가분석과장 2009년 同디지털방송정책과장 2010년 同방송운영총괄과장 2011년 미래기획위원회 파견 2011년 방송통신위원회 규제개혁법무담당관(부이사관) 2012년 同운영지원과장 2013년 대통령 홍보기획비서관실 파견(부이사관) 2014년 국방대 교육파견(고위공무원) 2015년 방송통신위원회 방송기반국장 2016년 정보통신정책연구원 파견(고용휴직) 2017년 방송통신위원회 이용자정책국장 2019년 同기획조정관 2019년 同사무처장(현) [상]대통령표창(1999), 근정포장(2013) [종]기독교

**김재옥(金在玉 · 女) KIM Jai Ok**

[생]1946 · 4 · 28 [출]서울 [주]서울특별시 서초구 신반포로3길 8 반포프라자 402호 (사)E컨슈머(02-537-1714) [학]1965년 이화여고졸 1969년 이화여대 사회학과졸 1985년 同대학원 사회학과졸 [경]1983~2001년 소비자문제를연구하는시민의모임 사무총장 겸 상임이사 1985년 소비자보호단체협의회 이사 1991~1993년 정무제2장관 여성정책실무위원 1992~2019년 국제농약행동망(PAN AP) 집행이사 1994년 방송위원회 광고심의위원 1996~1999년 서울여대 · 이화여대 · 덕성여대 강사 1997년 KBS 시청자위원 1997년 쓰레기문제해결을위한시민운동협의회 공동대표, 자원순환사회연대 공동대표(현) 1998~2000년 환경부 민간환경단체정책협의회 의장 1999년 금융감독원 분쟁조정위원 1999년 언론중재위원회 위원 2000년 대통령자문 규제개혁위원회 위원 2001~2013년 (사)소비자시민모임 회장 2003~2007년 국제소비자기구(Consumer International) 이사 2003~2007년 UN지속가능한발전위원회 NGO실행이사회 아시아지역 대표 2004년 한국디지털위성방송(주) 사외이사 2005~2007년 대통령소속 의료산업선진화위원회 위원 2006년 국제표준화기구(ISO) 소비자정책위원회 의장 2008 · 2010년 농업협동조합중앙회 사외이사 2008년 한국신문윤리위원회 위원 2008년 기후변화센터 공동대표(현) 2010년 한국소비자단체협의회 회장 · 이사 2010년 국립중앙의료원 비상임이사 2010년 지식경제부 전기위원회 위원 2011~2014년 국제소비자기구(CI) 부회장 2013~2015년 (사)소비자시민모임 이사 2013

~2017년 한국기후환경네트워크 상임대표 2013~2018년 녹색성장 경제위원회 위원 2014~2015년 국민경제자문위원회 위원 2015년 (사)E컨슈머 회장(현) 2015~2017년 소상공인시장진흥공단 비상임 이사 2015년 국제소비자기구(CI) 집행이사 겸 멘토 · 부회장 (상)여성동아대상(1993), 국민포장(1995), 국민훈장 목련장(2008) (저)'소비자를 위한 협동사회(共)'(1981) '협동조합론(共)'(1982) '소비자 운동(共)'(1987) '소비사회학(共)'(1997) '한국소비자 운동(共)'(2002) '환경호르몬이 뭔가요?(共)'(2004) '기후변화가 뭔가요?(共)'(2009) '석유시장(共)'(2013) '시장을 바꿔야 생명이 산다(共)'(2014) (역)'백악관의 소비자정책'(1986) '소비자교육'(1986) '지구자원과 환경(編)'(1997) (종)천주교

## 김재옥(金宰玉) Kim Jae Ok

(생)1963 · 9 · 24 (주)서울특별시 서초구 마방로 68 (주)동원F&B 사장실(02-589-3777) (학)금호고졸, 전남대 공법학과졸, 핀란드 헬싱키경제경영대학원 수료 (경)(주)동원F&B CF사업부장, 同식품사업본부장(상무) 2013년 同식품사업부문장(부사장) 2014년 同제조본부장(부사장) 2015년 同총괄부사장 2015년 同대표이사 사장(현)

## 김재옥(金宰玉)

(생)1966 · 4 · 16 (출)경북 영덕 (주)서울특별시 서초구 반포대로 158 서울고등검찰청 송무부(02-530-3400) (학)1985년 대구 오성고졸 1989년 고려대 법학과졸 (경)1994년 사법시험 합격(36회) 1997년 사법연수원 수료(26기) 1997년 광주지검 검사 1998년 창원지검 통영지청 검사 2000년 서울지검 검사 2004년 대구지검 검사 2006년 대검찰청 연구관 2008년 대구지검 서부지청 검사 2009년 서울서부지검 부부장검사 2009년 국가정보원 파견 2011년 창원지검 거창지청장 2012~2015년 대구지검 부부장검사(駐일본대사관 파견) 2015년 대검찰청 공안1과장 2016년 서울중앙지검 공안1부장 2017년 춘천지검 원주지청장 2018년 대구지검 제2차장검사 2019년 서울고검 송무부장(현)

## 김재왕(金載旺)

(생)1961 (출)경남 진주 (주)부산광역시 연제구 연제로 28 부산광역시선거관리위원회 상임위원실(051-861-1390) (학)행정학박사(동의대) (경)2007년 부산시선거관리위원회 지도과장(서기관) 2010년 同관리과장 2013년 부산 연제구선거관리위원회 사무국장 2015년 부산시선거관리위원회 지도과장 2016년 同관리과장(부이사관) 2018년 同사무처장 2019년 경남도선거관리위원회 상임위원(관리관) 2019년 부산시선거관리위원회 상임위원(현)

## 김재우(金載雨) Kim Jae-woo

(생)1967 · 10 · 13 (본)김해(金海) (출)서울 (주)서울특별시 서대문구 연세로 50 연세대학교 의과대학 생화학 · 분자생물학교실(02-2228-0837) (학)1986년 경성고졸 1992년 연세대 의대졸 1995년 同대학원 의학석사 1998년 의학박사(연세대) (경)1992년 연세의료원 세브란스병원 인턴 1993~1998년 연세대 의대 생화학분자생물학교실 조교 · 강사 1998~2001년 국군서울지구병원 생화학과장 겸 연구실장 2001~2008년 연세대 의대 생화학-분자생물학교실 전임강사 · 조교수 2004~2006년 미국 Johns Hopkins Univ. School of Medicine 박사후과정 연구원 2008년 연세대 의대 생화학 · 분자생물학교실 부교수 · 교수(현) 2008~2010년 同의대 교무부장 2009~2014년 同WCU프로젝트 융합오믹스의생명과학과 부교수 · 교수 2010~2011년 연세의료원 의과학연구처 지원부처장 (상)연세대 의대 우수업적교수상(2009 · 2011 · 2014), 연세대 의대 올해의 교수상(2011) (종)천주교

## 김재우(金宰佑)

(생)1969 · 11 · 18 (주)대구광역시 중구 공평로 88 대구광역시의회(053-803-5041) (학)대구대 임학과졸 (경)새누리당 대구동구甲 청년위원장, 자유한국당 대구동구甲당원협의회 조직부장 2018년 대구시의회 의원(자유한국당)(현) 2018년 同문화복지위원회 위원(현)

## 김재우(金宰佑) KIM, Jae-woo

(생)1974 · 3 · 6 (본)광산(光山) (출)부산 (주)서울특별시 종로구 사직로8길 60 외교부 인사운영팀(02-2100-7146) (학)1993년 해운대고졸 1998년 고려대 법학과졸 2004년 미국 조지타운대 대학원 법학과졸(LL.M.) (경)1997년 외무부 입부 1997년 同여권과 사무관 1998~2002년 軍복무 2002~2003년 외교통상부 통상정보지원팀 · 조약과 사무관 2005년 同국제협약과 · 군축비확산과 서기관 2009년 駐네덜란드 · 駐헤이그국제기구대표부 1등서기관 겸임 2012년 駐벨라루스 참사관 2014년 외교부 국제법규과 · 중동2과 서기관 2015년 同문화외교국 문화예술협력과장 2017년 駐우즈베키스탄 참사관(현)

## 김재욱(金在旭) KIM Jea Wook

(생)1954·1·30 (출)서울 (주)서울특별시 강남구 테헤란로 326 아이타워 15층 BNW인베스트먼트(02-541-1037) (학)서울 성남고졸 1979년 한양대 전자통신공학과졸 (경)1978년 삼성전자(주) 입사 1993년 同기흥사업장 확산제조3부장 1995년 同FAB3팀장(이사) 1998년 同K2운영팀장(상무) 1998년 同기흥공장장(상무) 1999년 同기흥공장장(전무) 2001년 同기흥공장장(부사장) 2005년 同반도체총괄 메모리제조담당 사장 2007년 同기술총괄 제조기술담당 사장 2007년 삼성SDI(주) 디스플레이사업부문장(사장) 2008년 同PDP사업부장(사장) 겸 기술총괄부문 CTO 2009~2010년 삼성LED(주) 대표이사 사장 2010~2012년 同상담역 2011년 한국공학한림원 전기전자정보공학분과 정회원(현) 2012~2013년 삼성전자(주) 상담역 2013~2015년 제주대 석좌교수 2013년 BNW인베스트먼트 대표이사(현) (상)국민훈장 목련장(1999), 한국능률협회컨설팅 경영자TPM인상, 자랑스러운 성남인상(2010) (종)기독교

## 김재욱 KIM Jae Wook

(생)1963 · 9 · 23 (주)서울특별시 성북구 안암로 145 고려대학교 경영대학(02-3290-1941) (학)고려대 경영학과졸 1985년 同경영대학원졸 1987년 미국 퍼듀대 대학원 경영학졸 1994년 경영학박사(미국 일리노이대) (경)고려대 경영대학 마케팅전공 교수(현) 1997년 同경영대학원 유통전문경영자과정 주임교수 1997년 중소기업청 중소유통시책자문위원회 자문위원 1998년 보건복지부 의약품유통개혁기획단 위원 1998년 한국유통학회 이사 1999년 한국로지스틱스학회 상임이사 1999년 한국SCM민관합동추진위원회 위원 1999년 한국프랜차이즈협회 자문교수 2015년 고려대 입학처장 2015~2017년 대한제강(주) 사외이사 2017~2018년 고려대 기획예산처장 겸 감사실장 2017년 (주)스페코 사외이사(현) 2017년 LG생활건강 사외이사(현) 2018년 고려대 경영대학장 겸 경영전문대학원장(현)

## 김재웅(金載雄) KIM Jae Woong

(생)1957 · 5 · 15 (출)대구 (주)서울특별시 영등포구 당산로 122 우미빌딩 은사행정사사무소(02-2634-6775) (학)1976년 경북고졸 1980년 영남대 법학과졸 2000년 핀란드 헬싱키경영대학원졸(MBA) (경)1980년 한국외환은행 입행 1988년 同여의도지점 대리 1995년 同뉴욕지점 과장 1998년 同국외심사실 과장 겸 심사역 1999년 同감사실 검사역 2001년 同

대구지점 부문장 2002년 同여신기획부 차장 겸 선임심사역 2004년 同신용기획부 팀장 겸 수석심사역 2005년 캐나다한국외환은행(KEBOC) 파견 2008년 한국외환은행 글로벌상품개발부장 2010~2012년 同글로벌상품본부장 2012~2015년 외환펀드서비스(주) 감사 2015년 은사행정사사무소 대표(현) 2018년 공인행정사협회 회장(현) (상)전국은행연합회장표창(1992), 한국외환은행장표창(2005)

## 김재웅(金在雄) Jae-Woong Kim

(생)1958·7·25 (본)양근(楊根) (출)경기 화성 (주)서울특별시 마포구 백범로 35 서강대학교 국제인문학부(02-705-8941) (학)1980년 서울대 교육학과졸 1985년 同대학원 교육행정학과졸 1991년 교육행정학박사(미국 일리노이대 어배나교) (경)1982~1994년 한국교육개발원 연구원·책임연구원 1994~1996년 교육개혁위원회 상임전문위원 1994~2001년 한국방송통신대 조교수·부교수 2001년 서강대 국제인문학부 교육문화학전공 부교수·교수(현), 同교육대학원 교육공학-교육행정융합전공 주임교수(현) 2006~2008년 한국열린교육학회 회장 2008년 서강대 교수학습센터 부소장 2010~2011년 한국교육정치학회 회장 (상)육군참모총장표창(1980), 국민포장(1996) (저)'유치원교육 공교육화'(1996) '열린교육 펼쳐지는 꿈'(1996) '정보교육'(1997) '교육개혁의 정치학'(1998) '평생교육행정(共)'(2003) '교육행정 및 학교경영의 이해(共)'(2007) '홈스쿨링의 정치학'(2010) (종)기독교

## 김재원(金宰源) KIM Jae Won

(생)1960·6·10 (주)서울특별시 종로구 성균관로 25-2 법학전문대학원(02-760-0595) (학)1983년 숭실대 법학과졸 1987년 미국 아메리칸대 대학원 국제법학과졸 1991년 법학박사(미국 아메리칸대) 2006년 법사회학박사(미국 코넬대) (경)1991~1992년 미국 하버드대 법대 객원연구원 1992년 법과사회이론학회 회장 1994~1997년 서원대 법학과 조교수 1997~2007년 동아대 법학대학 교수 2005~2006년 同법학연구소장 2006~2007년 同법과대학장 2006~2007년 同경찰법무대학원장 2007년 부산CBS 객원해설위원 2007~2018년 성균관대 법과대학 교수 2015년 同성대방송국·성균타임즈사 주간, 同법학전문대학원 교무부원장 2017년 同학생처장·학생인재개발원장·성대신문사 주간·양현관장 겸임 2018년 同법학전문대학원 교수(현) (저)'미국의 법학교육과 변호사 윤리'(2007) '로스쿨과 법학교육 : 바람직한 고등교육의 방향을 찾아서(共)'(2008) '법조윤리(共)'(2010)

## 김재원(金在原) Kim, Jae Won

(생)1964·12·20 (본)김녕(金寧) (출)경북 의성 (주)서울특별시 영등포구 의사당대로 1 국회 의원회관 452호(02-784-3190) (학)1983년 대구 심인고졸 1988년 서울대 공법학과졸 1990년 同행정대학원졸 (경)1987년 행정고시 합격(31회) 1988년 총무처 행정사무관 1988년 서울올림픽조직위원회 사무관 1989년 내무부(경북도) 사무관 1992년 국무총리실 행정사무관 1994년 사법시험 합격(36회) 1997년 사법연수원 수료(26기) 1997년 부산지검 검사 1999년 대구지검 포항지청 검사 2000년 서울지검 검사 2002년 변호사 개업 2004~2008년 제17대 국회의원(군위·의성·청송, 한나라당) 2005~2006년 한나라당 기획위원장 2007~2008년 同정보위원장 2007년 同박근혜대표 선거대책위원회 기획단장·대변인 2007~2013년 법무법인 한중 변호사 2008년 중국 베이징대 국제대학원 객원교수 2008년 불교방송 '김재원의 아침저널' 진행 2008년 (재)새정책연구소 소장 2009년 영남대 법학전문대학원 객원교수 2010년 중국 푸단대 한국연구센터 객원연구원 2010년 국회 의정활동강화자문위원회 위원 2011~2012년 한나라당 법률지원단장 2012년 국회 농림수산식품위원회 여당 간사 2012~2016년 제19대 국회의원(군위·의성·청송, 새누리당) 2012년 새누리당 제18대 대통령중앙선거대책위원회 국민행복추진위원회 총괄간사 2013년 대한컬링경기연맹 회장 2013년 국회 농림축산식품해양수산위원회 위원 2013년 새누리당 전략기획본부장 2013년 국회 국가정보원개혁특별위원회 간사 2014~2015년 새누리당 원내수석부대표 2014년 국회 운영위원회 여당 간사 2014년 국회 보건복지위원회 위원 2015년 대통령 정무특별보좌관 2016년 대통령 정무수석비서관 2017년 제20대 국회의원(경북 상주시·군위군·의성군·청송군 재·보궐선거 당선, 자유한국당)(현) 2017~2018년 국회 국토교통위원회 위원 2017~2018년 자유한국당 경북도당 위원장 2017년 국회 정치개혁특별위원회 간사 2018년 국회 문화체육관광위원회 위원(현) 2018년 국회 에너지특별위원회 위원장 2018년 국회 정치개혁특별위원회 위원(현) 2019년 국회 예산결산특별위원회 위원장(현) (상)NGO 모니터단 선정 국정감사 우수의원(2004·2005·2006·2007), 민주신문 21세기 한국인상 정치부문 (저)'라디오스타'(2011) '진보 보수 마주보기'(2011)

## 김재윤(金載允) KIM Jae Yoon

(생)1935·4·20 (출)충남 (주)서울특별시 서초구 서초대로52길 42 (주)한림제약 비서실(02-3489-6121) (학)선린상고졸 1963년 국제대 경제학과졸 (경)1973~1974년 한림약국 대표 1974~1980년 한림상사 대표 2003년 (주)한림제약 대표이사 회장(현), YTN 비상근이사 2008년 同대표이사 사장 직대 2011년 한국제약협동조합 이사 (상)산업포장, 제2회 자랑스런 선린기업인상(2004)

## 김재윤

(생)1963·3·17 (주)서울특별시 서초구 서초대로74길 11 삼성전자(주) 경영지원실 기획팀(02-2255-0114) (학)1986년 서울대 산업공학과졸 1988년 同대학원 산업공학과졸 2000년 미국 카네기멜론대 대학원 경영학과졸(MBA) 2008년 경제학박사(서울대) (경)1988년 삼성전자(주) 종합기획실 경영전략팀 근무 1992년 삼성경제연구소 전자정보산업실 수석연구원 1998년 同기술산업실 수석연구원 2000년 同기술산업실장 2012년 同산업전략1실장 2015년 삼성전자(주) 경영지원실 기획팀장 2017년 同경영지원실 기획팀장(부사장)(현)

## 김재율(金在律) KIM Jae Yool

(생)1949·7·2 (출)전남 (주)광주광역시 북구 용봉로 77 전남대학교 자연과학대학 물리학과(062-530-3356) (학)1966년 전남 해남고졸 1970년 전남대 물리학과졸 1975년 同대학원 입자물리학과졸 1986년 이학박사(고려대) (경)1979~1991년 전남대 사범대 물리교육과 조교수·부교수 1984년 미국 페르미국립가속기연구소 공동연구원 1992~2014년 전남대 자연과학대학 물리학과 교수 1994년 미국 오하이오주립대 객원교수 1999년 한국물리학회 입자물리분과위원 2000년 전남대 학생처장 2002~2004년 同기초과학생물자원연구원장 2002년 同기초과학연구소장 2004년 중성미자(Neutrino)의 질량존재 입증 2006~2018년 한국원자력안전기술원 광주방사능측정소장 2009~2015년 전남대 우주소립자연구소장 2014년 同자연과학대학 물리학과 연구석좌교수(현) (상)일본물리학회 논문상(2003), 전남대 용봉학술상(2003), 광주시민학술대상(2006), 홍조근정훈장(2014) (저)'물리학'(1992) '일반물리학(1·2)'(1996)

## 김재율(金在律) KIM Jae Ryol

(생)1957·10·20 (주)서울특별시 종로구 우정국로 26 센트로폴리스빌딩 B동 7층 여천NCC 비서실(02-6370-5300) (학)서울 경동고졸 1980년 한양대 화학공학과졸 (경)1984년 (주)LG화학 입사 2003년 同중국 용싱(Yongxing)공장장(수석부장) 2005년 同중국 보하이(Bohai)법인장(상무) 2008년 同중국 용싱(Yongxing)법인장(상무) 2010년 同ABS/EP사업부

장(전무) 2011년 同고문 2014년 대림산업(주) 석유화학사업부 각자대표이사 부사장 2016~2018년 同석유화학사업부 각자대표이사 사장 2017~2018년 同재무위원회 위원장 2018년 대림산업(주) 석유화학사업부 사장 2018년 한국공학한림원 회원(화학생명공학 · 현) 2018년 여천NCC 공동대표이사 사장(현)

## 김재익(金在益) Kim Jae-ik

(생)1960 · 7 · 13 (본)김해(金海) (출)전북 남원 (주)인천광역시 중구 신포로27번길 80 중구청 부구청장실(032-760-7010) (학)1979년 철도고졸 1987년 인천대 경영학과졸 2007년 인하대 대학원 국제통상학과졸 (경)2001년 인천시 부평구 갈산1동장 · 산곡1동장 2004년 同혁신분권담당관실 혁신지원팀장 2007년 同기업지원과 기업지원팀장 2008년 인천아시아경기대회조직위원회 문화행사팀장 2010년 인천시 자치행정과 자치행정팀장 2011년 同경제수도정책관실 창업지원팀장 2013년 同다문화정책과장(지방서기관) 2013년 同서울사무소장 2014년 同특별사법경찰과장 2016년 同문화예술과장 2018년 同해양항공국장 직대(지방부이사관) 2019년 인천 중구청 부구청장(현) (상)행정자치부장관표창(2006), 우수공무원상(2009), 근정포장(2016)

## 김재일(金在一) KIM Jae Il

(생)1959 · 1 · 18 (주)충청남도 천안시 동남구 망향로 201 단국대학교병원 신경과(041-550-3988) (학)1984년 서울대 의대졸 1992년 同대학원 의학석사 1998년 의학박사(서울대) (경)1987~1991년 서울대병원 인턴 · 레지던트 1991~1993년 경상대 의과대학 전임강사 · 조교수 1994~1999 · 2001~2005년 단국대병원 신경과장 1994~2004년 단국대 의과대학 신경과학교실 조교수 · 부교수 1996년 대한평형의학회 이사 1999~2000년 케이스웨스턴리저브대 College of Medicine 신경안과 신경생리학 객원교수 2003~2005년 단국대병원 기획조정실 QA팀장 2004년 단국대 의과대학 신경과학교실 교수(현) 2007~2009년 단국대병원 기획조정실장 2009~2011년 대한평형의학회 회장 2011~2013년 단국대의료원 의과학연구소장 2013년 단국대 일반대학원 운동의과학과 교수 겸임(현) 2013년 단국대병원 부원장 2014~2016년 同진료부원장 2016년 단국대 의과대학장(현), 대한신경의학회 정회원, 미국신경과학회 정회원, 세계신경과학회 정회원, 대한신경과학회 정회원, 대한탈수초질환연구회 정회원 (저)'신경과학'(1998) '어지러움'(1999) '신경과학'(2005) '임상평의학'(2005)

## 김재일(金載一) Kim Jae Il

(생)1959 · 10 · 23 (본)김해(金海) (출)부산 (주)광주광역시 북구 첨단과기로 123 광주과학기술원 생명과학부(062-715-2494) (학)1985년 부산대 화학과졸 1987년 同대학원 생화학과졸 1992년 생화학 및 구조생물학박사(일본 도쿄대) (경)1986~1988년 럭키중앙연구소 연구원 1993~1997년 일본 미쯔비시생명과학연구소 Research Associate 1997~1998년 일본 도쿄대 약학부 문부교관조수 1998~2015년 광주과학기술원(GIST) 생명과학부 조교수 · 부교수 · 교수 2005년 '우리 몸의 세포에서 외부의 자극을 감지하는 센서의 위치가 세포막 바깥쪽에 있다는 사실'을 규명하여 영국의 과학저널 '네이처'에 연구논문 게재 2015년 광주과학기술원(GIST) 특훈교수(현)

## 김재일(金在一) Kim Jai Il

(생)1966 · 7 · 20 (출)전남 나주 (주)대구광역시 달서구 화암로 301 대구세관(053-230-5000) (학)1985년 보성고졸 1993년 국민대 정치학과졸 2008년 미국 미주리주립대 대학원 행정학과졸 (경)1993년 행정고시 합격(37회) 2001년 대구세관 조사감시과장 2003년 관세청 통관기획과 서기관 2005년 대전세관장, 국민경제자문회의 파견 2008년 광양세관장 2009년 관세청 정보협력국 국제협력과장 2010년 同심사정책국 심사정책과장(서기관) 2012년 同심사정책국 심사정책과장(부이사관) 2012년 同서울세관 심사국장 2013년 同통관지원국장(고위공무원) 2013년 해외 파견 2014년 관세청 광주본부세관장 2016년 同자유무역협정집행기획관 2018년 同조사감시국장 2019년 대구세관장(현)

## 김재정(金載晶) Kim Jaejeong

(생)1963 · 11 · 2 (출)전남 장성 (학)1982년 홍익대사대부고졸 1986년 서울대 사법학과졸 1990년 同대학원 경영학과졸 1995년 미국 위스콘신대 대학원 경영학과졸 (경)1988년 행정고시 합격(32회) 2002년 건설교통부 주택도시국 국토체계개편팀장(서기관) 2002년 同기획관리실 법무담당관 2004년 同신행정수도건설실무지원단 지원과장 2005년 同혁신팀장 2006년 同국토균형발전본부 국토정책팀장 2006년 同국토균형발전본부 국토정책팀장(부이사관) 2007년 대통령비서실 파견 2008년 국토해양부 대변인 2008년 同국민임대주택건설기획단장(국장급) 2009년 대통령직속 녹색성장위원회 녹색성장기획단 녹색생활지속발전팀장(고위공무원) 2010년 국토해양부 주택토지실 토지정책관 2012년 국립외교원 파견(고위공무원) 2013년 국토교통부 도시정책관 2013년 同주택정책관 2016년 同건설정책국장 2016년 同중앙토지수용위원회 상임위원 2017년 同국토도시실장 2017~2018년 同기획조정실장 2019년 HW컨설팅 고문(현) (상)근정포장(2004), 홍조근정훈장(2014) (저)'주택저당증권(MBS)의 이해'(2004, 보성각)

## 김재종(金在鍾) KIM Jae Jong

(생)1955 · 2 · 21 (본)안동(安東) (출)충북 옥천 (주)충청북도 옥천군 옥천읍 중앙로 99 옥천군청 군수실(043-730-3002) (학)1976년 우송공업대학졸, 충남대 대학원 행정학과졸 (경)1993년 명가하우스웨딩홀 대표 2005년 한국음식업중앙회 충북도지회장 2010~2014년 충북도의회 의원(자유선진당 · 민주당 · 민주통합당 · 민주당 · 새정치민주연합) 2010~2012년 同운영위원회 부위원장 2010년 同건설소방위원회 위원 2012년 同운영위원회 위원장 2012년 전국시 · 도의회운영위원장협의회 감사 2013년 한국외식업중앙회 부회장 2014년 충북 옥천군수선거 출마(새정치민주연합) 2014년 전국시 · 도의회운영위원장협의회 회장 2016년 제20대 국회의원선거 출마(비례대표 28번, 더불어민주당) 2016년 더불어민주당 충북도당 상무위원(현) 2018년 충북 옥천군수(더불어민주당)(현)

## 김재준(金在俊) KIM Jae Jun

(생)1960 · 5 · 20 (주)서울특별시 강남구 일원로 81 삼성서울병원 소화기내과(02-3410-3409) (학)1985년 서울대 의대졸 1994년 同대학원 의학석사 1999년 의학박사(서울대) (경)1985~1986년 서울대병원 인턴 1986~1989년 軍의관 1989~1994년 서울대병원 전공의 · 전임의 1994년 삼성서울병원 소화기내과 전문의 1997~2007년 성균관대 의대 내과학교실 소화기내과분과 조교수 · 부교수 1999~2000년 미국 베일러의학대(Baylor College of Medicine) 연구원 2005~2012년 삼성서울병원 소화기내과장 2007년 성균관대 의대 내과학교실 교수(현) 2007~2008년 대한Helicobacter및상부위장관연구학회 총무이사 2007~2009년 대한위암학회 부회장 2008년 대한Helicobacter및상부위장관연구학회 무임소이사 2012~2015년 삼성서울병원 건강의학센터장 2014~2016년 대한상부위장관 · 헬리코박터학회 회장 2015년 대한소화기학회 평의원(현) 2016~2019년 삼성서울병원 암병원 위암센터장

ㄱ

## 김재준(金在駿) KIM Jae Joon

(생)1960 · 6 · 15 (출)서울 (주)서울특별시 성북구 정릉로 77 국민대학교 경상대학 국제통상학과(02-910-4579) (학)1983년 서울대 경제학과졸 1990년 경제학박사(미국 프린스턴대) (경)1990년 산업연구원 부연구위원 1995년 통신개발연구원 연구위원 1997년 미국 프린스턴대 방문연구원 1998년 국민대 경제학부 국제통상학전공 전임강사 · 조교수 · 부교수, 同경상대학 국제통상학과 교수(현) 2004~2012년 금강고려화학(주) 사외이사 2005~2006년 국민대 박물관장 2019년 同경상대학장(현) (저)'그림과 그림값' '新國際貿易理論'(1998)

## 김재중

(생)1965 · 8 (주)서울특별시 중구 삼일대로 343 대신증권 리서치&스트래티지본부(02-769-3426) (학)1992년 강원대 경영학과졸 (경)1992~2000년 유공(現 SK이노베이션) 국제금융팀 · IR팀 근무 2000~2005년 삼성증권 화학 · 정유산업 애널리스트 2006~2011년 우리투자증권(現 NH투자증권) 화학 · 금융 · 건설지주파트장 겸 화학 · 정유산업 애널리스트 2011~2016년 대신증권 Wholesale영업본부장 · Global사업본부장 2016~2019년 同리서치&스트래티지본부장(상무)

## 김재진(金在晋) KIM Jae Jin

(생)1945 · 12 · 20 (본)풍산(豊山) (출)경북 안동 (주)서울특별시 서초구 서초대로49길 15 대산빌딩 402호 김재진 · 박진철법률사무소(02-533-8777) (학)1964년 서울 경동고졸 1969년 서울대 법대졸 (경)1970년 사법시험 합격(12회) 1972년 사법연수원 수료(2기) 1973년 서울형사지법 판사 1975년 서울민사지법 판사 1977년 청주지법 충주지원 판사 1979년 서울형사지법 판사 1982년 서울지법 남부지원 판사 1983년 서울고법 판사 1985년 대법원 재판연구관 1986년 부산지법 부장판사 1989년 수원지법 성남지원 부장판사 1990년 서울지법 동부지원 부장판사 1992년 서울민사지법 부장판사 1993년 대전고법 부장판사 1996년 서울고법 부장판사 2000년 同수석부장판사 2001년 울산지법원장 2003년 청주지법원장 2004~2005년 부산고법원장 2005년 변호사 개업 2009년 김재진 · 박진철법률사무소 변호사(현) 2012~2014년 동양증권(주) 사외이사 (종)기독교

## 김재진(金栽鎭) Jae-Jin Kim

(생)1958·10·9 (본)함창(咸昌) (출)인천 (주)세종특별자치시 시청대로 336 한국조세재정연구원 부원장실(044-414-2400) (학)1977년 환일고졸 1981년 서강대 경제학과졸 1992년 미국 미시간주립대 대학원 경제학과졸 1996년 경제학박사(미국 미시간주립대) (경)1983~1984년 (주)대한투자금융 사원 1992~2006년 Consortium on Development Studies Research Associate 1995년 미국 미시간주립대 Dean's Office Research Associate 1996~1997년 同'VIP Program' Associate Director 1997~2000년 미국 미시간주정부 Jobs Commission Research Director 1997~2006년 미국 미시간주립대 VIPP in Korea Director 1997~2007년 同Adjunct Professor 1997년 한국조세재정연구원 조세연구본부 선임연구위원(현) 1999~2001년 대통령비서실 삶의 질향상기획단 재정·조세팀장 2002~2004년 국세청 기준경비율심의회 심의위원 2002~2003년 부패방지위원회 전문위원 2003년 제16대 대통령직인수위원회 경제1분과 자문위원 2003~2004년 국민건강보험발전위원회 보험재정전문위원 2003~2004년 대통령자문 빈부격차·차별시정위원회 조세팀장 2005~2008년 행정자치부 정부혁신관리평가단 평가위원 2005·2006년 기획예산처 산하기관공동평가단 평가위원 2005~2007년 국민건강보험공단 자격징수자문위원 2006~2008년 국세청 고소득자영업자과세혁신추진단 자문위원 2007~2008년 대통령자문 양극화·민생대책위원회 사회통합전문위원 2008년 제17대 대통령직인수위원회 자문위원 2008년 미래기획위원회 미래비전작업총괄TF 위원 2009~2016년 국회입법조사처 조사분석지원위원 2009~2010년 미국 Univ. of Southern California 교환교수 2011년 대통령소속 국가정보화전략위원회 TF 위원 2011~2012년 경제사회발전노사정위원회 고용과사회안전망위원회 위원 2011~2013년 국세청 기준경비율심의위원 2013~2015년 한국조세재정연구원 조세연구본부장 2013~2015·2016년 대통령직속 저출산·고령사회정책운영위원회 지속발전분과위원 2014~2016년 한국세무학회 부회장 2014~2015년 보건복지부 사회서비스발전포럼 민간위원 2014년 (사)한국조세연구포럼 부회장 2015~2017년 국세청 세무사자격심의위원회 위원 2015~2017년 코스닥협회 회계·세무 자문위원 2016년 한국지방세학회 부회장 2016~2018년 사회보장제도 신설·변경협의회 위원장 2018년 한국조세재정연구원 부원장(현) 2018년 더불어민주당 공정과세실현TF 위원 (상)서강대총장표창(1981), 연대장표창(1981·1983), 미국 미시간주립대 'Global Young Scholars Grant'(1995), 대통령비서실장표창(2004), 기획재정부장관표창(2007), 대통령표창(2007), 국세청장표창(2013) (종)가톨릭

## 김재진(金載軫) KIM Jae Jin

(생)1961 · 10 · 28 (본)울산(蔚山) (출)서울 (주)서울특별시 강남구 언주로 211 강남세브란스병원 정신건강의학과(02-2019-3341) (학)1987년 서울대 의대졸 1991년 同대학원 의학석사 2002년 의학박사(서울대) (경)1987~1988년 서울대병원 인턴 1988~1991년 同레지던트 1991~1994년 인곡자애병원 공중보건의 1994년 충북대병원 전문의 1994~1996년 충북대 의대 신경정신과학교실 전임강사 · 조교수 1997~1999년 미국 Univ. of Iowa 교환교수 2000~2002년 서울대 인간생명과학연구단 조교수 2002~2007년 연세대 의대 정신과학교실 임상조교수 · 부교수 2004년 대한정신분열병학회 재무이사 · 기획이사 · 총무 · 부이사장 2016~2017년 대한조현병학회 부이사장 2004년 대한뇌기능매핑학회 총무이사 · 재무이사 · 연구이사 · 기획이사 2007년 연세대 의대 정신과학교실 교수(현) 2010 · 2012 · 2014~2018년 강남세브란스병원 정신건강의학과장 2014~2016년 同홍보실장 2016~2018년 同부원장 2017년 대한뇌기능매핑학회 이사장(현) 2018년 연세대 의대 정신과학교실 주임교수(현) (상)대한핵의학회 애보트학술상(2002), 대한신경정신의학회 폴얀센박사 정신분열병 연구학술상(2003), 대한신경정신의학회 중앙정신의학논문상(2005), 대한신경정신의학회 환인의학상(2007), 연세대 의대 연구활동우수교수상(2010 · 2013), 대한뇌기능매핑학회 지멘스학술상(2012), 대한신경정신의학회 백합학술상(2013) (저)'신경심리평가'(1996) '임상신경인지기능 검사집'(1997) '뇌와 기억 그리고 신념의 형성'(2004) '뇌영상과 정신의 이해(共)'(2007, 중앙문화사) '의학적 상상력의 힘(共)'(2010, 21세기북스) '뇌를 경청하라'(2010, 21세기북스)

## 김재찬(金在燦) KIM Jae Chan

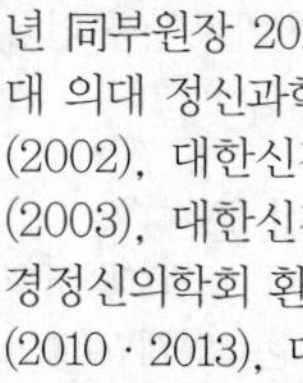

(생)1952 · 10 · 15 (출)전남 장흥 (주)서울특별시 강동구 상일로10길 36 세종텔레콤 감사실(1688-1000) (학)고려대 경영학과졸, 서강대 대학원 석사과정 수료, 서울대 세계경제최고전략과정 수료 (경)1991년 증권감독원 검사3국 부국장 1994년 同홍보실장 직대 1995년 同기업등록국 부국장 1996년 同기업등록국장 1997년 同홍보실장 · 기업재무국장 1999년 금융감독원 감독국장 2000년 同자산운용감독국장 2000년 同은행검사3국장 2001년 同공시감독국장 2002년 同증권검사국장 2003년 同인력개발실 교수 2005년 코스닥상장법인협의회 상근부회장 2009~2011년 코스닥협회 상근부회장 2011~2012년 同상임고문 2011~2012년 (주)에스에너지 감사 2011년 법무법인 태평양 고문 2012~2015년 서일회계법인 고문 2014~2015년 온세텔레콤 상근감사 2015년 세종텔레콤 상근감사(현) (상)재정경제부장관표창, 제2회 헤럴드경제 상생코스닥대상 특별상(2011)

### 김재창(金在昌) KIM Jae Chang

(생)1940 · 1 · 15 (본)풍산(豊山) (출)경북 봉화 (주)서울특별시 용산구 한강대로 205 용산파크자이오피스텔 D동 933호 (사)한국국방안보포럼(02-2071-8766) (학)1962년 육군사관학교졸(18기) 1966년 서울대 전자공학과졸 2002년 국제정치학박사(미국 플렛처대) (경)합동참모본부 작전기획국장, 6군단장, 국방부 정책실장, 합동참모본부 제1차장 1993~1994년 한 · 미연합사령부 부사령관 겸 지상군구성군 사령관, 한국기독장교연합회 회장 1999~2002년 국방개혁위원회 위원장 2003년 한미안보연구회 회장 2003~2011년 연세대 국제대학 겸임교수 2006년 한국안보포럼 공동대표 2007년 (사)한국국방안보포럼(KODEF) 공동대표(현) 2013년 국가안보자문단 국방및안보분야 자문위원 2014년 대통령직속 통일준비위원회 외교안보분과위원회 민간위원 2019년 대한민국수호예비역장성단 공동대표(현) (상)자랑스러운 육사인賞(2016) (종)기독교

### 김재천(金在千) KIM Jae Cheon

(생)1952 · 7 · 14 (본)김해(金海) (출)대구 (주)경기도 성남시 분당구 판교로255 판교이노밸리 E동 401호 코스맥스(주) 임원실(031-789-3201) (학)경복고졸, 서울대 공업화학과졸 (경)LG생활건강(주) 중국통합법인장, 同화장품사업부 인적판매부문장, 同화장품해외영업본부장, 同상무, 코카콜라음료(주) 코카콜라음료사업부장(상무) 2010~2012년 LG생활건강(주) CPO(전무) 2014년 코스맥스(주) 상근감사 2015년 同각자대표이사 사장 2017년 同각자대표이사 부회장(현) (종)천주교

### 김재천(金載天) Kim Jae Chun

(생)1973 · 6 · 7 (주)서울특별시 강서구 하늘길 210 국제화물청사 366 제주항공 경영본부(070-7420-1000) (학)1998년 서울대 언론정보학과졸 2000년 同언론정보대학원 수료 2015년 同경영대학원 경영학과졸(EMBA) (경)2000~2003년 Accenture 컨설턴트 2003~2008년 휴먼컨설팅그룹(HCG) 상무 2009년 AK홀딩스 인사팀 전무 2017년 제주항공 인사본부장(부사장) 2019년 同경영본부장(부사장)(현)

### 김재철(金在哲) KIM Jae Chul (滋洋)

(생)1935·4·7 (본)안동(安東) (출)전남 강진 (주)서울특별시 서초구 마방로 68 (재)동원육영재단(02-589-3300) (학)1954년 전남 강진농고졸 1958년 부산수산대 어로학과졸 1977년 고려대 경영대학 최고경영자과정 수료 1978년 서울대 경영대학 최고경영자과정 수료 1981년 미국 하버드대 최고경영자과정 수료 1987년 명예 수산학박사(부산수산대) 2001년 명예 경영학박사(고려대) 2001년 명예 경영학박사(한국외국어대) 2008년 명예 문학박사(조선대) 2017년 명예 이학박사(광주과학기술원) 2019년 명예 교육학박사(숙명여대) (경)1963년 동화선단 선장 1964년 고려원양어업 수산부장 1968년 同이사 1969년 동원산업(주) 설립 1979년 (재)동원육영재단 이사장(현) 1982~1996년 동원증권 사장 1985~1991년 한국수산회 초대회장 1989~2019년 동원그룹 회장 1990~1992년 한국원양어업협회 회장 1990~1994년 미국 하버드대 비즈니스스쿨(HBS) 한국동창회장 1991~1992년 서울청소년지도육성회 회장 1993~1998년 대통령자문기관 행정쇄신위원회 위원 1996년 중국 산동성 위해시 경제고문(현) 1997~2005년 하나은행 사외이사 1998~2000년 해양문화재단 이사장 1998~2010년 해양경찰청 발전자문위원회 초대위원장 1999~2000년 기업지배구조개선위원회 위원장 1999~2006년 한일경제협의회 고문 1999년 한국경영과학회 고문(현) 1999~2018년 산학협력재단 이사 1999~2006년 한국무역협회(KITA) 회장(제23·24·25대) 1999~2006년 한국종합전시장(COEX) 회장 1999~2006년 대한상사중재원 이사장 1999~2005년 국민경제자문회의 자문위원 1999~2002년 한국학술진흥재단 이사 1999~2011년 (재)해상왕장보고기념사업회 이사장 2000~2006년 한미경제협의회(KUSEC) 회장 2000~2006년 세계무역센터협회(WTCA) 이사 2001~2002년 국민경제자문회의 부의장 2001~2003년 민족화해협력범국민협의회 후원회장 2001~2004년 예술의전당 이사 2003~2017년 駐韓뉴질랜드 명예영사 2003~2007년 이화여대 경영대학 겸임교수 2003~2004년 동원금융지주(주) 회장 2004~2006년 고구려재단 이사 2004~2008년 고려중앙학원 이사 2005~2015년 (재)세종연구소 이사 2005년 부경대 명예총장(현) 2005~2015년 한국선진화포럼 이사 2005~2011년 광주과학기술원 이사장 2005~2010년 하나금융지주 사외이사 2006~2009년 한국무역협회(KITA) 명예회장 2006~2007년 2012여수세계박람회유치위원회 위원장 2008~2010년 해군발전자문위원회 초대위원장 2012년 경동대 명예총장 2012~2013년 (사)세계해양포럼조직위원회 초대 조직위원장 2012년 (사)대한민국해양연맹 고문(현) 2015년 (사)지식재산포럼 고문(현) 2016년 한국선진화포럼 고문(현) 2019년 동원그룹 명예회장(현) (상)한국능률협회 한국의 경영자상(1987), 금탑산업훈장(1991), 인촌상(1995), 국민훈장 모란장(1998), 벨기에 국왕 훈장(2001), 한국전문경영인학회 한국CEO대상(2001), 제1회 자랑스러운 부경인상(2001), 한국경영학회 경영자대상(2002), 한국경영인협회 가장존경받는기업인상(2003), 한국언론인협회 자랑스런 한국인대상(2005), 아시아유럽학회 글로벌CEO대상(2005), 페루 대통령 기사공로훈장(2005), 칠레 산업최고훈장(2006), 21세기 경영인클럽 올해의 21세기 경영인대상(2006), 일본 욱일중광장(旭日中光章)(2007), 국민훈장 무궁화장(2008), 자랑스러운 고대인상(2008), ERNST&YOUNG 최우수기업가상 대상(2009), 한국경영사학회 창업대상(2009), 세네갈 국가공로훈장(2013), 고려대 크림슨어워드(2015), 대한민국을 빛낸 호남인상(2017), 뉴질랜드 국가공로훈장(2017) (저)'거센 파도를 헤치고'(1975~1988, 실업계高 2학년 국어교과서 수록) '남태평양에서'(1989~1996, 初4학년 국어교과서 수록) '바다의 보고'(1996~2001, 中2학년 국어교과서 수록) '지도를 거꾸로 보면 한국인의 미래가 보인다'(2000, 김영사) '지도를 거꾸로 보면 한국인의 미래가 보인다'(2007~2014, 高독서, 한국지리교과서 수록) '바다의 보고'(2010~2012, 中1학년 국어교과서 수록) '김재철 평전'(2016, 21세기북스/공병호著)

### 김재철(金在哲) KIM Jae Chul

(생)1953 · 12 · 18 (출)서울 (주)서울특별시 용산구 녹사평대로 136 2층 (주)뮤지컬컴퍼니에이(02-749-8941) (학)1972년 서울 대광고졸 1979년 고려대 사학과졸 1991년 영국 웨일즈대 대학원 문학과졸 (경)1980년 MBC 보도국 제2사회부 기자 1981년 同TV편집부 기자 1981년 同사회부 기자 1984년 同보도특집부 기자 1989년 同보도제작부 기자 1992년 同정치부 기자 1994년 同국제부 차장대우 1996년 同도쿄특파원(차장) 1998년 同정치부 차장 1999년 同국제부장 2000년 同해설위원실 부장대우 2001년 同정책기획실 정책보좌역(부장) 2002년 同해설위원 2002년 同시사제작1국 부국장 2004년 同보도국 부국장 2004년 同보도제작국장 2005년 울산MBC 사장 2005년 한국방송협회 이사 2008년 청주MBC 사장 2010~2013년 MBC 대표이사 사장 2010~2013년 한국방송협회 부회장, 사천가산오광대 후원회장 2014년 경남 사천시장 예비후보(새누리당), (주)뮤지컬컴퍼니에이 대표이사(현) 2017년 자유한국당 경남사천시 · 남해군 · 하동군당원협의회 운영위원장 2019년 同대표 언론 · 홍보특보(현)

### 김재철(金載哲) KIM Jae Chul

(생)1955·7·12 (출)전북 (주)서울특별시 동작구 상도로 369 숭실대학교 공과대학 전기공학부(02-820-0647) (학)1979년 숭실대 공과대학 전기공학과졸 1983년 서울대 대학원졸 1987년 공학박사(서울대) (경)1983~1988년 경기개방대·숭실대 전기공학과 강사 1987~1988년 현대엔지니어링 위촉연구원 1988년 숭실대 공과대학 전기공학과 조교수·부교수·교수(현)

1995~1998년 同전기공학과장 1999년 기초전력연구원 전력계통실장 2001~2003년 기초전략공학공동연구소 교육기획팀장 2002~2003년 한국조명전기설비학회 사업이사 2002년 대한전기학회 재무이사 2002년 同보호제어연구회 기술이사 2002~2004년 전기위원회 소속 전력계통전문위원 2002~2003년 환경부 국립생물자원관 건립위원 2006년 숭실대 생산기술연구소장 2012~2013년 同공과대학장 2012~2015년 기초전력연구원 비상임감사 2014~2015년 (사)한국조명전기설비학회 회장 2014~2017년 아남전자(주) 사외이사 2015년 숭실대 자원부총장(현) [상]한국조명설비학회 학술상(1995·2000), 대한전기학회 학술상(1999), 한국과학기술단체총연합회 과학기술우수논문상(2000), 대한전기학회 논문상(2003)

**김재철(金在哲) KIM Jae Chul**

[생]1960·7·20 [출]강원 [주]경기도 화성시 향남읍 발안공단로 25 (주)에스텍파마 본사(031-831-4800) [학]1978년 동북고졸 1983년 고려대 화학과졸 [경]1996년 (주)에스텍파마 대표이사(현) 2010년 코스닥협회 이사 2012년 同부회장 2016년 同수석부회장 2017~2019년 同회장 2018년 한국무역협회 비상근부회장 [상]한국생산성본부 올해의CEO상(2009), 은탑산업훈장(2012)

**김재철(金在喆)**

[생]1964·2·5 [출]전남 장흥 [주]세종특별자치시 국세청로 8-14 국세청 대변인실(044-204-2221) [학]순천고졸 1986년 세무대학졸 [경]1986년 세무공무원 임용(8급 특채) 1998년 서울지방국세청 조사1국 근무 2004년 국세청 감사관실 근무 2007년 서기관 승진 2011년 국세청 징세법무국 세원홍보과 근무 2014년 서기관 승진 2015년 전남 목포세무서장 2016년 서울지방국세청 조사3국 조사3과장 2017년 同운영지원과장 2018년 국세청 납세자보호담당관 2019년 同대변인(현)

**김재철(金在喆) Kim, Jae Chul**

[생]1965·9·5 [출]전남 구례 [주]경기도 과천시 관문로 47 방송통신위원회 방송기반국 방송기반총괄과(02-2110-1260) [학]1984년 숭일고졸 1991년 성균관대 신문방송학과졸 1994년 同대학원 언론홍보학과졸 2007년 언론학박사(성균관대) [경]1990~1991년 코래드 근무 1991~2002년 방송위원회 심의실 직원·홍보부 차장·감사실 차장·행정1부(지상파방송부) 차장·기금운영부 차장 2003년 同방송진흥국 진흥정책부장 2004년 同기획관리실 대외협력부장 2007년 同매체정책국 뉴미디어부장 2008년 방송통신위원회 방송운영과장(서기관) 2009년 同방송운영총괄과장 2010년 同기획조정실 국제협력담당관 2012년 同기획조정실 국제협력담당관(부이사관) 2012년 대통령직속 국가브랜드위원회 기업·IT국장 2013년 방송통신위원회 방송기반총괄과장 2013년 정보통신정책연구원(KISDI) 연구위원 2014년 방송통신위원회 미디어다양성정책과장 2015년 同통신시장조사과장 2018년 同방송광고정책과장 2019년 同방송기반총괄과장(현) [상]대통령표창(2012) [저]'한국의 방송산업 통계'(2008) '한국의 미디어 법제와 정책해설'(2014)

**김재철(金才哲) Kim, Jaecheol**

[생]1969·3·27 [본]청주(淸州) [출]전남 강진 [주]세종특별자치시 다솜2로 94 해양수산부 해양산업정책관실(044-200-5210) [학]1987년 광주 석산고졸 1993년 고려대 법학과졸 2008년 미국 뉴욕주립대 대학원 행정학과졸 [경]2008년 2012여수세계박람회조직위원회 기획총괄과장 2010년 국토해양부 투자심사팀장 2011년 駐아제르바이잔대사관 참사관 2014년 부산지방해양수산청 항만물류과장 2015년 해양수산부 어촌양식정책과장(부이사관) 2017년 통일교육원 교육훈련 파견(부이사관) 2017년 해양수산부 세월호후속대책추진단 부단장 2018년 同해운정책과장 2019년 전남 여수지방해양수산청장 2019년 해양수산부 해양산업정책관(현) 2019년 한국해양과학기술원 비상임이사(현) [상]대통령표창(2013)

**김재철(金在喆)**

[주]대전광역시 서구 계룡로 314 대전일보 편집국(042-251-3423) [경]2000년 대전일보 편집국 경제과학부 기자 2001년 同문화체육부 기자 2002년 사회부 기자 2003년 同사회부 차장직대 2004년 同사회부차장 2004년 한국기자협회 대전·충남 사무국장 2006년 同경제부 재테크팀 차장 2008년 同팀장(부장) 2009~2010년 同경제부장 겸 재테크팀장 2010년 同편집국 교육섹션팀장 2010년 同섹션부장 겸 에듀캣 팀장 2011년 同정치사회부장 2011년 同편집국 사회부장 2012년 同홍성주재 부장 2012년 同충남취재본부장 2015년 同충남취재본부장(부국장) 2016년 同편집국장 겸 충남취재본부장 2019년 同편집국장(이사)(현)

**김재춘(金載春) Gim, Chaechun**

[생]1963·9·12 [출]광주 [주]경상북도 경산시 대학로 280 영남대학교 사범대학 교육학과(053-810-3121) [학]광주 서석고졸 1986년 서울대 사범대학 교육학과졸 1988년 同대학원 교육학과졸 1996년 교육학박사(미국 UCLA) [경]1996~1997년 한국교육개발원 연구원 1998~2000년 한국교육과정평가원 책임연구원 2000년 영남대 사범대학 교육학과 교수(현) 2008~2011년 세계교과서학회 아시아대표이사 2011~2012년 영남대 대학원 부원장 2013년 제18대 대통령직인수위원회 교육·과학분과 전문위원 2013~2015년 대통령 교육문화수석비서관실 교육비서관 2015년 교육부 차관 2016~2017년 한국교육개발원 원장 2016~2017년 교육부 정책자문위원회 학교교육개혁분과 위원장 [저]'예비현직 교사를 위한 교육과정과 교육평가(제3판)(共)'(2005) '교실수업 개선을 위한 교수학습활동의 이론과 실제(共)'(2005) 'Caught in the Web or Lost in the Textbook?(共)'(2006) '교육과정'(2012, 교육과학사) '학교의 미래, 미래의 학교'(2018, 미래엔)

**김재하(金載夏)**

[생]1969·9·5 [출]대구 [주]제주특별자치도 제주시 남광북5길 3 제주지방검찰청 형사1부(064-729-4309) [학]1988년 영진고졸 1992년 성균관대 법학과졸 [경]1999년 사법시험 합격(41회) 2002년 사법연수원 수료(31기) 2002년 수원지검검사 2004년 대구지검 의성지청 검사 2005년 대구지검 검사 2008년 광주지검 검사 2010년 서울북부지검 검사 2013~2015년 인천지검 부천지청 검사 2015~2018년 駐일본대사관 파견 2016년 인천지검 부천지청 부부장검사(駐일본대사관 파견) 2018년 법무연수원 교수 2019년 대구지검 서부지청 형사2부장 2019년 제주지검 형사1부장(현)

**김재학(金載學) KIM Jae Hak**

[생]1948·9·27 [출]서울 [주]경상남도 창원시 성산구 공단로473번길 57 하이젠모터(주) 비서실(070-7703-3000) [학]1966년 경기고졸 1970년 서울대 기계공학과졸 1973년 미국 메사추세츠공과대 대학원 기계공학과졸 1977년 공학박사(미국 캘리포니아대 버클리교) 1986년 미국 하버드대 경영전문대학원졸(MBA) [경]1971년 미국 메사추세츠공과대 연구조교 1974년 미국 캘리포니아대 연구조교 1977년 同연구원 1977년 한국중공업 입사 1980년 한국과학기술원(KAIST) 강사 1982년 한국중공업 기술부본부장 1986년 同종합기획실장 1990년 同기술본부장 1992년 IBRD 중국·몽고에너지산업분야 기술고문 1995년 포스코건설 부사장(상임이사) 1997~1998년 서강대 국제대학원 산학협력교수 1999년 한국중공업 수석부사장 2001년 두산중공업(주) 대표이사 수석부사장

2001년 (주)효성 부사장 2001~2003년 아주대 경영대학원 겸임교수 2001~2014년 한국공학한림원 정회원 2002년 대한기계학회 부회장 2003년 (주)효성중공업 PG장 겸 전력PU장 2004년 (주)효성 대표이사 사장 2004~2007년 한국기계산업진흥회 부회장 2004~2007년 한국전기산업진흥회 부회장 2006~2007년 신재생에너지학회 부회장 2008년 하이젠모터(주) 대표이사 사장(현) 2009년 在한국하버드대경영대학원동문회 회장 2009년 한국기계산업진흥회 감사, 同이사(현) 2009년 한국전기산업진흥회 감사·이사 2010년 모션컨트롤산업협의회 초대회장 2010~2018년 국립합창단 이사장 2010년 창원엔지니어클럽 회장 2014년 한국공학한림원 원로회원(현) 2014년 서울대공과대학총동문회 수석부회장 2015~2017년 同회장 2016년 한국로봇산업협회 이사·부회장(현) 2017년 한국전기산업진흥회 부회장(현) 2017년 한국엘리베이터협회 부회장 (종)기독교

## 김재향(金在香·女)

(생)1974·5·12 (출)전남 진도 (주)전라남도 목포시 정의로 29 광주지방법원 목포지원(061-270-6753) (학)1992년 상명여고졸 1997년 한국외국어대 법학과졸 (경)2001년 사법시험 합격(43회) 2004년 사법연수원 수료(33기) 2004년 광주지법 예비판사 2006년 同판사 2007년 인천지법 부천지원 판사 2011년 광주지법 해남지원·광주가정법원 해남지원 판사 2015년 서울남부지법 판사 2019년 광주지법 목포지원·광주가정법원 목포지원 부장판사(현)

## 김재혁(金在赫)

(생)1960 (출)충북 옥천 (주)대전광역시 서구 둔산로 100 대전광역시청 정무부시장실(042-270-2020) (학)1978년 보문고졸 1984년 충남대 법학과졸 1995년 연세대 행정대학원 도시행정학과졸 2015년 행정학박사(가천대) (경)1986년 국가정보원 입사 2008~2009년 미국 조지타운대 자본시장연구센터 연구원 2011~2013년 국가정보원 경제단장 2013~2014년 同대외경제정책연구원장 2015~2017년 同대전지부장 2017년 (사)양우회 이사장(현) 2019년 대전시 정무부시장(현)

## 김재현(金才賢) KIM Jae Hyun

(생)1965·3·3 (본)광산(光山) (출)전남 담양 (주)대전광역시 서구 청사로 189 산림청 청장실(042-481-4101) (학)1983년 광주진흥고졸 1989년 서울대 임학과졸 1991년 同대학원 임학과졸 1996년 농학박사(일본 쓰쿠바대) (경)1994~1996년 일본학술진흥재단 특별연구원 1996~1997년 일본 쓰쿠바대 농림학계 조수(日本文部教官) 1996~1997년 일본임학회지 발표논문집 편집간사 1997년 건국대 산림환경과학과 조교수 2003~2017년 同생명환경과학대학 환경시스템학부 환경과학전공 부교수·교수·녹지환경계획학과 교수, 同교수협의회 총무 2005~2007년 경제인문사회연구회 기획평가위원 2006~2007년 한국토지공사 초록사회만들기위원회 운영위원 2007년 생명의숲 운영위원 2008년 산림청 산촌생태마을조성사업 중앙자문위원 2009년 희망제작소 부소장 2011년 생명의숲 공동위원장, 同이사 겸 운영위원장 2017년 산림청장(현) (상)농림부장관표창(1998), 환경부장관표창(2002) (저)'숲과 자연교육(共)'(1998, 수문출판사) '숲과 종교(共)'(1999, 수문출판사) '숲과 임업(共)'(2000, 수문출판사) '백두대간 종주 이야기 : 청소년들이 밟은 827.1㎞(共·編)'(2006, 한국산지보전협회) (종)천주교

## 김재현(金宰賢) Kim, Jae Hyun

(생)1966 (주)경기도 고양시 일산동구 태극로 60 고양지식정보산업진흥원(031-960-7810) (학)1989년 연세대 전기공학과졸 1991년 연세대 대학원 전기공학과 2016년 미디어공학박사(서울과학기술대) (경)1991년 삼성전자(주) 연구원 2002년 同수석연구원 2012~2015년 同영상신호처리분야 마스터(상무) 2016년 성균관대 초빙교수 2017~2019년 과학기술정보통신부 방송·콘텐츠 프로젝트매니저 2018~2019년 과학기술정보통신부 가상·증강현실사업단장 2019년 고양지식정보산업진흥원장(현) (상)자랑스런 삼성인상(2005), 과학기술정보통신부장관표창(2018)

## 김재협(金在協) KIM Jai Hyup

(생)1954·7·28 (출)대구 (주)서울특별시 강남구 테헤란로92길 7 바른빌딩 법무법인 바른(02-3479-7540) (학)1974년 대구고졸 1982년 서울대 법학과졸 1984년 同대학원 법학과졸 2004년 법학(언론방송법)박사(프랑스 엑스마르세유대) (경)1983년 사법시험 합격(25회) 1986년 사법연수원 수료(15기) 1986년 대전지법 판사 1989년 同서산지원 판사 1990년 同천안지원 판사 1993년 수원지법 판사 1997년 서울고법 판사 1999년 대법원 재판연구관 2002년 수원지법 부장판사 2005년 서울중앙지법 부장판사 2006~2008년 서울서부지법 부장판사 2008년 법무법인 바른 변호사(현) 2013~2014년 (사)한국언론법학회 회장

## 김재형(金在亨) KIM Jay Hyung

(생)1959·3·2 (출)대구 (주)세종특별자치시 남세종로 263 한국개발연구원 공공투자관리센터(044-550-4153) (학)1983년 서울대 경제학과졸 1985년 同대학원 경제학과졸 1993년 경제학박사(미국 시카고대) (경)1994년 국토개발연구원 책임연구원 1994년 한국개발연구원(KDI) 전문연구원 1995~1996년 UN 컨설턴트 1996년 한국개발연구원(KDI) 부연구위원 1996~1997년 재정경제부 국민경제교육 전문위원 1998년 건설교통부 공공사업효율화추진단 전문위원 2000년 한국개발연구원(KDI) 연구위원 2000~2003년 同공공투자관리센터 소장 2003~2005년 세계은행 선임이코노미스트 2005년 한국개발연구원(KDI) 민간투자지원실장 2005년 同선임연구위원 2006~2012년 同공공투자관리센터 소장 2007년 교육부 자문위원 2007년 감사원 자문위원 2008년 한국재정학회 이사 2009년 국방부 민간자원활용위원회 위원 2010년 UN 유럽경제위원회 자문위원 2012년 한국개발연구원(KDI) 공공투자관리센터 선임연구위원(World Bank 파견)(현) (상)동탑산업훈장(2015) (종)기독교

## 김재형(金在亨) KIM Jae Hyoung

(생)1960·8·14 (주)경기도 성남시 분당구 구미로173번길 82 분당서울대병원 영상의학과(031-787-7602) (학)1979년 한영고졸 1985년 서울대 의대졸 1990년 同대학원 의학석사 1996년 의학박사(서울대) (경)1986~1989년 서울대병원 방사선과 레지던트 1989년 부천세종병원 방사선과장 1989~2003년 경상대 의대 방사선과학교실 전임강사·조교수·부교수·교수 1993~1994년 미국 듀크대학병원 장기연수 2003년 서울대 의대 방사선과학교실 부교수 2005년 同의대 영상의학교실 교수(현), 분당서울대병원 진단방사선과장, 同영상의학과장 (상)대한방사선의학회 최우수학술상(1997), AOCNHNR annual meeting Second Prize of Bracco Award(1999)

## 김재형(金哉衡) KIM Jae Hyung

(생)1965·1·23 (출)전북 임실 (주)서울특별시 서초구 서초대로 219 대법원(02-3480-1100) (학)1983년 명지고졸 1987년 서울대 법학과졸 1991년 同대학원 법학과졸 1997년 법학박사(서울대) (경)1986년 사법시험 합격(28회) 1989년 사법연수원 수료(18기) 1989~1992년 공군 법무관 1992년 서울지법 서부지원 판사 1994년 서울민사지법 판사 1995년 서울지법 판사 1995~2006년 서울대 법과대학 전임강사·조교수·부교수 1999년 독일 뮌헨대 객원교수 2003~2004년 미국 컬럼비아대 로스쿨 Visiting Scholar 2003년 금융감독원 금융분쟁조정위원 2006~

2016년 서울대 법과대학 교수·법학전문대학원 교수 2008년 전자거래분쟁조정위원 2008년 법무부 '동산, 채권 등의 담보에 관한 법률' 제정위원 2009~2014년 同민법개정위원 2011년 同'채무자 회생 및 파산에 관한 법률' 개정위원 2010년 한국법학원 저스티스 편집위원장 2012년 의료분쟁조정위원 2015년 법무부 법무자문위원회 위원 2016년 대법원 대법관(현) (상)철우언론법상(2005), 한국법학원 논문상(2007), 홍조근정훈장(2011) (저)'민법주해(共)'(1997) '광고와 저작권 : 외국의 법과 제도(共)'(1997) '근저당권연구'(2000) '금융거래법강의2(共)'(2001) '기업회생을 위한 제도개선방향'(2001) '민법론1'(2004) '민법론2'(2004) '도산법강의(共)'(2005) '통합도산법(共·編)'(2006) '한국법과 세계화(共)'(2006) '민법론3'(2007) '계약법(共)'(2010) '민법론4'(2011) '주석민법 : 저당권(共)'(2011) '언론과 인격권'(2012) '판례소법전(共·編)'(2012) '민법총칙(共)'(2013) '채무불이행과 부당이득의 최근 동향(共·編)'(2013) '물권법(共)'(2014) '민법론5'(2015) '민법판례분석'(2015) '판례민법전(編)'(2016) (역)'유럽계약법원칙 제1·2부'(2013)

### 김재형(金栽亨)

(생)1969·4·29 (출)충북 청원 (주)부산광역시 연제구 법원로 31 부산고등법원(051-590-1114) (학)1986년 대전 대성고졸 1991년 고려대 법학과졸 1994년 同대학원졸 (경)1995년 사법시험 합격(37회) 1998년 사법연수원 수료(27기) 1998년 軍법무관 2001년 서울지법 북부지원 판사 2003년 서울지법 판사 2005년 부산지법 판사 2008년 의정부지법 판사 2009년 서울고법 판사 2011년 대법원 재판연구관 2013년 청주지법 부장판사 2014년 서울고법 판사 2019년 부산고법 판사(현)

### 김재형(金在亨)

(생)1977·3·27 (주)서울특별시 중구 세종대로 125 서울특별시의회(02-3702-1400) (학)고려대 정책대학원 감사행정학석사과정 수료 (경)추미애 국회의원 보좌관, 문재인 대통령후보 정무특보 2018년 서울시의회 의원(더불어민주당)(현) 2018년 同도시계획관리위원회 위원(현) 2018년 同정책위원회 위원(현) 2018년 同청년특별위원회 위원(현) 2019년 同예산결산특별위원회 위원(현)

### 김재형(金載衡) Kim, Jae Hyung

(생)1978·11·27 (본)김해(金海) (출)인천 강화 (주)세종특별자치시 다솜2로 94 농림축산식품부 운영지원과(044-201-1261) (학)1997년 구정고졸 2005년 서울대 경제학과졸 2014년 미국 켄터키대 대학원 행정학과졸(MPA) (경)2008년 농림수산식품부 유통정책과 행정사무관 2009년 同채소특작과 행정사무관 2010년 同기획재정담당관실 행정사무관 2012년 미국 켄터키대 교육파견 2014년 농림축산식품부 농촌산업과 행정사무관 2015년 同기획재정담당관실 서기관 2017년 同정보통계정책담당관 2017~2018년 同창조행정담당관 2018년 국제연합식량농업기구(FAO) 파견(현) (상)도농교류유공자 농림축산식품부장관표창(2015) (종)기독교

### 김재호(金在浩) KIM Jae Ho

(생)1945·2·13 (본)청도(淸道) (출)평북 신의주 (주)경기도 성남시 분당구 판교로 697 (주)제이앤이 사장실(031-709-8500) (학)1963년 경복고졸 1969년 연세대 경영학과졸 1971년 서울대 경영대학원졸 (경)대한무역투자진흥공사 방콕및프랑크푸르트무역관 부관장, (주)진도 전무, 독일 브레멘주정부 한국사무소 대표, (주)금비 사외이사 1995년 (주)제이앤이 대표이사 사장(현) (상)자랑스런 기업인상(2001), 경기중소기업대상(2005) (종)기독교

### 김재호(金在浩) KIM Jae Ho

(생)1957·3·23 (본)김해(金海) (출)부산 (주)부산광역시 금정구 부산대학로63번길 2 부산대학교 전자공학과(051-510-2450) (학)1976년 부산 동아고졸 1980년 부산대 전자공학과졸 1982년 한국과학기술원(KAIST) 산업전자공학과졸(석사) 1990년 공학박사(한국과학기술원) (경)1988~1992년 삼성전자 정보통신연구소 책임연구원 1991~2002년 부산대 전자공학과 조교수·부교수 1992~1993년 삼성전자(주) 정보통신연구소 자문교수 1995년 부산경남통신학회 이사 1996년 LG전자 자문교수 1996년 신호처리합동학술대회 학술위원장 1997년 同운영위원장 1997년 현대전자 자문교수 1998~2000년 (주)엠아이 연구소장 1998~2000년 벤처기업협회 부산지부장 1998년 부산시 문화예술진흥위원 1999년 부산대 창업지원단장 직대 1999~2001년 同창업지원단 정보통신창업보육센터장 2000~2006년 (주)엠아이 기술대표이사 2000~2002년 부산대 멀티미디어교육원장 2002년 同전자공학과 교수(현) 2002~2009년 한국방송공학회 부산경남지회장 2002~2016년 동남네트워크 이사 2006~2007년 부산대 BK21 영상·IT 산학공동사업단장 2006~2008년 同대학원 전자공학과장 2006~2008년 同전자전기통신공학부장 2007년 同문화컨텐츠개발원장 2014년 국공립대학교교수연합 공교육회복특별위원장 2015년 부산대 대학평의회 의장 2015년 同교수회장 (상)대한전자공학회 공로상(1997), TI DSP디자인컨테스트 대학원부 은상(2000), 제2차 SoC 설계경진대회 입상(2006), 한국디자인학회 우수논문상(2009·2010), 한국멀티미디어학회 우수논문상(2010) (저)'모의시험기와 8051 마이크로프로세서'(1997) (종)기독교

### 김재호(金宰浩) KIM Jae Ho

(생)1962·2·21 (출)경북 청도 (주)서울특별시 강남구 테헤란로92길 7 법무법인(유) 바른(02-3479-7839) (학)1980년 서울 중앙고졸 1985년 서울대 법학과졸 (경)1984년 사법시험 합격(26회) 1987년 사법연수원 수료(16기) 1987~1989년 서울지법 북부지원 판사 1989~1991년 서울민사지법 판사 1991~1993년 춘천지법 강릉지원 판사 1993~1995년 서울지법 남부지원 판사 1995~1997년 서울지법 판사 1997~1998년 서울가정법원 판사 1998~2012년 법무법인(유) 바른 변호사 2003년 방송위원회 보도교양제2심의위원회 위원 2012~2014년 법무법인(유) 바른 대표변호사 2016~2018년 同경영대표(변호사) 2017~2018년 공익법인 정 이사 2019년 법무법인(유) 바른 구성원변호사(현) (종)기독교

### 김재호(金在晧)

(생)1963·2·24 (주)서울특별시 강동구 상일로6길 26 삼성물산(주) 건설부문 ENG센터(02-2145-5117) (학)대성고졸, 서울대 건축학과졸 (경)2010년 삼성물산(주) 건설부문 건축견적팀장 2011년 同건설부문 건축기술실장 2012년 同건설부문 빌딩엔지니어링본부장(상무) 2015년 同건설부문 Building사업부 빌딩PM팀 러시아 Lakhta Center PM(전무) 2015년 同건설부문 Building사업부 빌딩PM팀 말레이시아 KL118 Tower PM(전무) 2017년 同건설부문 Building사업부 빌딩사업관리팀 PM1그룹장(전무) 2018년 同건설부문 ENG센터장(전무)(현)

### 김재호(金載昊) KIM Jae Ho

(생)1963·12·4 (출)서울 (주)서울특별시 서초구 서초중앙로 157 서울고등법원(02-530-1114) (학)1982년 경성고졸 1986년 서울대 법대졸 (경)1989년 사법시험 합격(31회) 1992년 사법연수원 수료(21기) 1992년 수원지법 판사 1994년 서울민사지법 판사 1996년 부산지법 동부지원 판사 1999년 서울지법 판사 2001년 同남부지원 판사 2003년 서울고법 판사 2005년 서울서부지법 판사 2007년 대전지법 서산지원장 2009

년 의정부지법 고양지원 부장판사 2011년 서울동부지법 부장판사 2013년 서울중앙지법 부장판사 2015년 수원지법 평택지원장 2016년 서울고법 춘천재판부 부장판사 2018년 서울고법 부장판사(현)

### 김재호(金載昊) KIM Jae Ho

[생]1964 · 12 · 5 [본]울산(蔚山) [출]서울 [주]서울특별시 종로구 청계천로 1 동아일보 사장실(02-2020-0060) [학]1983년 서울 경복고졸 1988년 미국 보스턴대 경영학과졸 1990년 미국 테네시대 경영대학원졸 [경]1991~1993년 금성사 대리 1994년 일본 아사히신문 연수 1995년 동아일보 기획실 기자 1996년 同편집국 기자 1998년 同이사대우 1999년 同사장실장(상무) 2000년 同신문담당 전무 2001년 同경영담당 대표이사 전무 2006~2008년 同대표이사 부사장 겸 인쇄인 2006년 화정평화재단 이사(현) 2008년 동아일보 대표이사 사장(현) 2009년 한국신문협회 부회장 2009~2011년 동아일보 방송설립추진위원회 공동위원장 2010~2014년 한국신문협회 회장 2010년 G20정상회의준비위원회 민간위원 2011~2014년 채널A 대표이사 회장 2012년 학교법인 고려중앙학원 이사장(현) 2013~2014년 한국언론진흥재단 비상임이사 2014년 채널A 대표이사 사장(현) 2016년 한국신문협회 고문(현) [상]제2회 아름다운 마음상(2008)

### 김재호(金載浩) KIM Jae Ho

[생]1967·7·14 [출]전북 군산 [주]서울특별시 송파구 정의로 30 서울동부지방검찰청 형사2부(02-2204-4313) [학]1986년 이리고졸 1993년 고려대 법학과졸 [경]1997년 사법시험 합격(39회) 2000년 사법연수원 수료(29기) 2000년 부산지검 동부지청 검사 2002년 청주지검 제천지청 검사 2003년 서울지검 검사 2004년 서울중앙지검 검사 2006년 수원지검 여주지청 검사 2008년 서울남부지검 검사 2012년 전주지검 검사 2013년 同부부장검사 2013년 사법연수원 교수 2015년 대전지검 서산지청 부장검사 2016년 대구지검 서부지청 부장검사 2017년 수원지검 안산지청 형사2부장 2018년 서울서부지검 형사3부장 2019년 서울동부지검 형사2부장(현)

### 김재호(金載淏)

[생]1969 · 2 · 12 [출]충남 논산 [주]서울특별시 양천구 신월로 390 서울남부지방검찰청 중요경제범죄조사단(02-3219-4610) [학]1987년 대전 대신고졸 1991년 성균관대 법학과졸 [경]1997년 사법시험 합격(39회) 2000년 사법연수원 수료(29기) 2000년 춘천지검 검사 2002년 대전지검 논산지청 검사 2003년 인천지검 검사 2005년 의정부지검 고양지청 검사 2007년 전주지검 군산지청 검사 2009년 광주지검 검사 2011년 의정부지검 검사 2013년 同부부장검사 2013년 청주지검 부부장검사 2014년 서울동부지검 부부장검사 2015년 서울고검 검사 2016년 인천지검 부천지청 부부장검사 2017년 인천지검 중요경제범죄조사단 부장검사 2019년 서울남부지검 중요경제범죄조사단 부장검사(현)

### 김재홍(金在洪) KIM Jae Hong

[생]1950·1·3 [본]개성(開城) [출]전북 익산 [주]서울특별시 강서구 공항대로 424 서울디지털대학교 총장실(02-2128-3001) [학]1967년 익산 남성고졸 1976년 서울대 정치학과졸 1979년 同대학원 정치학과졸 1987년 정치학박사(서울대) 1996년 미국 하버드대 니만 펠로우 언론연구과정 수료 [경]1978~1980년 동아일보 기자 1980년 신군부 강제해직 1982~1987년 서울대 대학신문사 편집국장 1983~1987년 同정치학과 강사 1988년 동아일보 기자(복직) 1993년 同정치부 차장 1998~2001년 同논설위원 1998~2001년 한국기자협회 기자상심사위원 1998년 국방부 정책자문위원 1998년 국정홍보처 정책자문 겸 평가위원 1999년 관훈클럽 운영위원 겸 계간 '관훈저널' 주간 2000년 국가보훈처 보훈문화상 심사위원 2000년 중앙인사위원회 인사정책자문위원 2001~2014년 경기대 정치전문대학원 교수, 同정치전문대학원장 2003년 오마이뉴스 논설주간 2003년 국가안보회의 정책자문위원 2003년 통일부 정책자문위원 2003년 대통령자문 정책기획위원 2003년 한국정치평론연구회 초대회장 2004년 열린우리당 공직후보자자격심사위원 2004~2008년 제17대 국회의원(비례대표, 열린우리당·대통합민주신당·통합민주당) 2004년 한국신문윤리위원회 위원 2004년 (사)한민족아리랑연합회 이사장 2004년 국회 정치커뮤니케이션연구회 회장(대표의원) 2004~2008년 의병장이강년선생기념사업회 회장 2006년 국회 문화관광위원회 간사 겸 법안심사소위원장 2013년 민주당 대선평가위원회 간사위원 2014~2015년 방송통신위원회 상임위원(차관급) 2014년 同방송평가위원회 위원장 2014년 同시청자권익보호위원회 위원장 2014년 同방송콘텐츠상생협의체 의장 2014년 한중방송콘텐츠정책라운드테이블 수석대표 2015~2017년 방송통신위원회 부위원장 2017~2018년 한양대 언론정보대학원 특훈교수 2017~2019년 한국정치평론학회 이사장 2017년 공익사단법인 '정' 초대 공동이사장(현) 2017년 법무법인(유) 바른 상임고문(현) 2018년 서울디지털대 총장(현) 2019년 (사)71동지회 회장(현) 2019년 대한컬링연맹 회장(현) [상]관훈언론상(1993), 오마이뉴스 특별상(2012) [저]'군부와 권력'(1993) '군1 : 정치장교와 폭탄주'(1994) '군2 : 핵개발 극비작전'(1994) '운명의 술 시바스'(1994) '대통령의 밤과 여자'(1994) '박정희의 유산'(1998) '우리시대의 정치와 언론'(2007) '누가 박정희를 용서했는가'(2012) '박정희의 후예들'(2012) '박정희 유전자'(2012) 등 [종]기독교

### 김재홍(金載弘) Jae-hong Kim

[생]1955·1·22 [본]김해(金海) [출]경남 진주 [주]서울특별시 관악구 관악로 1 서울대학교 수의과대학(02-880-1250) [학]1978년 서울대 수의과대학졸 1987년 同대학원졸 1992년 수의학박사(서울대) [경]1981~2006년 국립수의과학검역원 질병연구부장·방역과장·조류질병과장·조류바이러스성질병 연구실장 1996~1997년 미국 ARS SEPRL 객원연구원(국제공동연구) 2007년 서울대 수의과대학 교수(현) 2009~2011년 한국가금학회장 2011~2014년 대한수의학회 이사장 2012년 수의정책포럼 상임대표(현) 2013~2015년 대한인수공통전염병학회 회장 2013~2019년 농림축산검역본부 조류인플루엔자 역학조사위원장 2014년 아시아태평양가금학회 공동대회장 2014년 대한수의사회 부회장(현) 2015~2017년 서울대 수의과대학장 2015~2017년 2017세계수의사대회 조직위원회 위원장 2016~2017년 전국수의과대학협회 회장

### 김재홍(金宰弘) KIM Jae Hong

[생]1958 · 12 · 6 [본]김해(金海) [출]전남 목포 [주]서울특별시 성북구 안암로 145 고려대학교 생명과학대학 생명과학부(02-3290-3452) [학]1977년 보성고졸 1981년 고려대졸 1983년 한국과학기술원졸(석사) 1991년 이학박사(미국 럿거스대) [경]1994년 미국 하버드대 연구교수 1995~1999년 한림대 조교수 1999~2001년 광주과학기술원 생명과학과 부교수 2001년 고려대 생명과학대학 생명과학부 교수(현) [상]Schering-Plough Fellowship(1990), Smith-Kline Fellowship(1991), 고려대 생명과학부 최우수교수상 [종]기독교

### 김재홍(金宰弘) Kim Jae Hong

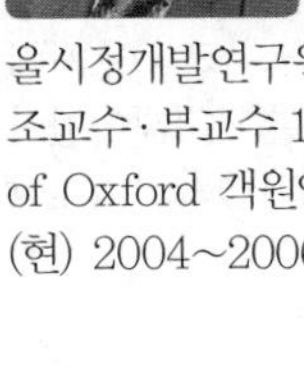

[생]1959·1·5 [본]광산(光山) [출]경남 통영 [주]울산광역시 남구 대학로 93 울산대학교 사회과학부 행정학전공(052-259-2413) [학]1983년 서울대 서양사학과졸 1985년 경상대 행정학과졸 1988년 미국 카네기멜론대 대학원 정책학과졸 1993년 정책및도시계획박사(미국 카네기멜론대) [경]1993~1994년 서울시정개발연구원 초빙책임연구원 1994~2003년 울산대 행정학과 조교수·부교수 1999~2001년 同기획처장 2002~2003년 영국 Univ. of Oxford 객원연구원 2003년 울산대 사회과학부 행정학전공 교수(현) 2004~2006년 울산지역환경기술개발센터 센터장 2008년 국가

균형발전위원회 정책기획전문위원 2008년 울산대 울산학연구소장 2010~2011년 서울대 객원연구원 2013~2018년 지역발전위원회 공공기관이전및도시환경전문위원 2014~2015년 울산대 사회과학대학장 2015년 한국지역학회 회장 2015~2018년 국토교통부 중앙산업단지계획 심의위원 (상)Charlse M. Tiebout Prize(1992), 한국학술원 우수학술도서(2003·2011), 국토연구우수논문상(2008), 대한국토도시계획학회 우수논문상(2014) (저)'통영지지연구'(2005) '울산의 시민의식과 생활양식'(2005) '주거입지선택, 주거이동 및 주택수요'(2005) '울산시민의 환경의식'(2005) '환경자원의 경제적 가치측정'(2006) '사회적 약자계층에 대한 실태분석 및 정책방안'(2011) 'Residential Location Choice: Models and Applications'(2012) '지역도시경제학'(2015) 'Quantitative Regional Economi and Environmental Analysis for Sustainability in Korea'(2016)

### 김재홍(金在弘)

(생)1964 · 2 · 29 (출)대구 달성/주/서울특별시 중구 을지로 79 IBK기업은행 임원실(02-729-6270) (학)1982년 영신고졸 1989년 영남대 경제학과졸 (경)1989년 IBK기업은행 입행 2009년 同오산원동지점장 2010년 同화성정남지점장 2013년 同직원만족부장 2014년 同시화공단기업금융지점장 2016년 同동시화지점장 2018년 同인천동부지역본부장 2019년 同기업고객그룹장(부행장)(현)

### 김재홍(金載洪) KIM, JAE HONG

(생)1964 · 12 · 25 (본)경주(慶州) (출)경남 진양 (주)서울특별시 종로구 율곡로2길 25 연합뉴스 한민족센터 공익사업부(02-398-3114) (학)부산 브니엘고졸, 연세대 행정학과졸 1990년 同국제학대학원 행정학과졸 (경)1993년 연합뉴스 기자 2007~2010년 同워싱턴특파원 2012년 연합뉴스TV 보도국 경제부장 2014년 연합뉴스 편집국 소비자경제부 기자(부장급) 2015년 同마케팅국 마케팅부장 2016년 同편집국 증권부장 2017년 同편집국 융합뉴스팀장 2018년 同한민족센터 공익사업부장(부국장대우)(현) (저)'미국중앙은행 금리결정의 비밀'(2004, 휘즈프레스)

### 김재홍(金宰弘) KIM Jae Hong

(생)1975 · 7 · 19 (본)경주(慶州) (출)서울 (주)서울특별시 서대문구 연세로 50 연세동문회관 4층(02-363-4600) (학)1994년 상문고졸 2001년 연세대 경제학과졸 2003년 미국 시카고대 국제관계학과졸(석사) 2006년 정치학박사(연세대) (경)2003~2004년 국회의원 비서관(별정직 5급) 2006년 연세대 BK21한반도평화거버넌스사업팀 박사과정 연구원 2007~2008년 서라벌대 국제관광경영과 겸임교수 2008년 同경찰경호행정과 교수 · 同경찰경호행정과장, 同평생교육원 팀장, 同기획처 대외협력팀장 2009~2019년 同제13 · 14대 총장, 한국정치학회 정회원(현), 한국대학스포츠총장협의회 감사 2010년 학교법인 상문학원 감사 2011년 연세대 상경경영대학동창회 부회장 2012년 상문고총동문회 부회장, 경북도 말산업발전자문위원회 위원, 연세대 상경 · 경영대학동창회 운영위원(현) (종)천주교

### 김재화(金在和) Jae Hwa Kim

(생)1964 · 2 · 13 (출)대구 (주)경기도 성남시 분당구 야탑로 59 분당차병원(031-780-5000) (학)1982년 대구 영남고졸 1988년 경북대 의대졸 1999년 한양대 대학원 의학석사 2003년 의학박사(한양대) (경)1988~1989년 국립의료원 정형외과 인턴 1993~1997년 同전공의 1997~2001년 同정형외과 지도전문의 2000~2002년 미국 클리블랜드 클리닉 연수(관절경외과학 전공) 2002년 차의과학대 의학전문대학원 정형외과학교실 조교수 · 부교수 · 교수(현) 2011년 한국공공조직은행 분당차조직은행장 2012년 분당차병원 진료부장 2014년 同진료부원장 2018년 분당차병원장(현) (상)보건사회부장관표창

### 김재환(金才煥) Jaehwan Kim

(생)1961·7·25 (본)풍천(豊川) (출)경기 파주 (주)인천광역시 미추홀구 인하로 100 인하대학교 기계공학과(032-860-7326) (학)1980년 인천기계공고졸 1985년 인하대 공대 기계공학과졸 1987년 한국과학기술원(KAIST) 기계공학과졸(석사) 1995년 공학박사(미국 펜실베이니아주립대) (경)1987~1991년 (주)신도리코 기술연구소 주임연구원 1996년 인하대 공대 기계공학과 조교수·부교수·교수(현) 1998년 국제학술지 'Smart Materials and Structures' 편집위원·부편집인(현) 1999년 SPIE's International Conference on Smart Materials and Structures 학술대회 공동조직위원장(현) 2001~2002년 미국 NASA Langley연구소 초청과학자 2003~2012년 과학기술부 지정 EAPap Actuator 창의연구단장 2009년 인하대 인하펠로우교수(현) 2012년 국제학술지 'Smart Nanosystems in Engineering and Medicine' 부편집인(현) 2012년 국제학술지 'Int. J. Precision Engineering and Manufacturing' 편집인(현) 2012년 국제학술지 'Actuators' 편집위원(현) 2012년 한국과학기술한림원 정회원(현) 2014년 한국공학한림원 일반회원(현) 2015년 미래창조과학부 및 한국연구재단 지정 미래복합재창의연구단장(현) (상)The 8th International Conference on Motion and Vibration Control(MOVIC) Award(2006), 한국과학재단 선정 대표적 우수연구성과 50선 인증(2006), 인하대 우수연구상(2007), 인천시 과학기술상 대상 과학부문(2008), 제22회 과학기술 우수논문상(2012), 한국정밀공학회 현송학술상(2013), 일본 셀룰로오스학회 'Hayashi Jisuke Award'(2017) (저)'나노소재(共)'(2006) 'Smart Materials and Actuators : Recent Advances in Material Characterization and Applications(共)'(2016) 'Biopolymer Composites in Electronics(共)'(2016) 'Vibration Control Systems Utilizing Smart Materials Actuators(共)'(2016) 'Disposable and Flexible Chemical Sensors and Biosensors Made with Renewable Materials(共)'(2017) (역)'기계설계(共)'(2005) '기계설계: 이론 및 방법(共)'(2016) (종)기독교

### 김재환(金才煥) KIM Jae Hwan

(생)1964·9·15 (출)충남 홍성 (주)서울특별시 강남구 테헤란로92길 7 법무법인(유) 바른(02-3479-2685) (학)1983년 공주대사대부고졸 1987년 서울대 법학과졸 1989년 同대학원 법학과졸 2003년 同법과대학 전략적기업경영의법률과세무과정 수료 2009년 충남대 평화안보대학원 최고위과정 수료 2014년 서울대 공과대학 최고산업전략과정(AIP) 수료 (경)1990년 사법시험 합격(32회) 1990년 행정고시 합격(34회) 1993년 사법연수원 수료(22기) 1993년 인천지법 판사 1995년 서울가정법원 판사 1997년 청주지법 옥천군법원 판사·영동지원 판사 2000년 대전지법 홍성지원 판사 2002년 서울지법 판사 2004년 서울고법 판사 2006년 대법원 재판연구관 2008년 대전지법 부장판사 2010~2012년 수원지법 부장판사 2011~2012년 언론중재위원회 위원 2012~2014년 서울북부지법 부장판사 2014년 법무법인(유) 바른 변호사(현)

### 김재훈(金載勳) KIM Jae Hoon

(생)1956 · 2 · 25 (본)김해(金海) (출)전북 고창 (주)서울특별시 중구 남대문로 63 한진빌딩본관 법무법인 광장(02-772-4440) (학)1975년 전주고졸 1980년 서울대 법학과졸 1992년 미국 코넬대 로스쿨졸(LL.M.) (경)1981년 사법시험 합격(23회) 1983년 사법연수원 수료(13기) 1983~1986년 육군 법무관 1986~2012년 법무법인 광장 변호사 1992년 미국 뉴욕주 변호사시험 합격 1993~2008년 사법연수원 강사 1993~2005년 국제특허연수원 강사 1994년 대한상사중재원 중재위원(현) 2001~2007

년 문화관광부 법률고문 2006년 ICC Korea 국제중재위원회 위원(현), 서울대 법학전문대학원 겸임교수(현) 2011~2013년 법제처 법령해석심의위원회 위원 2012~2018년 법무법인 광장 경영대표변호사 2018년 同변호사(현) [종]기독교

## 김재훈(金哉勳) KIM Jae Hoon

[생]1961·1·17 [본]김해(金海) [출]충남 논산 [주]서울특별시 중구 퇴계로 10 한국재정정보원 원장실(02-6273-0500) [학]1980년 대전고졸 1985년 서울대 경제학과졸 1989년 同행정대학원졸 2003년 미국 미주리대 대학원 경제학과졸 [경]1988년 행정고시 합격(32회), 기획예산처 행정사무관 1999년 중앙인사위원회 파견(서기관) 2000년 기획예산처 개혁기획팀 서기관 2004년 신행정수도건설추진지원단 파견(서기관) 2005년 기획예산처 사회재정1과장 2006년 同노동여성재정과장 2007년 同총괄기획팀장(부이사관) 2008년 미래기획위원회 미래기획단 파견(부이사관) 2009년 기획재정부 재정기획과장 2009~2011년 대통령 국정과제비서관실 행정관 2012~2014년 고용노동부 정책기획관(파견) 2014년 국회 예산결산특별위원회 파견 2015년 駐영국 공사참사관 2018년 한국재정정보원 원장(현) [종]기독교

## 김재훈(金載勳) KIM Jae Hoon

[생]1969·6·15 [출]경북 성주 [주]서울특별시 서초구 서초대로74길 23 김재훈법률사무소(02-522-8206) [학]1988년 대구고졸 1993년 서울대 법학과졸 [경]1992년 사법시험 합격(34회) 1995년 사법연수원 수료(24기) 1998년 서울지검 검사 2000년 대구지검 상주지청 검사 2001년 대구지검 검사 2003년 同김천지청 검사 2004년 법무부 법무심의관실 검사 2006년 서울남부지검 검사 2007년 同부부장검사 2008년 국가경쟁력강화위원회 파견 2009년 대구지검 공판부장 2009년 同공안부장 2010년 대검찰청 범죄정보2담당관 2011년 서울중앙지검 공판2부장 2012년 同형사제7부장 2013년 수원지검 부부장검사 2013년 법무부 검찰제도개선TF팀장 겸임 2013년 서울고검 검사 2014년 춘천지검 부장검사 2015~2017년 서울고검 검사 2015~2017년 국가정보원 파견(법률보좌관) 2017~2018년 부산지검 제1차장검사 2018년 변호사 개업(현)

## 김재휴(金在烋) KIM Jae Hyu

[생]1953·10·19 [주]광주광역시 광산구 첨단월봉로 99 광주보훈병원 병원장실(062-602-6000) [학]1978년 전남대 의대졸 1984년 同대학원 의학석사 1990년 의학박사(전북대) [경]1986년 남광병원 신경외과장 1986~2019년 전남대 의대 신경외과학교실 교수 1988년 서울올림픽 의무감독관 1990~1991년 미국 텍사스주립대 신경외과 연구원 1993년 대한신경손상학회 상임이사·고문 2003년 대한의료감정학회 상임이사 2003~2004년 대한정위기능신경외과학회 회장 2008~2013년 제15차 WFNS 한국유치단 홍보위원회 부위원장 2010~2011년 호남간질학회 회장 2010~2011년 대한말초신경학회 회장 2011년 대한소아신경외과학회 특별이사 2012~2013년 대한신경외과학회 호남지회장 2015~2017년 전남대 화순노인전문병원장 2018년 광주보훈병원장(현) 2019년 전남대 의대 신경외과학교실 명예교수(현) [상]대한신경외과학회 이헌재 학술상(2000), 대한신경외과학회 이인수 학술상(2008) [저]'개체발달학(共)'(2009) '신경과학(I·II)(共)'(2009)

## 김재흥(金載興) Jae Heung Kim

[생]1959·1·23 [주]경기도 파주시 탄현면 평화로 711 시그네틱스(주) 비서실(031-940-7400) [학]대전고졸, 숭실대 전자공학과졸 [경]삼성전자(주) 시스템LSI사업부 생산기획팀장, 同시스템LSI사업부 글로벌운영팀장, 同시스템LSI사업부 영업3그룹장(상무), 삼성SDI(주) 전자재료사업부 구미사업장 공장장(전무), 同전자재료사업부 구미사업장 공장장(부사장) 2014년 同전자재료사업부 반도체소재사업팀장(부사장) 2017년 同경영연구 부사장 2018년 시그네틱스(주) 대표이사(현)

## 김재희(金在熹) KIM Jaihie

[생]1953·9·1 [출]서울 [주]서울특별시 서대문구 연세로 50 연세대학교 공과대학 전기전자공학과(02-2123-2869) [학]1972년 경동고졸 1979년 연세대 전자공학과졸 1982년 미국 케이스웨스턴리저브대 대학원 전자공학과졸 1984년 공학박사(미국 케이스웨스턴리저브대) [경]1984~2018년 연세대 공대 전기전자공학과 조교수·부교수·교수 1986~1987년 IEEE Korea Section 및 Region 101Conference Secretary 1991~1993년 대한전기학회 편집위원 1993~1998년 전문가시스템학회 이사·부회장 1996~1999년 한국공학기술학회 편집이사·국제이사 1998년 대한전자공학회 편집이사·재무이사·학술이사·부회장 1998년 삼성휴먼테크 Computing Technology부 심사위원장 1998~1999년 연세대 전기전자전파공학과장 1998~2000년 同교수평의회 부의장 1998~1999년 국방부 정보정책자문위원 1999~2000년 한국통신학회 편집이사 2000~2002년 생체인식연구회 책임자 2000~2002년 연세대 정보통신처장 2001년 한국생체인식협의회 기술분과위원장 2001~2002년 전국정보전산원장협의회 상임이사 2002~2003년 산업자원부 응용S/W상임평가위원장 2002~2011년 과학기술부 및 한국과학재단 지정 생체인식연구센터 소장 2004년 대한전자공학회 부회장 2004년 한국공학한림원 정회원(현) 2006~2013년 한국인터넷진흥원 바이오인증위원회 위원장 2007년 한국바이오인식포럼 의장 2008년 대한전자공학회 회장 2009년 同명예회장(현) 2009~2012년 同포상위원회 위원장 2011~2016년 연세대 생체인식연구센터 소장 2012년 한국바이오인식협의회 명예회장 2013년 (주)제일모직 사외이사 2014·2017년 삼성SDI(주) 사외이사(현) 2018년 연세대 공대 전기전자공학과 명예교수(현) [종]기독교

## 김재희(金哉希·女) Jaehee Kim

[생]1964·12·23 [출]서울 [주]서울특별시 도봉구 삼양로144길 33 덕성여자대학교 자연과학대학 정보통계학과(02-901-8334) [학]1983년 수도여고졸 1987년 서울대 계산통계학과졸 1989년 同대학원 통계학과졸 1994년 통계학박사(미국 텍사스A&M대) [경]덕성여대 자연과학대학 정보통계학과 교수(현), 국가통계위원회 위원 2013~2014년 사회보장통계위원회 위원장 2013~2014년 사회보장실무위원회 위원 2016년 문화체육관광부 여론집중도조사위원회 위원(현) 2018년 덕성여대 산학연구처장(현) [상]국가연구개발 우수성과100선(2013) [저]'다변량 통계분석'(2005, 교우사) '(R을 이용한)통계 프로그래밍 기초'(2008, 자유아카데미) '다변량 통계분석'(2008, 교우사) '통계학의 제문제와 방법'(2011, 한국방송통신대 출판부) 'R을 이용한 회귀분석'(2012, 자유아카데미) 'R을 이용한 통계적 실험설계 및 분석'(2013, 자유아카데미) 'R을 이용한 생존분석 기초'(2016, 자유아카데미) [역]'R을 이용한 응용 다변량 분석 입문'(2014, 교우사) [종]천주교

## 김점기(金点箕)

[생]1958·9·5 [주]광주광역시 서구 내방로 111 광주광역시의회(062-613-5044) [학]전남기계공업고졸 1988년 조선대 전기공학과졸, 同정책대학원 행정학과졸 [경]민주당 광주시남구지역위원회 사무국장, 同광주시당 부위원장, 同대외협력위원장, 동진생활용품백화점 대표(현) 2008년 6.4재보선 광주시 남구의원선거 출마(무소속) 2010년 광주시 남구의회 의원(민주당·민주통합당·민주당·새정치민주연합) 2010~2012년 同총무사회위원장 2012년 同사회건설위원장 2014~2018년 광주시

남구의회 의원(새정치민주연합 · 더불어민주당) 2014~2016년 同의장 2018년 광주시의회 의원(더불어민주당)(현) 2018년 同산업건설위원회 위원(현) 2018년 同자치분권특별위원회 위원(현) 2018년 同청년발전특별위원회 위원(현)

## 김점준(金点俊) KIM Jeom Jun

(생)1965 · 1 · 14 (출)광주 (주)서울특별시 중구 장충단로 84 민주평화통일자문회의 사무처 기획조정관실(02-2250-2331) (학)1984년 광덕고졸 1989년 전남대 행정학과졸, 同행정대학원 수료 (경)2003년 민주평통 사무처 혁신기획담당관 2005년 同사무처 운영기획팀장 2008년 同사무처 남부지역과장(부이사관) 2009년 同사무처 기획조정관(고위공무원) 2010년 同사무처 통일정책자문국장 2012년 同사무처 기획조정관 2016~2019년 同사무처 통일정책자문국장 2019년 同사무처 기획조정관(국장급)(현)

## 김 정(金 政) KIM Jeong

(생)1970 · 6 · 1 (주)대전광역시 서구 청사로 189 관세청 인사관리담당관실(042-481-7670) (학)1989년 창원고졸 1995년 고려대 통계학과졸 2000년 서울대 행정대학원 수료 (경)2000년 행정고시 합격(44회) 2001년 부산세관 통관심사국 심사관, 同심사국 심사관, 관세청 혁신기획관실 행정사무관, 同기획조정관실 기획재정담당관실 행정사무관 2008년 同기획조정관실 기획재정담당관실 서기관 2008년 同기획조정관실 창의혁신담당관실 서기관 2009년 국무총리실 정책현장평가팀 파견 2010년 관세청 교역협력과장 2011년 駐중국대사관 파견 2014년 관세청 수출입물류과장 2014년 同대변인 2016년 서울본부세관 조사국장 2017년 관세청 자유무역협정집행기획관실 원산지지원담당관 2018년 同기획조정관실 인사관리담당관 2019년 同기획조정관실 인사관리담당관(부이사관)(현)

## 김정각(金廷珏) KIM Jeong Kag

(생)1969 · 4 · 25 (본)김녕(金寧) (출)충북 진천 (주)서울특별시 종로구 세종대로 209 금융위원회 자본시장정책관실(02-2100-2640) (학)1987년 청주고졸 1991년 서울대 경제학과졸 1994년 同대학원 경제학과 수료 2000년 한국방송통신대 법학과졸 2006년 미국 미시간주립대 경영대학원 금융학과졸 2007년 한국개발연구원(KDI) 국제정책대학원 정책학과졸 (경)1992년 행정고시 합격(36회) 2007년 금융감독위원회 자산운용감독과장 2007년 기획예산처 경영지원4팀장 2008년 대통령직속 국가경쟁력강화위원회 파견(서기관) 2009년 금융위원회 정책홍보팀장 2009년 대통령비서실 파견(부이사관) 2012년 금융위원회 자산운용과장 2013년 同산업금융과장 2014년 同행정인사과장 2015년 同중소서민금융정책관 2015년 미래창조과학부 우정사업본부 보험사업단장 2017년 과학기술정보통신부 우정사업본부 보험사업단장 2017년 국무조정실 정부합동부패예방감시단 경제 · 민생팀장(국장급) 2017년 금융위원회 기획조정관 2019년 同자본시장정책관(현)

## 김정곤(金正坤)

(생)1972 · 11 · 24 (출)경북 포항 (주)서울특별시 서초구 서초중앙로 157 서울중앙지방법원(02-530-1114) (학)1991년 재현고졸 1995년 고려대 법학과졸 (경)1996년 사법시험 합격(38회) 1999년 사법연수원 수료(28기) 1999년 대한법률구조공단 근무 2002년 울산지법 판사 2005년 인천지법 판사 2007년 서울중앙지법 판사 2010년 서울고법 판사 2012년 서울가정법원 판사 2014년 대전지법 부장판사 2016년 인천가정법원 부장판사 2018년 서울중앙지법 부장판사(현)

## 김정곤(金正坤)

(생)1974 · 2 · 27 (출)강원 태백 (주)경기도 평택시 평남로 1036 수원지방법원 평택지원(031-650-3100) (학)1993년 강릉고졸 1997년 연세대 법대 법학과졸 (경)1999년 사법시험 합격(41회) 2002년 사법연수원 수료(31기) 2002~2007년 법무법인 충정 변호사 2007년 청주지법 판사 2013년 서울중앙지법 판사 2015년 서울동부지법 판사 2017년 춘천지법 강릉지원 부장판사 2019년 수원지법 평택지원 부장판사(현)

## 김정관(金正寬) KIM Jung Gwan

(생)1959 · 8 · 13 (출)부산 (주)서울특별시 강남구 테헤란로 133 법무법인 태평양(02-3404-7513) (학)1977년 경남고졸 1982년 서울대 경영학과졸 1984년 同대학원 경영학과졸(석사) 1987년 한국과학기술원(KAIST) 경영과학과졸(석사) 1993년 미국 일리노이대 대학원 경제학과졸(석사) 2012년 경제학박사(한국산업기술대) (경)1980년 행정고시 합격(24회) 1982~1995년 마산세무서 총무과장 · 동력자원부 차관비서관 · 국제협력과 · 정밀화학과 · 해외자원과 · 자원정책과 · 창업지원과 사무관 1995년 통상산업부 중소기업기술지원담당관실 서기관 1996년 OECD · IEA 파견 2000년 산업자원부 제도정비팀장 2000년 同수입과장 2001년 同전력산업구조개혁단 구조개혁팀장 2001년 同전기위원회 총괄정책과장 2003년 대통령직인수위원회 파견 2003년 산업자원부 자원정책과장(부이사관) 2005년 국가균형발전위원회 클러스터국장 2006년 산업자원부 지역산업균형발전기획관(일반직고위공무원) 2007년 同에너지자원개발본부장 2008년 지식경제부 에너지산업정책관 2009년 同에너지자원실장 2011년 同제2차관 2012~2015년 삼성생명보험(주) 사외이사 2014년 법무법인 태평양 고문 2015~2018년 한국무역협회 상근부회장 2018년 법무법인 태평양 고문(현) 2018년 SK이노베이션(주) 사외이사(현)

## 김정권(金正權) Kim Chung Kweon

(주)서울특별시 서대문구 이화여대길52 이화여자대학교 경영대학 경영학부(02-3277-4039) (학)미국 워싱턴주립대 대학원 회계학과졸, 同대학원 경영학과졸, 회계학박사(미국 피츠버그대) (경)1994~2003년 홍콩과학기술대 교수, 이화여대 경영대학 경영학부 교수(현), 同경영대학장(현) 2019년 同경영전문대학원장 겸임(현)

## 김정근(金正根) KIM Jung Keun

(생)1960 · 2 · 20 (본)김녕(金寧) (출)강원 (주)경기도 성남시 분당구 대왕판교로 700 (주)오스코텍 비서실(031-628-7666) (학)1984년 서울대 치의학과졸 1986년 同대학원 생화학과졸 1991년 치의학박사(서울대) (경)1984~1986년 서울대 조교 1989~2003년 단국대 치대 생화학교실 교수 1992~1994년 미국 하버드대 의대 교환교수 1995~1996년 한국생체재료연구소 소장 1995~1996년 국제원자력기구(IAEA) RCA Project National Coordinator 1998년 (주)오스코텍 대표이사(현) 2000~2012년 한국바이오협회 이사 (상)보건산업진흥원 벤처부문 산업대상(2006) (종)가톨릭

## 김정기(金正基) KIM Jung Ki

(생)1955 · 3 · 19 (본)당악(唐岳) (출)전북 정읍 (주)서울특별시 강남구 강남대로 442 법무법인 대성(02-3452-7342) (학)1974년 전북 전주고졸 1979년 서울대 법대졸 1981년 同대학원 법학과 수료 (경)1982년 사법시험 합격(24회) 1984년 사법연수원 수료(14기) 1985년 육군 법무관 1988년 서울지검 동부지청 검사 1990년 춘천지검 강릉지청 검사 1992년 서울지검 검사 1994년 수원지검 검사 1996년 광주지검 부부장검사 1997년 서울고검 검사 1997년 전주지검 남원지청장 1998년 대검찰청 연구관

1999년 광주지검 특수부장 2000년 인천지검 형사4부장 2001년 同형사3부장 2002년 서울지검 남부지청 형사4부장 2003년 同남부지청 형사1부장 2004년 광주지검 순천지청 차장검사 2005년 서울고검 검사 2006년 서울서부지검 차장검사 2007년 서울고검 공판부장 2008년 同차장검사 2009년 제주지검장 2009년 대검찰청 마약조직범죄부장 2009~2016년 법무법인 다담 대표변호사 2014년 중앙선거관리위원회 위원(현) 2016년 법무법인 대성 변호사(현)

## 김정기(金鼎基) Kim, Jung Kee

[생]1955·9·30 [출]강원 강릉 [주]경기도 안산시 상록구 한양대학로 55 한양대학교 언론정보대학 신문방송학과(031-400-5415) [학]1979년 한양대 신문학과졸 1982년 同대학원졸 1986년 미국 뉴욕주립대 대학원 버펄로교 커뮤니케이션학과졸 1992년 커뮤니케이션학박사(미국 켄트주립대) [경]1987~1991년 미국 켄트주립대 연구조교·강의조교 1994년 한양대 언론정보대학 신문방송학과 전임강사·조교수·부교수·교수(현) 1994~1998년 同신문방송학과장 1997년 同언론광고정보학부장 1998~2000년 同안산캠퍼스 기획조정처 부처장 2005~2009년 同언론정보대학장 2005~2009년 同커뮤니케이션연구센터장 2006~2008년 언론중재위원 2006년 방송통신융합추진위원회 민간위원 2008~2009년 한국언론학회 회장 2009년 한국언론진흥재단 설립추진단장 2010년 同신문위기극복대토론회 위원장 2010년 SBS '김정기의 뉴스비평' 진행 2010~2011년 미국 웨스트버지니아대 커뮤니케이션학과 연구교수 2012년 방송통신위원회 미디어다양성위원회 위원장 2012~2016년 한양대 언론정보대학원장 2012~2014년 同창의성&인터랙션연구소장 [상]미국 켄트주립대 박사학위논문상(1993), 한국언론학회 신진소장학자 논문상(1995), 방송문화진흥회 방송분야 논문상(1997), 근정포장(2016) [저]'뉴미디어시대의 새로운 시청자 교육(共)'(1997) '매스미디어와 수용자(共)'(1999) '국민정서와 뉴스-신문뉴스보도의 10가지 문제점'(1999) '한국시청자의 텔레비전 이용과 효과 연구'(2004) '디지털방송 미디어론(共)'(2005) '미디어 사회(共)'(2006) '소셜미디어 연구(共)'(2012, 커뮤니케이션북스) '나를 좋아하게 하는 커뮤니케이션'(2012, 인북스)

## 김정기(金正基) Kim, Jeong Kee (巨路)

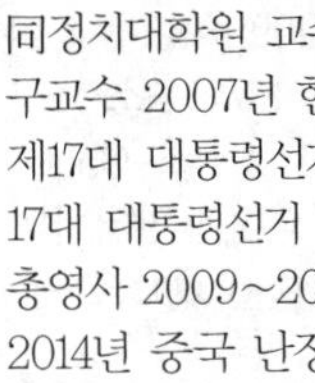

[생]1960·7·11 [본]경주(慶州) [출]경남 거제 [주]대전광역시 대덕구 한남로 70 한남대학교 경제학부(042-629-7114) [학]1990년 미국 뉴욕주립대 스토니브룩교 정치학과 최우수졸 1991년 同대학원 정치학 박사과정 수료 2000년 법학박사(미국 마케트대) [경]2000년 미국 변호사(현) 2000~2003년 한국사이버대(現 숭실사이버대) 총장 2003~2008년 법무법인 백상 고문변호사 2004년 제17대 국회의원선거 출마(서울 노원丙, 한나라당) 2004~2008년 한나라당 서울노원丙지구당 위원장 2005~2008년 同정치대학원 교수 2006~2009년 중국 베이징대 동방학연구원 연구교수 2007년 한나라당 제17대 대통령후보 국제위원장 2007년 同제17대 대통령선거 서울시선거대책위원회 조직본부장 2007년 同제17대 대통령선거 서울필승대회 준비위원장 2008~2011년 駐상하이 총영사 2009~2010년 2010상하이엑스포 대한민국정부 대표 2010~2014년 중국 난징대학 국제경제연구소 객좌교수 2011~2016년 법무법인 영진 법률고문 2013~2015년 고려대 로스쿨 최고위과정(KNA) 초빙교수 2013~2015년 성결대 교양교직학부 석좌교수 2015년 한국예탁결제원 국제펀드위원회 자문위원(현) 2016년 대한경영교육학회 자문위원(현) 2016~2018년 법무법인 대륙아주 중국총괄 고문변호사 2016~2018년 국민대 정치대학원 특임교수 2016년 한남대 경제학부 중국경제통상학전공 예우교수(현) 2017년 자유한국당 서울노원구丙당원협의회 운영위원장 2018년 同전국위원회 상임위원 2018년 同서울시장 예비후보 2019년 유튜브 '신의한수' 정치외교안보 전문고정패널(현) [상]미국 뉴욕주립대총장표창(최우수졸업)(1990), 미국 CALI Excellence for the Future Award(2000), 매헌윤봉길의사기념사업회 공로패(2009) [저]'대학생을 위한 거로영어연구(전10권)'(1983, 거로출판) '나는 1%의 가능성에 도전한다'(2002, 조선일보) '한국형 협상의 법칙'(2004, 도서출판 청년정신) '미래형 리더의 조건'(2007, 도서출판 오름) '中文版 英語詞綴詞典'(2009, 新東方) '中文版 英語詞根詞典'(2009, 新東方) '中文版 我挑戰1 可能性'(2010, 上海外國語大學出版社) '꿈꾸는 리더가 아름답다'(2011, 형설라이프) '中文版 英語詞組詞典'(2012, 新東方) [종]기독교

## 김정기(金正起)

[생]1962·5·15 [출]충북 [주]서울특별시 중구 소공로 51 우리은행 임원실(02-2002-3000) [학]1980년 운호고졸 1988년 충북대 농업경제학과졸 [경]1989년 상업은행 입행 2008년 우리은행 시너지추진실 수석부부장 2009년 同신청담지점장 2010년 同검사실 부장대우 2011년 同경영감사부장 2011년 同전략기획부장 2013년 同전략기획부장 겸 영업본부장 2014년 同강동강원영업본부장 2015년 同개인고객본부 영업본부장대우 2016년 同개인영업전략부장 겸 영업본부장 2016년 同개인고객본부 영업본부장대우 2017년 同대외협력단장(상무) 2017년 同기업그룹장(부행장) 2019년 同영업지원부문 겸 HR그룹부문장(현)

## 김정기(金正基) Kim Jeoungkee

[생]1969·12·20 [본]경주(慶州) [출]충남 천안 [주]세종특별자치시 다솜3로 95 공정거래위원회 운영지원과(044-200-4187) [학]1988년 천안북일고졸 1995년 서울대 경영학과졸 2003년 미국 국제경영대학원졸(MBA) [경]1995~2001년 공정거래위원회 기업집단과·조사1과 근무 2001년 미국 국제경영대학원 파견 2003년 공정거래위원회 정책국 국제협력과 사무관 2006년 同기획홍보본부 혁신인사기획팀 서기관 2007년 同카르텔정책국 제조카르텔과장 2009년 세종연구소 국정과제연수과정 파견 2010년 공정거래위원회 카르텔정책국 카르텔조사과장 2010년 同카르텔정책국 국제카르텔과장 2011년 同소비자정책국 소비자안전정보과장 2014년 同서울사무소 경쟁과장 2015년 同경쟁정책국 기업집단과장(서기관) 2016년 同경쟁정책국 기업집단과장(부이사관) 2017년 同시장감시국 시장감시총괄과장 2017년 국정기획자문위원회 파견(부이사관) 2017년 공정거래위원회 운영지원과장 2018년 同본부 근무 2019년 경제협력개발기구(OECD) 대한민국정책센터 파견(현) [종]천주교

## 김정기(金楨琪) KIM Jung Ki

[생]1970·6·15 [본]김녕(金寧) [출]대구 [주]세종특별자치시 한누리대로 411 행정안전부 정부혁신조직실 조직기획과(044-205-2301) [학]대구 경상고졸, 경북대 행정학과졸 [경]1997년 행정고시 합격(41회) 2009년 중앙공무원교육원 전문교육과장 2010년 행정안전부 조직실 민원제도과장, 미국 조지아대 칼빈슨연구소 국외 훈련, 정부3.0브랜드과제발굴홍보단장 2014년 행정자치부 조직진단과장 2016년 同조직기획과장(부이사관) 2017년 행정안전부 정부혁신조직실 조직기획과장(현)

## 김정길(金廷吉) KIM Jeong Gil (修庵)

[생]1944·4·20 [본]김해(金海) [출]대구 [주]대구광역시 수성구 동대구로 23 대구방송 사장실(053-760-1877) [학]1962년 대구사대부고졸 1964년 대구교대졸 1969년 경북대 법학과졸 1985년 중앙대 신문방송대학원졸, 언론학박사(계명대) [경]1969년 매일신문 기자 1979년 同사회부 차장 1982년 同기획부장 직대 1982년 同체육부장 1983년 同주간부장 1986년 同문화부장 1987년 남미매일신문 부사장 1988년 매일신문 주간부장 1989년 同편집부국장대우 주간부장 1991년 同사업국 부국장 1993년 同사업국장 직대 1996년 同서울지사장 겸 상무이사 1998년 21C

생활문화정책연구원 원장 1999~2001년 대구문화예술회관 관장 2001년 매일신문 부사장 2007년 학교법인 경북교육재단(대구외국어대) 관선이사장, 매일신문 명예주필, 대구방송(TBC) 사외이사 2010~2012년 대구예술대 총장 2011년 대구사진비엔날레 조직위원장 2011년 경북도 독도정책자문관 2012~2013년 대구문화재단 대표이사 2013년 대구예술대 명예총장 2013년 대구방송(TBC) 대표이사 사장(현) 2017~2019년 한국지역민영방송협회 회장 (상)경북도문화상, 한국기자상, 서울언론인클럽 언론상, 가톨릭언론대상, 대구예술인상, 자랑스런 대구경북인 대상, 대구교육대총동창회 자랑스런 대구교대인상(2015) (저)'YS 왜 못말려' '갈대의 자유' '소를 때려야 수레가 간다' 'TC 1000년의 DNA' '블루하우스 GAG' (역)'성모님이 사랑한 병사들' '로사리오' (종)천주교

## 김정남(金正男) KIM Jung Nam

(생)1940 · 12 · 7 (본)김해(金海) (출)강원 삼척 (학)1962년 성균관대 영어영문학과졸 1968년 서울대 신문대학원 수료 (경)1965년 대구매일신문 기자 1978년 同정치부장 1980년 同논설위원 1981년 제11대 국회의원(동해 · 태백 · 삼척, 민주정의당) 1981년 민주정의당(민정당) 홍보선전분과 위원장 1983년 同의식개혁본부 부본부장 1985년 同강원도지부장 1985년 제12대 국회의원(동해 · 태백 · 삼척, 민정당) 1986년 민정당 국책조정위원회 상근위원 1987년 同대변인 1988년 同삼척지구당 위원장 1992년 제14대 국회의원(삼척, 통일국민당 · 무소속 · 민자당 · 자민련) 1996년 자민련 삼척지구당 위원장 1997년 同전당대회 의장 2001년 同부총재 (종)천주교

## 김정남(金政南) KIM Jeong Nam

(생)1952 · 10 · 26 (본)강릉(江陵) (출)강원 동해 (주)서울특별시 강남구 테헤란로 432 DB손해보험(주)(02-3011-3004) (학)1971년 북평고졸 1979년 동국대 행정학과졸, 고려대 경영대학원 최고경영자과정 수료, 서울대 인문대학 최고지도자인문학과정(AFP) 수료 (경)동부화재해상보험(주) 상무 2004년 同경영지원실장 2005년 同신사업부문장(부사장) 2009년 同개인사업부문 총괄부사장 2010년 同대표이사 사장 2017년 DB손해보험(주) 대표이사 사장(현) (상)매경이코노미 100대 CEO(2011 · 2013~2019), 남녀고용평등 국민포장(2012), 한국표준협회 한국서비스대상 유공자상 최고경영자상(2014), 대한민국 금융대상 손해보험부문(2014 · 2016), 대한민국 고객충성도 최고경영자(2016), (사)한국경영인협회 대한민국 최고 CEO대상(2018) (종)기독교

## 김정년

(생)1965 (주)전라남도 여수시 여수산단4로 53 롯데베르살리스엘라스토머스(주)(02-840-0422) (학)부산대 무역학과졸 (경)1991년 고합(주) 근무 2000년 케이피케미칼 근무 2009년 롯데케미칼 파키스탄 LCPL 주재원 2016년 同아로마틱사업본부장 2019년 롯데베르살리스엘라스토머스(주) 대표이사 전무(현)

## 김정도(金正道) KIM Jeong Do

(생)1963 · 10 · 8 (출)대구 (주)부산광역시 연제구 법원로 31 부산지방법원(051-590-1114) (학)1982년 대구 성광고졸 1986년 한양대 법학과졸 1988년 同대학원졸 (경)1987년 사법시험 합격(29회) 1990년 사법연수원 수료(19기) 1993년 대구지법 판사 1996년 同경주지원 판사 1998년 대구고법 판사 2001년 대구지법 판사 2005년 同김천지원장 2007년 대구지법 부장판사 2011년 同가정지원장 2011년 대구가정법원 선임부장판사 2013년 대구지법 서부지원장 2015년 同제2형사부 부장판사 2018년 부산지법 부장판사(현)

## 김정돈(金正敦) KIM Chong Don

(생)1954 · 1 · 1 (출)서울 (주)경기도 용인시 수지구 포은대로59번길 20 미원홀딩스(주) 비서실(031-479-9140) (학)1972년 중앙고졸 1977년 서울대 화학공학과졸 1979년 한국과학기술원(KAIST) 석사 (경)1976년 미원상사(주) 입사 1978년 同이사 · 기획실장 1981년 同무역담당 상무이사 1987년 同전무이사 1990년 同대표이사 사장 1999~2015년 同대표이사 회장 2013년 한국공업화학회 회장 2015년 한국과학기술단체총연합회 부회장, 태광정밀화학 회장 2017년 한국공학한림원 정회원(화학생명공학 · 현) 2017년 미원홀딩스(주) 대표이사(현) 2018년 (주)동남합성 각자대표이사 겸임(현) (상)상공부장관표창

## 김정량(金正良)

(생)1961 · 3 · 26 (주)부산광역시 연제구 중앙대로 1001 부산광역시의회(051-888-8245) (학)동주대학 사회복지학과졸, 동아대 정치행정학과 중퇴, 同사회복지대학원 사회복지학과졸 (경)한국재활용자원환경개발협회 부산경남 회장, 장림 · 다대환경문화디딤돌 사무국장, 다대서점 대표(현), 부산시서점조합 조합장, 한국서점연합회 부회장, 향토기업사랑 부산시민연대 이사, 환경운동연합 사하지역운영위원회 위원, 열린우리당 부산시당 공공기관부산유치특별위원회 자문위원, 同건설기술발전특별위원회 자문위원 2006~2010년 부산시 사하구의회 의원 2018년 부산시의회 의원(더불어민주당)(현) 2018년 同교육위원회 위원(현) 2018년 同민생경제특별위원회 위원(현) 2018~2019년 同부산시산하공공기관후보자인사검증특별위원회 위원 (상)제2회 매니페스토약속대상 기초지방의원부문(2010) (종)기독교

## 김정렬(金正烈) KIM Jung Royul

(생)1968 · 1 · 24 (본)광산(光山) (출)서울 (주)전라남도 나주시 빛가람로 767 국립전파연구원(061-338-4831) (학)1986년 여의도고졸 1991년 연세대 정치외교학과졸 1995년 서울대 행정대학원 정책학과졸 2007년 미국 터프츠대 국제법대학원 국제법 · 외교학과졸 2007년 미국 하버드대 대학원 행정학과졸(미드커리어) (경)2002년 정보통신부 차관실 국제협력담당 사무관 2003년 同서기관 2003년 同통신위원회 사무국 재정과장 2008년 방송통신위원회 대변인실 홍보기획팀장(서기관) 2009년 同기획조정실 창의혁신담당관 2009년 同기획조정실 의안조정팀장 2010년 同지능통신망팀장 2012년 同네트워크정책국 인터넷정책과장 2012년 同개인정보보호윤리과장 2013년 同기획조정실 창조기획담당관 2015년 同기획조정실 창조기획담당관(부이사관) 2017년 과학기술정보통신부 중앙전파관리소 위성전파감시센터장 2018년 同통신정책국 통신경쟁정책과장 2019년 同통신정책국 통신정책기획과장 2019년 국립전파연구원 원장(고위공무원)(현)

## 김정룡(金楨龍) Kim, Jungyong

(생)1958·9·20 (주)경기도 안산시 상록구 한양대학로 55 한양대학교 소프트웨어융합대학 ICT융합학과(031-400-5266) (학)1981년 한양대 기계공학과졸 1986년 미국 오하이오대 대학원 인간공학과졸 1995년 인간공학박사(미국 오하이오대) (경)1995~1998~2002년 한양대 안산캠퍼스 산업공학과 전임강사·조교수 2001~2003년 세계인간공학회(IEA 2003 Congress) 사무총장 2002~2017년 한양대 안산캠퍼스 산업경영공학과 부교수·교수 2003~2004년 Size Korea 총괄팀장 2004년 IJIE(International Journal of Industrial Ergonomics) 학회지 심사위원 2004년 대한인간공학회 사업이사 2012~2013년 한양대 ERICA캠퍼스 학생처장 2013년 대한인간공학회 회장 2017년 한양대 ERICA캠퍼스 소프트웨어융합대학 ICT융합학과 교수(현) 2019년 同ERICA캠퍼스 소프트웨어융합대학장(현) (저)'작업관련성 근골격계질환 예방을 위한 인간공학(編)'(2004)

## 김정만(金正晩) KIM Jeong Man

(생)1961 · 9 · 26 (출)충남 당진 (주)서울특별시 서초구 서초대로 264 법조타워 6층 법무법인 정행(02-537-1955) (학)1980년 광주고졸 1984년 건국대 법학과졸 1986년 同대학원졸 (경)1986년 사법시험 합격(28회) 1989년 사법연수원 수료(18기) 1989년 軍법무관 1992년 광주지법 판사 1994년 同순천지원 판사 1996년 광주지법 판사 1997년 인천지법 판사 1998년 서울지법 의정부지원 판사 · 의정부지원 포천군 판사 2000년 同북부지원 판사 2001년 서울고법 판사 2003년 서울지법 판사 2004년 전주지법 제1형사부장 2006년 사법연수원 교수 2009년 서울중앙지법 부장판사 2011년 수원지법 성남지원장 2012년 광주고법 부장판사 2013~2015년 대법원장 비서실장 2013년 서울고법 부장판사 2016년 서울중앙지법 파산수석부장판사 2017~2018년 서울중앙지법 민사제1수석부장판사 2018년 법무법인 정행 대표변호사(현)

## 김정만(金政萬) Kim Jung Man

(생)1963 (출)서울 (주)강원도 동해시 천곡로 119 동해세관(033-539-2650) (학)장훈고졸, 세무대학졸, 한국방송통신대 경제학과졸 (경)구로세관 근무, 관세공무원교육원 교수, 재정경제부 금융정보분석원 근무, 일본 대장성 국세국 파견, 관세청 감사관실 근무, 同차장실 근무, 전주세관장, 관세청 감사관실 사무관 2012년 同감사담당관실 서기관 2014년 同고객지원센터장 2015년 同원산지지원담당관 2016년 제주세관장 2017년 구미세관장 2019년 동해세관장(현)

## 김정미(金禎美 · 女)

(생)1964 · 6 · 22 (주)경기도 고양시 덕양구 통일로 140 삼송테크노밸리 B동 베트올(주)(02-2219-3456) (학)이화여대 생물학과졸, 서울대 대학원 보건관리학과졸, 약리독성학박사(미국 텍사스대 오스틴캠퍼스) (경)미국 MIT 박사후연구원, 국립보건원 보건연구사, (주)바이오메드랩 연구소장, (주)이수화학 사업기획탐장, (주)이수앱지스 진단사업팀장, 이화여대 WISE거점센터 운영위원, 숭실대 생명정보학과 겸임교수 2006년 베트올(주) 설립 · 대표이사 겸 연구소장(현), 지식경제기술혁신평가단 평가위원(현), 한국과학기술정보연구원 경기지역과학기술정보협의회 자문위원(현) 2008년 이화여대 WISE거점센터 멘토링펠로우(현) 2014~2015년 새누리당 보수혁신특별위원회 위원, 미래창조과학부 여성과학기술인육성위원회 위원(현) (상)제9회 여성창업경진대회 중소기업청장표창(2008), WISE멘토링 프로그램 창의활동상(2008), 경기우수중소벤처기업표창(2009), WISE 공로상(2009), 대한민국창업대전 우수상(2010), 무역의 날 백만불 수출의 탑(2012), WISET 공로상(2013), 미래창조과학부 장관표창(2014)

## 김정민(金正玟) KIM Jeong Min

(생)1951 · 5 · 8 (출)경남 사천 (주)서울특별시 강남구 테헤란로 124 KB부동산신탁(주) 부회장실(02-2190-9800) (학)1970년 부산상고졸 1985년 한국방송통신대 경영학과졸 1987년 연세대 대학원 인사관리학과졸 (경)1970년 국민은행 입행 1997년 同검사부 수석부부장 1998년 同고척동지점장 1999년 同인사부 수석부부장 2000년 同역삼동지점장 2002년 同역삼동기업금융지점장 2003년 同검사팀장 2004년 同인사담당그룹 부행장 2005~2007년 同업무지원그룹 부행장 2008~2009년 KB부동산신탁(주) 대표이사 2018년 同부회장(현) (종)불교

## 김정민(金正民) KIM Cheong Min

(생)1958 · 5 · 28 (출)경기 시흥 (주)충청북도 청주시 청원구 대성로 298 청주대학교 인문사회대학 인문학부 영어영문학전공(043-229-8380) (학)1977년 용산고졸 1984년 한국외국어대 독일어과졸 1986년 同대학원 독어독문학과졸 1991년 문학박사(독일 콘스탄츠대) (경)1986년 서울시립대 강사 1992~1994년 청주대 독어독문과 전임강사 1995~2003년 同독어독문과 조교수 · 부교수 2002년 체코 프라하대 초빙교수 2003년 청주대 유럽어문학부 독어독문학전공 교수, 同인문학부 영어영문학전공 교수(현) 2018년 同교육혁신원장 (저)'Bindung und Inkorporation'(1992) '대학독일어'(1999, 청주대 출판부) (역)'Deutch fur Studenten'(1999) '독일어 문장구조의 이해'(2002, 유로서적) (종)기독교

## 김정민(金正旼) Kim Jung Min

(생)1964 · 9 · 13 (본)경주(慶州) (출)서울 (주)서울특별시 마포구 효창목길 6 한겨레신문사 스포츠하니(주)(02-719-9337) (학)1983년 남강고졸 1990년 인하대 영어영문학과졸 (경)1991~2004년 애경산업(주) 근무 2010~2016년 인하대총동창회 부회장 2010~2018년 대한정구협회 실업연맹 부회장 2012~2014년 배드민턴실업선수단 단장 2015~2016년 (사)대한테니스협회 홍보 · 마케팅 이사 2016년 스포츠하니(주) 대표이사(현) (상)육군종합행정학교장표창(1984), 서울올림픽조직위원회 서울올림픽 참여장(1988), 인하대 공로상(1991), 인하대총동창회 공로상(2014) (종)기독교

## 김정민(金廷玟 · 女) Kim, Jung Min

(생)1973 · 5 · 14 (출)대전 (주)경기도 수원시 영통구 법조로 105 수원지방법원 총무과(031-210-1114) (학)1992년 경기여고졸 1996년 서울대 사법학과졸 (경)1997년 사법시험 합격(39회) 2000년 사법연수원 수료(29기) 2000년 서울지법 서부지원 판사 2002년 서울지법 판사 2004년 창원지법 판사 2005년 서울중앙지법 판사 2007년 수원지법 판사 2011년 서울가정법원 판사 2012년 서울고법 판사 2013년 사법연수원 교수 2015년 제주지법 부장판사 2017년 수원지법 부장판사(현)

## 김정민(金政珉)

(생)1974 · 12 · 6 (출)대구 (주)경기도 의정부시 녹양로34번길 23 의정부지방법원 총무과(031-828-0102) (학)1993년 경문고졸 1998년 서울대 사법학과졸 (경)1997년 사법고시 합격(39회) 2000년 사법연수원 수료(29기) 2000년 육군 법무관 2003년 수원지법 판사 2005년 서울중앙지법 판사 2007년 울산지법 판사 2011년 수원지법 판사 2013년 대법원 재판연구관 2016년 대전지법 부장판사 2018년 의정부지법 부장판사(현)

## 김정배(金楨培) Kim Jeong Bae

(생)1966 · 2 · 25 (주)세종특별자치시 갈매로 388 문화체육관광부 3층 문화정책실(044-203-2500) (학)1984년 포항고졸 1988년 성균관대 행정학과졸 2004년 영국 서리대 대학원 관광정책학과졸 (경)1989년 행정고시 합격(33회) 2001년 문화관광부 관광개발과 서기관 2006년 同문화산업국 저작권팀장 2007년 同문화산업국 저작권정책팀장(서기관) 2007년 同문화산업국 저작권정책팀장(부이사관) 2008년 문화체육관광부 인사과장 2008년 同국제체육과장 2009년 경제협력개발기구(OECD) 파견(부이사관) 2012년 문화체육관광부 문화정책관실 박물관정책과장 2013년 同문화정책국 문화여가정책과장 2014년 同장관 정책보좌관 2014년 同동계올림픽특구기획단 특구기획담당관 2015~2017년 국

립현대미술관 기획운영단장 2015년 同관장 직대 2017년 문화체육관광부 문화정책관 2018년 국립외교원 파견(국장급) 2019년 문화체육관광부 문화예술정책실장(현)

## 김정복(金井復) KIM Jung Bok

(생)1946 · 2 · 16 (본)경주(慶州) (출)부산 (주)서울특별시 강남구 논현로79길 72 올림피아센터 3층 세무법인 하나(02-2009-1600) (학)1964년 부산고졸 1970년 부산대 상학과졸 (경)1980년 마산세무서 법인세과장 1990년 강릉세무서 서장 1992년 서울지방국세청 정보관리과장 1993년 국세청 기획예산담당관 1995년 서울 삼성세무서장 1996년 국세청 총무과장 1998년 同법인세과장 1999년 同국제조세국장 1999년 서울지방국세청 조사3국장 2001년 국세청 기획관리관 2002년 부산지방국세청장 2004~2005년 중부지방국세청장 2005년 국가보훈처 차장 2007~2008년 국가보훈처장(장관급) 2008년 세무법인 하나 회장(현) (상)녹조근정훈장(1983), 황조근정훈장(2005)

## 김정삼(金楨三) KIM Jeong Sam

(생)1960 · 10 · 25 (본)김녕(金寧) (출)강원 정선 (주)서울특별시 관악구 난곡로30길 61 강원인재육성재단(02-856-3559) (학)강릉고졸 1983년 서울대 사범대학 지리교육과졸, 캐나다 캘거리대 대학원 도시지리학과졸 (경)1982년 행정고시 합격(26회) 1991년 강원도 송무계장 1993년 강원도의회 계장 1997년 강원도 지역계획과장 1998년 同국제협력실장 2000년 同기획관 2001년 同관광문화국장 2002년 동해시 부시장 2003년 국방대 파견 2004년 강원도 환경관광문화국장 2005년 同자치행정국장 2007년 同의회사무처장 2007년 대통령자문 정책기획위원회 기획운영국장 2008년 국립방재교육연구원 원장 2010년 행정안전부 지방행정연수원 기획지원부장(고위공무원) 2011년 同제도정책관실 정책관 2012년 同지방행정연수원장 2013~2015년 강원도 행정부지사 2015년 강원인재육성재단 상임이사(현) 2015년 강원학사 원장 겸임(현) (종)기독교

## 김정석(金挺石) KIM Jung Suk

(생)1961 · 2 · 8 (출)서울 (주)서울특별시 강남구 논현로175길 49 광림교회(02-2056-5600) (학)1979년 거창고졸 1987년 서울신학대졸 1989년 감리교신학대 신학대학원졸 1994년 미국 에즈베리신학교 대학원 목회학과졸 1997년 목회학박사(미국 에즈베리신학교) (경)1985년 서울 광림교회 교육전도사 1987년 에덴교회 담임전도사 1992년 목사 안수(기독교대한감리회 중부연회) 1994년 기독교대한감리회 정회원 1996년 서울 광림교회 선교목사 1996년 한국목회연구원 총무 2001년 서울 광림교회 담임목사(현) 2007년 미국 웨슬리신학대학교 이사(현) 2015년 영국 케임브리지대 웨슬리하우스 국제이사(현) (저)'하나님이 만지시면 낫지 않을 상처가 없다.' 'I Will Make Your Life' '완전한 복 : 팔복에 담긴 천국의 비밀' (종)기독교

## 김정석(金貞錫) Kim Jung Seok

(생)1966 · 8 · 5 (본)의성(義城) (출)인천 (주)부산광역시 남구 문현금융로 40 한국자산관리공사 국유개발2부(1588-3570) (학)1985년 인천 송도고졸 1992년 성균관대 행정학과졸 (경)1993년 SK생명보험(주) 입사 1997년 同경영기획팀 대리 1999년 한국자산관리공사 입사 2003년 同인사부 과장 2010년 同투자금융부 팀장 2010년 캠코선박운용(주) 파견(상임이사) 2012년 한국자산관리공사 경기지역본부 팀장 2014년 同창조전략개발원장 직대 2015년 同창조전략개발원장 2018년 同국유개발2부장(현) (상)재정경제부장관표창(2007)

## 김정석(金貞錫)

(생)1975 · 2 · 11 (출)서울 (주)울산광역시 남구 법대로 55 울산지방법원 총무과(052-216-8000) (학)1993년 영동고졸 2002년 서울대 경영학과졸 (경)2001년 사법시험 합격(43회) 2004년 사법연수원 수료(33기) 2004년 수원지법 성남지원 예비판사 2005년 서울고법 예비판사 2006년 서울중앙지법 판사 2008년 청주지법 제천지원 판사 2011년 인천지법 판사 2014년 同부천지원 판사 2015년 교육파견 2016년 서울남부지법 판사 2019년 울산지법 부장판사(현)

## 김정선(金正善) KIM Jung Sun

(생)1951 · 12 · 19 (출)부산 (주)서울특별시 영등포구 당산로 237 그린빌 402호 (주)보진재 사장실(02-2679-2351) (학)1970년 서울 경복고졸 1974년 서울대 응용수학과졸 (경)1977년 제일합섬 근무 1978~1991년 대우자동차 입사 · 부장 1991년 (주)보진재 상무이사 1992년 同대표이사 사장(현)

## 김정선

(생)1960 · 1 · 19 (출)전남 곡성 (주)전라남도 무안군 삼향읍 오룡길 1 전라남도청 총무과(061-286-3351) (학)전남대 대학원 토목공학과졸 (경)공무원 임용(8급 특채) 2004년 전남도 도청이전사업본부 근무 2006년 전남 함평군 지방토목사무관 2011년 전남도 영산강사업지원단 근무 2013년 전남개발공사 파견 2013년 전남 나주시 경제건설국장 2017년 전남도 건설도시국장 2019년 한국전력공사 지역협력관(지방부이사관) 2019년 광주전남연구원 파견(현)

## 김정선(金貞善)

(생)1962 (출)충북 영동 (주)인천광역시 미추홀구 학익소로 30 인천구치소(032-868-8771) (학)서대전고졸, 충북대 사회학과졸 (경)1988년 교정간부 임용(30기) 2008년 서울구치소 보안과장 2009년 안양교도소 부소장 2010년 서울지방교정청 총무과장 2010년 해남교도소장 2011년 강릉교도소장 2012년 법무부 분류심사과장 2013년 군산교도소장 2015년 서울지방교정청 총무과장 2015년 대전교도소장(고위공무원) 2016년 대구교도소장 2017년 부산구치소장 2018년 인천구치소장(현)

## 김정선(金靜鮮 · 女) KIM Jung Sun

(생)1962·10·24 (주)부산광역시 사상구 주례로 47 동서대학교 임상병리학과(051-320-1798) (학)1988년 이화여대 제약학과졸 1990년 同대학원 생약학과졸 1997년 약학박사(미국 럿거스주립대) (경)1997~2000년 신라대·부산대·동아대 강사 2001년 동서대 임상병리학과 교수(현) 2007~2008년 대한여성과학기술인회 총무이사 2007~2008년 생명과학회 간사, 교육과학기술부 과학기술앰배서더 2008~2013년 동서대 보건의료계열학부장 2015~2016년 국가과학기술심의회 생명·의료전문위원회 위원 2015~2016년 동서대 인사평가처장 2016년 同제2부총장 2019년 同총괄부총장(현) (저)'여성과 진로 : 경력관리'(2007) '여성과 진로 : 진로선택과 진로 결정'(2007) '과학이슈쟁점'(2013)

## 김정섭(金正燮) KIM Jeong Sup

(생)1960 · 2 · 27 (본)김해(金海) (출)인천 (주)서울특별시 종로구 율곡로2길 25 연합뉴스 편집국 전국부(02-398-3114) (학)1978년 장훈고졸 1986년 중앙대 신문방송학과졸 (경)1990년 연합뉴스 의정부주재 기자 1991년 同수원지사 기자 2002년 同고양주재 차장 2005년 同고양주재 부장대우 2006

년 同안양주재 부장대우 2008년 同편집국 전국부 부장대우 2009년 同편집국 전국부 부장급 2009년 同경기북부취재본부장 2012년 同경기북부취재본부장 2014년 同전국부 기획위원(부국장대우) 2015년 同편집국 전국부 선임기자(부국장대우) 2016년 同편집국 전국부 선임기자(부국장) 2019년 同편집국 전국부 기자(선임)(현)

## 김정섭(金廷燮) Kim Jeong Seob

(생)1965·8·15 (본)김해(金海) (출)충남 공주 (주)충청남도 공주시 봉황로 1 공주시청 시장실(041-840-2000) (학)1984년 공주고졸 1991년 고려대 정치외교학과졸 (경)1988년 평화민주당 중앙정치연수원 연구자료부 차장 1991~1996년 국회의원 김원기(金元基) 비서관 1996년 국민통합추진회의 홍보국장 1996년 (사)한국여성유권자연맹 정책위원 1998년 새정치국민회의 총무국 부장 2000년 새천년민주당 기획조정국 부장 2001년 同정책조정위원회·국가전략연구소 심의위원 2002년 대통령 공보수석비서관실·제1부속실 행정관(4급) 2003년 제16대 대통령직인수위원회 행정관 2003년 대통령 국정기록비서관실 행정관(3급) 2006년 대통령 대변인실·정무비서관실 행정관 2007~2008년 대통령 부대변인(고위공무원) 2011년 (재)충남역사문화연구원 경영기획실장 2012년 同원장 직대 2014년 충남 공주시장선거 출마(새정치민주연합) 2016년 더불어민주당 충남도당 총선기획단장 겸 상근대변인 2018년 충남 공주시장(더불어민주당)(현) 2018년 한국세계유산도시협의회 회장(현) (상)국토교통부장관상(2019) (저)'인물로 본 공주역사 이야기'(2019, 메디치미디어)

## 김정섭(金正涉) Kim Jung Sub

(생)1968·12·27 (본)경주(慶州) (출)경북 포항 (주)대구광역시 중구 공평로 88 대구광역시청 녹색환경국 취수원이전추진단(053-803-5480) (학)1987년 포항제철고졸 1993년 경북대 물리학과졸 2006년 연세대 경영대학원 기업재무학과졸(MBA) (경)1995년 7급 공채 합격 1995년 문경시 지방행정주사보 2000년 행정자치부 전산정보관리소 행정주사보 2000년 同재해대책담당관실 행정주사보 2001년 국무총리실 제주4.3사건처리지원단 파견(행정주사) 2002년 행정자치부 재정정책과 행정주사 2006년 재정경제부 지역특화발전특구기획단 파견(행정사무관) 2008년 행정안전부 지방세분석과 행정사무관 2010년 同회계공기업과 행정사무관 2011년 同재정관리과 행정사무관 2011년 同재정정책과 행정사무관 2015년 행정자치부 기획재정담당관실 국회팀장 2016년 同기획재정담당관실 국회팀장(서기관) 2017년 기획재정부 보조금통합관리시스템추진단 재정정보공개팀장 2017년 대구시 건설교통국 버스운영과장 2018년 同녹색환경국 취수원이전추진단장(현)

## 김정섭(金廷燮)

(생)1969·7·22 (주)서울특별시 용산구 이태원로 22 국방부 기획조정실(02-748-6120) (학)반포고졸, 서울대 정치학과졸, 미국 하버드대 대학원 정책학과졸, 국제관계학박사(영국 옥스퍼드대) (경)1992년 행정고시 합격(36회), 국방부 조직관리담당관, 대통령 국가안보실 행정관, 국방부 방위사업혁신TF총괄팀장, 국립외교원 교육파견 2016년 국방부 기획조정실 계획예산관(고위공무원) 2017년 同기획조정실장(현)

## 김정성(金正成) KIM Jung Sung

(생)1953·4·10 (출)울산 (주)울산광역시 북구 산업로 1020 울산광역시 북구시설관리공단(052-241-7368) (학)울산 학성고졸, 경상대졸, 울산대 산업경영대학원졸 (경)1980년 울산시 도시계획과 근무(7급 공채) 1995년 同수도과 수도시설계장 1997년 同도시계획과 도시계획담당 2003년 同하수관리과 하수시설담당 2004년 同도시계획과장 2007년 同북구 도시경제국장 2009년 同하수관리과장 2010~2012년 同도시국장(지방부이사관) 2019년 울산북구시설관리공단 이사장(현)

## 김정수(金正秀) KIM Jeung Soo

(생)1937·12·3 (본)경주(慶州) (출)경남 함안 (학)1956년 경남 마산상고졸 1961년 부산대 약학대학졸 1968년 同경영대학원 수료 1983년 서울대 행정대학원 수료 1993년 고려대 자연자원대학원 수료 1994년 명예 정치학박사(부산대) 1995년 연세대 언론홍보최고과정 수료 1999년 미국 하버드대 연수 2001년 명예 경영학박사(원광대) (경)1960년 부산대 총학생회장 1968년 부산시약사회 회장 1979년 대한약사회 부회장 1981년 제11대 국회의원(부산진甲乙, 무소속) 1982년 민권당 정책위의장·원내대책위원장·사무총장 1983년 同부총재 1984년 민주화추진협의회 상임운영위원 1985년 제12대 국회의원(부산진, 신한민주당) 1985년 신한민주당(신민당) 원내수석부총무 1987년 통일민주당(민주당) 창당발기인 1987년 同원내수석부총무 1988년 同정무위원 1988년 제13대 국회의원(부산진乙, 민주당·민자당) 1989년 민주당 사무총장 1989년 同총재특보 1990년 보건사회부 장관 1990년 세계보건기구 부의장 1992년 제14대 국회의원(부산진乙, 민자당·신한국당) 1993년 민자당 당무위원 1993년 국회 과학기술정책연구회장 1994년 민자당 부산시지부장 1995년 국회 국제경기지원특별위원장 1996년 제15대 국회의원(부산진乙, 신한국당·한나라당·무소속) 1996년 국회 21세기해양정책연구회장 1997년 정치발전협의회 공동의장 1997년 한나라당 이회창 대통령후보 특보단장 2000~2009년 한국제약협회 회장 2000~2009년 한국희귀의약품센터 이사장 2000년 원불교중앙교의회 의장 2002~2005년 한국에이즈퇴치연맹 총재 2005년 영국 국제인명센터(IBC) '케임브리지 인명록' 2005년판에 등재 2010년 한미약품 고문 (상)건국포장, 청조근정훈장(1991) (종)원불교

## 김정수(金正洙) KIM Jung Soo

(생)1941·5·14 (출)경북 청도 (주)서울특별시 서초구 사임당로17길 90 서초롯데캐슬84 김정수법률사무소(02-2055-2333) (학)1959년 경북고졸 1964년 서울대 법대졸 1969년 同대학원졸 (경)1967년 사법시험 합격(7회) 1969년 육군 법무관 1972~1980년 서울민사지법·서울지법 북부지원·대전지법 홍성지원·서울형사지법 판사 1980년 서울고법 판사 1981년 법원행정처 감사민원담당관 겸임 1982년 대구지법 부장판사 1984년 서울민사지법 부장판사 겸 사법연수원 교수 1985년 서울민사지법 부장판사 1985~1987년 법원행정처 법정국장 겸임 1990년 서울형사지법 부장판사 1991년 대구고법 부장판사 1992년 서울고법 부장판사 1993년 변호사 개업(현) 1995년 청도김氏 서울중부종친회장 1996년 대한상사중재원 중재인 1996년 국무총리 행정심판위원 2000년 방송위원회 상품판매방송심의위원장 2001~2003년 대한변호사협회 법제이사 2001년 사법시험 관리위원 2008년 서울지방변호사회 법관평가위원회 초대위원장 (저)'어음할인에 관한 小考'

## 김정수(金晶洙) KIM Jung Soo

(생)1947·10·8 (본)광산(光山) (출)서울 (주)부산광역시 남구 유엔평화로76번길 1 부산시립국악관현악단(051-607-3120) (학)1968년 국립국악고졸 1971년 서울대 국악과졸 1973년 同대학원 국악학과졸 (경)1973년 국립국악원 연구원 1980~2013년 추계예술대 대금전공 교수 1982년 한국정악원 이사 1982년 한국창작음악연구회 회장(현) 1984년 KBS국악관현악단 악장 1987년 同국악관현악단 국악 인사위원 1988년 한국청소년국악관현악단 창단연주회 지휘 1988년 서울올림픽성화봉송 추천 국악대공연 지휘 1988년 한국청소년국악관현악단 단장(현) 1994

년 KBS국악관현악단 자문위원 1996년 세계피리페스티벌 추진위원, 한국국악교육학회 감사, 同이사, 충북도 난계국악관현악단 고문, 국악성지조성위원회 추진위원 1997년 제4329주년 개천절 경축식 지휘 1998년 제5회 전국국악관현악축제 지휘 1999년 제69회 춘향제 국악관현악축제 지휘 2002년 추계예대 교육대학원장 2009~2017년 한국음악가협회 부이사장 2009~2014년 대금연구회 이사장 2013년 추계예술대 명예교수(현) 2015년 대금연구회 고문(현) 2019년 부산시립국악관현악단 예술감독(현) (상)KBS 국악대상(1998), KBS 국악대상 공로패(1999), 문화관광부장관표창

### 김정수(金正守)

(생)1951 · 1 · 2 (주)서울특별시 영등포구 여의공원로 13 (재)KBS교향악단(02-6099-7407) (학)1973년 연세대 상경대학 경영학과졸 2002년 同언론홍보대학원 언론홍보최고위과정 수료 (경)1979년 삼성물산(주) 일반상품과장 1984년 (주)제이에스앤에프 대표이사 회장(현) 1998년 한양대 행정대학원 겸임교수 2001년 제주 테디베어박물관 회장 2001년 제주방송 이사 2007년 연세대 상경대학 동창회장 2008~2018년 (사)무악오페라단 단장 겸 이사장 2018년 (사)더무악뮤직컴퍼니 단장 겸 이사장(현) 2018년 (재)KBS교향악단 이사장(현) (상)수출의날 대통령표창(1987), 국세청장표창(2000 · 2014), 자랑스런 연세인상 공로상(2002), 자랑스런 연세상경인상 산업 · 경영부문(2012), 문화체육관광부 메세나인상(2015)

### 김정수(金正洙) KIM Jung Soo

(생)1951 · 5 · 21 (출)광주 (주)서울특별시 서대문구 통일로 107-39 사조산업(주) 비서실(02-3277-1710) (학)1970년 광주제일고졸 1974년 부산수산대 어업학과졸 (경)사조산업 소속 선장, 同수산본부 총괄 전무이사 겸 감사위원 2006년 사조산업 부사장 2006~2008년 사조CS(주) 대표이사 부사장 2009~2013년 同대표이사 사장 2013년 사조산업(주) 대표이사(현) (상)철탑산업훈장(2010) (종)천주교

### 김정수(金柾秀) KIM Jung Su

(생)1961 · 6 · 26 (출)광주 (주)광주광역시 북구 서강로 1 서영대학교 총장실(062-520-5006) (학)1979년 서울 대성고졸 1983년 조선대 경제학과졸 1990년 미국 애리조나주립대 대학원 도시경제학과졸 1994년 경제학박사(세종대) 2000년 명예 정치학박사(중국 하얼빈대) (경)1997년 한국청년회의소(JC) 광주지구 회장 1998년 새천년민주당 연청 광주시지부 회장 1998년 同청년위원회 부위원장 2000년 중국 북경대 객원교수 2000년 중국 하얼빈대 객원교수 2000년 아 · 태평화재단후원회 중앙위원 2000년 민주평통 상임위원 · 자문위원 2000년 제2의건국범국민추진위원회 위원 2000년 21세기통일포럼 회장 2000년 무등일보 사장 2003~2017년 同회장 2004~2011년 서강정보대학 총장 2011년 서영대 총장(현) 2017년 무등일보 명예회장(현) (상)한국JC중앙회장표창, 광주시장표창, 행정자치부장관표창, 연세대 행정대학원 최고위인상(2014) (저)'DJ노믹스와 새천년 광주비전'

### 김정수(金晶秀) KIM Jung Soo

(생)1963 · 6 · 15 (출)서울 (주)서울특별시 영등포구 은행로 11 일신방직(주) 사장실(02-3774-0102) (학)1984년 미국 LA 롤링힐스고졸 1989년 미국 바이올라대 상학과졸 1992년 미국 페퍼다인대 대학원 경영학과졸 (경)일신방직(주) 이사 1997년 同영업담당 상무 1997년 同부사장 2001년 同대표이사 사장(현) 2004년 대한방직협회 회장 2010년 한국섬유산업연합회 이사(현), KOTITI시험연구원 이사장(현), 일신창업투자 이사(현) (종)기독교

### 김정수(金正洙)

(생)1965 (출)경북 영주 (주)경기도 이천시 마장면 억만리로 137 특수전사령부(02-3403-1420) (학)1983년 대구 덕원고졸(1회) 1987년 육군사관학교졸(43기) (경)1987년 소위 임관 2009년 대령 진급 2015년 육군 제2작전사령부 작전처장(준장) 2015년 국가안보실 위기관리비서관 겸 위기관리센터장 2016년 육군 제22사단장(소장) 2017년 육군본부 정보작전참모부장(소장) 2018년 육군 특수전사령관(중장)(현)

### 김정수(金正洙) Kim Jungsoo

(생)1965 · 1 · 4 (출)전북 익산 (주)전라북도 전주시 완산구 효자로 225 전라북도의회(063-280-3970) (학)함열고졸 1991년 원광대 철학과졸 (경)전북 익산병원 대외협력팀장, 열린우리당 전북도당 의료발전특별위원회 부위원장 2006 · 2010년 전북 익산시의회 의원(민주당 · 민주통합당 · 민주당 · 새정치민주연합) 2006년 同보건복지위원회 부위원장 2010년 同예산결산특별위원장 2012년 同보건복지위원장 2014~2018년 전북 익산시의회 의원(새정치민주연합 · 더불어민주당) 2014년 同운영위원장 2016~2018년 同부의장 2018년 더불어민주당 중앙당 부대변인(현), 同전북도당 수석대변인(현), 더불어민주당을지키는민생실천위원회 부위원장(현) 2018년 전북도의회 의원(더불어민주당)(현) 2018년 同윤리특별위원회 위원장(현) 2018년 同농산업경제위원회 위원(현)

### 김정수(金正洙) Kim, Jeong Soo

(생)1966 · 1 · 25 (출)서울 (주)경기도 과천시 관문로 47 2동 방송통신위원회 남북방송통신교류추진위원회(02-500-9000) (학)1988년 서울대 신문학과졸 (경)1992~2000년 종합유선방송위원회 차장 2003년 방송위원회 정책2부장 직대 2005년 同뉴미디어부장 2007년 同매체정책국 전문위원 2008년 방송통신위원회 방송운영과 기획담당 2009년 대통령실 파견(서기관) 2009~2012년 애니플러스 부사장 2010년 방송통신위원회 방송운영총괄과 총괄담당 2012년 한국케이블TV방송협회 미디어국장 2013년 同사무총장 2014년 방송통신심의위원회 6.4지방선거 선거방송심의위원 2015년 방송통신위원회 남북방송통신교류추진위원회 제4 · 5기 위원(현)

### 김정숙(金貞淑 · 女) KIM Jung Sook

(생)1946 · 8 · 21 (본)김해(金海) (출)전남 나주 (학)1965년 전주여고졸 1969년 고려대 교육학과졸 1984년 이화여대 대학원 교육학과졸 1988년 교육학박사(미국 조지워싱턴대) 2008년 명예 정치학박사(단국대) (경)1979년 한성병원 행정원장 1980~1990년 민정당 안양甲지구당 위원장 1985년 민주평통 자문위원 1989년 한국여성정치문화연구소 설립 · 이사장(현) 1990년 민자당 여성2분과위원장 1990년 경기생활체육문화센터 회장 1992년 민자당 부대변인 1993년 정무제2장관실 차관 1993~2003년 아 · 태지역여성정치센터 부총재 겸 동아시아지역 대표 1994년 전북대 초빙교수 1995년 신한국당 부대변인 1995년 한국관광포럼 회장 1996년 제14대 국회의원(전국구 승계, 신한국당) 1996년 미국 하버드대 방문교수 1997년 신한국당 총재 여성특보 1998년 제15대 국회의원(전국구 승계, 한나라당) 1998년 국회 여성특별위원회 위원장 1998~2004년 한나라당 여성위원장 1999년 한국국제정치학회 명예이사 2000~2004년 제16대 국회의원(전국구, 한나라당) 2000년 국제존타(Zonta International) 26지구 국제위원장 2000년 同서울1클럽 이사 2000년 21세기여성정치연합 상임대표(현) 2000~2002년 유네스코 한국위원회 교육분과위원 2002~2003년 한나라당 최고위원 2002년 同대통령선거대책위원회 부위원장 2002~2006년 한국걸스카우트연맹 부총재 2002년 미국 조지워싱턴대 한국총동창회장 2003~2004년 한나라당 여성위원장 2003~2015년 아 · 태여성정치센터(CAP-

WIP) 총재 2004~2006년 한나라당 지도위원 2004년 고려대 초빙교수 2005년 (사)한국공공자치연구원 이사 2006~2011년 한국걸스카우트연맹 총재 2006년 한국간행물윤리위원회 위원 2006년 한국청소년단체협의회 부회장 2006년 미국 조지워싱턴대 교육대학원 이사 2007년 정보통신윤리위원회 비상임위원 2008~2009년 한국간행물윤리위원회 제2심의위원회 위원장 2009~2015년 (사)한국여성단체협의회 회장 2009~2015년 민족화해협력범국민협의회 상임의장 2009년 대통령자문 통일고문회의 고문 2009년 세계여성단체협의회(ICW) 이사 2009~2016년 경제사회발전노사정위원회 공익위원 2009~2017년 여성가족부 여성가족정책총괄위원 2010~2011년 연합뉴스 수용자권익위원회 위원 2012~2015년 세계여성단체협의회(ICW) 수석부회장 2012~2014년 아시아태평양여성단체연합(FAWA) 회장 2015~2017년 대한민국헌정회 이사 2015·2018년 세계여성단체협의회(ICW) 회장(현) 2015년 한국여성단체협의회 명예회장(현) 2016~2018년 한국양성평등교육진흥원 이사장 (상)황조근정훈장(1994), 국민훈장 무궁화장(2006), 삼성행복대상 여성선도상(2015), 올해의 자랑스러운 GWU인(2015), 김활란 여성지도자상(2016), 대중문화예술상 은관문화훈장(2016) (저)'여성과 정치Ⅰ·Ⅱ' '새 선거법과 여성후보 선거전략' (종)기독교

## 김정숙(金正淑 · 女) Kim Jung-sook

(생)1954 · 11 · 15 (본)경주(慶州) (출)서울 (주)서울특별시 종로구 청와대로 1 대통령비서실(02-770-0011) (학)1973년 숙명여고졸 1978년 경희대 성악과졸 (경)서울시립합창단 단원 2017년 대한민국 제19대 대통령 영부인(현) (종)천주교

## 김정숙(金貞淑 · 女) KIM Joung Sook

(생)1959·1·18 (출)충북 괴산 (주)울산광역시 중구 태화로 239 울산동강병원 종합건강진단센터(052-241-1114) (학)1983년 이화여대 의대졸 1985년 同의과대학원 의학석사 1995년 의학박사(고려대) (경)1983~1984년 김포군 보건소 관리의사 1985~1988년 인제대 의대부속 서울백병원 인턴·진단방사선과 전공의 1988~1989년 춘천도립병원 진단방사선과 과장 1989~2009년 인제대 의대부속 상계백병원 영상의학과 책임교수(과장) 1995~1996년 캐나다 밴쿠버 Vancouver General Hospital, Clinical Fellow 2007년 인제대 의대부속 상계백병원 홍보실장 2009년 同영상의학과학교실 교수 2009~2018년 이화여대 목동병원 여성건진센터·건강증진센터 소장 2009~2018년 同목동병원 건진의학과장 2019년 울산동강병원 종합건강진단센터 과장(현) (상)인제대학원대 최우수학술상(2007) (저)'호흡기영상의학기초'(2004) '알기쉬운 흉부X선 판독법'(2008) 'CT와 함께 보는 흉부X선 아틀라스'(2008)

## 김정숙(金禎淑 · 女) Jeung Sook Kim

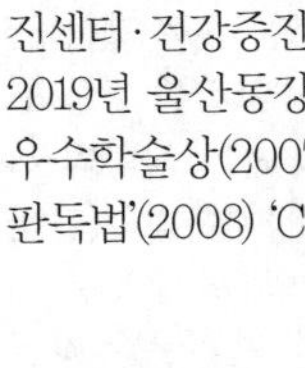

(생)1961·8·24 (본)김해(金海) (출)서울 (주)경기도 고양시 일산동구 동국로 27 동국대학교 일산병원 영상의학과(031-961-7820) (학)1987년 이화여대 의대졸 1990년 경희대 의과대학원졸(석사) 1998년 의학박사(경희대) (경)2000년 Korean Journal of Radiology 논문심사위원(현) 2000년 대한영상의학회 논문심사위원(현) 2001~2002년 미국 UCHSC(Univ. of Colorado Health Sciences Center) 연수 2005년 동국대 의대 영상의학과 교수(현) 2005~2006년 대한흉부영상의학회 고시수련상임이사 2005~2008년 대한영상의학회 고시위원 2005~2008년 ACTR(Asian Congress of Thoracic Radiology) Liaison and Relation Committee 위원장 2009년 환경부 석면관리전문가포럼 건강영향조사및피해구제부문 실무T/F 전문위원 2010년 근로복지공단 자문의사(현) 2010년 한국환경공단 석면피해구제업무 자문위원 2011년 한국산업안전보건공단 산업안전보건연구원 진폐정도관리 교육강사(현) 2011~2012년 동국대 일산병원 교육연구부장 2011~2014년 한국환경공단 석면피해구제심사위원 2011~2018년 대한흉부영상의학회 산하 석면질환연구회장 2011년 대한흉부영상의학회 산하 석면질환연구회 회장(현) 2012년 환경부 생활공간환경보건R&D 상세기획위원 2012년 同석면안전관리위원회 위원(현) 2013년 한국의료방사선안전관리협회 대의원(현) 2015년 미국 세계인명사전 'Marquis Who's Who in the World 2015판'에 등재 2015년 영국 케임브리지 국제인명센터(IBC, International Biographic Centre) '21세기 탁월한 2000명의 지식인(2000 Outstanding Intellectuals of the 21st Century)'에 등재 2015~2018년 한국환경공단 석면피해구제판정위원장 2018년 한국환경산업기술원 석면피해구제판정위원장(현) 2019년 대한흉부영상의학회 산하 직업·환경성폐질환연구회 회장(현) (상)환경부장관표창(2014) (저)'흉부영상진단 CT(共)'(2009) 'Imaging of lung cancer(共)'(2012) '흉부영상진단 CT 개정판(共)'(2014)

## 김정숙(金貞淑 · 女)

(생)1967 · 12 · 5 (출)광주 (주)경기도 안양시 동안구 관평로212번길 70 수원지방법원 안양지원(031-8086-1114) (학)1986년 광주 경신여고졸 1990년 고려대 법학과졸 (경)1992년 사법시험 합격(34회) 1995년 사법연수원 수료(24기) 1995년 서울지법 남부지원 판사 1997년 서울지법 판사 1999년 광주지법 판사 2001년 同영광군법원 · 장성군 법원 판사 2002년 서울지법 동부지원 판사 2004년 서울동부지법 판사 2005년 서울행정법원 판사 2007년 서울고법 판사 2009년 서울가정법원 판사 2010년 광주지법 부장판사 2012년 수원지법 안양지원 부장판사 2015년 서울행정법원 부장판사 2018년 수원지법 안양지원장(현)

## 김정식(金正植)

(생)1969 · 8 · 8 (출)경북 안동 (주)인천광역시 미추홀구 독정이로 95 미추홀구청 구청장실(032-880-4004) (학)1987년 안동고졸 1994년 대구대 역사교육학과졸 2015년 인하대 정책대학원 행정학과졸 (경)2001~2012년 인천시 학원연합회 이사 · 부회장 2006년 한국희망집짓기 운동본부 이사(현) 2010년 민주당 인천시당 조직국장 2010년 인천시 남구청장 비서실근무 2012년 민주통합당 제18대 문재인 대통령후보 캠프 종합상황실 근무 2012~2013년 윤관석 국회의원 보좌관 2013~2014년 새정치민주연합 인천시당 지방선거기획단 조직국장 2014년 인천시의원 선거 출마(새정치민주연합) 2014~2015년 자치분권정책박람회 기획단장 2016~2018년 인천시 남구시설관리공단 경영본부장 2018년 더불어민주당 우원식 원내대표 정책특보 2018년 同정책위원회 부의장 2018년 인천시 미추홀구청장(더불어민주당)(현) (상)2017 혁신인물대상 지역발전부문(2017)

## 김정식(金正湜) KIM Jung Sik

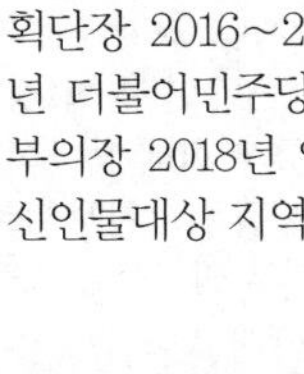

(출)경북 예천 (주)서울특별시 서대문구 연세로 50 연세대학교 상경대학 경제학부(02-2123-4541) (학)연세대 경제학과졸, 同대학원졸 1990년 경제학박사(미국 클레어몬트대) (경)미국 클레어몬트대 경제정책연구소 연구위원 겸 자문위원, 연세대 상경대학 경제학부 교수, 영국 Cambridge대 국제학연구원 객원교수, 한국은행 조사국 및 국제국 자문교수, 미국 하버드대 경제학과 객원교수, 금융위원회 자체평가위원장, 기획재정부 자체평가위원장, 대외경제정책연구원 초청연구위원, 예금보험공사 자문위원, 기획재정부 경제정책자문위원 2009~2011년 한국국제금융학회 회장 2011~2012년 금융위원회 금융발전심의회 위원장 2012년 한국국제경제학회 회장 2012~2015년 국무총리산하 경제 · 인문사회연구원 비상임이사 2012~2014년 연세대 상경대학장 겸 경제대학원장 2014~2015년 한국경제학회 회장 2014~2017년 금융감독원 금융감독자문위원회 위원장 2015년 아시아금융학회 회장(현) 2018년 연세대 상경대학 경제학부 명예교수(현) (상)니어학술상(2014) (저)'접경지역 내 남북경제특구 설치방안'(1999, 통일부) '대

일청구권 활용사례연구, 지역연구회시리즈'(2000, 대외경제정책연구원) '서울무역산업의 성장, 서울 상공업사'(2001) 'Monetary and Exchange Rate Arrangement in East Asia'(2004, 대외경제정책연구원) '한국의 학술연구(경제학)'(2005, 대한민국학술원)

### 김정실(金貞實 · 女) KIM Jung Sil

(생)1955 · 5 · 22 (출)서울 (주)경기도 성남시 분당구 대왕판교로644번길 49 (주)한글과컴퓨터 비서실(031-622-6014) (학)1977년 덕성여대 가정학과졸 1999년 연세대 대학원 사회복지학과졸 2001년 명예 사회복지학박사(세종대) (경)1984년 파이버멕스 설립 1993년 자일랜사 설립 1996년 나스닥 상장 1999년 와이즈내일인베스트먼트 투자심의위원회 회장 2000년 매일경제IBI 대표이사 사장 2005년 소프트포럼 대표이사 사장, (주)매경IBI 대표이사, SF인베스트먼트 대표이사, 소프트포럼(주) 회장(등기이사) 2011년 한글과컴퓨터 회장(현) 2015년 (주)한컴시큐어 회장(등기이사)(현) 2015년 프라움악기박물관 관장(현) (상)보건복지부장관표창(1998), 국민훈장 동백장(2001)

### 김정아(金貞娥 · 女)

(생)1975 · 4 · 15 (출)전남 화순 (주)전라남도 순천시 왕지로 21 광주지방법원 순천지원(061-729-5114) (학)1994년 광주 동아여고졸 1999년 서울대 사법학과졸 (경)1999년 사법시험 합격(41회) 2002년 사법연수원 수료(31기) 2002년 서울지법 동부지원 판사 2003년 서울고법 판사 2004년 서울중앙지법 판사 2006년 대전지법 홍성지원 판사 2009년 인천지법 판사 2011년 서울남부지법 판사 2015년 대법원 재판연구관 2018년 광주지법 순천지원 · 광주가정법원 순천지원 부장판사(현)

### 김정언(金正彦) KIM Jeong Eon

(생)1966 · 6 · 15 (주)충청북도 진천군 덕산면 정통로 18 정보통신정책연구원 ICT전략연구실(043-531-4340) (학)1989년 고려대 경제학과졸 1992년 同대학원 경제학과졸 2003년 경제학박사(미국 아이오와주립대) (경)1993~1998년 기아경제연구소 선임연구원 2003~2005년 한국과학기술기획평가원 선임연구원 2005~2007년 정보통신정책연구원(KISDI) 책임연구원 2007년 同연구위원 2007년 同IT산업정책그룹장 2008년 同정보통신산업연구실장, 同미래융합연구실 IT전략연구그룹장 2014년 同ICT산업연구실장 2016년 同ICT전략연구실장(선임연구위원)(현) (상)국무총리표창(2016)

### 김정연(金頂娟 · 女) KIM Jeong Yon

(생)1977 · 12 · 30 (본)공주(公州) (출)대전 (주)세종특별자치시 도움4로 9 국가보훈처 보훈선양국 선양정책과(044-202-5510) (학)고려대 사회학과졸, 미국 카네기멜론대 대학원 행정학과졸 (경)2004년 국가보훈처 법무담당관실 행정사무관, 同제대군인국 교류협력과 사무관 2012년 同보훈선양국 나라사랑교육과 서기관, 同보상정책국 공훈심사과장 2016년 미국 컬럼비아대 웨더헤드 동아시아연구소 파견 2017년 국가보훈처 감사담당관 직대 2018년 제주특별자치도보훈청장 2019년 국가보훈처 보훈선양국 선양정책과장(현) (종)기독교

### 김정옥(金正鈺) KIM Jeong Ok

(생)1932 · 2 · 11 (본)김해(金海) (출)광주 (주)서울특별시 서초구 반포대로37길 59 대한민국예술원(02-3479-7224) (학)1950년 광주서중졸 1955년 서울대 문리대학 불문학과졸 1958년 프랑스 파리소르본느대 불문학 · 영화학과졸 (경)1959~1972년 중앙대 강사 · 조교수 · 부교수 1963년 극단 「민중극장」 대표 1966년 극단 「자유극장」 예술감독(현) 1968년 한 · 프랑스협의회 사무국장 1972~1996년 중앙대 영화과 교수 1972년 국제극예술협회(ITI) 한국본부 사무국장 1974년 同한국본부 부위원장 1980년 연극협의회 이사장 1981년 국제극예술협회(ITI) 국제본부 집행위원 1981년 민주평통 자문위원 1984년 국제극예술협회(ITI) 한국본부 회장 1985년 중앙대 예술대학장 1987년 영화감독 데뷔 1988년 공연윤리위원 1989~1995년 국제극예술협회(ITI) 국제본부 부회장 1991년 한국연극연출가협회 이사 1991년 대한민국예술원 회원(연극 · 현) 1993년 영화학회 회장 1995년 국제극예술협회(ITI) 국제본부 회장 1996년 중앙대 예술대학원장 1997년 同명예교수(현) 1999년 국제극예술협회(ITI) 한국본부 이사 2000~2003년 한국문화예술진흥원 원장 2002년 국제극예술협회(ITI) 세계본부 명예회장(현) 2004~2007년 서울국제공연예술제 이사장 2005년 얼굴박물관 관장(현) 2007~2009년 대한민국예술원 연극 · 영화 · 무용분과 회장 2011~2013년 대한민국예술원 회장 2017~2019년 (사)대한민국을생각하는호남미래포럼 이사장 (상)한국일보 연극 · 영화 연출상(1964), 동아연극상 연출상(1978), 서울시 문화상(1983), 대한민국 문화예술상(1985), 프랑스정부 문화훈장(1985), 예술문화대상(1989), 금호예술상(1990), 대한민국예술원상(1993), 최우수 예술인상(1995), 동랑연극상(1998), 은관문화훈장(1998), 일민문화상(1998), 일본 닛케이 아시아상(1998), 프랑스 예술문화훈장 '코망되르'(2002) (저)'나의 연극교실' '영화예술론' '시인이 되고싶은 광대' '연극적 창조의길' '第三영화전개' (작)연출 '대머리 여가수', '무엇이 될고하니', '타이피스트', '따라지 향연', '바람 부는 날에도 꽃은 피고', '이름 없는 꽃은 바람에 지고', '수탉이 안 울면 암탉이라도', '그리고 그들은 죽어갔다', '노을을 날아가는 새들', '미아왕', '그녀의 억척어멈'

### 김정옥(金正玉) KIM Jung Ok (白山)

(생)1941 · 8 · 29 (본)경주(慶州) (출)경북 문경 (주)경상북도 문경시 문경읍 새재로 581 국가무형문화재 사기장 전수관(054-571-0901) (학)문경서중졸 (경)1984년 영남요업 대표(현) 1987년 일본 도쿄 게이오백화점 전시회 출품 1991년 대한민국 도예부문 명장 선정 1993년 일본 나고야 마츠자카야백화점 전시회 출품 1995년 문경라이온스클럽 회장 1996년 일본 오사카 개인전 1996년 미국 스미스소니언 국립박물관 상설전시 1996년 국가무형문화재 제105호 사기장 기능보유자 지정(현) 1997년 부산 태화백화점 개인전 1999년 문경대학 명예교수(현) 2002년 대한민국무형문화재보존협회 부이사장 2002년 전승공예대전 심사위원 2002년 명장선정 심사위원 2006년 독일 베를린 개인전 2014년 부여한국전통문화대 초빙교수 2014년 계명대 초빙교수 2016년 국가무형문화재 사기장 전수관 관장(현) (상)문경문화상, 경북도 문화상, 전승공예대전 특별상(1988 · 1989), 법무부장관표창(1991), 노동부장관표창(1991), 대통령표창(2000), 민족예술대상(2002), 석탑산업훈장(2005), 자랑스런 한국인대상(2006), 보관문화훈장(2016) (저)'도선불이' (종)불교

### 김정옥(金貞玉 · 女)

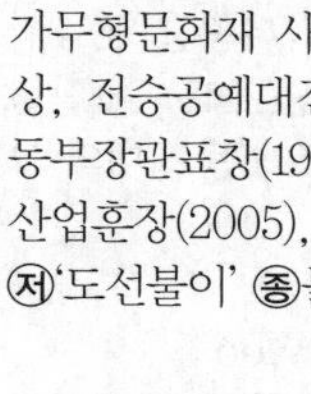

(생)1965 · 2 · 5 (출)전남 담양 (주)광주광역시 동구 준법로 7-12 광주지방검찰청 사무국(062-231-4321) (학)서울여상졸, 동국대 영어영문학과졸 (경)1992년 행정고시 합격(36회), 국내 첫 여성검찰사무관 임명 1994년 서울지검 강력부 근무 2000년 同서부지청 형사부 근무 2000년 서울지검 특수1부 여성범죄전담수사반 팀장 2001년 법무부 보호과 서기관 2002년 인천지검 사건과장 2003년 서울동부지검 공안과장 2005년 서울남부지검 검사 직무대리 2005년 同공판과장 2006년 서울중앙지검 피해자지원과장 2008년 인천지검 집행과장 2009년 同조사과장 2011년 대검찰청 집행과장(부이사관) 2012년 수원지검 안산지청 사무국장 2014년 춘천지검 사무국장(고위공무원) 2015년 중앙공무원교육원 교육파견(고위공무원) 2016년 부산지검 사무국장 2017년 서울남부지검 사무국장 2018년 수원지검 사무국장 2019년 광주지검 사무국장(현)

**김정완(金庭完) KIM Jung Wan**

(생)1957 · 11 · 6 (출)서울 (주)서울특별시 종로구 종로1길 50 더케이트윈타워 A동 매일홀딩스(주) 회장실(02-2127-2001) (학)1976년 서울 보성고졸 1983년 경희대 경영학과졸 (경)1986년 매일유업(주) 입사 1992년 同상무이사 1994년 同부사장 1997년 同대표이사 사장 2008년 同대표이사 부회장 2010~2017년 同대표이사 회장 2017년 매일홀딩스(주) 대표이사 회장(현) (상)한국경영학회 혁신경영대상(2019)

**김정완(金正完)**

(생)1962 (출)경남 고성 (주)경상남도 진주시 비봉로 24번길 3 진주경찰서(055-750-0210) (학)1981년 마산중앙고졸 1988년 경상대 법학과졸 1990년 同대학원 법학과졸 (경)1991년 경위 임용(경찰 간부후보 39기) 2012년 경남지방경찰청 홍보담당관(총경) 2013년 경남 고성경찰서장 2014년 경남지방경찰청 홍보담당관 2015년 同형사과장 2015년 경남 마산동부경찰서장 2016년 경남지방경찰청 여성청소년과장 2017년 경남 진해경찰서장 2018년 경남지방경찰청 청문감사담당관 2019년 경남 진주경찰서장(현)

**김정우(金正羽) KIM Jung Woo**

(생)1948·9·1 (출)부산 (주)충청남도 천안시 동남구 수신로 739 (주)오스템 대표이사실(041-559-2500) (학)1967년 부산상고졸 1971년 서울대 상학과졸 (경)행정고시 합격(13회) 1973~1976년 국세청 사무관 1976~1992년 대우중공업·대우정밀·대우자동차 판매본부장 1999년 (주)윤영 부사장 2002~2005년 同대표이사 사장 2005년 (주)오스템 대표이사(현) (종)불교

**김정우(金政友) KIM Jung Woo**

(생)1958 · 4 · 5 (주)경상북도 경산시 하양읍 하양로 13-13 대구가톨릭대학교 총장실(053-850-3001) (학)1981년 가톨릭대 신학과졸 1983년 同대학원졸 1992년 신학박사(오스트리아 빈대) (경)1993년 대구가톨릭대 신학과 교수, 同신학부 교수(현) 2005년 同신학대학장 2007년 한국가톨릭신학학회 편집위원장 2009년 대구가톨릭대 평생교육원장 2009년 同인성교양부장 겸 자율전공지도교수 2010~2013년 同사무처장 겸 출판부장 겸 외국어교육원장 2011~2013년 同Grand Campus사업본부장 2013~2014년 同신학대학장 2014~2015년 同신학부총장 2017년 同총장(현) (상)생명의 신비상 인문사회과학분야 본상(2015) (저)'사형과 인간의 존엄성'(1996) '신앙의 목표'(1999) '포스트모던 시대의 그리스도교 윤리'(2008)

**김정우(金廷祐) KIM James Woo**

(생)1962 · 6 · 1 (출)미국 뉴욕 (주)서울특별시 영등포구 국제금융로 10 주한미국상공회의소 회장실(02-6201-2200) (학)1984년 미국 캘리포니아대 로스앤젤레스교(UCLA) 경제학과졸 1992년 미국 하버드대 대학원 경영학과졸(MBA) (경)1983~1988년 IBM Wang Laboratories 근무 1988~1990년 Com Systems Inc. 총괄매니저 1992~1995년 AT&T 마케팅 총괄 1995~1999년 Vivien International Inc. CEO 1999~2001년 Corcoran.com Inc. CEO 2001~2005년 Palisades Advisors Lic. 대표 2005~2009년 (주)오버추어코리아 대표이사 사장 2006년 오버추어 아시아지역총괄 사장, 오버추어재팬 대표이사 2007~2009년 야후코리아 한국비즈니스총괄 대표이사 사장 겸임 2009~2015년 (주)한국마이크로소프트 대표이사 사장 2014년 주한미국상공회의소(AMCHAM) 회장(현) 2015년 한국지엠 최고운영책임자(COO) 겸 사장 2016~2017년 同대표이사 사장

**김정우(金政祐) KIM Chungwoo**

(생)1968 · 6 · 18 (본)김해(金海) (출)강원 철원 (주)서울특별시 영등포구 의사당대로 1 국회 의원회관 817호(02-784-2417) (학)1986년 신철원종합고졸 1992년 서울대 국제경제학과졸 2007년 同행정대학원졸 2011년 정책학박사(영국 브리스톨대) (경)1996년 행정고시 합격(40회) 1996~2006년 총무처 · 정보통신부 · 기획예산처 행정사무관 2006~2011년 기획예산처 · 기획재정부 서기관 2011년 국무총리실 국정과제관리과장 2012년 한 · 인도네시아 경제협력사무국 근무 2014년 기획재정부 국고국 계약제도과장 2015~2016년 세종대 행정학과 조교수 2015~2016년 同행정학과장 2015년 새정치민주연합 유능한경제정당위원회 지역경제위원장 2015~2016년 국회예산정책처(NABO) 재정포럼 회원 2015~2016년 대통령직속 지역발전위원회 선도사업평가위원 2015~2016년 기획재정부 국고보조사업평가위원 2016년 더불어민주당 총선정책공약단 재원조달팀 간사 2016년 同군포시甲지역위원회 위원장(현) 2016년 제20대 국회의원(군포시甲, 더불어민주당)(현) 2016~2017년 더불어민주당 정책위원회 부의장 2016~2017년 국회 안전행정위원회 위원 2017~2018년 국회 기획재정위원회 위원 2017년 더불어민주당 제19대 문재인 대통령후보 중앙선거대책본부 정책본부 부본부장 2017년 同교육연수원 부원장 2017년 국정기획자문위원회 경제2분과위원회 위원 2017~2018년 더불어민주당 당대표 비서실장 2017년 국회 4차산업혁명특별위원회 위원 2018년 국회 기획재정위원회 간사(현) 2018년 국회 여성가족위원회 위원 (상)법률소비자연맹 '제20대 국회 1차년도 국회의원 헌정대상'(2017)

**김정욱(金丁勖) KIM Jung Wk**

(생)1946 · 1 · 25 (본)김해(金海) (출)부산 (주)서울특별시 관악구 관악로 1 서울대학교(02-880-5114) (학)1964년 부산고졸 1968년 서울대 공대 토목공학과졸 1974년 미국 로드아일랜드 대학원 환경공학과졸 1977년 환경공학박사(미국 텍사스 오스틴대) (경)1970년 제철기술 컨설턴트 · 토목기사 1972년 미국 로드아일랜드 토목환경공학과 조교 1974년 미국 텍사스 오스틴대 연구조교 1977년 한국과학기술원(KAIST) 선임연구원 1982~2011년 서울대 환경대학원 환경계획학과 조교수 · 부교수 · 교수 2002년 중앙환경분쟁조정위원회 위원 2002~2004년 서울대 환경대학원장 2002년 아시아태평양환경회의 사무총장, 환경과공해연구회 고문(현) 2011년 서울대 명예교수(현) 2012~2016년 (사)대한하천학회 회장, 아시아태평양환경회의 명예회장(현) 2018년 대통령직속 녹색성장위원회 민간위원장(현) (상)환경기자클럽 올해의 환경인상(2011) (저)'자연과학'(1990) '위기의 환경'(1992) '영종도 신공항'(1993) '환경학교'(1994) '환경과 생명'(1995) 'Enviromental Issues and Options'(2006) '폐식용유의 활용방안'(2007) '재앙의 물길, 한반도 대운하'(2008) '나는 반대한다'(2010, 느린걸음) (종)기독교

**김정욱(金正旭)**

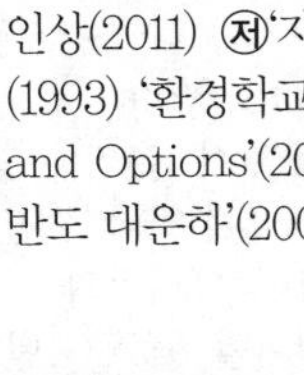

(생)1953 (주)대구광역시 달서구 성서공단남로10길 12 (주)창보 임원실(053-581-0901) (학)계명대 산업공학과졸 (경)(주)창보 대표이사(현), 대구경북알루미늄비철금속공업협동조합 이사장(현) 2017년 중소기업중앙회 이사 2019년 同대구경북지역중소기업회장(현) (상)석탑산업훈장(2010)

**김정욱(金鼎郁) KIM Jung Uk**

(생)1963 · 5 · 1 (출)서울 (주)서울특별시 서초구 법원로 10 정곡빌딩 남관 202호 법무법인 예강(02-536-3322) (학)1982년 영일고졸 1991년 서울대 법학과졸 (경)1991년 사법시험 합격(33회) 1994년 사법연수원 수료(23기) 1994년 대전지법 판사 1996년 同서산지원 판사 1998년 수원지법 판

사 2001년 서울지법 판사 2003년 同남부지원 판사 2005년 서울고법 판사 2007년 서울행정법원 판사 2009년 대전지법 서산지원장 2011~2015년 수원지법 부장판사 2015년 변호사 개업 2017년 법무법인 예강 대표변호사(현) (상)경기중앙지방변호사회 선정 우수법관(2014)

### 김정욱(金政郁) Kim Jeong Wook

(생)1964 · 10 · 2 (출)서울 (주)경기도 용인시 기흥구 공세로 150-20 삼성SDI(주) 전략마케팅실(031-8006-3100) (학)고려대 경영학과졸, 한국과학기술원(KAIST) 경영과학과졸(석사) (경)2006년 삼성전자(주) 동남아마케팅팀장(상무보), 삼성디지털이미징(주) 전략마케팅팀 연구위원 2010년 삼성전자(주) 디지털이미징전략마케팅팀 연구위원(상무) 2012년 삼성SDI(주) 자동차전지사업부 마케팅팀장(상무) 2013년 同자동차전지사업부 마케팅팀장(전무) 2014년 同중대형전지사업부 마케팅팀장(전무) 2017년 同중대형전지사업부 마케팅팀장(부사장) 2018년 同전략마케팅실장(부사장)(현)

### 김정욱(金廷郁) Jung-Wook, Kim

(생)1968 (주)세종특별자치시 다솜2로 94 농림축산식품부 대변인실(044-201-1101) (학)1985년 완도 금일고졸 1992년 동국대 행정학과졸 1997년 서울대 대학원 행정학 석사과정 수료 (경)1997년 행정고시 합격(41회) 1998년 공무원 임용 2007년 농림부 정책홍보관리실 홍보기획팀장 2008년 농림수산식품부 대변인실 홍보담당관 2009년 同축산정책관실 축산정책과장 2010년 同식량원예정책관실 채소특작과장 2012년 대통령 농축산식품비서관실 행정관 2015년 농림축산식품부 창조농식품정책관실 창조농식품정책과장 2017년 국방대 파견 2018년 농림축산식품부 유통소비정책관(고위공무원) 2019년 同대변인(현)

### 김정운(金枉運)

(생)1962 · 9 · 20 (주)서울특별시 마포구 독막로 279 한국상장회사협의회(02-2087-7000) (학)1981년 부평고졸 1985년 서울대 무역학과졸 1987년 同행정대학원 행정학과졸, 경제학박사(미국 미주리주립대) (경)1985년 행정고시 합격(29회) 1987년 총무처 5급 공채 1988년 동해세관 세무과장 1989년 관세청 평가협력국 세관협력과장 1993년 재무부 국제금융국 국제금융과 사무관 1994년 재정경제원 예산실 간접자본예산1담당관실 사무관 1999년 재정경제부 국고국 국고과 서기관 2004년 同회수관리과장 2005년 대통령비서실 파견 2007년 재정경제부 경제정책국 인력개발과장 2008년 기획재정부 경제정책국 인력정책과장 2009년 외교안보연구원 교육파견 2010~2014년 駐홍콩총영사관 영사 2014년 부산지방조달청장(고위공무원) 2015년 조달청 전자조달국장 2015년 4.16세월호참사특별조사위원회 행정지원실장 2017년 한국상장회사협의회 상근부회장(현)

### 김정운(金正運) KIM Jeong Woon

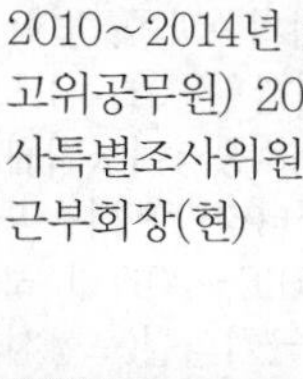

(생)1967 · 10 · 15 (출)경기 이천 (주)서울특별시 마포구 마포대로 174 서울서부지방법원(02-3271-1114) (학)1986년 검정고시 합격 1991년 고려대 법학과졸 1993년 同대학원졸 (경)1992년 사법시험 합격(34회) 1995년 사법연수원 수료(24기) 1998년 부산지법 판사 2002년 수원지법 판사 2005년 서울중앙지법 판사 2006년 서울고법 판사 2008년 헌법재판소 파견 2010년 청주지법 부장판사 2012년 수원지법 형사12부 부장판사 2014년 同행정2부 부장판사 2015년 서울중앙지법 부장판사 2018년 서울서부지법 수석부장판사(현)

### 김정원(金正元) KIM Jung Won

(생)1965 · 1 · 16 (출)서울 (주)서울특별시 종로구 북촌로 15 헌법재판소 수석부장연구관실(02-708-3456) (학)1983년 용산고졸 1987년 서울대 법학과졸 1989년 同대학원 법학과졸 (경)1987년 사법시험 합격(29회) 1990년 사법연수원 수료(19기) 1990년 전주지법 군산지원 판사 1992년 전주지법 판사 1994년 인천지법 판사 1998년 서울가정법원 판사 2000년 서울지법 판사 2002년 서울고법 판사 2004년 서울서부지법 판사 2005년 광주지법 부장판사 2006년 춘천지법 부장판사 2007년 사법연수원 교수 2009년 서울중앙지법 부장판사 2012년 서울북부지법 부장판사 2012년 헌법재판소 선임부장연구관 겸임 2017년 同소장 비서실장 2018년 同수석부장연구관(현)

### 김정원(金正原) Kim, Jeong Won

(생)1967·11·29 (출)서울 (주)세종특별자치시 가름로 194 과학기술정보통신부 인터넷융합정책관실(044-202-6110) (학)1986년 서울 동북고졸 1990년 서울대 정치학과졸 1993년 同행정대학원졸 2000년 미국 하버드대 케네디스쿨 석사 (경)정보통신부 정보통신진흥국 통신경쟁정책과 서기관 2003년 남부산우체국장 2003년 정보통신부 정보통신기반보호대응팀장 2004년 同정보화기획실 정보보호산업과장 2005년 同정보통신협력국 국제기구과장 2006년 同정보통신협력본부 국제기구팀장 2007년 同통신위원회 통신시장감시팀장 2008~2010년 미래기획위원회 파견(부이사관) 2011년 방송통신위원회 뉴미디어정책과장 2012년 同조사기획총괄과장 2013년 同이용자정책총괄과장 2013년 대통령 정보방송통신비서관실 행정관 2014년 대통령 정보방송통신비서관실 선임행정관(고위공무원) 2015년 UN 아태정보통신교육원(APCICT) 파견 2016년 미래창조과학부 서울전파관리소장 2016년 同지능정보사회추진단 부단장(고위공무원) 2017년 과학기술정보통신부 지능정보사회추진단 부단장 2017년 同연구개발정책실 기초원천연구정책관 2018년 同인터넷융합정책관(현) (상)대통령표창(2004), 홍조근정훈장(2017)

### 김정원(金貞苑 · 女) Kim, Jeongwon

(주)충청북도 진천군 덕산면 교학로 7 한국교육개발원(043-530-9472) (학)서울대졸 1986년 同대학원 교육학과졸 1997년 교육학박사(서울대) (경)1997년 한국교육개발원 입사, 통일교육민관발전협의회 전문위원, 민주평통 상임위원, 한국교육사회학회 편집위원장 2014년 한국교육개발원 탈북청소년교육지원센터 소장, 同통일교육연구실장 2016년 한국교육사회학회 회장, 한국교육개발원 통일교육연구실 선임연구위원 2018~2019년 同미래교육연구본부장 2019년 同부원장 겸 기획조정본부장(현) (저)'학교수업과 사회계층'(2006, 문음사) '교육복지의 이론과 실제(共)'(2010, 학이시습)

### 김정일(金正一) KIM Jeong Il

(생)1939 · 12 · 25 (본)김해(金海) (출)전남 여수 (주)서울특별시 구로구 경인로3가길 15-5 현송교육문화재단(02-2612-7150) (학)1958년 여수고졸 1964년 서울대 금속공학과졸 1991년 同공대 최고산업전략과정 수료 1995년 미국 로욜라대 최고경영자과정 수료 (경)1964년 일신제강(주) 입사 1978년 同이사 1981년 同상무이사 1982년 동부제강(주) 인천제강소장(상무이사) 1988년 同인천제강소장(전무이사) 1992년 同냉연사업부장(전무이사) 1995년 同부사장 1996년 同아산만공장 건설본부장(부사장) 2000년 同사업부 총괄담당 부사장 2002년 同대표이사 사장 2004~2006년 同대표이사 부회장 2006년 同고문 2007~2014년 (사)동북아산업교류협회 상임위원장 2008년 현송문화재단 이사장 2010년 현송교육문화재단 이사장(현) (상)석탑산업훈장, 동탑산업훈장, 장영실상, 금속재료상(2005) (종)기독교

**김정일(金正一) Kim Jeong Il**

(생)1961·5·30 (출)부산 (주)경기도 의왕시 철도박물관로 176 한국철도기술연구원 연구관리팀(031-460-5152) (학)1980년 부산 혜광고졸 1987년 동의대 건축공학과졸 (경)1991~1997년 한국기계연구원 근무 1997년 한국철도기술연구원 근무·수석연구원(현) 2005년 「문학21」을 통해 시인 등단(현) 2009~2014년 농업진흥청 농업생명연구단지조성 자문위원 2010년 한국철도기술연구원 연구시설건설단장 2010년 국토교통과학기술진흥원 기술인증심사위원회 위원(현) 2011~2014년 국토교통부 철도기술전문위원회 철도시설1분과(건축) 위원 2012년 同중앙건설기술심의위원회 위원(현) 2012~2015년 한국환경공단 설계자문위원회 위원 2014년 충북도 명예도민(현) 2014~2015년 한국철도기술연구원 건설안전관리단장 2014~2016년 새만금개발청 설계자문위원회 위원 2015년 국토교통과학기술진흥원 국토교통R&D평가위원회 위원(현) 2015~2018년 한국철도기술연구원 연구경영본부장 2018년 국토교통부 중앙품질안전관리단 위원(현) 2018년 충북도 충북미래자문단 위원(현) 2018년 同청주에어로폴리스지구활성화자문위 위원(현) 2018~2019년 한국철도기술연구원 시설안전팀 수석팀원 2019년 同연구관리팀 수석팀원(현) (상)부총리 겸 과학기술부장관표창(2007), 안전행정부장관표창(2014)

**김정일(金正一) Kim Jung Il**

(생)1961·9·23 (출)서울 (주)대전광역시 서구 한밭대로 713 신용보증재단중앙회 상임이사실(1588-7365) (학)1980년 서울 동성고졸, 호서대 경제학과졸 2012년 한성대 대학원 지식서비스&컨설팅학과졸 2016년 지식서비스&컨설팅학박사(한성대) (경)1993년 국립공업기술원 7급 공채 1993~2003년 중소기업청 유통국 종합소매업과·기획예산담당관실·벤처기업국 창업지원과·경영지원국 정보화지원과·감사담당관실 근무 2004~2011년 同중소기업정책국 구조개선과·소상공인정책본부 서비스지원팀·벤처기업국 창업진흥과·기획재정담당관실 행정사무관 2011~2014년 同중소기업정책국 기업협력과·경영판로국 판로정책과 서기관 2014년 부산·울산지방중소기업청 창업성장지원과장 2015년 중소기업청 기획조정관실 창조행정법무담당관 2015년 강원지방중소기업청장 2017년 경남지방중소기업청장 2017년 경남지방중소벤처기업청장 2018~2019년 중소벤처기업부 시장상권과장 2019년 신용보증재단중앙회 상임이사(현)

**김정일(金正鎰) KIM JEONG-IL**

(생)1969·3·22 (본)안동(安東) (출)대구 (주)세종특별자치시 한누리대로 402 산업통상자원부 신재생에너지단(044-203-5350) (학)1988년 대구 경원고졸 1994년 서울대 경영학과졸 2002년 미국 캘리포니아대 버클리교 대학원 경영학과졸 (경)1994년 행정고시 합격(38회) 1996년 통상산업부 행정사무관 1996년 同구주통상담당관실·산업정책과·장관실·투자진흥과·디자인브랜드과·석유산업과·미주협력과 근무 2004년 同무역투자실 국제협력과 근무 2005년 산업자원부 홍보관리관실 홍보지원팀장 2006년 국가균형발전위원회 파견 2006년 산업자원부 산업구조팀장 2007년 同구미협력팀장 2008년 지식경제부 정보통신산업과장 2012년 同반도체디스플레이과장 2013년 산업통상자원부 산업정책실 전자부품과장 2014년 同통상정책국 미주통상과장(서기관) 2015년 同통상정책국 미주통상과장(부이사관) 2016년 同에너지자원실 에너지자원정책과장 2017~2019년 同통상교섭실 자유무역협정정책관(고위공무원) 2017년 同통상교섭실장 직대 2019년 同신재생에너지정책단장(현) (종)천주교

**김정자(金貞子·女) KIM Jung-Ja**

(생)1936·10·30 (본)의성(義城) (출)대구 (주)서울특별시 중구 을지로 16 21세기한중교류협회(02-753-0006) (학)1955년 경남여고졸 1959년 부산대 영어영문학과졸 1979년 이화여대 대학원졸 1998년 문학박사(이화여대) (경)1979~1987년 이화여대·숙명여대·서울여대 강사 1983년 문교부 아동복지부문 교과서 편찬위원 1983년 한국여성개발원 수석연구원 1985년 경제기획원 제6차 경제사회발전5개년계획 여성개발부문 계획위원 1990년 한국여성개발원 부원장 1990~1991년 경제기획원 제7차 경제사회발전5개년계획 여성개발부문 공동위원장 1990~1991년 임상사회사업연구회 회장 1990~1994년 중앙아동복지위원회 부위원장 1992~1995년 노동부 중앙근로여성위원회 위원 1993년 한국여성개발원 원장 1993~1995년 유네스코한국위원회 집행위원 1993~1995년 노동부 최저임금심의위원회 위원 1993~1995년 보건사회부 '1994 세계가정의해 기념사업지원협의회' 위원 1994년 한국사회복지학회 부회장 1994~1995년 외무부 UN창립 50주년기념 한국위원회 이사 1994~1996년 노동부 고용정책심의회 위원 1994~1996년 보건복지부 중앙아동복지위원회 위원 1994~2006년 삼성생명공익재단 이사 1995~2005년 한국영유아보육학회 이사 1995~1996년 정무제2차관 1996~1997년 삼성복지재단 자문위원 1997년 부산대 초빙교수 1998~2000년 서울시립대 운영위원 1998년 신라대 초빙교수 1998년 계명대 겸임교수 2001~2003년 한국사회복지사협회 수석부회장 2001~2003년 가톨릭대 사회복지대학원 겸임교수 2001~2011년 삼성생명공익재단 주관 비추미여성대상운영위원회 운영위원 및 최종심사위원 2001년 자광재단 이사 2001~2011년 녹색연합 녹색사회연구소 이사장 2002년 21C한중교류협회 부회장(현) 2010~2013년 서울시여성가족재단 이사장 2010~2016년 (사)미래여성네트워크 회장 2011년 한국방정환재단 이사(현) 2013년 코피온 이사(현) 2013~2016년 한국양성평등교육진흥원 이사장 2016년 (사)미래여성네트워크 이사(현) 2017~2019년 한국사회복지공제회 재정특별위원회 부위원장 (상)유공자표창(1991), 황조근정훈장(1997), 국민훈장 목련장(2012), 삼성생명공익재단 삼성행복대상 여성선도상(2013) (저)'사회복지실천과 윤리(共)'(1993) '사회복지윤리와 철학(共)'(2003) (역)'임상사회사업 기술론(共)'(1991) '노인복지의 이해(共)'(1992) '임상사회복지 사정분류체계(共)'(2000, 임상사회연구회) '가족학대·가정폭력(共)'(2001, 이대사회복지연구회) '가족복지실천론(共)'(2001, 이대사회복지연구회) '가족폭력 사정과 실제(共)'(2003, 이대사회복지연구회) (종)불교

**김정재(金汀才·女) Kim, Jungjae**

(생)1966·2·15 (본)경주(慶州) (출)경북 포항 (주)서울특별시 영등포구 의사당대로 1 국회 의원회관 909호(02-784-6831) (학)포항여고졸, 이화여대 정치외교학과졸, 同대학원 국제정치학과졸, 법학박사(미국 프랭클린피어스법과대학원) (경)(사)포항미래연구원 곰솔 원장, 한나라당 중앙여성위원회 기획분과 위원장, 제7·8대 서울시의회 의원(한나라당·새누리당), 同문화체육관광위원장, 새누리당 부대변인 2016~2017년 同포항시북구당원협의회 운영위원장 2016년 제20대 국회의원(포항시 북구, 새누리당·자유한국당〈2017.2〉)(현) 2016~2017년 새누리당 원내대변인 2016~2017년 국회 미래창조과학방송통신위원회 위원 2016~2017년 국회 운영위원회 위원 2017년 자유한국당 포항시북구당원협의회 운영위원장(현) 2017년 同원내대변인 2017년 국회 과학기술정보방송통신위원회 위원 2017년 자유한국당 대표 지역특보(경북) 2017년 국회 재난안전대책특별위원회 간사 2018년 국회 농림축산식품해양수산위원회 위원(현) 2018년 자유한국당 원내부대표 겸 원내대변인(현) 2019년 同재해대책위원회 위원장(현) 2019년 국회 운영위원회 위원(현) 2019년 국회 예산결산특별위원회 위원(현) (상)국정감사NGO모니터단이 뽑은 '국정감사 우수의원'(2018), 법률소비자연맹 국회의원 헌정대상(2018·2019)

**김정주(金正宙) KIM Jung Ju**

(생)1968·2·22 (출)서울 (주)제주특별자치도 제주시 1100로 3198-8 (주)NXC(064-745-6000) (학)1986년 서울 광성고졸 1988년 일본 조치대 국제학과정 수료 1991년 서울대 컴퓨터공학과졸 1993년 한국과학기술원(KAIST) 전산과졸(석사) 1996년 同대학원 전산학 박사과정 수료 (경)1994년 '바람의 나라' 개발 시작 1994년 (주)넥슨 창립 1999년 (주)엠플레이 설립 1999년 (주)넥슨 일본 현지법인 설립 2001년 (주)모바일핸즈 설립·대표이사 2005~2006년 (주)넥슨 대표이사 2006년 (주)NXC 대표이사(현) 2011년 한국과학기술원(KAIST) 바이오및뇌공학과 겸임교수 (상)벤처창업대전 벤처활성화유공부문 석탑산업훈장(2012)

**김정중(金正中) Jung Joong Kim**

(생)1943·3·20 (본)광산(光山) (출)충남 논산 (학)1961년 대전고졸 1966년 한양대 공과대학 건축공학과졸 1996년 서울대 공과대학원 최고산업전략과정 수료 2000년 한국과학기술원 테크노경영대학원 최고정보경영자과정 수료 2002년 세종대 세계경영대학원 수료 (경)1969~1977년 (주)한국전력 발전소 건설현장 근무 1977년 현대산업개발(주) 삼천포화력발전소 건설현장 근무 1982년 同사우디아라비아주재 중역 1987년 同기술연구소장 1991년 同건축담당중역 2000년 同건축본부장 2002년 同영업본부장 2002~2003년 건설교통부 중앙건설기술심의위원회 위원 2002~2004년 한국건설기술연구원 신기술심사위원 2004년 현대산업개발(주) 사장 2006~2009년 同대표이사 사장 2009~2010년 한국주택협회 회장 2010년 현대산업개발(주) 부회장 2011년 同고문 2012년 同상담역(비상근) 2013~2019년 한국건설기술인협회 회장 (상)수출유공자상(1983), 우수경영자상(1995·1996), 한양대 자랑스러운 한양인상(2004), 금탑산업훈장(2005), 대전고 올해의 대능인상(2006) (종)천주교

**김정중(金鼎重)**

(생)1964·10·20 (주)강원도 춘천시 중앙로 1 강원도의회(033-249-5207) (학)경기대 사학과졸 (경)제일애드 대표 2012년 새누리당 제18대 박근혜 대통령후보 양양군선거연락소장, 同중앙위원회 양양지회장 2014~2018년 강원 양양군의회 의원(무소속), 강원 양양군축제위원회 위원장 2018년 강원도의회 의원(더불어민주당)(현) 2018년 同의회운영위원회 위원(현) 2018년 同농림수산위원회 부위원장(현)

**김정중(金政中) KIM Jung Joong**

(생)1966·3·16 (출)광주 (주)서울특별시 서초구 강남대로 193 서울행정법원(02-2055-8114) (학)1985년 배문고졸 1989년 서울대 법과대학 사법학과졸 (경)1994년 사법시험 합격(36회) 1997년 사법연수원 수료(26기) 1997년 서울지법 남부지원 판사 1999년 서울지법 판사 2001년 춘천지법 강릉지원 판사 2004년 서울행정법원 판사 2006년 서울서부지법 판사, 서울고법 판사 2012년 대법원 재판연구관 2015년 춘천지법 강릉지원장 2017년 서울행정법원 부장판사(현)

**김정중(金政中)**

(생)1971·3·11 (출)전북 무주 (주)경기도 수원시 영통구 법조로 105 수원지방법원 총무과(031-210-1114) (학)1990년 전주 완산고졸 1999년 서울대 사법학과졸 (경)1998년 사법시험 합격(40회) 2001년 사법연수원 수료(30기) 2001년 인천지법 예비판사 2002년 서울고법 예비판사 2003년 서울지법 판사 2004년 수원지법 판사 2005년 부산지법 판사 2008년 서울행정법원 판사 2010년 서울가정법원 판사 2012년 서울동부지법 판사 2014년 대법원 재판연구관 2016년 광주지법 순천지원·광주가정법원 순천지원 부장판사 2018년 수원지법 부장판사(현)

**김정진(金楨珍·女)**

(생)1972·7·26 (출)서울 (주)경기도 수원시 영통구 법조로 91 수원지방검찰청 공판부(031-5182-4532) (학)1991년 상명여고졸 1995년 숙명여대 법학과졸 1998년 연세대 대학원 법학과졸 (경)2000년 사법고시 합격(42회) 2003년 사법연수원 수료(32기) 2003년 서울지검 서부지청 검사 2004년 서울서부지검 검사 2005년 부산지검 검사 2007년 창원지검 검사 2009년 수원지검 안양지청 검사 2011년 서울남부지검 검사 2015년 인천지검 검사 2017년 수원지검 검사 2017년 同부부장검사 2018년 대구지검 김천지청 형사2부장 2019년 수원지검 공판부장(현)

**김정철(金政喆) Kim Jung Chul**

(생)1959·11·12 (본)김해(金海) (출)부산 (주)서울특별시 종로구 율곡로 75 (주)현대건설 임원실(02-746-2001) (학)마산고졸, 서울대 건축공학과졸, 한양대 공학대학원졸, 공학박사(경희대) (경)(주)현대건설 카타르 라스라판C복합화력발전소공사 상무보, 同건축사업본부 상무, 한국건설관리학회 이사, 한국건축시공학회 이사 2011년 대한건축학회 이사(현) 2011년 (주)현대건설 기획본부장(상무) 2012년 同기획본부장 겸 연구개발본부장(전무) 2014년 同기획본부장(부사장) 2014년 同건축사업본부장(부사장) 2018년 한국공학한림원 회원(건설환경공학·현) 2019년 (주)현대건설 자문(현) (상)문교부장관표창(1971), 과학기술훈장 진보장(2010) (종)기독교

**김정탁(金正鐸) KIM Jeong Tak**

(생)1954·7·1 (출)서울 (주)서울특별시 종로구 성균관로 25-2 성균관대학교 사회과학대학 미디어커뮤니케이션학과(02-760-0396) (학)1973년 경기고졸 1977년 성균관대 신문방송학과졸 1982년 미국 미주리주립대 대학원졸 1984년 언론학박사(미국 미주리주립대) (경)1976~1979년 중앙일보·동양방송 기자 1985~2019년 성균관대 사회과학대학 미디어커뮤니케이션학과 교수 1995년 문화일보 편집자문위원 1997년 CBS 시청자위원 1998년 성균관대 교수평의회 부의장 1998년 한국언론학회 저널리즘분과위원장 1998년 서울시 도시계획위원회 위원 1999~2005년 성균관대 언론정보대학원장 1999년 KBS 객원해설위원 2000년 MBC 시청자위원 2000년 월간 '에머지새천년' 편집위원 2000년 월드컵홍보기획위원회 위원 2009년 언론중재위원회 시정권고위원회 위원 2010~2014년 미래에셋증권 사외이사 2011년 한국광고자율심의기구 기사형광고심의위원회 위원 2012년 한국언론학회 회장 2012~2014년 한국언론진흥재단 비상임이사 2013~2014년 성균관대 사회과학대학장 2019년 同사회과학대학 미디어커뮤니케이션학과 명예교수(현) (상)한국언론학회 '2004 올해의 저술상(희관언론상)'(2004), 세계커뮤니케이션학회(WCA) 최우수논문상(2015) (저)'설득의 광고학'(1990) '언론공화국'(1991) '한국언론사회론'(1993) '새로운 커뮤니케이션 정책연구'(1999) '굿바이 구텐베르크'(2000) '기호의 광고학(共)'(2000) '광고크리에이티브론'(2004) '한국인의 의사소통사상을 찾아서'(2004) '禮와藝'(2005) '노자공맹에서 맥루한까지'(2004) '현(玄), 노장의 커뮤니케이션'(2010) (역)'이미지 파워'(1998)

**김정태(金正泰) Kim Jung-Tai**

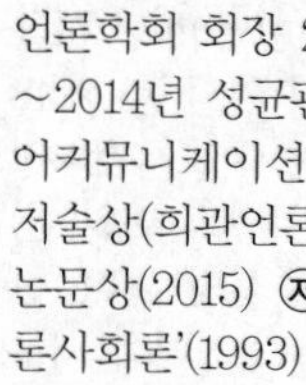

(생)1952·2·11 (출)부산 (주)서울특별시 중구 을지로 55 하나은행별관빌딩 15층 하나금융지주 회장실(02-2002-1000) (학)1971년 경남고졸 1980년 성균관대 행정학과졸 (경)1994년 하나은행 송파지점장 1996년 同서면지점장 1997년 同중소기업부장 1998년 同지방지역본부장 2000년 同가계영업점총

괄본부장 2001년 同부행장보 겸 가계고객사업본부장 2002년 同부행장 겸 지원본부장 2002년 同영남사업본부담당 부행장 2003년 同가계고객사업본부 부행장 2005년 同가계금융그룹 총괄·가계고객사업본부장(부행장) 2005년 하나금융지주 부사장 2006년 대한투자증권(주) 대표이사 사장 2007년 하나대투증권 대표이사 사장 2008년 해외 연수 2008~2012년 하나은행장 2008년 하나금융그룹 개인금융BU(Business Unit) 부회장 겸임 2011~2017년 국립중앙박물관회 회장 2012년 하나금융지주 대표이사 회장(현) 2014년 신금융연맹(New Finance Union) 이사 2015년 KEB하나은행 비상임이사 (상)대한민국CEO그랑프리 은행부문(2009), 자랑스러운 성균인상(2009), 대한민국 최우수프라이빗뱅크(PB)상(2010), 자랑스러운 성균언론인상 대외협력부문(2010), 매경미디어그룹 대한민국 창조경제리더 가치부문(2013), 국방부장관 감사패(2013), 2014 여성소비자가 뽑은 베스트 금융CEO(2014), 럭스멘 기업인상(2015), 한국협상학회 2015 대한민국 협상대상(2015), 대한축구협회 대한민국 축구공헌대상(2017)

### 김정태(金正泰) KIM Choung Tae (訥軒)

(생)1963·1·18 (본)김해(金海) (출)경북 포항 (주)서울특별시 중구 세종대로 125 서울특별시의회(02-3702-1400) (학)성동기계공고졸, 중앙대 문리과대학 사학과졸, 同대학원 사학과졸 (경)중대신문 편집국장, 민주평통 영등포구협의회 간사장, 제15대 국회의원 정책비서관, 제16·17·18대 국회의원 입법보좌관, (재)한국마약퇴치운동본부 홍보전문위원, 사회복지법인 송천한마음의집 운영위원, 바른선거시민모임중앙회 이사, 의약전문저널 '비즈앤이슈' 편집국장, 민주당 서울시당 재건축재개발특별위원장 2010년 서울시의회 의원(민주당·민주통합당·민주당·새정치민주연합) 2010년 同운영위원회 위원 2010년 同환경수자원위원회 위원 2010년 同여성특별위원회 위원 2010년 同해외문화재찾기특별위원회 위원 2011년 同북한산콘도개발비리의혹규명행정사무조사특별위원회 위원 2011년 同윤리특별위원회 위원 2011년 同예산결산특별위원회 위원 2012년 同도시계획관리위원회 위원 2012년 同저탄소녹색성장및중소기업지원특별위원회 위원 2012년 同최고고도지구합리적개선특별위원회 위원 2012년 민주통합당 정책위원장 2013년 민주당 정책위원장 2013년 서울시의회 윤리특별위원회 위원 2013년 同예산결산특별위원회 위원 2013년 同학교폭력대책특별위원회 위원 2013년 同사립학교투명성강화특별위원회 위원 2013년 同민간단체지원사업점검특별위원회 부위원장 2014년 새정치민주연합 정책위원장 2014~2018년 서울시의회 의원(새정치민주연합·더불어민주당) 2014년 同도시계획관리위원회 부위원장 2014년 同예산결산특별위원회 부위원장 2015년 同한옥지원특별위원회 부위원장 2016년 同도시계획관리위원회 위원장 2017년 同윤리특별위원회 위원 2018년 서울시의회 의원(더불어민주당)(현) 2018년 전국시도의회의장협의회 지방분권TF 단장(현) 2018년 同기획경제위원회 위원(현) 2018년 同예산결산특별위원회 위원(현) 2018년 서울시농수산식품공사 사장 후보자 인사청문특별위원회 위원(현) 2018년 서부지역광역철도건설특별위원회 위원(현), 서울시 도시계획정책자문위원(현) 2019년 서울시의회 독도수호특별위원회 위원(현) (상)매니페스토대상(2012·2013·2014), 뉴스메이트 선정 '2012 한국을 이끄는 혁신리더'(2012), 지방의원 매니패스토경진대회 최우수상(2013), 한국청년유권자연맹 최우수의원상(2016)

### 김정태(金正泰) KIM Jeong Tae

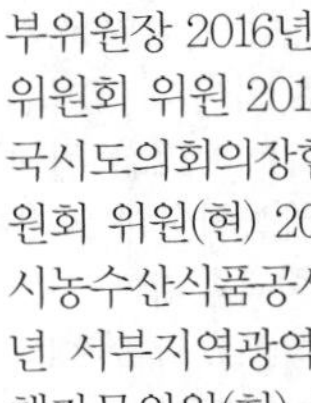

(생)1965·11·15 (본)경주(慶州) (출)경남 거창 (주)서울특별시 송파구 송파대로 234 과학기술정보통신부 중앙전파관리소 전파보호과(02-3400-2301) (학)1984년 거창 대성고졸 1988년 서울대 영어영문학과졸 (경)1995년 종합유선방송위원회 근무 2000년 방송위원회 기획부 조사관 2003년 同비서실 선임조사관 2005년 同정책2부장 2007년 同법제부장 2008년 방송통신위원회 방송정책국 지상파방송과장(서기관) 2009년 同지상파방송정책과장 2010년 同전파연구소 이천분소장 2010년 캐나다 파견(서기관) 2013년 미래창조과학부 정보화전략국 지능통신정책과장 2013년 同다부처협업기획과장 2013년 同과학기술진흥과장 2015년 국립과천과학관 운영지원과장 2016년 同고객창출과장 2016년 미래창조과학부 정보통신정책실 정보활용지원팀장 2017년 과학기술정보통신부 정보통신정책실 정보활용지원팀장 2018년 방송통신위원회 미디어다양성정책과 시청자지원팀장 2019년 과학기술정보통신부 중앙전파관리소 전파보호과장(현) (저)'방송법 해설(디지털시대)'(2005·2007·2013) '방송법 해설(4차산업혁명시대)'(2019) (역)'매클루언의 이해'(2007) (종)기독교

### 김정태(金正泰)

(생)1977·3·27 (출)서울 (주)경상북도 김천시 물망골길 39 대구지방법원 김천지원(054-251-2502) (학)1996년 한성고졸 1997년 연세대 인문과학부 입학 (경)2001년 사법고시 합격(43회) 2004년 사법연수원 수료(33기) 2007년 수원지법 판사 2009년 서울중앙지법 판사 2011년 춘천지법 영월지원 판사 2013년 서울고법 춘천재판부 판사 2015년 인천지법 부천지원 판사, 인천지법 판사 2018년 서울중앙지법 판사 2019년 대구지법 김천지원·대구가정법원 김천지원 부장판사(현)

### 김정학(金貞鶴) KIM Jeong Hak

(생)1953·1·2 (출)부산 (주)서울특별시 서초구 고무래로 6-6 선경빌딩 법무법인(유) 에이스(02-3487-5000) (학)1971년 경남고졸 1975년 서울대 법학과졸 (경)1986년 사법시험 합격(28회) 1989년 사법연수원 수료(18기) 1989년 인천지법 판사 1991년 서울지법 남부지원 판사 1993년 창원지법 충무지원 판사 1996년 서울지법 서부지원 판사 1998년 서울지법 판사 2000년 同북부지원 판사 2001년 서울고법 판사 2003년 서울가정법원 판사 2004년 부산지법 부장판사 2006년 수원지법 부장판사 2007년 대법원 연구법관 2008년 서울서부지법 부장판사 2010년 서울중앙지법 부장판사 2013년 서울서부지법 부장판사 2015~2018년 인천지법 부장판사 2018년 법무법인(유) 에이스 구성원변호사(현)

### 김정학(金政鶴) KIM, JEONG HAK

(생)1959·7·22 (본)상산(商山) (출)대구 (주)대구광역시 북구 대동로1길 40 대구교육박물관(053-231-1740) (학)1977년 영남고졸 1982년 영남대 영어영문학과졸 1985년 同대학원 영문학과 수료 (경)1989~1995년 BBS불교방송 프로듀서·제작부 차장 1991~1993년 한국방송프로듀서연합회 부회장 1995~2000년 TBC대구방송 프로듀서·FM팀장·편성팀장 2000~2002년 LA미주한국일보 뉴미디어국장 2003년 한·캐나다 수교 40주년 행사기획단장 2004~2008년 LA라디오코리아 편성국장·본부장 2008~2013년 영남대 천마아트센터 총감독 2010년 2011대구세계육상선수권대회 문화기획위원 2013년 2013경주문화엑스포 자문위원 2013년 국악방송 한류정보센터장, 同방송제작부장 겸임 2016년 구미문화예술회관장 2017년 대구교육박물관 설립추진단장 2018년 同관장(현) (상)제20회 한국방송대상(1993), 제4회 행원문화상(1995), 관해문화재단 언론상(1999), 이달의 최고 프로듀서상(2015), 이 달의 최고 프로그램상(2015) (저)'취재수첩 : 일연선사로 팔만대장경을 본다'(1998, 페이지원) (역)'숨어있는 샘(Hidden Spring)'(2010, 바움출판사) (종)불교

### 김정한(金禎漢) Jeong Han Kim

(생)1956·8·28 (본)안동(安東) (출)충남 홍성 (주)인천광역시 미추홀구 인하로 100 인하대학교(032-860-7114) (학)1983년 인하대 금속공학과졸 1987년 미국 콜로라도광업대(Colorado School of Mines) 대학원 금속공학과졸 1993년 금속재료공학박사(미국 콜로라도광업대) (경)1985~1993년

미국 콜로라도광업대 Welding & Joining Research Center Research Assistant 1995년 한국생산기술연구원 선임연구원 1998년 同수석연구원(현) 1998~1999년 同청정생산공정팀장 2000~2008년 대한안전경영과학회 이사 2000년 同종신회원(현) 2001~2005년 한국생산기술연구원 용접접합연구팀장 2003~2004·2007~2008년 대한용접·접합학회 기술이사 2004~2008년 조선대·서울산업대·한양대 겸임교수 2004~2006년 한국생산기술연구원 SMT센터장 겸 직무기피해소사업단장 2004~2008년 同마이크로조이닝센터장 2005~2006년 대한용접·접합학회 사업이사 2005~2007년 한국생산기술연구원 생산기반기술본부장 겸 인천연구센터 소장 2005~2008년 同자동차부품클러스트사업단장 2005~2012년 한국마이크로조이닝연구조합 운영위원 2006~2008년 대한금속재료학회 기술이사·평의원(현) 2007~2008년 한국생산기술연구원 국제협력단장 2008년 과학기술연합대학원대(UST) 겸임교수 2008~2011년 한국생산기술연구원 미국기술협력센터장 2012년 同뿌리산업진흥센터 소장 2012~2014년 한국마이크로조이닝연구조합 사업이사 2012년 대한용접·접합학회 IIW2014준비위원회 간사위원 2013년 同부회장·종신회원(현) 2015년 한국생산기술연구원 뿌리산업기술연구소장 2016~2017년 同부원장 2018년 인하대학교 연구교수(현) (상)정부주요정책개발 국무총리표창(2003), 대한용접·접합학회 기술상(2006), 대한용접·접합학회 논문상(2016), 대한용접·접합학회 공로상(2017), 국가산업발전 대통령표창(2017) (역)'신용접공학'(共) (종)천주교

## 김정한(金鼎翰) KIM Jeong Han

(생)1962·7·20 (출)서울 (주)서울특별시 동대문구 회기로 85 고등과학원 계산과학부(02-958-2551) (학)1985년 연세대 이과대학 물리학과졸 1987년 同대학원 수학과졸 1993년 수학박사(미국 럿거스대 뉴브런스윅교) (경)1993~1997년 AT&T 벨연구소 선임연구원 1996~1997년 미국 프린스턴대·프린스턴고등연구원 객원교수 1996~1997년 미국 카네기멜론대 부교수 1997~2007년 마이크로소프트연구소 수석연구원 2006~2008년 연세대 이과대학 수학과 교수 2007년 同언더우드교수 2008~2011년 국가수리과학연구소 소장 2011~2013년 연세대 이과대학 수학과 교수 2013년 고등과학원(KIAS) 계산과학부 교수(현) 2013년 同계산과학부 학부장 2016년 한국과학기술한림원 정회원(이학부·현) (상)풀커슨상(1997), 과학기술부 및 과학문화재단 선정 '닮고 싶고 되고 싶은 과학기술인 10인' 학술분야(2007), 경암학술상 자연과학분야(2008)

## 김정한

(생)1962·9·11 (주)인천광역시 서구 에코로 181 하나금융통합데이터센터비전센터 5층 하나금융티아이 임원실(02-2151-6400) (학)한양대 전자공학과졸 (경)삼성전자(주) SOC개발실 연구위원, 同S.LSI사업부 Embedded Software Center장(상무), 同메모리사업부 Flash Solution개발팀 연구위원 2012년 同메모리사업부 Flash Solution개발팀 연구위원(전무) 2012년 同DS부문 소프트웨어연구소장(전무) 2016년 SK그룹 전략기술기획·역량개발 전문위원(전무) 2017년 하나금융티아이 DT Lab 총괄 부사장 겸 최고기술책임자(CTO) 2018년 하나금융융합기술원 총괄 부사장 겸 최고기술책임자(CTO)(현) 2018년 하나금융지주 그룹데이터총괄 전무(현)

## 김정한(金丁漢) Kim Junghan

(생)1970·12·18 (주)서울특별시 종로구 사직로8길 60 외교부 아시아태평양국(02-2100-8441) (학)1994년 서울대 외교학과졸 2000년 미국 코네티컷대 대학원 국제관계학과졸 (경)1993년 외무고시 합격(27회) 1994년 외무부 입부 2002년 駐제네바 1등서기관 2011년 외교통상부 조약과장 2012년 대통령 외교비서관실 행정관 2013년 한·아세안센터 개발기획총무부장 2014년 외교부 동북아역사T/F팀장 2016년 駐미얀마 공사참사관 2018년 법원행정처 외무협력관 2019년 외교부 아시아태평양국장(현) (상)대통령표창(2013)

## 김정행(金正幸) KIM Jung Haeng (月浦)

(생)1943·12·7 (출)경북 포항 (주)서울특별시 송파구 올림픽로 424 대한체육회(02-423-5508) (학)1961년 대구 대건고졸 1965년 대한유도대 유도학과졸 1976년 건국대 행정대학원졸 1992년 명예 체육학박사(중국 청두체육대) 1996년 명예 행정학박사(경기대) 1997년 이학박사(일본 니혼대) 2001년 명예 체육학박사(몽골 울란바토르 몽골종합체육연구소) 2003년 명예 체육학박사(대만 국립체육대) 2003년 명예 이학박사(대만 국립체육대) 2003년 명예 이학박사(대만 중국문화대) 2007년 명예 체육학박사(중국 후난사범대) 2010년 명예 체육학박사(러시아 레츠카프트대) 2012년 명예 체육학박사(스페인 카밀로호세셀라대) 2013년 명예 국제경영학박사(일본 벳부대) (경)1970~1986년 대한유도대 전임강사·조교수·부교수 1976년 국가대표 유도코치 1981년 유도대 학생처장 1986년 同교수 1986년 아시아유도연맹·세계유도연맹 경기위원장 1986년 국립수사연구소 교수 1987년 유도대 무도연구소장 1989년 대한유도회 전무 1990년 용인대 기획실장 1992~1995년 대한유도회 부회장 1992년 용인대 부총장 1994~2014년 同총장 1995~2013년 대한유도회 회장 1997~2002년 대한체육회 부회장 1998년 방콕아시안게임 한국선수단장 1999~2012년 대한무도학회 초대회장 2000~2006년 아시아유도연맹 부회장 2002년 세계주니어유도선수권대회 조직위원장 2003년 약속지키기운동본부 초대총재 2003~2011년 동아시아유도연맹 회장 2004년 아시아체육교류연맹 이사장 2005~2013년 대한체육회 부회장 2005년 범태평양유도연맹 회장 2006년 아시아유도연맹 회장 2007~2011년 同부회장 2008년 베이징올림픽 한국선수단장 2009~2014년 2014인천아시아경기대회조직위원회 부위원장 2010년 국제유도연맹 올림픽솔리다리티위원회 위원 2010년 한나라당 문화예술체육특별위원회 부위원장 2011년 국제유도연맹(IJF) 집행위원 2012년 同마케팅위원 2013~2016년 대한체육회 회장 2016년 同공동회장 2017년 同명예회장(현) (상)대한민국 체육상, 체육훈장 백마장·청룡장, IOC훈장 은장, 몽골 NOC올림픽훈장, 스페인올림픽위원회 특별공로상(2010), 한국언론인연합회 자랑스러운 한국인 대상 체육진흥부문(2013) (저)'유도정복술' '유도의 훈련방법' '대학체육' '유도개론' '유도지도서' '유도지도법' '유도의본 Ⅰ·Ⅱ' (역)'체육원리' '동서체육사상의 만남' '유도챔피언' '무도론'

## 김정헌(金廷憲)

(생)1975·2·28 (출)경남 창원 (주)서울특별시 서초구 반포대로 158 서울고등검찰청 총무과(02-530-3261) (학)1993년 부산 중앙고졸 1999년 고려대 법학과졸 (경)2000년 사법시험 합격(42회) 2003년 사법연수원 수료(32기) 2003~2006년 대한법률구조공단 공익법무관, 법무법인 충정 변호사, 서울중앙지검 검사 2016년 수원지검 검사 2017년 同부부장검사 2018년 광주지검 목포지청 형사2부장 2019년 서울고검 검사(현)

## 김정호(金正浩) KIM Jeong Ho

(생)1958·9·10 (출)서울 (주)서울특별시 서대문구 연세로 50 세브란스병원 진단검사의학과(02-2228-2448) (학)1983년 연세대 의대졸 1986년 同대학원 의학석사 1995년 의학박사(연세대) (경)1990~2004년 연세대 의대 임상병리학교실 조교수·부교수 1995년 미국 워싱턴의대 연구원 2001년 대한임상검사정도관리협회 TDM분과위원장 2004년 연세대 의대 진단검사의학교실 교수(현), 강남세브란스병원 진단검사의학과장 2006년 대한진단검사의학회 편집이사·위원 2013~2017년 연세대 의대 진단검사의학교실 주임교수 2013~2017년 세브란스병원 진단검사의학과장 2013~2015년 대한진단검사의학회 이사장 2017년 연세암병원 진단검사의학과장(현) 2018년 同진단검사의학센터장(현) (종)기독교

## 김정호(金禎鎬) KIM JUNG HO

(생)1960·6·18 (출)제주 (주)서울특별시 영등포구 의사당대로 1 국회 의원회관 733호(02-784-5871) (학)부산남고졸 1996년 부산대 경제학과졸(79학번) (경)부산민주시민협의회 조직교육부장, 부산민족민주운동연합 조직국장, 부산민족민주연합 사무차장, 희망연대 상황실장 2003년 대통령 총무비서관실 구매담당 선임행정관 2007년 대통령 총무비서관실 인사담당 선임행정관 2008년 대통령 기록관리비서관 2008년 봉하마을 대표이사 2010년 노무현재단 상임운영위원 2015년 생활자치커뮤니티 '우리동네사람들' 이사 2017년 더불어민주당 제19대 대통령선거 문재인후보 농업정책특보 2018년 同김해시乙지역위원회 지속발전특별위원회 위원장 2018년 제20대 국회의원(경남 김해시乙 재보궐선거 당선, 더불어민주당)(현) 2018년 국회 국토교통위원회 위원 2018년 더불어민주당 사회적경제위원회 위원장(현) 2019년 국회 기획재정위원회 위원(현) 2019년 더불어민주당 원내부대표(현) 2019년 同운영위원회 위원(현) 2019년 국회 예산결산특별위원회 위원(현) (상)농림수산식품부장관표창(2011), 경남도 친환경생태농업대상 단체부문 대상(2013)

## 김정호(金正浩) KIM Jung Ho

(생)1960·8·23 (본)김해(金海) (출)서울 (주)서울특별시 중구 청파로 463 한국경제신문 경영지원실(02-360-4114) (학)1979년 서울 중앙고졸 1987년 한양대 신문방송학과졸 2002년 미국 캘리포니아대 샌디에이고교 국제관계대학원(IRPS) 전문가과정 수료 (경)1999년 한국경제신문 산업1부 기자 2000년 同경제부 기자 2001년 同경제부 차장대우 2001년 해외 연수 2002년 한국경제신문 대기업팀 차장대우 2003년 同대기업팀장 2004년 同산업부장 2005년 同경제부장 2008년 同편집국 부국장대우 겸 한경닷컴 온라인뉴스국장 2010년 同편집국장 2011년 同수석논설위원 2012~2015년 同광고국장 겸 수석논설위원(이사대우) 2012~2015년 전기위원회 위원 2015년 한국경제신문 광고국장 겸 수석논설위원(이사) 2016년 한국신문협회 광고협의회 부회장 2018년 한국경제신문 광고국장 겸 수석논설위원(상무이사) 2019년 同경영지원실장(전무이사)(현) (상)한양언론인회 한양언론인상(2012) (저)'21세기 21가지 대예측(共)'(1999)

## 김정호(金靖鎬) KIM Jeong Ho

(생)1962·1·18 (출)광주 (주)서울특별시 강남구 테헤란로 317 동훈타워 법무법인(유) 대륙아주(02-563-2900) (학)1980년 서울 신일고졸 1984년 서울대 법학과졸 1986년 同대학원 법학과졸 (경)1986년 사법시험 합격(28회) 1989년 사법연수원 수료(18기) 1989년 육군 법무관 1992년 수원지법 판사 1994년 서울형사지법 판사 1996년 광주지법 순천지원 판사 1997년 同순천지원 광양시·구례군법원 판사 1998년 광주고법 판사 1999년 서울지법 판사 1999년 독일 프라이부르크 막스플랑크연구소 연수 2000년 서울고법 판사 2001년 헌법재판소 연구관 2003년 서울고법 판사 2004년 대전지법 형사6부 부장판사 2006년 수원지법 부장판사 2008년 서울중앙지법 부장판사 2011년 서울북부지법 부장판사 2012~2013년 同수석부장판사 2013년 법무법인(유) 대륙아주 변호사(현)

## 김정호(金鼎晧) Jeongho Kim

(생)1962·12·13 (본)김해(金海) (출)서울 (주)서울특별시 영등포구 버드나루로2길 8 산업재해보상보험심사위원회(02-2109-3601) (학)1980년 대일고졸 1987년 연세대 환경과학과졸 1995년 同보건대학원 산업보건학과졸 2009년 한국개발연구원(KDI) 국제정책대학원 공공정책학과졸 2016년 융합학박사(호서대) (경)1987~1997년 노동부 산업안전국·서울관악노동지청 산업안전과·중부 안양노동지청 산업안전과 근로감독관 1988년 독일 산업안전보건연구원(BAuA) 파견 1997~2011년 고용노동부 산업안전보건정책관실 산업보건과·중부 의정부고용노동지청·부산 양산고용노동지청·부산 진주고용노동지청 산업안전과장(사무관) 2003년 미국 산업안전보건청(OSHA) 파견 2009년 독일 바스프社 파견 2011년 부산지방노동위원회 사무국장(서기관) 2012년 서울지방고용노동청 산재예방지도과장 겸 서초고용센터 소장 2013년 고용노동부 산재예방보상정책국 산업보건과 서기관 2016년 대전지방고용노동청 충주고용노동지청장 2017년 중부지방고용노동청 안양고용노동지청장 2018년 근로복지공단 산업재해보상보험심사위원회 상임위원 2019년 同산업재해보상보험심사위원회 위원장(현)

## 김정호(金正浩) Kim, Jung Ho

(생)1967·8·19 (출)인천 (주)경기도 의정부시 녹양로34번길 23 의정부지방검찰청 인권감독관실(031-820-4460) (학)1986년 제물포고졸 1992년 연세대 법학과졸 (경)1997년 사법시험 합격(39회) 2000년 사법연수원 수료(29기) 2000년 인천지검 부천지청 검사 2002년 대전지검 공주지청 검사 2003년 부산지검 동부지청 검사 2005년 인천지검 검사 2009년 서울서부지검 검사 2011년 사법연수원 교수 2014년 서울중앙지검 부부장검사 2015년 창원지검 공안부장 2016년 부산지검 형사4부장 2017년 同서부지청 형사2부장 2017년 수원지검 성남지청 형사2부장 2018년 의정부지검 고양지청 형사2부장 2019년 의정부지검 인권감독관(현) (상)대검찰청 올해의 우수 형사부장(2016)

## 김정화(金正和) Kim, Jeong-hwa

(생)1969·1·21 (출)부산 (주)세종특별자치시 한누리대로 402 산업통상자원부 무역투자실 투자정책과(044-203-4070) (학)1988년 동인고졸 1994년 부산대 기계공학과졸 2006년 미국 카네기멜론대 대학원 공학석사 (경)1994년 기술고시 합격(30회) 2004년 산업자원부 전자상거래총괄과 서기관 2007년 同투자정책팀 서기관 2008년 지식경제부 정보통신활용과장 2010년 미국 소프트웨어연구소 파견(서기관) 2012년 지식경제부 방사성폐기물과장 2013년 산업통상자원부 에너지자원실 원전환경과장 2014년 同산업정책실 전자부품과장 2016~2017년 대통령직속 지역발전위원회 정책홍보관(부이사관) 2018년 FTA무역종합지원센터 파견(부이사관) 2018년 산업통상자원부 무역투자실 투자정책과장(현)

## 김정화(金貞和·女) Kim Jeong Hwa

(생)1979·1·19 (주)서울특별시 영등포구 국회대로 786 바른미래당(02-715-2000) (학)2009년 연세대 법학과졸, 국민대 대학원 여성정치학 수료 (경)새정치민주연합 전국여성위원회 여성리더십센터 부소장, 국민정책연구원 객원연구원 2017년 국민의당 선거대책위원회 여성정책특별위원장 2017년 同전국여성위원회 부위원장 2017년 同중앙선거관리위원회 위원 2017년 同조직강화특별위원회 위원 2017년 同제19대 안철수 대통령후보 중앙선거대책위원회 부대변인 2017년 同서울강남乙지역위원회 위원장 2017년 同비상대책위원회 위원 2017~2018년 同제2창당위원회 대변인 2018년 同중앙당 수석부대변인 2018년 바른미래당 서울강남구乙지역위원회 위원장(현) 2018년 同대변인(현)

## 김정환(金正煥) KIM Jung Hwan

(생)1957·2·12 (출)부산 (주)서울특별시 중구 을지로 30 (주)호텔롯데 임원실(02-771-1000) (학)부산 동래고졸 1983년 성균관대 신문방송학과졸 (경)1983년 (주)호텔신라 영업·식음담당 입사, 同영업기획팀장 2001년 同e-business담당 상무보, 同레포츠담당 상무, 同식음담당 상무 2006년 同영업부문 상무 2008년 同총지배인(이사) 2009년 同총지배인(전무) 2012년 (주)호텔롯데 서울 총지배인 2015년 同개발부문장(부사장) 2017년 同대표이사(현) (상)호텔신라대표이사표창

**김정환(金汀煥) KIM Jeong Hwan**

(생)1958·1·27 (출)서울 (주)경기도 수원시 영통구 삼성로 129 삼성전자(주) 임원실(031-200-1114) (학)1975년 용산고졸 1981년 한국외국어대 포르투갈어과졸 (경)1984년 삼성전자(주) 수출관리부(가전해외) 근무 1989년 同SEP(구주)담당 과장 1995년 同마케팅팀(AV)담당 과장 1996년 同삼성디자인연구원 담당 부장 2000년 同지역마케팅그룹 담당 부장 2001년 同마케팅기획그룹장(GMO) 2003년 同글로벌마케팅실 마케팅전략팀장(상무보) 2005년 同구주총괄 스페인판매(SESA)법인장(상무) 2010년 同구주총괄 스페인판매(SESA)법인장(전무) 2010년 同영상디스플레이사업부 디스플레이전략마케팅팀장(전무) 2012년 同영상디스플레이사업부 Enterprise Business팀장(전무) 2014년 同중남미총괄 전무 2017년 同중남미총괄 부사장(현)

**김정환(金正煥)**

(생)1960·6·28 (주)서울특별시 중구 세종대로 125 서울특별시의회(02-3702-1400) (학)광운대 전자계산학과졸 (경)더불어민주당 서울동작甲지역위원회 지방자치분과위원장 2018년 서울시의회 의원(더불어민주당)(현) 2018년 同환경수자원위원회 위원(현) 2018년 同정책위원회 위원(현) 2018년 同예산결산특별위원회 위원(현) 2018년 同윤리특별위원회 위원(현)

**김정환(金政桓) KIM Jung Hwan**

(생)1961·11 (주)서울특별시 영등포구 여의대로 128 LG디스플레이(주) IT영업·마케팅그룹(02-3777-1114) (학)한국외국어대 불어불문학과졸 (경)2010년 LG디스플레이(주) IT중국영업담당 상무 2011년 同TV 유럽영업담당 상무 2012년 同TV 영업3담당 상무 2018년 同IT영업·마케팅그룹장(전무)(현)

**김정환(金正煥) Jeong-hwan KIM**

(생)1967·11·14 (출)경남 합천 (주)세종특별자치시 한누리대로 402 산업통상자원부 기획조정실(044-203-5200) (학)1986년 서울 배재고졸 1990년 서울대 경제학과졸 2001년 경제학박사(미국 미주리대) (경)1989년 행정고시 합격(33회) 1992년 상공부 산업정책국 산업진흥과 사무관 1994년 同산업기술국 산업기술진흥과 사무관 1994년 통상산업부 산업정책국 산업기술개발과 사무관 1995년 同자원정책실 자원정책과 사무관 1998년 미국 미주리대 교육훈련 2001년 산업자원부 무역투자실 투자정책과 서기관 2003년 APEC에너지연구센터 파견 2006년 산업자원부 석탄산업과장 2006년 同석탄산업팀장 2007년 同지식서비스팀장 2008년 지식경제부 지식서비스과장 2008년 同반도체디스플레이과장 2009년 대통령실 파견(부이사관) 2010~2011년 지식경제부 정보통신총괄과장 2011년 중소기업청 기획조정관 2013년 산업통상자원부 기술표준원 지식산업표준국장 2013년 同국가기술표준원 제품안전정책국장 2015년 同기획조정실 정책기획관 2016년 同산업기반실 산업기술정책관 2016년 同산업기반실 시스템산업정책관 2017년 국외 직무훈련(고위공무원) 2018년 산업통상자원부 대변인 2018년 同기획조정실장(현)

**김정환(金政煥) Jung Hwan KIM**

(생)1970·3·30 (본)경주(慶州) (출)서울 (주)세종특별자치시 다솜로 261 국무조정실 미세먼지개선기획단 미세먼지저감과(044-200-2652) (학)1988년 서울 중동고졸 1997년 아주대 환경공학과졸 (경)2009년 환경부 운영지원과 인사팀장 2010년 同온실가스관리팀장 2012년 국외훈련 2013년 국립환경과학원 연구전략기획과장 2014년 환경부 온실가스종합정보센터 감축목표팀장 2015년 同환경기술경제과장 2015년 同정책홍보팀장 2016년 同장관 비서관 2017년 同교통환경과장 2018년 同기후변화정책관실 기후경제과장 2019년 국무조정실 미세먼지개선기획단 미세먼지저감과장(현) (상)대통령표창

**김정회(金政會)**

(생)1971·6·26 (주)세종특별자치시 한누리대로 402 산업통상자원부 산업기술융합정책관실(044-203-4500) (경)1994년 행정고시 합격(37회) 1995년 통상산업부 WTO담당관실 사무관 1999년 산업자원부 기획예산담당관실 사무관 2000년 同장관실 사무관 2001년 同수출입조사과 사무관 2002년 同장관실 서기관 2002년 국외 훈련 2005년 산업자원부 균형발전정책관실 서기관 2006년 同산업피해조사팀장 2008년 지식경제부 기업협력과장 2011년 同경제자유구역기획단 정책기획팀장(서기관) 2011년 同자동차조선과장 2013년 산업통상자원부 미주통상과장 2014년 同산업정책실 기계로봇과장(부이사관) 2016년 同운영지원과장 2016년 同국가기술표준원 제품안전정책국장(고위공무원) 2017~2018년 同에너지신산업정책단장 2019년 同에너지자원정책관 2019년 同자원산업정책관 2019년 同산업기술융합정책관(현)

**김정훈(金正薰) KIM, JUNG-HOON**

(생)1957·11·3 (본)김해(金海) (출)부산 (주)서울특별시 영등포구 의사당대로 1 국회 의원회관 716호(02-784-0680) (학)1976년 부산고졸 1987년 한양대 법학과졸 (경)1989년 사법시험 합격(31회) 1992년 사법연수원 수료(21기) 1998~2001년 부산시 고문변호사 1999~2005년 부산안전생활실천시민연합 공동대표 2001~2003년 대한변호사협회 인권위원 2004년 제17대 국회의원(부산시 남구甲, 한나라당) 2004~2008년 국회 정무위원회 한나라당 간사 2005~2007년 한나라당 정보위원장 2005년 (사)한국·쿠웨이트친선협회 회장 2006년 한·중앙아시아경제협력포럼 회장 2007년 한·미얀마경제교류협회 회장 2007년 중국 헤이룽장성 무단장시 우호선전대사 2007~2008년 제17대 대통령취임준비위원회 자문위원 2007~2008년 한나라당 원내부대표(공보담당) 2008년 한·사우디의원친선협회 이사 2008년 한·쿠웨이트의원친선협회 부회장 2008년 한·일의원연맹 미래위원장 2008년 제18대 국회의원(부산시 남구甲, 한나라당·새누리당) 2008년 국회 지식경제위원회 위원(예산담당) 2009~2010년 국회 정보위원회 위원 2009~2010년 국회 운영위원회 간사 2009~2010년 한나라당 원내수석부대표 2009년 글로벌패션포럼 대표 2009년 해외자원건설포럼 대표 2010년 국제평화기념사업회 이사장 2010~2011년 한나라당 부산시당 위원장 2010~2011년 同대표 특보단장 2010년 대통령 특사(콜롬비아) 2010년 남부아프리카 경제사절단장 2011년 남미산업협력사절단 단장 2011년 한나라당 정책위원회 선임부의장 2011~2012년 국회 정치개혁특별위원회 간사 2011년 한나라당 전국위원회 부의장 2012년 제19대 국회의원(부산시 남구甲, 새누리당) 2012~2014년 국회 정무위원회 위원장 2012년 국회 해외동포무역경제포럼 대표의원 2013년 대통령 특사단장(미국) 2014년 국회 정무위원회 위원 2015년 대한민국재향군인회 안보정책자문위원 2015~2016년 새누리당 정책위원회 의장 2016년 同제20대 총선 부산·경남권선거대책위원장 2016년 제20대 국회의원(부산시 남구甲, 새누리당·자유한국당〈2017.2〉)(현) 2016~2017년 국회 산업통상자원위원회 위원 2017년 국회 헌법개정특별위원회 위원 2017년 자유한국당 중앙직능위원회 의장 2017년 同제19대 홍준표 대통령후보 중앙선거대책위원회 공동위원장 겸 중앙선거대책본부 중앙직능본부 공동본부장 2017~2018년 국회 산업통상자원중소벤처기업위원회 위원 2018년 국회 정무위원회 위원(현) (상)국정감사 NGO 모니터단 우수의원(2004·2005·2008·2009), 바른사회시민회의 국정감사 우수의원(2007·2009), 대한민국 헌정우수상(2011), 대한민국 재향군인회 향군대휘장(2011), 대한민국 자랑스런 시민대상(2012), 국정감사NGO 모니터단 선정 우수상임위원회 위원장(2012·2013), 중소기업중앙회 중소기업지원대상(2013) (저)'국민생활안전에 관한 고찰' '민원제도의 개선방안' '미래평화'(2011) '세계와 악수하다'(2013) (종)불교

## 김정훈(金廷勳)

(생)1960·1 (주)서울특별시 강남구 테헤란로 301 현대글로비스(주) 임원실(02-6191-9114) (학)영남대 화학공학과졸 (경)현대·기아자동차 통합부품개발실장(이사대우·이사), 同구매관리사업부장·통합구매사업부장(상무), 同구매본부장(부사장) 2018년 현대글로비스(주) 대표이사 사장 겸 이사회 의장(현)

## 김정훈(金政勳) KIM Jeong Hoon

(생)1961·7·1 (본)선산(善山) (출)서울 (주)서울특별시 송파구 올림픽로43길 88 서울아산병원 신경외과(02-3010-3559) (학)1980년 동국대사대부고졸 1986년 서울대 의대졸 1991년 同대학원 의학석사 1996년 의학박사(고려대) (경)1986~1991년 서울대병원 수련의·신경외과 전공의 1991년 국군 서울지구병원 신경외과장 1994년 서울중앙병원 신경외과 전임의 1996~2007년 울산대 의대 신경외과학교실 전임강사·조교수·부교수 1998~1999년 미국 하버드대 부속 MGH 방문교수 2007년 울산대 의대 신경외과학교실 교수(현) 2018~2019년 대한뇌종양학회 회장 2019년 同상임위원장(현) (상)서울대병원 우수전공의상 (종)기독교

## 김정훈(金政勳) KIM Jung Hoon

(생)1961·8·15 (주)경상북도 경산시 대학로 280 영남대학교 새마을국제개발학과(053-810-2686) (학)1984년 영남대 건축공학과졸 1991년 서울대 환경대학원 환경계획학과졸 2001년 도시및지역계획학박사(영국 뉴캐슬대) (경)1990~2010년 국토연구원 국토정보센터 연구위원 2009년 국토해양부 U-City계획 자문위원 2010년 영남대 새마을국제개발학과 교수(현) 2010년 국가미래연구원 국토·부동산·해운·교통분야 발기인 2011년 경제인문사회연구회 기획평가위원 2012년 경북도 도시계획위원 2012년 국가행복추진위원회 지역발전추진단 추진위원 2017년 영남대 지구촌상생인재양성사업단장(현) 2017년 同정치행정대학장(현)

## 김정훈(金廷勳)

(생)1974·1·1 (출)전북 완주 (주)경기도 수원시 영통구 법조로 91 수원지방검찰청 중요경제범죄조사단(031-5182-4448) (학)1992년 완산고졸 1997년 서울대 공법학과졸 2004년 미국 인디애나대 로스쿨졸 (경)1998년 사법고시 합격(40회) 2001년 사법연수원 수료(30기), 미국 뉴욕주 변호사 시험 합격, 미국 뉴욕 변호사회 회원, 국제거래법학회 회원, 성폭력상담소 자문변호사, 경찰청 순회당직 상담변호사, 서울지방변호사회 법률상담, 대한변호사협회 신문 집필위원, 변리사 등록 2005년 법무법인 로고스 변호사, 법무법인 바른 변호사 2007년 대구지검 검사(법무부 검사직 특별 임용) 2009년 수원지검 안양지청 검사 2011년 서울남부지검 검사 2013년 전주지검 검사 2015년 서울동부지검 검사 2017년 의정부지검 고양지청 검사 2017년 청주지검 부부장검사 2018년 대구지검 부부장검사 2019년 수원지검 중요경제범죄조사단 부장검사(현) (상)공익활동 모범변호사표창

## 김정희(金貞希·女) KIM Jeong Hee

(생)1957·10·7 (주)경상북도 안동시 경동로 1375 안동대학교 사회과학대학 생활복지학과(054-820-5639) (학)1976년 경북여자고졸 1980년 경북대 가정교육학과졸 1988년 同대학원 가정학과졸 1995년 가정학박사(경북대) (경)1980~1990년 대구 정화여중·고 교사 1992~1993년 동의대·대구대 강사 1994~2005년 안동대 가정관리학과 전임강사·조교수·부교수 2000~2001년 同기획연구부실장 2002년 경북도 물가대책위원회 위원(현) 2004~2015년 대구녹색소비자연대 공동대표 2005~2019년 안동대 생활환경복지학과 교수 2006년 한국소비자정책교육학회 부회장 2007년 경북지방소비자정책위원회 위원(현) 2007~2009년 한국소비문화학회 부회장 2008~2012년 대구소비자단체연합회 회장 2008~2009년 한국소비자업무협회 사무총장 2009년 한국소비문화학회 회장 2009년 한국소비자업무협회 수석부회장 2009년 안동대 기획처장 2010년 한국소비자업무협회 회장 2010년 한국소비자학회 부회장 2010년 한국소비자문화학회 고문(현) 2011년 한국소비자업무협회 관련학과협의회장 2011~2015년 공정거래위원회 대구지방공정거래사무소 자문위원 2012~2013년 한국소비자정책교육학회 회장 2013년 한국공소비자업무협회 고문(현) 2014~2016년 안동대 생활과학대학장 2019년 同사회과학대학 생활복지학과 교수(현) 2019년 同대학원장(현) (상)경북도지사표창(2007), 대구광역시장표창(2012), 홍조근정훈장(2014) (저)'정보사회의 소비자와 시장'(2004) '소비자의사결정로드맵'(2006) '소비자주권시대의 소비자교육'(2008) '생활경제와 소비자트렌드'(2010) '생활경제와 소비트렌드'(2017)

## 김정희(金正熙) Jeong Hee Kim

(생)1968·5·4 (본)김해(金海) (출)전남 함평 (주)세종특별자치시 도움6로 11 국토교통부 운영지원과(044-201-3160) (학)전남대 행정학과졸 2006년 지역및도시계획학박사(영국 뉴캐슬대) (경)1994년 중앙공무원교육원 근무 1995년 건설교통부 제주항공관리사무소 과장 1996년 同도시관리과 근무 1998년 同개발제한구역제도개선팀 근무 2003년 同육상교통기획과 서기관 2006년 同국토정책과 서기관 2006년 재정경제부 경제자유구역기획단 개발지원과장(파견) 2007년 同혁신팀장 2008년 국토해양부 도시규제정비팀장 2009년 駐리비아대사관 파견(1등서기관) 2011년 지역발전위원회 파견 2013년 국토교통부 녹색도시과장 2014년 同건설정책국 건설경제과장 2017년 同주택토지실 부동산산업과장 2018년 同공공주택추진단장 2019년 국방대 교육파견(고위공무원)(현) (저)'영국의 도시계획과 개발제어'(2014)

## 김정희(金正熙) Kim Jeong Hee

(생)1968·12·11 (출)전남 순천 (주)전라남도 무안군 삼향읍 오룡길 1 전라남도의회(061-286-8200) (학)순천대 기계공학과졸, 同대학원 신소재공학 박사과정 수료 (경)민주당 삼산동협의회장, 同중앙당 환경특위 부위원장 2006년 전남 순천시의원선거 출마, 더불어민주당 전남도시정책특별위원회 위원장, 순천대총동창회 부회장 2018년 전남도의회 의원(더불어민주당)(현), 同의회운영위원회 위원(현), 同농수산위원회 부위원장(현) (종)기독교

## 김정희(金政姬·女) KIM Jung Hee

(생)1970·8·24 (출)서울 (주)세종특별자치시 다솜2로 94 농림축산식품부 유통소비정책관실(044-201-2201) (학)1989년 서울 영동여고졸 1993년 이화여대 법학과졸 (경)행정고시 합격(38회) 1996년 농림부 법무담당관실·국제협력과 사무관 1999년 同농업정책과 서기관 2003년 同유통정책과 서기관 2004년 同기획예산담당관실 서기관 2005년 同총무과장 2006년 同경영인력과장 2008년 농림수산식품부 농촌산업과장(서기관) 2009년 同품종보호심판위원회 상임위원 2009년 해외연수(서기관) 2011년 농림수산식품부 수산정책과장 2012년 同수산정책과장(부이사관) 2013년 同지역개발과장 2013년 농림축산식품부 지역개발과장 2014년 同농촌정책과장 2016년 국방대 파견(고위공무원) 2017년 농림축산식품부 농림축산검역본부 영남지역본부장(고위공무원) 2017년 국정기획자문위원회 파견(고위공무원) 2017년 농림축산식품부 정책기획관 2019년 同유통소비정책관(현)

## 김제리(金濟理) Kim Je Rry

생1960 · 5 · 20 본김해(金海) 출전남 주서울특별시 중구 세종대로 125 서울특별시의회(02-3702-1400) 학1986년 경복고부설방송통신고졸 2005년 한국방송통신대 행정학과졸 2008년 연세대 행정대학원졸 2010년 명지대 사회복지대학원졸 경민주평통 자문위원 1995~1998년 서울시 용산구의회 의원, 한나라당 서울용산구당원협의회 운영위원, 同서울시당 홍보위원회 용산지회장, 경의선및용산구철도지하화추진위원회 간사 1998년 서울시의원선거 출마 2002 · 2006~2010년 서울시 용산구의회 의원 2005년 삼성전자 서비스C · S 강사, 서울시 용산구의회 운영위원장 2006~2008년 同복지건설위원장 2010년 서울시의회 의원(한나라당 · 새누리당) 2010~2012년 同운영위원회 부위원장 2010~2012년 同환경수자원위원회 위원 2010 · 2012년 同예산결산특별위원회 위원 2010~2011년 同CNG버스안전운행지원특별위원회 위원 2011~2012년 同장애인특별위원회 위원 2011~2012년 同안전관리및재난지원특별위원회 위원 2012~2014년 同인권도시창조를위한서울특별시의회인권특별위원회 위원 2012년 同도시계획관리위원회 부위원장 2012~2014년 同최고고도지구합리적개선특별위원회 부위원장 2012년 同도시재정비위원회 위원 2012년 同저탄소녹색성장및중소기업지원특별위원회 위원 2012년 同윤리특별위원회 위원 2013년 同학교폭력대책특별위원회 위원 2013년 同건축정책위원회 위원 2013~2014년 同서소문밖역사기념및보전사업추진특별위원회 부위원장 2013년 同2018평창동계올림픽지원및스포츠활성화를위한특별위원회 부위원장 2014년 同동남권역집중개발특별위원회 위원 2014~2018년 서울시의회 의원(새누리당 · 더불어민주당) 2014~2016년 同환경수자원위원회 위원 2014~2015년 同예산결산특별위원회 위원장 2015년 同서소문밖역사유적지관광자원화사업지원특별위원회 위원 2015년 同항공기소음특별위원회 위원 2016~2017년 同장기미집행도시공원특별위원회 위원 2016년 同교통위원회 위원 2016년 同서울메트로사장후보자인사청문특별위원회 위원 2017년 同2018 평창동계올림픽지원및스포츠활성화를위한특별위원회 위원 2017년 同마을과학교협력을위한특별위원회 위원 2017년 同소상공인지원을위한특별위원회 위원 2017년 同예산결산특별위원회 위원 2018년 서울시의회 의원(더불어민주당)(현) 2018년 同환경수자원위원회 위원(현) 2018년 同예산결산특별위원회 위원 2019년 同윤리특별위원회 위원(현) 2019년 同독도수호특별위원회 위원(현) 상시민일보 제3 · 11회 의정대상, 나눔대상 고용노동부장관표창(2011), 전국시 · 도의회의장협의회 우수의정 대상(2016) 종가톨릭

## 김제식(金濟植) KIM Je Sik (能賢)

생1957 · 7 · 10 출충남 서산 주서울특별시 강남구 테헤란로87길 36 도심공항타워 법무법인 로고스(02-2188-2855) 학1976년 인천 제물포고졸 1982년 서울대 법학과졸 경1982년 사법시험 합격(24회) 1984년 사법연수원 수료(14기) 1985년 부산지검 검사 1987년 전주지검 남원지청 검사 1988년 서울지검 남부지청 검사 1991년 대구지검 검사 1993년 서울지검 검사 겸 법무부 검찰국 검사 1994년 법무부 검찰3과 검사 1996년 광주고검 검사 1997년 대검찰청 검찰연구관 1998년 대전지검 논산지청장 1999년 사법연수원 교수 2001년 법무부 특수법령과장 2002년 서울지검 공판1부장 2003년 同형사7부장 2003년 대전지검 형사1부장 2004년 광주지검 목포지청장 2005년 수원지검 안산지청 차장검사 2006년 광주지검 차장검사 2007~2008년 부산지검 동부지청장 2008년 변호사 개업 2010~2012년 법무법인 동인 구성원변호사 2012~2014년 변호사 개업 2012년 대한법률구조공단 비상임감사 2014년 서산YMCA 법률상담위원 2014~2016년 제19대 국회의원(서산 · 태안 보궐선거, 새누리당) 2014~2016년 국회 보건복지위원회 위원 2014~2015년 새누리당 중앙윤리위원회 윤리관 2014년 同법률지원단 부단장 2015년 同원내부대표 2015년 국회 운영위원회 위원 2015년 국회 미래창조과학방송통신위원회 위원 2015년 국회 동북아역사왜곡대책특별위원회 위원 2015년 국회 예산결산특별위원회 위원 2015~2016년 새누리당 충남도당 위원장 2015년 同국가간호간병제도특별위원회 위원 2016년 법무법인 로고스 상임고문변호사(현) 2017년 바른정당 제19대 유승민 대통령후보 중앙선거대책위원회 법률지원단 부단장 2017년 同충남서산 · 태안당원협의회 조직위원장 2017년 同충남도당 위원장 2017년 同법률위원회 위원장 2018년 바른미래당 충남도당 공동위원장 2018년 同충남서산시 · 태안군지역위원회 공동위원장 2018년 同법률위원회 공동위원장 2018~2019년 同인천시 미추홀구甲지역위원회 위원장 상근정포장, 국정감사 우수위원(2014), 홍조근정훈장 저'2중구속에 관한 소고' 역'법무部'

## 김제욱(金濟郁)

생1971 · 4 · 22 출강원 원주 주서울특별시 서초구 서초중앙로 157 서울고등법원(02-530-1114) 학1989년 대성고졸 1996년 한양대 법학과졸 경1999년 사법시험 합격(40회) 2001년 사법연수원 수료(30기) 2001년 전주지법 판사 2003년 대전지법 판사, 수원지법 판사 2009년 서울중앙지법 판사 2012년 서울동부지법 판사 2013년 법원행정처 윤리감사1심의관 겸임 2014년 同윤리감사기획심의관 2015년 서울중앙지법 판사 2016년 창원지법 부장판사 2018년 서울고법 판사(현)

## 김제홍(金濟泓) KIM Je Hong

생1965 · 11 · 21 본예안(禮安) 출충북 청원 주강원도 강릉시 공제로 357 강릉영동대학교 총장실(033-610-0112) 학청주고졸 1988년 충북대 전기공학과졸 1990년 同대학원 전력전자학과졸 1992년 전력전자학박사(충북대) 경충북대 강사 1996년 강릉영동대 전기과 교수(현) 2019년 同총장(현)

## 김조영(金祖榮) KIM Jo Young (明德)

생1948 · 12 · 29 본경주(慶州) 출부산 주부산광역시 부산진구 중앙대로 605 춘해병원 이사장실(051-270-0304) 학1967년 경기고졸 1974년 부산대 의대졸 1982년 연세대 대학원졸 1985년 의학박사(연세대) 경1982년 연세의료원 전임강사 1983년 부산춘해병원 신경외과장 · 기획실장 1984년 연세대 의대 신경외과학교실 외래조교수 · 춘해대 부교수 1986년 연세대 의대 신경외과학교실 외래부교수 1986년 부산남천로터리클럽 회장 1990~2001년 춘해병원장 1993년 춘해학원 이사장 1993년 춘해보건대 이사장(현) 1998년 연세대 의대 신경외과학교실 외래교수 2001년 춘해병원 이사장(현) 상군진의학상(1977), 대통령표창(2007) 종기독교

## 김조원(金照源) KIM Jo Won

생1957 · 6 · 22 본경주(慶州) 출경남 진양 주서울특별시 종로구 청와대로 1 대통령 민정수석비서관실(02-770-0011) 학1976년 진주고졸 1980년 영남대 행정학과졸 1992년 성균관대 대학원 경영학과졸 1995년 미국 인디애나대 대학원 행정학과졸 2000년 경영학박사(건국대) 경1978년 행정고시 합격(22회) 1979년 총무처 · 교통부 행정사무관 1985년 감사원 사무관 1992년 同서기관 1995년 同제5국 제6과장 1998년 同제6국 제4과장 2000년 同제7국 제1과장 2000년 同제4국 제3과장 2002년 同제1국 제1과장 2003년 同국가전략사업평가단장 2005년 대통령 공직기강비서관 2006~2008년 감사원 사무총장 2008년 영남대 행정대학원 석좌교수 2008년 진주산업대 총장 2010~2012년 경남과학기술대 총장 2013~2017년 건국대 경영전문대학원 석좌교수 2013~2017년 (사)한국지적장애인복지협회 이사 2015년 새정치민주연합 당무감사원장 2015~2017년 더불어민주당 당무감사원장

2017~2019년 한국항공우주산업(KAI) 대표이사 사장 2017~2019년 한국항공우주산업진흥협회 회장 2019년 대통령 민정수석비서관(현) (상)근정포장(1991), 홍조근정훈장(2003), 황조근정훈장(2008) (종)불교

## 김종각(金鍾珏) KIM Jong Gak

(생)1939 · 10 · 5 (출)경남 (주)부산광역시 부산진구 중앙대로621번길 624 (주)동일(051-645-3994) (학)경남 함안고졸, 서울대 경영대학 수료 (경)1979~1981년 산정주택 대표이사 사장 1981~1983년 동원개발 부사장 1983년 동일주택 대표이사 회장 1997년 부산상공회의소 특별위원, 同부회장 2003~2006년 대한건설협회 부산지회장, (주)동일 대표이사 회장(현) 2008~2017년 에어부산(주) 이사 (상)은탑산업훈장(1999)

## 김종갑(金鍾甲) KIM Jong Kap

(생)1951 (본)의성(義城) (출)경북 안동 (주)전라남도 나주시 전력로 55 한국전력공사 비서실(061-345-3031) (학)대구상고졸, 성균관대 행정학과졸, 미국 뉴욕대 Stern경영대학원졸(MBA), 미국 인디애나대 대학원 경제학과졸, 同대학원 경제학 박사과정 수료, 행정학박사(성균관대) (경)1975년 행정고시 합격(17회) 1989년 미국 허드슨연구소 객원연구원 1997년 산업자원부 동상협력국장 · 국제산업협력국장 · 산업정책국장 · 산업기술국장 2003~2004년 同차관보 2004~2006년 특허청장 2006~2007년 산업자원부 제1차관 2007~2011년 하이닉스반도체(주) 대표이사 사장 · 이사회 의장 2011~2018년 지멘스(주) 대표이사 회장 2013~2015년 지멘스그룹 TOP50 경영회의 멤버 2014년 윤경SM포럼 공동대표(현) 2016~2018년 한독상공회의소 회장 2017년 학교법인 한국산업기술대학(한국산업기술대학교 · 경기과학기술대학) 재단 이사장(현) 2018년 대한전기협회 회장(현) 2018년 한국전력공사 대표이사 사장(현) 2019년 同윤리준법위원회 위원장(현) (상)상공부장관표창(1984), 대통령표창(1985), 황조근정훈장(2006), 월간CEO 선정 2007베스트CEO 10인(2007), 월간조선 혁신경영부문 대한민국경제리더대상(2007), 세계반도체장비재료협회 환경 · 건강 · 안전분야 아키라이노우에상(2009), 아시아유럽미래학회 글로벌CEO대상(2014), 명예로운 안동인상(2016), 자랑스러운 성균인상(2019) (저)'공공기술이전성과의 영향요인분석'(2005)

## 김종걸(金鍾杰) KIM Jong Gul

(생)1957 · 2 · 1 (출)울산 (주)울산광역시 중구 구교로 41 울산방송(052-228-6000) (학)학성고졸 1980년 울산대 전자공학과졸 (경)1983년 울산MBC 입사 1997년 울산방송 취재부장 2002년 同보도국 부국장대우 취재팀장 2002년 同보도국장 겸 취재팀장 2004년 同정책심의실장 2005년 同광고사업국장 2007~2011 · 2019년 同대표이사 사장(현)

## 김종경(金宗經) KIM Jong Kyung (몽재)

(생)1953·12·21 (본)경주(慶州) (출)충북 청주 (주)서울특별시 동대문구 회기로 37 한국국방연구원(02-967-4911) (학)1980년 미국 뉴욕주립대 버팔로교 원자력공학과졸 1982년 미국 미시간대 대학원 원자력공학과졸 1986년 원자력공학박사(미국 미시간대) (경)1986~1987년 한국에너지연구소 유치과학자 1987~2019년 한양대 원자력공학과 조교수·부교수·교수 1990~1991년 미국 MIT 원자력공학과 Visiting Scientist 1993년 중앙교육평가원 국비유학생선발 공학계열 심사위원장 1993~2014년 OECD NEA(국제원자력데이터뱅크) 한국담당 연락관 1996년 한국과학기술단체총연합회 대의원(현) 1998~2009년 'J. of Radiation Physics and Chemistry' 국제전문학술지 논문심사위원 1999~2002년 교육부 BK21 핵심연구센터장 2000년 'Nuclear Technology' 국제전문학술지 논문 Peer Reviewer(현) 2000~2001년 미국 미시간대 원자력 및 방사선과학과 Visiting Professor 2000~2005년 미국 원자력학회(ANS) 원자로물리분과위원회 위원, 同한국지회장 2000~2009년 교육과학기술부·한국과학재단 ERC(우수공학연구센터) 방사선안전신기술연구센터 소장 2001년 제1·4·8회 국제방사선안전및계측기술심포지엄(ISORD) 조직위원장 2001~2003년 한국원자력학회 학술지편집위원장 2002~2006년 한반도에너지개발기구(KEDO) 원자력안전자문위원회(NSAG) 부위원장 2002~2007년 과학기술부 원자력연구개발기금운용심의회의 위원 2002~2008년 한국원자력안전기술원 이사 2003~2005년 한국원자력학회 부회장 2003~2007·2009~2011년 대한방사선방어학회 부회장 2005~2006년 국가원자력연구개발중장기계획 방사선이용진흥기획위원장 2006~2008년 한국방사선연구연합회 부회장 2006~2010년 아시아·대양주방사선방호학회(AOARP) 회장 겸 집행위원회(EC) 위원장 2006~2013년 한국동위원소협회 이사 겸 부회장 2007~2013년 기초기술연구회 기획평가위원(제5~7기) 2008~2009년 한국원자력의학포럼 초대회장 2008~2011년 지식경제부·에너지기술평가원 원전방사선안전향상연구센터장 2008년 국제방사선방호연합(IRPA) 집행위원(EC)(현) 2009년 제10회 무기섬광체국제학술대회(SCINT2009) 조직위원장 2009~2010년 OECD·NEA 세계의료용동위원소 안정적공급을 위한 고위급위원회(HLG-MR) 한국대표 2009~2013년 산업통상부 방사성폐기물관리기금운용심의회 위원·원자력발전전문위원회 위원 2009~2011년 한국원자력연구원 하나로연구용원자로 운영위원장 2009~2014년 한양대 방사선안전신기술연구소장 2010~2013년 국가원자력위원회·원자력진흥위원회 위원 2010~2013년 지식경제부 원자력발전전문위원회 위원 2011~2014년 세계동위원소기구(WCI) 사무총장 2012~2014년 아랍에미리트 원자력공사 Brakah NPP건설 원자력안전점검자문위원회(NSRB) 위원 및 공학설계소위원회 위원장·칼리파대 원자력프로그램 국제자문위원회 위원 2012~2013년 한국원자력학회 수석부회장 2013~2014년 同회장 2014~2017년 한국원자력연구원 원장 2014~2017년 한국과학기술단체총연합회 이사 2014~2017년 한국원자력협력재단 이사장 2014~2017년 미래창조과학부 연구개발특구위원회 위원 2014~2017년 한국원자력의학원 비상임이사 2014~2016년 대한민국최고과학기술인상 종합심사위원 2015~2018년 한국전력 국제원자력대학원대학교(KINGS) 개방직이사 2016년 국제방사선방호연합(IRPA) 부회장(현) 2016년 국제방사선방호연합 제15차 국제학술회의(IRPA15) 조직위원장(현) 2018~2019년 대한민국 합동참모본부 정책자문위원회 자문위원 2018년 세계동위원소기구(WCI) 차기(2020년2월부터) 회장(현) 2019년 한국국방연구원 이사(현) 2019년 한양대 공과대학 원자력공학과 명예교수(현) (상)한국과학기술단체총연합회 과학기술우수논문상(2005), 우크라이나 국가 명예박사(National Academy of Sciences)(2006), 한국원자력학회 학술상(2008), 과학기술훈장 웅비장(2013), 미국 미시간대 우수동문상(2017 UM Engineering NERS Alumni Merit Award)(2017) (저)'Scintillator Crystals, Radiation Dectectors & Instruments on Their Base(共)'(2004) 'Inorganic Scintillators for Modern and Traditional Application(共)'(2005) (종)기독교

## 김종구(金鍾求) KIM Jong Koo (栖州)

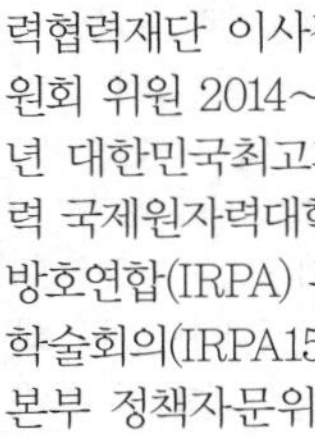

(생)1941 · 7 · 7 (본)김해(金海) (출)충남 아산 (주)경기도 성남시 분당구 불정로 90 (주)KT(031-727-0114) (학)1959년 대전고졸 1963년 서울대 법학과졸 1966년 同사법대학원 수료 1997년 고려대 컴퓨터대학원 수료 1998년 서울대 대학원 법학과졸 2001년 법학박사(동국대) (경)1964년 사법시험 합격(3회) 1966년 육군 사단 검찰관 1968년 육군본부 고등군법회의 법무사 1969~1979년 대전지검 · 인천지청 · 정읍지청 · 서울지검 검사 1979년 법무부 검찰1과 검사 1981년 同보호국 심사과장 · 검찰1과장 1982년 서울지검 동부지청 부장검사 1985~1987년 서울지검 총무부장 · 형사3부장 1987년 수원지검 차장검사 1988년 서울지검 제3차장검사 1989년 同제1차장검사 1990년 同동부지청장 1991년

법무부 기획관리실장 1992년 대전지검 검사장 1993년 법무부 검찰국장 1993년 서울지검 검사장 1994년 법무부 차관 1995년 서울고검장 1997~1998년 법무부 장관 1998년 변호사 개업 1998년 홍익대 초빙교수 2001년 동국대 법학과 겸임교수 2006~2010년 검찰동우회 회장 2008년 법무법인(유) 여명 고문변호사(현) 2008~2009년 2009안면도국제꽃박람회 조직위원장 2009~2011년 한국형사소송법학회 초대 회장 2014~2018년 ㈜KT 사외이사 겸 감사위원장 2018년 同이사회 의장(현) (상)홍조근정훈장, 황조근정훈장, 청조근정훈장 (저)'수사기록의 열람·등사와 증거개시'(1999, 법문사) '형사사법 개혁론 : 새로운 패러다임의 비교법적 고찰'(2002, 법문사) '검찰제도론'(2011, 법문사) (종)가톨릭

## 김종구(金鐘求) KIM Jong Gu

(생)1957·9·1 (출)전북 전주 (주)서울특별시 마포구 효창목길 6 한겨레신문 임원실(02-710-0114) (학)한국외국어대 정치외교학과졸, 同정치행정언론대학원졸 (경)1985년 연합통신 기자 1988년 한겨레신문 민권사회부 기자 1999년 同한겨레21부장 2001년 同민권사회부장 2002년 同정치부장 2003년 同논설위원 2004년 한국신문방송편집인협회 남북교류위원회 위원 2006년 한겨레신문 편집국 수석부국장 2006년 同미디어사업단장 2007년 관훈클럽 편집위원 2007년 한겨레신문 편집국장 2009년 同논설위원 2015~2017년 한국신문윤리위원회 윤리위원 2017년 한겨레신문 편집인(전무이사)(현) 2017~2019년 한국신문방송편집인협회 부회장 2019년 同회장(현) 2019년 신문방송편집인협회기금 이사(현) 2019년 한국신문윤리위원회 이사(현) (상)한국참언론인대상 사회부문(2007) (저)'오후의 기타'(2019, 필라북스)

## 김종국(金鍾國) KIM JONG COOK

(생)1960 (주)경기도 과천시 경마공원대로 107 한국마사회 경마본부(02-509-1008) (학)서울시립대 행정학과졸, 同경영대학원졸, 서울과학기술대 IT정책전문대학원 스포츠문화복권정책학 박사과정 수료, 한남대 공기업관리자과정 수료 (경)한국마사회 서비스팀장, 同경마관리처장, 同총무관리처장 2007년 同발매전략팀장 2008년 同부산총무관리처장 2010년 同경마사업처장 2011년 同사업처장 2012년 同장외처장 2014년 同강남권역본부장 2015년 同공정관리본부장 2017년 同경마본부장 직대 2018년 同경마본부장(상임이사)(현) (상)경마문화상 공로상(2003), 말산업대상 특별상(2017)

## 김종규(金鍾圭) KIM Chong Kyu (庸民)

(생)1927·12·11 (출)경남 마산 (학)1946년 마산상고졸 1949년 연희대 전문부 상과졸 1957년 미국 미주리대 신문학과 수학 (경)1949년 한국은행 입행 1952년 조선일보 기자 1954~1964년 한국일보 편집부국장·동화통신 편집국장 1964~1968년 한국일보 사장·신문회관 이사장 1966년 대일청구권자금관리위원회 위원 1967년 유엔총회 한국대표 1968년 駐월남대사 1969년 駐호놀룰루 총영사 1971년 駐이란 대사 1974~1980년 서울신문 사장·한국신문협회 회장 1976년 대한적십자사 조직위원 1976년 연세암센터 이사 1978년 연강재단 이사 1981년 방송위원회 위원 1982~1985년 대한체육회 부회장 1983~1985년 KOC 상임위원 겸 서울아시안게임조직위원회(SAGOC) 부위원장 1984년 남북체육회담 수석대표 1985년 현대중전기 사장 1986년 대한알루미늄 사장 1987년 연합통신 사장 1987년 서울올림픽대회조직위원회(SLOOC) 위원 겸 서울올림픽보도방송협의회 공동의장 1988년 서울올림픽보도본부 본부장 1989년 KOC 상임위원 겸 문화위원장 1991년 同부위원장 1993년 同남북체육교류대책위원장 겸임 1997~2013년 同고문 1998~2001년 문화일보 사외이사 (상)황조근정훈장, 이란 호마윤1등훈장, 체육훈장 맹호장 (저)'주변머리 없는 남자' (역)'토마스 제퍼슨' (종)천주교

## 김종규(金宗圭) KIM Jong Kyu (近巖)

(생)1939·3·11 (본)김녕(金寧) (출)전남 무안 (주)서울특별시 종로구 비봉길 2-2 삼성출판박물관(02-394-6544) (학)1958년 목포상고졸 1964년 동국대 경제학과졸 1969년 부산대 경영대학원 최고경영자과정 수료 1990년 서울대 경영대학원 최고경영자과정 수료 1993년 고려대 언론대학원 최고위과정 수료 2000년 同컴퓨터과학기술대학원 수료 (경)1965년 ㈜삼성출판사 부산지사장 1980년 同전무이사 1982년 同부사장 1987년 同대표이사 1989년 경찰청 경승단 중앙후원회장 1990년 한국茶문화협회 부회장 1990년 한국박물관협회 부회장 1990년 삼성출판박물관 관장(현) 1990~2008년 코아토탈시스템 이사 1990년 한국서지학회 부회장 1991년 문화체육부 한국문화학교교육협의회장 1992년 ㈜삼성출판사 회장 1993년 한·일협회 부회장 1997년 민학회 회장 1998년 세종문화상 심사위원 1999~2007년 한국박물관협회 회장 1999년 국민일보 편집자문위원 2001년 민주평통 자문위원 2002년 대종상영화제 자문위원 2004년 서울세계박물관대회조직위원회 공동위원장 2004~2010년 국립중앙박물관 문화재단 이사장 2004년 한국서지학회 고문 2004년 추사김정호선생기념사업회 고문 2005년 호암상 심사위원 2005년 (사)세계직지문화협회 부회장 2005년 서울시 문화재위원 2005년 월간미술대상 심사위원 2007년 한국박물관교육학회 고문(현) 2007년 한국박물관협회 명예회장(현) 2007년 한국전통공예UN전시조직위원회 조직위원장 2008년 국립중앙도서관 고서위원회 위원(현) 2008년 인천역사홍보관 건립자문위원 2008년 한국박물관개관100주년기념사업추진위원회 부위원장 2009년 문화유산국민신탁 이사장(현) 2009년 대한민국역사박물관건립위원회 위원 2012~2015년 대한불교조계종 '불교포럼' 공동대표 2012년 광화문문화포럼 회장 2012년 대한불교조계종 중앙신도회 고문 2012년 국립현대미술관 고문 2013년 철도박물관 운영위원회 위원장 2014년 무형유산창조협력위원회 위원 2015~2016년 민주평통 자문위원 2016~2018년 대한불교천태종 중앙신도회장 2016년 국립세계문자박물관건립위원회 공동위원장(현) 2017년 고은문화재단 이사장 (상)서울시장표창(1986), 올림픽기장(1988), 문화부장관표창(1990), 대통령표창(1991), 한국출판학회상(1994), 국민훈장 모란장(1995), 삼균학회 학술공로상(2001), 월드컵기장(2002), 명원차문화 대상(2002), 일맥문화대상 문화예술상(2004), 고려대 고언대상(2006), 고운문화상 문화예술인상(2010), 은관문화훈장(2011), 자랑스러운 박물관인상(2012), 자랑스러운 동국인상 문화부문(2017) (종)불교

## 김종규(金鍾奎) KIM Jong Kyu

(생)1949·4·2 (본)김해(金海) (출)경남 창녕 (주)경상남도 창원시 마산합포구 동서북9길 17-1 경상도신문(055-245-6565) (학)경남대 경영대학원졸, 경북대 경영대학원졸 (경)크라운관광호텔 대표, 창녕청년회의소 회장, 한국자유총연맹 창녕군지부장 1991·1995·1998~2002년 경남도의회 의원(한나라당) 1998년 同부의장 2000~2002년 同의장 2002~2006년 경남 창녕군수(한나라당·무소속·열린우리당) 2006년 경남 창녕군수(무소속), (사)근혜사랑전국회 회장, 가락경남종친회 회장(현), 한나라당 경남도당 후원회장 2010년 경남 창녕군수선거 출마(무소속) 2017~2018년 창원일보 대표이사 2018년 경남 창녕군수선거 출마(무소속) 2018년 경상도신문 대표이사 회장(현) (종)불교

## 김종규(金鍾圭)

(생)1960 (주)서울특별시 마포구 성암로 267 문화방송 방송인프라본부(02-789-0011) (학)서울 인창고졸, 한국항공대 항공전자공학과졸 (경)1986년 문화방송(MBC) 방송기술국 입사 2008년 同기획조정실 뉴미디어정책팀장 2008년 同기획조정실 뉴미디어기획센터장 2009년 同기획조정실 뉴미디어기획부장 2010년 同디지털기술국 부국장 2017년 同방송인프라본부장(현)

## 김종근(金鍾根)

(생)1973·5·28 (출)전남 구례 (주)충청남도 천안시 동남구 청수14로 67 대전지방검찰청 천안지청 차장검사실(041-620-4302) (학)1992년 순천고졸 1997년 서울대 법학과졸 (경)1997년 사법시험 합격(39회) 2000년 사법연수원 수료(29기) 2000년 공군 법무관 2003년 서울지검 검사 2004년 서울중앙지검 검사 2005년 수원지검 여주지청 검사 2007년 대구지검 검사 2010년 서울동부지검 검사 2010~2012년 방송통신위원회 파견 2013년 서울동부지검 부부장검사 2013년 서울중앙지검 부부장검사 2014년 사법연수원 교수 2016년 창원지검 통영지청 부장검사 2017년 서울중앙지검 공판2부장 2018년 同형사9부장 2018년 대검찰청 감찰1과장 2019년 대전지검 천안지청 차장검사(현) (상)검찰총장표창(2007), 근정포장(2016)

## 김종기(金宗紀) KIM Chong Ki

(생)1959·5·12 (출)부산 (주)울산광역시 남구 법대로 85 명진빌딩 3층 법무법인 해강(052-221-4900) (학)1978년 동인고졸 1982년 서울대 법학과졸 (경)1983년 사법시험 합격(25회) 1985년 사법연수원 수료(15기) 1986년 해군 법무관 1989년 부산지법 판사 1991년 同울산지원 판사 1993년 부산지법 판사 1996년 부산고법 판사 1999년 부산지법 동부지원 판사 겸 소년부지원장 2001년 울산지법 부장판사 2003년 부산지법 부장판사 2007년 창원지법 부장판사 2009~2011년 울산지법 수석부장판사 2011년 법무법인 해강 대표변호사(현)

## 김종기(金琮基) KIM Jong Gi

(생)1967·1·3 (출)부산 (주)서울특별시 서초구 서초중앙로 157 서울고등법원(02-530-1114) (학)1986년 부산 동래고졸 1991년 서울대 법학과졸 (경)1994년 사법시험 합격(36회) 1997년 사법연수원 수료(26기) 1997년 서울지법 판사 1999년 서울행정법원 판사 2001년 부산지법 판사 2004년 수원지법 성남지원 판사 2006년 서울동부지법 판사 2008년 서울고법 판사 2010년 대법원 재판연구관 2012년 서울고법 판사 2017년 부산고법 판사 2018년 서울고법 판사(현)

## 김종길(金鍾吉)

(생)1959·8·4 (출)전남 장성 (주)경기도 과천시 경마공원대로 107 한국마사회 사업본부(02-509-1003) (학)1981년 장성농업고졸 1988년 전남대 농학과졸 2004년 중앙대 대학원 언론학과졸 (경)월간 「원인」 대표이사 겸 발행인 1989~1992년 국회사무처 입법보좌관 1995년 무등일보 특집부장 1996년 同서울지사 취재부장 1998년 同부국장대우 서울지사 취재부장 1998~1999년 同부국장대우 미국특파원 2000~2003년 코리아로터리서비스 전무이사 2002년 전남 장성군수선거 출마(무소속) 2003~2016년 (주)인터알리아 대표이사 2015년 산림조합중앙회 전무이사 2017년 더불어민주당 제19대 문재인 대통령후보 중앙선거대책위원회 전남지역본부장 2018년 한국마사회 부회장 겸 경영기획본부장(상임이사) 2019년 同부회장 겸 사업본부장(상임이사)(현)

## 김종남(金鍾南·女) Jong-Nam Kim

(주)대전광역시 서구 둔산로 100 대전광역시청 민생정책자문관실(042-270-2090) (학)1984년 대전성모여고졸 1988년 충남대 행정학과졸 2004년 同대학원 행정학과졸 2018년 同대학원 박사과정 수료 (경)2009~2012년 환경운동연합 사무총장 2012~2018년 대전환경운동연합 교육위원장 2014~2016년 대전시 정책자문위원 2014~2018년 대전시민사회연구소 부소장·소장 2014~2018년 대청호보전운동본부 정책연구위원장 2015~2017년 충남도 자체평가위원 2016~2018년 산림청 녹색자금운용심의회 위원 2016~2018년 대전여성정치네트워크 공동대표 2018년 대전시 민생정책자문관(현)

## 김종대(金鍾大) KIM Jong Dae (형산)

(생)1948·11·24 (본)김해(金海) (출)경남 창녕 (주)부산광역시 연제구 법원로 28 부산법조타운빌딩 법무법인 국제(051-463-7755) (학)1967년 부산고졸 1972년 서울대 법학과졸 (경)1973년 軍법무관 임용시험 합격 1974년 공군 법무관 1975년 사법시험 합격(17회) 1977년 사법연수원 수료(7기) 1979년 부산지법 판사 1981년 마산지법 진주지원 판사 1983년 부산지법 판사 1987년 대구고법 판사 1988년 부산고법 판사 1990년 대법원 재판연구관 1991년 마산지법 충무지원장 1992년 창원지법 충무지원장 1993년 부산지법 부장판사 1997년 同울산지원장 1998년 부산지법 부장판사 1999년 부산고법 부장판사 2000년 부산지법 수석부장판사 2002년 同동부지원장 직대 2004년 부산고법 부장판사 2005년 同수석부장판사 2005년 창원지법원장 2006~2012년 헌법재판소 재판관 2011년 同헌법실무연구회 회장 2012년 법무법인 국제 고문변호사(현) 2013~2014년 시원공익재단 이사장 2014~2015년 (재)부산문화재단 이사 2015~2016년 국회 공직자윤리위원회 위원장, 삼일회계법인 고문(현) 2016년 (사)부산여해재단 회원(현) 2017년 (사)서울여해재단 고문(현) (저)'이순신장군 평전' '내게는 아직도 배가 열두 척이 있습니다'(2004) '이순신, 신은 이미 준비를 마치었나이다'(2012, 시루) (종)원불교

## 김종대(金宗大) KIM Jong Dae

(생)1958·5·2 (본)영광(靈光) (출)경기 수원 (주)서울특별시 동작구 흑석로 84 중앙대학교 인문대학 국어국문학과(02-820-5235) (학)1977년 고려고졸 1984년 중앙대 국어국문학과졸 1988년 同대학원졸 1994년 문학박사(중앙대) (경)1984~1989년 문화공보부 국립민속박물관 근무 1989년 문화재관리국 문화재연구소 학예연구관 1993년 국립민속박물관 학예연구관 1996년 同민속연구과장 1998년 同전시운영과장 2001년 同유물과학과장 2004년 同민속연구과장 2005~2011년 중앙대 문과대학 민속학과 교수 2005~2011년 同한국문화유산연구소장 2011~2016년 同인문대학 아시아문화학부 비교민속학전공 교수 2013년 국립박물관문화재단 비상임이사(현) 2015~2016년 한국민속학회 회장 2015~2017년 한국박물관교육학회 회장 2016년 중앙대 인문대학 국어국문학과 교수(현) 2018년 同인문대학장(현) (상)국무총리표창 (저)'한국의 도깨비연구' '열두띠 이야기'(共) '한국의 산간신앙'(共) '성, 숭배와 금기의 문화' '민중들이 바라본 性문학'(共) '돌의 美學'(共) '韓國의 민간신앙의 실체와 전승' '대문위에 걸린 호랑이' '저기 도깨비가 간다' '우리문화의 상징세계' '한국의 학교 괴담' (종)천주교

## 김종대(金鍾大) KIM Jong Dae

(생)1960·9·3 (출)경남 합천 (주)경상남도 창원시 의창구 창이대로 500 경남도선거관리위원회(055-212-0705) (학)경상대 행정대학원졸 (경)2007년 중앙선거관리위원회 기획조정실 근무 2011년 경남도선거관리위원회 지도과장 2017~2018년 同관리과장(부이사관) 2018년 경북도선거관리위원회 사무처장 2018년 경남도선거관리위원회 사무처장(현)

## 김종대(金鍾大) Kim, Jong-dae

(생)1966·4·19 (본)김녕(金寧) (출)경북 영덕 (주)대구광역시 수성구 신천동로 136 대구한의대학교 부속 대구한방병원 한방내과(053-770-2122) (학)1990년 대구한의대 한의학과졸 1992년 同대학원 한의학과졸 1997년 한의학박사(경희대) (경)1993~2003년 경산대 한의학과 강사·전임강사·

조교수 · 부교수 1998~2000년 同부속 구미한방병원 교육연구부장 2000~2003년 同부속 대구한방병원 교육연구부장 겸 5내과장 2003~2005년 대구한의대 한의학과 부교수 2003년 同한의학과장 겸 대학원 한의학과장 2004~2005년 미국 미네소타주립대 방문교수 2005년 대구한의대 한의과대학 한의예과 폐계내과학교실 교수(현) 2005년 同대구한방병원 진료부장 2005~2007년 同구미한방병원장 2007년 同한의과대학장 2007~2010년 同대구한방병원장 2010~2013년 同의료원 한방임상시험센터장 2015년 미국 세계인명사전 'Marquis Who's Who in the World 2016년판'에 등재 [종]천주교

## 김종대(金鍾大) KIM JONGDAE

[생]1966 · 11 · 13 [출]충북 제천 [주]서울특별시 영등포구 의사당대로 1 국회 의원회관 549호(02-788-2381) [학]청주고졸, 연세대 상경대학 경제학과졸 [경]1993~2000년 제14 · 15 · 16대 국회 국회의원(국방위원회) 보좌관 1997~1998년 제15대 대통령직인수위원회 안보분과 행정관 2002~2003년 제16대 대통령직인수위원회 국방 전문위원 2003~2005년 대통령 국방보좌관실 행정관 2005~2007년 국무총리 비상기획위원회 혁신기획관 2007년 국방부장관 정책보좌관, 외교안보지「디펜스21+」발행인 겸 편집장, CBS 객원해설위원, 흥사단 정책자문위원 2015년 정의당 예비내각 국방개혁부 장관 2016년 제20대 국회의원(비례대표, 정의당)(현) 2016년 정의당 원내대변인 2016~2017년 同외교안보부 본부장 2016 · 2018년 국회 국방위원회 위원(현) 2016~2017년 국회 남북관계개선특별위원회 위원 2017년 정의당 제19대 대통령중앙선거대책위원회 후보비서실장 2017년 同평화로 운한반도본부 본부장(현) 2018~2019년 국회 예산결산특별위원회 위원 2018년 국회 남북경제협력특별위원회 위원(현) 2019년 정의당 수석대변인(현) 2019년 同충북도당 위원장(현) [저]'노무현, 시대의 문턱을 넘다'(2010, 나무와숲) '시크릿 파일 서해전쟁'(2013, 메디치미디어) '시크릿 파일 위기의 장군들'(2015, 메디치미디어) '안보전쟁'(2016, 인물과사상사)

## 김종두(金鍾頭) KIM Jong Doo

[생]1962 · 6 · 2 [주]강원도 원주시 연세대길 1 연세대학교 인문예술대학 영어영문학과(033-760-2264) [학]1985년 연세대 영어영문학과졸 1987년 同대학원 영어영문학과졸 1995년 영어영문학박사(연세대) [경]연세대 인문예술대학 영어영문학과 교수(현) 2003년 미국 Univ. of Virginia 방문교수 2007년 연세 ELP 원장 2008~2009년 연세대 인문예술대학 부학장 2008~2012년 同원주캠퍼스 학생복지처장 2011~2012년 한국기독교어문학회 회장 2018년 연세대 인문예술대학장 겸 학부교육원장(현) [저]'문학작품 영상화에 나타난 시각의 변화(共)'(2006)

## 김종득(金種得)

[생]1959 · 3 · 27 [주]인천광역시 남동구 정각로 29 인천광역시의회(032-440-6053) [학]서영대 전자계산과졸, 한국방송통신대 법학과졸, 대진대 법무행정대학원 행정학과 제적 [경]한나라당 인천시당 사회복지위원회 계양甲지회장, 인천시 계양구 통장연합회장, 고정길법률사무소 사무장 2010년 인천시 계양구의원선거 출마(한나라당) 2012년 새누리당 제18대 대통령중앙선거대책위원회 계양甲종합상황실장 2014년 인천시의원선거 출마(새누리당), 제20대 국회의원선거 유동수 후보 선거대책본부장, 더불어민주당 중앙당 정책위원회 부의장 2018년 인천시의회 의원(더불어민주당)(현), 同산업경제위원회 위원(현), 同예산결산특별위원회 위원(현), 同윤리특별위원회 위원(현)

## 김종량(金鍾亮) KIM Chong Yang

[생]1950 · 9 · 4 [출]서울 [주]서울특별시 성동구 왕십리로 222 학교법인 한양학원 이사장실(02-2220-0005) [학]1968년 서울사대부고졸 1972년 연세대 교육학과졸 1979년 미국 뉴욕대 대학원졸 1983년 교육학박사(미국 컬럼비아대) 1994년 명예 인문학박사(러시아 극동문제연구소) 1996년 명예 교육학박사(미국 메리빌대) 2000년 명예 인문학박사(일본 와세다대(早稻田大)) 2002년 명예 법학박사(일본 도카이대) [경]1984~2011년 한양대 교육공학과 교수 1984년 대한야구협회 부회장 1984년 한양대 기획조정처장 1985년 한국교육공학연구회 회장 1989년 한양대 학술원장 1991년 同부총장 1992년 국제인권옹호한국연맹 부회장 · 회장(현) 1993~2011년 한양대 총장 1993년 대한올림픽위원회(KOC) 부위원장 1994~2010년 대한대학스포츠위원회(KUSB) 위원장 1994년 그린훼밀리그린스카우트 이사 1995년 사립대학총장협의회 부회장 1995년 95유니버시아드대회 한국선수단장 1996년 대학사회봉사협의회 부회장 1998년 제2의건국범국민추진위원회 위원 1999~2015년 국제대학스포츠연맹(FISU) 집행위원 2003년 국가과학기술자문회의 자문위원 2011~2013년 대통령직속 사회통합위원회 위원 2011년 학교법인 한양학원 이사장(현) [상]미국 미시간주립대 글로벌코리아어워드상(1997), 국민훈장 모란장(2002), 몽골 건국800주년기념 대통령훈장(2006), 독일정부 십자공로훈장(2008), 청조근정훈장(2011), 미국 컬럼비아대 사범대학 선정 '2013 자랑스러운 동문상'(2013), 한국언론인연합회 '자랑스런 한국인대상' 교육발전부문 종합대상(2014) 연세대총동문회 '자랑스러운 연세인'(2016) [저]'수업공학의 이론 및 실제'(1991) '대학평생교육 활성화 방안 연구'(2000) '국제화시대 한국교육의 과제'(2007) [역]'수업체제 설계' 'Digital 경제를 배우자' [종]기독교

## 김종량(金鐘亮) Jong Ryang Kim

[생]1963 · 9 · 21 [주]경기도 성남시 분당구 판교로 310 SK케미칼(주) 화학연구소(02-2008-7830) [학]1982년 진주고졸 1986년 서울대 공업화학과졸 1988년 同대학원 공업화학과졸 1999년 공업화학박사(미국 케이스웨스턴리저브대) [경]1987년 SK케미칼(주) 입사 2010년 同화학연구소 연구위원 2011년 同화학연구1실장 2012년 同화학연구소장(상무) 2016년 同화학연구소장(전무) 2019년 同화학연구소장(현) [상]친환경내열Co-polyester(Ecozen)개발 10대 신기술상

## 김종렬(金鍾烈) KIM Jong Yul

[생]1948 · 12 · 29 [출]부산 [주]부산광역시 부산진구 동성로 144 대한적십자사 부산지사(051-801-4000) [학]1968년 부산고졸 1975년 부산대 영어영문학과졸 1986년 同대학원 행정학과졸 2003년 경제학박사(동의대) [경]1975년 부산일보 입사 1976년 同정경부 기자 1981년 同사회부 기자 1986년 同제2사회부 기자 1987년 同제2사회부 차장 · 생활특집부 차장 1988년 同정경부 · 사회부 차장 1990년 同경제부장 1991년 同사회부장 1993년 同정경부장 1994년 同편집국 부국장 겸 정치부장 1995년 同편집국 부국장 1998년 同편집국장 1998년 민주평통 자문위원 1999년 부산일보 이사대우 2000년 同이사 2002년 同상무이사 2006~2012년 同대표이사 사장 2006년 부산국제장애인협의회 후원회장(현) 2006년 부산복지네트워크 대표이사(현) 2007~2012년 한국신문협회 부회장 2007년 한국디지털뉴스협회 부회장, 해양산업발전협의회 대표이사장, 부산사회복지공동모금회 회장 2009~2012년 한국지방신문협회 회장 2010년 부산사회복지공동모금회 고문 2013년 미래창조포럼 이사장(현) 2013년 부산시체육회 고문(현) 2013 · 2016년 대한적십자사 부산지사회장(현) 2015년 한국남부발전(주) 감사자문위원장 2016년 (사)부산영화영상산업협회 이사장(현) [상]자랑스러운 부산대인상(2005), 부산시문화상(2005) [저]'인터넷신문의 수익모델분석과 발전방안' '지방자치시대와 지방신문의 역할' [종]기독교

**김종률(金鍾律) KIM Jong Ryul**

[생]1963·1·5 [출]전남 순천 [주]서울특별시 강남구 테헤란로38길 5 9층 김종률법률사무소(02-538-6800) [학]1981년 순천고졸 1985년 서울대 사법학과졸 1996년 미국 조지워싱턴대 연수 [경]1984년 사법시험 합격(26회) 1987년 사법연수원 수료(16기) 1987년 軍법무관 1990년 대구지검 검사 1992년 춘천지검 속초지청 검사 1993년 법무부 조사과 검사 1996년 서울지검 남부지청 검사 1999년 광주지검 부부장검사 2000년 광주고검 검사 2001년 춘천지검 부장검사 2002년 수원지검 공판송무부장 2002년 법무연수원 연구위원 2004년 대검찰청 과학수사과장 2005년 同과학수사1담당관 2006년 서울남부지검 형사1부장 2007년 법무연수원 연구위원 2008년 전주지검 군산지청장 2009년 서울고검 검사 2010년 법무연수원 파견 2012년 대전고검 검사 2015년 서울고검 검사 2016년 변호사 개업(현) [저]'수사심리학'

**김종률(金鍾律) Kim, Jong Ruel**

[생]1967·5·21 [주]대전광역시 서구 청사로 128 금강유역환경청 청장실(042-865-0703) [학]1986년 부산 대동고졸 1990년 서울대 농화학과졸 2003년 미국 노스캐롤라이나대 대학원 환경경제학과졸 2011년 행정학박사(세종대) [경]기술고시 합격(공채29회) 2003년 환경부 수질보전국 유역제도과 사무관 2004년 同환경서기관, 同대기보전국 대기관리과장 2005년 同기획관리실 혁신인사관리실 서기관 2007년 駐OECD대표부 1등서기관 2010~2011년 국립생물자원관 연구기획과장 2011년 환경부 자원순환국 폐자원에너지팀장 2011년 同녹색환경정책관실 녹색기술경제과장 2013년 同자연보전국 자연자원과장 2013년 同자연보전국 생물다양성과장 2015년 同기획조정실 창조행정담당관 2016년 同상하수도정책관실 수도정책과장 2017년 同환경정책실 정책총괄과장 2017년 同기후미래정책국 기후미래전략과장 2017년 同생활환경정책실 대기환경정책관(고위공무원) 2018년 대통령 기후환경비서관실 선임행정관 2019년 금강유역환경청장(현) 2019년 환경부 4대강조사·평가단현장대응팀원 겸임(현)

**김종립(金鍾立) KIM Jong Ripp**

[생]1956·10·23 [출]서울 [주]서울특별시 마포구 마포대로 155 LG마포빌딩 (주)HS애드 사장실(02-705-2502) [학]1975년 서울 휘문고졸 1982년 연세대 신문방송학과졸 1988년 同언론대학원졸 [경]1982년 (주)LG애드 입사 1987년 同광고기획팀 국장 1996년 同이사대우 1998년 同광고기획2담당 상무보·광고4본부장(상무보) 2000년 同광고기획담당 상무 2001년 同광고기획부문 부사장 2008년 (주)HS애드 부사장(COO) 2009년 (주)LBest 대표이사 2009년 (주)HS애드 대표이사 사장(현) 2010~2016년 (주)지투알 대표이사 부사장 2014~2015년 한국공예디자인문화진흥원 비상임이사 2017~2019년 (주)지투알 대표이사 사장 겸임 [상]한국방송광고대상, 한국광고대상 마케팅금상, 대통령표창, 국민포장, 중앙대 제25회 중앙언론문화상 PR·광고부문(2013), 동탑산업훈장(2018) [종]기독교

**김종립(金鍾立) KIM Jong-Lib**

[생]1960·6·30 [본]김해(金海) [출]충북 제천 [주]서울특별시 영등포구 여의공원로 101 CCMM빌딩 한국능률협회컨설팅 임원실(02-3786-0114) [학]1979년 제천고졸 1984년 한양대 산업공학과졸 1997년 同대학원 산업공학과졸 2007년 미국 펜실베이니아대 와튼스쿨 최고경영자과정 수료 2017년 서울대 최고경영자과정 수료 [경]1983~1989년 한국화약(주) 근무 1989년 (사)한국능률협회 입사 1990년 한국능률협회컨설팅 창립·품질경영팀장 1992년 同CS경영사업부장 1995년 同CS경영본부장 1998년 한국고객만족경영학회 사무처장 1998년 국립품질아카데미 CS분과위원 1998년 국무조정실 국가정책평가위원회 전문위원 1998년 철도청 고객중심경영분야 정책평가자문위원 1999년 관세청·통계청 정책평가자문위원 2000년 한국능률협회컨설팅 TCS부문 대표 2000년 한양대 공과대학 시스템응용공학부 겸임교수 2002년 미국골프협회(USGA) 정회원 2002년 한국소비자평가연구원 원장(현) 2003년 한국경영공학회 이사장(현) 2003~2018년 한국능률협회컨설팅 대표이사 2003~2005년 한국능률협회비즈니스스쿨 대표이사 2006년 한국능률협회미디어 대표이사(현) 2007년 창의서울포럼 시정부문 위원 2008년 한국능률협회 부회장(현) 2014년 한국고객만족경영학회 이사장(현) 2018년 한국능률협회컨설팅 대표이사 부회장(현) [저]'미래는 존경받는 기업을 원한다'(2005, 한국능률협회) 'First to Best'(2008, KMAC) 'Soft Power'(2009, KMAC) [역]'고객만족경영 추진법'(1991) '넘버원 Excellent Company'(1991) '공장체질 개혁을 위한 20가지 포인트'(1994) 'Brand Management 전략과 실천'(1999)

**김종만(金鍾萬)**

[생]1962·4·5 [출]대전 [주]서울특별시 용산구 서빙고로 137 국립중앙박물관 학예연구실(02-2077-9033) [학]1984년 충남대 사학과졸 2004년 문학박사(충남대) [경]1984~1987년 국립부여박물관 근무 2002년 同학예연구실장 2008년 국립전주박물관 학예연구실장 2012년 국립광주박물관 학예연구실장 2014년 국립공주박물관장 2017년 국립제주박물관장 2019년 국립중앙박물관 학예연구관(현)

**김종무(金鍾武)**

[생]1969·6·25 [주]서울특별시 중구 세종대로 125 서울특별시의회(02-3702-1400) [학]행정학박사(서울시립대) [경]더불어민주당 서울강동甲지역위원회 사무국장, 진선미 국회의원 수석보좌관 2018년 서울시의회 의원(더불어민주당)(현) 2018년 同도시계획관리위원회 위원(현) 2018년 同정책위원회 위원(현)

**김종문(金鍾文) KIM Jong Moon**

[생]1960·1·29 [출]서울 [주]서울특별시 금천구 가산디지털1로 219 벽산디지털밸리 6차 1204호 (주)툴젠(02-873-8168) [학]1983년 연세대 정치외교학과졸 1989년 同대학원 행정학과졸 1997년 영국 뉴캐슬대 대학원 정치학박사과정 수료 [경]IBM Korea 근무 1993년 (주)솔빛조선미디어 이사 1994년 삼보교육미디어 대표이사 1996년 두루넷(주) 인터넷사업담당 전무, 국내 최초 NASDAQ 직상장(두루넷) 1998년 숙명여대 언론정보학부 겸임교수 2001년 한국 타이거풀스(주) 사업본부장 전무 2001년 타이거풀스아이 대표이사 2002년 바이오포럼 회원(현) 2011년 (주)툴젠 대표이사 사장(현) 2014년 가톨릭대 생명공학부 현장교수(현) 2015년 연세대 생명공학부 겸임교수(현)

**김종문(金鍾文) KIM Jong Mun**

[생]1968·11·12 [출]충남 공주 [주]서울특별시 서초구 서초대로50길 8 관정빌딩 법무법인 평안(02-6747-6565) [학]1987년 서울 영락고졸 1991년 서울대 법학과졸 1993년 同대학원 법학과 수료 [경]1991년 사법시험 합격(33회) 1993년 사법연수원 수료(23기) 1994년 육군 법무관 1997년 청주지법 판사 2000년 同보은군·괴산군법원 판사 2001년 인천지법 판사 2004년 서울동부지법 판사 2006년 서울고법 판사 2008년 서울중앙지법 판사 2009년 전주지법 부장판사 2010년 인천지법 부장판사 2013년 서울동부지법 부장판사 2016~2018년 서울중앙지법 부장판사 2018년 법무법인 평안 변호사(현)

**김종민(金鍾民) KIM Jong Min**

(생)1964 · 5 · 12 (출)충남 논산 (주)서울특별시 영등포구 의사당대로 1 국회 의원회관 536호(02-784-5920) (학)1982년 서울 장훈고졸 1992년 서울대 국어국문학과졸 (경)구국학생연맹사건으로 구속 1993년 내일신문 기자 1996년 자유기고가 1999년 시사저널 정치부 기자 2003년 대통령 정무기획 행정관 · 국정홍보 행정관 · 홍보기획 행정관 2004년 대통령 상근부대변인 2004년 대통령 대변인 2005년 대통령 총무비서관실 근무 2005~2008년 대통령 국정홍보비서관 2010년 민주당 안희정 충남도지사후보 대변인 2010~2011년 충남도 정무부지사 2012년 제19대 국회의원선거 출마(논산시 · 계룡시 · 금산군, 민주통합당) 2014년 새정치민주연합 충남논산시 · 계룡시 · 금산군지역위원회 위원장 2015년 더불어민주당 충남논산시 · 계룡시 · 금산군지역위원회 위원장(현) 2016년 제20대 국회의원(충남 논산시 · 계룡시 · 금산군, 더불어민주당)(현) 2016년 더불어민주당 을지로위원회 위원(현) 2016년 同적폐청산위원회 위원 2016년 同정책위원회 부의장 2016~2018년 국회 기획재정위원회 위원 2016~2017년 국회 예산결산특별위원회 위원 2016~2017년 국회 지방재정 · 분권특별위원회 위원 2017년 국회 헌법개정특별위원회 위원 2017년 더불어민주당 제19대 문재인 대통령후보 중앙선거대책본부 총괄부본부장 2017~2018년 同정책위원회 부의장 2017년 충남도 국방산업발전협의회 위원(현) 2018년 국회 헌법개정 및 정치개혁특별위원회 위원 2018~2019년 더불어민주당 원내부대표 2018~2019년 국회 운영위원회 위원 2018년 국회 법제사법위원회 위원(현) 2018년 국회 정치개혁특별위원회 간사(현) 2019년 대통령직속 국가기후환경회의 본회의 위원(현), 더불어민주당 전국농어민위원회 부위원장(현) 2019년 국회 세종의사당추진특별위원회 위원(현) (상)(사)언론사협회 대한민국우수국회의원대상(2016) (저)'사람세상, 2012'(2012)

**김종민(金鍾旲) KIM JONG MIN**

(생)1966 · 12 · 19 (본)김해(金海) (출)부산 (주)서울특별시 서초구 서초대로74길 4 서초타워 17층 법무법인(유) 동인(02-2046-0699) (학)1985년 부산동고졸 1989년 고려대 법학대학 법학과졸 2000년 프랑스 국립사법관학교(ENM) 수료 (경)1989년 사법시험 합격(31회) 1992년 사법연수원 수료(21기) 1992년 육군 법무관 1995년 수원지검 검사 1996년 同평택지청 검사 1999년 인천지검 검사 2001~2003년 법무부 법무심의관실 검사 2003년 서울중앙지검 검사 2004년 대구지검 부부장검사 2005년 대전지검 천안지청 부장검사 2006년 사법연수원 교수 2007년 駐프랑스대사관 법무협력관 2007년 OECD 뇌물방지회의 정부대표 2009년 법무부 인권정책과장 2010년 UN 인권이사회 사회권규약심의 정부대표 2010년 대전지검 홍성지청장 2011년 법무부 형사사법공통시스템 운영단장 2012년 수원지검 안산지청 차장검사 2013년 부산시 법률자문검사(파견) 2014년 법무연수원 연구위원 2014년 광주지검 순천지청장 2015년 서울고검 검사 2015년 법무법인(유) 동인 변호사(현) 2017년 대검찰청 검찰개혁위원회 위원(현), 법무법인(유) 동인 환경바이오팀장(현), 한반도선진화재단 사법개혁연구회장(현), 프랑스연구포럼 대표(현) (저)'검찰제도론(共)'(2011, 법문사) (역)'프랑스 형사소송법'(2004, 법무부) (종)천주교

**김종민(金鍾玟) KIM JONG MIN**

(생)1970 · 6 · 10 (본)김해(金海) (출)충남 아산 (주)서울특별시 성북구 보문로 170 성북경찰서(02-920-1321) (학)1988년 대전 대성고졸 1993년 경찰대 법학과졸(9기) 2015년 同치안정책과정 수료(32기) (경)1993년 충남지방경찰청 제610전경대 · 제1기동대 소대장 1995년 서울 도봉경찰서 수사과 조사반장 1999년 서울지방경찰청 감사담당관실 근무 2001년 광주남부경찰서 방순대장 · 고흥경찰서 청문감사관 2003년 경찰청 감찰담당관실 감찰반장 2007년 경북 경주경찰서 · 안동경찰서 생활안전과장 2008년 서울지방경찰청 제3기동단 7기동대장 2009년 경찰청 생활안전국 여성청소년과 청소년계장 2011년 同생활안전국 생활안전과 지역경찰계장 2015년 대전지방경찰청 여성청소년과장(총경) 2015년 제주지방경찰청 제주해안경비단장 2016년 충남 아산경찰서장 2017년 경찰대학 학생과장 2017년 경찰청 생활질서과장 2019년 서울 성북경찰서장(현)

**김종민(金鍾珉)**

(생)1974 · 8 · 24 (출)대전 (주)인천광역시 미추홀구 소성로163번길 17 인천지방법원 총무과(032-860-1169) (학)1993년 대덕고졸 1998년 서울대 공법학과졸, 同대학원 법학과졸 (경)1999년 사법시험 합격(41회) 2002년 사법연수원 수료(31기) 2002년 軍법무관 2005년 광주지법 판사 2008년 인천지법 판사 2010년 同부천지원 판사 2012년 서울행정법원 판사 2014년 서울동부지법 판사 2014~2016년 헌법재판소 파견 2017년 부산가정법원 부장판사 2019년 인천지법 부장판사(현)

**김종배(金宗培) KIM Jong Bae**

(생)1954 · 11 · 23 (본)김해(金海) (출)전남 강진 (주)서울특별시 영등포구 국회대로74길 19 민주평화당(02-788-3808) (학)1972년 조선대부속고졸 1981년 조선대 무역학과졸 1995년 연세대 행정대학원 수료 1997년 서울대 행정대학원 수료 (경)1980년 5 · 18 시민학생투쟁위원회 총위원장 · 군사재판에서 사형선고(3년 투옥) 1987년 통일민주당 정무위원 1987년 同정책심의위원 1987년 同서울구로乙지구당 위원장 1992년 민주당 대외협력위원회 부위원장 1993년 同통일국제위원회 부위원장 1993년 同인권위원회 부위원장 1996년 조선무역 대표 1996년 제15대 국회의원(전국구, 국민회의 · 새천년민주당) 1996년 국민회의 총재특보 1996년 국회환경포럼 부회장 1998년 국민회의 원내부총무 1998~2003년 대한산악연맹 부회장 2000년 새천년민주당 총재특보 2003~2007년 同조직위원장 2005년 민주당 조직위원장, 同광주東지역위원회 위원장 2007~2008년 대통합민주신당 국민참여운동본부장 2013년 민생실천희망연대 고문(현) 2019년 민주평화당 대변인(현) 2019년 同최고위원(현) (종)기독교

**김종배(金鍾培)**

(생)1960 · 5 · 15 (주)경기도 수원시 팔달구 효원로 1 경기도의회(031-8008-7000) (학)1987년 고려대 경영대학원 경영학과졸, 법학박사(경기대) (경)경기과학기술대 외래교수, 시흥도시재생포럼 대표(현) 2010년 경기도의원선거 출마(한나라당) 2014년 경기도의원선거 출마(새누리당), 월곶초교 운영위원장(현) 2018년 경기도의회 의원(더불어민주당)(현) 2018년 同경제노동위원회 위원(현) 2019년 同일자리창출특별위원회 위원(현)

**김종백(金鍾伯) KIM Jong Baek**

(생)1955 · 1 · 27 (본)김해(金海) (출)서울 (주)서울특별시 송파구 법원로 101 서울동부지방법원 법원조정센터(02-2204-2102) (학)1973년 경복고졸 1977년 서울대 법과대학졸 (경)1978년 사법시험 합격(20회) 1980년 사법연수원 수료(10기) 1981년 대구지법 판사 1983년 同안동지원 판사 1985년 인천지법 판사 1989년 서울지법 동부지원 판사 1991년 서울고법 판사 1994년 서울민사지법 판사 1996년 대전지법 천안지원 부장판사 1997년 同천안지원장 1998년 수원지법 부장판사 1999년 서울지법 동부지원 부장판사 2000년 서울지법 부장판사 2002년 부산고법 부장판사 2004년 서울고법 부장판사 2009년 제주지법원장 2010~2012년 인천지법원장 2010~2012년 인천시선거관리위원회 위원장 2012~2013년 특허법원장 2012~2013년 대전고등법원장 겸임 2013~2017년 법무법인(유) 로고스 고문변호사 2017~2019년 서울남부지법조정센터 상임조정위원장 2019년 서울동부지법조정센터 상임조정위원장(현) (상)대전시 명예시민(2013) (종)가톨릭

## 김종범(金鍾範)

(생)1970 · 9 · 23 (주)대전광역시 서구 한밭대로 733 둔산경찰서(042-609-2114) (학)서대전고졸 1993년 경찰대 행정학과졸(9기) 1998년 서울대 행정대학원 행정학과졸 (경)1993년 경위 임용 2007년 충남지방경찰청 수사1계장 2009년 同수사2계장 2011년 同경무계장 2015년 전남지방경찰청 수사1과장(총경) 2015년 교육 파견(치안정책과정) 2016년 대전지방경찰청 여성청소년과장 2016년 대전 동부경찰서장 2017년 대전지방경찰청 청문감사담당관 2019년 대전 둔산경찰서장(현)

## 김종범(金鍾範) KIM Jong Bum

(생)1970·12·3 (출)전북 임실 (주)서울특별시 서초구 법원로2길 17-5 김종범법률사무소(02-599-5991) (학)1989년 전주고졸 1997년 연세대 법학과졸 (경)1996년 사법시험 합격(38회) 1999년 사법연수원 수료(28기), 서울지검 의정부지청 검사 2001년 춘천지검 속초지청 검사 2002년 전주지검 검사 2004년 인천지검 검사 2006년 서울동부지검 검사 2010년 부산지검 검사 2010년 국민권익위원회 파견 2011년 부산지검 부부장검사 2012년 서울중앙지검 부부장검사 2013년 전주지검 군산지청 부장검사 2014년 광주지검 특별수사부장 2015년 수원지검 형사4부장 2016년 인천지검 외사부장 2017년 서울동부지검 형사2부장 2018년 同형사1부장 2018~2019년 서울중앙지검 부장검사 2019년 변호사 개업(현)

## 김종복(金鍾樸)

(생)1973 · 6 · 10 (출)광주 (주)서울특별시 서초구 법원로 15 법무법인 엘케이비앤파트너스(02-596-7007) (학)1991년 광주 진흥고졸 1997년 서울대 공법학과졸 (경)1999년 사법시험 합격(41회) 2002년 사법연수원 수료(31기) 2002년 서울중앙지법 예비판사 2004년 서울동부지법 판사 2006년 광주지법 판사 2011년 수원지법 판사 2013년 법원행정처 사법정책심의관 겸임 2015년 서울중앙지법 판사 2017~2019년 광주지법 목포지원 · 광주가정법원 목포지원 부장판사 2018~2019년 대법원 '국민과 함께하는 사법발전위원회' 전문위원 2019년 법무법인 엘케이비앤파트너스 대표변호사(현)

## 김종부(金鍾富) KIM Jong Boo

(생)1955·6·25 (출)전북 익산 (주)대구광역시 북구 노원로 280 (주)엔유씨전자 회장실(053-665-5050) (학)1972년 전북 남성고졸 1978년 숭전대 경영학과졸 (경)1990~1997년 엔유씨전자 대표 1997년 (주)엔유씨전자 대표이사 회장(현) 1998년 유니스클럽 이업종교류회장 1999~2002년 (사)벤처기업대구·경북지역협회 회장 1999년 (사)산학경영기술연구원 이사 2000년 (사)대구·경북이업종교류연합회 수석부회장 2000~2002년 미래와만나는사람들의모임 회장 2000~2003년 중소기업청 창업보육센터 사업자선정위원 2001~2003년 경북중소기업지원기관협의회 위원 2001~2002년 대구지검 학교폭력예방지도분과위원회 선도강연위원 2001년 (사)한국전기제품안전진흥원 이사(현) 2005년 중소기업혁신협회 대구경북지부장 2008년 한국무역협회 부회장(현) 2009년 한국과학기술정보연구원 대구경북지회장 겸 전국수석부회장, 대구중소기업혁신협회 대구경북지부 고문(현) 2015년 (사)산학연구원 이사장(현) 2016년 한국과학기술정보연구원 대구경북지회장 겸 전국회장(현) (상)대통령표창(2002), 벤처경영자대상(2002), 은탑산업훈장(2005) (종)기독교

## 김종부(金鐘夫) KIM JONG BU

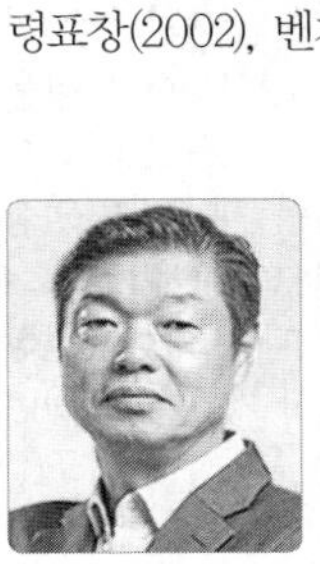

(생)1965 · 1 · 13 (출)경남 통영 (주)경상남도 창원시 성산구 비음로 97 창원축구센터 경남FC(055-283-2020) (학)중동고졸 1987년 고려대 체육교육학과졸 (경)1983년 멕시코세계청소년축구대회 국가대표 1986년 멕시코월드컵 국가대표 1988~1989년 프로축구 포항제철 아톰즈 소속 1990~1993년 프로축구 대우 로얄즈 소속 1993~1994년 프로축구 일화천마 소속 1995년 프로축구 대우 로얄즈 소속 1997~2001년 거제고 축구부 감독 2002년 동의대 축구부 감독 2006~2010년 중동고 축구부 감독 2011~2012년 양주 시민축구단 감독 2013년 화성 FC 감독 2017년 프로축구 경남 FC 감독(현) (상)한국체육대상 최우수선수(1983), K리그 챌린지 감독상(2017)

## 김종빈(金鍾彬) KIM Jong Bin

(생)1947·9·16 (본)김녕(金寧) (출)전남 여천 (주)서울특별시 강남구 영동대로 511 아셈타워 22층 법무법인 화우(02-6003-7096) (학)1967년 여수고졸 1971년 고려대 법대졸 1997년 명지대 대학원 법학과졸 2013년 명예 법학박사(조선대) (경)1973년 사법시험 합격(15회) 1975년 사법연수원 수료(5기) 1976년 육군 법무관 1978년 대전지검 검사 1981년 대구지검 상주지청 검사 1983년 서울지검 동부지청 검사 1985년 법무부 보호국·검찰국 검사 1986년 미국 워싱턴연방검찰청 연수 1987년 전주지검 정읍지청장 1988년 서울지검 검사(헌법재판소 파견) 1990년 수원지검 강력부장 1991년 부산지검 조사부장 1993년 서울지검 북부지청 특수부장 1993년 서울지검 송무부장 1994년 同형사4부장 1995년 인천지검 부천지청 차장검사 1996년 대전지검 차장검사 1997년 광주지검 순천지청장 1998년 인천지검 차장검사 1998년 대검찰청 중앙수사부 수사기획관 1999년 광주고검 차장검사(검사장) 2000년 전주지검장 2001년 법무부 보호국장 2002년 대검찰청 중앙수사부장 2003년 同차장검사 2003년 검찰인사위원회 위원 2004년 서울고검장 2005년 검찰총장 2006~2009년 고려대 법대 초빙교수 2007년 2012여수세계박람회 명예홍보대사 2009년 여수고총동창회 회장 2009~2013년 고려대 법학전문대학원 겸임교수 2009년 법무법인 화우 고문변호사(현) 2010년 대한상사중재원 중재인 2012년 대한불교조계종 봉은사 신도회장 2013~2015년 조선대 석좌교수 2015년 알루코 사외이사(현) (상)법무부장관표창(1986), 홍조근정훈장(1999), 황조근정훈장, 대한민국무궁화대상 법조계부문(2007) (종)불교

## 김종상(金鍾祥) KIM Jong Sang (佛心)·(甘泉)

(생)1937 · 1 · 17 (본)김해(金海) (출)경북 안동 (학)1955년 안동사범학교졸 1977년 연세대 교육대학원 수료 (경)1955~1969년 경북 상주 외남초 · 상영초 교사 1957년 상주글짓기연구회 회장 1966년 한국어린이신문지도협회 회장 1969~2007년 서울 유석초 교사 · 교감 · 교장 1970년 (사)색동회 이사 1975년 교육개발원 교육체제개발 연구위원 1978년 문교부 국민학교 교가 작사위원 1980년 교육개발원 국정교과서(국어) 연구 · 집필위원 1980년 서울서부교육청 국어교과연구회장 1982년 한국문예교육연구회 회장 1983년 문교부 재미한인학교 교육용교재 검토위원 1985년 한국생활작문연구회 회장 1986년 한국글짓기지도회 회장 1987년 서울대 재외국민교육원 '한국어' 심의위원 1990년 한국아동문학가협회 회장 1991년 (사)한국어문회 지도위원 1992년 한국시사랑회 창립회장 1993년 국민독서진흥회 '책읽는 나라 만들기' 추진위원 1994~2000년 서울시 아동복지위원 1995~2004년 국제펜클럽 한국본부 이사 1995~2014년 (사)어린이문화진흥회 부회장 1995년 한국동요동인회 회장 1995년 한국불교아동문학회 회장 1996년 한국불교청소년문화진흥회 부이사장 1999~2004년 명지대 인문대학원 및 특수대학원 강사 2001~2004년 국제펜클럽 한국본부 이사 및 심의위원 2001~2005년 (사)한국문인협회 이사 2001년 한국시사랑회 명예회장 2002년 한국동시문학회 고문(현) 2003년 강서문인협회 회장 2004년 아동잡지 「어린이세계」 편집위원 2004년 종합교양지 「아름다운 사람들」 상임편집위원 2005년 국제펜클럽 한국본부 수석부이사장 2007년 (사)한국어문능력개발연구원 상임이사 2007년 한인현글짓기장학회 운영위원장 2009년 주간 「새문학신문」 주필 2010년 (사)한국육필문예보존회 육필문예연감 편찬고문 2014년 (사)어린이문화진흥회 고문(현) (상)대통령표창(1980), 경향사도상(1985), 어린이문화대상(1992), 대한민국 문

학상(1992), 대한민국 동요대상(1995), 대한민국 5.5문학상(1996), 세종아동문학상, 방정환문학상(1996), 이주홍아동문학상(2001), 청하문학대상(2003), 안동대 자랑스러운 동문상(2003), 김영일아동문학상(2005), 제4회 21세기한국문화인대상 문학부문(2006), 제27회 펜문학상(2011), 제34회 한국동시문학상(2012), 소월문학상 본상(2012), 제48회 소천아동문학상(2016) (저)창작동시집 '해님은 멀리 있어도'(1982, 문학교육원) '하늘빛이 쌓여서'(1984, 가리온출판사) '어머니 무명치마'(1985, 창작과비평사) '하늘 첫동네'(1986, 웅진출판사) '땅덩이 무게'(1987, 대교문화) '생각하는 돌멩이'(1992, 현암사) '매미와 참새'(1993, 아동문예사) '나무의 손'(1995, 미리내) '꽃들은 무슨 생각할까'(2004, 파랑새어린이) '숲에 가면'(2008, 섬아이) '우주가 있는 곳'(2015, 청개구리) '손으로 턱을 괴고'(2016, 푸른사상), 동시선집 '날개의 씨앗'(1996, 오늘어린이) '꿈꾸는 돌멩이'(2010, 예림당) '산 위에서 보면'(2013, 타임비) 동화집 '아기해당화의 꿈'(1998, 학원출판공사) '연필 한 자루'(1998, 학원출판공사) '나뭇잎 배를 탄 진딧물'(1998, 학원출판공사) '엄마 따라서'(2000, 도서출판 꿈동산) '사람을 만들어요'(2000, 한국비고츠키) '모두모두 잘 해요'(2000, 한국비고츠키) '부엉이 오남매'(2001, 한국비고츠키) '꼬리가 없어졌어요'(2001, 한국비고츠키) '쉿, 쥐가 들을라'(2002, 예림당) '멍청한 도깨비'(2011, 파란정원) '왕비의 보석목걸이'(2011, 섬아이) '좀생이 영감님의 하루떡값'(2013, 타임비) (종)불교

## 김종상(金鍾相) KIM Jong Sang

(생)1946·9·1 (본)연안(延安) (출)인천 (주)서울특별시 서초구 서초대로 355 세일회계법인(02-523-5500) (학)1965년 동산고졸 1969년 서울대 법학과졸 1987년 경희대 경영대학원졸 2001년 경영학박사(건국대) (경)행정고시 합격(6회) 1973~1983년 국세청 행정사무관 1983년 세무공무원교육원 주임교관 1985년 서울지방국세청 소비세과장 1986년 국세청 기획예산담당관 1988~1992년 성동·남대문·여의도세무서장 1992년 국세청 부가가치세과장 1992년 중부지방국세청 재산세국장 1993년 서울지방국세청 간세국장 1993년 국세청 기획관리관 1995년 서울지방국세청 재산세국장 1996년 중앙공무원교육원 파견 1997년 국세청 재산세국장 1998년 부산지방국세청장 1999년 세일회계법인 대표(현) 1999년 한국조폐공사 사외이사 2003년 KT 사외이사 2005년 同이사회 의장 2005~2009년 한국이사협회총동문회 초대회장 2006년 남북교류협력추진협의회 위원 (상)근정포장 (저)'부가가치세 실무 해설'(1982) '원천징수 실무해설'(1985) 'Guide to Korean Taxes(共)'(1990) (작)'국세청 사람들'(2001) '세짜이야기'(2003) (종)천주교

## 김종서(金鍾瑞) KIM Jong Seo

(생)1938·2·15 (출)서울 (주)서울특별시 서초구 효령로 341 인산빌딩 (주)세보엠이씨 회장실(02-2046-7918) (학)1958년 서울대사대부고졸 1963년 서울대 경제학과졸 1990년 同경영대학원 최고경영자과정 수료 (경)1963~1975년 대한화섬(주) 근무 1978~2000년 세보기계(주) 설립·대표이사 사장 1993년 정화학원 감사 1998~2005년 대한설비건설협회 감사 1998~2001년 세보엔지니어링(주) 설립·대표이사 사장 2000년 (주)세보엠이씨 회장(현) 2001~2005년 (주)에스비테크 각자대표이사 사장, (주)하나엠텍 이사 2013~2019년 (주)원캔네트웍스 사내이사(비상근) (상)상공부장관표창, 은탑산업훈장(2000), 국세청장표창, 무역의 날 1천만불 수출탑(2013)

## 김종서(金鐘西) Kim Jong Seo

(생)1964·10·26 (출)강원 양양 (주)인천광역시 중구 공항로424번길 47 인천국제공항공사 운항본부(032-741-2020) (학)1983년 춘천기계공고졸 1991년 강원대 기계공학과졸 2011년 한국항공대 대학원 항공경영학과졸 (경)1991년 인천국제공항공사 입사 2000년 同수하물운영팀장 2002년 同수하물건설팀장 2009년 同운송시설처장 2010년 同상황관리센터장 2012년 同항공보안처장 2013년 同기계처장 2016년 同운항서비스본부장 2018년 同경영혁신본부장(상임이사) 2019년 同운항본부장(상임이사)(현)

## 김종석(金鍾奭) KIM Jong Suk

(생)1953·2·22 (본)연안(延安) (출)경북 상주 (주)대구광역시 달성군 논공읍 논공로 597 (주)평화홀딩스 회장실(053-610-8503) (학)1970년 대구고졸 1974년 인하대 금속공학과졸 2013년 명예 경영학박사(대구가톨릭대) (경)1987년 (주)평화산업 대표이사 사장 1989년 (주)평화기공 대표이사 회장 1991년 (주)평화오일씰공업 대표이사 회장 1993년 대구지방경찰청 대구경북범죄예방위원회 운영위원 2001년 대구경영자총협회 부회장 2004년 (주)평화산업 대표이사 회장 2006년 (주)평화홀딩스 대표이사 회장(현) 2007년 대구상공회의소 부회장 2011년 대구경북과학기술원(DGIST) 기금관리위원회 외부위원 2006·2014~2017년 한국표준협회 비상근부회장 (상)대통령표창(1992), 제9회 경제정의 기업상(2000), 산업포장(2004), 금탑산업훈장(2014) (종)천주교

## 김종석(金鍾奭) KIM Jong Seok

(생)1955 (본)김해(金海) (출)서울 (주)서울특별시 영등포구 의사당대로 1 국회 의원회관 320호(02-784-6430) (학)1974년 경기고졸 1978년 서울대 경제학과졸 1983년 미국 프린스턴대 대학원 경제학과졸 1984년 경제학박사(미국 프린스턴대) (경)1984~1987년 미국 다트머스대 경제학과 전임강사 1988~1991년 한국개발연구원(KDI) 연구위원 1991~2015년 홍익대 경영학부 교수 1992~1997년 경제정의실천시민연합 정책연구위원 1993~1997년 재정경제원 정부투자기관경영평가단 위원 1993~2000년 한국공기업학회 이사 1995~1997년 홍익대 대외협력부장 1995~1998년 규제연구회 회장 1995~1997년 케냐공화국 정부자문관 1997~2007년 행정개혁시민연합 상임집행위원겸 정부개혁연구소장 1998~2000년 공정거래위원회 정책평가위원회 민간위원장 1999년 기독교방송 객원해설위원 2000년 한국전력공사 비상임이사 2000년 기획예산처 기금운용평가단 평가위원 2000년 미국 다트머스대 경제학과 교환교수 2000·2004~2006년 대통령직속 규제개혁위원회 민간위원 2002년 동아일보 객원논설위원 2004년 한국규제학회 회장 2006~2007·2010~2015년 바른사회시민회의 공동대표 2006년 (사)뉴라이트재단 이사 2006~2009년 외교통상부 통상교섭자문위원 2007~2009년 한국경제연구원 원장 2013~2015년 홍익대 경영대학장 2014~2015년 대통령직속 규제개혁위원회 위원 2015~2016년 새누리당 여의도연구원장 2015년 同노동시장선진화특별위원회 위원 2016년 同총선기획단 위원 2016년 同제20대 총선 중앙선거대책위원회 공약본부장 2016년 제20대 국회의원(비례대표, 새누리당·자유한국당〈2017.2〉)(현) 2016년 국회 정무위원회 위원 2016~2017년 국회 남북관계개선특별위원회 위원 2016년 한국아동인구환경의원연맹(CPE) 회원(현) 2017~2018년 국회 예산결산특별위원회 위원 2017년 자유한국당 대표최고위원 경제특보 2017~2018년 국회 4차산업혁명특별위원회 위원 2017~2018년 자유한국당 정책위원회 부의장 2018년 同정책혁신위원회 경제정책분과 공동위원장 2018년 同혁신위원회 위원 2018년 同6.13전국지방선거공약개발단 중앙핵심공약개발단 산하 경제정책혁신단 공동단장 2018년 국회 정무위원회 간사(현) 2018년 자유한국당 혁신비상대책위원회 위원(현) 2018년 국회 윤리특별위원회 위원 2019년 국제의회연맹(IPU) 국회의원인권위원회 위원(현) (상)전국경제인연합회 시장경제대상 기고부문 대상(2014), 자유경제입법상(2016), 2018 입법 및 정책개발 우수국회의원(2019) (저)'경제규제와 경쟁정책' '정부규제개혁' (역)'맨큐의 경제학' (종)기독교

## 김종석(金宗錫)

(생)1958·5·20 (출)경북 영덕 (주)서울특별시 동작구 여의대방로16길 61 기상청 청장실(02-2181-0201) (학)1976년 영해고졸 1982년 공군사관학교 체계분석학과졸 1987년 영남대 대학원 환경공학과졸 1998년 경북대 대학원 이학박사과정(천문대기과학전공) 수료 (경)2006년 공군본부 공군기상전대 중앙기상부장 2009년 국방부 국방정보본부 지형기상정책과장 2010~2012년 공군본부 공군기상단장 2013년 기상청 국가태풍센터 자문관 2013~2016년 경북대 대기원격탐사연구소 연구원 2013~2016년 同지구과학교육과 외래교수 2016년 계명대 지구환경학과 외래강사 2016년 한국기상산업진흥원 원장 2018년 기상청장(현) 2019년 세계기상기구(WMO) 집행이사(현) (상)보국훈장 삼일장(2010)

## 김종석(金鍾石) Kim, Jong Seok

(생)1964·8·28 (주)광주광역시 서구 운천로 213 스카이랜드 9층 무등일보(02-606-7760) (경)1991년 무등일보 입사 2000년 同사회부 차장대우 2001년 同차장 2002년 同생활특집부 차장 2003년 同교육부 차장 2003년 同부장대우 2004년 同사회부 부장대우 2004년 同교육체육부장 직대 2006년 同경제팀장(부장대우) 2006년 同편집국 사회부장 2008년 同경제부장, 同정치부장 2009년 同경제부장(부국장대우) 2013년 同편집국장 2015년 同수석논설위원 2017년 同논설실장 2017~2018년 同편집국장 2018년 同이사(현) (상)올해의 기자상 신문취재부문 최우수상(2002)

## 김종선(金鍾璿) KIM Jong Sun

(생)1961·3·26 (주)경기도 고양시 덕양구 항공대학로 76 한국항공대학교 항공우주및기계공학부(02-300-0175) (학)1983년 서울대 기계공학과졸 1985년 한국과학기술원(KAIST) 기계공학졸(석사) 1989년 공학박사(한국과학기술원) (경)1989년 금오공대 정밀기계공학과 강사 1990년 한국기계연구소 비상근연구원 1991~1992년 금오공대 정밀기계공학과 조교수 1992년 한국항공대 항공우주 및 기계공학부 조교수·부교수·교수(현) 2004년 同대학원 교학부장 2007~2009년 同학생처장 겸 학생생활상담소장 2018년 同교무처장(현)

## 김종선(金鍾先) KIM JONG SEON

(생)1963·2·2 (출)서울 (주)서울특별시 종로구 세종대로 163 현대해상화재보험(주) 임원실 (학)1981년 장훈고졸 1988년 서강대 경제학과졸 (경)1999년 현대해상화재보험(주) 신마케팅추진TFT장 2000년 同인터넷마케팅부장 2001년 同신채널사업부장 2004년 同기획실장 2007년 同기획실장(상무보) 2008년 同경영기획담당 상무보 2010년 同인사총무지원본부장 겸 경영기획담당 상무대우 2012년 同인사총무지원본부장 겸 경영기획담당 상무 2013년 同경인지역본부장(상무) 2015년 同개인보험부문장(상무A) 2016년 同개인보험부문장(전무) 2016년 同전략채널부문장(전무) 2018년 同인사총무지원부문장(전무) 2019년 同준법감시인(전무)(현)

## 김종선(金鍾瑄) KIM JONG SUN (石丁)

(생)1963·3·21 (본)도강(道康) (출)전남 강진 (주)세종특별자치시 정부2청사로 13 행정안전부 안전소통담당관실 국민안전방송팀(044-205-1071) (학)1982년 전남 동신고졸 1989년 전남대 사회학과졸 1999년 고려대 경영대학원 경영정보학과졸 (경)1990년 아시아경제신문 편집국 기자 1993년 삼익건설(주) 홍보팀장 1995년 시마텍(주) 기획부장 2001년 드림사이트코리아(주) 기획홍보부장 2005~2014년 소방방재청 대변인실 온라인대변인 2014년 국민안전처 홍보담당관실 온라인대변인 2017년 행정안전부 안전소통담당관실 국민안전방송팀장(현) (상)국무총리표창(2013) (저)'위기탈출119(共)'(2010, 매경출판) (종)기독교

## 김종섭(金鍾燮) KIM Jong Sup

(생)1947·11·27 (출)서울 (주)서울특별시 강남구 학동로 171 삼익악기 회장실(070-7931-0600) (학)1966년 서울 동성고졸 1970년 서울대 사회복지학과졸, 同대학원 최고경영자과정 수료 (경)1972년 (주)대한항공 근무 1975년 신생산업사 대표 1979년 (주)신생플랜트 입사 1982~1997년 同대표이사 회장 1997~2005년 (주)스페코 대표이사 회장 2002년 (주)삼익악기 대표이사 회장(현), 서울대총동창회 부회장 2009~2015년 대한민국ROTC중앙회 명예회장 2010년 코피온(COPION) 회장 2010~2011년 청소년적십자(RCY)사업후원회 회장 2012~2017년 코피온(COPION) 명예총재·이사장 2012~2016년 서울대최고경영자과정(AMP)총동창회 회장 2013~2015년 대한적십자사 부총재 2017~2018년 오스트리아 빈 필하모닉 오케스트라 문화대사 (상)국무총리표창, 자랑스러운 ROTCian상(2009), 서울대총동창회 관악대상 협력상(2010), 서울대 발전공로상(2013)

## 김종섭(金鍾涉) KIM Jong Seob

(생)1960·11·3 (출)울산 (주)울산광역시 울주군 삼남면 반구대로 163 에스티엠(주) 비서실(070-7092-5700) (학)1983년 숭실대 화학공학과졸 1987년 한국과학기술원(KAIST) 화학공학과졸(석사) 1994년 화학공학박사(한국과학기술원) (경)1994~1998년 제일모직 근무 1998~2000년 삼성종합화학 전자재료연구팀 근무 2000년 제일모직 전자재료부문 전지소재팀장 2003년 同전해액개발팀장 2004년 同수지·합성그룹장 2006년 同수지·합성담당 임원 2010년 同구미사업장 공장장 2011년 同구미사업장 공장장(전무) 2012년 同제조팀 전무 겸임 2013년 同중앙연구소장(전무) 2014년 삼성SDI(주) 전자재료사업부 분리막사업팀장(전무) 2016년 同전자재료사업부 반도체소재사업팀 구미제조센터장 겸 전지소재팀장(전무) 2018년 에스티엠(주) 대표이사(현)

## 김종섭(金宗燮)

(생)1980·4·7 (주)울산광역시 남구 중앙로 201 울산광역시의회(052-229-5125) (학)울산대 일반대학원 행정학 석박사통합과정 수료 (경)여의도연구원 정책자문위원(현), 자유한국당 중앙청년위원회 부위원장(현) 2018년 울산시의회 의원(비례대표, 자유한국당)(현) 2018년 同교육위원회 부위원장(현) 2018년 同의회운영위원회 위원(현) 2019년 同예산결산특별위원회 위원(현)

## 김종성(金鍾聲) KIM Jong Sung

(생)1958·10·23 (출)충북 단양 (주)서울특별시 양천구 목동동로 233 방송통신심의위원회 전문위원실(02-3219-5020) (학)1984년 한국외국어대 중국어과졸 (경)1995년 방송위원회 연구조정부 차장 1996년 同광주사무소장 1997년 同라디오부장 2002년 同심의2부장 2002년 同행정1부장 2003년 同심의1부장 2004년 同심의운영부장 2005년 同대구사무소장 2007년 세종연구소 국정과제연수과정 교육파견 2008년 방송통신심의위원회 심의1국 지상파방송심의팀장 2009년 同부산사무소장 2011년 국방대 파견 2011년 방송통신심의위원회 방송심의국장 겸 선거방송심의지원단장 2012년 同조사연구실장 2013년 同대구사무소장 2015년 同부산사무소장 2015년 同권익보호국장 2016년 同방송심의2국장 2018년 同전문위원실장 2019년 同전문위원실 수석전문위원(현) (상)교육부장관표창(1995)

### 김종성(金鍾晟) KIM Jong Sung (순원)

(생)1959·2·19 (본)청주(淸州) (출)전남 강진 (주)서울특별시 용산구 한강대로 372 (주)동부익스프레스(02-6363-2600) (학)1977년 인천고졸 1981년 고려대 경제학과졸 1991년 경남대 경영대학원 경영학과졸(석사) 1997년 고려대 경영대학원 유통산업전문가과정 수료 2008년 동원-연세대 Intensive MBA과정 수료 2010년 한국무역협회-인하대 GLMP(물류최고경영자과정) 수료 2011년 경영학박사(호서대) (경)동원F&B 상근감사, 同경영지원실장(상무이사) 2009년 (주)동원산업 물류본부장(전무이사) 2012~2017년 同물류본부장(부사장) 2013~2017년 동원냉장(주) 대표이사 겸임 2017년 (주)동부익스프레스 대표이사(현) (상)무역의날 산업포장(2011)

### 김종성(金鍾成)

(생)1964·11·1 (출)서울 (주)경기도 수원시 영통구 삼성로 129 삼성전자(주) 영상디스플레이사업부(031-200-1114) (학)우신고졸, 서울대 경영학과졸 (경)1986년 삼성전자(주) 입사 2007년 同LCD기흥지원팀장(상무보) 2008년 同LCD기흥지원팀장(상무) 2012년 삼성디스플레이(주) 전무 2013년 삼성디스플레이(주) 경영지원실 지원팀장(전무) 2017년 삼성전자(주) 영상디스플레이사업부 지원팀장(부사장)(현)

### 김종수(金宗壽) Most Rev. Augustinus Kim, D.D.

(생)1956·2·8 (출)대전 (주)대전광역시 동구 송촌남로11번길 86 천주교 대전교구청(042-630-7780) (학)1978년 서울대 국사학과졸 1984년 同대학원 국사학과졸 1987년 가톨릭대 신학과졸 1994년 이탈리아 로마성서대 대학원 성서학과졸 (경)1989년 사제 서품 1989~1990년 천주교 대전교구 논산 부창동 본당 보좌신부 1994~1997년 同대전교구 해미본당 주임신부 1997~2007년 대전가톨릭대 교수·학생처장·교리신학원장 2007~2009년 同총장 2009년 천주교 대전교구 보좌주교(현) 2009년 주교 서품 2009~2010년 천주교주교회의 복음화위원회 위원장 2009~2010년 천주교주교회의 선교사목주교위원회 위원 2010년 同전례위원회 위원장 2010년 同교리주교위원회 위원(현) 2018년 同성서위원회 위원장(현)

### 김종수(金鍾洙) KIM Chong Su

(생)1956·10·16 (출)서울 (주)경기도 파주시 광인사길 153 한울엠플러스(주)(031-955-0655) (학)1975년 경기고졸 1981년 서울대 동양사학과졸 2000년 동국대 언론정보대학원 출판잡지학과졸 (경)1980~2015년 도서출판 한울 대표 1990~2002년 한국출판협동조합 이사 1995년 대한출판문화협회 상무이사 1996년 한국출판연구소 이사 1997년 성공회대 신문방송학과 겸임교수 2002~2008년 한국출판협동조합 이사장 2007년 (사)출판유통진흥원 회장(현) 2010년 한국출판연구소 이사장(현) 2012년 동국대 언론정보대학원 겸임교수(현) 2015년 한울엠플러스(주) 대표이사(현) (상)한국출판협동조합 올해의 출판경영인상(1995), 문화체육부장관표창(1997), 중앙대 언론문화상(2000), 천주교주교회의 매스컴위원회 '한국 가톨릭 매스컴상'(2004), 중소기업경영인대상(2016) (저)'유럽 도서유통의 일 고찰' (종)기독교

### 김종수(金鍾秀) KIM Jong Soo

(생)1957·3·22 (출)경남 창녕 (주)서울특별시 서초구 서초중앙로 148 희성빌딩 2층 법무법인 솔론(02-592-9933) (학)1975년 부산 금성고졸 1979년 경북대 법학과졸 1981년 서울대 대학원 법학과졸 (경)1983년 사법시험 합격(25회) 1985년 사법연수원 수료(15기) 1986년 광주지검 검사 1988년 대전지검 천안지청 검사 1990년 서울지검 검사 1992년 법무부 관찰과 검사 1994년 인천지검 검사 1995년 同부천지청 검사 1995년 일본 히토쓰바시대 객원연구원 1996년 창원지검 검사 1998년 서울지검 동부지청 부부장검사 1999년 창원지검 진주지청 부장검사 2000년 부산고검 검사 2002년 대구지검 형사4부장 2003년 인천지검 부천지청 부장검사 2004년 대구지검 안동지청장 2005년 서울고검 검사 2005년 대전지검 형사1부장 2006년 서울고검 검사 2008년 광주고검 검사 2008년 법무법인 솔로몬 공동대표변호사 2009년 법무법인 솔론 대표변호사(현)

### 김종수(金鐘秀) KIM Jongsoo

(생)1960·10·16 (출)경남 남해 (주)서울특별시 성동구 마장로 210 한국기원 홍보팀(02-3407-3870) (경)1989년 입단 1991년 대왕전 본선 1992년 2단 승단 1993년 3단 승단 1993년 한국이동통신배 본선 1994년 국기전 본선 1994년 박카스배 본선 1995년 연승바둑 최강전 본선 1997년 4단 승단 2003년 5단 승단 2005년 6단 승단 2008년 지지옥션배 본선 2009년 지지옥션배 본선 2010년 7단 승단 2012년 지지옥션배 본선 2014년 8단 승단 2017년 지지옥션배 본선 2018년 대주배 본선 2018년 9단 승단(현)

### 김종수(金鍾洙) KIM JONGSOO

(생)1962·9·22 (본)김해(金海) (출)충북 제천 (주)충청남도 부여군 규암면 백제문로 367 한국전통문화대학교 전통문화교육원 교육기획과(041-830-7820) (학)1985년 중앙대 사학과졸 2008년 동국대 문화예술대학원 문화재학과졸 2013년 문학박사(충남대) (경)1987~1994년 총무처 근무 1994~2004년 문화체육관광부 행정사무관 2004~2005년 국무총리실 정책상황실 행정사무관 2005~2009년 문화체육관광부 행정사무관 2009~2014년 문화재청 근무 2014년 同발굴제도과 서기관 2016년 국립무형유산원 무형유산진흥과장 2017년 同기획운영과장 2019년 한국전통문화대 전통문화교육원 교육기획과장(현) (상)대통령표창(1998), 국무총리표창(2000) (종)무교

### 김종수(金鍾秀) Jong-Soo Kim

(생)1964·9·13 (주)충청남도 천안시 동남구 단대로 119 단국대학교 치대 치의학과(041-550-1935) (학)1989년 단국대 치대졸 1992년 同대학원 치의학과졸 1998년 치의학박사(서울대) (경)1989~1992년 단국대 치과대학 부속 치과병원 소아치과 수련의 1995~1996년 同부속 치과병원 전임의 1998년 同치의학과 조교수·부교수 1998년 同부속 치과병원 소아치과과장 2000년 同소아치과학교실 주임교수 2003년 同부속 치과병원 교육연구부장 2008년 단국대 치과대학 치의학과 교수(현) 2019년 同치과대학 부속치과병원장(현) (저)'소아치과학'(1998) '소아·청소년 치과학'(1999) '치과치료의 진정요법'(2001) '임상 소아치과학 아틀란스'(2004) '소아행동치과학'(2005) '소아·청소년 치과학 4판'(2007) '소아·청소년 치과학 기초 및 임상 실습'(2009) '임상 소아 치과학 아틀라스 개정판'(2009)

### 김종수(金鍾秀) KIM Jong Soo

(생)1965·6·28 (출)서울 (주)서울특별시 강남구 테헤란로92길 7 법무법인(유) 바른(02-3479-7506) (학)1984년 인창고졸 1988년 서울대 법대 공법학과졸 1991년 同대학원 법학석사과정 수료 2005년 미국 캘리포니아웨스턴대 로스쿨 비교법학석사과정 수료(M.C.L.) (경)1990년 사법시험 합격(32회) 1993년 사법연수원 수료(22기) 1993년 軍법무관 1996년 대구지검 검사 1998년 대전지검 서산지청 검사 1999년 울산지법 판사 2002년 수원지법 판사 2006년 서울고법 판사 2008년 서울중앙

지법 판사 2009년 대전지법 부장판사 2009년 충남도 공직자윤리위원회 위원장 2010년 춘천지법 부장판사 2011~2012년 인천지법 부장판사 2011년 인천 연수구선거관리위원회 위원장 2012년 법무법인(유) 바른 변호사(현)

### 김종수(金鍾秀) KIM Jong Soo

(생)1966 · 8 · 6 (출)경남 밀양 (주)부산광역시 연제구 법원로 31 부산지방법원(051-590-1114) (학)1985년 밀양고졸 1995년 부산대 법학과졸 (경)1997년 사법시험 합격(39회) 2000년 사법연수원 수료(29기) 2000년 창원지법 판사 2002년 부산지법 판사 2006년 同가정지원 판사 2008년 부산지법 판사 2010년 부산고법 판사 2012년 창원지법 마산지원 판사 2015년 대구지법 부장판사 2017년 부산지법 부장판사(현)

### 김종수(金鍾秀) Kim Jong-su

(생)1967 · 12 · 4 (출)경북 의성 (주)경상북도 안동시 풍천면 도청대로 455 경상북도청 농축산유통국(054-880-3300) (학)1986년 정동고졸 1990년 경북대 농학과졸 1994년 同대학원 농학과졸 (경)1997년 제3회 지방고등고시 · 제33회 국가기술고등고시 합격 1998년 지방농업사무관 임용 1999~2009년 경북도 의성군 신평면장 · 경북도 농정과 · 국제통상과 · 통상외교팀 · 농업정책과 근무 2009년 경북도 FTA농축산대책과장(지방기술서기관) 2010년 同농업정책과장 겸 영천경마공원건설지원단장 2012년 (재)문화엑스포 행사기획실장 2013년 경북 영천시 부시장 2015년 경북도 대변인(부이사관) 2015년 同복지건강국장 2016년 同농축산유통국장 2017년 同문화관광체육국장 2018년 교육 파견(부이사관) 2019년 경북도 농축산유통국장(현)

### 김종수(金鍾洙) KIM JONGSU

(생)1972 · 8 · 29 (본)광산(光山) (출)부산 (주)서울특별시 종로구 세종대로 209 통일부 장관정책보좌관실(02-2100-5604) (학)1990년 부산 금정고졸 1999년 경성대 철학과졸 2003년 동국대 대학원 북한학과졸 2007년 同대학원 북한학과졸(정치학박사) (경)2000~2004년 한국청년연합(KYC) 평화통일센터 사무국장 2005년 대통령소속 친일반민족행위진상규명위원회 조사관 2007년 대통합민주신당 한반도전략연구원 연구원 2009~2018년 더불어민주당 정책위원회 통일전문위원 2015~2017년 통일준비위원회 정치법제도분과 전문위원 2015년 숭실대 베어드학부 겸임교수(현) 2016년 북한연구학회 이사(현) 2017년 국정기획자문위원회 외교안보분과 전문위원 2018년 통일부 장관정책보좌관(고위공무원)(현) (상)국회의장표창(2017) (저)'북한청년동맹 연구'(2008, 한울) '북한청년과 통일'(2018, 선인)

### 김종술(金鍾述) KIM Jong Sool

(생)1947 · 8 · 23 (본)광산(光山) (출)광주 (주)서울특별시 구로구 디지털로33길 11 에이스테크노8차 610호 대일E&C 연구원(02-2025-7594) (학)1966년 광주제일고졸 1973년 서울대 전기공학과졸 1991년 미국 위스콘신대 대학원졸(석사) (경)1973년 대한석유공사 근무 1977년 한국카프로락담(주) 과장 1982년 코리아엔지니어링(주) 차장 1983년 한국가스공사 검사부장 1984년 同프랑스 파리사무소장 1986년 同건설사업부 전기과장 1988년 同중앙통제소장 1991년 同기술개발부 기술총괄과장 1992년 同생산공급부장 1993년 同사업개발부장 · 사업계획부장 1995년 同연구개발원장 1997년 同중부사업본부장 1997년 同생산본부장(전무) 1999~2003년 同부사장 2001년 제3대 한국가스학회 회장 2003년 한국가스공사 사장 직대 2003년 국제가스연맹(IGU) 이사 2004~2005년 한국가스연맹 사무총장 2005~2009년 대성그룹 상임고문 2009년 대일E&C 연구원장(현)

### 김종술(金鍾述) KIM JONG SUL

(생)1967 · 11 · 16 (출)충남 청양 (주)세종특별자치시 도움4로 9 국가보훈처 제대군인정책과(044-202-5710) (학)1985년 남대전고졸 2010년 선문대 사회복지대학원 사회복지학과졸 (경)1999~2004년 국방부 기획총괄과 정부업무평가담당 2004~2006년 국립대전현충원 참배행사담당 2007~2011년 국가보훈처 대전지방보훈청 홍성보훈지청 보상과장 · 보훈과장 2011~2015년 국가보훈처 나라사랑교육과 나라사랑교육담당 2015년 대전지방보훈청 청주보훈지청장 2016년 同충북남부보훈지청장 2016년 국가보훈처 제대군인국 제대군인지원과장 2017년 광주지방보훈청 전남서부보훈지청장 2019년 국가보훈처 제대군인지원과장 2019년 同제대군인정책과장(현) (상)근정포장(2016)

### 김종승(金鍾承)

(생)1963 · 6 · 28 (주)부산광역시 부산진구 가야대로 795 한국투자증권(주) 영남지역본부(051-803-7328) (학)1982년 장충고졸 1988년 고려대 경영학과졸 2006년 한국과학기술원(KAIST) Executive MBA졸(석사) (경)1988~2005년 동원증권(舊 한신증권) 입사 · 근무 2005년 한국투자증권(주) 근무 2008년 同개인고객전략부 상무보 2010년 同영업전략부서장(상무보) 2012년 同WM사업본부장(상무) 2013년 同중부지역본부장(상무) 2016년 同강남지역본부장(전무) 2019년 同영남본부장(전무)(현)

### 김종승(金鍾昇) KIM Jong Seung

(생)1963 · 12 · 7 (주)서울특별시 성북구 안암로 145 고려대학교 화학과(02-3290-3143) (학)1986년 공주대 화학교육과졸 1988년 충남대 대학원 화학과졸 1993년 화학박사(미국 텍사스 공과대) (경)1986년 충남대 조교 1988년 한국화학연구소 연구원 1989년 미국 화학회 정회원 1993~1994년 미국 Univ. of Houston Post-Doc. 1994~2003년 건양대 교수 1997년 한국농약과학회 이사 2001년 대한화학회 과학전문상임위원 2003~2007년 단국대 자연과학대학 자연과학부 화학전공 교수 2005년 미국 세계인명사전 'Marquis Who's Who in Science and Engineering'에 등재 2006년 대한화학회 과학전문 운영위원(현) 2007년 고려대 화학과 교수(현) 2014년 한국과학기술한림원 정회원(이학부 · 현) 2019년 대한화학회 학술위원회 위원(현) (상)대한화학회 우수포스터상(2000 · 2004), 우수인재양성 대통령표창(2002), 심상철학술상(2009), 고려대 2008년 2학기 석탑강의상(2009), 이달의 과학기술자상(2013), 고려대교우회 학술상(2016), 제31회 인촌상 과학 · 기술부문(2017), 고려대 인성(仁星)스타연구자상(2019) (저)'대학화학의 기초' '유기화학실험' '일반화학' 'General Chemistry'(영문)

### 김종식(金鍾植) KIM Jong Sik

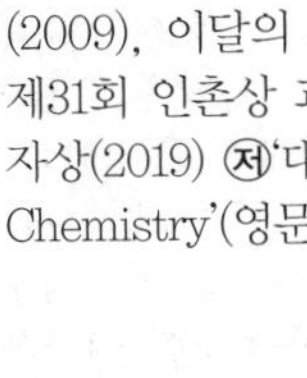

(생)1950 · 10 · 20 (본)김해(金海) (출)전남 완도 (주)전라남도 목포시 양을로 203 목포시청 시장실(061-270-3201) (학)1970년 목포 문태고졸 1976년 성균관대 행정학과졸 1983년 서울대 행정대학원졸 2001년 전남대 대학원 행정학 박사과정 수료 (경)1981년 행정고시 합격(24회) 1995년 완도군 부군수 1997년 영암군 부군수 1998년 신안군 부군수 2000~2002년 목포대 지역개발학과 겸임교수 2001~2002년 목포시 부시장 2002 · 2006 · 2010~2014년 전남 완도군수(새천년민주당 · 열린우리당 · 대통합민주신당 · 통합민주당 · 민주당 · 민주통합당 · 민주당 · 새정치민주연합) 2010년 전국시장군수구청장협의회 군수대표 2011~2012년 同대변인 2011~2013년 한국슬로시티시장군수협의회 초대회장 2014년 국제슬로시티 대사 2016~2017년 광주시 경제부시장 2018년 더불어민주당 전남도당 수석부위원장 2018년 전

남 목포시장(더불어민주당)(현) 2019년 (사)목포시관광협의회 초대 회장(현) (상)민선3기 지방자치발전 종합대상, 한국지방자치경영대상 최고경영자상(2008), 한국지방자치경영대상 환경안전부문 대상(2009), 올해의 신한국인 대상(2011), 국제슬로우시티연맹 공로상(2014), 근정포장, 대한민국 최고 목민관상, 전국 최우수 자치단체장상, 존경받는 대한민국 CEO대상 (저)'창조의 길을 열다'(2014, 심미안) (종)기독교

## 김종식(金鍾植) KIM Jong Shik

(생)1952 · 6 · 16 (본)김해(金海) (출)경북 청도 (주)서울특별시 송파구 마천로 33 동성빌딩 7층 세계기독교박물관(02-415-2259) (학)1971년 청도 이서고졸 1978년 계명대 국어국문학과졸(수석) 1990년 폴란드 바르샤바대 폴란드어연수과정 수료 2002년 이스라엘 텔아비브울판 히브리어과정 수료 2016년 백석대 실천신학대학원졸 (경)1977년 계명대 총학생회장 1978년 한국방송공사(KBS) 입사 1978년 대한무역투자진흥공사(KOTRA) 입사 1982년 同오만 무스카트무역관 근무 1984년 同이집트 카이로무역관 근무 1988년 同기획관리부 근무 1989년 同폴란드 바르샤바무역사무소 창설요원 1992년 同전시부 해외전시2과장 1993년 同기획관리부 예산과장 1995년 同뉴질랜드 오클랜드무역관장 1998년 同감사실 검사역 1999년 同마케팅지원처 국제박람회부장 2000년 송파로타리클럽 국제봉사위원장 2001년 대한무역투자진흥공사(KOTRA) 이스라엘 텔아비브무역관장 2004년 중소기업특별위원회 수출전문위원 2006년 대한무역투자진흥공사(KOTRA) 울산무역관장 2008년 세계기독교박물관 관장(현) 2010~2015년 순복음강남신학대학원 교수 2017년 세계기독교박물관 채플목사(현) (상)상공부장관표창(1992), 뉴질랜드 아시아인 최고상(1997), 대통령직속 중소기업특별위원장표창(2005) (저)'성서사물'(2009) '성경에 나오는 물건과 관습'(2017) (역)'유대인들은 왜'(2008) (종)기독교

## 김종식(金宗植) Kim Jongsik

(생)1953 · 3 · 22 (주)전라북도 전주시 완산구 효자로 225 전라북도의회(063-280-3970) (학)군산중앙고졸, 호원대 행정학과졸, 전주대 대학원 최고지도자과정 수료, 중앙대 사회개발대학원 의회지도자과정 수료, 고려대 정책개발대학원 정책학과 수료, 군산대 경영대학원 최고지도자과정 수료, 同경영행정대학원 경영학과졸 2008년 행정학박사(전주대) (경)선경목재(주) 근무, 한국자유총연맹 전북 군산시지부 운영위원, 민주평통 전북 군산시지부 부회장 1995 · 1998년 전북 군산시의회 의원(무소속) 2002년 전북도의원선거 출마(무소속) 2006 · 2010년 전북 군산시의회 의원(민주당 · 민주통합당 · 민주당 · 민주당 · 새정치민주연합) 2012년 同부의장 2014년 전북도의원선거 출마(무소속), 호원대 경영학과 겸임교수 2018년 전북도의회 의원(더불어민주당)(현) 2018년 同교육위원회 위원 겸 예산결산특별위원회 위원(현)

## 김종식(金鍾植) KIM JONG SIK

(생)1964 · 1 · 25 (출)서울 (주)경기도 수원시 장안구 창룡대로 223 경기남부지방경찰청 외사과(031-888-2276) (학)1982년 서울 영일고졸 1986년 경찰대 법학과졸(2기) (경)1986년 경위 임용 1996년 경감 임용 2004년 경정 임용 2005년 안양경찰서 정보보안과장 2006년 안산단원경찰서 정보보안과장 2008년 경기지방경찰청 보안계장 2013년 대전지방경찰청 치안지도관(총경) 2014년 同112종합상황실장 2014년 제주서부경찰서장 2015년 제주지방경찰청 112종합상황실장 2016년 경기 안성경찰서장 2017년 경기남부지방경찰청 경무과 치안지도관 2017년 경기남부지방경찰청 정부과천청사경비대장 2018년 경기 화성서부경찰서장 2019년 경기남부지방경찰청 외사과장(현)

## 김종신(金鍾信) Kim Jong Sin

(생)1954 · 9 · 26 (본)김해(金海) (출)경남 함양 (주)서울특별시 영등포구 국제금융로8길 25 주택건설회관 4층 대한주택건설협회(02-785-3913) (학)1973년 함양고졸 1986년 국제대 경제학과졸 2009년 건국대 부동산대학원 경영관리학과졸 (경)1981~1987년 건설부 수원국도관리사무소 근무 1987~2001년 건설교통부 본부 근무 2001~2002년 국무총리실 파견 2002년 건설교통부 주택정책팀 근무 2006년 同판교주택분양상황실장 2007년 同주택공급TF팀장 2007~2009년 국무총리실 제주프로젝트2과장(파견) 2009~2010년 영주국도관리사무소 소장 2010~2011년 국토해양부 녹색도시건설과장 2011~2018년 대한주택건설협회 정책상무이사 2018년 同상근부회장(현) (상)국무총리표창(1992), 대통령표창(2005), 홍조근정훈장(2011) (종)불교

## 김종양(金鍾陽) Kim Jong Yang

(생)1961 · 10 · 30 (본)김해(金海) (출)경남 창원 (학)1980년 마산고졸 1985년 고려대 경영학과졸 1996년 서울대 행정대학원 행정학과졸 2004년 경찰학박사(동국대) (경)1985년 행정고시 합격(29회) 2004~2005년 서울 성북경찰서장 2005~2006년 대통령비서실 행정관 2007~2010년 駐LA 경찰주재관 2010년 서울지방경찰청 보안부장 2010년 경찰청 핵안보정상회의 준비단장 2011년 同외사국장 겸 인터폴중앙사무국장 2012년 경남지방경찰청장 2012~2015년 인터폴(국제형사경찰기구) 집행위원 2013년 경찰청 기획조정관 2014~2015년 경기지방경찰청장(치안정감) 2015년 인터폴(국제형사경찰기구) 집행위원회 부총재 2018년 同총재(현) (상)홍조근정훈장(2014) (저)'굳력'(2018, 도서출판 현대프린트)

## 김종연(金鍾淵) KIM Jong Yeon

(생)1959 · 12 · 11 (출)경북 김천 (주)대구광역시 남구 현충로 170 영남대학교 의과대학 생리학교실(053-620-4332) (학)1985년 영남대 의대졸 1987년 同대학원졸 1991년 의학박사(영남대) (경)1991~1994년 국군 중앙의무시험소 연구부장 1994~2005년 영남대 의대 생리학교실 조교수 · 부교수 1997~1998년 미국 워싱턴대 세인트루이스교 의대 내과학교실 초청교수 1998~2000년 미국 이스트캐롤라이나대 의대 생화학교실 초청교수 2001년 영남대 의대 동물사운영위원장 2001년 同기초의학연구소장 2002년 同비만 · 당뇨병선도연구센터장 2002년 미국 이스트캐롤라이나대 의대 생화학교실 방문교수 2005년 영남대 의과대학 생리학교실 교수(현) 2005~2006년 同의학과장 2010~2013년 同의료원 기획조정처장 2013~2014년 同기획처장 2017~2019년 同의학전문대학원장 2017~2019년 同의과대학장 겸임 (상)대한스포츠의학회 학술상, 대한이비인후과학회 학술상 (저)'생리학'

## 김종연(金鍾淵) KIM Jong-yeon

(생)1960 · 9 · 16 (출)충북 괴산 (주)전라남도 장성군 북이면 방장로 353 국립장성숲체원(061-399-1800) (학)고려대 임학과졸, 독일 산림경영기술과정 장기연수(1년) (경)2004년 산림청 산림보호국 치산과 근무 2008년 同산림자원국 국제산림협력과 근무 2010년 서부지방산림청 무주국유림관리소장 2012년 산림청 기획조정관실 법무감사담당관실 감사팀장 2014년 同산림자원국 목재산업과 임도팀장 2015년 남부지방산림청 영주국유림관리소장 2016년 산림청 청장비서관 2017년 同국립산림품종관리센터장 2018년 중부지방산림청장 2019년 국립장성숲체원장(현) (상)농림부장관표창(1991), 모범공무원표창(1995), 대통령표창(2006)

**김종열(金鍾悅) KIM Jong Yeol**

(생)1959·7·10 (출)서울 (주)대전광역시 유성구 유성대로 1672 한국한의학연구원(042-868-9402) (학)1978년 성남고졸 1983년 서울대 건축학과졸 1985년 한국과학기술원(KAIST) 토목공학과졸(석사) 1996년 경희대 한의대학졸 1998년 원광대 대학원 한의학과졸 2001년 한의학박사(원광대) (경)1985~1988년 한국건설기술연구원(KICT) 연구원 1988년 원불교 입교 1989~2000년 한국건설기술연구원(KICT) 위촉연구원 1996~2004년 (재)익산원광한의원 원장 1999~2001년 원광보건대학 겸임교수 2000년 대한한의진단학회 정회원 2002년 원불교 道務로 출가 2002~2018년 원광대 겸임교수 2003년 대한한의학회 정회원, 대한사상체질의학회 전산정보이사, 원불교사상의학회 회장 2005~2006년 대통령자문 의료산업선진화위원회 위원 2005~2007년 한국한의학연구원 선임연구부장 2008년 同의료연구부 책임연구원 2008년 대한사상체질의학회 추모사업이사 2009~2011년 한국한의학연구원 체질의학연구본부장 2009년 同체질생물학·의공학연구센터장 2011년 同선임연구본부장 2012년 同한의학정책연구센터장 2012년 국제학술지 통합의학연구(Integrative Medicine Research) 부편집자 2015년 한국한의학연구원 한의기반연구부 책임연구원 2018년 同원장(현) (상)이달의 산업기술상 신기술부문 우수상(2014), 과학기술훈장 진보장(2016), 대한민국 나눔봉사대상(2018), 국회 보건복지위원장표창(2018) (종)원불교

**김종영(金種永)**

(생)1973·3·3 (주)경상북도 안동시 풍천면 도청대로 455 경상북도의회(054-880-5126) (학)포항고졸, 경북대 정치외교학과졸 (경)포항고 OB축구회 부회장, 독도수호문화예술협회 상임최고위원, 포항시육상연맹 부회장, 새누리당 직능특별위원회 위원, 연일향토청년회 상임부회장, 한국학부모총연합 포항지회장, 포항시연일읍체육회 부회장, 포항시바르게살기협의회 청년회 부회장 2014~2018년 경북도의회 의원(새누리당·자유한국당) 2014년 同운영위원회 위원 2014년 同교육위원회 부위원장 2014년 同독도수호특별위원회 위원 2016년 同건설소방위원회 위원 2016년 同정책연구위원회 위원 2018년 경북도의회 의원(자유한국당)(현) 2018년 同문화환경위원회 위원(현) 2018년 同지진대책특별위원회 위원(현)

**김종오(金鍾五) KIM Jong Oh**

(생)1956·8·7 (본)김해(金海) (출)서울 (주)서울특별시 양천구 안양천로 1071 이대목동병원 정형외과(02-2650-5022) (학)1975년 신일고졸 1981년 고려대 의대졸 1991년 의학박사(고려대) (경)1993년 이화여대 의과대학 정형외과학교실 조교수·부교수 · 교수(현) 1995~1997년 독일 Hambung Endo-clinic 인공관절학 연수 1998년 이대목동병원 정형외과 과장 1998년 영국 Charily instute 인공관절연구소 연수 2002년 미국 Cleveland Case Western Reserve Univ. 연수 2015년 대한골절학회 회장

**김종오(金鍾晤) KIM Jong Oh**

(생)1958·3·3 (주)서울특별시 마포구 마포대로 163 서울보증재단빌딩 9층 남광토건(주)(02-3011-0114) (학)서울사대부고졸, 서울대 토목공학과졸, 同대학원졸 (경)1981년 (주)대림산업 입사 2006년 同토목사업본부 상무보 2009년 同토목사업본부담당 상무 2011년 同토목사업본부 전무 2012년 同기술개발원장(전무) 2013~2016년 고려개발 대표이사 2017년 남광토건(주) 대표이사(현)

**김종오(金鍾五)**

(생)1969·5·26 (출)전남 순천 (주)서울특별시 서초구 반포대로 158 서울중앙지방검찰청 조세범죄조사부(02-530-4211) (학)1987년 순천고졸 1992년 한국외국어대 영어과졸 (경)1998년 입법고등고시 합격(15회) 1998년 사법시험 합격(40회) 2001년 사법연수원 수료(30기) 2001년 서울지검 서부지청 검사 2003년 대전지검 서산지청 검사 2005년 청주지검 검사 2008년 광주지검 검사 2010년 서울중앙지검 검사 2012~2014년 공정거래위원회 파견 2014년 인천지검 검사 2015년 同부부장검사 2016년 광주지검 순천지청 형사3부장 2017년 서울남부지검 형사6부장 2018년 대검찰청 수사정보1담당관 2019년 서울중앙지검 조세범죄조사부장(현)

**김종옥(金種鈺) Kim Jong Ok**

(생)1964·9·18 (출)전북 남원 (주)세종특별자치시 갈매로 477 기획재정부 인사과(044-215-2251) (학)1983년 전주 완산고졸 1990년 고려대 법학과졸 (경)행정고시 합격(38회) 1995~1998년 재정경제원 국민생활국 사무관 1998~2005년 재정경제부 소비자정책과·복지생활과·재산세제과·소비세제과·소득세제과 사무관 2005년 同소득세제과 서기관 2005년 同조세정책과 서기관 2006년 한국은행 조사국 파견 2006년 국무조정실 파견 2007년 미국 시카고상업거래소 국외훈련 파견 2009년 기획재정부 조세정책관실 조세정책과 서기관 2009년 지식경제부 경제자유구역기획단 파견 2010년 기획재정부 정책관리담당관실 경제교육홍보팀장 2011년 同재산소비세정책관실 환경에너지세제과장 2011년 안양세무서장 2012년 기획재정부 재산소비세정책관실 부가가치세제과장 2013년 同조세정책관실 조세특례제도과장 2014년 同재산소비정책관실 재산세제과장 2014년 同재산소비세정책관실 재산세제과장 2015년 同복권위원회사무처 복권총괄과장 2017년 同세제실 소득세제과장 2018년 同세제실 조세정책과장(부이사관) 2019년 한국은행 파견(현)

**김종우(金鍾佑) Kim Jong Woo**

(생)1961·9 (출)서울 (주)서울특별시 강남구 테헤란로 134 농심켈로그(주)(02-538-2011) (학)연세대 경영학과 1년 재학, 미국 뉴욕대 경영학과졸, 미국 미시간대 대학원 경영학과졸(MBA) (경)1986년 씨티은행 근무 2005년 필립모리스 대만 대표이사 2006~2007년 디아지오 아시아태평양 영업총괄 사장 2007~2013년 디아지오코리아 북아시아 대표이사 2015~2018년 웅진식품(주) 대표이사 사장 2018년 농심켈로그 대표이사 사장(현)

**김종우(金鍾佑) KIM Jong Woo**

(생)1963·11·25 (주)서울특별시 종로구 와룡공원길 20 통일부 남북회담본부 회담1과(02-2076-1086) (학)서울대 행정대학원졸 (경)통일부 정책홍보실 정책총괄팀 사무관 2006년 同정책홍보실 정책총괄팀 서기관 2007년 同남북회담사무국 회담기획3팀장 2007년 同남북회담본부 사회문화회담팀장 2008년 同나들섬TF팀장 2009년 同이산가족과장 2009년 同정책홍보과장 2010년 同인도지원과장 2013년 同남북회담본부 회담2과장 2014년 대통령비서실 파견 2015년 통일부 남북협력지구발전기획단 기획총괄과장 2017년 同정세분석국 정치군사분석과장 2017년 同정세분석국 정세분석총괄과장 2019년 同남북회담본부 회담1과장(부이사관)(현)

**김종우(金鍾偶) Jong-woo Kim (偶鎭)**

(생)1968·11·13 (본)안동(安東) (출)서울 (주)서울특별시 종로구 율곡로2길 25 연합뉴스TV 사회부(02-398-7860) (학)1987년 상문고졸 1994년 연세대 신문방송학과졸 2006~2007년 미국 미주리대 연수 (경)1995년 연합뉴스 입사·경제3부 기자 1997년 同정치부 기자 1998년 同사회부 기자 2002년 同특신

부 기자 2003년 同사회부 기자 2007~2013년 同정치부 차장·정치부 부장대우 2013년 同소비자경제부 부장대우 2014년 同LA특파원 2017년 同사회부 부장대우 2018년 연합뉴스TV 사회부장(현)

## 김종우(金鍾佑)

(생)1970·7·9 (출)서울 (주)전라북도 전주시 덕진구 사평로 25 광주고등법원 전주재판부(063-259-5400) (학)1989년 동국대사대부고졸 1994년 서울대 공법학과졸 (경)1995년 사법시험 합격(37회) 1998년 사법연수원 수료(27기) 1998년 서울지법 의정부지원 판사 2000년 서울가정법원 판사 2002년 대구지법 판사 2005년 서울서부지법 판사 2007년 서울중앙지법 판사 2009년 서울서부지법 판사 2010년 서울고법 판사 2011년 대법원 재판연구관 2013년 춘천지법 강릉지원 부장판사 2014년 서울고법 판사 2019년 광주고법 전주재판부 판사(현)

## 김종욱(金鍾旭) KIM JONG UK

(생)1952·1·23 (주)전라남도 순천시 장명로 6 순천상공회의소(061-741-5511) (학)1970년 마산고졸 1974년 고려대 지질학과졸 (경)1994년 죽암건설(주) 대표이사 1997~2000년 우석종합건설 대표 1999~2018년 (주)죽암기계 대표이사 2000~2003년 두림개발(주) 대표이사 2000년 제이에이건설(주) 대표이사 2001년 법무부 범죄예방순천지구협의회 범죄예방위원(현) 2002년 순천경제정의실천시민연합 지도위원(현) 2002~2003년 순천제일대 부설지역발전연구소 운영위원 2004년 순천세무서 세정자문위원(현) 2012년 순천시인재육성장학회 후원회장(현) 2014년 전남도체육회 부회장 2015년 (사)숲속의전남 이사장(현) 2015년 순천상공회의소 회장(현) 2015년 법무부 법사랑위원회 순천지역연합회 회장(현) 2018년 죽암엠앤씨 대표이사(현) (상)석탑산업훈장(2011), 농어촌공사 농어촌행복대상(2014), 2014고소득쌀생산분야 전남도지사표창(2014)

## 김종욱(金鍾旭) KIM Jong Wook

(생)1956·7·4 (본)김해(金海) (출)충남 아산 (주)서울특별시 송파구 양재대로 1239 한국체육대학교 사회체육학과(02-410-6813) (학)1973년 온양고졸 1979년 한양대 체육학과졸 1983년 同대학원 체육학과졸 1997년 이학박사(한양대) (경)1979년 신림중 교사 1984년 한국체육대 사회체육학전공 교수, 同사회체육학과 교수(현) 1985년 대한카누연맹 시설이사 1987년 국가대표 카누부 코치 1990년 한국체육대 사회체육학과장 1992년 한국사회체육학회 부회장 1993년 한국체육대 생활체육연구소장 1993년 한국스포츠교육학회 상임이사 1996년 한국체육대 체육학과장 1999년 同대학원 주임교수 2001년 '2002학년도 중등학교 교사 임용후보자 선정 경쟁시험' 출제위원장 2002년 한국스포츠교육학회 부회장·고문, 同자문위원 2003년 한국체육대 사회체육학부장 2003년 同학술정보원장 2005년 同교무처장 2007년 同대학원장 2009~2013년 同총장 2009~2013년 대한체육회 이사 2009년 제5회 홍콩동아시아대회 대한민국 대표 선수단장 2009년 대한장애인체육회 이사 2011년 제7회 아스타나-알마티 동계아시아경기대회 대한민국 대표선수단장 2012년 제30회 런던올림픽 대한민국선수단 부단장 (상)서울시장표창(1987), 교육부장관표창(1992), 근정포장(2006), 교육공로대상(2008), 대한민국체육상(2011) (저)'카누경기'(1987) (역)'실전골프스윙입문'(2001)

## 김종욱(金宗煜) KIM Jong Wook

(생)1963·4·25 (출)광주 (주)광주광역시 광산구 첨단중앙로182번길 12 첨단우리병원 대표원장실(062-970-6003) (학)1981년 광주 진흥고졸 1989년 전남대 의대졸 1995년 同대학원 의학석사 2003년 의학박사(전남대) (경)1998~2002년 성바오로병원 정형외과 과장 2002~2006년 광주우리병원 원장 2006년 첨단우리병원 대표원장(현) (종)기독교

## 김종욱(金鍾郁)

(생)1964 (주)제주특별자치도 제주시 복지로1길 20 한국은행 제주본부(064-720-2411) (학)신일고졸, 연세대 경제학과졸, 同대학원 경제학과졸 (경)1993년 한국은행 입행, 同조사국 물가분석부장, 同국제경제부장 2018년 同국고증권실장 2019년 同제주본부장(현)

## 김종욱(金鍾旭) KIM Jong Uk

(생)1964·9·2 (출)부산 (주)서울특별시 영등포구 국회대로76길 22 한국기계산업진흥회 신관 7층 (주)경동원(02-559-8397) (학)1988년 서울대 제어계측공학과졸 1990년 한국과학기술원(KAIST) 전기전자과졸(석사) 1992년 컴퓨터학박사(한국과학기술원) (경)대우통신 근무, (주)휴맥스 DM사업부장(이사), 同개발본부장(전무), 휴맥스오토모티브 대표이사, 한화테크윈 최고기술책임자(CTO), (주)경동원 부사장 2019년 同대표이사 사장(현)

## 김종웅(金鍾雄) KIM JONG WOONG (玉山)

(생)1949·11·25 (본)김녕(金寧) (출)경북 영덕 (주)서울특별시 강북구 오현로31길 172 (주)진웅산업(02-423-1131) (학)1968년 동아고졸 1972년 건국대 법학과졸 1982년 同대학원 행정학과졸 1994년 서울대 행정대학원 국가정책과정 수료 1994년 고려대 대학원 국제정보통신과정 수료 1997년 同대학원 최고위정책과정 수료 1998년 연세대 언론홍보대학원 수료 2000년 동국대 국제정보대학원 수료 2005년 행정학박사(건국대) (경)1980년 (주)진웅산업 회장(현) 1991~1995년 서울시의회 의원 1991년 在京대구경북도민회 부회장(현) 1998~2002년 전국시군구의장협의회 회장 2006년 건국대 겸임교수 2011년 한나라당 중앙위원회 부의장 2011년 同중앙위원회 한나라포럼 대표, 同재정위원 2011년 송파발전연합회(16개시·도 향우회연합) 회장(현) 2012년 새누리당 중앙위원회 지도위원 2012년 (사)미래전략연구소 이사(현) 2012년 새누리당 제18대 대통령중앙선거대책위원회 직능총괄본부 특별직능본부장·정치쇄신본부장 2014년 새누리당 서울시당 부위원장 2014~2016년 서울송파구 영남향우회 회장 2014년 대통령소속 국민대통합위원회 위원 2015년 새누리당 중앙위원회 부의장 (상)서울시장표창, 석탑산업훈장(1989), 법무부장관표창, 중소기업대상(1998), 동탑산업훈장(2004), 한국산업대상(2015) (저)'경험 지혜 그리고 미래-김종웅 에세이 & 컬럼'(2013) '절망과 희망의 간격 : 신의와 순리를 신념으로 사는 기업인 김종웅의 기업경영과 인생이야기'(2015) (종)천주교

## 김종웅(金鍾雄)

(생)1965 (출)경북 칠곡 (주)경기도 의왕시 오봉로 175 안양세관(031-596-2001) (학)대신고졸, 서울대 국제경제학과졸 1990년 同행정대학원 행정학과졸, 한국개발연구원(KDI) 국제정책대학원 경제정책학과졸 (경)1990년 행정고시 합격(33회) 2003년 금융정보분석원 파견(서기관) 2007년 관세청 법무담당관 2008년 同감시과장 2009년 同정보기획과장 2010년 수원세관장 2012년 천안세관장 2013년 부산본부세관 통관국장 2014년 김해세관장 2015년 광양세관장 2016년 관세국경관리연수원 교수부장 2018년 안양세관장(현)

## 김종원(金鍾源) KIM Jhong Won

(생)1931·10·25 (본)김녕(金寧) (출)부산 (주)서울특별시 서초구 반포대로37길 59 대한민국학술원(02-3400-5220) (학)1950년 경남고졸 1954년 서울대 법대 법학과졸 1957년 同대학원 형법과졸 1976년 법학박사(서울대) (경)1958~1961년 서울대 법과대 강사 1959~1974년 경희대 법대 전임강사·조교수·부교수·교수 1967~1977년 한국형사법학회 상임이사 1970년 제12

회 사법시험 2차심사위원 1974년 한양대 법정대학 교수 1977~1997년 성균관대 법대 법학과 교수 1977~1987년 한국형사법학회 회장 1979~1999년 법무부 법무자문위원회 위원 1980년 성균관대 2부교학처장 1981~1984년 同법정대학장 1982년 同법대학장 1983~1988년 법제처 정책자문위원회 위원 1983년 일본형법학회 명예회원(현) 1985~1992년 법무부 형사법개정특별심의위원회 소위원회 위원장 1986년 헌정제도연구위원회 위원 1987년 한국형사법학회 고문(현) 1995년 대한민국학술원 회원(형법·현), 同인문사회과학부 제4분과 회장 1996년 독일 괴팅겐대 객원교수 1997년 성균관대 법대 명예교수(현) 1998~2000년 경희대 객원교수 2011~2013년 대한민국학술원 인문·사회과학부 회장 (상)국민훈장 목련장(1997) (저)'형법각론(上)'(1965, 법문사) '목적적 행위론과 형법이론'(2013, 성균관대 출판부)

## 김종원(金鍾源) KIM Jong Won

(생)1941·10·2 (출)충남 홍성 (주)서울특별시 성북구 정릉로10길 17 도원교통(주) 대표이사실(02-914-9023) (학)광천상고졸, 고려대 정책대학원 수료, 성균관대 행정대학원 수료, 국민대 경영대학원 수료 (경)1983년 도원교통(주) 대표이사(현) 1986년 민주평통 상임위원 1987년 고려대 정책대학원 동문회 회장 1989년 한국자유총연맹 성북구지부장 1991~1995년 서울시의회 의원 1994년 한국보이스카우트연맹 성북지구 위원장 2003~2009년 서울시버스운송사업조합 이사장 2006~2009년 전국버스운송사업조합연합회 회장 2007~2009년 전국교통단체총연합회 회장 2010년 경성여객 대표이사(현) (상)국민훈장 목련장(2002), 제15회 교통봉사상 대상(2005)

## 김종원(金鍾元) KIM Jong Won

(생)1955·4·12 (본)의성(義城) (출)경기 평택 (주)대전광역시 유성구 가정로 152 한국에너지기술연구원 수소연구실(042-860-3442) (학)1973년 평택고졸 1978년 연세대 화학공학과졸 1980년 한국과학기술원 화학공학과졸(석사) 1987년 화학공학박사(한국과학기술원) (경)1980~1983년 한국에너지기술연구소 연구원 1987년 한국에너지기술연구원 수소연구실 책임연구원(현) 2003년 과학기술정보통신부 21세기 프론티어 고효율수소에너지제조·저장·이용기술개발사업단장 2007~2009년 한국수소및신에너지학회 회장 2010년 同명예회장(현) (저)'수소에너지'(2003·2005) '알기쉬운 수소에너지'(2005) '수소경제핵심기술동향'(2008) '수소에너지의 이해'(2011) '수소연료전지-현황과 비전'(2013) (종)기독교

## 김종원(金鐘源)

(생)1960·1·20 (주)부산광역시 부산진구 신천대로 156 부산도시공사 사장실(051-810-1201) (학)부산공업고졸, 부산공업대(現부경대) 토목공학과졸 1997년 부경대 대학원 토목공학과졸 2007년 토목공학박사(부경대) (경)1978~1991년 부산 동구청·동래구청 근무 1991년 부산도시공사 개발사업부장 2006년 同특수사업팀장 2007년 同동부산사업팀장 2009년 同전략사업단장 2010년 同혁신개발본부장 2015년 同건설사업본부장(상임이사) 2018년 同도시개발본부장(상임이사) 2018년 同사장(현)

## 김종원(金鍾源) KIM Jong Won

(생)1961·1·23 (출)서울 (주)서울특별시 강남구 일원로 81 삼성서울병원 진단검사의학과(02-3410-2705) (학)1979년 경동고졸 1985년 서울대 의대졸 1990년 同대학원 임상병리전공 의학석사 1992년 서강대 대학원 정보처리학과 인공지능전공 이학석사 1993년 의학박사(서울대) (경)1985~1990년 서울대병원 인턴·임상병리과 전공의 1990년 同임상병리과 전임의 1990~1993년 충북대 의대 임상병리학교실 전임강사·조교수 1992~1994년 미국 신시내티의대 박사후연구원 1994년 삼성서울병원 진단검사의학과 전문의(현) 1997~2000년 성균관대 의대 진단검사의학교실 조교수 2000년 同부교수·교수(현) 2008~2011년 삼성서울병원 진단검사의학과장 2009~2011년 삼성유전체연구센터장 2012~2018년 보건복지부지정 희귀대사질환차세대선별진단및치료기술개발중개연구센터장 2015년 대한진단유전학회 회장, 同고문(현) 2017년 대한민국의학한림원 정회원(현) (상)대한정도관리협회 한일약품학술상(1998), 과학기술우수논문상(2004), 대한진단검사의학회 우수논문상(2012), 학술상(2013), 대한정도관리협회 정도관리대상(2012), 보건복지부장관표창 2회(보건의료기술진흥부문·생명윤리부문)(2014), 국무총리표창(2017) (저)'현장검사의 이론과 실제'(2000)

## 김종원(金鍾源) KIM Jong Won

(생)1962·9·10 (본)경주(慶州) (출)전북 (주)경기도 안양시 동안구 흥안대로 70 전일빌딩 3층 네오디지틀닷컴 임원실(02-3473-2100) (학)단국대 전자공학과졸, 同대학원졸 (경)대한전선(주) 근무, DWNT 부사장, 삼지전자(주) 디지털사업담당 상무이사, 성원정보통신 사장 2007년 네오디지틀닷컴 대표이사 사장(현) (종)천주교

## 김종윤(金鍾潤) KIM Jong Yoon

(생)1940·10·20 (본)연안(延安) (출)경기 파주 (주)서울특별시 강남구 논현로 507 성지하이츠 3차오피스텔 815호 김종윤사학연구실(02-6677-6071) (학)1961년 덕수상고졸 1964년 침례신학대졸 1986년 건국대 경영대학원 최고경영자과정 수료 (경)1963년 한국비판신문 기자 1964년 한국일보 기자 1970년 유성전설(주) 전무 1984년 한국상고사학회 학술위원 1986년 건국대 경영대학원학술회 부회장 1986년 한국경영대학원전국연합회 사무총장 1988년 한모임회 이사·감사·부회장 1989년 도서출판「다물」대표 1990년 한국어문협의회 총무이사 겸「어문춘추」편집인 1993년 국정회·正社協 공동대표 1993년 세계일보 조사위원, 연안김씨大宗會 '大宗會報' 편집인 및 부회장 1994년 한민족다물사상연구소 대표 1995년 한국수필문학진흥회 이사 1996년 한국고대사연구회·조선민족사학회 공동대표 1996년 大東夷문화연구회 발기인·총무이사 1997년 조선민족사연구회 김종윤사학연구실 대표(현) 1998년 전국한자교육추진총연합회 상임집행위원(현) 1998년 重峰 趙憲선생기념사업회 연구자문위원(현) (저)'역사의 고향' '에세이 잡학전서' '한중여록' '러시아 여행기' '대륙은 침묵한다' '新講 한국고대사' '고대 조선사와 근조강역 연구' '한국인에게는 역사가 없다' '이 사람을 보라 전3권' '인물로 본 한반도 朝鮮史의 허구 上·下' (역)'은봉야사별록'(共) '해제본죽서기년' '해제본 산해경·목천자전' '해제본 고려도경' '완역 선화봉사高麗圖經'

## 김종윤(金鍾潤) KIM Jong Yoon

(생)1972·8·3 (본)선산(善山) (출)서울 (주)세종특별자치시 한누리대로 422 고용노동부 인적자원개발과(044-202-7319) (학)1990년 구정고졸 1996년 서울대 사회복지학과졸 (경)2009년 고용노동부 양산지청장 2010년 同고용전략과장 2011년 同고용보험정책과장 2013년 대통령비서실 파견 2014년 고용노동부 규제개혁법무담당관 2015년 同기획조정실 기획재정담당관 2016년 同기획조정실 기획재정담당관(부이사관) 2017년 同인적자원개발과장(현)

## 김종윤(金鍾潤) Kim Jong Yoon

(생)1973·11·27 (출)경남 창원 (주)대전광역시 서구 청사로 128 금강유역환경청 유역관리국(042-865-0706) (학)1992년 마산고졸 2002년 성균관대 경제학과졸 (경)2002년 행정고시 합격(46회) 2003~2006년 환경부 정책총괄과·대기정책과·장관실 행정사무관 2006~2008년 同지구환경담당관

실 · 대기정책과 · 기후변화협력과 행정사무관 2008년 국가균형발전위원회 파견 2009년 환경부 토양지하수과 · 물환경정책과 행정사무관 2012년 同수질관리과장 2012년 미국 Univ. of Delaware 교육파견 2014년 국립환경과학원 연구전략기획과장 2015년 금강유역환경청 환경관리국장 2016년 환경부 수질관리과장 2017년 영산강유역환경청 유역관리국장 2017년 환경부 대청호녹조근절TF팀장 2018년 금강유역환경청 유역관리국장(현)

### 김종의(金鍾義) KIM Jong Eui

(생)1941 · 2 · 10 (본)김해(金海) (출)부산 (주)서울특별시 구로구 안양천로537길 16 백광산업(주) 회장실(02-2612-0061) (학)1959년 경남고졸 1965년 서울대 공대 섬유공학과졸 1969년 미국 캘리포니아대 화학공학과졸 1970년 同대학원졸(MS) 1971년 미국 컬럼비아대 경영대학원졸(MBA) (경)1971년 서울미원(주) 상무 1972년 同전무이사 1975~1978년 P.T 미원 인도네시아 대표이사 1978년 미원통상(주) 대표이사 1984년 同회장 1999년 백광산업(주) 회장(현) (상)대통령표창(1978)

### 김종인(金鍾仁) KIM Chong In

(생)1940 · 7 · 11 (본)울산(蔚山) (출)서울 (주)서울특별시 종로구 사직로8길 34 대한발전전략연구원(02-396-3531) (학)1958년 서울 중앙고졸 1969년 독일 뮌스터대졸 1972년 경제학박사(독일 뮌스터대) (경)1973년 서강대 경상대학 교수 1979년 서독 쾰른대 객원교수 1980년 국가보위비상대책위원회 재무분과 위원 1980년 입법회의 경제제1 및 예결위원회 전문위원 1981년 제11대 국회의원(전국구, 민정당) 1982년 민정당 정책연구소 경제1연구실장 1983년 同국책연구소 정책연구실장 1985년 同정책조정실 부실장 1985년 제12대 국회의원(전국구, 민정당) 1985년 민정당 국책조정위원회 상근위원 1987년 사회개발연구소장 1988년 민정당 국책연구소 부소장 겸 국책조정위원회 간사 1988년 同서울관악乙지구당 위원장 1989년 국민은행 이사장 1989~1990년 보건사회부 장관 1990년 대통령 경제수석비서관 1992년 제14대 국회의원(전국구, 민자당 · 무소속) 1992년 대한발전전략연구원 이사장(현) 2004년 새천년민주당 상임중앙위원 2004~2008년 제17대 국회의원(비례대표, 새천년민주당 · 민주당 · 통합민주당) 2004년 새천년민주당 비상대책위원회 부위원장 2005년 同부대표 2005년 민주당 부대표 2006년 同지방선거기획단장 2008~2010년 국회의장 직속 헌법연구자문위원회 위원장 2009~2013년 서울중앙고교우회 회장 2010년 헌법재판소 자문위원 2011~2013년 한국외국어대 국제지역대학원 석좌교수 2012년 새누리당 국민행복추진위원회 위원장 겸 경제민주화추진단장 2013~2015년 가천대 경영대학 석좌교수 2015~2016년 건국대 경제학과 석좌교수 2016년 더불어민주당 비상대책위원회 대표 2016년 同더불어경제선거대책위원회 위원장 2016~2017년 제20대 국회의원(비례대표, 더불어민주당) 2016~2017년 국회 기획재정위원회 위원 2017년 소상공인연합회 고문(현) (상)보국훈장 천수장, 청조근정훈장, 독일 1등십자공로훈장(2008) (저)'재정학'

### 김종인(金鍾仁) KIM Jong In

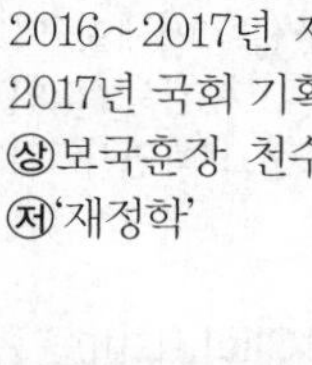

(생)1952 · 7 · 7 (본)김해(金海) (출)충남 천안 (주)서울특별시 서초구 서초대로74길 4 법무법인 동인(02-2046-0658) (학)1971년 경복고졸 1975년 서울대 법대졸 (경)1980년 사법시험 합격(22회) 1982년 사법연수원 수료(12기) 1982년 부산지검 검사 1985년 마산지검 거창지청 검사 1986년 서울지검 남부지청 검사 1988년 대구지검 검사 1990년 서울지검 검사 1991년 대검찰청 중수부 파견 1992년 서울지검 검사 1993년 춘천지검 속초지청장 1995년 대구지검 특수부장 1997년 인천지검 특수부장 1998년 서울지검 북부지청 형사5부장 1999년 법무부 보호과장 2000년 서울지검 형사4부장 2001년 한국갱생보호공단 이사 2001년 춘천지검 강릉지청장 2002년 부산지검 동부지청 차장검사 2003년 서울지검 북부지청 차장검사 2004년 수원지검 2차장검사 2005년 同1차장검사 2005년 대검찰청 마약 · 조직범죄부장 2006년 전주지검장 2007년 대검찰청 감찰부장 2008년 대구지검장 2009년 서울동부지검장 2009년 법무법인 동인 대표변호사(현) 2013년 한국원자력의학원 비상임이사 2014년 국무총리산하 경제 · 인문사회연구회 비상임이사 2014년 (주)대륜E&S 사외이사 (저)'강력범죄 현장보존의 실태와 문제점' (종)불교

### 김종인(金鍾仁) KIM Jong In

(생)1963 · 3 · 28 (본)김해(金海) (출)부산 (주)부산광역시 동래구 사직로 45 롯데자이언츠(051-590-9000) (학)혜광고졸, 서울대 경제학과졸 (경)(주)S-Oil 정책연구팀 선임, (주)롯데쇼핑 롯데마트 기획팀장, 同롯데마트 기획부문장, 同롯데마트 해외사업부문장, 同롯데마트 전략본부장(상무) 2012년 同롯데마트 전략본부장(전무) 2014년 同롯데마트 중국본부장(전무) 2015~2018년 同롯데마트 대표이사 부사장 2015년 롯데그룹 기업문화위원회 위원(현) 2018년 한국체인스토어협회 회장 2019년 롯데자이언츠 대표이사 부사장(현) (종)기독교

### 김종인(金鐘燐) Kim Jong In

(생)1970 · 9 · 16 (본)김해(金海) (출)충남 보령 (주)인천광역시 남동구 정각로 29 인천광역시의회(032-440-6024) (학)1987년 한양공고졸 2004년 미국 서던캘리포니아대 수료, 호원대 컴퓨터게임학부 재학 중, 인천대 정책대학원 최고경영자과정 수료 (경)2004년 한국GM 홍보대사 2006~2010년 인천아시안게임유치위원회 위원 2013~2015년 在인천충남도민회 제14대 사무총장 2014~2015년 청라고 운영위원장 2015년 사랑해네트워크 감사 2015년 인천시 서구 충청향우회 부회장 2015~2018년 인천시의회 의원(재선거 당선, 새정치민주연합 · 더불어민주당) 2015년 在인천충남도민회 부회장 2015년 더불어민주당 중앙당 부대변인 2015 · 2016년 인천시의회 교육위원회 위원 2016년 同교육위원회 부위원장 2016년 同운영위원회 위원 2016년 더불어민주당 인천시당 대변인 2016~2017년 인천시의회 예산결산특별위원회 부위원장 2016~2017년 同윤리특별위원회 위원 2016년 더불어민주당 인천시당 교육연수위원장 2017년 인천시의회 예산결산특별위원회 위원 2017년 더불어민주당 미세먼지대책특별위원회 부위원장 2018년 同중앙당 정책위원회 부의장 2018년 인천시의회 의원(더불어민주당)(현) 2018년 同건설교통위원장(현) 2019년 수도권교통본부 조합회의 의장 (상)매니페스토365캠페인 소통대상(2017), '2017 대한민국 YIP 지방자치 의정대상' 의정부문 최우수상(2017) (종)불교

### 김종준(金宗俊) KIM Jong Jun

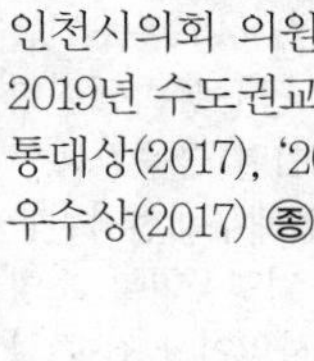

(생)1956 · 9 · 5 (본)경주(慶州) (출)부산 (주)서울특별시 강남구 테헤란로 133 법무법인(유) 태평양(02-3404-0000) (학)1975년 경복고졸 1980년 성균관대 경제학과졸 (경)1980년 한국투자금융 입사 1991년 하나은행 압구정지점 차장 1992년 同고객부 차장 1993년 同반포지점장 1995년 同도곡동지점장 1996년 同삼성센터지점장 1997년 同가계금융부장 1997년 同임원부속실장 2000년 同영업1부장 2002년 同강서지역본부장 2002년 同PB본부장 2002년 同Wealth Management본부장 2005년 同신탁사업본부 부행장보 2006~2008년 同기업금융그룹 부행장 2007년 하나IB증권 사외이사 2008년 하나은행 가계영업그룹 부행장 2009년 하나캐피탈(주) 대표이사 사장 2012~2014년 하나은행장 2016~2018년 하이투자증권 사외이사 겸 감사위원 2016~2018년 (주)한진칼 사외이사 2018년 법무법인(유) 태평양 고문(현) 2019년 롯데제과(주) 사외이사(현) (상)자랑스러운 성균언론인상 대외부문(2013), 2013 자랑스러운 성균인상(2014)

**김종진(金鍾珍) KIM Jong Jin**

(생)1959 · 11 · 4 (출)경남 하동 (주)경기도 안양시 동안구 시민대로 187 유엔식량농업기구 한국협회(031-440-9080) (학)1978년 여의도고졸 1982년 고려대졸 1988년 미국 오클라호마주립대 대학원졸 (경)1997년 농림부 농촌인력과 과장 1998년 同투자심사담당관 1999년 同식량정책과장 2001년 同농업정책과장 2003년 同부이사관(농어업농어촌특별대책위원회 파견) 2003년 미국 미주리대 방문연구원 2005년 駐제네바대표부 공사참사관 2008년 농림수산식품부 국제농업국장(고위공무원) 2009년 同국제협력국장 2010년 유엔식량농업기구(FAO) 아시아·태평양지역총회 의장 2010년 농림수산식품부 통상정책관 2013~2016년 유엔식량농업기구(FAO) 남남협력재원동원국장 2016년 同아태지역사무소 부대표(현)

**김종찬(金鍾讚)**

(생)1960 · 12 · 2 (주)경기도 수원시 팔달구 효원로 1 경기도의회(031-8008-7000) (학)서울시립대졸, 고려대 교육대학원 교육학과졸 (경)안양학원연합회 회장, 국회의원 이종걸 교육특별보좌관, 민주평통 자문위원, 시사어학원 원장 2004년 6.5재보궐선거 안양시의원선거 출마 2006년 경기 안양시의원선거 출마 2015년 더불어민주당 경기도당 민생복지특별위원회 위원장 2016~2018년 경기도의회 의원(보궐선거, 더불어민주당) 2016~2018년 同여성가족교육협력위원회 위원 2016~2018년 同예산결산특별위원회 위원, 안양시바르게살기협의회 상임이사 2018년 경기도의회 의원(더불어민주당)(현) 2018년 同여성가족평생교육위원회 위원(현) 2018~2019년 同예산결산특별위원회 위원

**김종창(金鍾昶) KIM Jong Chang (靑湖)**

(생)1948·10·13 (본)김해(金海) (출)경북 예천 (주)서울특별시 동대문구 회기로 85 한국과학기술원 경영대학 경영공학부(02-958-3437) (학)1967년 경북대창고졸 1971년 서울대 상대졸 1985년 미국 워싱턴대 대학원 경제학과졸 2003년 명예 경영학박사(중부대) (경)1970~1976년 경제과학심의회의 사무관 1976년 재무부 사무관 1982~1992년 同기획예산담당관·손해보험과장·투자진흥과장·금융정책과장·총무과장 1992~1995년 駐영국대사관 재경관 1996년 재정경제원 국제금융증권심의관 1996년 同국민생활국장 1998년 증권선물위원회 상임위원 1999년 금융감독위원회 상임위원 2000년 금융감독원 부원장 2001~2004년 중소기업은행장 2003년 이화여대 겸임교수 2004~2006년 금융통화위원회 위원 2006~2008년 법무법인 광장 고문 2008~2011년 금융감독원장 2008~2011년 금융위원회·금융감독원산하 기업재무개선지원단장 겸임 2013년 한국과학기술원(KAIST) 경영대학 경영공학부 초빙교수·겸임교수(현) 2013~2019년 아시아나항공(주) 사외이사 겸 감사위원 2014~2017년 (사)청소년금융교육협의회 회장 2015년 (주)삼천리 사외이사(현) 2019년 CJ제일제당(주) 사외이사 겸 감사위원(현) (상)대통령표창(1980), 홍조근정훈장(1997), 은탑산업훈장(2002), 다산금융상 최고경영자 대상(2003), 대한민국 고객만족경영대상 최고경영자상(2003) (저)'그레이트뱅크'(2006) (종)천주교

**김종천(金鍾川) KIM Jong Cheon**

(생)1968·7·22 (출)충남 금산 (주)대전광역시 서구 둔산로 100 대전광역시의회(042-270-5142) (학)충남기계공고졸 1990년 중경공업전문대학 전자과졸, 한밭대 산업경영공학과졸, 충남대 평화안보대학원 국제학과졸, 배재대 대학원 행정학 박사과정 중 (경)(주)윈스텝엔터테인먼트 대표이사, 민주당 대전시당 무상급식추진특별공동위원장, (사)한국행정공공연구원 능력개발연구위원 2010년 대전시의회 의원(민주당·민주통합당·민주당·새정치민주연합) 2010년 同대전의정발전연구회 간사 2010년 同미래도시연구회 간사 2010년 민주당 대전시당 청년위원장 2010년 (사)대전축구협회 고문(현) 2011년 대전서구리틀야구단 단장(현) 2012년 대전시의회 복지환경위원장 2013년 전국유·청소년축구연맹 중앙부회장 겸 대전지회장(현) 2014년 박범계 국회의원 후원회장 2014~2018년 대전시의회 의원(새정치민주연합·더불어민주당) 2014년 同산업건설위원회 위원장 2014년 대전시·베트남 빈증성 국제친선교류협회장 2016~2018년 대전시의회 운영위원장 2016~2018년 同행정자치위원회 위원 2016~2018년 同예산결산특별위원회 위원 2016~2017년 전국시·도의회운영위원장협의회 부회장 2017~2018년 대전시의회 원자력안전특별위원회 위원 2017~2018년 同4차산업혁명특별시지원특별위원회 위원 2018년 대전시의회 의원(더불어민주당)(현) 2018년 同전반기 의장(현) 2019년 전국시·도의회의장협의회 사무총장(현) (상)자랑스런 대한민국시민대상 대상(2014), 중소기업중앙회 대전·세종·충남지역회장 감사패(2016), 전국시·도의회의장협의회 우수의정 대상(2016), 한밭대 총동문회 공로상(2017), 대통령표창(2017)

**김종천(金鍾天) KIM Jong Chun**

(생)1972 · 11 · 17 (출)경기 과천 (주)경기도 과천시 관문로 69 과천시청 시장실(02-3677-2001) (학)1991년 과천고졸 2000년 서울대 공과대학 조선해양공학과졸 (경)1998년 사법시험 합격(40회) 2001년 사법연수원 수료(30기) 2001년 변호사 개업, 법무법인 태웅 소속변호사 2006년 방송위원회 심의위원 2007년 서울중앙지법 파산관재인 2003~2011년 저작권위원회 감정전문위원 2009년 과천시선거관리위원회 위원 2014년 경기 과천시장선거 출마(새정치민주연합), 과천시선거관리위원회 선거관리위원, 조달청 우수제품선정심사위원, 방송위원회 심의위원, 서울중앙지법 파산관재인, 同조정위원 2018년 경기 과천시장(더불어민주당)(현) 2019년 경기도시장군수협의회 감사(현)

**김종철(金鍾澈) KIM Chong Chol**

(생)1944 · 9 · 2 (본)김해(金海) (출)충남 연기 (주)서울특별시 종로구 자하문로5길 37 그린빌라 1층 자유언론실천재단(02-6101-1024) (학)1964년 서울 동성고졸 1968년 서울대 문리대학 국어국문학과졸 (경)1967년 동아일보 기자 1975년 同해직 1984년 민중문화운동협의회 창설 · 공동대표 1985년 민주통일민중운동연합 대변인 1988년 同사무처장 1988년 한겨레신문 논설위원 1998년 同논설간사 · 편집부국장 1998년 연합통신 대표이사 사장 1998~2000년 연합뉴스 대표이사 사장 2000년 연합P&M 사장 겸임 2000년 연합인포맥스 회장 겸임 2000년 한국신문협회 감사 2000년 아시아 · 태평양통신사기구(OANA) 부의장 2004~2005년 (주)성전기획 회장 2008년 (재)광장 이사(현) 2013년 동아자유언론수호투쟁위원회 위원장(현) 2014년 자유언론실천재단 초대 이사장 2019년 同명예이사장(현) (저)'저 가면 속에는 어떤 얼굴이 숨어있을까' '아픈 다리 서로 기대며' '지역감정 연구'(共) 에세이 '마침내 하나됨을 위하여' '당신의 종교는 옳은가'(2011, 21세기북스) 인문학 총서 '문화의 바다로'(2011, 21세기북스 ) (역)'프랑스 혁명사' '인도의 발견' '말콤 엑스'(共)

**김종철(金鍾喆) KIM Chong Chul (白山)**

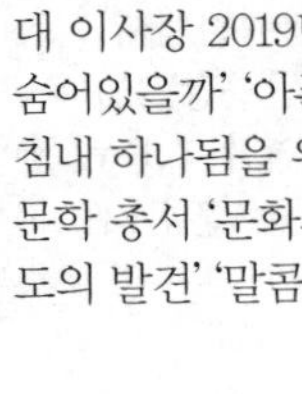

(생)1952 · 1 · 15 (본)김해(金海) (출)부산 (주)서울특별시 종로구 대학로 103 서울대학교 치과대학 소아치과학교실(02-740-8611) (학)1977년 서울대 치의학과졸 1980년 同대학원 치의학석사 1986년 치의학박사(서울대) (경)1977~1980년 서울대병원 수련의 1983~1986년 남서울병원 과장 1986~2017년 서울대 치대 소아치과학교실 교수 1988~1989년 미국 UCLA 치대 방문교수 2004년 학교법인 동원육영회 이사 2007~2008년 서울대 치과대학장 겸 치의학대학원장 2016년 학교법인 동원육영회 이사장(현) 2017년 서울대 치대 소아치과학교실 명예교수(현) (저)'小兒齒科學'(1978) '小兒矯正學'(1988)

**김종철(金鍾哲) KIM Jong Cheol**
(생)1967 · 4 · 13 (본)김해(金海) (출)강원 춘천 (주)울산광역시 남구 문수로392번길 22 울산고용노동지청(052-228-3809) (학)1986년 춘천고졸 1990년 고려대 사회학과졸 1998년 서울대 행정대학원졸 2002년 미국 코넬대 노사관계대학원졸 (경)1993년 행정고시 합격(37회) 1995~1997년 국가보훈처 춘천보훈지청 보훈과장 · 본부 제대군인정책과 근무 1997~2005년 고용노동부 여성고용과 · 국제협력과 · 장애인고용과 사무관 · 서기관 2005~2007년 SK(주) 인사노사담당부장(파견) 2007~2010년 고용노동부 비정규직대책홍보단장 · 특수형태근로종사자보호입법추진단장 · 근로기준국 퇴직급여보장팀장 · 임금복지과장 2010~2013년 駐제네바대표부 고용노동관(ILO 담당) 2013년 대구지방고용노동청 대구고용센터 소장 2015년 고용노동부 고용정책실 여성고용정책과장 2018년 울산고용노동지청장(부이사관)(현)

**김종철(金鐘喆) KIM Jong Chul**
(생)1969 · 7 · 26 (본)김해(金海) (출)대구 (주)세종특별자치시 한누리대로 402 산업통상자원부 운영지원과(044-203-5060) (학)1988년 서울 대원고졸 1997년 서울대 서어서문학과졸 2017년 한국과학기술원(KAIST) 경영학과졸(석사) 2018년 경영학박사(서울과학종합대학원대) 2019년 서울대 경제연구소 세계경제최고전략과정 수료 (경)1996년 행정고시 합격(40회) 1998년 통상산업부 입부 · 산업표준정보과 · 아주협력과 사무관, 駐중국대사관 상무관, 산업자원부 산업정책과 서기관, 지식경제부 인사팀장, 기획재정부 무역협정국내대책본부 사업지원팀장(파견) 2012년 지식경제부 경제자유구역기획단 정책기획팀장 2013년 산업통상자원부 전력진흥과장 2015년 同철강화학과장 2016년 同철강화학과장(부이사관) 2017~2018년 同운영지원과장 2019년 대한무역투자진흥공사(KOTRA) 외국인투자지원센터장(고위공무원)(현) (상)외교통상부장관표창(2004), 대통령표창(2005)

**김종철(金鍾哲)**
(생)1970·1·28 (출)경남 진주 (주)서울특별시 서초구 반포대로 179 서초경찰서(02-3483-9321) (학)명신고졸, 한국외국어대 영어과졸, 중앙대 산업보안학과졸 (경)1997년 경위 임용(경찰간부후보 45기), 경찰청 외사국·기획과·정보국 근무, 駐호치민총영사관 경찰영사, 서울지방경찰청 정보관리부 정보1과 정보2계장, 경남지방경찰청 치안지도관(총경) 2015년 강원지방경찰청 여성청소년과장(총경) 2016년 강원 속초경찰서장 2017년 경찰대학 치안정책연구소 기획운영과장, 대통령 국정기획상황실 행정관 2019년 서울 서초경찰서장(현) (상)녹조근정훈장(2012)

**김종철(金鍾徹)**
(생)1971·6·10 (출)전남 무안 (주)경기도 의정부시 녹양로34번길 23 의정부지방검찰청 공판송무부(031-820-4803) (학)1990년 광주고졸 1997년 서울대 공법학과졸 (경)1999년 사법시험 합격(41회) 2002년 사법연수원 수료(31기), 감사원 부감사관 2007년 인천지검 부천지청 검사 2009년 전주지검 남원지청 검사 2011년 광주지검 검사 2013년 서울북부지검 검사 2015년 의정부지검 검사 2016년 同부부장검사 2019년 同공판송무부장(현)

**김종춘(金鍾春) KIM Jong Chuen**
(생)1961 · 3 · 1 (본)김해(金海) (출)경기 양주 (주)서울특별시 서초구 헌릉로 13 대한무역투자진흥공사 경영지원본부(02-3460-7200) (학)1980년 의정부고졸 1988년 한국외국어대 불어과졸 1998년 고려대 국제대학원 지역연구학과졸 (경)1988년 대한무역투자진흥공사(KOTRA) 입사 1997년 同파리무역관 근무 2000년 同기획조정실 근무 2003년 同리스본무역관장 2006년 同기획조정실 경영혁신부장 2006년 同기획조정실 경영혁신팀장 2008년 同부다페스트무역관장 2008년 同부다페스트코리아비즈니스센터장 2011년 同홍보팀장 2012년 同50주년사업단장 2012년 同홍보실장 2013년 同워싱턴무역관장 2016년 同북미지역본부장 2017년 同KOTRA아카데미 연구위원 2018년 同주력산업실장 2018년 同KOTRA아카데미 연구위원 2018년 同경제통상협력본부장(상임이사) 2019년 同부사장 겸 경영지원본부장(현)

**김종춘(金鍾春) KIM JONG CHOON**
(생)1968 · 2 · 7 (본)김해(金海) (출)전북 정읍 (주)전라북도 전주시 완산구 홍산남로 29-11 경복궁빌딩 6층 법무법인 금양(063-229-2738) (학)1986년 이리고졸 1991년 서울대 법학과졸 (경)1991년 사법시험 합격(33회) 1994년 사법연수원 수료(23기) 1994년 軍법무관 1997년 전주지법 판사 1999년 同김제시법원 판사 2000년 同군산지원 판사 2002년 전주지법 판사 2003년 광주고법 판사 2006년 전주지법 판사 2009년 전주지법 남원지원장 2011년 전주지법 부장판사 2012~2014년 同수석부장판사 2014년 변호사 개업 2014년 법무법인 금양 대표변호사(현) 2016년 전북야구 · 소프트볼협회장(현) 2017년 가락청년회 전북도회장(현) (종)불교

**김종칠(金種七)**
(생)1969 · 2 · 21 (출)전북 남원 (주)대전광역시 서구 둔산중로78번길 15 대전지방검찰청(042-470-4544) (학)1987년 전주고졸 1992년 서울대 공법학과졸 1997년 同대학원 법학과 수료 (경)1994년 사법시험 합격(36회) 1997년 사법연수원 수료(26기) 1997년 軍법무관 2000년 서울지검 남부지청 검사 2001년 전주지검 군산지청 검사 2003년 청주지검 검사 2005년 제주지검 검사 2008년 대전지검 검사 2009년 同부부장검사 2011년 대검찰청 연구관 2012년 청주지검 부장검사 2014년 수원지검 안산지청 부장검사 2015년 법무연수원 교수 2016년 대전고검 검사 2018년 대전지검 부장검사(현)

**김종택(金鍾澤) Kim Jong Taek**
(생)1959 · 5 · 29 (출)전북 (주)서울특별시 영등포구 국제금융로2길 24 (주)동양 건설사업본부(02-6150-7000) (학)1983년 서울대 건축학과졸 (경)2008년 현대건설 주택영업본부 영업기획실장(상무보) 2009년 同주택사업본부 민간사업담당 상무보 2011년 同기획본부 사업예산실장(상무) 2012~2013년 同건축사업본부 건축사업지원실장(상무) 2014~2015년 同건축사업본부 민간사업실장 · 주택사업부장(상무) 2019년 (주)동양 건설사업본부장(전무)(현)

**김종표(金鍾表) KIM Jong Pyo**
(생)1941 · 12 · 26 (출)경남 밀양 (주)서울특별시 서초구 원터6길 5 (사)한국지방자치발전연구원(02-2235-6415) (학)1960년 부산고졸 1964년 부산대 법대졸 1971년 일본 와세다대 대학원 수료 1979년 행정학박사(단국대) (경)1974~1985년 단국대 법정대학 전임강사 · 조교수 · 부교수 1977~1978년 미국 애리조나주립대 · 미국 서던캘리포니아대 교환교수 1985~1997년 단국대 행정학과 교수 1985~1997년 同사회과학연구소장 1987~1991년 同사회과학대학장 1993년 同교수협의회장 1997년 (사)한국지방자치발전연구원 원장(현), 대한교육연합회 사무총장, 문교부 · 내무부 · 총무처 · 서울시 · 체육부 정책자문위원회 위원, 한국행정학회 이사, 한국정치학회 이사, 한국지방자치학회 상임이사, 부정부패추방시민연합 공동대표, KAIST EMDEC 벤처지원센터 자문위원 (저)'현대지방행정론' '지방자치구역론' '신지방행정론' '지방자치론'

## 김종필(金鍾泌) KIM Jong Pil

(생)1962·10·28 (출)대구 (주)서울특별시 강남구 테헤란로 133 한국타이어빌딩 법무법인 태평양(02-3404-0171) (학)1981년 대구 달성고졸 1985년 경북대 법학과졸 1986년 同대학원 법학과 수료 (경)1986년 사법시험 합격(28회) 1989년 사법연수원 수료(18기) 1989년 육군 법무관 1992년 서울지법 의정부지원 판사 1994년 서울민사지법 판사 1996년 전주지법 군산지원 판사 1998년 광주고법 판사 1999년 서울지법 판사 2001년 서울고법 판사 2002년 대법원 재판연구관 2004년 대구지법 부장판사 2006년 사법연수원 교수 2008~2011년 서울행정법원 부장판사 2011~2014·2015년 법무법인(유) 태평양 변호사(현) 2012년 국민연금공단 대체투자위원회 외부위원 2012~2015년 대한상사중재원 중재인 2012년 해양경찰청 자문변호사 2012년 국세청 규제개혁위원회 위원 2012년 고려대 법학전문대학 겸임교수 2014~2015년 대통령 법무비서관 2015~2017년 법제처 법령해석심의위원회 위원 2015년 조달청 고문변호사(현) 2015년 同조달행정발전위원회 위원(현) 2016년 同보통징계위원회 위원(현) 2016년 대한변호사협회 전문분야심사소위원회 위원(현)

## 김종필(金鍾弼)

(생)1963·2·4 (출)경남 진주 (주)경기도 양주시 평화로 1699 양주경찰서(031-869-9321) (학)동아대 법학과졸, 同경찰법무대학원졸, 연세대 행정대학원 최고위과정 수료(70기) (경)1991년 경위 임관(경찰간부후보 39기), 서울지방경찰청 101경비단 3대장, 경기 의정부경찰서 정보보안과장, 서울지방경찰청 기동본부 경찰1기동대장, 同대테러계장, 서울 서대문경찰서 경비과장, 서울 영등포경찰서 경비과장, 교육 파견(경찰대 치안정책과정), 경기북부지방경찰청 치안지도관(총경), 同정보과장 2019년 경기 양주경찰서장(현)

## 김종필(金鐘必)

(생)1971·3·15 (출)전남 화순 (주)서울특별시 서초구 서초중앙로 148 희성빌딩 13층 법무법인 율우(02-3482-0500) (학)1989년 창평고졸 1994년 한양대 법학과졸 (경)1995년 사법시험 합격(37회) 1998년 사법연수원 수료(27기) 1998년 공익법무관 2001년 광주지검 검사 2003년 同순천지청 검사 2005년 법무부 검찰3과 검사 2006년 서울남부지검 검사 2006년 군의문사진상규명위원회 파견 2010년 수원지검 검사 2010년 서울중앙지검 부부장검사 2012년 광주지검 장흥지청장 2013년 부산지검 특수부장 2014~2015년 대검찰청 기획조정부 정보통신과장 2015년 법무법인 율우 대표변호사, 同구성원변호사(현), 금융감독원 전문위원, 同분쟁조정위원(현)

## 김종하(金鍾河) KIM Jong Ha

(생)1934·8·10 (본)김해(金海) (출)경남 창원 (주)서울특별시 영등포구 버드나루로 73 우성빌딩 자유한국당(02-6288-0200) (학)1953년 동래고졸 1957년 서울대 정치학과졸 1972년 미국 컬럼비아대 신문대학원 수료 (경)1956년 한국일보 기자 1959~1960년 자유신문 기자·도쿄특파원 1962년 서울신문 기자 1965년 신아일보 정경부 차장 1966~1973년 同정치부장·편집부국장 1973년 국회의장 비서실장 1979년 제10대 국회의원(통일주체국민회의, 유신정우회) 1979년 유신정우회 대변인 1981년 제11대 국회의원(창원·진해·의창, 한국국민당) 1981년 한국국민당 대변인 1983년 同총재 국회담당특보·원내총무 1985년 미국 버클리대 객원연구원 1990년 (주)한양 고문 1992년 제14대 국회의원(창원甲, 민주자유당) 1993년 민주자유당 당무위원 1994년 同경남도지부 위원장 1995년 국회 국제경쟁력강화특별위원장 1996년 신한국당 경남도지부 위원장 1996년 제15대 국회의원(창원甲, 신한국당·한나라당) 1997년 국회 건설교통위원장 1998년 한나라당 중앙위원회 의장 2000~2004년 제16대 국회의원(창원甲, 한나라당) 2000년 한나라당 경남도지부 위원장 2000~2004년 한·일의원연맹 부회장 2001~2002년 국회 부의장 2004~2012년 한나라당 상임고문, 대한민국헌정회 부회장, 同원로위원 2012~2017년 새누리당 상임고문 2017년 자유한국당 상임고문(현) 2019년 대한민국헌정회 원로회의 부의장(현) (종)기독교

## 김종학(金鍾鶴) KIM, JONGHAK

(생)1963·5·3 (본)김해(金海) (출)경기 여주 (주)세종특별자치시 한누리대로 402 국토교통부 중앙토지수용위원회 사무국(044-201-5303) (학)1983년 경기 수성고졸 1993년 한국방송통신대 행정학과졸 1998년 인하대 대학원 교통경제학과졸(석사) (경)2012년 국무조정실 제주지원위원회 산업진흥과장 2014년 세종연구소 파견 2015년 국토교통부 공공기관지방이전추진단 지원정책과장 2016년 同주택건설공급과장 2017년 同감사담당관 2019년 同감사담당관(부이사관) 2019년 同중앙토지수용위원회 사무국장(현)

## 김종한(金鍾翰) Kim, Jong-Han

(생)1959·11·1 (출)경남 의령 (주)부산광역시 연제구 중앙대로 1001 부산광역시의회(051-888-8175) (학)동래고부설방송통신고졸, 동의대 경영학과졸 2006년 同대학원 경영학과졸 (경)전국중앙청년회 초대회장, 한국자유총연맹 부산시 동구지회장, 국제라이온스협회 355-A지구 총재, 민주평통 자문위원, 부산시생활체육회 이사, 대한전문건설협회 부산지회 감사(현), 부산시 동구문화원 부원장, 同범일1동주민자치위원회 위원(현), 무성토건(주) 대표이사(현) 2005년 법무부 범죄예방부산지역협의회 운영위원(현) 2014~2018년 부산시의회 의원(새누리당·자유한국당) 2014년 同운영위원회 위원 2014년 同행정문화위원회 부위원장 2015년 同경제문화위원회 부위원장 2016~2018년 同교육위원회 위원 2016~2017년 同예산결산특별위원회 위원 2018년 부산시의회 의원(자유한국당)(현) 2018년 同교육위원회 위원(현) (상)국민훈장 석류장, 국민훈장 동백장, 대통령포장, 대통령표창(2회), 장관표창(3회), 전국시·도의회의장협의회 우수의정대상(2016)

## 김종한(金鍾翰) Kim Jonghan

(생)1961·10·24 (본)연안(延安) (출)경북 영주 (주)부산광역시 남구 수영로 309 경성대학교 상경대학 경제금융물류학부(051-663-4411) (학)1984년 경북대 경제학과졸 1986년 同대학원 경제학과졸 1993년 경제학박사(경북대) (경)1990~1997년 경북대·계명대·대구효성가톨릭대 강사 1992~1994년 대구시 시사편찬위원회 집필위원 1993~1997년 (사)대구사회연구소 연구위원 1997~1998년 일본 교토대 대학원 경제학연구과 연구원 1998~2000년 경성대 경제통상학부 전임강사 1998년 일본 교토대 대학원 경제학연구과 초빙교수 1998~2001년 한국지역사회학회 총무이사 2000년 일본 오사카경제법과대학 아시아경제연구소 객원연구원 2000년 경성대 디지털비지니스학부 디지털경제전공 교수, 同상경대학 경제금융물류학부 교수(현) 2001~2002년 同기획조정처 부처장 2003년 한국산업노동학회 편집위원 2003년 경성대 경제학과장 2003년 부산시 도시혁신위원 2004~2005년 미국 웨스트버지니아대 방문교수 2006~2008년 경성대 글로벌비즈니스인력혁신센터 소장 2006~2010년 부산시 고용심의회 위원 2007년 부산지방노동위원회 위원(현) 2010년 부산시노사민정협의회 자문위원 2010년 고용노동부 옴부즈만 위원(현) 2012~2016년 부산고용포럼 상임대표 2012~2013년 미국 포틀랜드주립대 방문교수 2014~2016년 경성대 경영대학원장 겸 상경대학장 2014~2016년 한국지역고용학회 회장 2016~2019년 경성대 산업개발연구소장

2017~2018년 한국지역사회학회 회장 2018년 대통령직속 국가균형발전위원회 전문위원(현) 2018년 부산지역인적자원개발위원회 선임위원(현) 2019년 부산시 정책고문(현) (상)근정포장(2009) (저)'기업민주주의와 기업지배구조(共)'(2002) '지역혁신과 부산지역의 산업네트워크(共)'(2004) '새정치경제학 방법론 연구(共)'(2005) '부산경제:현황과 과제(共)'(2006)

**김종해(金鍾海) KIM Jong Hae (池峯)**

(생)1941 · 7 · 23 (본)김해(金海) (출)부산 (주)서울특별시 마포구 신수로 59-1 문학세계사(02-702-1800) (학)1959년 부산 해동고졸 (경)1963년 「자유문학」誌에 시 당선 · 문단 데뷔 1965년 경향신문 신춘문예 詩당선 1968~1976년 정음사 편집부 근무 1971년 외솔회 '나라사랑' 편집자 1972년 시지 '심상' 편집위원 1977년 '문학예술사' 주간 1977년 한국시인협회 사무국장 · 심의위원 · 심의위원장 1979년 문학세계사 대표(현) 1986년 대한출판문화협회 이사 1987~1996년 경향문학인회 회장 1995~2001년 민주평통 자문위원 · 상임간사 2002년 계간 '시인세계' 발행인 2004~2006년 한국시인협회 회장 2006년 同평의원(현) (상)현대문학상(1982), 한국문학작가상(1985), 문화부장관표창(1992), 한국시인협회상(1995), 공초문학상(2002), 보관문화훈장(2009), PEN 문학상(2010) (저)'누구에게나 봄날은 온다'(2008) '우리들의 우산'(2012) '눈송이는 나의 각을 지운다'(2013, 문학세계사) '모두 허공이야'(2016, 북레시피) '그대 앞에 봄이 있다'(2017, 문화세계사) (작)시집 '인간의 악기', '신의 열쇠', '왜 아니 오시나요', '천노, 일어서다', '항해일지', '바람부는 날은 지하철을 타고', '무인도를 위하여', '별똥별', '풀', '어머니, 우리 어머니', '봄꿈을 꾸며'

**김종헌(金鍾憲) Kim Jong Hun**

(생)1962 (출)전북 장수 (주)대전광역시 서구 배재로 155-40 배재대학교 건축학부(042-520-5634) (학)1985년 고려대졸 1987년 同대학원 건축계획과졸 1997년 건축학박사(고려대) (경)1988년 현대산업개발 계획설계부 근무 1998년 배재대 건축학부 교수(현) 1998~2003년 월간 '포아' 비평전문위원 2002~2004년 한국건축역사학회 이사 2004년 미국 MIT Visting Scholar 2007년 배재대 학술지원센터장(현) 2008년 배재학당 역사박물관장 겸임(현) 2009년 도코모모코리아 회장 2019년 세계항로표지협회(IALA) 등대유산포럼 부의장(현) (상)꾸밈건축평론상(1984), 한국인테리어대전 장려상(1997), 대한건설협회 창설50주년기념 논문 현상공모 우수상(1997), 한국예총 대전지부장상(2000), 한국건축가협회 공로상(2004), 배재대학교총장 공로상(2004), 국토해양부장관표창(2008), (사)한국건축가협회(KIA) 초평건축상(2019) (저)'이제는 색이다(共)'(2002) '한국건축의 이해'(2002) '驛舍의 歷史'(2004) '대한민국 등대 100년사(共)'(2004)

**김종혁(金鍾赫) KIM Chong Hyuk**

(생)1962 (출)경기 강화 (주)서울특별시 마포구 상암산로 48-6 JTBC미디어텍 임원실(02-751-6162) (학)마포고졸, 고려대졸 (경)1987년 중앙일보 입사 1999년 同편집국 사회부 기자 2000년 同편집국 국제부 차장대우 2001년 同편집국 정치부 차장 2003년 同워싱턴특파원(차장) 2006년 同편집국 정책사회부 정책사회데스크(부장대우) 2007년 同편집국 사회부문 부에디터 2008년 同편집국 사회부문 에디터 2008년 관훈클럽 운영위원(회계) 2008년 중앙일보 편집국 문화스포츠부문 에디터 2009년 同국장 대리 겸 행정국장 2010년 同중앙SUNDAY 편집국장 2012년 同편집국장 2014년 同마케팅본부장(상무보) 2015~2018년 JTBC 보도부문 대기자 2018년 JTBC미디어텍 보도제작부문 대표(상무)(현) (상)한국기자상(1994), 고대언론인교우회 '장한 고대언론인상'(2013) (저)'백그라운드 브리핑'(2007) '김대중 다시 정권교체를 말하다'(2012)

**김종혁(金鍾赫) KIM Jong Hyeok**

(생)1966 · 10 · 19 (출)경북 영천 (주)경상북도 영덕군 영덕읍 경동로 8337 대구지방법원 영덕지원(054-730-3000) (학)1985년 대구 계성고졸 1989년 연세대 법학과졸 (경)1994년 사법시험 합격(36회) 1997년 사법연수원 수료(26기) 1997년 광주지법 판사 1999년 同목포지원 판사 2001년 광주지법 담양군법원 판사 2002년 광주지법 판사 2005년 대구지법 판사 2008년 대구고법 판사 2010년 대구지법 서부지원 판사 2012년 부산지법 동부지원 부장판사 2014년 대구지법 포항지원 · 대구가정법원 포항지원 부장판사 2018년 대구지법 영덕지원장 겸 대구가정법원 영덕지원장(현)

**김종현(金鍾顯) KIM Jong Hyun**

(생)1956·11·15 (본)청산(靑山) (출)서울 (주)부산광역시 해운대구 마린시티2로 38 한국해양진흥공사 투자보증본부(051-717-0603) (학)배재고졸, 한국외국어대 러시아어학과졸, 한국해양대 산업대학원 물류학과졸 (경)(주)한진해운 영업계획팀장, 同서울판매지점 수출1팀장 2002년 同구주지역본부 마케팅팀장 2005년 同함부르크지점장(상무보) 2007년 同북유럽지역담당 상무보 2008년 同부산판매지점장(상무보) 2009년 同감사실장(상무보) 2010년 同컨테이너선BU 영업계획팀장 겸 지원그룹장(상무) 2012년 同동서남아지역본부장(상무) 2016년 同동서남아지역본부장(전무) 2016~2017년 同컨테이너선운영본부장(전무) 2018년 한국해양진흥공사 해양투자본부장 2019년 同투자보증본부장(현) (종)기독교

**김종현(金鍾賢) KIM Jong Hyun**

(생)1958 · 11 · 7 (주)부산광역시 서구 구덕로 225 동아대학교 중국 · 일본학부(051-200-8731) (학)1982년 한국외국어대 중국어과졸 1985년 대만 국립대만대 대학원졸 1993년 문학박사(성균관대) (경)1986~1995년 동아대 중어중문학과 전임강사 · 조교수 · 부교수 1995년 同중국학과 교수, 同국제학부 중국학전공 교수 1995~1997년 중국현대문학학회 이사 2004~2014년 (주)더베이직하우스 사외이사 2005년 동아대 국제교류교육원장 2008년 同대외협력처장 겸 국제교류교육원장 2009년 同중국학과장 2011년 한국공자아카데미연합회 회장 2014~2015년 새정치민주연합 부산시당 공동위원장 2016년 국민의당 선거관리위원회 위원장 2016년 동아대 중국 · 일본학부 교수(현) 2018년 同국제전문대학원장 겸 중국 · 일본학부장 2019년 同글로벌비즈니스대학장(현) (저)'개혁 개방 이후의 중국문예이론' '12억이 사는 나라' '중국현실주의문학론' '노신의 문학과 사상'

**김종현(金鐘現) KIM JONG HYUN**

(생)1959·10 (주)서울특별시 영등포구 여의대로 128 (주)LG화학 전지사업본부(02-3777-1114) (학)서울 성남고졸, 성균관대 경제학과졸, 캐나다 맥길대 대학원 경영학과졸 (경)1993년 LG 회장실 부장 2000년 (주)LG화학 혁신지원담당 상무 2001년 同회로소재사업부장(상무) 2003년 同경영기획담당 상무 2004년 同경영전략담당 상무 2006년 同고문·특수수지사업부장(상무) 2009년 同소형전지사업부장(전무) 2013~2018년 同전지사업본부 자동차전지사업부장(부사장) 2018년 同전지사업본부장(부사장) 겸임 2018년 한국전지산업협회 회장(현) 2018년 한국전지연구조합 이사장(현) 2019년 (주)LG화학 전지사업본부장(사장)(현)

**김종현(金鍾鉉) KIM JONG HYUN**

(생)1961·1·18 (출)충북 제천 (주)서울특별시 종로구 율곡로2길 25 연합뉴스 논설위원실(02-398-3114) (학)1980년 제천고졸 1985년 충북대 영어영문학과졸 2005~2006년 미국 노스캐롤라이나대 연수 (경)1989년 연합뉴스 입사 1999년 同경제부 기자 2001년 同차장대우 2002년 同차장 2006년 同

편집국장석 부장대우 2006~2009년 同경제부장 2009년 同국제뉴스3부 근무(부장급) 2010년 同도쿄지사장(부장급) 2012년 同도쿄지사장(부국장대우) 2013년 同국제뉴스3부 기획위원 2013년 同마케팅국 부국장 2013년 同전략사업국 부국장 겸임 2013년 同전략사업국장 2013년 同마케팅국장 2014년 同편집국 경제담당 부국장 2015년 同경영지원국장 2015년 同논설위원실장 2016년 同동북아센터 사무국장 겸 월간 '마이더스' 편집인 2019년 同 논설위원실 논설위원(현)

## 김종현(金宗炫) KIM Jong Hyun

(생)1961 · 12 · 26 (출)서울 (주)서울특별시 금천구 가산로9길 109 (주)황금에스티 사장실(02-850-9710) (학)1980년 경희고졸 1984년 한양대 기계공학과졸 1986년 미국 조지아공대 대학원 기계공학과졸 1990년 기계공학박사(미국 조지아공대) (경)1984~1990년 미국 조지아공대 기계공학부 연구원 1992~1993년 한양대 대학원 강사 1998년 (주)황금에스티 상무이사 1998년 同대표이사 사장(현) 2000~2003년 (주)애니스틸닷컴 대표이사 2000년 (주)이상네트웍스 대표이사 2004년 同회장(현) 2006년 한국디지털미디어고 이사장(현) (저)'Simulation of Micro Segregation during Binary Alloy Solidification' (종)기독교

## 김종형(金鍾亨) KIM Jong Hyung

(생)1966 · 1 · 13 (출)경북 구미 (주)서울특별시 서초구 서초대로49길 12 법률사무소 온세(02-3477-0300) (학)1984년 대구 성광고졸 1992년 성균관대 법학과졸 (경)1995년 사법시험 합격(37회) 1996년 사법연수원 수료(27기) 1998년 부산지검 검사 2000년 창원지검 밀양지청 검사 2001년 대구지검 검사 2003년 서울지검 서부지청 검사 2004년 서울서부지검 검사 2005년 창원지검 검사 2008년 인천지검 검사 2010년 同부부장검사 2011년 대구지검 공판부장 2012년 전주지검 부장검사 2013년 서울북부지검 공판부장 2014~2015년 인천지검 부천지청 부장검사 2015~2018년 법무법인 서울센트럴 공동대표변호사 2018년 법률사무소 온세 변호사(현)

## 김종호(金宗澔) KIM Jong Ho

(생)1953 · 2 · 13 (출)서울 (주)경기도 화성시 영천로 174 현대트랜시스(주) 시트사업본부(031-369-9659) (학)경동고졸, 서울대 기계공학과졸 (경)현대건설(주) 부장 1999년 同이사대우 · 이사 · 상무보 2003년 同기전사업본부 상무 2006년 同플랜트사업본부 상무 2008년 同플랜트사업본부 전무 2009년 同플랜트사업본부장(전무) 2010년 同전력사업본부장(부사장) 2011년 현대씨엔아이 대표이사 2011년 현대건설(주) 플랜트사업본부장(부사장) 2017년 현대다이모스(주) 시트사업본부장(전무) 2019년 현대트랜시스(주) 시트사업본부장(전무)(현)

## 김종호(金鍾浩) KIM Jong Ho

(생)1953 · 7 · 26 (출)서울 (주)서울특별시 강남구 봉은사로24길 10 우담빌딩 (주)창 · 민우구조컨설턴트(02-2085-7114) (학)1972년 경복고졸 1977년 서울대 건축학과졸 1994년 同대학원 건축구조학과졸 (경)1978~1989년 (주)서울건축 건축구조팀장 1988년 한국기술사회 정회원 · 이사(현) 1989~1996년 건축구조연구소 '민우' 소장 1994년 성균관대 강사 1995년 건설공무원교육원 강사 1996년 건축구조기술사사무소협의회 감사 1997년 (주)창 · 민우구조컨설턴트 대표이사(현) 1998년 한국건축구조기술사회 총무이사 1998년 건설교통부 중앙건축위원 1998년 국방부 특별건설기술심의위원회 위원 2000년 경기대 건축전문대학원 겸임교수 2004년 경희대 토목건축과 겸임교수 2006~2008년 (사)한국건축구조기술사회 회장 2018년 한국공학한림원 정회원(건설환경공학 · 현) (상)한국강구조학회 POSCO 강구조작품상(2001), 한국강구조학회 기술상(2001), 과학기술부 이달(5월)의 엔지니어상(2004), 대한건축학회상(2005), 전산구조공학회 기술상(2005) (작)'인천국제공항 아시아나 행거' 'SK그룹 을지로 사옥' (종)기독교

## 김종호(金鍾浩) KIM Jong Ho

(생)1956 · 3 · 6 (출)충북 괴산 (주)서울특별시 노원구 공릉로 232 서울과학기술대학교 총장실(02-970-6000) (학)1978년 서울대 기계공학과졸 1980년 한국과학기술원(KAIST) 기계공학과졸(석사) 1986년 공학박사(한국과학기술원) (경)1980~1983년 한국종합기계(주) 기술부 대리 1983~1985년 한국과학기술원(KAIST) 생산공학과 조교 1985~2010년 서울산업대 금형설계학과 조교수 · 부교수 · 교수 1990~1991년 덴마크 Technical Univ. of Denmark Post-Doc. 1995~1995년 일본 요코하마대 방문교수 1999~2001년 서울산업대 기획실장 2001년 중소기업청 산업기술평가원 평가위원(현) 2002년 인천시 중소기업기술단 지도위원 2002년 교육부 대학재정지원사업 평가위원 2004~2008년 한국생산기술연구원 생산기반혁신기술개발사업 총괄운영위원 2004~2006년 서울산업대 교무처장 2004~2006년 同산학협력단장 겸임 2006년 서울테크노파크 이사 2006~2007년 한국대학교육협의회 대학종합평가위원 2007~2009년 지식경제부 전략기술개발사업 기술위원 2008~2010년 서울산업대 공과대학장 2008~2009년 同공학교육혁신센터 및 공학교육혁신거점센터장 2010~2015년 서울과학기술대 기계시스템디자인공학과 제품설계금형공학프로그램 교수 2013~2015년 同교수평의회 교무학생분과위원장 2015년 同총장(현) 2015년 서울테크노파크 이사장(현) 2017~2019년 한국공학교육인증원 원장 2018년 한국공학한림원 회원(기계공학 · 현) (저)'프레스 금형 설계'(1987, 서울산업대학) '기구학'(1988, 서울산업대학) '금형설계'(1998, 교육부)

## 김종호(金鍾鎬) KIM Jong Ho

(생)1957 · 6 · 20 (출)충남 홍성 (주)경기도 수원시 영통구 삼성로 129 삼성전자(주) 스마트공장지원센터(02-2255-0114) (학)1976년 홍성고졸 1984년 숭실대 전자공학과졸 (경)1983년 삼성전자(주) 생산관리2과 근무 1986년 同자재관리2팀 근무 1988년 同정보부문사업본부 생산관리부(구미) 과장 1991년 同단말기시스템사업본부 경영혁신부 과장 1992년 同DATA통신사업부 생산관리팀 차장 1995년 同무선제조부장 2001년 同무선제조그룹담당 상무보 2004년 同무선제조그룹 제조팀장(상무) 2006년 同무선제조팀장(전무) 2007년 同글로벌제조팀장(전무) 2009년 同무선사업부 글로벌제조센터장(전무) 2010년 同무선사업부 글로벌제조센터장(부사장) 2010년 同제조기술센터장(부사장) 2013년 同세트제조담당 사장 2013년 同무선사업부 글로벌제조센터장 2015년 同창조경제지원센터장 겸임 2016년 삼성중공업(주) 생산부문장(사장) 2017년 삼성전자(주) 글로벌품질혁신실장(사장) 2018년 同고문 2019년 同스마트공장지원센터장(사장)(현) (상)자랑스런 삼성인상(2006), 금탑산업훈장(2015)

## 김종호(金鐘浩) Kim jong-ho

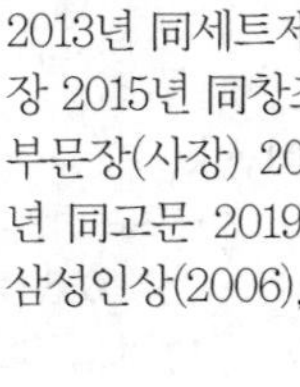

(생)1958 (출)충북 음성 (주)서울특별시 강남구 광평로51길 6-15 (사)한국집단에너지협회 임원실(02-6959-8946) (학)청주상고졸, 방송통신대 행정학과졸, 한국개발연구원(KDI) 국제정책대학원 정책학과졸 (경)1981년 동력자원부 임용, 상공자원부 · 통상산업부 근무 2007년 산업자원부 성과관리고객만족팀장 2008년 지식경제부 무역진흥과장 2009년 同유통물류과장 2010년 同유통물류과장(부이사관) 2010년 지역발전위원회 파견(과장급) 2011년 지식경제부 전기위원회 사무국장 2013년 산업통상자원부 전기위원회 사무국장 2013~2019년 전기공사공제조합 부이사장 2019년 (사)한국집단에너지협회 부회장(현)

**김종호(金宗浩) Kim Jongho**

(생)1962·1·20 (본)김해(金海) (출)부산 (주)서울특별시 종로구 북촌로 112 감사원 사무총장실(02-2011-2100) (학)1980년 부산중앙고졸 1984년 서울대 법학과졸 1986년 단국대 행정대학원 행정학과졸 (경)행정고시 합격(37회) 1994~1998년 총무처·문화체육부 행정사무관 1998~2003년 감사원 5국 6과·4국 3과·4국 5과 부감사관 2004년 同심사2과 감사관 2007~2008년 대통령비서실 파견(과장급) 2010~2012년 감사원 감사교육과장·공공기관감사국 제1과장(부이사관)·재정경제감사국 제1과장(부이사관) 2012년 국회 예산결산특별위원회 파견(고위감사공무원) 2013년 감사원 교육감사단장 2014년 同지방건설감사단장 2015년 同비서실장 2016년 同공공기관감사국장 2017~2018년 대통령 민정수석비서관실 공직기강비서관 2018년 감사원 사무총장(차관급)(현)

**김종호(金鍾鎬) KIM Jong Ho**

(생)1965·12·2 (출)서울 (주)서울특별시 영등포구 여의대방로43길 13 서울지방병무청(02-820-4201) (학)1983년 양정고졸 1987년 고려대 법학과졸 1989년 同대학원 법학과졸 1997년 미국 위스콘신대 메디슨교 대학원 공공행정학과졸 (경)1989년 행정고시 합격(33회) 2000년 병무청 징병검사과장 2000년 同병무혁신팀장 2001년 同행정법무담당관 2002년 대전·충남지방병무청 징병관 2004년 병무청 병역정책과장(부이사관) 2005년 同기획예산담당관 2005년 同재정기획관 2006년 同총무과장 2006년 대전·충남지방병무청장 2008년 대구·경북지방병무청장 2010년 광주·전남지방병무청장 2012년 인천·경기지방병무청장 2012년 병무청 사회복무국장 2014년 고용휴직(고위공무원) 2016년 병무청 병역자원국장 2018년 서울지방병무청장(현)

**김종호(金鍾浩) KIM Jong Ho**

(생)1967·2·15 (출)부산 (주)서울특별시 서초구 서초중앙로 157 서울고등법원(02-530-1114) (학)1985년 동래고졸 1989년 서울대 법학과졸 (경)1989년 사법시험 합격(31회) 1992년 사법연수원 수료(21기) 1992년 공군 법무관 1995년 수원지법 판사 1997년 서울지법 판사 1999년 춘천지법 원주지원 판사 2000년 同횡성군법원 판사 2000년 횡성군 선거관리위원장 2001년 수원지법 판사 2003년 사법연수원 교수 2005년 서울고법 판사 2007년 부산지법 동부지원 부장판사 2010년 수원지법 부장판사 2011년 서울서부지법 부장판사 2013년 서울중앙지법 부장판사 2015년 광주고법 제주재판부 부장판사 2016년 부산고법 창원재판부 부장판사 2017년 서울고법 부장판사 2018년 서울중앙지법 형사수석부장판사 2019년 서울고법 부장판사(현) (상)금탑산업훈장

**김종호(金鍾晧) KIM Jong Ho**

(생)1972 (출)대구 (주)울산광역시 남구 대암로90번길 27 울산세관(052-278-2200) (학)1990년 대구 영진고졸 1998년 경북대 경영학과졸 (경)행정고시 합격(40회) 2006년 관세청 조사총괄과 서기관 2006년 同조사감시국 조사총괄과 서기관 2007년 同성과관리담당관 2010년 同국제협력과장 2014년 同수출입물류과장 2016년 同정보기획과장(부이사관) 2017년 부산세관 조사국장 2018년 울산세관장(현)

**김종호(金鐘鎬)**

(생)1973·5·15 (출)전남 무안 (주)서울특별시 마포구 마포대로 174 서울서부지방검찰청 중요경제범죄조사단(02-3270-4483) (학)1991년 오산고졸 1997년 서강대 법학과졸 (경)1999년 사법시험 합격(41회) 2002년 사법연수원 수료(31기) 2002년 수원지검 검사 2004년 대전지검 논산지청 검사 2006년 서울서부지검 검사 2009년 창원지검 진주지청 검사 2011년 서울남부지검 검사 2013년 수원지검 성남지청 검사 2015년 대전지검 천안지청 검사 2016년 同천안지청 부부장검사 2017년 수원지검 부부장검사 2018년 창원지검 진주지청 형사1부장 2019년 서울서부지검 중요경제범죄조사단 부장검사(현)

**김종호(金宗灝)**

(생)1981 (출)서울 (주)세종특별자치시 한누리대로 422 중앙노동위원회 기획총괄과(044-202-8351) (학)2000년 명덕외국어고졸 2005년 서울시립대졸 (경)2005년 행정고시 합격(48회) 2005~2015년 국무총리실 고용식품의약정책관실·고용노동부 고용정책실 인력수급정책과·고용정책실 고용서비스정책과 사무관 2015~2016년 고용노동부 고용정책실 고용서비스정책과·고용정책실 여성고용정책과 서기관 2016년 同기획재정담당관실 예산계장 2018년 경남 진주고용노동지청장 2019년 중앙노동위원회 기획총괄과장(현)

**김종화(金鍾花) Kim Jong Hwa**

(생)1960·11·16 (출)경남 산청 (주)경상남도 창원시 의창구 중앙대로 300 경상남도의회 사무처 총무담당관실(055-211-2114) (학)경남대 행정대학원 행정학과졸 (경)1979년 공무원 임용 2008년 사무관 승진 2008년 부산진해경제자유구역청 파견 2010년 경남도 식품의약품안전과 식품의약정책담당 2010년 지방행정연수원 중견리더과정교육 파견 2011년 경남도 체육지원과 체육지원담당 2012년 同감사관실 회계감사담당 2014년 同인사과 후생담당 2015년 同행정과 총무담당 2015년 서기관 승진 2016년 경남도 행정국 행정과장 2017년 경남 함안군 부군수 2017년 同군수 권한대행 2017년 경남도의회 총무담당관(현) (상)대통령표창(2006), 근정포장(2013)

**김종환(金鍾煥) KIM Jong Hwan**

(생)1957·7·13 (출)서울 (주)대전광역시 유성구 대학로 291 한국과학기술원 공과대학 전기및전자공학부(042-350-3448) (학)서울고졸 1981년 서울대 전자공학과졸 1983년 同대학원 전자공학과졸 1987년 전자공학박사(서울대) (경)1988년 한국과학기술원(KAIST) 전기및전자공학과 교수, 同공과대학 전기및전자공학부 교수(현) 1992~1993년 미국 퍼듀대 교환교수 1996년 세계로봇축구연맹(FIRA) 창립·집행위원장 1998년 국제로봇올림피아드 회장(현) 1999년 한국우주정보소년단 부총재 1999년 중국로봇축구협회 명예회장 1999~2017년 대한로봇축구협회 회장 1999~2016년 세계로봇축구연맹(FIRA) 회장 2000년 한국과학기술원(KAIST) 마이크로로봇설계교육센터장 2003년 同지능로봇연구센터장 2017~2019년 同공과대학장 2017년 대한로봇스포츠협회 이사장(현) 2018년 한국공학한림원 회원(전기전자정보공학·현) (상)춘강학술상, 자랑스런 한국인상, KAIST 공로상(1997) (저)'로봇축구공학'(2002) 'Soccer Robotics'(2003) '인터넷 기반 퍼스널 로봇(共)'(2004)

**김종회(金鍾會) KIM Jong Hoi**

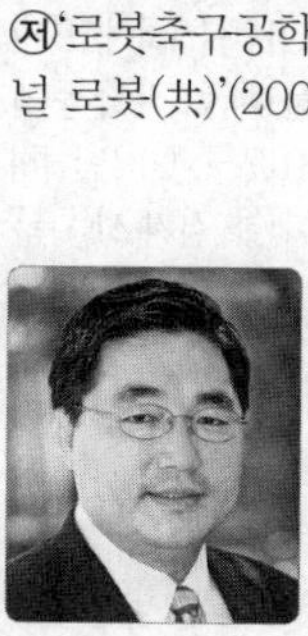

(생)1955·12·26 (본)김해(金海) (출)경남 고성 (주)경기도 양평군 서종면 소나기마을길 24 황순원문학촌 소나기마을(031-773-2299) (학)1975년 진주 동명고졸 1982년 경희대 국어국문학과졸 1985년 同대학원졸 1989년 국문학박사(경희대) (경)1983~2000년 일천만이산가족재회추진위원회 과장·사무국장·사무총장 1988~2018년 경희대 국어국문학과 강사·조교수·부교수·교수 1988년 문학사상誌에 '삶과 죽음의 존재양식'으로 평론가 등단 1997년 민주평통 자문위원 1998년 남북이산가족교류협의회 사무국장 1999년 시사랑문

화인협의회 상임이사 · 부회장(현) 2000년 제2의건국범국민추진위원회 위원 2000년 통일부 정책자문위원 2001~2002년 통일문화연구원 원장 2003년 경희대 교수협의회 서울캠퍼스 대표 2003~2018년 한국문학평론가협회 상임이사 · 부회장 · 회장 2003년 황순원기념사업회 집행위원장(현) 2005 · 2011 · 2013~2015년 국제한인문학회 회장 2007년 경희대 국제한인문학연구센터 소장 2007년 이병주기념사업회 사무총장(현) 2009년 同개교60주년준비위원회 사무총장 2009~2014년 同문화홍보처장 2012년 황순원문학촌 소나기마을 촌장(현) 2012년 황순원학회 부회장(현) 2015~2018년 한국아동문학연구센터 소장 2016~2018년 한국비평문학회 회장 2016년 토지학회 회장(현) (상)통일부장관표창(1987 · 1999 · 2008), 체육청소년부장관표창(1992), 한국문학평론가협회상(1997), 민주평통사무처장표창(1999), 경희문학상(2001), 시와시학상 평론상(2003), 김환태평론문학상(2004), 편운문학상(2008), 유심문학상(2008), 김달진문학상(2008), 창조문예문학상(2018) (저)'현실과 문학의 상상력'(1990) '위기의 시대와 문학'(1996) '문학과 사회'(1997) '황금 그물에 갇힌 예수'(1997) '문학과 전환기의 시대정신'(1997) '기독교문학의 발견'(1998) '북한문학의 이해'(1999) '사이버문학의 이해'(2001) '문학의 숲과 나무'(2002) '문화통합의 시대와 문학'(2004) '설화가 유래된 곳을 찾아가는 우리나라 옛이야기'(2005) '광야-범우비평판 한국문학(이육사 편)'(2005) '대중문화와 영웅신화'(2010) '오독(誤讀)'(2011) '북한문학 연구자료총서'(2012) '황순원 연구 총서'(2014) '김종회 평론선집'(2015) '문학에서 세상을 만나다'(2015) '한민족 디아스포라 문학'(2015) 산문집 '글에서 삶을 배우다'(2015) '한민족 문학사'(2015) '문학의 거울과 저울'(2016) '중국 조선족 디아스포라 문학'(2016) '소년, 소녀를 만나다'(2016) '황순원 문학과 소나기마을'(2017) '문학의 매혹, 소설적 인간학-이병주'(2017) '기독교 문학과 행복한 글쓰기'(2017) '황순원 연구'(2017) '이병주 문학의 역사와 사회 인식'(2017) '작가론총서-이병주'(2017) '디지털 시대의 문화이론과 문학'(2017) '모든 사랑은 첫사랑이다-소나기마을 이야기'(2018) '문학의 향유와 확산의 논리'(2018) '삶과 문학의 경계를 걷다'(2018) (종)기독교

## 김종회(金鍾懷) Kim Jong Hoe

(생)1965 · 8 · 24 (출)전북 김제 (주)서울특별시 영등포구 의사당대로 1 국회 의원회관 726호(02-784-2704) (학)1989년 원광대 법학과졸 1996년 성균관대 유학대학원 문학과졸 2010년 한의학박사(원광대) (경)(사)학성강학연구회 이사장, 새정치민주연합 정책위원회 부의장, 원광대 한의과대학 겸임교수, 민주평통 자문위원, KBS 전주방송총국 시청자위원회 위원 2016년 성균관대총동문회 이사(현) 2016년 국민의당 창당발기인 2016년 同전북도당 부위원장 2016년 제20대 국회의원(김제시 · 부안군, 국민의당 · 민주평화당〈2018.2〉 · 대안정치연대〈2019.8〉)(현) 2016~2018년 국민의당 김제시 · 부안군지역위원회 위원장 2016~2018년 국회 농림축산식품해양수산위원회 위원 2016 · 2017년 국회 예산결산특별위원회 위원 2016년 국민의당 대외협력담당 원내부대표 2017년 同전국농어민위원회 공동위원장 2017년 同제19대 안철수 대통령후보 중앙선거대책위원회 국민소통플랫폼 전국농어민위원장 2017~2018년 同당무담당 원내부대표 2017~2018년 同전북도당 위원장 직무대행 2018~2019년 민주평화당 김제시 · 부안군지역위원회 위원장 2018~2019년 同전북도당 위원장 2018~2019년 민주평화당 제3정책조정위원장 2018년 국회 농림축산식품해양수산위원회 위원(현) (상)대한민국을 빛낸 한국인물대상 우수정치공로부문(2016), 대한민국 의정대상(2017), 민주평화당 국정감사 우수의원(2018), 한국농정신문 국정감사 최우수의원(2018), 경제정의실천시민연합 국정감사 우수의원(2018), 한국농업경영인중앙연합회 국정감사 우수의원(2018), 국회도서관이용 최우수상(2019), 국회사무처 2018년도 입법 및 정책개발 우수위원(2019) (저)'청곡관견'(2003, 도서출판 동경) '태격정로'(2005, 도서출판 동경) '대한민국이 미래다'(2010, 김&정)

## 김종훈(金鍾勳) KIM Jong Hoon

(생)1949 · 9 · 24 (본)김해(金海) (출)경남 거창 (주)서울특별시 강남구 테헤란로87길 36 도심공항타워빌딩 9층 한미글로벌(주) 회장실(02-3429-6301) (학)1968년 서울대사대부고졸 1973년 서울대 건축학과졸 2001년 서강대 경영대학원졸(MBA) 2017년 건축학박사(서울대) (경)1973년 (주)한샘건축연구소 근무 1977년 한라건설 근무 1979년 (주)한양 쿠웨이트 Hyatt Conference Center 현장소장 1984년 삼성물산 건설부문 말레이시아 KLCC현장소장 1996~2008년 한미파슨스(주) 대표이사 사장 1998~2012년 한국CM협회 이사 · 부회장 2003~2005년 한국건설관리학회 부회장 2005~2007년 同고문 2006년 건설산업비젼포럼 공동대표, 한국공학한림원 정회원, 사회복지법인 '따뜻한동행' 이사장(현), 중부재단 이사, 홈플러스 e-파란재단 이사, 광운대 건축학과 겸임교수 2010년 (사)CEO지식나눔 이사(현) 2011년 가족친화포럼 공동대표(현) 2011~2017년 (주)한미글로벌 대표이사 회장 2016년 한국공학한림원 원로회원(현) 2017년 (주)한미글로벌 회장(현) (상)건설단체총연합회 건설경영대상(2001), 체육포장(2002), 문화관광부장관표창(2002), 한국경제신문 훌륭한 일터상(2003 · 2004 · 2005 · 2006 · 2007 · 2008 · 2009), 매일경제신문 부즈앨런 지식경영대상(2004), 디지털지식경영대상 전경련회장상(2005), 매일경제 100대 CEO 선정(2005~2006 · 2008~2013), 대한상공회의소 기업혁신대상 금상 국무총리표창(2005), 한경 · 웨슬리퀘스트 대한민국BSC대상(2006), 한국사회복지협의회 한국자원봉사대상 우수상(2006), 국가생산성대상 국무총리표창(2007), 전국경제인연합회 국제경영원(IMI) 지식경영부문 경영대상(2008), 제7회 공정거래의 날 국무총리표창(2008), 자랑스런 한국인 건설발전부문 대상(2008), 제2회 피터드러커혁신상 CEO부문(2008), 대한민국CEO그랑프리 서비스부문(2009), 지식경제부 지속가능경영대상 최우수상(2009), 전국자원봉사자대회 국무총리표창(2009), 한국을 빛낸 창조경영대상 미래경영부문(2009 · 2010), 한국노사협력대상 우수상(2010), 한국공학한림원 대상(2013), 은탑산업훈장(2015), 서울대공과대학 올해의 자랑스러운 동문상(2017), 한국전략경영학회 최고전략경영상(2017) (저)'미국 건설산업 왜 강한가'(共) '영국 건설산업의 혁신전략과 성공사례'(共) '한국 건설산업 大解剖'(共) '우리는 천국으로 출근한다'(2010, 21세기북스) '완벽을 향한 열정'(2016, 김영사ON) (작)'상암월드컵구장 건설사업관리(CM)' '수원월드컵경기장' '부산신항만' '국립과학관' '삼성전자 정보통신연구소' '타워팰리스' '현대I-PARK' '삼성코닝 십천공장' '중국 Holiday Plaza' 등 프로젝트 CM 수행 (종)기독교

## 김종훈(金宗壎) KIM Jong Hoon

(생)1952·5·5 (출)대구 (주)서울특별시 종로구 종로 26 SK이노베이션(주) 임원실(02-2121-5114) (학)1970년 경북대사대부고졸 1975년 연세대 경영학과졸 (경)1974년 외무고시 합격(8회) 1974년 외무부 입부 1979년 駐프랑스 3등서기관 1981년 駐어퍼볼타 2등서기관 1985년 서울올림픽조직위원회 파견 1987년 駐캐나다 참사관 1990년 외무부 特典담당관 1991년 同의전담당관 1993년 駐미국 참사관 1996년 외무부 의전심의관 1997년 同국제경제국 심의관 1998년 駐제네바 공사 2000년 외교통상부 통상교섭본부 지역통상국장 2002년 駐샌프란시스코 총영사 2004년 아·태경제협력체(APEC) 고위관리회의(SOM) 의장 2006년 한·미자유무역협정(FTA)협상 한국측 수석대표 2007~2011년 외교통상부 통상교섭본부장(장관급) 2010년 유엔 ESCAP총회 의장 2012~2016년 제19대 국회의원(서울 강남구乙, 새누리당) 2012~2013·2014년 새누리당 국제위원회 위원장 2014년 국회 통상관계대책특별위원회 간사 2014년 국회 정무위원회 위원 2014년 국회 산업통상자원위원회 위원 2015년 새누리당 인재영입위원회 위원 2016년 제20대 국회의원선거 출마(서울 강남구乙, 새누리당) 2016년 한국다문화센터 레인보우합창단 이사장 2017년 대한체육회 명예대사 겸 국제위원회 위원장 2017년 연세대 경영대학 특임교수 2017년 SK이노베이션 사외이

사 겸 감사위원 2017년 바른정당 제19대 유승민 대통령후보 중앙선거대책위원회 경제혁신위원회 부위원장 2018년 현대자동차(주) 특별자문(현) 2019년 SK이노베이션(주) 이사회 의장(현) (상)홍조근정훈장(1992), 녹조근정훈장(2006), 한국철강협회 감사패(2010), 자랑스러운 연세인상(2011), LG디스플레이 감사패(2011), 범시민사회단체연합 선정 '올해의 좋은 국회의원'(2014·2015), 아시아·유럽미래학회 글로벌CEO 외교통상부문대상(2015)

## 김종훈(金鍾勳) KIM Jong Hoon

(생)1953·1·21 (출)충남 (주)전라북도 전주시 완산구 천잠로 303 전주대학교(063-220-2522) (학)1972년 군산고졸 1979년 인하대 화학과졸 1981년 同대학원 화학과졸 1985년 화학박사(인하대) (경)1987년 한국원자력연구소 방사선폐기물본부 선임연구원 1990년 전주대 화학과 교수 1999년 同대체의학대학 환경보건전공 교수, 同의과학대학 환경보건학과 교수, 同의과학대학 환경생명과학과 교수(2018년 퇴직) 2003~2006년 전북도 환경분과 과학기술자문위원 2005년 同새만금수질자문단 자문위원 2008년 전주대 RadEdu사업단장 2009년 同교수회장 2015~2017년 同의과학대학장 겸 건강과학종합연구소장 2017년 同대학원장 2017년 同선교신학대학원장 겸임 2018년 同의과학대학 환경생명과학과 명예교수(현) 2019년 同대학평의원회 의장(현)

## 김종훈(金鍾熏) KIM Jong Hoon

(생)1954·8·18 (출)경북 김천 (주)서울특별시 서대문구 독립문로14길 74 동부센트레빌아파트 103동 1402호 한국자동차품질연합 (학)1973년 김천고졸 1982년 국민대 정치외교학과졸 (경)1982년 (주)쌍용 입사 2000년 한국소비자보호원 생활안전팀장 2003년 同분쟁조정1국 공산품팀장 2005년 同교육연수팀장 2005년 同분쟁조정1국장 2006년 同소비자안전센터 생활안전팀장 2007년 한국소비자원 상담지원팀장, 同자동차부문 조사위원 2011년 한국자동차품질연합 대표(현) (상)국무총리표창(2000), 대통령표창(2009) (저)'초보자를 위한 자동차 상식백과'(2001) '자동차 인체를 만나다'(2011) 등 (종)불교

## 김종훈(金種勳) KIM Jong Hoon

(생)1955·3·28 (출)전북 남원 (주)전라북도 전주시 덕진구 건지로 20 전북대학교병원 소화기외과(063-250-1581) (학)1973년 전주고졸 1980년 전북대 의대졸 1986년 同대학원 의학석사 1989년 의학박사(전북대) (경)1980~1981년 전북대병원 수련의 1981년 軍의관 1984~1988년 전북대병원 일반외과 전공의 1988~1989년 전주영동병원 일반외과 과장 1989~2001년 전북대 의대 전임강사·조교수·부교수 1992년 일본 도쿄 국립암센터 연수(견습의) 1999~2000년 미국 조지워싱턴대 연수 2000년 전북대 의학전문대학원 외과학교실(소화기) 교수(현) 2013~2014년 대한대장항문학회 회장

## 김종훈(金宗勳) KIM Jong Hoon

(생)1957·6·22 (출)전북 옥구 (주)서울특별시 서초구 법원로 15 서관 315호 김종훈법률사무소(02-3477-0577) (학)1976년 경복고졸 1980년 서울대 법학과졸 1989년 同대학원 법학과졸 (경)1981년 사법시험 합격(23회) 1983년 사법연수원 수료(13기) 1983년 육군 법무관 1986년 인천지법 판사 1988년 서울가정법원 판사 1990년 서울민사지법 판사 1991년 서울지법 서부지원 판사 1994년 서울고법 판사 1996년 서울지법 판사 1996~2005년 변호사 개업 2000년 감사원 부정방지대책위원회 위원 2000년 서울지방법원 조정위원 2003년 '대북송금의혹 사건' 특별검사보 2006년 대법원장 비서실장 2008년 변호사 개업(현) 2011~2015년 롯데손해보험(주) 사외이사 겸 감사위원

## 김종훈(金鍾勳) KIM Jong Hoon

(생)1964·7·3 (주)서울특별시 영등포구 의사당대로 1 국회 의원회관 745호(02-784-9630) (학)1983년 경주 문화고졸 2008년 울산대 국어국문학과졸 (경)1988년 울산노동자문화운동연합 사무국장 1989년 노동자문화단체 '울림터' 대표 1989년 전국노동자문화운동단체협의회 부의장 2002년 민주노동당 울산시동구지구당 부위원장 2002~2006년 울산시의회 의원(민주노동당) 2006·2010년 울산시 동구청장선거 출마(민주노동당) 2011~2014년 울산시 동구청장(재보선 당선, 민주노동당·통합진보당) 2014년 울산시 동구청장선거 출마(통합진보당) 2016년 제20대 국회의원(울산시 동구, 무소속·민중당〈2017.9〉)(현) 2016~2017년 국회 산업통상자원위원회 위원 2016~2018년 국회 윤리특별위원회 위원 2016년 민중의꿈 공동대표 2017년 새민중정당(가칭) 창당준비위원회 상임대표 2017~2018년 국회 산업통상자원중소벤처기업위원회 위원 2017년 민중당 상임공동대표 2017~2018년 국회 청년미래특별위원회 위원 2018년 국회 과학기술정보방송통신위원회 위원(현) 2018~2019년 국회 예산결산특별위원회 위원 2018년 민중당 원내대표(현) (저)'사람이 좋다'(2014)

## 김종훈(金鍾熏) KIM Jong Hoon

(생)1967·6·22 (본)김녕(金寧) (출)전북 진안 (주)세종특별자치시 다솜2로 94 농림축산식품부 기획조정실(044-201-1301) (학)1986년 전라고졸 1990년 한양대 법학과졸 1993년 同행정대학원 수료 (경)1992년 행정고시 합격(36회) 1993~1994년 농림수산부 수습사무관 1994~2000년 同행정사무관 2000년 농림부 협동조합과 서기관 2001년 同기획예산담당관실 서기관 2003년 同협동조합과장 2004년 同투자심사담당관 2004년 同장관비서관 2005년 同농지과장 2006년 同품종보호심판위원회 상임위원(과장급) 2006년 미국 교육연수 2008년 농림수산식품부 기획재정담당관 2009년 同기획재정담당관(부이사관) 2009년 同녹색성장정책관(고위공무원) 2009년 농림수산식품기술기획평가원 비상임이사 2010년 농림수산식품부 대변인(고위공무원) 2010년 同식량원예정책관 2011년 同식량정책관 2011년 해외 파견(고위공무원) 2012년 농림수산식품부 농수산식품연수원장 2013년 농림축산식품부 농식품공무원교육원장 2013년 同농업정책국장 2015년 同식량정책관 2017년 同차관보 2019년 同기획조정실장(현) (상)대통령표창(1999) (종)기독교

## 김종휘(金鍾徽) KIM Jong Hwi

(생)1966·3·5 (본)광산(光山) (출)경북 안동 (주)인천광역시 미추홀구 소성로185번길 28 명인빌딩 303호 법무법인 명문(032-861-6300) (학)1984년 안동고졸 1988년 한양대 법학과졸 1990년 同행정대학원졸 (경)1990년 사법시험 합격(32회) 1993년 사법연수원 수료(22기) 1993년 軍법무관 1996년 인천지검 검사 1998년 대구지검 안동지청 검사 1999년 부산지검 검사 2001년 서울지검 검사 2003년 인천지검 부천지청 검사 2005년 同부천지청 부부장검사 2006년 대전지검 서산지청 부장검사 2007년 사법연수원 교수 2009년 인천지검 공판송무부장 2009년 법무법인 명문 구성원변호사 2011년 同대표변호사(현)

## 김종휘 Kim Jong-hwi

(생)1966·7·15 (출)서울 (주)서울특별시 동대문구 청계천로 517 (재)서울문화재단(02-3290-7000) (학)신일고졸, 건국대 축산대학 중퇴 (경)대통령직속 지역발전위원회 특별위원회 거버넌스분과위원회 위원장, 문화체육관광부 새문화정책준비단 위원, 여성가족부 정책자문위원회 위원, 同청소년수련활동인증위원회 위원, 서울시 도시공원위원회 위원, 同지방보조금심의위원회 위원, 서울연구원 함께서울포럼 문화관광위원회 위원,

서울시교육청 문화예술교육자문위원회 위원, 同서울창의감성교육배움터협의체 위원, 서울문화예술회관연합회 부회장 1999~2010년 하자센터 부센터장 2004~2011년 사회적기업 '노리단(noridan)' 단장 2010~2011년 씨즈 상임이사 2011~2012년 공공네트워크 'OO은 대학연구소' 소장 2012~2018년 성북문화재단 대표이사 2018년 (재)서울문화재단 대표이사(현) (상)한국방송프로듀서상 라디오진행자부문 출연자상(2004), 환경운동연합 녹색문화예술인상(2008), 피터드러커혁신상 사회적기업부문 최우수혁신상(2009), 산업포장(2017) (저)'놀자 깨자 비틀자'(2001, 해냄출판사) '너, 행복하니?'(2004, 샨티) '일하며 논다, 배운다'(2007, 민들레) '내 안의 열일곱'(2007, 샨티) '아내와 걸었다'(2007, 샨티) '대한민국 10대, 노는 것을 허하노라'(2010, 양철북) '교육 – 미래를 위한 확실한 대안(共)'(2011, 한국출판마케팅연구소)

## 김종희(金種姬·女)

(생)1955 (주)서울특별시 종로구 홍지문2길 20 상명대학교 문화예술대학 스포츠무용학부 스포츠건강관리학과(02-2287-5284) (학)예일여고졸 1978년 상명여자사범대 체육교육과졸 1994년 상명대 대학원 체육교육과졸 2000년 체육학박사(한양대) (경)상명대 문화기술대학원 스포츠정보기술융합학과 교수, 同문화예술대학 스포츠무용학부 스포츠건강관리학과 교수(현), 한국체육정책학회 부회장 1994~1997년 한국여성사격연맹 회장 1995년 한국걸스카우트 서울연맹 이사 1996년 한국에어로빅스건강과학협회 부회장 2002~2003년 한국여자축구연맹 회장 2002~2007년 한국레저스포츠학회 회장 2003~2011년 MBC 꿈나무축구재단 이사 2006년 상명수련원 원장, 한국걸스카우트연맹 이사 2010년 同부총재 2011년 한국청소년단체협의회 부회장 2015~2017년 한국에어로빅스건강과학협회 이사장 2015년 상명대 대외협력부총장 2017년 同행정·대외부총장 2018년 한국걸스카우트연맹 총재(현) 2019년 상명대 대학혁신위원장 겸 경영혁신원장

## 김좌관(金坐官) Kim Jwa Kwan

(생)1960·2·5 (출)부산 (주)부산광역시 금정구 오륜대로 57 부산가톨릭대학교 환경공학과(051-510-0622) (학)1984년 부산수산대 환경공학과졸 1988년 서울대 대학원 환경계획과졸 1994년 행정학박사(서울대) (경)1990~2000년 지산대학 환경공학과 교수, (사)부산경남생태도시연구소 생명마당 대표(현) 2000년 부산가톨릭대 환경공학과 교수(현) 2005~2007년 민주평통 해운대구협의회장 2005~2009년 (사)환경과자치연구소 소장 2006~2010년 온천천네트워크 공동대표 2008~2009년 (사)시민사회연구원 부원장 2009년 (사)환경과자치연구소 이사장 2010~2016년 장산보전시민네트워크 대표 2010~2011년 서울대 환경대학원 객원교수 2012년 민주통합당 제18대 대통령중앙선거대책위원회 '시민캠프' 공동대표 2017년 국정기획자문위원회 사회분과위원회 위원 2018년 한국전력공사 사외이사(현) 2019년 부산가톨릭대 응용과학대학장(현) (상)환경부장관표창(2000) (저)'도시관리와 정책(共)'(1996, 명보출판사) '수질오염개론'(2000, 동화기술) '물문제의 성찰과 전환(共)'(2004, 도서출판 전망) '생태도시를 향한 발걸음(共)'(2005, 도서출판 전망) '대운하건설이 연안 해운에 미치는 영향(共)'(2007, 태평양포럼) '시장군수학(共)'(2009, 북앤북스)

## 김주남(金周南) KIM Joo Nam

(생)1952·10·4 (본)청풍(淸風) (출)서울 (주)서울특별시 서대문구 이화여대2길 46 서울과학종합대학원(070-7012-2937) (학)1971년 경복고졸 1977년 서울대 사범대학졸 1988년 연세대 대학원 경제학과졸 2006년 경영학박사(관동대) 2007년 네덜란드 트벤테대 경영학 박사과정 수료 (경)1982년 대한무역투자진흥공사(KOTRA) 스위스 근무 1987년 同테헤란사무소장 1990년 同전북무역관장 1991년 同무공30년사발간전담반 부반장 1992년 同상품개발부 경공업과장 1994년 同헬싱키무역관장 1997년 同투자진흥처 투자기획부장·투자유치부장 1998년 同산업지원처장 1998년 同투자협력처장 1999년 同카이로무역관장 2001년 同워싱턴무역관장 2003년 同아카데미 원장 2005년 同해외마케팅본부장 2005년 同전략마케팅본부장(상임이사) 2007~2008년 同북미지역본부장 겸 뉴욕무역관장(상임이사) 2008년 서울과학종합대학원 교수(현) 2014년 (사)국가브랜드진흥원 초대원장 2016년 同이사장(현) (상)상공부장관표창(1984·1988·1992), 대통령표창(1999), 산업포장(2008) (저)'재미없는 글로벌이야기'(2012, IWELL) (종)가톨릭

## 김주덕(金周德) KIM Joo Duck

(생)1953·8·13 (출)경기 포천 (주)서울특별시 서초구 법원로3길 25 태흥빌딩 법무법인 태일(02-3481-4200) (학)1972년 대전고졸 1976년 서울대 법대졸 1986년 미국 워싱턴대 수료 1995년 법학박사(경희대) (경)1977년 사법시험 합격(19회), 1979 사법연수원 수료(9기) 1979년 軍법무관 1982년 서울지검 검사 1985년 대전지검 강경지청 검사 1986년 대구지검 검사 1987년 법무부 검찰제2과 검사 1990년 서울지검 동부지청 검사 1991년 청주지법 제천지청장 1992년 대전고검 검사 1993~1994년 대전지검 특수부장·형사1부장 1994년 대검찰청 환경과장 1996년 서울지검 서부지청 형사3부장 1997년 同서부지청 형사2부장 1997년 서울지검 총무부장 1998년 同공판부장 1998년 변호사 개업, 법무법인 태일 변호사(현) 2004년 여성부 남녀차별개선위원회 비상임위원 2004년 대검찰청 공안자문위원회 위원 2006~2008년 경희대 법대 겸임교수 2009년 법치주의수호국민연대 공동상임대표 2010년 대한변호사협회 법학전문대학원평가위원회 위원장(현) 2011년 同사무총장 2011~2017년 대한공증인협회 부회장 (저)'암행어사 출두요' (종)기독교

## 김주석(金周石)

(생)1972·7·22 (출)서울 (주)경상남도 창원시 성산구 창이대로 681 창원지방법원 총무과(055-239-2009) (학)1991년 대일외국어고졸 1995년 서울대 경제학과졸 (경)1999년 사법시험 합격(41회) 2002년 사법연수원 수료(31기) 2002년 대전지법 예비판사 2003년 대전고법 예비판사 2004년 대전지법 판사 2005년 인천지법 부천지원 판사 2008년 서울남부지법 판사 2010년 서울중앙지법 판사 2012년 서울가정법원 판사 2014년 서울중앙지법 판사 2015년 사법정책연구원 연구위원 겸임 2017년 창원지법 부장판사(현)

## 김주선(金朱洗) KIM Ju Sun

(생)1961·3·5 (출)강원 속초 (주)서울특별시 서초구 서초대로49길 5 승보빌딩 203호 김주선법률사무소(02-596-6200) (학)1979년 강릉고졸 1984년 단국대 법과대학졸 1986년 同대학원 법학과 수료 (경)1987년 사법시험 합격(29회) 1990년 사법연수원 수료(19기) 1990년 軍법무관 1993년 서울지검 남부지청 검사 1995년 춘천지검 영월지청 검사 1996년 제주지검 검사 1999년 서울지검 검사 2000년 수원지검 검사 2002년 광주지검 부부장검사 2002년 광주고검 검사 2003년 서울지검 남부지청 부부장검사 2004년 광주지검 강력부장 2005년 同마약·조직범죄수사부장 2005년 대전지검 형사3부장 2006년 서울북부지검 형사5부장 2007년 대검찰청 조직범죄과장 2008년 서울중앙지검 마약·조직범죄수사부장 2009년 춘천지검 강릉지청장 2009년 인천지검 부천지청 차장검사 2010년 제주지검 차장검사 2011년 대전지검 천안지청장 2012년 서울고검 형사부 검사 2012년 법무연수원 연구위원 겸임 2014년 대구고검 검사 2014년 변호사 개업(현) 2015년 한국전력공사 사외이사 2016~2017년 同비상임감사위원 2019년 자유한국당 강원강릉시당원협의회 조직위원장(현) (종)불교

ㄱ

**김주섭(金周燮) KIM Joo Seob**

(생)1960·12·30 (출)서울 (주)세종특별자치시 시청대로 370 한국노동연구원 고용정책연구본부(044-287-6305) (학)1992년 한양대 경제학과졸 1998년 경제학박사(미국 아이오와주립대) (경)1998~1999년 미국 아이오와주립대 Post-Doc. 1999~2001년 한국직업능력개발원 책임연구원 2001~2005년 한국노동연구원 부연구위원 2003~2005년 同연구조정실장 2005~2007년 同연구위원 2008~2011년 同연구관리본부장 2009년 同고용정책연구본부 선임연구위원(현) (상)신한은행 학술경연대회 장려상(1990)

**김주성(金柱成) KIM Joo Sung**

(생)1964·11·25 (주)서울특별시 강남구 테헤란로 152 강남파이낸스센터 서울대학교병원 강남센터(02-2112-5500) (학)1989년 서울대 의대졸 1993년 同대학원 의학석사 1999년 의학박사(서울대) (경)1989년 서울대병원 인턴 1990년 同내과 전공의 1995년 국군서울지구병원 내과 실장 1997년 서울대병원 내과 전임의 1999년 서울대 의대 내과학교실 전임강사·조교수·부교수·교수(현) 2000년 American Gastroenterological Association 회원 2010년 서울대병원 기획조정실 기획부실장 2012년 同강남센터 부원장 2019년 대한장연구학회 회장(현) 2019년 서울대병원 강남센터 원장(현) (상)대한의학협회장표창(1989), 대한소화기학회 학술상(1999), 아시아-태평양소화기학회 Young Clinician Award(2000), 대한소화기학회 학술상(2002), 대한소화기내시경학회 학술상(2002), FASEB Conference young Investigator Award(2004) (저)'최신지견 내과학'(1996) '김정룡 소화기계질환'(2000)

**김주수(金周秀) KIM Joo Soo**

(생)1952·5·10 (본)청풍(淸風) (출)경북 의성 (주)경상북도 의성군 의성읍 군청길 31 의성군청 군수실(054-830-6001) (학)1971년 대구상고졸 1976년 성균관대 경제학과졸 1981년 同대학원졸 1992년 미국 위스콘신대 대학원졸 2003년 성균관대 대학원 경제학 박사과정 수료 2008년 고려대 최고위정보통신과정(ICP) 수료 (경)1975년 행정고시 합격(18회) 1976년 총무처 행정사무관 1996년 농림부 식량정책심의관 1998년 국방대학원 파견 1999년 농림부 유통정책국장 1999년 同농산물유통국장 2000년 同축산국장 2001년 同농업정책국장 2001년 대통령 농림해양수산비서관 2003년 농림부 차관보 2004년 同차관 2005년 경북대 초빙교수 2006~2011년 서울시농수산물공사 사장 2006~2014년 농수산무역대학 학장 2007년 경희사이버대 외래교수 2011년 세계도매시장연맹(WUWM) 이사 2012~2014년 성균관대 경제학과 초빙교수 2014~2018년 경북 의성군수(새누리당·자유한국당) 2014년 세계유교문화재단 이사 2016~2018년 同이사장 2018년 경북 의성군수(자유한국당)(현) 2018년 전국농어촌지역군수협의회 부회장(현) (상)근정포장(1985), 홍조근정훈장(1998), 세계도매시장연맹 마켓어워즈(2008), 일본능률협회 글로벌경영 공기업부문 대상(2008), 한국경제신문 고객감동경영(2009), 글로벌리더상(2009), TV조선 '한국의 영향력 있는 CEO'(2015·2016), '한국을 빛낸 창조경영인대상' 미래경영부문(2016·2017), 신지식인상(2016), 대한민국사회발전대상 지방자치부문(2016), 대한민국예술문화스타대상 문화발전공로대상(2017), 대한민국 의정대상·지방자치행정대상(2017) (종)기독교

**김주식(金主植)**

(생)1982·3·8 (주)대전광역시 서구 청사로 189 중소벤처기업부 벤처투자과(042-481-4342) (학)2001년 대륜고졸 2009년 연세대 기계공학과졸 (경)2009년 행정고시 합격(52회), 중소기업청 정책총괄과 근무, 대통령비서실 중소기업비서관실 파견, 중소기업청 벤처투자과 근무, 同기술개발과 서기관, 중소벤처기업부 기획재정담당관실 서기관 2019년 同벤처투자과장(현)

**김주연(金柱演) KIM Joo Youn (伊村)**

(생)1941·8·18 (본)광산(光山) (출)서울 (주)서울특별시 용산구 청파로47길 100 숙명여자대학교 독어독문학과(02-710-9342) (학)1960년 서울고졸 1964년 서울대 문리대학 독어독문학과졸 1968년 同대학원 독어독문학과졸 1969년 미국 버클리대 대학원 수학 1970년 서독 프라이부르크대 수학 1981년 문학박사(서울대) (경)1966년 '문학'誌에 문학평론 당선 1976년 한국독어독문학회 총무이사 1978~1986년 숙명여대 문과대학 조교수·부교수 1986년 서독 뒤셀도르프대 객원교수 1987~2006년 숙명여대 독어독문학과 교수 1987년 同독일어권문화연구소장 1988년 同사무처장 1989년 한국독어독문학회 부회장 1998년 同회장 2006년 숙명여대 명예교수(현) 2009~2012년 한국문학번역원 원장 2011년 대한민국예술원 회원(문학·현) 2011~2013년 숙명여대 석좌교수 (상)金煥泰 평론상(1990), 우경문화저술상(1991), 팔봉비평문학상(1995), 보관문화훈장(2004) (저)연구서 '독일시인론'(1983, 열화당), '독일문학의 본질'(1991, 민음사), '독일 비평사'(2006, 문학과지성사) 문학평론서 '상황과 인간'(1969, 박우사), '문학비평론'(1973, 열화당), '나의 칼은 나의 작품'(1975), '변동사회와 작가'(1979, 문학과지성사), '새로운 꿈을 위하여'(1983, 지식산업사), '문학을 넘어서'(1986, 문학과지성사), '문학과 정신의 힘'(1990, 문학과지성사), '김주연평론문학선'(1992, 문학사상사), '문학, 그 영원한 모순과 더불어'(1993, 현대소설사), '뜨거운 세상과 말의 서늘함'(1994, 솔), '사랑과 권력'(1995, 문학과지성사), '가짜의 진실 그 환상'(1998, 문학과지성사), '디지털욕망과 문학의 현혹'(2002, 문이당), 'Brennende Wirklichkeit kalte theorie'(2004, Munchen indicium), '근대논의 이후의 문학'(2005, 문학과지성사), '인간을 향하여 인간을 넘어서'(2006), '그림책 문학읽기'(2011, 루덴스), '미니멀투어 스토리만들기'(2012), '사라진 낭만의 아이러니'(2013, 서강대 출판부), '몸, 그리고 말'(2014, 문학과지성사) 등단50주년 기념 비평선집 '예감의 실현'(2016, 문학과지성사) (역)'아홉시 반의 당구'(1972, 문예출판사) '파란꽃'(1973, 샘터사) '카타리나 블룸의 잃어버린 명예'(1979, 한길사) '아도르노의 문학이론'(1985, 민음사) '이별없는 세대'(1987, 문학과지성사) '문학과 종교'(1997, 분도출판사) '베르길리우스의 죽음'(2001, 시공사) 'Unter den Menschen ist eine Insel'(독일 Verlag am Hockgraben) (종)기독교

**김주연(金柱然) KIM Joo Yun**

(생)1962·1·5 (본)상산(商山) (출)서울 (주)서울특별시 마포구 와우산로 94 홍익대학교 미술대학 산업디자인과(02-320-1934) (학)1980년 경기고졸 1984년 홍익대 건축학과졸 1986년 同산업미술대학원 실내디자인과졸 1989년 미국 시카고예술대 실내건축대학원 수료 1991년 미국 코넬대 대학원 실내디자인과졸 2001년 건축학박사(국민대) (경)1992~1996년 계원예술대 교수 1996년 홍익대 미술대학 산업디자인과 교수(현) 1998~2012년 아시아태평양공간디자이너협의회(APSDA) 한국대표 2004~2005년 미국 Pratt Institute 연구교수 2007~2009년 홍익대 미술디자인공학연구소장 2007~2009년 同공공디자인연구센터 소장 2007~2008년 서울 종로구 대학로 디자인서울거리 Master Planner 2007~2011년 세계실내건축가연맹(IFI) 운영이사 2008~2010년 파주운정지구 공공디자인 Master Planner 2010~2017년 Studio Button Design Director 2011년 G20 국회의장회의장 자문위원 2011~2012년 핵안보정상회의장 자문위원 2011~2012년 여수세계엑스포 전시설계분야 전시감독 2011~2012년 한국실내건축가협회(KOSID) 회장 2015~2017년 문화체육관광부 문화도시심의위원회 위원 2016년 미술디자인공학연구소 소장 2016~2017년 (사)한국공간디자인단체총연합회 부회장 2016~2018년 홍익대 산업미술대학원장 2017~2018년 한국공간디자인학회 회장 2017~2018년 한국건축도시관련단체총연합회

공동회장 2019년 홍익대 공공디자인연구센터 소장(현) (상)제1·4회 대한민국건축대전 우수상(1982·1985), 천년의 문 현상설계 입선(백남준 공동작업·2000), 새천년환경디자인세계대회 공로상(2001), 서울시청광장 현상공모 우수상(2003), 서울시장표창(2003), 광주비엔날레 광장디자인 공모 당선(2004), 한국실내건축가협회 공로상(2004), IFI 2007총회유치 부산시장 감사장(2004), 한국실내건축가협회 공로상(2006), 월간 MARU 마루디자인어워드(2006), 월간 인테리어 명가명인상(2006), 대한민국실내건축 최우수작품상 건설교통부장관상(2006), 세계실내디자인대회 성공기여 부산시장표창(2007), 한국실내건축가협회 갈메상(2008), 한국실내건축가협회 골든스케일디자인어워드 특별상(2010), 국제공간디자인전 우수작품상(2011), 외교통상부장관 감사장(2012), (사)한국디자인단체총연합회 공로상(2012), DFA Design For Asia Award 우수상 Hong Kong(2014), 대한민국디자인대상 국무총리표창(2015), Albert Nelson Marquis Lifetime Achievement Award(2018) (저)'환경디자인 기초'(1996, 한국교육개발원) '재미있는 실내디자인 이야기'(1998, 기문당) '환경디자인 응용'(1998, 한국교육개발원) '공간 속의 디자인 디자인 속의 공간'(2003, 효형출판) '건축의 거인들 초대받다'(2009, 나비장) '증강현실도시디자인'(2010, 디자인플럭스) '김주연'(2010, 안그라픽스) '바우하우스(共)'(2019, 안그라픽스) '아이코닉 건축(共)'(2019, 북저널리즘) (역)'20세기 실내디자인'(1998, 시공사) '건축제도'(2005, 도서출판 국제) '실내건축의 역사'(2005, 시공사) '좋은 인테리어의 10가지 원칙'(2014, 시공사) '좋은 건축의 10가지 원칙'(2017, 시공사) (작)인사동 광주요 매장 인테리어디자인(1999) '천년의 문' 현상설계 계획안(백남준 공동작업)(2000) 경기고 100주년 기념관 '백년회랑' 전시디자인(2001) SK Telecom 미래경영연구원 회의실 강단부 디자인(2003) '광주 비엔날레 광장 디자인(2004) 서호미술관 개인전 'Space Code 8'(2004) 영락교회 '한경직 목사님 기념관' 인테리어 디자인(2005) SK Telecom Coex TTL zone Space Identity 및 인테리어 디자인(2005) 국립민속박물관 옥외 Signage System 기획 및 설계(2006) 현대백화점 압구정본점 공용공간 디자인 컨설팅(2006) 삼성물산 래미안 외관 Identity 기획 및 설계(2006) 서천군 Amentiy 서천 Communication Design 컨설팅 및 기본계획(2006) KT 광화문 복합문화공간 T샘 Space Identity 및 인테리어디자인(2006) 대학로 디자인 서울 거리조성사업 기본 및 실시설계(2008) 가락시장 통합디자인 및 색채계획(2008) 파주신도시(운정·운정3지구) 가로시설물 통합디자인 수립용역(2009) 인천 송도 '팝콘' 스트리트 마켓 디자인(2010) 대양상선 오피스 인테리어 디자인(2010) 제4회 전국환경예술디자인대전 Design For China·Xian·China-중국미술가협회(2010) '꿈의 미술실' 인테리어 디자인- 안산 호동초·서울 양진초·전주 동북초·안양 귀인초(2011~2013) NCsoft R&D센터 어린이집 인테리어디자인(2013) 신세계면세점 명인명장관 '한수'(2017) 동대문 패션도매시장 조닝디자인 길찾기시스템(2018) 현대자동차 자율주행차 패키지 디자인 로드맵(2019) (종)기독교

## 김주열(金周烈) KIM Choo Yeol

(생)1961·1·18 (출)경남 마산 (주)경상남도 창원시 성산구 창이대로689번길 10 성은빌딩 5층 동서법무법인(055-267-0315) (학)1979년 마산고졸 1984년 중앙대 법학과졸 1986년 경남대 법학대학원졸 (경)1986년 軍법무관 임용시험 합격(7회) 1989년 사법연수원 수료 1989년 사단 검찰관 1997년 변호사 개업, 동서법무법인 변호사(현) 2017~2019년 경남지방변호사회 회장

## 김주열(金周烈) Kim jooyeol

(생)1964·2·5 (본)김해(金海) (출)경북 경주 (주)대전광역시 서구 청사로 189 산림청 산림복지국 도시숲경관과(042-481-4223) (학)1982년 대구 영남고졸 1988년 서울대 조경학과졸 (경)1988~2017년 삼성물산 입사·수목담당 수석연구원 2017년 산림청 산림복지국 도시숲경관과장(현)

## 김주영(金周榮) KIM Joo Young

(생)1939·1·26 (출)경북 청송 (주)서울특별시 서초구 반포대로37길 59 대한민국예술원(02-3479-7224) (학)1957년 대구농림고졸 1962년 서라벌예술대학 문예창작과졸 (경)1971년 월간문학에 소설 '휴면기'로 문단데뷔, 소설가(현) 1976년 경향신문에 장편소설 '목마 위의 여자' 연재 1979년 서울신문에 '객주' 연재 1983년 중앙일보에 '활빈도' 연재 1988년 한국일보에 '화척' '중국기행' 연재 1989~2005년 파라다이스문화재단 상임이사 1991년 동아일보에 '야정' 연재 1995년 서울신문에 '아프리카기행' 연재 1999년 중앙일보에 '아라리 난장' 연재 2001년 노무현 대통령당선자 취임사준비위원회 위원 2002~2015년 동인문학상 종신심사위원 2003년 문학사랑 이사장(현) 2004년 열린우리당 공직후보자자격 심사위원 2004년 중앙일보 라이팅 코치 2004년 환경부 환경홍보사절 2005~2013년 파라다이스문화재단 이사장 2009~2012년 한국문학번역원 이사 2010~2012년 한국문화예술위원회 위원 2010년 상주시 홍보대사 2012~2016년 한국예술인복지재단 이사장 2013년 대통령소속 국민대통합위원회 기획분과 위원장 2014년 대한민국예술원 회원(소설·현) (상)월간문학 신인상(1971), 한국소설문학상, 유주현문학상, 대한민국문학상, 이산문학상(1996), 대산문학상(1998), 이무영문학상(2001), 김동리문학상(2002), 가천환경문학상(2007), 은관문화훈장(2007), 인촌상 인문사회문학부문(2011), 김만중문학상(2013) (저)장편소설 '뜻밖의 생'(2017, 문학동네), '아무도 모르는 기적'(2019, 문학과지성사) '목마위의 여자' '도둑견습' '나를 아십니까' '위대한 악령' '바다와 우산' '즐거운 우리집' '가까스로 태어난 남자' '객주'(1981) '겨울새'(1983) '아들의 겨울'(1985) '천둥소리'(1986) '활빈도'(1987) '고기잡이는 갈대를 꺾지 않는다'(1989) '화척'(1995) '야정'(1996) '어린날의 초상' '홍어' '아라리 난장' '외촌장 기행'(2001) '여자를 찾습니다'(2001) '거울속 여행'(2001) '멸치'(2002) '모범사육'(2003) '달나라 도둑'(2009, 비채) '빈집'(2010, 문학동네) '고향 물길을 거닐며'(2012, 김영사) '잘가요 엄마'(2012, 문학동네)

## 김주영(金周暎)

(생)1961·10·15 (출)경북 상주 (주)서울특별시 영등포구 국제금융로6길 26 한국노동조합총연맹 7층(02-6277-0032) (학)상주 함창고졸, 원광대 전기공학과졸, 건국대 산업대학원졸, 경영학박사(서울과학종합대학원대) (경)1986년 한국전력공사 입사, 국가기간산업사유화저지공동투쟁본부 공동의장, 한국노동조합총연맹 개혁특별위원회 자문위원, 전력관련산업노동조합연대회의 의장, 한국노동조합총연맹 부위원장 2002~2014년 전국전력노동조합 위원장(4선) 2003~2017년 한국노동조합총연맹 부위원장 2004~2006년 노사정위원회 공공부문특별위원회 위원 2005년 중앙노동위원회 심판위원 2005~2017년 국제공공노련 한국위원회(PSI-KC) 공동의장 2009~2011년 한국노동조합총연맹 상임부위원장 2009년 사회복지공동모금회 이사 2012~2017년 전국공공산업노동조합연맹 위원장 2013~2017년 국제통합제조산별노련(IndustriALL) 아시아·태평양전력노조네트워크 의장 2014~2018년 (사)노동법이론실무학회 부회장 2016년 고려대 노동문제연구소 자문위원 2017년 민족평화통일자문회의 자문위원 2017년 한국노동조합총연맹 제26대 위원장(현) 2017년 대통령직속 일자리위원회 위원(현) 2017년 대통령직속 저출산고령사회위원회 민간위원(현) 2017년 전태일 노동복합시설 건립추진위원회 위원(현) 2018년 대통령직속 3.1운동및대한민국임시정부수립100주년기념사업추진위원회 위원 2018년 서울과학종합대학원대 겸임교수 2018년 산업통상자원부 통상조약국내대책위원회 민간위원 2018년 대통령소속 경제사회노동위원회 본위원회 위원 (상)산업자원부장관표창(1999), 은탑산업훈장(2004), 제102주년 세계여성의날기념 성평등실현 성평등상(2010), 금탑산업훈장(2011), 전기문화대상(2013), 원광대총동문회 자랑스러운 원광인상(2019) (저)'한국전력 노조위원장 김주영의 신의 직장에서 인간으로 살아가기'

(2009, 동아E&D) '전기는 인권이다'(2011, 맥스에듀) '공공기관 경영평가 30년 회고와 전망(共)'(2015, 한국조세재정연구원) '노동의 미래(共)'(2016, 문우사)

### 김주영(金珠暎 · 女) kim joo young

(생)1962 · 9 · 21 (주)경기도 고양시 일산동구 일산로 323 국립암센터 국제암대학원대 암의생명과학과(031-920-2751) (학)1986년 고려대 의대졸 1989년 同대학원 의학석사 1993년 의학박사(고려대) (경)1986~1987년 고려대부속병원 수련의 1987~1990년 同전공의 1990~1992년 同임상강사 1992~1993년 서울대병원 임상강사 1993~1995년 서울시동작보건소 전문의 1995~2000년 가천의대 길병원 방사선종양학과장 · 조교수 2000~2002년 영국 Peterson Institute 임상연구원 2002~2003년 가천의대 길병원 주임교수 2003년 국립암센터 양성자치료센터 전문의(현) 2003~2007년 同자궁암센터 의사 2004~2012년 同자궁암연구과 책임연구원 2007~2019년 同자궁암센터 전문의 2009~2011년 同자궁암센터장 2009~2019년 同소아암센터 전문의 2010~2014년 同방사선의학연구과 영년제책임연구원 2011~2014년 同양성자치료센터장 2012~2014년 同방사선의학연구과장 겸 책임연구원 2012년 同방사선종양학과장 2014~2016년 同방사선의학연구과장 겸 수석연구원 2014~2017년 국제암대학원대 시스템종양생물학과 겸임교수 2014년 국립암센터 이행성임상제2연구부장 2016~2017년 同연구소장 2017년 국제암대학원대 암의생명과학과 겸임교수(현) (상)Wellcome Trust Travelling Research Fellowship(2000), 가천의대 논문상(2003), 제5회 김진복암연구상(2011)

### 김주영(金柱永) KIM Joo Young

(생)1965 · 2 · 19 (본)상산(商山) (출)서울 (주)서울특별시 서초구 서초중앙로24길 27 G-five Central Plaza 법무법인 한누리(02-537-9500) (학)1983년 영동고졸 1987년 서울대 사법학과졸 1992년 同법과대학원 수료 1995년 미국 시카고대 법학대학원졸(LL.M.) (경)1986년 사법시험 합격(28회) 1989년 사법연수원 수료(18기) 1989년 육군 8사단 검찰관, 변호사 개업, 국민회의 증권선진화제도정책기획단 자문위원, 세계은행 자본시장선진화연구반 위원 1992~1997년 김앤장법률사무소 변호사 1995년 미국 캘리포니아 Williams Woolley 법률사무소 변호사, 여의도투자자권익연구소장, 지구촌합동법률사무소 변호사 1997~2002년 참여연대 경제민주화위원회 실행위원 겸 부소장 1999~2001년 민주사회를위한변호사모임 경제정의위원장 2000~2003년 좋은기업지배구조연구소장 2000년 법무법인 한누리 대표변호사(현) 2005년 밀알복지재단 이사(현) 2006~2011 · 2014년 한국기업지배구조원 연구위원회 위원 2010년 국민연금 의결권행사전문위원회 위원 2013년 대검찰청 사건평정위원회 위원(현) 2017년 푸르메재단 이사(현) 2019년 서울대 법학전문대학원 공익법률센터장(현) (상)서울지방변호사협회장표창(2002), 비지니스위크 선정 Stars of Asia(2003), 공정거래위원장표창(2004), 세계경제포럼 선정 Young Global Leaders(2006) (저)'한국재벌개혁론(共)'(1999) '지주회사와 법,소화(編)'(2008) '개미들의 변호사, 배짱기업과 맞장뜨다'(2014, 문학동네) (종)기독교

### 김주영(金周永)

(생)1971 (주)경기도 수원시 장안구 조원로 18 경기도교육청 대변인실(031-249-0800) (학)1989년 경동고졸 1998년 한국외국어대 정치외교학과졸 (경)1998~2000년 박찬주 국회의원실 비서 2000~2001년 김택기 국회의원실 비서 2003~2008년 유시민 국회의원실 비서관 2009~2010년 국민참여당 전략기획실장 2012~2014년 김성주 국회의원실 보좌관 2018년 교육다운교육위원회 인수위원 2018년 경기도교육청 대변인(현)

### 김주옥(金周玉)

(생)1968 · 2 · 14 (출)경북 안동 (주)울산광역시 남구 법대로 55 울산지방법원(052-216-8000) (학)1987년 풍산종합고졸 1993년 서울대 정치학과졸 (경)2000년 사법시험 합격(42회) 2003년 사법연수원 수료(32기) 2003년 전주지법 예비판사 2005년 同판사 2006년 인천지법 부천지원 판사 2009년 의정부지법 고양지원 판사 2012년 서울서부지법 판사 2015년 서울중앙지법 판사 2017년 서울동부지법 판사 2018년 울산지법 부장판사(현)

### 김주완(金周完) Kim Ju-wan

(생)1958 · 8 · 17 (본)청풍(淸風) (출)충북 제천 (주)경기도 고양시 일산동구 장백로 209 의정부지방법원 고양지원 집행관실(031-901-6795) (학)1980년 대입자격검정고시 합격 1988년 한국방송통신대 법학과졸 1999년 세명대 대학원 행정학과졸 (경)2001~2002년 대법원 감사관실 근무 2007~2012년 청주지법 · 제천지원 사무과장 · 서울남부지법 사법보좌관 2013~2014년 법원공무원교육원 교수 · 수석교수 2015~2016년 사법정책연구원 사무국장 겸 연구심의관 2017년 의정부지법 고양지원 집행관(현) (상)근정포장(2014) (종)불교

### 김주용(金周鎔) Jooyong Kim

(생)1967 (주)서울특별시 동작구 상도로 369 숭실대학교 공과대학 유기신소재 · 파이버공학과(02-820-0631) (학)1990년 서울대 공과대학 섬유공학과졸 1992년 同대학원 섬유공학과졸 1998년 섬유고분자학박사(미국 노스캐롤라이나주립대) (경)1993~1994년 한국과학기술연구원(KIST) 섬유고분자연구실 연구원 2006~2007년 듀폰코리아(주) 공식컨설턴트, 숭실대 공과대학 유기신소재 · 파이버공학과 교수(현) 2019년 同연구 · 산학협력처장(현) 2019년 同산학협력단장(현) 2019년 同기술이전센터장(현) 2019년 同산학융합R&D지원센터장(현) 2019년 同공동장비지원센터장(현) 2019년 同숭실융합연구원장(현)

### 김주용(金周瑢)

(생)1969 · 12 · 9 (출)서울 (주)세종특별자치시 도움4로 9 국가보훈처 국제협력관(044-202-5900) (학)1993년 연세대 사회학과졸 1995년 同대학원 행정학과 수료 (경)1994년 행정고시 합격(37회) 2005년 국가보훈처 정책홍보관리실 국제협력팀장(서기관) 2007년 同보상정책국 단체협력과장 2009년 同의정부지청장 2010년 同운영지원과장(부이사관) 2012년 국외 훈련(미국 국방부) 2014년 국가보훈처 보훈선양국 나라사랑정책과장 2015년 同보훈선양국장(고위공무원) 2017년 同보상정책국장(고위공무원) 2017년 광주지방보훈청장 2019년 국가보훈처 국제협력관(현) (상)국가보훈처장표창(2002 · 2005)

### 김주원(金主圓) KIM Joo Won (田山)

(생)1948 · 10 · 10 (출)전북 전주 (주)전라북도 익산시 익산대로 501 원불교 중앙총부(063-850-3101) (학)1967년 전주고졸 1971년 원광대 원불교학과졸 (경)1967년 원불교 출가 1980년 원불교 교정원 기획실 과장 1982년 同교정원 교화부 과장 1986년 同교정원 교화부 차장 1989년 同동전주교당 교무 1990년 同종로교당 교무 1992년 同중앙중도훈련원 교무 1994~2000년 同교정원 총무부장 2000~2003년 同교정원 교화부원장 2000년 同정수위단원 2003~2006년 同경기인천교구장 2006년 同정수위단원 2006년 同종사 서훈 2007~2009년 同중도훈련원장 2009~2012년 同교정원장 2012~2018년 同정수위단원 2012~2018년 영산선학대 총장 2018년 원불교 종법사(宗法師)(현)

**김주원(金周源) KIM Ju Won**

(생)1958 · 10 · 6 (출)충북 제천 (주)서울특별시 영등포구 의사당대로 88 한국투자금융지주(주) 임원실(02-3276-4204) (학)1976년 청주상고졸 1982년 성균관대 경영학과졸, 고려대 대학원 경영학과졸 (경)1985년 동원증권 입사, 동원그룹 경영관리실장 1999년 同기획실장 2000년 同이사 2001년 동원창업투자 대표이사 사장 2001~2006년 한국투자파트너스(주) 대표이사 사장 2006년 한국투자금융지주(주) 이사 2006년 同총괄부사장 2008년 한국투자운용지주(주) 대표이사 2011년 한국투자금융지주(주) 신사업총괄사장 2016년 카카오뱅크 이사회 의장(현) 2018년 한국투자금융지주(주) 부회장(현) (상)성균언론인상(2017)

**김주원(金周原) KIM Joo Weon**

(생)1961·2·15 (본)김해(金海) (출)경남 창원 (주)서울특별시 서초구 서초대로49길 12 법률사무소 온세(02-3477-0300) (학)1980년 경복고졸 1990년 서울대 사법학과졸 2002년 미국 노스캐롤라이나주립대 연수 (경)1991년 사법시험 합격(33회) 1994년 사법연수원 수료(23기) 1994년 춘천지검 검사 1995년 부산지검 울산지청 검사 1997년 서울지검 북부지청 검사 1999년 부산지검 동부지청 검사 2001년 서울지검 검사 2004년 전주지검 검사 2005년 국회 법제사법위원회 파견 2006년 전주지검 부부장검사 2007년 법무부 인권옹호과장 2008년 창원지검 밀양지청장 2009년 대검찰청 피해자인권과장 2010년 서울남부지검 형사5부장 2011년 서울중앙지검 금융조세조사2부장 2012년 광주지검 형사1부장 2013년 대구지검 경주지청장 2014년 수원지검 성남지청 차장검사 2015년 대전지검 천안지청장 2016~2017년 대구지검 제1차장검사 2017년 법률사무소 온세 대표변호사(현) (상)홍조근정훈장(2014) (종)천주교

**김주원(金周元) KIM Ju Won**

(생)1962·8·21 (본)경주(慶州) (출)강원 삼척 (주)서울특별시 서초구 서초중앙로 154 김주원법률사무소(02-596-1800) (학)1981년 춘천고졸 1985년 서울대 법대졸 (경)1984년 사법시험 합격(26회) 1987년 사법연수원 수료(16기) 1990년 광주지법 판사 1992년 同목포지원 판사 1994년 인천지법 판사 1997년 미국 컬럼비아대 Law School Visiting Scholar 1998년 서울지법 판사 1999년 서울고법 판사 2002년 전주지법 군산지원 부장판사 2004년 인천지법 부천지원 부장판사 2006년 서울남부지법 부장판사 2008~2010년 서울중앙지법 부장판사 2010년 변호사 개업(현)

**김주원**

(생)1965 (출)전북 김제 (주)서울특별시 서대문구 통일로 97 경찰청 감사담당관실(02-3150-0425) (학)동국대 경찰행정학과졸 (경)1992년 경위 임용(경찰 간부후보 40기), 서울 송파경찰서·제주 서귀포경찰서 정보과장, 서울지방경찰청 101경비단 경비과장 2013년 전북지방경찰청 치안지도관(총경) 2014년 전북 고창경찰서장 2015년 전북지방경찰청 생활안전과장 2016년 전북 정읍경찰서장 2016년 경찰청 교통운영과장 2017년 서울 혜화경찰서장 2019년 경찰청 감사담당관(현)

**김주이(金珠伊 · 女)**

(생)1970 · 7 · 10 (출)충남 금산 (주)대전광역시 서구 둔산로 100 기획조정실(042-270-2100) (학)1992년 이화여대 경영학과졸 (경)1996년 공무원 임용(행정고시 36회) 2003년 행정자치부 지방세정담당관실 서기관 2006년 국무조정실 기업애로해소센터 사무국 서기관 2007년 행정자치부 성과관리팀장 2008년 해외 파견 2011년 행정안전부 조직실 제도총괄과장 2013년 제18대 대통령직인수위원회 법질서·사회안전분과 실무위원 2013년 안전행정부 교육훈련과장 2014년 同지방재정정책관실 공기업과장 2014년 행정자치부 지방재정세제실 공기업과장 2015년 同지방재정세제실 공기업과장(부이사관) 2016~2017년 同기획재정담당관 2017년 국내 교육파견 2018년 대통령소속 자치분권위원회 기획단 자치분권국장 2019년 대전시 기획조정실장(현)

**김주일(金周一) KIM Ju Il**

(생)1941·1·8 (출)대전 (주)대전광역시 중구 선화로 82 금성건설(주)(042-253-2121) (학)1959년 용산고졸 1963년 연세대 건축공학과졸 1986년 충남대 행정대학원 최고관리자과정 수료 2002년 명예 경영학박사(충남대) (경)1980년 금성건설(주) 설립·대표이사(현) 1981~1987년 대한체육회 충남하키협회장 1983년 대한건설협회 충남지회장 1989년 대전지방노동위원회 위원 1993년 한국자유총연맹 대전시지회장 1993년 민주평통 자문위원 1994~2000년 대전상공회의소 부회장 1996년 세계자유연맹 세계총회 한국대표 1997년 국제로타리클럽 제3680지구 총재 2000~2006년 대전상공회의소 회장 2000~2006년 대한상공회의소 부회장 2000년 대전인력은행 원장 2001년 대전시체육회 부회장 2002년 대한체육회(KOC) 위원 2003년 대전문화방송 경영자문위원장 2003~2006년 대전경륜장건립자문위원회 위원 2005~2006년 충남도체육회 부회장 2012년 대한건설협회 대전시회 대의원(현) (상)재무부장관표창(1987), 법무부장관표창(2회), 국무총리표창(1990), 국민포장(1996), 국세청장표창(1997), 석탑산업훈장(2010) (종)천주교

**김주찬(金周贊)**

(생)1962·6·22 (주)서울특별시 노원구 광운로 20 광운대학교 행정학과(02-940-5410) (학)1985년 연세대 정치외교학과졸 1988년 경희대 평화복지대학원 공공정책학과졸 1998년 행정학박사(미국 조지워싱턴대) (경)2000~2001년 연세대 통일연구원 연구교수 2001~2002년 이화여대 BK연구원 2001년 한국정책포럼 이사 2002년 경상대 행정학전공 조교수 2005년 한국NGO학회 이사, 광운대 행정학과 조교수·부교수, 同정책법학대학 행정학과 교수(현) 2006~2016년 한국규제학회 총무이사 2012년 한국조세재정연구원 공공기관센터 초빙연구위원 2016~2018년 한국규제학회 회장 2017~2018년 광운대 상담복지정책대학원장 겸 정책법학대학장 2018년 同교무처장(현) 2018년 同교육혁신원장 (저)'수도권과 비수도권의 지역 격차(篇)'(2002) '정책평가론'(2003) '규제개혁 평가모형 및 규제개혁지수 개발(共)'(2004) '9.11 이후 국제 환경 변화와 남북한(共)'(2004)

**김주평(金周枰) Ju Pyung, Kim**

(생)1953 (출)경기 (주)경기도 용인시 기흥구 용구대로2469번길 164 (주)에스에스오토랜드(1588-1521) (학)원주고졸, 공주대 사범대학졸, 연세대 산업대학원 산업정보학과졸 (경)1991년 삼성화재해상보험(주) 총무부장 1996년 同영남권보상담당 1997년 同영남권보상담당 이사보 1998년 同지방권보상담당 이사보 1998~2000년 삼성화재손해사정서비스(주) 기획관리담당 이사 2000~2001년 렌투어 대표이사 2001년 (주)에스에스오토랜드 대표이사(현) 2004~2006년 카티비 대표이사 2011~2017년 서울특별시자동차대여사업조합 이사장 2012~2017년 스마트공유교통포럼 공동대표 2015~2017년 한국렌터카사업조합연합회 회장 2017년 스마트공유교통포럼 고문(현)

**김주필(金冑弼) KIM Joo Pil** (구양)

(생)1943 · 10 · 10 (본)경주(慶州) (출)황해 연백 (주)경기도 남양주시 조안면 운길산로 316 아라크노피아 주필거미박물관(031-576-7908) (학)1963년 배재고졸 1967년 서울대 문리대학 동물학과졸 1971년 同대학원졸 1984년 이학박사(동국대) (경)1971~1986년 충북대·한국방송통신대·동국대·단

국대 강사 1990~2000년 동국대 응용생물학과 조교수·부교수, 미국 Smithonian Institution 객원연구원 1998년 중국 허베이사범대 겸임교수(현) 1998년 중국 장사 후난사범대 겸임교수(현) 2000년 동국대 바이오환경과학과 교수·석좌교수 2004년 거미수목원 '아라크노피아' 원장, 주필거미박물관 대표(현), 한국거미연구소 소장, 동국대 생명과학과 석좌교수 2011년 서울대자연과학대학총동창회 회장 2012년 한국과학문화교육단체연합회 이사, 同회장 (저)'표준생물' '일반생물학' '생명과학' '환경생물학' '원색한국거미도감' '거미이야기' '성의과학' '논거미의 연구' 등 다수 (종)불교

### 김주필(金周弼) KIM Ju Pil

(생)1969·1·7 (출)충남 공주 (주)서울특별시 서초구 반포대로30길 29 마운틴뷰 2층 김주필법률사무소(02-6319-7000) (학)1988년 충남고졸 1995년 연세대 법학과졸 (경)1998년 사법시험 합격(40회) 2001년 사법연수원 수료(30기) 2001년 부산지검 검사 2003년 전주지검 군산지청 검사 2005년 대전지검 검사 2007년 同홍성지청 검사 2009년 서울중앙지검 검사 2012년 청주지검 검사(헌법재판소 파견) 2015년 서울중앙지검 부부장검사 2016년 대구지검 형사4부장 2017년 부산지검 공안부장 2018~2019년 수원지검 공안부장 2019년 변호사 개업(현) (종)기독교

### 김주하(金柱夏·女) KIM Ju Ha

(생)1973·7·29 (본)경주(慶州) (출)서울 (주)서울특별시 중구 퇴계로 190 MBN(매일방송)(02-2000-3513) (학)이화여고졸, 이화여대 과학교육학과졸, 한양대 대학원 언론정보학과졸 (경)1997년 MBC 입사 1997~2004년 同아나운서국 아나운서, 同TV '퀴즈! 탐험여행'·라디오(AM) '새벽이 아름다운 이유' 등 진행 1999년 同아침뉴스 '굿모닝 코리아'·'아침뉴스 2000' 앵커 2000년 同시사정보 프로그램 '피자의 아침' MC(여성앵커로 아침뉴스 첫 단독진행) 2000년 同'9시 뉴스데스크' 앵커 2004년 同보도국 사회2부 기자 2004년 한국국제기아대책기구 홍보대사 2005년 MBC 보도국 경제부 기자 2007년 同보도국 국제부 기자 2007년 同보도국 문화부 기자 2007년 同주말9시 '뉴스데스크' 첫 여성 단독 앵커 2007년 여성가족부 홍보대사 2008년 MBC 마감뉴스 '뉴스24' 앵커 2012년 同보도국 앵커 2013~2015년 同뉴미디어국 인터넷뉴스부 기자 2015년 MBN(매일방송) '뉴스8' 앵커 겸 특임이사(현) 2017년 한국양성평등교육진흥원 명예강사(현) (상)한국아나운서대상 앵커상(2002), 제16회 기독교문화대상 방송부문(2002), 프로들이 선정한 우리분야 최고의 앵커우먼 선정(2003), 올해의 이화언론인상(2005), 특종상(2005), 산업자원부 코리아브랜드 컨퍼런스(2007), 세계경제포럼(WEF) 선정 올해의 '차세대 지도자(Young Global Leader)'(2008), 한국언론인연합회 참언론인상(2008), 코리아 대표 브랜드 여자 앵커 부문(2008), 닮고 싶은 국내 여성 5년 연속 1위(2009), 재외동포 언론인이 가장 만나고 싶은 언론인 1위(2009), 시사인 조사 가장 신뢰하는 언론인 4위(2009), 대학생이 뽑은 대표 앵커 1위(2009), The women of time award '올해의 여성'(2009), 산업정책연구원 '코리아 슈퍼 브랜드' 여자 앵커 부문 1위(2009), 자랑스러운 한양언론인상(2015) (저)'안녕하세요. 김주하입니다'(2007) '견디지 않아도 괜찮아'(2008, 샘터) (종)기독교

### 김주항(金周恒) KIM Joo Hang

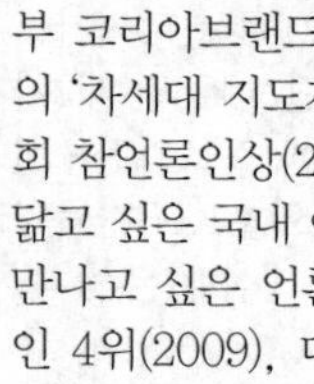

(생)1951·11·16 (출)서울 (주)경기도 성남시 분당구 야탑로 59 분당차병원 종양내과(031-780-4837) (학)1976년 연세대 의대졸 1980년 同대학원졸 1987년 의학박사(연세대) (경)1984~1998년 연세대 의대 내과학교실 전임강사·조교수·부교수 1988~1990년 미국 국립암연구소(NCI/NIH) 연수 1998~2015년 연세대 의대 내과학교실 교수 2003년 同혈액종양내과장 2005년 同암센터 진료부장 2005~2013년 同암연구소장 2005~2013년 同폐암전문클리닉팀장 2007~2008년 대한폐암학회 부회장 2009~2011년 한국유전자세포치료학회 회장 2011~2012년 대한폐암학회 무임소이사 2011~2012년 한국임상암학회 회장 2015년 차의과학대학 종양내과 교수(현) 2015년 분당차병원 종양내과 과장(현) 2017년 同암정밀의료센터장(현) (상)연세의료원 공로상, 미국 유전자치료학회 우수연구상(2002), 연세대 의과대학 우수업적 교수상(2007), 연세대 의과대학 연구업적 우수상(2008), 한국산업기술평가원 우수성과상(2008), 미국 유전자치료학회 우수논문상(2012), 홍조근정훈장(2013) (저)'유전자치료'(2003) '의학자 114인이 내다보는 의학의 미래'(2003) '종양학'(2003) (역)'암'(2005)

### 김주헌(金柱憲) KIM Joo Hun

(생)1952·6·6 (출)경북 상주 (주)경기도 성남시 분당구 대왕판교로395번길 8 신성FA 부회장실(031-788-9200) (학)1970년 충주고졸 1980년 고려대 화학공학과졸 (경)가람문화사 대표 1983년 (주)신성이엔지 입사 1994년 同이사 1997년 同상무이사 1999년 同전무이사 2000년 同부사장 2001~2007년 同대표이사 사장, 신성FA 부회장 2013년 同대표이사 부회장(현) (상)대통령표창(2002)

### 김주헌(金周憲)

(생)1966 (주)경기도 과천시 홍촌말로 44 중앙선거관리위원회 선거연수원(031-296-9825) (학)충북대 사회교육과졸 (경)2005년 중앙선거관리위원회 선거상황팀장(서기관) 2011년 同선거연수원 전임교수 2012년 同비방·흑색선전조사TF팀장 2013년 同공보과장 2015년 同선거1과장(부이사관) 2015년 同홍보국장 겸 대변인 2018~2019년 충북도선거관리위원회 사무처장(이사관) 2019년 중앙선거관리위원회 선거연수원장(현)

### 김주현(金注鉉) KIM Joo Hyun

(생)1952·10·11 (출)울산 (주)서울특별시 영등포구 여의나루로 81 파이낸셜뉴스 비서실(02-2003-7114) (학)1971년 경복고졸 1980년 서강대 영어영문학과졸 1983년 미국 아이오와주립대 대학원 경영학과졸 1989년 경영학박사(미국 애리조나주립대) (경)1987년 미국 아이오와주립대 강사 1988년 미국 Journal of Financial Research 부편집위원 1989년 고려종합경제연구소 선임연구위원 1991년 행정규제완화민간자문위원회 금융산업분과 자문위원 1992~1999년 현대경제사회연구원 경영본부장 1997·2005년 한국재무학회 상임이사 1998년 한국증권학회 편집위원 겸 이사 1999년 PBEC 한국실무위원 1999년 OECD정책자문기구(BIAC) 한국위원 2000년 현대경제연구원 경영전략본부장(전무) 2000년 대통령자문 지속가능발전위원회 실무위원 2001~2003년 현대경제연구원 부원장 2003년 同부사장 2004~2014년 同대표이사 원장 2004년 대한상공회의소 남북경협위원 2005년 서울YWCA 자문위원 2006년 전국경제인연합회 경제정책위원회 자문위원 2006년 서강대 시장경제연구소 자문위원 2006년 월간 넥스트 편집위원 2006년 글로벌인재포럼 자문위원 2007년 YTN 시청자위원 2007년 한국경제연구학회 이사 2008년 Fortune Korea 편집자문위원 2009년 한국경제연구학회 부회장 2012년 국가인권위원회 정책자문위원 2014년 현대경제연구원 고문 2014년 대통령직속 통일준비위원회 경제분과위원회 위원장 2015년 (주)포스코 사외이사(현) 2015~2016년 (주)한국경제TV 사외이사 2016년 국민대 한반도미래연구원장 2017년 파이낸셜뉴스 대표이사 사장(현) 2017~2018년 한국디지털뉴스협회 감사 2018년 (주)포스코 이사회 의장(현) 2018년 한국디지털뉴스협회 이사(현) 2019년 同부회장(현) (저)'선물시장개론' '주가지수선물의 활용전략' '21세기 한국기업의 한국증권시장론(共)'(1997, 삼영사) '허브한반도(共)'(2003, 거름) '재무관리의 핵심전략'(2004, 청림출판) '기업의 사회적 책임'(2004)

'대한민국 경제지도(총괄집필)'(2009, 원앤원북스) '2030년, 미래전략을 말한다(共)'(2011, 이학사) (역)'이사회 대변혁(共)'(2000, 21세기북스) '지식경영'(共) 'WINNING 위대한 승리'(2005, 청림출판) 'SQ 사회지능'(2006) '앨빈토플러 청소년 부의 미래'(2007, 청림출판) (종)기독교

### 김주현(金周顯) KIM Joo Hyeon

(생)1958·8·10 (출)서울 (주)서울특별시 중구 다동길 43 여신금융협회(02-2011-0700) (학)1977년 중앙고졸 1981년 서울대 경제학과졸 1984년 同대학원 경영학과졸 1991년 미국 워싱턴대 대학원 경영학과졸(MBA) (경)행정고시 합격(25회) 1983년 총무처 수습행정관(5급) 1984년 국세청 남부산세무서 근무 1985년 재무부 국세국 관세협력과 근무 1987년 同증권국 자금시장과·증권정책과 근무 1988년 同관세국 관세정책과 근무 1988년 同국제금융국 국제기구과 근무 1989년 미국 워싱턴대 해외유학 1991년 재무부 경제협력국 외자정책과 근무 1993년 同이재국 은행과 근무 1994년 同금융국 금융총괄과 근무 1996년 재정경제원 금융정책실 금융제도담당관실 서기관 2001년 금융감독위원회 감독정책1국 감독정책과장(서기관) 2003년 同감독정책1국 감독정책과장(부이사관) 2004년 同기획행정실 혁신행정과장 2005년 同홍보관리관(국장) 2006년 중앙공무원교육원 파견 2007년 금융감독위원회 기획행정실장 2007년 同감독정책2국장 2007년 제17대 대통령직인수위원회 경제1분과위원회 전문위원 2008년 금융위원회 금융정책국장 2009년 同증권선물위원회 상임위원(1급) 2009~2012년 同사무처장 2012~2015년 예금보험공사 사장 2013~2015년 국제예금보험기구협회(IADI) 집행위원 2016~2018년 우리금융지주 우리금융경영연구소 대표이사 2019년 여신금융협회 회장(현) (상)한국경제신문 대한민국공공경영대상 신뢰경영부문(2013)

### 김주현(金柱賢) KIM Ju Hyon

(생)1961·5·31 (출)대구 (주)경기도 수원시 영통구 법조로 105 수원고등법원(031-639-1555) (학)1979년 달성고졸 1983년 한양대 법대졸 (경)1982년 사법시험 합격(24회) 1984년 사법연수원 수료(14기) 1985년 공군 법무관 1988년 서울민사지법 판사 1990년 서울지법 남부지원 판사 1992년 창원지법 거창지원 판사 1995년 대구고법 판사 1995년 헌법재판소 헌법연구관 겸임 1996년 서울고법 판사 1996년 헌법재판소 헌법연구관 겸임 1999년 서울지법 판사 2000년 대구지법 안동지원장 2001년 사법연수원 교수 2004년 서울서부지법 부장판사 2006년 서울중앙지법 부장판사 2007년 부산고법 부장판사 2008년 인천지법 수석부장판사 2009년 서울고법 부장판사 2014년 同수석부장판사 2014년 광주지법원장 2016년 서울고법 부장판사 2019년 수원고법원장(초대)(현)

### 김주현(金周賢) KIM Ju Hyun

(생)1961·9·14 (출)서울 (주)서울특별시 서초구 서초중앙로 117 훈민타워 12층 백산공동법률사무소(02-598-2200) (학)1980년 서울 서라벌고졸 1985년 서울대 법대 사법학과졸 1988년 同대학원 수료 1998년 미국 UC버클리대 로스쿨 법학과졸(LL.M) (경)1986년 사법시험 합격(28회) 1989년 사법연수원 수료(18기) 1989년 서울지검 검사 1991년 대전지검 천안지청 검사 1993년 대구지검 검사 1995년 법무부 검찰2과 검사 1997년 서울지검 검사 2001년 대전지검 부부장검사 2001년 대구지검 안동지청장 2002년 대검찰청 연구관 2003년 同특수수사지원과장 2004년 同혁신기획과장 2006년 법무부 검찰과장 2008년 서울중앙지검 형사1부장 2009년 법무부 대변인 2009년 서울중앙지검 제3차장검사 2010년 수원지검 안양지청장 2011년 대전지검 차장검사 2012년 법무부 기획조정실장 2013년 同검찰국장 2015년 同차관(고등검사장급) 2015~2017년 대검찰청 차장검사(고등검사장급) 2016~2017년 同검찰개혁추진단장 2017년 백산공동법률사무소 대표변호사(현) 2019년 (주)제주항공 사외이사(현) (상)황조근정훈장(2017)

### 김주호(金周鎬) KIM Joo Ho

(생)1961·11·11 (출)충북 음성 (주)서울특별시 중구 퇴계로 173 남산스퀘어 14층 (주)KPR 임원실(02-3406-2100) (학)1985년 경희대 영어영문학과졸 2001년 고려대 언론대학원 광고홍보학과졸 (경)1987년 (주)제일기획 입사, 同프로모션2팀 차장 1999년 同PR팀 국장·수석국장 2001~2002년 숙명여대 겸임교수 2002년 국제PR협회 Golden World Awards 심사위원 2003~2004년 同Council Member 2004년 同국제이사 2007년 同시상이사 2008년 同국제이사 2008년 제일기획 프로모션2팀 마스터 2009~2015년 同프로모션1팀 마스터 2015~2017·2018년 (주)KPR 콜라보K 대표(현) 2017~2018년 2018평창동계올림픽대회조직위원회 기획홍보부위원장 2019년 (주)KPR 사장(현) 2018년 한국PR협회 부회장(현) (상)세계PR 대상, 국제PR부문 금상, 경희언론문화인상(2008), 체육포장(2012), 한국PR협회 '올해의 PR인'(2018), 국제올림픽위원회(IOC) 올림픽훈장(2018) (저)'이기는 홍보 성공하는 PR'(1997, 사계절출판사) 'PR의 힘'(2005, 커뮤니케이션북스)

### 김주호(金柱昊)

(생)1965·10·3 (출)부산 (주)부산광역시 연제구 법원로 31 부산고등법원(051-590-1114) (학)1984년 부산 낙동고졸 1988년 서울대 법학과졸 (경)1990년 사법시험 합격(32회) 1993년 사법연수원 수료(22기) 1993년 부산지법 판사 1996년 창원지법 판사 1996년 同진해시법원 판사 1996년 부산지법 판사 2003년 부산고법 판사 2006년 부산지법 판사 2008년 울산지법 부장판사 2010년 부산지법 부장판사 2013년 창원지법 통영지원장 2015년 대전고법 부장판사 2016년 부산고법 부장판사(현) 2018~2019년 부산지법 부장판사 겸임

### 김주호(金主鎬) KIM Joo Ho

(생)1984·12·5 (주)서울특별시 성동구 마장로 210 한국기원 홍보팀(02-3407-3800) (경)권갑용 8단 문하생 1999년 프로바둑 입단 2000년 삼성화재배·KBS바둑왕전 본선 2001년 2단 승단 2002년 3단 승단 2002년 제2회 오스람코리아배 신예연승최강전 준우승 2003년 왕위전·천원전·오스람코리아배 신예연승최강전·비씨카드배 신인왕전 본선 2003년 4단 승단 2004년 제1기 전자랜드배 왕중왕전 준우승 2004년 비씨카드배 신인왕전 본선 2004년 5단 승단 2005년 6단 승단 2005년 제2기 전자랜드배 왕중왕전 본선시드 2005년 GS칼텍스배 프로기전·원익배 본선 2006년 7단 승단 2008년 8단 승단 2009년 KBS바둑왕전·GS칼텍스배 본선 2010년 9단 승단(현) 2018년 맥심배 본선

### 김 준(金 準) KIM Joon

(생)1957·8·29 (출)서울 (주)서울특별시 성북구 안암로 145 고려대학교 생명과학부(02-3290-3442) (학)1981년 서울대 미생물학과졸 1983년 同대학원졸 1989년 이학박사(미국 캘리포니아대 버클리교) (경)1990~1993년 미국 하버드대 의대 연구원 1995년 고려대 생명과학부 조교수·부교수·교수(현) 2010년 同방사선안전관리센터장(현) 2013~2015년 한국연구재단 생명과학단장 2017년 국제생화학분자생물학회(IUBMB)한국대표(현) 2018년 한국미생물학회 회장 2018년 한국미생물학회연합회 회장 (상)한국미생물학회 초대학술대상(2011), 미래창조과학부장관표창(2015) (역)'생화학의 원리'(2015, 바이오사이언스) (종)기독교

ㄱ

## 김 준(金 俊) KIM Jun

(생)1961 · 7 · 22 (주)서울시 종로구 종로 26 SK이노베이션(주) 임원실(02-2121-5114) (학)경동고졸 1984년 서울대 경영학과졸 1986년 同대학원 경영학과졸 (경)1987년 유공(現 SK이노베이션) 입사, SK(주) Lottert사업팀장, 同Cashbag Commerce팀장, (주)SK네트웍스 S-Movilion본부장, SK(주) 물류 · 서비스실장 2012년 同사업지원팀장 2014년 同SUPEX(Super Excellent)추구협의회 사업지원팀장 2015년 SK에너지(주) 에너지전략본부장(전무) 2015~2017년 同대표이사 사장 2017년 SK이노베이션(주) 대표이사 사장(현) 2017년 SK그룹 SUPEX(Super Excellent)추구협의회 에너지 · 화학위원장 2018년 同SUPEX(Super Excellent)추구협의회 커뮤니케이션위원장(현) 2018년 서울상공회의소 부회장(현) (상)금탑산업훈장(2017)

## 김 준(金 畯) KIM Joon

(생)1963 · 9 · 19 (출)서울 (주)서울특별시 영등포구 영중로 15 타임스퀘어 3층 (주)경방(02-2638-6043) (학)1982년 서라벌고졸 1986년 고려대 화학과졸 1988년 미국 브라운대 대학원 화학과졸 1992년 화학박사(미국 브라운대) (경)(주)경방 차장, 同부장, 同이사, 同상무 2001년 同전무이사 2004년 同부사장, (주)한강케이블 이사, (주)경방어패럴 이사, (주)그로웰텔레콤 사외이사, (주)브이소사이어티 감사 2007~2016년 (주)경방 대표이사 사장 2013년 대한방직협회 회장(현) 2015년 국제면화협회(ICA) 이사회 이사(Associate Director) 2016년 SK이노베이션 사외이사(현) 2016년 (주)경방 대표이사 회장(현) (상)산업포장(2015) (종)기독교

## 김준경(金俊璟) KIM Jun Kyung

(생)1957 · 5 · 16 (출)서울 (주)서울특별시 성북구 화랑로14길 5 한국과학기술연구원 인사과(02-958-5114) (학)1980년 서울대 섬유공학과졸 1982년 同대학원 섬유공학과졸 1990년 공학박사(미국 웨스턴워싱턴대) (경)1982~1985년 한국과학기술연구원(KIST) 연구원 1990~1991년 미국 미시간대 연구원 1991년 한국과학기술연구원 고분자하이브리드연구센터 책임연구원 2004~2006년 同재료연구부장 2008년 同전북분원장 2010년 同재료연구부 책임연구원 2010년 同연구부원장 겸 대외부원장 2010~2011년 同기술정책연구소장 2011년 同부원장 2012년 同광전하이브리드연구센터 책임연구원 2014년 同전북분원장 2017년 同전북분원 책임연구원 2017년 同KIST유럽연구소장(현)

## 김준교(金俊敎) Joon-kyo Kim

(생)1962·4·9 (출)인천 (학)1998년 서강대 경영학과졸 (경)1988년 코리안리재보험(주) 입사 2004년 同기획관리실 기획전략팀장 2008년 同경리부장 2012년 同기획관리실장 2013년 同기획관리실·경리부·자산운용실 총괄 상무대우 2015년 同기획관리실·경리부·자산운용실 총괄 상무 2016년 同기획실·경영지원팀·자산운용팀·재무계리팀 총괄 상무 2017~2019년 同기획실·경영지원팀·자산운용팀·재무계리팀 총괄 전무

## 김준구(金駿求) Kim Choon-goo

(생)1966·8·29 (주)서울특별시 종로구 사직로8길 60 외교부 인사기획관실(02-2100-7139) (학)1985년 영동고졸 1989년 서울대 외교학과졸 (경)1992년 외무고시 합격(26회) 1999년 駐국제연합 2등서기관 2002년 駐세르비아몬테네그로 1등서기관 2004년 외교통상부 차관보좌관 2007년 駐오스트리아 참사관 2009년 외교통상부 북미2과장 2010년 同장관보좌관 2011년 同기획재정담당관 2012년 駐미국 공사참사관 2015년 외교부 장관보좌관 2016년 同북미국 심의관 2017년 국립외교원 교육파견 2018년 국무조정실 외교안보정책관(국장급) 2019년 駐호놀룰루 총영사(현)

## 김준규(金畯圭) KIM Joon Gyu (空明)·(松田)

(생)1955 · 10 · 28 (출)서울 (주)서울특별시 강남구 영동대로 517 아셈타워 18층 법무법인(유) 화우(02-6003-7529) (학)1979년 서울대 법과대학졸 1988년 미국 미시간대 법과대학원 수료 1989년 미국 컬럼비아대 법과대학원 연수 2011년 미국 UIUC 법과대학원 연수 (경)1979년 사법시험 합격(21회) 1981년 사법연수원 수료(11기) 1981년 軍법무관 1984년 서울지검 남부지청 검사 1987년 광주지검 장흥지청 검사 1988년 서울지검 북부지청 검사 1989년 법무부 국제법무심의관실 검사 1991년 서울지검 고등검찰관 1993년 청주지검 제천지청장 1993년 대검찰청 검찰연구관 1994년 駐미국 법무협력관 1997년 수원지검 특수부장 1997년 同형사3부장 1998년 법무부 국제법무과장 1999년 同법무심의관 2000년 서울지검 형사6부장 2000년 同형사2부장 2001년 창원지검 차장검사 2002년 인천지검 제2차장검사 2003년 수원지검 1차장검사 2004년 광주고검 차장검사 2005년 법무부 법무실장 2007년 대전지검장 2008~2011년 국제검사협회(IAP) 아시아태평양지역 부회장 2008년 부산고검장 2009년 대전고검장 2009~2011년 검찰총장 2011년 국제검사협회(IAP) 명예회원(현) 2012년 변호사(김&어소시에이션스(Kim&associations)) 개업 2013년 한국전쟁기념재단 정전60주년기념사업추진위원회 위원 2014~2016년 NH농협금융지주(주) 사외이사 2014~2016년 법무법인(유) 화우 대표변호사 2015년 현대글로비스(주) 사외이사(현) 2016년 법무법인 화우 변호사(현) (상)미국 미시간대한국동문회 자랑스런 동문상(2011), 청조근정훈장(2012) (저)'New Initiatives on International Cooperation in Criminal Justice(형사사법 분야 국제협력에 관한 새로운 방향 모색)(共)'(2012 · 英文) (종)기독교

## 김준기(金晙基) KIM Joongi

(생)1965 · 5 · 13 (주)서울특별시 서대문구 연세로 50 연세대학교 법학전문대학원(02-2123-4181) (학)미국 컬럼비아대 정치학과졸, 연세대 국제학대학원졸 1992년 국제경제법학박사(미국 조지타운대) (경)1995~1998년 홍익대 경영대학 조교수 1998~2007년 연세대 국제학대학원 조교수 · 부교수 2003~2007년 同힐스거버넌스연구센터장 2004~2005년 싱가포르국립대 법과대학 객원부교수 2004~2008년 연세대 힐스거버넌스센터 초대센터장 2005년 同국제학대학원 부원장 2007 · 2016~2018년 同국제처장 2007년 同법학전문대학원 부교수, 同법학전문대학원 교수(현) 2010년 미국 플로리다대 법학전문대학원 객원교수 2011년 법무법인 윌머해일 국제중재그룹 주재학자 2013년 세계은행 산하 국제투자분쟁해결센터(ICSID) 중재인 · 의장중재인(현) 2015년 미국 조지타운대 법학전문대학원 객원교수(현) 2017년 대한상사중재원 국제중재위원회 위원(현) 2018년 일본 게이오대 객원교수, Korean Arbitration Review 편집위원(현), International Investment Law & Arbitration (Brill) 편집위원(현), Asian Journal of Comparative Law (Cambridge University Press) 편집위원(현) (상)제11회 심당국제거래학술상(2018) (저)'WTO 분쟁해결제도의 이행과정 연구'(2002) '국제경제법(共)'(2006) 'International Arbitration in Korea'(2017, OUP) 'Corporate Governance in Asia'(2019, Cambridge University Press)

## 김준기(金俊基) KIM Jun Ki

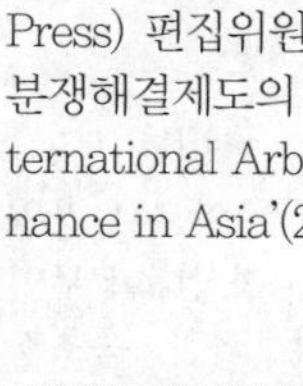

(생)1965 · 6 · 13 (본)경주(慶州) (출)서울 (주)서울특별시 관악구 관악로 1 서울대학교 행정대학원(02-880-8534) (학)1987년 영국 런던대 경제학과졸 1989년 미국 하버드대 대학원졸 1995년 정책학박사(미국 하버드대) (경)1993~1996년 미국 하버드대 Harvard Institute for International Development Program Director 1997~2015년 서울대 행정대학원 전임강사·조교수·부교수·교수 2000~2001년 한국행정학회 총무이사 2000~2001년 한국비영리학회 학술위원장 2005~2007년 대통령직속 정책기획위원회 위원 2009~2010년 서울대 행정대학원 부원장 2010~2012년 同국제협력본부장 2010~2013년 안전행정부 중앙분쟁조정위원회 위원 2012~2014년 서울대 행정대학원장 2015~2017년 국회예산정책처장(차관급) 2017년 서울대 행정대학원 교수(현) 2018년 기획재정부 준정부기관경영평가단장 2018년 국회미래연구원 감사(현) (상)대통령표창(2007) (저)'세계화시대의 국가정책'(2004, 박영사) '정부와 NGO'(2006, 박영사) '정부규모의 신화와 현실'(2007, 법문사) '국가운영 시스템'(2008, 나남출판사) '공기업정책론'(2014, 문우사)

## 김준동(金準東) KIM Jun Dong

(생)1961·12·17 (본)안동(安東) (출)경북 의성 (주)서울특별시 중구 세종대로 39 대한상공회의소(02-6050-3504) (학)1980년 대구 영신고졸 1985년 서울대 정치학과졸 1992년 同행정대학원졸 2001년 경제학박사(미국 미주리주립대) (경)1985년 행정고시 합격(28회) 1985~1996년 상공부·상공자원부·통상산업부 사무관 1996년 통상산업부 인사담당 서기관 1998년 해외 파견 2001년 산업자원부 규제개혁팀장·자본재통상팀장 2001년 同전자상거래지원과장 2003년 駐EU대표부 산업자원관 2006년 산업자원부 자유무역협정팀장 2007년 同산업정책본부 산업기술정책팀장 2008년 대통령 지식경제비서관실 선임행정관 2009년 지식경제부 대변인 2010년 同신산업정책관 2011년 同산업경제정책관 2012년 同기후변화에너지자원개발정책관 2012년 새누리당 지식경제위원회 수석전문위원 2013년 산업통상자원부 에너지자원실장 2014~2015년 同기획조정실장 2017년 대한상공회의소 상근부회장(현) (저)'감옥과 골방'(2001) '브뤼셀에서 본 유럽'(2008) (종)기독교

## 김준석(金峻奭) Kim, Junseok

(생)1970·4·23 (본)삼척(三陟) (출)서울 (주)세종특별자치시 다솜2로 94 해양수산부 해운물류국(044-200-5700) (학)1989년 성보고졸 1993년 서울대 정치학과졸 2006년 영국 카디프대 대학원 해사정책학과졸 (경)1992년 행정고시 합격(36회) 1994년 인천지방해운항만청 항무담당 사무관 1998~2001년 해양수산부 국제협력관실·어업자원국·기획관리실 사무관 2001년 同자원관리과 서기관 2003년 부산지방해양수산청 선원해사과장·해양수산부 행정법무담당관 2004년 해양수산부 해운물류국 항만물류과장 2007년 2012여수세계박람회유치팀장 2008년 국토해양부 항만유통과장 2008년 同규제개혁법무담당관 2011년 同물류항만실 물류정책과장 2012년 同물류항만실 물류정책과장(부이사관) 2013년 해양수산부 해운물류국 해운정책과장 2013년 同기획조정실 기획재정담당관 2014년 同해양정책실 해양산업정책관(고위공무원) 2015년 同기획조정실 정책기획관 2018년 국방대 교육훈련 파견(고위공무원) 2018년 부산지방해양수산청장 2019년 해양수산부 해운물류국장(현) (상)대통령표창(2003), 근정포장(2010)

## 김준섭(金濬燮)

(생)1968·11·16 (주)강원도 춘천시 중앙로 1 강원도의회(033-256-8035) (학)한양대 경상대학 무역학과졸 (경)강원도교육청 정무특별보좌관, 속초경제정의실천시민연합 사무국장, 민주평통 자문위원, 서울시 정책자문특별보좌관, 더불어민주당 강원도당 교육특별위원회 위원장(현) 2018년 강원도의회 의원(더불어민주당)(현) 2018년 同예산결산특별위원회 위원 2018년 同교육위원회 위원(현)

## 김준성(金準成) KIM Jun Sung

(생)1952·5·5 (출)전남 영광 (주)전라남도 영광군 영광읍 중앙로 203 영광군청 군수실(061-350-5206) (학)2001년 광주대 토목공학과졸 2009년 호남대 산업경영대학원졸 (경)2002년 정주라이온스클럽 회장 2003년 영광군법원 민사조정위원 2003년 전남지역경제인협회 이사 2004년 영광군생활체육회 회장 2005년 심지종합건설(주) 대표이사 2006~2010년 전남 영광군의회 의원 2006~2008년 同운영위원장 2008년 同부의장 2008년 광주대 총동창회 부회장 2010년 전남 영광군의회 의장 2010년 전남지방경찰청 경찰발전위원 2010년 민주당 전남도당 상무위원 2014~2018년 전남 영광군수(무소속·더불어민주당) 2018년 전남 영광군수(더불어민주당)(현) (상)한국전문인대상 농업부문상(2015), 국제언론인클럽 글로벌 자랑스런 한국인대상 지방자치발전공헌부문(2015), 한국경제를 움직이는 CEO 지역성장 경영분야(2017), 대한민국 유권자대상(2017)

## 김준식(金俊植) KIM Jun Sig

(생)1956·5·28 (출)서울 (주)인천광역시 서구 심곡로 100번길 25 가톨릭관동대학교 국제성모병원(032-290-2506) (학)1983년 연세대 의대졸 1999년 건국대 대학원 의학석사 2002년 의학박사(고려대) (경)1990~1993년 서울기독병원 외과 과장 1994~2005년 인하대 응급의학과 임상강사·조교수·부교수 1998~2000년 대한응급의학회 수련이사 2000~2002년 同섭외이사 2003년 同대의원 2003~2007년 대한임상독성학회 총무이사 2003~2005년 대한임상노인의학회 고시이사 2005년 同총무이사, 인하대병원 응급의학과장 2006~2014년 인하대 의과대학 응급의학교실 교수 2007~2011년 대한임상독성학회 이사장 2009~2011년 대한응급의학회 감사·부회장 2011~2015년 대한임상독성학회 회장 2014년 가톨릭관동대 의과대학 응급의학교실 교수(현) 2014~2017년 同국제성모병원장 2014~2015년 대한응급의학회 회장 2015~2017년 가톨릭관동대 의무부총장 2017~2018년 同특임부총장 (저)'응급의학 응급의료 시리즈'(1997) '외상학'(2001) '응급노인의학'(2003) '증례로 본 임상노인의학'(2007) (역)'전문 응급처치학(共)'(1998) '전문손상응급처치학(共)'(2007) 'Clinical Sports Medicine 스포츠의학(共)'(2011)

## 김준식(金俊植)

(생)1958·12·15 (주)인천광역시 남동구 정각로 29 인천광역시의회(032-440-6034) (학)인하대 행정대학원 정책학과졸 (경)GS유통 지점장, GE리테일 인천 간석점 점장, GOODFOOD 대표(현) 2014~2018년 인천시 연수구의회 의원(새정치민주연합·더불어민주당) 2016~2018년 同자치도시위원회 위원 2016~2018년 同운영위원회 위원 2018년 인천시의회 의원(더불어민주당)(현), 同기획행정위원회 위원(현), 同윤리특별위원회 위원(현)

## 김준식(金俊植) KIM Jun Sik

(생)1966·5·20 (출)경남 진주 (주)서울특별시 서초구 남부순환로 2493 대동공업(주) 임원실(02-3470-7301) (학)1985년 보성고졸 1991년 고려대 경영학과졸 (경)1996년 대동USA 회장(현) 1996~1998년 대동공업(주) 기획조정실장 1998~2003년 同전무이사 2003~2006년 同부사장, 同공동대표이사 부회장 2017년 同공동대표이사 회장(현)

## 김준연(金俊淵) KIM Joon Yun

(생)1954·12·15 (출)충남 아산 (주)충청남도 천안시 서북구 월봉로 48 나사렛대학교 오웬스교양대학 교양교육연구소(041-570-7822) (학)1982년 충남대 철학과졸 1984년 同대학원 철학과졸 1991년 철학박사(충남대) (경)1993~2009년 나사렛대 초빙교수·전임강사·조교수·부교수 2004년 同기획

처장 겸 산학협력단장 2004년 한국동서철학회 감사 2004년 새한철학회 연구위원장 2009년 나사렛대 오웬스교양대학 교수(현) 2014년 同대내부총장 겸 교양교육원장, 同오웬스교양대학장 2018년 同부총장(현) (저)'논리와 사고'(1995) '인식비판과 현상학'(1999) '예술과 철학'(2003) '존재와 인식'(2005)

### 김준연(金俊淵) KIM Jun Yeon

(생)1962·12·1 (주)세종특별자치시 도움6로 11 국토교통부 지적재조사기획단(044-201-4646) (학)1981년 인성고졸 1985년 전남대 건축공학과졸 1989년 同대학원 건축계획과졸 1996년 영국 그리니치대 대학원 도시건축학 박사과정 수료 (경)1991년 건설부 건축사무관 2005년 건설교통부 주거복지본부 신도시개발팀 서기관 2008년 국토해양부 공공기관지방이전추진단 혁신도시2과장 2008년 同공공기관지방이전추진단 도시개발과장 2010년 서울지방항공청 공항시설국장 2010년 국토해양부 건설수자원정책실 건설안전과장 2011년 同공항안전과장 2013년 국토교통부 공항안전환경과장 2013년 同국가공간정보센터장 2014년 同공공주택건설본부 공공주택개발과장 2016년 행정중심복합도시건설청 공공건축추진단 공공시설건축과장(서기관) 2016년 同공공건축추진단 공공시설건축과장(부이사관) 2018년 국토교통부 지적재조사기획단 기획관(현) (상)근정포장(2001), 건설교통부장관표창(2005)

### 김준연(金俊淵) Kim Jun Yeon

(생)1964·8·22 (출)경북 안동 (주)서울특별시 서초구 서초대로74길 4 삼성생명 서초타워 법무법인 동인(02-2046-1300) (학)1983년 달성고졸 1987년 서울대 법과대학졸 1989년 同대학원졸 (경)1993년 사법시험 합격(35회) 1996년 사법연수원 수료(25기) 1996년 서울지검 서부지청 검사 1998년 수원지검 평택지청 검사 1999년 대구지검 검사 2001년 인천지검 검사 2003년 서울동부지청 검사 2006년 법무부 인권과 검사 2008년 대구지검 검사 2009년 同부부장검사 2010년 대검찰청 연구관 2011년 법무부 인권조사과장 2012년 부산지검 형사5부장 2013년 인천지검 부천지청 부장검사 2014년 법무연수원 교수 2015년 법무부 인권정책과장 2016년 인천지검 부천지청 차장검사 2017년 청주지검 차장검사 2018~2019년 의정부지검 차장검사 2019년 법무법인 동인 구성원 변호사(현)

### 김준열(金俊烈)

(생)1970·6·29 (주)경상북도 안동시 풍천면 도청대로 455 경상북도의회(054-880-5126) (학)중앙대 건설대학원 방재안전학과졸 (경)한국안전교육연구소 대표(현), 경북 양포동아파트연합회장(현), 더불어민주당 중앙당 부대변인(현) 2018년 경북도의회 의원(더불어민주당)(현) 2018년 同농수산위원회 위원(현) 2018년 同예산결산특별위원회 위원(현) 2018년 同원자력대책특별위원회 위원(현) 2018년 同윤리특별위원회 위원(현) 2018년 同정책연구위원회 부위원장(현), 행정안전부 안전한국훈련 중앙평가단 위원(현)

### 김준영(金峻永) KIM Jun Young

(생)1951·9·25 (출)경북 상주 (주)서울특별시 종로구 성균관로 25-2 성균관대학교 이사장실(02-760-0430) (학)1971년 경동고졸 1975년 성균관대 경제학과졸 1979년 미국 미네소타대 경제학과졸 1984년 경제학박사(미국 미네소타대) 2011년 명예 법학박사(대만 국립정치대) (경)1973년 행정고시 합격(14회) 1974~1977년 내무부 행정사무관 1984년 한국경제연구소 선임연구위원 1989~2017년 성균관대 경제대학 경제학과 교수 1992년 미국 하버드대 객원교수 1998년 성균관대 기획실장 1998년 同기획조정처장 1998년 재정경제부 세제발전심의위원 2000년 성균관대 교무처장 2001년 한국재정학회 회장 2002년 한국재정·공공경제학회 회장 2003년 성균관대 교무처장 겸 대학교육개발센터장 2004~2006년 同기획처장 2006년 우진플라임 사외이사 2007~2010년 성균관대 인문사회과학캠퍼스 부총장 2007년 대우증권 사외이사 2007년 한국공항공사 비상임이사 2009~2011년 교육과학기술부 대학선진화위원회 위원장 2009~2010년 성균관대 대외협력처장 2011~2014년 同총장 2011년 상주시 미래정책연구위원회 위원장 2012년 한국대학교육협의회 부회장 2013~2014년 한국사립대학총장협의회 회장 2013년 서울그린캠퍼스협의회 초대회장 2014~2015년 한국대학교육협의회 회장 2014년 대통령직속 통일준비위원회 통일교육자문단 자문위원 2015년 성균관대 명예총장(현) 2015~2019년 삼성생명보험(주) 사외이사 2016~2017년 국무총리산하 경제·인문사회연구회 이사장 2017년 성균관대 경제학과 명예교수(현) 2019년 학교법인 성균관대 이사장(현) (저)'신거시경제이론'(共) '합리적기대 거시경제학' '한국경제의 거시계량분석'(共) '거시경제학'

### 김준우(金俊佑)

(생)1973 (출)대구 (주)세종특별자치시 국세청로 8-14 국세청 정책보좌관실(044-204-2200) (학)협성고졸, 서울대 경제학과졸 (경)2003년 행정고시 합격(47회) 2006년 국세공무원교육원 교수 2007년 국세청 혁신기획관실 사무관 2009년 서울지방국세청 국제거래조사국 사무관 2010년 캐나다 유학 2013년 국세청 소비세과 사무관 2014년 同소비세과 서기관 2015년 상주세무서장 2016년 중부지방국세청 조사3국 조사2과장 2017년 파견(과장급) 2019년 서울지방국세청 조사1국 조사2과장 2019년 국세청 정책보좌관(현)

### 김준철(金俊哲)

(생)1955·2·16 (주)서울특별시 광진구 면목로 74 한국천주교주교회의(02-460-7511) (학)1974년 경기고졸 1994년 신학박사(이탈리아 그레고리안대) (경)1986년 사제 수품 1994년 신정동성당 주임신부 1995년 가톨릭대 신학과 교수 1995년 천주교 서울대교구 선교국장 2000년 수서동성당 주임신부 2005년 쌍문동성당 주임신부 2010년 안식년 2011~2012년 중견사제연수 2012년 돈암동성당 주임신부 2015년 한국천주교주교회의 사무처장(현) 2015년 한국천주교중앙협의회 사무총장 겸임(현) 2016년 교황청전교기구 한국지부장(현) (역)'새로운 가톨릭 복음선교'(1997, 분도출판사) '선교학 입문'(2001, 분도출판사) '선교와 복음의 토착화'(2008, 성바오로출판사) '사제의 영성'(2012, 들숨날숨) '토착화신학을 향하여'(2017, 가톨릭대 출판부)

### 김준철(金俊哲)

(생)1959·2·26 (주)경상남도 거제시 장평3로 80 삼성중공업(주) 거제조선소(055-630-3114) (학)한국해양대 기관학과졸 (경)1994년 삼성중공업(주) 입사, 同해양PM그룹 부장, 同상무대우 2010년 同해양PM1팀 상무, 同프로젝트1팀 상무 2015년 同해양PM담당 전무 2018년 同거제조선소장(부사장)(현)

### 김준태(金浚泰) Kim Jun Tae

(생)1961·2·7 (출)경기 수원 (주)경기도 의정부시 청사로 1 경기도청 도시주택실(031-8008-3460) (학)서울디지털대 부동산학과졸 (경)1979년 공무원 임용(지방건축기원보) 1998년 남양주시 주택과장 2002년 경기도 문화관광국 관광과 관광지도담당 2006년 구리시 건설도시국장(지방시설서기관) 2008년 경기도 교통도로국 교통과장 2009년 同도시주택실 신도시개발과장 2010년 同의회사무처 도시환경전문위원 2013년 同도시주택실 융복합재생과장 2013년 同도시주택실 도시재생과장 2014년 同건설본부장(지방부이사관) 2015년 지방행정연수원 교육파견

2016년 경기 포천시 부시장 2016년 경기도 수자원본부장 2016~2018년 경기 파주시 부시장 2017~2018년 同시장 권한대행 2018년 경기도 교통국장 2019년 同도시주택실장(현)

### 김준한(金俊漢) KIM Joon Han (恒烏)

(생)1949·8·25 (본)광산(光山) (출)경북 안동 (주)경상북도 안동시 와룡면 군자리길 39 상상연구공간 (학)1970년 안동고졸 1986년 한국방송통신대 농학과졸 1990년 중앙대 신문방송대학원졸 2008년 서울대 경영대학 문화콘텐츠글로벌리더과정 수료 (경)1990년 EBS 통신교육국장 1991년 同심의위원 1992년 同방송기획조정실장 직대 1993년 同라디오제작국장 1994년 同제작지원국장 1995년 同교육제작국장 1998년 同교양제작국장 1998년 同교육제작국장 2000년 同심의위원(국장대우) 2001년 同사업국장 2002년 同사업국 위원(국장대우) 2003년 同심의실장 2003년 同정책기획실장 2005년 同시청자참여실 심의평가팀 심의위원(국장대우) 2008년 한국문화콘텐츠진흥원 전략기획본부장 2009~2012년 (재)안동영상미디어센터 이사장 2009년 영남대 음악대학 겸임교수 2010년 경상도 문화콘텐츠정책포럼 위원장 2012~2014년 同정책위원장 2012~2018년 경북도문화콘텐츠진흥원 원장(초대·제2대) 2012~2015년 한국교육방송공사(EBS) 비상임이사 2012년 한국스토리텔링연구원 고문 2013년 뮤지컬 '450년 사랑(사모)'·'락-나라를 아느냐'·'왕의 나라' 연출 겸 총감독 2013년 이스탄불-경주세계문화엑스포 기획위원 2013년 안전행정부 지방경쟁력포럼 위원 2014년 경북도의료관광진흥협의회 회장 2015년 전국지역문화산업지원기관협의회 회장 2018년 상상연구공간 원장(현) (상)2017 대한민국콘텐츠대상 애니메이션 대상(2017), 2017 베스트인성클린콘텐츠 대상(2017), 2017 EBS방송대상 우수작품상(2017), 2017 대한민국토이어워드 지역콘텐츠부문 특별상(2017) (종)기독교

### 김준한(金峻漢)

(생)1965 (주)부산광역시 남구 문현금융로 25 한국은행 부산본부(051-240-3701) (학)1984년 경성고졸 1989년 연세대 경제학과졸 2003년 경제학박사(미국 오하이오주립대) (경)1989년 한국은행 입행 1989년 同여신관리국·조사부·인사부 근무 2003년 同조사국 금융재정팀 근무 2006년 同금융경제연구원 통화연구실 근무 2012년 同경제연구원 금융통화연구실장 2014년 同조사국 계량모형부장 2015년 同조사국 물가분석부장 2018년 同조사국 부국장 2018년 同국제협력국장 2019년 同부산본부장(현)

### 김준한(金俊翰) Joon Han Kim

(생)1965·8·24 (주)경기도 수원시 영통구 광교로 145 차세대융합기술원 A동 11층 (주)아스타 비서실(031-888-9596) (학)1989년 연세대 전기공학과졸 1991년 同대학원 전기공학과졸 1995년 전기공학박사(연세대) (경)1996년 미국 Univ. of Minnesota 전기공학과 박사후연구원 2003~2005년 특허법인 다래 파트너 변리사 2006~2012년 삼성전자(주) 종합기술원 IP출원그룹 출원파트장 2012~2016년 同종합기술원 IP출원그룹장(상무) 2016년 (주)아스타 기획실장(전무)(현)

### 김준현(金準鉉) KIM Jun Hyun

(생)1967·8·6 (주)경기도 수원시 팔달구 효원로 119 더불어민주당 경기도당(031-244-6501) (학)서울 오산고졸, 한신대 철학과졸 (경)사람사는세상 노무현재단 기획위원(현), 김포시시민참여위원회 기획·홍보위원 2014~2018년 경기도의회 의원(새정치민주연합·더불어민주당) 2014년 同경제과학기술위원회 위원 2014년 同새정치민주연합 원내대변인 2014년 同남북교류특별위원회 위원 2014~2016년 경기도 노사민정협의회 위원 2014~2016년 同과학기술진흥위원회 위원 2014년 同가구산업발전위원회 위원 2014년 (사)김포여성의전화 전문위원(현) 2014년 김포교육자치협의회 운영위원(현) 2015~2016년 경기도의회 더불어민주당 원내대변인 2015~2016년 同안전사회건설특별위원회 위원 2015~2016년 同항공기소음피해대책특별위원회 위원 2016~2017년 同경제민주화특별위원회 위원장 2016년 同경제과학기술위원회 간사 2016~2017년 同예산결산특별위원회 위원 2016년 同노동자인권보호특별위원회 위원 2017년 더불어민주당 제18대 대통령선거 국민주권선거대책위 중소벤처기업위원회 부위원장·일자리위원회 위원, 한신대 초빙교수(현), 더불어민주당 중소기업특별위원회 부위원장, 경기도 생활임금위원회 위원(현), 경기도의회 외교안보포럼 회장 2018년 더불어민주당 경기김포시乙지역위원회 위원장(현) (상)대한민국 유권자대상(2017)

### 김준형(金俊亨) KIM Jun Hyung

(생)1957·2·21 (출)서울 (주)경기도 용인시 기흥구 덕영대로 1732 경희대학교 교육대학원(031-201-2341) (학)1979년 서울대 전자공학과졸 1984년 한국과학기술원(KAIST) 산업전자공학과졸(석사) 1989년 전기및전자공학박사(한국과학기술원) (경)1984~1991년 DACOM 행정전산사업단 TX안전화팀장 1991~1996년 덕성여대 전산학과 교수 1992년 同전산학과장 1992년 同전자계산소장 1992~1993년 한국과학기술원 대우교수 1992~1994년 한국정보과학회 편집위원 1993년 정보처리학회 종신회원 1995년 덕성여대 기획부처장 1996~2002년 교육인적자원부 정보화지원담당관 1999년 내외경제신문 '뉴밀레니엄 리더' 선정 1999~2000년 한국정보과학회 이사 1999~2000년 지역정보학회 이사 2000~2001년 교육정보방송학회 이사 2002~2005년 경희대 교육대학원 부교수 2002~2003년 경희사이버대학장 2003~2005년 교육정보미디어학회 부회장 2005년 경희대 교육대학원 교수(현) 2005년 同취업진로지원처장 2009~2013년 同교육대학원장 (상)체신부장관표창(1992), 교육인적자원부장관표창

### 김준형(金峻亨) Joon Hyung Kim

(생)1963·3·29 (출)강원 홍천 (주)서울특별시 서초구 남부순환로 2572 국립외교원 원장실(02-3497-7603) (학)달성고졸 1986년 연세대 정치외교학과졸 1990년 미국 조지워싱턴대 대학원 정치학과졸 1996년 정치학박사(미국 조지워싱턴대) (경)1990년 한동대 국제지역학과 교수(현) 2005년 언론중재위원회 중재위원 2008년 미래전략연구원 외교안보전략센터장 2013년 한반도평화포럼 기획위원장 2015년 통일부 정책자문위원 2017년 국정기획자문위원회 외교안보분과 위원 2017년 국가안보실 정책자문위원회 위원 2017년 외교부 혁신외부자문위원회 위원 2017~2018년 통일부 정책혁신위원회 위원 2017년 대통령직속 정책기획위원회 평화번영분과 위원 2019년 국립외교원장(차관급)(현) (상)제2회 사회연구 학술상(2002) (저)'국제정치 역사와 관점을 넘어 쟁점까지'(2003, 오름) '세계화의 현상과 대응'(2004, 일신사) '9·11 이후 국제환경 변화와 남북한'(2004, 오름) '국제 정치 이야기'(2006, 책세상) '미국이 세계 최강이 아니라면?'(2008, 뜨인돌출판사) '과거의 우물'(2011, 좋은땅) '좋은 정치란 어떤 것일까요?'(2012, 어린이나무생각) '언어의 배반'(2013, 뜨인돌) '국가야, 왜 얼굴이 두 개야?'(2015, 양철북) '내 한표에 세상이 바뀐다고?'(2016, 비룡소) '전쟁하는 인간'(2016, 풀빛미디어)

### 김준호(金俊鎬) KIM Joon Ho

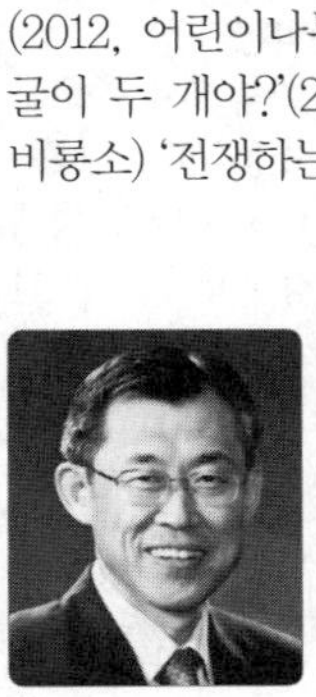

(생)1957·8·28 (출)서울 (주)충청북도 청주시 흥덕구 대신로 215 SK하이닉스시스템IC 사장실(043-280-5114) (학)1976년 서울 신일고졸 1982년 고려대 법학과졸 (경)1982년 사법시험 합격(24회) 1984년 사법연수원 수료(14기) 1985년 서울지검 검사 1987년 대전지검 천안지청 검사 1988년 서울지

검 동부지청 검사 1991년 법무부 보호과 검사 1993년 부산지검 검사 1996년 서울고검 검사 1997년 대검찰청 검찰연구관 1997년 광주지검 해남지청장 1998년 법무부 검찰국 검사 1999년 대검찰청 과학수사과장 2000년 同컴퓨터수사과장 2001년 同중수3과장 2002년 서울고검 검사 2002년 광주고검 검사 2003년 부산지검 형사2부장 2003년 법무부 정책기획단 부장검사 2004년 SK(주) 윤리경영실장(부사장) 2008년 SK에너지(주) CMS(Corporate Management Service) 사장 2008년 SK홀딩스 윤리경영실장 2011년 SK텔레콤 GMS(Global Management Service) 사장 2011년 한국IT비즈니스진흥협회 회장 2011년 한국e스포츠협회 회장 2011년 SK텔레콤 Corporate Center장 2012년 SK하이닉스 Corporate Center총괄 부사장 2013년 同Corporate Center 사장 2015~2017년 同경영지원총괄 사장 2017년 SK하이닉스시스템IC 대표이사 사장(현) (종)천주교

## 김준환(金峻煥) Kim Joon Hwan

(생)1962 (출)대전 (학)대전고졸, 연세대 사회학과졸 (경)1990년 행정고시 합격(34회), 국가정보원 인천지부장 2017년 同제2차장 2017년 同제3차장(현)

## 김중겸(金重謙) KIM Joong Kyum

(생)1950 · 2 · 3 (본)김해(金海) (출)경북 상주 (주)서울특별시 영등포구 국제금융로2길 24 (주)동양 임원실(02-6150-7000) (학)1969년 휘문고졸 1976년 고려대 공과대학 건축공학과졸 2000년 중앙대 건설대학원 건설최고경영자과정(ACPMP) 수료(20기) 2008년 서울대 경영대학원 최고경영자과정(AMP) 수료(64기) 2008년 고려대 경영전문대학원 최고경영자과정(AMP) 수료(65기) 2009년 서울대 인문대학 최고지도자인문학과정(AFP) 수료(3기) 2009년 국립중앙박물관 창조적경영지도자과정 수료(1기) 2010년 명예 경영학박사(명지대) (경)1976년 현대건설(주) 건축사업본부 입사 1995년 同이사대우 1998년 同이사 2002년 同상무 2003년 同건축사업본부장(전무) 2006년 同주택영업본부장(부사장) 2007~2009년 현대엔지니어링(주) 대표이사 사장 2009~2011년 현대건설 대표이사 사장 2009~2011년 단국대 행정법무대학원 겸임교수 2009~2011년 대한건설협회 수석부회장 2009~2011년 한국주택협회 회장 2011년 현대건설 고문 2011~2012년 한국전력공사 대표이사 사장 2011~2012년 KEPCO 프로배구단 구단주 2011년 대한전기협회 회장 2011년 기초전력연구원 이사장 2011년 KEPIC 운영협의회 의장 2011년 해상풍력추진협의회 회장 2011년 한국원자력산업회의 회장 2011년 학교법인 한국전력학원(수도전기공업고) 이사장 2011년 학교법인 한국전력국제원자력대학원대학교(KINGS) 이사장 2011년 의료법인 한전의료재단(한일병원) 이사장 2011년 한국이산화탄소포집및저장협회 회장 2012년 2013대구세계에너지총회(WEC) 조직위원회 위원장 2012년 동아시아 · 서태평양지역전기공급산업협회(AESIEAP) 회장 2017년 (주)동양 상근고문(현) (상)현대건설 우수임원포상(2002 · 2004), 은탑산업훈장(2005), 대한민국 자랑스런 기업인 대상(2007), 자랑스런 휘문인상(2008), 제17회 다산경영상 전문경영인부문(2008), 엔지니어링의날 최고경영자상(2008), 자랑스런 공학인상(2009), 아주경제 건설대상 '올해의 건설인상'(2009), 고려대경제인회 전문경영인부문 대상(2009), '2009 올해의 CEO' 비제조업부문 대상(2010), 금탑산업훈장(2010)

## 김중구(金仲九) KIM Joong Koo

(생)1942 · 3 · 24 (출)경기 평택 (주)서울특별시 서초구 동작대로 204 신동아종합건설(주) 대표이사실(070-8277-2810) (학)1960년 서울공업고 전기과졸 1964년 한양대 공대 건축공학과졸 1987년 同행정대학원졸 1988년 서울대 경영대학원 최고경영자과정 수료(AMP 25기) (경)1977년 신동아종합건설(주) 대표이사(현) 1991~2005년 민주평통 자문위원 1992년 서울지방경찰청 자문 서경회 부회장 1994~1999년 (주)한국CABLETV 은평방송 회장 1995~2005년 민주평통 상임위원 1996~2008년 (사)해외한민족연구소 이사 1997년 (재)평통장학회 이사(현) 1999~2009년 민족통일중앙협의회 이사 2002~2008년 한양대 건축장학회 이사 2002~2011년 학교법인 청남학원 이사장 2006~2009년 한양대총동문회 부회장 2008~2017년 대한건설협회 윤리위원장 2008~2018년 (사)해병대전략연구소운영위원회 위원 2009~2011년 대한하키협회 수석부회장 2009~2012년 다솜둥지복지재단 이사 2010~2015년 한국건설산업연구원 이사 2011년 (재)건설기술교육원 이사(현) 2013~2016년 평택시민회(평우회) 회장 2017년 대한건설협회 '건설경제신문' 이사(현) (상)대통령표창(1996), 국민훈장 동백장(1999), 서울특별시건축상 금상(1999), 환경문화상(1999), 한국건축문화대상(2002), 사하건축상 대상(2003), 금탑산업훈장(2009), 건설업 윤리경영대상 대기업부문 우수상(2012), 건설산업발전유공자표창(2017), 환경안전실천대상(2017), 건설협력증진대상 공로부문(2018)

## 김중권(金重權) KIM Joong Kwon (珍松)

(생)1939 · 11 · 25 (본)김해(金海) (출)경북 울진 (주)서울특별시 마포구 양화로 87 한웅빌딩 5층 김중권법률사무소(010-2741-1399) (학)1959년 후포고졸 1963년 고려대 법대졸 1969년 서울대 사법대학원 수료 1980년 감리교신학대 대학원졸 2000년 명예 정치학박사(영남대) (경)1967년 사법시험 합격(8회) 1969년 軍법무관 1972년 청주지법 판사 1975년 서울지법 수원지원 판사 1977년 同영등포지원 판사 1979년 대구지법 영덕지원장 1980년 대구지법 · 서울고법 판사 1980년 변호사 개업 1981년 제11대 국회의원(영덕 · 청송 · 울진, 민주정의당) 1981년 민주정의당(민정당) 인권옹호분과 위원장 1985년 제12대 국회의원(영덕 · 청송 · 울진, 민정당) 1985년 민정당 정책위원회 부위원장 1988년 제13대 국회의원(울진, 민정당 · 민자당) 1988년 민정당 사무차장 겸 중앙집행위원 1990년 국회 법제사법위원장 1992년 대통령 정무수석비서관 1993~1997년 단국대 교수 1993년 일본 도쿄대 법학부 객원교수 1998~1999년 대통령 비서실장 1999년 새천년민주당 창당준비위원회 부위원장 2000년 同최고위원 2000년 同대표최고위원 2001년 同상임고문 2005년 대만 명전대학 종신영예교수(현) 2005년 법무법인 에이스 고문변호사 2009년 법무법인 양헌 고문변호사 2019년 김중권법률사무소 대표(현) (상)청조근정훈장 (저)'한국경제의 선택' '아침의 메아리' '헌법과 정당' 자전적 에세이 '꿈꾸는 자가 창조한다' (종)기독교

## 김중권(金重權) KIM Jung Kwon

(생)1961 · 3 · 15 (출)부산 (주)서울특별시 동작구 흑석로 84 중앙대학교 법학전문대학원(02-820-5424) (학)1985년 고려대 법학과졸 1987년 同대학원 법학과졸 1993년 법학박사(고려대) (경)1995~2004년 충북대 법학과 조교수 · 부교수 2004년 중앙대 법학전문대학원 교수(현) 2005년 한국의약품법규학회 법률이사 2007~2014년 한국행정판례연구회 재무간사 · 총무이사 2007년 한국지방자치법학회 연구이사 · 부회장 2007년 한국공법학회 기획이사 2008년 한국행정판례연구회 이사 2009~2010년 한국공법학회 총무이사 2011~2013년 헌법재판소 헌법연구위원 2011년 비교공법학회 학술이사 2011년 KFDC법제학회 부회장(현) 2011년 중앙대 법학도서관장 2011년 대법원 특별소송실무연구회 회원(현) 2011년 서울행정법원 행정실무연구회 특별회원(현), 국회 입법자문위원(현), 법제처 법률해석단 위원(현) 2011~2013년 한국환경법학회 감사 2011년 법제처 국민법제관(현) 2013년 비교공법학회 부회장 2013~2015년 중앙대 법학전문도서관장 2014년 한국공법학회 부회장 2014년 한국국가법학회 부회장 2014년 한국행정법학회 총무이사 2014년 한국법제연구원 자문위원(현) 2015~2016년 중앙대 법학전문대학원장 2016~2017년 한국공법학회 제35대 회장 2016~2018년 사학조정분쟁위원회 위원 2016년 대법원 행정재판발전위원회 위원 2017년 한국공법학회 고문(현) 2017년 헌법및헌법재판제도연구

회 위원(현) 2017년 한국행정판례연구회 부회장(현) 2017년 한국행정법학회 법정이사(현) 2019년 행정안전부 제7기 지방자치단체 중앙분쟁조정위원회 위원장(현) (상)한국공법학회 학술장려상(2002), 충북대 우수학술상(2002), 중앙대 업적우대교수(2006 · 2007 · 2008), 중앙대 학술상(2007), 제14회 법학논문상(2010), 대한민국학술원 우수학술도서 선정(2011 · 2014 · 2018), 헌법재판소 헌법논총 최우수논문상(2017), 홍조근정훈장(2019) (저)'세법(共)'(1998) '지방자치법주해(共)'(2004) '공연예술과 법'(2006) '조선시대의 규범이론과 규범체계(共)'(2006) '행정법기본연구'(2008, 법문사) '유럽화된 독일 행정절차법에 관한 연구'(2008, 한국법제연구원) '행정소송Ⅰ · Ⅱ(共)'(2008) '행정법기본연구I'(2008) '행정법기본연구II'(2009) '행정법기본연구III'(2010) '부동산법제(共)'(2011, 한국방송통신대 출판부) '행정법기본연구VI'(2013) '행정법'(2013 · 2016) 'EU행정법연구'(2018) (역)'분야별 중요판례분석'(2007, 법률신문사)

## 김중규(金重圭) KIM Joong Kyu

(생)1956 · 3 · 26 (본)김해(金海) (출)경북 의성 (주)세종특별자치시 금남면 용포로 58 세종의소리 대표이사실(044-904-5151) (학)1974년 동성고졸 1983년 충남대 사학과졸 2002년 목원대 광고언론홍보대학원졸 (경)1983년 대전일보 정경부 기자 1987년 同금산주재 기자 1988년 同경제부 차장 1990년 同경제부장 직대 1992년 同사회부장 1995년 同정치부장 1998년 同경제부장 1999~2001년 同기획관리실 부실장(부국장급) 2001년 同사업부국장 겸임 2003년 목원대 광고언론홍보학과 겸임교수 2005년 디트News24 대표이사 겸 편집국장 2005년 同대표이사, 한국지역인터넷신문협의회 회장, 한국인터넷신문협회 부회장 2010~2011년 디트News24 편집위원 2010~2012년 학교법인 감리교학원 이사 2011년 온라인신문 '세종의소리' 대표이사(현) 2012~2013년 충남대 겸임교수 2012~2018년 세종사회복지공동모금회 배분분과위원장 2014년 同운영위원(현) 2019년 세종특별자치시의회 행정수도완성특별위원회 자문위원(현) (상)올림픽기장(1998), 대전시 문화상언론부문(2010) (저)'민중의 숨결' '이들이 차세대다' '운전기를 세우십시오' '대전 · 충남 언론 100년'(共) (종)불교

## 김중남(金重南)

(생)1969 · 11 · 25 (주)경기도 수원시 영통구 법조로 105 수원지방법원 총무과(031-210-1101) (학)1988년 대천고졸 1997년 서울대 법학과졸 (경)1998년 사법시험 합격(40회) 2001년 사법연수원 수료(30기) 2001년 대전지법 판사 2002년 대전고법 판사 2003년 대전지법 판사 2004년 同천안지원 판사 2005년 수원지법 판사 2007년 서울중앙지법 판사 2009년 서울가정법원 판사 2011년 서울중앙지법 판사 2014년 대법원 재판연구관 2017년 울산지법 부장판사 2019년 수원지법 부장판사(현)

## 김중렬(金重烈) Kim, Joong Ryul

(생)1955 · 3 · 5 (본)선산(善山) (출)인천 (주)서울특별시 동대문구 이문로 107 사이버한국외국어대학교(02-2173-2580) (학)1979년 한국외국어대 경제학과졸 1987년 경제학박사(미국 노스캐롤라이나주립대) (경)1981~1982년 산업연구원 연구원 1988~1997년 한국외국어대 경제학과 조교수 · 부교수 1995~1996년 미국 노스캘로라이나주립대 객원교수 1997년 한국외국어대 상경대학 경제학부 교수(현) 2000~2004년 한국소비자연맹 사회통계연구소장 2002~2008년 통계청 사회분과위원회 · 경제분과위원회 전문위원 2003~2005년 한국외국어대 경제경영연구소장 2003~2005년 서울시정개발연구원 · 서울경제연구센터 자문위원 2005~2007년 한국외국어대 교수협의회장 2008~2009년 중소기업청 근무, 초 · 중 · 고 교과서개편TF 참여, 교과서 집필위원 2011~2012년 한국외국어대 대학평의원회 의장 2012~2014년 미주제강 사외이사 2017년 사이버한국외국어대 총장(현) 2019년 (사)한국원격대학협의회 회장(현) (저)'서비스산업의 고용'(1991, 한국노동연구원) '건설기술인력 수급 계획에 관한연구'(1992, 한국건설기술연구원) '한국통신 경영합리화를 위한 아웃소싱 전략수립연구'(1997, 한국통신경제연구소) '한국통신의 출자기관화에 따른 전문경영체제의 도입방안'(1997, 한국통신경제연구소) '시내전화요금 규제 개선방안연구'(1998, 한국통신연구개발본부) '주요국 위성연구개발체계의 비교분석 및 국내 위성연구개발의 개선방안 연구'(1999, 한국무선국관리사업단) 'KT 출자기업의 경쟁력평가와 성과예측 모델 개발에 관한 연구'(2002, 한국전자통신연구원) '기업의 재무적리스크 관리방안에 관한 연구'(2003, 한국전자통신연구원) 'MVNO 사업기회 분석 및 시장활성화를 위한 정책방안에 관한 연구'(2003, 한국전자통신연구원) '통계와 함께 배우는 경제학'(2005, 도서출판 해남) '디지털교과서 개발 비용편익 분석연구'(2008, 한국교육학술정보원) '기업가 정신 함양을 위한 초 · 중 · 고 교과서 개선방향'(2008, 중소기업청 중소기업연구원) '경제학101'(2008, 도서출판 해남) '청소년 기업가정신 함양 5개년계획'(2009, 연구중소기업청) '디지털교과서 유통 · 관리 체계 연구'(2010, 한국교육학술정보원) (역)'노동경제학 : 이론과 공공정책'(1999, 교보문고) '시장제도의 구축'(2002, 세계개발보고서, 세계은행, 한국경제연구원 · 제도연구회) '현대노동경제학 : 이론과 공공정책'(2009, 교보문고) '테일러 경제학'(2010, 센게이지러닝코리아) '핵심경제학'(2011, 센게이지러닝코리아)

## 김중로(金中魯) KIM JOONGRO

(생)1950 · 10 · 27 (주)서울특별시 영등포구 의사당대로 1 국회 의원회관 922호(02-784-9160) (학)1974년 육군사관학교졸(30기), 서울대 사범대학졸, 연세대 행정대학원 행정학과졸 (경)1974년 육군 소위, 육군3사관학교 교수부장, 육군 보병70사단장 2006년 예편(육군 준장), 동국대 경영대학원 겸임교수 2016년 국민의당 창당발기인 2016년 제20대 국회의원(비례대표, 국민의당 · 바른미래당〈2018.2〉)(현) 2016~2018년 국민의당 제2정책조정위원장 2016~2018년 국회 국방위원회 간사 2017년 국민의당 제19대 안철수 대통령후보 특보단 수석부단장 2017년 同비상대책위원회 위원 2017~2018년 同최고위원 2017~2018년 국회 청년미래특별위원회 위원 2018년 국민의당 세종특별자치시당 위원장 2018년 바른미래당 최고위원 2018년 국회 국방위원회 위원(현) 2018년 바른미래당 세종특별자치시당 공동위원장 2018년 同세종특별자치시당 지역위원장(현) 2018년 同세종특별자치시당 위원장(현) (상)법률소비자연맹 '제20대 국회 1차년도 국회의원 헌정대상'(2017)

## 김중만(金重晩) KIM Jung Man

(생)1954 (출)강원 철원 (주)서울특별시 강남구 압구정로 452 돌체빌딩 5층 스튜디오벨벳언더그라운드 (학)프랑스 숄레고졸, 프랑스 국립응용미술대 서양화과 중퇴 (경)프랑스잡지사 프리랜서, 스튜디오벨벳언더그라운드 대표(현) 2010년 2010안양공공예술프로젝트(APAP) 홍보대사 2010년 G20 성공기원 스타서포터즈 2010년 플랜코리아 홍보대사 2010년 한국국제협력단 홍보대사 2012년 제4회 DMZ국제다큐멘터리영화제 조직위원 (상)프랑스 ARLES국제사진페스티발 젊은작가상(1977), 패션사진가상(2000), 모델라인 2002베스트드레서 백조상(2002), 마크오브 리스펙트상(2009), 한국패션 100년 어워즈 포토부문상(2011) (저)'불새' '넋두리' '인스턴트 커피' '동물왕국' '아프리카 여정' '애프터레인' '네이키드 소울' '오키드' 등

## 김중배(金重培) KIM Joong Bae

(생)1934 · 3 · 26 (본)김해(金海) (출)광주 (주)서울특별시 서대문구 통일로 107-15 효곡빌딩 601호 언론광장(02-720-3721) (학)1953년 광주고졸 1957년 전남대 법대졸 (경)1957~1963년 한국일보 · 민국일보 기자 1963년 동아일보 기자 1968년 同사회부 차장 1971년 同사회부장 1973년 同논설위원

1986년 同논설위원(이사대우) 1989년 同출판국장(이사) 1990년 同편집국장 1991년 同조사연구실장 1992년 한겨레신문 이사 1993년 同편집위원장 1993~1994년 同사장 1994~2001년 참여민주사회시민연대 공동대표 1994~2001년 한국사회과학연구소 이사장 1998~2001년 언론개혁시민연대 상임대표 2001~2003년 문화방송 사장 2002년 국제언론인협회(IPI) 한국위원회 이사 2004년 언론광장 상임대표(현) 상서울언론인클럽 신문칼럼상, 위암언론상, 한국언론학회상, 심산상(2015) 저'민초여 새벽이 열린다' '민은 졸인가' '새벽을 위한 증언' '하늘이여 땅이여 사람들이여' '미디어와 권력'

## 김중석(金重石) KIM Joong Seok

생1953·8·25 본경주(慶州) 출강원 양구 주강원도 춘천시 후석로462번길 22 강원도민일보 사장실(033-260-9002) 학1971년 춘천고졸 1978년 강원대 농화학과졸 경1977년 강원일보 입사 1987년 한국기자협회 강원지부장 1988년 강원일보 정경부장 1989년 同정치부장 1992~1994년 강원도민일보 정경부장·지방부장 1994년 同편집부국장 겸 정치부장 1995년 同편집국장대우 정치부장 1997년 同편집국장 2000년 同기획본부장(이사) 2000년 同편집·기획이사 겸 기획본부장 2002년 同편집기획담당 상무이사, 지방분권운동 대변인, 국가균형발전위원회 전문위원, 한국기자상 심사위원, 한국신문방송편집인협회 이사, 한국신문협회 지방신문발전위원회 전문위원, 한국지역혁신교육원 객원교수, 국토정중앙개발 추진위원장, 지역언론개혁연대 감사, 전국지방신문협의회 간사, 대한석탄공사 이사 2006년 강원도민일보 상무이사 겸 기획본부장 2007년 同대표이사 사장(현) 2009년 민주평통 자문위원(현) 2012년 강원도지방분권추진위원회 위원장(현) 2013년 대한민국지방신문협의회 회장(현) 2013·2018년 대통령소속 지방자치발전위원회 위원 2014·2016년 전국시도지사협의회 지방분권특별위원 2015~2017년 지방분권개헌국민행동 공동의장 2015년 한국신문협회 이사(현) 2017년 행정안전부 자치분권전략회의 위원(현) 2018년 대통령소속 자치분권위원회 자치제도분과 위원장(현) 2019년 한국지방자치학회 고문(현) 상한국신문상(1986), 광희문화상(2004), 국민훈장 목련장(2007), 지방자치대상(2015) 저'지방분권과 지방언론'(2004) '지역혁신과 지역신문'(2006) '감자바위깡론'(2007) '거꾸로 본 지방'(2012) 종천주교

## 김중섭(金重燮) KIM JUNG SUP

생1958·11·14 본광산(光山) 주서울특별시 동대문구 경희대로 26 경희대학교 문과대학 국어국문학과(02-961-0775) 학1981년 경희대 문과대학 국어국문학과졸 1985년 同대학원 국어국문학과졸 1995년 문학박사(경희대) 경1993~1996년 경희대 언어교육연구원 전임연구원 1996~1998년 同국제교육원 조교수 1996~2004년 교육부 국제교육교류 심의위원 1996~2006년 한국어원학회 섭외이사 1997~1998년 학술진흥재단 한국어능력시험 평가위원 겸 출제위원 1997~2005년 국제한국어교육학회 연구위원·편집이사·부회장·감사 1998년 문화관광부 국어정책과 한국어세계화추진기반구축사업연구 자문위원 1998~2003년 경희대 국제교육원 교학부장 겸 한국어교육부장 1998~2005년 同교육대학원 한국어교육전공 주임교수 1998~2015년 同농구부 행정감독 2000~2002년 한국어세계화추진위원회 공동연구원 2000~2006년 경희대 국제교육원 부교수·교수 2001~2002년 同홍보위원 2002~2006년 한국어세계화추진위원회 책임연구원 2003~2005년 정보통신부 차세대통신지도자과정운영에관한자문위원회 자문위원 2003~2015년 경희대 국제교육원장 2003~2005년 이중언어학회 편집위원 2005년 한·중우호협회 이사(현) 2005~2007년 이중언어학회 부회장 겸 편집위원장 2006년 국제한국어교육학회 편집위원(현) 2006~2008년 한국어교육기관대표자협회 서울·경기지역 부회장 2006~2008년 경희대총동문회 이사 2006~2008년 ROTC중앙회 상임이사 2007년 경희대 문과대학 국어국문학과 교수(현) 2008~2012년 한국어교육기관대표자협의회 회장 2008~2015년 세계한인언론인연합회 자문위원 2008~2014년 재외동포언론인협의회 자문위원 2009년 국어국문학회 어문교육전공 이사(현) 2009~2011년 국제한국어교육학회 회장 2009~2010년 문화체육관광부 세계한국어교육자대회 자문위원 2010년 한글학회 편집위원(현) 2011년 한국국제협력단 지구촌체험관 자문위원 2011년 교육과학기술부 외국인유학생유치관리역량평가인증위원회 위원 2011~2015년 한국어교원자격심사위원회 위원 2011년 한국어문화연구센터장(현) 2011년 국제한국어교육학회 자문위원(현) 2012~2013년 문화체육관광부 한류문화진흥위원회 자문위원 2012~2015년 다문화교류네트워크 이사장 2012~2016년 세종학당재단 이사 2013~2015년 국립국어원 한국어교원자격심사위원장 2013년 세계백신면역연합(GAVI) 한국사무소 연락대표 2013년 안전행정부 지구촌새마을운동 자문위원 2014~2015년 경희대 대외협력처장 2014~2016년 한국국제협력단 홍보전문위원 2014~2016년 한국학중앙연구원 해외한국학 심의위원 2014년 한국다문화교육학회 이사(현) 2014년 경희대총동문회 부회장 겸 장학분과위원회 부위원장(현) 2015년 미국 세계인명사전 'Marquis Who's Who in the World 2016'에 등재 2015년 세계한인언론인연합회 제7대 자문위원장 2015~2016년 경희대 총장실장 2016년 (사)다문화교류네트워크 이사(현) 2016년 한글학회 평의원(현) 2017년 경희대 경희미래위원회 사무총장(현) 상교육부장관표창(1991), 경희대총장표창(2006), 경희대총동문회 공로상(2006), 일본 외무대신표창(2009), 문화체육관광부장관표창(2009·2011), 베트남정부 문화교육교류훈장(2010), 한국국제협력단 감사패(2010), 미국 한국어진흥재단 감사패(2011), 태국 치앙라이라자팟대 감사패(2012), 교육과학기술부장관표창(2013), 경희대 목련상(2013), 2017 알버트 넬슨 마르퀴즈 평생공로상(2017) 저'한국어 초급 1'(2000, 경희대 출판국) '학부 유학생을 위한 한국어 말하기'(2006, 유씨엘아이이엔씨) '한국어 나비 초급 1·2(共)'(2007, Japan Language PLUS) '한국어 교육의 이해-개정판'(2008, 한국문화사) '유학생을 위한 한국어 말하기-개정판(共)'(2008, 도서출판 하우) '베트남인을 위한 초급 한국어 회화(共)'(2008, Korea Language PLUS) '러시아인을 위한 초급 한국어 회화(共)'(2008, Korea Language PLUS) '유학생을 위한 한국어 듣기(共)'(2010, 도서출판 하우) '한국어 교육의 이해-신개정판(共)'(2010, 도서출판 하우) 'Korean Conversation Dictionary : for Foreigners, English-Korean'(2010, 한림출판사) '전화 한국어 초급 (1)~(5)(共)'(2010, 문화체육관광부) '사회 통합 프로그램을 위한 한국어 초급1, 2(共)'(2010, 법무부) '맞춤 한국어 5, 6(共)'(2011, 교육과학기술부) '맞춤 한국어(교사용지침서) 5, 6(共)'(2011, 교육과학기술부) '맞춤 한국어 1~6(태국어권)(共)'(2012, 교육과학기술부) '맞춤 한국어 1~6(스페인어권-교사용 지침서)(共)'(2013, 교육과학기술부) '맞춤 한국어 1~6(스페인어권)(共)'(2013, 교육과학기술부) '세상, 아름다운 사랑과 만나다'(2014, 도서출판 하우) '한국어 교육의 이해-수정증보판'(2014, 도서출판 하우) '경희한국어 1, 2, 3(말하기·듣기·쓰기·읽기·문법)(共)'(2014, 도서출판 하우) '재외동포교육용 러시아어 교사용 지도서'(2015, 국립국제교육원) '경희한국어 4, 5, 6(말하기·듣기·쓰기·읽기·문법)(共)'(2015, 도서출판 하우) '한국어 발음 정복하기(共)'(2016, 도서출판 하우) '재외동포를 위한 한국어-일본어권 1,2,교사용지도서(共)'(2017, 교육부 국립국제교육원) '한류노믹스(共)'(2017, 한국문화산업교류재단) '한국어 어휘 정복하기 : 한눈에 쏙 들어오는 계약용어 300'(2017, 도서출판 하우)

## 김중수(金仲秀) Kim Choongsoo

생1947·6·6 본경주(慶州) 출서울 주강원도 춘천시 한림대학길 1 한림대학교 비서실(033-248-1001) 학1966년 경기고졸 1973년 서울대 경제학과졸 1979년 경제학박사(미국 펜실베이니아대) 경1973년 한국개발연구원 연구원 1976년 미국 펜실베이니아대 워튼계량경제연구소 연구원 1979년 미국 오하이오주립대 인적자원연구소 수석연구원 1985~1988년 한국개발연구원 연구위원 1989년 국민경제제도연구원 부원장 1991년

한국개발연구원 부설 국민경제연구소장 1993년 대통령 경제비서관 1995년 OECD 가입준비사무소장(駐프랑스대사관 공사) 1997년 부총리 겸 재정경제원장관 특보 1997~1998년 한국조세연구원 원장 1998~2007년 경희대 아태국제대학원 교수 1998~2000년 同아태국제대학원장 2002~2005년 한국개발연구원(KDI) 원장 2003~2005년 대통령자문 국민경제자문회의 위원 2004~2006년 대통령자문 정책기획위원회 위원 2007~2008년 한림대 총장 2008년 대통령 경제수석비서관 2008~2010년 駐OECD대표부 대사 2010~2014년 한국은행 총재 2010년 금융통화위원회 의장 2012~2014년 국제결제은행(BIS) 아시아지역협의회(ACC) 의장 2014~2015년 미국 펜실베이니아대 방문교수 2015년 한국은행 고문 2016년 한림대 총장(현) 2016년 (사)춘천국제물포럼 이사장(현) 2017년 (사)춘천마임축제 이사장(현) (상)국민포장(1987), 국민훈장 목련장(1992) (저)'Youth and the Military Service'(1982) '주택보급현황과 당면과제'(1984) '국민연금제도의 기본구상과 경제사회 파급효과'(1986) 'Macroeconomic Policy and Adjustment in Korea 1970-1990'(1994) (종)기독교

## 김중수(金重洙) KIM Jung Soo

(생)1960 · 4 · 17 (본)광산(光山) (출)광주 (주)서울특별시 송파구 올림픽로 424 올림픽회관 501호 대한배드민턴협회(02-422-6173) (학)1979년 광주동신고졸 1982년 조선대졸 1993년 同대학원졸 (경)1977 · 1980 · 1984년 배드민턴 국가대표 1995~2006년 전남 화순군청 배드민턴 감독 2002~2010 · 2012~2013년 국가대표 배드민턴 감독 2013~2016년 대한배드민턴협회 전무이사 2013년 同경기력향상위원회 위원 · 위원장 2013년 同스포츠과학기술위원회 위원장 2015년 아시아배드민턴연맹 부회장(현) 2016년 대한배드민턴협회 부회장(현) (상)체육훈장 백마장(1986), 대통령표창(1989), 체육훈장 청룡장(2002) (종)불교

## 김중식(金重植)

(생)1961 · 2 · 22 (주)경기도 수원시 팔달구 효원로 1 경기도의회(031-8008-7000) (학)수원공업전문대학 기계과졸 (경)대지초등학교 운영위원장, 수지구축구협회 회장(8대) 2010년 경기 용인시의회 의원(민주당 · 민주통합당 · 민주당 · 새정치민주연합) 2014~2018년 경기 용인시의회 의원(새정치민주연합 · 더불어민주당) 2016~2018년 同의장 2016년 국민건강보험 용인동부지사 일일명예지사장 2018년 경기도의회 의원(더불어민주당)(현) 2018~2019년 同경제과학기술위원회 부위원장 2019년 同경제노동위원회 부위원장(현) (상)용인시의정회 선정 '자랑스런 의원상'(2015)

## 김중양(金重養) KIM Joong Yang

(생)1945 · 7 · 2 (본)강화(江華) (출)평남 평원 (주)서울특별시 종로구 비봉길 64 이북5도위원회 평안남도지사실(02-2287-2621) (학)1964년 용산고졸 1969년 서울대 법학과졸 1985년 同행정대학원졸 1991년 미국 서던캘리포니아대 행정대학원 수료 1998년 행정학박사(단국대) (경)1972년 행정고시 합격(12회) 1976년 총무처 고시계장 1982년 同복무담당관 1986년 同고시1과장 1987년 同인사과장 1988년 국무총리실 심의관 1991년 중앙공무원교육원 기획부장 1993년 同교수부장 1994년 총무처 능률국장 1996년 同인사국장 1998년 행정자치부 소청심사위원회 상임위원 2001년 同국가전문행정연수원장 2002~2003년 同소청심사위원장 2003년 대구지하철참사수습 중앙특별지원단장 2003~2004년 영산대 행정학과 객원교수 2003~2006년 한국행정연구원 원장 2004년 국제행정교육기관연합회(IASIA) 이사 2005년 문화재청 문화재위원 2007~2011년 영산대 법경대학장 2010년 국가경쟁력강화위원회 위원 2011년 영산대 법경대학 행정학과 교수 2015~2016년 同공직인재학부 교수 2015~2017년 민주평통 자문위원 2015년 이북5도위원회 평안남도 행정자문위원 2016년 同평안남도 지사(차관급)(현) (상)홍조근정훈장(2003), 황조근정훈장(2004) (저)'공무원법(共)'(2000, 박영사) '한국 인사행정론'(2002, 법문사) '공무원 연금제도(共)'(2004, 법우사) '명산에 오르면 세상이 보인다'(2010, 한국문학세상) (역)'중국공무원제도'(2006) (종)불교

## 김중열(金重烈) Kim Jung-youl

(생)1967 · 3 · 19 (주)서울특별시 종로구 세종대로 209 여성가족부 기획조정실(02-2100-6060) (학)1985년 영주 중앙고졸 1992년 한국외국어대 아랍어과졸 (경)2010년 여성가족부 다문화가족과장 2011년 同성별영향평가과장 2013년 대통령직인수위원회 실무위원 2013년 대통령 여성가족비서관실 행정관 2015년 여성가족부 가족정책과장 2016년 同정책기획관(고위공무원) 2017년 同대변인 2019년 同기획조정실장(현)

## 김중욱(金重旭)

(생)1964 · 6 · 14 (출)전북 김제 (주)인천광역시 서구 서곶로369번길 17 서인천세무서(032-560-5242) (학)서울 마포고졸 1984년 세무대학졸(2기), 한양대 대학원 세무행정학과졸 (경)1984년 세무공무원 임용(8급 특채) 2008년 서울지방국세청 조사3국 조사1과 근무 2011년 국세청 전산정보관리관실 근무 2014년 同전산기획담당관실 서기관 2015년 서울지방국세청 조사4국 조사관리과 서기관 2015년 경남 통영세무서장 2016년 중부지방국세청 조사2국 조사관리과장 2017년 서울 송파세무서장 2019년 서인천세무서장(현) (상)대통령표창(2002), 국무총리표창(2006), 기획재정부장관표창(2014)

## 김중위(金重緯) KIM Zoong Wie (雙巖)

(생)1939 · 10 · 28 (본)의성(義城) (출)경북 봉화 (주)서울특별시 중구 퇴계로 180-15 뉴동화빌딩 203호 월간 문학저널(02-2275-1966) (학)1957년 양정고졸 1962년 고려대 정치외교학과졸 1969년 同대학원 정치외교학과졸 1997년 명예 행정학박사(대구대) (경)1965년 (재)한국정경연구소 연구원 1968년 월간 '사상계' 편집장 1969년 玄民 유진오박사 비서관 1970년 동립산업진흥(주) 기획부장 · 감사 · 상임이사 1977~1980년 문화공보부 홍보연구관 1979~1984년 고려대 · 명지대 강사 1981년 민주정의당 법제사법 · 내무담당 전문위원 1983년 총무처 정책자문위원 1984년 민주정의당 외무 · 국방담당 전문위원 1984년 국토통일원 정책자문위원 1984년 국방부 정책자문위원 1985년 同정책국장 겸 부대변인 1985~1988년 제12대 국회의원(전국구, 민정당) 1987년 국회 헌법개정특별위원회 위원 1987년 민정당 국책연구소 정책연구실장 1987년 同대통령선거대책본부 대변인 1988~1992년 제13대 국회의원(서울 강동乙, 민정당 · 민자당) 1988년 제13대 대통령취임준비위원회 위원 1988년 민정당 대변인 1988년 同정책조정실장 1989~2005년 고려대교우회 상임이사 1990년 민자당 서울시지부 위원장 1991년 고려대 노동문제연구소 자문위원 1992년 同민족사관정립특별위원회 위원장 1992~1996년 제14대 국회의원(서울 강동乙, 민자당 · 신한국당) 1992년 민자당 김영삼 대통령후보 정무보좌역 1992~2000년 국회 가톨릭신도의원회 회장 1993년 국회 예산결산특별위원장 1993년 민자당 당무위원 1993년 대통령 특사 1993년 유네스코 한국위원회 위원 1993년 의성김씨수도권종친회 회장 1994~2000년 국회 도시문제연구회장 1994년 한 · 스리랑카의원친선협회 회장 1994~1996년 양정중 · 고총동창회 회장 1994~1995년 환경부 장관 1995년 강동문인회 명예회장 1996~2000년 제15대 국회의원(서울 강동乙, 신한국당 · 한나라당) 1996년 한국 · 남아프리카공화국의원친선협회 회장 1996년 신한국당 서울시지부장 1996년 국회 제도개선특별위원장 1996년 UNEP(UN환경계획) 부총재 1996년 신한국당 서울시지부 위원장 1997년 同정책위의장 1997년 同경제종합대책특별위원회 위원장 겸 국회3당경제종합대책특별위원회 위원장 1997년 국회 정치개혁입법특별위원회 위원장 1997년 대한민국상이군경회 고문 1997년 한나라당 서울시지부 위원

장 1997년 同서울시선거대책위원회 위원장 1998년 同당무위원 1998년 同지방자치특별위원회 위원장 1998년 국회 정무위원장 1998년 월간 '수필문학'을 통해 문단에 등단 1999년 국회 암법제정의원모임 회장 2000년 한나라당 서울강동乙지구당 위원장 2000년 계간 '문학마을' 이사장 2001년 한국문인협회 자문위원(현) 2002년 한나라당 서울시장선거대책위원회 위원장 2002년 同지도위원 2002년 한국수필문학회 이사(현) 2004년 국제펜클럽 회원 2004년 한국시조협회 고문(현) 2004년 비교문화연구소 대표(현) 2005~2009년 의성김씨대종회 회장 2006년 (사)강우규의사동상건립추진위원회 위원장 2007년 고려대 정책대학원 초빙교수 2007년 글로벌코리아포럼 공동대표 2007년 대한민국헌정회 편집위원회 의장 2007년 월간 '문학저널'을 통해 시인으로 등단 2007년 대전일보·경남일보·경북신문·월간헌정·월간문학저널·문학과현실 칼럼집필 2007년 한나라당 상임고문 2008년 심산김창숙선생기념사업회 회장 2010년 국회 의정활동강화자문위원회 위원 2012~2017년 새누리당 상임고문 2012년 대한민국헌정회 영토문제연구특별위원회 위원장 2013년 국제펜클럽 고문(현) 2013년 환경복지연대 명예회장 2013년 광복회 회원(현) 2013년 월간 문학저널 총괄회장(현) 2014년 한국자유총연맹 자문위원장 2015년 독립기념관 이사, 월간 '순국' 편집고문(현), (사)광화문포럼 이사장(현) 2017년 대한민국헌정회 홍보편찬위원장 2017년 바른정당 당대표 및 선거관리위원장 (상)청조근정훈장(1996), 순수문학지 '좋은문학' 대상(2006), 문학저널 신인문학상(2007), 고려대 정경대학 자랑스런 정경인상(2007), 환경문학대상(2011), 익재문학상 수필부문(2014), 경북예술특별상(2017), 산귀래문학상 본상 수상 (저)'반정치와 정당의 위기(編)'(1979) '비지배의 정치론'(1979) '의회주의의 몰락(編)'(1980) '자유는 자유롭게'(1987) '정치와 반정치(編)'(1987) 수필집 '목소리를 낮추어서'(1990) '산너머 산이지만'(1992) '순간을 위하여 영원을 위하여'(1996) '순간을 위하여 영원을 위하여(증보판)'(2000) '마음의 티끌을 닦으며'(2003) '눈총도 총이다'(2013) (역)'사회과학이란 무엇인가'(1981) '부와 빈곤(共)'(1982) '권력과 부패'(1982) (종)천주교

## 김중현(金重賢) KIM Jung Hyun

(생)1955·7·8 (출)서울 (주)서울특별시 서대문구 연세로 50 연세대학교 화공생명공학과(02-2123-7633) (학)동성고졸 1978년 연세대 화학공학과졸 1982년 同대학원 화학공학과졸 1987년 화학공학박사(미국 리하이대) (경)1987년 Emulsion Polymer Institute 선임연구원 1991~2009·2010년 연세대 화공생명공학과 교수(현) 1994년 한국화학시험연구원 전문위원 1998년 통상산업부 공업기반기술심의위원 1998년 특허청 특허심의위원 1998년 연세대 화공생명공학부장 2001년 산업자원부 산업표준심의회 전문위원 2001~2007년 연세대 나노특성화연구단장 2004~2006년 同연구처장 2004년 同산학협력단장 2005년 서울시 산학연포럼 회장 2006년 한국초계임학회 학술부회장 2008년 국가과학기술위원회 사회기반기술위원회 위원장 2008년 녹색기술위원회 위원 2008년 기획재정부 재정정책자문위원 2009~2010년 교육과학기술부 제2차관 2012년 한국전력공사 사외이사 2012년 웅진씽크빅 사외이사(현) 2012년 한국과학기술기획평가원 비상임이사 (상)중소기업청 제1회 실험실창업경연대회 우수상(1999), 연세대 무악학술상(2002), 한국공업화학회 우수논문상(2002·2003·2004·2006), 연세대 연구업적 최우수교원(2003·2004·2005), 연세대 우수연구실적표창(2007·2010), 황조근정훈장(2012), 한국공업화학상(2012) (종)천주교

## 김중확(金重確) KIM Jung Hwak

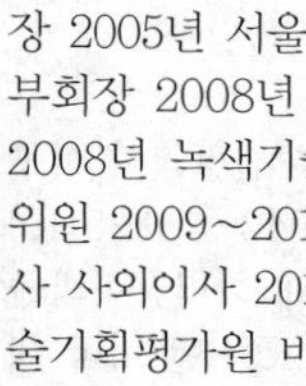

(생)1956·9·9 (본)경주(慶州) (출)부산 (주)부산광역시 연제구 법원로 28 부산법조타운 1208호 법무법인 정인(051-911-6161) (학)1975년 부산고졸 1980년 서울대 법학과졸 (경)1984년 사법시험 합격(26회) 1987년 사법연수원 수료(16기) 1987년 부산중부경찰서 보안과장 1989년 부산영도경찰서 수사과장 1992년 경찰청 기획과 분석계장 1995년 駐시카고총영사관 경찰주재관 1998년 인천 강화경찰서장 1999년 경찰청 기획정보과장 2000년 서울 관악경찰서장 2001년 경찰청 수사과장 2003년 부산지방경찰청 차장 2003년 駐워싱턴 주재관 2006년 경찰청 외사경찰혁신기획단장 2007년 경기지방경찰청 차장 2008년 경남지방경찰청장 2009년 부산지방경찰청장 2010년 경찰청 수사국장 2010년 법무법인 정인(正人) 변호사(현) 2015년 대한적십자사 부산지사 법률고문(현) (상)대통령표창(1998), 근정포장(2005) (종)기독교

## 김중효(金重孝) KIM Chung Hyo

(생)1954·9·21 (출)경북 상주 (주)서울특별시 서초구 바우뫼로27길 2 일동생활건강(주) 임원실(02-526-3545) (학)1973년 대륜고졸 1977년 중앙대 약학과졸 1993년 同산업경영대학원졸 2013년 同대학원 약학과졸(약물학전공) (경)1979년 일동제약(주) 입사 1996년 同부장 2000년 同이사대우 2005년 同구매담당 상무 2011년 同기획조정실장(상무) 2014년 同기획조정실장(전무) 2016년 일동생활건강(주) 대표이사 사장(현) (상)대한약학회 약학기술인상(2017) (종)기독교

## 김중훈(金重勳) KIM Joong Hoon

(생)1958·1·18 (주)서울특별시 성북구 안암로 145 고려대학교 건축사회환경공학부(02-3290-3316) (학)고려대 토목공학과졸, 미국 버지니아대 대학원졸, 공학박사(미국 텍사스오스틴대) (경)1991~1993년 미국 애리조나주 홍수조절공사 수리분과장 1993년 고려대 건축사회환경공학부 교수(현) 2003년 한국수자원학회 이사·회원(현) 2006년 고려대 방재과학기술연구센터장 2008년 국토해양부 중앙하천관리위원 2009~2013년 대한토목학회 학회지편집위원장 2014~2015년 同부회장 2009~2011·2011~2013년 한국방재학회 부회장 2018년 한국공학한림원 회원(건설환경공학·현) 2018년 고려대 공과대학장·공학대학원장·기술경영전문대학원장·테크노콤플렉스원장 겸임(현)

## 김지강(金知康) KIM, JI GANG

(생)1964·1·10 (본)경주(慶州) (출)경기 평택 (주)전라북도 완주군 이서면 농생명로 100 국립원예특작과학원 저장유통과(063-238-6500) (학)1982년 인천고졸 1986년 충북대 원예학과졸 1995년 고려대 대학원 식품공학과졸 2006년 식품공학박사(일본 히로시마대) (경)1992~2007년 농촌진흥청 원예연구소 연구사 2001~2003년 미국 USDA 식물과학연구소 방문연구원 2007년 농촌진흥청 원예연구소 연구관 2008년 국립원예특작과학원 연구관 2013년 同저장유통연구팀장 2014~2017년 한국수확후관리협회 부회장 2015~2017년 한국원예학회 부회장 2016년 국립원예특작과학원 저장유통과장(현) 2017년 제4차 국제원예학회 아시아학술대회 위원장 (상)국무총리표창(2006), 미국 세계인명사전 평생공로상(2018) (저)'과일, 채소 맛있고 싱싱하게'(2004, 부민문화사) '신선편이 농식품 산업 및 품질관리'(2007, 세명문화사) 'Biotechnology : Applications for improved quality of human life'(2012, Intech) 'Postharvest handling of fruits in Asia'(2016, NIHHS) (종)기독교

## 김지나(金지나·女)

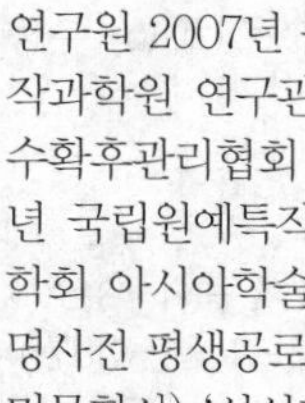

(생)1983·11·24 (주)경기도 수원시 팔달구 효원로 1 경기도의회(031-8008-7000) (학)한양대 대학원 경영컨설팅학 석사과정 수료 (경)경기 안산시 노사전문위원회 위원, 노무법인 대유 안산지사 대표(현) 2018년 경기도의회 의원(비례대표, 바른미래당)(현) 2018~2019년 同경제과학기술위원회 부위원장 2019년 同경제노동위원회 부위원장(현) 2019년 同예산결산특별위원회 위원(현)

## 김지만(金知萬)

(생)1977 · 1 · 30 (주)대구광역시 중구 공평로 88 대구광역시의회(053-803-5041) (학)2012년 법학박사(일본 와세다대) (경)경일대 특임교수, 자유한국당 정무위원회 정책자문위원(현) 2018년 대구시의회 의원(자유한국당)(현)

## 김지미(金芝美 · 女) KIM Ji Mi

(생)1940 · 7 · 15 (출)대전 (학)덕성여고졸 1997년 명예박사(러시아 국립영화대학) (경)1958년 영화 '황혼열차'로 데뷔 1987~1995년 (주)지미필름 설립 · 대표 1993년 한국에이즈연맹후원회 회장 1994년 청룡영화상 본선 심사위원장 1995~2000년 한국영화인협회 이사장 1996년 대종상영화제 집행위원장 1998년 스크린쿼터사수 범영화인 비상대책위원회 공동위원장 1999년 영화진흥위원회 위원 2010년 영화인 명예의 전당 헌액 2015년 대한민국예술원 회원(영화 · 현) (상)아시아영화제 여우주연상(2회), 파나마국제영화제 여우주연상(1974), 대종상 여우주연상(3회), 한국백상예술대상 연기상(2회), 시카고영화제 세계평화메달상(1985), 한국영화평론가협회 여우주연상(1987), 한국연극영화상 여우주연상(1987), 대종상 여우조연상(1988), 보관문화훈장(1997), 춘강상(1998), 영평상 공로상(2000), 서울시문화상(2000), '올해의 여성영화인상' 공로상(2014), 대중문화예술상 은관문화훈장(2016) (작)'티켓' '명자 아끼꼬 쏘냐' '아메리카 아메리카' '추억의 이름으로' '불의 나라' '아낌없이 주련다' '물의 나라' '서울만신' '별아 내가슴에' '황혼열차' '카츄사' '밀회' '요화 배정자' '춘희' '동심초' '이별' '에미' '너의 이름은 여자' '이조시인 잔혹사' '토지' '길소뜸' '잡초' 등 다수

## 김지석(金志錫) KIM Ji Suk

(생)1959 · 9 · 15 (출)대구 (주)서울특별시 마포구 효창목길 6 한겨레신문(02-710-0140) (학)1977년 경북고졸 1984년 서울대 철학과졸 (경)1984년 서울신문 기자 1988년 한겨레신문 기자 1998년 同여론매체부장 1999년 同편집국장석 부장 2000년 同국제부장 2003년 同논설위원 2005년 同논설위원실장 2006년 同논설위원 2009년 同논설위원실장 2011년 同콘텐츠평가실장 2013~2017년 同논설위원 2017년 同대기자(현) (저)'모스크바는 눈물을 흘리지 않는다'(共) '지금 모스크바에서는 아무도 내일을 말하지 않는다(共)'(1992, 백두) '미국을 파국으로 이끄는 세력에 대한 보고서'(2004, 교양인) '김지석-시대의 과제에 맞섰는가'(2008 · 2014, 커뮤니케이션북스) '영화의 바다 속으로'(2015, 본북스) '효창숲에 가면 그 나무가 있다(共)'(2016, 나낭)

## 김지석(金志錫) KIM Ji Seok

(생)1989 · 6 · 13 (출)서울 (주)서울특별시 성동구 마장로 210 한국기원 홍보팀(02-3407-3870) (경)권갑용 6단 문하생 2003년 프로바둑 입단 2005년 2단 승단 2006년 3단 승단 2007년 4단 승단 2007년 5단 승단 2008년 세계마인드스포츠게임 남자단체전 금메달 2009년 물가정보배 프로기전 우승 2009년 6단 승단 2009년 천원전 준우승 2010년 7단 승단 2011 · 2012년 농심신라면배 한국대표 우승 2012년 8단 승단 2013년 GS칼텍스배 · Olleh배 우승 2013년 9단 승단(현) 2014년 제4회 초상부동산배(한 · 중 최정상권 7인 단체전) 우승 · GS칼텍스배 우승 · Olleh배 우승 2015년 LG배 준우승 2015년 하세배 한 · 중 · 일 바둑쟁탈전 준우승 2016년 엘리트마인드게임스 바둑부문 남자단체전 우승 2017년 GS칼텍스배 준우승 2018년 JTBC 챌린지매치 1차 대회 우승 2018년 제19회 농심신라면배 세계바둑최강전 한 · 중 · 일 단체전 우승 2018년 제30회 TV바둑아시아 우승 2018년 제1회 용성전 우승 2019년 제23기 GS칼텍스배 준우승 (상)2009 바둑대상 다승상 · 승률상 · 연승상(2010), 한국바둑리그 MVP(2012), 바둑대상 우수기사(2013), 2014 바둑대상 최우수기사(MVP)(2014) (저)'시크릿 : 김지석의 사활과 수읽기'(2018, B361)

## 김지선(金智善 · 女)

(생)1976 · 7 · 10 (출)서울 (주)충청남도 천안시 동남구 청수14로 77 대전지방법원 천안지원(041-620-3000) (학)1995년 명덕외고졸 1999년 서울대 사법학과졸 (경)2000년 사법시험 합격(42회) 2003년 사법연수원 수료(32기) 2003년 서울지법 남부지원 예비판사 2005년 서울중앙지법 판사 2007년 창원지법 판사 2010년 인천지법 판사 2012년 의정부지법 고양지원 판사 2015년 서울서부지법 판사 2018년 대전지법 천안지원 · 대전가정법원 천안지원 부장판사(현)

## 김지수 Ji-Soo Kim

(생)1964 · 7 · 19 (주)경기도 성남시 분당구 구미로 173번길 82 분당서울대병원 신경과(031-787-7463) (학)1992년 서울대 의대졸 1997년 同대학원 의학석사 2003년 의학박사(서울대) (경)1997년 서울대병원 신경과 전공의 · 전문의 1997~1998년 미국 UCLA Neurotology Fellowship 1998년 USC+LAC Hospital Neuro-ophthalmology Fellowship 1998~2000년 캐나다 Univ. of Toronto Toronto Western Hospital Neuro-ophthalmology Fellowship 2000~2003년 제주대 의대 신경과학교실 전임강사 · 조교수 2003~2013년 서울대 의과대학 신경과학교실 전임강사 · 조교수 · 부교수 2012~2016년 분당서울대병원 신경과장 2013년 서울대 의대 신경과학교실 교수(현) 2014~2015년 분당서울대병원 진료지원센터장 2015~2019년 同경영혁신실장 2016~2018년 대한평형의학회장 2018년 분당서울대병원 어지럼증센터장(현) 2019년 대한안신경학회장(현) (상)캐나다 Univ. of Toronto Barford Fellowship Award(1998 · 1999), 서울대병원 SCI IF상 우수상(2005), 서울대병원 SCI IF상 장려상(2006), Barany Society Young Scientist Award(2006), 대한평형의학회 우수연구자상(2006), 서울대 우수연구상(2007), 서울대 우수업적교수상 연구부문(2008), 아시아신경안과학회 최우수포스터상(2008), 분당서울대병원 누적IF최우수상(2008), 분당서울대병원 불곡의학상 최우수상(2010), 분당서울대병원 불곡의학상 장려상(2011), 할파이크-닐렌상(2014), 서울대 학술연구상(2015), 과학기술훈장 진보장(2016) (저)'어지럼과 이명 그림으로 보다(共)'(2010, 푸른솔) '문답으로 정복하는 어지럼증'(2010, 이퍼블릭) '문답으로 풀어가는 신경안과진료(共)'(2010, 이퍼블릭) '신경안과 증례집(共)'(2014, 범문에듀케이션) '간략형 전정재활치료와 맞춤전정운동(共)'(2017, 푸른솔)

## 김지수(金智洙) Kim, Jisu

(생)1969 · 1 · 11 (본)김녕(金寧) (주)대전광역시 서구 청사로 189 특허청 운영지원과(042-481-5110) (학)1987년 충남고졸 1993년 연세대 화학공학과졸 2001년 충남대 대학원 법학과졸 2008년 미국 워싱턴대 대학원 LL.M.과정 수료 (경)1996년 기술고시 임용(30회) 1996~2000년 특허청 화학분야 특허심사관 2000년 同심판장 보좌관 2003년 同심사조정과 서기관 2004~2006년 서울중앙지법 특허조사관 2006년 특허청 화학생명공학심사본부 주무서기관 2006년 同특허심판원 심판관 2007~2009년 미국 유학 2009년 특허심판원 수석심판관 2010년 특허청 환경에너지심사과장 2012년 同심사협력과장 2013년 同특허심사기획국 특허심사제도과장(서기관) 2014년 同특허심사기획국 특허심사제도과장(부이사관) 2016년 국가지식재산위원회 파견(부이사관) 2018년 특허청 산업재산보호협력국 산업재산보호정책과장 2019년 同본청 근무(고위공무원)(현) 2019년 국립외교원 파견(현) (상)근정포장(2015)

## 김지수(金志修 · 女) JI Soo Kim

(생)1970·3·18 (출)서울 (주)경상남도 창원시 의창구 상남로 290 경상남도의회(055-211-7000) (학)1993년 덕성여대 약학대학졸 2012년 同문화산업대학원 임상약학과졸 2016년 약학박사(경성대) (경)2011~2014년 하나됨을위한늘푸른삼천 운영이사 2013년 민주당 전국여성위원회 부위원장 2013년 同정책위원회 부의장, 노무현재단 경남지역위원회 운영위원 2013년 경성대 약학대학 외래교수, 문성대학교 간호학과 외래교수 2014년 새정치민주연합 전국여성위원회 부위원장 2014년 同정책위원회 부의장 2014~2018년 경남도의회 의원(비례대표, 새정치민주연합·더불어민주당) 2014년 同기획행정위원회 위원 2014년 同도청소관 예산결산특별위원회 부위원장, 창원박물대학 연합회 특별자문위원, 일본군위안부할머니와 함께하는 마창진시민모임 운영위원 2014년 경남직업문화센터 이사, 대원초등학교 학교운영위원회 위원장 2015년 새정치민주연합 경남도당 대변인 2015년 同경남도당 무상급식대책위원장 2015년 더불어민주당 경남도당 대변인 2016년 경남도의회 교육위원회 위원 2016년 더불어민주당 경남지방의원협의회장 2017~2018년 同경남도당 대변인 2018년 경남도의회 의원(더불어민주당)(현) 2018년 同의장(현) 2019년 전국시·도의회의장협의회 부회장(현) (상)경상남도의정회 선정 '자랑스런 도의원'(2015), 대한민국 뉴리더대상 지방자치의정부문 대상(2019) (종)가톨릭

## 김지숙(金芝淑 · 女)

(생)1968·4·29 (출)대구 (주)경기도 안양시 동안구 관평로212번길 70 수원지방법원 안양지원(031-8086-1114) (학)1986년 대구 신명여고졸 1990년 이화여대 법학과졸 (경)1996년 사법시험 합격(38회) 2000년 사법연수원 수료(29기) 2000년 수원지법 판사 2002년 서울지법 판사 2004년 서울중앙지법 판사 2005년 대구지법 판사 2009년 서울서부지법 판사 2011년 서울중앙지법 판사 2012년 서울고법 판사 2014년 서울가정법원 판사 2016년 대구지법 김천지원·대구가정법원 김천지원 부장판사 2018년 수원지법 안양지원 부장판사(사법연구)(현)

## 김지식(金知植) KIM Ji Sik

(생)1964·4·25 (출)충남 금산 (주)서울특별시 송파구 중대로9길 60 한국농업경영인중앙연합회 임원실(02-3401-6543) (학)대전 대신고졸, 경희사이버대 벤처농업경영학과졸, 고려대 대학원 경영학과졸 (경)충남농민연대 집행위원장, (사)충남농업경제지원센터 이사, (주)한국농어민신문 이사 겸 충남지사장, (사)한국농업경영인충남연합회 영농조합법인 대표이사, 충남4-H연합회 제35대 회장, 농림부 농어업재해보험 심의위원 2006년 충남도의원선거 출마(무소속) 2007년 충남도의원선거 출마(4.25재보선, 국민중심당) 2007년 한국농업경영인중앙연합회 정책부회장 2017년 同회장(현)

## 김지암(金址岩)

(생)1965·1·22 (본)경주(慶州) (출)경북 고령 (주)서울특별시 용산구 서빙고로24길 15 용산세무서(02-748-8200) (학)1983년 현풍고졸 1986년 세무대학 내국세학과졸 2003년 한국방송통신대 경영학과졸 (경)1986년 세무공무원 임용(8급 특채) 1986~1998년 서울 종로세무서·성동세무서·서울지방국세청 조사1국 근무 1998~2008년 기획재정부 세제실 근무 2008년 국세공무원교육원 교수 2011년 국세청 개인납세국 서기관 2012년 헌법재판소 파견 2014년 중부지방국세청 조사4국 조사3과장 2015년 경기 화성세무서장 2016년 서울지방국세청 조사3국 조사1과장 2017년 서울 서대문세무서장 2018년 서울지방국세청 조사2국 조사관리과장 2019년 서울 용산세무서장(현) (상)재정경제부장관표창(2001), 행정자치부장관표창(2007) (저)'상속세 및 증여세 실무해설(共)'(2016, 영화조세통람) (종)기독교

## 김지연(金芝娟 · 女) KIM Ji Yeon

(생)1942·10·22 (본)김해(金海) (출)경남 진주 (주)서울특별시 용산구 소월로 109 남산도서관 2층 한국소설가협회(02-703-9837) (학)1962년 진주여고졸 1971년 서라벌예술대학 문예창작과졸 (경)1967년 매일신문 신춘문예에 소설 당선 1968년 「현대문학」誌 소설추천, 경남일보 문화부 차장, 마산제일여고 교사, 의사신문 취재부 차장, 펜문학지 편집위원, 교통평론지 편집위원 1990~1996년 중소기업연수원·공무원연수원 강사 1993년 국제펜클럽 한국본부 이사 1995~1999년 성신여대·동덕여대 문예창작과 강사 1996년 한국여성문학인회 부회장 1997년 한국소설가협회·저작권협회·전송권협회 이사 1997년 은평문인협회 회장 1998년 은평문화원 부원장 1999~2002년 (사)남북문화교류협회 부회장 2000~2002년 방송위원회 연예오락제1심의위원 2001~2004년 경원대 문예창작과 겸임교수 2003년 민주평통 자문위원 2004년 한국문인협회 부이사장 2008~2010년 한국여성문학인회 회장 2009년 문예학술저작권협회 이사·부회장 2012년 한국소설가협회 부이사장 2015년 은평문화원 원장(현) 2016년 한국소설가협회 이사장(현) 2018년 문화체육관광부 국립한국문학관건립추진위원회 위원 (상)한국소설 문학상(1984), 南冥문학상(1991), 펜문학상(1995), 月灘문학상(1996), 은평문화예술대상(1997), 한국문학상(2003), 예총예술문화대상, 유주현문학상(2006) (저)소설집 '산울음' '산배암' '산정' '산가시내' '씨톨' '씨톨2' '씨톨3' '촌남자' '아버지의 臟器' '야생의 숲' '살구나무 숲에 트는 바람' '히포크라테스의 연가' '흑색병동' '불임여자' '자매의 성' '어머니의 고리' '두여자' '양철지붕의 담쟁이' '고리' '돌개바람' '정녀' '욕망의 늪' '논개' '산막의 영물' '늑대별'(2009) '산죽' '생명의 늪 上·下'(2009) '명줄'(2011), 꽁트집 '사나이 대장부' '잘난남자', 수필집 '생의 부초가 되기 싫거든' '그대 내 영혼 되어' '배추뿌리'

## 김지연(金志姸 · 女)

(생)1967·11·20 (출)전남 완도 (주)경기도 수원시 영통구 법조로 91 수원지방검찰청 형사2부(031-5182-4334) (학)1985년 경희여고졸 1988년 서울대 수학교육학과 중퇴 (경)1998년 사법시험 합격(40회) 2001년 사법연수원 수료(30기) 2001년 서울지검 남부지청 검사 2003년 수원지검 평택지청 검사 2005년 대구지검 검사 2007년 수원지검 안산지청 검사 2009년 서울동부지검 검사 2012년 대전지검 검사 2014년 수원지검 검사 2015년 同부부장검사 2016년 춘천지검 부부장검사 2017년 창원지검 통영지청 형사1부장 2018년 창원지검 부부장검사 2018년 사회적참사특별조사위원회 파견 2019년 수원지검 형사2부장(현)

## 김지연(金池蓮 · 女)

(생)1975·4·25 (출)경북 봉화 (주)서울특별시 서초구 반포대로 157 대검찰청 양성평등정책담당관실(02-3480-2032) (학)1994년 안동 길원여고졸 1999년 연세대 법학과졸 (경)2000년 사법시험 합격(42회) 2003년 사법연수원 수료(32기) 2003년 서울지검 동부지청 검사 2004년 서울동부지검 검사 2005년 대구지검 경주지청 검사 2007년 울산지검 검사 2009년 부산지검 검사 2010년 同강력부 검사 2011년 서울북부지검 검사 2013년 서울중앙지검 검사 2015년 광주지검 순천지청 검사 2017년 광주지검 검사 2017년 同부부장검사 2018년 同공판부장 2019년 대검찰청 양성평등정책담당관(현)

## 김지영(金智英 · 女) KIM Ji Young

(생)1949·9·22 (본)의성(義城) (출)전북 (주)경기도 수원시 영통구 덕영대로1556번길 16 (주)코스모젠 임원실(031-203-3134) (학)1973년 서울대 식품영양학과졸 1976년 미국 시카고대 대학원졸 1981년 생화학·분자생물학박사(미국 시카고대) (경)1984~1989년 한국과학기술원 유전공학센터 선임연구원(실장)

1989~2015년 경희대 유전공학과 부교수·교수 2004~2005년 여성생명과학기술포럼 회장 2005~2007년 경희대 생명과학대학장 2008~2009년 한국여성과학기술단체총연합회 회장 2009년 한국생화학분자생물학회 감사 2010년 한국여성과학기술단체총연합회 명예회장(현) 2011년 同고문 2014~2017년 한국과학기술단체총연합회 이사 2015년 경희대 유전공학과 명예교수(현) 2015년 (주)코스모젠 대표이사(현) 2016~2018년 (재)한국여성과학기술인지원센터 이사장 (상)올해의 여성과학기술자상 진흥부문(2010), 과학기술훈장 혁신장(2011) (종)천주교

**김지영(金志映 · 女)**

(생)1965 · 12 · 11 (출)대구 (주)서울특별시 양천구 신월로 386 서울남부지방법원(02-2192-1114) (학)1984년 예일여고졸 1988년 서울대 법학과졸 1991년 同대학원졸 (경)1990년 사법시험 합격(32회) 1993년 사법연수원 수료(22기) 1993년 부산지법 동부지원 판사 1996년 부산지법 판사 1997년 수원지법 판사 2001년 서울지법 동부지원 판사 2004년 서울동부지법 판사 2005년 서울중앙지법 판사 2006년 서울고법 판사 2008년 서울북부지법 판사 2009년 대전지법 부장판사 2011년 수원지법 부장판사 2013년 서울동부지법 부장판사 2015년 서울중앙지법 부장판사 2018년 서울남부지법 부장판사(현)

**김지완(金知完) KIM Ji Wan**

(생)1946 · 7 · 29 (출)부산 (주)부산광역시 남구 문현금융로 30 BNK금융지주 회장실(051-663-1101) (학)1964년 부산상고졸 1970년 부산대 무역학과졸 2002년 홍익대 세무대학원 세무학과졸 (경)1969년 공인회계사자격 취득 1969년 한일합섬 입사 1977년 부국증권 입사 1981년 同이사 1990년 同상무이사 1994년 同전무이사 1998~2003년 同대표이사 사장 2001년 한국증권업협회 부회장 2003~2007년 현대증권 대표이사 사장 2005~2009년 한국증권선물거래소 사외이사 2008~2012년 하나대투증권 대표이사 사장 2008~2012년 (주)하나금융지주 자산관리부문 부회장 2017년 (주)BNK금융지주 대표이사 회장(현) (상)이코노믹리뷰 선정 한국의CEO 대상(2005) (종)기독교

**김지완(金知完)**

(생)1969 · 7 · 11 (출)부산 (주)충청남도 논산시 강경읍 계백로 99 논산지청 총무과(041-746-4543) (학)1988년 브니엘고졸 1993년 서울대 법학과졸 (경)2000년 사법고시 합격(42회) 2003년 사법연수원 수료(32기) 2003년 변호사 개업(대한법률구조공단) 2006년 대구지검 경주지청 검사 2008년 창원지검 검사 2010년 인천지검 검사 2012년 서울중앙지검 검사 2015년 부산지검 동부지청 검사 2017년 서울북부지검 검사 2017년 서울중앙지검 부부장검사 2018년 법무부 국가송무과장(부장검사) 2019년 대전지검 논산지청장(현)

**김지용(金志容)**

(생)1968 · 5 · 23 (출)충남 부여 (주)부산광역시 강서구 명지국제7로 67 부산지방검찰청 서부지청 총무과(051-520-4542) (학)1986년 공주대사대부고졸 1994년 성균관대 법학과졸 (경)1996년 사법시험 합격(38회) 1999년 사법연수원 수료(28기) 1999년 대전지검 검사 2001년 춘천지검 강릉지청 검사 2003년 서울지검 검사 2004년 서울중앙지검 검사 2005년 광주지검 목포지청 검사 2007년 서울동부지검 검사 2011년 대검찰청 연구관 2012년 미국 듀크대 로스쿨 Visiting Scholar 2012년 수원지검 부부장검사 2013년 대구지검 영덕지청장 2014년 대구지검 특별수사부장 2015년 同부부장검사(법무연수원 대외연수과장 파견) 2016년 서울중앙지검 공판2부장 2017년 대검찰청 감찰1과장 2018년 대구지검 형사1부장 2019년 부산지검 서부지청장(현) (상)검찰총장표창(2003) (저)'증권사범 수사실무(共)'(2005, 대검찰청)

**김지찬(金志讚) KIM Ji Chan**

(생)1959 · 3 · 20 (출)충남 예산 (주)경기도 용인시 기흥구 마북로 207 LIG넥스원(주)(1644-2005) (학)1979년 서울 광성고졸 1986년 국민대 전자공학과졸 (경)1987년 금성정밀(주) 입사 2006년 넥스원퓨처(주) 방공유도사업부장(이사) 2013년 LIG넥스원(주) 사업개발본부장(전무) 2017년 同사업개발본부장(부사장) 2017년 同사업총괄 부사장 2018년 同대표이사 사장(현) (상)은탑산업훈장(2019)

**김지철(金枝喆) KIM Jie Chul**

(생)1948 · 7 · 5 (출)서울 (주)서울특별시 성북구 종암로 13 고려대학교 교우회관 307호 한국리더십학교(02-929-6898) (학)1972년 서울대 무역학과졸 1977년 장로회신학대 대학원 신학과졸 1987년 신학박사(독일 튀빙겐대) (경)1977~2003년 장로회신학대 신학과 전임강사 · 조교수 · 부교수 · 교수 1997년 한반도평화연구원 이사장(현) 1998년 한국성서학연구소 소장 2003년 서울소망교회 담임목사 2013년 한국리더십학교 이사장(현) 2013년 장로회신학대 이사 2015~2017년 同이사장 (저)'복음과 문화'(1992, 현대신학연구소) '내가 너를 기뻐하노라'(1995, 두란노) '마가의 예수'(1995, 한국성서학연구소) '고린도전서'(1999, 대한기독교서회) '영혼의 혁명을 일으키시는 성령'(2006, 두란노) '하나님의 계명'(2009, 두란노) '예수님의 기도'(2009, 두란노) '네게 복을 주리라'(2011, 두란노) '결혼, 사랑의 신비'(2011, 청림출판) '지혜수업'(2012, 아드폰테스) '인생선물'(2013, 아드폰테스) '내 영혼의 고백'(2014, 두란노) '내가 만물을 새롭게 하노라'(2014, 아드폰테스) '미명의 그리스도인'(2015, 아드폰테스) '예수, 내게 묻다'(2016, 두란노서원) (종)기독교

**김지철(金知哲) KIM Ji Chol**

(생)1951 · 10 · 10 (출)충남 천안 (주)충청남도 홍성군 홍북읍 선화로 22 충청남도교육청 교육감실(041-640-7010) (학)천안고졸 1974년 공주사범대 영어교육과졸 1988년 단국대 교육대학원 영어교육 석사과정 수료 (경)1976~2006년 태안여중 · 성환고 · 천안여고 · 천안중 · 합덕농고 · 덕산고 · 천안공고 · 천안중앙공고 · 천안북중 · 천안신당고 영어교사, 전국교직원노동조합 충남지부장, 천안아산환경운동연합 감사 2006~2009년 충남도교육위원회 교육위원, 천안학교급식협의회 상임대표, (사)색동회 충남 · 천안지회장, 광덕산환경교육센터 운영이사, 한국백혈병소아암협회 충청지부 이사, 선문대 겸임교수 2010~2014년 충남도의회 교육위원회 교육의원 2010~2012년 同교육위원회 부위원장 2014~2018 · 2018년 충청남도 교육감(현) 2014~2018년 충남교육사랑장학재단 이사장

**김지철(金知徹) KIM Ji Cheol**

(생)1967 · 7 · 20 (출)울산 (주)서울특별시 서초구 서초중앙로 157 서울중앙지방법원(02-530-1114) (학)1986년 부산 낙동고졸 1994년 부산대 법학과졸 (경)1994년 사법시험 합격(36회) 1997년 사법연수원 수료(26기) 1997년 부산지법 판사 2000년 창원지법 판사 2002년 수원지법 여주지원 판사 2005년 서울중앙지법 판사 2007년 서울북부지법 판사 2008년 서울고법 판사 2010년 대법원 재판연구관 2012년 부산지법 부장판사 2013년 인천지법 부천지원 부장판사 2016년 서울중앙지법 부장판사(현)

**김지하(金芝河) KIM Young Il**

(생)1941·2·4 (출)전남 목포 (학)1959년 중동고졸 1966년 서울대 미학과졸 1993년 명예 문학박사(서강대) (경)1964년 한·일회담 반대로 투옥 1969년 「황톳길」·「녹두꽃」·「들녘」으로 등단, 시인(현) 1970년 반공법 위반(五賊사건)으로 투옥 1974년 民靑學聯사건 주모자로 기소 1974년 사형선고 1974년 무기징역으로 감형 1975년 출감 1975년 옥중수기 「고행 1974」와 관련 재구속(반공법 위반) 1978년 무기징역에서 20년형으로 감형 1980년 형집행정지로 석방 1982년 五賊사건 원심확정(징역 1년·자격정지 1년·집행유예 2년) 1984년 사면복권 1985년 '창작과 표현의 자유에 대한 문학인 401선언' 1990년 반공법위반 재판시효(15년) 만료로 면소 1994년 계간 「그물코」 대표 1999년 명지대 문예창작과 석좌교수 1999년 율려학회 초대회장 2001~2004년 명지대 국어국문학과 석좌교수 2003년 '세계생명문화포럼-경기 2003' 공동추진위원장 2004년 한국예술종합학교 석좌교수 2005년 영남대 교양학부 석좌교수 2007~2014년 동국대 생태환경연구센터 석좌교수 2008년 원광대 원불교학과 석좌교수 2014년 건국대 대학원 석좌교수 2015년 동강시스타 동강산수문화원 초대 이사장 (상)아시아·아프리카작가회 LOTUS상(1975), 국제시인회 위대한시인상(1981), 정지용문학상(2002), 제17회 만해문학상(2002), 제100회 대산문학상(2002), 오스트리아 브루노크라이스키 인권상, 공초문학상, 제10회 만해대상 평화부문(2006), 경암학술상 예술부문(2010), 제2회 민세상 사회통합부문(2011), 협성문화재단 제3회 협성사회공헌상 특별상(2013), 통영시문학상(2019) (저)산문집 '남녘땅 뱃노래'(1985) '동학 이야기'(1994) '밥'(1995) '틈'(1995) 시집 '황토'(1970) '타는 목마름으로'(1982) '오적'(1993) '김지하 시선집'(1993) '대설 南1-5권'(1994) 기타 '생명의 가치'(1995) '미학강의 예감에 가득찬 숲 그늘'(1999) '김지하의 화두'(2003) '못난 시들'(2009) '시 삼백'(2010, 자음과모음) '흰그늘의 산알 소식과 산알의 흰그늘'(2010, 천년의시작) '시김새'(2012) 수묵시화첩 '절 그 언저리' 회고록 '흰 그늘의 길' 산문선집 '생명'(1992) '생명학'(2003) '흰 그늘의 미학을 찾아서'(2005) 소근소근 김지하의 세상이야기 시리즈 '방콕의 네트워크'(2009) '촛불 횃불 숯불'(2009) '새 시대의 율려, 품바품바 들어간다'(2009) '디지털 생태학'(2009) 경제에세이 '춤추는 도깨비'(2010) '시김새 1·2'(2012, 신생) '이 가문 날에 비구름'(2012, 전망) '화엄세계와 하느님 나라(共)'(2012, 모시는사람들) '남조선 뱃노래'(2012, 자음과모음) '빈 산'(2013, 시인생각) '김지하의 수왕사'(2013, 올리브엠앤비) '구리 이순신'(2014, 범우) '초미, 첫 이마'(2014, 다락방) '아우라지 미학의 길'(2014, 다락방) '김지하 평론선집'(2015, 지식을만드는지식) '검은 산 하얀 방'(2015, 아킬라미디어) '애린'(2016, 아킬라미디어) '타는 목마름으로'(2016, 아킬라미디어) '오적'(2016, 아킬라미디어) '중심의 괴로움'(2016, 아킬라미디어) '흰 그늘'(2018, 작가) '우주생명학'(2018, 작가) (종)기독교

**김지헌(金志憲) KIM Ji Hon**

(생)1969·12·22 (출)광주 (주)서울특별시 도봉구 마들로 747 서울북부지방검찰청 인권감독관실(02-3399-4869) (학)1988년 광주 숭일고졸 1997년 서울대 경영학과졸 (경)1996년 사법시험 합격(38회) 1999년 사법연수원 수료(28기) 1999년 부산지검 검사 2001년 인천지검 부천지청 검사 2003년 서울지검 의정부지청 검사 2004년 의정부지검 검사 2005년 대전지검 검사 2008년 서울중앙지검 검사 2010년 한국거래소 파견 2011년 서울중앙지검 부부장검사 2012년 수원지검 성남지청 부부장검사 2012년 춘천지검 강릉지청 부장검사 2014년 법무부 인권조사과장 2015년 춘천지검 영월지청장 2016년 서울동부지검 형사3부장 2017년 대구지검 부부장검사(국민권익위원회 파견) 2018년 서울남부지검 형사2부장 2019년 서울북부지검 인권감독관(현)

**김지형(金知衡) KIM, Ji-Hyung**

(생)1958·4·22 (출)전북 부안 (주)서울특별시 서대문구 충정로 60 KT&G 서대문타워 10층 법무법인(유) 지평(02-6200-1828) (학)1975년 전주고졸 1980년 원광대 법과대학졸 2012년 명예 법학박사(원광대) (경)1979년 사법시험 합격(21회) 1981년 사법연수원 수료(11기) 1984년 서울지법 동부지원 판사 1986년 서울민사지법 판사 1989년 전주지법 정주지원 판사 1989년 독일 괴팅겐대 연수 1991년 광주고법 판사(헌법재판소 파견) 1992년 서울고법 판사(헌법재판소 파견) 1995년 서울지법 부장판사 1996년 광주지법 순천지원 부장판사 1998년 사법연수원 교수 2001년 서울지법 부장판사 2003년 특허법원 부장판사 2003년 대법원장 비서실장 2003년 서울고법 부장판사 2005년 사법연수원 연구법관 2005~2011년 대법원 대법관 2012~2014년 법무법인 지평지성 고문변호사 2012~2017년 원광대 법학전문대학원 석좌교수 2013~2015년 한국신문윤리위원회 위원장 2014~2015년 국세청 조세법률고문 2014~2016년 법무법인 지평 고문변호사 2014~2016년 삼성전자(주) 백혈병문제조정위원회 위원장 2014년 (사)두루 이사장(현) 2016년 구의역사고진상규명위원회 위원장, 대한상사중재원 중재인(현) 2017~2018년 법무법인 지평 대표변호사 2017년 신고리원전5·6호기공론화위원회 위원장 2018년 대통령직속 규제개혁위원회 민간위원장(현) 2018년 법무법인(유) 지평 대표변호사(현) 2019년 한국전력공사 윤리준법위원회 외부위원(현) 2019년 현대제철(주) 행복일터안전.환경자문위원회 위원장(현) (상)서울외신기자클럽(SFCC) 언론상(2017), 대한민국협상대상(2017) (저)'노동법해설'(1993) '근로기준법해설'(1995) '근로기준법 주해'(2010) '노동조합 및 노동관계조정법 주해(共)'(2015) 'Labor Laws of the Republic of Korea(共)'(2015)

**김지혜(金知慧·女) Kim Jee-Hae**

(생)1973·4·27 (출)제주 (주)경기도 평택시 평남로 1036 수원지방법원 평택지원(031-650-3100) (학)1992년 무학여고졸 1997년 서울대 영어영문학과졸 (경)1999년 사법시험 합격(41회) 2002년 사법연수원 수료(31기) 2002년 부산지법 예비판사 2003년 부산고법 예비판사 2004년 부산지법 판사 2005년 인천지법 판사 2008년 서울중앙지법 판사 2010년 서울가정법원 판사 2012년 서울동부지법 판사 2017년 대전지법 부장판사 2019년 수원지법 평택지원 부장판사(현)

**김지홍(金志鴻) KIM Jee Hong**

(생)1955·1·24 (출)서울 (주)서울특별시 서대문구 연세로 50 연세대학교 경영대학 경영학과(02-2123-2517) (학)1973년 경기고졸 1977년 연세대 경영학과졸 1982년 미국 인디애나대 블루밍턴교 경영대학원졸 1987년 회계학박사(미국 캘리포니아대 버클리교) (경)1987~1989년 미국 뉴욕대 조교수 1989년 연세대 경영대학 경영학과 부교수·교수(현) 2004년 산업자원부 무역위원회 비상임위원 2006~2008년 연세대 경영연구소장 2007~2009년 금융감독원 회계서비스본부장(전문심의위원) 2009년 한국회계정보학회 회장 2010년 同고문 2010~2011년 한국회계학회 회장 2010년 예금보험공사 부실금융책임심의위원회 위원 2010년 (주)노루페인트 사외이사(현) 2010년 한국기업평가(주) 사외이사(현) (상)한국공인회계사회 최우수논문상(1997), 한국회계학회 우수논문상(2001), 대통령표창(2007) (저)'자본시장과 회계정보'(1993) '중급회계'(1997) (종)기독교

**김지환(金智煥) Kim, Ji Hwan**

(생)1958·7·7 (본)당악(唐岳) (출)전남 나주 (주)서울특별시 관악구 관악로 1 서울대학교 공과대학 기계항공공학부(02-880-7383) (학)1977년 보성고졸 1982년 서울대 공대 항공우주공학과졸 1984년 同대학원 항공우주공학과졸 1989년 공학박사(서울대) (경)1983년 서울대 공대 항공공학과 조교 1989년 인하대 공대 항공우주공학과 강사 1989~1991년 미국 메릴랜드대 항공

우주공학위원회 연구원 1992~2003년 서울대 항공우주공학과 조교수·부교수 2002년 교육인적자원부 고등교과서용도서(항공기부문) 심의위원 2003년 항공사고조사위원회 자문위원 2003년 서울대 공과대학 기계항공공학부 우주항공공학전공 교수(현) 2005년 한국복합재료학회 총무이사 2009~2011년 서울대 항공우주신기술연구소장 (역)'Engineering Mechanics : Dynamics'(2004, 범한서적) (종)천주교

### 김지후(金知厚)

(생)1974·9·15 (출)광주 (주)광주광역시 동구 준법로 7-12 광주지방법원(062-239-1710) (학)1992년 광주 서석고졸 1998년 서울대 공법학과졸 (경)2000년 사법시험 합격(42회) 2003년 사법연수원 수료(32기), 육군 법무관, 광주지법 판사 2010년 同순천지원 판사 2012년 인천지법 판사 2016년 서울동부지법 판사 2018년 광주지법 부장판사(현) (종)천주교

### 김지훈(金志勳) KIM Ji Hoon (湖山)

(생)1933·12·10 (출)제주 (주)제주특별자치도 제주시 서사로 25 제주일보(064-757-3114) (학)1953년 제주 오현고졸 1957년 제주대 영어영문학과졸 1972년 서울대 신문대학원 언론인교육과정 수료 (경)1959년 제주신보 기자 1962년 한국방송공사(KBS) 제주방송 기자 1970년 제주신문 사회부장 1975년 同체육부장 1978년 同편집부국장 1980년 해직 1982년 (주)서해 이사 1989년 제주신문 논설위원 1990년 제민일보 대표이사 1993년 同부회장 1997년 同사장 1999~2018년 재흥건설(주) 회장 2000년 제주언론인클럽 부회장 2004~2010년 同회장 2019년 제주일보 위너스클럽 고문(현) (상)제주도 문화상 언론부문, 송하언론상

### 김지훈(金志勳) Kim Ji Hun

(생)1971·11 (주)경기도 수원시 장안구 경수대로 1110-17 중부지방국세청 조사2국(031-888-4483) (학)영생고졸, 연세대 경제학과졸 (경)1998년 행정고시 합격(41회) 2007년 국세청 혁신기획관실 서기관 2010년 강원 속초세무서장(서기관) 2011년 중부지방국세청 조사1국 서기관 2012년 同조사4국 조사3과장(서기관) 2013년 서울지방국세청 조사1국 조사2과장(서기관) 2013년 서울 구로세무서장(서기관) 2014년 국세청 창조정책담당관(서기관) 2017년 同창조정책담당관(부이사관) 2017년 同법인납세국 법인세과장(부이사관) 2017년 중부지방국세청 감사관 2019년 서울지방국세청 첨단탈세방지담당관 2019년 중부지방국세청 조사2국장(고위공무원)(현)

### 김지흥(金知興) KIM, JI-HEUNG

(생)1959·4·1 (본)경주(慶州) (출)충북 영동 (주)경기도 수원시 장안구 서부로 2066 성균관대학교 공과대학 화학공학·고분자공학부(031-290-7247) (학)1977년 부산남고졸 1981년 서울대 공업화학과졸 1983년 한국과학기술원졸(석사) 1991년 고분자화학박사(미국 랜실레어폴리테크닉대) (경)한국과학기술연구소 연구원, 미국 매사추세츠대 연구원, 일본 東京理科大 생명과학연구소 객원연구원, 호주 퀸즈랜드대 객원교수 1992년 성균관대 화학공학과 교수 2009년 同공과대학 화학공학·고분자공학부 교수(현) (역)'기초고분자과학'(2000) (종)기독교

### 김직란(金直蘭·女)

(생)1971·5·3 (주)경기도 수원시 팔달구 효원로 1 경기도의회(031-8008-7000) (학)아주대 경영대학원 경영학과졸 (경)권선구 상록수봉사단 대표(현), 남수원초교 운영위원장(현), 군공항이전 수원시민협의회 주민참여분과 부위원장(현), 더불어민주당 중앙당 사회복지제도개선특별위원회 부위원장(현), 同수원시戊지역위원회 여성위원장, 同중앙당 부대변인 2017년 同제19대 문재인 대통령후보 조직특보 2018년 경기도의회 의원(더불어민주당)(현) 2018년 同건설교통위원회 위원(현)

### 김 진(金 珍) KIM Jin

(생)1955·8·10 (출)전남 완도 (주)울산광역시 남구 대학로 93 울산대학교 철학과(052-259-2571) (학)1978년 전남대 철학과졸 1983년 연세대 대학원 철학과졸 1988년 철학박사(독일 보쿰루어대) (경)1989년 울산대 철학과 교수(현) 1991년 한국칸트학회 편집위원 1992~1994년 同이사 1992년 울산대 출판부장 1998~2000년 영남철학회·새한철학회 부회장 1998~2001년 「철학비평」 창간·공동편집인 1999~2001년 대한철학회 발전위원 2001~2002년 울산대 철학과장 2006~2007년 대한철학회 부회장 2007~2009년 한국니체학회 편집위원 2012년 한국칸트학회 회장 2014~2016년 한국연구재단 인문사회연구본부 인문학단장 2017~2018년 대한철학회 회장 (상)울산시문화상 학술부문, 교육부총리표창(2016) (저)'아펠과 철학의 변형'(1998) '칸트·이성의 한계 안에서의 종교'(1999) '살고 있는 순간의 어두움 : 나의 일상철학적 구성들'(1999) '선험철학과 요청주의'(1999) '칸트와 생태사상'(2003) '퓌지스와 존재사유'(2003) '공학윤리(共)'(2003) '칸트와 불교'(2004) '한의 학제적 연구'(2004) '하느님의 길'(2005) '우려와 격려 : 현실문제에 대한 철학적 성찰'(2005) '처용설화의 해석학'(2007) '생각하는 삶'(2008) '하느님의 나라와 부처님의 나라'(2009) '한국사회를 움직이는 현대철학자들'(2009) (종)기독교

### 김진경(金津經) KIM Jin Kyoung

(생)1953·4·9 (본)경주(慶州) (출)충남 당진 (주)서울특별시 종로구 세종대로 209 정부서울청사 3층 314호 국가교육회의(02-2100-1306) (학)1971년 대전고졸 1976년 서울대 사범대 국어교육과졸 1983년 同대학원 국어국문학과졸 (경)1974년 「한국문학」에 시인 등단 1976년 한성고·우신고·양정고 교사 1985년 '민중교육지' 사건으로 구속(1년 2개월 수감) 및 해직, 오월시 동인, 전국교직원노동조합(전교조) 초대 정책실장 1990년 민족문화작가회 이사 2000년 교단 복직 2003년 사직 2005~2006년 대통령 교육문화비서관 2006년 대통령자문 정책기획위원회 위원 2017년 대통령직속 국가교육회의 위원 2018년 同상근위원 겸 기획단장 2018년 同대학입시제도개편특별위원회 위원장 겸임 2019년 同의장(현) (상)한국문학 신인상(詩부문)(1974), 프랑스 제17회 '앵코럽티블 상'(Le prix des incorruptibles : 아동청소년문학상)(2006), 시와 시학상 작품상(2000) (저)'은행나무 이야기'(1998, 문학동네) '5.18 민중항쟁'(2003, 민주화운동기념사업회) '우리들의 아름다운 나라'(2009, 문학동네) '김진경의 신화로 읽는 세상'(2012, 자음과모음) '유령에게 말걸기(共)'(2014, 문학동네) '안녕하지 못한 시대의 문학'(2014, 봉구네책방), 평론 '민중적 민족문학의 정립을 위하여(1987, 풀빛) '80년대 지식인 시의 심화과정'(1989, 창비), 시집 '광화문을 지나며'(1986, 풀빛) '우리시대의 예수'(1987, 실천문학사) '별빛 속에서 잠자다'(1996, 우리교육) '갈문리의 아이들'(1984, 문학동네) '슬픔의 힘'(2004, 문학동네) '지구의 시간'(2004, 실천문학사), 장편소설 '이리'(1998, 실천문학사) '굿바이 미스터 하필'(2008, 문학동네), 에세이 '미래로부터의 반란'(2005, 푸른숲) '꽃이 사람보다 따뜻할 때' (2000, 푸른나무) '스스로를 비둘기라고 믿는 까치에게'(2013, 해냄에듀), 장편동화 '고양이 학교 1부'(2001, 문학동네) '고양이 학교 2부'(2007, 문학동네) '고양이 학교 3부'(2007, 문학동네) '고양이 학교 세계편'(2014, 문학동네어린이) '저팔계 이야기'(2000, 문학동네어린이) '하늘 사다리가 끊어진 이야기'(2000, 문학동네어린이) '목수들의 전쟁'(2000, 문학동네) '요리왕 이야기'(2000, 문학동네어린이) '한울이 도깨비이야기'(2000, 우리교육)

'일년이 열두 달이 된 이야기'(2000, 문학동네어린이) '상상의 동물원'(2001, 문학동네) '거울전쟁'(2003, 문학동네어린이) '북치는 꼬마 용사'(2004, 문학동네어린이) '똥이 싫어 올라간 하늘'(2004, 문학동네어린이) '백조여인' (2006, 우리교육) '조롱조롱 조롱박'(2006, 문학동네) '빈섬의 비밀'(2007, 심지) '길자 씨가 진짜 엄마?'(2008, 문학동네) '개구리 삼촌' (2009, 문학동네) '괴물 길들이기'(2009, 비룡소) '아빠의 수정 돌' (2010, 문학동네) '거울 옷을 입은 아이들'(2010, 문학동네) '밀림으로 돌아간 악어가죽 가방'(2011, 길벗어린이) '그림자 전쟁'(2011) 'UFO옆동네'(2014, 한솔수북) '미안해요 할아버지(共)'(2015, 생각의길) '종이옷을 입은 사람'(2015, 문학동네어린이)

### 김진곤(金進坤) KIM Jin Kon

(생)1957 · 12 · 5 (본)김해(金海) (출)경남 창원 (주)경상북도 포항시 남구 청암로 77 포항공과대학교 화학공학과(054-279-2276) (학)1980년 서울대 화학공학과졸 1982년 한국과학기술원(KAIST) 화학공학과졸(석사) 1990년 화학공학박사(미국 폴리테크닉대) (경)1985~1990년 미국 Polytechnic Univ. 연구원 1990년 同Post-Doc. 1991년 LG케미칼 선임연구원 1993년 포항공과대 화학공학과 교수(현) 1994년 국제고분자가공학회 한국대표 2000년 미국 Massachusetts at Amherst 방문교수 2004년 포항공과대 지능형 블록공중합체 자기조립연구단장(현) 2009년 미국물리학회 석학회원(Fellow)(현) 2010년 한국과학기술한림원 정회원(현) 2011년 포항공과대 포스텍 펠로우(Postech Fellow)(현) 2012~2015년 LG화학(주) 사외이사 2015년 (주)LG하우시스 사외이사(현) 2015~2017년 同감사위원 겸임 (상)과학기술자상(2003), 과학기술 우수논문상(2005), 삼성고분자학술상(2006), KAIST 올해의 동문상(2007), 자랑스러운 대구 · 경북인상(2007), 자랑스러운 포스테키안상(2010), 대한민국특허대전 금상(2010) (종)기독교

### 김진곤(金辰坤) KIM Jin Gon

(생)1965 · 3 · 6 (본)김해(金海) (출)경남 밀양 (주)세종특별자치시 갈매로 388 문화체육관광부 대변인실(044-203-2904) (학)1983년 마산고졸 1990년 고려대 법학과졸 1992년 서울대 행정대학원 수료 2006년 영국 엑세터대 대학원 행정학과졸 2009년 한국방송통신대 중어중문학과졸 (경)2003년 문화관광부 종무실 종무1과 서기관 2006년 同예술국 전통예술팀장 2007년 同관광산업본부 관광산업팀장 2008년 문화체육관광부 장관비서관 2008년 해외문화홍보원 해외홍보과장 2009년 문화체육관광부 문화콘텐츠산업실 저작권정책과장 2010년 同문화콘텐츠산업실 저작권정책과장(부이사관) 2012년 駐중국 한국문화원장(고위공무원) 2016년 문화체육관광부 종무2담당관 2016년 국립중앙도서관 기획연수부장 2017년 문화체육관광부 미디어정책국장 2018년 국가공무원인재개발원 파견(국장급) 2019년 문화체육관광부 지역문화정책관 2019년 同대변인(현) (상)대한민국한류대상 국회교류분야상(2015) (저)'난세의 중국 전망대'(2017)

### 김진구(金珍求)

(생)1963 · 4 · 4 (출)경남 남해 (주)서울특별시 송파구 정의로 37 서울동부구치소(02-402-9131) (학)경기대 교정학과졸 (경)1990년 교위 임관(교정간부 33기) 2004년 청주교도소 보안과장(교정관) 2012년 수원구치소 사회복귀과장(서기관) 2013년 부산구치소 부소장 2014년 수원구치소 부소장 2014년 원주교도소장 2015년 법무부 복지과장 2016년 同보안과장(부이사관) 2018년 의정부교도소장 2018년 부산구치소장(고위공무원) 2019년 서울동부구치소장(고위공무원)(현)

### 김진구(金秦求) Jin Goo Kim

(생)1963 · 8 · 14 (본)연안(延安) (출)서울 (주)경기도 고양시 덕양구 화수로14번길 55 명지병원 병원장실(031-810-5006) (학)1982년 경복고졸 1990년 서울대 의대졸 1996년 인제대 대학원 의학석사 1999년 의학박사(인제대) (경)1995~1996년 한국병원 정형외과장 1996~2007년 인제대 서울백병원 정형외과 임상강사 · 전임강사 · 조교수 · 부교수 2002~2003년 미국 피츠버그대 의대 정형외과 교환교수 2006~2015년 인제대 서울백병원 스포츠메디컬센터 소장 2008~2015년 同서울백병원 정형외과 교수 2011~2015년 同서울백병원 진료부원장 2015~2019년 건국대 의대 정형외과학교실 교수 2015~2019년 건국대병원 스포츠의학센터장 2017~2019년 同정형외과장, 대한스포츠의학회 학술편집위원장 겸 이사, 대한관절경학회 국제위원회 위원장 겸 평의원, 미국 스포츠의학회학술지 편집위원, 대한슬관절학회 편집위원, 대한정형외과학회 학술위원, 대한정형외과스포츠의학회 홍보이사 겸 편집위원, Exercise is Medicine Korea 부위원장 2019년 명지병원 정형외과학교실 교수(현) 2019년 同병원장(현) (상)대한관절경학회 최우수논문상(2005), 일본정형외과 해외논문상(2006), 대한슬관절학회 학술상(2006), 대한관절경학회 최우수논문상(2008), 대한슬관절학회 최우수논문상(2009), 대한선수트레이너 베스트닥터상(2010), 인제대학교 서울백병원 최우수논문상(2012 · 2014), 인제대학교 최우수학술상(2013), 대한스포츠의학회 제마의학상(2013), 대한슬관절학회 영문학술지 최다피인용상(2014), 대한스포츠학회 최우수연제상(2015), 건국대학교 학원창립87주년 · 개교72주년기념 학술상(2018) (저)'무릎 관절의 손상과 재활'(2015, 영창출판사) (종)기독교

### 김진구(金鎭久) KIM Jin Goo

(생)1965 · 6 · 14 (본)김녕(金寧) (출)전북 익산 (주)경기도 안산시 단원구 번영2로 81 (주)산성피앤씨 대표이사실(031-499-8547) (학)1989년 서울대 외교학과졸 (경)1993~1997년 한보철강공업(주) 과장, (주)산성 상무이사 2002년 (주)산성피앤씨 상무이사 2004 · 2016년 同대표이사 부회장(현) 2004년 (주)리더스코스메틱 대표이사(현) 2012~2016년 (주)산성앨엔에스 대표이사 부회장 (종)불교

### 김진국(金鎭國) KIM Jin Kook

(생)1952 · 9 · 9 (본)경주(慶州) (출)서울 (주)서울특별시 강남구 논현로 650-1 하이빌딩 4층 (주)컨슈머인사이트 대표이사실(02-6004-7600) (학)1978년 고려대 대학원 심리학과졸 (경)1982~1988년 전남대 교수 1996~1999년 (주)J.D Power Korea 대표 2000년 (주)에프인사이드 대표 2005~2015년 (주)마케팅인사이트 대표이사 2014년 장훈장학회 회장 2015년 (주)컨슈머인사이트 대표이사(현) (저)'한국자동차품질백서'(2002~2010) (역)'고객만족 서비스 품질의 측정과 개선'(2001)

### 김진국(金鎭國) Kim, Jin Kook

(생)1959 · 11 · 30 (본)김녕(金寧) (출)경남 (주)서울특별시 중구 서소문로 100 중앙일보(02-751-5800) (학)1977년 밀성고졸 1985년 서울대 정치학과졸 2001년 한양대 언론대학원 수료 2011년 고려대 최고위언론과정 수료 (경)1985년 중앙일보 외신부 · 정치부 기자 1996년 同정치부 차장 1996년 同시사월간WIN 차장 1998년 同교육사업팀장 1999년 同정치부 차장 2003년 同논설위원 2004년 同정치부 부장대우 2004~2014년 정치평론학회 이사 2006년 중앙일보 논설위원 2007년 同편집국 국제부문 에디터 2008년 同편집국 정치 · 국제부문 에디터 2008년 同편집국장 대리 겸임 2009년 관훈클럽 운영위원(서기) 2009년 중앙일보 논설위원 2010년 관훈클럽 총무(57대) 2010년 중앙일보 논설위원실장 2012년 同논설위원실장(이사대우) 2012년 국립대학법

인 서울대 재경위원(현) 2013~2015년 한국신문방송편집인협회 부회장 2013~2014년 다산연구소 이사 2013년 중앙일보 논설주간(이사) 2014년 同대기자(상무보)(현) 2014 · 2017년 관훈클럽 신영연구기금 이사(현) 2014~2017년 경찰위원회 위원 2015~2017년 관악언론인회 회장 2015~2019년 한국신문방송편집인협회기금 이사 2015년 정치평론학회 부회장(현) 2017년 서울대총동창회 상임부회장(현) 2017년 서울대관악회 이사(현) 2018~2019년 국회 정치개혁특별위원회 자문위원 (상)특종상(1992), 제8회 한국참언론인대상 정치부문(2012), 서울대 언론인대상(2014) (종)천주교

### 김진국(金鎭國) Jin-Kook Kim

(생)1962 · 8 (주)서울특별시 종로구 인사동5길 41 (주)하나투어 비서실(02-2127-1985) (학)1989년 한국외국어대 영어과졸 2001년 서강대 경영대학원 경영학과졸 (경)1989년 캐세이퍼시픽항공 입사 2004년 (주)하나투어 전략기획실 입사 2009년 同글로벌경영관리본부장(이사) 2014년 同글로벌경영관리본부장(전무) 2016년 同대표이사 부사장 2019년 同대표이사 사장(현) (상)한국IR협의회 Best IRO상(2007)

### 김진국(金晋局) KIM Jin Kook

(생)1963 · 11 · 11 (출)전남 보성 (주)서울특별시 종로구 북촌로 112 감사원 감사위원실(02-2011-2114) (학)1981년 전남고졸 1985년 서울대 사법학과졸 1987년 同대학원 사법학과졸 (경)1987년 사법시험 합격(29회) 1990년 사법연수원 수료(19기) 1990년 변호사 개업 2000년 법무법인 내일 대표변호사 2002~2004년 한국간행물윤리위원회 심의위원 2003~2004년 서울지방변호사회 사업이사 2003~2004년 서울지방노동위원회 공익위원 2003~2004년 방송위원회 심의위원 2004년 서울고검 항고심사위원 2005~2007년 대통령 법무비서관 2007~2017년 법무법인 해마루 대표변호사 2007~2008년 중앙행정심판위원회 위원 2011년 대한변호사협회 일제피해자인권특별위원회 위원 2012년 노동과건강연대 공동대표 2012년 민주사회를위한변호사모임 부회장 2012년 대한상사중재원 중재인 2017년 감사원 감사위원(차관급)(현) (종)기독교

### 김진권(金鎭權) KIM Jin Kwon

(생)1950 · 2 · 8 (출)전북 남원 (주)서울특별시 서초구 서초대로74길 4 법무법인(유) 동인(02-2046-0677) (학)1968년 전주고졸 1972년 서울대 법학과졸 (경)1977년 사법시험 합격(19회) 1979년 사법연수원 수료(9기) 1979년 부산지법 판사 1984년 同울산지원 판사 1985년 서울민사지법 판사 1987년 서울지법 의정부지원 판사 1988년 수원지법 판사 1989년 서울고법 판사 1991년 대법원 재판연구관 1993년 창원지법 부장판사 1996년 수원지법 평택지원장 1997년 서울가정법원 부장판사 1998년 서울지법 부장판사 2000년 광주고법 부장판사 2002년 서울고법 부장판사 2006~2008년 대전지법원장 2006~2008년 대전시선거관리위원회 위원장 겸임 2008년 수원지법원장 2009년 서울동부지법원장 2009년 중앙선거관리위원회 위원 2010년 대전고법원장 2011~2013년 서울고법원장 2013년 법무법인(유) 동인 대표변호사(현) 2015~2017년 교육부 사학분쟁조정위원회 위원장 2017년 서울고법 제4기 시민사법위원회 위원장(현)

### 김진규(金鎭奎) Kim Jin-Kyu

(생)1963 · 10 · 29 (출)서울 (주)대전광역시 유성구 대덕대로512번길 20 대전정보문화산업진흥원(042-479-4110) (학)1981년 서울고졸 1985년 한국항공대 전자공학과졸 2005년 아주대 경영대학원졸, 미국 UCLA 앤더슨 매니지먼트스쿨 Global Media Leader Cultivation Program 수료, 미국 NYU Stern Media Entertainment Program 수료, 서울대 문화콘텐츠GLA과정 수료 2013년 문화콘텐츠학박사(한국외국어대) (경)1984년 삼성그룹 입사 · 전략기획그룹장 2000년 아이아이커뮤니케이션 대표 2001년 한국문화콘텐츠진흥원 입사, 同기획혁신팀장 2006년 同산업진흥본부장 겸 창작지원센터장 2008년 同산업진흥본부장 2009년 한국콘텐츠진흥원 전략콘텐츠본부장 2010년 同산업정책실 본부장 2011년 同차세대콘텐츠산업본부장 2012년 同게임 · 차세대콘텐츠본부장 2013년 同CT개발본부장 2014년 同심사평가지원단장 2015년 同CT개발사업실장 2016년 同문화기술진흥본부장 2018년 同게임유통지원팀 전문위원, 同차세대콘텐츠산업본부장 2019년 대전정보문화산업진흥원 원장(현) (저)'문화마케팅성공스토리(共)'(2011) '콘텐츠산업의 비즈니스 모델과 전략'(2013)

### 김진규(金鎭圭) KIM Jin Gyu

(생)1966 · 4 · 5 (주)인천광역시 남동구 정각로 29 인천광역시의회(032-440-6002) (학)공주고졸 1988년 단국대 체육대학 체육학과졸 (경)(유)나이브메디칼 대표이사 2008년 인천원당로타리클럽 회장 2009년 인천시 검단3동 주민자치위원장 2010~2014년 인천시 서구의회 의원(민주당 · 민주통합당 · 민주당 · 새정치민주연합) 2014~2018년 인천시의회 의원(새정치민주연합 · 더불어민주당) 2014 · 2016년 同산업경제위원회 위원 2014~2015년 同예산결산특별위원회 위원 2014~2015년 同윤리특별위원회 부위원장 2016~2017년 同예산결산특별위원회 위원장 2018년 인천시의회 의원(더불어민주당)(현) 2018년 同부의장(현), 同교육위원회 위원(현) (상)전국시 · 도의회의장협의회 우수의정대상(2017)

### 김진규(金鎭奎)

(생)1968 · 3 · 21 (출)경북 영천 (주)울산광역시 남구 돋질로 233 남구청 구청장실(052-275-7541) (학)1986년 영진고졸 1992년 연세대 법학과졸, 울산현대중공업 경영기획 법무팀 전문기관 연수 (경)2002년 사법고시 합격(44회), 사법연수원 수료(34기), 사법연수원 34기 공법학회 회장, 연세대 사시헌법특강 강사, 울산서부지법 조정위원, 同민원상담관, 법무법인 비전인터내셔널 변호사, 울산시 고문변호사, 법무법인 재유 변호사, 더불어민주당 울산시당 대통령울산공약실천단 부단장 2018년 울산시 남구청장(더불어민주당)(현)

### 김진균(金震均) KIM Jin Kyun

(생)1945 · 3 · 6 (출)서울 (주)서울특별시 관악구 관악로 1 서울대학교 공과대학 건축학과(02-880-7058) (학)1963년 경기고졸 1968년 서울대 건축학과졸 1980년 미국 MIT 대학원 건축학과졸 1994년 공학박사(서울시립대) (경)1974년 울산대 건축학과 교수 1981~2010년 서울대 건축학과 교수 1998~2000년 서울시 건축위원 2000~2002년 대한주택공사 설계자문위원 2000~2003년 서울시 건축분쟁조정위원회 위원 2000년 매일경제 주관 '좋은 아파트' 선정위원 2002년 한국교육시설학회 회장 2002~2004년 대한건축학회 회장 2003년 백남준미술관 현상설계국제공모전 심사위원 2003~2004년 한국건축단체연합회(FIKA) 회장 2003~2005년 건설교통부 중앙건축위원회 위원 2004년 신행정수도건설추진위원회 자문위원 2004년 초고층건설기술개발연구단 단장 2004~2010년 (사)한국건축학교육인증원 원장 2004년 대한건축학회 자문위원 · 참여이사(현) 2010년 서울대 건축학과 명예교수(현) (상)국무총리표창(1999), 대한건축학회 공로상(2000), 한국교육시설학회 공로상(2003), 경기도 건축문화상(2003), 토목건축기술인부문 최우수상(2007) (작)대표작 '단국대학교 죽전캠퍼스 마스터 플랜 및 본관 · 학생회관' '한국전력공사 강릉지사' '한국전력공사 전남지사' '서울대 엔지니어하우스' '서울대연구공원 마스터플랜 및 인큐베이터건물' 등 (종)천주교

## 김진기(金鎭琪) KIM Jin Ki

(생)1948·7·26 (출)경남 마산 (주)서울특별시 금천구 가산디지털1로 165 가산비즈니스센터 중앙G&E(1670-0579) (학)1967년 경기고졸 1972년 서울대 경영학과졸 1974년 미국 캘리포니아대 버클리교 경영대학원졸 (경)1975년 일신제강 근무 1977년 고려대 강사 1978~1981년 삼성그룹 비서실 차장·부장 1981~1987년 삼성전자 수출기획부장·해외관리담당·해외마케팅담당 1987년 同수출담당 이사 1992~1995년 同프랑스법인장·구주총괄상무 1996년 同전무이사 1999년 앤더슨컨설팅 Korea 고문 2000~2002년 중앙일보에듀라인 대표이사 2001~2006년 조인스닷컴(주) 대표이사 2001~2002·2004~2005년 한국온라인신문협회 회장 2005~2006년 同감사 2006년 중앙일보 뉴미디어 총괄사장 2009년 중앙G&S 대표이사 2011년 중앙G&E 대표이사(현) (종)기독교

## 김진기(金鎭基) KIM Jin Ki

(생)1949 · 5 · 10 (출)경북 경산 (주)대구광역시 수성구 동대구로 355 법무법인 삼일(053-743-0031) (학)1967년 경북고졸 1971년 서울대 법대졸 (경)1972년 사법시험 합격(14회) 1974년 사법연수원 수료(4기) 1977년 부산지법 판사 1979년 대구지법 경주지원 판사 1981년 同판사 1984년 同소년부지원장 1985년 同영덕지원장 1985년 대구고법 판사 1988년 대법원 재판연구관 1990년 부산지법 부장판사 1991년 대구지법 부장판사 1995년 同경주지원장 1996년 부산고법 부장판사 1997~2003년 대구고법 부장판사 1999~2001년 대구지법 수석부장판사 직대 2003년 同법원장 2005~2007년 대구고법원장 2011~2015년 대구지법 조정센터 상임조정위원장 2015년 법무법인 삼일 고문변호사(현)

## 김진기(金鎭基)

(생)1961·11·20 (주)경상남도 창원시 의창구 상남로 290 경상남도의회(055-211-7412) (학)가야대 사회복지학과졸 (경)더불어민주당 경남도당 장애인봉사특별위원장(현), 가락경상남도청년회 사무처장(현), (사)한국장애인문화관광진흥회 김해지회장(현), 민주평통 자문위원(현) 2018년 경남도의회 의원(더불어민주당)(현) 2018년 同문화복지위원회 부위원장(현)

## 김진남(金鎭南) KIM Jin Nam

(생)1972 · 11 · 20 (출)전북 순창 (주)세종특별자치시 다솜로 261 국무조정실 녹색성장지원단(044-200-2178) (학)1990년 전북 상산고졸 1998년 성균관대 행정학과졸 2008년 미국 뉴욕주립대 대학원 행정학과졸 (경)1996년 행정고시 합격(40회) 2004년 국무조정실 규제개혁1심의관실 서기관 2006년 同재경금융심의관실 연구기획과장 2006년 교육훈련 파견 2008년 국무조정실 경제규제관리관실 경제규제심사3과장 2010년 국무총리 실장 비서관 2011년 국무조정실 새만금추진사업기획단 정책총괄과장 2013년 同고용식품의약정책관실 고용정책과장 2014년 同개발협력정책관실 개발협력기획과장 2015년 同청년위원회 실무추진단 기획팀장(부이사관) 2016년 同대테러센터 기획총괄부장 2017년 同국정과제관리관실 평가총괄과장 2017년 同재정금융기후정책관실 경제총괄과장 2019년 同녹색성장지원단 부단장(고위공무원)(현) (상)국가정보원장표창(2002), 대통령표창(2006)

## 김진덕(金鎭德) KIM Jin Deok

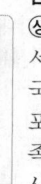

(생)1969 · 10 · 25 (본)김녕(金寧) (출)경북 봉화 (주)서울특별시 서초구 서초대로24길 38 405호 전국도시농업시민협의회(02-6204-5629) (학)제물포고졸 1993년 인하대 화학과 제적 (경)1996년 민족의화해와평화를위한인천지역종교인협의회 간사 1999년 (사)내일청소년문화마당 설립 · 사무국장 2001~2010년 전국청소년단체연대회의 집행위원 2001년 인천시민이함께만드는어린이날행사 '어깨동무 내동무' 집행위원장 2001~2004년 십정동어깨동무공부방 운영위원장 2003년 (사)지역복지센터 '나눔과함께' 감사 2004년 6.15공동선언4돌기념남북공동행사우리민족대회 자원봉사단장 2004~2010년 십정동어깨동무공부방 교장 2006~2010년 인천청소년지도사협의회 회장 2006~2010년 (사)지역복지센터 '나눔과함께' 운영이사 2006~2010년 (사)청소년인권복지센터 '내일' 상임이사 2006년 인천시의원선거 출마(민주노동당) 2007~2011년 인천도시농업네트워크 대표 2008~2011년 인천의제21 녹색소비와경제분과 위원 2011~2013년 인천남동구자원봉사센터 소장 2011년 인천도시농업네트워크사업단 '텃밭' 이사 2011~2018년 同운영위원장 2014~2015년 인천도시농업시민협의회 대표 2015년 생태텃밭협동조합 이사장(현) 2015~2016년 (사)전국도시농업시민협의회 감사 2016년 同대표(현) (상)청소년육성공로상(1990 · 2001 · 2007) (종)가톨릭

## 김진도(金鎭都) Kim Jin Do

(생)1950 · 3 · 11 (출)경북 영덕 (주)경상북도 경산시 진량읍 공단8로 191 (주)기풍(054-856-1600) (학)1968년 대구 계성고졸 1974년 용인대 유도학과졸, 경영학박사(용인대) (경)1977년 기풍섬유 설립 · 사장 1995년 건우기계 설립 · 사장 1997년 (주)기풍 설립 · 대표이사 사장(현) 1999~2015년 (사)대한유도회 부회장 1999년 영국 버밍험 유도선수권대회 단장 2002년 대구 · 경북견직물조합 이사 2003년 일본 도쿄 JINGORO KANO CUP 유도대회 단장 2004년 일본 후쿠오카 국제유도대회 단장 2006년 카타르 도하 아시안게임 본부 임원 2007년 중국 베이징 세계월드컵 단장 2008년 일본 도쿄 JINGORO KANO CUP 유도대회 단장 2009년 일본 도쿄 그랜드슬램국제유도대회 단장 2015년 (사)대한유도회 회장(현) (상)1천만달러 수출의 탑(1997), 통상산업자원부장관표창(1999), 부총리 겸 재정경제부장관표창(2003), 대한체육회 체육상(2005), 모나코 몽골리아 IOC 위원훈장(2006)

## 김진동(金振童)

(주)서울특별시 종로구 사직로8길 60 외교부 인사운영과(02-2100-7856) (학)서울대 수학과졸, 미국 컬럼비아대 대학원 국제관계학과졸 (경)1997년 외무고시 합격(31회) 1997년 외무부 입부 1997~2005년 외무부 및 외교통상부 아중동국 · 외교정책실 · 다자통상국 근무 2005~2010년 駐제네바대표부 1등서기관 · 駐모로코 참사관 2010~2013년 외교통상부 국제경제국 · G20정상회의준비위원회 · 대통령 국제경제보좌관실 근무 2012년 외교통상부 세계무역기구과장 2013년 산업통상자원부 세계무역기구과장 2014년 駐제네바대표부 참사관(현) 2016~2017년 세계무역기구(WTO) 보조금상계조치위원회(Committee on Subsidies and Countervailing Measures) 의장

## 김진만(金辰滿) Jin-Man Kim

(생)1959 · 10 · 2 (본)강릉(江陵) (출)서울 (주)서울특별시 광진구 능동로 120 건국대학교 상허생명과학대학 식품유통공학과(02-450-3688) (학)1978년 한영고졸 1984년 고려대 식품공학과졸 1988년 同대학원 식품미생물및가공학과졸(석사) 2000년 식품과학박사(미국 캔자스주립대) (경)2004년 건국대 상허생명과학대학 식품유통공학과 교수(현) 2004년 식품의약품안전처 축산물위생심의위원회 심의위원(현) 2004년 同식품위생심의위원회 심의위원(현) 2004년 同건강기능식품심의위원회 심의위원(현) 2004년 (사)한국소비자단체협의회 자율분쟁조정위원회 조정위원(현) 2008년 식품의약품안전처 유전자재조합식품 등 안전성평가자료 심사위원(현) 2010년 미국 세계인명사전 'Marquis Who's Who in the World 2010'에 등재 2010년 영국 국제인명센터

(IBC) 'International Biographical'에 등재 2011년 미국 세계인명사전 'American Biographical Institute'에 등재 2011~2013년 (사)한국동물약품협회 기술자문위원 2012~2015년 건국대 농식품안전인증센터장 2013~2015년 同축산물수출연구소장 2013년 농림축산검역본부 수출검역지원협의회 닭고기분과 위원장(현) 2014년 식품의약품안전처 규제개혁특별자문단 식품분과 위원장(현) 2015년 한국유산균학회 회장 2015~2017년 축산물안전관리인증원 원장 (상)농림수산식품부장관표창(2008), 한국과학기술단체총연합회 과학기술우수논문상(2011), 국무총리표창(2012), 식품의약품안전처장표창(2014) (저)'식품이물의 이해와 안전대책'(2011, 식품안전연구원) (종)기독교

## 김진면(金進勉) KIM Jin Myun

(생)1956·4·18 (출)강원 춘천 (주)서울특별시 강동구 천호대로 1077 이스트센트럴타워 15~18층 휠라코리아(주)(02-3470-9504) (학)1974년 춘천고졸 1986년 성균관대 화학공학과졸 1996년 미국 FIT 패션마케팅 수료 2001년 연세대 생활환경대학원 패션산업정보학과졸 (경)1987년 삼성물산 입사 2004년 제일모직(주) 빈폴전략담당 상무보 2007년 同패션부문 WISH컴퍼니장(상무) 2009년 同남성복컴퍼니장(상무) 2010년 同패션사업2부문장(전무) 2012년 同패션사업1부문장(전무) 2013년 同빈폴사업부문장(전무) 2013년 삼성에버랜드 자문역 2014년 제일모직(주) 자문역 2014년 연세대 생활환경대학원 객원교수 2015년 휠라코리아(주) 대표이사 사장 2018년 同부회장(현)

## 김진배(金鎭培) Kim Jin Bae

(생)1965·12·4 (본)경주(慶州) (출)충북 청주 (주)경기도 과천시 홍촌말로 44 중앙선거관리위원회 홍보국(02-502-8656) (학)1984년 충북 미원고졸 1988년 단국대 법학과졸 (경)2008년 속초시선거관리위원회 사무국장 2010년 강원도선거관리위원회 지도과장 2011년 법제처 파견 2012년 중앙선거관리위원회 상임위원 비서관 2013년 선거연수원 제도연구부장 2014년 同시민교육부장 2015년 同교수기획부장(부이사관) 2016년 同원장 2017년 국방대 파견(부이사관) 2018년 대전시선거관리위원회 사무처장(이사관) 2018년 중앙선거관리위원회 홍보국장 겸 대변인(현) (상)중앙선거관리위원장표창(1998), 대통령표창(2006)

## 김진백(金鎭伯) KIM Jin Back

(생)1961·4·5 (본)김녕(金寧) (출)강원 평창 (주)강원도 속초시 영랑호반길 3 속초의료원(033-630-6000) (학)춘천고졸, 연세대 의대졸, 한림대 보건대학원 보건학과졸 (경)아산재단 인제종합병원 근무, 홍천 연세의원 근무, 강원도장애인복지관 평창분관장, 민방위원회 실기강사, 연세대 원주의과대학 외래교수, 同의대 예방의학교실 외래교수(현) 1997~2011년 평창군 보건의료원장 2011~2017년 화천군 보건의료원장 2018년 속초의료원 원장(현) (상)보건복지부장관표창, 에비슨봉사상(2007) (종)기독교

## 김진범(金鎭範) KIM Jin Bom

(생)1955·11·27 (본)김녕(金寧) (출)경남 창녕 (주)경상남도 양산시 물금읍 부산대학로 49 부산대학교 치의학전문대학원 예방치과학교실(051-510-8223) (학)1979년 서울대 치대졸 1982년 同대학원 치의학과졸 1989년 치의학박사(서울대) (경)1982~1989년 보건사회부 국립보건원 훈련부 구강보건학담당관 1983~1993년 同구강보건사업협의회 위원 1989~1991년 신구전문대학 학과장 및 조교수 1991년 부산대 치과대학 예방치과학교실 교수 1997~1999년 同치과대학 부학장 1998년 同치과대학 예방치과학교실 주임교수 2006~2007년 대한구강보건학회 회장 2006년 부산대 치의학전문대학원 예방치과학교실 교수(현) 2008~2014년 同치과대학발전재단 이사장 2011~2015년 보건복지부 수돗물불소농도조정사업기술지원단장 2012~2014년 (사)한국산업구강보건원 이사장 2014~2016년 대한치과보험학회 회장 2017년 국제치과연구학회 한국지부 회장(현) (상)보건복지부장관표창(1984·2009) (저)'2009년 합천군 구강보건실태조사(共)'(2009) '울산광역시 남구 구강보건실태조사(共)'(2009) '진주시 구강보건사업 활성화방안'(2009) '최신예방치학실습(共)'(2009) '치과진료건강보험관리(共)'(2011) (역)'불소와 구강건강(共)'(2002) '충치예방을 위한 불소의 활용'(2003) '담배를 끊으세요(共)'(2003) '와타나베식 잇솔질요법으로 치아건강, 전신건강을!'(2011) (종)불교

## 김진부(金鎭富) KIM Jin Boo

(생)1956·7·20 (출)경남 진주 (주)경상남도 창원시 의창구 상남로 290 경상남도의회(055-211-7013) (학)검정고시 합격 1991년 진주전문대학 경영과졸 2005년 진주산업대(경남과학기술대) 기계공학과졸 (경)1987년 진양군4H후원회 사무국장 1991년 진양군체육회 이사 1991~1994년 경남 진양군의회 의원, 제3대 진주시의회 경제건설위원장 1998년 경남 진주시의회 의원, 제4대 진주시의회 부의장·의장, 경남과학기술대학교 총동창회 부회장 2006~2010년 경남도의회 의원(한나라당) 2006년 同건설소방위원회 위원 2008~2010년 同경제환경문화위원회 위원 2010년 경남도의원선거 출마(미래연합) 2012년 새누리당 제18대 대통령선거 경남도대책위원회 진주乙지역본부 국민공감본부장 2014~2018년 경남도의회 의원(새누리당·바른정당·자유한국당) 2014년 同건설소방위원회 위원 2016년 同남부내륙철도조기건설을위한특별위원회 위원장 2016~2018년 同건설소방위원회 위원장, 경남도시계획위원회 위원(현), 경남환경정책위원회 위원(현), 생활체육 진주시 배드민턴 연합회 자문의원(현) 2018년 경남도의회 의원(자유한국당)(현) 2018년 同부의장(현)

## 김진상(金鎭相) KIM Jin Sang

(생)1948·7·19 (출)전남 장흥 (주)광주광역시 동구 동명로 110 법조타운 206호 법무법인 서석(062-226-7400) (학)1968년 광주제일고졸 1975년 고려대 법학과졸 (경)1984년 사법시험 합격(26회) 1987년 사법연수원 수료(16기) 1987년 광주지법 판사 1989년 同해남지원 판사 1990년 同판사 1996년 광주고법 판사 1999년 전주지법 남원지원장 2001년 광주지법 부장판사 2002년 同장흥지원장 2004년 同민사7부 부장판사 2011년 법무법인 서석 대표변호사(현)

## 김진상(金鎭相) KIM Jin Sang

(생)1965·1·12 (주)경상남도 김해시 인제로197 인제대학교 건축학과(055-320-3556) (학)1987년 서울대 건축공학과졸 1989년 同대학원 건축공학과졸 1997년 건축공학박사(서울대) (경)인제대 건축공학과 교수(현) 2007~2011년 同입학관리처장 2019년 同공과대학장(현)

## 김진석(金眞奭)

(생)1964 (주)충청북도 청주시 흥덕구 오송읍 오송생명2로 187 오송보건의료행정타운 식품의약품안전처 기획조정관실(043-719-1401) (학)1983년 부산 해동고졸 1987년 경성대 약대졸 2009년 한국과학기술원(KAIST) 경영학석사(MBA) (경)1988년 7급 경력채용(보건사회부 국립마산결핵병원) 1999~2005년 보건복지부 약무식품정책과·국립소록도병원 약제과장·세계보건기구 서태평양지역사무소(WPRO) 파견(약무사무관) 2005년 질병관리본부 역학조사과장 2010년 식품의약품안전청

ㄱ

한약정책과장 2011년 同대변인(기술서기관) 2012년 국립외교원 교육 파견(부이사관) 2013~2014년 식품의약품안전처 위해사범중앙조사단장·불량식품근절추진단T/F 현장조사팀장 2014~2017년 同바이오생약국장(고위공무원) 2017년 국가공무원인재개발원 교육 파견(고위공무원) 2018년 식품의약품안전처 의료기기안전국장 2019년 경인지방식품의약품안전청장 2019년 식품의약품안전처 기획조정관(현)

## 김진석(金鎭奭) KIM Jin Seok

(생)1964·11·21 (본)삼척(三陟) (출)강원 평창 (주)강원도 춘천시 중앙로 1 강원도의회(033-249-5184) (학)강릉상고졸, 서울사이버대 경영학과 중퇴(3년), 관동대 대학원 최고경영자과정 수료 (경)강원지구청년회의소 이사, 전국스키연합회 상임이사, 산수경축·조경 대표, 대관령석유 대표 1998~2002·2006~2010년 강원 평창군의회 의원 2000~2002년 同부의장, 평창군풋살협회 회장, 대관령 눈꽃축제위원장 2018년 강원도의회 의원(더불어민주당)(현) 2018년 同농림수산위원회 위원(현) (종)불교

## 김진석(金鎭錫)

(생)1966·5·9 (출)경남 밀양 (주)서울특별시 서초구 서초중앙로 157 서울고등법원(02-530-1114) (학)1984년 부산고졸 1992년 서울대 법대 사법학과졸 (경)1993년 사법시험 합격(35회) 1996년 사법연수원 수료(25기) 1996년 수원지법 판사 1998년 서울지법 판사 2000년 창원지법 진주지원 판사 2001년 同남해군법원 판사 2002년 同진주지원 판사 2003년 서울지법 판사 2007년 법원행정처 민사정책심의관, 서울고법 판사 2011년 부산지법 부장판사 2012년 서울고법 판사(현) 2019년 부산고법 창원재판부 부장판사 직대(현) (상)서울지방변호사협회 선정 '2014년 우수법관'(2015)

## 김진선(金珍善·女)

(생)1973·12·5 (출)충남 금산 (주)대전광역시 서구 둔산중로 69 대전가정법원(042-480-2000) (학)1992년 청란여고졸 1996년 대전대 법학과졸 (경)1999년 사법시험 합격(41회) 2002년 사법연수원 수료(31기) 2002년 창원지법 예비판사 2004년 同판사 2006년 대전지법 천안지원 판사 2009년 대전지법 판사 2012년 同논산지원 판사, 대전지법 천안지원·대전가정법원 천안지원 판사 2014년 대전고법 판사 2016년 대전가정법원 판사 2017년 同부장판사(현)

## 김진섭(金鎭燮) KIM JIN-SEOB

(생)1953·10·3 (본)경주(慶州) (출)충남 예산 (주)서울특별시 강남구 테헤란로 151 역삼하이츠빌딩11층 법무법인 서울제일(02-568-3789) (학)1975년 예산농전 토목과졸 1978년 단국대 법학과졸 1989년 미국 육군법무관학교 대학원졸(LL.M.) 1999년 고려대 행정대학원 최고관리자과정 1기 수료 2002년 법학박사(단국대) 2003년 서울대 행정대학원 국가정책과정 55기 수료 2005년 연세대 법무대학원 고위관리과정 22기 수료 (경)1978년 군법무관 임용시험 합격(3회) 1980년 사법연수원 수료(법무3기) 1980년 陸軍법무관 1983년 同고등군사법원 군판사 1985년 특전사령부 법무참모 1990년 한미연합사령부 법무실장 1991년 육군 고등검찰부장 1992년 합동참모본부 법무실장 1996년 육군 3군사령부 법무참모 1998년 육군 법무감(육군준장) 2000년 국방부 법무관리관(육군소장) 2005년 법무법인 서울제일 대표변호사(현) 2006년 성우회 법률분과위원장 2007년 대한변호사협회 공보위원 2008년 재향군인회 감사 2009년 (사)예산 모현사업회장 2011년 국가보훈처 국립묘지 안장심의위원 2011년 국제로타리 새서울RC 회장 2016년 특수임무수행자보상심의위원회 위원장 2017년 대한공증인협회 감사 (상)대통령표창(1998), 보국훈장 천수장(2000), 미국공로훈장(2002) (종)가톨릭

## 김진성(金珍星) KIM Jin-Sung

(생)1954·9·30 (주)서울특별시 종로구 북촌로 106 고려사이버대학교 총장실(02-6361-2000) (학)1980년 고려대 농업경제학과졸, 미국 캔자스대 대학원 경제학과졸 1988년 경제학박사(미국 캔자스대) (경)1982~1988년 미국 캔자스대 강의조교·강사 1988~1989년 미국 페리스주립대 조교수 1989~1991년 교보투자자문(주) 연구위원 1991~2009년 고려대 생명과학대학 식품자원경제학과 교수 1997~1998년 미국 캔자스대 초빙교수 2002년 고려대 대외협력처장 2003~2006년 同총무처장 2007~2008년 캐나다 브리티시컬럼비아대 방문교수 2009~2013년 하나고 교장 2014년 우송대 솔브릿지 국제경영대학원장 겸 교수 2015~2017년 고려대 KU-MAGIC 연구원장·석좌교수 2017년 고려사이버대 총장(현) (상)국민훈장 동백장(2003)

## 김진수(金軫洙) KIM Jin Soo

(생)1952·1·14 (출)대구 (주)서울특별시 중구 세종대로 125 서울특별시의회(02-3702-1400) (학)1971년 대구 계성고졸 1975년 중앙대 경영학과졸 2002년 고려대 정책대학원졸 2009년 서울시립대 대학원 행정학 박사과정 수료 (경)코오롱상사 근무, 코오롱아트스텍 대표 1991·1995·1998~2002년 서울 강남구의회 의원, 同재무위원장, 同운영위원장 1993년 바르게살기운동 강남구협의회 부회장 1998~2000년 서울 강남구의회 부의장 2000년 강남구재향군인회 회장 2002·2006·2010년 서울시의회 의원(한나라당·새누리당) 2004년 同도시관리위원장 2006년 同운영위원장 2008~2010년 同부의장 2008~2010년 同건설위원회 위원 2010년 同운영위원회 위원 2010년 同한나라당협의회 대표의원 2010년 同환경수자원위원회 위원 2012년 同부의장 2013년 同예산결산특별위원회 위원 2014~2018년 서울시의회 의원(새누리당·바른정당·자유한국당) 2014~2016년 同새누리당 원내대표 2014~2016년 同문화체육관광위원회 위원 2014·2016년 同남북교류협력지원특별위원회 위원 2015~2016년 同조례정비특별위원회 위원 2016년 同교육위원회 위원 2016~2018년 同부의장 2018년 서울시의회 의원(자유한국당)(현) 2018년 同도시안전건설위원회 위원(현) 2018년 同예산결산특별위원회 위원(현) (상)서울시장표창(1990), 대통령표창(1992) (종)천주교

## 김진수(金鎭秀) KIM Jin Soo

(생)1957·2·23 (출)경기 용인 (주)서울특별시 마포구 독막로 324 (주)동서 임원실(02-701-5050) (학)중앙고졸, 한국외국어대 아랍어과졸, 미국 하버드대 최고경영자과정(AMP) 수료 (경)(주)동서 상무이사, 同식품사업부문장(전무이사) 2014년 同식품사업부문총괄 부사장(현) (종)기독교

## 김진수(金璡洙) KIM Jin Soo

(생)1961·7·18 (출)경남 고성 (주)부산광역시 동구 중앙대로 365 부산일보(051-461-4000) (학)부산 혜광고졸, 부산대 영어영문학과졸 (경)1989년 부산일보 편집국 기자 1999년 同사회부·체육부·경제부·사회부 기자 2001년 同편집부 기자 2002년 同제2사회부 차장대우 2003년 同사회부 차장 2004년 同정치부 차장 2006년 同탐사보도팀장 2007년 同편집국 스포츠부장 2008년 同마케팅2부장 2010년 同사회부장 2010년 同경제부장 2012년 同편집국장 2014년 同편집국장(이사대우) 2015년 同이사 2017년 同상무이사 2019년 同대표이사 사장(현)

**김진수(金進洙) KIM Jin Soo**

(생)1963·10·20 (출)충북 옥천 (주)서울특별시 서초구 서초대로 269 법무법인 예강(02-594-8700) (학)1982년 남대전고졸 1986년 서울대 법대졸 1988년 同대학원 법학과졸 (경)1988년 사법시험 합격(30회) 1991년 사법연수원 수료(20기) 1991년 수원지검 검사 1993년 춘천지검 영월지청 검사 1994년 서울지검 북부지청 검사 1996년 부산지검 검사 1998년 법무부 송무과 검사 2000년 서울지검 검사 2003년 울산지검 부부장검사 2004년 부산지검 동부지청 형사3부장 2005년 대전지검 공안부장 2006년 사법연수원 검찰교수실 교수 2008년 대검 감찰2과장 2009년 서울북부지검 형사2부장 2009년 同형사1부장 2010년 광주지검 목포지청장 2011년 전주지검 차장검사 2012~2014년 서울고검 검사 2012~2013년 국민권익위원회 파견 2017년 법무법인 예강 대표변호사(현) (상)법무부장관표창(1997), 대통령표창(2003), 홍조근정훈장(2012)

**김진숙(金眞淑·女) KIM Jin Sook**

(생)1956·9·14 (본)청풍(淸風) (출)서울 (주)대전광역시 유성구 유성대로 1672 한국한의학연구원 한약연구부(042-868-9465) (학)동덕여대 약학과졸, 서울대 대학원졸, 이학박사(독일 본대) (경)중앙약사심의위원회 위원, 한국한의학연구원 한약연구부 선임연구원 2005~2008년 同한약제제연구부 수석연구원 2007년 '당뇨병을 예방하는 한약 복합물질' 개발 2007년 미국 세계인명사전 'Marquis Who's Who 과학 및 공학분야' 에 등재 2008년 한국한의학연구원 한약제제연구부장 2008년 영국 국제인명센터(IBC) '2008·2009 탁월한과학자 2000명'에 선정 2008년 미국 인명연구소(ABI) '21세기 위대한 지성(Great Mind of the 21st Century)'에 선정 2008년 영국 국제인명센터(IBC) 'Top 100 Scientists 2008'에 선정 2009~2011년 한국한의학연구원 한의융합연구본부장 2009~2011년 同당뇨합병증연구센터장 2011년 同한약연구본부 한의신약개발그룹 책임연구원 2015년 同한의약융합연구부장 2016년 同한의약융합연구부 책임연구원 2018년 同한약연구부 책임연구원(현) (상)탁월한 여성 지도상(The Outstanding Female Executive Award(2008), 미국 명예의 메달(American Medal of Honor)(2008), 과학기술훈장 도약장(2014) (종)기독교

**김진숙(金珍淑·女) KIM, Jin-Sook**

(생)1960·8·18 (출)인천 (주)세종특별자치시 도움6로 11 행정중심복합도시건설청 청장실(044-200-3001) (학)인천 인화여고졸 1983년 인하대 건축공학과졸 1994년 미국 위스콘신대 메디슨교 대학원졸 (경)1988년 기술고시 합격(23회) 1988년 건설교통부 국립건설시험소 근무, 同건축계획과 근무, 同기술관리관실 건축행정과 근무, 同건설안전과 근무 2000년 同기술안전국 건설관리과 서기관 2002년 同기술안전국 건설안전과장 2003년 同감사관실 참여담당관 2006년 미국 주택도시청 파견 2007년 건설교통부 건설환경팀장 2008년 국토해양부 건설수자원정책실 기술기준과장 2009년 同건설수자원정책실 기술기준과장(부이사관) 2010년 국토지리정보원 관리과장 2011년 국토해양부 기술안전정책관(고위공무원) 2012년 同물류항만실 항만정책관 2013년 국방대 교육파견(고위공무원) 2014년 국토교통부 건축정책관 2016년 서울지방국토관리청장 2017년 행정중심복합도시건설청 차장 2018년 同청장(현) (상)자랑스러운 인하공대인상 여성부문(2017)

**김진숙(金辰淑·女) KIM Jin Sook**

(생)1964·4·21 (출)서울 (주)서울특별시 강남구 테헤란로92길 7 바른빌딩 법무법인(유) 바른(02-3479-2381) (학)1982년 휘경여고졸 1987년 연세대 법학과졸 1991년 同법과대학원졸 (경)1990년 사법시험 합격(32회) 1993년 사법연수원 수료(22기) 1993년 서울지검 검사 1995년 인천지검 부천지청 검사 1997년 서울지검 서부지청 검사 1998년 광주지검 검사 2000년 제주지검 검사 2001년 법무부 여성정책담당관 2003년 광주지검 순천지청 검사 2005년 同순천지청 부부장검사 2006년 대검찰청 부공보관(부장검사) 2008년 사법연수원 교수 2010년 법무부 정책기획단 검사 2010년 서울고검 검사 2011~2012년 서울중앙지검 여성아동범죄조사부장 2012년 방송통신위원회 미디어다양성위원회 위원 2012년 서울서부지검 형사1부장 2013년 서울고검 검사 2014년 대검찰청 미래기획단장 겸 형사정책단장 2015년 전주지검 차장검사 2016년 법무연수원 연구위원 2017년 서울고검 검사 2017년 법무법인(유) 바른 변호사(현)

**김진식(金鎭植)**

(생)1971·5·7 (주)세종특별자치시 도움6로 11 환경부 4대강조사평가단 기획총괄팀(044-201-7040) (학)2000년 서울대 행정대학원졸 2012년 미국 애리조나주립대 대학원 행정학과졸 (경)1999년 행정고시 합격(43회) 2001년 환경부 대기보전국 교통공해과 근무 2007년 同혁신인사기획관실 근무 2008년 同운영지원과 근무 2012년 同환경보건정책관실 환경보건관리과장 2013년 同장관비서관 2014년 同기획조정실 창조행정담당관 2015년 영산강유역환경청 유역관리국장 2017년 한강유역환경청 환경관리국장 2018년 환경부 물환경정책국 수생태보전과장 2019년 同4대강조사평가단 기획총괄팀장(현)

**김진영(金鎭泳) KIM Chin Young**

(생)1952·3·15 (본)김해(金海) (출)전남 강진 (주)서울특별시 중구 퇴계로 165 신민빌딩 4층 (사)글로벌공공개발연구원(02-2138-5877) (학)1969년 경복고졸 1974년 서울대 문리과대학 철학과졸 1975년 同행정대학원 수료 1990년 미국 밴더빌트대 대학원졸 (경)1973년 행정고시 합격(14회) 1974~1978년 조달청 물자조정국·외자국·중요물자국 행정사무관 1978~1987년 재무부 국고국·증권보험국 행정사무관 1987년 同국세심판소 조사관 1991년 OECD 파견 1993년 재무부 관세협력과장 1994~1996년 재정경제원 복지생활과장·소비자정책과장 1996년 한국조세연구원 파견 1998년 관세청 광주본부세관장 1999년 同감사관 2000년 同정보협력국장 2001년 同심사정책국장 2001년 同조사감시국장 2002년 同인천공항세관장 2003~2004년 同대구경북본부세관장 2004년 관리관 퇴직 2005~2008년 한국관세사회 상근부회장 2008~2015년 무역관련지식재산권보호협회(TIPA) 상임부회장 2014년 (사)글로벌공공개발연구원 이사장(현) 2014~2018년 (재)국제원산지정보원 비상임이사 2016~2019년 키움인베스트먼트 비상임감사 (상)재무부장관표창(1982), 근정포장(1986), 홍조근정훈장(2000) (종)천주교

**김진영(金珍英) Kim, Jin Young**

(생)1955 (본)광산(光山) (출)제주 (주)제주특별자치도 제주시 제주대학로 102 제주대학교 사회학과(064-754-2787) (학)1974년 제주 오현고졸 1981년 고려대 사회학과졸 1984년 同대학원 사회학과졸 1993년 문학박사(고려대) (경)1986~1997년 제주대 사회학과 전임강사·조교수·부교수 1993년 고려대 객원교수 1996년 미국 미시간대 객원교수 1997년 제주대 사회학과 교수(현) 2006~2008년 同인문대학장 2008년 러시아 사회과학학술원 정회원(현), 제주도여성특별위원회 여성정책총괄분과위원장 2011~2012년 (사)제주학회 회장 2013년 同이사장(현) (저)'정보기술과 화이트칼라노동'(1994) '제주사회론(共)'(1995) '제주사회론2(共)'(1998) '한국사회의 계급연구(共)'(1999) '전환기 제주의 의식과 제주정신(共)'(2000) '현대사회학의 이해(共)'(2000) '제주사회와 사회복지(共)'(2006) (역)'현대자본주의와 중간계급(共)'(1986) (종)가톨릭

ㄱ

## 김진영 KIM Jin Young

(생)1961 · 11 · 11 (출)부산 (주)서울특별시 영등포구 국제금융로2길 17 하이투자증권(주) 투자금융총괄(02-2122-9220) (학)경남상고졸, 한국방송통신대 경영학과졸, 동아대 경영대학원졸 (경)1978~1999년 LG종합금융(주) 근무 1999~2000년 리젠트증권 기업금융팀 근무 2000~2003년 동부증권(주) 종합금융팀 상무 2003~2006년 HMC투자증권(주) 부동산금융팀 상무 2006~2009년 한양증권(주) 법인종금팀 상무 2010년 KTB투자증권(주) IB본부 기업금융팀장(상무) 2011년 同IB본부 기업금융팀장(전무) 2013년 同프로젝트금융본부장(부사장) 2014년 하이투자증권(주) 기업금융3본부 고문 2016년 同투자금융총괄 부사장(현)

## 김진영(金晋永) Kim Jin Young

(생)1963 · 9 · 30 (본)김해(金海) (출)부산 (주)울산광역시 남구 돋질로 86 삼호빌딩 울산신문 이사실(052-273-4300) (학)중앙대 대학원 국어국문학과졸 (경)1989~1993년 경상일보 사회부 기자 1993~1997년 국제신문 사회부 기자 1997~1999년 同정치부 기자 1999~2002년 同편집1부 기자 2003년 서울경제신문 편집국 · 사회문화부 기자 2007년 울산신문 편집국 편집부국장 · 취재본부장 2008~2010년 同편집국 취재본부장 2010년 同편집국장(현) 2014년 同편집이사(현) 2014년 「한국문학예술」 제32호 겨울호 詩 '겨울, 반구대암각화' 당선으로 등단 · 시인(현) 2019년 울산신문 이사(현) (상)한국문학예술 시부문 신인상(2015) (저)'논리로 푸는 대입논술'(2002) (작)등단시 '겨울, 반구대암각화'(한국문학예술 겨울호)

## 김진영(金眞伶)

(생)1967 · 8 · 9 (출)제주 (주)경기도 의정부시 녹양로34번길 23 의정부지방법원 총무과(031-828-0102) (학)1986년 제주 오현고졸 1993년 연세대 행정학과졸 (경)1998년 사법시험 합격(40회) 2001년 사법연수원 수료(30기) 2001년 인천지법 예비판사 2003년 서울지법 판사 2004년 서울중앙지법 판사 2005년 울산지법 판사 2008년 서울서부지법 판사 2011년 서울중앙지법 판사 2013년 서울서부지법 판사 2014년 대법원 재판연구관 2017년 제주지법 부장판사 2019년 의정부지법 부장판사(현)

## 김진오(金振吾) KIM Jin Oh

(생)1952 · 6 · 20 (출)경북 포항 (주)경기도 의정부시 녹양로 44 삼형빌딩 201호 김진오법률사무소(031-877-2300) (학)1972년 경복고졸 1976년 서울대 법과대학졸 (경)1982년 사법시험 합격(24회) 1984년 사법연수원 수료(14기) 1985년 서울지검 남부지청 검사 1987년 마산지검 진주지청 검사 1988년 수원지검 검사 1991년 대전지검 검사 1993년 서울지검 검사 1995년 同의정부지청 검사 1997년 부산고검 검사 1998년 대전지검 천안지청 부장검사 1999년 대전지검 공안부장 2000년 서울지검 의정부지청 형사3부장 2001년 同의정부지청 형사2부장 2002년 서울고검 검사 2003년 대전고검 검사 2003년 대구고검 검사(법제처 파견) 2005년 서울고검 검사 2006년 부산고검 검사 2008년 서울고검 검사 2010~2012년 광주고검 검사 2012년 변호사 개업(현) (종)불교

## 김진오(金眞旿) KIM Jin Oh

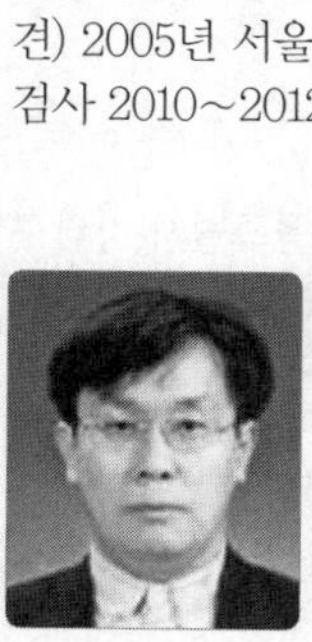

(생)1968 · 7 · 25 (출)서울 (주)서울특별시 서초구 서초대로74길 4 삼성생명서초타워 법무법인(유) 동인(02-2046-0616) (학)1987년 휘문고졸 1991년 서울대 사법학과졸 1997년 同대학원 법학과 수료 (경)1998년 사법시험 합격(40회) 2001년 사법연수원 수료(30기) 2001년 수원지법 성남지원 판사 2003년 서울지법 판사 2004년 서울중앙지법 판사 2005년 춘천지법 영월지원 판사 2008년 서울중앙지법 판사 2011년 서울동부지법 판사 2013년 서울중앙지법 판사 2014년 대법원 재판연구관 2016~2017년 창원지법 마산지원 부장판사 2017년 법무법인(유) 동인 구성원변호사(현) 2018년 HDC 사외이사 겸 감사위원(현)

## 김진옥(金鎭鈺)

(생)1974 · 1 · 13 (주)경상남도 창원시 의창구 상남로 290 경상남도의회(055-211-7376) (학)창원대 경영학과졸 (경)세무사 개업, 경남도 지방세심의위원회 위원, 민주평통 자문회의 자문위원, 법무부 범죄예방자원봉사위원, 통영세무서 국제심사위원회 위원, 고성군 지방세 심의위원, 김진옥세무회계사무소 대표 세무사(현), 경남도 주민감사청구심의회 위원(현), 노무현재단 진해지회 감사(현) 2018년 경남도의회 의원(더불어민주당)(현) 2018년 同경제환경위원회 위원(현)

## 김진옥(金辰玉 · 女) KIM Jin Ok

(생)1975 · 5 · 27 (출)부산 (주)서울특별시 서초구 강남대로 193 서울가정법원(02-2055-7114) (학)1994년 마산제일여고졸 1998년 고려대 정치외교학과졸 (경)2000년 사법시험 합격(42회) 2003년 사법연수원 수료(32기) 2003년 춘천지법 예비판사 2005년 同판사 2006년 수원지법 판사 2009년 서울중앙지법 판사 2012년 서울가정법원 판사 2016년 육아 휴직 2018년 서울가정법원 판사(현)

## 김진용(金鎭用) KIM Jin Yong

(생)1956 · 2 · 15 (출)서울 (주)서울특별시 서초구 명달로 94 (주)삼성출판사 비서실(02-3470-6853) (학)1975년 휘문고졸 1979년 서울대 기계설계학과졸 1994년 고려대 언론대학원 수료 (경)1979년 삼성언어연구원 대표이사 1980년 (주)삼성출판사 상무이사 1986년 (주)아트박스 대표이사 1992~2000년 (주)삼성출판사 대표이사 사장 1995년 한국방문판매업협회 부회장 2000~2002년 (주)nSF 대표이사 사장 2000년 대한트라이애슬론연맹 부회장 2002년 (주)삼성출판사 대표이사 사장(현) 2009~2012 · 2013~2016년 대한트라이애슬론연맹 회장 2013년 국민생활체육회 재정위원(현) 2016년 대한트라이애슬론연맹 명예회장(현) (상)산업포장(2001), 국무총리표창(2006), 서울시 문화상 문화산업부문(2015)

## 김진용(金進鏞) KIM Jin Yong

(생)1961 · 8 · 5 (출)서울 (주)인천광역시 서구 경명대로 322 LG전자(주) VS사업본부(032-723-0726) (학)배명고졸, 서울대 전자공학과졸, 한국과학기술원(KAIST) 전기전자공학과졸(석사), 공학박사(미국 아이오와대) (경)1993년 LG전자 영상미디어연구실 책임 2001년 同Digital Media연구소 Digital Core Tech그룹장(상무) 2009년 同BS사업본부 시큐리티사업팀장 겸 BS연구소장(전무) 2010년 同BS사업본부 솔루션사업부장(전무) 2011년 同HE사업본부 CD&S사업부장(전무) 2012년 同HE사업본부 Car&Media사업부장(전무) 2013년 同HE사업본부 Car사업부장(전무) 2013년 同VC본부 IVI사업부장(전무) 2015년 同VC본부 IVI사업부장(부사장) 2016년 同VC스마트사업부장(부사장) 2019년 同VS(Vehicle component Solutions)사업본부장(부사장)(현)

## 김진우(金鎭禹) KIM Jin Woo

(생)1954 · 2 · 5 (본)김해(金海) (출)부산 (주)서울특별시 광진구 능동로 120 건국대학교 전기전자공학부(02-458-4778) (학)1973년 부산고졸 1977년 서울대 농경제학과졸 1979년 同행정대학원졸 1995년 미국 콜로라도대 대학원 경제학과졸(석사) 1998년 경제학박사(미국 콜로라도대) (경)1980~1986년 한국동력자원연구소 선임연구원 1986년 에너지경제연구원

에너지구조개편팀장, 同선임연구위원, 同전력연구단장 1996~1998년 미국 콜로라도대 경제학과 강사 2002년 에너지경제연구원 연구조정실장 2004년 同동북아에너지연구센터장 2005년 同네트워크산업연구단장 2007년 同전력·가스연구실장 2009년 同에너지정보통계센터 소장 2010~2013년 同원장 2011~2013년 한국자원경제학회 회장 2014년 에너지경제연구원 석좌연구위원 2014~2019년 연세대 글로벌융합기술원 특임교수 2016년 산업통상자원부 전력정책심의회 위원장(현) 2018년 산업통상자원부 제3차 에기본 워킹그룹(WG : 산·학·연 전문가+시민단체 인사 등 포함) 위원장 겸 총괄분과장(현) 2019년 건국대 전기전자공학부 산학협력중점교수(현) (상)지식경제부장관표창(2009), 국가경쟁력대상 공공기관·경제연구기관부문(2010), 한국전기문화대상(2011), 국민훈장 동백장(2012), 대한민국 경제리더대상 R&D경영부문(2012), 대한민국 글로벌리더 녹색성장부문(2013), 산업통상자원부장관표창(2015) (저)'실시간 전기요금에 대한 수요자 반응'(1998) (종)천주교

## 김진우(金振宇) Kim Jinwoo

(생)1962·1·13 (주)서울특별시 서대문구 연세로 50 연세대학교 경영대학(02-2123-2528) (학)1986년 연세대 경영학과졸 1988년 미국 캘리포니아주립대 로스앤젤레스교 대학원 경영학과졸 1991년 미국 카네기멜론대졸(석사) 1993년 HCI(정보시스템공학)박사(미국 카네기멜론대) (경)1993~1994년 미국 카네기멜론대 Research Scientist 1994년 연세대 경영대학 조교수·부교수·교수(현) 1998년 同인지과학협동과정 실무교수(현) 2002~2003년 UC Irvine Computer Science Department Visiting Associate Professor 2005~2017년 (주)SBS콘텐츠허브 사외이사 2007년 연세대 인지과학연구소장 2007년 同경영대학 부학장 2010년 미국 매사추세츠공과대(MIT) 슬로안경영학과 교환교수 2011~2013년 (주)다음커뮤니케이션 사외이사 2011~2017년 연세대 기술경영협동과정 주임교수 2012~2014년 同학술정보원장 2012~2014년 한국HCI학회 회장 2013년 2015ACM SIGCHI 조직위원장 2016~2017년 연세대 경영연구소장 2016년 (주)하이 대표이사(현) 2018년 연세대 기술경영협동과정 참여교수(현) (저)'인터넷비즈니스.com'(1997) 'Digital Contents'(2002) 'Human Computer Interaction 개론'(2005) 'Digital Fun'(2007) '퓨전'(2007) '경험디자인'(2014)

## 김진우(金鎭佑)

(생)1963·9·21 (출)부산 (주)제주특별자치도 제주시 애월읍 애조로 215 제주서부경찰서(064-760-1331) (학)1983년 부산 성도고졸 1987년 경찰대졸(3기) (경)1987년 경위 임관 2009년 제주지방경찰청 보안과장 2010년 부산지방경찰청 경비과장 2010년 경남 양산경찰서장 2011년 부산지방경찰청 경비과장 2013년 경남 산청경찰서장 2014년 울산지방경찰청 정보화장비담당관 2015년 울산 중부경찰서장 2016년 제주지방경찰청 청문감사담당관 2017년 제주 서귀포경찰서장 2017년 제주지방경찰청 보안과장 2019년 제주서부경찰서장(현)

## 김진우(金鎭宇) KIM Jin Woo

(생)1964·12·10 (출)대전 (주)대전광역시 서구 둔산중로78번길 15 대전고등검찰청 사무국(042-470-3242) (학)대전고졸, 서울대 공법학과졸, 미국 인디애나대 법과대학원졸(석사) (경)1992년 법무부 검찰사무관 임용 1993년 대검찰청 마약과 수사사무관 1994년 서울지검 강력과 근무 1995년 同동부지청 수사과 근무 1996년 서울지검 공안2과 근무 1997년 대검찰청 과학수사과 근무 1999년 서울지검 수사2과 근무 1999년 검찰총장 비서실 근무 2000년 대구지검 안동지청 사무과장(검찰수사서기관) 2002년 서울지검 동부지청 집행과장 2003년 해외 파견(미국 인디애나 법과대학원) 2005년 서울중앙지검 증거물과장 2006년 同조직범죄수사과장 2008년 同검사 직대 2009년 同총무과장(검찰부이사관) 2010년 전주지검 사무국장(고위공무원) 2011년 중앙공무원교육원 파견(고위공무원) 2012년 대구지검 사무국장 2013년 서울북부지검 사무국장 2014년 수원지검 사무국장 2015년 서울동부지검 사무국장 2017년 부산지검 사무국장 2018년 대전고검 사무국장(현)

## 김진우(金塡祐) KIM Jin Woo

(생)1966·10·19 (본)김해(金海) (출)경북 포항 (주)강원도 강릉시 죽헌길 7 강릉원주대학교 치과병원(033-640-3114) (학)1991년 서울대 치의학과졸 1994년 同대학원 치의학과졸 2000년 치의학박사(서울대) (경)1991년 서울대병원 치과진료부 인턴 1992년 서울대병원 치과진료부 보존과 레지던트 1994년 대한치과보존학회 이사 1995년 국군수도병원 치과진료부 치과보존과장 1997년 강릉대 치의학과 조교수·부교수 2009년 강릉원주대 치의학과 부교수·교수(현), 대한치과보존학회 이사(현), 대한치과근관치료학회 이사(현) 2019년 강릉원주대 치과병원장(현) 2019년 대한치과근관치료학회 차기(2020년부터)회장(현)

## 김진욱(金鎭郁)

(생)1960·8·16 (본)김녕(金寧) (주)경상북도 안동시 풍천면 도청대로 455 경상북도의회(054-880-5126) (학)상주공고졸, 건국대 공과대학 토목공학과졸, 同산업대학원 토목공학과졸 (경)(주)고려개발 대표이사, 상주청년회의소 회장, 경북전문건설협회 대의원, 상주시중소기업협의회 이사, 상주대 강사 2002·2006·2010년 경북 상주시의회 의원(한나라당·새누리당) 2006~2008·2010~2012년 同의장 2014~2018년 경북 상주시의회 의원(새누리당·자유한국당), 자유한국당 경북도당 상임부위원장(현) 2018년 경북도의회 의원(자유한국당)(현) 2018년 同건설소방위원회 위원(현) 2018년 同윤리특별위원회 위원(현) 2018년 同정책연구위원회 위원(현) 2018년 同실버정책연구회 위원(현) 2018년 同미세먼지대책특별위원회 위원장(현) 2019년 同예산결산특별위원회 위원(현)

## 김진원(金陳元) KIM Jin Won

(생)1950·2·27 (출)충남 보령 (학)1968년 홍성고졸 1975년 서강대 신문방송학과졸 1985~1986년 미국 조지타운대 연수 (경)1975~1980년 동아방송 정치부·사회부 기자 1980년 KBS 기자 1981~1989년 MBC 사회부 기자·TV편집1부·정치부 차장대우 1989년 同보도제작국 보도특집부 차장 1991년 서울방송 부장대우 1991년 同국제부장 1995년 同사회부장 1996년 同정치부장 1996년 同뉴욕특파원 1998년 同스포츠국장 1998년 同보도국장 2000년 SBS 보도본부 국장급 보도총괄CP 2003년 同해설위원실장 2004년 해외 연수 2005년 SBS 보도본부장(이사) 2007~2011년 한국신문방송편집인협회 이사 2007~2009년 SBS 보도본부장(상무) 2010~2013년 同상임상담역(상무) 2013년 SBS미디어홀딩스 대표이사 사장 2015~2016년 SBS 경영총괄 공동대표이사 사장 2015년 지상파유에이치디방송추진협회 이사 2015년 한국방송협회 부회장 2016년 한국민영방송협회 회장 2016~2018년 SBS 상임고문 (상)서강언론상(2005), 한국참언론인대상 방송진흥부문(2007), 상허대상 언론부문(2008) (종)기독교

## 김진유(金鎭裕) KIM Jin Yoo

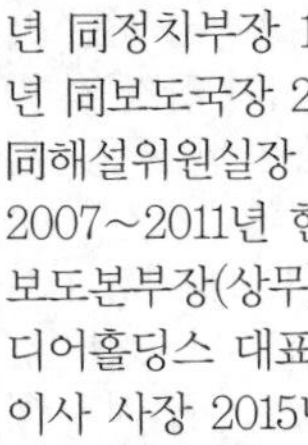

(생)1956·4·1 (출)경기 화성 (주)서울특별시 강남구 언주로 710 성암빌딩 3층 화이트정보통신(주) 대표이사실(02-3474-2980) (학)숭실대 전산학과졸, 연세대 경영대학원졸 (경)한국과학기술연구원 시스템공학센터 근무, 한국산업정보기술원 기획실장, 화이트정보통신(주) 대표이사(현), (주)웨티즌 대표이사 겸임(현) (상)대통령표창(2008·2016), 연세대 MBA경영인상(2011) (종)기독교

## 김진윤(金振潤) KIM, JIN-YUN

(생)1952·5·26 (본)강릉(江陵) (주)서울특별시 서초구 강남대로 351 청남빌딩 16층 아주프론티어(주)(02-3475-9823) (학)1970년 경남고졸 1975년 고려대 사회학과졸 1998년 미국 보스턴대 경영대학원졸 (경)1977~1984년 (주)대우건설 과장 1984~1985년 아주산업(주) 부장 1985~1999년 경남기업(주) 개발담당 이사 1999~2001년 한일건설(주) 개발담당 상무이사 2003~2008년 CMI테크놀러지 대표이사 2005~2013년 아주복지재단 이사 2007~2008년 한일건설(주) 사외이사 2009~2012년 同대표이사 사장 2015년 아주프론티어(주) 대표이사(현) (종)기독교

## 김진윤(金鎭潤) KIM Jin Yun

(생)1958·1·15 (본)김녕(金寧) (출)경북 영천 (주)경상북도 경산시 하양읍 대경로 61 (사)한국정치발전연구원 원장실(053-851-1050) (학)1981년 영남대 정치외교학과졸 1987년 同대학원 정치학과졸 1994년 정치학박사(영남대) (경)1991~2007년 (사)한국정치발전연구원 연구위원·책임연구원 1997~1999년 대구미래대학 경찰행정과 겸임교수 2000~2001년 경일대 교양학부 겸임교수 2002~2003년 대한정치학회 편집이사 2004~2006년 대구대 국제관계학과 겸임교수 2008년 (사)한국정치발전연구원 원장(현) 2008~2010년 경북도 새마을정책보좌관 (저)'墨子政治思想에 있어서 利의 意義'(1993) '사회와 사상'(1994) '유묵의 정치사상'(1997) 'Demos와 Kratos'(1998) '민주주의와 정치'(2001)

## 김진의(金鎭義) Jihn Eui Kim

(생)1946·7·30 (본)김녕(金寧) (출)전남 구례 (주)서울특별시 관악구 관악로 1 서울대학교 물리천문학부(02-880-6587) (학)1971년 서울대 화학공학과졸 1975년 물리학박사(미국 로체스터대) (경)1975년 미국 브라운대 연구원 1977년 미국 펜실베이니아대 연구원 1980~1990년 서울대 물리학과 조교수·부교수 1983년 스위스 CERN 초빙연구원 1987~1988년 미국 미시간대 방문교수 1990~2011년 서울대 물리학과 교수·자연대학 물리천문학부 교수 1995년 同연구처장 1997년 미국 하버드대 객원교수 1998~1999년 고등과학원 교수 2006년 '국가석학지원사업 대상자(물리학분야)'에 선정 2011년 서울대 물리천문학부 명예교수(현) 2011~2013년 광주과학기술원 석좌교수 2017년 대한민국학술원 회원(입자물리학·현) (상)한국과학상 대상(1987), 호암상 과학기술부문(1992), Humboldt Research Award(2001), 과학기술훈장 혁신장(2002), 대한민국 최고과학기술인상(2003), 서울대총동창회 관악대상 영광상(2010) (저)'게이지이론과 입자의 기본 상호작용' 'Quarks and Leptons from Orbifolded Superstring' (종)기독교

## 김진일 KIM Jin Il

(생)1961·6·26 (주)서울특별시 영등포구 63로 10 가톨릭대학교 여의도성모병원 소화기내과(1661-7575) (학)1991년 가톨릭대 의대졸 1998년 同대학원 의학석사 2003년 의학박사(가톨릭대) (경)1999년 가톨릭대 의대 내과학교실 교수(현) 2003~2004년 미국 캘리포니아대 샌디에이고교 암센터 연구교원 2009~2015년 대한상부위장관헬리코박터학회 총무이사·편집이사·학술이사 2011~2015년 대한소화기내시경학회 부총무이사·보험이사 2013~2015년 가톨릭대 여의도성모병원 수련교육부장, 同여의도성모병원 내시경실장, 同여의도성모병원 QI관리부실장 2015~2017년 同여의도성모병원 연구부원장 2015~2017년 同여의도성모병원 임상의학연구소장 2017년 同여의도성모병원 의무원장(현) (상)서울시의사회 우수논문상(2004), 대한헬리코박터학회 우수논문상(2010)

## 김진일(金辰鎰)

(생)1976·11·5 (주)경기도 수원시 팔달구 효원로 1 경기도의회(031-8008-7000) (학)서일대학 부동산과졸 (경)하남청년포럼 대표 2017년 더불어민주당 제19대 문재인 대통령후보 미래한국전략특보, 경기 하남시 일자리위원회 위원 2018년 경기도의회 의원(더불어민주당)(현) 2018년 同건설교통위원회 위원(현) 2019년 同예산결산특별위원회 위원(현)

## 김진천(金鎭千) KIM Jin Cheon

(생)1955·3·18 (출)대구 (주)서울특별시 송파구 올림픽로43길 88 서울아산병원 외과(02-3010-3499) (학)1980년 서울대 의대졸 1984년 同대학원 의학석사 1989년 의학박사(서울대) (경)1980~1985년 서울대병원 전임의 1986~1987년 서울국군지구병원 외과 과장 및 진료부장 1988~1989년 서울대병원 임상강사(전임강사대우) 1989~2000년 울산대 의대 외과학교실 전임강사·조교수·부교수 1992~1993년 미국 하버드대 의대 종양생물학 연구전임의 겸 강사 1997년 영국 옥스퍼드대 분자의학연구소 초청교수 2000년 울산대 의대 외과학교실 교수(현), 同주임교수 2003~2005년 서울아산병원 암센터 소장 2005~2007년 아산생명과학연구소 소장 2005년 대통령자문 의료산업선진화위원회 전문위원 2008~2012년 서울아산병원 외과 과장 2014년 대한대장항문학회 회장 (상)연강학술상 외과학부문(2008)

## 김진철(金鎭喆) KIM Jin Cheol

(생)1952·11·21 (출)부산 (주)부산광역시 해운대구 센텀서로 66 (주)디오 비서실(051-745-7777) (학)1971년 경남고졸 1978년 경북대 물리학과졸 (경)1980~1983년 공영토건(주) 외자부 근무 1984~1987년 한도포장기계 대표 1988~2000년 동서기계(주) 대표이사 사장 2000년 (주)디에스아이 대표이사 회장 2008년 (주)디오 대표이사 회장(현) (상)국무총리표창(2000), 한국포장기계대상(2000), 대통령표창(2003)

## 김진철(金鎭哲) KIM Jin Chul (仁齋)

(생)1954·3·28 (출)서울 (주)서울특별시 강남구 강남대로 310 유니온센터 18층 혜성산업(주) 비서실(02-569-1114) (학)1973년 이란 테헤란커뮤니티하이스쿨졸 1977년 미국 펜실베이니아주 리하이대 토목공학과졸 2001년 연세대 최고경영자과정 수료 2007년 서울과학종합대학원 최고경영자과정 수료 2009년 홍익대 국제디자인대학원 디자인최고경영자과정 수료 (경)1977년 현대건설(주) 입사·과장 1986년 혜성전선(주) 이사 1989년 (주)가인인터내셔널 설립·대표이사 사장(현) 1992년 혜성산업(주) 설립·대표이사 사장(현) 1995~2015년 (주)한국할로겐 대표이사 사장 2002~2013년 서울시사이클연맹 회장 2003년 서울신사로타리클럽 회장 2005~2014년 한·일 합작법인 KOTOBUKI KOREA 사장 2009년 서울시체육회 이사 2010년 대한사이클연맹 훈련강화위원장 2012년 대한체육회 생활체육위원회 위원 2013년 서울시체육회 부회장 2017년 공군시설전우회 회장(현) (상)중소기업문화대상(2009), 제61회 서울시문화상 체육분야(2012) (종)천주교

## 김진철(金秦鐵) Kim Jin-chul

(생)1962·5·25 (주)경기도 성남시 수정구 성남대로 1182 KT링커스(주) 임원실(031-724-3030) (학)1988년 고려대 영어영문학과졸 (경)2012년 KT Customer부문 전남고객본부장 2014년 同Customer부문 CS본부장 2015년 同Customer부문 Customer기획본부장 2016년 KT M&S 대표이사 2017년 KT Customer부문 충남고객본부장(전무) 2018년 (주)KT is 대표이사 사장 2019년 KT링커스(주) 대표이사 사장(현)

### 김진철(金鎭哲)

(생)1963·7·2 (출)충남 아산 (주)서울특별시 서초구 서초중앙로 157 서울중앙지방법원(02-530-1114) (학)1982년 배재고졸 1986년 서울대 공법학과졸 (경)1995년 사법시험 합격(37회) 1998년 사법연수원 수료(27기) 1998년 서울지법 북부지원 판사 2000년 서울지법 판사 2002년 대구지법 판사 2005년 의정부지법 판사 2007년 서울중앙지법 판사 2009년 서울남부지법 판사 2010년 서울고법 판사 2012년 서울북부지법 판사 2013년 대전지법 부장판사 2015년 인천지법 부장판사 2017년 서울중앙지법 부장판사(현)

### 김진탁(金鎭卓) KIM Jin Tak (효원)

(생)1938·3·22 (본)청도(淸道) (출)대구 (주)대구광역시 북구 옥산로 111 DGB대구은행(053-755-8760) (학)1956년 대구상고졸 1960년 계명대 교육학과졸 1986년 일본 릿쿄대 대학원 관광학과졸 1994년 대구가톨릭대 경영학박사, 영남대 경영대학원 경영학과졸 (경)1960년 경산 진량고 교사 1964~1973년 대구YMCA 교육부장 1976~1986년 계명문화대학 관광과 교수 1986~2003년 계명대 경영학부 관광경영학과 교수 1994년 일본 릿쿄대 객원교수 1996년 계명대 기획정보처장 1996~1998년 (사)대한관광경영학회 회장 1998년 대구경북개발연구원 연구자문위원 2000년 계명대 경영대학원장 2003년 同경영대학 관광경영학과 명예교수(현) 2013년 同명예교수회 회장(현), DGB대구은행 사외이사 2018년 同이사회 의장(현) 2018년 대구YMCA유지재단 이사장(현) (상)근정포장 (저)'관광학총론' '현대여가위락론' '현대관광총론' (역)'서비스의 이론과 실제' (종)기독교

### 김진태(金鎭太) KIM Jin Tae

(생)1952·8·15 (본)김해(金海) (출)경남 사천 (주)서울특별시 종로구 종로3길 17 디타워D2 23층 법무법인 세종(02-316-1601) (학)1975년 서울대 법과대학 법학과졸 1978년 同대학원 법학과 수료 (경)1982년 사법시험 합격(24회) 1984년 사법연수원 수료(14기) 1985년 광주지검 순천지청 검사 1987년 서울지검 동부지청 검사 1989년 부산지검 검사 1990년 법무부 법무심의관실 검사 1992년 서울지검 검사 1995년 대검찰청 검찰연구관 1997년 수원지검 여주지청장 1998년 서울고검 검사 1999년 인천지검 특수부장 2000년 대검찰청 환경보건과장 2001년 同범죄정보1담당관 2002년 同중수2과장 2003년 서울지검 형사8부장 2004년 춘천지검 강릉지청장 2005년 인천지검 2차장검사 2006년 부산지검 1차장검사 2007년 대구고검 차장검사 2008년 청주지검장 2009년 대검찰청 형사부장 2009년 서울북부지검장 2010년 대구지검장 2011년 대전고검장 2012년 서울고검장 2012~2013년 대검찰청 차장검사 2012~2013년 同총장 권한대행 2013년 법무법인 인(仁) 고문변호사 2013~2015년 검찰총장 2017~2018년 법무법인 인(仁) 고문변호사 2019년 법무법인 세종 고문변호사 2019년 (주)GS 사외이사(현) 2019년 법무법인 세종 명예 대표변호사(현) (상)황조근정훈장(2011) (저)'달을 듣는 강물'(1996) '물속을 걸어가는 달-증보판'(2004) '흘반난(吃飯難), 밥 먹기 어렵다'(2016, 불광출판사) (종)불교

### 김진태(金鎭泰) Jintae Kim

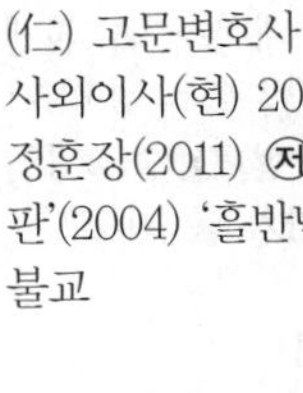

(생)1959·3·5 (주)충청북도 청주시 청원구 오창읍 연구단지로 40 충북테크노파크(043-270-2000) (학)청주고졸 1984년 청주대 경영학과졸, 同대학원 경영학과졸 (경)1988년 행정고시 합격(32회) 1989년 상공부 아주통상과 사무관 1992년 同수송기계과 사무관 1994년 상공자원부 기획예산과 사무관 1994년 同헝가리 부다페스트무역관 파견 1997년 통상산업부 통상정책과 사무관 2000년 산업자원부 산업협력과 서기관 2001년 미국 샌프란시스코 파견 2004년 산업자원부 대외협력과장 2005년 同표준품질팀장 2007년 同국제무역전략팀장 2008년 지식경제부 바이오나노과장 2008년 한국표준협회 전무이사 2016년 (재)충북테크노파크 원장(현) 2019년 중원대 대학발전자문위원회 자문위원(현) (상)근정포장

### 김진태(金鎭兌)

(생)1962 (주)서울특별시 구로구 구로중앙로 152 AK플라자 임원실(02-818-0099) (학)1981년 경기고졸 1988년 성균관대 무역학과졸 (경)1990년 AK플라자 입사 2001년 AK면세점 영업관리부장 2007년 AK플라자 상품본부담당 상무 2009년 同수원점장(상무) 2010년 同분당점장(상무) 2014년 同수원점장 겸 수원애경역사 대표이사(전무) 2017년 同영업본부장(부사장) 2018년 同대표이사 부사장(현)

### 김진태(金振泰)

(생)1964·4 (출)서울 (주)서울특별시 종로구 종로 33 그랑서울 GS건설(주)(02-2154-1114) (학)1983년 경신고졸 1990년 고려대 화학공학과졸 (경)1989년 LG화학 입사 1998년 SK건설 입사 2003년 LG건설 입사 2006년 GS건설 SP9-10 PJT 부장 2014년 同플랜트부문 NSRP PJT PD(상무보) 2015년 同플랜트부문 NSRP PJT PD(상무) 2017년 同플랜트부문 NSRP PJT PD(전무) 2018년 同Clean Fuels PJT PD(전무)(현)

### 김진태(金鎭台) KIM Jin Tae

(생)1964·10·13 (본)김녕(金寧) (출)강원 춘천 (주)서울특별시 영등포구 의사당대로 1 국회 의원회관 437호(02-784-3760) (학)1983년 춘천 성수고졸 1987년 서울대 법과대학 공법학과졸 (경)1986년 사법시험 합격(28회) 1989년 사법연수원 수료(18기) 1989년 국군 기무사령부 법무관 1992년 부산지검 동부지청 검사 1994년 대구지검 의성지청 검사 1995년 서울지검 검사 1997년 창원지검 검사 1999년 서울지검 북부지청 검사 2001년 同북부지청 부부장검사 2001년 전주지검 남원지청장 2002년 서울지검 부부장검사 2003년 춘천지검 부장검사 2004년 수원지검 공판송무부장 2005년 법무연수원 기획과장 2006년 대검찰청 조직범죄과장 2007년 서울중앙지검 부장검사 2007년 과거사정리위원회 파견 2008년 춘천지검 원주지청장 2009년 서울고검 검사 2009년 변호사 개업 2010년 한국여성정책연구원 감사 2012년 제19대 국회의원(춘천시, 새누리당) 2012·2014년 국회 법제사법위원회 위원 2013년 새누리당 기획법률담당 원내부대표 2014~2015년 국회 예산결산특별위원회 위원 2015년 새누리당 정책위원회 법제사법정책조정위원회 부위원장 2015~2016년 同인권위원장 2016년 제20대 국회의원(춘천시, 새누리당·자유한국당〈2017.2〉)(현) 2016~2018년 국회 법제사법위원회 간사 2016년 새누리당 강원도당 위원장 2017년 자유한국당 강원도당 위원장 2017년 同제19대 홍준표 대통령후보 중앙선거대책위원회 공동위원장 겸 국가대개혁위원회 검찰개혁위원장 2018년 국회 헌법개정및정치개혁특별위원회 위원 2018년 자유한국당 좌파정권방송장악피해자지원특별위원회 위원 2018년 국회 정무위원회 위원 2018년 국회 법제사법위원회 위원(현) (상)NGO모니터단 국정감사 우수의원(2012), 법률소비자연맹 선정 국회 헌정대상(2013), 대한변호사협회 선정 '최우수 국회의원상'(2016), 대한민국평화·안보대상 의정발전공헌부문 대상(2016), 제3회 팔마대상(2016), 자유경제입법상(2016), 대한민국예술문화대상 문화공로대상(2017), 대한민국소비자평가우수대상 의정부문 대상(2018)

## 김진표(金振杓) KIM Jin Pyo (金鎭華)

(생)1947·5·4 (본)김녕(金寧) (출)경기 수원 (주)서울특별시 영등포구 의사당대로 1 국회 의원회관 744호(02-784-3807) (학)1966년 경복고졸 1971년 서울대 법대졸 1988년 미국 위스콘신대 대학원 공공정책학과졸 1993년 국방대학원 수료 2005년 명예 행정학박사(미국 컴벌랜드대학) (경)1974년 행정고시 합격(13회) 1975년 재무부 사무관 1983년 영월세무서장 1985년 재무부 세제국 소비세·재산세제·조세정책과 과장 1992년 조세연구원 설립 책임관(파견·부이사관) 1993년 재무부 세제총괄심의관 1994년 재정경제원 국세심판소 상임심판관 1995년 同대외경제국 심의관 1996년 同공보관 1996년 同부총리 비서실장 1997년 同금융정책실 은행보험심의관 1998년 同세제실 재산소비세·세제총괄심의관 1998년 ASEM준비기획단 사업추진본부장 1999년 재정경제부 세제실장 2001년 同차관 2002년 대통령 정책기획수석비서관 2002년 국무총리 국무조정실장 2002년 제16대 대통령직인수위원회 부위원장 겸임 2003~2004년 부총리 겸 재정경제부 장관 2003년 연합인포맥스 자문위원 2004년 제17대 국회의원(수원시 영통구, 열린우리당·대통합민주신당·통합민주당) 2004년 신산업정책포럼 공동대표 2005~2006년 부총리 겸 교육인적자원부 장관 2007년 열린우리당 정책위 의장 2007년 同경기도당 위원장 2007년 대통합민주신당 정책위 의장 2007년 同정동영 대통령후보 중앙선거대책위원회 직능특별위원장 2008년 同정부조직개편특별위원장 2008년 제18대 국회의원(수원시 영통구, 통합민주당·민주당·민주통합당) 2008~2010년 민주당 최고위원 2008년 同당무위원 2010년 同평창동계올림픽유치지원특위 위원장 2010년 同참좋은지방정부위원장 2011~2012년 同원내대표 2012년 민주통합당 민생안정본부장 2012~2014년 제19대 국회의원(경기 수원시丁, 민주통합당·민주당·새정치민주연합) 2012년 국회 국방위원회 위원 2013년 민주통합당 대선공약실천위원장 2013년 민주당 민생안정본부장 2014년 경기도지사선거 출마(새정치민주연합) 2014년 경기대 정치전문대학원 강사 2014~2015년 새정치민주연합 국정자문회의 의장 2014년 同정책엑스포조직위원회 위원장 2015년 아주대 공공정책대학원 초빙교수 2015년 더불어민주당 국정자문회의 의장 2016년 同경기수원시戊지역위원회 위원장(현) 2016년 同더불어경제선거대책위원회 공동부위원장 겸 경기도선거대책위원회 위원장 2016년 제20대 국회의원(경기 수원시戊, 더불어민주당)(현) 2016·2018년 국회 국방위원회 위원(현) 2016년 국회 예산결산특별위원회 위원 2016~2017년 국회 지방재정·분권특별위원회 위원장 2016·2018년 더불어민주당 국가경제자문회의 의장(현) 2017년 同제19대 문재인 대통령후보 중앙선거대책위원회 공동위원장 겸 일자리위원회 위원장 2017년 국정기획자문위원회 위원장 2017년 국회조찬기도회 회장(현) (상)홍조근정훈장(1992), 녹조근정훈장(1992), 청조근정훈장(2002), 법률소비자연맹 선정 국회 헌정대상(2013), 미국 위스콘신대 한국총동문회 '자랑스런 위스콘신대 동문상'(2015) (저)'한국경제 희망있다' '대한민국 최고의 공무원'(2009) '뚜벅걸음이 세상을 바꾼다(共)'(2011, 책보세) '정치를 왜 합니까?'(2013) '줄탁'(2013) '구직대신 창직하라'(2019, 매경출판) (종)기독교

## 김진표(金鎭杓) KIM Jin Pyo

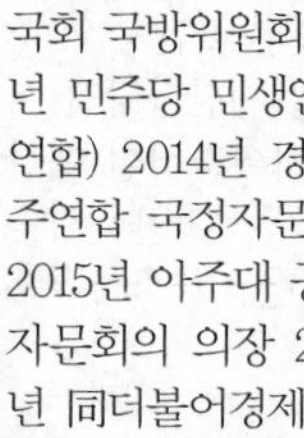

(생)1964·12·25 (본)김해(金海) (출)경북 군위 (주)서울특별시 서대문구 통일로 97 경찰청 생활안전국(02-3150-2246) (학)부산 금성고졸 1987년 경찰대졸(3기) (경)1996년 부산진경찰서 경비과장 1997년 同교통과장 2000년 경찰청 경무기획과 교육고시담당 2006년 경북지방경찰청 정보통신담당관 2007년 경북 울진경찰서장 2008년 경북지방경찰청 홍보담당관 2008년 서울지방경찰청 제3기동대장 2009년 경기 광주경찰서장 2011년 경찰청 외사수사과장 2011년 서울 도봉경찰서장 2013년 서울지방경찰청 보안1과장 2014년 同경무과장(경무관) 2014년 부산지방경찰청 제1부장 2015년 울산지방경찰청 제1부장 2017년 경찰청 사이버안전국장 2018년 同대변인 2018년 同생활안전국장(치안감)(현) (상)근정포장(2014)

## 김진하(金振夏) KIM Jin Ha

(생)1960·3·8 (출)강원 양양 (주)강원도 양양군 양양읍 군청길 1 양양군청 군수실(033-670-2201) (학)1979년 양양고졸 2003년 한국방송통신대 국어국문학과졸 2010년 강릉원주대 경영정책과학대학원 행정학과졸 (경)1980년 강원 양양군 양양읍사무소 근무 1988년 강원도농촌진흥원 근무 1994년 강원도 내무국 문화체육과 근무 2005년 同자치행정국 총무과 전략산업사무관 2006년 同미래기획과 미래산업사무관 2006년 강원 양양군 투자유치사업단장 2007년 同경제진흥과장 2008년 同경제도시과장 2009년 同문화관광과장 2010년 同현남면장 2011년 새누리당 강원양양군당원협의회 사무국장 2014~2018년 강원 양양군수(새누리당·자유한국당) 2018년 강원 양양군수(자유한국당)(현)

## 김진한(金振漢) KIM Jin Han

(생)1956·7·8 (출)경북 영주 (주)서울특별시 강남구 테헤란로 317 동훈타워 법무법인(유) 대륙아주(02-3016-5202) (학)1975년 안동고졸 1987년 국민대 법학과졸 1990년 서울대 보건대학원졸 2005년 同법대 최고지도자과정 수료 2010년 同과학기술혁신최고전략과정(SPARC) 수료 (경)1990년 사법시험 합격(32회) 1993년 사법연수원 수료(22기) 1993년 변호사 개업 1996~2000년 경찰종합학교 강사 1999년 법무법인 아주 대표변호사, 서울지방변호사회 인권위원회 위원 2000년 중소기업협동조합법개정특별위원회 위원, 호성종합건설(주) 대표이사 직대, 국민대 행정대학원 강사, 경제정의실천시민연합 상담자문위원, 한국장애인사격연맹 회장, 한국도로공사 투자심의위원장 2006~2008년 학교법인 오산학원 재단이사장 2007년 서울지방변호사회 심사위원장, 경찰청 중앙징계위원회 위원 2007년 하이트문화재단 이사(현) 2009~2012·2016~2018년 법무법인(유) 대륙아주 대표변호사 2010~2012년 연합자산관리(주) 사외이사, 백혈병소아암협회 이사(현) 2012~2014년 농협은행 사외이사 2012년 한국마사회 상벌위원장(현) 2012년 同기부심의위원회 위원(현), 同임원추천위원회 위원(현) 2013~2016·2018년 법무법인(유) 대륙아주 고문변호사(현) 2013년 서울경제신문 감사 2016년 강원랜드 투자심의위원회 위원(현) 2016년 포항공대 사외이사(현) (상)해양수산부장관표창 (저)'안락사의 보건의과학적 고찰'(1990) '채무명의로서의 집행증서'(1993) '부실채권시장 전반에 대한 이해증진을 위한 시장현황 및 개념정리(파산재단의 환가를 중심으로)'(2003) '파산관재업무 실무편람'(2005)

## 김진한

(생)1957·6·1 (출)경북 문경 (주)경상북도 구미시 구미대로 350-27 경북창조혁신센터(054-470-2614) (학)1975년 경북대사대부고졸 1982년 부산대 전기기계공학과졸 1991년 경북대 산업대학원 전자재료공학과졸 (경)2002년 삼성전자(주) 광소재팀 연구위원(상무) 2003년 同광소재사업팀 연구위원(상무) 2006년 삼성광통신 공장장(상무) 2010년 미국 세계인명사전 'Marquis Who's Who in the World'에 등재 2013년 삼성전자(주) 무선개발실 연구위원(전무) 2014년 경북창조경제혁신센터장(현) (상)삼성전자 생산성 동상(1994), 삼성그룹 기술상 은상(2000)

## 김진항(金鎭恒) KIM Jin Hang

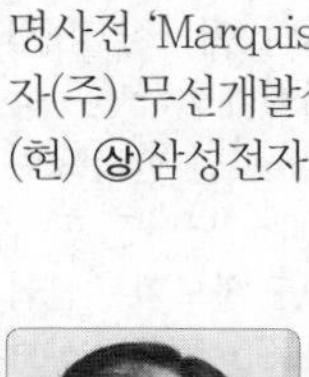

(생)1952·2·4 (본)김녕(金寧) (출)경북 성주 (주)서울특별시 동대문구 왕산로 81 두산베어스타워 604호 안전모니터봉사단중앙회(070-4617-2574) (학)육군사관학교졸(30기) 1983년 연세대 대학원 행정학과졸 1993년 미국 육군대학원(U.S ARMY WAR COLLEGE)졸 2011년 국제정치학박사(경기대) (경)1996~1998년 합동참모본부 군사전략과장 2002~2004

년 제12보병 사단장 2004~2005년 육군교육사령부 교육훈련부장 2004년 건국56주년 국군의날 행사 제병지휘관 2005~2007년 육군 포병학교장 2007년 육군협회 지상군연구소 자문위원 2007년 한국전략문제연구소 객원연구원 2007~2008년 한국안보문제연구소 부소장 2008년 행정안전부 재난안전실장 2010년 한국지방행정연구원 석좌연구원, 공무원연금공단 고객업무본부장(상임이사), 전국안전모니터봉사단연합회 회장, 한국안보문제연구소 부설 한국전략아카데미 원장, 서울시립대 도시과학대학원 방재공학과 겸임교수 2013년 안전모니터봉사단중앙회 회장(현) 2015~2018년 건국대 대학원 초빙교수 (상)보국훈장 삼일장(1998), 보국훈장 천수장(2003) (저)'전략이란 무엇인가?'(2006) '화력마비전'(2007) '김진항장군의 전략이야기'(2011) '경쟁의 틀을 바꿔라'(2011) '세월호를 넘어 멋진 세상으로'(2014) (역)'전략은 어떻게 만들어지나(Making Strategy)'(2000) (종)불교

### 김진향(金鎭香) KIM Jin Hyang

(생)1969·3·25 (본)김해(金海) (출)대구 달성 (주)서울특별시 마포구 마포대로 136 지방재정회관 개성공업지구지원재단(02-2095-5300) (학)1988년 영진고졸 1992년 경북대 정치외교학과졸, 同대학원 정치학과졸 2000년 정치학박사(경북대) (경)1998년 대구대·대경대 강사, 희망의 시민포럼 상임정책위원 2000년 경북대·공주대 강사 2001년 계명대 강사, 새대구경북시민회의 집행위원, 민족화해협력범국민협의회 정책위원, 국민통합연대 대구경북본부 정책실장 2002년 평화통일대구시민연대 상임정책위원 2002~2003년 세종연구소 북한연구센터 객원연구위원 2003년 대통령직인수위원회 외교통일안보분과 행정관 2003~2004년 대통령 국가안전보장회의 사무처 한반도평화체제담당관 2005년 대통령 인사제도비서관실 행정관 2008~2011년 개성공업지구관리위원회 기업지원부장 2008년 대통령 인사제도비서관 2012년 제19대 국회의원선거 출마(대구 달성군, 민주통합당), 대통령 통일외교안보정책실 전략기획실 국장, 한반도평화경제연구소 소장, 한국과학기술원(KAIST) 미래전략대학원 연구교수 2016~2018년 더불어민주당 한반도경제통일특별위원회 위원 2017년 개성공업지구지원재단 이사장 겸 개성공업지구관리위원회 위원장(현) (상)근정포장(2006) (저)'한반도 평화체제 구축'(2003, 국정홍보처) (종)불교

### 김진현(金鎭炫) KIM Jin Hyun (景石)

(생)1936·1·2 (본)경주(慶州) (출)경기 안성 (주)경기도 수원시 영통구 광교로 109 4층 세계평화포럼(031-546-6804) (학)1954년 양정고졸 1958년 서울대 사회학과졸 1973년 미국 하버드대 Nieman Fellow과정 수료 1995년 명예 공학박사(광운대) 1995년 명예 경제학박사(고려대) (경)1957~1966년 동아일보 기자·차장 1967~1980년 同논설위원·경제부장·편집부국장·동아방송 보도국장 1968년 관훈클럽 총무 1977~1980년 서울언론문화클럽 초대 이사장 1981~1984년 한국경제연구원 수석연구위원·부원장 1985~1990년 동아일보 논설주간 1988년 국제언론인협회(IPI) 회원 1989~1990년 신영언론연구기금 이사장 1990~1993년 과학기술처 장관 1993년 한호재단 이사장 1993~1997년 유니세프 한국위원회 부회장·공동체의식개혁국민운동협의회 공동의장 1994~2004년 동해연구회 회장 1994년 한국그린크로스 공동의장 1994년 바른경제동인회 회장 1994~1996년 한국경제신문 회장 1994년 서울시 21세기위원장 1994년 정보화추진협의회 의장 1995년 세계화추진위원회 공동위원장 1995년 국가정보연구회 회장 1995년 제헌국회의원유족회 회장 1995~1999년 서울시립대 총장 1996년 우리민족서로돕기운동본부 공동대표 1997년 한국해양수산개발원 이사장 1997년 환경운동연합 공동대표 1998년 통일고문 1998~2007년 한국과학기술기획평가원 이사장 1998년 장준하선생기념사업회 회장 1999~2001년 문화일보 사장·회장 1999년 아시아신문재단(PFA) 한국위원회 회장 2000년 IT전략연구원 이사장 2000년 세계평화포럼 이사장(현) 2000년 국제정보경영연구원 이사장 2000년 서울대총동창회 부회장 2001년 바른사회를위한시민회의 공동대표·고문 2001~2010년 한국무역협회 수석객원연구원 2005~2016년 民世안재홍(安在鴻)선생기념사업회 회장 2005년 (주)KT&G 사외이사 2006년 미래와경제 자문위원장 2006~2012년 포니정장학재단 이사장 2008~2010년 대한민국건국60주년기념사업추진위원회 집행위원장 2008년 서울팝스오케스트라 이사장 2008년 녹색성장포럼 대표 2009년 대통령자문 통일고문회의 고문 2009년 한미비전협회 이사장 2009~2012년 대한민국역사박물관건립위원회 위원장 2011년 울산과학기술대(UNIST) 이사장 2013년 파크시스템스 고문(현) 2015년 미래학회 고문(현) (상)독립신문기념상(1967), 대통령표창(1977), 청조근정훈장(1994), 국민훈장 무궁화장(1998) (저)'한국주식회사' '한국경제학의 諸問題'(共) 'Quasi,Tax Burden on Firms in Korea' '한국의 선택' '한국은 어디로 가고 있는가' '한국은 어떻게 가야 하는가' '한인, 삶의 조건과 미래'(編) '해양 21세기'(共) '일본친구들에게 정말로 하고 싶은 이야기'(2006) (역)'방관자의 모험' '자본주의와 사회주의' '민주자본주의의 장래' '민주주의와 민간조정기구' '자본주의 정신과 반자본주의 심리' '소명으로서의 기업'

### 김진현(金鎭賢) Kim Jin Hyun

(생)1960·2·4 (출)경북 의성 (주)경상북도 경주시 경감로 614 경주세계문화엑스포(054-740-3001) (학)1978년 경북 경안고졸 1980년 경북공업전문대학 전자공학과졸 (경)1980년 경북 의성군 점곡면 근무(행정 9급 공채) 1992년 경북도 전출 2005년 同산림자원종합개발사업소 관리과장(행정 5급) 2008년 同공보관실 홍보관리담당 2008년 대구경북경제자유구역청 파견 2009년 경북도 기획조정실 예산담당관실 예산총괄담당 2013년 同대변인실 홍보기획담당 2014년 同기획조정실 예산담당관(서기관) 2016년 경북 의성군 부군수 2017년 경북도 기획조정실 예산담당관 2017~2018년 同환경산림자원국장(부이사관) 2019년 경주세계문화엑스포 사무처장(현) (상)국무총리표창(1998), 녹조근정훈장(2014) (종)기독교

### 김진현(金震炫) Kim Jin Hyun

(생)1960·3·27 (출)경북 영풍 (주)서울특별시 종로구 새문안로 92 광화문오피시아 1527호 CJ International ASIA(02-525-1837) (학)1979년 마산고졸 1984년 서울대 경영학과졸 (경)제일제당 근무, (주)CJ39쇼핑 이사 2005년 CJ(주) 글로벌전략팀장(상무) 2007년 CJ제일제당 동남아본사 상무, 同동남아본사 부사장 2011~2017년 同소재사업부문장(부사장) 2017년 同동남아본사 대표 겸임 2017년 CJ(주) 아시아·태평양본사 대표(부사장) 2018년 同International ASIA 대표(부사장)(현)

### 김진현(金辰玹) KIM Jin Hyeon

(생)1965·11·13 (출)충남 아산 (주)서울특별시 서초구 서초대로74길 4 삼성생명서초타워 법무법인(유) 동인(02-2046-0664) (학)1984년 서울 경문고졸 1988년 서울대 경영학과졸 2006년 미국 캘리포니아주립대 샌디에이고캠퍼스(UCSD) 국제대학원(IRPS) 연수, 서울대 최고산업전략과정 수료 (경)1992년 사법시험 합격(34회) 1995년 사법연수원 수료(24기) 1995년 부산지법 판사 1997년 同울산지원 판사 1999년 수원지법 판사 2002년 서울중앙지법 판사 2004년 서울동부지법 판사 2006년 서울고법 판사 2008년 대법원 재판연구관 2010년 청주지법 부장판사 2011년 수원지법 평택지원 부장판사 2014~2016년 서울중앙지법 부장판사, 안성시 선거관리위원회 위원장 2016년 법무법인(유) 동인 구성원변호사(현) 2017~2019년 한국의료분쟁조정중재원 비상임조정위원 2017년 감사원 감사활동조정협의회 위원(현)

## 김진현(金珍賢) KIM Jin Hyeon

(생)1969·2·15 (출)대구 (주)세종특별자치시 국세청로 8-14 국세청 소득지원국(044-204-3800) (학)대구 영진고졸, 연세대 경제학과졸 (경)1994년 행정고시 합격(38회) 1996년 경산세무서 총무과장 1997년 영주세무서 직세과장 1998년 국세심판원 조사관 2000년 서울지방국세청 조사3국 4과장 2001년 국세청 소득세과1계장 2006년 서울지방국세청 총무과 서기관 2007년 국세청 소득지원과 1계장 2008년 예산세무서장 2010년 동안양세무서장 2010년 국세청 소득세과장 2012년 同조사국 조사1과장 2013년 同감사담당관(서기관) 2014년 同감사담당관(부이사관) 2015년 중부지방국세청 납세자보호담당관 2015년 미국 국세청 파견(고위공무원) 2016년 부산지방국세청 성실납세지원국장 2018년 중부지방국세청 조사2국장 2019년 국세청 소득지원국장(현) (종)기독교

## 김진형(金鎭衡) KIM Jin Hyung

(생)1949·3·27 (본)경주(慶州) (출)서울 (주)서울특별시 동작구 흑석로 84 중앙대학교 소프트웨어학부(02-820-5301) (학)1971년 서울대 공과대학졸 1979년 미국 캘리포니아대 대학원 시스템공학과졸 1983년 전산학박사(미국 캘리포니아대 로스앤젤레스교) (경)1973~1976년 한국과학기술연구소(KIST) 전산실 연구원 1978년 미국 UCLA 연구조교 1981년 미국 HUGHES인공지능센터 선임연구원 1985~2013년 한국과학기술원(KAIST) 전산학과 조교수·부교수·교수 1989년 미국 IBM WATSON연구소 초빙연구원 1991년 한국과학기술원(KAIST) 인공지능연구센터 부소장·소장 1994년 환태평양인공지능국제학술대회(PRICAI) 상임이사회 사무총장 1995~1999년 연구개발정보센터(KORDIC) 소장 1997~1998년 인지과학회 회장 2000년 국제패턴인식협회(IAPR) Fellow(현) 2002~2003년 삼성SDS 자문교수 2005년 한국정보과학회 회장 2006~2013년 한국과학기술원(KAIST) 소프트웨어정책연구센터 소장 2009년 국가정보화추진위원회 지식정보전문위원장 2009~2017년 (사)앱센터 이사장 2010년 국가미래연구원 과학기술·방송통신분야 발기인 2011년 대한의료정보학회 회장 2013~2016년 미래창조과학부 소프트웨어정책연구소 초대소장 2013년 국무총리소속 국가과학기술심의회 민간위원 2013~2017년 국무총리소속 공공데이터전략위원회 공동위원장 2014년 국무총리소속 정보통신전략위원회 민간위원 2016년 영산대 명예총장(현) 2016~2019년 인공지능연구원(AIRI) 원장 2019년 중앙대 소프트웨어학부 석좌교수(현) 2019년 同인공지능위원회 공동위원장(현), 한국과학기술한림원 정회원(현), 한국공학한림원 원로회원(현) (상)과학기술처 연구개발상(1989·1992), 녹조근정훈장(2001), IT서비스학회 평생공로상(2007), 대통령표창(2010), 제5회 대한민국인터넷대상 공로상(2010), 제1회 비트학술상 최우수상(2012), 동탑산업훈장(2015), 한국공학한림원 일진상(2017)

## 김진형(金鎭亨·女) KIM Jin-Hyung

(생)1960·11·20 (주)서울특별시 종로구 율곡로2길 25 연합뉴스 비서실(02-398-3114) (학)1984년 한국외국어대 영어과졸 1992년 서강대 대학원 신문방송학과졸 1993년 미국 버클리대 저널리즘스쿨 연수 (경)2000년 연합뉴스 국제경제부 부장대우 2002년 同특신부장 2006년 同런던특파원(부국장대우) 2009년 同국제뉴스2부 기획위원 2009년 同논설위원실 논설위원 2010년 同해외국 부국장 2011년 同한민족센터 부본부장 겸 다문화부장(국장대우) 2012년 同국제국 해외에디터 2013년 同한민족센터 본부장 2013~2015년 국무총리실 다문화가족정책위원회 위원 2014년 연합뉴스 한민족센터 본부장(국장) 2015년 同콘텐츠평가실 콘텐츠평가위원 2015년 이주배경청소년지원재단 비상임이사(현) 2016~2018년 서울시 공직자윤리위원회 위원 2018년 연합뉴스 국제·업무담당 상무이사(현) 2018년 외교부 정책자문위원(현) (상)대통령표창(2015) (저)'꿈의 세계가 눈앞에(共)'(1992, 연합통신) '어니언 잭'(2011, 기파랑)

## 김진형(金晋亨) KIM Jin Hyoung

(생)1970·11·24 (출)전남 영광 (주)서울특별시 강남구 테헤란로92길 7 법무법인(유) 바른(02-3479-2664) (학)1988년 광주 동신고졸 1992년 서울대 법대졸 (경)1991년 사법시험 합격(33회) 1994년 사법연수원 수료(23기) 1994년 軍법무관 1997년 수원지법 판사 1999년 서울지법 판사 2001년 창원지법 통영지원 판사 2004년 서울남부지법 판사 2005년 서울고법 판사 2007년 서울행정법원 판사 2009년 광주지법 부장판사 2010년 인천지법 부장판사 2013~2015년 서울남부지법 부장판사 2015년 법무법인(유) 바른 변호사(현)

## 김진혜(金珍惠·女)

(생)1976·8·25 (주)충청남도 서산시 공림4로 24 대전지방법원 서산지원(041-660-0631) (학)1995년 화곡여자정보산업고졸 1998년 한국외국어대 법학과졸 (경)2001년 사법시험 합격(43회) 2004년 사법연수원 수료(33기) 2004년 부산지법 동부지원 판사 2007년 의정부지법 판사 2010년 서울북부지법 판사 2012년 서울중앙지법 판사 2014년 서울북부지법 판사 2018년 서울중앙지법 판사 2019년 대전지법 서산지원·대전가정법원 서산지원 부장판사(현)

## 김진호(金辰浩) KIM Jin Ho

(생)1941·11·13 (출)서울 (주)서울특별시 성동구 왕십리로 115 대한민국재향군인회(02-417-0641) (학)1960년 배재고졸 1964년 고려대 사학과졸 1999년 고려대 컴퓨터과학기술대학원 수료 2002년 서울대 경영대학원 최고경영자과정 수료 (경)1964년 소위 임관(ROTC 2기) 1968년 월남전 참전 1989년 37사단장 1991년 육군 교육사령부 참모장 1991년 육군본부 정보참모부장 1993년 11군단장 1995년 제1군사령부 부사령관 1996년 제2군사령관(대장) 1998~1999년 합참의장(대장) 2000년 새천년민주당 당무위원 2000년 同안보특별위원장 2001년 미국 하와이대 객원연구원 2001~2004년 한국토지공사 사장 2017년 대한민국재향군인회 제36대 회장(현) (상)인헌무공훈장, 보국훈장 삼일장·천수장·국선장·통일장, 미국 공로훈장(Legion of Merit) 3회 (저)'현대사와 안보현실에 대한 올바른 인식' (종)불교

## 김진호(金眞鎬) KIM Jin Ho

(생)1960·9·14 (주)광주광역시 동구 필문대로 365 조선대학교병원 신경과(062-220-3128) (학)1985년 조선대 의대졸 1992년 同대학원 의학석사 (경)1992~1995년 봉생병원 신경내과 과장 1995년 조선대 의과대학 신경과학교실 전임강사·조교수·부교수·교수(현) 2001~2002년 미국 Emory Univ. Neurodegenerative Disease Center 연수 2010년 조선대 의학전문대학원 부원장 겸 의과대학 부학장 2013~2015년 同기획실장 2017년 조선대병원 부원장(현)

## 김진호(金珍浩·女) Kim Jin Ho

(생)1961·12·1 (출)경북 예천 (주)서울특별시 송파구 양재대로 1239 한국체육대학교 체육학과 양궁전공(02-410-6881) (학)1984년 한국체육대졸 1986년 同대학원졸 2001년 체육학박사(명지대) (경)베를린 세계양궁선수권대회 단체전 금메달·개인종합 금메달, 폰타아라세계양궁선수권대회 단체전 은메달, 서울세계양궁선수권대회 단체전 은메달·개인종합 동메달, 로스앤젤레스 올림픽대회 은메달, 롱비치 세계양궁선수권대회 단체전 금메달·개인종합 금메달, 방콕 아시아양궁경기대회 개인전 금메달·단체전 은메달, 뉴델리 아시아양궁경기대회 개인전 은메달·단체전 금메달, 서울아시아경기대회 단체전 금메달 1989년 한국체육대 체육학과 양궁전공 전임강사·조교수·부교수·교수(현) 2011년 同스포츠과학대학 체육학과장 2013~2016

년 국민생활체육회 비상임이사 2016~2017년 대한체육회 비상임이사 (상)체육훈장 청룡장, 체육훈장 백마장(1979), 대통령표창(1982), 올림픽100주년기념 IOC공로상, 한국여성스포츠회 여성지도자상(2009) (저)'고등학교 양궁' 'ARCHERY'

### 김진호(金振鎬) KIM Jin Ho

(생)1964 · 12 · 10 (출)인천 강화 (주)인천광역시 남동구 남동대로 763 인천지방국세청 조사1국(032-718-6603) (학)강화고졸 1985년 세무대학졸(3기) (경)1985년 공무원 임용(특채8급) 2005년 국세청 조사국 근무 2006년 서울지방국세청 조사4국 근무 2007~2008년 국세청 차장실 근무 2008년 서울지방국세청 조사4국 근무 2014년 강원 강릉세무서장 2015년 서울지방국세청 조사4국 조사관리과장 2016년 국세청 자본거래관리과장 2017년 同조사국 조사2과장 2018년 同조사국 조사1과장(부이사관) 2019년 인천지방국세청 조사1국장(현)

### 김진호(金鎭浩)

(생)1969·10·19 (출)서울 (주)경상남도 창원시 마산합포구 중앙동로 21 창원지방검찰청 마산지청 형사1부(055-259-4542) (학)1988년 서울 영동고졸 1993년 서울대 경제학과졸 1995년 同정책대학원졸 (경)1995년 한국은행 근무 2001년 대한상공회의소 근무 2001년 사법시험 합격(43회) 2004년 사법연수원 수료(33기) 2004년 한국씨티은행 변호사 2006년 광주지검 순천지청 검사 2008년 전주지검 검사 2010년 수원지검 성남지청 검사 2013년 서울남부지검 검사 2015~2018년 부산지검 동부지청 검사 2016~2018년 UN 상법위원회(UNCITRAL, 송도) 파견 2018년 서울중앙지검 부부장검사 2019년 창원지검 마산지청 형사1부장(현)

### 김진홍(金鎭洪) KIM Jin Hong

(생)1941·7·10 (출)경북 청송 (주)경기도 동두천시 쇠목길 413 두레수도원(031-859-9003) (학)1966년 계명대 철학과졸 1974년 장로회신학대 대학원졸 1996년 명예 철학박사(계명대) 2001년 명예 신학박사(미국 킹 College) (경)1971년 청계천 활빈교회 창립 1976년 두레공동체 설립·대표(현) 1979년 두레마을 설립 1996년 在중국동포문제시민대책위원회 위원장 1997년 두레교회 설립·담임목사 1998년 제2의건국범국민추진위원회 위원 2001년 계명기독학원 이사장 2004년 (주)솔고바이오 사외이사 2005~2010년 뉴라이트전국연합 상임의장 2007년 제17대 대통령직인수위원회 취임준비위원회 자문위원 2011년 동두천두레교회 목사(현) 2011년 두레수도원 원장(현) 2015년 (재)두레문화마을 대표(현) (상)대산농촌문화대상 농촌구조개선부문 대상(1992), 대한적십자사 적십자봉사장 금장(1995), 4·19 문학상(2006) (저)'새벽을 깨우리로다'(1982) '성서한국·통일한국·선교한국'(1994) '바닥에서 날아도 하늘을 본다'(1996) '성공한 개혁, 실패한 개혁'(1996) '고난을 이기는 열두달'(1997) '황무지가 장미꽃 같이 1·2·3'(1999) '성경의 경제와 경영'(2001) '두레공동체의 정신과 비전'(2002) 외 다수 (종)기독교

### 김진홍(金鎭洪) KIM Jin Hong

(생)1955 · 2 · 20 (본)김녕(金寧) (출)전남 순천 (주)서울특별시 동작구 흑석로 84 공과대학 사회기반시스템공학부 건설환경플랜트공학과(02-820-5893) (학)1975년 중앙고졸 1983년 서울대 토목공학과졸 1985년 同대학원 수공학과졸 1990년 공학박사(일본 도쿄대) (경)1985~1991년 대우엔지니어링(주) 토목사업부 과장 1991~1994년 농어촌진흥공사 농공기술연구소 책임연구원 1994~1999년 광주대 공과대학 토목공학과 조교수 1996년 일본 도쿄대 방문연구교수 1999년 중앙대 공과대학 건설환경공학과 조교수·부교수·교수 2011년 同공과대학 사회기반시스템공학부 건설환경플랜트공학과 교수(현) (상)대한토목학회장표창(2000 · 2006), 한국수자원학회 학술상(2001), 중앙대 업적우대교수(2002), 한국수자원학회 학술발표회 우수논문상(2004), 환경부장관표창(2004), 한국수자원학회 공로표창(2005), 소방방재청장표창(2007), 대한환경공학회 최우수논문상(2007), 한국물학술단체연합회 학술상(2009), 행정안전부장관표창(2009), 한국방재협회 국제교류상(2011) (종)불교

### 김진홍(金震洪) kim, jin-hong

(생)1957·11·17 (주)부산광역시 연제구 중앙대로 1001 부산광역시의회(051-888-8225) (학)배문고졸, 동아대 관광경영학과졸, 동의대 대학원 부동산학과졸 (경)하이트맥주(주) 과장, 동일중앙초 운영위원장, 한나라당 부산시 수정1동 자문위원장, 부산시 수정새마을금고 전무, 부산시새마을금고 실무책임자협의회 부회장, 부산시 수정1동방위협의회 위원, 同수정1동 선거관리위원회 위원, 부산시 동구배드민턴연합회 부회장(현), 부산시 동구체육회 자문위원(현) 2006~2007년 부산시 동구의회 의원 2006~2007년 同부의장 2014~2018년 부산시의회 의원(새누리당·자유한국당) 2014년 同기획재경위원회 부위원장 2014년 同운영위원회 위원 2015년 同기획행정위원회 부위원장 2016~2018년 同기획행정위원회 위원 2016~2017년 同예산결산특별위원회 위원 2016년 새누리당 부산시당 부위원장 2017년 자유한국당 부산시당 부위원장 2018년 부산시의회 의원(자유한국당)(현) 2018년 同부의장(현) 2018년 同기획행정위원회 부위원장(현) 2018년 同예산결산특별위원회 위원(현) 2018년 同시민중심도시개발행정사무조사특별위원회 위원(현) (상)전국시·도의회의장협의회 우수의정 대상(2016), 여의도정책연구원 대한민국행복지수평가연계지방자치의회 의정대상(2018)

### 김진홍(金鎭弘) KIM Jin Hong

(생)1960 · 4 · 17 (출)인천 (주)서울특별시 영등포구 여의공원로 101 국민일보 논설위원실(02-781-9288) (학)1983년 서강대 역사학과졸 (경)1988년 국민일보 사회2부 기자 1992년 同정치부 기자 2000년 同정치부 차장대우 2002년 同정치부 차장 2003년 同정치부장 직대 2005년 同논설위원 2006년 同편집위원 2007년 同논설위원 2009년 同논설위원(부국장대우) 2010년 同논설위원(부국장) 2010년 同편집국 정치·기획담당 부국장 2010년 同편집기획부장 겸임 2011년 同편집국 정치·기획담당 부국장 겸 편집기획부장 2011년 同편집국 정치·기획담당 국장대우 겸 편집기획부장 2011년 同논설위원(국장대우) 2014년 同수석논설위원 2016년 同논설위원실장 2018년 同편집인 겸 논설실장(현) 2019년 한국신문윤리위원회 이사(현) (상)서강언론동문회 서강언론인상(2014)

### 김진홍(金珍洪)

(생)1963 · 9 · 17 (출)전북 고창 (주)경기도 구리시 아차산로 359 구리경찰서(031-560-9321) (학)1986년 고려대 농경제학과졸 (경)1990년 경위 임관(경찰간부후보 38기) 2011년 총경 승진 2012년 전북 정읍경찰서장 2013~2016년 국가안보실 위기관리센터 파견 2016년 서울 동대문경찰서장 2017년 경찰청 사이버안전과장 2017년 同대변인실 홍보담당관 2019년 경기 구리경찰서장(현)

### 김진환(金振煥) KIM Jin Hoan

(생)1966 · 6 · 24 (본)강릉(江陵) (출)강원 홍천 (주)강원도 원주시 봉산로 1 원주경찰서(033-738-0332) (학)홍천고졸, 경찰대학졸(6기) (경)강원지방경찰청 감사담당관실 근무, 同기동2중대장, 횡성경찰서 방범과장, 同방범교통과장, 인제경찰서 청문감사관, 원주경찰서 조사계장, 속초경찰서 수사과장, 정선경찰서 수사과장, 강원지방경찰청 수사2계장, 원주경

찰서 수사과장 2007년 강원지방경찰청 수사과 수사1계장 2014년 同수사과 강력계장(총경) 2014년 경북지방경찰청 여성청소년과장 2015년 강원 정선경찰서장 2016년 강원지방경찰청 형사과장 2017년 강원 홍천경찰서장 2018년 강원지방경찰청 형사과장 2019년 강원 원주경찰서장(현) (상)내무부장관표창, 경찰청장표창

### 김진환(金瑨煥)

(생)1967 · 8 · 3 (출)충남 공주 (주)대전광역시 서구 둔산중로78번길 45 대전지방법원(042-470-1114) (학)1986년 공주대사대부고졸 1993년 서울대 사법학과졸 (경)2000년 사법시험 합격(42회) 2003년 사법연수원 수료(32기) 2003년 광주지법 예비판사 2005년 同판사 2006년 의정부지법 판사 2009년 서울중앙지법 판사 2012년 서울북부지법 판사 2015년 서울중앙지법 판사 2017년 서울동부지법 판사 2018년 대전지법 부장판사(현)

### 김진희(金珍姬 · 女) CHIN HI KIM

(생)1969 · 7 · 20 (본)경주(慶州) (출)충북 제천 (주)서울특별시 강남구 테헤란로 115 서림빌딩 12층 유미특허법인(02-3458-0100) (학)1992년 고려대 이과대학 생물학과졸 (경)1996년 변리사시험 합격 1996~1997년 장용식특허법률사무소 변리사 1998~2000년 목특허법률사무소 변리사 2000년 유미특허법인 파트너 변리사(현), 한국상표디자인협회 이사 (저)'미국상표법 및 제도에 관한 분석 및 시사점'(2006) '고급직무교육과정 교재(디자인 및 상표전략)(共)'(2009)

### 김차규(金次奎) KIM Cha Gyu

(생)1959 · 12 · 20 (주)서울특별시 서대문구 거북골로 34 명지대학교 인문대학 사학과(02-300-0573) (학)1984년 영남대 사학과졸 1990년 프랑스 파리대 대학원졸 1995년 서양사학박사(프랑스 파리대) (경)1996년 명지대 인문대학 사학과 조교수 · 부교수 · 교수(현) 2000년 한국서양중세사학회 편집이사 · 국제이사 2014년 명지대 박물관장(현) 2016 · 2018년 同문화예술대학원장(현) 2017~2019년 同인문대학장 겸 인문과학연구소장 (저)'서양중세사 강의'(2003, 느티나무) '지중해, 문명의 바다를 가다'(2005, 한길사) '동서 교역의 교차로'(2006, 웅진씽크빅) '유럽중심주의 세계사를 넘어 세계사들로'(2009, 푸른역사) '라페루즈의 세계 일주 항해기'(2016) (역)'로마제국사'(1999, 한길사) '중세이야기'(2001, 새물결)

### 김차수(金次洙)

(생)1964 · 8 · 1 (주)서울특별시 종로구 청계천로 1 동아미디어센터 채널A 임원실(02-2020-0114) (학)고려대 신문방송학과졸 (경)1999년 동아일보 정치부 기자 2000년 同문화부 차장대우 2002년 同정치부 차장대우 2002년 同정치부 차장 2004년 同문화부 차장 2005년 同문화부장 2006년 同정치부장 2007년 同편집국 통합뉴스센터장(부국장급) 2008년 同방송사업본부장 겸임 2011년 同편집국 부국장 2011년 同방송설립추진단 보도본부장 2011년 채널A 보도본부장(국장급) 2013~2015년 한국신문방송편집인협회 감사 2013년 동아일보 편집국장 2016년 채널A 대표이사 상무 2018년 同대표이사 전무(현) (상)고대언론인교우회 '장한 고대언론인상'(2015)

### 김 찬(金 燦) KIM Chan

(생)1949 · 9 · 1 (출)서울 (주)경기도 수원시 권선구 효원로 228 김찬병원(1577-8858) (학)1969년 경복고졸 1977년 연세대 의대졸 1995년 전북대 대학원 의학석사 1999년 의학박사(전북대) (경)1987~1990년 연세대 원주의대 연구강사 1990~1994년 同원주의대 조교수 1990~1991년 일본 관동체신병원 연수 1994년 연세대 원주의대 신경통증클리닉 부교수 1994~1996년 세란병원 신경통증과장 1994년 연세대 의대 외래교수 1996~2000년 김찬신경통증클리닉 원장 2000년 아주대 의대 마취통증의학교실 교수 2000년 同병원 신경통증클리닉 전문의 2000년 同병원 마취통증의학과 전문의 2006년 대한통증학회 회장 2007년 아주대 의대 마취통증의학교실 주임교수 2008년 同의료원 마취통증학과 과장 2009년 대한통증연구학회 회장 2011년 기찬신경통증클리닉 대표원장 2014년 김찬병원 대표원장(현) (상)대한통증학회 학술상(2006) (저)'통증 무엇이든 물어보세요'(1998) '김찬 교수의 통증치료 건강법'(2007)

### 김찬경(金粲經)

(생)1957 · 2 · 20 (주)서울특별시 서대문구 충정로 53 골든타워빌딩 3층 에스엠신용정보 대표이사실(02-3277-9253) (학)1976년 휘문고졸 1985년 중앙대 경제학과졸 (경)1988~2003년 삼성카드 관리부장 2003~2004년 론스타허드슨코리아 부사장 2004년 솔로몬신용정보 전무 2016년 同대표이사 2016년 에스엠신용정보(주) 대표이사(현)

### 김찬기(金燦起) KIM Chan Ki

(생)1968 · 12 · 17 (본)김해(金海) (출)충북 충주 (주)대전광역시 유성구 문지로 105 전력연구원 차세대송변전연구소 전력계통그룹(042-865-5114) (학)1991년 서울산업대 전기공학과졸 1993년 중앙대 대학원 전기공학과졸 1996년 공학박사(중앙대) (경)1996년 전력연구원 차세대전력기술그룹 선임연구원, 미국 전기전자공학회(IEEE) 선임회원(현), 同부편집장(현) 2000 · 2005년 미국 세계인명사전 'Marquis Who's Who in the World'에 등재 2006년 국제전기표준회의(IEC) 분과위원장(현) 2009년 전력연구원 차세대전력기술그룹 책임연구원(부장) 2009년 同송변전연구소 디지털변전변환 HVDC팀 책임연구원(부장) 2017년 同차세대송변전연구소 전력계통그룹 책임연구원(부장)(현) (상)국제인명센터 '21세기 우수과학자 2000명' 선정(2000), 국제인명센터 '100대 공학자' 선정(2005 · 2006), IEEE Industrial Electronics Society 학술상(2005) (저)'전기전자공학개론'(2002) '계장제어'(2003) '직류송전'

### 김찬돈(金燦敦) KIM Chan Don

(생)1959 · 10 · 7 (본)청도(淸道) (출)대구 (주)대구광역시 수성구 동대구로 364 대구고등법원(053-755-1882) (학)1978년 대구 능인고졸 1983년 영남대 법학과졸 1985년 同대학원 법학과졸 (경)1984년 사법시험 합격(26회) 1987년 사법연수원 수료(16기) 1990년 대구지법 판사 1994년 同경주지원 판사 1996년 同판사 겸 소년부지원장 1997년 대구고법 판사 1999년 대구지법 판사 2000년 대법원 재판연구관 2002년 대구지법 부장판사 2002년 同영덕지원장 2004년 대구지법 부장판사 2006년 同포항지원장 2008년 대구지법 부장판사 2009년 대구고법 부장판사 2010~2012년 대구지법 수석부장판사 2010~2012년 경북도 선거관리위원장 2012년 대구고법 부장판사 2015~2016년 법원도서관장 겸임 2016년 부산고법 부장판사 2016년 부산지법 부장판사 겸임 2017년 대구지법원장 2019년 대구고법 부장판사(사법연구)(현)

### 김찬석(金燦錫) KIM, Chan-Souk

(생)1963 · 12 · 26 (출)서울 (주)충청북도 청주시 상당구 대성로 298 청주대학교 인문사회대학 미디어콘텐츠학부(043-229-8304) (학)1981년 서울 한영고졸 1988년 중앙대 정치외교학과졸 1990년 同대학원 정치외교학과졸 2004년 언론학박사(중앙대) (경)1990~1993년 한국과학재단 홍보과 · 국제협력과 근무 1993~1996년 제일기획 근무 1996~1997년 미국 연수

1997~2000년 인천국제공항공사 해외홍보직 근무 2000~2001년 제일기획 PR팀 차장 2001~2005년 한국씨티은행 홍보이사 2005년 청주대 사회과학대학 광고홍보학과 교수 2007년 사랑의열매 사회복지공동모금회 홍보실행위원 2008년 문화체육관광부 정책홍보자문위원 2010년 청주대 학생취업지원실장 2010년 G20정상회의 준비위원회 홍보자문위원 2014년 국제전기통신연합(ITU) 전권회의(Plenipotentiary Conference) 홍보분야 자문위원 2015년 한겨레교육문화센터 한겨레PR전문가과정 책임교수 2015년 한국무역협회 무역아카데미 해외마케팅PR과정 책임운영교수 2015~2016년 (사)한국PR학회 회장 2015년 질병관리본부 전문가소통자문위원장 2015년 서울시 국제교류복합지구 홍보소통자문위원장(현) 2017년 국토교통부 정책홍보자문위원 2017년 항공우주연구원 우주개발홍보자문위원장 2017년 세계IEC부산총회 자문위원 2018년 문화체육관광부 국민방송KTB운영심의위원회 위원장(현) 2018년 서울시 광화문시민위원회 위원(현) 2018년 청주대 인문사회대학 미디어콘텐츠학부 교수(현) 2018년 해양수산부 정책자문위원(현) (상)통일원장관표창(1988), 제일기획 우수상(1995), 인천국제공항공사사장표창(1999), 씨티은행 '이달의 Service Star'(2001 · 2003), 한국언론학회 학술상(2008), 미국 언론학회(AEJMC) 최우수 논문 선정(2017) (저)'혼자서도 할 수 있는 비영리PR' '기업PR 책임자의 권한' 국방인문총서 '스마트 프레젠테이션'(2019, 국방정신전력원) (종)가톨릭

## 김찬수(金贊秀) Kim Chan-Soo

(생)1958 · 9 · 10 (본)경주(慶州) (출)제주 서귀포 (학)1976년 제주 제일고졸 1981년 제주대 식물학과졸 1984년 同대학원 식물학과졸 1998년 생물학박사(제주대) (경)1987~1998년 산림청 임목육종연구소 남부육종장 연구사 1998~2002년 임업연구원 제주임업시험장 연구사 2002년 同임목육종부 유전생리과 연구사 2002~2004년 同산림유전자원부 유전자원과 연구사 2004~2014년 국립산림과학원 난대산림연구소 연구관 2014~2018년 同난대아열대산림연구소장 2018년 (사)한라산생태문화연구소 소장(현) 2018년 (사)제주생명의숲국민운동 상임공동대표(현) (상)국무총리표창(2000), 환경부장관표창(2008) (저)'제주지역의 임목유전자원(共)'(2007, 국립산림과학원) '제주지역의 야생버섯(共)'(2009, 국립산림과학원) '제주화산섬과 용암동굴 거문오름(共)'(2009, 한라일보사) '제주세계자연유산 그 가치를 빛낸 선각자들(共)'(2009, 제주특별자치도) 'Ligneous flora of Jeju island(共)'(2010, 국립산림과학원) '멸종위기종 및 주요생물자원의 염색체(共)'(2011, 국립생물자원관) '한라산이야기(共)'(2013, 국립산림과학원) '천연자원의 보고, 곶자왈(共)'(2013, 국립산림과학원) '선흘곶자왈의 역사문화자원(共)'(2014, 국립산림과학원) '한라산 구상나무(共)'(2015, 국립산림과학원)

## 김찬술(金儧述)

(생)1965 · 12 · 29 (주)대전광역시 서구 둔산로 100 대전광역시의회(042-270-5081) (학)대전대 사회복지대학원 경영학과 재학 중 (경)더불어민주당 중앙당 정책위원회 부의장, 同대덕구지역위원회 균형발전위원장(현) 2018년 대전시의회 의원(더불어민주당)(현) 2018년 同운영위원회 부위원장(현) 2018년 同산업건설위원회 부위원장(현)

## 김찬영(金贊榮) KIM Chan Young

(생)1954 · 3 · 10 (본)김해(金海) (출)강원 홍천 (주)강원도 원주시 북원로 2475 강원도민일보 원주본사(033-746-8002) (학)1972년 춘천고졸 1976년 강원대 법학과졸 (경)1990년 강원일보 편집부장 1991년 同특집부장 1991년 강원도민일보 편집 · 교열부장 1994년 同편집부국장 1996년 同편집부국장 겸 종합편집부장 1997년 同국장대우 편집부국장 겸 기획실장 직대 1998년 同제작국장 겸 기획실장 2000년 同총무국장 겸 제작국장 2002년 同이사 · 총무국장 2003년 同이사 · 광고국장 2005년 同출판국장 겸 제작국장(이사) 2007년 同영업담당 상무이사 2011년 同마케팅본부장 겸 독자국장(상무이사) 2015년 同서울본부장(전무이사) 2016년 同원주본사 부사장 2019년 同원주본사 고문(현) (상)한국편집기자상 (저)'강원향토대관' (종)천주교

## 김찬우(金澯又) KIM Chan-Woo

(생)1960 · 12 · 25 (출)경남 진주 (주)서울특별시 종로구 사직로8길 60 외교부 인사운영팀(02-2100-7141) (학)1979년 진주고졸 1984년 한국외국어대 영어과졸 1989년 서울대 행정대학원 행정학과 수료 1990년 영국 옥스퍼드대 외교관연수과정 수료 1991년 영국 케임브리지대 대학원 정치학과졸 (경)1984년 외무고시 합격(18회) 1985~1988년 해군 장교 복무 1988년 외무부 국제연합과 · 경제기구과 근무 1992년 駐덴마크 2등서기관 1995년 駐필리핀 1등서기관 1998년 외교통상부 환경협력과 근무 2001년 同정보화담당관 2002년 同환경협력과장 2003~2006년 駐OECD대표부 참사관 2006년 외교통상부 환경과학협력관 2007년 同기후변화 · 에너지TF팀장 2008년 환경부 국제협력관 2008년 람사르협약 당사국총회 교체의장 2008년 同상임위원장 2009년 환경부 기획조정실 국제협력관 2011년 駐케냐 대사, UN-Habitat · UNEP 상주대표회의 의장 2014년 국립외교원 교육파견 2015년 외교부 기후변화협상 부대표 2015년 同북극협력대표 2016년 同기후변화대사 2018년 駐브라질 대사(현) (상)외무부장관표창(1995 · 2001), 근정포장(2010), 제툴리우바르가스노동훈장(2018) (저)'21세기 환경외교'(2006, 상상커뮤니케이션) (역)'포스트 2012 기후변화 협상'(2010, 에코리브르) (종)기독교

## 김찬일(金燦一) KIM Chan Il

(생)1961 · 1 · 28 (주)서울특별시 마포구 와우산로 94 홍익대학교 미술대학 회화과(02-320-1920) (학)1986년 홍익대 회화과졸 1990년 同대학원 회화과졸 1994년 미국 뉴욕주립대(New York State Univ.) 회화과졸 1995년 同대학원 판화과졸 (경)1991~1992 · 1996~2002년 홍익대 강사 1999~2003년 연세대 겸임교수 2001~2002년 성신여대 강사 2003년 홍익대 미술대학 회화과 전임강사 · 조교수 · 부교수 · 교수(현) 2006년 同기숙사감 2006년 오리진미술협회 부회장 2006년 단원미술대상전 운영위원회 심사위원 2006~2007년 서울시 심사위원 2007년 추계예술대 채점위원 2008년 세종대 채점위원 2012~2014년 홍익대 미술디자인교육원장 2019년 同미술대학원장 겸 문화예술평생교육원장(현) (상)KCAF 한국현대미술제 초대작가상(2006)

## 김찬종(金燦鍾) KIM Chan Jong

(생)1957 · 9 · 30 (본)경주(慶州) (출)전북 익산 (주)서울특별시 관악구 관악로 1 서울대학교 사범대학 지구과학교육과(02-880-9092) (학)1976년 전주고졸 1980년 서울대 지구과학교육학과졸 1984년 同대학원 지질과학과졸 1989년 철학박사(미국 텍사스 오스틴대) (경)1984년 방배중 교사 1991~1994년 국립교육평가원 조교수 1994~2004년 청주교육대 전임강사 · 조교수 · 부교수 1998~2000년 同학생생활연구소장 2003~2006년 국제지구과학교육학회(IGEO) 부회장 2003~2006년 미국 과학교육학회학술지 포상위원 2004년 서울대 사범대학 지구과학교육과 부교수 · 교수(현) 2006~2010년 국제지구과학교육학회(IGEO) 회장 2007~2009년 서울대 과학교육연구소장 2009~2011년 同미래사회과학교육BK21 사업단장 2010~2014년 국제지구과학교육학회(IGEO) 부회장 2014~2016년 서울대 사범대학 기획부학장 2016~2017년 한국지구과학회 회장 2016~2018년 서울대 사범대학장 2019년 한국과학교육학회 회장(현) (상)한국지구과학회 학술상(2003), 한국과학교육학회 학술상(2006), 한국과학교육학회 논문상(2010), 한국과학기술단체총연합회 우수논문상(2011) (저)'과학

학습평가(共)'(1991) '지구과학교육론(共)'(1999) '과학교육학개론(共)'(1999) '지구과학개론'(共) '고교 공통과학'(共) '고교 지구과학Ⅰ·Ⅱ'(共) '중학교 과학'(共) '고1 차세대 과학교과서'(共) '비형식 과학학습의 이해(共)'(2010) '포트폴리오 교수학습 및 평가'(2012) [역]'과학교육과정 국제비교연구'(1997) [종]천주교

## 김찬중(金贊中) KIM Chan Joong

[생]1964·4·7 [출]충북 옥천 [주]경상북도 경주시 화랑로 89 대구지방검찰청 경주지청 총무과(054-740-4584) [학]1982년 청주 세광고졸 1986년 중앙대 법학과졸 [경]1992년 사법시험 합격(34회) 1995년 사법연수원 수료(24기) 1995년 인천지검 검사 1997년 청주지검 영동지청 검사 1999년 광주지검 검사 2000년 수원지검 성남지청 검사 2002년 서울지검 검사 2004년 서울중앙지검 검사 2005년 대전지검 검사 2007년 同부부장검사 2008년 서울동부지검 부부장검사 2009년 춘천지검 강릉지청 부장검사 2009년 춘천지검 부장검사 2010년 서울남부지검 공판부장 2011년 전주지검 부장검사 2012년 수원지검 안산지청 부장검사 2013년 인천지검 부천지청 부장검사 2014년 서울남부지검 형사2부장 2015년 대구지검 영덕지청장 2016년 서울중앙지검 부장검사 2017년 서울고검 검사 2018년 대검찰청 검찰연구관 2019년 대구지검 경주지청장(현)

## 김찬형(金燦亨) KIM Chan Hyung

[생]1960·5·30 [본]선산(善山) [출]대구 [주]서울특별시 영등포구 버드나루로 73 자유한국당 홍보본부(02-6288-0200) [학]1979년 경복고졸 1983년 연세대 체육학과졸 2000년 중앙대 예술대학원 예술경영학과졸, 문화예술학박사(추계예술대) [경](주)제일기획 컨벤션사업팀 국장, 한성대 예술대학원 겸임교수 2002년 한·일월드컵축구대회 개막식 연출 2002년 부산아시안게임 진행총감독 2004년 아프리카네이션스컵축구대회 개막식 연출 2004년 (주)제일기획 상무보 2007년 同프로모션본부장(상무대우) 2008년 同마케팅서비스본부장(상무), KT문화포럼 위원, 중앙대 예술대학원 예술경영학과 겸임교수, 제17대 대통령 취임행사 전문가 기획위원, 문화관광부 국가의전개선위원회 위원 2010년 (주)제일기획 마케팅서비스본부장(전무대우) 2011년 대구세계육상선수권대회 개·폐회식 제작단장 2012년 한국문화예술위원회 상임감사 2012년 2018평창동계올림픽대회조직위원회 문화행사전문위원 2014~2016년 한국공항공사 마케팅운영본부장 2019년 자유한국당 홍보본부장(현) [상]대통령표창(1999), 옥관문화훈장(2002), 자랑스런 삼성인상 공적상(2004), 체육훈장 기린장(2012) [종]기독교

## 김찬형(金燦衡) KIM Chan Hyung

[생]1961·3·10 [출]서울 [주]서울특별시 서대문구 연세로 50-1 세브란스병원 정신건강의학과(02-2228-1625) [학]1980년 서울고졸 1986년 연세대 의대졸 1990년 同대학원 의학석사 1996년 의학박사(연세대) [경]1987년 연세의료원 정신과 전공의 1990년 청주의료원 정신과장 1993~1997년 연세대 의대 정신과학교실 강사·전임강사 1997~2007년 同의대 정신과학교실 조교수·부교수 2000~2002년 미국 벤더빌트대 의대(테네시주 내쉬빌 소재) 정신과 교환교수 2008년 연세대 의대 정신과학교실 교수(현) 2009~2015년 세브란스정신건강병원 원장 2016~2018년 세브란스병원 정신건강의학과장 2016~2018년 연세대 의대 정신과학교실 주임교수 [상]국제신경정신약리학회 Rafelson Fellowship Award(1996), 연세대 우수업적교수상(2005), 대한정신약물학회 릴리학술상(2005), 대한신경정신의학회 GSK학술상(2007), 대한불안의학회 보령학술상(2009), 환인정신의학상 공로상(2014) [저]'정신분열증(共)'(1996) '최신 정신의학(共)'(1999) '정신분열병 클리닉 제2권. 정신분열병과 기분장애의 공통점과 차이점(編)'(2000, 중앙문화사) [역]'정신치료입문(共)'(1993, 하나의학사) [종]기독교

## 김찬흡(金粲洽) KIM Chan Heup (南軒)

[생]1933·9·29 [본]광산(光山) [출]제주 북제주 [학]1953년 제주농고졸 1957년 제주대 국어국문학과졸 [경]1957~1970년 고교 교사 1970~1975년 제주도교육위원회 장학위원·제주도교육연구원 연구사 1975~1982년 고교 교감 1982~1994년 고교 교장 1994년 북제주교육청 교육장 1997~1998년 제주도교육연구원 원장 1998~2002년 제주도 교육위원 1999~2011년 제주교육박물관 운영협의회장 2002년 제주도 문화재위원 2003년 북제주문화원 초대 원장 2004~2008년 제주도교육의정회 회장 2004~2010년 독립기념관 자료수집위원 2008~2011년 제주도유형문화재 제1분과위원장 2008년 제주향토연구회 회장(현) 2010~2013년 제주도교육의정회 제3대 이사장 2017년 국사편찬위원회 사료조사위원(현) [상]국무총리표창(1979), 국민훈장 동백장(1998), 탐라문화상 문화예술부문(2000), 제주도문화상 교육부문(2003) [저]'제주교육사'(1979) '20세기 제주인명사전'(2000) '제주항일인사실기'(2005) '제주사 인명사전'(2000) '제주애월읍명감'(2011) '제주향토문화사전'(2014) '제주인물대사전'(2017) [역]'역주 탐라지(共)'(2002) [종]천주교

## 김 창(金 昶) KIM Chang

[생]1964·6·7 [출]서울 [주]서울특별시 서초구 서초대로 254 법무법인 화목(02-583-8400) [학]1983년 경기고졸 1987년 서울대 법과대학졸 [경]1989년 사법시험 합격(31회) 1992년 사법연수원 수료(21기) 1992년 서울지검 서부지청 검사 1994년 대구지검 경주지청 검사 1996년 인천지검 검사 1998년 서울지검 동부지청 검사 2000년 광주지검 목포지청 검사 2002년 서울지검 검사 2004년 인천지검 부천지청 부부장검사 2005년 수원지검 평택지청 부장검사 2006년 광주지검 해남지청장 2007년 부산지검 공안부장 2008년 서울남부지검 형사6부장 2009년 대검찰청 감찰2과장 2009년 同감찰1과장 2010년 서울중앙지검 형사2부장 2011년 춘천지검 원주지청장 2012년 울산지검 차장검사 2013년 광주지검 순천지청장 2014년 부산지검 제1차장검사 2015~2016년 법무연수원 연구위원 2016년 법무법인 화목 변호사(현) [상]홍조근정훈장(2013)

## 김창경(金昌經) Chang Kyung Kim

[생]1959·4·23 [출]서울 [주]서울특별시 성동구 왕십리로 222 한양대학교 창의융합교육원(02-2220-0409) [학]1982년 서울대 금속공학과졸 1984년 同대학원 금속공학과졸 1991년 재료공학박사(미국 MIT) [경]1991~1996년 미국 MIT 연구원 1996~1997년 同책임연구원 1997~2016년 한양대 공과대학 신소재공학부 교수, 대한금속·재료학회 대외협력담당이사, 산업자원부 대학산업기술지원단장, 과학기술부 나노통합과학기술연구단장 2007년 박근혜 대통령후보캠프 직능총괄본부 부단장 2008년 대통령 과학비서관 2009년 대통령 과학기술비서관 2010~2012년 교육과학기술부 제2차관 2010년 한국연구재단 이사 2011년 한국공학한림원 재료자원공학분과 정회원 2011년 서울대 이사 2012년 기초과학연구원 정책자문위원 2013년 한국산업기술진흥원 비상임이사 2013년 한국연구재단 비상임이사 2014년 한국과학창의재단 비상임이사 2014~2017년 광주과학기술원 비상임이사 2017년 한양대 창의융합교육원 교수(현) [상]과학기술훈장 웅비장(2010)

## 김창국(金昌國)

[생]1959·12·19 [주]세종특별자치시 세종로 2511 고려대학교 세종캠퍼스 국제스포츠학부(044-860-1364) [학]중앙대졸, 고려대 대학원졸, 이학박사(고려대) [경]1993년 미국 오번주립대 박사후 과정 1996~1999년 강남대 체육학과 전임강사·조교수, 고려대 세종캠퍼스 국제스포츠학부 교수(현) 2007~2008년 미국 메릴랜드대 방문교수 2008~2013년 대한태권도협회 이사 2011~2014년 한국사회체육학회 회장 2011~2012년 고려대 체

육위원회 위원장 2015년 한국운동역학회 부회장(현) 2016년 세종시 생활체육회 이사(현) 2017년 세종특별자치시체육회 부회장(현) 2019년 고려대 세종캠퍼스 문화스포츠대학장 겸 문화스포츠대학원장(현)

### 김창권(金昌權) KIM Chang Kwon

(생)1958·9·10 (출)대구 (주)서울특별시 중구 소월로 3 롯데카드(주) 임원실(02-2050-2248) (학)연세대 법학과졸 (경)1986년 한국산업은행 입행 1986년 同부산지점 근무 1987년 同인사부 근무 1989년 同국제금융부·국제투자부 근무 1991년 한국산업증권 경영지원실 근무 1995년 同런던사무소 근무 1996년 同채권인수부 근무 1997년 한국자산관리공사 해외자산유동화부 팀장 2000~2003년 미국 모건스탠리프로퍼티즈 부실채권및부동산투자담당 상무이사 2004년 삼정 KPMG FAS(Financial Advisory Service) 부동산본부장(전무이사) 2007년 롯데자산개발(주) 대표이사 전무 2011~2017년 同대표이사 부사장 2017년 롯데카드(주) 대표이사 부사장 2019년 同대표이사 사장(현) (상)대한민국금융대상 여신금융부문(2017)

### 김창권(金昌權) Kim Chang Kwon

(생)1972·1·23 (출)경남 마산 (주)경상남도 창원시 성산구 창이대로 681 창원지방법원 총무과(055-239-2009) (학)1990년 마산 창신고졸 1999년 서울대 법학과졸 (경)1998년 사법시험 합격(40회) 2001년 사법연수원 수료(30기) 2001년 서울지법 동부지원 판사 2002년 서울고법 판사 2003년 서울지법 판사 2004년 서울중앙지법 판사 2005년 제주지법 판사 2009년 인천지법 부천지원 판사 2012년 서울서부지법 판사 2014년 대법원 재판연구관 2018년 창원지법 부장판사(현)

### 김창규(金昌圭) KIM Chang Gyu

(생)1955·12·20 (본)김녕(金寧) (주)서울특별시 서대문구 충정로 8 (주)종근당 임원실(02-2194-0300) (학)운호고졸, 충북대 축산학과졸 (경)(주)종근당 남부지점장, 同도매팀 부장, 同인천지점장, 同이사보 2006년 同상무 2010년 同의약본부장(상무) 2011년 同의원본부장(전무) 2016년 同부사장(현) (종)불교

### 김창규(金昌圭) Chang Kyu KIM

(생)1964·2·13 (출)경남 밀양 (주)서울특별시 종로구 사직로8길 60 외교부 인사운영팀(02-2100-7139) (학)장충고졸 1986년 서울대 경제학과졸 1989년 同행정대학원 정책학과졸 1998년 법학박사(미국 뉴저지주립대) (경)1987년 행정고시 합격(31회) 2002년 산업자원부 무역투자실 국제협력투자심의관실 국제협력기획단장 겸 국제협력과장 2004년 미국 샌프란시스코 한국무역관 파견 2007년 산업자원부 자동차조선팀장(서기관) 2008년 同자동차조선산업과장(부이사관) 2008년 지식경제부 수송시스템산업과장 2009년 대통령자문 국가경쟁력강화위원회 파견(부이사관) 2010년 중앙공무원교육원 파견(일반직고위공무원) 2011년 지식경제부 전략시장협력국장 2013년 산업통상자원부 무역투자실 투자정책국장 2014년 同통상정책국장 2015년 駐워싱턴 공사참사관(파견) 2017년 산업통상자원부 무역위원회 상임위원 2018년 同통상교섭본부 신통상질서전략실장 2019년 駐오만 대사(현) (상)근정포장(2001), 대통령표창(2013)

### 김창규(金昌奎) Kim Chang Gyu

(생)1965·4·18 (주)강원도 춘천시 중앙로 1 강원도청 문화체육국 관광마케팅과(033-249-3380) (학)춘천고졸, 강원대 농공학과졸, 同경영행정대학원 행정학과졸 (경)1990년 공무원 임용(강원 화천군 간동면 등 근무) 1995년 강원도 농촌진흥원 총무과 전입(서기) 1996~1998년 강원동계아시안경기대회조직위원회 파견 1998~2012년 강원도 자치행정국 총무과·체육청소년과·기획관실 근무 2012년 同산업경제국 기업지원과 판로지원담당 2012~2013년 同자치행정국 자치행정과 특별사법경찰담당 2013년 평창동계올림픽조직위원회 파견 2013년 강원도 안전자치행정국 총무과 근무 2014년 同글로벌사업단 강원국제회의산업단지지원센터 파견 2015년 同글로벌투자통상국 국제교류과 근무 2015년 同경제진흥국 사회적경제과 총무담당 2016년 同총무행정관 총무담당 2018년 강원도의회 사무처 사회문화전문위원 2018년 강원 평창군 부군수 2019년 강원도 문화관광체육국 관광마케팅과장(현)

### 김창균(金昌均) KIM Chang Kyoon

(생)1961·5·18 (출)서울 (주)서울특별시 중구 세종대로21길 52 조선일보 논설위원실(02-724-5114) (학)1984년 서울대 경제학과졸 1986년 同대학원 경제학과졸 (경)1988~2002년 조선일보 입사·사회부 기자·경제부·국제부 기자·워싱턴특파원·정치부 기자 2002년 同정치부 차장대우 2005년 同논설위원 2009~2011년 同정치부장 2011년 同논설위원 2013년 관훈클럽 운영위원(서기) 2013년 조선일보 편집국 정치·방송담당 에디터 2014년 同편집국 사회부장(부국장) 2015년 同편집국장 2017~2018년 한국신문방송편집인협회 부회장 2017년 조선일보 논설위원 2018년 同논설주간(현) 2019년 한국신문방송편집인협회기금 감사(현) 2019년 관악언론인회 회장(현) (상)한국언론인연합회 한국참언론인대상(2006)

### 김창균(金昌均) KIM Chang Kyun

(생)1970·9·18 (본)김해(金海) (출)부산 (주)세종특별자치시 다솜2로 94 해양수산부 장관정책보좌관실(044-200-5000) (학)1989년 부산 충렬고졸 1993년 고려대 행정학과졸 2004년 미국 워싱턴대 대학원 해양정책학과졸 (경)1993년 행정고시 합격(36회) 1996년 부산지방해양수산청 항무과·항만운영과 근무 1997년 해양수산부 행정관리담당관실 근무 2000년 同국제협력담당관실 근무 2000~2002년 同항만운영개선과 근무 2005년 同인천항만공사설립기획단 부단장 2005년 인천지방해양수산청 항만물류과장 2007년 해양수산부 국제협력관실 통상협력팀장 2007년 국제해사기구(IMO) 파견 2010년 국토해양부 녹색미래전략담당관 2011년 同항만투자협력과장 2013년 해양수산부 해운물류국 항만물류기획과장(서기관) 2014년 同해운물류국 항만물류기획과장(부이사관) 2014년 同해사안전국 해사산업기술과장 2017년 부산지방해양수산청 부산항건설사무소장 2018년 同청장 직무대행 2018년 싱가포르 국외연수 2019년 해양수산부 장관정책보좌관(현)

### 김창근(金昌根) Chang Geun Kim

(생)1950·9·11 (본)김해(金海) (출)서울 (주)서울특별시 종로구 종로 26 SK이노베이션 임원실(02-2121-5114) (학)1968년 용산고졸 1972년 연세대 경영학과졸 1991년 미국 서던캘리포니아대 대학원 경영학과졸(MBA) (경)1974년 (주)선경합섬 울산공장 관리부 노무과 입사 1976년 同울산공장 관리부 경리과 근무 1977년 同자금부 자금과 근무 1981년 同자금부 자금과장 1982년 同자금부 외환과장 1987년 同자금부장 1993년 (주)선경인더스트리 관리본부장 1994~2001년 선경제약(주) 감사 1994년 선경그룹 경영기획실 전략서비스1담당 겸 재무팀 대우이사 1995~2001년 YC&C 감사 1995~2001년 기업파이낸스(주) 비상임이사 1996년 선경그룹 경영기획실장(이사) 2000년 SK(주) 구조조정추진본부 재무팀장(전무) 2000년 同구조조정추진본부장 겸 재무지원부문장(부사장) 2001년 공정거래협회 이사 2002~2004년 SK(주) 대표이사 사장 2002~2013년 (재)자유경제원 이사 2004년 전국경제인연합회 국제산업협력단 이사 2004년 SK케미칼(주) 부회장 2005~2013년 同대표이사 부회장 2005년 전국경제인연합회 중소기업협력센터 이사 2006년 한국경영자총협회 부회장 2006년 21세기경영인클럽 부회장

2012~2016년 SK그룹 SUPEX(Super Excellent)추구협의회 의장 2013~2016년 同SUPEX(Super Excellent)추구협의회 산하 인재육성위원회 위원장 겸임 2013년 SK이노베이션(주) 회장 2013~2019년 同이사회 의장 2019년 同고문(현) (상)대통령표창(2005), 자랑스런 연세상경인상(2007), '올해의 21세기 경영인' 경영대상(2009)

### 김창기(金昌基) KIM Chang Gi

(생)1955·7·15 (본)의성(義城) (출)경북 영덕 (주)서울특별시 중구 세종대로 124 관훈클럽 신영연구기금(02-732-0876) (학)1974년 경북고졸 1981년 서울대 외교학과졸 2004년 한양대 언론정보대학원 수료 (경)1981년 조선일보 사회부 기자 1984년 同정치부 기자 1989~1992년 同워싱턴특파원 1993년 同정치부 차장대우 1997년 同정치부 차장 1998년 同독자부장 직대 1999년 同정치부 부장대우 2000년 同정치부장 2001년 同국제부장 2003년 同국제부장(부국장대우) 2004년 同논설위원 2004년 同편집국 부국장 2006년 관훈클럽 총무 2006년 조선일보 편집국장 2008~2017년 세계결핵제로운동본부 이사 2008년 농협재단 이사 2009년 조선일보 논설위원 2009~2010년 한국신문방송편집인협회 부회장 2009년 관훈클럽 신영연구기금 이사 2010~2018년 (주)조선뉴스프레스 대표이사 사장 2010~2014년 육군본부 정책자문위원 2010~2014년 (사)동해연구회 부회장 2011~2015년 조광프린팅 대표이사 겸임 2012~2017년 한국신문협회 출판협의회장 2013~2018년 외교부 정책자문위원 2014년 관훈클럽 신영연구기금 이사장(현) 2014~2016년 조선일보 사외이사

### 김창기(金昌基) KIM Chang Ki

(생)1967·3·24 (출)경북 봉화 (주)세종특별자치시 국세청로 8-14 국세청 감사관실(044-204-2600) (학)대구 청구고졸, 서울대 국제경제학과졸 (경)1993년 행정고시 합격(37회) 1995년 제주세무서 총무과장, 同부가세과장 1997년 국세청 징세심사국 징세과 징세4계장 1998년 서울 강서세무서 법인세과장, 국세공무원교육원 부가·징수담당 교수 2001년 국세청 원천세과 원천2계장·원천1계장 2007년 서기관 승진 2007년 미국 유학(일리노이주립대) 2009년 안동세무서장 2010년 서울지방국세청 조사2국 조사2과장 2011~2012년 국세청 세정홍보과장 2012년 대통령 인사비서관실 행정관 2013년 국세청 공정과세추진기획단 근무(부이사관) 2014년 부산지방국세청 징세법무국장 2014년 미국 국세청 파견(고위공무원) 2015년 중부지방국세청 징세송무국장 2016년 同성실납세지원국장(고위공무원) 2017년 서울지방국세청 조사2국장(고위공무원 나급) 2018년 국세청 감사관(현)

### 김창길(金昌吉) Chang Gil Kim

(생)1961·5·10 (본)김해(金海) (출)충남 보령 (주)서울특별시 영등포구 국회대로72길 22 가든빌딩 505호 국회기후변화포럼(02-784-1400) (학)1983년 성균관대 농학과졸 1985년 同대학원 경제학과졸 1995년 미국 일리노이대 대학원 농업경제학과졸 1997년 농업경제학박사(미국 오클라호마주립대) (경)2005~2013년 OECD 농업·환경정책위원회 부의장 2011~2017년 국가온실가스통계관리위원회 위원 2012년 한국농촌경제연구원 자원환경연구부장 2013~2014년 同기획조정실장 2013~2017년 경제협력개발기구(OECD) 농업·환경정책위원회 의장 2014년 기획재정부 중기재정협의회 농림해양분과 위원장 2014~2017년 기상청 기후자문협의회 위원 2015~2017년 UN IPCC(WGII) 기후변화·식량·농업 전문가 2016년 한국유기농업학회 부회장 2016년 국회 기후변화포럼 이사(현) 2016~2019년 한국농촌경제연구원 원장 2016년 G20 수석농업연구자회의(MACS) 운영위원(현) 2016~2019년 세계농업경제연구기관장협의회(Global Club) 운영위원 2016~2019년 ICT 컨버전스코리아포럼 공동대회장 2016~2018년 농림축산식품부 농림식품과학기술위원회 위원 2017년 농어업인 삶의 질 향상 및 농어촌 지역개발위원회 위원 2018년 한국농업경제학회 회장 (저)'농업환경자원정보의 정책적 활용방안'(2008) '기후변화에 따른 농업부문 영향 분석과 대응전략'(2009) '유기농업 실천농가 경영 및 유통체계 개선방안 연구'(2010) '농업·농촌부문 녹색성장 추진전략 개발'(2011) '기후변화가 식량공급에 미치는 영향분석과 대응 방안'(2012) '한국농업 미래비전 : 21세기 선진국형 산업을 향하여'(2013) '지속가능한 농업시스템 구축 연구'(2014) '양분총량제 도입방안 연구'(2015) '2015년 농업환경분야 OECD 연구동향 분석 및 대응방안'(2015) '농업부문 기후변화 적응 수단의 경제적 효과 분석'(2016) '친환경농업 육성 및 농업환경자원 관리 강화 방안'(2016) '농업부문 기후변화 적응수단의 경제적 효과 분석'(2016) '유기농업의 비시장적 가치에 대한 경제적 평가'(2016) '기후스마트농업의 실태 진단과 과제'(2017) (종)기독교

### 김창남(金昶南) KIM Chang Nam

(본)강릉(江陵) (출)강원 강릉 (주)서울특별시 동대문구 경희대로 26 경희대학교 언론정보대학원(02-961-9433) (학)1981년 고려대 문과대학 중어중문학과졸 1990년 미국 켄트주립대 대학원 정치학과졸 1995년 정치학박사(미국 켄트주립대) (경)1980~1981년 고려대 총학생회 운영위원장(총무부장) 1992~1994년 미국 Kent State Univ. 정치학과 강사 1998년 경희대 언론정보대학원 교수(현) 2006~2016년 전국포럼연합 공동대표 겸 대변인 2007년 독도수호국제연대 독도아카데미 교수(현) 2009~2012년 경희대 언론정보대학원 부원장 2009~2011년 민주평통 안보국제협력위원회 상임위원 2009년 고려대 석주회 감사 2012년 밝은사회실천전국교수연합 공동대표 2014~2015년 민주평화통일지원재단 탈북대학생 지도교수 2014년 한국주관성연구학회 주관성연구편집위원(현) 2015년 (사)한국정치컨설턴트협회 상임대표(현) 2015~2017년 민주평통 통일교육홍보위원회 상임위원 2016년 경희대 언론정보대학원장(현) 2016년 同소통문화연구소장(현) 2017년 4월혁명고대 부회장(현) (상)범금융기관융변대회 재무부장관상(1982), 범보험업계융변대회 보험공사사장상(1982) (저)'현대선거정치캠페인론'(2000, 나남출판) '정치커뮤니케이션의 이해(共)'(2004, 커뮤니케이션북스) '선거캠페인의 원리와 실행전략'(2007, 나남출판) '선거캠페인 커뮤니케이션'(2014, 커뮤니케이션북스) '정치와 커뮤니케이션'(2015, 커뮤니케이션북스) '선거캠페인의 핵심원리'(2016, 커뮤니케이션북스) (종)기독교

### 김창대(金蒼大) KIM CHANG DAE

(생)1972·2·9 (출)부산 (주)서울특별시 강남구 봉은사로 406 국가무형문화재전수교육관 (학)1990년 부산공예고 도예과졸 1997년 부산 동의공업대(現 동의과학대) 산업디자인과졸 2009년 한국전통문화학교 전통미술공예학과졸 (경)1990년 부산시기능경기대회 1위 1991~2003년 부산디자인고 도자디자인과 근무 1998년 국가무형문화재 제91호 제와장 전수교육 입문 2001년 同이수자 취득 2005~2006년 부산디자인고 산학겸임교사 2008년 문화재수리기능자 출제위원 2009년 국가무형문화재 제91호 제와장 전수교육조교 2010년 국보 제1호 숭례문 복구 기와 제작 및 총괄 2015년 한국전통문화대 전통미술공예학과 무형유산전승실습 강사(현) 2018년 同전통문화교육원 문화재수리기능자과정 위탁과정 객원교수(현) 2019년 국가무형문화재 제91호 제와장 기능보유자(현) 2019년 조선와요 대표(현) (상)부산시 기능경기대회 도자기부문 금상(1989), 전국기능경기대회 도자기부문 금상(1990), 기능경기대회 공로 부산시장표창(2000), 문화체육관광부 공예디자인교육 우수지도자상(2011), 연안옛길 전통문화상 본상(2017) (작)2010년 무형문화재 전수자작품전 출품 2011년 '보와 상'전 外 2회 출품 2012년 한국신조형회 일본 국제교류전 2012년 일본 아이치현 도자자료관 한일교류 전시 출품 2013년 부산 한획전 등 도자기부문 24회 전시 출품 2018년 전남 무형문화재 기능보존협회 작품전 등 10회 출품 2018년 국가무형문화재 보유자 작품전 '아름다운 삶' 전 등 10회 출품 2018년 한국전통문화대학교 동문전 등 3회 출품

## 김창렬

(생)1962 · 11 · 13 (주)경상북도 구미시 3공단3로 132-11 SK실트론 제조부문(054-713-3600) (학)1980년 충북고졸 1985년 한양대 재료공학과졸 1987년 同대학원 재료공학과졸 (경)2000~2006년 SK하이닉스 공정기술팀장 2006~2007년 同M9 Fab담당 2008~2013년 同Fab 기반기술그룹장 2013~2018년 SK실트론(주) EPI제조그룹장(상무) 2019년 同제조부문장(현) (상)지식경제부장관표창(2010)

## 김창룡(金昌龍) KIM Chang Ryong

(생)1957 · 4 · 5 (본)김녕(金寧) (출)경북 울릉 (주)경상남도 김해시 인제로 197 인제대학교 신문방송학과(055-320-3526) (학)1976년 대구 계성고졸 1985년 건국대 축산대학 낙농학과졸 1987년 영국 런던 시티대 언론대학원졸 1993년 언론학박사(영국 카디프대) (경)1987~1988년 AP통신사 서울특파원 1988~1995년 국민일보 편집국 기자 1997~1999년 한국언론연구원 연구위원 1998년 SBS 칼럼니스트 1999년 KBS 부산방송총국 시사프로그램 진행 1999~2011년 인제대 언론정치학부 조교수 · 부교수 2001~2005년 同신문사 편집인 겸 주간 2001 · 2007년 同국제인력지원연구소장 2004년 同대외교류처장 직대 2006~2009년 언론중재위원회 중재위원 2006년 방송위원회 보도교양심사위원 2008~2010년 인제대 특별자문위원 2009~2010년 同방송국 주간 2010 · 2012~2013년 同대외교류처장 2011년 同신문방송학과 교수(현) 2013~2017년 同국제교육원장 2015~2018년 연합뉴스 수용자권익위원회 위원 2017년 대통령직속 정책기획위원회 포용사회분과 위원(현) (상)국무총리표창(2005) (저)'인터뷰, 그 기술과 즐거움'(1994) '보도의 진실, 진실의 오보'(1994) '정치커뮤니케이션, 그 성공과 실패'(1996) '법을 알고 기사 쓰기'(1997) '새로운 정부의 PR방안 연구'(1998) '실전 취재보도론'(1999) '매스커뮤니케이션의 이해'(2002) '매스컴과 미디어 비평'(2004) '청렴한국, 아름다운 미래'(2006) '인터넷시대, 실전취재보도론'(2006) '언론법제론'(2008, 방송문화총서) '내 인생의 성공학'(2009, 인당리더십) '무엇이 내 가슴을 뛰게 하는가'(2011, 이지출판) '여론이 선거를 결정한다'(2014. 이지출판) '성공, 실패가 준 선물'(2015, 이지출판)

## 김창룡(金昌龍) KIM Chang Yong

(생)1964 · 11 · 18 (본)경주(慶州) (출)경남 합천 (주)부산광역시 연제구 중앙대로 999 부산지방경찰청 청장실(051-851-7000) (학)부산 가야고졸 1988년 경찰대학 법학과졸(4기) (경)1988년 경위 임용 1992년 경감 승진 1998년 성남 중부경찰서 경비과장(경정) 1999년 서울지방경찰청 기동단 행정과장(경정) 2000년 서울 남대문경찰서 청문감사관(경정) 2001년 서울 노원경찰서 정보과장 2003년 서울지방경찰청 정보관리부 근무(경정) 2006년 부산지방경찰청 외사과장(총경) 2007년 충남 연기경찰서장 2008년 경찰청 정보1과장 2009년 駐상파울로총영사관 영사(경찰주재관) 2012년 서울 은평경찰서장 2013년 경찰대학 학생과장 2014년 서울지방경찰청 여성청소년과장(경무관) 2014년 경남지방경찰청 제1부장 2015년 駐워싱턴 주재관(경무관) 2017년 경찰청 생활안전국장(치안감) 2018년 경남지방경찰청장 2019년 부산지방경찰청장(치안정감)(현) (상)근정포장(2004) (종)불교

## 김창모(金昌模) Kim Chang-mo

(생)1963 · 4 · 17 (출)경북 (주)서울특별시 종로구 사직로8길 60 외교부 인사운영팀(02-2100-7141) (학)1981년 서울고졸 1989년 단국대 정치외교학과졸 1995년 미국 캘리포니아대 샌디에이고교 대학원 국제관계 · 태평양학과졸 (경)1991년 외무고시 합격(25회) 1998~2000년 駐파키스탄 2등서기관 2000~2003년 駐비엔나대표부 1등서기관 2003~2007년 외교부 환경협력과 · 에너지물류과 · 개발협력과 근무 2007년 同환경협력과장 2007~2008년 대통령직인수위원회 기후변화 · 에너지TF 실무위원 2008년 대통령 국정기획수석비서관실 행정관 2009~2012년 駐유엔대표부 참사관 2012~2014년 駐아프가니스탄 공사참사관 2014~2016년 駐영국 공사 2017년 행정자치부 국제행정협력관 2017년 행정안전부 국제행정협력관 2018년 駐카타르 대사(현)

## 김창모(金昌模)

(생)1975 · 3 · 24 (출)서울 (주)경기도 수원시 영통구 법조로 105 수원지방법원 총무과(031-210-1101) (학)1994년 서울고졸 1999년 서울대 사법학과졸 (경)1998년 사법시험 합격(40회) 2002년 사법연수원 수료(31기) 2002년 육군 법무관 2005년 서울중앙지법 판사 2007년 서울북부지법 판사 2009년 대구지법 판사 2013년 수원지법 판사 2014~2016년 법원행정처 국제심의관 겸임 2016년 서울동부지법 판사 2017년 광주지법 순천지원 · 광주가정법원 순천지원 부장판사 2019년 수원지법 부장판사(현)

## 김창범(金昌範) KIM Chang Bum

(생)1955 · 9 · 5 (본)김녕(金寧) (출)부산 (주)서울특별시 중구 청계천로 86 한화빌딩 한화케미칼(주) 임원실(02-729-2220) (학)1974년 동아고졸 1980년 고려대 통계학과졸 (경)1981년 한화그룹 입사 1999년 한화석유화학(주) 화성사업부 영업이사 2002년 同PE사업부장(상무) 2005년 同PVC사업부장(상무) 2008년 同PVC사업부장(전무) 2008년 한국바이닐환경협의회 회장 2008년 (주)한화석유화학 중국 닝보법인장(전무) 2010년 한화케미칼(주) 중국 닝보법인장(전무) 2010년 한화L&C(주) 전략사업부문 공동대표이사 2011년 同대표이사 부사장 2013년 同대표이사 사장 2014년 한화첨단소재 사장 2014년 한화그룹 비상경영위원회 제조부문 위원 2014년 한화케미칼(주) 대표이사 사장 2014년 同이사회 의장(현) 2017년 同대표이사 부회장 (종)기독교

## 김창범(金昌範) Kim Chang-beom

(생)1960 · 2 · 2 (출)서울 (주)서울특별시 종로구 사직로8길 60 외교부 인사운영팀(02-2100-7863) (학)1982년 서울대 영어영문학과졸 1986년 미국 존스홉킨스대 국제관계대학원졸 (경)1981년 외무고시 합격(15회) 1981년 외무부 입부 1987년 駐일본 2등서기관 1993년 駐파키스탄 1등서기관 1995년 대통령비서실 파견 1998년 駐미국 1등서기관 2001년 외교통상부 안보정책과장 2002년 同북미3과장 2002년 駐인도네시아 참사관 2005년 국무조정실 파견 2006년 외교통상부 혁신인사기획관 2007년 同평화체제교섭기획단장 2008~2012년 대통령 의전비서관 2012년 駐벨기에 유럽연합(EU) 대사 2015년 외교부 유라시아친선특급단장 2015년 서울시 국제관계대사 2018년 駐인도네시아 대사(현) (상)홍조근정훈장(2007)

## 김창범(金昌範)

(생)1969 · 2 · 17 (출)경북 상주 (주)세종특별자치시 도움5로 20 법제처 행정법제국(044-200-6600) (학)덕원고졸, 서울대 사회학과 수석졸업, 同행정대학원 수료 (경)1991년 행정고시 합격(35회) 1999년 법제처 경제법제국(서기관) 2001년 同법제기획관실 법령총괄담당관실(서기관) 2002년 同법제기획관실 법제정보담당관 2003년 同사무문화법제국 법제관(서기관) 2006년 同경제법제국 법제관(서기관) 2009년 同기획조정관실 기획재정담당관 2010년 同행정법제국 법제관 2011년 同행정법제국 법제관(부이사관) 2011년 한국지방세연구원 파견(부이사관) 2013년 법제처 기획조정관실 법제정책총괄담당관 2013년 同경제법제국 법

제심의관(고위공무원) 2014년 대통령 민정수석비서관실 법무비서관실 행정관 2016년 법제처 법제지원국장 2017년 헌법재판소 파견(고위공무원) 2018년 법제처 행정법제국장(현)

**김창보(金昶寶) KIM Chang Bo**

(생)1959 · 7 · 10 (본)김해(金海) (출)제주 북제주 (주)서울특별시 서초구 서초중앙로 157 서울고등법원(02-530-1186) (학)1978년 제주제일고졸 1982년 서울대 법학과졸 (경)1982년 사법시험 합격(24회) 1984년 사법연수원 수료(14기) 1985년 軍법무관 1988년 서울지법 북부지원 판사 1990년 서울민사지법 판사 1992년 제주지법 판사 1995년 광주고법 판사 1996년 서울고법 판사(환경사건 전담재판장) 1998년 대법원 재판연구관 2000년 제주지법 부장판사 2002년 서울지법 남부지원 부장판사 2004년 서울남부지법 부장판사 2005년 서울중앙지법 부장판사 2007년 광주고법 부장판사 2008년 수원지법 수석부장판사 2009년 서울고법 민사부 부장판사(공정거래사건 전담재판장) 2011년 同행정부 부장판사 2013년 同민사부 부장판사 2014년 제주지법원장 2014년 제주도선거관리위원회 위원장 2016년 서울고법 형사4부장판사 2017~2019년 법원행정처 차장 2017년 同처장 권한대행 2018년 '국민과 함께하는 사법발전위원회' 위원 2019년 서울고법원장(현) 2019년 중앙선거관리위원회 위원(현) 2019년 대법원 양형위원회 위원(현)

**김창보(金昌俌) kim chang bo**

(생)1969 · 5 · 7 (출)강원 춘천 (주)세종특별자치시 도움4로 13 보건복지부 장관정책보좌관실(044-202-2011) (학)1993년 서울대 화학교육학과졸 1997년 同보건대학원 보건학과졸 2002년 연세대 대학원 보건학과졸 (경)2000년 한국보건사회연구원 주임연구원 2000~2003년 국민건강보험공단 건강보험연구센터 주임연구원 2003~2006년 신흥대 보건행정학과 겸임교수 2003~2006년 건강세상네트워크 사무국장 2006~2012년 시민건강증진연구소 연구실장 2012년 서울시 복지건강실 보건정책관 2015년 同복지건강본부 보건기획관 2015~2016년 同시민건강국장 2017년 보건복지부 장관정책보좌관(현)

**김창석(金昌錫) KIM Chang Suk**

(생)1956 · 3 · 2 (본)나주(羅州) (출)충남 보령 (주)서울특별시 성북구 안암로 145 고려대학교 법학전문대학원(02-3290-1290) (학)1975년 휘문고졸 1979년 고려대 법대졸 1981년 同대학원 법학과 수료 (경)1981년 사법시험 합격(23회) 1983년 사법연수원 수료(13기) 1983년 육군 법무관 1986년 전주지법 판사 1988년 同정주지원 판사 1990년 전주지법 판사 1992년 수원지법 판사 1994년 서울지법 남부지원 판사 1995년 서울고법 판사 1997년 서울지법 판사 1999년 대구지법 부장판사 2000년 수원지법 부장판사 2003년 서울행정법원 부장판사 2006년 대전고법 수석부장판사 2006년 서울고법 부장판사 2012년 법원도서관장 2012~2018년 대법원 대법관 2018년 고려대 법학전문대학원 석좌교수(현) (상)청조근정훈장(2019) (종)기독교

**김창선(金昌善) Kim, Chang-Sun**

(생)1959 · 2 · 8 (본)연일(延日) (출)인천 (주)인천광역시 부평구 부평대로 283 A-510 일간경기 상무이사실 (학)1977년 인천고졸 1983년 한양대 기계공학과졸 1985년 고려대 사회학과졸 2011년 가천대 대학원 영상커뮤니케이션학과졸 (경)1988년 연합뉴스 입사 1992년 同인천취재본부 근무(차장 · 부장급 · 부국장대우) 2014년 同인천취재본부장(부국장급) 2015~2017년 同인천취재본부 선임기자 2017~2018년 인천시 대변인 2018년 일간경기 상무이사 겸 대기자(현)

**김창섭(金昌燮) Kim, Chang Sup**

(생)1953 · 5 · 27 (출)전남 해남 (주)경기도 부천시 신흥로 256 한신빌딩 2층 두레세무법인 부천1지점(032-329-6100) (학)고려대사대부고졸, 한국방송통신대 경영학과졸 (경)1982년 대구지방국세청 근무 1987년 재정경제부 세제실 근무 1996년 국세심판원 근무 2006년 국세청 근무 2006년 서기관 승진 2007년 중부지방국세청 조사3국 근무 2008년 충남 보령세무서장 2009년 충남 천안세무서장 2009년 중부지방국세청 부가소비세과장 2010년 同신고관리과장 2010~2011년 부천세무서장 2011년 세무사 개업 2012년 두레세무법인 부천1지점 대표세무사(현)

**김창섭(金昌燮)**

(생)1962 · 1 · 16 (주)울산광역시 중구 종가로 323 한국에너지공단(052-920-0001) (학)1980년 경신고졸 1984년 서울대 전기공학과졸 1986년 同대학원 전기공학과졸 1990년 전기공학박사(서울대) (경)1992년 에너지관리공단 에너지기술센터 · 기후변화대책반 팀장, 2004~2008년 한국산업기술대 전기과 교수 2008년 경원대 전기소방공학부 전기공학전공 교수 2011년 스마트그리드 프로젝트디렉터(PD) 2012~2018년 가천대 글로벌캠퍼스 IT대학 에너지IT학과 교수 2018년 녹색성장위원회 위원 · 총괄기획분과장(현) 2018년 한국에너지공단 이사장(현)

**김창수(金昌洙) KIM Chang Soo**

(생)1955 · 2 · 13 (본)경주(慶州) (출)대전 (주)대전광역시 중구 대종로 562 창성빌딩 203호 도시공감연구소 (학)1973년 대전고졸 1977년 서울대 정치학과졸 (경)1981~1999년 조선일보 정치부 · 사회부 차장 1989~1999년 독일 베를린자유대 동아시아연구소 객원연구원 1989~1990년 조선일보 노조위원장 1989~1990년 전국언론노동조합연맹 부위원장 1999~2004년 대덕포럼 공동대표 2004~2006년 제8대 대전시 대덕구청장(열린우리당) 2005~2006년 자치분권대전연대 상임대표 2007년 자유선진당 대전대덕구당원협의회 위원장 2008년 同대변인 2008년 제18대 국회의원(대전 대덕, 자유선진당 · 무소속) 2008년 선진과창조의모임 원내수석부대표 2008년 국회 문화체육관광방송통신위원회 위원 2008~2012년 한 · 필리핀의원친선협회 회장 2008~2010년 한 · 이란의원친선협회 이사 2009~2010년 자유선진당 원내수석부대표 2009~2010년 同세종시백지화저지비상대책위원회 대변인 2010년 同세종시여론조작진상특별위원회 위원장 2010~2011년 한 · 이란의원친선협회 사무총장 2010년 국회 사법제도개혁특별위원회 위원 2010년 자유선진당 사무총장 2010년 同세종시특별위원회 위원장 2011년 국회 민생대책특별위원회 위원 2011년 국회 예산결산특별위원회 위원 2015년 대전대 정치미디어학과 · 정치외교학과 초빙교수 2016년 제20대 국회의원선거 출마(대전 대덕구, 국민의당) 2017년 국회 헌법개정특별위원회 자문위원 2018년 도시공감연구소 소장(현) 2019년 서울대총동창회 대전충남지부 회장(현) (저)'법관과 재판'(1987) '클린킴이 본 좋은 세상'(2000) '꼴찌를 부탁해'(2011) (종)천주교

**김창수(金昌秀) KIM Chang Soo**

(생)1958·6·12 (본)김해(金海) (출)서울 (주)강원도 원주시 연세대길 1 연세대학교 정경대학 경영학부(033-760-2331) (학)1983년 연세대 경영학과졸 1985년 同대학원졸 1991년 경영학박사(미국 Univ. of Wisconsin-Madison Finance) (경)1985년 한국방송통신대·연세대 강사 1986년 미국 IBM Programmer Analyst 1991년 미국 Univ. of Wisconsin-Madison 강사 1991~1995년 미국 세인트존스대 조교수 1995년 연세대 정경대학 경영학부 교수(현) 2004~2006년 同원주캠퍼스 기획처장 2010년 한국재무관리학회 부회장 2013~2014년 한국증권학회 회장 2013년 연

세대 아시아러닝센터장 2014년 同빈곤문제국제개발연구원장 2018년 同정경대학장 겸 정경·창업대학원장(현) (상)연세대 우수업적교수, 쌍용투자증권주최 대학생모의주식투자지도 은상, 한국재무학회 우수논문상, 연세대 연구우수교수 (저)'스톡옵션과 보상설계'(2000·2001, 신론사) 'EVA중심의 재무관리'(2008, 신론사)

**김창수(金昌洙) Kim, Chang-Soo**

(생)1958·8·28 (본)김해(金海) (출)경기 화성 (주)서울특별시 동작구 흑석로 84 중앙대학교 총장실(02-820-5011) (학)1977년 남양고졸 1984년 중앙대 경영학과졸 1988년 미국 플로리다인터내셔널대(FIU) 경영대학원 경영학과졸 1993년 경영학박사(미국 플로리다인터내셔널대) (경)1989~2010년 미국 회계학회 정회원 1991년 미국 플로리다인터내셔널대(FIU) 회계학과 강사 1994년 중앙대 사회과학대학 경영학부 조교수·부교수·교수(현) 2000년 同교수협의회 총무 2000~2012년 한국금융연수원 신용분석과정담당 외래교수 2002년 미국 플로리다인터내셔널대(FIU) 교환교수 2004~2005년 한국회계학회 상임이사(교육개발분과위원장) 2005~2006년 기획예산처 정부산하기관 경영평가단 위원 2005~2006년 교육인적자원부 대학구조개혁위원회 실무위원 2006~2007년 재정경제부 산하기관 경영(혁신)평가단 위원 2006~2009년 한국도로공사 사외이사 겸 감사위원 2006~2007년 정부혁신지방분권위원회 재정세제분야 전문위원 2006~2009년 건설교통부·국토해양부 대중교통평가위원 2007~2009년 중앙대 기획조정실장 2007~2015년 同인적자원개발전략연구소장 2008~2011년 대한경영학회 부회장 2009~2011년 중앙대 기획관리본부장 2009년 同총무처장 2010~2011년 교육과학기술부 국립대학통합심사위원회 위원 2011~2012년 한국회계정보학회 부회장 겸 학술대회조직위원장 2011~2013년 Allianz Global Investors Korea 사외이사 겸 감사위원 2011~2013년 교육과학기술부·교육부 대학구조개혁위원회 위원 2012년 대통령직속 국가교육과학기술자문회의 자문위원 2012~2013년 교육과학기술부장관 정책자문회의 고등교육분야 자문위원 2013~2014년 교육부 대학발전기획단 자문위원 2013~2015년 관세청 자체평가위원회 위원장 2013년 중앙대 경영경제부총장 2014~2015년 同행정부총장 2014~2015년 전국대학교부총장협의회 회장 2014년 한국회계정보학회 회장 2015~2016년 한국항공우주산업(주) 사외이사·감사위원·이사선임위원장 겸임 2016년 중앙대 총장(현) (상)중앙대 Teaching Award(2007) (저)'한국회계비전의 정립과 구현전략'(2002) '해운기업경영론'(2009, 박영사) '특수회계(5판)'(2015, KBI) '리스회계실무'(2015, KBI)

**김창수(金昌秀) KIM Chang Soo**

(생)1961·4·18 (출)서울 (주)서울특별시 강남구 언주로 541 11층 (주)F&F 비서실(02-520-0102) (학)1980년 동성고졸 1986년 연세대 경영학과졸 (경)1985년 (주)삼성출판사 근무 1986년 (주)아트박스 이사 1992년 同대표이사 사장 1992년 (주)에프앤에프유통 대표이사 사장 1998년 (주)삼성출판사 패션사업부 대표이사 사장 1998년 (주)베네통코리아 대표이사 사장 2000~2002년 엔에스에프 각자대표이사 사장·대표이사 사장 2002년 F&F 대표이사 사장(현), (주)삼성출판사 비상근이사 2004년 (주)루코스 대표이사 사장 2005년 (주)라팔레트코리아 대표이사 사장, (주)한국시스맥스 대표이사, (주)시티사운드 대표이사 (상)자랑스런 연세상경인상 산업경영부문(2018)

**김창수(金昌壽) Kim Chang Soo**

(생)1961·8·16 (출)울산 (주)부산광역시 남구 용소로 45 부경대학교 공과대학 IT융합응용공학과(051-629-6245) (학)1984년 울산대졸 1986년 중앙대 대학원졸 1991년 공학박사(중앙대) (경)1997년 부경대 공과대학 IT융합응용공학과 교수(현) 1997년 부산중소기업자원봉사단 전산정보팀 단원 1998년 한국해양수산연수원 기술평가위원 1998~1999년 부산과학교육원 기술평가위원 1999년 한국해양정보통신학회 컴퓨터시스템분과 위원장 1999년 한국정보처리학회 논문지편집위원 2003년 한국정보보호학회 영남지부 재무이사 2004년 부경대 교육혁신센터 발전연구위원 2005~2012년 (사)그레고리장학회 이사 2005년 국회 과학기술정보통신위원회 정보통신정책자문위원 2006년 유비쿼터스 부산포럼 방재분과위원장 2007년 한국멀티미디어학회 사업이사 2008년 同편집위원장 2009년 부산시재난관리기금운용 심의위원, 한국지방정부학회 지역부문 부회장, 부경대 공과대학 IT융합응용공학과장(현) 2016년 同산학협력단장 겸 지역산업맞춤형인력양성사업단장 (상)한국정보처리학회 우수논문상(1998), 녹조근정훈장(2009), 네팔수상표창(2010) (저)'멀티미디어'(1998, 상조사) '컴퓨터와 정보통신'(1998, 상조사) '눈돌리기 한글엑셀97'(1999) '컴퓨터 활용을 위한 윈도우즈 및 워드프로세서'(2001) '데이터베이스 프로그래밍 및 실습'(2002) '알기 쉬운 정보통신과 멀티미디어의 세계'(2003) '컴퓨터 활용을 위한 윈도우즈XP 및 워드프로세서'(2004) '엑셀 및 파워포인터'(2006) '실습 중심의 홈페이지 만들기'(2007) '운영체제'(2009, 생능출판사)

**김창수(金昌洙)**

(생)1964 (주)서울특별시 종로구 청와대로 1 국가안보실 통일정책비서관실(02-730-5800) (학)광주동신고졸, 고려대 철학과졸, 북한대학원대 대학원 안보학과졸, 동국대 대학원 북한학 박사과정 수료 (경)2003년 대통령직인수위원회 외교통일안보분과 전문위원 2003~2006년 대통령 안보정책수석비서관실 행정관, 민족화해협력범국민협의회 정책위원, 한반도평화포럼 기획운영위원, 코리아연구원 원장 2017년 통일부 장관정책보좌관(별정직고위공무원) 2018년 남북공동연락사무소 초대 사무처장(고위공무원) 2019년 국가안보실 통일정책비서관(현)

**김창식(金昶植) KIM Chang Shik (仁山)**

(생)1929·12·25 (본)김해(金海) (출)전남 강진 (주)서울특별시 종로구 새문안로5길 13 변호사회관 303호 법무법인 대종(02-723-9806) (학)1967년 국민대 법학과졸 1968년 서울대 사법대학원 수료 1978년 同행정대학원 발전정책과정 수료 (경)1953년 보통고시 합격 1955년 국무원 사무국 주사 1956년 고등고시 예비고시 합격 1961년 총무처 사무관 1962년 고등고시 행정과 합격(14회) 1963년 사법시험 합격(2회) 1964년 총무처 법무관 1968년 同총무과장 1970~1976년 同총무국장·행정관리국장·연금국장 1976년 同기획관리실장 1978년 同소청심사위원장 1979년 同차관 1980년 대통령 정무수석비서관·정무제2수석비서관 1982년 전남도지사 1984년 내무부 차관 1985년 민주평통 사무총장 1987년 총우회 회장 1990년 교통부 장관 1991년 변호사 개업 1991년 법무법인 대종 대표변호사 1991년 민족통일중앙협의회 의장 1996~2001년 남도학숙 원장 2000년 서울지법 민사조정위원, 古下기념사업회 이사 2011년 同이사장 2012년 법무법인 대종 고문변호사(현) (상)녹조·홍조·청조근정훈장, 국무총리표창, 대통령표창

**김창식(金昌植)**

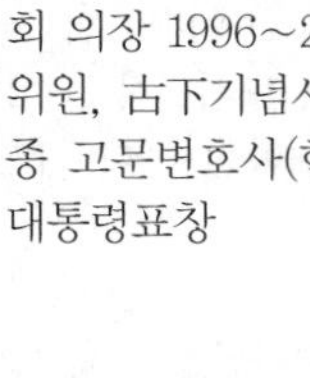

(생)1956·4·7 (출)제주 제주시 (주)제주특별자치도 제주시 문연로 13 제주특별자치도의회 교육위원회(064-741-1953) (학)제주 오현고졸, 제주교대졸, 제주대 교육대학원 교육학과졸 (경)1977년 교직 입문, 제주특별자치도교육청 장학사, 제주시교육지원청 교육지원국장, 제주 한라초 교장 2018년 제주특별자치도의회 교육의원(현) 2018년 제주교육발전연구회 회장(현)

**김창식(金昌軾) Kim Chang-sik**
(생)1965·9·13 (주)서울특별시 종로구 사직로8길 60 외교부 인사기획관실(02-2100-7139) (학)1991년 성균관대 영문학과졸 1996년 미국 코네티컷대 대학원 국제학과졸 (경)1991년 외무고시 합격(25회) 1999년 駐캐나다 2등서기관 2002년 駐코스타리카 1등서기관 2005년 외교통상부 인사제도팀장 2006년 同안보정책과장 2007년 同안보대테러협력과장 2007년 駐러시아 참사관 2010년 駐영국 참사관 2012년 駐포르투갈 공사참사관 2016년 국무조정실 외교안보심의관 2018년 국가공무원인재개발원 글로벌교육부장(일반직고위공무원) 2019년 駐앙골라 대사(현) (상)대통령표창(2006)

**김창엽(金昌燁) KIM Chang Yeop**

(생)1960·6·16 (출)대구 (주)서울특별시 관악구 관악로 1 서울대학교 보건대학원 보건학과(02-880-2722) (학)1984년 서울대 의대졸 1987년 同보건대학원졸 1993년 보건학박사(서울대) (경)1990~1991년 서울대병원 가정의학 전임의 1993~2002년 서울대 의대 의료관리학교실 전임강사·조교수·부교수 1994~1999년 한국보건의료관리연구원 비상임연구위원 1994~1997년 대한의학회 수련교육위원 1997~1998년 한국의료QA학회 총무이사 1997~2000년 대한의학회 보건정책위원 1998년 InterRAI Group Fellow 1999년 대한의료법학회 이사 1999~2001년 서울대병원 의료관리학과장, 국민건강보험공단 사회보장연구센터 소장 2002년 보건복지부 장관 자문관, 세계건강형평성학회 집행이사, 미국 하버드대 보건대학원 Takemi Fellow 2002년 서울대 보건대학원 보건학과 부교수·교수(현) 2002년 대한예방의학회 학술부장 2006~2008년 건강보험심사평가원 원장 2010~2012년 시민건강증진연구소 소장 2011~2017년 비판과대안을위한건강정책학회 회장 2012년 시민건강연구소 이사장(현) 2013년 국제보건의료학회 이사장 2014년 보건행정학회 부회장 2017~2019년 대통령직속 저출산고령사회위원회 민간위원 (상)대통령표창(2000) (저)'나는 '나쁜' 장애인이고 싶다(編)'(2002, 삼인) '빈곤과 건강(編)'(2003) '미국의 의료보장'(2005) '보건의료개혁의 새로운 모색(編)'(2006, 한울) '일차보건의료와 보건진료원제도(共)'(2011, 서울대 보건대학원) '무상의료란 무엇인가(共)'(2012, 이매진) '한국의 노숙인(共)'(2012, 서울대 출판문화연구원) '의료관리(共)'(2013, 서울대 출판문화연구원) '건강할 권리: 건강 정의와 민주주의'(2013, 경희대 후마니타스) '노숙문제의 현실과 대응 : 한국과 일본의 비교(共)'(2014, 서울대 출판문화연구원) '소셜 이슈 분석과 기회 탐색(共)'(2015, 에딧더월드) '전환기 한국, 지속가능발전 종합 전략(共)'(2015, 한울아카데미) '불평등 한국, 복지국가를 꿈꾸다(共)'(2015, 후마니타스) '한국의 건강 불평등(共)'(2015) '참 좋은 의료공동체를 소개합니다(共)'(2015) (역)'건강정책의 이해'(2016)

**김창옥(金昌玉)**

(생)1961·6 (주)서울특별시 영등포구 국제금융로8길 10 한국증권금융 사무국(02-6908-8403) (학)성균관대 경영학과졸 (경)1980년 한국증권금융 입사 2006년 同부산지점장 2009년 同신탁부문장 2010년 同총무부문장 2011년 同강남지점장 2012년 同우리사주부문장 2013년 同총무부문장 2014년 同부산지점장 2015년 同신탁본부장(상무) 2016년 同경영지원본부장(상무) 2018년 同사무국장(현)

**김창용(金昌容) KIM Chang Yeong**

(생)1959·12·18 (출)충북 영동 (주)충청북도 진천군 덕산면 정통로 10 정보통신산업진흥원 원장실(043-931-5000) (학)1985년 한국항공대 항공기계공학과졸 1997년 한국과학기술원(KAIST) 기계공학과졸(석사) 1998년 제어공학박사(한국과학기술원) 2004년 서울대 자연과학대학 과학정책최고과정 수료 (경)1987년 삼성종합기술원 입사 2009년 글로벌3DTechnology포럼 회장 2010년 삼성전자(주) 종합기술원 Future IT연구소장 2011년 同종합기술원 부사장 2011년 IS&T Honorary Member(현) 2012~2017년 삼성전자(주) DMC연구소장(부사장) 2013년 3D융합산업협회 회장 2013~2017년 대한전자공학회 산업체부회장 2016~2017년 한국BEMS(Building Energy Management System)협회 회장 2018년 삼성전자(주) 고문 2018년 정보통신산업진흥원(NIPA) 원장(현) (상)자랑스런 삼성인상 기술상(2003), '삼성 Fellow' 선정(2006), 대한민국기술대전 대통령표창(2006), 과학기술포장(2015), 대한전자공학회 해동상 기술상(2015)

**김창우(金昌宇) KIM Chang Woo**

(생)1955·4·28 (본)의성(義城) (출)강원 삼척 (주)서울특별시 강남구 테헤란로7길 22 한국과학기술회관 신관 10층 1006호 (사)과우회(02-566-3246) (학)1978년 한양대 전기공학과졸 1998년 미국 폴리테크닉대 대학원 시스템공학과졸(석사) (경)예편(공군 중위), 과학기술처 원자력국 근무 1974년 同영광원자력발전소 사무관, 同안전심사관실 원자력협력담당 사무관, 同원자로과 사무관, 同원자력정책과 사무관 1994년 同장관 비서실장 1999년 한반도에너지개발기구(KEDO) 부부장 1999~2000년 과학기술부 원자력통제과장·방사선안전과장 2000년 同원자력안전과장 2001년 同원자력방재과장 2002년 同원자력협력과장 2003년 同기초과학지원과장 2004년 同기초연구지원과장(부이사관) 2006년 同과학기술인육성과장 2007년 同우주기술심의관 2008년 중앙공무원교육원 교육파견 2009년 제23차 IAEA 핵융합에너지컨퍼런스조직위원회 사무총장 2010~2015년 한국과학기술정보연구원 국가나노기술정책센터 소장 2011~2016년 (사)과학사랑희망키움 이사 2011~2016년 한국나노연구협의회 이사 2011~2019년 과우회 이사 2015~2018년 한국기술사회 상근부회장 2019년 과우회 사무총장(현) (상)과학기술부장관표창(1984), 홍조근정훈장(2009) (종)천주교

**김창원(金昶元) KIM Chang Won**

(생)1962·8·18 (주)경기도 안양시 만안구 삼막로 155 경인교육대학교 경기캠퍼스 인문사회관 연구동 429호(031-470-6211) (학)명지대 국어국문학과졸, 단국대 대학원졸, 문학박사(단국대) (경)인천교대 국어교육과 조교수·부교수·교수 2003년 경인교대 국어교육과 교수(현), 한국문학교육학회 회장 2017년 한국어교육학회 회장(현) 2019년 경인교대 교육전문대학원장 겸 부총장(현)

**김창원(金滄原) KIM Chang Won (雲峰)**

(생)1968·6·22 (본)해주(海州) (출)전북 남원 (주)서울특별시 중구 세종대로 125 서울특별시의회(02-3702-1400) (학)고명상고졸, 관동대 미술학과졸, 삼육대 대학원 사회복지학과졸 (경)1994~1996년 (주)인터비젼 그래픽디자인·이벤트기획 팀장 1996~2002년 (주)프로젝트 씨마 과장 2002~2003년 개혁국민정당 서울도봉乙지구당 2004년 동화마루 강남점 영업이사 2004~2014년 동화마루강남 대표 2004년 유인태 국회의원 입법보좌역 2004년 (사)참여정치실천연대 이사 위원장 2005년 함께하는도봉연대 운영위원 2005년 국악공연기획 기획이사, 민주당 서울도봉구乙지역위원회 운영위원·노동위원장 2014~2018년 서울시의회 의원(새정치민주연합·더불어민주당) 2014~2016년 同문화체육관광위원회 위원 2014~2015년 同예산결산특별위원회 위원 2014·2016년 同남북교류협력지원특별위원회 위원 2015~2018년 자치분권민주지도자회의 공동대변인 2015년 새정치민주연합 '서울시장을 지키는 민생실천위원회' 도봉구乙 위원장 2015년 서울시의회 청년발전특별위원회 위원 2015년 同항공기소음특별위원회 위원 2015년 同서소문밖역사유적지관광자원화사업지원특별위원회 위원 2015년 同하나고등학교특혜의혹진상규명을위한행정사무조사

특별위원회 위원 2015년 더불어민주당 '서울시장을 지키는 민생실천위원회' 서울도봉구乙위원장(현) 2016년 서울시의회 보건복지위원회 부위원장 2016년 同서울시설관리공단이사장후보자인사청문특별위원회 부위원장 2018년 서울시의회 의원(더불어민주당)(현) 2018년 同문화체육관광위원장(현) 2018년 서울시농수산식품공사 사장 후보자 인사청문특별위원회 위원(현) (상)2015 행정사무감사 우수의원상(2016), 2016 매니페스토약속대상 공약이행분야(2017), 전국시·도의회의장협의회 우수의정대상(2017) (종)천주교

## 김창은(金昌恩) KIM Chang Eun

(생)1955·9·12 (본)김해(金海) (출)부산 (주)경기도 용인시 처인구 명지로 116 명지대학교 공과대학 산업경영공학과(031-330-6447) (학)1979년 고려대 산업공학과졸 1982년 미국 텍사스A&M대 대학원졸 1986년 공학박사(미국 텍사스A&M대) (경)1987년 명지대 산업시스템공학부 교수, 同산업공학과 교수, 同산업경영공학과 교수(현) 1992~1993년 일본 아시카가공업대 경영공학과 방문교수 1994~1998년 명지대 공대 교학과장 1996년 한국보전공학회 국제교류이사 1997년 산업안전관리공단 자문위원 1998~1999년 명지대 교수협의회장 1998~2000년 同산업기술연구소장 1998~2000년 同산업공학과 학과장 및 대학원 주임교수 1998년 同창업보육센터장 2002년 오라클솔루션연구회 회장 2004년 한국품질경영학회 이사 2005년 한국보전학회 학술담당 부회장 2016년 (사)한국경영공학회 회장(현) 2017년 명지대 산업대학원장(현) (저)'안전공학론'(1996) '물류관리'(1999) '신 설비관리'(1999) '경제성 공학의 원리'(1999) '산업공학과 경영'(2000) 'e-비지니스와 확장형ERP'(2000) '식스시그마 100문 100답'(2004) 'e-비즈니스 시스템'(2004) '경영혁신'(2005) 'ERP와 경영혁신'(2008) (역)'직업교육훈련제도의 개혁과정'(1999) (종)기독교

## 김창일(金昌一) CI KIM

(생)1951·2·10 (출)부산 (주)충청남도 천안시 동남구 만남로 43 (주)아라리오 회장실(041-551-5100) (학)1966년 휘문고졸 1972년 경희대 경영학과졸 (경)2002년 아라리오갤러리 대표(현) 2003년 (주)아라산업 회장 2006년 (주)아라리오 회장(현) 2006~2014년 아트 뉴스(The Art news) 선정 '세계 톱 200 컬렉터'(9년연속) 2016년 세계적 권위 미술매체 아트넷(Artnet) 선정 '세계 100대 컬렉터'

## 김창일(金昌日) KIM Chang Il

(생)1960·7·13 (주)서울특별시 동작구 흑석로 84 중앙대학교 전자전기공학부(02-820-5334) (학)1984년 중앙대 전기공학과졸 1986년 同대학원 전기공학과졸 1993년 공학박사(중앙대) (경)1993~1995년 한국전자통신연구소 Post-Doc. 1995~1997년 안양대 전기공학과 전임강사·조교수 1997~2001년 중앙대 전기전자제어공학부 조교수 2002~2006년 同전자전기공학부 부교수 2004년 한국전기전자재료학회 기획이사 2006년 중앙대 전자전기공학부 교수(현) 2013~2014년 同정보대학원장 2013년 同공과대학장 2013~2014년 한국전기전자재료학회 부회장 2016~2018년 중앙대 교무처장

## 김창종(金昌種) KIM Chang Jong (盤石)

(생)1943·8·2 (본)경주(慶州) (출)전남 순천 (주)서울특별시 강남구 테헤란로 124 한국희귀·필수의약품센터 비서실(02-508-7316) (학)1963년 순천고졸 1967년 중앙대 약학과졸 1969년 同대학원졸 1976년 同대학원 생리학·병리학 수료 1980년 약학박사(중앙대) (경)1969~1988년 중앙대 약학대학 조교·전임강사·조교수·부교수 1981년 보건사회부 중앙약사심의위원 1984~1985년 강원대·숙명여대 약학대학 강사 1985년 한국생약학회 재무간사 겸 이사 1986년 중앙대 교학부장 1988~2010년 同약학대학 병태생리학교실 교수 1989년 이화여대 약학대학 강사 1990년 한국약제학회 이사 1990~2010년 대한약학회 병태생리학분과 회장 1991년 미국 토마스제퍼슨의대 내과 객원교수 1993년 중앙대 약학대학장 1994년 의약사평론가협회 부회장 1995·2000~2002년 중앙대 의약식품대학원장 1995년 한국약학대학협의회 회장 1995~1999년 대한약학회 간사장·부회장 1996년 한국과학기술단체총연합회 이사 1997년 한국의·약사평론가회 부회장(현) 1997년 학술진흥재단 운영위원 1998년 경희대 약학대학 강사 1998년 보건복지부 희귀의약품위원장 1999~2002년 대한약학회 회장 겸 이사장·감사 2000년 한국보건공정서협회 감사 겸 이사(현) 2000~2016년 한국희귀의약품센터 이사 2001~2005년 보건의료국가고시원 이사 2002~2003년 대통령자문 약사제도 개선 및 보건산업발전특별위원회 위원장 2005~2008년 한국과학기술단체총연합회 부회장 2010~2016년 (재)한국마약퇴치본부 고문·이사 2010년 중앙대 약학대학 병태생리학교실 명예교수(현) 2010년 한국공정서협회 감사 2010년 在京순천중고장학재단 상임이사(현) 2011~2016년 한국동물의약품협회 고문 2012년 한국약학교육평가원 감사 2014~2017년 중앙대대학원동문회 회장 2014~2015년 在京순천향우회 수석부회장 2016~2017년 한국희귀의약품센터 이사장 2017년 한국희귀·필수의약품센터 이사장(현) (상)대한약학회 학술상(1991), 약사평론가 기장(1995), 한국제약협회장표창(1995), 대한약학회 약학교육상(2001), 대한약사회 약사연구부문 약사금탑(2001), 약국신문 '2002년을 빛낸 인물상'선정(2002), 약업신문 동암약의상(2003), 보건복지부장관표창(2003), 서울시 문화상(2005), 자랑스런중앙인상(2006) (저)'유기화학'(1975) '인체 생리학'(1978) '최신 병태생리학'(1987) '임상 약학'(1999) '건강과 약'(2000) '21세기 약학교육발전방안'(2000) '병태생리학 Ⅰ, Ⅱ'(2004) '병태생리학(Ⅰ) 일반병리학 제5개정'(2006) '병태생리학(Ⅰ) 각론 제5개정'(2006) (종)천주교

## 김창종(金昌鍾) KIM Chang Jong

(생)1957·3·20 (본)선산(善山) (출)경북 구미 (주)대구광역시 북구 대학로 80 경북대학교 법학전문대학원(053-950-5456) (학)1975년 대구 영신고졸 1979년 경북대 법학과졸 1982년 同대학원 법학과졸 (경)1980년 사법시험 합격(22회) 1982년 사법연수원 수료(12기) 1982년 육군 법무관 1985년 대구지법 판사 1990년 同경주지원 판사 1992년 대구고법 판사 1995년 대구지법 판사 1996년 同의성지원장 1997년 대구지법 부장판사 2001년 同김천지원장 2003년 대구지법 부장판사 2005년 대구고법 부장판사 2009년 대구지법 수석부장판사 2010년 대구고법 수석부장판사 2012년 대구지법원장 겸 대구가정법원장 2012년 대구시선거관리위원회 위원장 2012~2018년 헌법재판소 재판관 2019년 경북대 법학전문대학원 석좌교수(현) (상)청조근정훈장(2018)

## 김창주(金昌周) KIM Chang Joo

(생)1956·12·21 (본)김해(金海) (출)충남 공주 (주)대전광역시 유성구 가정로 218 한국전자통신연구원 전파·위성연구본부 전파환경감시그룹(042-860-6284) (학)1980년 한국항공대졸 1988년 한국과학기술원(KAIST) 전기전자과졸 1993년 공학박사(한국과학기술원) (경)1999년 한국전자통신연구원 모뎀기술연구부장 2003년 同전파방송연구소 전파기반연구부장 2004년 同디지털방송연구단 전파기술연구그룹장 2008년 同방송통신융합연구부문 전파기술연구부장 2011년 同주파수융합연구팀장 2012년 同스펙트럼공학연구팀 책임연구원 2014년 同전파신호분석연구실 책임연구원 2016년 同전파·위성연구본부 전파환경감시그룹 책임연구원 2019년 同전파·위성연구본부 전파환경감시그룹 전문계약직 책임연구원(현) 2019년 한동대학교 전산전자공학부 초빙교수(현) (상)국무총리표창(2006), 대통령표창(2009), 특허청 지석영상(2010) (저)'훤히 보이는 전파기술'(2009)

**김창주(金昌周) KIM, Chang-Ju**

(생)1958·3·16 (본)남양(南陽) (출)대구 (주)서울특별시 동대문구 경희대로 26 경희대학교 의과대학 생리학교실(02-961-0407) (학)1976년 대구 대건고졸 1984년 경희대 의대졸 1986년 同대학원 의학석사 1990년 의학박사(경희대) (경)1990~2004년 경희대 의대 생리학교실 전임강사·조교수·부교수 2001~2008년 同대학원 의학과 주임교수 2004년 同의대 생리학교실 교수(현) 2013년 同일반대학원 의학과 학과장 2015년 同일반대학원 교무부대학원장, 대한스트레스학회·대한스포츠의학회·한국사회체육학회·한국체육학회 평생회원(현), American Physiological Society Regular Member (상)경희대 고황의학상 은상(4회)·동상(2002)

**김창준(金昌俊) KIM Chang Joon**

(생)1944·7·13 (본)김해(金海) (출)광주 (주)광주광역시 서구 상무대로 961 (자)자유이엔씨(062-382-3124) (학)1968년 전남대 수의과대학 수의학과졸 1970년 서울대 보건대학원 수료(2년) (경)1974~1981년 로켓트건전지(주) 총무이사 1998~2000년 전남도배드민턴협회 회장 1998~2000년 전남도체육회 상임이사 1998~2005년 전기신문사 회장 1998~2005년 한국전기공사협회 회장 2001~2005년 산업자원부 전기위원회 위원, 광주시 동아시아경기대회 유치위원장, (자)자유이엔씨 회장(현) 2004~2005년 아주·태평양전기공사협회연합회(FAPECA) 회장 2004~2005년 전국ROTC총동우회 부회장 2008~2016년 광주시생활체육회 회장, 광주상공회의소 상임의원, 대한적십자사 광주·전남지사 상임위원 2011년 광주시환경시설공단 이사회 의장(현), 광주시 빛고을노인건강타운 이사 2012년 국민생활체육회 부회장 2014~2016년 한국자산관리공사 비상임이사 2016년 광주시생활체육회 고문(현) 2017년 달빛동맹위원회 위원장(현) 2017년 대한체육회 생활체육위원회 위원장(현) 2018년 한국전력공사 사외이사(현) (상)국무총리표창(1999), 은탑산업훈장(2003), 광주시민대상 체육분야(2011), 대한민국체육대상(2012), 체육훈장 맹호장(2017)

**김창준(金昌俊) C.J KIM**

(생)1955·10·8 (출)부산 (주)서울특별시 종로구 새문안로 92 오피시아빌딩 10층 법무법인 세경(02-732-5577) (학)서울고졸 1978년 서울대 법학과졸 1980년 同대학원졸 1999년 경희대 대학원 법학과졸 2004년 법학박사(경희대) (경)1979년 사법시험 합격(21회) 1981년 사법연수원 수료(11기) 1984~1997년 변호사 개업 1991~1992년 영국 로펌 Sinclair Roche & Temperley 자문변호사 1993년 대한상사중재원 중재인(현) 1997년 법무법인 세경 설립·대표변호사(현) 2007년 서울고법 민사 및 가사조정위원(현) 2008~2015년 한국해법학회 부회장 2009~2015년 한국보험법학회 부회장 2012년 국민권익위원회 보상심의위원(현) 2015~2017년 한국보험법학회 회장 2016년 한국해법학회 고문(현) 2017~2018년 세월호선체조사위원회 위원장

**김창진(金昌辰) KIM Chang Jin (星江)**

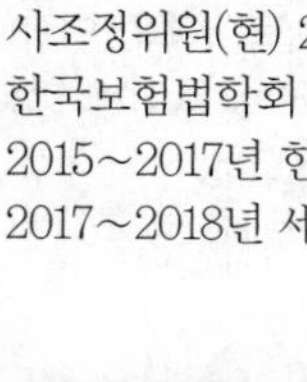

(생)1953·5·5 (본)김해(金海) (출)전남 목포 (주)전라남도 무안군 무안읍 무안로 380 초당대학교(061-453-4960) (학)1971년 목포고졸 1974년 서울교육대졸 1980년 국제대 국어국문학과졸 1982년 경희대 대학원 국어국문학과졸 1991년 문학박사(경희대) (경)1980~1985년 상일여고 교사 1983년 교육부 한문과교육과정 심의위원 1986~1993년 경희대·서울교대·서울시립대·강남대 강사 1988년 경희대 민속학연구소 연구원 1994~2007년 초당대 교양학과 전임강사·조교수·부교수 1994년 同교학부처장 겸 신문사 주간 1998년 한국민속학회 이사 2000년 무안문화원 이사 2001년 「문예사조」수필 신인상 수상·등단 2002년 초당대 교양학과장 2002년 한국문인협회 회원 2004년 한국어바르고아름답게말하기운동본부 사무국장 2005년 행정자치부 행정혁신평가위원 2007~2016년 초당대 교양학과 교수 겸 교직학부 교수 2008~2011년 同중앙도서관장 2008년 한국한자한문교육학회 부회장, 한국교육문화융복합학회 부회장 2016년 초당대 명예교수(현) (상)한국어교육공로 서울 관악구청장표창(2008), 교육부장관표창(2013) (저)'한국의 산촌민속'(共) '한국의 점복'(共) '우리글 우리말'(共) '한국의 풍수문화'(共) '교양인을 위한 한자'(共) '흥부전'(2005) '배비장전'(2008) '변강쇠전'(2009) '두껍전'(2009) '탑 명심보감'(2010) '한글전용은 違憲이다'(2013) '국어기본법은 違憲이다'(2015) (역)'務安(무안) 關聯(관련) 備邊司謄錄(비변사등록)'(2012) (종)천주교

**김창진(金昌鎭) Kim Chang Jin**

(생)1955·8·28 (본)의성(義城) (출)대구 (주)대전광역시 유성구 과학로 125 한국생명공학연구원 산업바이오소재연구센터(042-860-4332) (학)1978년 서울대 식품공학과졸 1982년 同대학원 농학과졸 1987년 농학박사(서울대) (경)1982~1986년 생명공학연구소 연구원 1986년 일본 이화학연구소 항생물질연구실 초빙연구원 1986~1991년 생명공학연구소 선임연구원 1991년 同항생물질연구실 책임연구원 1991년 일본 이화학연구소 분자구조해석연구실 초빙연구원 1994~2000년 신물질탐색연구회 회장 2001년 한국생명공학연구원 산업바이오소재연구센터 책임연구원(현) 2005년 과학기술연합대학원대 교수(현) 2006년 한국과학기술한림원 정회원(현) 2007~2008년 방선균생물학연구회 회장 2007~2008년 생물농약연구회 회장 2007년 한국생명공학연구원 연구발전협의회장 2011년 同생명자원인프라사업본부장 (상)한국미생물생명공학회 학술장려상(1996), 중국 윈난성정부 채운상(2007), 한국미생물생명공학회 수라학술상(2008) (저)저서 6권 (종)기독교

**김창진(金昌珍)**

(생)1975·7·15 (출)경북 영천 (주)경기도 과천시 관문로 47 법무부 행사기획과(02-2110-3063) (학)1994년 경북고졸 2000년 경북대 법학과졸 (경)1999년 사법고시 합격(41회) 2002년 사법연수원 수료(31기) 2002년 육군 법무관 2005년 서울동부지검 검사 2007년 수원지검 평택지청 검사 2011년 법무부 국제형사과 검사 2014년 서울중앙지검 검사 2016년 同부부장검사 2016~2017년 '박근혜 정부의 최순실 등 민간인에 의한 국정농단 의혹 사건'(최순실 특검법) 파견 2017년 대구지검 부부장검사 2017년 서울중앙지검 특수4부장 2019년 법무부 형사기획과장(현) (종)기독교

**김창학(金昌鶴)**

(생)1960·6 (주)서울특별시 종로구 율곡로 75 현대엔지니어링(주) 비서실(02-2134-1114) (학)고려대 기계공학과졸 (경)현대엔지니어링(주) 화공플랜트 영업담당 이사, 同화공COST P&M실장(상무), 同화공수행사업부장(전무) 2017년 同화공플랜트사업본부장(부사장) 2019년 同대표이사 사장(현)

**김창현(金昌顯) Kim, Chang Hyun**

(생)1963·6·25 (주)서울특별시 종로구 세종대로 209 통일부 교류협력국(02-2100-5800) (학)서라벌고졸, 연세대 행정학과졸, 경남대 북한대학원 정치학과졸 (경)통일부 교류협력국 사무관 2005년 同교류협력국 교류협력총괄과 서기관 2006년 同남북경제협력국 경협전략팀장 2007년 同남북회담본부 경제회담팀장 2008년 同인도협력국 이산가족과장 2009년 세종연구소 국정과제연수과정 교육파견 2010년 통일부 남북회담본부 회담지원과장 2012년 同통일정책실 정착지원과장 2013년 同정세분석국 정치군사분석과장 2014년 同남북회담본부 남북연락과장

2016년 同남북회담본부 남북연락과장(부이사관) 2017년 同장관정책보좌관 2017년 同남북회담본부 남북연락과장 2018~2019년 同한반도통일미래센터장 2019년 同교류협력국장(고위공무원)(현)

## 김창현(金昌鉉)

㊀1968·9·13 ㊁울산 ㊂경기도 의정부시 녹양로34번길 23 의정부지방법원 총무과(031-828-0102) ㊃1987년 학성고졸 1991년 서울대 지리학과졸 ㊄1993년 행정고시 합격(36회) 1998년 사법시험 합격(40회) 2001년 사법연수원 수료(30기) 2001년 울산지법 판사 2005년 의정부지법 판사 2009년 서울동부지법 판사 2012년 서울북부지법 판사 2016년 춘천지법 부장판사 2018년 의정부지법 부장판사(현)

## 김창형(金昶亨)

㊀1970·1·19 ㊁경남 창원 ㊂서울특별시 도봉구 마들로 749 서울북부지방법원(02-910-3114) ㊃1988년 부산 중앙고졸 1993년 서울대 법학과졸 2005년 同대학원 법학과졸 ㊄1996년 사법시험 합격(38회) 1999년 사법연수원 수료(28기) 1999년 서울지법 의정부지원 판사 2001년 서울지법 판사 2003년 부산지법 판사 2006년 서울남부지법 판사 2008년 서울중앙지법 판사 2010년 서울고법 판사 2012년 서울동부지법 판사 2014년 부산지법 부장판사 2016년 의정부지법 고양지원 부장판사 2018년 서울북부지법 부장판사(현)

## 김창호(金昌鎬)

㊀1962·6·21 ㊁충북 ㊂서울특별시 중구 을지로 79 IBK기업은행 소비자브랜드그룹(1566-2566) ㊃1983년 제천고졸 1989년 서울시립대 경제학과졸 ㊄1989년 IBK기업은행 입행 2009년 同공덕동지점장 2011년 同비서실장 2012년 同총무부장 2014년 同인천지역본부장 2015년 同남부지역본부장 2017년 同소비자브랜드그룹장(부행장)(현)

## 김창화(金昌華) Gim Changhwa

㊀1955·8·10 ㊅안동(安東) ㊁경북 영주 ㊂서울특별시 성동구 아차산로7길 21 3층 국제극예술협회 한국본부(02-544-5836) ㊃1972년 중앙고졸 1980년 고려대 물리학과졸 1982년 동국대 대학원 연극영화학과졸 1991년 철학박사(독일 뮌헨대) ㊄1973년 고려대 극예술연구회 회장 1974년 대학연극인연합회 회장 1983년 극단 '한울' 창단 1983~1991년 同대표 1992~1994년 공연과이론을위한모임 대표 1993년 국제극예술협회(ITI) 한국본부 이사 1995년 同주체적문화발전분과 이사 1995년 한국연극학회 총무이사 1995~1999년 상명대 연극예술학과 교수 1995년 同연극학과 초대 학과장 1996년 극단 '독립극장' 대표 1997년 한국연극교육학회 이사 1998~2000년 한국비교연극학회 회장 1999년 상명대 공연학부 연극전공 교수 1999년 同공연학부장 2000~2003년 국립창극단 자문위원 2001~2010년 한국고전희곡학회 이사 2001~2016년 공연문화산업연구소 상임이사 2002년 한국교육연극학회 이사 2003~2004년 미국 Univ. of the Incarnate Word 교환교수 2004년 문화방송(MBC) 시청자평가위원 2004~2018년 상명대 예술대학 연극학과 교수 2006~2008년 同예술대학장 2007년 문화관광부 국고지원 공연예술평가위원 2007년 국립중앙극장 무대예술인자격검정 문제은행개발위원 2007년 예술경영지원센터 평가위원 2008~2012년 한국교육연극학회 회장 2009년 헤롤드핀터페스티벌 집행위원장 2009년 제2회 남해섬축제 예술감독 2009년 제7회 서울과학축전 자문위원 2009년 중등임용고사 출제위원 2010년 세계교육연극학회 정회원 2010년 상명대 영어강의활성화대책위원회 위원장 2010년 한국연극연출가협회 이사 2011년 한국문화예술교육진흥원 연극분야 중앙위원 2011년 남해섬축제 예술교육감독 2011년 수원화성연극제 집행위원 2011~2016년 극단 창작기획 대표 2012년 국제극예술협회(ITI) 한국본부 상임부회장(현) 2013년 공연과이론을위한모임 대표 2013년 백민역사연극원 이사 2014년 한국연극협회 정책개발위원장 2015년 국제극예술협회(ITI) 세계희곡작가포럼 부회장 2016년 한국국제2인극페스티벌 예술감독 2017년 국제극예술협회(ITI) 세계축체포럼분과 부회장 2017년 한국극작워크숍 대표 2018년 세계박물관연극연구소 연구실장(현) 2019년 지식을만드는지식출판사 드라마기획출판위원(현) ㊆'동시대 연극의 새로운 이해'(1998) '한국에서의 서양연극'(1999) '독백과 대화'(1999) '청소년을 위한 연극교육'(2003) ㊇'오레스테스'(1994) '입센희곡선집'(2010) '중국의 장벽'(2014) '빵집'(2015) '바알'(2016) ㊈'역사의 강' '도산 안창호' ㊉불교

## 김창환(金昌煥) KIM Chang Hwan

㊀1961·6·13 ㊅김해(金海) ㊁인천 ㊂충청북도 진천군 덕산면 교학로 7 한국교육개발원 교육조사통계연구본부 조사분석연구실(043-530-9580) ㊃1984년 연세대 영어영문학과졸 1986년 同대학원졸 1993년 교육학박사(독일 튀빙겐대) ㊄1994~1996년 연세대·경희대 시간강사 1996~1998년 창신대학 전임강사 1998년 한국교육개발원 연구위원 1998년 同교육통계·정보연구본부 교육통계연구센터 선임연구위원 2003년 同교육통계정보센터 소장 2004~2005년 同기획처장 2007년 同교육통계센터 소장, 同인재통계정보본부장 2013·2016년 同교육조사통계연구본부장 2015~2016년 同지방교육재정연구특임센터 소장 2016~2018년 同교육조사통계연구본부 조사분석연구실 선임연구위원 2018년 同국가교육통계연구본부 교육지표연구실 선임연구위원(현), 외교통상부 ASEM 자문위원, 통일부 정책자문위원, 교육과학기술부 대학선진화위원회 위원, 인재통계협력망 운영위원장 ㊊교육인적자원부장관표창(2004), 기획예산처장관표창(2004) ㊆'교육의 철학과 역사'(1999) '헤르바르트'(2001) '인본주의 교육사상'(2007) '인재강국 독일의 교육'(2008) '독일의 초등학교 교육(共)'(2008) '입시에 대한 기독교적 이해(共)'(2008) '통일한국의 교육 비전(共)'(2014) '기독교학교의 미래 전망(共)'(2015) ㊉기독교

## 김창회(金昌會) KIM Chang Hoe

㊀1955·5·28 ㊅안동(安東) ㊁경기 평택 ㊂충청남도 아산시 신창면 순천향로 22 순천향대학교 유니토피아관 U1004호(041-530-1151) ㊃1978년 연세대 신문방송학과졸 2012년 同언론홍보대학원졸(저널리즘전공 석사) ㊄1982년 연합통신 입사·해외부·사회부·경제1부·경제2부 기자 1985년 미국 볼티모어 선 인턴 근무(미국 알프레드 프랜들리 프레스펠로) 1996년 연합통신 경제부 차장 2000년 연합뉴스 런던특파원 2003년 同국제뉴스국 기획위원 2003년 同편집국 부국장대우 정보과학부장 2004년 同편집국 부국장대우 경제부장 2005년 同편집국 경제담당 부국장 2006년 同정보사업국장 2009~2011년 同국제·업무담당 상무이사 2010년 한국디지털미디어산업협회 이사 2010년 스마트TV포럼 이사(운영위원) 2011년 연합뉴스TV 창사준비위원회 부위원장 2011~2013년 연합뉴스TV(뉴스Y) 전무이사 2013년 순천향대 신문방송학과 초빙교수(현) ㊆'당신은 이제 유티즌'(共) '총성없는 3차대전 표준전쟁'(共) '멀티미디어시대 실전 취재보도론'(2017)

## 김창희(金昌熙) KIM Chang Hee

㊀1963·3·13 ㊅김해(金海) ㊁서울 ㊂서울특별시 서초구 서초대로 254 오퓨런스빌딩 813호 법무법인 청림(02-6203-0228) ㊃1982년 영일고졸 1986년 서울대 공법학과졸 2000년 영국 케임브리지대 법대 방문학자과정 수료 ㊄1990년 사법시험 합격(32회) 1993년 사법연수원 수료(22기) 1993년 부산지검 울산지청 검사 1994년 서울지검 검사 1997년 대구지검 검사 1999년 수원지검 검사 2002년 서울지검 동부지청 검사 2002년 외교통상부 통상교섭본부장 법률자문관 2004년 서울동부지검 검사 2005년 同부부장검사 2005년 대검찰청 검찰연구

관 2007년 대구지검 의성지청장 2008년 대검찰청 피해자인권과장 2009년 同공안2과장 2009년 同공안1과장 2010년 서울중앙지검 형사7부장 2011년 부산지검 형사2부장 2012년 청주지검 충주지청장 2012년 대구지검 서부지청 차장검사 2013년 대검찰청 공안기획관 2014년 서울서부지검 차장검사 2015년 인천지검 부천지청장 2016~2017년 서울고검 송무부장 2017년 법무법인 청림(青林) 대표변호사(현) (저)'식품범죄연구'(1995) '노사관계 주요쟁점 및 수사사례'(2002) '공직선거법 벌칙해석'(2010) (종)천주교

### 김채규(金采奎) KIM Chae Kyu

(생)1962·4·10 (본)김해(金海) (출)전남 화순 (주)세종특별자치시 한누리대로 402 국토교통부 중앙토지수용위원회(044-201-5332) (학)1982년 전남공고졸 1991년 숭실대 행정학과졸 2000년 서울대 행정대학원 행정학과졸 (경)1991년 행정고시 합격(35회) 2002년 건설교통부 토지정책과 서기관 2002년 同고속철도건설기획단 건설기획과 서기관 2003년 환경부 환경정책국 환경평가과 서기관 2004년 국민경제자문회의 정책분석실 정책조사관 2005년 건설교통부 공공기관지방이전추진단 종전시설관리팀장 2006년 同산업입지정책팀장 2007년 미국 미주리주정부 파견(서기관) 2009년 국토해양부 주택토지실 토지정책과장 2011년 同건설경제과장(부이사관) 2013년 국토교통부 건설정책국 건설경제과장 2013년 同공공기관지방이전추진단 기획국장(고위공무원) 2014년 국방대 파견 2015년 새만금개발청 투자전략국장 2016~2019년 국토교통부 자동차관리관 2019년 중앙토지수용위원회 상임위원(현)

### 김채해(金埰海) KIM Chae Hae

(생)1960·1·21 (출)경북 월성 (주)대구광역시 수성구 동대구로 376 범어숲화성파크드림에스상가 205호 김채해법률사무소(053-755-3000) (학)1980년 대구 계성고졸 1988년 부산대 법학과졸 (경)1987년 사법시험 합격(29회) 1990년 사법연수원 수료(19기) 1990년 대구지법 판사 1994년 同경주지원 판사 1996년 대구지법 판사 1997년 同영천군법원 판사 1998년 대구지법 판사 겸 소년부지원장 2000년 대구고법 판사 2003년 대구지법 판사 2005년 同부장판사 2006년 同경주지원장 2008~2012년 대구지법 부장판사 2011년 언론중재위원회 위원 2012~2014년 대구지법 포항지원장 2014년 변호사 개업(현)

### 김천규(金天奎) Kim Cheon Gyu (貞松)

(생)1959·8·10 (본)고성(固城) (출)전남 함평 (주)대구광역시 달서구 장산남로 30 대구지방법원 서부지원 집행관실(053-570-2114) (학)1976년 광주상고졸 1983년 한국방송통신대 행정학과졸 1988년 조선대 경영학과졸 2007년 한양대 행정대학원 부동산학과졸 2013년 공주대 테크노전략대학원 최고경영자과정 수료 (경)2007년 서울서부지검 조사과 수사관 2009년 수원지검 성남지청 집행과장 2010년 대검찰청 운영지원과 근무 2011년 대전지검 천안지청 수사과장 2013년 대검찰청 대변인실 언론팀장 2015년 대전지검 홍성지청 사무과장 2017년 서울중앙지검 공판과장 2017년 대구지방법원 서부지원 집행관(현) (상)검찰총장표창(2001·2014), 국무총리표창(2004), 근정포장(2017) (저)'하늘과 땅 사이에 산이 보이네'(2015, 책과 나무)

### 김천수(金天秀) KIM Cheon Soo

(생)1960·3·29 (본)김해(金海) (출)충북 괴산 (주)서울특별시 종로구 성균관로 25-2 성균관대학교 법학전문대학원(02-760-0619) (학)1977년 청주고졸 1982년 서울대 법대졸 1984년 청주대 대학원 법학과졸 1986년 서울대 대학원 법학과졸 1988년 법학박사(서울대) (경)1988~1999년 대구대 법대 사법학과 전임강사·조교수·부교수 1994년 同홍보비서실장 1997~1998년 호주 Univ. of Sydney 방문교수 1999~2001년 대구대 법학부 교수 2000년 同법과대학장 2000년 한국비교사법학회 이사 2000년 한국스포츠법학회 이사 2001~2009년 성균관대 법과대학 법학과 교수 2002년 한국상품학회 이사 2007~2008년 미국 노스캐롤라이나주립대 방문교수 2009년 성균관대 법학전문대학원 교수(현) 2012~2013년 미국 오리건대 법과대학 방문교수 2015~2017년 대한의료법학회 회장 2017년 同명예회장(현) (저)'변호사책임론(共)'(1998) '진료에 대한 설명과 동의의 법리'(1999) '사례중심법학입문'(1999) '민법개정안 의견서'(2002) '물권'(2009, 한국민사법학회) (종)기독교

### 김천수(金千洙)

(생)1961·5·3 (출)전북 익산 (주)경기도 의왕시 안양판교로 143 서울구치소(031-423-6100) (학)전북대 법학과졸 (경)1987년 교정간부 임용(29기) 1993년 사무관 승진 2009년 대전교도소 총무과장(서기관) 2010년 안양교도소 부소장 2011년 장흥교도소장 2012년 목포교도소장 2013년 해남교도소장 2014년 광주지방교정청 총무과장 2015년 홍성교도소장 2015년 대구교도소장(고위공무원) 2016년 대전교도소장 2018년 광주교도소장(고위공무원) 2019년 서울구치소장(고위공무원)(현)

### 김천수(金泉壽) Michael KIM

(생)1963·12·15 (출)서울 (주)경기도 고양시 일산서구 킨텍스로 217-59 킨텍스 제2전시장 오피스동 14층 (주)CJ라이브시티(031-783-9431) (학)1982년 영동고졸 1987년 고려대 신문방송학과졸 (경)1987년 (주)제일기획 입사 1994년 同광고1팀 근무 1995년 同LA지점장 1998년 同미국법인장 2003년 同상무보 2006년 同미국법인장(상무) 2006~2008년 同글로벌전략그룹장(상무) 2008년 同The i 본부장(상무) 2009년 同미주법인 전무 2010년 同글로벌부문장(COO) 겸 전무 2011년 同글로벌부문장(COO) 겸 부사장 2013년 同캠페인부문장(COO) 겸 부사장 2015년 同글로벌부문장(COO) 겸 부사장 2015~2017년 同상근고문 2017년 케이밸리(주) 대표이사 2019년 (주)CJ라이브시티 대표이사(현) (상)'칸'국제광고제 동사자상(1992) (종)천주교

### 김천수(金泉秀) KIM Chon Soo

(생)1964·4·20 (출)전북 전주 (주)서울특별시 서초구 서초중앙로 154 화평빌딩 1층 법무법인 효성(1899-7399) (학)1982년 전주 해성고졸 1986년 서울대 사법학과졸 2008년 인하대 물류전문대학원 물류경영학과졸 (경)1986년 사법시험 합격(28회) 1989년 사법연수원 수료(18기) 1989년 軍법무관 1992년 부산지법 판사 1995년 同울산지원 판사 1999년 수원지법 판사 2001년 서울고법 판사 2002년 대법원 재판연구관 2004년 인천지법 부장판사 2008~2010년 서울서부지법 부장판사 2011년 법무법인 융평 고문변호사 2012~2018년 인하대 법학전문대학원 교수 2012~2016년 중부지방국세청 범칙조사심의위원 2013~2015년 법제처 법령해석심의위원회 해석위원 2014년 인천시 행정심판위원회 위원 2014년 대한상사중재원 중재인 2014~2017년 한국공정거래조정원 가맹사업거래분쟁조정협의회 위원 2015년 공정거래위원회 경쟁정책자문위원 2016년 인천시의회 입법·법률고문(현) 2017년 민주평통 통일법제분과위원회 위원장 2018년 법무법인(유) 효성 법무실장(부사장)(현)

### 김천우(金天宇) KIM CHEON WOO

(생)1956·1·1 (주)제주특별자치도 서귀포시 서호중앙로 63 공무원연금공단 감사실(064-802-2002) (학)제주제일고졸, 서울대 법학과졸 (경)1981~2003년 SK네트웍스(주) 입사·상무 2004~2010년 국회의원 강창일 보좌관 2010~2011년 국회의원 김영환 보좌관 2011~2013년 제주특별자치도 수출진흥본부장 2013~2017년 제주특별자치도의회 행정자치위원회 전문위원 2018년 공무원연금공단 상임감사(현)

### 김천주(金天柱 · 女) KIM Chun Joo

(생)1933 · 9 · 16 (본)안동(安東) (출)평북 정주 (주)서울특별시 중구 남대문로 30 상동빌딩 6층 한국여성소비자연합(02-752-4227) (학)1953년 경기여고졸 1957년 이화여대 문리대학 사회사업학과졸 1958년 同대학원 사회사업학과 수료 (경)1969~1978년 대한주부클럽연합회 총무 1978~1985년 同사무처장 1981~1988년 무악새마을유아원 원장 1985~1991 · 1992~2014년 대한주부클럽연합회 회장 1986년 평통 정책자문위원 1986~1988년 한국소비자단체협의회 부회장 1987년 소비자보호원 소비자분쟁심의위원 1987년 한국여성단체협의회 회장직대 1988년 민주화합추진위원회 위원 1990년 공익광고협의회 위원 1993년 경찰위원회 위원 1995~1998년 서울시의회 의원 2000~2002 · 2008 · 2009~2010년 한국소비자단체협의회 회장 2002년 조달청 클린조달위원장 2010년 음식문화개선범국민운동본부 공동대표 2014년 (사)한국여성소비자연합 회장(현) (상)국민훈장 동백장, 국민훈장 모란장, 인촌상 공공봉사부문(2010), 한국낙농대상 우유소비부문(2017) (종)기독교

### 김천주(金天柱) KIM Chun Joo

(생)1957 · 3 · 29 (출)경기 화성 (주)서울특별시 강남구 테헤란로 607 캐논코리아비즈니스솔루션(02-3450-0801) (학)삼괴종합고졸 1980년 중앙대 전자공학과졸 2003년 중앙대 산업경영대학원졸 2010년 연세대 경영전문대학원 최고경영자과정 수료 2013년 경제학박사(중앙대) (경)2004년 롯데캐논 경영기획실 이사 2006년 캐논코리아비즈니스솔루션(주) 영업본부장 2007년 同경영기획실 상무 2008년 同대표이사(현) 2011년 한일산업기술협력재단 비상임이사 2014년 인천본부세관 일일명예세관장 2015년 한국AEO진흥협회 회장(현) 2018년 (재)한일산업기술협력재단 이사(현) (상)산업자원부장관표창, 철탑산업훈장(2008 · 2012), 대통령표창(2010 · 2016), 3억달러 수출의 탑(2011), 대한민국 녹색경영대상 장관표창(2012), 제38회 국가품질경영대회 서비스혁신 국무총리표창(2012), 대한민국브랜드스타 복합기부문 브랜드가치 1위(2013), 전국소상공인대회 육성공로 산업통상자원부장관표창(2014), 한국회계정보학회 한국투명경영대상(2014), 대한민국소비자대상 사무용복합기부문(2015), 한국관세학회 관세대상(2017), 한국에서 가장 존경 받는 기업 선정(2018)

### 김천태(金天泰) Kim, Chun Tae

(생)1959 (주)서울특별시 서초구 바우뫼로6길 57 대한결핵협회 연구원장실(043-249-4984) (학)1988년 순천향대 의대졸 1993년 충남대 보건대학원 보건학과졸 1996년 영남대 대학원 의학석사 2003년 의학박사(영남대) 2006년 서울사이버대 사회복지학과졸 (경)1988년 국립공주결핵병원 공중보건의사 1991~2002년 국립마산병원 흉부내과장 1991년 미국 존스홉킨스대 · 미시간대 연수 1998년 보건복지부 보건증진국 방역과 서기관 2001년 영남대 의대 예방의학교실 외래교수 2002~2006년 국립소록도병원 의료부장 2006~2011년 국립부곡병원 내과과장 · 알코올병동장 · 약제과장 2011~2016년 국립마산병원 원장 2016~2019년 국립목포병원 원장 2019년 대한결핵협회 연구원장(현)

### 김천홍(金千哄) KIM Chonhong

(생)1969 · 7 · 13 (본)김해(金海) (출)전남 강진 (주)세종특별자치시 갈매로 408 교육부 정책기획관실(044-203-6040) (학)1987년 광주 살레시오고졸 1991년 서울대 농업교육학과졸 1993년 同대학원 농업교육학 석사수료 (경)1994년 행정고시 합격(38회) 1997~2005년 교육부 사무관 2000년 유네스코 태국방콕사무소 준전문관 2006년 교육인적자원부 영어교육혁신팀장 2007년 駐유네스코대표부 참사관 2011년 교육과학기술부 홍보기획담당관 2012년 同기획담당관 2013년 교육부 대학재정과장 2015년 同사회정책총괄과장 2016년 同국제교육협력담당관 2017년 한국교원대 사무국장(고위공무원) 2019년 교육부 정책기획관(현) (상)대통령표창(2004), 근정포장(2012) (종)천주교

### 김 철(金 徹) Cheol Kim

(생)1960 · 11 · 15 (출)서울 (주)경기도 성남시 분당구 판교로 310 SK케미칼(주) 임원실(02-2008-2008) (학)용문고졸 1983년 서울대 경제학과졸 1989년 영국 런던대(LSE) 대학원 경제학과졸 (경)1983년 SK(주) 입사 1998~2000년 同석유사업팀장 2000~2002년 同석유사업마케팅전략팀장 2003~2004년 同E&M전략팀장(상무) 2004~2006년 SK경영경제연구소 기업연구실장 2007년 SK홀딩스 사업지원 1실장 2008~2010년 SK이노베이션 자원개발본부장 2011~2012년 SK홀딩스 G&G추진단 2013년 SK케미칼(주) 수지사업본부장 2014~2017년 同대표이사 사장 2018년 同각자대표이사 사장 2018년 同대표이사 사장 2019년 同각자대표이사 사장(현)

### 김 철(金 徹) Chul Kim

(생)1962 · 6 · 13 (본)강화(江華) (출)서울 (주)서울특별시 노원구 동일로 1342 상계백병원 재활의학과(02-950-1145) (학)연세대 의대졸, 同대학원졸, 의학박사(고려대) (경)1987~1991년 연세대 의대 영동세브란스병원 인턴 · 재활의학과 전공의 수료 1994년 同재활의학과 연구강사 1994년 인제대 상계백병원 재활의학과 전임강사 · 조교수 · 부교수 · 교수(현) 1995~2018년 同상계백병원 재활의학과장 2000년 同상계백병원 심장재활클리닉 소장(현) 2000~2012년 대한재활의학회 학회사 편찬위원장 2001~2002년 미국 메이요클리닉 심장혈관센터 리서치펠로우 2005~2008년 인제대 상계백병원 홍보실장, 대한임상통증학회 이사장, 대한신경근골격초음파학회 초대 총무이사, 미국재활의학회 회원, 미국심폐재활협회 회원 2010~2012년 질병관리본부 심뇌재활전문분과 위원 2011년 대한심장호흡재활의학회 이사장(현) 2011~2013년 건강보험심사평가원 비상근심사위원 2012년 미국심폐재활협회 종신회원(FAACVPR) 2012~2014년 대한재활의학회 학술위원장 2012년 국민연금공단 자문의사(현) 2012년 식품의약품안전처 의료기기임상전문가위원(현) 2015~2017년 대한신경근골격초음파학회 회장 (상)보건복지부장관표창(2019) (종)기독교

### 김 철(金 哲) KIM Cheol

(생)1964 · 3 · 18 (본)김해(金海) (출)전남 곡성 (주)서울특별시 서초구 서초대로46길 3 경중빌딩 2층 법무법인 정해(02-599-8668) (학)1982년 광주고졸 1987년 서울대 법학과졸 (경)1992년 사법시험 합격(34회) 1995년 사법연수원 수료(24기) 1995년 법무법인 동서 변호사 1998년 법무법인 광장 변호사 1999년 서울지검 북부지청 검사 2000년 광주지검 해남지청 검사 2002년 인천지검 검사 2004년 서울중앙지검 검사 2007년 부산지검 부부장검사 2008년 부산고검 파견 2009년 부산지검 공판부장 2009년 광주지검 마약 · 조직범죄수사부장 2010년 대구고검 검사 2012년 서울고검 검사 2012년 변호사 개업 2017년 법무법인 정해 변호사 · 대표변호사(현) 2017년 한국경영혁신중소기업협회 고문(현) 2018년 HSD엔진(주) 사외이사(현) (종)기독교

### 김 철(金 鐵)

(생)1970 · 4 · 21 (주)세종특별자치시 다솜2로 94 농림축산식품부 농촌정책국 지역개발과(044-201-1551) (학)1996년 서울대 원예학과졸 1999년 同대학원 원예학 석사과정 수료 2012년 뉴질랜드 매쉬대 대학원 농업과학과졸 (경)1997년 기술고시 합격(33회) 1998년 공무원 임용 2007~2010년 농

림수산식품부 유통정책과·국제협력총괄과 근무 2010~2012년 국외 교육훈련(뉴질랜드 매쉬대) 2012년 농림수산식품부 식량산업과 근무 2014년 국립종자원 종자산업지원과장·품종심사과장 2014년 국무총리실 농림정책과 근무 2016년 농림축산식품부 농촌산업과장 2017년 同농촌정책국 지역개발과장 2019년 同농촌정책국 지역개발과장(부이사관)(현) (상)PC이용경진대회 장관급표창(1999), 환경부장관표창(2009), 정보화역량평가 장관표창(2013)

## 김철경(金喆慶) KIM Chul Kyung

(생)1955·3·1 (본)김녕(金寧) (출)서울 (주)서울특별시 동대문구 안암로 6 대광고등학교 교장실(02-940-2202) (학)1980년 성균관대 화학공학과졸 1996년 고려대 대학원 환경공학과졸 2001년 공학박사(성균관대) (경)1980~1999년 쌍용정유(S-OIL) 환경담당 연구원 1996~2000년 성균관대 대학원 생물화공연구실 선임연구원 1999년 해양환경관리공단(KMPRC) 특수사업팀장 1999~2000년 광주대 환경공학과 겸임교수 2000~2002년 신흥대학 환경관리과 초빙교수 2000~2001년 신성대학 신소재화학과 외래교수 2001~2002년 오산대학 외래교수 2002년 녹색미래환경연구소 소장 2002~2011년 목원대 응용화학공학부 조교수·부교수 2004년 자연환경신문사 자문위원 2004년 한국EHS평가학회 편집이사 2004년 에너지관리공단 총괄규격위원회 위원 2005년 대한위생학회 편집이사 2011년 목원대 공대 디자인소재공학부·신소재화학공학과 교수, 생체환경과학기술연구센터 위원 2013년 서울 대광고 교장(현) (상)동력자원부장관표창 (종)기독교

## 김철구(金哲求)

(생)1955·9·7 (주)울산광역시 남구 용잠로 353 (주)GS엔텍 임원실(052-231-7300) (학)부산대 화학기계학과졸 (경)2005년 두산중공업(주) 화력해외사업관리담당 상무, 同발전프로젝트준비팀장(상무) 2009년 同전무 2012년 同EPC BG PC·공사총괄 임원(전무) 2015년 (주)GS엔텍 대표이사(현)

## 김철균(金喆均) KIM Cheol Kyun

(생)1962·12·25 (본)김해(金海) (출)서울 (주)서울특별시 강남구 역삼로25길 46 동원빌딩 3층 (주)디지털투데이 임원실(02-786-1104) (학)1987년 연세대 경제학과졸 2002년 서울대 IT벤처산업(CMO)과정 수료 2003년 한국콘텐츠아카데미 CEO과정 수료 2003년 한국문화콘텐츠진흥원 전문인력CEO해외연수과정 수료 2004년 한국외국어대 M&A전문가과정 수료 2007년 호서대 벤처전문대학원 문화산업경영학과 수료, 숭실대 IT정책경영 석·박사통합과정 재학 중 (경)1988년 데이콤 DB개발본부 천리안기획팀 근무 1989년 신세계백화점 동방점 근무 1990년 한국경제신문 뉴미디어국 근무 1991년 KT하이텔 고객지원실장 1994년 나우콤 C&C(콘텐츠&커뮤니티)팀장 1999년 드림라인(주) 사업팀 부장 2001년 하나로드림(주) 포탈사업본부장(상무) 2005년 同대표이사 2006년 (주)다음커뮤니케이션 동영상플랫폼본부장(부사장) 2007년 同대외협력담당 부사장 2008년 (주)오픈아이피티비 대표이사 2008년 대통령 국민소통비서관 2009년 대통령 뉴미디어홍보비서관 2010년 대통령 뉴미디어비서관 2011년 (사)한국IT정책경영학회 상임고문 2011~2012년 한국과학창의재단 이사 2011~2012년 한국교육학술정보원 원장 2012년 새누리당 제18대 대통령중앙선거대책위원회 SNS(소셜네트워크서비스)본부장 2014년 (주)포워드벤처스(SNS를 활용한 전자상거래 사이트 '쿠팡' 운영업체) 고문 2015년 同부사장 2016~2017년 同고문 2016~2018년 (사)한국인터넷전문가협회 회장 2018년 스마트사회연구회 회장(현) 2019년 (사)한국인터넷전문가협회 고문(현) 2019년 (주)디지털투데이 대표이사(현) (상)정보통신부장관표창(2007), 인터넷에코어워드 인터넷에코 공로상(2011)

## 김철근(金哲根) KIM Cheol Kun

(생)1968·6·24 (출)전남 고흥 (주)서울특별시 영등포구 국회대로74길 20 305호 바른미래당(02-784-1403) (학)1986년 광주 석산고졸 1994년 중앙대 경제학과졸 (경)1987년 서울 구로구청 농성으로 집행유예 1989년 중앙대 정경대학 학생회장 1993년 이윤수 국회의원 비서관 1995년 박상천 국회의원 보좌관 1997년 새정치국민회의 보좌진협의회 부회장 1998년 법무부 장관 보좌관 2001년 국회 정책연구위원 2003년 생활정치네트워크 대표 2003년 새천년민주당 대표특보 2004년 同서울강서구乙지구당 위원장 2004년 제17대 국회의원선거 출마(서울 강서乙, 새천년민주당) 2005년 (주)우방 호남지사담당 이사 2007년 민주당 대표비서실 차장 2012년 제19대 국회의원선거 출마(전남 고흥·보성, 무소속) 2013년 새정치전략연구소 소장(현) 2014년 동국대 사회과학대학 정치외교학과 겸임교수(현) 2016~2018년 국민의당 전략홍보본부 부본부장 2016년 제20대 국회의원선거 출마(서울 구로구甲, 국민의당) 2016~2018년 국민의당 서울구로구甲지역위원회 위원장 2016년 同당헌당규제·개정위원회 제3소위원회 간사 2017년 同제19대 안철수 대통령후보 중앙선거대책위원회 대변인 2017~2018년 同대변인 2018년 바른미래당 공동대변인(현) 2018년 同서울구로구甲지역위원회 공동위원장 2018년 同서울구로구甲지역위원회 위원장(현)

## 김철기(金哲基) KIM CheolGi

(생)1961·2·27 (본)경주(慶州) (출)경북 예천 (주)대구광역시 달성군 현풍면 테크노중앙대로 333 대구경북과학기술원 대학원(053-785-1010) (학)1983년 서울대 물리교육학과졸 1986년 한국과학기술원(KAIST) 물리학과졸(석사) 1989년 이학박사(한국과학기술원) (경)1987년 일본 이화학연구소 초청연구원 1989~1996년 한국표준과학연구원(KRISS) 연수연구원·선임연구원 1990~1991년 미연방표준국 객원연구원 1996~2001년 선문대 물리학과 조교수·부교수 2001~2014년 충남대 공과대학 재료공학과 교수 2001~2002년 일본 도호쿠대 교환교수 2005년 캐나다 맥마스터대 교환교수 2014년 대구경북과학기술원(DGIST) 대학원 신물질과학전공 교수(현) 2017년 同대학원장(현) 2017년 同바이오·자성글로벌융합센터장 겸임(현) (상)SCI학술상(2003), 프랑스 몽펠리에대 Distinction medal(2014)

## 김철기(金哲基) Kim Chulki

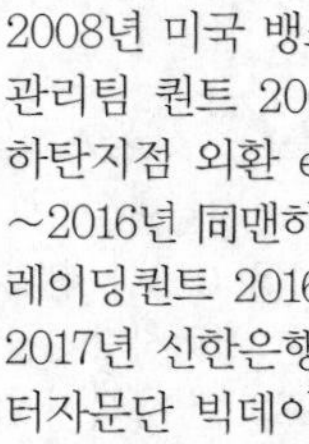

(생)1964·5·9 (본)안동(安東) (출)대구 (주)서울특별시 중구 세종대로9길 20 신한은행 빅데이터센터(02-756-0506) (학)1983년 대구 계성고졸 1987년 서울대 계산통계학과졸 1991년 미국 스탠퍼드대 대학원 통계학과졸 1995년 통계학박사(미국 스탠퍼드대) 2002년 미국 캘리포니아대 버클리교 대학원 금융공학과졸(하스경제대) (경)1992년 삼보컴퓨터 Workstation사업부 근무 1995~2001년 이화여대 통계학과 조교수 2001~2002년 Moody's KMV 신용위험분석팀 인턴 2002~2008년 미국 뱅크오브아메리카 맨하탄지점 외환 포트폴리오 위험관리팀 퀀트 2008~2011년 미국 뱅크오브아메리카 메릴린치 맨하탄지점 외환 e-trading(market making) 트레이딩 퀀트 2011~2016년 同맨하탄지점 북미 주식시장 알고리드믹 트레이딩팀 트레이딩퀀트 2016~2017년 한국금융연수원 IB/자산운용부문 교수 2017년 신한은행 빅데이터센터 본부장(현) 2017년 국세청 빅데이터자문단 빅데이터센터설립·운영분과 위원(현) (상)한국통계학회 신진통계학자 학술논문상(1997) (저)'성기능 문제 설문조사의 통계분석 측면서 본 의미'(1998, 약계신문) '응용통계학 입문'(2000, 경문사) (종)기독교

### 김철리(金哲理) Chul Lee Kim

(생)1953·12·31 (본)의성(義城) (출)서울 (학)서강대 신문방송학과졸, 성균관대 대학원 공연예술학과졸 (경)연극연출가(현), 한국연극협회 이사, 서울연극협회 이사 2004~2005년 수원화성국제연극제 예술감독, 국립극단 예술감독, 국제극예술협회 한국본부 이사, 한국연극연출가협회 부회장, 예술경영지원센터 이사, 한국공연예술축제협의회 회장 2006~2010년 서울국제공연예술제 예술감독 2011~2013년 서울시립극단 단장, 아시아문화의전당 자문위원, 여수엑스포 자문위원, 한국예술종합학교 연극원 겸임교수 2012~2013년 예술의전당 공연감독 2013~2014년 수원화성국제연극제 예술감독 2015~2016년 경기도립극단 예술단장 (상)제12회 영희연극상(1987), 제26회 백상예술대상 신인연출상(1990), 제15회 서울연극제 번역상(1991), 제29회 동아연극상 연출상(1993), 제33회 백상예술대상 연출상(1997), 제7회 한국뮤지컬대상 연출상(2001), 대한민국 연극대상 특별상(2010) (작)'심판'(카프카 작) '굿닥터'(닐 사이먼 작) '보이체크'(게오르그 뷔히너 작) '당통의 죽음'(게오르그 뷔히너 작) '욕탕의 여인들-스티밍'(넬 던 작) '산불'(차범석 작) '검찰관'(고골 작) '리차드 3세'(셰익스피어 작) '위비왕'(알프레드 쟈리 작) '시라노 드 베르쥬락'(에드몽 로스땅 작) '봄날'(이강백 작) '자전거'(오태석 작) '뼈와 살'(이강백 작) '일출'(조우 작) '이 세상 끝'(장정일 작) '타이터스 앤드러니커스'(셰익스피어 작) '심벨린'(셰익스피어 작) 뮤지컬'듀엣' '틱틱붐' '캬바레' '시카고' 등 연출

### 김철모(金喆模) KIM CHEOL MO (書堂峰)

(생)1960·1·5 (본)의성(義城) (출)전북 정읍 (주)전라북도 전주시 완산구 효자로 225 전라북도청 정책기획관실(063-280-2117) (학)1978년 호남고졸 1991년 한국방송통신대 행정학과졸 2001년 전북대 대학원 행정학과졸 2006년 同대학원 행정학 박사과정 수료 (경)1979~1988년 정읍군 고부면·내무과 근무 1988~1991년 전북도 공무원교육원·문화공보담당관실·문화예술과 근무 1991년 同내무국 지방과 근무 1995년 同총무과 근무 2003년 同법무담당관실 송무담당(사무관) 2003년 임실군 주민복지과장 2004년 전북도 비상대책담당·영상산업담당 2007년 同인사담당 2008년 同예산담당 2010년 同예산과장(서기관) 2013년 同행정지원관 2014년 同대외협력국 정무기획과장 2015년 지방행정연수원 고위정책과정 교육파견 2016년 전북도 도민안전실 안전정책관 2017~2018년 전북 익산시 부시장(부이사관) 2018년 同시장 권한대행 2018년 전북도 기획조정실 정책기획관(현) (상)내무부장관표창(1993), 국무총리표창(1995·2000), 제13회 설중매문학 신인상(2007), 기획재정부장관표창(2008·2012), 대통령표창(2009·2014), 대한민국 베스트작가상(2010), 대한민국디지털문학대상 시문학상(2012), 한국문학세상 문예대상(2017) (저)시집 '그리운 고향 지사리'(2008, 한국문학세상) '또 하나의 행복'(2009, 한국문학세상) '봄은 남쪽 바다에서 온다'(2012, 한국문학세상) '꽃샘추위에도 꽃은 피고'(2014, 한국문학세상) (작)개인사진전 '자투리 속에 바람을 걸다'(2008, 전주 더스토리 뮤지엄) (종)천주교

### 김철문

(생)1966·2·26 (출)경북 (주)충청북도 청주시 청원구 2순환로 168 충북지방경찰청 정보과(043-240-2081) (학)법학박사(충북대) (경)1993년 경위 임용(경찰 간부후보 41기) 2006년 청주상당경찰서 수사과장 2006년 총경 승진 2008년 충북지방경찰청 수사과 수사2계장 2012년 同수사과 강력계장 2016년 충남지방경찰청 형사과장 2017년 세종경찰서장 2018년 충북지방경찰청 정보과장(현)

### 김철민(金哲玟) KIM CHEOL MIN

(생)1957·2·15 (출)전북 진안 (주)서울특별시 영등포구 의사당대로 1 국회 의원회관 1019호(02-784-2135) (학)1975년 검정고시 합격 1991년 한밭대 건축공학과졸, 안산공과대학 사회교육원 최고경영자과정 수료, 한양대 산업경영대학원 최고경영자과정 수료 2008년 同산업디자인대학원 경영학과졸 (경)(주)안산종합건축사사무소 대표건축사, 안산시건축사협회 회장, 민주당 안산상록乙지역위원회 위원장 직대, 경희대 AMP 안산총동문회 회장, 안산중앙라이온스클럽 회장, 안산늘푸른야학교 후원회장, 국제라이온스354B지구 부총재, 민주당 중앙당 지방자치부위원장, 상록신용협동조합 이사장, 안산육상경기연맹 회장, 환경운동연합 자문위원, 안산경제정의실천시민연합 자문위원, 참안산(시민운동) 공동대표, 민주당 경기도당 중소기업특별위원장, 법무부 범죄예방위원회 상록지구자문위원, 상록경찰서 선진질서위원장 2010~2014년 경기 안산시장(민주당·민주통합당·민주당·새정치민주연합·무소속) 2010년 안산투명사회협약실천협의회 공동대표 2010년 (재)안산문화재단 이사장 2010년 (재)경기테크노파크 부이사장 2010년 (재)안산시청소년수련관 이사장, (재)에버그린21 이사장 2010년 안산시체육회 회장 2010년 안산시 시민소통위원장 2014년 경기 안산시장선거 출마(무소속) 2016년 더불어민주당 안산시상록구乙지역위원회 위원장(현) 2016년 제20대 국회의원(안산시 상록구乙, 더불어민주당)(현) 2016년 더불어민주당 서민주거TF 위원 2016년 同을지로위원회 위원(현) 2016~2018년 국회 농림축산식품해양수산위원회 위원 2016년 국회 예산결산특별위원회 위원 2018년 더불어민주당 해양수산특별위원회 공동위원장 2018년 국회 국토교통위원회 위원(현) 2019년 더불어민주당 도시재생특별위원회 부위원장(현) (상)한국매니페스토실천본부 기초단체장공약이행 및 정보공개평가 최우수상(2012), 한국경영자치대상 녹색환경부문(2013), 다문화사회공헌 특별상(2013), 경기도사회복지대상(2014), 대한민국 의정대상(2017), 법률소비자연맹 국회의원헌정대상(2018) (저)'꿈꾸는 도시, 안산'(2010, 도서출판 AJ) '희망의 도시, 안산'(2013, 도서출판 지성의샘) (종)기독교

### 김철민(金哲民) KIM Chul Min

(생)1962·3·13 (본)김녕(金寧) (출)서울 (주)세종특별자치시 갈매로 388 문화체육관광부 문화정책관실(044-203-2500) (학)연세대 불어불문학과졸, 서울대 대학원 행정학과졸, 미국 텍사스A&M대 대학원 도시계획학 박사과정 수료, 호텔관광학박사(경희대) (경)2002년 문화관광부 공보관실 서기관 2006년 국립중앙박물관 교육홍보팀장 2007년 문화관광부 관광산업본부 관광산업팀장 2007년 同관광산업본부 국제관광팀장 2008년 문화체육관광부 관광산업국 국제관광과장 2008년 同문화콘텐츠산업실 전략콘텐츠산업과장 2009년 同해외문화홍보원 외신홍보팀장 2009년 同문화콘텐츠산업실 문화산업정책과장(부이사관) 2011년 同관광산업국 관광레저기획관(국장급) 2012년 국외 파견 2013년 국무총리소속 사행산업통합감독위원회 사무처장 2014년 문화체육관광부 관광정책관(고위공무원) 2016년 同문화콘텐츠산업실 저작권정책관 2016년 한국저작권보호원설립추진단 위원 2016~2017년 국립한글박물관장 2017년 국정기획자문위원회 파견 2017~2019년 국립중앙박물관 기획운영단장 2019년 同행정운영단장 2019년 문화체육관광부 문화정책관(현)

### 김철범(金喆凡) KIM Chul Beom

(생)1961·10·27 (주)부산광역시 남구 수영로 309 경성대학교 문과대학 한문학과(051-663-4272) (학)1984년 성균관대 한문교육학과졸 1986년 同대학원졸 1992년 문학박사(성균관대) (경)1988~1993년 성균관대·상지대 강사 1994년 경성대 문과대학 한문학과 전임강사·조교수·부교수·교수(현), 同사회봉사센터소장, 同하나교육복지센터소장 2013년 同학

생지원처장, 同교육연구처장 · 교직부장 · 연구윤리센터소장 겸임, 同기획부총장 2013년 同학무부총장(현) 2018년 同교육혁신본부장 겸임(현)

**김철섭(金徹燮) Kim, cholsop**

(생)1965 · 2 · 24 (본)의성(義城) (출)경북 예천 (주)대구광역시 북구 옥산로 65 북구청 부구청장실(053-665-2010) (학)1982년 강릉고졸 1989년 경북대 역사교육학졸 2003년 미국 시라큐스대 대학원 행정학과졸 (경)1991~1995년 대구 성당중 교사 1996년 대구시 서구 도시관리과장 1999년 대구시 사무관 2006년 同섬유패션과장 2008년 同경제정책과장 2012년 同정책기획관 2014년 지방행정연수원 파견(부이사관) 2015년 대구시 대변인 2016년 대구시 북구청 부구청장(현) (상)대통령표창(2010)

**김철수(金哲洙) KIM Tschol Su (琴浪)**

(생)1933·7·10 (본)일선(一善) (출)대구 (주)서울특별시 동작구 흑석로 13 한국헌법연구소 이사장실(02-825-7741) (학)경북중졸 1956년 서울대 법대졸 1960년 서독 뮌헨대 수료 1967년 미국 하버드대 법학대학원 수료 1971년 법학박사(서울대) (경)1962~1998년 서울대 법대 강사·조교수·부교수·교수 1967~1974년 중앙일보 논설위원, 대법원 사법행정개선제도심의위원회 위원 1973년 미국월서어변호사회 명예회원 1980~2003년 민주평통 자문위원 1983~1997년 한국교육법학회 회장 1986~1988년 한국공법학회 부회장 1989년 同회장 1989년 同고문(현) 1989~2000년 청소년정책자문위원회 위원 1990~2009년 헌법재판소 자문위원회 위원 1990년 한국법학교수회 회장 1990~1992년 법무부 정책자문위원 1991~1999년 세계헌법학회 한국지회장 1991년 한국헌법연구소 소장 1993~2007년 한국법률구조공단 이사 1996년 대한민국학술원 회원(헌법·현) 1998년 서울대 명예교수(현) 1998~2004년 세계헌법학회 부회장 1999~2000년 탐라대 총장 2000~2003년 한국방송공사 이사 2000년 유기천선생기념출판문화재단 이사(현) 2002~2013년 명지대 석좌교수 2002년 한국헌법연구소 이사장(현) 2004년 무애문화재단 이사장 2008~2009년 국회의장직속 헌법연구자문위원회 고문 2014년 국회의장직속 헌법개정자문위원회 위원장 (상)한국일보 출판문화상(1988), 한국법률문화상(1992), 국민훈장 모란장(1993), 월간 '고시계' 감사패(1998), 서울대 재직 36년 공로상(1998), 자랑스러운 서울법대인(2006), 제2회 대한민국법률대상 학술부문(2009), 제15회 관악대상 참여부문(2013) (저)'현대 헌법론' '비교 헌법론(上)' '헌법학(上·下)' '신한국 헌법요론' '헌법총람' '위헌법률 심사제도론' '신판 헌법학개론' '법과 정치' '헌법이 지배하는 사회를 위하여' '헌법 개설' '한국 헌법사' '법과 사회정의' '헌법학 신론' '한국헌법' '정치개혁과 사법개혁' '헌법과 교육' '입헌주의의 정착을 위하여'(2003) '한국정치와 통일의 헌법(일본어)'(2003) '독일 통일의 정치와 헌법'(2005) '제19판 헌법학개론'(2007) '학설·판례헌법학(上·下)'(2008) '헌법개정 과거 미래'(2008) '학설·판례헌법학(上·中·下)'(2009) '제20판 헌법학신론'(2010) '법과 정의 복지'(2012, 진원사) '헌법과 정치'(2012, 진원사) '헌법정치의 이상'(2012) '제21판 헌법학신론'(2012) '제13판 헌법개설'(2013, 박영사) '새 헌법개정 이렇게'(2014, 진원사) '한국통일의 정치와 헌법'(2017, 시와진실)

**김철수(金喆壽) Chulsu KIM (賢谷)**

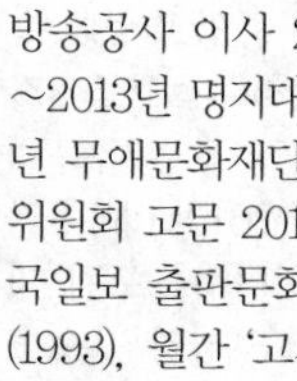

(생)1941 · 1 · 26 (본)청풍(淸風) (출)서울 (주)서울특별시 서대문구 충정로 23 풍산빌딩14층 리인터내셔널법률사무소(02-2279-3631) (학)1958년 경기고 중퇴 1964년 미국 터프츠대 정치학과졸 1967년 미국 매사추세츠주립대 대학원 정치학과졸 1973년 정치학박사(미국 매사추세츠주립대) 1997년 명예 법학박사(미국 매사추세츠주립대) 2006년 명예 법학박사(미국 프랭클린피어스법대) (경)1969년 미국 세인트로렌스대 조교수 1972년 외교연구원 전문위원 1973~1979년 상공부 시장3과장 · 수출1과장 1979년 同통상진흥관 1980년 同통상진흥국장 1981년 민정당 정책국장 1982년 同상공담당 전문위원 1984년 상공부 제1차관보 1990년 특허청장 1991년 무역진흥공사 사장 1993~1994년 상공자원부 장관 1995년 외무부 국제통상대사 1995~1999년 세계무역기구(WTO) 사무차장 1997년 연세대 국제대학원 특임교수 1999년 세종대 경제무역학과 교수 1999년 同대학발전담당 부총장 1999년 세종연구원 원장 2001년 세종대 대학원장 2001~2005년 同총장 2005년 리인터내셔널법률사무소 상임고문(현) 2005년 무역투자연구원 이사장(현) 2006년 두산인프라코어(주) 사외이사 2007년 한국품질표준선진화포럼 회장 2007~2013년 신품질포럼 위원장 2008~2010년 학교법인 중앙대 이사 2009~2015년 저탄소녹색에너지기금위원회 위원장 2013~2016년 (사)사회적책임경영품질원 회장 2015년 에쓰오일(주) 사외이사(현) 2015~2016년 학교법인 중앙대 이사장 (상)홍조근정훈장(1981), 황조근정훈장(1991), 미국 디킨슨대 벤자민러쉬상(1993), 수교훈장 광화장(1995), 미국 뉴욕 한국협회 James Van Fleet상(1995), 한국협상학회 한국협상대상(1996), 한국국제통상학회 국제통상인대상(2004) (저)'통상을 넘어 번영으로 : 경제발전과 한국의 통상'(2014, 좋은땅) (종)가톨릭

**김철수(金喆洙) KIM Chul Soo (曉泉)**

(생)1944 · 3 · 23 (본)김제(金堤) (출)전북 김제 (주)서울특별시 관악구 남부순환로 1636 양지종합병원(02-887-6001) (학)1962년 이리고졸 1969년 전남대 의대졸 1973년 서울대 대학원 의학석사 1976년 의학박사(고려대) 1992년 행정학박사(단국대) 1992년 미국 조지워싱턴대 행정대학원 수료 1998년 연세대 행정대학원 행정학과졸 2000년 법학박사(경희대) (경)1978년 양지병원 이사장(현) 1980~1989년 경희대 외래교수 1985년 한림대 외래교수 1988년 한양대 외래교수 1991~1993년 의계신문 발행인 1992~2000년 단국대 행정대학원 보건행정학 강사 1994~2000년 경기대 행정대학원 대우교수 1995~1998년 한나라당 중앙위원회 보건복지분과위원장 1997년 민주평통 관악구협의회장 1997년 한나라당 서울관악乙당원협의회 운영위원장 2000~2005년 전국중소병원협의회 회장 2001년 고려대 의대 외래교수(현) 2002년 대한병원협회 부회장 2002~2007년 한국항공우주의학협회 회장 2002년 한국병원협동조합 이사장 2002년 가톨릭대 외래교수 2004년 제17대 국회의원선거 출마(서울 관악乙, 한나라당) 2004~2005년 한나라당 정치발전위원회 위원장 2006~2008년 대한병원협회 회장 2006~2008년 한국의학교육협의회 회장 2007년 한나라당 재정위원장 2008년 제18대 국회의원선거 출마(서울 관악乙, 한나라당) 2008년 대한병원협회 명예회장(현) 2008년 한나라당 서울관악乙당원협의회 운영위원장 2010~2015년 대한에이즈예방협회 회장 2010년 한나라당 재정위원장 2013년 민주평통 운영위원(의료봉사단장)(현) 2014~2015년 한국자유총연맹 부총재 2016년 새누리당 제20대 국회의원 후보(비례대표 18번) 2017~2019년 자유한국당 서울관악구乙당원협의회 운영위원장 2017 · 2019년 同재정위원장(현) (상)국민훈장 목련장, 보건복지부장관표창, 재무부장관표창, 국민훈장 모란장(2009), 한미중소병원상 봉사상(2009) (저)'내과학' '성인병의 모든 것'(1994, 의계신문사) '김철수 박사의 성인병 완전정복' '현대인을 위한 성인병 극복'(1998, 군자출판사) '아가리쿠스 버섯균사체' '가슴 열고 보는 세상은 흐르는 강물이다'(2003, 해맞이) '꿈은 좌절 속에 피는 꽃'(2011, 웰던애드) (종)기독교

**김철수(金鐵水) KIM Chul Soo (샛별 · 대평)**

(생)1949·7·30 (본)김해(金海) (출)전남 함평 (주)전라남도 함평군 함평읍 신기산길 55 샛별문학관內 월간아동문학사(061-324-0203) (학)1968년 효성고졸 1970년 서울기독대 교육학과졸 1976년 필리핀 유니온대 신학대학원졸 1977년 그리스도신학대 수료 1989년 신학박사(미국 스윗워터신학대) 1996년 문학박사(미국 서던캘리포니아신학대) 2005년 기독교교육학박사(미국 솔로몬대) 2007년 국제디지털대 사회복지학과졸 2009년 초당

대 행정대학원 사회복지학과졸 (경)1980년 샛별문학회 회장 1981년 월간 기독교교육 아동문학상 동시부문 입상 1983년 한국시학 신인상 시 부문 당선 1984년 월간 '문학'에 등단 1985년 한국아동문학회 상임이사 1986년 호남교육신문 편집국장 1988년 한국문인협회 중앙대의원·함평지부장, 한국기독교아동문학가협회 회장 1988년 월간 '아동문학' 사장(현), 도서출판 '샛별' 대표, 중국 문예잡지 '도라지' 명예사장 1994년 전남매일 논설위원 1996년 호남교육신문 주필 1997년 나라일보 논설위원 1999년 경찰연합신문 주필 1999년 한국장로문인회 부회장 2000~2006년 한국아동문학회 부회장 2000~2006년 미국 솔로몬대 이사 겸 문창과 주임교수 2000~2007년 계간 '크리스찬 문학' 발행인, 同이사장 2000~2007년 '월드 크리스찬' 발행인 2002~2012년 한국사립문고협회 상임고문 2004~2007년 한국문인협회 감사 2006년 한국아동문학회 지도위원 2006년 미국 솔로몬대 예술대학장 2007년 미국 서던캘리포니아 국제대 총장 2008년 전남도민일보사 사장, 同논설주간 2009년 국제와이즈멘 함평샛별클럽 초대회장 2009년 미국 솔로몬대 예술대학원장 2010~2013년 同예술대학장, 同한국학장(현) 2010~2018년 기독타임즈 사장 2011년 국가조찬기도회 광주광역시지회 이사 겸 집행위원 부회장(현) 2012년 한국아동문학회 부회장, 국제복지문화신문 사장(현), 현대경찰신문 주필(현), YBC연합방송 논설위원(현), 한국찬송가위원회 가사전문위원(현), 국제민간인자격협회 교육원장(현) 2013~2017년 국제펜클럽 한국본부 이사 2013년 同한국본부 전남지역위원회 초대 회장(현) 2014년 샛별힐링타운 이사장(현) 2014~2016년 한국아동문학회 수석부회장 2016년 한국장로문인회 자문위원(현) 2017년 함평신문 편집고문(현) 2018년 기독타임즈 주필(현) (상)기독교아동문학신인상(1981), 전남아동문학상(1983), 월간문학신인상(1984), 전남향토문화공로상(1985), 전남문학상(1988), 동양문학상(1989), 한국아동문학작가상(1991), 한국기독교문학상(1994), 한국녹색문학대상(1995), 세계계관시인상 정의대상(1997), 문화관광부장관표창(1998), 환경부장관표창(1998), 한국글사랑문학상(2002), 한국장로문학상(2003), 한국아동문학 창작상(2008), 김영일아동문학상(2009), 미국 로스엔젤레스 명예시민증 수득(2011), 미국 로스엔젤레스시 '우정의 증서'(2011), 제1회 한민족문화대상 언론문화부문(2011), 미국 대통령 봉사상(2012), 미주한인기업가협회 공로상(2012), 천등아동문학상 대상(2015) (저)'호루라기 안불면 휘파람도 못분다'(2001) '인간신호등'(2004) '우산장수 할아버지'(2005) '두발자전거'(2005) '옹달샘'(2008) '30, 60 금강수'(2009) '내일을 여는 이야기'(2010) '꽃제비'(2010) '물은 비에 젖지 않는다'(2010) '오늘을 사는 지혜'(2011) '물은 99도C에서 끓지 않는다'(2012) '미래를 보는 거울'(2012) '오 해피 데이'(2012) '행복한 사람이 성공한다'(2013) '머리로 사는 사람, 가슴으로 사는 사람'(2014) '거꾸로 보면 세상이 보인다'(2016) (종)기독교

## 김철수(金喆守) KIM Chul Soo

(생)1951·9·17 (본)김해(金海) (출)부산 (주)인천광역시 미추홀구 인하로 100 인하대학교 의과대학(032-860-9805) (학)1970년 경기고졸 1977년 서울대 의대졸 1985년 同대학원 의학석사 1994년 의학박사(서울대) (경)1984~1996년 인제대 의대 전임강사·조교수·부교수 1987~1989년 미국 듀크대병원 연구원 1993년 미국 네브라스카대 메디컬센터 방문교수 1993년 미국 프레드허친슨암연구소 전임의사 1994년 대한암학회 학술위원 1996~2014년 인하대병원 혈액종양내과장 1996~2016년 인하대 의대 내과학교실 교수 1996~2016년 同암센터장 2002~2016년 한국조혈모세포은행 운영위원 2002~2006년 항암요법연구회 운영위원 2004~2007년 대한혈액학회 보험이사 2005~2008년 한국림프종연구회 위원장 2006~2012년 한국임상암학회 이사 2009~2010년 한국임상암학회 부회장 2010~2011년 대한조혈모세포이식학회 회장 2012~2014년 한국지혈혈전학회 회장 2013년 서울혈액종양연구회 회장(현) 2016~2018년 인천광역시의료원 의료원장 2017~2018년 대한혈액학회장 2017년 인하대 의대 명예교수(현) (상)수당연구상(2003), 대한혈액학회 우수논문상(2004), 대한민국 근정포장(2017) (저)'Bone Marow Transplantation-Current Controversies' '암의 백과' '혈액학' (역)'머크-진단 및 치료' '해리슨 내과학'

## 김철수(金喆洙) KIM Chul Soo

(생)1956·1·2 (주)전라북도 전주시 완산구 효자로 225 전라북도의회(063-280-3970) (학)전북 영선고졸 2010년 원광대 인문대학 예술학부졸, 전북대 경영대학원 경영학과 재학 중 (경)신태인청년회의소 부회장, 전북축구협회 부회장, 전북한·중문화협회 운영위원, 대한건설협회 전북지회 운영위원, 전북 정읍시건설협회 운영위원, 전북 정읍시 감곡면체육회 회장, 대율주유소 대표, (유)대율종합건설 대표이사 2006·2010년 전북 정읍시의회 의원(민주당·민주통합당·민주당·새정치민주연합) 2010~2012년 同의장 2014~2018년 전북 정읍시의회 의원(새정치민주연합·더불어민주당) 2018년 전북도의회 의원(더불어민주당)(현) 2018년 同농산업경제위원회 부위원장(현) 2018년 同운영위원회 위원(현) (종)기독교

## 김철수(金徹洙) KIM Chol Soo

(생)1956·9·28 (본)김해(金海) (출)부산 (주)서울특별시 마포구 상암산로 34 디지털큐브 10층 (주)케이토토 임원실(02-6350-3700) (학)1974년 부산고졸 1978년 서울대 무역학과졸 1988년 미국 뉴욕주립대 대학원 경제학과졸 (경)1981년 행정고시 합격(25회) 1982~1996년 관세청 지도과·세관협력과·재무부 산업관세과 근무 1996~1998년 同국제협력과장 1998~2002년 駐홍콩 영사 2002년 관세청 심사정책과장 2003년 부산세관 통관심사국장 2004년 관세청 심사정책국장 2005년 벨기에 세계관세기구(WCO) 파견 2006년 관세청 감사관 2007년 同조사감시국장 2010년 부산본부세관장 2011년 관세청 통관지원국장 2011~2013년 同차장 2013년 한국관세무역개발원 대표 2018년 (주)케이토토 대표이사(현) (상)재무부장관표창(1990), 대통령표창(1995), 홍조근정훈장(2005) (종)천주교

## 김철수(金哲秀)

(생)1956·11·20 (주)강원도 속초시 중앙로 183 속초시청 시장실(033-639-2201) (학)속초고졸, 경동대 경영정보학과졸 (경)1975년 9급 공무원 공채 2008년 속초시 기획감사실장 직대 2010년 同주민생활지원실장 2014년 同부시장, 희망속초포럼 대표, 속초중총동창회 부회장(현) 2018년 강원 속초시장(더불어민주당)(현)

## 김철수(金哲洙) Kim, Chul Soo

(생)1963·3·17 (주)인천광역시 미추홀구 인하로 100 인하대학교 경영대학 경영학과(032-860-7747) (학)1986년 고려대 통계학과졸 1988년 한국과학기술원졸(석사) 1996년 경영학박사(한국과학기술원) (경)1988~1991년 한국국방연구원 연구원 1996~1999년 원광대 조교수 1998년 한국경영정보학회 이사 1999년 同학술대회 조직위원 1999년 인하대 경영대학 경영학과 교수(현) 2005~2007년 미국 버클리대 교환교수 2015년 인하대 평생교육원장 2019년 同경영대학원장(현)

## 김철수(金鐵洙) KIM Cheol Soo

(생)1963·12·11 (본)김해(金海) (출)경남 양산 (주)서울특별시 동작구 보라매로5길 23 KTH 임원실(1588-5668) (학)1980년 마산고졸 1984년 서울대 공대 산업공학과졸 1986년 한국과학기술원(KAIST) 경영과학과졸(석사) (경)1988년 한국과학기술원(KAIST) 연구원 1989년 엔더슨컨설팅 컨설턴트 1994년 동양텔레콤(주) 부장 1998년 PWC Director 1999년 LG텔레콤 정보기술원장(상무) 2001년 同동부사업본부장(상무) 2003년 同제2사업본부장(상무) 2005년 同제1사업본부장(상무) 2006~2007년 同제1사업본부장(부사장) 2008년 同비즈니스개발부

문장(부사장) 2010년 (주)LG유플러스 영업부문장(부사장) 2010년 同컨버전스사업단장 2011년 同부사장 2014년 (주)KT 고객최우선경영실장(전무) 2015~2019년 同Customer부문장(부사장) 2019년 KTH 대표이사 사장(현) (종)불교

### 김철신(金哲信) KIM Chul Shin

(생)1958·7·29 (본)경주(慶州) (출)전남 순천 (주)전라남도 무안군 삼향읍 후광대로 242 전남개발공사 사장실(061-280-0635) (학)순천고졸 1991년 광주대 행정학과졸 2000년 순천대 대학원 행정학과졸 (경)국회의원 비서관, 민주당 전남도지부 청년국장, 同민원실장 1991·1995·1998·2002~2006년 전남도의회 의원(국민회의·새천년민주당·민주당) 1998년 同교육사회위원장 2002년 同부의장 2004~2006년 同의장 2004~2006년 광양만권경제자유구역청조합위원회 의장 2005년 민주당 순천지역운영위원회 위원장 2007~2018년 호남스틸 대표이사, 전남신소재산업진흥재단 이사, 전남생물산업진흥재단 이사 2012년 민주통합당 전남도당 자문위원장 2013년 민주당 전남도당 자문위원장 2014~2016년 전라남도체육회 상임부회장 2018년 더불어민주당 김영록 전남도지사 후보 선거대책본부장 2018년 전남개발공사 사장(현)

### 김철영(金哲榮) KIM Chul Young

(생)1964 · 9 · 20 (출)경기 여주 (주)충청북도 청주시 흥덕구 옥산면 과학산업1로 16 미래나노텍(주)(043-710-1200) (학)1983년 배재고졸 1991년 광운대 전자계산학과졸 2013년 고려대 공과대학원 미세소자공학과졸 (경)1990~1995년 삼성SDI(주) 종합연구소 선임연구원 1995~2000년 중앙일보 경영기획실 근무 2002년 미래나노텍(주) 대표이사 사장, 同대표이사 회장(현) 2010~2011년 (사)벤처기업협회 이사 2010~2013년 지식경제부 부품소재선진화포럼 위원 2010년 청주세무소 세정발전자문위원회 위원(현) 2011년 (사)벤처기업협회 부회장 2011년 동반성장위원회 업종별실무위원회 위원(현) 2011년 지식경제부 나노융합산업협력기구 운영위원 2011~2014년 청주상공회의소 의원 2011~2013년 한국중견기업연합회 이사 2011년 동아일보 '10년 뒤 한국을 빛낼 100인-꿈꾸는 개척가분야' 선정 2012~2013년 지식경제부 소재부품전략위원회 전문위원 2012~2015년 한국표준협회 명품창출 CEO포럼 정회원 2013년 산업통상자원부 부품소재선진화포럼 위원(현) 2013년 同소재부품전략위원회 전문위원(현) 2013년 미래창조과학부 나노융합산업협력기구 운영위원(현) 2013년 (재)한국청년기업가정신재단 이사(현) 2013년 서울세계도로대회 조직위원회 조직위원(현) 2013년 한국디스플레이산업협회 부회장(현) 2013~2018년 한국중견기업연합회 부회장 2014년 (사)벤처기업협회 수석부회장(현) 2018년 한국중견기업연합회 이사(현) (상)벤처기업대상 대통령표창(2006 · 2009), 전자제품기술대상 동상(2007), Technology Fast 50 Korea 2007 대상(2007), 5천만 달러 수출의 탑(2008), 7천만달러 수출의 탑(2009), 코스닥시장 히든챔피언(2010), 1억달러 수출의 탑(2010), 대한민국 IT Innovation대상 지식경제부장관표창(2010), 충북도 착한기업상(2011), 벤처활성화 유공 동탑산업훈장(2012), 2억달러 수출의 탑(2012), 코스닥시장 공시우수법인(2013), 제7회 EY 최우수 기업가상-IT부문(2013) (종)기독교

### 김철용(金哲用) Chul Yong Kim

(생)1974·10·18 (출)대구 (주)대구광역시 달서구 월배로80길 50 농업회사법인 다산(주)(070-4028-5180) (학)경북대 경제학과졸, 同국제대학원 지역학과 수료 (경)2012년 민주통합당 대구달서丙지역위원회 위원장 2012년 제19대 국회의원 후보(대구 달서丙, 민주통합당) 2012년 민주통합당 부대변인 2013년 민주당 대구달서丙지역위원회 위원장 2013년 농업회사법인 다산(주) 대표(현) 2014~2015년 새정치민주연합 대구달서丙지역위원회 위원장 2014년 (사)한·키르기즈친선교류협회 회장(현) (종)기독교

### 김철우(金鐵于) Kim Cheol-Woo

(생)1964 · 9 · 28 (주)전라남도 보성군 보성읍 송재로 165 보성군청 군수실(061-852-2181) (학)벌교상고졸, 광주대 무역학과졸, 同산업대학원 경제학과졸, 무역학박사(조선대) (경)새천년민주당 김대중 대통령후보 전남도선거대책위원회 연설원, 同전남도당 보성군지구당 청년부장, 同전남도당 조직강화특별위원회 부위원장, 민주당 박주선 국회의원후보 연설원, 민주평통 자문위원 1998 · 2002 · 2006~2010년 전남 보성군의회 의원 2004년 同부의장 2006 · 2008~2010년 同의장 2016년 더불어민주당 전남도당 조직담당 부위원장 2017~2018년 대통령직속 북방경제협력위원회 전문위원 2018년 전남 보성군수(더불어민주당)(현) (상)지방의정봉사대상(2009), 행정자치부장관표창(1999), 문화관광부장관표창(2006), 더불어민주당 1급 포상(2017), 2019 대한민국 자치발전 행정혁신부문 대상(2019)

### 김철우(金哲佑)

(생)1968 · 7 · 2 (출)전남 (주)인천광역시 계양구 계산새로 68 인천 계양경찰서(032-363-6321) (학)1986년 광주 대동고졸 1990년 경찰대 행정학과졸(6기) (경)1990년 경위 임용 1996년 경감 승진 2003년 경정 승진 2004년 인천중부경찰서 생활안전과장 2004년 인천지방경찰청 수사1계장 2004년 인천 부평경찰서 수사과장 2006년 인천지방경찰청 기획예산계장 2009년 同감찰담당 2013년 광주지방경찰청 수사과장 2014년 전남 장흥경찰서장(총경) 2015년 인천지방경찰청 여성청소년과장 2016년 인천 연수경찰서장 2017년 인천지방경찰청 경무과장 2017년 同수사과장 2019년 인천 계양경찰서장(현)

### 김철종(金哲鍾) Kim Cheol Jong

(생)1964 · 3 · 2 (출)경남 사천 (주)서울특별시 중구 삼일대로 343 대한투자신탁 비서실(02-6362-1001) (학)1983년 삼천포고졸 1990년 서강대 경영학과졸 2009년 서울시립대 대학원 부동산학과 수료 (경)1997년 대한토지신탁 입사 2015년 同리스크본부장 2018년 同사업2본부장 2018년 대신증권 부동산신탁인가추진단장 2019년 대신자산신탁 대표이사(현)

### 김철준(金哲俊) KIM Chul Joon

(생)1952 · 9 · 18 (출)서울 (주)서울특별시 강남구 테헤란로 132 한독칼로스메디칼 (학)1978년 서울대 의대졸 1985년 同대학원 보건학과졸 1994년 의학박사(서울대) (경)1984년 서울대병원 가정의학과 전문의 1989년 한림대 의대 조교수 1990~1994년 울산대 의대 부교수, 서울아산병원 가정의학과장 겸 운동의학센터 소장 1994~2006년 한국MSD 부사장 1997~2001년 한국제약의학회 회장 1998년 서울대 의대 초빙교수 2006년 (주)한독 부사장 겸 전략연구개발본부장 2009년 同대표이사 2010년 同대표이사 사장 2018~2019년 同부회장 2018년 한독칼로스메디칼 각자대표이사 겸임 2019년 同대표이사(현) (상)대한스포츠의학회 학술상(1989), 보건복지부장관표창(2001), 대한약학회 신약개발기술대상(2016) (저)'성인병과 운동'(1992) (종)기독교

### 김철진(金澈鎭) KIM Chul Jin

(생)1957 · 11 · 25 (주)서울특별시 서초구 강남대로43길 26 일념빌딩 (주)위메이라(070-4062-7954) (학)배재고졸, 한양대 법학과졸, 同대학원 법학과(국제법전공)졸, 공정거래법박사(경상대) (경)삼성전자 스웨덴법인 과장, 同무선사업부 상무, 同무선사업부 자문역 2011~2014년 한국조폐공사 해외사업이사 2015년 (주)위메이라 대표이사(현) (종)기독교

## 김철진(金澈珍) KIM Cherl Jin

(생)1958·5·10 (본)김해(金海) (출)경남 진주 (주)경기도 시흥시 산기대학로 237 한국산업기술대학교 스마트에너지연구소(031-8041-1760) (학)1976년 진주고졸 1980년 한양대 전기공학과졸 1983년 同대학원졸 1991년 공학박사(한양대) (경)1980~1982년 한국전력공사 기술원 1991~1995년 한국생산기술연구원 실장 1995년 한라대 전기공학부 교수 2000~2001년 同학생처장 2006~2014년 同공과대학 제어계측공학과 교수 2011·2018년 미국 세계인명사전 'Marquiz Who's Who in the World'에 등재 2011· 2012년 영국 국제인명센터(IBC) '21세기 주목할 만한 지식인 2000인'에 선정 2011년 영국 국제인명센터(IBC) '세계 100대 교육자', '세계 100대 공학자'에 등재 및 '2011년 올해의 인물'에 지명 2015년 한국산업기술대 에너지·전기공학과 교수(현) 2015년 同스마트에너지연구소 교수(현) (상)대한전기학회 특별학술상(2010), 대한전기학회 논문상(2010·2017) (저)'전기전자계측' '전력전자공학' '전기공학의 기초'

## 김철호(金鐵浩)

(생)1952·11·16 (출)서울 (주)서울특별시 중구 장충단로 59 국립극장(02-2280-4114) (학)1971년 국립국악고졸 1979년 서울대 음대 국악과졸 1994년 단국대 교육대학원 교육학과졸, 국립국악원 국악사양성소졸 (경)1978~1995년 국립국악원 연주단원(대금연주자) 1995~1996년 청주시립국악단 상임지휘자 1996~1997년 대전시립연정국악원 상임지휘자 1998~2003년 국립국악원 정악단 지휘자 2002년 제55회 한국음악창작발표회 2003년 제56회 한국음악창작발표회, 민족음악인협회 이사장 2003~2009년 국립국악원 원장 2005년 한국DELPHIC위원회 이사 2005년 문화재청 문화재위원 2010~2015년 부산시립국악관현악단 수석지휘자 2015년 경북도립국악단 예술감독 겸 상임지휘자 2017~2018년 서울시국악관현악단 단장 2018년 국립극장장(현)

## 김철호(金哲鎬) Kim, Cheol-Ho

(생)1954·9·19 (출)인천 (주)부산광역시 영도구 해양로 385 한국해양과학기술원(051-664-3118) (학)1978년 서울대 해양학과졸 1980년 同대학원 해양물리학과졸 1996년 이학박사(일본 규수대) (경)1983~1985년 성균관대 토목공학과 조교 1986~1991년 한국해양연구원 선임연구원 1994~1997년 일본 규슈대 응용역학연구소 조수 1997년 한국해양연구원 해양환경연구본부 책임연구원 1998년 同해양역학연구실장 1998~1999년 한양대 지구해양과학과 강사 2002~2005년 한국해양연구원 해양기후·환경연구본부장 2014년 한국해양과학기술원 해양관측기술·자료본부장 2014년 同물리연구본부장 2015년 同해양순환·기후연구센터 연구원(현) (상)공공기술연구회 이사장표창(2005), 한국해양과학기술원 달의 KORDI인상(2011) (종)기독교

## 김철호(金哲鎬) KIM Cheol Ho

(생)1955·7·24 (본)안동(安東) (출)서울 (주)경기도 성남시 분당구 구미로173번길 82 분당서울대병원 순환기내과(031-787-7009) (학)1974년 경기고졸 1980년 서울대 의대졸 1989년 同대학원 의학석사 1993년 의학박사(서울대) (경)1980~1988년 서울대병원 내과 전공의·순환기내과 전임의 1988년 서울대 의대 내과학교실 외래강사 1990~1998년 同의대 내과학교실 임상강사·임상조교수 1992년 미국 미네소타주 메이요클리닉 심혈관연구소 연구원 1993~1998년 시립보라매병원 내과 과장 1997년 同교육연구실장 1998~2006년 서울대 의대 내과학교실 조교수·부교수 2001년 분당서울대병원 진료기획처장 2003년 同기획조정실장 2003~2005년 同내과 과장 2003~2006·2008~2018년 同노인의료센터장 2004~2006년 同교육연구실장 2006년 서울대 의대 내과학교실 교수(현) 2013~2016년 분당서울대병원 진료부원장 2015~2016년 대한고혈압학회 이사장 (종)기독교

## 김철환(金喆煥) Chul Hwan, KIM

(생)1961·1·10 (본)경주(慶州) (출)경북 문경 (주)경기도 수원시 장안구 서부로 2066 성균관대학교 정보통신대학 전자전기공학부(031-290-7124) (학)1982년 성균관대 전기공학과졸 1984년 同대학원 전기공학과졸 1990년 공학박사(성균관대) (경)1990~1992년 제주대 공대 전기공학과 전임강사 1992~2001년 성균관대 전기전자및컴퓨터공학부 조교수·부교수 1997년 同전기공학과장 1997~1999년 영국 Univ. of Bath 방문학자 1998년 기술신용보증기금 평가위원 1998년 교육부 교과서편찬위원 1999년 대한전기학회 연구조사위원 2001년 성균관대 정보통신대학 전자전기공학부 교수(현) 2006년 대한전기학회 국제이사 2007년 성균관대 전력IT인력양성센터장 2012년 대한전기학회 기획정책이사 2013년 同총무이사 2014년 同재무이사 2015년 同기획정책이사 (저)'회로이론' '계측공학' '전기공학개론' (종)가톨릭

## 김철환(金鐵煥) KIM Chul Hwan

(생)1962·8·18 (출)대전 (주)인천광역시 중구 공항로424번길 47 6층 서울지방항공청 국토교통부 서울지방항공청(032-740-2101) (학)1980년 우신고졸 1988년 고려대 산업공학과졸 2006년 영국 버밍햄대 대학원졸 2012년 박사(고려대) (경)2002년 건설교통부 육상교통국 자동차관리과 사무관 2002년 同육상교통국 자동차관리과 서기관 2004년 신행정수도건설추진단 파견 2006년 서울지방항공청 관리국장 2006년 건설교통부 제도개혁팀장 2007년 환경부 자연보전국 국토환경보전과장 2008년 국토해양부 자동차관리과장 2008년 同물류항만실 연안해운과장 2009년 同항공정책실 항공산업과장 2009년 同해양정책국 해양환경정책관실 해양환경정책과장 2010년 교육파견(서기관) 2012년 국토해양부 공공기관지방이전추진단 기획총괄과장 2013년 국토교통부 공공기관지방이전추진단 기획총괄과장(서기관) 2014년 同공공기관지방이전추진단 기획총괄과장(부이사관) 2017년 同중앙토지수용위원회 사무국장 2019년 서울지방항공청장(국장급)(현) (상)대통령표창

## 김철환(金喆煥)

(생)1982·6·12 (주)경기도 수원시 팔달구 효원로 1 경기도의회(031-8008-7000) (학)한국농업전문학교 축산과졸 (경)경기도4-H연합회 회장, 한국4-H중앙연합회 회장, 한반도통일지도자총연합 중앙상임위원(현), 同김포시지부장(현), 더불어민주당 경기도당 농어민위원회 부위원장(현) 2018년 경기도의회 의원(더불어민주당)(현) 2018년 同농정해양위원회 위원(현)

## 김철훈(金哲熏) KIM Cheol Hoon

(생)1959·8·8 (출)제주 (주)부산광역시 영도구 태종로 423 영도구청 구청장실(051-419-4001) (학)1978년 제주 서귀포고졸 1995년 한국방송통신대 법학과졸 1997년 동아대 경영대학원졸 2002년 同사회복지대학원 사회복지학과졸, 한국해양대 대학원 박사과정 재학 중 (경)정의웅변학원 원장, 유목자원 대표 1993~1994년 부산지역정책연구소 감사 1995년 부산환경운동연합 지도위원 1996~1999년 부산경제정의실천시민연합 집행위원 1998년 부산납세자운동본부 위원, 영도도서관 운영위원회 위원 1998·2002~2006년 부산시 영도구의회 의원, 同예산결산특별위원장 1999~2001년 영도여중 운영위원장 2000·2002년 행정자치부 지방자치단체개혁박람회 심사위원 2001년 영도구 지역정보화촉진협의회 위원 2002년 同재정계획심의위원회 위원, 태종대중 운영위원

장, 민주평통 영도구협의회 간사 2006년 부산시 영도구의원선거 출마 2010~2014년 부산시 영도구의회 의원(민주통합당·민주당·새정치민주연합), 同복지건설위원회 위원 2014년 부산시 영도구청장선거 출마(새정치민주연합) 2016~2018년 부산 한아름새마을금고 이사장 2018년 부산시 영도구청장(더불어민주당)(현) (상)대통령표창(2004), 대한민국 지방자치발전대상(2019) (종)기독교

### 김 청(金 淸) KIM Chong

(생)1937·9·11 (출)함남 원산 (주)서울특별시 마포구 양화로 156 LG팰리스빌딩 17층 1717호 청원이화학(주)(02-333-1387) (학)1955년 배재고졸 1959년 한국외국어대 러시아어과졸 (경)1959년 경제통신사 기자 1960년 중앙청 등사실장 1961년 한국외국어대 총동문회장 1962년 철도방송 회장 1968년 청원이화학 대표이사 1988년 제아린아세아 회장 1988년 진로유통 상임고문 1990년 진로그룹 상임고문 1991~2006년 청원이화학 대표이사 회장 1999년 원산시민회 회장 1999년 민주평통 상임위원 2001년 중앙정보처리(주) 회장 2005년 민주평통 이북5도 부의장 2006~2008년 이북5도위원회 함경남도지사 2007년 同위원장, 청원이화학(주) 대표이사 회장(현)

### 김청겸(金淸謙) Kim Cheong Kyeom

(생)1962·11·8 (주)서울특별시 강남구 테헤란로 124 KB부동산신탁(주) 임원실(02-2190-9873) (학)충북 청석고졸, 한양대 경영학과졸 (경)KB국민은행 영등포지역영업그룹 대표 2019년 KB부동산신탁(주) 대표이사(현)

### 김청수(金淸水) Kim Cheong Soo

(생)1973·8·6 (출)경북 경주 (주)서울특별시 강남구 도곡로 152 젠빌딩 6층 법무법인 광휘(02-573-1201) (학)1992년 경주고졸 2000년 영남대 사법학과졸 (경)2001년 사법시험 합격(43회), 사법연수원 수료(33기) 2012년 서울 수서경찰서 총경 2013년 경찰청 특수수사과장 2014년 경북 문경경찰서장 2015년 서울지방경찰청 총경(국무조정실 파견) 2016년 同지능범죄수사대장 2017~2018년 법무법인 율촌 파트너변호사 2018년 법무법인 광휘 대표변호사(현)

### 김청택(金淸澤) KIM Cheong Tag

(생)1963·1·14 (본)경주(慶州) (출)부산 (주)서울특별시 관악구 관악로 1 서울대학교 사회과학대학 심리학과(02-880-6076) (학)1980년 동래고졸 1985년 서울대 심리학과졸 1987년 同대학원 심리학과졸 1990년 同대학원 심리학 박사과정 수료 1998년 심리학박사(미국 Ohio State Univ.) (경)1998년 서울대 사회과학대학 심리학과및인문과학대학 조교수·부교수·교수(현) 2004~2008년 同심리과학연구소장 2009년 同사회과학대학 교무부학장 2012년 同자유전공학부 교무부학장 2013~2014년 한국조사연구학회 부회장 2013~2015년 서울대 아시아연구소 부소장 2015~2016년 한국조사연구학회 회장 2017~2019년 서울대 자유전공학부장

### 김청현(金淸鉉) KIM CHUNG-HYUN

(생)1961·12·20 (본)김해(金海) (출)부산 (주)세종특별자치시 갈매로 408 교육부 감사관실(044-203-6070) (학)1980년 경남고졸 1984년 서울대 법학과졸 1988년 단국대 행정대학원졸 (경)1988년 사법시험 합격(30회) 1991년 사법연수원 수료(20기) 1991년 부산지검 검사 1993년 수원지검 여주지청 검사 1994년 수원지검 검사 1996년 대구지검 검사 1998년 서울지검 검사 2000년 인천지검 검사 2003년 부산지검 부부장검사 2004년 수원지검 여주지청 부장검사 2005년 수원지검 부부장검사(국가정보원 파견) 2007년 인천지검 공안부장 2008년 서울중앙지검 공판2부장 2009년 同형사7부장 2009년 수원지검 형사1부장 2010년 인천지검 형사1부장 2011년 서울고검 검사 2011~2012년 서울시 사법정책보좌관 2013년 대구고검 검사 2014년 서울고검 검사 2015년 교육부 감사관(현) (상)홍조근정훈장(2011)

### 김청환(金淸煥) Cheong-Hwan, Kim

(생)1959·5·18 (출)광주 (주)서울특별시 용산구 한강대로23길 55 HDC신라면세점(주) 임원실(02-490-3102) (학)1977년 광주제일고졸 1981년 서울대 경영학과졸 (경)1983년 삼성물산(주) 입사, 同프랑크푸르트지사 관리담당·프로세스혁신팀 근무, 同인터넷전략실 근무, 同상사부문 전략기획실 사업개발팀장 2003년 同상사부문 기획팀 기획담당 상무보 2006년 同상사부문 기획실 신사업담당 상무 2009년 同전략사업본부 그린에너지사업부 상무 2010년 同상사부문 전무 2011년 同그린에너지본부장 2011년 (주)호텔신라 전무 2012년 同면세유통사업부 사업기획본부장(전무) 2013년 同면세유통사업부 MD본부장(전무) 2014년 同면세유통사업부 영업본부장(전무) 2015~2017년 同면세유통사업부 사업부장(부사장) 2017년 HDC신라면세점(주) 공동대표이사 사장(현) (종)기독교

### 김춘래(金春來) KIM CHUN RAE

(생)1971·10·15 (주)충청북도 청주시 흥덕구 오송읍 오송생명2로 187 식품의약품안전처 바이오생약국 의약외품정책과(043-719-3701) (학)1990년 이리고졸 1994년 원광대 약학과졸 1996년 同대학원 약학과졸 (경)1996~1998년 식품의약품안전본부 근무 1998~2001년 광주지방식품의약품안전청·대전지방식품의약품안전청 의약품감시과 근무 2001~2006년 식품의약품안전청 생물의약품과·의약품관리과 근무 2007~2008년 대전지방식품의약품안전청 의약품감시과장 2008~2013년 식품의약품안전청 의약품정책과·바이오의약품정책과 사무관 2013년 식품의약품안전처 바이오의약품정책과 사무관 2014년 同의약품관리총괄과 서기관 2015년 同의약품허가특허관리과장 2015년 同의약품관리총괄과장 2017년 同의약품안전국 의약품관리과장 2017년 同바이오생약국 의약외품정책과장(현)

### 김춘례(金春禮·女) KIM Chun Rea

(생)1952·7·13 (주)서울특별시 중구 세종대로 125 서울특별시의회(02-3702-1400) (경)민주평통 자문위원(현), 열린우리당 창당발기인 겸 중앙당 대의원, 同서울시당 교육특별위원회 위원, 同서울성북甲지역위원회 장애인위원장 2006~2010년 서울시 성북구의회 의원(비례대표), 성북한마음봉사회 회장 2010년 서울시 성북구의회 의원(민주당·민주통합당·민주당·새정치민주연합) 2010~2012년 同운영복지위원장 2012년 同행정기획위원회 위원, 민주통합당 서울성북甲지역위원회 지방자치위원장, 同서울시당 장애인부위원장 2014~2018년 서울시 성북구의회 의원(새정치민주연합·더불어민주당), 더불어민주당 서울시당 대변인(현) 2018년 서울시의회 의원(더불어민주당)(현) 2018년 同문화체육관광위원회 위원(현) 2018년 同예산결산특별위원회 위원 2019년 同독도수호특별위원회 위원(현) (상)한국을 빛낸 대한민국 충효대상(2019)

### 김춘수(金春洙) KIM Chun Soo

(생)1966·1·3 (출)전북 완주 (주)서울특별시 서초구 반포대로 157 대검찰청 검찰연구관실(02-3480-2032) (학)1984년 원광고졸 1990년 서울대 경영학과졸 1993년 同대학원 법학과 수료 (경)1996년 사법시험 합격(38회) 1999년 사법연수원 수료(28기) 1999년 춘천지검 검사 2001년 대전지검 논산

지청 검사 2002년 수원지검 검사 2004년 서울서부지검 검사 2006년 창원지검 통영지청 검사 2008년 서울동부지검 검사 2011년 의정부지검 고양지청 검사 2011년 同고양지청 부부장검사 2012년 서울중앙지검 부부장검사 2013년 창원지검 통영지청 부장검사 2014년 부산지검 형사4부장 2015년 서울남부지검 공판부장 2016년 수원지검 안양지청 형사3부장 2017년 대구지검 형사1부장 2018년 인천지검 인권감독관 2018년 수원지검 여주지청장 2019년 대검찰청 검찰연구관(현)

## 김춘수(金春洙)

(생)1975 · 12 · 20 (출)충북 진천 (주)경기도 안산시 단원구 광덕서로 75 수원지방법원 안산지원(031-481-1114) (학)1994년 청주 신흥고졸 1999년 고려대 법학과졸 (경)1997년 사법시험 합격(39회) 2001년 사법연수원 수료(30기) 2001년 軍법무관 2004년 서울동부지법 판사 2006년 서울중앙지법 판사 2008년 청주지법 판사 2011년 수원지법 안산지원 판사 2014년 대법원 재판연구관 2016년 대전지법 서산지원 · 대전가정법원 서산지원 부장판사 2018년 수원지법 안산지원 부장판사(현)

## 김춘순(金瑃淳) KIM CHUN SOON

(생)1963 · 5 · 30 (본)광산(光山) (출)충남 논산 (주)충청남도 아산시 신창면 순천향로 22 순천향대학교 대학원(041-530-1649) (학)1983년 대전 보문고졸 1987년 연세대 사회과학대학 행정학과졸 1997년 미국 코넬대 대학원 노사관계학과졸 2013년 행정학박사(성균관대) (경)1988년 입법고시 합격(8회) 1995년 미국 코넬대 대학원 연구조교 1998년 국회사무처 정무위원회 입법조사관 2002년 同기획조정실 기획예산담당관 2004년 同총무과장 2005년 의정연수원 교수 2005~2007년 미국 콜로라도대 정책대학원 객원교수 2007년 국회사무처 국제국장 2008년 同정무위원회 전문위원 2009년 同예산결산특별위원회 전문위원 2011년 국회예산정책처 예산분석실장(관리관) 2012년 국회예산정책연구 편집위원 2013년 한국의회학회 기획총괄위원장 2013년 국회사무처 재정개혁특별위원회 수석전문위원 2013~2016년 同예산결산특별위원회 수석전문위원(차관보급) 2013~2016년 국회 홍보출판위원회 위원 2013년 한국정책분석평가학회 부회장 2013년 '국회보' · '예산정책연구' 편집위원 2014~2015년 한국행정학회 이사 2014~2015년 목원대 사회과학대학 특임교수 2014~2016년 한국공공관리학회 부회장 2015년 한국정책학회 운영부회장 2016년 한국의회학회 부회장(현) 2017년 한국정책하고히 전략부회장 2017~2019년 국회예산정책처장(차관급) 2018년 OECD세계독립재정기관(IFI)회의 공동의장 2019년 교육부 국립대학법인 평가위원(현) 2019년 중견기업연합회 정책고문(현) 2019년 충남도 환황해특별위원회 위원(현) 2019년 충남도 감사위원 2019년 기획재정부 KSP사업 수석고문(페루)(현) 2019년 동국대 다르마칼리지 석좌교수 2019년 순천향대 기술경영행정대학원 교수(현) 2019년 同기술경영행정대학원장(현) (상)국회의장표창(1999), 근정포장(2004), 박사학위 우수논문 성균관대총장표창, 홍조근정훈장(2014), 대한불교조계종 불자대상(2019) (저)'국가재정 이론과 실제'(2012, 박영사) '비교예산제도론'(2014, 대명출판사) '국가재정 이론과 실제(개정판)'(2014, 학연문화사) '국가재정 이론과 실제(전면개정판)'(2018, 도서출판동연)

## 김춘식(金春植) KIM Choon Sik

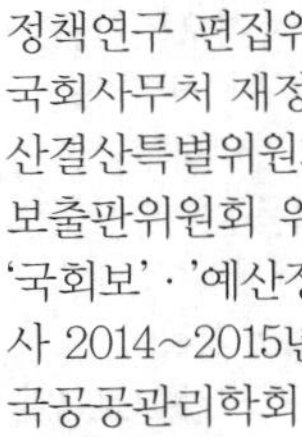

(생)1965 · 8 · 15 (출)강원 영월 (주)서울특별시 동대문구 이문로 107 한국외국어대학교 사회과학대학 미디어커뮤니케이션학부(02-2173-3212) (학)1983년 제천고졸 1987년 한국외국어대 신문방송학과졸 1989년 同대학원 신문방송학과졸 1998년 언론학박사(한국외국어대) (경)1996~1999년 한국외국어대 신문방송학과 강사 1998~1999년 동덕여대 방송연예과 강사 1999년 목원대 광고홍보학과 전임강사 1999년 한국외국어대 부설 언론정보연구소 초빙연구원 2000~2001년 한신대 광고홍보학과 조교수 2001년 한국외국어대 신문방송학과 조교수 2003년 同신문방송학과장 2004~2013년 同사회과학대학 언론정보학부 부교수 · 교수 2004~2005년 同언론정보학부장 2006년 同홍보실장 2011~2013년 同언론정보연구소장 2013년 同사회과학대학 미디어커뮤니케이션학부 교수(현) 2015년 경기 성남시 분당구 선거방송토론위원회 위원 2016년 한국외국어대 정치행정언론대학원장 2016년 한국방송학회 부회장 2018년 언론중재위원회 제7회 전국동시지방선거 선거기사심의위원회 위원 2018년 한국언론진흥재단 저널리즘품격향상을위한뉴스트러스트위원회 위원장 2019년 한국언론학회 회장(현) (저)'Socio-communication structure among political actors on the web in South Korea(共)'(2004) 'Functional analysis of televised political spots and debates in Korean presidential elections(共)'(2004) '대통령선거와 정치광고'(2005) '미디어 정치시대의 미디어와 선거법(共)'(2005) '한국의 뉴스미디어 2007(共)'(2007) '소셜미디어에서 온라인 정치담론의 특성(共)'(2010) '저널리즘의 이해(共)'(2010) (역)'미디어효과이론(共)'(2010)

## 김춘진(金椿鎭) KIM Choon Jin

(생)1953 · 1 · 24 (본)경주(慶州) (출)전북 부안 (주)전라북도 전주시 완산구 홍산로 269 더불어민주당 전북도당(063-236-2161) (학)1969년 전주고졸 1976년 경희대 치대 치의학과졸 1981년 同대학원 치과보철학과졸 1984년 치의학박사(경희대) 2002년 보건학박사(인제대) (경)1986~2008년 경희대 · 한림대 외래교수 1994~1996년 한국과학기술연구원(KIST) 신소재책임연구원, 전주고 · 북중총동창회 부회장 1995~2001년 고려대 외래교수 1998~2002년 김대중대통령 치과주치의 2004년 제17대 국회의원(고창 · 부안, 열린우리당 · 대통합민주신당 · 통합민주당) 2004~2008년 국회 보건복지위원회 위원 2008년 제18대 국회의원(고창 · 부안, 민주당 · 민주통합당) 2008~2012년 국회 교육과학기술위원회 위원 2008~2009년 국회 예산결산특별위원회 위원 2008~2012년 유니세프 국회친구들 공동대표 2010~2011년 민주당 무상급식추진특별위원회 위원장 2010~2011년 同제6정책조정위원회 위원장 2012~2016년 제19대 국회의원(고창 · 부안, 민주통합당 · 민주당 · 새정치민주연합 · 더불어민주당) 2012년 국회 농림수산식품위원회 위원 2012~2013년 국회 예산결산특별위원회 위원 2012년 국회 농림어업 및 국민식생활발전포럼 공동대표 2012년 국회 선플정치위원회 공동위원장 2013년 국회 농림축산식품해양수산위원회 위원 2014~2016년 국회 보건복지위원회 위원장 2015년 국회 메르스대책특별위원회 위원 2015년 아시아태평양지역 국제보건국회의원포럼 초대의장 2015년 새정치민주연합 전북도당 위원장 직대 2016년 제20대 국회의원선거 출마(전북 김제시 · 부안군, 더불어민주당) 2016년 더불어민주당 전북김제 · 부안지역위원회 위원장(현) 2016~2018년 同전북도당 위원장 2016~2017년 同최고위원 2016년 同AI대책특별위원회 위원장 2016~2017년 同호남특별위원회 수석부위원장 2017년 同제19대 대통령중앙선거대책위원회 전북총괄선거대책위원장 (상)보건대상(2000), 국무총리표창(2002), 국세청장표창(2002), 공동선 의정활동상(2009), 유니세프 감사패(2010), 대한민국 헌정대상(2011), 국회도서관이용 최우수의원(2011 · 2012 · 2013 · 2014 · 2015 · 2016), 수협중앙회 감사패(2013), 법률소비자연맹 선정 국회 헌정대상(2013), 대한민국 산림환경대상 입법부문(2013), 자랑스러운 경희인상(2014), 한국언론사협회 대한민국우수국회의원대상 특별대상(2014), 전국NGO단체연대 선정 올해의 닮고 싶은 인물(2015), 대한민국 의정혁신대상(2015), 전국청소년선플SNS기자단 선정 '국회의원 아름다운 말 선플상'(2015), (사)대한민국가족지킴이 대한민국실천대상 의정활동 보건복지부문(2015), 대한민국 입법대상(2015), 대한민국 국회의원 의정대상(2016), 자랑스런 전고인상(2016) (저)'모두를 위한 밥상'(2011) (종)천주교

**김춘학(金春學) KIM Chun Hak (浩泉)**

(생)1956·11·5 (출)대구 (주)서울특별시 중구 세종대로9길 53 CJ대한통운 임원실(02-700-0525) (학)1975년 대구고졸 1983년 영남대 건축과졸 2013년 건축공학박사(고려대) (경)1983년 삼성그룹 입사 1989년 새한 유럽공장설립 슈퍼바이저 1991년 삼성엔지니어링 근무 2002년 삼성중공업 건설사업부 상무 2008~2011년 同건설사업부 전무 2011년 CJ건설(주) 대표이사 부사장 2016~2018년 同대표이사 총괄부사장 2016~2017년 CJ(주) 창조경제추진단장(총괄부사장) 겸임 2018년 (사)한국리모델링협회 회장(현) 2018년 CJ대한통운 건설부문 대표이사(현)

**김춘호(金春鎬) KIM Choon Ho (怡丁)**

(생)1957·12·2 (본)안동(安東) (출)경기 이천 (주)인천광역시 연수구 송도문화로 119 한국뉴욕주립대학교 총장실(032-626-1004) (학)1976년 경동고졸 1981년 서강대 화학공학과졸 1986년 공학박사(미국 존스홉킨스대) 1999년 연세대 언론홍보대학원 언론홍보최고위과정 수료 2004년 IMI MBA과정 수료 2006년 同Chief Marketing Officer과정 수료 (경)1986~1997년 한국에너지기술연구소 화석연료팀장·선임연구원·책임연구원 1994~1997년 (주)조선비료 기술고문 1996~1998년 충남대 공대 겸임교수 1996년 국제연합(UN) 경제사회이사회(ECOSOC) 전문위원 1997년 국민회의 총재특보 1997년 同대전유성지구당 위원장 1998~2007년 산업자원부 전자부품종합기술연구소장 겸 전자부품연구원 원장(초대·2·3대) 1998~2000년 (사)과학교육진흥회 사무총장 1999~2008년 중국 옌볜과학기술대 겸임교수 2002년 전기전자재료학회 부회장 2003년 대통령직인수위원회 경제2분과위원회 자문위원 2003년 신성장산업정책평가위원회 위원장 2004~2008년 한국산업기술평가원 이사 2004~2006년 한국전기전자학회 회장 2005년 한국정보처리학회 부회장 2007~2010년 건국대 신기술융합학과 교수 2007~2010년 同대외협력부총장 겸 유비쿼터스정보기술연구원장 2008~2013년 도산CEO포럼 상임대표 2009~2011년 법무법인 다래 고문 2010년 한국뉴욕주립대 총장(현) 2011~2014년 가온미디어(주) 사외이사 2012~2015년 한국과학기술원 이사 2015~2017년 대한적십자사 부총재 (상)한국산업기술대전 국무총리표창(1998), 대한민국특허기술대전 동상(1999), 대통령표창(2002), 대한민국기술대전 은상(2003), 과학기술훈장 웅비장(2005), 제5회 대한민국참교육대상 글로벌교육발전부문 대상(2014) (저)'엔지니어가 바라본 명품 한국'(2009, 생각의나무) 'With 우리'(2017, 두란노서원) (종)기독교

**김춘호(金春蝴)**

(생)1965·2·26 (출)경남 사천 (주)서울특별시 서초구 서초중앙로 157 서울중앙지방법원(02-530-1114) (학)1982년 진주고졸 1986년 서울대 법대졸 (경)1993년 사법시험 합격(35회) 1996년 사법연수원 수료(25기) 1996년 서울지법 남부지원 판사 1998년 서울지법 판사 2000년 창원지법 통영지원 판사 2003년 서울지법 판사 2004년 서울중앙지법 판사 2005년 서울서부지법 판사 2006년 서울고법 판사 2008년 서울동부지법 판사 2011년 청주지법 부장판사 2013년 의정부지법 부장판사 2015년 서울남부지법 부장판사 2017년 서울중앙지법 부장판사(현)

**김충관(金忠寬)**

(생)1963·11·1 (출)전남 신안 (주)전라남도 완도군 완도읍 중앙길 93 완도해양경찰서(061-550-2000) (학)1982년 목포고졸 1984년 목포해양전문대학 항해과졸 2001년 한국방송통신대 행정학과졸 (경)1994년 순경 특채 임용 2012년 서해지방경찰청 군산해양경찰서 3010함장 2013년 同목포해양경찰서 3009함장 2014년 해양경찰청 운영지원과 경리계장 2014년 중부해양경비안전본부 경비안전과 경비구난계장 2015년 해양경비안전교육원 교육훈련과 3011함장 2016년 서해지방경찰청 목포해양경찰서 1508함장 2016년 同목포해양경찰서 3015함장 2017년 총경 승진 2017년 해양경찰청 항공과장 2019년 서해지방경찰청 완도해양경찰서장(현)

**김충모(金忠模) KIM Choong Mo**

(생)1963·8·5 (본)김해(金海) (출)서울 (주)세종특별자치시 한누리대로 422 고용노동부 산재예방보상정책국 화학사고예방과(044-202-7752) (학)인천선인고졸, 성균관대 행정학과졸, 서울대 행정대학원 정책학과 수료 (경)1996년 행정고시 합격(40회) 1998년 노동부 근로여성정책국 여성고용지원과 사무관 2000년 춘천지방노동사무소 산업안전과장 2001년 노사정위원회 사무관 2002년 근로기준국 근로복지과 근무 2003년 노동부 장관실 근무, 同기획관리실 법무담당관실 근무 2004년 미국 직무훈련 2007년 노동부 산업안전보건국 산업보건환경과 서기관, 同안전보건정책과 서기관 2010년 고용노동부 기획조정실 국제기구담당관 2012년 同산재예방보상정책국 서비스산재예방과장 2013년 同산재예방보상정책국 화학사고예방과장 2014년 공정거래위원회 건설용역하도급개선과장 2016년 고용노동부 산재예방보상정책국 화학사고예방과장 2019년 同산재예방보상정책국 화학사고예방과장(부이사관)(현) (종)기독교

**김충배(金忠培) KIM Choong Bae**

(생)1951·2·5 (본)김녕(金寧) (출)서울 (주)서울특별시 서대문구 연세로 50 연세대학교 의과대학(1599-1885) (학)1969년 중앙고졸 1975년 연세대 의대졸 2002년 同보건대학원 고위자과정 수료, 同대학원졸, 의학박사(한양대) (경)1983~1998년 연세대 의대 외과학교실 전임강사·조교수·부교수 1988년 미국 크레이튼대 의대 교환교수 1998~2016년 연세대 의대 외과학교실 교수 1999~2001년 同세브란스병원 교육수련부장 2001~2005년 同세브란스병원 제2진료부원장 2005~2007년 同세브란스병원 외과부장 2009년 대한소화기학회 부회장 2013년 미국 외과학술원(American College of Surgeon, ACS) 한국회장 2016년 연세대 의과대학 명예교수(현) (상)대한외과학회 공로상, 몽골정부훈장 (저)'최신외과학'(共) '위염'(共) '수화기학'(2009, 군자출판사) (역)알프레드 어빙 러들로 교수 설교집 '채플 이야기'(2014) (종)기독교

**김충선(金忠善) KIM Choong Sun (孤仙)**

(생)1953·8·13 (본)광산(光山) (출)광주 (주)서울특별시 서대문구 연세로 50 연세대학교 물리학과(02-2123-2605) (학)1981년 연세대 물리학과졸 1984년 미국 인디애나대 대학원 물리학과졸 1988년 이학박사(미국 위스콘신대) (경)1992~2018년 연세대 이과대학 물리학과 조교수·부교수·교수 1996~2002년 미국 위스콘신대 Honorary Fellow 1996~2002년 국제이론물리연구소(ICTP) Associate Member 1998년 한국고등과학원 Associate Fellow 2004년 대만 Univ. of Tsinghua 방문교수 2018년 연세대 물리학과 명예교수(현) 2018년 동신대 고에너지물리연구소 석좌교수(현) (상)駐미국대사관 The Korean Honor Scholarship(1987), 일본 문부성 The Center of Excellence(COE) Fellowship(1996), 서암학술상(1999), 유럽 핵·입자물리연구소(CERN) Associate Fellowship(2002), 과학기술부·서울경제신문 선정 '이달의 과학기술자상'(2004), 연세대 학술대상(2004), 한국물리학회 학술상(2006), 연세대 연구업적우수교수상(2003·2008·2009·2013·2014·2015·2016·2017), 연세대 우수강의교수상(2011), 대한민국인물대상(2014), 대한민국 과학기술훈장 웅비장(2018) (저)'일반물리학'(1996) '현대물리학'(1996) (종)기독교

### 김충섭(金忠燮)

(생)1954 · 10 · 27 (출)경북 김천 (주)경상북도 김천시 시청1길 1 김천시청 시장실(054-420-6001) (학)김천고졸, 영진전문대학 행정과졸(전문학사) (경)1974년 공무원 임용 2006년 김천전국체전 기획단장 2007년 청도군 군수권한대행(부군수) 2008년 김천시 부시장 2011년 경북도 문화관광체육국장 2012년 구미시 부시장 2013년 경북도 청소년수련원장 2018년 경북 김천시장(무소속)(현) (상)대통령표창(2001), 녹조근정훈장(2007), 홍조근정훈장(2013), 전국기초자치단체장매니페스토우수사례경진대회 일자리경제분야 우수상(2019)

### 김충수(金忠銖) KIM Choong Soo

(생)1938 · 2 · 6 (본)의성(義城) (출)경북 의성 (주)서울특별시 용산구 효창원로66길 26 대정빌딩 601호 (주)대정코리아 회장실(02-711-0326) (학)1957년 경북고졸 1961년 고려대 정경대학 정치외교학과졸 1966년 同경영대학원 수료 (경)1973년 한국청년회의소 회장 1974년 제9대 국회의원(전국구, 유신정우회) 1976년 대한펜싱협회 회장 1976년 대한올림픽위원회 위원 1979년 공화당 정책위원회 부의장 1981년 한국필터산업(주) 회장 1989년 성남병원 이사 1990년 (주)대정코리아 회장(현)

### 김충식(金忠植) Choong Seek Kim

(생)1954·2·8 (본)안동(安東) (출)전북 고창 (주)경기도 성남시 수정구 성남대로 1342 가천대학교 대외부총장실(031-750-5114) (학)1972년 목포고졸 1977년 고려대 철학과졸 1992년 중앙대 신문방송대학원졸 2010년 언론학박사(일본 게이오대) (경)1978년 동아일보 입사 1993년 同편집부·사회부·정치부·기획특집부 기자 1995년 同정보과학부장 1997년 同문화부장 1998년 同사회부장 1999·2005~2006년 同논설위원 2001년 한국앰네스티 언론위원장 2002~2005년 동아일보 도쿄지사장 2006~2010년 가천의과학대 교수 겸 가천길재단 기획조정실장 2011년 가천대 경원캠퍼스 신문방송학과 교수 2011년 방송통신위원회 상임위원 2012~2014년 同부위원장 2014년 가천대 사회과학대학 언론영상광고학과 교수 2016년 同대외부총장(현) 2017~2019년 同미디어커뮤니케이션학과 교수 (상)한국기자상(1983·1994) (저)'법에 사는 사람들'(共) '남산의 부장들' '목화밭과 그 일본인 : 외교관 와카마쓰의 한국 26년'(2015)

### 김충우(金忠宇) KIM Chung Woo

(생)1967·7·7 (출)부산 (주)서울특별시 영등포구 여의대로 38 금융감독원 조사기획국(02-3145-5550) (학)1986년 내성고졸 1990년 고려대 법학과졸 1993년 同대학원 법학과졸 (경)1992년 사법시험 합격(34회) 1995년 사법연수원 수료(24기) 2006년 서울중앙지검 검사 2007년 인천지검 부천지청 부부장검사 2008년 울산지검 부부장검사 2009년 수원지검 여주지청 부장검사 2009년 수원지검 공판송무부장 2010년 대전지검 공안부장 2010년 인천지검 공안부장 2011년 서울서부지검 형사4부장 2012년 인천지검 형사5부장 2013년 서울동부지검 형사4부장 2014년 광주지검 부장검사(금융정보분석원 파견) 2015년 전주지검 정읍지청장 2016년 부산지검 부부장검사(부산광역시 파견) 2017~2018년 서울고검 검사 2018년 금융감독원 감찰실장(국장급) 2019년 同조사기획국장(현)

### 김충조(金忠兆) KIM Choong Joh (한길)

(생)1942·8·24 (본)김해(金海) (출)전남 여수 (주)서울특별시 은평구 연서로 29 정라실크텔 603호(02-332-1446) (학)1960년 여수고졸 1965년 고려대 법대 법학과졸 (경)1962~2005년 한국화 개인전 개최(5회) 1975년 여순산업신보사 논설위원 1978~1980년 同사장 1979~1981년 여흥장학회 회장 1980~1988년 한길화랑 대표 1984~1985년 근로농민당 정책위원회 의장·부총재 1987~1989년 민주쟁취국민운동 전남본부 공동의장 1988년 제13대 국회의원(여수, 평화민주당·신민당·민주당) 1989·1991년 민주연합청년동지회 중앙회장 1992년 제14대 국회의원(여수, 민주당·국민회의) 1992년 민주당 원내부총무 1993년 同당무위원 1993년 同정치연수원장 1995~1997년 국민회의 창당주비위원회 부위원장·연수원장 1996년 제15대 국회의원(여수, 국민회의·새천년민주당) 1997년 국민회의 사무총장·제15대 대선 김대중후보 선거대책본부장 1998~2000년 국회 윤리특별위원회 위원장 2000~2004년 제16대 국회의원(여수, 새천년민주당) 2000~2002년 새천년민주당 중앙위원회 의장 2000~2004년 한·스페인의원친선협회 회장 2001~2010년 (사)백범정신실천운동본부 상임공동대표 2001~2002년 국회 예산결산특별위원회 위원장 2002~2004년 국회 공직자윤리위원회 부위원장 2002년 (사)충·효·예 실천운동본부 상임고문(현) 2005~2007년 민주당 전국대의원대회 의장 2006~2016년 도덕국가건설연합 지도위원 2007년 민주당 선거대책위원회 위원장 2008년 통합민주당 최고위원 2008년 同공천심사위원 2008~2012년 제18대 국회의원(비례대표, 통합민주당·민주당·민주통합당) 2008~2012년 민주당 당무위원 2009~2011년 국회 고려대교우회 회장 2009~2010년 국회 정치개혁특별위원회 위원장 2010~2012년 국회 2012여수세계박람회지원특별위원회 위원장 2011~2012년 (사)한국전통무예총연합회 총재 2012~2013년 (사)한국평화미술협회 이사장 2012년 한국신맥회 고문(현) 2012년 대한민국미술대전 한국화부문 심사위원 2012년 제19대 국회의원 후보(전남 여수甲, 무소속) 2013년 4.19혁명정신선양회 고문(현) 2014~2016년 4월혁명고대 상임부회장 2014년 한국해양연안순찰대연합회 총재(현) 2015~2016년 고려대 4.18의거기념탑건립추진위원장 2016년 4월혁명고대 고문(현) (상)한국미술협회 자랑스런 미술인상(2003), 대한민국무궁화대상 깨끗한정치인부문(2008), 대한민국환경문화대상 정치부문(2011) (저)'새벽을 열기 위한 신념의 불꽃' (종)기독교

### 김충한(金忠漢) KIM Choong Han

(생)1937 · 1 · 8 (본)안동(安東) (출)서울 (주)서울특별시 강남구 영동대로 511 트레이드타워(주) 2001호 한국이앤엑스 회장실(02-551-0102) (학)1956년 서울대사대부고졸 1966년 성균관대 법정대학 법률과졸 1969년 고려대 경영대학원 수료 1984년 서울대 행정대학원 수료 1986년 연세대 행정대학원 고위정책과정 수료 1995년 고려대 언론대학원 수료 (경)1957년 한국일보 입사 1964년 同비서실장 1967년 同업무국 부국장·국장 1968년 同비서실장 1970년 同오사카지국장 1972년 同오사카지사장 1977년 同도쿄지사장 1979년 同이사 1983~1998년 同부사장 1992년 한국종합미디어 사장 1994년 설문걸장학재단 이사장(현) 1997년 한국근육병재단 이사장 1998년 한국일보 상임고문 1998~2014년 (주)한국이앤엑스 회장 2001년 (사)순애원 이사 2012년 백상재단 이사 2014년 대한언론인회 부회장 2014년 (주)한국이앤엑스 대표이사 회장 2018년 同회장(현) (상)석탑산업훈장(2012) (저)'민의가 행정에 미치는 영향' (종)천주교

### 김충한(金忠瀚) KIM Chung Han

(생)1968 · 8 · 16 (출)서울 (주)서울특별시 서초구 반포대로 158 서울고등검찰청 총무과(02-530-3261) (학)1987년 자양고졸 1993년 고려대졸 (경)1992년 사법시험 합격(34회) 1995년 사법연수원 수료(24기) 1995년 공정거래위원회 행정사무관 1995년 변호사 개업 1998년 춘천지검 검사 2000년 대구지검 포항지청 검사 2002년 인천지검 검사 2004년 서울북부지검 검사 2007년 광주지검 부부장검사 2009년 창원지검 진주지청 부장검사 2009년 대전지검 공판송무부장 2010년 광주고검 전주지부 검사 2011년 의정부지검 고양지청 부장검사 2012년 부산고검 검사 2014년 서울고검 검사 2017년 인천지검 중요경제범죄조사단 부장검사 2018년 서울고검 검사(현)

**김충헌(金忠獻) Kim ChungHeon**

(생)1949·4·1 (출)부산 (주)대전광역시 중구 동서대로 1337 충청신문 사장실(042-252-0100) (학)1976년 부산대졸 (경)충청일보 대전·충남본부장 2003년 충청매일신문 이사 겸 총괄국장 2004년 중도일보 총괄이사 2014년 충청신문 부사장 2016년 同사장(현)

**김충호(金忠浩) KIM Choong Ho**

(생)1961·6·21 (출)경남 함양 (주)세종특별자치시 다솜3로 95 조세심판원 제4상임심판관실(044-200-1804) (학)1980년 대일고졸 1988년 고려대 경제학과졸 (경)행정고시 합격(34회) 2000년 국무조정실 산업심의관실 서기관 2000년 호주 해외훈련 2003년 국무조정실 산업심의관실 과장급 2005년 同조사심의관실 서기관 2007년 同규제개혁1심의관실 규제총괄과장 2007년 同규제개혁1심의관실 규제총괄과장(부이사관) 2008년 국무총리 정무기획비서관실 정무기획총괄행정관(부이사관) 2009년 국무총리 정무기획비서관실 기획총괄행정관 2009년 국무총리실 세종시기획단 조정지원정책관(고위공무원) 2010년 국무총리 정무기획비서관 2010년 국토연구원 선임연구위원 파견(고위공무원) 2011년 국무총리실 개발협력정책관 2012년 同평가총괄정책관 2013년 국무조정실 규제조정실 규제총괄정책관 2013년 관세청 감사관 2016년 국무총리 민정민원비서관 2018년 국무조정실 조세심판원 제5상임심판관 2018년 同조세심판원 제2상임심판관 2019년 同조세심판원 제4상임심판관(현)

**김충환(金忠環) KIM Choong Whan**

(생)1954·3·9 (본)안동(安東) (출)경북 봉화 (주)서울특별시 은평구 통일로92가길 33 세명컴퓨터고등학교(02-354-1323) (학)1972년 경복고졸 1977년 서울대 사회과학대학 정치학과졸 1979년 同행정대학원졸 1994년 행정학박사(서울시립대) 1999년 한국방송통신대 불어불문학과졸 2007년 연세대 행정대학원 최고위정책과정 수료(47기) (경)1978년 행정고시 합격(22회) 1980년 정무제1장관 비서관 1980년 정무장관실 국회담당관 1983년 서울올림픽준비단 기획담당관 1985년 서울올림픽조직위원회 등록과장 1988년 서울시 시장비서관 1991년 同통계담당관 1991년 민주당 원내기획실장 겸 국회 정책연구위원 1995~1998년 서울시 강동구청장(민주당·한나라당) 1995~1997년 서울시구청장협의회 공동총무 1996~1997년 전국시장군수구청장협의회 공동회장 1997~2000년 同사무총장 1998·2002~2003년 서울시 강동구청장(한나라당) 1998년 한국지방자치학회 운영이사 1998~2001년 서울시구청장협의회 부회장 2000년 전국시장군수구청장협의회 수석부회장 2001년 同대변인 2001년 가톨릭대 행정대학원 겸임교수 2001년 창작수필에 '방생'으로 문단 등단 2002~2003년 서울시구청장협의회 회장 2002~2003년 전국시장·군수·구청장협의회 사무총장 2004년 제17대 국회의원(서울 강동甲, 한나라당) 2004년 한나라당 정부혁신지방분권위원회 부위원장 2004~2005년 同지방자치위원장 2005년 同서울시지부 재해대책위원장 2006~2008년 同원내부대표 2006년 同서울시당 위원장 직대 2006년 국회 윤리특별위원회 간사 2007년 한국사진지리학회 고문 2007~2012년 서울시립대도시과학대학원총동창회 회장 2008년 제18대 국회의원(서울 강동甲, 한나라당·새누리당) 2008년 한나라당 기독인회 총무 2009~2010년 국회 외교통상통일위원회 간사 2010년 한나라당 서울시장 경선후보 2010년 한·방글라데시친선포럼 회장 2011년 국회 외교통상통일위원장 2012년 평화통일연구원 이사장(현) 2012년 새누리당 국책자문위원회 외교통일분과 위원장 2014년 세명컴퓨터고 이사장(현) 2015~2019년 명지대 대학원 지방행정학과 교수 2017~2018년 자유한국당 서울송파甲당원협의회 운영위원장 (상)대법원장표창(1977), 국무총리표창(1986), 녹조근정훈장(1989), 대통령표창(2회)(1997), 한국을빛낸사람들 의정발전공로상(2010) (저)'우리는 지금 어디에 서 있나'(1991) '구청장, 구청장, 우리 구청장(共)'(1996) '살기좋은 강동으로 오세요'(1996) 수필집 '나의 삶 나의 꿈'(2003), '꿈을 향한 도전'(2010) (역)'지방자치시대의 도시행정가'(1990) (종)기독교

**김충환(金忠煥) Kim, Choong-Hwan**

(생)1961 (주)경기도 의정부시 호국로 1265 의정부경찰서(031-849-3322) (학)국민대졸 2006년 한양대 행정대학원 경찰행정학과졸 (경)1992년 경위 임관(경찰간부후보 40기) 2012년 충북 옥천경찰서장(총경) 2013년 경기지방경찰청 제2청 경비교통과장 2014년 경기 포천경찰서장 2015년 경기북부지방경찰청 경비교통과장 2016년 경기 남양주경찰서장 2017년 경기북부지방경찰청 경무과장 2019년 경기 의정부경찰서장(현)

**김충환(金忠煥) KIM, Chung Hwan**

(생)1972·11·28 (본)경주(慶州) (출)서울 (주)세종특별자치시 도움4로 13 보건복지부 사회복지정책실 사회서비스정책과(044-202-2118) (학)1991년 용산고졸 1998년 고려대 정치외교학과졸 2006년 스웨덴 쇠데르턴대 대학원 정치학과졸 2013년 가톨릭대 대학원 보건학 박사과정 수료 (경)1997년 행정고시 합격(41회) 1998~2006년 통일부 사무관 2006년 보건복지부 사회정책과 사무관 2007년 同국제협력담당관실 서기관 2009~2010년 同보건의료정보과장·의약품정책과장·생명윤리안전과장 2011~2012년 대통령직속 미래기획위원회 근무 2012년 보건복지부 규제개혁법무담당관 2013년 駐스웨덴 문화홍보관 2015년 보건복지부 복지급여조사담당관 2015년 同사회보장조정과장 2016년 同기획조정실 창조행정담당관 2017~2018년 同기획조정실 혁신행정담당관 2018년 同사회보장조정과장 2019년 同사회복지정책실 사회서비스정책과장(현) (종)기독교

**김치연(金致淵) KIM Chi Yeon**

(생)1956·1·22 (출)경북 봉화 (주)서울특별시 영등포구 당산로29길 5-1 (주)비시텍코리아(02-2069-2056) (학)1974년 광운전자공고졸 2001년 서울산업대졸 (경)1973년 한국방송공사(KBS) 강릉방송국 근무 1983년 同방송기기종합정비실 근무 1990년 同안동방송국 TV기술부장 1992년 同안동방송국 라디오기술부장 1993년 同시설국 송신시설부 차장 2000년 同제주송신소장 2009~2014년 同기술본부 방송망운용국장 2017년 (주)비시텍코리아 대표이사(현)

**김치완(金致完) KIM Chi Wan**

(생)1959·7·5 (본)김해(金海) (출)전남 여수 (주)경기도 안산시 단원구 엠티브이2로 14 (주)에스파워(031-481-0600) (학)여수공고졸, 한국방송통신대 영어과졸, 한양대 대학원졸 (경)한국전력공사 여수화력발전소 공사감독과장, 同부천복합발전소 품질관리과장, 同본사 발전처 과장, 同수화력발전전력산업구조개편추진팀 과장, 同남북전력협력준비팀 과장, 세계에너지협의회 발전소성능위원회 실무위원, 한국동서발전(주) 발전처 과장, 同동해화력발전처 발전부장, 同발전처 발전계획팀장 2007년 同신재생에너지팀장 2009년 同발전총괄팀장, 同사업개발실 신사업개발팀장 2012년 同미래사업단 해외사업실 자메이카추진반장 2014년 同일산열병합발전처장 2014년 (주)삼천리 발전사업본부 기술담당 2015년 同발전본부 사업개발담당 2015년 同광명열병합사업단장(상무) 2018년 (주)에스파워 대표이사 전무(현)

## 김치용(金治勇) KIM Chi Yong

(생)1960 · 1 · 10 (본)울산(蔚山) (출)서울 (주)서울특별시 서초구 마방로 68 한국과학기술기획평가원 정책기획본부 과학기술정책센터(02-589-2814) (학)1985년 고려대 통계학과졸 1992년 同대학원 경영정보학과졸 2010년 과학관리학박사(고려대) (경)1985년 시스템공학센터 연구원 1988년 과학기술정책관리연구소 연구원 1993년 同선임연구원 2002년 한국과학기술기획평가원 사업평가실장 2005년 同투자기획팀장 2005년 同사업조정팀장, 同종합정보기획팀장 2008년 同지식확산단장 2008년 同투자조정본부장 2009년 同평가조정본부장 2010년 同예산정책실 정책위원(선임연구위원) 2012년 同경영관리단장 2013년 同정책기획본부장 2015년 同선임연구위원 2017년 同정책기획본부 혁신경제정책센터 선임연구위원 2019년 同정책기획본부 과학기술정책센터 선임연구위원(현) (상)우수연구원 한국과학기술평가원장표창(1999), 과학기술부장관표창(2002), 과학기술훈장 진보장(2015)

## 김치용(金致龍) KIM, Chee Yong

(생)1964 · 6 · 2 (출)경북 영일 (주)부산광역시 부산진구 엄광로 176 동의대학교 ICT공과대학 게임애니메이션공학과(051-890-2270) (학)포항고졸 1991년 인제대 물리학과졸 1993년 同대학원 전산전자물리학과졸 2000년 전산전자물리학박사(인제대) (경)1990~2000년 인제대 컴퓨터디자인교육원 선임연구원 겸 실장 2000~2003년 부산정보대학 정보통신계열 전임강사 2000~2003년 同기획처 기획홍보팀장 2003년 동서대 디지털디자인학부 멀티미디어디자인학전공 조교수 2003년 同디지털영상디자인혁신센터 책임교수, 同영상정보대학 영상정보공학과 조교수 2006년 동의대 영상정보공학과 조교수 2007년 영국 옥스포드대학교 Harris Manchester College Visiting Fellow 2008년 동의대 영상미디어센터 소장 2009~2015년 同영상정보공학과 부교수 2010년 同영상정보대학원 부원장 2010~2012년 체감형가상현실연구원장 2010년 (사)한국현대디자인협회(KECD) 부산경남 지부장(현) 2012년 (사)한국컴퓨터그래픽스학회 산학부회장(현) 2012년 서울대학교 자동화시스템공동연구소 디지털클로딩센터(DCC) 객원교수 2014년 (사)한국멀티미디어학회 국제학술발표대회(MITA 2014) 조직위원장 2014~2017년 서울시디지털닥터단 특별자문위원 2015년 동의대 ICT공과대학 게임애니메이션공학과 교수(현) 2015년 (사)한국경제혁신연구원 초대원장 2015~2016년 부산광역시 영상애니메이션산업분야 자문교수단장 2015~2017년 同 영상애니메이션교육분야 자문교수단장 2015~2017년 부산광역시교육청 학교문화예술교육분야 자문교수단 2015~2018년 부산광역시 산학관협의회 미래산업클러스터 영상콘텐츠분과 위원장 2016~2018년 부산영상애니메이션포럼 회장 2017년 게임물관리위원회 기술심의특별위원회 위원(현) 2017년 (사)부산복지네트워크 이사(현) 2018년 (사)국제청소년문화재단 감사(현) 2018년 (재)부산정보산업진흥원 이사(현) 2019년 (사)한국멀티미디어학회장(현) (상)한국디지털콘텐츠학회 우수논문상(2009), 한국멀티미디어학회 우수논문상 다수 수상, 동의대 교수업적평가 최우수교수상 5회 수상 (저)'컴퓨터대백과사전'(1999, 삼성당출판사) '3D 애니메이션과 멀티미디어'(1999, 인제대 출판부) '컴퓨터그래픽시험예상문제'(2001, 미학사) '융복합 사고와 실천'(2017, 동의대)

## 김치중(金治中) KIM Chee Joong

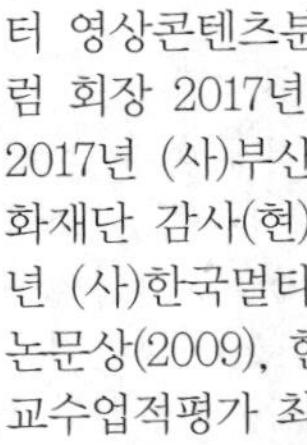

(생)1955 · 12 · 11 (본)광산(光山) (출)서울 (주)서울특별시 강남구 영동대로 416 KT&G타워 1층 법무법인 오라클(02-2182-3791) (학)1974년 양정고졸 1978년 서울대 법대졸 1981년 同대학원 법학과졸 (경)1978년 사법시험 합격(20회) 1980년 사법연수원 수료(10기) 1980년 육군 법무관 1983년 김앤장법률사무소 변호사 1984년 인천지법 판사 1986년 서울민사지법 판사 1989년 대구지법 김천지원 판사 1990년 미국 UC Berkeley Univ. 객원연구원 1991년 대구고법 판사 1992년 서울고법 판사 1993년 대법원 재판연구관 1996년 춘천지법 강릉지원 부장판사 1997년 同강릉지원장 1998년 수원지법 성남지원 부장판사 1999년 서울지법 동부지원 부장판사 2000년 서울행정법원 부장판사 2002년 특허법원 부장판사 2004년 서울고법 부장판사 2005~2018년 법무법인 바른 파트너변호사 2007~2010년 KB금융지주 사외이사 2008년 고용노동부 법률고문(현) 2008~2010년 한국철도공사 비상임이사 2012~2018년 (주)안트로젠 사외이사 2012년 현대유앤아이(주) 사외이사 2013~2015년 대한변호사협회 부회장 2013년 한미지재소송컨퍼런스 공동추진위원장 2013~2015년 대학평가인증위원회 위원 2014~2015년 사법정책연구원 운영위원 2014~2015년 대법원 법관인사위원회 위원 2018년 법무법인 오라클 대표변호사(현) (종)가톨릭

## 김치현(金致賢) KIM Chee Hyun

(생)1955 · 12 · 6 (출)대구 (주)서울특별시 서초구 잠원로14길 29 롯데건설 임원실(02-3480-9114) (학)1974년 대구 계성고졸 1981년 영남대 무역학과졸 (경)1982년 호텔롯데 입사 1988~2002년 롯데그룹 경영관리본부 근무 2002년 롯데캐논 영업본부장(이사) 2006년 同경영기획부문장(상무) 2006년 캐논코리아비즈니스솔루션(주) 영업본부장(상무) 2008년 롯데건설(주) 해외영업본부장(상무) 2009년 同해외영업본부장(전무) 2009~2011년 롯데알미늄 대표이사 전무 2011년 롯데쇼핑(주) 정책본부 운영실장(전무) 2012년 同정책본부 운영실장(부사장) 2014~2017년 롯데건설(주) 대표이사 사장 2014년 대한건설협회 회원부회장 2016~2017년 同회원이사 2018년 롯데건설(주) 상임고문(현) 2018년 대한스키협회 회장(현)

## 김칠두(金七頭) KIM Chil Doo

(생)1950 · 8 · 7 (출)부산 (주)서울특별시 금천구 벚꽃로 254 월드메르디앙벤처센터1차 1302호 한국인정지원센터 이사장실(02-6332-2800) (학)1968년 동래고졸 1972년 연세대 행정학과졸 1987년 미국 보스턴대 대학원 경영학과졸 (경)1973년 행정고시 합격(14회) 1983~1995년 상공부 산업정책국 지방공업과장 · 駐호주대사관 상무관 · 상공자원부 금속과장 · 전력정책과장 1995년 통상산업부 기획예산담당관 1997년 駐영국 참사관 2000년 산업자원부 생활산업국장 2001년 同무역투자실장 2002년 同차관보 2003~2004년 同차관 2004~2008년 한국산업단지공단 이사장, 주성엔지니어링 사외이사 2012년 제19대 국회의원선거 출마(부산동래, 무소속), 숭실대 중소기업대학원 초빙교수(현) 2015년 (재)한국인정지원센터 이사장(현) 2019년 부산시 정책고문(현) (상)홍조근정훈장(1995), 황조근정훈장(2005), 한국생산성학회 생산성CEO대상(2008) (저)'부산의 경제혁신과 발전' '부산경제의 길'

## 김칠민(金七敏) KIM Chil Min

(생)1955 · 8 · 24 (출)경남 (주)대구광역시 달성군 현풍면 테크노중앙대로 333 대구경북과학기술원 부총장실(053-785-5000) (학)1982년 서강대 물리학과졸 1984년 同대학원 물리학과졸 1987년 이학박사(서강대) (경)1986~1992년 배재대 물리학과 전임강사 · 조교수 · 부교수 1992~2007년 同물리학과 교수 2007~2015년 서강대 자연과학부 물리학과 교수 2015년 대구경북과학기술원 대학원 신물질과학전공 교수(현) 2015~2017년 同연구처장 2015~2017년 同산학협력단장 겸임 2015년 同마이크로레이저융합연구센터장(현) 2019년 同부총장(현) (상)대전시 이달의 과학기술인상(2003)

## 김칠봉(金七峰) KIM CHIL-BONG

(생)1952·8·19 (본)경주(慶州) (출)전남 완도 (주)서울특별시 강서구 마곡중앙8로 78 SM R&D센터 대한해운 임원실(02-3701-0114) (학)1971년 인천선인고졸 1987년 중앙대 회계학과졸 2008년 서울대 경영대학 CFO전략과정 수료 (경)1991년 대한해운(주) 입사 2002년 同재무팀장(이사) 2005년 同재무팀장(상무보) 2008년 (사)해성국제문제윤리연구소 감사(현) 2009년 대한해운(주) 경영지원본부장(상무) 2010년 대한상공회의소 금융위원회 위원(현) 2011년 대한해운(주) 경영지원본부장(전무) 2013~2016년 同사장 2016~2018년 同이사 2016~2018년 대한상선(주) 대표이사 2017~2018년 SM상선(주) 대표이사 2019년 대한해운(주) 대표이사 부회장(현) (종)천주교

## 김칠준(金七俊) KIM Chil Joon

(생)1960·10·30 (본)광산(光山) (출)전북 익산 (주)경기도 수원시 영통구 동수원로 555 법무법인 다산(031-213-2100) (학)1973년 검정고시 합격 1981년 성균관대 법학과졸 (경)1987년 행정고시 합격(31회) 1987년 사법시험 합격(29회) 1990년 사법연수원 수료(19기) 1990년 변호사 개업, 법무법인 다산 공동대표변호사, 민주사회를위한변호사모임 회원(현) 1996~1997년 다산인권센터 소장 1999~2006년 참여연대 작은권리찾기운동본부 본부장 1999~2006년 경기복지시민연대 공동대표 2000~2003년 경기지방노동위원회 공익위원 2000~2006년 사이버로펌 디지털로 대표변호사 2003~2005년 대한변호사협회 인권위원 2004~2006년 경기지방경찰학교 인권교육 강사 2004~2007년 인권재단 사람 이사장 2006년 경기대 관선이사 2007~2009년 국가인권위원회 사무총장 2009년 법무법인 다산 대표변호사(현) 2010년 민주사회를위한변호사모임 부회장 2019년 대법원 법관징계위원회 위원(현) (종)기독교

## 김태경(金台暻) Kim Tae Kyung

(생)1961·3·12 (출)경남 창녕 (주)서울특별시 강남구 테헤란로 317 동훈타워 법무법인(유) 대륙아주(02-3016-5385) (학)1979년 대구 성광고졸 1984년 고려대 법학과졸 1989년 미국 Franklin Pierce Law Center 대학원 지적소유권학과 수료 1991년 서울대 법학연구소 사법발전연구과정 이수 2010년 고려대 대학원 법학 박사과정 수료 2010년 중앙대 사회개발대학원 주택및자산관리최고경영자과정 수료 (경)1983년 사법시험 합격(25회) 1985년 사법연수원 수료(15기) 1986년 변호사 개업 1987년 변리사 등록 1989년 미국 특허청·저작권청 연수 1998년 숙명여대 교수 2000년 부산지법 판사 2001년 부산고법 판사 2003년 수원지법 판사 2004년 대구지법 부장판사 2006년 수원지법 부장판사 2008~2010년 서울동부지법 부장판사 2011년 동성종합법률사무소 변호사 2011년 행정협의조정위원회 조정위원 2011년 민주평통 상임위원, 同자문위원 2011년 국민생활체육회 감사 2011년 전문건설공제조합 운영위원 2012~2014년 법무법인 동성 대표변호사 2014년 법무법인(유) 대륙아주 변호사(현) 2014년 새만금개발청 고문변호사(현), 수서경찰서 청소년문화발전위원회 부위원장 겸 청소년선도심사위원회 위원(현) (상)서울시 강남구의회 의장표창(2014), 대통령표창(2014)

## 김태경(金泰京) Kim Tae-gyeong

(생)1963·1·7 (주)서울특별시 영등포구 여의대로 38 금융감독원 인사기획팀(02-3145-5475) (학)1982년 경남상고졸 1986년 동아대 법학과졸 2003년 성균관대 대학원 경영학과졸 2010년 경영학박사(성균관대) (경)1982년 한국은행 입행 1996년 신용관리기금 입사 2008년 금융감독원 저축은행감독국 팀장 2012년 同분쟁조정국 부국장 2015년 서울시청 파견(실장급) 2017년 금융감독원 상호여전감독국장 2018년 同저축은행감독국장 2019년 부산시청 파견(국장급)(현)

## 김태곤(金泰坤) KIim Tae Gon

(생)1963·4·5 (주)세종특별자치시 도움6로 11 국토교통부 시설안전과(044-201-3587) (학)2002년 연세대 공학대학원 건축공학과졸 (경)2011년 국토해양부 건축기획과 기술서기관 2011년 同국립해양생물자원관건립추진기획단 과장 2013년 국토교통부 종전부동산기획과장 2015년 세종특별자치시 건축과장 2017년 대전지방국토관리청 건설관리실장 2018년 同건설안전국장 2019년 국토교통부 시설안전과장(현)

## 김태곤

(생)1972 (주)세종특별자치시 갈매로 477 기획재정부 예산실 산업중소벤처예산과(044-215-7310) (학)한영고졸, 연세대 행정학과졸, 영국 런던정경대(LSE) 대학원졸 (경)1998년 행정고시 합격(42회), 기획재정부 예산실 예산총괄과·예산정책과·예산기준과·농림해양예산과·지역예산과 사무관 2009년 기획재정부 예산실 예산제도과 서기관 2016년 同예산실 지역예산과장 2017년 同예산실 예산기준과장 2017년 대통령 인사수석비서관실 행정관 2019년 기획재정부 예산실 산업정보예산과장 2019년 同예산실 산업중소벤처예산과장(현)

## 김태광(金泰光) KIM Tae Kwang

(생)1964·1·25 (출)충남 예산 (주)서울특별시 서초구 반포대로 158 서울중앙지방검찰청 중요경제범죄조사단(02-530-3114) (학)1982년 예산고졸 1986년 서울대 법학과졸 1988년 同대학원 법학과졸 (경)1989년 사법시험 합격(31회) 1992년 사법연수원 수료(21기) 1992년 서울지검 북부지청 검사 1994년 광주지검 목포지청 검사 1996년 수원지검 검사 1998년 춘천지검 검사 2000년 대검찰청 검찰연구관 2002년 서울지검 검사 2004년 청주지검 부부장검사 2005년 대전고검 검사 2006년 인천지검 부천지청 부장검사 2008년 법무연수원 교수 2009년 서울서부지검 공판송무부장 2009년 창원지검 형사1부장 2010년 서울고검 검사 2011년 광주지검 목포지청장 2012년 대전고검 검사 2014년 서울고검 검사 2016년 대구고검 검사 2018년 서울고검 검사(현) 2018년 서울중앙지검 중요경제범죄조사단 부장검사(현)

## 김태권(金泰權)

(생)1972·5·18 (출)경남 함안 (주)서울특별시 종로구 사직로8길 39 세양빌딩 김앤장법률사무소(02-3703-1114) (학)1991년 명신고졸 1996년 서울대 사법학과졸 (경)1997년 사법시험 합격(39회) 2000년 사법연수원 수료(29기) 2000년 공익 법무관 2003년 부산지검 검사 2005년 대전지검 서산지청 검사 2006년 인천지검 검사 2009년 서울중앙지검 검사 2012년 대검찰청 연구관 2014년 대구지검 포항지청 부장검사 2015년 부산지검 강력부장 2016년 대검찰청 마약과장 2017년 同조직범죄과장 2018~2019년 서울중앙지검 강력부장 2019년 김앤장법률사무소 변호사(현)

## 김태규(金泰圭) Kim Tae Kyu

(생)1967·9·28 (본)경주(慶州) (출)경북 경주 (주)부산광역시 연제구 법원로 31 부산지방법원 총무과(051-590-1507) (학)1985년 울산 학성고졸 1991년 연세대 법학과졸 1999년 同대학원 법학과졸 2002년 해사법학박사(한국해양대) 2005년 미국 인디애나대 로스쿨졸(LL.M.) (경)1996년 사법시험 합격(38회) 1999년 사법연수원 수료(28기) 1999~2004년 변호사 개업 2005~2006년 헌법재판소 헌법연구관 2007년 부산지법 판사 2009년 부산고법 판사 2011년 부산지법 판사 2014년 창원지법 판사 2015년 대구지법 부장판사 2017년 울산지법 부장판사 2019년 부산지법 부장판사(현) (종)가톨릭

## 김태균(金泰均) Kim Tae-Gyun

(생)1963 · 8 · 10 (주)전라남도 무안군 삼향읍 오룡길 1 전라남도의회(061-286-8200) (학)순천공고졸, 동의대 공과대학 산업공학과졸 2009년 조선대 경영대학원 경영학과졸 (경)광양경제신문 발행인, 同대표이사, 광양 중앙초 운영위원장, 동광양중 운영위원장, 태금중총동창회 회장, 순천공고총동창회 부회장, 동광양JC특우회 회장, 중마동체육회 상임부회장, 광양시상공인협의회 회장, 광양상공회의소 상공의원, 바르게살기운동 광양시협의회 부회장, 광양시환경운동연합 자문위원 2010년 전남 광양시의원선거 출마(민주당) 2012년 민주통합당 전남도당 지방중소기업발전특별위원회 위원장, LG전자 동광양점 대표 2014~2018년 전남도의회 의원(새정치민주연합 · 더불어민주당) 2014년 同경제관광문화위원회 위원 2015년 同예산결산특별위원회 위원 2016년 同여수세계박람회장사후활용특별위원회 위원 2016년 同전남도동부권산업단지안전환경지원특별위원회 위원 2016~2018년 同기획행정위원회 위원, 同윤리특별위원회 부위원장, 同여수순천 10.19사건특별위원회 위원 2018년 전남도의회 의원(더불어민주당)(현) 2018년 同경제관광문화위원회 위원장(현) (상)2017매니페스토약속대상 우수상 공약이행분야(2017)

## 김태균(金泰均) KIM TAE KYOON

(생)1969 · 2 · 28 (본)안동(安東) (출)서울 (주)서울특별시 중구 세종대로 110 서울특별시청 행정국(02-2133-5600) (학)1987년 경복고졸 1995년 연세대 행정학과졸 1997년 서울대 행정대학원 행정학과졸 2001년 호주 플린더스대 대학원 정책학과졸 2002년 同대학원 환경학과졸 (경)1994년 행정고시 합격(38회) 1996년 중앙공무원교육원 신임관리자과정 수료 1996년 서울시 사무관 2007년 同관광마케팅과장 2007년 同문화산업과장 2008년 同재정담당관 2011년 同여성정책담당관 2012년 同서울혁신기획관실 사회혁신담당관 2014년 同기획조정실 기획담당관 2015년 同기획조정실 기획담당관(부이사관) 2015년 同기획조정실 정책기획관 직대 2016년 同기획조정실 정책기획관 2018년 同정보기획관 2019년 同행정국장 2019년 同행정국장(이사관)(현) (상)국무총리표창(2005), 대통령표창(2013)

## 김태균(金泰均)

(생)1970·3·21 (출)경북 안동 (주)대구광역시 동구 첨단로 7 13층 신용보증기금 본점(053-430-4436) (학)1987년 대구 대건고졸 1991년 고려대 법학과졸 (경)1999년 사법시험 합격(41회) 2002년 사법연수원 수료(31기) 2002년 대구지법 예비판사 2004년 同판사 2005년 同상주지원 판사 2007년 대구지법 판사 2009년 同서부지원 판사 2010년 대구지법 판사 2011년 인천지법 판사 2012년 서울고법 판사 2013년 대법원 재판연구관 2013년 대구지법 서부지원 판사 2017년 신용보증기금 변호사(현)

## 김태극(金泰克) KIM Tae Keuk

(생)1964·5·3 (출)경북 (주)서울특별시 중구 후암로 110 서울시티타워 10층 (주)티머니(02-2288-6677) (학)대일고졸, 서울대 산업공학과졸, 同대학원 산업공학과졸 (경)1990년 앤더슨컨설팅 경영자문 Senior Consultant 1994년 LG CNS(舊 LG-EDS시스템) 컨설팅부문 입사 2000년 同제조사업본부 전자사업부 생산지원담당 본부장 2002년 同하이테크사업본부 전자사업부장(상무) 2004년 LG전자(주) 업무혁신팀장(CIO)(상무) 2007년 同정보전략팀장(상무) 2009년 LG CNS 솔루션사업본부장(상무) 2010년 同솔루션사업본부장(전무) 2013년 同하이테크사업본부장(전무) 2015년 同하이테크사업본부장(부사장) 2016년 同전략사업부장(부사장) 2017~2018년 同하이테크사업본부장(부사장) 2018년 (주)한국스마트카드 대표이사 사장 2019년 (주)티머니 대표이사 사장(현)

## 김태년(金泰年) Kim, Tae-Nyoun

(생)1960 · 12 · 23 (출)대구 (주)대구광역시 남구 현충로 170 영남대학교의료원 의료원장실(053-623-8001) (학)1979년 영남고졸 1985년 영남대 의대졸 1988년 同대학원 의학석사 1994년 의학박사(영남대) (경)1985~1986년 영남대병원 인턴 1986~1989년 同전공의 1989~1992년 군의관 1993년 영남대 의과대학 내과학교실 교수 1996~1998년 미국 미시간대 의과대학 소화기내과 연수 2003~2005년 영남대 교육연구부장 2003~2005 · 2007~2008년 同의과대학 부학장 2009~2011년 同건강증진센터장 2013~2014년 同병원장 2016~2017년 同의과대학장 겸 의학전문대학원장 2016 · 2019년 同의무부총장(현) 2016년 同의료원장 직대 2017 · 2019년 同의료원장(현) 2017~2019년 대한병원협회 대구 · 경북병원회 회장

## 김태년(金太年) KIM Tae Nyeon

(생)1964 · 1 · 24 (본)광산(光山) (출)전남 순천 (주)서울특별시 영등포구 의사당대로 1 국회 의원회관 447호(02-784-4570) (학)1983년 순천고졸 1990년 경희대 행정학과졸 2004년 한국방송통신대 중어중문학과졸, 경희대 행정대학원 안보정책학과졸 (경)1987년 경희대 총학생회장 1993년 성남청년단체연합 의장 1993년 민주주의민족통일성남연합 공동의장 겸 집행위원장 1993년 범민족대회 성남준비위원회 사무처장 1995년 성남미래준비위원회 위원장 1996년 성남청년광장 회장 2000년 나눔과미래 대표 2002년 한국청년연합회 성남지부 대표 2002년 새천년민주당 노무현 대통령후보 성남국민참여운동본부 공동본부장 2002년 개혁국민정당 전국운영위원장 2002년 同전국집행위원 2002년 (사)디딤돌 부이사장 2003년 개혁국민정당 성남시수정구지구당 위원장 2003년 열린우리당 중앙위원 2003년 민주평통 자문위원 2004~2008년 제17대 국회의원(성남시 수정구, 열린우리당 · 대통합민주신당 · 통합민주당) 2007년 열린우리당 원내부대표 2008년 민주당 성남시수정구지역위원회 위원장 2008~2010년 同중소기업특별위원회 위원장 2008~2010년 (사)더좋은민주주의연구소 정책위원장 2009~2010년 시민주권모임준비위원회 사무총장 2010~2011년 민주당 비상대책위원회 위원 2011년 노무현재단 기획위원(현) 2012년 민주통합당 교육혁신특별위원회 위원장 2012년 同대표 비서실장 2012년 제19대 국회의원(성남시 수정구, 민주통합당 · 민주당 · 새정치민주연합 · 더불어민주당) 2013년 국회 교육문화체육관광위원회 위원 2013년 민주당 성남시수정구지역위원회 위원장 2013년 同경기도당 위원장 2014~2015년 새정치민주연합 경기도당 공동위원장 2014년 국회 교육문화체육관광위원회 야당 간사 2014년 새정치민주연합 조직강화특별위원회 위원 2015년 同제5정책조정위원장 2015년 국회 정치개혁특별위원회 야당 간사 겸 공직선거법심사소위원회 위원 2016년 제20대 국회의원(성남시 수정구, 더불어민주당)(현) 2016~2018년 국회 기획재정위원회 위원 2016년 국회 예산결산특별위원회 간사 2016년 한국아동인구환경의원연맹(CPE) 회원(현) 2016년 더불어민주당 경기성남시수정구지역위원회 위원장(현) 2017년 同제19대 문재인 대통령후보 특보단장 2017~2018년 同정책위원회 의장 2017년 국정기획자문위원회 부위원장 2017년 민주연구원 이사(현) 2018년 국회 환경노동위원회 위원(현) 2018년 국회 정보위원회 위원 2018년 더불어민주당 혁신성장추진위원회 부위원장(현) 2019년 同교육공정성강화특별위원회 위원장 (상)대한민국 국회의원 의정대상(2013) (종)기독교

## 김태랑(金太郞) KIM Tae Rang

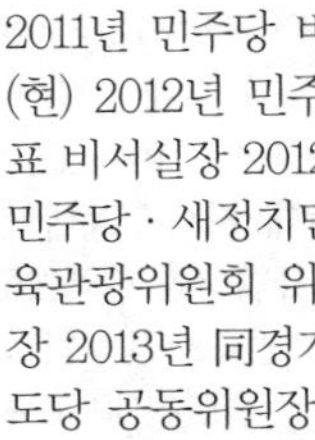

(생)1943·10·1 (본)김해(金海) (출)경남 창녕 (주)서울특별시 영등포구 국회대로68길 7 더불어민주당(1577-7667) (학)1961년 대구 대건고졸 1968년 부산수산대졸 1970년 연세대 경영대학원졸 2000년 명예 경제학박사(부경대) (경)1970년 신민당 입당, 동양통신 근무, PAN Asia 편집장, Buyer's Guide

홍보실장, 해외교육연구원 원장, 한국유학협의회 회장 1976년 민주회복국민회의 부산·경남운영위원, 평화관광 대표 1988년 평민당 국제국장 1990년 同조직국장 1991년 민주당 김대중 총재비서실 차장 1992년 同정치연수원 부원장 1995년 同조순 서울시장후보 조직위원장 1995년 국민회의 창당조직위원회 부위원장 1996년 同지방자치위원회 부위원장 1997년 同연구원 부원장 1998년 同사무부총장 1998년 同6.4지방선거 부산·경남선거대책본부장·총재특보 1999년 제15대 국회의원(전국구 승계, 국민회의·새천년민주당) 1999년 국민회의 경남도지부장 직대 2000년 새천년민주당 총재특보 2000년 同밀양·창녕지구당 위원장 2000년 同경남도지부장 겸 당무위원 2002년 同최고위원 2003년 同인사위원장 2003년 열린우리당 상임중앙위원 2004년 제17대 국회의원선거 출마(비례대표, 열린우리당) 2006~2008년 국회 사무총장 2012년 광림 사외이사 2013년 민주당 당무위원 2015년 새정치민주연합 고문 2015년 더불어민주당 고문(현) (상)대통령표창, 고성명예군민증(2017) (저)'용마루에 뜨는 달'(1999, 하서출판사) '우리는 산을 옮기려 했다'(2011, 이오북스) (종)기독교

## 김태련(金泰蓮·女) KIM Tae Lyon

(생)1937·11·4 (출)경남 함안 (주)서울특별시 송파구 충민로6길 17 (사)아이코리아 이사장실(02-413-1010) (학)1956년 서울대사대부고졸 1960년 이화여대 심리학과졸 1962년 同대학원 심리학과졸 1981년 프랑스 파리대 대학원 수료 1982년 문학박사(성균관대) (경)1960~1980년 이화여대 심리학과 조교·전임강사·조교수·부교수 1964~2003년 同심리학과 교수 1976~1986년 同교육심리학과장 1976~2011년 전국주부교실중앙회 이사 및 부회장 1980~1981년 프랑스 특수교육 및 발달장애치료기관 초빙교수 1980~1984년 이화여대 사범대학 동창회장 1982년 한국어린이육영회 회장 1982~1985년 한국어린이교육협회 회장 1983~1984년 청주대 교환교수 1986~1988년 미국 UCLA 객원교수 1987~2002년 아이코리아(前새세대육영회/한국어린이육영회) 이사 1988~1990년 한국발달심리학회 회장 1988년 한국니일연구회 부회장 1988~1994년 이화여대 언어청각임상센터 소장 1992~1996년 한국심리학회 상벌위원장 1993~2001년 한국사회문화연구원 학술담당 이사 1993년 여성심리학회 회장 1993~1995년 이화여대 사범대학장 1994년 교육부 중앙교육심의위원 1995년 UNESCO 한국위원회 교육분과위원 1995~2006년 YWCA연합회 실행위원 1995년 이화여대 이화인증원 초대원장 1995년 同교육대학원장 1995년 한국여성심리연구회 회장 1996년 한국심리학회 회장 1996년 한국자폐학회 회장 1996년 교육부 제7차교과과정 심의위원 1997~2001년 이화여대부속중·고 교장 1997~2003년 문화관광부 간행물심의위원 1998~2003년 한국여성심리학회 회장 1998~2001년 대통령자문 정책기획위원 1998~2000년 한국자폐학회이사회 이사장 1999~2007년 한민족통일중앙여성협의회 이사 1999~2003년 한국발달지원학회 회장 1999~2003년 서울카운슬러협회 회장 2000년 성숙한사회가꾸기모임 공동대표 2000~2003년 선농여성전문인모임 회장 2000~2001년 금란중·고 교장 2002년 바른사회를위한시민회의 공동대표 2002년 한국어린이육영회 회장 2002년 (사)아이코리아 이사장(현) 2003년 이화여대 심리학과 명예교수(현) 2003~2007년 인간발달복지연구소 이사장 2003년 한국발달지원학회 이사장(현) 2004년 서울시 정신보건심의위원(현) 2004년 한나라당 여의도연구소 이사 2006년 YWCA연합회 행정위원 2009년 아리수 홍보대사(현) 2010년 성숙한사회가꾸기모임 상임공동대표(현) (상)홍조근정훈장(2001), 황조근정훈장(2003), 대한민국 혁신경영인 대상(2005), 자랑스런 서울사대부고인상(2006), 한국심리학회 공로패(2008), 교육과학기술부장관 바른교육인상(2012) (저)'그림 좌절검사의 실시 및 채점 요령(성인용)'(1964) '일반심리학'(1967) '그림 좌절검사의 실시 및 채점 요령(아동용)'(1970) '효과적인 학습방법'(1973) '고교생활을 어떻게 할 것인가(編·共)'(1976) '일반심리'(1979) '신교육심리학'(1980) '첫아기 2년간'(1987) '발달심리학'(1987) '유아의 심리'(1995) '여성심리'(1996) '심리학개론'(1997) '통계분석법의 이해(編·共)'(1998) '성윤이는 내친구'(2000) '발달심리학'(2003) '발달장애심리학'(2003) '우리 아기랑 함께하는 24개월간의 이야기'(2005) (역)'젖먹이에게도 권리가 있다'(1973) '아동의 심리학적 발달'(1973) '나무 그림검사'(1985) '무엇이 우리를 두렵게 하는가'(1987) '성의 심리학'(1989) '교육학 심리학을 위한 통계분석법'(1992) '발달장애인을 위한 음악치료'(1994) '아동치료 접근'(1994) '무엇이 여성을 분노케 하는가'(1995) '남성의 폭력성에 관하여'(2002) '영재교육'(2003)

## 김태령(金兌昤·女) KIM Tae Ryung

(생)1963·9·22 (출)서울 (주)서울특별시 종로구 세종대로 152 일민미술관 관장실(02-2020-2050) (학)1986년 서울대 미술대학 조소학과졸 2009년 명지대 문화예술대학원 문화기획학과졸 (경)1996~2009년 일민미술관 기획실장(디렉터) 2001년 신문박물관 기획실장 2008년 인문학박물관 총괄책임 2010년 일민미술관 관장(현) 2013년 신문박물관 기획위원 2014년 同관장(현) (상)제14회 월간미술대상 장려상(2009) (작)전시기획 '딜레마의 뿔'(2007), '비평의 지평'(2009)

## 김태롱(金泰瓏) KIM Tae Rong

(생)1933·10·19 (출)부산 (주)부산광역시 수영구 수영성로 43 (사)수영고적민속예술보존협회(051-752-2947) (경)1973년 중요무형문화재 제62호 좌수영어방놀이 입문 1979년 부터 좌수영어방놀이 연례발표공연 1980년 중요무형문화재 좌수영어방놀이 발표공연 1984년 일본 히비아공원에서 좌수영어방놀이 공연 1986년 중요무형문화재 제62호 좌수영어방놀이 이수자 선정 1992년 중국 길림성 조선족자치국 40주년 창립기념 공연 1994년 중요무형문화재 제62호 좌수영어방놀이 전수조교 선정 1996년 일본 오히타현 국제민속교류 공연 1998년 그리스 국제페스티벌 공연 1999년 대만 미아올린 국제가면축제공연 2000년 우크라이나 국제민속축제 공연 2002년 월드컵 축하공연 2002년 국가무형문화재 제62호 좌수영어방놀이(악사) 예능보유자 지정(현)

## 김태룡(金泰龍)

(생)1959·5·4 (출)부산 (주)서울특별시 송파구 올림픽로 25 잠실야구장내 두산베어스(02-2240-1777) (학)부산고졸 1983년 동아대졸 (경)1983~1989년 프로야구 롯데 자이언츠 입사 1990~1999년 프로야구 OB 베어스 근무 2000년 프로야구 두산베어스 운영홍보팀장 2004년 同운영홍보부문 부장 2009년 同운영홍보부문 이사 2011년 同단장(상무) 2016년 同단장(전무)(현)

## 김태범(金泰範) KIM Tae Bum

(생)1962·11·3 (출)대전 (주)대전광역시 서구 둔산중로78번길 40 봉화빌딩 201호 대전종합법무법인(042-489-9782) (학)1980년 대전고졸 1985년 서울대 법과대학졸 1987년 同대학원 법학과 수료 (경)1985년 사법고시 합격(27회) 1988년 사법연수원 수료(17기) 1991년 변호사 개업, 대전종합법무법인 변호사(현) 1999년 환경운동연합 조사위원 2002년 교직원노동조합 고문변호사 2015년 대전지방변호사회 제1부회장 2017~2018년 同회장 2018년 세종특별자치시의회 고문변호사(현) (종)천주교

## 김태병(金琫炳) KIM, Tae Byung

(생)1966·10·22 (출)서울 (주)서울특별시 강남구 테헤란로 317 동훈타워 법무법인(유) 대륙아주(02-563-2900) (학)1985년 오산고졸 1989년 서울대 사법학과졸 1996년 서울대 대학원 법학석사과정 수료 2000년 미국 뉴욕대 대학원졸(LL.M.) 2003년 서울대 법과대학 국제통상법전문과정 수료 (경)1989년 사법시험 합격(31회) 1992년 사법연수원 수료(21기) 1992년

軍법무관 1995년 인천지법 부천지원 판사 1997년 서울가정법원 판사 2000년 미국 뉴욕대 연수 2000년 제주지법 판사 2001년 광주고법 제주부 판사 2003년 서울고법 판사 2005년 서울중앙지법 판사 2007년 광주지법 부장판사 2008년 수원지법 부장판사 2011년 서울서부지법 부장판사 2013년 서울대 총동창회 이사 2013~2014년 서울중앙지법 부장판사 2014~2016년 법무법인(유) 바른 변호사 2016년 법무법인(유) 대륙아주 변호사(현) 2016년 대한상사중재원 중재인(현)

### 김태복(金泰福) KIM TAE BOK

(생)1960·2·17 (본)광산(光山) (출)경북 영덕 (주)부산광역시 남구 문현금융로 40 주택도시보증공사 경영전략본부(051-955-5800) (학)1997년 한국방송통신대 행정학과졸 2004년 부산대 대학원 행정학과졸 (경)2010년 부산지방국토관리청 관리국장 2012년 국토해양부 항공정책실 공항환경과장 2013년 국토교통부 교통물류실 물류산업과장 2014년 同신도시택지개발과장 2015년 同감사담당관 2017년 제주지방항공청장 2018년 행정중심복합도시건설청 기반시설국장(일반직고위공무원) 2018년 주택도시보증공사 경영전략본부장(상임이사)(현)

### 김태봉

(생)1960 (출)충북 청원 (주)대전광역시 유성구 가정북로 68 대덕대학교 이공관 4층 40415호(042-866-0382) (학)세광고졸, 충북대 토목공학과졸, 토목공학박사(충북대), 동국대 산업기술환경대학원 건축물리모델링 최고전문가과정 수료 (경)(주)대우건설 근무 1993년 대덕대 인테리어디자인과 교수(현), 한국사립대학교수회연합회 이사, 대전시 건설기술심의위원, 교육부 교과서편수자료심의위원, 한국사대학교수회연합회 이사, 대전시 건설기술심의의원, 교육부 교과서편수자료심의의원 2019년 대덕대 총장(현)

### 김태석(金太石) KIM Tae Suk

(생)1955·1·21 (출)제주 북제주 (주)제주특별자치도 제주시 문연로 13 제주특별자치도의회(064-741-2004) (학)제주 오현고졸, 제주대 행정학과졸 (경)제주 북초교총동창회 부회장, 제주 오현고총동창회 이사, 제주대총동창회 이사, 신제주토산품 사장, 지역경제살리기범도민대책위원회 공동대표, 학교폭력예방교실 모니터링사업단장, 제주특별자치도 제주시 지역경제분과 위원장, 신제주로타리클럽 총무, 제주도기념품산업혁신연구단 위원 2004년 6.5재보선 제주시의원선거 출마(무소속), 민예품판매업협동조합 이사장 2006년 제주도의원선거 출마(열린우리당) 2010년 제주특별자치도의회 의원(민주당·민주통합당·민주당·새정치민주연합) 2010~2012년 同환경도시위원회 위원장 2012년 同교육위원회 위원 2014~2018년 제주특별자치도의회 의원(새정치민주연합·더불어민주당) 2014년 同환경도시위원회 위원 2014~2015년 同예산결산특별위원회 위원 2014년 同인사청문특별위원회 위원 2016~2014년 同운영위원회 위원장 2016~2018년 同윤리특별위원회 위원장 2016~2018년 同문화관광스포츠위원회 위원 2016~2018년 同제주특별법제도개선및토지정책특별위원회 위원 2017~2018년 전국시·도의회운영위원장협의회 공동회장 2018년 제주특별자치도의회 의원(더불어민주당)(현) 2018년 同의장(현) (종)불교

### 김태석(金泰碩) KIM Tae Seok

(생)1958·4·25 (출)경남 남해 (주)부산광역시 사하구 낙동대로398번길 12 사하구청 구청장실(051-220-4001) (학)1976년 동아고졸 1981년 부산대 경제학과졸 1988년 서울대 행정대학원 행정학과졸 1992년 미국 위스콘신대 대학원 정책학과졸 (경)1981년 행정고시 합격(24회) 1981년 총무처 수습사무관 1983년 조달청 충북지청 관리과장 1985년 정무제1장관실 사무관 1992년 정무제2장관실 사무관 1998년 대통령 여성정책비서관실 서기관 1999년 한국교원대 교무과장 2000년 여성특별위원회 정책조정관실 기획담당관 2001년 여성부 여성정책실 기획관리심의관 2002년 同권익증진국장(부이사관) 2003년 同기획관리심의관 2003년 同차별개선국장 2004년 同보육업무이관추진단장 2004년 同보육정책국장 2005년 미국 유타대 연수 2006년 여성가족부 여성정책본부장 2008년 여성부 기획조정실장 2010년 여성가족부 청소년가족정책실장 2010년 한국청소년활동진흥원 이사장 2011~2013년 여성가족부 차관 2013~2015년 한국외국어대 교육대학원 초빙교수 2015~2018년 한국건강가정진흥원 이사장 2018년 부산시 사하구청장(더불어민주당)(현) (종)기독교

### 김태성(金泰成) Kim Tae Sung

(생)1960·7·14 (본)경주(慶州) (출)경북 경주 (주)대구광역시 중구 공평로 88 대구광역시청 감사관실(053-803-2300) (학)1979년 경주고졸 2004년 경북과학대 사회복지과졸 2010년 한국방송통신대 법학과졸 2013년 경북대 정책대학원 사회복지학과졸 (경)2012년 대구시 조직관리담당 사무관 2013년 同예산총괄담당 사무관 2015년 同시민소통과장(서기관) 2016년 同자치행정국 인사과장 2018년 同감사관(현)

### 김태송(金泰松) Tae Song Kim

(생)1959·7·19 (본)영산(永山) (출)충북 영동 (주)서울특별시 성북구 화랑로14길 5 한국과학기술연구원 뇌과학연구소 바이오마이크로시스템연구단(02-958-5564) (학)1982년 연세대 세라믹공학과졸 1984년 한국과학기술원(KAIST) 재료공학과졸(석사) 1993년 공학박사(한국과학기술원) (경)1984~1989년 대우통신(주) 대리 1994~1999년 한국과학기술연구원(KIST) 선임연구원 1997년 미국 미네소타대 전기과 MTL Lab. Post-Doc. 1999년 한국과학기술연구원(KIST) 마이크로시스템연구센터 책임연구원 2000년 同마이크로시스템연구센터장 2004~2010년 지식경제부 지능형마이크로시스템개발사업단장 2007~2011년 한국MEMS연구조합 이사장 2009년 MicroTAS 2009 대회장 2011년 한국바이오칩학회 회장 2011년 ISMM 운영위원회 회장(현) 2011~2014년 한국과학기술연구원(KIST) 바이오마이크로시스템연구단 책임연구원 2013년 同치매조기진단기술개발사업연구단장 2013년 同오픈리서치연구프로그램단장 2015년 同뇌과학연구소 바이오마이크로시스템연구단 책임연구원·사업단장(현) (상)한국과학기술연구원(KIST) 선정 이달의 KIST인상(2002), 국무총리표창(2003), 제13회 한국공학한림원 젊은 공학인상(2009), 과학기술포장(2015) (종)가톨릭

### 김태수(金泰洙) KIM TAE SOO (情愚堂)

(생)1954·9·3 (본)광산(光山) (출)전남 진도 (주)서울특별시 마포구 월드컵로 134 (주)디투엔지니어링(02-716-3913) (학)조선대병설공고전문학교5년졸, 명지대졸, 연세대 공학대학원졸, 공학박사(숭실대) (경)2003년 철도청 전철과장 2004년 同철도인력개발원장 2005년 한국철도공사 인재개발원장 2005년 同호남고속철도준비기획단장 2006년 중앙공무원교육원 고위자과정 교육파견 2007~2009년 숭실대 겸임교수 2010년 (주)두승엔터프라이스 대표이사 2016년 (주)디투엔지니어링 CEO(현) (상)모범공무원상(1990), 녹조근정훈장(2004) (종)불교

### 김태수(金泰洙) KIM Tae Soo

(생)1957·9·7 (주)서울특별시 중구 세종대로 125 서울특별시의회(02-3702-1400) (학)상지대 행정학과졸 (경)서울 중랑구청장 비서실장, 민주당 서울중랑甲지역위원회 민원실장, 서영교 국회의원 정책특별보좌역, 면목경전철추진위원회 부위원장, 중랑협동조합포럼 상임이사, 在京중랑강원

향우회 부회장 2014년 새정치민주연합 정책조정위원회 부위원장 2014~2018년 서울시의회 의원(새정치민주연합 · 더불어민주당) 2014 · 2016년 同교통위원회 위원 2014~2015년 同의회개혁특별위원회 위원 2015~2016년 同인권특별위원회 위원 2015년 同항공기소음특별위원회 위원 2015~2016 · 2017년 同예산결산특별위원회 위원 2015~2017년 수도권교통본부 조합회의 의장 2016년 서울시의회 서울메트로사장후보자인사청문특별위원회 위원장 2017년 同면목선등경전철건설사업조속추진지원을위한특별위원회 위원장 2017년 同윤리특별위원회 위원 2018년 서울시의회 의원(더불어민주당)(현) 2018년 同환경수자원위원장(현) 2019년 同체육단체 비위근절을 위한 행정사무조사 특별위원회 위원(현) (상)대한민국을 빛낸 21세기 한국인상 지방자치의회 공로부문(2015), 2016 매니페스토약속대상 공약이행분야(2017)

### 김태수(金兌洙)

(생)1963 · 3 (주)서울특별시 영등포구 은행로 38 한국수출입은행 경제협력본부(02-3779-6013) (학)연세대 법과대학 법학과졸, 한국개발연구원(KDI) 국제정책대학원 금융학과졸 (경)2010년 한국수출입은행 경협사업부 중남미 · 중동팀장 2013년 同기획부 업무기획팀장 2015년 同중남미아프리카부장 2016년 同경협사업1부장 2016년 同경협총괄부장 2018년 同경제협력본부장(현)

### 김태식(金台植) KIM Tai Shik

(생)1939 · 8 · 12 (본)경주(慶州) (출)전북 완주 (학)1958년 전주고졸 1962년 중앙대 경상대학 경제학과졸 1964년 同대학원졸 1998년 명예 경제학박사(전북대) (경)1965년 국민경제연구원 연구위원 1966년 서울시 시정전문위원 1972년 한국정책연구소 연구실장 1976년 국회부의장 수석비서관 1977년 신민당 당수비서실장 · 중앙상무 위원 1981년 제11대 국회의원(전주 · 완주, 민주한국당) 1983년 민주한국당(민한당) 재정금융분과위원장 1986년 민주화추진협의회 상임운영위원 1987년 평화민주당(평민당) 전당대회 부의장 1988년 同정책위원회 부위원장 1988년 제13대 국회의원(완주, 평민당 · 신민당 · 민주당) 1989년 평민당 대변인 1991년 同총재 비서실장 1991년 신민당 당무위원 1992년 제14대 국회의원(완주, 민주당 · 국민회의) 1992년 민주당 전북지부장 1993년 同원내총무 1993년 同당무위원 1995년 同사무총장 1996년 제15대 국회의원(완주, 국민회의 · 새천년민주당) 1996~1998년 국회 농림해양수산위원회 위원장 1996~2004년 한 · 호주의원친선협회 회장 1999년 만경강 · 동진강살리기운동연합회 회장 2000년 새천년민주당 당무위원 2000~2004년 제16대 국회의원(완주 · 임실, 새천년민주당) 2000년 갑오동학농민혁명연구회 회장 2002~2004년 국회 부의장 2002년 새천년민주당 전당대회 의장 2003년 同전국대의원대회 의장 2004년 성남미래발전연구회 회장 2011년 민주당 고문 2012년 제19대 국회의원선거 출마(전북 전주덕진, 무소속) (저)'역사의 부채에는 시효가 없다' '여의도심포니오케스트라컨덕터' 'WTO체제 한국농업의 진로' '한국경제의 허상과 실상' '인류와 함께하는 농업' '국가경쟁력 이제는 국회가 나설때다' (역)'인간경영'(레스기브린) (종)기독교

### 김태식(金台植) KIM Tae Sik

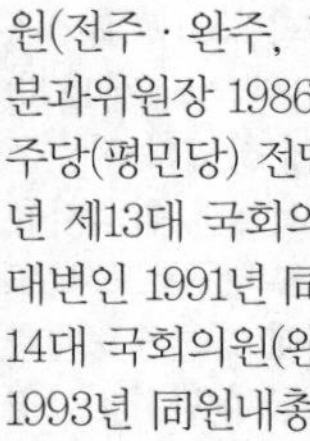

(생)1946 · 11 · 25 (본)함녕(咸寧) (출)서울 (주)서울특별시 강남구 논현로121길 22 한국유나이티드제약(주)(02-512-9981) (학)1965년 서울고졸 1970년 한국외국어대 무역학과졸 (경)SK그룹 경영기획실 근무, SK케미칼 근무 1995~2015년 한국유나이티드제약(주) 전무이사 2016년 同전무(현) (상)산업자원부장관표창, 노동부장관표창, 보건복지부장관표창, 충남도지사표창, 경찰청장표창, 제약산업출입기자단 BEST PR상(2010), 제38회 상공의 날 산업포장(2011), 행정안전부 감사장(2012)

### 김태식(金台植) Kim Taeshik (섬계)

(생)1967 · 10 · 6 (본)김녕(金寧) (출)경북 김천 (주)서울특별시 종로구 율곡로2길 25 연합뉴스 문화부(02-398-3114) (학)1986년 김천고졸 1992년 연세대 영어영문학과졸 2009년 선문대 대학원 역사학과졸 (경)2010년 연합뉴스 문화부 예비전문기자(차장급) 2011년 同문화부 예비전문기자(부장대우) 2014년 同문화부 예비전문기자(부장급) 2018년 同문화부장(부국장대우)(현) (저)'풍납토성, 500년 백제를 깨우다'(2000, 김영사) '화랑세기, 또 하나의 신라'(2001, 김영사) '신라속의 사랑, 사랑속의 신라(삼국시대편)'(2006, 경인문화사) '흥무대왕 김유신 연구(共)'(2011, 경인문화사) '직설 무령왕릉'(2016, 메디치미디어) '부여 능산리 고분 · 사지, 지난 100년의 일기'(2017, 부여군) '화엄사에 가고 싶다(共)'(2017, CPN)

### 김태업(金泰業) KIM Tae Eop

(생)1968 · 8 · 27 (본)안동(安東) (출)전북 고창 (주)서울특별시 서초구 서초중앙로 157 서울중앙지방법원(02-530-1114) (학)1987년 신흥고졸 1992년 서울대 법학과졸 (경)1993년 사법시험 합격(35회) 1996년 사법연수원 수료(25기) 1999년 전주지법 판사 2001년 同군산지원 판사 2003년 인천지법 판사 2007년 서울고법 판사 2008년 대법원 재판연구관 2011년 광주지법 부장판사 2012년 사법연수원 교수 2014년 인천지법 부천지원 부장판사 2014년 의정부지법 부장판사 2015년 서울남부지법 부장판사 2017년 서울중앙지법 부장판사(현) (종)불교

### 김태엽(金泰燁)

(생)1960 · 7 · 14 (주)제주특별자치도 서귀포시 중앙로 105 서귀포시청 부시장실(064-760-2010) (학)제주 오현고졸, 제주대졸 (경)1987년 공무원 임용 2010년 제주특별자치도 인재개발원 교육운영담당 2011년 同민군복합형관광미항추진단 지원팀장 2014년 同축산분뇨악취개선추진팀장 2015년 同카지노감독관리추진팀장 2015년 국가평생교육진흥원 사무국장 2016년 제주특별자치도 관광정책과장(지방서기관) 2016년 同비서실장 2018년 제주 서귀포시 부시장 직대(지방서기관) 2019년 同부시장(지방부이사관)(현)

### 김태영(金泰榮) Kim Tae-young

(생)1949 · 1 · 13 (본)김해(金海) (출)서울 (주)서울특별시 용산구 이태원로 29 전쟁기념관 435-1호 한국전쟁기념재단(02-792-1950) (학)1968년 경기고졸 1973년 육군사관학교졸(29기), 서강대 독어독문학과졸 1973년 독일 육군사관학교 수학 1994년 영국왕립국방대(Royal College of Defence Studies)졸 (경)1984년 육군 제15사단 26포병 대대장 1989년 합참의장 보좌관 1991년 육군 제8사단 포병연대장 1993년 육군 제56사단 참모장 1995년 합동참모본부 전략기획참모부 전쟁기획과장 1996년 대통령 외교안보수석비서관실 국방담당관 1997년 육군 제6군단 포병여단장 1998년 국방부 장관보좌관 2000년 육군 보병 제23사단장 2002년 육군본부 기획관리참모부장 2003년 국방부 정책기획국장 2004년 수도방위사령관(중장) 2005년 합동참모본부 작전본부장(중장) 2006년 육군 제1야전군사령관(대장) 2008~2009년 합참의장(대장) 겸 통합방위본부장 2009~2010년 국방부 장관 2011년 한국국방연구원 연구자문위원 2011~2016년 학교법인 한민학원(한민고) 이사장 2011년 국방NCW포럼 회장(현) 2012년 아주대 NCW학과 초빙교수(현) 2016년 한국전쟁기념재단 이사장(현) 2017~2019년 한국항공우주산업(KAI) 사외이사 2017년 육군포병전우회 회장(현) 2019년 대한민국수호예비역장성단 공동대표(현) (상)대통령표창, 보국훈장 통일장, 보국훈장 천수장, 조계종 불자(佛子)대상(2008), 자랑스런 서강인상(2009) (종)불교

## 김태영(金泰永) KIM Tae Young

(생)1953·3·27 (본)선산(善山) (출)부산 (주)서울특별시 중구 명동11길 19 전국은행연합회(02-3705-5201) (학)1971년 영남상고졸 1975년 명지대 경영학과졸, 한양대 CEO과정 수료, 고려대 정책대학원 최고위과정 수료 (경)1971년 농업협동조합중앙회 입사 1992년 同해외사무소(일본) 차장 1994년 同금융부 금융계획과장 1996년 同비서실 비서역 1997년 同서현지점장 2002년 同의정부·양주시군지부장 2005년 同수신부장 2007년 同금융기획부장 2008년 同기획실장 2008·2010~2012년 同신용부문 대표이사 2013년 경기신용보증재단 이사장 2013~2014년 농업협동조합중앙회 부회장 2013~2015년 한국법무보호복지공단 비상임이사 2017년 전국은행연합회 회장(현) (상)대통령표창(1979), 은탑산업훈장(2010)

## 김태영(金泰永)

(생)1958·4·5 (출)경북 김천 (주)경상북도 울진군 죽변면 해양과학길 22 (재)환동해산업연구원(054-780-3400) (학)김천고졸, 동국대 농업경제학과졸, 同경영대학원 경영학과졸, 해양산업경영학박사(부경대) (경)2002~2008년 한국해양과학기술원 기획부장·행정부장 2006년 경기테크노파크 사업화협회 2008~2009년 미국 로드아이랜드대 해양정책학부 방문연구원 2009~2011년 한국해양과학기술원 동해연구소 운영관리실장 2012~2014년 同해양R&D실용화센터장 2015~2016년 同경영기획본부장 2016~2017년 同ICT융합연구단장 2017년 (사)경북해양포럼 이사장(현) 2017년 (재)환동해산업연구원 원장(현)

## 김태영(金太榮) Kim Tae Yeong

(생)1960·7·17 (주)강원도 춘천시 중앙로 1 강원도청 기획조정실 세정과(033-254-2011) (학)1978년 강원 도계종합고졸 1981년 영주전문대학 세무회계과졸 (경)1988년 공무원 임용(9급 공채) 2009년 강원도 디엠제트박물관 학예교육담당 2010년 同자연환경연구사업소 운영담당(지방행정사무관) 2011년 同환경관광문화국 관광홍보담당 2012년 同자치행정국 세무과 세무조사담당 2012년 同자치행정국 세정과 세무조사담당 2013년 同안전자치행정국 세정과 세무조사담당 2015년 同기획조정실 세정과 세입관리담당 2017년 강원도장애인체육회 파견(지방서기관) 2018년 강원 영월군 부군수 2019년 강원도 기획조정실 세정과장(현) (상)강원도지사표창(2000·2001), 행정자치부장관표창(2002), 대통령표창(2005)

## 김태오(金泰午) KIM Tae oh

(생)1954·11·27 (출)경북 (주)대구광역시 북구 옥산로 111 DGB금융지주(053-740-7900) (학)1974년 경북고졸 1978년 연세대 경영학과졸 (경)1991년 하나은행 입행 2000년 同가계금융팀장 2001년 同서현역지점장 2002년 同대구경북지역본부장 2005년 同가계영업기획추진본부담당 부행장보 2006년 同카드본부 부행장보 2006년 (주)하나금융지주 상무이사 2008년 同최고인사책임자(CHRO·부사장) 2009년 하나은행 영남사업본부 부행장 2010년 同고객지원그룹총괄 부행장 2012~2014년 하나생명보험(주) 대표이사 사장 2014년 同고문 2018년 DGB금융지주 대표이사 회장(현) 2019년 대구은행장 겸직(현) (종)천주교

## 김태옥(金泰玉) KIM Taeok (白川)

(생)1944·5·6 (출)경북 성주 (주)서울특별시 강남구 영동대로 702 화천회관빌딩 8층 시호비전 비서실(02-3446-5001) (학)1982년 고려대 경영대학원 최고경영자과정 수료 1988년 건국대 행정대학원 부동산학과졸 1988년 연세대 경영대학원 최고경영자과정 수료 1993년 고려대 생명과학대학원 최고위과정 수료 1995년 행정학박사(가천대) 1999년 연세대 언론홍보대학원 최고위과정 수료 2000년 고려대 컴퓨터과학대학원 정보통신과정 수료 2001년 한국과학기술원(KAIST) 테크노경영대학원 최고정보경영자과정 수료 2002년 한국체육대 사회체육대학원 최고경영자과정 수료 2003년 한양대 국제관광대학원 최고엔터테인먼트과정 수료 2004년 서울대 환경대학원 CEO환경경영포럼 수료 2004년 전국경제인연합회 국제경영원 글로벌최고경영자과정 수료 2006년 순천향대 건강과학CEO과정 수료 2006년 서울과학종합대학원 4TCEO과정 수료 2006년 미국 Univ. of Pennsylvania The Wharton School CEO Institute과정 수료 2007년 숙명여대 최고경영자과정 수료 2007년 서울과학종합대학원 TPCEO과정 수료 2008년 세종대 경영전문대학원 세계경영자최고위과정 수료 2008년 서울과학종합대학원 기후변화리더십과정 수료 2010년 IGM세계경영연구원 7SP최고경영자과정 수료 2011년 명예 경영학박사(순천향대) (경)1982년 한국보이스카우트 서울연맹 실행이사 1989년 (주)시호터미널 회장(현) 1989·1995년 (사)대한안경사협회 회장(제9·12대) 1990년 한국안광학회 회장 1991년 대구산업정보대 교수, (주)시호비전 회장(현) 1995년 안경사국가고시 출제위원 1996년 서울송파甲선거관리위원회 위원 1997년 한성대 행정학과 객원교수 2002년 한국과학기술원(KAIST) 테크노경영자클럽 회장 2002년 한국체육대 사회체육대학원 최고경영자과정 동문회장 2003년 전국경제인연합회 국제경영원 글로벌최고경영자과정 동문회 회장, 제주도 명예도민(현) 2006년 순천향대 건강과학CEO과정 동문회장 2006년 서울대총동문회 이사(제21대) 2006년 미국 Univ. of Pennsylvania The Wharton School CEO Institute 동문회장, (주)에스에이치엔터테인먼트 회장 2007년 숙명여대 최고경영자과정 동문회장 2008년 한양대 최고엔터테인먼트과정 총동문회 수석부회장, 고려대 경영전문대학원 총교우회 지도위원(현) 2008년 연세대 경영전문대학원 최고경영자과정 총동문회 수석부회장 2008년 세종대 경영전문대학원 A.G.M.P. 교수부장, 대한상공회의소 유통위원회 위원(현), 고려대총교우회 제29대 상임이사(현), 한국과학기술원(KAIST) 경영대학 최고경영자과정(AIM) 총동문회장, 서울대총동창회 종신이사(현), 연세대 경영전문대학원 최고경영자과정(AMP) 총동창회장, 민주평통 제15기 상임위원, (사)건국대통령이승만박사기념사업회 부회장, 초당대 안경광학과 객원교수 2010년 국제라이온스협회 354(韓國)-C(서울)지구 총재 2011년 同354(韓國)복합지구총재협의회 의장(제42대) 2012년 시호반도체LED 회장(현) 2013년 민주평통 제16·17기 직능운영위원(현) 2013년 새누리당 재정위원회 부위원장 2014년 한국자유총연맹 고문 2014년 IBK기업은행 명예 홍보대사 2016년 울릉도·독도 명예주민 (상)(사)대한안경사협회 공로상(1998), 연세대 언론홍보대학원 공로상(1999), 한국과학기술원 공로상(2001), 한국체육대 최고경영자상 대상(2003), 제1회 헤럴드경제 이코노미스트상 안경전문기업부문(2005), 전국경제인연합회 IMI 글로벌 최고경영자상 대상(2005), 전국경제인연합회 국제경영원 최우수동문상(2006), 순천향대 최고경영자상(2006), 삼성테스코(주) Best Partner Award(2006), 한국언론인연합회 안경부문 최고브랜드대상(2006), 전국경제인연합회 최우수경영인상(2006), 서울과학종합대학원 TPCEO 경영자상(2007), 서울종합과학대학원 공로상(2007), 연세대 최고경영대상 제조부문대상(2008), 제17회 대한민국문화대상(2009), 최우수기업인 지식경제부장관표창(2009), 한국일보·Fortune Korea '2011 한국 경제를 움직이는 인물 40人' 사회책임경영부문 선정(2010), 대한적십자사 헌혈유공장(2011), 제1회 국민추천포상 국민포장(2011), 서울특별시장표창(2011), 외교통상부장관표창(2011), 농림수산식품부장관표창(2011), 보건복지부장관표창(2011), 중앙일보·JTBC '2014 한국경제를 움직이는 CEO' 사회책임경영부문 선정(2014) (저)'안경원경영론'(청림출판사) '안경사법개론'(도서출판 대학서림) (종)불교

## 김태완(金兌完) Kim, Taewan

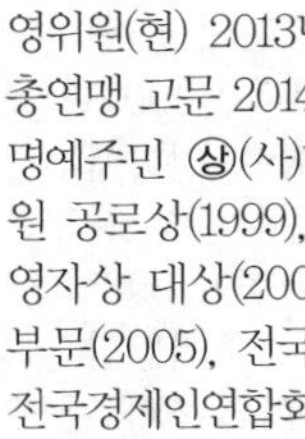

(생)1948·8·13 (본)서흥(瑞興) (출)경남 창녕 (주)대구광역시 수성구 동대구로 390 범어타워 1207호 (사)한국미래교육연구원(053-741-5318) (학)1967년 서울고졸 1971년 서울대 사범대학 교육학과졸 1977년 同교육대학원 교육학과졸 1983년 미국 미시간대 대학원 교육사회학과졸 1988년 철학

박사(미국 미시간대) (경)1972년 상인천중 교사 1973~1974년 공군기술고 교관 1974~1977년 공군대학(現합동군사대) 학술교관 1977~1980년 유네스코 한국위원회 청년원 지도교수 1982~1988년 미국 미시간대(Univ. of Michigan) Teaching Assistant·Research Assistant 1989~1992년 한국교육개발원 책임연구원·통일교육연구부장 1992~2013년 계명대 사범대학 교육학과 교수 2001년 同사범대학장 2002년 同유아교육대학원장, 대통령자문 교육개혁위원회 전문위원 2002년 한국교육재정·경제학회 회장 2004~2005년 미국 컬럼비아대 방문연구교수 2006~2008년 계명대 교무처장 2009~2012년 한국교육개발원(KEDI) 원장 2010년 국무총리실 교육개혁협의회 민간위원 2012~2014년 한국과학창의재단 비상임이사 2014년 학습혁명포럼 회장(현) 2014년 대통령자문 학교폭력대책위원회 공동위원장(현) 2014년 (사)한국미래교육연구원 이사장 겸 원장(현) 2016년 교육부 정책자문위원회 지방교육재정개혁분과 위원장 2018년 KDI 국제정책대학원 초빙교수(현) (상)미국 미시간대 Best Dissertation Award(1988), 제42회 한국도서관상 단체상(2010), 교육부장관표창(2013) (저)'교육재정론'(1995) '교육학 대백과사전 : 고등교육재정'(1998) '글로벌시대의 교육'(2013) '한국교육의 미래전략(共)'(2016) (종)천주교

## 김태완(金泰完) Kim, Tae-wan

(생)1962·1·9 (본)김해(金海) (출)경북 상주 (주)서울특별시 관악구 관악로 1 서울대학교 공과대학 조선해양공학과(02-880-1434) (학)1981년 경기고졸 1985년 한양대 산업공학과졸 1987년 同대학원 산업공학과졸 1993년 미국 애리조나주립대 대학원 컴퓨터공학과졸 1996년 컴퓨터공학박사(미국 애리조나주립대) (경)1996~1999년 미국 (주)Siemens PLM Software 소프트웨어 엔지니어 1999~2001년 서울대 정밀기계설계공동연구소 특별연구원 2001~2003년 세종대 컴퓨터공학부 디지털콘텐츠학과 조교수 2001~2003년 同컴퓨터공학부 디지털콘텐츠학과장 2001~2005년 한국게임학회 총무이사 2003~2005년 한국멀티미디어학회 이사 2003년 서울대 공과대학 조선해양공학과 교수(현) 2004~2008년 한국컴퓨터그래픽스학회 기획이사 2007~2008년 한국산업응용수학회 편집이사 2008~2009년 대한조선학회 편집이사 2008~2009년 차세대융합기술연구원 기획조정실장 2008~2010년 지식경제부 산업·IT융합포럼 조선·IT분과위원회 위원장 2009~2010년 BK21 해양기술인력양성사업단 부단장 2009~2010년 한국산업응용수학회 대외협력이사 2009~2011년 한국 CAD/CAM학회 부회장 2010~2014년 서울대 경력개발센터 소장 2011~2014년 한국 CAD/CAM학회 감사 2012년 국제학술지 'Computer-Aided Design' 편집위원(현) 2012~2014년 서울대 관악사 사감 2014~2017년 同공과대학 미래융합기술과정 주임교수, 同해양시스템공학연구소 소장(현) (상)가헌신도리코재단 가헌학술상(2006), 서울대 공대 우수강의상(2007·2008), 기획재정부장관표창(2010), 한국 CAD/CAM학회 공로상(2011), 서울대총장 공로패(2013), 서울대 관악사감 공로패(2014) (저)'Global Talent Program 일본: 최첨단기술편'(2011, 서울대 경력개발센터) 'Summer Global Talent Program 미국: 월스트리트 및 IT 기업편'(2011, 서울대 경력개발센터) 'Winter Global Talent Program 미국 워싱턴: 정치·외교편'(2012, 서울대 경력개발센터) 'Summer Global Talent Program 방콕: 국제기구·NGO편'(2013, 서울대 경력개발센터) '서울대 아크로폴리스 토론 프로그램 2013년 활동집'(2014, 서울대 관악사) '서울대 커리어 기자단과 함께 하는 Career Stroy'(2014, 서울대 경력개발센터) 'SNU COMPASS A Complete Guide to Your Seoul Life'(2014, 서울대 관악사)

## 김태우(金泰宇) Taewoo KIM

(생)1950·6·6 (출)대구 (주)서울특별시 중구 통일로 86 바비엥3차 612호 바른사회시민회의(02-741-7660) (학)1976년 영남대 경영학과졸 1981년 한국외국어대 통역대학원 한영과졸, 미국 몬트레이대 통역대학원 수료 1989년 미국 뉴욕주립대 대학원 정치학과졸 1989년 정치학박사(미국 뉴욕주립대) (경)1976~1979년 대우개발·대우실업 사원 1981~1983년 전국경제인연합회 국제부 과장 1981~1984년 국제회의 동시통역사(한영) 1983~1984년 금성사 부장 1990~2011년 한국국방연구원 선임연구위원·책임연구위원 1993년 KBS 북핵관련 객원해설위원 1995~2001년 국제평화전략연구원 수석연구위원 1998년 세종연구소 상임객원연구위원 1999~2001년 국회 정책연구위원·경수로사업단 자문위원·민주평통 상임위원 2001년 한국국방연구원 대외협력실장 2004~2005년 경기대 정치대학원 겸임교수 2004~2006년 한국국방연구원 안보전략연구센터 군비통제연구실장 2006년 同국방정책연구실 국방정책연구원 2006~2007년 국회 북핵특별위원회 위원 2008~2009년 한국국방연구원 국방현안연구위원장(부원장급) 2008~2010년 국무총리실 정부업무평가위원 2010년 대통령직속 국방선진화추진위원회 군구조분과 위원장 2011~2012년 통일연구원 원장 2011년 공군 정책발전자문위원장 2011년 해병대 정책자문위원 2011년 해군 발전자문위원장 2012~2016년 동국대 행정대학원 석좌교수 2016년 바른사회시민회의 공동대표(현) 2017년 자유한국당 북핵위기대응특별위원회 위원 (저)'한국핵은 왜 안되는가'(1994, 지식산업사) 'Dealing With the North Korean Nuclear Problem(編)'(1995, 한울사) '저승바다에 항공모함 띄웁시다'(1999, 다물출판사) '미국의 핵전략 우리도 알아야 한다'(2003, 살림출판사) '주한미군 보내야 하나 잡아야 하나'(2005, KIDA Press) '북핵 감기인가 암인가'(2006, 시대정신) (역)'핵테러리즘'(2007, 한국해양전략연구소) (작)세미나·토론회·공청회 등 발표 약 650건 (종)가톨릭

## 김태우(金泰佑) KIM Tae Woo

(생)1959·3·13 (주)서울특별시 종로구 대학로 101 서울대치과병원 치과교정과(02-2072-3817) (학)서울대 치의학과졸, 同대학원 치의학과졸, 치의학박사(서울대) (경)1990년 서울대 치과병원 교정과 전임의사 1994~1996년 同치과대학 전임강사 1995~1997년 미국 워싱턴대 교환교수 1996~2004년 서울대 치과대학 조교수·부교수 2004년 同치과대학 치과교정학교실 교수 2004년 同치과병원 치과교정과장 2010~2014년 대한치과교정학회 부회장 2014~2016년 同회장 2016~2018년 同명예회장, 서울대 치의학대학원 치과교정학교실 교수(현) (상)국무총리표창(1983), 미국치과교정학회 Joseph E. Johnson Clinical Award(2007)

## 김태우(金泰佑) Taewoo Kim

(생)1967·5·19 (본)김해(金海) (출)서울 (주)서울특별시 영등포구 여의대로 66 KTB자산운용(주) 임원실(02-788-8500) (학)1993년 연세대 경영학과졸 (경)1993~2000년 하나은행 주식 및 채권운용담당 2000~2004년 (주)미래에셋자산운용 주식운용팀장 2004년 피델리티자산운용(주) 포트폴리오 매니저 2006년 同한국주식투자부문 대표(전무) 2007~2014년 同피델리티펀드-코리아펀드(Fidelity Funds-Korea Fund) 운용자(전무) 2016년 KTB자산운용(주) 대표이사(현) (상)올해의 최고펀드매니저(2002), 한국펀드대상(2003) (종)기독교

## 김태우(金泰佑)

(생)1968·8·20 (출)경남 고성 (주)부산광역시 동구 진성로 23 부산진세무서 서장실(051-461-9200) (학)경남 진주고졸, 세무대학졸(7기), 성균관대 경영대학원졸 (경)세무공무원 임용(8급 특채) 1989년 경남 마산세무서 총무과 근무 1998년 서울지방국세청 조사1국·조사2국 근무 2012년 同조사4국 근무 2014년 국세청 법규과 근무 2015년 同조사1과 3팀장·2팀장·1팀장 2017년 경남 진주세무서장 2019년 부산진세무서장(현)

## 김태우(金泰佑)

(생)1976·7·1 (출)경남 밀양 (주)제주특별자치도 제주시 남광북5길 3 제주지방법원 총무과(064-729-2423) (학)1995년 광명고졸 2001년 고려대 법학과졸 (경)2000년 사법시험 합격(42회) 2003년 사법연수원 수료(32기), 울산지법 판사 2009년 인천지법 판사 2012년 서울중앙지법 판사 2014년 서울가정법원 판사 2016년 서울중앙지법 판사 2018년 제주지법 부장판사(현)

## 김태웅(金泰雄) KIM Tae Ung

(생)1948·2·6 (출)서울 (주)서울특별시 중구 세종대로 124 한국프레스센터 11층 뉴스통신진흥회(02-734-4813) (학)1966년 용산고졸 1976년 고려대 철학과졸 1982년 싱가포르국립대 수료 1992년 고려대 경영대학원 수료 2002년 한양대 언론정보대학원졸 (경)1975년 합동통신 해외경제부 기자 1984~1987년 연합통신 캐나다특파원 1992년 同과학부 차장 1994년 同경제3부 부장대우 1995년 同과학부장 1998년 同논설위원 1998년 연합뉴스 논설위원 1999년 同국제뉴스국 부국장 직대 2000년 同국제뉴스국장 직대 2003년 同출판국장 2004년 同논설위원 2005년 同논설위원실 고문 2005~2008년 뉴스통신진흥회 사무국장 2009년 중부대 신문방송학과 겸임교수(현) 2016~2017년 연합뉴스사우회 부회장 2018년 뉴스통신진흥회 감사(현) (상)대통령표창 (종)기독교

## 김태원(金兌原) KIM Tae Won

(생)1951·3·19 (본)김해(金海) (출)대전 (주)경기도 수원시 장안구 정조로 944 자유한국당 경기도당(031-979-7045) (학)1968년 대전고졸 1975년 동국대 연극영화과졸 1979년 연세대 대학원 행정학과졸 (경)1981년 민주정의당 사무처 합격 1989년 同정책위원회 행정자치전문위원 1995년 국회 정책연구위원 1996년 여의도연구소 행정실장 1997년 신한국당 의원국장 1998년 한나라당 재정국장 1999년 同직능국장 2003년 同대표 특별보좌역 2005년 同중앙위 부의장 2006년 고양시재향군인회 자문위원장(현) 2006년 장애인정보화협회 고문 2006년 한나라당 고양덕양乙당원협의회 운영위원장 2007년 同제17대 대통령중앙선거대책위원회 직능정책본부 부본부장 2007년 同전국위원회 상임전국위원 2008년 제18대 국회의원(고양 덕양乙, 한나라당·새누리당) 2009년 대통령 특사(EU·헝가리·덴마크·오스트리아) 2010년 한나라당 원내부대표 2011년 同경기도당 수석부위원장 2012~2016년 제19대 국회의원(고양 덕양乙, 새누리당) 2012~2013년 새누리당 제2사무부총장 2012년 국회 교육과학기술위원회 위원 2012년 국회 예산결산특별위원회 위원 2012년 새누리당 제18대 대통령중앙선거대책위원회 종합상황실 부실장 2013년 국회 미래창조과학방송통신위원회 위원 2013·2014~2015년 국회 국토교통위원회 위원 2014년 새누리당 중앙위원회 의장 2014년 同비상대책위원 2014~2015년 국회 예산결산특별위원회 위원 2014~2015년 국회 국민안전혁신특별위원회 여당 간사 2015년 국회 국토교통위원회 여당 간사 2015년 새누리당 국토교통정책조정위원장 2016년 同경기고양시乙당원협의회 운영위원장 2017년 자유한국당 경기고양시乙당원협의회 운영위원장(현) (상)한국과학기술단체총연합회 대한민국 국회 과학기술 우수의정상(2013), 법률소비자연맹 선정 국회 헌정대상(2013), 경제정의실천시민연합 국정감사 우수의원(2014), 한국언론사협회 대한민국우수국회의원대상 최고대상(2014) (종)기독교

## 김태원(金泰元)

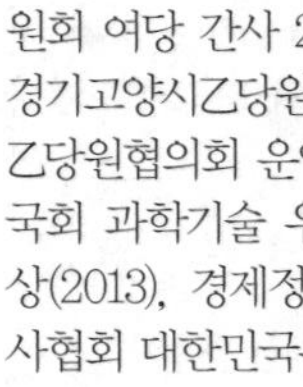

(생)1960·11·6 (주)대구광역시 중구 공평로 88 대구광역시의회(053-803-5041) (학)경북고졸, 영남대 경영학과졸 (경)주호영 국회의원 사무국장(보좌관), 지산종합사회복지관 운영위원(현) 2014~2018년 대구시 수성구의회 의원(새누리당·바른정당·자유한국당) 2016~2018년 同사회복지위원장, (사)자연보호중앙연맹 이사(현) 2018년 대구시의회 의원(자유한국당)(현)

## 김태원(金泰元)

(생)1963·3·9 (출)경북 안동 (주)서울특별시 영등포구 여의대로 60 NH투자증권(주) 홀세일사업부(02-768-7000) (학)안동고졸, 안동대 행정학과졸 (경)럭키증권 근무 2005년 KGI증권 투신영업2부 이사대우 2008년 솔로몬투자증권 투신영업2부 이사대우 2008년 토러스투자증권(주) 법인사업본부장(상무) 2010년 토러스투자증권 전무 2011년 골드만삭스자산운용 영업본부장, 한화자산운용(주) CS/R&D본부장(전무) 2016년 DS자산운용(주) 공동대표이사 2019년 NH투자증권(주) 홀세일사업부 대표(부사장)(현)

## 김태유(金泰由) KIM Tai Yoo

(생)1951·3·20 (본)안동(安東) (출)부산 (주)서울특별시 관악구 관악로 1 서울대학교 기술경영경제정책대학원(02-880-7228) (학)1969년 경복고졸 1974년 서울대 자원공학과졸 1980년 미국 West Virginia대 대학원 경제학과졸 1983년 경제학박사(미국 Colorado School of Mines) (경)1983~1987년 미국 Iona대 경영시스템학과 조교수 1984~1985년 미국 Columbia대 Post-Doc. 1992~1993년 미국 Arizona대 객원교수 1994년 국회 과학기술연구회 위원 1999~2001년 대한석탄공사 사외이사 2000년 한국기술혁신학회 수석부회장 2002년 정보통신부 심사평가위원회 위원장 2002~2003년 한국자원경제학회 회장 2003~2004년 대통령 정보과학기술보좌관 2003년 한국공학한림원 정회원(현) 2003년 한국과학기술한림원 정회원(현) 2005~2006년 외교통상부 에너지자원대사 2005~2013년 한국혁신학회 회장 2006~2007년 대한민국혁신포럼 공동위원장 2006~2007년 방송통신융합추진위원회 민간위원 겸 정책산업분과위원장 2006~2015년 서울대 공과대학 산업공학과 교수 2006~2015년 同기술경영경제정책대학원 교수 2006~2008년 국가에너지위원회 위원 2007~2008년 국방발전자문위원회 위원 2008년 한국전력공사 KEPCO발전전략포럼 위원 2008~2009년 바른과학기술사회실현을위한국민연합 공동대표 2009년 법무부 정책위원회 위원 2010~2011·2012~2014년 한국여성정책연구원 연구자문위원 2011·2015~2016년 한국공학한림원 부회장 2014~2017년 공군 정책발전자문위원 2015~2018년 SK가스(주) 사외이사 2015년 서울대 기술경영경제정책대학원 명예교수(현) 2017년 대통령직속 북방경제협력위원회 민간위원(현) 2018~2019년 한국전력공사 사외이사 (상)서울대 훌륭한 공대교수상 교육상(1999), 한국공학한림원 기술정책상(2004), 과학기술훈장 혁신상(2006), 한전학술대상(2011) (저)'현대산업사회와 에너지(共)'(1992) '21세기 인간과 공학(共)'(1995) '환경·자원 정책론'(1996) '21세기 청색혁명과 해양환경정책론(共)'(2002) '정부의 유전자를 변화시켜라 : 성공하는 정부의 新공직인사론'(2009, 삼성경제연구소) '국부의 조건'(2012) '은퇴가 없는 나라'(2013) 'Economic Growth'(2014) '패권(霸權)의 비밀(共)'(2017, 서울대 출판문화원) (역)'The Prize'(1993) 'The Resource Wars-자원의 지배(共)'(2002)

## 김태유(金泰裕) KIM Tae You

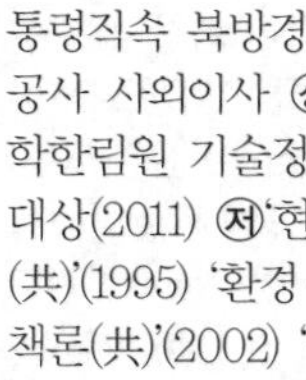

(생)1961·1·28 (주)서울특별시 종로구 대학로 101 서울대학교암병원(02-740-8114) (학)1986년 서울대 의대졸 1994년 同대학원 의학석사 1996년 의학박사(서울대) (경)1986~1987년 서울대병원 인턴 1987~1990년 육군 군의관 1990~1994년 서울대병원 내과 전공의 1994년 同혈액종양내과 전임의 1995년 원자력병원 혈액종양내과장 1998~2000년 미국 하버드대 Medical School 선임연구원 2000년 서울대 의대 내과학교실 조교수·부교수·교수(현) 2004~2005년 미국 플로리다대 방문교수 2007년 서울대병원 기획조정실 기획담당 2010~2015년 同진료부단장 2011~2015년 同암진료부장 2015~2017년 서울대암병원장 2017년 한국유전체학회 회장 (상)보령암학술상(2009), 광동 암학술상(2015)

## 김태윤(金泰潤) Tae-Yoon Kim

(생)1956·1·7 (본)김해(金海) (출)대구 (주)서울특별시 서초구 반포대로 222 서울성모병원 피부과(02-2258-6221) (학)1974년 경북고졸 1980년 가톨릭대 의대졸 1983년 同대학원졸 1989년 의학박사(가톨릭대) (경)1980~1989년 가톨릭대 의과대학 성모병원 레지던트·전임강사 1985년 미국 마운트시나이대병원 방문교수 1986년 미국 텍사스공대 화학과 박사후연구원 1986~1988년 同MD앤더슨암센터 면역학과 박사후연구원 1987년 미국피부연구학회 정회원(현) 1988년 세계피부연구학회 정회원(현) 1989년 울산해성병원 피부과장 1991~2003년 가톨릭대 의과대학 피부과학교실 전임강사·조교수·부교수 1993~1995년 대한광학회 간사 1994~1996년 대한알레르기학회 교육위원 1995~1999년 대한피부연구학회 재무이사·간행이사·총무이사 1997년 일본피부연구학회 정회원(현) 1997~1999년 대한건선학회 학술이사 1998~2005년 대한레이저학회 이사 1998~2008년 한국의학레이저학회 이사 2000년 미국피부과학회 정회원(현) 2001년 아토피피부염학회 평위원(현) 2001~2006년 가톨릭대 피부면역학연구소 국가지정연구소 총괄책임자 2001~2005년 대한건선학회 간행이사·재무이사 2003년 가톨릭대 의과대학 피부과학교실 교수(현) 2003~2004년 세계광학회 조직위원 2004년 생화학·분자생물학회 회원간사 2005년 가톨릭대 산학협력단 창업보육심의위원회 선임위원·위원 2005~2007년 同암연구소 운영위원 2005~2008년 해양수산부 정책심의위원 2005년 지식경제부 기획평가위원 2005년 서울시정개발연구원 기획평가위원 2005년 보건복지부 주요정책회의 위원·의료클러스터조성분과협의회 위원·기획평가위원 2005~2007년 대한건선학회 회장 2006년 생화학·분자생물학회 재무간사 2006년 가톨릭대 의과대학 BK21생명의과학사업단 운영위원 2006년 세계건선학회 학술위원 2007년 한국보건산업진흥원 보건의료기술평가위원 2007년 대한피부과학회 조직위원 2007~2009년 한국분자세포생물학회 산학연협력위원장 2007~2009년 식품의약품안전청 화장품심의위원 2007~2009년 가톨릭대 서울성모병원 임상연구심의위원 2008년 보건복지가족부 한의약연구개발사업 신규과제선정평가위원 2008년 한국과학기술기획평가원(KISTEP) BT분야 중장기계획 전문가 자문위원 2008년 한국과학재단 특정기초연구지원사업 패널평가위원 2008년 대한면역학회 재무운영위원장 2009년 한국노화학회 대의원 2009년 생화학분자생물학회 설악학술토론회 위원장 2009년 제22차 세계피부과학회 조직위원 2009~2011년 보건복지가족부 전문위원 2009년 대한피부과학회 이사 2010~2012년 해양바이오정책협의회 정책위원 2011~2016년 대한피부연구학회 이사장·이사 2011년 대한생화학분자생물학회 윤리위원 2012년 서울성모병원 연구부원장 2012년 가톨릭대 성의연구진흥실장 2013~2014년 생화학분자생물학회 이사 2013~2015년 한국연구재단 국제백신연구소 공동연구관리위원 2014년 Celgene 자문위원 2015년 한국보건산업진흥원 보건신기술(NET) 전문분과위원(현) 2016년 대한민국의학한림원 회원인사위원회 위원(현) 2018년 생화학분자생물학회 부회장(현) (상)대한피부연구학회 우암학술상(2004), 한국생화학분자생물학회 학술대회 포스터상(2007), 대한건선학회 학술공로상(2011), 대한피부과학회 오현상(2012), 대한건선학회 KSP 건선학술상(2013), 대한피부과학회 최우수논문 은상(2014), 한국연구재단 선정 '기초연구 우수성과'(2014), 제55차 가톨릭대 대학원학술상(2016) (저)'응급의학(共)'(2000) '대한천식 및 알레르기학(共)'(2001) '피부과학(피부면역학)'(2001) '아토피 피부염의 진단과 치료(共)'(2001) '건선의 병인과 치료 Update in Psoriaisi 건선(共)'(2006) '안면 노화방지 로드맵(共)'(2006) '피부과학 제5판(共)'(2008) '임상진료지침(共)'(2011) (역)'건선에 대한 100문 100답'(2006) (종)천주교

## 김태윤(金泰潤) KIM Tae Yoon

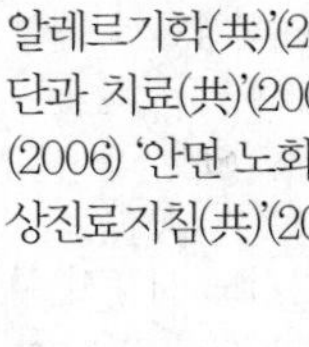

(생)1958·9·29 (본)경주(慶州) (출)제주 제주시 (주)제주특별자치도 제주시 삼무로1길 5 정도빌딩 3층 제주투데이(064-751-9521) (학)1977년 제주제일고졸 1984년 제주대 농화학과졸 2006년 고려대 정책대학원 최고위과정 수료 (경)1984년 제주MBC TV제작부 차장 1998년 同광고사업부 근무 1999년 同보도제작국 TV제작부 차장 2000년 同광고사업부장 2002년 同TV제작부장 2003년 同TV제작부장 겸 편성제작국장 2005년 同광고사업부장 2009년 同기획사업국장 2009년 同보도제작국 편성제작팀 국장급 2014년 제주투데이 대표이사 사장 겸 발행인(현) (상)가톨릭방송대상, 전국네트워크프로그램평가 우수작품상

## 김태윤(金泰潤) KIM Tae Yoon

(생)1961·4·14 (주)서울특별시 성동구 왕십리로 222 한양대학교 정책과학대학 행정학과(02-2220-0838) (학)1985년 서울대 경영대학 경영학과졸 1987년 경희대 평화복지대학원 행정학과졸 1993년 미국 하버드대 케네디스쿨 정책학과졸 1997년 정책학박사(미국 하버드대) (경)1998~2001년 한국행정연구원 수석연구원·규제개혁연구센터 소장 2000~2001년 同공공안전관리연구센터 소장 2001~2006년 한양대 사회과학대 사회과학부 행정학전공 조교수 2002년 同행정문제연구소장 2002년 한국규제학회 연구이사 2004년 한국정책학회 편집위원 2004년 계간학술지 「한국행정연구」 편집위원 2004년 한국생활안전연합 공동대표 2006년 한국정책학회 연구이사 2006~2007년 중앙공무원교육원 겸임교수 2006~2008년 국회예산정책처 사업평가국장 2006년 한양대 사회과학대학 행정학전공 부교수, 同정책과학대학 행정학과 교수(현) 2009·2014년 대통령직속 규제개혁위원회 위원 2010~2012년 한국규제학회 회장 2019년 CJ제일제당(주) 사외이사 겸 감사위원(현) (상)근정포장(2003), 홍조근정훈장(2011) (저)'행정학의 주요 이론(共·編)'(2000, 법문사) '비용·편익분석의 이론과 실제 : 공공사업평가와 규제영향분석(共)'(2004, 박영사) '독립규제위원회의 발전방향(共·編)'(2004, 한국경제연구원)

## 김태은(金兌垠) KIM Tae Eun

(생)1972·7·22 (본)경주(慶州) (출)서울 (주)서울특별시 서초구 반포대로 158 서울중앙지방검찰청 공공수사2부(02-530-4307) (학)1991년 경기고졸 1997년 서울대 사법학과졸 2000년 同법학과 대학원졸 (경)1998년 사법시험 합격(40회) 2002년 사법연수원 수료(31기) 2002년 서울지검 동부지청 검사 2004년 의정부지검 검사 2007년 부산지검 검사 2009년 서울중앙지검 검사 2012년 대검찰청 검찰연구관 2014년 대전지검 검사 2016년 서울중앙지검 부부장검사 2016년 '박근혜 정부의 최순실 등 민간인에 의한 국정농단 의혹 사건' 파견 2017년 서울중앙지검 부부장검사 2017년 국가정보원 파견 2018년 서울중앙지검 첨단범죄수사1부장 2018년 서울동부지검 사이버수사부장 2019년 서울중앙지검 공안2부장 2019년 同공공수사2부장(현)

## 김태은(金台殷)

(생)1973·5·19 (출)전남 무안 (주)부산광역시 연제구 법원로 31 부산가정법원 총무과(051-590-0065) (학)1991년 부산 대동고졸 1997년 동아대 법학과졸 (경)2000년 사법시험 합격(42회) 2003년 사법연수원 수료(32기) 2004년 광주지법 판사 2007년 부산지법 판사 2010년 의정부지법 고양지원 판사 2013년 서울중앙지법 판사 2015년 서울가정법원 판사 2017년 의정부지법 고양지원 판사 2019년 부산가정법원 부장판사(현)

## 김태응(金兌應) KIM Tae Eung

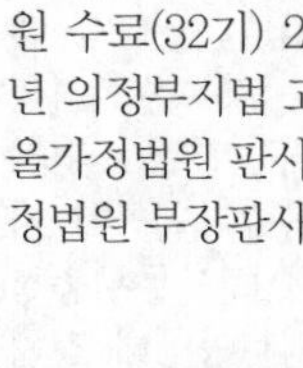

(생)1965·9·1 (출)서울 (주)세종특별자치시 도움5로 20 국민권익위원회 상임위원실(044-200-7026) (학)1983년 환일고졸 1991년 성균관대 행정학과졸 2006년 同법학대학원졸 (경)1993년 행정고시 합격(37회) 1994년 법제처 법제조정실 사무관 1996~1997년 국무총리행정심판위원회 사무관 2001년 법제처 법제기획담당관실 서기관 2005년 同정책홍보관리실 정책홍보담당관 2008년 국민권익위원회 서기관 2008년 호주 직

무훈련 2010년 국민권익위원회 행정심판국 환경문화심판과장 2011년 同행정심판국 행정심판총괄과장(부이사관) 2011년 同행정관리담당관 2013년 同제도개선총괄과장 2014년 同행정심판국 행정심판심의관(고위공무원) 2016년 同권익개선정책국장 2017년 국가공무원인재개발원 교육파견(고위공무원) 2018년 국민권익위원회 행정심판국장 2018년 同상임위원(현) (상)통일원장관표창(1997), 한글학회 '우리 말글 지킴이' 선정(2003)

### 김태의(金泰毅) KIM Tae Eui

(생)1960·11·16 (출)경기 부천 (주)서울특별시 마포구 마포대로 130 별정우체국연금관리단 이사장실(02-3278-7700) (학)철도고졸 1988년 성균관대 행정학과졸 (경)1988년 행정고시 합격(32회) 1989년 공직 입문 1998년 정보통신부 전파기획과 서기관 1999년 同초고속망구축과 서기관 2000년 김해우체국장 2002년 우정사업본부 전산관리소 업무과장 2005년 同금융사업단 예금과장 2005년 同예금사업과장 2007년 同예금사업단 예금사업팀장 2009년 同우편사업단 우표팀장 2010~2011년 同우편정책팀장(부이사관) 2011년 국방대학원 파견(부이사관) 2012년 지식경제부 우정사업본부 우편사업단 물류기획관 2013년 미래창조과학부 우정사업본부 제주지방우정청장 2016년 同우정사업본부 강원지방우정청장 2017~2018년 과학기술정보통신부 우정사업본부 강원지방우정청장 2018년 별정우체국연금관리단 이사장(현) (상)근정포장(2015)

### 김태익

(생)1971·3·10 (출)대구 (주)대구광역시 중구 공평로 88 대구광역시청 정책기획관실(053-803-2370) (학)대구 대건고졸, 고려대 행정학과졸, 한국개발연구원 국제정책대학원 정책학과졸, 영국 에딘버러대 경영대학원 경영학과졸(MBA) (경)1999년 지방고시 합격(5회), 대구 남구 대덕문화전당관리소장, 대구시 과학기술진흥실 지식산업·연구개발·연구기반 사무관, 同문화체육관광국 문화예술과 문화시설·문화기획사무관, 同문화체육관광국 교육학술팀장 2009년 대구경북경제자유구역청 유치1실장 2012년 대구시 경제통상국 고용노동과장 2015년 同창조경제본부 경제기획관 2017년 同창조경제본부장 직무대리 겸임 2017년 국외훈련 파견(지방부이사관) 2018년 대구시 기획조정실 정책기획관(현)

### 김태일(金台鎰) KIM Taeil

(생)1955·10·24 (출)경북 안동 (주)경상북도 경산시 대학로 280 영남대학교 정치외교학과(053-810-2641) (학)1973년 안동고졸 1982년 고려대 정치외교학과졸 1984년 同대학원졸 1992년 정치학박사(고려대) (경)1991~1992년 고려대 부설 평화연구소 연구원 1992년 민족통일연구원 책임연구원 1994년 영남대 정치외교학과 교수(현) 1995년 同총장 비서실장 1998~2004년 同통일문제연구소장 1999년 지방분권운동 대구·경북본부 상임위원 2004년 열린우리당 대구·경북총선기획단장 2004년 제17대 국회의원선거 출마(대구 수성甲, 열린우리당) 2005년 열린우리당 대구시당 위원장 2005년 한국수자원공사 사외이사 2005년 열린우리당 비상집행위원 2006년 同사무부총장 2007년 민생정치준비모임 사무처장 2008~2010년 영남대 정치행정대학장 2010년 민주당 수권정당을위한당개혁특별위원회 자문단장 2013년 同기초자치선거공천제도찬반검토위원장 2014년 민주당·새정치연합 신당창당추진단 위원 2014~2015년 대구경북학회 회장 2014년 대구시민단체연대회의 공동대표 2016~2017년 同상임대표 2016년 2.18안전문화재단 이사장(현) 2017년 국민의당 혁신위원회 위원장 2017년 同제2창당위원회 공동위원장 2018년 한국방송공사(KBS) 이사(현) (저)'지역사회지배구조와 농민'(1990, 연구사) '지방자치제와 한국사회민주변혁'(1991, 민중사) '북한주민의 인성연구'(1992, 민족통일연구원) '조국통일을 위한 전민족대단결 10대 강령과 북한의 대남정책'(1993, 민족통일연구원) '우리시대의 정치(共)'(2003, 영남대) '새로운 북한읽기를 위하여(共)'(2004, 법문사) '1970년대 민중운동연구(共)'(2005, 민주화운동기념사업회) '日韓政治社會の比較分析'(2006, 慶應義塾大學出版會株式會社) '한국정치와 비제도적 운동정치(共)'(2007, 한울아카데미) (역)'국가와 정치이론'(1986, 한울) '민족해방운동사'(1998, 지양사)

### 김태일(金泰逸) Taeil Kim

(주)서울특별시 성북구 안암로145 고려대학교 행정학과(02-3290-2282) (학)1987년 서울대 경제학과졸 1989년 同행정대학원 행정학과졸 1995년 정책학박사(미국 카네기멜론대) (경)1996년 서울시정개발연구원 초빙책임연구원 1997~2001년 경희대 행정학과 조교수 2000~2004년 행정자치부 표준정원산식자문위원회 자문위원 2001년 함께하는시민행동 운영위원, 同공동대표(현) 2001년 고려대 행정학과 부교수·교수(현) 2001~2004년 기획예산처 기금평가위원 2002~2004년 중앙인사위원회 심사평가위원 2002~2006년 부패방지위원회 자문위원 2004·2006년 정부투자기관경영평가위원회 위원 2004년 보건복지부 국민연금투자운용기획단 연구위원 2005년 정부산하기관경영평가위원회 위원 2005~2007년 건강보험연구센터 초빙연구원 2008년 공공기관경영평가위원회 위원 2010~2012년 고려대 정부학연구소장 2018~2019년 대통령직속 정책기획위원회 산하 재정개혁특별위원회 위원 2019년 서울시의회 예산정책연구위원회 부위원장(현) 2019년 고려대 정경대학장 겸 정책대학원장(현) (저)'공공부문의 효율성 평가와 측정(共)'(2001, 집문당) '공공정책의 자료해석과 상황판단'(2006, 법문사) '국가는 내 돈을 어떻게 쓰는가'(2013, 웅진지식하우스) '재정은 내 삶을 어떻게 바꾸는가'(2014, 코난북스) '한국경제, 경로를 재탐색합니다'(2017, 코난북스)

### 김태정(金泰政) KIM Tae Joung

(생)1941·11·8 (본)영광(靈光) (출)부산 (주)서울특별시 서초구 반포대로 86 신원빌딩 (주)로시컴 임원실(02-3481-3700) (학)1959년 광주고졸 1964년 서울대 법대졸 1967년 同사법대학원졸 (경)1964년 사법시험 합격(4회) 1967년 해군 법무관 1970~1981년 대구지검·춘천지검 강릉지청·서울지검 영등포지청·법무부 송무2과 검사 1981년 법무부 송무1과장 1981년 서울지검 의정부지청 부장검사 1982년 대검찰청 중앙수사부 3과장 1983년 同중앙수사부 1과장 1985년 서울지검 특수3부장 1986년 同특수1부장 1987년 同동부지청 차장검사 1988년 인천지검 차장검사 1989년 수원지검 차장검사 1990년 서울지검 제2차장검사 1991년 同동부지청장 1992년 법무부 기획관리실장 1993년 同보호국장 1993년 대검찰청 중앙수사부장 1994년 부산지검장 1995년 법무부 차관 1997년 검찰총장 1999년 법무부 장관 2000~2010년 (주)로시콤 대표이사 2000~2010년 同법률구조재단 이사장 2002년 법무법인 코리아 대표변호사(현) 2010년 (주)로시컴 대표이사(현) 2010년 同법률구조재단 이사장(현) (상)홍조·황조근정훈장 (저)'정당의 해산에 관한 고찰' (종)기독교

### 김태정

(생)1961·3·29 (출)충남 금산 (주)경기도 시흥시 시청로 20 시흥시청 부시장실(031-310-2010) (학)1980년 충남기계공고졸 2004년 한국방송통신대 행정학과졸 2008년 아주대 대학원 경영학과졸 (경)1980년 공무원 임용(지방행정서기보) 2012년 경기도 일자리정책과장 2013년 同지역정책과장 2015년 경기 양평군 부군수(지방부이사관) 2016년 교육 파견 2017년 경기 오산시 부시장 2018년 경기 시흥시 부시장(현)

**김태주(金太柱) KIM Tai Joo**

(생)1941 · 10 · 21 (본)김해(金海) (출)제주 (주)제주특별자치도 서귀포시 성산읍 난고로 342-64 제주태양에너지발전(주) 임원실(064-743-8043) (학)1978년 제주실업전문대학 전기과졸 (경)1978년 제주MBC 송신소장 1984년 한국전기통신공사 송신소장 1988년 제주MBC 기술국 국장대우 1994년 同기술국장 1999년 동양정보통신 이사 2003년 국제방송교류재단 상임고문 2007년 제주태양에너지발전(주) 대표이사(현) (종)기독교

**김태주(金泰朱) Tae Joo KIM**

(생)1964 · 9 · 14 (출)서울 (주)세종특별자치시 갈매로 477 기획재정부 재산소비세정책관실(044-215-4300) (학)1983년 상문고졸 1987년 서울대 경제학과졸 2001년 미국 미시간주립대 대학원졸 (경)1991년 행정고시 합격(35회) 2002년 재정경제부 기획관리실 기획예산담당관실 서기관 2003년 同세제실 국제조세과 서기관 2004년 국가균형발전위원회 파견 2005~2008년 駐상해총영사관 재경관 2009년 기획재정부 G20기획단 국제협력과장 2010년 대통령직속 G20정상회의준비위원회 국제기구개혁과장 2010년 기획재정부 세제실 부가가치세제과장 2011년 同세제실 국제조세협력과장 2011년 同세제실 국제조세제도과장 2012년 同조세기획관실 조세분석과장 2013년 同기획재정담당관 2014년 휴직(과장급) 2016년 국무조정실 경제조정실 재정금융기후정책관(고위공무원) 2018년 기획재정부 세제실 재산소비세정책관(고위공무원)(현)

**김태준(金泰俊) KIM Tae Joon**

(생)1955 · 11 · 11 (출)인천 (주)서울특별시 성북구 화랑로13길 60 동덕여자대학교 국제경영학과(02-940-4444) (학)1979년 연세대 경제학과졸 1981년 同대학원 경제학과졸 1988년 경제학박사(미국 컬럼비아대) (경)1989~1993년 대외경제정책연구원 연구위원 1993년 동덕여대 국제경영학과 교수(현) 1998~2000년 한국경제학회 '경제학연구' 편집위원 2000~2002년 국제금융연구회 간사 2001~2002년 한국국제경제학회 이사 2002~2003년 한국경제학회 이사 2004~2006년 동덕여대 부총장 2007년 한나라당 이명박 대통령후보 경제분야 자문위원 2007년 제17대 대통령직인수위원회 경제1분과 상임자문위원 2008~2010년 국민경제자문회의 자문위원 2009~2012년 한국금융연구원 원장 2010년 G20정상회의준비위원회 민간위원 2012~2014년 대통령직속 규제개혁위원회 위원 2012~2015년 동반성장위원회 위원, KDB산업은행 사외이사 2013년 同리스크관리위원회 위원장 2013~2016년 학교법인 경기학원 재단이사 2014년 한국국제경제학회 회장 2014~2017년 리노스 사외이사 (상)한국금융학회 우수논문상 (저)'글로벌시대의 국제금융론'(1996) '국제통상론'(1998) '국제경제학원론'(2002) '한국경제의 이해'(2005) '국제금융경제'(2013, 다산출판사)

**김태진(金泰振) KIM Tae Jin**

(생)1939 · 11 · 14 (출)서울 (주)서울특별시 마포구 동교로15길 6 도서출판 다섯수레(02-3142-6611) (학)1965년 중앙대 신문방송학과졸 (경)1966~1975년 동아일보 기자 · 프로듀서 1988년 도서출판 다섯수레 설립 · 대표(현) 1992~1997년 동아자유언론수호투쟁위원회 위원장 1995~1998년 민주언론운동협의회 의장, 동아자유언론수호투쟁위원회 위원(현) 2001년 청암언론문화재단 이사(현) 2002~2004년 대한출판문화협회 부회장 2002년 同이사 2004~2006년 한국간행물윤리위원회 심의위원 2004~2005년 지역신문발전위원회 위원장 2005~2008년 언론중재위원회 위원 (상)문화관광부장관표창(1999), 한국가톨릭매스컴상(2002), 국무총리표창(2007), 올해의 출판인상 공로상(2009), 대통령표창(2017)

**김태진(金太鎭) Kim, Taejin**

(생)1962 · 2 (출)서울 (주)서울특별시 종로구 종로 33 그랑서울 GS건설(주) 재무본부(02-2154-1114) (학)1981년 서울 숭실고졸 1989년 한국외국어대 영어과졸 (경)2002년 GS건설(주) 입사 2002년 同국제금융팀 차장 2004년 同세무회계팀장(부장) 2006년 同자금팀장(부장) 2010년 同재무지원담당 상무보 2010년 同재경담당 상무 2014년 同재무본부장(전무) 2019년 同재무본부장(CFO · 부사장)(현)

**김태진(金泰振) KIM Tae Jin**

(생)1962·2·26 (주)서울특별시 중구 서소문로 89-31 행복나래(주)(02-2104-4900) (학)전주고졸, 고려대 경영학과졸, 미국 코넬대 대학원 경영학과졸 (경)SK(주) 인력담당 상무 2007년 同인력실장 겸 그룹연수원장 2008년 SK China 대표 2011년 SK네트웍스 Energy&Car 총괄 2015년 同Energy&Car 부문장(부사장) 2016년 행복나래(주) 대표이사 사장(현) (종)기독교

**김태진(金泰珍) Kim Tae-jin**

(생)1969 · 1 · 12 (주)서울특별시 종로구 사직로8길 60 외교부 인사운영팀(02-2100-7141) (학)1991년 서울대 외교학과졸 1995년 同대학원 행정학과졸 1997년 미국 버지니아대 대학원 정치학과졸 (경)1991년 외무고시 합격(25회) 1991년 외무부 입부 2000년 駐미국 1등서기관 2003년 駐아프가니스탄 1등서기관 2007년 駐일본 참사관 2009년 외교통상부 의전총괄담당관 2011년 同한미안보협력과장 2012년 駐미국 공사참사관 2015년 駐인도네시아 공사 2017년 대통령비서실 파견 2017년 국가안보실 파견 2018년 외교부 북미국장 2019년 同본부 근무(국장급)(현) (상)대통령표창(2011)

**김태천(金太千) Kim, Tae-Chun**

(생)1957·1·2 (출)충남 서산 (주)서울특별시 송파구 중대로 64 (주)제너시스BBQ(1588-9282) (학)1986년 고려대 경제학과졸 1997년 핀란드 헬싱키경제경영대학원졸(MBA) 2003년 서울대 보건대학원 외식최고경영자과정 수료 2007년 연세대 프랜차이즈CEO 1기 수료 2007년 서울종합과학대학원 4T CEO 수료 2009년 KOREA CEO Summit CIMA 수료 (경)1985년 대상그룹 입사 1997~2001년 同북경현지법인 사장 2003년 (주)제너시스BBQ 총괄사장 2016년 同대표이사 부회장 2017년 同부회장(현) (상)철탑산업훈장(2015)

**김태천(金泰川) KIM Tae Chun**

(생)1960·10·15 (본)경주(慶州) (출)경북 경주 (주)제주특별자치도 제주시 남광북5길 3 제주지방법원(064-729-2423) (학)1978년 영신고졸 1982년 경북대 법학과졸 1987년 同대학원졸 1992년 법학박사(경북대) (경)1982년 사법시험 합격(24회) 1984년 사법연수원 수료(14기) 1985~1992년 변호사 개업 1992~2000년 경북대 법학과 전임강사·조교수 2000년 대구지법 판사 2001년 대구고법 판사 2003년 대구지법 판사 2004년 同상주지원장 2006년 대구지법 부장판사 2008년 同포항지원장 2010년 대구지법 부장판사 2013~2015년 대구가정법원장 2015년 대구지법 부장판사 2018년 제주지법 부장판사(현) 2018년 중앙선거관리위원회 제주시선거관리위원회 위원장 (저)'국제법'(1995) '현대사회와 법'(1997)

**김태철(金泰哲) KIM Tae Chol**

(생)1956 · 10 · 26 (본)안동(安東) (출)충북 (주)충청북도 청주시 청원구 대성로 298 청주대학교 예술대학 디자인조형학부 시각디자인전공(043-229-8654) (학)1979년 국민대 생활미술과졸 1984년 홍익대 대학원 광고디자인과졸 (경)1982년 한국방송광고공사 근무 1984~1985년 한국문화예술진흥

원 예술의전당건립본부 전문위원, 청주대 예술대학 디자인학부 시각디자인전공 교수, 同예술대학 시각디자인학과 교수, 한국북아트협회 회장, 청주시미술협회 회장, 청주시예술문화단체총연합회 회장, 충북도미술협회 회장, 청주시민의날 집행위원장 2015~2017년 문화체육관광부 한국문화예술위원회 위원 2018년 청주대 예술대학 디자인조형학부 시각디자인전공 교수(현) (상)한국예총예술문화상 대상(2015), 청주시민대상 문화예술부문 수상(2018) (작)개인전 4회 및 그룹전 다수 (종)불교

## 김태철(金泰澈)

(생)1961 · 12 · 23 (출)경북 의성 (주)경기도 의정부시 금오로23번길 22-49 경기북부지방경찰청 청문감사담당관실(031-961-2218) (학)대구 경북고졸, 대구대 영어영문학과졸 (경)1988년 외사 특채 2009년 경북 영주경찰서 생활안전과장 2010년 경북 경주경찰서 경비교통과장 2011년 서울지방경찰청 경비부 대테러계장 2015년 同202경비대 경비과장 2016년 同경비부 치안지도관 2017년 경북 예천경찰서장 2018년 경기북부지방경찰청 청문감사담당관(현) (상)자랑스런 한국인인물대상 대민봉사공헌대상(2017)

## 김태철(金泰喆) KIM Tae Chul

(생)1962 · 1 · 16 (출)전북 부안 (주)서울특별시 서초구 서초대로74길 4 삼성생명서초타워 법무법인 동인(02-2046-0613) (학)1981년 전주 해성고졸 1985년 한양대 법학과졸 1992년 연세대 행정대학원 행정학과졸 (경)1992년 사법시험 합격(34회) 1995년 사법연수원 수료(24기) 1995년 광주지검 검사 1997년 대구지검 상주지청 검사 1998년 서울지검 의정부지청 검사 2000년 수원지검 검사 2002년 대구지검 검사 2004년 서울북부지검 검사 2004년 국가청소년위원회 파견 2006년 광주지검 검사 2007년 同부부장검사 2008년 서울중앙지검 부부장검사 2009년 광주지검 장흥지청장 2010년 서울북부지검 형사6부장 2011년 수원지검 성남지청 부장검사 2012년 대구지검 형사3부장 2013년 서울중앙지검 형사8부장 2014년 인천지검 형사1부장 2015~2016년 의정부지검 형사1부장 2016년 법무법인(유) 동인 구성원변호사(현)

## 김태한(金泰漢) KIM Tae Han

(생)1957 · 11 · 10 (본)안동(安東) (출)경북 예천 (주)인천광역시 연수구 송도바이오대로 300 삼성바이오로직스(주) 비서실(032-455-3001) (학)1975년 계성고졸 1979년 경북대 고분자공학과졸 1986년 미국 텍사스 오스틴대 대학원졸 1988년 화학공학박사(미국 텍사스 오스틴대) (경)1979~1992년 제일합섬 근무 1992년 삼성그룹 비서실 부장 1995년 삼성종합화학 부장 2000년 同이사 2003년 同상무이사 2004년 삼성토탈(주) 상무이사 2006년 同기획담당 전무이사 2008년 삼성전자(주) 신사업팀 전무이사 2010년 同신사업팀 부사장 2011년 삼성바이오로직스(주) 대표이사(현) 2013년 한국공학한림원 정회원(현) 2014~2017년 한국바이오의약품협회 이사장 (상)산업포장(2004)

## 김태한 Tae-Han Kim

(주)서울특별시 종로구 율곡로2길 25 연합뉴스 디지털융합본부 영상미디어부(02-398-3114) (학)서울 오산고졸, 서울대 언어학과졸 (경)문화일보 기자, 동아일보 기자 2005년 연합뉴스 미디어과학부 기자 2011년 同뉴미디어부장 겸 미디어랩팀장 2012년 同런던특파원 2015년 同디지털뉴스부장 2016년 同미래전략실 미디어전략팀장 2016년 同미래전략실 미디어전략부장 겸 미디어랩 팀장 2018년 同디지털융합본부 영상미디어부장 겸 콘텐츠혁신TF팀장(부국장대우)(현) (상)한국기자협회 제75회 이달의 기자상(1996)

## 김태현(金泰賢) KIM Tae Hyun (白川)

(생)1952 · 1 · 11 (본)김녕(金寧) (출)경남 마산 (주)서울특별시 서대문구 이화여대2길 46 서울과학종합대학원(070-7012-2744) (학)동성고졸 1979년 연세대 경영학과졸 1981년 미국 볼링그린주립대 대학원졸 1986년 경영학박사(미국 인디애나대 블루밍턴교) (경)1981~1986년 미국 Indiana대 강사 1987~2017년 연세대 경영대학 경영학과 교수 1990~1992년 同산업경영연구소 부소장 1991~2000년 한진교통물류연구원 부원장(비상근) 1993~1994년 미국 MIT 교환교수 1994~1996년 연세대 상경대학 장기발전위원회 상임이사 1995년 건설교통부 자문위원 1995년 정보통신부 자문위원 1996~1998년 연세대 경영학과장 1997년 산업자원부 자문위원 1999년 한국로지스틱스학회 부회장 2000년 한국SCM학회 부회장 2001년 연세e-SCM포럼 고문 2001년 물류정보화포럼 회장 2002~2006년 연세대 상남경영원장, 현대백화점 사외이사 2007년 한국로지스틱스학회 회장 2007~2009년 연세대 경영대학장 겸 경영전문대학원장 2011년 한국생산관리학회 회장 2011년 국토해양부 국가물류정책위원회 위원 2015년 한국환경산업기술원 비상임이사 2017년 연세대 경영학과 명예교수(현) 2017년 서울과학종합대학원(aSSIST) 총장(현) 2017년 산업정책연구원 이사장(현) (상)매일경제신문 Economist상(1992), 한국로지스틱스학회 학술상(2000), 한국물류혁신대회 건설교통부장관표창(2002), 한국SCM학회 학술대상(2005) (저)'전략적 물류경영' 'SCM전략과 사례' '물류정보시스템' 'EC통합에 따른 한국기업의 물류전략방향' 등 (역)'공급체인의 디자인과 경영' (종)기독교

## 김태현(金泰賢) KIM Tae Hyeon

(생)1955 · 6 · 23 (본)김녕(金寧) (출)대구 (주)서울특별시 강남구 테헤란로 521 파르나스타워 38층 법무법인(유) 율촌(02-528-5599) (학)1974년 경북고졸 1978년 서울대 법과대학졸 (경)1978년 사법시험 합격(20회) 1980년 사법연수원 수료(10기) 1980년 軍법무관 1983년 서울지검 검사 1986년 대구지검 김천지청 검사 1987년 대구지검 검사 1989년 대검찰청 검찰연구관 1992년 대구지검 안동지청장 1993년 同경주지청 부장검사 1993년 인천지검 특수부장 1995년 대검찰청 과학수사지도과장 1997년 서울지검 남부지청 형사5부장 1997년 대검찰청 감찰2과장 1998년 同감찰1과장 1999년 서울지검 형사4부장 2000년 同형사2부장 2000년 울산지검 차장검사 2001년 인천지검 제2차장검사 2002년 수원지검 제1차장검사 2003년 서울지검 서부지청장 2004년 법무연수원 기획부장(검사장) 2004년 대검찰청 공판송무부장 2005년 울산지검장 2006년 대검찰청 감찰부장 2007년 부산지검장 2008~2009년 법무연수원장 2009년 법무법인(유) 율촌 파트너변호사(현) 2009~2010년 한국철도공사(코레일) 청렴홍보대사 2009~2011년 한국공항공사 비상임이사 2009~2012년 가천길재단 법률고문 2009~2011년 서울시의회 법률고문 2015년 중앙선거관리위원회 위원(현) 2017년 늘푸른의료재단 이사(현) (상)검찰총장표창(1989), 대통령표창(1999), 황조근정훈장(2008)

## 김태현(金泰炫) KIM Tae Hyun

(생)1958 · 6 · 16 (본)안동(安東) (출)경북 영주 (주)서울특별시 동작구 흑석로 84 중앙대학교 국제대학원(02-820-5627) (학)1976년 서울대사대부고졸 1981년 서울대 외교학과졸 1983년 同대학원 외교학과졸 1991년 정치학박사(미국 오하이오주립대) (경)1981~1983년 서울대 조교 1989년 미국 Univ. of Florida 정치학과 조교수 1990년 미국 Univ. of Illinois at Urbana-Champaign 연구위원 1992년 세종연구소 연구위원 1998년 중앙대 국제대학원 조교수 · 부교수 · 교수(현) 2009년 同국가대전략연구소장(현) 2015년 한국국제정치학회 회장 2015년 민주평통 상임위원, 외교부 정책자문위원(현) (저)'외교와 정치' (역)'세계화시대의 국가안보' '20년의 위기' '북핵위기의 전말' '결정의 엣센스' '독일통일과 유럽의 변환'(共) '과학적 인간과 권력정치'

**김태현(金兌鉉) Kim tae hyeon**

[생]1964 · 11 · 29 [주]경기도 성남시 분당구 성남대로 146 성남고용노동지청(031-788-1505) [학]1982년 창원기계공고졸 1988년 경남대 기계공학과졸 [경]2006~2013년 고용노동부 성남지청 산업안전과장 · 고용노동부 노동정책실 공무원노사관계과 · 고용차별개선과 근무 2013년 同서울강남지청 근로개선지도1과장 2015년 서울고용노동청 근로개선지도1과장 2016년 同노사상생지원과장 2017년 고용노동부 부산동부지청장 2017년 중앙노동위원회 조정과장 2018년 성남고용노동지청장(현)

**김태현(金泰鉉)**

[생]1966 · 5 · 2 [출]경북 영천 [주]광주광역시 동구 준법로 7-12 광주고등법원(062-239-1114) [학]1984년 대구 청구고졸 1988년 서울대 법학과졸 1993년 同대학원 수료 [경]1992년 사법시험 합격(34회) 1995년 사법연수원 수료(24기) 1995년 대구지법 판사, 同포항지원 판사, 대구지법 판사 2006년 특허법원 판사 2009년 대구지법 판사 2010년 울산지법 부장판사 2011~2019년 대구고법 판사 2019년 광주고법 부장판사 직대(현)

**김태현(金泰賢) KIM, Taehyun**

[생]1966 · 11 · 15 [출]경남 진주 [주]서울특별시 종로구 세종대로 209 금융위원회 사무처장실(02-2100-2900) [학]1985년 진주 대아고졸 1989년 서울대 경영학과졸 1992년 同경영대학원 경영학과 수료 [경]1991년 행정고시 합격(35회) 1996년 재정경제원 금융정책실 증권업무담당관실 사무관 1999년 재정경제부 금융정책국 증권제도과 사무관 2002년 同금융정책과 서기관 2007년 同장관 비서관 2008년 금융위원회 금융서비스국 자산운용과장 2008년 同보험과장 2009년 대통령비서실 파견(서기관) 2011년 금융위원회 금융정책국 금융정책과장 2013년 同금융정책국 금융정책과장(부이사관) 2013년 대통령 경제금융비서관실 선임행정관 2015년 교육 파견(고위공무원) 2016년 금융위원회 자본시장국장 2017년 同금융서비스국장 2017년 同금융정책국장 2019년 同상임위원 2019년 同사무처장(현) [상]대통령표창(2012)

**김태현(金泰縣) KIM TAE HYEN**

[생]1966 · 12 · 15 [본]안동(安東) [출]경북 영양 [주]인천광역시 미추홀구 소성로163번길 49 인천지방검찰청 총무과(032-860-4770) [학]1983년 안동고졸 1991년 서울시립대 법학과졸 [경]2006년 법무부 형사법제과 근무 2010년 미국 텍사스법집행연구소 연수 2012년 수원지검 안산지청 사건과장 2014년 의정부지검 총무과장 2015년 수원지검 안양지청 총무과장 2017년 同안산지청 총무과장 2018년 인천지검 총무과장(현)

**김태형(金泰瑩) KIM Tae Hyung**

[생]1958 · 11 · 7 [출]서울 [주]서울특별시 강남구 논현로 508 (주)GS글로벌 임원실(02-2005-5300) [학]1977년 서울 대성고졸 1984년 한국외국어대 서반아어과졸 [경]1984년 럭키금성상사(現 LG상사) 전자사업부 입사 1987~1993년 同멕시코지사 근무 1994~2000년 (주)LG상사 전자기기팀장 2001~2005년 同LA지사장 2006년 GS리테일(주) 해외담당 상무 2011년 (주)GS글로벌 기계플랜트본부장(상무) 2013년 同자원 · 산업재본부장(전무) 2014년 (주)피엘에스 사내이사(현) 2015~2018년 GS글로벌 영업총괄본부장(COO · 부사장) 2015년 한독상공회의소 부회장 2019년 GS글로벌 대표이사 부사장(현)

**김태형(金泰亨)**

[생]1967 · 9 · 6 [출]제주 [주]제주특별자치도 제주시 서사로 25 제주일보 편집국(064-757-3114) [학]제주대 무역학과졸 [경]1993년 제주일보 근무 1999년 同경제부 기자 2000년 同제1사회부 기자 2001년 同정치경제부 기자 2003년 同경제부 차장대우 2005년 同정치부 차장 2006년 同편집국 도청팀 차장 2010년 同편집국 경제부장 2012년 同편집국 정치부장, 同편집국 사회부장 2015년 同편집국 부국장대우, 同편집국 부국장 2018년 同편집국장(현)

**김태형(金泰亨) Kim Tae Hyeong**

[생]1967 · 9 · 12 [출]서울 [주]서울특별시 송파구 올림픽로 25 잠실야구장內 두산베어스(02-2240-1777) [학]신일고졸, 단국대 체육학과졸 [경]1990~1998년 프로야구 OB 베어스 소속(포수) 1995 · 2001년 프로야구 한국시리즈 우승(두산베어스) 1999~2001년 프로야구 두산 베어스 소속(포수) 2001년 현역 은퇴(통산 827경기 1835타수 432안타 · 타율 0.235) 2001년 프로야구 두산 베어스 1군 플레잉코치 2002~2010년 同1군 배터리코치 2008년 베이징올림픽 금메달(대표팀 코치) 2010~2011년 同2군 배터리코치 2012~2014년 프로야구 SK와이번스 1군 배터리코치 2014년 프로야구 두산 베어스 감독(2년간 계약금 3억원 · 연봉 2억원)(현) 2015 · 2016년 프로야구 한국시리즈 우승(2연패) 2016 · 2018년 프로야구 정규시즌 우승 [상]일구회 넷마블마구마구일구상 지도자상(2015), 2016 카스포인트어워즈 최고감독상(2016) [종]불교

**김태형(金泰亨)**

[생]1968 · 12 · 18 [출]제주 [주]전라북도 전주시 완산구 유연로 180 전북지방경찰청 경비교통과(063-280-8256) [학]제주 대기고졸, 동국대 경찰행정학과졸, 원광대 대학원 경찰학과졸, 전주대 대학원 상담심리학 박사과정 중 [경]1997년 경위 임관(경찰간부후보 45기) 2003년 전북 익산경찰서 교통사고조사계장(경감) 2005년 경찰청 혁신기획단 근무(경감) 2007년 제주 서귀포경찰서 생활안전과장(경정) 2007년 同경비교통과장(경정) 2008년 전북 순창경찰서 생활안전교통과장 2009년 전북 완산경찰서 생활안전과장 2011년 전북 덕진경찰서 생활안전과장 2012년 전북지방경찰청 여성청소년계장 2013년 同여성보호계장 2016년 제주지방경찰청 여성청소년과장 2017년 전북지방경찰청 여성청소년과장(총경) 2017년 전북 순창경찰서장 2019년 전북지방경찰청 경비교통과장(현)

**김태형(金兌炯)**

[생]1970 · 10 · 3 [주]경기도 수원시 팔달구 효원로 1 경기도의회(031-8008-7000) [학]아주대 공공정책대학원 행정학 석사과정 중 [경]민주당 경기도당 총무국장, 더불어민주당 중앙당 조직국 부국장, 문재인 대통령후보 중앙선거대책위원회 조직기획팀장, 민주평통 자문위원(현), 화성시읍면동봉사단자문위원회 위원장(현), 이원욱 국회의원 사무국장(현), 더불어민주당 중앙당 부대변인 2018년 경기도의회 의원(더불어민주당)(현) 2018년 同도시환경위원회 위원(현) 2019년 경기도광역주거복지센터 운영위원(현)

**김태호(金台浩)**

[생]1958 · 4 · 4 [주]서울특별시 영등포구 63로 50 한화63스퀘어 한화호텔&리조트 임원실(02-2174-6200) [학]한국외국어대 행정학과졸 [경]2004년 한화국토개발(주) FS영업담당 상무보, 同FS사업본부장(상무보) 2008~2009년 한화리조트(주) 투자운영2팀장(상무) 2009년 한화호텔&리조트 투자운영2팀장(상무) 2011년 同경영관리담당 상무 2012년 同리조트부문 경주사업본부장(상무) 2015년 同FC(Food & Culture)부문장(전무) 2016년 同FC(Food & Culture)부문 대표이사(현)

## 김태호(金太鎬) KIM Tae Ho

(생)1960·9·17 (주)서울특별시 성동구 천호대로 346 서울교통공사(02-6311-2001) (학)마산고졸, 서울대 산업공학과졸, 同대학원 산업공학과졸, 산업공학박사(미국 텍사스A&M대) (경)1999년 (주)KT신사업기획본부 신사업기획팀 부장 2003년 同품질경영실 식스시그마팀장(상무보) 2004년 同기획조정실 경영관리팀장 2006년 同혁신기획실장 2007년 同IT기획실장 2009년 同경영지원실 연구위원(상무) 2010년 하림그룹 상무 2012년 차병원그룹 기획총괄본부 부사장 2013년 (주)차케어스 사장 2014~2016년 서울시도시철도공사 사장 2016~2017년 서울메트로 사장 2017년 서울교통공사 사장(현)

## 김태호(金泰昊) KIM Tae Ho

(생)1968·8·7 (출)경북 경주 (주)세종특별자치시 국세청로 8-14 국세청 전산정보관리관실(044-204-2400) (학)1985년 부산 동성고졸 1990년 서울대 경제학과졸 1993년 同대학원 수료, 미국 미주리주립대(UMSL) 대학원졸(행정학석사) (경)행정고시 합격(38회), 북대구세무서 총무과장, 국무조정실 파견, 종로세무서 세원1과장, 마포세무서 납세지원과장, 국세청 종합부동산세과 사무관 2007년 同종합부동산세과 서기관 2008년 김해세무서장 2008년 국외 훈련(과장급) 2011년 서울지방국세청 신고분석1과장 2012년 국세청 재산세과장 2013년 同조사2과장 2014년 同세원정보과장 2015년 同조사기획과장 2016년 同조사기획과장(부이사관) 2016년 同운영지원과장 2017년 중부지방국세청 조사3국장(고위공무원) 2018년 국가공무원인재개발원 파견 2019년 중부지방국세청 조사2국장 2019년 국세청 전산정보관리관(현)

## 김태호(金泰鎬)

(생)1969 · 8 · 23 (출)경기 부천 (주)광주광역시 동구 준법로 7-12 광주고등법원 총무과(062-239-1114) (학)1988년 영등포고졸 1992년 서울대 법학과졸 (경)1992년 사법시험 합격(34회) 1995년 사법연수원 수료(24기) 1995년 변호사 개업 1996년 부산지법 판사 1999년 창원지법 판사 2000년 서울지법 의정부지원 판사 2002년 서울지법 판사 2003년 서울행정법원 판사 2006년 서울고법 판사 2007년 헌법재판소 파견 2009년 서울중앙지법 판사 2010년 전주지법 부장판사 2011년 서울고법 판사 2019년 광주고법 부장판사 직대 2019년 同판사(현)

## 김태호(金泰昊) KIM, TAEHO

(생)1972·9·30 (주)세종특별자치시 국세청로 8-14 국세청 납세자보호담당관실(044-204-2701) (학)1990년 충남고졸 1998년 서울대 경영학과졸 2007년 미국 뉴욕대(NYU) 대학원 국제학과졸 (경)2001~2002년 충남 논산세무서 징세과장 2002~2003년 인천세무서 징세과장 2003~2004년 영등포세무서 징세과장 2004~2005년 국세청 국제협력담당관실 계장 2005~2007년 미국 유학(NYU) 2007년 서울지방국세청 국제거래조사국 국제조사과 계장 2007~2012년 국세청 기획재정담당관실 계장 2012~2013년 대구 경산세무서장 2013~2016년 駐OECD 한국대표부 국제관 2016년 중부지방국세청 조사2국 조사관리과장 2017년 국세청 소득지원국 소득관리과장 2017년 同징세법무국 법무과장 2019년 同국세통계담당관 2019년 同납세자보호담당관(현)

## 김태호(金兌祜)

(생)1974 · 3 · 23 (주)서울특별시 중구 세종대로 125 서울특별시의회(02-3702-1400) (학)경상대졸 (경)더불어민주당 서울강남乙지역위원회 청년위원장 2017년 同제19대 문재인 대통령후보 중앙선거대책위원회 직능특보단장 2018년 서울시의회 의원(더불어민주당)(현) 2018년 同교통위원회 위원(현) 2019년 同체육단체 비위근절을 위한 행정사무조사 특별위원장(현)

## 김태화(金泰化) KIM Tae Hwa

(생)1961·1·13 (출)충남 연기 (주)대전광역시 서구 청사로 189 병무청 차장실(042-481-2606) (학)1981년 유신고졸 1985년 단국대 정치외교학과졸 1987년 同행정대학원 행정학과졸 (경)1993년 행정고시 합격(37회) 2001년 병무청 징모국 징모과장 2002년 同징모국 징병검사과장(서기관) 2003년 同동원소집국 동원과장 2004년 경기북부병무지청장 2005년 서울지방병무청 징병관 2005년 병무청 충원국 모병과장(부이사관) 2006년 同현역입영본부 현역모집팀장 2008년 同정책홍보본부 행정법무팀장 2008년 同창의혁신담당관 2008년 전북지방병무청장 2010년 중앙공무원교육원 교육파견 2010년 병무청 사회복무국장 2012년 同입영동원국장 2015년 부산지방병무청장 2015~2016년 국방전산정보원 원장 2016년 경인지방병무청장 2017년 병무청 기획조정관 2018년 同차장(현) 2019년 同적극행정지원 위원회위원장(현) (상)대통령표창(2011)

## 김태환(金泰煥) KIM Tae Whan (靑空)

(생)1943 · 9 · 24 (본)일선(一善) (출)경북 선산 (주)경상북도 구미시 장천면 강동로 164 오상고등학교(054-471-5037) (학)1961년 경복고졸 1965년 연세대 정치외교학과졸 1984년 同행정대학원 고위정책과정 수료 2003년 서울대 최고경영자과정(AMP) 수료 2009년 고려대 최고위정보통신과정(ICP) 수료 2010년 성균관대 최고경영자과정 수료 2010년 명예 경영학박사(금오공과대) (경)1967~1974년 (주)마루베니 서울지점 근무 1974~1988년 금호일본 · 금호캐나다 · 금호미국 현지법인 근무 1988년 (주)아시아나항공 전무 1992~1994년 同부사장 1995~1998년 금호쉘화학 사장 1998~2003년 금호피앤비화학(주) 대표이사 사장 2003년 학교법인 오상교육재단 명예이사장(현) 2004~2008년 제17대 국회의원(구미乙, 한나라당 · 무소속) 2004년 국회 국토해양위원회 위원 2005~2006년 한나라당 제1사무부총장 2006년 국회 과학기술정보통신위원회 위원 2008~2012년 제18대 국회의원(경북 구미시乙, 무소속 · 한나라당 · 새누리당) 2008년 국회 지식경제위원회 위원 2009~2010년 한나라당 경북도당 위원장 2010년 국회 지식경제위원회 청원심사소위원장 2010~2011년 한나라당 홍보기획본부장 겸 홍보위원장 2012~2016년 제19대 국회의원(구미乙, 새누리당 · 무소속) 2012~2014년 새누리당 중앙위원회 의장 2012년 同재외국민위원회 일본지역 위원장 2012~2014년 국회 안전행정위원회 위원장 2013년 한 · 일의원연맹 회장 대행 2013~2016년 대한태권도협회 회장 2014년 국회 정무위원회 위원 2016년 제20대 국회의원선거 출마(경북 구미시乙, 무소속) (상)석탑산업훈장(1995), 환경대상(2002), 대한민국 녹색경영대상 최우수상(2003), 국정감사 우수의원 선정(2006), 매니페스토약속대상 우수상(2009 · 2010), 대한민국 국회의원 의정대상(2013), 일본 정부 욱일중수장(旭日中綬章)(2017) (종)불교

## 김태환(金泰煥)

(생)1957 · 10 · 10 (출)경북 상주 (주)서울특별시 중구 새문안로 16 농업협동조합중앙회 농협경제지주 임원실(02-2080-5114) (학)1987년 성균관대 행정학과졸 2002년 서강대 대학원 유통경영학과정 수료 (경)1983년 축협중앙회 입회 1990년 同기획실 과장대리 1993년 同총무부 인력개발과 과장대리 1998년 同개혁기획단 팀장 2007년 농업협동조합중앙회 축산유통부 축산브랜드지원팀장 2008년 (주)농협사료 본부장 2010년 농업협동조합중앙회 축산지원부 단장 2011년 同축산경제기획부장 2014년 同축산경제 상무 2016~2017년 축산물안전관리인증원 비상임이사 2016년 농업협동조합중앙회 농협경제지주 축산경제 대표이사(현) (상)농림수산부장관표창(1994), 농림부장관표창(2001 · 2004), 농협중앙회장표창(2005), 대통령표창(2012)

**김태환**

㉕1964·3 ㉜서울특별시 송파구 올림픽로 269 롯데캐슬골드 롯데칠성음료(주) 주류BG(02-3479-9114) ㉞한국외대 일본어과졸 ㉕1987년 롯데칠성음료 개발·기획·유통담당 2010년 同이사대우 2012년 同음료BG 신유통부문장(이사) 2015년 롯데아사히주류 공동대표이사 상무 2018년 롯데주류 해외부문장 2019년 롯데칠성음료(주) 주류BG 대표이사(현)

**김태효(金泰孝) KIM Tae-Hyo**

㉕1967·2·23 ㉥안동(安東) ㉤서울 ㉜서울특별시 종로구 성균관로 25-2 성균관대학교 사회과학대학 정치외교학과(02-760-0389) ㉞1985년 마포고졸 1990년 서강대 정치외교학과졸 1993년 미국 코넬대 대학원 행정학과졸 1997년 정치학박사(미국 시카고대) ㉕1997년 신아시아연구소 외교안보연구실장 1997·1999년 한국국제정치학회 총무간사 2000년 한국정신문화연구원 초빙연구원 2001년 일본 게이오대 방문교수 2001~2008년 공군 정책자문위원 2002년 외교안보연구원 조교수 2005~2014년 성균관대 사회과학부 정치외교학과 조교수·부교수 2006년 세계지역학회 연구이사 2006·2013년 동아일보 '동아광장' 필진 2006년 서울국제포럼 회원(현) 2006~2008년 국가비상기획위원회 자문위원 2007~2008년 제17대 대통령직인수위원회 외교통일안보분과 상임자문위원 2008~2011년 대통령 대외전략비서관 2012년 대통령 대외전략기획관(수석급) 2014년 문화일보 '시평' 필진 2014년 계간학술지 '신아세아' 편집장(현) 2014년 성균관대 사회과학대학 정치외교학과 교수(현) 2015년 同국가전략대학원장 2015년 신아시아연구소 부소장(현) 2015년 산업통상자원부 환태평양경제동반자협정(TPP)전략포럼 위원 2015~2016년 미국 UC버클리 방문교수 2015~2017년 조선일보 '조선칼럼' 필진 ㉦외교안보연구원 우수논문상(2003), 일본 나카소네 야스히로 평화상(2009), 황조근정훈장(2012) ㉧'21세기 미국의 외교안보정책과 동아시아'(1998) 'Korea-Japan Security Relations : Prescriptive Studies'(2000) 'The Future of U.S.-Korea-Japan Relations : Balancing Values and Interests'(2004) '현대외교정책론'(2007) '현대외교정책론(개정판)'(2012) '현대외교정책론(재개정판)'(2016) ㉨가톨릭

**김태훈(金泰勳) KIM Tae Hoon**

㉕1947·12·5 ㉥안동(安東) ㉤경기 용인 ㉜서울시 서초구 서초대로 52길 25 메종스터디빌 202호 한반도인권과통일을위한변호사모임(02-599-4434) ㉞1966년 중동고졸 1972년 서울대 법대 법학과졸 1986년 미국 콜롬비아대 로스쿨 법관 연수 1999년 연세대 법무대학원 지적재산·국제통상분야 법무고위자과정 수료 ㉕1973년 사법시험 합격(15회) 1975년 사법연수원 수료(5기) 1975년 軍법무관 1978년 전주지법 판사 1981년 同군산지원 판사 1983년 서울지법 의정부지원 판사 1986년 서울고법 판사 1989년 대법원 재판연구관 1990년 부산지법 부장판사 1992년 인천지법 민사5부장 1994년 서울지법 부장판사 1997~1998년 법무법인 세종 변호사 1998년 대한상사중재원 중재인 1998~2003년 법무법인 화백 변호사 1999~2005년 저작권심의조정위원회 위원 2003년 법무법인 화우 변호사 2003~2006년 한국외국어대 겸임교수 2003~2008년 대한변호사협회 조사위원회 부위원장 2004~2007년 제일모직(주) 사외감사 2006~2012년 국가인권위원회 비상임위원 2011~2018년 법무법인 화우 고문변호사 2012년 6.25전쟁납북피해진상규명및납북피해자명예회복위원회 위원 2013년 한반도인권과통일을위한변호사모임 상임대표(변호사)(현) 2013~2019년 국가인권위원회 정책자문위원 2015~2016년 국무총리소속 광복70년기념사업추진위원회 위원 ㉦국회인권포럼 2013 올해의 인권상(2013) ㉧'국제거래·상사소송의 실무'(1997, 서울지방법원) '북한인권백서'(2008, 대한변호사협회)

**김태훈(金泰勳) Kim Tae Hoon**

㉕1964 ㉤대구 ㉜세종특별자치시 갈매로 408 해외문화홍보원(044-203-3301) ㉞서울 문일고졸, 서울대 독어독문학과졸 ㉕1988년 행정고시 합격(32회) 2003년 문화관광부 문화산업국 영상진흥과장 2006년 同문화산업국 영상산업팀장 2006년 同관광국 국제관광팀장(서기관) 2006년 同관광국 국제관광팀장(부이사관) 2007년 同관광산업본부 국제관광팀장 2007년 同관광산업본부 관광정책팀장 2008년 문화체육관광부 관광산업국 관광정책과장 2009년 국립중앙박물관 기획총괄과장 2010년 문화체육관광부 기획조정실 정책기획관 직대 2010년 同기획조정실 정책기획관(고위공무원) 2012년 중앙공무원교육원 교육파견(고위공무원) 2013년 제18대 대통령직인수위원회 여성문화분과 전문위원 2013년 문화체육관광부 예술국장 2014년 同대변인 2016년 同체육관광정책실 관광정책관 2016년 同관광정책실 관광정책관 2017년 해외문화홍보원장(현)

**김태훈(金台勳) KIM Tae Hoon**

㉕1964·7·29 ㉤강원 홍천 ㉜서울특별시 강남구 테헤란로8길 8 동주빌딩 11층 법무법인 인(仁)(02-592-2800) ㉞1983년 강원대사대부고졸 1987년 고려대 법학과졸 1989년 同교육대학원졸 ㉕1990년 사법시험 합격(32회) 1993년 사법연수원 수료(22기) 1993년 軍법무관 1996년 부산지검 검사 1998년 대전지검 공주지청 검사 1999년 인천지검 검사 2001년 서울지검 서부지청 검사 2003년 춘천지검 검사 2005년 同부부장검사 2006년 광주지검 목포지청 부장검사 2007년 전주지검 부장검사 2008년 부산고검 검사(법제처 파견) 2009년 의정부지검 공판송무부장 2009년 同형사4부장 2010년 인천지검 부천지청 부장검사 2011년 서울남부지검 형사3부장 2012년 서울고검 검사 2012년 법무법인 인(仁) 대표변호사(현)

**김태훈(金泰勳) Kim Tae Hun**

㉕1966·2·3 ㉥김해(金海) ㉤강원 삼척 ㉜강원도 춘천시 중앙로 1 강원도청 대변인실(033-249-2030) ㉞1984년 강릉고졸 1988년 육군사관학교 법학과졸 2005년 미국 시라큐스대 대학원 행정학과졸 2015년 교육학박사(숭실대) ㉕1998년 지방고시 합격(4회) 2006~2009년 행정자치부 지방공기업정책담당 2008~2009년 행정안전부 인력개발기획담당 2009년 경기도 노인복지과장 2011~2012년 同보육정책과장 2012~2013년 안전행정부 안전문화팀장 2013~2015년 2018평창동계올림픽조직위원회 기획부장 2016년 강원도 경제진흥국 자원개발과장 2017년 강원 삼척시 부시장 2018년 同시장 권한대행 2019년 강원도 평화지역발전본부 총괄기획과장 2019년 同대변인(현) ㉦대통령표창(2007) ㉧'현대학습이론'(2013, 학지사) ㉨기독교

**김태훈(金泰勳) KIM Tae Hun**

㉕1970·3·1 ㉥광산(光山) ㉤강원 동해 ㉜서울특별시 종로구 청와대로 1 대통령비서실(02-770-0011) ㉞강릉고졸, 서울대 국민윤리교육과졸 ㉕교육인적자원부 전산담당관실·기획예산담당관실 근무, 同지방교육자치과 사무관, 同지방교육기획과 사무관, 同비서관 2004년 同정책보좌관실 서기관 2006년 서울대 연구처 연구진흥과장 2009년 교육과학기술부 교과서기획과장 2011년 同인재정책실 지방교육자치과장 2012년 同인재정책실 지방교육자치과장(부이사관) 2013년 세종연구소 파견(부이사관) 2014년 대통령비서실 파견(부이사관) 2016년 전북대 사무국장(고위공무원) 2017년 국가공무원인재개발원 파견 2018년 교육부 정책기획관(일반직고위공무원) 2019년 대통령비서실 파견(일반직고위공무원) 2019년 교육부 직업교육정책관 2019년 대통령비서실 선임행정관(현)

### 김태훈(金泰勳)

(생)1971·3·30 (출)충북 진천 (주)서울특별시 서초구 반포대로 158 서울중앙지방검찰청 형사5부(02-530-4154) (학)1990년 경기고졸 1996년 서울대 사법학과졸 (경)1998년 사법시험 합격(40회) 2001년 사법연수원 수료(30기) 2001년 서울지검 검사 2003년 대전지검 서산지청 검사 2005년 울산지검 검사 2006년 해외 연수 2009년 법무부 검찰과 검사 2013년 서울서부지검 검사 2015년 전주지검 부부장검사 2016년 수원지검 여주지청 부장검사 2017년 대검찰청 검찰연구관 2018년 同정책기획과장(부장검사) 2019년 서울중앙지검 형사5부장(현)

### 김태훈(金泰勳) KIM Tae Hun

(생)1971·9·4 (출)서울 (주)서울특별시 종로구 종로3길 17 법무법인 세종(02-316-1697) (학)1994년 고려대 법학과졸 1997년 同대학원 수료 (경)1996년 사법시험 합격(38회) 1999년 사법연수원 수료(28기) 2002년 수원지법 판사 2004년 서울중앙지법 판사 2006년 부산지법 판사 2010년 서울동부지법 판사 2011년 서울고법 판사 2012년 대법원 재판연구관 2014년 제주지법 부장판사 2016년 인천지법 부장판사 2018~2019년 서울중앙지법 부장판사 2019년 법무법인 세종 변호사(현)

### 김태훈(金太勳)

(생)1985 · 10 · 28 (주)부산광역시 연제구 중앙대로 1001 부산광역시의회(051-888-8311) (학)고려대 사회학과졸 (경)부산시 연제구청 생활공감 정책모니터 2014년 새정치민주연합 정책조정위원회 부위원장, (주)유나이티드스탠다드 대표이사, 더불어민주당 김영춘 국회의원 인턴비서, 同전국청년위원회 청년일자리창출분과위원회 위원장 2018년 부산시의회 의원(더불어민주당)(현) 2018년 同교육위원회 부위원장(현) 2018년 同운영위원회 위원(현) 2018년 同민생경제특별위원회 위원(현) 2018년 同시민중심도시개발행정사무조사특별위원회 위원(현)

### 김태흠(金泰欽) KIM Tae Heum

(생)1963·1·11 (본)경주(慶州) (출)충남 보령 (주)서울특별시 영등포구 의사당대로 1 국회 의원회관407호(02-784-4710) (학)1981년 공주고졸 1990년 건국대 무역학과졸 2003년 서강대 공공정책대학원졸 (경)1989~1998년 국회의원 비서관 1998년 국무총리실 공보과장 2001~2003년 국무총리 정책담당관 2003년 밝은미소운동본부 이사 2003년 바른정치희망연대 대표 2005년 한나라당 보령시당원협의회 운영위원장 2006~2007년 충남도 정무부지사 2007년 한나라당 보령시·서천군당원협의회 운영위원장 2008년 제18대 국회의원선거 출마(보령시·서천군, 한나라당) 2012~2017년 새누리당 보령시·서천군당원협의회 운영위원장 2012년 제19대 국회의원(보령시·서천군, 새누리당) 2012년 새누리당 박근혜 대통령후보 공보단 위원 2012년 국회 태안유류피해대책특별위원회 여당 간사 2012년 국회 윤리특별위원회 여당 간사 2013·2014~2015년 국회 국토교통위원회 위원 2013년 국회 허베이스피리트호유류피해대책특별위원회 여당 간사 2013~2014년 새누리당 원내대변인 2013년 국회 운영위원회 위원 2014년 새누리당 7.30재보궐선거 공천관리위원회 위원 2014~2015년 국회 정부및공공기관등의해외자원개발진상규명을위한국정조사특별위원회 위원 2015년 국회 기획재정위원회 위원 2016년 제20대 국회의원(보령시·서천군, 새누리당·자유한국당〈2017.2〉)(현) 2016년 새누리당 제1사무부총장 2016~2017년 국회 농림축산식품해양수산위원회 간사 겸 제1법안심사소위원장 2017년 자유한국당 충남보령시·서천군당원협의회 운영위원장(현) 2017~2018년 同최고위원 2017년 한·리비아의원친선협회 회장(현) 2017·2018년 국회 농림축산식품해양수산위원회 위원(현) 2017~2018년 자유한국당 방송장악저지투쟁위원회 위원장 2019년 자유한국당 좌파독재저지특별위원회 위원장 2019년 국회 정치개혁특별위원회 위원(현) 2019년 자유한국당 충남도당 위원장(현) (상)대한민국 참봉사대상 지역발전공로대상(2016), 글로벌 자랑스런 세계인상 국제의정발전부문(2017) (종)기독교

### 김태흥(金泰興) KIM Tae Heung

(생)1959 · 3 · 17 (본)의성(義城) (출)대구 (주)경상남도 창원시 성산구 마디미서로 26 한독빌딩 5층 화이트라인하얀피부과 원장실(055-274-8275) (학)1978년 대구 영신고졸 1984년 서울대 의대졸 1991년 同대학원 의학석사 1995년 의학박사(서울대) (경)1988~1991년 서울대병원 피부과 전공의 1991~2003년 경상대 의대 피부과 전임강사·조교수·부교수 1996~1998년 미국 텍사스대 엠디앤더슨 암센터 면역학교실 연구원 2000년 미국 세계인명사전 'Marquis Who's Who in the Medicine & Health Care'에 등재 2003년 화이트라인하얀피부과 원장(현) 2005~2015년 미국 세계인명사전 'Marquis Who's Who'에 등재·영국 국제인명센터(IBC) 'Leading Scientist of the World'에 등재·미국 인명연구소(ABI) 'Great Minds of the 21st Century'에 등재 (저)'피부과학'(共) (종)기독교

### 김태희(金泰熙) KIM Tae Hee

(생)1969 · 10 · 28 (출)서울 (주)서울특별시 중구 무교로 21 서울특별시청 경제일자리기획관실(02-2133-5205) (학)1993년 서울대 심리학과졸 1995년 同행정대학원 수료 (경)1996년 지방고시 합격(1회) 1996년 서울시 근무 2000년 同중랑구 과장 2002~2004년 同교통국 팀장 2005년 GS칼텍스 신사업TF팀장 2006년 서울시 복지국 팀장 2007년 同감사관실 팀장 2009년 同기획조정실 정책비전담당관 2010년 同기획조정실 창의담당관 2011년 지방행정연수원 파견(서기관) 2013년 서울시 행정국 서기관 2015년 同경제진흥본부 경제정책과장 2018년 同경제진흥본부 경제기획관 직대 2019년 同경제정책실 경제일자리기획관(현)

### 김택곤(金宅坤) KIM Taek Kon

(생)1950 · 9 · 19 (본)김해(金海) (출)전북 전주 (주)전라북도 전주시 덕진구 정여립로 1083 JTV 전주방송 사장실(063-250-5271) (학)1968년 전주고졸 1973년 서울대 정치학과졸 1983년 同대학원 정치학과졸 (경)1977~1980년 문화방송 제2사회부·외신부·정치부 기자 1981~1983년 삼성전자(주) 홍보실 근무 1985~1989년 미국의소리(VOA) 한국방송담당 1989~1994년 문화방송 보도국 사회부 기자·차장 1994년 同기획취재부장 직대 1994년 同보도제작2팀장 1995~1998년 同워싱턴특파원 1999년 同사회부장 1999~2000년 同정치부장 2000년 同홍보심의국장 2001~2003년 同보도국장 2001~2002년 국회방송 자문위원 2003~2005년 광주문화방송 대표이사 사장 2005~2011·2016년 JTV 전주방송 대표이사 사장(현) 2011~2012년 전북사회복지공동모금회 회장 2011~2014년 방송통신심의위원회 상임위원 (상)한국기자상(1992), 한국방송대상(1992)

### 김택균(金澤均)

(생)1969 · 9 · 11 (주)서울특별시 서초구 반포대로 158 서울고등검찰청 총무과(02-530-3261) (학)1988년 제주제일고졸 1994년 서강대 정치외교학과졸 (경)1997년 사법시험 합격(39회) 2000년 사법연수원 수료(29기) 2000~2002년 변호사 개업 2002년 부산지검 동부지청 검사 2004년 전주지검 남원지청 검사 2005년 수원지검 검사 2007년 同안산지청 검사 2010년 서울서부지검 검사 2010~2012년 정부법무공단 파견 2013년 서울서부지검 부부장검사 2013년 서울중앙지검 부부장검사 2014년 광주지검 공판부장 2015년 대전지검 홍성지청 부장검사 2016년 광주지검 목포지청 부장검사 2017년 광주고검 검사 2018년 서울고검 검사(현)

### 김택근(金宅根) KIM Taek Geun

(생)1967 · 2 · 21 (본)일선(一善) (출)경북 선산 (주)강원도 춘천시 동내면 세실로 49 강원지방경찰청 경무과(033-248-0721) (학)경북 도개고졸, 경찰대 법학과졸 (경)강원지방경찰청 제2307전경대장, 춘천면허시험장장, 삼척경찰서 수사과장, 동해경찰서 수사과장 2000년 강릉경찰서 경비교통과장, 춘천경찰서 방범과장, 강원지방경찰청 기획예산계장 2005년 同경무계장 2007년 同청문감사담당관실 감찰담당(경정) 2008년 同인사계장 2010년 교육 파견(총경) 2010년 강원지방경찰청 홍보담당관 2011년 강원 속초경찰서장 2012년 경찰청 외사국 외사기획과 근무(총경) 2016년 강원 홍천경찰서장 2017년 강원지방경찰청 경무과장(현) (상)내무부장관표창, 경찰청장표창, 국무총리표창(2004)

### 김택남(金澤男) Kim Taek Nam (지함)

(생)1959 · 10 · 9 (본)김해(金海) (출)제주 (주)제주특별자치도 제주시 중앙로 20 (주)천마 비서실(064-752-3151) (학)한림공고졸, 동국대 경영학과졸, 同경영대학원졸 (경)현대중공업 근무, 포항종합제철엔지니어링(주) 근무, (주)태평양기전 설립 · 대표이사 사장, 천마물산(주) 대표이사, 同회장, (주)천마 회장(현), (주)천마종합건설 대표이사 2008~2017년 제민일보 회장 2012년 새누리당 제18대 대통령중앙선거대책위원회 시민사회통합위원장 2014년 제주특별자치도발전포럼 공동대표(현) 2017~2018년 제민일보 대표이사 회장 2018년 同회장(현) (저)'제주 소년, 꿈을 투망하다'

### 김택동(金澤東) KIM Taek Dong

(생)1963 · 10 · 15 (주)서울특별시 영등포구 여의나루로 81 10층 레이크투자자문(주)(02-761-3300) (학)대구고졸, 경북대 경제학과졸, 同대학원 경제학과졸 (경)신영증권 근무, 동방페레그린증권 근무, 현대증권(주) 자산운용본부장(상무보) 2010년 레이크투자자문(주) 대표이사(현) 2019년 DGB금융지주 사외이사 (종)천주교

### 김택수(金澤秀) Kim Taek Soo (만정)

(생)1949 · 6 · 28 (본)경주(慶州) (출)전북 순창 (주)전라북도 전주시 덕진구 벚꽃로 54 전북도민일보 비서실(063-251-7211) (학)1968년 영생고졸 1975년 전북대 경영대학원 수료 1989년 단국대 경영대학원 수료 1990년 전북대 정보과학대학원 수료 2003년 전주대 경영학과졸 2005년 同문화경영아카데미과정 수료 2011년 명예 경영학박사(전주대) (경)1977년 신진교통(주) 대표이사(현) 1981~1986년 전라북도검도회 회장 1982 · 1984년 세계검도대회 한국선수단장 1982~1987년 대한검도회 부회장 1987~1990년 전라북도사격연맹 회장 1989년 전라북도택시운송사업조합 이사장(현) 1989년 전국택시공제조합 전북도지부장(현) 1991년 전국택시운송사업조합연합회 부회장(현) 1993~2009년 호남고속 대표이사 사장 1993년 (주)전북도민일보 사장 1995년 同부사장 1995년 전북도운수연수원 이사장(현) 1996년 전주지법 민가사조정사건조정위원회 부위원장(현) 1997년 전북도치안행정협의회 위원 1998년 호남제일고 이사장(현) 1999년 전북지방노동위원회 위원(현) 2003~2009년 전주상공회의소 부회장 2009~2015년 同회장 2009~2015년 전북도상공회의소협의회 회장 2009~2015년 대한상공회의소 부회장 2009~2015년 전북환경보전협회 회장 2009년 호남고속 대표이사 회장(현) 2009~2015년 전북도 녹색성장위원회 위원장 2009년 (주)전북도민일보 회장 2010년 대통령직속 지역발전위원회 위원 2010년 경조장학재단 이사장(현) 2011~2013년 KBS 전주방송총국 시청자위원회 위원 2011년 대통령소속 사회통합위원회 위원 2012년 KBS 전주방송총국 시청자위원회 위원장 2013년 전북인자원개발위원회 공동위원장 2015년 전주상공회의소 명예회장(현) 2015년 전북도민일보 대표이사 회장(현) (상)대통령표창(1980 · 1993 · 1997), 체육포장(1985), 은탑산업훈장(2000), 자랑스런 전북인대상(2005), 국민포장, 전주대 경영대상(2010), 국무총리표창(2013), 국제로타리3670지구 봉사패(2013), 동계면민의 장 공역장(2014), 산업통상자원부장관표창(2015) (종)기독교

### 김택수(金澤秀) KIM TAECK SOO

(생)1954 · 3 · 23 (출)서울 (주)서울특별시 중구 남대문로 63 한진빌딩 본관 법무법인 광장(02-2191-3203) (학)1972년 경기고졸 1977년 서울대 법대졸 1990년 Academy of American and International Law 수료 1998년 서울대 법학연구소 조세법전문과정 수료 (경)1977년 사법시험 합격(19회) 1979년 사법연수원 수료(9기) 1979년 공군 법무관 1982년 수원지법 판사 1985년 서울지법 남부지원 판사 1986년 청주지법 판사 1988년 서울민사지법 판사 1989년 서울고법 판사 1992년 대법원 재판연구관 1993년 전주지법 부장판사 1995년 인천지법 부장판사 1997년 서울지법 서부지원 부장판사 1998~2000년 서울지법 부장판사 2000~2010년 법무법인 광장 변호사 2010년 헌법재판소 사무차장(차관급) 2012~2013년 同사무처장(장관급) 2013년 법무법인 광장 변호사(현)

### 김택수

(생)1970 (출)강원 원주 (주)강원도 강릉시 강릉대로 377 강릉경찰서(033-650-9321) (학)대성고졸, 동국대 경찰행정학과졸 (경)1995년 경위 임용(경찰 간부후보 43기), 평창경찰서 형사과장 2005년 同정보보안과장 2006년 태백경찰서 생활안전과장 직대 2007년 원주경찰서 생활안전과장 2008년 강원지방경찰청 감찰담당 2009년 同경비경호계장 2016년 평창올림픽기획단장(총경) 2017년 강원지방경찰청 정보과장 2017년 태백경찰서장 2018년 강원지방경찰청 정보과장 2019년 강원 강릉경찰서장(현)

### 김택수(金擇洙) KIM Taek Soo

(생)1970 · 5 · 25 (본)광산(光山) (출)광주 (주)경기도 안양시 동안구 귀인로80번길 52 안양호계체육관內 미래에셋대우탁구단 토네이도(02-768-2420) (학)1988년 광주 숭일고졸 1992년 경원대졸, 용인대 대학원졸 (경)1980년 선수활동 시작 1987~2000년 대우증권탁구단 선수 1992년 바로셀로나올림픽 단식 3위 · 복식 3위 1994년 카타르오픈국제탁구대회 단체전 1위 · 단식 1위 1997년 중국오픈국제탁구대회 단식 2위 1998년 일본 오사카아시아탁구선수권대회 단체전 2위 1998년 방콕아시아경기대회 단체전 2위 · 단식 1위 2000년 카타르 도하아시아탁구선수권대회 단체전 3위 · 단식 2위 2001~2005년 KT&G탁구단 선수 2001년 코리아오픈탁구선수권대회 단식 1위 · 복식 3위 2002년 프로투어그랜드파이널 복식 1위 2002년 카타르오픈대회 복식 2위 2002년 코리아오픈탁구선수권대회 복식 1위 2004년 세계탁구선수권대회 3위 2004년 아테네올림픽 국가대표팀 코치 2005~2006년 KT&G탁구단 코치 2007~2016년 대우증권탁구단 토네이도 총감독, 대한탁구협회 경기이사 2009년 同기술이사 2010년 同이사 2010년 국가대표 남자탁구팀 감독 2013년 한국실업탁구연맹 경기이사 2016년 同이사 2016년 미래에셋대우탁구단 토네이도 총감독(현) 2017년 국가대표 남자탁구팀 감독(현) (상)체육훈장 백마장, 체육훈장 거상장, 체육훈장 청룡장 (종)기독교

### 김택중(金宅中) TaekJoong Kim

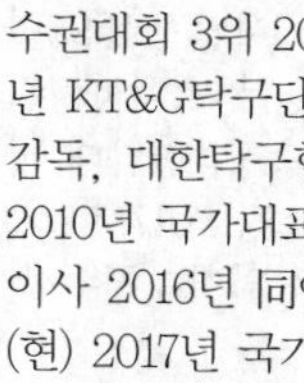

(생)1958 · 10 · 18 (주)서울특별시 중구 소공로 94 OCI(주)(02-727-9500) (학)1985년 고려대 화학과졸 (경)1986년 OCI(주)(舊 동양화학) 입사 2010년 同사업개발본부 전무 2012년 同중앙연구소장 2014년 同RE사업본부 부사장 2017년 OCIMSB 사장 2018년 OCI(주) 최고운영책임자(COO · 사장) 2019년 同대표이사 사장(현)

## 김택진(金澤辰) KIM Taek Jin

(생)1967·3·14 (출)서울 (주)경기도 성남시 분당구 대왕판교로644번길 12 엔씨소프트 사장실(02-2186-3300) (학)1989년 서울대 전자공학과졸 1991년 同대학원 전자공학과졸 1998년 同대학원 컴퓨터공학박사과정 중퇴 (경)1989년 한글워드프로세서 '아래아한글' 공동개발 1989년 한메소프트 창립(한메한글·한메타자교사 개발) 1991~1992년 현대전자 보스턴R&D센터 파견 1995~1996년 同인터넷온라인서비스아미넷(신비로)개발팀장 1997년 엔씨소프트 창립·대표이사 사장(현) 2011년 NC 다이노스 프로야구단 창단·구단주(현) 2018년 한국공학한림원 회원(전기전자정보공학·현) (상)미국 Business Week '아시아의 스타상'(2001), The Far Eastern Economic Review(2001), 변화를 주도한 인물(Making a Difference)(2001), 문화관광부 문화산업발전 기여표창(2001), 세계경제포럼 '아시아 차세대 리더 18人'(2002), 한국과학문화재단 '닮고 싶은 과학기술인 10人'(2002), 미국 Business Week '세계 e비즈 영향력 있는 25人'(2002), 한국산업기술진흥협회 기술경영인상 최고경영자상(2003), 세계경제포럼 '2005 영 글로벌 리더(The Forum of Young Global Leaders)'(2005), 문화콘텐츠 해외진출유공 대통령표창(2007), 한국공학한림원 '대한민국 100대 기술과 주역'(2010)

## 김판곤(金判坤) Kim Pan-Gon

(생)1969·5·1 (본)김해(金海) (출)경남 진주 (주)서울특별시 종로구 경희궁길 46 대한축구협회(02-2002-0707) (학)경남 창신고졸, 호남대졸, 창원대 대학원 스포츠심리학과졸 (경)1992~1996년 프로축구 울산 현대 소속(미드필더) 1997년 프로축구 전북 현대 다이노스 입단(미드필더) 1998~2000년 서울 중경고 축구부 코치 2000~2003년 홍콩프로축구 더블플라워FC 소속(미드필더) 2003~2004년 홍콩프로축구 홍콩레인저스FC 선수 겸 감독 2004년 현역 은퇴 2005~2008년 프로축구 부산아이파크 수석코치·감독대행 2009년 홍콩축구협회 U-23대표팀 감독 2009~2010년 同국가대표팀 감독 2011년 프로축구 경남FC 수석코치 2012~2013년 홍콩축구협회 U-23대표팀 감독 2012~2017년 同국가대표팀 감독 2018년 대한축구협회 부회장(현) 2018~2019년 同국가대표감독선임위원회 위원장 겸임 2019년 同국가대표전력강화위원회 위원장 겸임(현) (상)홍콩 체육지도자상(2010)

## 김판규(金判圭) KIM Pan Kyu

(생)1943·12·23 (출)경남 창원 (주)서울특별시 용산구 이태원로 29 전쟁기념관 432호 (사)대한민국육군협회(02-749-6987) (학)경남고졸 1968년 육군사관학교졸(24기) 1976년 영남대 경영대학원졸 1978년 육군대학 정규과정졸 1985년 국방대학원 안보과정졸 (경)1988~1990년 6군단 작전참모 1991년 육군본부 인사참모부 관리처장 1993년 55사단장 1995년 육군대 총장 1997년 6군단장 1999년 항공작전사령부 초대사령관 2000년 1군사령관(대장) 2001~2003년 육군 참모총장, 한남대 국방전략연구소 연구위원, 한성대 국제전략문제연구소장 2017년 (사)대한민국육군협회 회장(현) (상)보국훈장 국선장·삼일장·천수장, 대통령표창 (종)불교

## 김판석(金判錫) Kim, Pan Suk

(생)1956·3·15 (본)김녕(金寧) (출)경남 창원 (주)강원도 원주시 흥업면 연세대길 1 연세대학교 정경대학 글로벌행정학과(033-760-2341) (학)1974년 동아고졸 1982년 중앙대 행정학과졸 1984년 미국 플로리다인터내셔널대 대학원 행정학과졸 1990년 행정학박사(미국 아메리칸대) (경)1990년 미국 Austin Peay State Univ. 행정학과 조교수 1991~1994년 미국 Old Dominion Univ. 행정학과 조교수 1993~1994년 미국행정학회(ASPA) 이사 1994~1998년 인천대 행정학과 조교수·부교수 1997~1998년 한국정책학회 회보 편집위원장 1998~2000년 한국행정학회 영문편집위원장 1998년 연세대 원주캠퍼스 정경대학 행정학과 부교수·정경대학 글로벌행정학과 교수(현) 2003~2004년 대통령 인사제도비서관(별정직 1급) 2005년 미국 Georgetown대 정부학과 풀브라이트 교환교수 2006~2013년 유엔 행정전문가위원회(UNCEPA) 위원·부위원장 2006~2010년 국제공공관리연구학회(IRSPM) 아시아지역담당 부회장 2006~2010년 세계정치학회(IPSA) 행정정책연구분과 부위원장 2008~2010년 International Review of Adminstrative Sciences(SSCI 저널) 부편집장(Deputy Editor) 2008~2010년 국제행정교육연구기관연합회(IASIA) 수월성기준위원회 공동위원장 2008~2010년 연세대 지역발전연구소장 2009~2015년 미국 세계인명사전 'Marquis Who's Who in the World 2010·2011·2012·2013·2014·2015·2016판'에 7년 연속 등재 2010~2013년 연세대 빈곤문제국제개발연구원장 2010~2013년 세계행정학회(IIAS) 회장 2010~2013년 연세대 언더우드특훈교수 2011년 미국 행정학술원(NAPA) 평생회원(현) 2012~2014년 연세대 원주캠퍼스 정경대학장 겸 정경대학원장 2014~2017년 아시아행정학회(AAPA) 회장 2014~2015년 미국 American대 행정대학원 방문교수 2017~2018년 인사혁신처장 (상)Senator Peter Boorsma Award(2005), 연세학술상(2006), 국제행정교육연구기관연합회(IASIA) Pierre de Celles상(2008), 미국행정학회(ASPA) 국제행정학공로상(2009), 미국행정학회(ASPA) 체스트뉴랜드표창(2010·2013), 미국행정학회(ASPA) 폴 반 라이퍼 학술공로상(2012), 캄보디아정부훈장(2013), 중앙공무원교육원 베스트 강사상(2015), Albert Nelson Marquis Lifetime Achievement Award(2017), 국제공공인사관리협회(IPMA-HR) 워너 스톡버그 공로상(2017), 필리핀 행정학회(PSPA) 공로상(2017), 인사행정지역허브(Regional Hub of Civil Service in Astana) 공로상(2018), 미국 행정학회(ASPA) 도널드스톤賞(2019) (저)'새 인사행정론(共)'(1996) '한국행정개혁론(共)'(1997) 'Korean Public Administration(共)'(1997) '새 조직행태론(共)'(1999) 'e-행정학(共)'(2000) '전방위형 공무원 인사교류(共)'(2000) '인터넷시대의 행정학입문(共)'(2001) '신한국행정론(共)'(2001) '조직행태의 이해(共)'(2002) '한국사회와 행정개혁' '대통령의 성공조건' '공무원 인사제도개혁'(2004) 'Building e-governance(共)'(2005) '테마행정학(共)'(2007) 'Public Administration and Public Governance in ASEAN Member Countries and Korea'(2009) 'Civil Service System and Civil Service Reform in ASEAN Member Countries and Korea'(2010) 'Public Sector Reform in ASEAN Member Countries and Korea'(2011) 'Value and Virtue in Public Administration'(2011) 'Democratic Governance, Public Administration, and Poverty Alleviation'(2015) (종)기독교

## 김판석(金判錫)

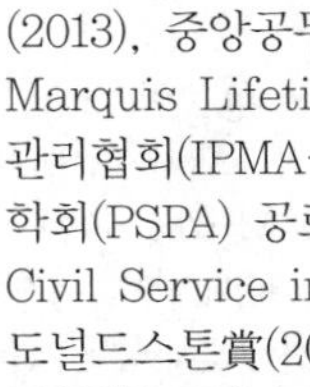

(생)1966·4·25 (주)경기도 과천시 홍촌말로 44 중앙선거관리위원회 선거국(02-503-5808) (학)1985년 경상고졸 1991년 창원대 법학과졸 1996년 同대학원 법학과졸 (경)2013년 중앙선거관리위원회 관리국 선거1과장 2014년 同조사국 조사1과장 2017년 同조사국장 2018년 同선거국장(이사관)(현) (상)근정포장(2013)

## 김판수(金判洙)

(생)1957·1·8 (출)전남 보성 (주)경기도 수원시 팔달구 효원로 1 경기도의회(031-8008-7000) (학)경기대 경영학과졸 (경)새천년민주당 군포지구당 부위원장, 금천세무회계무료상담소 소장, 군포청년포럼 자문위원장, (재)군포시청소년수련관 이사, 군포시새마을회 이사 2002·2006·2010~

2014년 경기 군포시의회 의원(열린우리당·민주당·민주통합당·민주당·새정치민주연합) 2008~2010년 同부의장 2012~2014년 同의장 2018년 경기도의회 의원(더불어민주당)(현) 2018년 同안전행정위원회 부위원장(현) 2018년 더불어민주당 다문화위원회 부위원장(현) (상)제2회 매니페스토약속대상 기초지방의원부문(2010)

## 김판수

(생)1960·9·29 (주)경기도 성남시 분당구 분당로 368 한국지역난방공사 에너지혁신본부(031-780-4138) (학)성균관대 경영대학원(MBA)졸 (경)1991년 상공부 입부(7급 공채) 1991년 同아중동통상과·중소기업정책과 근무 1995~2004년 산업자원부 총무과(인사)·디지털전자산업과·전기위원회 총괄정책과 근무 2004~2012년 同남북경협팀·운영지원과 근무 2012~2013년 지식경제부 운영지원과 서무복지팀장·기술표준원 지식산업표준국 문화서비스표준과장 2013~2015년 대한무역투자진흥공사(KOTRA) 해외진출지원센터 해외투자협력실장 2015~2017년 산업통상자원부 대불자유무역지역관리원장 2017~2019년 한국지역난방공사 성장동력본부장(상임이사) 2019년 同에너지혁신본부장(상임이사)(현)

## 김평근(金平根)

(생)1960·6·16 (주)충청남도 천안시 서북구 신당새터1길 1 천안개방교도소(041-561-4301) (학)한남대 대학원 법학과졸 (경)2011년 충주구치소 사회복귀과장 2012년 영월교도소 직업훈련과장 2013년 청주교도소 총무과장 2014년 천안개방교도소 보안과장 2015년 서기관 승진 2016년 인천구치소 총무과장 2017년 경북북부제3교도소장 2018년 법무연수원 교정연수과장 2019년 천안개방교도소장(현) (상)법무부장관표창(1997), 대전지방교정청장표창(2007)

## 김평남(金坪南)

(생)1966·6·29 (주)서울특별시 중구 세종대로 125 서울특별시의회(02-3702-1400) (학)국민대 정치외교학과졸 (경)더불어민주당 중앙당 부대변인, 同서울강남甲지역위원회 사무국장(현) 2013년 (사)자치분권연구소 자문위원(현) 2018년 행정안전부 정책자문위원(현) 2018년 (사)생활정치연구소 지방정치연구회장(현) 2018년 서울시의회 의원(더불어민주당)(현) 2018년 同도시안전건설위원회 부위원장(현) 2018년 同예산결산특별위원회 위원(현)

## 김평한(金平漢)

(생)1961·6·6 (출)경남 통영 (주)인천광역시 연수구 해돋이로 130 해양경찰청 정보통신과(032-835-2681) (경)1986년 순경 임용 2011년 남해지방해양경찰청 청문감사담당관 2012년 해양경찰청 감사담당관실 근무 2017년 국민안전처 제주해양경비안전본부 상황실장(총경) 2017년 제주지방해양경찰청 경비안전과장 2017~2018년 인천해양경찰서장 2019년 해양경찰청 정보통신과장(현)

## 김평호(金平浩)

(생)1970·11·26 (출)광주 (주)대전광역시 서구 둔산중로78번길 45 대전지방법원(042-470-1114) (학)1989년 광주제일고졸 1996년 전남대 사법학과졸 (경)1999년 사법시험 합격(41회) 2002년 사법연수원 수료(31기), 대한법률구조공단 광주지부 변호사, 전주지검 군산지청 검사 2007년 광주지검 검사 2009년 同순천지청 검사 2011년 광주지법 판사 2013년 광주고법 판사 2015년 광주지법 목포지원·광주가정법원 목포지원 판사 2017년 광주지법 판사 2018년 대전지법 부장판사(현)

## 김필곤(金泌坤) KIM Phil Gon (초양)

(생)1963·1·29 (본)김해(金海) (출)대구 (주)대전광역시 서구 둔산중로78번길 45 대전지방법원(042-470-1114) (학)1981년 경북고졸 1985년 서울대 법학과졸 2010년 고려대 대학원 법학과졸 (경)1984년 사법시험 합격(26회) 1987년 사법연수원 수료(16기) 1988년 대구지법 경주지원 판사 1991년 대구지법 판사 1997년 수원지법 판사 2000년 서울고법 판사 2002년 서울가정법원 판사 2003년 대구지법 부장판사 2004년 사법연수원 민사교수실 교수 2007년 서울중앙지법 부장판사 2010년 서울북부지법 수석부장판사 2012년 부산고법 창원재판부 부장판사 2013년 서울고법 부장판사 2018년 대전지법원장(현) 2018년 중앙선거관리위원회 대전시선거관리위원장 (종)불교

## 김필국(金必國) KIM Pil Kuk

(생)1967·12·30 (본)예안(禮安) (출)서울 (주)강원도 춘천시 금강로 11 KT빌딩 2층 강원문화재단 임원실(033-240-1311) (학)1986년 서울 청량고졸 1992년 한국외국어대 아랍어학과졸 2006년 동국대 문화예술대학원 예술경영학과졸 (경)1993~1999년 극단 '아리랑' 기획실장 1997년 과천세계마당극큰잔치 홍보실장 1998년 전국민족극운동협의회 사무국장 2000년 국립극장 기획홍보위원·기획위원 2005~2006년 同공연사업팀장 2005년 APEC정상만찬문화행사 예술총감독보 2006년 채플린엔터네이먼트 기획이사 2007년 (재)체육인재육성재단 지원사업팀장 2010년 서울문화재단 축제지원팀장 2011년 同예술지원팀장 2012년 同기획조정팀장 2014년 同문화나눔팀장 2016년 同서울연극센터 매니저 2017년 同기획조정팀장 2018년 同창작지원본부 서울연극센터 매니저 2019년 同경영기획실장 2019년 강원문화재단 대표이사(현) (작)기획물 '열대야 패스티벌' '어린이 창극' '셰익스피어 난장' '문제적 인간 연산' '태' '완창판소리' '논개' 등

## 김필규(金弼圭) KIM Pil Kyu

(생)1959·7·10 (본)김해(金海) (출)서울 (주)서울특별시 강남구 테헤란로 317 동훈타워 법무법인(유) 대륙아주(02-3016-5371) (학)1978년 경동고졸 1983년 성균관대 법학과졸 1986년 同대학원 법학과졸 1989년 同대학원 상사법 박사과정 수료 1989년 미국 스탠퍼드대 로스쿨 수료 (경)1983년 사법시험 합격(25회) 1985년 사법연수원 수료(15기) 1986년 軍법무관 1989년 수원지검 검사 1991년 춘천지검 강릉지청 검사 1992년 서울지검 검사 1995년 대검찰청 검찰연구관 1997년 부산지검 부부장검사 1997년 미국 스탠포드대 로스쿨 연수 1998년 전주지검 남원지청장 1999년 서울지검 부부장검사 2000년 대전지검 공안부장 2001년 부산지검 특수부장 2002년 대검찰청 범죄정보2담당관 2003년 서울지검 동부지청 형사6부장 2003년 서울지검 금융조사부장 2004년 수원지검 특수부장 2005년 대구지검 형사1부장 2005~2008년 변호사 개업 2007~2008년 대통령직인수위원회 법무행정분과 전문위원 2008년 국민권익위원회 부위원장(차관급) 2008년 국무총리행정심판위원회 위원장 겸임 2010년 중앙행정심판위원회 위원장 2011년 정부법무공단 이사장 2013년 법무법인(유) 대륙아주 고문변호사(현) 2016년 (주)휴니드테크놀러지스 사외이사(현) (상)올해의 자랑스러운 성균법대인(2012) (종)천주교

## 김필규(金必奎) KIM Phil Kyu

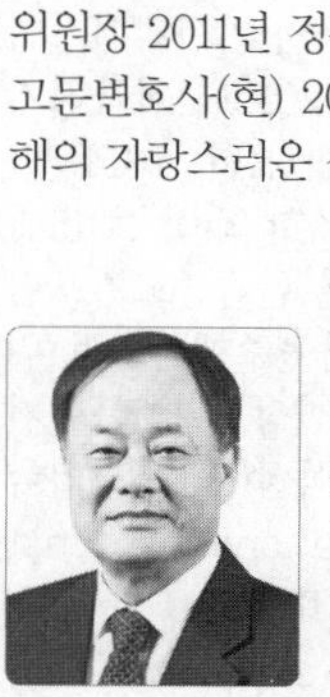

(생)1963·7·17 (주)서울특별시 영등포구 의사당대로 143 한국자본시장연구원 자본시장실(02-3771-0631) (학)1982년 동산고졸 1986년 연세대 경영학과졸 1989년 서울대 대학원 경영학과졸 1998년 경영학박사(서울대) (경)1991~1998년 국민은행 경제경영연구소 책임연구원 1998~2004년 한국기업평가 신용평가본부 평가기획팀장 2004~2009년 한국증권

연구원 연구위원 2008~2009년 同금융투자상품실장 2008~2014년 KTB투자증권 사외이사 2009년 한국자본시장연구원 연구위원·선임연구위원(현) 2009~2013년 同연구조정실장 2014~2017년 同동향분석실장 (상)금융감독원장표창

## 김필수(金弼洙) Kim pilsoo

(생)1955·1·2 (출)경기 안성 (주)서울특별시 서대문구 충정로 7 구세군빌딩 구세군대한본영(02-6364-4000) (학)1983년 서울신학대 신학과졸 1985년 구세군사관학교 대학원 신학과졸 1991년 감리교신학대 선교대학원졸 2016년 연세대 경영대학원 최고위과정 수료 (경)1985~1989년 봉천영문 담임사관 1989~2001년 구세군사관학교 훈련교관·교육교관·교감 2001~2009년 안양영문 담임사관 2009~2012년 구세군사관학교 부교장 2012~2013년 구세군 경남지방본영 지방장관 2013~2016년 구세군대한본영(한국구세군) 서기장관 2016년 同사령관(현) (상)대한민국사회발전대상 봉사부문(2016) (저)'성결생활훈련'(1999, 구세군출판사)

## 김필수(金必洙) KIM Pil Soo

(생)1960·12·22 (본)김녕(金寧) (출)서울 (주)경기도 안양시 동안구 임곡로 29 대림대학교 자동차과(031-467-4845) (학)1979년 경기고졸 1984년 동국대 전기공학과졸 1986년 同대학원 전기공학과졸 1994년 공학박사(동국대) (경)1992년 충청대학 전기공학과 조교수 1993~2000년 동국대 전기공학과 강사 1996~2011년 대림대학 자동차과 조교수·부교수·교수 1998~2002년 미국 뉴욕과학아카데미(New York Academy of Sciences, U.S.A) 정회원 2000~2017년 미국 세계인명사전 'Marquis Who's Who in the World'에 18년 연속 등재 2001~2002년 미국 인명연구소(ABI) 정회원 2001~2002년 영국 국제인명센터(IBC) 부영사 2002년 한국젓가락협회 회장(현) 2001~2004년 대한자동차기술학회 부회장 2001~2004년 한국Co-Gen연구회 이사 2002년 벨기에 세계과학교육문화단체(The World Order Of Science-Education-Culture) 기사계급(Cavalier) 회원 2002년 세계외교아카데미(World Diplomatic Academy) 정회원 2002년 과학기술 홍보대사 2002~2005년 한국자동차기술인협회 이사 2003년 전국AUTO-NIE연구회 회장 2003년 영국 국제인명센터(IBC) 친선대사 2003년 한국자동차진단보증협회 고문(현) 2003년 한국자동차튜닝협회 자문위원장 2004~2013년 한국기업연구원 책임연구위원 2004~2015년 한국중고차문화포럼 대표 2005~2015년 한국이륜차문화포럼 위원장 2005~2014년 한국자동차튜닝문화포럼 위원장 2006~2007년 TBS교통방송 '교통시대' 진행자 2007~2015년 한국자동차문화포럼연합 대표 2007년 한국소비자원 수송기계분야 분쟁조정위원·비상임위원(현) 2008년 에코드라이브국민운동본부 상임공동대표 2009년 서울오토서비스 서울오토살롱조직위원장(현) 2010~2013년 에코드라이브국민운동본부 대표 2011년 대림대 자동차과 교수(현) 2011년 F1코리아그랑프리 정책자문위원 2013년 전기차리더스포럼 공동의장 2013년 한국자동차튜닝산업협회 회장(현) 2013~2014년 한국이륜차관리협회 회장 2013년 자동차급발진연구회 회장(현) 2014년 한국전기차리더스협회 회장 2014년 에코드라이브운동본부 대표(현) 2015년 한국전기차협회 회장(현) 2015년 한국이륜차운전자협회 회장(현) 2014년 (사)근거리보통전기자동차중소기업산업기술연구조합 회장 2015년 (사)미래전기차산업기술연구조합 회장(현) 2016년 한국중고차포럼 대표 2016년 한국중고차협회 회장(현) 2017년 자율주행차포럼 위원장(현) (상)미국 인명연구소(ABI) 2002 세계시민상, 세계문화기구(United CulturalConvention) 올해의 국제평화상(2002), 영국 국제인명센터(IBC) 올해의 국제과학자상(International Scientist Of the Year)(2002), 영국 국제인명센터(IBC) Top 100 Scientist Award(2005), 영국 IBC Top 100 Educators Award(2005), 미국 United Cultural Convention Lifetime Achievement Award(2005) (저)'한국 자동차업계 이슈 진단'(2006, 오토북스) '변해라, 그래야 산다!'(2007, 골든벨) '한국의 자동차 산업'(2009) '친환경 운전 실천하기'(2010) 칼럼집 '에코드라이브'(2012) '김필수가 말하는 자동차 시대'(2012) '자동차 환경과 미래'(2014, 골든벨) '에코드라이브 365일'(2014, 골든벨) '미래의 자동차 융합이 좌우한다'(2017, 골든벨) '젓가락 이야기(共)'(2017, 한진)

## 김필영(金弼泳) Kim Pil Young

(생)1958·5·21 (본)연안(延安) (출)서울 (주)충청남도 아산시 둔포면 아산밸리로 171 (주)이녹스첨단소재 비서실(041-536-9999) (학)대구고졸, 경북대 전자공학과졸 (경)1996년 삼성전자(주) 이동통신연구1팀 수석연구원 1998년 同무선S/W LAB장 1999년 同정보통신총괄 네트워크사업부 CDMA개발팀 연구위원, 同통신연구소 CDMA2000시스템개발팀 연구위원(이사보), 同네트워크CDMA개발1팀장(이사) 2002년 同이동통신사업팀 상무 2005년 同텔레커뮤니케이션총괄 네트워크사업부 이동통신사업시스템개발1팀장(전무) 2006년 同네트워크인터넷인프라사업팀장(전무) 2011~2012년 삼성광통신 대표이사 2014년 (주)이녹스 사업부문총괄 사장 2017년 同각자대표이사 2017년 (주)이녹스첨단소재 각자대표이사(현) (상)삼성전자 창립24주년 기념표창(1993), 삼성그룹 회장상 기술상(1995), 정보통신부장관 공적표창(2001), 삼성전자 20년 장기근속상(2003), 무역의날 철탑산업훈장(2012)

## 김필우(金必雨) Kim Pil-woo

(생)1966·7·8 (주)서울특별시 종로구 사직로8길 60 외교부 유럽국(02-2100-7443) (학)1992년 서울대 국제경제학과졸 1998년 프랑스 파리국립행정대학원(ENA) 공공행정학과졸 (경)1993년 외무고시 합격(27회) 1993년 외무부 입부 2000년 駐프랑스 1등서기관 2003년 駐가봉 참사관 2007년 駐제네바 참사관 2010년 외교통상부 인도지원과장 2012년 駐핀란드 참사관 2015년 駐마다가스카르 공사참사관 겸 대사대리 2017년 외교부 인사기획관 2019년 同유럽국장(현) (상)대통령표창(2002), 국무총리표창(2012)

## 김하늘(金하늘·女) Kim Ha-Neul

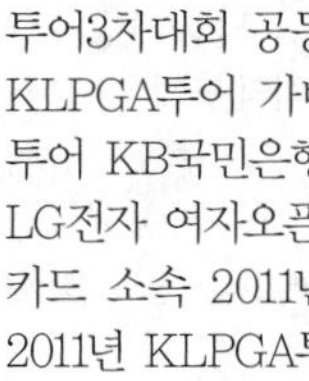

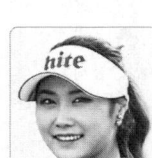


(생)1988·12·17 (주)서울특별시 강남구 영동대로 714 하이트빌딩 하이트진로(080-210-0150) (학)2013년 건국대 골프지도학과졸 (경)2006년 제니아 엔조이골프투어 6차전 우승 2006년 한국여자프로골프협회 회원 2007년 프로 입문 2007년 MBC투어 엠씨스퀘어컵 크라운CC 여자오픈 4위 2008년 우리투자증권 레이디스 챔피언십 3위 2008년 힐스테이트 서경여자오픈 우승 2008년 MBC투어 롯데마트 행복드림컵 여자오픈 3위 2008년 하이원컵 SBS 채리티여자오픈 공동3위 2008년 KB국민은행 스타투어3차대회 공동2위 2008년 SK에너지 인비테이셔널 우승 2008년 KLPGA투어 가비아-인터불고 마스터스 공동2위 2009년 KLPGA투어 KB국민은행 스타투어 2차대회 공동3위 2009년 KLPGA투어 LG전자 여자오픈 공동2위 2009년 코오롱엘로드 소속 2010년 비씨카드 소속 2011년 KLPGA투어 현대건설-서울경제 여자오픈 우승 2011년 KLPGA투어 하이트여자골프 우승 2011년 KLPGA투어 KB금융 스타 챔피언십 공동2위 2011년 KLPGA투어 이데일리-KYJ골프 여자오픈 우승 2011년 KLPGA투어 ADT캡스 챔피언십 2위 2011년 한양수자인·광주은행 KLPGA 올스타 왕중왕전 우승 2012년 유럽여자프로골프투어(LET) RACV 호주여자마스터스 공동2위 2012년 KLPGA투어 제2회 롯데칸타타 여자오픈 공동 3위 2012년 KLPGA투어 기아자동차 제26회 한국여자오픈 공동2위 2012년 KLPGA투어 러시앤캐시 채리티 클래식 우승 2012년 KLPGA투어 KB금융 스타챔피언십 공동2위 2012년 KLPGA투어 부산은행·서울경제 여자오픈 공동3위 2013년 KT 소속 2013년 KLPGA투어 MBN김영주골프 여자오픈 우승 2013년 KLPGA투어 KDB대우증권 클래식 2위 2013년 KLPGA투어 현대차 중국여자오픈 공동2위 2014~2015년 비씨

카드 소속 2014년 KLPGA투어 두산 매치플레이 챔피언십 2위 2014년 KLPGA투어 E1 채리티오픈 2위 2014년 KLPGA투어 채리티 하이원 리조트오픈 공동3위 2014년 KLPGA투어 YTN·볼빅여자오픈 공동2위 2014년 KLPGA투어 KDB대우증권 클래식 2위 2015년 하이트진로 후원 계약(현) 2015년 일본여자프로골프(JLPGA)투어 먼싱웨어 레이디스 도카이 클래식 우승 2016년 JLPGA투어 악사 레이디스 토너먼트 우승 2016년 JLPGA투어 사이버 에이전트 레이디스대회 2위 2016년 일본여자프로골프(JLPGA)투어 리코컵 투어챔피언십 우승 2017년 JLPGA투어 사이버 에이전트 레이디스 토너먼트 우승 2017년 JLPGA투어 월드레이디스 살롱파스컵 우승 2017년 JLPGA투어 산토리 레이디스 오픈 우승 2017년 JLPGA투어 NEC 가루이자와72 골프 토너먼트 2위 2017년 4개(한국·일본·유럽·호주) 여자프로골프투어 대항전 '더 퀸즈 presented by 코와' 한국대표 2018년 JLPGA투어 노부타그룹 마스터스 GC레이디스 2위 (상)한국여자프로골프(KLPGA) 신인상(2007), 한국여자프로골프(KLPGA) 상금왕·다승왕·최우수선수상(2011), 한국여자프로골프(KLPGA) 상금왕·최저타상(2012), 건국대 공로상(2013), MBN 여성스포츠대상 우수상(2013), 한국여자프로골프협회(KLPGA) 특별상(2017)

## 김하수(金河洙) KIM Ha Soo

(생)1959·2·9 (본)김녕(金寧) (출)경북 청도 (주)경상북도 안동시 풍천면 도청대로 455 경상북도의회(054-880-5126) (학)대구 오성고졸, 광주대 신문방송학과졸, 대구대 대학원 사회복지학과졸 2005년 행정학박사(대구대) (경)영남일보 칼럼니스트, 전국가톨릭아동복지협의회 이사, 한나라당 경북도당 자문위원, 경북사회복지협의회 교육훈련위원장, 대구가톨릭대 사회복지학과 겸임교수, 한나라당 중앙위원회 행정자치분과 부위원장, 대구대 행정학과 겸임교수, 同사회복지학과 겸임교수 2006년 경북 청도군수선거 출마(무소속) 2007년 (사)6.3동지회 청도지회장(현) 2007년 경북 청도군수선거 출마(재보궐, 무소속) 2008년 경북 청도군수선거 출마(재보궐, 무소속) 2010~2014년 경북도의회 의원 2010년 同행정보건복지위원회 부위원장, 同예산결산특별위원회 부위원장, 同지방분권추진특별위원회 위원 2012~2014년 同기획경제위원회 위원 2014년 경북 청도군수선거 출마(무소속) 2018년 경북도의회 의원(무소속)(현) 2018년 同독도수호특별위원회 위원(현) 2018년 同행정보건복지위원회 위원(현) 2019년 同예산결산특별위원회 위원(현) (종)천주교

## 김하용(金夏龍) KIM Ha Yong

(생)1950·11·5 (주)경상남도 창원시 의창구 상남로 290 경상남도의회(055-211-7012) (학)2009년 신라대 경영정보학과졸, 부경대 대학원 수해양인적자원개발학과졸 (경)의창수산업협동조합 조합장(12년), 수산업협동조합중앙회 비상임이사, 진해시 선거관리위원회 위원, 학교법인 웅동학원재단 이사 2006~2010년 경남 진해시의회 의원 2006~2008년 同건설산업위원장 2008~2010년 同부의장 2010~2012년 경남 창원시의회 의원(무소속) 2014~2018년 경남 창원시의회 의원(무소속·국민의당·바른미래당·무소속·더불어민주당) 2014~2016년 同부의장 2016~2018년 同의장 2018년 경남도의회 의원(더불어민주당)(현) 2018년 同부의장(현), 안골포초등학교 운영위원장(현)

## 김하용(金廈容) Ha Yong Kim

(생)1963·9·21 (본)경주(慶州) (출)전남 순천 (주)대전광역시 서구 둔산서로 95 을지대학교병원 병원장실(042-611-3279) (학)1982년 매산고졸 1988년 서울대 의대졸 1996년 원광대 대학원 의학석사 2001년 의학박사(원광대) (경)1996~1997년 서울대병원 소아정형외과 전임의 1997~2008년 을지대 의과대학 소아정형외과학교실 전임강사·조교수·부교수 2002~2003년 미국 Shriners Hospital for Children in Portland Medical Staff 2004년 을지대병원 Gait Lab. 담당교수 겸 보행분석연구실장(현) 2007·2008·2011년 정형외과전문의시험 고시위원 겸 편집위원 2008년 을지대 의과대학 소아정형외과학교실 교수(현), 대한정형외과학회지 Editor(현), 대한골절외과학회지 Editor(현), CIOS(Clinics in Orthopedic Surgery) Reviewer(현), 미국소아정형외과학회(POSNA) 정회원(현), 미국뇌성마비학회(AAMCPDM) 정회원(현), 국제정형외과연구학회(SIROT) 정회원(현), 국제정형외과및외상학회(SICOT) 회원(현), International CAOS 회원(현), 대한정형외과학회 정회원(현), 대한소아정형외과학회 정회원(현), 대한ASAMI학회 정회원(현), 대한골절학회 정회원(현), 대한정형외과연구학회 정회원(현), 국민연금공단 장애판정위원(현), 을지대병원 인체동작분석실 연구소장(현), 同정형외과장, 同진료제1부원장 2018년 同제16대 병원장(현) (상)대한정형외과학회 기초부문 학술상(2001), 범석학술논문상 최우수논문상(2002·2008), 대한정형외과학회 전시우수상(만례재단상)(2002), 대한골절학회 우수논문상(2004), 대한정형외과학회 임상부문 학술본상, 대한관절경학회 학술상(2007), 대한정형외과학회 전시장려상(2008), 대한골절학회 공로상(2018) (저)'소아정형외과학 요람 1판(共)'(1997) '골절학(共)'(2001) '소아정형외과학 요람 2판(共)'(2002) '소아정형외과학 4판(共)'(2002) '소아 청소년 골절학(共)'(2007) '골연장 변형교정학(증례중심)(共)'(2008) '소아정형외과학 3판(共)'(2009) '정형외과학 7판(共)'(2012) '소아청소년 정형외과 연수강좌(共)'(2018) (종)기독교

## 김하운(金夏雲) KIM, Hown

(생)1954·6·16 (본)의성(義城) (출)서울 (주)인천광역시 미추홀구 석정로 229 JST제물포스마트타운 101호 (사)함께하는인천사람들(032-873-3800) (학)1973년 서울고졸 1979년 연세대 상경대학 경제학과졸 2003년 고려대 경영대학원 증권금융과정 수료 2007년 국방대 대학원 안보과정 수료 2008년 연세대 행정대학원 사회복지학과졸 (경)1979년 한국은행 입행 1987년 同자금부 금융기획과장 대리·통화관리과장 대리 1989년 同파리사무소 파견 1993년 同인사부 급여과 조사역 1995년 同기획국 경영개선과 선임조사역 2000년 同기획예산팀장 2001년 同총무국 노사협력팀장(부국장) 2002년 고려대 증권교육과정 파견 2003년 한국은행 기획국 부국장 2005년 同인천본부 부본부장 2007년 국방대 파견 2008년 한국은행 제주본부장 2009년 同인천본부장(1급) 2010년 인하대 경영대학 글로벌금융학부 겸임교수 2011~2014년 인천시 경제정책자문관 2012년 (사)함께하는인천사람들 대표이사(현) 2014~2015년 인천신용보증재단 이사장 2015년 (주)선광 사외이사 2018년 인천시 경제특별보좌관(현) (저)'금융법제도'(2011) '인천경제이야기'(2012) '인천지역경제시론'(2016)

## 김하중(金河中) KIM Ha Joong

(생)1945·5·3 (출)강원 정선 (주)서울특별시 중구 남대문로 113 (주)DB저축은행 임원실(02-3705-1705) (학)1963년 강릉상고졸 1967년 고려대 상학과졸 (경)1967년 한일은행 입행 1974년 한양투자금융(주) 입사 1988년 동부투자금융(주) 이사 1990년 동부증권(주) 상무 1992년 동부상호신용금고(주) 전무 1997년 (주)동부상호신용금고 대표이사 사장 2012년 (주)동부저축은행 대표이사 부회장 2017년 (주)DB저축은행 대표이사 부회장(현)

## 김하중(金夏中) KIM Ha Joong

(생)1960·6·20 (출)전남 담양 (주)서울특별시 영등포구 의사당대로 1 국회입법조사처 처장실(02-788-4500) (학)살레시오고졸 1982년 고려대 법학과졸 1984년 同대학원 법학과졸 2008년 법학박사(고려대) (경)1987년 사법시험 합격(29회) 1990년 사법연수원 수료(19기) 1990년 서울지검 북부지청 검사 1992년 광주지검 순천지청 검사 1994년 서울지검 남부지청 검사 1996년 인천지검 검사 1997년 독일 프라이부르크대 공법연구소 연수 1998년 법무부 특수법령과 검사 2000년 서울지검 검사 2002년 광주지검 부부장검사 2002년 전주지검 정읍지청장 2003년 서울지검 북

부지청 부부장검사 2004년 대검찰청 검찰연구관 2005년 인천지검 부부장검사 2006년 수원지검 공안부장 2007년 서울중앙지검 총무부장 2008년 同형사5부장 2009년 광주지검 목포지청장 2009년 법무법인 조은 대표변호사 2010~2011년 전북대 법학전문대학원 교수 2012~2016년 전남대 법학전문대학원 교수 2014년 국회의장직속 헌법개정자문위원회 위원 2014년 새정치민주연합 법률위원장 2015년 同윤리심판원 위원 2016년 제20대 국회의원선거 출마(광주 서구乙, 무소속) 2016~2019년 전남대 법학전문대학원 객원교수 2016~2019년 변호사 개업 2019년 국회입법조사처장(차관급)(현) (종)가톨릭

## 김하철(金河哲) KIM Ha Chul

(생)1961·8·5 (출)서울 (주)인천광역시 연수구 벤처로 12번길 14 루미리치(주) 사장실(032-714-6400) (학)1980년 서울 경신고졸 1985년 서울대 화학공학과졸 1989년 화학공학박사(미국 버지니아공대) (경)1989~1993년 미국 엑손모빌社 팀장 1993~1995년 미국 코닝社 팀장 1995~1997년 미국 램리서치社 아시아총괄 1997~1999년 일본 후지쯔社 Display 미주마케팅총괄 2000~2003년 삼성SDI PDP마케팅팀장 2003년 同상무 2007~2009년 일진디스플레이(주) 대표이사 2008년 일진반도체(주) 대표이사 2010년 同대표이사 사장(현) 2012년 루미리치(주) 대표이사 사장 겸임(현) 2016년 한국공학한림원 정회원(화학생명공학분과·현)

## 김학관(金學寬) Kim Hak Kwan

(생)1967·12·11 (출)충북 청주 (주)서울특별시 서대문구 통일로 97 경찰청 경무담당관실(02-3150-2431) (학)청주 청석고졸 1990년 경찰대 법학과졸(6기) 2008년 고려대 법무대학원 법학과졸 (경)1990년 경위 임용 1996년 경감 승진 2002년 경정 승진 2007년 경찰청 경무기획국 기획조정과 조직담당 2009년 同기획조정담당관실 기획담당 2010년 총경 승진 2010년 행정안전부 자치경찰제실무추진단 파견 2011년 충북 음성경찰서장 2012년 경찰청 경무국 교육정책과장 2013년 경기 부천소사경찰서장 2014년 경찰청 정책보좌관 2015년 서울 강남경찰서장 2016년 경찰청 기획조정관실 기획조정담당관 2018년 대전지방경찰청 제1부장(경무관) 2018년 전북지방경찰청 제2부장 2019년 경찰청 경무담당관실 경무관(교육훈련)(현)

## 김학권(金學權) KIM Hak Kwon

(생)1946·1·9 (본)경주(慶州) (출)인천 (주)인천광역시 연수구 갯벌로 118 재영솔루텍(주) 비서실(032-850-0800) (학)인천 선인고졸, 경희대 경영학과졸, 同경영대학원 수료, 서울대 경영대학원 최고경영자과정 수료, 同공과대학 최고산업전략과정 수료, 연세대 행정대학원 고위정책결정자과정 수료, 한국과학기술원(KAIST) 최고벤처경영자과정 수료, 국제산업디자인대학원대 뉴밀레니엄디자인혁신과정 수료 (경)1976~1984년 재영금형정공사 대표 1979~2000년 재영(주) 대표이사 사장 1984~2000년 재영금형정공(주) 대표이사 사장 1993년 대일금형(주) 대표이사 사장 1996~2003년 한국금형공업협동조합 이사장 1997~2003년 인천송도테크노파크 이사장 1998년 한국기계산업진흥회 이사 1999년 한국산업기술평가원 이사 1999년 산업자원부 산업정책평가위원회 위원 2000~2002년 재영웰릭스(주) 대표이사 사장 2000~2018년 재영솔루텍(주) 대표이사 회장 2002년 대한무역진흥공사 수출자문위원 2002년 한국노브연구조합 이사장 2003년 중소기업진흥공단 운영위원 2005년 대통령직속 중소기업특별위원회 위원 2005년 과학기술부 전문위원, 한국금형공업협동조합 명예이사장 2009년 (사)개성공단기업협회 회장 2010년 同부회장 2010년 인천경영자총협회 회장(현) 2012년 (사)개성공단기업협회 고문(현) 2018년 재영솔루텍(주) 각자대표이사 회장(현) (상)국무총리표창(1986), 수출유공 대통령표창(1987), 국산화유공 대통령표창(1992), 중소기업유공 은탑산업훈장(1998), 대통령표창(2002) (종)기독교

## 김학규(金學叫) Kim, Hak Kyu

(생)1957 (출)경북 문경 (주)대구광역시 동구 이노밸리로 291 한국감정원 원장실(053-663-8024) (학)명지대 경영학과졸 (경)2004년 한국감정원 대전지점장 2007년 同기업평가부장 2007년 同보상사업처장 2008년 同경영관리실장 2009년 同기획조정실장 2010년 同부동산연구원장 2012년 同기획본부장(상무이사) 2014~2016년 同혁신경영본부장(상무이사) 2016~2018년 서브감정평가법인 대표 2018년 한국감정원 원장(현)

## 김학균(金學均)

(생)1964·4·5 (본)경주(慶州) (출)경기 이천 (주)경기도 부천시 오정로 233 OBS경인TV 미디어전략국(032-6702-5320) (학)단국대 역사학과졸 (경)1991~1998년 경기일보 기자 1998년 iTV 경인방송 보도국 취재팀 기자 2000년 同보도국 사회부 기자 2002년 同보도국 정치부 기자 2007년 OBS 경인TV 보도국 취재팀장 2008년 同보도국 편집제작팀장 2009년 同보도국 부장 2010년 同경영기획실장 2011년 同보도국장 2012년 同경영국장 2014년 同보도국장 2016년 同미디어사업국장 겸 프로젝트개발팀장 2018년 同미디어전략국장(현) (상)한국기자협회 사회부문 특종상(1995) (종)불교

## 김학근(金學根) KIM Hak Keun

(생)1957·4·5 (출)경북 상주 (주)서울특별시 서초구 서초대로 250 오퓨런스빌딩 1602호 법무법인(유) 로월드(02-6223-1000) (학)1975년 양정고졸 1979년 서울대 법학과졸 (경)1981년 사법시험 합격(23회) 1983년 사법연수원 수료(13기) 1983년 공군 법무관 1986년 부산지검 검사 1989년 대구지검 상주지청 검사 1990년 서울지검 의정부지청 검사 1992년 일본 츄오대 파견 1993년 서울지검 검사 1995년 서울고검 검사 1996년 법무부 검찰국 검사 1997년 서울고검 검사 1998년 법무부 송무과장 2001년 서울지검 조사부장 2002년 춘천지검 원주지청장 2003년 대전고검 검사 2004~2006년 법무연수원 연구위원 2006년 변호사 개업 2008년 BBK사건 특별검사보 2008~2009년 법무법인 로월드 대표변호사 2009~2012년 한국소비자원 소비자분쟁조정위원회 위원장 2012년 법무법인(유) 로월드 변호사(현) (저)'추징제도개선'

## 김학기(金學基) Kim Hak Gi

(생)1963·4·10 (주)전라남도 목포시 고하대로597번길 75-68 해양수산부 서해어업관리단(061-240-7900) (학)1990년 한국방송통신대 행정학과졸 2000년 한국해양대 해사산업대학원 해사행정학과졸 2017년 同대학원 해양정책학 박사과정 수료 (경)1983~2000년 수산청·해양수산부 주사 2000~2004년 해양수산부 사무관 2004~2008년 駐스페인 라스팔마스분관 영사 겸 2등서기관 2011년 해양수산부 지도교섭과 서기관 2014년 국립해양박물관 기획총괄과장 2015년 국립수산물품질관리원 품질관리과장 2017년 해양수산부 허베이스피리트피해지원단 지원총괄팀장 2018년 同수산정책실 어촌어항과장 2019년 同서해어업관리단장(현) (상)대통령표창(2015)

## 김학남(金學楠)

(생)1964 (출)전남 보성 (주)광주광역시 광산구 용아로 112 광주지방경찰청 홍보담당관실(062-609-2213) (학)1987년 경찰대졸(3기) (경)1987년 경위 임용 2010년 전북지방경찰청 생활안전과장 2011년 전남 곡성경찰서장(총경) 2013년 광주지방경찰청 청문감사담당관 2014년 광주 북부경찰서장 2015년 광주지방경찰청 형사과장 2016년 전남 나주경찰서장 2017년 광주지방경찰청 형사과장 2017년 전남 장성경찰서장 2019년 광주지방경찰청 홍보담당관(현)

## 김학노(金學魯) KIM Hark Rho

(생)1956·11·9 (본)경주(慶州) (출)충북 청주 (주)대전광역시 유성구 대덕대로989번길 111 한국원자력연구원(042-868-2285) (학)1975년 청주고졸 1979년 서울대 공과대학 원자핵공학과졸 1981년 同대학원 원자핵공학과졸 1994년 원자력공학박사(한국과학기술원) (경)1980~1995년 한국원자력연구소 연구원·선임연구원 1995~2001년 同연구로기술개발실장 2001~2002·2005~2007년 同하나로이용기술개발부장 2002~2005년 同연구지원부장 2002년 한국원자력학회 평의원(현) 2003~2005년 국가연구개발사업 조사·분석·평가위원 2003~2005년 원자력안전전문위원회 정책·제도분과 위원 2006~2010년 한국원자력학회 방사선방호 및 이용연구부회장 2008년 한국원자력연구소 정책연구부장 2008~2009년 同원자로시스템기술개발본부장 2009~2011년 同스마트(SMART)개발본부장 2011년 同스마트(SMART) PM 2011·2012년 원자력분야기관평가위원회 위원 2012~2014년 한국원자력연구소 연구로이용연구본부 연구위원 2014~2017년 同전략사업부원장 2014~2016년 원자력이용개발전문위원회 위원 2014~2018년 제4세대원자력시스템국제포럼(GIF) 한국정책그룹 대표 2016~2018년 同대외협력담당 부의장 2016년 한국원자력학회 수석부회장 2017~2018년 同회장 2017년 한국원자력연구소 책임연구원(현) (상)과학기술처장관표창, 과학기술훈장 도약장 (종)불교

## 김학도(金學道) Hak-Do Kim

(생)1962·8·23 (출)충북 청주 (주)대전광역시 서구 청사로 189 중소벤처기업부 차관실(042-481-4310) (학)1979년 청주고졸 1985년 서울대 국제경제학과졸 1988년 同대학원 행정학과졸 2004년 미국 서던캘리포니아대 대학원 정치경제학 박사과정 수료 (경)1987년 행정고시 합격(31회) 1989년 상공자원부 무역위원회 근무 1989년 同미주통상과 행정사무관 1990년 同무역협력과 행정사무관 1991년 同통상협력과 행정사무관 1994년 駐미국 상무관 1997년 통상산업부 산업기계과 행정사무관 1998년 산업자원부 차관 비서관 1999년 同수송기계과 서기관 1999년 同차관 비서관 2004년 同국제협력과장 2005년 同에너지관리과장 2006년 同에너지관리팀장 2007년 同에너지산업본부 전력산업팀장(서기관) 2008년 同에너지산업본부 전력산업팀장(부이사관) 2008년 지식경제부 에너지산업정책관실 전력산업과장 2008년 同에너지자원실 자원개발총괄과장 2009년 지역발전위원회 기획단 지역경제국장(고위공무원) 2010년 지식경제부 대변인 2011년 미국 교육파견(고위공무원) 2012년 지식경제부 신산업정책관 2013년 산업통상자원부 산업기반실 창의산업정책관 2014년 同통상교섭실 자유무역협정정책관 2015년 同통상교섭실장 2016년 同에너지자원실장 직대 2017년 同에너지자원실장 2018년 한국산업기술진흥원(KIAT) 원장 2018년 중소벤처기업부 차관(현) (상)홍조근정훈장(2015)

## 김학동(金學童)

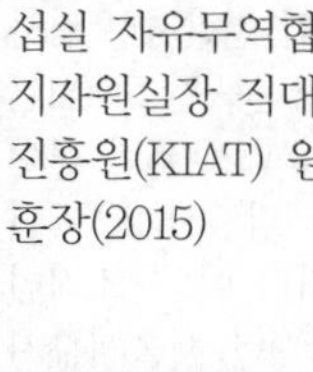

(생)1959·5·27 (주)전라남도 광양시 폭포사랑길 20-26 (주)포스코 생산본부(061-790-2041) (학)1977년 춘천고졸 1984년 서울대 금속공학과졸 1997년 미국 카네기멜론대 대학원 재료공학과졸 (경)1984년 포항종합제철(주) 입사 1998년 (주)포스코 광양제철소 제선부 3제선공장장 2003년 同기술개발실 제선기술그룹 리더 2005년 同FINEX조업그룹 리더 2006년 同포항제철소 제선부장 2009년 同품질기술부장 2010년 同광양제철소 선강담당 부소장 2013년 SNNC 대표이사 2015년 (주)포스코 포항제철소장(전무) 2015년 同포항제철소장(부사장) 2017년 同광양제철소장(부사장) 2019년 同생산본부장(부사장)(현)

## 김학동(金學東)

(생)1963·3·2 (본)경주(慶州) (주)경상북도 예천군 예천읍 군청길 33 예천군청 군수실(054-650-6001) (학)1981년 대창고졸 1989년 연세대 독어독문학과졸 (경)1989~1997년 입시학원 영어강사 1998~2007년 입시학원 '푸른학원' 이사장 2007~2009년 고양시학원연합회 회장 2007~2008년 일산경찰서 보안협의회 위원 2007~2009년 고려대 교육대학원 평생교육최고위과정 총교우회장 2007~2009년 연세대 동문회 고양지회 수석부회장 2008~2009년 의정부지검 고양지청 범죄피해자지원센터 위원 2009년 (사)한국청소년문화연합 부총재(현) 2012~2013년 (사)예경포럼 대표이사 2012년 새누리당 대통령후보 국민소통본부 예천군 회장 2014~2016년 同중앙위원회 경북연합회장 2016년 4.3총선 국회의원 예천군선거대책위원회 총괄본부장 2017년 자유한국당 대통령후보 선거대책위원회 경북직능위원회 부위원장 2017년 同경북도당 상임부위원장 2018년 경북 예천군수(자유한국당)(현) 2019년 예천국제스마트폰영화제 홍보대사(현)

## 김학래

(생)1962·2 (주)경기도 수원시 영통구 삼성로 129 삼성전자(주) 글로벌기술센터 자동화기술팀(031-200-1114) (학)1980년 영훈고졸 1987년 한양대 기계공학과졸 (경)1989년 삼성전자(주) 생산기술연구소 FA설계팀 근무 1995년 同메카트로닉스연구소 장비사업팀 근무 2003년 同메카트로닉스 구매그룹장 2005년 同메카르토닉스연구소 SE그룹장 2006년 同생산기술연구소 SET그룹장 2008년 同제조기술센터 자동화기술그룹장 2012년 同글로벌기술센터 자동화기술팀장(상무) 2015년 同글로벌기술센터 자동화기술팀장(전무)(현) (상)자랑스런 삼성인상 공적상(2015)

## 김학면(金學勉) Kim Hak Myon

(생)1948·6·8 (출)전북 전주 (주)서울특별시 성동구 성수이로10길 14 에이스하이엔드성수타워 408호 에스까다코스메틱(주) 임원실(02-538-0109) (학)1975년 원광대 경영학과졸 1976년 성균관대 무역대학원 무역학과 수료 1980년 고려대 경영대학원 증권분석과정 수료 1993년 국민대 경영대학원 경영학과졸(마케팅 석사), 한국과학기술원(KAIST) 테크노경영대학원 최고지식경영자과정 수료, 同테크노경영대학원 최고정보경영자과정 수료, 연세대 경영대학원 최고경영자과정 수료, 同행정대학원 고위정책과정 수료, 고려대 경영대학원 최고경영자과정 수료, 건국대 언론홍보대학원 스피치&협상 최고경영자과정 수료, 단국대 경영대학원 자산관리 최고경영자과정 수료, 동국대 행정대학원 부동산자산관리 최고경영자과정 수료, 同경찰사법대학원 치안최고과정 수료, 한양대 문화예술CEO과정 수료, 서울대 행정대학원 국가정책과정 수료, 同국제대학원 최고경영자과정 수료, 同경영대학원 최고경영자과정 수료, 同생활과학대학 패션산업 최고경영자과정 수료, 同법과대학 최고지도자과정 수료 (경)1975년 한국화장품(주) 입사 1994년 同기획조정실장 1996년 同시판사업본부장(이사) 1999년 에스까다코스메틱(주) 상무이사 2001년 同전무이사 2004년 한불화장품(주) 전무이사 2006년 同총괄부사장 2006년 에스까다코스메틱(주) 대표이사 2016년 同대표이사 회장(현)

## 김학민(金學珉) Kim Hak Min (葛山)

(생)1948·4·12 (본)경주(慶州) (출)경기 용인 (주)경기도 수원시 팔달구 인계로 178 경기문화재단 이사장실(031-231-7200) (학)1967년 배재고졸 1994년 연세대 경제학과졸 1999년 명예 정치학박사(카자흐스탄 크즐오르드다대) (경)1974년 민청학련사건으로 구속 1977년 도서출판 「한길사」 편집장 1977년 민주화운동청년연합회 의장 1982~2010년 도서출판 「학민사」 대표 1985년 민주통일민중운동연합 중앙위원·감사 1987년 김

대중 단일후보추대위원회 사무처장 1988년 한겨레신문 창간발기인 1988년 평민당 서울서대문甲지구당 위원장 1989년 민주정치연구회 회장 1992년 김대중 대통령후보 보좌역 1993~2010년 (사)대한택견협회 이사 1995년 국민회의 중앙위원 1998년 임창열 경기도지사후보 선거운동본부 기획단장 1999년 경기문화재단 문예진흥실장 2000~2010년 경기도생활체육택견협회 회장 2002년 수원월드컵문화행사자문위원회 위원장 2002년 노무현 대통령후보 용인乙선거대책위원장 2003년 청와대 인사수석비서관실 자문위원 2003~2007년 (사)한국문화정책연구소 이사장 2004~2005년 예원예술대 문화예술대학원장 2005~2008년 한국사학진흥재단 이사장 2007년 (사)소전재단 이사(현) 2009년 (사)이한열기념사업회 이사장 2012년 문재인 대통령후보 문화예술특보 2018년 경기문화재단 이사장(현) (상)광주 민주화운동 유공자(1994) (저)'564세대를 위한 변명'(2000) '길을 찾는 책읽기'(2004) '맛에 끌리고 사람에 취하다'(2004) '태초에 술이 있었네'(2011) '박정희 장군, 나를 꼭 죽여야겠소(共)'(2015, 푸른역사) '만들어진 간첩'(2017, 서해문집) (역)'독재의 거리'(1988) (종)천주교

## 김학민(金學民) KIM Hak Min

(생)1960·9·1 (본)경주(慶州) (출)충남 예산 (주)충청남도 아산시 신창면 순천향로 22 순천향대학교 행정학과(041-530-1206) (학)1978년 천안고졸 1989년 미국 텍사스대 달라스교 정부정치학과졸 1990년 同대학원 정치경제학과졸 1994년 정치경제학박사(미국 텍사스대 달라스교) (경)1995년 순천향대 행정학과 교수(현) 1996~2005년 충남도 정책자문교수 1999~2005년 충남테크노파크 운영위원 1999~2003년 순천향대 인터넷창업보육센터 소장 2000년 同총장 비서실장 2001~2002년 同대외협력실장 2002~2006년 산업자원부·교육부·기획예산처·행정자치부 평가위원·컨설팅위원 2003~2005년 충남도중소기업연수원 원장 2004~2005년 국가균형발전위원회 전문위원 2005~2006년 중국 베이징대 경제학과 방문교수 2005~2010년 한국산학기술학회 부회장 2006~2007년 한국공공행정학회 부회장 2007년 유네스코 사이언스파크 자문위원(현) 2007~2010년 충남테크노파크 원장 2009년 (사)한국테크노파크협의회 회장 2009년 키르기즈공화국 경제부총리 자문관 2009년 아시아사이언스파크협회(ASPA: Asia Science Park Association) 이사 2010~2013년 세계사이언스파크협회(IASP: International Science Park Association) 자문이사 2010년 세계과학도시연합(WTA: World Technopolis Association) 편집위원(현) 2010~2012년 천안아산경제정의실천시민연합 공동대표 2010년 한국전쟁기념재단 운영위원(현) 2011~2012년 태국 국가과학기술개발청(NASDTA: National Science & Technology Development Agency) 자문위원 2011년 순천향대 법정학부장 2012년 同링크사업단장 2013~2015년 同산학협력단장 2014년 한국공공행정학회 회장 2014년 베트남 껀터시정부 경제정책자문관(현) 2014~2016년 기획재정부 KSP사업 멕시코 콜리마주정부 자문관 2015~2017년 순천향대 산학협력부총장 2017년 同지역정책연구원장(현) 2017년 민주평통 충남지역회의 부의장 2017년 글로벌창업국가포럼 상임대표(현) 2018년 충남경제정책연구원 이사장(현) (상)국가산업발전 유공 국무총리표창(2001), 국가산업발전 유공 대통령표창(2010) (저)'Globalization of International Financial Markets : Causes and Consequences'(1999, Ashgate Publishing, UK and USA)

## 김학배(金學培) KIM Hak Bae

(생)1958·2·15 (본)경주(慶州) (출)경북 의성 (주)서울특별시 강남구 테헤란로 317 동훈타워 법무법인(유) 대륙아주(02-563-2900) (학)1976년 경북고졸 1981년 경북대 법학과졸 1984년 同대학원 법학과졸 (경)1984년 사법시험 합격(26회) 1987년 사법연수원 수료(16기) 1990년 대구 달서경찰서 보안과장 1991년 同방범과장 1991년 대구 북구경찰서 수사과장 1992년 경찰청 강력과 근무 1994년 同형사국 수사과 수사연구담당 1997년 서울지방경찰청 방범기획과 외근담당 1997년 서울 은평경찰서 교통과장 1997년 서울 동부경찰서 보안과장 1998년 경북 칠곡경찰서장 1999년 경찰청 법무담당관 2000년 경기 남양주경찰서장 2002년 서울 방배경찰서장 2003년 경찰청 경찰혁신기획단 근무 2005년 同기획수사심의관 2006년 서울지방경찰청 수사부장 2008년 경북지방경찰청 차장 2009년 서울지방경찰청 보안부장 2010년 경찰청 보안국장(치안감) 2010년 대전지방경찰청장 2011년 경찰교육원장 2012년 경찰청 수사국장 2013년 울산지방경찰청장 2014년 법무법인(유) 대륙아주 변호사(현) (상)경찰청장표창(2000), 대통령표창(2003)

## 김학범(金鶴範)

(생)1960·3·1 (출)강원 강릉 (주)서울특별시 종로구 경희궁길 46 대한축구협회(02-2002-0707) (학)명지대 체육교육학과졸, 단국대 행정대학원 수료, 명지대 대학원 체육학과졸, 운동생리학박사(명지대) (경)1992년 국민은행 축구단 코치 1995년 미국 애틀란타올림픽 축구 국가대표팀 코치 1997년 대한축구협회 경기위원 1998년 同기술위원 1998년 프랑스월드컵 기술분석위원 1998~2004년 성남 일화 천마축구단 수석코치 2003·2014년 대한축구협회 기술위원회 위원 2005~2008년 성남 일화 프로축구단 감독 2010~2011년 중국 프로축구 허난 전예의 감독 2012~2013년 강원FC 프로축구단 감독 2014년 대한축구협회 기술위원회 위원 2014~2016년 성남FC 프로축구단 감독 2017년 광주FC 프로축구단 감독 2018년 대한축구협회 U-23 국가대표팀 감독(현) 2018년 제18회 자카르타-팔렘방아시안게임 남자축구국가대표팀 감독(금메달) (상)대통령배 전국축구대회 지도자상(1993), 추계실업연맹전 지도자상(1994), 대통령배 전국축구대회 지도자상(1995), 실업선수권대회 지도자상(1997), FA컵 지도자상(1999), 스포츠토토 한국축구대상 지도자상(2006), 스포츠서울 올해의프로축구대상 감독상(2006), 삼성하우젠 K리그대상 최고감독상(2006), 축구인의날 2006 최우수감독상(2007), 한국프로축구연맹 2015 현대오일뱅크 K리그 클래식 데닐(danill)테일러 이달의 감독(2015), 대한축구협회(KFA) 올해의 지도자상(2018)

## 김학석(金學奭) KIM Hak Seok

(생)1963·12·23 (출)경북 경주 (주)서울특별시 강남구 테헤란로 521 파르나스타워 38층 법무법인 율촌(02-528-5461) (학)1982년 경주고졸 1986년 고려대 법학과졸 2004년 同법무대학원 지적재산권법학과졸 2011년 법학박사(고려대) (경)1989년 사법시험 합격(31회) 1992년 사법연수원 수료(21기) 1992년 부산지검 검사 1994년 同울산지청 검사 1996년 인천지검 검사 1998년 서울지검 동부지청 검사 2000년 대전지검 천안지청 검사 2000년 독일 프라이부르크 막스프랑크연구소 초청연구원 2002년 서울지검 검사 2004년 인천지검 부천지청 부부장검사 2005년 전주지검 군산지청 부장검사 2006년 서울중앙지검 부부장검사 2006년 미국 스탠퍼드대 Visiting Scholar 2007년 수원지검 마약·조직범죄수사부장검사 2008년 법무부 인권지원과장 2009년 서울서부지검 형사4부장검사 2009년 서울중앙지검 형사8부장검사 2010년 법무연수원 연구위원 2011년 고려대 법무대학원·한국외국어대 법학전문대학원 겸임교수 2011~2013년 법무부 법무연수원 건설본부장 겸 서울중앙지검 부장검사 2012~2014년 법무부 선진상사법률연구 편집위원 2013~2014년 서울시 사법정책보좌관 2014년 서울고검 검사 2014년 법무법인 율촌 변호사(현) 2016년 한국증권법학회 부회장(현) 2017년 대한상사중재원 중재인(현) 2017년 행정안전부 감사청구심의회·감사자문위원회 위원(현) 2017년 同정책자문위원회 자문위원(현) 2018~2019년 한국경영법률학회 회장 2019년 同 명예회장(현) (상)검찰총장표창(1997), 홍조근정훈장(2012) (저)'자본시장법상부정거래행위(共)'(2015) '자본시장법(共)'(한국증권법학회) (역)'독일법원조직법'(共) '독일형사소송법(共)'(2001) '금융범죄 수사실무I(共)'(2011, 법무연수원)

## 김학선(金學善) Kim Hak Sun

(생)1962·1·11 (본)경주(慶州) (주)서울특별시 강남구 언주로 211 강남세브란스병원 정형외과(02-2019-3411) (학)1985년 연세대 의대졸 1992년 同대학원 의학석사 1998년 의학박사(원광대) (경)1995~2007년 연세대 의대 조교수·부교수 1999~2000년 한국과학재단 Post-Doc. Fellow 1999~2000년 미국 Emory Univ. Spine Center 교환교수 2001년 한국척추인공학회 상임이사 2002년 강남세브란스병원 정형외과 전문의(현) 2007년 연세대 의과대학 정형외과학교실 교수(현) 2007~2011년 강남세브란스병원 척추전문병원 진료부장 2009~2011년 同교육수련부장 2011~2014년 同척추병원장 2013~2015년 同척추정형외과장 2014~2016년 同기획관리실장 2016년 연세대의료원 강남중장기사업본부장 2018년 대한정형외과학회 이사장(현) 2019년 대한척추외과학회 회장(현) (상)북미척추외과학회 최우수연구 논문상(2000), 대한척추외과학회 우수논문상(2001·2003·2009), 북미척추외과학회(NASS) 우수연구논문상(2002), 국제척추인공관절학회 최우수 포스타연구상(2006), 조선일보 척추분야 한국최고의사선정(2006), 대한척추외과학회 기초최우수논문상(2011)

## 김학선(金學先)

(생)1968 (출)충북 충주 (주)대전광역시 서구 한밭대로 809 대전지방국세청 조사2국(042-615-2902) (학)충주고졸, 세무대학졸(7기) (경)충주세무서 근무 2008년 대전지방국세청 운영지원과 근무 2011년 동청주세무서 재산법인세과장, 대전지방국세청 징세과장 2015년 국세청 징세과 징세2계장(서기관) 2017년 충남 홍성세무서장 2018년 충남 공주세무서장 2019년 대전지방국세청 조사2국장(현)

## 김학성(金學成) KIM Hak Sung

(생)1955·1·11 (본)김해(金海) (출)부산 (학)1981년 한국외국어대 중국어학과졸 (경)1980년 (주)쌍용 근무 1988년 同홍콩법인 근무 1989~1997년 同베이징지점 근무 1999~2002년 同상하이지점장 2003년 (주)파라다이스 워커힐지점 판촉담당 이사 2006년 同워커힐지점 판촉담당 상무 2008년 同워커힐지점 마케팅본부장(전무) 2010~2011년 (주)파라다이스 제주그랜드카지노·롯데카지노 총지배인 2012년 (주)파라다이스산업 전무 2012년 同경영지원담당 전무 2014년 (주)파라다이스티앤엘 부사장 2015~2019년 (주)파라다이스 그랜드카지노 총지배인(부사장) (종)기독교

## 김학성(金學成) KIM Hak Sung

(생)1957·8·20 (본)경주(慶州) (출)충북 청주 (주)대전광역시 유성구 대학로 291 한국과학기술원 생명과학기술대학 생명과학과(042-350-2616) (학)1980년 서울대 화학공학과졸 1982년 한국과학기술원(KAIST) 생물공학과졸(석사) 1985년 공학박사(프랑스 콩피에뉴대) (경)1983~1985년 프랑스 Univ. of Compiegne 연구조교 1986~1988년 한국생명공학연구소 선임연구원 1988년 한국과학기술원 생명과학기술대학 생명과학과 조교수·부교수·교수(현) 1997~1998년 미국 North Carolina State Univ. 교환교수 2003~2008년 한국과학기술원 입학처장 2003년 Engineering Conference International 조직위원회 위원(현) 2007년 IUPAC Bio-tech Subcommittee 위원(현) 2013년 Enzyme Engineering 포상위원회 위원장(현) 2013~2015년 한국과학기술원 생명과학기술대학장 2014년 F1000 Research Editorial Board Member(현) 2016년 ACS Catalysis Editorial Board Member(현) 2016년 한국과학기술한림원 정회원(공학부·현) 2019년 한국과학기술원 케냐과학기술원건립사업단장(현) (상)과학기술부 선정 우수과학자상(1988), 한국과학기술원(KAIST) 학술상(2001), 한국과학기술원(KAIST) 연구상(2009), 한국바이오칩학회 학술대상(2013) (작)'방향족 기질에 대하여 효소활성이 향상된 히단토이나제변이체'(2006) 등 국내·외 특허권 20여건 출원

## 김학송(金鶴松) KIM Hak Song

(생)1952·7·6 (출)경남 진해 (주)서울특별시 중구 퇴계로 182 가락회관 10층 가락중앙종친회(02-714-7459) (학)1971년 마산고졸 1981년 건국대 정치외교학과졸 2010년 경남대 북한대학원졸 (경)1978년 대광공업사 대표 1988년 한국청년회의소(JC) 경남지구 회장 1991~1995년 경남도의회 의원 1999년 가락경남도청년회 회장 2000년 제16대 국회의원(진해, 한나라당) 2000년 한나라당 원내부총무 2001년 同총재특보 2001년 국회 예산결산특별위원회 한나라당 간사 2004년 제17대 국회의원(진해, 한나라당) 2004년 제11대 가락청년회 중앙 회장 2004~2006년 국회 건설교통위원회 한나라당 간사 2004~2006년 한나라당 경남도당 위원장 2004~2005년 同제1사무부총장 2005년 同신행정수도후속대책위원회 위원장 2005년 同부동산대책특별위원회 위원장 2006년 同홍보기획본부장 2006~2008년 국회 국방위원회 한나라당 간사 2006년 한나라당 북핵위원회 위원장 2007년 同홍보기획본부장 2007년 同전략기획본부장 2007년 同제17대 대통령중앙선거대책위원회 전략기획단장 2008년 제18대 국회의원(진해, 한나라당·새누리당) 2008~2010년 국회 국방위원장 2009~2012년 (사)세계예능교류협회 총재 2010년 대한불교천태종 중앙신도회장 2010년 국회 천안함침몰사건진상조사특별위원회 위원장 2010년 한나라당 비상대책위원회 위원 2011년 同전국위원회 의장 2012년 새누리당 전국위원회 의장 2012년 同제18대 대통령중앙선거대책위원회 유세본부장 2013~2017년 한국도로공사 사장 2019년 (사)가락중앙종친회 회장(현) (상)자랑스런 건국인상(2007), 국정감사평가회 우수의원상(2010), 한국을 빛낸 창조경영대상 고객만족부문(2016), 금탑산업훈장(2016), 대한민국국토경관디자인대전 국토교통부장관표창(2016) (저)'여의도에서 만납시다'(2000)

## 김학수(金學洙) KIM Hak Su

(생)1938·2·27 (본)김해(金海) (출)강원 원주 (주)경기도 파주시 소라지로195번길 47-30 에덴복지재단(031-946-7030) (학)1956년 중앙고졸 1960년 연세대 상학과졸 1974년 영국 에든버러대 대학원 경제학과졸 1977년 경제학박사(미국 사우스캐롤라이나대) 2005년 명예 경제학박사(러시아 모스크바국립국제관계대) 2005년 명예 법학박사(강원대) (경)1960년 한국은행 입행 1968년 同조사부 금융재정과 조사역 1969년 상공부 장관비서관 1970년 한국은행 조사부 국제경제과 조사역 1971년 同런던사무소 조사역 1977년 대우 해외사업본부 이사 1978년 同금속철강본부 이사 1979년 미국 N.Y. Daewoo International Steel Corp. 사장 1981년 국제연합(UN) 개발협력국 경제기획관 1986년 同DTCD 솔로몬군도 수석정책고문 1989년 대외경제정책연구원 선임연구위원 1993년 한일종합금융연구소 소장 1994년 콜롬보플랜(아·태지역 국제기구) 사무총장 1999년 외교통상부 국제경제담당대사 2000~2007년 UN 아·태경제사회이사회(ESCAP) 사무총장 2007년 연세대 특임교수 2008~2011년 강원대 특별초빙교수 2008년 2009인천세계도시축전 조직위원회 고문 2008~2011년 (사)아시아경제공동체재단 이사장 2009년 문화체육관광부 MICE홍보대사 2010년 UN 재해경감아시아각료회의준비위원회 부위원장 2010~2013년 IT타임스 고문 2010년 에덴복지재단 고문 2011년 同상근이사 2011~2017년 한국국제협력단(KOICA) 자문위원 2011~2013년 경제발전경험공유사업(KSP) 스리랑카 수석고문 겸 단장 2012년 한국지속가능사업단 총재 2012년 국제지도자연합 세계총재(현) 2013년 SRG컨설팅 대표이사 2014년 유라시아철도국제연합 해외협력사업위원장 2015~2017년 한국국제협력단 지구촌새마을운동 자문위원 2015년 에덴복지재단 중증장애인평생일터행복공장만들기운동본부 총재(현) 2017년 同이사장(현) (상)대통령표창, 한국방송공사 해외동포특별상 (저)'GATT 11조국 이행에 따른 정책과제와 대응방안' '우리나라의 대개도국 중장기 경제협력 방안' '한국의 대외경제협력에 관한 정책과제와 방향' '한국의 대베트남 경제협력기본전략' '한국의 무상원조와 유상원조의 운영방안' 'OECD 중 소규모국의 ODA정책과 시사점' 자서전 '외국에서 더 유명해졌다'(2008) (종)천주교

## 김학수(金學洙) Kim Hack Soo

(생)1958 · 7 · 25 (본)경주(慶州) (출)서울 (주)서울특별시 송파구 양재대로 1239 한국체육대학교 스포츠언론정보연구소(02-410-6803) (학)1977년 서울공고졸 1982년 서강대 사학과졸 2005년 한양대 언론대학원 신문학과졸 2009년 스포츠사회학박사(한국체육대) (경)1985년 일간스포츠 입사 1998년 同차장대우 1999년 스포츠투데이 체육부 차장 2000년 同체육부 부장대우 2001년 同체육부장 2003년 同체육부 부국장대우 2003년 同대외협력팀장(부국장대우) 2004~2005년 同편집국장 직대 2007년 (주)애드밀 영업총괄부사장 2011년 한국체육대 스포츠언론정보연구소장(현) 2012년 한국스포츠미디어학회 부회장(현) 2013~2016년 대한농구협회 홍보이사 2015~2017년 한국체육학회 부회장, 한국체육언론인회 이사, 대한체육회 홍보위원 (저)'올림픽에 대한 신문보도담론분석' '프로농구 10년사' (종)천주교

## 김학수(金學首) Hak Soo KIM

(생)1965 · 2 · 1 (출)경기 군포 (주)서울특별시 강남구 테헤란로 202 금융결제원 원장실(02-531-1001) (학)1984년 경복고졸 1988년 서울대 경제학과졸 1992년 同행정대학원졸 (경)1990년 행정고시 합격(34회) 1994년 재정경제원 금융정책실 국민저축과 사무관 1998년 同금융정책국 금융정책과 사무관 2007년 기획예산처 재원기획과장 2008년 기획재정부 경제정책국 자금시장과장 2010년 금융위원회 금융정책국 산업금융과장 2011년 同자본시장과장(서기관) 2012년 同자본시장과장(부이사관) 2013~2015년 국제부흥개발은행(IBRD) 파견(부이사관) 2015년 금융위원회 자본시장국장(고위공무원) 2016년 국방대 교육훈련 파견 2017년 금융위원회 금융서비스국장 2017년 同기획조정관 2017~2019년 同증권선물위원회 상임위원 2019년 금융결제원 원장(현) (상)홍조근정훈장(2015)

## 김학순(金學淳) KIM Hak Soon

(생)1953 · 4 · 18 (출)경북 의성 (주)서울특별시 성북구 안암로 145 고려대학교 미디어학부(02-3290-5148) (학)1972년 대구상고졸 1976년 영남대 경영학과졸 1989년 미국 컬럼비아대 언론대학원 수료 2000년 연세대 언론홍보대학원졸 2007년 북한대학원대 박사과정 수료 (경)1979년 경향신문 입사 1990~1994년 同사회부 · 국제부 · 정치부 기자 · 워싱턴특파원 1994년 同정치부 차장 1997년 同논설위원 1998년 同국제부장 1999년 同사회부장 2000년 同정치부장 2000년 同편집국 부국장 2003년 同논설위원 2003년 同미디어전략연구소장 2004년 (주)미디어칸 총괄대표이사 2005년 경향신문 논설위원실장 2006년 同논설실장 겸 창간60돌기념사업추진위원장 2006년 同편집국 선임기자 2009년 同편집국 대기자 2010~2015년 연합뉴스 수용자권익위원회 위원 2012년 고려대 미디어학부 초빙교수(현) (상)在京영남대동창회 천마언론인상(2014), 고려대 석탑강의상(2016 · 2017 · 2018) (저)'진실, 세상을 바꾸는 힘'(2008, 한국의 저널리스트 시리즈) '세상을 바꾸고 고전이 된 39'(2015)

## 김학순(金學詢) Kim Hak Soon

(생)1954 (출)서울 (주)서울특별시 마포구 백범로 40-1 5층 (재)피앤에프(02-718-3383) (학)1984년 인하대 사범대학졸 1987년 홍익대 대학원 미학과졸(문학석사) 1990년 미국 뉴욕대 대학원 영화학과졸 1992년 미국 The American Film Institute 수학(프로듀서과정) 1998년 미국 템플대 대학원 영화과졸(영화제작석사) (경)1993년 미국 템플대 강사 1994~1999년 서울예술대학 영화과 교수 1996년 대종상영화제 심사위원 1996~2000년 삼성문화재단 멤피스트 운영위원 1999~2000년 (사)한국영상제작기술학회 회장 1999~2019년 서강대 영상대학원 교수 2001~2003년 대한민국과학문화상 심사위원 2001~2004년 한국영상자료원 영상화소위원회 위원 2002~2005년 영화진흥위원회 영상전문인력양성지원소위원회 위원 2004년 아이치EXPO한국관 영상자문위원 2004~2006년 대한민국국제청소년영화제 조직위원 2007년 문화관광부 문화산업인력양성위원회 위원 2009년 오프앤프리영화제 공동집행위원장 2011~2015년 서강대 영상대학원장 2011년 서울시 시티갤러리 자문위원 2011년 대한민국역사박물관 디지털전시 자문위원, MBC영화상 후보작선정위원회 위원 2016년 (사)한국다큐멘터리학회 회장(현) 2016~2018년 한국영상자료원 이사 2016년 연평재단 설립 · 이사장 2016년 인하대총동창회 부회장(현) 2017년 2018충주세계소방관경기대회 명예홍보대사 2019년 서강대 명예교수(현) 2019년 (재)피앤에프 이사장(현) (상)미국 이스트만 스칼라쉽(1991), 휴스턴국제영화제 심사위원특별상(2004), 하와이국제영화제 NETPAC상(2004), 춘사 나운규 영화예술제 신인감독상(2004), 해군참모총장 감사패(2015), 합참의장 감사패(2015), 대한민국 나라사랑 실천대상(2015), '한국을 빛낸 자랑스런 한국인 대상'(2015), 바른사회시민회의 선정 '바른사회를 지키는 아름다운 사람'(2015), 대한민국문화연예대상 영화작품상(2015), 대한민국문화연예대상 영화감독상(2015), 전국경제인연합회 시장경제대상 문화예술상(2015), 인하대 비룡대상(2015), 도전한국인운동본부 '2015년을 빛낸 도전한국인 10인 대상'(2016), 마카오국제영화제 금양상(2016), 휴스턴국제영화제 심사위원특별상(2016), 국가보훈처 보훈문화상(2016), 2016장교합동임관식 행사기획단 감사패(2016), 자랑스런 대한민국시민 대상(영화부문)(2018), 창조혁신 한국인 대상(문화예술부문)(2018) (저)'영화의 이해'(2010, 경기도교육청) '영화 읽기(共)'(2004, 영화진흥위원회 교재편찬위원회) 외 초 · 중교 영화교과서 집필 (역)'영화연출론 shot by shot'(1998) (작)영화 '더 로스트 오페라'(1985), 'TRANSIENT'(1991), '스페이스 인 타임'(1991), 'ONE MORE TRY'(1992), '민들레'(2002), '비디오를 보는 남자'(2003), '토팽가 페어'(2008), 'ABANDONED'(2008), '켄터키 블루스'(2008), '연평해전'(2015)

## 김학실(金學實)

(생)1962 · 1 · 10 (주)광주광역시 서구 내방로 111 광주광역시의회(062-613-5044) (학)광주대 언론홍보대학원졸 (경)한국방송공사(KBS) 아나운서, (주)김학실 아나운서 아카데미 원장(현), 더불어민주당 광주시당 부대변인 2018년 광주시의회 의원(더불어민주당)(현) 2018년 同교육문화위원회 위원장(현) 2018년 同세계수영선수권대회지원특별위원회 위원(현)

## 김학열 KIM Hak Ryol

(생)1964 · 6 · 8 (주)경기도 성남시 분당구 성남대로 343번길 9 SK주식회사 C&C 통합서비스사업부문(02-6400-0114) (학)동아대 회계학과졸, 단국대 대학원 재무회계학과졸 (경)1992년 SK C&C 재무구매팀 근무 2002년 同자금팀장 2009년 同재무본부장(상무) 2011년 同전략구매본부장 2012년 同구매본부장 2013~2015년 同사업지원본부장 2015년 SK주식회사 C&C 사업지원본부장 2016년 同서비스사업부문장 2016년 同솔루션사업부문장(전무) 2018년 同통합서비스사업부문장(현)

## 김학영

(생)1960 · 2 (주)서울특별시 서초구 서초대로74길 11 삼성생명보험(주)(1588-3114) (학)전북 신흥고졸, 동국대 경제학과졸 (경)1985년 삼성생명보험(주) 입사 2009년 同호남지역사업부 상무 2016년 同강북지역사업부 전무 2017년 同개인영업본부장(전무) 2018년 同FC영업본부장(부사장) 2019년 同고문(현)

## 김학옥(金學玉) KIM Hak Ok (양촌)

(생)1935 · 10 · 26 (본)경주(慶州) (출)경기 용인 (주)서울특별시 서초구 강남대로25길 37 양촌빌딩 3층 한국통일진흥원 이사장실(02-571-1988) (학)1957년 수원농림고졸 1960년 육군사관학교졸(16기) 1964년 미국 일리노이공과대 대학원졸 1984년 중앙대 교육대학원졸 1988년 경남대 경영대학원졸 1995년 교육행정학박사(중앙대) (경)1960년 육군 소위 임관 1964~1967년 육군사관학교 조교수 · 서울대 · 한양대 강사 1978년 보병 제9사단 포병단장 1980~1981년 육군사관학교 교수 · 교무처장 1982년 제25사단 부사단장 1982년 수도군단 참모장 1984년 제1포병여단장 1985년 제53사단장 1987년 육군본부 관리참모부 차장 1988년 同관리참모부장 1989년 국방부 조달본부장(중장) 1991년 국방과학연구소 소장 1991~1995년 민주평통 자문위원 1996~2002년 중앙대 사범대학 교육학과 교수 1997~1999년 (재)한사랑민족통일진흥원 이사장 1999~2005년 대한민국재향군인회 이사 2000년 (재)한국통일진흥원 이사장(현) 2006~2010년 (재)육군사관학교발전기금 이사 2007~2008년 대한민국포병전우회 회장 2008년 同명예회장 2010년 (사)나라사랑포병연합 명예회장(현) 2012~2019년 한국통일안보연구단체연합회 공동의장 2012년 박정희대통령애국정신선양회 고문(현) 2019년 한국통일안보연구단체연합회 고문(현) (상)보국훈장 삼일장(1976), 보국훈장 천수장(1984), 충무무공훈장(1985), 보국훈장 국선장(1989), 대통령표창 (저)'군의 전편람'(1980) '녹색견장'(1989) '정신전력 개발'(1989) '생활예절'(1992) 등 (종)가톨릭

## 김학용(金學容) KIM Hack Yong (雲村)

(생)1961 · 12 · 10 (본)경주(慶州) (출)경기 안성 (주)서울특별시 영등포구 의사당대로 1 국회 의원회관 908호(02-784-3860) (학)1980년 평택고졸 1988년 중앙대 사회과학대학 경제학과졸 1990년 同사회개발대학원 수료 (경)1988~1995년 국회의원 이해구 비서관 1993년 내무부 장관 비서관 1995 · 1998 · 2002~2004년 경기도의회 의원(한나라당) 1999년 同농림수산위원장 2002~2004년 同부의장 2008~2012년 제18대 국회의원(경기 안성시, 한나라당 · 새누리당) 2008~2012년 국회 농림수산식품위원회 위원 2010년 (사)천일염세계화포럼 공동대표 2010~2011년 한나라당 원내부대표 2010~2012년 (재)여의도연구원 감사 2012년 제19대 국회의원(경기 안성시, 새누리당) 2012~2014년 국회 법제사법위원회 위원 2012~2013년 국회 예산결산특별위원회 간사 2013~2014년 새누리당 정책위원회 수석부의장 2013년 同창조경제일자리창출특별위원회 위원장 2013~2014년 국회 정치개혁특별위원회 간사 2014~2015년 국민생활체육전국야구연합회 회장 2014년 새누리당 경기도당 위원장 2014~2016년 同대표최고위원 비서실장 2014년 한 · 베트남의원친선협회 회장(현) 2014년 국회 교육문화체육관광위원회 위원 2016년 제20대 국회의원(경기 안성시, 새누리당 · 바른정당〈2017.1〉 · 자유한국당〈2017.5〉)(현) 2016년 국회의원축구연맹 회장(현) 2016년 대한민국 미래혁신포럼 회장(현) 2016년 국회 국방위원회 위원 2016~2017년 국회 저출산 · 고령화대책특별위원회 위원 2017년 바른정당 경기도당 위원장 2017년 同인재영입위원회 위원장 2017~2018년 국회 국방위원회 위원장 2018년 국회 환경노동위원회 위원장(현) (상)국정감사NGO모니터단 선정 '국정감사 우수의원'(2009~2013), 대한민국 헌정상 우수상(2011), 대한민국을 빛낸 21세기 한국인상 정치공로부문(2011), 국회사무처 선정 '입법 및 정책개발 우수의원'(2011), 법률소비자연맹 국회의원 헌정대상(2014), 범시민사회단체연합 선정 '올해의 좋은 국회의원'(2015), 법률소비자연맹 제19대 국회의원 공약대상(2016), 초정대상(소상공인이 선정한 최우수국회의원)(2016), 2018 입법 및 정책개발 우수국회의원(2019) (저)'지방시대 개척기'(2003) '김학용의 꿈, 모두의 해피엔딩을 위하여'(2011)

## 김학유(金學裕) Hak you KIM

(생)1962 · 12 · 16 (주)서울특별시 종로구 사직로8길 60 외교부 인사기획관실(02-2100-7863) (학)1989년 한국외국어대 포르투갈어과졸 1996년 브라질 상파울루대 대학원 경제학과졸 (경)1999년 외무부 입부 1999년 駐상파울루 영사 2002년 駐브라질 2등서기관 2007년 駐포르투갈 1등서기관 2009년 駐브라질 참사관 2013년 외교부 중남미협력과장 2014년 駐밴쿠버 부총영사 2017년 駐상파울루 부총영사 2017년 駐상파울루 총영사(현)

## 김학자(金學子 · 女) KIM Hak Ja

(생)1939 · 6 · 6 (본)김녕(金寧) (출)서울 (주)서울특별시 서초구 반포대로 37길 59 대한민국예술원(02-596-6215) (학)1958년 이화여고졸 1962년 이화여대 문리과대학 사학과졸 1969년 경희대 대학원 무용학과졸 1981년 미국 New York American Ballet Theatre School Full Time Student (경)1955년 김천흥고전무용연구소 단원 1957년 임성남발레연구소 단원 1962~1990년 국립발레단 단원 · 주역무용수 · 지도위원 1963년 '사신의 독백' 주연 1964년 '허도령 노장양반' 공연 1964년 드라마센터 연극아카데미 발레강사 1965년 '제3의 영상' 공연 1966년 '까치의 죽음 파란뱀' 공연 1979년 서울예술전문대 무용과 조교수 1997~2004년 (사)한국무용협회 이사 1985년 국립발레단 '길가에서' 안무 1990~2004년 한성대 무용과 조교수 · 부교수 · 교수, 한국발레협회 부회장, 아시아무용협회 한국지부 부회장, '92춤의 해' 기획위원, 국립가무단 '춘향전' · '동키호테 이런 사람' 안무, 국립오페라단 '투란도트' 안무, 국립합창단 '환타스틱 이런 사람' 안무, 국립창극단 '수궁가' 안무 1996년까지 개인 창작발레공연 5회 2000~2004년 한국발레협회 회장 2000~2008년 (재)국립발레단 이사 2000~2008년 (재)국립발레아카데미 교장 2004~2009년 한국발레협회 명예회장 2007년 同고문(현) 2009년 대한민국예술원 회원(무용 · 현) 2012~2014년 (재)국립발레단 창작팩토리 자문위원 (상)서울올림픽대회 문화장(1988), 문화부장관 공로패(1990), 제1회 한국발레예술상 무용가상(1996), 한국발레예술상 대상(1998), 예총예술문화상 무용부문 대상(2001), 이화를 빛낸 상(2002), 부총리 겸 교육인적자원부장관표창(2004), 보관문화훈장(2004), 한국발레협회 특별공로상(2016), 제6회 아름다운 무용인상(2018) (저)'발레무용수의 움직임과 그 내부'(1999) (역)'그림으로 보는 발레역사'(1998) '국왕의 발레마스터 부르농빌'(2001) (종)기독교

## 김학재(金鶴在) KIM Hak Jae

(생)1945 · 12 · 14 (출)전남 해남 (주)서울특별시 서초구 서초대로73길 40 강남오피스텔 908호 김학재법률사무소(02-3481-4201) (학)1963년 목포고졸 1967년 서울대 법과대학졸 (경)1971년 사법시험 합격(13회) 1973년 사법연수원 수료(3기) 1974년 서울지검 동부지청 검사 1978년 광주지검 검사 1980년 법무부 검찰국 검사 1982년 서울지검 검사 1985년 대전지검 공주지청장 1986년 대검찰청 검찰연구관 1987년 법무부 조사과장 1989년 인천지검 특수부장 1991년 同강력부장 1991년 서울지검 남부지청 특수부장 1992년 대검찰청 중앙수사부 제2과장 1993년 서울지검 형사4부장 1993년 광주지검 순천지청장 1994년 서울지검 남부지청 차장검사 1995년 수원지검 차장검사 1996년 서울고검 검사 1997년 부산지검 동부지청장 1998년 법무연수원 기획부장 1999년 대전지검장 2000년 법무부 검찰국장 2001년 同차관 2001년 대통령 민정수석비서관 2002년 법무연수원장 2002~2003년 대검찰청 차장검사 2003년 변호사 개업 2004년 열린우리당 법률지원단장 2004~2013년 법무법인 태일 고문변호사 2011년 제18대 국회의원(비례대표 승계, 민주당 · 민주통합당) 2013년 변호사 개업(현) 2015년 새정치민주연합 국정자문회의 자문위원 2016년 국회 윤리특별위원회 자문위원장 (상)황조근정훈장, 홍조근정훈장(1992) (저)'징수업무개선방안 연구' (종)기독교

## 김학재(金學載) Kim Hak Jae

(생)1967·8·18 (주)서울특별시 종로구 사직로8길 60 외교부 인사운영팀(02-2100-7141) (학)1993년 한국외국어대 서반어과졸 1998년 영국 랭커스터대 대학원 법학과졸 (경)1994년 외무고시 합격(28회) 1994년 외무부 입부 2002년 駐아르헨티나 1등서기관 2003년 駐스페인 1등서기관 2008년 駐벨기에·유럽연합 1등서기관 2010년 외교통상부 중남미협력과장 2011년 駐네덜란드 참사관 2014년 駐멕시코 공사참사관 2017년 외교부 중남미국심의관 2018년 駐볼리비아 대사(현)

## 김학주(金學主) KIM Hak Chu (二不齋)

(생)1934·1·18 (본)경주(慶州) (출)충북 충주 (주)서울특별시 관악구 관악로 1 서울대학교 중어중문학과(02-880-6063) (학)1956년 서울대 중어중문학과졸 1961년 국립대만대 대학원 중국문학과졸 1975년 문학박사(서울대) (경)1961~1978년 서울대 중어중문학과 전임강사·조교수·부교수 1973~1974년 미국 프린스턴대 객원교수 1975~1979년 한국중국어문학회 회장 1978~1999년 서울대 중어중문학과 교수 1979~1983년 한국중국학회 회장 1992~2002년 한국중국희곡연구회 회장 1997~1998년 일본 규슈대 방문교수 1999년 서울대 명예교수(현) 2001~2009년 연세대 초빙교수 2009년 대한민국학술원 회원(중문학·현) (상)서울시 문화상(1968), 국민훈장 목련장(1999), 인촌상 인문·사회부문(2015) (저)'중국문학개론'(1977) '공자의 생애와 사상'(1978) '노자와 도가사상'(1978) '중국문학서설'(1992) '중국문학의 이해'(1993) '한중 두 나라의 가무와 잡희'(1994) '중국문학사'(1999) '조선시대 간행 중국문학 관계서 연구'(2000) '중국문학사론'(2001) '중국고대의 가무희'(2001) '묵자, 그 생애·사상과 墨家'(2002) '한대의 문인과 시'(2002) '중국의 희곡과 민간연예'(2002) '중국고대문학사(수정판)'(2003) '중국의 경전과 유학'(2003) '중국의 전통연극과 희곡문물과 민간연예를 찾아서'(2007) '중국의 탈놀이와 탈'(2008) '장안과 북경'(2009) '京劇이란 어떤 연극인가'(2009) '위대한 중국의 대중예술 京劇'(2010) '거대중국을 지탱하는 힘 — 가난한 백성들과 전통예'(2014) (역)'근사록'(2004) '전습록'(2005) '명대시선'(2006) '청대시선'(2006) '논어'(2007) '대학'(2007) '중용'(2007) '장자'(2010) '노자' '열자' '악부시선' '시경' '서경' '도연명시선' '원잡극선' '송시선' '고문진보(전집, 후집)' '당시선' '맹자' '순자' (종)기독교

## 김학준(金學俊) KIM Hak Joon

(생)1943·1·28 (본)경주(慶州) (출)중국 심양 (주)경기도 용인시 수지구 죽전로 152 단국대학교(031-8005-3355) (학)1961년 제물포고졸 1965년 서울대 문리과대학 정치학과졸 1969년 同대학원졸 1970년 미국 켄트주립대 대학원졸 1972년 정치학박사(미국 피츠버그대) (경)1965~1968년 조선일보 정치부 기자 1972년 미국 피츠버그대 연구조교수 1973년 서울대 조교수 1975년 국제정치학회 총무이사 1977년 同연구이사 1978년 한국정치학회 섭외이사 1980년 서울대 정치학과 부교수 1983년 미국 버클리대 객원연구원 1984년 일본 도쿄대 객원교수 1984년 공산권연구협의회 총무이사 1985년 제12대 국회의원(전국구, 민주정의당) 1988년 민주화합추진위원회 총간사 1988년 서독 뮌헨대·오스트리아 빈대 연구원 1988년 서울대 정치학과 교수 1989년 대통령 사회담당 보좌역 1990년 대통령 정책조사보좌관 1991~1993년 대통령 공보수석비서관 1993년 단국대 대학원 교수 1993년 미국 우드로윌슨대통령기념국제연구소 객원연구원 1994~1996년 단국대 이사장 1995년 세계지역연구협의회 회장 1996년 인천발전연구원 원장 1996~2000년 인천대 총장 1998년 한국전쟁연구회 회장 1999년 한국국가기록연구원 초대원장 1999년 한국교원단체총연합회 회장 2000년 한국정치학회 회장 2000년 세계정치학회 집행위원 2000년 명지대 정치외교학과 교수 2000년 한국현대중국연구회 이사장 2000년 동아일보 부사장대우 겸 편집·논설 상임고문 2001~2006년 同대표이사 사장 겸 발행인·인쇄인 2002년 아시아신문재단(PFA) 한국위원회 이사 2002년 국제언론인협회(IPI) 한국위원회 이사 2003년 한국신문협회 부회장 2003~2006년 세계정치학회 부회장 2005년 독도연구보전협회 회장 2006년 동아일보 대표이사 사장 겸 발행인·편집인 2008~2010년 同회장 2009년 대통령자문 통일고문회의 고문 2010~2011년 동아일보 고문 2010년 한국사회서비스포럼 초대 대표회장 2011~2014년 월드비전 이사 2011년 2014인천아시아경기대회조직위원회 고문 2011년 학교법인 단국대 이사장 2011년 아시아기자협회 이사장(현) 2012~2015년 동북아역사재단 이사장 2014년 자유와창의교육원 석좌교수 2015~2018년 한동대 국제어문학부 국제지역학전공 석좌교수 2015년 단국대 석좌교수(현) 2017~2019년 국립대학법인 인천대 제2대 이사장 (상)한국정치학회 학술상(1983), 황조근정훈장(1992), 체육훈장 거상장(2002), 국민훈장 무궁화장(2015) (저)'러시아혁명사'(1999) '한국정치론' '소련정치론' '소련외교론' '남북한 통일정책의 비교연구'(英文) '소련의 동아시아 정책속의 코리아'(英文) '북한과 중국의 관계'(英文) '李東華평전' '한국문제와 국제정치' (역)'혁명의 종말' '전체주의' (종)기독교

## 김학준(金學俊) KIM Hakjoon

(생)1967·10·7 (본)경주(慶州) (출)서울 (주)서울특별시 종로구 사직로8길 39 세양빌딩 김앤장법률사무소(02-3703-1965) (학)1986년 상문고졸 1990년 서울대 사법학과졸 2003년 미국 하버드대 로스쿨 Visiting Scholar (경)1989년 사법시험 합격(31회) 1992년 사법연수원 수료(21기) 1992~1995년 공군 법무관 1995~1997년 서울지법 동부지원 판사 1997~1999년 서울지법 판사 1999~2001년 청주지법 판사 2001~2002년 수원지법 판사 2003~2004년 同안산지원 판사 2004~2006년 대법원 재판연구관 2006~2007년 서울중앙지법 판사 2007~2008년 광주지법 장흥지원장 2008~2010년 대법원 재판연구관(부장판사) 2010~2011년 인천지법 부장판사 2011~2012년 서울남부지법 부장판사 2012년 김앤장법률사무소 변호사(현) 2014~2015년 대통령 민정수석비서관실 민원비서관

## 김학진(金鶴鎭) KIM Hak Jin

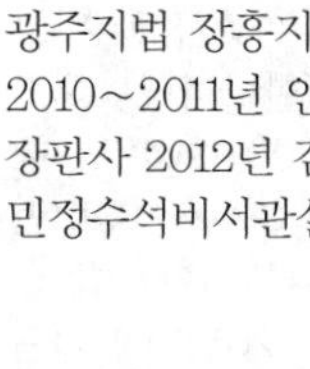

(생)1966·1·19 (출)경북 경주 (주)서울특별시 중구 세종대로 110 서울특별시청 안전총괄실(02-2133-8001) (학)1984년 경주고졸 1993년 서울대 토목공학과졸 2003년 영국 셰필드대 대학원 도시계획과졸 2018년 도시계획학박사(홍익대) (경)1996년 서울시 마포구기획실 과장(사무관) 1998년 同지하철건설본부 안전관리팀장 1999년 同도시계획국 교통운수계획팀장·용도지구계획팀장 2003년 同지하철건설본부 건설팀장 2004년 同도시계획국 종합계획팀장·시설총괄·지역계획·지구단위계획팀장 2009년 同도시계획국 지역발전계획추진반장(서기관) 2009~2010년 同한강사업본부 공원사업부장 2010~2011년 삼성물산 토목사업본부 상무 2010년 서울시 도시안전본부 물재생계획과장 2012년 同도시계획국 도시관리정책관실 시설계획과장 2014년 同도시안전본부 물관리정책관 2015년 同물순환안전국장 2016년 同도시계획국장 2018년 同도시기반시설본부장 2018년 同안전총괄본부장(지방관리관) 2019년 同안전총괄실장(지방관리관)(현)

## 김학천(金學泉) KIM Hak Chun

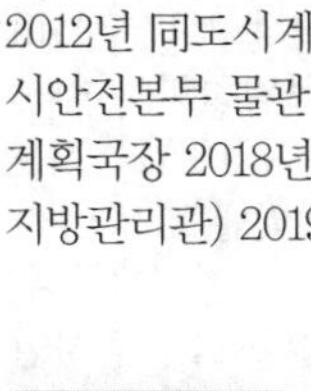

(생)1941·6·1 (본)경주(慶州) (출)서울 (주)서울특별시 서대문구 통일로 107-15 효곡빌딩 601호 언론광장(02-720-3721) (학)1959년 보성고졸 1963년 서울대 사범대학 독일어과졸 1975년 同신문대학원졸 1987년 문학박사(서울대) (경)1966~1967년 고교 교사 1967~1975년 동아방

송 PD 1977년 서울산업대 · 서울대 강사 1980년 KED 교육방송부 편성심의실장 1983년 同제작국장 1985년 同기획국장 1989년 同방송담당 부원장 1990~1991년 同소장 1992년 한국외국어대 강사 1993~2006년 건국대 신문방송학과 부교수 · 교수, 同명예교수(현) 1993년 방송위원회 심의위원 1993년 방송대상 심사위원장 1993년 한국방송학회 회장 1994년 기독교방송 시청자위원장 1995년 방송문화진흥회 연구자문위원 2001년 건국대 사회과학대학장 2001~2003년 한국교육방송공사 사장 2001년 한국콘텐츠산업진흥협회 회장 2002년 한국방송협회 이사 2005년 언론광장 공동대표(현) 2005~2009년 한국PP협회 회장 2007~2010년 아리랑국제방송 이사장 · 이사 2008~2011년 (사)열린미디어연구소 소장 2008~2018년 하남시시민단체연합희망연대 상임공동대표 2010년 한국방송인회 이사(현) 2011년 (사)열린미디어연구소 이사장(현) (상)한국방송60년 유공자상(1986) (저)'교육방송 제작론'(共) '해외방송의 편성분석' '특수방송론'(共) '민중과 자유언론'(共) (역)'현대방송과 대중'

## 김학철

(생)1960 (주)제주특별자치도 제주시 문연로 18 제주지방경찰청 보안과(064-798-3191) (학)제주 오현고졸, 제주대 행정학과졸 (경)1987년 경사 경채 2001년 경정 승진 2010년 제주지방경찰청 정보과장(총경) 2011년 서귀포경찰서장 2012년 제주지방경찰청 제주해안경비단장 2013년 同보안과장 2014년 同경무과장 2014년 경남 거창경찰서장 2015년 제주지방경찰청 정보과장 2016년 제주동부경찰서장 2017년 제주지방경찰청 경무과장 2018년 제주서부경찰서장 2019년 제주지방경찰청 보안과장(현)

## 김학태(金學泰) Kim, Hak-Tai

(생)1961 · 3 · 20 (본)경주(慶州) (출)경기 (주)서울특별시 동대문구 이문로 107 한국외국어대학교 법학전문대학원(02-2173-3060) (학)1979년 한영고졸 1987년 한국외국어대 법학과졸 1989년 同대학원 법학과졸 1995년 법학박사(독일 잘브뤼켄대) (경)1999~2010년 한국법철학회 총무이사 · 출판이사 2001~2004년 동의대 법정대학 법학과 전임강사 · 조교수 2004년 한국외국어대 법과대학 부교수 · 교수(현) 2009년 同법학전문대학원 교수(현) 2010~2012년 同행정지원처장 2010~2012년 한국법철학회 연구이사 2012년 同부회장 2012~2014년 한국외국어대 기획조정처장 2014~2016년 한국법철학회 회장 2014년 한국외국어대 기관생명윤리위원장 2017년 학교법인 동원육영회 사무처장 2019년 한국외국어대 재무 · 대외부총장(현) (저)'현대 의학에 있어서 생명의 시간과 인간의 존엄'(2015, 집문당) '법의 해석과 적용'(2017, 휴인) (역)'법과 진리'(2016)

## 김 한(金 漢) KIM, HAHN

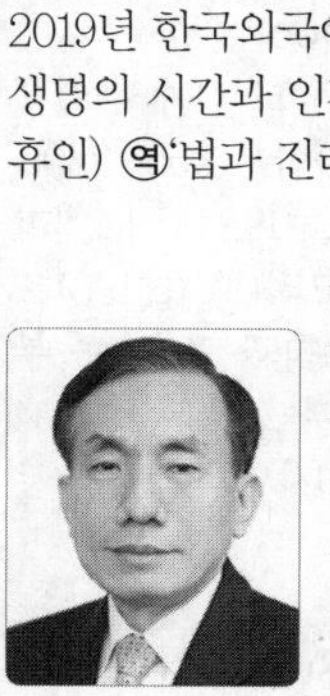

(생)1953 · 11 · 10 (본)김녕(金寧) (출)광주 (학)1972년 광주고졸 1976년 서울대 법과대학 법학과졸 1982년 同대학원 법학과졸 1984년 同대학원 법학 박사과정 수료 2003년 전남대 행정대학원 최고정책과정 수료 (경)1982년 사법시험 합격(24회) 1985년 사법연수원 수료(14기) 1985년 부산지검 검사 1987년 광주지검 순천지청 검사 1988년 서울지검 검사 1991년 마산지검(現 창원지검) 검사 1993년 서울지검 남부지청 검사 1995년 수원지검 검사 1997년 광주고검 검사 1997~1998년 미국 산타클라라대 방문학자 1998년 광주지검 순천지청 형사1부장 1999년 제주지검 형사1부장 2000년 부산지검 강력부장 2002년 광주지검 형사2부장 2003년 서울지검 전문부장검사 2003~2018년 변호사 개업 2017년 서울지방변호사회 시니어프로보노지원단 회장 2018년 '드루킹 댓글 조작 사건' 특별검사보(현)

## 김한겸(金漢謙) KIM Han Kyeom

(생)1955 · 11 · 17 (본)김해(金海) (출)서울 (주)서울특별시 구로구 구로동로 148 고려대학교 구로병원 병리과(02-2626-3251) (학)1980년 고려대 의대졸 1983년 同대학원 의학석사 1989년 의학박사(고려대) 2009년 명예 박사(루마니아 티르구무레슈의대) (경)1980~1984년 고려대 혜화병원 인턴 · 전공의 1985~1987년 육군 과학수사연구소 법의과장 1987~1988년 한림대 의과대학 전임강사 1988년 고려대 의과대학 병리학교실 교수(현) 2000~2002년 한국의사검도회 회장 2000~2005년 고려대 안암병원 병리과장 2000~2001년 同의과대학 의예과장 2001~2002년 同의과대학 연구교류부장 2002~2011년 同의과대학 동결폐조직은행장 2004~2006년 同대학원 병리사회계 주임교수 2004~2006년 同구로병원 병리조직위원장 2005~2008년 同구로병원 병리과장 2005~2006년 同구로병원 유전자은행 IRB위원장 2005~2009년 서울시검도회 부회장 2005~2007년 과학기술부 · 한국과학재단 지정 특수연구소재은행협의회장 2006~2011년 교육과학기술부 · 한국연구재단 지정 인체유래검체거점센터장 2006년 국제생물자원환경학회 대표위원 2007~2008년 대한병리학회 이사장 2008~2011년 고려대 학생처장 2008~2011년 同사회봉사단 부단장 2008~2011년 同장애학생지원센터장 2009~2010년 대한병리학회 감사 2009~2010년 대한심폐병리연구회 회장 2009년 대한검도회 이사 2010~2012년 보건복지부 보건의료기술정책심의위원회 위원 2010~2016년 대한암협회 집행이사 2011~2015년 고려대검우회 회장 2011~2014년 한국과학기술단체총연합회 이사 2011년 환경부 석면피해구제재심사위원회 위원 2011~2017년 한국대학사회봉사협의회 전문위원장 2011년 同우간다의료봉사단장 2012~2015년 한국교수검사회 회장 2012년 식품의약품안전평가원 전문위원 2013~2015년 도핑방지위원회 위원장 2014년 대한극지의학회 회장 2014~2016년 고려대 학문소통연구회장 2015년 대한병리학회 바이오뱅크연구회 대표 2015년 한국대학사회봉사협의회 운영위원장(현) 2016년 고려대 구로병원 호스피스회 회장(현) 2016년 同구로병원 건강증진센터 소장(현) 2017년 대한병리학회 회장 (상)대한척추외과학회 학술상(2000), 대통령표창(2009), 바이오현미경사진전 대상(2013), 대한민국자원봉사대상 안전행정부장관표창(2013), 대한적십자사 적십자박애장 은장(2015), 자랑스런 고대체육인상 특별상(2016), (사)아프리카미래재단 감사패(2017), 고려대 의과대학 자랑스러운 호의상(2018) (저)'병리학'(1994 · 1997 · 2000 · 2001) '독성병리학'(1998) '흉부질환 아틀라스'(2007)

## 김한규(金漢圭) KIM Han Kyu (漢山)

(생)1940 · 12 · 1 (본)김해(金海) (출)대구 (주)서울특별시 중구 을지로 16 백남빌딩 906호 21세기한중교류협회(02-753-0006) (학)1972년 미국 캘리포니아주립대 정치학과졸 1975년 同대학원 국제행정학과졸 1984년 연세대 행정대학원 수료 1985년 서울대 행정대학원 수료 1986년 명예 철학박사(자유중국 문화대) 1993년 명예 정치학박사(러시아 극동문제연구소) 1993년 명예 정치학박사(카자흐스탄 국제경영 · 경제대학원) 1995년 정치학박사(러시아 국립사회과학원) 2003년 고려대 국제대학원 수료 2007년 명예 보건학박사(대구한의대) (경)1981~1988년 홀트아동복지회 회장 1985년 의료사회사업가협회 이사장 1986년 88서울장애자올림픽조직위원회 실무부위원장 1988년 한국사회복지정책연구원 이사장 1988년 제13대 국회의원(대구달서, 민주정의당 · 민주자유당) 1988년 국회 올림픽지원특별위원회 위원장 1990년 민자당 정책위원회 부위원장 1992년 제14대 국회의원(대구달서甲, 민자당 · 신한국당) 1992년 민자당 보건사회분과위원장 1992년 同북방특별위원장 1992년 同대구시지부 위원장 1993년 同사회복지대책위원장 1994년 국회 국제경쟁력강화특별위원회 위원장 1995년 민자당 총재(대통령) 비서실장 1996년 중국 국무원 사회과학원 고위명예연구원(현) 1996~1997년 총무처 장관 1997~2002년 대구한의대 석좌교수 2000년 21세기한중교류협회 회장(현) 2001년 중국 하이난성 싼야시인민정부 경제고문 2003~2009년 새마을운동본부중앙회 이사 2004년 명지대 석좌교수(현) 2005년 중국부빈개발협회

특별고문(현) 2007년 중국 하얼빈공정대 객원교수(현) 2007년 중국 장쑤성 양저우대 명예교수(현) 2009년 중국 하얼빈시 명예시민, 중국 원덩시 · 인촨시 · 안순시 명예시민, 중국 헤이룽강대 고문교수(현), 중국 산동대학 고문교수(현) (상)보국훈장 3 · 1장, 한 · 미수교백주년 공로메달, 헤리훌트상, 노르웨이 최고위 공로훈장, 체육훈장 청룡장, ICC 은장훈장, 청조근정훈장, 중국 양저우시 최고 해외귀빈칭호 수여(2003), 중국 인민외교학회(정부), 중한 호사자 칭호 수여(2010) (저)'2000년대 복지국가의 비전' '사랑의 길에 장막은 없다' '2000년대 한국의 사회복지정책방향' '김한규, 중국과 통하다'(2014, 박영북스) (역)'기독교인과 이혼' (종)기독교

## 김한규(金翰奎) Kim Han-kyu

(생)1970 · 10 · 27 (주)서울특별시 서초구 법원로1길 1 서호빌딩 3층 법무법인 공간(02-6295-1102) (학)1994년 경원대(現 가천대) 법학과졸 (경)2004년 사법시험 합격(46회) 2007년 사법연수원 수료(36기), 변호사 개업, 가천대 초빙교수, 서울지법 조정위원, 서울 강남구 기초정신보건심판위원회 위원, 성남시 기초정신보건심판위원회 위원(현), 소비자시민모임 성남지부 운영위원 2013년 법무법인 공간 변호사(현) 2013년 서울지방변호사회 부회장 2015~2017년 同회장 2017년 대검찰청 검찰개혁위원회 위원(현) 2019년 서울시 사회서비스원 감사(현)

## 김한근(金漢根) KIM Han Geun

(생)1963·8·22 (본)경주(慶州) (출)강원 강릉 (주)강원도 강릉시 강릉대로 33 강릉시청 시장실(033-640-5001) (학)1982년 강릉고졸 1986년 서울대 철학과졸 2000년 중앙대 대학원 법학과졸 2002년 법학박사(중앙대) (경)육군 중위 전역(ROTC 24기), 동부그룹 근무 1992년 입법고시 합격(12회), 국회사무처 선거구확정위원회 근무, 同입법조사관, 同총무과 서무계장, 同교육위원회 입법조사관, 同운영위원회 서기관, 同국방위원회 입법조사관 2007년 강원도 파견(부이사관) 2008년 국회사무처 국제국 아주주재관(중국) 2011년 同의정종합지원센터장 2012년 同법제실 경제법제심의관 2013년 同미래창조과학방송통신위원회 전문위원(이사관) 2014년 同의사국장 2014년 同교육문화체육관광위원회 전문위원 2015년 同법제실장(이사관) 2016년 同법제실장(관리관) 2016년 강릉원주대 사회과학대학 자치행정학과 초빙교수 2017년 자유한국당 여의도연구원 정책자문위원회 개헌분과 부위원장 2018년 강원 강릉시장(자유한국당)(현) (저)'주요국 의회의 의원윤리제도' (종)천주교

## 김한기(金漢起) KIM Han Ki

(생)1953 · 4 · 28 (출)서울 (주)경기도 성남시 분당구 대왕판교로 700 코리아바이오파크 C동 4층 신신제약(주) 부회장실(031-776-1111) (학)1976년 고려대 이공학과졸 1978년 미국 캘리포니아주립대 대학원졸 (경)1987년 신신제약(주) 전무이사 2006년 同대표이사 2009년 한국의약품수출입협회 수석부회장 2010~2017년 신신제약(주) 대표이사 부회장 2011년 한국제약협동조합 이사(현) 2015~2018년 한국의약품수출입협회 회장 2018년 신신제약(주) 각자대표이사 부회장(현) (상)동탑산업훈장(2017)

## 김한기(金漢起) Kim hankee

(생)1961 (주)서울특별시 송파구 송파대로 558 보성산업(주)(02-721-8225) (학)서울고졸, 연세대 건축공학과졸 (경)1984년 대림산업(주) 입사, 同건축사업본부 상무, 삼호 대표이사 전무 2013년 대림산업(주) 건축사업본부장(전무) 2015년 同건축사업본부장(사장) 2016~2017년 同각자대표이사 사장 2016~2018년 한국주택협회 제11대 회장 2017년 대한건설협회 회원부회장 2017년 대림산업(주) 상임고문 2018년 한국공학한림원 회원(건설환경공학·현) 2018년 보성산업(주) 대표이사 부회장(현)

## 김한길(金한길) Kim Han Gil

(생)1953·9·17 (본)김해(金海) (출)일본 도쿄 (학)1971년 이화여대사대부고졸 1980년 건국대 정치외교학과졸 (경)1981년「바람과 박제」로 문단 데뷔 1982~1985년 미주한국일보 기자 1985~1987년 중앙일보 미주지사장 1988년 서울올림픽국제학술대회 대변인 1988~1991년 방송위원회 대변인·기획국장·사무차장·사무총장(서리) 1993~1996년 BBS 라디오「김한길의 아침저널」·MBC-TV「김한길과 사람들」·MBC 라디오「김한길 초대석」·TBS 라디오「교통과 환경」담당 1996년 국민회의 선거대책위원회 대변인 1996~1999년 제15대 국회의원(전국구, 국민회의) 1996년 국민회의 총재특보 1997년 同교육특별위원장 1999~2000년 대통령 정책기획수석비서관 2000년 새천년민주당 총재특보 2000년 同선거대책위원회 총선기획단장 2000년 제16대 국회의원(전국구, 새천년민주당) 2000년 새천년민주당 총재비서실장 2000~2001년 문화관광부 장관 2001년 월드사이버게임즈조직위원회 공동위원장 2001~2003년 새천년민주당 서울구로乙지구당 위원장 2002~2003년 同국가경영전략연구소장 2002년 同미디어선거특별본부장 2002년 노무현 대통령당선자 기획특보 2003년 건국대 초빙교수 2003년 열린우리당 전략기획위원장 2004년 同총선기획단장 2004~2008년 제17대 국회의원(서울 구로乙, 열린우리당·중도개혁통합신당·중도통합민주당·대통합민주신당·통합민주당) 2004~2006년 국회 건설교통위원장 2004~2007년 열린우리당 국가균형발전과행정수도후속대책특별위원회 위원장 2005년 대한핸드볼협회 회장 2005~2007년 열린우리당 서울시당 중앙위원 2006~2007년 同원내대표 2006~2007년 국회 운영위원장 2006~2007년 열린우리당 비상대책위원회 상임위원 2007년 중도개혁통합신당 대표최고위원 2007년 중도통합민주당 공동대표 2007년 대통합민주신당 정동영대통령후보 중앙선거대책위원회 상임고문 2008~2010년 민주당 당무위원 2011년 同고문 2012~2016년 제19대 국회의원(서울 광진甲, 민주통합당·민주당·새정치민주연합·더불어민주당·국민의당) 2012년 민주통합당 최고위원 2013년 국회 미래창조과학방송통신위원회 위원 2013년 민주당 대표최고위원 2014년 새정치민주연합 창당준비위원회 공동위원장 2014년 同공동대표 최고위원 2014년 국회 외교통일위원회 위원 2014년 새정치민주연합 상임고문 2016년 국민의당 창당준비위원회 상임부위원장 2016년 同선거대책위원회 상임위원장 (상)문학사상 신인상(1980), 베스트드레서 백조상(1994), 한국여성단체연합 감사패(1999), 자랑스런 건국인상(2000), 제1회 자랑스러운 이대부고 동문인상(2011) (저)'미국일기' '병정일기'(1979) '세네카의 죽음'(1982) '담박질'(1986) '음치가 부르는 연가'(1993) '눈뜨면 없어라' '아침은 얻어 먹고 사십니까'(1996) '김한길의 희망일기'(2000) '낙타는 따로 울지않는다'(1988) '여자의 남자'(1992)

## 김한두(金漢斗) KIM Han Doo

(생)1959 · 12 · 12 (출)서울 (주)경상남도 김해시 인제로 197 인제대학교 컴퓨터응용과학부(055-320-3254) (학)1982년 고려대 수학과졸 1984년 同대학원 수학과졸 1989년 이학박사(고려대) (경)1991~2002년 인제대 자연과학대학 수학과 조교수 · 부교수 2002년 同컴퓨터응용과학부 교수(현) 2004~2006년 同컴퓨터응용과학부장 2009~2011년 同자연과학대학 부학장 2019년 同소프트웨어대학장(현)

## 김한석(金漢錫) Kim, Han-Suk

(생)1965 · 8 · 19 (주)서울특별시 종로구 대학로 101 서울대학교어린이병원 병원장실(02-2072-1696) (학)1984년 일본 칸사이학원 1990년 일본 오사카의대졸 1996년 의학박사(일본 오사카의대) (경)1990년 일본 오사카의대병원 인턴 1992년 일본 오사카의대 소아과 전공의 1996년 同소아과 임상강사 1999년 미국 Georgetown의대 소아과 연구원 2000년 미국 Pennsylvania의대 생리학과 연구원 2002년 일본 오사카의대 소아과 조교수 2004년 서울대 의과대학 소아과학교실 조교수 2010년 同병

원 내과계 소아진료담당 2012년 同의과대학 소아과학교실 교수(현) 2014년 同의과대학 학생부학장 겸 의학대학원 학생부원장 2019년 서울대어린이병원장(현)

### 김한섭(金翰燮)

[생]1963·8·16 [출]대구 [주]경상북도 포항시 남구 연일로 55 포항남부경찰서(054-240-8211) [학]1982년 대구 청구고졸 1986년 경찰대졸(2기) 2002년 연세대 행정대학원 법학과졸 [경]2004년 대구달서경찰서 정보과장 2006년 국무총리 민정비서관실 파견 2014년 대구지방경찰청 경무과 치안지도관(총경) 2014년 경북지방경찰청 생활안전과장 2015년 경북 영주경찰서장 2016년 경북지방경찰청 경무과장 2016년 경북 구미경찰서장 2017년 경북지방경찰청 경무과장 2018년 대구지방경찰청 여성청소년과장 2019년 경북 포항남부경찰서장(현) [상]대통령표창(2017)

### 김한성(金翰聖) KIM Hang Sung

[생]1964·3·3 [출]서울 [주]서울특별시 도봉구 마들로 749 서울북부지방법원(02-910-3310) [학]1983년 한성고졸 1987년 서울대 사법학과졸 [경]1992년 사법시험 합격(34회) 1995년 사법연수원 수료(24기) 1995~1999년 변호사 개업 1999년 부산지법 동부지원 판사 2001년 부산지법 판사 2003년 인천지법 판사 2006년 서울고법 판사 2008년 서울서부지법 판사 2010년 부산지법 동부지원 부장판사 2011년 수원지법 부장판사 2014년 서울서부지법 부장판사 2016년 서울중앙지법 부장판사 2019년 서울북부지법 수석부장판사(현)

### 김한성(金韓性)

[생]1975·11·21 [출]경기 수원 [주]인천광역시 미추홀구 소성로163번길 17 인천지방법원 총무과(032-860-1169) [학]1994년 서초고졸 1999년 서울대 공법학과졸 [경]1998년 사법시험 합격(40회) 2001년 사법연수원 수료(30기) 2001년 軍법무관 2004년 수원지법 판사 2006년 서울중앙지법 판사 2008년 부산지법 판사 2012년 수원지법 안산지원 판사 2014년 서울중앙지법 판사 2016년 청주지법 부장판사 2018년 인천지법 부장판사(현)

### 김한수(金漢洙) KIM Han Soo

[생]1966·12·16 [출]서울 [주]서울특별시 강남구 언주로 117 우성4차아파트 3동 201호 김한수법률사무소(02-872-0415) [학]1985년 용산고졸 1989년 서울대 법학과졸 1991년 同대학원 법학과졸 [경]1992년 사법시험 합격(34회) 1995년 사법연수원 수료(24기) 1995년 인천지검 검사 1997년 춘천지검 원주지청 검사 1998년 대구지검 검사 2000년 서울지검 북부지청 검사 2001년 법제처 파견 2003년 영국 캠브리지대 연수 2004년 서울북부지검 검사 2005년 수원지검 검사 2007년 대구지검 서부지청 부부장검사 2007년 대검찰청 검찰연구관 2009년 인천지검 부부장검사 2010년 광주지검 부부장검사 2010년 대검찰청 피해자인권과장 2011년 법무부 인권정책과장 2012년 법무연수원 기획과장 2013년 서울서부지검 형사2부장 2014년 수원지검 여주지청장 2015년 의정부지검 고양지청 차장검사 2016년 제주지검 차장검사 2017년 전주지검 차장검사 2018~2019년 서울고검 검사 2019년 변호사 개업(현)

### 김한수(金翰秀) KIM Han Su

[생]1967·12·28 [본]옥천(沃川) [출]서울 [주]서울특별시 서초구 반포대로 138 양진빌딩 법무법인 진(02-2136-8100) [학]1986년 숭실고졸 1990년 서울대 법학과졸 1993년 서울시립대 경영대학원졸 [경]1992년 사법시험 합격(34회) 1995년 사법연수원 수료(24기) 1995년 변호사 개업 1996년 서울지검 검사 1997년 춘천지검 속초지청 검사 1999년 서울지검 동부지청 검사 2001년 미국 조지워싱턴대 연수 2002년 법무부 검찰4과 검사 2005년 부산지검 검사 2007년 同부부장검사 2007년 법무부 정책기획단 파견 2008년 수원지검 부부장검사 2009년 대구지검 상주지청장 2010년 법무연수원 기획과장 2011년 대검찰청 범죄정보1담당관 2012년 서울중앙지검 금융조세조사3부장 2013년 부산지검 형사1부장 2014년 법무부 대변인 2015년 인천지검 제2차장검사 2016년 부산지검 동부지청장 2017~2018년 울산지검 차장검사 2018년 법무법인 진 파트너변호사(현)

### 김한수(金漢洙) Hansu Kim

[생]1971·5·13 [본]경주(慶州) [출]강원 강릉 [주]세종특별자치시 정부2청사로 13 행정안전부 기획조정실 기획재정담당관실(044-205-1401) [학]1990년 강릉고졸 1997년 성균관대 한국철학과졸 2001년 강원대 대학원 행정정보학과졸 2009년 미국 알리안트국제대 국제관계학과졸 [경]1998년 사무관 임용 1999~2001년 강원도 홍천군의회 전문위원 2001~2002년 건설교통부 국토정책과 사무관 2003~2004년 강원도 관광홍보담당 2005~2007년 국무총리실 규제개혁조정관실 사무관 2007~2008년 2014동계올림픽유치위원회 홍보과장(서기관) 2010년 행정안전부 균형인사팀장 2011년 同윤리심사팀장 2012년 강원도 기획조정실 예산담당관 2014년 同기획조정실 기획관 2015년 국방대 교육파견 2016년 강원도 글로벌투자통상국장 2017년 행정자치부 법무담당관 2017년 행정안전부 기획조정실 법무담당관 2018년 同기획조정실 기획재정담당관(현) [상]국무총리표창(2005), 대통령표창(2014) [종]천주교

### 김한수(金漢秀) Kim Han Su

[생]1971·10·30 [주]대구광역시 수성구 야구전설로 1 삼성 라이온즈 야구단(053-780-3300) [학]1990년 광영고졸 1994년 중앙대졸 [경]1994~2007년 프로야구 삼성 라이온즈구단 소속(계약금 4500만원·연봉 1200만원) 1998~2000년 프로야구 올스타전 출전 1999년 아시아 야구선수권대회 국가대표(우승) 2000년 시드니올림픽 국가대표(동메달) 2002년 부산아시안게임 국가대표(금메달) 2003년 프로야구 올스타전 동군대표 2004년 FA(자유계약선수) 자격으로 삼성과 재계약(4년간 계약금 10억원·연봉 16억원·옵션 2억원) 2006년 월드베이스볼클래식(WBC) 국가대표 2008년 프로야구 삼성 라이온즈 2군 타격코치 2009년 일본 프로야구 요미우리 자이언츠 타격코치 연수 2009~2010년 프로야구 삼성 라이온즈 2군 수비코치 2010~2016년 同1군 타격코치 2013년 제3회 월드베이스볼클래식(WBC) 국가대표팀 코치 2016년 프로야구 삼성 라이온즈 감독(현) [상]골든글러브상 3루수부문 6회수상(1998·1999·2001·2002·2003·2004), 스포츠투데이 스투베스트상 3루수부문·스포츠조선 베스트10 3루수부문·스포츠서울 매직글러브 3루수부문(1999), 스포츠조선 베스트10 3루수부문·스포츠서울 매직글러브 3루수부문·스포츠투데이 스투베스트상 3루수부문(2001), 일구회 페어플레이상·스포츠서울 매직글러브상 3루수부문(2002)

### 김한식(金漢植)

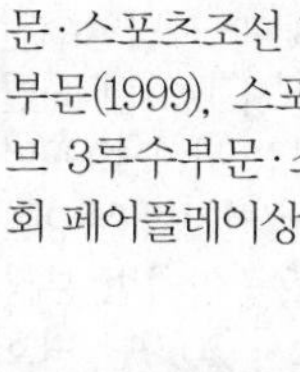

[생]1967 [주]대전광역시 서구 청사로 189 1동 중소벤처기업부 운영지원과(042-481-4315) [학]1986년 대구 능인고졸 1994년 서울대 정치학과졸 2007년 영국 버밍엄대 행정학과졸 [경]1994년 행정고시 합격(37회) 2007년 중소기업청 동향분석팀장 2009년 同창업벤처국 사업전환과장 2009년 同소상공인정책국 중소서비스기업과장 2011년 同기술혁신국 기술정책과장 2013년 同생산기술국 생산혁신정책과장 2013년 同생산기술국 기술개발과장 2014년 同중소기업정책국 규제영향평가과장(부이사관) 2017년 同공공구매판로과장 2017년 중소벤처기업부 판로정책과장 2018년 대구·경북지방중소벤처기업청장(국장급) 2019년 교육 훈련(현)

## 김한영(金漢榮) KIM Han Young

(생)1957·2·4 (본)경주(慶州) (출)경북 상주 (주)인천광역시 서구 검바위로 46 공항철도(주)(1599-7788) (학)1976년 청주고졸 1980년 건국대 행정학과졸 1989년 서울대 행정대학원졸(행정학석사) 1998년 영국 리즈대 교통대학원졸(교통계획 및 교통공학석사), 서울과학기술대 철도전문대학원졸(경영학박사) (경)행정고시 합격(30회) 1987~1994년 교통부 기획관리실·수송정책실 사무관 1994년 건설교통부 수송정책실 사무관 1996~2000년 同수송정책실·주택도시국 서기관 2000년 국립지리원 지도과장 2000년 건설교통부 국제협력담당관 2002년 同철도정책과장 2003년 동북아경제중심추진위원회 파견 2003년 제16대 대통령직인수위원회 파견 2004년 건설교통부 육상교통기획과장 2005년 同철도정책과장 2005년 同철도정책팀장(서기관) 2006년 同철도정책팀장(부이사관) 2008년 국토해양부 교통안전과장 2008년 同자동차정책기획단장 2009년 중앙공무원교육원 고위정책과정 교육파견(고위공무원) 2010년 국토해양부 항공안전정책관 2010년 同물류정책관 2011년 同항공정책실장 2011~2013년 同교통정책실장 2012~2013년 2012여수세계박람회지원위원회 특별교통대책본부장 겸임 2014~2016년 우송대 철도물류대학 교수 2016년 공항철도(주) 사장(현) (상)'한국 경제를 빛낸 인물' 지속가능경영부문(2018) (저)'국토교통정책의 역사적 변동과 전망(共)'(2015)

## 김한옥(金漢玉) KIM Han Og

(생)1949·6·30 (본)김해(金海) (출)경기 파주 (주)서울특별시 강남구 테헤란로39길 40 제일빌딩 2층 (주)도시미학디앤씨(02-567-0660) (학)1968년 중앙고졸 1975년 고려대 독어독문학과졸 1992년 건국대 대학원 부동산학과 수료 (경)1975~1991년 한진건설(주) 주택사업부장 1992년 나산종합건설(주) 개발사업본부장 상무 1996년 (주)청구 서울사업본부장 상무 1998~2000년 왕십리역사(주) 대표이사 사장 1999년 대교건설 대표이사 2000~2004년 (주)도시와사람 대표이사 2002년 아주대 건축공학과 겸임교수(현) 2003년 한국FM학회 고문 2004년 (주)도시미학디앤씨 대표이사(현) 2004~2012년 대한실버산업협회 회장 2005년 한국디벨로퍼협회 고문(현) (종)천주교

## 김한용(金翰用) KIM Han Yong

(생)1959·8·2 (출)서울 (주)서울특별시 서초구 법원로 16 정곡빌딩동관 513호 김한용법률사무소(02-595-6300) (학)1978년 휘문고졸 1983년 서울대 법과대학졸 1990년 同대학원 법학과 수료 2007년 同공과대학 최고산업전략과정 수료 (경)1983년 사법시험 합격(25회) 1985년 사법연수원 수료(15기) 1986년 공군 법무관 1989년 대전지법 판사 1991년 同천안지원 판사 1994년 수원지법 판사 1997년 서울지법 판사 1998년 서울고법 판사 1999년 대법원 재판연구관 2001년 춘천지법 부장판사 2003년 수원지법 부장판사 2005~2008년 서울중앙지법 부장판사 2008~2018년 법무법인(유) 바른 구성원변호사 2019년 변호사 개업(현)

## 김한정(金漢正) KIM Han Jung

(생)1963·9·6 (본)선산(善山) (출)경남 함안 (주)서울특별시 영등포구 의사당대로 1 국회 의원회관 631호(02-784-0496) (학)1982년 휘문고졸 1989년 서울대 사회과학대학 국제경제학과졸 1997년 미국 럿거스대 대학원 정치학과졸 1998년 同대학원 국제정치학 박사과정 수료 (경)1989~1992년 민주당 김대중 총재 공보비서 1998~1999년 국가정보원장 대외협력보좌역 1999~2003년 대통령비서실 제1부속실장 2000년 김대중 대통령 평양남북정상회담 수행 2003~2005년 김대중 전직대통령 비서실장(정무직1급상당 비서관) 2003~2005년 아시아·태평양민주지도자회의(FDL-AP) 사무총장 2006~2007년 미국 코넬대 동아시아센터 초청연구원 2010년 (사)행동하는양심 상임이사(현) 2010~2011년 가천대 사회정책대학원 교수 2010~2011년 同대외협력처장 2011년 박원순 서울시장후보 정책특보 2011~2016년 환경재단 기획위원 2012년 문재인 대통령후보 수행단장 2012년 민주통합당 인재영입위원회 부위원장 2013~2016년 연세대 동아시아국제학부(원주) 객원교수 2014년 노무현재단 운영위원(현) 2016년 제20대 국회의원(경기 남양주시乙, 더불어민주당)(현) 2016~2017년 국회 운영위원회 위원 2016~2017년 국회 농림축산식품해양수산위원회 위원 2016~2017년 국회 예산결산특별위원회 위원 2016년 민족화해협력범국민협의회 집행위원장(현) 2016~2017년 국회 미래일자리특별위원회 위원 2016~2017년 더불어민주당 원내정책부대표 2016~2017년 국회 '박근혜 정부의 최순실 등 민간인에 의한 국정농단 의혹 사건 진상규명을 위한 국정조사특별위원회' 위원 2017년 더불어민주당 제19대 문재인 대통령후보 중앙선거대책위원회 전략본부 부본부장 2017년 국회 정치개혁특별위원회 위원 2017~2018년 국회 교육문화체육관광위원회 위원 2018년 더불어민주당 원내대표 외교안보특보 2018년 국회 행정안전위원회 위원(현) 2018년 국회 남북경제협력특별위원회 위원(현) 2018년 더불어민주당 한반도비핵화대책특별위원회 간사(현) (상)제4회 국회의원 아름다운말 선플상(2016), 더불어민주당 국정감사 우수의원상(2016), 국회도서관이용 최우수 국회의원상(2017), 2016 국회사무처 입법 및 정책개발 우수의원(2017), 2018 입법 및 정책개발 우수국회의원(2019) (저)'나의 멘토, 김대중'(2011, 학고재) '남양주 날다'(2014, 메디치미디어) '김한정의 길'(2016, 콘텐츠뱅크) (종)천주교

## 김한조(金漢祚)

(생)1956·7·12 (주)서울특별시 용산구 한남대로 51 3층 하나금융공익재단(02-3466-4752) (학)1974년 경희고졸 1982년 연세대 불어불문학과졸 (경)1982년 (주)한국외환은행 입행 1993년 同파리지점 과장 1996년 同계동지점 차장 1999년 同홍제역지점장 2000년 同종합금융부 팀장 2001년 同여의도종합금융지점장 2002년 同중소기업지원실장 2003년 同기업고객지원실장 2004년 同강남역지점장 2006년 同기업마케팅부장 2007년 同강남기업영업본부장 2010년 同PB영업본부장 2012년 同기업사업그룹장(부행장보) 2013년 외환캐피탈(주) 사장 2014~2015년 한국외환은행장 2015~2016년 하나금융지주 글로벌부문 부회장 2015년 KEB하나은행 비상임이사 2016년 하나금융지주 자문역(현) 2016~2019년 하나금융나눔재단 이사장 2019년 삼성전자(주) 사외이사(현) 2019년 하나금융공익재단 이사장(현) (상)중소기업청 중소기업유공자지원 우수단체부문 대통령표창(2014), 외국인투자유치유공 대통령표창(2015)

## 김한종(金漢宗) KIM Han Jong

(생)1954·3·29 (출)전남 장성 (주)전라남도 무안군 삼향읍 오룡길 1 전라남도의회(061-286-8200) (학)1972년 광주공고졸 1975년 조선대부속공업전문대학졸, 조선대 생체의용화학공학과 제적(3년) (경)대승산업 회장, 전남생활체육협의회 회장 1982년 장성청년회의소 총무이사 1997년 신토영농조합법인 대표이사 2002·2010~2011년 전남도의회 의원(새천년민주당·민주당) 2006년 전남 장성군의원선거 출마(비례대표) 2007년 전남 장성군수선거 출마(재·보궐선거, 대통합민주신당) 2010~2011년 전남도의회 농수산환경위원장 2016년 더불어민주당 전남도당 부위원장(정무담당) 2018년 전남도의회 의원(더불어민주당)(현) 2018년 同부의장(현), 同남북교류협력지원특별위원회 위원(현), 同한빛원전특별위원회 위원 겸 보건복지환경위원회 위원(현) (종)불교

## 김한주(金漢柱) KIM Han Ju

(생)1960 · 10 · 22 (출)전북 전주 (주)서울특별시 서초구 서초대로54길 29-6 열린빌딩 2층 법무법인 동서양재(02-3471-3705) (학)1979년 전주고졸 1983년 서울대 법학과졸 (경)1983년 사법시험 합격(25회) 1985년 사법연수원 수료(15기) 1986~1988년 軍법무관 1989~1998년 법무법인 시민 변호사 1996~1997년 영국 런던대 객원연구원 1998~1999년 기획예산처 정부개혁실 공공2팀장 1999~2007년 동서법률사무소 대표변호사 1999년 인천국제공항공사 자문변호사 1999~2014년 교보생명보험(주) 고문변호사 2000~2008년 기획예산처 고문변호사 2000년 (주)KT&G 고문변호사(현) 2002년 지식경제부 전기위원회 법률분쟁조정 전문위원 2004~2008년 국무총리실 삼청교육피해보상위원회 위원 2004~2012년 국민연금관리공단 자문위원 2005~2007년 한국철도공사 비상임이사 2006년 현대제철(주) 고문변호사(현) 2007~2009년 (주)우리은행 사외이사 2007~2013년 법무법인 동서파트너스 대표변호사 2008~2011년 한국철도공사 자문변호사 2008년 KT&G장학재단 감사(현) 2008년 기획재정부 고문변호사(현) 2009년 (사)한국철도문화재단 이사(현) 2009년 현대그린개발(주) 고문변호사(현) 2010~2014년 수산자원관리공단 비상임이사 2010~2016년 한국사회복지사협회 선거관리위원 2011년 (주)알에프텍 고문변호사(현) 2011~2013년 아세아연합신학대 고문변호사 2012년 강릉원주대 고문변호사(현) 2012~2016년 소망화장품(주) 고문변호사 2014~2015년 법무법인 양재 대표변호사 2014~2016년 기획재정부 복권위원회 자문변호사 2014년 소망복지재단 이사(현) 2014년 법무법인 동서양재 대표변호사(현) 2015년 학교법인 초당학원 고문변호사(현) 2016년 코스모코스(주) 고문변호사(현) 2017년 지방행정연구원 지방투자사업관리센터 자문변호사(현) 2018년 한국사회복지공제회 고문변호사(현) (종)기독교

## 김한준(金漢俊) KIM Han Joon

(생)1958 · 8 · 20 (본)김해(金海) (출)대구 (주)부산광역시 영도구 해양로 385 한국해양과학기술원 해저활성단층연구단(051-664-3490) (학)1977년 경북고졸 1981년 서울대 자원공학과졸 1983년 同대학원 지구물리학과졸 1991년 공학박사(서울대) (경)1984~1990년 한국해양연구원 연구원 1990~1993년 同선임연구원 1993년 한양대 대학원 지구해양학과 강사 1993~2001년 한국해양연구원 지구물리그룹 선임연구원 1995~1996년 GSCA(Geological Survey of Canada, Atlantic) Post-Doc. 1997년 한국해양연구원 해양환경연구본부 책임연구원 2002년 성균관대 강사 2014년 한국해양과학기술원 해양기반연구본부 해양환경 · 보전연구부장 2014년 同관할해역지질연구센터장 2015년 同관할해역지질연구센터 연구원 2018년 同해저활성단층연구단 연구원(현) (상)한국해양과학기술원 '올해의 KIOST인상'(2014)

## 김한중(金漢中) KIM Han Joong

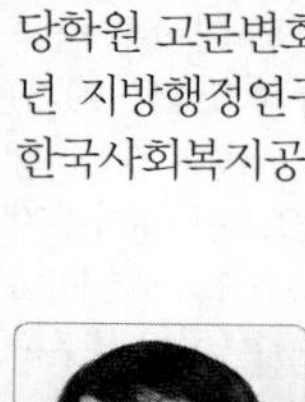

(생)1948 · 11 · 2 (본)광산(光山) (출)서울 (주)경기도 성남시 분당구 판교로 335 차병원그룹 미래전략위원회(031-881-7381) (학)1967년 대광고졸 1974년 연세대 의대졸 1977년 同대학원 보건학과졸 1984년 보건학박사(서울대) 1988년 미국 노스캐롤라이나주립대 보건대학원 보건정책 · 관리학박사과정 수료 2010년 명예 교육학박사(고려대) 2011년 명예 의학박사(일본 게이오대) (경)1972년 연세대 의과대학 학생회장 1974년 원주기독병원 인턴 1977년 경남 거제군 관리의사 및 보건소장 1978년 연세대 의과대학 강사 1979~1982년 軍의관 1982~2012년 연세대 의과대학 예방의학교실 교수 1985~1994년 대통령자문 21세기위원회 위원 1992년 연세대 보건정책관리연구소장 1994년 의료보장개혁위원회 위원 1994년 교육부 중앙교육심의회 위원 1996년 안전생활실천시민연합 사무총장 · 부대표 1997년 연세대 사회교육원장 1998~2002년 同보건대학원장 1998~2003년 대통령자문 정책기획위원회 위원 1999~2001년 대통령자문 반부패특별위원회 위원 1999년 미국 UNC대 한인동창회 회장 1999년 APACPH(Asian Pacific Academic Consortium for Public Health) 집행이사 2000~2002년 한국보건행정학회 회장 2002년 대통령자문 건강보험전문위원회 위원장 2004~2006년 연세대 행정대외부총장 2006년 대한예방의학회 이사장 2008~2012년 연세대 총장 2008~2012년 한국대학교육협의회 이사 2010~2012년 한국대학스포츠총장협의회 초대회장 2012년 연세대 명예교수(현) 2012년 차병원그룹 미래전략위원회 회장(현) 2012~2018년 삼성전자(주) 사외이사 겸 감사위원 (상)국제병원연맹 최우수논문상(1996), 한국과학기술단체총연합회 과학기술우수논문상(2000), 올해의 교수상(2001), 국민훈장 동백장(2001), 의사평론가상(2002), 대한의사협회 동아의료저작상(2003), 청조근정훈장(2012) (저)'한국 보건의료문제 진단과 처방'(共) '국민건강보험의 평가와 발전방향'(共) '21세기 한국 보건의료정책 개혁방향'(共) '국제보건학'(共) 'Korean Experiencesto Develop the Nation's Health' 'World Health Systems'(共) (역)'미래의학' '병원조직관리론'(共) (종)기독교

## 김한철(金漢喆)

(생)1975 · 4 · 25 (출)서울 (주)경상남도 창원시 마산합포구 완월동 7길 16 창원지방법원 마산지원(055-240-9374) (학)1994년 대원외고졸 1999년 서울대 사법학과졸 (경)2000년 사법시험 합격(42회) 2003년 사법연수원 수료(32기) 2003년 軍법무관 2006년 수원지법 판사 2008년 서울중앙지법 판사 2010년 부산지법 동부지원 판사 2016년 대법원 재판연구관 2019년 창원지법 마산지원 부장판사(현)

## 김한태(金漢泰)

(생)1952 · 4 · 20 (주)충청남도 예산군 삽교읍 도청대로 600 충청남도의회(041-635-5057) (학)아주공대 공업경영학과졸 (경)태광택시(주) 대표이사(현), 법무부 범죄예방위원회 보령지구회장, (사)서산장학재단 보령시지부장, 충남택시운송사업조합 부이사장, 충남도체육회 요트협회 제7대 회장, 보령시재향군인회 이사, 보령시사회복지협의회 부회장 2006년 충남도의원선거 출마(한나라당) 2014~2018년 충남 보령시의회 의원(무소속) 2016~2018년 同자치행정위원장 2016~2018년 同보령공군사격장피해조사 및 대책특별위원회 위원, 충남 대천초 운영위원장(현) 2018년 충남도의회 의원(더불어민주당)(현)

## 김한택(金漢澤) KIM Han Taek

(생)1955 · 3 · 24 (본)진주(晋州) (출)강원 춘천 (주)강원도 춘천시 강원대학길 1 강원대학교 법학전문대학원(033-250-6515) (학)1974년 춘천고졸 1982년 강원대 법학과졸 1984년 고려대 대학원 법학과졸 1986년 영국 런던대(UCL) 법학대학원 디플로마 수료 1990년 법학박사(고려대) (경)1984~1992년 강원대 · 강릉대 강사 1985~1986년 영국 외무성 장학생 1992년 강원대 법학과 교수, 同법학전문대학원 교수(현) 1994년 同교육방송국 부주간 1997~1998년 미국 펜실베이니아주립대 슬리퍼리록대 파견교수 1998~2000년 강원대 비교법학연구소장 2000년 세계국제법협회(ILA) 한국지부 이사(현) 2002~2004년 강원대 법과대학장 겸 법학전문대학원장 2004~2005년 미국 펜실베이니아주립대 슬리퍼리록대 파견교수 2007~2009년 춘천경제정의실천시민연합 집행위원장 2008~2010년 강원대 교수협의회 회장 2009년 한국안보통상학회 부회장 2009년 한국항공우주법학회 이사 2009~2019년 글로벌법과사회포럼 대표 2010년 대한국제법학회 이사(현) 2012년 한국항공우주정책법학회 부회장(현) 2012년 춘천지법 시민사법참여단 위원(현) 2012~2013년 한국안보통상학회 회장 2012~2015 · 2017년 강원지역치안협의회 위원(현) 2012~2015 · 2017년 춘천경제정의실천시민연합 상임대표(현) 2013~2015 · 2018~2019년 사회적기업활성화 강원네트워크 운

영위원장 2013~2017년 강원대총동창회 부회장 2013~2015년 민주평통 자문위원 2014~2018년 강원인권위원회 위원 2014~2015년 강원인권증진위원회 부위원장 2015~2016년 미국 네브래스카링컨대 연구교수 2017~2019년 춘천 평화의소녀상건립추진위원회 공동대표 2019년 글로벌법과사회포럼 명예대표(현) 2019년 춘천시 노사민정협의회 공동위원장(현) 2019년 사회적기업활성화 강원네트워크 공동대표(현) (저)'보다 나은 세계를 위한 단합(共)'(1995) '국제법판례연구(共)'(1996) '법학개론(共)'(1997, 강원대출판부) '분단강원의 이해'(1999, 한울아카데미) '현대국제법'(2002) '현대국제법'(2002, 강원대출판부) '남북한 법제비교(共)'(2003, 강원대출판부) '현대국제법 : 개정판'(2004, 강원대출판부) '생활과 법률(共)'(2005, 북스힐) '국제인권법(共)'(2005, 세창출판사) '국제해양분쟁사례연구IV-양자협정사례'(共)'(2006, 해양수산부) '국제해양분쟁사례연구종합V'(共)'(2006, 해양수산부) '항공우주법'(2007, 지인북스) '테러리즘과 국제법'(2007, 지인북스) '현대국제법-이론과 사례연구'(2007, 지인북스) '국제해양법(共)'(2009, 지인북스) '유엔해양법협약 해설서 II'(共)'(2009, (사)해양법포럼) '이사부 연구총(II)-고대 해양활동과 이사부 그리고 사자이야기(共)'(2009, 강원도민일보) '국제법원론'(2010, 지인북스) '국제환경법과 정책'(2010, 강원대출판부/환경부) '유엔해양법협약 해설서 III'(共)'(2010, 국제해양법학회) '국제항공우주법'(2011, 지인북스) '국제환경조약법'(2011, 강원대출판부/환경부) '국제해양법 : 개정판(共)'(2011, 서울경제경영) '환경분쟁과 국제법'(2012, 강원대출판부/환경부) '국제항공우주법 : 제2판'(2012, 와이북스) 'Korean Yearbook of International Law, vol. 1'(共)'(2014, Ilchokak & Korean Branch ILA) '세계영토분쟁의 과거와 현재(共)'(2014, 강원대출판부) '국제법원론 : 이론과 실제'(2015, 북스힐) '국제해양법 : 3판(共)'(2016, 와이북스) '국제항공법'(2016, 와이북스) '우주법'(2016, 와이북스) '유엔해양법협약 해설서 II (共)'(2018, 사단법인 해양법포럼) (종)가톨릭

## 김한표(金漢杓) Kim Han Pyo

(생)1954·8·8 (출)경남 거제 (주)서울특별시 영등포구 의사당대로 1 국회 의원회관 736호(02-784-4760) (학)1973년 동아고졸 1983년 한국외국어대 사회과학대학 행정학과졸 1986년 연세대 행정대학원 행정학과졸 2004년 행정학박사(한국외국어대) (경)1983년 경위 임관(경찰간부후보 제31기) 1983년 대통령경호실 제101경비단 근무 1988년 경찰청·서울지방경찰청·부산지방경찰청 근무 1989년 경찰청 수사간부연수과정 수료(제8기) 1992년 제14대 대통령후보 경찰경호대장 1993년 대통령 민정비서관실 행정관 1994년 대통령경호실 가족경호부장 1998년 경남 거제경찰서장 2000년 제16대 국회의원선거 출마 2004~2006년 마산 창신대 경찰행정학과 초빙교수·겸임교수 2005년 경기대 사회교육원 출강 2005년 동의대 사회교육원 출강 2006년 거제교통 택시기사 2007년 미래사회국민포럼 상임운영위원 2008년 제18대 국회의원선거 출마(경남 거제시, 무소속) 2009년 민주평통 자문위원 2011년 가덕도신공항유치거제시민연대 공동대표 2012년 제19대 국회의원(경남 거제시, 무소속·새누리당) 2012·2015년 국회 예산결산특별위원회 위원 2013년 국회 산업통상자원위원회 위원 2013년 새누리당 대외협력담당 원내부대표 2014년 국회 국민안전혁신특별위원회 위원 2016년 제20대 국회의원(경남 거제시, 새누리당·자유한국당〈2017.2〉)(현) 2016~2018년 국회 정무위원회 위원 2016·2018년 국회 예산결산특별위원회 위원(현) 2017~2018년 자유한국당 경남도당 위원장 2017년 同정치보복대책특별위원회 부위원장 2018년 국회 교육위원회 간사(현) (상)근정포장, 대통령표창, 행정자치부장관표창, 경찰청장표창, 대통령경호실장표창, 한국수필신인상, 국정감사NGO모니터단 선정 '국정감사 우수 국회의원상'(2012·2013·2015), 법률소비자연맹 선정 국회 헌정대상(2013·2014), 수산업협동조합중앙회장 감사패(2014), 유권자시민행동 대한민국유권자대상(2014), 전국청소년선플SNS기자단 선정 '국회의원 아름다운 말 선플상'(2015) (저)'다시 일어선다'(2008, 대주기획) (종)기독교

## 김항곤(金恒坤) KIM Hang Gon

(생)1951·10·1 (본)김해(金海) (출)경북 (주)대구광역시 수성구 동대구로 382 자유한국당 경상북도당(053-756-1001) (학)1970년 경북고졸 1975년 영남대 경제학과졸 1999년 경북대 행정대학원졸 (경)대법원장 경호대장 2004년 경북 청도경찰서장 2005년 대구 성서경찰서장 2007년 대구지방경찰청 보안과장 2008년 경북 성주경찰서장 2009년 한나라당 고령·성주·칠곡당원협의회 부위원장 2010년 경북 성주군수(한나라당·새누리당) 2014~2018년 경북 성주군수(새누리당·자유한국당) 2019년 자유한국당 고령·성주·칠곡당원협의회 조직위원장(현) (상)대통령표창, 경찰청장표창, 농협중앙회 지역농업발전 선도인상(2014)

## 김항곤

(생)1967 (주)서울특별시 서대문구 통일로 97 경찰청 범죄예방정책과(02-3150-2246) (학)경찰대학 행정학과졸(5기), 연세대 행정대학원 경찰사법행정학과졸(석사) (경)1989년 경위 임용 2010년 경찰청 생활안전과 지역경찰담당 2011년 同생활안전과 생활안전담당 2012년 인천지방경찰청 생활안전과장(총경) 2013년 경북 영덕경찰서장 2014년 경찰청 경비국 항공과장 2015년 경기 의왕경찰서장 2016년 경찰청 생활안전과장 2016년 同범죄예방정책과장 2017년 서울 은평경찰서장 2017년 경찰청 여성청소년과장 2019년 同범죄예방정책과장(현)

## 김항덕(金恒德) KIM Hang Duk

(생)1941·12·21 (출)서울 (주)충청남도 아산시 음봉면 산동안길 14 JB주식회사 회장실(1544-0041) (학)1959년 서울 경복고졸 1965년 서울대 상대 상학과졸 (경)1969년 (주)선경 입사 1976년 同아주지역 본부장 1977년 同구주지역 본부장 1978년 同이사 1980년 同상무이사 1980년 (주)유공 수석부사장 1984~1993년 同사장 1991년 석유협회 회장 1991~1999년 한·미경제협의회 부회장 1993~1998년 선경그룹 부회장 1993~1997년 (주)유공 부회장 겸임 1998년 SK(주) 상임고문(부회장대우) 1998년 同상임고문(회장대우) 1998~2018년 중부도시가스 회장 2018년 JB주식회사 회장(현) (상)은탑산업훈장 (종)기독교

## 김해규(金海圭) KIM Hae Kyu

(생)1958·2·3 (본)김녕(金寧) (출)부산 (주)부산광역시 서구 구덕로 179 부산대학교병원 마취통증의학과(051-240-7397) (학)1983년 부산대 의대졸 1986년 同대학원 의학석사 1990년 의학박사(충남대) (경)1987년 부산대 의대 마취통증의학교실 전임강사·조교수·부교수·교수, 同의학전문대학원 마취통증의학교실 교수(현), 同의대 의학시뮬레이션센터장(현), 대한통증연구학회 학술이사 2003년 대한뇌신경마취학회 회장 2008년 부산대병원 기획조정실장 2008~2011년 아시아뇌신경마취학회 회장 2010~2011년 대한마취과학회 회장 2011~2013년 부산대병원 임상시험센터장 2016년 同임상연구보호센터장(현) (상)부산대 의학교육상(2019) (저)'마취과학'(2000) '중환자의학'(2006) '통증의학'(2007) (역)'응급질환의 진단 및 치료'(2001) '만족스런 치료를 받고 있습니까'(2008)

## 김해규(金海圭) KIM Hai Gyu

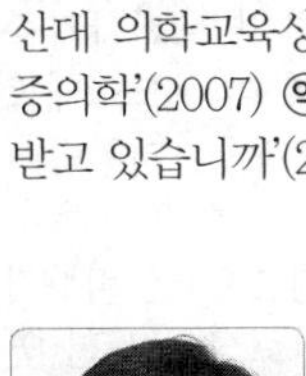

(생)1963·10·30 (주)서울특별시 강서구 마곡중앙8로 78 (주)티케이케미칼 사장실(02-2001-6000) (학)대구한의대 환경보건학과졸 (경)1991년 동국무역(주)(現 티케이케미칼) 입사 2005년 (주)티케이케미칼 경영지원팀장 2008년 同경영기획실장(상무) 2008년 同경영지원본부장(전무) 2011년 同영업본부장(전무) 2014년 同대표이사 사장(현)

**김해붕(金海鵬)**

(생)1969·3·11 (출)경북 경주 (주)경상남도 창원시 성산구 창이대로689번길 4-5 변호사회관 2층 법무법인 미래로(055-287-9889) (학)1987년 경주고졸 1992년 고려대 법학과졸 (경)1993년 사법시험 합격(35회) 1996년 사법연수원 수료(25기) 1999년 대구지법 판사 2001년 창원지법 진주지원 판사 2002년 同남해군법원 판사 2003년 同진주지원 판사 2005년 창원지법 판사 2006년 부산고법 판사 2009년 창원지법 판사 2011년 同거창지원장 2013~2015년 창원지법 부장판사 2015년 법무법인 미래로 대표변호사(현)

**김해수(金海洙) KIM Hae Su**

(생)1960·9·10 (출)경남 합천 (주)서울특별시 서초구 서초대로 250 스타갤러리브릿지 701호 법무법인 중부로(02-6672-0001) (학)1979년 대구고졸 1983년 고려대 법대졸 (경)1986년 사법시험 합격(28회) 1989년 사법연수원 수료(18기) 1989년 軍법무관 1992년 부산지검 검사 1995년 서울지검 남부지청 검사 1997년 대구지검 검사 1999년 서울지검 검사 2001년 수원지검 부부장검사 2001년 창원지검 거창지청장 2002년 서울지검 북부지청 부부장검사 2003년 창원지검 특수부장 2004년 수원지검 안산지청 부장검사 2005년 사법연수원 교수 2007년 서울중앙지검 마약·조직범죄수사부장 2008년 부산지검 형사1부장 2009년 의정부지검 고양지청 차장검사 2009년 창원지검 차장검사 2010년 부산지검 동부지청장 2011년 대구지검 제1차장검사 2012년 부산고검 차장검사 2012년 제54회 사법시험 위원 2013년 대검찰청 강력부장 2013년 서울북부지검장 2015년 광주지검장 2015~2017년 대검찰청 공판송무부장(검사장급) 2015~2019년 대법원 양형위원회 양형위원 2017년 법무법인 중부로 대표변호사(현) (상)검찰총장표창(2005·2006), 황조근정훈장(2016)

**김해영(金海永) KIM HAEYOUNG**

(생)1977·1·2 (출)부산 (주)서울특별시 영등포구 의사당대로 1 국회 의원회관 546호(02-784-1051) (학)1996년 부산 개금고졸 2003년 부산대 법학과졸 (경)2009년 사법시험 합격(51회) 2012년 사법연수원 수료(41기) 2012년 同41기 노동법학회 회장 2012년 법무법인 세진 변호사 2012~2016년 변호사 개업, 부산YMCA 시민권익센터 전문위원, 민주사회를위한변호사모임 회원(현) 2012년 민주통합당 제18대 대통령선거 문재인후보 부산시선거대책위원회 법률지원부단장 2013~2014년 연서초 학교폭력대책위원회 위원장 2013년 부산지방변호사회 이사 2013~2015년 부산일보 독자위원 2014년 새정치민주연합 부산시연제구지역위원회 위원장 2015년 더불어민주당 부산시연제구지역위원회 위원장 2015~2016년 同부산시당 대변인 2016년 제20대 국회의원(부산시 연제구, 더불어민주당)(현) 2016년 보훈단체를사랑하는국회의원모임 운영간사위원(현) 2016년 더불어민주당 전국청년위원회 위원장 직대 2016~2018년 국회 정무위원회 위원 2016~2017년 더불어민주당 원내부대표 2017년 同정책위원회 부의장 2017~2018년 同지방선거기획단 위원 2017년 同국민통합위원회 상임부위원장 2017~2018년 同건강보험보장성강화TF 위원 2017~2018년 同에너지전환및신재생에너지육성TF 간사 2017~2018년 同부산시당 지방선거기획단장 2017~2018년 국회 청년미래특별위원회 위원 2018년 국회 교육위원회 위원(현) 2018년 더불어민주당 최고위원(현) 2018년 국회 에너지특별위원회 위원(현) 2019년 더불어민주당 청년미래연석회의 공동의장(현) 2019년 국회 안전한대한민국포럼 연구책임의원(현) (상)대한변호사협회 청년변호사상(2015), 더불어민주당 국정감사우수의원(2016), 국회사무처 선정 입법및정책개발 우수국회의원(2016), 제6회 국회를 빛낸 바른언어상(2016), 법률소비자연맹 선정 국회의원 헌정대상(2017)

**김해용(金海鎔)**

(생)1963·10·24 (출)서울 (주)대구광역시 중구 서성로 20 매일신문 편집국(053-255-5001) (학)경북대 사회학과졸 (경)1990년 매일신문 편집국 기자 1999년 同사회1부 기자 2000년 同사회1부 경영기획팀 파견기자 2001년 同경제부 기자 2002년 同경제부 차장대우 2003년 同사회1부 차장대우 2004년 同문화부 차장 2005년 同라이프취재팀장 2006년 同인터넷뉴스팀 기자 2008년 同기획취재부장 2009년 同비서실장 2010년 同경제부장 2014년 同북부지역본부장 2017년 同논설위원 2018년 同편집국장(현)

**김해웅(金海雄) KIM Hae Ung**

(생)1961·8·27 (본)영산(永山) (출)충북 영동 (주)서울특별시 종로구 북촌로 15 헌법재판소 홍보심의관실(02-708-3410) (학)1981년 영동고졸 1987년 대구대 법학과졸, 중앙대 신문방송대학원 언론학과졸 (경)1993~2005년 서울시 홍보담당관실 근무 2005년 법무부 홍보관리관실 정책홍보담당관 2008년 同부대변인 겸 홍보담당관 2013년 헌법재판소 홍보심의관(현) (상)문화재청장표창(2001), 서울시장표창(2003) (저)'어린이들을 위한 서울 문화유산답사기(1·2권)' (종)불교

**김해준(金海埈) KIM Hae Joon**

(생)1957·10·21 (본)영광(靈光) (출)전남 장흥 (주)서울특별시 영등포구 의사당대로 97 교보증권(주) 대표이사실(02-3771-9495) (학)1976년 장흥고졸 1984년 전남대 경제학과졸 2004년 연세대 대학원 최고경영자과정 수료 (경)1983년 대우증권(주) 입사 1988년 同IB영업부 근무 1997년 同기업금융1부장·2부장 1999년 同IB1사업본부장·기업금융1본부장·호남지역본부장 2002년 同자산관리영업본부장·법인영업본부장 2005년 교보증권(주) IB본부장 겸 프로젝트금융본부장(상무) 2005년 同기업연금본부장(상무) 2006년 同기업금융1그룹장(상무) 2006년 同기업금융1그룹장(전무) 2007년 同IB본부장 겸 프로젝트금융본부장(전무) 2008년 同대표이사(현) 2017~2019년 한국금융투자협회 자율규제위원 (종)불교

**김행석(金幸錫)**

(생)1966·12·26 (출)전남 순천 (주)전라북도 전주시 덕진구 과학로 45-25 전주소년원(063-272-3741) (학)1985년 순천고졸 1993년 순천대 법학과졸 2005년 전남대 행정대학원 행정학과졸 (경)1996년 행정고시 합격(40회) 1998년 제주보호관찰소 보호관찰관 2001년 광주보호관찰소 보호관찰관 2006년 인천보호관찰소 부천지소 보호관찰관 2007년 광주보호관찰소 관찰과장 2008년 광주보호관찰소 목포지소장 2010년 전주소년원 분류보호과장(서기관) 2011년 광주보호관찰소 관찰과장 2011년 광주보호관찰소 순천지소장 2013년 위치추적대전관제센터장 2015년 창원보호관찰소장 2017년 울산보호관찰소장 2018~2019년 전주보호관찰소장 2019년 전주소년원장(현)

**김행순(金幸順·女) Kim, Hang Soon**

(생)1967·11·10 (출)전북 부안 (주)서울특별시 서초구 서초중앙로 157 서울중앙지방법원(02-530-1114) (학)1986년 전주 유일여고졸 1991년 고려대 법학과졸 (경)1993년 사법시험 합격(35회) 1996년 사법연수원 수료(25기) 1996년 대전지법 판사 1999년 同홍성지원 판사 2003년 서울지법 판사 2004년 서울중앙지법 판사 2006년 서울남부지법 판사 2007년 서울고법 판사 2009년 서울행정법원 판사 2011년 전주지법 제3민사부 부장판사 2012년 사법연수원 교수 2014년 수원지법 부장판사 2015년 서울서부지법 부장판사 2017년 서울중앙지법 부장판사(현)

## 김행영(金行泳) KIM Haeng Young

(생)1949 · 2 · 2 (출)서울 (주)서울특별시 서초구 효령로 96 삼호개발(주) 비서실(02-2046-7700) (학)1967년 서울고졸 1974년 고려대 행정학과졸 (경)1978~1980년 현대건설(주) 근무 1981~1991년 유원건설(주) 근무 1991~1992년 아이디트레이딩(주) 상무 1995~1996년 태평양개발(주) 이사 1996~1998년 서울광고기획(주) 이사 1999~2002년 삼호개발(주) 상임감사 2003년 同대표이사 2010년 同부회장(현)

## 김헌기(金憲起)

(생)1964 · 1 · 19 (출)충남 강경 (주)인천광역시 중구 공항로 272 인천국제공항경찰단(032-745-5518) (학)천안 북일고졸 1986년 경찰대 법학과졸(2기) (경)1986년 경위 임관 2007년 경찰종합학교 교무과장(총경) 2008년 충남 서천경찰서장 2010년 국립과학수사연구소 총무과장 2011년 경기 양천경찰서장 2011년 경찰청 지능범죄수사과장 2014년 同강력범죄수사과장 2015년 인천지방경찰청 제2부장(경무관) 2016년 경찰청 수사기획관 2017년 경찰수사연수원 원장 2018년 인천지방경찰청 제3부장 2019년 경기남부지방경찰청 제2부장 2019년 인천지방경찰청 인천국제공항경찰단장(현)

## 김헌린(金憲麟)

(생)1960 · 10 · 4 (주)경상북도 울릉군 울릉읍 도동2길 66 울릉군청 부군수실(054-790-6005) (학)2002년 경북대 행정대학원 법무행정학과졸(석사) (경)1987년 공무원 임용 2008년 경북 울릉군 독도박물관 근무(지방행정사무관) 2010년 경북도 환경해양산림국 해양개발과 근무 2012년 同일자리경제본부 에너지정책과 근무 2013년 同창조경제산업실 에너지산업과 근무 2013년 同일자리투자본부 투자유치단 근무 2014~2017년 同문화관광체육국 문화교류협력과 · 문화융성사업단 · 문화예술과 근무 2017년 同문화관광체육국 관광진흥과장(지방서기관) 2018년 경북 울릉군 부군수(현)

## 김헌배(金憲培) KIM Hun Bae

(생)1960 · 6 · 6 (출)경기 화성 (주)경기도 수원시 권선구 산업로156번길 142-10 두성테크(031-350-9500) (학)1979년 수원공고졸 1985년 숭실대 전자공학과졸 2012년 한양대 대학원 전자컴퓨터통신공학과 수료 (경)삼성전자(주) 무선개발팀 수석연구원 2003년 同무선개발팀 상무보 2005년 同텔레커뮤니케이션총괄 무선개발팀장(상무) 2007년 同텔레커뮤니케이션총괄 무선개발팀장(전무) 2011년 同무선사업부 개발실 한국개발팀장(부사장) 2012년 同IM부문 무선사업부 개발실 한국개발팀장(부사장) 2015~2017년 同IM부문 무선사업부 개발실 상근고문 2017년 더불어민주당 신성장특별위원회 민간위원 2018년 두성테크 대표이사 부회장(현) (상)대한민국 혁신대상 최고경영자상(2013)

## 김헌영(金憲榮) Heon-Young Kim

(생)1962·2·15 (주)강원도 춘천시 강원대학길 1 강원대학교 총장실(033-250-6114) (학)1985년 서울대 공대 기계설계학과졸 1987년 同대학원 기계설계학과졸 1991년 공학박사(서울대) (경)1993년 강원대 공대 기계의용공학과 조교수·부교수·교수(현) 1999~2003년 AnDT(주) 대표이사 2000~2001년 미국 OSU 기계공학과 교환교수 2004~2005년 강원대 산학연공동기술개발컨소시엄센터장 2005~2006년 산학컨소시엄 강원지역연합회 회장 2006년 미국 OSU 기계공학과 교환교수 2007~2008년 강원대 건강·의료기기연구센터장 2008~2010년 同공과대학 부학장 2009~2012년 강원의료융합인재양성센터 센터장 2010~2012년 (주)화신 자문교수 2011~2012년 강원대 기획처장 2012년 同정보화본부장 2013~2015년 同의료기기연구소장 2015년 同아이디어팩토리사업단장 2016년 同총장(현) 2016·2018년 통일교육위원 강원협의회장(현) 2016~2018년 한국방송공사 시청자위원장 2018년 한국공학한림원 회원(기계공학·현) 2018년 강원지역대학총장협의회 회장(현) 2019년 한국대학교육협의회 회장(현) 2019년 대통령직속 국가교육회의 위원(현) (상)제1회 실험실창업경연대회 기계금속분야 우수상(1999), 대한기계학회 구조역학부분 최우수논문상(2004), 대한기계학회 설계공학부분 우수논문상(2005), 산학연 강원지역협의회 공로상(2006), 한국과학기술단체총연합회 우수논문상(2008), 강원대총장표창(2010), 산학협동재단 제32회 산학협동상 대상(2010), 현대·기아자동차그룹 학술대회 우수논문상(2010), 대한기계학회 강원지회 학술대회 우수논문상(2011), 2011 NUMISHEET 학술대회 공로상(2011), 대통령표창(2011), 한국생산성본부 국제정보화 리더상(2011), 현대·기아 산학협동과제 우수산학 연구상(2012), 한국소성가공학회 학술상(2015), 한국의 영향력 있는 CEO 대상(2019)

## 김헌정(金憲政) KIM Heon Jeong

(생)1958·12·5 (본)안동(安東) (출)부산 (주)서울특별시 강남구 테헤란로87길 36 도심공항타워 법무법인 로고스(02-2188-1000) (학)1977년 부산 대동고졸 1981년 서울대 법과대학졸 1984년 同대학원 법학과졸 (경)1984년 사법시험 합격(26회) 1987년 사법연수원 수료(16기) 1990년 수원지검 검사 1992년 청주지검 제천지청 검사 1994년 서울지검 북부지청 검사 1996년 법무부 보호과 검사 1999년 서울지검 남부지청 부부장검사 2000년 수원지검 평택지청 부장검사 2001년 광주고검 검사 2001년 미국 조지워싱턴대 연수 2002년 법무부 관찰과장 2003년 同보호과장 2004년 서울중앙지검 공판2부장 2005년 同형사7부장 2006년 대구지검 김천지청장 2007년 울산지검 차장검사 2008년 창원지검 차장검사 2009년 의정부지검 고양지청장 2009년 법률사무소 정우 대표변호사 2012년 인천국제공항공사 비상임이사 2014년 헌법재판소 사무차장(차관급) 2017~2019년 同사무처장(장관급), 법무법인(유) 로고스 변호사(현) 2019년 (사)남북체육교류협회 법률자문위원회 위원장(현) (상)검찰총장표창(1996), 법무부장관표창(1997) (종)기독교

## 김헌정(金憲楨) Kim Hun Jung

(생)1970·2·22 (주)세종특별자치시 도움6로 11 국토교통부 철도정책과(044-201-3938) (학)연세대 경제학과졸, 미국 캘리포니아주립대 대학원 경제학과졸 (경)1998년 행정고시 합격(41회) 1999~2010년 건설교통부 사무관·서기관 2011년 국토해양부 기획조정실 투자심사팀장 2012년 駐쿠웨이트 경제참사관 2016년 국토교통부 교통물류실 대중교통과장 2017년 同주택토지실 주택기금과장 2018년 同기획조정실 기획담당관 2019년 同기획조정실 기획담당관(부이사관) 2019년 同철도정책과장(현)

## 김헌준(金憲俊) Kim Heon-Jun

(생)1965 · 6 · 18 (본)김해(金海) (출)서울 (주)인천광역시 연수구 아트센터대로 175 G타워 8층 유엔 거버너스센터(032-859-8600) (학)1983년 휘문고졸 1995년 호주 울런공대 정치학과졸 1996년 호주 뉴사우스웨일스대(NSW) 대학원 국제관계학과 수료 (경)1997~2007년 행정자치부 중앙공무원교육원 · 행정정보화계획관실 · 국제협력관실 · 정책홍보관리본부 행정사무관 2003~2005년 LG CNS 전자정부해외수출담당 부장 2007~2010년 국민경제자문회의 사무처 총무과장 · 행정안전부 혁신조직실 진단컨설팅센터 서기관 · OECD 대한민국정책센터 부본부장 2010~2014년 駐캐나다대사관 참사관 2014년 행정자치부 행정한류담당관 2017년 행정안전부 행정한류담당관(서기관) 2018년 同행정한류담당관(부이사관) 2018년 유엔 거버넌스센터 협력국장(현) (상)대통령표창(2003) (종)기독교

ㄱ

## 김헌태(金憲泰) KIM Heon Tae

(생)1967·2·4 (출)대전 (주)서울특별시 영등포구 의사당대로 38 매시스컨설팅(02-6405-0301) (학)경성고졸 1992년 한국외국어대 신문방송학과졸 1994년 同대학원 신문방송학과졸, 신문방송학박사(한국외국어대) (경)1995년 리서치앤리서치 근무, 한국리서치 과장, SOFRES그룹 차장 2003년 한국사회여론연구소 소장 2004년 경향신문 총선자문위원회 위원 2006~2009년 인하대 사회과학부 언론정보학과 겸임교수 2007년 제17대 대통령선거 문국현 대통령후보 정무특보 2010~2016년 한림국제대학원대 국제학과 겸임교수 2011년 민주당 전략기획위원장 2011년 한국커뮤니케이션학회 이사 2015년 매시스컨설팅 대표컨설턴트(현) 2015년 국제정치컨설턴트협회 회원(현) 2016년 더불어민주당 공직선거후보자추천관리위원회 위원 2016년 同총선기획단 산하 정세분석본부장 2016년 한림국제대학원대 정치외교학과 겸임교수(현) (저)'오피니언 트렌드 2006(共)'(2006, u-북) '분노한 대중의 사회'(2009, 후마니타스) '박근혜 현상(共)'(2010, 위즈덤하우스) '안철수는 세상을 바꾸고 싶다(共)'(2012, 10만인클럽)

## 김헌표(金憲杓) KIM Hun Pyo

(생)1959·10·6 (출)부산 (주)서울특별시 강남구 테헤란로78길 12 10층 스틱인베스트먼트(02-3404-7800) (학)1978년 부산남고졸 1986년 서울대 경영학과졸 1993년 미국 Duke대 경영대학원졸 (경)2000년 SK(주) 석유사업기획팀장 2002년 同구조조정본부 재무1팀장(상무) 2003년 同투자회사관리실 상무 2007년 SK가스(주) 전략기획본부장 겸 사업개발본부장 2008~2010년 同기획개발부문장(전무) 2011년 SK네트웍스(주) 기획재무부문장(전무) 2012~2015년 同경영지원부문장(부사장), 스틱인베스트먼트 상근고문(현) 2019년 신라교역 사외이사(현)

## 김혁동(金赫東)

(생)1962·8·5 (주)강원도 춘천시 중앙로 1 강원도의회(033-256-8035) (학)인천대 교육대학원 전기교육학과졸 (경)한국노동조합총연맹 한국공무원노동조합연맹 위원장, 태백시 자원봉사센터 가족봉사단 회장, 강원도교육청 '모두를 위한 교육' 평가위원(현), 더불어민주당 강원도당 교육문화특별위원장(현) 2018년 강원도의회 의원(더불어민주당)(현) 2018년 同의회운영위원회 위원(현) 2018년 同교육위원회 부위원장(현)

## 김혁련(金赫鍊) Kim Hyuk Ryun

(생)1955·7·13 (본)고령(高靈) (출)충남 논산 (주)경기도 이천시 부발읍 경충대로 2293 유니세트(주) 비서실(031-636-4270) (학)보문고졸, 인하대 응용물리학과졸 1984년 同대학원 응용물리학과졸 (경)2000~2001년 현대전자산업(주) 이사대우 2001년 (주)하이닉스반도체 Semi/LCD메모리연구소 이사, 同Semi/LCD메모리연구소 상무, 同개발생산총괄 제품개발본부장(상무) 2005년 유니세트(주) 대표이사(현) 2008~2014년 인하대 정보통신공학부 겸임교수

## 김혁수(金赫秀) Kim Hyuk Soo

(생)1957·7·25 (본)청주(淸州) (출)서울 (주)서울특별시 서초구 강남대로 577 (주)한국야쿠르트 임원실(02-3449-6000) (학)1976년 승문고졸 1985년 국민대 사학과졸 (경)1985년 (주)한국야쿠르트 입사 2000년 同강북경동영업소장 2001년 同홍보부문 고객만족팀장 2004년 同홍보부문 광고팀장 2006년 同홍보부문 이사 2008년 同경영지원부문 이사 2008년 同부사장 2013~2015년 同대표이사 사장 2015년 同사장 2016년 同상임고문(현) (상)소비자의날 대통령표창(2002), 매일경제 선정 100대 CEO(2013)

## 김혁종(金革鍾) KIM Hyuk Jong

(생)1958·5·4 (본)김해(金海) (출)광주 (주)광주광역시 남구 효덕로 277 광주대학교 총장실(062-670-2200) (학)1977년 광주제일고졸 1985년 성균관대 사범대학 교육학과졸 1988년 미국 Western Illinois주립대 대학원졸 1993년 철학박사(미국 Univ. of Kansas) 2015년 명예 인문학박사(미국 웨스턴일리노이대) (경)1987년 미국 Western Illinois주립대 총장 인턴 1987~2003년 광주대 사회복지학부 전임강사·조교수·부교수·교수 1994~2003년 同기획실장 2003년 同총장(현) 2005~2006년 대통령자문 국가균형발전위원회 자문위원 2005~2006년 법무부 감찰위원회 위원 2008~2009년 광주·전남지역대학교총장협의회 회장 2008~2009년 한국대학교육협의회 이사 2010~2011년 광주지검 검찰시민위원회 위원장 2010년 광주발전연구원 이사 2010~2014년 광주·전남지역사립대학총장협의회 회장 2010년 5.18민주화운동기록물 유네스코세계기록유산등재추진위원회 위원 2010년 성균관대 총동창회 부회장 2010년 2015광주하계유니버시아드대회조직위원회 위원 2010년 호남권광역경제발전위원회 위원 2010년 광주테크노파크 이사(현) 2010년 광주전남연구원 발전자문위원(현) 2012년 공군 정책발전자문위원회 위원(현) 2017~2018년 (사)양림동산의꿈 이사장 2017년 2017광주디자인비엔날레 자문위원 2017년 한국대학스포츠총장협의회 이사(현) 2017년 광주4차산업혁명발전위원회 위원(현) 2018~2019년 광주시 한국문화기술(CT)연구원 설립추진위원회위원 (상)공군참모총장 감사패(2009), 미국 웨스턴일리노이대 해외동문공로상(2010), 한반도 통일공헌대상 교육부문(2017) (저)'면접설문조사 결과분석 및 논의' '2000학년도 신입생 실태조사 연구'

## 김혁중(金赫中) Hyuk Jung Kim

(생)1964·11·4 (본)광산(光山) (출)강원 영월 (주)서울특별시 중구 남대문로 63 한진빌딩 법무법인 광장(02-6386-6308) (학)1983년 재현고졸 1988년 고려대 법학과졸 1999년 미국 아메리칸대 대학원 법학과졸 (경)1990년 軍법무관 임용시험 합격(9회) 1993년 사법연수원 수료(법무9기) 1993년 육군 제50사단 검찰관 1994~1995년 육군 제36사단 법무참모 1995년 국방부 조달본부 내자계약 책임법무관 1996~1997년 同외자계약 책임법무관 1999~2001년 육군본부 법무감실 법제과장 2001년 수도방위사령부 법무참모 2003~2004년 同법무과장 2004~2007년 제2작전사령부 법무참모(대령) 2007~2008년 육군본부 법무과장 2008~2011년 국방부 법무담당관 2011~2013년 同고등군사법원 제1부장판사 2013년 방위사업청 기획조정관실 규제개혁법무담당관 2016년 同기획조정관실 법률소송담당관(부이사관) 2016년 법무법인 광장 파트너변호사(현) (상)제1회 자랑스런 군법무관상(2001), 보국포장(2009), 방위사업청장표창(2016) (저)'The Korea Copyright Act and Limitations with regard to the TRIPs Agreement and World Treaties'(1998) '국가안전보장과 주민의 참여'(2013, 저스티스) '방위사업 판례의 이해'(2015) '방위사업청직원이 알아야 할 법률지식'(2016) (종)기독교

## 김혁표(金赫杓) KIM HYEOG PYO

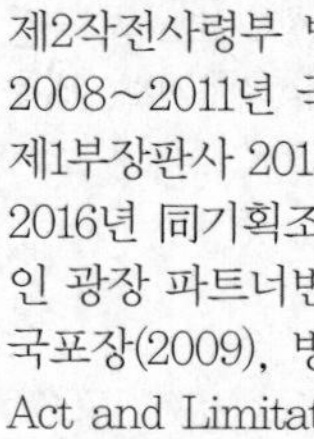

(생)1962·7·7 (주)서울특별시 강남구 선릉로93길 5 대우타워빌딩 (주)위니아딤채(1588-9588) (학)대구고졸, 한양대 기계학과졸, 핀란드 헬싱키대 대학원 경제학과졸 (경)LG전자(주) DA상품기획팀장(상무) 2008년 同HA사업본부 빌트인사업실장(상무) 2010년 同자문, 동부대우전자(주) 상품기획팀장 2015~2018년 同상품기획팀장(부사장) 2018년 (주)대우전자 상품기획팀장(부사장) 2019년 (주)위니아딤채 대표이사 부사장(현)

**김혁호(金爀鎬) KIM Hyuk Ho**

(생)1963·5·10 (본)경주(慶州) (출)경북 문경 (주)대전광역시 대덕구 신탄진로 200 한국수자원공사 기술혁신본부(042-629-2209) (학)문창고졸, 홍익대 토목공학과졸 (경)한국수자원공사 평화의댐건설사무소 설계처 근무, 同댐건설1처 근무, 同영월댐건설사업단 공무과장 2006년 同굴포천건설단 건설관리과장, 同비서실 비서팀장 2012년 同수자원사업본부 댐·유역관리처장 2014년 同동남아사업단장 2016년 同낙동강권역본부장 2018년 同기술정보본부장 2019년 同기술혁신본부장(현)

**김 현(金 炫) KIM Hyun (慧江)**

(생)1956·1·17 (본)전주(全州) (출)서울 (주)서울특별시 서초구 서초로 254 오퓨런스빌딩 16층 법무법인 세창(02-595-7121) (학)1975년 경복고졸 1980년 서울대 법학과졸 1983년 同대학원 법학과졸 1984년 미국 코넬대 대학원 법학과졸(석사) 1985년 미국 워싱턴대 대학원 법학과졸(석사) 1990년 법학박사(미국 워싱턴대) 1997년 서울대 경영대학 최고경영자과정 수료 2001년 고려대 경영대학 최고경영자과정 수료 (경)1980년 행정고시 합격(24회) 1983년 사법시험 합격(25회) 1985년 미국 보글앤드게이츠법률회사 근무 1988년 사법연수원 수료(17기) 1991년 미국 뉴욕주 변호사시험 합격 1992년 법무법인 세창 설립·대표변호사(현) 1999년 대한상사중재원 중재인(현) 1999년 국토해양부 고문변호사 2000년 영국 런던국제중재원(LCIA) 중재인(현) 2003년 한국로지스틱스학회 부회장 2003년 과학기술부 법률고문 2004년 법무부 상법개정특별분과 위원 2005년 대한변호사협회 북한인권소위원회 위원장 2005년 한국소비자원 비상임이사 2006년 미국 코넬대한국동문회 회장 2007년 국제변호사협회 한국이사 2007년 대한변호사협회 사무총장 2008년 인하대 겸임교수 2008년 한국소비자교육지원센터 부회장 2008~2017년 한진중공업 사외이사 2009~2011년 서울지방변호사회 회장 2009년 미국 코넬대 평의원 2010~2016년 미국 워싱턴대한국동문회 회장 2011~2017년 건설산업비전포럼 공동대표 2012~2017년 풀무원재단 감사 2012년 탈북자를걱정하는변호사들 대표 2013~2017년 (사)물망초 국군포로송환위원장 2013년 농림축산식품부 고문변호사 2014~2016년 독도지속가능이용위원회 민간위원 2014~2016년 한국잡월드 비상임이사 2015~2016년 한국도로공사 안전경영위원장 2015~2017년 대한변호사협회 변호사연수원장 2016년 징벌적손해배상을지지하는변호사·교수모임 상임대표 2017~2019년 대한변호사협회 회장 (상)대통령표창(1997), 미국 워싱턴대한국동문회 자랑스러운 동문상(2009), 국무총리표창(2012), 올해의 코넬인상(2019) (저)'해상물품운송계약론(共)'(2009, 박영사) '건설판례 이해하기'(2012, 범우사) '해상법원론(共)'(2015, 박영사) (종)기독교

**김 현(金 玄·女) KIM Hyun**

(생)1965·10·15 (출)강원 강릉 (주)서울특별시 영등포구 국회대로68길 7 더불어민주당(1577-7667) (학)1984년 강릉여고졸 1989년 한양대 사학과졸 (경)새천년민주당 대변인실 부국장 2003년 제16대 대통령직인수위원회 대변인실 행정관 2003년 대통령 보도지원비서관실 행정관·보도지원비서관 직대 2005~2007년 대통령 보도지원비서관 겸 춘추관장 2008년 대통합민주신당 상근부대변인 2008~2009년 민주당 부대변인 2010년 同상근부대변인 2012년 사람사는세상노무현재단 상임운영위원(현) 2012년 민주통합당 수석부대변인 2012~2016년 제19대 국회의원(비례대표, 민주통합당·민주당·새정치민주연합·더불어민주당) 2012~2013년 민주통합당 대변인 2013~2014년 국회 운영위원회 위원 2013~2014년 국회 안전행정위원회 위원 2013~2014년 국회 정보위원회 위원 2013년 민주당 당무담당 원내부대표 2013~2015년 국회 평창동계올림픽및국제경기대회지원특별위원회 위원 2014년 새정치민주연합 전당원투표및국민여론조사관리위원회 위원 2014년 국회 외교통일위원회 위원 2014년 국회 정부 및 공공기관등의해외자원개발진상규명을위한국정조사특별위원회 위원 2015년 국회 국방위원회 위원 2015년 새정치민주연합 한반도평화안전보장특별위원회 위원 2015년 국회 평창동계올림픽및국제경기대회지원특별위원회 위원 2015년 더불어민주당 한반도평화안전보장특별위원회 위원 2017년 同제19대 문재인 대통령후보 중앙선거대책위원회 공보단 대변인 2017~2018년 同대변인 2018년 同제3사무부총장(현) 2019년 민주평통 국민소통분과위원회 상임위원(현) (상)민주통합당 국정감사 최우수의원상(2012), 민주당 국정감사 우수의원상(2013), 한국언론사협회 대한민국우수국회의원대상 우수상(2013), 경인인물대상 정치부문(2015) (저)'김현의 리포트, 세상이 달라졌어요'(2012) '소통과 기록의 정치인-김현 25시 파란수첩'(2013)

**김 현(金 鉉)**

(생)1968·9·5 (출)경남 진주 (주)충청남도 공주시 한적2길 34-13 대전지방검찰청 공주지청 총무과(041-840-4544) (학)1987년 경상사대부고졸 1992년 서울대 사법학과졸 (경)1999년 사법시험 합격(41회) 2002년 사법연수원 수료(31기) 2002년 대전지검 검사 2004년 부산지검 동부지청 검사 2006년 서울북부지검 검사 2010년 인천지검 검사 2014년 청주지검 검사 2016년 同부부장검사 2017년 대전지검 홍성지청 부장검사 2018년 수원지검 공판부장 2019년 대전지검 공주지청장(현)

**김현겸(金賢謙) KIM Hyun Kyum**

(생)1961·10·28 (출)서울 (주)서울특별시 강남구 광평로 280 로즈데일빌딩 9층 (주)한국코퍼레이션 임원실(02-3401-4114) (학)1980년 서라벌고졸 1984년 한국외국어대 이란어과졸 1991년 연세대 경영대학원졸 (경)메리츠증권(주) IB사업본부장(이사) 2006년 同IB사업본부장(상무) 2007년 同IB사업본부장(전무) 2007~2009년 대신증권(주) IB영업본부장(전무) 2009년 LIG투자증권 IB사업본부장(상무) 2011년 하나대투증권 DCM실 상무 2012~2014년 현대증권(주) 글로벌사업부문장(상무) 2017~2019년 (주)한국코퍼레이션 각자대표이사 2018년 (사)한국컨택센터산업협회 회장(현) 2018년 대한카누연맹 부회장(현) 2019년 (주)한국코퍼레이션 부회장(현)

**김현겸(金泫謙)**

(생)1961·12·4 (출)부산 (주)서울특별시 중구 무교로 20 어린이재단빌딩 5층 팬스타그룹(02-756-4500) (학)1981년 부산 가야고졸 1986년 성균관대 무역학부 및 토목공학과졸 1999년 同무역대학원졸(석사) 2005년 同일반대학원 박사과정 수료 2006년 서울대 대학원 해양정책최고위과정 수료 (경)1990년 (주)팬스타 설립·회장(현) 1999년 (주)팬스타라인닷컴 설립 1999년 (주)산스타라인 일본현지법인 설립 2001년 대한민국해양연맹 부총재 겸 부산해양연맹 부회장 2010년 부산항만공사 항만위원 2012년 한국해운조합 제19·20대 대의원 2014년 한국무역학회 부회장 2015년 대한민국해양연맹 수석부총재 2017년 한국해양소년단 부산연맹 부연맹장 2017·2018년 대한민국해양연맹 총재(제8·9대)(현) (상)중소기업인상(1995), 무역진흥대상(2002), 대통령표창(2005), 한국관광기업 경영대상(2008), 무역의 날 2천만불 수출탑(2009), 모범납세자표창(2012), 바다의 날 석탑산업훈장(2017)

**김현경(金玹經) Kim Hyun-Kyung**

(생)1960·5·24 (본)경주(慶州) (출)충남 보령 (주)충청남도 서산시 관아문길 1 서산시청 부시장실(041-660-2205) (학)1978년 대전고졸 2003년 한국방송통신대 행정학과졸 (경)2015년 충남도 수석전문위원 2016년 同의사담당관 2017년 국가인재개발원 교육파견(서기관) 2018년 충남도 인재육성과장 2019년 충남 서산시 부시장(부이사관)(현)

## 김현경(金玄璟 · 女) KIM Hyun Kyoung

(생)1964 (출)서울 (주)서울특별시 마포구 성암로 267 문화방송 통일방송추진단(02-789-0011) (학)이화여대 불어불문학과졸, 경남대 북한대학원 정치학과졸(석사), 북한학박사(북한대학원대학교) (경)1986년 문화방송(MBC) 아나운서 1995년 同통일부 기자, 同아침뉴스·통일전망대 등 진행, 同보도국 통일외교부 전문기자 2006년 同통일전망대 팀장 2007년 관훈클럽 편집위원 2008~2010년 한국여기자협회 부회장 2010년 문화방송(MBC) 통일방송연구소 부장 2011년 이화언론인클럽 부회장 2015년 同회장 2017년 문화방송(MBC) 보도본부 통일방송추진단장(부장) 2018년 同보도본부 통일방송추진국장 2018년 同통일방송추진단장(현) (상)한국방송대상 보도기자상(2001), 이화언론인클럽 '올해의 이화언론인상'(2008), 여성신문 '미래를 이끌어 갈 여성 지도자상'(2009), 통일부장관표창(2012) (저)에세이집 'Mr.김정일, 차 한잔 하실까요?'(2006)

## 김현권(金玄權) KIM Hyun Gwon

(생)1964·5·17 (본)의성(義城) (출)경북 의성 (주)서울특별시 영등포구 의사당대로 1 국회 의원회관 1023호(02-784-2841) (학)1981년 충암고졸 1991년 서울대 천문학과졸, 경북대 행정대학원 행정학과졸 (경)1995년 축산부문 영농후계자 2000년 (주)농촌과도시 창업·대표이사 2002년 새천년민주당 노무현 대통령후보 경선 대책위원 2002년 노무현대통령만들기 국민참여운동본부 대구경북부본부장 2003년 경북정치개혁연대 상임위원 2003년 경북신당추진위원회 상임위원 2003년 대통령자문 국가균형발전위원회 자문위원 2004년 열린우리당 경북군위군·의성군·청송군지구당위원장 2007~2010년 한국농촌공사 비상임이사 2009년 의성한우협회 회장 2012년 제19대 국회의원선거 출마(경북 군위군·의성군·청송군, 민주통합당) 2014~2015년 새정치민주연합 경북군위군·의성군·청송군지역위원회 위원장 2015~2016년 더불어민주당 경북군위군·의성군·청송군지역위원회 위원장 2016년 국회 농업과행복한미래연구단체 대표의원(현) 2016년 제20대 국회의원(비례대표, 더불어민주당)(현) 2016년 더불어민주당 청년일자리TF 위원 2016·2018년 국회 농림축산식품해양수산위원회 위원(현) 2017·2018·2019년 국회 예산결산특별위원회 위원(현) 2017년 더불어민주당 대구·경북특별위원회 간사 2017~2018년 同정책위원회 부의장 2017년 同전국농어민위원회 부위원장 2017~2018년 국회 재난안전대책특별위원회 위원 2018년 더불어민주당 대외협력위원장(현) 2018년 同대구경북발전특별위원회 위원장(현) 2019년 同경북구미乙지역위원장(현) 2019년 同아프리카돼지열병예방대책특별위원회 부위원장(현)

## 김현규(金鉉圭) KIM Hyun Kyu

(생)1937·1·19 (본)김해(金海) (출)경북 군위 (학)경북고졸 1959년 서울대 문리과대학 정치학과졸 (경)신민당 경북도당 부위원장 1979년 제10대 국회의원(구미·칠곡·군위·성주·선산, 무소속당선·신민당 입당) 1979년 신민당 원내부총무 1981년 제11대 국회의원(구미·군위·칠곡·선산, 민한당) 1981년 민한당 중앙훈련원장 1982년 同정책심의장 1985년 신민당 정무위원 1985년 제12대 국회의원(구미·군위·칠곡·선산, 무소속당선·신민당 입당) 1985년 민주화추진협의회 상임운영위원 1986년 신민당 원내총무 1987년 민주당 원내총무 1988년 同대구中지구당 위원장 1988·1990·1991년 同부총재 1990년 同총재권한대행 1991년 同최고위원 2000년 민주국민당 최고위원 2000년 同대구中지구당 위원장 (종)천주교

## 김현덕(金賢德)

(생)1973·7·19 (출)전북 임실 (주)전라북도 군산시 법원로 68 전주지방법원 군산지원 총무과(063-450-5100) (학)1992년 전주 신흥고졸 2001년 연세대 경영학과졸 (경)2000년 사법시험 합격(42회) 2003년 사법연수원 수료(32기) 2003년 광주지검 검사 2005년 수원지검 안산지청 검사 2007년 서울남부지검 검사 2010년 부산지법 판사 2014년 인천지법 판사 2018년 서울중앙지법 판사 2019년 전주지법 군산지원 부장판사(현)

## 김현룡(金賢龍) Kim Hyeon Lyong

(생)1964·7·1 (출)제주 (주)제주특별자치도 제주시 남광북5길 3 제주지방법원 총무과(064-729-2423) (학)1983년 대성고졸 1987년 서울대졸 1989년 同대학원졸 (경)1988년 사법시험 합격(30회) 1993년 사법연수원 수료(22기) 1993년 서울민사지법 판사 1995년 서울지법 북부지원 판사 1997년 청주지법 판사 1997년 변호사 개업 2000년 춘천지법 판사 2003년 서울지법 판사 2004년 서울중앙지법 판사 2005년 서울고법 판사 2006년 대법원 재판연구관 2008년 서울중앙지법 판사 2009년 제주지법 수석부장판사 2010년 사법연수원 교수 2013년 서울동부지법 부장판사 2015년 서울중앙지법 부장판사 2018년 서울북부지법 수석부장판사 2019년 제주지법 부장판사(현) 2019년 언론중재위원회 중재부장(현)

## 김현모(金現模) KIM hyunmo

(생)1961·6·12 (본)광산(光山) (주)대전광역시 서구 청사로 189 문화재청 차장실(042-481-4694) (학)1980년 순천고졸 1987년 서강대 정치외교학과졸 (경)1990년 행정고시 합격(34회) 2003년 문화관광부 기획관리실 행정인사담당관실 서기관 2005년 同문화정책국 지역문화과장 2006년 同문화정책국 문화정책과장 2006년 同문화정책국 문화정책팀장 2007년 통일연구원 파견 2008년 문화관광부 체육국 스포츠산업팀장 2008년 문화체육관광부 체육국 스포츠산업과장 2009년 同저작권정책과장 2009년 同문화예술국 문화예술교육팀장 2010년 同문화예술국 문화예술교육과장(부이사관) 2010년 同저작권정책관실 저작권정책과장 2012년 대통령실 문화체육비서관실 파견(부이사관) 2013년 국방대 교육파견(부이사관) 2014년 대한민국예술원 사무국장 2015년 문화체육관광부 문화콘텐츠산업실 저작권정책관 2016년 국립국악원 기획운영단장 2016년 문화체육관광부 기획조정실 정책기획관 2018년 문화재청 차장(일반직고위공무원)(현) (상)국무총리표창(1997), 대통령표창(2002)

## 김현목(金賢穆) KIM Hyun Mok

(생)1965·8·14 (본)안동(安東) (출)경기 포천 (주)서울특별시 영등포구 의사당대로 1 국회 의원회관(02-784-2135) (학)1984년 광동실업고졸 1989년 건국대졸 2008년 서강대 경제대학원 의회전문가과정 수료 2014년 同경영대학원 내부감사전문과정 수료 (경)1989년 국회 보좌관(별정직 4급)(현) 2002년 민주당·열린우리당 정책위의장(정세균) 보좌관 2004년 국회 예산결산특별위원장(정세균) 보좌관 2005년 국회 정책연구위원(별정직 2급) 2005년 국회 원내대표실 부실장 2005년 (사)한국청소년운동연합 자문위원 2006~2008년 산업자원부장관(정세균) 정책보좌관(2급, 고위공무원단) 2006~2007년 서초여성인력개발센터 국회보좌진양성과정 강사 2007년 한국에너지재단 자문위원 2008년 통합민주당 당대표 경제특보 2012~2017년 (사)한국비서협회 국회보좌진교육과정 강사, 국회 의정연수원 보좌진직무교육 강사 (상)제15대 대통령당선자(김대중) 감사장(1998), 농업협동조합중앙회장 감사장(2001), 국회 사무총장표창(2003), 삼성교통안전연구소 감사패(2006), 국회의장 공로패(2009), 민주통합당 원내대표표창(2011), 대통령표창(2012), 근정포장(2017)

## 김현미(金賢美 · 女) KIM Hyun Mee

(생)1962 · 11 · 29 (본)김해(金海) (출)전북 정읍 (주)세종특별자치시 도움6로 11 국토교통부 장관실(044-201-3000) (학)1980년 전주여고졸 1985년 연세대 정치외교학과졸 (경)1985년 민주화운동청년연합 회원 1987년 평민당 홍보위원회 근무 1987년 同당보기자 1990년 신민주연합 이우정 수석최고위원 비서 1991년 민주당 여성위원회 기획부장 1992년 이우정 국회의원 비서관 1996년 민주당 조순 서울시장후보 여성분과 정책전문위원 1996년 새정치국민회의 기획조정실 언론분석부 TV모니터팀장 1997년 同제15대 대통령선거대책본부 정세분석실 언론분석부 TV모니터팀장 1997년 同부대변인 2000년 새천년민주당 부대변인 2003년 노무현 대통령당선자 부대변인 2003년 대통령 국내언론1비서관 2003년 대통령 국내언론비서관 2003년 대통령 정무2비서관 2004년 열린우리당 공보실장 2004년 同총선기획단 부단장 2004~2008년 제17대 국회의원(비례대표, 열린우리당 · 대통합민주신당 · 통합민주당) 2004년 열린우리당 대변인 2005년 同경기도당 위원장 2006년 同원내부대표 2007년 대통합민주신당 정동영 대통령후보 공동대변인 2011년 민주당 수석사무부총장 2012년 제19대 국회의원(고양시 일산서구, 민주통합당 · 민주당 · 새정치민주연합 · 더불어민주당) 2012~2014년 국회 기획재정위원회 야당 간사 2013년 민주당 제2정책조정위원장 2013년 同당무위원 2014년 새정치민주연합 정책위원회 수석부의장 2014년 同원내정책수석부대표 2014년 국회 기획재정위원회 위원 2014~2015년 국회 예산결산특별위원회 위원 2014년 국회 세월호침몰사고진상규명을위한국정조사특별위원회 간사 2014년 새정치민주연합 전략홍보본부장 2014년 同SNS유언비어대책위원회 위원 2014~2015년 同정책엑스포조직위원회 추진단장 2015년 국회 서민주거복지특별위원회 위원 2015년 새정치민주연합 대표최고위원 비서실장 2016년 더불어민주당 고양시丁지역위원회 위원장(현) 2016년 제20대 국회의원(고양시丁, 더불어민주당)(현) 2016년 더불어민주당 비상대책위원회 위원 2016년 국회 예산결산특별위원회 위원장 2016~2017년 국회 기획재정위원회 위원 2016~2017년 더불어민주당 호남특별위원회 수석부위원장 2017년 同제19대 문재인 대통령후보 중앙선거대책본부 방송컨텐츠본부 공동본부장 2017년 국토교통부 장관(현) 2017~2018년 국회 과학기술정보방송통신위원회 위원 2018년 국회 보건복지위원회 위원 2018년 국회 농림축산식품해양수산위원회 위원(현) 2018년 대통령직속 국가균형발전위원회 위원(현) (상)법률소비자연맹 선정 국회헌정대상(2013 · 2017), 선플운동본부 '국회의원 아름다운 말 선플상'(2014), 한국을 빛낸 사람들 대상 '사회복지봉사공로대상'(2017) (저)에세이 '강한 아줌마 약한 대한민국'(2011, 메디치미디어)

## 김현미(金賢美 · 女) KIM Hyon Mi

(생)1965 · 2 · 1 (출)전남 완도 (주)강원도 춘천시 공지로 284 춘천지방법원(033-259-9000) (학)1983년 목포여고졸 1987년 고려대 법대졸 (경)1988년 사법시험 합격(30회) 1991년 사법연수원 수료(20기) 1991년 광주지법 판사 1993년 同목포지원 판사 1995년 인천지법 판사 1999년 서울가정법원 판사 2001년 서울지법 판사 2003년 서울고법 판사 2004년 서울중앙지법 판사 2005년 서울고법 판사 2006년 인천지법 부장판사 2009년 서울서부지법 부장판사 2011년 서울중앙지법 부장판사 2014년 서울남부지법 부장판사 2016년 인천지법 형사항소4부장판사 2018년 춘천지법 수석부장판사(현)

## 김현민

(생)1960 · 8 · 13 (출)제주 제주시 (주)제주특별자치도 제주시 문연로 6 제주특별자치도청 기획조정실(064-710-2100) (학)제주 세화고졸, 제주대 법학과졸 2014년 同경영대학원 무역학과졸 (경)1981년 공무원 임용 2013년 제주특별자치도 보건복지여성국 노인장애인복지과장 직대(지방행정사무관) 2013년 同보건복지여성국 노인장애인복지과장(지방서기관) 2014년 국방대 파견 2015년 제주특별자치도 문화관광스포츠국 문화정책과장 2016년 同문화체육대회협력국장 2017년 同경제통상일자리국장 2018년 同특별자치행정국장 2019년 同기획조정실장(현)

## 김현배 (金玄培) KIM Hyun Bae (玄岩)

(생)1948 · 3 · 22 (본)김해(金海) (출)충북 청주 (주)충청북도 청주시 서원구 대원로 58 도시개발(주) (043-272-5001) (학)1967년 청주상고졸 1978년 청주대 경영학과졸 1988년 충남대 행정대학원 최고관리자과정 수료 (경)1982~1984년 민족통일청주시협의회 회장 1986년 충북도체육회 카누연맹 회장 1988~1992년 한국자유총연맹 충북도 부지부장 1988~2006년 민주평통 자문위원 1990년 중부건설 대표이사(현) 1991~1994년 한국청년지도자연합회 중앙회장 1993년 도시개발(주) 대표이사(현) 1993년 청주불교단체협의회 회장 1994년 대성고총동문회 수석부회장 1996년 제14대 국회의원(전국구 승계, 신한국당) 1996~1997년 국제로타리 2740지구 청주서원클럽 회장 1997년 충북불교신도연합회 회장(현) 2000~2008년 청주직지신용협동조합 이사장 2003~2004년 교동초교총동문회 회장 2007년 충북4.19기념사업회 부사장 2008년 충북일보 이사(현) 2008년 충북무궁화산악회 회장(현) 2011~2014년 유네스코 충북협회 회장 2011년 충북오래포럼 공동대표 2012년 새누리당 충북도당 부위원장 2018년 청주대총동문회 회장(현) (상)대통령표창

## 김현삼(金鉉三) KIM Hyun Sam

(생)1967 · 2 · 20 (출)전북 김제 (주)경기도 수원시 팔달구 효원로 1 경기도의회(031-8008-7000) (학)이리고졸 2008년 경희사이버대 NGO학과졸 (경)대성합성화학 노동조합위원장, 경제정의실천시민연합 경기도협의회 사무처장, 경기시민운동연대 사무처장 2004~2005년 아주대 정치외교학과 초빙강사, 5.31스마트매니페스토정책선거추진본부 공동집행위원장, 경기도 지속가능발전위원회 위원, 同버스정책위원회 위원, 同행정서비스현장심의위원회 위원, 안산시 예산참여시민위원회 행정분과위원장, 안산좋은기업만들기추진위원회 운영위원장, 안산시 공공근로심의위원회 위원, 시화호지속가능발전협의회 대기분과위원, (사)경기지역사회경제연구소 선임연구원, (사)한국노동정책복지센터 실행이사, (사)안산환경개선시민연대 이사 2006년 경기도의원선거 출마(열린우리당), 제종길 국회의원 보좌관, 민주당 경기도당 경기비전2020특별위원회 부위원장, 同안산단원乙교육연수위원회 위원장 2010년 경기도의회 의원(민주당 · 민주통합당 · 민주당 · 새정치민주연합) 2010년 同민주당 대변인 2012년 同기획재정위원회 위원장 2013년 민주당 홍보위원회 부위원장 2014~2018년 경기도의회 의원(새정치민주연합 · 더불어민주당) 2014~2016년 同운영위원회 위원 2014~2016년 同더불어민주당 대표의원 2014~2016년 同농정해양위원회 위원 2015년 同평택항발전추진특별위원회 위원 2015년 경기도 경기연정실행위원회 공동위원장 2016~2018년 경기도의회 경제과학기술위원회 위원 2017~2018년 同지방분권위원회 위원 2017년 경기노동정책포럼 공동대표 2018년 경기도의회 의원(더불어민주당)(현) 2018년 同여성가족평생교육위원회 위원(현) (상)경기도자원봉사대상 동상, 행정자치부장관표창 (종)천주교

## 김현석(金玄錫) KIM Hyeon Seok

(생)1969 · 2 · 11 (출)전북 정읍 (주)서울특별시 송파구 법원로 101 서울동부지방법원(02-2204-2114) (학)1987년 구로고졸 1993년 서울대 법학과졸 (경)1994년 사법시험 합격(36회) 1997년 사법연수원 수료(26기) 1997년 軍법무관 2000년 서울지법 남부지원 판사 2002년 서울지법 판사 2004년 대전지법 서산지원 판사 2008년 서울고법 판사 2010년 대법원 재판연구관 2012년 전주지법 부장판사 2014년 의정부지법 부장판사 2016년 서울동부지법 부장판사(현)

**김현석(金炫錫) Hyeonseok Kim**

(생)1970·10·18 (본)안동(安東) (출)대구 (주)대전광역시 서구 청사로 189 관세청 운영지원과(042-481-7620) (학)1988년 대구 경신고졸 1998년 서강대 경제학과졸 (경)2007년 부산본부세관 감시1관실 근무 2008년 관세청 마약조사과 근무 2010년 국무총리실 파견 2011년 관세청 규제개혁법무담당관실 근무 2012년 同기획재정담당관실 근무 2015년 同국종망추진단 사업총괄과장 2016년 同안양세관장 2017년 同비서관 2017~2018년 同조사감시국 조사총괄과장 2019년 금융정보분석원 파견(현)

**김현석(金賢錫)**

(생)1971·5·16 (출)서울 (주)대전광역시 서구 둔산중로78번길 45 대전지방법원(042-470-1114) (학)1990년 통영고졸 1997년 고려대 법학과졸 (경)2000년 사법시험 합격(42회) 2003년 사법연수원 수료(32기) 2003년 부산지법 동부지원 예비판사 2005년 同동부지원 판사 2006년 부산지법 판사 2009년 창원지법 진주지원 판사 2013년 부산고법 판사 2015년 부산지법 판사 2018년 대전지법 부장판사(현)

**김현선(金鉉善) KIM Hyeon Seon**

(생)1965·12·11 (본)김해(金海) (출)전남 함평 (주)경기도 수원시 영통구 법조로 91 수원고등검찰청(031-5182-3114) (학)1984년 광주 금호고졸 1988년 서울대 사법학과졸 1995년 同대학원 법학과 수료 (경)1996년 사법시험 합격(38회) 1999년 사법연수원 수료(28기) 1999년 울산대 법학과 외래강사 2002년 광주지검 검사 2004년 同해남지청 검사 2006년 서울남부지검 검사 2009년 인천지검 검사 2011년 수원지검 부부장검사 2012년 서울중앙지검 부부장검사 2013년 서울고검 검사 2014년 대구지검 포항지청 부장검사 2015년 同서부지청 부장검사 2016년 서울서부지검 형사4부장 2017년 서울고검 검사 2019년 수원고검 검사(현) (상)법무부장관표창(2001) (종)기독교

**김현섭(金賢燮)**

(생)1967·9·7 (본)김해(金海) (출)대전 (주)부산광역시 영도구 해양로 385 한국해양과학기술원 심해저광물자원연구센터(051-664-3463) (학)1986년 대전고졸 1990년 서울대 자원공학과졸 1992년 同대학원 자원공학과졸 1994년 同대학원 자원공학 박사과정 수료 (경)1994~1998년 한국해양연구원 심해저연구센터 연구원 1999년 同해양자원연구본부 선임연구원, 同심해·해저자원연구부 책임연구원 2012년 한국해양과학기술원 심해저광물자원연구센터 책임연구원(현)

**김현성(金賢星) KIM HYUN SUNG**

(생)1971·12·7 (출)서울 (주)경기도 성남시 분당구 대왕판교로 645번길 16 NHN(주) 임원실(031-8038-2503) (학)1990년 성남고졸 1996년 서울대 법대졸 (경)1995년 사법시험 합격(37회) 1998년 사법연수원 수료(27기) 1998~2001년 해군 법무관 2001년 의정부지법 판사 2003~2005년 서울북부지법 판사 2005~2006년 법무법인 아주 변호사 2008년 법무법인 우면 변호사 2008~2013년 NHN엔터테인먼트(주) 이사 2013~2019년 同총괄이사 2013~2018년 K-Innovation 대표이사(CEO) 겸임 2019년 NHN(주) 총괄이사(현)

**김현수(金顯秀) KIM Hyun Soo (淸民)**

(생)1937·9·7 (본)김해(金海) (출)충북 청원 (주)충청북도 청주시 상당로158번길 5 충북4.19 혁명기념사업회(043-222-0419) (학)1957년 청주상고졸 1961년 청주대 경제학과졸 1990년 서울대 행정대학원 국가정책과정 수료 2011년 명예 정치학박사(청주대) (경)1961년 충북4.19연합회 회장 1967년 신민당 청원지구당 위원장 1978년 민주통일당 충북1지구당 위원장 1979년 제10대 국회의원(청주·청원, 민주통일당) 1979년 민주통일당 대변인 1985년 제12대 국회의원(청주·청원, 신한민주당) 1987년 신한민주당 대외협력위원장 1987년 평화민주당 대외협력위원장 1988년 同당기위원장 1988년 민주당 훈련원장 1988년 同농어촌문제특별위원회 위원장 1988년 同충북도지부 위원장 1992년 국민당 청원지구당 위원장 1994년 신민당 청원지구당 위원장 1994년 同당무위원 1995~1998년 청주시장(자민련) 1997년 자민련 당무위원 1999년 새천년지역발전협의회 이사장 2000년 충북4·19혁명기념사업회 회장(현) 2010년 충북발전범도민연대 회장(현) (상)자랑스런 청대인상, 4.19공로 표창, 건국포장(2007) (종)천주교

**김현수(金顯洙) KIM Hyun Soo (如洋)**

(생)1958·5·25 (본)김해(金海) (출)충북 진천 (주)인천광역시 미추홀구 인하로 100 인하대학교 법학전문대학원(032-860-7924) (학)1975년 중동고졸 1980년 해군사관학교졸(27기) 1984년 서울대 법대 법학과졸 1987년 同대학원 법학과졸 1993년 법학박사(영국 Univ. of Wales) (경)1987~2000년 해군사관학교 교수 1997년 국방부 국제관계법률연구관 1998년 해양수산부 자문위원 2000~2008년 해군대학 국제법교수 겸 해양법연구실장 2001년 (사)해양법포럼 이사 2001년 한국해양전략연구소 선임연구위원 2003년 해양환경안전학회 이사 2006년 해양수산부 미래국가해양전략 자문 겸 집필위원 2006년 외교통상부 한일EEZ경계획정협상 TF및대표단 참여 2008년 인하대 법학전문대학원 교수(현) 2008년 동북아역사재단 산하 독도연구소장 2009년 한국해사법학회 부회장 2010년 국립해양조사원 국가지명위원회 위원 2013~2017년 국제수로기구(IHO) 산하 해양법자문위원회 위원 2016~2018년 (사)한국수로학회 회장 2017년 인하대 학생지원처장 2019년 한국해양전략연구소 선임연구위원(현) (저)'국제해양법'(2007) '세계도서영유권분쟁과 독도'(2009, 연경문화사) '해양법총론'(2010, 청목출판사) '해양법각론'(2011, 청목출판사) (역)'무력분쟁법상의 적대행위'(2011, 연경문화사) (종)가톨릭

**김현수(金賢洙) KIM Hyun Soo**

(생)1958·8·6 (주)서울특별시 성북구 정릉로 77 국민대학교 경영대학 경영학부(02-910-4566) (학)1982년 서울대 원자핵공학과졸 1985년 한국과학기술원(KAIST) 경영과학과졸(석사) 1992년 경영학박사(미국 플로리다대) (경)1985~1988년 (주)데이콤 주임연구원 1988년 한국정보문화센터 주임연구원 1992년 미국 플로리다대 객원조교수 1992년 한국정보문화센터 정책연구부장 1994년 국민대 경영대학 경영학부 교수(현) 2000~2001년 미국 UC Berkeley 연구교수 2002~2012년 (사)한국IT서비스학회 회장 2002~2004년 국민대 비즈니스IT학부장 2004~2006년 同비즈니스IT전문대학원장 겸 정보과학대학원장 2007년 (사)서비스사이언스전국포럼 상임운영위원장, 同공동대표(현) 2008년 (사)서비스사이언스학회 수석부회장 2010년 (사)한국서비스산업연구원 이사장(현) 2012~2015년 한국IT서비스학회 이사장 2012~2013년 (사)한국정보기술학술단체총연합회 회장 2012년 (사)서비스산업총연합회 부회장 2012년 (재)한국문화정보센터 비상임이사 2014년 (사)서비스사이언스학회 회장(현) 2015~2018년 한국문화정보원 비상임이사 2015년 한국고용정보원 선임비상임이사(현) 2015년 (사)대한민국지혜자산화재단 대표(현) 2016년 (사)서비스강국코리아 대표(현) (상)정보통신부장관표창(1998), 대통령표창(2004), 기획재정부장관표창(2008) (저)'통합사무자동화론(共)'(1996) '정보시스템 진단과 감리'(1999) '프로젝트 관리(共)'(2005) '경영혁신론'(2006) '서비스사이언스(共)'(2006) '지식경제시대의 서비스사이언스(共)'(2011)

**김현수(金炫秀) KIM Hyeon Soo**

(생)1961·3·15 (출)대구 달성 (주)세종특별자치시 다솜2로 94 농림축산식품부 장관실(044-201-1001) (학)1980년 경북고졸 1985년 연세대 경제학과졸 1987년 서울대 행정대학원 행정학과졸 1994년 미국 위스콘신대 메디슨교 대학원 농업경제학과졸 (경)1986년 행정고시 합격(30회) 1987년 농림수산부 행정사무관 1992년 同기획예산과·식량정책과 행정사무관 1996년 농림부 식량정책과 서기관 1999년 同경영유통정보담당관 직대 1999년 同정보화담당관 2000년 미국 캘리포니아주정부 파견 2002년 종자관리소 종자유통과장 2002년 WTO농업협상대책반 파견 2002년 농림부 식량정책과장 2005년 同유통정책과장 2007년 중앙공무원교육원 파견 2008년 농림수산식품부 대변인 2008년 IFAD(국제농업개발기금) 파견 2011년 농림수산식품부 식량정책관 2012년 同식품산업정책관 2013년 농림축산식품부 식품산업정책관 2013년 同농촌정책국장 2015년 同기획조정실장 2016년 同차관보 2017~2019년 同차관 2019년 농림축산식품부 장관(현) (상)대통령표창(1995)

**김현수(金鉉洙) Kim Hyun Soo**

(생)1961·3·20 (주)서울특별시 마포구 토정로 144 SCI평가정보(1577-1006) (학)1985년 고려대 경영학과졸 1987년 同대학원 경영학과졸 1995년 경영학박사(고려대) (경)1988년 한국신용평가(KIS) 입사 1998~2000년 Moody's 합작법인 한국신용평가 Valuation팀장 2001년 한국신용평가 특수평가사업부문장 2005년 同PF평가본부장 2010년 同금융평가본부장 2012~2014년 同총괄본부장(상무) 2014~2015년 우리인베스트먼트 대표이사 2016~2018년 서울신용평가 대표이사 사장 2018년 SCI평가정보 대표이사(현)

**김현수(金眩秀) KIM Hyun Soo**

(생)1962·10·17 (본)김녕(金寧) (출)대구 (주)경기도 용인시 수지구 죽전로 152 단국대학교 도시계획부동산학부(031-8005-3326) (학)1980년 계성고졸 1985년 서울대 도시공학과졸 1987년 同대학원 도시공학과졸 1994년 도시공학박사(서울대) (경)1992~2006년 대진대 도시공학과 교수 1995~1998년 서울대·서울시립대 강사 1997년 경제정의실천시민연합 도시개혁센터 전문위원 1998년 영국 Univ. of Sheffield 교환교수 1998년 대한국토도시계획학회 도시정보지 편집위원 1998년 한국지역개발학회 이사 2000년 서울시정개발연구원 초빙연구위원 2006년 단국대 도시계획부동산학부 교수(현) 2008년 대한국토도시계획학회 상임이사·도시정보지편집위원장 2008년 국토해양부 토지이용규제평가단 위원 2009년 同중앙도시계획위원회 위원 2011~2014년 단국대 입학처장 2017년 同부동산·건설대학원장(현) (저)'도시계획의 새로운 패러다임'(共) '분단 반세기 북한연구사'(共) '도시계획론 - 문제와 해설'(1998, 보성각) '도시계획론 - 이론과 실제(共)'(1998, 대한국토도시계획학회) 'Nomad Strategy'(2006) '알기쉬운 도시이야기'(2006, 한울) 등

**김현수(金賢洙)**

(생)1963·8·23 (주)부산광역시 남구 문현금융로 40 부산국제금융센터 한국주택금융공사 임원실(051-663-8600) (학)1980년 목포고졸 1999년 독학사 2017년 동의대 대학원 부동산학과졸 (경)2014년 한국주택금융공사 정보전산처장(1급) 2014년 同인사부장 2016년 同리스크관리부장 2016년 同감사실장 2018년 同천안지사 서남권지역본부장 2018년 同상임이사(현)

**김현수(金炫壽) Kim Hyun Soo**

(생)1964·1·6 (본)삼척(三陟) (출)서울 (주)서울특별시 강남구 언주로 874 쌍봉빌딩 7층 파미셀(주) 대표이사실(02-3496-0114) (학)1981년 서울 중앙고졸 1988년 연세대 원주의대 의학과졸 1998년 아주대 의과대학원 의학석사 (경)1988~1989년 연세대 원주기독병원 인턴 1989~1992년 同원주기독병원 레지던트 1995~1997년 아주대병원 혈액종양내과 연구강사 1997~2002년 아주대 혈액종양내과 조교수 2002년 파미셀(주) 대표이사(현) 2003~2005년 경기대 생물학과 겸임교수 2005년 연세대 원주의대 겸임교수·외래부교수 2007~2008년 아주대 대학원 분자과학기술학과 겸임교수 2008~2010년 식품의약품안전청 자체규제심사위원회 위원 2016년 미국 세계인명사전 'Marquis Who's Who in the world'에 등재 2016년 김현수클리닉 대표원장(현) (상)대한민국 보건산업대상 산업발전부분 대상(2011), 보건산업기술대전 연구부문 대상(2005), 세계인명사전 평생공로상(2017) (저)'김현수의 줄기세포 병원입니다'(2017, 북산)

**김현수(金炫秀) Hyeon-Soo Kim**

(생)1964·2·3 (출)제주 (주)제주특별자치도 제주시 제주대학로 102 제주대학교 법학전문대학원(064-754-2926) (학)1982년 제주제일고졸 1986년 한양대 법학과졸 (경)1990년 사법고시 합격(32회) 1993년 사법연수원 수료(22기) 1993년 대한법률구조공단 제주지부 변호사 1996년 광주지검 순천지청 검사 1998년 수원지검 검사, 동부제일 법무법인 분사무소 변호사, 법무법인 로쿨 변호사, 법무법인 청명 변호사 2006년 제주대 법학부 교수 2009년 同법학전문대학원 교수(현) 2016~2019년 학교법인 동원교육학원(제주국제대) 이사장 2017~2019년 제주대 법학전문대학원장

**김현수(金賢洙)**

(생)1965·1·9 (출)서울 (주)충청남도 홍성군 홍성읍 법원로 40 대전지방검찰청 홍성지청 지청장실(041-640-4301) (학)1983년 장충고졸 1990년 고려대 법학과졸 (경)1996년 사법시험 합격(38회) 1999년 사법연수원 수료(28기) 1999년 서울지검 의정부지청 검사 2001년 춘천지검 강릉지청 검사 2003년 부산지검 동부지청 검사 2005년 인천지검 검사 2007년 서울동부지검 검사 2011년 광주지검 부부장검사 2012년 대검찰청 연구관 2013년 부산지검 강력부장 2014년 광주지검 장흥지청장 2015년 수원지검 강력부장 2016년 사법연수원 교수 2017년 서울남부지검 형사2부장 2018년 서울북부지검 형사1부장 2019년 대전지검 홍성지청장(현)

**김현수**

(생)1967·12·12 (주)경기도 여주시 세종로 1 여주시청 부시장실(031-887-2011) (학)경기고졸, 경희대 행정학과졸, 미국 시라큐스대 대학원 행정학과졸 (경)1997년 지방고시 합격(3회) 2009년 경기도 가족여성정책실 보육청소년담당관(지방서기관) 2012년 경기 안양시의회 사무국 전문위원 2015년 경기도 투자진흥과장 2016년 同기획조정실 기획담당관 2018년 同경제실 국제협력관(지방부이사관) 2018년 경기 여주시 부시장(현)

**김현수(金玄秀)**

(생)1978·8·20 (주)서울특별시 종로구 새문안로5길 13 변호사회관 9층 브릿지경제신문(02-2070-0200) (학)단국대졸 (경)2004년 중도일보 기획관리실장 2008년 同기획실장 겸 상무이사, 同전무이사 2014년 同대표이사(현) 2014년 브릿지경제신문 대표이사(현) 2017년 한국디지털뉴스협회 이사(현)

### 김현수(金賢洙) Kim Hyun Soo

(생)1988·1·12 (출)서울 (주)서울특별시 송파구 올림픽로 25 LG트윈스(02-2005-5773) (학)2006년 신일고졸 (경)2006~2015년 프로야구 두산 베어스 소속(외야수) 2008년 프로야구 올스타전 동군대표 2008년 제29회 베이징올림픽 국가대표(금메달) 2008년 프로야구 정규리그 타율 1위(0.357)·최다안타 1위(168개)·출루율 1위(0.454) 2009년 제2회 월드베이스볼클래식(WBC) 국가대표(준우승) 2010년 광저우아시안게임 국가대표(금메달) 2013년 제3회 월드베이스볼클래식(WBC) 국가대표 2014년 인천아시안게임 국가대표(금메달) 2015년 국내프로야구 정규시즌 성적(타율 0.326·홈런 28·타점 121·안타 1671·득점 103개) 2015년 프로야구 한국시리즈 우승 2015년 세계야구소프트볼연맹(WBSC) 주관 '2015 프리미어 12' 국가대표·우승·대회 초대 MVP 선정 2015년 까지 국내프로 통산 성적(타율 0.318·홈런 142·타점 771) 2015년 미국 메이저리그(MLB) 볼티모어 오리올스 입단(외야수·2년간 총액 700만달러) 2017년 미국 메이저리그(MLB) 필라델피아 필리스 입단(외야수) 2017년 MLB통산 2시즌 191경기 출전(타율 0.273·홈런 7개·타점 36개) 2017년 프로야구 LG 트윈스와 FA계약(4년간 총액 115억원 : 계약금 65억원·연봉 총액 50억원)(현) 2018년 제18회 자카르타-팔렘방아시안게임 출전(금메달) 2018년 '2018 프로야구 정규리그' 타율 1위(0.362) (상)이영민 타격상(2005), 제일화재 프로야구 대상(2008), 제13회 일구상 최고타자 슬러거상(2008), 스포츠토토 올해의 타자상(2008), KBO 골든글러브 외야수부문(2008·2009·2010·2015), 조아제약 프로야구대상 바이오톤상(2009·2010), 제27회 코리아 베스트드레서 스완어워드 스포츠부문(2011), WBSC 프리미어12 MVP(2015), 조아제약 프로야구대상(2015), 제5회 카스포인트 어워즈 구단별 베스트플레이어상·타자 TOP3(2015), 조아제약 프로야구대상 특별상(2016), 휘슬러코리아 일구상 특별공로상(2016), 2016 카스포인트어워즈 공로상(2016)

### 김현숙(金顯淑·女) KIM Hyun Sook

(생)1936·12·9 (주)인천광역시 연수구 갯벌로 98 (주)경신(032-714-7160) (학)1957년 수도여자사범대졸 1986년 숭실대 최고경영자과정 수료 1986년 연세대 최고경영자과정 수료 1992년 서울대 최고경영자과정 수료 1993년 전국경제인연합회 최고경영자과정 수료 1995년 서강대 최고경영자과정 수료 2002년 同언론대학원 PI최고위과정 수료 (경)1983년 태성전장(주) 감사 1985년 경신공업(주) 대표이사 1994년 한국여성경제인연합회 부회장 1997년 현대자동차 협동회 이사 1998년 한국여성경제인연합회 인천지회장 1999년 한국자동차공업협동조합 이사 1999년 공정거래위원회 하도급자문위원 1999년 노동부 고용보험전문위원회 위원 1999년 한국여성경제인협회 부회장 겸 인천지회장 2000년 인천상공회의소 17대 상임의원·산업진흥분과위원 2001년 현대기아자동차 협력회 부회장 2002년 한국여성경제인협회 수석부회장 겸 인천지회장 2003년 인천상공회의소 18대 부회장 2004년 한국여성경제인협회 부회장 2005~2010년 경신공업(주) 회장 2006년 인천상공회의소 19대 부회장 2008년 인천경영자총협회 회장 2008년 한국표준협회 비상임감사 2010년 (주)경신 회장(현) 2012~2015년 한국표준협회 비상임이사 2013년 한국여성경제인협회 부회장(현) 2013~2015년 민주평통 인천지역회의 부의장 (상)한국모범여성경제인 통상산업부장관표창(1996), 한국모범여성경제인 국무총리표창(1997), 인천경영자협회 보람의일터 대상(2001), 인천상공회의소 상공대상 노사협조부문(2001), 모범여성기업인 은탑산업훈장(2001), 중소기업협동조합중앙회장표창(2002), 한국능률협회 한국의 경영자상(2004), 대한민국 경영품질대상 최우수상(2004), 품질경쟁력 우수기업 산업자원부장관표창(2005·2006), 관세청장표창(2006), 무역의날 3억불 수출의 탑(2006), 산업자원부장관표창(2007), 한국인사조직학회 여성경영인상(2007), 인천시 산업평화대상(2007), 서울대 AMP대상(2008), 국가생산성대상 미래경영부문 지식경제부장관표창(2008), 품질경쟁력 우수기업 지식경제부장관표창(2008), 국가생산성대회 금탑산업훈장(2009), 국가생산성대상 정보화부문(2010), 무역의날 4억불 수출의 탑(2010), 국가생산성대상 인재개발부문(2011), 무역의날 5억불 수출의탑(2011), 무역의날 6억불 수출의탑(2012), 국가생산성대상 종합대상부문 대통령표창(2013), 7억불 수출의 탑(2013)

### 김현숙(金賢淑·女) KIM Hyun-suk

(생)1960 (출)전북 군산 (주)전라북도 군산시 새만금북로 466 새만금개발청 청장실(063-733-1001) (학)1979년 군산여고졸 1983년 전북대 건축공학과졸 1986년 同대학원 건축공학과졸, 일본 와세다대 대학원 건축공학과졸 1992년 건축공학박사(일본 와세다대) (경)1992년 일본 와세다대 이공학연구소 객원연구원 1998~2018년 전북대 도시공학과 교수 2009년 同교수회 부회장 2011~2013년 국가건축정책위원회 위원 2013~2015년 전북도 갈등조정자문위원회 부위원장 2014~2016년 국토정책위원회 위원 2015~2017년 경제자유구역위원회 위원 2015~2017년 대통령 직속 지역발전위원회 위원 2016~2018년 한국도시설계학회 부회장 2017~2019년 새만금위원회 위원 2019년 새만금개발청장(현) (상)한국도시설계학회 학술상(2012), 한국도시설계학회 최우수논문상(2014) (저)'지도로 찾아가는 도시의 역사'(2004, 신아출판사) '일본의 경관계획'(2006, 태림문화사)

### 김현숙(金賢淑·女) Kim Hyunsook

(생)1966·5·10 (본)선산(善山) (출)충북 청주 (주)서울특별시 동작구 상도로 369 숭실대학교 경제통상대학 경제학과(02-828-7256) (학)1984년 청주일신여고졸 1988년 서울대 경제학과졸 1991년 同경제대학원졸 2003년 경제학박사(미국 일리노이대) (경)2003~2007년 한국조세연구원 연구위원 2007~2012년 숭실대 경제학과 교수 2012년 새누리당 등록금부담완화TF팀 위원 2012년 同연로회원지원금제도개선TF팀 위원 2012~2015년 제19대 국회의원(비례대표, 새누리당) 2012년 새누리당 국민행복추진위원회 산하 '행복한여성추진단' 단장 2012·2014~2015년 국회 보건복지위원회 위원 2012~2014년 국회 여성가족위원회 여당 간사 2013년 국회 예산·재정개혁특별위원회 위원 2013년 국회 공공의료정상화를위한국정조사특별위원회 위원 2013~2015년 국회 동북아역사왜곡대책특별위원회 위원 2013년 제18대 대통령직인수위원회 여성·문화분과 인수위원 2013년 새누리당 대표최고위원 특별보좌역 2014~2015년 同원내대변인 2014~2015년 同원내부대표 2014~2015년 국회 운영위원회 위원 2014~2015년 새누리당 경제혁신특별위원회 공적연금개혁분과 위원 2014~2015년 同조직강화특별위원회 위원 2014~2015년 同공무원연금제도개혁TF 위원 2015년 국회 공무원연금개혁특별위원회 국민대타협기구 위원 2015~2017년 대통령 고용복지수석비서관 2017년 숭실대 경제통상대학 경제학과 교수(현) (상)국정감사NGO모니터단 선정 국정감사 우수의원(2012), 법률소비자연맹 선정 국회 헌정대상(2013), 국정감사 친환경베스트의원상(2013), 유권자시민행동 선정 국정감사 최우수상(2013), 대한민국인물대상선정위원회 국정감사 우수국회의원상(2013), (사)한국문화예술유권자총연합회 선정 제19대 국정감사 우수국회의원상(2013), 대한민국인물대상선정위원회 대한민국 의정대상(2014), 법률소비자연맹 선정 국회 헌정대상(2014), 경제정의실천시민연합 국정감사 우수의원(2014) (종)천주교

### 김현순(金炫淳)

(생)1972·2·28 (출)충북 옥천 (주)서울특별시 양천구 신월로 386 서울남부지방법원(02-2192-1152) (학)1990년 대전고졸 1995년 연세대 법학과졸 1999년 同대학원졸 (경)1997년 사법시험 합격(39회) 2000년 사법연수원 수료(29기) 2000년 육군 법무관 2003년 인천지법 판사 2005년 서울중앙지법 판사 2007년 창원지법 진주지원 판사 2010년 의정부지법 고양지원 판사 2012년 서울고법 판사 2014년 서울남부지법 판사 2015년 대전지법 부장판사 2017년 인천지법 부장판사 2019년 서울남부지법 부장판사(현)

**김현승(金顯承) KIM Hyun Seung**

(생)1942 · 2 · 9 (본)김해(金海) (출)서울 (주)서울특별시 서초구 논현로 83 삼호물산빌딩 A동 1316호 대한임상노인의학회(02-589-1315) (학)1962년 경기고졸 1969년 연세대 의대졸 1977년 同대학원 의학석사 1981년 의학박사(연세대) (경)1974~1975년 육군 제2사단 치료반장 1975~1976년 국군수도통합병원 일반내과 과장 1976~1977년 同심장내과 과장 1977~1982년 순천향대 의대 내과학교실 전임강사 · 조교수 1981~1982년 미국 토마스제퍼슨대학병원 심장내과 Visiting Fellow 1982년 미국 예일대병원 심장내과 Visiting Fellow 1983~2007년 연세대 의대 내과학교실 조교수 · 부교수 · 교수 1983~2005년 同영동세브란스병원 심장내과 과장 1991~2007년 同영동세브란스병원 노인병센터 소장 1992~2002년 同영동세브란스병원 내과 과장 1995~1996년 同영동세브란스병원 부원장 1998~2000년 대한고혈압학회 이사 1999~2005년 대한임상노인의학회 부회장 · 이사장 2004년 대한고혈압학회 부회장 2005년 대한임상노인의학회 명예이사장(현) 2005년 연세대 영동세브란스병원 심장센터소장 2006년 대한순환기학회 회장 2007~2018년 경기도의료원 파주병원장 (상)대한순환기학회 우수논문학술상(1996), 정일형 · 이태영자유민주상 사회봉사부문(2014), 글로벌 신한국인대상 국민건강증진기여부문(2017) (저)'노인병학, 제26장[고혈압](共)'(2000, 의학출판사) '임상노인의학, 제36장[고혈압](共)'(2003, 의학출판사) '심장학, 제17장[고혈압의 치료와 관리](共)'(2004, 대한순환기학회 진기획) '영양학, 제2개정판, 3rd edition, 제3장, 101~111[심장병과 영양](共)'(2006, 교문사) (역)'고령자 생활습관병, 진료의 실제[고혈압](共)'(2005, 한국의학) 'EKG case file'(2006, 한국의학) '심전도 모니터'(2007, 한국의학)

**김현식(金現植) KIM Hyun Sik**

(생)1954 · 5 · 7 (본)김해(金海) (출)경남 창녕 (주)서울특별시 서초구 서초중앙로 85 가산빌딩 광동제약(주)(02-6006-7777) (학)1977년 경북대 전자과졸 (경)1980년 광동제약(주) 입사 1996년 同OTC사업부 이사 1999년 同유통사업부 이사 2003년 同유통사업부 상무 2005년 同유통사업부 영업총괄본부장(전무) 2008년 同영업본부 부사장 2011년 한국유리병재활용협회 회장 2014~2019년 (사)한국포장재재활용사업공제조합 이사 2014~2019년 광동제약(주) 영업본부 사장 2019년 同고문(현) (저)'Nomad Strategy' (종)불교

**김현식(金鉉植) KIM Hyun Sik**

(생)1956 · 11 · 5 (본)의성(義城) (출)충남 연기 (주)인천광역시 미추홀구 경인로 229 (사)e-스포츠세계연맹(032-872-5928) (학)1975년 용문고졸 1983년 고려대 법학과졸 (경)1993년 신문로포럼 기획실장 1994년 한국방송영상(주) 전문위원 1996년 국제방송교류재단 아리랑TV 입사 2000년 同기획조정팀장 2002년 同영상사업팀장(국장대우) 2003년 同경영전략실장 2003~2004년 (재)클린인터넷국민운동본부 사무총장 2004년 국제방송교류재단 아리랑TV 대외협력관 2004~2009년 용문중고총동창회 사무총장 · 상임부회장 2005~2006년 (사)한국뉴미디어방송협회 사무총장 2008년 KBSN 방송예술원장 2008~2010년 서울디자인올림픽 기획위원 2009년 SBS아카데미방송문화원 원장 2009~2010년 방송통신심의위원회 방송심의위원 2010년 파워블로거타임즈 편집인 2012년 (사)e-스포츠세계연맹 대표이사(현) 2013년 한국파워블로거협동조합 상임고문(현) 2014년 (사)한반도비전과통일 사무총장 2017년 국민의당 천안丙지역위원회 위원장 2017년 국민의당 정책위원회 부의장 2018년 민주평화당 홍보위원장 2018년 충청사회문화연구소 소장(현) 2019년 남서울대학교 객원교수(현) (상)2002월드컵유공표창(2002) (역)'왜 일본은 세계 제일이 될 수 없나' '쿠바혁명의 재해석 '

**김현아(金炫我 · 女) KIM, HYUN-AH**

(생)1969 · 8 · 19 (출)서울 (주)서울특별시 영등포구 의사당대로 1 국회 의원회관 515호(02-784-5601) (학)정신여고졸, 가천대 도시계획학과졸, 同대학원 도시계획학과졸, 도시계획학박사(가천대) (경)1993~1995년 서울시정개발연구원 도시경영연구부 초빙연구원 1995~2016년 한국건설산업연구원 연구위원 2008~2016년 기획재정부 세제발전심의위원회 위원 2008~2010년 서울시 주거환경개선정책자문위원회 자문위원 2013~2016년 대통령직속 국민경제자문회의 자문위원 2014~2016년 국토교통부 국민주택기금운용 심의위원회 위원 2014~2016년 기획재정부 국유재산정책심의위원회 민간위원 2015년 인사혁신처 공무원연금운영위원회 위원 2016년 대통령직속 국가건축정책위원회 위원 2016년 제20대 국회의원(비례대표, 새누리당 · 자유한국당〈2017.2〉)(현) 2016년 새누리당 혁신비상대책위원회 대변인 2016~2018년 국회 국토교통위원회 위원 2016년 국회 민생경제특별위원회 위원 2016년 새누리당 대변인 2017~2018년 국회 미세먼지대책특별위원회 위원 2018년 국회 교육위원회 위원(현) 2018년 국회 여성가족위원회 위원(현) 2018년 국회 남북경제협력특별위원회 위원(현) 2018년 자유한국당 원내부대표(현) 2019년 국회 운영위원회 위원(현) 2019년 자유한국당 미세먼지특별위원회 위원(현) (상)2018 입법 및 정책개발 우수국회의원(2019) (저)'강남지역 주택시장 분석'(2002, 한국건설산업연구원) '차별화 된 부동산을 찾아라(共)'(2003, 거름) '틈새 부동산은 있다(共)'(2003, 거름) '주택공급체계의 국내외 비교분석'(2004, 한국건설산업연구원) '아파트 분양가격의 상승 원인과 가격결정구조 분석'(2004, 한국건설산업연구원) '부동산 대책이 건설산업에 미치는 영향'(2005, 한국건설산업연구원) '대규모 개발사업에 대한 민간역할 확대방안'(2007, 한국건설산업연구원) '주택의 오늘 내일의 도시(共)'(2007, 부동산114) '도시는 브랜드다(共)'(2008, 삼성경제연구소)

**김현옥(金賢玉 · 女) Kim, Hyun Ok**

(생)1957 · 8 · 17 (출)서울 (주)서울특별시 서대문구 연세로 50-1 연세암병원 진단검사의학과(02-2228-2444) (학)1976년 경기여고졸 1982년 연세대 의대졸 1985년 同대학원 의학석사 1990년 의학박사(연세대) (경)1986년 연세대 의과대학 진단검사의학교실 교수(현) 1993~1995년 미국 Johns Hopkins 의과대학 Research fellow 1997~1998년 한국과학기술단체 총연합회 대의원 2002~2015 보건복지부 국가혈액관리위원회 위원 2003년 식품의약품안전청 혈액매개전염인자전담관리팀 위원 2004~2005년 국무조정실 혈액안전관리개선기획단 분과위원장 2005~2008년 대한수혈학회 이사장 2005년 세브란스병원 세포치료센터 소장(현) 2006~2010년 보건복지부 보건의료 기술정책심의 위원회 위원 2009~2013년 세브란스병원 진단검사의학과장 2009~2013년 연세대 의과대학 진단검사의학교실 주임교수 2011년 同혈액원장(현) 2012~2016년 질병관리본부 혈액안전사업단 단장 2013년 대한수혈학회 회장 2014~2017년 연세대의료원 연세암병원 진단검사의학과장 2015~2017년 식품의약품안전처 첨단바이오의약품특별자문단 자문위원 2016~2018년 대한의사협회 학술위원회 위원 2016년 식품의약품안전처 글로벌바이오컨퍼런스 기획위원(혈액포럼)(현) 2017년 보건복지부 국가혈액관리위원회 위원장(현) (상)대한수혈학회 우수논문상(1999), 한국과학기술단체총연합회 과학기술우수논문상(1999), 연세대 의대 진료부문 공로상(2006), 대통령 근정포장(2009), 대한수혈학회 공로패 (2013), 연세대학교 우수연구실적 표장, 대한진단검사의학회 최우수 논문상(2015), 대한수혈학회 적십자 공로패 (2015), 보건복지부 표창장 (2017) (저)'혈액학교과서-조혈줄기세포(조혈모세포)의 채집 및 처리'(2006) '대한진단검사의학 교과서 치료적 성분채집술'(2014)

**김현옥(金賢玉 · 女)**

(생)1969 · 7 · 22 (출)전북 고창 (주)서울특별시 송파구 올림픽로 300 롯데지주 준법경영팀(02-750-7035) (학)1988년 전주여고졸 1993년 서울대 영어교육과졸 1995년 同대학원 영어교육과졸, 미국 UC Davis 법학과졸(LL.M) (경)1999년 사법시험 합격(41회) 2002년 사법연수원 수료(31기) 2002년 수원지검 성남지청 검사 2004년 인천지검 검사 2007년 대전지검 검사 2011~2014년 서울중앙지검 검사 2014년 롯데캐미칼 법무부문장 2015년 롯데 정책본부 법무팀장 2017년 롯데지주 컴플라이언스위원회 법무 · 컴플라이언스임원 2017년 同준법경영팀장(상무) 2018년 同준법경영팀장(전무)(현)

**김현욱(金顯煜) KIM Hyun Uk (一泉)**

(생)1939·1·22 (본)김해(金海) (출)충남 당진 (주)서울특별시 송파구 가락로 71 (사)국제외교안보포럼 (학)1957년 보인상고졸 1963년 한국외국어대 독어과졸 1971년 국제정치학박사(오스트리아 빈대) (경)1966년 오스트리아 교민회장 1972년 오스트리아 빈대 정치사회학 연구위원 1973년 단국대 대학원 부교수 1975년 미국 南오리건주립대 교환교수 1979년 단국대 교수 겸 국제문화교류처장 1981년 제11대 국회의원(서산·당진, 민정당) 1984년 세종라이온스클럽 회장 1985년 민정당 충남도지부장 1985년 제12대 국회의원(서산·당진, 민정당) 1987년 한국민족발전연구원 이사장 1987년 국회 외무위원장 1988년 민정당 충남도지부장 1988년 제13대 국회의원(당진, 민정당·민자당) 1988년 국회 외무통일위원장 1988년 민정당 중앙집행위원 1990년 민자당 당진지구당 위원장 1990년 同북방정책특별위원회 위원장 1990년 한국외국어대동문장학회 이사장 1991년 IPU 평양총회 한국대표 1991년 樵夫김용재교육문화재단 이사장 1992년 새한국당 중앙위원회 위원장 1995년 자민련 당진지구당 위원장 1995년 同정책위원회 위원장 1995년 同정치발전특별위원회 위원장 1996년 제15대 국회의원(당진, 자민련) 1996년 국회 교육위원장 1997년 IPU 서울총회 한국대표 1999년 자민련 사무총장 2000년 同지도위원회 위원장 2000년 (사)국제외교안보포럼 이사장(현) 2001~2002년 자민련 부총재 2001~2004년 한서대 초빙교수 2011~2013년 민주평통 수석부의장 2011년 신성대 석좌교수 (상)오스트리아 1등십자훈장, 자랑스런 외대인상(2014) (저)'현대小국가의 정치와 외교' '이상과 현실을 바라보며' '한국사 한국인을 찾아서 : 용기있는 사람들' '잘 생각하면 JP-지도력과 통찰력이 있어야 한다' (종)천주교

**김현욱(金炫旭) KIM Hyeon-Wook**

(생)1967·3·26 (출)서울 (주)세종특별자치시 남세종로 263 한국개발연구원 국제정책대학원(044-550-1075) (학)1989년 서울대 경제학과졸 1998년 경제학박사(미국 컬럼비아대) (경)1989~1992년 한국은행 조사부·총재비서실 근무 1998~1999년 同국제부 외환분석실·금융시장국 시장조사총괄팀 조사역 1999~2000년 同금융통화위원회 위원 보좌역 2000~2004년 한국개발연구원 금융경제팀 부연구위원 2004~2008년 同거시경제연구부 연구위원 2009년 同거시경제연구부 선임연구위원 2009~2011년 同거시경제연구부부장 2011~2017년 SK경영경제연구소 경제연구실장 겸 이코노미스트 2017년 한국개발연구원 거시경제연구부장 겸 금융경제연구부장 2017년 한국개발연구원(KDI) 국제정책대학원 교수(현) 2018년 同경제전망실장 2019년 同글로벌경제실 겸임연구위원(현)

**김현익(金鉉翼) KIM HYUN IK**

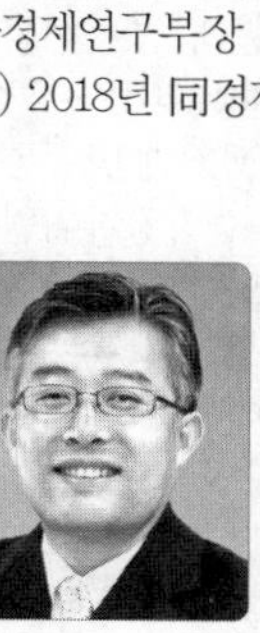

(생)1961 · 9 · 23 (주)서울특별시 강남구 테헤란로 132 (주)한독 메디컬사업본부(02-527-5276) (학)동성고졸, 연세대 의용전자공학과졸, 한국과학기술원 경영대학원 최고경영자과정 수료 (경)중외제약 근무, GE Healthcare Korea Device 사업부 근무(상무), HP Medical Device Manager, Diagnostic Imaging Manager, 6 Sigma MBB, Clincal system Regin General Manager(상무), (주)한독약품 메디컬사업본부장(상무) 2010년 同메디컬사업본부장(전무) 2014년 (주)한독 메디컬사업본부장(부사장)(현) (종)기독교

**김현일(金鉉日) Kim Hyunil**

(생)1964 (주)서울특별시 종로구 우정국로 26 금호리조트 임원실(02-6303-7402) (학)서울대 정치학과졸, 캐나다 콘코디아대 대학원 경영학과졸(MBA) (경)2007년 금호리조트 경영관리담당 상무 2015~2017년 同경영관리담당 전무 2018년 同대표이사 전무 2019년 同대표이사 부사장(현)

**김현재(金炫在) KIM Hyun Jae**

(생)1959 · 2 · 28 (출)전남 영암 (주)광주광역시 북구 무등로 166 4층 호남매일신문(062-363-8800) (학)2001년 호남대 경영대학원 최고위과정 수료 2002년 한국체육대 대학원 최고경영자과정 수료 2003년 서울대 행정대학원 국가정책과정 수료 (경)1993년 삼흥컨설팅 창업 1998년 삼흥그룹 회장 1998년 한 · 일문화교류센터 운영위원 1999년 경기발전연구소 이사 1999년 월간 「경찰저널」 운영위원장 2000년 새천년민주당 경기도지부 국정자문위원 2000년 세계예능교류협회 부총재 2000년 전국호남향우회 부회장 2000년 호남매일 사장, 同회장(현) (상)국민회의 총재표창, 전남도지사표창

**김현재(金賢在) Kim Hyun Jae**

(생)1965 · 11 · 1 (본)김해(金海) (출)충남 보령 (주)경기도 수원시 영통구 센트럴타운로 114-6 201호 연합뉴스 경기취재본부(031-224-2020) (학)서울 고려고졸, 서강대 신문방송학과졸 (경)1991년 연합뉴스 입사, 同정치부 차장, 同논설위원 2008년 同뉴욕특파원 2011년 同정치부 부장대우(통일외교팀장) 2012년 同국제뉴스2부장 2013년 同논설위원 2016년 同국제뉴스부 기자(부장급) 2016년 同샌프란시스코특파원(부장급) 2017년 同샌프란시스코특파원(부국장대우) 2018년 同편집국 국제뉴스1부 부국장대우 2018년 同편집국 정치에디터 겸 팩트체크팀장 2019년 同경기취재본부장(현)

**김현재(金顯栽) KIM HYUN JAE**

(생)1968 · 3 · 4 (본)김해(金海) (출)서울 (주)서울특별시 서대문구 연세로 50 연세대학교 공과대학 전기전자공학부(02-2123-5865) (학)1991년 연세대 세라믹공학과졸 1993년 미국 컬럼비아대 대학원 전자재료학과졸 1996년 공학박사(미국 컬럼비아대) (경)1996~2005년 삼성전자(주) LCD총괄 수석연구원 2000~2004년 성균관대 정보통신공학과 겸임교수 2004~2005년 프랑스 Ecole Polytechnique 방문교수 2005년 연세대 공과대학 전기전자공학부 부교수 2005년 미국 SID(Society for Information Display) AMD학술위원(현) 2005~2011년 한국정보디스플레이학회(KIDS) 총무이사 2008년 연세대 교육방송국 주간교수 2009년 同공과대학 전기전자공학부 교수(현) 2012년 한국정보디스플레이학회(KIDS) 산학협동이사 겸 편집이사 2014년 한국전기전자재료학회 평의원 겸 편집이사 2014~2016년 연세대 산학협력자문위원 2014~2015년 同공학대학원 부원장 2014년 미국 SID AMD학술위원장(현) 2016~2018년 한국정보디스플레이학회(KIDS) 편집이사 겸 총무이사 2017~2018년 연세대 UIC(Underwood International College) 융합과학공학부 학부장 2018년 同교학부총장(현) 2019년 한국정보디스플레이학회(KIDS) 부회장 겸 총무이사(현) (상)대한전자공학회 공로상(2008), 2월의 과학기술자상(2016), 과학기술훈장 진보장(2018) (저)'디스플레이 공학 I (LCD)(共)'(2005) (종)기독교

## 김현정(金賢晶 · 女)

(생)1964 (주)인천광역시 중구 인항로 10 한국은행 인천본부(032-880-001) (학)홍익사대부속여고졸, 서울대 경제학과졸, 同대학원 경제학과졸, 경제학박사(영국 케임브리지대) (경)2001년 한국은행 입행 2001~2009년 同정책기획국·경제연구원 근무 2009년 同경제연구원 미시경제연구실장 2010년 同경제연구원 거시경제연구실장 2014년 同경제연구원 부원장 2015년 한국금융연구원(KIF) 파견 2016년 한국은행 금융안정국 금융안정연구부장 2017년 同지역협력실장(국장급) 2018년 同인천본부장(현)

## 김현정(金賢淨 · 女)

(생)1970 · 5 · 27 (출)광주 (주)경기도 안양시 동안구 관평로212번길 70 수원지방법원 안양지원(031-8086-1114) (학)1988년 광주여고졸 1992년 고려대 법학과졸 (경)1998년 사법시험 합격(40회) 2001년 사법연수원 수료(30기) 2001년 청주지법 판사 2004년 수원지법 성남지원 판사 2007년 서울중앙지법 판사 2009년 서울가정법원 판사 2011년 서울중앙지법 판사 2014년 서울남부지법 판사 2016년 광주지법 민사1단독부장판사 2018년 수원지법 안양지원 부장판사(현)

## 김현정(金賢晶 · 女)

(생)1976·11·28 (출)경기 의정부 (주)강원도 춘천시 공지로 284 춘천지방법원 총무과(033-259-9105) (학)1995년 의정부여고졸 1999년 성균관대 법학과졸 (경)2000년 사법시험 합격(42회) 2003년 사법연수원 수료(32기) 2003년 광주지검 검사 2005년 同순천지청 검사 2007년 의정부지검 검사 2009년 서울북부지검 검사 2013년 창원지법 판사 2017년 의정부지법 고양지원 판사 2019년 춘천지법 부장판사(현)

## 김현종(金鉉宗) KIM Hyun Chong

(생)1959 · 9 · 27 (출)서울 (주)서울특별시 종로구 청와대로 1 국가안보실 제2차장실(02-770-7117) (학)미국 월브램먼슨고졸 1981년 미국 컬럼비아대 국제정치학과졸 1982년 同대학원 국제정치학과졸 1985년 통상법학박사(미국 컬럼비아대) (경)1985~1986년 미국 밀뱅크트위드 법률사무소 변호사 1988~1989년 미국 스카덴아르프스 법률사무소 변호사 1989~1993년 김 · 신&유 법률사무소 변호사 1993~1998년 홍익대 경영대학 무역학과 조교수 1995~1998년 외무부 고문변호사 1998년 외교통상부 통상교섭본부 통상전문관 1999~2003년 세계무역기구(WTO) 법률국 수석고문변호사 2003년 외교통상부 통상교섭조정관 2004년 同통상교섭본부장 2007~2008년 駐UN 대사 2007~2008년 UN 아주그룹 의장 2008년 UN 경제사회이사회 부의장 2009~2011년 삼성전자(주) 해외법무담당 사장 2014년 동아일보 '동아광장' 집필진 2015~2017년 한국외국어대 LT(Language&Trade)학부 교수 2016~2017년 세계무역기구(WTO) 상소기구 위원 2017~2019년 산업통상자원부 통상교섭본부장(차관급) 2019년 국가안보실 제2차장(현) (상)황조근정훈장(2009) (저)'When are Government Loans Subsidies? Hanbo Steel and the Application of the WTO Subsidies Agreement'(1998) '경제블럭화와 NAFTA'(1995) '김현종, 한미 FTA를 말하다'(2010)

## 김현종(金鉉宗) KIM Hyeon chong

(생)1962 · 7 · 29 (주)서울특별시 영등포구 여의대로 56 한화투자증권(주) Wholesale본부(02-3772-7000) (학)마포고졸, 고려대 사회학과졸 (경)대우증권 법인영업1부장, 同상무 2011년 同퇴직연금본부장 2012년 KDB대우증권 총괄영업부장 2012년 同강서지역본부장 2013년 同경인지역본부장(전무) 2014년 同강남지역본부장(전무) 2016년 한화투자증권(주) Wholesale본부장(전무)(현) (종)천주교

## 김현종

(출)전남 영광 (주)서울특별시 종로구 청와대로 1 국가안보실 국방개혁비서관실(02-770-7117) (학)해룡고졸 1988년 육군사관학교 수석졸업(44기) (경)1988년 소위 임관, 육군 51사단 168연대 3대대 작전장교, 육군 12사단 교육훈련처 평가장교, 한미연합사령부 작전참모부 공지작전장교, 同부사령관실 부관, 육군 참모총장 수행전속부관, 육군 3사단 22연대 3대대장, 국방부 정책기획관실 기획담당, 육군 76사단 참모장, 육군 31사단 96보병연대장 2014년 준장 진급 2017년 육군 제3보병사단장(소장) 2018년 대통령 국가안보실 국방개혁비서관(소장)(현)

## 김현주(金賢柱) KIM Hyun Joo

(생)1955 · 3 · 2 (본)김해(金海) (출)전북 군산 (주)서울특별시 마포구 백범로 35 서강대학교 국제인문학부(02-705-8283) (학)1980년 서강대 무역학과졸 1989년 同대학원 국어국문학과졸 1993년 문학박사(서강대) (경)1991~1995년 서강대 · 덕성여대 평생교육원 시간강사 1995~2002년 경희대 국어국문학과 조교수 2002~2011년 서강대 국어국문학과 조교수 · 부교수 2004년 한국고전연구학회 회장 2005년 시학과언어학회 회장 2011년 서강대 국제인문학부 국어국문학전공 교수(현) (저)'판소리 담화분석'(1998, 좋은날) '판소리와 풍속화 그 닮은 예술 세계'(2000) '구술성과 한국서사전통'(2003) '국어국문학, 미래의 길을 묻다'(2005, 서강대 국어국문학과) '고전서사체 담화분석'(2006, 보고사) '고전문학과 전통회화의 상동구조'(2007, 보고사) '토테미즘의 흔적을 찾아서'(2009, 서강대학교출판부) '연행으로서의 판소리'(2011) '춘향전의 인문학'(2017, 아카넷) 외 다수 (역)'판소리역주본'(2000) '판소리 이본전집'(2004)

## 김현주(金賢柱) KIM Hyun Joo

(생)1956 · 11 · 5 (본)용담(龍潭) (출)서울 (주)서울특별시 노원구 광운로 20 광운대학교 인문사회과학대학 미디어영상학부(02-940-5376) (학)1980년 서울대 신문학과졸 1986년 同대학원 신문학과졸 1989년 언론학박사(미국 미시간주립대) (경)1990년 미국 와이오밍주립대 커뮤니케이션과 조교수 1990~1996년 충남대 신문방송학과 조교수 · 부교수 1995년 문화방송(MBC) 'TV속의TV' 진행자 1996년 광운대 미디어영상학부 부교수 2001년 同인문사회과학대학 미디어영상학부 언론정보전공 교수(현) 2002~2004년 同입학홍보처장 2003년 한국교육방송공사(EBS) '미디어 비평' 진행자 2003년 YTN '시청자의 눈' 전문가패널 2004~2014년 한국방송공사(KBS) 한국어연구회 자문위원 2004~2006년 광운대 인문사회과학연구소장 2004년 한국언론학회 학술조직위원장 2005~2006년 질병관리본부 AIDS교육홍보분과 위원, 한국스피치커뮤니케이션학회 회장 2005~2008년 공영방송발전을위한시민연대 운영위원 2005~2010년 대법원 법정언행클리닉 지도교수 2006~2007년 문화방송(MBC) 시청자위원 2006~2008년 한국학술진흥재단 신문방송학분야 PM 2006년 한국방송학회 감사 2007~2010년 광운대 사회과학대학장 2007년 국가청소년위원회 정책자문위원(매체물분과장) 2009~2010년 한국방송학회 회장 2011~2012년 한국방송협회 미래방송연구위원장 2011년 방송통신위원회 지상파재전송대가산정실무협의회장 2012년 방송통신심의위원회 제18대 대통령선거방송심의위원회 부위원장 2012~2013년 한국방송공사(KBS) 뉴스 옴부즈맨위원 2014~2016년 방송통신위원회 방송평가위원 2015년 한국방송공사(KBS) 경영평가위원장 2016년 국회 홍보자문위원 2016년 한국과학창의재단 과학기술전문채널 경영성과평가단장 (상)미국 스피치커뮤니케이션학회 우수논문상, 국제케뮤니케이션학회 우수논문상, MBC연기대상 TV · MC부문 공로상 (저)'커뮤니케이션과 인간'(共) '정 · 체면 · 연줄 그리고 한국인의 인간관계'(共) '어, 미국이 왜 이래' '텔레비전 토론프로그램 내용분석'(共) '반도를 떠나 대륙을 품다'(2014, 나남) (종)기독교

## 김현준(金賢準)

[생]1965 · 2 · 14 [주]세종특별자치시 도움4로 13 보건복지부 장애인정책국(044-202-3000) [학]1984년 부산 대동고졸 1990년 한국외국어대 아프리카학과졸 1996년 서울대 행정대학원졸 [경]1995년 행정고시 합격(39회) 2005년 보건복지부 연금정책과 서기관 2005년 同공공의료팀장 2007년 同장관비서관 2007년 同사회복지정책본부 장애인정책팀장, 미래기획위원회 파견 2009년 보건복지가족부 지역복지과장, 미국 랜드연구소 파견 2012년 보건복지부 보육정책과장 2014년 同국민연금정책과장 2014년 同인사과장(부이사관) 2015년 同연금정책국장(고위공무원) 2016년 국방대 안보과정 훈련파견(고위공무원) 2017년 보건복지부 건강정책국장 2017년 同질병관리본부 감염병관리센터장 2018년 同장애인정책국장(현)

## 김현준(金賢峻) Hyeon Jun Kim

[생]1965 · 10 · 8 [본]광산(光山) [출]대전 [주]서울특별시 종로구 율곡로2길 25 연합뉴스 국제뉴스1부(02-398-3114) [학]1984년 대전 보문고졸 1990년 서울대 서양사학과졸 [경]1990년 연합뉴스 입사 1990년 同경제2부 기자 1993년 同사회부 기자 2000년 同산업부 기자 2002년 同산업부 차장대우 2003~2004년 미국 아이오와대 아시아 · 태평양연구소 연수 2005년 연합뉴스 경제부 차장 2006~2009년 同뉴욕지사장 2010년 同전략사업본부 마케팅부장 2011년 同마케팅국 마케팅부장 2011년 同편집국 사회부장 2013년 同편집국 산업부장 2013년 同논설위원 2014년 同논설위원(부국장대우) 2015년 同편집국 경제에디터 2016년 同편집국 국제에디터 2018년 同국제뉴스1부 부국장 2018년 同미주총국장(현)

## 김현준(金鉉峻) KIM HYUN JUN

[생]1968 [출]경기 화성 [주]세종특별자치시 국세청로 8-14 국세청 청장실(044-204-2201) [학]1986년 수원 수성고졸 1990년 서울대 경영학과졸, 同경영대학원졸 [경]1991년 행정고시 합격(35회), 서청주세무서 총무과장, 국세심판소 제3조사관실 근무, 재정경제부 세제실 소비세제과 · 재산세제과 근무, 서울지방국세청 재산세과 · 조사3국 4과 근무, 국세청 납세자보호과 · 기획예산담당관실 서기관, 서울지방국세청 조사2국 조사1과 근무 2005년 재정경제부 EITC추진기획단 제도운영팀장 2006년 경기 남양주세무서장 2007년 대통령 민정수석비서관실 (공직기강) 행정관 2008년 경기 성남세무서장 2009년 국세청 납세자보호과장 2009년 同법무과장 2010년 同법규과장(부이사관) 2012년 대전지방국세청 조사1국장 2013년 대통령 민정수석비서관실 (공직기강)행정관 2014년 중부지방국세청 조사1국장(고위공무원) 2015년 同조사4국장 2015년 국세청 징세법무국장(고위공무원) 2016년 同기획조정관(고위공무원) 2017년 同조사국장 2018년 서울지방국세청장 2019년 국세청장(현) [종]천주교

## 김현중(金炫重) KIM Hyun Joong

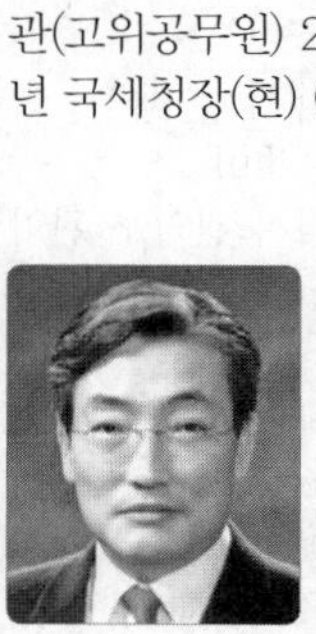

[생]1956 · 6 · 30 [본]안동(安東) [출]서울 [주]서울특별시 서대문구 이화여대길 52 이화여자대학교 디자인학부(02-3277-2535) [학]1979년 서울대 응용미술학과졸 1981년 同대학원 응용미술학과졸 [경]1982~1996년 대한민국디자인대전 추천작가 1983~1986년 동덕여대 조교수 1986~1994년 국민대 조형대학 부교수 1994년 이화여대 디자인학부 공간환경디자인전공 교수(현) 1996년 대한민국디자인대전 초대디자이너(현) [상]대한민국 디자인대전 특선(1977 · 1979 · 1981), 대한민국 디자인대전 대한상공회의소장표창(1980), 제1회 광주국제비엔날레 유공자 국무총리표창(1996) [역]'조형연습(PAPIER)'(1987) '혁신적 디자인사고(New Thinking in Design)'(1999) '건축디자이너'(1999) '디자인원리'(2000)

## 김현중(金顯中) Hyun-Joong Kim

[생]1963 · 4 · 22 [본]광산(光山) [출]대전 [주]서울특별시 관악구 관악로 1 서울대학교 농업생명과학대학 산림과학부(02-880-4784) [학]1982년 청주 운호고졸 1987년 서울대 임산공학과졸 1989년 同대학원졸 1995년 고분자재료학박사(일본 도쿄대) [경]1995년 미국 버지니아공과주립대 화학과 및 Center for Adhesives and Sealant Science(CASS) 박사 후 연구원 1996~1999년 미국 뉴욕주립대 재료공학과 연구조교수 · 책임연구원 1996~1998년 미국 Brookhaven National Lab Guest Research Associate 1999년 서울대 농업생명과학대학 산림과학부 환경재료과학전공 조교수 · 부교수 · 교수(현) 2000~2013년 (사)한국목재공학회 편집부위원장 · 편집위원장 2000~2011년 (사)한국접착및계면학회 편집부위원장 · 총무이사 · 전무이사 2001년 산업자원부 화학소재기술위원회 기술위원 2001~2002년 현대 · 기아자동차 연구개발본부 R&D포럼 위원 2001~2006년 同우수품질평가 실무위원 2002~2007년 한국건자재시험연구원 장비도입위원회 위원장 2004~2007년 서울대 산학협력재단 본부장 겸 부단장 2005 · 2006 · 2009~2011년 서울대 농업생명과학대학 산림과학부장 2006년 同BK21 임산공학연구인력양성사업팀장(현) 2007년 한국과학기술한림원 정회원(현) 2008년 국제목재과학아카데미(International Academy of Wood Science) Lifetime Fellow Member(종신펠로우회원)(현) 2010년 (사)한국접착산업협회 이사(현) 2010~2013년 한국과학기술한림원 융합과학기술위원회 운영위원 2011~2012년 (사)한국공업화학회 도료분과위원회 학술간사 2012년 (사)화학벤처기업협회 부회장(현) 2012년 지식경제부 전략적핵심소재기술개발사업기획위원회 화학3분과 위원장 2013년 BK21 PLUS 목질계바이오매스첨단소재화기술창의인재양성사업팀장(현) 2013년 미국 Queens College City Univ. of New York Dept. of Physics 객원교수 2014~2015년 (사)한국실내환경학회 부회장 2014~2016년 (주)LG전자 생산기술원 미래기술포럼 자문교수 2014년 (재)한국건설생활환경시험연구원 신소재신뢰성심의위원회 심의위원(현) 2014년 (사)한국WPC산업협회 수석부회장(현) 2015~2016년 한국과학기술한림원 과학자인권위원회 위원 2016년 (사)한국접착및계면학회 부회장(현) 2017년 한국과학기술한림원 발전전략위원회 위원(현) 2017년 서울대 환경관리위원회 위원(현) 2017~2018년 한국공업화학회 디스플레이분과위원회 부회장 2019년 同도료및코팅분과회 총무간사(현) [상]일본접착학회 우수논문발표상(2004), 한국산업기술재단 대학산업기술지원단장상 특별상(2005), 한국목재공학회 학술상(2005), 한국과학기술단체총연합회 과학기술우수논문상(2005 · 2009), 부총리 겸 교육인적자원부장관표창(2005), 서울대 연구력향상 공로상(2007), 한국목재공학회 학술대상(2008), 한국접착 및 계면학회 제1회 학술상(2008), 서울대 농업생명과학대학 우수연구상(2008), 서울대 농업생명과학대학 학술상(2009), (사)한국공업화학회 우수논문상(2010), (사)한국접착및계면학회 우수포스터상(2011 · 2016 · 2017), 한국점토과학회 우수포스터상(2015), 일본접착학회 학회상(2016), 한국목재공학회 공로상(2017) [저]'목재공학 개론'(2004) '휴양림 목조시설 유지관리 매뉴얼(共)'(2004) '粘着剤の相容性, in 粘着剤の設計と粘着製品の信頼性を重視した-粘着技術の3A(共)'(2006) '"UV-Curable Pressure-Sensitive Adhesives" In Pressure Sensitive Design and Formulation, Application'(2006) '접착제 신뢰성 향상 로드맵'(2006) '"General Performance of Pressure-Sensitive Adhesives" in "Pressure-Sensitive Design, Theroretical Aspects"'(2006) '접착제의 물성해석과 응용실례'(2009) '접착용어사전'(2009) '새집증후군의 방지와 대책'(2009) '고무탄성'(2009) '접착과 접착제 선택의 포인트'(2009) '도료, 도막의 물성과 평가법'(2010) [역]'목조주택용 목재의 도장(共)'(2002) '새집증후군의 실체와 대응전략'(2004) '목재데크의 시공과 도장(共)'(2004) '새집증후군 대책의 바이블'(2004) '목재와 환경(共)'(2007) [종]기독교

**김현중(金炫中)**

(생)1964 (주)경기도 부천시 경인로 590 유한대학교 총장실(02-2610-0604) (학)인하대 전기공학과졸, 공학박사(인하대) (경)1995년 유한대 전자공학과 교수(현) 2015년 同LINC사업단장 2015년 同지역공유취·창업지원처장 2016년 同학생처장 2017~2019년 同기획처장 2019년 同총장(현)

**김현진(金炫辰) KIM Hyun Jin**

(생)1965·1·13 (출)서울 (주)서울특별시 서초구 서초대로74길 4 삼성생명 서초타워 법무법인(유)동인 17층(02-2046-0820) (학)1983년 성동고졸 1988년 서울대 공법학과졸 (경)1996년 사법시험 합격(38회) 1999년 사법연수원 수료(28기) 1999년 대구지검 검사 2001년 춘천지검 영월지청 검사 2002년 인천지검 검사 2004년 서울서부지검 검사 2007년 대전지검 서산지청 검사 2009년 수원지검 성남지청 검사 2011년 서울중앙지검 검사 2011년 同부부장검사 2012년 창원지검 마산지청 부장검사 2014년 의정부지검 공판송무부장 2015년 창원지검 진주지청 부장검사 2016년 서울남부지검 공판부장 2017~2018년 서울고검 검사 2018년 법무법인(유) 동인 구성원변호사(현)

**김현집(金賢執) Kim, Hyun-Jip**

(생)1957·12·2 (주)서울특별시 서초구 반포대로 217 통일연구원(02-2023-8000) (학)대전고졸 1980년 육군사관학교졸(36기) (경)2009년 제28사단장(소장) 2011년 합동참모본부 작전부장 2011년 제5군단장 2013년 국방부 국방정보본부장 2013년 합동참모본부 차장(중장) 2014년 육군 제3야전군사령관(대장) 2015~2016년 한미연합사령부 부사령관(대장) 2016년 통일연구원 석좌연구위원(현) (상)조계종 불자대상(2015)

**김현채(金晛采) KIM Hyun Chai**

(생)1963·2·14 (출)서울 (주)경기도 의정부시 녹양로34번길 23 의정부지방검찰청 총무과(031-820-4542) (학)1981년 대원고졸 1985년 연세대 법학과졸 (경)1991년 사법시험 합격(33회) 1994년 사법연수원 수료(23기) 1994년 수원지검 검사 1996년 대전지검 서산지청 검사 1997년 서울지검 서부지청 검사 1999년 인천지검 부천지청 검사 2001년 대전지검 홍성지청 검사 2003년 법무부 보호과 검사 2005년 서울중앙지검 검사 2006년 인천지검 부천지청 부부장검사 2007년 울산지검 형사3부장 2008년 대구지검 마약·조직범죄수사부장 2009년 부산지검 외사부장 2009년 법무부 보호법제과장 2010년 同범죄예방기획과장 2011년 서울북부지검 형사4부장 2012년 서울중앙지검 공판1부장 2013년 의정부지검 고양지청 부장검사 2014년 서울서부지검 부부장검사 2016년 서울고검 검사 2018년 의정부지검 부부장검사(현)

**김현철(金賢哲) KIM Hyun Chul**

(생)1938·10·25 (출)전북 군산 (주)서울특별시 서초구 서초대로 266 법무법인 율지(02-2055-1919) (학)1957년 전주고졸 1963년 서울대 법대졸 1965년 同사법대학원 수료 (경)1963년 고시사법과 합격 1965년 육군 법무관 1968~1974년 전주지검·남원지청·대구지검 검사 1974년 부산지검 진주지청 검사 1976년 전주지검 금산지청장 1977년 대전지검 강경지청 검사 1980년 서울지검 검사 1981~1985년 전주지검·수원지검 부장검사 1985년 광주지검 차장검사 1986년 인천지검 차장검사 1987년 광주고검 차장검사 1988년 춘천지검장 1991년 전주지검장 1992년 수원지검장 1993년 광주고검장 1993년 서울고검장 1994~1997년 대한법률구조공단 이사장 1997년 변호사 개업 1998~2000년 동아건설·한국전력 사외이사 2006년 법무법인 율지 구성원변호사(현) (종)기독교

**김현철(金賢澈)**

(생)1955·4·6 (주)경상남도 창원시 의창구 상남로 290 경상남도의회(055-211-7356) (학)1973년 금성고졸 1973년 진주전문대학 행정과졸, 한국국제대 경찰복지행정학과졸 (경)사천시새마을회 이사, 창원지법 진주지원 조정위원, 사천시생활체육협의회 회장, 사천시의용소방연합회 회장, 삼천포청년회의소 회장, 사천시체육회 이사, 사천시테니스협회 회장 1995·1998·2002·2006~2010년 경남 사천시의회 의원 2006·2008~2010년 同의장 2014~2018년 경남 사천시의회 의원(새누리당·바른정당·자유한국당) 2014·2016~2017년 同의장, 창원지방법원 진주지원 사천시법원 조정위원장(현) 2018년 경남도의회 의원(자유한국당)(현) 2018년 同농해양수산위원회 위원(현) (종)기독교

**김현철(金賢哲) KIM Hyun Chul**

(생)1959·3·8 (본)김녕(金寧) (출)서울 (주)서울특별시 중구 필동로1길 30 동국대학교 언론정보대학원(02-2260-3733) (학)1978년 경복고졸 1984년 고려대 사학과졸 1986년 미국 남가주대 경영전문대학원졸(MBA) 1997년 경영학박사(고려대) (경)1987년 쌍용증권 입사 1988~1992년 중앙여론조사연구소 소장 1990년 민주사회연구소 운영위원 1996~1997년 유엔한국청년협회(UNYA) 회장 2000~2001년 미국 텍사스 오스틴대 객원교수 2001년 경남대 극동문제연구소 연구위원 2003~2011년 거제미래발전연구소 소장 2004~2008년 (주)KOHEAD 설립·대표이사 2008~2012년 한나라당 여의도연구소 부소장 2009년 고려대 지속발전연구소 연구교수(현) 2011년 거제미래포럼 대표 2013~2015년 한양대 공공정책대학원 특임교수 2015년 국민대 정치대학원 특임교수(현), (사)김영삼민주센터 상임이사(현) 2019년 동국대 언론정보대학원 석좌교수(현) (저)'하고 싶은 이야기 듣고 싶은 이야기'(1995, 고려원) '너무 늦지 않은 출발이기를'(2002, 중앙M&B) '세계화와 21세기 국가경영'(2002, 중앙M&B) '거제가는 길 : 김현철 포토에세이'(2011, 미지애드컴) (종)기독교

**김현철(金鉉哲) KIM Hyun Churl**

(생)1961·9·16 (본)김해(金海) (출)전남 해남 (주)광주광역시 서구 무진대로 904 금호고속 사장실(062-360-8005) (학)금호고졸, 전남대 공과대학 화학공학과졸, 同경영대학원 회계학과졸, 서울대 경영대학원 경영학과 수료 2017년 언론학박사(조선대) (경)금호산업 터미널사업팀장, 同고속사업부 경영지원팀장 2006년 同경영지원담당 이사 2006년 금호터미널 이사 2007년 同상무 2010년 同총괄전무 2014년 同부사장 2015년 同대표이사 부사장 2016년 금호홀딩스(주) 각자대표이사 2016년 광주상공회의소 부회장(현) 2018년 금호고속 대표이사 사장(현) (상)건설교통부장관표창(2004), 환경부장관표창(2007)

**김현철(金顯哲) Kim, Hyun-Chul**

(생)1962 (출)경북 김천 (주)서울특별시 관악구 관악로 1 서울대학교 일본경제연구소(02-880-5621) (학)대구 심인고졸 1985년 서울대 경영학과졸 1987년 同대학원 수료 1996년 경영학박사(일본 게이오대) (경)1996~1997년 미국 텍사스대 오스틴 및 하버드비즈니스스쿨 방문교수 1996~1999년 일본 나고야대 상과대학 조교수 1999~2002년 일본 츠쿠바대 부교수, 신일본제철·토요타자동차·닛산자동차·다이아하츠자동차·후지제록스·NEC·케논·카오·아시히맥주·기분·월드·이세탄·동경디즈니랜드·동일본철도·일본농협 등 자문 및 교육 2002~2017년 서울대 국제대학원 교수, 同일본연구소장, 한국자동차산업학회 회장, 한국중소기업학회 부회장, 삼성전자·현대자동차·SK텔레콤·POSCO·LG CNS·BGF·제일모직·삼성전기·삼성카

드 · 아모레퍼시픽 · 넥센타이어 등 자문교수 2017년 더불어민주당 제19대 문재인 대통령후보 싱크탱크 '정책공간 국민성장' 추진단장 2017년 대통령 경제보좌관(차관급) 겸 국민경제자문회의 간사위원 2018년 대통령직속 정책기획위원회 산하 신남방경제특별위원회 위원장 2019년 서울대 일본경제연구소장(현) (저)'일본기업 일본마케팅'(2004, 법문사) '사례로 배우는 일본유통'(2006, 법문사) 'CEO 영업에 길을 묻다'(2008, 한국경제신문) '도요타 DNA'(2009, 중앙북스) '저성장시대, 기적의 생존전략'(2015, 다산북스) 日本語 '영업의 본질'(1995) '고객 창조'(1998) '비즈니스 시스템의 혁신' '편의점 업태의 혁신' '일본 유통 산업사' '최고 기업 만들기' '아시아 최강 경영'

**김현철(金顯哲) KIM Hyeon Cheol**

(생)1964 · 12 · 6 (본)김해(金海) (출)강원 강릉 (주)서울특별시 성북구 안암로 145 고려대학교 정보대학 컴퓨터학과(02-3290-4932) (학)1983년 강릉고졸 1988년 고려대 전산학과졸 1990년 미국 미주리대 대학원졸 1998년 전산학박사(미국 플로리다대) (경)1991년 미국 미주리주립대 연구원 1998년 미국 GTE Data Service Inc. 시스템분석가 1998년 삼성SDS 책임컨설턴트 1999~2014년 고려대 사범대학 컴퓨터교육과 교수 2004년 同사회교육원 사회교육실장 2014년 정보대학 컴퓨터학과 교수(현) 2014~2017년 한국컴퓨터교육학회 회장 2017년 同명예회장(현) 2017년 고려대 영재교육원장(현) 2017년 국세청 빅데이터자문단 지능기술분과 위원(현)

**김현철(金賢哲) KIM HYUN CHEOL (濟州)**

(생)1965 · 12 · 30 (본)김해(金海) (출)제주 서귀포 (주)제주특별자치도 제주시 중앙로 217 제주테크노파크 지역산업육성실(064-720-3018) (학)1984년 서귀포산업과학고졸 1991년 제주대 농화학과졸 2003년 同대학원 농업경제학과졸 2006년 同대학원 농업경제학 박사과정 수료 (경)1991~1994년 한국관광공사 근무 1999~2014년 한국농어민신문 제주취재본부장 1999~2006년 同편집국 차장 겸임 2003년 제주경제정의실천연합 상임집행위원 2007~2008년 同공동대표 2014년 제주특별자치도 정책보좌관 2015년 同공보특보 2016년 同공보관(소통정책관) 2017~2018년 제주테크노파크 대외협력실장 · 홍보실장 2019년 同지역산업육성실장(현) (저)'세계인을 향한 입맞춤, 썬키스트'(2009)

**김현철(金顯哲) Hyun Cheol Kim**

(생)1968 (주)세종특별자치시 한누리대로 402 산업통상자원부 철강세라믹과(044-203-5050) (학)1992년 숭실대 화학공학과졸 (경)1993년 기술고시 합격(28회) 1994년 상공자원부 생활산업과 사무관 1998년 산업자원부 화학생물산업과 사무관 2002년 同산업기술정책과 서기관 2005년 정부혁신지방분권위원회 파견 2006년 산업자원부 에너지환경팀장 2007년 同산업환경팀장 2008년 駐네덜란드 파견(서기관) 2012년 지식경제부 성장동력실 철강화학과장(부이사관) 2012년 同산업기술정책과장 2013년 산업통상자원부 산업기반실 산업기술정책과장 2014~2015년 민관합동창조경제추진단 파견 2015년 특허청 특허심사1국장(고위공무원) 2018년 산업통상자원부 신재생에너지정책단장 2018년 同산업기술정책관 2019년 同산업기술융합정책관 2019년 同철강세라믹과장(현)

**김현철(金賢哲) KIM Hyun Chul**

(생)1970 · 3 · 15 (출)경남 진주 (주)경기도 수원시 영통구 법조로 91 수원고등검찰청(031-5182-3114) (학)1987년 진주 동명고졸 1991년 서울대 법대졸 1999년 同대학원졸 2000년 미국 조지워싱턴대 Law School 수료 (경)1991년 사법시험 합격(33회) 1994년 사법연수원 수료(23기) 1994년 軍검찰관 1997년 대전지검 검사 1999년 창원지검 거창지청 검사 2000년 인천지검 검사 2003년 법무부 인권과 검사 2005년 서울중앙지검 검사 2006년 춘천지검 부부장검사 2007년 대구지검 김천지청 부장검사 2008년 대검찰청 연구관 2009년 법무부 인권옹호과장 2009~2010년 同인권구조과장 2009~2010년 대한법률구조공단 중앙법률구조심사위원 2010년 사법연수원 교수 2012년 대전고검 검사 2012년 서울북부지검 형사3부장 2013년 광주지검 형사2부장 2014년 부산지검 부장검사(부산시 파견) 2015년 서울고검 검사 2015년 인천지검 부천지청 차장검사 2016년 춘천지검 원주지청장 2017년 서울고검 검사 2019년 수원고검 검사(현)

**김현탁(金鉉卓) KIM Hyun-Tak**

(생)1958 · 7 · 11 (본)경주(慶州) (출)강원 삼척 (주)대전광역시 유성구 가정로 218 한국전자통신연구원 ICT소재부품연구소 소재부품원천연구본부(042-860-5731) (학)1978년 포항 동지상고졸 1982년 부산대 물리학과졸 1984년 서울대 자연대학원 물리학과졸 1995년 공학박사(일본 쓰쿠바대) (경)1985년 한국타이어(주) 기술연구소 연구원 1992년 시스템베어스(주) 개발부장 1995년 일본 쓰쿠바대 물리공학계 문부교관 조수 1998년 한국전자통신연구원(ETRI) 융합부품연구부문 금속 · 절연체전이사업 책임자(책임연구원) 2005년 미국 세계인명사전 'Marquis Who's Who in the World' · 영국 케임브리지 국제인명센터(IBC) · 미국 인명연구소(ABI)에 등재 2010년 한국전자통신연구원(ETRI) 융합부품연구소 MIT융합기술연구팀장(사업책임자 · 책임연구원) 2013년 同창의미래연구소 MIT창의연구센터장 2016년 同ICT소재부품연구소 소재부품원천연구본부 프로젝트리더(현) (상)산업이사회장표창(2004), 한국언론인연합회 자랑스런 한국인대상(2005), 세종대왕기술상(2006), 발명대왕(2008), 과학기술창의상(2010)

**김현태(金玄泰)**

(주)경상남도 진주시 동진로 430 중소기업진흥공단 임원실(055-751-9800) (학)충암고졸, 고려대 경제학과졸, 同대학원 경영학과졸, 경영학박사(인하대) (경)중소기업진흥공단 성과관리실장, 同기금관리실장, 同경남지역본부장 2016년 同경영관리본부장(상임이사) 2018년 同기획본부장(상임이사) 2019년 중소벤처기업진흥공단 부이사장 겸 기업지원본부장(현)

**김현택(金炫澤) KIM Hyun Taek**

(생)1956 · 2 · 9 (본)부안(扶安) (출)전북 부안 (주)서울특별시 동대문구 이문로 107 한국외국어대학교 노어과(02-2173-3132) (학)1974년 전주고졸 1978년 한국외국어대 노어과졸 1980년 同대학원 동구지역연구학과졸 1990년 문학박사(미국 캔사스주립대) (경)1980~1983년 육군사관학교 교수부 러시아어 교관 · 전임강사 1985~1990년 미국 캔사스주립대 조교 1991~1993년 중앙대 러시아어과 부교수 1994년 한국외국어대 노어과 부교수 · 교수(현) 2004~2006년 同연구 · 협력처장 2007~2017년 한국국제교류재단 한국학 운영자문위원 2008~2009년 한국외국어대 사이버외국어대학장 2009년 한국학술진흥재단 인문학단장 2009~2010년 한국연구재단 어문학단장 2010~2011년 한국슬라브학회 회장 2011~2013년 한국외국어대 통번역대학원장 2014~2017년 同러시아연구소장 2017~2019년 同대외부총장 2017년 러시아 푸시킨문학상심의위원회 집행위원 (상)러시아 정부의 푸쉬킨 메달(2010), 자랑스러운 외대 교수상(2019) (저)'현대 러시아의 이해'(2002) '현대 러시아 국가체제와 세계전략'(2005) '한국어-러시아어 사전'(2006) 등 (역)'체호프 소설선집: 사랑의 언어'(2003) '한국현대대표시선 노역'(2004) '어머니: 범우비평판세계문학선55'(2004) 등

## 김현호(金玄鎬) KIM Hyeon Ho

(생)1961·5·20 (본)경주(慶州) (출)경남 거창 (주)강원도 원주시 세계로 21 한국지방행정연구원 지역발전연구실(033-769-9820) (학)2001년 행정학박사(서울대) (경)2003년 한국지방행정연구원 수석연구원 2008년 同지역균형개발지원센터 소장(수석연구원) 2009~2014년 대통령직속 지역발전위원회 전문위원 2009~2014년 한국지방행정연구원 지역발전연구실장 2014~2015년 한국지역개발학회 학술위원장 2015년 행정자치부 자체평가위원·합동평가위원 2015~2017년 한국지방행정연구원 연구기획실장(선임연구위원) 2016년 한국지역개발학회 부회장(현) 2017년 한국지방행정연구원 대외협력단장 2018년 同지역발전연구실 선임연구위원(현) (상)국토연구원 우수논문상(2004), 국무총리표창(2007) (저)'지역경제 새싹이 돋는다(共)'(2003) '향토산업 육성전략(共)'(2003) '영국의 지방공공서비스 협약(共)'(2004) '대한 국토지역계획론(共)'(2004) '낙후지역 선정지표 개발(共)'(2004) '해외 낙후지역 성공사례 연구(共)'(2004) '국가균형발전으로 가는 길(共)'(2004) '지역발전을 위한 향토자원의 활용 및 개발방안(共)'(2004) '지역개발정책의 이론과 실제(共)'(2005) '지역특성화발전을 위한 지역혁신체계구축 지원방안'(2005) '대한민국 혁신예보, 맑음(共)'(2006) '지역혁신으로 가는 길(共)'(2006) '한국의 장소판촉(共)'(2006) '신활력사업의 실태분석 및 개선방안(共)'(2007) '국가균형발전의 이론과 실제'(2007) '지역간 경제협력 방안'(2008) '지자체 녹색성장 전략'(2009) '환경변화에 따른 지역발전정책'(2010) '한국의 지역정책'(2014)

## 김현환(金鉉煥) KIM Hyun Hwan

(생)1962·3·20 (출)경북 의성 (주)울산광역시 남구 법대로 55 울산지방법원 총무과(052-216-8000) (학)1980년 대구 영신고졸 1985년 고려대 법학과졸 1988년 경북대 법학대학원졸 (경)1988년 사법시험 합격(30회) 1991년 사법연수원 수료(20기) 1991년 軍법무관 1994년 변호사 개업 2001년 광주지법 판사 2003년 광주고법 판사 2004년 대구고법 판사 2005년 대구지법 판사 2007년 同포항지원 부장판사 2009년 대구지법 부장판사 2014년 대구지법 경주지원장 겸 대구가정법원 경주지원장 2016년 대구지법 부장판사 2018년 울산지법 부장판사(현)

## 김현환(金現煥)

(출)전남 순천 (주)세종특별자치시 갈매로 388 문화체육관광부 콘텐츠정책국(044-203-2404) (학)순천고졸, 서울대 정치학과졸 (경)1993년 행정고시 합격(37회) 2004년 문화관광부 예술정책과 서기관 2009년 문화체육관광부 홍보지원국 정책포털과장 2010년 同관광산업국 국제관광과장 2012년 同기획행정관리담당관(부이사관) 2013년 同창조행정담당관 2014년 同문화기반국 인문정신문화과장 2014년 同체육관광정책실 관광레저정책관(국장급) 2015년 同기획조정실 정책기획관 2015년 駐일본공사참사관 겸 문화원장 2018년 문화체육관광부 관광산업정책관 2018년 同관광정책국장 2019년 同콘텐츠정책국장(현)

## 김 형(金 炯) KIM HYUNG

(생)1956·12·24 (주)서울특별시 중구 을지로 170 (주)대우건설(02-2288-3114) (학)1975년 경복고졸 1979년 서울대 토목공학과졸 (경)1979년 현대건설(주) 입사 2003년 同토목사업본부 상무보 2007년 同콜롬보항만확장공사 현장소장(상무) 2008년 同울산신항현장소장(상무) 2008~2011년 同스리랑카항만공사현장소장(상무) 2011년 삼성물산(주) Civil사업부장(전무) 2013년 同Civil사업부장(부사장) 2015~2016년 포스코건설(주) 글로벌인프라본부장(부사장) 2018년 (주)대우건설 대표이사 사장(현)

## 김형곤(金亨坤) KIM Hyung Gon

(생)1968·8·8 (출)부산 (주)서울특별시 중구 남대문로 63 한진빌딩 23층 (주)동방(02-2190-8100) (학)1987년 한성고졸 1994년 국민대 기계공학과졸 1999년 미국 컬럼비아대 대학원 산업공학과졸 (경)2001년 동방금속공업 입사 2005년 (주)동방 기획관리담당 상무이사 2006년 同관리본부장(전무이사) 2007년 同부사장 2010년 同대표이사 사장 2012년 한국항만물류협회 부회장 2014년 (주)동방 대표이사 부회장 2017년 同각자대표이사 회장(현)

## 김형관(金亨冠) Kim Hyeong-gwan

(생)1963·2·25 (본)청풍(淸風) (출)전남 장흥 (주)광주광역시 동구 준법로 7-12 광주고등검찰청 사건과(062-231-3254) (학)1981년 장흥고졸 1988년 전남대 사법학과졸 (경)1990년 검찰주사보 임용 1991년 서울지검 근무 1997년 법무부 송무과 검찰주사 1999~2007년 광주지검·순천지청 검찰주사 2007년 대검찰청 혁신추진단 검찰사무관 2008년 광주지검 검사직무대리 2010년 전주지검 남원지청 사무과장 2012년 광주고검 총무사무관 2014년 창원지검 검사 직무대리(검찰수사서기관) 2014년 광주지검 목포지청 사무과장 2015년 광주지검 총무과장 2016년 同집행과장 2018년 광주고검 사건과장(현)

## 김형광(金炯光) KIM Hyung-Kwang

(생)1952·5·23 (본)김녕(金寧) (출)경북 성주 (주)서울특별시 송파구 중대로 211 광노빌딩 4층 한국수목보호협회(02-401-7787) (학)용산고졸 1976년 서울대 임학과졸 1988년 미국 뉴욕주립대 대학원 환경임학과졸 1990년 서울대 대학원 행정학과졸 2003년 중앙공무원교육원 고위정책과정 수료 2005년 농학박사(충남대) (경)1977~1982년 한국감정원 근무 1981년 기술고등고시 합격(17회) 1983년 산림청 동부영림서 사업과장·경영 및 종합계획담당·기술지도 및 산지이용담당 1995년 미국 연방정부(농무성 산림청·환경보호처·내무성 국립공원·관리청 및 토지관리청) 파견 1997년 세계은행 근무 1998년 산림청 기술지원과장 1999년 同국제협력과장 2001년 同산림소득과장 2002년 북부지방산림청장 2004년 국립수목원 원장 2006년 산림청 산림인력개발원장 2007~2010년 유엔식량농업기구(FAO) 파견 2011년 한국녹색문화재단 상임이사 2013~2014년 한국산림복지문화재단 상임이사 2014~2016년 (사)한국수목보호기술자협회 회장 2014년 (주)참솔나무병원 원장(현) 2017년 (사)한국수목보호협회 회장(현) (상)국무총리표창(1992), 근정포장(1994) (역)'비전 퀘스트'(2013, 이룸나무) (종)가톨릭

## 김형국(金亨國) KIM Hyung Kook

(생)1960·9·30 (본)김해(金海) (출)인천 (주)서울특별시 용산구 이촌로 318 금강아산병원 원장실(02-799-5100) (학)서울대 의대졸 (경)서울대병원 인턴·레지던트, 삼성의료원 전임의, 서울대병원 정형외과 자문의(현), 근로복지공단 자문위원(현), 울산대 의대 외래교수(현), 금강아산병원 진료부장 1998년 同정형외과 진료과장 2009년 同원장(현)

## 김형국(金炯國) KIM Hyung Kuk

(생)1962·11·2 (본)전주(全州) (출)서울 (주)서울특별시 강남구 논현로 508 GS칼텍스(주)(02-2005-1114) (학)1981년 여의도고졸 1986년 서울대 화학공학과졸 1988년 同대학원 화학공정학과졸 (경)1987년 GS칼텍스(주) 입사 1994년 同사업기획팀 과장 2003년 同전력사업팀장(부장) 2007년 GS파워 업무부문장(부장) 2008년 同업무부문장(상무) 2009년 同마케팅

부문장(상무) 2010년 GS칼텍스(주) 경영기획실장(상무) 2011년 同경영기획실장(전무) 2015년 同경영기획실장(부사장) 2017년 GS엔텍 비상무이사 2018년 GS칼텍스(주) 석유사업총괄 겸 생산본부장(사장) 2018년 한국공학한림원 회원(화학생명공학·현) 2019년 GS칼텍스(주) 생산본부장 겸 MFC프로젝트추진단장(사장)(현) (종)불교

**김형근(金亨根) KIM Hyeong Geun**

(생)1960·1·26 (본)금산(金山) (출)충북 청주 (주)충청북도 음성군 맹동면 원중로 1390 한국가스안전공사(043-750-1000) (학)1978년 청주고졸 1985년 충북대 경영학과졸 (경)1986~1989년 충북민주운동협의회 사무국장·민통련 중앙위원 1989~1991년 충북민족민주운동연합 정책실장·전민련 정책위원 1991년 민주주의민족통일 충북연합 정책실장 1995~1999년 통일시대국민회의 충북연대 운영위원장·대변인 1997년 정권교체민주개혁충북위원회 집행위원장 1998년 우리밀살리기운동 충북본부 이사 1999년 국민정치연구회 기획관리부실장 2000년 제2의건국범국민추진위원회 협력1과장 2001~2003년 同협력2국장 2001~2003년 반부패국민연대 정책위원 2003년 열린우리당 국민참여팀장, 同국민통합실천위원회 국장, 同충북도당 사무처장, 민주당 충북도당 부위원장 2005~2010년 비전라이트텍 대표 2005년 청주경제정의실천연합·충북환경운동연합 자문위원 2010~2014년 충북도의회 의원(민주당·민주통합당·민주당·새정치민주연합) 2010~2012년 同의장 2010~2011년 민주통합당 정책위원회 부의장 2012년 충북도의회 행정문화위원회 위원 2012년 同청원청주통합지원특별위원회 위원 2012년 同예산결산특별위원회 위원 2016년 더불어민주당 충북도당 상무위원 겸 정책위원회 위원장 2017~2018년 同원내대표 비서관 2018년 한국가스안전공사 사장(현) (상)충북도공무원노동조합 선정 '베스트 도의원'(2014) (종)기독교

**김형근(金亨根) KIM HYUNG GEUN**

(생)1963·10·16 (본)김해(金海) (출)제주 제주시 (주)울산광역시 남구 중앙로 201 울산광역시청 일자리정책보좌관실(052-229-2720) (학)1982년 오현고졸 1986년 연세대 정치학과졸 (경)2007년 울산환경운동연합 기획실장 2008~2010년 안전한학교급식을위한울산연대 집행위원장 2010~2012년 친환경무상급식풀뿌리국민연대 공동대표 2011년 식생활교육울산네트워크 사무처장 2011~2012년 울산시 북구 친환경급식지원센터장 2013년 서울시 교육협력국 광역친환경급식통합지원센터장 2013~2015년 울산시 북구 친환경급식지원센터장 2016년 울산환경운동연합 사무국장 2017년 同사무처장 2018년 울산시 일자리정책보좌관(현)

**김형근(金亨根) Kim hyong kun**

(생)1969·4·6 (출)서울 (주)경기도 성남시 수정구 산성대로 451 수원지방검찰청 성남지청(031-739-4302) (학)1984년 선덕고졸 1991년 고려대 법학과졸 1998년 同대학원 법학과졸 (경)1997년 사법시험 합격(39회) 2000년 사법연수원 수료(29기) 2000~2002년 변호사 개업 2002년 서울지검 검사 2004년 대구지검 포항지청 검사 2006년 수원지검 검사 2009년 서울남부지검 검사 2012년 대검찰청 연구관 2014년 서울중앙지검 부부장검사 2015년 부산지검 특수부장 2016년 인천지검 특수부장 2017년 대검찰청 부장검사 2019년 수원지검 성남지청 차장검사(현) (상)근정포장(2015)

**김형기(金亨基) KIM Hyung Ki**

(생)1963·1·18 (출)경북 경산 (주)서울특별시 영등포구 국제금융로 56 멀티에셋자산운용 채권운용본부(02-3774-8000) (학)대구고졸, 연세대 경영학과졸, 同경영대학원 수료 (경)1988년 국민투자신탁 인사부 근무 1991년 同방배지점 대리 1992년 同채권운용팀 운용역 1996~1997년 同국제운용팀 운용역 1999년 삼성투자신탁 채권운용팀장 2001년 同채권전략팀장 2003년 同MMF팀장 2004년 同채권운용팀장 2005년 同채권운용본부장 2007년 同채권운용팀장 2008년 KDB자산운용 채권운용본부장(상무) 2016년 멀티에셋자산운용 채권운용본부장(상무) 2016년 同채권운용본부장(전무)(현)

**김형기(金亨基) KIM HYEONG GI**

(생)1965·5·3 (출)충남 당진 (주)인천광역시 연수구 아카데미로51번길 19 (주)셀트리온헬스케어(032-850-6400) (학)1982년 수원고졸 1986년 서강대 정치외교학과졸 1996년 미국 미시간대 대학원 MBA (경)1986년 대우자동차 입사 1996년 同과장 2005년 同전략기획팀장, 넥솔바이오텍 전략기획실장, 同비서실장, 同기획조정실장 2005년 셀트리온 신규사업부문 근무 2005년 同전략기획실 근무 2008년 同수석부사장 2014년 同사장 2015~2018년 同공동대표이사 사장 2018년 (주)셀트리온헬스케어 대표이사 부회장(현)

**김형기(金亨起) KIM Hyung Ki**

(생)1966·3·23 (본)강릉(江陵) (출)강원 강릉 (주)강원도 동해시 천곡로 107 동해경찰서(033-539-3211) (학)1984년 속초고졸 1989년 경찰대 행정학과졸(5기) (경)1989년 경위 임관(경대5기), 강원지방경찰청 감사담당관실 근무, 경찰청 정보국 정보3과 근무, 강릉경찰서 방범계장, 영월경찰서 정보과장 1998년 경감 승진 1999년 강릉경찰서 방범과장 2000년 동해경찰서 정보보안과장 2002년 정선경찰서 정보보안과장 2004년 강릉경찰서 청문감사관 2006년 경정 승진 2007년 강원지방경찰청 경무과 기획예산계장 2014년 同경무과 기획예산계장(총경) 2014년 同112종합상황실장 2015년 강원 삼척경찰서장 2016년 국립과학수사연구원 행정지원과장 2017년 강원 원주경찰서장 2017년 강원지방경찰청 홍보담당관 2019년 강원 동해경찰서장(현) (상)경찰청장표창, 강원도지사표창

**김형길(金炯吉) Kim Hyeong-gil**

(생)1964·10·25 (주)서울특별시 종로구 사직로8길 60 외교부 인사운영팀(02-2100-7143) (학)1988년 경희대 정치외교학과졸 1990년 서울대 대학원 행정학과졸 (경)1989년 외무고시 합격(23회) 1999년 駐일본 1등서기관 2002년 駐폴란드 1등서기관 2005년 외교통상부 홍보관리관실 공보팀장 2006년 同정책기획국 정책총괄과장 2007년 駐벨기에유럽연합 참사관 2011년 駐남아프리카공화국 공사 겸 총영사 2012년 駐뉴욕 부총영사 2015~2017년 국립외교원 교수부장 2017년 駐휴스턴 총영사(현)

**김형길(金炯吉)**

(생)1965·7·6 (출)전남 영암 (주)대구광역시 수성구 동대구로 364 대구고등검찰청 총무과(053-740-3242) (학)1983년 광주제일고졸 1987년 성균관대 법학과졸 (경)1992년 사법시험 합격(34회) 1995년 사법연수원 수료(24기) 1995년 대한법률구조공단 변호사 1998년 부산지검 동부지청 검사 1999년 전주지검 정읍지청 검사 2001년 서울지검 남부지청 검사 2003년 법무부 법조인력정책과 검사 2005년 대전지검 검사 2007년 同부부장검사 2008년 서울중앙지검 부부장검사 2009년 사법연수원 교수 2011년 부산지검 형사5부장 2012년 의정부지검 고양지청 형사2부장 2013년 서울남부지검 형사4부장 2014년 의정부지검 형사1부장 2015년 수원지검 부부장검사(한국형사정책연구원 파견) 2016년 전주지검 군산지청장 2017년 대구지검 제1차장검사 2018년 인천지검 부천지청장 2019년 대구고검 검사(현)

## 김형남(金烱男) KIM Hyoung Nam

(생)1962·2·14 (주)서울특별시 영등포구 여의대로 128 (주)LG 자동차부품팀(02-3777-1114) (학)1984년 서울대 기계설계공학과졸 1997년 기계공학박사(미국 펜실베이니아주립대) (경)1983~1990년 기아자동차 연구소 근무 1997년 삼성자동차 연구소 근무 2000년 (주)르노삼성자동차 연구소 근무 2002년 同구매2담당 이사 2006~2009년 同CVE(Chief Vehicle Engineer)연구소 상무 2010~2013년 同구매본부장(전무) 2013년 (주)한국타이어 경영운영본부 구매부문장(전무) 2016~2018년 同연구개발본부장 겸 구매부문장(부사장) 2019년 (주)LG 자동차부품팀장(부사장)(현) (상)자동차의날 대통령표창(2012) (종)기독교

## 김형도(金烱道) Kim Hyeong Do

(생)1961·3·5 (본)김녕(金寧) (출)강원 홍천 (주)강원도 춘천시 중앙로 1 강원소방본부 종합상황실(033-249-5155) (학)1980년 검정고시 합격 1991년 한국방송통신대 행정학과졸 2008년 강원대 행정대학원 행정학과졸 2018년 공학박사(강원대) (경)1999년 강원 춘천소방서 소방행정과 행정주임 2000년 同화천파출소장 2001년 강원도 소방본부 방호구조과 예방주임 2005년 강원 춘천소방서 예방안전과 안전담당 2007년 同후평119안전센터장 2008년 同방호구조과 방호담당 2008년 강원도 소방본부 방호구조과 구조구급실무담당 2009년 同소방본부 종합상황실 상황관리담당 2010년 同소방본부 소방항공대장 2010~2013년 同소방본부 소방행정과 장비관리담당 2014년 同소방본부 소방행정과 소방행정담당 2014~2017년 강원 삼척소방서장 2017년 강원도 소방본부 종합상황실장(현) (상)강릉소방서장표창(1987·1992), 강릉시장표창(1989), 내무부장관표창(1993), 서울소방학교장표창(1996), 강원도지사표창(1998·2005), 행정자치부장관표창(2002), 국무총리표창(2013) (종)천주교

## 김형도(金亨道)

(생)1962·3·28 (주)충청남도 예산군 삽교읍 도청대로 600 충청남도의회(041-635-5057) (학)대덕대 비즈니스과 제적(1년), 대전대 경영학과졸 (경)연무번영회 기획이사, 민주평통 자문위원, 산업기술연수원 전문위원, 열린우리당 충남도당 지역개발특별위원장 2006·2010년 충남 논산시의회 의원(열린우리당·민주당·민주통합당·민주당·새정치민주연합) 2006~2008년 同산업건설위원장 2012년 同부의장 2014~2018년 충남 논산시의회 의원(새정치민주연합·더불어민주당) 2016~2018년 同의장 2018년 충남도의회 의원(더불어민주당)(현) 2018년 同의회운영위원회 위원장(현)

## 김형두(金烱枓) KIM Hyung Du

(생)1965·10·17 (출)전북 정읍 (주)서울특별시 서초구 서초중앙로 157 서울고등법원(02-530-1114) (학)1984년 전주 동암고졸 1988년 서울대 법과대학 사법학과졸 (경)1987년 사법시험 합격(29회) 1990년 사법연수원 수료(19기) 1990년 軍법무관 1993년 서울지법 의정부지원 판사 1996년 서울지법 판사 1997년 대전지법 홍성지원 판사 1998년 일본 東京大 객원연구원 1999년 대전고법 판사 2000년 수원지법 여주지원 판사 2000년 미국 컬럼비아대 객원연구원 2001년 서울지법 판사 2001~2004년 법원행정처 사법정책연구심의관 겸임 2002년 서울고법 판사 2005년 법원행정처 사법정책실 정책2심의관 2006년 대법원 재판연구관 2008년 춘천지법 강릉지원장 2009년 서울중앙지법 영장담당 부장판사 2010년 同형사합의27부 부장판사 2012년 서울동부지법 부장판사 2012년 특허법원 부장판사 2014년 서울고법 부장판사 2015년 사법정책연구원 수석연구위원 겸임 2017년 서울중앙지법 민사제2수석부장판사 2018년 서울고법 부장판사(현)

## 김형렬(金亨烈) KIM Hyeong Ryeol

(생)1964·3·8 (주)서울특별시 강남구 언주로 711 한국주택협회(02-6900-9002) (학)1982년 서울 중앙고졸 1986년 연세대 토목공학과졸 1989년 同대학원 공학과졸 1997년 공학박사(일본 도쿄대) 2001년 서울대 행정대학원 정보통신방송정책과정 수료 2010년 고려대 정책대학원 최고위정책과정 수료 2012년 서울대 공과대학 건설산업최고전략과정 수료 (경)1985년 기술고등고시 합격(21회) 1999년 대통령비서실 수해방지대책기획단 근무(서기관) 2001년 대전지방국토관리청 하천국장 2002년 국무총리국무조정실 과장 2003년 서울지방국토관리청 하천국장 2004년 同도로시설국장 2005년 건설교통부 건설관리과장·하천관리과장 2008년 대통령실 행정관(부이사관) 2009년 국토해양부 도로정책과장 2010년 同대변인(고위공무원) 2011년 同도로정책관 2011년 同수자원정책관 2012년 미국 캘리포니아대 어바인교 파견 2013년 국토교통부 기술안전정책관 2014년 同대변인 2015년 同국토정책관 2015년 同수자원정책국장 2016년 同건설정책국장 2017년 새만금개발청 차장 2018년 한국주택협회 상근부회장(현) (상)홍조근정훈장, 근정포장

## 김형록(金烱錄)

(생)1972·5·26 (출)부산 (주)인천광역시 미추홀구 소성로163번길 49 인천지방검찰청 특수부(032-860-4315) (학)1991년 금정고졸 1997년 서울대 경제학과졸 (경)1999년 사법시험 합격(41회) 2002년 사법연수원 수료(31기) 2002년 서울지검 남부지청 검사 2004년 부산지검 검사 2006년 창원지검 검사 2008년 서울중앙지검 검사 2012년 인천지검 검사 2016년 대전지검 부부장검사 2017년 대구지검 영덕지청장 2018년 서울남부지검 금융조사2부장 2019년 인천지검 특수부장(현)

## 김형률(金亨律)

(생)1970·12·21 (출)서울 (주)대전광역시 서구 둔산중로 69 대전가정법원(042-480-2000) (학)1989년 선정고졸 1998년 고려대 법학과졸 2003년 同대학원 법학과 수료 (경)2000년 사법시험 합격(42회) 2003년 사법연수원 수료(32기) 2003년 법무법인 티엘비에스 변호사 2007년 사법연수원 법관임용연수 2008년 부산지법 판사 2011년 수원지법 판사 2014년 서울가정법원 판사 2017년 서울중앙지법 판사 2017년 대법원 '사법부 블랙리스트 추가조사위원회' 위원 2018년 대전가정법원 부장판사(현)

## 김형률(金亨律)

(생)1976·2·18 (출)부산 (주)경상북도 칠곡군 약목면 칠곡대로 1050 칠곡경찰서(054-970-0332) (학)1994년 성도고졸 2002년 부산대 법학과졸, 고려대 법무대학원 의료법학과졸, 고려대 일반대학원 법학과 박사과정 수료 (경)2002년 사법시험 합격(44회) 2003년 사법연수원 입학(34기) 2005년 경찰 임용(경정 특채), 경기 수원경찰서 경비과장, 서울 중부경찰서 수사과장, 서울 방배경찰서 수사과장, 서울 은평경찰서 형사과장, 서울 동작경찰서 정보과장, 서울 혜화경찰서 정보과장, 서울 용산경찰서 정보과장, 서울 서대문경찰서 정보과장, 서울 구로경찰서 정보과장 2016년 서울지방경찰청 치안지도관(교육·총경) 2017년 울산지방경찰청 112종합상황실장 2018년 同형사과장 2019년 경북 칠곡경찰서장(현)

## 김형문(金烱文) KIM Hyung Moon (金堂)

(생)1940·1·1 (본)김해(金海) (출)전남 여수 (주)서울특별시 종로구 새문안로5길 37 도렴빌딩 607호 금문당출판사(02-738-7966) (학)1959년 여수고졸 1965년 전남대 정치학과졸 1995년 국민대 정치대학원 수료 (경)1972년 민주통일당 창당발기인·조직부장 1981년 금문당출판사 사장(현) 1984

년 한국단행본출판협회 운영위원장 1985년 민주화추진협의회 총무국장 1987년 평민당 총무국장·정책실장 1988년 지역감정해소국민운동협의회 사무총장 1990년 대한출판문화협회 이사 1992년 공명선거실천시민연합 서울공동대표 1992년 민주평통 자문위원 1993년 공동체의식개혁국민운동협의회 사무총장 1995~1997년 한국유권자운동연합 공동대표 1997년 同상임대표(현) 1997년 전국시민단체연합 상임대표(현) 1998년 제2의건국범국민추진위원회 위원, (사)지방선거발전연구소 이사장(현) 1999년 백범기념관건립위원회 위원 1999년 국민화합연대 공동대표 1999년 WTO범국민협의회 상임대표 2000~2018년 민족화해협력범국민협의회 공동의장 2000년 남북통일맞이대축전추진본부 공동대회장 2001년 민주평통 상임위원 2002년 특별기획전 고구려행사 공동추진위원장 2004~2018년 우리쌀지키기범국민협약운동본부 상임대표 2005~2007년 (사)4월회 회장 2006~2011년 자연보호중앙연맹 중앙지도위원 2009~2011년 민주평통 상임위원 2010년 (사)4월회 상임고문(현) 2019년 민족화해협력범국민협의회 고문(현) (저)'김대중 그는 누구인가' '적극적 사고방식' (종)기독교

### 김형문(金炯文) KIM HYUNG-MOON

(생)1954·12·16 (본)진천(鎭川) (출)서울 (주)서울특별시 송파구 동남로6길 36 101호 (주)삼성COS(02-430-0727) (학)한양대 산업공학과졸 (경)삼성전자(주) SSEG부장, 同SSEL법인장(이사보), 同반도체총괄 영업1팀장(이사보), 同SSEG법인장(상무), 세메스 대표이사 2001년 국제e-business기구 Rosettnet Korea Chairman 2006년 삼성전자(주) 메모리영업1팀장(전무) 2011~2013년 세메스 고문 2013년 (주)삼성COS 대표이사(현) (상)대통령표창(2005), 산업공학을 빛낸 경영인상(2009) (저)'독일을 이야기하다 1·2(共)'(2016, 새녘) (종)천주교

### 김형민(金炯珉) KIM Hyung Min

(생)1955·2·25 (본)부안(扶安) (출)전북 정읍 (주)서울특별시 동대문구 경희대로 26 경희대학교 한의과대학 한의학과(02-961-9448) (학)1973년 정읍고졸 1978년 원광대 약학과졸 1988년 중앙대 대학원 약학과졸 1990년 약학박사(원광대) 1993년 의학박사(일본 오사카대) (경)1980~1982년 (주)종근당 근무 1989년 생명공학연구소 연구원 1993~1996년 원광대 의대 전임강사·조교수 1996년 同한약학과 부교수 2000년 한약사분과시험위원회 위원장 2000~2002년 중앙약사심의위원회 위원 2001~2010년 국제한방학술지(OPEM) 발행인 겸 편집위원장 2003년 (주)김형민한약연구소 이사 2003년 경희대 한의과대학 한의학과 교수(현) 2003년 국제한의학학술지 편집위원장 2004년 동양의학관련 국제전문학술지 AJCM(American Journal of Chinese Medicine) 편집위원 2008년 한국생약학회 부회장 2008~2016년 한국약용작물학회 편집위원 2009~2010년 경희대 한의학연구소장 2011년 탕정한의학회 회장 겸 편집위원장 2013년 후마니타스의학회 회장 겸 편집위원장(현) (상)이달의 과학기술자상(1999) (저)'면역과 알레르기' '온병학' '맥락' (역)'병리학' '한약 약리학' '알레르기란 무엇인가' '집중강의 병리학'

### 김형민(金亨珉) KIM Hyoung Min

(생)1956·6·2 (본)연안(延安) (출)서울 (주)서울특별시 강남구 영동대로85길 34 대치2차아이파크 1406호 (주)Sam Consulting (학)1975년 경기고졸 1980년 서울대 외교학과졸 (경)1984년 MBC 국제부 기자 1991년 SBS 정치부 기자 1991년 同파리특파원 1994년 同정치부 차장대우 1994년 同주말뉴스 앵커 1995년 同8뉴스 앵커 1998년 同정치부 차장(청와대 출입기자) 1998~2000년 同8뉴스 앵커 2002년 同보도본부 선거기획팀장(부장급) 2003년 同사회1CP 2004년 同정치부장 2004년 同논설위원 2004~2013년 同시사토론 진행자 2004년 한국신문방송편집인협회 남북교류위원 2006년 관훈클럽 서기 2007년 SBS 보도본부 보도제작1부장 2008년 관훈클럽 총무 2008년 SBS 보도본부 보도제작1부장(부국장급) 2008년 외교통상부 정책자문위원 2009년 (재)관훈클럽신영연구기금 이사 2009년 SBS 보도본부 논설위원 2009년 同보도본부 보도제작국장(부국장급) 2010~2013년 同보도본부 논설위원 2015~2017년 한국수력원자력 언론홍보자문위원 2018년 (주)Sam Consulting 대표이사(현) (상)바른말보도상(1995), 서울대 언론인대상(2012)

### 김형민(金亨珉) KIM Hyoung Min

(생)1966·8·10 (출)서울 (주)서울특별시 중구 통일로2길 16 AIA Tower 7층 에넬엑스코리아 대표실(02-6190-5801) (학)1985년 이라크 바그다드외국인고졸 1989년 영국 레스터대 경제학과졸 1990년 同대학원졸 1992년 同대학원 경제학 박사과정 수료 (경)1992년 대우경제연구소 연구원 1997~2000년 코리아타임스 경제부·정치부 기자 2000년 대통령 공보수석비서실 해외언론담당 행정관 2002년 대통령 제1부속실 통역·수행담당 국장 2003년 김대중 前대통령 비서관 2003년 김앤장법률사무소 고문 2003년 한국외환은행 커뮤니케이션본부 상무 2005년 同인사본부 상무 겸임 2005~2008년 同부행장 2007년 김대중평화센터 감사 2008~2009년 한국외환은행 고문 2011~2014년 BAT코리아 부사장 2015년 에너낙코리아(유) 부대표 2016~2018년 同대표 2018년 에넬엑스코리아(유) 대표(현)

### 김형배(金炯培) KIM Hyoung Bae

(생)1953·11·5 (출)서울 (주)서울특별시 영등포구 국제금융로 20 방송문화진흥회(02-780-2490) (학)1976년 서울대 사회학과졸 1985년 同대학원졸 (경)1978년 조선일보 기자 1988년 한겨레신문 기자 1990년 同민권사회부 편집위원보 1994년 同여론매체부장 1996년 同생활과학부장 1997년 同논설위원 2000년 同편집국장석 부국장대우 2000년 同통일문화연구소 연구위원 2001년 同심의위원 2003년 同논설위원 2004년 同미디어사업본부장 2004년 同미디어사업본부장(이사대우) 2005년 同사업기획담당 이사 2006년 同광고기획담당 이사 2006년 同홍보담당 이사 2007년 同논설위원 2008~2009년 同기획위원 2008~2017년 한양대 ERICA캠퍼스 신문방송학과 겸임교수 2018년 방송문화진흥회 이사(현)

### 김형배(金炯培) Kim Hyungbae

(생)1963·5·15 (출)강원 삼척 (주)세종특별자치시 다솜3로 95 공정거래위원회 카르텔조사국(044-200-4544) (학)1981년 삼척고졸 1989년 고려대 경제학과졸 2001년 미국 일리노이주립대 대학원 경제학과졸 (경)2001년 공정거래위원회 정책국 제도개선과 서기관 2003년 同정책국 총괄정책과 서기관 2004년 同경쟁국 유통거래과장 2007년 同시장감시본부 서비스2팀장 2008년 대통령 국책과제비서관실 행정관 2009년 대통령 국정과제비서관실 행정관 2009년 공정거래위원회 심판총괄담당관 2011년 同감사담당관 2012년 同대변인(고위공무원) 2012년 同시장감시국장 2013년 중앙공무원교육원 파견(고위공무원) 2014~2017년 駐미국 공사참사관 2017년 공정거래위원회 시장구조개선정책관 2018년 同카르텔조사국장(현)

### 김형배(金炯培) Kim, Hyeongbae

(생)1963·12·14 (본)김해(金海) (출)부산 (주)서울특별시 마포구 백범로 192 에쓰오일 SC&D프로젝트본부(02-3772-0845) (학)부산 동아고졸 1989년 서울대 화학공학과졸 (경)2012년 에쓰오일 기술부문 상무 2014년 同공장혁신·기획부문 상무 2015년 同RUC본부장(상무) 2016년 同RUC본부장(전무) 2017~2018년 同RUC본부장(부사장) 2018년 同SC&D프로젝트본부장(부사장)(현) (종)천주교

**김형배(金炯培) Kim Hyeong Bae**

(생)1966 · 3 · 27 (출)충남 당진 (주)서울특별시 서초구 서초대로 219 법원행정처 전산정보관리국(02-3480-1100) (학)1985년 조선대부속고졸 1990년 고려대 법학과졸 1998년 同법과대학원졸 (경)1997년 사법시험 합격(39회) 2000년 사법연수원 수료(29기) 2000년 광주지법 순천지원 판사 2003년 광주지법 판사 2005년 의정부지법 판사 2008년 서울북부지법 판사 2010년 서울중앙지법 판사 2012년 서울고법 판사 2013년 대법원 재판연구관 2015년 춘천지법 속초지원장 2017년 서울고법 판사(현) 2017~2019년 법원행정처 사법정책총괄심의관 겸임 2018년 대법원 '국민과 함께하는 사법발전위원회' 주무위원 2019년 법원행정처 전산정보관리국장 겸임(현)

**김형석(金亨錫) KIM Hyung Suek**

(생)1964 · 11 · 29 (출)전남 해남 (주)서울특별시 광진구 자양강변길 31 성수빌딩 3층 (주)남해종합건설(02-569-0880) (학)송원고졸, 미국 미시간주립대 경제학과졸, 同대학원졸 (경)기아자동차 수출부 근무, 남해종합개발 이사 1994년 (주)남해종합건설 대표이사(현) 1999~2013년 남해철강 대표이사 2001년 대천유통 대표이사(현) 2008년 (주)한신에너지 대표이사(현) (상)철도청 고속철도건설사업소장표창(2001), 광주지방국세청장표창(2002), 익산지방국토관리청장표창(2003), 산업포장(2004), 한국철도공사장표창(2005), 국토해양부장관표창(2012)

**김형석(金炯錫) Kim Hyung Suk**

(생)1965·12·22 (출)전남 순천 (주)경기도 포천시 호국로 1007 대진대학교 통일대학원(031-539-1114) (학)순천고졸 1989년 서울대 영어영문학과졸 1999년 同행정대학원 행정학과졸 2012년 정치학박사(경기대) (경)1988년 행정고시 합격(32회) 1998년 통일원 인도지원국 인도1과 서기관 1998~2001년 통일부 인도지원국 인도1과 서기관·해외 파견 2001년 同기획관리실 정보화담당관 2001년 대통령 통일비서관실 행정관 2003년 한반도에너지개발기구(KEDO) 사무국 과장 2005년 통일부 통일정책실 정책총괄과장(부이사관) 2007년 同남북경제협력본부 경협기획관(고위공무원) 2008년 대통령 통일비서관실 선임행정관 2011년 통일부 정세분석국장 2012년 同대변인 2013년 同남북회담본부 상근회담대표 2013년 同북한이탈주민정착지원사무소장 2014년 同남북회담본부 상근회담대표 2014년 새누리당 정책위원회 수석전문위원 2015년 대통령 외교안보수석비서관실 통일비서관 2016~2017년 통일부 차관 2017년 대진대 통일대학원 객원교수(현) 2019년 (사)남북체육교류협회 남북스포츠교류종합센터건립추진위원회 고문(현) (종)불교

**김형석(金炯錫) KIM Hyung Seok**

(생)1972 · 7 · 18 (출)서울 (주)대전광역시 서구 둔산중로78번길 15 대전지방검찰청 특수부(042-470-4305) (학)1991년 개포고졸 1996년 서울대 사법학과졸 (경)2000년 사법고시 합격(42회) 2003년 사법연수원 수료(32기) 2003년 대구지검 검사 2005년 춘천지검 속초지청 검사 2007년 서울동부지검 검사 2010년 창원지검 검사 2012년 법무부 범죄예방기획과 검사 2014년 서울중앙지검 검사 2017년 同부부장검사 2018년 광주지검 부부장검사 2018년 국무조정실 부패예방감시단 파견 2019년 대전지검 특수부장(현)

**김형석(金亨錫)**

(생)1972 · 12 · 31 (출)충남 서산 (주)경기도 안양시 동안구 관평로212번길 70 수원지방법원 안양지원(031-8086-1114) (학)1991년 공주사대부고졸 1995년 성균관대졸 (경)1997년 사법시험 합격(39회) 2000년 사법연수원 수료(29기) 2000년 서울지법 판사 2002년 同북부지원 판사 2004년 대전지법 서산지원 판사 2008년 수원지법 성남지원 판사 2010년 서울중앙지법 판사 2012년 서울동부지법 판사 2013년 서울고법 판사 2015년 광주지법 목포지원 · 광주가정법원 목포지원 부장판사 2017년 수원지법 안양지원 부장판사(현)

**김형섭(金亨燮) Kim, Hyoung-Seop**

(생)1959 · 6 · 22 (본)경주(慶州) (출)인천 (주)경상북도 경주시 양북면 불국로 1655 한국수력원자력(주) 관리본부(054-704-5144) (학)1978년 제물포고졸 1985년 한양대 원자력공학과졸 (경)1985년 한국전력공사 입사 2012년 한국수력원자력 신월성건설소 기전실장 2013년 同건설본부 해외사업처 핀란드사업추진팀 처장 2014년 同품질안전본부 위기관리실장 2015년 同기획본부 기획처장 2015년 同고리원자력본부 신고리제3건설소장 2017년 同새울원자력본부장 2018년 同관리본부장(현) 2018년 同경영관리부사장 겸임(현) (상)기획재정부장관표창(2009)

**김형섭**

(생)1963 · 10 · 9 (출)경남 (주)제주특별자치도 제주시 문연로 18 제주지방경찰청 홍보담당관실(064-798-3213) (학)수원고졸, 동국대 경찰행정학과졸, 同대학원졸 (경)1991년 경위 임관(경찰간부후보 39기) 2003년 경정 승진 2015년 충북지방경찰청 생활안전과장(총경) 2015년 고위정책관리자과정 교육파견 2016년 충북지방경찰청 치안지도관 2016년 충북 보은경찰서장 2016년 경기남부지방경찰청 홍보담당관 2017년 경기 수원서부경찰서장 2019년 제주지방경찰청 홍보담당관(현)

**김형섭(金亨燮) Hyoung Seop Kim**

(생)1963 · 11 · 27 (주)경상북도 포항시 남구 청암로 77 포항공과대학교 신소재공학과(054-279-2150) (학)1986년 서울대 금속공학과졸 1988년 同대학원 금속공학과졸 1992년 금속공학박사(서울대) (경)1992년 동부제강 주임연구원 1994년 고등기술연구원 선임연구원 1995년 충남대 금속공학과 전임강사 · 조교수 · 부교수 · 교수 2008년 포항공과대 신소재공학과 부교수, Journal of Materials Science 편집위원(현) 2009년 국제재료공학저널 Materialss Science & Engineering 편집위원(현) 2010~2012년 미국금속재료학회(TMS) 재료거동기술위원회 위원 2011년 포항공과대 신소재공학과 교수(현) 2012년 한국과학기술한림원 정회원(공학부 · 현) 2015년 한국분말야금학회 부회장 2015~2016년 연암해외연구교수 2016년 한국연구재단 미래소재디스커버리사업단장(현) 2016년 포항공과대 고엔트로피합금연구단장(현) 2017~2019년 同산학협력단장 겸 연구처장 2019년 한국공학한림원 일반회원(현) 2019년 한국분말야금학회 회장(현) (상)과학기술정보통신부장관표창(2018) (저)'Bulk Nanostructured Materials'(2009)

**김형섭**

(생)1966 · 1 · 1 (주)경기도 수원시 영통구 삼성로 129 삼성전자 메모리사업부 DRAM PA팀(02-2255-0114) (학)1988년 경북대 전자공학과졸 1990년 미국 애리조나주립대 대학원 전자공학과졸 2008년 전기공학박사(미국 텍사스대 오스틴교) (경)1991년 삼성전자(주) 메모리사업부 메모리기술팀 근무 1994년 同반도체연구소 TD팀 근무 2002년 同메모리사업부 차세대연구팀 근무 2004~2008년 학술 연수(미국 텍사스대 오스틴교) 2008년 삼성전자(주) 메모리사업부 차세대연구팀 근무 2009년 同메모리사업부 DRAM PA팀 근무 2011년 同메모리사업부 개발QA팀장(상무) 2012년 同반도체연구소 DRAM TD팀 상무 2015년 同메모리사업부 DRAM PA팀장(전무) 2019년 同메모리사업부 DRAM PA팀장(부사장)(현)

**김형성(金炯盛) KIM Hyung Sung**

(생)1954·5·20 (본)김녕(金寧) (출)서울 (주)서울특별시 종로구 성균관로 25-2 성균관대학교 법학전문대학원(02-760-0358) (학)1980년 성균관대 법률학과졸 1985년 독일 Ruprecht-Karls-Univ. Heidelberg 대학원 법학과졸 1988년 법학박사(독일 괴팅겐대) (경)1989년 대전대 교수 1989·2004~2005년 한국공법학회 부회장 1995~2009년 성균관대 법학과 교수 1995·2004~2007년 한국경제법학회 부회장 1995·2005~2006년 한국헌법학회 회장 1996·2004~2005년 한국환경법학회 부회장 1999~2007년 미국헌법학회 이사 2004~2005년 한국공법학회 부회장 2004~2006년 성균관대 비교법연구소장 2007~2009년 국회입법조사처 초대처장 2009년 헌법재판소 자문위원 2009~2019년 성균관대 법학전문대학원 교수 2009년 경찰청 인권위원회 위원 2012~2018년 同인권위원장 2012~2015년 개인정보보호법학회 회장 2015~2017년 (사)한국경제법학회 회장 2019년 성균관대 법학전문대학원 명예교수(현) (저)'환경법의 이해'(2000, 성균관대 비교법연구소) '헌법의 이해'(2000, 성균관대 비교법연구소) '대한민국 헌법학'(2005)

**김형수(金亨洙) KIM Hyung Soo**

(생)1962·1·30 (출)대구 (주)세종특별자치시 도움5로 20 법제처 기획조정관실(044-200-6540) (학)대구 대건고졸, 영남대 행정학과졸 (경)1991년 행정고시 합격(35회), 법제처 행정관리담당관 2003년 同법령홍보담당관 2005년 同법령해석지원팀장 2007년 同총무과장 2007년 同사회문화법제국 법제관 2008년 同총무과장 2008년 同운영지원과장 2009년 同경제법제국 법제관 2010년 同기획조정관실 기획재정담당관(부이사관) 2011년 국회사무처 법제실 파견(고위공무원) 2012년 법제처 경제법제국 법제심의관 2013년 同법령정보정책관 2015년 同경제법제국장 2016년 미국 교육파견(고위공무원) 2017년 법제처 법제정책국장 2018년 同기획조정관(현)

**김형수(金炯秀)**

(생)1962·8·1 (출)전남 목포 (주)경상남도 진주시 동진로 430 중소기업진흥공단 일자리본부(055-751-9201) (학)1981년 목포고졸 1990년 인하대 응용물리학과졸 2015년 서울불교대학원대학교 상담심리학과졸(석사) (경)1993년 중소기업진흥공단 입사 2015년 同전남지역본부장 2017년 同전북지역본부장 2018년 同해외직판사업처장 2018년 同일자리지원본부장(상임이사) 2019년 중소벤처기업진흥공단 일자리본부장(상임이사)(현)

**김형수(金炯秀)**

(생)1975·1·3 (출)전남 장흥 (주)서울특별시 서초구 반포대로 157 대검찰청 형사1과(02-3480-2262) (학)1992년 광주고졸 1997년 성균관대 법학과졸 (경)1998년 사법시험 합격(40회) 2001년 사법연수원 수료(30기) 2001년 공익법무관, 전주지검 군산지청 검사 2006년 인천지검 검사 2008년 대전지검 검사 2011년 서울서부지검 검사 2015년 수원지검 부부장검사 2017년 춘천지검 속초지청장 2018년 청주지검 형사2부장 2019년 서울고검 검사 2019년 대검찰청 서민다중피해범죄대응TF팀장 겸임 2019년 대검찰청 형사1과장(부장검사)(현)

**김형숙(金亨俶·女) KIM Hyung Sook**

(생)1967 (본)안동(安東) (출)경기 수원 (주)서울특별시 관악구 관악로 1 서울대학교 미술대학 동양화과(02-880-7484) (학)1989년 서울대 서양화과졸 1992년 同대학원 미술이론학과졸 1999년 미술교육학박사(미국 오하이오주립대) (경)1996년 전미미술교육협회(NAEA) 회원 1999년 서양미술사학회 회원(현) 1999년 한국미술교육학회 이사 2002년 서울대 미술대학 동양화과 전임강사·조교수·부교수·교수(현) 2002~2004년 대학미술협의회 교육분과위원장 2002~2004년 한국미술교육학회 국제교류위원 2003년 한국미술사교육학회 회원 2003~2004년 2004광주비엔날레 관객연구위원 2003~2005년 한국조형교육학회 학술임원 2005년 교육인적자원부 미술과 교육과정 심의위원 2006~2007년 한국미술교육학회 국제교류위원장 2006~2007년 Chair of InSEA General Congress 2008년 한국미술교육학회 부회장 2009~2011년 InSEA World Councilor, International Journal of Education through Art Reviewer 2013~2014년 한국국제미술교육학회 회장 2014~2015년 (사)한국예술교육학회 회장 2016~2017년 한국미술교육학회 회장 (저)'Histories of Community - based Art Education(共)'(2001) '미술관과 소통(Museums and Communication)'(2001) '시각문화와 교육, 방법과 실천'(2004) '미술과 교수 학습방법과 실천'(2005) '기억하는 드로잉 : 서용선 1968-1982'(2014, 교육과학사) 외 다수 (역)'이시대, 젊은 예술가에게(共)'(2008, 교육과학사) (종)천주교

**김형순(金亨須) KIM Hyung Sun**

(생)1955·1·6 (출)전남 순천 (주)인천광역시 미추홀구 인하로 100 인하대학교 공과대학 신소재공학과(032-860-7545) (학)1973년 전남 순천고졸 1983년 서울대 금속공학과졸 1985년 同대학원 금속공학과졸 1989년 공학박사(영국 임페리얼대) (경)1989~1991년 영국 Oxford대 연구원 1996년 호주 New South Wales대 방문교수 1998년 이탈리아 Modena대 방문교수 2002년 순천대 신소재공학부 교수 2004년 인하대 공과대학 신소재공학과 교수(현) 2005년 'Advanced in Applied Ceramics' Editorial Board 2005년 'Metals and Materials International' Editor 2005~2006년 한국재료학회 편집장 2012년 同회장 2008~2012년 한국열물성학회 회장 2017년 한국과학학술지편집인협의회 회장(현) 2018년 한국공학한림원 정회원(재료자원공학·현) (상)한국과학기술단체총연합회 과학기술우수논문상(2005), 한일국제세라믹스세미나협의회 25주년 기념공로상(2005), International Network for Engineering Education & Research ICEE & ICEER 공로상(2009), 인하대총장표창(2012·2017) (저)'전위론의 이론과 연습'(1993) '논문 10만 고쳐써라'(2003) '영어과학논문 100 쉽게 쓰기'(2010, 서울대 출판문화원) '공학 커뮤니케이션(共)'(2009, 한티미디어) '과학 윤리 특강 : 과학자를 위한 윤리 가이드(共)'(2011, 사이언스북스) '호모 컨버전스 : 제4차 산업혁명과 미래사회(共)'(2016, 아시아) (종)가톨릭

**김형순(金炯淳) KIM Hyung Soon**

(생)1958·7·17 (본)김해(金海) (출)전남 영광 (주)광주광역시 광산구 손재로287번길 59 해양에너지(주) 사장실(062-950-1203) (학)1976년 금호고졸 1984년 전남대 화학공학과졸 (경)1984년 포항제철 시험검정과 입사 1985년 LG칼텍스정유(주) 입사 1998년 同생산기획팀장(부장) 2002년 同RFCC·동력부문장(상무) 2004년 同생산지원(EHS)부문장 2005년 GS칼텍스 HOU프로젝트부문장(상무) 2008년 同HCR부문장 2009년 同HCR부문장 겸 생산2공장장(전무) 2011년 同생산1공장장 2012년 同프로젝트추진단장 2014년 同대외협력부문장(전무) 2015년 (사)한국화학공학회 홍보이사 2015년 同광주·전남·제주지부장 2016년 여수해양경비안전서 해양치안협의회 위원 2017~2019년 해양도시가스 대표이사 사장 2018년 (사)한국화학공학회 지부총괄 부회장(현) 2018년 同광주·전남·제주지부 평의원(현) 2019년 해양에너지(주) 대표이사 사장(현) 2019년 한국화학공학회 차기 수석부회장(2020년부터)(현)

## 김형식(金炯植)

(생)1968 · 6 · 2 (출)충북 청원 (주)경기도 수원시 영통구 법조로 105 수원지방법원 총무과(031-210-1101) (학)1986년 청주 신흥고졸 1991년 서울대 법학과졸 (경)1998년 사법시험 합격(40회) 2001년 사법연수원 수료(30기) 2001년 대전지법 판사 2002년 대전고법 판사 2003년 대전지법 판사 2004년 수원지법 판사 2007년 서울가정법원 판사 2010년 서울중앙지법 판사 2012년 서울동부지법 판사 2014년 대법원 재판연구관 2017년 대구지법 포항지원 · 대구가정법원 포항지원 부장판사 2019년 수원지법 부장판사(현)

## 김형연(金炯淵) KIM Hyeong Yeon

(생)1966 · 7 · 9 (출)인천 (주)세종특별자치시 도움5로 20 법제처 처장실(044-200-6500) (학)1985년 인천고졸 1992년 서울대 사범대학 사회교육과졸 (경)1997년 사법시험 합격(39회) 2000년 사법연수원 수료(29기) 2000년 서울지법 판사 2002년 同서부지원 판사 2004년 춘천지법 원주지원 판사 2007년 인천지법 부천지원 판사 2009년 서울남부지법 판사 2011년 서울중앙지법 판사 2012년 서울고법 판사 2013~2015년 헌법재판소 파견 2015년 광주지법 · 광주가정법원 순천지원 부장판사 2017년 인천지법 부장판사 2017~2019년 대통령 민정수석비서관실 법무비서관 2019년 법제처장(현)

## 김형영(金炯泳) KIM Hyeong Young

(생)1967·4·16 (출)전북 전주 (주)경기도 과천시 관문로 47 중소벤처기업부 소상공인정책관실(042-481-4532) (학)1985년 전북 신흥고졸 1990년 고려대 행정학과졸 2005년 미국 노스캐롤라이나대 대학원 경영학과졸 (경)2002년 중소기업청 벤처기업국 벤처정책과장 2003년 해외 유학(서기관) 2005년 국가균형발전위원회 파견 2006년 중소기업청 동향분석팀장 2007년 同기술경영혁신본부 기술혁신정책팀장 2008년 同소상공인정책과장 2010년 同창업진흥과장(부이사관) 2011년 同창업벤처국 벤처정책과장 2013년 同소상공인정책국장 2014년 중앙공무원교육원 교육파견(부이사관) 2015년 중소기업청 창업벤처국장 2017년 서울지방중소기업청장 2017년 서울시 일자리위원회 위원(현) 2017년 서울지방중소벤처기업청장 2019년 중소벤처기업부 소상공인정책관(현)

## 김형오(金炯旿) KIM Hyong O (林堂)

(생)1947 · 11 · 30 (본)김해(金海) (출)경남 고성 (주)부산광역시 금정구 부산대학로63번길 2 부산대학교(051-512-0311) (학)1966년 경남고졸 1971년 서울대 외교학과졸 1975년 同대학원 정치학석사 1989년 경남대 대학원 박사과정 수료 1997년 고려대 컴퓨터과학기술대학원 최고위과정 수료 1999년 정치학박사(경남대) 2007년 명예 법학박사(한국해양대) 2008년 명예 교육학박사(공주대) 2009년 명예 관리학박사(중국 천진대) 2011년 명예박사(불가리아 소피아대) (경)1975년 동아일보 기자 1978년 외교안보연구원 연구관 1982~1986년 대통령비서실 근무 1986년 국무총리 정무비서관 1988년 민주화추진위원회 전문위원 1990년 대통령 정무비서관 1992~1996년 제14대 국회의원(부산 영도구, 민자당 · 신한국당) 1996년 제15대 국회의원(부산 영도구, 신한국당 · 한나라당) 1999년 수필가 등단 2000년 제16대 국회의원(부산 영도구, 한나라당) 2000년 한나라당 부산시지부 위원장 2001년 국회 실업대책특별위원장 2001~2003년 국회 과학기술정보통신위원장 2003년 한나라당 디지털한나라당추진기획위원장 2004년 同공동선대본부장 2004~2005년 同사무총장 2004년 제17대 국회의원(부산 영도구, 한나라당) 2005년 同인재영입위원장 2006~2007년 同원내대표 2007년 제17대 대통령직인수위원회 부위원장 2008년 제18대 국회의원(부산 영도구, 한나라당 · 무소속 · 한나라당 · 새누리당) 2008~2010년 국회 의장(제18대 전반기) 2008년 한 · 일의원연맹 고문 2011년 한나라당 평창동계올림픽유치특별위원회 고문 2013년 부산대 석좌교수(현) 2014~2016년 새누리당 상임고문 2015년 한국경제신문 객원대기자 2015년 (사)백범김구선생기념사업협회 회장(현) 2017년 국회 헌법개정특별위원회 자문위원회 공동위원장 (상)대통령표창, 한국언론인협회 제8회 자랑스런한국인대상-정치발전부문(2008), 불가리아 소피아대 명예학술상-블루리본상(2009), 그리스 국회의장훈장(2010), 몽골 북극성훈장(2010), 국민훈장 무궁화장(2013) (저)'4 · 19세대의 현주소' '태국의 군부와 정치' '영국의 의회 · 정당 및 정치' '한국 보수정당의 장래' '김형오가 본 세상, 세상이 본 김형오' '엿듣는 사람들' 수필집 '돌담집 파도소리'(2003) '길 위에서 띄운 희망편지'(2009) '김형오의 희망편지-사랑할 수밖에 없는 이 아름다운 나라'(2010) '술탄과 황제'(2012, 21세기북스) '다시 쓰는 술탄과 황제'(2016, 21세기북스) (종)기독교

## 김형완(金炯完)

(생)1960 · 4 · 21 (출)전북 순창 (주)대전광역시 서구 문정로40번길 51 한국산지보전협회(042-716-0930) (학)1978년 전주고졸 1989년 서울시립대 행정학과졸 2004년 국방대학원졸(석사) (경)1978년 공무원 임용 1978~1996년 산림청 산림자원조사연구소 · 임업시험장 · 임업연수원 · 임업연구원 · 산림청 총무과 · 산림경영과 근무 1997년 산림청 산불방지과 근무 2000년 同임업연수부 교육과 근무 2001~2007년 국방대학원 파견 · 산림청 산림정책과 근무 2007~2010년 친일반민족행위자재산조사위원회 파견 2010년 산림청 국립백두대간수목원조성팀장 2010년 同청장 비서관 2011년 同산림경영소득과장(서기관) 2013년 同대변인 2015년 同국유림관리과장 2016년 同운영지원과장(부이사관) 2017~2019년 서부지방산림청장(부이사관) 2019년 한국산지보전협회 회장(현)

## 김형우(金炯佑) KIM Hyoung Woo

(생)1955 · 2 · 14 (출)대전 (주)인천광역시 강화군 불은면 중앙로 602-14 안양대학교 강화캠퍼스 교양학부(032-930-6025) (학)1978년 동국대 사학과졸 1983년 同대학원졸 1993년 사학박사(동국대) (경)1983년 상명여대 사학과 강사 1984년 충남대 사학과 강사 1985년 동국대 사학과 강사 1987년 문화재청 문화재감정위원 1999년 강화역사문화연구소 소장(현) 2000년 강화군사편찬위원 2006년 인천시 문화재위원(현) 2007년 문화재청 문화재감정관 2012년 안양대 강화캠퍼스 교양학부 교수(현) (저)'고승진영' '강화지리지' '신편강화사' '한국전통문화론' '강화의 문화재' (역)'역주심도기행'

## 김형욱(金炯郁) KIM Hyung Wook (允谷)

(생)1952·3·26 (본)삼척(三陟) (출)경북 포항 (주)서울특별시 마포구 와우산로 94 홍익대학교 경영학과(02-320-1706) (학)1970년 부산고졸 1974년 서울대 화학공학과졸 1976년 한국과학원 산업공학과졸 1984년 경영학박사(한국과학기술원) (경)1976~1979년 한국과학기술연구원(KIST) 선임연구원 1979~1980년 국제경제연구원(KIET) 책임연구원 1980~1989년 홍익대 경영학과 조교수·부교수 1986~1988년 한국경영학회 이사 1989~2017년 홍익대 경영학과 교수 1993~2001년 한국경영과학회 총무이사·부회장 1994~1995년 미국 Univ. of Wisconsin 연구교수 1995~1997년 홍익대 경영대학장 1995년 한국품질경영학회 부회장·회장·고문·전임회장(현) 1997~2000년 홍익대 학생처장 1997~2000년 同국제경영대학원장 1998~2000년 전국대학교학생처장협의회 감사 2000~2002년 홍익대 기획연구처장 2002~2008년 同기획발전위원장 2003~2004년 한국품질경영학회 회장 2009년 홍익대 중앙도서관장 2018년 同경영대학 경영학부 초빙교수(현) (상)녹조근정훈장(2002) (저)'기업문화와 품질경영전략' '경영수학'(1992, 법경사) '경영수학과 의사결정(共)'(2004, 시그마 익스프레스) '품질없이는 대한민국 미래없다(共)'(2006, 한국품질재단) (종)기독교

ㄱ

## 김형웅(金亨雄) KIM Hyung Woong

(생)1956·1·20 (본)경주(慶州) (출)부산 (주)경기도 용인시 수지구 포은대로59번길 20 미원스페셜티케미칼(주) 회장실(031-479-9140) (학)1974년 신일고졸 1980년 고려대 기계공학과졸 (경)1981년 현대종합상사 근무 1983년 (주)현대중공업 과장 1991년 (주)미원상사 부장 1993년 同기획담당 이사 1996년 同상무이사 1996년 (주)아시아첨가제 대표이사 사장(현) 1999년 (주)미원상사 대표이사 사장 2009~2017년 (주)미원스페셜티케미칼 대표이사 회장 2017년 미원스페셜티케미칼(주) 회장(현) (상)산업자원부장관표창, 기획재정부장관표창, 국세청장표창

## 김형원(金亨元)

(생)1962·12·26 (본)경주(慶州) (주)강원도 춘천시 중앙로 1 강원도의회(033-256-8035) (학)강릉고졸, 한양대 사회학과졸 (경)동부생명 동해지점 부지점장, 열린학원·JTL외국어학원 원장, (주)엠금융서비스 동해지점장, 자치분권동해연대 공동대표, 민족평화축전 조직위원, 참여정치실천연대 이사, '메아리3651' 발행인, 묵호중 총동창회 사무국장, 국제로타리 강원지구 연수차장, 열린우리당 동해시협의회 부곡동지회장 2006년 강원도의원선거 출마(열린우리당) 2018년 더불어민주당 강원도당 사회복지제도개선특별위원회 부위원장(현) 2018년 강원도의회 의원(더불어민주당)(현) 2018년 同경제건설위원회 부위원장(현) 2018년 同의회운영위원회 위원(현)

## 김형원(金炯苑)

(생)1972·2·13 (출)서울 (주)경상남도 창원시 성산구 창이대로 681 창원지방법원(055-239-2009) (학)1991년 홍익대사대부고졸 2000년 중앙대 법학과졸 (경)1999년 사법시험 합격(41회) 2002년 사법연수원 수료(31기), 재정경제부 정책국 소비자정책과 사무관, 국세심판원 제5심판관 제13조사관실 사무관 2007년 사법연수원 법관임용연수 2008년 대전지법 판사 2011년 수원지법 평택지원 판사 2014년 서울행정법원 판사 2015년 서울북부지법 판사 2017년 서울중앙지법 판사 2018년 창원지법 부장판사(현)

## 김형욱(金瀅六) KIM Hyung Youk

(생)1945·1·26 (출)서울 (주)경기도 화성시 영통로26번길 72 (주)한양이엔지 비서실(031-695-0000) (학)한양대 전기공학과졸, 고려대 경영대학원 수료, 서강대 대학원 최고경영자과정 수료 (경)1971~1977년 (주)삼성반도체통신 근무 1977~1988년 금호공업 대표이사 1999~2013년 한양이엔지(주) 대표이사 회장 2014년 同공동대표이사(현) (상)동탑산업훈장 (종)천주교

## 김형작(金亨作)

(생)1970·3·5 (출)경기 군포 (주)전라북도 전주시 덕진구 사평로 25 전주지방법원 총무과(063-259-5466) (학)1989년 금천고졸 1993년 홍익대 법학과졸 2001년 同대학원졸 (경)2000년 사법시험 합격(42회) 2003년 사법연수원 수료(32기) 2003년 서울지법 예비판사 2005년 서울가정법원 판사 2007년 춘천지원 영월지원 판사 2010년 대전지법 서산지원 판사 2012년 대전지법 판사 2015년 대전고법 판사 2017년 대전가정법원 판사 2018년 전주지법 부장판사(현)

## 김형종(金炯宗)

(생)1960·6·22 (주)서울특별시 강남구 도산대로 523 한섬빌딩 (주)한섬 비서실(02-3416-2000) (학)명지고졸, 국민대 경영학과졸 (경)1985년 현대백화점 입사 2004년 同기획조정본부 경영개선팀장, (주)한국물류 경리팀 근무 2006년 현대백화점 생활상품사업부장(이사대우) 2006년 同목동점장 2007년 同목동점장(상무) 2008년 同상품본부장(상무갑) 2010년 同상품본부장(전무) 2012년 (주)한섬 부사장 2013년 同대표이사 부사장 2016년 同대표이사 사장(현) (상)국무총리표창(2016) (종)불교

## 김형주(金炯柱) KIM Hyeong Joo

(생)1963·9·24 (출)경남 사천 (주)서울특별시 서초구 강남대로47길 13 동암빌딩 5층 한국블록체인산업진흥협회(02-511-3730) (학)1982년 부산 동인고졸 1988년 한국외국어대 서반아어과졸 1991년 同대학원 동유럽지역연구학과졸 1995년 러시아 세계경제와 국제관계연구소 연구생과정 수료 1996년 정치학박사(한국외국어대) (경)1988년 쌍방울 근무 1993년 한국외국어대·배재대·경희대·성균관대 강사 1995년 쌍용연수원 동북아과정 러시아정치담당 교수 1997년 청년정보문화센터 부소장 1998년 호서대 해외개발학과 겸임교수 1999년 청년정보문화센터 소장 2000년 한국청년연합회 회장 2001년 청년세계탐구단 이사·실행위원장 2001년 한일청년포럼 한국위원회 대표 2001년 한국청년연합회 공동대표 2002년 민족화해범국민협의회 청년위원장 2002년 국제투명성기구 한국본부 이사·반부패국민연대 이사 2003년 서울시립청소년문화교류센터 소장 2003년 대통령직인수위원회 사회·문화·여성분과 자문위원 2003년 민주평통 자문위원 2003년 개혁국민정당 상임운영위원·연수원 부원장 2003년 한국청소년개발원 객원연구위원 2004년 좋은친구만들기운동 이사장 2004~2008년 제17대 국회의원(서울 광진乙, 열린우리당·대통합민주신당·통합민주당) 2005년 열린우리당 서울시당 중앙위원 2006년 同홍보미디어위원장 2006~2007년 참여정치실천연대 대표 2007년 국제사회봉사의원연맹 부회장 2009년 (사)KYC한국청년연합 이사 2011~2012년 서울시 정무부시장 2013년 서울시립대 초빙교수, 국민대 글로벌창업벤처대학원 객원교수 2017년 한국블록체인산업진흥협회 초대 이사장(현) 2019년 한국블록체인협단체연합회 회장(현) 2019년 (사)한중남미협회 이사(현) (저)'문화로 본 러시아' '러시아 혁명과 문화-레닌과 보그다노프 문화논쟁을 중심으로' '러시아, 새 질서의 모색'(共) '소련해체 전후의 러시아 대중문화 연구' '소련해체 이후의 러시아와 중앙아시아 국제관계 연구' '청소년의 권익증진과 대통령 청소년특별회의에 관한 연구' (종)불교

## 김형주(金炯柱) Hyung Joo Kim

(생)1970 (주)세종특별자치시 한누리대로 402 산업통상자원부 통상국내정책관실(044-203-4110) (학)1991년 고려대 경제학과졸 1994년 同대학원 경제학과졸 2005년 경제학박사(고려대) (경)1995~2018년 LG경제연구원 연구위원 2002~2004년 호주국립대 방문연구원 2006~2009년 외교통상부 통상교섭본부 한미·한EU FTA 전문가 자문위원 2014~2015년 고려대 아세아문제연구소 연구위원 2014~2018년 관세청 FTA정책자문위원 2015년 미국 하와이대 방문연구원 2016년 외교부 자체평가위원 2017년 산업통상자원부 자체평가위원 2018년 同통상국내정책관(국장급)(현) (저)'뉴스 속의 경제 따라잡기(共)'(2000) '지역무역협정(RTA)에 따른 생산성효과 분석(共)'(2006)

## 김형주(金亨柱)

(생)1977·4·24 (출)전남 순천 (주)전라남도 순천시 왕지로 21 광주지방검찰청 순천지청 형사2부(061-729-4309) (학)1995년 명덕외국어고졸 2001년 서울대 공법학과졸 (경)2000년 사법시험 합격(42회) 2003년 사법연수원 수료(32기) 2003년 공익법무관 2006년 대전지검 검사 2008년 전주지검 군산지청 검사 2011년 수원지검 안산지청 검사 2013년 서울동부지검 검사 2015년 부산지검 검사 2017년 同부부장검사(금융부실책임조사본부 파견) 2018년 대전지검 부부장검사 2019년 광주지검 순천지청 형사2부장(현)

## 김형준(金亨晙) KIM HYUNG JOON

(생)1960 · 11 · 15 (출)서울 (주)전라남도 여수시 여수산단3로 117 한화케미칼(주) 여수공장(061-688-1114) (학)1979년 대성고졸 1986년 고려대 화학공학과졸 (경)1985년 (주)한화 입사 2006년 (주)한화석유화학 유화사업개발실(상무보) 2010년 한화케미칼(주) IPC TFT Engineering Part 상무보 2011년 同IPC TFT Engineering Part 상무 2013년 同IPC TFT Engineering Part장(상무) 2016~2017년 同울산공장장(전무) 2018년 同여수공장장(전무)(현)

## 김형준(金亨駿) KIM, HYEONG-JUN

(생)1966·1·31 (본)김해(金海) (출)부산 (주)서울특별시 종로구 새문안로5길 31 김앤장법률사무소(02-3703-1114) (학)1984년 부산 브니엘고졸 1994년 일본 게이오대 상학부졸(상학 학사) 2000년 연세대 행정대학원 행정학과졸(행정학석사) 2014년 호서대 벤처전문대학원 벤처경영학과졸(경영학박사) (경)1991년 한일학생회의 한국유학생 대표 1991년 한일학생세미나 한국유학생 대표 1992년 일본 게이오대학 한국유학생회 회장 1993년 제11대 在日한국유학생연합회 회장 1993년 국제유학생대표자회의 의장 2001~2008년 일본 다이와리조트(주) 한국지사장 2007~2008년 駐韓외국기업경영자협회 부회장 2007~2008년 남서울대 광고홍보학과 외래교수 2008~2011년 대통령 기획관리·의전비서관실 선임행정관 2011년 대통령 홍보수석비서관실 비서관(춘추관장) 2012년 (주)쌍용건설 상임감사 2012~2016년 일본 후쿠이현립대 지역경제연구소 객원연구원 2014~2016년 법무법인 세종 상임고문 2016년 김앤장법률사무소 상임고문(현) 2017년 아태정책연구원 정책자문위원(현) 2018년 일본 게이오대 한국동창회(三田會) 부회장(현) (상)문화체육관광부장관표창(2009), 대통령표창(2009)

## 김형중 Kim Hyeong Jung

(생)1957 (출)충남 논산 (주)서울특별시 서초구 명달로 105 한국세무사회(02-521-9451) (학)동국사대부고졸, 건국대 법학과졸 (경)서울지방국세청 특조담당관실 근무, 국세청 총무과 인사계 근무, 울산세무서 세원관리3과장, 국세청 운영지원과 인사계 근무, 同인사 2 · 1계장, 이천세무서장, 중부지방국세청 운영지원과장 2009년 대통령 인사비서관실 행정관, 부산지방국세청 조사1국장, 국방대학원 파견, 중부지방국세청 조사4국장 2014~2015년 대전지방국세청장 2017년 한국세무사회 부회장(현) 2019년 (주)현대리바트 사외이사(현)

## 김형중(金亨中) KIM Hyung Jung

(생)1957·1·30 (본)광산(光山) (주)서울특별시 서대문구 연세로 50-1 강남세브란스병원 내과(1599-1004) (학)1982년 연세대 의대졸 1991년 同대학원 의학석사 1997년 의학박사(가톨릭대) (경)1989~2004년 연세대 의대 내과학교실 조교수·부교수 1993~1995년 미국 국립보건원 연구원 2004년 연세대 의대 내과학교실 교수(현) 2009~2011년 同강남세브란스병원 호흡기내과장 2011~2014년 同강남세브란스병원 부원장 2011년 同강남세브란스병원 임상연구관리실장 2014년 同의료원 폐질환연구소장 2014~2016년 同강남세브란스병원장 (상)서울시의사회 봉사상 (저)'호흡기학'(2003)

## 김형진(金亨鎭) KIM Hyung Jin

(생)1954 · 1 · 15 (본)안동(安東) (출)강원 태백 (주)서울특별시 서대문구 연세로 50 연세대학교 도시공학과(02-2123-2890) (학)1973년 경성고졸 1981년 연세대 건축공학과졸 1989년 미국 오하이오주립대 대학원 도시및지역계획학과졸 1994년 도시계획학박사(미국 일리노이주립대) (경)1981~1986년 (주)한양 해외건축부 · 건축기술직 대리 · 건축시공 및 공무 1982~1984년 Haifa Street Development Part1 Project 바그다드 · 이라크 제1공구 공구장 1989~1993년 미국 일리노이주립대 도시교통센터 도시교통계획분야 연구원 1994~1997년 국토연구원 건설교통연구실 책임연구원 1997년 연세대 도시공학과 조교수 · 부교수 · 교수 1998~2003년 서울시 건축위원회 위원 1998~2000년 해양수산부 설계자문위원 1998~2009년 건설교통부 · 국토해양부 중앙교통영향심의위원회 위원 2000~2002년 건설교통부 도로정책심의위원회 심의위원 2002~2005년 서울시도시개발공사 설계자문위원 2002~2003년 연세대 도시공학과장 2003~2008년 건설교통부 신공항건설심의위원 · 대도시권광역교통위원회 위원 2005~2007년 경제인문사회연구회 기획평가위원 2005~2007년 경기도 교통영향심의위원 2005~2007년 (사)대한교통학회 부회장 2006~2007년 조달청 기술평가위원 2006~2007년 인천시 도시계획위원 2006~2008년 건설교통부 지능형교통체계(ITS)실무위원회 위원(국가교통위원회 위원 겸임) 2006~2007년 연세대 공과대학 도시교통과학연구소장 2007년 한국토지공사 전북혁신도시 계획지도위원(MP) 2007~2008년 한국교통연구원 원장 2007~2008년 대통령직속 국민경제자문회의 자문위원(중앙도시계획위원회 위원 겸임) 2007~2009년 건설교통부 · 국토해양부 철도산업위원회 위원 2007~2008년 국무조정실 낙후지역투자촉진민간자문위원회 위원 2007~2008년 경제인문사회연구소 통일문제연구협의회 공동의장 2009년 인천시 교통영향분석개선대책심의위원장 2011년 충북도 건설심의위원 2011~2013년 감사연구원 자문위원장 2012년 육군본부 육군군수정책자문위원 2012년 경기도 건축위원회 위원 2012년 교통산업포럼 공동회장 2012년 서울시 교통영향심의위원장 2013년 同설계심의분과위원회 위원 2013~2014년 同지역균형발전위원회 위원 2013~2016년 同도시재정비위원회 위원 2013~2014년 상주시 미래정책연구위원회 위원장 2019년 연세대 도시공학과 명예교수(현) 2019년 민주평통 운영위원(현) (상)대한교통학회 학술발표회 우수논문상(2004 · 2009), 2011 연세대 우수업적 교수상(2012) (저)'교통계획의 이해(共)'(1998) (역)'도로교통공학'(2000) (종)기독교

## 김형진(金亨珍) KIM Hyung Jin

(생)1958 · 10 · 10 (출)전남 장흥 (주)서울특별시 강동구 상일로10길 36 세종텔레콤 임원실(02-3415-4200) (학)1979년 경기고부설방송통신고졸 1997년 한국외국어대 세계경영대학원 최고세계경영자과정 수료 1999년 서울대 공과대학원 최고산업전략과정 수료 2000년 연세대 언론홍보대학원 최고위과정 수료 2001년 서울대 경영대학원 최고경영자과정 수료 (경)1978년 서울지법 성동지원 근무 1982년 홍승캐피탈(주) 대표이사 사장 1990년 (주)세종 대표이사 회장(현) 1998년 (주)세종기술투자 대표이사 사장 1999년 세종증권(주) 대표이사 회장 1999년 (주)세종금융지주회사 회장 2000~2007년 안익태기념재단 이사장 2003년 전국경제인연합회 국제경영원 이사 2003년 한국서비스경영학회 회장 2004년 (주)세종캐피탈 회장 2007년 (주)엔터프라이즈네트웍스 대표이사 2007~2015년 세종텔레콤 대표이사 2017년 同경영총괄 회장 2018년 同대표이사 회장(현) (상)한국외국어대총동문회 특별공로상(2010), 전경련국제경영원(IMI) 선정 우수지식경영인(2016), 한중경제협력포럼 한중경제협력상(2017), 자랑스런 전남인상(2017)

## 김형진(金炯辰) KIM Hyoung Zhin

(생)1961 · 12 · 19 (본)광산(光山) (출)강원 춘천 (주)서울특별시 종로구 사직로8길 60 외교부 인사운영팀(02-2100-7143) (학)1980년 서울 마포고졸 1984년 서울대 경제학과졸 1989년 미국 프린스턴대 우드로윌슨 행정대학원졸(석사) (경)1983년 외무고시 합격(17회) 1984년 외무부 입부 1990년 駐미국 2등서기관 1993년 駐가나 1등서기관 1995년 경수로사업지원기획단 파견 1997~2000년 외교통상부 북미1과 · 북미2과 서기관 2000년 駐중국 1등서기관 2002년 대통령비서실 파견 2003년 외

교통상부 북미국 북미1과장 2006년 駐미국 참사관 2009년 駐미국 공사참사관 2010년 외교통상부 북미국장 2012년 교육파견(국장급) 2013~2015년 대통령 외교안보수석비서관실 외교비서관 2015년 외교부 기획조정실장 2016~2017년 同차관보 2016~2017년 연합뉴스 수용자권익위원회 위원 2017년 駐벨기에유럽연합(EU) 대사(현) (종)기독교

**김형진(金亨進)**

(생)1973·10·17 (출)충남 공주 (주)서울특별시 서초구 서초중앙로 157 서울고등법원(02-530-1114) (학)1992년 성동고졸 1997년 고려대 법학과졸 (경)1998년 사법시험 합격(40회) 2001년 사법연수원 수료(30기) 2001년 軍법무관 2004년 수원지법 판사 2006년 서울중앙지법 판사 2008년 청주지법 판사 2012년 인천지법 판사 2014년 서울남부지법 판사 2014~2016년 사법정책연구원 연구위원 겸임 2016년 광주지법 부장판사 2017년 대구지법 부장판사 2018년 서울고법 판사(현)

**김형찬(金亨燦) KIM Hyoung Chan**

(생)1967·4·1 (출)부산 (주)대전광역시 유성구 과학로 169-148 국가핵융합연구소(042-879-5404) (학)1990년 서울대 물리학과졸 1992년 同대학원 물리학과졸 1999년 이학박사(서울대) (경)2001년 한국기초과학지원연구원 선임연구원 2003년 과학기술부 극한물성연구실 연구책임자 2003년 한국물리학회 응집물질물리학분과 홍보간사 2005년 한국초전도학회 이사 2005년 한국기초과학지원연구원 부설 핵융합연구센터 선임연구원 2008년 同부설 국가핵융합연구소 책임연구원(현) 2010년 IEA Technical Cooperation Program on Fusion Materials 한국위원(현) (상)미래창조과학부장관 표장(2013)

**김형천(金滎川) KIM Hyung Chun**

(생)1959·12·7 (출)경북 경주 (주)경상남도 창원시 성산구 창이대로 681 창원지방법원 총무과(055-239-2009) (학)1977년 경주고졸 1982년 부산대 법학과졸 (경)1985년 사법시험 합격(27회) 1988년 사법연수원 수료(17기) 1988년 수원지법 성남지원 판사 1990년 서울지법 북부지원 판사 1992년 대구지법 경주지원 판사 1995년 서울지법 판사 1997년 同동부지원 판사 1999년 수원지법 성남지원 판사 2001년 대법원 재판연구관 2003년 부산지법 부장판사 2006년 울산지법 부장판사 2008년 부산지법 가정지원장 2010~2012년 창원지법 수석부장판사 2010년 언론중재위원회 경남중재부장 2012년 부산고법 형사1부 부장판사 2014년 부산지법 수석부장판사 2016년 부산고법 수석부장판사 2019년 창원지법원장(현)

**김형철(金亨澈) KIM Hyong Chol**

(생)1952·9·10 (본)김해(金海) (출)충남 예산 (주)서울특별시 중구 통일로 92 케이지타워 19층 이데일리(02-3772-0101) (학)1979년 국민대 경영학과졸 1994년 일본 와세다대 대학원 상학연구과졸 (경)1979년 한국경제신문 사회부 기자 1990년 同일본특파원 1994년 同국제부 차장 1995년 同산업1부 차장 1996년 同한경비즈니스국 편집장 1997년 同사회부장 1999년 同판매국장 1999년 同독자서비스국장 2000년 同편집국 부국장 2001년 同편집국장 2001년 同이사대우 편집국장 2002년 同이사대우 광고국장 2004년 同이사 2004~2008년 한경비즈니스 발행인 겸 편집인 2005년 'MONEY' 발행인 2007년 'PROSUMER' 발행인 2007년 한국신문협회 출판협의회장 2008년 한국경제매거진(주) 발행인 겸 편집인, 同상임고문 2008년 IR 자문위원 2010년 1인창조기업협회 이사장 2010~2011년 국민대 행정대학원 초빙교수 2011년 시사저널 대표이사 겸 발행인 2012년 이데일리 대표이사 사장(현) 2014~2016년 이데일리TV 대표 겸임 (상)문화관광부장관표창(2008) (저)'재테크시대의 주식투자' '서민금융의 육성방향' '장사꾼으로 거듭나는 사무라이 혼' '증권기사 100 활용하기' (역)'CEO to CEO' '엄마의 습관이 부자아이를 만든다'(2005) '카르마경영'(2005) '소호카의 꿈'(2007) '서브프라임의 복수'(2008) (종)불교

**김형철 Kim Hyung Chul**

(생)1960·12·4 (주)서울특별시 용산구 한강대로 167 용산소방서(02-797-3842) (학)동국대 행정대학원 행정학과졸 (경)1984년 소방공무원 임용 2008년 서울소방재난본부 특수구조대장 2012년 同청와대소방대장 2015년 서울 중부소방서장 2016년 서울 도봉소방서장 2018년 서울 용산소방서장(현)

**김형철(金炯哲)**

(생)1964 (본)경남(慶南) (주)부산광역시 연제구 중앙대로 999 부산지방경찰청 홍보담당관실(051-899-2114) (학)부산중앙고졸 1987년 경찰대졸(3기) (경)1987년 경위 임관 2001년 경정 승진, 부산지방경찰청 면허계장·관제계장·홍보계장 2010년 울산지방경찰청 홍보담당관(총경) 2011년 울산 울주경찰서장 2012년 부산지방경찰청 교통과장 2013년 부산 서부경찰서장 2015년 부산지방경찰청 교통과장 2016년 부산 남부경찰서장 2017년 울산지방경찰청 보안과장 2018년 부산진경찰서장 2019년 부산지방경찰청 홍보담당관(현)

**김형철(金洞徹)**

(생)1975·2·4 (출)제주 서귀포 (주)대구광역시 달서구 장산남로 30 대구지방법원 서부지원(053-570-2114) (학)1993년 제주 남주고졸 1998년 고려대 법학과졸 (경)2000년 사법시험 합격(42회) 2003년 사법연수원 수료(32기), 육군 법무관, 제주지법 판사 2009년 수원지법 안산지원 판사 2012년 서울동부지법 판사, 서울중앙지법 판사 2015년 서울남부지법 판사 2017년 서울중앙지법 판사 2018년 대구지법 서부지원 부장판사(현)

**김형춘 KIM, Hyoung-Chun**

(생)1954·4·16 (주)강원도 춘천시 강원대학길 1 강원대학교 약학대학(033-250-6114) (학)1976년 중앙대 약학과졸 1984년 同대학원 약학과졸 1987년 약학박사(중앙대) (경)1989~2001년 강원대 약학과 전임강사·조교수·부교수 1992~1993년 미국 텍사스A&M대 객원연구원 1993~1994년 미국 NIH·NIEHS 방문연구원 2001~2018년 강원대 약학대학 정신신경약리연구실·신경약리학연구실 교수 2001~2003년 同약학대학장 2007~2008년 同종합약학연구소장 2009~2012년 국제신경화학회지(ISSN) 편집위원 2012년 아시아·태평양신경과학회(APSN) 집행위원(현) 2018년 강원대 약학대학 연구석좌교수(현) (상)대한약사회 약학연구부문 약사금탑상(2016)

**김형태(金炯泰) KIM Hyung Tae**

(생)1946·5·9 (본)김해(金海) (출)충남 논산 (주)서울특별시 종로구 김상옥로 30 한국기독교연합회관 1312호 한국교육자선교회(02-744-1330) (학)1966년 논산 대건고졸 1969년 한남대 영어영문학과졸 1976년 同대학원졸 1980년 필리핀 De La Salle대 대학원 상담학과졸 1989년 교육학박사(충남대) (경)1970년 중도일보 편집국 기자 1973년 대성여고·대성여상 교사 1981~1992년 한남대 사범대학 교육학과 전임강사·조교수·부교수 1982년 同학생생활연구소장 1983년 대전시카운슬러

협회 부회장 1984~1986 · 2006~2008년 한남대 사범대학 교육학과장 겸 학생상담센터 소장 1985~1987년 同기획실장 1987~1989년 학교법인 대전기독학원 법인처장 1987년 한국대학상담학회 부회장 1990년 전국대학학생생활연구소장협의회 회장 1990~1992년 한남대 기획처장 1992년 同사범대학 교육학과 교수 1994~1996년 同교육대학원장 1998년 한국대학상담학회 회장 2000 · 2006년 한국상담학회 회장 2001~2003년 한남대 인재개발원장 겸 평생교육원장 2003~2006년 同부총장 2004~2006년 한국카운슬러학회 회장 2006년 한남대 학생상담서비스센터장 2008~2016년 同총장(제14 · 15대) 2008년 한국대학교육협의회 국제화분과 위원장 2009~2011년 한국교육자선교회 중앙회장 2009년 대전문화재단 이사 2010년 아시아 · 태평양기독교학교연맹(APFCS) 회장 2012년 공군 정책발전자문위원 2012년 통일부 통일교육위원회 대전협의회장 2013년 아시아 · 태평양기독교학교연맹(APFCS) 이사장 2014~2015년 대전크리스찬리더스클럽 회장 2014년 한국사립대학총장협의회 대전 · 충남지역 분과협의회장 2014~2016년 대전일보 독자권익위원회 위원장 2014~2018년 대한적십자사 중앙위원 2016년 한국교육자선교회 이사장(현) [상]한남대 연구우수교수상(2003), 대전일보 대일비호대상(2004), 한국교육학회 부회장역임 공로상(2007), 한국카운슬러협회 특별공로상(2007), 한국기독교학교연맹 출판문화상(2008), 한국장로문인회 문학상(2011) [저]'기독교 문화와 생활신앙' '21세기를 위한 상담심리학' '청소년 세대 교육론' '교육심리학' '청소년 학업상담'(共) '현대사회와 인성교육'(共) '크리스찬 Pax Koreana의 비전'(共) 정년퇴임 문집'굽은 손가락의 선물'(2015) 등 54권 [종]기독교

## 김형태(金亨泰) KIM Hyoung Tai

[생]1947 · 4 · 15 [출]경북 상주 [주]서울특별시 구로구 경인로 662 디큐브시티 12층 (주)대성산업가스 비서실(02-721-0822) [학]1969년 성균관대 정치학과졸 2010년 고려대 국제대학원 글로벌그린리더십과정(GLP) 수료 [경]Dubai Electricity Company(UAE) 자재부 Controller, (주)서울에너지 상무이사 2004년 (주)대성산업가스 부사장 2009년 同대표이사 사장 2014년 同공동대표이사 사장 2018년 同공동대표이사 부회장(현) [상]국무총리표창(2008), 산업포장(2010 · 2011) [종]기독교

## 김형태(金亨泰) KIM Hyung Tae

[생]1955 · 1 · 1 [본]김해(金海) [출]충남 논산 [주]대전광역시 서구 둔산중로78번길 26 민석타워 9층 법무법인 저스티스(042-472-2033) [학]1973년 대전고졸 1977년 고려대 법학과졸, 원광대 대학원 법학전공 수료 [경]1982년 사법시험 합격(24회) 1984년 사법연수원 수료(14기) 1985년 변호사 개업 1998년 대한변호사협회 윤리위원 2001~2002 · 2007~2008년 대전지방변호사회 부회장 2009~2010년 同회장 2009~2012년 언론중재위원회 중재위원 2011년 대전사회복지공동모금회 회장, 대전경제정의실천시민연합 상임대표(현), 同도시개혁센터 이사장 2013년 법무법인 저스티스 대표변호사(현) 2014년 한국생명의전화 대전지부 운영이사장(현) 2014년 새정치민주연합 대전시당 공동위원장 [상]재정경제부장관표창, 보건복지부장관표창(2011) [종]기독교

## 김형태(金亨泰) KIM Hyoung Tae

[생]1956 · 12 · 4 [출]서울 [주]서울특별시 강남구 강남대로 442 흥국생명빌딩 7층 법무법인 덕수(02-567-6477) [학]1975년 경동고졸 1980년 서울대 법학과졸 1986년 同대학원 법학과졸 [경]1981년 사법시험 합격(23회) 1983년 사법연수원 수료(13기) 1986년 예편(중위) 1986년 변호사 개업 1988년 민주사회를위한변호사모임 창립회원 · 홍보간사 1989~2011년 법무법인 덕수 변호사, 현대제철 · 동신제약 · (주)중일인터내셔널 고문변호사 1989~2000년 YMCA 시민중계실 자문변호사 1992년 CBS 시사프로그램 '시사자키 오늘과 내일' 사회자 1992년 국민대 강사 1993년 미국 캘리포니아대 Berkeley교 객원연구원 1994~2002년 천주교 인권위원장 1998~2003년 서울시 고문변호사 1999년 조폐공사 파업유도사건담당 특별검사보 1999~2000년 동신제약 대표이사 2000~2015년 MBC 고문변호사 2000~2002년 대통령소속 의문사진상규명위원회 제1상임위원 2000~2003년 참여연대 공익법센터 소장 2002~2006년 학교법인 서강학원 감사 2002년 격월간 '공동선' 발행인(현) 2002년 천주교 사형제도폐지운영위원장(현) 2003~2006년 학교법인 덕성학원 이사 2003~2006년 방송문화진흥회 이사 2004년 민족화해협력범국민회의 감사(현) 2004년 프라임산업(주) 고문 2005년 (사)천주교인권위원회 이사장(현) 2007년 한겨레신문 '김형태 컬럼' 고정집필, 롯데화재해상보험 · 금융감독원 고문변호사 2007년 서울개인택시조합 고문(현) 2008년 4.9통일평화재단 상임이사(현) 2011년 법무법인 덕수 대표변호사(현) [저]'행정법'(1983, 법전출판사) '지상에서 가장 짧은 영원한 만남-김형태 변호사 비망록'(2013, 한겨레출판) [종]천주교

## 김형태(金亨泰) KIM Hyung Tae

[생]1960 · 5 · 5 [출]서울 [주]경기도 성남시 분당구 대왕판교로606번길 10 삼성SDS 물류사업부(02-6484-1500) [학]우신고졸, 고려대 경영학과졸, 중앙대 산업경영대학원 유통산업과졸, 미국 샌프란시스코주립대 물류경영자과정 수료, 경영정보학박사(서울벤처정보대학원대) [경]1985~1994년 한국IBM 유통 · 물류산업전문가 1995~1997년 신양로지스틱스 영업 · 기획이사 · 물류연구소장 1997년 얼라이드로지스틱스협의체 공동설립 1997년 한국SCM협의회 공동설립 1997~1999년 (주)SLI(Strategic Logistics Integration) 설립 · 대표이사 1999~2001년 한국SCM민관추진위원회 지원분과위원장 1999~2003년 한국EXE테크놀로지 지사설립 · 지사장 2003~2005년 한국EXE컨설팅 설립 · 대표이사 2006년 삼성전자(주) 경영혁신팀 물류그룹장(상무) 2007년 同경영혁신팀 글로벌로지스틱스그룹장(전무) 2010년 삼성SDS 하이테크본부 글로벌LPO사업부장(전무) 2010년 同SCL사업부장(부사장) 2011~2012년 同전략사업본부장(부사장) 겸임, EXEc&t(주) 대표이사 겸임 2012~2013년 삼성SDS(주) SCL본부장(부사장) 2013~2017년 同SL사업부장(부사장) 2013년 고려대 경영대학 겸임교수(현) 2017년 삼성SDS 물류사업부문장(부사장)(현) [상]고려대총장표창(1986)

## 김형태(金亨泰) Hyoung-Tae KIM

[생]1961·7·7 [출]서울 [주]서울특별시 종로구 사직로8길 39 김앤장법률사무소(02-3703-4921) [학]1980년 관악고졸 1985년 서울대 경영학과졸 1987년 同대학원 경영학과졸 1993년 경영학박사(서울대) [경]1993~1995년 미국 매사추세츠공과대(MIT) 슬론스쿨 박사후 연구원 1995~1997년 미국 펜실베니아대 와튼스쿨 선임연구원 1995년 미국 도날드슨루프킨&젠렛 투자은행 자문위원 1996년 미국 필라델피아시 구조조정위원 1998~2003년 한국증권연구원 연구위원 1999~2000년 세계은행(월드뱅크) 컨설턴트 2001~2003년 코스닥증권시장 자문위원 2003~2008년 한국증권연구원 부원장 2003년 한국벤처투자(KVIC) 설립위원 · 운영위원 2003~2008년 굿모닝신한증권(주) 사외이사 2003년 공정거래위원회 경제정책자문위원회 금융분과위원 2004~2006년 재정경제부 금융발전심의위원회 위원 2005년 금융감독개혁위원회 위원 2005년 대통령직속 동북아금융허브위원회 위원 2005년 기획예산처 연기금풀 운영위원 2005~2007년 중소기업청 모태조합운영위원회 위원 2005~2007년 한국거래소(KRX) 경영자문위원 2008~2014년 한국자본시장연구원장 2008년 국가경쟁력강화위원회 금융규제개혁 자문위원 2009~2012년 (주)코람코자산신탁 사외이사 2009~2014년 한국투자자보호재단 이사 2009년 채권금융기관조정위원회 위원 2010년 대통령자문 국민경제자문회의 민간위원 2011년 한국문화예술위원회 위원 2014~2016년 미국 조지워싱턴대 객원교

수 2015~2017년 미국 글로벌금융혁신연구원장 겸 CEO 2015년 국제통화기금(IMF) 아시아태평양국 객원연구위원 2016년 현대증권(주) 사외이사 겸 감사위원 2016년 KB증권(주) 사외이사(현) 2018년 김앤장법률사무소 수석이코노미스트(현) 2018년 오렌지라이프생명보험(주) 사외이사(현) [저]'예술과 경제를 움직이는 다섯가지 힘'(2016, 문학동네) '부채 트릴레마'(2017, 21세기북스)

## 김형태(金亨泰)

[생]1962 · 12 · 20 [출]경북 안동 [주]대구광역시 수성구 동대구로 364 대구지방법원 총무과(053-757-6470) [학]1981년 대구 대륜고졸 1988년 경북대 사법학과졸 [경]1995년 사법시험 합격(37회) 1998년 사법연수원 수료(27기) 1998년 부산지법 동부지원 판사 2000년 대구지법 판사 2003년 同안동지원 · 의성지원 판사 2005년 대구지법 판사 2007년 同서부지원 판사 2009년 대구고법 판사 2011년 대구지법 판사 2013년 부산지법 부장판사 2015년 대구지법 부장판사 2017년 대구지법 의성지원장 겸 대구가정법원 의성지원장 2019년 대구지법 부장판사(현)

## 김형태(金亨泰) Kim Hyung-tae

[생]1965 · 2 · 6 [주]서울특별시 종로구 사직로8길 60 외교부 인사운영팀(02-2100-7136) [학]1991년 연세대 중문학과졸 [경]1991년 외무고시 합격(25회) 1991년 외무부 입부 1997년 駐중국 2등서기관 2000년 駐독일 1등서기관 2005년 駐인도네시아 참사관 2008년 외교통상부 개발협력과장 2009년 同동북아협력과장 2011년 駐호주 참사관 2013년 駐칭다오 부총영사 2014년 駐중국 공사참사관 2016년 駐첸나이 총영사(현)

## 김형택(金亨澤) KIM Hyung Taek

[생]1958 · 12 · 3 [출]서울 [주]서울특별시 중구 새문안로 22 문화일보 판매국(02-3701-5460) [학]1977년 동국대사대부고졸 1982년 서울대 서양사학과졸 [경]1984년 한국일보 입사 1988년 세계일보 사회부 기자 1991년 문화일보 입사 1999년 同전국부장 2000년 同사회부장 2001년 同산업부장 2002년 同판매국장(현) 2011년 한국ABC협회 감사(현) 2012~2014년 한국신문협회 판매협의회 회장 [상]특종상, 백상기자대상, 이달의 기자상

## 김형한(金亨漢) KIM Hyeong Han

[생]1966 · 6 · 19 [출]경북 영천 [주]대구광역시 수성구 동대구로 364 대구지방법원 총무과(053-757-6470) [학]1984년 대구 능인고졸 1988년 서울대 법학과졸 [경]1988년 사법시험 합격(30회) 1991년 사법연수원 수료(20기) 1994년 대구지법 판사 1996년 同안동지원 판사 1998년 대구지법 판사 2001년 대구고법 판사 2003년 대구지법 판사 2007년 同부장판사 2011년 同서부지원 부장판사 2013년 대구지법 부장판사 2017년 창원지법 부장판사 2019년 대구지법 부장판사(현)

## 김형호(金炯浩) Harry Kim

[생]1962 · 11 · 6 [본]김녕(金寧) [출]경북 경주 [주]서울특별시 영등포구 의사당대로 143 금투센터 5층 한국채권투자자문 비서실(02-6053-0002) [학]1988년 부산대 경제학과졸 2008년 한국개발연구원(KDI) 국제정책대학원졸(Master's in Asset Management) [경](주)LG상사 국제금융부 근무, (주)유화증권 근무, (주)조흥증권 근무, (주)조흥투자자문 근무, (주)조흥투자신탁운용 채권운용1팀장 2005년 (주)동양투자신탁운용 채권운용본부장 2006~2010년 (주)아이투자신탁운용 채권운용본부장 2010년 (주)한국채권투자자문 설립 · 대표이사 사장(현) [상]금융감독원장표창(2007) [저]'엑셀을 활용한 실전채권투자'(2013, 이패스코리아) '채권이론과 활용'(2017, 이패스코리아) '채권투자노트(4판)'(2017, 이패스코리아) '채권기초(4판)'(2017, 이패스코리아)

## 김형훈(金炯勳) KIM Hyong Hun

[생]1967 · 8 · 1 [출]경남 사천 [주]서울특별시 서초구 서초중앙로 157 서울중앙지방법원(02-530-1114) [학]1986년 경남고졸 1992년 부산대 법학과졸 1994년 同대학원 법학과 수료 [경]1993년 사법시험 합격(35회) 1996년 사법연수원 수료(25기) 1999년 부산지법 판사 2002년 同동부지원 판사 2003년 서울지법 고양지원 판사 2004년 의정부지법 고양지원 판사 2006년 서울중앙지법 판사 2007년 대법원 연구법관 2008년 서울고법 판사 2009년 대법원 재판연구관 2011년 춘천지법 부장판사 2012년 同수석부장판사 2013년 수원지법 여주지원장 2015년 서울서부지법 부장판사 2017년 서울중앙지법 부장판사(현) 2018년 언론중재위원회 서울제5중재부 중재위원(현)

## 김혜경(金惠景 · 女) KIM Hye Kyung

[생]1953 · 2 · 1 [출]서울 [주]경기도 파주시 회동길 57-9 파주출판단지 도서출판 푸른숲(031-955-1400) [학]이화여대 영어교육학과졸 [경]1975~1978년 현대건설 비서실 근무 1982~1990년 아산사회복지사업재단 홍보과장 1991년 (주)도서출판 푸른숲 대표이사(현) 2000년 한국출판진흥재단 감사 2003년 한국전자책컨소시엄(EBK) 회장 2005년 한국출판인회의 회장 2005년 저작권심의조정위원회 위원 2007년 대통령직속 도서관정보정책위원회 위원 2007년 서울문화포럼 이사 2009년 탁틴내일 이사장 2012~2015년 세종문화회관 이사 [상]중소기업인상, 문화체육부장관표창, 대통령표창(2006), 한국출판인회 '2008년 올해의 출판인' 공로상(2008), 중앙대 제25회 중앙언론문화상 출판 · 정보미디어부문 수상(2013), 보관문화훈장(2015)

## 김혜경(金惠卿 · 女) Hyekyung Kim

[생]1956 · 9 · 12 [출]서울 [주]서울특별시 서대문구 이화여대길 52 이화여자대학교 국제대학원(02-3277-3652) [학]1975년 경기여고졸 1979년 서울대 가정관리학과졸 1987년 미국 보스턴대 대학원 컴퓨터학과졸 2005년 미국 하버드대 케네디스쿨 행정학과졸 [경]1979~1982년 한국상업은행 남대문지점 · 종합기획실 근무 1990~1992년 미국 필라델피아한인학교 교사 1993~1994년 CBS어학원 강사 1994~1996년 경제정의실천시민연합 국제부장 1996~2004년 아시아시민사회운동연구원 연구실장 1997~2000년 아 · 태시민사회포럼 사무국장 1998~2004년 지구촌나눔운동 사무국장 · 사무총장 1998~1999년 1999 서울NGO세계대회 삼자위원회 위원 · 기획위원 2000~2003년 21세기여성포럼 운영위원 2001~2004년 시민사회연대회의 운영위원 2002~2003년 대통령자문 지속발전위원회 산업분과위원 2003~2004 · 2007~2010년 SK텔레콤 사회공헌자문위원 2006~2007년 경제정의실천시민연합 국제위원장 2006~2008년 同ODA Watch 실행위원장 2006~2009년 GCAP(Global Call to Action against Poverty) 한국대표 2006~2008년 同국제운영위원 2007~2010년 지구촌나눔운동 사무총장 2007~2008년 경희대 NGO대학원 겸임교수 2007~2009년 국제개발협력학회 부회장 2007~2010년 한국국제협력단 자문위원 2007~2010년 기획재정부 EDCF운용자문위원 2008~2010년 이화여대 국제대학원 겸임교수 2009~2010년 외교통상부 외교정책자문위원 2009~2010년 국제개발협력위원회 실무위원회 위원 2010년 ODA Watch 공동대표 2010년 대통령 여성가족비서관 2011~2013년 대통령 시민사회비서관 2013년 이화여대 국제대학원 초빙교수(현) 2013년 지구촌나눔운동 이사(현) 2014~2016년 외교부 산하기관 평가위원 2014~2018년 국제개발협력위원회 민간위원 2016년 밀알복지재단 고문(현)

### 김혜련(金惠蓮 · 女) KIM Hea Rean

(생)1956 · 3 · 12 (주)서울특별시 중구 세종대로 125 서울특별시의회(02-3702-1400) (학)경희대 행정대학원 사회복지학과졸 (경)민주당 서울동작甲지역위원회 여성위원장 2008년 결혼이민자여성평등찾기 대표(현) 2010년 서울형사회적기업 '소담차반' 이사 2010년 문화예술교육사회적기업협의체 이사 2011년 여성가족재단NGO포럼 회장 2013~2014년 성대골마을기업(마을닷살림)협동조합 이사 2013년 서울시여성가족재단 비상임이사 2014~2018년 서울시의회 의원(새정치민주연합 · 더불어민주당) 2014 · 2016년 同남북교류협력지원특별위원회 부위원장 2014~2016년 同행정자치위원회 위원 2015~2016년 同인권특별위원회 부위원장 2015~2016년 同서울국제금융센터(SIFC)특혜의혹진상규명을위한행정사무조사특별위원회 위원 2015년 서울시 서울형혁신교육지구운영위원회 위원 2015년 새정치민주연합 여성리더십센터 부소장 2015년 同서울시당 다문화위원회 부위원장 2015년 서울시의회 청년발전특별위원회 위원 2015년 同서소문밖역사유적지관광자원화사업지원특별위원회 위원 2015년 더불어민주당 여성리더십센터 부소장 2015년 同서울시당 다문화위원회 부위원장(현) 2016년 서울시의회 보건복지위원회 위원 2017년 同마을과학교협력을위한특별위원회 부위원장 2017년 더불어민주당 전국여성위원회 부위원장(현) 2018년 서울시의회 의원(더불어민주당)(현) 2018년 同보건복지위원장(현)

### 김혜린(金惠潾 · 女) KIM Hye-Lin

(생)1982 · 7 · 3 (주)부산광역시 연제구 중앙대로 1001 부산광역시의회(051-888-8245) (학)부산 사직여고졸, 한국해양대 기계소재공학과졸, 부산대 대학원 사회학과졸 (경)생활기획공간 통 공동대표, 부산광역시 청년문화위원회 위원, 뷰직페이퍼 편집장 겸 발행인(현) 2018년 부산시의회 의원(비례대표, 더불어민주당)(현) 2018년 同경제문화위원회 위원(현) 2018년 同예산결산특별위원회 위원(현) 2018년 同남북교류협력특별위원회 위원(현) 2018년 同민생경제특별위원회 부위원장(현)

### 김혜선(金惠善 · 女) KIM Hyeo Sun

(생)1961 · 12 · 25 (주)세종특별자치시 도움4로 13 보건복지부 해외의료사업지원관실(044-202-2990) (학)사회학박사(한양대) (경)2001년 보건복지부 기획관리실 여성정책담당관 2005년 同저출산고령사회정책본부 출산지원팀장 2008년 보건복지가족부 아동청소년가족정책실 가족지원과장 2009년 국무총리실 사회통합위원회 설치TF팀 파견(서기관) 2009년 대통령직속 사회통합위원회 파견 2012년 세종연구소 교육훈련 2013년 보건복지부 사회복지정책실 사회보장제도과장 2014년 同사회복지정책실 기초의료보장과장 2016년 同요양보험제도과장 2018년 同사회보장위원회사무국 사회보장총괄과장 2018년 同보건산업정책국 해외의료사업지원관(고위공무원)(현)

### 김혜선(金惠善 · 女) KIM Hye Sun

(생)1963 · 4 · 6 (본)진주(晉州) (출)부산 (주)경기도 수원시 영통구 월드컵로 206 아주대학교 생명과학과(031-219-2622) (학)1982년 부산동여고졸 1986년 서울대 동물학과졸 1988년 同대학원졸 1992년 이학박사(서울대) (경)1992년 서울대 세포분화연구센터 연구원 1994~1998년 아주대 생명과학과 교수 1998~2012년 同자연과학부 생명과학전공 교수 2001~2002 · 2009~2010년 미국 워싱턴대 방문교수 2002년 한국통합생물학회 이사 2002년 한국동물학회 이사 2003~2009 · 2012년 아주대 여대생커리어개발센터장(현) 2003~2006년 성폭력상담센터 센터장 2004년 대한의생명과학회 상임이사 2004년 대한여성과학기술인회 등기이사 겸 운영위원 2004~2005년 제13회 세계여성과학기술자대회 조직위원 2004~2005년 여성생명과학기술포럼 기획운영위원 2004년 한국과학창의재단 과학기술앰배서더 2005~2008년 한국과학기술단체총연합회 해외Brain Pool 선정위원 2006~2007년 아주대 학생처장 겸 종합인력개발원장 2007년 한국분자세포생물학회 뉴스지편집위원회 운영위원 2008년 과학기술진흥유공자포상 기초미래원천분야 심사위원 2008~2009년 전국여대생커리어개발센터협의회 회장 2008년 경기도 과학기술진흥위원회 과학정책분과위원 2011년 한국통합생물학회 총무이사 2012년 아주대 생명과학과 교수(현) 2015년 同자연과학대학장 2018년 同대학원장(현) (상)녹조근정훈장(2015) (저)'화학 1정 자격연수교재'(1999) '생물 1정 자격연수 교재'(2002) (역)'21세기 생명과학'(2003) '생명과학'(2004) '생명과학'(2009) (종)기독교

### 김혜숙(金惠淑 · 女) KIM Hei Sook

(생)1954 · 6 · 24 (본)김해(金海) (출)서울 (주)서울특별시 서대문구 이화여대길 52 이화여자대학교 총장실(02-3277-2615) (학)1972년 경기여고졸 1976년 이화여대 영어영문학과졸 1979년 同대학원 기독교학과졸 1987년 철학박사(미국 Univ. of Chicago) (경)1987~1998년 이화여대 철학과 조교수 · 부교수 1994년 철학연구회 총무이사 1995년 미국 풀브라이트 연구교수 1997년 한국여성철학회 총무이사 1998~2017년 이화여대 인문과학부 철학전공 교수 1998년 철학연구회 연구이사 2001년 한국철학회 정보회의위원장 2001년 대통령자문 정책기획위원회 위원 2004~2005년 교육인적자원부 기초학문육성위원회 위원 2007~2009년 이화여대 스크랜튼대학장 2007년 한국분석철학회 회장 2007년 한국여성철학회 회장 2008년 세계여성철학자대회 조직위원장 2009~2011 한국상호문화철학회 회장 2012~2013년 한국철학회 회장 2012~2016년 고등과학원 초학제연구 기획위원 2012~2014년 한국연구재단 정책자문위원 2012~2014년 한국인문학총연합회 대표회장 2013년 세계철학연맹(FISP) 운영의원(현) 2013~2014년 삼성컨버전스소프트웨어아카데미(SCSA) 사외자문위원 2013~2014년 문화융성위원회 인문정신특별위원회 위원 2013~2014년 대통령소속 인문정신문화특별위원회 위원 2014년 국제여성철학회(IAPh) 이사(현) 2014~2017년 한국연구재단 학술지발전위원회 위원 2014~2017년 이화여대 교수협의회 공동회장 2017년 同철학연구소장 2017년 同총장(현) 2017년 법무부 정책위원회 위원장(현) 2017년 경제인문사회연구회 인문정책연구심의위원회 위원 2017년 헌법재판소 자문위원회 위원(현) 2017년 대학윤리위원회 위원장(현) 2017년 대학교육협의회 이사(현) 2017년 유네스코한국위원회 위원(현) 2017년 (한경)글로벌인재포럼 자문위원회 위원(현) 2019년 NRF(한국연구재단)정책자문위원회 위원(현) 2019년 여자대학총장협의회 회장(현) (저)'포스트모더니즘과 철학' '예술과 사상' '예술의 언어들'(2002, 이화여대) '서양근대철학의 열가지 쟁점'(2004, 창작과비평사) '법과 폭력의 기억 : 동아시아의 역사경험'(2007, 도쿄대) '예술과 사상'(2007) 등 (역)'예술의 언어들'(2002)

### 김혜순(金惠順 · 女) KIM Hye Soon

(생)1961 · 3 · 20 (출)강원 화천 (주)세종특별자치시 도움5로 20 소청심사위원회 상임위원실(044-201-8620) (학)이화여고졸 1983년 서강대 정치외교학과졸 1986년 同대학원 정치외교학과졸 (경)1985~1988년 경남대 부설 극동문제연구소 연구원 1991~1997년 정무제2장관실 사무관 1998년 대통령 여성정책비서관실 행정관 2001년 행정자치부 여성정책담당관 2004년 同시민협력과장 2004년 同참여혁신과장 2005년 同참여여성팀장 2006년 국외 훈련(미국 아메리칸대) 2007년 행정자치부 윤리심사팀장 2008년 행정안전부 윤리심사담당관 2008년 同윤리담당관 2009년 同감사담당관 2011년 국가기록원 기록정책부장(고위공무원) 2012년 대통령직속 개인정보보호위원회 사무국장 2013년 안전행정부 공무원노사협력관 2014년 교육파견(고위공무원) 2014년 인사혁신처 기획조정관 2017년 同소청심사위원회 상임위원(현) (상)국민포장, 홍조근정훈장(2015)

## 김혜식(金惠植 · 女) KIM Hae Shik

(생)1942·4·29 (출)서울 (주)서울특별시 성북구 화랑로32길 146-37 한국예술종합학교 무용원(02-746-9000) (학)1960년 이화여고졸 1965년 이화여대 무용학과졸 1967년 영국 로열발레 Upper School 수료 (경)1963년 국립발레단 수석무용수 1967년 스위스 취리히 오페라발레단 무용수 1969년 캐나다 르그망발레 카나디언 수석무용수 1973년 미국 푸레즈노발레 객원주역 겸 감독 1977~1992년 미국 캘리포니아주립대 무용학과 교수 1993~1996년 한국국립발레단 단장 겸 예술감독 1993년 동아무용콩쿠르 심사위원 겸 자문위원 1995년 체코 프라하발레시어터 종신자문위원 1995~1996년 이화여대 부교수 1996년 세계극장협회(ITI) 무용부문 자문위원 1996~2007년 한국예술종합학교 무용원 교수 1996~2004년 同무용원장 1996년 세계무용연맹 극동아시아본부 부회장 1998년 제6회 미국 국제발레콩쿠르 심사위원 1998년 세계무용연맹 한국본부 회장 1998년 USA잭슨국제발레콩쿠르 심사위원 1999년 룩셈부르크 국제발레콩쿠르 심사위원 2001년 핀란드 헬싱키 국제발레콩쿠르 심사위원 2002년 스위스 로잔 국제발레콩쿠르 심사위원 2002년 체코 프라하국제발레콩쿠르 심사위원 2004년 중국 상하이 국제발레콩쿠르 심사위원 2007년 International Dance Network 회장 2009년 일본 쓰쿠바국제발레콩쿠르 심사위원 2010년 세계무용연맹 한국본부 명예회장, 대한민국무용대상 운영위원장 2011년 한국예술종합학교 명예교수(현) 2011년 한국발레축제조직위원장, 서울국제무용콩쿠르 예술감독 2011년 한국발레학원협회 고문 2011년 제1회 보스톤발레콩쿠르 심사위원 2011년 제1회 베이징발레콩쿠르 심사위원 2011년 웅진장학재단 발레자문위원 2012년 코리아유스 발레스타즈 단장·명예단장(현) 2015년 세계무용연맹 한국본부 고문(현) (상)동아무용콩쿠르 금상(1962), 이화를 빛낸 예술인상, 일민예술상(2001), 옥관문화훈장(2002) (종)성공회

## 김혜애(金惠愛 · 女) Kim hyeae

(생)1964 (출)강원 인제 (주)서울특별시 종로구 청와대로 1 대통령정책실 기후환경비서관실(02-770-0011) (학)1989년 한양대 사회학과졸 (경)1991년 녹색연합 창립멤버, 녹색교육센터 이사, 환경부 환경교육프로그램 인증심사위원, 서울시 원전하나줄이기실행위원회 소통분과위원장, 녹색서울시민위원회 기후에너지분과 위원장, 서울시 대외협력기금운용심의위원회 위원, 서울 광진구 환경정책분과 위원, 푸른한반도되찾기시민의모임 사무국장, 녹색연합 정책기획국장, 同녹색교육센터 소장, 한국환경사회단체회의 간사, 환경부 국립공원위원회 전문위원, 서울시 하수처리장민간위탁 자문위원, 아시아·유럽정상회의(ASEM) 민간포럼 사무국장, 서울에너지드림센터 부센터장, 同센터장 2015년 녹색연합 공동대표 2017년 대통령정책실 사회수석비서관실 기후환경비서관(현)

## 김혜연(金惠妍 · 女) KIM Hye Youn

(생)1957 · 3 · 15 (출)서울 (주)경기도 화성시 향남읍 제약공단2길 50 우리들제약(주) 임원실(02-2194-3532) (학)1980년 이화여대 약학과졸 1994년 미국 캔자스대 대학원 약학과졸 2006년 약학박사(성균관대) (경)성모병원 근무, 삼성제약(주) 개발담당 이사 2006~2011년 대화제약(주) 개발담당 이사 2012년 우리들제약(주) 개발담당 상무 2015년 同개발담당 전무 2017년 同개발담당 부사장 2019년 同연구개발총괄 각자대표이사(현)

## 김혜영(金惠永 · 女) Hye Young KIM

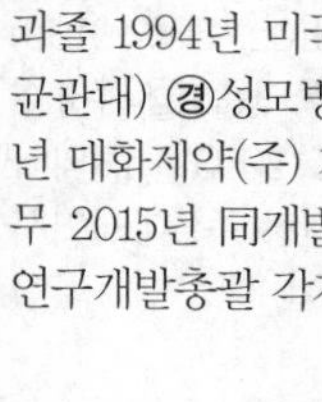

(생)1960 · 4 · 2 (출)부산 (주)대구광역시 동구 첨단로 53 한국정보화진흥원 부원장실(053-230-1114) (학)1982년 부산대 영어영문학과졸 1993년 미국 콜로라도주립대 대학원졸 (경)1983년 부산국제우체국 업무과장 1984년 체신부 우정국 우표과장 1985년 同체신공무원교육원 도서실장 1986~1990년 同우정국 우표과 해외보급담당 1993년 同통신정책실 통신협력과 근무 1995년 정보통신부 정보통신협력국 국제기구과 서기관 1997년 同국제협력관실 대외협력담당관 1998년 국외 훈련(미국 워싱턴주정부 전기통신규제기관국), 정보통신부 전파연구소 품질인증과장 2002년 서울 송파우체국장 2005년 정보통신부 우정사업본부 국제사업과장 2006년 同정보통신협력본부 협력기획팀장 2007년 同정보보호기획단 정보문화팀장 2008년 행정안전부 정보화제도과장 2008년 同정보문화과장 2009년 同윤리담당관 2009년 同과천청사관리소장(일반직고위공무원) 2011년 중앙공무원교육원 교육 2012년 행정정보공유및민원선진화추진단 파견 2012년 행정안전부 행정정보공동이용센터장 2013년 안전행정부 행정정보공동이용센터장 2013~2014년 同정보공유정책관 2014년 행정자치부 전자정부국 정보공유정책관 2015년 同의정관 2016년 한국지역정보개발원(KLID) 기획조정실장 2017~2019년 행정안전부 정보기반보호정책관 2019년 한국정보화진흥원 부원장(현) (상)대통령표창, 근정포장(2014) (저)'조직 커뮤니케이션 관련'

## 김혜영(金惠英 · 女) Kim Hye Young

(생)1965 (주)서울특별시 서초구 반포대로 217 5층 한국건강가정진흥원(02-3479-7600) (학)1987년 고려대 사회학과졸 1989년 同대학원 사회학과졸 1996년 사회학박사(고려대) (경)2005~2011년 한국여성정책연구원 연구위원 2011~2017년 숙명여대 정책산업대학원 조교수 2012~2017년 여성가족부 평가위원 2012~2017년 행정안전부 평가위원 2013년 국무총리실 산하 저출산고령사회위원회 운영위원(현) 2017년 보건복지부 사회보장위원회 운영위원(현) 2018년 한국건강가정진흥원 이사장(현)

## 김혜정(金惠貞 · 女) KIM Hye Jeung

(생)1961 · 7 · 17 (주)대구광역시 중구 공평로 88 대구광역시의회(053-803-5041) (학)목포여상졸, 성덕대학 노인요양재활복지과졸 2016년 대구한의대 평생교육융합학과졸 (경)민주평통 자문위원, 영호한가족운동본부 사무총장, 대구봉우리봉사단 단장, 대구경북호남향우회 사무총장, 민주당 대구시당 여성위원장, 국제장애인문화교류대구시협회 부회장 2014~2018년 대구시의회 의원(비례대표, 새정치민주연합·더불어민주당) 2014년 同문화복지위원회 위원 2014년 同예산결산특별위원회 위원 2014년 同윤리특별위원회 위원 2014년 同기획행정위원회 위원 2014년 대구민주자치연구회 파랑새 회원·자문위원(현) 2016년 더불어민주당 대구시당 서구지역위원회 위원장 2016~2018년 대구시의회 기획행정위원회 부위원장 2016~2018년 同운영위원회 위원 2016~2017년 同예산결산특별위원회 부위원장 2016~2018년 同대구국제공항통합이전추진특별위원회 부위원장 2017년 더불어민주당 조직강화특별위원회 위원, 同대구시당 부위원장(현) 2018년 대구시의회 의원(더불어민주당)(현) 2018년 同부의장(현) 2018년 同기획행정위원회 위원(현)

## 김혜준(金慧埈) Kim Hye Joon

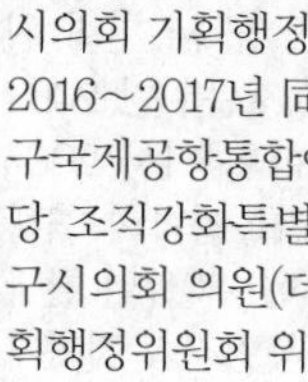

(생)1967 · 5 · 12 (출)부산 (주)서울특별시 송파구 올림픽로34길 5-29 지역사회교육회관 5층 (사)함께하는아버지들(02-415-7955) (학)1986년 브니엘고졸 1994년 서울대 정치학과졸 (경)2003~2006년 국회 정갑윤 의원 정책보좌관 2006~2008년 자유주의연대 정책실장 2008~2009년 농림수산식품부 장관 정책보좌관 2009~2011년 대통령 정무수석비서관실 행정관 2011~2012년 한국가스안전공사 상임감사 2012~2016년 한국지역사회교육협의회 아버지다움연구소장, 同이사(현) 2015년 (사)함께하는아버지들 대표(현) (상)농림수산식품부장관표창(2008), 대통령실장표창(2010) (저)'파더후드 : 대한민국에서 아버지 찾기'(2011, 지식기업 창과샘) (역)'가족이 필요해'(2012, 시대정신)

## 김혜진(金惠珍 · 女) KIM HYEJIN

[생]1970 · 1 · 28 [주]세종특별자치시 도움4로 13 보건복지부 인사과(044-202-2161) [학]1988년 울산여고졸 1992년 서울대 간호학과졸 2000년 同보건대학원 보건학과졸 2007년 영국 버밍엄대 대학원 사회정책학과졸 2017년 보건학박사(서울대) [경]1994년 행정고시 합격(38회) 1996년 보건복지부 보험관리과 사무관 1998년 同사회복지정책실 가정복지과 사무관 1999년 제2의건국범국민추진위원회 파견 2000년 보건복지부 연금제도과 사무관 2003년 同기획예산담당관실 기획계장(서기관) 2005년 同국가중앙의료원설립준비단 과장 2005년 영국 버밍험대 국외훈련 2007년 보건복지부 정책홍보관리실 성과조직팀장 2008년 보건복지가족부 기획조정실 창의혁신담당관 2009년 同보건의료정책실 의료자원과장 2009년 同저출산고령사회정책국 노인정책과장 2010년 보건복지부 저출산고령사회정책실 노인정책과장 2010년 同저출산고령사회정책실 고령사회정책과장 2012년 同사회복지정책실 사회서비스정책과장 2013년 同장애인정책국 장애인정책과장 2014년 同연금정책국 국민연금정책과장(부이사관) 2015년 同사회복지정책실 복지정책과장 2016년 同감사관 2016~2019년 同감사관, 2019년 駐칠레대사관 파견(현)

## 김 호(金 豪) KIM HO

[생]1958·3·7 [주]대전광역시 서구 계룡로583번길 9 (주)금성백조주택(042-630-9595) [학]서라벌고졸, 동국대 건축공학과졸 [경]1984년 대림산업(주) 건축공사부 입사, 同외주조달실 상무보 2010년 同외주조달실장(상무) 2011년 同외주조달실장(전무) 2012~2014년 同건축사업본부 부사장 2014년 (주)금성백조주택 사장 2015년 同각자대표이사(현) [상]국무총리표창(2004), 한국철도시설공단 이사장표창(2005), 지식경제부장관표창(2011)

## 김 호(金 澔) KIM Ho

[생]1961 · 8 · 20 [주]충청남도 천안시 동남구 단대로 119 단국대학교 공공인재대학(041-550-3612) [학]1985년 고려대 농업경제학과졸 1987년 同대학원 경제학과졸 1994년 경제학박사(고려대) [경]1996년 단국대 공공인재대학 환경자원경제학전공 조교수 · 부교수 · 교수(현) 1997년 한국유기농업학회 이사 1998년 농림부 농정개혁위원회 실무협의회 위원 1999~2001년 同농림업무심사평가위원회 위원 2000년 국무조정실 정책평가위원회 전문위원 2001년 천안아산환경운동연합 전문위원 2002~2003년 미국 미주리대 교환교수 2003년 경기도 안성시 맞춤농정특화심의회 위원 2003년 서울YMCA 양곡위원회 위원 2003~2005년 2005울진세계친환경농업엑스포 자문위원 2004년 한국축산경영학회 이사 2005년 한국농업경제학회 이사 2005~2016년 한국농업정책학회 이사 2013년 한국유기농업학회 회장 2014년 同고문(현) 2017년 단국대 공공인재대학장(현) 2017년 한국농식품정책학회 회장 2018년 同고문(현) 2018년 대통령직속 지속가능발전위원회 위원(현)

## 김 호(金 虎) KIM HO

[생]1962 · 9 · 27 [주]서울특별시 송파구 올림픽로35길 125 삼성SDS타워 클라우드사업부(02-6155-3114) [학]동성고졸, 서강대 전자계산학과졸 [경]1984년 삼성전관 입사 2003년 삼성SDS(주) 기술전략팀장 2005년 同EO사업단장 2007년 同PDEM사업총괄 임원 2008년 同딜리버리혁신담당 상무, 同연구소 선행솔루션팀장(상무) 2012~2014년 에스코어(주) 대표이사 2014년 同사내이사 2015년 삼성SDS(주) 연구소 선행솔루션팀장(전무) 2015년 同솔루션사업부문 응용모바일사업부(전무) 2017년 同인프라사업부장(전무) 2017년 同인프라사업부장(부사장) 2018년 同클라우드사업부장(부사장)(현)

## 김호경(金鎬景)

[생]1957 · 3 · 17 [주]대구광역시 남구 대명로 29 대구시설공단(053-603-1000) [학]1975년 대륜고졸 1981년 영남대 경제학과졸 1987년 경북대 경영대학원졸 [경]1981년 한국토지개발공사 입사 2006년 同신도시사업처장 2008년 同인사처장 2008년 同대구 · 경북지역본부장 2009년 한국토지주택공사 대구 · 경북지역본부장 2010년 同서울지역본부장 2013년 同경영지원본부장 2015년 대구시설공단 이사장(현) [상]건설교통부장관표창(1997 · 2005), 국민훈장 석류장(2017)

## 김호경(金昊耿) KIM Ho Kyeong

[생]1971 · 1 · 5 [출]서울 [주]서울특별시 강남구 테헤란로 310 두꺼비빌딩 3층 법무법인 올흔(02-3481-2700) [학]1989년 용산고졸 1993년 한국외국어대 법학과졸 [경]1993년 사법시험 합격(35회) 1996년 사법연수원 수료(25기) 1996년 공익법무관 1999년 서울지검 서부지청 검사 2001년 청주지검 충주지청 검사 2002년 부산지검 검사 2004년 서울중앙지검 검사 2004년 호주 퀸즐랜드대 방문학자 2008년 의정부지검 고양지청 검사 2008년 형통추진단 파견 2009년 의정부지검 고양지청 부부장검사 2009년 제주지검 형사2부장 2010년 광주지검 특수부장 2011년 서울북부지검 형사6부장 2012년 대전지검 형사3부장 2013년 수원지검 성남지청 부장검사 2014년 서울동부지검 형사5부장 2015~2016년 수원지검 안양지청 형사1부장 2016년 법무법인 올흔 구성원변호사 2017년 同대표변호사(현) [상]법무부장관표창(2003 · 2008), 국가보훈공헌대상 국민생활안전부문(2017)

## 김호곤(金鎬坤) KIM Ho Kon

[생]1951 · 3 · 26 [본]김해(金海) [출]경남 통영 [주]경기도 수원시 장안구 경수대로 893 수원FC(031-228-4521) [학]1969년 부산 동래고졸 1975년 연세대졸, 同대학원졸 [경]1970~1971년 청소년 국가대표 축구선수 1971~1978년 국가대표 축구선수 1979년 서울신탁은행축구단 코치 1983~1987년 울산현대프로축구단 코치 1985~1986년 월드컵대표팀 코치 1988 · 1992년 올림픽대표팀 코치 1992~1999년 연세대축구단 감독 1997년 유니버시아드대표팀 감독 2000~2002년 부산아이콘스 프로축구단 감독 2003~2004년 아테네올림픽대표팀 감독 2005~2008년 대한축구협회 전무이사 2009~2013년 울산현대호랑이 프로축구단 감독 2010년 전국체육대회 명예홍보대사 2013~2014년 울산현대축구단 기술고문 2014~2017년 대한축구협회 성인리그 운영담당 부회장 2016년 同회장 직대 2017년 同기술위원장 2019년 프로축구 수원 FC 단장(현) [상]한국페어플레이상 특별상(2009), 아시아축구연맹(AFC) 올해의 감독상(2012)

## 김호곤(金鎬坤)

[생]1955 · 11 · 8 [출]부산 [주]서울특별시 용산구 청파로 383 종근당건강(주) 사장실(02-575-0100) [학]부산공고졸, 부산수산대 무역학과졸 [경](주)LG생명과학 의약품마케팅담당 근무 2005년 同의약품수도권영업담당 상무, 종근당건강(주) 대표이사 부사장 2018년 同대표이사 사장(현)

## 김호균

[생]1949 · 2 · 10 [주]서울특별시 금천구 범안로17길 53 (주)서래 비서실(02-807-6767) [학]한양대 화학공학과졸 [경]1982년 (주)서래 대표이사(현), 한국급식협동조합 이사장(현) 2018년 전국조합협의회 회장(현) 2018~2019년 중소기업중앙회 비상임이사

ㄱ

## 김호기(金皓起) KIM Ho Ki

(생)1960·2·5 (출)경기 양주 (주)서울특별시 서대문구 연세로 50 연세대학교 사회과학대학 사회학과(02-2123-2428) (학)1983년 연세대 사회학과졸 1985년 同대학원 사회학과졸 1990년 사회학박사(독일 빌레펠트대) (경)1992~2001년 연세대 사회학과 조교수·부교수 1993~1996년 同사회학과장 1995년 한국사회학회 총무 1996~1999·2002년 '경제와 사회' 편집위원(현) 1998~1999년 한국사회학 편집위원 1999~2000년 미국 로스앤젤레스 캘리포니아대(UCLA) 교환교수 2001년 연세대 사회과학대학 사회학과 교수(현) 2002년 '시민과 세계' 편집위원(현) 2003년 참여연대 집행위원(현) 2003년 제16대 노무현 대통령 취임사준비위원회 위원 2003년 대통령자문 정책기획위원회 국민통합분과 사회언론위원 2003년 경찰혁신위원회 위원(현) 2003년 간행물윤리위원회 서평위원(현) 2004년 노동부 정책자문위원 2008년 한국정치사회학회 부회장 2017년 더불어민주당 제19대 문재인 대통령후보 중앙선거대책위원회 '새로운 대한민국 위원회' 부위원장 2017년 국정기획자문위원회 기획분과위원회 위원 2017년 행정안전부 정책자문위원회 위원장(현) (상)황조근정훈장(2018) (저)'현대 자본주의와 한국사회'(1995) '시민사회와 시민운동'(1995) '한국의 현재성과 사회변동'(1999) '한국시민사회의 성찰'(2007) '세계화시대의 시대정신'(2007) '예술로 만난 사회 : 파우스트에서 설국열차까지'(2014) '세상을 뒤흔든 사상 : 현대의 고전을 읽는다'(2017) (역)'포스트 포드주의의와 신보수주의의 미래'(1995)

## 김호남(金浩南) KIM Ho Nam

(생)1959·1·26 (출)부산 (주)부산광역시 연제구 법원남로 16 협성법조타운빌딩 법무법인 우리들(051-946-2001) (학)1978년 부산전자공고졸 1984년 부산대 법학과졸 1998년 同법과대학원 법학과 수료 2002년 미국 템플대 로스쿨졸(LL.M.) (경)1988년 사법시험 합격(30회) 1991년 사법연수원 수료(20기) 1991년 변호사 개업 2006년 법무법인 우리들 대표변호사(현) 2009년 부산대 법과대학원 겸임교수 2009~2011년 민주평통 부산진구협의회 회장 2010~2011년 부산YMCA 이사장, 재부단천군민장학회 이사장, 그린닥터스 공동대표

## 김호대(金浩大)

(생)1962·3·20 (주)경상남도 창원시 의창구 상남로 290 경상남도의회(055-211-7300) (학)부산대 행정대학원 행정학과졸 (경)김호대법무사사무소 대표(현), 김해시체육회 스포츠공정위원회 위원(현) 2018년 경남도의회 의원(더불어민주당)(현) 2018년 同의회운영위원회 위원장(현) 2018년 同농해양수산위원회 위원(현), 김해시 학원연합회 자문법무사, 김해한림중학교 운영위원회 위원장(현), 더불어민주당 경남도당 서민법률지원 특별위원장(현) 2019년 전국시도의회운영위원장협의회 정책위원장(현)

## 김호동(金浩東) Kim, Ho-dong

(생)1954·11·20 (출)충북 청주 (주)서울특별시 관악구 관악로 1 서울대학교 동양사학과(02-880-6196) (학)1979년 서울대 동양사학과졸, 同대학원졸 1986년 문학박사(미국 하버드대) (경)1986~2018년 서울대 동양사학과 조교수·부교수·교수 1994년 독일 뮌헨대 교환교수 2000~2001년 미국 하버드대 교환교수 2007~2011년 서울대 중앙유라시아연구소장 2011~2013년 동양사학회 회장 2013~2014년 서울대 역사연구소장 2018년 同동양사학과 석좌교수(현) 2019년 대한민국학술원 회원(중앙아시아사·현) (상)제33회 인촌상 인문사회부문(2019) (저)'동방 기독교와 동서문명'(2002, 까치) '유라시아 천년을 가다'(2002, 사계절) '몽골제국과 고려—쿠빌라이 정권의 탄생과 고려의 정치적 위상'(2007, 서울대 출판부) '중앙아시아의 역사와 문화(共·編)'(2007, 솔) 'Mongols, Turks, and Others: Eurasian Nomads and the Sedentary World(共)'(2004, Brill Academic Pub.) '몽골제국과 세계사의 탄생'(2010, 돌베개) '아틀라스 중앙유라시아사'(2016, 사계절) '한 역사학자가 쓴 성경이야기: 구약편'(2016, 까치) (역)'유라시아 古代 말信仰의 起源과 傳播'(1992, 韓國古代史論叢) '칭기스한 : 그 생애와 업적'(1992, 지식산업사) '이슬람문명사'(1994, 이론과실천사) '마르코 폴로의 동방견문록'(2000, 사계절) '이슬람 1400년'(2001, 까치) '부족지 (집사 1)'(2002, 사계절) '역사서설: 아랍, 이슬람, 문명'(2003, 까치) '칭기스 칸 기 (집사 2)'(2003, 사계절) '라시드 앗 딘의 집사3 : 칸의 후예들'(2005, 사계절) '몽골제국기행: 마르코 폴로의 선구자들'(2015, 까치) '일 칸들의 역사 : 몽골 제국이 남긴 최초의 세계사'(2018, 사계절) 등

## 김호삼(金皓三) Kim, Ho Sam

(생)1967·1·18 (출)서울 (주)인천광역시 미추홀구 소성로163번길 49 인천지방검찰청 강력부(032-860-4316) (학)1986년 우신고졸 1991년 연세대 법학과졸 1996년 同대학원졸 (경)1999년 사법시험 합격(41회) 2002년 사법연수원 수료(31기) 2002년 대한법률구조공단 변호사 2005년 광주지검 목포지청 검사 2007년 광주지검 검사 2009년 서울남부지검 검사 2013년 사법연수원 교수 2016년 서울중앙지검 부부장검사 2017년 광주지검 목포지청 형사2부장 2018년 광주지검 강력부장 2019년 인천지검 강력부장(현)

## 김호석(金浩石) KIM Ho Suk

(생)1942·10·15 (주)경기도 안산시 단원구 지원로 7 (주)대일개발 회장실(031-498-1451) (학)고려대 경영대학원졸 (경)(주)진흥약품 전무이사, (주)삼원신약 대표이사, (주)우신환경 대표이사 1985년 (주)대일개발 회장(현) 2003~2006년 한국산업폐기물처리공제조합 이사장 2011년 안산시 안산추모공원건립위원회 공동대표 (상)동탑산업훈장(2013)

## 김호섭(金浩燮) Kim Ho Sup

(생)1954·11·7 (주)서울특별시 동작구 흑석로 84 중앙대학교 사회과학대학 정치국제학과(02-820-5041) (학)서울대 정치학과졸, 同대학원 석사과정 수료, 정치학박사(미국 미시간대) (경)1984~1985년 일본 게이오대 법학부 방문연구원 1989~1992년 세종연구소 연구위원 1992~2015·2017년 중앙대 사회과학대학 정치국제학과 교수(현) 1999~2000년 미국 컬럼비아대 방문교수 2005년 일본 코베대 방문교수 2006~2007년 현대일본학회 회장 2007년 일본 동경대 사회과학연구소 방문교수 2008~2009년 중앙대 국제문제연구소장 2008년 한국국제정치학회 부회장 2009~2011년 국무총리실 납북피해자보상 및 지원심의위원회 위원장 2009년 경제인문사회연구회 연구기관평가단 위원 2009년 세계지역학회 부회장 2009년 한·일신시대공동연구위원회 한·일분과위원장 2012년 한국정치학회 회장 2013년 중앙대 인문사회부총장 2015~2017년 동북아역사재단 이사장

## 김호섭(金浩燮) Kim Ho Seob

(생)1969·7·11 (출)경북 영주 (주)대구광역시 중구 공평로 88 대구광역시청 문화체육관광국(053-803-2110) (학)1988년 경북 영광고졸 1996년 성균관대 행정학과졸 2006년 한국개발연구원(KDI) 국제정책대학원 공공정책학과졸 (경)2011년 교육파견(서기관) 2012년 경북도 국제통상과장 2012년 同과학기술과장 2013년 同창조과학기술과장 2014년 同창조경제과학과장 2017년 同미래전략기획단장(부이사관) 2017년 대한민국시도지사협의회 파견(부이사관) 2018년 경북도 환경산림자원국장 2019년 대구시 문화체육관광국장(현)

**김호성(金昊成) Kim Hosung**

(생)1961·3·31 (주)서울특별시 영등포구 선유로 75 GS강서타워 (주)GS홈쇼핑(02-2007-4512) (학)우신고졸, 고려대 경제학과졸 (경)1987년 LG투자증권 입사, 同경영기획팀장 2000년 同상품개발팀장 2000년 同마케팅팀장 2001년 同인사팀장 2002년 同관악지점장 2003~2004년 LG홈쇼핑 기획심사팀장 2005년 GS홈쇼핑 물류·QA부문 본부장 2007년 同금융서비스부문장(상무) 2008년 同경영지원부문장(상무·CFO) 2012년 同영업1사업부장 겸 경영지원부문장(상무·CFO) 2013년 同영업본부장(전무) 2013년 GS텔레서비스 비상무이사(현) 2015년 GS홈쇼핑 영업본부장(부사장) 2018년 同영업총괄 부사장(현)

**김호승(金淏昇)**

(생)1969·2·13 (주)서울특별시 용산구 원효로89길 24 용산경찰서(02-2198-0321) (학)동국대 경찰행정학과졸, 同대학원 경찰학과졸 (경)1995년 경찰 임용(경찰간부 후보 43기), 충남지방경찰청 광역수사대장 2011년 경찰청 감찰담당관실 감찰정보담당 2015년 충남지방경찰청 경무과장(총경) 2016년 충남 보령경찰서장 2017년 경찰청 정보화장비기획담당관 2019년 서울 용산경찰서장(현)

**김호연(金昊淵) Ho Youn Kim**

(학)1973년 경기고졸 1978년 서강대 경상대학졸 1985년 일본 히토쓰바시대 대학원 경제학과졸(석사) 1994년 연세대 행정대학원 외교안보학과졸(석사) 2006년 경영학박사(서강대) (경)1992~2008년 (주)빙그레 대표이사 회장 2001~2010년 駐韓몽골명예영사 2002년 백범기념관 운영위원(현) 2003~2013년 서강대 이사 2003~2014년 HABITAT 이사 2004년 대한민국공군전우회 부회장(현) 2004~2013년 서강대총동문회 회장 2004~2007년 (사)이봉창의사기념사업회 회장 2007년 (재)매헌윤봉길의사장학재단 이사(현) 2008~2011·2013~2014년 (재)김구재단 이사장 2008년 유관순열사기념사업회 부회장(현) 2009~2012년 (사)대한YWCA연합회 후원회 이사 2010~2017년 단국대 경상대학 경영학부 석좌교수 2010~2012년 환경재단 이사 2010~2012년 제18대 국회의원(재보선 천안乙, 한나라당·새누리당) 2010~2012년 독립기념관 이사회 이사 2011~2015년 제7대 공군학사장교회 회장 2013년 (사)백범김구선생기념사업협회 부회장(현) 2013년 공군역사재단 이사장(현) 2013년 아단문고 이사장(현) 2013년 중국 베이징대 국제관계학원 초빙교수(현) 2014년 HABITAT 후원회장 2018년 同이사(현) (상)서강대총동문회 자랑스런 서강인상(2000), 은탑산업훈장(2001), 전문직여성클럽한국연맹(BPW Korea) 제9회 BPW Gold Award(2002), 한국능률협회 제36회 한국의 경영자상(2004), 프랑스 국가공로훈장(2004), 리더십학회 제2회 한국리더십대상(2005), 보훈문화상 기념사업부문(2005), 몽골최고훈장 북극성훈장(2005), 국민훈장 동백장(2006), 한국마케팅학회 한국마케팅CEO대상(2008), 한몽경상학회 칭기스칸경영대상(2008), 한국윤리경영학회 기업윤리대상(2008), 한일경상학회 제7회 한일경제인대상(2010), 전국지역신문협회 의정대상(2011), 대한적십자사 회원유공장 명예대장(2014), 코리아소사이어티 밴플리트(Van Fleet)상(2015)

**김호영(金鎬榮) KIM Ho Young**

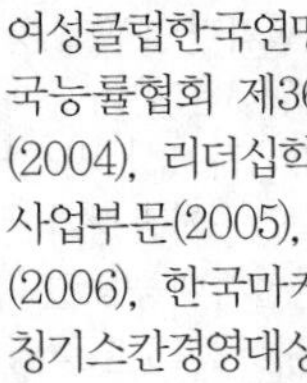

(생)1959·2·21 (출)경북 봉화 (주)서울특별시 서초구 반포대로 158 서울고등검찰청 총무과(02-530-3261) (학)1977년 부산진고졸 1981년 한양대 법대졸 1982년 同행정대학원 수료 (경)1983년 사법시험 합격(25회) 1985년 사법연수원 수료(15기) 1986년 청주지검 검사 1988년 전주지검 군산지청 검사 1989년 부산지검 검사 1992년 서울지검 의정부지청 검사 1994년 同동부지청 검사 1995년 창원지검 진주지청 검사 1996년 인천지검 검사 1998년 서울지검 북부지청 부장검사 1999년 대구지검 경주지청 부장검사 2000년 대구고검 검사 2002년 서울고검 검사 2003년 서울지검 전문부장검사 2004년 서울중앙지검 전문부장검사 2005년 서울북부지검 전문부장검사 2007년 광주지검 전문부장검사 2009년 수원지검 전문부장검사 2009년 서울고검 검사 2011년 부산고검 검사 2013년 서울고검 검사 2015년 부산고검 검사 2016년 서울고검 검사 2018년 대구고검 검사 2019년 서울고검 검사(현)

**김호원(金昊源) KIM Ho Won**

(생)1958·8·29 (출)경남 밀양 (주)서울특별시 종로구 대학로 101 서울대학교 치의학대학원(02-740-8611) (학)1977년 동래고졸 1981년 부산대 경제학과졸 1987년 서울대 행정대학원졸 1996년 미국 캘리포니아대 샌디에이고교 국제대학원졸 2006년 행정학박사(중앙대) (경)1979년 행정고시 합격(23회) 1981~1992년 상공부 행정관리관실·수출진흥과·차관실·전자부품과 사무관 1992~1994년 同산업피해조사2과장·밀라노상무관 파견 1996~1998년 통상산업부 장관비서관·산업정책과장 1998~2003년 산업자원부 투자진흥과장·투자정책과장·생활전자산업과장·디지털전자산업과장·산업기술정책과장 2003~2004년 국무조정실 농수산건설심의관·산업심의관 2004~2008년 산업자원부 산업기술국장·산업정책국장·미래생활산업본부장 2008~2009년 무역위원회 상임위원 2009~2012년 국무총리실 규제개혁실장·국정운영2실장 2012~2013년 특허청장 2013년 부산대 산학협력단 석좌교수 2014~2015년 한국지식재산전략원 고문 2015년 대통령소속 국가지식재산위원회 민간위원(3·4기)(현) 2017년 BNK금융그룹 백년대계위원회 디지털분과 위원(현), 서울대 치의학대학원 산학협력중점교수(현) (상)근정포장(1991) (저)'미래산업 전략 보고서(共)'(2018)

**김호윤(金浩潤) KIM Ho Yoon**

(생)1953·7·21 (본)김해(金海) (출)서울 (주)경기도 의정부시 녹양로 44 삼형빌딩 201호 김호윤법률사무소(031-877-2300) (학)1972년 경기고졸 1977년 서울대 법대졸 (경)1977년 사법시험 합격(19회) 1979년 사법연수원 수료(9기) 1979년 육군 법무관 1982년 수원지법 판사 1985년 서울지법남부지원 판사 1986년 춘천지법 영월지원 판사 1988년 서울민사지법 판사 1989년 서울고법 판사 1992년 대법원 재판연구관 1993년 전주지법 군산지원 부장판사 1994년 同군산지원장 1996년 서울지법 의정부지원 부장판사 1997년 同남부지원 부장판사 1998년 서울지법 부장판사 1998년 법무법인 천지인 변호사 1999년 변호사 개업(현) 2013~2017년 의정부지법조정센터 상임조정위원장

**김호일(金浩一) KIM Ho Il (宇田)**

(생)1942·12·12 (본)김해(金海) (출)경남 마산 (주)서울특별시 영등포구 국회대로62길 14 한국스카우트연맹회관 504호 (사)일류국가를창조하는국민의힘(02-780-3150) (학)1961년 마산고졸 1967년 고려대 정치외교학과졸 1993년 연세대 경영대학원 수료 2008년 미국 캘리포니아센트럴대 대학원 목회학석사(M.Div) (경)1965년 고려대 총학생회장 1983년 마산향토문화진흥회 회장 1992년 제14대 국회의원(마산합포, 무소속·민자당·신한국당) 1993~2011년 한국건설정책연구원 원장 1994년 한국다문화가정교육정책연구원 이사장(현) 1995년 한국건설정책연구원 이사장(현) 1995~2011년 한국재외동포정책연구원 이사장 1995년 유네스코 한국위원회 위원 1996년 제15대 국회의원(마산합포, 신한국당·한나라당) 1996년 동북아석유개발연구원 이사장 1996년 한반도세계무역센터협회 수석부회장(현) 1996년 경남세계무역센터 이사장(현) 1997년 한나라당 원내수석부총무 1997년 노벨평화상후보 추천위원(현) 1997년 한나라당 마산합포지구당 위원장 1998년 同제2사무부총장 1998년 同정책위원회 해양수산위원장 2000~2002년 제16대 국회의원(마산합포, 한나라당) 2000년 국회 노인

복지정책연구회장 2000~2002년 한·루마니아의원친선협회 회장 2003년 한국향토문화진흥회 이사장(현), 자유동맹국민연합 상임의장, 경남도택견연맹 회장 2007년 신미래당 총재 2007년 同대통령후보 선출 2008년 同제18대 국회의원 후보(비례대표) 2008년 생명나무교회 담임목사(현) 2009년 일류국가를창조하는국민의힘 총재(현) 2014년 (사)한반도평화화해포럼 공동회장(현) 2018년 한국성씨총연합회 총재(현) 2018년 (사)대한노인회 서울시연합회 명예회장(현) 2019년 국민안전교육중앙회 총재(현) (저)'소득세법 요해' '연말정산 요해' '부가가치세법 해설' '특별소비세법 해설' '자본주의 시장경제와 사회주의 계획경제 비교'(2006) (종)기독교

## 김호일(金虎一) Kim Ho Ill

(생)1966·1·5 (출)부산 (주)서울특별시 종로구 종로 14 한국무역보험공사 프로젝트금융본부(1588-3884) (학)1988년 서울대 농경제학과졸 1991년 同대학원 농경제학과졸 (경)2005년 한국무역보험공사 북경지사 근무 2010년 同홍보비서실장 2011년 同미래전략TF팀장 2013년 同리스크분석부장 2014년 同해외투자금융부장 2017년 同투자금융총괄실장 2019년 同투자금융본부장 2019년 해양금융종합센터장 겸임(현) 2019년 同프로젝트금융본부장(현)

## 김호정(金浩楨) KIM HO JEONG

(생)1956·3·25 (출)경남 남해 (주)서울특별시 동대문구 이문로 107 한국외국어대학교 법학전문대학원(02-2173-3036) (학)1974년 경북고졸 1978년 한국외국어대졸 1980년 부산대 대학원 법학과졸 1997년 법학박사(한국외국어대) (경)1984년 사법시험 합격(26회) 1987년 사법연수원 수료(16기) 1987~1999년 국가안전기획부 부이사관, 미국 FBI 범죄수사과정 수료(170기), 중국 인민대 법학원 방문교수 1999년 법무법인 국제 변호사 2000년 법무법인 한별 변호사 2000~2005년 한국외국어대 법학과 겸임교수 2001년 법무법인 CHL 변호사, 법제처 동북아법(중국법)자문위원, 한국보훈복지의료공단 고문변호사, 국가정보원 부산및경남지부 고문변호사, 대한변호사협회 국제위원회 위원, 同중국기업법률연구소장 2005년 한국공법학회 부회장 2005년 한국외국어대 법학과 부교수 2008년 법무법인 정률 변호사 2008~2009년 한국외국어대 법학전문대학원 부원장 2009년 同법학전문대학원 교수(현) 2012~2014년 同법학전문대학원장 겸 법과대학장

## 김호정(金昊楨) Ho-Jeong KIM

(생)1962·4·12 (출)서울 (주)서울특별시 서초구 서초대로74길 4 법무법인(유) 동인(02-2046-0667) (학)1980년 대광고졸 1986년 연세대 법학과졸 1988년 同대학원 법학과졸 (경)1988년 사법시험 합격(30회) 1991년 사법연수원 수료(20기) 1991년 軍법무관 1994년 서울지검 남부지청 검사 1996년 광주지검 목포지청 검사 1998년 서울지검 검사 2000년 부산지검 검사 2002년 서울지검 의정부지청 검사 2003년 同고양지청 부장검사 2004년 대전지검 서산지청 부장검사 2005년 부산지검 마약·조직범죄수사부장 2006년 수원지검 마약·조직범죄수사부장 2007년 同형사4부장 2008년 서울동부지검 형사4부장 2009년 대전지검 형사2부장 2009년 同형사1부장 2010년 법무법인(유) 동인 변호사(현)

## 김호정(金鎬政) KIM HO JEONG

(생)1964·7·2 (본)의성(義城) (출)경남 창원 (주)서울특별시 마포구 백범로 192 에쓰오일 홍보팀(02-3772-5910) (학)1983년 마산 경상고졸 1989년 연세대 경영학과졸 (경)1989년 쌍용정유 입사 2000년 에쓰오일 근무 2007년 同LPG팀장(부장) 2010년 同업무팀장(부장) 2012년 同홍보팀장(부장) 2015년 同홍보팀장(상무)(현)

## 김호중(金鎬仲) KIM Ho Joong

(생)1960·6·19 (출)서울 (주)서울특별시 강남구 일원로 81 삼성서울병원 호흡기내과(02-3410-3429) (학)1985년 서울대 의과대학졸 1989년 同대학원 의학석사 1993년 의학박사(서울대) (경)1985~1992년 서울대병원 인턴·레지던트 1992~1993년 同호흡기내과 전임의 1993~1995년 한림대 의대 조교수 1995~1997년 삼성서울병원 호흡기내과 전문의 1997~1999년 미국 UCDS Medical Center 해외연수 1997~2007년 성균관대 의대 내과학교실 조교수·부교수 2005~2009·2016~2017년 삼성서울병원 호흡기내과장 2007년 성균관대 의과대학 내과학교실 교수(현) 2009년 삼성서울병원 임상시험센터 부센터장 2010~2012년 同임상시험센터장 2011~2013년 대한임상시험센터협의회 회장 2015년 삼성서울병원 미래공간기획실장 (저)'임상 심장학'(1998)

## 김호진(金浩鎭) KIM Ho Jin (鼎山)

(생)1939·4·20 (본)안동(安東) (출)경북 안동 (주)서울특별시 성북구 안암로 145 고려대학교 행정학과(02-3290-2270) (학)1958년 안동사범학교졸 1968년 고려대 정치외교학과졸 1974년 서울대 행정대학원졸 1979년 정치학박사(미국 하와이주립대) (경)1978년 미국 하와이대 강사 1979년 국민대 조교수 1981~2004년 고려대 정경대학 행정학과 부교수·교수 1985년 영국 케임브리지대 교환교수 1990~1994년 고려대 노동문제연구소장 1994~1997년 통일부 남북대화사무국 자문위원장 1994년 한국정치학회 회장 1995~1998년 고려대 노동대학원장 1997~2003년 경제정의실천시민연합 고문 1999년 독일 베를린자유대 교환교수 1999~2000년 제3기 노사정위원회 위원장 2000~2001년 노동부 장관 2002년 경제정의실천시민연합 고문 2002년 열린방송(OBC) 고문 겸 자문위원장 2003년 교육인적자원부 사학분쟁조정위원장 2004년 고려대 정경대학 행정학과 명예교수(현) 2005~2007년 학교법인 대양학원(세종대) 이사장 2010년 아시아포럼 이사장(현) 2015년 「문학의식」에 '겨울안개'로 소설가 등단 2015년 소설가(현) 2016년 키위미디어그룹 사외이사(현) 2018년 서울강북문인협회 회장(현) (상)청조근정훈장, 국무총리표창, 문학과의식 신인문학상(소설)(2015) (저)'한국현대정치사'(1995) '한국의 도전과 선택'(1997) '대학의 이상과 미래'(1998) '한국정치체제론'(1999) '한국의 민주화:과제와전망(共)'(1989) '한국의 정치'(日文) '사회합의제도와 참여민주주의'(2000, 나남출판) '노동과 민주주의'(2001, 박영사) '지식혁명시대의 교육과 대학'(2001, 박영사) '대통령과 리더십'(2006, 청림) '한국의 대통령과 리더십'(2008, 청림) '겨울안개'(2015) (역)'제3세계의 정치경제학'

## 김호진(金浩珍) KIM Ho Jin

(생)1962·5·12 (출)부산 (주)서울특별시 종로구 율곡로 194 현대그룹 전략기획본부(02-3706-5504) (학)1980년 경남고졸 1986년 연세대 응용통계학과졸 1988년 同행정대학원졸 (경)1986년 한미은행 입행 1993년 同경영혁신팀 차장 1995년 同국제금융부 부부장 1997년 同런던지점 부지점장 2000년 同영업부·대기업금융센터 팀장 2003년 同논현동지점장 2004년 경남은행 서울·부산영업본부장(부행장보) 2007년 同서울본부·동부1본부장·자금시장부장(부행장) 겸임 2007~2009년 同서울본부장(부행장) 2008년 同동부본부장 겸임 2012~2016년 (주)현대상선 현대전략기획본부 상무 2016년 현대그룹 전략기획본부 전무(현)

## 김호진(金好振)

(생)1967·7·26 (주)서울특별시 중구 세종대로 125 서울특별시의회(02-3702-1400) (학)서울보건대학 안경광학과졸, 경기대 경영학과 재학 중 (경)서울서대문구안경사협회 부회장, 서울안경사협회 대의원, 서울보건대학총동문회 부회장, 한중미래연구소 연구위원, 서울 연희3동바르게살기위원회 위원, (사)

청소년문화재단부설청소년쉼터 자문위원 2006년 서울 서대문구의원선거 출마(민주당), 민주당 서울서대문甲지역위원회 부위원장 2010년 서울 서대문구의회 의원(민주당·민주통합당·민주당·새정치민주연합) 2010~2012년 同재정건설위원회 부위원장 2012년 同재정건설위원장 2012년 同운영위원회 위원 2014~2018년 서울시 서대문구의회 의원(새정치민주연합·더불어민주당) 2014~2016년 同운영위원장 2016년 同의장 2018년 서울시의회 의원(더불어민주당)(현) 2018년 同문화체육관광위원회 위원(현) 2019년 同예산결산특별위원회 위원(현) (상)의정행정대상 기초의원부문(2010)

**김호진(金昊珍) KIM Ho Jin**

(생)1972·6·4 (출)경북 경주 (주)경상북도 안동시 풍천면 도청대로 455 경상북도청 일자리경제산업실(054-880-2400) (학)경북대 법학과졸, 同대학원 법학과졸, 同대학원 행정학 박사과정 수료 (경)1997년 지방고등고시 합격(3회) 1998년 사무관 임용 2004년 국무조정실 전략기획사무관 2008년 경북도 정책기획관실 도정기획조정사무관 2009년 同관광개발과장 2010년 외교통상부 문화외교국 문화교류협력과 1등서기관 2010년 駐밴쿠버총영사관 영사 2012년 경북도 국제비즈니스과장 2014년 同미래전략기획단장(서기관) 2015년 同미래전략기획단장(부이사관) 2015년 同기획조정실 정책기획관 2017년 경북 경산시 부시장 2018년 교육 파견(부이사관) 2019년 경북도 일자리경제산업실장(현) (상)근정포장(2014)

**김호철(金鎬喆) Kim Ho Cheol**

(생)1964·2·5 (본)경주(慶州) (출)서울 (주)서울특별시 종로구 종로 1 교보빌딩 법무법인(유) 한결(02-3458-9502) (학)1981년 성동고졸 1986년 고려대 법학과졸 1989년 同대학원 법학과 수료 2000년 서울대 환경대학원 도시·환경고위정책과정 수료 2005년 同건설산업최고전략과정 수료 (경)1988년 사법시험 합격(30회) 1991년 사법연수원 수료(20기) 1991년 軍법무관 1994년 변호사 개업 2002~2011년 법무법인 한울 대표변호사 2005년 대한상사중재원 중재인(현) 2006~2008년 군의문사진상규명위원회 상임위원 2006~2009년 중앙환경분쟁조정위원회 재정위원 2007~2014년 환경운동연합 감사 2011년 법무법인(유) 한결 변호사(현), 한국철도시설공단 철도정책전문위원회 자문위원(현), 서울중앙지법 조정위원(현) 2018년 국무총리소속 원자력안전위원회 비상임위원(현) 2018년 민주사회를위한변호사모임 회장(현) (상)국무총리표창(2009) (종)기독교

**김호철(金浩徹) KIM Ho-Chul**

(생)1967·1·28 (출)서울 (주)서울특별시 서초구 서초중앙로 199 장학재단빌딩 701호 법무법인(유) 현진(02-535-0306) (학)1985년 서울 영동고졸 1989년 서울대 법학과졸 1998년 미국 코넬대 로스쿨졸(LL.M.) (경)1988년 사법시험 합격(30회) 1991년 사법연수원 수료(20기) 1991년 육군 법무관 1994년 서울지검 검사 1996년 춘천지검 영월지청 검사 1997년 창원지검 검사 2000년 서울지검 검사 2000년 법무부 국제법무과 검사 2002년 세계회의사무국 파견 2002년 서울지검 동부지청 검사 2003년 서울지검 부부장검사(사법제도개혁추진위원회 파견) 2004년 대검찰청 연구관 2005년 사법제도개혁추진위원회 파견 2006년 법무부 형사법제과장 2007년 대검찰청 범죄정보2담당관 2008년 법무부 인권정책과장 2009년 서울남부지검 형사2부장 2009년 춘천지검 강릉지청장 2010년 대검찰청 연구관 겸 형사정책단장 2011년 인천지검 제2차장검사 2012년 대전지검 천안지청장 2013년 의정부지검 고양지청장 2013년 대구고검 차장검사(검사장급) 2015년 춘천지검장 2015년 법무부 법무실장(검사장급) 2017년 광주고검장(고등검사장급) 2018~2019년 대구고검장(고등검사장급) 2019년 법무법인(유) 현진 대표변호사(현) (상)홍조근정훈장(2013)

**김호철(金鎬喆) KIM, Ho-cheol**

(생)1972·10·27 (본)경주(慶州) (출)충남 연기 (주)세종특별자치시 한누리대로 402 산업통상자원부 한미자유무역협정대책과(044-203-5940) (학)1990년 공주사대부고졸 1997년 고려대 무역학과졸 2002년 서울대 행정대학원 행정학과졸 2008년 미국 조지타운대 대학원 법학과졸(LL.M.) 2011년 서울대 법학대학원졸(법학전문박사) (경)1999~2004년 산업자원부 행정사무관 2005~2006년 외교통상부 FTA정책과 행정사무관 2008~2011년 同한미FTA이행부·다자통상협력과 근무 2011~2013년 駐제네바대표부 1등서기관 2013년 산업통상자원부 에너지수요관리단 온실가스감축팀장 2014년 同세계무역기구과장 2016년 駐영국대사관 주재관 2019년 산업통상자원부 한미자유무역협정대책과장(현) (저)'기후변화와 WTO : 탄소배출권 국경조정'(2011, 경인출판사) (종)기독교

**김호춘(金鎬春)**

(생)1973·4·24 (출)전북 진안 (주)서울특별시 마포구 마포대로 174 서울서부지방법원(02-3271-1104) (학)1992년 전북 영생고졸 1997년 서울대 공법학과졸 2001년 同대학원 법학과 수료 (경)1997년 사법시험 합격(39회) 2000년 사법연수원 수료(29기) 2000년 공익법무관 2003년 미국 Delaware주 공인회계사시험 합격 2003년 부산지법 판사 2006년 전주지법 판사 2009년 수원지법 안산지원 판사 2012년 서울고법 판사 2014년 서울중앙지법 판사 2015년 대전지법 부장판사 2017년 수원지법 안산지원 부장판사 2019년 서울서부지법 부장판사(현)

**김호평(金扈評)**

(생)1980·6·7 (주)서울특별시 중구 세종대로 125 서울특별시의회(02-3702-1400) (학)한양대 경영학과졸, 충북대 법학전문대학원 법학과졸 (경)19대 백군기 국회의원 비서관 2016년 변호사시험 합격(5회), 변호사 개업(현) 2018년 서울시의회 의원(더불어민주당)(현) 2018년 同행정자치위원회 위원(현) 2018년 同예산결산특별위원회 위원(현) 2018년 同청년특별위원회 위원(현) 2019년 同예산정책연구위원회 위원(현) (상)한국을 빛낸 대한민국 충효대상(2019)

**김홍걸(金弘傑)**

(생)1963·11·12 (주)서울특별시 종로구 새문안로 69 구세군회관 3층 민족화해협력범국민협의회(02-761-1213) (학)이화여대사대부고졸 1993년 고려대 불어불문학과졸 2000년 미국 캘리포니아대 대학원 국제정치학과졸 (경)미국 퍼모나대 태평양연구소 객원연구원, 연세대 김대중도서관 객원교수 2016년 더불어민주당 국민통합위원회 공동위원장 2016년 同더불어경제선거대책위원회 공동부위원장·광주시선거대책위원회 위원장·국민통합유세단장 겸임 2017년 同제19대 문재인 대통령후보 중앙선거대책위원회 국민통합위원장 2017년 민족화해협력범국민협의회 대표상임의장(현) 2018년 더불어민주당 국민통합위원회 위원장(현) (저)'희망을 향한 반걸음'(2019, 메디치미디어)

**김홍경(金洪慶) Hong-Kyoung Kim**

(생)1966·10·17 (출)대전 (주)서울특별시 종로구 인사동5길 29 태화빌딩 2층 오로라법률사무소(02-771-8885) (학)1985년 대성고졸 1989년 서울대 독어독문학과졸 2005년 영국 런던 College of Law 국제법률가과정(International Law Diploma) 수료 (경)1990~1991년 삼성물산 근무 1992~1993년 GOOD YEAR KOREA 근무 1997년 사법시험 합격(39회) 2000년 사법연수원 수료(29기) 2000년 변호사 개업 2001년 오로라법률사무소 대표변호사(현) 2005년 영국 런던 DLA Piper 근무

## 김홍국(金弘國) KIM Hong Kuk

(생)1957·6·27 (본)경주(慶州) (출)전북 익산 (주)전라북도 익산시 망성면 망성로 14 하림그룹 회장실(063-862-0199) (학)1975년 이리농림고졸 1998년 호원대 경영학과졸 2000년 전북대 경영대학원 경영학과졸 (경)1980년 제1기 익산시 농어민후계자 지정 1986~1990년 (주)하림식품 대표이사 1990년 (주)하림 각자대표이사 회장(현) 1993년 신한국인 선정 1993~2003년 한국육계(肉鷄)협회 회장, 同명예회장(현) 1999년 신지식인 선정 2001년 하림그룹 회장(현) 2004년 대통령 인사자문위원 2005년 남북농업협력추진협의회 정책위원 2006년 (재)하림재단 이사장(현) 2008~2013년 대통령직속 국가경쟁력강화위원회 위원 2013~2015년 한국중견기업연합회 부회장 2018년 在京전북도민회 회장(현) 2018년 한국자유총연맹 수석부총재(현) (상)대통령표창(1990·1996), 국민포장(1999), 대한적십자사포장(2005), 금탑산업훈장(2006), 제10회 EY 최우수기업가상 마스터상(2016), 대한민국을 빛낸 호남인상(2018), 한국능률협회 한국의 경영자(2019) (종)기독교

## 김홍규(金洪圭) KIM Hong Kyu (韓松)

(생)1948·7·21 (출)전북 김제 (주)서울특별시 강남구 언주로 709 (주)아신(02-544-8820) (학)1977년 성균관대 경영대학원졸 2012년 미국 펜실베이니아대 와튼스쿨 최고위과정 수료 2016년 서울대 생활과학대학 최고위과정 수료 2018년 고려대 미래성장최고지도자과정 수료 (경)1980~2004년 (주)아신 대표이사 사장 2000년 (주)아신유통 설립·대표이사 2000년 (주)아신S&S 설립·대표이사 2002년 대한상공회의소 유통물류위원, 同유통위원회 부위원장(현) 2002년 한국물류협회 부회장 2007년 (주)아신·(주)아신유통·(주)아신S&S 대표이사 회장(현) 2013년 한국유통학회 고문(현) 2013년 한국유통물류정책학회 고문(현) (상)제1회 한국능률협회 유통경영대상 특별상(1995), 대통령표창(1998), 산업자원부 제3회 유통대상 특별대상(1998), 은탑산업훈장(2003), 지식경제부장관표창(2012), 중소기업경영대상(2013) (저)'아신 스타일, 골목상권을 사로잡다'(2014) (종)천주교

## 김홍규

(생)1961·5·16 (주)경기도 의왕시 고산로 56 롯데첨단소재 GOC부문(031-596-3408) (학)연세대 경영학과졸 (경)1986년 삼성그룹 입사(공채) 1999~2004년 삼성물산 합성수지 홍콩·광주 주재원 2005년 同합성수지팀장 2007년 同북경법인장 2011년 同기능화학사업부장(상무) 2012년 제일모직 전략마케팅팀 합성수지영업2그룹장(상무) 2013년 롯데첨단소재 구매부문장(상무보A) 2017년 同구매부문장(상무) 2018년 同GOC부문장(상무)(현)

## 김홍균

(생)1965 (출)전남 나주 (주)광주광역시 북구 서하로 172 광주북부경찰서(062-612-4321) (학)광주 석산고졸 1988년 경찰대 행정학과졸(4기) (경)1988년 경위 임용 2011년 총경 승진 2011년 광주지방경찰청 수사과장 2012년 광주 서부경찰서장 2013년 광주지방경찰청 생활안전과장 2014년 광주 동부경찰서장 2015년 광주지방경찰청 경무과장 2016년 전남 순천경찰서장 2017년 광주지방경찰청 여성청소년과장 2019년 광주북부경찰서장(현)

## 김홍극

(생)1964 (출)강원 정선 (주)서울특별시 성동구 아차산로 92 (주)신세계TV쇼핑 임원실(080-770-8989) (학)경희대 경제학과졸 (경)1996년 (주)신세계 경영지원실 입사 2006년 同이마트부문 판매3담당 성서점장(부장) 2010년 同이마트부문 MD기획담당 신채널MD팀장 2014년 (주)이마트 영업총괄부문 라이프스타일본부 가전문화담당 상무보 2015년 同상품본부장 겸 ElectroMart BM 상무 2017년 同상품본부장(부사장보) 2019년 (주)신세계TV쇼핑 대표이사(현)

## 김홍근(金洪根)

(생)1967·4·29 (주)서울특별시 종로구 사직로8길 31 서울지방경찰청 생활안전과(02-700-2809) (학)논산 대건고졸 1990년 경찰대 법학과졸(6기) (경)1990년 경위 임용 2005년 서울지방경찰청 기동단 경비과장 2006년 경찰청 대테러센터 치안상황실 근무 2007년 同여성청소년과 여성담당 2010년 서울지방경찰청 112지령실 근무 2011년 同생활안전계장 2012년 同112종합상황실 센터장 2013년 울산지방경찰청 경비교통과장 2014년 충북 진천경찰서장 2015년 서울지방경찰청 교통관리과장 2015년 정부대전청사경비대장 2016년 대전 서부경찰서장 2016년 경찰대학 교무과장 2017년 서울 동대문경찰서장 2019년 서울지방경찰청 생활안전과장(현)

## 김홍기(金弘基) KIM Hong Ki

(생)1947·1·8 (본)안동(安東) (출)서울 (주)경기도 안양시 동안구 흥안대로409번길 58 시스게이트빌딩 임원실(031-426-8460) (학)1965년 서울사대부고졸 1969년 서울대 상학과졸 1997년 서강대 경영대학원졸 (경)1969년 중소기업은행 조사역 1978년 제일모직 기획실장·정보시스템실장 1989년 삼성전자 가전부문 전산담당 이사 1993년 삼성데이타시스템 전자SM사업부장(상무) 1995년 同전자SM사업부장(전무) 1997년 삼성SDS SI본부장(전무) 1998년 同대표이사 부사장 1998~2002년 한국소프트웨어산업협회 부회장 1999~2004년 한국정보처리학회 부회장·회장 1999~2001년 한국IC카드연구조합 이사장 1999~2005년 한국전자상거래연구조합 이사장 1999년 한국전자거래협회 부회장 2000년 한국정보산업연합회 부회장 2001~2003년 삼성SDS 대표이사 사장 2001년 한국경영정보학회 부회장 2001년 한국ASP사업컨소시엄 회장 2001년 미국 IT전문지 「Computer World」에 세계 100대 리더로 선정 2002년 한국소프트웨어컨퍼넌트컨소시엄 회장 2003~2005년 삼성SDS 경영고문 2004~2006년 이화여대 경영대학 겸임교수 2004~2008년 KTF 사외이사 2005~2006년 동부정보기술(주) 대표이사 사장 2006~2010년 이썸테크(주) 회장 2009년 KTDS 자문위원장 2010~2011년 同경영고문 2012년 시스게이트 고문(현) (상)국무총리표창(1999), 철탑산업훈장(1999), 최고의디지털CEO 2위, 국민포장(2001), 대통령표창 (저)'디지털 인재의 조건'(2004) '실시간기업RTE'(2006)

## 김홍기(金洪基) Kim Hong Ki

(생)1962·9·7 (주)서울특별시 종로구 새문안로 58 (주)LG생활건강 임원실(02-3773-1114) (학)부산고졸, 서울대 경영학과졸, 同대학원 경영학과졸 (경)(주)LG화학 회계관리팀장 2005년 同금융담당 상무 2009년 LG하우시스 최고재무책임자(CFO·이사) 2013년 同최고재무책임자(CFO·전무) 2015년 (주)LG 재경팀장(전무이사) 2019년 (주)LG생활건강 CFO(부사장)(현)

## 김홍기(金弘起) KIM HONG GI

(생)1965·3 (주)서울특별시 중구 소월로2길 12 CJ(주)(02-726-8114) (학)1988년 서강대 경제학과졸 2004년 同대학원 경영학과졸(석사) (경)1988~2000년 삼성전자 근무 2000~2001년 CJ제일제당 인터넷경영파트 근무 2002~2005년 CJ(주) 전략1팀 근무 2005년 同비서팀장 2011년 同비서팀장(부사장대우) 2014년 同인사총괄 부사장대우 2016년 同인사총괄 부사장 2017년 同인사총괄 겸 공동대표이사 부사장 2018년 同공동대표이사 부사장(현)

## 김홍기(金弘基) KIM Hong Ki

(생)1966·12·9 (본)삼척(三陟) (출)강원 동해 (주)서울특별시 서대문구 연세로 50 연세대학교 법학전문대학원(02-2123-6017) (학)1985년 북평고졸 1990년 연세대 법과대학 법학과졸 1999년 同대학원 법학과졸 2001년 미국 펜실베이니아대 로스쿨졸(LL.M.) 2007년 법학박사(연세대) (경)1989년 사법시험 합격(31회) 1992년 사법연수원 수료(21기) 1992~1995년 軍법무관 1996~2005년 김신유법률사무소(現법무법인 화우) 파트너변호사 2002·2016·2017년 미국 뉴욕주 변호사 2005~2008년 부산대 법학전문대학원 부교수 2008~2009년 대법원 재판연구관 2010년 사법시험·변호사시험·세무사시험 출제위원 2010년 금융위원회 자본시장법개정TF 위원 2010년 연세대 법학전문대학원 교수(현) 2010년 한국상사법학회 총무이사·연구이사 2011~2014년 한국거래소 분쟁조정심의위원회 위원 2012~2014년 금융감독원 금융감독자문위원회 위원 2013년 한국증권법학회 연구이사(현) 2014년 여신금융협회 규제심의위원장(현) 2014년 법무부 회사편특별분과위원회 및 전자어음법개정위원회 위원 2014~2015년 한국수출입은행 청렴옴부즈만 2014~2015년 금융위원회 자체평가위원회 위원 겸 자본시장조사단 외부자문단위원 2014년 한국거래소 규제개혁TF자문위원 2014~2018년 同규제심의위원장 2015년 산업통상자원부 외국인투자촉진법개정TF 자문위원 2015년 금융위원회 법령해석심의위원회 위원(현) 2016년 同디지털통화TF 위원 2016년 기획재정부 블록체인컨소시움협의회 TF위원 2017년 한국거래소 증거금TF 위원장 2017년 일본 게이오대 방문교수 2017년 법제처 알기쉬운상법정비 자문위원 2017년 인사혁신처 주식백지신탁심사위원회 위원(현) (상)연세대 우수강의교수상(2011), 법무부장관표창(2014), 증권법학회 우수논문상(2014) (저)'주식회사법대계(共)'(2013, 법문사) '상법강의3판'(2018, 박영사) 등 다수 (종)천주교

## 김홍기(金鴻起) KIM Hong Ki

(생)1968·7·6 (출)경남 의령 (주)부산광역시 해운대구 재반로112번길 20 부산지방법원 동부지원(051-780-1114) (학)1987년 마산 창신고졸 1995년 부산대 법학과졸 (경)1996년 사법시험 합격(38회) 1999년 사법연수원 수료(28기) 1999년 부산지법 판사 2003년 同동부지원 판사 2005년 부산지법 판사 2008년 부산고법 판사 2011년 부산가정법원 판사 2014년 同부장판사 2016년 창원지법 부장판사 2018년 부산지법 동부지원 부장판사(현)

## 김홍도(金洪道) KIM Hong Do

(생)1961·8·27 (본)경주(慶州) (출)경북 월성 (주)서울특별시 서초구 서초대로 219 대법원(02-3480-1100) (학)1980년 경주고졸 1984년 서울대 법대졸 (경)1987년 사법시험 합격(29회) 1990년 사법연수원 수료(19기) 1990년 인천지법 판사 1997년 서울지법 판사 1999년 同남부지원 판사 2001년 서울지법 판사 2002년 서울고법 판사 2003년 대법원 재판연구관 2005년 춘천지법 강릉지원 부장판사 2007년 수원지법 여주지원장 2009년 서울행정법원 부장판사 2012년 서울동부지법 부장판사 2013~2018년 법무법인(유) 바른 변호사 2015년 행정자치부 고문변호사 2017~2018년 중앙행정심판위원회 위원 2019년 서울중앙지법 판사 2019년 대법원 전담법관(현)

## 김홍두(金弘頭) Kim Hong Doo

(생)1960·2·2 (주)제주특별자치도 제주시 문연로 6 제주특별자치도 인사팀(064-710-6211) (학)1978년 제주제일고졸 1987년 제주대 정보통신공학과졸 2006년 同대학원 경영정보학과졸 (경)1987년 공무원 임용 2010년 제주특별자치도 정보정책과장(지방서기관) 2012년 同수출진흥본부 향토자원산업과장 2013년 同지식경제국 스마트그리드과장 2013년 同산업경제국 스마트그리드과장 2014년 同경제산업국 에너지산업과장 2015년 同특별자치행정국 평생교육과장 2016년 同세계유산본부장(부이사관) 2017년 同문화체육대외협력국장 2018~2019년 同인재개발원장 2019년 공로연수(현)

## 김홍락(金洪洛) Kim Hong-rak

(생)1952·5·21 (본)의성(義城) (출)대구 (주)경상북도 문경시 가은읍 전곡길 13-10 잉카·마야박물관(054-572-3170) (학)1980년 성균관대 법학과졸 1988년 스페인 외교관학교 연수 2007년 법학박사(과테말라 국립산카를로스대) (경)1979년 외무고시 합격(13회) 1979년 외무부 입부 1981년 駐칠레 2등서기관 1989년 駐멕시코 2등서기관 1991년 駐파나마 1등서기관 1995년 외무부 남미과장 1996년 미주기구(OAS) 파견 1997년 駐아틀랜타 영사 1999년 駐에콰도르 참사관 2002년 외교통상부 중남미국 심의관 2003년 駐과테말라 대사 2006년 미국 하버드대 정책연수(대사급) 파견 2007년 駐이탈리아 공사 2008년 駐볼리비아 대사 2011년 외교통상부 본부대사(공로연수) 2012년 한국가스공사 해외자문역, 세계태권도연맹 특별고문, (사)중남미문화포럼 이사장(현) 2014년 잉카·마야박물관 설립 (상)에콰도르공화국 공로훈장(2002), 과테말라공화국 수교훈장(2006), 과테말라공화국 의회훈장(2006), 홍조근정훈장(2009), 올해의 외교인상(2011), 볼리비아 '콘도르 데 안데스' 대십자훈장(2011) (저)'오늘의 초강국 미국이 있게 한 리더십'(2008, 영은문화) '중남미 선교를 위한 쉬운 성경스페인어'(2011, 영생의말씀사) (역)'체 게바라의 볼리비아일기'(2011, 학고재) (종)기독교

## 김홍래(金鴻來) KIM Hong Rae

(생)1939·7·5 (출)경남 거제 (주)서울특별시 성동구 왕십리로 115 성우회(02-417-0641) (학)1957년 경남공고졸 1962년 공군사관학교졸(10기) 1977년 공군대학 고급지휘관 및 참모과정 수료 1988년 연세대 행정대학원 고위정책과정 수료 1994년 서울대 경영대학원 최고경영자과정 수료 1998년 同경영대학 최고경영자과정 POST AMP 수료 (경)1981년 駐스웨덴 국방무관 1986년 국방부 정보본부 제1부장 1987년 제3훈련비행단장 1988년 공군본부 정보참모부장 1989년 공군 작전사령부 부사령관 1989년 공군본부 인사참모부장 1990년 同정보참모부장 1991년 공군 참모차장 1993년 국방부 정보본부장 1994~1996년 공군 참모총장 1996년 예편(대장) 1997년 한국정신문화연구원 객원연구위원 1997~2000년 대한민국재향군인회 공군부회장 1998~2000년 (주)중앙고속 대표이사 사장 2002년 국방연구원 군사연구위원장 2002년 공군사관학교총동창회 회장 2003~2005년 성우회 공군부회장 2006~2009년 대한민국재향군인회 공군부회장 2010~2012년 대한민국공군전우회 회장 2013~2015년 성우회 회장 2015년 同고문(현) (상)보국훈장 삼일장(1980), 보국훈장 천수장(1985), 보국훈장 국선장(1992), 보국훈장 통일장(1994), 수교훈장 광화장(1996) (저)'정보화시대의 항공력' (종)불교

## 김홍목(金洪穆)

(생)1967·10·9 (출)전남 완도 (주)세종특별자치시 도움6로 11 국토교통부 운영지원과(044-201-3159) (학)1986년 광주서석고졸 1990년 연세대 경영학과졸 2008년 영국 버밍엄대 대학원졸(석사) (경)1995년 행정고시 합격(39회) 1997~2001년 건설교통부 수자원국·주택도시국 사무관 2002년 국무조정실 파견 2003~2004년 국토정책국 차관실 사무관 2005~2006년 同건설경제심의관실·혁신정책조정관실 서기관 2006년 영국 버밍엄대 파견 2009년 지식경제부 경제자유구역기획단 물류지원팀장 2010년 대통령비서실 파견 2011년 국토해양부 국토지리정보원 기획정책과장 2012년 同주택토지실 부동산평가과장 2013년 국토교통부 항공정책실 항공산업과장(서기관) 2014년 同항공정책실 항공산업과장(부이사관) 2014년 同주택정책관실 주택기금과장 2017년 同장관 비서실장 2017년 同국토도시

실 국토정책관실 지역정책과장 겸 공공주택본부 공공주택정책과장 2018년 同주택토지실 주거복지정책과장 2018년 대통령직속 국가균형발전위원회 파견(현)

**김홍배(金弘培) KIM Hong Bae**

(생)1958 · 11 · 14 (본)웅천(熊川) (출)서울 (주)서울특별시 성동구 왕십리로 222 한양대학교 공과대학 도시공학과(02-2220-0337) (학)1982년 한양대 도시공학과졸 1987년 同대학원졸 1992년 공학박사(미국 오하이오주립대) (경)1984~1987년 (주)대우 입사 · 대리 1993~2004년 한양대 도시공학과 전임강사 · 조교수 · 부교수 1993년 한국지역학회 이사 1996년 대한국토도시계획학회 편집위원 1996년 지역학회지 편집위원 2004년 한양대 공과대학 도시공학과 교수(현) 2004~2006년 同교무실장 2004년 건설교통부 신도시자문위원(현) 2004년 파주운정신도시 계획위원(현) 2004~2013년 한양대 국토도시개발정책연구소장 2006~2010년 대한국토도시계획학회 도시정보지 편집위원장 2007~2009년 경기도 도시계획위원 2007년 한국건설교통기술평가원 평가위원 2008년 국토해양부 신도시자문위원 2010~2012년 행정안전부 정책자문위원 2011~2013년 국토해양부 중앙도시계획위원 2011~2013년 국무총리실 세종시지원위원회 위원 2011년 한양대 공과대학 교무부학장 2012~2016년 대한국토도시계획학회 행재정담당 부회장 및 학술부회장 2013~2015년 同학생처장 2015~2019년 同도시대학원장 겸 부동산융합대학원장 2016~2018년 (사)대한국토 · 도시계획학회 회장 2018년 同고문(현) 2019년 한국도시계획가협회 회장(현) (저)'지역경제론(共)'(1999, 보성각) '도시와 인간(共)'(2005, 나남출판) '도시 및 지역경제 분석론'(2005, 기문당) '도시, 인간과 공간의 커뮤니케이션(共)'(2009, 커뮤니케이션북스) '입지론 : 공간구조와 시설입지'(2011, 기문당) '정책평가기법 : 비용, 편익 분석론(개정판)'(2012, 나남출판) 등 (종)기독교

**김홍범(金弘範) Hong-Bum KIM**

(생)1956 · 9 · 1 (출)서울 (주)경상남도 진주시 진주대로 501 경상대학교 사회과학대학 경제학과(055-772-1226) (학)1980년 서울대 경제학과졸 1983년 同대학원 경제학과졸 1985년 同대학원 경제학 박사과정 수료 1990년 경제학박사(미국 뉴욕주립대) (경)1984년 경상대 사회과학대학 경제학과 전임강사 · 조교수 · 부교수, 同경제학과 교수(현) 1996~1997년 同교수회 사무국장 2001~2003년 同경영경제연구센터장 2003년 제16대 대통령직인수위원회 경제1분과위원회 자문위원 2003년 경남은행 사외이사 2004년 경남도 통합관리기금심사위원회 위원 2009년 국민은행 사외이사 2010~2012년 경상대 사회과학대학장 2014~2015년 한국금융학회 회장 2019년 금융감독원 금융감독자문위원장(현) (저)'중앙은행의 진화'(1997, 비봉출판사) '한국의 부패와 반부패정책(共)'(2000, 도서출판 한울) '금융감독, 이대론 안된다'(2002, 도서출판 두남) '한국 금융감독의 정치경제학'(2004, 지식산업사) '한국 금융감독 개편론'(2006, 서울대 출판부) '한국금융의 새로운 패러다임(共)'(2008, S&R경제경영연구원) 'Making Reform Happen : Comparative Perspectives and Analytical Approaches(共)'(2010, KDI) '글로벌 금융위기 이후 한국경제의 발전방향(共)'(2010, KDI) '화폐와 금융시장(共)'(2012, 율곡출판사) (역)'중앙은행의 이론과 실제(共)'(2003, 율곡출판사) '소리 없는 혁명 - 중앙은행의 현대화(共)'(2009, 율곡출판사)

**김홍상(金泓相) KIM Hong Sang**

(생)1961 · 9 · 2 (본)경주(慶州) (출)경남 함양 (주)전라남도 나주시 빛가람로 601 한국농촌경제연구원 원장실(061-820-2001) (학)1985년 서울대 경제학과졸 1987년 同대학원졸 1992년 경제학박사(서울대) (경)1988~1994년 숭실대 · 서울대 강사 1994년 대통령자문 농어촌발전위원회 전문위원 1994~2003년 한국농촌경제연구원 책임연구원 및 부연구위원 2000~2002년 대통령자문 지속발전가능위원회 수자원분과 위원 2002~2003년 미국 미주리대 객원연구원 2003~2007년 한국농촌경제연구원 연구위원 2004년 대통령자문 지속발전가능위원회 물국토자연전문위원회 위원 2004~2005년 대통령자문 농어업 · 농어촌특별대책위원회 자문위원 2007년 농림부 감사관 2008~2010년 농림수산식품부 감사관 2019년 한국농촌경제연구원 제15대 원장(현) (상)국민훈장 목련장(2018)

**김홍석(金弘錫) Kim, Hong Seok**

(생)1969 · 5 · 23 (본)김해(金海) (출)서울 (주)서울특별시 종로구 북촌로 104 (주)메리츠자산운용 임원실(02-6320-3003) (학)1988년 서울 선정고졸 1992년 미국 미시간주립대 회계학과졸 1998년 핀란드 헬싱키경제대학(HSE) 대학원 경영학과졸(MBA) (경)1999~2000년 딜로이트FAS 근무 2000~2002년 스커더인베스트먼트코리아 리서치애널리스트 2002~2004년 도이치투자신탁운용 리서치애널리스트 2004~2013년 라자드코리아자산운용 포트폴리오매니저 2013년 (주)메리츠자산운용 대표이사 2014년 同주식운용팀 상무(현)

**김홍선(金弘善) KIM HONG SUN**

(생)1960 · 10 · 1 (출)서울 (주)서울특별시 종로구 종로 47 SC제일은행 본점 11층 임원실(1588-1599) (학)1983년 서울대 전자공학과졸 1985년 同공과대학원졸 1990년 컴퓨터공학박사(미국 Purdue Univ.) (경)1990~1994년 삼성전자(주) 컴퓨터사업부 선임연구원 1994~1996년 미국 TSI사 Business Development 부사장 1996~2004년 시큐어소프트 설립 · 대표이사 2005~2006년 유니포인트 경영고문 2007~2008년 안랩 기술고문 · 연구소장 · CTO 2008~2013년 同대표이사 2014년 SC제일은행 정보보호최고책임자(CISO · 부행장)(현) (상)정진기언론문화상 기술부문대상(1997), 벤처기업대상 산업포장(1999), 미국 Purdue대 OECE(Outstanding Electrical and Computer Engineering)상(2003), 대통령표창(2009), 대한민국 인터넷대상 대통령표창(2009), 교육과학기술부장관표창(2010), 자랑스런 서울대 전자동문상(2011), 전자신문 · 한국정보산업연합회 · 한국CIO포럼 올해의CIO상 최고정보보호책임자상(2015) (저)'누가 미래를 가질 것인가?'(2013, 쌤앤파커스) (종)기독교

**김홍섭(金洪燮) KIM HONG SUP**

(생)1960 · 5 · 10 (본)김해(金海) (출)경기 여주 (주)충청북도 충주시 국원대로 82 건국대학교 충주병원(043-840-8200) (학)1978년 원주고졸 1984년 연세대 원주의과대학 의학과졸 1992년 同대학원 의학석사 1996년 의학박사(한림대) (경)1984~1988년 연세대 원주세브란스기독병원 수련의 및 전공의 1988~1991년 경남도지방공사 진주의료원 공중보건의 1991년 연세대 원주의과대학 연구강사 1993~2004년 건국대 의과대학 전임강사 · 조교수 · 부교수 2000~2002년 미국 인디애나대 의과대학 연구교수(Post Doctoral Fellow) 2002~2006년 건국대 충주병원 진료부장 2004년 同의과대학 비뇨기과학교실 교수, 同의학전문대학원 비뇨기과학교실 교수(현) 2006년 同의학전문대학원 비뇨기과학교실 주임교수, 同충주병원 비뇨기과장 2006~2008년 대한비뇨기과학회 편집위원 2007년 미국비뇨기과학회(AUA) 연례회의 좌장 2008~2014년 대한비뇨기종양학회 총무이사 · 재무이사 2008~2011년 건국대 충주병원 진료부원장 2008 · 2009년 미국 세계인명사전 'Marquis Who's Who in the World'에 등재 2008 · 2009년 미국 세계인명사전 'Marquis Who's Who in America'에 등재 2009 · 2010년 미국 세계인명사전 'Marquis Who's Who in Medicine and Healthcare'에 등재 2010~2017년 대한비뇨기과학회 평의원 2012~2014년 同국제교류위원 2014~2016년 대한비뇨기종양학회 대외협력부회장 2019년 건국대 충주병원장(현) (상)영국 국제인명센터(IBC) 'International Health

Professional of the Year for 2007'·'Top 100 Health Professionals 2007', 미국비뇨기과학회 'Moderator of AUA'(2007), 미국비뇨기과학회 'Best of Posters'(2010), 미국비뇨기과학회 'Korean World Urological Congress Moderator'(2015), 대한비뇨기과학회 'Best Reviewer of the Month'(2015) (저)'방광암의 진료지침, 대한비뇨기종양학회(編·共)'(2005, 의학문화사) '비뇨기과학 제4판, 대한비뇨기과학회편(共)'(2007, 일조각) '요로상피암 진료지침, 대한비뇨기종양학회(編·共)'(2010, 의학문화사) '비뇨기과학 제5판, 대한비뇨기과학회편(共)'(2014, 일조각) '전립선비대증, 대한전립선학회 편(개정판)(共)'(2015, 일조각)

### 김홍섭(金洪燮)

(생)1973·3·1 (출)경남 거창 (주)세종특별자치시 한누리대로 422 고용노동부 공무원노사관계과(044-202-7647) (학)1991년 거창고졸 1995년 성균관대 행정학과졸 1997년 서울대 행정대학원 수료 (경)1995년 행정고시 합격(39회) 2000~2001년 노동부 장관수행비서관 2001~2004년 駐사우디아라비아대사관 노무관 2010년 노동부 기획조정실 정보화기획팀장 2010년 고용노동부 부산고용센터장 2011년 대통령자문 국가경쟁력강화위원회 파견 2013년 고용노동부 감사관실 고객행복팀장 2014년 보건복지부 사회서비스사업과장 2015년 서울지방고용노동청 서울북부지청장 2016년 同서울서부지청장 2017년 고용노동부 공무원노사관계과장(현) (상)노동부장관표창(1997), 통일부장관표창(2006), 대통령표창(2006), 대통령자문 국가경쟁력강화위원장표창(2012) (저)'비정상에서 정상으로 가는 길'(2011, 도서출판 청람) '대한민국 국가경쟁력 리포트(共)'(2012, 매일경제신문)

### 김홍수(金鴻秀) KIM Hong Soo

(생)1961·1·20 (출)부산 (주)충청남도 천안시 동남구 순천향6길 31 순천향대 천안병원 소화기내과(041-570-2128) (학)1979년 영등포고졸 1985년 순천향대 의대졸 1992년 同대학원 의학석사, 의학박사(순천향대) (경)1991년 안양병원 내과 과장 1993년 순천향대 의과대학 내과학교실 전임강사·조교수·부교수·교수(현) 2008년 同천안병원 내과 과장 2010년 同천안병원 분과장 2014년 대한임상초음파학회 회장 2015~2016년 同이사장 2016년 同고문(현) (상)보건복지부장관표창(2015) (저)'간암의 진단과 치료' (종)기독교

### 김홍수(金鴻秀)

(생)1964·5·17 (출)경남 진주 (주)부산광역시 금정구 부산대학로63번길 2 부산대학교 사범대학 윤리교육학과(051-510-2663) (학)1988년 부산대 윤리교육과졸 1990년 同대학원 정치외교학과졸 1998년 정치학박사(경북대) (경)2000~2014년 영산대 교수 2004~2009년 (사)동북아해양도시시민포럼 회장 2005~2009년 그린닥터스 남북의료협력본부 학술위원장 2005~2008년 영산대 외국어대학장 2005~2011년 민주평통 자문위원 2005~2009년 중국상담대 객좌교수 2006~2008년 부산대 중국연구소 '차이나연구소' 편집위원장 2007~2012년 부산상공회의소 경제정책자문위원 2007~2009년 CAVICs누리사업단 단장 2008년 세계지역학회 부회장 2010년 한국정치학회 지역연구분과 위원장 2012년 대한정치학회 연구이사 2012~2014년 영산대 중국연구소장 2012~2014년 同산학지원처장 2013년 한국시민윤리학회 회장 2015~2017·2018년 부산대 사범대학 윤리교육학과 교수(현) 2015년 同사범대학 부학장, 더불어민주당 부산시당 싱크탱크 '오륙도연구소' 기획운영위원 2016년 同싱크탱크 '정책공간 국민성장' 발기인 2017년 대통령 사회수석비서관실 교육문화비서관 2018년 대통령 사회수석비서관실 교육비서관 (저)'현대중국의 권력분산'(1998) '국제관계와 한국정치'(1999) '중국정치산책'(2002) '정치학으로의 산책'(2002) '부산의 도시혁신과 거버넌스'(2008) '현대중국사회'(2009) '지방정치학으로의 산책'(2012)

### 김홍순(金洪順·女) Kim, Hongsun

(생)1969·2·25 (본)김해(金海) (출)전남 해남 (주)세종특별자치시 갈매로 408 교육부 혁신행정담당관실(044-203-6062) (학)1987년 광주여상졸 1994년 조선대 무역학과졸 2011년 전남대 대학원졸(MBA) 2013년 핀란드 투르쿠대 대학원 교육행정학과졸 (경)1999년 행정고시 교육직렬 합격(43회) 2000년 중앙공무원교육원 연수 2001년 김해여고 행정실장 2004년 교육인적자원부 정책총괄과 사무관 2005년 同과학실업교육정책과 사무관 2006년 전남대 기획협력처 대외협력과장 2008년 同학생지원처 취업지원과장 2011년 국외 교육연수(핀란드 투르쿠대) 2013년 교육부 대학학사평가과 서기관 2014년 同평생직업교육국 직업교육정책과장 2017년 대통령비서실 파견 2019년 교육부 혁신행정담당관(부이사관)(현)

### 김홍식(金洪植) KIM Hong Sik

(주)전라북도 전주시 덕진구 장재안길 31 전북도시가스(주)(063-240-7700) (학)서울 대광고졸, 안성농업전문대 축산과졸, 예원예술대 예술경영학과졸, 전북대 경영대학원졸 (경)정신지체장애인생활시설 '만복원' 운영위원장, 대한적십자사 전북도지사 대의원, 전북은행 감사위원장 2004년 3670 전주전일로타리클럽 회장 2005년 전주시 완산구 선거관리위원회 위원(현) 2006년 전북도시가스(주) 대표이사 사장(현) 2009년 전주상공회의소 부회장(현) 2015년 법무부 범죄예방위원 전주지역협의회 감사(현) 2017년 대한적십자사 전북도지사 중앙위원(현) (상)행정자치부장관표창(2004), 대통령표창(2016)

### 김홍신(金洪信) KIM Hong Shin

(생)1947·3·19 (본)김해(金海) (출)충남 공주 (주)충청남도 논산시 중앙로 146-23 김홍신문학관(041-733-2019) (학)1965년 논산 대건고졸 1971년 건국대 국어국문학과졸 1985년 同대학원 국어국문학과졸 1993년 문학박사(건국대) 2001년 명예 정치학박사(건국대) (경)1971~1973년 육군 복무(중위 예편) 1974년 월간 '새빛' 편집장 1975년 「현대문학」 '물살' 등단, 소설가(현) 1976~1980년 출판사 '평민사' 주간 1988~1993년 건국대 강사 1991~1995년 실천문학 운영위원 1992년 경제정의실천시민연합 상임집행위원 1994년 ROTC중앙회 부회장 1995~1997년 방송문화진흥회 이사 1995년 민주당 홍보위원장 1996년 同대변인 1996년 제15대 국회의원(전국구, 민주당·한나라당) 2000~2003년 제16대 국회의원(전국구, 한나라당) 2000~2001년 한나라당 홍보위원장 2000년 건국대 언론홍보대학원 겸임교수 2002~2004년 민족화해협력범국민협의회 집행위원장 2004년 제17대 국회의원선거 출마(서울 종로, 열린우리당) 2007년 평화재단 이사(현) 2008년 (주)에스에이치텍 사외이사 2008~2013년 건국대 언론홍보대학원 석좌교수 2009~2011 한국문인협회 인권위원장 2010년 제10회 동서커피문학상 운영위원장 2012년 한국줄기세포뱅크 회장(현) 2012년 헬스경향 자문위원 2013년 중앙선관위 민주시민정치아카데미 원장·이사장(현) 2014~2018년 '새로운 100년을 여는 통일의병' 공동대표 2014년 중앙입양원 홍보대사(현) 2016년 문화유산국민신탁 이사(현) 2019년 국제PEN한국본부 '2019세계한글작가대회' 집행위원장(현) (상)한국소설문학상 '풍객'(1986), 소설문학작품상 '내륙풍'(1987), 자랑스런 서울시민 600인 선정(1994), 자랑스러운 한국인대상(2001), 통일문화대상(2007), 현대불교문학상(2009), 한민족대상(2009), 자랑스러운ROTCian상(2011), 제52회 한국문학상 수상(2015) (저)'청춘은 미래를 승부한다'(1992, 우석출판사) '바람 바람 바람'(1993, 행림) '흔들려도 너는 세상의 중심에 있다'(1994, 청맥) '대통령 정신차리소'(1995, 움직이는책) '칼날위의 전쟁'(1996, 해냄) '인간시장'(1998·2015) '행복과 갈등'(1998, 시공사) '우리들의 건달신부'(1999, 시공사) '초한지'(2002, 삼성당) '세상사는 방법을 묻는 사람들에게'(2003, 오렌지북) '소설 초한지'(2003, 대산출판사) '내 삶을 바군 칭찬 한마디(共)'(2004, 21세기북스) 시집

'한 잎의 사랑'(2004, 문학세계사) '발끝으로 오래 설 수 없고 큰 걸음으로 오래 걷지 못하네'(2005, 해냄) '삼국지'(2005, 바른사) '인생을 맛있게 사는 지혜'(2006, 해냄) '김홍신의 대발해 全10권'(2007·2010, 아리샘) '김홍신의 청소년 대발해1~5'(2009, 아리샘) '인생사용설명서 1·2'(2009·2011, 해냄) 논문집 '1970년대 소설에 나타난 산업화 양상 연구'(2010, 박이정) '만화 1등 전략 삼국지1~9(共)'(2010, 기탄출판) '인생사용설명서 두번째 이야기'(2011, 해냄) '그게 뭐 어쨌다고'(2011, 해냄) '내 꿈은 군대에서 시작되었다(共)'(2013, 샘터) '단 한 번의 사랑'(2015, 해냄) '인생견문록'(2016, 해냄) '바람으로 그린 그림'(2017, 해냄) '하루 사용 설명서'(2019, 해냄) 외 190여 권 (종)천주교

### 김홍업(金弘業) Kim Hong Up

(생)1950·7·29 (주)서울특별시 마포구 신촌로4길 5-26 김대중도서관 4층 김대중평화센터(02-324-7972) (학)서울 대신고졸 1972년 경희대 경영학과졸 (경)미주인권문제연구소 이사 1998년 아·태평화재단 부이사장 2007~2008년 제17대 국회의원(무안·신안 재보선 당선, 민주당·대통합민주신당·통합민주당·무소속) 2007년 대통합민주신당 정동영 대통령후보 중앙선거대책위원회 미디어인터넷본부장 2019년 김대중평화센터 이사장(현) (종)가톨릭

### 김홍용(金洪用) KIM Hong Yong

(생)1957·1·11 (출)광주 (주)경기도 양주시 은현면 화합로 1049-56 서정대학교 총장실(031-859-6900) (학)1983년 경희대 의대졸 1985년 同대학원 의학석사 1992년 의학박사(경희대 의과대학원) (경)1985~1987년 인천길병원 전문의 1987~1990년 이화여대 병원 전문의 1991~2002년 전북대 의대 피부과 교수 1993~1994년 미국 예일대 파견교수 2003~2009년 서정대학 학장 2005년 대한피부연구학회 이사 2005년 한국전문대학교육협의회 이사 2009년 서정대 총장(현)

### 김홍우(金弘宇) Hong-Woo Kim

(생)1942·3·31 (출)서울 (주)서울특별시 서초구 반포대로37길 59 대한민국학술원(02-3400-5220) (학)1966년 서울대 문리과대학 정치학과졸 1969년 同대학원 정치학과졸 1972년 미국 조지아대 대학원 정치학과졸 1975년 정치학박사(미국 조지아대) (경)1967~1970년 공군사관학교 교관 1977~1981년 경희대 정치학과 조교수·부교수 1981~1990년 서울대 정치학과 조교수·부교수 1987~1991·1995~1997년 현대사상연구회 회장 1989~1991년 서울대 정치학과장 1990~2007년 同정치학과 교수 1993년 미국 프린스턴대 정치학과 Visiting Fellow 1993~1994년 미국 Helen Kellogg Institute of Int Guest Scholar 2000~2007년 대화문화아카데미 삶의정치연구모임 연구자문위원 2006년 (재)서재필기념회 이사(현) 2006~2007년 한국동양정치사상사학회 회장 2007년 서울대 명예교수(현) 2007년 경희대 인류사회재건연구원 명예원장(현) 2008년 대한민국학술원 회원(정치사상·현) (상)한국일보 한국백상출판문화상(2000), 옥조근정훈장(2007) (저)'현상학과 정치철학'(1999) '한국정치와 헌정사(共)'(2001) '한국정치학 50년(共)'(2001) '삶의 정치, 소통의 정치(共)'(2003) '가치와 한국정치(共)'(2005) '정치학의 대상과 방법(共)'(2005)

### 김홍우(金洪宇) KIM Hong Woo

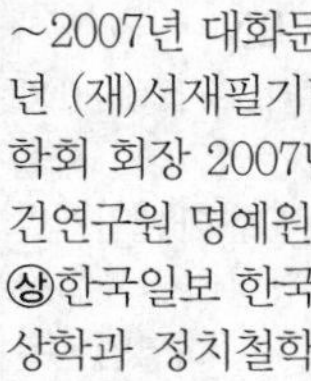

(생)1964·8·19 (출)경북 포항 (주)서울특별시 서초구 법원로1길 1 법무법인 심연(02-592-7200) (학)1982년 대구 능인고졸 1986년 서울대 법대졸 (경)1987년 사법시험 합격(29회) 1991년 사법연수원 수료(20기) 1991년 인천지검 검사 1993년 대구지검 영덕지청 검사 1994년 대구지검 검사 1996년 수원지검 검사 1998년 청주지검 검사 2000년 서울지검 남부지청 검사 2002년 부산지검 검사 2003년 同부부장검사 2004년 창원지검 통영지청 부장검사 2005년 수원지검 성남지청 부장검사 2006년 의정부지검 고양지청 부장검사 2007년 대구고검 검사 2008년 수원지검 형사3부장 2009년 서울북부지검 형사1부장 2009년 서울남부지검 형사1부장 2010년 서울고검 검사 2010~2011년 국민권익위원회 법무보좌관(파견) 2011년 서울고검 형사부 검사 2012년 대전고검 검사 2014년 서울고검 검사 2018년 법무법인 심연 변호사(현)

### 김홍일(金洪一) KIM Hong Il

(생)1956·1·26 (본)경주(慶州) (출)충남 예산 (주)서울특별시 종로구 종로3길 17 디타워 23층 법무법인 세종(02-316-4005) (학)1972년 예산고졸 1983년 충남대 법학과졸 (경)1982년 사법시험 합격(24회) 1985년 사법연수원 수료(15기) 1986년 대구지검 검사 1988년 대전지검 서산지청 검사 1990년 수원지검 검사 1992년 서울지검 검사 1996년 수원지검 성남지청 검사 1997년 법무연수원 기획부 교관 1998년 서울지검 부부장검사 1999년 춘천지검 원주지청장 2000년 서울고검 검사 2001년 수원지검 강력부장 2002년 대검찰청 강력과장 2003년 서울지검 강력부장 2004년 대전지검 형사1부장 2005년 부산지검 동부지청 차장검사 2006년 대구지검 2차장검사 2007년 서울중앙지검 3차장검사 2008년 사법연수원 부원장 2009년 대검찰청 마약·조직범죄부장 2009년 同중앙수사부장 2011~2013년 부산고검장 2013년 법무법인 세종 변호사, 同파트너변호사 2017년 (주)오리온 사외이사(현), 법무법인 세종 대표변호사(현) (상)검찰총장표창, 황조근정훈장(2008) (저)'강력사건 현장수사론' '수사기법연구' (종)천주교

### 김홍일(金洪鎰)

(생)1963·7·28 (출)경남 함안 (주)부산광역시 연제구 법원로 34 정림빌딩 604호, 1202호 법무법인 오륜(051-503-0400) (학)1980년 금성고졸 1984년 서울대 법대졸 1986년 同대학원 법학과졸 2002년 미국 Univ. of San Diego Law School(LL.M.) 수료 (경)1988년 사법시험 합격(30회) 1991년 사법연수원 수료(20기) 1991년 인천지검 검사 1993년 창원지검 밀양지청 검사 1994년 부산지검 동부지청 검사 1994년 변호사 개업 2006년 울산지법 판사 2007년 부산고법 판사 2010년 창원지법 부장판사 2012~2016년 부산지법 부장판사 2016~2018년 법무법인 로앤케이 공동대표변호사 2018년 법무법인 오륜 변호사(현)

### 김홍일(金洪溢) Hongil Kim

(생)1966·5·20 (본)김녕(金寧) (출)대구 (주)서울특별시 강남구 선릉로 551 새롬빌딩 은행권청년창업재단 임원실(02-2030-9300) (학)대구고졸 1991년 경북대 사법학과졸 (경)1991~2001년 산업은행 근무 2001~2008년 네덜란드 ABN-AMRO은행 홍콩지점 전무이사 2008년 미국 리먼브라더스 홍콩지점 전무이사 2008~2010년 일본 노무라증권 홍콩지점·서울지점 전무이사 2011~2013년 아이디어브릿지자산운용 대표이사 2013~2014년 IBK자산운용 부사장 2014~2017년 (재)우체국금융개발원 원장 2018년 은행권청년창업재단 상임이사 겸 디캠프(D.CAMP)센터장(현) (상)재정경제부장관표창(1998), 부총리 겸 재정경제부장관표창(2003), 특허청장표창(2013) (저)'금융혁명과 HBS(共)'(1999) (종)천주교

### 김홍일

(생)1969·2·20 (주)서울특별시 영등포구 국제금융로8길 11 대영빌딩 2층 HDC자산운용(주)(02-3215-3061) (학)성광고졸, 서울대 경제학과졸 (경)1993년 동양증권 입사 1999년 현대증권 입사 2003년 HDC현대산업개발 입사 2014년 同경영기획본부 상무 2017년 同경영혁신실장 2018년 HDC지주회사 상무 2019년 HDC자산운용(주) 대표이사(현)

**김홍장(金洪樴) KIM Hong Jang (奎伯)**

(생)1962·1·31 (본)고성(固城) (출)충남 당진 (주)충청남도 당진시 시청1로 1 당진시청 시장실(041-350-3012) (학)남대전고졸, 단국대 법정학과 중퇴, 경희사이버대 NGO학과졸, 경희대 공공대학원 정책학과졸 (경)당진청년회의소 상임부회장, 당진문화원 부원장, 한국지역신문협회 부회장, 열린우리당 나눔운동본부 당진본부장, 당진신문 대표이사 발행인 1995·1998·2002년 충남도의원선거 출마 2006~2010년 충남도의회 의원(열린우리당·통합민주당·민주당) 2008년 민주당 당진지역위원회 위원장, 맑고푸른당진21실천협의회 대표회장, 당진그린스타트네트워크운동본부 상임대표, 한반도평화와경제전략연구재단 기획위원, 남이흥장군문화제 집행위원장, 당진교육청 교육행정자문위원, 당진·홍성합창단 단장, 민주평통 자문위원, 바르게살기운동당진군협의회 위원, 충남도의회 운영위원회 부위원장 2010~2014년 충남도의회 의원(민주당·민주통합당·민주당) 2010~2012년 同부의장 2010년 (사)더좋은민주주의연구소 이사 2011년 노무현재단 기획위원 2012년 민주통합당 교육연수위원회 부위원장 2012년 충남도의회 행정자치위원회 위원, 민주당 당진지역위원회 위원장 2014~2018년 충남 당진시장(새정치민주연합·더불어민주당) 2018년 충남 당진시장(더불어민주당)(현) (상)한국지역신문협회 의정대상(2010), 전국지역신문협회 행정대상(2016), 제26회 소충·사선문화상 모범공직부문(2017) (저)'필요한 것은 당진답게'(2013, 삶과지식) (종)기독교

**김홍재(金弘載) KIM Hong Jae**

(생)1967·2·15 (본)경주(慶州) (출)충북 옥천 (주)세종특별자치시 도움5로 19 과학기술정보통신부 우정사업본부 보험사업단(044-200-8600) (학)1985년 청주고졸 1993년 연세대 행정학과졸 (경)2003년 정보통신부 정보화기획실 정보이용보호과 사무관 2003년 同기획총괄과 사무관 2004년 同기획총괄과 서기관 2005년 대전 둔산우체국장 2007년 정보통신부 우정사업본부 보험사업단 보험적립금운용팀장 2008년 지식경제부 우정사업본부 보험사업단 보험자산운용팀장 2010년 同우정사업본부 우정사업정보센터 보험정보과장 2012년 APPU 파견 2013년 미래창조과학부 우정사업본부 우편사업단 소포사업팀장 2013년 同우정사업본부 우편사업단 우편신사업과장 2014년 同우정사업본부 운영지원과장(서기관) 2015년 同우정사업본부 운영지원과장(부이사관) 2015년 서울중앙우체국장 2016년 미래창조과학부 우정사업본부 국제사업과장 2017년 과학기술정보통신부 우정사업본부 국제사업과장 2018년 同우정사업본부 물류기획과장 2019년 同우정사업본부 보험사업단장(고위공무원)(현)

**김홍종(金洪鍾) Gim Hong-Jong**

(생)1958 (주)경기도 고양시 일산서구 중앙로 1601 고양도시관리공사 사장실(031-929-4800) (학)1976년 대전상고졸 1981년 충남대 사학과졸 1988년 同대학원 행정학과졸 (경)2010년 서울지방국토관리청 관리국장 2012년 국토해양부 공공택지관리과장 2014년 국토교통부 항공자격과장 2014년 행정중심복합도시건설청 대변인(서기관) 2015~2017년 同대변인(부이사관) 2019년 고양도시관리공사 사장(현)

**김홍주(金鴻州) Hongjoo, Kim**

(생)1955·2·28 (출)경기 (주)강원도 동해시 하평로 11 근로복지공단 동해병원 부속실(033-530-3214) (학)서울대 의대졸, 同대학원 의학석사, 의학박사(서울대) (경)1992~2019년 인제대 의대 외과학교실 교수 2006년 同상계백병원 수련부장 2007년 同상계백병원 기획실장 2008년 同상계백병원 부원장 겸 진료부장 2010~2016년 同상계백병원장 2010년 대한병원협회 이사 2011년 서울시병원협회 보험이사·부회장 2016~2018년 인제대 백중앙의료원장 2017년 대한수련병원협의회 초대 회장(현) 2018년 대한병원협회 병원평가위원장(현) 2019년 근로복지공단 동해병원 병원장(현) (상)제10회 대웅 병원경영혁신대상(2016)

**김홍주(金洪周) Kim Hong Ju**

(생)1970·2·2 (본)김녕(金寧) (출)대구 (주)세종특별자치시 한누리대로 402 산업통상자원부 중견기업정책과(044-203-4360) (학)1988년 대구고졸 1995년 고려대 경영학과졸 2017년 한국과학기술원 미래전략대학원 공학과졸 (경)1995년 행정고시 합격(39회) 1997~2004년 정보통신부 법무담당관실·정보화제도과·정보화기반과·지식정보산업과·기획총괄과 근무 2005년 스위스 세계우편연합(UPU) 파견 2007년 산업자원부 울산우체국장 2008년 국제과학비즈니스벨트추진지원단 비즈니스팀장 2009~2011년 지식경제부 불공정무역조사과장·로봇산업과장 2011년 駐싱가포르 상무관 2014년 산업통상자원부 산업인력과장 2017년 同산업기술개발과장 2018년 同중견기업정책과장 2019년 同중견기업정책과장(부이사관)(현)

**김홍준(金弘濬) KIM Hong Joon**

(생)1965·10·10 (본)김녕(金寧) (출)서울 (주)부산광역시 연제구 법원로 31 부산지방법원 총무과(051-590-1507) (학)1984년 용산고졸 1988년 고려대 법학과졸 2002년 同법무대학원 연구과정 수료 (경)1988년 사법시험 합격(30회) 1991년 사법연수원 수료(20기) 1991년 軍법무관 1994년 대전지법 판사 1996년 同홍성지원 판사 1998년 수원지법 판사 1999년 同광명시법원 판사 2001년 서울지법 판사 2002년 서울고법 판사 2004년 서울동부지법 판사 2006년 청주지법 부장판사 2007년 수원지법 평택지원 부장판사 2009년 서울남부지법 부장판사 2011년 서울중앙지법 민사28부 부장판사 2014년 서울남부지법 부장판사 2016년 인천지법 부장판사 2019년 부산지법 부장판사(현) (저)'건설소송의 법률적 쟁점과 소송실무'(2013) '건설재판실무'(2015) (종)가톨릭

**김홍중(金洪中)**

(생)1958·11·17 (출)경남 (주)강원도 원주시 건강로 32 국민건강보험공단(033-736-1034) (학)1977년 합천종합고졸 2003년 행정학사(독학사) (경)2003~2007년 보건복지부 혁신인사과 사무관 2008년 同장애인권익증진과장 2009년 同보육기반과장 2010년 同재정운영담당관 2013년 同보험평가과장 2014년 同감사과장 2016년 同질병관리본부 인천공항검역소장 2016년 국민건강보험공단 총무상임이사(현) (상)장관표창(1989·1991), 국무총리표창(1999), 대통령표창(2008)

**김홍진(金鴻眞) KIM HONG JIN**

(생)1964 (주)인천광역시 서구 봉수대로 196 HDC영창 비서실(032-570-1000) (학)청석고졸, 서울시립대 경영학과졸 (경)1999년 HDC현대산업개발 기획팀장 2007년 HDC현대EP 경영지원본부장 2012년 HDC영창 영업본부장 2016년 同영업본부장(상무) 2019년 同대표이사(현)

**김홍철(金洪哲) KIM HONG CHUL**

(생)1963·8·8 (주)서울특별시 송파구 올림픽로 448 대한승마협회(02-422-7564) (학)1986년 경북대 체육교육학과졸 1988년 프랑스 Saumur국립승마학교 수료 2003년 계명대 스포츠산업대학원 레저스포츠학과졸 (경)1998년 방콕아시안게임 종합마술 국가대표코치 2000~2005년 한국마사회 승마선수단 감독 2005~2012년 한국사회인연맹 감사 2005년 (사)대한승마협회 심판위원(현) 2006년 도하아시안게임 종합마술 국가대표코

치 2007년 (사)대한승마협회 EQUESTRIAN 편찬위원 2009~2010년 한국마사회 승마훈련원장 2010년 광저우아시안게임 국가대표총감독 2010~2012년 (사)대한승마협회 상벌위원장 2010~2012년 同전무이사 2010년 성덕대학 재활승마학과 초빙교수 2012년 마술학·말산업 국가자격시험교재 집필위원 2012~2018년 대명레저산업 승마TF팀 상무이사 2013년 (사)대한승마협회 종합마술 국가대표감독 2013~2018년 대명레저산업 소노펠리체 승마단장 (상)부산아시안게임 종합마술단체전 은메달(2002), 최우수 지도자상(KEF)(2002), 전국체육대회 중장애물 우승(2005·2006), 농림수산식품부장관표창(2008)

## 김홍태(金洪泰) KIM Hong Tae

(생)1963·9·4 (본)안산(安山) (출)전북 김제 (주)서울특별시 종로구 율곡로2길 25 연합뉴스TV 비서실(02-398-3114) (학)1982년 남성고졸 1989년 서울대 불어불문학과졸 2014년 한양대 언론정보대학원졸 (경)1989년 연합뉴스(舊 연합통신) 입사 1989~1999년 同외신부·사회부·경제부·정치부 기자 2000년 同노동조합 위원장 2001년 同특신부 차장대우 2003년 同지방부 차장 2005년 同국제뉴스부 차장 2006년 同국제뉴스1부 부장대우 2007년 同국제뉴스3부장 2009년 同대외업무팀장 2010년 同파리특파원 2013년 同국제뉴스국 기획위원(부국장대우) 2014년 同전북취재본부장 2015년 同편집국 국제에디터 2016년 同글로벌코리아센터 본부장 겸 한민족사업부장 2017년 연합뉴스TV 보도국장 2018년 同상무이사(현) 2018~2019년 同보도본부장 겸임 (종)기독교

## 김홍태(金弘泰) KIM Hong Tae

(생)1966·6·5 (출)광주 (주)전라북도 전주시 덕진구 사평로 32 동승빌딩 403호 법무법인 온고을(063-253-3750) (학)광주 광덕고졸 1988년 고려대 법학과졸 (경)1995년 사법시험 합격(37회) 1998년 사법연수원 수료(27기) 1998년 변호사 개업 2003년 청주지검 검사 2005년 광주지검 검사 2007년 서울동부지검 검사 2010년 전주지검 검사 2010년 同부부장검사, 전북대 법학전문대학원 겸임교수, 원광대 법학전문대학원 겸임교수 2011년 광주지검 공판부장 2012년 전주지검 군산지청 형사1부장 2013년 서울서부지검 공판부장 2014년 대전지검 형사3부장 2015~2016년 同천안지청 형사2부장 2016년 법무법인 온고을 대표변호사(현)

## 김홍필(金烘必) Kim, Hong Pil

(생)1962·7·15 (출)대전 (주)세종특별자치시 정부2청사로 13 소방청 차장실(044-205-7101) (학)1981년 충남고졸 1988년 충남대 농화학과졸 (경)1994~1996년 충남소방학교 교수계장·서무과장 1996년 공주소방서 구조구급과장 1997~1998년 충남소방본부 구급계장·소방교육지도담당·방호담당 2003년 행정자치부 국가재난관리시스템기획단 파견 2003~2005년 충남 서산소방서장 2005년 충남소방본부 소방행정과장 2008~2010년 同방호구조과장 2010년 소방방재청 방호과 소방정 2011년 同재난상황실 소방정 2011년 중앙소방학교 행정지원과장 2012년 제주특별자치도 소방안전본부장 2015년 국민안전처 중앙소방본부 소방정책국 소방정책과장(소방준감) 2016년 同중앙소방본부 119구조구급국장(소방감) 2017년 소방청 119구조구급국장(소방감) 2017년 同중앙소방학교장 2018~2019년 同중앙119구조본부장 2019년 同차장(소방정감)(현)

## 김홍희(金弘姫·女) KIM Hong-hee (奎谷)

(생)1948·1·17 (본)경주(慶州) (출)서울 (주)서울특별시 종로구 북촌로5길 48 백남준문화재단(02-732-0721) (학)1970년 이화여대 불어불문학과졸 1982년 미국 Hunter College 미술사학부 수료 1985년 덴마크 Copenhagen Univ. 미술사학과 수료 1986년 이화여대 대학원 현대미술사학과 수료 1989년 캐나다 몬트리올 Concordia Univ. 대학원 미술사학과졸 1998년 미술사학박사(홍익대) (경)큐레이터(현), 현대미술평론가(현), 미술사가(현) 1993년 'Seoul of Fluxus'展 기획(예술의전당·과천현대미술관) 1994년 '여성 그 다름과 힘'展 기획(한국미술관) 1994년 SeOUL-NYmAX Medial 그룹전 'Hightech Art in Korea' 큐레이터(뉴욕 앤솔로지 필름아카이브) 1995년 광주비엔날레 특별전 'InfoART' 큐레이터 1995년 KBS 영상사업단 '95영상축전' 1995년 '비디오 영상예술 30년' 기획 1998~2008년 쌈지스페이스 관장 1999년 여성미술제 '팥쥐들의 행진' 전시기획위원장 2000~2010년 홍익대 미술대학원 우대겸임교수 2000년 광주비엔날레 본전시 커미셔너 2001년 요코하마 트리엔날레 국제커미티 멤버 2002년 동아시아 여성전 'Eastaian Women and Her Stories' 전시기획위원장 2002년 여성사전시관 '할머니 우리의 딸들을 깨우다' 책임연구원·전시연출 고문 2003년 제50회 베니스비엔날레 '차이들의 풍경'展 기획·커미셔너 2004년 헤이리페스티발 기획전 '장소와 공간' 기획·디렉터 2004~2006년 경기문화재단 백남준미술관건립추진위원·학예자문 2005~2006년 2006광주비엔날레 예술총감독 2006~2011년 경기도미술관 관장 2009~2011년 경기창작센터 관장 2012~2017년 서울시립미술관 관장 2013년 카셀도큐멘타14 (2017) 감독선정위원 2015년 백남준문화재단 이사장(현) (상)월간미술대상 큐레이터부문표창(1996), 대통령표창(1996), 석주미술상-평론부문(2003), 옥관문화훈장(2007), (재)김세중기념사업회 한국미술저작출판상(2015) (저)'백남준과 그의 예술'(1992, 디자인하우스) '페미니즘, 비디오, 미술'(1998, 재원) '백남준, 해프닝, 비디오'(1999, 디자인하우스) '새로운 세계를 연 비디오 예술가 백남준'(2001, 나무숲 아동문고) '백남준-한국을 이끄는 사람들'(2002, 교원) '여성과 미술-현대미술 담론과 현장1'(2003, 눈빛출판사) '한국화단과 현대미술-현대미술 담론과 현장2'(2003, 눈빛출판사) '굿모닝 미스터 백'(2007, 디자인하우스) '큐레이터 본색-엔솔로지 기획'(2012, 한길아트) '큐레이터는 작가를 먹고산다-현대미술 담론과 현장III'(2014, 눈빛출판사) 'X:1990년대 한국미술'(2016, 현실문화)

## 김홍희(金洪熙) kim Hong Hee

(생)1957·6·17 (주)서울특별시 중구 을지로11길 15 동화빌딩 3층 우리신용정보(주) 임원실(02-2262-5800) (학)1975년 전주상고졸 1979년 전주대 경영학과졸 1995년 고려대 대학원 경영학과졸 (경)1975년 상업은행 입행 2001년 우리은행 하당지점장 2003년 同상무지점장 2005년 同익산지점장 2008년 同하남공단지점장 2010년 同전주지점장 2011년 同호남영업본부장 2014년 同연금신탁사업단 상무 2015년 同업무지원단 상무 2015년 同부동산금융사업본부 부행장 2017년 同부동산금융그룹장 겸 개인그룹장(부행장) 2018년 우리신용정보(주) 대표이사(현)

## 김홍희(金洪姫·女) KIM Hong Hee

(생)1964·5·20 (출)충남 공주 (주)서울특별시 종로구 대학로 101 서울대학교 치의학대학원 구강조직·발생생물학교실(02-740-8686) (학)1986년 서울대 약학과졸 1995년 분자약리학박사(미국 아이오와주립대) (경)1986~1987년 제일제당 제약사업부 연구원 1987~1989년 129구명안내센터 전문기사 1995~1997년 Dana-Farber 암연구소 연구원 1995~1997년 미국 하버드대 의대 연구원 1997년 조선대 치대 전임강사 2000~2003년 同치대 미생물학면역학교실 조교수 2003년 서울대 치대 조교수 2005년 同치의학대학원 두개악안면세포및발생생물학전공 부교수 2008년 뼈 노화 단백질(CK-B)을 세계 최초로 규명 2010년 서울대 치의학대학원 구강조직·발생생물학교실 교수(현) 2015년 한국과학기술한림원 정회원(의약학부·현) (상)과학기술우수논문상, 동천신진과학상, 여성신문사 미래를이끌어갈여성지도자상(2005), 생명약학연구회 BioPharmacal Society Award(2007), 제3회 아모레퍼시픽 여성과학상 과학기술상(2008), 제12회 송음 의·약학상(2009), 제9회 마크로젠 여성과학자상(2013), 서울대 학술연구상(2017)

**김홍희(金洪熙) KIM Hong Hui**

(생)1968·2·6 (출)경남 남해 (주)부산광역시 동구 충장대로 325 남해지방해양경찰청 청장실(051-663-2010) (학)1986년 부산남고졸 1991년 부산수산대 어업학과졸 2005년 중국 화동정법대 대학원졸(석사) (경)1994~1998년 제주해양경찰서 근무 1998년 해양경찰청 경무국 교육기획계장, 同경무국 발전기획단 근무, 同경무기획국 혁신기획과 시스템관리팀장 2005년 同정책홍보관리관실 기획팀장, 同해양경찰발전전략팀 근무 2008년 同경비구난국 경비계장(경정) 2010년 同경비안전국 경비계장(총경) 2010년 同해안경계임무인수단장 2010년 同경비과장 2011년 속초해양경찰서장 2012년 해양경찰청 정보수사국 수사과장 2012~2014년 同기획조정관실 기획담당관 2014년 국민안전처 남해지방해양경비안전본부 부산해양경비안전서장 2016년 국민안전처 해양경비안전본부 해양경비안전총괄과장 2017년 同남해해양경비안전본부 안전총괄부장(경무관) 2017년 남해지방해양경찰청 안전총괄부장(경무관) 2017년 해양경찰청 장비기술국장 2018년 同경비국장 2018년 남해지방해양경찰청장(치안감)(현)

**김화숙(金和淑·女)**

(생)1949·3·22 (주)서울특별시 중구 세종대로 125 서울특별시의회(02-3702-1400) (학)동국대 행정대학원 복지행정학과졸 (경)육군 여군학교장, 대한민국재향군인회 여성회장 2018년 서울시의회 의원(비례대표, 더불어민주당)(현) 2018년 同보건복지위원회 위원(현) 2018년 同예산결산특별위원회 위원(현) 2018년 同윤리특별위원회 부위원장(현) 2018년 同항공기소음특별위원회 위원(현) 2019년 同예산정책연구위원회 위원(현) 2019년 同독도수호특별위원회 부위원장(현)

**김화숙(金和淑·女) KIM Wha Suk**

(생)1949·12·2 (출)전남 강진 (주)전라북도 익산시 익산대로 460 원광대학교(063-850-6213) (학)1967년 광주여고졸 1971년 이화여대 무용학과졸 1976년 同교육대학원졸 1990년 이학박사(한양대) (경)1971년 이화여대 무용과 조교 1971~1991년 김화숙·김복희현대무용단 대표 1971년 명동예술극장 창단 공연 1975년 벽(국립극장 대극장) 1972~1978년 금란여고 교사 1977년 산조(Amsterdam, Netherlands) 첫번째 시간·춘향이야기(Paris, France) 1981~2014년 원광대 예술학부 무용학과 교수 1985년 프랑스 파리국제무용제 참가(뽕삐두센터) 1985년 김화숙&현대무용단사포 예술감독(현) 1986년 아시안게임 축하공연 1988년 현대춤작가 12인전 참가 1988년 국립현대미술관 개관2주년기념 공연 1988년 88서울국제무용제 참가 1989~2008년 한국무용교육학회 회장 1990년 김화숙·김복희20주년기념 공연(문예대극장) 1990년 멕시코 세르반티노국제축전 참가(멕시코 5개도시 순회공연) 1991~1993년 한국현대춤협회 회장 1994년 94上海예술제 참가 1995·1997년 광주비엔날레 초청공연 2003년 무용교육발전추진위원회 공동대표 2004년 한국문화예술교육학회 부회장 2005~2008년 한국문화예술교육진흥원 무용교육위원장 2008년 한국무용교육학회 명예회장(현) 2009~2010년 한국문화예술교육진흥원 이사 2010~2013년 (재)국립현대무용단 이사장 2011년 한국무용교육원 이사장(현), 무용교육혁신위원회 공동위원장 2015년 원광대 명예교수(현) (상)대한민국무용제 우수상(1979), 대한민국무용제 연기상(1985), 한국예술평론가회 최우수예술가상(1987), 대한민국무용제 안무상(1989), 한국춤평론가회 춤비평가상(1997), 객석 올해의 예술가 선정(1997), 이사도라무용예술상(2000), 올해의 이화인 선정(2001), 무용교육자상(2009), 한국무용교육학회 20주년기념 감사패(2009), 학술공로상(2012), 무용학술상(2013), 토목문화대상(2013) (저)'현대무용 테크닉'(1981) '무용창작'(1983) '김복희·김화숙 춤20년'(1990) '무용론'(1996) '무용교육이란 무엇인가'(1996) '그들은 꿈꾸고 있었다'(1997) '무용의 이해'(1999) '아동복지시설대상 문화예술교육프로그램교안-무용'(2004) '초등학교 무용교수-학습과정안'(2005) '특수학교 무용교수-학습과정안'(2006) '중학교 무용교수-학습과정안'(2006) '초등학교 3~6학년 무용'(2006) '고등학교 무용교수-학습과정안'(2007) '김화숙 춤길 40년-춤이 있어 외롭지 않았네'(2010) '무용교육의 힘'(2010) '커뮤니티 댄스(共)'(2011) '무용교육론'(2013) (역)'다 함께 즐기는 창작무용' (작)'징깽맨이의 편지'(1981) '흙으로 빚은 사리의 나들이'(1987) '요석, 신라의 외출'(1988) '광주민중항쟁 무용3부작 1부 : 그 해 오월, 2부 : 편애의 땅, 3부 : 그들의 결혼'(1995·1997·1998) '달이 물 속을 걸을 때'(2001) '그대여 돌아오라'(2005) '지나가리라'(2009) '사포, 말을 걸다'(2012) 외 70여 작품

**김화양(金和洋) KIM Hwa Yang**

(생)1943·12·6 (본)연안(延安) (출)경기 평택 (주)경기도 수원시 팔달구 효원로 299 경인일보(031-231-5206) (학)대경상고졸 1975년 중앙대 사회개발대학원 수료 (경)1968년 인천일보 입사 1973년 경기신문 사회부 차장 1985년 경인일보 사회부장 1988년 同정경부 차장·정경2부장 1989년 同부국장 겸 사회부장 1991년 同편집부국장 1992~1995년 同편집국장 1992년 경인지역정보화추진협의회 위원 1992년 내무부연수원 강사 1993년 경기도공무원연수원 강사 1993년 민주평통 자문위원 1995년 경인일보 업무담당 이사대우 1996년 새한일보 상무이사 1997년 경인일보 업무이사 1999년 同상무이사 2001년 同전무이사 2001년 경기도청소년수련원 원장 2002년 경인일보 부사장 2004년 한국신문협회 출판협의회 이사 2009~2017년 경인일보 주필(부사장) 2010년 경인일보사우회 감사 2013~2015년 한국신문방송편집인협회 부회장 2017년 경인일보 대표이사 사장(현) 2017년 한국디지털뉴스협회 이사(현) 2018년 한국신문협회 이사 (상)대통령표창, 경기도 문화상, 올림픽기장 문화장, 제5회 꿈나무대상 (저)'한국의 발견'

**김화영(金化榮) KIM Hwa Young**

(생)1969·3·16 (본)의성(義城) (출)경북 예천 (주)세종특별자치시 한누리대로 402 산업통상자원부 전기위원회 사무국(044-203-4590) (학)1986년 부평고졸 1994년 고려대 행정학과졸 (경)2000년 정보통신부 정보통신정책국 산업기술과 사무관, 同대회협력담당 사무관 2002년 同국제협력관실 국제기구담당관실 서기관, 同국제협력관실 WTO통신협상팀장 2003년 경산우체국장 2006년 정보통신부 우정사업본부 경영기획실 경영정보팀장 2008년 지식경제부 우정사업본부 경영기획실 경영정보팀장 2010년 同산업기술정보협력담당관 2011년 고용 휴직(과장급) 2013년 산업통상자원부 산업정책과 과장급 2014년 同산업정책실 섬유세라믹과장 2015년 同산업정책실 섬유세라믹과장(부이사관) 2016~2017년 민관합동창조경제추진단 기획조정팀장 2017년 산업통상자원부 전기위원회 사무국장(현) (상)대통령표창(2001)

**김화용(金和鎔) KIM Hwayong**

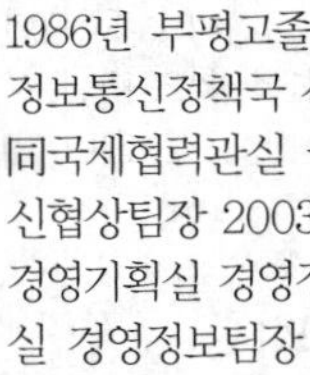

(생)1950·3·21 (본)연안(延安) (출)서울 (주)서울특별시 관악구 관악로 1 서울대학교 공과대학 화학생물공학부(02-880-7400) (학)1972년 서울대 화학공학과졸 1977년 同대학원 화학공학과졸 1984년 공학박사(미국 퍼듀대) (경)1977년 한국과학기술연구소(KIST) 연구원 1984년 미국 델라웨어대 화학공학과 연구원 1985년 한국과학기술연구원 책임연구원 1990~2015년 서울대 공과대학 화학생물공학부 교수 1993년 한국화학공학회 편집이사 1993~1996년 한국막학회 이사·학술이사 1993~2001년 한국연료전지연구회 종신회원 이사·부회장 1997~2004년 한국가스학회 감사·부회장·회장 2002년 서울대 공과대학 응용화학부장 2003~2004년 한국청정기술학회 회장 2004년 한국공학한림원 원로회원(현) 2004년 아태화학공학연맹(APCChE) 이사 2008년 한국화학공학회 회장 2011년 한국화학관련학회연합회 회장 2012~2013년 아태화학공학연맹(APCChE) 회장 2013년 한국공학한림원 화학생명분과위원장 2015년 서울대 화학생물공학부 명예교수(현) (상)서울대학교 교육상(2013), 과학기술훈장 혁신장(2014)

## 김화중(金花中 · 女) KIM Hwa Joong

(생)1945 · 1 · 3 (본)광산(光山) (출)충남 논산 (주)전라남도 곡성군 죽곡면 강빛마을길 10 (사)독일유학후원회(061-363-7759) (학)1963년 대전여고졸 1967년 서울대 간호학과졸 1971년 同보건대학원 보건학과졸 1980년 미국 컬럼비아대 대학원 간호교육학과졸 1984년 보건학박사(서울대) (경)1967~1969년 서울대병원 간호사 · 수간호사 1970년 대한간호협회 출판부장 1971~2006년 서울대 보건대학원 조교 · 전임강사 · 조교수 · 부교수 · 교수 1984년 대한간호협회 이사 1986년 지역사회간호학회 회장 1991년 한국보건사회연구원 가정간호자문위원 1991년 산업간호학회 초대회장 1992 · 1994년 대한간호협회 부회장 1992년 노동부 자문위원 1993년 대한간호정우회 회장 1993년 가정간호학회 초대회장 1993년 교육부 중앙교육심의위원 1993년 노동부 산업안전보건대상 심사위원 1994년 한국산업간호협회 초대회장 1995년 환경운동연합 전문위원 1996년 한국학교보건학회 회장 1998~2002년 대한간호협회 회장 1998년 제2의 건국범국민추진위원회 위원 1999년 충남여성정책개발원 초대원장 1999~2003년 한국농어촌보건의료발전총연합회 회장 2000~2003년 제16대 국회의원(전국구 승계, 새천년민주당) 2000년 새천년민주당 총재특보 2001년 同원내부총무 2001년 새정치여성연대 공동대표 2002년 새천년민주당 정책위원회 부의장 2002년 同노무현 대통령후보 보건의료특보 2003~2004년 보건복지부 장관 2004~2006년 대통령 보건복지특보 2004~2006년 서울대 보건대학원 교수 2006~2009년 한국여성단체협의회 회장 2006~2009년 민족화해협력범국민협의회 상임의장 2006~2009년 민주평통 상임위원 2008년 전국재해구호협회 부회장 2008년 강빛마을(태평지구 전원마을조성사업)추진위원회 자문역 2009년 서울대 명예교수(현) 2009년 (주)리버밸리 대표이사(현) 2011~2014년 대전복지재단 초대이사장 2012~2013년 충북도 오송화장품뷰티세계박람회 조직위원장 2013년 오송첨단의료산업진흥재단 자문위원장 2013년 충북도 명예도지사(현) 2015년 새정치민주연합 국정자문회의 자문위원 2016년 (사)독일유학후원회 회장(현) (저)'지역사회 간호학' '학교보건과 간호' '학교양호실무' '지역사회 간호학'(共) '산업간호학' '한국보건복지정책론' '대학생의 건강관리' '선생님의 건강증진' '건강한 부부관계를 엮는 작은 지혜' '장관이 된 간호사' (종)가톨릭

## 김화중(金華中) KIM Hwa Joong

(생)1956 · 8 · 5 (출)서울 (주)경기도 안양시 동안구 평촌대로212번길 55 대고빌딩 9층 SKC코오롱PI 임원실(031-436-8601) (학)보성고졸, 연세대 경영학과졸 (경)(주)코오롱유화 경영지원실장(이사보), (주)코오롱제약 지원본부장 2004~2007년 (주)코오롱유화 상무이사 2008년 코오롱건설 경영지원본부장(상무) 2009년 同경영지원본부장(전무) 2011년 코오롱글로벌 부사장 2013년 SKC코오롱PI 부사장 2016년 同경영지원본부장(부사장)(현)

## 김 환(金 萑) KIM Hwan

(생)1965 · 10 · 14 (출)전남 순천 (주)광주광역시 동구 준법로 7-12 광주고등검찰청 총무과(062-231-3114) (학)1984년 대신고졸 1991년 서울대 경제학과졸 (경)1995년 사법시험 합격(37회) 1998년 사법연수원 수료(27기) 1998년 광주지검 검사 2000년 창원지검 통영지청 검사 2002년 서울지검 서부지청 검사 2004년 인천지검 검사 2006년 광주지검 순천지청 검사 2008년 광주지검 검사 2010년 서울중앙지검 부부장 2012년 대전지검 천안지청 부장 2012년 광주지검 강력부장 2013년 同장흥지청장 2014년 수원지검 안산지청 부장 2015년 전주지검 부장 2016년 광주지검 부부장 2016년 광주고검 검사 2017년 광주지검 중요경제범죄조사단 부장 2019년 광주고검 검사(현)

## 김환균(金煥均) KIM Whan Kyun (小憂)

(생)1961 · 1 · 9 (출)전남 강진 (주)서울특별시 마포구 성암로 267 문화방송 시사교양본부(02-789-0011) (학)전주 신흥고졸, 서울대 독문과졸 (경)1987년 문화방송 교양PD 입사 2001년 전국언론노조 MBC본부 사무처장 2003년 문화방송 시사교양국 시사교양특임1차장 2005년 同시사교양국 3CP(차장) 2005년 同PD협회장 2006년 同시사교양국 1CP(부장대우) 2006~2007년 한국방송프로듀서연합회 회장 2007년 문화방송 휴먼다큐프로그램개발팀 CP(부장대우) 2008년 同시사교양국 시사교양4CP 2009년 同시사교양국 시사교양2부장 2010년 同시사교양국 PD(부장급) 2012년 同교양제작국 PD(부장급) 2014년 同경인지사 성남용인총국 부장 2015~2019년 전국언론노동조합 위원장 2019년 문화방송 시사교양본부 PD(현) (상)올해의 프로듀서상(1995 · 2003), 통일언론상 대상(1996 · 1999), 이달의 좋은 프로그램상(1997 · 2001 · 2004), 앰네스티언론상-이제는 말할 수 있다「민족일보와 조용수」편(2000), 방송대상 작품상(2001 · 2003), 한국언론재단 언론인홈페이지대상 동상(2004), 안종필자유언론상 특별상(2004) (저)'소쩍새마을의 진실'(共) '거꾸로 선 세상에도 카메라는 돌아간다'(共) '이제는 말할 수 있다'(共) 'PD수첩과 프로듀서 저널리즘'(共) 'PD WHO & HOW'(共) '비극은 행진으로부터 시작된다'(2004) (작)연출프로그램 '인간시대'(1992), 'PD수첩'(1994) 특집다큐멘터리 '체르노빌 그 후 10년'(1994), '세계의 병원 5부작'(1996), '이제는 말할 수 있다'(2000 · 2003 · 2004 · 2005), '미국'(2002) 광복60주년특별기획 '천황의 나라 일본'(2006) MBC스페셜신년기획 '덩샤오핑 : 작은 거인, 중국을 깨우다'(2006) (종)기독교

## 김환기(金煥基) KIM HOAN GI

(생)1964·7·7 (주)서울특별시 중구 필동로1길 30 동국대학교 일어일문학과(02-2260-3196) (학)1991년 동국대 일어일문학과졸 1993년 일본 다이쇼대 대학원 문화연구학과졸 1996년 문학연구학박사(일본 다이쇼대) (경)1997~2003년 동국대 일본학연구소 전임연구원 2003년 同일어일문학과 부교수·교수(현) 2019년 한국일본학회 회장(현) 2019년 동국대 문과대학장(현)

## 김환수(金煥洙) KIM Hwan Soo

(생)1967 · 8 · 23 (본)광산(光山) (출)전남 함평 (주)서울특별시 서초구 서초중앙로 157 서울고등법원(02-530-1186) (학)1985년 광주 송원고졸 1989년 서울대 사법학과졸 1990년 同대학원졸 (경)1989년 사법시험 합격(31회) 1992년 사법연수원 수료(21기) 1992년 軍법무관 1995년 수원지법 판사 1997년 서울지법 판사 1999년 광주지법 판사 2000년 同영광군법원 · 장성군법원 판사 2001년 광주지법 가정지원 판사 2002년 광주지법 판사 2003년 서울고법 판사 2003년 법원행정처 송무심의관 겸임 2005년 서울고법 판사 2007년 광주지법 부장판사 2008년 사법연수원 교수(부장판사) 2011년 서울중앙지법 부장판사 2014년 서울동부지법 부장판사 2015년 특허법원 부장판사 2016년 同수석부장판사 2018년 서울고법 부장판사(현) 2018~2019년 대법원장 비서실장 겸임 (상)서울지방변호사협회 선정 '2014년 우수법관'(2015) (역)'Klaus Volk의 독일형사소송법(共)'(2009)

## 김황국(金晃局) Kim Hwang-kook

(생)1967·2·6 (출)제주 (주)제주특별자치도 제주시 문연로 13 제주특별자치도의회(064-741-1941) (학)제주오현고졸 1992년 경남대 공과대학 기계공학과졸, 제주대 행정대학원 행정학과졸 (경)제주 서초교 운영위원장, 서초교총동창회 부회장(현), 제주 오현고총동창회 이사 2010년 제주특별자치도의원선거 출마(한나라당), 제주특별자치도 제주시 용담2동 항공소음대책위원회 사무국장 2014~2018년 제주특별자치도의회 의원(새누리당·바른

정당·자유한국당) 2014년 同행정자치위원회 위원 2014~2015년 同예산결산특별위원회 위원 2016~2018년 同부의장 2016~2018년 同교육위원회 위원 2016~2017년 제주교육발전연구회 부회장 2018년 제주특별자치도의회 의원(자유한국당)(현) 2018년 同4.3특별위원회 위원 겸 행정자치위원회 위원(현) (상)대한민국 유권자대상(2017)

## 김황식(金滉植) KIM Hwang Sik

(생)1948·8·9 (본)광산(光山) (출)전남 장성 (주)서울특별시 서초구 서초대로74길 4 호암재단 이사장실(02-2255-0457) (학)1966년 광주제일고졸 1971년 서울대 법과대학졸 (경)1972년 사법시험 합격(14회) 1974년 사법연수원 수료(4기) 1974년 서울민사지법 판사 1977년 서울형사지법 판사 1980년 대전지법 판사 1981년 서울지법 판사 1985년 서울고법 판사 1989년 전주지법 부장판사 1991년 서울가정법원 부장판사 1991년 법원행정처 법정국장 겸임 1993년 서울형사지법 부장판사 1995년 서울지법 부장판사 1996년 광주고법 부장판사 1997년 대법원 선임재판연구관 2000년 법원행정처 기획조정실장 2003년 서울고법 부장판사 2004년 광주지법원장 2005년 법원행정처 차장 2005~2008년 대법관 2008~2010년 감사원장 2009~2010년 아시아지역감사원장회의(ASOSAI) 사무총장 2010~2013년 국무총리 2014~2015년 2015광주하계유니버시아드조직위원회 공동조직위원장 2015년 한국독일동문네트워크 아데코(ADeKo) 이사장(현) 2017년 (사)안중근의사숭모회 이사장(현) 2017년 전남도 '마리안느 마가렛' 노벨평화상 범국민추천위원회 위원장(현) 2018년 호암재단 이사장(현) (상)자랑스런 일고인상(2011), 제21회 자랑스러운 서울법대인(2013), 독일 대성십자공로훈장(2014) (종)기독교

## 김회선(金會瑄) KIM Hoe Sun

(생)1955·5·3 (본)안동(安東) (출)서울 (주)서울특별시 종로구 사직로8길 39 세양빌딩 김앤장법률사무소(02-3703-1114) (학)1974년 경기고졸 1978년 서울대 법과대학졸 1985년 미국 조지워싱턴대 대학원졸 (경)1978년 사법시험 합격(20회) 1980년 사법연수원 수석 수료(10기) 1980년 서울지검 검사 1983년 청주지검 영동지청 검사 1984년 법무부 검찰국 검사 1985년 同검찰4과 검사 1987년 同검찰2과 검사 1987년 서울지검 검사 1989년 대검찰청 검찰연구관 1991년 인천지검 검사 1992년 창원지검 충무지청장 1993년 청주지검 부장검사 1993년 법무부 검찰국 검사 1995년 同검찰4과장 1996년 수원지검 형사2부장 1997년 법무부 검찰2과장 1998년 서울지검 조사부장 1998년 同형사6부장 1999년 국회 법제사법위원회 수석전문위원 2002년 서울지검 제3차장검사 2002년 同제1차장검사 2003년 同동부지청장 2004년 서울서부지검장 2004~2005년 법무부 기획관리실장 2005~2008·2009년 김앤장법률사무소 변호사 2008~2009년 국가정보원 제2차장 2012~2016년 제19대 국회의원(서울 서초구甲, 새누리당) 2012년 국회 법제사법위원회 위원 2012년 국회 사법제도개혁특별위원회 위원 2013년 국회 국가정보원개혁특별위원회 위원 2013년 새누리당 법률지원단장 2014·2015년 국회 교육문화체육관광위원회 위원 2015년 국회 정치개혁특별위원회 위원 2016년 새누리당 제20대 총선 공직자후보추천관리위원회 위원 2016년 同제20대 총선 중앙선거대책위원회 클린선거지원본부장(부정선거감시) 2016년 김앤장법률사무소 고문변호사(현) 2017년 두산밥캣(주) 사외이사(현) (상)대한민국 국회의원 의정대상(2013), 전국청소년선플SNS기자단 선정 '국회의원 아름다운 말 선플상'(2015) (종)가톨릭

## 김회율(金會律) Whoi-Yul Kim

(생)1956·5·27 (출)전남 보성 (주)서울특별시 성동구 왕십리로 222 한양대학교 공과대학 융합전자공학부(02-2220-0351) (학)1980년 한양대 전자공학과졸 1983년 미국 펜실베이니아주립대 대학원 전자공학과졸 1989년 공학박사(미국 Purdue대) (경)1989~1994년 미국 Univ. of Texas at Dallas 조교수 1994년 한양대 공과대학 융합전자공학부 교수(현) 2000~2002년 同정보통신원장 2009~2011년 同융합전자공학부장 2011년 同정보통신처장 2015~2016년 同교학부총장 2015~2016년 同LINC사업단장

## 김회재(金會在) KIM Hoi-Jae

(생)1962·11·24 (출)전남 여수 (주)서울특별시 서초구 서초대로 270 법무법인 정의와사랑(02-585-2400) (학)1981년 순천고졸 1988년 연세대 법학과졸 (경)1988년 사법시험 합격(30회) 1991년 사법연수원 수료(20기) 1991년 서울지검 검사 1993년 부산지검 울산지청 검사 1995년 인천지검 부천지청 검사 1997년 대구지검 검사 1999년 법무부 검찰1과 검사 2001년 서울지검 동부지청 검사 2001년 오스트리아 비엔나대 장기연수 2003년 서울지검 동부지청 부부장검사 2004년 대검찰청 검찰연구관 2006년 청주지검 제천지청장 2007년 서울동부지검 형사6부장 2008년 同형사3부장 2009년 법무연수원 교수 2009년 광주지검 순천지청 차장검사 2010년 수원지검 안양지청 차장검사 2011년 전주지검 군산지청장 2012년 서울서부지검 차장검사 2013년 수원지검 안산지청장 2014년 법무연수원 연구위원 2015년 부산고검 차장검사(검사장급) 2015년 同검사장 대행 2015년 광주지검장 2017~2018년 의정부지검장 2018년 법무법인 정의와사랑 대표변호사(현)

## 김회정(金會正) Hoe Jeong Kim

(생)1966·7·1 (주)세종특별자치시 갈매로 477 기획재정부 국제경제관리관실(044-215-7609) (학)1983년 서울 대신고졸 1987년 서울대 경제학과졸 1989년 同행정대학원졸 2004년 경제학박사(미국 일리노이대) (경)1988년 행정고시 합격(32회) 1990년 재무부 관세협력과·기획관리실·보험정책과·생명보험과·금융실명제실시단 근무 1996년 유학(미국 일리노이대) 2000년 재정경제부 재정자금과·국고과 근무 2003년 駐러시아대사관 재경관 2006년 국무조정실 파견 2007년 재정경제부 양자관세협력과장 2008년 기획재정부 양자관세협력과장 2009년 同세제실 관세제도과장 2010년 同세제실 관세제도과장(부이사관) 2010년 미래기획위원회 파견 2011년 통계청 기획조정관(국장급) 2012년 同통계정책국장 2014년 통계청 통계정책국장 2015년 기획재정부 국제금융협력국장 2016년 同대외경제국장 2016년 국제부흥개발은행(IBRD) 이사 2018년 국제통화기금(IMF) 대리이사 2019년 기획재정부 국제경제관리관(현)

## 김회종(金會宗) KIM Hoe Jong

(생)1965·4·13 (출)경남 산청 (주)부산광역시 연제구 법원로 12 법률사무소 인산(051-503-0900) (학)1983년 진주기계공고졸 1989년 부산대 법학과졸 1991년 同대학원졸 (경)1991년 사법시험 합격(33회) 1994년 사법연수원 수료(23기) 1994년 軍법무관 1997년 서울지검 서부지청 검사 1999년 창원지검 진주지청 검사 2001년 부산지검 검사 2003년 서울지검 검사 2004년 서울중앙지검 검사 2005년 대검찰청 검찰연구관 2007년 부산지검 공판부장 2008년 同마약·조직범죄수사부장 2009년 인천지검 외사부장 2009년 서울북부지검 형사6부장 2010년 대검찰청 조직범죄과장 2011년 서울중앙지검 강력부장 2012년 대전지검 서산지청장 2013년 서울남부지검 형사2부장 2014년 인천지검 제2차장검사 2014~2016년 서울고검 검사(법무연수원 연구위원) 2016~2017년 창원지검 진주지청장 2017년 법률사무소 인산 대표변호사(현)

## 김회천(金會天)

(생)1960·10·20 (주)전라남도 나주시 전력로 55 한국전력공사(061-345-3114) (학)1978년 대광고졸 1982년 국민대 행정학과졸 1991년 연세대 대학원 행정학과졸 1997년 핀란드 헬싱키경제대 대학원 한국경영학과졸 (경)2008년 한국전력공사 경영연구소 영업재무연구그룹장 2009년 同강원본

부 원주지점장 2010년 同기획처 사업계획팀장 2012년 同예산처장 2013년 同미래전략처장 2013년 同기획처장 2014년 同비서실장 2016년 同남서울지역본부장 2016년 同관리본부장 2018년 同경영지원부사장(상임이사)(현) 2019년 同윤리준법위원회 위원(현)

### 김효겸(金孝謙) KIM Hyo Kyum (陽題)

(생)1949·11·15 (본)김해(金海) (출)충남 논산 (주)경기도 의정부시 호암로 95 신한대학교(031-870-2900) (학)1969년 강경상고졸 1986년 광운대 경영학과졸 1988년 고려대 경영대학원 경영학과졸 1990년 연세대 교육대학원 교육학과졸 1994년 경영학박사(경희대) 2011년 고려대 생명과학대학원 최고경영자과정 수료 2012년 同정보통신대학원 최고경영자과정 수료 2013년 同언론대학원 최고경영자과정 수료 (경)1986~1995년 교육부 대학정책실·보통교육국·교육시설국 사무관 1990년 연세대·고려대 교우회 상임이사(현) 1990년 가락중앙종친회 중앙이사(현) 1995~1996년 교육부 감사관실 서기관 1997년 한국교육개발원 교육정책본부 파견 1997~2004년 한양대·성신여대·한국교원대·한국방송통신대 강사 1997년 한국교육행정학회 회원(현) 1998년 교육부 대학지원과장 1999년 同대학행정과장 2000년 同산업교육정책과장 2001년 한국방송통신대 사무국장 2001년 한밭대 사무국장(부이사관) 2001~2007년 한국인적자원개발학회 부회장 2002년 세종연구소 파견 2003~2005년 목포대 사무국장 2003~2004년 홍익대·초당대 겸임교수 2003년 한국상업교육학회 부회장 2004~2005년 한국직업교육학회 부회장 2004~2008년 교육인적자원부 이사관 2005~2006년 한국경영교육학회 부회장 2005년 공주대 사무국장 2005~2008년 중앙인사위원회 고위공무원 2007~2008년 충북도교육청 부교육감 2007~2008년 학교법인 극동학원 이사 2007년 강경상고동문장학재단 이사(현) 2007~2008년 대한민국인재상추천심사위원 2007~2008년 기획예산처 국가재정국고심의위원 2007~2008년 대한적십자사 충북도 상임위원 2007~2008년 충북도학교안전공제회 이사장 2007년 한국인적자원개발학회 회장 2008년 충북도교육청교육감 권한대행 2008~2009년 충청타임즈 오피니언 칼럼위원 2008년 '수필시대' 수필 등단 2008년 문인학회 회원(현) 2008년 한국청아문학회 회원(현) 2008년 서울시단 회원(현) 2008년 문화운동 회원(현) 2008년 한국인적자원개발학회 고문(현) 2009~2014년 충북일보 칼럼위원 2010~2014년 대원대 총장 2011년 '문학공간'에 詩로 등단 2011~2015년 충북일보 오피니언칼럼위원 2012년 오송화장품뷰티세계박람회 조직위원 2012년 제18대 대통령중앙선거대책위원회 직능특보 2013년 한국상업교육학회 회장 2013년 충주세계조정선수권대회 조직위원 2013년 제천경찰서 교육자문위원장 2013년 국민일보 칼럼리스트 2013년 제2회 대한민국평생학습박람회 조직위원 2014~2017년 홍익대 초빙교수 2014년 한국상업교육학회 고문(현) 2015~2017년 민주평통 자문위원 2015년 행정자치부 공익산업선정위원회 위원장(현) 2015년 충청일보 칼럼위원(현) 2016년 한국서가협회 회원(현) 2017년 신한대 석좌교수(현) 2017년 同징계위원회 위원장(현) 2018년 신춘휘호 '전국서예대전' 초대작가 2018년 강남문화원 '전국서예대전' 초대작가 (상)모범공무원표창(1983), 연세대 교육대학원 학업성적우수상(1990), 근정포장(1992), 홍조근정훈장(2009) (저)'보람으로 점철된 희망교육'(2008, 수필과비평사) '맨발의 용기'(2009, 문예운동사) '세상 바라보기'(2013, 문예운동사)

### 김효근(金孝根) HYOGUN KYM

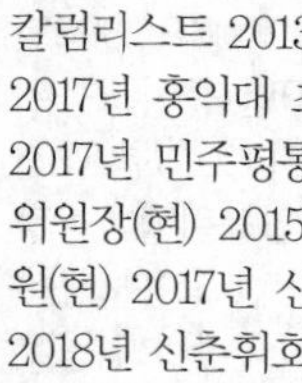

(생)1960·8·13 (출)서울 (주)서울특별시 서대문구 이화여대길 52 이화여자대학교 경영대학 경영학부(02-3277-2791) (학)1979년 여의도고졸 1983년 서울대 경제학과졸 1986년 同대학원 경영학과졸 1991년 경영학박사(미국 피츠버그대) (경)1986년 Wang Computer Korea, Ltd. 영업및마케팅사원 1987~1990년 미국 피츠버그대 경영대학원 조교 1988년 미국 International Center for Information Technologies 연구원 1990~1991년 미국 피츠버그대 경영대학원 MBA과정 전임강사 1991~1992년 캐나다 알버타대 경영대학 조교수 1992~1995년 이화여대 경영대학 경영학부 조교수 1992년 同정보화전략연구실장 1994~1998년 同초대 대외협력실장 1996~1997년 미국 버클리대 Haas School of Business 객원교수 1996~2002년 이화여대 경영대학 경영학부 부교수 1998~2003년 同정보통신연구소장 1998년 同지식정보화전략연구센터장 1999~2002년 同첨단정보통신교육원 원장 2000~2003년 대통령자문정책기획위원회(경제, 교육) 위원 2003년 이화여대 경영대학 경영학부 교수(현) 2004~2005년 한국정신문화연구원 한국학대학원 방문교수 2007~2008년 이화여대 초대 국제교류처장 2009~2010년 同기획처장 2012~2014년 한국지식경영학회 회장 2014~2015년 이화여대 경영연구소장 2018년 同공연예술대학원장(현) 2019년 同공연문화연구센터장(현) (상)미국 ICIT 연구원 수상(1988), 미국 Society for Information MGT Doctoral Fellow 선정(1989), 미국 의사결정과학학회 Doctoral Consortium 선정(1989), 미국 피츠버그대 경영대학원 우수강의 선정(1991), 캐나다 앨버타대 경영대학 우수강의교수 선정(1992), 한국경영학회 제9회 우수논문상(2009), 행정안전부장관표창(2015) (저)'정보화전략'(1994) '한국 제조업 및 유통업의 정보화전략'(1996) '한국 100대 기업의 Business Process Reengineering 현황과 과제'(1997) '한국기업의 지식경영 실천전략'(1999) '지식경영'(1999) '新지식인'(1999) 'T-Commerce : 전략과 기술'(2002) '창의성과 창의경영'(2015) '경영예술: 창신성장의 뉴노멀 패러다임'(2017) (역)'21세기 물류혁명'(1994) '21세기 마케팅정보혁명'(1996) 'MIT 정보화 미래기업 보고서'(2000) (작)작곡 '내 영혼 바람되어'(2010), '유엔젤보이스 첫사랑'(2011), '연가곡집 사랑해'(2012), 'I Love You'(2014), '주님께 모든 것을 맡깁니다'(2015), '소프라노 최정원 사랑의 꿈'(2017), '소프라노 정혜욱 사랑한다는 말은'(2018), '가장 아름다운 노래'(2019)

### 김효명(金曉鳴) KIM Hyo Myung

(생)1957·11·21 (출)서울 (주)서울특별시 성북구 인촌로 73 고려대학교 안암병원 안과(02-2286-1139) (학)1982년 고려대 의대졸 1985년 同대학원 의학석사 1992년 의학박사(고려대) (경)1986년 국군마산병원 군의관 1989년 고려대 의대 안과학교실 전임강사·조교수·부교수·교수(현), 同안암병원 안과 전문의(현) 2008~2010년 한국각막질환연구회 회장 2011년 한국백내장굴절수술학회 회장 2013~2015년 고려대 의과대학장 겸 의학전문대학원장 2015~2017년 同의료원장 겸 의무부총장 2016~2018년 대한병원협회 부회장 2017년 한국건성안학회 회장(현) (종)기독교

### 김효봉(金孝鵬) KIM Hyo Boong

(생)1966·8·20 (출)광주 (주)서울특별시 서초구 반포대로 158 서울중앙지방검찰청 인권감독관실(02-530-3114) (학)1984년 광주 살레시오고졸 1988년 서울대 공법학과졸 (경)1996년 사법시험 합격(38회) 1999년 사법연수원 수료(28기) 1999년 서울지검 의정부지청 검사 2001년 광주지검 해남지청 검사 2002년 전주지검 검사 2004년 광주지검 검사 2006년 同순천지청 검사 2008년 인천지검 검사 2011년 서울북부지검 검사 2011년 同부부장검사 2012년 서울중앙지검 부부장검사 2013년 수원지검 평택지청 부장검사 2014년 대구지검 김천지청 부장검사 2015년 의정부지검 공판송무부장 2016년 인천지검 부천지청 부장검사 2017년 서울북부지검 형사2부장 2018년 서울동부지검 형사1부장 2019년 서울중앙지검 인권감독관(현)

### 김효석(金孝錫) KIM Hyo Seuk

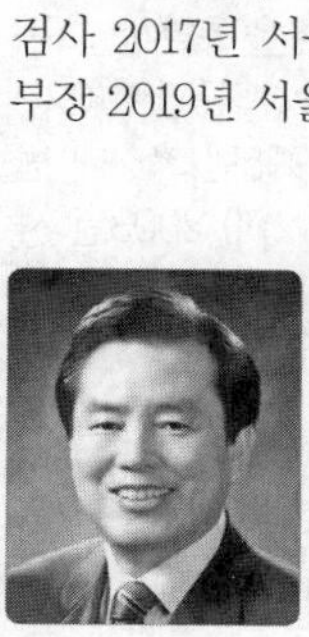

(생)1949·7·15 (본)광산(光山) (출)전남 장성 (주)서울특별시 영등포구 여의나루로 27 대한석유협회 회장실(02-3775-0520) (학)1968년 광주제일고졸 1972년 서울대 경영학과졸 1981년 미국 조지아대 대학원졸(경영학석사) 1984년 경영학박사(미국 조지아대) (경)행정고시 합격(11회) 1984~1998년 중

앙대 경영학부 교수 1997년 同정보산업대학원장 1998년 同경영대학장 1998~2000년 정보통신정책연구원 원장 1998년 대통령자문 정책기획위원 1998년 제2의건국범국민추진위원회 기획위원 2000년 제16대 국회의원(담양·곡성·장성, 새천년민주당) 2001년 한국경영정보학회 회장 2002년 새천년민주당 제2정책조정위원장 2004년 제17대 국회의원(담양·곡성·장성) 2004년 새천년민주당 정책위원회 의장 2004년 IPAIT(세계IT의원연맹) 회장 2005년 민주당 정책위원회 의장 2006년 한·프랑스의원외교협의회 회장 2006년 민주당 원내대표 2007년 대통합민주신당 원내대표 2007~2008년 국회 운영위원장 2008년 통합민주당 원내대표 2008년 제18대 국회의원(담양·곡성·구례) 2008년 민주당 민주정책연구원장 2008년 同뉴민주당비전위원회 위원장 2012년 민주통합당 서울강서乙지역위원회 위원장 2013년 국민과함께하는새정치추진위원회 공동위원장 2014년 새정치민주연합 최고위원 2017년 더불어민주당 제19대 문재인 대통령후보 중앙선거대책위원회 공동위원장 2017년 대한석유협회 회장(현) (저)'공인회계사를 위한 회계감사 샘플링론'(1988) '경상계 통계학'(1989) '경영마인드와 PC의 만남'(1991) '비즈니스 프로세스 리엔지니어링'(1993) '리엔지니어링 열풍 그후(共)'(1995) '新산업혁명 전자상거래'(1999) '정보사회와 컴퓨터(共)'(1999) '디지털 경제시대의 경영정보시스템(共)'(2000) '뉴민주당, 그 거대한 기쁨'(2010) (종)기독교

## 김효선(金孝鮮 · 女) KIM Hyo Seon

(생)1961 · 10 · 20 (출)서울 (주)서울특별시 마포구 월드컵북로6길 69 IK빌딩 5층 여성신문(02-2036-9205) (학)1984년 이화여대 사회학과졸 1987년 同대학원 여성학과졸 (경)1988년 여성신문 객원기자 1989년 同차장 1989~2000년 同편집국장 · 이사 1993년 同부장 1997년 제15대 대통령후보 초청 TV여성정책토론회 진행책임 겸 패널리스트 2000년 여성부 정책기획 의원 2000년 (사)21세기여성미디어네트워크 공동대표(현) 2000년 (재)한국여성재단 기획홍보위원 2000~2001년 (주)우먼드림 사장 2001~2003년 (주)비즈우먼 사장 2002년 제16대 대통령후보 초청 TV여성정책토론회 패널리스트 2002년 여성신문 부사장 2003년 同발행인 겸 대표이사 사장(현) 2005~2010년 서울시 여성위원회 여성정책분과 위원 2005~2009년 한국양성평등교육진흥원 이사 2006년 서울시장직무인수위원회 여성가족분과 위원 2007년 문화관광부 양성평등문화정책실무협의회 자문위원 2007년 서울시 창의서울포럼 복지분과 부위원장 2007년 국가이미지개발위원회 위원 2007~2013년 대한적십자사 i-redcross위원회 위원 2008년 (사)한국소비자교육지원센터 부회장 2010년 게임문화재단 이사 2012~2014년 여성가족부 정책자문위원 2012년 육군 정책홍보자문위원(현) 2013년 (재)한국여성재단 위원장 2013년 국회의장자문 여성아동미래비전자문위원회 위원 2013년 미래포럼 운영위원 · 이사(현) 2015년 대한적십자사 RCY사업후원회 부회장(현) 2015년 (재)제주여성가족연구원 연구자문위원(현) 2017년 경찰청 경찰개혁위원회 자치경찰분과 위원(현) (상)이화언론인클럽 올해의 이화언론인상(2006), 한국여성경제인협회 모범여성기업인상 서울시장표창(2007), 의암주논개정신선양회 의암주논개상(2017), 국민훈장 목련장(2019) (저)'우리시대의 결혼이야기'(1994, 여성신문사) '당당하고 진실하게 여자의 이름으로 성공하라'(2003, 푸른숲)

## 김효섭(金涍燮)

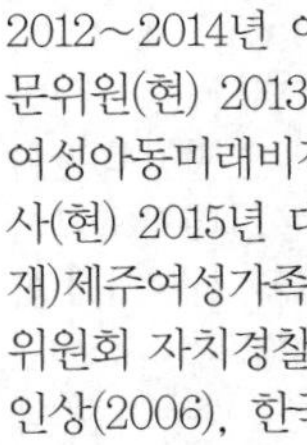

(생)1971·10·25 (출)경북 영천 (주)서울특별시 도봉구 마들로 747 서울북부지방검찰청 공판부(02-3399-4310) (학)1990년 영신고졸 1995년 고려대 법학과졸 (경)2000년 사법고시 합격(42회) 2003년 사법연수원 수료(32기) 2003~2005년 (주)LG상사 법무팀 근무, 한국수출입은행 법무팀 별정직원(책임법무역) 2007년 수원지검 검사 2009년 대구지검 검사 2011년 울산지검 검사 2013년 의정부지검 고양지청 검사 2015년 서울중앙지검 검사 2017년 同부부장검사 2018년 서울동부지검 부부장검사 2018년 창원지검 통영지청 형사2부장 2019년 서울북부지검 공판부장(현)

## 김효수(金孝洙) Hyo-Soo Kim

(생)1959·3·26 (본)김해(金海) (출)부산 (주)서울특별시 종로구 대학로 101 서울대병원 순환기내과(02-2072-2226) (학)1984년 서울대 의대졸 1987년 同대학원 의학석사 1994년 의학박사(서울대) (경)1984~1988년 서울대병원 수련의·전공의 1988~1991년 국군 서울지구병원 101여단 군의관 1989년 국군 서울지구병원 심장내과 과장 1991년 서울대병원 심혈관내과 전임의 1992년 일본 동경대 의학부 제3내과(혈관생물학) 객원연구원 1994년 서울대 의대 내과학교실 전임강사·조교수·부교수·교수(현) 2003년 대한순환기학회 교과서편찬위원·대외협력위원 겸 학술위원·연구위원간사 2003년 한국지질동맥경화학회 학술위원장·보험법제위원장·감사·무임소이사 2005~2006년 제5차 아시아태평양동맥경화학술대회 학술위원장 2005년 Annual SEOUL International Conference on Cardiovascular Research of Stem Cell & Vascular Biology 공동조직위원장 2005년 한국과학기술한림원 정회원(현) 2006년 서울대병원 심혈관내과 중환자진료실장 2006년 한국줄기세포학회 학술이사 2006년 대한내과학회 간행위원 2006년 Annual ENCORE SEOUL: International Conference on Cardiovascular Meeting 공동조직위원장 2006년 '줄기세포를 이용한 심근경색 치료기술' 개발 2008~2009년 대한심장학회 학술이사·연구이사·정책이사 2009년 보건복지부 지정 서울대병원 첨단세포·유전자치료센터 소장(현) 2012년 同순환기내과 과장 2016~2018년 대한심혈관중재학회 이사장 (상)젊은연구자상(1995), 학술연구비대상(1997·2002), 대한내과학회 우수논문상(1999·2003), 대한순환기학회 우수논문상(1999), 제6회 함춘내과학술대상(2004), SCI Impact Factor상(2005·2006·2007), 2004 SCI저작상(2005), 2005 함춘학술대상(2006), 과학기술부 국가연구개발 우수성과 100선 선정(2006), 보건복지부 우수연구자(2006), 아산사회복지재단 아산의학상(2008), 서울대 우수연구상(2008), 서울대 의과대학 지석영상(2008·2009·2010), 한국연구재단 대표우수성과(2009), 분쉬의학상 본상(2014), 녹조근정훈장(2016) (저)'순환기학(共)'(2002) '임상내과학Ⅰ·Ⅱ(共)'(2004) '심장학교과서(共)'(2004) '2005최신지견 내과학(共)'(2005) '진료실에서 궁금한 고혈압, 당뇨 의문사항77선(共)'(2006)

## 김효순(金孝順 · 女)

(생)1960 · 3 · 27 (주)세종특별자치시 한누리대로 422 고용노동부 고용지원정책관실(044-202-7660) (학)1984년 전남대 심리학과졸 2008년 미국 컬럼비아대 대학원 정책학과졸 (경)2001~2002년 시흥고용센터 소장 2002년 노동부 노정국 노동조합과 2005년 同공공노사관계팀장 2006~2008년 국외 파견 2008년 노동부 고령자고용과 근무 2009년 중앙노동위원회 심판2과장 2010~2013년 駐일본대사관 참사관 2013년 대전지방고용노동청 보령지청장 2014년 고용노동부 직업능력평가과장 2016년 부산지방고용노동청 부산고용센터 소장 2018년 고용노동부 여성고용정책과장 2019년 중앙노동위원회 조정심판국장(고위공무원) 2019년 고용노동부 고용지원정책관(현)

## 김효은(金孝恩) KIM Hyo Eun

(생)1936·6·21 (본)김해(金海) (출)경남 창원 (주)경기도 용인시 처인구 모현면 이일로 196 사회복지법인 청지기재단 예닮마을양로원(031-339-9993) (학)1956년 진해고졸 1961년 중앙대 법학과졸 1986년 서울대 행정대학원 수료 1998년 중앙대 사회개발대학원졸 (경)1976년 경북 영양경찰서장 1979년 서울시경 기동대장 1979년 서울 종암경찰서장 1981년 서울시경 경비과장 1983년 치안본부 경비과장 1986년 同대공1부장 1987년 인천시경 국장 1988년 치안본부 제2차장 1989년 대통령 치안비서관 1991년 경찰청 차장 1992년 서울지방경찰청장 1993년 경찰청장 1995년 사회복지법인 청지기재단(예닮마을) 이사장(현) (상)홍조·황조·녹조근정훈장, 대통령표창, 체육훈장 거상장, 건국포장 (종)기독교

**김효재(金孝在) KIM Hyo Jae**

(생)1952·5·14 (출)충남 보령 (주)서울특별시 용산구 이태원로 29 전쟁기념관 435-1호 한국전쟁기념재단(02-792-1950) (학)휘문고졸 1980년 고려대 사회학과졸, 同언론대학원 신문방송학과졸, 미국 조지타운대 대학원 국제정치학과 수료 (경)1979~1992년 조선일보 사회부·국제부 기자·사회부 차장대우 1994년 同경인취재본부장 1996년 同사회부 차장 1997년 同국제부장 1998년 同문화부장 1999년 同기획취재부장 2000년 同부국장대우 편집위원 2000년 同부국장대우 독자부장 2001년 同편집국 부국장(행정담당 및 월드컵준비팀장) 2002년 同판매국장 직대 2003년 한국신문협회 판매협의회장 2004년 조선일보 논설위원 2004~2006년 (주)일광 대표이사 2007년 한나라당 이명박 대통령후보 언론특보 2007~2008년 제17대 대통령직인수위원회 기획조정분과위원회 자문위원 2008~2011년 제18대 국회의원(서울 성북乙, 한나라당) 2008~2009년 한나라당 대표최고위원 비서실장 2011년 가락중앙청년회 회장 2011~2012년 대통령 정무수석비서관 2012년 한국전쟁기념재단 이사(현) 2013~2015년 국방대 안전보장대학원 교수 2016년 새누리당 서울성북乙당원협의회 운영위원장 2016년 제20대 국회의원선거 출마(서울 성북구乙, 새누리당) 2017년 바른정당 대선후보 경선관리위원회 원외위원장 (저)'각하 찢어버립시다'

**김효전(金孝全) KIM Hyo Jeon**

(생)1945·8·28 (출)서울 (주)부산광역시 서구 구덕로 225 동아대학교 법학전문대학원(051-200-8512) (학)중동고졸 1968년 성균관대 법학과졸 1970년 서울대 대학원졸 1981년 법학박사(서울대) (경)1971~1974년 서울대 법학연구소 조교 1974~1975년 同교양과정부 강사 1979~1990년 동아대 법학과 전임강사·조교수·부교수 1980년 정부 헌법개정심의위원회 전문위원 1982~1984년 독일 Freiburg대 교환교수 1987~1988·1993~1995년 동아대 법대학장 1990~2010년 동아대 법대 헌법전공 교수, 同법학전문대학원 교수 1995년 사법시험 시험위원 1996~1997년 미국 Berkeley Univ. 교환교수 2002~2003년 한국공법학회 회장 2003년 同고문 2009년 동아대 법학전문대학원장 2010년 同법학전문대학원 명예교수(현) 2010년 대한민국학술원 회원(헌법학·현) (상)한국공법학회 학술장려상(1986), 국민훈장(1998), 현암법학저작상(1999), 부산시 문화상(2001), 제8회 대한민국 법률대상 학술부문(2018), 제12회 목촌법률상(2018) (저)'헌법학' '독일헌법학설사'(編) '韓國憲法史(上)'(共) '국가와 사회의 헌법이론' '헌법논집 Ⅰ·Ⅱ·Ⅲ' '서양 헌법이론의 초기수용' '비교헌법론' '주권론' '독재론' '헌법정치60년과 김철수 헌법학' '근대 한국의 국가사상-국권회복과 민권수호' '근대 한국의 법제와 법학'(2007) '김효전 교수 약력 및 저작목록'(2010, 동아법학 제48호) '법관양성소와 근대 한국'(2014, 소명출판) (역)'일반국가학' '파르티잔-그 존재와 의미-' '헌법의 수호자' '급부국가에 있어서의 기본권' '독일연방공화국에 있어서의 외국인의 국법상의 지위' '기본권과 기본의무' '칼 슈미트의 헌법이론에 대한 윤리적 비평' '파시즘에 있어서의 헌법사상의 몰락' '슈미트와 스멘트의 헌법이론' '반대물의 복합체: 20세기 법학과 정신과학에서 카를 슈미트의 위상(編)'(2014) 등 (종)기독교

**김효정(金孝晶·女) KIM Hyo Jeong**

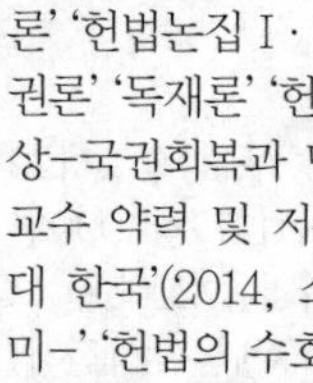

(생)1975·8·30 (본)해풍(海豊) (출)강원 강릉 (주)세종특별자치시 도움6로 11 국토교통부 장관비서실(044-201-3002) (학)강릉여고졸, 중앙대 행정학과졸 (경)2000년 행정고시 합격(44회), 건설교통부 신도시기획과 사무관 2005년 同주택정책팀 사무관 2008년 국토해양부 산업입지정책과 사무관 2009년 同산업입지정책과 서기관 2010년 同교통정책실 자동차생활과 서기관 2011년 同교통정책실 자동차보험팀장 2011년 국가건축정책기획단 파견 2012년 국토해양부 주거복지기획과장 2013년 국토교통부 주택토지실 주거복지기획과장 2014년 휴직(과장급) 2015년 국토교통부 기획조정실 규제개혁법무담당관 2017년 同장관비서실장 2019년 同장관 비서실장(부이사관)(현)

**김효종(金孝鍾) Kim Hyo Jong**

(생)1957·7·18 (주)서울특별시 동대문구 경희대로 23 경희대학교병원 소화기내과(02-958-8147) (학)경희대 의대졸, 同대학원 의학석사, 의학박사(경희대) (경)경희대 의과대학 소화기내과학교실 교수(현) 1990~1991년 경희의료원 임상연구원, 대한소화기내시경학회 편집위원장 2010년 경희대병원 소화기내과 과장, 미국 미시간대 의과대학 교환교수 2011~2013년 대한장연구학회 회장 2011~2015년 경희대병원 소화기센터장 2014~2015년 아시아크론병대장염학회(AOCC) 회장 2015년 경희대병원 염증성장질환센터장(현) 2016~2019년 경희대의료원 대외협력본부장 겸 교류협력실장

**김효준(金孝俊) KIM Hyo Joon**

(생)1957·2·15 (출)서울 (주)서울특별시 중구 퇴계로 100 스테이트타워남산 14층 BMW코리아(주) 임원실(02-3441-7800) (학)1975년 덕수상고졸 1997년 한국방송통신대 경제학과졸 2000년 연세대 경영대학원 국제경영학과졸 2001년 서울대 경제연구소 세계경제최고전략과정 수료(1기) 2005년 서울과학종합대학원 최고경영자과정 수료(1기) 2007년 경영학박사(한양대) 2008년 Wharton-KMA 최고경영자과정 수료 2014년 고려대 미래성장연구소 미래성장최고지도자과정(FELP) 수료(1기) (경)1979년 하트포드화재보험 경리과장 1986년 (주)한국신텍스 이사 1994년 BMW코리아(주) 상무이사 1998년 同대표이사 부사장 2000년 同대표이사 사장 1996~2002년 한국수입자동차협회(KAIDA) 이사 1997~2002·2005~2006년 駐韓유럽상공회의소 자동차위원회 회장 2000~2006년 한국외국기업협회(FORCA) 부회장 2001~2003년 21c Executive Forum 회장 2002~2005년 (사)서울클럽 보드멤버 2003~2006년 산업자원부 국제협력투자정책평가위원회 위원 2003년 BMW그룹 Senior Executive 2005~2007년 (사)다국적기업최고경영자협회(KCMC) 부회장 2005~2016년 한독경상학회 이사 2005~2008년 (재)유럽·코리아재단(EFK) 감사 2005~2009년 한국기업사례연구학회 이사 2005~2012년 한국능률협회 경영자교육위원회 위원 2005~2006년 산업자원부 주최 '대한민국 브랜드대상' 심사위원 2006~2007·2011~2015년 駐韓한·독상공회의소(KGCCI) 이사 2006~2009년 서울대 국제대학원 EU연구센터 자문위원 2007~2008년 한국외국기업협회(FORCA) 수석부회장 2007~2008년 (사)다국적기업최고경영자협회(KCMC) 회장 2007~2011년 駐韓한·독상공회의소(KGCCI) 부회장 2008~2016년 연세대 경영대학 겸임교수 2008~2016년 이화여대 경영대학 겸임교수 2009~2012년 동국대 경영대학 겸임교수 2010~2016년 한양대 산학협력단 특임교수 2011~2016년 서강대 기술경영대학원 겸임교수 2011년 BMW Korea Future Fund 이사장 2011~2013년 행정안전부 지방자치단체합동평가위원회 위원 2012~2016년 대한무역투자진흥공사(KOTRA) 외국인투자자문단위원회(FIAC) 위원 2012~2017년 (사)현대미술관회 이사 2013~2016년 한국능률협회 경영자교육위원장 2013년 전국경제인연합회 국제경영원 IMI운영위원회 위원 2013~2015년 한국방송통신대 프라임칼리지 석좌교수 2013~2016년 서울과학종합대학원대(ASSIST) 겸임교수 2014~2016년 연세대 경영대학 Global Advisory Board Member 2013년 BMW그룹 수석부사장(현) 2014년 한독협회 부회장(현) 2018년 BMW코리아(주) 대표이사 회장 2018년 한독상공회의소 회장(현) 2019년 BMW코리아(주) 회장(현) (상)Syntex Group Chairman's Recognition Award-Best 5 in the World, 연세대 경영대학원 연세경영자상(2001), 자랑스런 방송대인상(2005), 아시아유럽미래학회 국제통상부문 글로벌CEO대상(2007), 한국국제경영학회 박사학위부문 우수논문상(2007), 엑설런스코리아 선정 '2007년을 빛낸 한국의 CEO 1위'(2007), 미국국제경영학회(AIB)·미

국경영학회(AOM) 2008우수논문 선정(2008), 매경이코노미 선정 '한국의 경영대가 5위'(2010), 동아일보 선정 '10년 뒤 한국을 빛낼 100인'(2012), 한국능률협회 선정 제46회 한국의경영자상(2014), 매경이코노미 선정 '한국의 100대 CEO'(2014·2015), 한국경영사학회 CEO 대상(2015), 한국인사조직학회 피플어워드(2016), 한국유럽학회 유럽대상 기업부문(2017) (저)'나의 꿈은 Global CEO(共)'(2003) '젊은 심장, 세계를 꿈꿔라(共)'(2009)

## 김효중(金孝重) Kim Hyo Joong

(생)1962·2·17 (본)경주(慶州) (출)경북 영덕 (주)대구광역시 북구 원대로 128 연우빌딩 1층 연합뉴스 대구·경북취재본부(053-521-2636) (학)1981년 경북고졸 1988년 경북대 독어교육과졸 (경)1989년 연합통신 입사 2000년 연합뉴스 대구·경북취재본부 기자 2009년 同대구·경북취재본부 기자(부장급) 2012년 同대구·경북취재본부 기자(부국장대우) 2015년 同대구·경북취재본부장 2018년 同대구·경북취재본부 안동주재 기자(부국장) 2019년 同대구·경북취재본부 안동주재 기자(선임)(현)

## 김후곤(金煦坤) KIM Hoo Gon

(생)1965·10·2 (출)경남 남해 (주)경기도 과천시 관문로 47 법무부 기획조정실(02-2110-3003) (학)1984년 경동고졸 1991년 동국대 법학과졸 2004년 미국 조지워싱턴대 Law School 방문연구과정 수료 (경)1993년 사법시험 합격(35회) 1996년 사법연수원 수료(25기) 1996년 서울지검 북부지청 검사 1998년 대구지검 안동지청 검사 1999년 수원지검 검사 2001년 창원지검 통영지청 검사 2002년 법무부 송무과 검사 2004년 서울중앙지검 검사 2008년 부산지검 검사 2008년 방송통신위원회 법률자문관 2009년 부산지검 부부장검사 2010년 창원지검 거창지청장 2011년 대검찰청 정보통신과장 2013년 수원지검 특별수사부장 2013~2015년 공공데이터제공분쟁조정위원회 위원 2014년 서울중앙지검 특별수사1부장 2015년 대구지검 서부지청 형사1부장 2016년 대검찰청 대변인 2017년 대검찰청 반부패부 검찰연구관 2018년 대검찰청 공판송무부장(검사장급) 2019년 대법원 양형위원회 위원(현) 2019년 법무부 기획조정실장(검사장급)(현)

## 김후균(金厚均) KIM HOO KYOON

(생)1970·2·9 (출)경북 포항 (주)경기도 부천시 상일로 127 인천지방검찰청 부천지청 총무과(032-320-4621) (학)1987년 대구 경원고졸 1994년 경북대 법학과졸 1997년 同대학원 법학과 수료 (경)1996년 사법시험 합격(38회) 1999년 사법연수원 수료(28기) 1999년 대구지검 검사 2001년 同상주지청 검사 2002년 서울지검 의정부지청 검사 2004년 부산지검 검사 2006년 서울중앙지검 검사 2009년 수원지검 검사 2011년 법무부 감찰담당관실 검사 2013년 대구지검 의성지청장 2014년 대검찰청 마약과장 2015년 同조직범죄과장 2016년 서울중앙지검 형사3부장 2017년 대구지검 형사2부장 2018년 서울남부지검 인권감독관 2019년 인천지검 부천지청 차장검사(현)

## 김후란(金后蘭·女) KIM Hu Ran

(생)1934·12·26 (출)서울 (주)서울특별시 중구 퇴계로26길 65 (사)자연을사랑하는문학의집서울(02-778-1026) (학)1953년 부산사범학교졸 1955년 서울대 사범대학 가정교육학과 수학 2010년 同사범대학 명예졸업 (경)국제펜클럽 한국본부 고문(현) 1955년 월간 '새벽' 기자 1957년 한국일보 문화부 기자 1959~1960년 '현대문학' 詩부문 추천 문단등단 1962년 서울신문 문화부 차장 1967년 경향신문 문화부 차장 1971~1980년 부산일보 논설위원 1980~1988년 대한적십자사 홍보자문위원 1981~1983년 KBS '라디오서울' 시사칼럼 집필 1982년 한국여성유권자연맹 부회장 1983년 한국여성개발원 부원장 1985~1989년 同원장 1985년 여성정책심의위원 1985년 한국문인협회 이사, 同고문(현) 1986년 범민족올림픽추진서울시협의회 부회장 1988~2013년 최은희(崔恩喜)여기자상 심사위원장 1988~1999년 공연윤리위원회 위원·영화심의위원회 의장 1989~1999년 간행물윤리위원회 위원·제1분과 심의위원장 1990~1993년 한국방송광고공사 공익자금관리위원장 1991년 한국여성정치연맹 부총재 1993~1997년 정부공직자윤리위원회 위원 1995~1997년 방송문화진흥회 이사 1996~1998년 국제펜클럽 한국본부 부회장 1997~2002년 서울시 자랑스러운시민·공무원賞 功績심사위원 1998~2000년 한국여성문학인회 회장 2000년 同고문(현) 2001~2014년 생명의숲국민운동 공동대표 및 이사장 2001년 (사)자연을사랑하는문학의집서울 창립 이사장(현) 2003~2011년 성숙한사회가꾸기모임 공동대표 2004년 한국문학관협회 제1대 회장 2008~2010년 문화체육관광부 올해의 예술상 및 문화훈장 심사위원장 2008년 서울대총동창회 종신이사 2009년 대한민국예술원 회원(문학분과·현), 한국시인협회 고문(현), 한국심장재단 이사 2012년 안중근의사숭모회 고문(현) 2014년 생명의숲국민운동 고문(현) (상)현대문학상(1969), 월탄문학상(1977), 한국문학상(1994), 국민훈장 모란장, 서울시 문화상(2000), 효령대상 문화부문(2005), 국제펜클럽 한국본부 펜문학상(2006), 비추미여성대상 달리상 문화·언론·사회공익부문(2007), 한국시인협회상(2013), 은관문화훈장(2014), 녹색문학상(2015), 공초문학상(2017) (저)시집 '장도와 장미'(1968), '음계'(1971), '어떤 파도'(1976), '눈의 나라 시민이 되어'(1982), '둘이서 하나이 되어'(1986), '숲이 이야기를 시작하는 이 시각에'(1990), '서울의 새벽'(1994), '우수의 바람'(1994), '따뜻한 가족'(2009) 장편서사시 '세종대왕'(1997) 시전집 '사람사는 세상에'(1985), '시인의 가슴에 심은 나무는'(2006), '따뜻한 가족'(2009), '새벽, 창을 열다 '(2012), '존재의 빛'(2012), '비밀의 숲'(2014), '고요함의 그늘에서'(2017), '김후란시전집'(2015), '김후란 깊이 읽기_서정과 생명의 시학'(2015) 시선집 '꽃망울 필 때'(1981), '나이를 잊어버린 자에게만 들리는 은밀한 소리'(1995), '아름다운 나라'(1996), '사랑은 아직 말하지 않았다'(1986) 수필집 '태양이 꽃을 물들이듯'(1976), '예지의 뜰에 서서'(1977), '꽃망울 필 때'(1981), '너로 하여 우는 가슴이 있다'(1982), '오늘 만나는 우리들의 영혼은'(1985), '사랑과 사색이 있는 오솔길'(1985), '외로움을 앓는 작은 풀꽃을 위하여'(1985), '눈으로 마음으로'(1985), '맨 처음 눈을 뜬 백조는'(1987), '새를 날리는 꿈'(1989), '사랑가꾸기'(1989), '그대는 마음을 열었는가'(1990), '영혼의 불을 켜고'(1991), '혼자서도 혼자가 아닌 너'(1994), '살아가면서 주운 조그만 행복'(1995), '사랑의 파수꾼'(1996) 방송칼럼집 '사랑이 그대에게 말할 때'(1982) 동화집 '노래하는 나무'(1992), '덕이, 나무도 말을 하겠지?'(2010) (역)영역시집 '따뜻한 가족'(2009) 일역시집 '빛과 바람과 향기'(2014) (종)천주교

## 김후성

(생)1972·1 (주)경기도 수원시 영통구 삼성로 129 삼성전자(주) 임원실(031-200-1114) (학)1990년 성남고졸 1997년 인하대 전기공학과졸 2005년 고려대 대학원 전자공학과졸 (경)1997년 삼성전자(주) 메모리사업부 SRAM팀 근무 2003년 同메모리사업부 NVM개발팀 근무 2004년 同메모리사업부 플래시솔루션개발팀 근무 2007년 同메모리사업부 SE플래시팀 근무 2009년 同메모리사업부 플래시PE팀 근무 2015년 同메모리사업부 플래시PE팀 프로젝트리더(PL) 2015년 同메모리사업부 플래시PE팀 PL(상무) 2016년 同메모리사업부 플래시개발실 상무 2019년 同DS부문 중국총괄 연구위원(상무)(현)

## 김후식(金厚植) Kim Hooshik

(생)1964·9·14 (출)대구 (주)경기도 안양시 동안구 부림로170번길 41-3 (주)뷰웍스(070-7011-6161) (학)1983년 경북고졸 1987년 서울대 물리학과졸 1997년 한국과학기술원(KAIST) 물리학과졸(석사) (경)1990~1999년 삼성항공 선임연구원 1999~2001년 미국 ADO사 Senior Engineer 2002년 레이시스

개발이사 2002년 (주)뷰웍스 대표이사(현) 2019년 우주기술연구센터(ATC)협회 회장(현) [상]언스트앤영 최우수기업가상 라이징스타상(2014), 한국과학기술원(KAIST) 자랑스런 동문상(2016)

### 김 훈(金 薰) KIM Hoon

[생]1948·5·5 [출]서울 [학]1966년 휘문고졸, 고려대 영어영문학과 중퇴 [경]1973년 한국일보 기자 1994년 시사저널 사회부장 1995년 同편집국장 직대 1995년 '빗살무늬토기의 추억'으로 소설가 등단 1995년 소설가(현) 1997년 시사저널 편집국장 1997년 同심의위원(이사) 1998년 국민일보 편집국 특집부 부국장 1998년 同출판국장 1999년 同편집위원 1999년 한국일보 편집위원 2000년 시사저널 편집국장(이사) 2002년 한겨레신문 편집국 민권사회2부 기자(부국장급) 2009년 한국수자원공사 창조문화환경추진위원 2015년 국립생태원 홍보대사(현) [상]동인문학상(2001), 서울언론인클럽 언론상 기획취재상(2002), 이상문학상(2004), 황순원문학상(2005), 대산문학상(2007), 제16회 가톨릭문학상(2013) [저]에세이집 '내가 읽은 책과 세상', '선택과 옹호' 산문집 '기자의 문학기행'(共), '풍경과 상처', '자전거 여행'(共), '원형의 섬 진도', '바다의 기별'(2008, 생각의 나무), '연필로 쓰기'(2019, 문학동네) 시론집 '너는 어느쪽이냐고 묻는 말에 대하여', '밥벌이의 지겨움' 장편소설 '빗살무늬 토기의 추억', '아들아, 다시는 평발을 내밀지 마라' 청소년 성장소설 '개'(2005), '언니의 폐경'(2005) 소설집 '강산무진'(2006), '칼의 노래', '현의 노래', '남한산성'(2007), '공무도하'(2009), '내 젊은 날의 숲'(2010, 문학동네), '흑산'(2011, 학고재), '안녕 다정한 사람(共)'(2012), '자전거여행1·2'(2014, 문학동네), '저만치 혼자서'(2014, 아시아), '라면을 끓이며'(2015, 문학동네), '진돗개 보리'(2015, 현북스), '평화오디세이(共)'(2016, 메디치미디어), '공터에서'(2017, 해냄)

### 김 훈(金 勳) KIM Hoon

[생]1966·9·18 [출]서울 [주]경기도 수원시 영통구 법조로 91 수원고등검찰청(031-5182-3114) [학]1985년 경기고졸 1989년 서울대 법대졸 2000년 미국 스탠퍼드대 로스쿨 수학 [경]1989년 사법시험 합격(31회) 1992년 사법연수원 수료(21기) 1992년 수원지검 검사 1994년 대구지검 김천지청 검사 1995년 대구지검 검사 1997년 서울지검 검사 1999년 부산지검 동부지청 검사 2002년 대검찰청 검찰연구관 2005년 춘천지검 원주지청 부장검사 2006년 대전지검 공안부장 2007년 사법연수원 교수 2009년 수원지검 형사3부장 2009년 同형사2부장 2010년 서울동부지검 형사2부장 2011년 서울남부지검 형사1부장 2012년 인천지검 부천지청 차장검사 2013년 서울고검 형사부 검사 2014년 서울고검 검사(공정거래위원회 법률자문관 파견) 2015년 대전지검 홍성지청장 2016년 대구지검 경주지청장 2017년 서울고검 검사 2019년 수원고검 검사(현)

### 김훈동(金勳東) KIM Hoon Dong (晴峯)

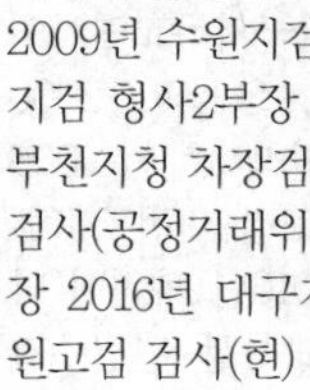

[생]1944·1·14 [본]안동(安東) [출]경기 수원 [주]경기도 수원시 권선구 권광로 129 대한적십자사 경기도지사(031-230-1600) [학]1963년 수원농고졸 1969년 서울대 농과대학졸 1980년 중앙대 사회개발대학원졸 [경]1969년 농업협동조합중앙회 입사, 同경영연구실 차장, 同문화홍보부 차장 1974년 화성농협 상무 1988년 농협대학 교수 1994년 오산·화성농협 지부장 1997년 농민신문 편집국장 1999년 농업협동조합중앙회 경기지역본부장 2000년 새천년민주당 수원장안지구당 위원장 2001~2003년 신용보증기금 감사 2003~2015년 수원예술문화단체총연합회 회장 2013·2016년 대한적십자사 경기도지사 회장(현) [상]경기예술대상, 수원문학대상, 농림부장관표창, 문화부장관표창, 수원시문화상, 제5회 자랑스런경기인대상 문화부문(2009), 예총 예술문화상 경기지역부문 대상(2009), 한국수필문학가협회 한국수필문학상(2014) [저]'내게서도 가죽이 남을까' '시간은 소리가 나지 않는다' '먹거리가 바로 설 때 나라가 산다' '우물 안 개구리가 그 우물을 제일 잘 안다' '금융마케팅' '종합홍보방법론' 칼럼집 '무엇을 더 구하랴'(2004), '인인화락 – 수원의 가치를 높이다'(2016) 시집 '억새꽃', '우심', '무슨 재미로 사나요?'(2010), '뭘 배우고 가나'(2014), '나는 숲이 된다'(2017) 수필집 '그냥, 지금이 참 좋다'(2014) [종]가톨릭

### 김훈배(金勳培) Kim Hoon Bae

[생]1963·12·13 [주]경기도 성남시 분당구 불정로 90 (주)KT 뉴미디어사업단(1588-0010) [학]1982년 중동고졸 1990년 연세대 전산과학과졸 [경]1996년 KT T&C전략앱 개발담당 상무보 2012년 KT뮤직(現 지니뮤직) 부사장 2015년 KT 플랫폼사업기획실 플랫폼서비스사업단장(상무) 2017년 (주)지니뮤직 대표이사 2019년 (주)KT 뉴미디어사업단장(상무)(현)

### 김훈석(金勳錫) Kim Hoonseok

[생]1959·10·28 [본]김해(金海) [출]광주 [주]광주광역시 북구 무등로 239 한국씨엔터빌딩 5층 한국씨엔티(주) 임원실(062-519-1605) [학]1978년 조선대부속고졸 1985년 조선대 무역학과졸 [경]1984년 한국시멘트(주) 입사 2005년 同기획본부장(상무이사) 2010~2012년 同대표이사 2012년 한국씨엔티 대표이사(현)

### 김훈순(金勛順·女) KIM Hoon Soon

[생]1955·5·2 [출]서울 [주]서울특별시 서대문구 이화여대길 52 이화여자대학교 사회과학대학 커뮤니케이션미디어학부(02-3277-2266) [학]1978년 이화여대 신문방송학과졸 1980년 同대학원 신문방송학과졸 1984년 미국 펜실베이니아대 대학원 언론학과졸 1991년 언론학박사(미국 템플대) [경]1991년 고려대·경희대 강사 1994년 한국언론연구원 객원연구위원 1995~1996년 종합유선방송위원회 영화심의위원 1995년 이화여대 언론홍보영상학부 교수 1996~1998년 同언론홍보영상학부장 1997년 한국방송학회 연구이사 1998년 여성신문 편집위원 1998년 방송연구 편집위원 1999~2000년 한국여성학회 이사 2000~2004년 한일문화교류정책 자문위원 2000~2003년 한국방송위원회 방송평가위원·심의위원 2000~2004년 '한국언론정보학보' 편집위원 2000~2003년 한국대학교육협의회 편집자문위원 2001~2002년 ICA2002 조직위원 2002~2003년 여성커뮤니케이션연구회 회장 2003년 감사원 부정방지대책위원회 위원 2003년 '언론과 사회' 편집위원 2003~2010년 '미디어·젠더·문화' 편집위원·편집위원장 2003년 한국방송학회 부회장 2004~2005년 세계여성학대회 조직위원 2004~2007·2008~2009년 행정자치부 정책자문위원 2006년 이화여대 커뮤니케이션·미디어연구소장 2007~2010년 시민방송RTV 부이사장 2007~2009년 중앙선거관리위원회 인터넷선거보도심의위원회 위원 2010~2011년 한국방송학회 회장 2011·2015~2016년 이화여대 출판부장 2012년 국가통계위원회 위원 2015년 이화여대 사회과학대학 커뮤니케이션미디어학부 교수(현) 2017~2018년 同대외협력처장 [상]한국언론학회 희관언론번역상(1993) [저]'대중매체와 성의 상징질서(共)'(1997, 나남) '정보매체의 지구화와 여성(共)'(2002, 이화여대 출판부) '영상컨텐츠 연구(共)'(2002, 커뮤니케이션북스) '첫걸음 사회과학 : 사회과학의 이해(共)'(2004, 이화여대 출판부) [역]'텔레비전과 현대비평'(1994, 나남) '性, 미디어, 문화(共)'(1994, 나남) '영화 커뮤니케이션'(1994, 나남)

### 김훈영(金熏榮)

[생]1972·7·4 [출]서울 [주]광주광역시 동구 준법로 7-12 광주지방검찰청 형사3부(062-231-4312) [학]1991년 선덕고졸 1999년 성균관대 법학과졸 [경]2000년 사법고시 합격(42회) 2003년 사법연수원 수료(32기) 2003년 서울지검 북부지청 검사 2004년 서울북부지검

검사 2005년 전주지검 군산지청 검사 2007년 대전지검 검사 2009년 서울중앙지검 검사 2012년 수원지검 공안부 검사 2015~2017년 부산지검 검사 2015~2017년 국가정보원 파견 2017년 서울중앙지검 부부장검사 2019년 광주지검 형사3부장(현)

**김훈환**

(생)1961 · 2 (출)경남 김해 (주)경기도 성남시 분당구 야탑로 26 한국골프회관 4층 한국골프장경영협회(031-781-0085) (학)1979년 혜광고졸 1988년 인하대 일어일문학과졸 (경)2002~2009년 신세계백화점 강남점 부점장 · 영업총괄 2009~2012년 트리니티클럽 운영총괄 2009~2017년 자유컨트리클럽 총지배인 2009~2017년 (주)신세계건설 상무이사 2017년 同레저부문 자문위원(현) 2019년 한국골프장경영협회 상근부회장(현)

**김휘영(金輝英)**

(생)1971 (출)강원 춘천 (주)서울특별시 종로구 종로5길 86 서울지방국세청 조사3국 조사2과(02-2114-4218) (학)강원대사대부고졸, 강원대졸 (경)7급 공채, 서울 종로세무서 관리팀 근무, 同법인1계 근무 2005년 법무법인 율촌 세무사 2008년 기획재정부 기획재정담당관실 근무, 同소득세제실 근무 2010년 同조세정책과 · 법인세제과 근무, 국세청 법인납세국 법인3계장 2014년 서울지방국세청 조사1국 조사1과 2팀장 2015년 同조사1국 조사2과 근무 2016년 충남 예산세무서장 2017년 충북 충주세무서장 2018년 서울지방국세청 조사3국 조사2과장(현)

**김휘택(金輝澤) Hui Taek Kim**

(생)1958 · 11 · 25 (주)부산광역시 서구 구덕로 179 부산대학교병원 정형외과(051-240-7000) (학)부산대 의대졸, 同대학원졸, 의학박사(부산대) (경)부산대 의과대학 정형외과학교실 교수 2006년 同의학전문대학원 정형외과학교실 교수(현), 대한정형외과학회 회원(현), 대한소아정형외과학회 회원, 同회장, 대한ASAMI학회 회원, 대한골절학회 회원, 아시아태평양정형외과학회(APOA) 회원, 세계정형외과및외상학회(SICOT-SIROT) 회원, 북미소아정형외과학회(POSNA) 회원, 미국 Univ. of California San Diego 소아병원 소아정형외과 Fellowship, 미국 Univ. of Southwestern Texas Scottish Rite Hospital for Children 소아정형외과 연수 2018년 부산대 의무부총장(현)

**김흥곤(金興坤)**

(생)1968 · 10 · 13 (주)서울특별시 마포구 창전로 76 마포소방서(02-701-3495) (학)동국대 회계학과졸 (경)2001년 소방위 임용(소방간부후보 공채) 2008년 경기도재난안전본부 소방행정과 조직담당 2012년 경기도 성남소방서 예방과장 2013년 경기도재난안전본부 소방행정과 조직팀장 2014년 경기도 분당소방서 재난안전과장 2015년 경기도재난안전본부 재난안전과 유해화학물팀장 2016년 국민안전처 · 소방청 조직예산팀장 2017년 서울소방재난본부 소방감사담당관 2019년 서울 마포소방서장(현) (상)모범공무원표창(2009)

**김흥규(金興奎) Heung Gyu, Kim**

(생)1958 · 10 · 21 (주)인천광역시 부평구 충선로 234번길 19 굴포초등학교(032-511-3870) (학)1979년 경인교대졸 1983년 인하대졸 1985년 同대학원졸 (경)2014~2015년 인천시교육청 남부교육지원청 초등교육과장 2015~2017년 同서부교육지원청 교육지원국장 2017~2018년 인천시교육청 교원인사과장 2018~2019년 同북부교육지원청 교육장 2019년 인천 굴포초 교장(현)

**김흥동(金興東) KIM Heung Dong**

(생)1958 · 7 · 27 (주)서울특별시 서대문구 연세로 50-1 세브란스어린이병원 소아신경과(02-2228-2061) (학)1983년 연세대 의과대학졸 1986년 同대학원 의학석사 1994년 의학박사(연세대) (경)1990~1991년 연세대 의과대학 소아신경학교실 연구강사 1991~2003년 인제대 의과대학 소아과학교실 전임강사 · 조교수 · 부교수 · 교수 1994~1996년 미국 펜실베이니아대 필라델피아소아병원 연구원 1995~1996년 미국 간질재단 국제간질연구원 2003년 프랑스 Rothschild Foundation Hospital 방문교수 2003년 연세대 의과대학 소아과학교실 부교수 · 교수(현) 2006년 同의과대학 장애아동연구소장 2011~2017년 세브란스어린이병원 소아신경과장 2011~2013년 대한뇌전증학회 회장 2015년 연세대 의과대학 뇌전증연구소장, 연세대 의과대학 뇌연구소 운영위원(현)

**김흥성(金興成) KIM Heung Sung**

(생)1959 · 10 · 21 (본)원주(原州) (출)강원 춘천 (주)강원도 춘천시 서면 박사로 854 강원정보문화진흥원 원장실(033-245-6060) (학)1978년 춘천 성수고졸 1983년 강원대 경영학과졸 2005년 同정보과학대학원 언론정보학과졸 2012년 경영학박사(목원대) (경)1984~1990년 강원일보 기자 1991~2001년 경향신문 기자 2001년 (주)GTB 강원민방 보도국 취재팀장 2002년 同보도국장 2008년 同이사대우 방송위원 2009년 한국철도공사(코레일) 홍보실장 2010년 同대변인 겸 홍보실장 2010~2011년 방송통신심의위원회 보도교양방송특별위원회 위원 2012년 한국철도공사(코레일) 대변인 겸 홍보문화실장 2012년 용산역세권개발(주) 감사 2014년 (주)부영 홍보담당 상무, 한림대 미디어스쿨 겸임교수 2018년 강원정보문화진흥원 원장(현) (상)한국기자협회 이달의 기자상(1996 · 2001), 경향기자대상(1996) (종)불교

**김흥수(金興洙) KIM Heung Soo**

(생)1951 · 1 · 6 (본)경주(慶州) (출)충남 부여 (주)서울특별시 마포구 잔다리로 68 한국YMCA전국연맹(02-754-7891) (학)1970년 대전고졸 1974년 목원대 신학과졸 1980년 한신대 대학원졸 1984년 미국 보스턴대 신학대학원졸 1986년 미국 베일러대 대학원졸 1998년 종교학박사(서울대) (경)1981~1982년 한국신학연구소 연구원 1988~1990년 월간 '신앙세계' 주간 1989~2000년 목원대 전임강사 · 조교수 · 부교수 1994~2000년 한국기독교교회협의회 신학연구위원 1998년 한국기독교역사연구소 이사 1999~2000년 미국 밴더빌트대 Visiting Scholar 2000~2016년 목원대 신학과 교수 2003~2005년 同신학대학장 2006~2011년 한국기독교역사연구소 소장 2010~2012년 대전YMCA 이사장 2011년 아시아기독교사학회 회장 2015~2016년 목원대 박물관장 2016년 同명예교수(현) 2017년 월간 '기독교사상' 편집주간(현) 2018년 한국YMCA전국연맹 이사장(현) (저)'해방 후 북한교회사'(1992) '한국전쟁과 기복신앙 확산연구'(1999) '북한종교의 새로운 이해'(2002, 다산글방) 'WCC도서관 소장 한국교회사 자료집-조선그리스도교련맹 편'(2003) 'WCC도서관 소장 한국교회사 자료집-105인사건, 3.1운동, 신사참배 편'(2003) 'WCC 도서관 소장 한국교회사 자료집-한국전쟁 편'(2003) '한국기독교사 탐구'(2011) '한국감리교회 역사'(2017) '자유를 위한 투쟁 김관석 목사 평전'(2017) (역)'미국감리교회의 한국선교역사 1885~1930(共)'(2010) (종)기독교

**김흥수(金興秀) KIM Heung Su**

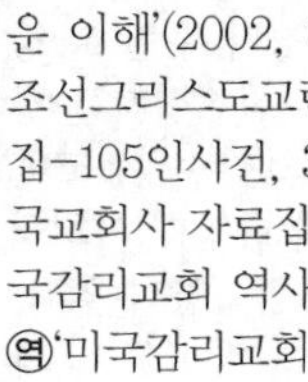

(생)1958 · 11 · 20 (출)서울 (주)경기도 수원시 영통구 월드컵로 164 아주대학교 의과대학 신장내과학교실(031-219-5132) (학)1985년 연세대 의대졸 1991년 同대학원 의학석사 1994년 의학박사(연세대) (경)아주대 의대 신장내과학교실 교수(현) 2004년 同진료의뢰센터 소장 2005년 同임상과장 2005년

同의료원 제2진료부원장 2005년 同의료원 신장내과 과장 2007년 同의대 신장내과학교실 주임교수 2010~2012년 同의료원 제1진료부원장, 대한신장학회 이사 2012~2019년 아주대병원 내과부장

**김흥수(金興洙) Kim Heung-soo**

(생)1961·8·15 (주)서울특별시 종로구 사직로8길 60 외교부 인사운영팀(02-2100-7863) (학)1988년 연세대 신문방송학과졸 (경)1990년 외무고시 합격(24회) 1990년 외무부 입부 1997년 駐독일 2등서기관 2000년 駐우즈베키스탄 1등서기관 2004년 駐스웨덴 1등서기관 2006년 외교통상부 공보팀장 2007년 세종연구소 파견 2007년 駐우즈베키스탄 참사관 겸 駐타지키스탄 대사대리 2009년 駐애틀랜타 부총영사 2013년 駐러시아 공사참사관 2016년 駐모잠비크 대사 2018년 駐알마티 총영사(현)

**김흥식(金興植) Kim Heung Sik**

(생)1949 · 12 · 10 (본)광산(光山) (출)강원 회양 (학)1967년 제물포고졸 1977년 한국외국어대 러시아어과졸 (경)1977년 동양통신 기자 1981년 쌍용그룹 비서실 과장 1988년 연합통신 기자 1991년 同모스크바특파원 1994년 同북한취재본부 부장대우 1996년 同문화생활부장 직대 1998년 同북한부장 1998년 同남북관계부장 1999년 연합뉴스 민족뉴스취재본부 남북관계부장 1999년 同부국장대우 논설위원 2000년 同논설위원실 간사 2000년 同민족뉴스취재본부 부본부장 직대 2001년 관훈클럽 운영위원(편집) 2002년 연합뉴스 경영기획실장 직대 2003~2006년 同편집담당 상무이사 2003~2006년 (주)연합인포맥스 이사 2006년 연합뉴스 동북아정보문화센터 상임고문 2007~2009년 同동북아정보문화센터 상무이사 2010~2012년 중소기업진흥공단 비상임이사 (상)외대 언론인상(2004) (저)'북한 50년'(共)

**김흥식(金興植) KIM HEUNG SIG**

(생)1965 · 2 · 26 (주)서울특별시 강서구 마곡중앙8로 71 LG사이언스파크 E13(02-2099-0114) (학)승문고졸, 서강대 철학과졸, 미국 워싱턴대 대학원 경영학과졸 (경)1989년 금성사(現 LG전자) 입사 2005년 LG(주) 인사팀 부장, LG전자 HR Recruiting그룹 · 한국영업인재개발팀 근무 2007년 LG생활건강(주) CHO(상무) 2015년 LG CNS CHO(전무)(현) 2016년 (주)행복마루 사내이사(현)

**김흥주(金興柱) KIM Heung Joo**

(생)1942 · 2 · 13 (출)전남 장성 (주)서울특별시 영등포구 양평로22길 21 (주)한국전자정보시스템(02-2062-5326) (학)광주농고졸, 초당대 산업행정학과졸, 한국외국어대 무역대학원 수료, 고려대 교육대학원 교육학과졸 (경)1979년 한국전자통신공사 설립 · 대표 1989년 한국정보통신공사협회 서울지회장 1990년 (주)한국전자정보시스템 대표이사(현) 1991년 한국정보통신공사협회 부회장 1996년 국제라이온즈협회 304-C지구 사무총장, (주)백양텔레콤 회장 1998~2000년 한국정보통신공사협회 중앙회장 1999~2005년 하나로멀티미디어(주) 회장 1999년 민주평통 자문위원 1999년 민주당 환경 · 교육 부위원장, 한국정보통신신문 이사 · 대표이사(편집인) 2000~2002년 국제라이온스협회 354-C지구 부총재 · 총재 2003년 국정자문위원회 과학정보통신기술위원회 위원장 2003년 정보통신기능대학 이사장 2003~2006년 한국정보통신공사협회 중앙회장 2005년 장성군 애향운동본부장 2005~2010년 중앙해피넷텔레콤(주) 회장 2007~2010년 광주농고총동문회 회장 2011년 (주)한신아이엠티 회장 2013년 (주)신흥 회장 2014년 在京장성군향우회 회장(현) (상)정보통신부장관표창, 산업포장, 국제라이온스협회 무궁화사자대상 금장, 국제과학기술정보통신위원장표창, 서울시장 감사패(월드컵경기), KT사장 감사패

**김흥준(金興俊) KIM Heung Joon**

(생)1961·11·16 (출)경남 진주 (주)서울특별시 양천구 신월로 386 서울남부지방법원(02-2192-1114) (학)1980년 진주고졸 1984년 서울대 법대졸 1986년 同대학원 법학과 수료 (경)1985년 사법시험 합격(27회) 1988년 사법연수원 수료(17기) 1988년 軍법무관 1991년 수원지법 성남지원 판사 1993년 서울지법 동부지원 판사 1995년 전주지법 판사 1997년 광주고법 판사 1998년 수원지법 여주지원 판사 1999년 서울지법 판사 2000년 서울고법 판사 2003년 청주지법 부장판사 2004년 사법연수원 교수 2007년 서울중앙지법 부장판사 2010년 수원지법 안산지원장 2011년 대전고법 청주재판부 부장판사 2012년 서울고법 부장판사 2015년 인천지법 수석부장판사 2016~2019년 서울고법 부장판사 2018~2019년 법원행정처 윤리감사관 겸임 2019년 서울남부지법원장(현)

**김흥준(金興埈) KIM Heung Joon**

(생)1967 · 6 · 14 (출)서울 (주)서울특별시 양천구 공항대로 572 (주)경인양행 비서실(02-3660-7805) (학)1986년 서울 영일고졸 1992년 한양대 경영학과졸 (경)1992~2000년 (주)이스트웰 설립 · 대표이사 1993년 (주)경인양행 전무이사 1996~2001년 (주)나모인터랙티브 설립 · 대표이사 사장 1998~2000년 (주)경인양행 대표이사 사장 2002~2005년 엔씨소프트 부사장 2005년 (주)경인양행 대표이사 부회장 2011년 同회장 2015년 同각자대표이사 회장(현)

**김흥진(金興珍)**

(생)1962 · 9 · 22 (출)경남 사천 (주)울산광역시 중구 성안로 112 울산지방경찰청 제1부장실(052-210-2221) (학)진주고졸(51회) 1985년 경찰대 행정학과졸(1기), 창원대 행정대학원졸 (경)1985년 경위 임관 1990년 경감 승진 1998년 경정 승진, 경남 마산동부경찰서 방범과장, 경남지방경찰청 경비교통과 교통안전계장, 同청문감사담당관실 감찰계장 2007년 同경비교통과장(총경) 2008년 경남 거제경찰서장 2009년 경남지방경찰청 경무과장 2010년 경남 진주경찰서장 2011년 경남지방경찰청 외사과장 2011년 경남 합천경찰서장 2013년 경남지방경찰청 경비교통과장 2014년 경남 김해중부경찰서장 2014년 경남 창원중부경찰서장(경무관) 2017년 경남지방경찰청 제1부장 2018년 부산지방경찰청 제1부장 2019년 울산지방경찰청 제1부장(현)

**김흥진(金興鎭)**

(생)1969·1·10 (출)경북 경주 (주)세종특별자치시 도움6로 11 국토교통부 주택정책관실(044-201-3315) (학)1987년 대륜고졸 1992년 서울대 계산통계학과졸 (경)1993년 행정고시 합격(37회) 2006년 건설교통부 부동산정보분석팀장 2009년 대통령실 파견 2012년 국토해양부 주택정책과장 2013년 국토교통부 주택정책과장 2014년 同도시정책과장 2015년 同기획담당관 2016년 同자동차관리관 2016년 同대변인 2017년 同주택정책관(현)

**김흥치(金興治) KIM Heung Chi**

(생)1944·11·29 (출)경남 진주 (주)경상남도 진주시 대신로 454-25 진주동명고등학교 이사장실(055-752-4392) (학)1962년 진주고졸 1969년 가톨릭대 의대졸 1982년 의학박사(연세대) (경)1974~1977년 국군 진해통합병원·수도통합병원·57후송병원 신경외과장 1977년 연세대 원주기독·인천기독병원 신경외과장 1977~1989년 진주 윤양병원 신경외과장 1986년 연세대 의대 외래교수 1989~2000년 신경남일보 대표이사 사장 1989~1996년 진주윤양병원 원장 1989년 정천학원(동명중·고교) 이사장(현) 2000년 경남일보 대표이사 사장, 同대표이사 회장 (종)천주교

## 김희걸(金熙傑) KIM Hee Girl

(생)1966·9·29 (본)경주(慶州) (출)전북 고창 (주)서울특별시 중구 세종대로 125 서울특별시의회(02-3702-1400) (학)전주상고졸 1989년 원광대 법대 법학과졸, 성균관대 행정대학원 수료 (경)강서양천신문 편집국장, 한국자유총연맹 사무국장, 서울시 환경미화원후원회 양천지회장 2002~2006년 서울시 양천구의회 의원, 민주평통 양천구협의회 간사장, (재)성모의료재단 이사, 민주평통 양천구협의회 기획운영위원장, 민주평화연대 언론위원장, 테라에스더원통상 대표 2012년 (주)양천신문 발행인 겸 대표이사 2014·2018년 서울시의회 의원(새정치민주연합·더불어민주당)(현) 2014~2015년 同예산결산특별위원회 위원 2015~2016년 同남산케이블카운영사업독점운영및인허가특혜의혹규명을위한행정사무조사특별위원회 부위원장 2015년 同윤리특별위원회 위원 2015·2018년 同항공기소음특별위원회 위원(현) 2016년 同서부지역광역철도건설특별위원회 위원 2016·2018년 同도시안전건설위원회 위원(현) 2018·2019년 同정책위원회 위원장(현) 2018년 同서부지역광역철도건설특별위원회 위원(현) (상)서울시장표창(2002), 한국자유총연맹총재표창(2003), 자유평화상(2005), 대통령표창(2005), 행정자치부장관표창(2009), 국무총리표창(2016) (저)'가진 것 없는 사람들에게'(1998) '민족자주 없이 진정한 민주화 없다'(2006) '나도 대통령?'(2006) '썩은 뿌리로는 꽃을 피울수 없다'(2010) '하늘도 알고 땅도 알고'(2014)

## 김희겸(金憙謙) KIM Hee kyeum

(생)1964·6·15 (본)김해(金海) (출)경기 화성 (주)경기도 수원시 팔달구 효원로 1 경기도청 행정1부지사실(031-8008-2012) (학)수원 유신고졸, 성균관대 행정학과졸, 서울대 행정대학원졸 1995년 영국 버밍엄대 대학원졸 2011년 행정학박사(성균관대) (경)1987년 행정고시 합격(31회) 2002년 경기도 경제투자관리실 투자진흥관 직대(서기관) 2002년 同경제투자관리실장 직대 2003년 同경제투자관리실 투자진흥관 2003년 교육연수 2005년 경기도 보건복지국장 2006년 이천시 부시장 2006년 행정자치부 지방혁신인력개발원 행정지원팀장 2007년 同주민생활기획팀장 2008년 행정안전부 주민서비스과장 2008년 同기업협력지원관 2008년 경기도 경제투자실장 2009년 부천시 부시장 2011년 중앙공무원교육원 파견(이사관) 2012년 대통령소속 지방행정체제개편추진위원회 개편기획국장 2013년 경기도 경제부지사 2013년 同행정2부지사 2015년 국민안전처 재난관리실장 2017년 행정안전부 재난안전관리본부 재난관리실장 2017년 同기획조정실장 2018년 경기도 행정1부지사(현) (상)대통령표창(2007), 홍조근정훈장(2013)

## 김희경(金喜敬, · 女) Kim Hee Kyung

(생)1967 (주)충청남도 천안시 동남구 양지말1길 11-14 과학기술정보통신부 우정사업본부 우정공무원교육원(041-560-5110) (학)1986년 한양여고졸 1990년 성신여대 심리학과졸 2009년 고려대 경영학대학원졸 (경)2003~2009년 (주)엘지씨엔에스 IT담당·EA담당·LG서비스담당 부장 2010~2017년 同Learning&Development 상무 2015~2017년 한국산업교육학회 부회장 2017~2019년 (주)엘지씨엔에스 사장 자문실 자문역 2019년 (주)한양 성장전략실 디지털경영팀 상무 2019년 보성그룹 CIO 겸임 2019년 과학기술정보통신부 우정사업본부 우정공무원교육원장(현)

## 김희경(金熹暻 · 女) Kim Hee kyung

(생)1967 (출)전북 김제 (주)서울특별시 종로구 세종대로 209 여성가족부 차관실(02-2100-6011) (학)전북대사대부고졸 1990년 서울대 인류학과졸 2002년 미국 로욜라메리마운트대 대학원 경영학과졸(MBA) (경)1991~2009년 동아일보 입사·편집국 통합뉴스센터 인터넷뉴스팀장(차장) 2010~2016년 세이브더칠드런 권리옹호부장·사업본부장 2015~2017년 이주배경청소년지원재단 이사 2017년 인권정책연구소 이사 2018년 문화체육관광부 차관보 2019년 여성가족부 차관(현) (저)'흥행의 재구성'(2005) '아시안 잉글리쉬'(2010) '내 인생이다'(2010) '푸른눈 갈색눈'(2012) '이상한 정상가족'(2017, 동아시아) (역)'엘 시스테마, 꿈을 연주하다'(2010) '나는 공짜로 공부한다'(2013)

## 김희경(金希京 · 女)

(생)1976·9·26 (출)제주 서귀포 (주)부산광역시 연제구 법원로 15 부산지방검찰청 외사부(051-606-4542) (학)1995년 제주 신성여고졸 2000년 고려대 법학과졸 (경)1999년 사법시험 합격(41회) 2002년 사법연수원 수료(31기) 2002년 수원지검 검사 2004년 울산지검 검사 2006년 서울중앙지검 검사 2009년 청주지검 검사 2011년 법무부 보호법제과 검사 2013년 서울북부지검 검사 2016년 춘천지검 부부장검사 2017년 인천지검 부부장검사 2017~2018년 감사원 파견 2018년 부산지검 동부지청 형사3부장 2019년 부산지검 외사부장(현) (종)불교

## 김희곤(金喜坤) KIM Hee Gon

(생)1954·5·23 (본)김해(金海) (출)대구 (주)경상북도 안동시 경동로 1375 안동대학교 사학과(054-820-5377) (학)1973년 경북고졸 1978년 경북대 사학과졸 1980년 同대학원 사학과졸 1991년 문학박사(경북대) (경)1988~2019년 안동대 사학과 교수 2000~2015년 백범학술원 운영위원 2004~2006년 독립기념관 한국독립운동사연구소장 2004~2015년 백범김구선생기념사업협회 이사 2005~2011년 대한민국임시정부자료집편찬위원회 위원장 2006~2013년 경북도 문화재위원 2007~2014년 안동독립운동기념관 관장 2008~2010년 문화재청 문화재전문위원 2011년 한국근현대사학회 회장 2012년 국사편찬위원회 위원 2013~2017년 한국근현대사학회 편집위원 2014년 경북도독립운동기념관 관장(현) 2018년 국립대한민국임시정부기념관건립위원회 위원(현) 2019년 안동대 사학과 명예교수(현) (상)독립기념관 학술상(2009), 영가문화상(2014), 의암대상 학술상(2015) (저)'중국관내 한국독립운동단체 연구'(1995) '대한민국임시정부의 좌우합작운동(共)'(1995, 한울아카데미) '백범김구전집(共)'(1999) '안동의 독립운동사'(1999) '새로 쓰는 이육사 평전'(2000, 지영사) '신돌석 백년만의 귀향'(2001, 푸른역사) '잊혀진 사회주의운동가 이준태'(2002, 국학자료원) '대한민국임시정부 연구'(2004, 지식산업사) '조선공산당 초대책임비서 김재봉'(2006, 경인문화사) '안동사람들의 항일투쟁'(2007, 지식산업사) '대한민국임시정부 1 -상해시기-'(2008, 독립기념관, 국가보훈처) '오미마을 사람들의 항일투쟁'(2009, 지식산업사) '제대로 본 대한민국임시정부(共)'(2009, 지식산업사) '만주벌 호랑이 김동삼'(2009, 지식산업사) '이육사 평전'(2011, 푸른역사) '안동사람들이 만주에서 펼친 항일투쟁'(2011, 지식산업사) '독립운동의 큰 울림, 안동 전통마을'(2014, 예문서원) '임시정부 시기의 대한민국 연구'(2015, 지식산업사) '경북을 독립운동의 성지로 만든 사람들'(2015, 선인) '경북유림과 독립운동'(2015, 경인문화사) '사회주의 항일투쟁가 안상길'(2016, 역사공간) '광야에 선 민족시인 이육사'(2017, 역사공간) '6.10만세운동의 첫 외침 이선호'(2018, 역사공간) 외 다수

## 김희곤(金熙坤) KIM HEE GON

(생)1966·3·28 (출)전남 강진 (주)광주광역시 동구 준법로 7-12 광주지방검찰청 집행과(062-231-4603) (학)1985년 장흥고졸 1993년 전남대 공법학과졸 (경)2010년 대검찰청 형사2과 검찰사무관 2011년 광주지검 근무(대검찰청 감찰본부 파견) 2016년 법무부 인권국 여성아동인권과 근무 2017년 광주지검 총무과장 2018년 同집행과장(현) (종)기독교

## 김희관(金熙官) KIM Hee Kwan

(생)1963·11·17 (본)경주(慶州) (출)전북 익산 (주)서울특별시 서초구 서초중앙로 125 로이어즈타워 10층 1006호, 1008호 김희관법률사무소(02-598-6622) (학)1981년 전주고졸 1986년 서울대 법과대학졸 1994년 미국 하버드대 법과대학원졸(LL.M.) (경)1985년 사법시험 합격(27회) 1988년 사법연수원 수료(17기) 1988년 서울지검 동부지청 검사 1990년 광주지검 장흥지청 검사 1992년 광주지검 검사 1994년 법무부 검찰4과 검사 1997년 서울지검 검사 1999년 부산지검 검사 2000년 同부부장검사 2000년 전주지검 정읍지청장 2001년 대검찰청 연구관 2003년 同범죄정보2담당관 2003년 수원지검 공판송무부장 2004년 법무부 검찰2과장 2006년 서울고검 검사(법무부 정책기획단장 파견) 2007년 서울중앙지검 형사1부장 2008년 대검찰청 공안기획관 2009년 서울중앙지검 2차장검사 2009년 대전지검 차장검사(검사장급) 2010년 법무부 기획조정실장 2011년 同범죄예방정책국장 2012년 의정부지검장 2013년 부산지검장 2013년 대전고검장 2015년 광주고검장 2015~2017년 법무연수원장 2017년 변호사 개업(현) 2019년 (주)GS홈쇼핑 사외이사 겸 감사위원(현) (상)홍조근정훈장(2009)

## 김희국(金熙國) KIM Hee Kuk

(생)1958·10·20 (출)경북 의성 (주)대구광역시 동구 동대구로 445 2층 바른미래당 대구시당(053-743-7400) (학)1977년 경북고졸 1981년 경북대 행정학과졸 (경)1980년 행정고시 합격(24회) 1981~1993년 해운항만청 근무 1993~1994년 교통부 근무 1994~1995년 건설교통부 고속철도과장 1995~1997년 미국 메릴랜드대 교통연구소 파견 1997년 건설교통부 공보관 1997년 대구국도유지건설사무소장 1999년 건설교통부 광역철도과장 1999~2003년 駐사우디아라비아대사관 파견 2003년 건설교통부 수송정책과장 2005년 同공공기관지방이전지원단장 2005년 同공공기관지방이전지원추진단 기획국장 2007년 국방대 파견 2008년 국토해양부 해운정책관 2008년 부산지방국토관리청장 2009년 국토해양부 4대강살리기기획단장 2009년 同4대강살리기추진본부 부본부장 2010~2012년 同제2차관 2012~2016년 제19대 국회의원(대구 중구·남구, 새누리당) 2012년 국회 보건복지위원회 위원 2013년 국회 예산결산특별위원회 위원 2014년 국회 창조경제활성화특별위원회 위원 2014년 국회 국토교통위원회 위원 2014~2015년 새누리당 중앙재해대책위원장 2014년 同경제혁신특별위원회 공기업개혁분과 위원 2014~2015년 국회 예산결산특별위원회 예산안조정소위원회 위원 2015년 국회 서민주거복지특별위원회 위원 2015년 새누리당 정책위원회 민생정책혁신위원회 부위원장 2016~2017년 한국건설법무학회 회장 2017~2018년 바른정당 대구중구·남구당원협의회 운영위원장 2017년 同제19대 유승민 대통령후보 중앙선거대책위원회 종합상황실 부실장 2017~2018년 同정책위원회 부의장 2017년 한국건설법무학회 명예회장(현) 2018년 바른미래당 대구중구·남구지역위원회 공동위원장(현) (상)근정포장, 홍조근정훈장

## 김희근(金熙瑾) KIM HIGGIN

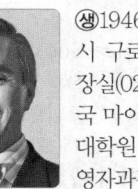

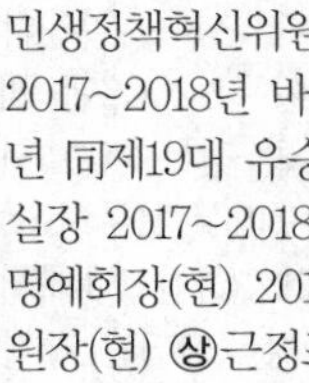

(생)1946·1·19 (본)서흥(瑞興) (출)서울 (주)서울특별시 구로구 디지털로31길 12 벽산엔지니어링(주) 회장실(02-767-5563) (학)1964년 경기고졸 1970년 미국 마이애미주립대 경영학과졸 1985년 서울대 경영대학원 최고경영자과정 수료 1989년 同공대 최고경영자과정 수료 2002년 명예 경영학박사(미국 마이애미주립대) (경)1973년 한국스레트공업 근무 1975~1979년 사우디아라비아 Traid Holding Corp. 근무 1979~1985년 한국건업(주) 중동본부장 1985~1986년 벽산쇼핑(주) 대표이사 부회장 1986년 한국건업(주) 사장 1993년 벽산건설 대표이사 사장 1995~1998년 同대표이사 부회장 1996년 벽산엔지니어링(주) 회장(현) 2001~2009년 (사)현대미술관회 이사 2009~2017년 同부회장 2009년 2009KIAF 조직위원 2009~2017년 (사)한국페스티발앙상블 이사장 2010년 (재)벽산문화재단 설립 2010~2011년 (사)세종솔로이스츠 이사장 2010~2016년 (재)코리안심포니오케스트라 제7대 이사장 2010~2012년 한국문화예술위원회 비상임위원 2011~2014년 광주비엔날레 이사 2012년 한국메세나협회 부회장(현) 2013~2017년 (재)세아이운형문화재단 상임이사 2013~2017년 한국문화예술위원회 기금운용심의회 위원 2014년 The Art Basel Global Patrons Council(현) 2014년 세종솔로이스츠 이사장(현) 2015~2017년 동국대 경영전문대학원 석좌교수 2016년 한국문화예술위원회 예술나무포럼 회장(현) 2017년 2017 KIAF 조직위원(현) 2017년 (사)한국페스티발앙상블 이사(현) 2017년 (사)현대미술관회 회장(현) 2018년 (재)예술경영지원센터 이사장(현) 2019년 이화여대 경영전문대학원 명예교수(현) (상)2011KACF-자랑스런 경영인상(2011), 문화체육관광부장관표창(2011·2013·2015), 제22회 몽블랑 문화예술 후원자상(2013), 2014한국의100대 행복기업대상 사회적기업부문 수상(2014), 2014예술나무 후원기업상(2014), 문화예술후원우수기관 인증(2015), 여성가족부 가족친화우수기업 인증(2016)

## 김희대(金熙大)

(생)1966·4·4 (출)부산 (주)서울특별시 중구 을지로 55 하나금융지주 경영지원실(02-2002-1110) (학)1985년 부산 동성고졸 1989년 고려대 법학과졸 (경)1998년 사법시험 합격(40회) 2001년 사법연수원 수료(30기), 하나은행 준법감시팀 변호사 2015년 KEB하나은행 준법감시팀 변호사 2017년 하나금융지주 그룹준법감시인(상무) 2019년 同경영지원실장(상무)(현)

## 김희덕(金羲德) Kim Hee-Duk

(생)1963·1·13 (주)경기도 수원시 영통구 삼성로 129 삼성전자(주) 무선사업부 개발실(031-200-1114) (학)경북기계공고졸, 광운대 대학원 전자공학과졸 (경)삼성전자(주) 정보통신총괄 무선사업부 개발실 개발1팀 수석연구원 2005년 同정보통신총괄무선사업부 개발실 개발1팀 상무보, 同무선개발팀담당 상무 2010년 同무선사업부 개발팀 연구위원(전무) 2012년 同무선사업부 개발1실 연구위원(부사장) 2017년 同무선사업부 개발실 연구위원(부사장)(현)

## 김희동(金喜東) Kim Hee Dong

(생)1950·11·30 (주)전라남도 무안군 삼향읍 오룡길 1 전라남도의회(061-286-8200) (학)광주대 행정학과졸, 목포대 사회과학대학 사회복지학과졸 (경)진도군 기획예산실장, (사)대한노인회 진도군지회 노인대학장, 국제로타리 진도클럽 회장 2018년 전남도의회 의원(민주평화당)(현) 2018년 同윤리특별위원회 위원장, 同농수산위원회 위원 겸 예산결산특별위원회 위원(현)

## 김희백(金姬伯·女) Kim, Heui-Baik

(생)1956·12·26 (주)서울특별시 관악구 관악로 1 서울대학교 사범대학 생물교육과(02-880-1377) (학)1979년 서울대 생물학과졸 1981년 同대학원 식물생리학과졸 1988년 생물교육학박사(서울대) (경)1981~1989년 서울대 조교·강사 1989~2001년 원광대 생물교육학과 전임강사·조교수·부교수 2001~2003년 서울대 사범대학 생물교육학과 부교수·교수(현) 2006년 同사범대학 교무부학장 2018년 同사범대학장(현)

## 김희상(金熙相) KIM Hee Sang (中人)

(생)1945·2·17 (본)일선(一善) (출)경남 거창 (주)서울특별시 마포구 마포대로 173 현대하이엘 815호 한국안보문제연구소 이사장실(02-6353-1817) (학)1963년 경복고졸 1968년 육군사관학교졸(24기) 1972년 서울대 문리대 외교학과졸 1981년 육군대졸 1985년 미국 육군대학원졸 1985년 미국 십펜스

버그대 대학원 공공행정학과졸 1991년 연세대 최고경영자과정 수료 2000년 고려대 최고위언론과정 수료 2003년 정치학박사(성균관대) (경)육군사관학교 교수·생도대훈육관, 육군본부 80위원회 연구관, 포병 대대장, 육군본부 정책기획장교, 특전사 정보처장, 포병 연대장, 국방부 국내정책과장, 대통령 국방비서관 1992년 남북고위회담 군사분과위 차석대표, 육군본부 인사참모부장, 국방대학원장, 국방대 총장 2000년 남북국방부장관회담 대표 2001~2002·2005년 성균관대 겸임교수 2001~2002년 미국 RAND연구소·일본 NIDS·러시아 IMEMO 선임객원연구원 2001년 미국 RFA(라디오자유아시아방송) 논설고문 2002년 중국 사회과학연구원 아시아태평양연구소 초빙교수 2003~2004년 대통령 국방보좌관 2004~2006년 비상기획위원회 위원장 2006~2007년 명지대 초빙교수 2007년 한국전략문제연구소 소장 2007년 한미안보연구회 이사 2007년 한국안보문제연구소 이사장(현) 2009년 동아일보 비상근 논설위원 2010·2011년 대통령직속 사회통합위원회 위원, 세계일보·문화일보·조선일보 비상근 논설위원 (상)보국훈장 삼일장, 보국훈장 천수장, 보국훈장 국선장 (저)'중동전쟁'(1977) '한국전쟁사 부도(共)'(1978) '생동하는 군을 위하여'(1993) '21세기 한국안보'(2000) '한국적 군사발전을 위한 모색'(2000) 'Korean Security in the 21st Century and ROK-US Relations'(2002) '21세기 한국의 안보환경과 국가안보'(2003) '통일시대의 명장을 위하여'(2010) (작)'전시회-시화(국립공보관)'(1972)

## 김희상(金希相) KIM, HEESANG

(생)1970·1·8 (본)김해(金海) (출)서울 (주)서울특별시 종로구 사직로8길 60 외교부 인사운영팀(02-2100-7141) (학)1988년 서울 숭실고졸 1993년 서울대 경제학과졸 1998년 영국 옥스퍼드대 대학원 외교학과졸 1999년 영국 에든버러대 대학원 법학석사(국제경제법학 전공) (경)1993년 외무고시 합격(27회) 1993년 외무부 입부 2002년 駐제네바 1등서기관 2006년 駐인도 1등서기관 2008년 외교통상부 자유무역협정상품양허교섭과장 2009년 同자유무역협정협상총괄과장 2011년 駐벨기에 유럽연합 참사관 2014~2017년 駐상하이총영사 영사 2017년 외교부 양자경제외교국 심의관 2018~2019년 同양자경제외교국장 2019년 同본부 근무(국장급)(현) (상)국무총리표창(2015) (종)기독교

## 김희석(金熙奭)

(생)1961 (주)서울특별시 중구 을지로 66 21층 하나대체투자자산운용(02-2190-6501) (학)서울대 법학과졸, 同법학대학원졸 (경)2004년 국민연금공단 기금운용본부 전략실장·대체투자실장·해외투자실장, 한화생명 CIO, NH농협금융지주 CIO(부사장) 2019년 하나대체투자자산운용 대표이사 사장(현)

## 김희선(金希宣·女) KIM Hee Sun

(생)1943·10·28 (본)의성(義城) (출)평남 평원 (주)서울특별시 동대문구 왕산로 53 항일여성독립운동기념사업회(02-924-0660) (학)1962년 대전여상 중퇴 1980년 캐나다 제이버대 국제코디연구원 수료 1997년 경희대 행정대학원 의회지도자연구과정 수료 2000년 대전여상 명예졸업 (경)1974년 서울YWCA 주부클럽중앙회 부회장 1976년 同소비자모니터 회장 1984년 한국여성의전화 원장·대표 1987년 한국여성단체연합 부회장 1989년 서울민족민주운동협의회 상임의장 1989년 민주쟁취국민운동 서울본부 상임의장 1992년 민주주의민족통일전국연합 통일위원장 1994년 통일시대민주주의국민회의 공동대표 1995년 민주당 당무위원 겸 대외협력위원장 1995년 국민회의 지도위원 겸 당무위원 1997년 同대통령선거대책본부 문화기획팀장·대외협력위원장 1998년 同여성위원장 2000~2004년 제16대 국회의원(서울 동대문甲, 새천년민주당·열린우리당) 2000년 새천년민주당 연수원장 2000년 대경대 겸임교수 2001년 민주화운동관련자 인정 2001년 민족정기를세우는국회의원모임 회장 2002년 새천년민주당 여성위원장 2003년 열린우리당 전국여성위원회 준비위원장 2004년 同여성위원장 2004년 同민주헌정수호특별본부장 2004년 한국여성의전화 명예회장 2004~2008년 제17대 국회의원(서울 동대문甲, 열린우리당·대통합민주신당·통합민주당) 2004~2006년 국회 정무위원장 2007년 대통합민주신당 정동영 대통령후보 여성특보단장 2008년 민주당 서울동대문甲지역위원회 위원장 2012년 (사)통일맞이 이사 2014년 항일여성독립운동기념사업회 회장(현) (상)오늘의 여성상(1984), 한국일보사 '85년을 빛낸 여성5인' 中 1위 선정(1985), 여성동아대상(1987), 한국여성단체연합 여성권익디딤돌상(1999) (저)'현대여성의 성윤리' '가정폭력, 성폭력사례집' '원장님 빨리 담 넘어요' 'やるつきゃない, かつとびアシュマの民主化闘争(그 길을 갈 수 밖에 없었다)' (종)기독교

## 김희수(金熺洙) KIM Hi Soo (明谷)

(생)1928·7·9 (본)광산(光山) (출)충남 논산 (주)서울특별시 영등포구 영신로 136 김안과병원 이사장실(1577-2639) (학)1946년 공주고졸 1950년 세브란스의대(現 연세대)졸 1958년 미국 일리노이주립대 대학원졸 1966년 의학박사(연세대) 2014년 명예 이학박사(미국 린치버그대) (경)1959년 인천기독병원 안과 과장 1961년 제3육군병원 안과 과장 1962년 영등포 김안과병원 개업·이사장(현), 건양병원장 1963년 고려대·연세대·이화여대 외래교수 1979년 건양학원(건양중·고) 이사장 1981년 대한안과학회 회장 1984년 광산김씨대종회 제19·20·21·22대 회장 1990년 건양대 설립·이사장 2001~2017년 同제4·5·6·7대 총장 2001년 충남테크노파크 이사 2010년 대전거사림연합회 수석고문 2016년 학부교육선진화선도대학(ACE)협의회 회장 2016년 충남도대학 및 지역인재육성지원협의회 초대 회장 2019년 건양대 명예총장(현) (상)대통령표창(1982), 국민훈장 무궁화장(2007), 자랑스런 연세인상(2008), 자랑스러운 충청인상(2008), 연세대 의대 미주동창회 선정 올해의 스승(2008), 윤리경영대상(2009), 자랑스런 한국인대상-교육발전부문(2011), 중앙일보 선정 글로벌경영 부문 '2012한국을 빛낸 창조경영인'(2012), 교육과학기술부 2012참교육대상(2012), 매일경제 선정 인재교육부문 '대한민국 글로벌 리더'(2013·2014·2016), 매경미디어그룹 2013 대한민국 창조경제리더 인재부문(2013), 제5회 대한민국참교육대상 창의융합교육부문 대상(2014) (종)불교

## 김희수(金熙洙) KIM Hee Soo

(생)1955·10·4 (출)서울 (주)서울특별시 마포구 마포대로 45 일진빌딩11층 일진전기(주) 비서실(02-707-9158) (학)1975년 광주제일고졸 1980년 고려대 법학과졸 (경)극동건설(주) 인력관리부 근무, 일진전기(주) 자산관리실장(전무), 同총무부장, 同영업이사, 일진중공업 이사, 일진소재산업 상무, 일진다이아몬드 사업본부장, 일진전기(주) SCR사업부장(상무) 2006년 同SCR사업부장(전무) 2007년 同소재·환경사업부총괄 전무 2008년 同재료환경그룹장(부사장) 2009년 일진그룹 자산관리실장(부사장) 2010년 일진전기(주) NIE자산개발실장(부사장) 2011년 同최고구매책임자(CPO·부사장) 2013년 同국내영업본부장(부사장) 2013년 同각자대표이사 2014년 同중전기사업본부장(부사장) 2015~2018년 同최고운영책임자(COO·사장) 2019년 同대표이사 사장(현) (종)가톨릭

## 김희수(金熙洙) KIM Hee Soo

(생)1959·3·5 (출)경북 포항 (주)경상북도 안동시 풍천면 도청대로 455 경상북도의회(054-880-5126) (학)포항제철공고졸 2002년 포항1대학 전기과졸, 동국대 사회과학대학원 행정학과졸 (경)1990년 미광계전 설립·대표(현), 포항시장학회 이사, 포항지역발전협의회 이사, 한국유네스코 경북협회 이사, 경북장애인기능경기대회 부대회장, 포항시축구협회 부회장, 한나라당 경북도당 중앙위원회 부위원장, 민주평통 포항시 자문위원, (사)포항시새마을회 지회장 2007년 한나라당 제17대 대통령선거 경북선대위 경제본부장 2010년 경북도의회 의원(한나라당·새누리당) 2012년 同운영위원회 부위원장 2012년 同기획경제

위원회 위원 2012년 同윤리특별위원회 위원 2012년 同경북대구상생발전특별위원회 위원 2014~2018년 경북도의회 의원(새누리당·자유한국당) 2014년 同기획경제위원회 위원장 2014~2016년 대구경북경제자유구역청 조합회의 의장 2016년 경북도의회 교육위원회 위원 2017년 同예산결산특별위원회 위원 2017년 同지진대책특별위원회 위원장 2018년 경북도의회 의원(자유한국당)(현) 2018년 同지진대책특별위원회 위원(현) 2018년 同행정보건복지위원회 위원(현) 2019년 同예산결산특별위원회 위원(현)

## 김희수(金熙洙) KIM Hee Soo

생1959·10·20 출전북 순창 주서울특별시 서초구 반포대로 138 법무법인 리우(02-524-9606) 학1978년 전주고졸 1985년 전북대 법학과졸 1992년 고려대 산업정보대학원 최고위산업정책과정 수료 경1987년 사법시험 합격(29회) 1990년 사법연수원 수료(19기) 1990년 수원지검 검사 1994년 서울지검 북부지청 검사 1995년 변호사 개업 1999년 한국조폐공사 '파업유도 의혹사건' 특별수사관 2003~2004년 대통령소속 의문사진상규명위원회 제1상임위원 2006년 전북대 법과대학 부교수 2006년 동북아 역사재단 감사 2009년 법무법인 창조 변호사 2014년 법무법인 현 변호사 2016년 법무법인 리우 파트너변호사(현) 2017년 경찰청 경찰개혁위원회 수사개혁분과 위원 저'법도 때로는 눈물을 흘린다'(2005, 삼인) '군 인권법'(2009, 진원사) '검찰공화국, 대한민국(共)'(2011, 삼인)

## 김희수(金熙秀) KIM Hee Soo

생1960·1·23 출부산 주서울특별시 금천구 벚꽃로 278 SJ테크노빌 13층 (주)열림기술 대표이사실(02-3397-0600) 학1978년 부산 해동고졸 1984년 부산대 경영학과졸 1999년 연세대 경영대학원 최고경영자과정 수료 2000년 고려대 경영대학원 수료 경1984~1991년 대우전자 컴퓨터사업본부 근무 1991~1996년 다우기술 근무 1996년 (주)열림기술 대표이사(현) 상3천만불 수출의탑, 동탑산업훈장 종기독교

## 김희수(金熙洙) Kim Heesoo

생1960·3·7 주전라북도 전주시 완산구 효자로 225 전라북도의회(063-280-3970) 학전주대 경영대학 금융보험부동산학과졸 경(유)전라안전공사 대표이사, (주)춘광산업개발 대표이사, (사)대한노인회 전주시지회 운영위원, 더불어민주당 중앙당 부대변인 2018년 전북도의회 의원(더불어민주당)(현) 2018년 同교육위원회 부위원장(현) 2018년 同운영위원회 위원 겸 예산결산특별위원회 위원(현)

## 김희수(金熙洙) KIM Hee-Su

생1962·10·15 본안동(安東) 출서울 주서울특별시 종로구 세종대로 178 (주)KT 광화문빌딩 West 경제경영연구소(02-730-6297) 학1980년 검정고시 합격 1985년 고려대 영어영문학과졸 1986년 同경제학과졸 1992년 미국 UCLA 대학원 경제학과졸, 경제학박사(미국 UCLA) 경1993년 산업연구원 책임연구원 1995년 정보통신정책연구원 책임연구원 1997년 同연구위원 1998년 한국산업조직학회 이사(현) 2001년 정보통신정책연구원 경쟁정책팀장 2008년 同통신정책그룹장 2008년 정보통신정책학회 편집위원 2009년 同이사 2009~2011년 정보통신정책연구원 선임연구위원 2010년 국제전기통신연합(ITU) 의제설정자 2011년 (주)KT 경제경영연구소 전문임원(상무급) 2014~2016년 同경제경영연구소 부소장(상무) 2017년 同경제경영연구소 대외정책연구실장(상무) 2018년 同경제경영연구소 대외정책연구실장(전무) 2018년 同경제경영연구소장(전무)(현) 2018년 同남북협력사업개발TF 지원분과장 겸임 상재정경제부장관표창(1998), 정보통신부장관표창(2002) 저'통신사업의 합리적 비대칭규제 방안 연구' '방송서비스의 다매체화 및 통신방송 융합에 따른 공정경쟁 이슈 연구' '방송통신망 고도화에 따른 상호접속의 쟁점과 정책과제' '통신서비스 결합판매 제도 개선방안 연구' '도매제공대가의 사후규제 방안 연구' '통신서비스 시장 경쟁상황평가' 외 다수 종기독교

## 김희수(金熙洙) Kim, Hee Soo

생1966·5·2 본광산(光山) 출충북 진천 주세종특별자치시 한누리대로 350 대도시권광역교통위원회 광역교통운영국(044-201-3160) 학1984년 청주 신흥고졸 1988년 단국대 행정학과졸 1990년 同대학원 행정학과졸 2007년 미국 시라큐스대 대학원 행정학과졸 경1994년 행정고시 합격(37회) 2003년 건설교통부 기술정책과 사무관 2004년 서기관 승진 2008년 국토해양부 자동차손해보장팀장 2009년 同국토정책국 산업입지정책과장 2009년 국무조정실 파견(서기관) 2011년 국토해양부 주택건설공급과장 2012년 同국토정보정책과장 2013년 국토교통부 주택토지실 국토정보정책과장 2014년 同교통물류실 자동차정책과장(부이사관) 2016년 同기술정책과장 2017년 同수도권정책과장 2017~2018년 충북도 균형건설국장(지방부이사관) 2018년 국토교통부 부이사관 2018년 同혁신도시정책 총괄과장 2019년 대도시권광역교통위원회 광역교통운영국장(현) 상국무총리표창(2002) 종기독교

## 김희옥(金熙玉) KIM Hee Ok (不二)

생1948·8·17 본서흥(瑞興) 출경북 청도 주서울특별시 서초구 서초대로 301 법무법인(유) 해송(02-3489-7178) 학1968년 경북고졸 1972년 동국대 법학과졸 1974년 서울대 대학원 신문학과졸 1976년 동국대 대학원 법학과졸 1984년 법학박사(동국대) 경1976년 사법시험 합격(18회) 1978년 사법연수원 수료(8기) 1978년 부산지검 검사 1980년 同통영지청 검사 1982년 서울지검 의정부지청 검사 1984년 국회 법사위원회 파견 1986년 서울지검 검사 1989년 법무연수원 교수 1990년 대구지검 의성지청장 1992년 대검찰청 검찰연구관 1993년 同환경과장 1994년 부산지검 형사2부장 1995년 사법연수원 교수 1997년 서울지검 형사4부장 1998년 同형사1부장 1998년 수원지검 평택지청장 1999년 서울지검 남부지청 차장 2000년 수원지검 제1차장 2001년 부산지검 동부지청장 2002년 대구고검 차장 2002년 대검찰청 공판송무부장 2003년 대전지검장 2004년 사법연수원 부원장 2005년 서울동부지검장 2005년 법무부 차관 2006~2010년 헌법재판소 재판관 2009년 同헌법실무연구회 회장 2011~2015년 동국대 총장 2011년 헌법재판소 자문위원 2011~2015년 불교종립대학총장협의회 회장 2012~2015년 한국사립대학총장협의회 부회장 2013~2015년 한국대학교육협의회 대학윤리위원장 2014~2016년 정부공직자윤리위원회 위원장(장관급) 2015년 법무법인(유) 해송 고문변호사(현) 2016년 새누리당 혁신비상대책위원장 상홍조근정훈장, 자랑스런 동국인상(2007), 청조근정훈장(2011), 2013 한국의 영향력있는 CEO 인재경영부문 대상(2013), 2014 한국의 영향력있는 CEO 글로벌경영부문 대상(2014), 매일경제 선정 '대한민국 글로벌 리더'(2014), 제5회 대한민국참교육대상 창의교육부문 종합대상(2014) 저'형사소송법연구' '언론의 자유와 개인의 사생활보호' '즉결심판제도연구' '주석형사소송법' '형사소송법의 쟁점' '최신형사판례해설' '사례대비판례형법' '판례형사소송법' '주석형사소송법'(共) 종불교

## 김희용(金熙勇) KIM Hi Yong

생1942·11·2 출서울 주서울특별시 강남구 언주로133길 7 대용빌딩 동양물산기업(주) 회장실(02-3014-2700) 학1960년 경기고졸 1969년 미국 인디아나주립대(Indiana State Univ.) 산업미술학과졸 2005년 연세대 정법대학졸 경1982년 한국건업 사장 1984년 인희산업 사장 1987년 벽산그룹 비서실장 1987~2000년 동양물산기업(주) 대표이사 1992년 駐불가리아 명예총영사(현) 1995년 벽산그룹 부회장 1995년 대

한볼링협회 회장 2001년 동양물산기업(주) 대표이사 회장(현) 2002년 지속가능발전기업협의회(KBCSD) 부회장 2009~2012년 강남구상공회 회장 2012년 서울상공회의소 부회장(현) (상)새마을훈장 근면장, 불가리아 Madarski Konnik 제1훈장(2002), 불가리아 외무부 명예훈장(2004) (종)기독교

### 김희정(金姬廷 · 女) KIM Hee-Jung

(생)1971·4·13 (출)부산 (주)부산광역시 금정구 부산대학로63번길 2 부산대학교 국제전문대학원(051-510-7341) (학)1990년 대명여고졸 1994년 연세대 정치외교학과졸 1998년 同대학원 정치학과졸 2002년 同대학원 정치학 박사과정 수료 (경)2004~2008년 제17대 국회의원(부산 연제구, 한나라당) 2004년 국회 과학기술정보통신위원회 위원 2005년 한나라당 상임운영위원 2005년 同디지털정당위원회 위원장 2006~2008년 同원내부대표 2006~2007년 국회 운영위원회 위원 2006년 국회 예산결산특별위원회 위원 2007년 국회 방송통신특별위원회 위원, 부산과학기술협의회 사이언스아카데미 명예학장 2009~2010년 한국인터넷진흥원 초대원장 2010년 대한민국소프트웨어공모대전 자문위원 2010~2011년 대통령 대변인 2012~2016년 제19대 국회의원(부산 연제구, 새누리당) 2012~2013년 새누리당 정책위원회 부의장 2012년 同국민행복추진위원회 안전한사회추진단장 2012년 국회 여성가족위원회 위원 2013~2014년 국회 교육문화체육관광위원회 간사 2013년 새누리당 제6정책조정위원장 2013년 국회 방송공정성특별위원회 위원 2013년 국회 정치개혁특별위원회 위원 2014년 국회 안전행정위원회 위원 2014~2016년 여성가족부 장관 2014년 국회 외교통일위원회 위원 2016년 부산대 국제전문대학원 석좌교수(현) 2016~2017년 자유한국당 부산연제구당원협의회 운영위원장 (상)NGO모니터단 국정감사 우수국회의원 선정(2004·2005·2006), 월간중앙·사이버문화연구소 국회의원 우수홈페이지 선정(2005), Asia Society Asia21 Fellow 선정(2007), 제4회 전국지역신문협회 의정대상 국회의원부문(2007), 법률소비자연맹 선정 국회 헌정대상(2013)

### 김희준(金熙埈) KIM Hee Jun

(생)1964 · 1 · 10 (출)경남 (주)서울특별시 종로구 경희궁길 26 세계일보 비서실(02-2000-1604) (학)화곡고졸 2000년 성공회대졸 (경)1995~1997년 세계일보 편집국 지원팀장 1997~1999년 박근혜 국회의원 비서관 2000년 세계일보 비서실 비서팀장 2002년 同편집지원팀장(차장) 2003년 同편집지원팀장(부장대우) 2004년 同기획실 비서팀장 2006년 同기획실 비서팀장(부장) 2006년 同광고국 광고관리팀장 2009년 同경영지원본부 비서담당 부장 2010년 同경영지원본부 부국장 2011년 同경영지원국 경영기획팀장 2015년 同비서실장(현) 2015~2019년 스포츠월드 기획관리국장 겸임

### 김희중(金喜中) KIM Hee Joong

(생)1947 · 2 · 21 (출)전남 목포 (주)광주광역시 서구 상무대로 980 광주대교구청(062-380-2809) (학)1966년 광주 살레시오고졸 1975년 대건신학대 대학원졸 1986년 교회사박사(이탈리아 그레고리안대) (경)1975년 사제 서품 1975년 천주교 광주대교구 목포 경동본당 보좌신부 1976년 로마 유학 1983년 광주가톨릭대 교수 2002년 천주교 광주대교구 금호동성당 주임신부 2003년 주교 서품 2003년 천주교 광주대교구 보좌주교(총대리) 2005년 한국천주교주교회의 교회일치와종교간대화위원회 위원장 2005년 同교리주교위원회 위원 2006년 아시아주교회의연합회(FABC) 교회일치와종교간대화위원회 위원 · 위원장(현) 2007년 로마교황청 종교간대화평의회 위원(현) 2008년 同그리스도인일치촉진평의회 위원(현) 2009~2010년 천주교 광주대교구청 부교구장 2009년 同대주교(현) 2010년 同광주대교구장(현) 2010~2014년 한국천주교주교회의 교리주교위원회 위원장 2011~2013년 한국종교인평화회의(KCRP) 대표회장 2014년 한국천주교주교회의 의장(현) 2017년 한국종교지도자협의회 공동대표의장(현) 2018년 한국종교인평화회의 대표회장(현) 2019년 아시아주교회의연합회(FABC) 동아시아지역 대표 겸 상임위원회 위원(현) 2019년 同교회일치와종교간대화위원회 위원장 겸임(현)

### 김희중(金喜中) KIM Hi Jung

(생)1954·12·26 (본)광산(光山) (출)대전 (주)서울특별시 성북구 화랑로14길 5 한국과학기술연구원 스핀융합연구단(02-958-5413) (학)1976년 서울대 금속공학과졸 1978년 한국과학기술원(KAIST) 재료공학과졸 1988년 재료공학박사(한국과학기술원) (경)1978~1990년 한국과학기술연구원(KIST) 연구원·선임연구원 1990년 同책임연구원 1992년 同연구실장 1993년 同연구팀장 1997년 同연구센터장 2001년 同재료연구부장 2001년 한국자기학회 부회장 2002년 한국과학기술연구원(KIST) 미래기술연구본부장 2006년 同전략기획부장, 한국공학한림원 회원, 국가연구개발사업 평가위원, 국가과학기술자문회의 전문위원, 국가과학기술위원회 전문위원 2007년 한국과학기술연구원(KIST) 정책기획부장 2008년 同교육협력부장 2013~2014년 한국자기학회 회장 2013~2016년 한국나노기술원 원장 2016년 한국과학기술연구원(KIST) 스핀융합연구단 책임연구원(현) (상)한국과학기술연구원 연구개발팀상(1996), 한국자기학회 논문상(1998), 특허기술상 지석영상(2000), 대한금속재료학회 특별상(2004), 대통령표창(2006), 한국자기학회 강일구상(2010), 한국자기학회 창성학술상(2012) (저)'소재산업의 대일기술의존 개선방안'(1993) '신소재 산업의 발전전략'(1999) '나노정보저장장치기술'(2002) '2012 과학기술전망'(2012) (역)'자성재료학'(1992)

### 김희중(金熙重) KIM Hee Joong

(생)1956·1·25 (본)김해(金海) (주)서울특별시 종로구 대학로 101 서울대학교병원 정형외과(02-2072-2970) (학)1976년 서울대 자연과학대 의예학과졸 1980년 同의대졸 1983년 同대학원 의학석사 1991년 의학박사(서울대) (경)1981년 서울대병원 정형외과 레지던트 1985년 육군 군의관 1988년 국립경찰병원 정형외과 전문의 1989년 서울대병원 정형외과 전임의 1991~1996년 同정형외과 임상강사·임상조교수 1993~1995년 미국 Mayo Clinic 정형외과 분자생물학실험실 Research Fellow 1994년 국제골순환연구회 정회원(현) 1996년 서울대 의대 정형외과학교실 조교수·부교수·교수(현) 1996년 미국 정형외과연구학회 정회원(현) 1998년 미국 골및무기물연구학회 정회원 1999년 미국 UC SanDiego 정형외과 연수 2008년 서울대 의대 정형외과학교실 주임교수 겸 서울대병원 정형외과장 2009년 대한정형외과학회지 편집위원장 2009~2015년 국제골순환학회 아시아지부 부회장 2010~2011년 대한정형외과연구학회 회장 2010~2011년 대한고관절학회 회장 2013~2016년 서울대병원 진료부원장 2013~2016년 同공공보건의료사업단장 2013~2014년 대한정형외과학회 이사장 (상)대한민국무궁화대상 의학부문(2015) (저)'골절학(共)'(1988) '학생을 위한 정형외과학(共)'(1998) '가정의학(共)'(2001) '정형외과학(共)'(2006·2013) '정형외과에서의 정맥혈전색전증(共)'(2010) '골절학(共)'(2013) '학생을 위한 정형의학'(共) '고관절학(共)'(2014)

### 김희중(金熙中) KIM Hee Joong

(생)1965 · 2 · 20 (본)광산(光山) (출)전남 구례 (주)강원도 춘천시 동내면 세실로 49 강원지방경찰청 정보과(033-252-9950) (학)구례농고졸, 동국대 경찰행정학과졸, 관동대 경영행정대학원 공안행정학 석사 (경)1993년 경찰 간부후보(41기) 2011년 강원지방경찰청 경무과 경무계장 2013년 同여성청소년과장 2014년 강원 홍천경찰서장 2015년 강원지방경찰청 형사과장 2016년 강원 동해경찰서장 2017년 강원지방경찰청 정보과장 2018년 강원 춘천경찰서장 2019년 강원지방경찰청 정보과장(현) (상)행정자치부장관표창(2000), 경찰청장표창(2002)

**김희중(金熙中)**

(생)1973 · 6 · 11 (출)충남 논산 (주)경기도 수원시 영통구 법조로 105 수원지방법원 총무과(031-210-1101) (학)1991년 단국대부속고졸 1999년 성균관대 법학과졸 (경)1998년 사법시험 합격(40회) 2001년 사법연수원 수료(30기) 2001년 서울지법 판사 2003년 同동부지원 판사 2005년 대전지법 천안지원 판사 2008년 수원지법 판사 2011년 서울중앙지법 판사 2014년 대법원 재판연구관 2017년 광주지법 목포지원 · 광주가정법원 목포지원 부장판사 2019년 수원지법 부장판사(현)

**김희진(金喜鎭 · 女) KIM Hee Jin (綵雲堂)**

(생)1934 · 5 · 3 (본)안동(安東) (출)황해 해주 (주)서울특별시 강남구 봉은사로 406 서울중요무형문화재전수회관 404호(02-566-1112) (학)1952년 진명여고졸 (경)1972~1996년 문화재 전문위원 1973년 전승공예연구소 개설, 중요무형문화재 기능보유자작품전 출품 1974년 제1회 작품전 1975년 숙명여대 · 덕성여대 강사 1976년 국가무형문화재 제22호 매듭장(매듭) 기능보유자 지정(현) 1979년 한국매듭연구회 회장 · 명예회장(현) 1980년 제2회 작품전 1986년 제3회 작품전(프랑스 파리) 1988년 제4 · 5회 작품전(독일 · 프랑스 파리) 1994년 한국매듭작품전 1994년 제8회 작품전(이집트 국립카이로공예박물관) 1999년 한국매듭연구회 창립20주년 기념전시회 2004년 제9회 작품전 '균형과 질서의 미학-한국전통매듭'(국립중앙박물관) (상)민속공예전 문교부장관표창, 동아공예대전 대상, 은관문화훈장(2010) (저)'매듭과 다회'(1974) '한국매듭'(1979) '재미있는 우리매듭'(2002) '아름다운 우리매듭'(2008) (역)'MAEDEUP-The Art of Traditional Korean Kont(Korean Culture Series 6)'(2006) (종)천주교

**김희진(金熙珍 · 女) KIM HEE JIN**

(생)1956 · 1 · 21 (출)서울 (주)울산광역시 울주군 웅촌면 대학길 9 춘해보건대학교 총장실(052-270-0101) (학)1974년 경기여고졸 1980년 서울대 의대졸 1983년 同대학원 의학석사 1987년 의학박사(서울대) (경)1980~1984년 서울대 병원 인턴 · 레지던트 1984~2006년 춘해병원 소아과장 1985~1987년 경상대 의대 외래강사 1990~2006년 부산대 의대 외래조교수 · 외래부교수 · 외래교수 1991년 미국 러시메디칼센터 단기연수 1992~1995년 동아대 의대 외래조교수 · 외래부교수 1996~1999년 춘해병원 기획실장 1999~2001년 同부원장 1999~2006년 서울대병원 소아과 임상자문의 2004~2006년 한국여자의사회 부산지회 부회장 2006~2008년 한국전문대학교육협의회 감사 2006년 울산시지역혁신협의회 위원 2006~2008년 춘해대학 학장 2007년 울산여성신문 자문위원(현) 2007년 국제존타한국연합회 부산클럽 회원(현) 2007~2016년 부산인적자원개발원 이사 2008년 춘해보건대 총장(현) 2009년 울주군기관단체장협의회 회원(현) 2012년 한국전문대학교육협의회 이사(현) 2013~2015년 울산발전연구원 이사 2013년 울산 울주군지역치안협의회 위원(현) 2013년 민주평통 자문위원 2015년 울산적십자 여성봉사특별자문위원회 자문위원(현) 2016년 한국전문대학교육협의회 전문대학입학전형위원회 위원(현) 2016년 한국전문대학법인협의회 이사(현) 2017년 한국대학신문 기획편집자문위원(현) (상)대통령표창(1980), 울산여성문화봉사상 대상(2016)

**김희천(金熙千) Kim Hye Cheon**

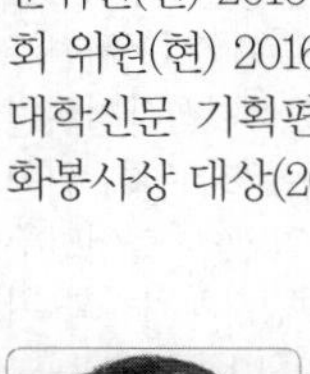

(생)1965 (주)세종특별자치시 갈매로 363 세종파이낸스센터빌딩 중소벤처기업부 규제자유특구기획단(044-865-9657) (학)광주제일고졸 1989년 서울대 경제학과졸 1991년 同행정대학원 행정학과졸 (경)1994년 행정고시 합격(38회) 2010년 기획재정부 G20팀장 2011년 同금융협력과장 · 지역금융과장 2012년 同외환제도과장 2014년 同국고국 국채과장 2016년 同대외경제국 대외경제총괄과장 2016년 국가과학기술자문회의 파견(서기관) 2017년 국가공무원 인재개발원 파견(서기관) 2017년 한국은행 금융시스템분석부장(파견 · 부이사관) 2019년 중소벤처기업부 규제자유특구기획단장(현)

**김희철(金熙喆) KIM Hi Chull**

(생)1937 · 3 · 8 (본)서흥(瑞興) (출)경남 마산 (주)서울특별시 중구 퇴계로 307 벽산그룹 회장실(02-2260-6164) (학)1955년 경기고졸 1959년 미국 퍼듀대 기계학과졸 1960년 同경영대학원졸 1963년 미국 매사추세츠공대(MIT) 대학원 원자력공학과졸 1966년 원자력공학박사(미국 퍼듀대) (경)1966년 미국 미주리대 조교수 1969년 과학기술처 연구조정관 1973년 동양물산 사장 1979년 한국스레트 사장 1982년 벽산그룹 부회장 1991년 同회장(현) 1992년 국제상업회의소(ICC) 국내의장 1994년 한국무역협회 부회장 1994~2001년 한국경영자총협회 부회장 1997년 한국무역협회 비상근부회장 1998~2012년 벽산건설(주) 회장 1999년 동양물산기업(주) 대표이사 회장 2004년 (주)인희 대표이사 회장 (종)기독교

**김희철(金熙喆) KIM Hee Chull (龜岩)**

(생)1947 · 12 · 15 (본)부안(扶安) (출)전북 고창 (학)1967년 고창고졸 1973년 건국대 정치외교학과졸 1989년 同행정대학원 행정학과졸 2004년 행정학박사(건국대 행정대학원) (경)서울시 관악구청장(민선 2, 3기), 서울대 평의원회 의원(제8기) 2006년 서울대 총장후보선정위원회 위원, 건국대 초빙교수, 민주당 뉴타운특위 간사 2008년 제18대 국회의원(서울관악乙, 통합민주당 · 민주당 · 민주통합당 · 무소속), 국회 민생특별위원회 위원, 同행정안전위원회 예산결산심사소위원장, 同저출산 · 고령화특별위원회 위원, 민주당 뉴타운대책제도개선TF단장, 2009 용산참사해결을위한야4당공동위원회 민주당 대표, 민주당 정책위원회 제1정책조정위원장, 同재보궐선거 관권 · 불법선거감시진상조사단장, 同원내부대표, 제124차 IPU(국제의원연맹)총회 한국대표단, 서울G2국회의장회의 한국대표단, 민주당 정책위원회 제3정책조정위원장 2012년 제19대 국회의원선거 출마(서울 관악乙, 무소속), (사)도시환경문제연구소 이사장(현) 2018년 서울시 관악구청장선거 출마(민주평화당) (상)한국지방자치경영대상 최고경영자상(2004), '2004 대한민국 변화를 선택한 리더' 선정(2004), 한국수필가회 한국수필신인상(2004), 한국부패학회 제2회 반부패청렴대상(2004), 헤럴드경제 자랑스런CEO한국대상(2005), 시민일보 행정대상(2005), 제8회 시대일보 자치대상(2005), 국감NGO모니터단 국정감사 우수국회의원(2008), 자랑스런 건국인상(2009), 시민일보 의정대상(2009), 소비자연합타임즈 대한민국을 빛낸 자랑스러운 인물대상(2010), 건설경제사 국정감사 우수의원상(2010), 국감NGO 모니터단 국정감사 우수국회의원(2010) (저)수필집'새벽을 여는 마음'(2001) '첫마음'(2003) '주택재개발 사업의 이해'(2005) '도시재생의 이해와 과제'(2011) (종)기독교

**김희철(金熙喆) KIM Hee Cheol**

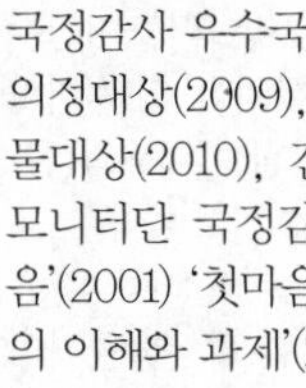

(생)1956 · 5 · 5 (출)서울 (주)서울특별시 강남구 논현로 417 화원빌딩 (주)희망만드는사람들(02-508-0483) (학)1979년 한국외국어대 영어학과졸 1986년 서강대 대학원 국제경영학과졸 2014년 서울사이버대 휴먼서비스대학원 사회복지학과졸 (경)1981년 한국외환은행 근무 1995년 하나은행 일원동지점장 1997년 同서압구정지점장 2000년 同PB지원팀장 2002년 同인력지원부 조사역 2002년 한국외환은행 PB영업본부 부장 2008년 대구은행 복합금융사업단 본부장 2010년 同마케팅기획본부장(부행장보), 同상임고문 2012년 (주)희망만드는사람들 대표이사(현)

## 김희철

(생)1962 (주)서울특별시 중구 정동길 43 정동극장(02-751-1500) (학)1986년 경북대 독어독문학과졸 2010년 중앙대 예술대학원 예술경영학과졸 (경)1995년 한국예술경연인협회 이사(현) 1999~2001년 유투피아 엔터테인먼트 근무 2001~2004년 SJ엔터테인먼트 본부장 2004~2017년 충무아트센터 본부장 2010년 한국뮤지컬협회 이사(현) 2010년 同극장분과 위원장 2012~2015년 서울뮤지컬페스티발 집행위원장 2014~2017년 충무로뮤지컬영화제 조직위원 2017년 세종문화회관 문화예술본부장 2018~2019년 同공연예술본부장 2019년 정동극장 극장장(현)

## 김희철(金㷤喆) KIM Hee Cheul

(생)1964·10·10 (출)대구 (주)세종특별자치시 부강면 금호안골길 79-20 한화큐셀앤드첨단소재(주)(02-6049-0746) (학)1982년 성광고졸 1986년 서울대 화학공학과졸 1988년 同대학원 화학공학과졸, 미국 워싱턴대 대학원 MBA (경)2010년 한화L&C(주) 해외사업부 미국 Azdel Inc. 및 Alabama법인장(상무) 2011년 한화그룹 경영기획실 전략팀장(상무) 2011년 한화솔라원 경영총괄 상무 2012~2014년 한화큐셀 대표이사 상무 2012년 중국 한화솔라원 대표이사 2013~2014년 同대표이사 전무 2014년 (주)한화 유화부문 합병후통합전담팀(PMI) TF팀장 2015년 同유화사업전략본부장(부사장) 2015년 한화토탈(주) 대표이사 2015년 한화종합화학(주) 각자대표이사 2016~2018년 한화토탈(주) 공동대표이사 2017년 한국공학한림원 일반회원(화학생명공학·현) 2018년 한화큐셀 대표이사 사장 겸임 2019년 한국신재생에너지협회 회장(현) 2019년 한화큐셀앤드첨단소재(주) 큐셀부문 각자대표이사(현) 2019년 Hanwha Q CELLS Co., Ltd. CEO 겸임(현) (상)은탑산업훈장(2016)

## 김희철

(생)1968 · 6 · 18 (출)경남 김해 (주)서울특별시 중구 남대문로 117 동아빌딩 13층 (주)자유투어(02-3455-8998) (학)한양대 관광학과졸 (경)1991년 국일여행사 입사 2010년 (주)크루즈인터내셔널 공동대표이사 2012년 (주)모두투어네트워크 대리점영업본부장(상무) 2014년 모두투어리츠 공동대표이사 부사장 2016년 (주)자유투어 대표이사 사장(현)

## 김희철(金熙哲)

(생)1969·4·1 (주)인천광역시 남동구 정각로 29 인천광역시의회(032-440-6023) (학)문성고졸, 강남대 부동산학과졸, 인천대 경영대학원 경영학 석사과정 중 (경)새천년민주당 중앙당 인사부장, 더불어민주당 중앙당 부대변인 2018년 인천시의회 의원(더불어민주당)(현) 2018년 同산업경제위원회 위원장(현)

## 김희철(金熙喆)

(생)1976 · 9 · 3 (주)경상남도 통영시 용남면 동달안길 67 창원지방법원 통영지원(055-640-8500) (학)1994년 전남사대부고졸, 서울대 사법학과졸 (경)1999년 사법시험 합격(41회) 2002년 사법연수원 수료(31기) 2002년 육군법무관 2005년 서울북부지법 판사 2007년 서울행정법원 판사 2009년 청주지법 판사 2013년 수원지법 판사 2015년 대법원 재판연구관 2019년 창원지법 통영지원 부장판사(현)

## 김희탁(金熙鐸) KIM Hee Tak

(생)1957·3·24 (출)서울 (주)서울특별시 종로구 홍지문2길 20 상명대학교 경영학부(02-2287-5060) (학)1979년 고려대 통계학과졸 1981년 서울대 대학원 경영학과졸 1983년 한국과학기술원(KAIST) 경영과학과졸(석사) 1999년 경영학박사(서강대) (경)1983~1996년 상명여대 전임강사·조교수·부교수 1995년 한국생산관리학회 상임이사 1996년 상명대 경영학부 교수(현) 1997~1998년 한국생산관리학회 편집위원 2002년 한국서비스경영학회 이사 2002년 한국품질경영학회 홍보위원장 2002~2003년 상명대 입학처장 2005년 한국생산관리학회 편집위원장 2010년 상명대 경영대학장 2011년 同대학원장 2013년 同경영대학원장 (저)'생산관리'(2001) '통계학'(2002) '디지털 시대의 생산시스템과 SCM'(2004) (역)'서비스 운영관리'(2004) '서비스 운영관리(2판)'(2006)

## 김희태(金熙泰) Heetae KIM

(생)1969 · 8 · 31 (본)김해(金海) (출)충남 공주 (주)대전광역시 서구 청사로 189 특허청 운영지원과(042-481-5050) (학)1988년 한밭고졸 1992년 한양대 전기공학과졸 1996년 同대학원졸 2003년 미국 예쉬바대 카도조 법과전문대학원졸(J.D) (경)1991년 기술고시 합격(27회) 2005년 특허심판원 심판관 2006년 특허청 정보통신심사본부 디스플레이심사팀장(서기관) 2007년 同국제기구팀장 2008년 駐벨기에대사관 주재관 겸 駐유럽연합대표부 주재관 2011년 특허청 정보통신심사국 정보심사과장 2012년 同정보기획국 정보기획과장 2013년 同특허심사기획국 계측분석심사팀장 2014년 국립외교원 교육파견(부이사관) 2015년 특허청 특허심사2국 가공시스템심사과장 2018년 同심사품질담당관 2019년 同본청 근무(고위공무원)(현) (종)천주교

## 김희택(金喜澤) KIM Hee Taik

(생)1954·10·10 (본)경주(慶州) (출)대전 (주)경기도 안산시 상록구 한양대학로 55 한양대학교 재료화학공학과(031-400-5274) (학)1973년 대전고졸 1977년 한양대 화학공학과졸 1979년 同대학원 화학과졸 1988년 공학박사(미국 오리건주립대) (경)1979~1982년 육군사관학교 교수부 화학과 강사·전임강사 1988~1999년 한양대 화학공학과 조교수·부교수 1995년 한국가스안전공사 가스안전기술심의위원 1999~2015년 한양대 공학대학 재료공학과 교수 2000년 同사회봉사단 기획운영실장 2001년 노동부 기술자격제도심의위원회 전문위원 2006~2008년 한양대 학생처장 2013~2015년 同이노베이션대학원장 2015년 同공학대학 재료화학공학과 교수(현) 2017년 한국공업화학회 회장 (상)한국과학기술단체총연합회 우수논문상 (저)'단위조작 입문' (역)'최신 공업수학' (종)기독교

## 김희현(金熹鉉) KIM Hee Hyon

(생)1959·9·24 (출)제주 제주시 (주)제주특별자치도 제주시 문연로 13 제주특별자치도의회(064-741-1800) (학)성산수산고졸, 한국방송통신대 관광학과졸, 제주대 경영대학원 관광개발학과졸(석사), 同경영대학원 관광개발학 박사과정 수료 (경)항공요금인상저지대책위원회 본부장, 세계섬문화축제조직위원회 자문위원, 제주관광공사 이사, JIBS 시청자문위원회 위원, 제주특별자치도 사회복지공동모금회 운영위원, 제주대 시민그린대학 15기 회장, 同대학원 석사총동문회 부회장(현), 제주특별자치도의회 지방재정연구회 회원, 제주미래전략산업연구회 부대표(현), 제주해양산업발전포럼 회원(현), 제주관광협회 상근부회장 2010년 민주당 제주특별자치도당 제주관광정책특별위원장, 동광초 운영위원장 2010년 제주특별자치도의회 의원(민주당·민주통합당·민주당·새정치민주연합) 2010년 同문화관광위원회 간사 2012년 同농수축지식산업위원회 위원장 2012년 同운영위원회 위원 2013년 同윤리특별위원회 위원 2014~2018년 제주특별자치도의회 의원(새정치민주연합·더불어민주당) 2014년 同예산결산특별위원회 위원 2014년 同행정자치위원회 위원 2016~2018년 同의회운영위원회 위원 2016~2018년 同윤리특별위원회 위원 2016~2018년 同문화관광스포츠위원회 위원장, 더불어민주당 제주도당 부대변인(현) 2018년 제주특별자치도의회 의원(더불어민주당)(현) 2018년 同부의장(현) 2018년 同교육위원회 위원(현) (상)제주카메라기자회 선정 '올해의 의원상'(2013), 대한민국 환경창조경영대상 '지방자치의정대상'(2016) (종)불교

# 한국인물사전

# 2020

Y O N H A P N E W S

# ㄴ

수록 순서 가나다 · 생년월일순

약 호 (생) 생년월일 (본) 본관 (출) 출생지
(주) 주소(연락처) (학) 학력 (경) 경력 : (현) → 현직
(상) 상훈 (저) 저서 (역) 역서
(작) 작품 (종) 종교

## 나 건(羅 建) Ken Nah

(생)1959·9·30 (주)서울특별시 마포구 와우산로 94 홍익대학교 국제디자인전문대학원(02-3668-3812) (학)1983년 한양대 산업공학과졸 1985년 한국과학기술원 인간공학과졸(석사) 1996년 공업디자인박사(미국 TUFTS대) (경)1986~1989년 한국국방연구원 연구원 1990~2000년 미국 Tufts Univ. TA/RA·Instructor·Post-Doc. Fellow 2000년 국제디자인대학원대 교수 2003~2004년 同학장 직대 2004년 홍익대 국제디자인전문대학원 교수(현) 2004년 同국제디자인전문대학원장 2007년 한국감성과학회 부회장 2007년 한국디지털디자인학회 부회장 2009년 '세계디자인수도 서울2010' 총감독 2012년 독일 '레드닷 어워드' 제품디자인 분야 심사위원(현) 2015·2017~2018년 홍익대 국제디자인전문대학원장 2015·2016년 K-디자인어워드인터내셔널 심사위원장(현) 2016년 2016디자인포아시아 어워드(DFA: Design For Asia Awards) 심사위원 2016년 한국디자인경영학회 회장(현) 2018~2019년 홍익대 산학협력단장 겸 창업지원단장 2019년 롯데제과(주) 사외이사(현)

## 나경선(羅瓊善 · 女)

(생)1966 · 9 · 27 (출)광주 (주)대전광역시 서구 둔산중로78번길 45 대전지방법원 총무과(042-470-1681) (학)1985년 광주 대성여고졸 1989년 서울대 사회복지학과졸 1993년 同대학원 사회복지학과졸 (경)1995년 하상장애인종합복지관 근무 1996년 성민장애아동어린이집 근무 1998년 사법시험 합격(40회) 2001년 사법연수원 수료(30기) 2001년 울산지법 판사 2005년 청주지법 판사 2009년 대전지법 판사 2010년 대전고법 판사 2013~2016년 청주지법 보은군법원 · 괴산군법원 · 진천군법원 판사 2016년 광주지법 부장판사 2019년 대전지법 부장판사(사법연구)(현)

## 나경수

(생)1964 · 6 · 28 (주)서울특별시 종로구 종로 26 SK종합화학 임원실(02-2121-5114) (학)고려대 경영학과졸 (경)SK(주) 사업지원팀 근무, SK이노베이션 마케팅전략팀 근무, 同R&M전략기획팀장 2013년 同성과관리실장 2015년 同경영기획실장 2016년 同Biz Innovation본부장 2018년 同전략기획본부장 2019년 SK종합화학 대표이사 사장(현)

## 나경원(羅卿瑗 · 女) NA Kyung Won

(생)1963·12·6 (출)서울 (주)서울특별시 영등포구 의사당대로 1 국회 의원회관 450호(02-784-3103) (학)1982년 서울여고졸 1986년 서울대 법학과졸 1989년 同대학원 법학과졸 1997년 同대학원 법학 박사과정 수료 (경)1992년 사법시험 합격(34회) 1995년 사법연수원 수료(24기) 1995년 부산지법 판사 1999년 인천지법 판사 2002년 서울행정법원 판사 2002년 한나라당 이회창 대통령후보 여성특보 2003년 한나라당 제17대 국회의원선거 공천심사위원회 위원 2003년 同운영위원 2004년 同깨끗한선거위원회 위원장 2004년 同장애인복지특위 위원장 2004년 제17대 국회의원(비례대표, 한나라당) 2005~2006년 한나라당 원내부대표 2006년 同대변인 2007년 한국장애인부모회후원회 공동대표(현) 2008~2011년 제18대 국회의원(서울 중구, 한나라당) 2008~2009년 한나라당 제6정책조정위원장 2008년 한국신문윤리위원회 윤리위원 2008년 서울장학재단 이사 2008~2011년 국회 연구모임 '장애아이 We Can' 회장 2010~2011년 한나라당 최고위원 2010~2013년 2013평창동계스페셜올림픽세계대회 조직위원장 2011년 스페셜올림픽국제본부(SOI) 이사회 임원(현) 2011~2016년 (사)한국스페셜올림픽위원회 회장 2011년 대종상영화제 명예조직위원장 2013~2014년 서울대 행정대학원 초빙교수 2013년 2014인천장애인아시아경기대회조직위원회 고문 2013~2017년 국제패럴림픽위원회(IPC) 집행위원 2013~2016년 대한장애인체육회 이사 2014년 제19대 국회의원(서울 동작구乙 보궐선거 당선, 새누리당) 2014년 국회 외교통일위원회 위원 2014~2015년 국회 예산결산특별위원회 위원 2014~2015년 새누리당 서울시당 위원장 2014~2015년 同보수혁신특별위원회 위원 겸 부위원장 2015~2016년 국회 외교통일위원회 위원장 2016년 제20대 국회의원(서울 동작구乙, 새누리당·자유한국당〈2017.2〉)(현) 2016~2018년 국회 교육문화체육관광위원회 위원 2016~2017년 국회 저출산·고령화대책특별위원회 위원장 2016년 민족화해협력범국민협의회 상임의장(현) 2016년 스페셜올림픽코리아(SOK) 명예회장(현) 2016년 국회 동북아평화·협력의원외교단 단원(현) 2016년 새누리당 인재영입위원장 2017년 자유한국당 서울동작구乙당원협의회 운영위원장(현) 2017년 同제19대 홍준표 대통령후보 중앙선거대책위원회 공동위원장 2017년 국회 헌법개정특별위원회 위원 2017~2018년 국회 미세먼지대책특별위원회 위원 2018년 국회 헌법개정 및 정치개혁특별위원회 위원 2018년 국회 기획재정위원회 위원(현) 2018년 국회 운영위원회 위원(현) 2018년 자유한국당 혁신비상대책위원회 열린·투명정당소위원회 위원장 2018년 同원내대표(현) 2019년 국회 정보위원회 위원(현) (상)한국연예제작자협회 특별감사패(2010), 동아일보 선정 '2020년 한국을 빛낼 100인'(2010), 아시아소사이어티 코리아센터 '여성 리더상'(2011), 신라대 신라 서번트 리더십상(2013), 체육훈장 청룡장(2013), 한국언론인연합회 대한민국나눔봉사대상 장애인복지부문 대상(2017), 한국소비자협회 대한민국소비자대상 입법의정부문 올해의 최고인물(2017) (저)'세심'(2010) '무릎을 굽히면 사랑이 보인다'(2013) (종)천주교

## 나경환(羅璟煥) NA Kyoung Hoan

(생)1957 · 10 · 2 (출)충북 청주 (주)경기도 용인시 수지구 죽전로 152 단국대학교 공과대학(031-8005-3468) (학)1976년 청주고졸 1980년 한양대 기계공학과졸 1982년 한국과학기술원(KAIST) 기계공학과졸 1989년 공학박사(한국과학기술원) (경)1979년 기술고시 합격(15회) 1982~1983년 과학기술처 기계사무관 1983~1989년 한국과학기술연구원(KIST) 선임연구원 1989~2001년 한국생산기술연구원 수석연구원 1994~1995년 일본 기계기술연구소(MEL) 초빙연구원 2001~2004년 한국생산기술연구원 선임연구본부장 2004~2006년 과학기술부 과학기술혁신본부 기계소재심의관 2006~2007년 한국생산기술연구원 수석연구원 2007년 한국과학재단 국책연구본부장 2007~2013년 한국생산기술연구원 원장(제8 · 9대) 2008~2011년 국가과학기술위원회 주력기간산업기술전문위원회 위원장 2011년 국제과학비즈니스벨트위원회 민간위원 2014년 한국공학한림원 정회원(현) 2014년 단국대 공과대학 교수(현) 2015~2016년 국가과학기술연구회 비상임이사 2015~2017년 국가과학기술심의회 민간위원 2017년 한국공학한림원 기술경영정책분과 위원장(현) 2019년 단국대 산학부총장(현) (상)산업자원부장관표창(2000), 과학기술훈장 진보장(2004), 지식경제부장관표창(2012)

## 나광국(羅光局)

(생)1979 · 9 · 20 (주)전라남도 무안군 삼향읍 오룡길 1 전라남도의회(061-286-8200) (학)전남 문태고졸, 목포대 생약자원전공졸 (경)더불어민주당 전남도당 청년국장, 同전국청년위원회 운영위원 · 부위원장, 同중앙당 부대변인 2018년 전남도의회 의원(더불어민주당)(현), 同전라남도청년발전특별

위원회 위원(현), 同한빛원전특별위원회 부위원장(현), 同안전건설소방위원회 위원(현)

### 나기보(羅基甫) NA Gi Bo

(생)1956·6·11 (출)경북 김천 (주)경상북도 안동시 풍천면 도청대로 455 경상북도의회(054-880-5126) (학)김천고졸 1979년 건국대 공과대학 토목공학과졸 (경)한국자유총연맹 김천시지부 부지부장, 김천고총동창회 부회장 1990년 김천시배드민턴협회 부회장 2002년 김천황악라이온스클럽 회장 2009~2011년 김천문화원 이사 2009~2011년 민주평통 김천시협의회 부회장, 김천제일상호저축은행 상무이사 2009년 한나라당 김천시당원협의회 상임부위원장 2010년 경북도의회 의원(한나라당·새누리당) 2010년 同농수산위원회 위원 2012년 同예산결산특별위원회 위원 2012년 同지방분권추진특별위원회 부위원장 2012년 새누리당 김천시당원협의회 상임부위원장 2013년 경북도의회 지방분권추진특별위원회 위원장 2014~2018년 경북도의회 의원(새누리당·자유한국당) 2014년 同농수산위원회 위원 2016년 同예산결산특별위원회 계수조정위원 2016~2018년 同농수산위원회 위원장 2016년 同독도수호특별위원회 위원 2018년 경북도의회 의원(자유한국당)(현) 2018년 同행정보건복지위원회 위원(현) 2018년 同독도수호특별위원회 위원(현) 2019년 同예산결산특별위원회 위원장(현)

### 나기정(羅基正) NA Ki Jeong

(생)1937·2·28 (본)안정(安定) (출)충북 청주 (주)충청북도 청주시 상당구 상당로70번길 14 미래도시연구원 (학)1955년 청주고졸 1961년 고려대 정경대학 경제학과졸 1974년 同교육대학원졸 1999년 명예 경제학박사(충북대) (경)1961년 공무원 임용 1961년 충북도 교육국 근무 1978년 내무부 행정과 교육담당관 1979년 충북지방공무원교육원 원장 1980~1985년 진천군수·영동군수 1985년 대통령비서실 근무 1987년 충북도 동해출장소장 1988년 태백시장 1989년 충북도 기획관리실장 1992년 청주시장 1995년 충북도 부지사 1995년 同행정부지사 1997년 충북개발연구원 원장 1998~2002년 청주시장(국민회의·새천년민주당) 2002년 새천년민주당 노무현 대통령후보 지방자치특보 2002~2010년 미래도시연구원 설립·원장 2004~2006년 충북대 행정대학원 도시행정론 강사 2008년 대통령직속 지역발전위원회 자문위원 2010년 미래도시연구원 고문(현) 2012~2016년 (사)주민참여도시연구원 이사장 2014~2019년 (사)세계직지문화협회 회장 (상)녹조근정훈장, 홍조근정훈장, 황조근정훈장, 대통령표창 (저)'청주 하나에서 열까지' '지방재정 자금운영제도 개선' '지방재정 구조에 관한 연구' '지방으로부터의 외침'(2001, 뒷목) '지방행정인의 꿈' '외길 지방행정인의 삶의 기록 – 세계문화도시의 꿈'(2016) (종)천주교

### 나기주(羅錡湊) NA Ki Joo

(생)1966·4·16 (본)나주(羅州) (출)전남 나주 (주)경기도 수원시 영통구 중부대로 324 법무법인 지유(031-211-4567) (학)1984년 광주 광덕고졸 1989년 서울대 법학과졸 1992년 同법학대학원 헌법학과 수료 (경)1990년 사법시험 합격(32회) 1993년 사법연수원 수료(22기) 1993년 수원지검 검사 1995년 광주지검 해남지청 검사 1997년 인천지검 검사 1999년 광주지검 검사 2001년 법무부 법조인력정책과 근무 2003년 서울지검 검사 2004년 서울중앙지검 검사 2005년 대전지검 부부장검사 2006년 춘천지검 원주지청 부장검사 2007년 서울중앙지검 부부장검사 2008년 미국 Whittier Law School Visiting Scholar 2009년 수원지검 안산지청 부장검사 2009년 수원지검 형사4부장 2010~2011년 대구지검 형사3부장 2011년 변호사 개업 2013년 법조공익단체 나우 이사(현) 2015년 법무법인 지유 대표변호사(현)

### 나기학(羅基鶴) Na Gihak

(생)1962·2·18 (주)전라북도 전주시 완산구 효자로 225 전라북도의회(063-280-3970) (학)군산동고졸, 서해공업전문대학 기계과졸 (경)국제로타리 3670지구 군산중앙로타리 회장, (유)성은종합건설 대표(현), 더불어민주당 전북도당 신재생에너지발전위원회 위원장(현), 평화통일특별위원회 부위원장(현) 2018년 전북도의회 의원(더불어민주당)(현) 2018년 同농산업경제위원회 위원 겸 윤리특별위원회 위원(현), 전북도 경제활력화추진협의회 위원(현)

### 나덕성(羅德成) NA Duk Sung

(생)1941·11·23 (본)나주(羅州) (출)전북 전주 (주)서울특별시 서초구 반포대로37길 59 대한민국예술원(02-3479-7223) (학)1960년 전주고졸 1967년 경희대 음악대학졸 1974년 서독 쾰른국립음대 대학원졸 1990년 룩셈부르크 국립음악원 마스터클래스 수료 (경)1963~1972년 국립교향악단 부수석 1969~1995년 첼로독주회 16회 1971년 세계교향악연주회 한국대표 1974~1980년 경희대 음악대학 조교수 1976~1977년 창작품연주회 2회 1976~1995년 아세아청소년음악제 지도교수 1981~1984년 한양대 음악대학 부교수 1984년 중앙대 음악대학 부교수 1988년 同중앙음악연구소장 1991~2007년 同음악대학 교수 1995년 국제청소년음악연맹 한국위원회 사무총장 2000년 한국첼로협회 초대회장 2001년 한독유학음악동문회 부회장 2002~2005년 중앙대 음악대학장 2007~2011년 同음악대학 명예교수 2008년 대한민국예술원 회원(음악·현) 2015~2016년 同음악분과 회장 2017년 同회장(현) (상)문화공보부 신인예술상(1965), 한국음악펜클럽상(1979), 음악평론가협회 음악상(1988), 한국음악협회 한국음악상(1993), 근정포장(1993) (작)'나덕성 첼로명곡의 산책' '사랑과 감사의 첼로축제' (종)기독교

### 나도성(羅道成) NA Do Sung (雲峰)

(생)1955·4·23 (본)나주(羅州) (출)전남 무안 (주)서울특별시 성북구 삼선교로16길 116 한성대학교 지식서비스·컨설팅대학원(02-760-8064) (학)1974년 광주 제일고졸 1979년 서울대 영어교육학과졸 1984년 同행정대학원졸 1997년 미국 조지아주립대 대학원 경제학과졸 2001년 경제학박사(조선대) (경)1978년 행정고시 합격(22회) 1985~1993년 상공부 구주통상과·수출진흥과·중소정책과 사무관 1993~1995년 유엔 ESCAP·국가과학기술자문회의 파견 1997년 전남도 경제협력관 1998년 산업자원부 아주협력과장 1999년 同수출과장 2000년 同무역정책과장 2000년 同장관 비서관 2001년 同총무과장 2001년 同공보관 2002년 중앙공무원교육원 파견 2004년 경수로사업지원기획단 파견(국장급) 2004년 산업자원부 전기위원회 사무국장 2005년 同재정기획관 2006년 同무역유통심의관 2006년 同무역투자진흥관 2006년 중소기업청 중소기업정책본부장 2007년 同고객담당최고책임자(CCO) 2007~2008년 同차장 2009~2011년 한성대 지식서비스·컨설팅연구원 원장 2011년 同지식서비스·컨설팅대학원 교수(현) 2011~2013년 同지식서비스·컨설팅대학원장 2011년 (사)혁신전문기업실용학회(AISB) 회장(현) 2013~2015년 CEO창업경영협회 회장 2016년 한성대 컨설팅연구원 원장(현) (상)대통령표창(1991), 녹조근정훈장(1999) (저)'지구촌을 향한 한국기업의 신전략'(2007) '한국 중소기업의 글로벌 일류전략'(2008)

### 나득균(羅得均) RHA, Deuk-Kyun

(생)1963·1·19 (본)금성(錦城) (출)충남 서천 (주)서울특별시 동작구 여의대방로16길 61 기상청 관측기반국(02-2181-0841) (학)1981년 공주고졸 1985년 공주사범대 지구과학교육과졸 1988년 서울대 대학원 대기과학과졸 2006년 이학박사(공주대) (경)2008년 국립기상연구소 황사연구과장 2009

년 기상청 기상기술과장 2011년 同행정관리담당관 2011년 同대변인 2013년 同관측정책과장 2015년 同예보정책과장 2016년 국립기상과학원 수치모델개발과장 2017년 기상청 기획재정담당관 2018년 同관측기반국 관측정책과장 2018년 강원지방기상청장(고위공무원) 2019년 기상청 관측기반국장(현)

## 나백주(羅伯柱) Baeg Ju NA

(생)1967·7·21 (본)금성(錦城) (출)전남 나주 (주)서울특별시 중구 세종대로 110 서울특별시청 4층 시민건강국(02-2133-7500) (학)1985년 광주 숭일고졸 1994년 전남대 의학과졸 1998년 同대학원 의학석사 2004년 의학박사(전남대) (경)1994~1995년 전남대병원 인턴 1995~1998년 전남대 의과대학 예방의학 전공의 1998~2001년 국군군의학교 군의관 2001~2002년 한국보건산업진흥원 책임연구원 2002~2014년 건양대 의과대학 강사·조교수·부교수 2009년 한국보건산업진흥원 지역보건사업팀장 직대 2014년 서울시립서북병원장 2016년 서울시 시민건강국장(현) (저)'지역보건사업의 실제(共)'(2011, 계축문화사) '의료관리(共)'(2014, 서울대 출판문화원) '대한민국 의료혁명(共)'(2015, 살림터)

## 나병훈(羅炳勳) Na Byeonghoon

(생)1967·10·20 (출)광주 (주)서울특별시 양천구 신월로 390 서울남부지방검찰청 인권감독관실(02-3219-4422) (학)1986년 대동고졸 1994년 한양대 법학과졸 (경)1996년 사법시험 합격(38회) 1999년 사법연수원 수료(28기) 1999년 울산지검 검사 2001년 청주지검 충주지청 검사 2002년 수원지검 검사 2004년 서울남부지검 검사 2007년 대전지검 천안지청 검사 2009년 서울중앙지검 검사 2011년 사법연수원 교수 2013년 대전지검 공판부장 2014년 부산지검 강력부장 2015년 대전지검 천안지청 부장검사 2016년 수원지검 안산지청 형사4부장 2017년 서울서부지검 형사2부장 2018년 광주지검 인권감독관 2019년 서울남부지검 인권감독관(현)

## 나상용(羅相庸) NA Sang Yong

(생)1969·2·5 (출)광주 (주)서울특별시 중구 남대문로 63 법무법인 광장(02-772-4000) (학)1987년 서울고졸 1992년 서울대 사법학과졸 (경)1993년 사법시험 합격(35회) 1996년 사법연수원 수료(25기) 1999년 서울지법 판사 2003년 춘천지법 원주지원 판사 2007년 서울고법 판사 2008년 대법원 재판연구관 2010년 서울중앙지법 판사 2011년 부산지법 부장판사 2012년 대법원 재판연구관 2014년 수원지법 부장판사 2016~2018년 서울중앙지법 부장판사 2018년 법무법인 광장 변호사(현)

## 나상욱(羅相煜) Kevin Na

(생)1983·9·15 (출)서울 (학)미국 Diamond Bar High School졸 (경)1999년 미국 샌디에고시티 챔피언십 우승 2002년 APGA 볼보마스터스 우승 2002년 롱비치오픈 우승 2003~2007년 코오롱엘로드 소속 2003년 타이틀리스트 서브 스폰서 계약 2004년 PGA투어 최연소 선수 2004년 서던팜뷰로클래식 공동3위 2004년 신한코리아골프챔피언십 공동2위 2005년 투산크라이슬러클래식 준우승 2006년 네이션와이드투어(2부 투어) 마크 크리스토퍼채러티클래식 우승 2007년 코브라골프코리아 소속 2009년 타이틀리스트 소속(현) 2009년 PGA투어 플레이어스챔피언십 공동3위 2010년 PGA투어 아널드파머 인비테이셔널 공동2위 2011년 노던 트러스트 오픈 3위 2011년 PGA투어 저스틴 팀버레이크 슈라이너스 아동병원 오픈 우승 2012년 한국프로골프투어(KGT) 신한동해오픈 2위 2013년 PGA투어 프라이스닷컴오픈 공동3위 2014년 PGA투어 메모리얼 토너먼트 2위 2014년 PGA투어 CIMB클래식 공동2위 2015년 PGA투어 프라이스닷컴 오픈 2위 2015년 PGA투어 슈라이너스 아동병원 오픈 2위 2018년 PGA투어 밀리터리 트리뷰트 앳 더 그린브라이어 클래식 우승 2019년 PGA투어 찰스 슈와브 챌린지 우승 2019년 PGA투어 슈라이너스 아동병원 오픈 우승

## 나상훈(羅相勳)

(생)1977·2·22 (출)서울 (주)경기도 수원시 영통구 법조로 105 수원지방법원 총무과(031-210-1101) (학)1995년 중동고졸 2000년 서울대 공법학과졸 (경)1999년 사법시험 합격(41회) 2002년 사법연수원 수료(31기) 2002년 해군 법무관 2005년 서울중앙지법 판사 2007년 서울동부지법 판사 2009년 청주지법 영동지원 판사 2012년 대구지법 김천지원 · 대구가정법원 김천지원 판사 2013년 수원지법 판사 2013년 법원행정처 기획제2심의관 2014년 同기획제1심의관 겸임 2015년 서울서부지법 판사 2017년 대구지법 포항지원·대구가정법원 포항지원 부장판사 2017년 대구지법 영덕지원·대구가정법원 영덕지원 부장판사 겸임 2019년 수원지법 부장판사(현)

## 나석권(羅碩權) NA Suk Kwon

(생)1966·11·3 (본)나주(羅州) (출)경남 마산 (주)서울특별시 용산구 이태원로45길 28 사회적가치연구원(CSES) 원장실(02-6275-0410) (학)1986년 창원고졸 1990년 서울대 경영학과졸 1993년 同행정대학원 정책학과졸 2002년 경제학박사(미국 미주리주립대) (경)1993년 재무부 행정관리담당관실 근무 1994년 同국고국 국유재산과 근무 1997년 재정경제원 금융정책실 중소자금과 근무 1998년 재정경제부 장관실 비서관 2003년 同금융정보분석원 기획행정실 근무 2004년 대통령 비서실장실 행정관 2005년 재정경제부 경제협력국 대외정책팀장 2006년 한미FTA체결지원위원회 기획총괄팀장 2007년 재정경제부 자유무역협정국내대책본부 기획총괄팀장 2007년 국제통화기금(IMF) 파견 2011년 기획재정부 정책조정국 정책조정총괄과장(서기관) 2012년 同정책조정국 정책조정총괄과장(부이사관) 2013년 駐뉴욕총영사관 파견(부이사관) 2016년 통계청 통계정책국장 2017~2019년 SK경영경제연구소 전무급 2019년 사회적가치연구원(CSES) 원장(현)

## 나석훈(羅石勳) NA Seok Hun

(생)1961·8·5 (출)전북 김제 (주)전라북도 전주시 완산구 효자로 225 전라북도청 일자리경제국(063-280-3200) (학)전주 해성고졸, 전주대 경영학과졸, 고려대 대학원 정치학과졸 (경)1991년 군산시 근무(7급 공채) 1994년 지방행정연수원 교수부 교무과 근무 2004년 행정사무관 승진 2005년 중앙인사위원회 사무처 정책홍보관리관실 재정기획관 2006년 同소청심사위원회 행정과 사무관 2006년 행정자치부 지방행정본부 주민참여팀 사무관 2007년 同지방행정본부 지방행정혁신관 2008년 행정안전부 지방행정국 자치제도기획관실 지방공무원과 사무관 2010년 同기획조정실 근무 2011년 서기관 승진 2013년 행정안전부 국가대표포털기능개선추진단 서기관 2013년 전북도 문화체육관광국 관광산업과장 2014년 同자치안전국 자치행정과장 2014년 전북 남원시 부시장 2016년 전북도 환경녹지국장 2017년 교육 파견(국장급) 2018년 전북도 일자리경제국장(현)

## 나성균(羅晟均) Sungkyun NA

(생)1971·11·12 (출)서울 (주)경기도 성남시 분당구 대왕판교로645번길 14 (주)네오위즈홀딩스 사장실(031-8023-6600) (학)1994년 서울대 경영학과졸 1996년 한국과학기술원(KAIST) 경영과학과졸(석사) 1999년 同대학원 경영과학 박사과정 수료 (경)1997~2001년 (주)네오위즈 창립·CEO 2004~2005년 同경영이사회 멤버 2005~2013년 同대표이사 사장 2006년 同각자대표이사 사장(해외총괄담당) 2013년 (주)네오위즈홀딩스 대표이사 사장(현) (상)포브스 선정 '올해의 CEO'(2006), 세계경제포럼 선정 '차세대 리더'(2011)

**나성대(羅成大) Sung dae, NA**

(생)1958 · 7 · 14 (출)전남 나주 (주)경기도 남양주시 별내면 구리포천고속도로 11 서울북부고속도로(1877-1925) (학)1977년 국립철도고졸 1987년 서울시립대 행정학과졸 2003년 국방대학원 국방관리학과졸(석사) (경)1988~2008년 재무부 · 재정경제부 · 금융위원회 근무 2009년 한국정책금융공사 설립준비단 총괄반장 2009년 同기획관리부장 2012년 同리스크관리본부장 2013년 同경영기획본부장(이사) 2015년 KDB산업은행 간접금융부문장(부행장) 2016년 同심사평가부문장(부행장) 2017~2018년 한국선박해양(주) 초대 사장 2019년 서울북부고속도로(주) 대표이사(현)

**나성린(羅城麟) NA Seong Lin**

(생)1953·3·27 (출)부산 (주)서울특별시 성동구 왕십리로 222 한양대학교 경제금융학부(02-2220-1930) (학)1976년 서울대 철학과졸 1981년 同경제학과졸 1984년 영국 에식스대 대학원졸 1988년 경제학박사(영국 옥스퍼드대) (경)1979년 예편(해군 중위) 1988년 영국 웨일즈대 경제학과 연구조교수·영국 에식스대 경제학과 조교수 1989년 한림대 경제학과 교수 1991년 한림경제연구소 소장 1992년 한국조세연구원 초빙연구위원 1992년 Asia and Pacific Development Center Lead Expert 1993년 미국 워싱턴대 초빙부교수 1993년 세계경제연구원 초빙연구위원 1994년 한국경제학회 사무차장 1995년 재정경제원 세제발전심의위원회 위원 1996년 매일경제신문 객원논설위원 1997~2008년 한양대 경제금융학부 교수 1999년 경제정의실천시민연합 경제정의연구소장 2000년 한국세무학회 부회장 2002년 한국국제통상학회 부회장 2004년 한국재정공공경제학회 회장 2005~2007년 안민정책포럼 회장, 중앙일보 객원논설위원, 동아일보 객원논설위원, 세계재정학회 이사, 한반도선진화재단 부이사장 2008년 제18대 국회의원(비례대표, 한나라당·새누리당) 2008~2009년 한나라당 대표특보 2008년 국회 기획재정위원회 위원 2010년 한나라당 문화예술체육특별위원회 문화다양성소위원회 위원 2011년 同비상대책위원회 위원 2012~2013년 새누리당 정책위원회 부의장 2012~2016년 제19대 국회의원(부산 부산진구甲, 새누리당) 2012~2014년 국회 기획재정위원회 여당 간사 2012년 새누리당 국민행복추진위원회 민생경제대응단장 2013년 박근혜 대통령당선인 스위스 세계경제포럼(WEF·다보스포럼) 특사단원 2013년 새누리당 제3정책조정위원장 2013년 국회 예산·재정개혁특별위원회 위원 2014년 새누리당 정책위원회 수석부의장 2014년 국회 기획재정위원회 위원 2014년 새누리당 공무원연금제도개혁TF 위원 2014년 同재외국민위원회 유럽지역위원장 2015년 국회 서민주거복지특별위원회 위원 2015년 새누리당 정책자문위원회 위원장 2015년 국회 예산결산특별위원회 위원 2015년 새누리당 정책위원회 민생119본부장 2016년 同총선기획단 위원 2016년 제20대 국회의원선거 출마(부산 부산진구甲, 새누리당) 2016년 새누리당 국책자문위원회 위원장 2016년 한양대 경제금융대학 경제금융학부 특훈교수(현) 2017년 자유한국당 제19대 홍준표 대통령후보 중앙선거대책위원회 국가대개혁위원회 국가채무청산위원장 2017년 同부산진구甲당원협의회 운영위원장 2017년 同대표 경제특보 (상)동탑산업훈장(2000), 법률소비자연맹 선정 국회 헌정대상(2013), 선플운동본부 '국회의원 아름다운 말 선플상'(2014) (저)'한국 벤처기업의 해외진출 전략'(2001) '공공경제학' '빈곤론' '디지털경제 하에서의 조세감면제도'(2003) '소비세제의 개혁사례와 바람직한 개혁방향'(2005) '대한민국을 부탁해'(2011)

**나성웅(羅聖雄)**

(생)1963 · 11 · 11 (주)충청북도 청주시 흥덕구 오송읍 오송생명2로 187 질병관리본부 긴급상황센터(043-719-7012) (학)1982년 양정고졸 1988년 연세대 행정학과졸 2010년 同보건대학원 보건정책학과졸 (경)1995년 행정고시 합격(39회) 1995~1997년 산업자원부 근무 1997~2005년 외교통상부 통상교섭본부 통상정책기획과 · 駐뉴욕총영사관 · 駐후쿠오카총영사관 근무 2006년 보건복지부 정책홍보관리실 국제협력팀 사무관 2006년 同정책홍보관리실 통상협력팀장(서기관) 2008년 同보건산업기술과장 2009년 同구강 · 생활위생과장 2010년 同저출산고령사회정책실 아동권리과장 2011년 同보건의료정책실 질병정책과장 2014년 同인구정책실 보육정책과장 2015년 同건강정책국 건강정책과장 2016년 同질병관리본부 위기대응총괄과장(부이사관) 2017년 OECD 대한민국정책센터 사회정책본부장 2017~2019년 보건복지부 질병관리본부 긴급상황센터장(일반직고위공무원) 2019년 同건강정책국장(현)

**나성화(羅成華) RHA Sung Hwa**

(생)1952 · 8 · 18 (출)광주 (주)광주광역시 광산구 하남산단8번로 177 (재)광주경제고용진흥원 원장실(062-960-2606) (학)청주고졸, 전남대 경영학과졸, 서울대 대학원 경영학과졸 (경)1978년 SK(주) 입사, 同기획업무부장, 同영업본부장 2005년 충남도시가스 대표이사 사장 2006~2008년 대한도시가스 공동대표이사 사장 2008년 대한도시가스엔지니어링 공동대표이사 2009년 대한도시가스 고문 2019년 (재)광주경제고용진흥원 원장(현)

**나소열(羅紹烈) NA So Yeol**

(생)1959 · 5 · 16 (본)나주(羅州) (출)충남 서천 (주)충청남도 홍성군 홍북읍 충남대로 21 충청남도청 문화체육부지사실(041-635-2020) (학)1977년 공주사대부고졸 1981년 서강대 정치외교학과졸 1983년 同대학원 정치외교학과졸 (경)1984년 공군중위 임관(공군사관후보생 79기) 1986년 공군사관학교 정치학과 교수 1988년 서강대 정치외교학과 강사 1990년 민주당 기획조정실 전문위원 1992년 同통합실무위원 1993년 同원내총무실 전문위원 1993년 민주청년회 초대운영위원장 1993년 同충남도지부 부지부장 1996년 5.18특별위원회 위원 1996년 통합민주당 충남도지부 부지부장 1996년 제15대 국회의원선거 출마(서천, 민주당) 1996년 (주)두라클린에어 이사 1997년 국민회의 제15대 대통령선거 수도권파랑새유세단 부단장 1998년 同법률행정특별위원회 부위원장 1998년 同노무현 부총재 특별보좌역 1999년 가야철강(주) 이사 2000년 제16대 국회의원선거 출마(서천, 무소속) 2001년 아이포렉스 부사장 2002 · 2006 · 2010~2014년 충남 서천군수(새천년민주당 · 열린우리당 · 민주당 · 민주통합당 · 민주당 · 새정치민주연합) 2011년 대한적십자봉사회 서천지구협의회 명예회장(현) 2013~2015년 새정치민주연합 보령 · 서천지역위원회 위원장 2013년 전국균형발전지방정부협의회 공동대표 2015년 새정치민주연합 충남도당 위원장 2015년 더불어민주당 충남도당 위원장 2015~2017년 同충남보령시 · 서천군지역위원회 위원장 2016년 제20대 국회의원선거 출마(충남 보령시 · 서천군, 더불어민주당) 2016년 더불어민주당 중앙당 정책위원회 부의장 2017~2018년 대통령 정무수석비서관실 자치분권비서관 2017년 행정자치부 자치분권전략회의 위원 2018년 충남도 정무부지사 2018년 同문화체육부지사(현) (상)민주당 통합공로표창, 한국일보 존경받는 대한민국CEO대상 생태환경부문(2008), 충남지역신문협회 풀뿌리자치대상 행정부문(2009), 세상을 밝게 만든 인물상 환경과기후변화부문(2009), 자랑스러운 서강인상(2010) (저)'내가 변한 만큼 세상이 변한다'(2014)

**나승권(羅承權)**

(생)1968 · 9 · 19 (출)전남 보성 (주)서울특별시 서초구 반포대로 4 성림빌딩 4층 법무법인 우방(02-6238-7005) (학)1987년 광주 인성고졸 1993년 전남대 공법학과졸 2002년 연세대 행정대학원 수료 2004년 충남대 korail MBA과정 수료 (경)1993~1994년 서울지검 검찰사무직 근무 1997년 사법고시 합격(39회) 2000년 사법연수원 수료(29기) 2000년 감사원 심

사1담당관실 부감사관 2000년 同기획실 행정심판 담당 2001년 同특별조사국 특별감사팀 부감사관 2003년 철도청 법무담당관 2004~2005년 한국철도공사 법무처 처장 2005~2011년 법무법인 한길 변호사 2011년 서울 관악구 감사담당관 2014년 세종특별자치시교육청 감사관 2015~2016년 대통령소속 특별감찰관실 특별감찰과장 2016~2017·2019년 법무법인 우방 대표변호사(현) 2017~2019년 제주특별자치도 자치경찰단장

**나승식(羅承植) Na, Seung Sik**

(생)1966·2·2 (출)전남 강진 (주)세종특별자치시 다솜로 261 국무조정실 산업과학중기정책관실(044-200-2209) (학)1984년 고려고졸 1992년 서울대 심리학과졸 (경)1992년 행정고시 합격(36회), 정보통신부 정보화기획실 사무관 2001년 同정보화기획실 기획총괄과 서기관 2002년 세계은행 파견, 정보통신부 IT중소벤처기업종합대책추진반장, 同정보통신정책국 지식정보산업팀장 2006년 同정보통신정책본부 지식정보산업팀장 2007년 同장관비서관 2008년 지식경제부 유통물류과장 2009년 同지역산업과장 2010년 同기후변화정책과장 2011년 同기계항공시스템과장 2012년 同정보통신정책과장(부이사관) 2013년 산업통상자원부 장관비서실장 2014년 同에너지자원실 에너지수요관리정책단장 2014년 에너지관리공단 비상임이사 2015년 산업통상자원부 에너지신산업정책단장 2016년 대한무역투자진흥공사(KOTRA) 외국인투자지원센터 파견(국장급) 2017년 국립외교원 교육파견(국장급) 2018년 국무조정실 산업과학중기정책관(현) (상)국무총리표창(2001)

**나승일(羅承日) Seung Il Na**

(생)1962·7·4 (출)충남 부여 (주)서울특별시 관악구 관악로 1 서울대학교 농업생명과학대학 식물생산과학부(02-880-4833) (학)충남 홍산농고졸 1985년 서울대 농산업교육과졸 1987년 同대학원 농산업교육과졸 1993년 산업교육학박사(미국 오하이오주립대) (경)1987~1990년 충남도교육청 산하 농업교사 1993~1994년 미국 오하이오주립대 HCRD학과 조교수 1994~1995년 美연방 노동성 산하 인디애나주 Attebury Job Corps Center 전임교수 1996~1999년 대구교육대 실과교육과 전임강사·조교수·학과장 1999년 한국실과교육학회 총무이사 1999년 한국직업교육학회 편집위원장 1999~2000년 전국농업교사현장연구대회 심사위원 1999~2006년 서울대 농산업교육과 조교수·부교수·학과장 2000~2001년 농림부 농소정협력사업계획서 심사위원 2001~2002년 중등교사임용시험 출제위원 2001·2003·2005년 교육인적자원부 시도교육청평가위원회 평생직업교육분야 평가위원 2001년 한국직업교육학회 편집위원장 겸 감사 2002년 EBS 직업교육방송 자문위원 2003년 교육인적자원부 특성화고등학교평가위원회 평가위원 2003~2004년 농촌진흥청 성과관리자문위원회 위원 2003~2007년 서울대 농업생명과학대학 중등교육연수원장 2004년 농어업농촌특별대책위원회 농업구조개선소위원회 위원 2004년 한국학술진흥재단 학술연구심사평가위원회 위원 2004년 교육과학기술부 교육과정심의위원 2005년 국가균형발전위원회 국가균형발전사업예산평가위원회 평가위원 2005년 국무조정실 부처정책평가 실무위원 2006~2013·2014년 서울대 농업생명과학대학 식물생산과학부 산업인력개발학전공 교수(현) 2006년 同BK21 산업인력개발전문가양성사업팀장 2006년 Asian Academic Society of Vocational Education & Training 편집위원장 2007~2008년 미국 뉴멕시코대 객원교수 2008년 교육과학기술부 전문대학학사학위전공심화과정선정심사위원회 총괄위원장 2009~2013년 서울대 농업생명과학교육연구센터장 2009~2010년 同농업생명산업계열교과 국정도서편찬위원장 2010년 同농업생명산업계열 교과서인정도서개발위원장 2010년 교육과학기술부 대학설립심사위원회 위원 2011년 한국인력개발학회 부회장 2011년 고용노동부 국가기술자격정책심의위원회 위원 2011년 한국산업인력공단 미래기획위원회 자문위원 2012년 새누리당 국민행복추진위원회 행복교육추진단 추진위원 2013년 제18대 대통령직인수위원회 교육·과학분과 전문위원 2013~2014년 교육부 차관 2016~2017년 同정책자문위원회 평생직업교육분과 위원장 (상)한국과학기술단체총연합회 과학기술우수논문상(1999), 교육인적자원부장관표창(2006), 미국 오하이오주립대 국제우수동문상(2009), 노동부장관표창(2009) (저)'진로교육의 이론과 실제'(1999, 교육과학사) '산업교육실습 이해와 실제'(2003, 교육과학사) '한국의 농업교육 : 어디로 갈 것인가?'(2004, 명진 씨앤피) '대학에서의 효과적인 교수법 가이드'(2004, 서울대출판부) '농업교육학 개론(개정판)'(2007, 서울대 출판부) 등 다수 (역)'삶을 찾아 떠나는 여행1·2'(2004, 시그마프레스) '인간수행공학 가이드 : 50가지 수행개선 기법'(2006, 시그마프레스)

**나승철(羅承哲) Rha Seung Chul**

(생)1977·9·19 (출)서울 (주)서울특별시 송파구 중대로 130 원전빌딩 4층 법률사무소 리만(02-400-2090) (학)1996년 서울 단국대부속고졸 2003년 고려대 법학과졸 2008년 同법과대학원졸 (경)2003년 사법시험 합격(45회) 2006년 사법연수원 수료(35기) 2006~2009년 공익 법무관 2009~2010년 법무법인 한누리 변호사 2010~2016년 법무법인 청목 변호사 2010년 한국금융소비자학회 이사 2013~2015년 서울지방변호사회 회장 2013~2014년 검찰개혁심의위원회 위원 2013~2014년 헌법재판소 세계헌법재판회의 자문위원회 위원 2015~2017년 한국거래소 분쟁조정위원회 위원 2015년 대한변호사협회 법제연구원 운영위원 2016~2018년 법무법인 대호 변호사 2018년 변호사 개업(현) (상)헌법재판소 모범국선대리인(2014)

**나양원(羅陽源) Nah Yang Won**

(생)1961·2·25 (주)울산광역시 동구 방어진순환도로 877 울산대학교병원 외과(052-250-7100) (학)1985년 인제대 의대졸 1996년 同대학원 의학석사 1999년 의학박사(인제대) (경)1985~1990년 인제대 서울백병원 수련의·전공의 1993~1999년 同서울백병원 전임강사·조교수 2000~2001년 서울아산병원 자문의사, 미국 캘리포니아주립대(UCSF) 연수, 울산대 의과대학 외과학교실 교수(현), 울산대병원 외과 전문의(현) 2015~2018년 同교육연구부원장 2016년 국제학술지 'World Journal of Gastroenterology' 논문심사위원 2018년 同편집인(현) 2019년 한국간담췌외과학회 차기(2020년) 회장(현) (상)한국간담췌외과학술상(2회), 울산의림대상 학술상

**나연묵(羅然默) NAH Yun Mook**

(생)1964·1·19 (본)나주(羅州) (출)충남 논산 (주)경기도 용인시 수지구 죽전로 152 단국대학교 응용컴퓨터공학과(031-8005-3656) (학)1982년 보성고졸 1986년 서울대 컴퓨터공학과졸 1988년 同대학원 컴퓨터공학과졸 1993년 컴퓨터공학박사(서울대) (경)1991년 미국 IBM 객원연구원 1993년 단국대 컴퓨터공학과 전임강사·조교수·부교수 1997년 同산업대학원 컴퓨터공학과 주임교수 1998년 미국 세계인명사전 'Marquis Who's Who in the world'에 등재 1998년 단국대 전자·컴퓨터공학부장 1999년 서울시 Y2K전문가자문회의 위원장 2000년 미국 세계인명사전 'Marquis Who's Who in Science and Engineering'에 등재 2000~2003년 한국정보과학회 편집위원 2001~2002년 미국 캘리포니아대 객원연구원 2002년 한국멀티미디어학회 이사 2004~2006년 개방형지리정보시스템학회 이사 2005년 단국대 응용컴퓨터공학과 교수(현) 2006~2007년 한국멀티미디어학회 총무이사 2006~2008년 한국공간정보시스템학회 이사 2009년 단국대 멀티미디어연구소장 2009년 同정보통신융합기술연구원 지식서비스센터장 2018년 同SW융합대학장(현) (상)한국정보과학회 정보과학논문경진대회 우수상(1988) (저)'정보처리기사 필기 특별대비'(1999, 영진출판) '멀티미디어 개론-3차 개정판'(2000, 생능출판) '컴퓨터활용

(共)'(2004, 단국대) '2008 지존 정보처리기사 필기 기본서(16th 업그레이드)'(2007, 영진닷컴) '2008 지존 정보처리산업기사 필기 기본서(16th 업그레이드)'(2007, 영진닷컴) (역)'JAVA를 이용한 자료구조(共)'(2004, 홍릉과학출판) '데이터베이스 처리론-10차 개정판(共)'(2005, 학술정보) '컴퓨터 배움터(共)'(2005, 생능출판사) '데이터 마이닝'(2007, 인티니티북스) (종)천주교

**나영돈(羅永暾) Na, Young Don**

(생)1963·10·25 (출)경북 청도 (주)세종특별자치시 한누리대로 422 정부세종청사 11동 고용노동부 고용정책실(044-202-7200) (학)1982년 능인고졸 1990년 한국외국어대 아프리카어과졸 1996년 서울대 행정대학원 행정학과졸 2003년 경제학박사(프랑스 국립기술직업대(CNAM)) (경)1990년 행정고시 합격(34회) 1991~1998년 노동부 인력수급과·고용관리과·고용보험운영과·실업급여과·고용정책과 사무관 1999~2000년 국무조정실 실업대책기획평가단 파견 2002년 노동부 고용관리과장 2003년 同장애인고용과장 2005~2008년 국제노동기구(ILO) 아태지역사무소 파견 2008~2010년 노동부 일자리창출지원과장·사회적기업과장·고용정책과장·노동시장정책과장 2010년 고용노동부 고용서비스정책관·한국잡월드설립추진단장 2012~2013년 외교안보연구원 파견 2013년 고용노동부 국제협력관 2013년 同고용정책실 직업능력정책관 2014년 同직업능력정책국장 2015년 同고용정책실 청년여성고용정책관 2017년 同노동시장정책관 2017년 서울지방고용노동청장 2019년 고용노동부 고용정책실장(현) (상)근정포장(2014)

**나영배(羅英培) RHA Young Bae**

(생)1957·10·14 (주)서울특별시 영등포구 여의대로 128 LG전자(주)(02-3777-1114) (학)전주고졸, 고려대 영어영문학과졸 (경)1984년 LG전자(주) 입사 1998년 同미국법인 브랜드담당 2001년 同재경부문 IR/M&A팀장(상무) 2006년 同유럽지역본부 영국법인장(상무) 2010년 同MC사업본부 한국담당 전무 2012년 同MC본부 마케팅센터장 2012년 同유럽지역본부 영국법인장(전무) 2015년 同유럽지역 대표(부사장) 2015년 同글로벌마케팅부문장 겸 해외영업역량강화FD담당(부사장) 2018년 同유럽지역 대표(부사장)(현)

**나영선(羅英仙·女) RA Young Sun**

(생)1961·4·11 (출)서울 (주)세종특별자치시 시청대로 370 한국직업능력개발원(044-415-5001) (학)1979년 금란여고졸 1983년 이화여대 사회학과졸 1985년 同대학원 사회학과졸 1997년 사회학박사(이화여대) (경)1986~1992년 한국직업훈련관리공단 선임연구원 1992~1997년 한국기술교육대 조교수 1997~2001년 한국직업능력개발원 부연구위원 1999년 국제노동기구(ILO) 파견 2001년 대통령비서실 삶의질향상기획단 근무 2002~2007년 한국직업능력개발원 연구위원 2004년 미국 캘리포니아대학교 로스앤젤레스교 IIR(노사관계연구소) 방문교수 2005년 한국직업능력개발원 직업능력개발연구팀장 2006~2007년 同직업능력개발연구본부장 2008~2017년 同선임연구위원 2008~2009년 同교육노동연계연구실장 2012년 미국 캘리포니아대학교 로스앤젤레스교 IRLE(고용노동연구소) 연구연가 2013~2014년 한국직업능력개발원 직업능력개발평가센터장(선임연구위원) 2014~2017년 同고용·능력평가연구본부장 2014~2017년 고용노동부 자체평가위원회 위원 2015~2018년 同최저임금위원회 공익위원 2015~2017년 한국폴리텍대학 비상임이사 2016~2017년 고용노동부 규제심사위원회 위원 2016~2017년 한국직업능력개발원 부원장 겸임 2016~2018년 고용노동부 고용노동정책평가위원회 위원 2016~2017년 경제사회발전노사정위원회 직업능력개발활성화포럼 위원 2017년 한국직업능력개발원 원장(현) 2017년 교육부 정규직전환 심의위원회 위원 2017~2018년 고용노동부 고용정책심의회 위원 2017년 同국가기술자격 정책심의위원회 위원(현) 2017년 한국대학평가원 대학평가인증위원회 위원(현) 2017년 대통령직속 일자리위원회 위원(현) 2018년 교육부 지방대학및지역균형인재육성지원위원회 위원(현) 2018년 同자격정책심의회 위원(현) 2018년 同제3기 평생교육진흥위원회 위원(현) 2018년 국가평생교육진흥원 대한민국평생학습대상선정위원회 제15·16회 위원(현) (상)교육부장관표창(1998), 국무총리표창(2000), 대통령표창(2006), 부총리 겸 기획재정부장관표창(2014), 부총리 겸 교육부장관표창(2017년) (저)'건설일용노동자의 자활방안 모색을 위한 기초연구(共)'(1992, 가톨릭정의평화연구소·프리드리히 나우만재단) '일상의 삶 그리고 복지의 사회학'(1994, 이화사회학연구회) 'A Study on Rural Youths' Attitudes toward themselves and Society in Korea'(1997, Rural Korea in Flux) '한국의 인적자원: 도전과 새 패러다임'(2005, 한국직업능력개발원) '녹색성장, 녹색직업, 녹색인재'(2009, 박영사) 'Korean Case Study: Past Experience and new Trends in Training Policies published by Social Protection & Labor, World Bank'(2009, SP Discussion Paper # 0931) 'G20 국가의 인재개발'(2010, 한국경제신문사) '한국의 청년고용'(2016, 푸른사상)

**나영희(羅英姬·女) NA Young Hee**

(생)1958·2·1 (본)나주(羅州) (출)서울 (주)전라북도 전주시 덕진구 기지로 180 국민연금공단(063-713-5020) (학)1976년 경희여고졸 1980년 숙명여대 교육학과졸 1998년 중앙대 대학원 사회복지학과졸 2002년 호주 뉴사우스웨일스대 대학원 사회정책전공 박사과정 중퇴, 사회복지학박사(중앙대) (경)1989~1995년 한국여성단체연합 사무국장·정책실장 1995년 새정치국민회의 여성국장 1998~2000년 여성특별위원회 정책담당관·국제협력담당관 2000년 대통령비서실 공보국장 2002년 국가인권위원회 교육협력국장 2006년 同인권교육본부장 2009년 同사무처 고위공무원 2010년 전남발전연구원 초빙연구위원, 한국장애인개발원 정책연구실장, 한국산업정보연구소 보건복지정책연구센터장 2018년 국민연금공단 복지이사(현) (상)한국여성운동 공로상(1995) (저)'정신장애인의 인권침해사례연구'(2008) '의료급여법 시행령과 시행규칙개정과정을 둘러싼 담론에 관한 연구'(2009) (역)'사회복지와 인권'(2008) (종)기독교

**나오연(羅午淵) Lah, Oh Yeon**

(생)1932·8·27 (본)금성(錦城) (출)경남 양산 (주)경상남도 양산시 주남로 288 영산대학교(055-380-9114) (학)1952년 경남고졸 1956년 부산대 경제학과졸 1985년 경제학박사(건국대) (경)1956년 고등고시 행정과 합격(7회) 1959년 재무부 사무관 1959년 용인세무서장 1962년 재무부 법무관 1963~1966년 同소청·외자·감사과장 1966년 국세청 직세국장 1969년 서울지방국세청장 1971년 재무부 세제국장 1973년 전매청 차장 1976년 관세청 차장 1979년 재무부 세정차관보 1981년 미국 하버드대 법과대학 객원연구원 1983~1988년 국민대 경제학과 교수 1986년 同경상대학장 1988년 민정당 양산지구당 위원장 1989년 중소기업은행 이사장 1989~1993년 한국세무사회 회장 1992년 제14대 국회의원(양산, 민자당·신한국당) 1992년 민자당 세제개혁위원장 1996년 제15대 국회의원(양산, 신한국당·한나라당) 1997년 한나라당 제2정책조정위원장 1998년 同제2정책조정실장 1999년 同중앙당후원회장 2000~2004년 제16대 국회의원(양산, 한나라당) 2001~2003년 국회 재정경제위원장 2004년 한국조세발전연구원 원장(현) 2004년 법무법인 비전인터내셔널 상임고문 2005년 한나라당 상임고문 2009~2011년 대한민국헌정회 정책위 의장 2012~2017년 새누리당 상임고문 2013년 (사)체암나대용장군기념사업회 이사장(현) 2013~2015년 대한민국헌정회 이사 2014년 영산대 석좌교수(현) 2017년 자유한국당 상임고문(현) 2017년 법무법인 비전인터내셔널 고문(현) (상)홍조근정훈장 (저)'재정·경제발전에 남긴 작은 발자취'(2011)

## 나웅배(羅雄培) RHA Woong Bae

(생)1934·7·24 (본)나주(羅州) (출)서울 (학)1953년 대전고졸 1957년 서울대 상과대학졸 1966년 미국 스탠퍼드대 경영대학원졸 1968년 경영학박사(미국 캘리포니아대) (경)1965년 서울대 상과대학 조교수·부교수 1973년 해태제과 전무이사 1976년 同부사장 1977년 同사장 1977년 한국경영연구원 원장 1979년 중앙대 경영대학 교수 1980~1981년 한국타이어 사장 1981년 제11대 국회의원(전국구, 민정당) 1982년 재무부 장관 1983년 금융통화운영위원회 위원 1983년 아주대 총장 1984년 중소기업은행 이사장 1985년 민정당 국책연구소 부소장 1985년 제12대 국회의원(전국구, 민정당) 1985년 아·태경영과학회(APORS) 회장 1985년 민정당 정책조정실장 겸 정책위원회 수석부의장 1986~1988년 상공부 장관 1988년 부총리 겸 경제기획원 장관 1989년 국제무역산업박람회 위원장 1989년 한국과학기술원 대우교수 1989년 21세기위원회 위원장 1989년 제13대 국회의원(서울 영등포구乙, 민정당·민자당) 1990년 민자당 국책연구원장 1991년 同정책위원회 의장 1992년 제14대 국회의원(서울 영등포구乙, 민자당·신한국당) 1992년 한·일의원연맹 간사장 1992년 한·캐나다의원친선협회 회장 1994년 국회 외무통일위원장 1995년 부총리 겸 통일원 장관 1995~1996년 부총리 겸 재정경제원 장관 1997년 중앙대 국제대학원 특임교수 1998년 목원대 초빙교수 1999년 안면도국제꽃박람회조직위원회 위원장 2000년 (주)스페코 고문 2008년 전국경제인연합회 기업윤리위원장 2009~2011년 同윤리경영위원장 (상)청조근정훈장 (저)'경영계량분석론' '70년대의 경영전략' '다 함께 잘 사는 길' (종)기독교

## 나웅진(羅雄鎭) Na, Ung Jin

(생)1973·1·8 (본)금성(錦城) (출)광주 (주)세종특별자치시 도움6로 11 국토교통부 운영지원과(044-201-3159) (학)1991년 전남대사대부고졸 1995년 연세대 토목공학과졸 1997년 同대학원 토목공학과졸 2008년 토목공학박사(미국 캘리포니아대 어바인교) (경)2008년 해양수산부 부산항건설사무소 항만정비과장 2010년 同인천항건설사무소 항만개발과장 2010년 국토교통부 도로국 첨단도로환경과장 2012년 同수자원국 하천계획과장 2013년 同항공정책실 공항안전환경과장 2015년 同항공정책실 공항정책과장 2018년 同기획조정실 혁신행정담당관 2018년 同본부 근무(현) (종)기독교

## 나윤경(羅允慶·女) Nah, Yoon kyeong

(생)1965·7·17 (주)서울특별시 은평구 진흥로 225 한국양성평등교육진흥원 원장실(02-3156-6001) (학)1984년 중대부고(前중앙대부속여고)졸 1988년 연세대 교육학과졸 1995년 미국 위스콘신대 메디슨교 대학원 성인여성교육학 석사 1998년 여성주의교육학박사(미국 위스콘대 메디슨교) (경)2002~2016년 연세대 대학원 문화학협동과정 교수 2009~2013년 同젠더연구소장 2012~2014년 同성평등센터 소장 2016~2018년 同사회과학대학 문화인류학과 교수 2018년 법정부 성희롱·성폭력근절추진협의회 위원(현) 2018년 한국양성평등교육진흥원 원장(현) (저)'여자 똑바로 읽기'(2001) '여성교육과 실천'(2003) '여성교육의 이론과 실제'(2004) '여성과 남녀공학대학교의 행복한 만남을 위하여'(2005) '여자의 탄생'(2005) '이팔청춘 꽃띠는 어떻게 청소년이 되었나?(共)'(2009) '그대 아직도 부자를 꿈꾸는가(共)'(2011) '여성교육개론(共)'(2015) '엄마도 아프다(共)'(2016) '페미니즘, 리더십을 디자인하다(共)'(2017)

## 나윤민(羅允敏)

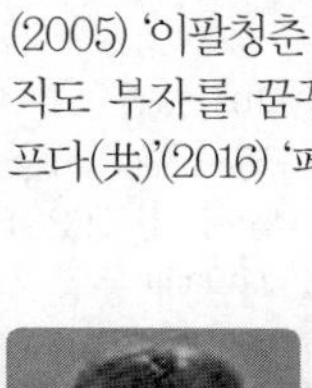

(생)1976·4·30 (출)서울 (주)전라남도 목포시 정의로 29 광주지방법원 목포지원(061-270-6600) (학)1994년 남강고졸 2000년 고려대 법학과졸 (경)2000년 사법시험 합격(42회) 2003년 사법연수원 수료(32기) 2003년 軍법무관 2006년 수원지법 판사 2008년 서울중앙지법 판사 2010년 창원지법 판사 2013년 수원지법 성남지원 판사 2013~2017년 법원도서관 조사심의관 2015년 서울동부지법 판사 2018년 광주지법 목포지원·광주가정법원 목포지원 부장판사(현)

## 나윤수(羅允洙)

(생)1960·10·27 (출)전남 나주 (주)전라남도 함평군 함평읍 중앙길 200 함평군청 부군수실(061-320-3103) (학)1981년 전주 신흥고졸 1987년 전남대 토목공학과졸 1998년 同행정대학원 수료 (경)1989년 공무원 임용(7급) 1995년 전남도지방공무원 교관(6급) 1998~2005년 전남도 경제정책과·환경관리과·관광정책과 근무 2005년 전남 완도군 생일면장(지방사무관) 2008년 전남도 농업정책과 산지유통담당 지방사무관 2011년 同법무통계담당관실 법제담당 지방사무관 2011년 同농업정책과 농정기획담당 지방사무관 2014년 전남개발공사 협력관(지방서기관) 2015년 행정안전부 지방세특례제도과 서기관 2016년 전남도 보건복지국 사회복지과장 2018년 전남 함평군 부군수(현) 2019년 同군수 권한대행(현)

## 나윤호(羅允浩) NAH YUNO

(생)1966·8·13 (출)서울 (주)울산광역시 북구 염포로 260-10 (주)경동도시가스(052-289-5300) (학)1985년 대성고졸 1989년 서울대 국제경제학과졸 1998년 미국 펜실베이니아대 와튼스쿨 경영대학원 경영학과졸(MBA) (경)1989~2000년 (주)대우 기획조정실 근무 2000~2001년 보스턴컨설팅그룹 근무 2001~2003년 제이텔(주) 재무담당 부사장 2003~2014년 (주)코오롱 경영기획실 상무 2014~2015년 (주)경동도시가스 운영총괄 부사장 2015년 同대표이사 사장(현)

## 나은우(羅恩宇·女) RAH Ueon Woo

(생)1955·11·18 (본)나주(羅州) (출)서울 (주)경기도 수원시 영통구 월드컵로 164 아주대학교 의과대학 재활의학교실(031-219-5282) (학)1980년 연세대 의대졸 1984년 同대학원 의학석사 1992년 의학박사(연세대) (경)1984~1993년 연세대 의대 재활의학교실 연구원·연구강사·조교수 1994년 아주대 의대 재활의학교실 교수(현) 2000~2008년 대한임상통증학회 이사 2005~2011년 아주대병원 재활의학과장 2007~2011년 아주대 의대 재활의학교실 주임교수 2008~2009년 대한임상통증학회 회장 2008년 대한의학학술지편집인협의회 무임소이사 2011~2015년 대한뇌신경재활학회 회장, 대한재활의학회 장애평가위원장, 同교육위원회·장애평가위원회 위원, 대한림프부종학회 부회장 2011~2014년 한국의지보조기학회 부회장 2012년 대한림프부종학회 고문(현) 2012년 대한노인재활의학회 회장 2014~2017년 대한의학학술지편집인협의회 감사 2014~2016년 대한재활의학회 회장 2015~2017년 대한암재활학회 회장 (역)'장애아동의 섭식(共)'(2004) (종)기독교

## 나의갑(羅義甲) NA Eui Gap

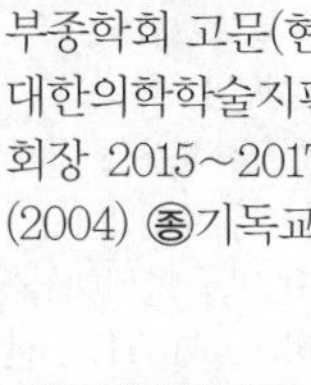

(생)1949·9·7 (본)금성(錦城) (출)광주 (주)광주광역시 동구 금남로 221 5.18민주화운동기록관(062-613-8200) (학)1969년 광주고졸 1977년 전남대 정치외교학과졸, 조선대 대학원 언론학석사 (경)1977년 전남일보 기자 1980년 광주일보 기자 1988년 同사회부장 1989년 전남일보 제2사회부장 1991년 同사회부장 1992년 同교육체육부장 1993년 同정치부장 1994~1998년 同부국장대우·편집국 부국장 1999년 同편집국장 1999년 광주시 제2의건국범국민추진위원회 기획단장 2000~2002년 전남일보 논설실장 2002~2009년 광주시 시보편집실장, 조선대 신문방송학과 강사, 5.18 진실규명지원단 자문관 2017년 5.18민주화운동기록관 관장(현)

**나인권(羅寅權) Na Inguen**

(생)1962·11·2 (주)전라북도 전주시 완산구 효자로 225 전라북도의회(063-280-3970) (학)남성고졸, 원광대 사범대학 물리교육과졸 1992년 同대학원 물리교육학 석사과정 수료 (경)(유)에스엠케이종합건설 대표이사, 김제시사회복지협의회 이사·부회장, 전국기독청장년연합회 회장, 민족통일전북도협의회 운영위원 2010년 전북도의원선거 출마(무소속) 2014년 전북도의원선거 출마(무소속) 2018년 전북도의회 의원(더불어민주당)(현) 2018년 同문화건설안전위원회 위원(현) 2018년 同윤리특별위원회 부위원장(현) (종)기독교

**나인용(羅仁容) LA In Yong (禮軒)**

(생)1936·8·6 (출)충남 예산 (주)서울특별시 서대문구 연세로 50 연세대학교 음악대학 작곡과(02-2123-3075) (학)1962년 연세대 종교음악과졸 1972년 미국 North Carolina대 대학원졸 (경)1973~2001년 연세대 작곡과 전임강사·조교수·부교수·교수·작곡과장·교학과장·음악대학장·음악연구소장 1979~1980년 미국 위스콘신대·미네소타대·세인트스콜라스티카대 美 풀브라이트 재단 후원 초빙교수 1982~1990년 한국작곡가협회 부회장 1982~1986년 21세기악회 회장 1987~1988년 독일 프라이부르크음대 현대음악연구소 연구교수 1994~1997년 한국음악협회 부이사장 1996~2000년 아시아작곡가연맹 한국위원회장 1998~2006년 삼일학원 이사 2001년 연세대 명예교수(현) 2001~2006년 현대음악 앙상블 '소리' 단장 2008년 대한민국예술원 회원(작곡·현) (상)대한민국 작곡상(1978·1982), 한국음악상 창작부문(1993), 영창음악상(1999), 녹조근정훈장(2001), 한국예술문화단체총연합회 예술문화상 대상(2006), 한국음악비평가협회 한국음악상 대상(2009), 한국음악상 특별상(2010), 3.1문화재단 3.1문화상 예술상(2015) (저)'Kent Kennan-Counterpoint' 'Arnold Schoenberg-Structural Functions of Harmony'(共) 'Bruce Benward-Music in Theory and Practice'(共) 'Ernst Krenek-Studies in Counterpoint'(共) 'Robert W. Ottamn-Harmony'(共) 'Johann J. Fux-TheStudy of Counterpoint'(共) (작)관현악곡(Orchestra) 'Echo of Hyang-ak' for Orchestra(1972) Symphony 'Lake Superior'(1980) 실내악곡(Chamber Music) '대화' for Flute & Violin(1976) 기악독주곡(Solo Instrumental Music) 'Legend' for Piano(1980) 협주곡(Concerto) 'Elan(도약)' for Kayageum & Orchestra(1985), Concerto for Violoncello & Orchestra(2008) 오페라(Opera) '부자유친'(2002) 합창곡(Choral Music) '심판의날-The Day of Judgement'(1974) '가시리'(1978) 교성곡(Cantata) '대한민국'(1995) 가곡(Art Song) '광야' 이육사 시(2006) 종교곡(Sacred Music) '먼 길 가깝게 가겠네'(1980) '인류는 하나되게'(1983) '비롯함도 마침도 없는 님아'(2003) (종)기독교

**나일성(羅逸星) NHA IL-SEONG (별똥)**

(생)1932·11·11 (본)나주(羅州) (출)함북 (주)서울특별시 서대문구 연세로 50 연세대학교 천문우주학과(02-2123-2680) (학)1951년 배재고졸 1959년 연세대 물리학과졸 1961년 同대학원 물리학과졸 1971년 천문학박사(미국 펜실베이니아대) (경)1961년 연세대 전임강사 1963년 전북대 문리대학 전임강사 1972년 미국 펜실베이니아대 Flower & Cook Observatory 연구원 1974~1977년 연세대 이과대학 천문우주학과 부교수 1975년 한국천문학회 회장 1977~1998년 연세대 천문우주학과 교수 1979년 한국과학사학회 평생회원(현) 1981~1989년 연세대 천문대장 1982·1985·1990년 미국 플로리다대 방문교수 1982·1988년 국제천문연맹(IAU) 한국대표 1983~1985년 한국과학사학회 부회장 1988년 한국우주과학회 회장 1990년 한국과학기술단체총연합회 이사 1991년 미국 네브래스카대 방문교수 1991년 Universidad Nacional Autonoma de Mexico 방문교수 1993년 동양천문학사국제회의 회장 1994년 폴란드 Krakow Pedagogical Univ. 방문교수 1995년 한국전통과학기술학회 부회장 1998년 연세대 천문우주학과 명예교수(현) 1999년 나일성천문관 설립 2000년 국제천문연맹(IAU) 천문유물조사위원장 2002년 연세대 용재석좌교수 2003년 국제천문연맹(IAU) 천문학사위원회 부위원장 2003년 (사)세종대왕기념사업회 이사(현) 2006~2009년 국제천문연맹(IAU) 천문학사위원장 2009~2014년 (재)한국겨레문화연구원 이사장 2012년 (사)과학문화진흥원 이사장(현) 2014년 (재)한국겨레문화연구원 이사(현) (상)Ella Nichols Pawling Fellowship, 연세학술상, 외솔상, 폴란드 문교부장관출판상, 교육공로상 (저)'여름밤 별자리' '조선조 궁중생활 연구' '중학교 과학' 'Oriental Astronomy from Guo Shoujing to King Sejong(共)'(1997, 연세대 출판부) '한국천문학사'(2000, 서울대 출판부) 'An Atlas of O-C Diagrams of Eclipsing Binary Star(共)'(2001, Poland) '일식과 월식 이야기(共)'(2002, 세종대왕기념사업회) '서양과학의 도입과 연희전문학교(共)'(2004, 연세대 출판부) 'Astronomical Instruments and Archives from the Asia-Pacific Regions'(2004, 연세대 출판부) '한국 과학기술 인물 12인(共)'(2005, 해나무) '한국의 과학기술 인물(共)'(2005, 해나무) '사신도 도록(共)'(2008, 신광출판사) 'あの時,ぼくらは13歳だった(共)'(2013, 東京書籍) '그때 우린 13살 소년이었다(共)'(2014, 북치는 마을) '한국의 우주관'(2016, 연세대 대학출판문화원) (역)'운석과 행성의 기원'(1977, 전파과학사) '氣候의 秘密'(1977, 中央日報) '아빠가 들려 주는 우주 이야기'(1993, 현암사) '역주 重修中星表'(2013, 세종대왕기념사업회) '역주 恒星出中入表'(2013, 세종대왕기념사업회) (작)'천상열차분야지도 석각'(1995, 신라역사과학관) '세종의 圭表'(1995, 세종대왕유적관리소) '법주사본 8폭병풍천문도'(1995, 국립민속박물관) '남병길의 赤道儀'(1997, 신라역사과학관) '混合式 8폭屛風天文圖'(2000, 국립민속박물관) '조선시대의 혼상'(한국국학진흥원) '屛風天文圖(共)'(2016, 나일성천문관) '敦煌星圖(共)'(2016, 나일성천문관) '格子月進圖(共)'(2016, 나일성천문관) (종)기독교

**나일주(羅一柱)**

(생)1967·6·13 (주)강원도 춘천시 중앙로 1 강원도의회(033-256-8035) (학)세경대학 박물관큐레이터과졸 (경)(자)산아리관광 대표이사(현), 강원도체육회 정선사북읍체육회장(현), 사북읍 번영회장·자율방범대장, 정선군자율방범연합대 부대장 2018년 강원도의회 의원(더불어민주당)(현) 2018년 同경제건설위원회 위원(현)

**나재철(羅載哲) NA Jai Chel**

(생)1960·1·11 (본)나주(羅州) (출)전남 (주)서울특별시 중구 삼일대로 343 대신증권(주) 대표이사실(02-769-2000) (학)1979년 광주 인성고졸 1986년 조선대 기계공학과졸 2007년 한국외국어대 대학원 경영학과졸 (경)1985년 대신증권(주) 입사, 同양재동지점장 1997년 同강남지점장, 同이사대우 2004년 同강서지역본부장 2005년 同강남지역본부장(상무보) 2007년 同강남지역본부장(전무) 2008년 同WM추진본부장(전무) 2009년 同Wholesale영업본부장(전무) 2010년 同기획본부장 겸 홀세일사업단장(부사장) 2011년 同인재역량센터장 겸 기업금융사업단장(부사장) 2012년 同대표이사 사장(현) 2017~2019년 한국금융투자협회 회원이사 (종)천주교

**나정균(羅貞均) Na, Jeong Kyun**

(생)1965·10·29 (출)충남 (주)세종특별자치시 도움6로 11 중앙환경분쟁조정위원회(044-201-7930) (학)1984년 충남 서천고졸 1990년 서울대 농공학과졸 1996년 영국 뉴캐슬대 대학원 환경공학과졸 (경)1990년 기술고시 합격(26회), 환경부 자연정책과 사무관 2000년 同자연정책과 서기관 2001년 同폐기물자원국 산업폐기물과 서기관 2002년 同대기보전국 대기정책과 서기관 2004~2007년 유엔 아·태경제사회이사회(UN ESCAP) 파견 2007년 환경부 국제협력관실 지구환경담당관, 同환

경전략실 국제협력관실 지구환경과장 2009년 同기획조정실 국제협력관실 지구환경담당관 2009년 同환경정책실 기후대기정책관실 대기관리과장 2010년 同상하수도정책관실 생활하수과장 2010년 同물환경정책국 물환경정책과장(서기관) 2011년 同물환경정책국 물환경정책과장(부이사관) 2012년 국방대 교육파견(고위공무원) 2013년 환경부 환경정책실 환경보건정책관 2015년 금강유역환경청장 2016년 환경부 기후대기정책관 2017년 한강유역환경청장 2019년 중앙환경분쟁조정위원회 위원장(현)

## 나정엽(羅貞燁) RA Jeong Yup

(생)1961·11·23 (출)전남 나주 (주)경기도 광주시 문화로 127 경기광주세무서(031-880-9201) (학)광주상고졸, 중앙대 경제학과졸 (경)세무공무원 합격(9급 공채) 1989년 서울 용산세무서 근무 1991년 서울 중부세무서 근무 1993년 서울지방국세청 조사2국 근무 1997년 중부지방국세청 조사3국 근무 2001년 同조사1국 근무 2004년 부패방지위원회 정책기획실 파견 2011년 전남 나주세무서 세원관리과장(행정사무관) 2013년 국세청 법인납세국 소비세과 근무 2015년 同소비세과 소비1계장(서기관) 2016년 전북 북전주세무서장 2017년 중부지방국세청 조사2국 조사2과장 2019년 경기광주세무서장(현)

## 나종민(羅棕珉) NA Jong Min

(생)1963·5·1 (출)광주 (학)광주고졸 1986년 고려대 행정학과졸 2007년 한양대 국제관광대학원졸, 관광학박사(경희대) (경)1987년 행정고시 합격(31회) 1988년 교통부·21세기위원회·총무처 근무 1997년 문화체육부 관광국 관광기획과 서기관 1997년 同청소년정책실 청소년지도과 서기관 1998년 문화관광부 청소년국 청소년교류과 서기관 1999년 국립중앙도서관 납본과장 2000년 국립현대미술관 전시과장 2001년 문화관광부 관광개발과장 2006년 同종무실 종무담당관 2006년 同관광국 관광정책과장(부이사관) 2006년 同관광국 관광정책팀장 2007년 同관광산업본부 관광정책팀장 2007년 국립현대미술관 기획운영단장(고위공무원) 2008년 문화체육관광부 정책기획관 2008년 同미래문화기획단장 2009년 국방대 교육파견 2010년 대한민국예술원 사무국장 2011년 국립중앙박물관 교육문화교류단장 2012년 문화체육관광부 대변인 2013년 同문화정책국장 2014~2016년 同종무실장 2016년 동국대 석좌교수 2016년 캠핑아웃도어진흥원 원장 2017~2018년 문화체육관광부 제1차관 2017년 同장관 직무대행 2017~2018년 同동계올림픽특구기획단장 겸임 (상)홍조근정훈장(2013)

## 나종훈(羅鍾勳) RA Jong Hoon

(생)1958·1·23 (출)서울 (주)서울특별시 광진구 아차산로 627 인성하이택빌딩 2층 (주)피에프디(02-6959-0078) (학)1984년 한양대 무역학과졸 (경)1996년 국제약품공업(주) 비서실장 2000년 同영업·마케팅담당 이사대우 2001년 同영업상무 2002년 同판매부문 총괄부사장 2003~2014년 同대표이사 사장 2012년 한국제약협회 균형발전특별위원장 2012년 同부이사장 2014~2015년 同이사 2015년 국제약품공업(주) 부회장 2015년 약우회 총무(현) 2016년 (주)피에프디 부회장(현) (상)석탑산업훈장(2009)

## 나주봉(羅周鳳) NA Joo Bong

(생)1957·12·4 (본)금성(錦城) (출)강원 홍천 (주)서울특별시 동대문구 홍릉로 3 (사)전국미아·실종가족찾기시민의모임(02-963-1256) (학)2012년 진형고졸 2014년 경복대학 사회복지학부졸 (경)1989년 품바기획사(각설이) 대표 1991년 개구리소년찾아주기대책위원회 위원장(부모동행3년) 1992년 故이형호군유괴살해범찾기범죄추방차량봉사대 운영 1993년 한국연예인협회 공동주관 실종자한별양찾아주기대책위원회 구성 1995년 동대문경찰서 청소년육성회위원 1997년 독거노인 및 소년·소녀가장돕기 밀알봉사회장 1998년 동대문구 새마을지도자 협의회원 2000년 동대문구 제기동 주민자치위원 2001년 (사)전국미아·실종가족찾기시민의모임 회장(현) 2004년 故개구리소년 합동위령제 거행·합동장례위원장 2004년 경찰청 실종아동찾기TF팀 전문위원 2005년 실종아동등의 보호 및 지원에 관한 법률 발의·제정 2005년 故이형호·개구리소년·화성사건 등 공소시효폐지 국회 청원 2006년 영화 '그놈 목소리' 제작 자문 2006년 서울시 동대문구의원선거 출마(민주당) 2006년 범죄피해자 구조법 개정 2006년 (사)학교폭력피해자가족협의회 자문위원(현) 2007년 영화 '그놈 목소리' 온라인국민수사본부장 2007~2014년 서울시가판점연합회 의장 2007년 실종자찾기범국민대회 공동 개최(CBS 울산방송본부·적십자사·(사)전미찾모) 2007년 반인륜범죄에 관한 공소시효폐지 및 진정소급입법 청원·10만서명록 전달 2007년 형사소송법 살인죄 공소시효 15년~25년 개정 2008년 안양 실종아동 故이혜진·우예슬양 장례준비위원장 2008년 민간조사(탐정)입법 공청회 토론 2009년 안양 실종아동 故이혜진·우예슬양 추모제 거행 2010년 서울시 동대문구의원선거 출마(무소속) 2010년 개구리소년 사건 영화 '아이들...'제작고문 2010년 CMB동서방송시청자위원회 자문위원(현) 2010년 대한민간조사협회 자문위원(현) 2011년 공소시효폐지 및 진정소급입법 국회 청원·8만서명록 전달 2011~2014년 채널뷰 '사라진가족' 추적위원 2011년 서울시 실종예방홍보강사(현) 2012년 경찰청 입법추진자문위원(현) 2012년 '공소시효폐지 및 진정소급입법' 법무부 청원 2012년 서울시재가장애인협회 이사(현) 2013년 경찰대 외래교수(현) (상)서울시 청소년지도상 대상(1994), 서울시 동대문구 자랑스런구민상 대상(2000), 서울시민대상 장려상(2001), 경찰청장표창(2005), 보건복지부장관표창(2006), 서울시 봉사상(2007), 청룡봉사상 인상(仁賞)(2009)

## 나주영(羅周映) NA Joo Young

(생)1957·3·1 (출)경북 상주 (주)경상북도 포항시 남구 장흥로39번길 7 (주)제일테크노스(054-278-2841) (학)1974년 계성고졸 1979년 경북대 화학공학과졸 1996년 포항공대 대학원 최고경영자과정 수료, 창원대 대학원 국제무역학과졸 (경)1981~1990년 제일합섬(주) 생산팀장 1991년 제일중공(주) 전무이사·대표이사 사장 2000년 제일테크노스(주) 대표이사(현) 2006~2015년 포항상공회의소 부회장 2010~2019년 포항철강산업단지관리공단 이사장 2010년 포항범죄피해자지원센터 부이사장 2016~2018년 同이사장 2016년 포항시체육회 재정위원장(현) (상)중소기업청 기술혁신상(1998), 포항MBC 문화대상-산업부문 본상(1998), 대한전문건설협회 공로상(2006), 석탑산업훈장(2007) (종)불교

## 나진이(羅眞伊·女)

(생)1972·3·8 (출)전남 여수 (주)전라남도 순천시 왕지로 21 광주지방법원 순천지원(061-729-5114) (학)1990년 여수여고졸 1995년 서울대 영어교육과졸 (경)2000년 사법시험 합격(42회) 2003년 사법연수원 수료(32기) 2003년 서울지법 예비판사 2005년 서울동부지원 판사 2007년 청주지법 판사 2010년 수원지법 성남지원 판사 2014~2017년 서울북부지법 판사 2014~2017년 헌법재판소 파견 2017년 서울동부지법 판사 2018년 광주지법 순천지원·광주가정법원 순천지원 부장판사(현)

## 나찬기(羅贊基) NA Chan Gi

(생)1967·12·16 (출)대구 (주)충청남도 천안시 동남구 청수14로 67 대전지방검찰청 천안지청 총무과(041-620-4542) (학)1985년 대구 대륜고졸 1993년 경북대 사법학과졸 (경)1996년 사법시험 합격(38회) 1999년 사법연수원 수료(28기) 1999년 창원지검 검사 2001년 대구지검 김천지청 검사 2003년 대구지검 검사 2005년 제주지검 검사 2007년 법무부 사회보호정책과 검사 2009년 서울중앙지검 검사 2010년 공정거래위원회 파견 2011년 서울중앙지검 부부장검사 2012년 창원지검 통영

지청 부장검사 2013년 부산지검 외사부장 2014년 대구지검 의성지청장 2015년 법무부 법질서선진화과장 2016년 대검찰청 감찰2과장 2017년 서울중앙지검 조사1부장 2018년 대전지검 형사1부장 2019년 대전지검 천안지청장(현)

**나창수(羅昌洙) NA Chang Su**

(생)1964·8·25 (본)금성(錦城) (출)전남 나주 (주)전라남도 나주시 건재로 185 동신대학교 한의과대학 한의학과(061-330-3522) (학)1980년 남성고졸 1989년 원광대 한의학과졸 1991년 同대학원졸 1994년 한의학박사(경희대) (경)1992년 원광대 한방병원 침구과장 1994~2005년 동신대 한의학과 전임강사·조교수·부교수 1999년 同한의학과장 겸 한의예과장 1999년 대한경락경혈학회 이사 2002년 同편집위원 2005년 동신대 한의학과 교수(현) 2012~2013년 同대학원 및 사회개발대학원 교학과장 2013년 同한의과대학장(현) 2014~2017년 경락경혈학회 회장 2014~2016년 한국연구재단 기초연구본부 의약학단 전문위원 2015년 동신대 건강증진센터장(현) 2015~2017년 보건신기술종합심사위원회 한의학위원장 2015~2017년 한국한의학교육평가원 인증기준개발위원회 위원장 (상)동신대 교원업적평가 우수상(1998), 해인학원 이사장표창(2004), 보건복지부장관표창(2013), 대한한의사협회장표창(2017) (저)'한의학기초이론' '경락수혈학이론' '경혈학각론' (종)기독교

**나창수(羅昌洙)**

(생)1974·10·28 (출)서울 (주)부산광역시 해운대구 재반로112번길 19 부산지방검찰청 동부지청 형사1부(051-780-4308) (학)1993년 청량고졸 1998년 고려대 법학과졸 (경)1999년 사법시험 합격(41회) 2002년 사법연수원 수료(31기) 2002~2005년 공익 법무관 2005~2006년 법무법인 김신유 변호사, 법무법인 화우 변호사 2008년 부산지검 검사 2012년 서울남부지검 검사 2014년 인천지검 검사 2016년 同부부장검사 2017년 서울중앙지검 부부장검사 2018년 서울서부지검 공판부장 2019년 부산지검 동부지청 형사1부장(현)

**나창엽(羅昌燁) Changyup Na**

(생)1963·2·3 (본)금성(錦城) (출)부산 (주)서울특별시 서초구 헌릉로 13 대한무역투자진흥공사 중견기업실(02-3460-7420) (학)1981년 브니엘고졸 1990년 고려대 경제학과졸 2006년 핀란드 헬싱키경제대 대학원졸(MBA) 2013년 한양대 대학원 경영컨설팅학 박사과정 수료 (경)1991년 대한무역투자진흥공사(KOTRA) 입사 1991년 同총무부 근무 1992년 同지역조사처 근무 1996년 同브뤼셀무역관 근무 1999년 同기획조정실 근무 2000년 同경남무역관 근무 2002년 同뉴욕무역관 근무 2004년 同북미지역본부 근무 2005년 同기획조정실 근무 2008년 同나이로비무역관장 2011년 同비서실장 2013년 同고객미래전략실장 2014년 同실리콘밸리무역관장 2017년 同글로벌기업협력실장 2018년 同인사팀장 2018년 同인재경영실장 2019년 同중견기업실장(현) (상)산업자원부장관표창(2004), 국무총리표창(2018)

**나천수(羅千洙) RA Cheon Soo**

(생)1952·7·23 (본)나주(羅州) (출)광주 (주)서울특별시 강남구 테헤란로 133 한국타이어빌딩 10층 법무법인(유) 태평양(02-3404-0169) (학)1970년 광주제일고졸 1974년 고려대 법학과졸 (경)1977년 사법시험 합격(19회) 1979년 사법연수원 수료(9기) 1979~1983년 서울지법 남부지원·서울형사지법 판사 1983년 광주지법 순천지원 판사 1985년 서울지법 북부지원 판사 1987년 서울가정법원 판사 1989년 서울고법 판사 1991년 법원행정처 조사심의관 1993년 춘천지법 강릉지원 부장판사 1994년 同강릉지원장 1996년 사법연수원 교수 1999년 서울지법 부장판사 1999년 법무법인(유) 태평양 변호사(현) 2002~2005년 영산대 법무대학원 겸임교수 2002년 국무총리 행정심판위원회 위원 2003~2005년 고려대 법률자문위원회 위원 2005~2006년 국가인권위원회 비상임위원 2006년 미국 Santa Clara Univ. Law School Visiting Scholar 2011~2013년 대한상사중재원 중재인 2013~2015년 (재)동천 이사 2013~2015년 법무법인(유) 태평양 공익활동위원회 위원장 (저)'가사소송법' '손해배상 소송' (종)천주교

**나춘호(羅春浩) NA Choon Ho (清筆)**

(생)1942·8·19 (본)수성(壽城) (출)대구 달성 (주)서울특별시 성동구 아차산로 153 (주)예림당 비서실(02-3404-9269) (학)1962년 대구 능인고졸 1964년 계명대 역사지리학과 중퇴 1981년 경희대 경영행정대학원졸 (경)1973년 (주)예림당 설립·회장(현) 1981년 대한출판문화협회 이사 1989~1995년 同부회장 1990년 한국문헌번호심의위원회 위원장 1991년 도서출판 능인 대표 1992년 '93책의해' 조직위원회 사업분과위원장 1993년 독서새물결운동추진위원회 집행위원장 1994~2001년 어린이문화진흥회 이사 1996~2002년 대한출판문화협회 회장 1996년 아시아태평양출판협회(APPA) 부회장 1996~2002년 한국간행물윤리위원회 이사 1998년 제2의건국범국민추진위원회 위원 1999~2001년 국제출판인협회(IPA) 상임이사 2000~2008년 아시아태평양출판협회(APPA) 회장 2002년 대한출판문화협회 고문(현) 2004년 해여림빌리지 회장(현) (상)대통령표창, 서울지방국세청장표창, 내무부장관표창, 은관문화훈장, 서울시문화상 문화산업분야(2008) (저)'뜻이 있으면 길이 있다'(2005)

**나치만(羅治晩)**

(생)1969 (주)세종특별자치시 도움4로 9 국가보훈처 기획재정담당관실(044-202-5210) (학)건국대 행정학과졸 (경)행정고시 합격(42회) 2007년 국가보훈처 재정기획담당관실 서기관 2009년 同복지증진국 복지운영과장 2010년 同기획조정관실 행정관리담당관 2011년 국무총리실 일반행정정책관실 행정관리과장 2012년 국가보훈처 기획조정관실 행정관리담당관 2012년 同보상정책국 보상정책과장 2015년 同보훈선양국 나라사랑정책과장(부이사관) 2016년 同보훈심사위원회 심사1과장 2016년 同감사담당관 2017년 同복지증진국 복지정책과장 2018년 경기남부보훈지청장 2019년 국가보훈처 기획조정실 기획재정담당관(현)

**나학록(羅學祿) NA HAROCK**

(생)1963·1·25 (주)강원도 원주시 문막읍 동화공단로 130-1 (주)씨유메디칼시스템 비서실(033-747-7657) (학)1987년 한양대 전자공학과졸 2005년 강원대 대학원 컴퓨터공학과졸 (경)1986~1990년 삼익전자 개발실 근무 1990~1993년 금성통신(주) 유·무선통신기기및의료기기부 근무 1993~1996년 한국통신기산업(주) 연구실장 1996~1998년 (주)원텍 시험연구소 차장 1998~2001년 (주)바이오시스 이사 2001~2013년 식품의약품안전청 기술자문위원 2001년 (주)씨유메디칼시스템 대표이사(현) 2007년 한국의료기기공업협동조합 이사 2010년 한국의료기기산업협회 부회장, 同이사 2010년 의료기기정책연구원 원장 2013년 식품의약품안전처 기술자문위원 (상)대통령표창(2004·2012), 국무총리표창(2005·2009), 산업자원부장관표창(2007), IR52 장영실상(2008), 강원경제인대상(2009)

**나 현(羅 玄·女)**

(생)1963·3·7 (주)광주광역시 서구 내방로 111 광주광역시의회(062-613-5044) (학)동강대학 호텔조리영양과졸 (경)광주지체장애인협회 동구지회장 2018년 광주시의회 의원(비례대표, 더불어민주당)(현) 2018년 의회운영위원회 부위원장(현) 2018년 환경복지위원회 위원(현)

## 나 현(羅 玄)

(생)1995 · 1 · 30 (출)전북 전주 (주)서울특별시 성동구 마장로 210 한국기원 홍보팀(02-3407-3800) (경)양재호 문하생 2010년 프로바둑 입단 2010년 비씨카드배 본선 2011년 하이원리조트배 명인전 · 삼성화재배 본선 2012년 2단 승단 2012년 비씨카드배 · 삼성화재배 · LG배 · 국수전 · GS칼텍스배 · 십단전 · 바둑왕전 · 명인전 본선 2013년 3단 승단 2013년 인천실내 · 무도아시안게임 바둑 남자단체 금메달 · 혼성페어 은메달 2013년 몽백합배 · 한국물가정보배 본선 2014년 4단 승단 2014년 한국물가정보배 우승 2014년 5단 승단 2014년 글로비스배 · 오카게배 · 초상부동산배 · 스포츠어코드배 한국대표 2015년 박카스배 천원전 우승 2015년 6단 승단 2015년 글로비스배 준우승 2015년 LG배 · 삼성화재배 · 렛츠런파크배 · 리민배 본선 2016년 춘란배 · 응씨배 · 바이링배 본선 2016년 7단 승단 2016년 KBS바둑왕전 준우승 2016년 8단 승단 2017년 9단 승단(현) 2017년 제29회 TV바둑아시아선수권대회 우승 2018년 제30회 TV바둑아시아 선수권대회 준우승 2019년 크라운해태배 준우승 (상)바둑대상 신예기사상(2011)

## 나형균(羅亨均) NA Hyung Kyun

(생)1953 · 5 · 17 (본)나주(羅州) (출)서울 (주)서울특별시 영등포구 63로 10 여의도성모병원 신경외과(02-3779-1189) (학)1978년 가톨릭대 의대졸 1986년 同대학원 의학석사 1990년 의학박사(가톨릭대) (경)1978~1982년 가톨릭대 성모병원 수련의 1983~1985년 軍의관 1983~1996년 가톨릭대 의과대학 신경외과학교실 전임강사 · 조교수 · 부교수 1996년 同의과대학 신경외과학교실 교수(현) 1996년 同성모병원 신경외과 과장 2003년 同뇌신경센터 소장(현) 2009년 대한뇌혈관외과학회 회장 2013~2014년 대한노인신경외과학회 회장 (상)대한뇌혈관외과학회 학술상 (저)'뇌혈관외과학'(共) 'moyamoya Disease'(共) (종)가톨릭

## 나형균(羅亨均) Hyoung Kyun Na

(생)1968 · 5 · 24 (주)경기도 안양시 동안구 시민대로 317 대한전선(주)(02-316-9104) (학)광주 인성고졸, 서울대졸, 同대학원졸 (경)1990~2004년 삼정회계법인 이사 1997~1998년 KPMG LA Senior Manager 2011~2013년 (주)마이다스 대표이사 2013~2015년 안셀코리아(주) 대표이사 2015~2019년 대한전선(주) 수석부사장 2019년 同대표이사 사장(현)

## 나홍진(羅弘鎭) NA Hong Jin

(생)1974 (학)서울 영동고졸, 한양대 공예학과졸, 한국예술종합학교 영상원 전문사과정 재학 중 (경)영화감독(현) 2008년 '추격자'로 장편영화 감독 데뷔 2011년 인도 뭄바이국제영화제 국제경쟁부문 심사위원 (상)제4회 미쟝센단편영화제 최우수작품상(2005), 제6회 대한민국영상대전 장려상(2005), 제8회 대한민국영상대전 우수상(2007), 제44회 대종상영화제 단편영화감독상(2007), 제11회 부천국제판타스틱영화제 단편부문 심사위원상(2007), 제8회 레스페스트디지털영화제 관객상(2007), 제44회 백상예술대상 영화부문 대상 · 신인감독상(2008), 제45회 대종상영화제 감독상 · 최우수작품상(2008), 제12회 부천국제판타스틱영화제 작품상(2008), 유럽판타스틱영화제연맹 아시아영화상(2008), 제16회 춘사대상영화제 신인감독상 · 각본상(2008), 제9회 부산영화평론가협회상 각본상(2008), 제17회 부일영화상 최우수감독상(2008), 제41회 시체스국제영화제 오리엔탈익스프레스상(2008), 제7회 대한민국영화대상 신인감독상 · 감독상 · 각본각색상(2008), 제27회 브뤼셀 판타스틱영화제 스릴러경쟁부문 최우수작(추격자) 수상(2009), 맥스무비 최고의영화상 최고의감독상(2009), 제15회 부천국제판타스틱영화제 부천초이스 장편 국제경쟁부문 감독상(2011), 제44회 시체스국제영화제 경쟁부문 감독상(2011), 디렉터스컷어워즈 올해의 감독상(2016), 제49회 시체스국제판타스틱영화제 촬영상 및 포커스 아시아부문 최우수감독상(2016), 제37회 청룡영화상 감독상(2016), 한국영화제작가협회 감독상(2016), 백상예술대상 영화부문 작품상(2017), 춘사영화상 최우수감독상(2017) (작)영화 '5 Minutes'(2003) '완벽한 도미요리'(2005) '한(汗)'(2007) '추격자'(2008) '살인자'(2009) '황해'(2010) '곡성'(2016) (종)개신교

## 나희덕(羅喜德 · 女) RA Hee Duk

(생)1966 · 2 · 8 (출)충남 논산 (주)서울특별시 노원구 공릉로 232 서울과학기술대학교 문예창작과(02-970-6291) (학)1988년 연세대 국어국문학과졸 2000년 同대학원 국문학과졸 2006년 국문학박사(연세대) (경)1988년 창현고 교사 1989년 중앙일보 신춘문예 시 '뿌리에게'로 등단, 시인(현) 1989년 민족문학작가회의 이사 1993~1996년 진명여고 교사 2000~2001년 한신대 · 연세대 · 성공회대 시간강사 2000년 한국시학회 이사 2002~2018년 조선대 인문과학대 문예창작학과 교수 2019년 서울과학기술대학교 문예창작학과 교수(현), '시힘' 동인(현) (상)중앙일보 신춘문예 시부문 당선(1989), 김수영문학상(1998), 오늘의 젊은 예술가상(2001), 김달진문학상(2001), 현대문학상(2003), 이산문학상(2005), 소월詩문학상(2007), 지훈상(2010), 임화문학예술상(2014), 미당문학상(2014), 고산문학대상(2019) (저)시집 '뿌리에게'(1991, 창작과비평사), '그 말이 잎을 물들였다'(1994, 창작과비평사), '사람이 풍경으로 피어날 때'(1999), '어두워진다는 것'(2001, 창작과비평사), '보랏빛은 어디에서 오는가'(2003), '그 곳이 멀지 않다'(2004, 문학동네), '사라진 손바닥'(2004, 문학과지성사), '야생사과'(2009, 창비), '말들이 돌아오는 시간'(2014, 문학과지성사), '그녀에게'(2015, 예경), '파일명 서정시'(2018, 창비) 시선집 '아침의 노래 저녁의 시'(2008) 산문집 '반통의 물'(1999, 창작과 비평사), '저 불빛들을 기억해'(2012, 하늘바람별), '한 걸음씩 걸어서 거기 도착하려네'(2017, 달) (역)'고요하여라 나의 마음이여(칼릴 지브란)'(1989, 진선출판사)

## 나희승(羅喜丞) NA HEE SEUNG

(생)1966 · 2 · 4 (출)광주 (주)경기도 의왕시 철도박물관로 176 한국철도기술연구원 원장실(031-460-5100) (학)1984년 영등포고졸 1989년 한양대 기계설계학과졸 1992년 한국과학기술원(KAIST) 기계공학과졸(석사) 1996년 공학박사(한국과학기술원) 1997년 프랑스 푸와티에대 물리학과졸(D.E.P.S.U.P.) (경)1997년 한국철도기술연구원 입사, 同신교통연구본부 근무 2003년 서울산업대 철도전문대학원 겸임교수 2003~2004년 대통령자문 동북아경제중심추진위원회 전문위원 2004~2006년 同동북아시대위원회 수석전문위원 2004년 한국철도기술연구원 남북철도사업단장 2004년 아시아-유럽정상회의(ASEM) 철의 실크로드 국제 심포지움 사무국장 2008년 한국철도기술연구원 대륙철도연구실장 2010년 同기획부장 2014년 同신교통연구본부 대륙철도연계연구팀장 2015년 同수석연구원 2015~2018년 민주평통 상임위원 2016~2018년 (사)한국유라시아학회 회장 2018년 한국철도기술연구원 원장(현) 2019년 민주평통 경제협력분과위원회 상임위원(현) (상)국토해양부장관표창(2008), 기획재정부장관표창(2013), 한국공학한림원 2025년대한민국을이끌100대기술과주역(2017) (저)'TKR건설-한반도 종단철도, 북한을 열고 세계를 묶다(共)'(2013, 명지출판사) '이제는 통일이다(共)'(2014, 헤럴드경제출판사) 'The Political Economy of Pacific Russia(共)'(2017, Macmillan)

## 남경모(南慶模) Nam Kyungmo

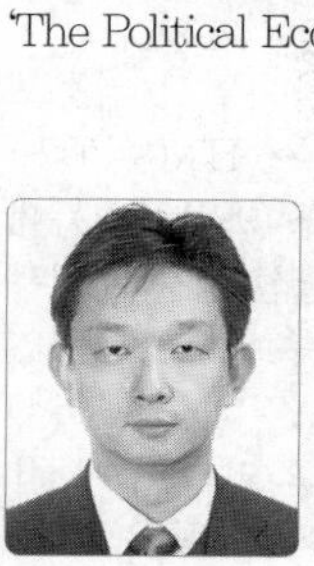

(생)1975 · 1 · 15 (본)영양(英陽) (출)대구 (주)세종특별자치시 한누리대로 402 산업통상자원부 운영지원과(044-203-5060) (학)1993년 청구고졸 2001년 서울대 경제학과졸 2005년 同행정대학원 행정학과졸 2009년 미국 콜로라도주립대 대학원 행정학과졸 2015년 경제학박사(한국산업기술대) (경)

2001년 행정고시 합격(45회) 2005년 산업자원부 에너지관리과 사무관 2006년 同장관실 비서관 2007년 同광물자원팀 사무관 2009년 지식경제부 석유산업과 사무관 2011년 同신재생에너지과 신재생진흥팀장(서기관) 2012년 同운영지원과 인사팀장 2013년 대한무역투자진흥공사(KOTRA) 외국인투자지원센터 파견 2014년 대통령 인사수석비서관실 행정관 2016년 산업통상자원부 연구개발전략기획단 파견 2016년 同기업정책팀장 2017년 同전력진흥과장 2018년 同전력진흥과 전기요금TF 팀장 2019년 고용 휴직(서기관)(현) (상)교육인적자원부장관표창(2005), 우수공무원 대통령표창(2010)

## 남경필(南景弼) Nam Kyung Pil

(생)1965·1·20 (본)의령(宜寧) (출)서울 (학)1984년 경복고졸 1988년 연세대 사회사업학과졸 1996년 미국 예일대 경영대학원 경영학과졸 (경)1993년 경인일보 사회부·정치부·경제부 기자 1995년 미국 예일대 한인학생회장 1998년 한나라당 수원팔달지구당 위원장 1998년 남경장학회 회장 1998년 수원시노인무료급식후원회 회장 1998년 제15대 국회의원(수원 팔달구 보궐선거 당선, 한나라당) 1998년 한나라당 원내부총무 2000년 제16대 국회의원(수원 팔달구, 한나라당) 2000년 한나라당 문화관광위원장 2000년 미래를위한청년연대 공동대표 2000년 미래산업연구회 대표위원 2001년 한나라당 국가혁신위원회 문화예술분과위원회 부위원장 2001년 同총재실 부실장 2001년 同대변인 2003년 同상임운영위원 2004년 제17대 국회의원(수원 팔달구, 한나라당) 2004~2005년 한나라당 원내수석부대표 2004년 국회 국회개혁특별위원회 위원장 2004년 우리누리청소년회 후원이사 2004년 아름다운가게 자문위원 2005년 한국·인도의원친선협회 회장 2005년 국회 저출산 및 고령화사회대책특별위원회 위원장 2005년 대한장애인아이스하키협회 회장 2006년 새정치수요모임 대표 2006년 한나라당 경기도당 위원장 2008년 제18대 국회의원(수원 팔달구, 한나라당·새누리당) 2008년 2008대한민국공공디자인엑스포조직위원회 공동위원장 2008년 (사)국회의원축구연맹 회장 2008년 디자인코리아 국회포럼 의원연구단체 대표위원 2009년 국민생활체육전국생활체조연합회 회장 2009년 한국·아르헨티나의원친선협회 회장 2010년 한나라당 인재영입위원장 2010년 2010대한민국뷰티디자인엑스포조직위원회 위원장 2010~2011년 국회 외교통상통일위원장 2010년 (사)아시아디자인센터 이사장 2011년 한나라당 최고위원 2012~2014년 제19대 국회의원(수원시丙, 새누리당) 2012년 새누리당 상임전국위원 2012년 同지역화합특별위원회 위원장 2012년 同제18대 대통령중앙선거대책위원회 부위원장 2012년 한·일의원연맹 고문 2013~2015년 한국인터넷디지털엔터테인먼트협회 회장 2013년 국회 미래창조과학방송통신위원회 위원 2013년 국회 역사왜곡대책특별위원회 위원장 2014~2018년 경기도지사(새누리당·바른정당·자유한국당) 2014~2015년 전국시·도지사협의회 감사 2015년 경기도 DMZ2.0음악과대화조직위원회 위원장 2016~2017년 경기도일자리재단 이사장 2018년 경기도지사선거 출마(자유한국당) 2019년 (주)모두의건강 CEO(현) (상)대한민국무궁화대상 정치부문(2009), 백봉신사상(2011·2013), 매니페스토 약속대상 선거공약분야 최우수상(2014), 한국정책대상 광역지방자치단체장부문대상(2015), 대한민국 주거복지실천대상(2015), 임길진 주거복지특별상(2015), 한국벤처창업학회 창업진흥대상(2016), 서울석세스 광역단체장대상(2016) (저)자서전 '깨끗한 물에는 물고기가 못 산다구요?' '새로운 권력자들'(2011) '시작된 미래'(2014) (종)기독교

## 남경환(南景煥) NAM Kyung Hwan

(생)1963 · 12 · 17 (출)대구 (주)서울특별시 영등포구 선유동2로 57 이레빌딩 15층 효성ITX(주)(02-2102-8407) (학)1982년 경북고졸 1991년 경북대 중어중문학과졸 (경)1991년 효성물산 철강부 입사 1995년 同상해지점 근무 1998년 (주)효성 중국법인(장가항효사강재) 근무 2003년 同무역PG 철강1PU 팀장 2008년 同무역PG 기획관리담당 상무 2009년 효성ITX(주) 대표이사 상무 2014년 同대표이사 전무(현) (상)동탑산업훈장(2014)

## 남관표(南官杓) Nam Gwan-pyo

(생)1957 · 1 · 27 (본)영양(英陽) (출)부산 (주)서울특별시 종로구 사직로8길 60 외교부 인사기획관실(02-2100-7139) (학)1975년 경기고졸 1979년 서울대 법학과졸 1985년 미국 존스홉킨스대 국제관계대학원(SAIS) 국제정치학과졸 (경)1978년 외무고시 합격(12회) 1981년 외무부 입부 1986년 駐시카고 영사 1990년 외무부 차관 비서관 1991년 同차관 보좌관 1992년 駐일본 1등서기관 1995년 駐필리핀 참사관 1997년 외교통상부 정책총괄과장 1999년 국무총리 의전비서관실 파견 2000년 駐베트남 참사관 2002년 외교통상부 조약국 심의관 2004년 同혁신담당관 2004년 대통령 민정수석비서관실 파견 2006년 외교통상부 정책기획국장 2007년 국무조정실 규제개혁조정관 2008년 국무총리실 규제개혁실장 2008~2009년 부산시 국제관계자문대사 2010년 한국외국어대 법학전문대학원 전임교수 2011~2014년 駐헝가리 대사 2014~2015년 서울시 국제관계대사 2015~2017년 駐스웨덴 대사 2017~2019년 국가안보실 제2차장 2019년 駐일본 대사(현) (상)헝가리 십자대훈장(2015)

## 남광률(南光律) NAM Kwang Ryul

(생)1958 · 11 · 5 (본)의령(宜寧) (출)전남 신안 (주)서울특별시 영등포구 국회대로76길 18 오성빌딩 904호 한국예선업협동조합 임원실(02-786-9590) (학)1976년 목포고졸, 한국방송통신대졸 (경)1978년 목포지방해운항만청 근무 1995년 해양수산부 연안해운과 · 유통가공과 · 행정법무팀 근무 2007년 국토해양부 항만정책과 근무, 인천지방해양항만청 해양환경과장 2012년 국립해양박물관지원단 기획총괄과장 2013년 목포지방해양항만청장 2014~2016년 군산지방해양항만청장 2016년 한국예선업협동조합 전무이사(현) (상)홍조근정훈장(2016)

## 남광희(南光熙) NAM Kwang Hee

(생)1956 · 9 · 26 (출)서울 (주)경상북도 포항시 남구 청암로 77 포항공과대학교 전자전기공학과(054-279-2218) (학)1980년 서울대 공업화학과졸 1982년 同대학원 제어계측공학과졸 1986년 공학박사(미국 텍사스 오스틴대) (경)1981년 서울대 조교 1983년 미국 텍사스 오스틴대 연구조교 1986~1998년 포항공과대 전자전기공학과 조교수 · 부교수 1998년 同정보통신대학원장 1998년 同전자전기공학과 교수(현) 1998년 同정보통신연구소장 1998년 전력전자학회 이사 1999년 제어자동화시스템공학회 이사 2010년 포항공과대 e-car연구단장(현) 2016년 (사)전력전자학회 회장 (상)한국과학기술단체총연합회 과학기술우수논문상, IEEE Industrial Electronics So Trans. Best Paper Award(2000) (저)'AC Motor Control and Electrical Vehicle Applications'(2010, CRC Press) (종)기독교

## 남광희(南光熙) NAM Kwang Hee

(생)1960 · 9 · 10 (본)의령(宜寧) (출)경북 상주 (주)서울특별시 은평구 진흥로 215 한국환경산업기술원 원장실(02-2284-1001) (학)1979년 경북고졸 1983년 고려대 행정학과졸 1992년 서울대 행정대학원 수료 1998년 미국 위스콘신대 대학원 공공행정학과졸 (경)1990년 행정고시 합격(34회) 1994년 환경부 정책총괄과 · 수도관리과 사무관 2000년 同폐기물정책과 서기관 2001년 同공보관실 서기관 2002년 同자연생태과장 2003년 駐경제협력개발기구(OECD) 대표부 참사관 2007년 환경부 대기보전국 대기관리과장 2008년 同기획조정실 기획재정담당관(부이사관) 2010년 대구지방환경청장(고위공무원) 2011년 중앙공무원교육원 파견(고위공무원) 2012년 대통령직속 녹색성장위원회 파견(고위공무원) 2013년 환경부 환경정책실 기후대기정책관 2014년 同자연보전국장 2015년 同대변인 2015년 同중앙환경분쟁조정위원장 2017년 한국환경산업기술원 원장(현)

## 남구준

(생)1968 (출)경남 진주 (주)서울특별시 서대문구 통일로 97 경찰청 사이버안전국(02-3150-2890) (학)마산중앙고졸, 경찰대학졸(5기), 연세대 행정대학원졸 (경)경남지방경찰청 수사과장, 마산동부경찰서장, 경찰청 범죄정보과장 2014년 서울 양천경찰서장 2015년 경찰청 특수수사과장 2016년 同형사과장 2017년 창원중부경찰서장 2018년 국정기획상황실 파견(경무관) 2019년 경찰청 사이버안전국장(치안감 직위 직대)(현)

## 남궁규(南宮奎) NAM Kung Kyu

(생)1961 · 2 · 27 (본)함열(咸悅) (출)강원 홍천 (주)강원도 홍천군 홍천읍 공작산로 99 홍천소방서(033-432-3119) (학)홍천농고졸, 서울디지털대졸 (경)1983년 소방공무원 임용, 강원 태백경찰서 구조구급계장, 강원 춘천소방서 119구조대장, 同동송파출소장, 강원도 소방본부 소방행정과 근무, 강원 춘천소방서 효자파출소장, 同소양파출소장, 同소방주임, 同수난구조대장, 강원 철원소방서 구조구급담당, 강원도 소방본부 방호구조과 근무, 同소방행정과 소방교육계 근무, 강원 홍천소방서 예방안전과장 2010년 강원도 소방본부 방호구조과 화재조사계장(소방령) 2015~2016년 강원 고성소방서 초대서장 2017년 강원 평창소방서장 2018년 강원도 소방본부 방호구조과장 2019년 강원 홍천소방서장(현) (상)강원도지사표창, 내무부장관표창

## 남궁근(南宮槿) Namkoong Keun

(생)1954 · 1 · 30 (본)함열(咸悅) (출)전북 익산 (주)서울특별시 노원구 공릉로 232 서울과학기술대학교 IT정책대학원(02-970-6261) (학)1972년 남성고졸 1976년 서울대 정치학과졸 1978년 同행정대학원졸 1989년 행정학박사(미국 피츠버그대) (경)1981년 경제기획원 사무관 1982~1995년 경상대 행정학과 전임강사 · 조교수 · 부교수 1995~2000년 同행정학과 교수 1995~1996년 미국 버클리대 교환교수 1997년 경상대 도서관장 1999년 행정개혁시민연합 정책위원장 1999년 정부개혁연구소 부소장 2000년 경상대 통일문제연구소장 2001~2010년 서울산업대 행정학과 교수 2003년 정부혁신및지방분권위원회 위원 2004~2005년 서울산업대 IT정책대학원장 2007~2009년 국무총리직속 행정정보공유추진위원회 위원장 2007~2009년 과학기술부 대학설립심사위원장 2007~2011년 아산사회복지재단 학술연구 자문위원 2008년 한국행정학회 회장 2008~2010년 (사)한국학술단체총연합회 이사 2009~2011년 (재)지방행정연구원 이사 2010~2019년 서울과학기술대 행정학과 교수 2010년 교육과학기술부 청렴옴부즈만 2010년 同자문위원 2010~2011년 감사연구원 자문위원장 2011~2015년 서울과학기술대 총장 2012년 한국대학교육협의회 감사 2012년 전북도 새만금정책포럼 위원장(현) 2013년 미국 피츠버그대총동문회 회장 2014년 국무총리실 새만금위원회 위원(현) 2014~2015년 지역중심국공립대학교총장협의회 회장 2014~2015년 한국대학교육협의회 부회장 2015년 미래창조과학부 우정사업운영위원장(현) 2015~2017년 교육부 대학설립심사위원장 2016년 행정개혁시민연합 공동대표(현) 2018년 국무총리소속 정부업무평가위원회 민간위원장(현) 2019년 서울과학기술대 명예교수(현) 2019년 지방행정연구원 석좌연구위원(현) 2019년 한국지방행정연구원 자치분권과사회혁신포럼 대표(현) 2019년 서울대 법인이사(현) (상)미국 행정대학원연합회 우수논문상(1989), 한국행정학회 학술상(1999), 홍조근정훈장(2005), 대한민국경제리더 인재경영부문 대상(2013), 미국 피츠버그대 행정국제대학원 동문상(2014), 청조근정훈장(2019) (저)'비교 정책연구'(1999) '고위공무원단제도'(2000) '전자정부를 통한 부패통제'(2002) '스칸디나비아 국가의 거버넌스와 개혁'(2006) '유럽연합의 대학개혁'(2014) '볼로냐협약의 집행성과'(2014) '행정조사방법론(제5판)'(2017) '정책학(제3판)'(2017) 'Public Administration and Policy in Korea'(2017) '정책연구와 실천 : 나의 삶과 학문'(2018) (역)'정책분석론(제6판)'(2018) (종)천주교

## 남궁기(南宮錡) NAMKOONG, KEE

(생)1960 · 2 · 19 (본)함열(咸悅) (출)서울 (주)서울특별시 서대문구 연세로 50-1 세브란스병원 정신건강의학과(02-2228-1625) (학)1985년 연세대 의대졸 1996년 아주대 대학원 의학석사 2003년 의학박사(아주대) (경)1986~1989년 연세대의료원 정신과 전공의 1989~2006년 연세대 의과대학 정신과학교실 연구강사 · 전임강사 · 조교수 · 부교수 1991~1993년 광주신경정신병원 진료부장 1996~1998년 미국 예일대 의대 교환교수 2001~2005년 영동세브란스병원 정신과장 2001년 대한신경정신의학회 간행위원회 부위원장 2001~2003년 정보통신윤리위원회 위원 2005년 세브란스병원 정신건강의학과장 2005 · 2006~2008년 연세대의료원 홍보부실장 2006년 연세대 의과대학 정신과학교실 교수(현) 2008년 同사무처장 2012~2016년 同의과대학 정신과학교실 주임교수 2013년 연세대의료원 미래발전추진위원장 2018년 同사무처장(현) (저)'니코틴 중독'(2000) '알코올 의존, 당신도 치료할 수 있다'(2001)

## 남궁기정(南宮基正)

(생)1965 · 9 · 9 (출)경기 안성 (주)서울특별시 종로구 북촌로 112 감사원 공직감찰본부(02-2011-2300) (학)천안 북일고졸, 고려대 경영학과졸 (경)2001년 감사원 심사제1담당관실 감사관 2007년 감사교육원 교수 2007년 감사원 결산감사본부 제1팀장 2009년 同연 · 기금감사단 제1과장 2010년 同재정 · 경제감사국 제5과장(부이사관) 2010년 同재정 · 경제감사국 제4과장 2011년 同감사품질관리관 직대 2012년 교육 파견 2014년 감사원 국방감사단장 2015년 同감사청구조사국장 2016년 同지방행정감사2국장 2016년 同국토 · 해양감사국장 2018년 同감사교육원장 2019년 同공직감찰본부장(현)

## 남궁영(南宮鎣) NAMKOONG Young

(생)1957 · 4 · 17 (본)함열(咸悅) (출)서울 (주)서울특별시 동대문구 이문로 107 한국외국어대학교 정치외교학과(02-2173-3103) (학)1976년 경기고졸 1980년 한국외국어대 정치외교학과졸 1982년 同대학원 정치외교학과졸 1989년 정치학박사(미국 미주리대) (경)1991~1997년 민족통일연구원 연구위원 1997~2003년 한국외국어대 국제지역대학원 조교수 · 부교수 2002년 동아시아경제학회 북한분과 위원장 2003년 한국국제정치학회 통일 · 북한분과 위원장 2004년 한국외국어대 정치외교학과 교수(현) 2006년 한국외국어대 사회과학대학 부학장 2007년 북한연구학회 부회장 2008~2009년 한국안보통상학회 부회장 겸 학술위원장 2008~2016년 국방부 해군발전자문위원회 정책자문위원 2008년 국가인권위원회 북한인권포럼 위원 2009~2013년 한국외국어대 글로벌정치연구소장 2009년 통일부 정책자문위원 2009년 한국국제정치학회 부회장 2009년 행정안전부 조직진단자문단 자문위원 2009년 민주평통 상임위원 2009년 국무총리실 정부업무특정평가단 평가위원(외교통상부 · 국방부 · 통일부 담당) 2009~2012년 同납북피해자보상및지원심의위원회 납북피해산정분과위원장 2010년 비교민주주의학회 회장 2010~2011년 동아일보 객원논설위원 2011년 외교부 정책자문위원 2011~2013년 남북관계발전위원회 위원 2011년 한국정치학회 부회장 2011년 한국세계지역학회 회장 2011년 전국대학통일문제연구소협의회 공동의장 2012~2016년 해군 발전자문위원 2013년 민족화해협력범국민협의회 정책위원 2014년 한국국제정치학회 회장 2014~2016년 한국외국어대 정치행정언론대학원장 2015년 국가인권위원회 인권정책관계심의회 위원 2017년 통일부 정책자문위원회 위원장 (저)'국제질서의 전환과 한반도(共)'(2000) '동아시아 지역질서와 국제관계(共)'(2002) '동북아와 한반도(共)'(2004) '현대 북한경제론(共)'(2005) '신자유주의 세계화와 민주주의(共)'(2009) '분단 한반도의 정치경제 : 남한 북한 미국의 삼각퍼즐'(2010) '국제정치경제 패러다임과 동아시아 지역질서'(2011) '강대국 정치와 한반도 : 미, 중의 패권경쟁'(2016, 오름)

ㄴ

## 남궁영(南宮英)

(생)1962·9·18 (본)함열(咸悅) (출)충남 부여 (주)부산광역시 남구 문현금융로 40 한국자산관리공사 공공개발본부(051-794-2901) (학)1981년 대전고졸 1985년 서울대 농생물학과졸 1991년 충남대 지역경제관리자과정 수료 1991년 同중견관리자과정 수료 1992년 同농업교관과정 수료 1995년 서울대 대학원 행정학과졸 2006년 충남대 고위정책반과정 수료 (경)1984년 기술고시 합격(20회) 1985~1986년 총무처·내무부 농림기좌 1986~1989년 내무부 농업기좌 1989년 충남도 공무원교육원 지방농업기좌 1990년 同보령농산과장(일본 구마모토 파견) 1991년 同공무원교육원 교수(지방농업기좌) 1992년 同농정기획계장(지방농업사무관) 1996년 同농정유통과장(지방농업서기관) 2003~2006년 농축산물물류센터 파견(지방농업서기관) 2006년 지방농림부이사관 승진 2006~2007년 충남자치인력개발원 교육파견 2007년 충남도 기획관리실 혁신정책기획관 2008년 同행정도시지원·도청이전추진본부장 2009년 해외연수(부이사관) 2011년 충남도 경제통상실장 2013년 同기획관리실장 2015년 행정자치부 지방행정연수원 기획부장 2015년 同과거사관련업무지원단장 2015년 同기획조정실 정책기획관 2016년 同대변인 2016~2019년 충남도 행정부지사 2017년 同도지사 직무대행 2018년 同도지사 권한대행 2019년 한국자산관리공사(KAMCO) 공공개발본부장(상임이사)(현) (상)충남도지사표창(1991), 내무부장관표창(1994)

## 남궁원(南宮遠) NAMKOONG Won

(생)1934·8·1 (본)남양(南陽) (출)경기 양평 (주)서울특별시 서초구 반포대로 37길 59 대한민국예술원(02-3479-7223) (학)1952년 한양공고졸 1952년 한양대 화학공학과 입학, 고려대·연세대 언론대학원 최고위과정 수료, 네덜란드 국립과학기술원(DHV) 항만공학 연수 (경)1959년 '그밤이 다시오면'으로 영화 데뷔 1959년 영화배우(현) 1977년 한국영화인협회 복지회장(현) 1978~1984년 한국영화배우협회 부회장·한국영화인협회 부이사장 1991~1997년 한국영화배우협회 회장 1992~1995년 한국예술인총연합회 이사 1992~1995년 한국영화인협회 부이사장 2002년 (주)헤럴드 명예회장 2004년 한국영화배우협회 명예회장 2007년 제44회 대종상영화제 심사위원장 2007~2015년 (주)HMX동아TV 명예회장 2013~2014년 한국영화인총연합회 회장 2013년 (사)한국예술문화단체총연합회 이사 2013년 제50회 대종상영화제 집행위원장 2013년 대한민국예술원 회원(영화·현) 2014년 제19회 부산국제영화제 조직위원회 자문위원 2014년 제51회 대종상영화제 집행위원장 2014년 영화박물관 건립 추진위원 (상)부일영화상 남우조연상(1965), 아시아영화제 남우조연상(1970), 청룡영화상 인기남우상(1970·1971), 싯체스영화제 남우연기상(1971), 백상예술대상 남자연기상(1972), 대종상 남우주연상(1973), 한국영화유공자상(1984), 서울시 문화상 예술부문(1993), 프랑스 에르메스 공로상(2004), 아름다운예술인상 공로예술인상(2015), 은관문화훈장(2016) (작)영화 '달기'(1964), '국제간첩'(1965), '남과 북'(1965), '순교자'(1965), '대탈출'(1966), '국제금괴사건'(1966), '풍운의 검객'(1967), '황혼의 검객'(1967), '암굴왕'(1968), '만선'(1969), '비련'(1969), '석녀'(1969), '여섯 개의 그림자'(1969), '태자바위'(1969), '그 여자에게 옷을 입혀라'(1970), '첫경험'(1970), '전쟁과 인간'(1971), '충녀'(1971), '새남터의 북소리'(1972), '다정다한'(1973), '내일은 진실'(1975), '유정'(1976), '원산공작'(1976), '너의 창에 불이 꺼지고'(1978), '피막'(1981), '인천'(1980), '빙점81'(1981), '아벤고 공수군단'(1982), '적도의 꽃'(1983), '내시'(1986), '애'(1999) 외 300여편 (종)기독교

## 남궁원(南宮垣) NAMKUNG Won

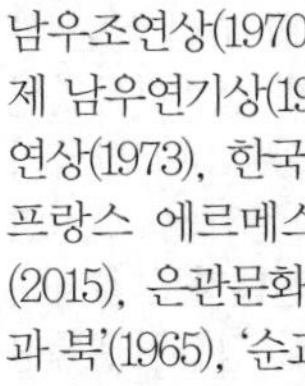

(생)1943·10·13 (본)함열(咸悅) (출)전남 목포 (주)경상북도 포항시 남구 청암로 77 포항공과대학교 물리학과(054-279-2066) (학)1965년 서울대 물리학과졸 1977년 물리학박사(미국 테네시대) (경)1978~1980년 미국 메릴랜드대 연구원 1980~1984년 同조교수 1984~1988년 Naval Surface Warfare Center 연구원 1988~2009년 포항공과대 물리학과 교수 1996년 同포항가속기연구소장 2001~2004년 제4차 아시아·태평양물리학연합회 총회 회장 2002~2004년 아시아가속기연구회 회장 2003~2005년 포항공과대 대학원장 2009년 同물리학과 명예교수(현) 2009년 국제핵융합실험로(ITER)기구 경영평가관 2009년 포항공과대 포항가속기연구소 상임고문(현) 2010~2013년 아·태이론물리센터 이사장 2012~2016년 '2016세계가속기학회(IPAC2016)' 조직위원장 2016~2017년 국제열핵융합실험로(ITER) 이사회 의장 (상)국민훈장 동백장(1994) (종)천주교

## 남궁재용(南宮在鎔) Namkung Jae-yong

(생)1966·7·2 (본)함열(咸悅) (출)서울 (주)전라북도 군산시 새만금북로 466 새만금개발청 개발전략국 계획총괄과(063-733-1080) (학)1985년 서울 용문고졸 1990년 고려대 전기공학과졸 1992년 同공과대학원 전기전자전파공학과졸 1997년 공학박사(고려대) (경)1997~2001년 한국전기연구원 선임연구원 2001~2013년 산업통상자원부 전력시장과·원자력산업과·자동차조선과·신재생에너지과 공업사무관 2013년 同신재생에너지과 기술서기관 2015년 새만금개발청 투자유치기획과장 2016년 同대변인 2018년 同개발전략국 신산업전략과장 2019년 同개발전략국 신산업전략과장(부이사관) 2019년 同개발전략국 계획총괄과장(현) (상)산업자원부장관표창(2003·2015), 국무총리표창(2008), 지식경제부 올해의 지식경제인 선정(2012), 근정포장(2019)

## 남궁진(南宮鎭) NAMKUNG Jin (佯月)

(생)1942·8·11 (본)함열(咸悅) (출)전북 익산 (주)서울특별시 영등포구 의사당대로 1 대한민국헌정회(02-757-6612) (학)1961년 중앙고졸 1965년 고려대 법학과졸 (경)1984년 민주화추진협의회보 편집부국장 1988년 평민당 총재비서실 차장 1989년 同총무국장 1989년 국회 정책연구위원 1991년 신민당 총무국장 1991년 민주당 총무국장 1992년 同사무부총장 1993년 제14대 국회의원(전국구 승계, 민주당) 1993년 아·태평화재단 이사 1996~2000년 제15대 국회의원(광명甲, 국민회의·무소속) 1996년 국민회의 원내수석부총무 1998년 同제1정책조정위원장 1999년 同연수원장 1999년 同총재권한대행 비서실장 1999~2001년 대통령 정무수석비서관 2001~2002년 문화관광부 장관 2002년 새천년민주당 경기광명지구당 위원장 2003년 同당무위원 2015년 새정치민주연합 고문 2015~2019년 대한민국헌정회 이사 2019년 同위원(현) 2019년 더불어민주당 고문(현) (저)'성경에서 배운 하나님의 정치' '21세기 한국의 선택' '새천년의 약속' (종)기독교

## 남궁창성(南宮昌星) NAM GUNG CHANG SUNG

(생)1964·9·14 (본)함열(咸悅) (출)강원 춘천 (주)서울특별시 중구 세종대로 124 한국프레스센터 1802호 강원도민일보 서울본부(02-739-0287) (학)강원 성수고졸 1987년 한림대 사학과졸 2018년 건국대 언론홍보대학원졸 (경)1989년 강원일보 입사·수습기자, 강원도민일보 정치부장, 한국기자협회 강원도민일보지회장 2008년 강원도민일보 편집부국장 겸 서울본부 정치부장 2010년 대통령실 출입지방기자단 간사 2011년 한미언론인교류 프로그램 참여 및 미국 EAST-WEST CENTER 연수 2014년 한국지역언론인클럽(KLJC) 회장 2015년 강원도민일보 서울본부 취재국장 2016~2017년 한국기자협회 지역신문발전특별위원장 2016~2017년 강원도민일보 서울본부장 겸 취재국장 2017년 한국신문협회 기조협의회 이사(현) 2018년 강원도민일보 서울본부장 2018년 한국기자협회 언론인공제회추진단 공동대표(현) 2019년 강원도민일보 이사 겸 서울본부장(현) 2019년 연합뉴스 수용자권익위원회 위원(현) (상)문화관광부장관표창 (종)가톨릭

## 남궁협(南宮協)

(생)1961·7·20 (출)전북 김제 (주)전라남도 나주시 건재로 185 동신대학교 기초교양대(061-330-3683) (학)1985년 원광대 영어교육학과졸 1987년 고려대 대학원 신문방송학과졸 1995년 신문학박사(고려대) (경)1990년 한국언론학회 총무간사 1991년 통일개발연구소 연구원 1991년 고려대 신문방송학과 강사 1992년 同신문방송연구소 연구원 1993년 한국방송통신대·한국방송공사 정책연구실 연구원 1997년 한국방송공사 상임연구원 1997년 동신대 신문방송학과 전임강사 1999년 同신문방송학과 조교수 2004년 同홍보실장 2012년 同기초교양대 교수(현) 2013년 (사)광주전남민주언론시민연합 상임대표 2015년 동신대 소방행정학과 교수(현) 2018년 同중앙도서관장 겸 교육미디어센터장 겸 교육방송국장 겸 출판국장(현) 2019년 연합뉴스 광주전남취재본부 콘텐츠자문위원(현)

## 남궁형(南宮炯)

(생)1980·7·2 (주)인천광역시 남동구 정각로 29 인천광역시의회(032-440-6033) (학)서강대 경영전문대학원 SHAPE과정 수료 2012년 인하대 대학원 행정학과 박사과정 제적 (경)(주)남궁 대표(현), 원광대 초빙교수, 인천 동구 송림4동 주민자치위원회 위원장 2010년 인천시의원선거 출마(무소속), 민주당 전국청년위원회 부위원장 2014년 인천시의원선거 출마(새정치민주연합) 2017년 더불어민주당 제19대 문재인 대통령후보 미래한국전략특보, 同중앙당 부대변인 2018년 인천시의회 의원(더불어민주당)(현), 同의회운영위원회 위원(현), 同기획행정위원회 부위원장(현), 同자치분권특별위원회 위원장(현)

## 남궁훈 NAM Koong Whon

(생)1972·10·19 (출)서울 (주)경기도 성남시 분당구 판교로 256-19 GB-1타워 카카오게임즈(1566-8834) (경)1997년 삼성SDS·유니텔 기획·마케팅 근무 1999년 NHN(주) 한게임사업부장 2000년 同인도네시아법인총괄 2002년 同엔터테인먼트사업부장 2006년 同한국게임총괄 2007년 NHN USA COO(Chief Operating Officer) 2007~2008년 同대표이사 2008년 同자문역 2010~2011년 CJ인터넷(주) 대표이사 부사장대우 2012~2013년 위메이드엔터테인먼트 공동대표 2013~2015년 게임인재단 이사장 2015년 퍼블리싱플랫폼기업 '엔진'(NZIN Corp.) 대표이사 2015년 게임인재단 이사(현) 2016년 (주)카카오 최고게임책임자(CGO) 2016년 카카오게임즈 각자대표이사(현) (상)자랑스러운 서강인(2018)

## 남기만(南基萬) NAM Ki Man

(생)1957·9·1 (출)서울 (주)경기도 성남시 분당구 판교역로 182 한국반도체산업협회 부회장실(02-570-5222) (학)중동고졸, 동국대졸 1993년 미국 위스콘신주립대 대학원졸 1999년 국방대학원졸 (경)1986년 행정고시 합격(29회) 1986년 상공부 수습사무관 1988년 同아주통상과·무역협력과 근무 1996년 산업자원부 자동차조선과 근무 1996년 同중소기업지원과·다자협상과·투자진흥과 서기관 1999년 국방대학원 파견 2001년 산업자원부 행정법무담당관 2002년 駐베트남 상무관 2006년 산업자원부 기계항공팀장(서기관) 2007년 同기계항공팀장(부이사관) 2008년 同부품소재총괄팀장 2008년 지식경제부 운영지원과장 2008년 대한무역투자진흥공사(KOTRA) 외국인투자지원센터 종합행정지원실장(고위공무원) 2009년 지식경제부 감사관 2011년 同성장동력실 주력산업정책관 2013~2014년 산업통상자원부 무역투자실 무역정책관 2014년 한국반도체산업협회 상근부회장(현) (저)'5억 아시아황금시장의 중심 베트남 이코노믹스(共)'(2008)

## 남기명(南基明) NAM Ki Myoung

(생)1952·11·16 (본)의령(宜寧) (출)충북 영동 (주)대전광역시 유성구 대학로 99 충남대학교 법학전문대학원(042-821-5820) (학)1971년 대전고졸 1975년 충남대 법학과졸 1983년 서울대 행정대학원 행정학과 수료 2003년 미국 캘리포니아주립대 버클리교 연수 2008년 명예 법학박사(충남대) (경)1976년 행정고시 합격(18회) 1981년 법제처 행정사무관(재무부·노동부 등 소관법령담당) 1984년 同법령보급과장 1986년 同제2국 법제관(교통부·체신부 등 소관법령담당) 1986년 국회 법제사법위원회 입법조사관 1988년 법제처 제2국 법제관(교통부·체신부·건설부 등 소관법령담당) 1993년 同제1국 법제관(교육부·노동부 등 소관법령담당) 1996년 同공보관 1998년 同사회문화법제국장 2000년 同경제법제국장 2002년 미국 캘리포니아대 버클리교 방문학자 2003년 법제처 행정심판관리국장 2004년 국무총리 행정심판위원회 상임위원 2005년 법제처 차장(차관급) 2007~2008년 법제처장(장관급) 2008~2011년 충남대 법과대학 초빙교수 2010~2017년 LG화학 사외이사 2011년 충남대 법학전문대학원 석좌교수(현) 2018년 충남대총동창회 재경동문회 회장(현) (상)홍조근정훈장(1998), 황조근정훈장(2009)

## 남기심(南基心) NAM Ki Shim (藍谷)

(생)1936·7·27 (본)의령(宜寧) (출)경기 광주 (주)서울특별시 서대문구 연세로 50 연세대학교 언어정보연구원(02-2123-4047) (학)1955년 서울고졸 1960년 연세대 문과대학 국어국문학과졸 1964년 同대학원졸 1967년 미국 워싱턴대 언어학과졸 1974년 문학박사(연세대) (경)1962년 연세대 강사 1967~1977년 계명대 전임강사·조교수·부교수·교수 1977~2001년 연세대 국어국문학과 교수 1978년 문교부 국어심의회 위원 1983~1985년 한국학술진흥재단 연구업적심사위원 1987~1989년 대한민국학술원 국어연구소 연구위원 1989~1998년 한글학회 감사·이사 1990년 문화부 국어심의회 위원 1991년 연세대 국학연구원장 1993년 문화체육부 국어심의회 위원 1993~2000년 삼성문화재단 자문위원 1995년 연세대 문과대학장 1996~1999년 3.1문화상 심사위원 1997년 한국어학회 회장 1998년 문화관광부 국어심의회 위원 1998년 한국언어학회 회장 2001~2006년 국립국어원 원장 2001년 연세대 명예교수(현) 2006년 同언어정보연구원 전문연구원(현) 2009~2011년 문화체육관광부 국어심의회 위원장 2012~2017년 고려사이버대 석좌교수 (상)외솔상(1998), 3.1문화상(1998), 서울인상(1998), 녹조근정훈장(2001), 3·1문화상 학술상(2002), 연세대문과대동창회 제8회 연문인상(2008), 보관문화훈장(2011), 연세대 용재학술상(2012), 일석학술재단 일석국어학상(2014), 주시경학술상(2018) (저)'표준 국어문법론' '국어조사의 용법' '국어문법의 탐구Ⅰ~Ⅳ' '언어학개론' '현대 국어통사론'(2001)

## 남기원(南基元) NAM Ki Won

(생)1958·6·23 (주)경기도 안양시 동안구 엘에스로 127 LS타워 LS산전(주) 부사장실(1544-2080) (학)인창고졸, 고려대 경영학과졸 (경)LS엠트론(주) 상무 2011년 同최고재무책임자(CFO)(전무) 2015년 LS메탈(주) 대표이사 전무(CEO) 2017년 同대표이사 부사장(CEO) 2018년 LS산전(주) 관리총괄 대표이사 겸 최고인사책임자(CHO) 2019년 同지원총괄 대표이사 부사장(현)

## 남기원(南基元) Nam Ki Won

(생)1962·8 (주)서울특별시 중구 을지로5길 26 미래에셋 센터원빌딩 이스트타워 미래에셋대우(02-3774-0811) (학)1988년 서강대 경영학과졸 (경)1987년 KDB대우증권 입사 2004년 同자산관리영업2부장 2007년 同금융상품법인영업1부장 2009년 同금융상품법인영업1부 이사대

우 2009년 同금융상품영업본부장 2011년 同금융상품법인영업본부 상무보 2013년 同금융상품영업본부장(상무) 2016년 同금융상품영업본부장(전무) 2016년 미래에셋대우 Wholesale부문 대표(부사장)(현)

**남기일(南基一) NAM, KI-IL**

(생)1974·8·17 (출)전남 순천 (주)경기도 성남시 분당구 탄천로 215 탄천종합운동장內 성남시민프로축구단(031-709-4133) (학)금호고졸 1997년 경희대졸 2009년 심리학박사(경희대) (경)1997~2003년 부천 SK 소속 2004~2005년 전남 드래곤즈 소속 2005~2008년 성남 일화 천마 소속 2009~2010년 천안시청 축구단 플레잉 코치 2010~2012년 광주FC 코치 2013년 同감독대행 2015~2017년 同감독 2017년 성남FC 감독(현)

**남기재(南基才)**

(생)1965 (출)전남 순천 (주)전라북도 전주시 덕진구 온고을로 299 전주덕진경찰서(063-713-0219) (학)전남 순천고졸 1987년 경찰대 행정학과졸(3기) 2007년 전북대 법무대학원 공법학과졸 (경)1987년 경위 임용 2002년 전북지방경찰청 마약·수사2·강력계장 2004년 전북 군산경찰서 수사과장(경정) 2005년 전북 익산경찰서 수사과장 2006년 전북지방경찰청 수사2계장, 同강력계장 2011년 총경 승진 2012년 전북지방경찰청 수사과장 2013년 전북 부안경찰서장 2014년 전북지방경찰청 수사과장 2015년 전북 군산경찰서장 2016년 전북지방경찰청 홍보담당관 2017년 전북 진안경찰서장 2017년 전북지방경찰청 112종합상황실장 2019년 전주덕진경찰서장(현)

**남기주(南基柱) NAM Ki Joo**

(생)1964·5·3 (출)강원 강릉 (주)서울특별시 도봉구 마들로 749 서울북부지방법원(02-910-3310) (학)1983년 강릉고졸 1987년 서울대 사법학과졸 (경)1993년 사법시험 합격(35회) 1996년 사법연수원 수료(25기) 1996년 춘천지법 강릉지원 판사 1999년 춘천지법 판사 2000년 同홍천군법원 판사 2001년 서울지법 의정부지원 판사 2004년 서울북부지법 판사 2006년 서울고법 판사 2008년 서울중앙지법 판사 2010년 서울남부지법 판사 2011년 대전지법 부장판사 2012년 인천지법 부장판사 2015년 서울남부지법 부장판사 2019년 서울북부지법 부장판사(현)

**남기찬(南奇燦) NAM Ki Chan**

(생)1959·9·28 (출)경북 안동 (주)부산광역시 중구 충장대로9번길 46 부산항만공사 사장실(051-999-3001) (학)1984년 한국해양대 항해학과졸 1989년 영국 웨일즈대 대학원졸 1992년 공학박사(영국 웨일즈대) (경)1993~1999년 한국해양대 물류시스템공학과 전임강사·조교수·부교수 1995년 부산시 교통영향심의위원 1996~2009년 대한교통학회 부산경남지회 이사 1997~2007년 (주)부산신항만 자문위원 1997~2007년 해양수산부 신항만건설심의위원회 위원 1999~2018년 한국해양대 공과대학 물류시스템공학과 교수 1999~2011년 한국로지스틱스학회 이사 2001~2002년 네덜란드 에라스무스대 연구교수 2003~2004년 한국해양대 학생처장 2004~2011년 한국항해항만학회 편집위원 2007~2009년 부산항만공사 항만위원 2007~2011년 (재)부산테크노파크 종합물류경영기술지원센터장 2008~2009년 한국해양대 기획처장 2010~2011년 同대학원장, 同해운항만물류미래창조인력양성사업단 운영위원 2017년 해양수산부 북항통합개발추진협의회 추진위원 2018년 부산항만공사 사장(현) (상)건설교통부장관표창(2007) (저)'신물류경영'(2000, 문영각) '물류계획론(共)'(2005, 다솜출판) '항만물류계획론(共)'(2009, 박영사) (종)기독교

**남기천(南基天) Nam, Ki Cheon**

(생)1964·4·20 (본)의령(宜寧) (출)경남 하동 (주)서울특별시 영등포구 국제금융로 56 멀티에셋자산운용 임원실(02-3774-8000) (학)대동고졸, 서울대 경영학과졸, 同대학원 경영학과졸, 미국 캘리포니아대 버클리교 대학원 경영학과졸(MBA) (경)대우증권 런던현지법인 사장, 同딜링룸 부장, 同파생시장본부장 겸 고유자산운용본부장 2010년 同고유자산운용본부장(상무보) 2012년 KDB대우증권 고유자산운용본부장(상무보) 2013년 同고유자산운용본부장(상무), 同대체투자본부장 2016년 금융위원회 금융발전심의회 자본시장분과 위원(현) 2016년 멀티에셋자산운용 운용총괄 대표이사 2018년 同대표이사 부사장(현)

**남기철(南基澈) Nam, Ki Cheol**

(생)1969·1·12 (본)의령(宜寧) (출)서울 (주)서울특별시 성북구 화랑로13길 60 동덕여자대학교 사회과학대학 사회복지학과(02-940-4475) (학)1987년 경동고졸 1991년 서울대 사회복지학과졸 1993년 同대학원 사회복지학과졸 2000년 사회복지학박사(서울대) (경)2002~2016·2018년 동덕여대 사회과학대학 사회복지학과 교수(현) 2002~2004년 보건복지부 노숙자대책민관협의회 위원 2003~2016년 참여연대 사회복지위원회 실행위원 2005~2010년 보건복지부 중앙생활보장위원회 전문위원 2005~2014년 한국노인인력개발원 연구기획위원 2007~2016년 서울시 성북구 생활보장위원회 위원 2008~2014년 삼미재단 이사 2008~2016년 삼성꿈장학재단 자문위원 2009~2014년 (사)나눔과미래 이사 2009~2014년 서울시 사회복지협의회 정책자문위원 2009~2014년 서울지역자활센터협회 이사 2010~2016년 서울복지시민연대 공동대표 2011~2014년 저출산고령사회위원회 전문위원 2011~2015년 한국사회복지공동모금회 배분위원 2012~2016년 서울시복지재단 비상임이사 2012년 서울시 사회복지위원회 위원(현) 2012~2015년 한국기독교연합회 홈리스위원회 전문위원장 2013~2016년 아름다운재단 배분위원회 위원 2013~2014년 서울시 성북구 아동친화도시추진위원장 2014년 서울시 성북구 지역사회보장협의체 위원장(현) 2014~2016년 서울시 서울시민복지기준선운영위원회 위원장 2014~2016년 세계사회복지대회조직위원회 기획홍보위원 2015년 서울시 찾아가는 동주민센터 개편추진위원(현) 2016~2018년 서울시복지재단 대표이사 2019년 서울시 사회서비스원 이사(현) (저)'노숙인과 사회복지실천'(2007, 한국학술정보) '자원봉사론'(2007, 나남) '노숙인복지론'(2009, 집문당) '주거복지의 새로운 패러다임(共)'(2011, 사회평론) '모두가 함께 하는 고령사회(共)'(2012, 서울대 출판부) '사회권의 현황과 과제(共)'(2017, 경인문화사) (역)'사회복지 실천의 기법과 지침(共)'(2010, 나남) (작)'한국 노인일자리사업의 전개와 쟁점'(2010, 한국노년학회 국제학술대회) '신빈곤양극화시대 한국 사회복지실천의 쟁점(共)'(2010, 한국사회복지학회) '한국의 노숙인과 노숙인 지원 프로그램'(2015, 동아시아 주거복지컨퍼런스) '서울시 동주민센터 개편과 지역사회복지체계'(2015, 한국지방자치학회) '한국의 지역복지 성과평가 대응과 과제'(2016, 서울대 사회복지연구소)

**남기춘(南基春) NAM Ki Choon**

(생)1960·3·18 (출)서울 (주)서울특별시 서초구 서초중앙로 142 삼하빌딩 9층 남기춘법률사무소(02-596-8811) (학)1979년 홍익사대부고졸 1983년 서울대 법학과졸 (경)1983년 사법시험 합격(25회) 1985년 사법연수원 수료(15기) 1986년 軍법무관 1989년 서울지검 검사 1991년 수원지검 여주지청 검사 1993년 법무부 검찰3과 검사 1995년 同검찰1과 검사 1996년 서울지검 검사 1998년 대구고검 검사 2000년 청주지검 부장검사 2001년 부산지검 마약수사부장 2002년 대구고검 검사 2002년 인천지검 형사4부장 2003년 대검찰청 중수1과장 2004년 서울중앙지검 특수2부장 2005년 대전지검 서산지청장 2006년 청주지검 차장검사 2007년 서울북부지검 차장검사 2008년 대구지검 1차장검사

2009년 대검찰청 공판송무부장 2009년 울산지검장 2010~2011년 서울서부지검장 2011년 변호사 개업 2012~2013년 김앤장법률사무소 변호사 2012년 새누리당 제18대 대통령중앙선거대책위원회 정치쇄신특별위원회 산하 클린정치위원회 위원장 2015~2016년 법률사무소 담박(淡泊) 변호사 2017년 변호사 개업(현) (종)기독교

**남대하(南旲昰) NAM Dae Ha**

(생)1966·2·27 (출)경북 안동 (주)대구광역시 수성구 동대구로 351 법무빌딩 705호 남대하법률사무소(053-752-4500) (학)1985년 경북고졸 1989년 경북대 법학과졸 1992년 同대학원졸 (경)1991년 사법시험 합격(33회) 1994년 사법연수원 수료(23기) 1994년 軍법무관 1997년 대구지법 판사 1999년 同포항지원 판사 2002년 대구지법 판사 2006년 대구고법 판사 2008년 대구지법 판사 2009년 同포항지원 부장판사 2012년 대구지법 부장판사 2016~2018년 同서부지원 부장판사 2018년 변호사 개업(현)

**남도현(南道鉉) NAM Do Hyun**

(생)1960·5·5 (주)서울특별시 영등포구 여의대로 128 LG트윈타워 (주)LG화학 임원실(02-3773-7552) (학)숭문고졸, 고려대 경제학과졸, 미국 워싱턴대 경영대학원 경영학과졸 (경)(주)LG화학 PVC/가소제해외영업팀장, 同화성공장 경영지원담당 수석부장 2006년 同구매담당 상무 2015년 同기초소재·구매담당 전무 2017년 同기초소재·구매총괄 전무(현)

**남동희(南同熙)**

(생)1973·9·6 (출)서울 (주)대전광역시 서구 둔산중로78번길 45 대전지방법원 총무과(042-470-1114) (학)1992년 배문고졸, 서울대 법학과졸 (경)1996년 사법시험 합격(38회) 1999년 사법연수원 수료(28기) 1999년 대한법률구조공단 서산지부 근무 2002년 대구지법 판사 2005년 인천지법 판사 2008년 서울중앙지법 판사 2011년 서울남부지법 판사 2013년 인천지법 판사 2014년 대전가정법원 부장판사 2016년 청주지법 부장판사 2018년 대전지법 부장판사(현)

**남두희(南斗熙) NAM Doo Hui (雅川)**

(생)1940·10·10 (출)경북 상주 (주)대구광역시 수성구 동대구로 367 서현빌딩 102호 법무법인 천마(053-755-1280) (학)함창고졸 1963년 영남대 법학과졸 1994년 同대학원 법학과졸 2001년 법학박사(영남대) (경)1970년 軍법무관 임용시험 합격(1회) 1975년 육군 고등군법회의 軍판사 1979년 변호사 개업, 법무법인 천마 대표변호사(현) 1989년 대구지방변호사회 부회장 (종)불교

**남문현(南文鉉) NAM Moon-hyon (又松)**

(생)1942·10·10 (본)의령(宜寧) (출)경기 남양주 (주)서울특별시 광진구 능동로 120 건국대학교 전기공학과(02-450-3114) (학)1961년 교통고졸 1970년 연세대 전기공학과졸 1972년 同대학원 전기공학과졸 1975년 공학박사(연세대) (경)1971년 한국과학기술정보센터 근무 1976~2008년 건국대 공과대학 전기공학과 조교수·부교수·교수 1980~1982년 미국 캘리포니아대 버클리교 Post Doctoral Course 1984년 同버클리교 초빙교수 1992~2003년 미국 전기학회(IEEE) 정회원·역사위원회 위원 1993~2003년 건국대 한국기술사연구소장 1996년 同상허기념도서관장 1996~1998년 미국 기술사학회(SHOT) 정회원·국제교류학자 1999~2004년 (사)한국산업기술사학회 제1·2대 회장 2000~2002년 건국대 박물관장 2002~2004년 同산업대학원장 2003~2009년 문화재청 문화재위원회 동산분과·군대문화재분과위원 2004~2017년 (사)자격루연구회 이사장 2008년 건국대 전기공학과 명예교수(현) (상)건국대 학술연구상(1985), 제36회 한국출판문화상 저작상(1999), 제14회 한국과학기술도서상 저술상(1996), 제1회 강북사진대전 대상(1996), 건국대 연구공로상(2005) 미국전기전자학회 공로상(2005), 옥조근정훈장(2008), 제32회 외솔상 실천부문(2010), 제64회 서울시문화상 문화재부문(2015), 제12회 한국공학한림원 해동상(2017) (저)'자동제어시스템'(1985) '전기회로와 신호'(1987) '제어시스템공학'(1989) '뇌의 인공적인 확장은 가능한가'(1991) '한국의 물시계'(1995) '장영실과 자격루'(2002) '전통 속의 첨단 공학기술'(2002) (역)'국역 육일재총서1~5(共)'(2013·2014, 세종대왕기념사업회) (작)장영실의 '자격루 복원 및 제작'(2007년 국립고궁박물관 상설전시) (종)불교

**남 민(南 珉)**

(생)1963·1·13 (주)서울특별시 은평구 백련산로 90 은평병원 병원장실(02-300-8114) (학)고려대 의대졸 1997년 가톨릭대 산업보건대학원 산업의학과졸 2000년 의학박사(경희대) (경)서울대병원 소아정신과 전임의사, 인제대 의대 신경정신과학교실 교수, 同일산백병원 소아청소년정신과장 2010~2012년 서울시립어린이병원장 2012~2013년 서울의료원 건강증진센터장 2013년 서울시 은평병원장(현)

**남민우(南閔祐) MIN WOO NAM**

(생)1962·1·11 (본)의령(宜寧) (출)전북 익산 (주)경기도 성남시 분당구 대왕판교로644번길 49 다산타워 10층 (주)다산네트웍스(070-7010-1111) (학)1980년 전주고졸 1984년 서울대 기계공학과졸 (경)1983~1989년 대우자동차 기술연구소 연구원 1991~1993년 Korea Ready System 대표이사 1993년 (주)다산기연 창업 1993년 (주)다산네트웍스 대표이사(CEO)(현) 1993년 다산그룹 회장(현) 1999~2002년 (주)다산인터네트 대표이사 2001~2012년 (사)벤처기업협회 이사 겸 부회장 2004~2006년 한민족글로벌 벤처네트워크(INKE) 의장 2007~2011년 코스닥상장위원회 위원 2010년 글로벌벤처포럼 의장 2010~2014년 동반성장위원회 위원 2011~2015년 한국청년기업가정신재단 이사 2012~2015년 (사)벤처기업협회 회장 2013~2017년 한국네트워크산업협회 회장 2013~2014년 대통령직속 청년위원회 초대 위원장 2013~2014년 국세청 국세행정개혁위원회 위원 2015~2018년 한국청년기업가정신재단 이사장 2016년 DASAN Zhone Solutions(다산존솔루션즈) 이사회 의장(현) 2016년 한국공학한림원 일반회원(현) 2016년 (사)벤처기업협회 명예회장(현) 2017~2018년 GEN Asia(Global Entrepreneurship Nerwork) 초대 의장 (상)산업자원부장관표창(2000), 국세청장표창(2000), 정보통신부장관표창(2000), 중소기업청장표창(2001), 벤처기업대상 대통령표창(2002·2004), 벤처기업대상 동탑산업훈장(2010)

**남병언(南秉彦) NAM Byoung Eon**

(생)1965·11·6 (본)의령(宜寧) (출)서울 (주)대전광역시 서구 청사로 128 금강유역환경청 환경관리국(042-865-0704) (학)1984년 경기고졸 1988년 인하대 환경공학과졸 2006년 한국과학기술원(KAIST) 테크노경영과졸(석사) (경)1996~2007년 환경부 자연보전국 자연생태과·수질보전국 생활오수과·대기보전국 생활공해과·환경전략실 환경기술과 환경사무관 2007~2008년 同대변인실 정책홍보팀 기술서기관 2008~2009년 낙동강유역환경청 환경관리국장 2009~2011년 환경부 국립생물자원관 전시교육과장 2011년 국무총리실 새만금사업추진기획단 환경정책과장 2012년 환경부 국립생태원건립추진기획단 전시연구팀장 2013년 同환경산업실증화단지TF팀 과장 2013년 同환경산업실증연구단지추진단 팀장 2016년 同기후대기정책관실 신기후체제대응팀장 2017년 금강유역환경청 환경관리국장(현) (종)기독교

**남보우(南輔祐) NAM Bo Woo**

(생)1956·7·5 (출)충북 음성 (주)충청남도 천안시 동남구 단대로 119 단국대학교 경영학부(041-550-3393) (학)1980년 서울대 공대 산업공학과졸 1982년 한국과학기술원 대학원졸 1987년 경영학박사(한국과학기술원) (경)1988년 단국대 경영학부 교수(현) 1997~1998년 미국 렌슬러대학(R.P.I) 객원교수 2000~2003년 (주)단바이오텍 이사 2001~2003년 한국대학교육협의회 학사지원부장 2001~2003년 한국경영과학회 사업기획위원장 2003~2004년 단국대 천안캠퍼스 입학관리처장 2005년 同서울캠퍼스 기획조정실장 2006~2008년 同천안캠퍼스 산업정보대학원장 2008년 同천안캠퍼스 보건복지대학원장 2011년 同비서실장 2013년 同기획실장(현) 2019년 同천안캠퍼스 부총장(현) (상)단국대 10년근속표창(1998) (저)'경영학의 이해'(1998, 양서각) '오리알 사람들 - 과학원의 또 다른 이야기'(1998, 도서출판 석정) '21세기를 위한 경영학의 이해'(2001) '21세기의 경영학원론'(2005, 양서각)

**남봉길(南鳳吉) NAM Bong Gil**

(생)1947·5·3 (출)서울 (주)서울특별시 서초구 논현로 83 삼호물산 A동 7층 (주)한국팜비오(02-587-2551) (학)1967년 중동고졸 1973년 성균관대 약학과졸 1999년 서울대 경영대학원 최고경영자과정 수료 (경)1974년 독일 베링거인겔하임 학술·판촉담당 1985년 제일제당 유전공학사업부장 1989년 동신제약(주) 이사 1990년 한올제약(주) 상무이사 1991년 진로제약(주) 이사 1994년 광동제약(주) 연구소장(상무·전무) 1999년 (주)한국팜비오 창업·대표이사 사장 2013년 同대표이사 회장(현) (상)벤처기업대상(2005), 납세자의날 충주세무서장표창(2008), 경영혁신형 중소기업 선정(2008), 상공의날 지식경제부장관표창(2011), 기획재정부장관표창(2013), 석탑산업훈장(2018) (종)기독교

**남봉현(南奉鉉) NAM Bong-Hyun**

(생)1962·4·12 (본)의령(宜寧) (출)충남 서산 (주)인천광역시 중구 서해대로 366 정석빌딩 신관 인천항만공사(032-890-8103) (학)1981년 부평고졸 1985년 서울대 경제학과졸 1988년 同행정대학원 행정학과졸 1997년 미국 미주리주립대 대학원 경영학과졸 2013년 중앙대 경영학 박사과정 수료 (경)1985년 행정고시 합격(29회) 2000년 재정경제부 경제정책국 조정1과 서기관 2005년 同지역특화발전특구기획단 특구기획과장 2006년 同세제실 산업관세과장 2007년 同국고국 국고과장 2008년 기획재정부 국고국 국고과장 2009년 국방대 교육파견(과장급) 2010년 환경부 감사관(고위공무원) 2012년 기획재정부 협동조합준비기획단장 2012년 同정책조정국 협동조합정책관 2013년 同복권위원회 사무처장 2014년 중앙공무원교육원 교육파견(고위공무원) 2015~2016년 해양수산부 기획조정실장 2017년 인천항만공사 사장(현) 2017년 한국해양소년단 인천연맹장(현) 2017년 (사)대한민국해양연맹 인천해양연맹 회장(현) (상)재정경제원장관표창(1997), 근정포장(2013), 아시아품질경영인대상(2019)

**남부원(南富元) NAM Boo Won**

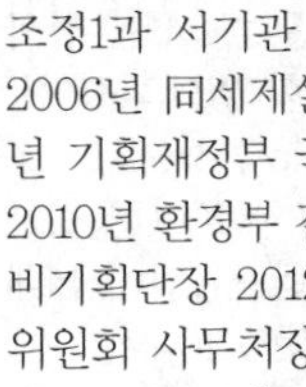

(생)1959·8·16 (출)경북 안동 (학)1982년 연세대 정치외교학과졸 1987년 아시아YMCA중견간사학교졸 2006년 영국 버밍엄대 대학원 지구윤리학과졸 (경)1985년 한국YMCA전국연맹 감사 2002년 서울YMCA 기획부장 2003년 한국YMCA전국연맹 정책기획국장 2007년 광주YMCA 사무총장 2011~2015년 한국YMCA전국연맹 사무총장, 에너지시민연대 공동대표 2014년 재외동포재단 자문위원 2014년 국회 윤리심사자문위원회 위원 2015년 아시아태평양YMCA연맹 사무총장(현) (상)산업포장(2013)

**남부호(南富鎬) Nam Bu ho**

(생)1964·11·7 (출)충북 (주)대전광역시 서구 둔산로 89 대전광역시교육청 부교육감실(042-616-8010) (학)1982년 충북 영동고졸 1986년 충남대 화학공학교육과졸 1990년 한국과학기술원 신소재과졸(석사) 2010년 고려대 교육대학원 평생교육과졸 (경)1988년 서울북공고 교사 1991년 경복고 교사 1997년 개포고 교사 2000년 교육인적자원부 재외동포교육과 교육연구사 2001년 同공보관실 교육연구사 2005년 同감사관실 교육연구사 2006년 同초중등정책과 교육연구관 2007년 同교육과정정책과·편수팀 교육연구관 2009년 한국직업능력개발원 통계연수과 교육연구관 2010년 서울공고 교감 2013년 교육부 자유학기제팀장(장학관) 2014년 同교육과정정책과장 2016년 同교육과정정책관 2019년 대전광역시 부교육감(현)

**남삼식(南三植) NAM Sam Shik**

(생)1965·12·29 (출)경남 거창 (주)경기도 성남시 수정구 산성대로 465 남삼식법률사무소(031-733-5114) (학)1984년 성동고졸 1988년 고려대 법학과졸 2003년 미국 캘리포니아대 샌디에이고교 환태평양국제관계대학원(IRPS) 수료 2008년 고려대 정책대학원 CRO과정 수료 (경)1988년 사법시험 합격(30회) 1991년 사법연수원 수료(20기) 1994년 서울지검 동부지청 검사 1996년 창원지검 진주지청 검사 1997년 수원지검 성남지청 검사 1997년 영인국제특허법률사무소 대표변호사 1998년 대전지검 검사 2000년 서울지검 검사 2003년 인천지검 부부장검사 2004년 대구지검 포항지청 부장검사 2005년 창원지검 공안부장 2006년 부산지검 형사4부장 2007년 사법연수원 교수 2009년 부산지검 형사2부장 2009년 의정부지검 형사1부장 2010~2011년 부산시 파견 2010년 부산고검 부장검사 2012·2015년 변호사 개업(현) 2012년 동아대 법무대학원 겸임교수 2014년 남삼식·정경현 법률사무소 대표변호사

**남상건(南相建) NAM Sang Geon**

(생)1954·11·3 (출)강원 정선 (주)서울특별시 영등포구 여의대로 128 LG트윈타워 LG재단 부사장실(02-3773-1440) (학)1974년 홍익사대부고졸 1981년 한국외국어대 법학과졸 (경)1981년 LG전자(주) 총무담당 부장 1997년 (주)LG유통 곤지암CC 이사 2000년 同레저지원담당 상무 2001년 LG PhilipsLCD(주) 업무홍보담당 상무 2001년 LG전자(주) 대외협력팀장(상무) 2005년 LG PhilipsLCD(주) 대외협력팀장(부사장) 2007년 국가이미지개발위원회 위원 2011년 LG서브원 부사장 2012년 LG전자 경영지원부문장(부사장) 2013~2015년 (주)LG스포츠 대표이사 2015년 LG재단(LG연암문화재단·LG복지재단·LG상록재단·LG연암학원) 총괄 부사장(현) 2016년 한국메세나협회 이사(현) (종)기독교

**남상관(南相寬)**

(생)1967·1·17 (출)충북 음성 (주)서울특별시 서초구 반포대로 158 서울고등검찰청 총무과(02-530-3261) (학)1985년 청주고졸 1993년 성균관대 법학과졸 (경)1998년 사법시험 합격(40회) 2001년 사법연수원 수료(30기) 2001년 창원지검 검사 2003년 청주지검 영동지청 검사 2004년 서울북부지검 검사 2007년 대전지검 천안지청 검사 2010년 의정부지검 검사 2012년 同고양지청 검사 2014년 춘천지검 검사 2015년 서울중앙지검 부부장검사 2016년 부산지검 공판부장 2017년 대구지검 김천지청 형사1부장 2018년 서울고검 검사(현)

**남상구(南尙九) NAM Sang Koo**

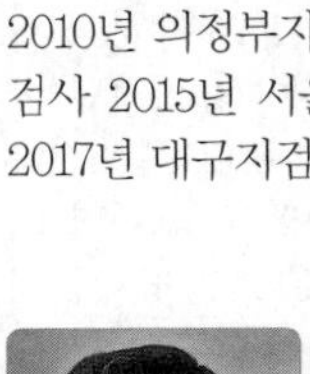

(생)1946·8·20 (출)대구 (주)경기도 성남시 수정구 성남대로 1342 가천대학교 경영대학 글로벌경영학트랙(031-750-5539) (학)1970년 서울대 공과대학졸 1972년 同경영대학원 경영학과졸 1975년 미국 펜실베이니아대 와튼스쿨 경영학과졸(MBA) 1981년 경영학박사(미국 펜실베이니아대) (경)1979~1983

년 미국 휴스턴대 조교수 1983년 고려대 경영대학 경영학과 부교수 1986~2011년 同교수 1986~2011년 한국상장회사협의회 금융·재무 자문위원 1987~1990년 증권감독원·공인회계사시험 출제위원 1991년 한국재무학회 부회장 1992~1993년 미국 미시간대 방문연구원 1994~2000년 한국증권거래소 비상임이사(공익대표) 1995년 한국금융학회 상임간사 1995·1998년 일본 靑山大 방문교수 1996~1998년 고려대 연구교류처장 1996년 한국금융학회 부회장 1996~1997년 한국재무학회 회장 1996년~2004년 일본 아오야마가쿠인대 객원교수 1999년 미국 Business Week '아시아의 스타 50인'에 선정 1999~2000년 한국금융학회 회장 2000년 미국 Univ. of Hawaii at Manoa 객원교수 2000~2006년 SK텔레콤 사외이사 겸 감사위원장 2001~2003년 고려대 경영대학장 겸 경영대학원장 2004~2005년 한국증권거래소 공시위원장 2004~2008년 한국IR협의회 자문위원장 2005~2008년 한국기업지배구조개선지원센터 원장·지배구조개선위원회 위원장 2005~2007년 한국CEO포럼 공동대표 2009~2010년 한국경영학회 회장 2009~2010년 하나금융지주회사 사외이사 2010~2011년 채권금융기관조정위원회 위원장 2010~2011년 고려대 교무부총장 2010~2011년 국민경제자문회의 민간위원 2011년 고려대 경영학과 명예교수(현) 2011~2013년 공적자금관리위원회 위원장 2012년 가천대 경영대학 경영학과 석좌교수(현) 2013년 기아자동차(주) 사외이사 2017년 同사외이사 겸 감사위원장(현) (상)21세기 경영문화대상(2008) (저)'증권시장' '기업의 배당정책과 배당의 정보효과' '증권산업 발전을 위한 연구'(共) '투자론' '국제경쟁력 확보를 위한 한국증권시장의 과제'(共) (역)'투자론'(共)

### 남상규(南相奎) NAM Sang Kyu

(생)1949·1·24 (본)의령(宜寧) (출)광주 (주)광주광역시 광산구 하남산단9번로 90 부국철강(주) 회장실(062-954-3811) (학)1967년 경복고졸 1971년 서울대 국어국문학과졸 1977년 同대학원 국문학 석사과정 수료 (경)1986년 부국철강(주) 대표이사 회장(현) 1986년 부국산업(주) 대표이사 회장 1988년 광주상공회의소 상공의원(제13·14·15대) 1990년 광주지검 청소년선도자문위원 1993년 광주·전남경영자협회 이사 1994년 하남산업단지관리공단 이사 1997년 광주상공회의소 부회장(제16·17대) 2001년 부국문화재단 이사장(현) 2002~2007년 광주비엔날레 이사 2003년 광주·전남경영자협회 비상근부회장(현) 2004~2007년 대통령직속 중소기업특별위원회 위원 2004년 법무부 범죄예방광주지역협의회 부회장 2005년 부국개발(주) 대표이사 회장(현) 2005년 광주시 빛고을장학재단 이사 2005~2007년 대통령직속 문화중심도시조성위원회 위원 2006~2007년 문화재청 문화유산국민신탁설립위원회 위원 (상)상공부장관표창(1993), 통상산업부장관표창(1996), 국무총리표창(1998), 모범성실납세자 선정(2004), 산업포장(2004)

### 남상규(南相奎) NAM Sang Kyu

(생)1950·7·22 (본)의령(宜寧) (출)경기 안양 (주)서울특별시 영등포구 신길로62길 1 (주)남신팜(02-6925-5611) (학)1983년 고려대 경영대학원 수료 2011년 명예 경영학박사(국제문화대학원대) (경)1987년 (주)남신약품 대표이사 사장 1991~1994년 대한의약품도매협회 병원분회장 1993~1994년 同부회장 1997~2002년 민주평통 자문위원 2003년 남북문화교류협회 상임위원·상임이사 2003년 대한의약품도매협회 자문위원 2009~2018년 고려대 의대 외래교수 2009~2014년 (주)남신약품 회장 2009년 (사)영통포럼 이사장 2010년 同명예 이사장(현) 2010년 민주평통 자문위원 2012~2014년 (사)한국의약품유통협회 서울시회장 2013년 (사)남북문화교류협회 수석부회장(현) 2013년 (주)남신팜 대표이사(현) 2013~2015년 민주평통 상임위원 2015년 (사)한국의약품유통협회 부회장(현) 2015년 同서울시지회 명예회장(현) 2015년 의약품성실보고조합 이사장(현), 민주평통 의료봉사단 실행위원(현) (상)보건사회부장관표창(1991·1994), 대통령표창(2013), 보건복지부장관표창(2018) (종)불교

### 남상규(南相奎)

(생)1966·11·28 (주)강원도 춘천시 중앙로 1 강원도의회(033-249-5183) (학)강원대 대학원 경제무역학 석사과정 수료 (경)(사)북한강생명포럼 사무처장, 민주통합당 춘천지역위원회 사무국장, 더불어민주당 강원도당 대변인 2014~2018년 강원 춘천시의회 의원(새정치민주연합·더불어민주당) 2018년 강원도의회 의원(더불어민주당)(현) 2018년 同기획행정위원회 위원(현) (상)전국시도의회의장협의회 우수의정대상(2019)

### 남상만(南相晩) NAM Sang Man

(생)1948·1·9 (출)서울 (주)서울특별시 중구 퇴계로 130 (주)서울프린스호텔 비서실(02-752-7111) (학)1966년 서울고졸 1973년 연세대 경영학과졸 (경)1974년 (주)인왕실업 근무 1976년 同LA주재원 근무 1979년 대림정 대표 1989~1999년 6.10만세기념사업회 회장 1990년 간송장학회 이사장(현) 1993년 (주)시민의신문 이사 1997~2005년 민주평통 자문위원 2000~2004년 서울시 중구광복회 회장 2000~2002년 대한적십자봉사회 중앙협의회 자문위원 2003년 (주)서울프린스호텔 대표이사(현) 2003년 한국관광협회 이사 겸 관광식당업위원장 2003년 서울시 중구문화원 원장 2004~2005·2009~2012년 (사)한국음식업중앙회 회장 2006·2012·2015년 서울시관광협회 회장(현) 2009~2015년 한국관광협회중앙회 회장 2009년 아시아태평양관광협회(PATA) 한국지부 회장 2009년 한국방문위원회 부위원장 2010~2013년 음식문화개선범국민운동본부 공동대표 2012~2013년 (사)한국외식업중앙회 회장 2016년 한국관광고 명예교장(현) (상)88서울올림픽 기장, 대통령표창, 산업포장, 부총리 겸 재정경제부장관표창, 서울시 문화상(2006), 한국문화산업대상(2011), 대통령 감사패(2013) (종)기독교

### 남상봉(南相峰) NAM Sang Bong

(생)1963·10·19 (출)강원 영월 (주)경기도 성남시 분당구 불정로 90 KT 본사 윤리경영실(031-727-0114) (학)1982년 원주고졸 1986년 연세대 법학과졸 2009년 同법무대학원졸 (경)1989년 사법시험 합격(31회) 1992년 사법연수원 수료(21기) 1992년 대구지검 검사 1994년 춘천지검 영월지청 검사 1995년 서울지검 북부지청 검사 1997년 춘천지검 검사 1999년 서울지검 검사 2000년 미국 산타클라라대 객원연구원 2000년 정보법학회 회원(현) 2001년 서울지검 검사 2002년 수원지검 성남지청 검사 2004년 同성남지청 부부장검사 2004년 광주지검 부부장검사(정보통신부 파견) 2005년 인터넷주소분쟁조정위원회 위원 2006년 청주지검 부장검사 2007년 대검찰청 디지털수사담당관 2009년 서울북부지검 형사3부장 2009년 同형사2부장 2010~2011년 인천지검 형사2부장 2011년 법무법인 명문 변호사 2012년 인터넷선거보도심의위원회 위원 2012년 인천지법 조정위원 2012년 디지털포렌식산업포럼 부회장 2012년 한국소프트웨어저작권협회 고문변호사 2012년 (주)KT 그룹윤리경영부문 법무실장(전무) 2013년 同법무센터장(전무) 2013년 同법무실장(전무) 2017년 同법무실장(부사장) 2017년 同윤리경영실장(부사장)(현) (상)공안분야 모범검사상(1999), 검찰총장표창(2003) (저)'BM특허에 관한 연구' '산업스파이 수사사례 분석 및 대응방안' '신종범죄론' (종)기독교

### 남상석(南相錫) NAM Sang Seok

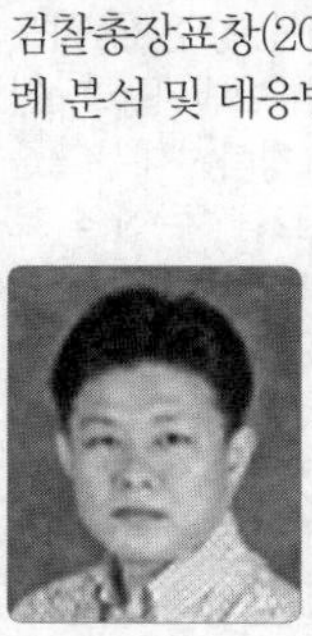

(생)1968·4·14 (출)대전 (주)서울특별시 양천구 목동서로 161 SBS디지털뉴스랩 (학)1986년 보문고졸 1990년 서울대 사회학과졸 (경)1993년 SBS 입사 1996년 同보도국 사회부 기자 1999년 同보도본부 기획취재팀 기자 2002년 同문화부 기자 2005년 同정치부 차장 2006년 同문화과학부 차장, 同보도국 보도제작부 차장 2012년 同노조위원장, 同보도본부 편집1부 차장

2015년 同보도본부 뉴미디어제작부장 2016년 同보도본부 생활문화부장 2017~2018년 同보도본부 뉴미디어국장 2018년 SBS디지털뉴스랩 대표이사(현) (저)'SBS 영화기자 남상석의 시네마카페'(2006)

**남상선(南相善) NAM Sang Sun (虎岩)**

(생)1930·3·7 (본)선녕(宣寧) (출)충남 천안 (주)서울특별시 중구 서소문로 117 대한항공빌딩 3층 특허법인 남앤남(02-753-5477) (학)1948년 서울사대부고졸 1965년 건국대 경제학과졸 (경)1957년 국방대학원 경제조사연구위원 1959~1965년 국방공론사 편집위원 1964년 남상육특허법률사무소 입사 1972년 변리사 합격(11회) 1974년 남상육&남상선특허법률사무소(NAM&NAM) 설립 1976~1978년 대한변리사회 공보·총무이사 1976년 스위스 제네바 AIPPI회의 한국대표 1980년 대한변리사회 부회장 1982~1994년 한국발명진흥회 이사 1984년 아시아변리사회(APAA) 한국지회 부회장 1985년 서울국제싸이언스 위원 1989년 모스크바 AIPPI회의 한국대표 1990~1992년 대한변리사회 회장 1995년 통일주체국민회의 자문위원 1995년 서울지법 민사중재위원회 위원 1999년 서울엔젤스클럽 창립위원 1999년 경기엔젤스클럽 창립위원 1999년 Nam&Nam국제특허법률사무소 소장(회장) 1999년 대한변리사회 고문(현) 1999년 민주평통 자문위원 2012년 특허법인 Nam&Nam 회장(현) (상)석탑산업훈장(1982), 재정경제부장관표창, '변리사회를 이끄는 주역들' 선정(1996) (저)'어느 한일결혼을 따라서(共)'(1985, 일본 국서간행회) '밖에서 본 일본의 도덕교육'(1995) 자서전 '나의 길, 나의 인생'(1998, 좋은세상) (종)불교

**남상수(南相水) Nam Sang-Soo**

(생)1966·7·23 (주)서울특별시 강동구 동남로 892 강동경희대학교한방병원 병원장실(02-440-7141) (학)1985년 경기고졸 1991년 경희대 한의과대학졸 1993년 同대학원 한의학석사 1997년 한의학박사(경희대) (경)1991~1994년 경희대한방병원 인턴·레지던트 1995~2001년 同임상교수 1999~2016년 강남경희한방병원 척추관절센터장 2001년 경희대 한의과대학 침구학교실 교수(현) 2004년 대한한의학회 편집위원(현) 2004년 보건복지부 건강보험 전문평가위원(현) 2004~2006년 한방의료행위전문평가위원회 위원 2005~2014년 건강보험심사평가원 진료심사위원회 비상근위원 2006년 대한한방병원협회 중앙수련교육위원회 위원(현) 2007~2010년 보건복지부 신의료기술평가위원 2013~2017년 대한침구학회 부회장 2013년 건강보험심사평가원 한의환자분류체계 전문위원(현) 2015년 의료기관평가인증원 기준조정위원(현) 2015년 식품의약품안전처 차세대의료기기 전문가위원(현) 2015년 건강보험심사평가원 자동차보험 심사위원(현) 2016년 강동경희대병원 한방병원 침구과장·안면마비센터장(현) 2017~2019년 보건복지부 의료행위전문평가위원 2017년 대한한의사협회 전공의 교과과정 개정소위원회 위원(현) 2018년 강동경희대한방병원장(현) (상)보건복지부장관표창(2010) (저)'침구학(共)'(2008, 집문당) '침구의학(共)'(2012, 집문당) '침구의학 임상실습지침서(共)'(2014, 집문당) '침구과 진료 매뉴얼(共)'(2015, 우리의학서적) '침구의학(共)'(2016)

**남상인(南相仁) NAM Sang In**

(생)1955·3·17 (본)의령(宜寧) (출)경북 상주 (주)서울특별시 영등포구 여의나루로 81 파이낸셜뉴스 임원실(02-2003-7114) (학)1975년 경북사대부고졸 1982년 경북대 농공학과졸 (경)1982년 (주)한양 토목부 토목기사 1985년 주간건설·일간공업신문 기자 1991년 제일경제신문 기자 1999년 파이낸셜뉴스 건설부동산부 차장 2001년 同건설부동산부장 직대(부장대우) 2002년 同사회부동산부장 직대 2002년 同건설부동산부장 2003년 同건설부동산부장(부국장대우) 2006년 同정보과학부장(부국장급) 2007년 同금융부장(부국장급) 2008년 同부국장 겸 산업부장 2009년 同편집국장 2010년 同편집국장(이사) 겸 편집인 2012년 同사업국총괄담당 상무 2014년 同관리총괄본부장(상무) 2017년 同관리총괄본부장(전무) 2018년 fn아이포커스 부사장 겸임(현) 2019년 파이낸셜뉴스 부사장(현) (상)자랑스러운 경북대 언론인상(2012) (종)기독교

**남상철(南相喆) NAM Sang Chul**

(생)1965·10·3 (출)서울 (주)서울특별시 서초구 남부순환로 2583 서희타워 8층 법무법인 지향(02-3472-6009) (학)1984년 중앙고졸 1989년 서울대 철학과졸 (경)1996년 사법시험 합격(38회) 1998~1999년 참여연대 경제민주화위원회 위원 1999년 사법연수원 수료(28기) 1999년 집현전법률사무소 변호사 1999~2000년 참여연대 작은권리찾기운동본부 실행위원 1999~2001년 사회복지법인 '함께하는사람들' 청소년위원회 자문위원 2000~2006년 참여연대 공익법센터 소장 대행 2000년 법무법인 한강 구성원변호사 2001년 변호사 개업 2004~2006년 (재)시민방송 감사 2012년 법률사무소 이안 변호사 2012년 법무법인 지향 변호사, 同대표변호사(현) (저)'민법강의'

**남상헌(南相憲) NAM Sang Heon**

(생)1958·8·13 (주)인천광역시 연수구 송도미래로 26 한국해양과학기술원 제2쇄빙연구선건조사업단(032-770-8441) (학)1981년 서울대 지구과학과졸 1985년 同대학원 지구물리학과졸 1997년 同대학원 이학박사과정 수료 (경)1990년 남극과학연구단 제3차 월동연구대원 1991년 한국해양연구원 극지연구센터 선임연구원 1996~1998년 同극지지질환경연구실장·그룹장, 同책임연구원 2005년 同극지연구소 쇄빙연구선·대륙기지사업단장 2007년 同극지연구소 쇄빙연구선사업단장 2009년 同극지운영실장 2009년 同극지연구소 지식정보실장 2012년 한국해양과학기술원 극지연구소 미래전략실장 2013년 同감사부장 2016년 同제2쇄빙연구선건조사업단장 2018년 同제2쇄빙연구선건조사업단 책임연구원(현) (상)산업포장(2009) (저)'쇄빙연구선 아라온 건조백서'(2011)

**남상현(南尙鉉) NAM Sang Hyun**

(생)1960·2·8 (출)충북 증평 (주)서울특별시 종로구 율곡로2길 25 연합뉴스 편집국 영문뉴스부(02-398-3114) (학)1985년 한국외국어대 영어과졸 2000년 일본 와세다대 대학원 수료(1년) (경)1998년 연합뉴스 해외경제부 차장대우 2000년 同영문경제뉴스부 차장 2003년 同영문뉴스부 부장대우 2004년 同외국어뉴스국 영문경제뉴스부장 2006년 同외국어뉴스국 외국어뉴스2부장 2006년 同외국어뉴스2부 근무(부장대우) 2007년 同외국어뉴스2부 근무(부장급) 2008년 同해외국 영문경제뉴스부 부장급 2009년 同해외국 영문경제뉴스부장 2010년 同해외국 다국어뉴스부장 2011년 同국제국 다국어뉴스부장(부국장대우) 2011년 同국제국 기획위원 2013년 同국제국 다국어뉴스부장 2013년 同국제국 다국어뉴스부장(부국장급) 2015년 同편집국 영문뉴스부 선임기자 2018년 同편집국 영문뉴스부 선임기자(국장대우) 2019년 同편집국 영문뉴스부 기자(선임)(현) (역)일본소설 '범죄의 회송'

**남석우(南錫祐) NAM Seok Woo**

(생)1952·9·21 (본)의령(宜寧) (출)충남 당진 (주)서울특별시 영등포구 가마산로 343 (주)콤텍시스템 비서실(02-3289-0001) (학)1970년 용산공고졸 1982년 명지대 전자공학과졸 1993년 서울대 경영대학원 최고경영자과정 수료 1993년 고려대 국제대학원 최고국제관리과정 수료 2012년 서울대 최고지도자인문학과정 수료 (경)1976년 한국과학기술연구소 연구원 1977년 동양시스템산업(주) 근무 1980년 (주)데이타콤 이사 1983년 (주)콤텍시스템 대표이사 사장, 同대표이사 부회장, 同대표이사 회장 1995~2002년 한국정보통신진흥협회 부회장 1997~2002년 정

보통신중소기업협회 부회장 1999~2002년 한국정보산업연합회 부회장 1999~2002년 정보화사업협의회 위원장 2013~2015년 소프트웨어공제조합 이사장 2018년 (주)콤텍시스템 고문(현) (상)정보통신부장관표창(1999), 국무총리표창(2000), 행정자치부장관표창(2000), 성실신고 및 모범납세 재정경제부장관표창(2001), 서울특별시장표창(2009), 기획재정부장관표창(2009), 산업포장(2014)

**남석우**

(생)1966·3·4 (주)경기도 화성시 삼성전자로 1 삼성전자(주) 반도체연구소 공정개발실(031-209-7114) (학)1988년 연세대 요업공학과졸 1996년 同대학원 세라믹공학과졸 2003년 세라믹공학박사(연세대) (경)1988년 삼성전자(주) 입사 1993년 同반도체연구소 공정개발팀 근무 2009년 同반도체연구소 상무 2015년 同반도체연구소 전무 2017년 同반도체연구소 공정개발실장(부사장)(현)

**남석우(南碩祐) Nam Sokwoo**

(생)1972 (주)서울특별시 용산구 서빙고로51길 52 (주)남영비비안(02-3780-1111) (학)1996년 미국 브라운대 경영학과졸 (경)2005년 (주)남영비비안 대표이사 회장(현) 2015년 (재)연암장학회 이사장(현)

**남석진(南錫珍) NAM Seok Jin**

(생)1961·7·14 (주)서울특별시 강남구 일원로 81 삼성서울병원 암병원(1599-3114) (학)1987년 서울대 의대졸 1997년 同대학원졸 2001년 의학박사(인하대) (경)1987~1992년 서울대병원 인턴·레지던트 1995년 삼성서울병원 외과 전임의 1996년 同유방내분비외과 전문의(현) 1997~2008년 성균관대 의대 외과학교실 조교수·부교수 2001년 미국 버지니아대의료원 연수 2008년 성균관대 의대 외과학교실 교수(현) 2009~2015년 삼성서울병원 유방암센터장 2009~2013년 同유방내분비외과분과장 2015년 同암병원장(현) (저)'유방학'(1999)

**남선미(南善美·女)**

(생)1971·12·2 (출)충북 충주 (주)서울특별시 서초구 서초대로 219 대법원 재판연구관실(02-3480-1100) (학)1990년 충주여고졸 1994년 서강대 영어영문학과졸 (경)1999년 사법시험 합격(41회) 2002년 사법연수원 수료(31기) 2002년 대구지법 예비판사 2003년 대구고법 예비판사 2004년 대구지법 판사 2005년 인천지법 판사 2008년 서울중앙지법 판사 2010년 서울남부지법 판사 2013년 서울중앙지법 판사 2013년 법원도서관 조사심의관 파견 2015년 서울북부지법 판사 2017년 창원지법 부장판사 2019년 대법원 재판연구관(현)

**남선현(南善顯) NAM Sun Hyun**

(생)1948·11·8 (출)강원 정선 (주)경기도 용인시 수지구 죽전로 152 단국대학교(031-8005-3873) (학)1967년 휘문고졸 1972년 서울대 수의대학졸 1977년 同대학원 신문학과졸 2005년 언론학박사(성균관대) (경)1974년 TBC 입사 1980년 KBS 수도권부 기자 1982년 同다큐멘터리부 기자 1986년 同경제부 차장 1990년 同사장비서실 부장 1991년 同워싱턴특파원 1993년 同뉴욕특파원 1995년 同해설위원 1995년 同보도국 뉴스라인부장 1996년 同보도국 과학부장 1997년 同홍보실장 1999년 KBS 영상사업단 이사 2000년 KBS 청주방송총국장 2001년 同방송문화연구원 주간 2001~2007년 단국대 언론홍보학과 겸임교수 2002년 KBS 방송연수원장 2002년 同방송문화연구소장 2004년 同글로벌센터장 2005~2006년 同방송문화연구팀 연구위원 2007~2008년 한국방송협회 사무총장 2007~2008년 방송위원회 제17대 대통령선거방송심의위원회 위원 2008년 KBS미디어(주) 대표이사 2010년 중앙미디어네트워크(JMnet) 방송담당 사장 2011~2013년 JTBC(중앙일보 종편법인) 대표이사 사장 2011년 한국종합편성채널협의회 회장 2013년 JTBC 상임고문 2014년 단국대 석좌교수(현) 2014~2016년 한국콘텐츠진흥원 비상임이사 (상)한국방송대상 대통령표창(1986), 우수프로그램작품상(1992), 올해의 기자상 데스크부문(1997) (작)'노벨상에 도전한다' '선진의회제도' (종)기독교

**남성민(南成民) NAM Sung Min**

(생)1970·5·21 (출)전남 순천 (주)전라북도 전주시 덕진구 사평로 25 광주고등법원 전주재판부(063)259-5400) (학)1988년 순천고졸 1992년 서울대 법과대학 사법학과졸 (경)1992년 사법시험 합격(34회) 1995년 사법연수원 수료(24기) 1995년 서울지법 판사 1998년 同남부지원 판사 1999년 창원지법 진주지원 판사 2000년 同하동군법원 판사 2001년 창원지법 진주지원 판사 2002년 서울지법 서부지원 판사 2004년 서울서부지법 판사 2005년 서울중앙지법 판사 2007년 법원행정처 등기호적국 등기호적심의관 2010년 광주지법 부장판사 2011년 대법원 재판연구관 2013년 인천지법 부장판사 2013년 법원행정처 인사총괄심의관 겸임 2015년 서울중앙지법 부장판사 2017년 광주고법 전주재판부 부장판사(현)



**남성숙(南成淑·女) NAM Sung Suk**

(생)1963·4·8 (출)전남 곡성 (주)광주광역시 남구 천변좌로338번길 16 광주매일신문 임원실(062-650-2000) (학)1986년 전남대 사회학과졸 1997년 광주대 언론대학원졸 (경)무등일보 문화부 기자 1995년 광주매일 문화부 부장대우·논설위원 1999년 同논설위원(부장급) 2002년 同논설실장 2004년 同해피데이편집국장 겸 편집이사 2005~2007년 同논설실장(이사) 2007~2009년 광주시 여성청소년정책관 2009년 광주매일신문 논설주간 2011년 同주필(이사) 2015년 同대표이사 사장(현) (상)국무총리표창(1994), 일경언론상 (저)'왕이여! 전라도 남자를 보시오' '호남사상 호남문화' '우리가 꼭 알아야할 호남인물 100' '광주를 만나면 길이 보인다' 시집 '바람의 끝' '무등산은 내 친구(共)'(2012) '호남! 어디가 아픈가요'(2015, 광주매스컴) (종)불교

**남성욱(南成旭) NAM Sung Wook**

(생)1959·7·7 (본)의령(宜寧) (출)서울 (주)세종특별자치시 조치원읍 세종로 2511 고려대학교 통일외교학부(044-860-1273) (경)1987년 국가정보원 연구위원 1998년 이화여대 대학원 북한학과 강사 2000~2002년 북한경제포럼 연구이사 2000~2002년 통일농수산포럼 연구이사 2002년 남북경제연합회 부회장, 북한농업연구회 이사 2002~2003년 북한연구학회 총무이사 2002년 고려대 세종캠퍼스 북한학과 교수, 同통일외교학부 교수(현) 2002~2003년 KBS라디오 '경제를 배웁시다 - 북한경제 이야기' 출연 2004~2007년 북한경제전문가100인포럼 이사 2005년 한국북방학회 회장·고문, 통일부·국가안전보장회의(NSC)·해양수산부 정책자문위원 2005년 KBS·CBS 북한문제 객원해설위원 2006년 경기도 남북관계자문위원 2007년 고려대 북한학연구소장 2007년 대한상공회의소 남북경협자문위원 2007년 북한연구학회 부회장 2007~2008년 제17대 대통령직인수위원회 외교통일안보분과 자문위원 2008~2012년 국가안보전략연구소 소장 2010~2011년 당정 통일세정책테스크포스(TF) 위원 2012~2013년 민주평통 사무처장 2013년 (사)남북경제연구원 원장(현) 2014~2017년 국방부 정책자문위원 2014년 법무연수원 통일안보강의교수 2014~2019년 중소기업중앙회 통일경제위원회 공동위원장 2014년 KBS 북한문제 객원해설위원(현) 2016년 고려대 세종캠퍼스 행정대학원장 2017년 同행정전문대학원장(현) 2018년 (주)토니모리 사외이사(현) 2018년 자유한국당 국가미래비전특별위원회 위원(현) (저)'북한경제의 특성과 경제운용방식'(共) '사회주의와 북한농업'(共) '북한의 정보통신(IT) 발전전략과 강성대국 건설'(2002)

'북한의 체제전망과 남북경협' '현대 북한의 식량난과 협동농장 개혁'(2004 · 2016) 'North Korea Food Shortage and Reform of Collective Farm'(2006) '북한의 급변사태와 우리의 대응(共)'(2007) '개방과 폐쇄의 딜레마(共)'(2011) '한국의 외교안보와 통일 70년'(2015) '북한의 식량난과 협동농장 개혁(개정판)'(2016) '북한 여성과 코스메틱(共)'(2017, 한울아카데미) [역]'김일성의 북한-CIA북한보고서'(共) '김정일 코드'(2005, 따뜻한손)

### 남성일(南盛日) NAM Sung Il

[생]1954 · 4 · 18 [출]전남 강진 [주]서울특별시 마포구 백범로 35 서강대학교 경제학부 경제학과(02-705-8179) [학]1980년 서강대 경상대학 경제학과졸 1982년 미국 하와이대 대학원 경제학과졸 1985년 미국 로체스터대 대학원 경제학과졸 1987년 경제학박사(미국 로체스터대) [경]1980년 한국개발연구원 연구원 1986년 미국 로체스터대 강사 1986~1989년 미국 시라큐스대 경제학과 조교수 1989~1995년 서강대 경상대 조교수 · 부교수 1991년 과학기술처 G7프로젝트 위원 1993년 노동부 행정규제완화위원회 위원 1995~2019년 서강대 경제학부 경제학과 교수 1996년 통계청 경제활동인구조사개편연구반 위원 1997년 미국 노동성 노동통계국 방문교수 1998년 한국노사관계학회 이사 1999년 한국경영자총협회 자문위원 2000~2001년 국무조정실 정책평가위원 2001~2002년 정부출연연구기관 평가위원 2001년 한국노동경제학회 부회장 2003~2004년 국민경제자문회의 위원 2006~2009년 서강대 경제학부학장 겸 경제대학원장 2010년 한국노동경제학회 회장 2010년 국민경제자문회의 민간위원 2010~2019년 현대자동차(주) 사외이사 겸 감사위원 2012년 동아일보 청년드림센터 자문위원 2019년 서강대 경제학부 명예교수(현) [상]대통령표창, 국민훈장 목련장, 서강경제인상 교수부문(2011) [저]'한국의 노동생산성과 적정임금'(1991, 한국경제연구원) '노동의 미래와 신질서'(2003, 한국노동연구원) '한국의 노동, 어떻게 할 것인가'(2007, 서강대) '쉬운 노동경제학'(2017, 박영사)

### 남성환(南星桓) Sung Hwan, NAM

[생]1950 · 2 · 13 [출]서울 [주]서울특별시 영등포구 의사당대로1길 34 인영빌딩 5층 아시아투데이(02-769-5017) [학]동아대 법정대학졸 [경]1973년 조선일보 사회부 기자 2002년 제일경제신문 정경부장(부국장) 2003년 同사회부장(부국장) 2004년 同증권부 부국장 · 사회부장 2005년 同경제대기자 2006년 아시아투데이 편집이사 겸 경제대기자, 同대기자 2013년 同대기자(전무) 2017년 同대기자(부사장급)(현) [종]기독교

### 남성희(南星姬 · 女) NAM Sung Hee (普賢)

[생]1955·10·24 [본]의령(宜寧) [출]서울 [주]대구광역시 북구 영송로 15 대구보건대학교 총장실(053-324-6000) [학]1974년 이화여고졸 1978년 이화여대 신문방송학과졸 1990년 계명대 대학원 신문방송학과졸 2001년 교육학박사(영남대) [경]1978~1980년 한국방송공사(KBS) 아나운서 1999년 미국 국무성 공보원(USIS) 초청 여성정치지도자연수 수료 1999년 대한어머니회 이사(현) 2000~2002년 학교법인 배영학숙 이사장 2002년 대구보건대 총장(현) 2002년 (사)의회를사랑하는사람들 공동대표(현) 2003년 대구시 북구문화원 원장(현) 2004~2012년 대구방송(TBC) 문화재단 이사 2004~2010년 (사)21C한·중교류협회 이사 2005년 대구고법 가정지원 가사조정위원회 위원(현) 2005~2006년 대구·경북지역전문대학장협의회 회장 2005~2006년 국제로타리클럽 3700지구 총재 2005~2009년 민주평통 대구북구협의회 부회장 2005년 한국해비타트 대구·경북지회 이사(현) 2005년 대구노블레스봉사회 부회장(현) 2007~2011년 (사)대구국제오페라축제 조직위원장 2008~2012년 (사)국채보상운동기념사업회 모금추진위원장 2008~2010년 대통령직속 지방분권촉진위원회 제2실무위원장 2009~2011년 대구시여성단체협의회 회장 2009~2012년 (재)대구문화재단 이사 2009년 민주평통 대구수성구협의회 고문(현) 2010~2016년 대한적십자사 대구지사 회장 2010~2014년 국무총리실 정부업무평가위원회 위원 2011년 '2011대구세계육상선수권대회조직위원회' 위원 2011~2013년 한국국제협력단(KOICA) 지구촌체험관 전문위원 2012~2016년 아시아·태평양대학협의회(AUAP) 부회장 2013~2017년 대통령소속 지방자치발전위원회 위원 2014~2016년 여성가족부 정책자문위원 2014~2019년 대구미술관 제2기 운영위원장 2016년 (사)한국전문대학법인협의회 회장(현) 2016~2018년 아시아·태평양대학협의회(AUAP) 회장 2017년 대구·경북전문대학총장협의회 회장(현) 2018년 아시아·태평양대학협의회(AUAP) 자문위원장(현) 2019년 대한적십자사 중앙위원(현) 2019년 2019대구아트스퀘어 조직위원장(현) [상]대한적십자사 유공포장 금장(2004), 19th Theater Support Command Good Neighbor Award(2004), 이화여고 이화를 빛낸 동창(2004), 대한적십자사 유공포장 명예장(2005), 미육군성 공익봉사훈장(2006), 대한체육회 올림픽체육진흥유공자표창(2007), 필리핀 엔젤레스대 최고명예훈장(2007), 제27회 대구시 문화상 예술분야 공로상(2007), 이화여대 올해의 이화인상(2008), 신산업경영원 21세기 경영문화대상(2009), 보건복지가족부장관표창(2009), 노동부장관표창(2010), 법무부장관표창(2010), 근정포장(2011), (사)한국음악협회 한국음악상 공로상(2012), (사)대구오페라축제조직위원회 공로상(2012), 2017전문대학교육포럼 국회 교육문화체육관광위원장표창(2017), 녹조근정훈장(2018) [저]'현대생활과 예절'(1998) [종]불교

### 남세규(南世圭)

[생]1956 · 2 [주]대전광역시 유성구 유성우체국 사서함 35호 국방과학연구소(042-822-4271) [학]부산대 기계설계학과졸, 한국과학기술원(KAIST) 기계공학과졸(석사), 기계공학박사(부산대) [경]1978년 국방과학연구소(ADD) 입사, 同현무체계부 팀장, 同대지유도무기체계단장, 同제1기술연구본부장 2016년 同부소장 2016~2017년 한국방위산업학회 부회장 2017년 국방과학연구소 소장(현)

### 남세진(南世眞 · 女)

[생]1978 · 3 · 17 [출]서울 [주]부산광역시 해운대구 재반로112번길 20 부산지방법원 동부지원(051-780-1114) [학]1996년 대진여고졸 2001년 서울대 법학과졸 [경]2001년 사법시험 합격(43회) 2004년 사법연수원 수료(33기) 2004년 서울중앙지법 예비판사 2006년 서울동부지법 판사 2008년 대전지법 판사 2011년 의정부지법 판사 2015년 서울동부지법 판사 2019년 부산지법 동부지원 부장판사(현)

### 남송희(南松熙) Nam Song Hee

[생]1969·6·16 [출]경북 영덕 [주]대전광역시 서구 청사로 189 산림청 운영지원과(042-481-4043) [학]1988년 포항제철고졸 1993년 경북대 임산공학과졸 [경]2001~2004년 산림청 기술지원과·산불방지과 근무 2005~2007년 인도네시아 열대림임목개량사업 프로젝트매니저 2008년 산림청 등산지원팀장 2009~2011년 캐나다 산림청 CWFC직무교육 2011년 산림청 산불방지과장 2014년 同목재생산과장 2015년 중부지방산림청장(부이사관) 2016년 남부지방산림청장 2017년 국제연합식량농업기구(FAO) 파견(부이사관)(현) [상]대통령표창(2004), 녹조근정훈장(2012)

### 남수환(南壽煥) Nam, Soo Hwan

[생]1966 · 8 · 27 [출]경북 청송 [주]서울특별시 종로구 북촌로 112 감사원 행정 · 안전감사국 제2과(02-2011-2521) [학]1985년 영일고졸 1992년 경북대 법학과졸 1994년 同대학원 법학과 수료 [경]1997년 사법고시 합격(39회) 2000년 사법연수원 수료(29기) 2000년 감사원 부감사관 2011년 同금융기금감사국 제1과 서기관 2012년 同감찰정보단 제1과장 2012년

교육 파견 2015년 부이사관 승진 2016년 감사원 산업·금융감사국 제4과장 2017년 同행정·안전감사국 제2과장(현)

**남순현(南淳鉉) Soon-Hyeun Nam**

(생)1957·5·15 (주)대구광역시 중구 달구벌대로 2175 경북대학교치과병원 소아치과(053-600-7114) (학)1982년 경북대 치과대학졸 1985년 同대학원졸 1991년 치의학박사(경희대) (경)1982~1985년 경북대병원 치과 인턴·레지던트 수료 1985~1988년 포항의료원 치과 과장 1988~1995년 경북대 치과대학 소아치과학교실 전임강사·조교수 1993~1994년 미국 이스트만덴탈센터 객원교수 1996년 경북대 치과대학·치의학전문대학원 소아치과학교실 교수(현) 2002~2006년 대한소아치과학회 편집이사 2003~2005년 경북대병원 소아치과 과장 2005~2008년 同치과진료처장 2006~2008년 대한소아치과학회 학술이사 2012~2014년 同회장 2015~2018년 경북대치과병원 초대 원장 (저)'소아 청소년치과학'(1999, 신흥인터내셔날)

**남승우(南承祐) NAM Seung Woo** (너실)

(생)1952·5·13 (본)의령(宜寧) (출)부산 (주)서울특별시 강남구 광평로 280 (주)풀무원(080-022-0085) (학)1970년 경복고졸 1974년 서울대 법학과졸 1990년 同공대 최고산업전략과정 수료 1994년 연세대 산업대학원 식품공학과졸 1999년 공학박사(연세대) 2002년 서울대 환경CEO포럼 수료 (경)1978~1984년 현대건설 입사·통합구매실 과장 1984~2008년 (주)풀무원 대표이사 사장 1989년 한국국제기아대책기구(KFHI) 결성 1995년 (주)이씨엠디 대표이사 1997년 한국건강기능식품협회 회장 1999~2000년 한국주택은행 사외이사 1999년 부천카툰네트워크 대표이사 사장 2003년 국민은행 사외이사 2005~2007년 한국CEO포럼 공동대표 2005년 미래포럼 공동대표(현) 2005년 피터드러커소사이어티 CEO클럽 공동대표(현) 2007~2010년 유엔글로벌콤팩트(UNGC) 한국협회장 2008년 (주)풀무원홀딩스 대표이사 총괄사장 2014~2017년 (주)풀무원 대표이사 총괄사장 2018년 同이사회 의장(현) (상)보건사회부장관표창(1993), 다산경영상(1994), 대통령표창, 경제정의기업상(1997), 제5회 투명회계대상(2005), 중앙대 참경영인상(2007) (종)불교

**남승훈(南勝勳) Nahm, Seung Hoon**

(생)1960·12·19 (본)의령(宜寧) (출)부산 (주)대전광역시 유성구 가정로 267 한국표준과학연구원 소재에너지융합측정센터(042-868-5383) (학)1979년 경남고졸 1983년 부산대 기계설계학과졸 1987년 同대학원 기계공학과졸 1997년 기계공학박사(경북대) (경)1987년 한국표준과학연구원 연구원·선임연구원·책임연구원, 同산업측정표준부 강도평가그룹 연구원 1999~2000년 호주 Univ. of Sydney 객원연구원 2003~2008년 가스안전기술심의위원회 심의위원 2003년 한국가스연맹 전문위원 2003년 대한금속재료학회 재료강도분과 간사위원 2005년 보일러·압력용기기술위원회 기술위원 2005~2009년 한국정밀공학회 설계및재료부문위원 2005년 대한기계학회 재료및파괴부문 위원·부회장·회장 2005년 나노기술연구협의회 나노기술종합발전계획 연구위원 2006년 대한기계학회 평의원(현) 2007년 대한금속재료학회 논문편집위원(현) 2008년 한국표준과학연구원 에너지인프라연구단장 2009년 同신재생에너지측정센터장 2010년 同재료측정표준센터 책임연구원 2011년 同재료측정표준센터장 2012~2014년 同에너지소재표준센터장 2013~2014년 (사)연구발전협의회 총연합회 부회장 2014년 산업통상자원부 제3·4기 가스기술기준위원회 위원(현), 同제4기 가스기술기준위원회 부위원장(현) 2015~2018년 대한기계학회 논문집 편집인 2016년 한국표준과학연구원 에너지소재표준센터장 2018년 同소재에너지융합측정센터 책임연구원(현) (상)과학기술훈장 진보장(2017) (저)'재료강도 시험법'(2006) '국가생존기술'(2017, 동아일보사)

**남시욱(南時旭) NAM Si Uk** (백암)

(생)1938·4·22 (본)영양(英陽) (출)경북 의성 (주)서울특별시 서대문구 충정로 29 동아일보 충정로사옥 2층 화정평화재단(02-361-1203) (학)1954년 경북고졸 1958년 서울대 문리과대학 정치학과졸 1973년 독일 베를린국제신문연구소(IIJ) 수료 1979년 서울대 대학원 외교학과졸 1983년 同대학원 외교학 박사과정 수료 1996년 고려대 언론대학원 최고위과정 수료 2015년 외교학박사(서울대) (경)1959~1968년 동아일보 사회·정치부 기자 1968년 同일본특파원 1970년 同정치부 차장·외신부장·논설위원 1980년 同정치부장·편집부국장 1983년 同출판국장 1985년 同출판국장(이사) 1987년 同편집국장(이사) 1989년 同논설위원실장(이사) 1990~1995년 同상무이사 1990~1993년 관훈클럽 신영연구기금 이사장 1995년 한국신문방송편집인협회 회장 1995~1997년 삼성언론재단 이사 1995~1999년 문화일보 대표이사 사장 1996년 대통령자문 통일고문회의 고문 1996년 아시아신문재단(PFA) 한국위원회 회장 1996년 서울평화상문화재단 이사(현) 1997년 한국신문윤리위원회 위원 1998년 문우언론재단 이사(현) 2000년 고려대 신문방송학과 석좌교수 2001년 성균관대 언론정보대학원 겸임교수 2003~2018년 세종대 교양학부 석좌교수 2006~2011년 광화문문화포럼 회장 2017년 화정평화재단 이사장(현) (상)동아대상(1980), 서울언론인클럽상(1992), 韋庵장지연언론상(1993), 중앙신문언론상(1996), 서울시문화상 언론부문(2002), 홍성현언론상 특별상(2003), 대한언론인회 임승준자유언론상(2005), 인촌상 언론출판부문(2007), 서울대 언론인대상(2010), 김상철자유상(2015), 우남이승만애국상 특별상(2017) (저)'항변의 계절'(1980) '체험적 기자론'(1997) '인터넷시대의 취재와 보도'(2001) '한국 보수세력 연구'(2005) '한국 진보세력 연구'(2009) '한국 언론의 품격(共)'(2013) '6.25전쟁과 미국'(2015) (종)기독교

**남양우(南良祐) NAM Yang Woo**

(생)1967·11·2 (출)충북 진천 (주)서울특별시 서초구 서초중앙로 157 서울고등법원(02-530-1114) (학)1986년 영등포고졸 1991년 고려대 법학과졸 (경)1993년 사법시험 합격(35회) 1996년 사법연수원 수료(25기) 1996년 공익법무관 1999년 창원지법 판사 2002년 대전지법 천안지원 판사 2003년 同천안지원 아산시법원 판사 2005년 대전지법 판사 2006년 대전고법 판사 2007년 대법원 연구법관 2007년 대전지법 판사 2008년 대전고법 판사 2009년 대법원 재판연구관 2011년 대전지법 천안지원 부장판사 2012년 서울고법 판사(현)

**남언욱(南彦旭)**

(생)1964·7·10 (주)부산광역시 연제구 중앙대로 1001 부산광역시의회(051-888-8245) (학)물류학박사(한국해양대) (경)더불어민주당 부산시당 해양수산특별위원장 2017년 同문재인 대통령후보 부산시선거대책위원회 동북아해양수도추진위원회 부위원장 2018년 부산시의회 의원(더불어민주당)(현) 2018년 同해양교통위원장(현) 2018년 同남북교류협력특별위원회 위원(현) 2018~2019년 同부산시산하공공기관장후보자인사검증특별위원회 위원

**남영광(南泳光) NAM Young Kwang**

(생)1960·1·20 (주)강원도 원주시 연세대길 1 연세대학교 과학기술대학 컴퓨터정보통신공학부(033-760-2262) (학)1982년 연세대 수학과졸 1985년 한국과학기술원 대학원 전산학과졸 1992년 전산학박사(미국 노스웨스턴대) (경)1985~1988년 시스템공학연구소 연구원 1991~1992년 미국 NorthWestern University 박사후 연구원 1992~1994년 시스템공학연구소 선임연구원 1995년 연세대 과학기술대학 컴퓨터정보통신공학부 조교수·부교수·교수(현) 2009~2011년 同원주캠

퍼스 연구정책부처장 2009~2011년 同원주캠퍼스 산학협력단장 2018년 同과학기술대학장(현) (저)'프로그래밍 언어: 개념, 설계, 구현'(1997, 교보문고) '이산수학'(2002, 희중당) '그래픽으로 배우는 SQL'(2002, 사이텍미디어) '데이터베이스 시스템 개념, 설계, 구현'(2003, 사이텍미디어) '소프트웨어공학'(2006, 홍릉과학출판사)

### 남영숙(南英淑 · 女) NAM Young Sook

(생)1958·11·7 (출)경남 진주 (주)충청북도 청주시 흥덕구 강내면 태성탑연로 250 한국교원대학교 제3대학 환경교육과(043-230-3762) (학)1984년 독일 베를린공대 환경계획학과졸 1988년 同대학원 환경계획학과졸 1993년 환경관리학박사(독일 베를린공대) (경)1986년 독일 Carl Duisberg Gesellschaft 연구원 1988~1993년 독일 베를린공대 환경경제연구소 연구원 1993~1999년 한국환경정책평가연구원 책임연구원 1999년 서울시 환경보전자문위원회 자문위원 1999년 산업자원부 폐광지역개발지원위원 1999년 한국교원대 제3대학 환경교육과 조교수·부교수·교수(현) 1999년 독일연방환경청 객원교수 2000~2001년 독일 베를린자유대 환경교육학연구소 객원교수 2001년 환경부 에코-2프로젝트위원회 심사위원 2001년 충북산림환경연구소 정책분과위원장 2001~2002년 미국 노퍽스테이트대 객원교수 2001년 한국환경교육학회 이사 2001~2009년 충북도시계획위원회 위원 2004년 독일연방환경청 객원교수 2004~2008년 대통령직속 규제개혁위원회 위원 2005~2010년 환경부 자체평가위원회 위원 2005~2010년 同환경정책평가위원회 위원 2006~2014년 교보생명 교육문화재단 자문위원 2008~2010년 한국교원대 환경학교육연구소장 2008~2010년 세종시 도시계획위원회 위원 2009~2010년 미국 위스콘신대 교환교수 2012~2014년 한국교원대 도서관장 2012~2014년 산림청 중앙산지관리위원회 위원 2012~2014년 세종시 도시계획위원회 위원 2013년 한국기후변화학회 실행위원 겸 교육분과이사 2013~2014년 충북도 도시계획위원회 위원 2013~2017년 환경부 중앙환경정책분과위원회 위원 2013~2019년 청주시 환경대상선정위원회 위원 2013년 한국환경한림원 정회원(현) 2013~2014년 대전일보 칼럼니스트 2013~2014년 국립환경인력개발원 강사 2014~2016년 한국환경공단 비상임이사 2014~2016년 충북여성과학기술인회 회장 2014~2017년 여성단체총연합회 이사 2015년 충북지역평가단 위촉직 이사(현) 2016년 전국과학전람회 심사위원(환경분과위원장) 2017년 황새생태연구원 원장(현) 2017년 충북지속가능발전협의회 환경생태분과위원회 위원장(현) 2017년 산림청 산림복지심의위원회 위원(현) 2017~2019년 인천과학전람회 심사위원 2019년 세종시 환경녹지분과위원회 위원장(현) 2019년 한국연구재단 전문위원(현) (상)독일연방경제협력청 우수연구장학생(1986), 독일 베를린공대 우수장학생(1988), 고트리프다임러·칼 벤츠재단 우수장학생(1990), 환경부장관표창(2008), 한국환경교육학회 최우수논문상(2010·2011) (저)'National Environmental Policies(共)'(1997) 등 '사회,경제 환경영향평가제도 개선(共)'(1999) '환경과학'(2003) '한국의 여성환경운동(共)'(2006) '독일과 한국의 전략환경영향평가 비교'(2016) '환경영향평가(共)'(2016) '기후변화와 여성'(2017) '학교, 생명을 노래하다(共)'(2017) (종)기독교

### 남영숙(南永淑 · 女)

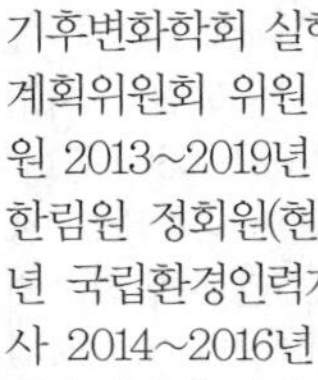

(생)1961 · 4 · 5 (주)경상북도 안동시 풍천면 도청대로 455 경상북도의회(054-880-5126) (학)상주여고졸, 김천간호전문학교 간호과졸, 대구한의대 대학원 노인의료복지학 박사과정 수료 (경)상주성모병원 수간호사, 녹색어머니연합회 상주시 회장 2006년 경북 상주시의원선거 출마(비례대표), 상주교육청 상담자원봉사자, 민주평통 자문위원, 한국대학부설 평생교육원 병원서비스매니저 2010년 경북 상주시의회 의원(한나라당 · 새누리당) 2014~2018년 경북 상주시의회 의원(새누리당 · 자유한국당 · 무소속 · 자유한국당) 2014~2016년 同의장 2018년 경북도의회 의원(자유한국당)(현) 2018년 同예산결산특별위원회 부위원장(현) 2018년 同의회운영위원회 위원(현) 2018년 同농수산위원회 위원(현) 2018년 同저출산 · 고령화대책특별위원회 위원(현) (상)경북도 의정봉사대상(2013 · 2016)

### 남영숙(南英淑 · 女) NAM Young Sook

(생)1961 · 11 · 11 (출)서울 (주)서울특별시 종로구 사직로8길 60 외교부 인사운영팀(02-2100-7141) (학)1984년 고려대 경제학과졸 1990년 미국 스탠퍼드대 경제학과졸 1995년 국제개발학박사(미국 스탠퍼드대) (경)1994년 미국 스탠퍼드대 강사 1995~1997년 국제노동기구(ILO) 제네바본부 Research Economist 1997~2003년 국제협력개발기구(OECD) Economist 2003~2005년 대외경제정책연구원(KIEP) 중국팀장 · 동북아경제협력센터 연구위원 2005년 정보통신부 정보통신협력국 지역협력과장 2006~2008년 외교통상부 통상교섭본부 FTA제2교섭관(국장급) 2006년 한 · 미자유무역협정(FTA) 협상 한국측 통신 · 전자상거래분과장 2006년 한 · ASEAN자유무역협정(FTA) 협상 한국측 투자분과장 2007년 한 · EU자유무역협정(FTA) 협상 한국측 기타규범분과장 2007년 한 · 태국자유무역협정(FTA) 상품협상 한국측 수석대표 2008~2018년 이화여대 국제대학원 교수 2010년 외교안보연구원 겸임교수 2010년 대외경제정책연구원(KIEP) 세계지역연구분야 연구자문위원 2010~2012년 이화여대 국제교류처 부처장, 외교통상부 정책자문위원 2011~2016년 이화여대 글로벌사회적책임센터장 2011년 한국국제통상학회 부회장 2011년 한국동북아경제학회 부회장 2012년 여성가족부 청렴옴부즈만 2012년 기획재정부 중장기전략위원회 위원 2012년 국무총리실 국제개발협력위원회 위원 2013년 외교부 정책자문위원 2016~2018년 세계도시전자정부협의체(WeGO) 사무총장 2018년 駐노르웨이 대사(현)

### 남영신(南泳臣)

(생)1962 (출)울산 (주)경기도 용인시 처인구 성산로 57 사서함 505-1-9 지상작전사령부 (학)1981년 울산 학성고졸 1985년 동아대 교육학과졸 2006년 아주대 대학원졸(정보통신 석사) (경)1985년 소위 임관(ROTC 23기) 2013년 제7공수특전여단장 2014년 육군 제2작전사령부 동원전력처장 2014년 육군 학생중앙군사학교 교수부장 2015년 육군 제3사단장(소장) 2017년 육군 특수전사령관(중장) 2018년 국군 기무사령관 2018년 국방부 군사안보지원사령부 창설준비단장 2018년 군사안보지원사령부 사령관 2019년 육군 지상작전사령관(대장)(현)

### 남영안(南暎安)

(생)1970 (출)경북 경주 (주)제주특별자치도 서귀포시 서호중로 19 국세공무원교육원 교육기획과(064-731-3241) (학)경주고졸, 세무대학졸(9기) (경)1991년 국세공무원 임용(8급 특채) 2011년 대구지방국세청 조사1국 조사관리1팀장 2012년 중부지방국세청 조사1국 조사2과 조사5팀장 2012년 행정사무관 승진 2013년 대구지방국세청 세원분석국 신고관리과장 2013년 同징세법무국 숨긴재산추적과장 2015년 同조사1국 조사관리과장 2016년 서기관 승진 2017년 국세청 납세자보호관실 심사1팀장 2017년 경북 영주세무서장 2019년 국세공무원교육원 교육기획과장(현) (상)근정포장(2009), 대통령표창(2015)

### 남영우(南榮祐) NAM Young Woo

(생)1969 (본)의령(宜寧) (주)세종특별자치시 도움6로 11 국토교통부 주택토지실 토지정책과(044-201-3398) (학)한양대 건축공학과졸, 미국 윌라메트대(Willamette Univ.) 대학원졸(경영학석사), 충북대 대학원 도시공학 박사과정 수료 (경)1994년 기술고시 합격(30회), 건설교통부 사무관 2006년 행정중심복합도시건설청 건축계획팀장 2008년 同도시설계팀장 2008년 同도시디자인과장 2008년 국토해양부 건축문화팀장(기술서기

관) 2009년 駐쿠웨이트 1등서기관 2012년 국토해양부 물류시설정보과장(기술서기관) 2013년 국토교통부 교통물류실 물류시설정보과장 2014년 同철도국 철도투자개발과장 2015년 同철도국 철도시설안전과장 2016년 同철도안전정책과장 2017년 同국토도시실 건축정책과장(서기관) 2018년 同국토도시실 건축정책과장(부이사관) 2019년 同주택토지실 토지정책과장(현)

### 남영준(南泳準) NAM Young Joon

(생)1960·7·25 (주)서울특별시 동작구 흑석로 84 중앙대학교 문헌정보학과(02-820-5146) (학)1984년 중앙대 도서관학과졸 1988년 同대학원졸 1995년 문헌정보학박사(중앙대) (경)1993~2003년 전주대 문헌정보학과 전임강사·조교수·부교수 2000년 미국 UCLA 정보학대학원 교환교수 2002년 전주대 학술정보관장 2002년 同출판부장 2003년 중앙대 문헌정보학과 교수(현) 2014~2016년 한국정보관리학회 회장 2019년 한국도서관협회 회장(현)

### 남영찬(南英燦) NAM Young Chan

(생)1958·1·26 (출)경북 안동 (주)서울특별시 강남구 테헤란로44길 8 법무법인(유) 클라스(02-555-5007) (학)1976년 신일고졸 1981년 서울대 법학과졸 1984년 同대학원 법학과졸 2007년 同경영대학 최고경영자과정(AMP) 수료 2010년 同경영대학 최고CFO전략과정 수료 (경)1984년 사법시험 합격(26회) 1987년 사법연수원 수료(16기) 1987년 서울민사지법 판사 1989년 서울지법 동부지원 판사 1991년 대구지법 의성지원 판사 1993년 서울지법 북부지원 판사 1995년 서울지법 판사 1997년 독일 괴팅겐대 연구원 1998년 서울지법 동부지원 판사 1998년 서울고법 판사 2000년 대법원 재판연구관 2002년 대전지법 부장판사 2002년 독일 막스프랑크 형사법연구소 연구원 2003~2005년 대법원 재판연구관(부장판사) 2005~2007년 SK텔레콤 윤리경영총괄 겸 법무실장(부사장) 2007~2009년 전국경제인연합회 기업윤리임원협의회 제2대 의장 2007~2008년 SK텔레콤 경영지원부문장(부사장) 2008~2009년 SK브로드밴드 이사 2008~2010년 한국지적재산권법제연구원 이사장 2008년 SK텔레콤(주) CR & L 총괄부사장 2009~2015년 한국상장회사협의회 자문위원 2010년 SK텔레콤(주) Legal Advisor(사장) 2010년 (사)한국자원봉사포럼 부회장 2010~2011년 성균관대 법학대학원 초빙교수 2011년 (사)한국스페셜올림픽위원회 이사(현) 2011~2014년 SK텔레콤(주) GR & Legal Advisor(사장) 2014~2016년 법무법인(유) 대륙아주 기업부문총괄 대표변호사 2014~2017년 사립학교교직원연금공단 비상임이사 2014년 예금보험공사 법률고문(현) 2014년 한국주택정비사업조합협회 정책자문위원 2015년 국방부 군책임운영기관운영위원회 위원 2015년 새만금개발청 자문위원(현) 2015년 한국기업법무협회 회장(현) 2016년 법무법인(유) 대륙아주 경영전담 대표변호사(CEO) 2018년 同고문변호사 2018년 법무법인(유) 클라스 대표변호사(현) (종)기독교

### 남영호(南永浩) NAM Young Ho

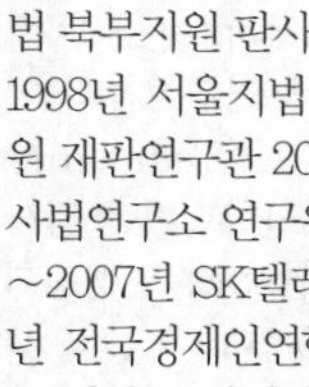

(생)1958·9·20 (출)경북 (주)충청북도 충주시 충원대로 268 건국대학교 인문사회융합대학 국제비즈니스학부(043-840-3473) (학)1981년 건국대 경영학과졸 1983년 同경영대학원졸 1989년 경영학박사(건국대) (경)1989~2012년 건국대 사회과학대학 경영학과 조교수·부교수·교수 1989년 한국중소기업학회 이사·편집위원·부회장 1994년 한국생산성학회 이사 1994년 서울신문 환경감시위원 1997년 한국인적자원개발학회 상임이사 겸 부회장 2000년 충무세무서 고충처리위원회 위원 2001~2002년 건국대 충주캠퍼스 학생복지처장 2008~2009년 호주 반드대 객원연구원 2011~2012년 건국대 충주캠퍼스 사회과학대학원장 2013년 同인문사회융합대학 국제비즈니스학부 교수(현) 2014~2015년 한국국제경상교육학회 회장 2017년 대한경영학회 회장 2018년 건국대 글로컬캠퍼스 창의융합대학원장(현)

### 남 용(南 鏞) NAM Yong

(생)1948·3·16 (출)경북 울진 (주)서울특별시 종로구 종로1길 36 대림산업 임원실(02-2011-7002) (학)1968년 경동고졸 1976년 서울대 경제학과졸 (경)1976년 LG전자 입사 1989년 LG그룹 회장실 이사 1992년 同비서실 상무이사 1993년 同LG경영혁신추진본부 상무 1996년 同LG경영혁신추진본부 전무 1997년 同LG경영혁신추진본부 전략사업개발단장(부사장) 1998년 LG전자 멀티미디어사업본부 부사장 1998~2006년 LG텔레콤 대표이사 사장 2002년 한국통신사업자연합회 감사 2003년 이화여대 겸임교수 2006년 (주)LG파워콤 이사(비상임) 2006년 LG데이콤(주) 이사회 의장 2006년 (주)LG 전략사업담당 사장 2007~2010년 (주)LG전자 대표이사 부회장 겸 경영위원회 위원 2011~2013년 (주)포스코 사외이사 2011년 (주)GS리테일 감사위원 2013년 대림산업 건설사업부 고문(현) 2015년 대림학원 이사장(현) 2018년 대림산업 사내이사(현) 2018년 同이사회 의장(현) (상)산업협력대상 국제산업협력재단 이사장표창(1999), 조선일보 광고대상 최우수광고주상(2000), 미국 우드로윌슨상 기업부문(2009), 금탑산업훈장(2010) (종)불교

### 남용대(南龍大)

(생)1954·2·16 (주)경상북도 안동시 풍천면 도청대로 455 경상북도의회(054-880-5126) (학)울진농고졸 (경)대한지적공사 경기도본부 군포·의왕시 지사장 2014년 경북도의원선거 출마(무소속) 2018년 경북도의회 의원(무소속)(현) 2018년 同건설소방위원회 위원(현) 2018년 同윤리특별위원회 위원(현) 2018년 同원자력대책특별위원회 부위원장(현) 2018년 同실버정책연구회 위원(현)

### 남용현(南龍鉉) Nam Yonghyeon

(생)1962·7·17 (주)경기도 성남시 분당구 구미로 173번길 59 한국장애인고용공단(031-728-7255) (학)1981년 서울 충암고졸 1985년 성균관대 사회학과졸 1992년 독일 빌레펠트대 대학원 사회학과졸 2015년 재활학박사(한신대) (경)2000년 한국장애인고용공단 고용개발원 입사 2002년 한신대 일반대학원 외래교수(현) 2004년 한국장애인고용공단 고용개발원 선임연구원, 同고용개발원 현장연구팀장 2012년 同고용개발원 책임연구원, 同고용개발원 직업영역개발팀장(책임연구원), 同고용개발원 정책연구팀장(책임연구원) 2015년 한국장애인평생교육·복지학회 이사(현) 2018년 한국장애인고용공단 고용촉진이사(현)

### 남 욱(南 旭) NAHM Wook

(생)1963·9·4 (출)경남 의령 (주)서울특별시 영등포구 국회대로66길 9 나이스신용평가(주) 임원실(02-2014-6200) (학)마산 중앙고졸 1986년 서울대 경영학과졸 (경)1989년 한국신용정보(주) 입사, 同CB·IT사업본부장(상무보) 2006년 同CB사업본부장 2006년 同평가사업본부장 2007년 한신정평가(주) 상무 2010년 한국신용평가정보(주) 전무이사 2010년 한신정평가(주) 전무 2011~2012년 나이스신용평가(주) 기업정보총괄전무 2012~2015년 나이스정보통신(주) 대표이사 2015년 나이스신용평가(주) 부사장(현)

### 남운선(南雲仙·女)

(생)1970·1·2 (주)경기도 수원시 팔달구 효원로 1 경기도의회(031-8008-7000) (학)동국대 수학과졸 (경)제17대 국회의원 유시민 정무특보 2012년 민주통합당 제18대 문재인 대통령후보 시민캠프 공보팀 근무, 월간 '고양사람' 발행인, (주)영일에이치앤티 대표이사 2017년 더불어민주당 제19대 문재인 대통령후보 민주시민특보, 同보건복지제도개선특별위원회

부위원장 2018년 경기도의회 의원(더불어민주당)(현) 2018년 同여성가족평생교육위원회 위원(현) 2019년 同예산결산특별위원회 위원(현)

## 남원우(南元祐) NAM Won Woo

(생)1960 · 6 · 16 (본)의령(宜寧) (출)서울 (주)서울특별시 서대문구 이화여대길 52 이화여자대학교 자연과학대학(02-3277-2392) (학)1985년 미국 캘리포니아주립대 화학과졸 1990년 이학박사(미국 캘리포니아주립대 로스앤젤레스교) (경)1990~1991년 미국 캘리포니아주립대 로스앤젤레스교 Post-Doc. 1991~1994년 홍익대 기초과학과 조교수 1994~2005년 이화여대 대학원 나노과학부 교수 2003년 창의적연구진흥사업단 단장 2005년 이화여대 바이오융합과학과 교수, 同분자생명과학부 화학 · 나노과학전공 석좌교수 2005년 同자연과학대학 화학 · 나노과학전공 석좌교수(현) 2007년 중국 홍콩대 명예교수(현) 2007년 중국 난징대 초빙교수(현) (상)Award in Analytical Chemistry Certificate of Honor, 대한민국한림원 젊은과학자상, 대한화학회 무기분과상, 이화여대 이화학술상, 대한화학회 학술상, 과학기술부 · 한국과학재단 선정 '이달의 과학기술자상'(2005), 경암학술상-생명과학분야(2007), 교육과학기술부 · 한국과학창의재단 선정 '2008 닮고 싶고 되고 싶은 과학기술인'(2008), 대한화학회 이태규학술상(2012), 한국과학상 화학분야(2015) (저)'무기화합물 명명법'(1998) 'Cytochrome P450'(2003)

## 남윤호(南潤昊)

(생)1961 · 3 · 27 (주)서울특별시 중구 서소문로 100 중앙일보(02-751-5114) (학)1980년 보성고졸 1985년 서울대 정치학과졸 1987년 同행정대학원졸 (경)1999년 중앙일보 도쿄특파원 2003년 同편집국 정책기획부 차장대우 2005년 同편집국 미디어기획팀장 2006년 同편집국 경제부 차장 2008년 同편집국 경제부문 금융팀장 2009년 同금융 · 증권데스크(부장대우) 2010년 同경제데스크 2011년 同경제선임기자 2011년 同중앙선데이 편집국 사회에디터 겸 경제선임기자 2011년 同편집국 정치부장 2012년 同논설위원 2014년 同중앙선데이 편집국장(부국장대우) 2015년 同편집국장대리 겸 뉴스룸국장 2016년 同편집국장 2017년 同순회특파원 2019년 同미주법인 대표이사 겸 LA중앙일보 대표이사(현)

## 남윤환(南潤煥)

(생)1960 · 7 · 26 (출)경남 진주 (주)강원도 원주시 혁신로 199 한국광물자원공사 기획관리본부(033-736-5200) (학)경남 대아고졸, 경상대 회계학과졸 (경)2006년 대한광업진흥공사 기획예산팀장 2008년 한국광물자원공사 기획예산팀장 2009년 同경영관리실장 2011년 同기획조정실장 2016년 同경영관리본부장 2018년 同기획관리본부장(상임이사)(현) 2018년 同사장 직대(현)

## 남은숙(南銀淑 · 女) NAM Eun Sook

(생)1956 · 11 · 15 (주)강원도 춘천시 강원대학길 1 강원대학교 간호학과(033-250-8883) (학)1979년 서울대 간호학과졸 1985년 경희대 대학원 간호학과졸 1995년 간호학박사(연세대) (경)1979년 서울대학교병원 간호사 1982년 원광보건대 부교수 1995년 대전대 간호학과 조교수 1997년 경희대 동서간호연구소 연구원 1998년 강원대 간호학과 부교수 · 교수(현) 2003년 한국아로마건강전문협회 상임이사 2019년 강원대 간호대학장(현) (상)대한간호협회 학술본상(1998) (저)'아동간호학'(2002, 수문사) '임상 아로마요법'(2005, 정문각) 등

## 남은우(南銀祐) NAM Eun Woo (거인)

(생)1959 · 10 · 19 (본)의령(宜寧) (출)경기 고양 (주)강원도 원주시 흥업면 연세대길 1 연세대학교 보건과학대학 보건행정학과(033-760-2413) (학)1984년 연세대졸 1986년 同보건대학원졸 1991년 의학박사(일본 도호대) (경)1987년 연세대 경영학과 강사 1988년 고신대 보건과학부 전임강사 · 조교수 · 부교수 1989년 한국보건행정학회 이사 1991년 고신대 보건과학연구소장 1992년 일본 東京大 국제보건대학원 객원연구원 1994년 국제건강증진및보건교육학회 이사 1995년 한국병원경영학회 이사 1997년 고신대 학생처장 · 영도발전연구소장 1998~2004년 한국지방정부학회 이사 2001년 스위스 제네바 WHO Non Communicable Disease Research Partner 2002년 일본 국립보건의료과학원 객원연구원 2003~2007년 국제보건교육건강증진학회(IUHPE) 이사 2003년 영국 브라이튼대 건강증진학과 방문교수 2004년 한국보건교육건강증진학회 이사 겸 부회장 2004년 고신대 의료경영학과 교수 2004년 연세대 보건과학대학 보건행정학과 교수(현) 2004년 보건복지부 실버산업추진 실무위원 2004년 국제보건교육건강증진학회(IUHPE) Reviewer of Online Journal of Health Promotion and Education 2005년 연세대 의료복지연구소 건강도시연구센터장(현) 2006년 보건복지부 건강도시포럼 위원 2007년 국제보건교육건강증진학회(IUHPE) 이사 2008년 Scientific Committee Member of Alliance for Healthy Cities(AFHC) 2008년 건강증진사업지원단 기획평가위원 2009년 세계보건기구(WHO) Temporary Advisor(Healthy Urban Transportation) 2009년 원주시 건강도시자문위원회 부위원장 2009년 보건복지가족부 건강도시포럼 부위원장 2009년 대한민국건강도시협의회 학술이사 2009년 WHO Temporary Advisor(Healthy Cities) 2009년 International Editorial Board, Environmental Health and Preventive Medicine(PubMed) 2010년 한국보건행정학회 이사(현), 同감사 2010년 원주의료원 이사 2010년 WHO Temporary Advisor(Cities Forum) 2012~2017년 연세대 원주산학협력단 감사 2014년 同글로벌헬스센터장(현) 2015~2016년 세계건강도시연맹총회 학술위원장 (상)대통령표창, 연세대 우수연구교수상, 연세대 강의 우수교수상 (저)'병원관리학' '일본의 의료연구' '국제보건학' '여자는 장수, 남자는 단명' 'Health Insurance Reform In Korea'(2003) (역)'일본인의 장수비결' '건강증진 유효성에 관한 Evidence'(2003) (종)기독교

## 남익우(南益祐)

(생)1962 · 1 (주)서울특별시 용산구 한강대로71길 47 롯데지알에스(주) 임원실(02-709-1114) (학)1988년 고려대 경영학과졸 (경)롯데지알에스 경영지원부문장 2012년 롯데쇼핑 이사 2015년 롯데쇼핑 상무 2017년 롯데지주(주) 가치경영1팀장(전무) 2018년 롯데지알에스(주) 대표이사 전무(현)

## 남익현(南益鉉) Nam Ick Hyun

(생)1963 · 3 · 7 (출)서울 (주)서울특별시 관악구 관악로 1 서울대학교 경영대학 경영학과(02-880-6961) (학)1985년 서울대 경영대학졸 1987년 미국 스탠퍼드대 대학원 경영학과졸 1993년 경영학박사(미국 스탠퍼드대) (경)1993년 서울대 경영대학 경영학과 교수(현) 1995년 한국경영과학회 편집위원 2004년 (주)이수페타시스 사외이사, (주)티브로드 한빛방송 사외이사 2008년 서울대 발전기금 상임이사 2010~2014년 同기획처장 2013~2017년 태광산업(주) 사외이사 2015~2017년 서울대 경영대학장 겸 경영전문대학원장 (상)서울대총장표창(1985), 한국과학기술단체총연합회 과학기술우수논문상(1996) (저)'경영수학'(1995, 법문사) '한국기업의 물류관리실태와 물류합리화전략'(1995, 대한상공회의소) '경제수학'(1997, 법문사) '공급사슬관리와 전자상거래'(1999, ECRC) '계량경영학'(2000, 박영사) 'e-Procurement의 실패와 성공요인'(2004, ECRC) 'RFID 개요 및 활용'(2005, 서울대 경영연구소) (역)'전략게임'(1999, 학현사) '경영전략게임'(2002, 박영사)

## 남인수(南仁洙)

(생)1974 · 11 · 30 (출)충북 충주 (주)경상북도 상주시 북천로 17-9 대구지방법원 상주지원(054-530-5507) (학)1993년 충주고졸 1997년 성균관대 경영학과졸 (경)2000년 사법고시 합격(42회) 2003년 사법연수원 수료(32기) 2003년 軍법무관 2006년 의정부지법 판사 2008년 서울중앙지법 판사 2010년 대구지법 영덕지원 판사 2013년 수원지법 판사 2015년 서울고법 판사 2017년 서울중앙지법 판사 2019년 대구지법 상주지원 · 대구가정법원 상주지원 부장판사(현)

## 남인숙(南仁淑 · 女) NAHM In Sook

(생)1949 · 2 · 25 (출)대구 (주)경상북도 경산시 하양읍 하양로 13-13 대구가톨릭대학교 사범대학 교육학과(053-850-3341) (학)1972년 영남대졸 1976년 미국 볼주립대 대학원졸 1980년 교육학박사(미국 볼주립대) (경)1980~1981년 일본 도쿄 게이오대 객원교수 1986~1989년 미국 애리조나주립대 여성학 Adjunct Faculty 1989년 동아일보 칼럼니스트 1990~2005년 대구가톨릭대(효성여대) 대학원 여성학 교수 1991~2003년 민주평통 자문위원 1992~1997년 대구가톨릭대 한국여성문제연구소장 1992년 한국부인회총본부 수석부회장 · 공동회장 · 이사 · 회장(현) 1996년 일간스포츠 신세대카운셀링 연재 1996~2001년 대구시 여성정책위원 1997년 미국 애리조나주립대 교환교수 1999~2013년 한국사회이론학회 부회장 · 회장 · 편집위원장 2000~2002년 통일부 통일정책평가위원 2000~2009년 대한적십자사 남북이산가족교류인선위원 2000~2004년 同남북교류전문위원 2000~2004년 한국여성학회 이사 2003년 북한연구학회 부회장 2004년 한국천주교평신도사도직협회 여성분과위원장 2005~2014년 대구가톨릭대 사범대학 교육학과 교수 2006~2009년 한국간행물윤리위원회 위원 2006~2012년 전국여교수연합회 부회장 2006년 보건복지부 식품위생심의위원 2007~2009년 경북도 여성정책위원회 부위원장 2010~2016년 통일부 통일교육대구지부 운영위원 2010~2011년 한국인문사회과학회 부회장 2011년 (사)바른사회하나로 부원장 2011~2016년 경북도 6.25전쟁납북피해진상규명 및 납북피해자명예회복위원회 실무위원 2013~2017년 가톨릭대구대교구 여성위원장 2014년 대구가톨릭대 사범대학 교육학과 명예교수(현) 2014년 (사)바른사회하나로 고문 2014~2018년 대구시 남북교류협력위원회 부위원장 2015~2017년 경북도 양성평등위원회 부위원장 2016~2018년 바른사회정책연구원 원장 2017년 한국천주교주교회의 여성수호위원회 전문위원(현) (상)한국일보 오늘의 여성상(1990), 국회도서관 장서기증 감사패(1998), 통일부장관표창(2010), 대구가톨릭대 교육업적부분 최우수상(2012) (저)'북한여성의 실재'(1992) '남북한 여성 그들은 누구인가'(1992) '한국남성의 숙제(編)'(1995) '여성과 한민족(編)'(1996) '왜 여성학인가'(1996 · 2000 · 2003) '해방이후 가톨릭여자수도회의 사회복지 활동(共)'(2005) '변화하는 사회와 여성'(2005) '여성과 교육'(2009)

## 남인순(南仁順 · 女) NAM In Soon

(생)1958·11·5 (출)인천 (주)서울특별시 영등포구 의사당대로 1 국회 의원회관 748호(02-784-5980) (학)1977년 인천 인일여고졸 1995년 세종대 국어국문학과졸 2002년 성공회대 시민사회복지대학원 사회복지학과졸 (경)1988년 인천일하는여성의나눔의집 간사 1989~1993년 인천여성노동자회 사무국장·부회장 1994~2000년 한국여성단체연합 사무국장·사무처장 2000년 총선연대 사무총장 2001~2002년 문화방송 시청자위원 2001~2003년 한국여성단체연합 사무총장 2004년 同공동대표 2004~2006년 국무총리실 국민고충처리위원 2005~2011년 한국여성단체연합 상임대표 2005~2011년 시민사회단체연대회의 공동대표 2005~2006년 대통령자문 사법제도개혁추진위원회 실무위원 2006~2009년 한국방송공사(KBS) 이사 2006~2007년 보건복지가족부 저출산고령사회위원 2007~2009년 교육인적자원부 법학교육위원 2007~2008년 대법원 양형위원회 위원 2008~2011년 민족화해협력범국민협의회 상임의장 2011~2012년 시민정치행동 내가꿈꾸는나라 공동대표 2011년 (사)시민경제사회연구소 연구위원 2012년 민주통합당 최고위원 2012년 제19대 국회의원(비례대표, 민주통합당·민주당·새정치민주연합·더불어민주당) 2012년 국회 아동여성대상성폭력대책특별위원회 야당 간사 2012년 국회 시민정치포럼 공동대표 2012년 국회 성평등정책연구포럼 공동대표 2012·2014년 국회 보건복지위원회 위원 2012년 국회 여성가족위원회 위원 2013년 국회 사법제도개혁특별위원회 위원 2014년 국회 여성가족위원회 야당 간사 2014년 새정치민주연합 전국여성위원장 2014년 同조직강화특별위원회 위원 2014~2015년 同원내부대표 2014~2015년 국회 군인권개선및병영문화혁신특별위원회 위원 2015년 새정치민주연합 아동학대근절과안심보육대책태스크포스(TF) 위원장 2015년 국회 메르스대책특별위원회 위원 2015년 더불어민주당 아동학대근절및안심보육대책특별위원회 위원장 2016년 同서울송파구丙지역위원회 위원장(현) 2016년 제20대 국회의원(서울 송파구丙, 더불어민주당)(현) 2016~2017년 더좋은미래 책임운영간사 2016~2018년 국회 여성가족위원회 위원장 2016·2018년 국회 보건복지위원회 위원(현) 2017년 더불어민주당 제19대 문재인 대통령후보 중앙선거대책본부 성평등본부 수석부본부장 2017년 국회 저출산·고령화대책특별위원회 위원 2017~2018년 국회 예산결산특별위원회 위원 2017년 국회 3기 의정포럼 공동대표(현) 2018년 더불어민주당 최고위원(현) 2018년 더불어민주당 유치원어린이집공공성강화특별위원회 위원장(현) 2018년 저출산의패러다임전환을위한국회포럼1.4 공동대표(현) (상)여성신문사 미지상(2001), 한겨레신문 선정 '미래의 지도자 100인'(2003), 한국여성단체연합 여성운동버팀목상(2003), 국민훈장 동백장(2006), 우수국회의원연구단체 선정(2012), 민주통합당 선정 국정감사우수의원(2012), 국회를 빛낸 바른언어상 모범언어상(2013), 법률소비자연맹 국회의원 헌정대상(2013·2016·2019), 새정치민주연합 국정감사우수의원(2014), 국회사무처 입법및정책개발 우수국회의원상(2014), 국회 우수국회의원연구단체상(2014), 연합매일신문 대한민국의정대상(2015) (저)'열린 희망(共)'(1998, 한국여성단체연합 10년사) '한국의 여성 정치세력화 운동(共)'(2005, 여성정치세력민주연대 기획총서) 'NGO와 법의 지배(共)'(2008, 서울대 법학연구소 법의지배센터) '날아라! 여성'(2012) '구석구석 젠더정치'(2014, 해피스토리)

## 남인식(南寅植) NAM In Sic

(생)1950 · 1 · 21 (본)의령(宜寧) (출)대구 (주)경상북도 포항시 남구 청암로 77 포항공과대학교 화학공학과(054-279-2264) (학)1969년 서울고졸 1974년 한양대 화학공학과졸 1976년 同대학원졸 1979년 미국 미시간주립대 대학원 화학공학과졸 1983년 화학공학박사(미국 앰허스트대) (경)1976~1978년 제철화학 근무 1983년 벨기에 Univ. of Gent 석유화학기술연구소 연구원 1985년 미국 웨인주립대 화학공학과 조교수 1987~2015년 포항공과대 화학공학과 교수 1990~1998년 포항산업과학연구원 환경촉매팀장 1996~2000년 포항공과대 환경공학부장 1996~1998년 한국화학공학회 대구 · 경북지부장 1997~1998년 同홍보위원장 1998년 同에너지환경부문 위원장 1998년 미국 캘리포니아대 버클리교 방문교수 2001년 한국화학공학회 교육 · 연구위원장 2003~2007년 포항공과대 부총장 2007년 '어플라이드 카탈리시스 B : 환경(Applied Catalysis B : Environmental)' 편집장 2008년 코오롱 사외이사 2010~2014년 포스코켐텍 사외이사 2010년 한국화학공학회 회장 2015년 포항공과대 화학공학과 명예교수(현) (상)산학협동재단 산학협동대상(1996), 석명우수화공인상(2007), 한국화학공학회 여산촉매학술상(2011), 미래창조과학부 화공분야 한국공학상(2014) (저)'Catalysis Vol.16 Chap.7 : Selective Catalytic Reduction of Nitrogen Oxides by Ammonia'(2002) 'Catalysis vol.18 Chap.4 : New Opportunity for HC-SCR Technology to Control NOx Emission from Advanced Internal Combustion Engines'(2005) (종)기독교

## 남재두(南在斗) NAM Jae Du

(생)1939·9·14 (본)영양(英陽) (출)경북 안동 (주)대전광역시 서구 계룡로 314 대전일보 회장실(042-251-3001) (학)1958년 경기고졸 1962년 연세대 정법대학 법학과졸 1964년 同대학원 경영학과졸 2010년 명예 정치학박사(한남대) (경)1964년 한국은행 입행 1970년 同조사부 조사역 1976년 대전일보 사장 1977년 대전보문라이온스클럽 회장 1981년 제11대 국회의원(대전 동구, 민주정의당) 1982년 민주정의당(민정당) 총재 비서실장 1982년 국제라이온스협회 319A지구 총재 1982년 대한보이스카우트연맹 부총재 1983년 민정당 원내부총무 1985년 同정책위원회 부의장 1985년 제12대 국회의원(대전 동구, 민정당) 1985년 민정당 학원대책특별위원장 1987년 한·인도친선협회 부회장 1988년 민정당 대전동구甲지구당 위원장 1989년 100만인모금걷기대회 대회장 1990년 국제PTP 한국본부 총재 1992년 제14대 국회의원(대전 동구甲, 민자당·신한국당) 1992년 국회 대전세계박람회지원특별위원장 1992년 민자당 대전시지부 위원장 1993년 同당무위원 1993년 同중앙당기위원장 1993년 한·베트남의원친선협회 회장 1996년 신한국당 대전동구甲지구당 위원장 1996년 한국관광공사 이사장 1997년 신한국당 대전시지부장 1998년 한나라당 대전시지부장 1998년 국민회의 당무위원 2000년 새천년민주당 대전서구乙지구당 위원장 2000년 同당무위원 2002년 한나라당 국책자문위원 2004년 대전일보 회장(현) (상)재무부장관표창, 백호대상(2010) (저)'한국경제의 발전과 전망' (종)불교

## 남재열(南在烈) NAM JAE YEAL

(생)1960·8·12 (출)경북 김천 (주)대구광역시 달서구 달구벌대로 1095 계명대학교 공과대학 컴퓨터공학과(053-580-5348) (학)1983년 경북대 전자공학과졸 1985년 同대학원졸 1991년 공학박사(미국 Univ. of Texas at Arlington) (경)1985년 한국전자통신연구소 연구원 1991~1995년 同선임연구원 1995년 계명대 정보통신학부 부교수 2007년 同공과대학 컴퓨터공학과 교수(현) 2009년 同광역선도IT융복합의료기기실 무형인재양성센터장 2010년 同산학연구처장 2012년 同연구처장 2015년 同산학부총장(현) (저)'OSGi 소프트웨어 개발'(2006, 이한출판사) (역)'디지털 영상처리'(2003, 그린) '논리설계의 기초'(2004, 학술정보) '멀티미디어 공학'(2004, ITC) 등

## 남재헌(南載憲) NAM, JAE HEON

(생)1971·12·6 (본)영양(英陽) (출)부산 (주)서울특별시 종로구 사직로8길 60 외교부 인사운영팀(02-2100-2114) (학)1990년 부산 구덕고졸 1998년 연세대 토목공학과졸 (경)1999년 해양수산부 사무관 2003년 미국 Texas A&M Univ. 국외직무훈련 2005년 해양수산부 항만국 항만정책과 사무관 2007년 同항만국 항만정책과 서기관 2008년 국토해양부 물류항만실 항만정책과 서기관 2009~2013년 2012 여수세계박람회조직위원회 빅오사업단장 2013년 해양수산부 대변인실 홍보담당관 2014년 同항만국 항만지역발전과장 2015~2017년 同항만국 항만정책과장 2017년 駐미국 경제주재관(현) (상)녹조근정훈장(2013) (종)천주교

## 남재현(南宰鉉)

(생)1972·10·20 (출)경남 사천 (주)부산광역시 연제구 법원로 31 부산지방법원 총무과(051-590-1507) (학)1991년 부산 가야고졸 1996년 고려대 법학과졸 (경)1998년 사법시험 합격(40회) 2001년 사법연수원 수료(30기) 2001년 軍법무관 2004년 부산지법 판사 2007년 청주지법 판사 2009년 부산지법 동부지원 판사 2011년 부산고법 판사 2013년 창원지법 통영지원 판사 2015년 부산지법 판사 2017년 대구지법 부장판사 2019년 부산지법 부장판사(현)

## 남재희(南載熙) NAM Jae Hee

(생)1934·1·18 (본)의령(宜寧) (출)충북 청주 (학)1952년 청주고졸 1958년 서울대 법과대학졸 (경)1958년 한국일보 기자 1962~1972년 조선일보 기자·문화부장·정치부장·편집부국장·논설위원 1972년 서울신문 편집국장 1973년 同이사 1974년 관훈클럽 총무 1977년 서울신문 주필 1979년 제10대 국회의원(서울 강서구, 민주공화당) 1979년 민주공화당 정책연구소 차장·정책조정실 차장 1980년 입법회의 의원 1980년 민주정의당(민정당) 정책위원회 의장 1981년 제11대 국회의원(서울 강서구, 민정당) 1983~1987년 민정당 서울시지부 위원장 1985년 제12대 국회의원(서울 강서구, 민정당) 1985년 민정당 정책위원회 교육문제특별분과 위원장 1987년 한·파나마의원친선협회 회장 1987년 민정당 정책위원회 의장 1988년 민주화합추진위원회 위원 1988년 민정당 서울시지부 위원장 1988년 제13대 국회의원(서울 강서구乙, 민정당·민자당) 1988년 한·캐나다의원친선협회 회장 1989년 민정당 중앙위원회 의장 1991년 국회 윤리특별위원장 1993~1994년 노동부 장관 1995년 민자당 당무위원 1996년 신한국당 당무위원 1997~2001년 호남대 객원교수 2003년 통일고문회의 고문 2012년 서울시 시정고문 (상)새마을훈장 근면장, 청조근정훈장 (저)'스튜던트 파워'(共) '모래 위에 쓰는 글' '정치인을 위한 변명' '양파와 연꽃'(1992) '일하는 사람들과 정책'(1995) '언론·정치 풍속사'(2004) '아주 사적인 정치비망록'(2006) '남재희가 만난 통 큰 사람들'(2014, 리더스하우스) '진보 열전 남재희의 진보인사 교유록 오십년'(2016, 메디치미디어) (종)기독교

## 남 정(南 亭) (玄翁)

(생)1940·10·15 (본)용궁(龍宮) (출)경북 영천 (주)경기도 남양주시 천마산로 115-13 수진사(031-592-8891) (학)1986년 대원불교대학졸 1993년 고려대 경영대학원 수료 (경)1983년 대한불교총화종 종정 사서실장 1988년 同감찰원장 1989년 同종무원장 1990년 同선거관리위원장 1991년 서울 성동구치소 종교위원 1995~2014년 대한불교총화종 총무원장 1995년 한국불교종단협의회 이사 1996년 한일불교문화교류협의회 사무총장, 대한불교총화종 종단협의회 상임이사 2000년 한·일불교협의회 사무총장·부회장 2001년 민주평통 자문위원 2002년 법무부 범죄예방위원회 고문 2003년 同교화활동 2008년 한국불교총화종유지재단 이사장(현) 2009년 한일문화교류협의회 부이사장 2013~2015년 (사)생명나눔실천본부 이사 2014년 대한불교총화종 제17대 종정(현) (상)법무부장관표창(1993) (종)불교

## 남정현(南正鉉) Nam Jeong Hyeon

(생)1962·2·2 (출)충북 충주 (주)충청북도 청주시 청원구 2순환로 168 충북지방경찰청 청문감사담당관실(043-240-2017) (학)1980년 충주고졸 1984년 충북대졸 (경)1984년 경위 임용(특채) 1999년 경감 승진, 충북 음성경찰서 경무과장, 경찰청 감사담당관실 근무 2007년 경정 승진, 경기 성남수정경찰서 경비교통과장, 서울 강남경찰서 경무과장, 서울지방경찰청 경무부 경무과 경리계장 2015년 강원지방경찰청 청문감사담당관(총경) 2015년 同치안지도관 2016년 충북 진천경찰서장 2017년 충북지방경찰청 경무과장 2017년 서울지방경찰청 정보화장비과장 2018년 충북 충주경찰서장 2019년 충북지방경찰청 청문감사담당관(현) (상)행정자치부장관표창(2007), 대통령표창(2011)

## 남정호(南貞鎬·女) NAM Jeong Ho

(생)1952·12·31 (출)경북 김천 (주)서울특별시 서초구 남부순환로 2374 한국예술종합학교 무용원 창작과(02-746-9317) (학)1975년 이화여대 무용과졸 1978년 同대학원 무용과졸 1980년 프랑스 렌느제2대학 예술사학박사과정(D.E.A) 이수, 프랑스 소르본느대 무용디플롬(diplome de danse a la

Sorbonne) 수료 (경)1980~1981년 프랑스 장-고당 무용단(Cie Jean-gaudin) 단원 1982년 경성대 무용과 전임강사·조교수·부교수·교수 1992년 미국 UCLA 무용과 객원교수 1996년 한국예술종합학교 무용원 창작과 교수 1998년 미국 게일리서치발행 '세계현대춤사전'에 등재 2003년 미국 하와이대 무용과 초빙교수 2013년 국립현대무용단 이사 2014년 한국예술종합학교 무용원 창작과장 2018년 同무용원 명예교수(현) (상)코파나스상, 일본 사이따마 국제안무대회 특별상, 제4회 김수근 문화예술상, 예술평론가협회 최우수예술가상(1999), 댄스비전 이사도라 무용예술상(2011) (저)'맨발의 텝시코레'(1993, 신세대출판사) '현대무용 감상법'(1995, 대원사) '남 몰래 추는 춤 나도 몰래 추는 춤'(2011, 늘봄) '몸으로 상상하기'(2017, 한국문화예술교육진흥원) (역)'뉴댄스(共)'(1988, 금광출판사) '무용의 현대(共)'(2004, 늘봄) (작)'유희' '애들아 나오너라 달따러가자' '자화상' '가시리' '빨래' '나그네들' '나는 꿈속에서 춤을 추었네' '유랑자' 등 (종)가톨릭

### 남종섭(南鍾燮) NAM Jong Seop

(생)1966·2·10 (주)경기도 수원시 팔달구 효원로 1 경기도의회(031-8008-7000) (학)국제디지털대 경영학과졸, 명지대 대학원 지방행정학 석사과정 수료 (경)민주평통 자문위원, 용인도시공사노동조합 위원장, 민주당 경기도당 지방자치위원회 부위원장, 同경기용인乙지역위원회 노동위원장, 경기 용인시 기흥구 신갈자율방범대장, 기흥호수살리기대책위원회 부위원장 2014년 새정치민주연합 경기도당 창당발기인 2014년 同정책조정위원회 부위원장 2014~2018년 경기도의회 의원(새정치민주연합·더불어민주당) 2014년 同보건복지위원회 위원 2015년 同청년일자리창출특별위원회 위원 2016~2018년 同교육위원회 위원·간사 2016년 同선감학원진상조사및지원대책마련특별위원회 위원 2016~2018년 同다문화가족·이주민지원특별위원회 위원 2016~2018년 同지방재정건전성강화특별위원회 위원 2017~2018년 同예산결산특별위원회 위원, 더불어민주당 중앙당 교육특별위원회 부위원장(현) 2018년 경기도의회 의원(더불어민주당)(현) 2018년 同의회운영위원회 부위원장(현) 2018년 同농정해양위원회 위원(현)

### 남종우(南宗佑) NAM, JONGWOO

(생)1969 (주)서울특별시 종로구 세종대로 209 통일부 인도협력국 북한인권과(02-2100-2310) (학)서울대 지리학과졸, 同대학원 지리학과졸, 지리학박사(미국 일리노이대) (경)1999년 행정고시 합격(43회), 통일부 정책1담당관실 근무, 同장관비서실 근무, 同경제과학담당관실 근무, 同지원총괄과 근무, 同혁신인사기획팀 근무, 同혁신성과팀 근무, 同교류협력기획과 근무, 同제2하나원준비팀 근무 2012년 同정착지원사무소(화천) 교육기획팀장 2014년 同남북회담본부 회담2과장 2014년 同정세분석국 경제사회분석과장 2016년 同북한인권기록센터 기획연구과장 2018년 同인도협력국 북한인권과장(현)

### 남종현(南鍾鉉) Jong-Hyun NAM

(생)1944·9·9 (본)의령(宜寧) (출)충북 진천 (주)서울특별시 송파구 오금로 493 (주)그래미 회장실(02-403-3808) (학)청주고졸 1997년 연세대 특허법무대학원 수료(5기), 서울시립대 최고경영자과정 수료(14기), 중국 칭화대 경영대학원 수료 2011년 명예 경영학박사(용인대) 2013년 명예 약학박사(동국대) (경)1983~1990년 남일기계공업 대표이사 1993년 (주)그래미 대표이사 회장(현) 1995~1998년 한국발명기업연합회 부회장 1996년 천연조미료 '그래미' 개발 및 특허 1996~1998년 한국팔기회 홍보위원 1996~1998년 국제수상발명가협회 부회장, 연세대 특허법무대학원 총동창회 회장(5기), 서울시립대 최고경영자과정총동문회 회장 2002년 한국발명기업연합회 회장 2003년 한국발명진흥회 이사 2004년 同감사 2006년 민주평통 상임위원 2008년 한국알코올과학회 이사 2011~2012년 강원FC 프로축구단 대표이사 2012년 대한민국한빛회 회장 2013~2015년 대한유도회 회장 (상)국제발명전 금상·최고대상·특별상, 철탑산업훈장(1999), 장영실과학문화상 과학기술대상(2000), 자랑스런 한국인 발명특허부문 대상(2004), 중소기업청장표창(2004), 국무총리표창(2006), 연세대동문회 감사패(2006), 제43회 발명의날 금탑산업훈장(2008), 2009일본천재회의 우수제품천재상(2009), 올해의 신지식인상(2011), 대한민국 퍼스트브랜드대상(2012) (작)천연조미료 그래미, 숙취해소제 여명808

### 남준우 NAM JUN U

(생)1958·4·11 (주)경기도 성남시 분당구 판교로 227번길 23 판교R&D센터 8층 삼성중공업(주)(031-5171-7000) (학)부산 혜광고졸, 울산대 조선공학과졸 (경)1983년 삼성중공업(주) 입사 2009년 同PM팀장(상무) 2010년 同고객지원팀장(상무) 2012년 同시운전팀장(상무) 2013년 同고객지원담당 전무 2014년 同안전품질담당 전무 2014년 同외업1담당 전무 2015년 同생산1담당 전무 2017년 同거제조선소장(부사장) 2018년 同대표이사 사장(현)

### 남진근(南鎭根) NAM Jin Guen

(생)1959·1·7 (출)충북 영동 (주)대전광역시 서구 둔산로 100 대전광역시의회(042-270-5142) (학)학산상업고졸 1984년 대전실업전문대학 경영과졸, 한밭대 경영학과졸, 고려대 행정대학원 최고위과정 수료(1년), 대전대 대학원 사회복지학과졸(석사), 행정학박사(배재대) (경)1994년 남안경원 설립·대표(현) 1999년 국제라이온스협회 355-D지구 신세기클럽 초대회장, 同355-D지구 4지역 부총재, 자유선진당·선진통일당 대전동구당원협의회 청년위원장, 同선진봉사회 대전동구지회장, 대전 중앙동방위협의회 위원·총무·고문, 대전동부경찰서 역전지구대 자문위원 2010~2014년 대전시의회 의원(자유선진당·선진통일당·새누리당) 2010년 대한적십자사 대전충남지사 대의원 2010년 민주평통 자문위원 2012~2014년 대전시의회 원도심활성화특별위원회 위원장 2012~2014년 同복지환경위원회 위원 2012년 새누리당 제18대 대통령중앙선거대책위원회 부본부장 2014년 대전시의원선거 출마(새누리당) 2015년 민주평통 대전동구협의회장, 배재대 행정학과 객원교수 2018년 대전시의회 의원(더불어민주당)(현) 2018년 同운영위원장(현)

### 남진복(南鎭福) NAM Jin Bok

(생)1958·10·4 (주)경상북도 안동시 풍천면 도청대로 455 경상북도의회(054-880-5126) (학)2008년 경북대 행정대학원 지방자치학과졸 (경)경북도청 근무, 同공무원노동조합 위원장 2006·2010년 경북도의원선거 출마(무소속) 2011년 10.26재보선 경북 울릉군수선거 출마(무소속) 2014~2018년 경북도의회 의원(무소속·자유한국당) 2014·2016년 同행정보건복지위원회 위원 2014·2016년 同독도수호특별위원회 위원장 2016년 同운영위원회 위원 2016~2017년 同예산결산특별위원회 위원 2018년 경북도의회 의원(자유한국당)(현) 2018년 同기획경제위원회 위원(현) 2018년 同독도수호특별위원회 위원(현) 2019년 同예산결산특별위원회 위원(현)

### 남찬우(南粲祐) Nam Chan Woo

(생)1976·6·23 (본)의령(宜寧) (출)부산 (주)세종특별자치시 갈매로 388 문화체육관광부 콘텐츠정책국 대중문화산업과(044-203-2841) (학)1995년 부산동고졸 2004년 중앙대 경제학과졸 2015년 호주 플린더스대 대학원 관광학 석사 2018년 서강대 공공정책대학원 행정학 석사 (경)2003년 행정고시 재경직 합격(47회) 2003년 문화관광부 미디어정책과 사무관 2007년 대통령 교육문화비서관실 행정관 2008년 문화체육관광부 지역

문화과 · 국제문화과 · 문화산업정책과 사무관 2012년 同관광산업과 서기관 2013~2014년 호주 플린더스대 연수 2015년 문화체육관광부 평창올림픽지원과장 2017년 同국제관광정책관실 전략시장과장 2017년 同관광정책국 관광기반과장 2017년 同콘텐츠정책국 대중문화산업과장(현)

## 남창희(南昌熙) NAM Chang Hee

(생)1957 · 2 · 14 (출)충북 영동 (주)광주광역시 북구 첨단과기로 123 광주과학기술원 물리 · 광과학과(062-715-4701) (학)1977년 서울대 원자핵공학과졸 1979년 한국과학기술원 물리학과졸 1988년 플라즈마물리학박사(미국 프린스턴대) (경)1979~1982년 부산대 기계공학과 전임강사 1983~1989년 미국 프린스턴대 플라즈마물리연구소 연구원 1989년 한국과학기술원 물리학과 조교수 · 부교수 · 교수 1989년 한국광학회 이사 1999~2001년 결맞는X-선 연구단(과기부 창의연구단) 단장 2008년 미국광학회 '펠로우(석학회원)' 선정 2008년 미국물리학회(APS) 레이저과학분야 '펠로우' 선정 2012년 광주과학기술원 물리 · 광과학과 교수(현) 2013년 기초과학연구원 초강력레이저과학연구단장(현) (상)Josephine de Karman Fellowship, 한국과학기술단체총연합회 우수논문상(1998), 과학기술부 이달의 과학기술자상(2002), 물리학회 학술상(2003), 대한민국학술원상 자연과학기초부문(2010) (저)'레이저와 미래생활'(1995, 한국과학기술진흥재단) (종)기독교

## 남창희(南昌熙) NAM Chang Hee

(생)1966 · 10 · 30 (주)서울특별시 송파구 올림픽로 269 롯데쇼핑(주) 롯데마트 MD본부(02-2145-8500) (학)화곡고졸 1992년 한양대 독어독문학과졸 (경)롯데쇼핑(주) 롯데마트 마케팅부문장 · 광고판촉팀장, 同가전팀 상무이사, 同롯데마트 상품총괄부문장(상무) 2010년 同마케팅부문장 2011년 同마케팅부문장(이사) 2014년 同롯데마트 상품본부장(상무) 2015년 同롯데마트 마케팅본부장(상무) 2016년 同롯데마트 식품MD본부장(상무) 2017년 同롯데마트 MD본부장(전무)(현)

## 남천규(南天奎)

(생)1976 · 3 · 1 (출)충남 천안 (주)충청북도 충주시 계명대로 103 청주지방법원 충주지원(043-841-9119) (학)1994년 공주고졸 2000년 고려대 법학과졸 (경)2000년 사법시험 합격(42회) 2003년 사법연수원 수료(32기) 2003년 해군법무관, 대구지법 판사 2009년 인천지법 부천지원 판사 2013년 서울중앙지법 판사 2015년 서울동부지법 판사, 서울남부지법 판사 2018년 청주지법 충주지원 부장판사(현)

## 남철균(南哲均) NAM Chul Kyun

(생)1943·2·4 (본)영양(英陽) (출)서울 (주)서울특별시 종로구 홍지문2길 20 상명대학교 조형예술학과(02-2287-5302) (학)1963년 중동고졸 1967년 홍익대 공예학과졸 1973년 同대학원 공예도안학과졸 (경)1967년 육군 정훈장교 1968년 야전군박물관 설계 1969년 신축국회의사당 실내설계담당 1970~1976년 상업은행 광고·실내디자인담당 1973년 어린이대공원 교양관 설계담당 1976년 상명여대 사범대학 전임강사 1982년 同대학원 교학과장 1984년 경기미술대전 심사위원 1986년 대한민국공예대전 심사위원 1988년 서울시관광공예품경진대회 심사위원 1989년 국립중앙과학관 상징조형물 설계 1990년 전쟁기념박물관 전시연출 자문위원 1991년 동아공예대전 심사위원 1991~1993년 상명여대 예술대학장 1991년 서울공예대전 운영위원 1992년 대한민국공예대전 운영위원 1993년 전국관광공예품경진대회 심사위원 1994년 충남산업디자인대전 심사위원 1994~1997년 한미은행 디자인고문 1996년 한국공예가협회 이사장 대행 1997~2008년 상명대 조형예술학부 교수 1998년 동아공예대전 심사위원 1999년 대한민국미술대전 심사위원장 2002년 同운영위원 2003년 청주국제공예비엔날레 운영위원장 2005년 한국공예대전 심사위원장 2006년 한국옻칠공예대전 심사위원장 2007년 서울공예상공모전 심사위원장 2007년 청주국제공예비엔날레국제공모전 심사위원장 2008년 대한민국황실공예대전 심사위원 2008년 상명대 조형예술학과 명예교수(현) (상)駐한국 프랑스대사표창(1967), 1군사령관표창(1968), 한국공예가협회상(1991), 행정자치부장관표창(2004), 옥조근정훈장(2008) (저)'공예자료와 기법'(1999) '목재 디자인론'(2002) '문양의 의미'(2005)

## 남철기(南喆基) NAM CHUL KI

(생)1971 · 7 · 24 (본)영양(英陽) (출)강원 삼척 (주)세종특별자치시 가름로 194 과학기술정보통신부 디지털콘텐츠과(044-202-6350) (학)1990년 강원북평고졸 1996년 울산대 전자계산학과졸 2000년 同대학원 공학석사 2003년 공학박사(전자계산학전공)(울산대) (경)1996~2004년 한국오라클(주) 기술본부 Technical Specialist 2004년 재정경제부 정책조정국 기술정보과 사무관 2005년 同정책조정국 서비스경제과 사무관 2007년 同정책조정국 산업경제과 사무관 2007~2008년 정보통신부 정보통신정책본부 기술정책팀 사무관 2008년 지식경제부 신산업정책관실 소프트웨어진흥과 사무관 2009년 同정보통신산업정책관실 정보통신총괄과 사무관 2010~2012년 미국 오리건주립대 연구원 2012~2013년 지식경제부 에너지자원실 원전산업정책관실 방사성폐기물과 사무관 2013년 미래창조과학부 소프트웨어정책관실 소프트웨어융합과 사무관 2014년 同소프트웨어정책관실 소프트웨어정책과 서기관 2016년 시스트란인터내셔널 전략기획팀장(민간근무 휴직) 2017년 미래창조과학부 지능정보사회추진단 산업육성팀장 2017년 과학기술정보통신부 지능정보사회추진단 산업육성팀장 2018년 同인공지능정책팀장 2018년 同소프트웨어정책관 디지털콘텐츠과장(현) (상)대통령표창(2014)

## 남철순(南哲洵) NAM Cheol Soon

(생)1960 · 8 · 16 (주)인천광역시 연수구 컨벤시아대로 165 (주)포스코인터내셔널(02-759-2114) (학)강릉고졸, 서울대 농업경제학과졸 (경)(주)대우인터내셔널 특수강본부장(상무) 2013~2015년 (주)포스코 스테인리스마케팅실장(상무) 2015년 (주)대우인터내셔널 냉연사업실장(상무) 2016년 同철강사업본부장(전무) 2016년 (주)포스코대우 철강사업본부장(전무) 2019년 同중국지역총괄 겸 북경무역법인장(부사장) 2019년 (주)포스코인터내셔널 중국지역총괄 겸 북경무역법인장(부사장)(현)

## 남칠우(南七祐) NAM Chyle Woo (天杉)

(생)1959 · 10 · 3 (본)의령(宜寧) (출)경남 창녕 (주)대구광역시 동구 동대구로 460 더불어민주당 대구시당(053-217-0700) (학)1978년 경북고졸 1986년 건국대 정치학과졸 1990년 同대학원 정치학과졸 2000년 정치학박사(건국대) (경)1984년 건국대 학원자율화추진위원회 위원장 1988~1992년 북방정책연구소 상임연구위원 1989년 정무장관 비서관 1990~1994년 한국민족민주청년연맹 총재 1994년 21C생활정치연구소 소장 1995년 나라와고향을위한모임 기획조정실장 1996~2002년 (주)한림원 대표이사 2000년 건국대 중국문제연구소 연구위원 2002년 同사회과학대학 강사 2003년 한 · 몽골문화교류진흥원 자문위원 2003년 대구한의대 강사 2012년 민주통합당 대구수성乙지역위원회 위원장 2012년 제19대 국회의원선거 출마(대구 수성乙, 민주통합당) 2013년 민주당 대구수성乙지역위원회 위원장 2014년 새정치민주연합 대구수성乙지역위원회 위원장 2015~2016년 더불어민주당 대구수성乙지역위원회 위원장 2017~2018년 同대구시당 부위원장 2018년 대구시 수성구청장선거 출마(더불어민주당) 2018년 더불어민주당 대구시당 위원장(현)

**남태영(南泰英) NAM Tae Young (賢剛)**

(생)1950 · 12 · 1 (본)의령(宜寧) (출)전북 익산 (주)서울특별시 영등포구 국회대로70길 15-1 극동VIP빌딩 육아방송(02-782-0960) (학)1969년 이리 남성고졸 1978년 경희대 외국어교육과졸(영어전공) 2002년 동국대 언론정보대학원졸(석사) (경)1978년 동아방송 사회문화부 기자 1980년 同정경부 기자 1980년 한국방송공사(KBS) TV편집부 · 문화부 · 경제부 · 외신부 · 지방부 기자 1995년 同사장비서실 근무 1997년 同보도국 과학부 기자 1998년 同보도국 경제부 기자 1999년 연세대 언론홍보대학원 연수(6개월) 2001년 한국방송공사(KBS) 강릉방송국 보도부장 2002년 同대전방송총국 보도국장 2009년 육아방송 편성본부장 2010년 同부사장 2018년 同부회장(현) 2018년 한국케이블TV방송협회 방송채널사용사업자(PP)협의회장(현) (종)가톨릭

**남태헌(南泰憲) Nam, Tae Hun**

(생)1963 (출)서울 (주)세종특별자치시 다솜2로 94 농림축산식품부 식품산업정책실(044-201-1701) (학)대일고졸 1989년 서울대 농학과졸 1993년 同행정대학원 정책학과 수료 2005년 미국 캘리포니아대 대학원 농업경제학과졸 (경)1993년 행정고시 합격(37회) 1994년 사무관 임용 2005년 농림부 국제협력과 서기관 2006년 同홍보기획팀장 2008년 농림수산식품부 자원회복과장 2009년 同농업금융과장 2009년 同농업금융정책과장 2011년 同유통정책과장(부이사관) 2012년 同축산정책과장 2013년 농림축산식품부 대변인 2014년 미국 국외훈련 2015년 농림축산식품부 식품산업정책실 창조농식품정책관 2016년 국립농산물품질관리원장 2017년 농림축산식품부 농림축산검역본부 인천공항지역본부장(고위공무원) 2019년 同식품산업정책실 식품산업정책관(현)

**남택욱(南澤旭)**

(생)1964 · 12 · 12 (주)경상남도 창원시 의창구 상남로 290 경상남도의회(055-211-7392) (학)창원대 대학원 경영학 석사과정 재학 중 (경)경상남도 장애인복지위원, 창원지법 가사조정위원회 위원, MBC경남 열려라라디오 '장애뉴스' 진행, 경남장애우신문 대표(현) 2018년 경남도의회 의원(더불어민주당)(현), 同건설소방위원회 부위원장(현) (상)한국장애인부모회감사패(2019)

**남택정(南澤正) NAM Taek Jeong**

(생)1954 · 4 · 20 (본)의령(宜寧) (출)경남 (주)부산광역시 남구 용소로 45 부경대학교 수산과학대학 식품영양학과(051-629-5846) (학)1979년 부산수산대 식품공학과졸 1981년 同대학원 식품공학과졸 1989년 농학박사(일본 도쿄대) (경)1981년 동부산대 전임강사 1990년 부경대 식품생명과학과 전임강사 · 조교수 · 부교수, 同수산과학대학 식품영양학과 교수(현) 1991년 미국 노스캐롤라이나대 객원연구원, 미국 세계인명사전 'Marquis Who's Who'에 등재 2007~2009년 부경대 수산과학연구소장 2011년 한국수산과학회 회장 2012년 부경대 수산과학연구소장(현) 2014~2017년 한국해양과학기술진흥원 전문위원 2014~2016년 세계수산회의 한국조직위원회 위원장 2019년 한국과학기술한림원 정회원(현) (종)기독교

**남평오(南平五) NAM PYUNG OH**

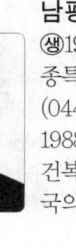

(생)1961 · 11 · 12 (본)의령(宜寧) (출)전남 고흥 (주)세종특별자치시 다솜로 261 국무총리비서실 민정실(044-200-2830) (학)1979년 광주 살레시오고졸 1988년 전남대 역사학과졸 (경)2004~2005년 보건복지부 장관 정책보좌관 2006~2009년 (사)한국의약품유통협회 상무 2011~2016년 강릉영동대 부총장(기획실장) 2016~2017년 전남도 서울사무소장 2017년 국무총리 정무협력비서관 2018년 국무총리비서실 민정실장(현) (저)'책임'(2010, 비엠에스출판사) (종)가톨릭

**남해광(南海廣) Nam Haegwang**

(생)1969 · 2 · 16 (출)광주 (주)광주광역시 동구 준법로 7-12 광주지방법원(062-239-1710) (학)1987년 조선대부속고졸 1992년 서울대 공법학과졸 (경)1998년 사법시험 합격(40회) 2001년 사법연수원 수료(30기) 2001년 광주지법 판사 2004년 同순천지원 판사 2006년 광주지법 판사 2010년 광주고법 판사 2012년 同판사(사법연구) 2013년 광주지법 장흥지원 · 광주가정법원 장흥지원 판사 2015년 광주지법 판사 2016년 청주지법 형사3단독 부장판사 2018년 광주지법 부장판사(현)

ㄴ

**남형기(南亨基) NAM Hyung Ki**

(생)1966 · 5 · 5 (출)경남 하동 (주)세종특별자치시 다솜로 261 국무조정실 규제혁신기획관실(044-200-2433) (학)1985년 진주고졸 1992년 경희대 경영학과졸 1998년 동국대 언론정보대학원 신문방송학과졸 2005년 미국 콜로라도주립대 행정대학원 행정학과졸 (경)1993년 행정고시 합격(37회) 1994년 공보처 사무관 1998년 청소년보호위원회 사무관 2001년 서기관 승진 2003년 국외훈련 파견(미국 콜로라도주립대) 2005년 청소년위원회 정책홍보팀장 2006년 국가청소년위원회 정책총괄팀장(서기관) 2008년 同정책총괄팀장(부이사관) 2008년 보건복지가족부 아동청소년정책실 아동청소년정책과장 2009년 특임장관실 기획총괄과장 2010년 同제3조정관(고위공무원) 2013년 국무총리비서실 근무 2013년 해양수산부 해양환경정책관 2014년 국무조정실 사회조정실 안전환경정책관 2016년 대통령 기후환경비서관실 선임행정관 2017년 국무조정실 신고리5호기 · 6호기공론화지원단장 2018년 해외 연수 2019년 국무조정실 규제혁신기획관(현)

**남형두(南馨斗) NAM Hyung Doo**

(생)1964 · 7 · 6 (본)의령(宜寧) (출)전북 부안 (주)서울특별시 서대문구 연세로 50 연세대학교 법학전문대학원 광복관 308호(02-2123-6021) (학)1982년 경성고졸 1986년 서울대 공법학과졸 1996년 서울시립대 경영대학원 수료 1998년 미국 Univ. of Washington School of Law졸(LL.M.) 2005년 법학박사(미국 Univ. of Washington School of Law) (경)1986년 사법시험 합격(28회) 1989년 사법연수원 수료(18기) 1989~1992년 육군 법무관(중위) 1992~2007년 법무법인 광장 파트너변호사 1999년 미국 뉴욕주 변호사시험 합격 2002년 금융분쟁조정위원회 전문위원 2002~2008년 저작권심의조정위원회(現 한국저작권위원회) 위원 2004년 대한상사중재원 중재인 2005년 한국저작권법학회 국제이사 2005년 한국투자금융지주 사외이사 2005년 연세대 법학전문대학원 교수(현) 2005년 同법과대학 법학과 교수(현) 2006년 지적재산권학회 총무이사 2006년 문화관광부 장관정책자문위원 2006년 SBS 시청자위원 2009~2012년 연세대 장애학생지원센터 부소장 · 소장 2010~2012년 同법학전문대학원 부원장 2014~2016년 한국엔터테인먼트법학회 회장 2014~2016년 국회 윤리심사자문위원회 위원 2014~2016년 법무부 변호사제도개선위원회 위원 2014~2018년 한국야구위원회(KBO) 야구발전위원회 위원 2014년 장애인 정보접근권 향상 등 법적연구 및 실천모임 '계란과바위' 대표(현) 2016년 교육부 연구윤리자문위원(현) 2018년 대통령직속 4차산업혁명위원회 위원(현) (상)연세대 우수강의교수상(2007 · 2010 · 2013 · 2015 · 2016), 연세대 우수업적교수상 봉사부문(2011), 연세대 우수업적교수상 연구부문(2015), 제20회 한국법학원 법학논문상(2016), 제2회 홍진기법률연구상 우수상 저술부문(2017) (저)'표절론'(2015, 현암사) '표절 백문백답'(2017, 청송미디어) '문학과 법: 여섯 개의 시선(共)'(2018, 사회평론아카데미) (종)기독교

## 남호현(南浩鉉) Nahm Ho-Hyun

(생)1953·1·18 (출)충북 영동 (주)서울특별시 강남구 테헤란로 520 삼안빌딩 9층 국제특허 바른(02-3479-7000) (학)1972년 영동고졸 1976년 청주대 법학과졸 1985년 서울대 행정대학원 행정학석사 (경)1980~1982년 문화관광부 해외공보관 1982~1987년 (주)대한항공 법무실 근무 1986년 변리사 합격(23회) 1987~1996년 중앙국제특허법률사무소 파트너변리사 1994~1996년 대한변리사회 상표제도분과위원회 위원장 1996~1998년 同상임이사 1996년 국제특허 바른 대표변리사(현) 1999~2000년 한국상표학회 회장 2000~2002년 대한변리사회 국제이사 2000년 인터넷주소분쟁조정위원회 위원 2002~2005년 (사)한국지적재산권보호협회(AIPPI Korea) 이사 2003년 아시아변리사회 이사 2003~2009년 同상표위원회 위원장 2004년 아시아도메인이름분쟁조정위원회(ADNDRC) 위원 2005~2006년 대통령자문 국가과학기술자문회의 위원 2005년 (사)한국산업재산권법학회 이사 2006년 아시아변리사회 한국협회(APAA) 부회장 2006년 (사)지식재산포럼 이사 2006년 국제변리사연맹(FICPI) 한국협회 이사 2006년 미국국가중재원(NAF) 패널리스트 2007년 대한상사중재원 중재인 2008년 세계지적재산권기구(WIPO) 패널리스트 2009~2010년 대한변리사회 상표디자인저작권분회장 2010년 대한상표협회 부회장 2010~2011년 중앙우수제안심사위원회 위원 2011년 행정안전부 정책자문위원 2012~2015년 아시아변리사회 한국협회장 2019년 (사)지식재산포럼 회장(현) (상)한국품질재단 신품질혁신대상(2010), 미국 ABI 'MAN OF THE YEAR IN LAW'(2010) (저)'21世紀は知的財産權で勝負せよ'(1999) '21세기에는 지식재산권으로 승부하라'(조선일보) 'Challenging the 21st Century with Intellectual Property Rights First Edition'(2003) '태양아래 모든 것이 특허대상이다'(2008, 도서출판 예가) '아이디어로 인생을 바꿔라'(2010, 박영북스) (역)'에디슨에서 아이팟까지(編)'(2010, 비즈니스맵)

## 남홍길(南洪吉) Hong Gil Nam

(생)1957·12·20 (본)의령(宜寧) (출)부산 (주)대구광역시 달성군 현풍면 테크노중앙대로 333 대구경북과학기술원 뉴바이올로지전공(053-785-1800) (학)1975년 배정고졸 1982년 서울대 화학과졸 1985년 이학박사(미국 노스캐롤라이나대 채플힐교) (경)1986~1988년 Harvard Medical School Research Fellow 1989~2012년 포항공과대 생명과학과 조교수·부교수·교수 1996~2005년 생물학연구정보센터 센터장 1998~2004년 일본 Plant Cell and Physiology Editorial Board 1998~2004년 Journal of Plant Biology Editorial Board 2002년 한국과학기술한림원 이학부 정회원(현) 2003~2005년 포항공과대 생명과학과 주임교수 2003~2004년 한국생물정보학회(現 한국생물정보시스템생물학회) 회장 2004~2010년 Physiologia Plantarum(Scandinavian Plant Physiology Society) Editorial Board 2004~2010년 시스템바이오다이나믹스국가핵심연구센터장 2005년 Asian Association of Bioinformatics Societies 회장 2005~2012년 포항공과대 시스템생명공학부장 2005~2009년 Human Frontier Science Program(HFSP) Fellowship Committee 2007~2016년 Agriculture Biotechnology Research Center Scientific Advisor Board 2009년 IBC Journal(Interdisciplinary Bio Central) 창간·Founding Editor 2009~2012년 포항공과대 PAC(Postech Academy Council) 위원장 2010~2012년 同홍덕석좌교수 2010년 교육과학기술부 '국가과학자' 선정 2012년 대구경북과학기술원(DGIST) 뉴바이올로지전공 펠로우교수(현) 2012년 기초과학연구원(IBS) 식물노화·수명연구단장(현) 2013년 Molecular Plant Cell Press Editorial Board(현) 2017년 Aging Mechanisms of Disease(Nature Publishing Group) Editorial Board (현) (상)신동아일보 선정 '20세기를 이끌 분자생물학자 1위'(1994), 한국과학기술단체총연합회 제10회 과학기술우수논문상(2000), 제5회 대한민국 농업과학기술인상 과학기술부장관표창(2002), 대한민국 과학콘텐츠대상 매체운영부문(2004), 한국분자세포생물학회 학술상 생명과학상(2005), 한국연구재단 선정 '2005 우수연구성과 50선'(2005), 제10회 한국과학상 생명과학부문(2006), 포스코청암상 과학상(2009), 제54회 대한민국학술원상 자연과학기초부문(2009), 한국연구재단 선정 '2008 우수연구성과 60선'(2009), UC Davis Storer Lecturer(2010), 동아일보 선정 '한국을 빛낼 100인'(2010·2012), 삼성휴먼테크논문대상 은상(2013), 제24회 호암상 과학상(2014) (저)'Development and Application of Molecular Markers to Problems in Plant Genetics (Current Communications in Molecular Biology Series); Progress toward a physical mapping of the genome of the Arabidopsis thaliana'(1989, Cold Spring Harbor Lab) 'Automated DNA Sequencing and Analysis Techniques; Generation of expressed sequence tage of Brassica napus by single-run partial sequencing of random cDNA clones'(1992, Acader Press) '최신생물공학 식물편2; 작물개량을 위한 유용 유전자의 특성, 형질전환체의 분석'(1996, 경북대 출판부) '유전; 식물의 형질전환 방법 (Transgenic Methods in Plants)'(1997, 한국 유전학회) '식물분자생물학 연구법'(1999, 아카데미 서적) 'Genes that Alter Senescence; Chapter 5. Plant Cell Death Processes'(2003, ELSEVIER Academic Press) 'Senescence Processes in Plants; Chapter 10. Molecular Regulation of Leaf Senescence'(2006, Blackwell Publishing Ltd.) 'Mathematical Modeling and Simulation in Enteric Neurobiology'(2009, World Scientific) 'Mathematical Foundations and Biomechanics of the Digestive System'(2010, Cambridge University Press) 'Biomechanics of the Gravid Human Uterus'(2011, Springer Science&Business Media) 'Biomechanics of the Human Urinary Bladder'(2013, Springer Science&Business Media) 'Arabidopsis Protocols Third Edition Methods in Molecular Biology; Part IV. Molecular Biological Techniques. Chapter 21 Forward Chemical Genetics Screening'(2014, Humana Press) (역)'유전자 비즈니스'(2000, 글사랑출판사)

## 남흥우(南興祐) Heung Woo, Nam

(생)1952·5·25 (본)의령(宜寧) (출)인천 (주)인천광역시 중구 인중로 176 나성빌딩 806호 (주)천경 경인지역 인천사무소 본부장실(032-773-3206) (학)1971년 인천고졸 1976년 한국해양대 기관학과졸 2011년 청운대 정보산업대학원 무역학과졸 2016년 경영학박사(순천향대) (경)1976~1981년 중앙상선 근무 1982~1985년 고려해운(주) 인천사무소 근무 1986년 천경해운(주) 근무 1998~2013년 同인천사무소장(상무이사) 2001~2015년 (사)한국선주협회 인천지구협의회 위원장 2001~2015년 인천지방도선운영협회 부위원장 2001~2015년 인천지방항만정책심의회 위원 2003년 (사)인천항발전협의회 이사(현) 2005년 인천항발전방안마련을위한시민협의회 위원 2005~2008년 인천항만공사 초대 항만위원 2005년 (사)인천광역시물류연구회 고문(현) 2006년 인천항을사랑하는800모임 회장(현) 2006~2009년 인천지역혁신협의회 물류산업분과 위원장 2008년 인천항만연수원 항만종사자교육개선 및 인천신항만전문인력양성사업 자문협의회 자문위원(현) 2008~2015년 인천비즈니스고 특성화전문계고 육성사업자문협의회 자문위원 2009~2015년 인천항예선운영협의회 위원 2009~2013년 인천일보 '오피니언아침경제' 집필진 2011~2015년 인천시 중구 자체평가위원회 위원 2012년 인천지방해운항만청 인천항미래구상정책자문위원회 항만물류분야 자문위원 2012년 인천재능대 전공실무(CEO특강) 산학협력특임교수 2012년 경인방송 방송위원 2013~2015년 천경해운(주) 인천사무소 본부장(상무이사) 2014년 인천경제정의실천시민연합 공동대표(현) 2014년 국립인천검역소 부패방지위원회 위원(현) 2014~2016년 한국해양대 在仁동창회 회장 2015~2016년 해양경비안전본부 인천존치를위한시민대책위원회 공동대표 2015년 (주)천경 경인지역 인천사무소 본부장(상무이사)(현) 2015년 인천사랑운동시민협의회 자문위원(현) 2016년 인천복합운송협회 자문위원(현) 2016년 해경 부활·인천환원을위한시민대책위원회 공동대표 2016년 시민사회 '소통네트워크' 공동대표(현) 2017년 인천항

만공사 정책자문위원장 2018년 인천일보 시민편집위원회 위원(현) (상)(사)한국선급 감사패(1993), 한국해양오염방제조합 감사패(2003), 한국선주협회 인천지구협의회 감사패(2003), 인천시장 감사패(2004), 관세청장표창(2004), 인천시 물류발전대상(2006), 인천항만공사 감사패(2006·2013), 인천시 중구청 감사패(2007), 새얼문화재단 공로패(2008), 인천중부경찰서 감사장(2011), 한국도선사협회 공로패(2016), 보건복지부장관표창(2019) (저)'인천항과 함께 하는 나의 발자취'(2012)

**노건기(盧建基) ROH KEONKI**

(생)1967·6·6 (본)광산(光山) (출)전남 (주)세종특별자치시 한누리대로 402 산업통상자원부 통상정책국(044-203-5670) (학)1986년 광주고졸 1990년 서울대 국제경제학과졸 1996년 同대학원 경제학과졸 2016년 경제학박사(서울과학기술대) (경)1995년 행정고시 합격(39회) 1996년 총무처 수습사무관 1997년 통상산업부 구주통상과 사무관 1999년 산업자원부 자본재산업국 기초소재산업과 사무관 2001년 同무역투자실 무역진흥과 사무관 2003년 同자원정책실 자원정책과 서기관 2005년 同균형발전정책담당관실 서기관 2005년 미국 시가모어(Sagamore) 정책연구소 파견 2008년 지식경제부 기획조정실 성과관리고객만족팀장 2009년 同에너지자원실 에너지절약협력과장 2011년 駐캐나다대사관 상무관 2014년 산업통상자원부 에너지자원실 신재생에너지과장 2016년 同에너지자원실 전력산업과장 2016년 同무역투자실 무역정책과장 2018년 同통상협력국장 2018년 同통상정책국장(현)

**노건일(盧健一) RO Kun Il**

(생)1940·10·12 (본)경주(慶州) (출)서울 (학)1958년 용산고졸 1962년 서울대 문리과대학 정치학과졸 1970년 同행정대학원졸 1998년 명예 행정학박사(건국대) (경)1961년 고시행정과 합격(13회) 1962년 충남도 근무 1965년 서울시 근무 1975년 同수도행정담당관·성북구청장 1976년 서울 종로구청장 1980년 산림청 기획관리관 1981년 제주도 부지사 1982년 경남도 부지사 1983년 대통령 민정비서관 1986년 충북도지사 1988년 산림청장 1990년 내무부 차관 1991년 대통령 행정수석비서관 1992~1993년 교통부 장관 1996년 신한국당 국책자문위원 1998~2002년 인하대 총장 2002년 대한항공 상임고문 2002년 명지대 대학원 석좌교수 2004~2007년 서울예술대학 학장 2006년 학교법인 일송학원 이사 2012~2016년 한림대 총장 2014년 대통령직속 통일준비위원회 통일교육자문단 자문위원 (상)녹조근정훈장, 청조근정훈장

**노경달(盧慶達) RO KYOUNG DAL**

(생)1961·10·10 (본)광주(光州) (출)경북 영주 (주)세종특별자치시 한누리대로 411 행정안전부 별관 운영지원과(044-205-1250) (학)2007년 한양대 지방자치대학원 지방자치학과졸 (경)2010년 행정안전부 지역진흥재단 기획실장 2011~2012년 同지방분권지원단 분권1과장·분권운영과장 2013년 대통령소속 노사정위원회 관리과장 2014년 행정자치부 감사관실 조사담당관 2017년 행정안전부 감사관실 조사담당관 2018년 同운영지원과장 2019년 同운영지원과장(부이사관)(현)

**노경란(盧京蘭·女) Roh Kyung Ran**

(생)1972 (주)경기도 성남시 분당구 분당수서로 501 한국잡월드 이사장실(031-696-8300) (학)1991년 이화여고졸 1995년 고려대 교육학과졸 1998년 일본 교토교육대 대학원 교육학과졸 2005년 교육학박사(고려대) (경)1998~2002년 매일경제경영연구원 책임연구원 2005년 고려대 시간강사 2006년 한국고용정보원 연구위원 2009년 성신여대 사범대학 교육학과 부교수·교수(현) 2013~2014년 同사범대학 교육학과장 2017년 同대학교육혁신센터장 2018년 한국잡월드 이사장(현)

**노경상(盧京相) RHO Kyeong Sang**

(생)1945·4·6 (본)풍천(豊川) (출)경남 함양 (주)서울특별시 관악구 남부순환로 1965 한국축산경제연구원(02-873-1997) (학)1964년 진주고졸 1972년 건국대 낙농학과졸 1981년 미국 펜실베이니아주립대 대학원 경제학과졸 1982년 영국 브라더포드대 농업투자분석과정 수료 1996년 축산경영학박사(건국대) (경)1976~1988년 농수산부 행정관리과·종합기획과·농업경제과·유통과·농정과 사무관 1988년 국립농업자재검사소 서무과장 1989년 일본 아시아경제연구소 파견 1991년 농림부 법무담당관 1991년 同축산물유통과장 1993년 同유통과장 1994년 同유통정책과장 1995년 同농업공무원교육원 교수부장 1996년 UN 국제농업개발기금 파견 1998년 駐이탈리아대사관 참사관 2000년 농림부 농업정보통계관 2000년 同축산국장 2002년 농업협동조합중앙회 상무 2005~2006년 휴켐스(주) 대표이사 사장 2006~2015년 (사)한국축산경제연구원 원장 겸 이사장 2007~2008년 한나라당 제17대 대통령선거대책본부 농축산위원회 부위원장 겸 직능직책본부 자문위원 2008년 제17대 대통령직인수위원회 경제2분과 자문위원, 건국대 초빙교수, 농림수산식품부 제안심사위원회 위원, 경기도 바이오가스플랜트자문위원회 위원장, 축산물등급판정소 이사회 선임이사, 농촌진흥청 녹색성장기술위원회 축산경쟁력분과위원장 2011년 경기도 바이오가스자문위원장 2012년 새누리당 제18대 대통령중앙선거대책위원회 국민행복추진위원회 행복한농어촌추진단 위원 2012년 축산물HACCP기준원 비상임이사 2013년 농림축산식품부 말산업발전협의회 회장, 同말산업발전협의회 위원 2014년 축산물안전관리인증원 비상임이사 2014년 경기도 가축분뇨공동자원화사업자문위원회 위원장 2014년 코리아승마페스티벌조직위원회 위원장 2014~2016년 대한한돈협회 고문 2014년 (사)한국승마인 명예대표(현) 2016년 (사)한국축산경제연구원 이사장(현) (상)근정포장 (저)'일본의 우유수입자유화와 그에 대한 대책' '한우의 가격안정화에 대한 연구' '義娘論介' (종)기독교

**노경수(魯坰洙)**

(생)1962·2·5 (주)광주광역시 서구 시청로 26 광주광역시도시공사(062-600-6702) (학)서울대 도시공학과졸, 同대학원졸, 공학박사(서울대) (경)미국 델라웨어대 에너지·환경정책연구소 연구원 1989~2018년 광주대 공과대학 도시계획·부동산학과 조교수·부교수·교수, 전남도 도시계획위원, 국토교통부 중앙도시계획위원, 문화재청 고도(경주·부여·공주)보존위원, 광주시 도시재생공동체지원센터 이사 2013년 同도시계획위원회 위원 2015~2016년 국토교통부 중앙도시계획위원회 위원 2018년 이용섭 광주시장후보 선거대책본부 도시재생특별위원장 2018년 광주도시공사 사장(현)

**노경원(盧京元) Rho, Kyungwon**

(생)1969·10·11 (출)전북 김제 (주)세종특별자치시 가름로 194 과학기술정보통신부 운영지원과(044-202-4180) (학)이리고졸, 서울대 전자공학과졸, 同행정대학원졸, 한국방송통신대 영문학과졸, 同법학과졸, 미국 캘리포니아대 데이비스교 대학원 경제학과졸, 경제학박사(미국 캘리포니아대 데이비스교) (경)1995년 행정고시 합격(38회) 1996년 과학기술처 연구기획과 사무관 1998년 과학기술부 원자력안전과 사무관 1998년 同원자력정책과 사무관 2000년 同생명환경기술과 사무관 2003년 同공공기술개발과 사무관 2003년 同정책총괄과 서기관 2003년 同조정평가과 서기관 2004~2008년 미국 캘리포니아대 유학 2009년 교육과학기술부 인재정책실 사교육대책팀장 2010년 同행정관리담당관 2011년 同장관 비서관(부이사관) 2012년 同전략기술개발관 2013년 미래창조과학부 창조경제기획관 2013년 同창조경제기획국장 2014년 국제원자력기구(IAEA) 파견 2017년 과학기술정보통신부 정보통신정책실 소프트웨어정책관 2019년 駐중국 공사참사관(현) (상)홍조근정훈장(2013) (저)'생각 3.0'(2010) '공부궁리'(2012) (종)기독교

ㄴ

### 노경필(魯坰泌)

(생)1964·10·1 (출)전남 해남 (주)경기도 수원시 영통구 법조로 105 수원고등법원(031-639-1555) (학)1983년 광주고졸 1987년 서울대 공법학과졸 1989년 同대학원졸 (경)1991년 사법시험 합격(33회) 1994년 사법연수원 수료(23기) 1994년 軍법무관 1997년 서울지법 판사 1999년 수원지법 성남지원 판사 2001년 광주지법 순천지원 판사 2005년 서울고법 판사 2006년 대법원 재판연구관 2011년 서울고법 판사 2016년 광주고법 부장판사 2019년 서울고법 부장판사 2019년 수원고법 부장판사(현)

### 노경하(盧慶夏) RO Kyung Ha

(생)1940·12·13 (본)교하(交河) (출)서울 (주)부산광역시 해운대구 송정해변로 28 송정관광호텔 비서실(051-702-7766) (학)1959년 경복고졸 1964년 성균관대 경영학과졸 1967년 고려대 경영대학원졸 (경)1968년 대양냉동(주) 대표이사 1970~1994년 서일실업(주) 대표이사 1971년 대한농구협회 부회장 1974년 한국보이스카웃연맹 이사 1976년 아시아농구연맹 중앙집행위원 1983년 한·이스라엘친선협회 부회장 1983·1985년 한국군납수출조합 이사장 1984년 아시아농구연맹 사무차장 1985년 민주평통 자문위원 1995년 아시아농구연맹 명예부회장 1996년 송정관광호텔 회장(현) 1996년 파인프라자 회장(현) (상)체육훈장 기린장(1985), 대통령표창(1986), 이스라엘 라빈 총리 공로상(1994) (종)불교

### 노관규(盧官奎) ROH Kwan Kyu

(생)1960·9·24 (본)광산(光山) (출)전남 장흥 (주)전라남도 순천시 충효로 109 2층 노관규법률사무소(061-726-2012) (학)1979년 순천 매산고졸 1991년 한국방송통신대 제적(1년) (경)1979~1987년 청량리세무서·중부지방국세청·도봉세무서·종로세무서 근무 1992년 사법시험 합격(34회) 1995년 사법연수원 수료(24기) 1995년 서울지검 북부지청 검사 1997년 대검찰청 중앙수사부 검사 1997년 서울지검 의정부지청 검사 1999~2000년 수원지검 특수부 검사 2000년 변호사 개업 2000년 새천년민주당 서울강동甲지구당 위원장 2000년 同총재특보 2000년 同부대변인 2004년 제17대 국회의원선거 출마(순천, 새천년민주당) 2006~2010년 전남 순천시장(민주당) 2009년 2010제천국제한방바이오엑스포 고문 2010~2011년 전남 순천시장(무소속) 2011년 변호사 개업(현) 2012년 민주통합당 순천·곡성지역위원회 위원장 2012년 제19대 국회의원선거 출마(순천·곡성, 민주통합당) 2013년 민주당 순천시·곡성군지역위원회 위원장 2014년 새정치민주연합 순천시·곡성군지역위원회 위원장 2016년 더불어민주당 순천시지역위원회 위원장 2016년 제20대 국회의원선거 출마(순천시, 더불어민주당) 2017년 섬진강인문학교 이사장(현) (상)재무부장관표창, 대한민국을 빛낸 자랑스러운 인물대상(2010), 지역농업발전 선도인상(2011) (저)'나는 민들레처럼 희망을 퍼트리고 싶다'(2001)

### 노광일(魯光鎰) NOH Kwang Il

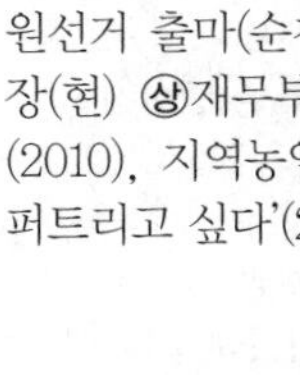

(생)1959·2·24 (출)서울 (주)서울특별시 서초구 헌릉로 13 대한무역투자진흥공사 감사실(02-3460-7010) (학)1981년 서울대 외교학과졸 1987년 영국 케임브리지대 대학원 국제관계학과졸 (경)1981년 외무고시 합격(15회) 1989년 駐미국 2등서기관 1994년 駐베트남 참사관 1998년 외교통상부 북미2과장 2001년 駐일본 참사관 2003년 駐말레이시아 공사참사관 2006년 대통령비서실 파견 2007년 외교통상부 외교정책실 정책기획국장 2008년 同기획조정실 정책기획관 2009년 駐뉴질랜드 대사 2011년 국무총리 외교보좌관 2014년 외교부 대변인 2015~2018년 駐태국 대사 2019년 대한무역투자진흥공사 감사(현)

### 노국래(盧國來) KUG LAE, NOH

(생)1964·5 (주)서울특별시 영등포구 여의대로 128 LG트윈타워 (주)LG화학 NCC사업부(02-3773-1114) (학)연세대 화학공학과졸, 캐나다 맥길대 대학원 경영학과졸 (경)2007년 (주)LG화학 석유화학사업본부 경영전략담당 2014년 同대산·NCC공장장(상무) 2015년 同중국 용싱법인장(상무) 2017년 同중국 용싱법인장(전무) 2017년 同LGCYX 법인장(전무) 2017년 同NCC사업부장(전무)(현)

### 노규덕(魯圭悳) Noh Kyu-duk

(생)1963·2·1 (주)서울특별시 종로구 청와대로 1 국가안보실 안보전략비서관실(02-770-7117) (학)1986년 서울대 신문학과졸 1991년 미국 버몬트 미들베리대 연수 (경)1987년 외무고시 합격(21회) 1987년 외무부 입부 1992년 駐국제연합(UN) 2등서기관 1995년 駐나이지리아 1등서기관 1997년 駐필리핀 1등서기관 2002년 駐중국 1등서기관 2006년 대통령비서실 파견 2007년 외교통상부 중국몽골과장 2008년 駐미국 공사참사관 2011년 외교통상부 장관보좌관 2012년 同기획조정실 조정기획관 2013년 외교부 기획조정실 조정기획관 2013년 同평화외교기획단장 2014년 駐나이지리아 대사 2017~2019년 외교부 대변인 2017~2019년 연합뉴스 수용자권익위원회 위원 2019년 국가안보실 안보전략비서관(현)

### 노규성(盧圭成) NOH Kyoo Sung

(생)1957·9·8 (출)전북 남원 (주)서울특별시 종로구 새문안로5가길 32 한국생산성본부(02-724-1114) (학)1984년 한국외국어대 경영학과졸, 同대학원 경영정보학과졸 1995년 경영정보학박사(한국외국어대) (경)1986~1987년 한국생산성본부 선임연구원 1987~1996년 한국신용평가(주) DB팀장 1996~1997년 한국미래경영연구소 연구위원 1997~2017년 선문대 사회과학대학 경영학부 교수 1998~1999년 정보통신부 소프트웨어수출진흥위원회 연구위원 1999년 서울지방중소기업청 전문위원 2000~2002년 (사)한국전자상거래연구소 소장 2003년 중국 연변과학기술대 겸직교수 2003년 제16대 대통령직인수위원회 경제제2분과 자문위원 2004년 한국디지털정책학회 회장(현), 국회 신산업정책포럼IT위원회 중소벤처신산업분과 간사, 국회 디지털뉴미디어포럼 정책위원, 통일부 통일·북한정보화추진위원회 위원, 국무조정실 정부업무실무위원, 행정자치부 정책평가위원, 재정경제부 혁신자문평가위원, 산림청 혁신자문위원, 녹색자금관리단 이사, 교육인적자원부 시도교육청혁신컨설팅단장 2007년 정보통신윤리위원회 비상임위원, 한국지방자치단체국제화재단 이사 2008~2017년 한국소프트웨어기술인협회 회장 2008년 행정안전부 정책자문위원회 정보화분과 위원 2008년 同정책평가위원 2010년 지식경제부 정보통신산업정책자문위원회 위원 2010년 IT명품인재양성사업 평가위원 2011년 서울시 희망서울정책자문위원회 경제·일자리분과 위원 2012년 同정책평가자문위원 2013년 안전행정부 정부3.0컨설팅단 컨설팅위원 2014년 행정자치부 정부3.0컨설팅단 컨설팅위원 2015~2016년 서울시 서울디지털닥터단장 2017~2018년 선문대 글로벌경영학과 교수 2017년 중소기업중앙회 중소기업혁신생태계확산위원회 공동위원장(현) 2017~2018년 대통령소속 4차산업혁명위원회 위원 2018년 한국생산성본부 회장(현) (상)한국e-비즈니스대상(2004), 대통령표창(2006), 근정포장(2008), 우수논문상(2010), 동탑산업훈장(2019) (역)'직장인, 변하지 않으면 죽는다'(1998) '경영정보시스템 : 전략적 비전실현을 위한 접근법'(1998) '기업부실 예방전략 7가지'(1998) 'e-비즈니스 전략개론'(2001) '전자상거래와 e-비즈니스의 이해와 전망'(2002) '정보화경영-이론과 실제'(2002) '전자상거래 & e-비즈니스'(2003) '유비쿼터스시대의 전자상거래 & e비즈니스'(2005) '경영정보시스템 : 전략적 비전 실현을 위한 경영정보'(2010) '스마트워크 2.0'(2011) '대한민국의 디지털경제혁명'(2012) '스마트융합 비전과 국가전략'(2012) '스마트시대의 전자상거래'(2012) '플랫폼이란 무엇인가'(2015) '사물인터넷'(2015) '빅데이터와 공공혁신 10대사례'(2016)

**노규형(盧圭亨) NO Kyu Hyung**

(생)1953·7·18 (본)경주(慶州) (출)경북 칠곡 (주)서울특별시 서초구 신반포로 303 SL빌딩 (주)리서치앤리서치 대표이사실(02-3484-3000) (학)1972년 경기고졸 1977년 서울대 심리학과졸 1982년 미국 뉴욕주립대 스토니브룩교 대학원 정치학과졸 1985년 정치심리학박사(미국 뉴욕주립대 스토니브룩교), 연세대 언론홍보대학원 최고위과정 수료 (경)1978~1980년 육군사관학교 지휘심리학처 전임강사 1985~1990년 통신개발연구소 연구조정실장·연구위원 1987~1988년 한국사회개발연구소 연구실장 겸임 1989~1990년 대통령직속 21세기위원회 전문위원실장 1990년 (주)리서치앤리서치(R&R) 대표이사(현) 2000~2001년 인하대 사회과학대학 겸임교수 2002~2003년 한국마케팅여론조사협회(KOSOMAR) 부회장 2006~2008년 同회장 2010년 특임장관 정책자문위원 2010~2011년 국가브랜드위원회 위원 2012~2014년 법무부 정책자문위원 (상)체신부장관표창, 동탑산업훈장(2010) (저)'선거와 여론조사(共)'(1997) (역)'브랜드자산의 전략적관리(共)'(1994) '소비자의 숨은 심리를 읽어라'(2004) '당신의 물통은 얼마나 채워져 있습니까'(2005) (종)천주교

**노규호(盧奎鎬) NO Kyu Ho**

(생)1970·8·8 (출)전남 함평 (주)서울특별시 서대문구 통일로 97 경찰청 중대범죄수사과(02-3150-1676) (학)문성고졸 1995년 중앙대 법학과졸 (경)2001년 사법시험 합격(43회) 2004년 사법연수원 수료(33기) 2004년 경찰 임용(경정 특채) 2004년 충남 서산경찰서 수사과장 2012년 경찰청 지능범죄수사과 공공범죄계장 2013년 광주지방경찰청 경무과 치안지도관(총경) 2013년 교육 파견(총경) 2014년 전남 장성경찰서장 2015년 경찰청 기획조정관실 규제개혁법무담당관 2016년 경기 안양동안경찰서장 2017년 서울지방경찰청 광역수사대장 2017년 서울 중부경찰서장 2019년 경찰청 중대범죄수사과장(현)

**노 균(盧 均)**

(생)1963·1 (주)서울특별시 강동구 상일로6길 26 삼성엔지니어링 신사업본부(02-2053-3000) (학)화학공학박사(서울대) (경)2013년 삼성엔지니어링(주) 입사 2013년 同기술혁신팀장 2013년 同ENG'G지원팀장 2015년 同공정설계팀장(상무) 2017년 同신사업본부장(전무)(현)

**노기경(盧基擎)**

(생)1960·7·30 (주)경상북도 경주시 양남면 동해안로 696-13 한국수력원자력 월성원자력본부(054-779-2000) (학)2006년 전기공학박사(부산대) (경)1979년 한국전력공사 입사 2003년 한국수력원자력 고리제1발전소 발전부장 2008년 同고리제1발전소 발전운영부장 2010년 同고리본부 교육훈련센터장 2013년 同고리제3발전소(신고리제1발전소) 운영실장 2015년 同고리제3발전소(신고리제1발전소) 소장 2017~2018년 同고리원자력본부장 2019년 同월성원자력본부장(현) (상)과학기술부장관표창(1999), 산업자원부장관표창(2005), 대통령표창(2015)

**노기섭(盧基燮)**

(생)1970·7·28 (주)부산광역시 연제구 중앙대로 1001 부산광역시의회(051-888-8245) (학)경성대 철학과졸 (경)2004년 민주노동당 부산북구위원회 부위원장, 同만덕동 분회장, 同중앙대의원, 同부산북구위원회 무상의료운동본부장, (주)포인금융컨설팅 금융컨설턴트 2006년 민주노동당 부산시의원 후보, 진보신당 부산시당 4대강사업저지특별위원회 위원장 2010년 부산시의원선거 출마(진보신당), 백산초 운영위원장, 부산시교육청 시민감사관 2014년 부산시의원선거 출마(새정치민주연합) 2017년 더불어민주당 부산시당 제19대 문재인대통령후보 SNS소통본부장, 더불어민주당 대변인단 부대변인 2018년 부산시의회 의원(더불어민주당)(현) 2018년 同운영위원장(현) 2018년 同기획행정위원회 위원(현) 2018년 부산광역시산하공공기관장후보자인사검증특별위원회 위원(현) (종)가톨릭

**노기수(魯基洙) Ro Kisu**

(생)1957·7·28 (주)서울특별시 영등포구 여의대로 128 LG화학(주)(02-3777-1114) (학)서울대 화학공학과졸, 한국과학기술원(KASIT) 화학공학과졸(석사), 화학공학박사(한국과학기술원) (경)2005년 (주)LG화학 폴리올레핀연구소장(상무) 2006년 同석유화학연구소 연구위원(상무) 2009년 同고무·특수수지사업부장(상무) 2010년 同고무·특수수지사업부장(전무) 2012년 同고무·특수수지사업부장(부사장) 2014년 同기능수지사업부문장(부사장) 2014년 한국고분자학회 부회장 2015~2017년 (주)LG화학 재료사업부문장(부사장) 2015~2018년 한국공학한림원 일반회원 2015년 한국고분자학회 이사 2017년 한국고분자학회 평의원(현) 2018년 LG화학(주) 기술연구원 중앙연구소장(사장) 2019년 한국공학한림원 정회원(현) 2019년 LG화학(주) CTO(사장)(현) (상)은탑산업훈장(2017)



**노기영(盧基永) Ghee-Young Noh**

(생)1963·1·28 (주)강원도 춘천시 한림대학길 1 한림대학교 미디어스쿨(033-248-1917) (학)1989년 고려대 신문방송학과졸 1995년 미국 텍사스 오스틴대 대학원 방송영상학과졸 2000년 신문방송학박사(미국 미시간주립대) (경)1992년 정보통신정책연구원 연구원 1993년 한국통신 전임연구원 2000~2015년 한림대 언론정보학부 조교수·부교수·교수 2002년 同디지털미디어 특성화교육사업단장 2002년 한국언론법학회 이사 2003년 한국언론학회 총무이사 2006~2008년 한림대 언론정보학부장 2012년 교육부 한국사회과학연구(SSK) 중형연구단장 2013년 한림대 BK21플러스 인터랙션디자인사업단장(현) 2015년 同미디어스쿨 디지털미디어콘텐츠전공 교수(현), 한국사회과학협의회 총무, 미래창조과학부 지원 ICT정책연구센터장 2017~2019년 한림대 특훈교원 2018년 同건강과뉴미디어연구센터장(현) (상)한국통신 우수논문상(1992), Association for Education in Journalism Top Student Paper(1994), 한림대 우수교육프로그램(2001), 한국방송학회 학술상(2008), 정보통신의날 대통령표창(2014) (저)'인터넷 커뮤니케이션'(2002, 박영사) '방송산업과 경쟁'(2007, 한울) '헬스케어 콘텐츠 제작의 이해'(2011, 소화) '스마트미디어시대의 방송통신정책'(2011, 커뮤이케이션북스) '소셜미디어와 협력사회'(2012, 한울) '원격의료와 지역사회'(2015, 한림대 출판부) '디지털게임과 현대사회'(2015, 커뮤니케이션북스) '뉴미디어와 공간의 전환'(2017, 한울)

**노기태(盧基太) ROH Ki Tae**

(생)1946·12·21 (본)장연(長淵) (출)경남 창녕 (주)부산광역시 강서구 낙동북로 477 강서구청 구청장실(051-970-4001) (학)1966년 경남고졸 1975년 부산대 경영학과졸 1979년 同경영대학원 경영학과졸 1990년 서울대 경영대학원 최고경영자과정 수료 2005년 부산대 국제전문대학원 국제학과졸, 명예 경영학박사(부경대) (경)1973년 부산대총학생회 회장 1979~1996년 금강공업(주) 전무·부사장·사장 1996년 대통령자문 정책기획위원회 전문위원 1996년 제15대 국회의원(경남 창녕, 신한국당·한나라당) 1997년 한나라당 신한국청년연합중앙회장 1998년 同재정위원장 2001년 부산시 정무부시장 2003년 부산상공회의소 부회장 2004년 부산항만공사 항만위원장(비상임이사) 2005년 국제신문 대표이사 사장 2006~2008년 북항아이브리지(주) 대표이사 2008~2012년 부산항만공사 사장 2014~2018년 부산시 강서구

청장(새누리당 · 자유한국당 · 더불어민주당) 2018년 부산시 강서구 청장(더불어민주당)(현) (상)자랑스러운 부산대인상(2010) (저)'파도는 멈추지 않는다'(2014) (종)불교

## 노기호(盧岐鎬) NO Ki Ho

(생)1947 · 1 · 30 (본)교하(交河) (출)서울 (주)서울특별시 강남구 봉은사로57길 5 삼성동좋은사람좋은집 2층 (사)CEO지식나눔(070-7118-1923) (학)1965년 보성고졸 1972년 한양대 화학공학과졸 1974년 同대학원졸 2010년 경영학박사(한양대) (경)1973년 럭키화학 입사 1983년 同기획부장 1992년 럭키석유화학 운영담당 이사 1993년 럭키화학 환경담당 이사 1993년 同나주공장장 1995년 LG화학 상무이사 1997년 同전무이사 1999년 LG Dow Polycarbonate 대표이사 사장 2000년 (주)LG화학 유화사업본부장 겸 (주)LG석유화학 대표이사 사장 2001년 한국RC협의회 회장 2001~2005년 (주)LG화학 대표이사 사장 2005년 한국화학공학회 회장 2006년 (주)LG화학 고문, 同자문역 2006년 한양대 화학공학과 초빙교수 2010~2014년 (사)CEO지식나눔 공동대표 2011년 한양대 기술경영전문대학원 특임교수, 同석좌교수 2014~2017년 同기술경영전문대학원 특훈교수 2014~2017년 (사)CEO지식나눔 상임대표 2017년 同공동대표(현) (상)한국능률협회 에너지대상 최고경영자상(2000), 금탑산업훈장(2002), 올해의 테크노CEO상(2003), 장영실상, 30억불 수출의 탑(2005), 전경련 IMI경영대상(2005), 경실련 정도경영인상(2005)

## 노길준(魯吉濬) RO Kil June

(생)1968 · 1 · 14 (주)서울특별시 영등포구 문래로 20길 56 서울지방노동위원회 상임위원실(02-3218-6011) (학)1984년 숭일고졸 1992년 한국외국어대 영어교육과졸 2006년 미국 일리노이주립대 대학원졸(경제학석사) (경)2002년 노동부 고용평등국 평등정책과 서기관 2003년 同고용정책과 서기관 2004년 同청년고령자고용과 서기관 2007년 同사회서비스일자리정책팀장 2008년 同지식행정팀장 2009년 경인지방노동청 인천북부지청장 2010년 고용노동부 인천북부지청장 2011년 同고용정책실 고령사회인력정책팀장(과장급) 2012년 同고용정책실 고용서비스정책과장(부이사관) 2014년 대통령직속 청년위원회 파견(부이사관) 2015년 고용노동부 산재보상정책과장 2016년 충남지방노동위원회 위원장(고위공무원) 2018년 교육 파견(고위공무원) 2019년 서울지방노동위원회 상임위원(현)

## 노대래(盧大來) NOH Dae Lae (紫河)

(생)1956 · 2 · 14 (본)교하(交河) (출)충남 서천 (주)서울특별시 종로구 성균관로 25-2 성균관대학교 중앙학술정보관 518호(02-740-1821) (학)1974년 서울고졸 1978년 서울대 법학과졸 1980년 同행정대학원 행정학과졸 1998년 독일 쾰른대 경제학박사과정 수료 2010년 행정학박사(경원대) (경)1979년 행정고시 합격(23회) 1979~1993년 경제기획원 경제기획국 · 공정거래실 · 대외경제조정실 사무관 1994년 국무총리 행정조정실 과장 1996년 駐프랑크푸르트총영사관 재정경제관 2000년 재정경제부 기술정보과장 2001년 同정책조정과장 2002년 조달청 물자정보국장 2002년 재정경제부 경제홍보기획단장 2003년 대통령직인수위원회 파견 2003년 駐미국대사관 재경참사관 2005년 대통령 경제정책비서관실 행정관 2006년 대통령 국민경제비서관 겸 국민경제자문회의 사무차장 2006년 재정경제부 정책조정국장 2008년 기획재정부 기획조정실장 2008년 同차관보 2010~2011년 조달청장 2011~2013년 방위사업청장 2013~2014년 공정거래위원회 위원장 2015년 성균관대 국정전문대학원 석좌초빙교수(현) (상)경제기획원장관표창(1989), 대통령표창(1992), 외교통상부장관표창(1998), 홍조근정훈장(2007), 청조근정훈장(2015) (저)'공정거래백서(共)'(1984, 경제기획원) (종)가톨릭

## 노도영(魯都永) NOH Do Young

(생)1963 · 1 · 13 (본)함평(咸平) (출)경기 동두천 (주)광주광역시 북구 첨단과기로 123 광주과학기술원 물리 · 광과학과(062-715-2311) (학)1981년 유신고졸 1985년 서울대 물리학과졸 1990년 물리학박사(미국 MIT) (경)1991~1992년 미국 MIT Post-Doc. 1993~1995년 미국 Exxon Research and Engineering Company Senior Physicist 1995~2012년 광주과학기술원 신소재공학과 조교수 · 부교수 · 교수 2000~2001년 미국 Cornell Univ. 방문교수 2008~2015년 광주과학기술원 극한광응용기술국가핵심연구센터장 2011~2012년 국가과학기술위원회 전문위원 2012~2016년 광주과학기술원 GIST대학장 2012년 同물리 · 광과학과 교수(현) 2012~2014년 기초기술연구회 비상임이사 2013~2016년 국가과학기술심의회 기초기반전문위원장 2015년 광주과학기술원 극미세초고속X-선과학연구센터장(현) 2016년 국가과학기술자문회 전문위원 2016~2018년 (사)한국방사광이용자협회 회장 2018년 同이사(현) 2019년 국가과학기술자문회 심의위원(현) (상)광주과학기술원장표창(1996), 포항가속기연구소 공로패(1997), 과학기술부장관표창(2002), 대통령표창(2007), 심계과학상(2010), 과학기술포장(2012) (저)'New Generation of Europium and Terbium Actiuvated Phosphors'(2011)

## 노동영(盧東榮) NOH Dong Young

(생)1956 · 1 · 13 (본)광산(光山) (출)울산 (주)서울특별시 종로구 대학로 101 서울대학교병원 유방센터(02-740-8426) (학)1975년 경복고졸 1981년 서울대 의대졸 1984년 同대학원 생화학 석사 1986년 생화학박사(서울대) (경)1990년 서울대 의대 외과학교실 조교수 · 부교수 · 교수(현) 1990년 同의대 암연구소 참여교수(현) 1990년 (사)대한암협회 간사 · 상임이사 · 유방암의식향상캠페인추진위원장 1993~1995년 미국 NIH Cell Signaling연구 국제연구전임의 1995~1998년 서울대 의대 외과학교실 외과의무장 1996~2009년 한국유방암학회 이사 1998~2000년 서울대 의대 교무부학장보 1998~2000년 서울대병원 외무기록실장 1999~2002년 한국과학기술단체총연합회 이사 2000년 한국유방건강재단 상임이사 · 이사장(현) 2000~2002년 'J Korean Med Sci' 편집위원 2000~2006년 서울지법 자문위원 2000~2004년 서울대병원 의무기록실장 2003~2004년 同기획조정실 의료정보센터장 2004~2011년 同유방센터장 2004~2014년 서울대 의대 발전기금위원 2004년 한국과학기술한림원 정회원 · 종신회원(현) 2005~2007년 한국분자세포생물학회 정회원 · 대의원 · 융합사이언스교류협력위원장 2006년 Global Breast Cancer Conference 사무총장 · 조직위원장 · 대회장 2007~2009년 서울시 건강증진사업지원단 자문위원 2007~2016년 서울대 유방내분비외과 분과장 2009~2011년 서울대병원 암센터소장 2009~2011년 同암조직은행장 2009~2010년 同종합건설본부 암센터건립추진단장 2009~2011년 한국유방암학회 이사장 2010~2011년 서울대암병원 개원준비단장 2010~2012년 국가암정복추진기획단 추진위원 2011~2015년 서울대병원 암진료부원장 2011~2015년 同발전후원회 이사 2011~2015년 서울대암병원 원장 2011~2014년 국립암센터 공공보건의료계획심의위원회 위원 2011년 대한민국의학한림원 정회원(현) 2012~2016년 서울대 의대 국민건강지식센터 소장 2012~2014년 서울대발전기금 이사 2013년 한국보건의료연구원 신의료기술평가위원 · 분과위원장(현) 2014~2016년 대한암학회 이사장 2014~2015년 한국건강관리협회 건강증진 전문위원 2014~2018년 서울대 의과대학발전후원회장 2015년 대한적십자사 전국대의원(대통령 위촉)(현) 2015년 Advisory board of JAMA Oncology(현) 2015년 Editorial Board of Breast Cancer Research(현) 2015~2017년 Asian Pacific Cancer Conference 대회장 2015~2017년 Asian Pacific Federaion of Organization of Cancer Res. and Control 회장 2016~2018년 국립암센터 비상임이사 2016 · 2019년 (사)대한암협회 회장(현) 2016~2019년 서울대

병원 강남센터 원장 2016~2019년 강남구의료관광협회 회장 2018~2019년 (사)대한의학회 부회장 2019년 서울대 연구부총장(현) (상)미국 NIH 'Forgarty International Fellowship Award'(1993), 동아학술상(2008), 서울대병원 심호섭상(2009), 로슈논문암학술상(2010), 유한의학상(2010), 보령암학술상(2011), 홍조근정훈장(2011), 분쉬의학상(2011) (저)'유방이 아파요, 암이 아닌가요(共)'(2000, 일조각) '유방암(共)'(2005, 아카데미아) '유방암 가이드북'(2007, 국일미디어) '이젠 두렵지 않다 유방암(共)'(2009, 이젠미디어) '핑크 히말라야(共)'(2012, 이콘) (역)'유방암예방 식이요법'

**노만경(魯萬景) ROH Man Kyeong**

(생)1964·7·28 (본)함평(咸平) (출)전남 장성 (주)서울특별시 강남구 테헤란로92길 7 법무법인(유)바른(02-3479-7554) (학)1983년 광주 진흥고졸 1987년 서울대 법과대학졸 (경)1986년 사법시험 합격(28회) 1989년 사법연수원 수료(18기) 1989년 軍법무관 1992년 수원지법 판사 1994년 서울민사지법 판사 1996년 광주지법 순천지원 판사 1997년 同순천지원 여수시·여천시법원 판사 1998년 광주고법 판사 1999년 서울지법 동부지원 판사 2001년 서울고법 판사 2002년 대법원 재판연구관 2004년 청주지법 부장판사 2006년 인천지법 부천지원 부장판사 2006년 미국 UCLA School of Law Visiting Scholar 2008년 서울동부지법 부장판사 2010~2013년 서울중앙지법 부장판사 2013년 법무법인(유) 바른 변호사(현)

**노만석(盧萬錫)**

(생)1970·11·19 (출)경남 창녕 (주)경기도 과천시 관문로 47 법무부 감찰담당관실(02-2110-3015) (학)1989년 대합종합고졸 1996년 성균관대 법학과졸 (경)1997년 사법시험 합격(39회) 2000년 사법연수원 수료(29기) 2000년 대구지검 검사 2002년 창원지검 밀양지청 검사 2003년 수원지검 안산지청 검사 2005년 수원지검 검사 2007년 서울중앙지검 검사 2010년 대전지검 검사 2013년 同부부장검사 2013년 서울서부지검 부부장검사 2014년 대검찰청 검찰연구관 2015년 창원지검 거창지청장 2016년 광주지검 특수부장 2017년 인천지검 특수부장 2018년 서울중앙지검 조사2부장 2018년 법무부 계엄령문건관련의혹합동수사단장 2019년 법무부 감찰담당관(현)

**노만희(盧萬熙) ROH Man Hee**

(생)1955·3·23 (출)충남 논산 (주)서울특별시 용산구 한남대로21길 17 노만희정신건강의학과의원(02-793-0945) (학)1982년 한양대 의대졸 1993년 의학박사(한양대) (경)1986년 한양대 의대 정신과 전문의과정 수료 1989년 同의대 외래교수(현) 1991년 인제대 의대 외래교수(현) 1991~1998년 서울백제병원부설 정신건강교육센터 소장 1992년 경희대 의대 외래교수 1993년 서울백제병원 원장 1994년 American Psychiatric Association Corresponding Member(현) 1997~2000년 서울시의사회 정보이사 1998~2000년 대한의사협회 정보통신망(KMAIN) 운영위원장 1999~2001년 Medigate Web Master 2000~2001년 대한의사협회 정보이사·총무이사 2000년 서울백제병원부설 노인치매센터 소장 2003~2006년 대한의사협회 총무이사 2003년 국민연금관리공단 심사위원 2005년 한국희귀난치성질환연합회 이사(현) 2006년 대한의사협회 상근부회장 겸 사무총장 2008~2012년 노만희정신과의원 원장 2010~2012년 대한신경정신과의사회 회장 2012년 노만희정신건강의학과의원 원장(현) 2012~2016년 대한정신건강의학과의사회 회장 2012년 한국EAP협회 회장(현) 2013~2015년 각과개원의협의회 회장단협의회장 2014년 대한의사협회 비상대책위원회 부위원장 2015~2018년 대한개원의협의회 회장 (상)윤도준의학상(2016)

**노명선(盧明善) ROH Myung Sun (玄唐)**

(생)1959·10·4 (출)서울 (학)1977년 서울 국립철도고졸 1985년 성균관대 법대졸 1995년 同대학원 법학과졸 2000년 법학박사(성균관대) (경)1986년 사법시험 합격(28회) 1989년 사법연수원 수료(18기) 1989년 서울지검 남부지청 검사 1991년 울산지검 검사 1993년 인천지검 검사 1995년 서울지검 검사 1996년 일본 中央大 연수·서울지검 검사 2001년 부산지검 부부장검사 2001년 서울지검 서부지청 부부장검사 2002년 전주지검 부부장검사(駐일본대사관 파견) 2003년 서울고검 검사 2005년 서울동부지검 형사5부장 2005~2019년 성균관대 법과대학 교수 2005~2019년 同법학전문대학원 교수 겸직 2009년 법제처 법령해석심의위원회 위원 2010~2012년 대통령직속 미래기획위원회 위원 2011~2014년 건설근로자공제회 비상임이사 2011~2015년 한국연구재단 비상임이사 2012~2014년 대통령직속 규제개혁위원회 경제분과 민간위원 (저)'일본의 수사이론과 실무' '회사범죄'

**노명우(盧明祐) ROH Myeong Woo**

(생)1961·9·13 (본)광주(光州) (출)강원 정선 (주)강원도 춘천시 중앙로 1 강원도청 경제진흥국(033-249-2745) (학)대입검정고시 합격, 한국방송통신대 행정학과졸 (경)정선군 근무, 강원도 사회복지과 근무, 同해양수산출장소 해양개발과 근무 2005년 同관광정책과 상품이벤트담당 2008년 同교육파견(지방행정사무관), 同해외마케팅담당, 同문화체육관광국 관광마케팅과 지방행정사무관 2013년 同문화관광체육국 관광정책과 지방행정사무관 2015년 2018평창동계올림픽대회조직위원회 숙박부장(서기관) 2016년 강원도 경제진흥국 자원개발과장 2017년 同경제진흥국 경제진흥과장 2018년 同기획조정실 기획관(부이사관) 2019년 同경제진흥국장(국장급)(현) (상)대통령표창, 국무총리표창

**노박래(盧博來) Noh Pakrae (雨農)**

(생)1949·10·30 (본)교하(交河) (출)충남 서천 (주)충청남도 서천군 서천읍 군청로 57 서천군청 군수실(041-950-4201) (학)검정고시 합격 (경)1979~1985년 충남 서천군 새마을계장 1986~1987년 충남 홍성군 광천읍 부읍장 1987~1988년 충남 서천군 문화공보실장 1988~1996년 同기획실장 1996~2003년 同기획감사실장 2003~2004년 충남발전연구원 연구위원 2004년 충남도 기업지원과장 2005년 同공보관 2006년 충남 서천군수선거 출마(한나라당) 2008년 한나라당 충남도당 부위원장 2009년 민주평통 서천군협의회장 2010년 충남 서천군수선거 출마(한나라당) 2014~2018년 충남 서천군수(새누리당·자유한국당) 2018년 충남 서천군수(자유한국당)(현) (상)근정포장(1998), 지방자치행정대상조직위원회 지방자치행정대상(2017) (종)기독교

**노병수(盧炳秀) NOH Byung Soo**

(생)1953·8·22 (본)광주(光州) (출)경북 경주 (주)대구광역시 동구 동대구로 441 영남일보 사장실(053-757-5101) (학)1977년 영남대 경영학과졸 1979년 同대학원 경영학과졸 1993년 대구가톨릭대 대학원 경영학 박사과정 수료 (경)1982~1995년 대구공업대학 공업경영과 교수 1996~1998년 대구시 비서실장 1998~2003년 대구경북개발연구원 연구위원 2004년 열린우리당 대구시당 수석부위원장 2005년 경북외국어테크노대학 학장 2005~2009년 영남사이버대·영남외국어대 총장 2006~2008년 영남외국어대학 학장 2009년 대구문화재단 비상근이사 2009년 2011세계육상선수권대회 문화행사기획단장 2012~2013년 달서구문화원 원장 2013~2017년 대구동구문화재단 대표 2018년 영남일보 대표이사 사장(현) (상)체육포장(2012), 문화체육관광부장관표창(2014)

**노병용(盧炳龍) Noh Byeong Yong**

(생)1961·9·5 (출)경북 (주)경기도 안양시 동안구 학의로 282 금강펜테리움IT타워 A동 21층 우리관리(주)(1577-3733) (학)1980년 대구 심인고졸 1984년 한양대 건축공학과졸 1998년 일본 게이오기주쿠대 대학원 경영관리연구학과졸 2014년 서울대 경영대학원 AMP(최고경영자과정) 수료 (경)1984~2001년 삼성물산 입사·주택부문 근무 2000년 씨브이네트 부사장 2001년 우리관리(주) 설립·대표이사 회장(현) 2001년 현대종합관리 대표이사 2001~2002년 신성관리 대표이사 2002년 한일종합관리 대표이사 2002년 한일주택관리 대표이사 2016~2019년 (사)한국주택관리협회 회장 (저)'공동주거 관리이론(共)'(2008, 교문사)

**노병태(魯秉泰) NO Byung Tae**

(생)1961·9·30 (주)서울특별시 서초구 남부순환로 2145 대화제약(주) 임원실(02-585-6451) (학)한사대(현 대구대) 공업디자인과졸 (경)대화제약(주) 상무이사 2008년 同대표이사 사장 2013년 (주)리독스바이오 사내이사(현) 2015년 대화제약(주) 대표이사 회장(현) (상)대한상공회의소회장표창(2019) (종)불교

**노봉남(盧奉男) NOH Bong Nam**

(생)1955·1·28 (본)곡산(谷山) (출)전남 나주 (주)광주광역시 북구 용봉로 77 전남대학교 전자컴퓨터공학부(062-530-3424) (학)1974년 광주제일고졸 1978년 전남대 수학교육과졸 1982년 한국과학기술원(KAIST) 전산학과졸(석사) 1994년 전산학박사(전북대) (경)1983~1994년 전남대 전임강사·조교수·부교수 1994년 同전자컴퓨터공학부 소프트웨어공학전공 교수(현) 1997년 한국지역정보화학회 총무이사 1998~2000년 한국정보통신보호학회 이사 2000년 국공립전산소장협의회 회장 2000년 정보통신부 리눅스보안연구센터 소장 2001~2005년 정보통신사이버대학협의회 회장 2005년 전남대 시스템보안연구센터 소장(현) 2017~2019년 민주화를위한전국교수협의회 공동의장 2018년 同전남대분회장 (상)정보통신부장관표창, 국가균형발전위원회 지역혁신우수모델정부표상(2004), 대통령표창(2007) (저)'멀티미디어 정보사회' '컴퓨터와 정보사회' 'C언어' (종)기독교

**노삼식(盧三植) Roh Samsig**

(생)1964 (출)전남 광양 (주)서울특별시 금천구 시흥대로152길 11-21 금천세무서(02-850-4201) (학)순천 금당고졸, 세무대학졸(3기), 한국방송통신대 경영학과졸 (경)세무공무원 임용(8급 특채), 서울 서대문세무서 근무, 서울지방국세청 국제거래조사국 근무, 국세청 공무원교육원 교수, 서울지방국세청 조사4국 근무 2015년 국세청 조사1과 2계장(서기관) 2016년 전남 여수세무서장 2017년 서울지방국세청 조사4국 조사3과장 2019년 서울 금천세무서장(현)

**노상길(盧相吉)**

(생)1964·7·6 (출)부산 (주)부산광역시 연제구 법원로 15 부산지방검찰청 중요경제범죄조사단(051-606-4153) (학)1983년 부산 대동고졸 1987년 부산대 법학과졸 1989년 同대학원졸 (경)1994년 사법시험 합격(36회) 1997년 사법연수원 수료(26기) 1997년 창원지검 검사 1999년 同밀양지청 검사 2000년 서울지검 남부지청 검사 2003년 대구지검 검사 2005~2009년 서울중앙지검 검사 2007~2009년 공정거래위원회 파견 2009년 의정부지검 부부장검사 2010년 광주지검 공판부장 2011년 수원지검 안산지청 부장검사 2012년 전주지검 정읍지청장 2013년 대구지검 형사4부장 2014년 사법연수원 교수 2016년 수원지검 성남지청 부장검사 2017년 부산고검 검사 2019년 부산지검 중요경제범죄조사단 부장(현)

**노상훈(魯相勳) NOH Sang Hoon**

(생)1951·9·1 (출)부산 (주)서울특별시 중구 서소문로 88 중앙일보미디어디자인(주) 임원실(02-751-5945) (학)1970년 경남고졸 1979년 고려대 신문방송학과졸 (경)1978년 부산일보 근무 1980년 조선일보 근무 1988년 중앙일보 편집부 근무 1994년 同편집부 차장 1995년 同편집부 부장대우 1998년 同편집부장 1999년 同편집담당 부국장 직대 겸임 2000년 同편집담당 부국장대우 편집부장 2002년 同편집·사진담당 부국장 2003년 同편집담당 부국장 2003년 同정보사업단 상무 2005년 중앙일보미디어디자인(주) 대표이사(현)

**노석균(盧錫均) Noh Seok Kyun**

(생)1955·2·22 (출)경북 예천 (주)경상북도 경산시 대학로 280 영남대학교 화학공학부(053-810-2114) (학)1977년 연세대 화학과졸 1979년 한국과학기술원(KAIST) 화학과졸(석사) 1987년 화학박사(미국 노스캐롤라이나대 채플힐교) (경)1978~1983년 대한화학회 학생회원·일반회원 1978~1983년 한국고분자학회 학생회원·일반회원 1979~1983년 한국화학연구원 연구원 1988년 미국화학회 정회원 1988~1990년 미국 코넬대 Post-Doc. 1990년 대한화학회 종신회원(현) 1990년 한국고분자학회 종신회원(현) 1990~1992년 한화석유화학 중앙연구소 책임연구원 1992년 영남대 화학공학부 조교수·부교수·교수(현) 1995년 한국공업화학회 종신회원(현) 1996년 한국화학공학회 종신회원(현) 1997~1999년 영남대 공과대학 부학장 2001~2002년 미국 Univ. of North Carolina at Chapel Hill 객원교수 2004~2005년 영남대 산학협력단장 겸 연구처장 2006년 한국고분자학회 이사 2006~2013년 영남대 BK21디스플레이소재공정 고급인력양성사업단장 2007~2009년 同교수회의장 겸 대학평의회 의장 2008년 同총장선거관리위원장 2008~2016년 바른과학기술사회실현을위한국민연합 지역대표·공동대표·자문위원 2008~2009년 학교법인 영남학원 정상화추진위원장 2008~2009년 대구경북교수회연합회 상임대표 2009~2010년 카이스트총동문회 기획부회장 2009년 Asia Polyolefin Workshop 조직위원회 부위원장 2009~2012년 학교법인 영남학원 발전특별위원회 영남대분과위원장·기획조정실장 2011~2014년 연세대총동문회 이사 2012년 한국고분자학회 부회장·교육위원장 2013~2016년 영남대 총장 2013~2016년 한국사립대학총장협의회 부회장 2013~2016년 경북테크노파크 이사장 2014~2016년 경북도 비정상의정상화자문위원회 위원장 2014~2015년 통일부 통일교육위원대구협의회 회장 2014~2016년 대통령직속 통일준비위원회통일교육자문단 자문위원 2014년 카이스트총동문회 이사 2014년 연세대총동문회 상임이사(현) 2014~2015년 한국공학한림원 회원 2016년 同정회원(현) 2016년 바른과학기술사회실현을위한국민연합 상임이사·대표(현) (상)2014 한국의 영향력 있는 CEO 인재경영부문대상(2014), KAIST 자랑스런 동문상(2014), 제5회 대한민국참교육대상 글로벌혁신경영부문 대상(2014) (저)'Non-metallocene 중합촉매'(1998, 대한화학회) 'Ethylene Polymerization Using a Metallocene Catalyst Anchored on Silica with a Spacer'(2000, John Wiley & Sons) 'Debelopment of ibuprofen-loaded ultra-microcap sule with enhanced bioavaiability using gelatin'(2004, 학교법인 영남) 등

**노석환(盧奭桓) Roh Suk Hwan**

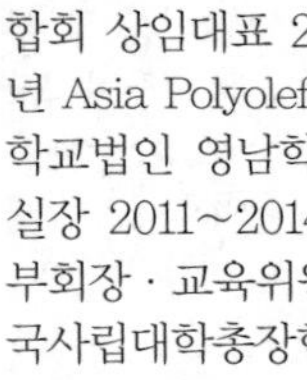

(생)1964·8·2 (출)부산 (주)대전광역시 서구 청사로 189 관세청 차장실(042-481-7611) (학)1987년 고려대 경영학과졸 1990년 서울대 행정대학원졸 2004년 미국 피츠버그대 대학원졸 (경)1993년 행정고시 합격(36회) 1994년 마산세관 진주출장소장 2001년 관세청 심사정책과 서기관 2005년 同국제협력과장 2007년 同원산지심사과장 2008년 同정보기획과장 2009년 同인사관리담당관(부이사관) 2011년 대구경북지역본부세관

장(일반직고위공무원) 2012년 관세청 통관지원국장 2013년 同심사정책국장 2014년 同조사감시국장 2016년 서울본부세관장 2017년 인천본부세관장 2018년 관세청 차장(고위공무원 가급)(현)

**노성기(盧成起) Roh, Seongkey**

(생)1957·8·8 (본)광산(光山) (출)광주 (주)전라남도 목포시 영산로 697 목포가톨릭대학교 총장실(061-280-5005) (학)검정고시 1986년 호남대 영어영문학과졸 1991년 광주가톨릭대 신학과졸 1993년 同대학원 역사신학과졸 1999년 교부학박사(로마교황청성립 라떼라노대) 2000년 영국 성안셀름대 영성상담지도자과정 수료 (경)1993년 사제 서품 1993~1994년 천주교 농성동성당 보좌신부 1994~1999년 로마 유학 2000~2001년 천주교 풍암동성당 주임신부 2001~2010년 광주가톨릭대 부교수·교수 2004~2007년 同교학처장·대학원장 2008~2010년 同사무처장 2010·2014~2018년 同제6·7대 총장 2018년 목포가톨릭대 제6대 총장(현) (저)'내가 사랑한 교부들'(2005, 분도출판사) '선포와 봉사 44'(2005) '한국 가톨릭 대사전'(2005) '왁자지껄 교회 이야기'(2013, 생활성서) '교부 문헌 용례집'(2014) '교부들에게 배우는 삶의 지혜'(2017) (역)'교부들의 성경주해-마태오 복음서 1-13장'(2010) '세계 교회사 여행Ⅰ,Ⅱ'(2012) '교부들의 성경주해-여호수아기, 판관기, 룻기, 사무엘기 상·하권'(2017) '대 바실리우스 내 곳간들을 헐어 내리라, 부자에 대한 강해, 기근과 가뭄 때 행한 강해, 고리대금업자 반박'(2018) '4천년의 기도, 단식'(2018)

**노성일(盧聖一) ROH Sung Il**

(생)1952·4·1 (출)서울 (주)서울특별시 강남구 도곡로 452 미즈메디병원 원장실(02-2007-1204) (학)1971년 경기고졸 1977년 연세대 의과대학졸 (경)1977~1978년 세브란스병원 인턴 1978~1982년 세브란스병원 산부인과 전공의 1982~1985년 육군 軍의관 1985년 제일병원 산부인과 불임클리닉 의사 1985~1987년 미국 오하이오주립대(Ohio State Univ.) 산부인과 생식내분비학 Fellow 1987~1988년 미국 Eastern Virginia Medical School 산부인과 생식내분비학 Fellow 1988~1991년 제일병원 산부인과장·기획조정실장 1990~1998년 연세대 의과대학 산부인과학교실 외래 전임강사·조교수·부교수 1991년 영동제일병원·미즈메디병원 원장 1994년 대한불임학회 상임이사 1995년 대한폐경학회 상임이사 1997년 대한남성과학회 이사 1997년 대한산부인과내시경학회 이사 1998~2000년 연세대 의과대학 산부인과학교실 외래교수 1999년 미즈메디병원 이사장(현) 2002년 서울대 의학연구원 인구의학연구소 특별객원연구원 2002년 보건복지부 WTO의료개방대책위원 2003~2005년 同보건의료정책실무위원회 위원 2005~2014년 연세대 의과대학 산부인과학교실 겸임교수 2005년 대통령소속 의료산업선진화위원회 위원 2006년 대한중소병원협회 부회장 2008년 대한병원협회 대외협력위원장 2010~2012년 同감사 2014년 (재)한국병원경영연구원 원장 2014년 연세대 의과대학 산부인과학교실 외래교수(현) 2014년 미즈메디병원 원장(현) 2016~2018년 대한병원협회 감사 (상)President Award in IVF World Congress 우수논문상(1995), President Award in ASRM Annual Meeting 우수논문상(1997), 재정경제원장관 우수납세자표창(1997), 과학기술훈장 도약장(2004), 연세를 빛낸 동문상(2005), 한미중소병원상 봉사상(2016) (저)'1인치의 혁신'(2011)

**노성태(盧成泰) RO Sung Tae**

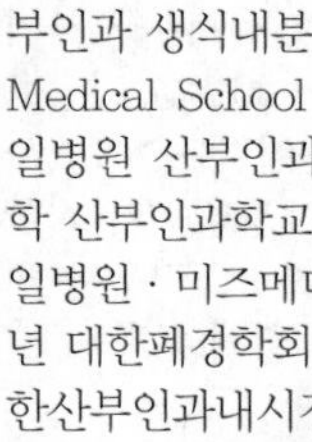

(생)1946·9·3 (본)광산(光山) (출)부산 (주)서울특별시 용산구 후암로 107 게이트웨이타워 20층 삼성꿈장학재단(02-727-5400) (학)1964년 부산고졸 1969년 서울대 상대 경제학과졸 1984년 경제학박사(미국 하버드대) (경)1969~1981년 한국은행 조사부 조사역 1984~1990년 한국개발연구원 연구조정실장 1990~1999년 (주)한화경제연구원 원장 1991~2002년 금융발전심의위원회 위원 1994~1996년 경향신문 논설위원 1996년 문화방송(MBC) 해설위원 1997년 한국태평양경제협력위원회(KOPEC) 금융부문 한국대표 1999~2001년 한국경제신문 주필(상무) 1999년 국무총리 정책자문위원 2001년 중앙일보 경제연구소장 겸 논설위원(이사대우) 2004~2005년 명지대 경영학부 교수 2004~2005년 同경영대학장 2004년 우리금융지주 사외이사 2005년 한국경제연구학회 회장 2005~2007년 전국경제인연합회 부설 한국경제연구원장 2007년 대한생명보험(주) 경제연구원장(부사장) 2012년 同경제연구원 상임고문 2012~2014년 한화생명보험(주) 경제연구원 상임고문 2017년 우리은행 사외이사(현) 2017~2018년 同이사회 의장 2018년 삼성꿈장학재단 이사장(현) (저)'Korea's Financial Markets and Targets of Monetary Policy' 'Macroenomic Policy and Adjustment in Korea'(1990) 'Korea's Monetary Policy' '한국경제를 보는 눈(共)'(2002) (종)천주교



**노수현(盧洙鉉) RHO Su Hyon**

(생)1965·10·13 (본)광주(光州) (출)강원 양양 (주)경상북도 김천시 용전로 141 국립농산물품질관리원(054-429-4001) (학)1983년 강릉고졸 1987년 서울대 축산학과졸 1998년 미국 일리노이대 대학원 경제학과졸 (경)1989년 기술고시 합격(23회) 1990년 농림수산부 국립농산물검사소 제주도지소장 1994년 同축산국 축산경영과 사무관 1999년 농림부 축산국 축산정책과 서기관, 농촌진흥청 축산연구소 과장 2008년 농림수산식품부 축산경영팀장 2009년 同축산정책팀장 2009년 同식품산업정책실 축산정책과장 2009년 국립식물검역원 영남지원장 2010년 농림수산식품부 축산경영과장(서기관) 2011년 同축산경영과장(부이사관) 2012년 同식품산업정책과장 2013년 농림축산식품부 식품산업정책실 소비정책과장 2014년 同농림축산검역본부 식물검역부장(고위공무원) 2014년 농촌진흥청 기술협력국장 2015년 농림축산식품부 농림축산검역본부 식물검역부장 2019년 국립농산물품질관리원장(현)

**노승만(盧承晩) NO Seung Man**

(생)1959·7·25 (출)서울 (주)서울특별시 강동구 상일로6길 26 삼성물산(주) 건설부문(02-2145-5114) (학)경희대 전자공학과졸 (경)삼성그룹 전략기획실 기획홍보팀 상무, 삼성전자(주) 홍보팀 상무 2012~2014년 삼성그룹 미래전략실 커뮤니케이션팀 전무 2013년 한국광고주협회 홍보위원장 2014~2019년 同뉴미디어위원장 2015년 삼성그룹 미래전략실 커뮤니케이션팀 부사장 2015~2018년 삼성물산(주) 건설부문 경영지원실 커뮤니케이션팀장 겸 경영기획실 홍보담당 부사장 2016~2019년 한국광고주협회 운영위원장 2018년 삼성물산(주) 건설부문 상근고문(현) (상)매일경제 올해의 광고인상 대상(2013) (종)천주교

**노승일(盧承一) Roh Seung Il**

(생)1965·6·6 (본)교하(交河) (출)충북 괴산 (주)충청북도 청주시 청원구 2순환로 168 충북지방경찰청 청장실(043-240-2014) (학)1983년 충주고졸 1987년 경찰대 행정학과졸(3기) 2005년 한양대 공과대학원 환경계획학과졸 (경)1987년 경위 임용 1996년 경정 승진 1997년 인천 계양경찰서 경비과장 1997년 인천지방경찰청 공보담당관 1997년 同수사지도관 1997년 同수사1계장 1998년 서울 서초경찰서 교통과장 2001년 서울지방경찰청 교통안전과 교통계장 2003년 同교통안전계장 2005년 충북지방경찰청 청문감사담당관(총경) 2006년 충북 영동경찰서장 2007년 경찰청 교통관리관실 교통기획담당관 2008년 경기 가평경찰서장 2009년 경찰청 대테러센터장 2010년 서울 서대문경찰서장 2011년 경찰청 교통관리기획과장 2013년 同교통운영과장 2014년 충북 청주흥덕경찰서장(경무관) 2014년 강원지방경찰청 차장 2015년 인천지방경찰청 제2부장 2017년 경찰청 대테러위기관리관 2018년 同과학수사관리관 2018년 同교통국장(치안감) 2019년 충북지방경찰청장(현) (상)국무총리표창(2003)

**노승재(盧承宰)**

(생)1959·1·10 (주)서울특별시 중구 세종대로 125 서울특별시의회(02-3702-1400) (학)서울디지털대 사회복지학과졸, 한양대 공공정책대학원 지방자치학과졸 (경)풍납초 운영위원장, 서울시 송파구 풍납동 통합방위협의회장, 서울시 송파구의회 구정연구단장 2006·2010년 서울시 송파구의회 의원(민주당·민주통합당·민주당·새정치민주연합), 同행정보건위원회 부위원장 2010~2012년 同재정복지위원장 2012년 同도시건설위원회 위원 2014~2018년 서울시 송파구의회 의원(새정치민주연합·더불어민주당) 2014~2016년 同부의장 2017년 더불어민주당 제19대 문재인 대통령후보 조직특보 2018년 서울시의회 의원(더불어민주당)(현) 2018년 同문화체육관광위원회 부위원장(현) 2018년 同윤리특별위원회 위원(현) 2018년 同항공기 소음 특별위원회 위원(현) (종)천주교

**노승행(魯勝行) RHO Seung Haeng**

(생)1940·3·18 (본)함평(咸平) (출)전남 함평 (주)서울특별시 서초구 법원로 10 정곡빌딩 남관 405호 법무법인 두레(02-595-1991) (학)1958년 광주고졸 1963년 서울대 법대졸 1965년 同사법대학원졸 1978년 한양대 대학원졸 (경)1963년 사법시험 합격(1회) 1965년 공군 법무관 1968~1982년 전주지검·부산지검·서울지검 영등포지청·제주지검·서울지검 검사 1982년 광주지검 부장검사 1983년 서울지검 남부지청 부장검사 1985년 同형사1부장 1986년 광주지검 차장검사 1987년 인천지검 차장검사 1988년 대구고검 차장검사 1989년 사법연수원 부원장 1991년 청주지검 검사장 1992년 광주지검 검사장 1993년 변호사 개업 1997년 행정심판위원회 위원 1997년 법무법인 두레 대표변호사(현) 2001~2003년 대한변호사협회 부회장 2001년 사법시험 관리위원 2008~2010년 대한공증협회 회장

**노식래(盧飾來) NOH Sik Rae**

(생)1958·1·24 (출)전북 정읍 (주)서울특별시 중구 세종대로 125 서울특별시의회(02-3702-1400) (학)1976년 정읍제일고졸 1981년 경기대 행정학과졸 1983년 한양대 행정대학원졸 1995년 중앙대 최고경영자과정 수료 1995년 미국 조지워싱턴대 단기과정 연수, 연세대 정경대학 경제학과 재적 (경)1979년 서울YMCA대학생연합회 회장 1985년 홀트아동복지회 사회사업가 1995년 중앙대 사회교육원 총학생회장 1996년 서울남산청년회의소 부회장 1996년 김옥천 국회의원 정책비서관·입법보좌관 1997년 한국청년회의소 서울지구 사무처장 2001년 시민의모임용산21 대표 2002년 새천년민주당 노무현 대통령후보 대변인실 부국장 2002년 同총무부장 2004년 同추미애 선대위원장 의전국장 2006년 열린우리당 부대변인 2007년 중도개혁통합신당 부대변인 2007년 중도통합민주당 부대변인 2007년 대통합민주신당 제17대 대통령선거 정동영후보 부대변인 2010년 민주당 부대변인 2011년 박원순 서울시장후보 부대변인 2014년 새정치민주연합 서울시당 대변인 2014년 서울시의원선거 출마(새정치민주연합) 2015년 새정치민주연합 총무본부 부본부장 2015년 더불어민주당 총무본부 부본부장 2018년 서울시의회 의원(더불어민주당)(현) 2018년 同운영위원회 부위원장(현) 2018년 同도시계획관리위원회 위원(현) 2018년 同예산정책연구위원회 위원(현) 2019년 同체육단체비위근절을위한행정사무조사특별위원회 위원(현) 2019년 同예산결산특별위원회 부위원장(현)

**노신영(盧信永) LHO Shin Yong (鶴泉)**

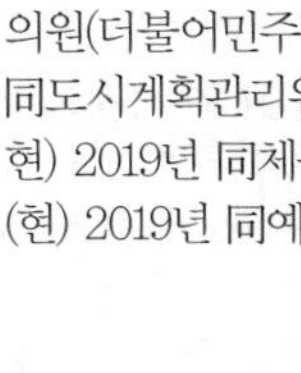

(생)1930·2·28 (본)광주(光州) (출)평남 강서 (학)1954년 서울대 법과대학졸 1955년 미국 켄터키주립대 대학원 정치학과졸 (경)1953년 고시행정과 합격 1955년 외무부 입부 1958~1963년 同방교국 정보문화과장·駐미국대사관·駐터키대사관 1등서기관 1961년 외무부 조약과장 1963~1967년 駐태국·駐이탈리아 참사관 1967년 외무부 아주국장·기획관리실장 1968년 駐LA 총영사 1972년 駐뉴델리 총영사 1973년 駐인도대사 1974년 외무부 차관 1976년 駐제네바대표부 대사 1980년 외무부 장관 1982년 국가안전기획부장 1985~1987년 국무총리 1987년 국정자문위원 1987년 日海연구소 초빙연구위원 1987년 민정당 고문 1994~2012년 롯데복지재단 이사장 1995년 삼남장학회 이사장 1995년 롯데장학재단 이사장 1997~1998년 고려대 국제대학원 석좌교수 1999~2001년 안중근의사숭모회 이사장 2012~2014년 롯데그룹 총괄고문 (상)국민훈장 무궁화장, 수교훈장 흥인장·광화장·광화대장, 자랑스러운 서울대인(2009) (저)'노신영 회고록' (종)기독교

**노연홍(盧然弘) NOH Yun Hong**

(생)1955·11·12 (본)광주(光州) (출)인천 (주)서울특별시 종로구 종로1길 50 케이트윈타워 A동 매일유업(주)(1588-1539) (학)1975년 경동고졸 1983년 한국외국어대 노어과졸 1991년 영국 요크대 대학원 보건경제학과졸 1993년 同대학원 보건경제학 박사과정 수료 2003년 연세대 보건대학원 고위과정 수료 2010년 보건학박사(차의과학대) (경)1983년 행정고시 합격(27회) 1984년 문교부 행정사무관 1988년 보건사회부 행정사무관 1989년 同차관 비서실 근무 1993년 同가정복지과 근무 1995년 보건복지부 전산통계담당관 1997년 해외 연수 1999년 보건복지부 장애인제도과장 1999년 대통령비서실 행정관 2001년 보건복지부 연금제도과장 2001년 同보험급여과장 2002년 同장애인정책과장 2002년 同장관 비서관 2002년 同총무과장 2003~2005년 숭실대 행정학과 겸임교수 2004년 국방대 파견 2005년 보건복지부 공보관 2005년 同정책홍보관리실 홍보관리관 2005년 同보건정책국장 2005년 同보건의료정책본부장 2007년 同저출산고령사회정책본부 인구아동정책관 2008~2010년 대통령 사회정책수석비서관실 보건복지비서관 2010년 식품의약품안전청장 2011~2013년 대통령 고용복지수석비서관 2013년 가천대 메디컬캠퍼스 대외부총장 2013~2018년 同메디컬캠퍼스 부총장 2013년 건강보험심사평가원 고문 2014년 가천대 뇌과학연구원장 2015~2017년 (주)신세계푸드 사외이사 2017~2018년 가천대 보건과학대학장 2017~2018년 건강보험심사평가원 약제급여평가위원회 위원장 2019년 매일유업(주) 사외이사(현) (상)국무총리표창(1994), 신지식공무원(2001), 바람직한 보건복지인(2002), 자랑스러운 외대인상(2010), 자랑스러운 연세보건인상(2010) (저)'국민의료의 형평성 분석과 정책과제(共)'(2004) (종)기독교

**노영규(盧榮圭) NOH Young Kyu**

(생)1959·12·23 (출)경북 문경 (주)서울특별시 마포구 월드컵북로 396 누리꿈스퀘어 비즈니스타워 5층 한국정보방송통신대연합(02-2132-2101) (학)대구 대륜고졸 1981년 연세대 행정학과졸 1998년 미국 콜로라도주립대 대학원 정보통신학과졸 2017년 연세대 공학대학원 박사과정 수료 (경)1983년 행정고시 합격(26회) 1998년 정보통신부 우정국 영업과장 1998년 同우정국 우정개발과장 1999년 국무조정실 파견 2001년 정보통신부 정보화기획실 정보화지원과장 2002년 同정보화기획실 기획총괄과장 2003년 대통령직인수위원회 파견 2003년 정보통신부 정보화기획실 기획총괄과장(부이사관) 2004년 대통령비서실 행정관 2005년 정보통신정책연구원 파견 2006년 정보통신부 정보통신협력본부장 2007년 강원체신청장 2007년 駐미국 참사관 2010년 방송통신위원회 통신정책국장 2011년 同방송통신융합정책실장 2011~2012년 同기획조정실장 2012~2015년 한국정보통신진흥협회 상근부회장 2016년 한국사물인터넷협회 상근부회장 2016년 한국정보방송통신대연합(ICT대연합) 상근부회장(현) (상)대통령표창(1993), 홍조근정훈장(2006) (종)기독교

**노영대(魯榮大) RO Young Dae**

(생)1954·9·8 (출)전남 함평 (주)광주광역시 동구 지산로78번길 7 법무법인 법가(062-233-8070) (학)1973년 광주제일고졸 1981년 동국대 법학과졸 1986년 조선대 대학원 법학과졸 (경)1981년 사법시험 합격(23회) 1983년 사법연수원 수료(13기) 1983년 광주지법 판사 1985년 同장흥지원 판사 1987년 광주지법 판사 1993년 광주고법 판사 1996년 광주지법 판사 1997년 전주지법 남원지원장 1999년 광주지법 부장판사 2000~2002년 同목포지원장 2002년 변호사 개업 2005년 법무법인 법가 대표변호사(현) 2007년 광주지방변호사회 부회장 2009~2011년 同회장

**노영민(盧英敏) NOH Young Min**

(생)1957·11·25 (본)교하(交河) (출)충북 청주 (주)서울특별시 종로구 청와대로 1 대통령 비서실장실(02-770-0011) (학)1976년 청주고졸 1990년 연세대 경영학과졸 (경)1977년 긴급조치 9호 위반으로 구속 1979년 사면 복권 1980년 연세대 복학생협의회장 1980년 광주민주화운동 관련 수배·제적 1981~1985년 노동운동 1989년 청주시민회 창립중앙위원 1994년 우리밀살리기운동 충북본부 대표 1995년 청주환경운동연합 이사 1995년 청문전기(주) 설립·대표이사 1995년 (주)금강조경 설립·대표이사 1995년 민주개혁국민연합 충북연대 공동대표 1997년 무심미술창작지원기금 이사장 1998년 충북자치21 발행인 1998년 국민회의 정세분석위원회 부위원장 1999년 국민정치연구회 상임이사 겸 충북본부 대표 1999년 새천년민주당 창당준비위원 2000년 同청주·흥덕지구당 위원장 2000년 同부대변인 2003년 대통령정책실 신행정수도건설추진기획단 자문위원 2003년 열린민주당 행정수도이전대책위원장 2004년 제17대 국회의원(청주 흥덕구乙, 열린우리당·대통합민주신당·통합민주당) 2005년 열린우리당 충북도당 중앙위원 2005년 同사무부총장 2006년 同충북도당 위원장 2007년 同정책위 부의장 2007년 同공보담당 원내부대표 2007년 同대변인 2007년 시인(현) 2007년 대통합민주신당 제4정책조정위원장 2007년 국회 신성장산업포럼 공동대표 2008년 제18대 국회의원(청주 흥덕구乙, 대통합민주신당·민주당) 2008년 국회 법안심사소위원장 2008년 민주당 정책위 부의장 2009~2010년 同대변인 2009년 국회 중소기업경쟁력강화특별위원회 간사 2010년 민주당 직능위원장 2011년 민주통합당 원내수석부대표 2011년 국회 신성장산업포럼 회장 2012~2016년 제19대 국회의원(청주 흥덕구乙, 민주통합당·민주당·새정치민주연합·더불어민주당) 2012년 민주통합당 대선후보경선준비기획단 부단장 2012년 同문재인 대통령후보 선거기획단 기획위원 2012년 同문재인 대통령후보 비서실장 2012년 국회 윤리특별위원회 위원 2013~2015년 국회 산업통상자원위원회 위원 2014~2015년 국회 예산결산특별위원회 위원 2014년 청주 주성중총동문회 회장 2014년 국회 신성장산업포럼 대표 2015년 국회 '정부 및 공공기관 등의 해외자원개발 진상규명을 위한 국정조사특별위원회' 위원장 2015년 새정치민주연합 충북도당 위원장 2015년 국회 산업통상자원위원회 위원장 2015~2016년 더불어민주당 충북도당 위원장 2016년 同충북도당 상무위원 2017년 同제19대 문재인 대통령후보 중앙선거대책본부 조직본부 공동본부장 2017년 駐중국 대사 2019년 대통령 비서실장(장관급)(현) (상)자랑스런 전기인상(2009), 한국신뢰성대상 공공부문(2014), 한국언론사협회 대한민국우수국회의원대상 특별대상(2014), 전국청소년선플SNS기자단 선정 '국회의원 아름다운 말 선플상'(2015), 자랑스런 연세상경인상 사회부문(2018) (저)시집 '바람 지나간 자리에 꽃은 핀다'(2007) '하늘아래 딱 한송이'(2015) (종)천주교

**노영백(盧英鉑) RO Young Baik**

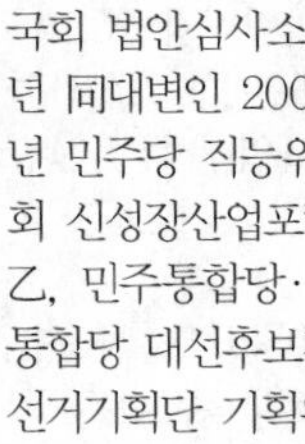

(생)1949 · 8 · 17 (본)풍천(豊川) (출)서울 (주)경기도 화성시 양감면 초록로532번길 61 (주)우주일렉트로닉스 비서실(031-371-3700) (학)1977년 한양대 정밀기계공학과졸 1983년 미국 오하이오주립대 대학원 기계공학과졸 (경)1984년 한국몰렉스 생산부장 1989년 한국듀폰 공장장 1993년 우주전자 사장 1999년 (주)우주일렉트로닉스 대표이사 회장(현) 2010~2013년 코스닥협회 부회장 (상)기업은행 선정 '기업인 명예의 전당' 헌정(2013), 한양대 공대 '자랑스런 한양공대인상'(2015) (종)기독교

**노영보(盧榮保) NOH Young Bo**

(생)1954·7·1 (본)해주(海州) (출)서울 (주)서울특별시 강남구 테헤란로 133 법무법인 태평양(02-3404-0540) (학)1973년 경기고졸 1978년 서울대 법과대학졸 1988년 미국 조지타운대 Law Center졸(LL.M.) (경)1978년 사법시험 합격(20회) 1980년 사법연수원 수료(10기) 1980년 공군 법무관 1983년 서울민사지법 판사 1985년 서울형사지법 판사 1989년 부산고법 판사 1991년 서울고법 판사 겸 법원행정처 법무담당관 1994년 대전지법 천안지원장 1997년 사법연수원 교수 1999년 법원행정처 기획조정심의관 2000~2002년 서울지법 부장판사 2000년 법원행정처 법정국장 겸임 2002년 대전고법 부장판사 2003~2006년 서울고법 부장판사 2003~2018년 서울대 법과대학·대학원 도산법 초빙교수 2006~2009년 법무법인 태평양 변호사 2009~2017년 도산법연구회 초대회장 2009년 법무법인 태평양 변호사(현) 2013~2019년 (주)LG 사외이사 2013~2016년 현대중공업 감사 (종)천주교

**노영상(魯英相) Ro, Youngsang**

(생)1954·3·21 (출)서울 (주)서울특별시 강동구 구천면로 452 명성교회(02-440-9000) (학)1972년 경복고졸 1977년 서울대 농화학과졸 1981년 장로회신학대 신학대학원졸(M. Div. 학위) 1983년 同대학원졸(Th. M. 학위) 1994년 同대학원졸(신학박사 Th. D.) (경)1981년 장로회신학대 조교 1982년 호남신학대 전임대우 1983~2000년 同전임강사·조교수·부교수·교수, 同신학대학원장·교무처장·기획실장·도서관장·정보연구소장·실천처장·대학원장 1983년 대한예수교장로회(통합) 전남노회 목사 안수 1984~1991년 同전남노회 곡성시찰 흥복교회 임시당회장 1985년 청룡학원 이사(현) 1991~1992년 미국 Columbia Theological Seminary 방문교수 2000년 장로회신학대 조교수 2000년 기독교환경운동연대 상임이사(현) 2002~2004년 同한국교회환경연구소장 2003~2004년 한국기독교윤리학회 회장 2004~2008년 신학잡지『기독교사회윤리』편집위원 2004~2019년 기독교윤리실천운동 이사 2006~2009년 장로회신학대 기획처장 2007~2012년 전인건강학회 설립 및 공동회장 2007년 명성교회 협동목사(현) 2008년 기독교 학술잡지『기독교사상』편집위원(현) 2008~2011년 기독교윤리실천운동 기독교윤리연구소장 2009~2012년 장로회신학대 교수 2010~2016년 광주기독교병원 이사·광주간호대 이사 2010년 장로회신학대 남북한평화신학연구소장 2011~2012년 同신학대학원장 및 인사위원장 2012~2016년 호남신학대 총장 2012년 모스크바장로회신학대 객원교수(현) 2014년 (재)아가페(소망교도소) 이사(현) 2015년 한국기독교학회 회장(현) 2015년 同학술지『한국기독교신학논총』편집위원장(현) 2016~2017년 명성교회 설교목사 2016년 전국신학대학협의회(KAATS) 회장 2016년 대학총장협의회 신학분과 부회장 2016년 대한예수교장로회 총회한국교회연구원장(현) 2016년 한국기독교학술원(Academia Christina of Korea) 정회원(현) 2017년 Royal Asiatic Society of Great Britain and Ireland Fellow(현) 2017년 대한예수교장로회 제100회 총회 주제연구위원장 2017년 종교개혁500주년기념 공동학술대회 공동준비위원장 2017년 백석대 신학대학원 교수 2017년 숭실사이버대 이사장(현) 2018년 미국 Gordon-Conwell Theological Seminary 객원교수(현) 2018년 세계인명사전 'Marquis Who's Who in the World' 등재 (상)장로회신학대 총회장상(1981), 황조근정훈장(2017), 칼빈탄생500주년기념사업회 '올해의 신학자상'(2018) (저)'영성과 윤리'(1991) '경건과 윤리'(1994) '예배와 인간행동'(1996) '기독교와 미래사회'(2000) '성경나무 기르기'(2002) '기독교 생명윤리 개론'(2004) '녹색영성'(2004) '기독교 사회윤리 방법론에 대한 해석학적 접근'(2006) '기독교와 생태학'(2006) '마가복음에 피어오른 구원 무지개'(2007) '미래교회와 미래신학'(2009) '하나님의 세븐

게이트'(2013) '복이 될지라'(2014) '영원한 생명'(2014) '마을목회 매뉴얼'(2017) '개혁교회 전통의 교회법과 대한예수교장로회(통합)의 교회법에 대한 비교연구'(2017) 등 (역)'조나단 에드워드의 철학적 신학' '기독교사회봉사 입문' '21세기 과학과 신앙' 등 (종)기독교

**노영석(魯英錫) RO Young Suck**

(생)1956·6·24 (본)강화(江華) (출)서울 (주)서울특별시 성동구 왕십리로 222 한양대학교병원 피부과(02-2290-8439) (학)1975년 경기고졸 1981년 한양대 의대졸 1984년 同대학원 의학석사 1987년 의학박사(한양대) (경)1985~1989년 경북포항선린병원 피부과장 1986~1988년 선린여자전문대학 외래교수 1989~2000년 한양대 의대 피부과학교실 전임강사·조교수·부교수 1991~1992년 영국 뉴캐슬대 의대 피부과 Research Fellow 2000년 한양대 의대 피부과학교실 교수(현) 2001년 한양대병원 피부과장 2003~2005년 대한피부과학회 간행이사 2003년 대한접촉피부염 및 피부알레르기학회 총무이사 2004년 대한여드름연구회 재무이사 2005~2007년 대한피부과학회 홍보이사 2008~2011년 World Congress of Dermatology 홍보이사 2009~2011년 대한피부과학회 이사 2009~2011년 同재정위원회 간사 2010~2012년 대한화장품의학회 총무이사 2010~2012년 대한여드름학회 감사, 대한아토피피부염학회 감사, 대한건선학회 감사, Update in Dermatology 편집위원(현), Dermatology Today 편집위원장(현), 미국 피부과학회(AAD) 정회원(현), 유럽 피부성병학회(EADV) 정회원(현) 2011~2013년 접촉피부염 및 피부알레르기학회 회장 2011~2016년 한양대병원 피부과장 2011~2017년 의료중재원 자문위원 2013~2014년 대한화장품의학회 회장 2013~2016년 한양대 의학전문대학원장 겸 의대학장 2015~2016년 同보건대학원장 2016년 同의생명공학전문대학원장 (상)영국 펠로우쉽학회상(1991), 한국태평양연구상(1991), 한미접촉피부염연구상(2005) (저)'생활속의 의학'(2004) '피부질환 이제 예방 가능합니다'(2005) '피부과학 용어집'(2005) '대한민국 최고 피부과 전문의가 말하는 아토피피부염의 모든 것'(2006) '피부과학(5판)'(2008) 'Contact dermatitis'(2011, INTECH)

**노영수(盧榮洙)**

(생)1946·5·2 (주)충청북도 청주시 흥덕구 월명로 201번길 31 (주)동화(043-273-0931) (학)1973년 동아대 축산학과졸 (경)1972~1989년 (주)농심 근무 1990년 동화식품 설립·대표 1992년 (주)동화 대표이사(현) 1998년 (주)신동화축산 설립·대표이사 1999년 (주)시즈너 설립 2003년 청주상공회의소 상공의원(제18대) 2006년 청주지법 민사·가사조정위원 2006년 청주상공회의소 상임의원(19대) 2009~2012년 同부회장(20·21대) 2013~2018년 同회장 2013년 충북지역치안협의회 위원(현) 2013년 사회적기업활성화 '충북네트워크' 상임대표(현) 2013년 아이낳기좋은세상 충북운동본부 공동의장(현) 2013~2018년 충북상공회의소협의회 회장 2013년 충북도체육회 부회장(현) 2013년 대한상사중재원 중재인(현) 2013년 기업사랑농촌사랑운동본부 부회장(현) 2013년 대한상공회의소 부회장(현) 2015년 충북창조경제협의회 공동의장(현) (상)백만불 수출탑(1999), 청주지검장표창(2002), 법무부장관표창(2004)

**노영수(盧永洙) RHO Young Soo**

(생)1955·2·25 (본)교하(交河) (출)부산 (주)인천광역시 부평구 경원대로 1242 우암빌딩 다인이비인후과전문병원(032-515-2325) (학)1979년 연세대 의대졸 1985년 同대학원졸 1995년 의학박사(한림대) (경)한림대 의대 이비인후두경부외과학교실 교수 1992년 미국 Vanderbilt 대학병원 연수 1996년 대한두경부연구회 학술부장 1996~2002년 대한두경부외과학회 상임위원 1996년 홍콩대 Queen Mary 병원 연수 1997년 대한두경부외과학회 교과서편찬위원 1997~2001년 대한음성언어학회 의원·감사 1998년 대한두경부외과학회 총무 1999년 대한이비인후과학회 의료사안검토위원 2000년 同보험위원 2000년 강동성심병원 이비인후과장 2000~2005년 대한이비인후과학회 보험이사 2001년 대한두경부종양학회 학술이사 2001년 대한이비인후과학회 전문의자격시험 문항개발위원 2001~2003년 대한기관식도학회 부회장 2001년 강동성심병원 수련교육부장 2002~2004년 강동성심병원 진료부원장 2003년 대한두경부외과학회 부회장 2005~2006년 同회장 2009년 건강보험심사평가원 이비인후과 상근심사위원(현) 2010~2011년 대한갑상선학회 부회장 2012년 대한이비인후과학회 학술대회장 2015~2017년 강동성심병원 일송두경부·갑상선암병원장 2015~2017년 대한갑상선학회 회장 2018년 다인이비인후과 전문병원장(현) (상)한림대 일송기념사업회 일송상(2009) (저)'이비인후과학'(2002) '두경부외과학'(2005) '두개저외과학' '구강암진료지침'

**노영욱(盧榮旭) LHO Young Uhg**

(생)1962·11·25 (본)광주(光州) (출)경남 창녕 (주)부산광역시 사상구 백양대로700번길 140 신라대학교 컴퓨터교육과(051-999-5570) (학)1981년 브니엘고졸 1985년 부산대 계산통계학과졸 1989년 同대학원 전자계산학과졸 1998년 이학박사(부산대) (경)1989~1996년 한국전자통신연구원 연구원 1996년 부산여대 전임강사 1997년 신라대 컴퓨터교육과 교수(현) 1999~2001년 한국정보처리학회 학회지 편집부위원장 2001~2005년 한국컴퓨터교육학회 논문지 편집부위원장 2002~2017년 同편집위원 2003년 同이사 2004~2005년 미국 플로리다 애틀랜틱대 방문교수 2006~2008년 한국해양정보통신학회 분과위원장 2009~2011·2013년 신라대 교무처장 2014년 同학부교육선진화사업단장 2015~2017년 同교무처장 2015~2017년 同교학부총장 2018년 同기획부총장(현) (저)'멀티미디어시스템(共)'(1999) '리눅스배움터(共)'(2001)

**노영주(盧暎周·女)**

(생)1968·5 (주)서울특별시 송파구 올림픽로35길 125 삼성SDS IT혁신사업부 IT혁신컨설팅팀(02-6155-3114) (학)연세대졸, 同대학원 전자계산학과졸 (경)2003년 삼성SDS 입사 2010년 同하이테크BA그룹장 2011년 同하이테크컨설팅팀장 2012년 同하이테크컨설팅팀장(상무) 2015년 同ICTO사업부 전자·제조컨설팅팀장(상무) 2017년 同IT혁신사업부 IT혁신컨설팅팀장(전무)(현)

**노영주(盧永周) ROH YOUNG JU**

(생)1969·8·1 (주)서울특별시 종로구 종로1길 50 더케이트윈타워 B동 SKC(주) DBL추진실(02-3787-1234) (학)1988년 서울 경문고졸 1995년 경희대 경영학과졸 2008년 미국 미시간주립대 대학원 석사(Master of Science in Finance) (경)1995년 SKC(주) 입사 2012년 同회계팀장 2016년 同구매팀장 2017년 同구매실장(상무) 2018년 同Value혁신지원실장(상무) 2019년 同DBL추진실장(현)

**노영찬(盧永璨) LO Young Chan**

(생)1931·11·8 (출)서울 (주)경기도 성남시 분당구 판교역로 231 플랜코리아(02-790-5436) (학)1949년 배재고졸 1957년 서울대 문리대학 불어불문학과졸 (경)1968년 외무부 의전실 의전과장 1969년 駐콩고 1등서기관 1971년 駐멕시코 참사관 1974년 駐프랑스 참사관 1976~1978년 외무부 아중동국장 1978년 駐세네갈 대사 1981년 駐샌프란시스코 총영사 1982년 외무부 의전장직대 1983년 同의전장 1983년 외교안보연구원 부원장 1985년 駐포르투갈 대사 1988년 외교안보연구원 연구위원 1990~1993년 駐프랑스 대사 1995년 한국국제교류재단 상임고문 1996~2001년 한·아프리카문화협회 회장 2004년 유엔 경제사회이사회협의기구 플랜코리아 회장(현)

**노영하(盧永夏) No Yungha (偶寸)**

(생)1951·3·15 (출)충북 청주 (주)서울특별시 성동구 마장로 210 한국기원 홍보팀(02-3407-3850) (학)1970년 대동상고졸 (경)1967년 프로바둑 입단 1969년 2단 승단 1970년 3단 승단 1971년 제6기 왕위전 준우승·패왕전 본선 1971년 4단 승단 1971년 왕위전 준우승 1972년 국수전 준우승 1972년 왕위전 본선 1973년 5단 승단 1975년 6단 승단 1976년 국기전 본선 1977년 7단 승단 1980년 바둑왕전 준우승 1981년 기왕전 본선 1983년 대왕전 본선 1983~2013년 KBS 바둑해설위원 1984년 박카스배·대왕전 본선 1985년 대왕전·제왕전 본선 1994년 연승바둑최강전 본선 1995년 연승바둑최강전 본선 1996년 8단 승단 1999년 제4회 LG정유배 본선 1999년 9단 승단(현) 2005년 제5기 잭필드배 프로시니어기전 본선 2007년 제4회 전자랜드배 왕중왕전 본선 32강전 2008년 제5회 전자랜드배 왕중왕전 본선 2009년 한국경제신문 바둑란 집필 2014년 시니어바둑클래식 시니어왕위전 준우승 2016년 부천시 시니어바둑팀 '부천판타지아' 소속 2017년 제11회 지지옥션배 본선 (저)'바둑, 이래야 늘어' '바둑입문' '포석의 기초' '정석의 기초' '노영하 바둑강좌' (역)'아빠와 아들의 바둑교실' (작)'盧永夏 바둑강좌'(비디오62편) '노영하 바둑닷컴'(CD) (종)불교

**노영현(盧英鉉) RO Young Hyun (正軒)**

(생)1941·3·19 (본)광산(光山) (출)경기 파주 (주)서울특별시 중구 무교로 32 효령빌딩 13층 (사)한국물가정보 회장실(02-774-7200) (학)서울 용문고졸 1967년 서울시립대 잠사학과졸 1983년 고려대 경영대학원졸 (경)1978년 한국산업경영기술연구소 이사장 1981년 (주)종합물가정보 대표이사 사장 1987년 (주)한국물가조사회 사장 1988~1991년 한국물가정보회 회장 1989년 한국잡지협회 이사 1991년 (사)한국물가정보 회장(현) 1993년 한국잡지금고 운영위원장 1993년 한국광고단체연합회 이사 1993년 한국광고자율심의기구 이사 1993년 한국간행물윤리위원회 위원 1994년 한국총회신학교 명예교수 1994년 (사)한국유통학회 자문위원 1999년 민주평통 자문위원 2000년 (사)남북문화교류협회중앙회 자문위원 2007~2009년 한국잡지협회 회장 2012년 한국정기간행물협동조합 이사장 (상)문화공보부장관표창, 국무총리표창, 대통령표창, 2000년을 향한 신경제인상, 은관문화훈장, 한국잡지언론상, 문교부장관표창, 아시아유럽미래학회 국제협력부문 글로벌 CEO대상(2010) (저)'기업회계 기준'(1982) '활성경영의 지혜'(1985) '2000년을 향한 신경제인상'(1988) '종합물가 총람'(2000) (종)불교

**노영훈(盧永薰) ROH Young Hun**

(생)1961·11·25 (주)서울특별시 마포구 마포대로 217 (주)나이스디앤비(02-2122-2500) (학)고려대졸, 同대학원 경영학과졸 (경)1884~1987년 산동회계법인 근무 1988년 한국신용평가정보(주) 상무, 同자산관리사업부장, 同CB사업본부장(상무이사) 2005년 한국신용평가(주) 비상근이사 2010년 한국전자금융(주) 상무이사 2010년 同전무 2013년 KIS정보통신(주) 전무 2013~2015년 同대표이사 사장 2016년 (주)나이스디앤비 대표이사(현)

**노오현(盧五鉉) ROH Oh Hyun**

(생)1939·11·29 (본)광주(光州) (출)경북 예천 (주)서울특별시 서초구 반포대로37길 59 대한민국학술원(02-594-0324) (학)1963년 서울대 항공학과졸 1968년 미국 터프츠대 대학원 기계공학과졸 1973년 항공우주공학박사(미국 뉴욕대) (경)1970~1972년 미국 뉴욕대 항공우주연구소 연구원 1973년 국방과학연구소 책임연구원 1974~2005년 서울대 공대 기계항공공학부 교수 1976~2002년 미국 항공우주학회 회원 1979년 미국 일리노이대 객원교수 1980년 미국 매릴랜드대 객원교수 1992년 한국항공우주학회 회장 1993년 항공우주산업개발 정책심의위원 1994년 한국과학기술한림원 정회원·원로회원(현) 1996년 한국공학한림원 정회원·명예회원·원로회원(현) 1999~2001년 항공우주신기술연구소 소장 2001년 대한민국학술원 회원(항공공학·현) 2001년 국가과학기술위원회 우주개발전문위원 2002년 미국 항공우주학회 종신회원(현) 2005년 서울대 명예교수(현) (상)대통령표창(1989), 서울대 20년 근속공로표창(1994), 한국항공우주학회 학술상(1997), 근정포장(2005) (저)'최신압축성 유체역학'(1982·1988) '점성유체역학기초'(1992) '항공사고 사례모음집'(1997) '압축성 유체유동'(2004, 박영사) (역)'自然과 技術에 있어서의 渦流動(共)'(1988) (종)기독교

**노옥희(盧玉姬·女) NO Ok Hee**

(생)1958·5·15 (출)경남 김해 (주)울산광역시 중구 북부순환도로 375 울산광역시교육청 교육감실(052-210-5300) (학)1972년 부산 데레사여고졸 1979년 부산대 수학과졸 (경)1979~1986년 현대공고 교사 1986년 교육민주화선언관련 해직 1986~1989년 울산사회선교실천협의회 노동문제상담소 간사 1989~1996년 전국교직원노동조합 경남지부 울산지회 근무 1997~2000년 同울산지부장 1997년 고교평준화실현시민연대회의 공동의장 1997년 교육감교육위원부정선거진상규명시민대책위원회 공동대표 1997년 국민승리21 울산본부 노동위원장 1999년 명덕여중 복직 2000~2002년 민주노총 울산지역본부 수석부본부장 2001년 명덕여중 교원위원 2001년 전국교직원노동조합 울산지부 지도자문위원 2002년 명덕초교 학부모위원 2002년 전국교직원노동조합 전국대의원 2002~2006년 울산시 제3기 교육위원 2002~2008년 학교급식울산연대 공동집행위원장 2005년 울산장애인교육권연대 자문위원 2005년 울산시 동구학교운영위원협의회 지도위원 2006년 울산인권운동연대 이사 2006년 울산시장선거 출마(민주노동당) 2006~2008년 민주노동당 울산시당 민생특별위원장 2007년 노동자대투쟁20주년기념사업추진위원회 공동집행위원장 2007년 울산교육연구소 자문위원 2008년 참교육학부모회 울산지부 자문위원 2008~2009년 진보신당 울산추진위원회 대표 2008년 제18대 국회의원선거 출마(울산東, 진보신당) 2009~2010년 진보신당 울산시당 위원장 2009년 삶을나누는공간 '더불어숲' 대표 2010년 울산시장선거 출마(진보신당), 친환경무상급식울산연대 상임공동대표 2018년 울산광역시 교육감(현) (상)전태일노동상(1997), 우수교육위원상(2002)

**노용갑(盧容甲) RHO YOUNG KAP**

(생)1958·8·21 (주)서울특별시 서초구 남부순환로 2477 JW메디칼 사장실(02-2109-7700) (학)한양대 상경대학 무역학과졸 (경)1985년 (주)대웅제약 입사 1996년 한국MSD(주) 입사 1998년 同사업지원본부장 겸 Unit 1 Manager 2000년 同TBG II 영업·마케팅 이사 2003년 (주)대웅제약 영업·마케팅 상무 2005년 한미약품(주) 마케팅전략팀 상무 2006년 한미메디케어(주) 영업·마케팅 상무 2006년 同대표이사 상무 2007년 同대표이사 전무 2009~2012년 同대표이사 사장 2011~2012년 한미약품(주) 영업·마케팅담당 사장 2012~2016년 JW중외메디칼 대표이사 사장 2016년 JW메디칼 대표이사 사장(현)

**노용석(盧勇錫) Roh Yong-seok**

(생)1971·12·22 (주)대전광역시 서구 청사로 189 중소벤처기업부 해외시장정책관실(042-481-6800) (학)1990년 대구 경북고졸 1998년 성균관대 경영학과졸 2005년 프랑스 에쎅대 그랑제꼴대학원 경영학과졸 (경)2005~2007년 산업자원부 무역투자진흥관실 수출입팀 서기관 2007~2009년 지식경제부 자동차조선과 서기관 2009~2012년 駐프랑스 1등서기관 2012~2013년 중소기업청 성장촉진과장 2013~2014년 同재도전성장과장 2014~2017년 同해외시장총괄담당관 2017~2019년 대통령비서실 중소벤처비서관실 선임행정관 2019년 중소벤처기업부 해외시장정책관(현)

## 노용훈(魯容勳) Noh Yong-hoon

(생)1964·3·16 (주)서울특별시 중구 세종대로9길 20 신한은행 글로벌사업본부 임원실(02-2151-3700) (학)1983년 휘문고졸 1987년 연세대 경영학과졸 (경)2008~2012년 신한카자흐스탄은행 조사역(부서장대우) 2012~2013년 신한은행 글로벌전략팀장 2013~2016년 신한금융지주 글로벌전략팀장 2017년 同글로벌전략팀담당 본부장 겸 글로벌전략팀장 2017년 신한은행 글로벌영업추진본부장 2017년 同글로벌사업본부장(현)

## 노우진(盧佑珍) NOH, Woojin

(생)1965·12·8 (본)장연(長淵) (출)경남 밀양 (주)서울특별시 영등포구 의사당대로 1 국회기록보존소(02-788-4144) (학)1984년 부산남고졸 1988년 연세대 문헌정보학과졸 2000년 서울대 행정대학원 수료 2008년 통일부 통일미래지도자과정 수료(3기) 2011년 정보학박사(미국 플로리다주립대) (경)공군 학사장교(88기) 1995년 포스코경영연구소 연구원 1996년 국회도서관 법령자료담당 2007년 同홍보협력과장 2009년 同기획담당관 2010년 同총무담당관(부이사관) 2011년 북한대학원대 파견 2012년 국회도서관 기획관리관실 기획담당관 2013년 同의회정보심의관 2014년 同기획관리관 2015년 同기획관리관(이사관) 2017년 영국 셰필드대 교육파견 2019년 국회도서관 국회기록보존소장(현) 2019년 한국도서관협회 부회장(현) (종)불교

## 노우철(盧禹徹) Woo Chul Noh

(생)1962 (출)서울 (주)서울특별시 노원구 노원로 75 원자력병원 외과(02-970-2007) (학)1987년 서울대 의대졸 1996년 同대학원 의학석사 1998년 의학박사(서울대) (경)1987~1992년 서울대병원 수련의·외과 전공의 1992~1995년 육군 軍의관 1995~1996년 이화여대병원 외과 전임의 1996년 원자력병원 외과 과장(현), 同유방암센터장(현) 2001년 아시아유방암학회(ABCS) 사무차장 2002~2003년 미국 MD Anderson Cancer Center Department of Surgical Oncology 연수 2009년 대한외과학회 홍보위원 2009년 제2차 세계유방암학회(GBCC) 사무총장 2009년 한국유방암학회 등록사업위원장 2010~2013년 원자력병원 교육수련부장 2013~2016년 同진료부장 2016~2018년 同병원장 2017년 세계유방암학술대회 조직위원장(현) 2017년 한국유방암학회 이사장(현)

## 노운하(盧運夏) Roh Unha

(생)1960·4·7 (본)경주(慶州) (출)경북 상주 (주)서울특별시 서초구 서초대로 254 오퓨런스빌딩 17층 파나소닉코리아(주) 임원실(02-533-8452) (학)1987년 성균관대 대학원 무역학 석사과정 수료 (경)1999년 아남전자(주) 근무 2000년 미래통신(주) 근무 2000년 파나소닉코리아(주) 입사 2004년 同이사 2010년 同대표이사 사장(현) 2012년 서울상공회의소 상공의원(현) 2012년 (사)한국방송기술산업협회 부회장(현) 2015년 (사)한국미디어영상교육진흥원 이사장(현) (상)'대한민국을 빛낸 21세기 한국인상' 경제·경영부문(2014), 연합매일신문 대한민국인물대상 전자산업부문(2014), 월간뉴스메이커 '한국을 이끄는 혁신리더'(2014·2015), MK매경닷컴 '한국경제를 빛낸 인물'(2014), 동아일보 한국의 최고경영인상 사회공헌경영부문(2014·2015), 한국경제신문 올해의 CEO 대상 사회공헌경영부문(2014), 월간조선 '한국의 미래를 빛낼 CEO' 지속가능경영부문(2015), TV조선 경영대상 사회공헌부문(2015), 월간중앙 '2016 대한민국CEO리더십대상 지속가능경영부문'(2015) TV조선 '2016 한국의 영향력 있는 CEO'(2016), 월간조선 '2016 한국의 미래를 빛낼 CEO'(2016) 중앙일보 '한국을 빛낸 창조경영·지속가능경영부문'(2016), 한국언론인협회·서비스마케팅학회 공동주최 '2016 올해의 공감경영 CEO대상 공감경영 나눔실천CEO'(2016), 산업포장(2017)

## 노웅래(盧雄來) NOH Woong Rae

(생)1957·8·3 (본)교하(交河) (출)서울 (주)서울특별시 영등포구 의사당대로 1 국회 의원회관 901호(02-788-2203) (학)1976년 서울 대성고졸 1983년 중앙대 철학과졸 2005년 동국대 언론정보대학원졸 (경)1983~1985년 매일경제신문 기자 1985~2003년 MBC 보도국 사회부·경제부·시사매거진 2580·대통령선거방송기획단 기자 1996년 미국 Univ. of Missouri Columbia 신문방송대학원 객원연구원 2001~2003년 전국언론노동조합 부위원장 2003년 마포비전네트워크 소장 2003년 열린우리당 부대변인 2004년 同서울마포甲지역위원회 위원장 2004~2008년 제17대 국회의원(서울 마포구甲, 열린우리당·대통합민주신당·통합민주당) 2004년 열린우리당 홍보특보 2006~2007년 同공보담당 원내부대표 2007년 同제17대 정동영 대통령후보 대변인 2008~2011년 민주당 서울마포甲지역위원회 위원장 2008~2009년 중국 북경대 국제정치대학원 연구학자 2009년 중국 우한대 국제정치학과 객좌교수 2009년 (사)한국혈액암협회 이사(현) 2009~2015년 동국대 언론정보대학원 겸임교수 2011년 민주당 정책위원회 부의장 2011년 민주통합당 서울마포甲지역위원회 위원장 2012년 제19대 국회의원(서울 마포구甲, 민주통합당·민주당·새정치민주연합·더불어민주당) 2012~2013년 민주통합당 서울시당 위원장 2012년 국회 문화체육관광방송통신위원회 위원 2012~2014년 한국신문윤리위원회 윤리위원 2013년 국회 미래창조과학방송통신위원회 위원 2013년 민주당 대표 비서실장 2013년 국회 방송공정성특별위원회 위원 2013년 민주당 당무위원 2014년 同사무총장 2014년 민주당·새정치연합 신당추진단 총무조직분과 공동위원장 2014년 새정치민주연합 사무총장 2014년 同6·4지방선거 공직선거후보자추천관리위원장 2014년 국회 안전행정위원회 위원 2014~2015년 국회 예산결산특별위원회 위원 2014~2015년 국회 남북관계및교류협력발전특별위원회 야당 간사 2014년 새정치민주연합 새로운대한민국위원회 안전사회추진단장 2014~2015년 국회 국민안전혁신특별위원회 야당 간사 2014~2016년 在韓미주리대총동문회 회장 2015년 더불어민주당 새로운대한민국위원회 안전사회추진단장 2016년 제20대 국회의원(서울 마포구甲, 더불어민주당)(현) 2016년 더불어민주당 오직민생특별위원회 사교육대책TF팀 단장 2016~2018년 국회 교육문화체육관광위원회 위원 2016년 한국아동인구환경의원연맹(CPE) 회원(현) 2016년 더불어민주당 서울마포구甲지역위원회 위원장(현) 2017년 同제19대 문재인 대통령후보 중앙선거대책본부 유세본부장 2017년 한·일의원연맹 운영위원장(현) 2017년 국회의원태권도연맹 부총재(현) 2018년 민족화해협력범국민협의회 공동의장(현) 2018년 국회 과학기술정보방송통신위원회 위원장(현) (상)국회NGO모니터단 선정 국정감사 베스트 의원상(2004), 문화일보·내일신문·주간한국 선정 국정감사 베스트 의원상(2004), 시민일보 의정대상(2005), (주)이십일세기뉴스 민주신문사 21C 한국인상(2007), 시민일보 의정·행정대상(2015), 대한민국의정대상(2016), 在韓미주리대총동문회 자랑스러운 동문상(2016), 제12회 대한민국 국정감사 우수 국회의원 대상(2016), 대한민국 인물 대상 국회 국정감사 우수 국회의원(2016), 더불어민주당 국정감사 우수의원상(2016), 유권자시민행동 510 유권자 대상(2017), 연합매일신문 대한민국 국회의원 의정 대상(2017), 대한민국모범국회의원대상 시상식 특별대상(2017), 법률소비자연맹 헌정대상(2018), 시사연합신문 교육문화발전의정대상(2018), 대한민국사회발전대상 정치부문 대상(2018), 청년과미래 청년친화 입법부문 대상(2018), M이코노미뉴스 우수 국회의원상(2018), 대한민국브랜드대상 의정부분 대상(2018), 시큐리티어워드코리아 산업발전 공로상(2018), 더불어민주당 국정감사 우수의원상(2018), 일간투데이 대한민국 국회의원 의정대상(2019), 도전한국인상 도전한국인 국가대표 33인(2019), 제6회 중앙의협언론인상 특별상(2019), 한국정치커뮤니케이션학회 제8회국회를빛낸바른으뜸언어상(2019), 2018 입법 및 정책개발 우수국회의원(2019) (저)'MBC뉴스 노웅래입니다'(2003, 생각하는 백성) '내 운명을 바꾼 한마디'(2007, 김&정) '내 인생을 바꾼 한마디'(2007, 김&정) '블루차이나'(2009, 김&정) '21세기 중국을 이끄는 리더십'(2009) '노웅래 길에서 묻다'(2011) '희망더하기 12000인'(2013) (종)천주교

**노유경(盧柔慶 · 女)**
(생)1976 · 8 · 24 (출)서울 (주)전라북도 군산시 법원로 68 전주지방법원 군산지원 총무과(063-450-5000) (학)1995년 서초고졸 2001년 고려대 법학과졸 (경)2000년 사법시험 합격(42회) 2003년 사법연수원 수료(32기) 2003년 서울지법 서부지원 예비판사 2004년 서울고법 예비판사 2005년 서울중앙지법 판사 2007년 창원지법 판사 2010년 수원지법 안산지원 판사 2012년 서울동부지법 판사, 서울행정법원 판사 2015년 사법연수원 교수 2017년 서울서부지법 판사, 외교부 파견 2018~2019년 광주지법 부장판사 2019년 전주지법 군산지원 부장판사(현)

**노윤선(女) Row Elizabeth Kim**

(생)1963 · 11 · 12 (주)경기도 성남시 분당구 대왕판교로644번길 49 한컴타워 9층 (주)한컴위드(031-622-6300) (학)1990년 서울대 조선해양공학과졸 (경)2005년 마이크로소프트 OEM Division Manager 2012년 한컴MDS 상무 2016년 同글로벌사업 총괄 2018년 (주)한컴시큐어 대표이사 2019년 (주)한컴위드 대표이사(현)

**노윤식(盧允植) Noh, Youn Sik**

(생)1963 · 12 · 10 (본)교하(交河) (출)충남 서천 (주)서울특별시 금천구 탑골로2길 56 주님앞에제일교회(02-896-2031) (학)1982년 관악고졸 1986년 한국외국어대 독일어과졸 1991년 서울신학대 대학원 신학과졸 1994년 미국 Asbury Theological Seminary 선교신학과졸 1998년 선교학박사(미국 Asbury Theological Seminary) (경)1997~2012년 제일성결교회 교회성장연구소장 1998~2012년 성결대 신학부 전임강사 · 조교수 · 교수 1999~2001년 同선교체육교육과장 2002년 同학생지원처장 2003년 同성결신학연구소장 2006 · 2009년 同영자신문사 주간 2010년 同성결신학대학원장 겸 신학전문대학원장 2011년 同총장직대 2012년 제일성결교회 당회장 2013년 (사)나눔과기쁨 서울금천구 상임대표(현) 2014~2016년 오엠국제선교훈련원 이사 2014년 월드비전 서울금천구 대표회장(현) 2014~2015년 한국복음주의선교신학회 감사 · 부회장 · 회장 2014~2015년 한국교회연합 선교위원장 2014~2016년 예수교대한성결교회 다문화선교위원장 2015~2016년 예성총회 다문화선교위원장 2016년 주님앞에제일교회 당회장(현) (상)UN NGO 봉사대상, 미국 로스앤젤레스교회협의회 한흑갈등해소를 위한 한미친선교류상, 미국 로스앤젤레스시 한미교류우정상 (저)'새천년 성결선교신학' '종교현상학 이론과 실제' '새천년 성결 선교신학' '성경에 선교가 있는가: 선교신학담론' '선교학사전'(共) '선교학 개론' '종교다원주의 사회속의 기독교 선교' '선교신학의 21세기동향'(共) '복음주의와 에큐메니즘의 대화'(共) '선교와 교회성장'(共) '새천년과 한국성결교회' '한국성결교회와 사중복음'(共) 등 다수 (종)기독교

**노익상(盧翊相) ROH Ick Sang**
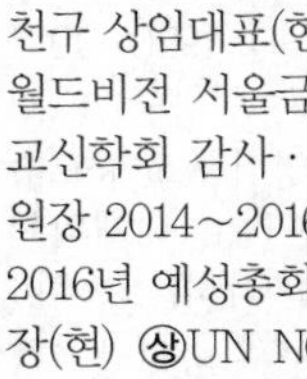
(생)1947 · 8 · 14 (출)서울 (주)서울특별시 강남구 봉은사로 179 H타워 (주)한국리서치 임원실(02-3014-1000) (학)1967년 경기고졸 1971년 고려대 사회학과졸 1973년 同대학원 사회학과졸 2002년 사회학박사(고려대) (경)1973년 한국행동과학연구소 연구원 1975년 ASI Market Research Corp 수석연구원 1978~2015년 (주)한국리서치 설립 · 대표이사 사장 1998~2008년 한양대 언론정보대 겸임교수, The World Association of Opinion and Market Research Professionals 한국대표, 유럽조사협회(ESOMAR) 한국대표, 한국마케팅여론조사협회 상임이사, 대한산악연맹 부회장 2011~2017년 한국장애인부모회 회장 2016년 (주)한국리서치 회장(현) (상)대한체육회체육상 공로상(2011) (저)'시장조사란 무엇인가' '위기의 마케팅' '손님이 짜다면 짜'

**노인섭(盧仁燮) NOH In Sup**

(생)1961 · 10 · 1 (본)광산(光山) (출)전남 화순 (주)서울특별시 노원구 공릉로 232 서울과학기술대학교 화공생명공학과(02-970-6601) (학)1989년 건국대 섬유공학과졸 1995년 미국 텍사스대 오스틴교 대학원 화학공학과졸 1997년 공학박사(미국 텍사스대 오스틴교) (경)1995~1997년 미국 캘리포니아공과대 Special Graduate Student 1997~1999년 미국 하버드대 · 매사추세츠공과대 Postdoctoral Researcher 1999년 한국생체재료학회 편집위원 1999년 서울산업대 화학공학과 전임강사 · 조교수 2002년 한국키틴키토산학회 부편집위원장 2002년 식품의약품안전청 세포치료제전문가협의체 위원 2003년 同조직공학제품전문위원 2003년 과학기술부 신기술인정제도 · IR52장영실상 심사위원, 同특허경비지원사업 평가위원 2003년 경기신용보증재단 기술평가위원 2004년 산업통상자원부 전략물자관리원 자문위원(현) 2005년 서울산업대 화학공학과 부교수 2005년 한국공학교육인증원 평가위원 2010년 서울과학기술대 화공생명공학과 교수(현) 2011~2017년 국가지식재산위원회 활용전문위원회 위원 2011~2015년 화재감식학회 재무이사 2011년 중앙소방기술심의위원회 위원(현) 2013~2018년 Biomaterials Research 편집위원장 2013년 한국생체재료학회 부회장(현) 2013년 한국조직공학재생의학회 감사 2014~2015년 국제표준화기구(ISO) TC150 위원 2015년 BMC(BioMed Central) Editor's advisor(현) 2015년 The open biomedical engineering journal 아시아편집위원장(현) 2016년 한국조직공학재생의학회 부회장(현) 2016~2017년 한국고분자학회 의료용고분자부문위원회 위원장 2017년 식품의약품안전처 의료기기위원회 위원(현) 2018년 Biomimetic Medical Materials(From Nanotechnology to 3D Bioprinting) Editor 2019년 식품의약품안전처 의료기기소통위원회 위원(현) 2019년 Biomaterials Research 부편집위원장(현) 2019년 국가지식재산위원회 창출전문위원회 위원(현) 2019년 한국생체재료학회 수석부회장(현) (상)서울산업기술대전 우수상(2002), 한국키틴키토산학회 우수논문상(2005), 한국조직공학과재생의학회 우수논문상(2006), 한국생체재료학회 덴티움 학술상(2014) (저)'조직공학과 재생의학'(2002, 군자출판사) '생체재료학(chapter)'(2009, 군자출판사) '조직공학재생의학실험(하이드로젤)'(2012, 군자출판사) '조직공학재생의학 2판'(2012, 군자출판사) 'Handbook of intelligent scaffold for tissue engineering, Chapter 9 Hyaluronan-based hydrogel'(Pan Stanford Publishing) 'Biomimetic Medical Materials (From Nanotechnology to 3D Bioprinting) Editor'(2018, Springer) (역)'브라운 유기화학'(2006, 자유아카데미) '브라운 유기화학(chapter)'(2009, 군자출판사) '고분자공학개론(共)'(2015, 자유아카데미) (종)불교

**노인호(盧仁浩) NO In Ho**

(생)1962 · 4 · 2 (주)서울특별시 영등포구 여의대로 128 (주)LG화학(02-3773-1114) (학)연세대 정치외교학과졸, 미국 브리검영대 대학원 조직행동학과졸 (경)1988년 LG화학(舊 럭키) 입사 2005년 (주)LG 인사팀 부장 2007년 LG데이콤 경영지원담당 상무 2010년 LG유플러스 인재경영실 노경담당 상무 2012년 LG CNS CHO(Chief Human-resource Officer · 상무) 2015년 同CHO(Chief Human-resource Officer · 전무) 2015년 (주)LG 인사팀장(전무) 2018년 (주)LG화학 CHO(최고인사책임자 · 전무)(현)

**노인환(盧仁煥) ROH In Hwan**
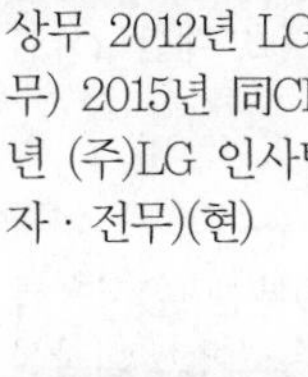
(생)1932 · 5 · 24 (본)풍천(豊川) (출)경남 함양 (학)1951년 부산고졸 1955년 서울대 상과대학 경제학과졸 (경)1961년 駐韓미국경제원조처 계획관 1961년 미국 메릴랜드대 강사 1962년 조달청 서기관 1963~1971년 경제기획원 기획담당관 · 총무 · 공공차관과장 1971~1976년 경북개발 전무

이사 겸 구미전자공업 사장 1974년 신한발브 사장 1979년 제10대 국회의원(거창·산청·함양, 공화당) 1981~1987년 전국경제인연합회 상임부회장 1982년 한·미친선회 부회장 1982년 유전공학연구조합 부이사장 1983년 정보산업협회 부회장 1984년 장애자올림픽조직위원회 부위원장 1985년 한국능률협회 부회장 1987년 한국창업투자 사장 1988년 제13대 국회의원(산청·함양, 민정당) 1989년 민정당 노동대책협의회 위원장 1990년 同재정위원장 1990년 민자당 국회의원 1991년 同당무위원 1992년 제14대 국회의원(산청·함양, 민자당·신한국당) 1992년 국회 재무위원장 1995년 민자당 당무위원 1996년 아세아경제연구소 연구원 1998~2000년 자민련 후원회장 1999년 同부총재 1999년 同당무위원 (상)미국 동성훈장 (종)불교

### 노재관(魯在寬) Roh Jae-kwan

(생)1959·7·28 (본)함평(咸平) (출)광주 (주)서울특별시 중구 세종대로9길 20 법무법인 충정(02-750-9013) (학)1977년 숭문고졸 1981년 서울대 법학과졸 1985년 同대학원 법학과졸 (경)1981년 사법시험 합격(23회) 1983년 사법연수원 수료(13기) 1983년 대전지법 판사 1986년 同홍성지원 판사 1989년 수원지법 판사 1993년 서울지법 남부지원 판사 1994년 서울가정법원 판사 1995년 서울고법 판사 1997년 서울지법 판사 1999년 광주지법 부장판사 2000년 수원지법 부장판사 2003~2004년 서울지법 부장판사 2004년 변호사 개업 2006년 법무법인 한승 변호사 2009년 법무법인 충정 대표변호사(현) 2011년 사회안전방송프로그램 심의위원장, 감사원 국민감사청구심사위원회 위원장, 대한변호사협회 조사위원, 생명보험사회공헌재단 이사 2015~2017년 (주)서연이화 사외이사 (상)자랑스러운 숭문인상(2017) (종)천주교

### 노재규(盧宰圭) ROH Jae Kyu

(생)1948·8·28 (출)서울 (주)경기도 성남시 분당구 새마을로177번길 81 국군수도병원 신경과(031-725-5114) (학)경기고졸 1974년 서울대 의과대학졸 1980년 同대학원 의학석사 1985년 의학박사(서울대) (경)1982~2013년 서울대 의과대학 신경과학교실 전임강사·조교수·부교수·교수 1985년 미국 하버드대 연구교수 1989년 대한신경학회 총무이사 1994~2001년 서울대 의과대학 외래진료부장 1998~2002년 同분당병원 건립본부장 1998~2005년 대한뇌졸중학회 회장 2002년 대한신경과학회 이사장 2006~2007년 同회장 2007년 한국줄기세포학회 회장 2013년 국군수도병원 신경과 전문의(현) 2014년 同신경과장(현) (상)한국우수과학논문상(1992), 국무총리표창(2002), 옥조근정훈장(2013) (저)'단발성 신경병증, 임상신경학 중'(1984, 대한신경과학회) '뇌혈관 질환의 진단적 접근'(1986) '죽상혈전성 뇌혈관 질환'(1987) '신경학적 검사, 뇌혈관질환, 퇴행성질환, 종양(내과적측면) 신경학 중'(1988, 서울대 의과대학) '두정엽 증후군 및 차단 증후군, 행동신경학 중'(1989, 대한신경과학회) '허혈성 뇌혈관 질환의 최신치료'(1990, 대한의학협회) '뇌혈관 질환의 임상적 증상 및 진단방법'(1991, WHO주관) '뇌졸중의 치료'(1992, 대한의학협회) '중환자의 신경학적 검사, 중환자 관리학 중'(1996) '신경질환'(1997) '허혈성 뇌졸중의 최신지견'(1998) '뇌졸중-총론 및 분류'(2002, 대한의사협회지) (종)기독교

### 노재근(盧在根) ROH Jae Gyun

(생)1947·9·11 (본)광주(光州) (출)부산 (주)서울특별시 영등포구 선유로52길 17 (주)코아스 회장실(02-2163-6148) (학)1973년 동아대 기계공학과졸 1997년 서울대 대학원 최고경영자과정 수료 2000년 同경영대학원 DMP 수료 2003년 홍익대 국제디자인대학원 디자인혁신전략과정 수료 2006년 서울과학종합대학원 4T CEO 최고경영자과정 수료 2006년 同지배구조과정 수료 2006년 同리스크관리과정 수료 2006년 同M&A CEO과정 수료 2008년 고려대 생명환경과학대학원 생명환경최고위과정 수료 2008년 서울과학종합대학원 기후변화리더십과정 수료 2010년 同4T CEO 녹색성장과정 수료(4T CEO 1기) (경)1973~1983년 LG그룹 근무 1984~2005년 (주)한국OA 설립·대표이사 사장 1998년 산업자원부 기술표준원 산업표준KS심의위원 1999~2004년 민주평통 자문위원 2002~2010년 한국생활환경시험연구원 이사 2003~2009·2017년 한국금속가구공업협동조합연합회 회장(현) 2005~2009년 Hi-Seoul컴퍼니대표자협의회 회장 2005~2011년 (주)코아스웰 대표이사 회장 2008년 국가기술표준원 산업표준심의회 위원 2009년 Hi-Seoul컴퍼니대표자협의회 명예회장 2010~2013년 한국MAS협회 부회장 2011년 (주)코아스 대표이사 회장(현) 2011~2013년 한국기록협회 부회장 2011~2013년 법제처 중소기업분야 국민법제관 2012년 중소기업중앙회 중견기업특별위원회 위원 2012년 同천년장수기업희망포럼 위원 2012~2015년 同가업승계지원특별위원회 위원 2013~2015년 同기업성장촉진위원회 위원 2016~2019년 한국에코인테리어진흥협회 회장 (상)통상산업부장관표창(1997), 중소기업중앙회장표창(1998), 국세청장표창(2000), 석탑산업훈장(2000), 외교통상부장관표창(2002), 국방부장관 감사장(2004), 이달의 무역인상(2004), 중소기업청장표창(2005), 행정자치부장관표창(2005), 금탑산업훈장(2006), 500만불 수출의 탑(2006), 산업통상자원부장관표창(2014), 행복한중기경영대상 중소기업청장표창(2014), 산업혁신운동 2차년도성과보고대회 대한상공회의소 회장표창(2015), 4월의 자랑스러운 중소기업인(2016)

### 노재봉(盧在鳳) RO Jai Bong

(생)1936·2·8 (출)경남 마산 (학)1953년 마산고졸 1957년 서울대 문리대학 정치외교학과졸 1967년 정치학박사(미국 뉴욕대) (경)1966년 미국 암스트롱주립대 조교수 1967~1975년 서울대 문리대학 강사·전임강사·조교수 1975~1981년 同사회과학대학 조교수·부교수 1978년 同국제문제연구소장 1981~1988년 同외교학과 교수 1985년 同국제문제연구소장 1988년 대통령 정치담당 특보 1990년 대통령 비서실장 1990~1991년 국무총리 1992~1995년 제14대 국회의원(전국구, 민자당) 1993년 민자당 당무위원 1994년 同고문 1996~2001년 명지대 교양교수 2002~2005년 서울디지털대 총장 2012년 통영의딸송환대책위원회 명예고문 2018년 대한민국수호 비상국민회의 고문(현) (저)'시민민주주의' '사상과 실천' (역)'한국민족주의' 'Utopia' '구주 외교사'

### 노재식(盧在植) RHO Chae Shik (牧仁)

(생)1930·6·21 (본)광산(光山) (출)서울 (주)서울특별시 서초구 반포대로37길 59 대한민국학술원(02-3400-5256) (학)1949년 개성중졸 1957년 서울대 문리과대학 물리학과졸 1960년 영국 런던대 임페리얼이공대학원 기상학과 수료 1967년 이학박사(서울대) (경)1953~1958년 공군장교 근무 1955~1956년 국방과학연구소 파견연구관 1958~1959년 국립항공대 강사 1960~1973년 원자력연구소 연구관 1967년 원자력청 사무국장 1968년 원자력연구소 보건물리학연구실장 1968년 한국기상학회 회장 1968년 노르웨이 왕립원자력연구소 객원연구원 1973년 원자력연구소 환경관리연구실장 1976~1988년 한국환경문제협의회(現 일사회) 회장·고문 1978~1980년 한국기상학회 회장, 同명예회장(현) 1978~2003년 환경보전협회 부회장 겸 편집위원장 1979년 원자력연구소 환경부장 1980·1981년 미국 세계인명사전 'Marquis Who's Who in the World'에 등재 1981~1983년 방사선방어학회 회장 1981~1983년 한국물리학회 간사장 겸 부회장 1982년 한국에너지연구소 원자력안전센터 敷地환경전문위원 겸 수석전문위원 1985년 同안전기준부장 1989~1992년 한국대기환경학회 회장·고문 1990년 원자력안전기술원 전문위원 1990년 同안전기준부장 1991년 (사)환경과학연구협의회 회장 1991~1993년 환경보전위원회 위원 1992~1999년 한국과학

기술단체총연합회 환경기술특별위원장 1992~1994년 환경기술개발원 초대원장 1993~1995년 국가과학기술자문회의 위원 1995~1999년 국제START 온대 동아시아위원장 1997~2000년 부산대 초빙교수 1997년 대한민국학술원 회원(대기과학·현) 1998~1999년 GLOBAL 500인회 한국인회장 1998~2009년 국제지구권생물권프로그램(IGBP) 한국위원장 1999년 (사)평화의숲 공동대표이사 2000년 기상청 자문위원 2001년 (사)한국내셔널트러스트 고문 2001년 (사)성숙한사회가꾸기모임 고문 2002년 서울그린트러스트 고문 2003~2007년 항공기상대 운영심의위원장 2009년 한국기후변화학회 고문(현) (상)대통령표창(1974), 국민훈장 동백장(1982), Community Leaders in the World(1984), 국제LIONS협회 무궁화사자대상 금장(1985), 과학기술처장관표창 연구개발부문(1989), UN Global 500 환경상(1990), Who is Who in Service to the Earth(1991), 한일국제환경상(The Asian Environmental Awards)(2008) (저)'한국의 기후(共)'(1973) 'Korean Environment and National Development(共)'(1976) '대기오염(共)'(1984) 'Chemistry for Protection of the Environment, Studies in Environmental Sciences 23(共)'(1984) '환경과학입문'(1985) 'The World Community in Post Industrial Society, Vol.V(The Human Encounter with Nature : Destruction and Reconstruction)(共)'(1988) '환경변화와 환경보전(共)'(1992) '환경은 모두의 것인데'(1994) (역)'지구환경과 인간'(1996) (종)기독교

**노재전(盧載恮) RO Jae Jeon**

(생)1944·11·30 (본)교하(交河) (출)만주 통화 (주)충청북도 청주시 상당구 중고개로337번길 23 현대아파트상가 504호 한국청소년화랑단연맹(043-224-6662) (학)청주사범학교졸, 한국방송통신대졸, 충북대 교육대학원졸 (경)오생초·맹동초·무극초 교사, 충주중·단양공고·가덕중 교사, 중원학생야영장 교육연구사, 보은·청주교육청 장학사, 충주고 교감, 단양교육청 학무과장, 청원교육청 교육과장, 가경중·옥산중·충북고 교장 2005년 충북도교육청 교육국장 2006년 청주교육청 교육장 2008~2011년 충북 형석고 교장 2015년 한국청소년화랑단연맹 회장(현) (상)교육부장관표창, 황조근정훈장(2007) (종)천주교

**노재현(盧在賢) Noh Jae Hyun**

(생)1958·6·4 (출)강원 춘천 (주)세종특별자치시 갈매로 388 문화체육관광부 문학진흥정책위원회(044-203-2721) (학)춘천고졸 1984년 서울대 국어교육학과졸 2005년 한양대 언론정보대학원졸 (경)1984년 문산종합고(現 문산제일고) 국어교사 1984~1985년 제일기획 AE 1985년 중앙일보 입사 1995년 同도쿄특파원 1997년 同논설위원 1998년 同국제부 차장 1999년 同논설위원 2001년 同정치부 차장 2004년 同문화부장 2005년 同문화스포츠에디터 2007년 同논설위원 2008년 同문화스포츠에디터 2008년 同논설위원 겸 문화전문기자 2010년 同논설위원 겸 문화전문기자(부국장대우) 2012년 同편집제작부문 부국장 2012년 한국문화관광연구원 이사 2012~2014년 한국문화예술위원회 위원 2013년 국립박물관문화재단 비상임이사 2013년 안전행정부 지구촌새마을운동 자문위원 2013년 대한체육회 기획재정위원회 위원 2014년 한국연구재단 인문학대중화사업 운영위원 2014년 문화재청 무형유산창조협력위원회 위원 2014년 조선통신사 유네스코 기록유산등재한국추진위원회 위원 2014년 중앙북스 대표이사 2014~2016년 대통령소속 문화융성위원회 인문정신문화특별위원회 위원 2015년 한국문화예술교육진흥원 이사 2017~2019년 한국언론진흥재단 신문유통원장 2017년 문화체육관광부 문학진흥정책위원회 위원(현) (상)서울언론인상(1994), 한국기자상(1995), 고운문화상 언론부문(2011), 대통령표창(2012), 5.18언론상(2013), 일한문화교류기금상(2014) (저)'청와대 비서실 2'(1993, 중앙일보) '아빠 공부하기 싫어요(共)'(1994, 중앙일보) '나를 깨우는 서늘한 말'(2015, 중앙북스) (역)'현명한 이기주의'(2001, 참솔)

**노재호(魯宰昊) NO Jae Ho**

(생)1962·10·25 (본)함평(咸平) (출)광주 (주)전라남도 순천시 조비길 2 순천경찰서(061-740-0225) (학)1980년 서울 한영고졸 1985년 경찰대 행정학과졸(1기) 2000년 경희대 국제법무대학원 법학과졸, 경기대 대학원 경호안전학 박사과정 재학 중 (경)1985년 경위 임용 1992년 경감 승진 2000년 경정 승진 2010년 총경 승진 2010년 충북지방경찰청 보안과장 2011년 전남 보성경찰서장 2013년 전남지방경찰청 경무과장 2014년 경찰대 이전건설단장 2015년 서울 성동경찰서장 2016년 경찰병원 총무과장 2017년 경기 광주경찰서장 2017년 경찰대학 치안정책연구소 기획운영과장 2019년 전남 순천경찰서장(현) (상)대통령표창(2002), 대한민국신문기자협회 위대한 한국인 대상(2014) (종)기독교



**노재화(盧在華) NOH Jae Hwa**

(생)1956·11·4 (본)광주(廣州) (출)서울 (주)서울특별시 용산구 한강대로 372 동부엔지니어링(주) 사장실(02-2122-7980) (학)1975년 용산고졸 1979년 서울대 농공학과졸 1984년 서울시립대 대학원 토목공학과졸 1994년 토목공학박사(서울시립대) (경)1978년 기술고시 합격(14회) 1997년 국무총리실 수질개선기획단 근무 1997년 건설교통부 경인운하과장 1999년 원주지방국토관리청 하천국장 2000년 서울지방국토관리청 하천국장 2002년 건설교통부 수자원정책과장 2005년 同건설기술혁신기획단장 2005년 同한강홍수통제소장 2008년 국토해양부 수자원정책관 2009년 명예 제주도민(현) 2010~2011년 원주지방국토관리청장 2011~2015년 (재)대한건설정책연구원 원장 2016년 동부엔지니어링 대표이사 사장(현) 2016년 한국하천협회 회장 (상)대통령표창(1993), 녹조근정훈장(2000)

**노점환(盧点煥) Roh Jeom-hwan**

(생)1963·6·17 (본)풍천(豊川) (출)경남 함양 (주)세종특별자치시 갈매로 388 문화체육관광부 분석과(044-203-2930) (학)1982년 거창대성고졸 1989년 중앙대 경제학과졸 (경)1990~2005년 공보처 국민홍보과·여론과·국무총리 공보실 근무 2005년 국정홍보처 영상홍보원 기획편성팀장 2006년 同영상홍보원 방송제작팀장 2007년 同국정과제홍보팀장 2008년 문화체육관광부 뉴미디어홍보과장 2008년 同한국정책방송원 기획편성과장 2011년 세종연구소 파견 2012년 문화체육관광부 여론정책과장 2013년 同대변인실 홍보담당관 2014년 同문화콘텐츠산업실 미디어정책과장 2016년 同감사관실 감사담당관 2017년 同홍보협력과장 2018년 同분석과장(현) (상)국무총리표창(1992), 근정포장(2005)

**노정선(盧政善) ROH Jeong Seon**

(생)1942·9·26 (출)충남 공주 (주)경기도 안산시 단원구 목내로 29 신대양제지 임원실(031-490-9302) (학)1961년 휘문고졸 1965년 한국외국어대 독어과졸 1981~1982년 일본 上智大 연수 (경)1968년 코리아타임즈 기자 1971~1980년 동양통신 문화부·정치부·외신부 기자 1981년 연합통신 기자 1982년 同외신2부 차장 1984년 同일본특파원 1988년 同외신1부장직대 1989년 同뉴욕특파원 1992년 同방송뉴스부 부장급 1994년 同뉴미디어국 부국장대우 뉴스속보부장 1995년 同편집국 부국장급 문화생활부장 1996년 同북한취재본부 부국장급 1997년 同편집국 부국장급 북한부장 1997년 同외신국장 1998년 同국제·업무담당 상무이사 1998년 연합뉴스 국제·업무담당 상무이사 2000년 同업무담당 상무이사 2001~2005년 한국언론재단 사업이사 2002~2004년 外言會 회장 2008~2011년 신대양제지(주) 사외이사 2011년 대영포장(주) 사외이사 2014년 신대양제지 사외이사 겸 감사위원(현)

**노정선(盧晶宣) NOH Jong Sun**

(생)1945·3·20 (본)광주(廣州) (출)서울 (주)강원도 원주시 흥업면 연세대길 1 연세대학교 원주캠퍼스 인문예술대학(033-760-2162) (학)1964년 경기고졸 1969년 연세대 신학과졸 1974년 미국 하버드대 신학대학원 신학과졸 1984년 철학박사(미국 유니언신학대) (경)1974년 연세대 교목 1979년 미국 예일대 Research Fellow 1986~2010년 연세대 인문예술대학 교양교직과 교수 1987~2012년 한국기독교교회협의회(NCCK) 화해·통일위원회 위원 1987~2000년 同통일정책위원·부위원장·정책위원장 1993년 미국 휴스턴대 록웰교 교수 1993~1994년 부총리 겸 통일부장관 통일정책자문 1994년 Radio France International 방송애널리스트(현) 1994년 B.B.C 남북관계 Short Talk Interviewee 1995년 사회윤리학회 회장 1999년 민주개혁국민연합 공동대표 1999년 기독교윤리학회 회장 2004년 서울YMCA 통일위원장 2004~2015년 한국YMCA전국연맹 통일위원장 2004년 전국사회발전실현협의회 국제협력위원장, 열린평화포럼 공동대표(현), EATWOT-Korea 회장, 미국 Union Theological Seminary in New York 한국동창회 회장, 연세대 교수평의회 부의장 2010년 同인문예술대학 명예교수(현) 2012년 NCCK 화해·통일위원회 부위원장 2015~2016년 同화해·통일위원회 위원장 2015년 한국YMCA평화통일운동협의회 공동대표(현) 2016년 NCCK 화해·통일위원회 위원(현) 2017년 민주평통 서대문지역 자문위원(현) (상)WORLD ASSOCAITION OF CHRISTIAN COMMUNICATION 감사장(2005), 한국기독교교회의 평화와 통일 공로상(2008), 연세대 우수업적교수상 (저)'The Third War'(英文) 'Liberating God'(英文) '제3의 전쟁' '이야기신학' '통일신학을 향하여' 'Religion & Just Revolution' 'First World Theology and Third World Crique' '사회윤리와 기독교' 'Story God of The Oppressed'(英) (종)기독교

**노정연(魯禎妍·女) RHO Jung Yeon**

(생)1967·3·16 (출)서울 (주)서울특별시 서초구 반포대로 157 대검찰청 공판송무부(02-3480-2362) (학)1986년 중앙여고졸 1991년 이화여대 법학과졸 (경)1993년 사법시험 합격(35회) 1996년 사법연수원 수료(25기) 1997년 수원지검 성남지청 검사 1998년 서울지검 동부지청 검사 2000년 청주지검 충주지청 검사 2001년 서울지검 북부지청 검사 2004년 서울북부지검 검사 2005년 SBS '솔로몬의 선택'에 고정 패널로 출연 2006년 수원지검 검사 2009~2010년 법무부 여성아동과장 2010년 수원지검 부장검사 2011년 법무부 인권구조과장 2013년 서울중앙지검 공판2부장 2014년 대전지검 공주지청장 2015년 서울서부지검 형사2부장 2016년 의정부지검 고양지청 차장검사 2017년 대전지검 천안지청장 2018년 서울서부지검 차장검사 2019년 대검찰청 공판송무부장(검사장급)(현) (상)홍조근정훈장(2018)

**노정일(盧廷一) ROH Jung Il**

(생)1960·10·25 (출)광주 (주)서울특별시 강남구 논현로 508 GS칼텍스(주) 법무실(02-2005-6106) (학)1978년 경성고졸 1982년 서울대 법학과졸 (경)1987년 LG칼텍스정유(주) 입사 1994년 同경영기획팀 과장 2000년 同경영지원팀 부장 2004년 同법무부문장(상무) 2005년 GS칼텍스(주) 법무부문장(상무) 2010년 同법무부문장(전무) 2017년 同법무실장(부사장)(현)

**노정혜(盧貞惠·女) ROE Jung Hye**

(생)1957·3·1 (출)서울 (주)서울특별시 관악구 관악로 1 서울대학교 자연과학대학 생명과학부(02-880-4411) (학)1979년 서울대 자연과학대학 미생물학과졸 1984년 이학박사(미국 위스콘신대 메디슨교) (경)1986년 서울대 자연과학대학 생명과학부 조교수·부교수·교수(현) 2002년 과학기술부 여성과학기술정책자문위원 2004~2006년 서울대 연구처장 2008년 한국과학기술한림원 정회원(현) 2009~2010·2013~2015년 국가과학기술자문회의 자문위원 2010~2012년 대통령직속 미래기획위원회 위원 2011~2017년 국제과학비즈니스벨트위원회 민간위원 2011년 서울대 법인 초대 이사 2014~2017년 한국과학기술기획평가원 비상임이사 2015~2018년 기초과학연구원 비상임이사 2015년 한국미생물학회 회장 2015년 ISC(International Science Council) Regional Committee for Asia and the Pacific 한국대표(현) 2015년 서울대 여교수회 회장 2015년 카오스 과학위원회 위원(현) 2015~2018년 서울대 다양성위원회 위원장 2018년 한국연구재단 이사장(현) (상)과학기술우수논문상(1994), 로레알 여성생명과학상(2002), 올해의 여성과학기술자상(2006), 한국과학상 생명과학분야(2011), 비추미여성대상 별리상(2012), 미국 위스콘신대 한국총동문회 '자랑스런 위스콘신대 동문상'(2015) (저)'E. coli RNA 중합효소와 파아지람다 PR 프로모터의 상호작용'(1984, 미국 Univ. of Wisconsin, Madison) 'Double Helical DNA : Conformations, Physical properties and Interactions with Ligands.'(1985, The Benjamin/ Cummings Publishing Co., CA. U.S.A.) '21세기 과학의 포커스'(1996, 유전과 환경) (종)기독교

**노정환(盧正煥) Roh jung hwan**

(생)1967·1·29 (출)경남 창녕 (주)대전광역시 서구 둔산중로78번길 15 대전고등검찰청(042-470-3202) (학)1985년 대구 경원고졸 1990년 경찰대 법학과졸 (경)1994년 사법시험 합격(36회) 1997년 사법연수원 수료(26기) 1997년 창원지검 검사 1998년 대구지검 김천지청 검사 2000년 서울지검 검사 2001년 同남부지청 검사 2003년 울산지검 검사 2006년 대검찰청 연구관 2008년 서울중앙지검 검사 2009년 수원지검 부부장검사 2010년 駐중국대사관 파견, 창원지검 형사1부장 2014년 서울중앙지검 외사부장 2015년 수원지검 형사3부장 2016년 서울북부지검 형사1부장 2017년 창원지검 통영지청장 2018년 인천지검 제2차장검사 2019년 대전고검 차장검사(검사장급)(현) (역)'중국 노동법'(2008)

**노정희(盧貞姬·女) Noh Jeong Hee**

(생)1963·10·7 (본)광산(光山) (출)광주 (주)서울특별시 서초구 서초대로 219 대법원 대법관실(02-3480-1100) (학)1982년 광주 동신여고졸 1986년 이화여대 법학과졸 (경)1987년 사법시험 합격(29회) 1990년 사법연수원 수료(19기) 1990년 춘천지법 판사 1993년 同원주지원 판사 1995년 수원지법 판사 1995년 변호사 개업 2001년 인천지법 판사 2002년 서울고법 판사 2004년 서울중앙지법 판사 2005년 광주지법 부장판사 2007년 사법연수원 교수 2009~2012년 서울중앙지법 부장판사 2011년 언론중재위원회 위원 2012년 서울남부지법 부장판사 2013년 서울가정법원 수석부장판사 2015년 광주고법 전주재판부 부장판사 2017년 서울고법 부장판사 2018년 법원도서관장 2018년 대법원 대법관(현)

**노종선(盧宗善) Jong-Seon No**

(생)1959·1·1 (출)충북 청원 (주)서울특별시 관악구 관악로 1 서울대학교 공과대학 전기·정보공학부(02-880-1809) (학)1981년 서울대 전자공학과졸 1984년 同대학원 전자공학과졸 1988년 공학박사(미국 서던캘리포니아대) (경)1988~1990년 미국 Hughes Network Systems 책임연구원 1990~1999년 건국대 전자공학과 부교수 1999년 서울대 공과대학 전기·정보공학과 교수(현) 2011년 방송통신발전기금운용심의회 통신·R&D 위원 2012년 국제전기전자공학회(IEEE) 석학회원(Fellow)(현) 2014년 국제전기통신연합(ITU) 전권회의(Plenipotentiary Conference) 기술·인프라분야 총괄자문위원 2015년 한국공학한림원 정회원(현) 2015년 한국통신학회 회장 2016년 바른과학기술사회실현을위한국민연합 공동대표 (상)충북도교육감표창(1977), 정보통신부장관표창(2002), 한국통신학회 학술상(2003), 한국통신학회 해동정보통신학술상(2008)

**노종용(盧鍾鏞)**

(생)1976·11·9 (주)세종특별자치시 한누리대로 2120 세종특별자치시의회(044-300-7000) (학)대림전문대학 전기과졸 (경)행정수도완성세종시민대책위원회 공동대표(현) 2018년 더불어민주당 중소기업권익보호특별위원회 부위원장 2018년 세종특별자치시의회 의원(더불어민주당)(현) 2018년 同행정복지위원회 위원(현)

**노종원(盧鐘元) Jongwon Noh**

(생)1975·11 (주)경기도 이천시 부발읍 경충대로 2091 SK하이닉스(주)(031-630-4114) (학)한국과학기술원(KAIST) 물리학과졸, 서울대 대학원 기술정책학과 석사과정 수료, 同대학원 기술정책학 박사과정 수료 (경)2003년 SK텔레콤(주) 정보통신연구팀 근무 2006년 同신규사업전략팀 근무 2007년 同Investment담당 2010년 同New MNO사업팀 근무 2015년 SK C&C 사업개발본부장 2016년 SK주식회사 C&C 사업개발본부장(상무) 겸 반도체PM담당 2017년 에스엠코어 이사 2017년 SK텔레콤(주) 포트폴리오매니지먼트실장 겸 워룸담당 2018년 同Unicorn Labs장(전무) 2019년 SK하이닉스(주) 미래전략담당 부사장(현)

**노주석(魯柱碩) ROH Ju Seork**

(생)1960·1·28 (본)강화(江華) (출)부산 (주)서울특별시 중구 세종대로14길 28-3 (사)서울도시문화연구원(02-772-9069) (학)1979년 부산 동성고졸 1985년 한양대 사학과졸 2003년 同언론정보대학원 신문방송학과졸 2005년 국방대 대학원 안보과정 수료 2012년 미국 하와이대 미래저널리즘과정 수료 2014년 경기대 정치전문대학원 정치법학과 수료 2015년 정치학박사(경기대) (경)1988년 서울신문 편집국 사회부·경제과학팀 기자 1998년 同노조위원장 2000년 同사회팀 차장 2000년 同통일팀 차장 2000년 同정치팀 차장 2001년 同사회교육팀 차장 2003년 同공공정책부 차장 2004년 서울신문 100년사발간위원회 간사 2005년 同경영전략실 기획부장 2006년 同경영전략실 전략기획부장 겸 기획팀장 2008년 同논설위원 2009년 同우리사주조합장 2009년 同논설위원(부국장급) 2011년 同편집국 부국장 2012년 同논설위원(국장급) 2012~2015년 한국수자원공사 비상임이사 2013년 서울신문 편집국 선임기자 2014~2015년 同편집국 사회2부 선임기자(국장급) 2014년 법무부 교정본부 교화방송 자문위원 2015년 서울신문 편집국 선임기자(정년퇴임) 2015년 (사)서울도시문화연구원 원장(상임이사)(현) 2015년 서울시 한양도성 세계유산등재추진위원 2016년 한양대 언론정보대학원 겸임교수 (상)서울시장표창(2013) (저)'러시아 외교문서로 본 대한제국 비사'(2009) '서울택리지'(2014) '서울특별시 vs. 서울보통시 : 서울은 왜 서울인가'(2016)

**노준식(盧駿植) ROH, Joon Shik**

(생)1939·8·19 (본)장연(長淵) (출)서울 (주)서울특별시 강서구 양천로 34 양서빌딩 2층 (주)한국방영(02-2666-2022) (학)1958년 성남고졸 1962년 동국대 정치외교학과졸 1973년 연세대 행정대학원졸 (경)1972년 동양방송 제작부 차장 1978년 同제작부장 1980년 한국방송공사(KBS) 제작부장 1989년 KBS제작단 상임이사 1992년 (주)한국방영 대표이사 회장(현) 1994년 성남장학문화재단 이사 1995년 KBS사우회 경영이사 1999년 중앙매스컴사우회 운영위원 2002년 서울 강서구명예구청장협의회 회장 2003년 서울 강서구공직자윤리위원회 위원장 2004년 서울 강서구선거토론방송위원회 위원장 2008년 노(盧)씨중앙종친회 회장 2009년 제16대 노무현대통령 국민장 장의위원회 고문 2009년 사람사는세상 노무현재단 고문(현) 2010년 중앙매스컴(중앙일보·동양방송)사우회 고문 2011~2015년 노(盧)씨중앙종친회 상임고문 2011년 서울 강서구선거관리위원회 자문위원장 2015년 노(盧)씨중앙종친회 고문(현) (상)자랑스러운 성남인상(2009) (종)불교

**노준용(盧準容) Junyong Noh**

(생)1971·2·14 (출)서울 (주)대전광역시 유성구 대학로 291 한국과학기술원 문화기술대학원(042-350-2918) (학)1989년 여의도고졸 1994년 미국 서던캘리포니아대 전자공학과졸 1996년 同대학원 컴퓨터공학과졸 2002년 전산학박사(미국 서던캘리포니아대) (경)2003~2006년 '리듬 앤 휴즈 스튜디오' 그래픽사이언티스트 2006년 한국과학기술원 문화기술대학원 조교수·부교수 2009년 카이스튜디오 자문위원(현) 2010년 한국HCI학회 이사(현) 2011년 코오롱 자문위원(현) 2011년 한국과학기술원 문화기술대학원 석좌부교수 2014년 同문화기술대학원 교수(현) 2016년 同문화기술대학원 학과장(현) (상)벤처경진대회 장려상(2002), 카이스트 기술혁신상(2011), 카이스트 10대 대표연구성과(2013) (저)'틀을 깨려는 용기가 필요해'(2016) (작)해외영화 기술개발참여 '가필드', '리딕', '80일간의 세계일주', '나니아 연대기', '슈퍼맨 리턴즈', '황금 나침반' 등 국내영화 기술개발참여 '제7광구', '고양이', '한반도의 공룡' 등 (종)기독교

**노준형(盧俊亨) RHO Jun Hyong**

(생)1954·3·12 (본)교하(交河) (출)서울 (주)서울특별시 종로구 사직로8길 39 세양빌딩 김앤장법률사무소(02-3703-1627) (학)1972년 동성고졸 1976년 서울대 법학과졸 1979년 同대학원 법학과졸 1994년 미국 아메리칸대 대학원 국제학부 수료 (경)1977년 행정고시 합격(21회) 1991년 고속철도건설기획단 투자기획과장 1993년 경제기획원 심사평가국 투자기관1과장 1994년 정보통신부 초고속통신망구축기획단 기획총괄과장 1995년 同정보통신정책실 정보망과장 1996년 同정보화기획실 기획총괄과장 1996년 同공보관 1997년 同정보화기획심의관 1998년 同통신위원회 상임위원 1999년 同국제협력관 2000년 중앙공무원교육원 파견 2001년 정보통신부 전파방송관리국장 2001년 同정보통신정책국장 2003년 대통령직인수위원회 경제2분과 전문위원 2003년 정보통신부 기획관리실장 2005년 同차관 2006~2007년 同장관 2007~2010년 서울산업대 총장 2007~2008년 중소기업특별위원회 위원장 2010~2011년 서울과학기술대 총장 2012년 Smart-서울포럼 대표의장 2012년 김앤장법률사무소 고문(현) (상)대통령표창(1989), 홍조근정훈장(2001), 청조근정훈장(2007) (종)불교

**노중현(盧重鉉) Roh, Jung-Hyun**

(생)1971·10·13 (본)광주(廣州) (출)부산 (주)세종특별자치시 갈매로 477 기획재정부 조세실 부가가치세제과(044-215-4320) (학)1990년 창원 경상고졸 1995년 서강대 경제학과졸 (경)1999년 행정고시 합격(43회) 2000년 행정자치부 근무 2001년 창원세무서 납세지원과장 2002년 서인천세무서 징세과장·종로세무서 납세지원과장 2003~2008년 재정경제부 세제실 소비세제과·재산세제과·조세분석과 근무 2008년 기획재정부 국고국 국고과 근무 2011년 국무총리실 재정금융정책관실 파견 2012~2013년 호주 Monash Univ. 교육파견 2014년 기획재정부 세제실 조세특례평가팀장 2015년 同세제실 조세법령개혁팀장 2016년 성남세무서장 2017년 기획재정부 세제실 산업관세과장 2018년 同조세법령운용과장 2019년 同조세실 부가가치세제과장(현)

**노진명(魯鎭明) RO Jin Myung**

(생)1949·10·10 (본)함평(咸平) (출)전남 함평 (주)서울특별시 강남구 삼성로 438 (주)도화엔지니어링(02-6323-4800) (학)1969년 학다리고졸 1980년 동국대 토목공학과졸 (경)1980년 (주)도화엔지니어링 입사, 同대표이사 사장 2010년 한국건설감리협회 부회장 2010년 同토목협의회 회장 2010년 同윤리위원회 회장 2010년 건설감리공제조합 운영위원 2014~2016년 한국건설기술관리협회 회장 2019년 (주)도화엔지니어링 대표이사 부회장(현) (상)건설부장관표창(2004), 대통령표창(2007), 동탑산업훈장(2017)

ㄴ

**노진영(魯鎭榮) Roh, Jin Young**

(생)1965·7·22 (출)전남 고흥 (주)서울특별시 도봉구 마들로 749 서울북부지방법원(02-910-3310) (학)1983년 전남고졸 1987년 성균관대 법학과졸 (경)1997년 사법시험 합격(39회) 2000년 사법연수원 수료(29기) 2000년 울산지법 판사 2004년 의정부지법 판사 2007년 서울북부지법 판사 2009년 서울중앙지법 판사 2011년 서울북부지법 판사 2013년 사법연수원 교수 2016년 춘천지법 부장판사 2017년 의정부지법 부장판사 2019년 서울북부지법 부장판사(현)

**노진영(盧珍英·女)**

(생)1969·2·28 (출)서울 (주)전라북도 전주시 덕진구 사평로 25 전주지방검찰청 형사2부(063-259-4309) (학)1987년 서울 세종고졸 1991년 한양대 법학과졸 (경)1999년 사법시험 합격(41회) 2002년 사법연수원 수료(31기) 2002년 광주지검 검사 2004년 전주지검 정읍지청 검사 2006년 서울동부지검 검사 2006년 광주지검 검사 2011년 同순천지청 검사 2013년 수원지검 성남지청 검사 2015년 서울중앙지검 검사 2016년 同부부장검사 2017년 대전지검 공판부장 2018년 전주지검 정읍지청장 2019년 同형사2부장(현) (종)불교

**노진철(盧鎭澈) RHO Jin Chul**

(생)1956·2·7 (출)대구 (주)대구광역시 북구 대학로 80 경북대학교 사회학과(053-950-5226) (학)1974년 동성고졸 1980년 성균관대 사회학과졸 1981년 연세대 일반대학원 사회학과졸 1984년 독일 빌레펠트대 사회학과 Vordiplom 취득 1986년 同사회학과 Diplom 취득 1991년 사회학박사(독일 빌레펠트대) (경)1993~2004년 경북대 사회학과 전임강사·조교수·부교수 1999~2000년 同사회학과장 2004~2006년 (사)대구경북환경연구소 소장 2004년 경북대 사회학과 교수(현) 2004~2008년 한국환경사회학회 부회장 2004~2006년 대구경북민주화교수협의회 정책위원장 2004~2005년 경북대 사회과학대학교수회 부의장 2005~2006년 한국NGO학회 부회장 2005~2006년 한국이론사회학회지 '사회와 이론' 편집위원장 2007~2009년 경북대 대학인사위원회 위원 2007년 (사)희망제작소 운영위원(현) 2007년 경북지방노동위원회 공익위원(심판)(현) 2007~2012년 대구시 공직자윤리위원회 위원 2008~2010년 환경정의연구소 소장 2008~2015년 맑고푸른대구21추진협의회 위원장 2008~2010년 민주화를위한전국교수협의회 상임의장 2008~2010년 대구경북민주화교수협의회 상임대표 2008~2010년 한국환경사회학회 회장 2008년 고용노동부 노사민정협의체 자문교수(현) 2008년 경북도 지역노사민정협의회 자문교수(현) 2008~2010년 대구시의회 의정자문위원 2009~2010년 한국이론사회학회 부회장 2009~2010년 한국NGO학회 부회장 2009~2012년 국가위기관리학회 부회장 2009년 경북대 사회과학대학교수회 의장 2009년 同교수회 교무분과위원장 2010~2012년 소방방재청 재난예방위원회 위원 2010~2013년 경북도 미래경북전략위원회 부위원장 2010~2015년 대구시민단체연대회의 공동대표 2010~2015년 (사)환경정의 법정이사 2010년 (사)서울네러티브연구소 법정이사(현) 2010~2014년 풀뿌리시민연대 대표 2011~2016년 대구사랑운동본부 상임이사 2011년 대구환경운동연합 상임대표(현) 2011~2017년 경북대 정책정보대학원 노사관계전문가과정장 2012~2014년 同사회과학대학장 겸 정책정보대학원장 2013~2014년 한국이론사회학회 회장 2013~2014년 국가위기관리학회 회장 2014~2017년 대구선거관리위원회 선거공정심의위원회 위원 2015~2016년 지역사회학회 회장 2015년 영덕핵발전소유치찬반주민투표관리위원회 위원장 2015년 세월호참사특별조사위원회 총괄 자문위원 2015~2019년 교육부 교원임용양성평등위원회 위원 2015년 대구지속가능발전협의회 운영위원(현) 2016년 대구사랑운동시민회의 상임공동대표(현) 2016년 한국사회체계이론학회 회장(현) 2016년 국민안전처 재난사업평가자문위원회 위원 2016년 2.18안전문화재단 이사(현) 2017년 행정안전부 재난안전사업평가자문위원회 위원(현) 2019년 학교법인 원석학원 이사장(현) (상)경북대 우수연구교수(2005) (저)'태안은 살아있다(共)'(2010) '문화, 환경, 탈물질주의 사회정책(共)'(2013) '한국사회의 사회운동(共)'(2013) '환경사회학이론과 환경문제(共)'(2013) '불확실성 시대의 신뢰와 불신'(2014) '환경사회학 자연과 사회의 만남(共)'(2015) '시민행동지수로 본 영남지역(共)'(2016) '신자유주의와 세월호 이후 가야 할 나라(共)'(2016) '국가를 생각한다' '독일의 사회통합과 새로운 위험(共)'(2016) (역)'현대 독일사회학의 흐름(共)'(1991) '사회학의 명저 20(共)'(1994) '소통행위이론(共)'(1995) '현대 사회학이론과 그 고전적 뿌리(共)'(2006) (종)가톨릭

**노진학(盧鎭鶴) Noh Jin Hak**

(생)1966·9·10 (출)경북 상주 (주)세종특별자치시 다솜2로 94 해양수산부 해양정책실 해양공간정책과(044-200-5260) (학)경북대 경영대학원졸 (경)1999년 공무원 임용 2007년 해양수산부 정책홍보관리실 혁신인사기획관실 서기관 2007년 경북도 해양정책과장 2009년 국토해양부 해양정책국 해양영토개발과 팀장 2009년 교육과학기술부 국제과학비즈니스벨트추진지원단 과장 2011년 국토해양부 녹색미래전략담당관 2012년 포항지방해양항만청장 2013년 해양수산부 바다의날기획단 T/F팀장 2013년 同기획조정실 행정관리담당관 2013년 同기획조정실 창조행정담당관 2014년 同대변인실 홍보담당관 2015년 同해사안전국 해사안전시설과장 2015년 同해사안전국 항로표지과장 2016년 국제노동기구 해외파견 2018년 해양수산부 연안계획과장 2019년 同해양정책실 해양공간정책과장(현)

**노진호(魯鎭豪) NOH Jin Ho**

(생)1963·12·19 (출)서울 (주)서울특별시 중구 소공로 51 우리금융그룹 ICT기획단(02-2125-2000) (학)1982년 서울 서라벌고졸 1986년 고려대 경영학과졸 1997년 영국 랭커스터대 대학원 경영정보학과졸 (경)1986년 신용보증기금 입사 1988년 한국후지쯔 입사 1997년 LG CNS 컨설팅부문 입사 2003년 同전략기획팀장 2006년 同ITO사업부문장 2008년 同아웃소싱사업부문장(상무) 2009~2010년 유세스파트너스 대표이사, 우리에프아이에스(우리FIS) 본부장 2018년 (주)한글과컴퓨터 각자대표이사 사장 2019년 우리금융그룹 ICT기획단장(전무)(현)

**노찬용(魯讚容·女) Chanyong Ro**

(생)1960·9·25 (본)강화(江華) (출)강원 춘천 (주)경상남도 양산시 주남로 288 영산대학교 이사장실(055-380-9005) (학)1979년 동덕여고졸 1983년 숙명여대 음대 성악과졸 1987년 同대학원 성악전공졸 1998년 고려대 경영대학원 연구과정 수료 2010년 부산대 국제전문대학원 국제학과졸 2014년 국제학박사(부산대) (경)1981~2008년 독창회 및 오페라 등 음악회 다수 출연 1983년 조선일보 주최 신인음악회 출연 1993~1999년 서울 성북구어머니합창단 지휘자 1997년 고려대 경영대학원 69기 임원 2000~2002년 서울시교육청 학교운영위원회 운영위원 2001~2002년 혜화여고·경신중 학부모회장 2001~2002년 김포대학 생활음악과 강사 2001~2009년 학교법인 성심학원(영산대) 상임이사 2008년 'Beauty & Wellness Shop 예나래' CEO 2009년 (사)재한외국인사회통합지원센터 법인이사(현) 2009년 학교법인 성심학원(영산대) 이사장(현) 2011~2012년 부산문화방송(MBC) 동아시아연구소 운영위원 2012~2013년 (사)한국사립초중고등학교법인협의회 부산시회 부회장 2012~2013년 대통령직속 국가브랜드위원회 지역브랜드자문위원 2013년 부산고법 조정위원(현) 2013년 부산문화방송(MBC) 시청자위원(현) 2014년 (사)한국사립초중고등학교법인협의회 부산시회 회장(현) 2015년 한국대학법인협의회 이사(현) 2015년 한국청소년상담복지개발원 이사(현) 2016년 법무부 사회통합자원봉사위원(현) 2016년 부산섬유패션정책포럼 정책자문위원(현) 2017년 제6회 부산국제화랑아트페

어 2017BAMA(Busan Annual Market of Art) 조직위원장 2018년 국제존타32지구 2지역 회장(현) (상)제23회 자랑스러운 동덕인의 상(2015), 한국사립초중고등학교법인협의회 봉황장(2017) (종)천주교

**노창준(盧昌俊) Chang Joon Ro**

(생)1958 · 9 · 13 (출)전남 화순 (주)경기도 화성시 삼성1로1길 14 (주)바텍 임원실(031-8015-6001) (학)1978년 광주제일고졸 1985년 서울대 인문대학 동양사학과졸 2009년 핀란드 헬싱키대 대학원 경영학과졸 (경)1986~1995년 (주)평화플라스틱공업 사장 1995~1999년 (주)화천기계공업 사장 1999~2000년 (주)넥스트라이프 사장 2000~2001년 (주)제일제강공업 사장 2001~2018년 (주)바텍 대표이사 회장 2019년 同회장(현) 2010년 (주)바텍이우홀딩스 대표이사 회장(현)

**노청한(盧淸漢) Rho Cheong Han**

(생)1950 · 8 · 29 (본)풍천(豊川) (출)경남 함양 (주)서울특별시 마포구 마포대로 174 서울서부지방법원(02-3271-1114) (학)1969년 함양종합고졸 1987년 한국방송통신대 행정학과졸 2005년 한양대 행정대학원 사법행정학과졸 2012년 세계사이버대학 사회복지과졸 (경)1998~2001년 법무부 보호국 관찰과 근무 2001~2002년 의정부보호관찰소장 2002~2003년 서울보호관찰소 사무과장 2003~2005년 서울남부보호관찰소장 2005~2006년 춘천보호관찰소장 2006년 대전보호관찰소장 2006년 전주보호관찰소장 2007년 인천보호관찰소장 2009년 서울남부보호관찰소장 2009~2010년 서울보호관찰심사위원회 상임위원(2급, 고위공무원) 2011년 (사)한국남성의전화 상담위원 2011년 서울서부지법 민사조정위원(현) (상)법무부장관표창(1984 · 1997), 대통령표창(1995), 홍조근정훈장(2010), 법원행정처장 감사장(2015), 제16회 연금수필문학상 은상(2017) (작)'만나고 사랑하고 알게 되고'

**노태강(盧泰剛) Roh Tae Kang**

(생)1960 · 3 · 13 (출)경남 창녕 (주)세종특별자치시 갈매로 388 문화체육관광부 제2차관실(044-203-2020) (학)대구고졸 1983년 경북대 행정학과졸 1986년 同대학원 행정학과졸 1994년 독일 스파이에르대 행정대학원 행정학과졸 2001년 문학박사(독일 유로파대) (경)1983년 행정고시 합격(27회) 1984년 문화부 행정사무관 1995년 문화체육부 국제경기과 서기관 2001년 문화관광부 공연예술과 서기관 2002년 同청소년수련과장 직대 2003년 同국제체육과장 2005년 同국제문화협력과장(부이사관) 2006년 駐독일 참사관 겸 문화원장 2010년 국방대학원 파견(고위공무원) 2011년 문화체육관광부 도서관정보정책기획단장 2012~2013년 同체육국장 2013~2016년 국립중앙박물관 교육문화교류단장 2016년 스포츠안전재단 사무총장 2017년 문화체육관광부 제2차관(현) 2017~2018년 同평창올림픽지원단장 겸임 2019년 스포츠혁신위원회 위원(현) (상)근정포장(2012)

**노태돈(盧泰敦) NOH Tae Don**

(생)1949 · 8 · 15 (본)광주(光州) (출)경남 창녕 (주)서울특별시 관악구 관악로 1 서울대학교 인문대학 국사학과(02-880-6181) (학)1967년 경북고졸 1971년 서울대 사학과졸 1975년 同대학원졸 1999년 문학박사(서울대) (경)1976~1981년 계명대 전임강사 · 조교수 1981~2014년 서울대 국사학과 전임강사 · 조교수 · 부교수 · 교수 1986년 미국 하버드대 옌칭연구소 객원연구원 1991년 한국고대사학회 회장 1991~1993년 대통령자문 21세기위원 2004년 고구려연구재단 이사, 캐나다 브리티시컬럼비아대 객원교수 2006~2007년 한국사연구회 회장, 한국사연구단체협의회 회장 2010~2012년 서울대 규장각한국학연구원장 2012~2015년 국사편찬위원회 위원 2014년 서울대 인문대학 국사학과 명예교수(현) (상)가야문화상(2004), 월봉저작상(2010), 녹조근정훈장(2014) (저)'강좌 한국고대사(編)'(2002) '예빈도에 보인 고구려 – 당 이현묘 예빈도의 조우관을 쓴 사절에 대하여'(2003) '한국고대사연구의 새 동향(共)'(2007) '새로운 한국사 길잡이(共)'(2008) '개정신판 한국사특강(共)'(2008) '한국고대사의 이론과 쟁점'(2009) '삼국통일전쟁사'(2009) '한국고대사 개설'(2014) (역)'中國正史 東夷傳 譯註(一)(共)'(1988) '韓國古代金石文(Ⅰ)(共)'(1993) (종)불교

**노태문(盧泰文) Roh Tae Moon**

(생)1968 · 9 · 3 (주)경기도 수원시 영통구 삼성로 129 삼성전자(주) IM부문 무선사업부 개발실(031-200-1114) (학)1987년 대구 대륜고졸 1991년 연세대 전자공학과졸 1993년 포항공대 대학원 전자전기공학과졸 1997년 전자전기공학박사(포항공대) (경)1997~2007년 삼성전자(주) 무선사업부 개발3팀 근무 2007년 同무선사업부 차세대제품그룹장 2008년 同무선사업부 선행H/W개발2그룹장 2010년 同무선사업부 개발팀 연구위원(전무) 2011년 同무선사업부 혁신제품개발팀장 2012년 同무선사업부 개발팀 연구위원(부사장) 2014년 同무선사업부 상품전략총괄 겸 상품전략팀장(부사장) 2015년 同무선사업부 개발2실장(부사장) 2017년 同무선사업부 개발실장(부사장) 2019년 同무선사업부 개발실장(사장)(현) (상)자랑스런 삼성인상 기술상(2010)

**노태석(盧台錫) RO Tae Seok**

(생)1954 · 10 · 25 (본)광주(光州) (출)대구 (주)경기도 성남시 분당구 판교로 242 판교디지털센터 C동 201-4 대한민국위멘위원회(02-489-5100) (학)1986년 한국방송통신대 행정학과졸 1989년 한국과학기술원(KAIST) 대학원 경영과학과졸 1996년 산업경영학박사(한국과학기술원) (경)1979년 한국통신 입사 2000년 同런던사무소장, 同IMT사업추진본부 사업전략팀장 2001년 KT 사업지원단장(상무보) 2002년 同부산본부장(상무보) 2003년 同품질경영실장(상무) 2003년 同고객서비스본부장(상무) 2005년 同고객서비스본부장(전무) 2005년 同마케팅부문장(전무) 2005년 同마케팅부문장(부사장) 2006~2007년 同부사장(교육파견) 2006년 한국지능로봇산업협회 회장 2008년 KTH(주) 대표이사 사장 2009~2010년 한국홈네트워크산업협회 회장 2009년 (주)KT 홈고객부문장(사장) 2010~2012년 (주)KTIS 대표이사 부회장 2010~2012년 한국컨택센터협회 회장 2012~2016년 서울로봇고 교장 2016년 대한민국위멘위원회 상임운영위원장(현) (상)정보통신부장관표창, 대통령표창(2002) (종)천주교

**노태선(盧泰善) NOH Tae Seon**

(생)1968 · 2 · 23 (출)경기 구리 (주)서울특별시 서초구 법원로2길 20 동구빌딩 501호 법무법인 예서원(02-594-9400) (학)1986년 서울 청량고졸 1997년 서울대 경제학과졸 (경)1997년 사법시험 합격(39회) 2000년 사법연수원 수료(29기) 2000년 수원지법 판사 2002년 서울지법 판사 2004년 춘천지법 속초지원 판사 2008년 서울동부지법 판사 2012년 서울고법 판사 2014년 의정부지법 판사 2015년 전주지법 부장판사 2017~2018년 의정부지법 부장판사 2018년 법무법인 예서원 대표변호사(현)

**노태손(盧泰巽)**

(생)1959 · 3 · 26 (주)인천광역시 남동구 정각로 29 인천광역시의회(032-440-6020) (학)인천 운봉공고졸, 청운대 중국학과 휴학 중 (경)씽크빅문구 대표(현), 인천학술진흥재단 이사(현), 부평문화재단 후원회 수석부회장 2015년 인천시의원선거 출마(새정치민주연합), 인천시 부평구 새마을회 지회장 2018년 인천시의회 의원(더불어민주당)(현) 2018년 同운영위원회 위원장(현), 同기획행정위원회 위원(현)

## 노태악(盧泰嶽) RHO Tae Ak

(생)1962·11·20 (본)광주(光州) (출)경남 창녕 (주)서울특별시 서초구 서초중앙로 157 서울고등법원(02-530-1114) (학)1981년 대구 계성고졸 1985년 한양대 법과대학졸 1995년 미국 조지타운대 법과대학원졸(LL.M.) (경)1984년 사법시험 합격(26회) 1987년 사법연수원 수료(16기) 1990년 수원지법 성남지원 판사 1992년 서울지법 동부지원 판사 1994년 대구지법 영덕지원 판사 1996년 대구지법 판사 1996년 대구고법 판사 1997년 수원지법 여주지원 판사 1998년 서울지법 판사 1999년 서울고법 판사 2000년 대법원 재판연구관 2002년 대전지법 부장판사 2003년 사법연수원 형사교수실 교수 2004년 법무부 사법시험 출제위원 2004~2007년 방송통신정책심의위원회 위원 2005~2007년 대법원 국제규범위원회 위원 2006년 서울중앙지법 형사11부 부장판사 2009년 특허법원 3부 부장판사 2011년 서울고법 민사5부 부장판사 2011~2014년 대법원 사법정보화연구회장 2011~2012년 同법관인사제도개선위원회 위원 2012년 서울중앙지법 형사수석부장판사 2012~2014년 대법원 형사법연구회장 2014년 서울고법 부장판사 2014년 대법원 국제거래법연구회장 2014년 법무부 국제사법개정위원회 위원 2017년 서울북부지법원장 2019년 서울고법 부장판사(현) (저)'주석 형사소송법' '주석 형법' '주석 자본시장통합법' '전자거래법' (종)천주교

## 노태우(盧泰愚) ROH Tae Woo (庸堂)

(생)1932·12·4 (본)교하(交河) (출)대구 달성 (학)1951년 경북고졸 1955년 육군사관학교졸(11기) 1959년 미국 특수전학교 심리전과정 수료 1968년 육군대학졸 1989년 명예 법학박사(미국 조지워싱턴대) 1991년 명예 정치철학박사(러시아 모스크바대) (경)1956년 보병 소대장 1960년 군사정보대 영어번역장교 1961년 방첩부대 정보장교 1966년 同방첩과장 1968년 수도사단 대대장 1971년 보병 연대장 1974년 공수특전여단장 1978년 대통령경호실 작전차장보 1979년 사단장·수도경비사령관 1980년 보안사령관 1981년 예편(육군 대장) 1981년 정무제2장관 1982년 남북한고위회담 수석대표 1982년 초대 체육부 장관 1982년 내무부 장관 1983년 서울올림픽조직위원회(SLOOC)·아시안게임조직위원회(SAGOC) 위원장 1984년 대한체육회 회장 1984년 대한올림픽위원회(KOC) 위원장 1985년 민주정의당(민정당) 대표위원 1985년 제12대 국회의원(전국구, 민정당) 1987년 민정당 대통령후보 1987~1990년 同총재 1987년 제13대 대통령 당선 1988~1993년 대한민국 제13대 대통령 1990년 민자당 최고위원 1990년 同총재 1992년 同명예총재 1993년 대한민국헌정회 원로자문위원 (상)무궁화대훈장, 아시아협회 올해의 정치인상(1992), 적십자 무궁화장, 안익태기념재단 감사패(1993), 프랑스대훈장, 독일대훈장, 영국대훈장 (저)'위대한 보통사람들의 시대' '참 용기' '노태우 회고록 상·하'(2011, 조선뉴스프레스) (종)불교

## 노태원(盧泰元) NOH Tae Won

(생)1957·8·4 (주)서울특별시 관악구 관악로 1 서울대학교 물리천문학부(02-880-6616) (학)1982년 서울대 물리학과졸 1984년 미국 Ohio State Univ. 대학원 물리학과졸 1986년 이학박사(미국 Ohio State Univ.) (경)1986년 미국 Ohio State Univ. Postdoctoral Researcher 1987년 미국 Cornell Univ. Postdoctoral Researcher 1989~2017년 서울대 물리천문학부 물리학전공 조교수·부교수·교수 1997년 LG Central Institute of Technology 객원연구원 2010년 '국가과학자'로 선정 2012년 기초과학연구원 강상관계물질기능성계면연구단장(현) 2013~2016년 아시아태평양이론물리센터(APCTP) 이사 2013~2017년 APL Materials 편집위원 2017년 서울대 물리천문학부 물리학전공 석좌교수(현) (상)한국과학상(2004), 경암학술상 자연과학부문(2009), 대한민국 최고과학기술인상(2011)

## 노태헌(盧泰憲)

(생)1967·12·10 (출)서울 (주)경기도 부천시 상일로 129 인천지방법원 부천지원 총무과(032-320-1213) (학)1986년 대원고졸 1992년 서울대 의대졸 1996년 同대학병원 가정의학 전공의과정 수료 (경)1998년 사법시험 합격(40회) 2001년 사법연수원 수료(30기) 2001년 인천지법 판사 2002년 서울고법 판사 2003년 서울지법 판사 2004년 서울중앙지법 판사 2005년 창원지법 거창지원 판사 2007년 대법원 재판연구관 2010년 서울중앙지법 판사 2012년 서울남부지법 판사 2016년 춘천지법 강릉지원 부장판사 2018년 인천지법 부천지원·인천가정법원 부천지원 부장판사(현)

## 노태호(盧台鎬) RHO Tai Ho

(생)1954·10·7 (본)교하(交河) (출)서울 (주)서울특별시 동대문구 왕산로 151 노태호바오로내과의원(02-968-7575) (학)1978년 가톨릭대 의대졸 1987년 同대학원 의학석사 1989년 의학박사(가톨릭대) 2001년 고려대 경영대학원졸(경영학석사) (경)1987~2000년 가톨릭대 의대 내과학교실 전임강사·조교수·부교수 2000년 同교수 2002년 대한부정맥학회 회장 2004년 대한심장학회 이사 2007년 대한심폐소생협회 이사(현) 2008년 가톨릭대 성바오로병원 진료부원장 2009·2011년 同서울성모병원 대외협력부원장 2009년 영국 국제인명센터(IBC) '세계 100대 의학자'에 선정 2010년 가톨릭중앙의료원 대외협력실장 2011년 한국가정혈압학회 이사장 2013~2015년 건강보험심사평가원 겸임 상근심사위원 2015년 同전문위원(현) 2015~2019년 가톨릭대 성바오로병원 순환기내과 전문의 2015~2016년 대한임상고혈압학회 이사장 2017년 대한심장학회 회장 2019년 노태호바오로내과의원(현) (상)보건복지부장관표창(2014) (저)'노태호의 알기 쉬운 심전도 1권-심장전기현상의 이해와 심전도의 형성'(2013) '노태호 장성원의 알기 쉬운 심전도 2권-여러 임상 상황에서 부정맥의 치료'(2013) '닥터노의 알기 쉬운 부정맥'(2016) '노태호의 알기 쉬운 심전도 5권-닥터노와 함께 명쾌한 12유도 심전도 읽기'(2018) (종)가톨릭

## 노행남(魯幸南·女)

(생)1965·11·16 (출)전북 군산 (주)대전광역시 서구 둔산중로78번길 45 대전지방법원(042-470-1114) (학)1984년 강릉 강일여고졸 1988년 서울대 공법학과졸 (경)1991년 공인노무사시험 합격(3회) 1997년 사법시험 합격(39회) 2000년 사법연수원 수료(29기) 2000년 광주지법 판사 2003년 同해남지원·장흥지원 판사 2005년 수원지법 안산지원 판사 2009년 서울중앙지법 판사 2011년 서울남부지법 판사 2013년 서울고법 판사 2015년 대전지법 부장판사(현)

## 노현미(盧賢美·女)

(생)1974·12·5 (출)경남 창녕 (주)제주특별자치도 제주시 남광북5길 3 제주지방법원(064-729-2423) (학)1993년 덕성여고졸 1997년 고려대 법학과졸 (경)1999년 사법시험 합격(41회) 2002년 사법연수원 수료(31기) 2004년 대구지법 예비판사 2005년 대구고법 예비판사 2006년 대구지법 판사 2008년 수원지법 안산지원 판사 2011년 서울중앙지법 판사 2016년 서울서부지법 판사 2018년 서울중앙지법 판사 2019년 제주지법 부장판사(현)

## 노현송(盧顯松) RO Hyun Song (深山)

(생)1954·1·28 (본)광주(光州) (출)경기 파주 (주)서울특별시 강서구 화곡로 302 강서구청 구청장실(02-2600-6303) (학)1973년 경기고졸 1978년 한국외국어대 일본어과졸 1989년 일본 와세다대 대학원 문학연구학과졸 1993년 同대학원 문학연구학 박사과정 수료 2007년 언어학박사(한국외국어대) (경)1978~1981년 해군 장교(중위 전역) 1979~1981년 해군사관학교 교수부 교관 1982~1990년 울산대 일어일문학과 교수 1993~1996년 고려대 일

어일문학과 교수 1998~2002년 민선 제2대 서울시 강서구청장(국민회의·새천년민주당) 2002년 새천년민주당 노무현 대통령후보 정책특보 2003년 대통령직인수위원회 정무분과위원회 자문위원 2004~2008년 제17대 국회의원(서울 강서구乙, 열린우리당·대통합민주신당·통합민주당) 2004~2005년 열린우리당 원내부대표 2007년 중도개혁통합신당·중도통합민주당 원내수석부대표 2007년 대통합민주신당 중앙위원 2007년 국회 행정자치위원회 간사 2008~2010년 민주당 서울강서乙지역위원회 위원장 2009~2010년 한국외국어대 초빙교수 2010년 서울시 강서구청장(민주당·민주통합당·민주당·새정치민주연합) 2010년 서울시구청장협의회 부회장 2010년 서부수도권행정협의회 회장 2010년 목민관클럽 공동대표, 노무현재단 자문위원 2012·2013·2014~2015년 서울시구청장협의회 회장 2012년 전국시장·군수·구청장협의회 구청장대표 2014년 서울시 강서구청장(새정치민주연합·더불어민주당) 2015~2018년 서울시구청장협의회 고문 2018년 서울시 강서구청장(더불어민주당)(현) (상)새천년 밝은 정치인상, 자원봉사대축제 특별공로상, 서울석세스어워드 기초단체장부문 대상(2011), 농협중앙회 지역농업발전 선도인상(2014), 한국인간개발연구원 인간경영대상 사회복지부문대상(2016), 지방자치행정대상조직위원회 지방자치행정대상(2019) (저)'가슴을 열면 마음이 보인다'(2013) (종)천주교

**노형욱(盧炯旭) NOH Hyeong Ouk**

(생)1962·10·9 (본)풍천(豊川) (출)전북 순창 (주)세종특별자치시 다솜로 261 국무조정실(044-200-2100) (학)1981년 광주제일고졸 1986년 연세대 정치외교학과졸 1988년 서울대 행정대학원졸 1996년 프랑스 파리정치대 대학원 국제경제학과졸 (경)1987년 행정고시 합격(30회) 2003년 기획예산처 예산기준과장 2005년 同복지노동예산과장 2005년 同중기재정계획과장(부이사관) 2006년 同재정총괄과장 2007년 同디지털예산·회계시스템추진기획단장 2008년 외교안보연구원 교육파견 2010년 보건복지부 정책기획관 2011년 기획재정부 공공정책국 공공혁신기획관 2012년 同예산실 행정예산심의관 2013년 同예산실 사회예산심의관 2014~2016년 同재정관리관 2016년 국무조정실 국무2차장(차관급) 2018년 국무조정실장(장관급)(현) 2019년 대통령직속 농어업·농어촌특별위원회 위원(현) (상)대통령표창(2000), 녹조근정훈장(2004)

**노형철(盧炯徹) ROH Hyung Cheol**

(생)1957·1·14 (본)광주(光州) (출)경북 경주 (주)서울특별시 종로구 종로3길 17 법무법인 세종(02-316-4483) (학)1976년 대구 계성고졸 1980년 영남대 행정학과졸 1985년 서울대 행정대학원졸 2003년 미국 워싱턴대 로스쿨졸(Tax LL.M.) (경)1978년 행정고시 합격(22회) 1983년 인천세무서 총무과장 1983년 국세심판소 조사담당관 1994년 재무부 조세정책과 서기관 1994년 장항세무서장 1996년 충주세무서장 1999년 재정경제부 조세지출예산과장 2000년 同법인세제과장 2001년 同조세정책과장 2004년 중부지방국세청 납세지원국장 2005년 국세심판원 상임심판관 2006~2010년 농협중앙회 세무 고문 2007년 세무법인 SJ 공동대표세무사 2009~2011년 홍익대 경영대학원 겸임교수 2009년 기획재정부 국세예규심사위원(현) 2009년 대한의사협회 고문(현) 2009년 법무법인 세종 조세사무실 대표세무사·고문세무사(현) 2011년 연세대 법무대학원 강사(현) 2011년 기획재정부 세제발전심의위원(현) 2013·2016·2019년 제이콘텐트리 상근감사(현) (상)근정포장(1992) (저)'세법요해'(2014) (종)기독교

**노혜련(盧惠璉·女) Noh, Helen**

(생)1959·2·28 (주)서울특별시 동작구 상도로 369 숭실대학교 사회복지학부(02-820-0502) (학)1981년 이화여대졸 1986년 미국 California대 대학원졸 1990년 사회복지학박사(미국 California대) (경)숭실대 사회사업학과 전임강사 1995년 同사회과학대학 사회복지학부 교수(현) 2014~2018년 同사회복지대학원장 2019년 同사회과학대학장(현) (저)'해결중심 단기코칭(共)'(2011)

**노호성(盧昊成) Nho Ho Sung**

(생)1966·2·1 (본)교하(交河) (출)서울 (주)서울특별시 중구 동호로17길 11 웰니스IT협회 임원실(02-6363-3220) (학)1991년 경희대 체육학과졸 1995년 일본 쓰쿠바대 대학원 체육연구과졸 1998년 체육과학박사(일본 쓰쿠바대) (경)1998~2012년 경희대 체육대학 스포츠의학전공 전임강사·조교수·부교수 2001년 (사)한국체육학회 학회보 편집위원 2001년 한국발육발달학회 기획이사·논문편집위원 2001년 한국체육과학회 이사(현) 2001~2003년 (사)한국체육학회 논문심사위원 2002년 한국체육과학회 이사·논문편집위원 2002년 한국대학생활체육연맹 부회장 2003년 경희대 체육대학 스포츠의학과 학과장 2003년 한국사회체육학회 운동과학학술위원장 2004년 한국운동영양학회 논문편집위원 2004년 한국운동지도학회 편집이사·편집위원장 2005년 한국학술진흥재단 인문사회지원단 전문위원 2008년 한국걷기연맹 수석부회장 2010년 한국걷기과학학회 회장(현) 2012~2016년 경희대 체육대학 스포츠의학과 교수 2012~2013년 同체육대학원 부원장 2016년 (사)웰니스IT협회 부회장(현), 한국발육발달학회 부회장(현) (상)일본 쓰꾸바학도자금재단 교육연구특별표창(1999), 일본 교육의학회 학술상(2000), 경희대 교육연구 우수교원상(2004·2005·2007), 경희대학교 경희인의상(연구상)(2004) (저)'PACE트레이닝중의 에너지소비량'(1998) '고혈압과 운동'(1999) '2급 생활체육지도자연수교재'(2004) '스포츠와 영양'(2005) (역)'운동검사 및 처방'(2003) '스포츠 재활운동의 실제'(2006) 'Swimming Fastest'(2008) (종)불교

**노호성(盧昊成)**

(생)1973·1·14 (출)부산 (주)서울특별시 마포구 마포대로 174 서울서부지방법원(02-3271-1104) (학)1991년 부산 금정고졸 1995년 고려대 법학과졸 (경)1997년 사법시험 합격(39회) 2000년 사법연수원 수료(29기) 2003년 부산지법 판사 2006년 수원지법 판사 2009년 서울중앙지법 판사 2012년 서울고법 판사 2013년 대법원 재판연구관 2015년 광주지법 부장판사 2017년 수원지법 안산지원 부장판사 2019년 서울서부지법 부장판사(현)

**노홍석(盧泓錫) NOH Hong Seog**

(생)1969·2·12 (출)전북 임실 (주)세종특별자치시 한누리대로 411 행정안전부 별관 혁신행정담당관실(044-205-1461) (학)전주 상산고졸, 서울대 국제경제학과졸, 한국개발연구원 국제정책대학원 정책학과(MPP)졸 (경)1996년 지방고시 합격(1회), 전북도 정책기획관실 기획담당, 同민생경제과장 2007년 同투자유치과장 2008년 同투자유치과장(지방서기관) 2010년 同정책기획관 2011년 同전략산업국장 2012년 同전략산업국장(지방부이사관) 2014년 안전행정부 파견(지방부이사관) 2015년 행정자치부 지방행정실 지역공동체과장 2016년 同지역경제과장(부이사관) 2017년 교육 파견, 同지역사회혁신정책과장 2019년 同기획조정실 혁신행정담당관(현) (상)창의적직무수행유공 근정포장(2008), 홍조근정훈장(2013)

**노홍인(盧洪仁) NOH Hong In**

(생)1960 (출)충남 청양 (주)세종특별자치시 도움4로 13 보건복지부 보건의료정책실(044-202-2700) (학)청양농고졸, 충남대 행정학과졸 (경)1993년 행정고시 합격(37회) 2003년 보건복지부 기획관리실 법무담당관, 同장관실 비서관 2004년 同건강증진국 암관리과장 2005년 同국외훈련팀장 2007년 同정책홍보관리실 법무팀장 2008년 보건복지가족부 규제개혁법무담당관 2009년 同보건의료정책과장 2010년 보건복지부 보건의료정책과장 2010년 同사회복지정책실 복지정책과장 2011년 同사회복지정책실 행복e음전담사업단장 2012년 同저출산고령사회정책실 노인정책과(고위공무원) 2013년 同인구정책실 노인정책관 2014년 대통령 보건복지비서관실 선임행정관 2017년 보건복지부 건강보험정책국장 2019년 同보건의료정책실장(현)

## 노환균(盧丸均) ROH Hwan Gyun

(생)1957 · 1 · 14 (본)광산(光山) (출)경북 상주 (주)서울특별시 중구 필동로 26 CJ인재원 노환균법률사무소(02-726-8664) (학)1975년 대구 대건고졸 1979년 고려대 법과대학졸 1981년 同대학원 법학과 수료 (경)1982년 사법시험 합격(24회) 1985년 사법연수원 수료(14기) 1985년 軍법무관 1988년 서울지검 동부지청 검사 1990년 대구지검 경주지청 검사 1992년 수원지검 검사 1994년 서울지검 검사 1995년 대검찰청 검찰연구관 1997년 부산지검 울산지청 부장검사 1998년 울산지검 부장검사 1998년 서울지검 부부장검사 1999년 창원지검 공안부장 2000년 법무부 검찰3과장 2001년 서울지검 동부지청 형사6부장 2002년 대검찰청 공안1과장 2003년 서울지검 남부지청 형사2부장 2003년 대구지검 안동지청장 2004년 서울고검 검사 2005년 부산지검 제2차장검사 2006년 수원지검 제1차장검사 2007년 부산지검 제1차장검사 2008년 울산지검장 2009년 대검찰청 공안부장 2009년 서울중앙지검장 2011년 대구고검장 2011~2013년 법무연수원장 2013~2017년 법무법인 태평양(유) 고문변호사 2014년 대한상사중재원 중재인(현) 2018년 변호사 개업(현) (상)국무총리표창(1993), 황조근정훈장(2010) (저)'공직선거 및 선거부정방지법 벌칙해설(共)'(1994) (종)불교

## 노환진(盧煥珍) Nho, Hwan-Jin

(생)1957 · 10 · 10 (출)경남 함양 (주)대전광역시 유성구 가정로 217 과학기술연합대학원대학교 교학처(042-865-2306) (학)1976년 진주고졸 1981년 서울대 조선공학과졸 1985년 한국과학기술원(KAIST) 생산공학과졸(석사) 1992년 프랑스 에콜폴리테크닉대 대학원 기계공학과졸 1996년 공학박사(프랑스 에콜폴리테크닉대) (경)1985년 과학기술처 기계연구조정관실 사무관 1989년 同기술협력담당관실 사무관 1992~1996년 프랑스 에콜폴리테크닉대 구조연구소 연구원 1996년 과학기술처 기계전자연구조정관실 서기관 1997년 대통령비서실 국가경쟁력강화기획단 과장 1998년 과학기술부 연구개발정책실 연구개발1담당관실 서기관 1999년 同과학기술정책실 정책총괄과 서기관 2000년 중국 연변과학기술대 교수(중국 파견) 2002년 과학기술부 기술협력1과 공업서기관 2003년 同연구개발국 생명환경기술과장 2004년 同서울과학관장 2004년 同학술진흥과장 2004년 교육인적자원부 기초학문지원과장 2005년 同학술진흥과장 2007년 同정책조정과장 2007년 同인적자원정책본부 평가정책팀장 2007년 과학기술부 연구조정총괄담당관실 출연연구기관육성팀장 2008년 교육과학기술부 연구기관지원과장(서기관) 2009년 同연구기관지원과장(부이사관) 2009~2011년 서울대 기술경영경제정책대학원 객원교수 2009~2011년 광주과학기술원 기초교육학부 초빙교수 2011~2012년 전북대 R&D전략센터 교수 2012~2016년 대구경북과학기술원 융복합대학 기초학부 교수 2015~2016년 同정책보좌역 2016년 과학기술연합대학원대(UST) 과학기술경영정책전공 교수(현) 2016년 同교무처장 2017년 同교학처장(현) (상)근정포장(2008) (종)기독교

## 노효동(盧孝東) Hyodong Roh

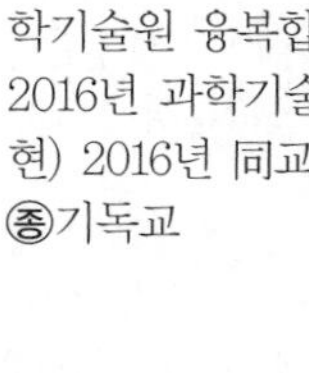

(생)1969 · 11 · 7 (본)장연(長淵) (출)경기 성남 (주)서울특별시 종로구 율곡로2길 25 연합뉴스 정치부(02-398-3114) (학)1988년 성일고졸 1995년 중앙대 영어영문학과졸 (경)1995~2018년 연합뉴스 입사 · 사회부 · 경제부 · 산업부 · 정치부 기자 2008~2009년 미국 조지타운대 객원연구원 2012~2013년 연합뉴스TV 정치부 파견 2013~2016년 연합뉴스 워싱턴특파원 2016년 同정치부 국회반장 2018년 同국제뉴스1부장 2019년 同정치부장(현) (상)駐韓미국대사관 한미클럽 주최 '돈 오버도퍼'상 초대 수상(2016), 중앙대 중앙언론동문상(2018) (종)기독교

## 노 훈(盧 勳) NOH Hoon

(생)1955 · 5 · 4 (본)광산(光山) (출)서울 (주)서울특별시 동대문구 회기로 37 한국국방연구원(02-961-1601) (학)1973년 서울 경동고졸 1978년 서울대 수학교육과졸 1983년 同대학원 수학교육과졸 1989년 경영학박사(미국 아이오와대) (경)1978년 공군 수원기상대 근무 1979년 공군본부 전산실 근무 1980~1982년 同체계분석실 근무 1982년 한국국방연구원 연구원 1994년 同군사기획연구센터 책임연구위원 1999년 同전력발전연구부장 2001년 同기획조정실장 2005년 대통령자문 국방발전자문위원회 위원 2005~2006년 국방부 장관정책보좌관 2011년 한국국방연구원(KIDA) 전력소요분석단장 2015년 同부원장 2016년 同군사기획연구센터 연구위원 2017년 同원장(현) (상)보국훈장 삼일장

## 노희범(盧熙範) NOH Hee Bum

(생)1966·5·6 (본)교하(交河) (출)충남 서천 (주)서울특별시 서초구 서초중앙로24길 16 법무법인 제민(02-6956-4830) (학)1984년 공주고졸 1991년 한양대 법과대학졸 2001년 同법과대학원졸 2009년 헌법학박사(한양대) 2010년 서강대 경제대학원 OLP과정 수료(13기) 2011년 숙명여대 법과대학 공정거래최고위과정 수료(2기) (경)1995년 사법시험 합격(37회) 1998년 사법연수원 수료(27기) 2001년 헌법재판소 공보담당관 2003년 同공동제1부(행정·형사) 연구관 2005년 同공동제2부(조세·노무) 연구관 2008년 대법원 재판연구관 2009년 헌법재판소 공보관(대변인) 2011년 헌법재판연구원 제도연구팀장 2013~2015년 헌법재판소 제2지정부 팀장(연구관), 사법시험·변호사시험 출제위원, 대한변호사협회 변호사연수 강사, 법제처·중앙공무원교육원 외래교수, 한양대·국민대 특강교수 2015~2018년 법무법인 우면 변호사 2015년 법제처 법령해석심의위원회 위원(현) 2017년 국세청 조세법률고문(현) 2018년 법무법인 제민 대표변호사(현) (종)천주교

## 노희찬(盧喜燦) RO Hee Chan (三湖)

(생)1943·12·10 (본)교하(交河) (출)경북 영천 (주)경상북도 경산시 진량읍 일연로 539 (주)삼일방직(053-817-3131) (학)1962년 대구공고졸 1968년 영남대 화학공학과졸 1992년 서울대 행정대학원 수료 2002년 명예 경영학박사(미국 샌프란시스코 Lincoln Univ.) 2007년 명예 공학박사(영남대) (경)1972년 삼일염직 설립 1977~1980년 경북도탁구협회 회장 1981~1992년 대구시탁구협회 회장 1982년 대구청년회의소 회장 1983년 삼일화성(주) 대표이사 1987년 삼일방직(주) 대표이사 회장(현) 1989년 삼일염직(주) 대표이사 회장(현) 1990년 대구염색공업공단 이사장 2001~2006년 대구상공회의소 회장 2001년 한·일친선협회 회장 2001~2006년 대한상공회의소 부회장 2002년 (재)영남학원 이사 2006~2012년 대구상공회의소 명예회장 2007~2010년 한국섬유기술연구소 이사장 2008~2014년 한국섬유산업연합회 회장 2008년 삼일방(주) 대표이사(현) 2012년 대구상공회의소 고문(현) 2014년 한국섬유산업연합회 명예회장(현) (상)철탑산업훈장, 대통령표창, 체육훈장 맹호장, 금탑산업훈장(2012), 매일신문·국채보상운동기념사업회 서상돈상(2018) (종)불교

## 노희찬(盧熙讚) Roh Hee Chan

(생)1961·10·1 (주)경기도 수원시 영통구 삼성로 129 삼성전자(주) 경영지원실(031-200-1114) (학)1980년 성광고졸 1985년 연세대 경제학과졸 (경)2006년 삼성전자(주) 구주총괄 경영지원팀장(상무보) 2007년 同경영지원실 지원팀 경영관리그룹 근무 2009년 삼성미래전략실 감사팀 상무 2010년 삼성전자(주) 경영지원실 지원팀 경영관리그룹장(상무) 2010년 同지원팀장(상무) 2010년 삼성탈레스(주) 이사 2011년 삼성전자(주) DMC부문 지원팀장(전무) 2012년 同지원팀장(전무) 2013년 同경영지원실 지원팀장(부사장) 2016년 삼성디스플레이(주) 경영지원실장(부사장) 2017년 삼성전자(주) 경영지원실장(사장)(현)

# 한국인물사전

# 2020

Y O N H A P N E W S

# ㄷ·ㄹ

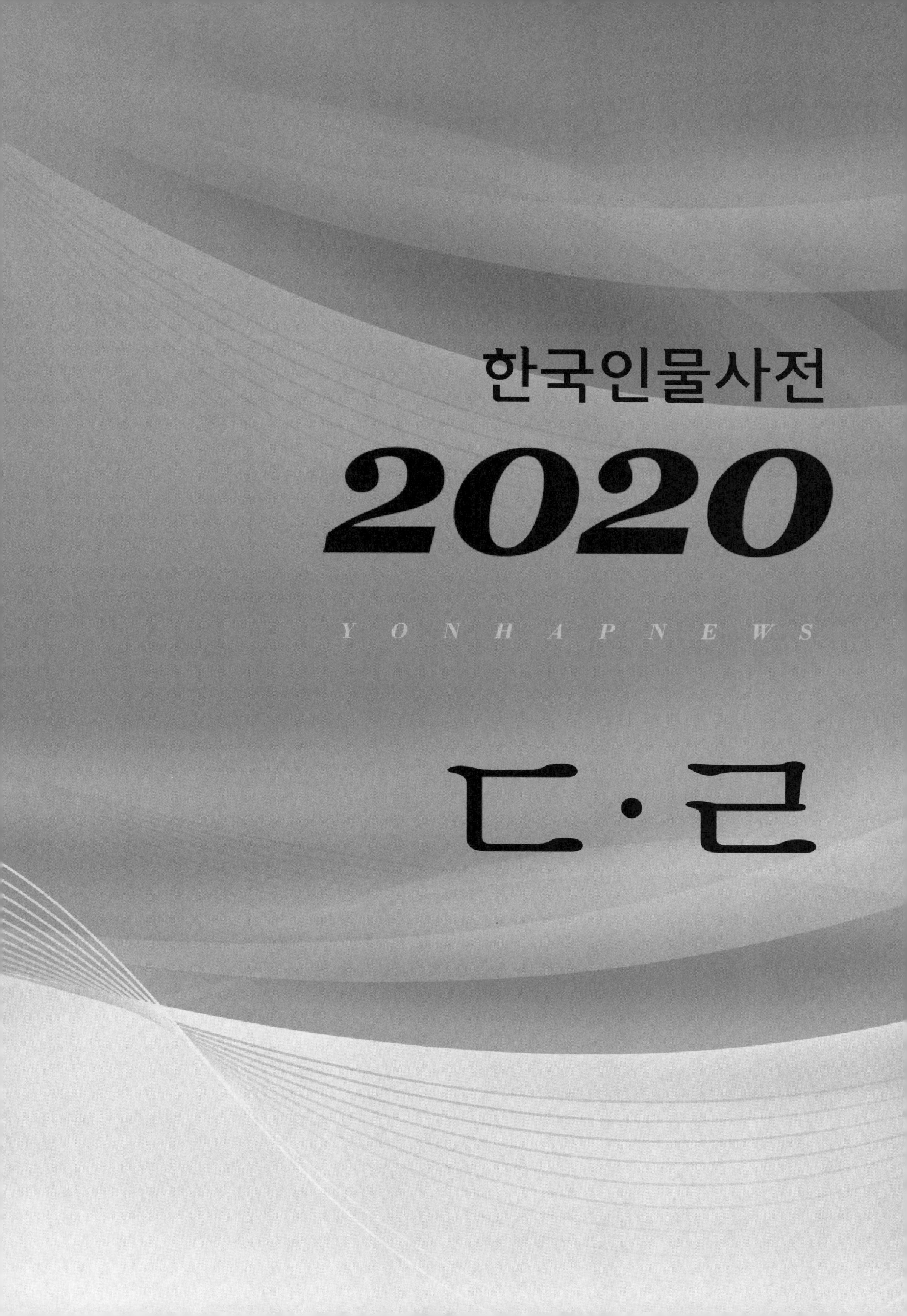

수록 순서 가나다 · 생년월일순

약 호 (생) 생년월일 (본) 본관 (출) 출생지
(주) 주소(연락처) (학) 학력 (경) 경력 : (현) → 현직
(상) 상훈 (저) 저서 (역) 역서
(작) 작품 (종) 종교

## 단성한(段成翰)

(생)1974 · 1 · 9 (출)충북 충주 (주)경기도 성남시 수정구 산성대로 451 수원지방검찰청 성남지청 형사4부(031-739-4329) (학)1992년 동성고졸 2000년 서울대 경제학과졸 (경)2000년 사법고시 합격(42회) 2003년 사법연수원 수료(32기) 2003년 광주지검 검사 2005년 창원지검 진주지청 검사 2007년 울산지검 검사 2009년 서울남부지검 검사 2012년 서울중앙지검 검사 2014년 대구지검 검사 2017년 서울중앙지검 부부장검사 2019년 수원지검 성남지청 형사4부장(현) 서울중앙지검 부부장검사 파견(현)

## 단재완(段宰完) DAN Jae Wan

(생)1947 · 3 · 21 (본)서촉(西蜀) (출)서울 (주)서울특별시 강남구 테헤란로 504 해성빌딩 20층 해성산업(주) 비서실(02-528-1221) (학)1966년 경복고졸 1970년 연세대 문리대학 철학과졸 (경)1978년 계양전기(주) 이사 1978년 학교법인 해성학원 이사장 1985년 해성산업(주) 대표이사 회장(현) 1987년 한국제지(주) 부회장, 同대표이사 회장(현) 1997년 계양전기(주) 대표이사 회장(현) 2001년 (주)한국팩키지 대표이사 회장(현) 2014년 해성디에스(주) 회장(현) (상)법무부장관표창, 금탑산업훈장(2001), 국민훈장 무궁화장(2014), 연세대 문과대학 동창회 연문인상(2014) (종)기독교

## 담도굉(譚道宏)

(생)1959 · 11 · 25 (출)중국 (주)서울특별시 강남구 테헤란로 203 현대모비스 임원실(02-2018-5114) (학)1978년 한성화교고졸 1985년 고려대 경영학과졸 (경)현대자동차(주) 현대차중국유한공사 근무, 同북경사무소장(이사) 2005년 同북경사무소장(상무) 2008년 同북경사무소장(전무) 2008년 同중국사업부본부장(전무) 2010년 현대자동차(주) 중국유한공사 총경리(부사장) 2015년 同중국전략담당 부사장 2016년 현대자동차그룹 중국지원사업부장(부사장) 2018년 현대모비스 중국사업담당 부사장(현)

## 당우증(唐宇增)

(생)1972 · 5 · 11 (출)인천 (주)경기도 수원시 영통구 법조로 105 수원지방법원 총무과(031-210-1114) (학)1991년 동인천고졸 1998년 서울대 법학과졸 (경)1997년 사법시험 합격(39회) 2000년 사법연수원 수료(29기) 2000년 대전지법 판사 2003년 同천안지원 판사 2004년 인천지법 판사 2007년 서울서부지법 판사 2010년 서울중앙지법 판사 2013년 대법원 재판연구관 2015년 울산지법 부장판사 2017년 수원지법 부장판사(현)

## 도광환(都廣煥) DO GWANG HWAN

(생)1965 · 1 · 11 (본)성주(星州) (출)경북 (주)서울특별시 종로구 율곡로2길 25 연합뉴스 DB부(02-398-3114) (학)1983년 대구 영신고졸 1991년 서강대 불어불문학과졸 (경)1993년 연합뉴스 사진부 기자 2007년 同사진부 차장 2011년 同사진부 부장대우 2014년 同사진부 부장급 2015년 同사진부장 2018년 同DB · 출판국 DB부장(부국장대우)(현)

## 도규상(都圭常) DOH Kyu Sang

(생)1966 · 10 · 31 (본)성주(星州) (출)부산 (주)서울특별시 종로구 청와대로 1 대통령정책실 경제정책비서관실(02-770-0011) (학)1985년 부산 배정고졸 1989년 서울대 경제학과졸 1992년 同행정대학원 정책학과 수료 2004년 미국 미시간주립대 경영대학원졸(파이낸스 석사) (경)1990년 행정고시 합격(34회), 재무부 감사관실 · 국고국 사무관 1995~1998년 재정경제원 경제정책국 산업경제과 · 정책조정과 · 정보과학과 사무관 1998~2001년 금융감독위원회 구조개혁기획단 은행팀 사무관, 同보험 · 기획 · 증권담당 사무관 2002년 同증권감독과 서기관 2003~2004년 한국개발연구원 파견 및 미국 미시간주립대 연수 2005년 금융감독위원회 보험감독과장 2007년 同기획행정실 기획과장 2008년 대통령실 행정관 2008년 금융위원회 금융서비스국 자산운용과장 2009년 同금융정책국 금융시장분석과장 2009년 同금융정책과장 2011~2012년 지식경제부 우정사업본부 보험사업단장(고위공무원) 2012년 국립외교원 글로벌리더십 교육파견 2013년 금융위원회 대변인 2014년 同중소서민금융정책관 2015년 同금융서비스국장 2016년 同금융정책국장 2017년 同위원장 정책보좌관 2017년 기획재정부 경제정책국장 2018년 대통령정책실 경제정책비서관(현)

## 도기욱(都基煜) DO Ke Wuk

(생)1965 · 12 · 7 (출)경북 예천 (주)경상북도 안동시 풍천면 도청대로 455 경상북도의회(054-654-7117) (학)안동대 경영학과졸 2006년 경북대 행정대학원 지방자치학과졸, 同대학원 정치학과 박사과정 수료 (경)한라중공업 인사부 근무, (주)도원산업 관리이사, 경북 예천군탁구협회 이사, 同회장, 파워비젼21 예천군 대표 2002~2006년 경북 예천군의회 의원 2006년 경북 예천군의원선거 출마, 경북도립대 강사, 경북도 민방위 강사, 경북대총동창회 부회장, 대구지검 상주지청 형사조정위원, 학교법인 은풍중 이사장 2010년 경북도의회 의원(한나라당 · 새누리당) 2010년 同기획경제위원회 위원 2011년 同예산결산특별위원회 부위원장 2012년 同기획경제위원회 부위원장 2014~2018년 경북도의회 의원(새누리당 · 자유한국당) 2014년 同기획경제위원회 위원 2014 · 2016년 同지방분권추진특별위원회 위원 2016년 同예산결산특별위원회 계수조정위원 2016년 同기획경제위원회 위원장 2016년 同정책연구위원회 위원장 2018년 경북도의회 의원(자유한국당)(현), 同자유한국당 원내대표(현) 2018년 同기획경제위원회 위원(현) 2018년 同정책연구위원회 위원(현) (상)한국을 빛낸 자랑스런 한국인대상 공로대상(2016)

## 도덕희(都德熙) DOH Deog Hee

(생)1962 · 10 · 10 (주)부산광역시 영도구 태종로 727 한국해양대학교 기계공학부(051-410-4364) (학)1985년 한국해양대 기관학과졸 1988년 同대학원 기관학과졸 1995년 공학박사(일본 도쿄대) (경)1985~1986년 한국해양대 교양과정부 조교 1986~1987년 동진상운(주) 3등기관사 1987~1990년 한국해양대 실습선 교관 1995년 포항공과대 첨단유체공학연구센터 위촉연구원 1995년 한국해양대 냉동공조과 전임강사 1997~2006년 同기계정보공학부 조교수 · 부교수 2005~2006년 미국 테네시대 방문교수 2006년 한국해양대 기계정보공학부 교수, 同기계 · 에너지시스템공학부 교수, 同기계공학부 교수(현), 同해양과학기술융합학과 교수 겸임 2006년 한국마린엔지니어링학회 사업이사 2007년 유체기계공업학회 편집이사 2009년 한국해양대 오션아카데미원장(현) 2014~2015년 한국가시화정보학회 부회장 2015년 한국해양대 기계공학부장 2015~2017년 同공과대학장 2016년 (사)한국가시화정보학회 회장(현) 2018년 대한기계학회 논문집 편집장(현) (상)한국박용기관학회장표창(1985), 교통부장관표창(1985), IBC International Scientist of the Year 2004 Award(2004), 대한기계학회 학술대회 열유체공학부문 우수논문상(2005), 산업자원부장관표창

(2006), 대한설비공학회 동계학술대회발표 우수논문상(2007), 일본혼상류학회 기술상(2010), 한국마린엔지니어링학회 학술상(2012), 한국가시화정보학회 학술상(2013), LG전자 우수산학공로상(2014), 아시아가시화기술 국제학술대회(ASV) 특별상(Wei Award)(2015), 국무총리표창(2016), 한국유체공학학술대회 우수논문상(2016) (저)'고해상 3차원 입자영상유속계 개발과 구 유동장 정밀해석 적용연구(共)'(2005) '유탄성 충돌제트 유체-구조 연동운동의 측정 및 해석(共)'(2006) 'Simultaneous Temperature and Velocity Fields Measurements Near the Boiling Point(共)'(2007) (역)'응용수치해석(共)'(2003) (작)소프트웨어 '3D PIV/PTV(Thinkes' EYES)'(2001)

**도상범(都尙範)**

(생)1971·4·12 (출)서울 (주)경기도 수원시 영통구 법조로 91 수원지방검찰청 중요경제범죄조사단(031-5182-4448) (학)1990년 용산고졸 1997년 고려대 법학과졸 (경)1997년 사법시험 합격(39회) 2000년 사법연수원 수료(29기) 2000년 서울지검 의정부지청 검사 2002년 대전지검 서산지청 검사 2003년 대전지검 검사 2005년 인천지검 부천지청 검사 2007년 서울남부지검 검사 2011년 청주지검 검사 2013년 同부부장검사 2013년 서울중앙지검 부부장검사 2015년 서울고검 검사 2016년 서울동부지검 부부장검사 2017년 광주지검 중요경제범죄조사단 부장검사 2019년 수원지검 중요경제범죄조사단 부장검사(현)

**도상철(都相哲) DO Sang Chull**

(생)1946·1·10 (본)성주(星州) (출)서울 (주)경기도 성남시 분당구 판교로228번길 15 판교세븐벤처밸리 NS홈쇼핑 사장실(02-6336-1504) (학)1965년 서울 양정고졸 (경)1980년 육군행정학교 교수부 근무 1984년 예편(육군 소령) 1985~2002년 (주)제일사료 인사기획부 이사 2002년 (주)한국농수산방송경영및고객지원부 상무이사 2007년 농수산홈쇼핑 부사장 2007년 同대표이사 부사장 2008~2012년 同대표이사 사장 2012년 NS홈쇼핑 대표이사 사장(현) 2015~2016년 (사)한국TV홈쇼핑협회 회장 (상)동탑산업훈장(2013) (종)기독교

**도상환(陶商煥) DO Sang Hwan**

(생)1961·3·7 (본)나주(羅州) (출)서울 (주)경기도 성남시 분당구 구미로173번길 82 분당서울대학교병원 마취통증의학과(031-787-7501) (학)1979년 장훈고졸 1985년 서울대 의대졸 1996년 고려대 대학원 의학석사 1998년 의학박사(고려대) (경)1985년 서울대병원 인턴 1986년 육군 軍의관 1989년 서울대병원 마취과 전공의 1992~1996년 서울시립보라매병원 마취과 전담의 1992년 대한마취과학회 고시위원 1996~1997년 서울대병원 마취과 기금교수 1997~2009년 서울대 의과대학 마취과학교실 전임강사·조교수·부교수 1998년 대한정맥마취학회 기획이사 2000~2001년 미국 버지니아의대 전기생리학 방문교수 2000년 대한수혈학회 무임소이사 2007~2014년 분당서울대병원 마취통증의학과장 2008년 대한마취약리학회 상임이사 2008년 대한산과마취학회 정보이사 2008년 대한마취과학회 고시이사 2009~2016년 분당서울대병원 중환자진료부장 2009년 서울대 의과대학 마취통증의학교실 교수(현) 2011년 대한민국의학한림원 정회원(현) 2012~2014년 대한마취통증의학회 기획이사 2015~2017년 대한산과마취학회 회장 2016년 분당서울대병원 수술부장(현) 2016년 대한외래마취학회 회장(현) 2019년 분당서울대병원 교수협의회 회장(현) (상)대한정맥마취학회 학술상(1999), 대한마취과학회 애보트학술상(2003), 대한정맥마취학회 우수학술상(2005), 대한마취약리학회 GSK학술상(2009·2010), 대한마취통증의학회 WSPC 기념학술상(2010), 대한마취통증의학회 아오학회기념학술상(2012), 대한산과마취학회 우수논문상(2013·2014), 대한마취통증의학회 특별상(2014), 대한부위마취학회 학술상(2017) (저)'중환자진료학'(1996) '임상소아마취'(1999) 'Magnesium in the central nervous system'(2011) '산과마취학 2판'(2016) '외래마취학'(2018)

**도석구(都奭求) Do Seok-Gu**

(생)1960·8·7 (본)성주(星州) (출)대구 (주)서울특별시 강남구 영동대로 517 아셈타워 20층 LS-Nikko동제련(주) 임원실(02-2189-9988) (학)1979년 대구 달성고졸 1986년 경북대 회계학과졸 (경)1986년 LG유통 입사 2004년 LS전선 경영관리담당(이사) 2006년 同경영관리담당(상무) 2008년 (주)LS 경영관리담당 상무 2008년 同경영관리담당 전무 2009년 同재무담당 최고책임자(CFO·전무) 2012년 同재무담당 최고책임자(CFO·부사장) 2015년 LS-Nikko동제련(주) 감사 2016년 同대표이사 부사장 2017년 同대표이사 사장(CEO)(현)

**도성훈(都成勳) Seong Hoon Do**

(생)1960·12·10 (출)충남 천안 (주)인천광역시 남동구 정각로 9 인천광역시교육청 교육감실(032-420-8100) (학)1979년 부평고졸 1985년 중앙대 국어국문학과졸 (경)1985~1989년 인천 인제고 교사 1994~1997년 관교중 교사 1997~2007년 인천여자공고 교사 2003~2006년 전국교직원노동조합 인천지부장 2007~2012년 부개고 교사 2012~2016년 동인천고 교사 2016~2018년 인천 동암중 교장, 인천학교급식시민모임 공동대표, 참교육장학사업회 상임이사 2018년 인천광역시 교육감(현) (상)2017 대한민국참봉사대상 참교육공헌부문(2017), 제3회 대한민국인성교육·교육공헌대상 교육공헌대상부문(2017)

**도용복(都龍福) DO YONG BOK (Happy)**

(생)1944·1·4 (본)성주(星州) (출)경북 안동 (주)부산광역시 부산진구 중앙대로691번가길 5 (주)사라토가(051-803-3311) (학)2001년 부산대 국제사회지도자과정 수료 (경)오지여행가 겸 시인(현), BBS연맹 부산진구 회장, 도레미문화센터 회장, 국제신문복간준비위원, 同상무이사 1982년 (주)사라토가 대표이사 회장(현), 맬로매니아중창단 단장, 문화와예술을사랑하는시민의모임 부회장, 부산시골프협회 이사, 포럼신사고 정치경제분과위원장 1995년 부산재즈클럽 고문(현) 2003년 (사)부산문화예술진흥회 이사장(현), 진황도사라토가스포츠유한공사 이사장 2004년 엘살바도르 명예영사(현), 동서대 겸임교수 2008~2011년 대구예술대 예술심리치료학과 특임교수 2008년 신라대 겸임교수 2009년 부산문화재단 이사 2010~2013년 한국지도자육성장학재단 이사 2013년 대장경축전조직위원회 명예홍보대사 2013년 뉴월드오케스트라 단장(현) 2016년 부산국제합창제 공동조직위원장(현) 2017년 대구한의대 평생교육융합학과 특임교수(현) 2017년 한국합창협회 고문(현) (상)한국언론인연합회 대한민국나눔봉사대상 기아나눔부문 대상(2017) (저)사진집 'EL CONDOR PASA'(1998), 기행문집 '신비한 나라 투르크메니스탄'(2004) 여행기 '살아있으라 사랑하라'(2011) '여행의 위대한 순간, 그래도 살아있으라'(2015) '빠샤아저씨'(2019)

**도용환(都容煥) DO Yong Hwan**

(생)1957·2 (출)경북 경산 (주)서울특별시 강남구 테헤란로 424 스틱인베스트먼트(주) 비서실(02-3404-7888) (학)1975년 경북고졸 1982년 고려대 경제학과졸 1990년 同경영대학원 경영학과졸 (경)1982~1987년 제일종합금융 기업신용분석 및 기업여신담당 1987~1989년 신한종합연구소 책임연구원 1989년 제일종합금융 주식 및 채권운용담당 1990~1996년 신한생명보험(주) 투자운용실장 1996~2000년 (주)스틱아이티투자 대표이사 1999년 정보통신부 산업기술심의위원회 심의위원 2000~2007년 스틱인베스트먼트(주) 대표이사 2001~2009년 전자신문 사외이사 2002년 한국벤처캐피탈협회 부회장 2003년 디피씨(주) 대표이사(현) 2003년 IT전문투자조합협의회 회장 2007~2008년 (사)벤처리더스클럽 회장 2008~2011년 한국벤처캐피탈협회 회장 2008년 스틱인베스트먼트(주) 부회장 2011년 同회장(현) (상)정보통신부장관표창(2002)

**도용회(都容會)**

(생)1971 · 3 · 20 (주)부산광역시 연제구 중앙대로 1001 부산광역시의회(051-888-8245) (학)부산대 행정학과졸 (경)부산지역공공기관노동조합협의회 공동대표(현), 더불어민주당 부산시당 노동위원장 2018년 부산시의회 의원(더불어민주당)(현) 2018년 同경제문화위원회 위원(현) 2018년 同남북교류협력특별위원회 위원(현) 2018년 同부산시산하공공기관장후보자인사검증특별위원회 위원(현)

**도재덕(都在德)**

(생)1962 · 2 · 10 (주)울산광역시 울주군 청량읍 청량천변로 103-9 울산구치소(052-228-9205) (학)1990년 영남대 법학과졸 (경)1990년 교위 임용(교정간부 33기) 2006년 교정관 승진 2007년 법무부 교정본부 사회복귀과 근무 2009년 김천소년교도소 총무과장 2010년 대구교도소 보안과장 2013년 대구지방교정청 총무과 근무 2015년 대구교도소 사회복귀과장(서기관) 2016년 부산구치소 부소장 2017년 경북북부제2교도소장 2018년 대구지방교정청 총무과장 2019년 울산구치소장(현)

**도재형(都在亨) DO Jae Hyung**

(생)1968·1·5 (출)대구 (주)서울특별시 서대문구 이화여대길 52 이화여자대학교 법학전문대학원(02-3277-6657) (학)1987년 대구 달성고졸 1992년 서울대 공법학과졸 1997년 同법과대학원졸, 법학박사(서울대) (경)1991년 사법시험 합격(33회) 1994년 사법연수원 수료(23기) 2003~2004년 서울지방노동위원회 공익위원 2004~2007년 강원대 법과대학 조교수 2005~2009년 경찰청 인권위원회 위원 2005년 국가인권위원회 위원 2005년 자유권전문위원회 위원 2005년 교육인적자원부 교원소청심사특별위원회 위원 2006~2009년 강원지방노동위원회 공익위원 2007년 이화여대 법학전문대학원 조교수·부교수·교수(현) 2012~2015년 同기획처 부처장 2016~2017년 同법학전문대학원 학생부원장 2016~2017년 同법과대학 법학과장 겸임 2017~2019년 同총무처장 (저)'한국 감옥의 현실(共)'(1998) '무죄다 라고 말할 수 있는 용기(共)'(1998) '변호사가 풀어주는 노동법 1(共)'(2004) '변호사가 풀어주는 노동법 2(共)'(2005) '법조윤리 입문'(2015) '노동법의 회생'(2016) (종)천주교

**도정님(都貞任 · 女) DO Jung Nim**

(생)1957 · 3 · 3 (주)충청북도 청주시 청원구 대성로 298 청주대학교 예술대학 연극학과(043-229-8697) (학)1977년 세종대 체육학과졸 1982년 同대학원졸 1995년 체육학박사(한양대) (경)1990년 서울국제무용제 참가, 국립발레단 단원, 청주대 예술대학 연극학과 교수(현), 청주시립예술단 자문위원, 한국무용과학회 회장, 한국발레협회 부회장 2014~2016년 청주대 예술대학장 2016~2018년 한국발레협회 회장 (상)동아무용콩쿨 은상, 한국발레협회 공로상(2006), 한국무용과학회 공로상(2010), 한국발레협회 대상(2011)

**도정일(都正一) DOH Jung Il**

(생)1941·1·10 (본)성주(星州) (출)서울 (주)서울특별시 종로구 동숭3길 40 2층 책읽는사회문화재단 이사장실(02-3675-8783) (학)1965년 경희대 영문학과졸 1984년 미국 하와이대 대학원 미국학 박사과정 수료 (경)1965~1971년 (주)시사영어사 편집부장 1971~1977년 동양통신 외신부장 1977~1982년 미국 하와이 동서문화센터 연구원 1980~1981년 미국 하와이주정부 교육국 카운셀러 1983~2006년 경희대 문과대학 영어학부 조교수·부교수·교수 1995년 同서울캠퍼스 중앙도서관장 1998년 문화개혁을위한시민연대 공동대표 2001년 책읽는사회만들기국민운동 비상임대표(현) 2003년 책읽는사회문화재단 이사장(현), 북스타트 한국위원회 대표 2006년 경희대 문과대학 영어학부 명예교수 2011~2015년 同후마니타스칼리지 대학장 2019년 인문학및인문정신문화진흥심의회 위원장(현) (상)소천비평문학상(1995), 현대문학비평상(1998), 일맥문화대상 사회봉사상(2007) (저)'새천년의 한국인 한국사회'(2000) '영상문화 1호'(2000) '사유의 공간'(2004) '대담-인문학과 자연과학이 만나다'(2005·2015) '시장전체주의와 문명의 야만'(2008) '글쓰기의 최소원칙(共)'(2008) '전환의 모색(共)'(2008) '다시, 민주주의를 말한다(共)'(2010) '불량 사회와 그 적들(共)'(2011) '일생에 꼭 한번은 들어야 할 명강(共)'(2012) '쓰잘데없이 고귀한 것들의 목록'(2014) '별들 사이에 길을 놓다'(2014) (역)'동물농장'(1998) '순교자'(2010)

**도정해(都廷海) Doh, Jung-hae**

(생)1966 · 8 · 7 (출)경북 청도 (주)서울특별시 강남구 논현로 508 (주)GS글로벌 경영지원부문(02-2005-5300) (학)1985년 내성고졸 1989년 서울대 법학과졸 (경)1994년 LG카드 입사 1999년 同부장 2004~2009년 GS홀딩스 부장 2009~2015년 (주)GS글로벌 기획 · 인사 · 법무담당 상무 2015년 (주)GS엔텍 경영관리본부장 겸 영업본부장(상무) 2017년 同경영관리본부장 겸 영업본부장(전무) 2018년 同전무 2019년 (주)GS글로벌 경영전략본부 전무(현)

**도종환(都鍾煥) DO Jong Hwan**

(생)1955 · 9 · 27 (본)성주(星州) (출)충북 청주 (주)서울특별시 영등포구 의사당대로 1 국회 의원회관 333호(02-784-2537) (학)1977년 충북대 국어교육과졸 1983년 同대학원 국어교육과졸 2006년 국문학박사(충남대) (경)시인(현) 1977~2003년 교사 1984년 동인지 '분단시대' 로 작품활동 시작 2006~2009년 한국간행물윤리위원회 위원 2006~2012년 (사)한국민족예술인총연합회 부회장 2008~2010년 한국작가회의 사무총장 2010~2012년 同부이사장 2012년 민주통합당 공천심사위원회 위원 2012년 제19대 국회의원(비례대표, 민주통합당 · 민주당 · 새정치민주연합 · 더불어민주당) 2013년 국회 교육문화체육관광위원회 위원 2013~2014년 국회 정치개혁특별위원회 위원 2014년 새정치민주연합 6.4지방선거대책위원회 공동대변인 2014~2015년 국회 동북아역사왜곡대책특별위원회 위원 2014~2015년 국회 군인권개선및병영문화혁신특별위원회 위원 2015년 새정치민주연합 한국사교과서국정화저지특별위원장 2015년 더불어민주당 한국사교과서국정화저지특별위원장 2016년 同대변인 2016년 同충북도당 위원장 2016년 同청주시흥덕구지역위원회 위원장(현) 2016년 제20대 국회의원(청주시 흥덕구, 더불어민주당)(현) 2016~2017년 국회 교육문화체육관광위원회 간사 2016~2017년 국회 '박근혜 정부의 최순실 등 민간인에 의한 국정농단 의혹 사건 진상규명을 위한 국정조사특별위원회' 위원 2016~2017년 더불어민주당 교육연수원장 2017년 同제19대 문재인 대통령후보 중앙선거대책위원회 문화예술정책위원장 겸 문화예술교육특보단장 2017~2019년 문화체육관광부 장관 2017~2018년 국회 농림축산식품해양수산위원회 위원 2018년 국회 국방위원회 위원(현) (상)신동엽 창작상(1990), 올해의예술상 문학부문(2006), 거창평화인권문학상(2007), 정지용문학상(2009), 윤동주상 문학부문대상(2010), 백석문학상(2011), 공초문학상(2012), 신석정문학상(2014), 한국가톨릭문학상 시부문수상(2017), 용아박용철 문학상(2017) (저)시집 '고두미 마을에서'(1985, 창작과비평사) '접시꽃 당신'(1986, 실천문학사) '내가 사랑하는 당신은'(1988) '몸은 비록 떠나지만'(1989, 실천문학사) '지금 비록 너희 곁을 떠나지만'(1989, 제삼문학사) '당신은 누구십니까'(1993, 창작과비평사) '사람의 마음에 꽃이 진다'(1994, 문학동네) '부드러운 직선'(1998, 창작과비평사) '슬픔의뿌리'(2005, 실천문학사) '해인으로 가는 길'(2006, 문학동네) '세 시에서 다섯 시 사이'(2011, 창비) 등, 산문집 '그때 그 도마뱀은 무슨 표정을 지었을까'(1998, 사계절) '모과'(2000, 샘터사) '마지막 한 번을 더 용서하는 마음'(2000, 사계절) '사람은 누구나 꽃이다'(2004, 좋은생각) 등, 동화 '바다유리'(2002, 현대문학북스) '나무야 안녕'(2007, 나무생각)

## 도준수(都俊秀) Do Junsoo

(생)1972 · 10 · 29 (본)성주(星州) (출)대구 (주)서울특별시 서대문구 통일로 97 경찰청 수사국 수사제도개편1팀(02-3150-1676) (학)1991년 대구 대건고졸 1995년 경찰대 행정학과졸(11기) 2010년 연세대 행정대학원졸 (경)1995년 경위 임용 2003년 경찰청 기획과 반장 2004년 同인사과 반장 2010년 서울지방경찰청 발전T/F팀장 2011년 同경무과 기획예산계장 2016년 경찰대 치안대학원준비팀장 2016년 경북 성주경찰서장 2017년 경찰청 수사국 수사제도개편2팀장 2017년 同수사제도개편1팀장(현)

## 도중섭(都重燮) DO JUNG SUP

(생)1962 · 9 · 26 (본)성주(星州) (출)서울 (주)서울특별시 중구 남대문로 90 SK네트웍스(070-7800-2114) (학)고려대 기계공학과졸 (경)1993~1997년 SK네트웍스(주) LA지사 근무 2003~2005년 同두바이지사장 2006~2008년 同철강본부장(상무) 2009년 GLDP(Global Leadership Development Program) 연수 2010~2011년 SK네트웍스(주) 워커힐 전략본부장 겸 Marketing사업부장 2012~2013년 SK홀딩스 G&G Turkey Country Office Manager 2014년 SK네트웍스(주) 워커힐 Sales & Marketing담당 상무 2015년 同쉐라톤그랜드워커힐호텔 총지배인(상무) 겸 워커힐 Sales & Marketing담당 상무 2017년 同워커힐총괄 전무 2019년 同워커힐총괄 부사장(현)

## 도지헌(都址憲) Do Ji Heon

(생)1965 · 12 (주)경기도 성남시 분당구 판교로255번길 46 SK인포섹 플랫폼센터(02-6361-9114) (학)순천향대 화학과졸, 홍익대 대학원 전산학과졸 (경)2008년 SK C&C 공공사업개발팀장 2011년 同전략사업추진팀장 2013년 同GlobalSOC사업본부장(상무) 2013~2015년 同Global사업본부장(상무) 2015년 SK주식회사 C&C Global사업본부장(상무) 2017년 同전략사업본부장 2018년 SK인포섹 전략사업부문장(전무) 2019년 同플랫폼센터장(현)

## 도창희(都昌熙) DO Chang Hee

(생)1957 · 1 · 4 (본)성주(星州) (출)충남 (주)대전광역시 유성구 대학로 99 충남대학교 농업생명과학대학 동물자원과학부(042-821-5784) (학)1983년 충남대 낙농학과졸 1985년 서울대 대학원 가축육종학과졸 1992년 공학박사(미국 버지니아주립대) (경)1992~2003년 한국종축개량협회 종돈검정팀장 1993년 축산연구소 가축개량협의회 전문위원 2000년 한국농업정보과학회 운영이사 2000~2003년 충남대 겸임부교수 2003~2007년 경남도 첨단양돈연구소장 2008년 충남대 농업생명과학대학 동물자원과학부 부교수 2017년 同동물자원과학부 교수(현) 2017~2018년 한국동물유전육종학회 회장 2019년 同명예회장(현) (종)천주교

## 도형석(都亨錫)

(생)1964 · 6 · 17 (출)경북 의성 (주)충청북도 청주시 서원구 산남로62번길 51 청주지방법원(043-249-7114) (학)1982년 대구 계성고졸 1993년 성균관대 법학과졸 (경)1997년 사법시험 합격(39회) 2000년 사법연수원 수료(29기) 2000년 대전지법 예비판사 2002년 同판사 2003년 同서산지원 판사 2004년 수원지법 판사 2008년 서울중앙지법 판사 2010년 서울동부지법 판사 2014년 대전지법 판사 2015년 창원지법 진주지원 부장판사 2017년 청주지법 부장판사(현)

## 독고순(獨孤順 · 女) Dohkgoh, Soon

(생)1962 · 6 · 17 (출)서울 (주)서울특별시 동대문구 회기로 37 한국국방연구원 부원장실(02-961-1601) (학)1981년 서울여고졸 1985년 연세대 사회학과졸 1988년 同대학원 사회학과졸 2000년 사회학박사(연세대) (경)1988년 한국국방연구원 입사 2003~2008년 同국방사회조사통계실장, 同선임연구위원, 同책임연구위원(현) 2014년 국방부 민관군병영문화혁신위원회 위원 2014~2017년 한국국방연구원 인력정책연구실장 2015~2018년 국방부 정책자문위원 2017~2018년 同군인복무정책심의위원회 위원 2018년 한국국방연구원 국방인력연구센터장 2018년 同부원장(현) (상)국무총리표창(2011) (저)'군과 여론조사(共)'(2004, KIDA Press) '미래전장(共)'(2011, KIDA Press) (종)기독교

## 돈 관(頓 觀)

(생)1959 · 8 · 22 (출)경남 남해 (주)경상북도 영천시 청통면 청통로 951 미타도량 팔공산 은해사(054-335-3318) (학)1990년 동국대 영어영문학과졸 1994년 일본 오사카대 교육대학원 수료 (경)1978년 해인사로 출가하여 일타스님을 은사로 득도 1995년 한국불교사회연구원 원장 1995년 경주불교회 증명법사 1996년 불광사 경북불교대학 학장(현) 2000년 대구불교방송 총괄국장 2000년 은해사 기획국장 2000~2003년 환성사 주지 2001~2002년 청소년환경감시단 단장 2001~2004년 경북지방경찰청 경승실 법사 2002년 대구불교방송 이사(현) 2004~2008년 대구 불광사 주지 2005~2015년 대구경북녹색연합 공동대표 2005년 민주평통 자문위원 2008년 은해사 주지(현) 2010년 학교법인 동곡학원(선화여고) 이사장(현) 2013년 전국교구본사주지협의회 회장 2015년 학교법인 동국대 이사 2015년 대구불교방송 사장 (저)'진리와 지혜의 나눔'(1995, 부흥기획) '불교를 알고 싶어요'(2011, 우리출판사) (종)불교

## 동종인(董宗仁) Dong Jong In

(생)1956 · 6 · 15 (본)광천(廣川) (출)부산 (주)서울특별시 동대문구 서울시립대로 163 서울시립대학교 도시과학대학 환경공학부(02-6490-2862) (학)1979년 서울대 화학공학과졸 1981년 한국과학기술원(KAIST) 화학공학과졸(석사) 1990년 환경공학박사(미국 뉴저지공대) (경)1981년 국립환경연구원 연구관 1985년 미국 뉴저지공대 연구원 1987년 미국 Hazardous Substance Management and Research Center/NJ State & US EPA 선임연구원 1992년 서울시립대 도시과학대학 환경공학부 교수(현) 1994년 중소기업청 벤처기업 심사위원 1994년 한국폐기물학회 소각 · 기술분과 간사 1996년 환경부 소각기술자문위원 1996년 한강환경관리청 환경영향평가위원 1997년 환경부 중앙환경보전자문위원회 위원 1997년 환경관리공단 환경기술위원 1998년 대한환경공학회 총무이사 1998 · 2013년 서울시 녹색서울시민위원회 위원 1998년 환경정의 이사 · 집행위원장 · 공동대표(현) 1998~2000년 서울시 은평구 · 중랑구 · 강서구 소각시설입지선정위원 1999년 서울시 환경보전자문위원회 위원, 同투자심사위원회 위원, 同환경분쟁조정위원회 위원 1999~2001년 국제 Dioxin Conference 부위원장 2000년 ICIPEC 창설 2000 · 2002 · 2012년 同조직위원장 2001년 농업기반공사 기술고문 2002년 쓰레기문제해결을위한시민운동협의회 정책위원 2002년 국무총리실 사회질서확립평가위원 2003년 행정자치부 정책자문위원 2004년 대통령직속 정책기획위원회 위원 2004년 산업자원부 10대신기술선정위원회 위원 2004년 국립환경연구원 연구위원회 위원 2004년 조계종 환경위원회 전문위원 2007년 폐자원에너지화 및 non-CO2온실가스 사업단장 2008년 한국폐기물자원순환학회 부회장 2008년 한국폐자원에너지기술협의회 부회장 2009년 전북도 녹색성장위원회 위원 2012년 한국대기환경학

회 부회장 2013년 서울시 녹색위원회 공모사업위원회 위원장, 서울환경상 심사위원장 2014년 한국에너지기후환경협의회 회장, 同명예회장(현) 2014~2016년 희망서울 정책자문위원회 위원 2015~2018년 서울시 맑은하늘만들기시민운동본부 위원장 2015~2018년 강동구 민간보조금심의위원회 위원장 2017년 한국환경회의 공동대표(현) 2019년 강동구 지속가능발전위원회 공동회장(현) 2019년 국가기후환경회의 위원(현) (상)대한환경공학회 공로상(2000), 세계환경의날 국무총리표창(2002) (저)'환경과 인간'(1999) '대기오염개론'(2001) '환경화학'(2001) '토양환경공학'(2001) '대기공학'(2003)

## 동준모(董準模) DONG Zun Mo

(생)1956·12·15 (본)광천(廣川) (출)서울 (주)서울특별시 종로구 홍지문2길 20 상명대학교 음악학부(02-2287-5356) (학)1975년 배문고졸 1983년 서울대 음악대학 중퇴 1986년 독일 하이델베르크 만하임국립음대졸 1994년 미국 뉴잉글랜드음악원졸(석사) (경)1994년 미국 카네기홀 독주회 1995년 인천시립교향악단 수석주자 1997년 중앙대 강사·서울예고 지휘자 1997년 음악춘추 선정 '올해를 빛낸 베스트 아티스트' 1998년 충남도립교향악단 협연 1998년 청송실내악단 상임지휘자 2000~2015년 상명대 음악대학 관현악과 교수 2003년 프레미에필하모닉오케스트라 상임지휘자(현) 2006년 미국 미들테네시주립대 초청 '클라리넷 독주회' 2008~2011년 상명대 음악대학장 2015년 同음악학부 교수(현)

## 동헌종(董憲鍾) DHONG Hun Jong

(생)1958·8·18 (출)서울 (주)서울특별시 강남구 역삼로 245 하나이비인후과병원(02-6925-1111) (학)1983년 서울대 의대졸 1987년 同대학원 의학석사 1995년 의학박사(서울대) (경)1983~1987년 서울대병원 인턴·레지던트 1990~1991년 同전임의 1991~1992년 시립보라매병원 전담의사 1992~1994년 미국 펜실베이니아대병원 연구전임의 1994~2019년 삼성서울병원 이비인후과 전문의 1997~2002년 성균관대 의대 이비인후과학교실 부교수 2000년 미국 The Cleveland Clinic Foundation 교환교수 2002~2019년 성균관대 의대 이비인후과학교실 교수 2005~2009년 同의대 이비인후과학교실 주임교수 2005~2009년 삼성서울병원 이비인후과장 2012~2014년 同행복추진실장 2013~2015년 대한비과학회 회장 2015~2016년 삼성서울병원 진료부원장 2016~2017년 대한천식알레르기학회 회장 2019년 하나이비인후과 대표원장(현) (상)대한비과학회 임상분야 우수자유연제상(2007) (저)'이비인후과학-두경부외과서울심포지움'(2007, 서울대병원)

## 동현수(董賢洙) DONG Hyun Soo

(생)1956·1·6 (본)광천(廣川) (출)경남 (주)서울특별시 종로구 종로33길 15 연강빌딩 (주)두산 임원실(02-3398-3600) (학)1975년 경복고졸 1980년 서울대 섬유공학과졸 1982년 同대학원 염색공학과졸 1990년 고분자공학박사(미국 North Carolina State Univ.) (경)1983년 삼성그룹 입사 2001년 제일모직(주) 정보통신소재사업부장(상무보) 2004년 同전자재료1사업부장(상무) 2005년 同디스플레이소재사업부장(상무) 2007년 同디스플레이소재사업부장(전무) 2007~2011년 에이스디지텍 대표이사 2008~2010년 청주상공회의소 상임의원 2010년 한국고분자학회 부회장 2011년 (주)효성 옵티컬필름PU장(부사장) 2012년 (주)두산 전자비즈니스그룹(BG)장(사장) 2015년 同사업총괄부문 사장 2015년 한국공학한림원 정회원(화학생명공학·현) 2017년 한국고분자학회 회장 2018년 (주)두산 사업부문 대표이사 부회장(현) (상)제일모직 기술상(1990·1992), 기획재정부장관표창(2009), 철탑산업훈장(2010) (종)기독교

## 두세훈(杜世勳) Doo Sehun

(생)1976·6·25 (주)전라북도 전주시 완산구 효자로 225 전라북도의회(063-280-3970) (학)전라고졸, 서울대 식물생산과학과졸 (경)2016년 변호사시험 합격(5회), 변호사 개업(현), 완주군 자율방범연합회 자문변호사(현), 더불어민주당 중앙당 법률위원회 부위원장 2018년 전북도의회 의원(더불어민주당)(현) 2018년 同행정자치위원회 부위원장(현) 2018년 同운영위원회 위원(현)

## 두정수(杜廷秀) Doo Jung-soo

(생)1958·7·30 (본)두릉(杜陵) (출)전북 군산 (주)서울특별시 관악구 관악로 1 서울대학교 153동 411호 유엔공업개발기구 한국투자진흥사무소(02-794-8191) (학)전주고졸 1984년 한국외국어대 스페인어과졸 (경)1983년 외무고시 합격(17회) 1983년 외무부 입부 1987년 駐베네수엘라 2등서기관 1990년 駐바르셀로나 영사 1995년 駐휴스턴 영사 1998년 駐멕시코 참사관 2001년 외교통상부 개발협력과장 2003년 駐OECD대표부 참사관 2006년 외교통상부 중남미국 심의관 2008년 同중남미국장 2010~2013년 駐파나마 대사 2013~2014년 한국국제협력단(KOICA) 상임이사 2015~2017년 강원도 국제관계대사 2017년 유엔공업개발기구(UNIDO) 한국투자진흥사무소 대표(현) (상)녹조근정훈장(2000)

## 라영재(羅榮在)

(생)1966·7·19 (출)충남 천안 (주)세종특별자치시 다솜로 261 국무조정실 정부업무평가실(044-200-2507) (학)1990년 성균관대 정치외교학과졸 1997년 경상대 행정학과졸 2002년 행정학박사(한국외국어대) (경)2002~2007년 국민권익위원회 대외협력과·민간협력팀 근무 2007~2008년 同민간협력팀장 2008~2009년 同민원조사협력과장 직대 2008~2011년 협성대 도시지역학부 강사 2010~2012년 한국조세재정연구원 경영평가연구팀 초빙연구위원 2012~2013·2015년 同경영평가연구팀장 2013~2014년 同공공기관연구센터 부소장 2015~2017년 同공공기관연구센터 연구위원 2017년 同평가연구팀장 2018~2019년 同공공기관연구센터 소장 2019년 국무조정실 정부업무평가실 평가관리관(고위공무원)(현) (상)부총리 겸 기획재정부장관표창(2014)

## 라인철(羅仁喆) Rah, In-cheol

(생)1961·11·28 (주)부산광역시 기장군 기장읍 기장해안로 216 국립수산과학원 남해수산연구소(061-690-8920) (학)1981년 전북 신흥고졸 1985년 고려대 지질학과졸 1987년 중앙대 경영대학원 국제경영학과졸 1994년 서울대 보건대학원 보건경제학 수료 1999년 미국 로드아일랜드대 자원환경경제학 수료 (경)1993년 해양수산부 무역과 근무 1995년 공무원교육원 파견 1997년 해외 연수 1999년 해양수산부 국제협력과 근무 2000년 同자원관리과 근무 2003년 대통령직속 농어업특별위원회 수산팀장 2004년 駐러시아 해양수산관 2007년 해양수산부 국제협력관실 국제협력팀장 2010년 농림수산식품부 어업정책과장(부이사관) 2011년 同농림수산검역검사본부 수산물안전부장(고위공무원) 2012년 국방대 파견 2013년 해양수산부 해양정책실 어업자원정책관 2014~2018년 국립수산과학원 서해수산연구소장 2018년 同남해수산연구소장(현)

## 라제훈(羅濟薰) LAH Je Hoon (春谷)

(생)1949·7·22 (본)나주(羅州) (출)서울 (주)서울특별시 영등포구 국회대로70길 7 동아빌딩 7층 신기그룹 비서실(02-784-6821) (학)1968년 경기고졸 1973년 연세대 경영학과졸 1975년 同대학원 경영학과졸, 독일 잘브뤼켄대 대학원 경영학과졸 (경)동아무역(주) 입사, 同이사, 同상무이사, 同전

무이사, 同부사장, 同대표이사 사장, 한국정보서비스(주) 이사, 동아스포츠(주) 이사, 동아알미늄(주) 대표이사, (주)동선 대표이사, 동아산전(주) 대표이사 사장, 한국YPO 회장, (주)스카이라인스포츠 대표이사 사장(현), 신기그룹 대표이사 회장(현), 국제로타리 3650지구 총재지역대표, 대한상공회의소 무역업위원회 부위원장, 한국무역협회 재산관리위원장, 한국과학기술원 서울분원 운영자문위원장, 서울상공회의소 상임의원, 동양석판(주) 사외이사, 장충로타리클럽 회장, 연세대총동창회 기획분과위원장, 연세대상경대학동창회 부회장 2012~2015년 한무쇼핑 사외이사, 한국무역협회 이사(현) [종]기독교

**라종억(羅鍾億) Ra Chong Uk (友濫)**

[생]1947·5·10 [출]서울 [주]서울특별시 강남구 논현로 708 금강빌딩 303호 (사)통일문화연구원(02-553-3944) [학]1966년 중앙고졸 1970년 고려대 생명과학대학졸 2000년 명예 경영학박사(경기대) 2002년 명예 정치학박사(순천향대) 2017년 명예 문화학박사(카자흐스탄 국립예술대) [경]2000년 매일경제신문 대북 자문위원(현) 2001년 세계일보 통일분과 자문위원(현) 2001년 同남북평화연구소 전문위원(현) 2001년 (사)통일문화연구원 이사장(현) 2001~2005년 민주평통 경제협력분과 위원장·운영위원 2003년 러시아 자연과학아카데미 정회원(원사) 2003년 순천향대 명예교수(현) 2004~2008년 국군기무사령부 자문위원 2005~2007년 국무총리실 통일연구원 고문 2005년 경남대 북한대학원 초빙교수(현) 2006년 부산여대 석좌교수 2006년 북한연구학회 명예고문(현) 2009년 월간조선 자문위원 2010~2013년 인천재능대학 석좌교수 2013~2015년 민주평통 상임위원 2014년 탈북청년통일관나눔아카데미 이사장(현) 2015년 민주평통 문화예술체육분과 위원장(현) 2017년 대한골프협회(KGA) 홍보위원장(현) [상]대통령표창(1999), 국민훈장 모란장(2002), 올해를 빛낸 중앙인상(2003), 예총 예술문화상 특별공로상(2004), 조선문학사 조선문인대상(2004·2013), 고려대 고대 3대가족상(2005), 한국문학예술대상(2006), 동백예술문학상(2008), 청하문학상(2009), 국어사랑공로상(2010) [저]시집 '이 큰 개가 우체통 안에 어떻게 들어갔을까'(2002, 조선문학사) '연꽃이 필 무렵'(2009, 조선문학사) '유지 신발이 점점 커진다!'(2014, 해빗), 수필집 '왼손과 오른손의 대화'(2004, 자유지성사) '라종억의 청풍소언'(2012, 황금물고기), 여행기 '여랑소상'(2008, 재능아카데미) 외 다수

**라종일(羅鍾一) RA Jong Yil**

[생]1940·12·5 [본]나주(羅州) [출]서울 [주]경기도 성남시 수정구 성남대로 1342 가천대학교 법과대학 경찰·안보학과(031-750-5114) [학]1959년 중앙고졸 1963년 서울대 문리대학 정치학과졸 1965년 同대학원 정치학과졸 1972년 정치학박사(영국 케임브리지대) [경]1972~1978년 경희대 조교수·부교수 1973년 미국 미시간대 연구교수 1974년 그리스 아테네대 교환교수 1977년 영국 서섹스대 객원교수 1978~1998·1999~2006년 경희대 정경대학 정치외교학과 교수 1979년 프랑스 외무성초청 소르본느대 연구 1980년 경희대 정경대학장 1980년 헌법 준비위원 1980년 유네스코주최 인권과평화교육에관한태평양지역회의 한국대표 1981~1982년 영국 케임브리지대 처칠칼리지 Fellow Commoner 1984년 경희대 인류사회재건연구원장 1987년 미국 서던캘리포니아대 풀브라이트 교수 1988~1993년 경희대 대학원장 1989년 유럽연구협회 부회장 1994년 FDL-AP(아태민주지도자회의) 부의장 1994년 한국유럽학회 회장 1995년 국제평화전략연구원 원장 1995~1998년 국민회의 지도위원 1997년 同통일·국제특별위원장 1997~1998년 한국미래정치연구회 회장 1997년 대통령직인수위원회 행정실장 1998년 국가안전기획부 해외·북한담당 2차장 1999년 국가정보원 해외·북한담당 1차장 1999년 국민회의 총재 외교안보특보 1999년 국제평화전략연구원 원장 1999~2003년 한국밀레니엄연구원 원장 2000년 새천년민주당 총재 외교안보특보 2000년 국가정보원장 외교특보 2001~2003년 駐영국 대사 2002년 국제해사기구(IMO) '1974 여객 및 수하물의 운송에 관한 협약 개정을 위한 외교회의' 의장 2003년 대통령 국가안보보좌관 2003~2004년 국가안전보장회의 상임위원장 겸 사무처장 2004~2007년 駐일본 대사 2007~2011년 우석대 총장 2009~2012년 (재)전주문화재단 이사장 2009년 한국시각장애인테니스연맹 회장(현) 2010년 대통령직속 사회통합위원회 이념분과위원장 2010년 영국 Asia House 고문(현) 2011~2015년 한양대 국제학부 석좌교수 2013년 키스앤컴퍼니 사외이사 2014년 대통령직속 통일준비위원회 외교안보분과위원회 민간위원 2014~2016년 경희대 평화대학원 강사 2014년 국가인권위원회 북한인권포럼 의장·국제관계 자문위원 2016년 가천대 법과대학 경찰·안보학과 석좌교수(현) 2016~2017년 더불어민주당 중앙당선출직공직자평가위원회 위원장, 국가인권위원회 국제전문위원회 위원 2019년 6.10만세운동기념사업회 회장(현) 2019년 영국 Clare Hall College 명예교수(현) [상]일본 소카대 최고 영예상, 옥조근정훈장(2006) [저]'현대서구정치론'(1987, 경희대 출판국) 'Cooperation and Conflict' '신·보수우익론' 'Points of Departure' '끝나지 않은 전쟁' '사람과 정치'(1995, 상경사) '끝나지 않는 의문-라종일의 정치이야기'(1997, 남지) '준비, 새로운 천년을 위하여'(1999, 남지) 동화 '비빔밥 이야기(국문·영문·일문·중문)'(2008) '세계의 발견-라종일이 보고 겪은 한국 현대사'(2009, 경희대 출판국) '낙동강'(2010, 형설라이프) [역]'백년전의 여행 백년후의 교훈' '현대소설과 정치' '정치이론 입문' '아리스토텔레스의 정치학' [종]천주교

**류경기(柳炅基) LIU Gyoung Gee**

[생]1961·10·21 [본]선산(善山) [출]전남 담양 [주]서울특별시 중랑구 봉화산로 179 중랑구청 구청장실(02-2094-1000) [학]1977년 서울 대신고졸 1985년 서울대 정치학과졸 1987년 同대학원 행정학과졸 1993년 미국 위스콘신대 대학원 행정학과졸 2014년 도시행정학박사(서울시립대), 한국방송통신대 법학과졸 [경]1985년 행정고시 합격(29회) 1997년 서울 강동구 시민국장 1998년 서울시 기획예산실 심사평가담당관 2000년 同산업정책과장 2002년 同뉴욕주재관 2004년 同경영기획실 기획담당관 2007년 同시장 비서실장 2008년 同경영기획실 경영기획관 2009년 同디자인서울총괄본부 부본부장(이사관) 2010년 同문화관광디자인본부 디자인기획관 2010년 同한강사업본부장 2011년 同대변인 2013년 同행정국장 2014년 同기획조정실장 2015~2017년 同행정1부시장, 더불어민주당 정책위원회 부의장 2018년 서울 중랑구청장(더불어민주당)(현) 2018년 서울시 동북권 자치구 패션·봉제산업발전협의회 회장(현) [상]홍조근정훈장 [저]'류경기의 우문현답-서울을 바꾼 지혜와 용기'(2018) [종]가톨릭

**류경렬(柳景烈) RYOO Kyeong Ryul**

[생]1947·7·24 [출]서울 [주]전라남도 순천시 서면 산단2길 63 (주)티에이 비서실(061-755-4806) [학]1966년 삼선고졸 1974년 연세대 금속공학과졸 [경]1973년 포항종합제철(주) 입사 1990년 同광양공장 생산관리부장 1995년 同광양공장 공정부장·생산기술부장·기술본부 기술실장·PI실장 1999년 同상무대우 2000년 同상무이사 2001년 (주)포스코 전무이사 2003~2006년 同부사장 2006년 포항산업과학연구원(RIST) 원장 2008년 同상임고문 2011년 (주)티에이 대표이사 회장(현) [상]국무총리표창(1987), 철탑산업훈장(2004) [종]불교

**류경열(柳慶烈) Ryu, Kyoung Yul**

[생]1962·8·27 [주]전라북도 완주군 이서면 농생명로 166 국립농업과학원 농산물안전성부 유해생물팀(063-238-3391) [학]1984년 충북대 농생물학과졸 1987년 서울대 대학원 농생물학과졸 1995년 농학박사(충북대) [경]1995년 미국 Pennsylvania Department Agriculture 박사 후 연수 1996년

농업과학기술원 해외병해충과 박사 후 연수 1999~2004년 농촌진흥청 고령지농업연구소 근무 2000~2001년 International Potato Center(CIP) China Office Exchange Scientist 2002~2003년 同Peru Lima 공동연구원 2004~2005년 북해도농업연구센터 연구원 2004~2008년 국립농업과학기술원 친환경농업과 농업연구사 2005~2006년 한국식물병리학회 운영위원 2007~2008년 同학술위원 2008년 농촌진흥청 기획조정관실 평가조정담당관실 농업연구사 2008년 同기획조정관실 행정법무담당관실 농업연구사 2010년 국립농업과학원 유해생물과 농업연구관 2011년 농촌진흥청 연구정책국 연구성과관리과 농업연구관 2015년 국립농업과학원 농업유전자원센터 농업연구관 2017년 한국식물병리학회 부회장 2017년 농촌진흥청 기술협력국 국제기술협력과 농업연구관 2017~2018년 同기술협력국 국외농업기술과장 2018년 국립농업과학원 농산물안전성부 유해생물팀장(현)

**류경완(柳炅完)**

(생)1966·3·1 (주)경상남도 창원시 의창구 상남로 290 경상남도의회(055-211-7230) (학)경상대 사회과학대학 경영학과졸 (경)남해사랑청년회 초대회장, 남해자치분권연대 집행위원장, 학교교육운영위원회 남해군협의회장 2017~2018년 경남도의회 의원(재·보궐선거 당선, 무소속·더불어민주당), 고운재한옥팬션 대표(현) 2018년 전국자치분권개헌추진본부 경남본부 공동대표(현) 2018년 경남도의회 의원(더불어민주당 원내대표)(현) 2018년 同경제환경위원회 위원(현) 2018년 同운영위원회 위원(현)

**류경진(柳京辰)**

(생)1973·1·19 (출)서울 (주)강원도 강릉시 동해대로 3288-18 춘천지방법원 강릉지원(033-640-1050) (학)1991년 단대부고졸 1998년 고려대 법학과졸 (경)1999년 사법시험 합격(41회) 2002년 사법연수원 수료(31기) 2002년 법무법인 태평양 변호사 2010년 전주지법 판사 2012년 광주고법 판사, 대전지법 서산지원·대전가정법원 서산지원 판사 2015년 의정부지법 판사, 서울고법 판사 2018년 서울중앙지법 판사 2019년 춘천지법 강릉지원 부장판사(현)

**류경표(柳炅杓) RYU Kyeong Pyo**

(생)1964·8·23 (본)고흥(高興) (출)경기 평택 (주)서울특별시 중구 남대문로 63 (주)한진 대표이사실(02-728-5114) (학)1983년 효명고졸 1987년 서울대 경영학과졸 1990년 同경영대학원 경영학과졸 2000년 미국 매사추세츠공대 대학원졸(MBA) (경)1988년 삼일회계법인 회계사 1990~1999년 대한항공 경영조정실 재무담당 차장 1999~2000년 미국 MIT 교육파견 2000년 대한항공 IR팀장(부장) 2002년 同그룹구조조정실 재무기획팀장(부장) 2006년 同그룹구조조정실 상무보 2006~2009년 인하대 사무처장, 전국사무처장협의회 회장, (주)엔투비 비상임감사, (주)한진 경영기획실장(상무) 2011년 에쓰오일(주) 감사부문담당 상무 2013년 同생산지원본부장(부사장) 2014년 (주)한진 재무총괄 전무 2016년 同경영기획실장(전무)(현) 2017년 同사내이사 2018년 同대표이사(현)

**류관석(柳灌錫)**

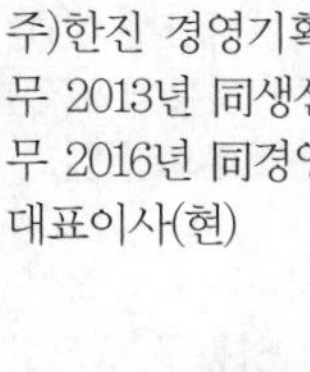

(생)1962·1·12 (주)서울특별시 서초구 서초대로 272 11층 법무법인 공유(02-3472-7200) (학)충북고졸, 고려대 법과대학졸, 同정책대학원 최고위정책과정 수료, 서울과학기술산업대 최고위건축개발과정 수료, 동국대 부동산최고경영자과정 수료 (경)軍법무관 임용시험 합격(10회), 사법연수원 수료, 국방부 법무관리관실 법무관, 同검찰부 고등검찰관, 병무비리 특별수사팀 수석검찰관 2003년 변호사 개업, 서울다함께프로젝트 법률지원변호사, 고려대정책대학원 최고위정책과정총교우회 사무총장, 법무법인 공유 대표변호사(현) 2017년 국방부 '군 적폐청산위원회' 위원

**류광수(柳光洙) Ryu, Kwang Su**

(출)광주 (주)경상남도 사천시 사남면 공단1로 78 한국항공우주산업(주) KFX사업부(055-851-1000) (학)1982년 광주 대동고졸 1986년 서울대 항공공학과졸 1988년 同대학원 항공공학과졸 (경)1988년 삼성항공 입사 2000년 한국항공우주산업(주) T-50 구조시험팀장 2006년 同KHP기체담당 2008년 同KHP기체담당 임원 2009년 同구조설계담당 2010년 同항전체계담당 2012년 同고정익체계담당 연구위원 2015년 同고정익개발본부 체계종합실장(상무) 2018년 同KFX사업부장(전무)(현)

**류광지(柳光志) RYU Kwang Jy**

(생)1966·5·25 (출)경북 군위 (주)부산광역시 사상구 낙동대로960번길 81 (주)금양 사장실(051-316-5881) (학)1985년 대구 능인고졸 1990년 고려대 법학과졸 (경)1994년 서울증권 인수공모 및 M&A팀 근무 1998년 (주)금양 기획조정본부 자금관리팀 이사 1999년 同재무기획실장 2001년 중국 곤명 금양화학공업유한공사 사장 2001년 (주)금양 대표이사 사장(현) (상)부산중소기업인대상(2014) (종)천주교

**류광훈(柳匡勳) RYU Kwang Hoon**

(생)1968·8·17 (주)서울특별시 강서구 금낭화로 154 한국문화관광연구원 경영기획본부(02-2669-8481) (학)1993년 경기대 관광개발학과졸 1995년 同관광대학원 관광개발학과졸 2001년 관광개발학박사(경기대) (경)1994년 교통개발연구원 위촉연구원 1995년 한국관광연구원 책임연구원 2002년 한국문화관광정책연구원 책임연구원 2002년 同관광정책팀장 2007년 한국문화관광연구원 연구기획팀장 2007~2008년 同관광산업연구실장 2008년 同통계정보센터장, 同관광산업연구실 연구위원 2015년 同관광정책연구실 연구위원 2015년 同관광정책연구실 선임연구위원(현) 2017년 신성장위원회 위원 2018~2019년 한국문화관광연구원 관광연구본부장 2019년 同경영기획본부장(현)

**류국량(柳國樑)**

(생)1973·7·7 (출)경북 안동 (주)강원도 영월군 영월읍 영월향교1길 53 춘천지방검찰청 영월지청 총무과(033-371-4200) (학)1991년 서인천고졸 2000년 고려대 행정학과졸 (경)1999년 사법시험 합격(41회) 2002년 사법연수원 수료(31기) 2002년 서울지검 검사 2004년 청주지검 제천지청 검사 2006년 인천지검 검사 2008년 울산지검 검사 2010년 서울남부지검 검사 2014년 부산지검 검사 2016년 서울중앙지검 부부장검사 2017년 춘천지검 강릉지청 부장검사 2018년 부산지검 강력부장 2019년 춘천지검 영월지청장(현)

**류권주**

(생)1962·9·18 (주)서울특별시 중구 통일로 10 연세세브란스빌딩 14층 SK매직(주)(1600-1661) (학)1980년 목포고졸 1988년 고려대 법학과졸 (경)1988년 유공 법제부 입사 2005년 SK(주) 소매영업본부 N/W운영팀장 2007년 SK네트웍스(주) 경기중부지사장 2011년 同에너지마케팅(EM) BHQ 사업운영팀장 2013년 同WHOLESALE남부사업부장 2016년 同기업문화본부장 2017년 同RETAIL사업부장(상무) 2017년 SK매직(주) 대표이사 전무 2019년 同대표이사(현)

**류규하(柳圭夏) YOO Kyu Ha**

(생)1956·6·12 (출)경북 안동 (주)대구광역시 중구 국채보상로139길 1 중구청 구청장실(053-661-2001) (학)1975년 대건고졸 1979년 영남대 약학대학 제약학과졸 (경)1979년 동일약국 대표, 경북대부설중 지역위원, 환경운동연합 회원, 대구시 중구 약사회장, 대구시약사회 총무위원장, 한나라당 대구中지구당 부위원장 1995·1998~2002년 대구시 중구의회 의원 1995~1997년 同사회도시위원회 위원장 1998~2000년 同의장 2002·2006~2010년 대구시의회 의원(한나라당), 同예산결산특별위원회 위원장, 同교육사회위원회 위원장 2006~2008년 同운영위원회 위원장 2006~2008년 전국의회운영위원장협의회 사무총장 2007년 대구시버스개혁시민위원회 위원장 2008년 대구시의회 행정자치위원회 위원 2008~2010년 同부의장 2014~2018년 대구시의회 의원(새누리당·자유한국당) 2014년 同건설교통위원회 위원 2014년 同윤리특별위원회 위원 2016~2018년 同의장 2017년 전국시·도의회의장협의회 부회장 2018년 대구시 중구청장(자유한국당)(현) (종)천주교

**류근찬(柳根粲) RYU Keun Chan**

(생)1949·2·27 (본)진주(晋州) (출)충남 보령 (주)서울특별시 영등포구 의사당대로 1 대한민국헌정회(02-757-6612) (학)1967년 성동고졸 1975년 서울대 사범대학 독어교육과졸 (경)1974년 한국방송공사 기자 1984년 同보도본부 보도국 사회부 차장 1986년 同정치부 차장 1987년 同사회부 차장 1989년 同워싱턴특파원 1992년 同보도본부 TV편집부 차장 1993년 同보도본부 보도위원 1995년 同보도본부 보도국 국제부장 1996년 同보도본부 해설위원(국장급) 1998년 同보도국장 1999년 同런던지국장 2000~2003년 同보도본부장 2001~2003년 한국신문방송편집인협회 부회장 2003년 자민련 총재 언론특보 2003년 사랑의일기재단 이사(현) 2003년 서울대 사범대학동창회 부회장 2003년 환경재단 136인포럼 회원 2003년 관훈클럽 회원(현) 2004년 제17대 국회의원(보령·서천, 자민련·국민중심당·자유선진당) 2004년 자민련 대변인 2004년 同상임집행위원 2004년 同정책위원회 의장 2004년 同정책연구소 이사장 2004~2008년 국회 과학기술정보통신위원회 위원 2004~2005년 국회 남북관계발전지원특별위원회 위원 2006~2007년 국민중심당 정책위 의장 2006~2008년 同충남도당 위원장 2007~2008년 同대변인 2008년 자유선진당 충남도당 위원장 2008~2012년 제18대 국회의원(보령·서천, 자유선진당) 2008~2009년 자유선진당 정책위 의장 2009~2010년 同원내대표 2010년 서울대총동창회 이사(현) 2010~2012년 자유선진당 최고위원 2010~2012년 同미래혁신특별위원회 위원 2012년 제19대 국회의원선거 출마(보령·서천, 자유선진당·선진통일당) 2012년 선진통일당 충남도당 위원장 2014~2015년 새정치민주연합 충남도당 공동위원장 2017년 대한민국헌정회 대변인(현) 2018년 한국블록체인기업진흥협회 회장(현) (상)중앙언론문화상, 한국방송대상 (저)'여의도 전망대'(2011) (종)기독교

**류근태(柳根泰)**

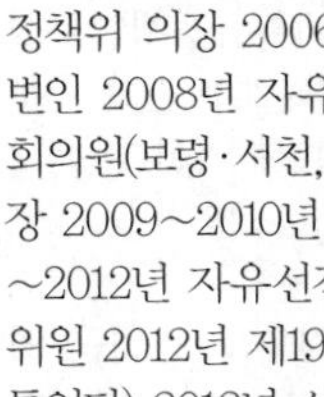

(생)1962 (출)전북 순창 (주)전라북도 전주시 덕진구 기지로 120 한국국토정보공사 감사실(063-713-1005) (학)전주고졸, 연세대 정치외교학과졸 (경)나눔과비전포럼 이사, 굿월드 자선은행 이사 2018년 한국국토정보공사(LX) 상임감사(현) 2018년 한국감사협회 부회장 2019년 同회장(현)

**류근혁(柳根赫)**

(생)1964 (주)세종특별자치시 도움4로 13 보건복지부 연금정책국(044-202-3700) (학)인하대 행정학과졸 (경)1992년 행정고시 합격(36회), 보건복지부 의료급여과장, 同암관리과장 2006년 同보험급여평가팀장 2007년 同보건정책팀장 2007년 同건강투자기획팀장 2011년 同건강정책과장 2012년 同국민연금정책과장 2014년 同기초연금사업지원단장 2014년 同건강정책국장(일반직고위공무원) 2015년 同대변인 2016년 국가공무원인재개발원 고위정책과정 훈련 파견(국장급) 2016년 보건복지부 기획조정실 정책기획관(국장급) 2017년 대통령정책실 사회수석비서관실 사회정책비서관실 선임행정관 2018년 보건복지부 연금정책국장(현) 2018년 국민연금공단 비상임이사(현) (상)홍조근정훈장(2015)

**류근호(柳根浩) Keun-Ho Rew**

(생)1971·1·30 (주)충청남도 아산시 배방읍 호서로79번길 20 호서대학교 로봇공학과(041-360-4862) (학)1994년 한국과학기술원 기계공학과졸, 1996년 同기계공학졸(석사), 2001년 기계공학박사(한국과학기술원) (경)1998~2003년 미래산업 과장, 2002~2003년 바이오첵 근무, 2003~2005년 파인디앤씨 차장, 2005년 대한기계학회 회원(현), 2005년 호서대 기계공학과 전임강사, 2006년 同로봇공학과 전임강사, 2007년 同로봇공학과장, 同로봇자동화공학과 교수(현), 2019년 同공과대학 부학장(현)

**류긍선(柳肯善) RYU GEUNG SEON**

(생)1977 (주)경기도 성남시 분당구 판교역로 231 에이치스퀘어 에스동 6층 (주)카카오모빌리티(1644-4158) (학)2000년 서울대 전산학과졸 (경)2000년 (주)다날 입사 2004~2011년 同정보통신연구소장 2007~2011년 同개발본부장(CTO·CIO) 2011년 同대표이사 2013년 同유럽 CEO 2018년 (주)카카오모빌리티 전략부문 부사장 2019년 同공동대표이사(현)

**류기성(柳基成) RYU Ki Sung**

(생)1957·2·24 (출)경북 봉화 (주)서울특별시 영등포구 63로 10 여의도성모병원 산부인과(02-3779-1218) (학)1981년 가톨릭대 의대졸, 1990년 同대학원 의학석사, 1994년 의학박사(가톨릭대) (경)1988~1998년 가톨릭대 의과대학 산부인과학교실 임상강사·전임강사·조교수, 1994년 미국 와이오밍대 Department of Moloecular Biology Research Associate, 1996년 同Department of Moloecular Biology 조교수, 1998~2003년 가톨릭대 의과대학 산부인과학교실 부교수, 2003년 同의과대학 산부인과학교실 교수(현), 2003~2005년 아세아오세아니아학술대회조직위원회 사무총장, 2003년 대한산부인과학회 의료보험위원회 위원, 2003~2005년 同편집위원회 위원, 2007년 가톨릭대 의대정보부학장 겸 의학도서관 부관장, 2009년 同성모병원 산부인과장, 2009~2010년 대한부인종양콜포스코피학회 홍보위원장, 2010년 同수련위원장 (저)'장애평가기준'(2011, 박영사), '부인과학'(2015, 대한산부인과학회)

**류기성(柳基誠) RYU Gi Seong**

(생)1982·6·21 (본)전주(全州) (출)서울 (주)서울특별시 관악구 남부순환로 1926 경동제약(주) 비서실(02-576-6121) (학)성균관대 경영대학원졸 (경)2006~2008년 경동제약(주) 기획조정실장 2008년 류일인터내셔널 지사장 2011년 경동제약(주) 대표이사 부사장 2014년 同대표이사 부회장(현)

**류기열(柳琦烈) RYU Ki Yeol**

(생)1962·12·20 (주)경기도 수원시 영통구 월드컵로 206 아주대학교 정보통신대학 소프트웨어학과(031-219-2636) (학)1985년 서울대 컴퓨터공학과졸 1987년 한국과학기술원(KAIST) 전산학과졸(석사) 1992년 공학박사(한국과학기술원) (경)1992~1993년 한국과학기술원(KAIST) 연구원 1993~1994년 일본 도쿄(東京)대 객원연구원 1994년 아주대 정보통신대학 정보및컴퓨터공학부(현 소프트웨어학과) 교수(현) 2009년 同

정보통신대학원 부원장 2017년 同정보통신대학장(현) (상)한국정보과학회 논문경진대회 우수상(1985·1988), 대통령표창(2017) (저)'대학생을 위한 교양컴퓨터: 실습시작'(1997, 생능출판사) '실습중심의 한글97'(1999, 생능출판사) (역)'문제해결중심의 C프로그래밍'(2001)

## 류기현(柳琪鉉)

(생)1965 (출)경북 칠곡 (주)대구광역시 달성군 화원읍 비슬로 2625 대구교도소(053-632-4501) (학)경북대 공법학과졸 (경)1997년 행정고시 합격(41회) 2009년 대구지방교정청 직업훈련과장(서기관) 2011년 광주교도소 부소장 2012년 광주지방교정청 총무과장 2012년 서울남부구치소 부소장 2014~2015년 통일교육원 파견 2015년 청주교도소장 2016년 대전지방교정청 총무과장 2017년 창원교도소장(부이사관) 2018년 전주교도소장 2019년 대구교도소장(고위공무원)(현)

## 류길재(柳吉在) RYOO Kihl Jae

(생)1959·1·15 (주)서울특별시 종로구 북촌로15길 2 북한대학원대학교(02-3700-0827) (학)1984년 고려대 정치외교학과졸 1987년 同대학원 정치외교학과졸 1995년 정치외교학박사(고려대) (경)1987~1996년 경남대 극동문제연구소 연구원 1996~1998년 同극동문제연구소 연구교수(전임강사) 1997년 세계지역연구협의회 섭외이사 1998년 同출판이사 1998~2005년 북한대학원대 조교수·부교수 2001년 민주평통 상임위원 2001년 한국정치학회 섭외이사 2002년 국재지역학회 이사 2002년 한국학술진행재단 남북학술협력위원 2004년 북한연구학회 총무이사 2004년 한국국제정치학회 북한·통일분과위원장 2005~2013년 북한대학원대 교수 2005년 同교학처장 2007년 同산학협력단장 2007년 경찰청 보안자문위원 2008년 대통령실 외교안보자문위원 2009년 통일부 정책자문위원 2010년 국가미래연구원 외교안보분야 발기인 2013년 북한연구학회 회장 2013~2015년 통일부 장관 2014~2015년 대통력직속 통일준비위원회 정부부문 부위원장 2015년 북한대학원대 교수(현) 2019년 용문중·고교 제25대 총동문회장(현) (상)2013 서울외신기자클럽 외신홍보상 정부부문(2013) (저)'북한의 변화예측과 조기통일의 문제점(共)'(1998) '김일성·김정일 문헌을 어떻게 읽을 것인가(共)'(2003)

## 류남길(柳南吉) Liu Nam KIl

(출)부산 (주)서울특별시 종로구 세종대로 209 통일부 홍보담당관실(02-2100-5737) (학)1993년 단국대 국문학과졸 2011년 중앙대 신문방송대학원 광고학과졸 (경)1993~2000년 (주)BBDO KOREA·(주)메트로콤·(주)대방기획 CW 2000년 (주)MBC애드컴 CD 2005~2015년 (주)농심기획 대표이사 2009년 아시아태평양광고제 PRESS & POSTER부문 심사위원 2010·2012년 KOBACO 공익광고 심의위원 2012·2014년 대한민국광고대상 심사위원 2015년 뉴욕페스티벌 아웃도어부문 심사위원 2016년 서울시 홍보매체 심의위원 2016년 중부대 신문방송학과 조교수(겸임교원) 2017년 통일부 홍보담당관(현) (상)칸느 국제광고제 SILVER(2007), 런던 국제광고제 Winner(2007), 뉴욕 페스티벌 BRONZE(2008), 클리오 국제광고제 BRONZE(2008), 문화체육관광부장관표창(2008), 뉴욕페스티벌 선정 아시아의 크리에이터수상(2009), 한국PR학회 선정 올해의 CD수상(2009), 국제비즈니스대상(IBA) 마케팅 & 웹사이트부문 SILVER(2014)

## 류덕제(柳德濟) RYU Duck Jee

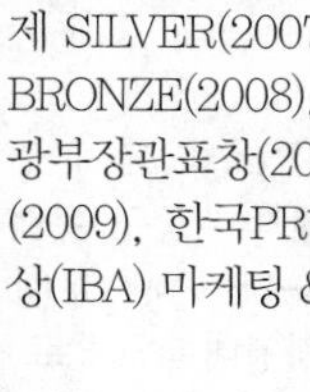

(생)1958·10·27 (본)서산(瑞山) (출)경북 성주 (주)대구광역시 남구 중앙대로 219 대구교육대학교 국어교육과(053-620-1317) (학)1978년 달성고졸 1982년 경북대 국어교육과졸 1987년 同대학원 국어국문학과졸 1995년 문학박사(경북대) (경)1995~2006년 대구교육대 국어교육과 전임강사·조교수·부교수 2004년 미국 뉴저지주립대 방문교수 2006년 대구교육대 국어교육과 교수(현) 2012년 미국 버지니아대 방문교수 2014~2015년 대구교육대 교육대학원장 2015~2017년 한국아동청소년문학학회 회장 2018년 국어교육학회 회장 (상)제7회 이재철아동문학평론상(2018) (저)'문학수업방법' '현대시와 수필' '깜지와 함께 떠난 동화 마을 여행'(2008, 국립어린이청소년도서관) '한국아동청소년문학연구'(2009, 한국문화사) '대구경북아동문학인 연구'(2010) '학습자중심 문학교육의 이해'(2011, 보고사) '국어과 교육론(共)'(2012, 보고사) '현실인식과 비평정신'(2014, 한국문화사) '한국아동문학사의 재발견(共)'(2015, 청동거울) '한국현대아동문학비평자료집1'(2016, 소명출판) '한국현실주의 아동문학 연구'(2017, 청동거울) (종)불교

## 류덕희(柳悳熙) RYU DEOK HEE (松泉)

(생)1938·5·20 (본)전주(全州) (출)경기 화성 (주)서울특별시 관악구 남부순환로 1926 경동제약(주)(02-570-6102) (학)1956년 성동공고졸 1961년 성균관대 화학과졸 1989년 미국 보스턴대 경영대 최고경영자과정 수료 1990년 서울대 최고경영자과정 수료 1993년 연세대 고위정책과정 수료 1996년 고려대 언론대학원 최고위언론과정 수료 1998년 중앙대 의약식품대학원졸 2001년 명예 경영학박사(성균관대) (경)1960년 성균관대 문리과대학 학생회장 1960년 4.19의거학생대책위원회 성균관대 대표 1960년 4월민주혁명 순국학생위령탑건립위원회 재무분과 위원장 1969~1975년 한올제약(주) 부사장 1976~1996년 경동제약(주) 사장 1985·1993년 천주교 용산성당사목회 총회장 1987~1995년 한국제약협회 이사 1990~1995년 한국천주교평신도사도직협의회 사무총장 1993년 한국약품공업협동조합 이사장 1994년 한국의약품수출입협회 이사 1994년 (사)4.19회 지도위원 1995년 중소기업협동조합중앙회 이사 1995~2000년 한국제약협회 부회장 1996년 천주교 서울대교구 평신도사도직협의회 회장 1996년 한국천주교평신도사도직협의회 회장 1996년 천주교 서울대교구 민족화해위원회 부위원장 1996년 (사)4.19육영사업회 이사장(현) 1997년 민주평통 상임위원·운영위원(현) 1997년 경동제약(주) 대표이사 회장(현) 1997년 공정거래위원회 경제규제개혁위원 1997년 경제살리기 범국민운동 공동대표 1998~2003년 한국천주교 주교회의 정의평화위원회 상임위원 1998~2003년 사회복지법인 서울가톨릭사회복지회 이사 1999~2001년 민간사회안전망운동 범국민협의회 공동상임대표 2000~2003년 한국제약협회 부이사장 2001년 송천재단 설립·이사장(현) 2002년 중소기업협동조합중앙회 부회장 2005~2006년 대한보디빌딩협회 회장 겸 대한올림픽위원회 위원 2006~2008년 성균관대총동창회 회장 2008년 기업은행 '중소기업인 명예의 전당'에 헌정 2009~2015년 (사)한국가톨릭레드리본(에이즈환자보호) 이사장 2010년 한국제약협회 비상대책위원장 2010~2016년 성균관대총동창회 회장 2010~2012년 한국제약협회 이사장 2011년 한국제약협동조합 이사 2012~2017년 (사)운석장면총리기념사업회 이사장 (상)성균관대총장표창(1960), 참의원 의장 공로표창(1961), 북인천세무서장표창(1984), 서울특별시장표창(1988), 경기도지사표창(1996), 부총리 겸 재정경제원장관표창(1996), 국민훈장 동백장(1997), 자랑스러운 가톨릭 실업인대상(2000), 한국무역협회장표창(2001), 자랑스러운 광희인상(2002), 금탑산업훈장(2003), 한국전문경영인(CEO)학회 전문경영인대상 첨단제약부문 대상(2004), 자랑스러운 성균경영인상(2005), 자랑스러운 성공인상 대상(2005), 중소기업은행 기업인 명예의전당 헌정(2008), 자랑스러운 성균언론인상(2008), 2008 자랑스러운 성균인상(2009), 대한민국코스닥대상 최우수사회공헌기업상(2009), 서울대 AMP대상(2010), 대한경영학회 경영자대상(2012), 대한화학회 화학경영자상(2013), 한국무역협회 2천만불 수출의 탑(2014), 4.19혁명 대상(2017) (저)'행복한 삶' '무한경쟁시대' '주보성인의 삶을 쫓아서' '있어야 할 자리에 있는 사람'(2000) '진정한 선진국' '현실에 맞게 거듭 태어나자' '마음의 등불되어'(2005) (종)천주교

## 류동백(柳東白)

(생)1960·8·10 (출)경북 안동 (주)경상북도 청송군 진보면 양정길 231 경북북부제2교도소(054-874-4500) (학)경북대 행정대학원졸(행정학석사) (경)1989년 교위 임용(7급 공채) 2002년 청송제1보호감호소 보안과장(5급 교정관) 2004년 대구구치소 수용기록과장 2006년 대구지방교정청 보건분류과장 2007년 대구구치소 복지지원과장 2009년 안동교도소 직업훈련과장 2010년 대구지방교정청 보안과장(서기관) 2011년 대전교도소 부소장 2012년 법무연수원 교정연수과장 2013년 경북북부제2교도소장 2014년 대구지방교정청 총무과장 2015년 안동교도소장 2016년 진주교도소장 2017년 경북직업훈련교도소장 2017년 대구구치소장 2018년 포항교도소장 2019년 경북북부제2교도소장(현)

## 류동현(柳東賢) RYU Dong Hyeon

(생)1968·2·22 (출)경북 안동 (주)대전광역시 서구 청사로 189 특허청 특허심사2국(042-481-5533) (학)1987년 안동 중앙고졸 1991년 홍익대 전자공학과졸 (경)2001년 특허청 심사4국 컴퓨터심사담당관실 서기관 2004년 同전기전자심사국 컴퓨터심사담당관실 서기관 2005~2007년 특허심판원 심판관 2007년 특허청 정보통신심사본부 디스플레이심사팀장 2009~2010년 해외 유학(서기관) 2010년 특허심판원 심판관 2012년 특허법원 파견(과장급) 2014년 특허심판원 심판관 2014년 특허청 특허심사기획국 특허심사기획과장(부이사관) 2015년 특허심판원 심판정책과장 2018년 同심판9부 심판관 2018년 同심판8부 심판장(고위공무원) 2018년 특허청 특허심사2국장(현)

## 류두현(柳斗鉉) Doohyun Ryoo

(생)1958·3·26 (출)서울 (주)전라북도 전주시 완산구 천잠로 303 전주대학교 의과학대학 환경생명과학과(063-220-2664) (학)1981년 한양대 공업화학과졸 1983년 서울대 대학원 화학공학과졸 1990년 화공학박사(미국 콜로라도 주립대) (경)1983~1986년 한양화학(주) 중앙연구소 연구원 1991년 삼성종합화학연구소 선임연구원 1991년 전주대 이공대학 미생물학과 전임강사·조교수·부교수·교수, 同대체의학대학 대체건강관리학부 교수 2008~2010년 同교무처장 겸 학생종합서비스센터장 2013년 同선교지원처장 2013년 同의과학대학 환경생명과학과 교수(현) 2014년 同교무처장 2018년 同대학원장(현) 2018년 同선교신학대학원장 겸 특수대학원장(현)

## 류두형(柳斗馨) Ryoo Du-Hyoung

(생)1965·7 (출)경남 (주)세종특별자치시 부강면 금호안골길 79-20 한화큐셀앤드첨단소재(주)(02-6049-0746) (학)1983년 부산상고졸 1987년 서울대 경영학과졸 (경)1987년 한화종합화학(現 한화케미칼) 입사 2009년 한화L&C(주) EVA·건재영업팀장(상무보) 2011년 同경영기획실 근무 2014년 한화첨단소재(주) 자동차소재사업부장(전무) 2015~2019년 한화에너지(주) 대표이사 2019년 한화큐셀앤드첨단소재(주) 첨단소재부문 각자대표이사(현)

## 류명식(柳溟植) RYU Myeong Sik (海仁)

(생)1951·11·13 (본)문화(文化) (출)부산 (주)서울특별시 중구 퇴계로36가길 106 (주)해인기획 비서실(02-2279-8209) (학)1974년 홍익대 응용미술학과졸 1999년 同광고홍보대학원졸 (경)1998~2000년 한국디자인법인단체총연합회 총무이사 2003~2005년 한국시각정보디자인협회 회장, (주)해인기획 대표이사(현) 2007~2009년 (사)한국미술협회 부이사장, 홍익대 산업미술대학원 교수, 同디자인콘텐츠대학원 교수 2008~2014년 (사)한국타이포그라피학회 감사 2012~2013년 (사)한국디자인단체총연합회 부회장, (사)세종대왕기념사업회 이사(현), (사)한국미술협회 상임자문(현), 한국시각정보디자인협회 상임고문(현) 2014년 (사)한국디자인단체총연합회 회장 2015년 同명예회장(현) (상)아시안프린트어워드 동상(2003), 아시안프린트어워드 2개부문 금상(2004), 서울인쇄대상 대상(2006), 서울인쇄대상 금상(2011·2012), 중소기업청장표창(2012), 한국디자인단체총연합회 공로상(2012), 국가디자인정책포럼집행위원장 공로상(2012), 지식경제부장관표창(2013), 대한민국미술인상(2013), 한국디자인단체총연합회 공로상(2013), 서울인쇄대상 대상(2017) (저)'디자인 사전'(共) '한글글꼴용어사전'(共) (종)기독교

## 류명현

(생)1967·1·3 (출)경남 산청 (주)경상남도 창원시 의창구 중앙대로 300 경상남도청 문화관광체육국(055-211-4500) (학)1985년 대아고졸 1995년 고려대 수학교육과졸 2006년 미국 하와이퍼시픽대 대학원졸 2007년 한국개발연구원(KDI) 국제정책대학원졸 (경)1999년 지방행정고시 합격(5회) 2001년 경남도 중소기업지원과 지방행정사무관 2011년 同전략산업과장 2013년 駐청뚜 영사 2015년 경남도 서부권전략산업과장 2015년 同국가산단추진단장 2017년 同정책기획관 2017년 同의회사무처 총무담당관 2017년 경남 합천군 부군수 2018년 경남도 복지보건국장 2018년 同문화관광체육국장(현)

## 류목기(柳穆基) RYU Mok Ki (松山)

(생)1934·11·25 (본)전주(全州) (출)경북 안동 (학)1954년 안동사범학교졸 1958년 서울대 사범대학졸 1974년 同대학원 행정학과졸 (경)1961~1969년 서울시청 근무·교육공무원 근무 1969년 고려병원 사무국장 1980년 서울대부설병원연구소 수석연구위원 1982년 (주)신아여행사 대표이사 사장 1991년 한국국제관광연구회 회장 1993~1998년 (주)한솔상호신용금고 대표이사 사장 1999년 (주)풍산 상임고문 2002년 同부회장 대우·총괄부회장 2008년 同대표이사 부회장 2015~2016년 同상근고문 2016~2018년 在京대구경북시도민회 회장 2017년 학교법인 범산교육재단 이사장(현) 2018년 대경 유한재단 이사장(현) (상)노사한누리상(2010) (저)'무서잡록'(2015, 대양미디어)

## 류미진(柳美眞)

(생)1972 (출)전남 나주 (주)전라남도 함평군 함평읍 중앙길 220 함평경찰서(061-320-1321) (학)1991년 광주여고졸 1996년 경찰대 법학과 졸(12기) 2011년 연세대 대학원 언론홍보학과졸 (경)1996년 경위 임용 2002년 경감 승진 2009년 인천 부평경찰서 경무과장(경정), 서울지방경찰청 기동단 2기동대 경찰24기동대장, 同생활안전부 112종합상황실 팀장, 경찰청 생활안전과 112운영계장 2017년 전남지방경찰청 여성청소년과장(총경) 2019년 전남 함평경찰서장(현)

## 류병노(柳炳魯) RYU Byong Ro

(생)1955·5·16 (출)대구 (주)대구광역시 중구 동덕로 194 (사)대구광역시의정회(053-951-9900) (학)가야대 창업경영학과졸, 영남대 경영대학원 수료, 정치학박사(경북대) (경)국회의원 보좌관, 한나라당 중앙상무위원, 1995년 대구 달서구의회 의원, 同운영위원장, 同부의장, (주)신풍종합건설 대표이사, 1998~2002년 대구시의회 의원(자민련), 2000년 同경제교통위원장, 同실업대책위원장, 2002년 자민련 대구中지구당 위원장, 2006~2010년 대구시의회 의원(한나라당), 2006년 대구시공수도연맹 회장(현), 2006~2008년 대구시의회 교육사회위원장, 2009년

同건설환경위원회 위원, 2010년 同부의장, 2019년 (사)대구시의정회 회장(현) ㉜기독교

**류병래(柳炳來) BYONG-RAE RYU (埛皓)**

㉠1964·2·20 ㉡고흥(高興) ㉢전북 고창 ㉣대전광역시 유성구 대학로 99 충남대학교 언어학과(042-821-6396) ㉤1981년 전주고졸 1985년 서울대 독어독문학과졸 1987년 同대학원 독어독문학과졸 1991년 同대학원 독어학 박사과정 수료 1992년 독일 부퍼탈대 대학원 독어학 박사과정 수료 1997년 철학박사(독일 튀빙겐대) ㉥1998~1999년 한국전자통신연구원(ETRI) 컴퓨터소프트웨어기술연구소 박사후연구원·선임연구원 1999~2009년 충남대 언어학과 조교수·부교수 2009년 同언어학과 교수(현) 2009~2010년 미국 스탠퍼드대 방문학자 2013년 독일 뒤셀도르프대 방문학자 2014~2016년 충남대 인문대학장 겸 인문학연구원장 2014~2016년 대전인문학포럼 대표 2015~2016년 전국국공립대학교인문대학장협의회 회장 2015~2018년 교육부 특별정책과제심의위원회 위원장 2017~2018년 한국인지과학회 부회장·감사·법인이사 2017~2019년 한국언어정보학회 회장 2017년 한국연구재단 학술지발전위원회 위원(현) 2017년 교육부 대학구조개혁위원회 위원(현) 2019년 한국언어학회 부회장(현) 2019년 한국코퍼스언어학회 부회장(현) ㉦충남대 우수연구자상(2004), 부총리 겸 교육부장관표창(2016), 전국국공립대학교인문대학장협의회 공로상(2016) ㉧'Argumentstruktur und Linking im constraint-basierten Lexikon/Hankwuk Mwunhwasa'(2003) '인지문화란 무엇인가(共)'(2011, 충남대 출판부) ㉨'전산언어학의 기초(共)'(2002, 한국문화사) '실어증의 이해(共)'(2007, 학지사) '언어와 컴퓨터(共)'(2016, 충남대 출판부)

**류병수(柳丙洙) RYU Byung Soo**

㉠1954·1·31 ㉢전북 남원 ㉣서울특별시 서초구 바우뫼로37길 45 영신양재홀 3층 (주)아이엘포유 비서실(02-571-7234) ㉤신일고졸 1976년 한양대 법학과졸 2002년 아주대 경영대학원 경영학과졸 ㉥1980년 삼성전관 근무·인사과장 1992년 삼성SDS 인사기획팀장 1999년 同삼성멀티캠퍼스 소장 2002년 同디지털컨텐츠사업본부장 2003년 同아웃소싱사업부 상무 2005년 (주)유아텍 대표이사 2008년 한나라당 제18대 국회의원 후보(남원·순창) 2008년 (주)아이엘포유 대표이사(현) ㉦대통령표창(1997)

**류병환(柳柄煥) RYOO Byung Hwan**

㉠1958·8·26 ㉡문화(文化) ㉢대구 ㉣서울특별시 강남구 논현로30길 32 경희빌딩 5층 테라젠이텍스(주)(02-3463-7111) ㉤1975년 경북고졸 1979년 서울대 제약학과졸 1993년 서강대 경영대학원 경영학과졸 ㉥1981~1984년 약국 경영 1985년 제일약품 근무 1988년 선경합섬(주) 근무 1988년 선보제약(주) 의약사업본부 과장 1998년 SK제약(주) 기획팀장 2000년 同상무대우 2005년 SK케미칼(주) 의약사업기획실장(상무) 2006년 (주)서울제약 각자대표이사 2010년 영진약품공업(주) 부사장 2012년 同대표이사 2016년 테라젠이텍스(주) 대표이사(현)

**류삼영(柳三榮) RYU Sam Young**

㉠1964·10·9 ㉢부산 ㉣부산광역시 영도구 태종로 46 영도경찰서(051-400-9321) ㉤1988년 경찰대학졸 2011년 법학박사(동아대) ㉥2016년 부산지방경찰청 수사2과장(총경) 2016년 부산 연제경찰서장 2017년 부산지방경찰청 112종합상황실장 2017년 同외사과장 2019년 부산 영도경찰서장(현)

**류석윤(柳錫潤)**

㉠1962·2·8 ㉢충남 공주 ㉣충청남도 홍성군 홍북읍 충남대로 21 충남소방본부 종합방재센터(041-635-5540) ㉤공주사범대 국민윤리교육과 수료, 한서대 정보대학원 재학 중 ㉥1987년 소방공무원 임용 1987년 충남도 민방위국 민방위과 근무 2007년 충남 서산소방서 소방행정과장 2008년 충남 부여소방서 방호구조과장 2008년 충남도 소방안전본부 안전센터장 2009년 同소방안전본부 예방안전담당 2011년 충남 논산소방서 대응구조과장 2013년 충남도 소방안전본부 종합상황실장 2014년 同소방안전본부 소방행정팀장 2016년 충남 청양소방서장 2017~2018년 충남 서산소방서장 2019년 충남도 소방본부 종합방재센터장(현)

**류성언(柳誠彦) RYU Seong Eon**

㉠1962·2·25 ㉢서울 ㉣서울특별시 성동구 왕십리로 222 한양대학교 공과대학 생명공학과(02-2220-4020) ㉤1984년 서울대 화학과졸 1986년 同대학원 화학과졸 1991년 이학박사(미국 컬럼비아대) ㉥1988~1991년 미국 컬럼비아대 Research Assistant 1991~1994년 미국 하버드대 Post-Doc. 1994년 한국생화학회 정회원(현) 1994년 한국분자생물학회 정회원(현) 1994년 대한화학회 정회원(현) 1994~2000년 한국생명공학연구원 선임연구원 1998~2004년 同세포스위치단백질구조연구단장 2000~2009년 同책임연구원 2002년 미국 생화학회 정회원(현) 2003~2006년 한국생명공학연구원 단백체시스템연구센터장 2006~2008년 同단백체시스템연구단장 2009년 한양대 공과대학 생명공학과 교수(현) 2010년 한국방사광이용자협회 생물분과대표 2012년 同이사 2012년 한양대 화공생명공학부장 2012년 同생명공학과장 2013~2017년 한국구조생물학회 회장 2017년 同이사장(현) ㉦한국생명공학연구원 우수논문상, 과학기술부장관표창, 이달의 과학기술자상, 한국생명공학연구원(KRIBB) 대상, 올해의 생명공학자상(2001)

**류수노(柳守魯) Ryu Su Noh**

㉠1956·9·2 ㉢충남 논산 ㉣서울특별시 종로구 대학로 86 한국방송통신대학교 총장실(02-3668-4100) ㉤검정고시 합격 1985년 한국방송통신대 농학과졸 1989년 충남대 대학원 농학과졸 1993년 농학박사(충남대) ㉥1990~1999년 농촌진흥청 작물시험장 농업연구사 1995~1996년 일본 나고야대 식품기능화학연구실 객원연구원 1999년 한국방송통신대 자연과학대학 농학과 교수(현) 2006년 同기획처장 겸 산학협력단장 2009~2010년 同자연과학대학 농학과장 2010~2013년 同대전·충남지역대학장 2012~2013년 同충북지역대학장 2012년 한국국제협력단(KOICA) 전문위원 2013년 충남도농업기술원 전문위원 2018년 한국방송통신대 총장(현) ㉦신한국인상(1995), 청민기술상(1995), 우수공무원상(1998), 한국작물학회 학술상(1999), 제11회 농림수산식품과학기술대상(2008), 제18회 과학기술우수논문상(2008), 대한민국 100대 연구성과패(2010), 농림축산식품과학기술대상(2011·2013) ㉧'작물 품질관련 정밀기기 작동방법'(1995, 한국작물학회) '육종실험길잡이, 성분분석법(지질, 생리활성 및 저해물질)'(1996, 한국육종학회) '작물생산생태학'(2001, 한국방송대 출판부) '자원식물학'(2002, 한국방송대 출판부) '농학과제'(2003, 한국방송대 출판부) '작물의 유용성분 분석 및 평가'(2004, 한국작물학회, 작물과학원) '유기농업'(2005, 한국방송통신대 평생교육원) '생물과학3정'(2006, 한국방송통신대 출판부) '숲과 생명'(2008) '환경친화형농업'(2009, 방송대교재) '기능성쌀의과학'(2009, 방송대교재)

**류수정(柳守庭 · 女) RYU SU JUNG**

(생)1966·12·18 (본)풍산(豊山) (출)대구 (주)서울특별시 송파구 올림픽로 424 대한양궁협회(02-420-4263) (학)1984년 경화여고 졸 1988년 계명대 체육대학 체육학과졸 2007년 同스포츠산업대학원 스포츠경영학과졸 (경)1991년 계명대 양궁감독(현) 2010년 광저우아시안게임 여자양궁 국가대표팀 코치 2013년 세계선수권대회 여자양궁 국가대표팀 감독 2014년 인천아시안게임 여자양궁 국가대표팀 감독 2019년 여자양궁 국가대표팀 감독(현) 2019년 도쿄올림픽 여자양궁 국가대표팀 감독(현)

**류순현(柳淳鉉) RYU Soon Hyun**

(생)1963·1·6 (출)경남 합천 (주)세종특별자치시 한누리대로 2130 세종특별자치시청 행정부시장실(044-300-2010) (학)부산대사대부고졸, 서울대 사법학과졸 (경)1987년 행정고시 합격(31회) 1998년 행정자치부 기획관리실 법무담당관실 사무관 2001년 同자치행정국 자치제도과 서기관, 국외훈련(미국 조지아대) 2004년 정부혁신지방분권위원회 파견, 대통령비서실 의전행정관 2007년 행정자치부 자치분권제도팀장 2008년 행정안전부 지방혁신과장 2008년 同자치행정과장 2009년 한국지역정보개발원 파견(고위공무원) 2009년 대전시 기획관리실장 2010년 행정안전부 지방행정국 자치제도기획관 2013년 안전행정부 지방행정실 자치제도정책관 2013~2014년 同지방행정실 지방행정정책관 2014년 대전시 행정부시장 2015~2017년 경남도 행정부지사 2017년 同도지사 권한대행 2017년 세종특별자치시 행정부시장(현) 2018년 同시장 권한대행

**류승선**

(생)1971 (주)서울특별시 중구 을지로5길 26 미래에셋대우 주식운용본부(02-3774-6964) (학)고려대 경영학과졸, 同대학원 경영학과졸 (경)1999~2013년 미래에셋증권 리서치센터 선임연구원 · 리서치센터 투자분석팀장 2013~2017년 同코리아리서치센터장 2017년 미래에셋대우 글로벌자산배분실장 2018년 同주식운용본부장(현) (상)매일경제 · 한국경제 선정 베스트 이코노미스트 거시경제부문(2005), Institutional Investors 선정 Korea Best Economist(2007), 매일경제 · 한국경제 선정 베스트 애널리스트 투자전략부문(2010 · 2011 · 2012 · 2013 · 2014)

**류승호(柳承昊) RYU Seung Ho**

(생)1963 · 4 · 1 (주)서울특별시 서초구 사평대로 84 (주)이수화학 임원실(02-590-6600) (학)서울대 화학공학과졸, 同대학원 화학공학과졸 (경)2004년 이수유비케어 비상근감사, (주)이수 홀딩스부문 HR담당 상무보, 同홀딩스부문 HR담당 상무 2011년 이수앱지스 사업기획본부장(전무) 2013년 同대표이사 2013년 同사내이사, (주)이수화학 공장장(전무) 2016년 同대표이사 부사장(현)

**류시경(柳時炅) RYU Si Kyoung**

(생)1952 · 3 · 7 (출)대구 (주)서울특별시 서대문구 충정로 23 (주)풍산(02-3406-5114) (학)대구 계성고졸, 중앙대 경제학과졸 (경)(주)풍산 경영관리실장 2007년 同경리팀 전무대우 2008년 同부사장(현)

**류시문(柳時文) Ryou Sea Moon**

(생)1948 · 11 · 25 (출)경북 예천 (주)서울특별시 동작구 여의대방로24다길 15-2 송원빌딩 2층 (주)한맥도시개발(02-582-1238) (학)2004년 연세대 행정대학원 사회복지학과졸 (경)2000~2002년 (주)한맥도시개발 대표이사 사장 2000년 호영남솔리스트앙상블의밤후원회 회장 2002~2010년 (주)한맥도시개발 회장 2002년 로얄오페라단 후원회 회장 2002~2010년 연세대 사회복지연구소 연구위원 2003년 한국정치학회 특별회원 2003~2005년 대한가정법률복지상담원 이사 2004년 유관순열사기념사업회 부회장 2006~2011년 한국장애인고용안정협회 이사 2007년 연세대총동문회 부회장 2007년 아너소사이어티(Honor Society) 회원(현) 2008년 한국성가협회 이사장 2009년 한국명곡진흥협회 이사장 2009~2010년 한국장애인소리예술단 총재 2009~2010년 한맥네트워크 회장 2009~2011년 한국노인인력개발원 자문위원 2010년 (사)좋은사람들 이사장 2010~2012년 한국사회적기업진흥원 원장 2012~2018년 한국장애인재활협회 이사 2012년 (주)한맥도시개발 회장(현) 2013년 (사)노블리스오블리주시민실천 대표공동회장(현) 2013~2018년 한신대 초빙교수 2014~2017년 한국사회복지사협회 회장 2014~2016년 (사)생명문화 공동대표 2014년 새누리당 김황식 서울시장 예비후보 선거대책위원회 공동위원장 2014년 한국자원봉사협의회 공동대표(현), 경제정의실천시민연합 고문(현), 소비자주권시민회의 고문(현) (상)연세대 행정대학원 최우수논문상(2004), 보건복지부장관표창(2007 · 2011), 한국사회복지사협회 감사패(2010), 사회복지공동모금회 감사패(2010), 연세대 행정대학원 총동창회 공로상(2010)

**류시열(柳時烈) RYOO Shee Yul**

(생)1938 · 9 · 5 (본)풍산(豊山) (출)경북 안동 (주)서울특별시 종로구 종로3길 17 디타워 23층 법무법인 세종(02-316-4012) (학)1957년 경기고졸 1961년 서울대 법학과졸 (경)1961년 한국은행 입행 1971년 同업무부 부장대리 1973년 同조사역 1974년 同자금부 과장 1977년 同뉴욕사무소 조사역 1980년 同국제금융부 차장 1980년 同임원부속실장 1983년 同국제금융부장 1986년 同외환관리부장 1987년 同자금부장 1989년 同이사 1995년 同부총재 1997~1999년 제일은행장 1999~2002년 전국은행연합회 회장 1999년 기업구조조정위원회 공동위원장 2002년 법무법인 세종 '열린세무법인' 고문 2003년 제일은행 사외이사 2005년 신한금융지주 사외이사, 한국컴퓨터(주) 사외이사 2010년 신한금융지주 이사 2010년 同회장 직대 2011년 법무법인 세종 고문(현) (종)기독교

**류양훈(柳亮薰) Ryu, Yanghoon**

(생)1966 · 9 · 10 (주)세종특별자치시 다솜3로 95 조세심판원 제2상임심판관실(044-200-1827) (학)1985년 신일고졸 1990년 고려대 경영학과졸 1993년 同대학원 인사조직학 석사과정 수료 2008년 미국 뉴욕대 대학원 재정학과졸 (경)2011년 기획재정부 예산실 행정예산과장 2012년 同예산실 기금운용계획과장 2013년 同세제실 다자관세협력과장 2014년 同세제실 조세특례제도과장 2015년 同세제실 부가가치세제과장 2017년 同세제실 소득세제과장 2017년 대통령 사회혁신수석비서관실 행정관 2019년 국무조정실 조세심판원 제2상임심판관(고위공무원)(현)

**류연기(柳然基) Ryoo, Yeon Kie**

(생)1965 · 4 · 18 (본)고흥(高興) (출)전남 나주 (주)대전광역시 유성구 가정북로 90 화학물질안전원(042-605-7011) (학)1991년 연세대 행정학과졸 2002년 同행정대학원 정책학과졸 (경)2004년 환경부 폐기물자원국 폐기물자원과 서기관 2005년 同기획예산담당관실 서기관 2005년 同국립생물자원관건립추진기획단 기획총괄팀장 2007년 同환경정책실 환경경제과장 2009년 同기획조정실 창의혁신담당관 2010년 同자원순환국 자원재활용과장(부이사관) 2012년 대통령 국정홍보비서관실 행정관 2013년 환경부 상하수도정책관실 생활하수과장 2015년 同환경보건정책관실 생활환경과장 2017년 同생활환경정책실 화학물질정책과장 2018년 화학물질안전원 원장(현) (상)대통령표창(2001)

**류연중(柳然重)**

(생)1971·6·18 (출)전남 나주 (주)충청북도 청주시 서원구 산남로62번길 51 청주지방법원(043-249-7114) (학)1990년 광주제일고졸 1997년 서울대 정치학과졸 (경)2000년 사법시험 합격(42회) 2003년 사법연수원 수료(32기) 2003년 서울지법 의정부지원 예비판사 2004년 서울고법 예비판사 2005년 서울중앙지법 판사 2007년 광주지법 순천지원 판사 2010년 의정부지법 판사, 수원지법 성남지원 판사 2015년 서울중앙지법 판사 2018년 청주지법 부장판사(현)

**류 열(柳 烈) RYU YUL**

(생)1960·5·27 (본)문화(文化) (출)전남 (주)서울특별시 마포구 백범로 192 S-OIL(주) 임원실(02-3772-5265) (학)1983년 서울대 경영학과졸 1993년 미국 케이스웨스턴리저브대 대학원 경영학과졸 1993년 경영학박사(미국 케이스웨스턴리저브대) (경)1982년 쌍용정유(주) 입사, 에쓰오일(주) 회계담당 상무, 同신용지원실장(상무), 同경영기획실장(상무) 2007년 同국내영업본부장(부사장) 2008년 同재무담당 부사장 2009년 同최고재무관리자(CFO) 겸 재무부문장(부사장) 2011년 同최고재무관리자(CFO) 겸 재무부문장(수석부사장) 2012년 同마케팅총괄 수석부사장 2015년 同마케팅총괄 사장 2016년 同화학사업총괄 사장 2017년 同전략·관리총괄 사장(현)

**류영만(柳永滿)**

(생)1965 (출)경북 영천 (주)대구광역시 수성구 무학로 227 대구지방경찰청 사이버안전과(053-804-7038) (학)대구 심인고졸 1989년 경찰대 법학과졸(5기) (경)1989년 경위 임관, 한미FTA체결지원위원회 지원단 파견, 경찰청 보안국 탈북민담당 및 보안기획담당 2009년 경찰청 보안국 보안1과 보안1계 근무 2011년 총경 승진 2011년 강원지방경찰청 홍보담당관 2012년 駐호치민총영사관 경찰주재관 2015년 서울지방경찰청 경무과 치안지도관, 경기지방경찰청 보안과장 2015년 수원중부경찰서장 2016년 경찰청 생활질서과장 2016년 서울 동작경찰서장 2017년 경찰청 보안국 보안4과장 2017년 대구 수성경찰서장 2019년 대구지방경찰청 사이버안전과장(현)

**류영진(柳永珍) RYU, Youngjin**

(생)1959·7·12 (출)경남 통영 (주)부산광역시 연제구 중앙대로 1117 더불어민주당 부산시당(051-802-6677) (학)1982년 부산대 제약학과졸 (경)2010~2016년 부산시약사회 회장 2010~2015년 부산마약퇴치운동본부 후원회장 2012년 사회복지법인 나사함복지재단 후원회장 2012년 민주통합당 제18대 문재인 대통령후보 직능특보 2012년 同제18대 대통령선거 부산시선거대책위원회 공동위원장 2013~2017년 포럼지식공감 상임공동대표 2016년 더불어민주당 제20대 국회의원선거 부산시선거대책위원회 위원장 2016년 대한약사회 부회장 2016년 더불어민주당 제20대 국회의원 후보(비례대표 20번) 2016~2017년 부산시약사회 대의원총회 의장 2016~2017년 더불어민주당 정책위원회 부의장 2017~2019년 식품의약품안전처장(차관급) 2019년 더불어민주당 부산진구乙지역위원회 위원장(현) (상)부산시장표창(2007), 보건복지부장관표창(2012)

**류영철(柳永哲) RYU Young Chol**

(생)1954·2·18 (본)문화(文化) (출)서울 (주)서울특별시 영등포구 국제금융로2길 25 동방정보통신 대표이사실(02-780-5352) (학)경복고졸, 국민대 무역학과졸, 서울대 경영대학원 최고경영자과정 수료, 한국과학기술원 최고경영자정보미디어과정 수료 (경)육군 중앙경리단 소령, 동방정보통신(주) 기술영업부문 이사, 서울증권(주) 정보자원관리팀장, 同정보시스템팀장, 同전산본부장(상무보) 2006년 同상무 2007년 同경영관리본부장(상무) 2007년 서울선물(주) 부사장 2008년 유진투자선물(주) 부사장 2008~2012년 同대표이사 사장 2012~2014년 쓰리웨어 대표이사 2012년 동방정보통신(주) 공동대표이사(현) (종)기독교

**류완수(柳宛秀) RYU Wan Soo**

(생)1956·12·22 (출)경남 진주 (주)경기도 안성시 미양면 협동단지길 120 (주)동성화인텍(031-677-7000) (학)1974년 진주고졸 1978년 서울대 기계학과졸 (경)대우자동차 근무 1993년 대우조선해양(주) 해양영업팀장 2004년 同해양플랜트영업팀장 2006년 同해양사업본부장(전무) 2011년 同해양사업부문장(부사장) 2012~2014년 同사업총괄 부사장 2014~2015년 신한기계(주) 대표이사 사장 2017년 (주)동성화인텍 대표이사(현)

**류우익(柳佑益) YU Woo-Ik**

(생)1950·1·6 (본)풍산(豊山) (출)경북 상주 (주)서울특별시 종로구 사직로8길 34 경희궁의아침 3단지 1118호 (사)통일을생각하는사람들의모임(02-734-5400) (학)1967년 경북 상주고졸 1971년 서울대 문리과대학 지리학과졸 1973년 同대학원 지리학과졸 1980년 철학박사(독일 킬대) (경)1973~1975년 육군사관학교 환경학과 교수 1980~2009년 서울대 지리학과 조교수·부교수, 同지리학과 교수 1989~1994년 대통령자문 21세기위원회 위원 1990~1991년 미국 캘리포니아대 버클리교 객원교수 1992~1993년 서울대 사회과학대학 지리학과장 1995~1998년 대통령자문 정책기획위원 1995~2000년 제29차 세계지리학대회조직위원회 사무총장 1996년 프랑스 지리학회 종신명예회원(현) 1999~2000년 프랑스 파리소르본느대 객원교수 2000~2002년 서울대 교무처장 2004~2005년 同국토문제연구소장 2004년 세계지리학연합회(IGU) 부회장 겸 집행위원 2007년 同사무총장 2008년 초대 대통령실장 2009~2011년 駐중국 대사 2010년 중국 난카이대 객좌교수 2010년 중국 홍십자회 명예회원(현) 2011~2013년 통일부 장관 2014~2017년 (재)이명박대통령기념재단 이사장 2014년 (사)통일을생각하는사람들의모임 이사장 2014년 육군사관학교 석좌교수 2015년 서울대 명예교수(현) 2015년 중국 귀주성 고문(현) 2017년 (사)통일을생각하는사람들의모임 이사(현) (상)자유경제출판문화상(1995), 농어촌진흥대상(1996), 국민훈장 동백장(1998), 자랑스러운 ROTCian상(2009) (저)'21세기의 한국과 한국인'(1994) '장소의 의미 Ⅰ·Ⅱ'(2004)

**류원근(柳源根) YOO Won Keun**

(생)1966·11·18 (출)강원 춘천 (주)대구광역시 수성구 동대구로 364 대구고등검찰청(053-740-3300) (학)1985년 대성고졸 1989년 서울대 법과대학졸 (경)1990년 사법시험 합격(32회) 1993년 사법연수원 수료(22기) 1993년 인천지검 검사 1995년 춘천지검 원주지청 검사 1997년 부산지검 검사 1999년 서울지검 남부지청 검사 2001년 춘천지검 강릉지청 검사 2003년 서울지검 고양지청 검사 2004년 의정부지검 고양지청 검사 2005년 서울북부지검 부부장검사 2007년 광주지검 순천지청 부장검사 2008년 대전고검 검사 2009년 수원지검 공판송무부장 2009년 울산지검 형사2부장 2010년 광주지검 형사3부장 2011년 의정부지검 고양지청 부장검사 2012년 서울고검 검사 2013년 대전지검 형사2부장 2014년 광주고검 검사 2016~2018년 부산고검 검사 2016년 서울중앙지검 중요경제범죄조사단 파견 2018년 대구고검 검사(현)

**류을렬(柳乙烈) Ryu, Eul-Ryul (靑谷)**

(생)1953·1·18 (본)문화(文化) (출)충북 청주 (주)충청북도 청주시 서원구 예체로 23 (주)어번(043-237-8150) (학)1971년 청주고졸 1975년 충북대 농공학과졸 1983년 청주대 대학원 경제학과졸 1990년 일본 홋카이도대 대학원 환경과학연구과 환경정책전공졸(환경과학박사) (경)1979~1985년 서원대 근무 1992년 충북개발연구원 복지환경연구실장(연구위원) 1993~2009년 금강상류중권역 환경관리위원회 위원 1994~2006년 충북도 지방재정계획심의위원 1994년 同건설종합계획심의위원 1995~2009년 同도시계획위원회 및 공동위원회 위원 2001~2009년 충북지역환경기술개발센터 연구협의회 위원 2002년 일본 북해학원키다미대학 개발정책연구소 특별연구원 2003~2004년 同교수 2003~2009년 금강유역환경청 환경친화기업지정심사위원회 위원 2003년 (사)초정광천수관리협회 등기이사(현) 2004년 금강유역환경청 사전환경성검토 및 환경영향평가위원회 위원 2004~2009년 청원군 군계획자문위원회 위원 2005~2009년 충북도의회 자문위원 2005년 충북도 환경성검토협의회 위원(현) 2006년 충청도시포럼 운영위원 2006~2009년 금강수계관리기금사업 성과평가위원회 위원 2007~2009년 충북개발연구원 정책기획실장(연구위원) 2007~2009년 同인사위원장 2007~2009년 同충북환경총량센터장 겸임 2009년 충북발전연구원 자문위원 겸 인사위원(현) 2010~2011년 (주)한경 SCI원장 2010~2014년 증평군 도시계획위원 2011~2014년 충북도 산업단지계획심의위원회 위원 2011~2012년 同지방산지관리위원회 위원 2011년 (주)어번 회장 겸 신성종합건설(주) 회장(현) 2015년 청주시 도시계획위원회 위원(현) 2016년 진천군 계획위원회 위원(현) 2017년 증평군 계획위원회 위원(현) 2017년 보은군 투자유치위원회 위원 2017년 청주지검 검찰시민위원회 위원(현) 2018년 음성군 군계획및건축공동위원회 위원(현) (상)충북도지사표창(1996·2014), 전국지속가능발전협의회 상임회장 공로상(2009) (저)'대청호 수질보전을 위한 정책수단 연구'(2000) '충청 다목적댐 상류지역의 비점오염원 관리방안'(2000) '청주권 생활폐기물의 적정 처리방안'(2003) '충북의 지구온난화 대책과 경제적수법의 활용방안'(2004) '한국 환경보전정책수단을 살린 충북지역 발전전략'(2005) '충북환경론'(2005) '충북 주요도시 열섬현상 저감대책'(2006)

**류인권(柳仁權) RYU INKWON**

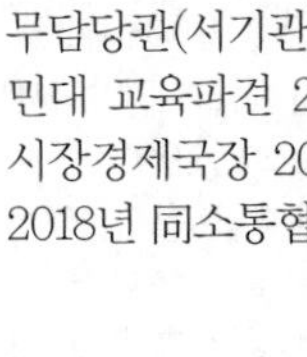

(생)1964·1·18 (본)전주(全州) (출)전북 완주 (주)경기도 수원시 팔달구 효원로 1 경기도청 운영지원과(031-250-2507) (학)1983년 전주 해성고졸 1988년 서울대 지리학과졸 2010년 同행정대학원 정책학과졸 2014년 중국인민대 법학대학원 행정법학 박사과정 수료 (경)1990~1993년 공군 학사장교 1997년 지방고시 합격(3회) 1998~2004년 경기 포천시 허가민원실장·사회복지과장 2004~2009년 경기도 지역개발국·교통국·경제투자관실·기획조정실 사무관 2009년 同기획조정실 법무담당관(서기관) 2011년 同기획조정실 비전담당관 2012년 중국인민대 교육파견 2014년 경기도 따복공동체지원단장 2017년 同공유시장경제국장 2017년 同농정해양국장 2018년 同공유시장경제국장 2018년 同소통협치국장 2019년 同국내 장기교육(지방부이사관)(현)

**류인균(柳仁鈞) Lyoo, In Kyoon**

(생)1964·1·11 (본)진주(晉州) (주)서울특별시 서대문구 이화여대길 52 이화여자대학교 뇌융합과학연구원(02-3277-6550) (학)1988년 서울대 의대졸 1992년 同대학원 의학석사 1997년 의학박사(서울대) 2000년 미국 하버드대 대학원 신경정신과학과졸 (경)1988~1992년 서울대병원 인턴·정신과 레지던트 1992년 미국 매사추세츠洲 McLean Hospital 정신과 연구전임의 1992년 미국 Harvard Medical School 정신과 전임의 1993~1995년 미국 매사추세츠洲 McLean Hospital 정신과 임상전임의 1994년 同정신과 전임강사 1995년 同정신과 조교수급 정신과의 1996~2000년 서울대병원 정신과 폐쇄병동장 1998년 서울대 의학연구원 겸임연구원 1998~2000년 서울대병원 공황장애클리닉소장 1999~2000년 同신경인지기능검사실장 1999~2001년 서울대 의과대학 정신과학교실 기금조교수 2000~2002년 미국 McLean Brain Imaging Center 조교수급 정신과의 2000~2002년 미국 Harvard-MIT Division of Health Sciences and Technology Division 임상및연구전임의 2002~2004년 서울대 정신과 감정담당 교수 2002년 서울대병원 공황장애클리닉실장 2002년 同정신과 개방병동장 2002년 同임상의학연구소 뇌영상연구단장 2002~2004년 同임상의학연구소 Dry Lab 실험실장 2004년 서울대 의과대학 신경정신과학교실 부교수 2004년 서울대병원 우울장애클리닉 소장 2004년 대한중독정신의학회 국제이사 2004년 한국정신신체학회 국제이사 2005년 서울대병원 임상의학연구소 뇌영상연구실장 2006년 한국중독정신의학회 국제이사 2009~2012년 서울대 의과대학 정신과학교실 교수 2012년 이화여대 석좌교수(현) 2012년 同뇌융합과학연구원장(현) 2015년 同뇌·인지과학전공 주임교수(현) 2015~2016년 법무부 정책위원회 위원 (상)Harvard-MIT 임상연구자상(2000), 미국 NARSAD Young Investigator Award (2000), 서울대병원 젊은연구자상(2005), 미국 국립보건원(NIH) 산하 국립약물의존연구소(NIDA) 국제저명과학자상(2007), 서울대병원 최다논문상 최우수상(2007), 미국 국립보건원 국제공동연구상(2008), 대한신경정신의학회 릴리학술상(2008), 서울대병원 의생명연구원 학술상(심호섭상)(2008), 서울대 우수연구교수상(2008·2010·2011), 범석논문상(2011), 함춘의학상(2011), 보건복지부장관표창(2012), 과학기술진흥유공 국무총리표창(2013)

**류인철(柳寅哲) RHYU In Chul**

(생)1957·2·25 (출)경남 합천 (주)서울특별시 종로구 대학로 101 서울대학교치과병원 치주과(02-2072-2640) (학)1976년 계성고졸 1983년 서울대 치의학과졸 1986년 同대학원졸 1993년 치의학박사(서울대) (경)1995년 서울대 치의학대학원 치주과학교실 전임강사·조교수·부교수·교수(현) 2001~2009년 同치주과 과장 2003~2009년 同치주과학교실 주임교수 2009~2013년 同치의학대학원 치의학도서관장 2011~2013년 대한치주과학회 회장 2013~2015년 대한치과이식임플란트학회 회장 2013~2016년 서울대치과병원 병원장 2014~2016년 대한치과병원협회 회장 2015~2016년 국립대학교치과병원장협의회 초대회장 2015~2017년 대한치과이식임플란트학회 명예회장 (역)'조직공학' '임상가를 위한 치주교정학'

**류일형(柳日馨) RYU Il Hyung**

(생)1958·9·22 (본)진주(晉州) (출)경남 합천 (주)서울특별시 종로구 율곡로2길 25 연합뉴스 콘텐츠평가실(02-398-3114) (학)1977년 부산고졸 1984년 부산대 사회학과졸 (경)1984년 부산일보 사회부 기자 1986년 同교열부 기자 1987년 同사회부 기자 1988년 항도일보(부산매일 전신) 사회부 기자 1990년 스포츠조선 기자 1990년 연합뉴스 입사 1999~2000년 同부산경남취재본부 차장대우·차장 2001년 同지방부 차장 2003년 同정보과학부 차장 2003년 同정보과학부 부장대우 2004년 전국언론노조연맹 부위원장 겸 연합뉴스지부 위원장 2005년 연합뉴스 사회부 부장대우 2006년 同민족뉴스부 부장대우 2006년 同민족뉴스부 부장급 2006년 同민족뉴스부장 2007년 同전국부 부장급 2009년 同전국부 부국장대우 2009년 同강원취재본부장(부국장대우) 2012년 同강원취재본부장(부국장급) 2013년 同콘텐츠평가실 콘텐츠평가위원 2013년 同국제국 국제뉴스2부 기획위원 2014년 同요하네스버그특파원 2015년 同편집국 국제뉴스부 선임기자 2015년 同편집국 전국부 선임기자 2015년 同강원취재본부 원주·태백주재 부국장급 2016년 同강원취재본부 원주주재 부국장급 2017년 同콘텐츠

평가실 콘텐츠평가위원(저작권팀 팀원 상근) 2018년 同콘텐츠평가실 고문(국장대우) 2019년 同콘텐츠평가실 고문(선임)(현) (저)'유티즌(共)'(2004) (종)기독교

**류임철(柳任哲) RYU Imchul**

(생)1967·1·12 (본)전주(全州) (출)경북 경산 (주)세종특별자치시 정부2청사로 13 행정안전부 자치분권정책관실(044-205-3300) (학)1985년 경북무학고졸 1991년 경북대 행정학과졸 2000년 미국 조지아대 대학원 행정학과졸 2008년 서울대 대학원 행정학 박사과정 수료 (경)1992년 행정고시 합격(36회) 1993년 중앙공무원교육원 연수 1994년 총무처 소청심사위원회 심사과 근무 1995년 同정부기록보존소 부산지소 서무과장 1996년 同조직국 제도2과 근무 1996년 同복무감사관실 복무과 근무 2000년 국무조정실 심사평가심의관실 근무 2001년 중앙인사위원회 인사심사과 근무 2002년 同인사정책과 서기관 2003년 정부혁신지방분권위원회 인사개혁과장 2004년 소청심사위원회 행정과장 2006년 중앙인사위원회 균형인사과장 2007년 同지원평가과장 2008년 해외 파견(캐나다 인사위원회) 2009년 재난안전통신선진화추진팀 파견 2010년 행정안전부 조직실 민원제도과장 2010년 同조직실 제도총괄과장 2011년 同정보화전략실 정보화총괄과장 2012년 同인력기획과장 2013년 안전행정부 인력기획과장 2013년 同인력개발관 직대 겸임 2014년 同지방행정연수원 기획부장(고위공무원) 2014년 세종특별자치시 기획조정실장 2016년 국방대 교육훈련 파견 2017년 국무총리소속 부마민주항쟁진상규명및관련자명예회복심의위원회 지원단장 2017년 행정안전부 정부서울청사관리소장 2018~2019년 同정책기획관 2019년 同자치분권정책관(현) (상)근정포장(2012) (저)'캐나다 공무원 인사제도'(2011, 조명문화사)

**류장수(柳長壽) RYOO Jang Soo**

(생)1952·9·2 (본)풍산(豊山) (출)서울 (주)서울특별시 금천구 가산디지털2로 98 AP위성(02-2026-7700) (학)1976년 서울대 공과대학 기계공학과졸 1980년 한국과학기술원(KAIST) 기계공학과졸(석사) 1985년 기계공학박사(한국과학기술원) (경)1976~1985년 국방과학연구소 선임연구원 1987~1989년 천문우주과학연구소 우주공학연구실장 1990년 한국항공우주연구소 우주개발사업부장 1992~1995년 미국 McDonnell Douglas社 Delta II로켓(무궁화위성 발사체) 기술감리사업 책임자 1993~1996년 한국항공우주연구소 우주사업단장 1996년 미국 TRW社 아리랑위성공동개발사무소 현지책임자 1997년 한국항공우주연구소 우주사업단장 1998년 同위성사업부장 1999년 중앙일보 '경제부문 10인(새뚝이)'에 선정 2000년 한국항공우주연구소 선임연구부장 2000~2008년 아태위성산업(주) 대표이사 사장 2001~2003년 아태우주통신(주) 대표이사 사장 2006~2011년 국가우주위원회 위원 2008년 코닉시스템(주) 회장 2009년 AP시스템 회장 2011~2016년 AP위성통신 대표이사 회장 2011~2015년 AP우주항공 대표이사 회장 2014년 한국우주기술진흥협회 회장(현) 2016년 AP위성 대표이사 회장(현) (상)과학기술처장관표창(1993), 한국항공우주연구소 최우수연구상(1994), 국무총리표창(1996), 국민훈장 동백장(2000), 중소기업중앙회 이달(6월)의 자랑스러운 중소기업인상(2008) (저)'우주개발과 설계기술'(1989) '우주발사체 개론'(1992) '우리나라의 인공위성개발'(1999)

**류장수(柳將秀) RYU Jang Soo**

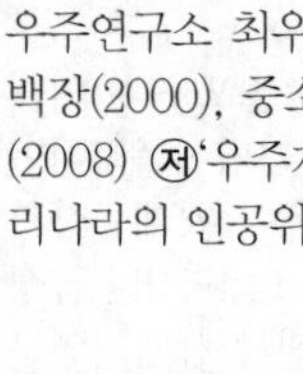

(생)1961·9·21 (출)대구 (주)부산광역시 남구 용소로 45 부경대학교 경제학부(051-629-5326) (학)1984년 경북대 경제학과졸 1986년 서울대 대학원 경제학과졸(경제학석사) 1993년 同대학원 경제학과졸(경제학박사) (경)1988~1994년 서울대 교육학과 강사 1993~1995년 한국노동교육원 연구위원 1995년 同객원교수 1995년 부경대 경제학부 교수(현) 1997~1998년 노사관계개혁위원회 전문위원 1997년 한국노동경제학회 이사 2000~2001·2008~2009년 미국 코넬대 방문학자 2001년 대통령자문 교육인적자원정책위원회 전문위원 2005년 부경대 인적자원개발노동연구소장 2006년 부산지역고용파트너쉽포럼 대표 2007~2015년 중앙노동위원회 심판위원 2007~2008년 교육인적자원부 장관정책보좌관 2008~2010년 한국지역고용학회 부회장 2009~2013년 교육과학기술부 법학교육위원회 위원 2010~2017년 한국지역고용학회 회장·고문 2010년 교육과학기술부 지방대학·전문대학발전위원장 2012년 부산고용포럼 대표(현) 2016~2018년 부경대 기획처장 2016년 교육부 지방대학및지역균형인재육성지원위원회 위원(현) 2016년 고용노동부 청년고용촉진특별위원회 위원 2017년 교육부 대학구조개혁위원회 위원장(현) 2017~2018년 대통령직속 국가균형발전위원회 위원 2017~2018년 고용노동부 정책자문위원회 고용정책분과 위원장 2018~2019년 同최저임금위원회 위원장 겸 공익위원 2018년 청년재단 이사장 2018년 한국지역고용학회 이사(현) (상)노동부장관표창(2002), 근정포장(2008), 옥조근정훈장(2013) (저)'대학과 청년' '한국의 청년고용 1,2' '자격과 노동시장' '직업능력개발훈련과 고용안정의 효율적인 연계방안' '직업능력개발훈련기관 및 훈련과정에 대한 평가' '노동력 집단별 실업특성과 실업대책방안' '조직 및 인적자원 관리시스템의 전략적 설계' '21세기 노사관계 및 노동시장의전망과 발전방향' '공공직업훈련의 발전방안 연구' '시민주체의 지속가능한 부산만들기(共)'(2006, 모든Books) 등

**류재근(柳在根) RYU Jae Keun** (청호)

(생)1941·9·4 (본)문화(文化) (출)강원 춘천 (주)서울특별시 서초구 매헌로 46 블루펄빌딩 4층 유엔환경계획 한국위원회(02-720-1011) (학)1960년 춘천고졸 1966년 고려대 생물학과졸 1970년 서울대 보건대학원졸 1984년 이학박사(건국대) (경)1966~1978년 국립보건연구원 미생물부 연구원 1980~1989년 국립환경연구원 수질연구부 수질공학담당관 1989년 同호소수질연구소장 1993년 일본 국제협력단(JICA) 수질개선시스템 개발연구총괄책임자 1993~1999년 국립환경연구원 수질연구부장 1995년 서울시 수도물진단위원 1999년 국회 환경포럼 정책자문위원(현) 1999~2000년 국립환경연구원 원장 2000~2014년 고려대 의과대학 외래교수 2001~2003년 한국물환경학회 회장 2005년 한국환경기술진흥원 감사 2002년 한국환경산업기술원 초대 원장 2006~2010년 한국자연보존협회 회장 2006~2012년 한양대 자원환경공학과 겸임교수 2010년 한국지하수지열협회 고문(현) 2010~2016년 한국자연보존협회 명예회장 2011~2012년 (사)한국수생태복원협회 회장 2013년 同명예회장(현) 2013~2016년 한국교통대 명예석좌교수 2013년 한국환경학술단체연합회 회장(현) 2015년 유엔환경계획(UNEP) 한국위원회 이사(현) 2015년 한국에코과학클럽 회장(현) 2017년 한국교통대 석좌교수(현) (상)보건사회부장관표창, 환경부장관표창, 건설교통부장관표창, 국무총리표창 2회, 근정포장, 고운문화상, 환경기자클럽 올해의 환경인상(1992), 황조근정훈장(2004), 환경부장관 환경기술개발 공로패(2013), 국회환경포럼 20주년 공로패, 한국환경영향평가학회 공로패(2013) (저)'최신미생물학'(1978) '환경영향평가 기법'(1984) '환경생태공학'(2003) '호소공학'(2004) '환경과학'(2005) (역)'호소생태학'(2003) (종)천주교

**류재민(柳在民)**

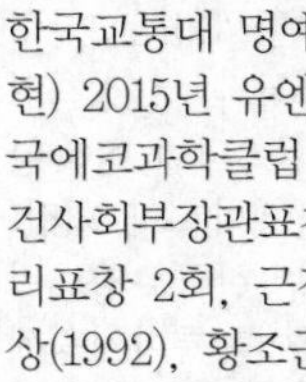

(생)1962·11 (주)서울특별시 종로구 새문안로 58 LG광화문빌딩 (주)LG생활건강 소비자안심센터(02-3773-1114) (학)충북대 기계공학과졸 (경)1987년 (주)LG그룹 입사 2011년 (주)LG생활건강 구매부문장(상무), 同최고위기관리책임자(CRO) 겸 소비자안심센터장(상무) 2018년 同최고위기관리책임자(CRO) 겸 소비자안심센터장(전무)(현)

## 류재선(柳在善) RYU Jae Sun

(생)1958·4·5 (주)전라남도 보성군 보성읍 우산길 2 (주)금강전력(062-223-6669) (학)대불대 전기공학과졸, 전남대 경영대학원 수료, 한국철도협회 한국철도산업최고경영자과정(RIAMP) 수료 (경)2000년 (주)금강전력 대표이사 사장(현), 한국전기공사협회 제도개선위원장, 同전남도회 윤리위원장, 同전남도회장, 同중앙회 이사, 전남전업인장학회 이사장, 한국낭가파르밧루팔벽원정대 단장, 국민생활체육 전남씨름연합회장, 대한씨름협회 부회장, 엄홍길휴먼재단 이사 2014~2017년 (주)한국전기신문 사장 2017년 한국전기공사협회 회장(현) 2017~2019년 작은사랑동우회 회장 2017년 아·태지역전기공사협회연합회(FAPECA) 의장(현) 2019년 산업통상자원부 전기위원회 위원(현) (상)대통령표창(2001), 산업자원부장관표창(2002), 전남도지사표창(2004), 국무총리표창(2005)

## 류재숙(柳在淑) RYU Jae Sook

(생)1958·2·12 (주)서울특별시 성동구 왕십리로 222 한양대학교 의과대학 환경의생물학교실(02-2220-0683) (학)1982년 한양대 의대졸, 1984년 연세대 대학원 의학석사, 1989년 의학박사(연세대) (경)1982~1999년 연세대 의과대학 기생충학교실 연구강사, 1989년 한양대 의과대학 조교수·부교수, 1993~1994년 영국 Wales Univ. School of Pure and Applied Biology 객원연구원, 1999년 한양대 의과대학 환경의생물학교실 교수(현), 2007~2009년 대한기생충학회 회장, 2018년 한양대 인권센터장(현) (상)대한기생충학회 학술상(1999) (역)'임상진단 기생충학'(2004, 신광출판사)

## 류재영(柳在榮) Jai Young Ryu (仁農)

(생)1954·5·31 (출)서울 (주)경기도 고양시 덕양구 항공대학로 76 한국항공대학교 교통물류연구소(02-300-0427) (학)1976년 한양대 도시공학과졸 1984년 同대학원 환경계획학과졸 1995년 도시공학박사(한양대) 1999년 한양대 대학원 컴퓨터교육과졸 (경)1978~1981년 한국과학기술연구원(KIST) 지역개발연구소 연구원 1978~2014년 국토연구원(KRIHS) 연구위원·선임연구위원 1985년 대한교통학회 상임이사·고문 1994~2000년 한국도로·교통협회 대의원 1998년 연세대 산업대학원 강사 1999~2000년 한국건설기술교육원 강사 1999년 한국로지스틱학회 상임이사·부회장 1999년 우크라이나문화예술원 이사 2001~2005년 건설교통부 장관자문관 2006년 국토연구원 교통연구실장 2007년 세계도로협회(PIARC) 한국위원회 부위원장(현) 2008~2010년 인천항만공사 감사위원장·항만위원 2009년 국토연구원 국토인프라·GIS연구본부장 2011년 (사)한국자전거정책연합 회장(현) 2012년 보건사회전문가포럼 회장(현) 2014년 한국항공대 교통물류연구소 연구교수(현) 2014년 항만경제학회 부회장(현) 2015년 한국물류과학기술학회 부회장(현) 2016년 한국로지스틱학회 고문(현) 2016~2017년 해양수산부 지정 전남어촌특화지원센터 초대 센터장 2017년 同자문위원장(현) 2017년 대한교통학회 우대회원(현) (상)건설교통부장관공로표창(1995), 행정안전부장관표창(2009) (종)기독교

## 류재우(柳在雨) Ryoo Jaewoo

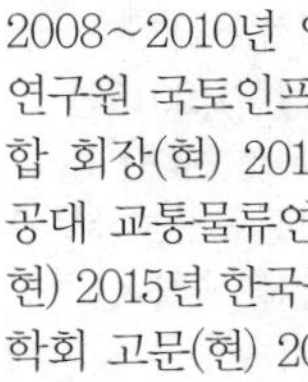

(생)1956·4·2 (출)충남 연기 (주)서울특별시 성북구 정릉로 77 국민대학교 경제학과(02-910-4524) (학)1979년 서울대 경제학과졸 1984년 同대학원 경제학과졸 1992년 경제학박사(미국 시카고대) (경)1991~1995년 미국 펜실베이니아대 조교수 1996년 국민대 경제학부 조교수·부교수, 同경상대학 경제학과 교수(현) 2001년 한국노동경제학회 부회장 2002년 기획예산처 기금운용평가위원 2002~2003년 홍콩과학기술대 객원교수 2003~2008년 (재)융복장학회 이사장 2005년 중소기업특별위원회 중소기업정책평가사전조정위원 2006년 기획예산처 기금평가위원 2009년 한국응용경제학회 회장 2008~2010년 국회입법조사처 경제사회조사실장·경제산업조사실장 2010년 서울지방노동위원회 공익위원 2011년 한국노동경제학회 부회장 2012년 同회장 2012년 동아일보 청년드림센터 자문위원 2019년 국민대 대학원장(현) (상)남산학술상(2009) (저)'기업근속에 대한 보상과 노동이동(共)'(2002) '자영업 노동시장의 현상과 과제(共)'(2003) '지방자치단체의 고용과 인적자원개발정책 : 총괄편(共)'(2005) '지방자치단체의 고용과 인적자원개발정책-지역편(共)'(2005) '경제경영수학의 기본(共)'(2008) '대학교수 노동시장 분석(共)'(2011)

## 류재응(柳在應) RYU Jae Eung

(생)1963 (출)경남 함양 (주)경상남도 창원시 의창구 상남로 289 경남지방경찰청 정보화장비과(055-233-2141) (학)1982년 경남 거창대성고졸 1987년 경찰대 행정학과졸(3기) 2004년 경남대 행정대학원졸 (경)2001년 경정 승진, 경남 김해경찰서 정보과장, 창원중부경찰서 정보과장, 경남지방경찰청 기획계장·청문감사담당 2010년 부산지방경찰청 홍보담당관(총경) 2011년 부산사하경찰서장 2012년 경남지방경찰청 정보과장 2013년 창원서부경찰서장 2015년 경남지방경찰청 경비교통과장 2016년 경남 진주경찰서장 2017년 경남지방경찰청 청문감사담당관 2018년 경남 합천경찰서장 2019년 경남지방경찰청 정보화장비과장(현)

## 류재천(柳在泉) RYU Jae Chun

(생)1957·2·20 (본)문화(文化) (출)경기 의정부 (주)서울특별시 성북구 화랑로14길 5 한국과학기술연구원 녹색도시기술연구소 환경복지연구단(02-958-5070) (학)1979년 중앙대 약학과졸 1981년 서울대 대학원 약학과졸 1988년 독성학박사(일본 도쿄이과대) (경)1985~1988년 일본 도쿄노인종합연구소 연구원 1988년 일본 하이폭스연구소 독성연구실장 1989년 한국과학기술연구원 도핑콘트롤센터 선임연구원 1991년 일본 생체과학연구소 Research Fellow 1993년 미국 Harvard Univ. Harvard Medical School Dana-Farber Cancer Inst. Research Fellow 2002년 한국환경독성학회 부회장 2003년 한국과학기술평가원 Pharmacogenomics 기획위원장 2003년 同Toxicogenomics 기획위원장 2004~2014년 한국과학기술연구원 책임연구원 2005년 대한독성유전단백체학회 회장 2008~2015년 대한환경위해성보건과학회 회장 2009년 세계독성유전체학회 회장 2011년 대한독성유전단백체학회 이사장(현) 2011년 아름다운미래를만드는사람들 상임대표 회장(현) 2012~2014년 한국과학기술연구원 통합위해성연구단장 2015년 同녹색도시기술연구소 환경복지연구단 책임연구원(현) 2016년 대한환경위해성보건과학회 이사장 (상)한국과학기술연구원 우수연구자상(1996), 환경부장관표창(1999), 한국과학기술연구원 이달의 KIST인상(2004), 대통령표창(2007), 국립환경과학원장표창(2007), 국민포장(2011) (역)'식품의 안전성평가(共)'(1993, 한림원) '알아 두어야 할 식품의 안전성(共)'(1998, 한림원)

## 류재철(柳在哲) Jae Cheol Lyu

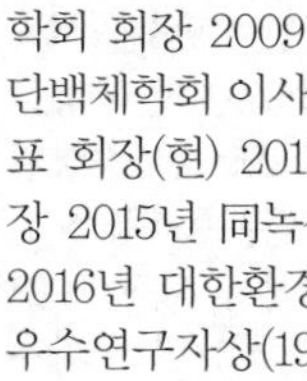

(생)1967·3·15 (주)서울특별시 영등포구 여의대로 128 LG트윈타워 LG전자(주) 리빙어플라이언스사업부(02-3777-1114) (학)서울대 기계공학과졸, 미국 일리노이대(UIUC) MBA (경)1989년 금성사 가전연구소 입사 2005년 LG전자 세탁기연구실 Product Development 3팀장 2007년 同세탁기 27인치 PBL(Product Business Leader) 2011년 同HA 세탁기 프론트로더 사업팀장(상무) 2012년 同세탁기생산담당 상무 2014년 同냉장고생산담당 상무 2015년 同H&A RAC사업담당 상무 2017년 同H&A리빙어플라이언스사업부장(전무) 2018년 同리빙어플라이언스사업부장(부사장)(현)

## 류재하(柳載夏) RYU Jae Ha

(생)1959·7·9 (주)서울특별시 용산구 청파로47길 100 숙명여자대학교 약학부(02-710-9568) (학)1982년 서울대 약학과졸, 1984년 同대학원졸, 1989년 약학박사(서울대) (경)1988~1989년 일본 오사카 Suntory 생물유기연구소 객원연구원, 1989~1990년 서울대 천연물과학연구소 조교, 1990~1992년 미국보건원(National Institute of Health) Post-Doc., 1992년 숙명여대 약학과 조교수·부교수·교수(현), 1994~1996년 同약학대학 약학과장, 1995~2001년 보건복지부 중앙약사심의위원회 위원, 2002~2003년 미국 럿거스대 방문교수, 2004~2008년 숙명여대 보건진료소장, 2016~2018년 同약학대학장 (상)미국 NIH Forgaty Fellowship(1990), 대한약학회 학술상(1998) (저)'약품정량분석'(1998, 동명사), '약품분석의 진보'(2000) (종)기독교

## 류정섭(柳正燮) Yoo Jung Sup

(생)1963·7 (본)고흥(高興) (출)전남 고흥 (주)세종특별자치시 한누리대로 2154 세종특별자치시교육청 부교육감실(044-320-1021) (학)순천 매산고졸, 서울대 독어교육과졸, 미국 일리노이대 대학원 교육학과졸, 교육학박사(미국 일리노이대) (경)1991년 행정고시 합격(35회) 1992~1996년 교육부·한국해양대·국사편찬위원회 근무 1997년 미국 일리노이대 국외 훈련 2001년 교육인적자원부 인적자원정책국 근무 2005년 同교육복지정책과장 2005년 중앙공무원교육원 파견교수 2006년 교육인적자원부 교육복지정책과장 2006년 同지식정보기반과장 2007년 駐LA총영사관 영사 2010년 교육과학기술부 인재정책실 교육정보기획과장 2011년 교육부 학교지원국 학교선진화과장 2013년 同교육정책실 공교육진흥과장 2014년 同교원소청심사위원회 상임위원(일반직고위공무원) 2017년 충북도교육청 부교육감 2017년 교육부 교육안전정보국장 2019년 세종특별자치시교육청 부교육감(현) (상)근정포장(2013)

## 류정아(柳貞娥·女) Ryoo Jeung Ah

(생)1963·4·6 (본)문화(文化) (출)전북 순창 (주)서울특별시 강서구 금낭화로 154 한국문화관광연구원 문화연구본부 예술정책연구실(02-2669-9839) (학)서울여고졸 1987년 서울대 인류학과졸 1989년 同대학원 인류학과졸 1994년 인류학박사(프랑스 파리사회과학고등연구원 EHESS) (경)1995~1997년 서울대 지역종합연구소 특별연구원 1999~2003년 명지대 여성가족생활연구소 책임연구원 2003~2007년 한국문화관광연구원 책임연구원 2007년 同문화정책팀장 2007년 同정책총괄연구실 정책기획팀장 2007년 한국프랑스학회 이사 2007년 문화관광부 문화관광축제 평가위원 2008~2013년 한국외국어대 대학원 글로벌문화콘텐츠학과 겸임교수 2009~2012년 인천문화재단 이사 2010년 한국문화관광연구원 문화예술연구실 연구위원 2010~2012년 지역발전위원회 지역계정사업 평가위원 2011년 교육부 BK사업 평가위원 2011년 한국인문콘텐츠학회 학술연구위원장 2011~2013년 행정안전부 지자체합동평가위원회 위원 2011~2013년 경북도 여성예술인포럼 공연예술분과 위원 2012년 한국문화관광연구원 융합연구실장 2012년 同연구기획조정실장 겸 융합연구실장 2013년 기획재정부 기금평가위원 2013년 한국문화인류학회 기획위원장 2013년 대통력직속 지역발전위원회 창조지역 평가위원 2013~2014년 대통령 교육문화수석비서관실 관광진흥비서관 2014~2016년 문화재청 자체평가위원 2014년 한국문화관광연구원 문화예술연구실 연구위원 2015~2016년 同문화예술연구실장(선임연구위원) 2015년 문화체육관광부 지역문화협력위원회 위원 2016년 한국문화관광연구원 문화연구본부 예술정책연구실 선임연구위원(현) (상)문화관광부장관표창(2008) (저)'전통성의 현대적 발견 : 남프랑스의 축제문화 연구'(1989) '축제인류학'(2003) (역)'축제와 문명'(1989) '증여론'(2008)

## 류정원(柳政元)

(생)1972·1·17 (출)경남 창녕 (주)서울특별시 서초구 서초대로74길 4 삼성생명 서초타워 15, 17, 18층 법무법인 동인(02-2046-0801) (학)1990년 대구 오성고졸 (경)1996년 사법시험 합격(38회) 1999년 사법연수원 수료(28기) 1999년 대구고검 법무관 2002년 부산지검 검사 2004년 대구지검 안동지청 검사 2005년 의정부지검 고양지청 검사 2007년 의정부지검 검사 2009년 서울중앙지검 검사 2011년 사법연수원 교수 2013년 대전지검 서산지청 부장검사 2014년 대구지검 공안부장 2015년 의정부지검 고양지청 부장검사 2016년 의정부지검 공판송무부장 2017년 서울서부지검 형사3부장 2018년 전주지검 형사1부장 2018년 법무법인(유) 동인 구성원변호사(현)

## 류제명(柳濟明) RYU Je Myung

(생)1968·8·1 (출)전남 고흥 (주)세종특별자치시 가름로 194 과학기술정보통신부 운영지원과(044-202-4143) (학)1987년 광주 서강고졸 1996년 서울대 정치학과졸 2004년 미국 카네기멜론대 대학원졸 (경)1993년 행정고시 합격(37회) 1997년 정보통신부 행정사무관 1997년 同기획관리실 법무담당관실 행정사무관 1998년 同정보통신정책실 정보통신진흥과 행정사무관 1999년 同정보통신정책국 소프트웨어진흥과 행정사무관 2000년 同정보통신정책국 정책총괄과 행정사무관 2002년 同정보통신정책국 산업기술과 행정사무관 2004년 同정보통신협력국 협력기획과 행정사무관 2004년 同정보통신협력국 협력기획과 서기관 2005년 同정책홍보관리실 재정담당관 2006년 同정책홍보관리본부 재정팀장 2007년 同전파방송기획단 전파방송산업팀장 2007년 대통령 인사수석실 행정관 2008년 방송통신위원회 방송통신융합정책실 기술정책팀장(서기관) 2009년 駐OECD대표부 참사관(공보관) 2009년 OECD 정보사회지표작업반 부의장 2012년 방송통신위원회 규제개혁법무담당관실 법무팀장 2013년 미래창조과학부 기획조정실 규제개혁법무담당관 2014년 同통신정책국 통신이용제도과장 2016년 同정보통신정책실 소프트웨어정책과장(부이사관) 2017년 과학기술정보통신부 정보통신정책실 소프트웨어정책관실 소프트웨어정책과장 2017년 同정보통신정책실 전파정책국장(고위공무원) 2018년 국제부흥개발은행(IBRD) 파견(현) (상)대통령표창(2005) (역)'OECD 국가의 행정개혁사례'(1997) (종)기독교

## 류제연(柳濟然) YOO Jei Yeun (松隱)

(생)1934·12·10 (본)문화(文化) (출)충남 당진 (주)서울특별시 영등포구 의사당대로 1 대한민국헌정회(02-757-6612) (학)당진고졸 1960년 연세대 행정대학원 수료 (경)1961년 신평중·고 교장서리 1965년 同재단 이사장 1971년 신민당 대통령후보 특별보좌관 1971년 제8대 국회의원(당진, 신민당) 1971년 신민당 충남도당 부위원장 1973년 제9대 국회의원(서산·당진, 신민당) 1977년 신민당 정책심의회 부의장 1983년 사학재단연합회 충남도 회장 1985년 제12대 국회의원(인천 동구·북구, 신민당) 1985년 신민당 사무총장 1986년 同개헌추진본부 전북지부장 1987년 민주당 전당대회 의장 1987년 평민당 부총재 1988년 민주당 정무위원 1988년 同인천西지구당 위원장 1990년 한국사학법인연합회 회장 1992년 미건엔지니어링 회장 2006~2009년 대한민국헌정회 부회장 2009년 同고문, 同원로회의 위원(현) (상)국민훈장 목련장(2003) (종)기독교

## 류종명(柳鍾鳴)

(생)1973·2·22 (출)경남 김해 (주)광주광역시 동구 준법로 7-12 광주지방법원(062-239-1710) (학)1991년 김해고졸 2001년 서울대 노어노문학과졸 (경)2000년 사법시험 합격(42회) 2003년 사법연수원 수료(32기) 2003년 부산지법 예비판사 2005년 同판사 2007년 수원지법 판사 2012년 서울중앙지법 판사 2014년 수원지법 판사 2016년 서울중앙지법 판사 2018년 광주지법 부장판사(현)

## 류종목(柳種睦) LIU Jong Mok

(생)1952·5·18 (본)진주(晉州) (출)경남 밀양 (주)서울특별시 관악구 관악로 1 서울대학교 인문대학 중어중문학과 (학)1978년 서울대 중어중문학과졸 1984년 同대학원 중어중문학과졸 1991년 중어중문학박사(서울대) (경)영남중국어문학회 총무이사·편집위원·학술위원, 한국중어중문학회 편집위원, 한국중국어문학회 편집간사·운영간사 1984~1986년 경북대·계명대·영남대 시간강사 1986~1993년 대구대 인문대학 중어중문학과 전임강사·조교수·부교수 1993~2002년 서울대 인문대학 중어중문학과 조교수·부교수 1996~1997년 중국 소주대학(蘇州大學) 문학원 中文系 방문학자 2000~2002년 한국중국어문학회 회장 2002~2018년 서울대 중어중문학과 교수 2011~2013년 同인문대학 동아문화연구소장 2018년 同중어중문학과 명예교수(현) (상)서울대 교육상(2010) (저)'蘇軾詞研究'(1993) '중문학 어떻게 공부할까(共)'(1994) '여산진면목'(1996) '동서양 시의 이해(共)'(1999) '論語의 문법적 이해'(2000) '송시선(共)'(2001) '한국의 학술연구-인문사회과학편 제2집(共)'(2001) '범성대시선'(2002) '中國詩와 詩人-宋代篇(共)'(2004) '팔방미인 蘇東坡'(2005) '세계의 고전을 읽는다-동양문학편(共)'(2005) '육유시선'(2007) '소동파시선'(2008) '蘇東坡詞選'(2008) '산성마을 농사꾼 이야기(共)'(2008) '중국고전문학정선-시가1(共)'(2011) '중국고전문학정선-시경·초사(共)'(2012) '소동파산문선'(2013) '중국고전문학정선-시가2(共)'(2013) '파리에서 보내온 합죽선(共)'(2013) '중국고전문학정선-사곡(共)'(2015) '유종원시선'(2017) '소식의 인생역정과 사풍'(2017) '한시 이야기'(2018) '소동파 전기 명시'(2018) '소동파 후기 명시'(2018) (역)'唐宋詞史(共)'(1995) '完譯蘇軾詩集1'(2005) '소동파사'(2010) '당시삼백수'(2010) '중국 고전문학 연구의 회고와 전망(共)'(2010) '정본완역 소동파시집1·2'(2012) '소동파 문학의 현장 속으로 1·2'(2015) '송사삼백수'(2016) '정본완역 소동파시집3'(2016)

## 류종수(柳鍾洙) RYU Chong Su

(생)1942·12·15 (본)고흥(高興) (출)강원 춘천 (주)강원도 춘천시 퇴계농공로 40 춘천문화원 2층 강원도문화원연합회(033-255-5105) (학)1961년 춘천고졸 1965년 강원대 농대 임학과졸 1997년 同대학원 최고경영자과정 수료 1998년 한림대 대학원 최고경영자과정 수료 2003년 강원대 경영행정대학원 부동산학과졸 2004년 명예 정치학박사(한림대) (경)1990년 민자당 춘천군지구당 사무국장 1991년 강원도체육회 사무처장 1991년 민주평통 자문위원 1993년 민자당 상무위원 1993년 同춘천지구당 위원장 1993년 제14대 국회의원(춘천 보궐선거, 민자당·자민련) 1996년 제15대 국회의원(춘천乙, 자민련·신한국당·한나라당) 1996년 아·태의회포럼(APPF) 부회장 1998년 한나라당 정책위원회 부의장 1998년 同중앙당기위원장 1999년 국회 예산결산특별위원회 계수조정소위 위원 2000년 한나라당 춘천지구당 위원장 2000년 제16대 국회의원선거 출마(춘천, 한나라당) 2002~2006년 춘천시장(한나라당) 2008년 자유선진당 강원도당 위원장 2008년 제18대 국회의원선거 출마(춘천, 자유선진당) 2010년 춘천시장선거 출마(자유선진당) 2010년 자유선진당 미래혁신특별위원회 위원 2013~2015년 새누리당 강원도당 상임고문 2014~2018년 춘천문화원 원장 2015년 강원도문화원연합회 회장(현) 2016~2017년 칠보회 회장 (종)불교

## 류종수(柳鐘守)

(생)1962·7·7 (주)강원도 원주시 혁신로 60 건강보험심사평가원 국제협력단(1644-2000) (학)대구 청구고졸, 영남대 경제학과졸 1989년 미국 포담대 대학원 사회복지정책학과졸 (경)1989~2002년 미국 뉴욕 가톨릭재단 개발과장·감사과장·기획과장·부장·국장 2000~2002년 미국 뉴욕시 YMCA Flushing지부 이사장 2002~2009년 미국 뉴욕 가톨릭재단 경영부총장 2005~2006년 이화여대 대외협력 고문 2009~2012년 UN재단 상임고문 2012~2013년 유니세프 한국위원회 사무총장 2014~2015년 국제방송교류재단 아리랑TV UPFRONT MC(진행자) 2014년 건강보험심사평가원 객원연구위원 2016년 同국제협력단장(현) (상)대통령표창(2017)

## 류종열(柳鍾烈) YU CHONG YEOUL

(생)1956·1·29 (본)문화(文化) (출)전북 남원 (주)서울특별시 종로구 대학로 122 흥사단(02-743-2511) (학)1975년 전주 해성고졸 1985년 전북대 사학과졸 (경)1981~1985년 (사)흥사단 전주지부 간사 1983~1984년 전북대 총학생회 부회장 1985~2016년 서울시교육청 중등역사교사·학교운영위원 1998~1999년 새교육공동체위원회 교육정책리포터 2001~2002·2008년 흥사단 서울지부장 2001~2004년 흥사단민족통일운동본부 운영이사·지도위원 2005~2011년 同본부장·공동대표 2007~2009년 통일부 통일교육위원 2010~2016년 흥사단 부이사장·인재양성위원회 위원장 2011~2015년 통일준비위원회 정치외교자문위원 2011~2017년 흥사단민족통일운동본부 상임대표 2011~2013년 민주평화통일자문회의 자문위원 2012~2015년 남북물류포럼 이사 2015~2017년 민족화해협력범국민협의회 공동의장 2017년 흥사단 이사장(현) 2017년 도산기념사업회 이사(현) 2017년 한국청소년단체협의회 부회장(현) 2017년 시민사회단체연대회의 공동대표(현) 2017년 여성가족부 청소년정책자문위원 2017년 국무총리실 시민발전위원회 위원(현) 2017년 민주평화통일자문회의 상임위원(현) 2018년 대통령직속 '3.1운동 및 임시정부수립 100주년위원회' 위원(현) 2017년 우토로평화관건립추진위원회 공동대표(현) 2018년 민주화운동기념사업회관 추진위원(현) 2018년 악플혐오발언범국민대책위원회 공동대표(현) 2018년 강제동원행동 공동대표(현) 2018년 한반도평화성취 범국민공동준비위원회 위원장(현) 2018년 3.1운동 100년 범국민대회 준비위원회 공동준비위원장 2018년 평화통일비전사회적대화 전국시민회의 공동준비위원장 2019년 同전국시민회의 상임공동의장(현) (상)전북도교육감표창(1974), 전주시교육회장표창(1975), 전북대총장표창(1985), 서울교육원장표창(1985), 문화체육부장관표창(1997), 서울시교육감표창(2002), 통일부장관표창(2012), 옥조근정훈장(2016) (종)무교

## 류종영(柳鍾泳) Ryu Jong Young

(생)1974·1·29 (본)문화(文化) (출)경남 남해 (주)세종특별자치시 다솜2로 94 해양수산부 해운물류국 항만운영과(044-200-5770) (학)1992년 창신고졸 2001년 고려대 경영학과졸 (경)2000년 행정고시 합격(44회) 2002년 해양수산부 입부 2002~2003년 부산지방해양항만청 총무과·항만물류과 근무 2004년 해양수산부 동북아물류기획단 근무 2006년 同혁신기획관실 항만운영과 근무 2008년 국토해양부 항만운영과·항만물류기획과 서기관 2009년 同물류정책과 서기관 2010년 부산시 항만물류과장 2011년 부산지방해양항만청 항만물류과장 2012년 국토해양부 감찰팀장 2013년 미국 연방해양대기청(NOAA) 파견(서기관) 2016년 해양수산부 세월호배상및보상지원단 보상운영과장 2017년 同기획조정실 규제개혁법무담당관 2018년 同해운물류국 항만운영과장(현) (종)불교

## 류종우(柳種宇) RYU Chong Woo

(생)1944·3·29 (출)서울 (주)경기도 오산시 황새로 169 (주)대림제지(031-373-7670) (학)1962년 경복고졸 1970년 한양대 건축학과졸 (경)1975~1977년 창원제지공업사 사장 1977년 삼보판지공업(주) 전무이사 1981~2002년 (주)삼보판지 대표이사 1996~2002·2004~2006년 한국골판지포장공업협동조합 이사장 2002~2016년 (주)삼보판지 부회장 2002년 수원지법 안산지원 조정위원회 운영위원(현) 2015년 삼보테크노타워 회장(현) 2016년 (주)대림제지 회장(현) (상)석탑산업훈장(1995), 철탑산업훈장(2007) (종)천주교

**류종훈(柳鍾薰) RYU Jong Hoon**

(생)1963·5·20 (주)서울특별시 동대문구 경희대로 26 경희대학교 약학대학 한약학과(02-961-9230) (학)1986년 서울대 약대 제약학과졸, 1988년 同약학대학원 약학과졸, 1995년 의학박사(일본 東北大) (경)1988~1996년 식품의약품안전청 독성연구소 보건연구사, 1996~1999년 특허청 약품화학심사담당관실 특허심사관, 1997~1999년 기술신용보증기금 기술자문위원, 1999년 경희대 약대 한약학과 부교수·교수(현), 2004년 식품의약품안전청 건강기능식품심의위원, 2005~2008년 식품기술사협회 이사, 2006~2007년 미국 캘리포니아대 샌디에이고교(UCSD) Visiting Scholar, 2010년 경희대 약대 한약학과장, 2014~2016년 同약학대학장

**류준열(柳俊烈)**

(생)1964·12·14 (출)전북 전주 (주)인천광역시 미추홀구 매소홀로 618 문학경기장 SK와이번스(032-455-2601) (학)전북대사대부고졸, 연세대 경제학과졸, 同대학원 경제학과졸 (경)2000년 SK텔레콤(주) 입사 2010년 同전략기획그룹장 2011년 同미국Platform사업본부장 2012년 서비스탑 대표 2015년 SK텔레콤(주) 성장전략실장 2016년 SK와이번스 대표이사(현)

**류중석(柳重錫) RYU Joong Seok (一凡)**

(생)1957·7·12 (본)전주(全州) (출)경북 안동 (주)서울특별시 동작구 흑석로 84 중앙대학교 사회기반시스템공학부 도시시스템공학전공(02-820-5847) (학)1976년 경복고졸 1981년 서울대 건축학과졸 1986년 同대학원 도시공학과졸 1991년 건축학박사(영국 Sheffield대) (경)1992년 국토연구원 도시연구실 및 국토정보센터 연구위원 1996년 중앙대 건설대학 조교수·부교수, 同건설대학 도시공학과 교수, 同사회기반시스템공학부 도시시스템공학전공 교수(현) 1998년 감사원 국책사업감시단 자문위원 2006년 경제정의실천시민연합 도시개혁센터 대표 2007년 중앙대 제2캠퍼스 산학협력부단장 2007년 건설교통부 중앙도시계획위원 2013년 한국경관학회 회장 2013~2017년 경제정의실천시민연합 도시개혁센터 이사장 2015년 중앙대 신캠퍼스추진단장 2015년 경기도 도시계획위원 2017·2018년 중앙대 교학부총장(현) 2018년 同다빈치학습혁신원장(현) (종)천주교

**류중일(柳仲逸) Ryu Jung-Yil**

(생)1963·4·28 (주)서울특별시 송파구 올림픽로 25 LG트윈스 프로야구단(02-2005-5811) (학)경북고졸, 한양대졸 (경)1987~1998년 프로야구 삼성 라이온즈 소속 2000년 同수비코치 2005년 월드베이스볼클래식(WBC) 국가대표팀 코치 2008~2009년 프로야구 삼성 라이온즈 2군 수비코치 2008년 제2회 월드베이스볼클래식(WBC) 국가대표팀 주루코치 2009년 프로야구 삼성 라이온즈 1군 수비코치 2010년 제16회 광저우아시안게임 국가대표팀 코치 2010~2016년 프로야구 삼성 라이온즈 감독 2011년 대구엑스코 홍보대사 2011·2012·2013·2014·2015년 프로야구 정규리그 우승(5연패) 2011·2012·2013·2014년 프로야구 한국시리즈 우승(4연패) 2013년 제3회 월드베이스볼클래식(WBC) 국가대표팀 감독 2014년 인천아시안게임 야구대표팀 감독(금메달 획득) 2014년 대구사회복지공동모금회 홍보대사 2015년 프로야구 한국시리즈 준우승 2016년 프로야구 삼성 라이온즈 기술고문 2017년 프로야구 LG트윈스 감독(현) (상)프로야구 유격수부문 골든글러브(1987·1991), 일간스포츠 프로야구 감투상(1990), 금복문화상 사회공헌부문상(2012), 조아제약 프로야구대상 프로감독상(2013·2014), 일구상 지도자상(2014)

**류지열(柳志悅)**

(생)1972·7·25 (출)경남 의령 (주)인천광역시 미추홀구 소성로163번길 49 인천지방검찰청 중요경제범죄조사단(032-860-4484) (학)1991년 해운대고졸 1996년 서울대 경제학과졸 (경)1997년 사법시험 합격(39회) 2000년 사법연수원 수료(29기) 2000년 공익 법무관 2003년 서울지검 북부지청 검사 2004년 서울북부지검 검사 2005년 부산지검 동부지청 검사 2007년 창원지검 검사 2009년 수원지검 성남지청 검사 2011년 서울서부지검 검사 2013년 同부부장검사 2013년 서울중앙지검 부부장검사 2015년 춘천지검 원주지청 부장검사 2016년 울산지검 형사2부장 2017년 인천지검 부천지청 형사2부장 2018년 서울서부지검 인권감독관 2019년 인천지검 중요경제범죄조사단 부장검사(현)

**류지영(柳知姈·女) You Jee Young**

(생)1950·3·4 (출)경북 김천 (주)서울특별시 영등포구 버드나루로 73 자유한국당(02-6288-0200) (학)1972년 숙명여대 생활미술학과졸 1994년 고려대 경영대학원 수료 1996년 同언론대학원 최고지도자과정 수료 2001년 세종대 대학원 세계경영최고위과정(AGMP) 수료 2004년 숙명여대 교육대학원 유아교육과졸 2005년 同테크노경영대학원 블루오션CEO과정 수료 (경)1989~2012년 월간「유아」발행인 1990년 도서출판 어린이뜰 사장 1994~2003년 중국조선족유치원후원회 회장 1998년 중국 북경 중화고려대 이사(현) 1999년 민주평통 자문위원 2001년 문화관광부 정기간행물등록취소심의위원회 위원 2001년 한국잡지협회 부회장 2002년 한국여성경제인연합회 서울지회 부회장 2003~2004년 한국간행물윤리위원회 심의위원 2003~2015년 (사)한국유아교육인협회 회장 2007~2009년 한국여성경제인협회 서울지회장 2008~2012년 (주)유아림 대표이사 2009~2010년 한나라당 중앙위원회 여성분과위원장 2010년 한국여성경제인협회 서울지회 명예회장 2010~2012년 숙명여대총동문회 회장 2010~2012년 한나라당 부대변인 2010년 (사)한국여성단체협의회 이사(현) 2012~2016년 제19대 국회의원(비례대표, 새누리당) 2012~2015년 한국에어로빅체조연맹 회장 2012년 국회 보건복지위원회 위원 2012년 새누리당 중앙윤리위원회 부위원장 2012년 同중앙여성위원회 수석부위원장 2012년 국회 미래여성가족포럼 공동대표 2013년 국회 운영위원회 위원 2013년 새누리당 여성·대외협력담당 원내부대표 2013·2014년 同중앙여성위원장 2014년 同비상대책위원 2014년 同7.30재보궐선거공천관리위원회 위원 2014~2016년 국회 여성가족위원회 여당 간사 2014~2016년 국회 미래창조과학방송통신위원회 위원 2014년 새누리당 무상급식무상보육대책마련을위한TF 위원 2015년 同아동학대근절특별위원회 위원 2015년 同정책위원회 여성가족정책조정위원장 2015년 국회 정무위원회 위원 2016년 한국여성인권진흥원 이사장 2017년 자유한국당 제19대 홍준표 대통령후보 중앙선거대책본부 여성본부 공동본부장 2019년 同당대표 특별보좌역(현) (상)공보처장관표창, 중소기업청장표창, 문화체육부장관표창, 산업자원부장관표창, 국무총리표창(2006), 대통령포장(2008), 법률소비자연맹 선정 국회헌정대상(2013·2014·2016), 올해의 숙명여대인상(2013), 국회를 빛낸 바른언어상(2014), 대한민국나눔봉사대상(2014), 새누리당 제3차 국정감사 우수의원(2014), 잡지협회 선정 올해의 인물상(2014), 국정감사 우수국회의원 대상(2014)

**류 진(柳 津) RYU Jin**

(생)1958·3·5 (출)경북 안동 (주)서울특별시 서대문구 충정로 23 (주)풍산 회장실(02-3406-5114) (학)1976년 일본 아메리칸스쿨졸 1983년 서울대 인문대학 영문학과졸 1985년 미국 Dartmouth Coll. 대학원 경영학과 수료 (경)1982년 풍산금속공업(주) 입사 1986년 同이사 1989년 (주)풍산 상무이사 1991년 同전무이사 1994년 同부사장 1996년 同대표이사 부사장

1997~2000년 同대표이사 사장 1997년 한·미경제협의회 부회장(현) 1997년 대한상공회의소 상임의원 1998년 한일은행 사외이사 1998년 전국경제인연합회 이사 1998~2000년 한국비철금속협회 부회장 1999년 전국경제인연합회 상임이사 2000년 한국방위산업진흥회 부회장 2000년 (주)풍산 대표이사 회장(현) 2001년 전국경제인연합회 부회장(현) 2001년 경제산업자문기구(BIAC) 한국위원장 2002·2006년 同부회장 2004년 同회장 2005~2015·2018년 한국무역협회 비상근부회장(현) 2007년 국제동산업협의회(IWCC) 부회장 2010년 同회장 2011~2014년 아시아·태평양기업인자문기구(ABAC) 한국위원 2011~2015년 한국비철금속협회 회장 2012년 아너소사이어티 회원(현) 2014년 (사)한국메세나협회 부회장(현) 2015년 '2015프레지던트컵조직위원회' 위원장 2016년 한국프로골프협회(KPGA) 자문위원회 위원(현) (상)금탑산업훈장(2005), 국민훈장 모란장(2012), 서울대 발전공로상(2015), 한미협회 한미우호상(2016) (역)'콜린 파월 자서전-My American Journey'

**류진규(柳振奎) RYU Jin Kyu**

(생)1951·3·9 (출)경남 고성 (주)서울특별시 강동구 상일로6길 21 (주)한국종합기술 임원실(02-2049-5114) (학)1978년 부산대 토목공학과졸 1999년 한양대 대학원 토목공학과졸 (경)1978년 한국도로공사 처장 2006년 (주)도화종합기술공사 부사장 2007년 (주)한국종합기술 도로공항본부장 2011년 同도로공항본부장(부사장) 2013년 同부사장(현)

**류진수(柳震壽) RYU, JIN-SOO**

(생)1940·8·8 (본)문화(文化) (출)경남 김해 (주)경상남도 김해시 진례면 서부로436번길 70-25 (주)대흥알앤티(055-345-6391) (학)경남 대산고졸, 부산대 물리학과졸 1990년 同대학원 도시행정학과졸 (경)1977년 대한산업 대표이사 회장(현), 대한화학공업 대표이사, 부산시사이클연맹 부회장 1985년 대흥공업 대표이사 회장(현), 대금산업 대표이사 사장 1987년 부산시농구협회 회장 1988년 부산시체육회 감사 1990년 한국청소년연맹 부산연맹장 1991년 KBS 방송심의위원회 위원 1994년 부산불교신도회 회장 1995년 부산불교방송 사장 2002년 (주)대흥알앤티 대표이사 회장(현) 2006년 부산불교신도회 명예회장(현) 2014년 한국고무산업협회 회장(현) 2015~2018년 김해상공회의소 회장 (상)철탑산업훈장, 국민포장, 청소년대훈장, 국세청장표창, 국민훈장 석류장, 대통령표창(2006·2015) (종)불교

**류찬우(柳燦佑) RYU, CHAN-WOO**

(생)1964·7·12 (본)풍산(豊山) (출)경북 군위 (학)1983년 용문고졸 1987년 서울대 경제학과졸 1989년 同대학원 국제경제학과졸 1998년 미국 미시간주립대 대학원 경제학과졸 (경)1989년 한국은행 입행 1999년 금융감독원 감독1국 근무 2001년 同총무국 근무 2003년 同신용감독국 팀장 2007년 同은행검사1국 팀장 2008년 同변화추진기획단 팀장 2008년 同기업금융개선지원단 팀장 2010년 同일반은행검사국 팀장 2012년 지방자치단체 파견(실장급) 2013년 금융감독원 여신전문검사실장 2014년 同저축은행검사국장 2014년 同거시감독국장 2015년 同은행감독국장 2016~2017년 同중소서민금융담당 부원장보 2018년 한국금융안전(주) 대표이사

**류창석(柳昌錫) Chang-Seog Yu**

(생)1964·4·20 (본)전주(全州) (출)인천 강화 (주)서울특별시 종로구 율곡로2길 25 연합뉴스 편집국 선임데스크팀(02-398-3114) (학)1983년 인천고졸 1989년 연세대졸 (경)연합뉴스 외신부·문화부·국제뉴스부·지방부 기자 2003~2005년 同특신부·문화부 차장대우 2005년 同특신부 차장, 同국제뉴스3부 차장 2009년 同국제뉴스3부 부장대우 2011년 同국제뉴스2부장 2011년 同국제뉴스2부 기획위원(부장급) 2013년 同국제뉴스4부장 2013년 同국제뉴스1부 기획위원(부장급) 2015년 同편집국 선임데스크팀 근무(부장급) 2018년 同편집국 선임데스크팀 근무(부국장대우)(현)

**류창성(柳昌成)**

(생)1970·6·4 (출)전남 순천 (주)충청남도 서산시 공림4로 24 대전지방법원 서산지원(041-660-0631) (학)1989년 순천고졸 1995년 서울대 공법학과졸 (경)2001년 사법시험 합격(43회) 2004년 사법연수원 수료(33기) 2004년 인천지법 예비판사 2006년 서울중앙지법 판사 2008년 창원지법 통영지원 판사 2011년 수원지법 성남지원 판사 2014년 서울중앙지법 판사 2016년 서울고법 판사 2018년 서울중앙지법 판사 2019년 대전지법 서산지원·대전가정법원 서산지원 부장판사(현)

**류창승(柳昶丞) RYU Chang Seung**

(생)1975·7·18 (주)경기도 오산시 황새로 169 (주)대림제지 비서실(031-373-7670) (학)미국 캘리포니아주립대졸 (경)AC닐슨코리아 근무 2006년 (주)대림제지 이사 2009년 同대표이사 사장(현) 2009~2016년 (주)한청판지 대표이사

**류춘열(柳春烈) Ryu Chun Yeol**

(생)1965·3·28 (본)문화(文化) (출)경남 함안 (주)세종특별자치시 정부2청사로 13 해양경찰청 차장실(044-200-2114) (학)1985년 마산 경상고졸 1989년 한국해양대 항해학과졸 2004년 同대학원 법학과졸 2006년 同대학원 법학 박사과정 수료 (경)1994년 경위 공채(경찰간부후보 42기), 해양경찰청 혁신관리팀장(경정) 2005년 부산해양경찰서 3001함장 2007년 해양경찰청 발전전략팀장 2008년 同기획조정관실 창의혁신담당관 2009년 국토해양부 치안정책관 2010년 포항해양경찰서장 2011년 남해지방해양경찰청 경비안전과장 2011년 캐나다 해안경비대(Canada Coast Guard) 파견 2012년 남해지방해양경찰청 정보수사과장 2013~2014년 속초해양경찰서장 2014년 국민안전처 동해지방해양경비안전본부 속초해양경비안전서장(총경) 2015년 同남해지방해양경비안전본부 안전총괄부장(경무관) 2015년 同안전감찰관실 감사담당관(경무관) 2015년 同해양경비안전본부 해양장비기술국장(경무관) 2017년 同해양경비안전본부 해양경비안전국장(치안감) 2017년 해양경찰청 경비국장(치안감) 2017년 남해지방해양경찰청장 2018년 해양경찰청 차장(치안정감)(현) (상)홍조근정훈장(2015)

**류춘호(柳春浩) RYU, Choonho**

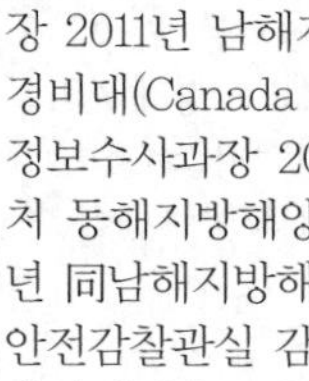

(생)1959·3·22 (본)진주(晉州) (출)대전 (주)서울특별시 마포구 와우산로 94 홍익대학교 경영대학 경영학부(02-320-1715) (학)1983년 서울대졸 1985년 한국과학기술원(KAIST) 경영학과졸(석사) 1993년 경영학박사(미국 펜실베이니아대 와튼스쿨) (경)1985년 한국국방연구원 연구원 1989년 미국 펜실베이니아대 와튼스쿨 Post-Doc. 1993년 同TA/RA 1994년 통신개발연구원 책임연구원 1995년 홍익대 경영대학 경영학부 조교수·부교수·교수(현) 2003~2004년 미국 Rutgers Univ. 교환교수 2006년 한국경영학회 이사 2006~2008년 한국생산관리학회 이사 2006년 국방정책연구편집위원회 편집위원 2007년 한국SCM학회 이사 2008~2009년 한국경영과학회 편집위원장 2008~2009년 한국학술진흥재단 사회과학단 Project Manager 2008~2010년 한국생산관리학회 감사 2014~2016년 홍익대 입학관리본부장 2018년 同경영대학장 겸 경영연구소장(현) 2018년 한국경영과

학회 회장 (저)'SDP의 이론, 해법 및 응용(共)'(2003, 글샘사) '현대생산·운영관리(共)'(2007, 명경사) (역)'신제품 개발의 7가지 성공비결(共)'(1997, 21세기북스) '조직의 변화를 리드하는 빅 아이디어(共)'(2003, 21세기북스) (종)천주교

**류태영(柳泰永) YOU, Tae Yeung (淸岩)**

(생)1936·5·14 (본)문화(文化) (출)전북 임실 (주)서울특별시 송파구 법원로 114 엠스테이트 A동 409호 농촌·청소년미래재단(02-738-3285) (학)동양공고졸 1964년 건국대 법률학과졸 1965년 한국성서신학교 기독교교육학과졸 1969년 덴마크 Nordic Agricultural College 수료 1978년 사회학 석사 및 박사(이스라엘 예루살렘헤브루대) (경)1961년 청웅중 강사 1966~1968년 용인복음농민학교장 1966~1969년 경기도기술교육연합회 부회장 1970년 한국성서대 전임강사 및 기획관리실장 1970년 대한기독교신학교 강사 1971년 한국성서대 강사 1971년 건국대 축산대학 생활관장 1972년 대통령비서실 초대 새마을운동담당 1972년 대한교육연합회 새마을교육 연구위원 1977년 이스라엘 벤구리온대 초빙교수 1978~2001년 건국대 농과대학 조교수·부교수·교수 1978~1989년 새마을연구소 소장 1979~1989년 흥사단 공의회 부회장 1979~1980년 서울시 교육연구원 자문위원 1979~1988년 건국대 섭외위원(덴마크,이스라엘담당) 1979~1993년 한국 중동학회 상임이사 1980~1983년 (사)한국덴마크 친선협회 운영이사 1980년 새마을연구협의회 위원 1980~2011년 한·이스라엘친선협회 총무이사·부회장·회장 1980년 3급국가공무원특별시험위원 1980년 국무총리실 정책평가교수 1981~1983년 同정책자문위원 1981~1993년 내무부 정책자문위원 1981년 새마을분과위원회 위원 1982~1986년 (사)새마을문고 본부이사 1982~2007년 농협중앙회 운영자문위원 1983~1991년 학교법인 태성학원 이사 1983년 한·덴마크협회 부회장·고문 1983~1987년 (사)전국대학 새마을연구소연합회 부회장 1983~2001년 同새마을연구회 이사 1983년 한·덴마크농업진흥협의회 자문위원 1985~1987년 민방위대 교육훈련교관 1986년 건국대 신문사 편집인 겸 주간 1987년 同농업교육학과장 겸 대학원 학과장 1988년 同학생처장 1989년 同부설 한민족문화연구원장 1990~2001년 도산아카데미연구원장 1991년 건국대 농과대학장 1991년 한국지역사회개발학회 이사 1991~1998년 새마을운동중앙협의회 자문위원 1991~2005년 대산농촌문화재단 부이사장 1993년 건국대 부총장 1993년 同박물관장 1993~2001년 (재)상허문화재단 상임이사 1993~2000년 (재)동아세아연구원 이사 1994년 건국대 부설 아태연구소장 1994년 한국농촌사회학회 회장 1996년 아세아농촌사회학회 초대회장 1997~1999·2000~2001년 교보생명(주) 고문 1997년 중국 延邊과학기술대 겸직교수 1997년 (사)연변라진과학기술대학후원회 이사 1998년 농림부 농소정원로회의 원로위원 1998년 同남북농업협력추진협의회 위원 1998년 과학기술부 남북과학기술협력추진협의회위원 1999~2006년 동북아과학기술협력재단 이사 1999~2006년 동북아교육문화협력재단 이사 2000년 도산아카데미연구원 부이사장 겸 원장 2000년 새천년민주당 21세기국정자문위원회 고문 2001~2005년 교보생명 상담역 2001~2007년 새만금환경대책위원회 위원 2001년 건국대 사범대학 명예교수(현) 2002년 (재)농촌·청소년미래재단 이사장(현) 2002~2006년 민주평통 자문위원 2002~2006년 同상임분과위원 2005년 DYB최선어학원 고문 2006~2016년 (사)도산기념사업회 이사 2006년 (사)한국미래포럼 부총재(현) 2007년 (사)도산아카데미연구원 이사(현) 2008~2015년 (주)아름CNA 상임고문 2008년 (사)국가정체성회복운동연합회 중앙상임위원(현) 2009년 (사)국가안보와경제살리기 이사 2009년 (사)한국미래포럼 이사(현) 2010년 (재)기소재단 이사(현) 2011년 (사)누가선교회 이사(현) 2012~2015년 자유민주국민연합 공동총재 2012~2015년 (사)한국기독교평신도회총재 2013년 (사)방지일목사기념사업회 이사(현) (상)대한민국재향군인회 공로훈장(1972), 동탑산업훈장(1980), 문화공보부장관표창(1980), 새마을훈장 노력장(1985), 이스라엘 Yitzhak Rabin 수상표창(1994), 미국 LA시장 Richard J.Riordan 표창(1995), 미국 상원의원 Barbara Boxer 표창(1995), 미국 상원의원 Richard G.Polanco 표창(1995), 국무총리표창(2001), 새마을운동 유공 휘장증(2014), 도산교육상(2015) (저)'복음과 구국과 종교교육의 전개'(1964, 한국성서신학교) '외국의 새마을운동'(1972, 금문사) '이스라엘 민족정신의 뿌리'(1981, 아가페출판사) 'Cooperative Farming in Israel'(1979) '잘사는 작은 나라'(1984, 흥사단출판부) 'The Patterns of Rural Development in Korea'(1986) '이스라엘 국민정신과 교육'(1986) 'Jewish Immigration and Agricultural Settlements in Israel'(1987) '이스라엘 그 시련과 도전'(1991, 삼성출판사) '천재는 없다'(1995, 성현출판사) '이스라엘 농촌사회구조와 한국 농촌사회'(1996, 양영각) '이스라엘민족의 지혜'(1999) '언제나 나는 꿈꾸는 청년이고 싶다'(2000) '천재를 만드는 유태인의 가정교육법'(2001) '영원한 청년 청암류태영'(2001) '지혜의 샘, 탈무드에서 배우는 자녀교육법'(2002) '이스라엘 바로알기'(2006) '꿈과 믿음이 미래를 결정한다'(2007) '나는 긍정을 선택한다'(2007, 비전과 리더쉽) '기도인생'(2010) '어머니 또 부르고 싶은 어머니(共)'(2011) '한국사회의 발전과 기독교'(2012) (종)기독교

**류태호(柳泰鎬)**

(생)1963·7·26 (주)강원도 태백시 태붐로 21 태백시청 시장실(033-550-2001) (학)황지고졸 1984년 계명대 사회학과 제적(2년), 학점인정등에관한법률규정에의한 행정전문학사 취득 (경)남일광업소 근무, 광산노동자협의회 사무국장, 민주노동당 태백시지구당 부위원장, 소도지역아동센터 대표, 태백교육공동체 대표, 친환경무상급식태백운동본부 집행위원장 2011년 강원 태백시의회 의원(재보선 당선, 민주당·민주통합당·민주당·새정치민주연합) 2014~2018년 강원 태백시의회 의원(새정치민주연합·더불어민주당) 2014~2016년 同의장 2016년 더불어민주당 강원도당 사회복지특별위원장 2018년 강원 태백시장(더불어민주당)(현)

**류택희(柳澤熙)**

(생)1964·10·19 (출)충남 연기 (주)경기도 부천시 계남로 227 부천세무서(032-320-5200) (학)서울오산고졸 1984년 세무대학졸(2기) (경)1984년 세무공무원 임용(8급 특채) 2000년 국세청 부가가치세과 근무 2005년 서울지방국세청 조사1국 근무 2007년 국세청 징세과 근무 2008년 사무관 승진 2010년 국세청 심사과 사무관 2012년 同차장 비서관 2012년 同부가가치세과 서기관 2014년 대전지방국세청 징세송무국장 2014년 중부지방국세청 징세송무국 체납자재산추적과장 2015년 경기 동안양세무서장 2016년 서울지방국세청 운영지원과장 2017년 서울 반포세무서장 2018년 중부지방국세청 조사4국 조사3과장 2019년 경기 부천세무서장(현)

**류필구(柳必求) Ryou, Pill Koo**

(생)1945·7·19 (출)경북 안동 (주)서울특별시 강남구 광평로 281 수서빌딩 갤럭시아커뮤니케이션즈(주) 임원실(02-6005-1141) (학)1964년 안동고졸 1973년 연세대 경영학과졸 1998년 고려대 컴퓨터과학기술대학원 정보통신최고위과정 수료 2002년 세종대 세계경영대학원 세계경영최고위과정 수료 (경)1972년 동양나이론(주) 입사 1978년 효성그룹 종합조정실 조정과장 1985년 효성인포메이션시스템(주) 관리부장 1990년 同이사 1994년 同상무이사 1996~2010년 同대표이사 2004년 한국소프트웨어산업협회 부회장 2005~2010년 노틸러스효성(주) 대표이사 2006~2011년 (주)효성 정보통신PG장(사장) 2007년 한국전자문서산업협회 회장 2011년 진흥기업 대표이사 2011년 (주)효성 건설PG장(사장) 2012년 同고문 2012년 갤럭시아커뮤니케이션즈(주) 부회장(현)

## 류한국(柳漢國) Ryu Han Guk

(생)1954 · 2 · 15 (출)경북 의성 (주)대구광역시 서구 국채보상로 257 서구청 구청장실(053-663-2002) (학)1981년 영남대 행정학과졸 1993년 경북대 행정대학원 수료 (경)1981년 노동부 근무 1982년 부산중부지방사무소 직업안정과장 1984년 대구시 수도국 업무과 관재계장 1985년 同지방공무원교육원 운영계장 1987년 同산업국 지역경제계장 1990년 同기획관리실 법무담당관 1991년 同도시계획국 도시계획과장 1994년 同의회사무처 전문위원 1997년 同공보관 1998년 同기획관 2000년 同북구 부구청장 2003년 同서구 부구청장 2004년 同교통국장 2006년 同행정관리국장 2007~2008년 同서구 구청장 권한대행(지방부이사관) 2009년 국방대 교육파견(지방이사관) 2010년 대구시 달서구 부구청장 2012~2014년 대구도시철도공사 사장 2014~2018년 대구시 서구청장(새누리당 · 자유한국당) 2018년 대구시 서구청장(자유한국당)(현) (상)내무부장관표창, 대통령표창(1993), 홍조근정훈장(2012), 세계자유민주연맹(WLFD) 자유장(2016)

## 류한영(柳漢瑛) Ryoo, Han Young

(생)1967 · 4 · 23 (본)풍산(豊山) (출)경북 안동 (주)서울특별시 서대문구 이화여대길 52 이화여자대학교 신산업융합대학 융합콘텐츠학과(02-3277-4506) (학)1986년 성남고졸 1990년 한국과학기술원(KAIST) 산업디자인학과졸(학사) 1995년 국민대 대학원 공업디자인학과졸 2004년 전산학박사(미국 조지워싱턴대) (경)1990~1992년 삼성전자(주) 디자인실 근무 1992~1995년 포톤연구소 근무 1996~1997년 중앙일보 뉴미디어국 근무 2004~2005년 숭실대 박사후연구원 2005~2006년 홍익대 전임강사 2006~2017년 이화여대 전임강사 · 조교수 · 부교수 2010~2012년 한국디자인단체총연합회 사무총장 2016년 (사)한국HCI학회 편집위원장(부회장)(현) 2017년 이화여대 신산업융합대학 융합콘텐츠학과 교수(현) 2017~2018년 同재무처장 겸 자금팀장 2019년 同정보통신처장(현)

## 류한우(柳韓佑) LEU Han-U

(생)1950 · 4 · 26 (출)충북 단양 (주)충청북도 단양군 단양읍 중앙1로 10 단양군청 군수실(043-420-2000) (학)1969년 단양공고졸 1989년 한국방송통신대 국어학과졸 1996년 충북대 행정대학원 행정학과졸 (경)1970년 단양군 매포면사무소 근무(9급) 1995년 충북도 공보관실 홍보1계장 1995년 同지방과 여론계장 1996년 同재난관리과 재난총괄계장 1998년 同총무과 계약담당 · 재무과 계약담당 2001년 同농정과 농정담당 2002년 同공무원교육원 수석교수 · 교재연구수석교수 2002년 同세무회계과장 2004년 同예산담당관 2005년 同총무과장 2006년 同공보관 2006년 단양군 부군수 2008~2009년 충북도 보건복지여성국장 2014~2018년 충북 단양군수(새누리당 · 자유한국당) 2018년 충북 단양군수(자유한국당)(현) (상)대통령표창(1998), 대한민국을 빛낸 21세기 한국인상 관광및복지부문(2015), 대한민국 창조경제대상 소통경영부문대상(2016), 한국을 빛낸 자랑스런 한국인대상(2016), 도전한국인운동본부 도전한국인상(2017), 대한민국 의정대상 · 지방자치행정대상 지방자치행정대상(2017), 대한민국국회평화대상위원회 대한민국국회평화대상 지방자치단체부문(2017), 2019 지방자치발전대상 지역발전부문 특별대상(2019)

## 류한호(柳漢虎) LYU Han Ho (玄潭 · 無何)

(생)1955 · 12 · 18 (본)문화(文化) (출)전북 (주)광주광역시 남구 효덕로 277 광주대학교 인문사회대학 신문방송학과(062-670-2283) (학)1975년 전주고졸 1979년 성균관대 신문방송학과졸 1981년 同대학원 정치학과졸 1993년 정치학박사(성균관대) (경)1985년 광주대 인문사회대학 신문방송학과 전임강사 · 조교수 · 부교수 · 교수(현) 1995~2000년 한국언론학회 커뮤니케이션정책연구회장 1996~2000년 광주전남민주언론시민연합 의장 1998~2001년 언론개혁광주시민연대 공동대표 운영위원장 1999~2000년 한국언론정보학회 이사 2001~2002년 한국언론학회 이사 겸 교육학술위원장 2001년 방송위원회 방송정책기획위원회 산업분과위원장 2002년 同지역방송발전정책위원회 소위원장 2002년 광주전남대통령선거방송토론위원회 위원장 2003~2012년 (사)열린미디어연구소 이사 · 연구위원장 2003~2005년 한국커뮤니케이션학회 부회장 2004~2005년 미국 아이오와대 저널리즘스쿨 교환교수 2004년 한국지역사회학회 운영위원장 2005~2007년 同부회장 2005~2007년 광주대 언론홍보대학원장 2005~2007년 同평생교육원장 2005~2011년 한국언론학회 지역언론연구회 회장 2006~2007년 광주전남언론학회 회장 2007년 광주대 산업대학원장 2007~2013년 지방분권국민운동 공동대표 2007~2013년 同광주전남본부 대표 2007~2008년 한국언론학회 이사 2008년 한국지역사회학회 회장 2008년 광주YMCA 이사(현) 2008~2016년 (사)희망나무 이사장 2008~2013년 호남지역SO시청자위원회 위원장 2008~2010년 언론인권센터 이사 2009년 언론인권광주센터 대표(현) 2009~2010년 기초지방선거정당공천폐지국민운동본부 상임대표 2010~2014년 언론인권센터 부이사장 2010~2014년 광주경실련 공동대표 2011~2013년 한국방송학회 감사 2013년 同이사 2013년 지방분권국민운동 광주전남본부 공동대표(현) 2013년 행정개혁시민연합 상임집행위원(현) 2013~2017년 광주광역시 과학기술자문위원 2014~2017년 방송통신위원회 지역방송발전위원회 위원 2016년 언론인권센터 이사장(현) 2016~2018년 광주지방분권협의회 위원장 2016년 광주YMCA 부이사장(현) 2017년 대통령직속 국가균형발전위원회 위원(현) 2018년 (사)광주NGO시민재단 이사장(현) 2018년 광주시청자미디어센터 운영협의회 위원장(현) 2018년 정책공간 포용혁신 상임대표(현) 2019년 광주대 사회적경제연구소장(현) (상)방송통신위원회 위원장(장관급)표창(2018) (저)'언론과 현대사회'(共) '현대사회와 매스커뮤니케이션'(共) '남북한 정치의 구조와 전망'(共) '지방의 재발견'(共) '한반도의 평화와 인권'(共) '21세기 시민언론운동'(共) '현대 매스미디어원론'(共) '현대사회와 미디어의 이해'(共) '통일시대의 사회발전과제'(共) '선거와 홍보전략(共)'(1994) '죽은 언론 살리기(共)'(1996) '언론의 자유와 민주주의'(2004) '지방분권과 지역언론'(2005) '시청자와 방송'(2009) '미디어정책론(共)'(2010) '언론에 당해봤어 2(共)'(2018) (종)기독교

## 류해민(柳海民) YOO, Hai Min

(주)부산광역시 연제구 고분로 170 부산경상대학교 총장실(051-850-1010) (학)1981년 연세대 대학원 무역경제학과졸, 1982년 미국 AGSIM(선더버드국제경영대학원) 국제경영학과졸, 1990년 경영학박사(중앙대) (경)부산외국어대 국제무역학과 교수, 同기획실장, 同상경대학장, 同국제경영 · 지역학대학원장, 同중앙도서관장, 부산무역협회 강사, 부산공무원교육원 강사, 미국 워싱턴주립대 객원교수, 대한상사중재원 중재인, 한국국제상학회 회장, 同명예회장(현), 2019년 부산경상대 총장(현) (저)'외환론'(共), '무역상무론', '무역영어'

## 류해운(柳海雲) RYU Hae Une

(생)1958 · 4 · 2 (출)경남 진주 (주)서울특별시 송파구 송파대로 274 대한소방공제회관 4층 대한소방공제회(02-405-6901) (학)1999년 창원대 사회학과졸 2001년 인제대 대학원 법학과졸 (경)1983년 소방간부후보생(소방위) 임용(3기) 1990년 소방경 승진 1994년 지방소방령 승진 1999년 거창 · 통영 · 마산소방서장(지방소방정) 2004년 중앙119구조대장 2005년 소방방재청 시설장비과장 2005년 울산시 소방본부장 2006년 소방준감 승진 2007년 경남도 소방본부장 2008년 소방방재청 구조구급과장 2010년 同소방정책국 소방산업과장 2011년 대구시 소방

안전본부장 2012년 중앙소방학교장 2014~2016년 부산시 소방안전본부장 2018년 대한소방공제회 제12대 이사장(현) (상)대통령표창(2002), 홍조근정훈장(2008)

**류현성(柳炫成) RHEW Hyun Sung**

(생)1962·5·15 (주)서울특별시 종로구 율곡로2길 25 연합뉴스 콘텐츠평가실(02-398-3114) (학)1980년 대전고졸 1985년 서울대 불어불문학과졸 1987년 同대학원 도시계획학과졸 2002~2003년 미국 미시간주립대 연수 (경)1989년 연합통신 편집국 수습기자(8기) 1989~1998년 同외신1부·국제경제부·사회부·정치부 기자 1998년 연합뉴스 산업부 기자 2000년 同과학정보부 차장대우 2001년 同정보과학부 차장대우 2004년 同경영기획실 차장 2005년 同뉴미디어전략기획팀장 2005년 同기획부 차장 2005년 同정보과학부 차장 2006년 同정보과학부 부장대우 2008년 同산업부 부장대우 2008년 同IT미디어부장 2009년 同미디어과학부장 2011년 同경제부장 2011년 同지방국 에디터 2012년 同국제국 기획위원(부국장대우) 2013년 同제네바특파원 2016년 同미래전략실장 2016년 同편집국장 직대 2018년 同콘텐츠평가실 콘텐츠평가위원(현) (저)'당신은 이제 유티즌(共)'(2004) 'IT신화는 계속된다'(2009)

**류현정(柳炫汀·女) Ryu Heyun Jung**

(생)1986·5·19 (주)서울특별시 서초구 서초대로 264 법조타워 12층 류현정법률사무소(02-522-7704) (학)2012년 연세대 법학과졸 2015년 중앙대 법학전문대학원졸 (경)2015년 변호사시험 합격(4회) 2015년 법무법인 대륙아주 변호사 2015~2016년 법무법인 에스엔 변호사 2016~2018년 법무법인 태일 변호사 2018~2019년 법률사무소 명전 수석변호사 2018년 한국가정법률사무소 자문변호사(현) 2019년 안팍법률사무소 파트너변호사(현) 2019년 변호사 개업(현)

**류현진(柳賢振) RYU Hyun Jin**

(생)1987·3·25 (출)인천 (학)2006년 인천 동산고졸 2012년 대전대 사회체육학과졸 (경)2006~2012년 프로야구 한화 이글스 소속 2006년 제15회 도하아시안게임 국가대표 2006·2007·2008년 프로야구 올스타전 서군 대표 2006년 프로야구 정규시즌 투수 3관왕(18승·방어율2.23·탈삼진 204개) 2007년 대전도시철도 홍보대사 2007년 2007시즌 성적(17승7패·방어율 2.94·탈삼진 178개) 2008년 제29회 베이징올림픽 금메달 2009년 제2회 월드베이스볼클래식(WBC) 국가대표 2010년 29경기 연속 퀄리티 스타트(Quality Start : 6이닝 이상 3자책점 이하) 세계 최고기록 2010년 광저우아시안게임 국가대표(금메달) 2012년 국내프로야구 통산전적(7시즌 190경기 출장-98승52패1세이브·평균자책점 2.80·탈삼진 1천238개) 2012~2018년 미국 메이저리그(MLB) LA 다저스 소속(계약기간 6년에 계약금 500만달러 포함 총액 3천600만달러) 2013년 쉐라톤워커힐호텔 명예홍보대사 2013년 미국 메이저리그(MLB) 정규시즌 성적(14승8패·방어율 3.00·탈삼진 154개) 2014년 미국 메이저리그(MLB) 정규시즌 성적(14승7패·평균자책점 3.38·탈삼진 139개) 2015년 2018평창동계올림픽 홍보대사 2017·2018년 미국 프로야구 메이저리그(MLB) 내셔널리그(NL) 서부지구 우승 및 월드시리즈 준우승 2018년 미국 메이저리그(MLB) 정규시즌 성적(7승3패·평균자책점 1.97) 2018년 미국 메이저리그(MLB) 'LA 다저스'의 퀄리파잉 오퍼 수락으로 2019년시즌(1년) 재계약(1790만달러 : 약 203억여원)(현) 2019년 미국 메이저리그(MLB) 내셔널리그 투수부문 올스타 선정(한국인 빅리거 4번째) 2019년 8월 12일 한·미통산 150승 달성 2019년 미국 메이저리그(MLB) 성적 : 29경기 182⅔이닝·14승5패·평균자책점(ERA) : 2.32(메이저리그 전체 1위)·볼넷 허용 : 24개(내셔널리그 1위)·이닝당 출루허용 : 1.01(내셔널리그 3위)·피출루율 : 0.263(내셔널리그 3위)·탈삼진 : 163개 (상)PAVV 프로야구 정규시즌 신인왕·MVP·골든글러브(2006), 제일화재 프로야구대상 최고투수상(2007), 프로야구올스타전 우수투수상(2008), 삼성PAVV프로야구 사랑의 골든글러브(2008), CJ 마구마구 프로야구 탈삼진상(2009), CJ 마구마구 일구대상 최고투수상(2010), 조아제약 프로야구대상 최고투수상(2010), 골든글러브(2010), 제5회 동아스포츠대상 특별상(2013), 조아제약 프로야구대상 특별상(2013·2017·2018), 스포츠토토 올해의상 올해의 특별상(2013), CJ 마구마구 일구상 특별공로상(2013), 2013 서울외신기자클럽 외신홍보상 스포츠부문(2013), 아시아소사이어티 공로상(2013), '2013년을 빛낸 도전한국인 10인' 스포츠부문 대상(2014), 유디아 글로벌 일구대상(2018), 미국 메이저리그(MLB) 내셔널리그(NL) 이달(5월)의 투수상(2019)

**류혜숙(柳惠淑·女) RYU Hyeo Sook**

(생)1967·2·21 (주)대전광역시 유성구 대학로 99 충남대학교 사무국(042-821-5103) (학)연세대 교육학과졸, 교육학박사(미국 코넬대) (경)2002년 교육인적자원부 서기관 2003년 同대학정책과 서기관 2005년 서울대 기획실 기획담당관 2006년 과학기술부 과학기술정책국 인력기획조정과장 2007년 교육인적자원부 인력자원정책본부 인력수급팀장 2008년 교육과학기술부 연구성과관리과장 2008년 미래기획단 파견(서기관) 2009년 교육과학기술부 인재정책총괄과장(서기관) 2009년 同인재정책실 인재정책기획과장 2010년 고용 휴직 2011년 국립국제교육원 부이사관 2013년 교육부 산학협력과장 2013년 同기획조정실 국제교육협력담당관 2014년 경기도교육청 기획조정실장(고위공무원) 2015년 서울시교육청 기획조정실장 2016년 울산광역시 부교육감 2017~2018년 同교육감 권한대행 2019년 충남대 사무국장(현) (상)홍조근정훈장(2018)

**류혜정(柳惠貞·女) Alice RYU**

(생)1965·1·2 (출)서울 (주)서울특별시 영등포구 여의대로 128 LG트윈타워 LG전자(주) 임원실(02-3777-1114) (학)1987년 연세대 전산과학과졸 (경)1987~1993년 대우통신 연구원(SW개발팀장·TDX교환기개발) 1995년 LG전자 DECT개발 SW PL(책임연구원) 2000년 同UMTS개발 PL(수석연구원) 2005년 同MC연구소 개발4실(3G 휴대전화) 연구위원(상무) 2007년 同MC연구소 개발2실장(상무) 2007년 同MC연구소 SWP개발실장(상무) 2009년 同MC연구소 UP개발실장(상무) 2010년 同MC연구소 플랫폼개발실장(상무) 2011년 同MC연구소 선행플랫폼담당 상무 2012년 同MC연구소 선행플랫폼그룹장(상무) 2014년 同MC상품기획그룹 상품기획1담당 상무 2015년 同서초R&D CIC 차세대컨버전스연구소장(상무) 2016년 同H&A본부 스마트솔루션BD담당 상무 2018년 同H&A본부 스마트솔루션사업담당 전무 2019년 同H&A스마트홈사업담당 전무(현)

**류호권(柳浩權) RYU Ho-kwon**

(생)1972·7·8 (본)문화(文化) (출)서울 (주)서울특별시 종로구 사직로8길 60 외교부 인사운영팀(02-2100-7855) (학)1991년 휘문고졸 1999년 고려대 법학과졸 2002년 미국 컬럼비아대 대학원 법학과졸(LL.M.) (경)1999년 외교부 국제법규과 사무관 2004년 同통상교섭본부 FTA지역교섭과 사무관 2005~2009년 駐제네바대표부 1등서기관 2009~2011년 駐가나 참사관 2012~2013년 외교부 통상교섭본부 동아시아FTA추진기획단 1등서기관 2013~2015년 대통령 경제수석비서관실 산업통상자원비서관실 행정관 2015년 외교부 재외국민보호과장 2016년 同양자경제외교국 북미유럽경제외교과장 2018년 駐미국 참사관(현) (상)외교부장관표창(2011), 대통령표창(2016)

## 류호길(柳浩吉) RYU Ho Kil

(생)1957·3·1 (출)충북 단양 (주)서울특별시 중구 퇴계로 190 매경미디어센터 (주)매일방송(02-2000-3074) (학)1976년 충북고졸 1982년 충남대 사회학과졸 1999년 서강대 언론대학원졸 (경)1985년 대전일보 입사 1988년 매일경제신문 입사 1997년 同정치부장 1999년 매일경제TV 정경부 차장 2001년 同보도국 뉴스총괄부장 2002년 同정경 및 미술부장 2003년 同보도제작2부장 2004년 同보도제작2부장 겸 미술부장 2006년 同경제부장 2006년 同보도국장 2008~2011년 同미디어국장 2008년 同해설위원 겸임 2011년 同미디어국장 겸 종편기획팀장(이사대우) 2012년 매일방송(MBN) 기획실 이사 겸 편성국장 2013년 同기획실장 겸 편성국장(상무이사) 2015년 同편성본부장 겸 기획실장(전무이사) 2016년 同총괄전무·기획실장·편성본부장 겸임 2018년 同공동대표이사 전무(현) (상)방송통신위원장표창(2014) (저)'DJ시대의 파워엘리트' (종)기독교

## 류호담(柳浩倓)

(생)1942·6·4 (주)충청북도 충주시 금제7길 16 (사)한국향토음악인협회(043-855-9001) (학)검정고시 합격, 고려대 경영대학원 최고경영자과정 수료 (경)(주)아이템플 회장, (주)문강온천 회장, (주)해송엔지니어링 회장(현), (주)중원공조 회장, 2000년 (사)한국향토음악인협회 회장, 민주평통 충주시협의회장, 충주시사회복지 대표위원, 통일교육 전문위원, 2006·2010~2014년 충북 충주시의회 의원(무소속), 2008~2010년 同의장, 2010년 同총무위원회 위원, 2016년 (사)한국향토음악인협회 회장(현) (상)국세청장표창(1990), 대통령표창(1993·2005), 국민훈장 목련장(1996)

## 류호상(柳湖相) YOO Ho Sang

(생)1958·9·15 (출)경북 상주 (주)경상북도 경산시 대학로 280 영남대학교 생활과학대학 체육학부(053-810-3134) (학)함창고졸 1986년 영남대 체육교육학과졸 1991년 미국 볼주립대 대학원 체육학과졸 1995년 이학박사(미국 조지아대) (경)2000년 영남대 체육학부 교수(현), 한국재활심리학회 이사 2008년 영남대 스포츠과학대학원장 2009~2013년 同학생복지처장 2013~2015년 同생활과학대학장 2014~2016년 同스포츠과학연구소장 2015년 同스포츠과학대학원장(현) 2015년 한국스포츠심리학회 부회장 2017년 同회장 한국스포츠심리학회 명예회장(현) (상)경북도체육회 경북최고체육상(2011) (저)'운동과 건강'(2000) '스포츠심리학'(2003) (종)기독교

## 류화선(柳和善) RYOO Hwa Sun

(생)1948·4·20 (본)문화(文化) (출)경기 파주 (주)인천광역시 계양구 계양산로 63 경인여자대학교 총장실(032-540-0103) (학)1967년 서울 양정고졸 1972년 서울대 문리대학 사회학과졸 1987년 서강대 경영대학원 경영학과졸 2010년 명예 행정학박사(건국대) (경)1972~1974년 육군 중위(ROTC 10기) 1974년 삼성그룹 비서실 사원·과장 1983년 삼성전자(주) 마케팅부장·전략기획부장 1986년 한국경제신문 편집국 경제부 기자 1987~1990년 同편집국 경제부 차장 1990~1991년 일본 一橋大(히토츠바시대) 상학부 객원연구원 1993년 한국경제신문 편집국 경제부장 1995년 同산업1부장(부국장대우), 同편집국 부국장 1996년 한국생산성본부 자문위원 1997년 한국경제신문 한경자동차신문 국장 1998년 同편집국장 2000년 同논설위원 2000년 同편집·기획이사 2001년 한국경제TV 대표이사 사장 2004년 한국디지털위성방송(Sky Life) 사외이사 2004년 대우증권 사외이사 2004년 제4대 파주시장(재보선 당선, 한나라당) 2006~2010년 제5대 파주시장(한나라당) 2008년 대통령직속 지역발전위원회 위원 2011~2013년 그랜드코리아레저(GKL)(주) 대표이사 사장 2013~2015년 경인여대 총장 2014년 아시아교류협회 고문 2014~2015년 대학사회봉사협의회 이사 2014년 유네스코지정 '2015세계책의수도인천추진위원회' 위원 2016년 제20대 국회의원선거 출마(경기 파주시乙, 무소속) 2017년 학교법인 태양학원 이사(현) 2018년 경인여대 총장(현) (상)대통령표창(2005·2006·2007·2008·2009), 전국우수자치단체 최우수상(2006), 한국언론인협회 자랑스런한국인대상(2006), 율곡대상(2006), 한국지방자치경영대상(2007), 존경받는 대한민국 CEO 대상(2007), 올해를 빛낸 양정인상(2008), 서울대ROTC총동창회 자랑스런 동문상(2009), 한국지방자치경영대상 최고경영자상(2009) (저)'얼굴없는 회사인간'(1992, 한국경제신문) '한국의 경제관료(共)'(1994, 한국경제신문) '시민민주의 행정 1·2'(2010, 파주시) (역)'일본기업의 야망(上·下)'(1991, 비봉출판사) '메가 컴피티션 경영'(1996, 도서출판 거름) '신국제경제의 논리'(1998, 도서출판 거름) (종)기독교

## 류희욱(柳熙旭) RYOO Hee Wook

(생)1964·11·23 (주)서울특별시 동작구 상도로 369 숭실대학교 공과대학 화학공학과(02-820-0611) (학)1987년 숭실대 화학공학과졸 1989년 한국과학기술원 화학공학과졸(석사) 1993년 화학공학박사(한국과학기술원) (경)1995~2002년 숭실대 공과대학 화학공학과 전임강사·조교수 2000~2003년 한국미생물생명공학회 편집간사 2002~2008년 숭실대 공과대학 환경·화학공학과 부교수 2003~2004년 한국생물공학회 편집간사 2003년 기술표준원 ISO/TC190 전문위원(현) 2003년 한국미생물생명공학회 평의원(현) 2003년 한국생물공학회 평의원(현) 2004~2008년 환경관리공단 환경기술평가 심의위원·설계자문위원회 기술위원 2004년 한국냄새환경학회 이사(현) 2006년 한국생물공학회 이사 2008년 환경분쟁위원회 자문위원(현) 2008년 숭실대 공과대학 화학공학과 교수(현) 2015년 同기획조정실장 2019년 同연구·산학부총장(현) 2019년 同평양숭실재건추진단장(현) (상)한국생물공학회 신인학술상(2000), 숭실대 학술상(2003), 환경부장관표창(2006), 제8회 환경부 환경기술상(2008)

## 류희찬(柳喜纂) LEW Hee Chan

(생)1956·8·6 (주)충청북도 청주시 흥덕구 강내면 태성탑연로 250 한국교원대학교 총장실(043-230-3020) (학)1980년 서울대 수학교육과졸 1983년 同대학원 수학교육과졸 1989년 수학박사(미국 템플대) (경)1983~1985년 한국교육개발원 연구원 1989~1990년 同책임연구원 1991~2016년 한국교원대 수학교육과 조교수·부교수·교수 2002~2003년 미국 Penn State Univ. 방문교수 2006년 한국교원대 교육연구원장 2008~2010년 同기획처장 2010~2012년 대한수학교육학회 회장 2012년 同명예회장(현) 2012년 세계수학교육자대회(ICME-12) 국제프로그램위원회 위원(현) 2016년 한국교원대 총장(현) (역)'고등수학적사고'(2003, 경문사) '학교수학을 위한 원리와 규준(共)'(2007, 경문사)

# 한국인물사전

# 2020

YONHAPNEWS

# ㅁ

수록 순서 가나다 · 생년월일순

약 호 (생) 생년월일 (본) 본관 (출) 출생지
(주) 주소(연락처) (학) 학력 (경) 경력 : (현) → 현직
(상) 상훈 (저) 저서 (역) 역서
(작) 작품 (종) 종교

## 마경석(馬炅奭) Ma Kyung seok

(생)1969 · 7 · 12 (출)전남 장흥 (주)서울특별시 동대문구 약령시로21길 29 동대문경찰서(02-961-4321) (학)1988년 전남 장흥고졸 1996년 동국대 경찰행정학과졸 (경)1996년 경위 임용(경찰간부후보 44기) 2000년 광주북부경찰서 방범순찰대장(경감) 2005년 인천중부경찰서 과장(경정) 2007년 서울 종로경찰서 청문감사관 2010년 서울 혜화경찰서 정보보안과장 2012년 서울 남대문경찰서 정보과장 2014년 서울 종로경찰서 정보과장 2015년 충남지방경찰청 경비교통과장(총경) 2016년 충남 세종경찰서장 2017년 경기북부지방경찰청 정보과장 2017년 경찰청 정보1과장 2019년 서울 동대문경찰서장(현) (상)장관급표창(2001 · 2007 · 2014 · 2016 등 총 6회), 대통령표창(2016) (종)기독교

## 마광열(馬光烈) Ma, Kwang Yeul

(생)1964 · 10 · 17 (본)장흥(長興) (출)전남 강진 (주)경기도 과천시 관문로 47 법무부 감찰관실(02-2110-3013) (학)1983년 광주제일고졸 1988년 한국외국어대 영어학과졸 2006년 미국 콜로라도대 덴버교 대학원 행정학과졸 (경)2008년 감사원 행정안전감사국 제4과장 2009년 同기획관리실 지식관리담당관 2009년 同사회문화감사국 제4과장 2011년 同국방감사단 제2과장 2011년 파견 2012년 감사원 사회복지감사국 제1과장, 同사회복지감사국장 직대 2014년 농림축산식품부 감사관(고위공무원) 2016년 감사원 심사관리관 2017년 同심의실장 2017년 同산업 · 금융감사국장 2018년 同특별조사국장 2019년 법무부 감찰관(현)

## 마대영(馬大泳) Ma Tae Young

(생)1956 · 12 · 2 (출)대구 (주)경상남도 진주시 진주대로 501 경상대학교 공과대학 전기공학과(055-772-0002) (학)1980년 경북대 전자공학과졸 1982년 同대학원 전자공학과졸 1985년 공학박사(경북대) (경)1985~1987년 한국전자통신연구소 선임연구원 1987년 경상대 공과대학 전기공학과 조교수 · 부교수 · 교수(현) 1987년 국제전기전자기술자협회(IEEE) 회원 1989년 미국 Carnegie-Mellon대 방문교수 1997~1999년 미국 미네소타대 연구교수 2005년 경상대 공과대학장 겸 산업대학원장 2005~2007년 미국 Pittsburgh대 방문교수 2010~2012년 경상대 교수회 회장 2018년 同교학부총장 겸 교무처장(현)

## 마득락(馬得樂) MA Deung Nak

(생)1962 · 1 · 14 (주)서울특별시 중구 을지로5길 26 미래에셋대우 임원실(02-768-3355) (학)환일고졸, 한국외국어대 무역학과졸 (경)(주)대우증권 SF부장, 同상무보 2010년 同세일즈&트레이딩담당 본부장 2012년 KDB대우증권 Sales사업부문 대표 겸 법인영업본부장 2013년 同홀세일사업부문 대표(전무) 2015년 同홀세일사업부문 대표(부사장) 2016년 미래에셋대우 홀세일사업부문 대표(부사장) 2017년 同WM사업담당 사장 2018년 同Trading총괄 사장(현) (종)기독교

## 마상영(馬尙映) MAH Sang Young

(생)1959 · 2 · 20 (본)장흥(長興) (출)경북 의성 (주)충청남도 천안시 동남구 단대로 119 단국대학교 스페인어과(041-550-3185) (학)1984년 한국외국어대 스페인어과졸 1986년 同대학원 서반아어과졸 1986년 문학박사(스페인 마드리드대) (경)1986~1989년 서울대 · 고려대 강사 1993~1994년 서울대 · 고려대 대학원 강사 1995년 단국대 스페인어과 교수(현) 1995~1997년 한국서어서문학회 섭외이사 1997~1999년 교육부 교육과정심의위원 1998~1999년 한국서어서문학회 총무 2000~2006년 한국스페인어문학회 정보화이사 · 출판이사 · 부회장 2008~2009년 同편집위원장 2008~2009년 단국대 인문과학연구소장 2010~2013년 同교수협의회 부회장 2013~2014년 한국스페인어문학회 회장 2017년 단국대 외국어대학장(현) (저)'스페인어문법 한꺼번에 정복하기' '글로벌 스페인어문법' '한국어 I(COREANO I) · 한국어 II(COREANO II) · 한국어 III(COREANO III))' '서반아어 I(共)'(1997) '스페인 문화예술의 산책'(1999) '중학교 생활스페인어(교사용지도서포함)(共)'(2001) '고등학교 스페인어 청해(共)'(2002) '고등학교 실무 스페인어(共)'(2003) '스페인어 문법 한꺼번에 정복하기'(2003) (역)'Nostalgia (정지용 시선집 향수 스페인어번역)(共)'(2005)

## 마상윤(馬相潤) Ma Sang-Yoon

(생)1967 · 2 · 17 (출)서울 (주)경기도 부천시 지봉로 43 가톨릭대학교 국제학부(02-2164-4402) (학)영동고졸 1989년 서울대 외교학과졸 1994년 同대학원 외교학과졸 2002년 국제관계학박사(영국 Oxford대) (경)2003년 가톨릭대 국제학부 초빙교수 2006~2015년 同국제학부 조교수 · 부교수 2007년 同아 · 태지역연구원 원장 2009년 同국제교류처장 2011년 미국 Brookings Institution 방문학자 2012년 미국 Woodrow Wilson Center 공공정책학 연구학자 2015년 가톨릭대 국제학부장 2015~2016년 同국제학부 교수 2016~2019년 외교부 외교전략기획관 2019년 同전략조정지원반장 겸임 2019년 가톨릭대 국제학부 교수(현)

## 마성균(馬晟均) MA Sung Kyun

(생)1971 · 2 · 16 (출)서울 (주)전라북도 전주시 덕진구 건산로 251 전북지방노동위원회(044-202-7404) (학)1989년 동북고졸 1994년 고려대 사회학과졸 (경)1993년 행정고시 합격(37회) 1995년 경남지방노동위원회 사무국장 1997년 노동부 고용정책실 자격진흥과 근무 1999년 同기획관리실 행정정보화담당관실 사무관 2003년 同기획관리실 행정정보화담당관실 서기관 2006년 대통령자문 정책기획위원회 파견 2008년 대구지방노동청 구미지청장 2009년 노동부 고용정책실 지역고용사회적기업과장 2010년 고용노동부 고용정책실 사회적기업과장 2011년 同노사정책실 산재보험과장 2011년 同감사관실 고객만족팀장 2012년 同기획조정실 국제기구담당관 2013년 同고객상담센터 소장 2014년 同기획조정실 외국인력담당관 2015년 파견 근무(부이사관) 2015년 기획재정부 정책조정국 협동조합운영과장 2017년 同장기전략국 협동조합과장 2018년 고용노동부 지역산업고용정책과장 2019년 전북지방노동위원회 위원장(현)

## 마성영(馬晟寧) Ma Seongyeong

(생)1965 · 11 · 17 (출)충북 청주 (주)서울특별시 도봉구 마들로 749 서울북부지방법원(02-910-3310) (학)1984년 대성고졸 1992년 서울대 국사학과졸 (경)1997년 사법시험 합격(39회) 2000년 사법연수원 수료(29기) 2000년 부산지법 판사 2003년 수원지법 평택지원 판사 2007년 서울중앙지법 판사 2009년 서울남부지법 판사 2013년 서울북부지법 판사 2015년 춘천지법 부장판사 2017년 의정부지법 부장판사 2019년 서울북부지법 부장판사(현)

ㅁ

### 마영삼(馬寧三) Ma Young-sam

(생)1956·7·20 (본)장흥(長興) (출)경북 김천 (주)제주특별자치도 제주시 제주대학로 102 제주대학교 정치외교학과(064-754-2950) (학)1975년 경북고졸 1979년 고려대 정치외교학과졸 1987년 미국 조지타운대 대학원 외교학과졸 (경)1981년 외무고시 합격(15회) 1981년 외무부 중동과·여권과·홍보과·동남아과 근무 1987년 駐미국 2등서기관 1991년 駐방글라데시 1등서기관 1993년 외무부 서남아대양주과·국제연합2과·인권사회과 근무 1995년 대통령비서실 행정관 1996년 駐유엔대표부 1등서기관 1999년 외교안보연구원 기획조사과장 2001년 외교통상부 인권사회과장 2002년 국무총리 의전비서실 과장 2003~2006년 駐이스라엘 공사참사관 2005~2006년 駐팔레스타인대표사무소 초대 대표 겸임 2006~2008년 외교통상부 아프리카중동국장 2008~2011년 駐이스라엘 대사 2011년 외교통상부 초대 공공외교대사 2012년 同평가담당대사 2013년 외교부 평가담당대사 2013년 同공공외교대사 2014~2016년 駐덴마크 대사 2014~2017년 UN연계 '스포츠와 장애인 국제워킹그룹' 의장 2017~2019년 제주국제연수센터 소장 2017~2019년 국립외교원 명예교수 2017년 국제탁구연맹(ITTF) 심판위원장(현) 2019년 제주대 정치외교학과 강사(현) (상)외무부장관표창(1992), 홍조근정훈장(2006), 외교통상부장관표창(2010), 이스라엘 예루살렘 메달(Medal of Jerusalem)(2010), 팔레스타인 외교공로훈장(Golden Order of Merit and Superiority)(2011), 덴마크 대십자훈장(Le cordon de grand-croix de l'Ordre du Danebrog)(2016), 대한체육회 심판부문 우수상(2016) (저)'현대국제법(共)'(2000) '21세기 유엔과 한국(共)'(2002) 'Sports Relations in East Asia(共)'(2014) (종)기독교

### 마옥현(馬沃賢) Ok Hyun Ma

(생)1970·8·23 (출)전남 고흥 (주)서울특별시 중구 남대문로 63 한진빌딩본관 법무법인 광장(02-6386-6280) (학)1988년 순천 효천고졸 1992년 연세대 법학과졸 (경)1996년 사법시험 합격(38회) 1999년 사법연수원 수료(28기) 1999년 광주지법 판사 2002년 수원지법 판사 2005년 서울행정법원 판사 2007년 서울북부지법 판사 2011년 서울고법 판사 2012년 대법원 재판연구관 2014년 광주지법 부장판사 2015~2016년 서울고법 판사 2016년 법무법인 광장 변호사(현)

### 마용득(馬龍得) MA Yong Deuk

(생)1959·7·11 (주)서울특별시 금천구 가산디지털2로 187 롯데정보통신(주) 임원실(02-2626-4001) (학)홍익대 기계공학과졸, 고려대 경영대학원졸 (경)1986년 롯데전자 입사 1997년 롯데정보통신(주) 관리부장 2005년 同경영지원부문장(전무) 2008년 同BSP부문장 2009년 同경영지원부문장 2012년 同SM본부장 2014년 同대표이사 전무 2014~2018년 현대정보기술(주) 대표이사 2017년 롯데정보통신(주) 대표이사 부사장(현)

### 마용주(馬鏞周) MA Yong Joo

(생)1969·7·1 (출)경남 합천 (주)서울특별시 서초구 서초대로 219 대법원 재판연구관실(02-3480-1100) (학)1988년 낙동고졸 1992년 서울대 법대 사법학과졸 (경)1991년 사법시험 합격(33회) 1994년 사법연수원 수료(23기) 1994년 軍법무관 1997년 서울지법 판사 1999년 서울행정법원 판사 2001년 대전지법 판사 2001년 미국 조지타운대 연수(LL.M.) 2004년 대전고법 판사 2005년 법원행정처 인사관리심의관 2006년 同인사심의관실 판사 2007년 서울고법 판사 2008년 서울중앙지법 판사 2009년 창원지법 통영지원 부장판사 2010년 대법원 재판연구관 2012년 의정부지법 부장판사 2012년 법원행정처 윤리감사관 겸임 2014년 서울중앙지법 부장판사 2016년 광주고법 제주부 수석부장판사 2017년 대법원 선임재판연구관 2019년 同수석재판연구관(현)

### 마은혁(馬恩赫)

(생)1963·9·7 (출)강원 고성 (주)서울특별시 서초구 서초중앙로 157 서울중앙지방법원(02-530-1690) (학)1981년 서울대사대부고졸 1998년 서울대 정치학과졸 (경)1997년 사법시험 합격(39회) 2000년 사법연수원 수료(29기) 2000년 대구지법 판사 2003년 인천지법 판사 2006년 서울중앙지법 판사 2008년 서울남부지법 판사 2010년 서울가정법원 판사 2012년 서울고법 판사 2014년 서울중앙지법 판사 2015년 광주지법 부장판사 2017년 수원지법 부장판사 2019년 서울중앙지법 부장판사(현)

### 마재윤(馬在允) MA JAE YHUN

(생)1964·11·15 (출)전남 강진 (주)전라남도 무안군 삼향읍 오룡길 1 전라남도 소방본부(061-286-0702) (학)광주 진흥고졸, 조선대 경영학과졸, 전남대 대학원 경영학과졸 2015년 호남대 대학원 행정학 박사과정 수료 (경)1990년 소방공무원 간부후보 공채(6기) 2009년 광주시 소방안전본부 소방행정과장 2010년 광주 광산소방서장 2012년 중앙소방학교 소방과학연구실장 2013년 소방방재청 재난상황실장 2014년 중앙소방학교 행정지원과장 2014년 同교육지원과장 2015년 광주시 소방안전본부장 2017년 경기도 소방학교장 2018~2019년 전북도 소방본부장 2019년 전남도 소방본부장(소방감)(현) (상)내무부장관표창(1996), 국무총리표창(2002), 근정포장(2014)

### 마정락(馬貞樂) MA JungRak

(생)1959·6·6 (주)전라남도 여수시 산단중앙로 188 (주)세아M&S(061-807-7114) (학)영신고졸, 계명대 영어영문학과졸 (경)1994년 (주)세아제강 수출팀 입사 2004년 同SSVC법인장 2006년 同SSVC법인장(이사) 2009년 세아베스틸 구매본부장(이사) 2009년 同기획본부장(이사) 2010년 (주)세아M&S 대표이사 상무 2015년 同대표이사 전무 2018년 同대표이사 부사장(현)

### 마창환(馬昌煥)

(생)1960·11·10 (출)충북 진천 (주)서울특별시 서초구 바우뫼로37길 37 한국산업기술진흥협회(02-3460-9002) (학)서울 한영고졸 1984년 한양대 행정학과졸 1987년 同대학원 행정학과졸 1997년 미국 카네기멜론대 대학원 공공정책학과졸 (경)2000년 경기도 중소기업지원과장 2002년 同경제투자관리실 경제항만과장 2004년 국무총리국무조정실 성과평가조정관실 과장 2005년 同경제조정관실 농수산건설심의관실 과장 2007년 同경제총괄과장 2008년 기획재정부 복권위원회사무처 기금사업과장 2009년 한·플로리다 경제협력위원회 파견 2010년 기획재정부 FTA국내대책본부 기획총괄과장 2012년 국가과학기술위원회 운영지원과장 2013년 미래창조과학부 행정관리담당관 2013년 同연구개발조정국 심의관(고위공무원) 2014년 同대경과기원과학관건립추진단장 2016년 同감사관 2017~2018년 과학기술정보통신부 기획조정실장 2018년 同실장급 2019년 한국산업기술진흥협회 상임부회장(현)

### 마형렬(馬亨列) MA Hyung Ryul

(생)1937·4·7 (본)장흥(長興) (출)전남 강진 (주)광주광역시 북구 경양로 170 남양건설(주) 회장실(062-227-1036) (학)1953년 목포해양고졸 1956년 목포해양전문대졸 1976년 전남대 행정대학원 수료 1990년 미국 조지워싱턴대 국제정책결정과정 수료 1996년 전남대 경영대학원 최고경영자과정 수료 2002년 명예 공학박사(목포해양대) (경)1972년 남양건설 회장 1979~1993년 전남도승마협회 회장 1984년 새마을금고연합회 전남지부 회장 1985년 민정당 전남도지부 부위원장 1987년 새마을금고연합회 광주지부 회장 1987년 민주평통 광주지역 부의장 1990년 민

자당 전남도지부 후원회장 1991~1996년 광주시 국민생활체육협의회 회장 1991년 대한건설협회 전남도회장 1993년 광주시체육회 부회장 1994년 광주상공회의소 부회장 1996년 대한건설협회 부회장 1996~2000년 전남지방경찰청 치안자문위원장 1996년 한국범죄방지재단 광주전남지부장 2002~2005년 대한건설협회 회장 2002년 한국건설산업연구원 이사장 2002~2007년 광주상공회의소 회장 2002~2004년 대한건설단체총연합회 회장 2006년 광주매일신문 회장(현) 2010년 남양건설(주) 회장(현) (상)대통령표창(1981), 국민훈장 동백장(1985), 산업포장(1992), 금탑산업훈장(1994), 국민훈장 모란장(2000), 자랑스러운 목포해양대인(2010) (종)불교

**맹성규(孟聖奎) MAENG Sung Kyu**

(생)1962 · 5 · 16 (본)신창(新昌) (출)인천 (주)서울특별시 영등포구 의사당대로 1 국회 의원회관926호(02-784-6181) (학)1981년 부평고졸 1985년 고려대 행정학과졸 1988년 서울대 행정대학원졸 1994년 법학석사(캐나다 맥길대) 2012년 법학박사(한국항공대) (경)1988년 행정고시 합격(31회) 1996년 건설교통부 투자심사담당관실 서기관 1997년 국제민간항공기구 파견 2002년 건설교통부 기획관리실 국제협력담당관 2003년 同고속철도건설기획단 고속철도과장 2004년 同예산담당관 2005년 同육상교통기획과장 2005년 同도시교통팀장 2006년 同도시교통팀장(부이사관) 2006년 대통령비서실 파견 2007년 건설교통부 항공안전본부 운항기획관 2008년 국방대 파견 2009년 국토해양부 항공안전본부 운항기획관 2009년 同항공정책실 항공안전정책관 2010년 駐중국 국토해양관(고위공무원) 2012년 국토해양부 해양환경정책관(국장급) 2013년 국토교통부 종합교통정책관 2014년 同교통물류실장 2015~2017년 강원도 경제부지사 2017~2018년 국토교통부 제2차관 2018년 제20대 국회의원(인천 남동甲 재보궐선거 당선, 더불어민주당)(현) 2018년 국회 보건복지위원회 위원(현) 2019년 더불어민주당 원내부대표(현) 2019년 더불어민주당 민생입법추진단 위원(현) 2019년 국회 예산결산특별위원회 위원(현) (상)해외건설협회 '자랑스런 해외건설 외교관상'(2011)

**맹성현(孟成鉉) Myaeng Sung Hyon**

(생)1957 · 7 · 17 (본)신창(新昌) (출)강원 춘천 (주)대전광역시 유성구 대학로 291 한국과학기술원 전산학부(042-350-3553) (학)검정고시 합격 1983년 미국 캘리포니아주립대 컴퓨터과학과졸 1985년 미국 서던메소디스트대 대학원 컴퓨터공학과졸 1987년 컴퓨터공학박사(미국 서던메소디스트대) (경)1983~1986년 미국 서던메소디스트대 연구조교 1986년 미국 피츠버그대 연구조교 1987년 미국 템플대 조교수 1988년 미국 시라큐스대 조교수 · 부교수(종신교수) 1994~2003년 충남대 컴퓨터과학과 부교수 · 교수 1996~2004년 同소프트웨어연구센터 연구기획부장 2000~2003년 (주)엔퀘스트테크놀로지 대표이사 2003년 한국정보통신대 공학부 교수 2005~2008년 同학술정보처장 2005~2007년 한국정보과학회 언어공학연구회장 2009년 한국과학기술원 전산학부 교수(현) 2010~2014년 同웹사이언스공학과 학과장 2014년 한국정보과학회 부회장 2015~2017년 한국과학기술원 국제협력처장 (상)디지털이노베이션 한국일보 사장표창(2002), 마이크로소프트사 2007글로벌RFP어워드(2007), 한국과학기술원 국제협력상(2011) (저)'Experiential Knowledge Mining(共)'(2013) (종)기독교

**맹정호(孟井鎬) MAENG Jeong Ho**

(생)1968 · 12 · 25 (본)신창(新昌) (출)충남 서산 (주)충청남도 서산시 관아문길 1 서산시청 시장실(041-660-2201) (학)서령고졸 1994년 충남대 국어국문학과졸 (경)충남대 총학생회장, 서산태안환경운동연합 사무국장, 대통령비서실 행정관, 국가균형발전위원회 자문위원, 서산자치경영연구소 소장, 가야기획 공동대표 2006년 충남도의원선거 출마(열린우리당) 2010년 충남도의회 의원(민주당 · 민주통합당 · 민주당 · 새정치민주연합) 2010년 同행정자치위원회 위원 2012년 同민주통합당 총무 2012년 同행정자치위원회 부위원장 2014~2018년 충남도의회 의원(새정치민주연합 · 더불어민주당) 2014년 同운영위원회 위원 2014년 同교육위원회 부위원장 2014년 同예산결산특별위원회 위원 2014년 同서해안살리기특별위원회 위원 2016~2018년 同안전건설해양소방위원회 위원장 2016~2018년 同백제문화유적 세계유산확장등재및문화관광활성화특별위원회 위원 2018년 충남 서산시장(더불어민주당)(현) (상)전국지방의회 친환경최우수의원상(2015), 대한민국 위민의정대상 우수상(2016)

**맹주한(孟柱翰) Maeng, Juhan**

(생)1972 · 9 · 4 (본)신창(新昌) (출)서울 (주)인천광역시 연수구 해돋이로 130 해양경찰청 교육담당관실(032-835-2538) (학)1991년 영등포고졸 1997년 고려대 법학과졸 (경)2003년 사법시험 합격(45회) 2006년 사법연수원 수료(35기) 2006년 해양경찰청 경정 임용 2006년 同법무2팀장 2006년 인천해양경찰서 수사과장 2007년 해양경찰청 법무팀장 2008년 同총무계장 2009년 同기획팀장 2012년 同장비과장(총경) 2014년 평택해양경찰서장 2014년 국민안전처 서해해양경비안전본부 평택해양경비안전서장 2015년 同해양경비안전본부 해양경비안전국 수상레저과장 2016년 국방대 파견 2017년 해양경찰청 수사정보국 수사과장 2017~2018년 동해지방해양경찰청 포항해양경찰서장 2019년 해양경찰교육원 종합훈련지원단장 2019년 해양경찰청 교육담당관(현)

**맹찬형(孟燦亨) Maeng, chan hyeong (靜岩)**

(생)1968 · 1 · 6 (본)신창(新昌) (출)전남 영암 (주)서울특별시 종로구 율곡로2길 25 연합뉴스 국제뉴스2부(02-398-3114) (학)1985년 광주 숭일고졸 1993년 동국대 철학과졸 2016년 同언론정보대학원 신문방송학과졸(언론학 석사) (경)1994년 연합통신 입사(15기) 1994년 同광주지사 기자 1996년 同사회부 기자 1998년 연합뉴스 사회부 기자 1999~2005년 同정치부 기자 2005년 미국 미주리주립대 객원연구원 2006년 연합뉴스 정치부 차장대우 2008년 同산업부 차장 2009년 同제네바특파원(부장대우) 2012~2015년 연합뉴스TV 파견(정치부 국회팀장 · '맹찬형의 시사터치' 앵커 · 사회부장) 2016년 연합뉴스 편집국 소비자경제부 부장급 2016년 同편집국 통일외교부장 2017년 同편집국 정치부장 2018년 同콘텐츠평가실 콘텐츠평가위원 2018년 同국제뉴스2부장(현) (상)제31회 한국기자상 대상(1999), 제2회 홍성현 언론상(1999), 제4회 삼성언론상(2000) (저)'따뜻한 경쟁'(2012, 서해문집) '사법살인 1975년 4월의 학살(共)'(2001, 학민사)

**맹현무(孟炫武)**

(생)1972 · 2 · 23 (출)전남 신안 (주)대전광역시 서구 둔산중로78번길 45 대전지방법원(042-470-1114) (학)1990년 문성고졸 1994년 서울대 사법학과졸 (경)1998년 사법시험 합격(40회) 2001년 사법연수원 수료(30기) 2001년 軍법무관 2004년 광주지법 판사 2006년 同순천지원 판사 2008년 의정부지법 판사 2011년 서울중앙지법 판사 2013년 서울동부지법 판사 2014년 대법원 재판연구관 2018년 대전지법 부장판사(현)

**맹형규(孟亨奎) MAENG Hyung Kyu**

(생)1946·8·9 (본)신창(新昌) (출)서울 (주)서울특별시 송파구 백제고분로17길 54 선영빌딩 (사)공공나눔(02-418-0046) (학)1964년 경복고졸 1972년 연세대 정치외교학과졸 1979년 미국 컬럼비아대 수학 1997년 고려대 컴퓨터과학기술대학원 수료 2001년 서울시립대 최고경영자과정 수료 2002년 중앙대 국제대학원 최고경영자과정 수료 (경)1972~1980년 합동통신 정치부·외신부 기자 1980년 연합통신 정치부 기자 1984년 同런던특파원 1987

ㅁ

~1988년 同논설위원 1988년 국민일보 워싱턴특파원 1991년 SBS 워싱턴특파원 1991~1995년 同8시뉴스 앵커 1996년 제15대 국회의원(서울 송파乙, 신한국당·한나라당) 1996년 신한국당 운영기획위원장 1997년 한나라당 대변인 1998년 同중앙위원회 수석부의장 1999년 同총재비서실장 2000년 제16대 국회의원(서울 송파甲, 한나라당) 2000년 한나라당 기획위원장 2001년 同국가혁신위원회 국가비전분과 부위원장 2003년 同정책위 부의장 2004~2006년 제17대 국회의원(서울 송파甲, 한나라당) 2004년 한나라당 6.5보궐선거공천심사위원장 2004년 국회 산업자원위원장 2005년 한나라당 정책위원회 의장 2006~2008년 제17대 국회의원(서울 송파甲 재보선 당선, 한나라당) 2007년 제17대 대통령직인수위원회 기획조정분과위원회 간사 2008년 대통령 정무수석비서관 2009년 대통령 정무특별보좌관 2010~2013년 행정안전부 장관 2016년 (사)공공나눔 초대 이사장(현) (상)한국방송대상(1973), 백봉신사상(1999), 인터넷의정활동 우수의원상(2000), 남녀평등정치인상(2000), 의정활동우수의원(2001), 국정감사우수의원(2001), 의정·행정대상 국회의원부문 의정대상(2003), 국회 산업자원위원회 국감 최우수의원(2004), 국정감사 우수의원특별상(2007), 한국메니페스토실천연대 공로상(2008), UN 전자정부 글로벌대상(2010), 선진교통안전대상 공로패(2010), 환경전문기자회 선정 올해의 환경인상(2011), 대한민국공무원노동조합총연맹 감사패(2013) (저)'도시비타민M'(2006) (종)기독교

### 맹호영(孟虎永) MAENG Ho Young

(생)1961·1·2 (출)대전 (주)서울특별시 중구 퇴계로 173 사회보장정보원(02-6360-6020) (학)1979년 서울고졸 1985년 서울대 약대졸 2004년 국방대 대학원 국제관계학과졸 (경)1985~1987년 부광약품 생산관리 약사 1987~1993년 보건복지부 약무과 사무관 1993~1998년 同약무정책과 사무관 1998년 同정책총괄과 사무관 2000년 同약무식품정책과 담당계장 2002~2004년 국방대학원 파견 2004년 보건복지부 보건정책국 의약품정책과 약무사무관, 同한·미자유무역협정팀 기술서기관 2006년 대한약사회 공직약사회 부위원장 2007년 국립보건연구원 연구지원팀장 2009년 보건복지가족부 보건산업기술과장 2010년 보건복지부 건강정책국 정신건강정책과장 2011년 교육 파견(서기관) 2012년 보건복지부 사회복지정책실 기초의료보장과장 2013년 同건강보험정책국 보험약제과장 2014년 同인구정책실 요양보험운영과장(부이사관) 2015년 한국보건복지인력개발원 보건복지교육본부장 2016년 보건복지부 기획조정실 통상협력담당관 2018년 OECD 대한민국정책센터 파견(부이사관) 2019년 사회보장정보원 기획이사(현) (상)보건복지부장관표창(1994), 국무총리표창(1997), 대통령표창(2002)

### 맹훈재(孟訓在) Maeng Hunjae

(생)1971 (출)충남 홍성 (주)서울특별시 서대문구 통일로 97 경찰청 인사담당관실(02-3150-2131) (학)1993년 경찰대 행정학과졸(9기), 성균관대 대학원 행정학과졸 (경)1993년 경위 임용 2008년 제주지방경찰청 기획예산과장 2009년 제주동부경찰서 경비교통과장 직무대리 2013년 서울 송파경찰서 여성청소년과장 2017년 제주지방경찰청 외사과장(총경) 2017년 충남 홍성경찰서장 2018년 충남지방경찰청 경비교통과장 2019년 同경무과 치안지도관 2019년 駐베이징 주재관(현)

### 맹희영(孟喜永) MAENG Hee Young

(생)1959·2·19 (주)서울특별시 노원구 공릉로 232 서울과학기술대학교 기계시스템디자인공학과(02-970-6363) (학)1981년 서울대 기계공학과졸 1983년 同대학원 기계설계학과졸 1989년 공학박사(서울대) (경)1983~1985년 (주)한국코트렐 근무 1985~1998년 서울산업대 기계설계학과 전임강사·조교수·부교수 1993~1994년 캐나다 Univ. of Victoria 객원교수 1998~2010년 서울산업대 기계설계·자동화공학부 교수 2001~2003년 同기획실장 2006~2008년 同교무처장 2010년 서울과학기술대 기계시스템디자인공학과 교수(현) 2014~2016년 同공과대학장 (저)'NC기계가공'(1988) 'CAD/CAM입문'(1990) '기계제작법'(1998)

### 명노승(明魯昇) MYOUNG Rho Seung

(생)1946·5·25 (본)연안(延安) (출)충남 서천 (주)서울특별시 서초구 서초중앙로29길 10 백산빌딩 법무법인(유) 강남(02-6010-7030) (학)1965년 경기고졸 1969년 서울대 법학과졸 (경)1971년 사법시험 합격(13회) 1973년 사법연수원 수료(3기) 1977년 대구지검 검사 1979년 부산지검 밀양지청 검사 1981년 서울지검 북부지청 검사 1983년 대전지검 공주지청장 1985년 수원지검 고등검찰관 1986년 대검찰청 검찰연구관 1987년 同형사1과장 1988년 同기획과장 1989년 사법연수원 교수 1990년 법무부 법무과장 1991년 서울지검 북부지청 특수부장 1992년 同북부지청 형사2부장 1993년 同공판부장 1993년 전주지검 차장검사 1994년 대구지검 차장검사 1995년 서울고검 검사 1997년 서울지검 북부지청장 1998년 대구고검 차장검사 1999년 부산고검 차장검사 1999년 울산지검 검사장 2000년 법무부 법무실장 2001년 부산지검 검사장 2002년 대전고검 검사장 2002~2003년 법무부 차관 2003~2005년 법무법인 바른 대표변호사, 同고문변호사 2004~2006년 검찰인사위원장 2008년 한중문화협회 이사장 2010~2012년 행정안전부 주식백지신탁심사위원회 위원장 2011~2012년 법무법인 주원 대표변호사 2013년 법무법인(유) 강남 대표변호사(현) 2014~2016년 한중문화협회 회장 2019년 지비시코리아 법률고문(현) (상)검찰총장표창(1983), 홍조근정훈장(1993)

### 명노헌(明魯憲) Myung Roh Hun

(생)1965·5·25 (주)세종특별자치시 다솜2로 94 해양수산부 해양생태과(044-200-5310) (학)1992년 충남대 행정학과졸 (경)1991년 7급 공채 1997년 해양수산부 해운선원국 해운정책과 근무 2003년 同기획예산담당관실 근무 2005년 同무역진흥담당관실 근무 2006년 미국 국립해양대기청(NOAA) 파견 2008년 국토해양부 해양정책국 해양정책과 근무 2010년 국립해양박물관 건립추진기획단 파견 2010년 국토해양부 국제항공과 근무 2013년 해양수산부 홍보담당관실 근무 2014년 국토교통부 공공기관지방이전추진단 파견 2016년 인천지방해양수산청 선원해사안전과장 2017년 同항만물류과장 2017년 해양수산부 해양생태과장(현)

### 명노현(明魯賢) MYUNG Roe Hyun

(생)1961·7·30 (출)인천 (주)경기도 안양시 동안구 엘에스로 127 LS전선(주) 임원실(02-2189-9114) (학)동국대사대부고졸, 인하대 무역학과졸, 연세대 대학원 국제경영학과졸 (경)1987년 LG전선(주) 입사, 同경영기획팀장 2005~2007년 同경영기획담당 이사 2005년 (주)지씨아이 감사 2005년 캐스코(주) 이사 2005년 (주)진로산업 비상근감사 2006년 (주)파운텍 감사 2007년 LS전선(주) 재경부문장(상무) 2011년 同경영관리부문장(CFO·상무) 2011년 同경영관리본부장(CFO·전무) 2015년 同경영관리총괄 대표이사 부사장 겸 최고재무책임자(CFO) 2017년 同대표이사 부사장(CEO) 2018년 同대표이사 사장(CEO)(현) (종)가톨릭

### 명동성(明東星) MYUNG Dong Seong

(생)1953·12·13 (본)연안(延安) (출)전남 강진 (주)서울특별시 종로구 종로3길 17 법무법인 세종(02-316-4023) (학)1972년 광주고졸 1977년 서울대 법대졸 1990년 대만 국립대만대 대학원 수료 (경)1978년 사법시험 합격(20회) 1980년 사법연수원 수료(10기) 1983~1991년 인천지검·서울지검 북부지청 검사 1992년 대구지검 고등검찰관 1992년 광주지검 해남지청장 1993년 제주지검 부장검사 1993년 광주지검 부장검사 1994년 수원지검 부장검사 1996년 부산지검 형사4부장 1997년 법무부 보호과장 1998년 서울지검 특수3부장 1999년 광주지검 목포지청장 2000년 서울지검 의정

부지청 차장검사 2001년 대검찰청 수사기획관 2002년 인천지검 제1차장검사 2003년 서울지검 북부지청장 2004년 서울동부지검장 2004년 제주지검장 2005년 사법연수원 부원장 2006년 광주지검장 2007년 광주고검장 2007년 서울중앙지검장 2009년 법무연수원장 2009년 법무법인 세종 변호사 2010~2018년 同대표변호사 2013~2014년 검찰개혁심의위원회 위원 2015~2018년 (주)대교 사외이사 겸 감사위원 2019년 법무법인 세종 고문변호사(현) (상)황조근정훈장(2008) (종)불교

## 명 선(明 煽) Myong Sun (金城)

(생)1936 · 10 · 13 (본)충주(忠州) (출)전남 담양 (주)전라남도 여수시 흥국사길 160 영취산 흥국사(061-685-5633) (학)1959년 해인사 불교전문대학 대교과졸 1975년 동국대 행정대학원졸 (경)1954년 다보사에서 도천스님을 은사로 득도 1955년 정혜원에서 하동산스님을 계사로 보살계 수지 1959년 통도사에서 윤월하스님을 계사로 비구계 수지 1959~1964년 해인사 · 상원사 · 관음사 · 도리사 · 범어사 · 보광사 등에서 15하 안거 성만 1964년 상운사 주지 1967년 용주사 총무국장 · 화엄사 총무국장 1970년 同제3 · 4 · 5 · 6 · 7 · 8대 중앙종회 의원 및 제정분과위원장 1975년 화엄사 주지 1976년 대한불교조계종 중앙선거관리위원 · 법규위원 · 재심호계위원 1980년 순천교도소 종교교화위원 1982년 대한불교조계종 수석부의장 1982~1989년 학교법인 동국학원 감사 1984년 태안사 주지 1985년 흥국사 주지 겸 회주(현) 1994년 문수종합사회복지관 · 여수시노인복지관 운영회장(현) 2007~2017년 대한불교조계종 원로회의 의원 2012~2018년 同법계위원 2012~2017년 同원로회의 부의장 2014~2017년 화엄문도회 문장 2014년 (사)여수불교사암연합회 이사장(현) (상)대한불교조계종 종정 공로표창(3회) (저)'호국의 성지 흥국사(흥국사지)' (종)불교

## 명 성(明 星 · 女) Myung Seong

(생)1931 · 5 · 5 (출)경북 상주 (주)경상북도 청도군 운문면 운문사길 264 운문사(054-372-8800) (학)1948년 강릉여고졸 1958년 승주 선암사강원 대교과졸 1970년 동국대 대학원 불교학과졸 1974년 同대학원 불교학 박사과정 수료 1998년 철학박사(동국대) 2008년 명예 박사(태국 마하출라랑콘라자위달라야대 명예박사) (경)1949년 강릉 강동국교 교사 1952년 해인사에서 득도(은사 선행) 1952년 해인사에서 사미계 수지(계사 하동산) 1961~1971년 서울 청룡사 강원 강사 1966년 해인사에서 비구니계 수지(계사 慈雲) 1970 · 1974 · 1978 · 1984 · 1989년 제3 · 4 · 5 · 8 · 9대 대한불교조계종 중앙종회 의원 1970~1987년 同승가학원 강주 1977~1998년 同청도 운문사 주지 · 회주 1987~2012년 운문승가대학 학장 1988년 경북대 사범대 강사 1989년 전국비구니회 부회장 1997년 운문승가대학 원장 2001년 동국대총동창회 부회장 2003~2011년 전국비구니회 8 · 9대 회장 2012년 한문불전대학원 원장(현) 2012년 운문사 회주(현) 2014년 운문승가대학 원장(현) 2016년 전국 비구니회 원로의장(현) (상)대한민국미술전람회 서예부 입선, 조계종 포교대상 공로상, 환경부 특별공로상, 스리랑카 Sasana Kirthi Sri 공로상, 여성지위향상을위한협회 '탁월한 불교여성상(Outstanding Woman in buddhism Awards)'(2008 UN 국제여성의날 태국방콕) (저)'구사론대강' '유식강요' '사미니율의'(編) '제경서문'(編) '불설삼천불명경'(編) '초능변식의 연구' '불교학논문집' '삼능변식의 연구' '아미달마순정이론' (종)불교

## 명성완

(생)1962 · 3 · 28 (주)경기도 수원시 영통구 삼성로 129 삼성전자(주) 인사팀(031-200-1114) (학)1986년 한국외국어대 이태리어학과졸 (경)삼성전자(주) VD EVO담당 부장 2008년 同SEBN법인장(상무) 2011년 同SEI법인장(상무) 2013년 同SEI법인장(전무) 2014년 同SEG법인장(전무) 2017년 同중동총괄 전무 2017년 同중동총괄 부사장(현)

## 명성호(明聖鎬) MYUNG SUNG HO

(생)1959 (출)전남 광주 (주)경상남도 창원시 성산구 불모산로10번길 12 한국전기연구원 전력망연구본부(055-280-1320) (학)서울대 전기공학과졸, 同대학원 전기공학과졸 1996년 전기공학박사(서울대) (경)1985년 한국전기연구소 입소 2007년 한국전기연구원 전기환경연구팀장 2008년 同전기환경송전연구센터장 2010년 同스마트그리드연구본부장 2011년 同차세대전력망연구본부장 2014년 同미래전략실장 2014년 同선임연구본부장 2015년 同부원장 2016년 同선임시험본부장 2016~2018년 同시험부원장 2018년 同연구부원장 2019년 同전력망연구본부 연구위원(현)

## 명순구(明淳龜) MYOUNG Soon-Koo

(생)1962 · 6 · 16 (본)서촉(西蜀) (출)충남 청양 (주)서울특별시 성북구 안암로 145 고려대학교 법학전문대학원(02-3290-1892) (학)1980년 서울고졸 1985년 고려대 법학과졸 1987년 同대학원 법학과졸 1994년 법학박사(프랑스 파리제1대) (경)1992~1994년 프랑스 파리 제1대학 부설 채무법연구소 연구위원 1995~2009년 고려대 법대 법학과 조교수 · 부교수 · 교수 1995년 북한법연구회 연구위원 1996년 프랑스 파리제1대 부설 채무법연구소 연구위원 1999년 한일법학회 상무이사 2003년 한국부동산법학회 상임이사 2004년 한국민사법학회 판례간사 2004년 한국비교사법학회 홍보이사 2004년 고려대 법학연구원 비교법연구센터 소장 2004~2005년 프랑스 Universite du Havre Laureate of Erasmus Mundus 교환교수 2005~2007년 고려대 법무대학원 금융법학과 주임교수 2006~2007년 同법학과장 2007년 서울시 행정심판위원회 위원 2007년 프랑스 팔므 아카데믹협회(AMOPA) 정회원(현) 2009년 법무부 민법개정위원회 위원 2009년 고려대 법학전문대학원 교수(현) 2011~2015년 同교무처장 2011년 법제처 남북법제자문위원회 위원 2017~2019년 고려대 법학전문대학원장 겸 법무대학원장 2017~2018년 同법과대학장 (상)고려대 석탑강의상(2004), 프랑스 교육훈장 '팔므 아카데믹 기사장(Ordre des Palmes Academiques Chevalier)'(2007), 고려대 공로상(2007) (저)'실크로드로 가는 길(共)'(2001, 세창출판사) '민법학기초원리'(2002, 세창출판사) '우리 동거할까요(共)'(2002, 도서출판 코드) '안암동 1번지(共)'(2003, 세창미디어) '민법총칙'(2005, 법문사) '법률가의 회계학(共)'(2006, 세창출판사) '세계화 지향의 사법 : 그 배경과 한국과 프랑스의 적응(共)'(2006, 세창출판사) '아듀 물권행위(共)'(2006, 고려대 출판부) '느티나무를 심으며(共)'(2006, 세창미디어) (역)'프랑스민법전'(2000) '현대미국신탁법'(2005) '법경제학'(2006)

## 명승희(明承禧 · 女) Myung Seung Hee (女正)

(생)1940·3·25 (본)연안(延安) (출)전남 보성 (주)서울특별시 영등포구 국회대로62길 23 원정빌딩 404호 대한무궁화중앙회(02-782-8758) (학)1982년 단국대 경영대학원 수료 1995년 불교대학(조계종 산하)졸 1998년 명예 문학박사(카자흐스탄 국립사범여자대학) 1998년 고려대 최고경영자과정 수료 2005년 명예 행정학박사(호남대) 2006년 연세대 언론홍보대학원 언론최고위과정 수료 (경)초·중학교 가사·무용강사 1973년 무궁화부인회 창립·회장 1980~1985년 육·해·공군 초빙강사 1980~1995년 전국남녀웅변대회 회장 1981~1988년 청소년무궁화축구대회 회장 1981~1988년 전국초중고글짓기대회 회장 1984년 민족통일촉진회중앙회 부녀국장 1984~1988년 대한무궁화여성중앙회 설립·회장 1984~1988년 단국대 경영대학원 총동창회 부회장 1988년 (사)대한무궁화중앙회 총재(현) 1989~1996년 월간 '무궁화' 발행인 1989년 도서출판 무궁화 대표(현) 1990~1993년 민족정기현창탑추진위원회 위원장 1992년 문학세계 시인 등단 1993~1997년 전남광주향우회 부회장 1993년 (사)21세기 경제사회연구원 이사 1995년 (재)농어촌청소년육성재단 자문위원 1995~2000년 새정치국민회의 당무위원 1996~2000년 同종교특위 부위원장 1996~2000년 同민속문화특별위원장 1997년

전남광주향우회 자문위원(현) 1998년 국방119 명예회장 1998~2000년 새정치국민회의 지도위원 1999~2001년 민주평통 자문위원 2001년 2002월드컵 성공국민운동본부 명예총재 2002년 민주광명당 총재·대통령 후보 2002년 구국총연합 대표최고위원 2004년 동북아포럼미디어센터 고문 2004년 군사저널 상임고문(현) 2007년 무궁화역사관 개관 2013년 CNN방송 상임고문(현) 2014년 (사)안중근의사숭모회 자문위원(현) 2014년 (사)대한사랑 고문(현) 2014년 이승만박사기념사업회 고문(현) 2014년 (사)한국전례원 전남도지원 상임고문(현) 2014년 세계한인재단 상임고문(현) 2017년 국제펜클럽 한국본부 회원(현) 2017년 한국문인협회 회원(현) (상)대통령표창(1993), 국민훈장목련장(1999), 세계한민족평화통일협의회 지도자 대상(2003), 한국언론인연합회 자랑스런 한국인 대상 나라사랑부문(2004), 올해의 숨은 명장 20인 나라사랑부문(2005), 대한무궁화중앙회 국무총리단체표창(2006), 육영수를사랑하는모임 목련상(2009), 대한무궁화중앙회 대통령단체표창(2011) (저)'한국무궁화운동사'(1985) '근역단심'(1990) '군번없는 용사'(1995) '21세기는 여성정치시대'(1999) '정치비전 21세기'(2001) '21세기 어머니정치'(2001) '어머니의 혼불'(2002) '무궁화영토'(2006) '길을 묻는 육군사관학교 사관 생도를 위한 명사들 명언'(2010) 시집 '무궁화 꽃길 따라서'(1991), '아침까치'(1992), '학의 마음'(1994), '북소리'(1999), '무궁화는 영원하리라'(2011) (종)불교

### 명연수(明年壽) MYUNG Yun Soo

(생)1959·10·5 (주)경상남도 김해시 인제로 197 인제대학교 드론IoT시뮬레이션학부 컴퓨터시뮬레이션학과(055-320-3211) (학)1981년 서강대 물리학과졸 1983년 한국과학기술원 물리학과졸(석사) 1987년 이학박사(한국과학기술원) (경)1983년 서강대 물리학과 강사·연구원 1987년 포항공과대 물리학과 조교수 1988년 일본 京都大 RIMS Guest Scholar 1989~1999년 인제대 물리학과 조교수·부교수 1990년 同컴퓨터디자인교육원장 1997년 同기획홍보실장 1998년 同전산전자물리학과장 1998년 同컴퓨터응용과학부장 1999~2012년 同컴퓨터응용과학부 교수 2000~2005년 同메스메티카기술교육센터장 2001년 同상대론연구소장 2003년 한국물리학회 편집실무이사 2005~2006년 미국 Univ. of Oregon ITS Senior Research Associate 2009~2012년 인제대 기초과학연구소장 2013~2018년 同문리과대학 컴퓨터시뮬레이션학과 교수 2015~2017년 同연구처장 2019년 同소프트웨어대학 드론IoT시뮬레이션학부 컴퓨터시뮬레이션학과 교수(현) (저)'메스테티카를 이용한 파동의 응용'(1999)

### 명재권(明在權) MYUNG Jae Kwon

(생)1967·2·18 (출)충남 서천 (주)서울특별시 서초구 서초중앙로 157 서울중앙지방법원(02-530-1114) (학)1984년 서울사대부고졸 1988년 서울대 법학과졸 (경)1995년 사법시험 합격(37회) 1998년 사법연수원 수료(27기) 1998년 수원지검 검사 2000년 전주지검 군산지청 검사 2002년 수원지검 성남지청 검사 2003년 독일 막스프랑크연구소 객원연구원 2005년 서울동부지검 형사제2부 검사 2008년 청주지검 검사 2009년 수원지검 판사 2011년 서울고법 판사 2013년 서울중앙지법 판사 2014년 창원지법 부장판사 2016년 수원지법 성남지원 부장판사 2018년 서울중앙지법 부장판사(현)

### 명점식(明点植) Myung Chum-shik

(생)1964·8·19 (본)연안(延安) (출)전남 고흥 (주)서울특별시 서초구 반포대로 158 서울고등검찰청 총무과(02-530-3261) (학)1983년 광주 금호고졸 1987년 서울대 경제학과졸 2005년 독일 뮌헨대 연수 (경)1995년 사법시험 합격(37회) 1998년 사법연수원 수료(27기) 1998년 인천지검 검사 2000년 창원지검 진주지청 검사 2002년 창원지검 검사 2005년 대전지검 홍성지청 검사 2007년 서울북부지검 검사 2010년 의정부지검 검사 2010년 同부부장검사 2011년 광주지검 순천지청 부장검사 2012년 수원지검 공판송무부장 2013년 청주지검 제천지청장 2014년 사법연수원 교수 2016년 수원지검 성남지청 형사2부장 2017년 인천지검 형사1부장 2018년 서울고검 검사 2019년 대구지검 인권감독관 2019년 서울고검 검사(현)

### 명창환(明昌煥) Myung, Chang Hwan

(생)1968·1·18 (본)연안(延安) (출)전남 고흥 (주)세종특별자치시 한누리대로 411 행정안전부 지역발전정책관실 지역공동체과(044-205-3421) (학)1986년 순천고졸 1992년 전남대 행정학과졸 (경)1995년 지방고등고시 합격(1회) 1996~2002년 여수시 근무 2002년 외교통상부 파견 2003년 전남도 행정국 여론담당·행정담당 2007년 同관광정책과장 2009~2011년 미국 미주리주립대 연수 2012년 전남도 식품유통과장 2013년 同안전행정국장(서기관) 2014년 同안전행정국장(부이사관) 2014년 전남 순천시 부시장 2016년 행정자치부 정부서울청사관리소 관리과장 2017년 同주소정책과장 2017년 행정안전부 지역발전정책관실 주소정책과장 2018년 同지역발전정책관실 지역공동체과장 2019년 同지역발전정책관실 지역공동체과장(부이사관)(현)

### 명한석(明漢錫) MYUNG Han Seok

(생)1965·9·6 (출)서울 (주)경기도 과천시 관문로 47 법무부 법무실 상사법무과(02-2110-3167) (학)1984년 문일고졸 1990년 서울대 경제학과졸 (경)동부산업(주) 근무 1995년 사법시험 합격(37회) 1998년 사법연수원 수료(27기) 1998년 법무법인 세종 변호사 2003~2018년 법무법인 지평 변호사 2006~2007년 중국 화동정법대 중국법·중국어 연수 2013년 국민연금기금 대체투자위원회 외부위원 2018년 법무법인(유) 지평 파트너변호사 2018년 법무부 법무실 상사법무과장(현)

### 명현관(明炫官) MYUNG Hyun Gwan (청옥)

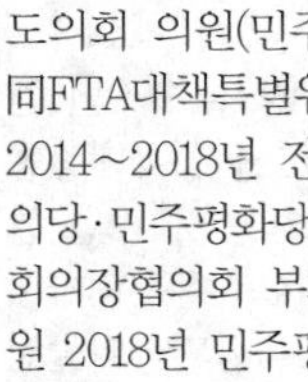

(생)1962·6·21 (본)서촉(西蜀) (출)전남 해남 (주)전라남도 해남군 해남읍 군청길 4 해남군청 군수실(061-530-5205) (학)광주상고졸, 호남대 대학원 체육학과졸 (경)(주)동부전자 대표이사, (사)해남등대원 등기이사, (사)한국청소년해남지역위원회 위원, 반석교회 장로(현), 해남군체육회 상임부회장, 동백장학회 감사, 광주지검 해남지청 범죄예방위원(현), 광주지법 해남지원 민사가사조정위원(현), 국제로타리 해남공룡클럽 회장, 민주평통 자문위원(현), 민주당 전남도당 과학기술위원장 2010년 전남도의회 의원(민주당·민주통합당·민주당·새정치민주연합) 2012년 同FTA대책특별위원회 위원 2012년 同경제관광문화위원회 위원장 2014~2018년 전남도의회 의원(새정치민주연합·더불어민주당·국민의당·민주평화당) 2014~2016년 同의장 2015~2016년 전국시·도의회의장협의회 부회장 2016~2018년 전남도의회 기획행정위원회 위원 2018년 민주평화당 전국농어축산민위원회 위원장(현) 2018년 전남 해남군수(민주평화당)(현) 2018년 민주평화당 국가비전위원회 공동위원장(현) (상)의정·행정대상 광역의원부문(2011·2015), 제6회 풀뿌리지방혁신의정상 광역의원부문(2011), 최우수지방자치단체장 최우수의정상(2012), 한국매니페스토실천본부 선정 '매니페스토 약속대상'(2015), 제12회 우수조례상 우수상(2016), 자랑스런 유은동문상(2016), 전국지방의회 친환경 최우수의원상(2017), 2017매니페스토약속대상 최우수상 공약이행분야(2017)

### 명희준(明熙峻) Myung Heejoon

(생)1964·7·29 (본)연안(延安) (출)서울 (주)경기도 용인시 처인구 모현면 외대로 81 한국외국어대학교 자연과학대학 생명공학과(031-330-4098) (학)1983년 경성고졸 1987년 서울대 미생물학과졸 1989년 미국 일리노이대 대학원졸 1992년 이학박사(미국 일리노이대) (경)1993년 미국 캘리포니아대

버클리교 박사 후 연구원 1994년 한국외국어대 자연과학대학 생명공학과 조교수·부교수·교수(현) 1999년 한국생화학회 뉴스지편집위원 2003년 (주)이매진 연구위원 2003년 한국분자세포생물학회 복지운영위원 2007년 한국미생물생명공학회 국제간사 2008년 同재무간사 2010년 한국미생물생명공학회 총무간사 2010년 한국외국어대 교무처장 2010년 과학기술부 국가지정연구소재은행 박테리오페이지은행 센터장 2012년 한국미생물학회 총무위원 2015년 한국미생물학회연합 사무총장 2016년 한국외국어대 연구산학협력단장 2017년 한국미생물생명공학회 간사장 (상)송암학술상(2012) (역)'생명정보학'(2007)

**모경필(牟卿謼) MO Kyong Pil**

(생)1969·5·23 (본)함평(咸平) (출)전남 목포 (주)경기도 의정부시 녹양로34번길 23 의정부지방법원 사무국(031-828-0002) (학)문태고졸, 한양대 법학과졸 (경)법원행정처 법원사무관, 수원지법 법원사무관, 同여주지원 법원사무관, 서울지법 법원사무관, 同강남등기소 법원사무관, 수원지법 안산지원 형사과장, 춘천지법 민사신청과장 2006년 법원공무원교육원 민사집행실무과목 교수 2009년 서울중앙지법 법원서기관 2013년 서울중앙지법 민사국장(법원부이사관) 2014년 서울북부지법 사무국장 2015년 법원행정처 조직심의관 2018년 의정부지법 사무국장(현) (종)불교

**모과균(牟科均) MO Koa Kyoon**

(생)1965·3·25 (본)함평(咸平) (출)서울 (주)서울특별시 서초구 서초중앙로 85 광동제약(주)(02-6006-7777) (학)1984년 영동고졸 1988년 서울대 경영대학졸 1991년 同경영대학원 재무관리학과졸 (경)광동제약(주) 상무 2005년 同관리총괄본부장(전무) 2009년 同관리본부 부사장 2010~2019년 (주)광동GLS 이사 2015~2019년 광동제약(주) 관리본부 사장 2015~2019년 코리아e플랫폼(주) 이사, (주)애플에셋 이사 2019년 광동제약(주) 고문(현)

**모성준(牟性俊)**

(생)1976·9·9 (출)광주 (주)전라북도 군산시 법원로 68 전주지방법원 군산지원(063-450-5100) (학)1995년 광주고졸 2000년 서울대 사법학과졸 (경)2000년 사법시험 합격(42회) 2003년 사법연수원 수료(32기) 2003년 공익법무관, 광주지법 판사 2010년 同순천지원 판사, 광주고법 판사 2014년 광주지법 판사 2016년 인천지법 판사 2016년 사법정책연구원 연구위원 겸임 2018년 전주지법 군산지원 부장판사(현) 2018년 외교부 파견(현)

**모 인(牟 仁) MO In**

(본)함평(咸平) (출)서울 (주)서울특별시 영등포구 선유로 146 이앤씨드림타워 607호 (주)더게임스미디어 비서실(02-2628-0114) (학)1984년 중앙대 국어국문학과졸 (경)2001년 전자신문 문화산업부장 2001~2002년 영상물등급위원회 심의위원 2002년 전자신문 산업기술부장 2003년 同편집위원 2003년 同편집국 부국장대우 2004년 同주간국 더게임스 국장 2006년 (주)더게임스미디어 대표이사 겸 발행인(현) 2010년 건국대 문화콘텐츠학과 겸임교수(현) 2013~2015년 한국콘텐츠진흥원 비상임이사 (상)문화부장관표창(2000) (종)기독교

**모종린(牟鍾璘) MO Jong Ryn**

(생)1961·6·8 (본)함평(咸平) (출)충남 홍성 (주)서울특별시 서대문구 연세로 50 연세대학교 국제학대학원(02-2123-4008) (학)1985년 미국 코넬대 경제학과졸 1986년 미국 캘리포니아공과대 대학원졸 1992년 경영학박사(미국 스탠퍼드대) (경)1991~1995년 미국 스탠퍼드대 Hoover Inst. Research Fellow 1991~1996년 미국 텍사스대 오스틴교 조교수 1995년 미국 스탠퍼드대 Hoover Inst. National Fellow 1996년 Graduate School of Int'l Relations and Pacific Studies UCSD 조교수 1996년 연세대 국제학대학원 교수(현) 2005년 同언더우드국제학부장 2007~2008년 同언더우드국제대학장 2012·2014~2016년 同국제처장 2012~2014년 同국제교육센터장 2013~2015년 IOM이민정책연구원 비상임이사 2016~2018년 연세대 국제학대학원장 (저)'한국의 정치자금-정치자금의 조달 패턴연구와 투명성 제고를 위하여'(2002) '한국경제개혁사례연구'(2002) '이민강국'(2013, 한국학술정보) '작은 도시 큰 기업'(2014, 알에이치코리아) '라이프스타일도시' '골목길 자본론'

**목근수(睦根洙) Mok Kun-su**

(생)1957·11·17 (출)부산 (주)서울특별시 중구 세종대로9길 20 신한은행빌딩 법무법인 충정(02-772-2702) (학)1976년 부산고졸 1980년 서울대 법대졸 1988년 미국 조지워싱턴대 법학전문대학원(Law School) 비교법학과졸(M.C.L) (경)1981년 사법시험 합격(23회) 1983년 사법연수원 수료(13기) 1983년 변호사 개업(Kim & Hwang) 1993년 법무법인 충정 변호사 1998년 (주)한창제지 사외이사(현) 2008년 법무법인 충정 대표변호사(현)

**목성호(睦盛晧) Sungho Mok**

(생)1966·10·26 (본)사천(泗川) (출)대구 (주)대전광역시 서구 청사로 189 특허청 산업재산보호협력국(042-481-8572) (학)1985년 대구 계성고졸 1990년 서울대 사법학과졸 2014년 법학박사(영국 퀸메리대) (경)1995년 특허청 사무관, 同심사기준과 사무관 2005년 同기획예산담당관실 서기관 2006년 同상표디자인심사본부 상표심사3팀 서기관 2007년 同산업재산정책본부 산업재산보호팀장 2007년 同산업재산정책본부 산업재산인력팀장 2008년 同청장 비서관 2010년 同상표디자인심사국 상표2심사과장, 同심판관, 同창조행정담당관(서기관) 2016년 同창조행정담당관(부이사관) 2016년 同운영지원과장 2018년 특허심판원 심판장 2019년 특허청 산업재산보호협력국장(현) (상)대통령표창(2015) (저)'다시 보는 상표법'(2016, 한국학술정보)

**목영준(睦榮埈) MOK Young-Joon (樵愚)**

(생)1955·8·3 (본)사천(泗川) (출)서울 (주)서울특별시 종로구 사직로8길 39 김앤장법률사무소 사회공헌위원회(02-3703-1935) (학)1974년 경기고졸 1978년 서울대 법과대학졸 1983년 同대학원 법학과졸 1989년 미국 하버드대 로스쿨졸(LL.M.) 2005년 법학박사(연세대) (경)1977년 사법시험 합격(19회) 1980년 사법연수원 수료(10기) 1980년 軍법무관 1983년 인천지법 판사 1985년 서울지법 동부지원 판사 1987년 서울민사지법 판사 1989년 광주고법 판사 겸 남원지원장 1991년 서울고법 판사 1992년 법원행정처 기획조정심의관 1993년 대법원 공보관 1994년 청주지법 부장판사 1997년 사법연수원 교수 2000년 서울지법 부장판사 2001년 대구고법 부장판사 2003년 대법원장 비서실장 2003년 서울고법 부장판사 겸 법원행정처 기획조정실장 2004년 사법개혁위원회 위원 2005년 법원행정처 차장 2006~2012년 헤이그 국제상설중재재판소 중재재판관 2006~2012년 헌법재판소 재판관 2011~2012년 법을통한민주주의를위한유럽위원회(베니스위원회) 정위원 2012~2016년 하버드로스쿨한국동창회 회장 2013~2015년 대한변호사협회 법률구조재단 이사장 2013~2016년 학교법인 을지학원 이사장 2013년 김앤장법률사무소 사회공헌위원회 위원장(현) 2018년 한진그룹 준법위원회 위원장(현) (상)한국법학원 제5회 법학논문상(2001), 법조언론인클럽 올해의 법조인상(2012), 청조근정훈장(2012), 대한변호사협회 제50회 한국법률문화상(2019) (저)'상사중재법론'(2000) '民事裁判의 諸問題 第10卷(共)'(2000) '상사중재법'(2011) '개정 상사중재법(共)'(2018) (종)불교

**목요상(睦堯相) MOK Yo Sang (法雲)**

(생)1935·9·9 (본)사천(泗川) (출)경기 양주 (주)서울특별시 영등포구 버드나루로 73 우성빌딩 자유한국당(02-6288-0200) (학)1955년 서울사대부고졸 1961년 서울대 법대졸 1982년 영남대 경영대학원 수료 1988년 대구대 사회개발대학원 수료 (경)1961년 고등고시 사법과 합격(13회) 1963년 대구지법 판사 1970년 서울형사지법 판사 1972년 서울고법 판사 1973년 변호사 개업 1981년 제11대 국회의원(대구東·北, 민주한국당) 1981년 민주한국당(민한당) 원내부총무 1983년 同대변인 1985년 제12대 국회의원(대구東·北, 민한당·신민당) 1987년 통일민주당 인권옹호위원장 1990년 민주당 중앙상임위원회 의장 겸 정무위원 1991년 同최고위원 1992년 국민당 의정부지구당 위원장 1992년 同인권위원장 1996년 제15대 국회의원(동두천·양주, 신한국당·한나라당) 1996년 신한국당 법률자문위원장 1996년 同당헌당규개정위원장 1996년 국회 국정조사특별위원회 위원장 1997년 국회 정치개혁특별위원회 위원장 1997년 신한국당 원내총무 1997년 국회 운영위원장 1997년 한나라당 원내총무 1998년 국회 법제사법위원장 2000~2004년 제16대 국회의원(동두천·양주, 한나라당) 2000~2001년 한나라당 정책위원회 의장 2003년 국회 정치개혁특별위원회 위원장 2012~2015년 대한민국헌정회 회장 2015~2017년 새누리당 상임고문 2017년 자유한국당 상임고문(현) (상)새천년 밝은 정치인상(2000) (종)기독교

**목장균(睦壯均) MOK JANG GYUN**

(생)1964 (출)인천 (주)경상북도 구미시 1공단로 244 삼성전자(주) 구미지원센터(054-479-5114) (학)부평고졸, 고려대 무역학과졸 (경)1988년 삼성전자(주) 입사, 삼성그룹 신문화TF부장 2010년 同경영전략팀 상무, 同미래전략실 인사지원팀 상무, 삼성전자(주) 인사지원그룹장(상무) 2015년 삼성그룹 미래전략실 인사지원팀 전무 2017년 삼성전자(주) 스마트시티지원센터장(전무) 2019년 同구미지원센터장(전무)(현)

**목진석(睦鎭碩) Mok Jinsuk**

(생)1980·1·20 (출)서울 (주)서울특별시 성동구 마장로 210 한국기원 홍보팀(02-3407-3850) (경)1994년 프로바둑 입단 1995년 2단 승단 1995년 기성전·비씨카드배·패왕전 본선 1996년 3단 승단 1996년 LG배 세계기왕전·왕위전·최고위전·한국이동통신배 하이텔바둑왕전·국수전·박카스배 천원전·국기전 본선 1997년 최고위전·비씨카드배·박카스배 천원전·한국통신프리텔배 배달왕기전·왕위전·유공배 명인전·테크론배 본선 1998년 4단 승단 1998년 비씨카드배 신인왕전 우승 1998년 SK가스배 신예프로10걸전 준우승 1998년 스피드011디지털배 최고위전·한국통신프리텔배 배달왕기전·왕위전·박카스배 천원전·SK배 명인전·패왕전 본선 1999년 제3회 프로10걸전 우승 1999년 제10기 기성전 준우승 1999년 제1회 농심신라면배 한국대표 1999년 왕위전·n016배 배달왕기전·기성전·천원전·KBS바둑왕전·비씨카드배 신인왕전 본선 2000년 5단 승단 2000년 제19기 KBS바둑왕전 우승 2000년 제13회 후지쯔배 3위 2000년 제2회 농심신라면배 한국대표 2000년 춘란배·SK엔크린배 명인전·n016배 배달왕기전·기성전·비씨카드배·LG정유배·SK가스배 본선 2001년 제13회 TV아시아 준우승 2001년 SK엔크린배 명인전·KBS바둑왕전·KT배 본선 2001년 6단 승단 2002년 제13기 현대자동차배 기성전 준우승 2002년 천원전·SK엔크린배 명인전·KBS바둑왕전·왕위전 본선 2003년 7단 승단 2003년 드림리그 개인부문 공동다승왕 2003년 중국 갑급리그 우승 2003년 SK엔크린배 명인전·기성전·KT배 본선 2004년 8단 승단 2004년 제8회 LG배 세계기왕전 준우승 2004년 천원전 본선 2005년 9단 승단(현) 2005년 바둑마스터즈 전신·마스터즈 삼국지·맥심배·왕위전·원익배 십단전 본선 2006년 박카스배 천원전·마스터즈 서바이벌·맥심배·원익배 십단전·왕위전 본선 2007년 제4회 전자랜드배 백호부 우승 2007년 제9회 농심신라면배 한국대표 2007년 GS칼텍스배·마스터즈 챔피언십·강원랜드배 명인전·KBS바둑왕전·국수전·전자랜드배 왕중왕전·왕위전 본선 2008년 제5기 전자랜드배 왕중왕전 준우승 2008년 제3기 원익배 십단전 준우승 2008년 제9회 맥심커피배 준우승 2008년 국수전·맥심커피배·KBS바둑왕전·하이원리조트배 명인전 본선 2008년 제1회 세계마인드스포츠게임 한국대표 출전 2009년 제52기 국수전 준우승 2009년 원익배 십단전 본선 2010년 국제페어바둑월드컵 준우승 2010년 제12회 농심신라면배 한국대표 2010년 제53·54기 국수전·KT배 오픈챔피언십·GS칼텍스배·맥심배 본선 2011년 KB국민은행 한국바둑리그 포스코LED 우승 2011년 맥심배·원익배 십단전·olleh배·KBS바둑왕전·한국물가정보배·GS칼텍스·맥심배 본선 2013년 olleh배 준우승 2013년 원익배 십단전·한국물가정보배·하이원리조트배 명인전 본선 2014년 맥심커피배·GS칼텍스배·렛츠런파크배 본선 2015~2016년 국가대표 바둑팀 코치(전력분석관) 2015년 제20기 GS칼텍스배 우승 2015년 10월25일 통산 1000승 달성(국내 8번째) 2015년 맥심커피배 본선 2016년 국가대표 바둑팀 상비군 감독(현) 2016년 제17·18기 맥심커피배·GS칼텍스배·KBS바둑왕전 본선 2017년 (재)한국기원 이사(현) 2017년 맥심배·KB국민은행 바둑리그 본선 2018년 맥심배 본선 2019년 GS칼텍스배 본선 (상)바둑문화상 신예기사상(1996), 바둑문화상 최다승기록상(1998), 바둑대상 감투상(2007·2008)

**목진영(睦鎭泳) MOK Jin Young**

(생)1957·2·24 (출)강원 (주)서울특별시 강남구 테헤란로 432 동부금융센터 15층 DB자동차보험손해사정(주) 임원실(02-3011-5900) (학)경복고졸, 성균관대 화학공학과졸 (경)2000년 동부화재해상보험(주) 디지털프론티어팀장 2003년 同보상기획팀장 2005년 同보상기획팀장(상무) 2006년 同고객지원팀장 2009년 同보상지원팀장 2010년 同보상서비스실장 2011년 同상무 2012년 동부자동차보험손해사정(주) 대표이사 2017년 DB자동차보험손해사정(주) 대표이사(현) (저)'자동차보험 대물손해사정론'(2002) '자동차보험 손해사정실무'(2003) '자동차보험의 이론과 실무'(2014) '자동차구조 및 정비 이론과 실무'(2014) (종)천주교

**묵현상(墨炫相) Muk Hyun Sang**

(생)1959·1·18 (본)광령(廣寧) (출)서울 (주)서울특별시 마포구 마포대로 137 (재)범부처신약개발사업단(02-6379-3050) (학)1977년 명지고졸 1981년 서울대 산업공학과졸 1985년 同대학원 산업공학과졸 (경)1981~1985년 (주)쌍용정보통신 IFPS 사업팀장 1985~1988년 한국통신공사 전임연구원 1988~1998년 (주)삼보컴퓨터 부사장·미국지사장 겸임 1998년 한국엡손(주) 부사장 2000~2004년 (주)겟모어증권중개 대표이사 2004~2005년 동부증권 온라인사업본부장(부사장) 2005년 디지탈바이오텍 부사장 2006~2016년 (주)메디프론디비티 대표이사 사장 2007년 (사)바이오협회 이사 2011~2013년 (재)범부처신약개발사업단 투자심의위원 2016년 한국공학한림원 회원(현) 2016년 (재)범부처신약개발사업단(KDDF) 단장(현) (상)벤처산업진흥 국무총리표창(2006), 지식경제부 대한민국 10대 신기술 인증(2010) (저)'내기 골프에서 이기는 법' '경영정보시스템원론' '소프트웨어개발 관리체계' 'LAN입문' 'PC통신 1·2권' '내기 골프에서 돈 따는 법'(2004)

**문갑석(文甲錫) Moon Kap Suck**

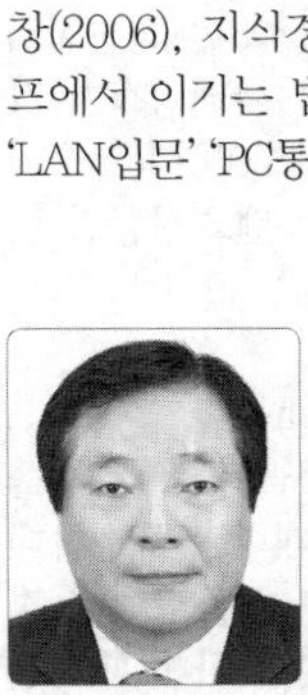

(생)1955·7·12 (주)대구광역시 동구 매여로1길 50-12 국토교통부 항공교통본부(053-668-0201) (학)1973년 대광고졸 1981년 한국항공대 항공관리학과졸 (경)2006년 대한항공 상무보 2008년 同종합통제부담당 상무B 2010년 同종합통제본부장(상무A) 2012년 同종합통제본부장(전무B) 2013년 同종합통제본부장(전무A) 2017년 국토교통부 항공교통본부장(현) (종)기독교

## 문강주(文康周)

(출)전남 화순 (학)광주고졸, 한국외국어대졸 (경)1993년 입법고시 합격(9회) 2002년 국회사무처 예산정책1과장(부이사관) 2003년 同산업자원위원회 입법조사관 2004년 同국회운영위원회 입법심의관 2008년 同교육위원회 전문위원 2008년 同교육과학기술위원회 전문위원 2010년 同정무위원회 전문위원 2010년 중앙선거관리위원회 파견(이사관) 2011년 국회사무처 행정안전위원회 전문위원 2013~2016년 同농림축산식품해양수산위원회 수석전문위원(차관보급) 2016~2018년 수협중앙회 수산경제연구원장

## 문경란(文敬蘭·女) Kyung Ran Moon

(생)1959·12·29 (본)남평(南平) (출)부산 (주)세종특별자치시 갈매로 388 문화체육관광부 체육정책과 스포츠혁신위원회운영지원팀(044-203-2782) (학)1979년 부산 삼성여고졸 1983년 서울대 식품영양학과졸 1989년 이화여대 대학원 여성학과졸 2005년 숙명여대 아태여성정보센터 여성최고위과정 수료 2010년 서울대 행정대학원 국가정책과정 수료 (경)1984~1986년 경인일보 기자 1989~1990년 경희대·세종대 등 여성학 강사 1990~2000년 중앙일보 기자 1993년 독일 튀빙겐대 사회의학연구소 객원연구원 2001~2002년 미국 하버드대 한국학연구소 객원연구원 2002~2006년 중앙일보 편집국 여성전문기자 2003~2004년 여성부 정책자문위원 2005~2007년 21세기여성포럼 운영위원 2006~2008년 중앙일보 논설위원 겸 여성전문기자 2006년 관훈클럽 회원 2006~2008년 한국여기자협회 부회장 2007년 서울시 여성위원회 위원 2008~2010년 국가인권위원회 상임위원(차관급) 2011~2012년 인권정책연구소 이사 2017~2019년 同이사장 2011년 이화여대 아시아여성학센터 연구위원 2011년 아시아위민브릿지 두런두런 이사 2012~2018년 (사)한국YWCA연합회 전문직이사(실행위원) 2012~2016년 서울시 인권위원회 초대 위원장 2014년 同서울시민인권헌장제정시민위원회 부위원장 2014~2016년 (사)여성평화외교포럼 운영위원 2016~2017년 서울연구원 도시사회연구실 초빙선임연구위원 2016년 (사)유엔인권정책센터 이사(현) 2016년 서울장애인인권영화제 조직위원장(현) 2017년 경찰청 경찰개혁위원회 인권보호분과 위원장 2019년 스포츠혁신위원회 위원장(민간위원)(현) (상)특종상(2003), 한국언론인연합회 한국참언론인대상 여성부문(2006), 무지개 인권상(2015) (저)'우리에겐 꿈이 있습니다 : 2000년 총선연대 유권자혁명의 100일 드라마'(2000) '나의 페미니즘 레시피'(2015, 서해문집) '서울시민인권헌장'(2015, 경인문화사) '우리결의 난민'(2017, 서울연구원) (종)기독교

## 문경운(文敬云)

(생)1961·9·26 (주)제주특별자치도 제주시 문연로 13 제주특별자치도의회(064-741-1965) (학)오현고졸, 제주대졸, 同경영대학원졸 (경)국회의원 보좌관, 김두관 대통령정무특보 제주시혁신대표, (사)제주자치분권연구소 사무처장·이사(현) 2006년 제주도의원선거 출마(열린우리당) 2018년 제주특별자치도의회 의원(비례대표, 더불어민주당)(현) 2018년 同농수축경제위원회 위원(현) 2019년 同예산결산특별위원회 위원(현)

## 문경은(文景垠) MOON Kyung Eun

(생)1971·8·27 (주)서울특별시 중구 을지로 65 SKT타워 서울 SK 나이츠(02-6100-7508) (학)광신상고졸 1994년 연세대졸 (경)1997~2001년 수원 삼성 썬더스 소속 1998년 방콕아시안게임 남자농구 은메달 2001~2006년 인천 전자랜드 블랙슬래머 소속 2002년 부산아시안게임 남자농구 금메달 2006~2010년 서울 SK 나이츠 소속 2010년 同2군 코치 2011년 同감독대행 2012년 同감독(현) 2018년 '2017~2018시즌 프로농구 챔피언결정전' 우승 (상)프로농구대상 11월 MVP업템포상(1997), 프로농구대상 11월 스몰포워드최고상(1997), 훼르자스포츠 월간 훼르자상(1997), 정규리그 3득점상·베스트5(1998), 프로농구 유니세프 사랑의 3점슛상(1998), 프로농구 훼르자농구대상 3점슛상(1998), 스포츠조선·나이키프로농구대상 베스트5(1998), 올해의 프로농구 유니세프 사랑의 3점슛상(1999), 부산아시아게임 금메달(2002), 2005~2006정규리그 3점슛상(2006), 2012~2013 프로농구 감독상(2013)

## 문경진(文景珍)

(생)1962·1·17 (출)제주 제주시 (주)제주특별자치도 제주시 문연로 6 제주특별자치도청 정책기획관실(064-710-2230) (학)1980년 제주 오현고졸 1987년 제주대 행정학과졸 1994년 同행정대학원 행정학과졸(석사) (경)1987년 공무원 임용(공채) 2012년 제주특별자치도 교통항공과장 직대 2013년 同교통항공과장(서기관) 2014년 同특별자치교육지원과장 2014년 국회사무처 파견 2016년 제주특별자치도 의회협력담당관 2016년 同청렴감찰관 2017년 제주시 부시장(부이사관) 2018년 장기교육 파견(부이사관) 2019년 제주특별자치도 정책기획관(현)

## 문경태(文敬太) MOON Kyung Tae

(생)1953·2·12 (본)남평(南平) (출)경남 (주)서울특별시 종로구 종로3길 17 디타워 23층 법무법인 세종(02-316-4384) (학)1972년 부산고졸 1976년 서울대 사회복지학과졸 1986년 미국 조지아대 대학원 사회사업학과졸 2011년 사회복지학박사(숭실대) (경)1976년 행정고시 합격(18회) 1989년 한국보건사회연구원 파견 1990년 국립사회복지연수원 교학과 서기관 1990년 세계보건기구(WHO) 파견 1993년 보건복지부 복지정책과장 1994년 同연금보험국 보험정책과장 1995년 대통령 보건복지비서관실 국장 1997년 보건복지부 기술협력관 1997년 제15대 대통령직인수위원회 파견 1998년 駐미국 보건복지참사관(주재관) 2001년 보건복지부 연금보험국장 2002년 同사회복지정책실장 2002년 同기획관리실장 2005년 同정책홍보관리실장 2005년 연세대 보건대학원 초빙교수 2006~2010년 한국장애인재활협회 부회장 2006~2011년 한국제약협회 상근부회장·고문 2008~2013년 남북의료협력재단 상임공동대표 2011년 법무법인 세종 고문(현) 2013년 남북의료협력재단 부이사장(현) 2014년 숭실대 사회복지대학원 겸임교수 2013년 식품의약품안전처 자체평가위원회 위원 2016~2018년 同자체평가위원회 위원장 2016~2019년 삼성증권(주) 사외이사 (상)국무총리표창(1982), 보건복지부장관표창(1988), 황조근정훈장(2003), 대통령표창 (저)'의료재활서비스의 공급 및 보상체계 확립방안'

## 문경호(文卿鎬) Moon Kyoung Ho

(생)1957·1·10 (본)남평(南平) (출)서울 (주)인천광역시 중구 인항로 27 인하대병원 정형외과(032-890-3663) (학)1975년 서울사대부고졸 1981년 한양대 의대졸 1984년 同대학원 의학석사 1992년 의학박사(한양대) (경)한양대병원 수련의 1986~1995년 미국 앤더슨병원 정형외과연구소 관절치환술연구원 1989~2003년 인하대 의대 정형외과학교실 전임강사·조교수·부교수 2000년 대한정형외과학회 편집위원 2003~2016년 대한고관절학회 평의원 2003년 인하대 의대 정형외과학교실 교수(현) 2005~2012년 대한류마티스학회 이사 2006년 인하대 교육수련부장 2008년 대한골연부조직이식학회 회장 2009년 대한정형외과학회 기획위원 2011년 한국의료분쟁조정위원회 위원(현) 2012~2013년 인하대병원 신관건립본부 신관기획단장 2012~2014년 대한류마티스학회 감사 2012년 대한골다공증학회 부회장 2013년 대한고관절학회 부회장 2015년 同회장 2015년 대한정형외과학회 이사 2017년 대한고관절학회 사료편찬위원회 위원(현) (상)대한고관절학회 학술상(1999·2012), 범석학술재단 우수상(2001), 대한골다공증학회 travel award(2014), 유럽골다공증학회(ECTS) Travel Award(2015), 보건복지부장관표창(2017) (저)'대한고관절학회(共)'(2014, 군자출판사) (종)불교

ㅁ

**문경환(文景煥) Kyounghwan Moon**

(생)1975·3·2 (주)세종특별자치시 갈매로 477 기획재정부 개발금융국 국제기구과(044-215-8720) (학)1993년 광주 진흥고졸 1998년 서울대 경제학과졸 2012년 경제학박사(미국 보스턴대) (경)1997년 행정고시 합격(41회) 1998년 중앙공무원교육원 연수 1999년 재정경제부 경제정책국 정보과학과·기술정보과 사무관 2003년 재정경제부 국제금융국 금융협력과 사무관 2006년 同정책상황팀 사무관 2006년 국외훈련 파견 및 해외유학(보스턴대) 2010년 기획재정부 국제금융국 국제통화기금팀장 2011년 녹색성장위원회 기획총괄과장 2013년 국제통화기금(IMF) 이사실 자문관 2015년 기획재정부 세제실 조세특례평가팀장 2015년 同세제실 국제조세협력과장 2016년 同정책조정국 지역경제정책과장 2018년 同공공정책국 재무경영과장 2019년 同개발금융국 국제기구과장(현) (상)재정경제부장관표창(2004), 근정포장(2013)

**문경희(文暻姬·女) MOON Kyung Hee**

(생)1965·9·13 (출)부산 (주)경기도 수원시 팔달구 효원로 1 경기도의회(031-8008-7000) (학)1987년 부산대 인문대학 영어영문학과졸, 고려대 정책대학원 도시및지방행정학과졸 (경)민주당 중앙당 부대변인, 최재성 국회의원 정책특보 2010년 경기도의회 의원(민주당·민주통합당·민주당·새정치민주연합) 2012년 민주통합당 경기도여성지방위원정책협의회 상임대표 2012년 同경기도당 영유아보육안전특별위원회 부위원장 2012년 민주통합당 부대변인 2012년 同경기도여성지방의원협의회 공동대표, 同예산결산특별위원회 위원, 同무상급식혁신학교추진특별위원회 간사 2013년 민주당 경기도여성지방의원협의회 공동대표 2014~2018년 경기도의회 의원(새정치민주연합·더불어민주당) 2014년 同교육위원회 간사 2015년 同교육재정강화특별위원회 위원장 2015년 새정치민주연합 경기도당 대변인 2015년 더불어민주당 경기도당 대변인 2016년 同중앙당 부대변인 2016~2018년 경기도의회 보건복지위원회 위원장 2018년 경기도의회 의원(더불어민주당)(현) 2018년 同건설교통위원회 위원(현) 2018~2019년 同예산결산특별위원회 위원 (상)대한민국 유권자대상(2016), 경기도 사회복지사대회 사회복지대상(2017)

**문관현(文官鉉) Moon, Kwan-hyun**

(생)1968·7·25 (본)남평(南平) (출)전남 진도 (주)서울특별시 종로구 율곡로2길 25 연합뉴스 편집국 다국어뉴스부(02-398-3114) (학)1986년 광주 진흥고졸 1995년 서울대 국어국문학과졸 2008년 국방대 안전보장대학원 안전보장학과졸 2016년 고려대 대학원 북한학과 수료 (경)1995년 연합뉴스 입사(16기) 2001년 일본 조치대(上智大) 신문연구소 객원연구원 2004~2005년 민주평통 자문위원 2004년 美 제2보병사단 '명예의 전당'에 헌액 2006~2007년 한국기자협회 국제교류위원장 2008~2009년 同통일분과위원장 2011~2012년 미국 하버드대 국제문제연구소(WCFIA) 펠로 2018년 한국기자협회 부회장(현) 2018년 연합뉴스 편집국 다국어뉴스부장(현) (역)'한국전쟁 일기(共)'(2011, 플래닛미디어) (종)가톨릭

**문광섭(文珖燮) MOON Kwang Seop**

(생)1966·4·7 (출)서울 (주)대전광역시 서구 둔산중로78번길 45 대전고등법원(042-470-1114) (학)1984년 배재고졸 1989년 서울대 법대졸 1991년 同대학원졸 (경)1991년 사법시험 합격(33회) 1994년 사법연수원 수료(23기) 1994년 軍법무관 1997년 서울지법 서부지원 판사 1999년 서울지법 판사 2001년 춘천지법 속초지원 판사 2003년 同속초지원 고성군법원 판사 2004년 서울중앙지법 판사 2005년 서울고법 판사 2007년 대법원 재판연구관 2009년 대전지법 천안지원 부장판사 2011년 사법연수원 교수 2011년 국회사무처 법제사법위원회 전문위원 2014년 서울중앙지법 부장판사 2017년 서울서부지법 수석부장판사 2018년 대전고법 부장판사(현)

**문광순(文光順) MOON Kwang Soon**

(생)1942·4·18 (본)남평(南平) (출)경기 화성 (주)서울특별시 서초구 사평대로 240 (재)한국계면공학연구소(02-3481-5025) (학)1960년 서울대사대부고졸 1964년 서울대 공대 자원공학과졸 1976년 캐나다 브리티시컬럼비아대 대학원졸 1985년 이학박사(미국 캘리포니아대 버클리교) (경)1969년 캐나다 Falconbridge Corp. Research Metallurgist 1971년 캐나다 써드버리 한인회장 1973년 캐나다 브리티시콜롬비아대 한인학생회장 1979년 미국 캘리포니아대 버클리교 한인학생회장 1980년 캐나다 CANMET연구소 책임연구원 1990년 캐나다 오타와교육청 자문위원 1990년 캐나다 오타와한인회 회장 1992년 (재)한국계면공학연구소 소장(현) 1993~2011년 한국과학기술단체총연합회 이사 1993년 한국·캐나다협회 이사, 同부회장(현) 1994~2010년 한국과학기술한림원 정책학부장, 同남북과학기술교류위원회 위원장, 同부원장, 同이사 1995~2001년 민주평통 자문위원 1996년 International Energy Foundation Advisory Committee 2002년 미국 세계인명사전 'Marquis Who's Who in the World'에 등재 2003년 미국 세계인명사전 'Marquis Who's Who in Science and Engineering'에 등재 2013년 참행복나눔운동 총괄이사 2018년 同공동대표(현), 한국과학기술한림원 정회원(현) (상)Evan Just Award- AIME(1979), Public Servant Award-CANMET(1989), 외무부장관표창(1991), 국민훈장 동백장(1998) (저)'Electro Chemical Investigations of Various Sulphides, Xanthate Systems' 'Surface and Crystal Chemistry of Spodumene and Its Flotation Behavior' (종)기독교

**문국진(文國鎭) MOON Gook Jin (度想)**

(생)1925·3·9 (본)남평(南平) (출)평남 평양 (주)서울특별시 서초구 반포대로37길 59 대한민국학술원(02-3400-5220) (학)1947년 평양고등보통학교졸 1955년 서울대 의대졸 1965년 同대학원 의학석사 1968년 의학박사(서울대) 1988년 법학박사(미국 컬럼비아퍼시픽대) (경)1955~1970년 국립수사연구소 법의학과장 1970년 고려대 의대 부교수 1970~1990년 同법의학연구소장 1973~1990년 同의대 교수 1978년 국제법의학회 한국대표 1985년 고려대 대학원 교학부장 1987년 대한민국학술원 회원(법의학·현) 1990년 고려대 의대 명예교수(현) 1991~1999년 대한법의학회 회장, 同명예회장(현) 1994년 한국과학기술한림원 종신회원(현) 2004~2007년 대한민국학술원 자연과학부 회장, 국립과학수사연구원 자문위원(현) (상)세계평화교수아카데미상(1976), 동아의료문화상(1981), 고려대 학술상(1986), 대한민국학술원상(1989), 의사평론가 기장(1990), 서울의대 동창회 함춘대상(2003), 제9회 대한민국과학문화상(2008), 제6회 대한의학회 명예의전당 헌정(2014), '2014 한국음악상' 특별상(2015), 제15회 서재필의학상(2018) (저)수필집 '바흐의 두개골을 열다' '모차르트의 귀' '명화와 의학의 만남' '법의학자의 눈으로 본 그림 속 나체' '반 고흐, 죽음의 비밀' '한국의 시체 일본의 사체'(共) '죽은자의 권리를 말하다'(2012) 등 '진료過誤의 법의학' '최신법의학' '의료의 법이론' '생명윤리와 안락사' '藥害' '간호법의학' '法醫검시학' '진찰실의 법의학' '의료와 진단서' '생명법의학' '의료법학' '사회법의학' '임상법의학' '의료인간학'

**문국현(文國現) MOON Kook Hyun**

(생)1949·1·12 (본)남평(南平) (출)서울 (주)서울특별시 송파구 송파대로 167 테라타워 B동 1009호 (주)뉴패러다임인스티튜트(02-563-0005) (학)1967년 중동고졸 1972년 한국외국어대 영어과졸 1977년 서울대 대학원 경영학과졸 2004년 명예 경영학박사(강원대) 2007년 명예 경제

학박사(인제대) 2007년 명예 환경학박사(세종대) 2014년 명예박사(미국 St. Thomas Aquinas College) 2017년 중국 장강상학원(CKGSB) MBA (경)1974년 유한킴벌리(주) 입사 1979년 同기획조정실장 1983년 미국 킴벌리클라크社 근무 1983년 유한킴벌리(주) 마케팅부장 1988년 同상무 1989년 同사업본부장 1990년 同부사장 1995~2007년 同대표이사 사장 1998년 생명의숲 공동대표 1998년 동북아산림포럼 공동대표 2002년 천리포수목원재단 이사장 2002년 KT 사외이사 2003년 윤경포럼 공동대표 2003년 서울그린트러스트재단 이사장 2003년 뉴패러다임포럼 공동대표 2003~2007년 킴벌리클라크 북아시아 총괄사장 2003년 서울대 환경대학원 초빙교수 2004년 학교법인 유한학원 이사장 2004~2005년 대통령자문 정책기획위원회 산하 '사람입국 신경쟁력특별위원회' 위원장 2005년 한국 피터드러커소사이어티 창립 명예이사장(현) 2005년 내셔널트러스트 공동대표 2007~2010년 자연환경국민신탁 이사장 2007년 同평의원(현) 2007년 창조한국당 공동대표 2007년 同제17대 대통령선거 후보 2008~2009년 同대표 2008년 이화여대 경영대학 겸임교수 2008~2009년 제18대 국회의원(서울 은평구乙, 창조한국당) 2010년 (주)뉴패러다임인스티튜트 대표(현) 2011년 드러커인스티듀트 고문 2012년 가톨릭대 석좌교수 2013년 한솔섬유 대표이사 사장(현), 2019 아시아재단우호협회 이사장(현) (상)유엔환경계획 글로벌500상(1997), 기업윤리경영자대상(1998), 은탑산업훈장(1998), 韓日국제환경상(1998), 생산성경영자대상(2001), 최고경영자상(2002), 미국 미시간주립대 'Global Korea Award 2002'(2002), 경영자대상(2003), 일가기념사업재단 일가상 산업부문 및 사회공익부문(2003), 서울대 경영대학원 서울대경영인 대상(2003), 참경영인상(2004), 금탑산업훈장(2005), 한국경영학회 경영자대상(2006), 환경부장관표창 (저)'녹색공동체를 위한 실'(1997) '유한킴벌리-세계가 배우는 한국기업의 희망(共)'(2005) '도시의 생명력, 그린웨이(共)'(2006) '지구 온난화의 부메랑-황사 속에 갇힌 중국과 한국(共)'(2007) (역)'녹색공동체를 위한 실천' '화폐가치변동 회계에 관한 연구' (종)천주교

### 문규상(文奎湘) MOON Kyoo Sang

(생)1954·8·10 (본)남평(南平) (출)부산 (주)서울특별시 강남구 테헤란로 317 동훈타워 법무법인(유) 대륙아주(02-563-2900) (학)1973년 경남고졸 1978년 서울대 법학과졸 2013년 성균관대 유학대학원 석사과정 중 (경)1984년 사법시험 합격(26회) 1987년 사법연수원 수료(16기) 1987년 춘천지검 검사 1989년 마산지검 진주지청 검사 1991년 서울지검 남부지청 검사 1994년 부산지검 동부지청 검사 1996년 서울지검 검사 1998년 인천지검 검사 1999년 同부부장검사 2000년 대구지검 포항지청 부장검사 2001년 창원지검 특수부장 2002년 부산지검 특수부장 2003년 대검 범죄정보1담당관 2004년 서울중앙지검 형사8부장 2005년 수원지검 형사2부장 2006년 대전고검 검사 2006년 국가청렴위원회 심사본부장 2008년 서울고검 검사 2008년 청주지검 차장검사 2009년 수원지검 안산지청장 2009년 대우조선해양(주) 기업윤리경영실장(부사장) 2012년 대한상사중재원 중재인(현) 2012년 대우조선해양(주) 기획조정실장(부사장) 2013년 써닝포인트CC 비상무이사 2014년 同준법담당장 부사장 2014년 법무법인(유) 대륙아주 파트너변호사(현) (상)홍조근정훈장(2007)

### 문규영(文奎榮) MOON Kyu Young

(생)1951·11·1 (본)남평(南平) (출)서울 (주)서울특별시 서초구 강남대로 351 청남빌딩 아주산업 회장실(02-3475-9502) (학)1970년 휘문고졸 1977년 고려대 농학과졸 2009년 명예 경영학박사(서울과학종합대학원) 2019년 명예 농학박사(고려대) (경)1983년 아주산업(주) 이사 1997년 한국레미콘공업협회 회장 2002년 (사)韓中경제협회 회장 2004년 아주산업 회장(현) 2007년 한국능률협회 경영자교육위원회 위원장 2009년 와튼-KMA교우회 제2대 회장 2011년 (사)한국마케팅클럽 회장 2011년 휘문고 교우회 제10대 회장 2012년 고려대경제인회 제17대 회장 2016년 한국중견기업연합회 부회장 2017~2018년 同수석부회장 (상)한국능률협회 제39회 한국의 경영자상(2007), 한국품질경영학회 한국품질경영인대상(2008), 제34회 국가품질경영대회 금탑산업훈장(2008), 한국전문경영인학회 한국CEO대상(2013), 한국마케팅학회 올해의 CEO대상(2015)

### 문규학(文奎學) MOON Gyu Hak

(생)1964·4·26 (출)부산 (주)서울특별시 서초구 강남대로 465 교보타워 A동 13층 소프트뱅크코리아(02-3484-9114) (학)1988년 고려대 서어서문학과졸 1996년 미국 드렉셀대 대학원 경영학과졸 (경)1990년 (주)삼보컴퓨터 근무 1996년 미국 실리콘밸리 Softbank Technology Ventures 근무 1998년 Softbank Media 대표이사 2000년 소프트뱅크벤처스코리아 부사장 2002~2005년 소프트뱅크커머스코리아 대표이사 사장 2002~2018년 소프트뱅크벤처스코리아 대표이사 사장 2002~2018년 소프트뱅크코리아 대표이사 사장, (주)키이스트 비상근이사 2007년 同공동대표이사 2018년 소프트뱅크 비전펀드 아시아투자 책임자(매니징파트너)(현)

### 문규현(文奎鉉) MUN Kyu Hyeon

(생)1945·1·1 (본)남평(南平) (출)전북 익산 (주)전라북도 전주시 완산구 기린대로 100 천주교 전주교구청(063-252-0815) (학)1976년 광주가톨릭대 신학과졸 1980년 미국 메리놀신학교졸 (경)1976년 사제 서품 1989년 임수경과 함께 북한 방문 1994~2006년 평화와인권연대 공동대표 1994~2006년 평화와통일을여는사람들 상임대표 2000년 민족화해자주통일협의회 상임대표 2001년 새만금갯벌생명평화연대 상임공동대표 2002년 천주교 전주교구청 부안본당 주임신부 2002~2005년 천주교정의구현전국사제단 상임대표, 同고문(현) 2002년 전북인터넷대안신문 '참소리' 발행인 겸 편집인(현) 2004~2006년 부안독립신문 발행인·대표이사 2004년 (사)생명평화마중물 설립·이사장(현) 2005년 부안시민발전소 공동대표, 천주교 전주교구청 평화성당 주임신부 2011년 同전주교구청 원로사목자(현) (상)환경인상 특별상(2001), 환경인상 녹색시민상(2003), (사)들불열사기념사업회 제11회 '들불상'(2016) (저)'한반도 통일에 대한 신학적 고찰' '분단의 장벽을 넘어' '그래도 희망 입니다'(2008, 현암사) '세상을 통해 본 한국천주교회사'(2015, 성바오로) (종)가톨릭

### 문금주(文今柱) MUN Geum Ju

(생)1967·6·3 (본)남평(南平) (출)광주 (주)대전광역시 서구 청사로 189 2동 행정안전부 국가기록원 기록정책부(042-481-6206) (학)1985년 광주서석고졸 1992년 조선대 행정학과졸 2003년 전남대 행정대학원 정책학과졸 2008년 미국 미시간주립대 대학원 도시설계학과(Urban Planning)졸(MIPS) (경)1994년 행정고시 합격(38회) 1996년 광주시 상정과 소비자보호계장 1998년 同경제정책과 상정계장 2001년 同자치행정과 민간협력담당 2002년 同자치행정과 자치행정담당 2004년 同관광과장(서기관) 2004년 同대중교통과장 2007년 同투자유치기획단장 2007년 미국 교육파견 2009년 광주시 감사관 2010년 행정안전부 정책기획관(부이사관) 2010년 同창조도시정책기획관 2012년 同경제산업국장 2013년 지방행정연수원 인력개발총괄과장 2013년 同교육총괄과장 2014년 안전행정부 창조정부조직실 개인정보보호과장(부이사관) 2014년 행정자치부 창조정부조직실 개인정보보호과장 2015년 同행정서비스통합추진단 부장 2015년 同감사담당관 2016년 전남도 기획조정실장(고위공무원) 2018년 국방대 교육파견(고위공무원) 2019년 행정안전부 국가기록원 기록정책부장(현) (상)대통령표창(2005)

## 문기섭(文起燮) MOON Ki Seop

㊗1965·8·16 ㊀남평(南平) ㊁서울 ㊂서울특별시 중구 세종대로 39 대한상공회의소 인력개발사업단(02-6050-3505) ㊃1984년 영등포고졸 1988년 고려대 사회학과졸 1990년 서울대 행정대학원 행정학과졸 1996년 영국 워릭대 경영대학원 노사관계학과졸 ㊄2000년 춘천지방노동사무소장 2001년 국제노동기구(ILO) 국제노동기준국 협약적용관 2004년 노동부 산업안전과장 2005년 同고용평등국 장애인고용과장 2005년 同고용정책본부 장애인고용팀장 2006년 同장관 비서관 2007년 同근로기준국 근로기준팀장 2007년 同근로기준국 근로기준팀장(부이사관) 2008년 同고용정책실 청년고용대책과장 2009년 同산업안전보건국 안전보건정책과장 2009년 同대변인 2010년 대전지방노동청장 2010년 대전고용노동청장 2011년 고용노동부 노사정책실 산업안전보건정책관 2011~2013년 同노사정책실 산재예방보상정책관 2011년 소방방재청 소방산업진흥정책심의위원 2013년 교육파견(고위공무원) 2014년 고용노동부 고용정책실 고용서비스정책관 2015년 同고용정책실 고령사회인력정책관 2016년 同고용정책실장 2017년 중앙노동위원회 사무처장 2018년 대한상공회의소 인력개발사업단장(현) ㊅대통령표창 ㊆'노동행정과 근로감독'(2003)

## 문기식(文基植) Moon Kee-Sig

㊗1960·3·18 ㊀남평(南平) ㊁전남 해남 ㊂광주광역시 서구 내방로 111 광주광역시청 소방안전본부 119특수구조단(062-606-4640) ㊃1978년 광주제일고졸 1986년 전남대 행정학과졸 2012년 同대학원 행정학과졸 2015년 원광대 대학원 소방학 박사과정 수료 ㊄1990년 광주 광산소방서 하남파출소장 1991년 광주동부소방서 학운파출소장 1995년 同장비계장 1997년 광주소방학교 수석교관·교관단장 1998년 광주북부소방서 예방계장·소방계장 2001년 광주시 소방안전본부 소방행정계장 2003년 광주소방학교 총무과장 2004년 광주서부소방서 방호구조과장 2008년 광주소방학교 교육운영과장 2011년 광주시 소방안전본부 소방행정계장 2013년 同소방안전본부 구조구급과장 2014년 광주 광산소방서장 2016년 광주시 소방안전본부 119종합상황실장 2017~2019년 광주남부소방서장 2019년 광주시 소방안전본부 119특수구조단장(현) ㊅국무총리표창(2004), 대통령표창(2015) ㊆'행정법 이론'(1992) '소방행정법 이론'(2001) '지휘관 이론'(2002) '장량의 리더십'(2012) ㊇기독교

## 문기훈(文基熏) MOON Ki Hoon

㊗1961·12·23 ㊀남평(南平) ㊁경남 사천 ㊂서울특별시 서초구 효령로 11 엔지니어링공제조합 자산운용실(02-3488-7889) ㊃1980년 진주고졸 1985년 연세대 경영학과졸 1987년 同대학원 경영학과졸 ㊄1989년 쌍용투자증권 입사 1992년 同기업분석1실 대리 1995년 同조사부 과장 1999년 同기업분석부 차장 2000년 同법인영업부 차장 2001년 同법인영업부장 2003년 同목동중앙지점장 2006년 同투자분석부장 2006년 同기업분석부장 2007년 굿모닝신한증권(주) 리서치센터본부장 2009년 신한금융투자(주) 리서치센터본부장 2011년 同채권·파생영업본부장(상무) 2012년 同경영기획부 고문 2013년 同주식전문 상담역 2014년 신용협동조합중앙회 자산운용본부장 2016년 엔지니어링공제조합 자산운용본부장(현) ㊅베스트 애널리스트 선정(1994~2000 7년 연속)

## 문길주(文吉周) MOON Kil Choo

㊗1951·5·18 ㊀남평(南平) ㊁서울 ㊂대전광역시 유성구 가정로 217 과학기술연합대학원대학교 총장실(042-865-2302) ㊃1978년 캐나다 오타와(Ottawa)대 기계공학과졸 1980년 미국 미네소타대 대학원 기계·환경공학과졸 1984년 기계환경공학박사(미국 미네소타대) ㊄1984~1986년 미국 Interpoll Inc. Sr. Research Engineer 1986~1991년 미국 Aero Vironment Inc. Senior Project Manager 1991~1992년 한국과학기술연구원 대기연구실장 1992~1997년 同환경연구센터장 1997~2001년 同지구환경연구센터장 2001~2008년 과학기술부 국가지정연구실(NRL) 책임자 2002년 한국대기환경학회 부회장 2003~2004년 한국과학기술연구원 기술사업단장 2004~2006년 同강릉분원장 2004년 한국공학한림원 정회원(현) 2004~2010년 국제대기환경보전단체연합회 부회장 2006~2009년 한국과학기술연구원 부원장 2008년 한국대기환경학회 회장 2009년 한국과학기술연구원 에너지환경연구본부 환경기술연구단 책임연구원 2010년 한국연구재단 국책연구본부장 2010~2013년 한국과학기술연구원 원장 2011~2012년 과학기술출연기관장협의회 감사 2011년 국제과학비즈니스벨트위원회 민간위원 2011년 국가과학기술위원회 정책자문위원 2013~2016년 국제대기환경보전단체연합회(IUAPPA) 회장 2013~2016년 한국과학기술연구원 녹색도시기술연구소 환경복지연구단 연구위원 2013·2015~2018년 대통령소속 국가지식재산위원회 민간위원 2013~2014년 국가과학기술자문회의 자문위원 2016년 과학기술연합대학원대(UST) 총장(현) 2017년 국가과학기술연구회(NST) 이사장 직무대행 ㊅KIST 원장표창(1993), 환경부장관표창(1994), 제1회 운경상(1995), 21C 환경인물 100인상(1999), 영국 CERTIFICATE OF HONOUR(2001), 과학기술최우수논문상(2005), 과학기술훈장 웅비장(2006), 생산성경영대상 연구경영부문 대상(2013) ㊆'대기오염기론, 대기오염의 영향'(1993) '바이옥신 핸드북'(1996) '한국의 환경비전 2050(共)'(2002)

## 문대근(文大瑾) MOON Dae Keun

㊗1956·5·23 ㊀남평(南平) ㊁전남 화순 ㊂서울특별시 종로구 삼일대로30길 21 종로오피스텔 1017호 (사)한국통일협회(02-763-3004) ㊃1975년 광주고졸 1982년 전남대 행정학과졸 1984년 同대학원 행정학과졸 2013년 북한학박사(북한대학원대) ㊄1985~1996년 통일원 남북대화사무국 정책과·기획과·통일정책실 제2정책관실 서기관 1996년 同정보분석실 제1분석관실 담당관·군사담당관 1999년 통일부 정보분석국 정치군사담당관 1999년 駐중국 통일주재관 2002년 통일부 통일정책실 정책1담당관 2003년 同남북회담사무국 기획과장 2004년 同교류협력국 경협지원과장 2005년 同교류협력국 교류협력총괄과장(부이사관) 2006년 同경수로사업지원기획단 정책조정부장(고위공무원) 2006년 同경수로사업지원기획단장 직대 2007년 同통일교육원 교수부장 2007년 同통일교육원장 직대 2008년 중국 상해사회과학원 아태연구소 방문연구원(파견) 2009년 통일부 남북출입사무소장 2011~2015년 同남북회담본부 상근회담대표(명예퇴직) 2011년 인사혁신처 고위공무원단(과장급 후보자) 역량평가위원(현) 2015~2018년 한중친선협회 부설 중국연구원 원장 2017년 (사)한국통일협회 부회장(현) 2017년 (사)한국미래문제연구원 이사(현) ㊅국가안전기획부장표창(1986), 통일부장관표창(1987·1988·1989·1992·1995·1997·2005·2011), 대통령표창(1993), 녹조근정훈장(2005) ㊆'한반도 통일과 중국'(2009) '중국의 대북정책'(2013) '누가 왜? 남북분단과 전쟁, 통일을...'(2019)

## 문대림(文大林) MOON Dae Lim

㊗1965·11·22 ㊀남평(南平) ㊁제주 서귀포 ㊂제주특별자치도 제주시 첨단로 213-4 제주첨단과학기술단지 엘리트빌딩 제주국제자유도시개발센터(064-797-5539) ㊃1984년 대정고졸 1992년 제주대 법학과졸 1994년 同대학원 법학과졸 ㊄1986년 제주대 사회과학대학 학생회장 1994~1996년 법무부 제주보호관찰소 보호위원 1996~2001년 새천년민주당 서귀포시·남제주군지구당 정책실장 1996~1998년 제주지검 범죄예방위원 1997년 제15대 대통령선거 김대중후보 연설원 1998~2000년 남제주군생활체육협의회 위원 2000년 제16대 대통령선거 노무현후보 연설원 2000~2004년 국회 입법보좌관 2003~2004년 감귤경쟁력강화연구단 연구위원 2004~2005년 새천년민주당 제주도당 사무처장 2004년 제주관광대학 강사 2004년 (사)제주자치분권연구소 이사, 제주사회연구소 '미래' 소장 2006·2010~2012년 제주특별자치도의회 의원(열린우리당·

통합민주당·민주당·민주통합당) 2008~2010년 同환경도시위원장, 제주특별자치도의제21협의회 공동의장 2010~2012년 제주특별자치도의회 의장 2010년 전국시·도의회의장협의회 정책위원장 2015년 새정치민주연합 정책위원회 부의장 2016~2017년 (사)제주희망경제연구소 초대 이사장 2017~2018년 대통령 사회혁신수석비서관실 제도개선비서관 2018년 제주특별자치도지사선거 출마(더불어민주당) 2019년 제주국제자유도시개발센터(JDC) 이사장(현) [상]우수의정활동사례공모 의정활동 모범상(2010), 한국지방자치학회 우수조례상 개인부문(2011)

### 문대원(文大元) MOON Dae Won

[생]1952·12·6 [출]경남 사천 [주]대구광역시 달성군 현풍면 테크노중앙대로 333 대구경북과학기술원(053-785-1850) [학]1971년 부산고졸 1975년 서울대 화학과졸 1977년 한국과학기술원(KAIST) 화학과졸(석사) 1984년 표면과학박사(미국 펜실베니아주립대) [경]1977~1980년 한국표준연구소 연구원 1980~1983년 미국 Pennsylvania주립대 연구조교 1983년 미국 Princetoneo대·Exxon Res. & Engs. 연구원 1985년 미국 연방표준국(NIST) 방문연구원 1985년 한국표준과학연구원(KRISS) 책임연구원 1991~2003년 진공학회 이사 2000년 호주국립대 전자재료과 방문교수 2001년 미국 일리노이대 재료과 초청교수 2007~2010년 한국표준과학연구원(KRISS) 나노바이오융합연구단장, 同나노바이오융합연구단 Fellow 2012년 대구경북과학기술원 나노바이오연구부 Fellow 2012년 同뉴바이올로지전공 Fellow(현) [상]한국표준연구원 우수논문상(1999), 한국표준연구원 취봉상(2000), 한국과학기술단체총연합회 우수논문상(2001), 이달의 과학기술자상(2001), 닮고싶고 되고싶은 과학기술인 선정(2004), 과학기술훈장 도약장(2005), 으뜸기술상 우수상(2011) [종]가톨릭

### 문대원(文大源) MOON Dae Won

[생]1953·3·6 [본]남평(南平) [출]부산 [주]서울특별시 중구 서소문로 106 동화산업 비서실(02-3706-0311) [학]1971년 경기고졸 1975년 서울대 상대졸 1978년 미국 미시간대 대학원 경영학과졸 [경]1975년 코리아제록스 입사 1980년 同영업이사 1982년 同상무이사 1985년 同사장 1994년 同부회장 1994년 동화산업 부회장 1996년 신세기투자신탁 비상근회장 2000년 동화산업 회장(현) 2012~2015년 산업기술연구회 비상임이사 [상]철탑산업훈장, 미국 미시간대 재한동문회 자랑스런 동문상(2010) [종]기독교

### 문대혁(文大赫) MOON, Dae Hyuk

[생]1957·10·17 [출]서울 [주]서울특별시 송파구 올림픽로43길 88 서울아산병원 핵의학과(02-3010-4592) [학]1982년 서울대 의대졸 1985년 同대학원 의학석사 1992년 의학박사(서울대) [경]1982년 서울대병원 내과 전공의 1989년 同핵의학과 전임의 1990년 울산대 의대 핵의학과 전임강사·조교수·부교수·교수(현) 1995년 미국 UCLA Medical Center 방문교수 2011~2012년 분자영상학회 회장 2011년 서울아산병원 임상의학연구소장 2012~2014년 대한핵의학회 회장

### 문대현(文大炫) Moon Dae Hyun (矜齋)

[생]1949·11·12 [본]남평(南平) [출]서울 [주]서울특별시 영등포구 여의대로 24 전국경제인연합회 중소기업협력센터 창업멘토단(02-6336-0611) [학]1969년 서울고졸 1975년 서울대 철학과졸 1980년 한양대 대학원 행정학과졸 1992년 서울대 공과대학 최고산업전략과정 수료 2003년 행정학박사(건국대) [경]1982년 KT 근무 1996년 인켈 상무이사, 건국대 정보통신대학원 교수 2000년 한국디지털위성방송 영업본부장 2003년 同고객서비스센터장 2003년 同마케팅본부장 2004~2005년 同기획위원(상무) 2005년 (사)한국방송통신전략연구소 소장 2008~2010년 인하대 정책대학원 교수 2010년 경주대 방송언론미디어광고학부 교수 2010년 한국방송교육공사(EBS) 시청자위원회 위원(현) 2012년 전국경제인연합회 중소기업협력센터 경영자문위원(현) 2015년 同중소기업협력센터 마케팅분과위원장(현) 2016년 同중소기업협력센터 창업멘토단장(현) 2018년 한국장학재단 차세대리더 멘토(현) [저]'전자민주주의와 정치참여'(2000) '로비스트 제도 도입 방안'(2001) '프로젝트관리를 위한 PMBOK활용'(2011) [종]기독교

### 문대흥(文大興) MOON Dae Heung

[생]1960·2·10 [주]서울특별시 강남구 테헤란로 113길 12 현대오트론(주) 임원실(02-6200-4000) [학]한양대 기계공학과졸, 한국과학기술원(KAIST) 기계공학과졸(석사) [경]현대자동차(주) 가솔린엔진설계팀장(이사), 同가솔린엔진개발실장(상무) 2010년 同가솔린엔진개발실장(전무) 2013년 同파워트레인담당 부사장 2015년 한국자동차공학회 부회장 2018년 현대파워텍(주) 대표이사 사장 2018년 한국공학한림원 회원(기계공학·현) 2018년 한국자동차공학회 회장 2019년 현대오트론(주) 대표이사 사장(현) [상]동탑산업훈장(2016)

### 문 덕(門 德)

[생]1951 [출]경북 울진 [주]충청북도 단양군 영춘면 구인사길 73 구인사 대한불교천태종 총본산(043-423-7100) [경]1971년 구인사에서 상월원각 대조사를 은사로 출가 1975년 남대충 대종사를 계사로 득도, 종정 사서 1985년 대한불교천태종 제8~15대 종의회 의원 2013~2016년 同15대 종의회 의장, 同종정 사서실장, 同총무원 총무부장·재무부장, 「법화경」 출판전문위원, 금강대 이사, 포항 황해사 주지, 울산 정광사 주지, 부산 광명사 주지 2017년 대한불교천태종 원로위원 2018년 同제18대 총무원장(현)

### 문덕수(文德守) MOON Dok Su (心汕)

[생]1928·12·8 [본]남평(南平) [출]경남 함안 [주]서울특별시 서초구 반포대로 37길 59 대한민국예술원(02-3479-7233) [학]1955년 홍익대 법정학부졸 1977년 고려대 대학원 국어교육과졸 1979년 일본 쓰쿠바대 대학원 비교문학 수료 1981년 문학박사(고려대) [경]1953년 경남 마산상업고 교사 1961~1965년 홍익대 부교수 1963년 동인지 「시단」 주재 1965~1993년 同사범대학 교수 1972년 한국문인협회 부이사장 1973년 월간 「시문학」 주간 1976~1980년 현대시인협회 회장 1981·1983~1987년 한국현대시인협회 회장 1981년 국제펜클럽 한국본부 부회장 1982년 홍익대 사범대학장 1984~1988년 홍익대 교육대학원장 1990년 제12차 서울세계시인대회 집행위원장 1992~1995년 국제펜클럽 한국본부 회장 1993년 대한민국예술원 회원(詩·현) 1993년 홍익대 명예교수(현) 1995년 한국문화정책개발원 이사장 1995~1998년 한국문화예술진흥원 원장 2000년 창신대 문덕수 문학관 설치 2000년 청마문학회 회장 [상]국민포장(1983), PEN문학상(1985), 대한민국문화예술상(1991), 국민훈장 목련장(1994), 서울시 문화상(1997), 은관문화훈장(2000), 대한민국예술원상 문학부문(2002), 청마문학상(2006), 이설주문학상(2013) [저]장시집 '우체부'(2009) '현대 한국시론' '시 쓰는 법' '한국 모더니즘시 연구' '오늘의 시작법' '詩論' '니힐리즘을 넘어서' [역]'명상록(마르쿠스 아우렐리우스)' [작]'문덕수 시선' '새벽바다' '본적지' '선·공간' '그대 말씀의 안개' 등 [종]불교

### 문덕식(文德植) Moon Duk Sik

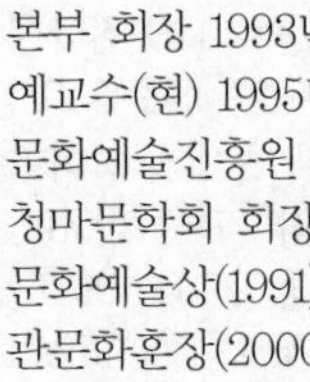

[생]1956·8·11 [주]서울특별시 강남구 삼성로96길 23 DB Inc. 임원실(02-2136-6000) [학]배재고졸, 고려대 경영학과졸, 미국 워싱턴대 시애틀교 대학원 경영전문대학원 경영학과졸 [경]1983년 금성전자 입사 1996년 LG전자 청주공장 경영지원실장 1997년 同재무회계팀장 2001년 同재경팀 상무

2002년 LG필립스디스플레이 유럽지역본부 CFO 2003년 同홍콩본사 재경담당 2009년 (주)대한펄프 경영지원본부 CFO(전무) 2011년 깨끗한나라(주) 경영지원담당 전무 2012년 同CFO(부사장) 2016~2018년 동부대우전자(주) 경영지원실장(CFO · 부사장) 2018년 대우전자(주) 경영지원실장(CFO · 부사장) 2018년 DB라이텍 CFO(부사장) 2019년 DB Inc. 각자대표이사 사장(현) (종)기독교

## 문동민(文東珉) Dongmin Moon

(생)1967·1 (주)세종특별자치시 한누리대로 402 산업통상자원부 운영지원과(044-203-5062) (학)1990년 서울대 경제학과졸 1994년 同행정대학원졸 (경)2004년 산업자원부 장관실 서기관 2005년 同산업정책과 서기관 2006년 同자원정책과 서기관 2006년 同고객만족행정팀장 2007년 同무역투자정책본부 구미협력팀장 2008년 駐캐나다 1등서기관 2011년 지식경제부 산업기술개발과장 2012년 同철강화학과장 2013년 산업통상자원부 산업정책실 철강화학과장 2014년 同산업정책실 산업정책과장 2015년 同산업정책실 산업정책과장(부이사관) 2016년 대한무역투자진흥공사 종합행정지원센터장 파견(고위공무원) 2016년 駐일본 상무관(현)

## 문동준(文東俊) MOON Dong Joon

(생)1954 · 10 · 20 (출)서울 (주)서울특별시 중구 청계천로 100 100 시그니쳐타워 12층 금호석유화학(주)(02-6961-1031) (학)1977년 고려대 농업경제학과졸 1995년 미국 Syracuse대 대학원 경영학과졸(MBA) (경)금호석유화학(주) 해외영업팀 근무, 금호미쓰이화학(주) 인사구매 · 기획 · 자금 · 회계담당 상무 2008년 同전무 2010년 금호피앤비화학(주) 관리 · 재무담당 전무 2011년 同총괄부사장 2012~2019년 同대표이사 2019년 한국석유화학협회 회장(현) 2019년 금호석유화학(주) 대표이사 사장(현) (상)동탑산업훈장(2015)

## 문동환

(생)1962 · 3 · 10 (주)서울특별시 강남구 테헤란로 133 한국타이어앤테크놀로지 생산본부(02-2222-1000) (학)충북대 물리학과졸 (경)1986년 한국타이어(주) 입사(공채) 1993년 同기술부 품질관리팀 근무 2000년 同금산공장 TBR팀 팀장 2002년 同대전공장 제조팀장 2006년 同품질담당 상무 2013년 同품질부문장(전무) 2016년 同한국지역본부장(전무) 2018년 同생산본부장(부사장) 2019년 한국타이어앤테크놀로지 생산본부장(부사장)(현)

## 문두경(文斗敬) Moon, Doo Kyung

(생)1960 (주)서울특별시 광진구 능동로 120 건국대학교 공과대학 융합신소재공학과(02-450-3498) (학)1979년 대일고졸 1985년 건국대 공대 공업화학과졸 1987년 한양대 대학원 공업화학과졸 1993년 전자화학박사(일본 도쿄공업대) (경)1993~1994년 미국 Univ. of Arizona 화학과 Post-Doc. 1994~1995년 한국과학기술연구원(KIST) Brainpool 연구원 1995~2002년 한화석유화학 중앙연구소 수석연구원 2002~2003년 중앙대 생명공학과 겸임교수 2003년 건국대 공과대학 화학공학부 교수(현) 2009~2010년 AIST(Advanced Industrial Science and Technology) 겸임연구원 2016~2018년 건국대 공과대학장 2018년 한국공학한림원 회원(화학생명공학 · 현) 2019년 한국공업화학회 회장(현) (상)산업자원부장관표창(2000), 한화석유화학 사장표창 · 기술대상(2001), 한국공업화학회 학회발전상(2005), 한국공업화학회 우수논문상(2006 · 2008 · 2009 · 2011 · 2012), 부총리 겸 과학기술부장관표창(2006), 한국공업화학회 공로상(2007), 교육과학기술부장관표창(2009), 중소기업산학협력 학술상(2010 · 2011), 한국공업화학회 Best Paper Award(2011), 공학학술상(2012)

## 문만빈(文萬彬) Moon Man Been

(생)1960 · 10 · 24 (주)서울특별시 서초구 헌릉로 12 현대기아차사옥 서관 현대제철(주) 특수강사업본부(02-3464-6077) (학)동국대사대부고졸, 성균관대 금속공학과졸, 연세대 대학원 금속공학과졸, 금속재료학박사(순천대) (경)동부제강 근무, 현대하이스코(주) 기술연구소장(이사대우) 2008년 미국 세계인명사전 'Marquis Who's Who' · 미국 인명정보기관 'American Biographical Institute' · 영국 국제인명센터'International Biographical Center'에 우수과학인으로 등재 2010년 현대하이스코(주) 기술연구소장(이사) 2013년 同기술연구소장(상무) 2014년 현대제철(주) 기술연구소 공정기술3실장(상무) 2016년 同연구개발본부 공정기술센터장(상무) 2017년 同제품개발센터장(상무) 2018년 同특수강사업본부장(전무)(현) (상)대통령표창

## 문명근(文明根) Moon Myunggeun

(생)1954·10·7 (출)경북 경주 (주)서울특별시 성동구 마장로 210 한국기원 홍보팀(02-3407-3850) (경)1975년 프로바둑 입단 1976년 2단 승단 1982년 3단 승단 1983년 제왕전 본선 1984년 4단 승단 1987년 5단 승단 1989년 박카스배 본선 1990년 6단 승단 1992년 제왕전 본선 1993년 7단 승단 1994년 연승바둑최강전 본선 1995년 제왕전 본선 1996년 연승바둑최강전 본선 1999년 8단 승단 2005년 잭필드배 프로시니어기전 본선 2007년 9단 승단(현) 2007·2008년 맥심커피배 입신최강 본선 (종)불교

## 문명순(文明順 · 女) MOON Myoung Soon

(생)1962·10·18 (본)남평(南平) (출)제주 제주시 (주)서울특별시 영등포구 국회대로62길 25 교육시설재난공제회(02-781-0100) (학)1981년 서울여상졸 1986년 한국방송통신대 경영학과졸 2006년 고려대 노동대학원 최고위과정 수료 2009년 서강대 경제대학원 경제학과졸(석사) 2010년 한국외국어대 법학전문대학원 노사관계국제전문가과정 수료 2012년 서강대 경제대학원 최고위의회 전문가과정(Top Congressionall Specialist Program) 수료 2018년 경희대 법무대학원 글로벌기업법학과 재학 중 (경)1981~2019년 국민은행 금융소비자보호 조사역 2004~2011년 한국노동조합총연맹 중앙위원 2005년 同통합KB국민은행지부 초대 부위원장 2006년 서울시교육청 인정도서심의위원회 금융교과서 집필위원 2006~2007년 同고등학교교과서 집필위원 2007년 한국노동조합총연맹 5.1절남북노동자대회 금융노조 여성대표 2008년 (사)참여성노동복지터 이사(현) 2008~2015년 금융경제연구소 상임이사 2008~2012년 (사)여성경제포럼 운영위원 2008~2010년 신용보증기금 임원추천위원 2008~2010년 대한주택보증 임원추천위원 2008~2010년 전국금융산업노동조합 수석부위원장 2008~2010년 국제노동기구(ILO) 금융분과 노사정포럼 한국대표 2008~2010년 방송통신심의위원회 특별위원회 위원 2009~2012년 (사)정치바로연구소 이사 2009~2012년 마을학교 이사 2012년 민주통합당 중앙당 선거관리위원회 위원 2012년 同제18대 대선 문재인후보 금융경제특별위원장 2012~2015년 同중앙당 예산결산위원회 위원 2012~2016년 同전국여성위원회 부위원장 2012년 同여성리더십센터 부소장 2012년 同제19대 국회의원선거 비례대표(23번) 2012년 금융자격인대표협의회 부회장(현) 2012년 복지국가소사이어티 정책위원(현) 2013년 한국노동복지센터 이사(현) 2013~2019년 한국패션봉제아카데미 감사 2013년 정치소비자울림협동조합 이사(현) 2013~2019년 국민은행 금융소비자보호부 팀장 2014~2016년 한국양성평등교육진흥원 사이버멘토링사무국 금융멘토 2014년 새정치민주연합 전국여성위원회 부위원장 2014년 同여성리더십센터 부소장 2015년 더불어민주당 전국여성위원회 부위원장(현) 2015~2016년 同사회복지특별위원회 부위원장 2016년 同소녀상의 눈물 특별위원회 위원 2016년 同리더십센터 부소장(현) 2016년 금융감독원 금융교육전문강사(현) 2017년 (사)시니어금융교육협의회 이사(현) 2017년 더불어민주당 제19대 문재인 대통령후보 금융소비자

보호특별위원회 위원장 2018년 서민금융진흥원 경영자문위원회 위원(현) 2018년 교육시설재난공제회 상임감사(현) 2018년 예금보험공사 감사자문위원(현) 2019년 더불어민주당 경기고양甲지역위원장(현) 2019년 同정책위원회 부의장(현) 2019년 대통령직속 국가균형발전위원회·자치분권위원회 자문위원(현) [상]국은인상(2003) [저]'고등학교 금융교과서'(2006, 서울시교육청 인정도서심의위원회) [종]천주교

## 문명재(文命在) Myung Jae Moon

[생]1965·1·15 [본]남평(南平) [출]부산 [주]서울특별시 서대문구 연세로 50 연세대학교 사회과학대학 행정학과(02-2123-2959) [학]1989년 연세대 정치외교학과졸 1993년 미국 Univ. of Texas at Austin 대학원 정책학과졸 1998년 행정학박사(미국 Syracuse Univ.) [경]1992~1993년 미국 Univ. of Texas at Austin 조교 1993~1998년 미국 Syracuse Univ. 연구원 1998년 同선임연구원 1998~2002년 미국 Univ. of Colorado-Denver 조교수 2002년 미국 행정학회보(PAR) Book Review Editor 2002~2004년 미국 Texas A&M Univ. 조교수 2004~2007년 고려대 행정학과 조교수 2007년 연세대 사회과학대학 행정학과 교수(현) 2008~2010년 International Review of Public Administration 편집장 2009·2013년 연세대 언더우드특훈교수 2014년 同국가관리연구원장 [상]한국갤럽학술논문상(2008), 연세대 2007학년도 우수연구실적 표창(2008), 미국행정학회보 최우수논문상(Mosher Award)(2009), Southeastern Conference of Public Administration Boorsma International Award(2009) [저]'민주주의와 정책과학'(2002, 은성사) 'Public Service Perfomance : Perspectives on Measurement and Management'(2006, Cambridge University Press) 'Comparative Studies for Better Governance in Asian Countries'(2007, OECD Asian Centre for Public Governance) '비교행정(共)'(2018, 법문사) '정부의 질과 삶의 질(共)'(2018, 문우사) [종]기독교

## 문명진(文明珍) MOON Myung Jin

[생]1959·7·27 [본]남평(南平) [출]부산 [주]충청남도 천안시 동남구 단대로 119 단국대학교 자연과학대학 생명과학과(041-550-3445) [학]1982년 고려대 생물학과졸 1984년 同대학원 생물학과졸 1988년 생물학박사(고려대) [경]1982~1990년 한국곤충연구소 연구원 1990~1994년 단국대 자연과학대학 생물학과 조교수 1994~1995년 미국 뉴햄프셔대 객원교수 1994~1999년 단국대 기초과학부 부교수 1996년 同자연과학대학 생물학부 생물학전공 교수 1999년 同첨단과학대학 기초과학부 생명과학전공 교수 2000~2008년 同첨단과학부 생물학전공 교수, 한국곤충학회 이사, 한국동물학회 이사, 한국생물과학협회 대의원 2007년 한국곤충학회 뉴스레터지 편집위원장, 미국 뉴햄프셔대 객원교수 2008년 단국대 생명과학과 교수(현) 2014년 한국곤충학회 위원장·회장·감사(현) 2017년 단국대 자연과학대학장 [상]한국동물학회 정기학술대회 우수포스터상(2006·2008) [저]'Animal'(共) '세포의 미세구조'(1994, 수문사) '성의 과학'(2000, 유한문화사) '일반 곤충학'(2000, 정문각) '발생생물학'(2000, 정문각) '개미(Ant)'(2005, 가람기획) [종]불교

## 문미란(文美蘭·女)

[생]1959·7·10 [출]전북 군산 [주]서울특별시 중구 세종대로 110 서울특별시청 여성가족정책실(02-2133-5000) [학]이화여대 법학과졸, 同대학원 법학과졸, 미국 워싱턴주립대 법학전문대학원 비교법학과졸 [경]법무법인 남산 미국변호사, 삼성꿈장학재단(舊 삼성고른기회장학재단) 초대 사무총장, 서울신용보증재단 이사, 소비자시민모임 부회장 2003~2012년 (사)참여성노동복지터 이사 2011~2018년 한국여성재단 배분위원회 위원·배분위원회 부위원장·배분위원장 2014~2018년 (재)서울장학재단 이사장 2018년 서울시 여성가족정책실장(현)

## 문미옥(文美玉·女) Mun Miock

[생]1968·12·20 [출]경남 산청 [주]세종특별자치시 가름로 194 과학기술정보통신부 제1차관실(044-202-4100) [학]1987년 부산성모여고졸 1991년 포항공과대 물리학과졸 1993년 同대학원 물리학과졸 1997년 물리학박사(포항공과대) [경]1997년 이화여대 물리학과 박사 후 연구원 2000년 연세대 물리학과 박사연구원 2001년 同물리및응용물리사업단 연구교수 2003~2009년 이화여대 WISE거점센터 연구교수 2011~2016년 한국여성과학기술인지원센터(WISET) 기획정책실장 2013년 과학기술인협동조합지원센터 기획실장 2016년 더불어민주당 뉴파티위원회 위원 2016년 同총선정책공약단 더불어성장본부 공동본부장 2016~2017년 제20대 국회의원(비례대표, 더불어민주당) 2016~2017년 더불어민주당 원내부대표 2016년 同청년일자리TF 위원 2016~2017년 국회 여성가족위원회 위원 2016~2017년 국회 미래창조과학방송통신위원회 위원 2016~2017년 국회 미래일자리특별위원회 위원 2017년 더불어민주당 제19대 문재인 대통령후보 중앙선거대책본부 집단지성센터 부단장 2017년 同대표최고위원 비서실장 2017~2018년 대통령정책실 과학기술보좌관 겸 국가과학기술자문회의 간사위원 2018년 과학기술정보통신부 제1차관(현)

## 문방진(文汸鎭) Bangjin Moon

[생]1968·3·28 [본]남평(南平) [출]전남 장흥 [주]광주광역시 동구 동명로 106 법무법인 맥(062-229-1111) [학]1986년 광주 광덕고졸 1992년 전남대 법대 사법학과졸 2008년 同대학원 법학과 수료 2008년 미국 루이스앤드클라크대 방문과정 수료 [경]1994년 사법시험 합격(36회) 1997년 사법연수원 수료(26기) 1997년 서울지법 북부지원 판사 1998년 同의정부지원 판사 1999년 서울지법 판사 2000년 광주지법 순천지원 판사 2002년 광주지법 판사 2006년 광주고법 판사 2009년 광주지법 판사 2012년 同목포지원 부장판사 2013~2014년 광주지법 장흥지원장 2013~2014년 광주가정법원 장흥지원장 겸임 2014년 변호사 개업 2015년 대동문화재단 상임이사(현) 2016년 법무법인 맥 대표변호사(현) [종]천주교

## 문병길(文炳吉)

[생]1962·7·27 [주]인천광역시 미추홀구 석정로 239 인천시선거관리위원회 상임위원실(032-429-1390) [학]1981년 수원 수성고졸 1987년 중앙대 독어독문학과졸 [경]2011년 중앙선거관리위원회 공보담당관 2013년 同홍보국장 2016년 경기도선거관리위원회 사무처장 2016년 서울시선거관리위원회 사무처장 2017년 중앙선거관리위원회 기획조정실장 2018년 인천시선거관리위원회 상임위원(현) [상]대통령표창(2007), 근정포장(2014)

## 문병도(文炳度) MOON Byung Do

[생]1960·12·29 [본]남평(南平) [출]충남 [주]서울특별시 서초구 양재대로 246 삼광글라스(주) 임원실(02-489-8000) [학]고려대 무역학과졸 [경]동양제철화학(주) 자금팀 부장 2006~2007년 (주)소디프신소재 관리담당 상무 2008~2009년 동양제철화학(주) 기획·재무본부 자금담당 상무 2010년 OCI(주) 재무본부 재경담당 상무 2014~2016년 OCI머티리얼즈(주) 전무 2019년 삼광글라스(주) 공동대표이사 사장(현) [종]기독교

## 문병석(文炳錫) Moon Byoung Seok

[생]1960·8·1 [출]경남 하동 [주]경기도 이천시 마장면 덕평로 811 CJ헬스케어 연구소(031-639-4300) [학]1986년 서울대 수의학과졸 1995년 同대학원 수의학과졸 1999년 수의학박사(서울대) [경]1986~2006년 유한양행 중앙연구소 연구원·연구소장 2006~2011년 CJ제일제당 제약연구소 연

구소장 2007~2008년 서울대 의과대학 초빙교수 2010년 보건복지부 첨단의료복합단지조성사업설계자문단장 2010~2011년 서울대 수의과대학 겸임교수 2011~2017년 CJ제일제당 식품연구소장 2015~2016년 국가과학기술심의회 생명의료전문위원장 2015~2017년 CJ브리딩(주) 대표이사 2015년 연세대 생명시스템대학 생명과학부 겸임교수(현) 2016~2018년 국가과학기술심의회 바이오특별위원회 위원 2017년 CJ헬스케어 연구소장 2018년 농림식품과학기술위원회 위원(현) 2019년 CJ헬스케어 자문역(현) (상)대한민국 신약개발상 대상(2006), 보건복지부장관표창(2010), IR52장영실상(2015), 미래창조과학부장관표창(2015)

### 문병용(文秉龍) Moon Byoung Yong

(생)1970·7·7 (출)서울 (주)서울특별시 중구 을지로 65 SK텔레콤(주)(02-6100-2114) (학)1989년 숭문고졸 1996년 서강대 컴퓨터공학과졸 1998년 한국과학기술원(KAIST) 전산학과졸 2011년 서울과학종합대학원 경영학박사과정 수료 (경)1998년 한국과학기술원(KAIST) 인공지능연구센터 연구원 1999년 엑센츄어코리아 경영컨설턴트 2000년 현대증권 벤처투자 애널리스트 2002년 同금융상품·비즈니스 개발자 2004년 한국마이크로소프트 프로그램 매니저 2005년 同마케팅 매니저 2007년 NHN 네이버금융TF·금융서비스팀장 2009년 同쥬니어네이버서비스팀장 2010년 同포털전략팀 부장 2010년 KTB투자증권 신사업본부장(상무) 2013년 同인터넷&모바일본부장(상무), 펀드온라인코리아 컨설턴트·자문위원·심사위원, Seoul Toastmasters Club 회장, 마이크로소프트코리아 Toastmasters 창립회장 2014년 더퍼텐셜(The Potential) 대표 2016년 SK텔레콤(주) 상품기획본부장(상무) 2017년 同Comm.플랫폼기획담당 상무 2018년 同메시징Unit장 2019년 同메시징서비스그룹장(현) (상)Microsoft Circle of Excellence Award(2006) (저)'오바마의 설득법'(2009, 길벗) '이력서 자기소개서 상식사전'(2009, 길벗) '이직 상식사전'(2012, 길벗)

### 문병우(文炳佑) MOON Byong Woo

(생)1952·12·26 (출)경남 (주)경기도 포천시 해룡로 120 차의과학대 건강과학대학 보건복지행정학과(031-850-8994) (학)1971년 부산고졸 1978년 서울대 약학과졸 1994년 고려대 생명과학대학원졸, 약학박사(성균관대) (경)1978년 보건사회부 약무과 근무 1983년 同감사관실 근무 1986년 국립목포결핵병원 약제과장 1987년 국립보건원 약품규격과 근무 1989년 보건사회부 약무과 근무 1993년 국립보건안전연구원 일반독성과장 1994년 보건복지부 신약개발과장·보험관리과장 1999년 同식품의약품진흥과장 1999년 국립서울검역소장 2000년 대전지방식품의약품안전청장 2000년 경인지방식품의약품안전청장 2003년 부산지방식품의약품안전청장 2004년 중앙공무원교육원 파견 2005년 대전지방식품의약품안전청장 2006년 식품의약품안전청 의약품본부장 2007~2008년 同차장 2008~2010년 (주)차바이오앤디오스텍 공동대표이사, 同부회장, 차의과학대 약학대학 교수, 同건강과학대학 보건복지행정학과 및 보건의료산업학과 교수(현) 2014년 (주)차바이오텍 부회장(현) 2015년 차의과학대 보건복지대학원장 2016~2018년 同보건산업대학원장 (상)우수공무원표창(1992)

### 문병인(文炳仁) MOON Byung In

(생)1960·4·21 (본)강성(江城) (출)경남 하동 (주)서울특별시 강서구 공항대로 260 이화여자대학교의료원(1522-7000) (학)1979년 진주고졸 1985년 서울대 의대졸 1993년 同대학원 의학석사 1996년 의학박사(서울대) (경)1988~1989년 서울대병원 인턴 1989~1993년 同일반외과 전공의 1993년 일반외과 전문의 1993~1996년 지방공사 강남병원 일반외과 과장 1996년 이화여대 의대 외과학교실 부교수·교수(현) 2005~2006년 미국 UCLA 유방암연구소 연구교수 2009년 이대여성암병원 유방암·갑상선암센터장(현) 2011~2013년 이화여대의료원 기획조정실장 2015~2017년 한국유방암학회 부회장 2018년 이화여대 의무부총장 겸 의료원장(현) 2018년 서울 강서구 미라클메디특구협의회장(현) (상)서울대 대학원 최우수박사학위상(1996), 한국암학회 GSK 학술상(2004)

### 문병찬(文炳贊) Moon, Byung Chan

(생)1964·8·7 (출)경남 합천 (주)경기도 고양시 일산동구 장백로 209 의정부지방법원 고양지원 총무과(031-920-6112) (학)1981년 대구고졸 1988년 고려대 법학과졸 (경)1996년 사법시험 합격(38회) 1999년 사법연수원 수료(28기) 1999년 서울지법 예비판사 2001년 同서부지원 판사 2003년 대구지법 판사 2007년 수원지법 안산지원 판사 2007년 수원지법 판사 2010년 서울고법 판사 2012년 사법연수원 교수 2014년 대전지법 홍성지원장 겸 대전가정법원 홍성지원장 2016년 의정부지법 고양지원 부장판사(현)

### 문병호(文炳浩) MOON Byeong Ho

(생)1959·12·27 (본)남평(南平) (출)전남 영암 (주)서울특별시 영등포구 국회대로 786 바른미래당(02-715-2000) (학)1978년 광주 인성고졸 1984년 서울대 법과대학 법학과졸 1987년 同대학원 법학 석사과정 수료 (경)1986년 사법시험 합격(28회) 1989년 사법연수원 수료(18기) 1997년 민주사회를위한변호사모임 사법위원장 1998년 미국 조지타운대 로스쿨 연구원 1999년 '옷로비사건 특별검사팀' 수석수사관 2000~2003년 인천일보 객원논설위원 2000~2003년 부평미군부대공원화추진시민협의회 집행위원장 2000~2003년 인천지방변호사회 공보이사·인권위원장 2002년 인천참여자치연대 공동대표 2002년 인천시 부평구청 건축분쟁조정위원장 2003년 열린우리당 중앙위원 2004~2008년 제17대 국회의원(인천 부평구甲, 열린우리당·대통합민주신당·통합민주당) 2005년 열린우리당 원내부대표 2005년 국회 운영위원회 청원심사소위원장 2006년 열린우리당 제5정책조정위원장 2006~2007년 同제1정책조정위원장 2007년 同의장 비서실장 2007년 同인천시당 위원장 2007년 대통합민주신당 제1정책조정위원장 2008년 민주당 인천부평甲지역위원회 위원장 2008~2012년 법무법인 爲民(위민) 대표변호사 2010~2012년 민주당 인천시당 위원장 2012~2016년 제19대 국회의원(인천 부평구甲, 민주통합당·민주당·새정치민주연합·국민의당) 2012년 민주통합당 대외협력위원장 2012년 국회 국제경기지원특별위원회 위원 2013년 민주통합당 비상대책위원회 위원 2013년 同대선선거비용검증단장 2013년 국회 국토교통위원회 위원 2013년 민주당 정책위원회 수석부의장 2013년 국회 국가정보원개혁특별위원회 간사 2013년 민주당 당무위원 2014년 새정치민주연합 정책위원회 수석부의장 2014년 同대표 비서실장 2014년 국회 미래창조과학방송통신위원회 위원 2014년 국회 정보위원회 위원 2014~2015년 새정치민주연합 전략홍보본부장 2016년 국민의당 창당준비위원회 부위원장 2016년 同정치혁신특별위원회 부위원장 2016년 同인천시당 위원장 2016년 국민의당 전략홍보본부장 2016년 同인천부평구甲지역위원회 위원장 2017년 同최고위원 2017년 同국가대개혁위원회 공동위원장 2017년 同제19대 안철수 대통령후보 중앙선거대책본부 유세본부장 2017년 同제2창당위원회 부위원장 2018년 바른미래당 인천부평구甲지역위원회 위원장 2018년 인천광역시장선거 출마(바른미래당) 2019년 바른미래당 최고위원(현) (상)경제정의실천시민연합 국정감사 우수의원(2013·2014), 시민일보 제정 국회의원 의정대상(2013) (종)기독교

### 문병훈(文炳勳) Byung-Hoon Moon

(생)1961·11·22 (주)서울특별시 종로구 율곡로2길 25 연합뉴스 편집국 총괄데스크팀(02-398-3114) (학)1980년 부산고졸 1985년 연세대 사회학과졸 2010년 성균관대 언론정보대학원졸 (경)1998년 연합뉴스 사회부 기자 2001년 同차장대우 2003년 同정치부 차장 2004년 同국제뉴스부 차장 2005

년 同사회부 차장 2006년 同사회부 부장대우 2006년 同디지털뉴스부장 2008년 同증권부장 2009년 同사회부장 2011년 同북한부장 2012년 同북한부장(부국장대우) 2012년 연합뉴스TV 보도국 편집담당 부국장 2012년 同뉴스총괄부장 2013년 同시청자센터장 겸임 2015년 同보도국장 2015년 연합뉴스 경영지원국장 2018년 同논설위원 2019년 同편집국 총괄데스크팀 선임(현)

### 문병훈(文炳勳)

(생)1965 (출)전남 장흥 (주)전라남도 무안군 삼향읍 후광대로359번길 28 전남지방경찰청 경무과(061-289-2621) (학)광주 진흥고졸, 전남대 정치외교학과졸 (경)1993년 경위 임관(경찰간부후보 41기) 2008년 광주지방경찰청 경무계장, 同인사계장 2016년 광주북부경찰서 생활안전과장 2016년 광주지방경찰청 치안지도관 2017년 전남 영광경찰서장 2019년 전남지방경찰청 홍보담당관 2019년 同경무과 총경(교육파견)(현)

### 문병훈(文柄勳)

(생)1979·3·15 (주)서울특별시 중구 세종대로 125 서울특별시의회(02-3702-1400) (학)한양대 도시대학원 도시학과졸 (경)경기개발연구원 도시지역계획연구부 연구원, 한국산지보전협회 선임연구원 2014~2018년 서울시 서초구의회 의원(새정치민주연합·더불어민주당), 더불어민주당 부대변인 2018년 서울시의회 의원(더불어민주당)(현) 2018년 同문화체육관광위원회 위원(현) 2018년 同예산결산특별위원회 위원 2018년 同청년 특별위원회 위원(현) 2019년 同예산정책연구위원회 위원(현) 2019년 同윤리특별위원회 위원(현)

### 문보경(文寶頃·女)

(생)1971·3·3 (출)부산 (주)대전광역시 서구 둔산중로78번길 45 대전지방법원(042-470-1114) (학)1989년 부산동여고졸 1993년 서울대 사법학과졸 (경)1995년 사법시험 합격(37회) 1998년 사법연수원 수료(27기) 1998년 서울지법 남부지원 판사 2000년 서울지법 판사 2002년 대전지법 천안지원 판사 2006년 수원지법 판사 2010년 서울고등법원 판사 2012년 서울행정법원 판사 2013년 창원지법 부장판사 2016년 대전지법 부장판사(현)

### 문봉길(文鳳吉)

(생)1971·2·24 (출)충남 부여 (주)충청남도 서산시 공림4로 24 대전지방법원 서산지원(041-660-0600) (학)1990년 공주사대부고졸 1995년 성균관대 법학과졸 (경)1995년 사법시험 합격(37회) 1998년 사법연수원 수료(27기) 1998년 軍법무관 2001년 서울지검 북부지청 검사 2003년 대전지검 공주지청 검사 2004년 대전지검 검사 2006년 대전지법 천안지원 판사 2007년 대전지법 판사 2014년 청주지법 부장판사 2016년 대전지법 부장판사 2018년 대전지법 서산지원장 겸 대전가정법원 서산지원장(현)

### 문상룡(文相龍) Moon Sang Ryong

(생)1967·7·18 (주)서울특별시 서초구 효령로 176 (주)KT넥스알(02-556-0827) (학)1985년 부산중앙고졸 1989년 부산대 컴퓨터공학과졸 1991년 포항공대 대학원 전산학과졸 (경)1991~1996년 포스데이타 기술연구소 근무 1997~2000년 한솔PCS 정보기획팀장 2001~2008년 KTF 빌링개발팀장 2009년 KT ds DS기획팀장 2013년 同BIT기획담당·경영기획담당 2015년 同변화관리실장 2016년 同경영기획총괄 경영기획실장 2017년 同EmergingTech본부장 2019년 (주)KT넥스알 대표이사(현)

### 문상배(文相培) MOON Sang Bae

(생)1969·8·13 (본)남평(南平) (출)경남 진주 (주)부산광역시 연제구 법원로 12 로원타워 법무법인 해인(051-506-5016) (학)1988년 경남 대곡고졸 1992년 한양대 법학과졸 (경)1992년 사법시험 합격(34회) 1995년 사법연수원 수료(24기) 1998년 부산지법 판사 2001년 同동부지원 판사 2003년 부산지법 판사 2003년 일본 와세다대 교육파견 2005년 부산고법 판사 2008년 대법원 재판연구관 2010년 부산지법 부장판사 2011~2017년 부산고법 판사 2017년 법무법인 해인 구성원변호사(현)

### 문상주(文尚柱) MUN Sang Ju

(생)1947·6·20 (출)전남 영광 (주)서울특별시 용산구 한강대로 259 고려에이트리움빌딩 비타에듀그룹(02-2233-3318) (학)1987년 미국 Pacific Ocean대졸 1992년 연세대 행정대학원졸 1999년 명예 문학박사(경원대) (경)1970년 고려학원 원장·이사장(현) 1978년 종로직업청소년학교 교장 1979년 고려출판사 회장 1981년 제일학원 이사장 1982년 고려개발 회장 1985년 한샘학원 이사장 1986년 고려문화장학재단 이사장 1990년 월간「대입정보」발행인 1991년 (주)고려학력평가연구소 회장 1993년 한국학원총연합회 회장 1993년 (주)고려명진무역 대표 1993년 국제문화친선협회 회장(현) 1994년 교육개혁위원 2000~2012년 직능경제인단체총연합회 총회장 2001~2011년 한국학원총연합회 회장 2004~2007년 한국청소년지도육성회 총재, 비타에듀그룹 회장(현) 2007년 비타에듀학원 이사장 (상)교육부·재무부·내무부·문화체육부장관표창, 국방부장관 감사표창, 국민훈장 석류장·동백장, 세계평화교육자국제협회 세계아카데미평화상(1999), 한국언론인연합회 자랑스런한국인대상 인재육성부문(2015) (저)'국가발전과 사회교육'(1993) '생활예절'(1995) '수능만점학습법'(1998) 수필집 '앞서가는 사람에겐 미래가 보인다' (종)불교

### 문석구(文錫九) MOON, Seok Koo

(생)1968·6·26 (주)세종특별자치시 도움5로 20 국민권익위원회 사회제도개선과(044-200-7251) (학)1987년 충북고졸 1994년 충북대 전기공학과졸 2008년 한국개발연구원(KDI) 국제정책대학원 정책학과졸(석사) (경)2015년 충북도 법무통계담당관 2016년 同자치행정과장 2017년 국민권익위원회 사회제도개선과장(현)

### 문석주(文碩柱) SUCK JOO MOON

(생)1964·7·28 (주)경상남도 사천시 사남면 공단1로 78 한국항공우주산업(주) 관리본부(055-851-0927) (학)1982년 마산상고졸 1989년 부산대 경제학과졸 (경)1988년 삼성항공 입사 2006~2011년 한국항공우주산업(주) 원가관리팀장·KUH양산사업팀장 2012~2013년 同지상전력사업담당·회전익사업담당(실장급) 2014년 同국내사업관리실장 2015년 同사업관리실장(상무보) 2017년 同재경실장(상무) 2018년 同관리본부장 겸 재경실장(전무)(현)

### 문석진(文錫珍) Seok Jin Mun

(생)1955·7·10 (본)남평(南平) (출)전남 장흥 (주)서울특별시 서대문구 연희로 248 서대문구청 구청장실(02-330-1333) (학)1974년 대광고졸 1978년 연세대 상경대학 경영학과졸 (경)1978년 공인회계사 합격 1978~1983년 한국산업은행 근무 1980~1983년 육군 공인회계사 장교·육군종합행정학교 경리학처 교관 1983~2010년 공인회계사 개업 1987~1993년 라이나생명보험 관리부장 1991년 서울시의원선거 출마(신민당) 1993~2010년 서울세무회계사무소 대표 1995~1998년 서울시

의회 의원 1996년 유엔환경계획(UNEP) 한국위원회 감사 1999~2002년 반부패국민연대 감사 2002년 서울시 서대문구청장선거 출마(새천년민주당) 2006년 서울시 서대문구청장선거 출마(열린우리당) 2010~2014년 서울시 서대문구청장(민주당·민주통합당·민주당·새정치민주연합) 2014년 서울시 서대문구청장(새정치민주연합·더불어민주당) 2016~2017년 서울시구청장협의회 회장 2017~2018년 전국시장군수구청장협의회 지방분권개헌특별위원장 2017년 서울·전국자치분권민주지도자회의(KDLC) 상임공동대표 2018년 서울시 서대문구청장(더불어민주당)(현) (상)전국기초단체장매니페스토우수사례경진대회 최우수상(2011·2012·2013·2015), 한국지방자치경영대상 최고경영자상(2015), 서울시사회복지사협회 복지구청장상(2016), 대한민국 유권자대상(2017) (종)기독교

## 문석호(文錫鎬) MOON Seok Ho (明道)

(생)1959·7·12 (본)남평(南平) (출)충남 태안 (주)충청남도 서산시 공림4로 13 한진빌딩 2층 문석호 법률사무소(041-669-3003) (학)1977년 공주대사대부고졸 1981년 고려대 법학과졸 (경)1981년 사법시험 합격(23회) 1983년 사법연수원 수료(13기) 1983년 육군 법무관 1986년 변호사 개업(현) 1992년 서산·태안인권연구소장 1995년 민주당 서산·태안지구당 위원장 1997년 국민회의 서산·태안지구당 위원장 2000~2004년 제16대 국회의원(서산·태안, 새천년민주당·열린우리당) 2000년 새천년민주당 청년위원장 2001년 同원내부총무 2002년 同대변인 2003년 열린우리당 창당 상황실장 2003년 同충남도지부 창당준비위원장 2004~2008년 제17대 국회의원(서산·태안, 열린우리당·대통합민주신당·통합민주당) 2005년 열린우리당 충남도당 중앙위원 2005~2006년 同제3정책조정위원장 2007년 同원내수석부대표 2008년 민주당 충남서산·태안지역위원회 위원장 (종)천주교

## 문성계(文成桂) MOON Sung Gye

(생)1959·7·17 (본)남평(南平) (출)경북 영천 (주)서울특별시 송파구 올림픽로 82 한국사물인터넷협회(02-3454-1901) (학)1978년 포항제철공고졸 1987년 경북대 전자공학과졸 1991년 벨기에 브뤼셀자유대 대학원 컴퓨터공학과 수료 (경)1986년 기술고시 합격(22회) 1987년 정보통신부 정보통신정책실 사무관 1988년 同통신정책국 사무관 1990년 벨기에 BTM사 파견 1991년 정보통신부 통신정책실 사무관 1996년 同정보화기획실 초고속망구축과 서기관 1997년 同초고속망기획과 서기관 1998년 同전산관리소 운용과장 2000년 同전산2과장 2000년 同전산1과장 2001년 국방대 입교 2002년 정보통신부 전자거래기반팀장 2003년 同정보화기획실 공공정보화지원팀장 2004년 同중앙전파관리소 감시1과장 2005년 同정보화기획실 정보보호산업과장 2006년 同우정사업본부 정보통신부지식정보센터 금융운영과장 2007년 同우정사업본부 예금사업단 금융정보화팀장 2008년 지식경제부 우정사업본부 예금사업단 금융정보화팀장 2010년 同우정사업본부 경영기획실 정보전략팀장 2012년 전북지방우정청장(고위공무원) 2014~2015년 전남지방우정청장 2017~2018년 과학기술정보통신부 중앙전파관리소장 2018년 한국사물인터넷협회 상근부회장(현) (상)대통령표창(1994)

## 문성관(文盛冠) Moon Seong Gwan

(생)1970·11·21 (출)제주 (주)서울특별시 양천구 신월로 386 서울남부지방법원(02-2192-1152) (학)1989년 제주 오현고졸 1997년 연세대 법학과졸 (경)1997년 사법시험 합격(39회) 2000년 사법연수원 수료(29기) 2000년 광주지법 예비판사 2002년 同판사 2003년 수원지법 안산지원 판사 2006년 서울동부지법 판사 2008년 서울중앙지법 판사 2010년 서울서부지법 판사 2012년 서울고법 판사 2014년 서울동부지법 판사 2015년 청주지법 부장판사 2017년 수원지법 부장판사 2019년 서울남부지법 부장판사(현)

## 문성근(文盛瑾) MOON Sung Keun

(생)1953·5·28 (출)일본 (주)서울특별시 영등포구 국제금융로8길 34 1001호 (사)시민의날개(070-8672-0986) (학)보성고졸 1977년 서강대 무역학과졸 (경)한라건설 근무, 연극 '한씨 연대기'로 데뷔, 영화배우(현) 1996년 한국영화연구소 이사 1992~1994·1997~2002년 SBS '문성근의 그것이 알고 싶다' 진행 1998년 부산국제영화제 집행위원 1999년 유니코리아문예투자 대표이사 1999년 영화진흥위원회 부위원장 1999년 사회복지공동모금회 홍보대사 1999년 전주국제영화제 조직위원 2000년 영화진흥위원회 부위원장 2000~2002년 스크린쿼터문화연대 이사장 2001년 노무현을사랑하는사람들의모임 고문 2010년 KBS 수신료인상저지범국민행동 공동대표 2010년 백만송이국민의명령 대표일꾼 2011년 조중동방송저지네트워크 공동대표 2011년 혁신과통합 상임대표 2012년 민주통합당 최고위원 2012년 同야권연대협상위원장 2012년 제19대 국회의원선거 출마(부산 북·강서乙, 민주통합당) 2012년 민주통합당 대표 권한대행 2012~2017년 사람사는세상 노무현재단 이사 2012~2013년 민주통합당 상임고문 2012년 同제18대 대통령중앙선거대책위원회 산하 '시민캠프' 공동대표 2014년 국민의명령 상임운영위원장 2015년 (사)시민의날개 이사(현) 2019년 평창남북평화영화제 이사장(현) (상)백상예술대상 신인연기상(1986·1990), 춘사대상영화제 신인연기상(1990), 춘사대상영화제 남우주연상(1992), 청룡영화상 남우주연상(1992·1994·1996), 영화평론가협회 남우주연상(1992), 아·태영화제 남우주연상(1996) (저)'유쾌한 100만 민란'(2011, 도서출판 킨더랜드) (작)영화 '그들도 우리처럼'(1990) '꼴찌부터 일등까지 우리반을 찾습니다'(1990) '경마장 가는 길'(1991) '베를린 리포트'(1991) '결혼이야기'(1992) '백한번째 프로포즈'(1993) '비상구가 없다'(1993) '세상 밖으로'(1994) '너에게 나를 보낸다'(1994) '남자는 괴로워'(1995) '아름다운 청년 전태일'(1995) '네온 속으로 노을지다'(1996) '꽃잎'(1996) '죽이는 이야기'(1997) '초록 물고기'(1997) '생과부 위자료 청구소송'(1998) '까'(1998) '오! 수정'(2000) '질투는 나의 힘'(2002) '오로라공주'(2005) '한반도'(2006) '두뇌유희 프로젝트 퍼즐'(2006) '수'(2006) '작은 연못'(2007) '강철중 : 공공의 적 1-1'(2008) '시선 1318'(2009) '실종'(2009) '여행자'(2009) '어떤 방문'(2009) '작은 연못'(2009) '옥희의 영화'(2010) '부러진 화살'(2011) '남영동1985'(2012) '해무'(2014) 드라마 '천사의 선택' '우리들의 천국' '신의 저울'(2008) '자명고'(2009) 연극 '한씨 연대기' '칠수와 만수' '늙은 도둑이야기' '변방에 우짖는 새' '4월 9일' (종)기독교

## 문성빈(文聖彬) MOON Sung Been

(생)1957·10·15 (출)서울 (주)서울특별시 서대문구 연세로 50 연세대학교 문헌정보학과(02-2123-2412) (학)1980년 연세대 문헌정보학과졸 1988년 미국 노스캐롤라이나대 대학원 정보학과졸 1993년 정보학박사(미국 노스캐롤라이나대) (경)1983~1986년 연세대 중앙도서관 사서 1993~1995년 同문헌정보학과 시간강사 1995~2003년 同문헌정보학과 조교수·부교수 1998~2000년 同중앙도서관 부관장 1998~1999년 한국정보관리학회 총무이사 2002~2004년 同교육이사 2003~2005년 한국문헌정보학회 교육이사 2003년 연세대 문헌정보학과 교수(현) 2006년 한국정보관리학회 회장 2010~2012년 연세대 교무처장 겸 정보대학원장 2013~2015년 대통령소속 도서관정보정책위원회 위원 2014~2016년 연세대 대학원장 2014년 同청년문화원장 (저)'정보학사전'(2001) (역)'초록 작성지침(共)'(1997) '메타데이터의 형식과 구조'(1998) (종)기독교

## 문성식(文成植) MOON Sung Sik

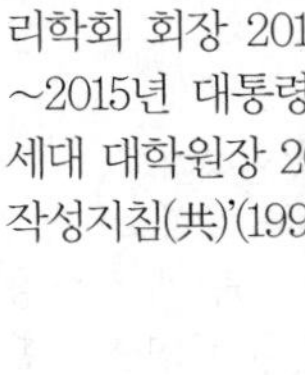

(생)1961·10·18 (출)대전 (주)대전광역시 서구 둔산중로78번길 40 봉화빌딩 602호 법무법인 C&I(042-472-8282) (학)1979년 대전고졸 1983년 충남대 법학과졸 1985년 同대학원 법학과졸 2003년 법학박사(대전대) (경)1985년 軍법무관 임용시험 합격(6회) 1985년 공군본부 고등검찰관, 同심판부장 1990~

1995년 공군고등군사법원 판사 1995년 변호사 개업 1999년 대전지방변호사회 총무이사 1999~2005년 대전대 법과대학 겸임교수, 한남대 행정대학원 겸임교수 2001~2008년 대전지방변호사회 소년소녀가장후원회장 2003~2004년 대전충남사회정책포럼 공동대표, 새둔산라이온스 회장 2004년 대전서구포럼 공동대표 2008년 대전지방경찰청 인권위원회 위원장(현) 2011~2012년 대전지방변호사회 제1부회장, 대전사회복지공동모금회 감사, 同운영위원 겸 배분분과위원회 위원장(현), 대전고총동창회 부회장(현), 대전삼성초총동창회 부회장(현) 2013년 법무법인 C&I 대표변호사(현) 2013~2015년 대전지방변호사회 회장 2014년 충남대 법학전문대학원 겸임교수(현) 2015~2018년 대한변호사협회 부협회장 2016~2019년 대한특허변호사회 회장 2016~2017년 대한변호사협회 변호사직역대책특별위원회 위원장 (상)보건복지부장관표창(2004) (종)기독교

## 문성요(文聖堯)

(생)1968·8·8 (출)제주 (주)세종특별자치시 도움6로 11 국토교통부 정책기획관실(044-201-3236) (학)1987년 제주대사대부고졸 1993년 고려대 영어영문학과졸 (경)1994년 행정고시 합격(37회) 1995년 건설교통부 수송정책실 국제협력과 사무관 1996년 同육상교통국 육상교통기획과 사무관 1998년 同건설지원실 건설경제과 사무관 1999년 제주항공관리사무소 서무과장 1999년 미국 일리노이대 해외훈련 2001년 건설교통부 국토정책국 국토정책과 사무관 2002년 同주택도시국 도시관리과 사무관 2004년 同주택도시국 도시관리과 서기관 2005년 同건설경제담당관실 서기관 2005년 同건설선진화본부 건설경제팀 서기관 2006년 국가균형발전위원회 파견 2007년 건설교통부 도시계획팀장 2008년 국토해양부 국가경쟁력강화실무추진단 서기관 2009년 同주거복지기획과장 2010년 일본 국토기술정책총합연구소(NILIM) 파견 2011년 국토해양부 주택토지실 부동산산업과장 2013년 국토교통부 건설정책국 건설경제과장 2014년 同운영지원과장(부이사관) 2015년 同기획조정실 재정담당관 2016년 세종특별자치시 건설교통국장 2017년 국토교통부 국토도시실 수도권정책과장(부이사관) 2018년 同주택정책관실 주거복지기획과장 2018년 同공공주택추진단장 2018년 행복중심복합도시건설청 기반시설국장(고위공무원) 2019년 국토교통부 정책기획관(현)

## 문성우(文晟祐) MOON Seong Woo

(생)1956·2·27 (본)남평(南平) (출)광주 (주)서울특별시 강남구 테헤란로92길 7 바른빌딩 법무법인 바른(02-3479-2322) (학)1974년 광주제일고졸 1979년 서울대 법대졸 1981년 同대학원 법학과졸 (경)1979년 사법시험 합격(21회) 1981년 사법연수원 수료(11기) 1981년 육군 법무관 1984년 서울지검 남부지청 검사 1987년 광주지검 순천지청 검사 1988년 서울지검 검사 1991년 대검찰청 검찰연구관 1991년 미국 워싱턴대 법대 방문연구원 1992년 서울지검 검사 1993년 광주지검 해남지청장 1993년 부산지검 동부지청 특수부장 1994년 광주지검 공안부장 1995년 대검찰청 기획과장 1997년 법무부 검찰3과장 1998년 同검찰2과장 1999년 同검찰1과장 2000년 서울지검 형사7부장 2000년 同형사3부장 2001년 同의정부지청 차장검사 2002년 수원지검 제2차장 2003년 서울지검 제2차장 2004년 대검찰청 기획조정부장 2005년 청주지검장 2006년 법무부 검찰국장 2008년 同차관 2008년 법질서바로세우기운동추진본부 본부장 2009년 대검찰청 차장검사 2009년 검찰총장 직대 2009~2015년 법무법인(유) 바른 대표변호사 2010년 문화체육관광부 국기원특수법인설립준비위원회 위원 2011~2014년 GS건설(주) 사외이사 2012~2015년 연합뉴스 수용자권익위원회 위원 2012~2016년 한화생명보험(주) 사외이사 겸 감사위원 2014~2016년 삼성SDS(주) 사외이사 겸 감사위원 2016~2018년 법무법인(유) 바른 총괄대표변호사 2019년 법무법인(유) 바른 구성원변호사(현) (상)홍조근정훈장(2003), 미국 워싱턴대 한국총동문회 올해의 동문상(2016)

## 문성욱(文盛郁) MOON Sung Wook

(생)1972·9·13 (출)서울 (주)서울특별시 강남구 압구정로 420 EMPORIO ARMANI (주)신세계인터내셔날 글로벌패션1본부(02-3440-1234) (학)미국 시카고대 경제학과졸 2004년 미국 펜실베이니아대 와튼스쿨졸 (경)SK텔레콤 기획조정실 근무, 소프트뱅크벤처스코리아 차장 2004년 신세계 경영지원실 부장 2005~2008년 (주)신세계I&C 전략사업담당 상무 2008~2011년 同전략사업본부장(부사장) 2011년 이마트 중국본부 전략경영총괄 부사장 2011~2014년 (주)이마트 해외사업총괄 부사장 2015년 (주)신세계인터내셔날 글로벌패션1본부장(부사장)(현)

## 문성원(文成元)

(생)1969·3·25 (주)대전광역시 서구 둔산로 100 대전광역시의회(042-270-5142) (학)충남상고졸 (경)신탄진새일번영회 회장, 대전중앙고총동문회 부회장, 同27회 회장, 민주당 대전대덕구지역위원회 부위원장, 더불어살아가는사람들 회장(현), 신탄진축구연합회 회장(현), 새정치민주연합 대전시당 창당발기인 2014~2018년 대전시 대덕구의회 의원(새정치민주연합·더불어민주당) 2015년 새정치민주연합 대전시당 농어민위원장 2015년 더불어민주당 대전시당 농어민위원장 2016~2018년 대전시 대덕구의회 사회도시위원장 2018년 대전시의회 의원(더불어민주당)(현) 2018년 同부의장(현) (상)글로벌新한국인대상(2017)

## 문성유(文盛裕) MOON Sung Yu

(생)1964·3·18 (본)남평(南平) (출)제주 제주시 (주)세종특별자치시 갈매로 477 기획재정부 기획조정실(044-215-2009) (학)1982년 오현고졸 1986년 연세대 경제학과졸 1999년 영국 맨체스터대 대학원 경제학과졸 (경)1989년 행정고시 합격(33회) 1994년 경제기획원 국민생활국 사무관 1995~1997년 재정경제원 국민생활국 사무관 1999년 재정경제부 경제정책국 사무관 1999년 기획예산처 예산관리과 서기관 2001년 同예산기준과 서기관 2002년 同교육문화예산과 서기관 2003년 신행정수도건설추진단 파견(과장) 2004년 기획예산처 교육문화예산과장 2005년 미국 미주리주정부 경제개발국 파견 2006년 기획예산처 균형발전협력팀장(과장) 2007년 同국방재정과장 2008년 기획재정부 예산실 국방예산과장 2009년 同예산실 지식경제예산과장 2010년 同예산실 예산제도과장(부이사관) 2011년 同예산실 예산총괄심의관실 예산총괄과장 2012년 중앙공무원교육원 교육파견(국장급) 2013년 국회 예산결산특별위원회 파견(국장급) 2014년 미래창조과학부 연구개발조정국장 2015년 同연구개발투자조정국장 2015년 同과학기술전략본부 연구개발투자심의관 2016년 기획재정부 재정기획국장 2017년 同예산실 사회예산심의관 2018년 대통령직속 국가균형발전위원회 기획단장(실장급) 2019년 기획재정부 기획조정실장(현) (상)국가안전기획부장표창(1993), 근정포장(2002)

## 문성인(文成仁)

(생)1967·7·13 (출)전남 완도 (주)경기도 과천시 관문로 47 법무부 형사사법공통시스템운영단(02-2110-3930) (학)1986년 광주 숭일고졸 1990년 고려대 법학과졸 (경)1996년 사법시험 합격(38회) 1999년 사법연수원 수료(28기) 1999년 광주지검 검사 2001년 수원지검 여주지청 검사 2002년 청주지검 검사 2004년 부산지검 검사 2006년 법무부 법무심의관실 검사 2008년 서울중앙지검 검사 2010년 금융감독원 파견 2011년 서울중앙지검 부부장검사 2012년 수원지검 부부장검사 2012년 서울중앙지검 부부장검사 2013년 인천지검 부천지청 부부장검사 2014년 대구지검 서부지청 부장검사 2015년 춘천지검 부장검사 2016년 법무부 인권구조과장 2017년 서울남부지검 금융조사1부장 2018년 서울서부지검 부장검사 2019년 법무부 형사사법공통시스템운영단장(현)

**문성필(文星弼) Sung-Pil Moon**

(생)1966·2·7 (주)서울특별시 영등포구 의사당대로 88 한국투자증권(주)(02-3276-5000) (학)1988년 연세대 경제학과졸 1991년 미국 카네기멜론대 대학원 MBA (경)1993~1994년 씨티은행 기업금융부 근무 1994~2003년 대우증권 런던법인 근무 2005년 한국투자증권 근무 2006년 同국제영업부 상무보 2008년 同싱가포르법인장(상무보) 2010년 同고객자산운용본부장(상무보) 2012년 同고객상품본부장(상무) 2013년 同상품마케팅본부장(상무) 2016년 同상품전략본부장(전무) 2019년 同경영기획총괄 전무(현)

**문성혁(文成赫) Daniel Seong-Hyeok Moon**

(생)1958·8·15 (본)남평(南平) (출)부산 (주)세종특별자치시 다솜2로 94 해양수산부 장관실(044-200-5000) (학)1977년 대신고졸 1981년 한국해양대 항해학과졸 1983년 同대학원 항만운송학과졸 1992년 항만경제학박사(영국 Cardiff Univ.) (경)1984~1998년 한국해양대 전임강사·조교수·부교수 1987년 현대상선 1등항해사 1994년 한국해양대 해저산업대학원 교무과장 1995년 해양수산부 민자유치사업계획 평가위원 1997년 영국 Cardiff Univ. 교환교수 1998~2013년 한국해양대 해사수송과학부 교수 1999년 대한상사중재원 중재인 1999~2002년 부산발전연구원 연구기획위원 2002년 한국해양대 실습선 한나라호 선장 2003년 대통령직인수위원회 자문위원 2003년 대통령자문 동북아시대위원회 전문위원 2003~2005년 국제해양수산물류연구소장 2004~2005년 한국해양대 운항훈련원장 2004년 AMFUF 사무총장 2005~2007년 경제·인문사회연구회 기획평가위원회 기획평가위원 2008~2019년 세계해사대학(WMU) 교수 2019년 해양수산부 장관(현) (상)대한교통학회 우수논문상(2002), 국무총리표창(2013) (저)'1978 선원의 훈련.자격증명 및 당직근무의 기준에 관한 국제협약과 1995 개정규정'(1996, 해인출판사) '한국의 국제경쟁력과 10대 도시의 지역경쟁력 연구총서 - (2) 부산지역 산업경쟁력 분석'(1999, 산업정책연구원) '고등학교 해운 일반'(2000) '현대 항만관리론'(2003, 다솜출판사) (종)기독교

**문성현(文成賢) MOON Sung Hyun**

(생)1952·2·8 (본)남평(南平) (출)경남 함양 (주)서울특별시 종로구 새문안로 82 S타워 8층 경제사회노동위원회(02-721-7100) (학)1970년 진주고졸 1975년 서울대 경영학과졸 (경)1979년 한도공업사 프레스공 1980년 동양기계 입사 1983년 同노동조합 사무국장 1985년 노동쟁의조정법 위반으로 구속(징역 1년· 집행유예 2년) 1985년 (주)통일 노조위원장 1987년 노동쟁의조정법 및 국가보안법 위반으로 징역 6월·해고 1988년 경남노동자협의회 의장 1989년 전국노동운동단체협의회 공동의장 1990년 전국노동조합협의회 중앙위원 1991년 복직 판결 1992년 전국노동조합협의회 부위원장 1993년 同사무총장 1995년 민주노총 전국민주금속연맹 수석부위원장 1998년 同전국금속연맹 부위원장 1999년 同전국금속연맹 위원장 2000년 민주노동당 중앙위원 2002년 창원시장후보 선거대책본부 공동본부장 2004년 제16대 총선 권영길후보 선거대책본부 공동본부장 2004년 민주노동당 경남도당 위원장 2005년 同비상대책위원회 집행위원장 2005년 경남도지사선거 출마(재보선, 민주노동당) 2006~2008년 민주노동당 대표최고위원 2006년 경남도지사선거 출마(민주노동당) 2010년 창원시장선거 출마(민주노동당) 2012년 제19대 국회의원선거 출마(창원의창, 통합진보당) 2012년 민주통합당 제18대 대통령중앙선거대책위원회 노동위원회 부위원장 2017~2018년 대통령소속 경제사회발전노사정위원회 위원장(장관급) 2018년 대통령소속 경제사회노동위원회 위원장(장관급)(현)

**문송천(文松天) MOON Songchun**

(생)1952·11·4 (본)남평(南平) (출)인천 (주)서울특별시 동대문구 회기로 85 한국과학기술원 경영대학원(02-958-3315) (학)1971년 중동고졸 1975년 숭실대 전자계산학과졸 1977년 한국과학기술원(KAIST) 전산학과졸(석사) 1985년 전산학박사(미국 University of Illinois at Urbana-Champaign) (경)1981~1984년 미국 육군 건설공학연구소 연구원 1984년 미국 일리노이대 장애인재활원 강의조교 1985~1996년 한국과학기술원 조교수·부교수 1989년 영국 에딘버러대 객원교수 1990년 국내및아시아권 최초 데이터베이스엔진 'IM' 개발 1991년 유럽IT학회 EUROMICRO 아시아 대표이사(현) 1991~1993년 데이터베이스국제학술대회 DASFAA93 학술위원장 1991년 UNDP·국제협력단·적십자사·국제아동기구 Keyna·Cambodia·Palestine·Nicaragua·Romania·Nepal· Bangladesh 파견 봉사전문가(현) 1992년 국내및아시아권 최초 분산데이터베이스엔진 'DIME'개발 1993년 한국국제협력단 정보화기획전문위원 1994년 영국 케임브리지대 객원교수 1994년 헝가리 국립과학원 초청 Distinguished Scholar 1996년 영국 벨파스트왕립대 전산학과 객원교수 1996년 한국방송공사 정보화기획자문위원 1996~2015년 국방부 정책자문위원 1996~2018년 한국과학기술원 경영대학원 교수 1998~2000년 UN 국제Y2K협력단 전문가봉사단원 1998~2000년 Y2K 한국대표 1999년 SBS 정보화기획자문위원 2000년 IMT-2000사업자선정심사위원회 공동대표 2001년 정보보안국제학술대회 Kennote Speaker 2011년 대한적십자사 친선대사(현) 2014~2016년 금융감독원 자문위원 2014~2016년 영국 뉴캐슬대 전산학부 교수 2016년 아일랜드국립대 경영대학원 교수 2018년 한국과학기술원(KAIST) 명예교수(현) 2018년 국제아동기구 친선대사(현) (상)숭실대 전교수석 졸업상(1975), 한국연합기독교재단이사장표창(1975), 한국정보과학회 학술공로상(1993), KAIST 전교최우수강의상(1999), KAIST 올해의 동문(2009), 녹조근정훈장(2018) (저)'MSC 논문작성·지도법'(1996) '의뢰자·제공자 데이터베이스'(1997) 'NON-STOP데이터모델링'(1997) '데이터웨어 설계론'(1999) '데이터웨어'(2002) '데이터 아키텍처'(2004) 등 21권 (종)기독교

**문수생(文銖生) MOON Soo Saing**

(생)1967·10·3 (출)경남 고성 (주)서울특별시 서대문구 충정로 60 KT&G 서대문타워 10층 법무법인(유) 지평(02-6200-1600) (학)1985년 진주고졸 1989년 서울대 법대 사법학과졸 1991년 同대학원 법학과졸 (경)1994년 사법시험 합격(36회) 1997년 사법연수원 수료(26기) 1997년 인천지법 판사 1999년 서울지법 남부지원 판사 2001년 창원지법 판사 2003년 同진해시법원 판사 2005년 서울남부지법 판사 2008년 서울고법 판사 2009년 우리법연구회 간사 2010년 서울서부지법 판사 2012년 광주지법 부장판사 2013년 인천지법 부천지원 부장판사, 부천시 소사구 선거관리위원장 2016년 서울남부지법 부장판사 2018년 법무법인(유) 지평 파트너변호사(현)

**문수정(文琇靖·女) Crystal Moon**

(생)1969·6·9 (본)남평(南平) (주)서울특별시 영등포구 여의대로 24 전경련회관 35층 도레이케미칼(주) 원면사업부(02-3279-7000) (학)1988년 대구원화여고졸 1992년 경북대 염색공학과졸 (경)1992년 제일합섬(주) 연구소 입사 1993년 同섬유가공연구소 직물개발담당 1995년 同섬유개발팀 원사개발담당 1997년 (주)새한 섬유개발팀 원사개발담당 2000년 同원사마케팅팀 근무 2006년 同원사판매팀 근무 2008년 웅진케미칼(주) 원사판매팀 근무 2009년 同원사사업본부장(부장) 2012년 同원사사업본부장(상무) 2012년 同생활소재사업본부장 2014년 도레이케미칼(주) 생활소재사업본부장(상무) 2015년 同원사사업본부장(상무) 2016년 同원면사업본부장(상무) 2019년 도레이첨단소재(주) 원면사업부장(상무)(현)

**문승우(文承宇) Moon Seungwoo**

(생)1954·8·8 (주)전라북도 전주시 완산구 효자로 225 전라북도의회(063-280-3970) (학)군산 중앙고졸, 군장대학졸, 군산대 해양과학대학 생산학과졸, 同대학원 체육학과졸 (경)전북 군산시체육회 전무이사, 국제라이온스협회 전북지구 지역부총재, 새전북신문 편집위원, 전북 군산시 자원봉사센터장, 호원대 겸임교수 2018년 전북도의회 의원(더불어민주당)(현) 2018년 同행정자치위원회 위원 겸 예산결산특별위원회 위원(현), 전북대도약 정책협의체 위원(현), 전북도 공직자윤리위원회 위원(현), 전국시도의장협의회지방분권 T/F위원(현), 전북도 자원봉사발전위원회 위원(현) (상)2019 대한민국 지방의회 의정대상(2019)

**문승욱(文勝煜) Moon, Sung Wook**

(생)1965·12·24 (본)남평(南平) (출)서울 (주)경상남도 창원시 의창구 중앙대로 300 경상남도청 경제부지사실(055-211-2021) (학)1983년 성동고졸 1987년 연세대 경제학과졸 1990년 서울대 행정대학원 행정학과졸 1998년 미국 하버드대 케네디스쿨 행정학과졸 (경)1989년 행정고시 합격(33회) 1991~1994년 상공부 중소기업정책과 사무관 1993년 상공자원부 중소기업정책과 사무관 1994~1995년 통상산업부 장관실 근무 1998~2000년 산업자원부 산업기술부 근무 2000~2001년 同무역정책국 서기관 2001~2004년 대통령비서실 파견 2004~2008년 駐캐나다대사관 상무관 2008~2011년 지식경제부 투자정책과장·산업경제정책과장 2011~2012년 방위사업청 한국형헬기사업단 파견 2012년 지식경제부 중견기업국장 2013년 중앙공무원교육원 교육파견(국장급) 2014년 산업통상자원부 산업정책실 시스템산업정책관 2016년 방위사업청 차장 2017년 산업통상자원부 산업기반실장 2018년 同산업혁신성장실장 2018년 경남도 경제부지사(현)

**문승재(文勝載) Moon Seung-Jai**

(생)1968·3·13 (본)남평(南平) (출)서울 (주)서울특별시 종로구 율곡로2길 25 연합뉴스TV 영상취재부(02-398-7890) (학)숭문고졸, 고려대 무역학과졸, 同언론대학원 언론학과졸 (경)1995~2011년 AP통신사 서울지국 선임기자(PD) 2011년 연합뉴스TV 보도국 영상취재팀장 2014년 同보도국 영상편집팀장 겸임 2015년 同영상뉴스부장 2017년 同영상취재부장(현) (상)PP산업활성화유공 방송통신위원장표창(2014)

**문승현(文勝鉉) Moon Seoung-hyun**

(생)1964·1·22 (주)서울특별시 종로구 사직로8길 60 외교부 인사운영팀(02-2100-7138) (학)1987년 서울대 외교학과졸 1994년 미국 펜실베니아주립대 대학원 정치학과졸 (경)1988년 외무고시 합격(22회) 1988년 외무부 입부 1996년 駐미국 2등서기관 1999년 駐나이지리아 1등서기관 2001년 대통령비서실 파견 2004년 駐유엔 1등서기관 2005년 駐이라크 참사관(아르빌연락사무소장) 2007년 외교통상부 의전총괄담당관 2008년 同북미1과장 2009년 駐미국 공사참사관 2012년 외교통상부 북미국 심의관 2013~2015년 외교부 북미국장 2015년 대통령 외교안보수석비서관실 외교비서관 2016년 駐체코 대사 2019년 駐미국 정무공사(현) (상)근정포장(2008)

**문신용(文信容) MOON Shin Yong**

(생)1948·4·1 (출)충남 (주)서울특별시 강남구 테헤란로 407 EK타워 12층 엠여성의원(02-6188-0070) (학)경기고졸 1974년 서울대 의대졸 1978년 同대학원 의학석사 1987년 의학박사(서울대) (경)1975년 서울대병원 전공의 1983~1996년 서울대 의대 산부인과학교실 전임강사·조교수·부교수 1984년 미국 Eastern Virginia Medical School Research Fellow 1987년 미국 Eastern Medical School Clinical Fellow 1994년 대한태아의학회 이사 1996~2013년 서울대 의대 산부인과학교실 교수 1999년 同인구의학연구소장 1999년 아시아산부인과학회 생식생리위원장 2002년 과학기술부 프런티어사업단 세포응용연구사업단장 2002년 대한불임학회 부회장 2002~2003년 대한의학유전학회 회장, 대한보조생식학회 명예회장(현) 2013년 엠여성의원 대표원장(현) (상)자랑스런 경기인상(2004), 옥조근정훈장(2013) (종)기독교

**문애리(文愛理·女) MOON Aree**

(생)1960·10·31 (출)서울 (주)서울특별시 도봉구 삼양로144길 33 덕성여자대학교 약학대학 약학관 318호(02-901-8394) (학)1979년 진명여고졸 1983년 서울대 약학과졸 1989년 이학박사(미국 아이오와주립대) (경)1989~1990년 한국과학기술연구원(KIST) 생명공학연구원 선임연구원 1991~1995년 식품의약품안전청 국립독성연구원 연구관 1995~2005년 덕성여대 약학과 조교수·부교수 1995~1996년 한국독성학회 홍보간사 1998~2000년 同편집간사 1998~2014년 중앙약사심의위원회 위원 1999~2000년 생명약학회 기획간사 1999~2002년 한국응용약물학회 사무간사 2001~2002년 한국독성학회 총무간사 2001~2002년 대한약학회 학술간사 2003년 한국독성학회 편집간사 2005년 同홍보간사 2005년 同편집위원 2005년 한국생화학분자생물학회 국제간사 2005년 한국응용약물학회 간사 2005~2006년 대한암예방학회 편집위원장 2005~2006년 대한약학회 간사 2005년 미국 'Journal of Molecular Signaling' Editorial Board 2005년 덕성여대 약학대학 교수(현) 2006~2007년 同약학연구소장 2007년 'International Journal of Oncolog' Editorial Board 2007~2008년 국가과학기술위원회 기획예산조정전문위원 2008~2010년 식품의약품안전청 안전연구정책심의위원 2009~2010년 대한약학회 학술위원장 2011~2014년 한국과학기술단체총연합회 이사 2011년 여성생명과학기술포럼 회장 2011~2014년 한국원자력의학원 비상임이사 2013~2014년 덕성여대 교무처장 2013~2015년 한국환경산업기술원 비상임이사 2015년 덕성여대 부총장 2015~2017년 지속가능발전위원회 위원 2015년 식품의약품안전처 자체평가위원회 위원(현) 2015~2016년 대한약학회 부회장 2016년 한국과학기술한림원 정회원(의약학부·현) 2016년 덕성혁신신약센터 센터장(현) 2016~2018년 국무총리소속 정부업무평가위원회 위원 2017~2018년 대한약학회 회장 2017년 한국과학기술단체총연합회 부회장(현) 2019년 국가과학기술자문회의 심의회의 기초기반위원장(현) (상)서울대학장표창(1983), 동성제약 이선규 약학상(2001), 송음 의약학상(2001), 한국과학기술단체총연합회 과학기술우수논문상(2004), 한국로레알·유네스코 여성생명과학기술진흥상 약진상(2004), 대한약학회 최다인용논문상(2007), 제1차 덕성여대 베스트티칭상(2009), 식품의약품안전청장표창(2009), 대통령표창(2010), 과학기술훈장 진보장(2014), 녹암학술상(2014), '한국로레알-유네스코 여성생명과학상' 학술진흥상(2015), 유니베라 생명약학연구회 학술상(2016), 서울대 약학대학 동창회장상(2016), 대한민국참봉사대상 과학부문 과학발전공로대상(2017), 생화학분자생물학회 무사 강연상(Moosa Award Lecture)(2018), 약사금탑상(2019) (저)'실험종합 미생물학' '신약품미생물학'(1999) '약품생화학실험'(2000) '최신실험미생물학'(2001) '분자약품생화학'(2002) '신종합미생물학'(2005) '최신의과학 용어사전'(2006) (역)'생물정보학-실질적인 접근방법'(2002) '리펀코트의 그림으로 보는 생화학'(2005) '레닌저 생화학'(2006) (종)천주교

**문연회(文軟會)**

(생)1963·3·15 (주)서울특별시 중구 을지로 65 SK텔레콤 기업문화센터(02-6100-2114) (학)고려대 법학과졸 (경)1987년 유공 입사 2002년 SK 인력팀장 2007년 SK텔레콤 SKMS실천센터장 2008년 SK M&C 경영지원실장 2009년 同CMS센터장 2013년 SK플래닛 GLDP 2014년 SK E&S(코원) 경영지원본

부장 2015년 SK주식회사 C&C 인력본부장(상무) 2016년 同기업문화부문장 겸 HR본부장(전무) 2017년 SK텔레콤 기업문화센터장(현)

## 문영권(文暎權)

(생)1971·5·4 (출)경남 함안 (주)대구광역시 수성구 동대구로 364 대구지방검찰청 강력부(053-740-4320) (학)1990년 금성고졸 1997년 한양대 법학과졸 (경)1999년 사법시험 합격(41회) 2002년 사법연수원 수료(31기) 2002년 전주지검 검사 2004년 창원지검 거창지청 검사 2006년 서울동부지검 검사 2009년 광주지검 목포지청 검사 2011년 서울중앙지검 검사 2014년 부산지검 동부지청 검사 2016년 수원지검 성남지청 부부장검사 2017년 법무부 보호법제과장 2018년 춘천지검 원주지청 형사1부장 2019년 대구지검 강력부장(현)

## 문영근(文榮根) MOON YOUNG GEUN

(생)1968·8·28 (출)제주 제주시 (주)울산광역시 중구 성안로 112 울산지방경찰청 생활안전과(052-210-2146) (학)1987년 제주 대기고졸 1992년 경찰대 행정학과졸(8기) (경)1992년 경위 임관 1992년 제주지방경찰청 해안경비단 901전투경찰대대 경위 1994년 부천남부경찰서 방범지도계장 1995년 부천경찰서 정보1계장 1997년 경찰청 정보국 정보3과 근무 2000년 경감 승진 2001년 제주경찰서 수사과 조사계장 2003년 제주지방경찰청 경무과 기획예산계장 2005년 서귀포경찰서 수사과 지능팀장 2007년 제주지방경찰청 수사과 수사1계장(경정) 2008년 제주서부경찰서 형사과장 2011년 제주지방경찰청 해안경비단 901전경대대장 2012년 同정보과 정보3계장 2015년 同112종합상황실장 2016년 울산지방경찰청 형사과장(총경) 2017년 울산동부경찰서장 2018년 울산지방경찰청 여성청소년과장 2019년 同생활안전과장(현)

## 문영기(文英基)

(생)1959·12 (주)세종특별자치시 다솜로 261 국무조정실 산하 대테러센터 (학)1984년 육군사관학교 사학과졸(40기) (경)1998년 인도·파키스탄 정전감시단 근무 2000년 9공수특전여단 52특전대대장(동티모르 상록수부대) 2004년 이라크 자이툰부대 민사참모 2004년 합동참모본부 특수전과 대테러담당 2008년 특수전사령부 특수임무단장(대령) 2009년 同작전처장 2011년 11공수여단장(준장) 2015년 특수전사령부 부사령관 2016년 준장 예편 2016년 국무조정실 산하 대테러센터장(현)

## 문영기(文暎基) MOON Young Ki

(생)1962·10·29 (출)서울 (주)서울특별시 양천구 목동서로 159-1 CBS 미디어본부 논설위원실(02-2650-7000) (학)1981년 서울고졸 1988년 홍익대 영어영문학과졸 (경)1988년 CBS 입사 1998년 同문화체육부 차장 1998년 同사회부 차장 1999년 同경제부 차장 2002년 同보도제작국 차장 2003년 同해설주간 2004년 同보도국 사회부장 2006년 同문화체육부장 2006년 同제주방송본부장 2008년 同포항본부장 2012년 同보도국 대기자 2016년 同부산방송본부장 2017년 同논설위원 2018년 同미디어본부 논설위원실장(현)

## 문영기(文榮基)

(생)1963 (주)서울특별시 서초구 서초중앙로 114 일광빌딩 법무법인 길상(02-3486-0037) (학)1982년 제주제일고졸 1986년 서울대 법과대학 공법학과졸 (경)1991년 주택은행 근무 2002년 법무사시험 합격(8회) 2004년 사법시험 합격(46회) 2007년 사법연수원 수료(36기) 2007년 법무법인 길상 변호사(현), 교육과학기술부 고문변호사, 한국주택금융공사 자문변호사, 경기 고양시 고문변호사, SH공사 고문변호사, 서울 송파구 고문변호사, 식품의약품안전청 고문변호사, SGI서울보증(주) 지정변호사 2014~2016년 학교법인 서남학원 이사장

## 문영민(文永敏) MUN Yeong Min

(생)1950·12·26 (출)전남 진도 (주)서울특별시 중구 세종대로 125 서울특별시의회(02-3702-1400) (학)한국방송통신대졸, 한양대 지방자치대학원졸 (경)평화민주당 중앙당 상담실장, 민주평통 자문위원, 새정치국민회의 서울양천甲지구당 수석부위원장 1991~2006년 서울시 양천구의회 의원(1·2·3·4대) 1998~1999년 同부의장 2000~2001년 同의장 2006년 서울시 양천구청장선거 출마(무소속) 2007년 4.25재보선 서울시 양천구청장선거 출마(민주당), 민주당 지방자치위원회 부위원장 2014~2018년 서울시의회 의원(새정치민주연합·더불어민주당) 2014년 同교육위원회 위원 2015년 同항공기소음특별위원회 위원 2015~2016년 同윤리특별위원회 위원 2016년 同행정자치위원회 부위원장 2017년 同예산결산특별위원회 위원 2018년 서울시의회 의원(더불어민주당)(현) 2018년 同행정자치위원장(현) 2018년 同윤리특별위원회 위원 2018년 同서부지역광역철도건설특별위원회 위원(현) 2018년 同항공기소음특별위원회 위원(현) (상)김대중총재 공로상(1997), 대통령표창(1997), 보건복지부장관표창(2002)

## 문영석(文英錫) MOON Young Seok

(생)1959·7·27 (본)남평(南平) (출)부산 (주)울산광역시 중구 종가로 405-11 에너지경제연구원(052-714-2159) (학)1977년 부산 배정고졸 1982년 연세대 경제학과졸 1984년 同대학원 경제학과졸 1990년 경제학박사(미국 뉴욕주립대) (경)1985~1986년 산업연구원 연구원 1991~1992년 기아경제연구소 책임연구원 1992년 에너지경제연구원 원자력정책연구실 선임연구위원(현) 2001년 同에너지산업연구부장 2003년 同정책분석실장 2004년 同에너지정책연구부장 2007년 同에너지정책연구실장 2008년 同기후변화대책단장 2009년 同에너지정책연구실장 2010년 同에너지정책연구본부장 2011년 同부원장 2013년 同지방이전추진단장 겸 석유정책연구실장 2015년 同석유가스정책연구본부장 2017~2018년 同부원장 (상)대통령표창(2010) (저)'녹색성장 국가전략 에너지정책부문(共)'(2009, 녹색성장위원회)

## 문영수(文英守) MOON Young Soo

(생)1961·3·5 (본)남평(南平) (출)부산 (주)부산광역시 해운대구 해운대로 875 인제대학교 해운대백병원(051-797-0100) (학)1986년 인제대 의대졸 1993년 경상대 대학원 의학석사 2000년 인제대 대학원 의학 박사과정 수료 (경)1986~1990년 인제대 서울백병원 인턴·레지던트 1994~1995년 일본 순천당대 의학대학원 연구원 1996년 을지병원 소화기내과장 1997년 을지대 의과대학 내과학교실 교수 2000년 일본 동경자혜회의과대학 내시경과 방문교수 2001년 국립암센터 간암센터 의사 2001년 同간담췌암연구과 연구원, 同내시경실장 2003년 인제대 의대(일산백병원) 소화기내과학교실 교수, 同일산백병원 교육수련부장 2009년 同일산백병원 부원장 겸 진료부장 2010년 同의대(해운대백병원) 소화기내과학교실 교수(현) 2012·2014·2018년 同해운대백병원 종합검진센터 소장(현) 2016년 同해운대백병원장(현) (상)아시아태평양소화기병학회 젊은 의학자상(1996), 대한소화기내시경학회 최우수논문상(1999) (저)'소화관내시경 진단TEXT II'(2006) '고통없는 대장내시경 삽입법'(2006) 'STEP내과(1) 소화기'(2007) '소화관내시경 진단TEXT I'(2009) '소화관초음파 아틀라스'(2009) '대장내시경삽입법 달인되기'(2009)

## 문영식(文泳植) MOON Young Shik

(생)1957·6·6 (출)서울 (주)경기도 안산시 상록구 한양대학로 55 한양대학교 소프트웨어융합대학 소프트웨어학부(031-400-5196) (학)1980년 서울대 전자공학과졸 1982년 한국과학기술원(KAIST) 전기및전자공학과졸(석사) 1990년 컴퓨터공학박사(미국 캘리포니아대) (경)1982~1985년 한국전자통신연구소 연구원 1989~1990년 미국 Inno Vision Medical 선임연구원 1990~1992년 한국생산기술연구원 선임연구원 1992~2003년 한양대 전자계산학과 전임강사·조교수·부교수 2001~2002년 同공학기술연구소 부소장 2003~2017년 同공학대학 컴퓨터공학과 교수 2005~2006년 同정보통신실장 2006년 同대학원 부원장 2008·2010~2012년 同교무입학처장 2012년 대한전자공학회 부회장 2014년 同회장 2014~2016년 한양대 공학대학장 2015~2016년 同공학기술대학원장 겸임 2017년 同소프트웨어융합대학 소프트웨어학부 교수(현) (상)대한전자공학회 공로상(1980), 대한전자공학회 해동상(2005), 제18회 과학기술우수논문상(2008) (저)'컴퓨터 개론'(1994) '컴퓨터 입문 : 기본이론과 실습'(1996) '인터넷과 PC통신'(1998) '인터넷의 기초와 활용'(1999) '인터넷의 이해'(2001) '컴퓨터(共)'(2002) '이산수학(共)'(2004) (역)'이공학 문제해결을 위한 C'(2005)

## 문영주(文煐周) MOON Young Joo

(생)1963·3·29 (출)서울 (주)서울특별시 종로구 삼봉로 71 G타워 2층 (주)비케이알(02-6331-8282) (학)1982년 상문고졸 1986년 중앙대 영어영문학과졸 1989년 미국 미시간주립대 대학원 커뮤니케이션학과졸 (경)1990년 제일기획 광고1팀 AE 1991년 에이펙스엔터프라이즈 기획팀장 1995년 동양제과 외식사업팀장·외식사업본부장 1999~2002년 同외식사업담당 상무·베니건스 외식사업본부장(상무) 1999~2003년 메가박스 씨네플렉스 영화관사업담당 상무 2000~2003년 제미로 대표이사 2002~2009년 롸이즈온(주) 대표이사 2012년 MPK그룹 대표이사 사장 2013년 (주)비케이알(버거킹) 대표이사(현) (작)뮤지컬 '오페라의 유령' '캐츠' '킹 앤 아이' '미녀와 야수'

## 문영태(文英泰) Moon Young Tae

(생)1961·9·27 (본)남평(南平) (출)서울 (주)서울특별시 영등포구 여의대로 60 NH투자증권(1544-0000) (학)1980년 대일고졸 1984년 서울대 경제학과졸 1987년 미국 위스콘신대 대학원 경영학과졸 (경)1990~1997년 Bankers Trust Company 서울지점 이사 1997~2000년 Deutsche Bank 서울지점 상무 2000~2007년 (주)Accolade 상무 2007년 우리투자증권 IB사업부 부대표(상무) 2015년 NH투자증권 Advisory본부장(상무) 2017년 同베트남법인PMI추진단장 2018년 同베트남법인장(전무)(현)

## 문영표(文永彪) Moon Young Pyo

(생)1962·4·27 (주)서울특별시 송파구 올림픽로 269 롯데쇼핑(주) 마트사업본부 임원실(02-2145-8500) (학)신인고졸, 영남대 섬유공학과졸 (경)1987~1988년 롯데산업 근무 1988~2001년 롯데상사 근무 2001년 롯데그룹 정책본부 감사실 근무 2006년 롯데상사 유통사업부문장 2007년 롯데쇼핑(주) 롯데마트 판매1부문장 2008년 同롯데마트 상품1부문장 2008년 同롯데마트 인도네시아법인장 2011년 同롯데마트 동남아본부장(상무) 2013년 同롯데마트 중국본부장 2014년 同롯데마트 전략지원본부장(전무) 2015년 同롯데마트 상품본부장 2016년 同롯데마트 고객본부장 2017년 롯데글로벌로지스(주) 택배사업본부장(전무) 2018년 同대표이사 전무 2019년 롯데쇼핑(주) 마트사업본부 대표(부사장)(현) 2019년 한국체인스토어협회 회장(현)

## 문영호(文永晧) MOON Young Ho

(생)1951·1·1 (본)남평(南平) (출)부산 (주)서울특별시 강남구 테헤란로 133 한국타이어빌딩 법무법인 태평양(02-3404-0539) (학)1969년 부산고졸 1974년 서울대 법대졸 1985년 미국 조지워싱턴대 로스쿨 비교법학 수료 (경)1976년 사법시험 합격(18회) 1978년 사법연수원 수료(8기) 1978년 부산지검 검사 1980~1983년 同진주지청·울산지청 검사 1983년 법무부 법무심의실 검사 1985년 서울지검 검사 1988년 일본 UNAFEI 연수 1989년 대검찰청 검찰연구관 1990년 대전지검 공주지청장 1991년 마산지검 형사2부장 1992년 대구지검·부산지검 총무부장 겸 형사정책연구원 연구실장 1993년 대검찰청 마약과장 1995년 同중수2과장 1996년 同중수1과장 1997년 서울지검 형사6부장 1997년 同특수2부장 1998년 同특수1부장 1998년 대전지검 홍성지청장 1999년 대구지검 제2차장 2000년 인천지검 부천지청장 2001년 서울고검 검사 2002년 同공판부장 2003년 대검찰청 기획조정부장 2003년 법무부 정책위원 2004년 창원지검장 2005년 부산지검장 2006~2007년 수원지검장 2007년 법무법인 태평양 고문변호사(현) 2008~2013년 중앙분쟁조정위원회 위원 2008~2012년 신세계 사외이사 2012년 동아일보 객원논설위원 2012년 한국경제신문 객원논설위원 (상)홍조근정훈장(2002) (종)불교

## 문영화(文英和·女) MOON Young Hwa

(생)1964·4·23 (출)부산 (주)서울특별시 종로구 성균관로 25-2 성균관대학교 법학전문대학원(02-740-1661) (학)1983년 부산여고졸 1987년 서울대 법학과졸 1991년 同대학원 법학과졸 (경)1986년 사법시험 합격(28회) 1989년 사법연수원 수료(18기) 1989년 서울지법 남부지원 판사 1991년 서울민사지법 판사 1993년 부산지법 동부지원 판사 1996년 수원지법 성남지원 판사 1998년 서울가정법원 판사 2000년 서울지법 판사 2000년 서울고법 판사 2002년 대법원 재판연구관 2006년 수원지법 부장판사 2006~2007년 미국 연수 2009년 서울중앙지법 부장판사 2011년 특허법원 부장판사 2013년 사법연수원 수석교수 2013~2014년 서울고법 부장판사 2014년 성균관대 법학전문대학원 교수(현)

## 문영훈(文永勳) MOON Young Hoon

(생)1933·12·10 (출)경남 창녕 (주)부산광역시 강서구 녹산산단27로 97 하이록코리아(주) 비서실(051-970-0800) (학)1953년 성동상고졸 (경)1961년 농업협동조합중앙회 근무 1972년 부산우유협동조합 기획실장 1975년 신동상호신용금고 경리부장 1977년 하이록코리아(주) 대표이사 사장 2005~2016년 同대표이사 회장 2008년 중소기업인 명예의전당 헌정 2016년 하이록코리아(주) 회장(현) (상)국가보훈처장표창(2009), 대통령표창(2013) (종)불교

## 문영훈(文榮薰) MOON Young Hoon

(생)1961·2·12 (본)남평(南平) (출)경남 합천 (주)부산광역시 금정구 부산대학로63번길 2 부산대학교 기계공학부(051-510-2472) (학)1979년 동래고졸 1983년 고려대 금속공학과졸 1985년 한국과학기술원(KAIST) 재료공학과졸(석사) 1991년 공학박사(미국 콜로라도대) (경)1985~1988년 한국중공업(주) 생산본부 선임연구원 1991~1998년 포항산업과학연구원 철강연구센터 책임연구원 1998~2007년 부산대 공대 기계공학부 조교수·부교수 2000년 학교법인 효창학원 사외이사 2007년 부산대 공대 기계공학부 교수(현), ILIC산학협력혁신센터장, 한국소성가공학회 사업이사, 한국열처리학회 편집이사 2017년 (사)한국소성가공학회 회장 2018년 한국공학한림원 회원(재료자원공학·현) (상)한국소성가공학회 공로상(2006), 부산시장표창(2008), 한국소성가공학회 학술논문상(2009), 부산대 공대 학술상(2009) (역)'판재 압연제품의 형상 및 치수'(1995)

**문용린(文龍鱗) MOON Yong Lin (以憂)**

(생)1947·7·3 (본)남평(南平) (주)서울특별시 서초구 서초대로46길 88 (재)푸른나무청예단(02-585-0098) (학)1966년 여주농고졸 1971년 서울대 교육학과졸 1976년 同교육심리학과졸 1980년 同대학원졸 1987년 철학박사(미국 미네소타대) (경)1986년 한국교육개발원 도덕교육연구실장 1989~2012년 서울대 교육학과 교수 1995~1999년 대통령자문 21세기위원회·정책기획위원회 위원 1996~1998년 대통령직속 교육개혁위원회 상임위원 1998~1999년 교육부 과외사교육비대책특별위원회 위원장 1998~1999년 대통령자문 새교육공동체위원회 위원 1999~2002년 청소년보호위원회 위원 2000년 교육부 장관 2003~2009년 청소년폭력예방재단 이사장 2003년 (사)세이프키즈코리아 공동대표 2004년 독서새물결운동추진위원회 위원장 2005~2012년 학교폭력대책국민협의회 상임대표 2006~2012년 APER 편집위원장 2011~2012년 한국교육학회 회장 2011~2012년 한국문화예술진흥원 이사장 2012년 서울대 명예교수 2012~2014년 서울시교육감(재선거 당선) 2014년 서울시교육감선거 출마 2015년 (재)푸른나무청예단 이사장(현) 2016~2018년 한국교직원공제회 이사장 2019년 대교문화재단 이사장(현) (상)국민포장(1987), 국민훈장 동백장(1998), 청조근정훈장(2003), 안전행정부장관표창(2013) (저)'교과교육전서(共)'(1988, 갑을출판사) '논쟁의 시대(共)'(1992, 형설출판사) 'EQ가 높으면 성공이 보인다'(1997) '피아제가 보여주는 아이들의 인지세계'(1998) '세계 속의 한국대학(共)'(1999, 교육과학사) '신세대부모여 확신을 가져라'(2000) '다중지능'(2001) '나는 어떤 부모인가'(2002) '교육리더십(共)'(2004, 교육과학사) '그러나 삶은 따뜻했다'(2004) '도덕성의 발달과 심리'(2004) '백범 김구의 지적 계발과정 탐색'(2005) '21세기 문화시민운동 가정에서부터 시작하자(共)'(2005, 지식산업사) '학교폭력 예방과 상담(共)'(2006, 학지사) '부모들이 반드시 기억해야 할 쓴소리'(2006) '행복한 성장의 조건'(2006) '전문직업인의 윤리발달과 교육'(2006) '열살 전에 사람됨을 가르쳐라'(2007) '아들심리학'(2007) '학교폭력의 위기개입의 이론과 실제'(2008) '내 아이 크게 멀리 보고 가르쳐라'(2008) '부모가 아이에게 물려주어야 할 최고의 유산'(2009) '도덕성과 문화'(2009) '지력혁명'(2009) '긍정심리학의 입장에서 본 성격 강점과 덕목의 분류'(2009) '행복한 도덕학교'(2010) '정서지능 그 오해와 진실'(2010) '긍정심리학 프라이머'(2010) '인문학콘서트'(2010) '지력혁명'(2010) '정서지능 강의'(2011) '나랑먼저 약속했잖아'(2011) '한국인의 도덕성 발달 진단'(2011) '아무도 모르니까 괜찮아'(2011) '지능과 교육'(2013) '문용린의 행복동화'(2014) '우리는 무엇으로 행복해지나(共)'(2016, 프런티어) (역)'세계의 어린이들'(1987) '미국과 소련의 아이들'(1988) '피아제가 보여주는 아이들의 인지세계'(1996) '에디슨 아동 키워주고 살려주고'(1998) '비범성의 발견'(1999) '도덕심리학'(2000) '콜버그의 도덕성 발달이론'(2000) '다중지능' 'Good Work'(2003) '학교교육 이렇게 살리자' (종)천주교

**문용선(文容宣) Moon Yong Seon (如水)**

(생)1958·9·30 (본)남평(南平) (출)전북 김제 (주)서울특별시 서초구 서초중앙로 157 서울고등법원(02-530-1114) (학)1980년 서울대 법대졸 1993년 미국 미시간대 대학원 법학과졸 (경)1983년 사법시험 합격(25회) 1985년 사법연수원 수료(15기) 1986년 서울민사지법 판사 1988년 서울가정법원 판사 1989년 서울지법 서부지원 판사 1990년 광주지법 판사 1993년 서울지법 동부지원 판사 1996년 서울지법 판사 1997년 사법연수원 교수 1999년 서울고법 판사 2000년 전주지법 군산지원 부장판사 2002년 대법원 재판연구관 2004년 서울남부지법 부장판사 2006년 서울중앙지법 부장판사 2007년 광주고법 부장판사 2009년 서울고법 부장판사 2015년 서울북부지법원장 2017년 서울고법 부장판사(현) (상)사법연수원장표창(1986) (저)'명의신탁 이론의 재검토' (종)기독교

**문용식(文龍植) MUN Yong Sik**

(생)1959·9·23 (출)광주 (주)대구광역시 동구 첨단로 53 한국정보화진흥원 원장실(053-230-1000) (학)1990년 서울대 국사학과졸 1992년 同대학원 정치외교학과졸 (경)1992년 한국출판정보통신(BNK) 이사, 푸른산출판사 대표이사 1994년 (주)나우콤 창립·서비스마케팅팀장 1994년 아프리카TV 설립 2000년 同서비스·마케팅총괄담당 이사(COO) 2001년 同대표이사 사장 2001년 페이레터 대표이사 겸임 2008년 (주)나우콤 인터넷사업부문 대표이사 2011년 同대표이사 2011~2012년 민주당 유비쿼터스위원장, 한반도재단 부이사장 2012년 민주통합당 인터넷소통위원장 2012년 同문재인 대통령후보 선대위 산하 '시민캠프' 공동대표 2012~2016년 김근태재단 부이사장 2014년 (사)공유사회네트워크 '함께살자' 이사장(현) 2015년 새정치민주연합 디지털소통위원장 2015년 同고양시덕양구乙지역위원회 위원장 2015~2018년 사람사는세상 노무현재단 운영위원 2015~2017년 더불어민주당 디지털소통위원장 2015~2016년 同고양시덕양구乙지역위원회 위원장 2016~2018년 김근태재단 이사 2017년 더불어민주당 제19대 문재인 대통령후보 중앙선거대책본부 SNS본부 부본부장 겸 가짜뉴스대책단장 2017~2018년 대통령소속 4차산업혁명위원회 위원 2018년 한국정보화진흥원(NIA) 원장(현) (저)'꾸준함을 이길 그 어떤 재주도 없다'(2011)

**문우식(文宇植) Moon, Woo-Sik**

(생)1960·4·10 (주)서울특별시 관악구 관악로 1 서울대학교 국제대학원(02-880-8524) (학)1979년 경희고졸 1983년 서울대 국제경제학과졸 1985년 프랑스 파리제1대 경제학과졸 1990년 경제학박사(프랑스 파리제1대학) (경)1990~1997년 한국개발연구원 연구원 1997~2012·2016년 서울대 국제대학원 교수(현) 2000년 독일 Center for European Integration 선임연구원 2006년 외교통상부 정책자문위원회 위원 2007~2010년 한국국제경제학회 운영이사 2008년 기획재정부 정책성과평가위원회 위원 2008년 벨기에 Leuven대학 Center for Global Governance 및 국제이사회(International Board) 위원 2009~2011년 한국금융학회 이사 2010년 교육과학기술부 정책자문위원회 위원 2011~2014년 한국유럽학회 이사 2012년 아시아개발은행연수원(Asian Development Bank Institute) 초빙학자 2012~2016년 한국은행 금융통화위원회 위원 (상)유럽 최고학술상 장모네체어(Jean Monnet Chair)(2007)

**문유석(文裕晳) MOON Yoo Seok**

(생)1969·11·6 (출)서울 (주)서울특별시 서초구 서초중앙로 157 서울중앙지방법원(02-530-1114) (학)1988년 경복고졸 1992년 서울대 사법학과졸 (경)1994년 사법시험 합격(36회) 1997년 사법연수원 수료(26기) 1997년 서울지법 판사 1999년 서울행정법원 판사 2001년 춘천지법 강릉지원 판사 2004년 서울중앙지법 판사 2008년 서울고법 사법정책심의관 2009년 법원행정처 정책담당관 2010년 서울고법 판사 2012년 광주지법 부장판사 2013년 인천지법 부장판사 2016년 서울동부지법 부장판사 2018년 서울중앙지법 부장판사(현) (저)'판사유감'(2014, 21세기북스) '개인주의자 선언'(2015, 문학동네) '미스 함무라비'(2016, 문학동네) '쾌락독서'(2018, 문학동네)

**문은숙(女)**

(생)1964 (주)세종특별자치시 다솜로 261 국무총리비서실 시민사회비서관실(044-200-2832) (학)성균관대 대학원 한국사상사학과졸, 소비자학박사(미국 오리건주립대) (경)2006년 한국소비자문화학회 이사 2006~2009년 소비자시민모임 기획처장 2007~2009년 공정거래위원회 표시광

고심사자문위원회 위원 2007~2009년 국제표준화기구(ISO) 소비자정책위원회 자문위원 2009년 한국독성학회 소비자분과 위원장 2009~2013년 식품안전정보원 원장 2014년 세계보건기구(WHO) 서태평양지역사무소 자문관 2015년 국제표준화기구(ISO) 소비자정책위원회 제품안전의장 2015~2017년 서울연구원 선임연구원 2016~2018년 (사)소비자와함께 공동대표 2018년 국무총리 시민사회비서관(현) (저)'한국시민사회운동 25년사(共)'(2015, 시민의신문)

## 문응철(文應哲)

(생)1962 · 7 · 11 (출)전남 영암 (주)전라남도 무안군 삼향읍 오룡2길 40 전라남도선거관리위원회(061-288-8143) (학)목포대 행정학과졸 (경)2008년 광주시선거관리위원회 홍보과장(서기관) 2011년 전남도선거관리위원회 지도과장(서기관) 2014년 중앙선거관리위원회 조사국 사이버선거범죄센터장 2015년 同조사국 조사2과장(부이사관) 2016년 국방대 안보과정 파견 2017년 전남도선거관리위원회 사무처장 2018년 중앙선거관리위원회 홍보국장 겸 대변인(이사관) 2018년 전남도선거관리위원회 상임위원(관리관)(현) (상)대통령표창(2011)

## 문이연(文利淵) Mun,Lee-Yon

(생)1961 (주)전라북도 완주군 이서면 오공로 11-12 한국전기안전공사(063-716-2070) (학)대구공고졸, 상주대 전기공학과졸 2015년 경북대 산업대학원 산업공학과졸 (경)1986년 한국전기안전공사 입사 2009년 同경주지사장 2010년 同부산울산지역본부 울산지사장 2011년 同구미칠곡지사장 2012년 同대구경북지역본부 대구서부지사장 2014년 同성장동력처장 2016년 同기술사업처장 2018년 同전력설비검사처장 2018년 同안전이사(현)

## 문익상(文益相) MOON Ik Sang

(생)1958 · 2 · 26 (주)서울특별시 강남구 언주로 211 강남세브란스병원 치과병원(02-2019-1330) (학)1984년 연세대 치의학과졸 1987년 同대학원 치의학과졸 1993년 치의학박사(연세대) (경)1990~1992년 연세대 치과대학 치주과 연구강사 1993~2004년 同치과대학 치주과 전임강사 · 조교수 · 부교수 1997년 스웨덴 예테보리대 치주과 교환교수 2004년 연세대 치과대학 치주과학교실 교수(현), 대한치주과학회 총무이사 · 편집이사 2009년 강남세브란스병원 치주과장 2011~2015년 同치과병원 진료부장 2015~2016년 同치과병원장

## 문 인(文 寅) MUN In

(생)1958 · 11 · 8 (출)전남 영광 (주)광주광역시 북구 우치로 77 북구청 구청장실(062-410-6000) (학)1977년 광주제일고졸 1981년 한양대 토목공학과졸 1986년 同대학원 토목공학과졸 2002년 토목공학박사(전남대) (경)기술고시 합격(20회) 1998년 광주시 도로계획과장 1998년 同도로과장 2000년 同월드컵추진기획단장 2001년 同지하철건설본부장(지방부이사관) 2002년 同건설국장 2005년 同북구 부구청장 2007년 同자치행정국장 2010년 同상수도사업본부장 2010년 同의회 사무처장 2011년 同기획조정실장 2012년 국토해양부 공공기관지방이전추진단 지원국장 2013년 국토교통부 공공기관지방이전추진단 지원국장 2014년 안전행정부 정부청사관리소장 2014~2015년 행정자치부 정부청사관리소장 2015~2016년 광주광역시 행정부시장, 더불어민주당 중앙당 정책위원회 부의장 2018년 광주시 북구청장(더불어민주당)(현)

## 문 일(文 逸) MOON Il

(생)1960 · 10 · 28 (본)남평(南平) (출)서울 (주)서울특별시 서대문구 연세로 50 연세대학교 공과대학 화공생명공학과(02-2123-2761) (학)1983년 연세대 화학공학과졸 1985년 한국과학기술원졸(석사) 1992년 화학공학박사(미국 카네기멜론대) (경)1984년 일성안티몬(주) 연구원 1985년 한국과학기술원 연구원 1989년 미국 Carnegie Mellon대 연구조교 1993년 영국 Imperial College Univ. 자문위원 1993~2000년 연세대 공과대학 화학공학과 조교수 · 부교수 1994~1997년 한국과학재단 중점과제연구회 책임자 1995~1999년 한국과학기술연구원(KIST) 객원책임연구원 1995~1999년 연세대 산업기술연구소 연구부장 1997년 同화학공학과 책임교수 1997년 同화학공학과장 1998~1999년 同화학공학전공 책임교수, 미국 Carnegie Mellon대 화학공학과 교환교수 및 학부 강사 2000년 한국공학교육인증원 사무처장 2000년 연세대 학부대학 교학부장 2001년 同공과대학 화공생명공학과 교수(현) 2006~2008년 한국공학교육연구센터장협의회 회장 2010~2012년 국가과학기술위원회 전문위원, 한국가스안전공사 비상임이사 2012년 한국위험물학회 부회장 2012년 연세대 신문방송편집인 2013~2015년 同대학출판문화원장 2014~2017년 산업통상자원부 가스기술기준위원회 위원 2015~2017년 한국연구재단 국책연구본부장 2018년 한국위험물학회 회장(현) 2018년 연세대 연구부총장(본부장)(현) 2019년 삼성엔지니어링(주) 사외이사(현) (상)과학기술처장관표창, 한국공학교육기술학회 올해의공학상(2003), 한국화학공학회 형당교육상(2006), 영국 IC-SES학회 최우수논문상(2011), 대통령표창(2015) (저)'화학공정 생산 및 일정계획'(1999) 'Hyhydrogen Safety Book(編)'(2007) 'Advances in Hydrogen Production, Storage and Distribution'(2014) '화학물질안전개론'(2016) '공학의 눈으로 미래를 설계하라'(2019) '화학물질안전개론 제2판'(2019) (역)'체계적인 화학공정 설계'(1998)

## 문일경(文一景) MOON Il Kyeong

(생)1962 · 2 · 12 (본)남평(南平) (출)부산 (주)서울특별시 관악구 관악로 1 서울대학교 산업공학과(02-880-7151) (학)1984년 서울대 산업공학과졸 1986년 同대학원졸 1991년 공학박사(미국 컬럼비아대) (경)1992~2003년 부산대 산업공학과 전임강사 · 조교수 · 부교수 1997~1998년 대한산업공학회 학술분과위원장 1998~2002년 IIE Transactions 편집위원 2001~2005년 대한산업공학회지 편집위원 2003~2012년 부산대 산업공학과 교수 2004~2005년 한국경영과학회 이사 2006년 대한산업공학회 편집위원장 2007년 한국의사결정학회 이사(현) 2007~2010년 European Journal of Industrial Engineering 부편집위원장 2009~2013년 International Journal of Industrial Engineering Area Editor 2011~2012년 대한산업공학회 부회장 2012년 서울대 산업공학과 교수(현) 2013~2014년 대한산업공학회 감사 2014~2018년 한국SCM학회 부회장 2019년 대한산업공학회 회장(현) (상)우수박사학위논문상 장려상(1992), 과학기술우수논문상(1995), 사이버학술대회 금상(2000), 대학생시뮬레이션경진대회 우수상(2001), 대학생시뮬레이션경진대회 장려상(2002), 사이버학술대회 우수논문상(2002), 한국SCM학회 최우수논문상(2011), 제27회 정헌학술대상(2013), 서울대 학술연구상(2018) (저)'생산시스템 시뮬레이션(共)'(1995) '생산및운영관리(共)'(2016) (역)'ARENA를 이용한 시뮬레이션 2E(共)'(2002) 'ARENA를 이용한 시뮬레이션 3E'(2005) '제조과학의 법칙'(2005) (작)'ARENA를 이용한 시뮬레이션'

## 문일재(文一在) MOON Il Jae

(생)1955 · 11 · 25 (본)남평(南平) (출)강원 영월 (주)부산광역시 남구 문현금융로 30 BNK 금융지주(051-620-3000) (학)1974년 서울고졸 1979년 서울대 경영대학 경영학과졸 1981년 同행정대학원 행정학과 수료 1990년 미국 오리건주립대 대학원 경제학과졸(석사) (경)1979년 행정고시 합격(23

회) 1980~1994년 경제기획원 경제기획국·예산실·물가정책국 근무 1994년 국무총리실 경제조정관실 과장 1995년 국제통화기금(IMF) 이사보좌관 1999년 재정경제부 국유재산과장 2001년 同생활물가과장 2002년 同물가정책과장 2002년 대통령 기획조정비서관실 행정관 2004년 駐홍콩총영사관 재정금융관(영사) 2007년 재정경제부 경제자유구역기획단 기획국장 2008년 대통령 경제정책비서관 2008~2009년 조달청 차장 2009~2013년 연합자산관리(주) 감사 2013~2016년 (주)호텔신라 감사 2016년 삼성증권 고문 2016년 (주)BNK금융지주 사외이사(현) 2016년 대한석유협회 상근부회장 2017년 한국거래소 코스닥시장위원회 위원(현) 2018년 강원사랑회 회장(현) 2019년 (재)ProQ21장학회 이사장(현) (상)경제기획원장관표창(1985), 대통령표창(1991), 녹조근정훈장(2002) (저)'홍콩 금융정책과 금융시장에 대한 이해'(2006) '홍콩은행 현황과 경영성과분석'(2007) (종)기독교

## 문장길(文長吉)

(생)1963·4·26 (주)서울특별시 중구 세종대로 125 서울특별시의회(02-3702-1400) (학)국민대 국사학과졸 (경)(주)동아큐비클 대표이사(현), 더불어민주당 중앙당 디지털소통위원회 위원 2017년 同제19대 문재인 대통령후보 조직특보 2018년 서울시의회 의원(더불어민주당)(현) 2018년 同도시안전건설위원회 위원(현) 2018년 同정책위원회 위원(현) 2018년 同윤리특별위원회 위원(현) 2018년 同서부지역 광역철도 건설 특별위원회 위원(현)

## 문재도(文在燾) MOON Jae Do

(생)1959·6·10 (본)남평(南平) (출)전남 보성 (주)서울특별시 서초구 반포대로 34 로얄빌딩 4층 수소융합얼라이언스추진단(02-6258-7450) (학)1977년 광주제일고졸 1982년 서울대 경제학과졸 1985년 同대학원 정책학과졸(석사) 1986년 한국과학기술원(KAIST) 경영학과졸(석사) (경)1981년 행정고시 합격(25회) 1983~1984년 체신부 사무관 1988~1989년 동력자원부 기획관리실 사무관 1995~1998년 한반도에너지개발기구(KEDO) 사업운영과장 파견 2001년 산업자원부 수동기계산업과장 2003년 同전기위원회 총괄정책과장 2005년 同자원정책과장 2005년 KOTRA 외국인투자지원센터 실장 2005년 산업자원부 통상지원심의관 2006년 同외국인투자기획관 2007~2009년 駐제네바국제연합사무처 및 국제기구대표부 참사관 2010년 지식경제부 자원개발원전정책관 2011년 同산업자원협력실장(고위공무원) 2013년 대통령 경제수석비서관실 산업통상자원비서관 2014~2016년 산업통상자원부 제2차관 2016년 서울대 공대 산업공학과 객원교수 2017~2018년 한국무역보험공사 사장 2019년 수소융합얼라이언스추진단 초대 회장(현) 2019년 同총회 및 이사회 의장 겸임(현) (상)대통령표창(1993), 녹조근정훈장(2001)

## 문재숙(文在淑·女) MOON Chae Suk

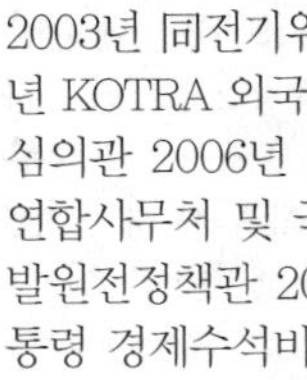

(생)1953·2·24 (본)남평(南平) (출)서울 (주)서울특별시 서대문구 이화여대길 52 이화여자대학교 음악대학(02-3277-2452) (학)1971년 서울대사대부고졸 1976년 서울대 가야금학과졸 1978년 同대학원졸 1993년 문학박사(한국정신문화연구원) (경)인간문화재 김명환에게 북·판소리 사사 1980년 이화여대 국악과 강사 1987년 국제올림픽 문화학술대회 공연 1999년 이화여대 음악대학 한국음악전공 부교수, 同음악대학 한국음악전공 교수, 중요무형문화재 제23호 가야금산조 기능보유자 후보 2006년 중요무형문화재 제23호 가야금산조·병창 기능보유자(현), (사)예가회 이사(현), 김해시립가야금단 음악감독 2013년 국제가야금축제 기획총괄 2018년 이화여대 음악대학 한국음악전공 명예교수(현) (상)금관상(1989), 창작동요제 입선(1989), KBS국악대상(1998), 한국음악평론가협회 음악상, 기독교문화예술원 기독교문화대상 (저)'김죽파 가야금 산조'(1989) '가야금 찬양곡집'(1993) '가야금의 첫걸음'(1995) '한국음악인들의 생활사'(1998) '김죽파 가야금산조의 연구' (작)'가야금 연주회' '문재숙 가야금독주회' '김죽파 10주기 추모공연' '죽파이야기공연' '가야금찬양곡집Ⅰ집' '김죽파 가야금 산조' '가야금찬양곡집Ⅱ집' '가야금찬양곡집Ⅲ집' '가야금 크리스마스 캐롤' '풍류' '두려워 말라' '나음을 입었도다' '주님의 뜻' '나의 동반자' '아무도 몰라' '감사찬양' '추수감사절 노래' '어허둥둥 예수여' '일본 가와사키시 노약당 가야금 리사이틀' (종)기독교

## 문재완(文在完) MOON Jae Wan

(생)1961·3·11 (출)서울 (주)서울특별시 동대문구 이문로 107 한국외국어대학교 법학과(02-2173-2321) (학)1985년 서울대 법대 공법학과졸 1999년 미국 인디애나대 대학원 법학과졸 2002년 법학박사(미국 인디애나대) (경)1991~2002년 매일경제 법조팀장·사회부·경제부 기자 2001년 미국 뉴욕주 변호사 2001~2002년 미국 인디애나 법대 글로벌프로그램 자문위원 2002~2003년 서울대 법대 Journal of Korean Law Associate Editor 2002년 同BK21 박사 후 연구원 2003~2005년 단국대 법학부 법학전공 조교수 2003~2004년 사법개혁위원회 전문위원 2004년 법무부 법률서비스경쟁력강화위원회 위원 2005~2006년 사법제도개혁추진위원회 기획위원 2005~2016·2017년 한국외국어대 법학과 교수(현) 2008~2009년 방송통신심의위원회 통신분과 특별위원 2009년 미디어발전국민위원회 위원 2009~2012년 방송문화진흥회 이사, 동아일보 객원논설위원 2010년 한국외국어대 법학전문대학원 부원장 2010년 한국신문협회 정책기획자문위원 2012~2013년 사이버커뮤니케이션학회 회장 2013~2016년 한국외국어대 법학연구소장 2014년 한국이민법학회 부회장 2015년 한국언론법학회 회장 2016년 同고문(현) 2016~2017년 국제방송교류재단 아리랑TV 사장 2018년 한국외국어대 법학전문대학원장(현) 2018년 한국헌법학회 회장(현) 2019년 방송통신위원회 허위조작정보자율규제협의체 위원(현) (상)언론법학회 철우언론법상(2008) (저)'순진한 상식 매정한 판결'(1995) '표현의 자유 그리고 한계'(2002) '언론의 다양성 확보를 위한 정책단에 대한 연구'(2004) '법률시장 개방국들의 외국변호사 관리감독제도(共)'(2004) '언론관계소송(共)'(2007) '변호사와 한국 사회 변화'(2008) '언론법-한국의 현실과 이론'(2008) 'Law Crossing Eurasia: From Korea to the Czech Republic(共)'(2015) '잊혀질 권리 : 이상과 실현'(2016)

## 문재우(文在于) MOON Jae Woo

(생)1955·10·29 (출)전북 김제 (주)서울특별시 종로구 삼청로 118 한국금융연수원(02-3700-1543) (학)1973년 익산 남성고졸 1977년 원광대 경영학과졸 1981년 서울대 행정대학원 행정학과졸 1986년 미국 일리노이주립대 대학원 회계학과졸 1987년 한양대 대학원 경영학박사과정 수료 2003년 경영학박사(원광대) (경)1976년 행정고시 합격(19회) 1977년 김제군청 근무 1978~1991년 재무부 기획관리실·이재국·증권보험국·세제국 근무 1985년 미국 공인회계사시험 합격 1991년 駐벨기에 재무관 1995년 재정경제원 금융실명단 금융반장 1995년 同국제협력담당관 1997년 同국제투자과장 1998년 재정경제부 투자진흥과장 1999년 同경협총괄과장 2000년 미국 Pwc 뉴욕사무소 파견 2001년 대통령비서실 파견 2002년 금융감독위원회 기획행정실장 2003년 제16대 대통령직인수위원회 경제1분과 전문위원 2003년 새천년민주당 수석전문위원 2004년 증권선물위원회 상임위원 2005~2006년 연세대 경제대학원 겸임교수 2006~2007년 금융감독위원회 상임위원 2007~2010년 금융감독원 감사 2010~2013년 손해보험협회 회장 2013년 법무법인 율촌 고문, 한국거래소 코스닥상장위원회 심의위원 2014~2016년 BS금융지주 사외이사 2016년 롯데손해보험(주) 사외이사 2018년 한국금융연수원 원장(현) (상)녹조근정훈장(1990), 헤럴드경제 보험대상 공로상(2014) (종)기독교

## 문재인(文在寅) MOON Jae In

(생)1953·1·24 (본)남평(南平) (출)경남 거제 (주)서울특별시 종로구 청와대로 1 대통령비서실(02-770-0011) (학)1971년 경남고졸 1980년 경희대 법학과졸 (경)1975년 군부독재 반대시위로 투옥 1980년 계엄령위반으로 투옥 1980년 사법시험 합격(22회) 1982년 사법연수원 차석으로 수료(12기) 1982~1995년 변호사 개업 1985년 부산민주시민협의회 상임위원 1987년 민주헌법쟁취국민운동 부산본부 상임집행위원 1991~2003년 부산·경남민변 대표 1995~2003년 부산종합법률사무소 대표변호사 1995~2003년 부산지방변호사회 인권위원장 2002년 (사)부산민주항쟁기념사업회 부이사장 2002년 새천년민주당 노무현 대통령후보 부산시선거대책위원장 2003년 대통령 민정수석비서관 2004년 대통령 시민사회수석비서관 2005~2006년 대통령 민정수석비서관 2006년 대통령 정무특보 2007~2008년 대통령 비서실장 2008~2012년 법무법인 부산 대표변호사 2009년 故노무현 전(前) 대통령 국민장의위원회 상임집행위원장 2009~2011년 사람사는세상 노무현재단 이사 2010~2012년 同이사장 2011년 혁신과통합 상임공동대표 2012년 민주통합당 상임고문 2012~2016년 제19대 국회의원(부산 사상구, 민주통합당·민주당·새정치민주연합·더불어민주당) 2012년 민주통합당 제18대 대통령 후보 2013년 민주당 상임고문 2014년 새정치민주연합 상임고문 2014년 同6.4지방선거 대책위원회 공동위원장 2014년 국회 국방위원회 위원 2014년 국회 남북관계및교류협력발전특별위원회 위원 2014년 새정치민주연합 원전대책특별위원회 위원장 2014년 同비상대책위원회 위원 2015년 同대표최고위원 2015~2016년 더불어민주당 대표최고위원 2016~2017년 同상임고문 2017년 대한민국 제19대 대통령(현) (상)자랑스러운 경희인상(2012), 백봉신사상 올해의 신사의원 베스트11(2013), 백봉신사상 올해의 신사의원 베스트10(2014·2015), 국제언론인클럽 글로벌 자랑스런 한국인대상 의정발전공헌부문(2015), 애틀란틱카운슬 선정 2017 세계시민상(2017), 미국 Foreign Policy誌 Global Thinkers 100인 선정(2017), 인터파크도서 선정 '2017최고의 책'(2017) (저)'부림사건과 국가보안법 제7조의 위헌성'(1997) '문재인의 운명'(2011) '문재인·김인회의 검찰을 생각한다'(2011, 오월의봄) '문재인이 드립니다'(2012, 리더스북) '사람이 먼저다(문재인의 힘)'(2012, 퍼플카우) '1219 끝이 시작이다'(2013, 바다출판사) '문재인의 운명(특별판)'(2017, 북팔) (종)천주교

## 문전일(文全一) MUN Jeon Il

(생)1960·8·25 (주)대구광역시 북구 노원로 77 한국로봇산업진흥원 원장실(053-210-9600) (학)1979년 제주 오현고졸 1984년 서울대 기계공학과졸 1986년 한국과학기술원(KAIST) 생산기계공학과졸(석사) 1996년 인공지능학박사(미국 시라큐스대) (경)1985년 LG산전(주) 입사 1998년 同부장 2004~2006년 LS산전(주) 중앙연구소장(이사) 2007~2010년 호서대 로봇공학과 교수·로봇공학과장 2011년 대구경북과학기술원 대학원 로봇공학전공 교수(현) 2011년 同로봇시스템연구부장 2012년 同연구본부장 2015~2016년 同융합연구원장 2018년 同협동로봇융합연구센터장 2018년 한국로봇산업진흥원 원장(현) (상)대통령표창(2005), 산업통상자원부장관표창(2014)

## 문정수(文正秀) MOON Jung Soo

(생)1939·8·9 (본)남평(南平) (출)부산 (주)부산광역시 중구 민주공원길 19 (사)부산민주항쟁기념사업회(051-790-7477) (학)1958년 경남고졸 1964년 고려대 정치외교학과졸 1992년 연세대 행정대학원졸 2004년 동아대 대학원 정치외교학 박사과정 수료 (경)1960년 공명선거투쟁위원회 학생특별위원회 총무부장 1966년 신민당 부산2지구당 선전부장 1969년 김영삼국회의원 비서관 1972년 신민당 중앙상무위원 1979년 同총무국장 1981년 정치활동 규제 1984년 정치활동 해금 1984년 신한민주당(신민당) 창당발기인 1985년 同총무국장 1985년 제12대 국회의원(부산北, 신민당) 1985년 신민당 사무차장 1987년 통일민주당(민주당) 통일특별위원회 위원장 1988년 제13대 국회의원(부산北甲, 민주당·민자당) 1988년 민주당 부산시지부 위원장 1992년 제14대 국회의원(부산北甲, 민자당) 1992년 민자당 중앙당기위원장 1993년 同사무총장 1993년 同부산시지부 위원장 1995년 同당무위원 1995~1998년 부산광역시장(민자당·신한국당·한나라당) 1996년 '부산민주공원 조성 범시민추진위원회' 위원장 1999~2009년 신라대 행정학과 초빙교수 2000~2001년 민주국민당 부산北·강서乙지구당 위원장 2002년 한나라당 부산시 대통령선거대책위원회 상임고문, 同부산시지부 고문 2014년 (사)부산민주항쟁기념사업회 이사장(현) 2015년 대한민국헌정회 이사 (상)건국포장(2010) (저)'결코 잊지 맙시다' '명란젓과 컨테이너' '아빠 왜 집에 안가' '부산의 미래가 열린다' '한국의 미래가 열린다' (종)불교

## 문정식(文政植) Moon Jeong Sik

(생)1959·10·15 (본)남평(南平) (출)서울 (주)서울특별시 종로구 율곡로2길 25 연합뉴스 편집국 선임데스크팀(02-398-3114) (학)서강대 영어영문학과졸 (경)2000년 연합뉴스 인터넷취재팀 차장 2001년 同인터넷취재팀장 2002년 同제네바특파원 2006년 同국제뉴스2부 근무(부장급) 2006년 同편집국 국제뉴스담당 부국장 2008년 同국제뉴스2부 기획위원 2009년 同해외국장(부국장급) 2011년 同유럽총국장(부국장급) 2012년 同유럽총국장(국장대우) 2014년 同국제뉴스2부 기획위원(국장대우) 2015년 同편집국 국제뉴스 선임데스크팀 국장대우 2018년 同편집국 선임데스크팀 이사대우(현) (상)한국참언론인대상 국제부문(2008) (저)'네트워크 오딧세이' '컴퓨터는 칼보다 강하다' '온라인 저널리스트' '펜을 든 병사들' (종)가톨릭

## 문정용(文正龍)

(생)1962·8 (주)서울특별시 강남구 테헤란로 415 KT엠하우스 임원실(02-2189-7000) (학)광운대졸, 한국과학기술원(KAIST) 경영학과졸(석사) (경)2009년 KTF 비지니스부문 IE사업본부장 2013년 (주)KT 시너지경영실 ICT시너지담당 2014년 同비서실 2담당 마스터PM(상무) 2015년 同출자경영1담당 상무 2016년 同기업문화실장(상무) 2017년 同플랫폼서비스사업단장(상무) 2019년 KT엠하우스 대표이사(현)

## 문정우(文正禹)

(생)1964·8·10 (출)충남 금산 (주)충청남도 금산군 금산읍 군청길 13 금산군청 군수실(041-750-2208) (학)신구대학 축산과졸, 한국방송통신대 농학과졸, 건국대 농축대학원 수의학과졸, 농학박사(건국대) (경)웅지농산 대표, 금산군농민단체협의회 회장, 건국대 농축대학원 겸임교수, 한경대 동물생명과학대학 겸임교수 2014년 충남 금산군수선거 출마(새정치민주연합) 2018년 충남 금산군수(더불어민주당)(현) (상)금산군수표창(1992), 충청남도지사표창(1996), 농림부장관표창(1997), 충남도 농어촌발전대상(1998), 금산군 군민대상 산업부문(2001)



ㅁ

## 문정인(文正仁) Moon Chung-In

(생)1951·3·25 (본)남평(南平) (출)제주 제주시 (주)서울특별시 서대문구 연세로 50 연세대학교(02-2123-2114) (학)1969년 제주 오현고졸 1977년 연세대 철학과졸 1981년 미국 메릴랜드대 대학원 정치학과졸 1984년 정치학박사(미국 메릴랜드대) (경)1970~1972년 연세대 학보 연세춘추 기자 겸 편집국 국장 1978~1984년 미국 메릴랜드대 조교·강사 1981~1984년 同국제문제연구소 상임연구원 1984~1985년 미국 윌리엄스칼리지(Williams College) 초빙교수 1985~1994년 미국 켄터키대 정치외교학과 조교수·부교수 1985년 Pacific Focus 부편집인 1993년 미국 캘리포니아대 태평양국제대학원 초빙교수 1994~2016년 연세대 사회과학대학 정치외교학과 교수 1994년 한국정치학회 국제위원장 1994~2000년 통일원 자문위원 1997년 미국 국제정치학회 이사 1997~2000년 세계정치학회 프로그램위원회 위원 1998년 연세대 통일연구원장 1999년 청와대 국가안전보장회의 비상근자문위원 1999~2004년 UNESCO 한국위원회 집행위원 2000~2002년 연세대 국제학대학원장 2000년 평양 남북정상회담 특별수행원 2001년 연세대 국제학연구단장 2001~2003년 미국 국제정치학회(ISA) 부회장 2002년 일본 게이오대 초빙교수 2003~2004년 연세대 현대한국학연구소장 2003년 스위스 제네바대 겸임교수 2003년 노무현 대통령당선자 방미특사단원 2004~2006년 한국평화학회 회장 2004~2005년 대통령자문 동북아시대위원회 위원장 2005년 대통령자문 국방발전자문위원 2006~2008년 외교통상부 국제안보분야 대외직명대사 2006년 글로벌아시아 편집장(현) 2009·2011년 대통령직속 사회통합위원회 위원 2011년 한반도포럼 이사 2011~2017년 동아시아재단 이사 2011년 국제평화재단 이사 2011년 중국개혁개방포럼 국제고문 2012~2016년 연세대 김대중도서관장 2012년 민주통합당 제18대 대통령중앙선거대책위원회 '미래캠프' 산하 남북경제연합위원회 위원 2012~2017년 한반도평화포럼 공동대표 2014년 대통령직속 통일준비위원회 외교안보분과위원회 민간위원 2016년 연세대 명예특임교수(현), 미국 캘리포니아대 샌디에이고교 Krause 석좌연구원(현) 2017년 대통령 통일·외교·안보 특별보좌관(현) (상)Distinguished Scholarship Award(1986), Public Policy Scholar Award(1999), 연세대 우수연구업적표창(2001·2002·2003), 제민일보 선정 올해의 제주인상(2005), 공군을 빛낸 인물(2006), 제주특별자치도 문화상 학술부문(2006), 연세대 공로패(2007), 중국 북경대 국제학원 Lixian Scholar(2009), 미국 Univ. of California San Diego Pacific Leadership Fellow(2010), 제15회 연문인상(2015), 연세대 우수업적교수상 교육부문(2016), 제15회 DMZ 평화상 특별상(2019) (저)'Alliance under Tension : The Evolution of U.S.-South Korean Relations'(1988) 'The United States and the Defense of the Pacific'(1989) 'Rethinking the Korean Peninsula : Arms Control, Nuclear Issues, and Economic Reformation'(1993) '복합적 상호의존과 초국가적 로비-한국의 대미로비 사례 연구(共)'(1995) '미국의 군사력 감축과 아시아 태평양 지역의 재래식 군사력- 총괄평가(共)'(1995) '미국의 기술개발지원제도(共)'(1995) 'Arms Control on the Korean Peninsula'(1996) '민주화시대의 정부와 기업'(1998) 'Democracy and the Korean Economy'(1999) '한국의 부정부패'(1999) '동북아 전력구조와 한국의 우주항공력'(2000) '새천년한반도 평화구축과 신지역 질서론(共)'(2000) 'Understanding Korean Politics'(2001) '시장, 국가, 국제체제(共)'(2002) '제주교육의 세계화 방향'(共) '남북한 정치 갈등과 통일(共)'(2002) '21세기 국제환경 변화와 한반도'(2004) '협력적 자주국방과 국방개혁'(2004) '1950년대 한국사의 재조명(編)'(2004) '신 국방정책과 공군력의 역할(共)'(2004) '동아시아의 전쟁과 평화'(2006) 'The United States and Northeast Asia: Issues, Debates, and New Order'(2008) '중국의 내일을 묻다'(2010) '중국의 내일을 묻다의 번역판'(2011) 'The Sunshine Policy'(2012, Yonsei University Press) '일본은 지금 무엇을 생각하는가?'(2013) '다보스 이야기(共)'(2014, 와이즈베리) (역)'김대중과 국방'(2015)

## 문정일(文丁一) MOON Jung Il

(생)1958·11·19 (본)남평(南平) (출)서울 (주)서울특별시 서초구 반포대로 222 가톨릭대학교 가톨릭중앙의료원(02-2258-1064) (학)1983년 가톨릭대 의대졸 1991년 同대학원졸 의학석사 1994년 의학박사(가톨릭대) 2008년 미국 GE 최고경영자 연수과정(Global Customer Summit Korea Executive Program) 수료 2011년 서울과학종합대학원 4T CEO녹색성장과정 수료 (경)1990년 대한안과학회 정회원(현) 1990년 한국백내장굴절학회 정회원(현) 1992년 미국안과학회(ARVO) 정회원 1993년 한국녹내장학회 정회원(현) 1994년 가톨릭대 의대 안과학교실 교수(현) 1995~1996년 미국 존스홉킨스(Johns Hopkins)의대 윌머안연구소 녹내장분야 Research Fellowship 1998~2002년 한국녹내장학회 상임이사(총무·학술이사) 1999년 한국의료질향상학회 정회원(현) 2000~2017년 한국소비자보호원 의료분쟁 전문위원 2002~2006년 한국과학기술단체총연합회 대의원 2002~2008년 대한안과학회 상임이사·총무이사·기획사업이사 2003~2005년 가톨릭대 성모병원 선임기획위원 2004~2012년 건강보험심사평가원 중앙심사평가위원 2004년 국민연금재심사위원회 의학자문단 위원(현) 2005~2007년 가톨릭대 성모병원 안센터 소장 겸 안과 과장 2005~2007년 同가톨릭중앙의료원 의료기획 자문위원 2005~2007년 同성모병원 수련교육부장 2005~2008년 대한안과학회 고시위원 2006~2014년 한국의료질향상학회 이사 2007~2008년 가톨릭대 서울성모병원개원준비단 진료기획부장 2007~2009년 同성모병원 진료부원장 2007~2009년 同성모병원 QI관리실장 2007년 대한노인병학회 정회원(현) 2008~2010년 한국녹내장학회 회장 2009~2013년 가톨릭대 여의도성모병원장(29·30대) 2009~2011년 한국방송공사(KBS) 의료자문위원 2009~2011년 대한병원협회 평가수련이사 2011년 한국녹내장학회 평의원(현) 2011~2014년 의료기관평가인증원 제도자문위원회 위원 2012~2013년 대한병원협회 법제이사 2012년 식품의약품안전처 중앙약사심의위원회 전문위원(현) 2017년 가톨릭대 가톨릭중앙의료원장(현) 2017년 同의무부총장 겸임(현) 2017년 同은평성모병원 건설사업추진위원회 부위원장 2017년 대한병원협회 부회장(현) 2017년 의료기관평가인증원 제도자문위원회 위원(현) 2017년 한국가톨릭의료협회 회장(현) 2017년 병원신문 편집인(현) 2018년 한국의료질향상학회 부회장(현) 2018년 사립대학교의료원협의회 부회장(현) 2018년 서울시의사회 이사(현) (상)보건사회부장관표창(1986), '제19회 아시아태평양안과학회(APAO) 'Distinguished Service Award' 수상(2003), 한국녹내장학회 제4회 연암학술상 대상(2005), 가톨릭중앙의료원 이념실천대상(2007), 국회 공로장(2010), 한국방송공사(KBS) 감사패(2012), 제3회 종근당 존경받는 병원인상 CEO부문(2013) (저)'녹내장 교과서'(共) '백내장'(共) (종)천주교

## 문정일(文丁一) Moon Jungil

(생)1966·3·5 (본)남평(南平) (출)부산 (주)서울특별시 강남구 테헤란로 133 한국타이어빌딩 법무법인 태평양(02-3404-0186) (학)1984년 달성고졸 1989년 서울대 공법학과졸 (경)1993년 사법시험 합격(35회) 1996년 사법연수원 수료(25기) 1996년 서울지법 남부지원 판사 1998년 서울지법 판사 2000년 대전지법 판사 2003년 서울지법 판사 2004년 서울중앙지법 판사 2005년 수원지법 판사 2008년 서울고법 판사 2009년 대법원 재판연구관 2011년 대전지법 제12형사부 부장판사 2012~2015년 서울고법 판사 2015년 법무법인 태평양 변호사(현) (저)'주석 민사집행법(共)'(2012, 한국사법행정학회)

## 문정현(文正鉉) MOON Jung Hyun

(생)1960·7·11 (본)남평(南平) (출)광주 (주)광주광역시 서구 상무중앙로 80 전문건설회관 1층 법무법인(유) 바른길(062-381-0050) (학)1980년 광주고졸 1987년 전남대 법학과졸 1994년 同대학원 법학과졸 (경)1991년 사법시험 합격(33회) 1994년 사법연수원 수료(23기) 1994년 광주지법 판

사 1996년 同목포지원 판사 1998년 영암군 선거관리위원장 1999년 광주지법 판사 2001년 곡성군 선거관리위원장 2001년 변호사 개업 2001~2005년 광주시 행정심판위원 2005년 광주지방공정거래협의회 자문위원 2007~2015년 법무법인 바른길 대표변호사 2007~2009년 사회복지공동모금회 전남지역 운영위원 2009년 광주지방경찰청 보안협력위원 2011~2012년 광주지방국세청 국세심사위원회 위원 2011~2013년 전남도 고문변호사 2013~2015년 광주고검 검찰시민위원회 위원 2013년 광주지검 형사조정위원회 법률위원장 2013~2015년 광주시 소청심사위원회 위원 2013~2015년 대한변호사협회 사법평가위원회 위원 2013~2015년 광주지방변호사회 회장 2015년 법무법인(유) 바른길 대표변호사(현) 2015~2017년 대한변호사협회 부회장 (종)기독교

**문정훈(文正勳) Jeong-Hoon Moon**

(생)1959·7·22 (출)부산 (주)전라북도 완주군 봉동읍 완주산단5로 163 현대자동차 전주공장(063-260-5114) (학)동아고졸, 동아대 기계공학과졸 (경)1984년 현대그룹 입사(공채) 2007년 현대자동차(주) 엔진변속기지원실장(이사대우) 2010년 同엔진변속기지원실장(이사) 2011년 同울산공장 5공장장(상무) 2014년 同울산공장 부공장장 겸 지원사업부장(전무) 2017년 同전주공장장(전무) 2019년 同전주공장장(부사장)(현) (상)산업포장(2014)

**문정희(文貞姬·女) Moon, CHUNG-HEE**

(생)1947·5·25 (본)남평(南平) (출)전남 보성 (주)서울특별시 중구 필동로1길 30 동국대학교 국어국문·문예창작학부(02-2260-8773) (학)진명여고졸 1970년 동국대 국어국문학과졸 1980년 同대학원 국문학과졸 1993년 문학박사(서울여대) (경)1969년 「월간문학」에 '불면' '하늘'로 신인상 당선·시인(현) 2005년 동국대 문예창작학과 석좌교수, 同국어국문·문예창작학부 석좌교수(현) 2007~2009년 고려대 세종캠퍼스 문예창작과 교수 2014~2016년 (사)한국시인협회 회장 2016년 同평의원(현) (상)월간문학 신인상(1969), 제1회 현대문학상(1976), 소월시문학상(1997), 동국문학상(2000), 정지용문학상(2004), 레바논 나지 나만문학상(2004), 마케도니아 국제 시(詩) 축제 '나밋의 날' 최고작품상(2004), 현대불교문학상(2005), 한국예술평론가협의회 '올해의 최우수 예술가상' 문학부문(2008), 스웨덴 시카다상(2010), 제10회 육사시문학상(2013), 목월문학상(2015), 대한민국문화예술상 문학부문(2015), 삼성행복대상 여성창조상(2017) (저)'눈물'(1997) '사포의 첫사랑'(1998) '이 세상 모든 사랑은 무죄이다'(1998) '오라, 거짓 사랑아'(2001) '모든 사랑은 첫사랑이다'(2003) '양귀비꽃 머리에 꽂고'(2004) 시선집 '지금 장미를 따라'(2009) '사랑의 기쁨'(2010, 시월) '다산의 처녀'(2010, 민음사) '여자의 몸(共)'(2015, 여백) '나는 문이다'(2016) '지금 장미를 따라'(2016) '치명적 사랑을 못한 열등감'(2016, 중앙북스) '한계령을 위한 연가'(2017, 바우솔) '아직 지나가지 않은 것들만 지나간다'(2017, 청색종이) (작)시집 '꽃숨' '문정희 시집' '혼자 무너지는 종소리' '아우내의 새' '그리운 나의 집' '찔레' '우리는 왜 흐르는가' '하늘보다 먼곳에 매인 그대' '양귀비꽃 머리에 꽂고' '나는 문이다' 'Windflower' '응', 수필집 '사색의 그리운 풀밭' '사랑과 우수의 사이' '젊은 고뇌와 사랑' '우리 영혼의 암호문 하나' '우리를 홀로 있게 하는 것들'

**문종구**

(생)1957·11·19 (주)강원도 삼척시 동양길 20 (주)삼표시멘트 임원실(033-571-7000) (학)1977년 전주고졸 1984년 한양대 전기공학과졸 (경)1984년 현대건설(주) 근무 1988년 한라시멘트(주) 근무 2002년 라파즈 아시아테크니컬센터 프로젝트엔지니어링본부장 2005년 라파즈한라시멘트(주) 생산본부장·영업본부장 2008년 同부사장 2016년 한라시멘트 대표이사 사장 2018년 同고문 2019년 삼표시멘트 대표이사 사장 겸 최고운영책임자(COO·현) (상)대통령표창(2009)

**문종극(文鍾極) MUN JONG KEUG**

(생)1960·6·29 (본)남평(南平) (출)충남 보령 (주)충청북도 청주시 흥덕구 복대로 185 충청타임즈(043-279-5000) (학)대천고졸 1988년 청주사범대 영어교육학과졸 (경)1988년 충청일보 입사 1997년 同정경부 차장 1999년 同제2사회부 차장 1999년 同편집부 차장 2000년 同사회부 차장, 한국기자협회 지방언론활성화특별위원, 同충청일보 분회장 2004년 전국언론노조 충청일보지부 위원장 2005년 새충청일보 창간멤버, 전국언론노조 새충청일보지부 위원장 2007년 충청타임즈 편집국 부국장 2009년 同편집국장 2016년 同대표이사 사장(발행인 겸임)(현) (상)한국기자협회 이달의 기자상

**문종석(文宗碩) Jong-suk Moon**

(생)1961·5·9 (주)서울특별시 중구 동호로 330 CJ프레시웨이(02-2149-6878) (학)1987년 부경대 무역학과졸 2003년 핀란드 알토대 대학원 MBA(석사) (경)2001~2002년 (주)동원F&B 마케팅실장 2003년 (주)동원홈푸드 FS사업본부 상무 2007년 同유통사업본부 전무 2012년 同대표이사 부사장 2013년 CJ프레시웨이 FS본부 부사장 2015년 同유통사업총괄 부사장 2016년 同대표이사(현) (상)대한민국 CEO 명예의 전당(2017)

**문종태(文鍾太)**

(생)1970·3·29 (주)제주특별자치도 제주시 문연로 13 제주특별자치도의회(064-741-1932) (학)제주남녕고졸, 제주대 법정대학 법학과졸 (경)(사)리본제주 이사장, 제주시학교운영위원장협의회 부회장, 민주평통 제주지역회의 청년위원장(현), 더불어민주당 제주특별자치도당 부위원장 2018년 제주특별자치도의회 의원(더불어민주당)(현) 2018년 同4.3특별위원회 위원 겸 문화관광체육위원회 위원(현), 국회 해양문화포럼 전문위원(현), 대통령직속 국가균형발전위원회 자문위원(현)

**문 주(文 洲) Moon Joo**

(생)1961·2·21 (출)서울 (주)서울특별시 관악구 관악로 1 서울대학교 미술대학 조소과(02-880-7495) (학)1986년 서울대 조소과졸 1991년 同대학원 조소과졸 1996년 커뮤니케이션아트박사(뉴욕공과대학) 2007년 연세대 커뮤니케이션대학원 박사과정 수료 (경)1997~1999년 경원대 미술대학 환경조각과 전임강사 1999년 서울대 미술대학 조소과 교수(현) 2017년 同미술대학장(현) (상)중앙미술대전 특선(1991), 김세중 청년조각상(1995), 토탈미술상(1997)

**문주남(文柱男) MOON Ju Nam**

(생)1931·12·5 (출)서울 (주)서울특별시 중구 수표로 62 대동산업(주) 회장실(02-2268-8506) (학)1957년 전남대 상대졸 1968년 고려대 경영대학원졸 1997년 명예 경영학박사(전남대) (경)1956년 성보실업(주) 근무 1964년 동아요업(주) 근무 1965년 명보직물(주) 대표이사 1983년 선도산업(주) 대표이사 1993년 대동산업(주) 대표이사 회장(현) 1995년 (주)대동 대표이사 회장(현) 1998년 대한도자기타일공업협동조합 이사장(현) (상)대통령표창(2006), 산업포장(2011) (종)불교

**문주현(文州鉉) Joo-Hyun Moon**

(생)1958·3·3 (주)서울특별시 강남구 테헤란로 306 카이트타워 20층 (주)엠디엠(02-2112-6500) (학)1987년 경희대 회계학과졸 1999년 서울대 공과대학 최고산업전략과정(AIP) 수료 2004년 同국제대학원 최고지도자과정(GLP) 수료 2009년 同공과대학 건설산업최고전략과정(ACPMP) 수료 2015

년 한양대 부동산융합대학원 창조도시부동산융합최고위과정(ARP) 수료 (경)1998년 (주)엠디엠 회장(현) 2001년 (재)문주장학재단 이사장(현) 2009년 민주평통 상임위원(현) 2010년 한국자산신탁(주) 회장(현) 2012년 한국자산캐피탈(주) 회장(현) 2014년 한국부동산개발협회 회장(현) 2016년 한국자산에셋운용(주) 회장(현) 2016년 전국검정고시총동문회 총회장(현) (상)기획재정부장관표창(2010), 중앙일보 '2010 녹색건설산업대상 중견건설부문' 최우수상(2010), 포춘코리아 '2011 한국경제를 움직이는 인물' 사회공헌경영부문(2010), 조선뉴스프레스 '2011 상생을 위한 사회책임경영'(2011), 국토해양부장관표창(2012), JTBC '2013 공생을 위한 사회책임경영(CSR)리더'(2013), 전국NGO단체연대 '올해의 닮고 싶은 인물' 사회통합(사회봉사)부문(2014), 서울부동산포럼 '2014년 부동산CEO대상'(2014), 서울시장표창(2014), 경희대총동문회 '2015년 자랑스런 경희인상'(2015), 在京광주전남향우회 '자랑스러운 광주전남인상'(2015), 전라남도 '자랑스러운 전남인상'(2015), '장흥 군민의 상' 출향기업인(2016), 대한민국 참봉사대상 경제발전공로대상(2016), 바둑대상 공로상(2017)

## 문주형(文柱馨·女) MOON Joo Hyung

(생)1969·12·25 (출)경남 합천 (주)서울특별시 서초구 서초중앙로 157 서울고등법원(02-530-1114) (학)1987년 진주여고졸 1991년 서울대 법대 사법학과졸 (경)1993년 사법시험 합격(35회) 1996년 사법연수원 수료(25기) 1996년 수원지법 판사·서울지법 판사 2003년 서울행정법원 판사 2005년 서울남부지법 판사 2008년 서울고법 판사 2009년 대법원 재판연구관 2011년 서울고법 판사 2017년 대전고법 판사 2018년 서울고법 판사(현)

## 문준식(文俊植) June-shik Moon

(생)1959·1·17 (출)대구 (주)제주특별자치도 제주시 신대로 64 제주항공(070-7420-1000) (학)1977년 경북고졸 1982년 서울대 경영학과졸 1997년 미국 워싱턴대 경영대학원졸(MBA) (경)1983년 한국수출입은행 입행 2002년 同수은영국은행 부사장 2005년 同국제금융부 팀장 2006년 同선박금융부 팀장 2008년 同신성장산업금융실장 2008년 同워싱턴사무소장 2011년 同해외투자금융부장 2012년 同총괄사업부장 2014년 同금융자문부장 2014년 同전략사업부장 2015년 同중소중견금융본부장(부행장) 2017년 同남북협력본부장 2019년 (주)제주항공 사외이사 겸 감사위원(현)

## 문준연 MOON Joon Yean

(생)1959·5·1 (출)경북 김천 (주)경기도 안산시 상록구 한양대학로 55 ERICA캠퍼스 경영학부(031-400-5653) (학)1981년 연세대 경영학과졸 1984년 同경영대학원졸 1994년 경영학박사(미국 코네티컷대) (경)1988~1989년 보람투자자문(주) 차장 1995년 한양대 전임강사·조교수·부교수 1998~1999년 한국유통학회 상임이사 1999년 한양대 창업보육센터 부소장 2002년 同ERICA캠퍼스 경영학부 교수(현) 2007년 同교무실장 2009년 Journal of Business Reasearch Editor 2009년 한국마케팅과학연구 편집위원장 2012~2013년 기획재정부 공공기관 경영평가위원 2013~2014년 한양대 ERICA캠퍼스 학술정보관장 2013~2014년 한국마케팅과학회 회장 2018년 한양대 ERICA캠퍼스 경상대학장(현) (저)'마케팅' '경영학원론 개정판'(2000) '마케팅: 원리와 최신 e-비즈니스 사례 제2판'(2000) '마케팅원론: 원리와 최신사례'(2003) '글로벌마케팅'(2006)

## 문준필(文俊弼) Moon Jun Pil

(생)1966·11·25 (출)경북 김천 (주)서울특별시 서초구 법원로 15 정곡빌딩 서관 405호 법무법인 LKB & Partners(02-596-7150) (학)1985년 용산고졸 1989년 고려대 법과대학 법학과졸 2016년 서울시립대 세무전문대학원졸(세무학석사) 2017년 同세무전문대학원 세무학 박사과정 중 (경)1990년 사법시험 합격(32회) 1993년 사법연수원 수료(22기) 1993년 軍법무관 1996년 수원지법 판사 1998년 서울지법 판사 2000년 대전지법 서천군·보령시·예산군법원 판사 2001년 同홍성지원 판사 2001년 일본 와세다대 연수 2004년 법원행정처 송무심의관 2006년 同사법정책실 판사 2006년 서울고법 판사 2008년 광주지법 부장판사 2009년 수원지법 부장판사 2012~2015년 서울행정법원 부장판사 2015~2016년 서울동부지법 부장판사 2016년 법무법인 LKB & Partners 대표변호사(현) 2016년 한국국제조세협회(IFA) 회원(현) 2016년 한국세법학회 회원(현) 2016년 대한상사중재원 중재인(현) 2016년 중부지방국세청 법률고문(현) 2017년 고려대 법학전문대학원 겸임교수(현) 2018년 한국납세자연합회 자문위원(현) 2018년 조세심판원 비상임심판관(현)

## 문준희(文俊熙) MOON Joon Hee

(생)1959·10·10 (본)남평(南平) (출)경남 합천 (주)경상남도 합천군 합천읍 동서로 119 합천군청(055-930-3001) (학)1978년 대구 대건고졸 1984년 대구대 사범대학 국어교육과졸 2012년 경남대 행정대학원 정치외교학과졸 (경)대구 경일여상 교사, 합천포럼 회장, 한국JC연수원 원장, 민주평통 자문위원, 대야문화제전위원회 본부장, 경남 합천군 학교위원장협의회 회장, 경남도 민방위 소양강사, 21C건국위원회 합천군 기획단장, 경남도분권협의회 공동대표, 새마을운동 합천군지회장, 경남·울산지구JC 회장, 경남·울산청년회의소 회장, 부림서점 대표 2006·2010~2014년 경남도의회 의원(무소속·한나라당·새누리당) 2010~2012년 同기획행정위원장 2012~2014년 同농해양수산위원회 위원, 同새누리당 대변인 2014년 새누리당 부대변인, 국회의원선거·대통령선거 경남 합천군 선거대책위원회 본부장, 새누리당 홍준표 경남도지사후보 합천군선거대책위원회 본부장, 합천초·합천중총동창회 부회장(현), 자유한국당 여의도연구원 정책자문위원 2018년 경남 합천군수(자유한국당)(현) (종)불교

## 문지수(文智秀) MOON JI SOO

(생)1973·2·28 (주)경기도 성남시 분당구 대왕판교로645번길 14 (주)네오위즈(031-8023-6985) (학)서울대 경영대학원졸 (경)2000년 (주)네오위즈 입사 2004년 同사업지원실장 2007년 네오위즈아이엔에스 대표 2010년 네오위즈게임즈 글로벌사업본부장 2011년 (주)게임온 이사(현) 2018년 (주)네오위즈 대표이사(CEO)(현)

## 문진국(文鎭國) MOON Jin Kook

(생)1949·2·1 (출)서울 (주)서울특별시 영등포구 의사당대로 1 국회 의원회관 827호(02-784-9340) (학)환일고 제적(3년) (경)1987년 동방교통(現 정안상운) 노조위원장(3선) 1992년 서울택시운전기사복지회 새마을금고 이사장 1993~2002년 한국노동조합총연맹 서울지역본부 부의장 1994년 전국택시노동조합연맹 부위원장 1996년 서울지방노동위원회 근로자위원 2002~2006년 서울시의회 의원(새천년민주당·민주당) 2004년 同교통위원회 부위원장 2005년 전국택시노동조합연맹 위원장 2008년 한국노동조합총연맹 상임부위원장 2008~2011년 중앙노동위원회 근로자위원, 최저임금위원회 근로자위원 2011~2014년 노사발전재단 공동이사장 2012~2014년 한국노동조합총연맹 위원장 2014~2015년 새누리당 보수혁신특별위원회 위원 2016년 제20대 국회의원(비례대표, 새누리당·자유한국당〈2017.2〉)(현) 2016·2018년 국회 환경노동위원회 위원(현) 2017년 새누리당 서울강서甲당원협의회 운영위원장 2017년 자유한국당 서울강서구甲당원협의회 운영위원장(현) 2017년 同노동위원회 위원장 2017~2018년 同정책위원회 부의장 2019년 同당대표 특별보좌역(현) (상)은탑산업훈장(2012)

## 문진기(文鎭起) MOON Jin Gi

(생)1959·1·7 (본)남평(南平) (출)강원 춘천 (주)강원도 춘천시 신북읍 율문길 95-8 춘성중학교(033-243-3672) (학)1977년 성수고졸 1982년 강원대 농공학과졸 1997년 同대학원 제어계측학 석사 (경)성수중·근덕농고·춘천농고 교사, 정선교육청 장학사, 강원도교육청 사임당교육원 교육연구사, 同교원인사과 장학사, 강원도교육과학연구원 과학교육부 교육연구사 2009년 신철원고 교감 2013년 강원도교육청 학교혁신과 학교운영담당(장학관급), 同교육국 교원정책과 중등인사담당(장학관급) 2016년 同춘천교육지원청 교육장 2018년 춘성중 교장(현) (상)교육인적자원부장관표창(2003) (종)기독교

## 문찬석(文燦晳) MOON Chan Seok

(생)1961·11·22 (본)남평(南平) (출)전남 영광 (주)광주광역시 동구 준법로 7-12 광주지방검찰청(062-224-0077) (학)1980년 경기고졸 1990년 성균관대 법학과졸 (경)1992년 사법시험 합격(34회) 1995년 사법연수원 수료(24기) 1995년 서울지검 의정부지청 검사 1997년 전주지검 군산지청 검사 1998년 광주지검 검사 2000년 서울지검 검사 2002년 법무부 법무심의관실 검사 2004년 부산지검 검사 2006년 서울서부지검 검사 2007년 同부부장검사 2009년 광주지검 해남지청장 2010년 대검찰청 형사2과장 2011년 인천지검 특별수사부장 2012년 서울중앙지검 형사제4부장 2013년 同증권범죄합동수사단장(부장검사) 2014년 대구지검 형사1부장 2015년 서울남부지검 제2차장검사(금융범죄수사 총괄지휘) 2016년 광주지검 순천지청장 2017년 서울동부지검 차장검사 2018년 대검찰청 기획조정부장(검사장급) 2019년 광주지검장(현) (상)공안업무유공 검찰총장표창(1999), 검찰업무유공 검찰총장표창(2007), 매일경제신문 선정 '올해의 검찰수사경제사건(증권범죄)'(2013), 대검찰청 선정 증권범죄(시세조종) 2급 공인전문검사 '블루벨트' 인증(2015), 증권범죄(시세조종) 1급 공인전문검사 '블랙벨트' 인증(2016) (종)불교

## 문창기(文昌基) Moon Chang-ki

(생)1962 (출)경북 봉화 (주)서울특별시 강남구 논현로 636 (주)이디야커피 임원실(02-543-6467) (학)1981년 서울 영일고졸 1988년 고려대 사회학과졸 (경)1999~2000년 삼성증권 지점투신팀장 2000~2004년 (주)유레카벤처스 대표이사 2004년 (주)이디야커피 대표이사 회장(현) 2010~2013년 서울영일고총동문회 회장 2010년 고려대교우회 상임이사 2012년 한국경제 한경에세이 필진 2013년 아시아경제 뷰앤비전 칼럼 필진 (상)헤럴드경제 고객만족경영대상 프랜차이즈부문 브랜드대상(2006), 한국소비문화학회 대한민국소비문화대상 신소비문화부문(2013), 한경광고대상 디자인혁신대상(2014), Jobplanet & Fortune Best Companies '종합부문 우수상'(2015), 산업통상자원부장관표창(2017) (저)'커피 그 블랙의 행복'(2009) '커피드림'(2017)

## 문창무(文昌武)

(생)1946·6·14 (주)부산광역시 연제구 중앙대로 1001 부산광역시의회(051-888-8245) (학)한국방송통신대 법학과졸, 경성대 무역대학원 경영자과정 수료 2009년 부산대 행정대학원 행정학과졸 (경)캐논코리아파트너 대표, 부산시 중구체육회 사무국장, 한국자유총연맹 부산시 중구지부 부지부장, 대한산악연맹 부산연맹 한오름회 회장, 민자당 중앙상무위원, 부산사무기기협회 회장, 민주평통 부산시 중구협의회장, 새마을운동 부산시 중구지회장 1995~2002년 부산시 중구의회 의원, 장애인총연합회 부산시 중구후원회 창립회장·고문(현) 2012년 제19대 국회의원선거 출마(부산 중·동구, 무소속) 2018년 부산시의회 의원(더불어민주당)(현) 2018년 同경제문화위원회 위원(현) 2018년 同예산결산특별위원회 위원(현) 2018년 同윤리특별위원회 위원장(현)

## 문창섭(文昌燮) Moon Chang Seob

(생)1953·8·19 (본)남평(南平) (출)전남 장흥 (주)부산광역시 강서구 낙동남로511번길 11 삼덕통상(주)(051-831-4631) (학)고려대 정책대학원 수료 (경)부산신발산업발전위원회 위원장, (사)녹산국가산업단지경영자협의회 부회장(현), 부산신발지식산업협동조합 이사장, (사)남북경협국민운동본부 상임고문(현), 개성공단기업책임자회의 고문(현) 2005년 (주)삼덕스타필드 개성공장 대표이사 2008년 (사)개성공단기업협회 회장, 同명예회장(현) 2013년 개성공단정상화비상대책위원회 공동위원장 2013년 민주평통 상임위원(현) 2013~2015년 중소기업중앙회 남북경제교류분과 위원장 2013년 삼덕통상(주) 회장(현) 2014년 한국의류산업협회 이사(현) 2014년 한국섬유산업연합회 이사(현) 2015년 중소기업중앙회 통일위원장(현) 2015년 한국신발피혁연구원 이사장(현) 2015년 한국신발산업협회 회장(현) 2016년 유엔글로벌콤팩트(UNGC) 회원(현) 2017년 삼덕베트남공장 회장(현) 2017년 민주평통 중앙운영위원(현) 2017년 중소기업통일경제협의회 위원(현) 2017년 부산시통일경제협의회 위원(현) 2017년 중소기업중앙회 생활용품산업위원회 위원(현) 2017년 同TV홈쇼핑상품추진위원회 위원(현) 2017년 친환경상품구매촉진위원회 위원(현) 2017년 남북교류협력지원협회 이사(현) 2018년 부산상공회의소 상임의원(현) 2018년 북한정책포럼 운영위원(현) 2018년 부산시 남북교류협력특별위원회 자문위원(현) 2018년 산업은행 남북경협민간협의회 운영위원(현) 2019년 중소기업중앙회 부회장(현) (상)중소기업청 수출부문 우수중소기업인표창(1999), 500만불 수출의탑(1999), 부산시 중소기업인대상(2000), 1천만불 수출의탑 대통령표창(2000), 부산시 산업평화상(2000), 2002 FIFA WORLDCUP 성공개최 공로표창(2002), 국세청장표창(2003), 경북도지사표창(2003), 경주세계문화엑스포발전기여 표창(2003), 대한상공회의소 자랑스런 상공인상(2003), 민족화합 및 국가발전 감사패(2003), 산업자원부장관표창(2004), 장애인체육회 부산장애인체육발전 감사패(2004), 부산지검 법무행정발전감사장(2004), 군민의상(2005), 산업기술대전 대통령표창(2005), 통일부 남북경제협력공로패(2005), 수출아카데미 공로패(2006), 대한민국 섬유·패션대상(2007), 남북교류협력 산업포장(2008), 민족평화상(2008), 국제첨단신발경진대회 기능부문 대상(2009), 국제신발·섬유패션전시회 감사패(2009), 학습조직화경진대회 장려상(2010), S-OJT(체계적현장훈련)성과경진대회 대상(2011), 우수기업인 인증상(2012), 학습조직화경진대회 은상(2012), 중소기업사회공헌부문 특별상(2012), 학습조직화경진대회 동상(2013), 부산시교육감 감사장(2015), 대한민국중소기업인대회 금탑산업훈장(2016), 유엔글로벌콤팩트(UNGC) 가치대상(2017)

## 문창용(文昌用) MOON Chang Yong

(생)1962·11·20 (본)남평(南平) (출)경기 남양주 (주)부산광역시 남구 문현금융로 40 한국자산관리공사 사장실(051-794-2903) (학)1981년 중동고졸 1985년 연세대 행정학과졸 2002년 미국 일리노이대 대학원 경제학과졸 2012년 회계세무학박사(가천대) (경)1984년 행정고시 합격(28회) 1989년 춘천세무서 소득세과장, 남양주세무서 재산세과장 1994년 재무부 경제협력국 외국인투자과장 1995년 재정경제원 대외경제국 국제투자과 2003년 재정경제부 경제정책국 기술정보과장 2003년 同재산소비세심의관실 국제조세과장 직대 2005년 同세제실 소비세제과장 2007년 同세제실 조세분석과장 2007년 同세제실 관세국 관세제도과장(서기관) 2008년 통계청 통계교육원장 2009년 同기획조정관 2010년 기획재정부 조세기획관 2011년 同세제실 재산소비세정책관 2013년 同세제실 조세정책관 2014~2016년 同세제실장 2015~2016년 同역외소득·재산자진신고기획단장 2016년 한국자산관리공사(KAMCO) 사장(현) (상)납세자의날 유공 홍조근정훈장(2014), 한국납세자연합회 납세자권익상 세제부문(2015) (종)기독교

## 문창우(文昌宇) Moon Chang-Woo

(생)1963 · 3 · 15 (출)제주 (주)제주특별자치도 제주시 관덕로8길 14 천주교 제주교구(064-729-9500) (학)1988년 제주대 농화학과졸 1996년 광주가톨릭대 대학원 신학과졸 2007년 제주대 대학원 사회학과졸 2014년 서강대 대학원 종교학 박사과정 수료 (경)1996년 사제 서품 1996~1998년 제주 서문본당 · 중앙본당 보좌신부 1998년 제주 중문 본당 주임신부 2000~2006년 천주교 제주교구 교육국장 2006~2016년 광주가톨릭대 교수 2016년 제주신성여중 교장 2017년 주교 서품 2017년 천주교 제주교구 부교구장(주교)(현) 2018년 한국천주교주교회의 사회주교위원회 위원 겸 교육위원회 위원장(현)

## 문창진(文昌珍) MOON Chang Jin

(생)1953 · 3 · 2 (출)부산 (주)강원도 원주시 건강로 32 국민건강보험공단(1577-1000) (학)1971년 경남고졸 1979년 서울대 사회학과졸 1985년 미국 시카고대 대학원 사회학과졸 1986년 사회학박사(미국 시카고대) (경)1979년 행정고시 합격(22회) 1979년 보건사회부 모자보건관리관실 · 보건국 · 의정국 · 의료보험국 행정사무관 1983~1986년 미국 시카고대 지역 및 가족문제연구소 · 인구연구센터 연구원 1990년 국립보건원 보건고시과장 1991년 보건복지부 자립지원과장 1992년 同공보과장 1993년 국립소록도병원 서무과장 1994년 대통령비서실 파견 1995년 보건복지부 약무정책과장 1997년 同기획예산담당관 1998년 同총무과장 1999년 국립보건원 훈련부장 1999년 보건복지부 공보관 2000년 駐제네바대표부 보건관(참사관) 2000년 세계보건기구(WHO) 아시아지역그룹 의장 2003년 보건복지부 건강보험조직업무일원화추진반장 2003년 同기초생활보장심의관 2004년 同사회복지정책실장 2005년 同정책홍보관리실장 2006년 식품의약품안전청장 2007~2008년 보건복지부 차관 2007년 제58차 WHO 서태평양지역회의 의장 2008~2017년 차의과학대 건강과학대학 보건복지정보학과 조교수 · 부교수 · 교수 2009~2012년 同보건복지대학원장 2011~2013년 한국건강증진재단 이사장 2012~2014년 차의과학대 행정대외부총장 2012~2014년 세계보건기구(WHO) 담배규제기본협약(FCTC) 제6차 총회 의장 2012~2017년 헤럴드경제 객원논설위원 2013년 한국미술협회 자문위원(현) 2013년 건강보험심사평가원 고문 2013년 보건복지부 자체평가위원회 위원장(현) 2014~2016년 차의과학대 교학부총장 2014년 국무총리 산하 경제인문사회연구회 자문위원 2015년 보건복지부 경고그림제정위원회 위원장 2016년 호암상 심사위원장(사회봉사부문) 2016~2017년 차의과학대 일반대학원장 2016년 건강보험공단 비만대책위원장(현) 2017~2018년 차의과학대 건강과학대학 보건복지행정학과 교수 2018년 동아쏘시오홀딩스 사외이사(현) (상)근정포장(1982), 장애인올림픽기장(1988), 체육포장(1989), 황조근정훈장(1997), 국제앙드레말로협회 2013 올해의 작가상(2014), ARTFABETIC 인명사전 등재(2016) (저)'보건의료사회학'(1997, 신광출판사) '보건복지정책론'(2008, 나남출판사) '건강사회론'(2011, 신광출판사) (작)'꽃잎지는 날'(2000) '숲속에서 숲을보다'(2012) (종)가톨릭

## 문창호(文昌浩) MOON Chang Ho

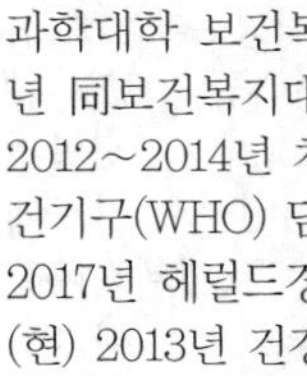

(생)1953 · 8 · 23 (출)충남 (주)강원도 원주시 문막읍 동화공단로 94 (주)리스템 비서실(033-740-8303) (학)1971년 충남고졸 1977년 연세대 공대 전기공학과졸 1993년 同산업대학원 산업고위자과정 수료 (경)1960년 동아X선기계공업사 대표이사 1999년 산업자원분야 신지식인 선정 2000년 (주)리스템 대표이사 사장(현) 2005~2011년 한국의료기기공업협동조합 이사장 2005년 대통령소속 의료산업선진화위원회 의료기기산업전문위원회 간사 (상)대통령표창, 산업자원부장관표창, 5월의 자랑스러운 중소기업인(2009)

## 문철수(文哲秀) MOON Chul Soo

(생)1962·11·19 (본)남평(南平) (출)서울 (주)경기도 오산시 한신대길 137 한신대학교 사회과학대학 미디어영상광고홍보학부(031-379-0584) (학)1981년 양정고졸 1985년 성균관대 신문방송학과졸 1987년 同대학원 신문방송학과졸 1995년 신문방송학박사(성균관대) (경)1988~1995년 쌍용그룹 홍보실 과장대리 1995~1998년 한국언론연구원 선임연구위원 1998~2001년 세명대 광고홍보학과 조교수 2001년 CBS 객원해설위원 2001~2008년 한신대 광고홍보학과 부교수 2005년 한국언론학회 기획이사 2006년 한국옥외광고학회 부회장, 한신대 학생처장 2006~2007년 한국방송학회 기획이사 2007~2008년 한국광고홍보학회 편집위원장 2008~2009년 미국 텍사스대 방문교수 2008년 한신대 사회과학대학 미디어영상광고홍보학부 교수(현) 2011~2012년 한국방송광고공사 광고진흥자금 운영위원 2011~2012년 한국광고홍보학회 회장 2011~2013년 한신대 사회과학대학장 2012~2013년 同미디어영상광고홍보학부장 2012년 한국방송협회 지상파광고심의위원장(현) 2014년 국제전기통신연합(ITU) 전권회의(Plenipotentiary Conference) 홍보분야 자문위원 2015년 인터넷신문위원회 광고심의분과위원장(현) 2016~2017년 한국언론학회 회장 2017년 방송통신위원회 방송통신정책고객대표자회의 위원(현) 2019년 同방송광고균형발전위원회 위원(현) (저)'한국선거보도연구'(1997, 커뮤니케이션북스) '새로운 사건·사고 기사쓰기'(1997, 한국언론연구원) '지역언론 개혁론(共)'(1999, 이진출판사) '21세기 마케팅커뮤니케이션(共)'(2000, 커뮤니케이션북스) 'PR캠페인(共)'(2001, 한울아카데미) '사이버 생활 양식에서 공공성 문제(共)'(2005, 철학과현실사) (역)'프로파간다 시대의 설득전략(共)'(2005, 커뮤니케이션북스) (종)기독교

## 문철환(文哲桓) Moon Cheol-whan

(생)1963 · 8 · 7 (본)남평(南平) (출)전남 보성 (주)전라남도 영암군 삼호읍 자유무역로 205 대불자유무역지역관리원(061-464-0740) (학)2014년 섬유고분자공학박사(한양대) (경)1990년 상공부(現 산업통상자원부) 입부 2004년 同사무관 2013년 산업통상자원부 섬유세라믹과 서기관 2015년 同해외투자과 서기관 2017년 대불자유무역지역관리원 원장(현)

## 문 청(文 淸) MOON Cheong

(생)1944 · 8 · 15 (출)경남 거창 (주)서울특별시 용산구 녹사평대로 138 양진빌딩 4층 (주)베컴 비서실(02-797-6350) (학)1962년 거창고졸 1972년 한양대 공업경영학과졸 (경)1970년 문화공보부 비서실 근무 1971년 중앙방송 보도국 기자 1986년 한국방송공사(KBS) 방송심의실 심의위원 1994년 同기획예산국 주간 1995년 同기획조정실 정책주간 1997년 同위성방송국장 1997년 同기획조정실장 1998년 KBS영상사업단 감사 1999년 KBS시설관리사업단 이사 2001~2002년 한국방송교류재단(아리랑TV) 사업본부장 2003년 (주)베컴 회장(현) 2013~2014년 한국방송광고진흥공사 공익광고협의회 위원장 2016년 한국프로골프협회(KPGA) 자문위원회 위원(현) (상)새마을훈장 노력장, 동탑산업훈장 (종)기독교

## 문춘언(文春彦) MOON Chun Eon

(생)1968 · 12 · 15 (출)경남 남해 (주)부산광역시 연제구 법원로 31 부산지방법원(051-590-1114) (학)1987년 부산사대부고졸 1993년 서울대 농업경제학과졸 (경)1994년 사법시험 합격(36기) 1997년 사법연수원 수료(26기) 1997년 부산지검 검사 1999년 전주지검 남원지청 검사 2000년 서울지검 북부지청 검사 2001년 변호사 개업 2006년 창원지법 판사 2008년 부산고법 판사 2010년 부산지법 판사 2013년 울산지법 부장판사 2015년 부산지법 부장판사(현)

## 문태곤(文泰坤) MOON Tae Gon

(생)1957·9·10 (출)경남 밀양 (주)강원도 정선군 사북읍 하이원길 265 강원랜드(033-590-3005) (학)1976년 밀성고졸 1980년 경북대 행정학과졸 1994년 영국 버밍햄대 대학원 도시및지역개발학과졸 2000년 행정학박사(성균관대) (경)1981년 행정고시 합격(24회) 1981~1984년 국방부 사무관 1984년 감사원 사무관 1993년 同감사관 1997년 同공보담당관 2000년 감사원 국책사업2과장 2001년 同국책사업1과장 2003년 同원장 비서실장 2005년 국외 연수 2006년 감사원 전략감사본부장 2007~2008년 대통령 민정수석비서관실 공직기강비서관 2009년 감사원 기획관리실장 2009~2010년 同제2사무차장 2010~2016년 삼성생명보험(주) 상근감사위원 2017년 법무법인 화우 고문 겸 선임컨설턴트 2017년 강원랜드 대표이사 사장(현) (상)대통령표창(1992), 홍조근정훈장(2002)

## 문태룡(文泰龍)

(생)1964·2·24 (주)전라남도 나주시 문화로 211 한전KPS(주)(061-345-0114) (학)전남대 경제학과졸 (경)국민참여당 중앙교육연수위원장, 同최고위원, 참여정부 평가포럼 기획위원장, 전국자치연대 창립기획단장, 同공동대표, (주)코리아스픽스 원장, 한국농수산식품유통공사 비상임이사 2018년 한전KPS(주) 감사(현)

## 문태준(文太俊) MOON Tai Joon (德巖)

(생)1928·1·14 (본)남평(南平) (출)경북 영덕 (주)서울특별시 용산구 이촌로46길 33 대한의사협회(02-794-2474) (학)1950년 서울대 의대졸 1957년 미국 토머스제퍼슨의대 수학 1960년 의학박사(일본 니혼대) 1986년 명예 이학박사(충북대) 1987년 명예 법학박사(미국 토머스제퍼슨대) (경)1957년 연세대 의대 교수 겸 세브란스병원 신경외과 과장 1967~1973년 제7·8대 국회의원(청송·영덕, 민주공화당) 1971년 민주공화당(공화당) 원내부총무 1971년 국회 운영위원장 1973년 제9대 국회의원(영덕·청송·울진, 공화당) 1976년 국회 상공위원장 1979년 제10대 국회의원(영덕·청송·울진, 공화당) 1979년 공화당 당무위원 1979~1988년 대한의학협회 회장 1981년 아시아대양주의학협회 회장 1985년 세계의사회 회장 1988년 대한의사협회 명예회장(현) 1988년 보건의료정책연구소 회장 1988년 보건사회부 장관 1990년 미국 하와이대 객원교수 1992~1994년 한국보건사회연구원 이사장 1992년 미국 토머스제퍼슨대 객원교수 1995년 자민련 고문 1998~2002년 한국사회복지협의회 회장 2003년 同명예회장(현) 2008년 세계의사회(WMA) 서울총회 조직위원 (상)스웨덴 북극성 1급훈장(1982), 국민훈장 무궁화장, 화랑무공훈장, 미국 의무공로훈장, 함춘대상 사회공헌, 대한의사협회 화이자 국제협력특별공로상(2006), 대한의사협회 특별공로상(2008), 駐韓미군 38의학학회 특별공로상(2011), 제11회 서재필 의학상(2014) (저)'선거區民' '의사·의학협회' '한강변에서' '모든사람에게 건강을' '아름다운 노년' (종)기독교

## 문학진(文學晋) MOON Hak Jin

(생)1924·4·30 (출)서울 (주)서울특별시 서초구 반포대로37길 59 대한민국예술원(02-3479-7223) (학)1952년 서울대 미술대학 회화과졸 (경)1954·1955·1968년 국전 특선 1958년 미국 World House화랑 초대출품 1960~1995년 서울대 미대 미술과 교수 1961년 국전 심사위원 1963년 브라질 상파울로국제전 출품 1978년 중앙미술대전 심사위원 1981년 개인전 1982년 중앙미술대전 운영위원 1987년 대한민국예술원 회원(서양화·현) 1995년 서울대 미술대학 명예교수(현) (상)국전 문교부장관상(1954·1958), 국전 초대작가상(1971), 대한민국 예술원상(1989), 보관문화훈장(1995), 가톨릭미술상 특별상(2002) (작)'이충무공일대기10경도' '용인자연농원벽화' '가톨릭103위순교복자 벽화' '행주산성기념관 벽화' (종)가톨릭

## 문학진(文學振) MOON Hak Jin

(생)1954·10·26 (본)남평(南平) (출)경기 광주 (주)경기도 평택시 포승읍 평택항만길 73 경기평택항만공사(031-686-0600) (학)1973년 서울고졸 1984년 고려대 사학과졸 (경)1983년 조선일보 기자 1988년 한겨레신문 기자 1995년 민주당 하남·광주지구당 위원장 1995년 새정치국민회의 창단발기인 1996년 同하남·광주지구당 위원장 1998년 6·4지방선거선거대책위원장 2000년 새천년민주당 경기광주지구당 위원장 2002~2013년 새천년민주당·열린우리당·대통합민주신당·통합민주당·민주당·민주통합당 경기하남지역위원장 2003년 대통령 정무1비서관 2004년 제17대 국회의원(하남, 열린우리당·대통합민주신당·통합민주당) 2004년 열린우리당 제2정책조정위원회 부위원장 2005~2007년 同경기도당 중앙위원 2006~2007년 同남북평화특별위원회 위원장 2006년 (사)남북체육교류협회의 초대회장 2008~2012년 제18대 국회의원(하남, 통합민주당·민주당·민주통합당) 2008년 (사)남북체육교류협회 부회장 2010년 국회 행정안전위원회 위원 2010~2012년 국회 남북관계발전특별위원회 위원 2010~2012년 국회 독도영토수호대책특별위원회 위원 2011년 민주희망2012 공동대표 2011년 민주당 야권통합특별위원회 위원 2011년 민주통합당 초대 홍보전략본부장 2011년 同한나라당사이버테러진상조사위원회 위원 2011년 국회 행정안전위원회 예산결산기금심사위원회 위원장 2011년 민주통합당 날치기FTA무효화투쟁위원회 위원 2011년 同MB정권비리및불법비자금진상조사특별위원회 위원 2012년 제19대 국회의원선거 출마(하남, 민주통합당) 2012년 (사)지역발전민주연구소 이사장 2013년 민주당 경기하남지역위원회 위원장 2014년 새정치민주연합 경기하남지역위원회 위원장 2015~2016년 더불어민주당 경기하남지역위원회 위원장 2016년 제20대 국회의원선거 출마(경기 하남시, 더불어민주당) 2017년 더불어민주당 제19대 문재인 대통령후보 중앙선거대책본부 조직본부 공동본부장 2019년 경기평택항만공사 사장(현) (상)조선일보 보도부문 특종상(1987), 한겨레신문 보도부문 특종상(1988) (저)'고문경찰보다 힘센 남자-문학진의 정치이야기'(1996) '백범 김구처럼'(1999) '99편에 선 Mr.비주류'(2011) (종)천주교

## 문해주(文海周) Moon Hae Joo

(생)1957·6·20 (출)전남 화순 (주)서울특별시 강남구 테헤란로7길 22 한국과학기술회관 신관 2층 한국과학기술단체총연합회(02-3420-1200) (학)광주사레지오고졸, 전남대 기계공학과졸, 영국 맨체스터대 대학원 기계공학과졸, 기술경영학박사(건국대) (경)1998년 과학기술부 정책기획과 서기관 1999년 同종합조정과 서기관 2000년 同기술협력총괄과 서기관 2001년 同과학기술인력과 서기관 2002년 국립중앙과학관 전시과장, 同홍보협력과장 2003년 과학기술부 기초과학인력국 과학기술인력과장 2005년 해외 파견 2007년 과학기술부 과학기술협력국 미주기술협력과장 2008년 同과학기술협력국 미주기술협력과장(부이사관) 2008년 교육과학기술부 과학기술정책과장 2009년 同거대과학지원관 2009년 同거대과학정책관 2010년 한국과학기술기획평가원 파견(고위공무원) 2011년 중앙공무원교육원 파견(고위공무원) 2012년 국립중앙과학관 전시연구단장 2013년 미래창조과학부 연구개발정책실 우주원자력정책관 2015~2016년 同연구개발정책실 거대공공연구정책관 2016년 아·태원자력협력협정(RCA) 사무국장 2019년 한국과학기술단체총연합회 사무총장(현)

## 문행주(文幸周) Moon Haeng-ju

(생)1964·7·29 (출)전남 화순 (주)전라남도 무안군 삼향읍 오룡길 1 전라남도의회(061-286-8200) (학)광주 대동고졸, 전남대 중어중문학과졸 (경)화순군농민회 사무국장 1993~1995년 전국농민회총연맹 전남도 연대사업부장·정책실장·사무처장 2005년 민주평통 화순군협의회 회장, 우리겨

ㅁ

레하나되기 광주전남운동본부 운영위원 2006·2010~2014년 전남 화순군의회 의원(무소속·민주통합당·민주당·새정치민주연합) 2010~2012년 同총무위원장, 민주당 화순지역위원회 사무국장 2014~2018년 전남도의회 의원(새정치민주연합·더불어민주당) 2014년 同농수산위원회 위원 2015년 同예산결산특별위원회 위원 2016년 同여수세계박람회장사후활용특별위원회 위원 2016~2018년 同경제관광문화위원회 위원 2016년 同FTA대책특별위원회 위원 2016~2018년 同운영위원회 위원 2016~2018년 同더불어민주당 교섭단체 대표 2018년 전남도의회 의원(더불어민주당)(현), 同예산결산특별위원회 위원장 겸 기획행정위원회 위원(현)

## 문헌일(文憲一) MOON HUN IL

(생)1953·3·7 (본)남평(南平) (출)충남 당진 (주)서울특별시 구로구 디지털로 242 한화비즈메트로 17층 문엔지니어링(주) 임원실(02-2122-0701) (학)서울과학기술대 전자정보공학과졸, 연세대 공학대학원 통신방송공학과졸, 공학박사(한세대), 서울대 행정대학원 정보통신방송정책과정 수료 (경)1971~1979년 철도청 근무 1979~1994년 대한전선·대한엔지니어링(주) 상무이사 1994년 문엔지니어링(주) 대표이사 회장(현) 2002년 엔지니어링공제조합 이사(현) 2005~2006년 연세대 공학대학원 총학생회장 2006년 同대학원연합회 총회장 2007년 한국정보통신감리협회 부회장(현) 2008년 한국ITS학회 부회장(현) 2008~2014년 한국엔지니어링협회 회장 2008년 한국길포럼 이사(현) 2009~2011년 연세대 공학대학원총동창회 회장 2009년 과학기술인공제회 이사(현) 2009년 연세대총동문회 부회장(현) 2010년 한국철도공사 경영자문위원(현) 2011~2012년 한국항행학회 제8대 회장 2011년 엔지니어링산업정책심의위원 2011~2017년 민주평통 상임위원 2012~2014년 (사)한국청소년육성회 총재 2012년 서비스산업총연합회 부회장 2013~2017년 서울과학기술대총동문회 제14·15대 회장 2014~2016년 새누리당 서울구로구乙당원협의회 운영위원장 2015~2016년 同중앙연수원 부원장 (상)철도청장표창(1971·1999), 산업포장(1999·2004), 한국철도시설공단 이사장표창(1999·2004·2006), 과학기술부장관표창(2000), 정보통신부장관표창(2000), 건설교통부장관표창(2001), 서울시장표창(2001·2004), 서울지방경찰청장표창(2001), 대구시장표창(2008), 인천국제공항공사 사장표창(2008), 자랑스런 연세인상(2008), 경기도지사표창(2010), 과학기술훈장 웅비장(2010), 은탑산업훈장(2015) (종)기독교

## 문현석(文炫晳) Moon Hyun-Seok

(생)1964·11·7 (출)대전 (주)경기도 과천시 관문로 47 방송통신위원회 운영지원과(02-2110-1480) (학)1983년 광주 금호고졸 1989년 한국외국대 영어과졸 1991년 고려대 대학원 신문방송학과졸 (경)1994년 종합유선방송위원회 근무 2000년 방송위원회 근무 2005년 同심의운영부장 2007년 同진흥사업부장 2008년 방송통신위원회 방송통신융합정책실 편성정책과 사무관 2013년 同기획조정실 정보보안팀장, 同이용자정책국 개인정보보호윤리과 인터넷윤리팀장 2016년 同방송정책국 방송시장조사과장 2016년 同단말기유통조사단 단말기유통조사담당관 2017년 同방송기반국 방송기반총괄과장 2019년 同운영지원과장(현)

## 문현철(文炫喆)

(생)1973·8·17 (출)제주 (주)서울특별시 서초구 반포대로 157 대검찰청 디지털수사과(02-3480-2032) (학)1993년 배명고졸 1998년 서울대 공법학과졸 2001년 同대학원 법학과졸 (경)2000년 사법시험 합격(42회) 2003년 사법연수원 수료(32기) 2003년 공익법무관 2006년 부산지검 검사 2008년 청주지검 제천지청 검사 2010년 수원지검 검사 2012년 서울동부지검 검사 2017년 대전지검 검사 2017년 서울중앙지검 부부장검사 2018년 창원지검 밀양지청장 2019년 대검찰청 디지털수사과장(부장검사)(현)

## 문형구(文炯玖) MOON Hyoung Koo

(생)1954·8·24 (출)경남 진주 (주)서울특별시 성북구 안암로 145 고려대학교 경영학과(02-3290-1934) (학)1977년 서울대 영어영문학과졸 1981년 연세대 대학원 경영학과졸 1992년 경영학박사(미국 미네소타대) (경)1993~2019년 고려대 경영학과 교수 1995년 同경영신문사 주간 1995~2000년 한국인사조직학회 상임이사 2008년 한국인사관리학회 부회장 2009~2011년 고려대 노동대학원장 2011~2012년 한국인사조직학회 회장 2019년 (재)한국사회투자 이사장(현) 2019년 고려대 경영대학 경영학과 명예교수(현) (저)'한국형사회이사제도에 관한 연구'(1999, 한국상장사협의회) (역)'Un Analytical Tool to Assess the Costs Benefits and Savings of ISO 9000 Registration' 'ISO 9000 Survey 99' '파시즘의 대중심리'(1986)

## 문형근(文炯根)

(생)1962·2·17 (주)경기도 수원시 팔달구 효원로 1 경기도의회(031-8008-7000) (학)대유공업전문대학 전기과졸 (경)국제로타리 경안로타리클럽 회장, 안양시광고협회 회장, 안양시 광고물관리 및 심의위원, 만안경찰서 교통심의위원, 안양동안경찰서 생활안전연합회 위원, 비산2동 주민자치위원회 부위원장 2017년 더불어민주당 제19대 문재인 대통령후보 조직특보, 同중앙당 부대변인(현) 2018년 경기도의회 의원(더불어민주당)(현) 2018년 同문화체육관광위원회 위원(현)

## 문형배(文炯培) MOON Hyung Bae

(생)1965·2·2 (출)경남 하동 (주)서울특별시 종로구 북촌로 15 헌법재판소 재판관실(02-708-3456) (학)1983년 진주 대아고졸 1987년 서울대 사법학과졸 (경)1986년 사법시험 합격(28회) 1989년 사법연수원 수료(18기) 1992년 부산지법 판사 1995년 同동부지원 판사 1997년 부산지법 판사 1998년 부산고법 판사 2001년 부산지법 판사 2004년 창원지법 부장판사 2007년 부산지법 부장판사 2009년 우리법연구회 회장 2011년 창원지법 진주지원장 2012년 부산고법 부장판사 2016년 부산가정법원장 2018년 부산고법 부장판사 2019년 同수석부장판사 2019년 헌법재판소 재판관(현)

## 문혜정(文惠貞·女) Moon Hye Jung

(생)1969·3·15 (본)남평(南平) (출)서울 (주)서울특별시 서초구 서초중앙로 157 서울중앙지방법원(02-530-1114) (학)1987년 정신여고졸 1991년 연세대 법학과졸 (경)1993년 사법시험 합격(35회) 1996년 사법연수원 수료(25기) 1996년 창원지법 판사, 광주지법 판사, 수원지법 판사 2006년 서울가정법원 판사 2009년 서울고법 판사 2011년 창원지법 제6민사부·제1가사부 부장판사 2013년 인천지법 부장판사 2016년 서울중앙지법 부장판사(현)

## 문호승(文浩承) Moon Ho Seung

(생)1959·3·10 (출)서울 (주)서울특별시 중구 소공로 70 가습기살균제사건과 4.16세월호참사특별조사위원회(02-6450-3037) (학)서울 경신고졸 1984년 연세대 정치외교학과졸 1996년 홍익대 세무대학원 경영학과졸 (경)1984년 행정고시 합격(28회) 1997년 감사원 제1국 5과 감사관, 同혁신담당관 2003년 同기획관리실 평가제도담당관 2006년 同특별조사본부 총괄팀장 2007년 同심의실 법무지원담당관, 대통령 공직기강비서관실 총괄행정관, 미국 국제성과감사센터(ICPA) 소장 2009년 국세청 감사관 2011년 감사원 심의실장 2011년 감사연구원 원장 2014년 감사원 기획조정실장(관리관) 2014~2015년 同제2사무차장 2014~2015년 同방산비리특별감사단장 2015~2018년 서울대 상근감사 2017년 국방부 '군 적폐청산위원회' 위원 2018년 가습기살균제사건과 4.16세월호참사 특별조사위원회 상임위원(현) (상)홍조근정훈장(2014)

**문홍선(文洪善)**

(생)1960·8·23 (주)서울특별시 강서구 화곡로 302 강서구청 부구청장실(02-2600-6304) (학)전주 신흥고졸, 중앙대 행정학과졸, 서울대 대학원 행정학과 수료 2003년 미국 오리건대 대학원 공공정책관리학과졸 (경)1988년 행정고시 합격(30회) 1999년 지방서기관 승진 2000년 서울시 여성정책관실 여성정책담당관 2003년 서울시 도시계획국 뉴타운총괄계획반장 2007년 서울시 주택국 주택기획과장 2009년 同경쟁력강화본부 투자기획관(지방부이사관) 2011년 서울시 복지건강본부 보건기획관 2011년 서울 성북구 부구청장 2013년 서울시 경제진흥실 산업경제정책관(지방이사관) 2014년 同인재개발원장 2015년 국방대 교육파견 2016년 서울 강서구 부구청장(현) 2018년 同구청장 권한대행

**문홍성(文弘晟) MOON Hongsung**

(생)1964·2·12 (출)서울 (주)서울특별시 중구 장충단로 275 두산타워 32층 (주)두산(02-3398-0114) (학)1982년 여의도고졸 1986년 서울대 경제학과졸 1989년 同행정대학원 정책학과졸 1997년 경제학박사(미국 미주리주립대) (경)1987년 행정고시 재경직 합격(31회) 2000년 IMF 유럽국 Economist 2003년 대통령비서실 정책수석실 행정관 2005년 재정경제부 국제금융국 국제기구과장 2005년 同국제금융국 금융협력과장 2007년 同국제금융국 외화자금과장 2008년 대통령 국정기획수석비서관실·국책과제비서관실 행정관 2009년 대통령 국정과제비서관실 선임행정관(고위공무원) 2009년 국회 기획재정위원회 파견 2010년 (주)두산 전략지원실장(전무) 2012~2016년 同전략지원실장(부사장) 2016~2019년 두산DLI(주) 대표이사 사장 2019년 (주)두산 VM(Value Managemnet)부문장(사장)(현) (상)우수공무원 국무총리표창(1998)

**문홍성(文泓性) MOON Hong Seong**

(생)1968·7·29 (출)전북 군산 (주)서울특별시 서초구 반포대로 157 대검찰청 인권부(02-3480-2962) (학)1987년 군산제일고졸 1991년 연세대 법학과졸 1995년 同대학원 법학과졸 (경)1994년 사법시험 합격(36회) 1997년 사법연수원 수료(26기) 1998년 울산지검 검사 2000년 광주지검 해남지청 검사 2001년 광주지검 검사 2003년 서울지검 검사 2004년 서울중앙지검 검사 2005년 법무부 검찰2과 검사 2008년 춘천지검 검사(국회 파견) 2009년 同부부장검사(국회 파견) 2010년 서울중앙지검 부부장검사 2011년 창원지검 밀양지청장 2012년 법무부 검찰국 형사법제과장 2014년 서울중앙지검 특수3부장 2015년 同부장검사(방산비리합수단 부단장) 2016년 대전지검 특수부장 2017년 법무부 대변인 2018년 대검찰청 검찰연구관 2019년 同인권부장(검사장급)(현) (상)근정포장(2015)

**문홍주(文鴻周)**

(생)1968·1·14 (출)전남 해남 (주)대전광역시 서구 둔산중로78번길 45 대전지방법원(042-470-1114) (학)1986년 광주 인성고졸 1992년 서울대 사회대학 국제경제학과졸 (경)1999년 사법시험 합격(41회) 2002년 사법연수원 수료(31기), 법무법인 아람 변호사 2002~2007년 법무법인 한백 변호사 2007년 사법연수원 법관임용연수 2008년 창원지법 판사 2012년 수원지법 안산지원 판사 2015년 서울중앙지법 판사 2018년 대전지법 부장판사(현)

**문효남(文孝男) MOON, Hyo Nam (祥榕)**

(생)1955·11·27 (본)남평(南平) (출)부산 (주)서울특별시 강남구 강남대로 310 유니온센터 1401호 법률사무소 상용(02-6247-0026) (학)1973년 부산고졸 1978년 서울대 법대졸 1980년 同대학원 법학과 수료 2015년 성균관대 유학대학원졸(문학석사) 2018년 철학박사(성균관대) (경)1979년 사법시험 합격(21회) 1981년 사법연수원 수료(11기) 1981년 軍법무관 1984년 서울지검 남부지청 검사 1987년 춘천지검 원주지청 검사 1988년 부산지검 검사 1990년 미국 워싱턴주립대 법과대학원 방문학자과정(Visiting Scholar) 연수 1991년 대검찰청 검찰연구관 1992년 서울지검 고등검찰관 1993년 청주지검 충주지청장·부산지검 울산지청 부장검사 1995년 인천지검 강력부장 1996년 同특수부장 1997년 대검찰청 마약과장 1999년 서울지검 강력부장 2000년 대구지검 포항지청장 2001년 청주지검 차장검사 2002년 부산지검 제2차장검사 2003년 대검찰청 수사기획관 2004년 대구고검 차장검사 2005년 대검찰청 감찰부장 2006년 의정부지검장 2007년 대구지검장 2008년 대전고검장 2009년 부산고검장 2009~2011년 법무법인 로고스 구성원변호사 겸 상임고문 2012년 법률사무소 상용 대표변호사(현) 2012~2018년 삼성화재해상보험 사외이사 2012~2015년 법무부 범죄피해자보호위원회 위원 (상)홍조근정훈장(2003) (저)'마약류 사범의 실태와 수사'(1988)

**문훈숙(文薰淑·女) Julia Hoon-Sook Moon**

(생)1963·1·25 (본)남평(南平) (출)미국 워싱턴 (주)서울특별시 광진구 능동로36길 25 유니버설발레단 단장실(070-7124-1734) (학)1979년 선화예술학교졸 1980년 영국 로열발레학교 수료 1981년 모나코 왕립발레학교 수료(마리카 베소브라소바에게 사사) 2000년 명예 무용예술학박사(러시아 모스크바국립종합예술대) 2008년 명예 무용박사(선문대) (경)1984년 유니버설발레단 창단단원·수석무용수 1989년 러시아 키로프발레단 '지젤' 주역 출연(동양인 최초) 1991~1997년 한국무용협회 이사 1992년 러시아 키로프발레단 '돈키호테' 주역 출연 1993년 한국문화재단 부이사장 1994~1997년 선화학원 이사장 1995년 루마니아 국립발레단 '백조의 호수' 주역 출연 1995년 러시아 키로프발레단 '백조의 호수' 주역 출연 1995년 유니버설발레단 단장(현) 1997년 세계무용연맹 한국본부 이사(현) 1998년 한국발레협회 명예이사, 마야 플리세츠카야 국제발레콩쿠르 심사위원 2000년 러시아 모스크바민족의회 예술부문 명예친선대사 2002년 불가리아 바르나국제발레콩쿠르 심사위원 2004년 유니버설문화재단 이사장(현), 서울 국제무용콩쿠르 집행위원(현) 2005년 (재)전문무용수지원센터 이사(현) 2006년 불가리아 바르나국제발레콩쿠르 심사위원 2006년 이탈리아 프리미오 로마국제발레콩쿠르 심사위원 2006년 USA 국제발레콩쿠르 심사위원 2006년 핀란드 헬싱키 국제발레콩쿠르 심사위원 2007년 코리아국제발레콩쿠르 심사위원 2008년 서울국제발레콩쿠르 심사위원 2011년 문화예술 명예교사 2012~2017년 선문학원 부이사장 2012년 ISPA 서울총회 자문위원 2013년 한국발레협회 부회장 2013년 (사)자원봉사 애원 이사장(현) 2014년 코리아국제발레콩쿠르 심사위원 2017년 학교법인 선학학원 부이사장(현) 2019년 세계평화여성연합 세계회장 겸 공동한국회장(현) (상)4월의 예술가상(1996), 문학의 해 기념 가장 문학적인 발레리나상(1996), 한국발레협회 프리마 발레리나상(1996), 문화관광부 '1999 오늘의 젊은 예술가' 표창장(1999), 대한민국 문화예술상(1999), 한국발레협회상 대상(2009), 화관문화훈장(2010), 경암학술상 예술부문(2011), ISPA 서울총회 예술경영인상(International Citation of Merit)(2012), 올해의 여성문화인상(2014), 세종문화상 예술부문(2017), 한국무용협회 '2018 무용분야 예술대상'(2019) (작)'백조의 호수' '지젤' '돈키호테' '잠자는 숲속의 미녀' '호두까기인형' '심청' '라 바야데르' 등 700여 회 주역으로 출연 (종)통일교

**문흥만(文興晩)**

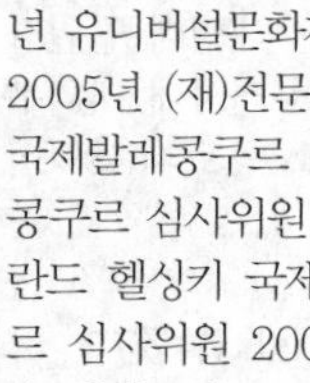

(생)1965·9·15 (출)부산 (주)부산광역시 연제구 법원로 31 부산지방법원(051-590-1114) (학)1984년 부산 동성고졸 1992년 고려대 불어불문학과졸 (경)1997년 사법시험 합격(39회) 2000년 사법연수원 수료(29기) 2000~2007년 법무법인 국제 변호사 2007년 사법연수원 법관임용 연수 2008년 창원지법 판사 2011년 부산고법 판사 2013년 부산지법 판사 2016년 대구지법 부장판사 2018년 부산지법 부장판사(현)

ㅁ

## 문흥수(文興洙) MOON Heung Soo

(생)1957·1·5 (본)남평(南平) (출)충남 예산 (주)서울특별시 서초구 서초대로49길 5 법무법인 민우(02-599-3727) (학)1975년 예산고졸 1979년 서울대 법대졸 1992년 미국 하버드대 법과대학원졸 (경)1979년 사법시험 합격(21회) 1981년 사법연수원 수료(11기) 1981년 해군 법무관 1984년 서울지법 남부지원 판사 1986년 서울지법 판사 1988년 창원지법 통영지원 판사 1990년 서울가정법원 판사 1991년 서울고법 판사 1993년 헌법재판소 연구관 1995년 서울고법 판사 1996년 창원지법 부장판사 1998년 수원지법 부장판사 1999년 서울지법 북부지원 부장판사 2000년 서울지법 부장판사 2004년 서울중앙지법 부장판사 2004~2006년 법무법인 로고스 변호사 2005년 법무법인 민우 변호사(현) 2014년 국회 윤리심사위원회 자문위원 2016년 제20대 국회의원선거 출마(세종특별자치시, 더불어민주당) 2016년 더불어민주당 세종시당 위원장 직대 (상)대법원장표창(1981) (저)'아름다운 내일을 위하여'(1991) '겸손의 송가'(1993) '세계 각국의 헌법재판제도'(1994) '별은 동쪽에서 떠오르고' '트루 시크릿'(2009, 법률저널) '그들만의 천국'(2010, 유로) '정의와 헌법'(2011, 박영사) '우주의 마음'(2015, 모리슨) '천상의 음악 100곡'(2015, 모리슨) '세상에서 가장 아름다운 이야기'(2015, 모리슨) (종)기독교

## 문흥안(文興安) MOON Heung An

(생)1956·1·20 (본)남평(南平) (출)강원 원주 (주)서울특별시 광진구 능동로 120 건국대학교 법과대학 법학과(02-450-3602) (학)경성고졸 1978년 건국대 법학과졸 1985년 同대학원 민사법학과졸 1991년 법학박사(건국대) (경)2000년 건국대 법학과 조교수·부교수·교수(현), 한국부동산법학회 이사, 한국민사법학회 간사, 한국가정법률상담소 상담위원, 한국부동산법학회 부회장(현) 2004년 한국가족법학회 출판이사 2004년 서울고법 조정위원 2006~2009년 건국대 입학처장 2008~2009년 전국입학처장협의회 회장 2008~2009년 서울·경인지역입학처장협의회 회장 2011년 한국부동산법학회 회장 2017년 해병대 인권자문위원(현) 2017년 한국가족법학회 회장(현) 2019년 건국대 대외부총장(현) (상)법률봉사상(1994), 한국가정법률상담소 공로패(1996), 한국산업인력공단 감사패(2002) (종)불교

## 문희갑(文熹甲) MOON Hi Gab (竹溪)

(생)1937·5·1 (본)남평(南平) (출)대구 달성 (주)대구광역시 동구 동부로 108 (사)푸른대구가꾸기시민모임(053-746-7464) (학)1956년 경북고졸 1963년 국민대 법학과졸 1966년 서울대 행정대학원졸 1972년 미국 테네시주립대 대학원 수료 1997년 명예 행정학박사(경북대) 2001년 명예 도시공학박사(계명대) (경)1967년 행정고시 합격(5회) 1967~1976년 경제기획원 경제기획국·경제협력국·예산국 사무관 1976년 同예산국 기업예산과장 1977년 同방위예산담당관 1978~1981년 국방부 예산편성국장 1980~1981년 국가보위비상대책위원회 운영분과위원·입법회의 전문위원 1981년 경제기획원 경제개발예산 심의관 1982년 同예산실장 1985년 민주정의당(민정당) 국책연구실장 1985년 제12대 국회의원(전국구, 민정당) 1985~1988년 경제기획원 차관 1986년 남북경제회담 수석대표 1988~1990년 대통령 경제수석비서관 1989년 대통령자문 지역균형발전기획단장 1990년 제13대 국회의원(대구西甲 보궐선거 당선, 민자당) 1993년 미국 예일대 객원교수 1994년 계명대 사회과학대 초빙교수 1995·1998~2002년 대구광역시장(무소속·한나라당) 2001·2003년 대구하계유니버시아드대회 조직위원회 위원장 2002년 계명대 정경학부 특임교수 2013년 (사)푸른대구가꾸기시민모임 이사장(현) (상)보국훈장 천수장(1980), 청조근정훈장(1990), 지방자치단체경영자상(1996) (저)'보리밥과 나라경제'(1987) '경제개혁이 나라를 살린다'(1992) '함께사는 경제'(1995) (종)기독교

## 문희상(文喜相) MOON Hee Sang (正興)

(생)1945·3·3 (본)남평(南平) (출)경기 의정부 (주)서울특별시 영등포구 의사당대로 1 국회 의원회관 454호(02-784-1261) (학)1963년 경복고졸 1968년 서울대 법과대학 법학과졸 (경)1970년 해군본부 법제담당관 1973년 도서출판 「송문당」 대표 1976년 학교법인 경해학원 이사장 1982년 송문상가·삼정식품 대표이사 1983년 경기지구청년회의소 회장 1985년 한국JC중앙회 회장 1986년 대한궁도협회 부회장 1986년 경해학원 이사장 1987년 민주연합청년동지회 중앙회장 1987년 평민당 창당발기인 1987년 同경기제3지구당 위원장 1987년 同경기도당 부위원장 1988년 同총재비서실 차장 1990년 신민당 경기도당 부위원장 1992년 제14대 국회의원(의정부시, 민주당·국민회의) 1993년 민주당 대표 비서실장 1995년 국민회의 기획조정실장 1996년 同의정부시지구당 위원장 1996년 同총재 수석특보 1997년 팍스코리아나21 이사장 1998년 대통령 정무수석비서관 1998년 국가안전기획부 기획조정실장 1999년 국가정보원 기획조정실장 2000~2003년 제16대 국회의원(의정부시, 새천년민주당) 2000년 국회 아시아·태평양정책연구회장 2000~2003년 대한아이스하키협회 회장 2000년 새천년민주당 경기도지부장 2001년 한미정책포럼 이사장 2002년 새천년민주당 최고위원 2002년 同대선기획단장 2003~2004년 대통령 비서실장 2004년 대통령 정치특별보좌관 2004~2007년 열린우리당 상임고문 2004년 제17대 국회의원(의정부시甲, 열린우리당·대통합민주신당·통합민주당) 2004~2005년 국회 정보위원장 2004~2008년 한·일의원연맹 회장 2005년 열린우리당 의장 2006년 同비상대책위원회 상임위원 2006~2007년 同국정자문위원장 2007년 대통합민주신당 정동영 대통령후보 중앙선거대책위원회 상임고문 2008년 제18대 국회의원(의정부시甲, 통합민주당·민주당·민주통합당) 2008~2010년 국회 부의장 2008년 민족화해협력범국민협의회 상임의장 2008년 민주당 당무위원 2008~2011년 同상임고문 2008년 한·일의원연맹 고문(현) 2010년 민주당 전당대회준비위원회 위원장 2011~2013년 민주통합당 상임고문 2012년 제19대 국회의원(의정부시甲, 민주통합당·민주당·새정치민주연합·더불어민주당) 2013년 민주통합당 비상대책위원장 2013·2014년 국회 안전행정위원회 위원 2014년 국회 외교통일위원회 위원 2014년 국회 정보위원회 위원 2014~2015년 새정치민주연합 비상대책위원장 2015년 同상임고문 2015~2018년 더불어민주당 상임고문 2016년 제20대 국회의원(의정부시甲, 더불어민주당·무소속<2018.7.>)(현) 2016~2018년 국회 외교통일위원회 위원 2016~2018년 더불어민주당 의정부시甲지역위원회 위원장 2017년 문재인 대통령 일본 특사 2018년 국회 의장(현) (상)황조근정훈장(2003), 청조근정훈장(2005), 백봉신사상 올해의 신사의원 베스트11(2013), 백봉신사상 대상(2014), 모범국회의원대상 최고대상(2015), 경복고동창회 경복동문대상(2019) (저)'국민의 정부의 개혁방향과 과제(共)'(1999) '생각을 바꾸면 세상이 바뀐다'(2000) '문희상이 띄우는 희망메세지 동행'(2007) '문희상이 띄우는 희망메세지 동행2'(2011) '대통령'(2017) (종)천주교

## 문희주(文希柱) MOON Hi Joo (炫宇)

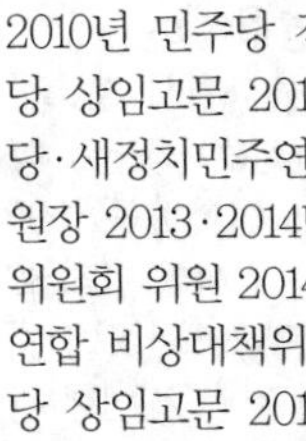

(생)1947·3·9 (본)남평(南平) (출)경남 합천 (주)경기도 성남시 수정구 산성대로 553 을지대학교 임상병리학과(031-740-7104) (학)1972년 건국대 생물학과졸 1974년 同대학원 생물학과졸 1985년 농학박사(일본 도쿄농업대) (경)1975~2007년 서울보건대학 임상병리학과 교수 1981~2004년 同학생처장·교무처장·교학처장·부학장 1990~1993년 한국전문대학교학생처장협의회 회장 1995~1996년 교수자격심사위원 1998~2005년 (사)한국상록회 부총재 1999~2003년 한국전문대학교무처장협의회 회장 2001~2003년 전문대학수업연한연장심의위원회 위원장 2001~2002년 전문대학학사편람 편집위원장 2002~2004년 전국임상병리학과교수협의회 회장 2002~2004년 대학설립심사위원 2002~2011년 대한의생명과학회 회장·이사장 2005~2006년 서울보건대학 총장 2005~2007년 (사)한국고등직업교육학회 회장 2005년 학교법인 대병학원(

대병중) 이사(현) 2007~2012년 을지대 보건과학대 임상병리학과 교수 2007~2012년 同성남캠퍼스 학장·부총장·RIC센터 소장 2007~2009년 (사)녹색환경포럼 부회장 2008~2009년 통폐합국립대학 평가위원 2008~2010년 학교법인 오산학원(오산대·오산고·오산중) 이사장 2009년 (재)대병중학교장학재단 이사장(현) 2011~2013년 학교법인 김포대학(김포대·통진고·통진중) 이사장 2011~2014년 사랑의 녹색운동본부 총재 2012년 을지대 명예교수(현) 2013년 학교법인 태성학원 이사장(현) 2013년 한국대학경영연구소 상임고문(현) 2013~2015년 (사)녹색환경미래창조연합 상임고문 2014~2017년 (사)녹색환경창조연합 이사장 2014년 학교법인 한솔학원(부천대) 이사(현) 2014년 재야국가원로회의 고문(현) 2015년 녹색환경연합신문 설립·발행인(현) 2015년 (재)대병장학재단 이사장(현) 2016~2017년 세계사이버대학 이사장 2018년 (사)그린환경운동본부 명예총재(현), (사)그린환경운동본부 이사장(현), 녹색환경연합신문 발행인(현), (사)맨발의 사나이 이사장(현), (재)록원바이오융합연구재단 이사(현), 부천대학교 이사(현) (상)성남시장표창(1996), 범석학술논문상(1997), 대통령표창(1997), 녹조근정훈장(2003), 의생명과학대상(2005), 경기도 문화상(2006), 올해의 인물 20인에 선정(2006), 황조근정훈장(2012), 대한민국창조신지식인대상(2015) (저)'임상혈청학'(1978) '기생충학실험'(1979) '임상기생충실습'(1980) '인체기생충 도감'(1987) '인체기생충학'(1989) '기본면역학'(1992) '실습미생물학'(1992) '의공학의 이해'(1999) '세포면역학'(2003) '웹프로그래밍'(2005) '핵심면역학'(2010) 등 16권

### 민갑룡(閔鉀龍) Min Gab Ryong

(생)1965·12·19 (출)전남 영암 (주)서울특별시 서대문구 통일로 97 경찰청 청장실(02-3150-1214) (학)1984년 영암 신북고졸 1988년 경찰대 행정학과졸(4기) 1990년 서울대 행정대학원졸(행정학석사) (경)1988년 경위 임용 1995년 경감 승진 1999년 경정 승진 2001년 서울남부경찰서 수사과장 2001년 용인경찰서 경비교통과장 2003년 경찰청 혁신기획단 전문연구관 2005년 同수사권조정팀 전문연구관 2007년 同혁신기획단 업무혁신팀장(총경 승진) 2008년 전남 무안경찰서장 2009년 경찰청 수사구조개혁팀장 2011년 同기획조정담당관 2012년 서울 송파경찰서장 2013년 경찰청 기획조정담당관 2014년 광주지방경찰청 제1부장 2014년 해외 교육훈련(캐나다 토론토경찰청) 2015년 인천지방경찰청 제1부장(경무관) 2015년 경찰대 치안정책연구소장(경무관) 2016년 서울지방경찰청 차장(치안감) 2017년 경찰청 기획조정관 2017년 同경찰개혁추진본부 부본부장 겸임 2017년 同차장(치안정감) 2018년 경찰청장(치안총감)(현)

### 민경두(閔庚斗) MIN Kyung Doo

(생)1966·4·22 (본)여흥(驪興) (출)충북 음성 (주)서울특별시 서초구 효령로 313 4층 스카이데일리 비서실(02-522-6595) (학)1984년 한영고졸 1990년 성균관대 독어독문학과졸 2008년 동국대 행정대학원 최고위치안정책과정 수료 2009년 고려대 언론대학원 수료 2011년 서울대 국제대학원 수료 (경)1981~1984년 한영고 방송기자 및 뉴스PD 1984~1985년 성균관대신문사 취재부 기자 1991~1999년 약업신문 취재기자·차장 1999~2011년 데일리팜 창간·대표이사 사장 2000~2003년 데일리메디 창간·대표이사 사장 2000년 비즈&이슈(의사·약사 시사학술지) 창간 2002~2004년 한국인터넷신문협회 초대 부회장 2002~2006년 同이사 2003~2017년 메디칼타임즈 창간·대표이사 사장 2007~2008년 한국인터넷신문협회 감사 2007년 서울 강남경찰서 보안협력위원회 위원·부위원장(현) 2007~2008년 희망나눔책운동본부 이사 2008년 성균관대신문사·성균관대 총동문회 이사(현) 2009~2010년 한국인터넷신문협회 전문분과위원장 2009~2013년 어린이의약품지원본부 이사 2010~2011년 도서출판 지식평전 대표 2011~2017년 데일리팜 경영고문 2011~2012년 한국신문윤리위원회 인터넷신문심의위원회 심의위원 2011년 스카이데일리 창간·발행인 겸 대표이사 사장(현) 2016년 스카이엔(SKYN) 창간·발행인 겸 대표이사 사장(현) 2017~2019년 한국인터넷신문협회 감사 2018년 동국대 미래융합교육원 교수(현) 2019년 알앤앨(R&R, Rich-Research)연구소 소장(현) 2019년 한국디지털신문협회 사무총장 겸 이사(현) 2019년 자유민주시민연대 이사(현) (상)대한약사회·서울시약사회·한국의약품수출입협회 등 감사패, 서울지방경찰청장 감사장(2015), 경찰청장 감사장(2016) (저)'이런 기자가 기자다. 저런 기자는 아니다'(2005) 시평집 '고깃배 그우히 밀어내는 아침(시가 나를 바라본다)(共)'(2010) '부의 열쇠(돈과 인간의 질서)'(2019)

### 민경배(閔庚培) Min Kyeong Bae

(생)1962·6·7 (본)여흥(驪興) (출)충남 청양 (주)서울특별시 강남구 개포로 619 서울강남우체국빌딩 6층 서울투자운용(주)(02-6958-2300) (학)1999년 한국방송통신대 행정학과졸 2017년 단국대 대학원 부동산학과졸 (경)1986년 서울시 강남구청 서기보 1989~2009년 서울주택도시공사 행정6급~3급 2009년 同원가관리팀장(행정2급) 2011년 同주택관리팀장 2012년 同판촉팀장 2014년 同토지매각사업단TFT장 2015년 同감사 직대 2015년 同행정감사팀장 2016년 同마케팅처장 2017~2018년 同기획경영본부장 직대·경영지원처장(행정1급) 2018~2019년 同경영지원본부장(상임이사) 2019년 서울투자운용(주) 대표이사(현)

### 민경부(閔炅富) Min Kyung Boo

(생)1961·12·6 (주)서울특별시 중구 을지로5길 26 미래에셋대우 임원실(02-768-3355) (학)광주상고졸, 전남대 경영학과졸, 서울대 대학원 경영학과졸, 미국 미시간대 대학원 경영학과졸 (경)대우증권 영업부장, 同호남지역본부장(상무) 2010년 同퇴직연금본부장(상무) 2011년 同PB영업본부장 2012년 KDB대우증권 강남지역2본부장 2013년 同강남지역본부장(상무), 同WM사업추진부 상무 2016년 미래에셋대우 WM사업추진부 상무 2016년 同연금영업본부장(상무) 2016년 同WM전략본부장(상무) 2016년 同WM전략본부장(전무) 2016년 同자산관리(WM)부문 대표(전무) 2018년 同WM총괄 부사장(현) (종)기독교

### 민경서(閔庚瑞)

(생)1957·12·6 (주)인천광역시 남동구 정각로 29 인천광역시의회(032-440-6036) (학)한양대 경영학과졸 (경)인천 용현신용협동조합 이사, 더불어민주당 인천남구乙지역위원회 을지로위원회 위원장 2018년 인천시의회 의원(더불어민주당)(현), 同기획행정위원회 위원(현), 同예산결산특별위원회 위원(현), 同윤리특별위원회 위원장(현)

### 민경석(閔庚奭) Min-Gyeong suk

(생)1964·3·5 (본)여흥(驪興) (출)경기 부천 (주)강원도 원주시 세계로 10 한국관광공사 국민관광본부(033-738-3039) (학)1982년 인천 광성고졸 1986년 고려대 사학과졸 2006년 가톨릭대 대학원 행정학과졸 (경)1989~1991년 (주)TSK 입사·대리 2000~2006년 국회의원 송영길 보좌관 2006년 대통령직속 한·미FTA체결지원위원회 협력2팀장 2007년 국무총리 정무2비서관 2007~2008년 국무총리 정무1비서관 2010년 인천관광공사 사업본부장 2012년 인천도시공사 관광사업처장 2013년 同관광사업본부장(상임이사) 2017년 한국관광공사 국민관광본부장(현) (종)천주교

### 민경선(閔敬善) MIN Kyung Sun

(생)1971·2·6 (출)전북 정읍 (주)경기도 수원시 팔달구 효원로 1 경기도의회(031-8008-7000) (학)2003년 서강대 경제대학원 금융경제학과졸 (경)'설동원·이진숙부부 의사자' 지정추진위원회 간사, 이상경 국회의원 비서관, 최성 국회의원 보좌관, 민주당 고양덕양乙지역위원회 사무국장, (사)

한반도평화경제연구원 사무국장, 同책임연구원, 고양시호남향우회연합회 홍보국장, 행신3동 하이마트사거리횡단보도설치추진위원회 위원장 2010년 경기도의회 의원(민주당·민주통합당·민주당·새정치민주연합) 2010년 同건설교통위원회 간사, 同고양시일자리창출위원회 위원, 同간행물편찬위원회 위원, 경기도 버스정책위원회 위원 2014~2018년 경기도의회 의원(새정치민주연합·더불어민주당) 2014년 同건설교통위원회 위원 2015년 同수도권상생협력특별위원회 위원장 2016년 同교육위원회 간사 2017~2018년 同교육위원회 위원장 2018년 경기도의회 의원(더불어민주당)(현) 2018년 同기획재정위원회 위원(현) [상]중부일보 율곡대상 광역정치부문(2016)

## 민경설(閔庚卨) MIN Kyung-Seol

[생]1968·9·9 [본]여흥(驪興) [출]충북 청주 [주]세종특별자치시 갈매로 477 기획재정부 인사과(044-215-2252) [학]1987년 청주 신흥고졸 1995년 서울대 경제학과졸 2008년 경제학박사(미국 노스캐롤라이나주립대) [경]1994년 행정고시 합격(38회) 1995년 총무처 수습행정관 1996년 재정경제원 국민생활국 사무관 1999~2002년 재정경제부 경제정책국 산업경제과·종합정책과 근무 2002년 同국제금융국 국제금융과 근무 2005년 同금융정책국 금융허브기획과 서기관 2005~2008년 유학 파견(미국 노스캐롤라이나주립대) 2009년 기획재정부 국제금융국 IMF팀장 2009년 同장관실 비서관 2009년 同국제금융국 국부운용과장 2011년 국제통화기금(IMF) 고용휴직 2014년 기획재정부 기획조정실 규제개혁법무담당관 2014년 同국제금융정책국 지역금융과장 2016년 同국제금융협력국 거시협력과장 2016년 同국제기구과장 2017년 同국제금융정책국 국제금융과장 2017년 同국제금융국 국제금융과장 2018년 同본부 근무(부이사관) 2018년 국제통화기금(IMF) 고용휴직(현) [상]대통령표창(2016)

## 민경욱(閔庚旭) Min kyung-Wook

[생]1963·6·17 [출]인천 [주]서울특별시 영등포구 의사당대로 1 국회 의원회관 628호(02-784-4071) [학]1982년 인천 송도고졸 1989년 연세대 행정학과졸 1991년 同국제학대학원 행정학과졸 [경]1990년 공보처 해외공보관 1991년 연합통신 외신부 촉탁위원 1991년 한국방송공사(KBS) 공채(18기) 1992년 同정치부 기자 1993년 同청주방송총국 기자 1994년 同사회부 기자 1995년 同정치부 기자, 同기동취재부 기자 1998년 同보도제작국 기자 2000년 同9시뉴스 편집부 기자 2001~2004년 同2TV '뉴스타임' 앵커 2004~2007년 同워싱턴특파원 2007년 同보도국 정치부 데스크 2011~2013년 同'뉴스9' 앵커 2013~2014년 同보도국 문화부장 2014~2015년 대통령 대변인 2016~2017년 새누리당 인천시연수구乙당원협의회 운영위원장 2016년 제20대 국회의원(인천시 연수구乙, 새누리당·자유한국당〈2017.2〉)(현) 2016년 새누리당 원내대변인 2016~2017년 국회 운영위원회 위원 2016~2017년 국회 미래창조과학방송통신위원회 위원 2016~2018년 국회 예산결산특별위원회 위원 2016~2017년 새누리당 원내부대표 2016년 자유한국당 인천시연수구乙당원협의회 운영위원장(현) 2017년 同원내부대표 2017년 同제19대 홍준표 대통령후보 중앙선거대책본부 미디어본부 공동본부장 2017~2019년 同중앙홍보위원회 위원장 2017~2018년 국회 과학기술정보방송통신위원회 위원 2017~2019년 자유한국당 인천시당 위원장 2017~2018년 同정책위원회 부의장 2018년 同인천시당 공천관리위원장 2018년 국회 국토교통위원회 위원(현) 2019년 자유한국당 대변인 [상]한국기자협회 이달의 기자상(1994), KBS 우수프로그램상 보도부문 금상(1994), KBS 사장표창(1995), 제22회 방송대상 보도기자부문 개인상(1995), KBS 바른언어대상(2002), 근로자의 날 KBS사장 유공표창(2003), 제39회 한국방송대상 앵커상(2012), 대한민국의정대상(2017) [저]'기자가 말하는 기자'(2003, 도서출판 부키) '워싱턴에서 KBS 뉴스 민경욱입니다'(2007, 가쎄출판사)

## 민경원(閔慶元) MIN Kyung Won

[생]1958·3·25 [주]경기도 용인시 수지구 죽전로 152 단국대학교 건축공학과(031-8005-3734) [학]1982년 서울대 건축공학과졸 1984년 同대학원졸 1992년 공학박사(미국 Northwestern대) [경]1994~2001년 인천대 건축공학과 전임강사·조교수·부교수 2001년 단국대 건축공학과 부교수·교수(현) 2001년 한국지진공학회 이사 2001년 한국소음진동공학회 이사 2005년 미국 세계인명사전 'Marquis Who's Who in the World'에 등재 2006년 한국전산구조공학회 이사 2017년 단국대 건축대학장(현) [상]인천대연구상(1997), 한국전산구조공학회 논문상(2001), 한국과학재단 우수연구상(2003), 한국과학기술단체총연합회 과학기술우수논문상(2004·2009), 한국지진공학회 학술상(2007), 한국전산구조공학회 학술상(2009) [저]'구조물의 진동제어'(2002)

## 민경준(閔庚浚) Min, Kyungzoon

[생]1958·5·10 [출]전남 해남 [주]경상북도 포항시 남구 신항로 110 (주)포스코케미칼(054-290-0114) [학]1976년 광주고졸 1980년 전남대 재료공학과졸 1982년 同대학원 금속공학과졸 2010년 캐나다 맥길대 대학원 석사(MBA) 2011년 금속공학박사(전남대) [경]1984년 포항제철(주) 입사, 同광양제철소 열연부장, 同품질기술부장 2010년 (주)포스코 광양제철소 압연담당 부소장(상무) 2012년 同인도네시아 크라카타우포스코법인장(상무) 2015년 同인도네시아 크라카타우포스코법인장(전무) 2017년 同인도네시아 크라카타우포스코법인장(부사장) 2018년 同중국 장가항포항불수강유한공사 법인장(부사장) 2019년 (주)포스코케미칼 대표이사 사장(현)

## 민경중(閔庚仲) MIN Kyeong Joong

[생]1963·10·29 [본]여흥(驪興) [출]전북 전주 [주]서울특별시 양천구 목동동로 233 방송통신심의위원회 사무총장실(02-3219-5114) [학]1983년 전라고졸 1987년 한국외국어대 중국어과졸 1999년 연세대 언론홍보대학원졸 2014년 제주대 대학원 박사과정 수료 [경]1987년 CBS 기자 1991년 同UN특파원 1996~1998년 同북경특파원 1999~2002년 同노조위원장 1999년 同보도제작국 차장 2003년 同전국팀장 겸 노컷뉴스부장 2003년 同뉴스레이다 앵커 2004년 同노컷뉴스부장 겸 문화체육부장 2005년 (주)노컷뉴스 콘텐츠담당 이사 2005년 한국기자협회 이달의기자상 심사위원 2006년 CBS 보도위원 2006년 同TV본부 TV제작단장 겸 제작부장 2008년 同보도국장 2010년 同미디어본부 크로스미디어센터장 2010년 同제주방송본부장 2012년 同콘텐츠본부 크로스미디어센터장 2014년 同마케팅본부장 2015년 한국외국어대 중국언어문화학부 겸임교수(현) 2015년 법무법인 JP 비상근고문 2017년 문재인 전 더불어민주당 대표 방송분야 미디어특보 2018년 방송통신심의위원회 사무총장(현) [상]서울장애인올림픽 문화기장(1988), 한국방송대상 최우수작품상(1996), 민주언론상 활동부문 특별상(2001), 한국방송대상 앵커상(2004), 한국방송대상 우수작품상(2005), 외대언론인상(2010), 한국참언론인대상 뉴미디어부문(2010), 미래창조과학부장관표창(2014), 한국온라인저널리즘어워드 공로상(2014), 자랑스러운 외대인상(2019) [저]'중국의 방송계 동향'(1996) '다르게 선택하라'(2015) [작]영화 단역 출연 '키다리 아저씨'(방송국장역) [종]기독교

## 민경진(閔庚鎭)

[생]1960·3·9 [주]서울특별시 중구 을지로5길 26 미래에셋센터원빌딩 이스트타워 미래에셋대우 [학]1978년 군산동고졸 1984년 서강대 영어영문학과졸 1994년 영국 맨체스터대 경영대학원 경영학과졸(MBA) [경]1985년 KDB산업은행 입행 2009년 同런던지점장 2012년 同국제금융부장 2013년 同리

스크관리부문장(부행장) 2014년 同국제금융부문장(부행장) 2014~2016년 同글로벌사업부문장(부행장) 2016년 미래에셋대우 Global사업부문장(부사장) 2017년 同신사업추진단장(부사장), 同고문(현)

**민경집(閔庚楫) MIN Kyoung Jib**

[생]1958·4·24 [출]서울 [주]서울특별시 영등포구 국제금융로 10 OneIFC빌딩 19층 (주)LG하우시스(02-6930-1002) [학]1976년 경복고졸 1981년 서울대 화학공학과졸 1983년 同대학원졸 1988년 화학공학박사(미국 렌셀러폴리테크닉대) [경]1989년 LG화학(주) 기술연구원 고분자연구소 선임연구원 1994년 同기술연구원 기획팀장 1995년 同회장실 기획팀장 1998년 LG종합기술원 기술정책팀장 1999년 LG전자(주) 기술원 전략기획그룹장 2001년 同기술전략담당 부장 2002년 과학기술부 국가기술지도기획단 에너지·환경담당 위원 2004년 LG화학(주) 기술연구원 산업재연구소장(상무) 2010년 (주)LG하우시스 하우시스연구소장(전무) 2015년 同자동차소재부품사업부장(부사장) 2018년 同대표이사 부사장(CEO)(현)

**민경찬(閔庚燦) MIN Kyung Chan**

[생]1949·12·5 [출]충북 충주 [주]서울특별시 서대문구 연세로 50 연세대학교 이과대학 수학과(02-2123-2580) [학]1972년 연세대 수학과졸 1976년 同대학원 수학과졸 1977년 캐나다 칼턴대 대학원 수학과졸 1981년 이학박사(캐나다 칼턴대) [경]1982~2015년 연세대 수학과 조교수·부교수·교수 1982~1983년 독일 Hannover대 수학과 Visiting Professor 1984~1985년 미국 Central Texas College(Pacific Far East Campus, Korea) Instructor 1988~2007년 캐나다 Ottawa Univ. Dept. of Mathematics Instructor 1988~1989년 캐나다 Carleton Univ. Dept. of Mathematics and Statistics Visiting Professor 1995~1996년 연세대 교육대학원 부원장 1996~2000년 同입학관리처장 1996~1997년 한국퍼지및지능시스템학회 회장 1997~2000년 서울지역입학관련처장협의회 초대 회장 2000~2002년 연세대 교무처장 2001~2002년 대학교육개발센터협의회 초대 회장 2001~2009년 IFSA(국제퍼지시스템학회) 부회장·Executive Board Member 2002~2005년 연세대 학부대학장 2003~2005년 대학교양교육협의회 회장 2003년 International J. of Fuzzy Systems Associate Editor(현) 2004~2013년 교육인적자원부 대학교원임용양성평등위원장 2004년 同교육발전협의회 고교·대학협력위원장 2005~2006년 대한수학회 회장 2005년 IFSA(국제퍼지시스템학회) Executive Board Member(현) 2005년 바른과학기술사회실현을위한국민연합 공동대표 2006~2008년 국가과학기술위원회 산하 기초과학연구진흥협의회 위원장 2006년 한국학술진흥재단 BK21 NURI 사업관리위원회 위원 2007~2008년 대통령직속 국가과학기술위원회 위원 2007년 과학기술부자문 수학과학교육경쟁력협의회 위원장 2007~2010년 세계수학자대회(ICM 2014) 유치자문위원장 2008~2010년 연세대 대학원장 2008~2010년 교육과학기술부 정책자문위원장 2008~2010년 글로벌프론티어사업 기획자문위원회 겸 추진위원회 위원장 2008~2011년 바른과학기술사회실현을위한국민연합 상임대표 2008~2012년 국가교육과학기술자문회의 위원 겸 대학교육위원회 위원장 2010~2014년 청암과학상선정위원회 위원 겸 위원장 2010~2015년 세계수학자대회(ICM 2014) 조직위원회및자문위원회 공동위원장 2010~2013년 교육과학기술부 대학교육역량강화사업 사업관리위원회 위원장 2010~2014년 同사학분쟁조정위원회 위원 2011~2017년 한국대학교육협의회 한국교양기초교육원 운영위원장 2011년 포스코청암재단 이사(현) 2012~2014년 연세대 미래전략위원회 위원장 2012년 바른과학기술사회실현을위한국민연합 명예대표(현) 2012년 기초과학연구원(IBS) 국제자문위원회(SAB) 위원(현) 2013~2014년 국가중점과학기술범부처전략로드맵수립 추진단장 2013~2015년 국가과학기술심의회 기초연구진흥협의회 위원장 2014년 교수신문 논설위원(현) 2015년 연세대 명예특임교수(현) 2015~2017년 국가과학기술자문회의 과학기술기반분과 의장 2015년 국무총리소속 인사혁신추진위원회 민간위원장(현) 2015년 미래인사포럼 공동자문위원장(현) 2016년 기초과학연구원(IBS) 위촉직이사(현) 2016년 한국양성평등교육진흥원 비상임이사(현) 2017년 한국연구재단 LINC+ 사업관리위원회 위원장(현) [상]자랑스런 연세 ROTCian 상(2005), 부총리 겸 교육인적자원부장관표창(2006), 연세대 교육대학원 우수강의상(2012·2014), 대한수학회 공로상(2013), 한국과학기자협회 올해의 과학자상(2013), 국회의장 공로장(2013), 연세대 우수강의교수상(2014), 서울시 문화상(2014), 옥조근정훈장(2015), 인사혁신처장표창(2016) [저]'Fuzzy Logic and its Applications to Engineering, Information Sciences, and Intelligent Systems(共)'(1995) '대학선진화 정책과 방향과 과제(共)'(2011) '융합학문, 어디로 가고 있나?(共)'(2011) '경쟁과 공존(共)'(2011) '10년 후 한국사회(共)'(2015) '제4차산업혁명시대 대한민국 미래교육보고서(共)'(2017) [종]기독교

**민경태(閔景泰) MIN Kyung Tae**

[생]1960·5·1 [주]서울특별시 서대문구 연세로 50-1 세브란스병원 마취통증의학과(02-222-82406) [학]1984년 연세대 의대졸 1988년 同대학원 의학석사 1993년 의학박사(연세대) [경]1992~1999년 연세대 의대 마취과학교실 전임강사·조교수 2000~2004년 同의대 마취통증의학교실 부교수 2005년 同의대 마취통증의학교실 교수(현) 2016~2018년 세브란스병원 마취통증의학과장 2016년 同수술실장(현)

**민경택(閔庚鐸) MIN KYUNGTAEK**

[생]1969·2·11 [본]여흥(驪興) [출]경북 울진 [주]전라남도 나주시 빛가람로 601 한국농촌경제연구원 산림정책연구센터(061-820-2337) [학]1987년 운호고졸 1992년 서울대 산림자원학과졸 1996년 同대학원 산림자원학과졸 1998년 同대학원 산림자원학 박사과정 수료 2010년 농학박사(일본 도쿄대) [경]1994~1996년 제14대 국회의원 비서 1997~1998년 서울대 농업생명과학대학 부속연습림 조교 2001~2003년 한국농촌경제연구원 농림기술관리센터 연구원 2003~2007년 同산림정책연구실 전문연구원 2009~2010년 일본 삼림총합연구소 근무 2010~2013년 한국농촌경제연구원 산림정책연구부 부연구위원 2011년 환경부 나고야의정서 대응전문가포럼 위원 2013~2015년 국제식물검역인증원 자문위원 2013~2015년 산업통상자원부 통상교섭민간자문위원회 위원 2013~2016년 한국농촌경제연구원 산림정책연구부 연구위원 2014년 (사)한국산림경제학회 이사 겸 편집위원장(현) 2014~2016년 (사)한국임학회 편집위원 2016년 한국농촌경제연구원 산림정책연구센터 연구위원(현) 2018년 일본 홋카이도대 농학연구원 외국인연구원 2019년 대통령직속 농·어업농어촌특별위원회 농수산식품분과 위원(현) 2019년 한국농촌경제연구원 산림정책연구센터장(현) [상]한국농촌경제연구원 표창장(2013), 경제·인문사회연구회 우수연구상(2013), 한국농촌경제연구원 정책기여우수과제상(2013) [저]'기후변화에 대응한 목재수급 정책과제(共)'(2011) '산림경영의 수익성 개선을 위한 정책과제(共)'(2017) [역]'임정학 강의(共)·(編)'(2017)

**민경호(閔庚鎬)**

[생]1972·2·21 [출]경기 수원 [주]경상남도 통영시 용남면 동달안길 67 창원지방검찰청 통영지청 형사2부(055-640-4324) [학]1990년 경기 유신고졸 1997년 서울대 외교학과졸 [경]2001년 사법고시 합격(43회) 2004년 사법연수원 수료(33기) 2004년 LG카드 법무팀 변호사 2008년 법무법인 여명 변호사 2008년 대구지검 검사 2010년 춘천지검 강릉지청 검사 2012년 프랑스 국립사법원 해외연수 2013년 서울중앙지검 검사 2017년 인천지검 검사 2018년 대검찰청 검찰연구관 2019년 서울동부지검 부부장검사 2019년 창원지검 통영지청 형사2부장(현) [상]하반기 모범검사상(2011), 올해의 검사상(2011)

## 민경화(閔庚和)

생1972·2·22 출충북 음성 주서울특별시 영등포구 여의대로 128 LG화학 특허센터(02-3773-1114) 학1990년 수원 동원고졸 1998년 서울대 원자핵공학과졸 경1997년 기술고시 합격(33회) 1998년 행정자치부 수습사무관 1998년 특허청 일반기계과 근무 1998년 同국제협력과 사무관 2002년 사법시험 합격(44회) 2005년 사법연수원 수료(34기) 2005년 대전지법 예비판사 2006년 대법원 예비판사 2007년 대전지법 판사 2008년 수원지법 판사 2010~2013년 舊유고국제형사재판소 파견 2013년 (주)LG 법무담당 상무 2015년 LG화학 특허센터장(상무)(현)

## 민광옥(閔光玉) MIN Kwang Ok

생1954·7·22 본여흥(驪興) 출경북 상주 주인천광역시 남동구 논현로46번길 51 유승테라폴리스 7층 (주)유승종합건설 사장실(032-524-8822) 학1972년 상주고졸 1987년 성균관대 경영대학원 수료 2002년 서울대 경영대학 AMP과정 수료 경1985년 (주)삼우건설 대표이사 사장 1985년 (주)유승종합건설 대표이사 사장(현) 1999년 대한주택건설협회 인천시지회 이사(3대) 2001~2007년 同인천시지회 감사(4·5대) 2007~2010년 同인천시지회 부회장(6·7대) 2010~2016년 同인천시지회장(8·9대) 2016년 同부회장(현) 상인천광역시장표창(2000·2008), 파주시장표창(2002), 제3회 주택건설의날 국무총리표창(2002), 국가보훈처장표창(2002), 건설교통부장관표창(2003), 행정자치부장관표창(2004), 은탑산업훈장(2007), 대통령표창(2010)

## 민근기(閔根基)

생1963 출충북 청주 주충청북도 청주시 서원구 분평로 99 청주보호관찰소 소장실(043-290-8901) 학충북대 수학과졸 경1986년 보호직 공무원 특채(7급) 2000년 부산소년분류심사원 분류심사과장(사무관) 2010년 대구보호관찰소 행정지원팀장(서기관) 2012년 대전보호관찰소 천안지소장 2013년 서울서부보호관찰소장 2015년 제주보호관찰소장 2017년 전주소년원장 2018년 청주보호관찰소장(현) 상법무부장관표창(1995)

## 민기식(閔起植) MIN Ki Sik

생1962·7·22 출서울 주서울특별시 중구 남대문로 125 DGB생명보험(주) 비서실(02-2087-9301) 학연세대 수학과졸 경1988~1991년 대한화재해상보험(주) 근무 1991년 푸르덴셜생명보험(주) 입사, 同CMO 2008년 PCA생명(주) 마케팅총괄 전무 2011년 푸르덴셜생명보험(주) 마케팅담당 부사장 2019년 DGB생명보험(주) 대표이사(현)

## 민기호(閔奇鎬) MIN Ki Ho

생1970·1·5 출서울 주서울특별시 광진구 아차산로 635 워커힐아파트 24동 803호 민기호법률사무소(070-4237-7615) 학1996년 연세대 법학과졸 경1985년 검정고시 합격 1995년 행정고시 합격(39회) 1997년 공정거래위원회 사무관 1997년 사법시험 합격(39회) 2000년 사법연수원 수료(29기) 2000년 서울지검 동부지청 검사 2002년 수원지검 여주지청 검사 2003년 부산지검 검사 2005년 서울중앙지검 검사 2008년 대검찰청 연구관 2010년 대전지검 검사 2013년 同부부장검사 2014년 광주지검 순천지청 부장검사 2015년 대검찰청 형사2과장 2016년 청주지검 제천지청장 2017년 인천지검 형사5부장 2018~2019년 대검찰청 형사1과장 2019년 변호사 개업(현)

## 민기홍(閔基泓)

생1973·12·21 출경기 파주 주서울특별시 서초구 반포대로 138 양진빌딩 2~3층 법무법인 진(02-2136-8100) 학1992년 서울 경신고졸 1997년 고려대 법학과졸 1999년 同대학원 법학과졸 경1998년 사법시험 합격(40회) 2001년 사법연수원 수료(30기) 2001년 공군 법무관, 서울북부지검 검사 2006년 광주지검 순천지청 검사 2009년 법무부 법조인력과 검사 2011년 서울중앙지검 검사 2014년 부산지검 검사 2015년 同부부장검사 2016년 울산지검 공안부장 2017년 대전지검 형사3부장 2018~2019년 인천지검 공안부장 2019년 변호사 개업 2019년 법무법인 진 변호사(현)

## 민길수(閔吉秀) MIN Gil Soo

생1968·10·3 출전남 해남 주강원도 춘천시 후석로440번길 64 강원지방노동위원회(033-269-3404) 학1986년 목포 문태고졸 1992년 고려대 행정학과졸 경1994년 행정고시 합격(37회) 1994년 노동부 사무국 노사관계개혁위원회 근무 2000년 同기획관리실 법무담당관실 사무관 2002년 同근로기준국 근로기준과 서기관 2005년 부산지방노동청 관리과장 2006년 미국 미주리 컬럼비아대 파견 2008년 광주지방노동청 익산지청장 2009년 노동부 고용정책실 외국인력정책과장 2010년 고용노동부 고용정책실 외국인력정책과장 2012년 同고용정책실 사회적기업과장 2012년 대구지방고용노동청 대구고용센터 소장 2013년 고용노동부 기획조정실 규제개혁법무담당관 2014년 同청년취업지원과장(부이사관) 2015년 대통령직속 청년위원회 일자리부장(부이사관) 2016년 고용노동부 노동정책실 공무원노사관계과장 2017년 강원지방노동위원회 위원장(고위공무원)(현)

## 민동석(閔東石) MIN Dong-seok

생1952·1·11 본여흥(驪興) 출전남 해남 주서울특별시 동대문구 이문로 107 한국외국어대학교 법인임원실(02-2173-2114) 학1973년 경기고졸 1977년 한국외국어대 노어과졸 경외무고시 합격(13회) 1979년 외무부 입부 1981년 駐영국 2등서기관 1985~1987년 외무부 동구과·경제기구과·통상기구과 근무 1987년 駐사우디아라비아 2등서기관 1989년 駐제네바대표부 1등서기관 1991년 외무부 장관비서관 1993년 駐미국 1등서기관 1996년 외무부 통상기구과장 1998년 외교통상부 기획예산담당관 1999년 유엔 아·태경제사회이사회(ESCAP) 사무총장 자문관 2001년 외교통상부 통상정보지원팀장 2001년 同도하개발아젠다담당 심의관 2001년 세계무역기구(WTO) 서비스협상 정부수석대표 2004년 駐휴스턴 총영사 2004년 미국 텍사스주 명예 국무장관 위촉 2006년 농림부 농업통상정책관(차관보) 2007년 한미FTA 농업분야 고위급협상대표 2008년 농림수산식품부 농업통상정책관 2008년 한미쇠고기협상 한국측 수석대표 2008년 외교안보연구원 외교역량평가단장 2010~2012년 외교통상부 제2차관 2012~2016년 유네스코 한국위원회 사무총장 2013년 한국방송통신대 운영위원 2013~2017년 국립중앙박물관 운영자문위원(제6기) 2015년 성균관대 문화융합대학원 초빙교수 2015~2016년 유네스코세계시민학교 교장 2016년 한국장학재단 경영고문(현) 2017~2018년 외교부 아프리카·중동지역 경제협력대사 2017년 한국외국어대총동문회 회장(현) 2017년 학교법인 동원육영회 이사(현) 2017년 세계청소년문화재단 이사(현) 2017년 BBB코리아 이사(현) 2019년 에이스랩 컨설팅그룹 고문(현) 상외무부장관표창(1987), 홍조근정훈장(2005), 자랑스러운 외대인상(2011), 자랑스런 경기 69회 동문상, 황조근정훈장(2013), 한국언론기자협회 세계평화대상(2016) 저'위기의 72시간'(2007, 아리샘) '대한민국에서 공직자로 산다는 것-협상대표는 동네북인가'(2010, 나남) '외교관 국제기구 공무원 실전 로드맵'(2019, 이담북스) 종기독교

## 민동준(閔東晙) MIN Dong Joon

(생)1956 · 7 · 20 (본)여흥(驪興) (출)서울 (주)서울특별시 서대문구 연세로 50 연세대학교 공과대학 신소재공학과(02-2123-2840) (학)1976년 서울대사대부고졸 1980년 연세대 금속공학과졸 1984년 同대학원 금속공학과졸 1988년 금속공학박사(일본 東京大) (경)산업과학기술연구소 책임연구원, 연세대 공과대학 신소재공학과 교수(현), 기술신용보증기금 기술자문위원, 대한금속학회 편집위원, 인천제철(주) 사외이사 2005~2007년 대한금속재료학회 재무이사 2012~2014년 연세대 공과대학장 겸 공학대학원장 2014년 미래창조과학부 공과대학혁신위원회 위원 2015~2017년 (주)심팩메탈로이 사외이사 2017년 한국공학한림원 정회원(재료자원공학 · 현) 2017년 대한금속재료학회 회장 2018년 연세대 행정 · 대외부총장(현) 2019년 (주)동국제강 사외이사(현) (상)대통령표창(2006), 대한금속재료학회 윤동석상(2008), 교육과학기술부장관표창(2009), 대한금속재료학회 덕천학술상(2010), 일본청강협회 니시야마상(2011), 동탑산업훈장(2017) (종)기독교

## 민동필(閔東必) MIN Dong Pil

(생)1946 · 1 · 11 (본)여흥(驪興) (출)서울 (주)서울특별시 관악구 관악로 1 서울대학교 자연과학대학 물리 · 천문학부(02-880-6606) (학)1964년 서울고졸 1971년 서울대 물리학과졸 1976년 물리학박사(프랑스 파리제11대) 1980년 국가박사(프랑스 파리제11대) (경)1980~2008년 서울대 자연과학대학 물리학과 교수 1984~1986년 同전자계산소 부소장 1986~1988년 한국물리학회 편집위원 1988~1990년 同핵물리분과 분과위원장 1990~1992년 同사업간사 1993~1995년 서울대 자연과학대 부학장 1995~2005년 同물리학연구정보센터 소장 1997~1999년 同재정연구위원회 위원 1998~2005년 同기초과학학술정보센터 소장 1999~2001년 한국물리학회 부회장 1999~2001년 同발간 '물리학과 첨단기술' 편집위원장 2001~2008년 UNESCO 산하 순수 · 응용물리국제연합 제12분과 위원 2001~2004년 전국전문연구정보센터 소장협의회 회장 2004~2005년 서울대 물리학부장 2005~2007년 한국학술진흥재단 학술진흥본부장 · 사무총장 2007년 제17대 대통령직인수위원회 국가경쟁력강화특별위원회 과학비즈니스벨트TF팀장 2008~2011년 교육과학기술부 산하 기초기술연구회 이사장 2009~2010년 세종시 민관합동위원회 민간위원 2011년 국제과학비즈니스벨트위원회 민간위원 2011~2012년 외교통상부 과학기술협력대사 2012년 서울대 자연과학대학 물리 · 천문학부 명예교수(현) 2013년 유엔(UN) 과학자문이사회 위원(현) (상)한국물리학회 학술상(2002), 프랑스 교육공로훈장(2009), 과학기술훈장 혁신장(2016) (저)'핵구조 물리학'(1987, 민음사) (종)기독교

## 민만기(閔萬基) MIN Man Kee

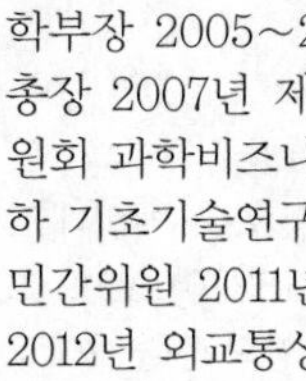

(생)1960 · 11 · 22 (출)경남 밀양 (주)서울특별시 종로구 성균관로 25-2 성균관대학교 법학전문대학원(02-760-0345) (학)1979년 마산고졸 1984년 성균관대 법학과졸 1986년 서울대 대학원 법학과졸 1996년 미국 조지타운대 로스쿨 수료 (경)1988년 사법시험 합격(30회) 1991년 사법연수원 수료(20기) 1996년 미국 뉴욕주변호사시험 합격 1998년 서울지검 의정부지청 검사 1999년 광주지검 순천지청 검사 2001년 법무부 인권과 검사 2003년 서울지검 동부지청 부부장검사 2004년 춘천지검 부부장검사 2005년 대구지검 공판부장 2006년 인천지검 부천지청 부장검사 2007년 부산고검 검사 2009년 서울중앙지검 공판1부장 2009년 변호사 개업 2011~2013년 한국석유관리원 비상임감사 2013년 성균관대 법학전문대학원 교수(현) 2014~2017년 KB캐피탈(주) 사외이사 2018년 성균관대 법학전문대학원장(현) (저)'미국의 정치개혁리포트'(共)

## 민명기(閔明基) Min Myung Ki

(생)1961 · 7 · 10 (주)서울특별시 영등포구 양평로21길 10 롯데제과(주) 임원실(02-2670-6438) (학)대원고졸, 고려대 농업경제학과졸 (경)롯데제과(주) 건과영업부장, 同유통영업담당 이사대우, 同인도사무소장(상무) 2013년 同건과영업본부장(상무) 2015년 同건과영업본부장(전무) 2018년 同대표이사 부사장(현)

## 민민홍(閔敏泓) MIN Min Hong

(생)1960 · 2 · 1 (본)여흥(驪興) (출)전남 해남 (주)인천광역시 연수구 갯벌로 12 인천관광공사 사장실(032-899-7304) (학)1978년 서울 덕수상고졸 1985년 한국외국어대 불어학과졸 2008년 한양대 국제관광대학원졸 (경)1985년 한국관광공사 입사 2001년 同시드니지사장 2006년 同기획조정실장 2008년 同관광상품개발처장 2009년 同뉴욕지사장 2012년 同관광R&D센터장 2013~2014년 同마케팅본부 MICE뷰로실장 2014년 국제전기통신연합 전권회의(Plenipotentiary Conference) 문화 · 관광분야 자문위원 2014년 한국관광공사 국제관광본부 코리아MICE뷰로실장 2014년 同경영본부 서울센터장 2015년 同창조관광사업단장 2015년 同국제관광본부장(상임이사) 2016년 同국제관광전략본부장(상임이사) 2016~2019년 한국보건산업진흥원 비상임이사 2017년 문화체육관광부 조직문화혁신위원회 위원(현) 2017년 한국관광공사 국제관광본부장(상임이사) 2018년 인천관광공사 사장(현) (상)국무총리표창(2013) (종)천주교

## 민병관(閔丙寬) Min, Byung Kwan

(생)1951 · 10 · 27 (본)여흥(驪興) (출)충북 청주 (주)서울특별시 서초구 서초대로 396 큐로모터스 사장실(080-890-8585) (학)1970년 경기고졸 1974년 서울대 상대 국제경제학과졸 2004년 同경영대학원 최고경영자과정 수료 (경)1973년 한일합섬 근무 1978년 (주)대우 근무 1980년 同아테네법인 근무 1984년 同선박부 과장 1986년 同호주법인 대표 1990년 同기계2부장 1993년 同기획홍보담당 이사 1996년 同싱가포르법인 대표 1998년 대우자동차 해외영업총괄 상무 2000년 同해외사업본부장 2002년 GM대우자동차 해외영업총괄 전무 2003~2011년 볼보트럭코리아 사장 2011~2013년 볼보그룹 동펑닛산디젤자동차 대표 2013~2014년 볼보트럭코리아 아시아지역프로젝트 임원 2014년 IA(Invest Align)Partners 투자자문 2017년 큐로모터스 사장(현) (상)수출공로상(1982), 대우인상 해외영업부문(1992), 볼보트럭 아시아사업부문 고객만족 경영대상(2007), 볼보그룹 아시아트럭사업부문 아시아지역 경영대상(2009) (종)기독교

## 민병대(閔丙大) Min Byoung Dae

(생)1963 · 5 · 29 (주)전라남도 무안군 삼향읍 오룡길 1 전라남도의회(061-286-8200) (학)조선대 경제학과졸, 경희대 언론정보대학원 석사과정 수료 (경)여수문화방송(MBC)(주) 아나운서, 同편성제작팀 부장, 여수세계박람회 사후활용추진위원회 홍보팀장 2014년 전남도의원선거 출마(무소속), 더불어민주당 중앙당 정책위부의장 2018년 전남도의회 의원(더불어민주당)(현), 同남북교류협력지원특별위원회 부위원장(현), 同기획행정위원회 위원 겸 예산결산특별위원회 위원(현), 同광양만권해양생태계보전특별위원회 위원(현), 同여수순천10.19사건특별위원회 위원(현)

### 민병두(閔丙梪) MIN Byung Doo

(생)1958·6·10 (본)여흥(驪興) (출)강원 횡성 (주)서울특별시 영등포구 의사당대로 1 국회 의원회관 537호(02-788-2256) (학)1977년 경기고졸 1990년 성균관대 무역학과졸 1997년 미국 시라큐스대 언론대학원 연수 (경)1981~1982·1987년 민주화운동으로 복역 1991년 문화일보 기자 1999년 同정치부 차장 2000년 同워싱턴특파원 2003~2004년 同정치부장 2004년 열린우리당 총선기획단 부단장 2004년 同공동대변인 2004~2008년 제17대 국회의원(비례대표, 열린우리당·대통합민주신당·통합민주당) 2004~2008년 독립기념관 이사 2005년 열린우리당 전자정당위원장 2005년 同홍보·기획위원장 2005년 사랑의장기기증운동본부 이사 2007년 열린우리당 정책위원회 수석부의장 2008년 대구가톨릭대 언론광고학부 명사초빙교수 2012년 제19대 국회의원(서울 동대문구乙, 민주통합당·민주당·새정치민주연합·더불어민주당) 2012·2014년 국회 정무위원회 위원 2013년 민주당 전략홍보본부장 2013년 同민주정책연구원 부원장 2013년 국회 국가정보원개혁특별위원회 위원 2014년 민주당·새정치연합 신당추진단 정무기획분과 공동위원장 2014~2015년 국회 예산결산특별위원회 위원 2014년 새정치민주연합 민주정책연구원장 2014년 同정치혁신실천위원회 위원 2015년 同경제정의·노동민주화특별위원회 위원 2015~2016년 더불어민주당 민주정책연구원장 2016년 同언론홍보대책위원회 위원장 2016년 제20대 국회의원(서울 동대문구乙, 더불어민주당)(현) 2016~2018년 국회 정무위원회 위원 2016~2018년 국회 평창동계올림픽 및 국제경기대회지원특별위원회 위원 2016년 더불어민주당 서울동대문구乙지역위원회 위원장(현) 2017년 同제19대 문재인 대통령후보 총괄특보단장 2018년 국회 정무위원회 위원장(현) (상)한국기자협회 이달의 기자상(2회), 한국언론사협회 대한민국우수국회의원대상 특별대상(2014), 대한민국 유권자 대상(2015), 성균관대 자랑스러운 경영대학 동문상(2016), 2018 입법 및 정책개발 우수국회의원(2019) (저)'완벽한 학생들'(2002, 조선일보사) '동남아 한류견문기' '병두생각'(2011, 비타베이타) '김두관의 정정당당(共)'(2012) '새로운 진보정치(共)'(2015, 메디치미디어) (종)천주교

### 민병석(閔丙奭) Byung Seok Min (㑇峰)

(생)1954·1·10 (본)여흥(驪興) (출)충남 아산 (주)서울특별시 마포구 마포대로 45 일진디앤코 임원실(02-707-9114) (학)서울대 대학원 최고경영자과정 수료 (경)일진알미늄(주) 커튼월사업본부장 2003년 同대표이사 상무 2004년 同대표이사 전무 2005년 일진유니스코(주) 대표이사 전무 2006~2007년 同대표이사 부사장 2012년 同대표이사 사장 2018년 일진디앤코(주) 대표이사 사장(현) (상)대한건설협회장표창(1984) (종)가톨릭

### 민병욱(閔丙旭) MIN Byung Wook

(생)1951·7·23 (본)여흥(驪興) (출)전북 익산 (주)서울특별시 중구 세종대로 124 프레스센터 15층 한국언론진흥재단(02-2001-7701) (학)1969년 배재고졸 1976년 연세대 국어국문학과졸 1986년 미국 미주리대 신문대학원 수료 2001년 한양대 대학원 언론학과졸 (경)1976~1994년 동아일보 사회부·정치부 기자·기획특집부장 1994년 同사회1부장 1995년 同논설위원 1997년 同정치부장 1998년 同부국장대우 정치부장 1999년 同편집국 부국장 1999년 同논설위원 2001년 同출판국 부국장(국장대우) 2001년 국회 방송자문위원 2001~2005년 동아일보 출판국장 2005년 국회 정치개혁협의회 위원 2006~2009년 한국간행물윤리위원회 위원장 2010년 백석대 초빙교수 2015~2017년 한국신문윤리위원회 독자불만처리위원 2015년 포털뉴스제휴평가위원회 위원 2016~2017년 한국신문윤리위원회 윤리위원 2017년 더불어민주당 제19대 문재인 대통령후보 중앙선거대책위원회 미디어특보단장 2017년 한국언론진흥재단 이사장(현) (상)한국기자협회상(1983), 한국언론대상(2000) (저)'들꽃길 달빛에 젖어'(2003) '민초통신 33'(2011)

### 민병원(閔炳元) MIN Byoung Won

(생)1964·5·1 (출)충남 천안 (주)세종특별자치시 도움4로 9 국가보훈처 기획조정실(044-202-5200) (학)1981년 천안 중앙고졸 1985년 중앙대 사회복지학과졸 (경)2003년 서울지방보훈청 지도과장 2004년 국가보훈처 제대군인국 제대군인정책과장 2007년 同혁신기획관 2008년 同창의혁신담당관 2008년 同운영지원과장 2011년 同보훈선양국장 2011년 국립대전현충원장, 대전지방보훈청장 2014년 중앙공무원교육원 파견(고위공무원) 2015년 국가보훈처 기획조정관 2017년 부산지방보훈청장 2019년 국가보훈처 기획조정실장(현)

### 민병준(閔丙晙) MIN Pyung Joon

(생)1932·2·12 (출)서울 (주)서울특별시 종로구 종로 69 서울YMCA회관 418호 월남이상재선생기념사업회(02-725-5656) (학)한양공고졸 1956년 서울대 사회학과졸 1969년 고려대 경영대학원 수료 2001년 명예 경영학박사(충북대), 미국 캘리포니아대 로스앤젤레스교 수학, 서울대 경영대학원 최고경영자과정 수료 (경)1957년 내무부 차관 비서 1959년 농업협동조합중앙회 부참사 1960년 대한철광 비서역 1961~1969년 합동통신 총무부장 1969~1974년 同총무국장·이사·사업국장 1974년 同상무이사 1975년 同전무이사 1976년 휘문의숙재단 감사 1979년 합동통신 부사장 1981년 (주)합동 부사장 1981년 일우해운 LA지사장 1982년 두산개발 사장 1984년 두산컴퓨터 사장 1984년 OB베어스 사장 1986년 백화양조 사장 1989년 두산식품·두산기업 사장 1992년 두산음료 부회장 1994~1997년 두산개발 부회장 1995·2001·2007~2009년 한국광고주협회 회장 1997년 두산개발 고문 1997년 한국케이블컴 회장 2000·2003~2006년 방송위원회 비상임위원 2001년 국제로타리 3650지구 총재 2002년 세계광고주연맹(World Federation of Advertisers) 아태지역담당 부회장 2007~2011년 한국ABC협회 회장 2010년 월남이상재선생기념사업회 공동대표(현) 2011년 한국ABC협회 고문 (상)중앙언론문화상(1999), 국민훈장 모란장(2000), 2009 한국광고주대회 광고주가 뽑은 광고인상(2009) (종)기독교

### 민병진(閔丙振)

(생)1966·7·6 (주)서울특별시 영등포구 여의대로 38 금융감독원 임원실(02-3145-5326) (학)1985년 밀양고졸 1990년 서울대 경영학과졸 2002년 미국 선더버드대(Thunderbird Univ.) 대학원(MBA) (경)1990년 한국은행 입행 1999년 금융감독원 감독1국 근무 2002년 同총무국 근무 2004년 同감독총괄국 근무 2005년 同복합금융감독실 팀장 2007년 同런던사무소 근무 2010년 同저축은행감독지원실 팀장 2013년 同특수은행검사국 부국장 2014년 同기업금융개선국장 2015년 同비서실장 2016년 同일반은행국장 2017년 同은행감독국장 2017년 同기획·경영담당 부원장보(현)

### 민병철(閔丙哲) Min Byoung-chul

(생)1950·12·15 (주)서울특별시 강남구 테헤란로 242 유창빌딩 민병철교육그룹(02-535-3156) (학)1973년 중앙대졸 1991년 미국 노던일리노이대 대학원 교육학 석사 1998년 교육학박사(미국 노던일리노이대) (경)중앙대 교양학부 영어학과 교수 2009년 건국대 글로벌융합대 국제학부 교수, 同언어교육원장, 민병철교육그룹 회장(현), 서울 서초구 영어특구조성연구과제 총괄연구책임, 대구시 수성구 영어공교육혁신연구과제 총괄연구책임, 한·중·일·미·러 국제대학생영어평화포럼 대회장, 한·중·일 국제청소년즉흥대화영어경시대회 공동대회장, 한·일 즉흥실용영어경시대회 공동대회장, 미국 뉴욕대 초빙학자,

MBC TV · KBS TV 생활영어 진행 2007년 (사)선플운동본부 이사장(현), 선플장학위원회 위원장 2012년 외교통상부 사이버 공공외교사절 2013~2014년 외교부 사이버 공공외교사절 2013~2014년 KBS 24기 시청자위원회 위원 2014년 방송통신위원회 인터넷문화정책자문위원회 위원 2017년 경희대 특임교수 2018년 한양대 특훈교수(현) (상)미국 노던일리노이대학을 빛낸 동문상(2008), 국민훈장 동백장(2011), 중앙언론동문회 특별상(2015) (저)'민병철 생활영어' '민병철 영어발음법'(1997) 'New 민병철 생활영어 시리즈'(1998) 'Let's Chat 초등영어' '글로벌에티켓 어글리 코리안, 어글리 아메리칸'(2009, BCM미디어) '세상을 끌어당기는 말 영어의 주인이 되라'(2011, 해냄출판사) 자기계발서 '결국, 좋은 사람이 성공한다'(2015, 넥서스BOOKS)

### 민병훈(閔丙薰) MIN Byung Hoon

(생)1962 · 1 · 26 (주)서울특별시 금천구 가산디지털1로 189 LG가산디지털센터 임원실(6945-4500) (학)부산중앙고졸, 서울대 전기공학과졸, 同대학원 전기공학과졸 (경)1987년 LG전자(주) 입사 1998년 同CTO CD-RW Drive Project Leader 2002년 同CTO DM/DS연구소 DST/DSS그룹장 2006년 同CTO DS/D&S연구소장(상무) 2010년 同CTO Mechatronics & Storage연구소장(전무) 2012년 同CTO Conversions연구소장(전무) 2013년 同CAV사업담당 전무, 同B2B솔루션센터장(전무) 2017년 (주)LG 전무 2018년 LG전자(주) CTO부문 산하 ABC Task리더(전무) 2018년 Hitachi-LG Date Storage 대표이사 사장(현) (상)산업포장(2010)

### 민병희(閔丙熹) MIN Byeong Hee

(생)1953 · 6 · 28 (본)여흥(驪興) (출)강원 춘천 (주)강원도 춘천시 영서로 2854 강원도교육청 교육감실(033-258-5201) (학)1970년 춘천고졸 1974년 강원대 사범대학 수학교육과졸 (경)1974~2002년 정선여중 · 인제중 · 원통고 · 인제종고 · 양구종고 · 춘천여고 · 소양중 · 봉의여중 · 원통중 교사 1990 · 1991 · 1994년 전국교직원노동조합 강원지부장 2002년 강원교육연구소 소장 2002 · 2006~2010년 강원도교육위원회 교육위원 2010 · 2014 · 2018년 강원도 교육감(현) 2010~2012년 전국시도교육감협의회 부회장 (종)기독교

### 민상기(閔相基) MIN Sang Gi

(생)1955 · 1 · 4 (출)경기 양평 (주)서울특별시 광진구 능동로 120 건국대학교 총장실(02-450-0001) (학)1984년 독일 호헨하임대 식품공학과졸 1988년 同대학원 식품공학과졸 1994년 이학박사(식품공학전공)(독일 호헨하임대) (경)1988~1994년 독일 영양학연방연구센터 공정공학연구소 연구원 · 연구실장 1994~1995년 프랑스 리옹제1국립대 초빙교수 1995~2006년 건국대 축산대학 축산가공학과 조교수 · 부교수 1997~2003년 同동물자원연구센터 사무국장 2000~2003년 同축산식품생물공학전공 학과장 2001~2003년 한국식품과학회 편집위원 2001~2003년 건국대 축산대학과장 2003년 한국가금학회 편집위원 2005~2009년 건국대 교수협의회장 2006~2009년 한국식품영양과학회 서울지부장 2006~2013년 건국대 동물생명과학대학 축산식품생물공학전공 교수 2007~2009년 同평위원회 의장 2008년 (사)한국축산식품학회 간사장 2009년 국립수의과학검역원 자문위원 2013년 건국대 동물생명과학대학원 바이오산업공학과 교수(현) 2013년 同농축대학원장 2013~2015년 同대학원장 2014년 同국제개발협력원장 2015~2016년 同교학부총장 2016년 同산업연계교육활성화선도대학(PRIME)사업단장 2016년 同총장(현) (상)한국축산식품학회 우수포스터상(2004), 한국과학기술단체총연합회 우수논문상(2005), 한국축산식품학회 우수포스터상(2005), 한국축산식품학회 공로상(2006) (저)'축산업무실무'(2005)

### 민선식(閔善植) Sun Shik MIN

(생)1959 · 11 · 19 (출)서울 (주)서울특별시 종로구 종로 104 (주)YBM홀딩스 비서실(02-2000-0219) (학)1978년 서울 경성고졸 1982년 서울대 경제학과졸 1985년 미국 매사추세츠공대 경영대학원졸 1989년 경영학박사(미국 하버드대) (경)1990년 일본 도쿄대 객원연구원 1991~2015년 YBM 사장 2004년 이화여대 경영대학 겸임교수 2009년 Korea International School 이사장(현) 2015년 YBM 부회장 2018년 (주)YBM홀딩스 대표이사 회장(현) (상)서울시교육감표창(1975 · 1978), 산업포장(2006), 대영제국 명예훈장(OBE)(2007)

### 민성길(閔聖吉) MIN Sung Kil

(생)1944·1·1 (본)여흥(驪興) (출)경남 산청 (주)경기도 용인시 기흥구 중부대로874번길 1-30 효자병원 원장실(031-288-0500) (학)1962년 대광고졸 1968년 연세대 의대졸 1975년 의학박사(연세대) (경)1968~1973년 연세대 세브란스병원 인턴·레지던트 1976~1988년 연세대 의대 정신과학교실 전임강사·조교수·부교수 1988~2009년 同교수 1999~2001년 대한신경정신의학회 이사장 2000~2002년 대한정신약물학회 회장 2000~2002년 연세대 통일연구원장 2001~2003년 한국사회정신의학회 회장 2002~2008년 연세대 의학행동과학연구소장 2003~2007년 대한임상독성학회 회장 2004~2010년 서울시 정신보건사업지원단장 2004년 대한민국의학한림원 회원(현) 2009년 연세대 의대 명예교수(현) 2009~2013년 서울시립은평병원 원장 2014년 효자병원 원장(현) (상)연세학술상(1995), 대한정신약물학회 공로상(2002), 대한신경정신의학회 공로상(2003), 서울시의사회 저술상(2010), 서울특별시장표창(2011), 보건복지부장관표창(2011), 국제신경정신약물학회 선구자상(2016) (저)'우리시대의 노이로제'(1994) '약물남용'(1998) '최신정신의학'(1999) '통일과 남북청소년'(2000) '세계보건기구 삶의 질 척도 지침서(共)'(2002) '탈북자와 통일준비(共)'(2002) '임상정신약리학'(2003) '통일이 되면 우리는 함께 어울려 잘 살 수 있을까'(2004) '임상정신약리학'(2004) '최신정신의학5-개정판'(2006) '화병연구'(2009) '난폭한사회, 그러나 희망을'(2009) '서울을 정신분석하다'(2010) '다문화사회와 정신건강'(2011) '한국 공공정신건강서비스의 미래'(2011) (종)기독교

### 민성철(閔聖喆)

(생)1973 · 6 · 1 (출)경남 산청 (주)서울특별시 서초구 서초중앙로 157 서울중앙지방법원(02-530-1690) (학)1992년 청양고졸 1996년 서울대 법학과졸 (경)1997년 사법시험 합격(39회) 2000년 사법연수원 수료(29기) 2000년 공군 법무관 2003년 서울지법 판사 2004년 서울중앙지법 판사 2005년 서울북부지법 판사 2007년 대구지법 판사 2008년 同서부지원 판사 2011년 인천지법 판사 2013년 대법원 재판연구관 2017년 대전지법 부장판사 2019년 서울중앙지법 부장판사(현)

### 민성호(閔誠晧) MIN Seong Ho

(생)1962 · 6 · 2 (출)인천 (주)강원도 원주시 일산로 20 원주세브란스기독병원 정신과(033-741-0533) (학)1988년 연세대 원주의대졸 2002년 건국대 대학원 의학석사 2007년 의학박사(고려대) (경)연세대 원주기독병원 전공의 1992~1994년 음성 꽃동네 인곡자애병원 정신과장 1995년 용인정신병원 진료과장, 한국중독정신의학회 편집위원 1996년 연세대 원주의과대학 정신과학교실 전임강사 · 조교수 · 부교수 · 교수(현) 2001~2004년 한국중독정신의학회 총무이사 2007년 원주시정신건강복지센터 · 원주시자살예방센터 센터장(현) 2008년 보건복지가족부 알코올사업기술지원단장 2011~2015년 연세대 원주의료원 대외협력실장, 정신보건심사위원회 위원장(현) 2016~2018년 한국중독정신의학회 이사장 (상)보건복지부장관표창(2015)

**민소영(閔素暎·女)**
(생)1974·3·8 (출)전북 정읍 (주)인천광역시 미추홀구 소성로163번길 17 인천지방법원 총무과(032-860-1169) (학)1992년 전주 성심여고졸 1996년 연세대 법학과졸 (경)1999년 사법시험 합격(41회) 2002년 사법연수원 수료(31기) 2002년 수원지법 판사 2004년 서울서부지법 판사 2006년 전주지법 정읍지원 판사 2009년 서울서부지법 판사 2013년 서울중앙지법 판사 2015년 서울고법 판사 2017년 대전지법 부장판사 2019년 인천지법 부장판사(현)

**민영삼(閔泳三) MIN Young Sam**

(생)1960·5·9 (본)여흥(驪興) (출)전남 목포 (주)서울특별시 영등포구 국회대로74길 19 민주평화당(02-784-3330) (학)1978년 목포고졸 1983년 고려대 사회학과졸 1985년 同대학원 사회학과졸 (경)1989년 A.C.Nielsen 사회여론조사본부 선임연구원 1990년 대륙연구소 책임연구원 1994년 통일시대준비위원회 사무국장 1995년 (주)유포래드 사회여론조사국장 1995년 서울시의회 의원 1997년 고건 국무총리 공보팀장 1998년 임창열 경기도지사 비서실장 2000년 경기도 서울사무소장 2002년 새천년민주당 부대변인 2002년 同노무현 대통령후보 선거대책위원회 부대변인 2003년 同정대철 대표최고위원 정치특보 2004년 同안산단원甲지구당 위원장 2005년 민주당 대표최고위원 언론담당 특별보좌역 2007년 대통합민주신당 정동영 대통령후보 선거대책위원회 공보특보, 민주당 목포지역위원회 위원장, 국회 환경포럼 정책자문위원, '고향세' 도입추진 국민운동본부장, 한양대 공공정책대학원 특임교수 2010년 목포시의원선거 출마(무소속), 사회통합전략연구원 원장, 시사평론가 2017년 건국대 언론홍보대학원 특임교수(현) 2018년 민주평화당 최고위원(현) 2018년 전남도지사선거 출마(민주평화당) 2018년 민주평화당 홍보담당 대변인 (저)'야당의 선택'(2016, 지식중심)

**민영진(閔泳珍) MIN Young Jin**

(생)1958·8·27 (출)경북 문경 (주)서울특별시 강남구 테헤란로98길 8 KT&G 대치타워 14층 KT&G복지재단(02-584-1617) (학)1980년 건국대 농학과졸 1983년 同대학원 농학과졸 (경)1979년 기술고시 합격 1986년 전매청 입청 2000년 한국담배인삼공사 경영전략단장·사업지원단장 2004년 KT&G 마케팅본부장(전무이사) 2005년 同해외사업본부장 겸 사업개발본부장(전무이사) 2009년 同생산부문장 겸 R&D부문장(전무이사) 2010~2015년 同대표이사 사장 2018년 KT&G복지재단 이사장(현)

**민영현(閔永炫)**

(생)1972·7·7 (출)서울 (주)대전광역시 서구 둔산중로78번길 15 대전지방검찰청 여성아동범죄조사부(042-470-4403) (학)1991년 보성고졸 1995년 고려대 법학과졸 (경)2001년 사법시험 합격(43회) 2004년 사법연수원 수료(33기) 2004년 부산지검 동부지청 검사 2006년 수원지검 검사 2008년 대구지검 검사 2010년 수원지검 성남지청 검사 2014년 대검찰청 검찰연구관 2014년 서울중앙지검 검사 2017년 사법연수원 교수 2019년 대전지검 여성아동범죄조사부장(현)

**민용식(閔龍植) MIN YOUNG SIG**

(생)1962·1·1 (본)여흥(驪興) (출)경남 밀양 (주)세종특별자치시 다솜로 261 국무조정실 성과관리정책관실(044-200-2488) (학)1981년 부산기계공고졸 1993년 부산대 행정학과졸 2002년 서울대 행정대학원 행정학과졸 2005년 미국 Syracuse Univ. 맥스웰대학원 행정학과졸 (경)2002년 국무조정실 규제개혁조정관실 규제개혁1심의관실 서기관 2003년 同심사평가조정관실 심사평가1심의관실 서기관 2006년 同駐韓미군대책기획단 기획운영팀장 2007년 同심사평가조정관실 평가정책관실 성과관리과장 2008년 국무총리실 정책분석평가실 평가정책관실 평가정보과장 2009년 同공보실 정책홍보행정관 2010년 同평가관리관실 자체평가제도과장 2011년 同평가관리관실 성과관리총괄과장 2011년 同정책평가총괄과장(부이사관) 2013년 국무조정실 공직복무관리관실 기획총괄과장 2014년 同공직복무관리관실 기획총괄과장(고위공무원) 2014년 同영유아교육보육통합추진단 부단장 2014년 同정부업무평가실 성과관리정책관 2015년 국방대 교육파견 2016년 국무조정실 규제조정실 규제심사관리관 2017년 同공직복무관리관 2018년 同성과관리정책관(현) (상)대통령표창(2001), 홍조근정훈장(2013) (종)천주교

**민용일(閔鏞日) MIN Yong Il**

(생)1958·10·19 (주)광주광역시 동구 제봉로 42 전남대학교병원 응급의학과(062-220-4000) (학)1983년 전남대 의대졸 1986년 同대학원 의학석사 1994년 의학박사(전남대) (경)1988년 흉부외과 전문의 취득 1992년 일본 후쿠오카소아병원 심장외과 근무 1993~2005년 전남대병원 응급의학과장·광주권역 응급의료센터 실장·전남대병원 응급중환자실장·광주응급의료정보센터 소장 1993년 전남대 의대 응급의학교실 교수(현) 2002년 同병원 의료정보연구소장 2005~2008년 同기획조정실장 2005~2007년 광주지검 범죄피해자지원센터 의료지원위원 2005~2006년 보건복지부 호남해바라기아동센터 운영위원 2009년 同응급의료분과위원회 위원 2011년 광주권역응급의료센터 소장 2012년 한국항공응급의료학회 회장 2015~2017년 빛고을전남대병원장 2016년 대한응급의학회 회장 (상)광주광역시장표창(1998), 전남대 10년 근속상(2004), 보건복지부장관표창(2006), 미국심장협회 소생연구심포지엄 젊은 연구자상(2014) (저)'전문응급 처치학'(1998, 대학서림) '최신 응급의학'(2000, 의학문화사) '외상학'(2001, 군자출판사) '적정약물요법의 이해'(2001, 전남대 출판부)

**민원기(閔元基) MIN Won Ki**

(생)1963·5·14 (출)서울 (주)세종특별자치시 가름로 194 과학기술정보통신부 제2차관실(044-202-4200) (학)1981년 관악고졸 1985년 연세대 사학과졸 1989년 서울대 행정대학원졸 1996년 미국 워싱턴대 대학원 경영학과졸(MBA) 2004년 서울대 행정대학원 정보통신방송정책과정 수료 2008년 同행정대학원 국가정책과정 수료 (경)1987년 행정고시 합격(31회) 1989년 체신부 통신정책국 통신기획과 행정사무관 1991년 同정보통신국 전산망과 행정사무관 1992년 同정보통신국 정보통신기획과 행정사무관 1994년 미국 워싱턴대 국외훈련 1996년 정보통신부 정보통신정책실 정책총괄과 행정사무관 1997년 경제협력개발기구(OECD)사무국 PM 2001년 정보통신부 장관비서관 2002년 同정보통신지원국 통신업무과장 2002년 同정보통신정책국 소프트웨어진흥과장 2003년 성남시 분당우체국장 2003년 경제협력개발기구(OECD) TISP 의장 2004년 정보통신부 국제협력관실 협력기획담당관 2004년 同정보통신협력국 협력기획과장 2005년 同정보통신정책국 정책총괄과장 2007년 한국정보사회진흥원 정보화조정관 2007년 정보통신부 중앙전파관리소장(고위공무원) 2008년 방송통신위원회 중앙전파관리소장 2009년 중앙공무원교육원 파견 2010년 국제금융공사(IFC) 파견(일반직고위공무원) 2013년 미래창조과학부 대변인 2013년 ITU(국제전기통신연합)전권회의 의장 2014년 ITU 이사회 부의장 2015~2016년 同이사회 의장 2015~2017년 미래창조과학부 기획조정실장 2015년 경제협력개발기구(OECD) 디지털경제정책위원회(CDEP) 부의장 2016년 同디지털경제정책위원회(CDEP) 의장(현) 2017년 한국뉴욕주립대 기술경영학과 교수 2018년 과학기술정보통신부 제2차관(현) 2018년 경제협력개발기구(OECD) 인공지능전문가그룹(AIGO) 의장 (상)홍조근정훈장(2015), 도전한국인운동본부 '2014년을 빛낸 도전한국인'(2015) (저)'디지털 컨버전스 전략(共)'(2005, 교보문고)

**민유숙(閔裕淑·女) MIN You Sook**

(생)1965·1·31 (출)서울 (주)서울특별시 서초구 서초대로 219 대법원(02-3480-1100) (학)1983년 배화여고졸 1987년 서울대 법대졸 1992년 同대학원 법학과졸 (경)1986년 사법시험 합격(28회) 1989년 사법연수원 수료(18기) 1989년 인천지법 판사 1993년 광주지법 판사 1996년 서울지법 판사 1999년 同남부지원 판사 2001년 서울고법 판사 2002년 대법원 재판연구관 2007년 서울서부지법 부장판사 2009년 서울중앙지법 부장판사 2010~2012년 세계여성법관회의 아시아·태평양지역회의 이사 2011년 대전고법 부장판사 2012년 대법원 산하 젠더법연구회 회장 2013년 서울고법 형사12부 부장판사 2015~2016년 서울가정법원 수석부장판사 직대 2017년 서울고법 가사3부 부장판사 2018년 대법원 대법관(현)

**민유태(閔有台) Min You Tae**

(생)1956·2·4 (본)여흥(驪興) (출)경기 김포 (주)서울특별시 강남구 테헤란로 126 대공빌딩 7층 법무법인(유) 민(民)(02-6250-0100) (학)1974년 서울 중경고졸 1981년 연세대 행정학과졸 1991년 대만 대만대 법률학연구소 수학 (경)1982년 사법시험 합격(24회) 1984년 사법연수원 수료(14기) 1985년 수원지검 검사 1987년 마산지검 진주지청 검사 1988년 부산지검 동부지청 검사 1991년 서울지검 검사 1994년 대검찰청 검찰연구관 1997년 대구지검 안동지청장 1998년 광주고검 검사 1998년 서울지검 부부장검사 1999년 부산지검 강력부장 2000년 대검찰청 중수3과장 2001년 同중수2과장 2002년 同중수1과장 2003년 서울지검 외사부장 2004년 의정부지검 고양지청 차장검사 2005년 대검찰청 수사기획관 2006년 광주지검 순천지청장 2007년 대구지검 제1차장검사 2008년 대검찰청 마약·조직범죄부장 2009년 전주지검 검사장 2009년 법무연수원 연구위원 2010년 법무법인(유) 민(民) 대표변호사, 同고문변호사(현) 2010년 대한배드민턴협회 고문변호사(현) (상)대통령표창(1990)

**민유홍(閔榴泓) MIN Yoo Hong**

(생)1957·5·7 (출)서울 (주)서울특별시 서대문구 연세로 50-1 세브란스병원 혈액내과(02-2228-1956) (학)1982년 연세대 의대졸 1985년 同대학원 의학석사 1992년 의학박사(연세대) (경)연세대 임상의학연구센터 연구부장, 同내과 동우회 학술이사 1989년 미국 미네소타대 혈액종양내과 방문연구원 1991년 미국 프레드헛친슨암연구소 방문연구원 1992~1998년 연세대 의대 내과학교실 골수이식 주치의 1994년 대한혈액학회 총무이사·학술이사 1996년 미국 UCSD Stem 암연구소 연구원 2004년 연세대 의대 내과학교실 교수(현), 세브란스병원 조혈모세포이식팀장(현), 대한혈액학회 급성골수성백혈병·골수이형성증후군연구회 위원장 2010·2012년 세브란스병원 혈액내과 과장 2011년 同혈액암전문클리닉팀장 (상)제2회 우현학술상(1995), 대한혈액학회 우수논문상(1996), 한국BRM학술상(1998), 연세대 연구업적 우수교원상(2004·2005), 한국과학기술단체총연합회 과학기술우수논문상(2005), 연세의대 보원학술상(2005), 서울시의사회 유한의학상대상(2005), 대한혈액학회 학술상(2015)

**민융기(閔隆基)**

(생)1965·1 (주)서울특별시 영등포구 여의대로 128 LG디스플레이 임원실(02-3777-1114) (학)연세대 금속공학과졸, 미국 캘리포니아주립대 대학원 재료공학과졸 (경)2011년 LG디스플레이 애플영업담당 상무 2012~2013년 同미국법인장 겸임 2013년 同AD영업담당 상무 2014년 同미국법인장(상무) 2016년 同AD영업1담당 상무 2017년 同IT미주2담당 상무 2019년 同IT미주2담당 전무(현)

**민은기(閔殷基) MIN Eun Ki**

(생)1953·1·26 (출)대구 (주)서울특별시 강남구 테헤란로87길 21 동성교역(주)(02-319-6700) (학)한국외국어대 경영학과졸, 고려대 대학원 경영학과졸, 한국외국어대 대학원 최고세계경영자과정 수료(3기) 1999년 경영학박사(한국외국어대) (경)동성교역(주) 입사, 同전무이사, 명성기업 대표, 동성교역(주) 부사장, 同대표이사 사장(현), (주)성광 대표이사 사장, 同대표이사 회장(현) 2015년 한국섬유수출입조합 이사장(현) (상)대통령표창, 재무부장관표창, 삼우당 섬유패션수출부문 대상(2013), 은탑산업훈장(2013)

**민을식(閔乙植) MIN Yuil Sik (海山)**

(생)1935·12·12 (본)여흥(驪興) (출)경남 거창 (학)1956년 국립체신고졸 1963년 건국대 법학과졸 1991년 성균관대 행정대학원졸 (경)1958년 서울중앙전신전화국 근무 1968년 아이엠운수(주) 업무부장 1984년 민주산악회 간사회장 1984년 민주화추진협의회 운영위원 1987년 통일민주당 감사국 부국장 1989년 同중앙상무위원 겸 사회직능국장 1990년 전국포교사 마포지부장 1990년 민자당 종교국장 1991년 남북불교지도자대회 당대표참관(LA) 1992년 同중앙상무위원 1992년 평화통일남북불교협의회 창립발기인 1992년 민자당 제14대 대통령선거대책위원회 대외협력단 종교총간사 1992~2009년 한일불교문화교류협의회 상임이사 1995년 한국무선국관리사업단 상임감사 1995년 민주평통 자문위원(제5기~제18기)(현) 1996년 신한국당 중앙상무위원 1997년 한국무선국관리사업단 자문역 1997년 한나라당 제15대 대통령선거대책위원 1997년 同중앙상무위원·중앙위원 1997년 同제15대 국회의원 종로지구당 이명박후보선거대책위 부위원장 1998년 同서울시장선거대책 불교수석부위원장 1998년 보문사 기념탑에 본인소개 1999년 한나라당 마포甲지구당 부위원장 2001년 同불교신도회 부회장 2001~2011년 하동군 악량면 대한불교조계종보문사신도회 회장 2004년 민주화운동관련 국가유공자 추서 2006년 (사)한국불교종단총연합회진흥회 상임부회장(현) 2006년 대한민국지키기불교도총연합 발기인 2007년 한나라당 이명박 대통령후보 정책 및 대외협력특보 2008년 同제18대 국회의원선거 서울시선거대책위원회 전략기획특보 2009년 한·일불교30주년 경기여주신륵사대회 人類和合共生祈願碑(인류화합공생기원비)문에 원로스님과 본인의 이름이 소개됨, 한나라당 중앙위원회 중앙위원 2009년 故김대중전대통령국장장의위원회 장의위원 2011년 하동군 악량면 대한불교조계종보문사신도회 명예회장 겸 상임고문(현) 2011년 민주평통 상임위원 2011년 한나라당 나경원 서울시장후보 선거대책위원회 직능총괄본부 상임고문 2012년 새누리당 중앙위원회 중앙위원 2012년 同제18대 대통령선거 박근혜후보 중앙선거대책위원회 국민소통본부 특보 2012년 同직능총괄본부·불교본부 선재위원회 고문 2012년 同직능총괄본부·전략기획본부 조직강화위원회 종교정책지원단장 2014년 대한불교조계종 보문사 명예회장 및 상임고문 2014년 서울시장 정몽준후보 종교정책지원단장 2014년 새누리당 서청원당대표후보 대외협력 전국본부장 2015년 故김영삼前대통령국가장장례위원회 위원 2016년 건국대학교민주혁명4.19회 부회장(현) 2018년 故김상현선생 민추협 민주사회장 장례위원회 장례위원 (상)거창군수표창(1979), 서울시 서부교육청장표창(1982), 통일민주당 총재 특별공로상(1988), 대한불교종단협의회장 및 총무원장표창(1993), 한·일불교문화교류협의회장표창(1995), 신한국당 총재표창(1996), 대통령표창(2009), 대한불교조계종 총무원장 특별공로표창(2011), 대한민국국회정각회 회장 공로표창(2011), 대한불교태고종 총무원장 특별공로표창(2011), 건국대학교총동문회 특별공로표창(2011), 한나라당 박근혜 비상대책위원장표창(2012), 대한불교원융종 이사장표창(2012), 모범구민상 마포구청장표창(2012), (사)해공 신익희선생기념사업회장표창(2013), 민주평통 마포구협의회장표창(2013), 건국대동문회 불자회장 공로표창(2014), 건국대동문회장·불자회장 공로표창(2014), 건국불자회 공로상(2014), 민주평통 마포구협의회장표창(2014), 대한불교조계종 쌍계사 말사 보문사 주지 공로표창(2017) (종)불교

**민응기(閔應基) EUNG GI MIN**

(생)1955·1·30 (본)여흥(驪興) (출)충북 청주 (주)서울특별시 강남구 논현로 566 강남차병원(02-3468-3005) (학)1981년 서울대 의대졸 1990년 同대학원 의학석사 1996년 의학박사(서울대) (경)1990~1992년 제일병원 산부인과장 1992~2006년 함춘여성클리닉 대표원장, 서울대 의대 산부인과 초빙교수, 불임지원사업중앙심의위원회 위원, 대한보조생식학회 부회장 2007~2013년 동국대 의대 산부인과학교실 교수, 同일산병원 산부인과장, 同의료원 진료부장 2008~2011년 국가생명윤리심의위원회 인공수정전문위원회 위원장 2010~2011년 동국대 의무부총장 겸 의료원장 2010~2012년 대한병원협회 법제이사 2013~2015년 관동대 의대 산부인과학교실 교수 2013~2017년 제일병원장 2013년 대한병원협회 법제위원장 겸 학술이사 2014~2015년 同보험위원장 2015년 同기획위원장 2015~2017년 단국대 의대 산부인과학교실 교수 2015년 대한전문병원협의회 부회장 2016년 대한병원협회 총무위원장 2017년 제일병원 고문 2017년 차의과학대 강남차병원장(현) 2017년 한국병원경영연구원 원장(현) 2017년 대한병원협회 보험이사 2018년 同보험부회장(현) (상)홍조근정훈장(2015), 보건복지가족부장관표창(2009) (저)'여성건강365일'(共) '생식내분비학(Reproductive Endocrinology)'(共)

**민인기(閔仁基)**

(생)1961·9·20 (본)여흥(驪興) (출)경북 구미 (주)경상북도 안동시 풍천면 도청대로 455 경상북도의회 사무처(054-800-5100) (학)1979년 상주고졸 1983년 영남대 정치행정대학 지역개발학과졸 1994년 대구대 대학원 사회복지학과졸 (경)1983년 공무원 특별채용시험 합격(행정 7급) 2002~2004년 경주세계문화엑스포조직위원회 사업과장·총무과장 2004~2010년 경북도 문화예술산업과·새경북기획단·녹색환경과 근무 2011년 상주시 행정복지국장(지방서기관) 2012년 경북도 환경해양산림국 물산업과장 2013년 同안정행정국 자치행정과장 2014년 경북 상주시 부시장 2015년 교육 파견 2016년 경북 영주시 부시장(지방부이사관) 2017년 경북대 파견 2017년 경북도공무원교육원 원장 2018년 경북도 자치행정국장 2019년 同의회 사무처장(지방이사관)(현) (상)국무총리표창(1999), 근정포장(2005)

**민인홍(閔仁泓) Min, In Hong**

(생)1963 · 7 · 12 (주)대전광역시 서구 대덕대로 235 하나은행 충청영업그룹(042-520-7000) (학)1982년 대전 대신고졸 1988년 충남대 행정학과졸 2004년 서강대 경영전문대학원(MBA) (경)2005년 하나은행 충청영업추진부 팀장 2005년 同대전시청지점 팀장 2005년 同한밭대로지점장 2007년 同충청영업추진부 팀장 2008년 同월평지점장 2009년 同대전시청지점장 2014년 同충청정책지원부장 2015년 同대전중앙영업본부장 2015년 KEB하나은행 대전중앙영업본부장 2016년 同충청영업추진부 담당(본부장) 겸임 2017년 同충청영업그룹장(전무)(현)

**민일영(閔日榮) MIN Il Young (凡衣)**

(생)1955·4·15 (본)여흥(驪興) (출)경기 여주 (주)서울특별시 종로구 종로3길 17 법무법인 세종(02-316-4701) (학)1974년 경복고졸 1978년 서울대 법대졸 1983년 同대학원 민법학과졸 1988년 독일 Bonn대 연수 2004년 법학박사(서울대) (경)1978년 사법시험 합격(20회) 1980년 사법연수원 수료(10기) 1983년 서울민사지법 판사 1985년 서울형사지법 판사 1989년 대구고법 판사 1990년 법원행정처 송무심의관 1991년 서울고법 판사 겸임 1993년 서울민사지법 판사 1994년 청주지법 충주지원장 1997년 사법연수원 교수 2000년 서울지법 부장판사 2002년 대전고법 부장판사 2003년 서울고법 부장판사 2006년 법원도서관장 2009년 청주지법원장 2009년 충북도선거관리위원회 위원장 2009~2015년 대법원 대법관 2015~2018년 사법연수원 석좌교수 2016~2018년 정부공직자윤리위원회 제15대 위원장(장관급) 2019년 법무법인 세종 대표변호사(현) (상)청조근정훈장(2015) (저)'민법주해'(共) '주석 민사소송법'(共) '주석 민사집행법'(共) '주택, 상가건물의 경매와 임대차'(2009) (종)불교

**민재형(閔在亨) Jae H. Min**

(생)1959·6·18 (본)여흥(驪興) (출)서울 (주)서울특별시 마포구 백범로 35 서강대학교 경영학부(02-705-8545) (학)1978년 여의도고졸 1980년 서강대 경상대학 수료(2년) 1984년 미국 텍사스대 경제학과졸(B.A with Honors) 1989년 경영학박사(미국 인디애나대 블루밍턴교) (경)1992~2000년 서강대 경영대학 조교수·부교수 1998년 영국 케임브리지대 객원교수 2000년 서강대 경영학부 교수(현) 2005년 同대외협력처장 2007년 미국 스탠퍼드대 객원교수 2010~2013년 서강대 경영학부 학장 겸 경영전문대학원장 2011년 同경영교육원장 2017년 한국경영과학회 제26대 회장 2017년 대한화섬(주) 사외이사(현) 2017년 同감사위원회 위원장 겸임(현) (상)The British Chevening Scholarship(1998), 한국고객만족경영학회 최우수논문상(2004), 한국로지스틱스학회 추계학술대회 최우수논문상(2012), 한국경영과학회 추계학술대회 우수논문상(2013·2014), The Albert Nelson Marquis Lifetime Achievement Award(2017·2018) (저)'생각을 경영하라'(2014) '스마트 경영과학'(2015·2018) (종)천주교

**민정기(閔楨基) MIN Jung Kee**

(생)1959·3·13 (본)여흥(驪興) (출)대구 (주)서울특별시 영등포구 여의대로 70 신한BNP파리바자산운용 비서실(02-767-5777) (학)1978년 배문고졸 1982년 서울대 독어독문학과졸 1984년 同대학원 무역학과 수료 (경)1987년 조흥은행 입행 2002년 同런던지점장 2005년 同국제영업부장 2006년 신한금융지주회사 리스크관리팀장 2008년 同전략기획팀장 2009년 신한은행 GS타워 대기업금융센터장 2010년 신한금융지주회사 전무(CFO) 2012년 同인사·재무·기업홍보부문 부사장(CFO) 2015년 신한BNP파리바자산운용 대표이사 사장(현) (상)재정경제부장관표창(2004)

**민정석(閔靖晳)**

(생)1972 · 10 · 6 (출)서울 (주)서울특별시 서초구 서초중앙로 157 서울고등법원 판사실(02-530-1114) (학)1991년 배재고졸 1995년 서울대 사법학과졸 (경)1994년 사법시험 합격(36회) 1997년 사법연수원 수료(26기) 1997년 軍법무관 2000년 수원지원 판사 2002년 서울지법 판사 2004년 울산지법 판사 2008년 서울중앙지법 판사 2010년 대법원 재판연구관 2012년 청주지법 부장판사 2013년 서울고법 판사(현)

**민좌홍(閔佐泓)**

(생)1965 (출)울산 (주)서울특별시 중구 남대문로 39 한국은행 금융안정국(02-750-6831) (학)학성고졸, 서울대 국제경제학과졸 1989년 同대학원 국제경제학과졸 (경)2006년 한국은행 총무국 근무(3급) 2008년 同금융시장국 근무 2012년 同통화정책국 자금시장팀장 2013년 同통화정책국 금융시장팀장(2급) 2014년 同기획협력국 국제협력실 협력총괄팀장(2급) 2015~2018년 기획재정부 민생경제정책관 2018년 한국은행 정책보좌관 2018년 同금융결제국장 2019년 同금융안정국장(현)

**민중기(閔中基) MIN Joung Kie**

(생)1959·2·25 (본)여흥(驪興) (출)대전 (주)서울특별시 서초구 서초중앙로 157 서울중앙지방법원(02-530-1114) (학)1977년 대전고졸 1981년 서울대 법대졸 (경)1982년 사법시험 합격(24회) 1984년 사법연수원 수료(14기) 1985년 해군 법무관 1988년 대전지법 판사 1990년 同천안지원 판사 1992년 인천지

법 판사 1995년 서울지법 남부지원 판사 1995년 프랑스 국립사법사관학교 교육파견 1997년 서울고법 판사 1998년 대법원 재판연구관 2002년 서울지법 남부지원 부장판사 2004년 서울남부지법 부장판사 2005년 서울행정법원 부장판사 2007년 同수석부장판사 2008년 부산고법 부장판사 2010년 서울고법 부장판사 2014년 同수석부장판사 2015년 서울동부지법원장 2017년 서울고법 부장판사 2017년 전국법관대표회의 제도개선특별위원장(현) 2017년 대법원 '사법부 블랙리스트 추가조사위원회' 위원장(현) 2018년 서울중앙지법원장(현)

## 민지홍(閔智泓) Min Ji Hong

(생)1965 · 11 · 15 (주)세종특별자치시 다솜로 261 국무조정실 세종특별자치시지원단(044-200-2600) (학)1984년 환일고졸 1991년 서울대 외교학과졸, 영국 워릭대 국제정치학석사 (경)1991년 행정고시 합격(35회) 국무총리비서실 과장 2004년 국무조정실 규제개혁조정관실 과장 2006년 同규제개혁2심의관실 과장 2007년 同규제개혁1심의관실 재경 · 산자과장 2008년 국무총리실 규제개혁실 규제제도개선과장(서기관) 2009년 同국정운영실 정책관리과장 2010년 同국정운영실 기획총괄과장 2010년 同기획총괄정책관실 기획총괄과장 2011년 同규제개혁실 사회규제관리관(고위공무원) 2013년 국무조정실 사회조정실 교육문화여성정책관 2014년 同사회복지정책관 2014년 국무총리 의전비서관 2016년 국무조정실 국정과제관리관 2016년 同세종특별자치시지원단장(현)

## 민찬규(閔璨圭) MIN Chan Kyu

(생)1957 · 3 · 6 (주)충청북도 청주시 흥덕구 강내면 태성탑연로 250 한국교원대학교 제2대학 영어교육과(043-230-3535) (학)1980년 성균관대졸 1985년 미국 볼주립대 대학원졸 1989년 응용언어학박사(미국 볼주립대) (경)1993~1999년 한국교원대 영어교육과 조교수 · 부교수 1999년 同제2대학 영어교육과 교수(현) 2012~2014년 同교학처장 2014~2016년 同대학원장 2014~2016년 同교육대학원장 2014~2016년 同교육정책전문대학원장 2016~2018년 한국연구재단 인문사회연구본부 인문학단 전문위원 2018년 한국교원대 제2대학장(현)

## 민철구(閔喆九) Chulkoo Min

(출)서울 (학)1975년 경복고졸 1979년 서울대 자원공학과졸 1981년 同대학원졸 1990년 기술경제학박사(서울대) (경)1981~1987년 에너지경제연구원 연구원 1990년 한국과학기술연구원 책임연구원 1995~2005년 산업자원부·교육부·과학기술부 정책자문위원 1997·2005년 국가과학기술자문회의 전문위원 1999~2015년 과학기술정책연구원(STEPI) 책임연구원·선임연구위원 2000년 同기획조정실장 2003년 同혁신시스템팀장 2003년 대통령직인수위원회 경제분과위원회 자문위원 2003~2017년 연세대 공학대학원·서울대 기술정책대학원 겸임교수 2005~2007년 과학기술정책연구원 부원장 2006년 한국혁신학회 편집위원장 2008~2010년 한국과학기술한림원 정책자문위원 2009~2017년 한국과학기술단체총연합회 정책위원회 위원 2011년 同정책연구소장 겸 정책위원회 위원장 2011~2015년 기초기술연구회 기획평가위원회 위원 2013~2016년 국가과학기술심의회 정책조정위원회 위원 2014년 한국기술혁신학회 부회장 2015~2018년 부산과학기술기획평가원 초대원장 2016~2018년 한국혁신학회 회장 (상)과학기술훈장 진보장(2012) (저)'기초연구예산 투자분석 및 적정규모 산출방안(共)'(1999, 과학기술정책연구원) '정보통신연구개발사업의 산업경제적 거시효과 분석(共)'(1999, 과학기술정책연구원) '연구중심대학의 효과적 육성 방안(共)'(2000, 과학기술정책연구원) '정부출연연구소 운영제도 개선에 관한 연구(共)'(2002, 국회) '대학의 Academic Capitalism 추세와 발전방향(共)'(2003, 과학기술정책연구원) '대학의 연구능력 확충을 위한 연구지원체계의 혁신(共)'(2003, 과학기술정책연구원) '산업계 주도의 혁신네트워크 구축방안(共)'(2004, 한국산업기술진흥협회) 등 다수

## 민철기(閔喆基) Min Cheol Kee

(생)1965 · 9 · 15 (본)여흥(驪興) (출)충북 청주 (주)세종특별자치시 갈매로 477 기획재정부 감사담당관실(044-215-2210) (학)1983년 청석고졸 1985년 육군사관학교 중퇴 1991년 한국방송통신대 행정학과졸 2004년 캐나다 웨스턴온타리오대 대학원 행정학과졸(MPA) (경)1986년 공무원 임용(7급) 2000년 기획예산처 기획관리실 정보화담당관실 사무관 2004년 과학기술혁신본부준비기획단 파견 2004~2009년 기획예산처 민간투자제도과 · 성과관리제도과 · 재정정책과 사무관 2009년 기획재정부 인사과 창의팀장(서기관) 2011년 미국 딜로이트회계법인 파견 2013년 국무조정실 정부업무평가실 파견 2014년 기획재정부 기획조정실 비상안전기획팀장 2016년 同국고국 국유재산조정과장 2017년 同재정관리국 회계결산과장 2017년 同감사담당관(현) (상)체신부장관표창(1990), 국무총리표창(1994)

## 민철기(閔鐵基)

(생)1974 · 5 · 23 (출)서울 (주)서울특별시 송파구 법원로 101 서울동부지방법원(02-2204-2102) (학)1993년 숭문고졸 1998년 서울대 사법학과졸 (경)1997년 사법시험 합격(39회) 2000년 사법연수원 수료(29기) 2000년 공익법무관 2003년 서울지법 서부지원 판사 2004년 서울서부지법 판사 2005년 서울중앙지법 판사 2007년 춘천지법 원주지원 판사 2011년 수원지법 안산지원 판사 2013년 대법원 재판연구관 2016년 울산지법 민사11부 부장판사 2017년 대법원 재판연구관 2019년 서울동부지법 부장판사(현)

## 민충기(閔忠基) Min Chung Ki

(생)1957 · 7 · 11 (출)충북 청주 (주)서울특별시 동대문구 이문로 107 한국외국어대학교 상경대학 경제학부(02-2173-3137) (학)1981년 서울대 경제학과졸 1983년 한국과학기술원(KAIST) 석사 1992년 경제학박사(미국 시카고대) (경)1983~1986년 경산대 보건경제학과 전임강사 · 조교수 1988~1992년 미국 시카고대 연구위원 1992~1996년 미국 조지메이슨대 조교수 1996년 한국외국어대 경상대학 경제학부 교수(현) 1998년 미국 조지메이슨대 방문교수 1999년 홍콩 폴리테크닉대 방문교수 2011~2013년 한국외국어대 상경대학장 2017년 금융위원회 공적자금관리위원회 자금지원심사소위원회 위원(현) (저)'경제경영 통계학(共)'(2001 · 2005 · 2013 · 2016, 명경사)

## 민태권(閔泰權)

(생)1963·7·13 (주)대전광역시 서구 둔산로 100 대전광역시의회(042-270-5068) (학)충남고졸, 한남대 화학과졸 (경)진잠동재향군인회장, 진잠향교 장의(현), 한남대 총동문회 이사(현), 충남고총동창회 부회장(현) 2014~2018년 대전시 유성구의회 의원(새정치민주연합·더불어민주당) 2016~2018년 同의장 2018년 대전시의회 의원(더불어민주당)(현) 2018년 同윤리특별위원회 위원장(현) (상)전국시군자치구의회의장협의회 지방의정봉사상(2017)

## 민현식(閔賢植) Hyun Sik Min

(생)1954·10·23 (출)서울 (주)서울특별시 관악구 관악로 1 서울대학교 사범대학 국어교육과(02-880-7661) (학)1977년 서울대 국어교육학과졸 1982년 同대학원 국어국문학과졸 1990년 문학박사(서울대) (경)1979~1983년 창문여고 교사 1984~1991년 강릉대 국어국문학과 교수 1991~2000년 숙명여대 국어국문학과 교수 1997~1999년 국립국어연구원 어문규범연구부장 겸임 2000~2012년 서울대 사범대학 국어교육과 교수 2003년 국제한국어교육학회 회장 2006년 미국 워싱턴주립대 방문교수 2006~2010년 한국문법교육학회 부회장 2009년 한국어교육학회 회장 2009년 국제한국언어문화학회 회장 2010~2012년 한국문법교육

ㅁ

학회 편집위원회 위원장 2011~2015년 문화체육관광부 국어심의회 어문규범분과위원회 위원 2012~2015년 국립국어원 원장 2014년 한국문법교육학회 고문(현) 2015년 서울대 사범대학 국어교육과 교수(현) [상]육군참모총장표창(1977), 문화관광부장관표창(2002), 우수강의상(2009), 우수연구상(2011) [저]'국어문법연구' '국어정서법연구' '응용국어학연구' '한국어교육론1·2·3'(編) '국어교육론1·2·3'(編) '한글본 〈이언(易言)〉 연구'(2008) '함께 배우는 한국어1·2·3'(共) [역]'글을 어떻게 쓸 것인가'(共) [종]기독교

## 민현주(閔炫珠 · 女) Hyunjoo Min

[생]1969·7·23 [출]서울 [주]경기도 수원시 영통구 광교산로 154-42 경기대학교 직업학과(031-249-9055) [학]현대고졸, 이화여대 사회학과졸, 同대학원 사회학과졸 2004년 사회학박사(미국 코넬대) [경]한국여성정책연구원 연구위원, 대통령직속 사회통합위원회 세대분과 위원, 경기대 직업학과 교수(현) 2012~2016년 제19대 국회의원(비례대표, 새누리당) 2012년 새누리당 박근혜 대통령후보 여성특보 2012·2014년 국회 여성가족위원회 위원 2012년 국회 보건복지위원회 위원 2013~2014년 새누리당 대변인 2014년 同사회적경제특별위원회 위원 2014~2016년 국회 환경노동위원회 위원 2014~2015년 새누리당 보수혁신특별위원회 위원 2014~2015년 국회 운영위원회 위원 2015년 국회 아동학대근절특별위원회 위원 2015년 새누리당 원내대변인 2015년 국회 정치개혁특별위원회 공직선거법심사소위원회 위원 2017년 바른정당 19대 유승민 대통령후보 중앙선거대책위원회 대변인 2018년 바른미래당 서울서초구乙지역위원회 공동위원장 [상]법률소비자연맹 선정 국회 헌정대상(2013) [저]'사회서비스 분야 여성일자리 창출을 위한 정책과제'(2007) '여성일자리 이동실태와 노동시장 성과제고를 위한 정책과제(共)'(2009) '경제위기에 따른 여성고용변화와 향후 과제(共)'(2010)

## 민형기(閔亨基) MIN Hyung Ki

[생]1949·12·6 [출]대전 [주]서울특별시 송파구 올림픽로 300 롯데지주(주) 컴플라이언스위원회(compliance)(02-771-1000) [학]1968년 대전고졸 1972년 서울대 법대졸 1975년 同대학원졸 [경]1974년 사법시험 합격(16회) 1976년 사법연수원 수료(6기) 1976년 서울지법 남부지원 판사 1978년 서울형사지법 판사 1980년 서울민사지법 판사 1981년 대전지법 판사 1983년 서울지법 북부지원 판사 1986년 서울고법 판사 겸 법원행정처 송무심의관 1989년 대법원 재판연구관 1991년 청주지법 부장판사 1992년 사법연수원 교수 1995년 서울지법 부장판사 1998년 대전고법 부장판사 1998년 대전지법 수석부장판사 2000년 법원행정처 인사관리실장 2003~2005년 서울고법 부장판사 2003~2005년 서울중앙지법 형사수석부장판사 겸임 2005년 인천지법원장 2006~2012년 헌법재판소 재판관 2011년 아시아헌법재판소연합 의장 직대 2013~2017년 법무법인 로고스 상임고문변호사 2017년 롯데그룹 컴플라이언스위원회(compliance) 초대 위원장 2017년 롯데지주(주) 컴플라이언스위원회(compliance) 위원장(현)

## 민홍기(閔洪基) MIN Hong Ki

[생]1960 · 3 · 11 [출]충북 진천 [주]서울특별시 강남구 강남대로 330 법무법인(유) 에이펙스(02-2018-9731) [학]1978년 청주고졸 1983년 고려대 법학과졸 2005년 同대학원 법학과졸 2009년 同대학원 법학박사과정 수료 [경]1983년 사법시험 합격(25회) 1985년 사법연수원 수료(15기), 세진종합법률사무소 변호사, 에머슨퍼시픽(주) 사외이사 2003년 대한골프협회(KGA) 규칙위원(현) 2004년 중소기업중앙회 자문변호사(현) 2006년 한국소비자원 정책자문위원(현) 2010년 법무법인(유) 에이펙스 대표변호사(현) 2011년 서울지방변호사회 조기조정위원(현) 2012년 서울중앙지법 조정위원(현) 2013년 국무총리실 조세심판원 비상임심판관(현) 2014~2017년 한국거래소(KRX) 시장감시위원회 위원 2015~2017년 관세청 고문변호사 [상]대통령표창(2013)

## 민홍기(閔弘基) Min Douglas Hongkee

[생]1961 · 12 · 18 [본]여흥(驪興) [출]미국 [주]서울특별시 영등포구 국제금융로 10 AIG손해보험(1544-2792) [학]1984년 미국 Amherst College 수학과졸 2000년 프랑스 INSEAD 경영대학원(IEP)졸 [경]1987년 Swiss Re Assistant Vice President 1996년 Gen Re 한국지점장 2004년 同Head of Treaty(인도 · 홍콩 · 대만 · 동남아지역 특약총괄) 2008년 메리츠화재해상보험 일반보험전략담당 상무 2008년 同일반보험본부장(상무) 2010년 同기업보험본부장(상무) 2012~2013년 同리스크관리본부장(상무) 2014년 AIG손해보험 기업보험 및 고객브로커관리본부장 2018년 同대표이사 사장(현)

## 민홍철(閔洪喆) MIN Hong Chul

[생]1961·4·18 [본]여흥(驪興) [출]경남 김해 [주]서울특별시 영등포구 의사당대로 1 국회 의원회관 554호(02-784-6490) [학]1980년 경남 김해고졸 1984년 부산대 법학과졸 1987년 同대학원 상법과졸 2007년 서울대 법과대학원 최고지도자과정 수료 [경]1985년 육군본부 보통군법회의 검찰관 1986년 제1군사령부 법송장교 1988년 제22사단 법무참모 1990년 제51사단 법무참모 1991년 육군본부 법무감실 심사장교 1992년 육군 고등군사법원 판사 1994년 군수사령부 법무실장 1996년 육군본부 법무감실 법제과장 1998년 同고등검찰부장 2000년 제1군사령부 법무참모 2002년 육군본부 법무과장 2004~2006년 同법무감 2006~2008년 고등군사법원장 2008년 법률사무소 재유 대표변호사 2010~2012년 국민권익위원회 국무총리행정심판위원회 비상임위원 2011년 민주통합당 김해시甲지역위원회 위원장 2012년 同정책위원회 부의장 2012년 제19대 국회의원(김해시甲, 민주통합당·민주당·새정치민주연합·더불어민주당) 2012년 국회 국토해양위원회 위원 2012년 민주통합당 대선후보경선준비기획단 기획위원 2012·2014·2015년 국회 예산결산특별위원회 위원 2013·2014년 국회 국토교통위원회 위원 2013년 민주당 수석사무부총장 2013년 同당무위원 2014년 민주당·새정치연합 신당추진단 당헌당규위원 2014년 새정치민주연합 6.4지방선거 예비후보자자격심사위원장 2014~2015년 국회 지방자치발전특별위원회 위원 2014~2015년 국회 군인권개선 및 병영문화혁신특별위원회 위원 2015년 새정치민주연합 윤리심판원 위원 겸 간사 2015년 同재벌개혁특별위원회 위원 2015년 더불어민주당 재벌개혁특별위원회 위원 2016년 제20대 국회의원(김해시甲, 더불어민주당)(현) 2016년 더불어민주당 전국대의원대회준비위원회 강령정책분장 2016~2017년 국회 국토교통위원회 간사 2016~2018년 국회 평창동계올림픽 및 국제경기대회지원특별위원회 위원 2016년 한국아동인구환경의원연맹(CPE) 회원(현) 2016년 더불어민주당 경남김해시甲지역위원회 위원장(현) 2016~2017년 同정책위원회 제3정책조정위원장 2017~2019년 국회 예산결산특별위원회 위원 2017년 더불어민주당 경남도당 위원장(현) 2017~2018년 同최고위원 2018년 국회 국방위원회 간사(현) 2018년 더불어민주당 '국군 기무사령부 TF' 단장 2019년 더불어민주당 정책위원회 제2정책조정위원장(현) [상]제3회 대한민국 최우수법률상(2016), 대한민국 의정대상 '의정활동 우수 국회의원 대상'(2016), 대한민국 참봉사대상 인권공로대상(2016), 법률소비자연맹 '제20대 국회 1차년도 국회의원 헌정대상'(2017) [종]기독교

## 민희경(閔喜卿 · 女) MIN Hee Kyung

[생]1958·10·31 [주]서울특별시 중구 동호로 330 CJ제일제당 사회공헌추진단(02-6740-1114) [학]서울대 음대졸, 미국 콜롬비아대 대학원 경영학과졸(MBA) [경]딜로이트회계법인 공인회계사, ITIM Korea 사장 2004년 푸르덴셜투자증권 인사본부장(부사장), 인천경제자유구역청 투자유치본부장 2011년 CJ(주) HR총괄 겸 인재경영원장(부사장) 2013~2016년 同CSV(공유가치창출)경영실장(부사장) 2013~2016년 한국양성평등교육진흥원 비상임이사 2016년 CJ그룹 사회공헌추진단장(부사장) 2017년 CJ제일제당 사회공헌추진단장(부사장)(현) [상]여성가족부장관표창(2014)

# 한국인물사전

# 2020

YONHAPNEWS

# ㅂ

수록 순서 가나다 · 생년월일순

약 호 (생) 생년월일 (본) 본관 (출) 출생지
(주) 주소(연락처) (학) 학력 (경) 경력 : (현) → 현직
(상) 상훈 (저) 저서 (역) 역서
(작) 작품 (종) 종교

**박갑상(朴鉀相)**

(생)1960 · 12 · 28 (주)대구광역시 중구 공평로 88 대구광역시의회(053-803-5041) (학)경북대 경영대학원 경영학과졸 (경)대구제3산업단지관리공단 국장, 자유한국당 대구시당 부위원장(현) 2018년 대구시의회 의원(자유한국당)(현) 2018년 同건설교통위원장(현)

**박강균(朴剛均)**

(생)1969 · 8 · 8 (출)경기 과천 (주)대전광역시 서구 둔산중로78번길 45 대전지방법원(042-470-1114) (학)1988년 전주 동암고졸 1995년 서울대 독어독문학과졸 (경)1999년 사법시험 합격(41회) 2002년 사법연수원 수료(31기) 2002년 변호사 개업, 법무법인 한빛 변호사 2013년 부산지법 판사 2016년 의정부지법 고양지원 판사 2018년 대전지법 부장판사(현)

**박강섭(朴康燮) PARK Gang Sub**

(생)1960 · 9 · 25 (출)충북 영동 (주)서울특별시 중구 소공로4길 3 (주)코트파(02-757-6161) (학)1984년 영남대 법학과졸 (경)1990년 국민일보 편집국 편집부 기자 2000~2001년 한국편집기자협회 간사장 2001년 국민일보 편집국 스포츠레저부 기자 2002년 同편집국 스포츠레저부 차장대우 2002년 同편집국 정보생활부 차장대우 2005년 同편집국 스포츠레저부 차장 2006~2007년 한국관광기자협회 초대회장 2008년 국민일보 편집국 생활기획팀 차장 2008년 同편집국 교육생활부 부장대우 2009년 同편집국 문화과학부 관광(여행 · 레저)전문기자(부장급) 2011년 同편집국 문화과학부 전문기자(부국장대우) 2014년 同편집국 문화생활부 관광전문기자(부국장급) 2015~2017년 대통령 교육문화수석비서관실 관광진흥비서관 2017년 (주)코트파 사장 2018년 同대표이사 사장(현) (저)'대한민국 명품 녹색길 33'(2011, 생각의나무)

**박강수(朴康洙) PARK GANG SOO**

(생)1959·5·16 (본)순천(順天) (출)전북 고창 (주)서울특별시 마포구 와우산로3길 3 시사포커스(02-323-2223) (학)1979년 해리고졸 2004년 건국대 행정대학원 행정학과졸 (경)1980년 5.18광주민주화운동 시민대표 1990년 한국서비스신문 발행인 겸 편집인 1992년 4대강살리기운동본부 중앙회 회장 1992년 산업인력관리공단 자문위원 1993년 한세장학회 회장 1993·1999년 도서출판 '깨끗한 오늘' 대표이사 1994년 환경사회단체협의회 공동의장 1994년 세계I.D.C대회 한국대표 1997년 5.18광주민주운동희생자유가족협의회 상임의장 1997~2015년 주간 '시사포커스' 발행인 겸 편집인(대표이사) 1997년 (사)한국소비생활연구원 감사 겸 소비자분쟁조정위원장(현) 1998년 재외동포모국경제살리기운동 공동대표 1998년 월간 '세탁환경' 발행인 겸 편집인 1998년 월간 '이용' 발행인 겸 편집인 1998년 아름다운시민모임 중앙회장 1998년 한국민생연합중앙회 회장 1999년 세계입양한인대회 2000년추진본부 자문위원 1999년 I.C.C 한국대회 부회장 1999년 당인리화력발전소·에너지과학공원 설립운동본부 회장 2000년 I.F.I 한국본부장 2000년 시사신문 대표이사 발행인 겸 편집인 2001년 주간뉴스 대표이사 2001년 발명가(현) 2001년 '한국공직자 환경공로 시민의 상' 사무총장 2002년 월간 '창작문학' 발행인 겸 편집인 2002년 월간 '시사' 발행인 겸 편집인 2002년 인터넷일간 시사포커스 발행인 겸 편집인(대표이사) 2002년 남북민족공동행사 남측대표 상임준비위원장 2003~2007년 마포시사신문 발행인 겸 편집인 2003년 공중위생단체8개(미용·이용·세탁·목욕·숙박·위생관리·물수건위생처리업·피부관리업)사단법인 상임고문 2004년 광주5.18행불자위령제준비위원회 대회장 2005년 (사)서울오페라단 최고상임고문 2005년 5.18민주화운동명예회복추진위원회 대표 2005년 한국장애인국가대표선수단후원회 붉은태양 회장 2005년 월간 '남대문시장' 발행인 겸 편집인 2006년 월간 '동대문시장' 발행인 겸 편집인 2006년 (주)셀리니 대표이사 2007년 월간 '르네시떼' 발행인 겸 편집인 2008년 자유선진당 창당준비위원회 준비위원 겸 발기인·당무위원 2009년 (재)동서협력재단 대표 비서실장 2009년 자연보호중앙회 회장 2011년 (사)겨레얼살리기국민운동본부 이사 겸 홍보위원장 2011년 서울화력발전소신규건설반대시민대책위원회 회장(현) 2014년 새누리당 서울마포甲당원협의회 운영위원장 직대·정당사무소장 2015년 시사포커스 회장(현) 2015~2017년 한국인터넷신문기자협회 회장 2016년 대한장애인성협회 최고상임고문(현) 2017년 바른정당 서울마포甲당원협의회 조직위원장 2017년 同장애인특별위원회 위원장 2017년 대한장애인사격연맹 회장(현) 2017년 바른포럼 공동회장 2017년 (주)맹큐미디어그룹 회장(현) 2018년 청주IPC세계사격선수권대회 조직위원장(현) 2018년 여의도연구원 장애인대책분과위원회 위원장(현) (상)보건사회부장관표창(1991), 서울시장표창(1995), 미국 미주드라크리너스연합 감사패(1998), 재외동포재단 감사패(1998), 한국서민연합 위대한 서민대상(1999), 서울시 환경상(1999), 세계이·미용협회 감사패(1999), 한국소비생활연구원 소비자운동상(2000), 한국민족종교단체협의회 감사패(2001), 개천절민족공동행사준비위원회 공로패(2002), 광주5.18민주화운동유가족회 감사패(2004), 한국장애인국가대표선수위원회 공로패(2005), 보건복지부장관표창(2006) (저)'아침에 들어온 남자(共)'(2000, 깨끗한오늘) '나도 기자가 될 수 있다'(2001, 깨끗한오늘) '행동이 가르쳐 준 성공마인드'(2002, 깨끗한오늘) '성공은 꿈꾸는 자의 것'(2004, 깨끗한오늘) '스물 아홉살의 CEO'(2014, 시사포커스) '서민의 대변인'(2018, (주)일간시사신문), 시집 '그리움 이는 사랑'(2009, 깨끗한오늘) '그대 머무르는 곳에'(2014, 시사포커스)

**박강자(朴康子 · 女) PARK Kang Ja**

(생)1941 · 12 · 29 (출)전남 강진 (주)서울특별시 종로구 우정국로 26 금호아시아나문화재단 비서실(02-720-5114) (학)1966년 미국 래드퍼드대 의류학과졸 1971년 미국 오클라호마대 대학원 의류직물학과졸 (경)1963~1965년 미국병원 영양사 1970~1971년 미국 오클라호마대 연구조교 1972년 금호미술재단 입사 1989년 금호미술관 관장(현) 1997년 금호아시아나문화재단 부이사장(현) (상)국무총리표창(2013), 한국박물관협회 자랑스런 박물관인상(2019) (종)불교

**박건수(朴健洙) PARK, Kun-Soo (晩波)**

(생)1942 · 3 · 22 (본)죽산(竹山) (출)서울 (주)서울특별시 양천구 목동서로 225 대한민국예술인센터 1017호 한국문인협회 (02-744-8046) (학)1964년 영남대 법학과졸 1997년 고려대 언론대학원 수료 (경)1973년 '현대문학' 詩 추천, 시인(현) 1980년 한국문인협회 회원(현), 국제펜클럽 한국본부 회원 1993~1996년 계간 '소설과 사상' · '현대시사상' 편집인, 코리아헤럴드 기자, 국제그룹 홍보실장, 한일합섬그룹 홍보실장, (주)고려원 전무이사, 동방미디어(주) 대표이사, 대한교육연합회(現 한국교원단체총연합회) 홍보과장, 육영재단 어깨동무 편집장, 월간 '새마을' 창간기자 2002년 굿데이신문 상무이사 겸 출판본부장 2004~2007년 (주)고려원북스 대표이사 2008~2010년 (주)밀레니엄커뮤니케이션 사장 (역)'내 마음속에 그리운 사람 있다면'(1999) (작)'현대시학'(1966) '현대문학'(1973)

ㅂ

**박건수(朴建洙) PARK Keonsu**

(생)1965 · 10 · 6 (출)전남 보성 (주)세종특별자치시 한누리대로 402 산업통상자원부 산업혁신성장실(044-203-5501) (학)1984년 광주고졸 1988년 서울대 경영학과졸 1991년 同대학원 경영학과졸 2001년 경제학박사(미국 미주리대) (경)1990년 행정고시 합격(34회) 1991~1994년 상공부 수출진흥과 · 지역협력과 사무관 1994~1997년 통상산업부 지역협력담당관실 · 행정관리담당관실 사무관 1997년 해외 유학 2001년 산업자원부 산업기술정책과 사무관 2002년 同기획예산담당관실 서기관 2003년 同전력산업과 서기관 2004년 국민경제자문회의 정책분석실 정책조사관 2004년 산업자원부 무역투자실 구미협력과장 2006년 同산업정책국 산업구조과장 2006년 同상생협력팀장 2007~2009년 駐미국 실리콘밸리 한국무역관 파견 2009년 지식경제부 실물경제종합지원단 서기관 2010년 同통상협력정책과장(서기관) 2010년 同통상협력정책과장(부이사관) 2011년 同협력총괄과장 2011년 국제지식재산연수원 원장 2013년 특허청 산업재산보호협력국장 2013년 산업통상자원부 통상정책국 심의관(고위공무원) 2016년 同통상정책국장 2017년 同산업기술정책관 2017년 同산업정책실장 2019년 同산업혁신성장실장(현)

**박건수(朴建洙)**

(생)1966 · 3 · 13 (주)세종특별자치시 도움6로 11 국토교통부 도시교통과(044-201-3797) (학)1984년 전주고졸 1992년 한국외국어대 법학과졸 2006년 미국 아이오와주립대 대학원 교통학과졸 (경)1997년 행정고시 합격(40회) 1998년 건설교통부 수송정책실 교통안전과 사무관 2000년 同법무담당관실 사무관 2002년 同항공국 항공정책과 사무관 2002년 同수송정책실 항공정책과 사무관 2006년 同생활교통본부 도시교통팀 사무관 2006년 同생활교통본부 도시교통정책팀 사무관 2007년 서기관 승진 2008년 국토해양부 교통정책관실 종합교통정책과 서기관 2009년 국가균형발전위원회 파견 2010년 대통령직속 지역발전위원회 파견 2011년 국토해양부 기획조정실 국제통상남북협력팀장 2013년 駐미얀마대사관 파견 2015년 국토교통부 철도국 철도운행안전과장 2017년 同철도국 철도안전정책과장 2018년 同철도국 철도안전정책과장(부이사관) 2018년 同종합교통정책관실 도시광역교통과장 2019년 同종합교통정책관실 도시교통과장(현)

**박건승(朴建昇) PARK Kun Seung**

(생)1961 · 12 · 10 (본)밀양(密陽) (출)전북 순창 (주)서울특별시 영등포구 경인로 775 스포츠서울 임원실(02-2001-0012) (학)순창고졸 1986년 경희대 신문방송학과졸 1988년 同대학원 정치학과졸(석사) (경)1988년 서울신문 기자(공채28기) 1999년 대한매일 편집국 경제과학팀 기자 2000년 同경제팀 차장 2000년 同논설위원 2002년 同산업부 차장 2002~2004년 서울신문 사주조합장 2004년 同산업부 차장 2005년 同산업부장 2006년 同국제부장 2007년 同편집국 산업전문기자 2008년 同미래생활부장 2008년 同편집국 사회2부장 2009년 同편집국 산업부장(부국장급) 2012년 同독자서비스국장 2013년 同논설위원 2019년 同심의실장(이사대우) 2019년 스포츠서울 전무이사(현) (상)녹십자언론상 (저)'재벌가맥1 · 2(共)'(2005 · 2007, 서울신문 산업부) (종)가톨릭

**박건영 PARK Kun Yung**

(생)1967 · 9 · 2 (출)대구 (주)서울특별시 영등포구 여의대로 70 신한금융투자타워 26층 브레인자산운용(주)(02-6277-5000) (학)1993년 경북대 경영학과졸 2009년 서울대 경영대학 최고경영자과정 수료 (경)1993~2002년 산은캐피탈 시장팀장 2002~2004년 유리스투자자문 주식운용본부장 2004~2007년 미래에셋자산운용 주식운용본부 상무보 2007~2009년 트러스톤자산운용 대표이사 2009~2012년 브레인투자자문 대표이사 2012년 브레인자산운용(주) 대표이사 2015년 同각자대표이사(현) (상)트루파트너어워즈 최우수운용사상(2011), 우정사업본부장표창(2011), 금융감독원장표창(2012), 금융위원장표창(2013)

**박건찬 Geon Chan Park**

(출)경북 김천 (주)울산광역시 중구 성안로 112 울산지방경찰청 청장실(052-210-2313) (학)김천고졸 1988년 경찰대 행정학과졸(4기) 2002년 일본 도쿄도립대 대학원 법학과졸 (경)1988년 경위 임용, 경찰수사연구원 교무과장, 駐오사카총영사관 영사, 경북 청송경찰서장, 서울지방경찰청 기동단 1기동대장, 同경비부장, 경찰청 경비국 경비과장 2010년 서울 종로경찰서장 2014년 인천지방경찰청 제2부장 2014~2015년 대통령경호실 경찰관리관(경무관) 2017년 경찰청 경비국장(치안감) 2017년 경기남부지방경찰청 차장(치안감) 2017년 중앙경찰학교장(치안감) 2018년 울산지방경찰청장(현)

**박겸수(朴謙洙) PARK Gyum Soo**

(생)1959 · 10 · 26 (본)순천(順天) (출)광주 (주)서울특별시 강북구 도봉로89길 13 강북구청 구청장실(02-901-6400) (학)1976년 조선대부고졸 1984년 조선대 정치외교학과졸 2001년 연세대 행정대학원 행정학과졸, 행정학박사(한양대) (경)1985~1988년 민주화추진협의회 취재부장 1992년 평화민주당 문공부장 · 조직부장 1995 · 1998~2002년 서울시의회 의원(국민회의 · 새천년민주당) 1998년 同교통위원장 2002년 새천년민주당 서울강북甲지구당 부위원장 2002년 同제16대 대통령선거 서울강북甲지구당 선거대책위원장 2002년 서울시 강북구청장선거 출마(새천년민주당) 2004년 새천년민주당 서울강북甲지구당 위원장 2004년 제17대 국회의원선거 출마(새천년민주당) 2005년 민주당 조직위원장 2005년 同서울강북甲지역위원회 위원장 2007년 同기획조정위원장 2010년 서울시 강북구청장(민주당 · 민주통합당 · 민주당 · 새정치민주연합) 2014년 서울시 강북구청장(새정치민주연합 · 더불어민주당) 2018년 서울시 강북구청장(더불어민주당)(현) (상)지식경영인대상 및 한국재능나눔 '지식경영인 지방자치단체장부문 대상'(2013), 4.19혁명 봉사대상(2014), 2014 매니페스토약속대상 기초단체장 선거공보분야 우수상(2014), 대한민국무궁화대상 행정부문(2015), 도전한국인대상(2016) (저)'사인여천(事人如天)'(2014) (종)가톨릭

**박경곤(朴敬坤) Park Kyeong Gon**

(생)1960 · 10 · 24 (주)전라남도 신안군 압해읍 천사로 1004 신안군청 부군수실(061-240-8005) (학)광주대 법학과졸, 목포대 대학원 법학과졸 (경)1981년 공무원 임용, 목포시 인사담당 · 계약담당, 同공보과장, 同원도심사업과장, 同기획예산과장, 목포시의회 사무국장 2014년 광양만권경제자유구역청 국내유치부장 2015년 전남도 농림축산식품국 농식품유통과장 2017년 전남도농업기술원 농업교육과장 2018년 전남도 식품의약과장 2018년 전남 신안군 부군수(현)

**박경군(朴慶君) Park Gyeong Gun**

(생)1962 · 10 · 1 (주)경기도 수원시 영통구 삼성로 129 삼성전자(주) 무선사업부 무선구매팀(031-200-1114) (학)1987년 동아대 경영학과졸 (경)2001년 삼성전자(주) 무선사업부 TSTC 담당부장 2003년 同무선사업부 개발구매그룹장 2011년 同무선사업부 구매2그룹장(전무) 2011년 同상생협력센터 시너지구매팀장(전무) 2013년 同무선사업부 구매1그룹장 2017년 同무선사업부 무선구매팀장(부사장)(현)

## 박경귀(朴慶貴) Gyeong Gwi Park

(생)1960·4·3 (출)충남 아산 (주)서울특별시 금천구 가산디지털2로 108 한국정책평가연구원 원장실(02-6277-3600) (학)온양고졸 1998년 연세대 대학원 일반행정학과졸 2002년 행정학박사(인하대) (경)2002~2003년 연세대 도시문제연구소 전문연구원 2002~2006년 인하대·인천대·지방행정연수원 강사 2002~2015년 한국정책평가연구원 원장 2004년 국가보훈처 성과관리자문위원회 위원 겸 예산편성자문위원회 위원 2005~2015년 국방부 자체평가위원회 위원 2005년 국방과학연구소 연구자문위원회 위원 2005~2011년 인천시시설관리공단 이사회 의장 2007년 정보통신연구진흥원 혁신자문위원회 위원 2009년 국방부 국방기관합동부대업무평가위원회 위원 2010·2012년 서울시 지방공기업경영평가단장 2011·2013년 국방부 책임운영기관종합평가단장 2011~2012년 국무총리비서실 정부업무평가단 전문위원 2011~2013년 국토교통부 자체평가위원회 위원 2011~2013년 한국정책학회 국방안보안전정책분과연구회 회장 2011년 경찰청 성과평가위원회 위원 2011년 국방홍보원 책임운영기관자체평가위원회 위원장 2012~2014년 同홍보정책자문위원회 위원 2012년 (사)행복한고전읽기 이사장(현) 2013년 서울시 투자출연기관경영평가단장 2013년 대구시 투자출연기관경영평가단장 2013년 강원도 지방공기업경영평가단장 2013~2014년 대통령소속 국민대통합위원회 위원 2014년 행정자치부 지방공기업혁신단장 2015~2017년 대통령소속 국민대통합위원회 국민통합기획단장 2017년 아산참여자치연구원 원장(현) 2017년 한국정책평가연구원 원장(현) 2019년 자유한국당 충남아산시乙당원협의회 조직위원장(현) (상)국토해양부장관표창(2012), 경찰청장표창(2013), 국방부장관표창(2013) (저)'11인 지성들의 대한민국 진단'(2014, 백년동안) '감추고 싶은 중국의 비밀 35가지'(2015, 가나북스) '그리스, 인문의 향연'(2016, 베가북스)

## 박경동(朴慶東) PARK Kyung Dong

(생)1948·2·13 (출)경북 경주 (주)대구광역시 수성구 수성로 194 효성병원 원장실(053-766-7070) (학)경북대사대부고졸 1973년 경북대 의대졸 1983년 의학박사(경북대) (경)1977년 계명대 동산의료원 산부인과 외래교수 1988년 미국 플로리다대 갱년기센터 연수 1989년 효성산부인과 원장 1996년 여성의전화 의료분과위원장 1997년 효성병원 원장(현) 2001년 대구지검 범죄예방협의회 부회장 2003년 무지코필리 대표 2009~2013년 대구경북병원회 회장 2011~2013년 대구의료관광발전협의회 회장 2012~2014년 대한병원협회 국제이사 2014년 同감사 2016~2018년 同상임고문 (상)대통령표창, 보건복지부장관표창(2011·2014), JW중외박애상(2012), 한미중소병원상 봉사상(2017)

## 박경량(朴京亮) Kyeong Ryang Park

(생)1954·11·13 (본)밀양(密陽) (출)전북 전주 (주)대전광역시 유성구 유성대로 1646 한남대학교 생명·나노과학대학 생명시스템과학과(042-629-8770) (학)1973년 전주고졸 1977년 고려대 이학과졸 1981년 同대학원 이학과졸 1990년 이학박사(고려대) (경)1982~1991년 가천대 의대 간호학과 조교수 1991~2004년 한남대 미생물학과 조교수·부교수·교수 1996년 미국 사우스앨라배마대 교환교수 1998~1999년 한남대 학생복지처장 2001~2013년 同환경생태연구소장 2003~2004년 미국 플로리다대 교환교수 2005~2008년 한남대 생명·나노과학대학 생명공학과 교수 2006~2007년 同생명·나노과학대학 바이오학부장 2009~2012년 同입학홍보처장 2012년 同생명·나노과학대학 생명시스템과학과 교수(현) 2014~2016년 同교무연구처장 2018년 同학사부총장(현) 2018년 同학생상담통합관리단장(현) (저)'생물의 역사' (역)'응용미생물학' 외 8건 (종)기독교

## 박경미(朴炅美·女) PARK Kyung Mee

(생)1965·10·15 (주)서울특별시 영등포구 의사당대로 1 국회 의원회관 321호(02-784-6120) (학)1987년 서울대 수학교육과졸 1989년 同대학원 수학교육과졸 1990년 미국 일리노이대 대학원 수학교육과졸 1993년 수학교육학박사(미국 일리노이대) (경)1987~1888년 금옥여고 수학교사 1989년 대영고 수학교사 1990~1993년 미국 일리노이대 조교·Research Assistant 1993~1994년 미국 Univ. of California at Berkeley 연구원 1995~1997년 한국교육개발원 연구원 1998~1999년 한국교육과정평가원 책임연구원 1999~2000년 충북대 수학과 조교수 2000~2016년 홍익대 사범대학 수학교육과 조교수·부교수·교수 2000년 대한수학교육학회 무임소이사 2005~2006년 대한수학회 한국수학올림피아드위원회 위원 2006~2007년 과학기술부 국립과학관 전시전문위원 2006년 동아일보 객원논설위원 2006년 SBS 뉴스 칼럼니스트 2014년 문화방송(MBC) '100분토론' 진행 2016년 제20대 국회의원(비례대표, 더불어민주당)(현) 2016~2018년 국회 교육문화체육관광위원회 위원 2016~2018년 국회 여성가족위원회 위원 2016~2017년 국회 미래일자리특별위원회 위원 2016년 국회 4차산업혁명포럼 공동대표(현) 2016~2017년 더불어민주당 대변인 2017년 同제19대 문재인 대통령후보 중앙선거대책위원회 공보단 대변인 2017년 同소통담당 원내부대표 2017년 同정당발전위원회 간사 2017~2018년 국회 4차산업혁명특별위원회 위원 2018년 더불어민주당 원내대변인 2018~2019년 국회 운영위원회 위원 2018년 국회 교육위원회 위원(현) 2019년 더불어민주당 원내부대표(현) (상)교육과학기술부장관표창(2012), 미래창조과학부장관표창(2014), 국정감사NGO모니터단 국정감사우수국회의원(2016), 대한민국인성교육대상 의정교육부문(2016), 법률소비자연맹 제20대 국회헌정대상 의정종합대상(2017) (저)'수학교육과정과 교재연구'(2006) '수학교육학신론'(2007) '수학교육에서의 컴퓨터 활용'(2008) '수학 10-가·나' '수학비타민 플러스'(2009, 김영사)

## 박경서(朴庚緖) PARK Kyung Seo

(생)1939·8·10 (본)반남(潘南) (출)전남 순천 (주)서울특별시 중구 소파로 145 대한적십자사(02-3705-3520) (학)광주제일고졸, 서울대 사회학과졸, 독일 괴팅겐대 대학원 사회학과졸, 사회학박사(독일 괴팅겐대), 명예 철학박사(인도 한림원) 2007년 명예 신학박사(영국 에든버러대) (경)1976~1982년 서울대 사회학과 교수·크리스찬아카데미 부원장 1982~1999년 스위스 제네바 WCC(World Council of Churches) 아시아정책위원회 의장 2000년 성공회대 대학원 석좌교수 2001~2007년 대한민국 인권대사 2001~2004년 국가인권위원회 상임위원 2003년 在京광주서중·일고총동창회 회장 2005~2009년 경찰청 인권위원회 위원장 2005~2014년 UN인권정책센터 이사장 2007~2012년 이화여대 이화학술원 석좌교수 2007~2012년 同평화학연구소장, 국가인권위원회 자문위원, 경제정의실천시민연합 고문(현), 세계인권도시포럼추진위원회 위원장, 나눔과평화재단 이사장 2014년 HBM(해피브릿지몬드라곤)협동조합경영연구소 이사장(현) 2015~2017년 동국대 다르마칼리지 석좌교수 2017년 해병대 인권위원회 위원장(현) 2017년 경찰청 경찰개혁위원회 위원장 2017년 대한적십자사 회장(현) 2017년 세계적십자사연맹 이사(현) 2018년 남북적십자회담 남측대표단 수석대표 (상)네팔정부 인권상, YWCA 공로패, 세계기독학생회총연맹(WSCF) 공로패, 아시아기독교협의회(CCA) 공로패, 홍조근정훈장 (저)'산업민주주의'(1976) '화해 그리고 통일(英文)'(1995) '아시아의 고뇌(英文)'(1996) '인권대사가 체험한 한반도와 아시아'(2001) 'Promoting Peace and Human Rights on Korean Peninsula(英文)'(2007) '지구화 시대의 평화와 인권'(2009) '세계시민 한국인의 자화상'(2010) 'WCC창으로 본 70년대 한국민주화의 인식'(2010) '인권이란 무엇인가?'(2011) '그들도 나만큼 소중하다'(2012) 'History of Korean Ecumenical Movement'(2013) (역)'사회의식과 사회비평' '독일 노동운동사' '조선으로의 기행 1904년' '빌리 부란트를 기억하다'(2015) (종)기독교

**박경석(朴慶錫) PARK Kyung Sok**

㉺1933·1·26 ㉥밀양(密陽) ㊟세종 ㊟서울특별시 용산구 이태원로 29 전쟁기념관 427호 한국군사학회(02-795-2077) ㊞1950년 대전고졸, 육군사관학교졸(2기), 미국 포트베닝보병학교 장교기본과정 수료 1965년 육군대학졸 1968년 중앙대 사회개발대학원졸 1971년 국방대학원졸 ㊂보병 제9사단 제30연대 소대장·중대장, 보병 제1사단 제15연대 제2대대장, 同작전참모 겸 인사참모, 육군대학 교수, 派越 제1진 맹호사단(수도보병사단) 제1연대 초대 제9대대장, 보병 제28사단 참모장, 성균관대 ROTC 단장(103학군단-우석대포함), 국방부 인사과장, 보병 제1사단 제12연대장, 보병 제6사단 작전부사단장, 육군 준장 진급, 철원DMZ땅굴개척 특수임무부대장, 제1군단 참모장, 제3군사령부 기획처장, 同인사처장, 육군본부 인사참모부 차장, 시인(현), 소설가(현), 통일원 정책자문위원, 한국참전시인협회 회장, 한국현대시인협회 이사, 한국문인협회 이사, 전쟁문학회 회장 1993년 한국군사평론가협회 회장, 한국군사학회 회장, 전우신문 회장, 국제PEN클럽 이사, 한국소설가협회 이사, 육군사관학교총동창회 고문(현), 한국군사학회 명예회장(현), 한국시문학평론학회 회장(현) 2017년 국제PEN클럽 한국본부 고문(현) 2018년 군사평론가협회 회장(현) 2018년 전쟁문학협회 회장(현) ㊌한국전쟁문학상 소설·시부문, 일봉문학상 소설·시부문, 세계시인상, 순수문학대상 소설부문, 충청문학대상 시부문, 성호문학상 시부문, 학농문학상 시부문, 충청문학상 소설부문, 대한민국전쟁문학대상 소설부문, 한글학회 한글문화발전표창, 을지무공훈장(2회), 충무무공훈장, 화랑무공훈장, 보국훈장 천수장, 보국훈장 삼일장, 보국포장, 월남최고훈장, 월남엽성무공훈장, 월남금성무공훈장, 월남은성무공훈장, 미국동성훈장, 국방유공 국제안중근의사상(2009), 자랑스러운 육사인상(2010) ㊍장교교재 '야전지휘관'(1975, 병학사), '지휘관의 사생관'(1978, 병학사), '지휘관의 조건'(1981, 병학사), '지휘관의 역사관'(1982, 병학사), '박경석 리더십 84강좌'(2009, 한영출판사), '불후의 명장 채명신'(2014, 팔복원), '박경석 뉴리더십 특강'(2015, 팔복원), '참군인 채명신 장군 리더십'(2015, 광문각), 시집 '등불'(1959, 대영사), '행복피는 꽃밭'(1991, 서문당), '상록수에 흐르는 바람'(1996, 팔복원), '빛바랜 훈장'(2001, 홍익출판사), '흑장미'(2007, 한영출판사), 장편소설 '녹슨훈장'(1961, 대영사), '그날(전6권)'(1985, 동방문화원), '묵시의 땅'(1987, 홍익출판사), '따이한(전11권)'(1987, 동방문화원), '서울학도의용군'(1995, 서문당), '육사 생도2기'(2000, 홍익출판사), '구국의 별 5성장군 김홍일'(2016, 서문당), '전쟁영웅 채명신'(2017, 팔복원), 에세이집 '19번도로'(1965, 대영사), '이런 날 문득 새이고 싶다'(1999, 서문당) '그대와 나의 유산'(1967, 창우사) '제9대대'(1982, 병학사) '한강은 흐른다'(1983, 병학사) '꽃이여 사랑이여'(1984, 서문당) '오성장군 김홍일'(1984, 서문당) '나의 찬가'(1985, 병학사) '어머니인 내 나라를 향하여'(1986, 거목) '그리움에 타오르며'(1986, 거목) '별'(1986, 독서신문사) '별처럼 빛처럼'(1987, 홍익출판사) '시인의 눈물로'(1987, 홍익출판사) '나의 기도가 하늘에 닿을 때까지'(1987, 홍익출판사) '어려운 선택'(1987, 독서신문사) '기도속에 새벽빛이'(1988, 한영출판사) '격정시대'(1988, 홍익출판사) '그대 가슴속 별로 뜨리라'(1988, 한영출판사) '미국은 우리에게 무엇인가'(1988, 서문당) '영웅들'(1988, 독서신문사) '사랑으로 말미암아'(1989, 홍익출판사) '좋은이의 이름은'(1990, 해외로 가는길) '육군종합학교'(1990, 서문당) '사랑이 지핀 불꽃 재우며'(1991, 서문당) '눈물갈채'(1992, 서문당) '부치지 못한 편지'(1995, 서문당) '꽃처럼'(1997, 팔복원)

**박경수(朴炅洙) PARK Kyoung Soo**

㉺1952·12·13 ㊟서울 ㊟경기도 화성시 삼성1로4길 48 피에스케이(주)(031-660-8700) ㊞1970년 서울 경복고졸 1975년 고려대 경영학과졸 1980년 미국 캘리포니아주립대 대학원 경영학과졸 ㊂1975~1978년 이천중기(주) 근무 1980~1985년 미국 June Corporation시스템 영업이사, (주)금영 대표이사 1990~2009년 피에스케이(주) 대표이사 사장 2002년 코스닥등록법인협의회 부회장 2004년 K-DMB 대표이사 2005~2008년 유원미디어(주) 공동대표이사 2007~2009년 코스닥상장법인협의회 회장 2008년 유원미디어 회장 2009년 피에스케이(주) 대표이사 부회장(현) ㊌상공자원부장관표창(1993), 산업자원부장관표창(2000), 철탑산업훈장(2007), 은탑산업훈장(2015)

**박경수(朴慶秀) PARK Kyong Soo**

㉺1959·6·4 ㊟서울특별시 종로구 대학로 101 서울대학교병원 내분비내과(02-2072-2114) ㊞1984년 서울대 의대졸 1988년 同대학원 의학석사 1993년 의학박사(서울대) ㊂1989~1991년 국군 대전 및 수도병원 핵의학과장 1991년 서울대병원 내분비내과 전임의 1992~2006년 서울대 의대 내과학교실 전임강사·조교수·부교수 1995~1997년 미국 캘리포니아대 샌디에이고교 의과대학 내분비대사내과 Research Fellow 2000~2001년 한국지질·동맥경화학회 부총무 2001~2002년 대한내분비학회 총무이사 2003년 한국지질·동맥경화학회 간사 2004년 대한당뇨병학회 진단소위원장, 보건복지부 지정 당뇨 및 내분비질환유전체연구센터장 2006년 서울대 의대 내과학교실 교수(현) 2006~2012년 서울대병원 내분비분과장 2007~2008년 대한당뇨병학회 연구이사 2007~2008년 보건복지부 보건의료연구개발사업 전문위원 2008~2009년 보건복지가족부 보건의료연구개발사업 전문위원 2009년 대한생화학분자생물학회 학술위원장 2009~2010년 대한내분비학회 연구이사 2010년 한국유전체학회 부회장 2010~2011년 대한당뇨병학회 학술이사 2010년 서울대병원 의생명연구원 연구기획관리부장 2011~2012년 한국지질동맥경화학회 학술이사 2013년 한국유전체학회 운영위원장 2014~2017년 서울대병원 의생명연구원 중개의학연구소장 2015~2016년 한국지질동맥경화학회 이사장 2015년 한국유전체학회 회장 2015년 한국과학기술한림원 정회원(의약학부·현) 2017년 서울대병원 의생명연구원장(현) ㊌대한당뇨병학회 학술상(1984), 대한내분비학회 남곡학술상(2008), 대한당뇨병학회 설원학술상(2009), 보건복지가족부장관표창(2009), 교육과학기술부 국가연구개발 우수성과 100선 선정(2009), 서울대 의과대학 함춘동아학술상(2012), 제26회 분쉬의학상 본상(2016), 과학기술훈장 혁신장(2017) ㊍'임상내분비학'(1999) '내분비학'(1999) '당뇨병과 눈'(1999) '고지혈증의 진단과 치료'(2000) '간담췌외과학'(2006) '대사증후군'(2009) '미토콘드리아와 당뇨병'(2010) '내분비대사학'(2011) '최신 당뇨와 눈'(2011) '당뇨병 관리의 길잡이'(2012) 'The Use of Ginkgo biloba Extract in Cardiovascular Protection in Patients with Diabetes'(2014)

**박경숙(朴京淑·女) PARK Kyung Sook**

㉺1956·1·19 ㊟서울 ㊟서울특별시 동작구 흑석로 84 중앙대학교 적십자간호대학 간호학과(02-820-5676) ㊞1978년 중앙대 의대 간호학과졸 1989년 同대학원 간호학과졸 1994년 간호학박사(중앙대) ㊂1978년 중앙대부속병원 일반외과 간호사 1978년 同중환자실 간호사·수간호사 1979년 同정형외과병동 간호사·수간호사 1984년 중앙대용산병원 임상교육·간호과 간호감독 1987~1989년 원주전문대학 성인간호학실습지도 강사 1991년 중앙대 적십자간호대학 간호학과 외래교수·교수(현) 2018~2019년 同적십자간호대학장 ㊍'인간과 건강(共)'(1998) '개정판 정신건강간호학(上·下)(共)'(2000) '간호학 학습목표(共)'(2000) '보완 대체 간호중재'(2007) '성인간호학1,2'(2008)

**박경숙(朴景淑·女) PARK Kyung Sook**

㉺1957·7·25 ㊟대구 ㊟제주특별자치도 제주시 제주대학로 102 제주대학교 사회과학대학 언론홍보학과(064-754-2941) ㊞1981년 연세대 사회학과졸 1987년 오스트리아 린츠대 대학원 언론학과졸 1992년 언론학박사(오스트리아 린츠대) ㊂한국언론재단 연구위원 1999년 제주대 사회과학대학 언론홍보학과 조교수·부교수·교수(현) 2011~2014년 언

론중재위원회 위원 2014~2016년 국제방송교류재단 비상임이사 2016년 (사)제주언론학회 회장 2016년 제주도 사회협약위원회 부위원장(현) 2018년 한국사회이론학회 회장(현) 2019년 연합뉴스 제주취재본부 콘텐츠자문위원(현)

### 박경식(朴慶植) PARK Kyung Seek

(생)1952·12·30 (본)밀양(密陽) (출)대전 (주)서울특별시 송파구 송파대로 378 세호빌딩 2층 박경식남성비뇨의학과(02-412-5996) (학)1971년 대전고졸 1977년 한양대 의대졸 1984년 의학박사(한양대), 대전대 경영대학원 최고경영자과정 수료 (경)1983년 대구 파티마병원 제2과장 1984~1987년 인제대 부교수 겸 비뇨기과장, 한양대 외래교수 1986년 미국 미네소타대 및 Mayo Clinic 교환교수 1986년 독일 마인츠대 교환교수 1988년 세계 최초 전립선내 Fosmycin 직접 약물투여 시도 1988~1989년 미국 UCLA Research Fellow 1991년 벨기에 브뤼셀의대 및 프랑스 메종프랑세병원 연수 1991년 박경식남성비뇨기과(舊 G남성클리닉) 원장(현) 1993년 대통령 비뇨기과담당 자문의 1997년 한국을 움직이는 10대 인물 선정 1997년 세계미세수술학회 정회원, 세계비뇨기과학회 정회원, 세계남성과학회 정회원, 개원의협의회 법제이사, PND21 대표 2001년 대한의사벤처협의회 회장 2001년 (사)맑은환경국민운동본부 회장·고문(현) 2003년 시사프로 '박경식의 갑론을박' 진행 2007년 좋은사법세상 회장 2007년 Noblesse In Korea 인명사전에 등재 2008년 글로벌 '의료 명장부분' 한국의 명장 20인에 선정 2013년 건국대 의학전문대학원 외래교수 (상)대한민국 글로벌의료마케팅 조루·발기부전·전립선부문 대상(2009) (저)'성의학에서 본 궁합과 프로이트'(1992) '부부가 동시에 만족하는 법' '할 말은 합시다'(1999) (작)'의사 교육용 음경확대 및 귀두확대 비디오'

### 박경실(朴瓊實·女) Park Kyung Sil

(생)1955·6·16 (출)서울 (주)서울특별시 서초구 강남대로 419 파고다어학원(02-2051-4000) (학)1974년 숭의여고졸 1978년 이화여대졸 1993년 연세대 교육대학원 산업교육학과졸 2007년 평생교육학박사(숭실대) (경)파고다교육그룹 회장(현) 2007~2009년 한국여성경제인협회 부회장 2007~2011년 숭실대 교육대학원 겸임교수 2008~2011년 한국학원총연합회 외국어교육협의회장 2011~2017년 同회장 2012~2015년 서비스산업총연합회 부회장 2015~2016년 同회장 (상)한국여성경제인협회 제12회 여성경제인의날 대통령표창(2008), 모델라인 제25회 코리아 베스트드레서 스완 어워드 경제인부문(2008), 제44회 납세자의날 국세청장표창(2010), 이코노미스트·중앙일보 대한민국 경제리더 대상 인재경영부문(2010), 한국언론인연합회 제10회 자랑스런 한국인 대상 인재경영부문(2010), 중앙SUNDAY 선정 '한국을 빛낸 창조경영인'(2010·2011), 포브스코리아 대한민국 글로벌 CEO 글로벌인재양성부문(2011), 한국국제연합봉사단 대한민국 세종대왕 나눔봉사대상(2014) (저)'이름있는 학원들의 학원 경영 이야기'(2006, 미디어숲) (종)기독교

### 박경아(朴京雅·女) PARK Kyung Ah

(생)1950·11·9 (본)순천(順天) (출)경기 (주)서울특별시 서대문구 연세로 50 연세대학교 의과대학(1599-1004) (학)1968년 경기여고졸 1974년 고려대 의대졸 1976년 同대학원 의학석사 1978년 의학박사(독일 킬대) (경)1979~1991년 연세대 의과대학 해부학교실 전임강사·조교수·부교수 1981년 독일 Kiel대 교환교수 1984년 미국 Mt. Sinai의대 교환교수 1990년 독일 Wurzburg대 교환교수 1991~2016년 연세대 의과대학 해부학교실 교수 1997년 대통령자문 정책기획위원회 위원, 대한해부학회 이사장, 대한의학회 홍보이사 2002년 국제여자의사회 서태평양지역담당 부회장 2004년 同서태평양지역담당 회장, 대한의사협회 부회장 2010~2012년 한국여자의사회 회장 2011년 마중물여성연대 공동대표(현) 2013년 대한민국의학한림원 감사 2013~2015년 국제여자의사회 회장 2013~2016년 세계여자의사회 회장 2015~2016년 세계의사회(WMA) 상임이사회 자문위원 2016년 연세대 의과대학 명예교수(현) 2016년 대한민국의학한림원 국제협력위원회 위원(현) (상)서울시장표창(1990), 연세대 의과대학 올해의 교수상(1993·2008·2012), 연세대 의과대학 우수업적교수상(1998), 연세대 최우수 강의교수(2006), 대한의사협회 화이자 국제협력공로상(2012), 제5회 한독 여의사 지도자상(2014), 녹조근정훈장(2015) (저)'조직학 실습'(1987) '의학신경해부학'(1996) (역)'조직학'(1992) (종)가톨릭

### 박경제(朴熲濟) PARK Kyoung Jei

(생)1963·10·14 (출)경남 마산 (주)서울특별시 강남구 논현로 503 대신저축은행 임원실(1644-5600) (학)마산고졸, 고려대 경제학과졸 (경)대한생명보험 FA센터장, 조흥은행 강북PB센터장·강남PB센터 부부장, 씨티은행 올림픽지점장·대치지점장, 하나은행 역삼동지점 PB팀장 2008년 메리츠자산운용(주) 마케팅본부장(상무) 2009~2012년 한국씨티은행 투자상품부장 2012년 (주)대신저축은행 기업금융부장 2014년 同기업금융본부장 2015년 同영업본부장(상무) 2017년 同경영지원본부장 겸 스마트금융본부장(상무) 2018년 同대표이사(현)

### 박경철(朴敬哲) PARK Gyeong Cheol

(생)1966·3·19 (본)경주(慶州) (출)강원 강릉 (주)부산광역시 동구 충장대로 351 부산지방해양수산청(051-609-6700) (학)강릉고졸, 연세대 행정학과졸, 서울대 행정대학원졸 (경)1991년 행정고시 합격(35회) 1992년 총무처 수습사무관 1993년 同복무감사관실 행정사무관 1996년 해양수산부 행정관리담당관실 근무 1997년 同항만국 항만정책과 근무 2000년 同해양정책국 해양정책과 근무(서기관) 2001년 同해양정책국 연안계획과 근무 2001년 同어업자원국 어업정책과 근무 2002년 세계해양EXPO유치위원회 근무 2003년 해양수산부 기획관리실 법무담당관 2003년 ILO(국제노동기구) 파견 2006년 해양수산부 재정기획관실 정책기획팀장 2007년 同해운물류본부 국제기획관실 물류기획팀장 2008년 국토해양부 물류항만실 항만제도협력과장 2009년 同물류항만실 항만물류기획과장 2009년 同물류항만실 해운정책과장(서기관) 2010년 同물류항만실 해운정책과장(부이사관) 2011년 同교통정책실 자동차정책과장 2013년 국립해양조사원장(고위공무원) 2014~2015년 해양수산부 세월호배상및보상지원단장 2015년 同해운물류국장 2017년 국립외교원 교육파견(고위공무원) 2018년 해양수산부 수산정책관 2018년 인천지방해양수산청장 2019년 부산지방해양수산청장(현) (종)기독교

### 박경추(朴勍趨) PARK Kyung Choo

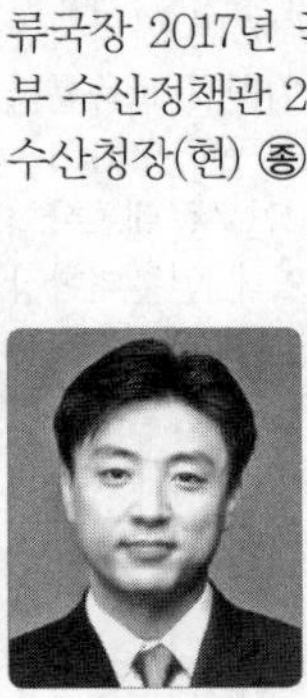

(생)1969·7·5 (출)서울 (주)서울특별시 마포구 성암로 267 문화방송 아나운서국 아나운서2부(02-780-0011) (학)신일고졸, 서울대 외교학과졸 (경)1997년 문화방송(MBC) 아나운서국 입사 2002년 同아나운서국 아나운서1부 아나운서 2007년 同뉴스·스포츠아나운서부 아나운서 2008년 同아나운서1부 아나운서 2009년 同아나운서국 아나운서2부 차장대우 2012년 同성남용인총국 아나운서 2013~2018년 同아나운서국 아나운서 2014·2018년 同아시안게임 캐스터 2018년 同아나운서국 아나운서2부장(현) (상)MBC프로그램제작상 개인공로상(2007), 대한민국 아나운서대상 클럽회장표창(2008) (작)MBC '스포츠뉴스'(2001) '메이저리그 포커스'(2001) '장수보감'(2002) '행복한 책읽기'(2003) '아태네올림픽방송'(2004) '토요이레'(2005) '일촌클리닉 터놓고 말해요'(2005) '저녁뉴스'(2008) '출발비디오 여행'(2008)

### 박경춘(朴景春) PARK Kyung Choon

(생)1966·2·11 (본)밀양(密陽) (출)전남 완도 (주)서울특별시 강남구 도곡로 194 일양빌딩 3층 법무법인 서평(02-6271-4300) (학)1983년 광주서석고졸 1988년 연세대 법학과졸 (경)1989년 사법시험 합격(31회) 1992년 사법연수원 수료(21기) 1992년 軍법무관 1995년 광주지검 검사 1997년 同순천지청 검사 1999년 법무부 법무심의관실 검사 2001년 서울지검 검사 2003년 청주지검 검사 2004년 同부부장검사 2005년 광주지검 공판부장 2006년 서울남부지검 부부장검사(사법제도개혁추진위원회 파견) 2007년 전주지검 정읍지청장 2008년 서울북부지검 형사6부장 2009년 대구지검 부장검사(금융정보분석원 파견) 2010년 서울남부지검 형사2부장 2011년 同형사1부장 2011년 수원지검 여주지청장 2012년 대검찰청 연구관 2012년 同미래기획단장 겸 국제협력단장 2013~2014년 수원지검 평택지청장 2014년 법무법인 일호 대표변호사 2016년 법무법인 성의 변호사 2017~2018년 법무법인 대유 변호사 2018년 법무법인 서평 변호사(현)

### 박경필(朴鏡弼)

(생)1966 (출)전북 (주)강원도 원주시 혁신로 40 한국보훈복지의료공단 감사실(033-749-3800) (학)단국대 중어중문학과졸, 중국 베이징대 대학원 국제정치학과졸, 국제정치학박사(중국 베이징대), 순천향대 대학원 의료정보학 박사과정 수료 (경)민주연구원 정책네트워크실 부국장, 민주당 중앙당 부국장, 同정무전문위원, 국회 정책연구위원, 민주당 행정자치전문위원, 同경기도당 정책실장, 同경기도당 사무처장 2019년 한국보훈복지의료공단 상임감사(현)

### 박경하(朴京夏) PARK Kyoung Ha (友鄕)

(생)1956·3·2 (본)밀양(密陽) (출)강원 양양 (주)서울특별시 동작구 흑석로 84 중앙대학교 인문대학 역사학과(02-820-5160) (학)1974년 중앙대사대부고졸 1981년 중앙대 사학과졸 1984년 연세대 행정대학원 행정학과졸 1985년 중앙대 대학원 사학과졸 1992년 문학박사(중앙대) (경)1994년 한국역사민속학회 총무이사 1995~2002년 중앙대 사학과 조교수·부교수 1998년 한국고서연구회 부회장 1999년 중앙대 사회개발대학원 교학부장 2000년 同학생생활연구소장 2002~2004년 한국역사민속학회 회장 2002~2008년 경제·인문사회연구회 인문정책연구위원 2002~2004년 중앙대 인문컨텐츠연구소장 2003년 同인문대학 역사학과 교수(현) 2004년 인문콘텐츠학회 편집위원장 2004~2007년 문화재청 문화재전문위원 2005~2007년 중앙사학회 회장 2006년 한국사연구회 연구이사 2006~2008년 대통령자문 정책기획위원회 교육문화분과 위원 2006~2008년 중앙대 문화컨텐츠기술연구원장 2007~2008년 同다문화콘텐츠연구사업단장 2013~2014년 인문콘텐츠학회 회장 2015~2016년 同편집위원장 2015~2016년 중앙대 인문대학장 2016년 同교양학부대학장 2017~2019년 同다빈치교양대학장 2017년 인문콘텐츠학회 평의원(현) 2018년 전국대학교양교육협의회 회장(현) (저)'조선후기 향약연구(共)'(1990) '조선시기 사회사연구법(共)'(1993) '조선은 지방을 어떻게 지배하였는가(共)'(2000) '서울의 세시풍속(共)' '한국의 향약·동계'(共) '한국전통문화론(共)'(2007) '역사속의 다문화' '21세기 동북아 문화공동체의 구상' '한국역사 속의 문화적 다양성'(2016) (역)'을묘원행정리의궤'(共) (종)가톨릭

### 박경환(朴慶桓) PARK Kyung Hwan

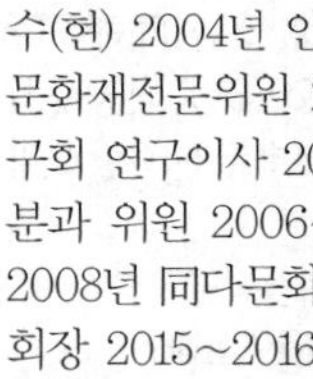

(생)1953·4·5 (출)경기 (주)부산광역시 동래구 충렬대로 187 대동병원 원장실(051-550-9330) (학)1971년 경기고졸 1977년 서울대 의대졸 1986년 同대학원 의학석사 1989년 의학박사(서울대) (경)1977~1980년 대위 예편(육군 軍의관) 1985년 대동병원 외과 전문의(현) 1990~1992년 미국 Van-derbilt Medical Center 외과 교환교수 1992~1994년 대동병원 외과 주임과장 1994~2001년 同진료부장 2001~2004년 同의무원장 2004년 同원장(현) 2016년 부산시병원회 회장(현)

### 박경훈(朴慶薰) Park, Kyong Hoon

(생)1962·12·19 (주)서울특별시 중구 소공로 51 우리금융지주 경영기획본부(02-2002-3000) (학)1981년 동국대사대부고졸 1986년 서울대 국제경제학과졸 (경)2008년 우리은행 말레이시아 쿠알라룸푸르사무소 개설준비위원장 2009년 同말레이시아 쿠알라룸프르사무소장 2012년 同남대문기업영업지점장 2013년 同역전기업영업지점장 2014년 同중앙기업영업지점장 2015년 同전략기획부 부장대우 2015년 同경영기획단 영업본부장대우 2016년 케이뱅크 이사 겸임 2017년 우리은행 본점 기업영업본부장 2017년 同글로벌그룹 상무 2018년 同미래전략단 상무 2019년 우리금융지주 경영기획본부 총괄부사장(CFO)(현)

### 박계배(朴桂培) PARK Kei Bai

(생)1955 (본)무안(務安) (출)충남 당진 (주)전라북도 군산시 임피면 호원대3길 64 호원대학교 공연미디어학부(063-450-7031) (학)1976년 안양예고졸 1982년 서울예술대학 연극과졸 2011년 대진대 문화예술전문대학원 공연영상학과졸(석사) 2016년 예술학박사(상명대) (경)1984~2004년 샘터파랑새극장 극장장 1991년 극단 '서전씨어터' 대표(현) 1993~2003년 한국연극연출가협회 이사 1998~2000년 (사)한국연극협회 감사 1999~2001년 서울공연장협의회 이사 2001~2004년 (사)한국연극협회 이사 겸 연출분과위원장 2001~2002년 (사)전국소공연장연합회 이사 2002~2003년 (사)아시아태평양프로듀서네트워크 부이사장 2002~2004년 한일연극교류협의회 운영위원 2002~2005년 (사)국제극예술협회 한국본부 이사 2002~2007년 (사)전국소공연장연합회 부회장 2003~2004년 파랑새국제어린이축제 집행위원장 2003년 (사)아시아태평양프로듀서네트워크 이사장 2004~2007년 (사)한국연극협회 부이사장 2005~2007년 100만원연극공동체 운영위원 2006~2011년 서울시 정책자문단 위원 2006~2008년 한일연극교류협의회 부회장 2006~2009년 (사)국제아동청소년연극협회 한국본부 이사 2006~2008년 인천앤아츠 자문위원 2007~2012년 (사)한국연극협회 이사장 2007~2012년 좋은공연만들기협의회 회장 2007년 한국연극교육위원회 공동대표 2007~2012년 전국청소년연극제 운영위원장 2007~2012년 고마나루전국향토연극제 운영위원장 2007~2011년 서울지역혁신협의회 문화콘텐츠산업분과 위원장 2007~2012년 제13~15기 민주평통 자문위원 2007~2008년 하이서울페스티벌 기획위원장 2008년 한국연극100주년기념사업단 단장 2008~2012년 (사)한국예술문화단체총연합회 부회장 2008~2012년 대한민국연극대상 운영위원장 2008~2017년 대학로문화활성화위원회 위원장 2008~2012년 (사)춘천국제연극제 자문위원장 2008~2012년 통영연극예술축제 자문위원장 2008~2012년 국회 대중문화앤미디어연구회 특별회원 2008~2010년 (재)대학로문화재단 이사 2009~2012년 서울실크로드 연극제 운영위원장 2009년 당진문화원 홍보대사 2009년 서울시 문화예술진흥위원회 위원 2009년 문화체육관광부 통합극장추진위원회 위원 2010~2012년 예술의전당 연극부문 자문위원 2010~2012년 (재)국립극단 이사 2010~2012년 한국문화예술위원회 위원 2012년 국립극장진흥재단 이사 2012년 호원대 공연미디어학부 교수(현) 2013~2014년 (재)한국공연예술센터 이사장 2014~2017년 한국예술인복지재단 대표이사 2017년 호원대 문화예술대학장(현) (상)한국예술문화단체총연합회 예술문화상 대상(2008), 제59회 서울시 문화상 연극분야(2010), 대한민국연극대상 특별상(2013) (저)'서울의 경쟁력 강화를 위한 문화산업 육성방안'(2008)

### 박계옥(朴桂沃) PARK GAE OK

(생)1962 · 11 · 6 (본)밀양(密陽) (출)전남 보성 (주)세종특별자치시 도움5로 20 국민권익위원회 기획조정실(044-200-7101) (학)1981년 순천 매산고졸 1989년 서울대 역사교육과졸 1991년 同행정대학원 행정학과졸 2004년 영국 런던대 대학원 정책학과졸 2005년 同대학원 박사과정 이수(1년) 2011년 행정학박사(서울시립대) (경)1990년 행정고시 합격(34회) 1992~2000년 국무총리비서실 제1 · 2 · 3행정조정관실 · 규제개혁조정관실 사무관 2000~2007년 국무총리비서실 서기관 · 국가청렴위원회 정책총괄과장(서기관) 2007~2011년 국가청렴위원회 부이사관 · 국민권익위원회 기획재정담당관(부이사관) 2011년 국민권익위원회 민원분석심의관(고위공무원) 2011년 同부패방지국장 2015년 同권익개선정책국장 2016년 국가공무원인재개발원 교육파견(고위공무원) 2017년 국민권익위원회 상임위원(고위공무원 가급) 2018년 同기획조정실장(현) (상)근정포장(2002), 홍조근정훈장(2014) (종)기독교

### 박계하(朴桂夏) Park, Kye-Ha

(생)1962 · 11 · 26 (출)충북 보은 (주)서울특별시 강남구 언주로 721 서울본부세관 통관국(02-510-1100) (학)세무대학졸 한국방송통신대 경영학과졸 2000년 한남대 대학원 경영학과졸 (경)2011년 관세청 조사총괄과 서기관 2012년 同기획심사팀장 2014년 속초세관장 2015년 대전세관장 2017년 인천공항국제우편세관장 2018년 서울본부세관 통관국장(현)

### 박공우(朴公雨) Park Kong Woo

(생)1963·5·28 (본)반남(潘南) (출)전남 장성 (주)경상남도 창원시 성산구 창이대로 669 창원지방검찰청 사무국(055-266-3366) (학)1980년 장성농고졸 1989년 조선대 법학과졸 (경)2007년 인천지검 조사과 수사관(수사사무관) 2008년 同검사 2010년 법무부 인권정책과 검찰사무관 2013년 인천지검 검사 직대(검찰수사서기관) 2014~2015년 同사건과장·수사과장 2015년 법무부 검찰국 검찰과 검찰수사서기관(예산담당) 2017년 인천지검 부천지청 사무국장(검찰부이사관) 2019년 서울고검 총무과장(창원지검 사무국장 직대 겸임) 2019년 창원지검 사무국장(고위공무원)(현) (상)법무부장관표창(1998), 국무총리표창(2005)

### 박관근(朴寬根) PARK Gwan Geun

(생)1966 · 7 · 15 (출)전남 신안 (주)전라북도 전주시 덕진구 사평로 25 전주지방법원 총무과(063-259-5466) (학)1985년 서울 명지고졸 1989년 서울대 법학과졸 (경)1988년 사법시험 합격(30회) 1991년 사법연수원 수료(20기) 1991년 공군 법무관 1994년 서울지법 동부지원 판사 1996년 서울지법 판사 1998년 전주지법 정읍지원 판사 1999년 同정읍지원(부안군법원 · 고창군법원) 판사 2000년 광주고법 판사 2003년 광주지법 판사 2004년 대법원 재판연구관 2006년 대전지법 부장판사 2008년 수원지법 성남지원 부장판사 2010년 서울동부지법 부장판사 2012년 서울중앙지법 부장판사 2015년 서울북부지법 민사3단독 부장판사 2018년 전주지법 부장판사(현)

### 박관석(朴寬錫) Park, Kwan-Seok

(생)1956 · 2 · 28 (주)광주광역시 동구 필문대로 309 조선대학교 이사장실(062-230-6002) (학)1981년 서울대 경제학과졸 1985년 연세대 대학원 경제학과졸 1995년 경제학박사(연세대) (경)1981~1982년 대한상공회의소 근무, 목포대 경영대학 경제학과 교수(현) 2007년 同경제통상학부장 2018년 학교법인 조선대 임시이사 2018년 同이사장(현) (저)'정치경제학입문'(1989) '가치이론논쟁(編)'(1995, 풀빛)

### 박관수(朴官洙)

(생)1972 · 9 · 13 (출)경기 고양 (주)서울특별시 강남구 테헤란로 317 동훈타워 법무법인 대륙아주(02-3016-8726) (학)1991년 대성고졸 1996년 연세대 법학과졸 (경)1997년 사법시험 합격(39회) 2000년 사법연수원 수료(29기) 2000년 공익법무관 2003년 제주지검 검사 2005년 부산지검 검사 2007년 의정부지검 검사 2010년 서울중앙지검 검사 2013년 광주지검 부부장검사 2014년 춘천지검 부부장검사 2015년 서울고검 검사 2016년 창원지검 형사2부장 2017년 광주지검 순천지청 부장검사 2018년 법무법인(유) 대륙아주 변호사(현)

### 박관열(朴灌烈)

(생)1957·11·25 (본)밀양(密陽) (출)전남 장성 (주)경기도 수원시 팔달구 효원로 1 경기도의회(031-8008-7000) (학)검정고시 합격 2010년 강남대 경제통상학과졸, 고려대 정책대학원 아태지역연구학과졸 (경)2000년 문학진 국회의원후보 유세단장 2002년 경기 광주시체육회 이사 2003년 민주평통 자문위원 2004년 이종상 국회의원후보 선거대책위원회 위원장 2004년 국민생활체육전국택견연합회 부회장 2005년 열린우리당 경기광주시당원협의회 회장 2006년 同경기광주시광남동 운영위원 2006년 경기 광주시의원선거 출마, 민주당 서민경제활성화특별위원회 위원장, 同경기도당 서민복지위원회 정책기획단장 2014년 경기도의원선거 출마(새정치민주연합), 더불어민주당 경기광주시甲지역위원회 부위원장(현), 同정책위원회 부의장(현) 2018년 경기도의회 의원(더불어민주당)(현) 2018년 同기획재정위원회 부위원장(현) (종)불교

### 박관용(朴寬用) PARK Kwan Yong (柏山)

(생)1938 · 6 · 6 (본)밀양(密陽) (출)부산 동구 (주)서울특별시 서초구 사평대로20길 12 대영빌딩 3층 21세기국가발전연구원(02-3447-4311) (학)1957년 동래고졸 1961년 동아대 정치학과졸 1984년 서울대 행정대학원 발전정책과정 수료 1991년 한양대 대학원 행정학과졸 1995년 명예 정치학박사(부산대) 1997년 명예 법학박사(동아대) 1998년 연세대 언론홍보대학원 최고관리자과정 수료 2004년 명예 행정학박사(신라대) (경)1960년 부산4.19학생대책위원회 위원장 1967년 국회의원 비서관 1976년 민주전선 편집위원 1977년 신민당 원내총무실 전문위원 1981년 제11대 국회의원(부산시 동래甲 · 乙, 민주한국당) 1981년 민주한국당 정책심의회 법제내무위원장 1981년 국회 내무위원 1982년 민주한국당 원내수석부총무 1985년 제12대 국회의원(부산시 동래, 신한민주당) 1985년 신한민주당 원내부총무 · 정무위원 1985년 남북국회예비회담 대표 1987년 헌법개정 기초위원 1988년 통일민주당 통일정책위원장 · 정무위원 1988년 제13대 국회의원(부산시 동래甲, 민주당 · 민자당) 1988년 국회 통일정책특별위원장 1990년 민주자유당 당무위원 1992년 同대통령선거홍보대책위원장 1992년 제14대 국회의원(부산시 동래甲, 민자당) 1992년 국회 문화공보위원회 위원 1992년 나라사랑실천운동본부 홍보본부장 1992~1993년 대통령직인수위원회 제1위원회 위원장 1993년 대통령(김영삼) 비서실장 1994~1995년 대통령 정치특별보좌관 1995년 동아대 정치학과 초빙교수 1995년 신한국당 부산동래甲지구당 위원장 1996년 제15대 국회의원(부산시 동래甲, 신한국당 · 한나라당) 1996년 국회 통일외무위원장 1996년 21세기국가발전연구원 이사장(현) 1996~2002년 해외한민족연구소 이사장 1997년 신한국당 사무총장 1997년 국제의원연맹 서울총회 조직위원장 1997~2000년 한나라당 부산동래甲지구당 위원장 1997년 同중앙선거대책위원장 1998~2000년 同부총재 1999년 한양대 행정대학원 겸임교수 2000~2002년 한나라당 부산시동래지구당 위원장 2000~2004년 제16대 국회의원(부산시 동래, 한나라당) 2001년 한나라당 국가혁신위원회 부위원장 2001~2002년 同언론자유수호비상대책위원장 2002년 同당의화합과발전을위한특별위원장 2002년 同총재 권한대행 2002~

ㅂ

2004년 국회 의장 2004~2012년 한나라당 상임고문 2004년 동아대 사회과학대학 정치행정학부 석좌교수 2007년 한나라당 제17대 대통령선거중앙선거대책위원회 상임고문 2008년 이명박 대통령 당선인 정책자문위원 2008~2010년 사랑의장기기증운동본부 이사장 2009년 부산스포츠발전위원회 위원장 2011년 북한민주화위원회 상임고문 2012~2017년 새누리당 상임고문 2013년 뷰티플드림콘서트조직위원회 명예위원장 2014년 재외동포재단 자문위원장 2014년 해공신익희선생기념사업회 회장(현) 2016년 새누리당 제4차 전당대회 대표최고위원 겸 최고위원선출을위한선거관리위원회 위원장 2017년 자유한국당 상임고문(현) 2019년 자유한국당 선거관리위원회 위원장 (상)청조근정훈장(1995), 4.19유공자훈장(1996), 건국포장(2010) (저)'통일문제의 이해'(1989) '통일의 새벽을 뛰면서'(1991) '충격과 위기'(2000) '공직에는 마침표가 없다(共)'(2001) '나의 삶, 나의 꿈, 그리고 통일'(2003) '다시 탄핵이 와도 나는 의사봉을 잡겠다'(2004) '통일은 산사태처럼 온다'(2006) '북한 급변사태와 우리의 대응(共)'(2007) 회고록 '나는 영원한 의회인으로 기억되고 싶다'(2014, 조선뉴스프레스) (종)천주교

**박광구(朴光九) PARK Kwang Gu**
(생)1957 · 4 · 8 (출)강원 춘천 (주)강원도 춘천시 동산면 논골길 17-24 (주)비룡CHC 대표이사실(033-261-9495) (학)성수고졸, 삼척공업전문대학 기계과졸, 삼척대 건축공학과졸 (경)(주)비룡건업 대표이사, 춘천소양로타리클럽 회장, 在춘천삼척대동창회 이사, 춘천시수영연맹 부회장, 한국갱생보호공단 재정지원후원회 회원 2003~2009년 대한전문건설협회 강원도회장 2009년 대한건설정책연구원 감사 2013년 (주)비룡CHC 대표이사(현) 2018년 한국경영혁신중소기업협회 강원연합회장(현) (상)법무부장관표창, 산업포장(2007) (종)불교

**박광기(朴光基) PARK Kwang Ki**
(생)1960 · 3 · 31 (본)밀양(密陽) (출)경기 포천 (주)대전광역시 동구 대학로 62 대전대학교 정치외교학과(042-280-2363) (학)1978년 서울 대일고졸 1982년 성균관대 정치외교학과졸 1984년 同대학원 정치외교학과졸 1995년 정치학박사(독일 뮌헨대) (경)1985년 외교안보연구원 책임연구원 1989~1995년 독일 바이에른주립도서관 연구원 1995~1996년 숭실대 사회과학연구원 전임연구위원 1995~1996년 성균관대 사회과학연구소 연구위원 1996년 대전대 정치언론홍보학과 교수, 同정치외교학과 교수(현) 1999년 同동북아연구소장 1999~2000년 오스트리아 비엔나국립대 초빙교수 2002~2005년 대전CBS '시사포커스' 메인앵커 2003~2005년 대전대 신문사 · 방송국 주간 2003~2012년 대학입학수학능력시험 출제위원 · 기획위원 2004~2011년 행정고시 · 외무고시 · 입법고시 출제위원 2005년 피플퍼스트아카데미(PFA) 부원장 겸 정책개발실장 2005년 희망21포럼 전국대표 2005~2009년 국무총리산하 경제인문사회연구회 기획평가위원 2008~2009년 한국정치정보학회 회장 2009~2010년 한국정치학회 이사 2009~2010년 대전TJB '좋은 세상 열린토론' 메인 앵커 2010~2012년 한국연구재단 HK(인문한국)관리위원회 위원 2011년 한국국제정치학회 부회장 2011~2013년 한국연구재단 청렴옴부즈만 2012~2014년 한국교육과정평가원 중학교사회교과서 검정위원 2012~2013년 통일부 정책자문위원 2012~2013년 국립특수교육원 특수교육국정교과서 교과용도서 심의위원 2012~2013년 대한정치학회 이사 2012~2014년 중도일보 독자권익위원회 부회장 2012년 한국국제정치학회 이사 2012년 한국세계지역학회 부회장 2012년 한국정치정보학회 명예회장(현) 2012~2014년 한국연구재단 사회과학단장 2013~2014년 한국정치학회 정치학발전특별위원장 2013~2016년 한국교육과정평가원 디지털교과서심의위원장 2014년 同고등학교법과정치교과서심의위원장(현) 2014년 학교법인 동정성모학원 이사(현) 2014~2017년 대통령직속 지방자치발전위원회 자문위원 2015~2017년 대전대 중앙도서관장 겸 박물관장 2015년 '2016학년도 대학수학능력시험 9월 모의평가' 사회탐구영역 영역위원장 2016년 대전CBS '박광기의 시사매거진' 진행자 2016년 통일부 통일교육위원(현) 2017년 한국국제정치학회 부회장 2017년 한국교육과정평가원 교과용도서검정교육중립성위원회 자문감수위원장(현) 2019년 대전대 대학원장(현) 2019년 同경영행정 · 사회복지대학원장(현) 2019년 同교육대학원장(현) 2019년 同보건의료대학원장(현) 2019년 同상담대학원장(현) 2019년 同LINC+(사회맞춤형 산학협력선도대학 육성사업) 사업관리위원(현) (저)'남북한통합론(共)'(1998) 'Eins und doppelt'(2000) '한반도와 통일문제'(2001) '한반도와 통일문제 : 한반도 문제의 재조명(共)'(2002, 서울대왕사) '한반도 평화번영 거버넌스 실태조사(하)'(2003, 통일연구원) '신패러다임 통일교육 구현방안'(2005, 통일연구원) '한국과 독일, 통일역사교육을 말하다(共)'(2016, 서울 느티숲) (종)천주교

**박광민(朴光玟) PARK Kwang Min**
(생)1956 · 4 · 20 (주)서울특별시 종로구 성균관로 25-2 성균관대학교 법학전문대학원(02-760-0359) (학)1979년 성균관대 법정대학 법률학과졸 1982년 同대학원 법학과졸 1990년 법학박사(성균관대) (경)1981~1997년 성균관대 법대 교육조교·강사 1990년 同법학연구소 연구원 1992~1997년 서원대 법학과 조교수·부교수 1995~1996년 일본 도쿄대 법학부 객원연구원 1997~2018년 성균관대 법학과 부교수·교수 2003년 서울고검 항고심사회 위원 2004~2005년 캐나다 UBC Visiting Scholar 2006년 한국학술진흥재단 사회과학단 프로그램관리자(PM) 2007년 한국피해자학회 회장 2007년 국무총리실 경제인문사회연구회 기획평가위원회 위원 2007년 해양경찰청 인권수호위원회 위원장 2008년 성균관대 법학전문대학원 교수(현) 2011~2014년 同출판부장 2013년 한국형사법학회 회장 2013~2014년 성균관대 법학전문대학원장 겸 법과대학장 2014년 한국형사법학회 고문(현) 2014년 서울중앙지법 시민사법위원회 위원 2015~2017년 대법원 양형위원회 위원 (저)'형법각론' '법학개론' '형법총론' '민·형사관계법의 이해'

**박광민(朴光民) Kwangmin Park**
(생)1957·7·19 (주)인천광역시 서구 첨단동로 344 청라달튼외국인학교(032-563-0523) (학)서울대 사회학과졸, 미국 미시간주립대 대학원졸, 사회학박사(미국 미시간주립대) (경)서울대 사회발전연구소 연구원, 명지대 사회학과 교수 2002년 同학생생활연구소장 2011년 청라달튼외국인학교 교장(현)

**박광석(朴光錫) PARK Kwang Suk**
(생)1967 · 5 · 5 (출)경기 (주)세종특별자치시 도움6로 11 환경부 기획조정실(044-201-6320) (학)1986년 동북고졸 1990년 서울대 정치학과졸 1998년 同행정대학원 행정학과졸 (경)1991년 행정고시 합격(35회) 1997년 환경부 대기보전국 대기정책과 사무관 2003년 同대기보전국 대기정책과 서기관 2004년 同대기보전국 대기총량제도과장 2006년 同장관비서관 2007년 同대기보전국 대기정책과장 2007년 同자원순환국 자원재활용과장, 駐유엔대표부 1등서기관 2011년 환경부 기획조정실 기획재정담당관(부이사관) 2012년 同대변인 2013년 同자원순환국장 2014년 교육 파견(고위공무원) 2015년 환경부 환경정책실 환경정책관 2017년 국립환경인력개발원 원장 2017년 대통령정책실 사회수석비서관실 기후환경비서관실 선임행정관 2018년 환경부 자연환경정책실장 2018년 同기획조정실장(현)

**박광섭(朴光燮)**
(생)1971 · 3 · 3 (출)경남 밀양 (주)서울특별시 서초구 반포대로 158 서울중앙지방검찰청 총무과(02-530-4340) (학)1989년 밀양고졸 1998년 고려대 법학과졸 (경)1998년 사법시험 합격(40회) 2001년 사법연수원 수료(30기) 2001년 서울지검 동부지청 검사 2003년 전

주지검 정읍지청 검사 2004년 대구지검 검사 2007년 의정부지검 고양지청 검사 2009년 서울중앙지검 검사 2012년 부산지검 검사 2015년 서울북부지검 부부장검사 2016년 창원지검 통영지청 부장검사 2017년 춘천지검 형사2부장 2018년 대전고검 검사 2018년 서울중앙지검 부장검사(현)

**박광성(朴光星) PARK, Kwangsung**

(주)광주광역시 동구 제봉로 42 전남대학교병원 비뇨기과(062-220-6701) (학)1983년 전남대 의대졸 1990년 同대학원 의학석사 1993년 의학박사(전남대) (경)1992~2003년 전남대 의대 비뇨기과학교실 전임강사·조교수·부교수 1995~1997년 미국 보스턴대 의대 연구원 2003년 전남대 의과대학 비뇨기과학교실 교수(현) 2008년 전남대병원 교육연구실장 2010~2012년 대한남성과학회 회장 2011년 전남대병원 임상의학연구소장, 同의생명연구원장, 同성의학연구소장, 同노인의학센터 소장 2014년 대한여성성건강연구학회 회장 2015년 대한민국의학한림원 정회원(현) 2015년 국제성의학회(ISSM) 'Sexual Medicine' 편집위원장(현) 2016년 바른과학기술사회실현을위한국민연합 공동대표 2016~2018년 대한비뇨기과학회 학술지 'Investigative and Clinical Urology' 편집위원장 2017년 대한성학회 회장(현) 2019년 대한비뇨의학회 학술지 'Investigative and Clinical Urology' 편집위원장(현) (상)국제성의학회 학술대회 최우수논문상(1996·2000), 대한남성과학회 우수논문상(1999·2003·2005), 대한비뇨기과학회 우수논문상(2003), 국제여성성건강연구학회 기초생리학부분 최우수논문상(2007), 교육과학기술부 및 한국과학재단 선정 '이달(11월)의 과학기술자상'(2008), 보건산업기술진흥 유공자표창(2012) (저)'남성갱년기와 안드로겐'(共) '생체 재료와 조직공학' 'Women's Sexual Function and Dysfunction(共)'(2005) (종)가톨릭

**박광수(朴光洙) PARK Kwang Su**

(생)1955·1·22 (출)강원 속초 (주)서울특별시 성북구 화랑로32길 146-37 한국예술종합학교 영상원 영화과(02-746-9551) (학)금성고졸 1983년 서울대 미대 조소과졸 1985년 프랑스 ESEC영화학교졸 (경)영화감독(현) 1988년 '칠수와 만수'로 감독데뷔 1993년 (주)박광수필름 설립 1996년 뉴욕링컨센타 박광수 회고전 1996~1999년 부산국제영화제 집행위원회 부위원장 1999년 부산영상위원회 운영위원장, 同명예 운영위원장(현) 1999년 한국예술종합학교 영상원 영화과 조교수·부교수·교수(현) 2009~2011년 同영상원장 (상)대종상 신인감독상(1988), 백상예술대상 신인감독상(1988), 스위스 로카르노영화제 청년비평가상(1989), 영평상 신인감독상(1989), 프랑스 낭뜨3대륙영화제 감독상(1990), 싱가포르영화제 최우수아시아영화상(1991), 영평상 감독상(1991), 오늘의 젊은예술가상(1993), 프랑스 낭뜨3대륙영화제 관객상(1994), 청룡영화상 감독상(1995), 춘사영화예술제 감독상(1995), 씨네21 감독상(1995), 영국4TV의 3세계영화감독10人에 선정, 로카르노영화제 청년비평가상(2000), 대한민국 문화훈장(2005), 로마국제영화제 엘리스인더시티부문 최우수작품상(2007), 인도뭄바이아시아영화제 아시아영화문화상(2008) (작)영화 '칠수와 만수'(1988), '그들도 우리처럼'(1990), '베를린 리포트'(1991), '그 섬에 가고 싶다'(1993), '아름다운 청년 전태일'(1995), '이재수의 난'(1999), '빤스 벗고 덤벼라'(2000), '여섯개의 시선'(2003), '방아쇠'(2004), '눈부신 날에'(2007)

**박광순(朴光淳) PARK Kwang Soon (春溪)**

(생)1935·7·1 (본)밀양(密陽) (출)전남 영암 (주)서울특별시 서초구 반포대로37길 59 대한민국학술원(02-3400-5220) (학)1953년 전남 목포상고졸 1957년 전남대 경제학과졸 1975년 경제학박사(전남대) (경)1958~1978년 전남대 경제학과 조교·전임강사·조교수·부교수 1974~1978년 同학생처장 1978~2000년 同교수 1979~1980년 목포대 학장 1981년 일본 도쿄대 경제학부 객원교수 1984년 王仁연구소 소장, 同상임고문(현) 1984년 전남대 경영대학원장 1986년 同교무처장 1989년 일본 사가(佐賀)대 교수 1990년 전남대 기업경영연구소장 1991년 비교경제학회 부회장 1992년 전남대 대학원장 1993년 한국경제사학회 회장 1997~1999년 21세기전남비젼위원회 위원장 1997년 아시아그린투어리즘회 한국대표 1997년 2010세계박람회전남유치위원회 부위원장 2000년 전남대 명예교수(현) 2000년 대한민국학술원 회원(경제학·현) 2000~2006년 아시아그린투어리즘네트워크 한국대표 2001~2002년 일본 도호쿠가쿠인(東北學院)대 경제학부 객원교수 2002년 일본 구루메(久留米)대 경제학부 및 대학원 교수 2005~2007년 대한민국학술원 인문사회과학부 제6분과 회장 2010~2012년 포럼 '사람과 사람들' 이사장 2016년 (사)고봉기대승선생숭덕회 이사장(현) (상)경제학회상(1983), 무등문화상 학술본상(1985), 다산경제학상(1987), 금호학술상(1993), 용봉학술상, 황조근정훈장(2000), 자랑스런 전남대인(2003), 용봉인영예대상(2010), 한일문화대상(2011) (저)'한국어업경제사 연구'(1981) '비교경제체제론'(1982) '경제체제론'(1986) '한국경제의 이해'(1986) '日韓漁村の 比較研究(共)'(1991) '경제사'(1992) '경제사신론(共)'(1997) '바다와 어촌의 사회경제론'(1998) '바람처럼 스쳐가는 시간'(2000) '21世紀の觀光とアジア·九州(共)'(2001) '일본 산촌의 지역경제와 사회정책(共)'(2001) '일본 산촌의 지역활성화와 사회구조(共)'(2001) '문화의 경제학'(2007) '한일어민의 접촉과 마찰(共)'(2008) '왕인과 천자문(共)'(2012) '王仁博士研究(共)'(2013) '성기동 단상(共)'(2013) '호남인이 일본 고대국가형성에 끼친 영향에 관한 연구(共)'(2013) '春溪 朴光淳 自傳 에세이, 나의 太平亭記'(2016)

**박광식(朴廣植)**

(생)1957·9 (주)서울특별시 서초구 헌릉로 12 현대자동차(주) 임원실(02-3464-1114) (학)경남공고졸, 성균관대 산업공학과졸 (경)현대자동차(주) 전략기획팀장 2006년 同전략기획팀장(이사대우) 2008년 同정책조정팀장(이사), 同상무 2012년 同전무 2014년 同부사장 2015~2016년 同광주창조경제혁신지원단장(부사장) 2016년 同정책조정팀장(부사장) 2019년 同혁신지원담당 부사장(현)

**박광열(朴洸烈) PARK Kwang Youl**

(생)1963·2·11 (본)밀양(密陽) (출)부산 (주)부산광역시 해운대구 마린시티2로 38 C1동 7층 한국해양진흥공사 혁신경영본부(051-717-0600) (학)1983년 수원 유신고졸 1988년 경기대 행정학과졸 1997년 영국 웨일즈대 대학원 해양정책학과졸, 同대학원 국제교통학 석사과정 수료 (경)1990년 행정고시 합격(34회) 1992년 인천지방해운항만청 총무과·부두과 근무 1994년 해운항만청 기획관리관실·법무담당관실 근무 1995년 同해운국 노정과 근무 1996년 국외 훈련(영국 웨일즈대) 1998년 해양수산부 수산정책국 유통가공과 근무 2000년 同국제협력관실 원양어업담당관실 근무 2000년 同기획관리실 기획예산담당관실 근무 2001년 同해양정책국 해양환경과장 직대 2002년 同해양정책국 해양환경과장 2003년 同수산정책국 유통가공과장 2003년 駐중국대사관 파견 2006년 해양수산부 국제협력관실 국제협력팀장 2007년 同해양정책국 해양정책과장 2007년 同해양정책본부 해양정책팀장 2007년 同해양정책본부 해양개발팀장 2008년 국토해양부 해양환경정책과장 2008년 同허베이스피리트피해보상지원단 지원기획팀장 2010년 同자동차정책과장 2011년 同해양환경정책관(고위공무원) 2012년 대전지방국토관리청장 2013년 해양수산부 대변인 2014~2015년 국립외교원 파견(고위공무원) 2015년 인천지방해양수산청장 2016년 해양수산부 해사안전국장 2017~2018년 부산지방해양수산청장 2018년 한국해양진흥공사 혁신경영본부장(현) (상)대통령표창(1999)

ㅂ

**박광온(朴洸瑥) PARK Kwang On**

(생)1957·3·26 (본)밀양(密陽) (출)전남 해남 (주)서울특별시 영등포구 의사당대로 1 국회 의원회관 533호(02-784-5364) (학)1975년 광주상고졸 1984년 고려대 사회학과졸, 동국대 언론정보대학원졸 (경)1984년 문화방송(MBC) 입사 1994~1997년 同사회부·국제부·정치부(국회)·청와대 출입기자 1997~2000년 同도쿄특파원·정치부 차장(앵커) 2002년 同정치부 부장대우 2003년 同기획취재센터 정치전문기자 2005년 同보도국 통일외교부장 2005년 同보도국 뉴스편집센터 1CP 2006년 同보도국 정치국제에디터 2007년 同보도국 논설위원 2008년 同'뉴스와 경제' 앵커 2008년 同보도국장 2009~2011년 同보도본부 논설위원 2011년 同'100분 토론' 진행 2012년 민주통합당 문재인 대통령후보 미디어특보 2012년 同제18대 대통령선거대책위원회 공동대변인 2013년 민주당 홍보위원장 2013년 同당무위원 2014년 同대변인 2014년 민주당·새정치연합 신당추진단 공동대변인 2014년 새정치민주연합 당무위원 2014년 제19대 국회의원(수원丁(영통) 보궐선거, 새정치민주연합·더불어민주당) 2014년 국회 기획재정위원회 위원 2015년 새정치민주연합 의원담당 원내부대표 2015년 국회 운영위원회 위원 2015년 국회 동북아역사왜곡대책특별위원회 위원 2015년 새정치민주연합 대표최고위원 비서실장 2015년 더불어민주당 의원담당 원내부대표 2015~2016년 同대표최고위원 비서실장 2016년 제20대 국회의원(경기 수원시丁, 더불어민주당)(현) 2016년 더불어민주당 대변인 2016년 同수석대변인 2016년 同국민연금공공투자특별위원회 위원장(현) 2016년 同청년일자리TF 위원 2016~2018년 국회 기획재정위원회 간사 2016~2017년 국회 저출산·고령화대책특별위원회 위원 2016년 더불어민주당 경기수원시丁지역위원회 위원장(현) 2016년 同정책위원회 제3정책조정위원장 2016년 아시아기자협회 이사(현) 2017년 더불어민주당 제19대 문재인 대통령후보 중앙선거대책위원회 공보단 공동단장 2017년 국정기획자문위원회 대변인 2017년 同경제1분과 위원 겸임 2017~2018년 국회 예산결산특별위원회 위원 2017년 더불어민주당 정당발전위원회 부위원장 2018년 同경기도당 위원장 2018년 국회 과학기술정보방송통신위원회 위원(현) 2018년 더불어민주당 최고위원(현), 同허위조작정보대책특별위원회 위원장(현) (상)동국언론인상(2008), 전국청소년선플SNS기자단 선정 '국회의원 아름다운 말 선플상'(2015), 한국매니페스토실천본부 국정감사 우수의원(2015), 중부일보 율곡대상 국가정치부문(2016), 중소기업중앙회 공로상(2016), 법률소비자연맹 '제20대 국회 1차년도 국회의원 헌정대상'(2017), 국회사무처 '2016년도 입법 및 정책개발 우수 국회의원'(2017), 경제정의실천시민연대 '국정감사 우수 국회의원'(2017), 국회사무처 '2017년도 입법 및 정책개발 우수 국회의원'(2018), 서울석세스어워드 정치부문 대상(2018), 한국경제문화대상 정치부문(2018), 2018 입법 및 정책개발 우수국회의원(2019) (저)'역시, 사람이 희망이다'(2011, 메가트렌드) (종)천주교

**박광우(朴光愚) Park Kwangwoo**

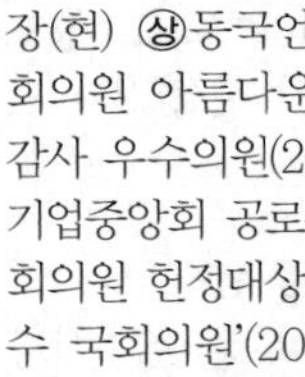

(생)1964·4·19 (주)서울특별시 동대문구 회기로 85 한국과학기술원 금융전문대학원(02-958-3540) (학)1988년 연세대 경영학과졸 1990년 同대학원 경영학과졸 1996년 경제학박사(미국 미주리대 컬럼비아교) 2003년 재무학박사(미국 일리노이대 어배나교) (경)1999~2001년 미국 미주리대 초빙조교수 2003~2005년 중앙대 조교수 2005년 한국과학기술원(KAIST) 금융전문대학원 부교수·교수(현) 2006~2008년 공정거래위원회 경쟁정책자문위원회 위원 2007년 규제심사단 자문위원(현) 2007년 Asia-Pacific Journal of Financial Studies(증권학회지) Editor(현) 2007~2009년 한국과학기술원(KAIST) 금융공학연구센터장 2007~2009년 한미재무학회 부회장 2010년 경제발전경험공유사업(KSP) 자문위원(현) 2010~2011년 금융위원회 금융발전심의회 위원 2010~2012년 국무총리실 자체평가위원회 위원 2012년 정책연구심의위원회 위원(현) 2012~2014년 (주)현대라이프생명보험 사외이사 2013년 금융안정연구(예금보험공사발행) 편집위원장 2014년 재무연구 편집위원장(현) 2014년 금융위원회 금융중심지추진위원회 민간위원(현) 2014년 한국과학기술원(KAIST) 경영대학 경영공학부 교수(현) 2015년 기획재정부 세제발전심의회 위원(현) 2015년 사학연금자산운용위원회 위원(현) 2016년 한국과학기술원(KAIST) 녹색성장대학원장 2018년 同금융전문대학원장(현) (상)연세대총장표창(1990), 미국 Univ. of Missouri Donald Anderson Teaching Award(1995), 한국금융학회 우수논문상(2004), 부총리 겸 재정경제부장관표창(2007), 한국과학기술원 경영대학 Outstanding Research Award(2008), 한국과학기술원(KAIST) 개교 40주년 공적상(2011), 금융위원회 위원장표창(2016) (저)'기업재무전략으로 본 대한민국 성공중견기업의 조건'(2007, 석정) '한국금융의 새로운 패러다임'(2008, S&R경제경영연구원)

**박광우(朴洸佑) PARK Kwang Woo**

(생)1968·4·20 (출)서울 (주)서울특별시 서초구 서초중앙로 157 서울중앙지방법원(02-530-1114) (학)1987년 고려대사대부고졸 1991년 서울대 법과대학 사법학과졸 1994년 同대학원 법학과 수료 (경)1993년 사법시험 합격(35회) 1996년 사법연수원 수료(25기) 1996년 대한법률구조공단 수원지부 공익법무관, 서울지법 의정부지원 판사 2001년 서울지법 판사 2003년 전주지법 정읍지원 판사 2006년 서울행정법원 판사 2008년 서울고법 판사 2010년 서울동부지법 판사 2011년 부산지법 부장판사 2012년 수원지법 성남지원 부장판사 2015년 서울남부지법 부장판사 2017년 서울중앙지법 부장판사(현)

**박광일(朴光壹) PARK Kwang Il**

(생)1970·6·13 (출)강원 철원 (주)광주광역시 북구 첨단과기로208번길 43 전남지방노동위원회 위원장실(061-975-6180) (학)1989년 동북고졸 1993년 고려대 경제학과졸 2005년 미국 일리노이주립대 대학원 경제학과졸 (경)1992년 행정고시 합격(36회) 2003년 대구지방노동청 대구고용안정센터장, 노동부 기획총괄과 서기관, 중앙노동위원회 기획총괄과장 2007년 駐일본 복지노동관 2010년 고용노동부 기획조정실 국제협력담당관 2012년 同노동정책실 노사협력정책과장 2013년 중부지방고용노동청 평택고용노동지청장 2013년 고용노동부 노동정책실 근로개선정책과장(부이사관) 2015년 同고용정책실 지역산업고용정책과장 2016년 고용 휴직(부이사관) 2017년 고용노동부 고용정책실 고용서비스기반과장 2018년 전남지방노동위원회 위원장(현)

**박광종(朴光鐘)**

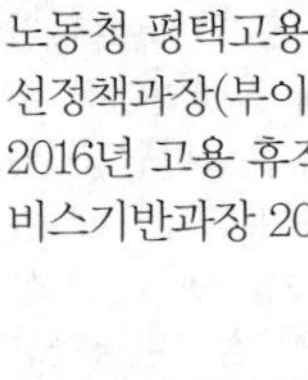

(생)1967 (출)전남 광산 (주)세종특별자치시 국세청로 8-14 국세청 개인납세국 부가가치세과(044-204-3201) (학)광주 살레시오고졸, 세무대학졸(5기) (경)서울 역삼세무서·종로세무서 근무, 국세청 심사1과 근무, 서울지방국세청 운영지원과 근무, 同조사1국 조사3과 근무 2010년 남양주세무서 조사과장(행정사무관) 2011년 국세청 조사3국 조사2과 행정사무관 2013년 同부가가치세과 행정사무관 2016년 광주세무서장 2017년 북광주세무서장 2018년 중부지방국세청 조사2국 조사2과장 2019년 국세청 개인납세국 부가가치세과장(현)

**박광진(朴洸眞) PARK Kwang Jin**

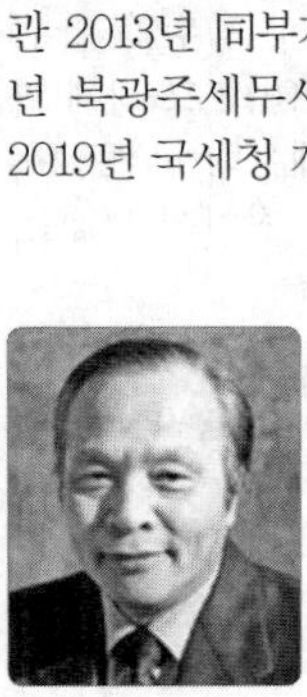

(생)1935·4·4 (출)서울 (주)서울특별시 서초구 반포대로37길 59 대한민국예술원(02-3479-7223) (학)1954년 서울사범학교졸 1958년 홍익대 서양화과졸 (경)1957·1959·1960·1961년 국전 특선 1962년 국전 추천작가 1965~1975년 서울교대 미술과 전임강사·조교수·부교수 1972년 국전 초대작가 1974·1980·1981년 同심사위원 1975~2000년 서울교대 미술교육과 교수 1976년까지 개인전 4회 1979년 문예진흥원

운영위원 1992~1994년 한국미술협회 이사장 1992~1994년 예술의전당 이사 1992년 국립현대미술관 운영자문위원 1992년 국제조형예술협회(IAA) 수석부위원장 1995년 미술의해 집행위원장 1997~1999년 서울시립미술관 운영위원장 1998년 한국미술협회 상임고문(현) 2000년 파리 유네스코초대전 개최 2002년 서울교대 미술교육과 명예교수(현) 2002~2007년 스페인 아르코주빈국 조직위원장 2008년 대한민국예술원 회원(서양화·현) (상)서울시 문화상(1997), 국무총리표창(1997), 예총 문화대상(1997), 보관문화훈장(1998), 5.16민족상(2000), 홍조근정훈장(2000), 은관문화훈장(2008) (저)'한국현대미술대표작가선집'(1982)

**박광진(朴光珍)**

(생)1959·8·21 (출)전북 장수 (주)전라북도 전주시 완산구 홍산로 245 서광빌딩 2층 전북창조경제혁신센터(063-220-8901) (학)1978년 전라고졸 1987년 전북대 전산통계학과졸 2008년 경북대 경영대학원 마케팅학과졸(석사) (경)1999년 한국SW진흥원 지역사업팀장 2000년 同대구SW지원센터장 2001~2010년 대구디지털산업진흥원 원장 2004년 전국IT벤처기업지원기관협의회 부회장 2011~2016년 전주정보문화산업진흥원 원장 2016년 전북대 산학협력단 교수 2017년 전북창조경제혁신센터 센터장(현)

**박광태(朴光泰) Park Kwang Tae (松民)**

(생)1943·6·2 (본)밀양(密陽) (출)전남 완도 (주)서울특별시 강남구 역삼로 444 진경빌딩 3층 전국호남향우회중앙회(02-557-1230) (학)1962년 전남문태고졸 1969년 조선대 법정대학 상학과졸 1983년 고려대 경영대학원 수료 1993년 한양대 최고경영자과정 수료 1998년 경희대 국제법무대학원 수료 1998년 명예 경제학박사(조선대) 1999년 고려대 컴퓨터과학기술대학원 수료 2001년 전남대 최고경영자과정 수료 2010년 명예 법학박사(전남대) (경)1974년 통일당 청년·노동·인권국장 1976년 同전남제13지구당 위원장 1985년 민주헌정연구회 기획위원장 1986년 정치범동지회 조직위원장 1986년 민주화추진협의회 노동국장 1987년 민주당 창당발기인·중앙상무위원 1987년 평민당 선전·인권국장·노동특별위원회 부위원장 1991년 신민당 전남도지부 부지부장 1992년 민주당 중앙당기위원회 부위원장 1992년 제14대 국회의원(광주 북구甲, 민주당·국민회의) 1992년 민주당 사무부총장 1995년 국민회의 사무부총장 1996년 제15대 국회의원(광주 북구甲, 국민회의·새천년민주당) 1998년 국민회의 제2정책조정위원장 1999년 同경제대책위원장 2000년 새천년민주당 총재특보 2000~2002년 제16대 국회의원(광주 북구甲, 새천년민주당) 2000~2002년 국회 산업자원위원장 2000년 대한핸드볼협회 회장 2002년 (사)민주화추진협의회 수석부회장 2002·2006~2010년 광주광역시장(새천년민주당·민주당·대통합민주신당·통합민주당·민주당) 2002~2005년 한국발명진흥회 회장 2005~2018년 (사)민주화추진협의회 공동회장 2007년 대통합민주신당 정동영 대통령후보 중앙선거대책위원회 상임고문 2008년 민주당 당무위원 2008년 광주시 지역경제살리기비상대책위원장 2008년 (재)광주영어방송재단 이사장 2008년 광주여성희망포럼 공동위원장 2010년 2015광주하계유니버시아드대회조직위원회 집행위원장 2010년 조선대 정책대학원 행정학과 석좌교수 2014년 전국호남향우회중앙회 회장(현) 2015년 2015광주하계유니버시아드대회 조직위원회 명예위원장 2015년 새정치민주연합 고문 2015년 2015광주하계유니버시아드대회 시민서포터즈추진위원장 2019년 (주)광주글로벌모터스 대표이사(현) (상)국제평화상(2008), 대한민국글로벌경영인대상 지자체(광역시)부문(2008), 대한민국글로벌CEO대상 글로벌브랜드경영부문(2009), 5.18민주유공자단체통합추진위원회 감사패(2010), 조선대총동창회 '자랑스런 조대인'(2014) (저)'개혁시대 산업정책'(1993) '한국산업정책 무엇이 문제인가'(1995) '21세기 한국중소기업정책'(1999) '뛰면서 생각했다'(2009) (종)천주교

**박광혁(朴鑛赫) PARK Kwang Hyuk**

(생)1953·9·20 (출)부산 (주)서울특별시 중구 통일로 22-9 한국백화점협회(02-754-6054) (학)부산고졸, 부산대 불어불문학과졸, 연세대 대학원 국제경영학과졸 (경)1994년 현대백화점 신용판매부장 2000년 同이사대우 2001년 同영업전략실장(이사) 2005년 同영업전략실장(상무) 2006년 同본점장 2008년 同영업전략실장(전무) 2010년 同영업본부장(부사장) 2012~2013년 同상근고문 2018년 한국백화점협회 상근부회장(현) (종)기독교

**박광현(朴光炫)**

(생)1975·3·24 (출)경북 청송 (주)경상남도 창원시 성산구 창이대로 669 창원지방검찰청 형사2부(055-239-4390) (학)1994년 반포고졸 1998년 서울대 사법학과졸 (경)1999년 사법시험 합격(41회) 2003년 사법연수원 수료(31기) 2003년 창원지검 검사 2005년 수원지검 평택지청 검사 2007년 인천지검 검사 2009년 서울중앙지검 검사 2012년 부산지검 검사 2014~2017년 수원지검 안산지청 검사 2016~2018년 금융정보분석원 파견 2017년 수원지검 안산지청 부부장검사 2018년 대전지검 홍성지청 형사부장 2019년 창원지검 형사2부장(현)

**박광호(朴光浩) PARK Kwang Ho (夕嘉軒)**

(생)1950·7·10 (본)밀양(密陽) (출)인천 (주)서울특별시 강남구 삼성로96길 23 DB Inc. 광고사업부(02-2136-6000) (학)1969년 경기고졸 1977년 서울대 경제학과졸 (경)삼성전자(주) 과장, 한독 이사, 뮤직네트워크 이사 2002년 (주)동부 입사, 同광고담당 부사장 2007년 同대표이사 사장 2013년 동부익스프레스 여객부문 대표이사 사장 2014~2015년 동부팜한농(주) 대표이사 사장 2014년 동부팜흥농(주) 대표이사 2015년 동부팜한농(주) 각자대표이사 사장 2015~2018년 동부대우전자서비스(주) 대표이사 사장 2018년 DB Inc. 광고사업부 사장(현) (역)'아메리칸 시저 더글러스 맥아더'(2007) (종)천주교

**박광호(朴鑛鎬) PARK Kwang Ho**

(생)1960·12·3 (주)서울특별시 강북구 4.19로 123 통일교육원 교육기획부(02-901-7102) (학)1980년 서울 서라벌고졸 1984년 서울대 외교학과졸 1986년 단국대 행정대학원 행정학과졸 1989년 서울대 대학원 외교학과졸 1995년 외교학박사(서울대) (경)2001~2003년 미국 워싱턴DC CSIS 객원연구원 2003년 통일부 남북회담사무국 기획과장 2003년 同교류협력국 교류2과장 2004년 同사회문화교류국 문화교류과장(서기관) 2005년 국무총리실 통일안보과장 2006년 통일부 사회문화교류본부 사회문화교류1팀장, 同사회문화교류본부 사회교류팀장 2008년 同사회문화교류본부 사회문화지원과장 2008년 同남북교류협력국 사회문화지원과장 2009년 同남북교류협력국 사회문화교류과장 2011년 同교류협력국 교류협력기획과장 2012년 同교류협력국 교류협력기획과장(부이사관) 2013년 同정세분석국 정세분석총괄과장 2015년 同남북교류협력협의사무소장 2016년 교육훈련 2017년 통일부 기획조정실 정책기획관(고위공무원) 2018년 同통일교육원 교육기획부장(현) (저)'전통, 북한사회 이해의 열쇠'(2004)

**박구선(朴球宣) Park Gu Sun**

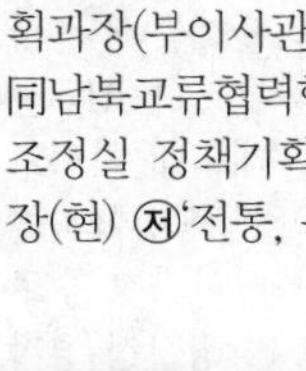

(생)1960·6·2 (출)경북 영천 (주)충청북도 청주시 흥덕구 오송읍 오송생명로 123 오송첨단의료산업진흥재단 이사장실(043-200-9101) (학)1978년 대구 대건고졸 1986년 영남대 경영학과졸 2001년 고려대 대학원 경영학과졸 2005년 기술경영학박사(대전대) (경)1996~1999년 과학기술정책연구원

ㅂ

(STEP) · 한국과학기술기획평가원(KISTEP) 관리지원실장 1999~2001년 한중과학기술협력센터 북경사무소 대표 2001~2005년 한국과학기술기획평가원(KISTEP) 종합조정실장 2005년 同지식확산센터장 2005~2010년 同전문정책위원 선임연구원 2006~2007년 오송첨단의료산업진흥재단 전략기획본부장 겸 미래발전추진단장 2010년 한국과학기술기획평가원(KISTEP) 정책기획본부장 2010년 국가과학기술위원회 성과관리국장 2011년 同성과평가국장 2012년 한국과학기술기획평가원(KISTEP) 부원장 2014년 한국과학기술연구원(KIST) 기술정책연구소 정책연구위원(파견) 2014년 한국과학기술기획평가원(KISTEP) 재정투자분석본부 R&D예산정책실 선임연구위원 2018년 오송첨단의료산업진흥재단 이사장(현)

### 박구연(朴購然) Park Ku Yeon

(생)1966 · 12 · 10 (출)전북 순창 (주)세종특별자치시 다솜로 261 국무조정실 총무기획관실(044-200-2770) (학)1990년 성균관대 행정학과졸 (경)2002년 국무조정실 규제개혁1심의관실 서기관 2004년 同규제개혁조정관실 과장 2005년 同기업애로해소센터 과장 2006~2007년 해외 파견 2008년 국무총리실 기후변화대책기획단 기반조성팀장 2009년 同국정운영실 의정과장 2010년 同개발협력정책관실 개발협력기획과장(부이사관) 2011년 同규제개혁실 규제총괄과장 2011년 同공공갈등관리지원관 2013년 국무총리비서실 공보실 공보총괄행정관 2014년 국무조정실 정부업무평가실 성과관리정책관(고위공무원) 2014년 同국정운영실 일반행정정책관 2017년 同교육문화여성정책관(고위공무원) 2018년 同총무기획관(고위공무원)(현)

### 박구용(朴龜龍)

(생)1968 (출)전북 순창 (주)대전광역시 유성구 가정로 201 한국연구재단 인문사회연구본부(042-869-6078) (학)전남대 철학과졸, 同대학원 문학과졸, 철학박사(독일 뷔르츠부르크대) (경)전남대 철학연구센터 전임연구원 2004~2017년 同인문대학 철학과 교수 2008년 同교무부처장 2011년 同학무정책실장 2017년 한국연구재단 인문사회연구본부장(현)

### 박국인(朴國仁) PARK Kook In

(생)1956 · 7 · 27 (본)밀양(密陽) (출)부산 (주)서울특별시 서대문구 연세로 50-1 세브란스 어린이병원 신생아과(02-2228-2059) (학)1975년 경남고졸 1982년 연세대 의대졸 1986년 同대학원 의학석사 1992년 의학박사(연세대) (경)1989~2003년 연세대 의대 소아과학교실 강사 · 전임강사 · 조교수 · 부교수 1993~2003년 同의대 강남세브란스병원 신생아과장 1994~1997년 미국 하버드의대 보스톤아동병원 신경과학 Post-Doc. 2003년 연세대 의대 소아과학교실 교수(현) 2016년 연세대의료원 어린이병원 신생아과장(현) (저)'SEVERANCE MANUAL OF PEDIATRICS(共)'(2005, 연세대 출판부) '내 품안에 줄기세포(共)'(2007, 세포응용연구사업단) '재생의학 (The 3rd Edition)(編)'(2010)

### 박권욱(朴權郁)

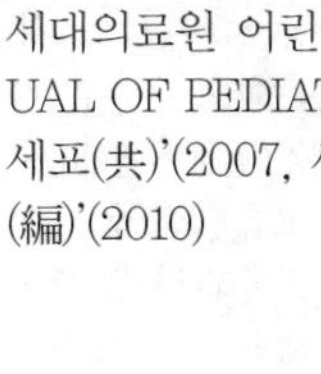

(생)1960 · 8 · 7 (출)경북 예천 (주)대구광역시 서구 국채보상로 249 대구서부경찰서(053-608-3211) (학)1978년 경북 영주중앙고졸 1986년 대구대 역사교육학과졸 2002년 경북대 행정대학원 행정학과졸 2012년 계명대 대학원 경찰행정학 박사과정 수료 (경)1987년 경사 임용 2000년 대구지방경찰청 경찰특공대장(경감) 2005년 대구성서경찰서 경무과장 2007년 대구동부경찰서 경비교통과장 2009년 대구지방경찰청 경무과 교육계장 2010년 同생활안전과 생활질서계장 2014년 同생활안전과 생활안전계장 2015년 울산지방경찰청 112종합상황실장(총경) 2016년 대구지방경찰청 112종합상황실장 2016년 경북 의성경찰서장 2017년 경북지방경찰청 홍보담당관 2018년 대구서부경찰서장(현)

### 박권추(朴權秋)

(생)1965 · 8 · 9 (주)서울특별시 영등포구 여의대로 38 금융감독원 전문심의위원실(02-3145-5327) (학)1984년 장흥고졸 1989년 서울시립대 세무학과졸 2008년 서울대 대학원 경영학과졸 2014년 회계학박사(중앙대) (경)1993년 증권감독원 입사 1999년 금융감독원 회계감독국 근무 2000년 同회계제도실 근무 2004년 同증권감독국 근무 2007년 同회계감독1국 근무 2008년 同회계제도실 팀장 2012년 同회계감독1국 팀장 2015년 同회계심사국 부국장 2016년 한국공인회계사회 파견(실장급) 2017년 금융감독원 회계심사국장 2017년 同회계담당 전문심의위원(현)

### 박권현(朴權鉉) PARK Kwon Hyun

(생)1957 · 1 · 20 (출)경북 청도 (주)경상북도 안동시 풍천면 도청대로 455 경상북도의회(054-880-5126) (학)대륜고졸 1985년 대구대 경상대학 경영학과졸, 영남대 사회복지학과졸 (경)청도군 이서면청년회 회장, 청도군생활체육협의회 부회장, 청도군씨름협회 회장, 청도경찰서 보안지도위원회 감사, 한나라당 경산 · 청도군당원협의회 운영위원 1998 · 2002 · 2006~2010년 경북 청도군의회 의원 2006~2008년 同의장 2010년 경북도의회 의원(한나라당 · 새누리당) 2012년 同문화환경위원회 위원 2012년 同예산결산특별위원회 위원 2012년 同윤리특별위원회 부위원장 2014~2018년 경북도의회 의원(새누리당 · 자유한국당) 2014년 同문화환경위원회 위원장 2016년 同행정보건복지위원회 위원 2016년 同예산결산특별위원회 위원 2018년 경북도의회 의원(자유한국당)(현) 2018년 同기획경제위원회 위원(현) 2018년 同예산결산특별위원회 위원(현)

### 박권흠(朴權欽) PARK Kwon Hum (又史)

(생)1932 · 3 · 12 (본)밀양(密陽) (출)경북 청도 (주)서울특별시 종로구 삼일대로 461 SK허브빌딩 B동 403호 한국차인연합회(02-734-5866) (학)1953년 고려속기고등기술학교졸 1970년 서울대 신문대학원 수료 2010년 명예 정치학박사(대구한의대) (경)1963년 국제신문 정치부장 1968년 경향신문 정치부 차장 1974년 신민당 김영삼총재 비서실장 1979년 제10대 국회의원(경주 · 월성 · 청도, 신민당) 1979년 신민당 대변인 1981년 제11대 국회의원(경주 · 월성 · 청도, 민주정의당) 1982년 민주정의당(민정당) 정책위원회 부의장 1982~1993년 대한속기협회 회장 1983년 국회 건설위원장 1983년 국제속기연맹 집행위원 1983~1989년 한국서화작가협회 회장 1985년 제12대 국회의원(경주 · 월성 · 청도, 민정당) 1985년 국회 문화교육공보위원회 위원장 1985년 SLOOC 집행위원 1987년 민정당 정책위원회 부의장 · 국책조정위원회 상근위원 1989년 한국도로공사 이사장 1990년 민자당 정책평가위원회 부위원장 1991~1996년 대구일보 사장 1992년 (사)한국차인연합회 회장(현) 1996년 국민체육진흥공단 상임고문 1997년 한국자동차경주협회 회장 1999년 同명예회장 2000년 사명당기념사업회 부회장 2000년 육우다경연구회 명예회장 2002년 대한민국헌정회 서화위원장 2003~2007년 同편집위원회 의장 2006년 (사)사명당(四溟堂)기념사업회 고문 2008년 同회장 2008년 세계차연합회(WTU) 부회장 2010년 同회장(현) 2010년 (사)사명당기념사업회 상임고문 2014년 국가원로회의 수석부의장, 同상임의장(현) 2015년 대한민국헌정회 홍보편찬위원회 의장, 同원로위원(현) 2015년 세계서예전북비엔날레 초대작가 2017년 성균관 고문(현) (상)초의문화상 (저)'열풍전야' '맹자의 직언' '정치가 가는 길' '정치의 현장' '정치 이대로는 안된다' '닭의 목을 비틀어도 새벽은 온다'(1992, 심우) '나의 茶사랑 이야기'(2004, 한솜미디어) '한국의 茶文化' 'YS와 나 그리고 茶' (역)'反사회주의 선언' (종)불교

**박규남(朴奎南)**

(생)1972·2·1 (출)부산 (주)서울특별시 양천구 지양로 149 서울지방경찰청 제4기동단(02-2691-0238) (학)1994년 경찰대졸(10기) (경)1994년 경위 임관, 경정 승진 2011년 경찰청 정보국 정보3과 3계장 2013년 서울 광진경찰서 정보과장, 서울 강남경찰서 정보과장 2015년 서울 용산경찰서 정보과장 2016년 총경 승진 2016년 국립과학수사연구원 행정지원과장 2017년 경남 거창경찰서장 2019년 서울지방경찰청 제4기동단장(현)

**박규석(朴奎錫)**

(생)1965·12·20 (출)전남 화순 (주)서울특별시 동대문구 사가정로 253 서울지방경찰청 제2기동단(02-2018-4223) (학)광주 살레시오고졸 1987년 건국대 법학과졸 (경)1992년 경위 임용(경찰간부 후보 40기) 1999년 전남 완도경찰서 방범과장 1999년 경감 승진 2001년 경찰청 감찰담당관실 근무 2005년 강원 동해경찰서 생활안전과장 2005년 경정 승진 2010년 서울지방경찰청 감찰계장 2013년 서울 송파경찰서 생활안전과장 2016년 전남지방경찰청 청문감사담당관(총경) 2017년 전남 보성경찰서장 2018년 전남지방경찰청 생활안전과장 2019년 서울지방경찰청 제2기동단장(현)

**박규은(朴奎殷) PARK Kyu Eun**

(생)1966·11·6 (출)대구 (주)부산광역시 연제구 법원로 15 부산고등검찰청(051-606-3300) (학)1985년 경기고졸 1990년 서울대 사법학과졸 (경)1991년 사법시험 합격(33회) 1994년 사법연수원 수료(23기) 1994년 軍법무관 1997년 서울지검 동부지청 검사 1999년 광주지검 목포지청 검사 2000년 서울지검 검사 2004년 수원지검 검사 2006년 광주지검 부부장검사 2007년 서울고검 검사 2008년 부산지검 동부지청 형사3부장 2009년 사법연수원 교수 2011년 서울중앙지검 조사부장 2012년 대전지검 형사2부장 2013년 수원지검 안산지청 부장검사 2014년 법무연수원 교수 2015년 부산고검 검사(국민권익위원회 파견) 2016년 서울고검 검사 2017년 수원지검 중요경제범죄조사단 부장검사 2018년 부산고검 검사(현)

**박규일(朴圭一) PARK Kyu Il**

(생)1951·5·25 (주)충청북도 청주시 흥덕구 강내면 월곡길 38 학교법인 충청학원(043-230-2114) (학)1978년 한남대 경영학과졸 1982년 충남대 경영대학원졸 1990년 경영학박사(충남대) (경)1982년 군산실업전문대학 세무회계과 조교수 1983년 충남대 강사 1988~2016년 호서대 사회과학대학 경영학부 경영학전공 교수 1995년 同중소기업연구소장 1999년 충남중소기업연구원 원장 2002년 호서대 연구처장 2003~2005년 同대외협력처장 2008~2010년 同사회대학장 2010년 同경영대학원장 2014~2016년 한국잡월드 비상임이사 2019년 학교법인 충청학원(충청대학교) 이사장(현) (저)'벤처기업'(1998) '현대회계원리'(2000, 대경) '새롭게 벤처만들기'(2001, 다해) '마케팅'(2002, 에이투엠커뮤니케이션) '재무회계'(2006, 도서출판대경) '환경회계'(2008, 도서출판청람)

**박규주(朴圭主) PARK, KYU-JOO**

(생)1963·3·28 (주)서울특별시 종로구 대학로 101 서울대학교병원 대장항문외과(02-2072-2318) (학)1987년 서울대 의대졸 1992년 同대학원 의학석사 2000년 의학박사(서울대) (경)1988~1992년 서울대병원 외과 전공의 1995~1997년 同외과 전임의 1998년 서울대 의대 외과학교실 전임강사·조교수·부교수·교수(현) 2002~2004년 미국 네바다대 의과대학 Department of Physiology and Cell Biology 방문교수 2009년 서울대병원 대장항문외과 분과장(현) 2010~2012년 同중환자진료부 외과중환자진료실장 2011년 대한대장항문학회 기획상임이사(현) 2018년 서울대병원 외과 과장(현) 2018년 서울대 의대 외과학교실 주임교수(현)

**박규태(朴圭泰) KYU TAE PARK** (갈립·남산·한봉)

(생)1933·6·11 (본)함양(咸陽) (출)전북 고창 (주)서울특별시 서대문구 연세로 50 연세대학교 공과대학(070-8861-0758) (학)1953년 전북 고창고졸 1957년 연세대 전기과졸 1964년 영국 런던대 대학원졸 1969년 공학박사(영국 사우샘프턴대) (경)1957~1961년 연세대 전임강사 1969년 同이공대학 부교수 1970~1998년 同공대 전자과 교수 1971년 전자공학회 컴퓨터분과위원장 1978~1980년 한국정보과학회 회장, 同명예회장(현) 1980~1984년 연세대 총무처장 1986년 대한전자공학회 회장, 同명예회장 1987~1990년 한국과학기술단체총연합회 이사 1988~1992년 연세대 공대학장 1991~1992년 전국공과대학장협의회 회장 1992~1993년 국가과학기술자문회의 위원 1992~1998년 한국과학재단 이사·부이사장 1994~1998년 연세대 신호처리연구센터 소장 1994년 한국과학기술한림원 정회원·원로회원·종신회원(현) 1995~1997년 교육부 학술진흥위원장 1995년 영국 IET 석학회원(Fellow)(현) 1995년 영국 전기기술사(Chartered Electrical Engineer)(현) 1998년 연세대 공과대학 명예교수(현) 1999~2002년 전국과학기술인협회 공동회장 1999년 미국 The N.Y. Academy of Science 정회원 1999~2002년 산업기술연구회 이사장(장관급) 1999년 미국 국제전기전자공학회(IEEE) 석학회원(Fellow) 2004~2009년 코리아타임즈 Living Science Column 기고 2008년 미국 국제전기전자공학회(IEEE) 종신석학회원(Life Fellow)(현) 2011~2014년 산업기술연구회 정책자문위원 2012~2014년 대한전자공학회 자문회의 위원장 (상)대한전자공학회 학술상(1974), 국민훈장 동백장(1997), 대한전자공학회 전자대상(1999), 국민훈장 모란장(2002), 6.25 참전용사감사패(2014) (저)'디지털공학'(1975) '디지탈회로 및 시스템'(1989) '컴퓨터구조(Ⅰ)'(1990) '디지탈 신호처리'(1991, 문운당) '컴퓨터구조(Ⅱ)' 외 다수 (종)기독교

**박규호(朴圭滈) Kyu-ho Park**

(생)1957·12·12 (본)함양(咸陽) (출)경북 상주 (주)서울특별시 송파구 법원로 92 파트너스1 11층 1113호(사)한국전기차산업협회(02-6952-1009) (학)1975년 성남고졸 1980년 성균관대 법학과졸 1986년 同대학원 공법학과 수료 2002년 고려대 경영대학원졸 2004년 서울대 경영자과정 수료 2009년 외교안보연구원 글로벌리더십과정 수료(2기) 2017년 공학박사(연세대) (경)1979년 한국전력공사 입사 1986~1996년 同홍보실·비서실·기획처 근무 1996년 同해외사업처 국제협력부장 1998년 同중앙교육원 책임교수 2002년 同도쿄지사장 2005~2007년 同감사실 조사팀장·기획처 법무팀장 2007년 同중국지사장 2007~2008년 중국 격맹국제능원 유한공사 부이사장 2009년 한국전력공사 부산본부장 2012년 同기획본부장 2012년 한중친선협회 자문위원 2012년 한국전력학원 이사장 2012~2015년 한전병원 이사 2013년 연세대 신소재공학과 겸임교수 2013~2015년 한국전력공사 국내담당 부사장(상임이사) 2013~2015년 한국전력거래소 비상임이사 2014년 한국경영과학회 부회장 2014년 한국프로젝트경영협회 이사 2014년 한국전력공사 경영혁신추진단장·관리본부장 겸임 2014년 성균관대총동창회 부회장 2014년 한국수력원자력(주) 비상임이사 2015~2018년 한국전기차충전서비스(주) 대표이사 2015년 서울대 공과대학 객원교수 2016년 제주대 공과대학 겸임교수 2016년 제주전기차 에코랠리대회 조직위원장 2017년 한국스마트그리드협회 이사, 한국전기차산업협회 회장(현) 2019년 한전산업개발(주) 사외이사(현) (상)산업자원부장관표창(2005), 한국전력공사 사장표창(2010) (저)'소담한 생각 밥상'(2015, 매일경제신문)

ㅂ

## 박규희(朴圭喜)

(생)1959 · 7 · 8 (출)경북 안동 (주)서울특별시 중구 새문안로 16 농업협동조합중앙회 조합감사위원회 사무처(02-2080-5114) (학)1978년 안동고졸 1980년 농협대학졸 1986년 한국방송통신대 경영학과졸 1995년 안동대 대학원 경영학과졸 (경)1986년 농협중앙회 입사 · 양산군지부 서기 2007년 同경산시지부 부지부장 2008년 同울진군지부 부지부장 2009년 同구미중앙출장소장 2010년 同신용부문 투자금융부 단장 2012년 同프로젝트금융부장 2013년 NH농협은행 기업고객부장 2014년 同경북영업본부장(부행장보) 2016년 同여신심사본부장(부행장) 2017년 同기업투자금융부문장(부행장) 2018~2019년 NH-Amundi자산운용 대표이사 사장 2019년 농협협동조합중앙회 조합감사위원장(현) (상)농림부장관표창, 국무총리표창

## 박균명(朴均明) PARK Gyun Myeong

(생)1961 · 11 · 1 (본)밀양(密陽) (주)강원도 강릉시 사천면 과학단지로 130 강원지방기상청 관측과(033-650-0450) (학)1982년 목포해양대 통신과졸 2006년 조선대 대학원 대기과학과졸 (경)2000~2006년 기상청 기상연구소 원격탐사연구실 전송주사 2006년 광주지방기상청 진도기상대장 2007년 기상청 관측기술운영과 사무관 2009년 同기상기술과 사무관 2010년 기상레이더센터 레이더운영과 사무관 2011년 기상청 기상기술과 사무관 2015년 同관측기반국 관측정책과 서기관 2015년 同계측기술과장 2017년 강원지방기상청 관측과장(현) (상)국무총리표창(1999), 기상청장표창(2회), 대통령표창(2016) (저)'기상레이더 입문'(2005)

## 박균성(朴均省) PARK Kyun Sung

(생)1957 · 2 · 22 (본)밀양(密陽) (출)충북 충주 (주)서울특별시 동대문구 경희대로 26 경희대학교 법학전문대학원(02-961-0671) (학)1979년 서울대 법학과졸 1985년 同법과대학원졸 1989년 법학박사(프랑스 엑스마르세유제3대) (경)1989~1994년 단국대 조교수 · 부교수 1994~1998년 경희대 법학과 부교수 1998년 同법학전문대학원 교수(현) 2000~2014년 한국법제연구원 자문위원 2002년 한국원자력법학회 수석부회장(현) 2004년 경희대 법학연구소장 2005년 정보통신윤리위원회 제3분과 전문위원회 위원 2005~2012년 법제처 자체평가위원 2005~2010년 국무총리 행정심판위원 2006~2010년 민주화운동관련자명예회복 및 보상심의위원회 위원(대법원장 추천) 2007년 미국 세계인명사전 'Marquis who's who in the world'에 등재 2007~2009년 한국인터넷법학회 회장 2007~2012년 법제처 자체평가위원장 2008년 국민권익위원회 자체평가위원 2008~2010년 한국정보화진흥원 이사 2009년 한국인터넷법학회 고문(현) 2009~2010년 한국공법학회 회장 2009~2011년 감사원 정책자문위원 2010~2011년 중앙행정심판위원 2010년 한국공법학회 고문(현) 2011~2017년 입법이론실무학회 회장 2012~2016년 사학분쟁조정위원회 위원(대법원장 추천) 2012~2015년 경희대 법학전문대학원장 겸 법과대학장 2013~2015년 법무부 정책위원회 위원 2013년 서울북부지법 법교육참여위원회 위원장(현) 2014년 한국행정법학회 법정이사(현) 2014~2016년 경제인문사회연구회 기획평가위원 2016~2017년 검찰미래발전위원회 위원 2018년 입법이론실무학회 법정이사장(현) 2018년 한국법학교수회 회장(현) 2018년 법제처 자체평가위원장(현) 2019년 법무부 검찰총장후보추천위원회 위원 2019년 同정책자문위원회 위원(현) 2019년 중앙토지수용위원회 위원(현) (상)한국공법학회 학술장려상(1996), 정보통신부장관표창(2001), 황조근정훈장(2018) (저)'경세치국론'(2012) '행정법연습 제5판'(2015) '환경법 제9판(共)'(2019) '행정법론上 제18판'(2019) '행정법론下 제17판'(2019) '행정법강의 제16판'(2019) (역)'프랑스 행정의 이해(共)'(1997) '프랑스 사회와 문화(共)'(2004) (종)천주교

## 박균제(朴均濟) PARK Kyun Je

(생)1965 · 9 · 7 (출)경남 합천 (주)서울특별시 중구 세종대로9길 20 신한은행빌딩 9층 법무법인 충정(02-772-2861) (학)1982년 해동고졸 1986년 서울대 사법학과졸 1998년 미국 University of Wisconsin Law School 법학석사(M.L.I.) (경)1985년 사법시험 합격(27회) 1988년 사법연수원 수료(17기) 1988년 軍법무관 1991년 김&황 법률사무소 변호사 1993년 법무법인 충정 변호사 1998년 미국 뉴욕주 변호사자격 취득 2002년 (주)휴비딕 감사(현) 2003년 장원법률사무소 대표변호사 2004~2015년 한국항공대 겸임교수 2006년 법무법인 렉스 변호사 2009~2010년 법무법인 에이펙스 구성원변호사 2010년 법무법인 충정 변호사 2010~2015년 한국환경공단 고문변호사 2018년 연세대 법학전문대학원 겸임교수 2019년 법무법인 충정 대표변호사(현)

## 박균택(朴均澤) PARK Kyun Taek

(생)1966·6·12 (출)광주 (주)충청북도 진천군 덕산읍 교연로 780 법무연수원(043-531-1610) (학)1985년 광주 대동고졸 1989년 서울대 법과대학졸 (경)1989년 사법시험 합격(31회) 1992년 사법연수원 수료(21기) 1992년 軍법무관 1995년 서울지검 북부지청 검사 1997년 춘천지검 강릉지청 검사 1998년 광주지검 검사 2000년 법무부 검찰1과 검사 2002년 서울지검 검사 2004년 대전고검 검사 2005년 서울남부지검 부부장검사(사법제도개혁추진위원회 파견) 2006년 광주지검 형사3부장 2007년 법무부 형사법제과장 2008년 서울동부지검 형사6부장 2009년 대검찰청 형사1과장 2009년 서울중앙지검 형사5부장 2010년 대전지검 서산지청장 2011년 서울고검 검사 2011년 법무부 정책기획단장 2012년 수원지검 제2차장검사 2013년 서울남부지검 차장검사 2014년 대전지검 차장검사 2015년 광주고검 차장검사(검사장급) 2015년 대검찰청 형사부장(검사장급) 2017년 법무부 검찰국장 2018년 광주고검장(고등검사장급) 2019년 법무연수원장(고등검사장급)(현) (종)기독교

## 박극제(朴克濟) PARK Geok Je

(생)1951 · 7 · 27 (본)밀양(密陽) (출)경북 청도 (주)부산광역시 서구 충무대로 202 부산공동어시장(051-254-8961) (학)동아대 정치외교학과졸 1992년 부산대 행정대학원 최고행정관리자과정 수료, 동아대 대학원 정치외교학과졸 2008년 同대학원 정치학 박사과정 수료 (경)1987~2006년 (주)남일자동차 대표이사 1992년 부산시축구협회 부회장 1992년 부산시자동차매매사업조합 이사장 · 고문 1996년 한국자유총연맹 부산시 서구지부장 1998년 한나라당 부산西지구당 수석부위원장 1998년 한국청소년복지회 부이사장 1998 · 2002~2006년 부산시의회 의원(한나라당 · 무소속 · 한나라당) 1998년 민주평통 자문위원 2002~2004년 부산시의회 건설교통위원장, 同예산결산특별위원회 위원장 2006 · 2010년 부산시 서구청장(한나라당 · 새누리당) 2010~2012년 부산시구청장 · 군수협의회 총무, 자유장학회 회장, 在부산청도향우회 회장, 부산대신초등학교총동창회 회장 2014~2018년 부산시 서구청장(새누리당 · 자유한국당) 2014년 부산시구청장 · 군수협의회 부회장 2016~2017년 同회장 2019년 부산공동어시장 대표이사(현) (상)교통부장관표창(1993), 교육부장관표창(1997), 경찰청장표창(1997), 대통령표창(2000) (종)불교

## 박근섭(朴槿燮) PARK Geun Sup

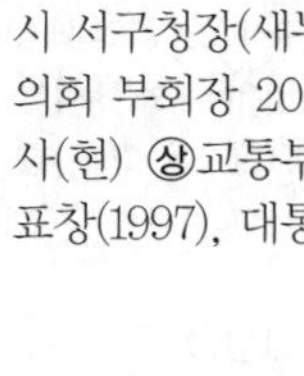

(생)1964 · 7 · 17 (주)서울특별시 강남구 도산대로1길 62 강남출판문화센터 5층 (주)민음사(02-515-2000) (학)서울대 경제학과졸, 미국 미주리주립대 대학원 경영학과졸 (경)(주)민음사 상무, (주)비룡소 대표, (주)황금가지 대표 2005년 (주)민음사 대표이사 사장(현) (상)중소기업협동조합중앙회장표창(2002), 국세청장표창(2003)

**박근수(朴根秀) PARK Keun Soo**

(생)1967·2·3 (본)밀양(密陽) (출)전남 광양 (주)서울특별시 서초구 법원로2길 20 법무법인 예서원(02-594-9400) (학)1985년 우신고졸 1989년 고려대 법학과졸 (경)1991년 사법시험 합격(33회) 1994년 사법연수원 수료(23기) 1997년 서울지법 의정부지원 판사 1998년 수원지법 판사 1999년 서울지법 판사 2000년 춘천지법 속초지원 판사 2005년 서울고법 판사 2007년 대법원 재판연구관 2009년 춘천지법 영월지원장 2011년 인천지법 부장판사 2012년 법무법인 지원 대표변호사 2013년 법무법인 예서원 대표변호사(현) (종)불교

**박근원(朴根遠) Park Keon Won**

(생)1959·10·2 (본)밀양(密陽) (출)인천 강화 (주)서울특별시 강서구 공항대로 607 서울도시가스(주) 대표이사실(02-3660-8003) (학)1986년 목원대 경영학과졸 (경)서울도시개발(주) 감사 2008년 서울도시가스(주) 재경부 이사 2013년 同재경부 전무 2013년 同공동대표이사 사장(현) 2014년 한국상장회사협의회 이사(현) (상)국세청장표창(2008) (종)기독교

**박근정(朴根正·女)**

(생)1975·9·23 (출)경북 상주 (주)광주광역시 동구 준법로 7-12 광주지방법원(062-239-1710) (학)1994년 염광여고졸 1998년 서울대 사법학과졸 (경)2000년 사법시험 합격(42회) 2003년 사법연수원 수료(32기) 2003년 대구지법 예비판사 2005년 同판사 2006년 의정부지법 판사 2009년 서울북부지법 판사 2011년 서울중앙지법 판사 2014년 서울남부지법 판사 2018년 광주지법 부장판사(현)

**박근진(朴根鎭) PARK Keun Jin**

(생)1962·11·6 (본)함양(咸陽) (출)충북 괴산 (주)서울특별시 강남구 역삼로 165 해성빌딩 4층 대성창업투자(주)(02-559-2900) (학)연세대 법학과졸 2003년 서강대 경영대학원졸(MBA) (경)중소기업진흥공단 과장 2002년 (주)바이넥스트하이테크 이사 2005년 (주)바이넥스트창업투자 기획관리본부 이사 2012년 대성창업투자(주) 상무이사 2016년 同전무이사 2017년 同각자대표이사(현) (종)기독교

**박근철(朴根哲)**

(생)1967·11·17 (주)경기도 수원시 팔달구 효원로 1 경기도의회(031-8008-7000) (학)강원대 식품공학과졸, 경희대 테크노경영대학원 스포츠경영학과졸 (경)민주평통 자문위원, 대한장애인태권도협회 자문위원, 안양시생활체육회 부회장 겸 운영위원장, 경기도태권도연합회 이사, 국제로타리3750지구 새의왕로타리클럽 회장, 경기도교육청 주민참여예산자문위원회 자문위원 2014년 새정치민주연합 창당발기인 2014~2018년 경기도의회 의원(비례대표, 새정치민주연합·더불어민주당) 2014년 同보건복지위원회 간사 2015년 同예산결산특별위원회 위원 2016년 同안전사회건설특별위원회 간사 2016~2018년 同경제과학기술위원회 위원 2017~2018년 同평택항경제발전특별위원회 간사 2017년 同재난과도민안전특별위원회 간사 2018년 경기도의회 의원(더불어민주당)(현) 2018년 同안전행정위원회 위원장(현) (상)대한민국사회공헌 대상(2015), (사)경기도장애인복지단체연합회 감사패(2016)

**박근칠(朴根七) PARK Keun Chil**

(생)1956·3·19 (출)부산 (주)서울특별시 강남구 일원로 81 삼성서울병원 혈액종양내과(02-3410-3459) (학)1975년 경기고졸 1981년 서울대 의대졸 1989년 同대학원 의학석사 1996년 의학박사(서울대) (경)1981~1985년 서울대병원 인턴·내과 전공의 1985~1989년 육군본부 대위 1989~1994년 한림대 의대 내과학교실 조교수 1991~1994년 미국 국립암연구소 방문조교수 1997년 성균관대 의대 내과학교실 교수(현) 1994~1997년 삼성서울병원 혈액종양내과 전문의 1999~2003년 同임상의학연구소 암연구센터장 1999~2005년 同혈액종양내과장 2003~2007년 同임상의학연구소 연구기획실장 2005년 同암센터 폐암센터장 2007년 국제폐암협회 학술위원 2009~2013년 同보드멤버 2010년 한국임상암학회 이사장 2013~2017년 삼성서울병원 암의학연구소장 (상)보령암학술상(2008), 보령학술상 최우수상(2009), 근정포장(2012), 광동 암학술상(2016), 세계폐암학회(WCLC) 공로상(2016), 분쉬의학상 본상(2017)

**박근태(朴根太) PARK Keun Tae**

(생)1954·8·3 (출)서울 (주)서울특별시 중구 세종대로9길 53 CJ대한통운 비서실(02-700-0525) (학)서울중앙고졸 1977년 연세대 사학과졸 2018년 명예 경영학박사(경기대) (경)1980년 대우 입사 1991년 同무역부문 차장 1995년 同무역부문 부장 1999년 同무역부문 상해지사장(이사부장) 2000년 대우인터내셔널 상해지사장(이사부장) 2007년 CJ제일제당 중국본사 대표(부사장) 2010년 중국한국상회(Korea Chamber of Commerce in China) 회장 2010년 CJ제일제당 중국본사 대표(총괄부사장) 2015년 CJ대한통운 대표이사 부사장 겸 중국본사 공동대표(총괄부사장) 2016년 同대표이사 사장 겸 중국본사 대표(현) 2017~2019년 한국통합물류협회 회장 (상)자랑스런 한국인대상 글로벌경영부문(2009), 제4회 한중경영대상 최고경영자부문 대상(2017)

**박근혜(朴槿惠·女) PARK Geun Hye**

(생)1952·2·2 (본)고령(高靈) (출)대구 (학)1970년 성심여고졸 1974년 서강대 전자공학과졸 1987년 명예 문학박사(대만 중국문화대) 2001년 대만 중국문화대 대학원 최고산업전략과정 수료 2008년 명예 이학박사(한국과학기술원) 2008년 명예 정치학박사(부경대) 2010년 명예 정치학박사(서강대) 2014년 명예 법학박사(독일 드레스덴공대) 2016년 명예 이학박사(프랑스 파리제6대학) (경)1974~1979년 퍼스트 레이디 대리 1974~1980년 걸스카웃연맹 명예총재 1979년 경로복지원 이사장 1982~1991년 육영재단 이사장·영남대 이사장 1993년 한국문화재단 이사장 1994~2005년 정수장학회 이사장 1994년 한국문인협회 회원(현) 1997년 한나라당 고문 1998~2002년 同대구달성지구당 위원장 1998년 제15대 국회의원(대구 달성 보궐선거 당선, 한나라당) 1998~2002년 한나라당 부총재 2000~2004년 제16대 국회의원(대구 달성구, 한나라당·한국미래연합·한나라당) 2002년 한국미래연합 대표운영위원 2002년 한나라당 대통령선거대책위원회 공동의장 2003년 同상임운영위원 2004~2006년 同대표최고위원 2004년 제17대 국회의원(대구 달성구, 한나라당) 2007년 한나라당 제17대 대통령중앙선거대책위원회 상임고문 2008년 제18대 국회의원(대구 달성구, 한나라당·새누리당) 2008년 한·일의원연맹 고문 2010년 국가미래연구원 거시금융분야 발기인 2011년 한나라당 평창동계올림픽유치특별위원회 고문 2011~2012년 同비상대책위원장 2012년 제19대 국회의원(비례대표, 새누리당) 2012년 12월 대한민국 제18대 대통령 당선 2013~2017년 대한민국 제18대 대통령 (상)백봉신사상 대상(2007~2010), 자랑스러운 한국인대상 정치발전부문(2007), 제2회 대한민국법률대상 입법부문(2009), 국회를 빛낸 바른언어상 으뜸언어상(2011), 무궁화대훈장(2013), 영국 바스 대십자훈장(Grand Cross of the Order of the Bath)(2013), 국제전기통신연합(ITU) 세계정보통신사회상(World Telecommunication and Information Society Award)(2014) (저)'새마음의 길'(1979) '박근혜 인터뷰집'(1990) '평범한 가정에서 태어났더라면'(1993) '내마음의 여정'(1995) '결국 한 줌, 결국 한 점'(1998) '고난을 벗삼아, 진실을 등대 삼아'(1998) '나의 어머니 육영수'(1999), 자서전 '절망은 나를 단련시키고 희망은 나를 움직인다'(2007)

### 박근희(朴根熙) PARK Keun Hee

생1953·11·1 본함양(咸陽) 출충북 청주 주서울특별시 중구 소월로2길 12 CJ(주) 비서실(02-726-8114) 학1972년 청주상고졸 1976년 청주대 상학과졸 경1978년 삼성그룹 입사 1987년 同회장비서실 운영팀·재무팀 근무 1994년 삼성전관(現삼성SDI)(주) 이사보 1995년 同기획담당 이사 1997년 삼성그룹 회장비서실 감사팀·경영지원팀 이사 1998년 삼성 구조조정본부 경영분석팀 이사 1999년 同구조조정본부 경영분석팀 상무 2001년 同구조조정본부 경영진단팀장 전무 2003년 同구조조정본부 경영진단팀장(부사장) 2004년 삼성캐피탈(주) 대표이사 사장 2004년 삼성카드(주) 대표이사 사장 2005년 삼성그룹 중국본사 사장 겸 삼성전자 중국총괄 사장 2010년 삼성생명보험(주) 보험영업부문 사장 2011년 同대표이사 사장 2012~2013년 同대표이사 부회장 2013~2015년 삼성사회공헌위원회 부회장 2014~2015년 삼성사회봉사단 단장 2015년 삼성사회공헌위원회 상담역 2018년 CJ대한통운(주) 부회장 2018년 CJ(주) 공동대표이사 부회장(현) 2019년 CJ대한통운(주) 공동대표이사 겸임(현) 상최고의 브랜드신뢰상(2010), 자랑스러운 ROTCian(2012), 국민훈장 동백장(2014) 종기독교

### 박금래(朴今來) PARK Kum Rae

생1949·9·26 출전남 고흥 주전라남도 무안군 삼향읍 오룡길 1 전라남도의회(061-286-8200) 학광주농고졸, 전남대 경영대학원 경영자과정 수료 경광주지검 순천지청 범죄예방위원, 광주지법 순천지원 민가사조정위원, 민주평통 자문위원 2002·2006·2010~2014년 전남 고흥군의회 의원(민주당·민주통합당·민주당·새정치민주연합), 同총무위원장, 同예산결산특별위원장 2010~2012년 同부의장 2012년 同의장 2014~2018년 전남도의회 의원(새정치민주연합·더불어민주당) 2014·2016~2018년 同농림해양수산위원회 위원 2014~2015·2016~2018년 同예산결산특별위원회 위원 2016~2018년 同윤리특별위원회 위원 2018년 전남도의회 의원(더불어민주당)(현), 同경제관광문화위원회 위원(현) 상전국시·도의회의장협의회 우수의정대상(2017)

### 박금렬(朴金烈) PARK Keum Yeoul

생1967 · 11 · 28 출전남 여수 주충청북도 청주시 흥덕구 오송읍 오송생명2로 187 질병관리본부 기획조정부(043-719-7012) 학1991년 성균관대 행정학과졸 경1990년 행정고시 합격(34회) 2001~2005년 청소년보호위원회 선도보호과장 · 보호기준과장 2005년 同청소년정책단 참여개발팀장 2006년 同참여인권팀장 2006년 국가청소년위원회 참여인권팀장 2008년 同활동복지단 복지지원팀장 2008년 보건복지가족부 아동청소년복지과장 2009년 同아동청소년복지정책과장(부이사관) 2009년 同보건산업정책국 보건산업정책과장 2010년 보건복지부 보건산업정책국 보건산업정책과장 2010년 同사회복지정책실 행복e음전담사업단장 2011년 교육파견(부이사관) 2012년 보건복지부 사회복지정책실 나눔정책추진단장 2013년 同맞춤형복지급여추진단장 2016년 同사회복지정책실 지역복지과장 2016년 同읍면동복지허브화추진단 기획총괄팀장 2017년 국방대 교육파견(부이사관) 2018년 보건복지부 질병관리본부 기획조정부장(현)

### 박금실(朴今實) PARK Kum Sil

생1950·3·3 출경남 의령 주서울특별시 서대문구 경기대로 58 경기빌딩 (사)한국평생교육기구 이사장실(02-3147-2020) 학1969년 스리랑카 콜롬보대 국제대체의대졸 1974년 同대학원 의학석사 1986년 의학박사(스리랑카 콜롬보대) 1997년 중국 복건중의학원 의학과졸 2005년 연세대 행정대학원 수료 경1986년 상지대 체육학과 외래교수 1987년 세종대 체육학과 외래교수 1996년 (사)한국청소년진흥원 이사장(현) 1997년 (사)한국평생교육기구 이사장(현) 1999년 강원대 체육교육학과 외래교수 2000년 아시아디지털대 부총장 2001년 (사)한국합기도연맹 총재 2004년 금실한방의료원 원장 2005~2018년 (사)바른자세헬스케어진흥원 이사장 2006년 (재)세계태권도국기원 원장(현) 2008~2018년 대한보건의료진흥회 이사장 2009년 (사)한국전통무예진흥회 이사장(현) 2009~2018년 마리아나의료공과대 이사장 2010~2018년 (재)세계합기원 원장 2010년 (사)대한합기도총연맹 총재(현) 2011년 (사)한국불교명예의전당 고문(현) 2011년 (사)한국노인복지봉사회 이사장(현) 상유엔 교육자국제연합 교육자상(1994) 저'체질을 알아야 건강이 보인다 1·2' '체육건강관리' '생활체육' '건강 체조Ⅰ·Ⅱ' '척추가동검사법' '도인술(건강술)' '건강마사지' '불가능한 도전은 없다' '잘못된 습관 지금 바꾸지 않으면 평생 바꿀 수 없다' '붉은 북소리' '습관의 정원은 인맥의 놀이터' '보건식의 동의보감' '약용식품학' '중탕론' '식의' '보건식의' '자연의학' '인체생리학' 외 다수

### 박금자(朴錦子 · 女) PARK Keum Ja

생1953·2·15 본밀양(密陽) 출서울 주서울특별시 영등포구 시흥대로175길 3 박금자산부인과 원장실(02-846-1503) 학1977년 연세대 의대졸 1981년 同대학원 의학석사 1984년 의학박사(연세대) 1995년 연세대 고위여성경영인과정 수료 1997년 同보건환경고위정책과정 수료 경1984년 박금자산부인과 원장(현) 1987년 의학신문·동아일보·스포츠조선·경향신문·유한양행·건강의 벗·종근당 사보 등에 여성칼럼 및 의학칼럼 게재 1991년 한국성폭력상담소 의료자문위원 1991년 연세대 의대 외래교수(현) 1995년 한국성폭력상담소 대표이사 1996년 피임연구회 회장 1998년 민주평통 자문위원 1998년 대한여의사회 이사 2000년 새천년민주당 여성분과 부위원장 2000년 同당무위원 2000년 同선거대책위원회 부대변인 2000~2002년 새정치여성연대 공동대표 2001년 한국성폭력위기센터 대표 2002년 새천년민주당 대표최고위원 여성특보 2002년 서울시의사회 부회장 2002년 새정치여성연대 상임대표 직대 2003~2004년 제16대 국회의원(전국구 승계, 새천년민주당) 2003년 새천년민주당 인권특별위원회 위원장 상의약사 평론가상(1999), 경찰청장 감사장(2001), 여성부장관 감사패(2002), 대통령표창(2002) 저'여성의 병'(1999) '꿈꾸는 의사'(1999) '귀가 예쁜 여자'(1999) '끈'(1999) '당신이 꿈 꿔왔던 아기'(1999) '임신과 출산의 행복어 사전'(2003) '여성도 모르는 여성의 몸'(2003) 종기독교

### 박금철(朴金喆)

생1971 · 6 · 21 본밀양(密陽) 출전북 주서울특별시 종로구 사직로8길 60 외교부 인사운영팀(02-2100-2114) 학1990년 전북 한일고졸 1994년 서울대 경제학과졸 2005년 미국 컬럼비아대 미주리교 대학원 경제학과졸 경2006~2007년 국민경제자문회의 대외산업국 정책조사관 2007년 재정경제부 FTA제도개선팀장 2008년 기획재정부 FTA국내대책본부 지원대책반 제도개선팀장 2009년 프랑스OECD 파견 2012년 기획재정부 장관비서관 2013년 同신성장전략과장 2014년 同세제실 조세분석과장(서기관) 2015년 同세제실 조세정책과장(부이사관) 2016년 同세제실 조세정책과장(고위공무원) 2016년 국방대 교육파견(고위공무원) 2017년 駐중국 공사참사관(현)

### 박기경(朴起慶)

생1963 주충청남도 계룡시 신도안면 계룡대로 663 사서함 501-200호 해군본부(042-551-3103) 학1986년 해군사관학교졸(40기) 경1986년 소위 임관, 해군 구축함장, 해군본부 작전훈련처장, 해군 제1함대사령부 부사령관 겸 제1해상전투단장(준장) 2014년 해군 제5성분전단장(준장) 2016년 한미연합상륙기동부대 부사령관(준장) 2016년 해군 제1함대사령관(소장) 2018년 합동참모본부 연습훈련부장(소장) 2018년 해군 작전사령관(중장)(현)

## 박기남(朴起男)

(생)1967 (주)제주특별자치도 제주시 문연로 18 제주지방경찰청 정보화장비담당관실(064-798-3141) (학)1985년 제주 오현고졸 1990년 경찰대 법학과졸(6기) 1996년 영국 엑세터대 대학원 경찰학과졸 (경)1990년 내무부 치안본부 경무부 경무과 경위 2002년 제주지방경찰청 경무과 기획예산계장(경감) 2003년 同해안경비단 902전경대대장 2008년 제주 서귀포경찰서 수사과장 2009년 제주지방경찰청 수사과 강력계장 2011년 同수사과장 2013년 駐뉴욕총영사관 파견(총경) 2016년 제주지방경찰청 경무과 치안지도관 2016년 제주서부경찰서장 2017년 제주지방경찰청 제주해안경비단장 2018년 제주동부경찰서장 2019년 제주지방경찰청 정보화장비담당관(현)

## 박기동(朴起東)

(생)1972 · 9 · 15 (출)대구 (주)인천광역시 미추홀구 소성로163번길 49 인천지방검찰청 형사3부(032-860-4312) (학)1991년 영남고졸 1998년 고려대 법학과졸 (경)1998년 사법시험 합격(40회) 2001년 사법연수원 수료(30기) 2001년 서울지검 검사 2003년 대전지검 서산지청 검사 2005년 부산지검 검사 2007년 인천지검 검사 2009년 법무부 통일법무과 검사 2012년 울산지검 검사 2013년 서울동부지검 검사 2015년 同부부장검사 2016년 서울북부지검 형사6부장 2017년 대구지검 안동지청장 2018년 법무연수원 기획과장 2019년 인천지검 형사3부장(현)

## 박기병(朴基秉) PARK Ki Byung (南洲)

(생)1932·5·20 (본)밀양(密陽) (출)강원 양구 (주)서울특별시 중구 세종대로20길 15 건설회관 700호 재외동포저널(070-8846-9646) (학)1951년 춘천사범학교졸 1970년 서울대 신문대학원 특수과정 수료 1972년 명지대 행정학과졸 1989년 연세대 행정대학원 최고위자과정 수료 1992년 同행정대학원졸 1996년 同언론홍보대학원 고위과정 수료 (경)1958~1965년 대한통신·국제신보 정치부 기자 1965~1980년 부산일보 정치부 기자·정치부장 1973~1974·1978~1979년 한국기자협회 회장 1974년 신문회관 이사 1978년 언론인금고 이사 1978년 신문윤리위원회 위원 1980~1986년 문화방송(MBC) 심의실장·홍보조사실장 1980년 한국기자협회 고문 1986년 대전 문화방송(MBC) 상무이사 1988년 강릉 문화방송(MBC) 사장 1989~1992년 춘천 문화방송(MBC) 사장 1989년 한국방송협회 이사 1989년 강원도선거관리위원회 위원 1994~1999년 한국케이블TV 구로방송 사장 1996년 대한언론인회 섭외이사 1997년 한국케이블TV협회 감사 1999년 E.P프로덕션 사장 2000년 강원민방설립추진위원회 실무집행위원장 2001~2006년 (주)GTB 강원민방 대표이사 사장 2006~2007년 同상임고문 2012년 대한언론인회 이사 2014~2016년 同상담역 2015년 재외동포저널 회장 겸 발행인(현) 2016년 대한언론인회 6.25참전언론인회장(현) (상)화랑무공훈장(1953), 공보처장관표창(1995), 국방부장관표창(2009), 연세대 행정대학원총동창회 공로상(2010), 대한언론인회 공로패(2011), 동곡사회복지재단 동곡상(2016) (저)'지방방송 기능개선에 관한 연구' '격동의 수레바퀴-언론의 길 60년'(2019) (종)불교

## 박기봉(朴琪鳳) PARK Ki Bong (屛山)

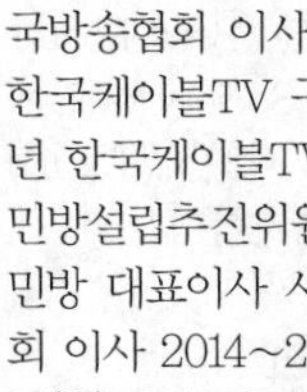

(생)1947 · 6 · 18 (출)경북 의성 (주)서울특별시 금천구 가산디지털2로 98 아이티캐슬 2동 808호 비봉출판사(02-2082-7444) (학)1966년 경북고졸 1970년 서울대 경제학과졸 (경)1970~1975년 농업협동조합중앙회 근무 1980년 비봉출판사 대표(현) 1989년 경제정의실천시민연합 상임집행위원 1993년 한국출판연구소 감사 1994년 대한출판협회 상무이사 1996~1999년 한국출판협동조합 이사장 (상)간행물윤리상 출판인쇄상(2003) (역)'정치경제학 강의' '맹자' '한자정해' '교양으로 읽는 논어한자 정해' '을지문덕전' '조선상고사' (종)기독교

## 박기서(朴基緖) PARK Ki Suh

(생)1960·1·5 (본)반남(潘南) (출)서울 (주)서울특별시 마포구 상암산로 34 디지털큐브 11층 케이씨그린홀딩스(주)(02-320-6231) (학)1978년 경복고졸 1982년 서울대 기계공학과졸 2002년 미국 포틀랜드주립대 국제경영학대학원졸 (경)1982~1987년 한국기계연구소 근무 1987~1991년 한국IBM 과학기술지원센터 근무 1991년 한국코트렐(주) 부장, 同이사, 同전무 2005년 영국 Lodge Sturtevant Limited 사장 2008년 케이씨코트렐(주) 전무 2010년 케이씨그린홀딩스(주) 해외총괄 전무 2013년 同CTO(부사장)(현) 2018년 한국공학한림원 회원(기계공학·현) (종)기독교

## 박기석(朴基錫) PARK Ki Seok

(생)1948 · 2 · 20 (본)밀양(密陽) (출)전남 보성 (주)경기도 성남시 분당구 판교역로 225-20 (주)시공테크 비서실(02-3438-0100) (학)1966년 순천고졸 1977년 고려대 독어독문학과졸 1986년 同대학원 최고경영자과정 수료 1997년 同컴퓨터과학기술대학원 정보통신과정 수료 1999년 서울대 경영대학원 전자상거래최고경영자과정 수료 2000년 국제산업디자인대학원대 뉴밀레니엄과정 수료 (경)1977~1979년 율산실업(주) 근무 1980~1987년 (주)한웅 대표이사 1988년 (주)시공테크 대표이사 사장 1994~2008년 한국전시공업협동조합 이사장 2000년 벤처기업특별위원회 위원장 2001년 코스닥상장법인협의회 부회장, (주)시공문화 이사 2003년 (주)시공테크 대표이사 회장(현) 2004~2007년 중소기업협동조합중앙회 비상근부회장 2004~2007년 대통령직속 중소기업특별위원회 민간위원 2005~2007년 코스닥상장법인협의회 회장 2007~2019년 (주)시공미디어 대표이사 회장 2008~2010년 국민경제자문회의 자문위원 2008~2010년 조선일보 독자권익보호위원회 위원 2013년 (주)시공교육 대표이사 2019년 (주)아이스크림미디어 대표이사 회장(현) (상)대통령표창(1989), 과학기술처장관표창(1992), 고려대 ICP 사이버경영대상(1999), 디지털콘텐츠대상 교육정보콘텐츠부문 대상(2008), 금탑산업훈장(2014)

## 박기수(朴起秀) Park Kisoo

(생)1969 · 2 · 19 (본)고령(高靈) (출)충남 서천 (학)1995년 고려대 경제학과졸 2008년 연세대 언론대학원 저널리즘학과졸 2012년 신문방송학박사(광운대) 2014년 고려대 대학원 보건학 박사과정 수료 (경)한국국제협력단 대외원조담당, 연합뉴스 기자, 한국일보 기자 2011년 보건복지부 부대변인 2012~2017년 고려대 보건행정학과 겸임교수 2016년 보건복지부 위기소통담당관 직대 2016~2019년 同질병관리본부 위기소통담당관 2016년 세계보건기구(WHO) 국제보건규약(IHR)외부평가단 평가위원(현) (상)한국기자협회 이달의 기자상(2000), 올해의 삼성언론인상(2001), 국무총리표창(2014) (저)'희망이 곁에 있습니다(共)'(2008, 한국일보)

## 박기식(朴基植) PARK Ki Sik

(생)1956 · 6 · 25 (본)밀양(密陽) (출)경남 양산 (주)부산광역시 연제구 중앙대로 1090 부산경제진흥원 원장실(051-600-1702) (학)1975년 동아고졸 1980년 부산대 경제학과졸 1991년 연세대 경영대학원 경영학과졸 2001년 미국 뉴욕주립대 대학원 정보통신기술경영학과졸 2006년 경영경제학박사(일본 큐슈대) (경)1981년 대한무역투자진흥공사(KOTRA) 기획관리부 근무 1985년 同런던무역관 근무 1989년 同특수사업부 · 북방실 근무 1991년 同동경무역관 조사담당과장 1994년 同정보기획부장 · 충북무역관 부관장 1996년 同멜버른무역관장 2000년 同지식경영팀장 · e-KOTRA팀장 · 전략경영프로젝트추진팀장 2002년 同후쿠오카무역관장 2006년 同기획조정실장 2008년 同해외사업본부장(상임이사) 2010~2011년 同전략사업본부장(상임

이사) 2011년 도화엔지니어링 부사장 2014년 대림대 경영과 교수 2015년 데이워드홀딩스 회장 2015년 在京양산향우회 회장 겸 경남도민회 부회장 2016년 (사)글로벌비즈니스연구센터(GBRC) 부원장 2018년 부산경제진흥원 원장(현) (상)국무총리표창(2001) (저)'헝가리 경제무역현황'(1989) '구상무역과 우리의 대응'(1991) '해외유명기업 성공스토리(共)'(1993) '일본문화와 비즈니스(共)'(2005) (종)가톨릭

### 박기열(朴其烈) PARK Ki Yeoul

(생)1961 · 10 · 11 (본)밀양(密陽) (출)전북 고창 (주)서울특별시 중구 세종대로 125 서울특별시의회(02-3702-1400) (학)1980년 전라고졸 1984년 전북대 농업토목과졸 2005년 중앙대 행정대학원 행정학과졸(석사) (경)박실 국회의원 비서관, 이계안 국회의원 보좌관, 국회사무총장 비서실장 2006년 서울시의원선거 출마(열린우리당) 2010년 서울시의회 의원(민주당 · 민주통합당 · 민주당 · 새정치민주연합) 2010년 同편집위원회 위원장 2010년 同교통위원회 위원 2010 · 2011 · 2012년 同윤리특별위원회 위원 2010년 同서울시버스정책시민위원회 위원 2010년 同CNG버스안전운행지원특별위원회 위원 2011년 同장애인특별위원회 위원 2011년 同교통위원회 부위원장 2012년 同경전철민간투자사업조속추진지원을위한특별위원회 위원 2013년 同윤리특별위원회 부위원장 2013년 同예산결산특별위원회 위원 2013년 同민간단체지원사업점검특별위원회 위원 2013년 同남북교류협력지원특별위원회 위원 2014년 同동남권역집중개발특별위원회 위원 2014~2018년 서울시의회 의원(새정치민주연합 · 더불어민주당) 2014년 同교통위원회 위원장 2015년 同항공기소음특별위원회 위원 2015년 同인권특별위원회 위원 2015~2016년 同윤리특별위원회 위원 2016년 同의회역량강화TF 위원 2016년 同교육위원회 위원 2017년 同정책연구위원회 위원 2017년 同예산결산특별위원회 위원, 더불어민주당 서울동작乙지역위원회 사무국장(현) 2018년 서울시의회 의원(더불어민주당)(현) 2018년 同부의장(현) 2018년 同도시안전건설위원회 위원(현) (상)대한민국나눔대상 특별상(2009), 올해의 신한국인 대상(2011), (사)한국매니페스토 우수상(2013), 대한민국지역사회공헌 대상(2014), 대한민국사회봉사 대상(2014), 세계언론평화대상 지방의회 의정활동부문 대상(2015), 대한민국 유권자 대상(2016), 대한민국 위민의정대상 자치법규분야(2016) (종)기독교

### 박기영(朴基榮 · 女) Park, Ky-Young

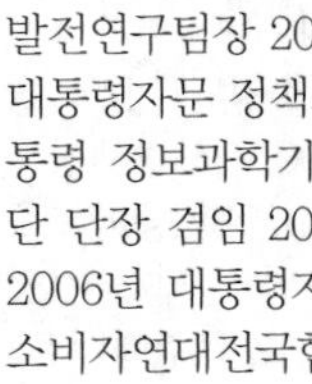

(생)1958 · 10 · 4 (본)밀양(密陽) (출)서울 (주)전라남도 순천시 중앙로 255 순천대학교 생명산업과학대학 생물학과(061-750-3617) (학)1977년 창덕여고졸 1981년 연세대 생물학과졸 1985년 同대학원졸 1990년 식물생리학박사(연세대) (경)1982~1986년 휘경중 교사 1986~1990년 청량중 교사 1990~1992년 미국 퍼듀대 박사 후 연구원 1992~2004년 순천대 자연과학대학 기초과학부 생명과학전공 교수 1997~1998년 미국 퍼듀대 방문교수 2000~2001년 순천대 학생부처장 2002년 同대학 발전연구팀장 2002년 대통령직인수위원회 경제2분과 위원 2003년 대통령자문 정책기획위원회 미래전략분과위원장 2004~2006년 대통령 정보과학기술보좌관 2004년 국가과학기술중심사회추진기획단 단장 겸임 2006년 순천대 생명산업과학대학 생물학과 교수(현) 2006년 대통령자문 정책기획위원회 위원 2012~2017년 (사)녹색소비자연대전국협의회 공동대표 2015~2017년 ICT소비자정책연구원 공동대표 2015년 동아시아람사르지역센터 명예센터장(현) 2016년 더불어민주당 제20대 국회의원 후보(비례대표 23번) 2017년 과학기술정보통신부 과학기술혁신본부장(차관급) (상)한국식물학회 우수논문상(1995 · 2003), 한국로레알-유네스코 여성과학상 공로상(2005), 황조근정훈장(2007), 교육부장관표창(2014), 순천시민의상 환경부문대상(2015), 환경부장관표창(2016) (저)'김볼생물학'(1997) '식물생리학'(2000) '생명과학'(2002) '제4차 산업혁명과 과학기술 경쟁력'(2017, 한울아카데미)

### 박기영(朴基永) Park Ki Young

(생)1963 · 2 · 18 (주)서울특별시 강남구 도산대로 210 (주)짐월드(02-596-0949) (학)1981년 대구 계성고졸 1988년 미국 휘트워스대 영어영문학과졸 1992년 미국 조지워싱턴대 대학원 MBA (경)1992년 (주)짐월드 대표이사(현) 2002~2016년 한국프랜차이즈협회 수석부회장 2006년 NGO나눔인터내셔널 감사(현) 2013년 한국스페셜올림픽위원회 위원(현) 2017년 한국프랜차이즈협회 회장(현) 2017~2018년 에코바이오(주) 사외이사 (상)KMAC선정 우수 프랜차이즈 브랜드상(1998), 산업자원부장관표창(2007), 제1회 자랑스런 프랜차이즈 기업인상(2008), 대한민국 100대 우수기업 선정(2009), 보건복지부장관표창(2009), 대한민국 '新성장동력 우수기업' 선정(2009), 소비자 만족대상(2010), 대한민국경제리더대상 가치경영부문(2011), 대한민국 명품 브랜드 대상(2012), 제50회 무역의 날 '5백만불 수출의 탑'(2013), 대한민국창조경영인 서울시장표창(2013), 산업통상자원부장관표창(2015), 대한민국창조경영인 대상(2016)

### 박기영(朴起瑩) Gi-Young Park

(생)1964·7·21 (본)순천(順天) (출)대구 (주)대구광역시 남구 두류공원로17길 33 대구가톨릭대병원 재활의학과(053-650-4492) (학)1989년 연세대 의대졸 1993년 同대학원 의학석사 1998년 의학박사(연세대) (경)1990년 연세대 재활의학과 전공의 1994년 삼육재활병원 재활의학과장 1997년 연세대 영동세브란스병원 연구강사 1998~2007년 계명대 의대 재활의학과 부교수 1998년 同동산의료원 재활의학과장 2003·2006년 대한신경근골격연구회 회장 2004·2010년 대한재활의학회 이사 2007년 대구가톨릭대 의대 재활의학과 부교수·교수(현) 2007년 대한신경근골격연구회 학술교육이사 2009년 대한재활의학회 대구경북지회장 2015년 연세재활동문회 회장 2015년 대구가톨릭대 의대 연구부학장 2017년 제6차 세계신경근육초음파학술대회 학술위원장 2018년 세계재활의학회 평회원 대표(아시아-오세아니아대륙)(현) 2019년 대한신경근골격초음파학회 회장(현) (상)Best Poster Prize in Asian Oceanian Conference of Physical Medicine and Rehabilitation in Taiwan(2010), Scientific Prize in Korean Society of Ultrasound in Medicine(2013), Best Poster Prize in Korean Association for Laboratory Animal Science 2015 International Symposium(2015), Best Oral Presentation Prize in Annual Conference of Korean Society of Musculoskeletal Medicine(2016·2018), Best Poster Award in 48th Annual Congress of of Korean Society of Ultrasound Medicine Open(2017) (저)'Osteoarthritis 제2판(共)'(2011) (역)'통증유발점의 진단과 치료(共)'(2016, 메디안북) (종)가톨릭

### 박기영(朴起永) Park Ki Young

(생)1965·4·24 (출)경남 합천 (주)세종특별자치시 한누리대로 402 산업통상자원부 대변인실(044-203-4561) (학)1984년 인창고졸 1988년 서울대 국제경제학과졸 1992년 同대학원 행정학 석사과정 수료 2002년 경제학박사(미국 코넬대) (경)1990년 행정고시 합격(34회) 1992년 동력자원부 자원개발국 에너지관리과 행정사무관 1993년 상공자원부 에너지정책국 에너지관리과 행정사무관 1993~1996년 병역 휴직 1996년 상공자원부 산업정책국 산업정책과 행정사무관 1997~1998년 통상산업부·산업자원부 차관실 행정사무관 1998~2000년 미국 코넬대 교육 2000~2002년 육아 휴직 2002년 산업자원부 무역위원회 무역조사실 가격조사과 행정사무관 2002년 同무역위원회 무역조사실 조사총괄과 서기관 2003년 同무역투자실 투자정책과 서기관 2004~2005년 FTA 산업통상팀장 2005년 駐이탈리아 1등서기관 2008년 지식경제부 신산업정책관실 바이오나노과장 2010~2011년 미래기획위원회 파견(부이사관) 2011년 지식경제부 우정사업본부 강원지방우정청장(일반직고위공무원) 2013년 국립외교원 파견 2014년 산업통상자원부 에너지

자원실 에너지수요관리정책단장 2014년 국무조정실 경제조정실 산업통상미래정책관 2016년 산업통상자원부 산업정책실 지역경제정책관 2017년 同산업기반실 소재부품산업정책관 2018년 同에너지자원실 에너지자원정책관 2018년 同대변인(현)

**박기웅(朴麒雄) PARK Kee Woong**

(생)1961·3·22 (주)서울특별시 강남구 강남대로 330 우덕빌딩 법무법인(유) 에이펙스(02-2018-9732) (학)1980년 광성고졸 1985년 서울대 법과대학졸 (경)1986년 사법시험 합격(28회) 1989년 사법연수원 수료(18기) 1989~1992년 軍법무관 1992년 법무법인 동서 변호사 1993년 제일국제법률사무소 변호사 1999년 (주)산업렌탈 파산관재인 2002년 대한상사중재원 중재인(현) 2004년 법무법인 지산 변호사 2006년 법무법인 우현지산 대표변호사 2009년 법무법인(유) 에이펙스 대표변호사(현) 2014년 국민생활체육회 비상임감사 2017년 한국전력공사 부동산활용사업 자문위원(현)

**박기원(朴基元) PARK KI-WON**

(생)1951·8·25 (본)밀양(密陽) (출)부산 (주)서울특별시 강서구 하늘길 260 인천 대한항공 점보스(02-2656-6588) (학)성지공고졸, 한양대졸 (경)1972년 뮌헨올림픽 배구 국가대표 1976년 몬트리올올림픽 배구 국가대표 2002년 이란 배구 국가대표팀 감독 2007년 구미 LIG손해보험 그레이터스배구단 감독 2010년 同고문 2010년 한국배구연맹(KOVO) 경기운영위원회 위원 2011~2014·2015~2016년 남자배구 국가대표팀 감독 2014년 인천아시안게임 남자배구팀 감독 2015년 아시아배구연맹 코치위원회 위원장(현) 2016년 인천 대한항공 점보스 감독(현) 2016년 국제배구연맹(FIVB) 기술·코치위원회 위원(현) (상)프로배구 V-리그 시상식 남자부 페어플레이상(2008), 국민훈장 2회 (종)천주교

**박기원(朴起源) Park Kiwon**

(생)1961 (출)경기 파주 (주)강원도 원주시 입춘로 10 국립과학수사연구원 법생화학부(033-902-5200) (학)미생물학박사(중앙대) (경)1989~1996년 국립과학수사연구소 법의학2과·생물학과·법의학과 보건연구사 1996~2010년 同법과학부 생물학과·법의학부 유전자분석과 보건연구관 2010~2012년 국립과학수사연구원 유전자감식센터 보건연구관 2012년 同유전자감식센터장 2013년 同법생화학부 유전자과장 2015년 同법생화학부장(현)

**박기원(朴基元) KIWON PARK**

(생)1962·6·17 (주)서울특별시 강남구 영동대로 735 골프존타워서울 골프존(070-8640-6012) (학)연세대 정치외교학과졸, 홍익대 경영대학원 문화예술경영학과졸, 행정학박사(성균관대) (경)1987~1994년 (주)한화 근무 1995~2010년 SK텔레콤 근무·콘텐츠사업담당 임원 2011년 문화체육관광부 문화기술연구개발기획전문위원(R&D PD) 2013~2016년 골프존유통 대표이사 2017년 골프존 대표이사(현) 2017년 아시아태평양골프그룹(Asia Pacific Golf Group) '아시아의 가장 영향력 있는 골프 인사'로 선정

**박기원(朴基元)**

(생)1964·8·29 (출)경북 의성 (주)대구광역시 북구 칠곡중앙대로136길 11 경상북도지방공무원교육원 원장실(053-606-2700) (학)경북대 행정학과졸, 영남대 대학원 공법학과 수료 (경)1990년 행정고시 합격(34회) 1992년 경북도 내무국 총무과 사무관 2002년 同의회사무처 전문위원(서기관) 2008년 同기획조정실 예산담당관 2009년 경북 울진군 부군수 2010년 경북도 새경북기획단장 2011년 지방행정연수원 고위정책과정 교육파견 2011년 대구경북경제자유구역청 투자유치본부장(부이사관) 2014년 同행정개발본부장 2015년 중앙공무원연수원 고위정책과정 교육파견 2016년 경북 칠곡군 부군수 2016년 경찰대학 치안과정 교육파견 2019년 경북도 환경산림자원국장 2019년 경북도지방공무원교육원장(현) (상)녹조근정훈장(2008)

**박기인(朴基仁) PARK Ki In (省仁)**

(생)1934·12·24 (본)밀양(密陽) (출)전북 (주)광주광역시 광산구 어등대로 417 호남대학교 이사장실(062-940-5300) (학)1970년 전남대 경영대학원 수료 1995년 명예 교육학박사(필리핀 아담슨대) (경)1978년 학교법인 성인학원(호남대) 설립·이사장(현) 1983년 (주)청전 설립·회장 1989년 광주육상경기연맹 회장 1995년 광남일보 회장 1998년 호남신문 회장 2004년 광남일보 회장 (상)국제평화상 교육부문 대상(1986), 국민훈장 모란장(2006), 광주시민대상(2010) (종)기독교

**박기재(朴奇在) Park Ki Jae**

(생)1968·4·14 (주)서울특별시 중구 세종대로 125 서울특별시의회(02-3702-1400) (학)국민대 정치대학원 지방정치학과졸 (경)국회의원 보좌관(4급 상당), Mouticello International School 기획실장, 국민대 정치대학원 총원우회 지방자치위원장, 백합브레인어학원 부원장 2010~2014년 서울시 중구의회 의원(민주당·민주통합당·민주당·새정치민주연합) 2010~2012년 同행정보건위원장 2012~2014년 同의장, 더불어민주당 서울중구지역위원회 사무국장 2018년 서울시의회 의원(더불어민주당)(현) 2018년 同운영위원회 위원(현) 2018년 同문화체육관광위원회 위원(현) 2019년 同예산결산특별위원회 위원(현)

**박기정(朴紀正) PARK Kee Jung (汀山)**

(생)1942·3·1 (본)밀양(密陽) (출)함북 청진 (주)서울특별시 종로구 비봉길 64 이북5도청 통일회관 (사)이북도민회중앙연합회(02-391-3207) (학)1960년 중동고졸 1968년 서울대 사회학과졸 1970년 同신문대학원 수료, 일본 도쿄대 수료 (경)1968년 동아일보 기자 1993년 同정치부장 1994년 同사회1부장 1994년 同편집국 부국장 1995년 同논설위원 1997년 同도쿄지사장 1998년 同심의실장 1998년 관훈클럽 총무 1999년 동아일보 편집국장 2000년 同편집국장(이사대우) 2002년월드컵대책본부장(이사) 2001년 동아문화센터 사장 2001년 고려대 언론대학원 초청교수 2002~2005년 한국언론재단 이사장 2005~2009년 전남일보 사장 2007~2009년 한국디지털뉴스협회 회장 2008년 전국지방신문협의회 회장 2009~2010년 한국신문윤리위원회 이사 2009년 한국디지털뉴스협회 고문 2009년 전남일보 고문 2013~2016년 이북5도위원회 함경북도지사 2014년 한국자유총연맹 고문 2017년 이북도민회중앙연합회 고문(현) 2017~2019년 민주평통 이북5도지역회의 부의장 (상)중앙언론상(1999), 사선문화대상 (종)기독교

**박기종(朴基鍾)**

(생)1971·6·28 (출)전남 구례 (주)대구광역시 수성구 동대구로 366 대구지방검찰청 인권감독관실(053-740-4352) (학)1990년 광주 금호고졸 1999년 건국대 법학과졸 (경)1998년 사법시험 합격(40회) 2001년 사법연수원 수료(30기) 2001년 울산지검 검사 2003년 전주지검 남원지청 검사 2004년 수원지검 검사 2006년 전주지검 군산지청 검사 2008년 서울중앙지검 검사 2010~2012년 식품의약품안전청 파견 2013년 수원지검 성남지청 검사 2015년 청주지검 부부장검사 2016년 대구지검 부부장검사 2017년 부산지검 여성아동부장 2017년 수원지검 안양지청 부장검사 2018년 서울북부지검 여성아동범죄조사부장 2019년 대구지검 인권감독관(현)

## 박기주(朴基柱) PARK GI JOO

(생)1962 · 4 · 7 (본)밀양(密陽) (출)서울 (주)서울특별시 종로구 종로5길 58 석탄회관빌딩 10층 법무법인 케이씨엘(02-721-4215) (학)1980년 우신고졸 1984년 고려대 법과대학졸 (경)1984년 사법시험 합격(26회) 1987년 사법연수원 수료(16기) 1987년 서울형사지법 판사 1989년 서울지법 남부지원 판사 1991년 춘천지법 영월지원 판사 1993년 서울지법 서부지원 판사 1995년 서울지법 판사 1997년 同남부지원 판사 1999년 서울고법 판사 2000년 대법원 재판연구관 2002년 인천지법 부장판사 2004년 사법연수원 교수 2007~2010년 서울중앙지법 부장판사 2010년 법무법인 케이씨엘 변호사(현) (종)천주교

## 박기준(朴基俊) Park kee Jun

(생)1962 · 6 · 23 (본)밀양(密陽) (출)경북 경주 (주)충청북도 청주시 흥덕구 오송읍 오송생명2로 187 질병관리본부 검역지원과(043-719-7140) (학)1980년 경주공업고졸 1988년 대구보건대학 임상병리과졸 1992년 한국방송통신대 행정학과졸 2003년 중앙대 사회복지대학원 보건학과졸 (경)1990년 공무원 임용 2006년 同보건의료인력담당(보건사무관) 2014년 同재정운용담당(기술서기관) 2015년 국립여수검역소장 2017년 보건복지부 질병관리본부 검역지원과장(현) (상)국무총리표창(2002)

## 박기준(朴起準) Park Ki-Jun

(생)1965 · 4 · 20 (주)서울특별시 종로구 사직로8길 60 외교부 인사운영팀(02-2100-7136) (학)대전상고졸 1992년 한국외국어대 영어과졸 (경)1994년 외무고시 합격(28회) 1994년 외무부 입부 1999년 駐션양 2등서기관 2007년 駐이탈리아 1등서기관 2009년 駐중국 1등서기관 2011년 외교통상부 재외국민보호과장 2012년 同동북아2과장 2013년 외교부 동북아2과장 2013년 駐후쿠오카 부총영사 2017년 駐타이베이 한국대표부 부대표 2018년 駐고베 총영사(현) (상)대통령표창(2002)

## 박기찬(朴基贊) PARK Ki Chan

(생)1955 · 7 · 3 (본)밀양(密陽) (출)대구 (주)인천광역시 미추홀구 인하로 100 인하대학교 경영대학 아태물류학부(032-860-7741) (학)1974년 경북고졸 1979년 서울대 경영학과졸 1981년 同대학원 경영학과졸 1984년 사회학DEA(프랑스 파리 IEP정치대) 1987년 경영학박사(프랑스 파리 HEC경영대) (경)1984년 프랑스 IBM 연구원 1986년 프랑스 파리 HEC경영대 교수 1988년 인하대 경영대학 아태물류학부 경영전략전공 교수(현) 1992~1997년 대한항공 교통산업연구원 부원장 1992년 대한교통학회 항공분과 위원장 1996년 한국인사·조직학회 감사 2000년 한국인사관리학회 편집위원장 2001~2002년 중앙인사위원회 정책자문위원 2001~2006년 인하대 경영연구소장 2004년 한국인사관리학회 부회장 2005~2006년 인하대 경영대학장 겸 경영대학원장 2007~2008년 同인하비전2020특별위원장 2007~2015년 인천지방노동위원회 공익위원 2009~2010년 한국윤리경영학회 회장 2010~2014년 한국공항공사 비상임이사 겸 이사회 의장 2013년 지속경영학회 회장 2014~2015년 인하대 미래기획위원장(부총장급) (상)GLOVELICS 'Best Paper Award'(2014), GIKA 'Best Paper Award'(2015) (저)'철강산업의 인사제도' '현대기업의 입문'(1990) '조직정치론' '항공운송산업의 구조와 전망' '국가경쟁력' '국제항공운송론' '사회감사론' '디지털@경영혁신' '강한 기업의 지식경영과 지배구조' '경영의 교양을 읽는다' '조직행동론' '물류학원론' '전략경영'(2010, 인하대 출판부) '성과관리, 외국제도편' 'Quality Innovation : Knowledge, Theory, and Practices'(2014, IGI Global, U.S.) 'Strategic Management'(2015) 'Management Multiculturel : Pratique de Management Comparees'(2015, Ecole Polytechnique, France) 'International Business : Concepts, Methodologies, Tools, and Applications'(2016, IGI Global, U.S.) (역)'국가경영 혁신전략' '글로벌 기업 디자인' '원칙경영을 통한 가치의 창출' '조직행동론' (종)불교

## 박기현(朴起炫)

(생)1962 (출)전남 고흥 (주)경기도 성남시 수정구 희망로 480 성남세무서(031-730-6242) (학)광주 인성고졸, 세무대학졸(2기) (경)세무공무원 임용(8급 특채), 서울 반포세무서 · 전남 순천세무서 법인세과 근무, 국세청 · 중부지방국세청 조사국 근무 2008년 서울지방국세청 조사3국 조사1과 행정사무관 2011년 국세청 근로소득관리과 행정사무관 2015년 同학자금상환과 서기관 2015년 서울지방국세청 조사4국 조사2과 3팀장 2016년 전북 군산세무서장 2017년 전북 전주세무서장 2019년 경기 성남세무서장(현)

## 박기현(朴起賢)

(생)1967 · 3 · 5 (주)서울특별시 중구 을지로 76 유안타증권(주) 리서치센터(02-3770-5997) (학)한양대 무역학과졸 (경)1993~2004년 골드브릿지투자증권(주) 리서치팀 근무 2004~2009년 동양증권(주) 리서치센터 투자분석가 2014년 유안타증권(주) 리서치센터장(상무)(현)

## 박기호(朴紀好) PARK KI HO

(생)1962 (주)서울특별시 종로구 대학로 101 서울대학교병원 안과(1588-5700) (학)1987년 서울대 의대졸 1996년 同대학원 의학석사 1998년 의학박사(서울대) (경)1987~1988년 서울대병원 수련의 1988~1991년 同안과 전공의 1991~1994년 육군 군의관 1994~1995년 서울대병원 안과(녹내장) 전임의 1995~1996년 일본 국립기후대 교육(녹내장) 연수 1996년 서울대 의대 안과학교실 전임강사·조교수·부교수·교수(현) 1999~2000년 미국 UCLA Jules Stein Eye Institute 교육연수 2002~2006년 한국녹내장학회 학술이사 2006~2008년 대한안과학회 홍보이사 2007~2010년 서울대병원 적정의료추진단장 2010~2011년 서울대 의대 기획부학장 2010~2012년 대한안과학회 국제교류이사 2010년 질병관리본부 '검진기준 및 질관리반' 전문분과 위원(현) 2012년 대한민국의학한림원 정회원(안과학·현) 2014~2016년 서울대병원 의료기기IRB위원장 2014년 영국 안과학회지(British Journal of Ophthalmology) 부편집인(현) 2014년 대한안과학회 수련이사(현) 2014~2016년 한국녹내장학회 회장 2015년 세계녹내장학회 실행위원(현) 2016년 서울대 의대 안과학교실 주임교수(현) 2016년 서울대병원 안과 과장(현) 2017년 세계녹내장학회 공식학술지 'Journal of Glaucoma' 부편집장(현) 2017년 미국 녹내장학회 공식학술지 부편집장(현) 2018년 대한안과학회 이사장(현) 2018년 아시아태평양녹내장학술대회 대회장 (저)'Closure Glaucoma Update 2002(共)'(2002) 'Atlas of Angle Closure Glaucoma(共)'(2010) '대한민국 최고의 명의가 들려주는 녹내장'(2015, 서울대 출판문화원)

## 박기호(朴起虎) Park Ki Ho

(생)1964 · 7 · 21 (주)서울특별시 영등포구 국제금융로8길 32 DB금융투자(주) 경영지원실(02-369-3000) (학)1983년 전주고졸 1990년 연세대 경제학과졸 (경)1990~2001년 동부증권(주) 입사 · 회계팀장 · 투자신탁팀장(차장) 2001년 유화증권(주) 근무 2003~2009년 동부증권(주) 차장 · 업무지원팀장(부장) · 본부장 2009년 同HR본부장 겸 결제업무본부장(상무) 2010년 同결제업무본부장 겸 선진원장추진단장 2011년 同기획관리팀장 겸 재무결제팀장(상무) 2015년 同기획관리팀장(상무) 2016년 同리스크관리센터장(상무) 2017년 同경영지원실장(부사장) 2017년 DB금융투자(주) 경영지원실총괄 부사장(CFO)(현)

## 박기홍(朴基洪) PARK Ki Hong

(생)1958·3·13 (본)밀양(密陽) (출)부산 (주)서울특별시 강남구 테헤란로 440 (주)포스코에너지 임원실(02-3457-2114) (학)1976년 부산고졸 1980년 서울대 경제학과졸 1982년 同대학원 경제학과졸 1993년 경제학박사(미국 뉴욕주립대) (경)1983년 산업연구원 연구위원 1992년 미국 뉴욕주립대 강사 1995년 산업연구원 연구조정실장 1997년 同전자정보산업실장 1997년 同디지털경제센터 소장 1997년 고려대 국제대학원 객원교수 2000~2002년 산업연구원 부원장 2005년 포스코경영연구소 소장(대표이사 전무) 2006년 (주)포스코 기획재무부문 경영기획실장(상무), 同기획재무부문 재무실장 2009년 同미래성장전략실장(전무) 2010년 同경영전략실장(전무) 2011년 同성장투자사업부문장(전무) 2012년 同전략기획총괄장(부사장) 2013년 同기획재무부문장(부사장) 2013~2014년 同기획재무부문장 겸 대표이사 사장 2013~2014년 동반성장위원회 위원 2013~2014년 (주)포스코ICT 비상무이사 2014년 (주)포스코 고문 2016~2018년 (주)나이스디앤비 사외이사 2018년 (주)포스코에너지 대표이사 사장(현) 2018년 (사)민간발전협회 회장(현) (저)'우리나라 국가경쟁력 평가와 강화전략'(1994) '경쟁력구조 변화와 산업정책, 세계화시대의 산업정책'(1996) '개방 및 정보화시대의 정보통신 국가전략연구'(1997) '정보통신산업의 경쟁력과 규제제도'(1998) '개방과 경쟁하의 부품산업 발전전략'(1999) '21세기 전자사업의 비전과 발전과제'(1999) '디지털경제와 인터넷혁명'(2000) '세계화시대의 산업정책'(共) '정보통신산업의 경쟁력과 규제제도'

## 박기홍(朴起弘) PARK Ki Hong

(생)1964·3·17 (주)서울특별시 성북구 정릉로 77 국민대학교 자동차IT융합학과(02-910-4689) (학)1986년 서울대 기계설계학과졸 1990년 미국 코넬대 대학원 기계공학과졸 1994년 기계공학박사(미국 코넬대) (경)1994~1995년 미국 미네소타대 박사 후 과정 연구원, 미국 코넬대 연구조교 1995년 국민대 기계공학부 교수 1999년 同자동차공학전문대학원 교수(현) 2010년 同자동차공학과 교수 겸 자동차IT융합학과 교수(현) 2012~2014년 同자동차공학전문대학원장 2013~2015년 한국ITS학회 상임이사 2014년 同자동차융복합산학협력센터 소장(현) 2014~2016년 同LINC사업단(산학협력선도대학 육성사업) 부단장 2016년 한국자동차공학회 대외협력이사 2016년 한국ITS학회 부회장 2018년 국민대 자동차융합대학장·자동차공학전문대학원장·자동차산업대학원장 겸임(현) (상)교육부장관표창(2017)

## 박기환(朴基煥) PARK Ki Hwan (金里)

(생)1954·12·15 (본)밀양(密陽) (출)경북 의성 (주)서울특별시 강서구 공항대로 467 태경화학(주)(02-3665-4251) (학)1974년 부산진고졸 1981년 동아대 경영학과졸 (경)태경화학(주) 영남사업부 이사, 同영업·관리총괄본부장(상무), 남우화학(주) 대표이사 2009~2018년 태경화학(주) 영업담당 전무·부사장 2016~2018년 태경에프앤지(주) 대표이사 2017~2018년 태경가스기술(주) 대표이사 2018년 태경화학(주) 대표이사 부사장 겸임(현) (종)불교

## 박기환 Ki Hwan Park

(생)1963 (주)서울특별시 중구 후암로 98 LG서울역빌딩 19층 동화약품 임원실(02-2021-9300) (학)1988년 연세대 사회학과졸 1993년 미국 뉴욕대 경영대학원 경영학과졸(MBA) (경)1988~1991년 LG생활건강 브랜드매니저 1993~1995년 미국 일라이릴리(Eli Lilly) 마케팅담당자 1996~2000년 미국 브리스톨-마이어스 스큅(BMS) 마케팅디렉터 2000~2002년 미국 엘란(Elan) 글로벌마케팅담당 시니어디렉터 2003~2005년 한국아스트라제네카 마케팅총괄 상무 2006~2011년 벨기에 UBC그룹 한국법인 대표 2011~2013년 同중국·동남아시아법인 대표 2014~2015년 인베티브헬스코리아 대표이사 2015~2018년 한국베링거인겔하임 대표이사사장 2019년 동화약품 대표이사 사장(현)

## 박기훈(朴基勳)

(생)1962·12 (주)서울특별시 강서구 마곡중앙8로 78 SM상선 임원실(02-3770-6999) (학)서울 중앙고졸, 성균관대졸, 미국 오하이오주립대 대학원 경제학과졸 (경)1991년 현대상선 입사 2013년 同독일법인장(상무보), 同구주본부장 2019년 SM상선 대표이사 부사장(현)

## 박기흥(朴基興) Park Ki Heung

(생)1955·6·25 (본)밀양(密陽) (출)부산 (주)서울특별시 관악구 남부순환로 1883 한유빌딩 (주)한유기획실(02-3460-6541) (학)1974년 서울 동성고졸 1986년 미국 Montclair State College 경영학과졸 1988년 미국 George Washington Univ. 대학원 국제경영학과졸(MBA) 1990년 전국경제인연합회 최고경영자과정 수료 2004년 서강대 경제대학원 OLP과정 수료 2008년 同최고위의회전문가과정 수료 (경)1987~1988년 미국 George Washington Univ. 한국총학생회 회장 1988~1989년 일본 Itoman And Co. 연수 1989~2006년 (주)한국급유·한국특수유(주) 대표이사 사장 1994~1998년 한국마사회 자문위원 1995~1999년 한국씨름연맹 이사 1997~1999년 한국YPO 회원 2002~2006년 한유케미칼(주) 대표이사 사장 2005~2007년 (주)지코스 대표이사 2007년 (주)한국급유·한국특수유(주)·한유케미칼(주) 대표이사 회장 2007~2016년 (주)한유L&S·(주)한유에너지·(주)한유케미칼 대표이사 회장 2009년 한국핸드볼발전재단 초대이사장(현) 2009~2011년 (사)OLC 회장 2012년 한유넥스텔 대표이사 회장(현) 2014~2016년 미국 조지워싱턴대 한국총동창회장 2016년 (주)한유·(주)한유에너지·(주)한유케미칼 대표이사 회장(현) (상)전국경제인연합회 경영인대상(2004) (종)천주교

## 박길배(朴吉培)

(생)1969·7·26 (출)경남 함안 (주)충청남도 서산시 공림4로 23 대전지방검찰청 서산지청 총무과(041-660-4543) (학)1988년 서울 경동고졸 1993년 서울대 법학과졸 (경)1997년 사법시험 합격(39회) 2000년 사법연수원 수료(29기) 2000년 서울지검 서부지청 검사 2002년 춘천지검 원주지청 검사 2003년 대구지검 검사 2005년 서울중앙지검 검사 2010년 대검찰청 연구관 2012년 부산지검 검사 2012년 금융부실책임조사본부 파견 2013년 부산지검 부부장검사 2014년 청주지검 충주지청 부장검사(감사원 파견) 2015년 수원지검 부부장검사(감사원 파견) 2016년 서울남부지검 금융조사2부장 2017년 수원지검 특수부장 2018년 춘천지검 형사1부장 2019년 대전지검 서산지청장(현) (상)매경 경제검사상(2011)

## 박길성(朴吉聲) Gil-Sung Park

(생)1957·5·9 (본)밀양(密陽) (출)강원 명주 (주)서울특별시 성북구 안암로 145 고려대학교 문과대학 사회학과(02-3290-2075) (학)1975년 성남고졸 1979년 고려대 사회학과졸 1982년 同대학원 사회학과졸 1988년 사회학박사(미국 위스콘신대) (경)1992년 고려대 사회학과 조교수·부교수·교수(현) 1996~1997년 한국협상학회 이사 1999~2000년 한국사회학회 이사 2001년 고려대 영자신문사 주간 2001~2003년 한국비교사회학회 회장 2001~2002년 한국사회학회 총무이사 2003년 미국 유타주립대 겸임교수 2004년 한국청년정책연구원 원장 2005~2014년 사학연금공단 재심위원 2006~2014년 (재)한국청년정책연구

원 원장 2010년 국무총리실산하 경제인문사회연구회 이사 2010~2016년 'Global Policy' Editorial Board 2011~2013년 고려대 문과대학장 2013~2017년 세계한류학회 초대 회장 2013~2016년 정보문화포럼 의장 2015~2016년 외교부 자체평가위원 2015~2017년 고려대 대학원장 2016년 조선일보 윤리위원회 위원(현) 2017~2019년 고려대 교육부총장 2018년 호암상위원회 위원(현) 2019년 한국사회학회 회장(현) (저)'동남아시아의 사회계층 : 5개국 비교연구(共)'(1996) '현대사회의 구조와 변동(共)'(1996) '정보정책론(共)'(1997) '현대 한국사회의 계층구조(共)'(2001) '아시아 태평양지역의 환경문제, 환경운동 및 환경정책(共)'(2002) '세계화 : 자본과 문화의 구조변동'(2003) '현대 한국인의 세대경험과 문화(共)'(2005) '한국사회의 재구조화 : 강요된 조정, 갈등적 조율'(2006) '21세기 한국의 기업과 시민사회(共)'(2007) '경제사회학 이론(共)'(2007) 'IMF 10년, 한국사회 다시보다'(2008) '사회는 갈등을 만들고 갈등은 사회를 만든다'(2013) (역)'현대사회학(共)'(2003)

**박길성(朴佶成) PARK Kil Seong**

(생)1964·1·15 (본)함양(咸陽) (출)전남 보성 (주)광주광역시 동구 준법로 7-12 광주지방법원(062-239-1710) (학)1981년 대입검정고시 합격 1990년 건국대 법학과졸 2002년 同대학원 법학과졸 (경)1990년 사법시험 합격(32회) 1993년 사법연수원 수료(22기) 1993년 부산지검 검사 1994년 광주지법 판사 1996년 同해남지원 판사 1997년 同해남지원(완도군법원·진도군법원) 판사 1998년 광주지법 판사 2002~2003년 해외 연수(영국 옥스퍼드대) 2004년 광주고법 판사 2006년 대법원 재판연구관 2008년 전주지법 부장판사 2009년 사법연수원 교수 2012년 광주지법 부장판사 2013년 同순천지원장 겸 광주가정법원 순천지원장 2015년 광주지법 부장판사 2018년 同수석부장판사(현)

**박길수(朴吉洙) Kilsu Park**

(생)1965·12·13 (본)밀양(密陽) (출)충남 아산 (주)대전광역시 유성구 가정로 201 한국연구재단 홍보실(042-869-6110) (학)2007년 충남대 대학원 경영학과졸 (경)한국과학재단 홍보팀 선임연구원 2007년 同혁신평가팀장 2008년 同연구중심대학육성팀장 2008년 同기획총괄팀장 2009년 한국연구재단 기초연구본부 기초연구지원단 근무 2010년 同기초연구본부 기초연구총괄팀장 2013년 同경영관리본부 경영실장 2016년 同학술진흥본부 인재양성지원실장 2018년 同홍보실장(현)

**박길연(朴吉衍) Park kil yeon**

(생)1964·1·16 (본)밀양(密陽) (출)경남 사천 (주)전라북도 익산시 망성면 망성로 14 (주)하림(063-860-2117) (학)1981년 경남 진주고졸 1985년 서울대 축산학과졸 (경)1988~2002년 (주)천하제일사료 판매본부장 2003~2008년 (주)올품 영업본부장 2009년 (주)하림 기획조정실장 2009~2018년 한강씨엠(주) 대표이사 2014~2017년 (사)한국육계협회 감사 2018년 (주)하림 각자대표이사 사장(현) 2018년 (사)한국육가공협회 회장(현)

**박길용(朴吉龍) PARK Gil Yong**

(생)1956·12·13 (본)밀양(密陽) (출)전남 여수 (주)경기도 수원시 영통구 법조로 91 수원고등검찰청(031-5182-3114) (학)1975년 여수고졸 1986년 한양대 법학과졸 1988년 同행정대학원졸 (경)1987년 사법시험 합격(29회) 1990년 사법연수원 수료(19기) 1990년 서울지검 동부지청 검사 1992년 광주지검 해남지청 검사 1994년 서울지검 북부지청 검사 1996년 대구지검 검사 1999년 광주지검 검사 2000년 同순천지청 검사 2002년 부산지검 동부지청 부부장검사 2002년 부산고검 검사 2003년 광주지검 순천지청 부장검사 2005년 서울고검 검사 2007년 대전고검 검사 2009년 서울고검 검사 2009~2010년 진실화해를위한과거사정리위원회 정책보좌관(파견) 2011년 광주고검 검사 2013년 서울고검 검사 2015년 부산고검 검사 2017년 서울고검 검사 2019년 수원고검 검사(현)

**박길재 Park Gil Jae**

(생)1966·4·20 (주)경기도 수원시 영통구 삼성로 129 삼성전자(주) 무선사업부 개발실(031-200-1114) (학)1984년 목포고졸 1989년 서강대 전자공학과졸 1991년 연세대 대학원 전자공학과졸 (경)2006년 삼성전자(주) 무선개발팀 상무 2010년 同무선사업부 개발팀 연구위원(전무) 2011년 同무선사업부 개발실 연구위원(전무) 2013년 同무선사업부 개발실 연구위원(부사장) 2016년 同무선사업부 개발2실 연구위원(부사장) 2017년 同무선사업부 제품기술팀장(부사장) 2018년 同무선사업부 개발실 글로벌하드웨어개발팀장(부사장) 2019년 同무선사업부 개발실담당 부사장(현)

**박남규(朴南圭) Nam-Gyu Park**

(생)1960·9·3 (출)경남 마산 (주)경기도 수원시 장안구 서부로 2066 성균관대학교 공과대학 화학공학·고분자공학부(031-290-5801) (학)1988년 서울대 화학교육과졸 1992년 同대학원 화학과졸 1995년 이학박사(서울대) (경)1996~1997년 프랑스 ICMCB-CNRS 연구원 1997~1999년 미국 NREL 연구원 1999~2005년 한국전자통신연구원 선임연구원·책임연구원 2005~2009년 한국과학기술연구원(KIST) 센터장·책임연구원 2009~2011년 한국진공학회 학술위원회 에너지기술분과 회장 2009년 성균관대 공과대학 화학공학·고분자공학부 교수(현) 2015~2016년 同화학공학부장 2017년 한국과학기술한림원 정회원(이학부·현) 2017~2018년 (사)한국태양광발전학회 부회장 2019년 同고문(현) (상)교육과학기술부 이달의 과학기술자상(2008), 한국과학기술원(KIST) 이달의 KIST인상(2008), 국무총리표창(2008), 한국과학기술원(KIST) KIST인 대상(2009), 듀폰코리아 듀폰과학기술상(2010), 성균관대 SKKU펠로우십(2013), 미래창조과학부 국가연구개발우수성과100선(2013), 미국 MRS우수연구상(2014), 일본WCPEC-6 우수논문상(2014), PVSEC 하마카와상(2015), 한국과학기술한림원 덕명한림공학상(2016), 호암상(2018)

**박남규(朴南奎) Park Nam Kyu**

(생)1964·5·20 (본)밀양(密陽) (출)충남 보령 (주)강원도 원주시 입춘로 10 국립과학수사연구원 법공학부(033-902-5500) (학)1986년 경희대 물리학과졸 1988년 同대학원 물리학과졸 2007년 물리학박사(성균관대) (경)1991년 국립과학수사연구소 물리분석과 공업연구사 1996년 同남부분소 이공학과장 2000년 同화재연구실장 2006년 同물리분석과장 2010년 국립과학수사연구원 남부분원장 2011년 同법과학부장 2015년 同법공학부장(현) (상)행정자치부장관표창(1999), 대한민국 과학수사대상 대통령표창(2014)

**박남기(朴南基) Namgi PARK (曉山)**

(생)1960·2·20 (본)진원(珍原) (출)전남 화순 (주)광주광역시 북구 필문대로 55 광주교육대학교 교육학과(062-520-4200) (학)1984년 서울대 국어교육학과졸 1986년 同대학원 교육학과졸 1993년 교육행정정책학박사(미국 피츠버그대) (경)1993년 광주교대 교육학과 교수(현) 1998년 同학급경영연구소장(현) 1998~2001년 세계비교교육학회(World Council of Comparative Education Society) 부회장 2005~2007년 전국교육대학교교수협의회연합회 회장 2008~2013년 대통령직속 사회통합위원

회 지역위원 2008~2012년 광주교육대 총장 2010~2011년 교육과학기술부 초등교육발전위원회 위원장 2010~2011년 同자기주도학습전형 정책자문위원 2011년 전국교육대학교총장협의회 의장 2011년 NGO단체 교육나눔운동 이사장(현) 2011~2012년 언론중재위원회 위원, 미국 피츠버그대 객원교수 2011~2012년 유네스코 지속가능발전교육한국위원회 위원 2014년 미국 세계인명사전 'Marquis Who's Who in the World' 2015년판에 등재 2015년 영국 캠브리지 국제인명센터(IBC) 인명사전에 등재 2015~2016년 한국교육신문 편집자문위원장 2017년 한국교육학회 부회장 2017년 한국장학재단 정책연구위원 2017~2018년 대한교육법학회 수석부회장 2017년 한국교원교육학회 수석부회장 2018년 同회장(현) 2018~2019년 EBS 교육대토론 MC 2018년 미국 피츠버그대학교 사범대학 대학발전자문위원(현) 2019년 광주교육대 대학평의원회 의장(현) 2019년 대한교육법학회 회장 2019년 한국교육행정학회 수석부회장(현) (상)부총리 겸 교육인적자원부장관표창(2007), 시사주간·미디어리서치 교육분야 차세대리더3인 선정(2009), 미국 피츠버그대 최고동문상(2009), 미국 피츠버그대 피츠버그대를 빛낸 인물 메달(2013), 부총리겸 교육부장관상(2016), 광주교육대학교 풍향학술상(2017), 대통령표창(2019), 한국대학교육협의회 '대학교수법 및 학습프로그램 공모전' 대상(2017) (저)'대학 등록금과 교육비(共)'(1996) '초등학교 교실에서는 지금'(1997) '학급경영 마이더스'(2003) '학부모와 함께하는 학급경영(共)'(2007) '교사는 어떻게 성장하는가(共)'(2008) '최고의 교수법'(2010) '학교경영론(共)'(2010) '비교교육학: 이론과 실제(共)'(2012) '최고의교수법 : 가르치는 사람이 반드시 배우고 익혀야 할 것'(2017) '한국의 교직과 교사 탐구(共)'(2018) '데이터로 교육의 질 관리하기(共)'(2018) '실력의 배신(共)'(2018) '한국교사교육 : 성찰과 미래 방향'(2019) 외 다수 (역)'21세기를 향한 미국 교원 정책 개혁(共)'(1996) (종)천주교

### 박남신(朴南信)

(생)1960·11·15 (출)충남 보령 (주)충청남도 논산시 시민로210번길 9 논산시청 부시장실(041-746-5014) (학)충남고졸, 한국방송통신대 행정학과졸 1999년 한남대 지역개발대학원 지역발전정책학과졸 (경)1980년 공직 입문 1980년 충남 보령시 지방행정서기보 1986~2005년 충남도 세정과·지방과·민원실 근무 2005~2007년 충남 태안군 환경보호과장·사회복지과장 2007년 충남도 기획관리실 법무행정담당 사무관 2009년 행정안전부 파견 2010년 충남도 복지보건국 저출산고령화대책과 노인복지담당 사무관 2014년 교육 파견(지방서기관) 2015년 충남도의회 사무처 운영위원회·문화복지위원회 수석전문위원 2016년 충남도 복지보건국 사회복지과장 2017년 同복지보건국 복지정책과장 2018년 충남 논산시 부시장(지방부이사관)(현)

### 박남언(朴南彦) PARK Nam Eon

(생)1967·11·14 (본)창원(昌原) (출)전남 고흥 (주)광주광역시 서구 내방로 111 광주광역시청 일자리경제실(062-613-3571) (학)1987년 광주 대동고졸 1992년 전남대 경영학과졸 (경)1996년 지방고등고시 합격(2회) 1998년 광주시 남구 정보처리실장 1999년 同남구 지방세과장 2000년 同남구 사회복지과장 2001년 광주시 기획관실 연구발전담당 사무관 2002년 同도심활성화대책추진기획단 기획조정담당 사무관 2004년 同기획관실 정책개발담당 사무관 2004년 同기획담당 사무관 2006년 同공동혁신도시건설지원단장(서기관) 2007년 同정보화담당관 2008년 同광엑스포추진기획단장 2010년 同교통정책과장 2012년 同경제산업정책관 2012년 同창조도시정책기획관(부이사관) 2012년 국방대 교육파견(부이사관) 2014년 2015광주하계U대회조직위원회 파견(부이사관) 2014년 광주시 안전행정국장 2015년 同교통건설국장 2016년 교육파견(부이사관) 2017년 광주시 복지건강국장 2018년 광주 서구 부구청장 2018년 同구청장 권한대행 2018년 광주시 일자리경제실장(현) (상)대통령표창(2004)

### 박남주(朴南珠) PARK Nam Ju

(생)1958·1·3 (본)밀양(密陽) (출)부산 (주)서울특별시 강남구 광평로 280 로즈데일빌딩 8층 (주)풀무원(080-022-0085) (학)1977년 부산동아고졸, 경남대 기계설계학과졸 (경)(주)풀무원 SP CM담당 상무, 同ECR영업담당 상무 2008년 同S&J SBU 상무, 同신사업지원담당 상무 2010년 同영업본부장(부사장) 2017년 同대표이사 겸 식품Market CEO(현) (상)신지식인대상(2012)

### 박남준(朴南俊)

(생)1977·1·18 (출)전남 함평 (주)광주광역시 동구 준법로 7-12 광주지방법원(062-239-1710) (학)1994년 광주과학고졸 1994년 한국과학기술원(KAIST) 중퇴 1999년 서울대 사법학과졸, 同대학원졸, 법학박사(서울대) (경)1998년 사법시험 합격(40회) 2001년 사법연수원 수료(30기) 2001년 해군 법무관, 김&장법률사무소 변호사 2013년 광주지법 판사 2016년 수원지법 안양지원 판사 2018년 광주지법 부장판사(현)

### 박남천(朴南泉) PARK Nam Cheon

(생)1967·4·1 (출)전남 해남 (주)서울특별시 서초구 서초중앙로 157 서울중앙지방법원(02-530-1114) (학)1985년 중경고졸 1993년 서울대 사법학과졸 (경)1994년 사법시험 합격(36회) 1997년 사법연수원 수료(26기) 1997년 광주지법 판사 1999년 同목포지원 판사 2001년 서울지법 의정부지원 판사 2004년 서울중앙지법 판사 2006년 서울동부지법 판사 2008년 서울고법 판사 2010년 서울서부지법 판사 2012년 광주지법 부장판사 2013년 의정부지법 부장판사 2016년 서울북부지법 부장판사 2018년 서울중앙지법 부장판사(현)

### 박남철(朴南喆) Nam Cheol Park (銅銀)

(생)1956·9·8 (본)밀양(密陽) (출)부산 (주)부산광역시 서구 구덕로 179 부산대학교병원 비뇨기과(051-240-7349) (학)1981년 부산대 의대졸 1984년 同대학원 의학석사 1991년 의학박사(부산대) 2004년 한국보건산업진흥원 병원전력과정 수료 2005년 부산대 의료경영최고관리자과정 수료 (경)1986~1988년 국군부산병원 비뇨기과장 1988~1989년 부산해동병원 비뇨기과장 1989년 부산대 의대 비뇨기과학교실 교수(현) 1993년 미국 메이요클리닉 Clinical Fellow 1994년 일본 오사카대 객원연구원 1997~1999년 부산대 의대 의학과장 1999~2009년 한국전립선재단 감사 1999년 미국 클리브랜드클리닉 비뇨기과 해외연구 Fellow 1999년 미국 클리브랜드재단 인간생식센터 국제협력위원(현) 2000~2006년 부산대 의과대학 비뇨기과장 2003~2006년 부산대병원 기획조정실장 2004~2006년 대한불임학회 부회장 2004년 대한가족보건복지협회 부산지회장 2006~2009년 부산지역암센터 건립추진단장 2006년 부산시 불임부부지원사업 심의위원(현) 2006~2008년 대한남성과학회 회장 2007~2009년 식품의약품안전청 의료기기안전성유효성심사협의회 위원 2007~2011년 아시아태평양성의학회 사무총장 2009~2011년 대한남성갱년기학회 회장 2009~2011년 아시아태평양남성갱년기학회 회장 2009~2012년 부산대병원장 2009~2012년 대한병원협회 이사 2011년 법원행정처 법원전문심리위원(현) 2011년 대한성학회 회장 2016년 아시아오세아니아성학회(AOFS) 회장(현) 2015년 (재)한국공공정자은행연구원 이사장(현) 2017년 대한비뇨생식기통합기능의학연구학회 초대 회장(현) 2018년 미국 조지아주 명예주민 선정(현) (상)제7회 아시아태평양 임포텐스학회 Best Clinical Paper(1995), 부산대 의과대학 의학학술상(1996), 부산대 대학원 학술상(1997), 제18차 대한남성과학회 학술대회 Pharmacia Award 학술상(2001), 대한비뇨기과학회 학술상(2001), 대한불임학회 우수발표상(2002), 제22차 대한남성과학회 최우수학술상

ㅂ

(2005), 고용노동부장관표창(2010), 국민포장(2010), 부산시의사회 의학대상 학술상(2011) (저)'남성갱년기와 안드로겐(共)'(1998) '비뇨기과학'(2001) '남성과학(共)'(2004) '건강기능식품점의 운영과 실제(共)'(2005) '고객만족과 성과 지향을 위한 팀제 운영방안(共)'(2006) '비뇨기 과학(共)'(2007) '암을 넘어 희망으로'(2007) 'APSSM Today'(2008) '남성과학 10대 질환의 최신 길라잡이'(2008) '남성갱년기'(2009) '남성과학'(2010) 'Modern Oriental Phytotherapy in Sexual Medicine'(2010) '나의 스승, 나의 기둥'(2011) '남자가 성에 대해 알아야 할 모든 것'(2011) '나, 요즘 애인만 다섯이라오!'(2012) '한국인의 성'(2013, 대한남성과학회) '남성건강학'(2013) '비뇨기과학'(2014) '남성건강 15대 질환'(2015) 'Penile Augmentation'(2016) (역)'스테드만 의학사전(共)'(2006) '남자, 왜 여자보다 단명하는가'(2016)

## 박남춘(朴南春) Park nam chun

(생)1958·7·2 (본)반남(潘南) (출)인천 (주)인천광역시 남동구 정각로 29 인천광역시청 시장실(032-440-2001) (학)1977년 제물포고졸 1981년 고려대 법과대학 행정학과졸 1995년 영국 웨일즈대 대학원 국제운송학 석사 (경)1980년 행정고시 합격(24회) 1985~1989년 부산지방해운항만청 해무·항무담당(5급) 1989~1993년 해운항만청 개발·운항·예산담당(4급) 1993년 부산지방해운항만청 총무과장(4급) 1996년 해운항만청 항만물류과장(4급) 1996~1998년 대통령 해양수산비서관실 행정관(4급) 1998~1999년 해양수산부 기획예산담당관(3급) 2000년 同감사담당관 2001년 국립해양조사원장 2002~2003년 중앙공무원교육원 파견(부이사관) 2003년 대통령직인수위원회 경제2분과위원회 전문위원 2003년 대통령비서실 국정상황실 상황1팀장(부이사관) 2003~2005년 同국정상황실장 2005년 대통령 인사제도비서관 2005~2006년 대통령 인사관리비서관 2006~2007년 대통령 인사수석비서관(차관급) 2008~2009년 민주당 정책위원회 부의장 2011년 인천시 항만자문위원 2012년 한국해양소년단 인천연맹 자문위원 2012~2018년 (사)국제교류연맹(IEF) 조직위원회 이사 2012년 민주통합당 인천시남동구甲지역위원회 위원장 2012년 제19대 국회의원(인천시 남동구甲, 민주통합당·민주당·새정치민주연합·더불어민주당) 2012년 녹색기후기금(GCF) 인천유치범시민지원위원회 위원 2012년 국회 태안유류피해대책특별위원회 위원 2012년 국회 행정안전위원회 위원 2012~2013년 국회 예산결산특별위원회 위원 2012년 지방자치포럼 정회원 2012년 바다와경제 국회포럼 정회원 2012~2014년 '2014인천아시아경기대회조직위원회' 위원 2012~2015년 '2014인천장애인아시아경기대회조직위원회' 위원 2013년 국회 안전행정위원회 위원 2014~2015년 국회 지방자치발전특별위원회 위원 2014~2015년 국회 운영위원회 위원 2014~2015년 새정치민주연합 원내부대표(기획담당) 2015년 同인천시당 직능위원장 2015년 同해양수산특별위원장 2015년 同사회적경제위원회 위원 2015~2018년 더불어민주당 인천시남동구甲지역위원회 위원장 2016~2018년 제20대 국회의원(인천시 남동구甲, 더불어민주당) 2016년 국회 안전행정위원회 간사 2016~2018년 더불어민주당 인천시당 위원장 2017년 同제19대 문재인 대통령후보 중앙선거대책위원회 안전행정정책위원장 2017~2018년 同최고위원 2017~2018년 국회 행정안전위원회 위원 2017~2018년 더불어민주당 공정언론실현특별위원회 위원장 2018년 인천광역시장(더불어민주당)(현) 2019년 대한민국시도지사협의회 감사(현) (상)대통령표창(1992), 대통령비서실장표창(1997), 황조근정훈장(2009), 민주통합당 국정감사 우수의원(2012), (사)문화예술유권자총연합회의 국정감사 우수의원(2012), 국정감사 NGO 모니터단 선정 국정감사 우수의원(2012·2013·2014), 경제정의실천시민연합 국정감사 우수의원(2013·2014), 국회 입법 및 정책개발 우수의원(2013·2014), (사)문화예술유권자총연맹 국정감사 우수의원(2013·2014), 수도권일보 선정 국정감사 우수의원(2013), 대한민국 헌정대상(2014), 수도권일보·시사뉴스 선정 국정감사 우수의원(2014), 국민안전대상 우수국회의원상(2016), 법률소비자연맹 제20대 국회 1차년도 헌정대상(2017), 대한민국 유권자대상(2017) (저)'드넓은 바다 끝없는 열정'(2008, All-ThatPlan 刊) '대통령의 人事'(2013) (종)천주교

## 박남혁(朴南爀) PARK Nam Heoug

(생)1958·7·14 (출)전북 고창 (주)서울특별시 영등포구 국제금융로 10 서울국제금융센터 OneIFC빌딩 9층 딜로이트안진회계법인(02-6676-2390) (학)1977년 전북 고창고졸 1986년 성균관대 행정학과졸 2004년 미국 콜로라도주립대 대학원 행정학과졸 (경)1985년 행정고시 합격(29회) 1986~1987년 총무처 행정사무관시보 1987년 전주세무서 총무과장 1988년 목포세무서 부가세과장 1990년 영등포세무서 총무과장 1991년 재무부 국세심판원 근무 1993년 중랑세무서 법인세과장 1996년 재정경제부 국세심판원 근무 2000년 同국세심판원 서기관 2004년 同홍보관리팀장 2005년 同조세지출예산과장 2006년 同부동산실무기획단 조세반장 2006년 딜로이트안진회계법인 전무 2008년 同부대표(현) (종)기독교

## 박남훈(朴南勳) PARK Nam Hoon

(생)1943·1·30 (본)밀양(密陽) (출)전북 무주 (주)서울특별시 양천구 목동서로 159-1 CBS방송사업단(02-2650-7166) (학)1961년 전주고졸 1967년 고려대 정치외교학과졸 (경)1970년 CBS 입사 1980년 한국방송공사(KBS) 입사 1989년 同사회부 차장 1992년 CBS 보도국 경제부장 1994년 同보도국 뉴스제작부장(부국장대우) 1996년 同해설위원장 1997년 同전북방송 본부장 1998년 同보도국장 2001년 同상무 겸 방송본부장 2003년 CBS방송사업단 사장(현) (종)기독교

## 박노수(朴魯洙)

(생)1966·8·30 (출)전북 전주 (주)서울특별시 서초구 서초대로 219 법원행정처 사법지원실(02-3480-1100) (학)1985년 전주고졸 1989년 서울대 경제학과졸 (경)1999년 사법시험 합격(41회) 2002년 사법연수원 수료(31기) 2002년 서울지법 판사 2004년 서울서부지법 판사 2006년 춘천지법 강릉지원 판사 2010년 수원지법 판사 2012년 서울동부지법 판사 2015년 서울중앙지법 판사 2017년 전주지법 남원지원장 겸 전주지법 정읍지원 부장판사 2019년 인천지법 부장판사(현) 2019년 법원행정처 사법지원실 사법지원총괄심의관 겸임(현)

## 박노완(朴魯完) Park Noh-wan

(생)1960·9·8 (주)서울특별시 종로구 사직로8길 60 외교부 인사운영팀(02-2100-7141) (학)1987년 한국외국어대 베트남어과졸 2011년 베트남국립사범대 대학원 역사학과졸 2014년 국제관계학박사(베트남외교대학원) (경)1990년 외무고시 합격(24회) 1990년 외무부 입부 1995년 駐베트남 2등서기관 1999년 駐중국 1등서기관 2005년 외교통상부 국제에너지물류과장 2006년 同경제안보과장 2007년 駐경제협력개발기구(OECD) 참사관 2011년 駐베트남 공사 2015~2018년 駐호치민 총영사 2018년 전북도 국제관계대사 2019년 駐베트남 대사(현) (상)근정포장(2009)

## 박노원(朴魯源)

(생)1969·11·5 (출)전남 장성 (주)세종특별자치시 한누리대로 411 행정안전부 운영지원과(044-205-1386) (학)광주 금호고졸, 전남대 경제학과졸, 한국개발연구원(KDI) 국제정책대학원졸 (경)2003년 지방고시 합격 2003년 국가전문행정연수원 수습 및 교육파견 2004~2006년 나주시 전문위원·문화예술회관장 2006년 전남도 혁신도시건설지원단 행정담당 2007년 한국개발연구원(KDI) 국제정책대학원 교육파견 2009년 전남도 문화예술과 문화산업담당 2009~2014년 행정안전부 조직진단과·지방세정책과·지방세분석과 사무관 2014년 행정자치부 지방세정책과·공기업과 서기관 2015~2016년 전남도 일자리정책지원관·투자유치담당관 2016년 전남 장성군 부군수 2017년 행정안전부 사회혁신추진단 시민해결팀 과장 2019년 대통령비서실 파견(현)

### 박노해 PARK No Hae

(생)1958 · 11 · 20 (출)전남 함평 (주)서울특별시 종로구 자하문로10길 28 나눔문화(02-734-1977) (학)1976년 선린상고(야간)졸 (경)1976년 건설 · 섬유 · 화학 · 금속 · 운수현장 노동자 1983년 「시와 경제 2」에 詩 '시다의 꿈' 발표 · 문단 데뷔 · 노동자 시인(현) 1984년 첫 시집 '노동의 새벽' 출간 1985년 서울노동운동연합 중앙위원 1989년 남한사회주의노동자동맹 결성주도 1989년 월간 '노동해방문학' 발간 1991년 사형 구형 · 무기징역 선고 1998년 8.15특사로 석방 2000년 사회운동단체 나눔문화 설립 · 상임이사(현) 2003년 미국 · 이라크전쟁 평화활동 2005년 인도네시아 반다아체 쓰나미현장 평화활동 2006년 이스라엘 · 레바논전쟁 평화활동 2010년 사진展 '라 광야' 개최 2010년 사진展 '나 거기에 그들처럼' 개최 2012년 글로벌평화나눔 상설사진展 '라 카페 갤러리'에서 개최 중(현) 2014년 사진展 '다른 길' 개최 (상)노동문학상(1988), 포에트리인터내셔날 인권상(1999) (저)'노동의 새벽'(1984, 풀빛판화시선) '참된 시작'(1993) '사람만이 희망이다'(1997) '겨울이 꽃핀다'(1999) '오늘은 다르게'(1999) '아체는 너무 오래 울고 있다-쓰나미에 할퀸 자유아체의 절망과 희망'(2005, 느린걸음) '여기에는 아무도 없는 것만 같아요-고뇌의 레바논과 희망의 헤즈볼라'(2007, 느린걸음), 사진집 '나 거기에 그들처럼 : 아프리카 중동 아시아 중남미 2000~2010'(2010, 느린걸음), 시집 '그러니 그대 사라지지 말아라'(2010, 느린걸음) '노동의 새벽-30주년 개정판'(2014, 느린걸음), 사진에세이 '다른 길-티베트에서 인디아까지'(2014, 느린걸음) 에세이 '사람만이 희망이다-개정판'(2015, 느린걸음) '참된 시작-개정판'(2016, 느린걸음) 감수 '촛불혁명-2016 겨울 그리고 2017 봄, 빛으로 쓴 역사'(2017, 느린걸음)

### 박노호(朴魯鎬) PARK No Ho

(생)1955 · 4 · 1 (주)서울특별시 동대문구 이문로 107 한국외국어대 스칸디나비아어과(02-961-4469) (학)1983년 한국외국어대 스웨덴어과졸 1992년 경제학박사(스웨덴 스톡홀름대) (경)1992년 스웨덴 Stockholm대 경제학과 조교수 1993년 한국조세연구원 초청연구위원 1994~2003년 한국외국어대 스칸디나비아어과 조교수 · 부교수 1994년 동양일보 논설위원 1995년 한국외국어대 스칸디나비아어과장 1999년 同외국학종합연구센터 EDC실장 2000년 同국제지역대학원 교학부장 2001년 스웨덴 스톡홀름대 경제학과 초빙교수 2002~2004년 한국외국어대 입학처장 2003년 同스칸디나비아어과 교수(현) 2012년 同EU연구소장

### 박노황(朴魯晃) Park, Nohwang

(생)1957 · 12 · 7 (본)밀양(密陽) (출)서울 (학)1976년 경기고졸 1981년 한국외국어대 영어과졸 2001년 미국 미시간주립대 국제전문인양성과정(VIPP) 수료 2011년 고려대 언론대학원 최고위과정 수료 (경)1983년 연합뉴스 국제뉴스부 기자 1986년 同사회부 기자 1996년 同사회부 차장 2000년 同사회부 부장대우 2001년 同영문뉴스국 부장대우 2003년 同남북관계부장 2004년 同워싱턴지사장 2005년 同미주총국 워싱턴특파원(부국장대우) 2007년 同외국어뉴스국장 2008년 同전략사업본부장 2009년 同편집국장 2011년 同논설위원 2011~2012년 同국제 · 업무담당 상무이사 2011~2013년 법조언론인클럽 회장 2012년 연합인포맥스 상임고문 2012년 同대표이사 사장 2013~2015년 同특임이사 2013~2014년 한국인권재단 이사 2015~2018년 연합뉴스 대표이사 사장 2015~2018년 연합뉴스TV 대표이사 사장 2015~2018년 연합인포맥스 대표이사 회장 2015~2018년 연합뉴스 동북아센터 이사장 2016~2018년 한국신문협회 이사 (상)제11회 외대 언론인상(2010), 제6회 한국참언론인대상 사회부문(2010), 자랑스러운 외대인상(2016), 세계한인무역협회(월드옥타) 공로패(2016) (저)'키워드 미국영어'(2001) (종)기독교

### 박능후(朴凌厚) Park Neunghoo

(생)1956 · 6 · 24 (본)밀양(密陽) (출)경남 함안 (주)세종특별자치시 도움4로 13 보건복지부 장관실(044-202-2000) (학)1975년 부산고졸 1980년 서울대 경제학과졸 1982년 同대학원 정치학과졸 1998년 사회복지학박사(미국 캘리포니아대 버클리교) (경)1986년 보건사회부 사회보장심의위원회 연구참사 1986년 한국보건사회연구원 연구원 1990년 同책임연구원 1992년 미국 버클리대 조사연구센터 연구원 1998년 한국보건사회연구원 부연구위원 2000년 同사회보장연구실장 2000~2001년 한국사회보장학회 기획담당 이사 2002~2003년 국무총리실 정책평가위원회 전문위원 2002~2003년 보건복지부 국민연금제도발전전문위원회 위원 2002~2016년 사회복지공동모금회 실행분과위원 2003~2007년 노사정위원회 사회소위원회 위원 2004~2017년 경기대 사회과학대학 사회복지학과 부교수 · 교수 2004~2005년 대통령자문 고령화 · 미래사회위원회 위원 2006~2007년 재정경제부 근로소득지원세제실무위원회 위원 2006~2008년 보건복지부 규제심사위원회 위원장 2006~2007년 대통령자문 빈부격차 · 차별시정위원회 위원 2008~2009년 한국사회복지정책학회 회장 2009~2012년 노동부 최저임금위원회 위원 2011~2013년 경기대 사회복지대학원장 2012년 전국사회복지대학원장협의회 회장 2013~2015년 경기대 행정 · 사회복지대학원장 2013~2016년 보건복지부 중앙생활보장위원회 위원 2013~2014년 사회보장재정추계소위원회 위원 2016년 한국사회보장학회 회장 2017년 보건복지부 장관(현) 2017년 대통령직속 국가균형발전위원회 위원(현) 2019년 세계보건기구(WHO) 서태평양지역총회 의장(현) (저)'사회복지의 역사(共)'(1987, 이론과 실천사) '사회복지의 사상(共)'(1989, 이론과 실천사) '사회복지학개론(共)'(2003, 동인출판사) '사회복지학개론-원리와 실제(共)'(2013, 학지사) '한국의 사회복지 2015~2016(共)'(2015, 청목출판사)

### 박 단(朴 檀) PARK Dahn

(생)1960 · 6 · 15 (본)밀양(密陽) (출)서울 (주)서울특별시 마포구 백범로 35 서강대학교 사학과(02-705-7953) (학)1979년 보성고졸 1984년 서강대 사학과졸 1987년 同대학원졸 1995년 역사학박사(프랑스 파리제1대) (경)1996~2010년 한성대 역사문화학부 교수 1996~2010년 同학생지원처장 1998~2000년 한국서양사학회 편집이사, 한국 · 프랑스사학회 편집이사 2001~2002년 역사학회 편집이사 2004년 프랑스 파리1대 20세기 사회사연구소 방문학자 2006~2008년 문화사학회 '역사와 문화' 편집위원장 2008년 한국프랑스사학회 총무이사 2009년 이민인종연구회 운영위원장 2010년 통합유럽연구회 상임편집위원 2010년 서강대 사학과 교수(현) 2011~2012년 한국사학사학회 총무이사 2011~2015년 이주사학회 회장 2012~2016년 국제역사학 한국위원회 사무총장 2013년 (사)역사학회 총무이사 2014년 서강대 사학과장 2015년 同일본문화전공 주임교수 2016년 미국 Univ. of Texas at Austin Institute for Historical Studies 풀부라이트 기금 방문학자 2017년 통합유럽연구회 회장(현) 2018년 한국프랑스사학회 회장(현) 2018년 서강대 교무처장(현) (저)'프랑스의 문화전쟁 : 공화국과 이슬람'(2005, 책세상) '역사 속의 소수자들(共)'(2009, 푸른역사) '현대 서양사회와 이민 : 갈등과 통합 사이에서(共)'(2009, 한성대 출판부) '역사 속의 소수자(共)'(2009, 푸른역사) '현대 서양사회와 이주민 : 갈등과 통합 사이에서'(2009, 한성대 출판부) '프랑스의 열정 : 공화국과 공화주의(共)'(2011, 아카넷) '프랑스공화국과 이방인들'(2013, 서강대 출판부-학술원 우수학술도서) '도시로 보는 유럽통합사(共)'(2013, 책과함께) '프랑스의 종교와 세속화의 역사(共)'(2013, 충남대 출판부) '교육과 정치로 본 프랑스사(共)'(2014, 서해문집) '유럽을 만든 대학들(共)'(2015, 책과함께) '조약으로 보는 유럽통합사(共)'(2016, 높이깊이) '이만큼 가까운 프랑스'(2017, 창비) '박물관 미술관에서 보는 유럽사(共)'(2018, 책과함께) (역)'프랑스사회사 : 1789-1970'(2000, 동문선) '인간에 관한 가장 아름다운 이야기(共)'(2007, 부키)

**박달순(朴達淳)**

(생)1961·2·14 (출)전북 군산 (주)경기도 수원시 장안구 창룡대로 223 경기남부지방경찰청 보안과(031-888-2191) (학)전북 군산동고졸, 전북대 행정학과졸, 同행정대학원 행정학과졸 (경)1988년 경위 임관(경찰간부후보 36기) 1996년 경감 승진 2006년 경정 승진 2006년 경기지방경찰청 보안과 보안수사대 1대장 2013년 同보안과 보안계장 2015년 同홍보담당관실 홍보계장 2016년 충남지방경찰청 홍보담당관(총경) 2016년 충북지방경찰청 청문감사담당관 2017년 전북지방경찰청 홍보담당관 2017년 전북 완주경찰서장 2019년 경기남부지방경찰청 보안과장(현)

**박달영**

(생)1968 (출)경북 안동 (주)서울특별시 종로구 종로5길 86 서울지방국세청 개인납세1과(02-2114-2804) (학)안동 영문고졸 1989년 세무대학졸(7기), 한국방송통신대 법학과졸 2012년 연세대 법무대학원졸 (경)1989년 8급 특채, 국세청 법무과 근무, 同법규과 근무, 서울지방국세청 조사1국 조사1과 근무, 경주세무서 근무 2014년 국세청 감사담당관실 감사3계장(서기관) 2015년 서울지방국세청 조사4국 조사1과 조사1팀장 2016년 경북 영덕세무서장 2017년 충남 천안세무서장 2018년 경기 화성세무서장 2019년 서울지방국세청 개인납세1과장(현)

**박달호(朴達浩) Park Dalho**

(생)1961·2·23 (출)전남 신안 (주)전라남도 목포시 삼향천로 110 목포소방서 서장실(061-280-0900) (학)1979년 목포고졸 2003년 전남대 행정대학원졸 (경)1990년 소방간부후보생 임용(6기) 1998년 전남도소방본부 소방행정과 감찰담당 1999년 전남 목포소방서 소방과장 2001년 전남 해남소방서 방호과장 2003년 전남 나주소방서 구조구급과장 2007년 전남 영광소방서 방호과장 2008년 전남도소방본부 소방행정과장 2009년 전남 광양소방서장 2012년 전남 여수소방서장 2015년 전남 영광소방서장 2017년 전남 화순소방서장 2018년 전남 목포소방서장(현)

**박대근(朴大槿) PARK Dae Keun**

(생)1958·3·15 (본)밀양(密陽) (출)서울 (주)서울특별시 성동구 왕십리로 222 한양대학교 경제금융학부(02-2220-1033) (학)1977년 휘문고졸 1981년 서울대 경제학과졸 1983년 한국과학기술원(KAIST) 석사 1989년 경제학박사(미국 하버드대) (경)1981년 한신증권(주) 근무 1987년 미국 뉴욕주립대 경제학과 조교수 1991년 한양대 경제금융학부 교수(현) 2008·2010~2012년 同경제금융대학장 2009년 세종시 민관합동위원회 민간위원 2013년 금융위원회 금융발전심의회 위원장 2014~2018년 KT 사외이사 겸 감사위원 2015년 한국국제금융학회 회장 2015~2017년 대통령자문 국민경제자문회의 기초경제1분과 위원장 2016년 금융위원회 금융발전심의회 정책·글로벌금융분과 위원 2016년 대통령직속 규제개혁위원회 경제분과 민간위원 2017년 한국국제경제학회 부회장 2018년 同제41대 회장 2019년 同명예회장(현) (종)천주교

**박대동(朴大東) PARK Dae Dong**

(생)1951·5·13 (출)울산 (주)서울특별시 강남구 테헤란로 521 법무법인(유) 율촌(02-528-5041) (학)1969년 경남고졸 1973년 서울대 경제학과졸 1976년 부산대 행정대학원 수료 1979년 서울대 환경대학원 환경계획학과 수료(1년) 1994년 미국 위스콘신대 대학원 공공정책 및 행정학과졸 (경)1978년 행정고시 합격(22회) 1997년 재정경제원 금융정책실 국민저축과장 1998~1999년 국제심판소 조사관 1999~2000년 재정경제부 법무담당관·기획예산담당관 2000~2001년 同국제금융국 외화자금과장 2002~2003년 국회 재정경제위원회 파견(국장급) 2004~2006년 금융감독위원회 감독정책1국장 2007~2008년 同상임위원 2008~2009년 예금보험공사 사장 2011~2012년 새누리당 기획재정위원회 부위원장 2011~2012년 同중앙노동위원회 부위원장 2012~2013년 同울산시당 위원장 2012~2016년 제19대 국회의원(울산 북구, 새누리당) 2012·2014년 국회 정무위원회 위원 2012년 국회 예산결산특별위원회 위원 2012년 (사)고헌박상진의사추모사업회 회장(현) 2013년 국회 한·볼리비아친선협회 부회장 2013년 새누리당 대표최고위원 특별보좌역 2013·2015년 국회 정치개혁특별위원회 위원 2014년 국회 평창동계올림픽및국제경기대회지원특별위원회 위원 2014년 새누리당 경제혁신특별위원회 공기업개혁분과 위원 2014년 同재외국민위원회 유럽지역 부위원장 2015년 同재해대책위원회 부위원장 2015년 同울산시당 위원장 2015년 同핀테크특별위원회 위원 2015년 同나눔경제특별위원회 위원 2015년 국회 평창동계올림픽및국제경기대회지원특별위원회 위원 2016년 법무법인(유) 율촌 고문(현) 2016년 셀맥인터내셔널 사외이사(현) 2017년 삼성화재해상보험(주) 사외이사(현) (상)보국훈장 광복장(1981), 재무부 유공표창(1985), 보건사회부 효행공무원상(1988), 법률소비자연맹 선정 국회헌정대상(2013·2014·2015), 유권자시민행동 2013국정감사 최우수상(2013) (종)기독교

**박대범(朴大範)** (정현)

(생)1974·10·12 (본)밀양(密陽) (출)대구 (주)제주특별자치도 제주시 남광북5길 3 제주지방검찰청 형사3부(064-729-4820) (학)1993년 대구 경상고졸 1999년 경북대 사법학과졸, 同수사과학대학원졸 (경)2001년 사법시험 합격(43회) 2004년 사법연수원 수료(33기), 법무법인 대구하나로 변호사, 변호사 개업 2006년 대한법률구조공단 창원지부장 2008년 수원지검 안산지청 검사 2010년 창원지검 밀양지청 검사 2012년 대구지검 서부지청 검사 2014년 창원지검 검사 2016년 서울중앙지검 검사 2018년 同부부장검사 2018년 환경부 파견 2019년 제주지검 형사3부장(현)

**박대수(朴大洙) PARK DAE SU**

(생)1963·10·28 (출)전북 전주 (주)경기도 성남시 분당구 불정로 90 (주)KT 사업협력부문(031-727-0114) (학)1987년 서울대 계산통계학과졸 1989년 同대학원 계산통계학과졸 1997년 경영과학박사(렌셀러폴리테크닉대) 2009년 서울대 행정대학원 정보통신정책과정 수료 2011년 국방대 안전보장대학원 안보과정 수료 (경)1989년 (주)KT 입사 2007년 同정책협력담당 상무보 2010년 同대전법인사업단장(상무) 2012년 同Public고객본부장(상무) 2014년 同전북고객본부장(상무) 2015년 한국경영과학회 부회장(현) 2017년 (주)KT 경제경영연구소장(전무) 2017년 同CR부문장(전무) 2018년 同남북협력사업개발TF 대정부지원분과장 겸임 2019년 同사업협력부문장(전무)(현)

**박대순(朴大淳) PARK Dae Soon**

(생)1966·10·1 (본)순천(順天) (출)충남 연기 (주)세종특별자치시 도움6로 11 국토교통부 동서남해안및내륙권발전기획단(044-201-4544) (학)1984년 서울사대부고졸 1989년 경희대 법학과졸 1997년 서울대 행정대학원 행정학과졸 2016년 교통경제학박사(영국 사우샘프턴대) (경)1993년 행정고시 합격(37회) 2003년 건설교통부 도로국 도로정책과 사무관 2004년 同도로국 도로정책과 서기관, 同규제개혁기획단 서기관 2005년 국무조정실 규제개혁기획단 서기관 2007년 건설교통부 제도개혁팀장 2008년 국토해양부 공공기관지방이전추진단 혁신도시3과장 2008년 同공공기관지방이전추진단 종전부동산과장 2008년 同공공기관지방이전추진단 도시기획과장 2009년 同공공기관지방이전추진단 기획총괄과장 2010년 同연안해운과장 2011년 同기획조정실 남북협력팀장 2011년 영국 교육파견(과장급) 2015년 국토교통부 국제협력통상담당관 2017년 同교통물류실 도시광역교통과장 2017년 同자동차관리관실 자동

차정책과장(서기관) 2018년 同자동차관리관실 자동차정책과장(부이사관) 2018년 同동서남해안및내륙권발전기획단 기획총괄과장 2018년 同동서남해안및내륙권발전기획단 기획관(현) 【상】대통령표창(2003)

### 박대양(朴大陽) Park Dae Yang

【생】1961 · 11 · 3 【주】서울특별시 중구 퇴계로 100 스테이트타워 남산 17~19층 한국투자공사(02-2179-1000) 【학】배재고졸, 고려대 경영학과졸, 미국 아이오와주립대 대학원 경영학과졸 【경】삼성생명 근무, 아이투자신탁운용 근무, 새마을금고연합회 투자전략팀장, 알리안츠생명보험(주) 자산운용실장(상무보) 2010~2016년 同자산운용실장(상무) 2017~2019년 사립학교교직원연금공단 자금운용관리단장(CIO) 2019년 한국투자공사(KIC) 투자운용본부장(CIO) 겸 부사장(현)

### 박대연(朴大演) PARK Dae Yeon

【생】1956 · 3 · 14 【출】전남 담양 【주】경기도 성남시 분당구 황새울로329번길 5 (주)티맥스소프트 임원실(031-8018-1000) 【학】광주상고졸 1989년 미국 오리건대 컴퓨터과학과졸 1991년 同대학원 컴퓨터과학과졸 1996년 컴퓨터과학박사(미국 서던캘리포니아대) 【경】1988년 한일은행 전산실 근무 1996~1997년 한국외국어대 제어계측공학과 교수 1997년 (주)티맥스소프트 창업 · 최고기술책임자(CTO) 1998~2007년 한국과학기술원 전기및전자공학전공 교수 2008년 (주)티맥스소프트 대표이사 사장(CEO) 2008년 同회장(현) 【상】국무총리표창(1999), 올해의 최고 논문상(2003), 은탑산업훈장(2005)

### 박대영(朴大英)

【생】1962 · 3 【주】경기도 고양시 일산동구 문원길 71 NH인재원(031-910-4800) 【학】성균관대 산업심리학과졸 【경】2007년 우리투자증권(주) 업무지원팀장 2008년 同업무지원팀장(부장) 2008년 同영업기획팀장 2009년 同신목동지점장 2009년 同경영관리부장 2014년 同시너지추진단장 2014년 NH투자증권(주) NH금융PLUS센터장(부장) 2015년 同NH금융PLUS센터장(상무보) 2015년 同강북지역본부장 2017년 同경영전략본부장 겸 프로골프단장 2018년 同고객자산운용본부장(상무) 2019년 同NH인재원장(현) 2019년 K뱅크 상임감사위원 후보(현)

### 박대준(朴大準) PARK Dae Joon

【생】1963 · 8 · 24 【출】전남 장성 【주】전라북도 전주시 덕진구 사평로 25 전주지방법원 총무과(063-259-5466) 【학】1982년 금호고졸 1986년 서울대 법과대학졸 【경】1988년 사법시험 합격(30회) 1991년 사법연수원 수료(20기) 1991년 軍법무관 1994년 서울지법 동부지원 판사 1996년 서울지법 판사 1999년 전주지법 판사 2001년 서울지법 판사 2002년 서울고법 판사 2003년 대법원 재판연구관 2005년 서울동부지법 판사 2006년 인천지법 부장판사 2009년 서울남부지법 부장판사 2011년 서울중앙지법 부장판사 2014년 서울북부지법 부장판사 2016년 인천지법 부장판사 2019년 전주지법 부장판사(현)

### 박대창(朴旲昌) PARK Dae Chang

【생】1951 · 3 · 6 【출】인천 【주】서울특별시 서초구 바우뫼로27길 2 일동홀딩스(주) 사장실(02-526-3114) 【학】1969년 제물포고졸 1977년 서울대 약학과졸 【경】1978년 일동제약(주) 입사 1992년 同부장 1997년 同이사 2002년 同상무 2003년 同안성공장장(상무) 2008년 同생산부문장(전무) 2013년 同생산부문장(부사장) 2016년 同생산본부장(부사장) 2018년 일동홀딩스(주) 사장(현) 【상】철탑산업훈장(2014) 【종】기독교

### 박대출(朴大出) Park Dae Chul

【생】1961 · 3 · 18 【출】경남 진주 【주】서울특별시 영등포구 의사당대로 1 국회 의원회관 802호(02-784-6750) 【학】진주고졸, 연세대 정치외교학과졸, 同행정대학원 외교안보학과졸 【경】1999년 대한매일 정치팀 기자 2000년 同디지털팀 차장 2002년 同산업부 기자(차장급) 2004년 同정치부 차장 2005년 서울신문 편집국 정치부 부장급 2006년 同편집국 공공정책부장 2007년 同편집국 정치부장 2008년 同편집국 정치부 선임기자 2009년 同경영기획실 창간행사준비TF팀장 2009년 同미디어연구소 심의위원 2009년 同논설위원 2011년 同논설위원(부국장급), 부경대 인문사회과학대학 겸임교수 2012년 제19대 국회의원(경남 진주시甲, 새누리당) 2012~2013년 새누리당 원내부대표 2012년 同박근혜 대통령후보 공보단 위원 2013년 국회 미래창조과학방송통신위원회 위원 2013년 국회 예산결산특별위원회 위원 2014~2015년 새누리당 대변인 2014~2016년 한국신문윤리위원회 위원 2014년 국회 교육문화체육관광위원회 위원 2015년 새누리당 교육개혁특별위원회 위원 2016년 제20대 국회의원(경남 진주시甲, 새누리당 · 자유한국당〈2017.2〉)(현) 2016~2017년 국회 미래창조과학방송통신위원회 간사 2016년 한국아동인구환경의원연맹(CPE) 회원(현) 2017~2018년 국회 과학기술정보방송통신위원회 간사 2018년 자유한국당 좌파정권방송장악피해자지원특별위원회 위원장 2018년 국회 과학기술정보방송통신위원회 위원(현) 2018년 국회 예산결산특별위원회 위원(현) 【상】범시민사회단체연합 선정 '올해의 좋은 국회의원'(2014 · 2015), 국정감사NGO모니터단 선정 '국정감사 우수 국회의원'(2015), 한국관광공사 감사패(2016), 대한불교조계종 감사패(2016), 한국을 빛낸 사람들 '의정부문 언론발전공로대상'(2016), 대한민국평화 · 안보대상 의정활동공헌부문 대상(2016), 2017년도 입법및정책개발 우수국회의원상(2018), 한국생명공학연구원 감사패(2019)

### 박대환(朴大桓) PARK Dae Hwan

【생】1955 · 5 · 9 【출】광주 【주】광주광역시 동구 필문대로 309 조선대학교 외국어대학 독일어문화학과(062-230-6926) 【학】1972년 목포고졸 1976년 조선대 독어독문학과졸 1978년 한국외국어대 대학원 독일어과졸 1990년 문학박사(충남대) 【경】1980년 조선대 외국어대학 독일어문화학과 전임강사 · 조교수 · 부교수 · 교수(현) 1984년 독일 뮌헨대 초빙교수 1991년 同객원교수 1994년 독일 칼스루에대 객원교수 1995~1997년 조선대 학생부처장 1998~1999년 同교수협의회 의장 2001~2003년 同외국어대학장, 한국독일어문학회 회장 2003년 대통령자문 정책기획위원회 위원 2009년 한국문화학회 회장 2012~2016년 조선대 대외협력처장 2017년 한국 · 탄자니아친선협회 초대 회장(현) 【저】'세계 문화의 이해' '뒤렌마트 문학연구' 'Deutsch fur Koreaner'

### 박덕규(朴德奎) PARK Duk kyu

【생】1958 · 7 · 12 【본】상주(尙州) 【출】경북 안동 【주】충청남도 천안시 동남구 단대로 119 단국대학교 예술대학 문예창작과(041-550-3774) 【학】1982년 경희대 국어국문학과졸 1984년 同대학원 국어국문학과졸 2004년 문학박사(단국대) 【경】1980년 '시운동'을 통해 시인등단, 시인(현) 1982년 중앙일보 '신춘문예'를 통해 평론가 등단, 평론가(현), 소설가(현) 1998~2005년 협성대 문예창작학과 부교수 1999년 (사)시사랑문화인협의회 이사 2003년 (사)평생교육진흥연구회 이사 2005년 단국대 예술대학 문예창작과 부교수 · 교수(현) 2012~2015년 한국문예창작학회 회장 2014년 한국문예창작아카데미 회장(현) 2017년 문화체육관광부 문학진흥정책위원회 위원(현) 2018년 단국대 예술대학장(현) 【상】중앙일보 신춘문예 평론 당선(1982), 한국문학 평론 신인상(1982), 평운문학상 평론부문 우수상(1992), 경희문학상 소설부문 본상(2001), 문화체육관광부 우수교양도서(2010), 문화예술위원회 문학나눔 우수문학도서(2011), 제30회 이상화시문학상(2015) 등 【저】시집 '아름다운 사냥'(1984) '골목을

나는 나비'(2014), 평론집 '문학과 탐색의 정신'(1992) '문학공간과 글로컬리즘'(2011), 소설집 '날아라 거북이'(1996) '포구에서 온 편지'(2000), 탈북소재소설선 '함께 있어도 외로움에 떠는 당신들'(2012), 장편소설 '시인들이 살았던 집'(1997) '법과 사랑'(2004) '사명대사 일본탐정기'(2010), 평전 '아동문학의 마르지 않는 샘 강소천 평전'(2015) (작)오페라 극본'정조대왕의 꿈' 뮤지컬 극본 '시 뭐꼬?' '안녕, 아무르' 등

### 박덕동(朴德東)

(생)1960·4·10 (주)경기도 수원시 팔달구 효원로 1 경기도의회(031-8008-7000) (학)1991년 동의대 인문대학 중어중문학과졸 (경)장우복지기업 대표(현), 민주당 전통문화진흥특위 위원장, (사)다문화센터 행복한이웃 상임이사 2010년 경기도의원선거 출마(민주당), 경기도교육청 교육자치협의회 복지위원 2012년 경기 광주시의원선거 출마(재·보궐선거, 민주통합당), 새정치민주연합 경기광주시지역위원회 부위원장 2014년 경기도의원선거 출마(새정치민주연합), 더불어민주당 경기도당 문화예술특별위원회 위원장(현), 同경기광주시乙지역위원회 지방자치위원장 2018년 경기도의회 의원(더불어민주당)(현) 2018년 同제2교육위원회 위원(현) 2018년 同예산결산특별위원회 위원(현)

### 박덕순(朴德洵) PARK Deok Soon

(생)1960·10·2 (출)경기 양평 (주)경기도 화성시 남양읍 시청로 159 화성시청 부시장실(031-369-2011) (학)1978년 청운고졸 1981년 예산농업전문대학 축산학과졸 1987년 한국방송통신대 행정학과졸 1991년 경기대 대학원 행정학과졸 (경)1981년 공무원 임용 1995년 경기도 농정국 농업경영과 지방행정주사 1996년 同농정국 농업정책과 지방행정주사 1999년 교육 파견 1999년 광명시 소하2동장(지방행정사무관) 2001년 同광명6동장 2001년 同도시국 주택과장 직대 2003년 경기도의회 총무담당관실 자료정보담당 2003년 同총무담당관실 공보자료담당 2004년 경기도 경제투자관리실 경제항만과 소비자보호담당 2005년 同자치행정국 총무과 기록관리담당 2007년 同자치행정국 자치행정과 인사담당 2009년 경기도보건환경연구원 총무과장(지방서기관) 2009년 경기도인재개발원 교육컨설팅과장 2012년 경기도 비전기획관실 정보화기획담당관 2013년 同보건복지국 무한돌봄센터장 2014년 同자치행정국 인사과장 2015년 경기 광주시 부시장(지방부이사관) 2016년 교육 파견 2016~2018년 경기 광주시 부시장 2018년 경기도 경제실 일자리노동정책관 2019년 경기 화성시 부시장(현) (상)모범공무원 국무총리표창(1997), 광명시장표창(1999), 대통령표창(2005), 경기도지사표창(2011)

### 박덕열(朴德烈) Dukryul Park

(생)1968·7·1 (본)상주(尙州) (출)충북 청주 (주)세종특별자치시 한누리대로 402 산업통상자원부 지역경제진흥과(044-203-4455) (학)1987년 청주고졸 1995년 고려대 경제학과졸 (경)1999년 행정고시 합격(43회) 2000~2005년 산업자원부 원자력산업과·방사성폐기물과·디지털혁신팀·장관실 사무관 2008년 지식경제부 장관실 서기관 2009년 同플랜트팀장 2011년 대통령실 과학기술비서관실 행정관 2012년 駐UAE대사관 에너지관 2015년 산업통상자원부 정책기획관실 창조행정담당관 2016년 同무역투자실 무역진흥과장 2018년 同통상협력국 동북아통상과장 2019년 同지역경제진흥과장(현)

### 박덕영(朴德永) PARK Duk young

(생)1964·10·31 (본)밀양(密陽) (출)인천 (주)강원도 강릉시 죽헌길 7 강릉원주대학교 치의학과(033-640-3185) (학)1989년 서울대 치의학과졸 1994년 同대학원 치의학과졸 1997년 치의학박사(서울대) (경)강릉대 치의학과 교수 2007년 同치의학교육연구센터 소장 2008년 同치과대학장 2009년 강릉원주대 치의학과 교수(현) 2011년 同사회봉사센터 소장 2012~2013년 同치과대학장 2016~2018년 同기획협력처장 2018년 同교학부총장 겸 교무처장(현) (상)보건복지부장관표창(2017) (저)'공중구강보건학'(2000) 'SPSS와 SAS의 일반선형모형(GLM)을 이용한 치학 반복측정설계 및 분석의 실제'(2007) '전문가 구강건강관리의 임상술식'(2013) '치과진료 의사소통 기술의 이론과 실습'(2015) (역)'국제학술지 투고를 위한 의학계열 논문쓰기 : 계획에서 발표까지'(2000) '환자의 만족도를 높이는 구강진료 행동과학'(2004) ' Primary preventive dentistry'(2006)

### 박덕흠(朴德欽) PARK Duk Hyum

(생)1953·10·18 (출)충북 옥천 (주)서울특별시 영등포구 의사당대로 1 국회 의원회관 604호(02-784-6550) (학)1997년 서울산업대 토목공학과졸 2001년 연세대 대학원 토목공학과졸 2005년 명예 경영학박사(러시아 국립게르첸교원대) 2006년 명예 경영학박사(서울산업대) 2008년 서울산업대 철도전문대학원 철도건설공학 박사과정 수료 2010년 토목공학박사(한양대) (경)1984년 원화건설(주) 대표이사 2002~2007년 연세대 공학대학원 총동창회장 2003~2008년 서울산업대 토목공학과 겸임교수 2004~2006년 서울수서경찰서 행정발전위원장 2005~2007년 한국어울림문화복지협회 총회장 2005~2009년 민주평통 자문위원 2005~2009년 대한사이클연맹 수석부회장 2006~2012년 대한전문건설협회중앙회 회장 2006~2012년 (재)한국건설산업품질연구원 이사장 2006~2012년 대한건설정책연구원 이사장 2009년 在京옥천군향우회 회장 2009~2010년 (사)충북협회 회장 2010년 2010세계대백제전 홍보대사 2010년 서울과학기술대 토목공학과 발전후원회장 2010~2013년 원화코퍼레이션 대표이사 2011~2012년 법제처 중소기업국민법제관 2011년 옥천중총동문회 회장 2012년 제19대 국회의원(충북 보은군·옥천군·영동군, 새누리당) 2012년 새누리당 중앙재해대책위원장 2013~2015년 同충북도당 위원장 2013년 국회 안전행정위원회 위원 2014~2015년 국민생활체육전국검도연합회 회장 2014~2015년 국회 지방자치발전특별위원회 위원 2014년 국회 기획재정위원회 위원 2014~2015년 국회 예산결산특별위원회 위원 2014년 새누리당 재외국민위원회 중남미지역 부위원장 2015년 국회 서민주거복지특별위원회 위원 2015년 국회 국토교통위원회 위원 2015~2016년 새누리당 중앙연수원장 2016년 제20대 국회의원(충북 보은군·옥천군·영동군·괴산군, 새누리당·자유한국당〈2017.2〉)(현) 2016년 국회 국토교통위원회 위원 2016년 국회 정치발전특별위원회 위원 2016년 한국아동인구환경의원연맹(CPE) 회원 2016년 새누리당 조직담당 사무부총장 2017년 한국스카우트 충북연맹장(현) 2017~2018년 자유한국당 충북도당 위원장 2017·2018년 국회 국토교통위원회 간사(현) 2017년 국회 재난안전대책특별위원회 위원 2018년 자유한국당 충북도당 공천관리위원회 위원장 2018년 同혁신비상대책위원회 준비위원회 위원 2018년 국회 예산결산특별위원회 위원(현) 2018년 자유한국당 혁신비상대책위원회 위원 (상)서울시장표창(1993·1998), 자랑스런 연세공학인상(2008), 금탑산업훈장(2009), 대한가수협회 감사패(2010), 한국언론사협회 선정 '대한민국 우수 국회의원 대상'(2013·2015), 국정감사NGO모니터단 선정 '국정감사 우수국회의원상'(2015) (저)'벼랑에 선 소나무'(2006, 천년의시작)

### 박도문(朴道文) PARK Do Moon

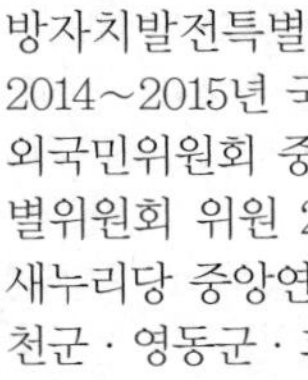

(생)1943·2·15 (본)밀양(密陽) (출)경북 경주 (주)울산광역시 북구 효암로 84-13 대원그룹 회장실(052-923-2356) (학)1995년 포항수산대학졸 1996년 고려대 언론대학원 최고경영자과정 수료 1998년 同정책대학원 최고위정책과정 수료 (경)1982년 현대광업(주) 창업·회장(현) 1984~2005년 (주)대원SCN 창업·회장 1991년 대원MEXICO(주) 창업 1991년 대원AMERICA(주) 창업 1993년 경북수영연맹 부회장 1995년 대한

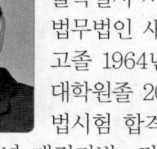

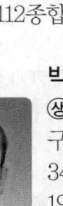

씨름협회 부회장 1995년 대원교육문화재단 설립·이사장 1998년 (주)한국케이블TV 울산방송 설립 1998년 강릉문화예술진흥재단 설립·이사장 2001~2007년 駐韓콩고공화국 명예총영사 2001년 (주)대원SCN 여자농구단 구단주 2002년 대원그룹 회장(현) 2004년 (주)대원에스앤피 볼링선수단 구단주 2007년 (사)한중문화협회 부총재 2007년 한국골재협회 부회장 2013년 同회장(현) 2013년 (사)한중문화협회 부회장(현) 2019년 민주평통 울산지역회의 부의장(현) [상]통상산업부장관표창(1996), 대통령표창(1996), 경남도지사표창(1996), 환경부장관표창(1999), 산업자원부장관표창(2003), 석탑산업훈장(2007)

**박도환(朴都煥) Park Do Hwan**

[생]1962·8·11 [본]밀양(密陽) [출]경기 포천 [주]충청남도 공주시 봉정돌고개길 20 중부지방산림청(041-850-4001) [학]1985년 서울대졸 [경]2012년 산림청 춘천국유림관리소장 2013년 同도시숲경관과장 2014년 同산림보호국 산림병해충과장 2015년 국방대 안보과정 파견 2016년 산림청 산불방지과장(서기관) 2017년 同산불방지과장(부이사관) 2019년 중부지방산림청장(현) [상]농림부장관표창(2000), 산림청장표창(2001), 국무총리표창(2006), 대통령표창(2017)

**박동기(朴東基) PARK DONG KI**

[생]1957·12·12 [출]전북 남원 [주]서울특별시 송파구 올림픽로 240 롯데월드(02-411-2071) [학]1976년 전주고졸 1984년 전북대 경영학과졸 2011년 고려대 최고경영자과정 수료(71기) [경]1999년 (주)호남석유화학 전략경영팀장 2004년 롯데그룹 정책본부 신문화팀장(이사대우), 同정책본부 상무, 同정책본부 전무 2012~2014년 롯데하이마트(주) 전략지원본부장(전무) 2015년 (주)호텔롯데 롯데월드 대표이사 전무 2016년 한국경영자총협회 감사(현) 2017년 (주)호텔롯데 롯데월드 대표이사 부사장(현), 중앙노동위원회 사용자위원(현), 서울상공회의소 전국경제인연합 노사인력위원회 위원(현) 2019년 (사)한국종합유원시설협회 회장(현) [상]은탑산업훈장(2016)

**박동매(朴東梅·女) PARK Dong Mae**

[생]1960·10·1 [출]전남 진도 [주]서울특별시 강남구 봉은사로 406 국가무형문화재전수교육관(02-3453-1685) [경]1977년 중요무형문화재 제51호 남도들노래 전수장학생 선정 1980년 同이수자 선정 1981년 한미수교100주년기념 공연(워싱턴·LA·뉴욕) 1985년 중요무형문화재 제51호 남도들노래 전수조교 선정 1985년 세계민속놀이경연대회 공연 1996년 한국의 소리 일본 공연(도쿄) 2001년 일본 오사카 공연 2001년 국가무형문화재 제51호 남도들노래(창) 예능보유자 지정(현) 2001~2015년 진도군립민속예술단 수석단원·상임단원 [상]KBS 민요백일장 최우수상(1978), 남도명창대회 명창부 최우수상(1981), 남도국악협회 주최 판소리부문 최우수상(1987), 제주도민요경창대회 우수상(1991), 전국국악협회 명창부 최우수상(1991)

**박동민(朴東珉) Park Dong-Min**

[생]1966·9·7 [본]밀양(密陽) [출]경남 함안 [주]서울특별시 중구 세종대로 39 대한상공회의소 회원사업본부(02-6050-3420) [학]1985년 창원고졸 1991년 고려대 경제학과졸 2002년 同정책대학원졸 [경]1991년 대한상공회의소 산업부 근무 1999년 同홍보실 근무 2006년 同윤리경영팀장 2008년 민관합동규제개혁추진단 규제점검팀장 2010년 국가경쟁력강화위원회 규제개혁국 전문위원 2012년 대한상공회의소 홍보실장 2015년 同회원사업본부장(상무이사)(현) [상]국무총리표창(2007), 대통령표창(2011)

**박동섭(朴東涉) PARK Dong Seob** (이당)

[생]1942·3·10 [본]밀양(密陽) [출]경남 창녕 [주]서울특별시 서초구 법원로 15 정곡빌딩 서관 306호 법무법인 새한양(02-536-3500) [학]1960년 계성고졸 1964년 서울대 법과대학졸 1972년 同법학대학원졸 2013년 법학박사(연세대) [경]1970년 사법시험 합격(11회) 1972년 사법연수원 수료(1기) 1972~1982년 대전지법·강경지원·서울지법 의정부지원·남부지원·서울형사지법·서울민사지법 판사 1979년 미국 텍사스대 연수 1982~1985년 대구고법·서울고법 판사 1986년 대전지법 부장판사 1988년 인천지법 부장판사 1990년 서울가정법원 부장판사, 서울지법 부장판사 1993년 서울민사지법 부장판사 1994년 변호사 개업 1999~2013년 법무법인 새한양 변호사 1999년 서울지방변호사회 부회장 2000~2004년 연세대 겸임교수 2000년 언론중재위원회 위원 2002년 사법시험 시험위원 2003년 서울대 법과대학 강사 2009년 대한변호사협회 회원이사 2013년 법무법인 새한양 변호사(현) [상]한국어문기자협회 제26회 한국어문상 특별상(2014) [저]'친족상속법 해설'(1994) '손해배상의 법률지식'(1997) '생활속의 법률지식'(2000) '상속과 세금'(2002) '주석 가사소송법'(2004) '이혼소송과 재산분할'(2006) '가사소송실무'(2006·2013) '개정판 친족상속법'(2007·2013) [종]기독교

**박동수(朴東洙)**

[생]1960·8·27 [주]서울특별시 노원구 노원로 283 서울 노원경찰서(02-2092-0321) [학]서울 우신고졸, 한국방송통신대 행정학과졸, 서울시립대 도시행정대학원 행정학 석사과정 수료 [경]1987년 경찰공무원 임용(경사 특채) 2013년 서울 강서경찰서 여성청소년과장 2014년 제주지방경찰청 생활안전과장 2015년 경기지방경찰청 여성청소년과장 2016년 경기 부천오정경찰서장 2017년 중앙경찰학교 운영지원과장 2017년 서울지방경찰청 112종합상황실장 2019년 서울 노원경찰서장(현)

**박동영(朴東暎) PARK Dong Young**

[생]1952·3·25 [출]경남 밀양 [주]서울특별시 강남구 봉은사로 406 국가무형문화재전수교육관(02-3453-1685) [학]1971년 밀양고등공민학교졸(야간) 1980년 하보경 선생께 양반·범부춤·북춤 사사 1982년 김타업 선생께 쇠가락·장고가락·병신춤 사사 1987년 김상용 선생께 농요·오북춤 사사 [경]1979년 중요무형문화재 제68호 밀양백중놀이 입문 1980년 부터 국내외에서 500여회 밀양백중놀이 공연 참가 1988년 밀양백중놀이 전수조교 선정 1995년 밀양백중놀이보존회 부회장·회장 2002년 국가무형문화재 제68호 밀양백중놀이(북·장고) 예능보유자 지정(현) 2006년 경남도중요무형문화재연합회 회장 [상]전국대학생마당놀이경연대회 은상, 밀양시민대상, 전국민속예술경연대회 문화체육부장관표창

**박동영(朴東英) PARK Dong Young**

[생]1953·12·10 [출]서울 [주]서울특별시 서초구 서초중앙로 215 홍익대 강남교육원 4층 법무법인 두우(02-595-1255) [학]1972년 경기고졸 1976년 서울대 법학과졸 1978년 同법과대학원 석사과정 수료 [경]1978년 軍법무관 임용시험 합격(3회) 1981년 사법시험 합격(23회) 1983년 사법연수원 수료(13기) 1983년 해군 법무관 1986년 인천지법 판사 1987년 서울지법 동부지원 판사 1989년 서울민사지법 판사 1990년 청주지법 충주지원 판사 1993년 서울민사지법 판사 1994년 서울고법 판사 1996년 서울지법 판사 1998년 서울가정법원 판사 1999년 춘천지법 영월지원장 2000년 서울지법 의정부지원 부장판사 2002년 서울지법 부장판사 2004년 서울중앙지법 부장판사 2005년 서울남부지법 부장판사 2006년 법무법인 로고스 변호사 2008년 법무법인 지성 대표변

ㅂ

호사 2008~2010년 법무법인 지평지성 대표변호사 2010~2013년 법무법인 두우&이우 대표변호사 2013년 법무법인 두우 대표변호사(현) (종)기독교

### 박동욱(朴東郁)

(생)1962 · 2 (출)경남 진주 (주)서울특별시 종로구 율곡로 75 현대건설(주) 사장실(02-746-2001) (학)진주고졸, 서강대 경영학과졸 (경)1988년 현대건설(주) 입사 1999년 현대자동차(주) 근무, 同재무관리실장(이사), 同재무관리실장 · 재경사업부장(상무), 同재경사업부장(전무) 2011년 현대건설(주) 재경본부장(전무 · 부사장) 2018년 同대표이사 사장(현)

### 박동운(朴棟韻) PARK Dong Woon

(생)1958 · 10 · 22 (출)경남 진주 (주)서울특별시 강남구 압구정로 165 (주)현대백화점 비서실(02-3416-5213) (학)진주고졸, 부산대 사회학과졸 (경)2005년 (주)현대백화점 울산동구점장, 同패션상품사업부 여성캐주얼팀장 2006년 同울산점장(이사대우) 2008년 同무역센터점장(상무) 2008년 同목동점장 2010년 同본점장(전무) 2012년 同상품본부장(부사장) 2016년 同대표이사 사장(현) 2017~2018년 (사)한국백화점협회 회장, 한무쇼핑(주) 사내이사 겸임(현), (주)현대백화점면세점 사내이사 겸임(현) (종)불교

### 박동일(朴東一) PARK Dong Il

(생)1956 · 4 · 30 (본)밀양(密陽) (출)부산 (주)부산광역시 부산진구 엄광로 176 동의대학교 한의과대학 한의학과(051-850-8650) (학)1982년 경희대 한의학과졸 1985년 同대학원 한의학과졸 1989년 한의학박사(경희대) (경)1989년 동의대 한의학과 교수(현) 1991년 同부속한방병원 주임교수(현) 1992~1996년 同한의학과장 1992~1993년 同부속한방병원 교육연구부장 1996~2000년 同부속한방병원장 1997~2000년 同보건진료소장 1997년 근로복지공단 자문의(현) 2000년 대한한방병원협회 이사 2001년 부산지역보건의료심의위원회 위원(현) 2002~2008년 동의대 한의과대학장 2005년 건강보험심사평가원 위원(현) 2010년 대한한방알레르기 및 면역학회 회장(현) 2010~2013년 동의대 한방병원장 겸 보건진료소장 2017년 전국한의과대학폐계내과학교실협의회 회장(현) (상)보건복지부장관표창(2002) (저)'동의폐계내과학'(1993) (종)불교

### 박동일(朴東日)

(생)1960 (주)서울특별시 서초구 헌릉로 12 현대자동차그룹(080-600-6000) (학)중앙대 전자공학과졸 (경)현대자동차그룹 전자설계실장(이사) 2013년 同전자기술센터장(상무) 2015년 현대자동차(주) 전자기술센터장(전무) 2017년 同차량IT개발센터장 겸임 2019년 현대자동차그룹 전자담당 부사장(현)

### 박동준(朴東俊)

(생)1960·1·7 (주)전라북도 완주군 이서면 농생명로 245 한국식품연구원 원장실(063-219-9021) (학)1978년 대전고졸 1982년 고려대 축산학과졸 1984년 同대학원 축산가공학과졸 1995년 농학박사(고려대) (경)1985년 예편(육군 소위·특수전문요원 4기) 1988년 한국식품연구원 위촉연구원·연구원·선임연구원·책임연구원 1995년 헝가리 중앙식품연구소(CFRI) 방문연구원 2000~2001년 미국 뉴저지공대 분체공학연구센터 방문연구원 2004년 한국식품과학회 평의원 2004년 同정보간사 2006~2007년 고려대 생명과학대학 식품과학부 겸임교수 2009년 한국식품과학회 재무간사 2010년 同학술간사 2013년 한국식품연구원 기능소재연구단장 2015년 同산업지원연구본부장 2015년 同전략산업연구본부장 2016년 미래창조과학부 전통문화사업 르네상스지원단 전문가 자문위원 2016년 한국식품연구원 부원장 2017년 농림축산식품부 식품산업진흥심의회 위원 2017년 한국식품과학회 부회장 2017년 민주평통 자문위원(현) 2018년 한국식품연구원 원장 직대 2018년 국가식품클러스터 선임직 이사(현) 2018년 한국식품연구원 원장(현)

### 박동진(朴東辰) PARK Dong Jin

(생)1960 · 1 · 7 (본)밀양(密陽) (출)경북 청도 (주)부산광역시 연제구 법원로 15 부산지방검찰청 중요경제범죄조사단(051-606-4576) (학)1978년 계성고졸 1982년 서울대 법학과졸 1985년 同대학원 법학과졸 (경)1989년 사법시험 합격(31회) 1992년 사법연수원 수료(21기) 1992년 서울지검 서부지청 검사 1994년 창원지검 거창지청 검사 1995년 청주지검 검사 1997년 대구지검 검사 1999년 서울지검 남부지청 검사 2001년 인천지검 부천지청 검사 2003년 대구지검 검사 2004년 同부부장검사 2005년 서울북부지검 부부장검사 2007년 대구지검 서부지청 부장검사 2008년 광주고검 전주지부 검사 2009년 광주고검 검사 2010년 대전지검 형사2부장 2010년 법무연수원 연구위원 2010년 서울고검 검사 2012년 창원지검 진주지청장 2013년 춘천지검 원주지청장 2014년 서울고검 검사(국민권익위원회 파견) 2015년 대구지검 경주지청장 2016년 서울고검 검사 2018년 부산지검 중요경제범죄조사단 부장검사(현) (저)'위험범 연구'

### 박동혁(朴東赫) Park, Dong Hyuk

(생)1979 · 4 · 18 (주)충청남도 아산시 남부로 370-24 이순신종합운동장內 아산무궁화프로축구단(041-533-2017) (학)1997년 경희고졸 2002년 고려대졸 (경)1998년 아시아청소년선수권 국가대표 1999년 세계청소년선수권대회 국가대표 1999년 던힐컵축구대회 국가대표 2000년 시드니올림픽 국가대표 2000년 AFC아시안컵 국가대표 2002~2006년 프로축구 전북 현대 모터스 소속 2002년 아시안게임 국가대표 2002년 부산아시아경기대회 국가대표 2006~2008년 프로축구 울산 현대 축구단 소속(수비수) 2008~2009년 일본 프로축구 감바오사카 소속(수비수) 2009~2011년 일본 프로축구 가시와레이솔 소속(수비수) 2011년 중국 프로축구 다롄스더FC 입단 2013~2015년 울산 현대 프로축구단 소속(수비수) 2015년 同유소년 스카우터 2016년 同전력강화팀 기술육성파트 겸임 2016년 아산무궁화 프로축구단 수석코치 2017년 同감독(현) 2018년 K리그2(챌린지) 우승 (상)춘계대학연맹전 수비상(2000), 삼성하우젠 K리그 수비수부문 베스트11(2008), KEB하나은행 K리그2(챌린지) 감독상(2018) (종)천주교

### 박동현(朴東鉉) Park Dong Hyun

(생)1965 · 7 · 1 (출)경남 밀양 (주)서울특별시 종로구 율곡로 46 서울 종로경찰서(02-3701-4321) (학)1984년 밀성고졸 1992년 부산대 법학과졸 (경)1995년 경위 임용(경찰 간부후보 43기) 1999년 경감 승진 2007년 경정 승진, 서울 강남경찰서 경비과장, 경찰청 경비국 핵안보기획단 근무 2011년 서울지방경찰청 101경비단 경무과장 2015년 강원지방경찰청 제2부 경비교통과장 2015년 총경 승진 2016년 강원 평창경찰서장 2018년 서울지방경찰청 경찰특공대장 2019년 서울 종로경찰서장(현)

### 박동호(朴東豪) PARK Dong Ho

(생)1956 · 2 · 26 (본)밀양(密陽) (출)서울 (주)서울특별시 서초구 사평대로 55 서초문화재단(02-3477-2851) (학)1974년 보성고졸 1978년 서울대 식품공학과졸, 同대학원 최고경영자과정 수료 2010년 서강대 대학원 경영학과졸 (경)1980년 제일제당 입사 · 식품사업본부 근무 1984년 同기획실

대리 1987년 同육가공본부 기획실 과장 1995년 同멀티미디어사업부 극장팀 차장 1999년 CJ CGV 부장 2000년 同대표이사 2002~2006년 同대표이사 부사장 2003~2005년 CJ엔터테인먼트 대표이사 2007~2008년 CJ푸드빌(주) 대표이사 부사장 2009~2011년 세종문화회관 사장 2010~2011년 한양대 국제관광대학원 겸임교수 2012~2016년 청강문화산업대 총장 2016년 건국대 초빙교수 2016년 넷마블(주) 사외이사(현) 2016년 단국대 영화콘텐츠전문대학원 석좌교수(현) 2018년 서초문화재단 대표이사(현) (상)제1회 그룹온리원 경영대상(2005), 제12회 한국유통대상 대통령표창(2007) (종)불교

**박동훈(朴東勳) PARK Dong Hoon**

(생)1960 · 2 · 26 (본)밀양(密陽) (출)강원 횡성 (주)서울특별시 마포구 마포대로 136 지방공기업평가원(02-3274-3335) (학)서울 용문고졸, 성균관대 행정학과졸, 서울대 대학원졸 (경)1984년 행정고시 합격(28회) 1997년 내무부 지방행정국 행정과 서기관 1998년 행정자치부 기획예산담당관실 기획1담당 서기관 2000년 제주4.3사건처리지원단 파견 2004년 정부혁신세계포럼준비기획단 파견 2004년 행정자치부 혁신담당관 2005년 同지방혁신전략팀장(부이사관) 2006년 同자치행정팀장 2007년 한국지방자치단체국제화재단 뉴욕사무소장 2009년 중앙공무원교육원 파견(고위공무원) 2009년 대통령 행정자치비서관실 선임행정관 2010년 행정안전부 조직실 제도정책관 2011년 同대변인 2012년 同지방행정국장 2013년 제18대 대통령직인수위원회 법질서 · 사회안전분과 전문위원 2013년 대통령 정무수석비서관실 행정자치비서관 2014년 안전행정부 국가기록원장 2014년 행정자치부 국가기록원장 2016년 대통령소속 지방자치발전위원회 지방자치발전기획단장 2017년 지방공기업평가원 이사장(현) (종)가톨릭

**박두식(朴斗植) PARK Doo Shik**

(생)1948 · 10 · 9 (출)부산 (주)경기도 안산시 단원구 해안로 289 NPC(주) 비서실(031-491-4727) (학)1967년 부산고졸 1972년 한양대 신문학과졸 (경)내쇼날푸라스틱(주) 입사, 同상무이사, (주)내쇼날플러스 대표이사 2003년 내쇼날푸라스틱(주) 대표이사 부회장 2011~2016년 NPC(주) 대표이사 부회장 2016년 同회장(현)

**박두식(朴斗植) PARK Doo Sik**

(생)1964·8·30 (출)서울 (주)서울특별시 중구 세종대로21길 52 조선일보 편집국(02-724-5114) (학)상문고졸, 서울대 정치학과졸 (경)1989년 조선일보 입사 1990~1995년 同사회부·문화부·생활과학부 기자·워싱턴특파원 2000년 同정치부 기자 2001년 同사회부 기자 2003년 同논설위원 2004년 同정치부 기자 2008년 同정치부 차장 2008년 同논설위원 2011년 同정치부장 2013~2015년 同논설위원 2014년 대통령직속 통일준비위원회 언론자문단 자문위원 2015년 조선일보 편집국 사회부장(부국장) 2017년 同편집국 부국장 2017년 同편집국장(현) 2019년 한국신문방송편집인협회 부회장(현) (상)한국참언론인대상 정치부문(2009)

**박두용(朴杜用)**

(생)1963 · 12 (출)전북 무주 (주)울산광역시 중구 종가로 400 한국산업안전보건공단 이사장실(052-7030-501) (학)서울대 농과대학졸, 同보건대학원 환경보건학과졸, 산업보건학박사(미국 미시간대) (경)1991~1992년 한국산업안전보건공단 산업보건연구원 연구원 1996년 미국 3M안전환경연구소 선임연구원 1997~2017년 한성대 공과대학 기계시스템공학과 교수 2004~2006년 同안전보건경영대학원장 2004~2005년 대통령자문 정부혁신지방분권위원회 산업안전행정강화TF 위원 2004~2006년 노동부 정책자문위원 2006~2008년 한국산업안전보건공단 산업안전보건연구원장 2010년 한국안전학회 부회장 2011년 세계산업위생학회 (IOHA) 이사 2013~2014년 한국제품안전학회 회장 2014년 아시아산업위생전문가네트워크(ANOH) 회장 2015년 한국산업보건학회 회장 2015년 세계산업위생학회(IOHA) 회장 2017년 한국산업안전보건공단 이사장(현)

**박두한(朴斗漢) PARK Doo Han**

(생)1959 · 11 · 23 (본)밀양(密陽) (출)강원 속초 (주)서울특별시 동대문구 망우로 82 삼육보건대학교 총장실(02-3407-8501) (학)1978년 속초고졸 1982년 연세대 화학과졸 1985년 한국과학기술원(KAIST) 화학과졸(석사) 1992년 이학박사(한국과학기술원) 1997~1998년 미국 콜로라도주립대 화학과 연수 (경)1983년 대한화학회 종신회원(현) 1985~1998년 한국화학연구소 연구원 1992~1993년 국방과학연구소 선임연구원 1993~2010년 삼육대 화학과 전임강사 · 조교수 · 부교수 · 교수 2005~2009년 同기획조정실장 2007년 同출판부장 2010~2015년 同기초의약과학과 교수 2010년 同기초의약과학과장 2012~2013년 同교무처장 2015년 삼육보건대 총장(제18대)(현) (저)'최신일반화학'(2001, 녹문당) '대한화학'(2002, 도서출판 대선) (역)'대학화학의 기초'(2001, 자유아카데미) '일반화학'(2002 · 2003 · 2006, 자유아카데미) '유기화학'(2004, 자유아카데미) '일반화학'(2008 · 2009, 사이플러스) '유기화학'(2008, 사이플러스) (종)기독교

**박래경(朴來璟) PARK NAE KYEONG**

(생)1962 (주)충청남도 홍성군 홍성읍 조양로 224 홍성의료원(041-630-6114) (학)서대전고졸, 순천향대 의대졸, 충남대 대학원졸 1987년 의학박사(순천향대) (경)순천향대 의대 의학과 외과학교실 교수, 同구미병원 외과 교수, 同구미병원 외과 과장, 同구미병원 수련부장, 同구미병원 진료부장 2013년 同구미병원장 2019년 충남 홍성의료원 원장(현)

**박래헌(朴來憲) PARK LRE HEON**

(생)1960 (출)경기 화성 (주)경기도 수원시 팔달구 행궁로 11 수원문화재단(031-290-3600) (학)경기 수원고졸, 대림대학졸 (경)1981년 공무원 임용 2004년 지방행정사무관 승진 2010년 수원시 문화체육국 교육청소년과장 2011년 同교통안전국 교통행정과장 2014년 同푸른녹지사업소장(지방서기관) 2015년 同박물관사업소장 2017년 同문화체육교육국장 2018년 同영통구청장(부이사관) 2019년 수원문화재단 대표이사(현) (상)내무부장관표창(1992), 국방부장관표창(2000), 경기공무원대상(2002)

**박 만(朴 滿) PARK MAN**

(생)1951 · 12 · 6 (본)밀양(密陽) (출)경북 구미 (주)서울특별시 서초구 서초대로49길 18 상림빌딩 5층 법무법인(유) 여명(02-595-7113) (학)1970년 제물포고졸 1974년 서울대 법학과졸 (경)1979년 사법시험 합격(21회) 1981년 사법연수원 수료(11기) 1981년 서울지검 검사 1983년 대전지검 공주지청 검사 1985년 서울지검 의정부지청 검사 1986년 대검찰청 검찰연구관 1989년 제주지검 검사 1991년 서울지검 검사 1993년 창원지검 충무지청장 1993년 同특수부장 1995년 인천지검 부천지청 부장검사 1996년 부산지검 조사부장 1997년 사법연수원 교수 1999년 서울지검 동부지청 형사4부장 1999년 대검찰청 감찰1과장 2000년 서울지검 공안1부장 2001년 대검찰청 공안기획관 2002년 同수사기획관 2003년 서울지검 제1차장 2004년 수원지검 성남지청장 2005년 변호사 개업 2007~2009년 한국방송공사(KBS) 이사, 법무법인(유) 여명 대표변호사(현) 2011~2014년 방송통신심의위원회 위원장 2011~2013년 인천중 · 제물포고총동창회 회장 (상)근정포장(1993), 홍조근정훈장(2004) (종)기독교

ㅂ

## 박만규(朴晩珪) PAK Man Ghyu

(생)1961·1·3 (본)죽산(竹山) (출)서울 (주)경기도 수원시 영통구 월드컵로 206 아주대학교 불어불문학과(031-219-2834) (학)한성고졸 1983년 아주대 불문학과졸 1985년 서울대 대학원졸 1993년 문학박사(서울대) (경)1987~1998년 관동대 불어불문학과 전임강사·조교수·부교수 1995~1996년 프랑스 파리제7대 파견교수 1998년 관동대 불어불문학과 교수 2003~2004년 캐나다 몬트리올대 파견교수 2005년 아주대 불어불문학과 교수(현) 2007년 同학보사·영자신문사·교육방송국 주간교수 겸 한불협력센터장 2008~2010년 同한국어학당원장 2008~2010년 同대외협력처장 2014~2018년 同프랑코포니전문인력양성사업단장 2015~2018년 同불어권협력센터장 2015~2017년 同인문대학장 2015년 아주대 인문학아카데미아 원장 겸 디지털휴머니티연구센터장(현) 2016~2017년 전국사립대학교인문대학장협의회 초대회장 2017년 국어심의회 위원(현) 2017~2019년 한국사전학회 회장 2018년 한국프랑스어문교육학회 회장 (상)프랑스 학술공로훈장 기사(Chevalier)장(2015) (저)'현대 한국어 동사구문사전(共)'(1997) '새한불사전(개정판)'(2009) '영어식 사고 무작정 따라하기'(2010) 'Mon francais est riche'(2011) '아주 재미있는 생활 한국어 중급(共)'(2012) 'Bonjour Paris(共)'(2013) '프랑스어 회화 핵심패턴 233(共)'(2015) '설득언어'(2019)

## 박만수

(생)1961·8 (출)부산 (주)서울특별시 강동구 상일로6길 26 삼성엔지니어링 산업환경사업본부(02-2053-3000) (학)용문고졸, 중앙대 건축공학과졸 (경)1990년 삼성엔지니어링 입사 2010년 同국내인프라사업팀장 2010년 同산업플랜트사업팀장(상무) 2011년 同국내환경사업팀장(상무) 2012년 同홍보팀장(상무) 2015년 同산업환경사업본부장(전무) 2019년 同산업환경사업본부장(부사장)(현)

## 박만우

(생)1959 (주)대전광역시 중구 중앙로 32 대전문화재단(042-480-1000) (학)서울대 미학과졸 1984년 同대학원 미학과졸, 프랑스 파리제1대졸, 同대학원 박사과정 수료 (경)광주비엔날레 전시부장, 부산비엔날레조직위원회 전시감독, 기홍앤컴퍼니 예술감독, 경기문화재단 백남준아트센터관장, 태진문화재단 플랫폼-엘컨템포러리아트센터 관장 2018년 대전문화재단 대표이사(현)

## 박만우(朴萬雨) Park Man Woo

(생)1968·8·15 (출)대구 (주)대구광역시 북구 동암로 130 대구강북경찰서(1566-0112) (학)1987년 대구 심인고졸 1991년 경찰대졸(7기) (경)1991년 경위 임관 2006년 경정 승진 2007년 대구동부경찰서 정보보안과장 2009년 대구성서경찰서 정보보안과장 2010년 대구지방경찰청 정보3계장 2016년 경북지방경찰청 경비교통과장(총경) 2017년 대구서부경찰서장 2018년 대구지방경찰청 정보과장 2019년 대구강북경찰서장(현)

## 박만호(朴萬浩) PARK Mahn Ho (韓松)

(생)1936·2·15 (본)밀양(密陽) (출)경북 의성 (학)1956년 경북고졸 1962년 서울대 법과대학졸 1974년 미국 댈러스 서던감리교대 로스쿨 비교법학과 수료 (경)1961년 고등고시 사법과 합격(13회) 1962년 육군 법무관 1964~1974년 대구지법 판사·영덕지원장 1974년 대구고법 판사 1977년 대법원 재판연구관 1978년 부산지법 부장판사 1979년 서울지법 영등포지원 부장판사 1981~1988년 서울고법 부장판사 1984년 서울형사지법 수석부장판사 겸임 1986년 법원행정처 기획조정실장 겸임 1987년 서울민사지법 수석부장판사 겸임 1988년 춘천지법원장 1991년 법원행정처 차장 1991~1997년 대법원 대법관 1997년 변호사 개업 2002~2004년 정부공직자윤리위원회 위원장 2004~2018년 법무법인 서정 고문변호사 (상)청조근정훈장(1997) (종)천주교

## 박만호(朴萬鎬) PARK MAN HO

(생)1970·6·5 (본)밀양(密陽) (출)대구 (주)대구광역시 수성구 동대구로 364 대구지방법원(053-757-6600) (학)1989년 대구 계성고졸 1994년 고려대 법학과졸 (경)1994년 사법시험 합격(36회) 1997년 사법연수원 수료(26기) 1997년 軍법무관 2000년 대구지법 판사 2003년 同김천지원 판사 2005년 대구지법 판사 2007년 同서부지원 판사 2009년 대구고법 판사 2011년 대구지법 서부지원 판사 2012년 창원지법 부장판사 2014년 대구지법 영덕지원장 겸 대구가정법원 영덕지원장 2016년 대구지법 부장판사(현)

## 박맹수(朴孟洙) PARK Maeng Soo

(생)1955·11·12 (본)순천(順天) (출)전남 (주)전라북도 익산시 익산대로 460 원광대학교 총장실(063-850-5112) (학)1979년 원광대 원불교학과졸 1986년 한국학중앙연구원 한국학대학원 한국사학과졸 1996년 한국사학박사(한국학중앙연구원) 2001년 일본근대사박사(일본 홋카이도대) (경)1992~1997년 영산원불교학교 전임강사·조교수 1992~2002년 (사)동학농민혁명기념사업회 학술이사 1997~2003년 영산원불교대 부교수 2002~2016년 (사)모심과살림연구소 이사장 2002~2004년 전북도 동학농민혁명기념관 자문위원 2003~2004년 국사편찬위원회 해외자료수집 자문위원 2003~2018년 원광대 교학대학 원불교학과 교수 2005년 일제강점하강제동원피해진상규명위원회 전북도 실무위원 2006~2007년 同위원 2013년 원광대 학생복지처장 2014~2016년 동학농민혁명기념관 자문위원 2015년 원광대 원불교사상연구원 부원장 2017년 同원불교사상연구원장(현) 2017~2018년 한국근현대사학회 회장 2018년 동북아역사재단 자문위원(현) 2018년 대한민국역사박물관 학술자문위원(현) 2018년 원광대 총장(현) 2018년 전라도천년사 편찬위원회 편집위원(현) 2018년 원불교 중앙총부 수위단회 정수위단원(현) 2019년 육군 35사단 자문위원(현) (저)'원불교학 워크북'(2006) '사료로 보는 동학과 동학농민혁명'(2009) '개벽의 꿈 동아시아를 깨우다'(2011) '동학농민전쟁과 일본-일본어'(2013) '생명의 눈으로 보는 동학'(2014) '동학으로 가는 길'(2018, 모시는사람들) '근대한국 개벽종교를 공공하다'(2018, 모시는사람들) (역)'1894년 경복궁을 점령하라'(2002) '강재 박기현의 일기 : 강재일사'(2002) '이단의 민중반란'(2008) '동경대전'(2009) '일본의 양심이 보는 현대일본의 역사인식'(2014)

## 박맹언(朴孟彦) PARK Maeng Eon

(생)1953·3·15 (본)월성(月城) (출)부산 (주)부산광역시 남구 용소로 45 부경대학교 지구환경과학과(051-629-6620) (학)1975년 고려대 지질학과졸 1977년 同대학원 지질학과졸 1984년 자원지질학박사(고려대) (경)1984~2018년 부경대 지구환경과학과 교수 1987~1989년 미국 오리건대 방문교수 1989년 同지질과학과 박사 후 연수 1989~1990년 대한민국남극학술연구단 초청연구원 1990~1993년 러시아 극동지역 광물자원 조사 및 연구 1992~2011년 대한자원환경지질학회 전문위원·편집위원장·부회장·회장 1993년 한국자원연구소 자문위원 1995년 한국원자력연구소 위촉연구원 1995년 동북아지학연구센터 학술위원(현) 1995년 중국 창춘지질대 초빙교수 1996~1998년 부경대 교무처 부처장 1997~1999년 동북아지질대비 국제공동연구 2000~2002년 한국과학재단 수리과학분과위원·전문분과위원 2002~2003년 미국 콜로라도대 지질학과 방문교수 2004~2006년 부경대 환경·해양대학장 2004~2006년 同해양탐구교육원장 2005~2011년 부산시 MT(해양과학기술)추진위원 2006~2008년 부경대 BK21지구

환경시스템사업단 단장 2006~2008년 원자력포럼 공동대표 2007년 제17대 대통령중앙선거대책위원회 일류국가비전위원회 국제과학기업도시특별위원회 교수자문위원 2007~2009년 텔레메트릭스기술연구조합 대표 2008~2012년 부경대 총장 2008~2012년 (사)한국해양산업협회 공동이사장 2008년 부산한미FTA포럼 공동위원장 2009~2010년 대한자원환경지질학회 회장 2009~2011년 날씨공감포럼 의장 2009년 (사)녹색성장해양포럼 부회장 2009년 2009세계해양포럼(WOF) 공동위원장 2010~2011년 기후변화센터 이사 2010~2014년 (사)국제평화기념사업회 공동이사장 2010년 부산상공회의소 사회공헌위원회 자문위원 2011~2012년 대통령직속 지방분권촉진위원회 위원 2012년 한국해양레저네트워크 이사장 2012년 부산시해양수도포럼 공동대표의장(현) 2012~2016년 부산시교육과학강국 공동대표 2012~2015년 부산지방경찰청 민간감찰위원장 2013~2014년 부산발전50년기념사업회 이사장 2013~2014년 BS금융그룹 감사위원 2014년 부산광역시 교육감선거 출마 2014년 (사)창조인재포럼 공동대표 2016년 (사)미래인재포럼 공동대표(현) 2018년 부경대 지구환경과학과 명예교수(현) (상)한국과학기술단체총연합회 과학기술우수논문상(1998), 한국과학재단 우수연구선정(2000), 홍조근정훈장(2013) (저)'이폭도폭 지질보고서(共)'(1985) '동의 약용광물학'(2005) '박맹언 교수의 돌 이야기'(2008) (종)천주교

## 박맹우(朴孟雨) BAK Maeng Woo (竹片)

(생)1951 · 12 · 6 (본)밀양(密陽) (출)울산 (주)서울특별시 영등포구 의사당대로 1 국회 의원회관 416호(02-788-2259) (학)1971년 경남고졸 1980년 국민대 행정학과졸 2001년 경남대 행정대학원 행정학과졸 2006년 행정학박사(동의대) (경)1981년 행정고시 합격(25회) 1991년 내무부 송부담당 1992년 同조합지도담당 1994년 同공보담당 1994년 경남도 기획관 1995년 同규제완화대책관 1995년 함안군수 1995년 경남도 조직진단담당관 1997년 울산시 기획실장 1997년 同내무국장 1998년 同동구 부구청장(구청장 권한대행) 2000~2002년 同건설교통국장 2002~2006년 제3대 울산광역시장(한나라당) 2005년 영호남시도지사협의회 회장 2006~2010년 제4대 울산광역시장(한나라당) 2009년 미국 세계인명사전 'Marquis Who's Who in the World'에 등재 2010~2014년 제5대 울산광역시장(한나라당 · 새누리당) 2012년 광역시장협의회 회장 2013년 전국시도지사협의회 회장 2013년 울산시문화예술교육지원협의회 위원장 2014년 제19대 국회의원(울산 남구乙 보궐선거, 새누리당) 2014년 국회 기획재정위원회 위원 2014년 새누리당 지방자치안전위원회 부위원장 2015년 국회 예산결산특별위원회 위원 2016년 제20대 국회의원(울산 남구乙, 새누리당 · 자유한국당〈2017.2〉)(현) 2016~2018년 국회 국토교통위원회 위원 2016년 새누리당 울산시당 위원장 2016년 同전략기획부총장 2016~2017년 同대북결재요청사건진상조사위원회 간사 2016~2017년 同사무총장 2017년 同제19대 홍준표 대통령후보 중앙선거대책위원회 공동위원장 2017년 同사무총장 2017년 同포항지진대책TF 위원(현) 2017~2018년 국회 4차산업혁명특별위원회 위원 2018년 국회 산업통상자원중소벤처기업위원회 위원(현) 2018년 국회 에너지특별위원회 위원(현) 2018년 국회 재앙적탈원전저지및신한울3.4호기건설재개특별위원회 위원(현) 2019년 국회 미세먼지대책특위 위원(현) 2019년 자유한국당 사무총장(현) 2019년 同조직강화특별위원회 위원장(현) (상)노동부장관표창(1987), 홍조근정훈장(1997), 행정자치부장관표창(2002), 대한민국글로벌경영인대상, 대한민국 경제리더대상, 뉴거버넌스리더십메달, 우수지방자치단체장상(2007), 대한민국 공공행정대상(2008), 월간중앙 21세기경영리더대상 환경경영부문(2008), 대한적십자사 감사패(2009), 모듈화일반산업단지협의회 감사패(2010), 대통령표창(2010), GWP 최고경영자상(2011), 대한민국 연극대상 문화시장상(2013), (사)도전한국인운동협회 · 도전한국인운동본부 국정감사 우수의원(2015), 글로벌자랑스러운인물대상 정치발전부문대상(2016), 글로벌 자랑스러운 인물대상 정치혁신부문(2016) (저)'지방의회운영총람'(1991) '지방자치단체조합이란 무엇인가'(1993) '울산의 힘「뿌리와 비전」'(2002) (종)기독교

## 박명광(朴明光) PARK Myung Kwang (開山)

(생)1945 · 2 · 1 (본)밀양(密陽) (출)충남 홍성 (주)서울특별시 동대문구 경희대로 26 경희대학교 경제학과(02-961-2161) (학)1963년 홍성고졸 1973년 경희대 경제학과졸 1975년 필리핀 세인트루이스대 대학원 경제학과졸 1978년 경제학박사(필리핀 산토토마스대) (경)1979~1988년 경희대 경제학과 조교수 · 부교수 1981~1982년 재무부 정책자문위원 1981~1984년 사법고시 · 행정고시 위원 1982년 한국국제경제학회 감사 1987년 경희대 사회과학연구소장 1988년 同경제학과 교수 1990년 同학생처장 1993년 同정경대학장 1994년 同기획관리실장 1994년 同경제연구소장 1995년 세계청소년대표자대회조직위원회 사무총장 1997년 미국 하와이대 동서연구센터 객원교수 1999년 99서울NGO세계대회조직위원회 공동사무총장 1999년 경희대 NGO대학원장 1999~2001년 同대외협력부총장 2000년 Int'l Who's Who로 선정 2001~2004년 몽골유목민돕기운동본부 본부장 2002년 경제정의실천시민연합 국제연대 운영위원장 2003년 개혁신당추진연대회의 상임대표 2003년 국가비전연구소 설립 · 이사장 2003년 열린우리당 중앙위원 2004~2005년 同상임고문 2004~2008년 제17대 국회의원(비례대표, 열린우리당 · 대통합민주신당 · 통합민주당) 2004~2005년 열린우리당 열린정책연구원장 2005년 한 · 필리핀의원친선협회 부회장 2005~2006년 열린우리당 남북경제협력특별위원장 2005년 同열린정책연구원 이사 2006년 同의장 비서실장 2006~2007년 同비상대책위원회 비상임위원 2007~2008년 (사)21세기나라비전연구소 이사장 2007년 대통합민주신당 제17대 대통령중앙선거대책위원회 상임선거대책본부장 2008년 통합민주당 최고위원 2010년 경희대 경제학과 명예교수(현) 2015년 (사)지구촌나눔운동 이사장(현) 2019년 아시아투데이 고문(현) (저)'경제학연습(共)'(1984) '경제학원론'(1987) '경제학개론(共)'(1988) '사회주의와 자본주의의 경험과 미래'(1990) '경제학연습'(1991) '러시아경제론(共)'(1993) 'KOREA AND THE ASIA-PACIFIC REGION(共)'(2001) (역)'정치경제학선집'(1990) (종)기독교

## 박명구(朴明求) PARK Myung Koo

(생)1954 · 1 · 24 (출)광주 (주)경기도 화성시 경기동로 236 금호전기(주) 회장실(031-379-4213) (학)1971년 경복고졸 1981년 연세대 전자공학과졸 1983년 同대학원졸 1986년 전자공학박사(연세대) (경)1981년 엘바산업(주) 대표이사 1998년 금호전기(주) 부사장 2000~2014년 同대표이사 부회장 2014년 同대표이사 회장(현) (상)석탄산업훈장(2005), 제네바 국제발명전 WIPO 대상 · 전자부문 금상 (종)불교

## 박명규(朴明圭) PARK Myung Kyu

(생)1955 · 11 · 4 (본)밀양(密陽) (출)경남 남해 (주)서울특별시 구로구 디지털로34길 55 코오롱싸이언스밸리 2차 310호 (주)에듀윌(02-2650-3900) (학)1974년 남해고졸 1982년 경상대 농공학과졸 2008년 중앙대 글로벌인적자원개발대학원 인적자원개발학졸, 서울대 최고경영자과정 수료 (경)1982년 (주)대교 입사 1988년 同수리본부장 2002년 同연구센터장 겸 제품개발센터장 2005년 同인재육성본부장 2006년 同교육마케팅본부장 2007년 同교육연구소장 겸 교과서사업본부장(전무이사) 2009~2012년 同눈높이사업부문 대표이사 2014년 장원교육 경영총괄본부장 2019년 (주)에듀윌 대표이사(현) (종)기독교

## 박명규(朴明圭) PARK Myoung Kyu

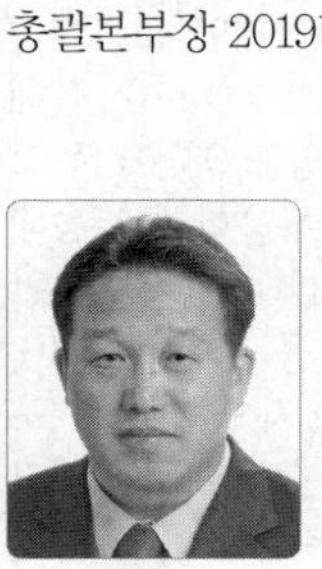

(생)1961 · 4 · 7 (본)순천(順天) (출)전북 부안 (주)전라북도 전주시 덕진구 백제대로 728 새전북신문(063-230-5700) (학)1981년 전주 완산고졸 1988년 원광대 신문방송학과졸 2001년 전북대 행정대학원졸 2012년 전주대 대학원 경영학 박사과정 수료 (경)1988~1994년 전라일보 정치부 기자 1994

ㅂ

년 전라매일신문 정치부 차장 1998년 전북도민일보 경제부 차장 2001년 새전북신문 사회팀장·경제팀장 2004년 同경영기획실장 2006년 同뉴미디어국장 2007년 同경영지원팀 실장 2008년 同대표이사(현) 2008년 전북대 초빙교수 (상)제7회 원광언론인상(2016) (저)'한옥마을을 거닐다'(2006) (종)불교

### 박명석(朴明錫)

(생)1960 (주)대구광역시 수성구 동대구로 400 대구MBC 사장실(053-744-5036) (학)검정고시 합격, 고려대졸 (경)1988년 대구 문화방송(MBC) 입사 2002년 同편성제작국 TV제작부 차장(PD) 2003년 경북권공동제작협의회 제작CP팀장 2004년 대구 문화방송(MBC) 편성제작국 부장 2005년 同편성제작국장 2008년 同방송제작팀장 2011년 同편성제작국 방송제작팀 부국장 2018년 同대표이사 사장(현)

### 박명섭(朴明燮) PARK Myung Seob

(생)1954·7·30 (주)서울특별시 성북구 안암로 145 고려대학교 경영대학 경영학과(02-3290-1930) (학)고려대 무역학과졸, 미국 버지니아대 대학원졸, 경영학박사(미국 텍사스대) (경)1987~1989년 미국 켄사스주립대 교수, 고려대 경영대학 경영학과 교수(2019년 8월 퇴직) 1994~1996년 한국생산관리학회 편집위원 겸 상임이사 1995년 매경 경영포럼 '반도체산업의 세계화 전략' 토론사회 1995~1998년 통상산업부 산업자금지원업체선정 심의위원 1997~2003년 고려대 로지스틱스연구센터 소장 1998년 국민연금기금운용관리시스템구축 평가 및 심사위원 1998년 SCM협회 회장(현) 1999~2001년 고려대 기획실장 2003~2005년 同기업경영연구원장 2004년 한국구매조달학회 학회장 2004년 한국CPO포럼 의장, 조달청 구매혁신자문위원회 회장 2011년 광주은행 사외이사(현) 2013년 한국생산관리학회 회장(현) 2019년 고려대 경영대학 경영학과 명예교수(현)

### 박명숙(朴明淑·女) PARK Myung Sook

(생)1950·8·5 (본)밀양(密陽) (출)서울 (주)경기도 성남시 분당구 성남대로 808 (재)성남문화재단(031-783-8010) (학)1968년 진명여고졸 1972년 이화여대 무용과졸 1976년 同대학원 체육학과졸 1994년 이학박사(한양대) (경)1981~2015년 경희대 무용학부 교수 1985년 한국현대무용진흥회 부이사장 1986년 국제극예술협회(ITI) 한국본부 상임이사 1986년 경희·박명숙서울현대무용단 예술총감독, 박명숙댄스씨어터 예술총감독(현) 1993년 한국청소년예술연맹 예술교육관 1993년 한국현대무용30년기념축제 실행위원장 1994~1998년 경희대 무용학과장 1997년 한국무용교육학회 부회장 2001년 (사)여성문화예술인총연합 발기인·창립회원·이사 2002~2003년 신입학전형대학무용과실기고사연합관리위원회 부위원장, 한국현대무용축제 공연분과위원장, 무용연합신문 편집위원, (사)최승희춤연구회 자문위원, 한국체육정책학회 부회장, 서울국제무용콩쿠르 자문위원 2010~2015년 경희대 무용학부장 2010년 국립현대무용단 이사 2011~2013년 한국무용학회 회장 2015년 경희대 무용학부 명예교수(현) 2016년 대한민국예술원 회원(연극영화무용분과·현), 무용문화포럼 회장 2017년 (재)성남문화재단 대표이사(현) (상)대한민국무용제 개인상(1981), 한국예술평론가협회 예술가상(1986), 아시안게임 문화예술축전무용제 최우수작품상(1986), 서울국제무용제 대상(1991), 올해의 예술인상(1993·1995), 예술가의 장한 어머니상(1998), 기독교문화대상(1999), 문화관광부장관표창(2002), 한국무용학회 무용대상(2004), 대한민국예술원상(2013), 옥조근정훈장(2015) (저)'춤, 말하는 몸(Dance, Speaking Body)' '창작자를 위한 몸 표현법'(2016, 서해문집) (역)'무용연극요법'(1980) '이사도라와 에세닌'(1988) '포스트모던 댄스'(1991) '댄스 핸드북'(1993) '무용감상법'(1998) '테크닉과 공연을 위한 무용심상'(2000) '필라티즈의 유연한 몸과 정신수련법'(2001) (작)'초혼'(1981) '잠자며 걷는 사람, 잠자며 걷는 나무'(1984) '결혼식과 장례식'(1986) '얇을 사 하이얀 고깔은'(1988) '황조가'(1991) '혼자 눈뜨는 아침'(1993) '에미'(1996) '유랑'(1999) '이브 Eve'(2003) '바람의 집'(2004) (종)천주교

### 박명숙(朴明淑·女) PARK Myung Sook

(생)1960·2·18 (주)경상북도 경주시 동대로 123 동국대학교 경주캠퍼스 사범교육대학 가정교육과(054-770-2269) (학)1982년 동국대 가정학과졸 1984년 同대학원 가정학과졸 1992년 가정학박사(동국대) (경)1990년 동국대 경주캠퍼스 사범교육대학 가정교육과 전임강사·조교수·부교수·교수(현) 1995년 한국소비자학회 영남지부 상임이사 2001~2002년 미국 오하이오주립대 방문교수 2005~2009년 동국대 경주캠퍼스 교수학습개발센터장 2006년 한국소비자정책교육학회 상임이사 2008년 한국소비문화학회 상임이사 2009~2011년 동국대 경주캠퍼스 교양교육원장 2012년 同경주캠퍼스 평생교육원장 2014~2015년 한국소비문화학회 공동회장 2019년 동국대 경주캠퍼스 사범교육대학장(현) (상)대통령표창(2017) (저)'토론으로 배우는 소비자의사결정론(共)'(2005, 교문사) '소비자 주권시대의 소비자교육(共)'(2008, 신정) '생활경제와 소비자 트랜드(共)'(2010, 신정) '가치소비시대의 소비자의사결정(共)'(2013, 교문사)

### 박명용(朴命鎔) PARK Myung Yong

(생)1936·5·21 (본)밀양(密陽) (출)경남 통영 (주)경상남도 통영시 항남5길 9 조흥저축은행 회장실(055-645-4411) (학)1955년 광성공업고졸 (경)새마을운동 충무시지회장, 전국상호신용금고연합회 경남도지부장, 민정당 경남제5지구당 부위원장, 국제인권옹호한국연맹 통영시지회장 1973년 조흥상호신용금고 대표이사 1981년 충무시배구협회 회장 1982년 충무로타리클럽 제5·8·13대 회장 1990년 한산대첩기념제전위원회 위원장 1991년 충무상공회의소 부회장 1995년 통영상공회의소 회장 2002년 조흥상호저축은행 대표이사 2011년 조흥저축은행 회장(현) 2019년 송천 박명용 예술장학재단 설립자·회장(현) (상)새마을훈장 노력장, 국무총리표창, 내무부장관표창, 재무부장관표창 (종)불교

### 박명윤(朴明潤) PARK Myung Yun

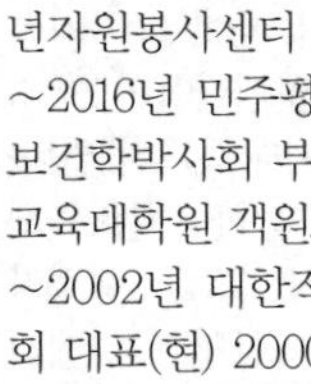

(생)1939·12·11 (본)밀양(密陽) (출)대구 (주)서울특별시 마포구 서강로3길 39 인트로빌 501호 한국아동학대예방협회(02-2231-4737) (학)보건학박사(서울대) (경)1960년 한국파인트리클럽(PTC) 회장·이사장·총재·명예총재(현) 1965~1989년 국제연합아동기금(UNICEF) 행정관·기획관리관 1985~1988년 이화여대 대학원 외래교수 1985년 대한보건협회 이사·감사·자문위원(현) 1989년 한국아동학대예방협회 부회장·회장·고문(현) 1990~1999년 한국청소년개발원 정책연구실장·청소년자원봉사센터 소장 1991~2000년 한국청소년학회 부회장 1991~2016년 민주평통 상임위원·운영위원·자문위원 1992년 서울대 보건학박사회 부회장·회장·고문(현) 1992~2006년 명지대 사회교육대학원 객원교수 1993년 한국청소년연구소 소장·이사장 1993~2002년 대한적십자사 자문위원 1999년 서울대 박명윤특지장학회 대표(현) 2000년 한국보건영양연구소 소장·이사장(현) 2000~2012년 한국식품영양재단 감사 2000년 한국에이즈퇴치연맹 상임고문(현) 2004~2007년 삼육대 보건복지대학원 겸임교수 2006~2013년 국제문화대학원대 석좌교수 2007년 한나라당 중앙선거대책위원회 체육·청소년정책위원장 2008~2010년 국가청소년보호위원회 초대 위원장 2009년 한국미래세대정책포럼 상임대표 2011~2013년 민주평통 교육민족화합위원회 위원장 2011~2016년 남북청소년교류연맹 상임고문 2012~2014년 새누리당 통일위원회 고문 2013년 민주평통 교육민족화합포럼 상임대표 2018년 서울대보건대학원총동창회 회장(현) (상)대통령표창(1982·2013), 국민포장(1990),

문화관광부장관표창(1995), 국민훈장 석류장(1996), 문화관광부장관 공로패(1999), 자랑스러운 보건대학원동문상(2007), 국민훈장 목련장(2012) (저)'어린이와 청소년' '청소년 육성정책' '청소년 웰빙건강' '청소년 약물남용' '영양교육' '보건영양' '응용영양' '일반보건학' '성인병과 식생활' '식생활 바로하기' '현대인의 건강관리' '헬스 프로젝트' '건강보조식품' '건강기능식품' '건강하게 삽시다' '파워푸드 슈퍼푸드' '약으로 먹는 웰빙식품 & 장수식품' '노인영양과 복지' (종)기독교

**박명재(朴明在) PARK Myung Jae**

(생)1947 · 7 · 5 (본)밀양(密陽) (출)경북 영일 (주)서울특별시 영등포구 의사당대로 1 국회 의원회관 619호(02-784-5390) (학)1967년 중동고졸 1975년 연세대 행정학과졸 1980년 네덜란드 국립사회과학대학원졸 1994년 국방대학원 안보과정졸 2000년 연세대 행정대학원졸 2007년 명예 행정학박사(용인대) 2008년 명예 정치학박사(경북대) (경)1975년 행정고시 수석합격(16회) 1984년 총무처 교육훈련과장 1984년 同장관 비서실장 1985년 내무부 장관 비서실장 1989년 총무처 조직1과장 1990년 同조직기획과장 1993년 同공보관 1994년 중앙공무원교육원 기획지원부장 1996년 同교수부장 1997년 대통령 행정비서관 1999년 경북도 행정부지사 2001년 연세대 행정학과 겸임교수 2001년 국민고충처리위원회 상임위원 겸 사무처장 2002년 대한매일 공공정책연구소 자문위원 2002년 행정자치부 기획관리실장 2003년 국민고충처리위원회 상임위원 겸 사무처장 2003~2006년 중앙공무원교육원장 2003년 EROPA(Eastern Regional Organization for Public Administration-동부지역공공행정기구) 총회 수석부의장 2006년 열린우리당 경북도지사 후보 2006~2008년 행정자치부 장관 2008년 한양대 행정자치대학원 초빙교수 2008년 제주대 석좌교수 2008년 경북대 사회과학연구원장 겸 초빙교수, 연세대동문회 상임부회장(현) 2009~2011년 차의과학대 총장 2009~2010년 세종시 민관합동위원회 민간위원 2009~2011년 서울신문 칼럼리스트 2009~2011년 월드휴먼브리지 상임대표 2011~2017년 총우회 회장 2012년 제19대 국회의원선거 출마(포항시 남구·울릉군, 무소속) 2013년 경운대 경찰행정학부 석좌교수 2013~2017년 새누리당 포항南·울릉군당원협의회 운영위원장 2013년 제19대 국회의원(포항시 남구·울릉군 재선거 당선, 새누리당) 2014~2015년 국회 지방자치발전특별위원회 위원 2014년 국회 기획재정위원회 위원 2014~2015년 새누리당 지방자치안전위원장 2014~2015년 국회 군인권개선및병영문화혁신특별위원회 위원 2015년 국회 예산결산특별위원회 위원 2015년 새누리당 경북도당 수석부위원장 2015년 同정책위원회 민생119본부 부본부장 2015년 대한민국독도향우회 고문(현) 2015년 국회 동북아역사왜곡대책특별위원회 위원 2016년 제20대 국회의원(포항시 남구·울릉군, 새누리당·자유한국당〈2017.2〉)(현) 2016~2017년 국회 예산결산특별위원회 위원 2016·2018년 국회 기획재정위원회 위원(현) 2016년 ROTC 명예회원(현) 2016년 새누리당 전국위원회 부의장 2016년 同사무총장 2016년 국회철강포럼 공동대표(현) 2017년 자유한국당 국무총리인사청문회 위원 2017년 同포항南·울릉군당원협의회 운영위원장(현) 2017~2018년 국회 재난안전대책특별위원회 위원 2018년 지역균형발전협의체 공동회장(현) 2018년 국회 윤리특별위원회 위원장(현) (상)근정포장(1982), 홍조근정훈장(1998), 제3회 올해의 CIO대상(2002), 황조근정훈장(2003), 말레이시아 1등급 훈장 및 기사작위(2006), 자랑스러운 중동인상(2006), 자랑스런 연세인상(2006), 청조근정훈장(2008), 자랑스런 장기인상(2011), 대한민국 의정대상(2014), 새누리당 국감우수의원상(2014·2015), (사)도전한국인운동협회·도전한국인운동본부 국정감사 우수의원(2015), 제19대 국회의원 공약대상(2016), 대한민국최고인물대상 국정운영부문 최고대상(2016), 법률소비자연맹 '제20대 국회 1차년도 국회의원 헌정대상'(2017), (사)한국언론사협회 2018 대한민국 우수국회의원대상(2018) (저)'한국행정개혁사'(1982) '고시행정학'(1990) '공무원 교육이 변하면 나라가 바뀐다(共)'(2006), 자서전 '손짓하지 않아도 연어는 돌아온다'(2006) '이 사람을 어떻게 할 것인가'(2011) (종)기독교

**박명철(朴明哲) PARK Myong Chul**

(생)1953 · 7 · 25 (출)서울 (주)경기도 수원시 영통구 월드컵로 164 아주대병원 성형외과(031-219-5242) (학)1979년 연세대 의대졸 1985년 同대학원 의학석사 1990년 의학박사(연세대) (경)1982~1987년 연세대 세브란스병원 인턴·레지던트 1987~1988년 고려대 구로병원 연구강사 1988년 한림대 강동성심병원 전임강사 1988~1989년 건국대 민중병원 성형외과 과장 1989~1994년 同의대 성형외과학교실 전임강사·조교수 1992~1993년 영국 West of Scotland Regional Plastic Oral Surgery Unit 영국문화원 장학생 1994년 대한미세수술외과학회 이사 1994년 대한수부외과학회 상임이사 1994~2001년 아주대 의대 성형외과학교실 조교수·부교수 1997~1999년 글로벌케어 베트남 선천성기형아 수술팀장 2001~2019년 아주대 의대 성형외과학교실 교수 2002년 아주대병원 제2진료부원장 2005년 아주대의료원 성형외과 과장 2005~2010년 同기획조정실장 2007년 아주대 의대 성형외과학교실 주임교수 겸 임상과장 2007~2008년 대한미세수술학회 이사장 2018년 아주대 의대 성형외과학교실 명예교수(현) (상)외교통상부장관표창(1999), 국무총리표창(2012) (종)기독교

**박명춘(朴明春) PARK Myeong Chun**

(생)1963 · 6 · 12 (주)경기도 의정부시 금오로23번길 22-49 경기북부지방경찰청 제2부장실(031-961-3421) (학)1982년 충남 대건고졸 1986년 경찰대졸 (경)1999년 부산 강서경찰서 형사과장 2001년 서울 도봉경찰서 수사과장 2002년 서울 구로경찰서 형사과장 2004년 서울지방경찰청 수사부 폭력계장 2007년 경기지방경찰청 제2부 수사지도관 2008년 대전지방경찰청 홍보담당관(총경) 2009년 충남 서산경찰서장 2010년 경기지방경찰청 제2부 수사과장 2010년 同제2부 형사과장 2011년 서울지방경찰청 수사부 광역수사대장 2011년 서울 동대문경찰서장 2013년 경찰청 수사국 사이버테러대응센터장 2014년 同사이버안전국 사이버범죄대응과장 2015년 충남지방경찰청 제2부장(경무관) 2016년 경찰수사연수원 원장 2017년 경기남부지방경찰청 제2부장 2018년 인천지방경찰청 제2부장 2019년 경기북부지방경찰청 제2부장(현)

**박명호(朴命鎬) Park, Myung-Ho (宥松)**

(생)1950 · 8 · 23 (본)밀양(密陽) (출)대구 (주)대구광역시 달서구 달구벌대로 1095 계명대학교(053-580-5114) (학)1968년 대구 능인고졸 1972년 영남대 경영학과졸 1976년 서울대 대학원졸 1986년 경영학박사(미국 앨라배마대) (경)1977년 계명실업전문대학 조교수 1980~1991년 계명대 조교수·부교수 1984년 미국 앨라배마대 사회과학연구소 연구원 1988년 계명대 국제부장 1991년 산업경영기술연구원 사무국장 1991~2015년 계명대 경영학과 교수 1992년 同기획조정처장 1996년 대구·경북마케팅학회 회장 1999년 한국소비문화학회 부회장 1999년 계명대 경영대학장 2000~2004년 同사무처장 2000년 한국마케팅학회 부회장 2000년 한국인터넷전자상거래학회 편집위원장 2001년 同부회장 2002년 한국산업경영학회 회장 2004년 한국소비문화학회 회장 2005~2007년 계명대 경영대학원장 2009~2010년 능인중·고교총동창회 회장 2010년 계명대 동산도서관장 2012년 同경영부총장 2014년 학교법인 영광학원(대구대) 이사 2015~2019년 계명문화대학 총장 2019년 계명대 석좌교수(현) (상)미국 남부마케팅학회 우수논문상(1989), 교육부장관표창(1997) (저)'유통정보시스템전략'(1992) '마케팅조사(共)'(1996) '마케팅-고객가치 창조를 위한(共)'(1996) '경영의 기본적 이해편(I)'(1996) '논문작성법'(1997) '경영의 기본적 이해(II)'(1997) '기업환경과 경영일반'(1997) '학위논문의 작성과 지도(共)'(1999) '마케팅 리서치'(2000) '마케팅(共)'(2002) '인터넷 마케팅(共)'(2005) '마케팅원론(共)'(2014) (역)'유통정보시스템전략(共) '학위논문의 작성과 지도' (종)기독교

## 박명환(朴明煥) PARK Myung Hwan (愚民)

(생)1938 · 4 · 13 (본)밀양(密陽) (출)서울 (학)1957년 경복고졸 1963년 고려대 정경대학 정치외교학과졸 1985년 미국 컬럼비아대 대학원 수료 (경)1975년 여수석유화학 근무 1976년 호남석유화학 총무부장 · 기획실장 1979년 신일기술공업 대표이사 1981년 평통 자문위원 1988년 민정당 서울마포甲지구당 위원장 1992년 제14대 국회의원(서울 마포구甲, 민자당 · 신한국당) 1992년 민자당 중앙위원회 수석부의장 1995년 同평화통일위원장 1996년 제15대 국회의원(서울 마포구甲, 신한국당 · 한나라당) 1996년 신한국당 중앙연수원장 1997년 同평화통일위원장 1997년 한나라당 평화통일위원장 1998년 同서울시지부 위원장 2000~2002년 국회 통일외교통상위원장 2000~2004년 제16대 국회의원(서울 마포구甲, 한나라당) (저)'결코 포기할 수 없다' '백두의 흙을 한라에 묻고' '한국 청년에게 고함' (종)기독교

## 박명환(朴明煥)

(생)1970 · 3 · 3 (본)밀양(密陽) (출)대구 (주)서울특별시 서초구 반포대로 138 양진빌딩 2층 법무법인 비전인터내셔널(02-581-9500) (학)1988년 대구 영진고졸 1992년 연세대 법학과졸 1997년 同법학대학원 법학과졸 2010년 법학박사(연세대) (경)2000년 사법시험 합격(42회) 2003년 사법연수원 수료(32기), 연세대 법학연구소 전임연구원 2003년 법무법인 비전인터내셔널 대표변호사 2004년 방송통신윤리위원회 위원 2005년 국민고충처리위원회 정보공개심의위원 2005년 경제정의실천시민연합 시민권익센터 운영위원 2006년 소비자시민의모임 운영위원 2008년 한나라당 제18대 국회의원 후보(서울 광진구乙) 2008년 同부대변인 2008년 방송통신위원회 규제개혁 특별위원 2009년 대통령 인사비서관실 인사운영팀장 2010~2011년 대통령 국민소통비서관 2011년 법무법인 비전인터내셔널 대표변호사(현) 2012~2013년 한국수자원공사 비상임이사 겸 감사위원장 2012년 연세대 법학전문대학원 겸임교수 2013년 미국 스탠포드대 로스쿨 방문교수 (저)'소비자 정보와 소비자 보호' '민법판례정선' '상사법사례 해설' (종)기독교

## 박명희(朴明姬 · 女) PARK Myoung Hee

(생)1948 · 2 · 5 (본)밀양(密陽) (출)서울 (주)서울특별시 강남구 논현로132길 12 남송빌딩 6층 한국장기조직기증원 진단검사의학과의원(KODA LAB) (02-548-5632) (학)1973년 서울대 의대졸 1976년 同대학원 의학석사 1981년 의학박사(서울대) (경)1979년 서울대병원 임상검사과 전담의사 1981~1994년 서울대 의대 임상병리과 전임강사 · 조교수 · 부교수 1994~2013년 同의대 진단검사의학과 교수 1994~2000년 同병원 임상병리과 과장 2002년 대한수혈학회 회장 2003년 대한진단검사의학회 회장 2013년 서울대 의대 명예교수(현) 2013년 한국장기조직기증원 산하 진단검사의학과의원(KODA LAB) 원장(현) 2014년 한국조혈모세포은행협회(KMDP) 이사(현) (상)제9회과학기술우수논문상 한국과학기술단체총연합회(1999), 근정포장(2013), 한독 여의사 학술대상(2019) (저)'수혈의학(共)'(1999 · 2006, 고려의학)

## 박무성(朴畝成) Park Moo Sung

(생)1962 · 3 · 22 (출)부산 (주)부산광역시 연제구 중앙대로 1217 국제신문 사장실(051-500-5011) (학)대동고졸, 부산대 사회학과졸, 同대학원 사회학과졸 (경)1990년 국제신문 입사 2008년 同편집국 문화부장 2010년 同편집국 경제부장 2011년 同편집국 스포츠부장(부국장) 2011년 同편집국 부국장 2012년 同논설위원 2013년 同편집국 부국장 2015년 同문화사업국장 2015년 同편집국장 2017년 同논설주간 2018년 同대표이사 사장(현)

## 박무영(朴戊英)

(생)1971·1·26 (출)부산 (주)울산광역시 남구 법대로 55 울산지방법원 총무과(052-216-8000) (학)1989년 부산 동인고졸 1996년 서울대 공법학과졸 (경)2000년 사법고시 합격(42회) 2003년 사법연수원 수료(32기) 2003년 부산지검 검사 2005년 대전지검 공주지청 검사 2006년 수원지검 안산지청 검사 2008년 청주지검 검사 2010년 부산지법 판사 2014년 창원지법 마산지원 판사 2016년 부산가정법원 판사 2019년 울산지법 부장판사(현)

## 박무익(朴茂翊) PARK Moo Ik

(생)1965·3·5 (본)밀양(密陽) (출)울산 (주)세종특별자치시 도움6로 11 행정중심복합도시건설청 차장실(044-200-3018) (학)1983년 학성고졸 1990년 경북대 행정학과졸 1995년 서울대 행정대학원졸 1997년 네덜란드 사회과학원 공공정책행정학과졸 2005년 서울대 환경대학원 도시및지역계획학 박사과정 수료 (경)1991년 행정고시 합격(34회) 1994년 건설교통부 물류정책과 사무관 1998년 同도시정책과 사무관 2001년 同주택정책과 사무관 2002년 同입지계획과 서기관 2003년 교육파견(서울대 환경대학원) 2005년 건설교통부 물류기획과장 2005년 同물류정책팀장 2006년 同수도권정책팀장 2008년 국토해양부 도시정책과장 2009년 同운영지원과장 2009년 同운영지원과장(부이사관) 2010년 지역발전위원회 지역개발국장(파견) 2011년 同성장활력국장 2012년 원주지방국토관리청장 2015년 駐중국 공사참사관 2018년 국토교통부 토지정책관 2018년 同종합교통정책관 2019년 행정중심복합도시건설청 차장(현)

## 박문규(朴文圭) PARK, Moon Kyoo

(생)1961 · 8 · 8 (본)영해(寧海) (출)충북 보은 (주)서울특별시 동대문구 서울시립대로 163 서울시립대학교(02-6490-6105) (학)1980년 부평고졸 1988년 고려대 교육학과졸 1993년 서울대 행정대학원 행정학과졸 (경)1988년 행정고시 합격(32회) 2004년 서울시 교통국 주차계획과장 2006년 同경영기획실 법무담당관 2007년 同행정국 총무과장 2008년 同행정국 인사과장 2010년 同G20정상회의지원단장 2013년 서울 금천구 부구청장 2014년 서울시 경제진흥실 일자리기획단장 2015년 同경제진흥본부 일자리기획단장 2015년 同재정기획관 2015~2018년 서울 노원구 부구청장(지방이사관) 2018년 同구청장 직무대행 2018~2019년 서울시의회 사무처장(지방관리관) 2019년 서울시립대 초빙교수(현)

## 박문기(朴文基) BARK Mun Gi

(생)1957 · 9 · 16 (출)전남 강진 (주)서울특별시 중구 필동로1길 30 동국대학교 불교대학 불교학부(02-2260-3098) (학)1986년 동국대 선학과졸 1988년 同대학원 선학과졸 1994년 철학박사(동국대) (경)1999년 동국대 선학과 전임강사 · 조교수 · 부교수 · 교수, 同불교대학 불교학부 교수(현) 2000년 대한불교조계종 고시위원회 전문위원 2001년 한국불교태고학회 연구위원 2003년 한국선문화학회 이사 2003년 한국불교학회 이사 2007년 동국대 정각원장 2007년 同기숙사관장 2015년 同불교대학원장 겸 불교대학장 2017~2019년 同대외협력처장 2019년 同대외부총장 겸 기획부총장(현) (저)'임제선 연구'(1996, 경서원) (역)'여래장사상'(1996, 경서원)

## 박문기(朴文基) PARK Moon Ki

(생)1960·9·29 (본)밀양(密陽) (출)경남 합천 (주)경상북도 경산시 한의대로 1 대구한의대학교 의과학대학 제약공학과(053-819-1420) (학)1984년 부산대 화학공학과졸 1986년 同대학원 화학공학과졸 1993년 화학공학박사(부산대) (경)1993~2003년 경산대 환경학부 전임강사·조교수·부교수 1998~

1999년 미국 캘리포니아대 교환교수 2000년 경산대 출판부장 2001~2002년 同기획연구처장 2002년 한국환경과학회 이사 2003~2012년 대구한의대 한방산업대학 한방제약공학과 교수 2005~2006년 同행정처장 2006~2007년 同기획연구처장 2008년 同한방산업대학원장 2008년 국가지정연구소재은행 향장소재은행장 2008년 대구한의대 한방산업연구소장 2011~2012년 한국환경과학회 부회장 2011년 대구한의대 한방산업대학 한방제약공학과장 2012~2016년 同의과학대학 제약공학과 교수 2012~2014년 한국환경과학회 이사·국제교류위원장 2014년 대구한의대 한방산업연구소장(현) 2015년 한국환경과학회 편집위원장(현) 2017년 대구한의대 바이오산업대학 제약공학과 교수(현) 2019년 同바이오산업대학장(현) (상)한국환경과학회 학술상(2007) (저)'알기쉬운 대기오염학'(共) '환경시스템공학'(共) (종)기독교

### 박문덕(朴文德) PARK Moon Deuk

(생)1950·10·22 (본)밀양(密陽) (출)부산 (주)서울특별시 강남구 영동대로 714 하이트진로(주) 회장실(080-210-0150) (학)1968년 배재고졸 1975년 고려대 경영학과졸 (경)1976년 조선맥주 입사 1981년 일광교역 대표이사 1982년 조선맥주 상무이사 1987년 同전무이사 1988년 동서유리공업 대표이사 1989년 조선맥주 부사장 1991년 同사장 1998년 하이트맥주(주) 사장 1999년 同부회장 2001~2011년 同대표이사 회장 2008~2014년 하이트진로홀딩스 대표이사 회장 2011~2014년 하이트진로(주) 대표이사 회장 2014년 同회장(현) (종)불교

### 박문서(朴文緖) PARK Moon Su

(생)1958·7·12 (출)서울 (주)서울특별시 서초구 마방로 68 동원산업빌딩 18층 동원엔터프라이즈(02-589-3780) (학)1977년 덕수상고졸 1987년 성균관대 경영학과졸, 중앙대 경영대학원졸 (경)동원산업(주) 경영관리팀장, 동원엔터프라이즈 경영관리실장, 동원산업(주) 감사(비상근) 2007년 동원엔터프라이즈 경영관리실장(전무), 同경영지원본부장(전무) 2011년 同경영지원본부장(부사장) 2018년 同경영지원본부장(사장) 2019년 同대표이사 사장(경영지원본부장 겸임)(현) (종)기독교

### 박문수(朴文秀) PARK Moon Soo

(생)1955·8·14 (본)밀양(密陽) (출)부산 (주)경기도 화성시 봉담읍 와우안길 17 수원대학교 신소재공학과(031-220-2132) (학)1978년 서울대 공업화학과졸 1985년 미국 캘리포니아주립대 대학원 화학공학과졸 1991년 공학박사(미국 서던캘리포니아대) (경)1978~1981년 제일합섬 기획조사실 근무 1985년 미국 캘리포니아주립대 강사 1991~1992년 럭키중앙연구소 고분자실 과장(선임연구원) 1992년 수원대 고분자공학과 전임강사·조교수 1994년 (주)낫소 연구기술고문 1999년 일본 국립환경연구소 객원연구원 2001년 삼성전자 기술고문 2002년 수원대 신소재공학과 부교수·교수(현) 2007년 同기숙사 사감 겸 중앙도서관장 2008·2012년 同국제협력처장 2009~2012년 同교무처장 2015년 同대학원장(현) (상)수원대 10년 근속상(2002), 제17회 과학기술우수논문상(2007), 수원대 공로상(2008) (저)'고분자물성론'(1995, 서울대 출판사) 'Speak up'(2001, 수원대) '고분자 화학 입문'(2003, 자유아카데미) (역)'생체고분자개론'(1996, 자유아카데미) '고분자 화학 입문'(1997, 자유아카데미)

### 박문수(朴文洙) PARK Moon Soo

(생)1966·2·9 (본)밀양(密陽) (출)전북 고창 (주)인천광역시 미추홀구 소성로163번길 49 인천지방검찰청(032-860-4484) (학)1984년 부산 해운대고졸 1989년 서울대 사법학과졸 1993년 同대학원 사법학과 수료 (경)1990년 사법시험 합격(32회) 1993년 사법연수원 수료(22기) 1993년 변호사 개업 1996년 부산지검 울산지청 검사 1998년 인천지검 검사 2000년 서울지검 서부지청 검사 2003년 전주지검 검사 2005년 同부부장검사 2005년 수원지검 안산지청 부부장검사 2007년 서울중앙지검 부부장검사 2008년 춘천지검 강릉지청 부장검사 2009년 광주고검 전주지부 부장검사 2010년 서울고검 검사 2010년 인천지검 부장검사 2011년 서울고검 검사 2013년 부산고검 검사 2015년 서울고검 검사 2017년 인천지검 중요경제범죄조사단 부장검사 2018년 광주고검 검사 2018년 同차장검사 직대 2019년 인천지검 중요경제범죄조사단 부장검사(현)

### 박문옥(朴文玉) Park Moon Ok

(생)1976·8·26 (주)전라남도 무안군 삼향읍 오룡길 1 전라남도의회(061-286-8200) (학)목포대 정치외교학과졸, 목포대 일반대학원 정치외교학과 석사과정 수료 (경)전남옥외광고협회 목포시지부장, 목포시 유·초·중·고교 운영위원연합회 기획이사, 더불어민주당 목포지역위원회 조직국장 2018년 전남도의회 의원(더불어민주당)(현), 同전라남도청년발전특별위원회 위원(현), 同의회운영위원회 위원 겸 예산결산특별위원회 위원(현), 同기획행정위원회 부위원장(현)

### 박문재(朴文宰) Park, Moon-Jae

(생)1961·2·22 (주)서울특별시 중구 덕수궁길 15 서울특별시청 도시계획국 토지관리과(02-2133-4660) (학)2015년 서울시립대 도시과학대학원 공간정보공학과졸, 同대학원 박사과정 재학 중(3학기) (경)1993~2003년 서울시 도시계획국 근무 2004~2008년 同감사담당관 2010년 서울시 양천구 부동산정보과 근무 2012년 서울시 도시계획국 근무 2016년 同도시계획국 토지관리과 서기관 2017년 同공간정보담당관 직대 2018년 同도시계획국 토지관리과장(현)

### 박문철(朴文哲)

(생)1968·2·25 (주)경상남도 창원시 의창구 상남로 290 경상남도의회(055-211-7316) (학)1997년 창원대 산업대학원 컴퓨터공학 석사과정 수료 (경)2015~2018년 초록에너지(주) 대표이사, 창원시 내서읍주민자치위원, 국민참여당 중앙당 중앙위원 2010년 경남도의원선거 출마(국민참여당), 창원대 녹색기술기반해양플랜트인재양성센터 계약교수, 더불어민주당 경남도당 교육연수위원장(현), 노무현재단 경남도위원회 운영위원(현) 2018년 경남도의회 의원(더불어민주당)(현) 2018년 同기획행정위원회 위원(현)

### 박문희(朴文熙) PARK Moon Hee

(생)1953·8·26 (본)함양(咸陽) (출)충북 청원 (주)충청북도 청주시 상당구 상당로 82 충청북도의회(043-220-5116) (학)충북보건과학대 창업경영학과졸 (경)1978년 민주통일당 입당 1987년 김대중 대통령후보 충북도당 조직부장 1992 민주연합청년동지회(연청) 충북도회장 직대 1997년 김대중 대통령후보 충북선거대책본부 조직위원장 1998년 충북도의원선거 출마(새정치국민회의) 2002년 충북도의원선거 출마(새천년민주당) 2002년 노무현대통령후보 충북유세위원장 2004년 열린우리당 충북도당 상무위원 2004년 민주평통 자문위원 2006년 충북도의원선거 출마(열린우리당) 2007년 정동영 대통령후보 유세위원장 2010년 민주당 민생경제특별위원회 위원장 2010~2014년 충북도의회 의원(민주당·민주통합당·새정치민주연합) 2010~2012년 同운영위원장 2011년 同민주통합당 원내대표 2012년 同도시계획위원회 위원 2012년 同한옥마을심의위원회 위원 2012년 同기업유치위원회 위원 2012년 同건설소방위원회 위원 2012년 문재인 대통령후보 조직특보 2013년 충북도의회 청주·청원통합추진단 위원 2013년

ㅂ

'2014 오송국제바이오산업엑스포' 자문위원 2013년 한국농어촌공사 자문위원 2014년 충북도의원선거 출마(새정치민주연합) 2014년 새정치민주연합 충북도당 사무처장 2016년 더불어민주당 충북도당 부위원장 겸 직능위원장 2017년 더불어민주당 제19대 문재인 대통령후보 조직특보 2017년 민주평통 충북지역회의 부의장 2018년 충북도의회 의원(더불어민주당)(현) 상대한민국 사회봉사대상 지방자치의정대상(2013) 종천주교

**박미경(朴美京 · 女) PARK Mi Kyung**

생1970 · 9 · 16 주서울특별시 강남구 언주로30길 39 SEI타워17층 (주)포시에스(02-828-1400) 학1992년 서강대 전자계산학과졸 경1992년 (주)Soft Science(일본) 근무 1993~1995년 한국MJL 데이터베이스사업부 근무 1995년 (주)포시에스 설립 2000~2001년 동국대 대학원 네트웍관리학과 겸임교수, (주)포시에스 기술총괄 이사, 同대표이사 2015년 여성벤처기업협회 수석부회장 2017년 (주)포시에스 각자대표이사(현), 창업진흥원 비상임이사(현), 하이서울브랜드기업협회 부회장(현), 한국전자문서산업협회 회장(현) 2019년 한국여성벤처협회 회장(현) 상여성벤처유공자 미래창조과학부장관표창(2013), 대한민국중소기업인대회 모범중소기업인부문 대통령표창(2016), 과학기술정보통신부장관표창(2017)

**박미경(朴美京 · 女)**

생1973 · 11 · 2 주경상북도 안동시 풍천면 도청대로 455 경상북도의회(054-880-5126) 학대구가톨릭대 교육대학원졸 경민주평통 안동시협의회 자문위원(현), 바른미래당 전국여성위원회 부위원장(현), 同경북도당 여성위원장(현), 한국여성경제인협회 안동여성기업협의회 간사(현), 초록우산 어린이 재단 안동지국 홍보국장(현) 2018년 경북도의회 의원(비례대표, 바른미래당)(현) 2018년 同행정보건복지위원회 위원(현) 2018년 同윤리특별위원회 부위원장(현) 2018년 同저출산고령화대책특별위원회 위원(현)

**박미리(朴美俐 · 女) PARK Mi Ri**

생1969 · 2 · 19 본밀양(密陽) 출서울 주서울특별시 서초구 서초중앙로 157 서울중앙지방법원(02-530-1114) 학1987년 은광여고졸 1991년 연세대 법학과졸 경1993년 사법시험 합격(35회) 1996년 사법연수원 수료(25기) 1996년 제주지법 판사 1998년 대전지법 천안지원 판사 2000년 인천지법 판사 2003년 서울가정법원 판사 2005년 서울중앙지법 판사 2007년 서울고법 판사 2009년 서울북부지법 판사 2011년 부산지법 부장판사 2012년 수원지법 부장판사 2015년 서울북부지법 부장판사 2017년 서울중앙지법 부장판사(현) 종기독교

**박미석(朴美碩 · 女) PARK Mee Sok**

생1958 · 10 · 10 출서울 주서울특별시 용산구 청파로47길 100 숙명여자대학교 생활과학대학 가족자원경영학과(02-710-9456) 학1981년 숙명여대 가정관리학과졸 1987년 미국 미시간주립대 대학원졸 1992년 이학박사(미국 미시간주립대) 경1995~2003년 숙명여대 가정관리학과 조교수 · 부교수 1997년 (사)한국가정생활개선진흥회 이사(전문위원) 1998년 숙명여대 아시아여성연구소 간사 1999년 同가정관리학과장 · 가정아동복지학부장 2000년 同아시아여성연구소장 2001년 한국여성학회 재무위원장 2001년 여성부 심사평가위원회 위원 2003년 (사)가정을건강하게하는시민의모임 이사 2003년 대한가정학회 총무이사 2003년 숙명여대 가정 · 아동복지학부 가족자원경영학전공 교수 2004~2005년 서울복지재단 대표이사 2008년 대통령 사회정책수석비서관 2010~2018년 국제여성가족교류재단 이사장 2011년 숙명여대 생활과학대학 가족자원경영학과 교수(현) 2012년 국무총리산하 정부업무평가위원회 민간위원 2013~2014년 대한가정학회 회장 2014~2016년 숙명여대 생활과학대학장 2015년 현대오일뱅크1%나눔재단 이사(현) 2017년 한국가정관리학회 회장 상녹조근정훈장(2016)

**박미선(朴美宣 · 女) Park Mi Seon**

생1959 · 7 · 25 본밀양(密陽) 출부산 주부산광역시 기장군 기장읍 기장해안로 216 국립수산과학원 전략양식부(051-720-2410) 학1978년 부산동여고졸 1982년 부산수산대 수산양식학과졸 1986년 同대학원 수산생물학과졸 1989년 수산학박사(부산수산대) 경1982~1990년 국립수산진흥원 수산연구사 1986~1987년 프랑스 해양개발원연구소(IFREMER) 파견근무 1990~1999년 국립수산진흥원 수산연구관 1997년 한국수산과학회 평의원 1999~2000년 국립수산진흥원 여수수산종묘시험장장 2000~2004년 국립수산과학원 병리연구과장 2000년 한국어병학회 이사(현) 2000~2004년 아태지역양식기구(NACA) 수생동물 건강관리프로그램 한국측 협의대상자 2001년 同6차 기술자문위원회 자문위원 2003년 한 · 영 상호기술교류협의 한국대표 2003~2004년 국가기술협력지도 비전위원회 위원 2004~2005년 국립수산과학원 연구기획실장 2004~2006년 同원장 직무대리 2005~2006년 同연구혁신본부장 2006~2007년 同수산생명과학본부장 2007~2008년 아태식량비료센터(FFTC) 고공단 장기 국외훈련(대만 파견) 2008년 국립수산과학원 동해수산연구소장 2008~2009년 同양식연구부장 2009~2010년 同연구기획부장 2009년 同원장 직무대리 2010~2013년 同동해수산연구소 해양수산연구관 2012년 제4회 과학기술예측조사 농림수산분과 위원 2012~2013년 국가표준실험실(KOLAS) 품질책임자 2012년 한미협력공동사업(IMTA) 한국측연구책임자 2013~2015년 국립수산과학원 전략양식연구소 해양수산연구관 2014년 황해광역생태계(YSLME) 국가전문가그룹양식분과 의장 2015~2018년 국립수산과학원 남동해수산연구소 해양수산연구관 2016년 고성군 · 하동군 수산조정위원회 위원 2018년 국립수산과학원 전략양식부장(고위공무원)(현) 상수산청장표창(1987), 농림수산부장관표창(1994), 국립수산과학원 연구원상(1984 · 2001 · 2002) 저'한국연근해 유용연체동물도감'(1999, 구덕) '수산양식생물질병도감'(2002, 한글그라픽스) '테마가 있는 생물이야기-서해'(2008, 국토해양부) '전복 양식 표준지침서'(2008, 국립수산과학원) '바다의 UFO 해파리'(2009, 아카데미서적) '테마가 있는 생물이야기-동해'(2010, 국립수산과학원) '굴 수하식 양식 표준지침서'(2012, 국립수산과학원) '참굴양식 표준 매뉴얼'(2016, 국립수산과학원) 역'2012 세계 수산업 동향'(2013, 국립수산과학원) '패류양식과 환경'(2014, 국립수산과학원) '돌기해삼 : 역사, 생물학 그리고 양식'(2016, 국립수산과학원) 종불교

**박미자(朴美子 · 女) PARK Mee Ja**

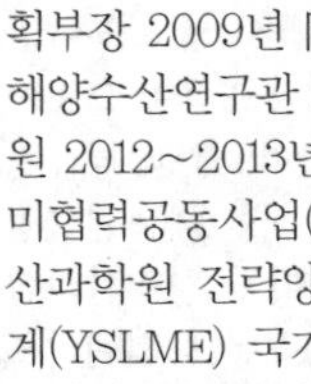

생1968 · 12 · 6 출전북 부안 주세종특별자치시 도움6로 11 환경부 물환경정책국(044-201-7570) 학1987년 부안여고졸 1991년 건국대 행정학과졸 1997년 서울대 대학원 보건학과 수료 2005년 미국 인디애나대 환경행정대학원졸 경1992년 행정고시 합격(35회) 2000년 환경부 환경경제과 사무관, 해외 파견 2005년 환경부 자연보전국 자연정책과 서기관 2005년 지속가능발전위원회 파견 2007년 환경부 대기보전국 생활공해과장 2008년 同환경보건정책과장 2010년 同자원순환국 자원순환정책과장(서기관) 2011년 同자원순환국 자원순환정책과장(부이사관) 2012년 同자연보전국 자연정책과장 2012년 새만금지방환경청장 2013~2016년 駐중국 공사참사관 2016년 원주지방환경청장 2018년 환경부 4대강조사평가단 조사평가지원관 2019년 同물환경정책국장(현) 상대통령표창(2000)

**박미정(朴美貞·女)**

(생)1968·1·19 (주)광주광역시 서구 내방로 111 광주광역시의회(062-613-5044) (학)이학박사(성균관대) (경)광주대 사회복지학과 겸임교수, 더불어민주당 광주시당 동남乙지역위원회 부위원장 2018년 광주시의회 의원(더불어민주당)(현) 2018년 同환경복지위원회 위원장(현) 2018년 同청년발전특별위원회 위원(현) 2018년 더불어민주당 다문화위원회 부위원장(현)

**박미향(朴美香·女) PARK Mihyang**

(생)1970·7·1 (본)춘천(春川) (출)강원 춘천 (주)서울특별시 영등포구 의사당대로 1 국회도서관 의회정보실 정치행정정보과(02-788-4107) (학)1988년 잠실여고졸 1992년 연세대 문헌정보학과졸 1994년 同영어영문학과졸 2005년 미국 시라큐스대 맥스웰스쿨 행정학과졸(석사) 2010년 문헌정보학박사(연세대) (경)1995년 한국에너지기술연구소 연구원 2007년 국회도서관 입법정보실 법률정보과장 2008년 同정보관리국 전자정보제작과장 2010년 同기획관리관실 기획담당관 2012년 세종연구소 교육파견(서기관) 2013년 국회도서관 정보관리국 전자정보개발과장 2014년 同정보관리국 전자정보정책과장(부이사관) 2015년 同의회정보실 공공정책정보과장 2016년 통일교육원 통일정책지도자과정 교육훈련 2017년 국회도서관 정보봉사국 자료수집과장 2019년 同의회정보실 정치행정정보과장(현) (상)국회도서관장표창(2002), 국무총리표창(2006), 국회의장표창(2014)

**박미화(朴美花·女)**

(생)1974·1·3 (출)전남 무안 (주)광주광역시 동구 준법로 7-12 광주지방법원(062-239-1710) (학)1992년 전남여고졸 1996년 전남대 법학과졸 (경)1999년 사법시험 합격(41회) 2002년 사법연수원 수료(31기) 2002년 인천지검 검사 2004년 대구지검 안동지청 검사 2006~2007년 인천지검 부천지청 검사 2007년 사법연수원 법관임용연수 2008년 광주지법 판사 2012년 수원지법 판사 2015년 서울동부지법 판사(연구법관) 2018년 광주지법 부장판사(현)

**박미희(朴美姬·女) PARK MI HEE**

(생)1963·12·10 (주)서울특별시 종로구 새문안로 68 흥국생명빌딩 16층 흥국생명 여자배구단(02-2002-7249) (학)한양대 체육학과졸, 同대학원 체육학과졸 (경)1980년 아시아청소년배구선수권대회 국가대표(우승) 1981년 멕시코 세계청소년여자선수권대회 국가대표(우승) 1983년 미도파배구단 입단 1984년 미국 LA올림픽 국가대표(5위) 1988년 대한민국 서울올림픽 국가대표(8위) 1990년 중국 북경아시안게임 국가대표(은메달) 2003~2005년 중국 옌볜과학기술대 체육학과 부교수 2006~2014년 KBSN 배구해설위원 2014년 흥국생명 핑크스파이더스 감독(현) 2019년 '2018~2019시즌 프로배구 V리그' 여자부 정규리그 및 챔피언결정전 통합우승 (상)체육훈장 기린장(1981), 제5회 MBN 여성스포츠대상 지도자상(2016)

**박 민(朴 敏)**

(생)1963·6·9 (출)경남 마산 (주)서울특별시 중구 새문안로 22 문화일보 편집국(02-3701-5040) (학)1986년 서울대 정치학과졸 1988년 同대학원졸 (경)1992년 문화일보 편집국 기자 2004년 同편집국 AM7 기자 2006년 同편집국장석 차장대우 2007년 同편집국 사회부 차장대우 2008년 同편집국 정치부 차장 2009년 同편집국 전국부장 직대 2012년 同편집국 사회부장 2015년 관훈클럽 편집위원 2015년 문화일보 편집국 정치부장 2018년 同편집국 부국장 직대 겸임 2019년 同편집국장(현) (상)한국언론인연합회 한국참언론인대상(2019)

**박민서(朴旻緖) PARK Min Seo**

(생)1957·11·23 (출)전남 목포 (주)전라남도 무안군 청계면 영산로 1666 목포대학교 총장실(061-450-2001) (학)1975년 목포고졸 1980년 동국대 행정학과졸 1983년 연세대 대학원 행정학과졸 1993년 행정학박사(동국대) (경)1988~2018년 목포대 사회과학대학 사회복지학과 전임강사·조교수·부교수·교수 1998~2016년 한국노인복지학회 이사 2001~2002년 목포대 복지사회연구소장 2002~2003년 同평생교육원장 2003~2005년 同학생지원처장 2010~2016년 전남도자원봉사센터 이사 2011~2015년 (재)신안복지재단 이사장 2011~2016년 행정안전부 지방공무원단체선진화연구회 위원 2014년 전남도사회복지협의회 부회장(현) 2014년 전남도 정책자문위원회 보건복지분과위원장(현) 2015~2017년 전국시·도의회의장협의회 정책자문위원 2018년 목포대 총장(현) (상)문화관광부장관표창(2000), 대통령표창(2008) (저)'시민과 자원봉사' '농어촌사회문제론(共)'(2007, 공동체)

**박민성(朴民成)**

(생)1974·10·21 (주)부산광역시 연제구 중앙대로1001 부산광역시의회(051-888-8245) (학)신라대 사회복지학과졸 (경)부산일보·국제신문 독자위원, 부산참여연대 시민사업팀장, 공동모금회 사랑의열매 시민감시위원, 사회복지연대 사무처장, 부산지역의료안전망협의회 운영위원 2014년 부산시의원선거 출마(무소속) 2018년 부산시의회 의원(더불어민주당)(현) 2018년 同복지환경위원회 부위원장(현) 2018년 同운영위원회 부위원장(현) 2018년 同시민중심도시개발행정사무조사특별위원회 위원(현) 2018~2019년 同부산시산하공공기관장후보자인사검증특별위원회 위원(현)

**박민수(朴敏秀) PARK Min Su**

(생)1962·11·8 (본)월성(月城) (출)부산 (주)부산광역시 연제구 법원로 31 부산지방법원(051-590-1114) (학)1981년 부산 대동고졸 1985년 연세대 법학과졸 (경)1987년 사법시험 합격(29회) 1990년 사법연수원 수료(19기) 1990년 부산지법 판사 1994년 同동부지원 판사 1996년 부산지법 판사 1999년 부산고법 판사 2002년 부산지법 판사 2005년 同부장판사 2008년 창원지법 부장판사 2010년 부산지법 부장판사 2011년 창원지법 마산지원장 2013년 부산지법 부장판사 2014년 창원지법 수석부장판사 2016년 부산지법 부장판사 2017~2018년 대구가정법원장 2019년 부산지법 부장판사(현)

**박민수(朴敏秀) PARK Min Soo**

(생)1964·9·21 (출)전북 장수 (주)전라북도 전주시 덕진구 사평로 30 2층 박민수법률사무소(063-278-1980) (학)1983년 전주 전라고졸 1990년 고려대 법과대학졸 (경)1995년 사법시험 합격(37회) 1998년 사법연수원 수료(27기) 1998년 변호사 개업(현), 전북지방변호사회 이사, 유네스코 전북지원 이사, 전북도 학교운영위원협의회 고문변호사 2010년 전북지방경찰청 자문변호사 2012년 민주통합당 부대변인 2012~2016년 제19대 국회의원(진안·무주·장수·임실, 민주통합당·민주당·새정치민주연합·더불어민주당) 2012년 국회 농림수산식품위원회 위원 2012년 국회 예산결산특별위원회 위원 2013년 국회 농림축산식품해양수산위원회 위원 2013년 민주당 정책위원회 원내부의장 2013년 同원내대표 비서실장 2015~2016년 국회 농림축산식품해양수산위원회 야당 간사 2015년 새정치민주연합 제3정책조정위원회 위원장 2015~2016년 더불어민주당 진안·무주·장수·임실지역위원회 위원장 2015년 同제3정책조정위원회 위원장 (상)법률소비자연맹 선정 국회 헌정대상(2013·2016), 경제정의실천시민연합 국정감사 우수의원(2014)

ㅂ

## 박민수(朴敏守) MINSOO, PARK

(생)1968 · 4 · 15 (본)밀양(密陽) (출)서울 (주)세종특별자치시 도움4로 13 보건복지부 정책기획관실(044-202-2300) (학)1987년 서울고졸 1991년 서울대 경제학과졸 2003년 미국 Lehigh Univ. 대학원 경영학과졸 (경)1992년 행정고시 합격(36회) 1993~1995년 보건복지부 장관실 사무관 1998년 同연금보험국 연금재정과 사무관 2000년 同연금보험국 보험정책과 사무관 2003년 同보건정책국 보건산업진흥과 사무관 2004년 同건강증진국 건강정책과 서기관 2004년 同건강증진국 구강정책과장 2005년 同보건정책국 공공보건정책과장 2005년 同보험연금정책본부 연금재정팀장 2008년 세계은행(The World Bank) 재무국 컨설턴트(Treasury Consultant) 2010년 보건복지부 보건의료정책실 보험정책과장(부이사관) 2013년 제18대 대통령직인수위원회 고용복지분과 실무위원 2013년 대통령 보건복지비서관실 선임행정관(고위공무원) 2014년 駐미국 공사참사관 2018년 보건복지부 기획조정실 정책기획관(현) (상)대통령표창(2006), 근정포장(2013) (종)기독교

## 박민식(朴敏植) PARK Min-shik

(생)1965 · 11 · 20 (본)밀양(密陽) (출)부산 (주)서울특별시 서초구 서초대로 274 3000타워 5층 법무법인 에이원(02-3477-6100) (학)1984년 부산사대부고졸 1988년 서울대 외교학과졸 (경)1988년 외무고시 합격(22회) 1990년 외무부 국제경제국 사무관 1993년 사법시험 합격(35회) 1996년 사법연수원 수료(25기) 1996년 서울지검 검사 1998년 창원지검 통영지청 검사 2000년 부산지검 검사 2001~2002년 미국 미시간대 로스쿨 연수 2003년 수원지검 여주지청 검사 2004~2006년 서울중앙지검 검사 2006년 변호사 개업 2007년 서울장애인일자리정보센터 고문변호사 2008~2012년 제18대 국회의원(부산 북구 · 강서구甲, 한나라당 · 새누리당) 2008년 한나라당 인권위원회 부위원장 2008년 同인권위원회 범죄피해구제소위원장 2009년 同대표 특보 2009년 同아동성범죄대책특별위원회 간사 2010년 同선거관리위원회 위원 2010년 국회 지식경제위원회 위원 2010년 한나라당 서민정책특별위원회 전통시장대책위원장 2012~2016년 제19대 국회의원(부산 북구 · 강서구甲, 새누리당) 2012년 새누리당 인권위원장 2012년 同정치쇄신특별위원회 위원 2012~2014년 국회 정무위원회 여당 간사 2014년 국회 정보위원회 위원 2014~2015년 국회 법제사법위원회 위원 2014년 새누리당 인재영입위원회 부위원장 2015년 국회 서민주거복지특별위원회 위원 2015년 국회 미래창조과학방송통신위원회 여당 간사 2015년 국회 정치개혁특별위원회 위원 2015~2016년 새누리당 부산시당 위원장 2015~2018년 최동원기념사업회 이사장 2016년 제20대 국회의원선거 출마(부산 북구 · 강서구甲, 새누리당) 2016년 법무법인 에이원 변호사(현) 2016~2017년 자유한국당 부산 북구 · 강서구甲 당원협의회 운영위원장 2019년 同부산북구 · 강서구甲당원협의회 운영위원장(현) (저)'잊혀지지 않는 하나의 의미'(2013) (종)불교

## 박민주(朴珉柱)

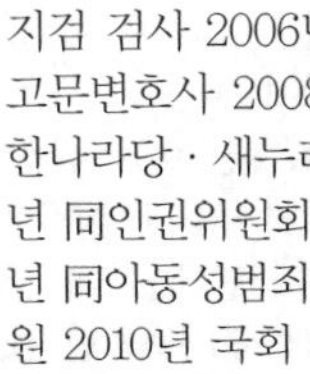

(생)1963 · 1 · 3 (출)전남 고흥 (주)대전광역시 동구 중앙로 242 한국철도시설공단 기술본부(042-607-3018) (학)1981년 국립철도고졸 1992년 광주대 전자계산학과졸 1998년 한양대 대학원 전기공학과졸 (경)2006년 한국철도시설공단 호남고속철도사업단 PM1부장 2007년 同기술본부 고속철도환경팀 환경1파트장 2008년 同품질안전단 환경경영팀장 2011년 同전기사업단 전기계획부장 2011년 同감사실 시스템감사부장 2014년 同KR연구원 전기부장 2014년 同기술본부 기술계획부장 2015년 同영남본부 기술처장 2016년 同기술본부 전철처장 2018년 同기술본부장(상임이사)(현) (상)국무총리표창(2004)

## 박민표(朴珉豹) PARK Min Pyo

(생)1963 · 9 · 27 (본)밀양(密陽) (출)인천 (주)서울특별시 서초구 반포대로34길 14 이성보·박민표법률사무소(02-534-2999) (학)1982년 인창고졸 1986년 서울대 법학과졸 (경)1986년 사법시험 합격(28회) 1989년 사법연수원 수료(18기) 1992년 서울지검 동부지청 검사 1994년 부산지검 울산지청 검사 1996년 서울지검 검사 1998년 부산지검 동부지청 검사 2000년 대검찰청 검찰연구관 2002년 서울지검 부부장검사 2003년 헌법재판소 파견 2005년 법무부 송무과장 2006년 同법무심의관 2007년 서울중앙지검 형사2부장 2008년 광주지검 목포지청장 2009년 제주지검 차장검사 2009년 울산지검 차장검사 2010년 법무부 인권국장 2011년 법무연수원 연구위원 2012년 서울고검 송무부장 2012년 同송무부장(검사장급) 2013년 대검찰청 형사부장(검사장급) 2013년 同사건평정위원회 위원 2013년 대전지검장 2015년 서울동부지검장 2015~2017년 대검찰청 강력부장(검사장급) 2017년 변호사 개업 2018년 이성보·박민표법률사무소 대표변호사(현) (상)황조근정훈장(2015) (종)가톨릭

## 박민호(朴敏鎬) Park-minho

(생)1961·7·28 (출)강원 화천 (주)서울특별시 송파구 삼학사로 46 전통문화재단(02-415-0532) (학)1980년 휘문고졸 1985년 성균관대 공과대학졸 1992년 한양대 대학원 연극학과졸 1995년 러시아 국립영화학교(VGIK) 영화감독과정졸 2012년 문화콘텐츠학박사(고려대) (경)1987년 예술의전당 입사(공채 1기) 2001~2005년 同홍보마케팅팀장 2005~2006년 한양대 디자인대학원 문화콘텐츠학과 공연기획론 강사 2006년 예술의전당 경영혁신팀장 2007~2008년 同고객지원팀장 2007년 고려대 응용언어문화대학원 문화콘텐츠학과 공연기획론 강사 2008년 성균관대 예술대학원 공연예술학과 극장기획론 강사 2009년 예술의전당 수익사업팀장 2009~2010년 (재)중구문화재단 사장 2010~2011년 한국예술문화단체총연합회 자문위원장 2012년 전통문화재단 대표이사(현) (상)한국예술문화대상 특별공로상(2013), 이데일리 문화대상 전통분야 최우수상(2014) (저)'대한민국 생태관광지 10선'(2010) '아트센터와 공연예술'(2015)

## 박백범(朴栢範) PARK Baeg Beom

(생)1959 · 4 · 5 (출)대전 (주)세종특별자치시 갈매로 408 교육부 차관실(044-203-6011) (학)1976년 대전고졸 1984년 서울대 교육학과졸 1987년 同대학원 교육학과 수료 2001년 교육학박사(미국 아이오와대) (경)1984~1985년 신관중 교사(도덕) 1984년 행정고시 합격(28회) 1997년 부경대 과장 1998년 교육부 기획관리실 서기관 1998년 충남도교육청 서기관 2002년 대통령비서실 파견 2004년 교육인적자원부 인적자원관리국 고등교육정책과장 2005년 충북대 교육학과 초빙교수 2007년 충주대 사무국장 2007년 교육인적자원부 부총리비서실장 2008년 교육과학기술부 대변인 2009년 미국 일리노이주 맥린교육청 파견 2010~2011년 대전시교육청 부교육감 2011년 한나라당 수석전문위원 2012년 대전시교육청 부교육감 2013년 교육부 대학지원실장 2014년 同기획조정실장 2015~2016년 서울시교육청 부교육감 2016년 세종특별자치시 성남고 교장 2018년 교육부 차관(현) 2019년 스포츠혁신위원회 위원(현) (상)홍조근정훈장(2013)

## 박백수(朴伯洙) Park Baek Soo

(생)1957 · 2 · 20 (출)울산 울주 (주)서울특별시 영등포구 경인로 841 우체국금융개발원 원장실(02-2639-0501) (학)1977년 경남상고졸 (경)2007년 KB국민은행 명동영업부장 2010년 同동부산영업지원본부장 2011~2012년 同북부지역본부본부장 2014~2016년 나이스정보통신 사외이사 2014~2015년 메트라이프생명보험 방카슈랑스팀 영업본부장 2016~2017년 (주)국민티에스 대표이사 2018년 우체국금융개발원 원장(현)

**박범계(朴範界) PARK Beom Kye**

(생)1963 · 4 · 27 (출)충북 영동 (주)서울특별시 영등포구 의사당대로 1 국회 의원회관 837호(02-784-6960) (학)1980년 검정고시 합격 1989년 연세대 법학과졸 2003년 고려대 행정대학원 최고위과정 수료 2011년 한밭대 경제학과졸 (경)1991년 사법시험 합격(33회) 1994년 사법연수원 수료(23기) 1994~1996년 서울지법 판사 1996~1998년 전주지법 판사 2000년 김제시선거관리위원회 위원장 2001~2002년 대전지법 판사 2002년 새천년민주당 노무현 대통령후보 법률특보 2002년 제16대 대통령직인수위원회 정무분과위원 2003년 대통령 민정2비서관 2003년 대통령 법무비서관 2003년 변호사 개업 2003년 신행정수도건설기획단 자문위원 2004년 오페라이순신세계화추진위원회 위원장 2004년 한국중고사격연맹 고문 2007~2008년 법무법인 정민 대표변호사 2007~2008년 대우인터내셔널 사외이사 겸 감사위원 2008년 제18대 국회의원선거 출마(대전시 서구乙, 통합민주당) 2008년 민주당 대전시서구乙지역위원회 위원장 2008~2009년 同인권특별위원회 위원장 2010~2011년 同대전시당 위원장 2011~2012년 민주통합당 대전시당 위원장 2012년 제19대 국회의원(대전시 서구乙, 민주통합당 · 민주당 · 새정치민주연합 · 더불어민주당) 2012년 국회 운영위원회 위원 2012년 국회 법제사법위원회 위원 2012년 민주통합당 원내부대표 2012년 同법률위원장 2013년 민주당 법률위원장 2014년 새정치민주연합 원내대변인 2014년 同법률위원장 2014년 국회 기획재정위원회 위원 2014년 새정치민주연합 '비선실세 국정농단' 진상조사단장 2015년 同대전시당 위원장 2015년 국회 정치개혁특별위원회 공직선거법심사소위원회 위원 2015년 IP(Intellectual Property) 허브 코트(Hub Court) 추진위원회 공동위원장 2015년 국회 예산결산특별위원회 위원 2015년 새정치민주연합 재벌개혁특별위원회 위원 2015~2018년 더불어민주당 대전시당 위원장 2015년 同재벌개혁특별위원회 위원 2016년 同제20대 총선 선거대책위원회 위원 2016년 同총선정책공약단 인권민주주의본부장 2016년 제20대 국회의원(대전시 서구乙, 더불어민주당)(현) 2016년 더불어민주당 전국대의원대회준비위원회 조직분과위원장 2016년 同민주주의회복TF 팀장 2016년 同청년일자리TF 위원 2016~2017년 국회 법제사법위원회 간사 2016년 국회 정치발전특별위원회 선거제도개혁소위원회 위원 2016년 더불어민주당 대전시서구乙지역위원회 위원장(현) 2016년 국회 대법관(김재형)인사청문특별위원회 간사 2016년 더불어민주당 세월호특별위원회 위원 2016~2017년 국회 '박근혜 정부의 최순실 등 민간인에 의한 국정농단 의혹 사건 진상규명을 위한 국정조사특별위원회' 간사 2017년 더불어민주당 제19대 문재인 대통령후보 중앙선거대책본부 종합상황본부 제2상황실장 2017년 同정책위원회 제1정책조정위원장 2017년 국정기획자문위원회 정치행정분과 위원장 2017~2018년 국회 예산결산특별위원회 위원 2017~2018년 더불어민주당 최고위원(충청 · 강원) 2017년 同적폐청산위원회 위원장 2017~2018년 국회 법제사법위원회 위원 2018년 국회 사법개혁특별위원회 간사 2018년 더불어민주당 수석대변인 2018년 국회 산업통상자원중소벤처기업위원회 위원(현) 2018년 국회 사법개혁특별위원회 위원(현) 2018년 더불어민주당 생활적폐청산특별위원회 위원장(현) 2018년 同당무감사원장(현) 2019년 국회 세종의사당추진특별위원회 위원(현) (상)대한민국 참봉사대상 법률부문 법률공로대상(2017), 2018 입법 및 정책개발 우수국회의원(2019) (저)'어머니의 손발이 되어'(2007) '박범계 내 인생의 선택'(2008) '박변호사 이럴땐 어떡하지'(2012) '정공법'(2016)

**박범석(朴範錫)**

(생)1973 · 3 · 15 (출)전남 영암 (주)서울특별시 서초구 서초중앙로 157 서울중앙지방법원(02-530-1114) (학)1990년 광주 인성고졸 1995년 서울대 법학과졸 (경)1994년 사법시험 합격(36회) 1997년 사법연수원 수료(26기) 1997년 軍법무관 2000년 서울지법 판사 2002년 同북부지원 판사 2004년 광주지법 판사 2007년 수원지법 평택지원 판사 2008년 법원행정처 윤리감사제1담당관 2009년 同윤리감사심의관 2010년 서울고법 판사 2012년 광주지법 순천지원 부장판사 2013년 대법원 재판연구관 2015년 인천지법 부장판사 2017년 서울중앙지법 부장판사(현)

**박범수(朴範洙) Park Beom Su**

(생)1971 · 3 · 22 (주)세종특별자치시 다솜2로 94 농림축산식품부 정책기획관실(044-201-1301) (학)1989년 광주 대동고졸 1996년 성균관대 경제학과졸 2003년 서울대 대학원 행정학과졸 2010년 경제학박사(미국 텍사스A&M대) (경)1995년 행정고시 합격(39회) 1996년 농림부 법무담당 · 유통정책과 · 협동조합과 · 정책기획팀 근무 2010년 농림수산식품부 자원환경과장 2011년 同농업금융정책과장 2014년 농림축산식품부 재정평가담당관(부이사관) 2014년 대통령 농축산식품비서관실 행정관 2016년 농림축산식품부 식품산업정책실 유통소비정책관 2017년 해외 연수(부이사관) 2019년 농림축산식품부 정책기획관(현)

**박범신(朴範信) PARK Bum Shin (臥草)**

(생)1946 · 8 · 24 (본)밀양(密陽) (출)충남 논산 (주)충청남도 논산시 강경읍 동안로112번길 48 한국폴리텍대학 바이오캠퍼스(041-746-7300) (학)1965년 남성고졸 1967년 전주교대졸 1971년 원광대 국어국문학과졸 1984년 고려대 교육대학원졸 (경)소설가(현) 1973년 중앙일보 신춘문예에 소설 '여름의 잔해'로 당선 1973~1978년 서울 문영여중 교사 1990년 민족문학작가회의 이사 1991년 한국소설가협회 중앙위원 1991~2000년 민족문학작가회 이사 겸 소설분과위원장 1991~1993년 문화일보 객원논설위원 1992~2011년 명지대 문예창작과 교수 1999년 방송개혁위원회 위원 2000년 한국소설가협회 이사 2000~2003년 국제펜클럽 한국본부 인권위원 2000~2006년 한국방송공사(KBS) 이사 2007~2011년 서울문화재단 이사장 2012~2015년 상명대 사범대학 국어교육과 석좌교수 2012~2015년 同문화기술대학원 소설창작학과 교수 2013년 수림문학상 심사위원장 2013년 한국폴리텍대학 바이오캠퍼스 명예학장(현) (상)대한민국문학상 신인부문(1981), 김동리문학상(2001), 원광문학상, 만해문학상(2003), 한무숙문학상(2005), 대산문학상(2009) (저)소설 '여름의 잔해'(1973), 장편소설 '불의 나라'(1986) '물의 나라'(1986) '태양제'(1988) '황야'(1990) '개뿔'(1991) '킬리만자로의 눈꽃'(1991), 수필집 '적게 소유하는 것이 자유롭다'(1993), 연작소설 '흰 소가 끄는 수레'(1997) '외등'(1998), 희곡 '그래도 우리는 볍씨를 뿌린다'(1988) '침묵의 집'(1999) '향기로운 우물이야기'(2000), 산문집 '물의 나라 1'(2005) '불의 나라 1'(2005) '비우니 향기롭다'(2006) '카일라스 가는 길'(2007) '촐라체'(2008) '고산자'(2009) '은교'(2010) '비즈니스'(2010) '나의 손은 말굽으로 변하고'(2011) '소금'(2013) '소소한 풍경'(2014) '틀'(2014) '힐링'(2014) '당신'(2015) '유리'(2017) (종)천주교

**박범진(朴範珍) PARK Bum Jin (愚岩)**

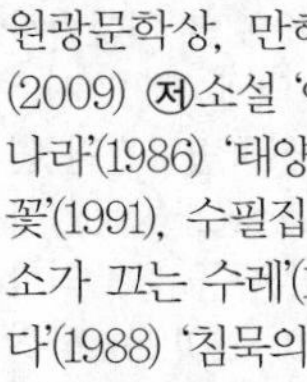

(생)1940 · 2 · 1 (본)밀양(密陽) (출)충북 제천 (주)서울특별시 종로구 율곡로1길 40-7 미래정책연구소(010-8708-5751) (학)1960년 경복고졸 1964년 서울대 정치학과졸, 서강대 경영대학원 최고경영자과정 수료, 고려대 언론대학원 최고위언론과정 수료, 홍익대 미술대학원 최고위과정 수료 (경)1964년 조선일보 기자 1975년 자유언론수호운동 관련 퇴사 1980년 백화양조 이사 1983년 금복주 상무이사 1984년 서울신문 논설위원 1986년 同편집부국장 1988년 민정당 서울양천甲지구당 위원장 1988년 同부대변인 1991년 민자당 부대변인 1992년 제14대 국회의원(서울 양천구甲, 민자당 · 신한국당) 1993년 민자당 교육개혁특별위원회 부위원장 1994년 同대변인 1995년 同총재 비서실장 1996년 신한국당 총재비서실장 1996년 제15대 국회의원(서울 양천구甲, 신한국당 · 국민신당 · 국민회의 · 새천년민주당) 1997년 국민신당 사무총장 1997년 同서울양천甲지구당 위원장 1999년 국민회의 홍보위원장 2000년 새천년민주당 지방자치위원장 2002년 국민통합21

ㅂ

창당기획위원장 2002년 同중앙선거대책위원회 부위원장 겸 정몽준 대표 비서실장 2004년 건국대 초빙교수 2005~2007년 한성디지털대 총장 2008~2012년 (재)미래정책연구소 이사장 2012년 同명예이사장(현) 2017년 (사)북한인권시민연합 이사장(현)

**박병구(朴炳求)**

(생)1967·5·20 (주)강원도 춘천시 중앙로 1 강원도의회(033-256-8035) (학)연세대 경제학과 4년 수료 (경)치악중학교 운영위원장(현), 디자인내일 대표(현), 민주평통 자문위원(현) 2017년 더불어민주당 제19대 문재인 대통령후보 미래한국전략특보, 同중앙당 정책위원회 부의장 2018년 강원도의회 의원(더불어민주당)(현) 2018년 同기획행정위원회 위원(현)

**박병국(朴炳國) PARK Byung Gook**

(생)1959·4·19 (주)서울특별시 관악구 관악로 1 서울대학교 공과대학 전기·정보공학부(02-880-7270) (학)1982년 서울대 전자공학과졸 1984년 同대학원 전자공학과졸 1990년 전자공학박사(미국 스탠퍼드대) (경)1990년 미국 AT&T Bell Laboratories 연구원 1993년 미국 Texas Instruments 연구원 1994~2012년 서울대 공대 전기공학부 조교수·부교수·교수 2008~2010년 同반도체공동연구소장 2012년 同공대 전기정보공학부 교수(현) 2012년 대한전자공학회 부회장 2015년 同회장 2017년 한국공학한림원 정회원(전기전자정보공학·현) 2018년 삼성전자(주) 사외이사(현) (상)서울대 학술연구상(2015), 한국반도체학술대회 강대원상(2017) (저)'NANOCAD와 함께하는 반도체 소자(共)'(2005, 대영사) '실리콘 집적회로 공정기술의 기초(共)'(2011, 문운당) 'Nanoelectronic Devices(共)'(2012, Pan Stanford)

**박병규(朴丙圭) PARK, Byung-Kiu**

(생)1954·9·22 (출)부산 (주)경기도 고양시 일산동구 일산로 323 국립암센터 부속병원 소아청소년암센터(031-920-1240) (학)경기고졸 1981년 서울대 의대졸 1990년 同대학원 의학석사 1992년 의학박사(서울대) (경)1989~2001년 경상대 의대 전임강사·조교수·부교수 1993~1996년 미국 국립보건원 연구원 1996년 미국 Children's National Medical Center 방문의사 1997년 미국 암연구학회(AACR) 회원(현) 1998년 일본 규슈대 의학부 교환교수 2000~2001년 경상대 암연구소장 2001~2012년 국립암센터 연구소 소아암연구과장 2001~2007년 同임상시험심사위원장 2003년 미국 소아혈액종양학회(ASPHO) 회원(현) 2005년 국립암센터 부속병원 무균실장 2006~2009년 同부속병원 특수암센터장 2006~2007년 同연구소 특수암연구부장 2009~2015년 同부속병원 소아암센터장 2014~2017년 同국제암대학원대학교 시스템종양생물학과 겸임교수 2015년 同부속병원 소아청소년암센터 수석의사(현) 2015~2017년 同소아암연구과 책임연구원 2015~2017년 同소아암연구과장 2015~2016년 대한소아혈액종양학회 회장 2016~2019년 국립암센터 임상연구보호실장 2017~2019년 同희귀난치암연구과 책임연구원 2017년 同국제암대학원대 암의생명과학과 겸임교수(현) 2018년 대한암학회 부회장(현) 2019년 국립암센터 임상의학연구부 수석연구원(현) (상)보건복지부장관표창(2016) (종)기독교

**박병규(朴炳奎)**

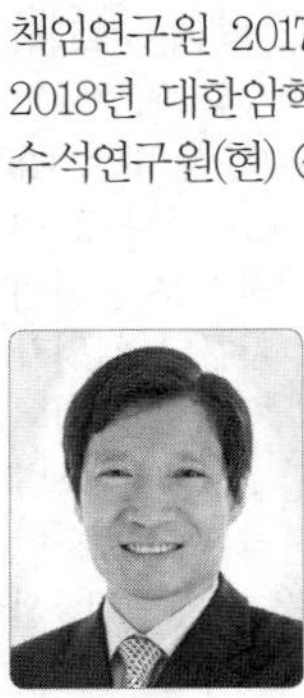

(생)1973·4·19 (출)경남 함안 (주)서울특별시 마포구 마포대로 174 서울서부지방검찰청 중요경제범죄조사단(02-3270-4483) (학)1992년 광신고졸 1996년 서울대 사법학과졸 (경)1997년 사법고시 합격(39회) 2000년 사법연수원 수료(29기) 2000년 인천지검 검사 2002년 청주지검 제천지청 검사 2003년 광주지검 검사 2005년 대전지검 검사 2007년 서울서부지검 검사 2010년 전주지검 검사 2013년 同부부장검사 2013년 의정부지검 부부장검사 2014년 청주지검 부부장검사, 법무법인 창 구성원변호사, 한국산업단지공단·한국산업기술평가관리원·정보통신기술진흥센터 자문변호사 및 과제심의위원, 법무법인 다래 변호사 2018년 수원지검 성남지청 부부장검사 2018년 서울북부지검 부부장검사 2019년 서울서부지검 중요경제범죄조사단 부장검사(현)

**박병규(朴炳奎) Park Byeongkyu**

(생)1981·7·9 (주)서울특별시 성동구 마장로 210 한국기원 홍보팀(02-3407-3870) (경)장수영 9단 문하생 1998년 프로바둑 입단 1999년 2단 승단 1999년 바둑왕전 본선 2000년 천원전 본선 2001년 3단 승단 2003년 4단 승단 2003년 KBS바둑왕전 준우승 2004년 KBS바둑왕전 본선 2004년 5단 승단 2007년 6단 승단 2009년 7단 승단 2012년 8단 승단 2014년 9단 승단(현) 2014년 박카스배 천원전 본선

**박병기(朴炳起)**

(생)1963 (출)경남 산청 (주)경상남도 창원시 의창구 상남로 289 경남지방경찰청 생활안전과(055-233-2146) (학)단성고졸, 진주농림전문대학 토목과졸, 경남대 행정대학원 행정학과졸 (경)1988년 101경비단 순경 공채 1998년 경남지방경찰청 교통과 근무(경위)·마산중부경찰서 수서계장(경위) 2003년 경남지방경찰청 1기동대장(경감), 마산운전면허시험장장(경정), 마산중부경찰서 월영지구대장(경감) 2007년 진주경찰서 경비교통과장(경정), 김해중부경찰서 정보과장(경정), 경남지방경찰청 정보4계장(경정), 同교육계장(경정), 同경무계장(경정) 2016년 경남 남해경찰서장(총경) 2017년 경남지방경찰청 생활안전과장 2018년 경남 마산동부경찰서장 2019년 경남지방경찰청 생활안전과장(현)

**박병대(朴炳大) PARK Byung Dae**

(생)1959·1·19 (출)부산 (주)경상남도 양산시 유산공단7길 45 송월타올(주) 비서실(055-911-1003) (학)1977년 부산진고졸 1982년 단국대 섬유공학과졸 1983년 동아대 경영대학원졸 (경)1992년 송월염공 이사 1997~2012년 송월타올(주) 대표이사 사장 2011~2012년 한국타올조합 이사장 2012년 송월타올(주) 대표이사 회장(현) (상)동탑산업훈장(2015) (종)기독교

**박병대(朴炳大) PARK Byung Dae**

(생)1959·2·14 (주)경기도 수원시 영통구 삼성로 129 삼성전자(주)(031-200-1114) (학)1977년 학성고졸 1984년 한국외국어대 영어영문학과졸 (경)삼성전자(주) 전략마케팅팀 담당임원, 同SIEL-S 상무 2010년 同SIEL-S 전무 2011년 同SIEL-S판매부문장 겸 서남아총괄(전무) 2013~2014년 同서남아총괄 부사장 2014년 同생활가전사업부 전략마케팅팀장(부사장) 2016년 同한국총괄 부사장(현)

**박병룡(朴炳龍) Park Pyung Yong**

(생)1961 (출)경남 (주)서울특별시 중구 동호로 268 (주)파라다이스(02-2280-5090) (학)1984년 서울대 경제학과졸 1987년 미국 시카고대 경영대학원졸 2016년 경영학박사(연세대) (경)1995년 Bankers Trust 근무(Vice President) 2000년 (주)파라다이스 상무이사 2000년 (주)파라다이스유통 이사 2000년 (주)파라인포테크 비상근이사 2001년 Paradise International 감사 2004년 (주)파라다이스 재무담당 전무 2008년 同워커힐지점 관리담당 전무 2008년 同카지노 워커힐지점 부사장 겸 총지배인 2015년 同카지노 워커힐지점 사장 겸 총지배인 2015년 同대표이사 사장(현) 2016년 (사)한국카지노업관광협회 회장(현) 2017년 (주)파라다이스세가사미 대표이사 사장 겸임(현) (종)기독교

## 박병모

(생)1958 · 11 · 16 (주)서울특별시 강남구 언주로 858 자생의료재단(1577-0007) (학)경희대 의대졸 1993년 同대학원 한의학과졸, 한의학박사(세명대) (경)자생한방병원 척추디스크센터 부원장, 同골프척추클리닉 의무원장 2007~2017년 同병원장, 자생추나수기요법 교육위원, 척추신경추나의학회 정회원, 국제의료서비스협의회 이사, 국립중앙의료원 설립위원회 자문위원, 세명대 한의과대학 외래교수 2017년 자생의료재단 이사장(현) (상)보건복지부장관표창(2009)

## 박병석(朴炳錫) PARK Byeong Seug

(생)1952 · 1 · 25 (본)고령(高靈) (출)대전 (주)서울특별시 영등포구 의사당대로 1 국회 의원회관 804호(02-784-2634) (학)1970년 대전고졸 1976년 성균관대 법률학과졸 1978년 同대학원 중어중문학과 수료 1983년 대만 정치대 수학 1997년 한양대 언론정보대학원졸 2005년 同대학원 신문방송학 박사과정 수료 (경)1975년 중앙일보 경제부 기자 1978년 同사회부 기자 1979년 同경제부 기자 1985년 同홍콩특파원 1990년 同정치부 차장 1993년 同경제부 차장 1994년 미국 워싱턴대 초빙연구원 1995년 중앙일보 경제2부장 1997년 同부국장 겸 경제2부장 1998년 국민회의 수석부대변인 1998년 同정책위원회 상임부의장 1999년 同총재 특보 1999년 서울시 정무부시장 2000~2004년 제16대 국회의원(대전시 서구甲, 새천년민주당 · 열린우리당) 2000년 새천년민주당 대변인 2003년 同홍보위원장 2003년 열린우리당 신행정수도건설위원장 2003년 同대전시지부 창당준비위원장 2004~2006년 同대전시당 위원장 2004년 제17대 국회의원(대전시 서구甲, 열린우리당 · 대통합민주신당 · 통합민주당) 2005년 열린우리당 기획위원장 2005년 同비상대책위원회 집행위원 2005년 행정중심복합도시건설추진위원회 공동위원장 2006년 열린우리당 비상대책위원회 위원 2006년 국회 정무위원장 2008년 제18대 국회의원(대전시 서구甲, 통합민주당 · 민주당 · 민주통합당) 2008~2009년 민주당 정책위원회 의장 2008년 同당무위원 2010년 同비상대책위원회 위원 2010년 사랑의장기기증운동본부 생명나눔 친선대사(현) 2011년 민주통합당 당무위원 2011년 목원대 사회과학대학 행정학과 특임교수 2011년 한밭대 중국어과 겸임교수, 대전대 경영행정사회복지대학원 객원교수 2012년 제19대 국회의원(대전시 서구甲, 민주통합당 · 민주당 · 새정치민주연합 · 더불어민주당) 2012~2014년 국회부의장 2012년 한 · 일의원연맹 고문(현) 2013년 국회 외교통일위원회 위원 2013년 한국장애인단체총연맹 고문 2014년 국회 정무위원회 위원 2014~2015년 국회 남북관계 및 교류협력발전특별위원회 위원 2015년 더불어민주당 가계부채특별위원회 고문 2016년 제20대 국회의원(대전시 서구甲, 더불어민주당)(현) 2016 · 2018년 국회 외교통일위원회 위원(현) 2016년 국회 저출산 · 고령화대책특별위원회 위원 2016년 더불어민주당 대전시서구甲지역위원회 위원장(현) 2016년 同재외동포위원회 위원장(현) 2017년 국회 헌법개정특별위원회 위원 2017년 한 · 중의원외교협의회 회장(현) 2017년 더불어민주당 제19대 문재인 대통령후보 중앙선거대책위원회 공동위원장 겸 '국민의나라위원회' 위원장 2018년 국회 헌법개정 및 정치개혁특별위원회 위원 2018년 국회 정치개혁특별위원회 위원 2019년 국회 외교통일위원회신북방소위원회 위원장(현) 2019년 국회 한중의회외교포럼 대표(현) 2019년 국회 세종의사당추진특별위원회 공동위원장(현) (상)한국기자상(1989 · 1996), 황조근정훈장(2003), 올해의 자랑스러운 성균법대인(2012), 대한민국 법률대상 입법부문(2013), 한국신문방송기자연맹 제13회 대한민국을 빛낸 한국인물대상 정치부문(2013), 백봉신사상(2013), 선플운동본부 '국회의원 아름다운 말 선플상'(2014), 대한민국 유권자대상(2016), 21세기뉴스사 대한민국을 빛낸 한국인물 대상(2016) (저)'기자들이 본 북한(共)'(1992) '재계를 움직이는 사람들(共)'(1996) '떠오르는 재계 새별(共)'(1997) '이 기사를 조간에 꼭 실어야겠는데요'(1999) '아무리 생각해도 당신밖에 없소'(2003) '계란, 바위를치다'(2011) (종)기독교

## 박병석(朴炳錫)

(생)1966 · 9 · 25 (출)강원 삼척 (주)울산광역시 남구 중앙로 201 울산광역시의회(052-229-5125) (학)1991년 한국방송통신대 농학과졸 (경)신천초 운영위원장, 울산산재추방운동연합 자문위원, 현대자동차(주) 근무, 同노동조합 교육위원, 同노동조합 대외협력3부장 2006~2010년 울산시 북구의회 의원 2010년 울산시 북구의원선거 출마(진보신당), 울산시 북구주민참여예산 시민위원 2014년 울산시의회의원선거 출마(새정치민주연합) 2017년 더불어민주당 제19대 문재인 대통령후보 조직특보 2018년 울산시의회 의원(더불어민주당)(현) 2018년 同산업건설위원회 위원(현) (종)불교

## 박병석(朴炳析) Byeongseok Park

(생)1971 · 8 · 6 (주)세종특별자치시 도움6로 11 국토교통부 도로국 도로투자지원과(044-201-3897) (학)1990년 대전 대성고졸 1998년 성균관대 문과대학 영어영문학과졸 (경)2000년 행정고시 합격(44회) 2001년 중앙공무원교육원 교육 2002년 건설교통부 수송정책실 물류시설과 근무 2002년 同육상교통국 운수정책과 근무 2004년 국무조정실 규제개혁기획단 파견 2006년 건설교통부 주거복지본부 부동산평가팀 근무 2007년 同주거복지본부 토지관리팀 근무 2008년 국토해양부 주택토지실 부동산산업과 근무 2009년 同기획담당관실 근무 2011년 국가건축정책위원회 파견 2013년 국토교통부 건설정책국 해외건설지원과장 2017년 同주택토지실 부동산평가과장(서기관) 2017년 同건설산업과장 2019년 同도로국 도로투자지원과장(현)

## 박병식(朴丙植)

(생)1956 · 3 · 12 (출)경북 포항 (주)대구광역시 동구 첨단로 39 한국산업단지공단 임원실(070-8895-7011) (학)1974년 대구고졸 1982년 경북대 공업화학과졸 1984년 同대학원 공업화학과졸 2003년 공학박사(경북대) (경)1984~2010년 도레이첨단소재(주) 입사 · 상무보 2009~2015년 경북대 외래교수 2013~2014년 (주)아이피제이에스 수석연구원 2014~2015년 금오특수프라스틱 연구위원 2015~2017년 한국국제대 전임교수 2018년 한국산업단지공단 부이사장(현)

## 박병언(朴炳彦) PARK Byung On

(생)1942 · 10 · 7 (출)서울 (주)서울특별시 송파구 백제고분로 362 신라에스지(주) 비서실(02-417-7575) (학)1960년 경북고졸 1964년 서울대 영어영문학과졸 1984년 同경영대학원 최고경영자과정 수료 (경)1967년 신라교역(주) 입사 1977년 同이사 1986년 同상무이사 1988년 현곡개발(주) 이사 1988년 신라수산(주) 대표이사 사장 · 부회장 1997년 신라엔지니어링(주) 대표이사 사장 1999년 한국금형공업협동조합 이사 2000년 신라섬유(주) 대표이사 사장 2001~2008년 냉동물가공수산업협동조합 조합장 2003년 신라섬유(주) 비상근고문 2005년 신라엔지니어링(주) 비상근이사 2008~2015년 냉동냉장수산업협동조합 조합장 2010년 신라에스지(주) 대표이사 부회장(현) (종)기독교

## 박병열(朴炳烈)

(생)1957 · 8 (출)대구 달성 (주)서울특별시 중구 한강대로 405 한화역사(주) 임원실(02-390-4000) (학)1977년 대구 계성고졸 1983년 서강대 경영학과졸 (경)1982년 (주)한화 입사 2002년 (주)한화건설 재경팀장 2009년 同재무실장 2015년 同경영전략본부장(전무) 2016년 同재경본부장 2017년 同재무실장 2017년 한화역사(주) 대표이사 전무(현)

## 박병엽(朴炳燁) PARK Byeong Yeop

(생)1962·12·30 (출)전북 정읍 (주)서울특별시 영등포구 의사당대로 83 hp빌딩 팬택씨앤아이(02-2010-2555) (학)1980년 중동고졸 1985년 호서대 경영학과졸 (경)1987년 맥슨전자 근무 1991~2000년 (주)팬택 설립·대표이사 사장 1998년 동아일보 과학정보통신부문 자문위원 2000~2013년 (주)팬택 대표이사 부회장 2002~2009년 (주)팬택&큐리텔 대표이사 부회장 2003~2006년 한국정보산업연합회 부회장 2004~2006년 한국무역협회 부회장 2005년 다보스포럼 회원 2005~2013년 고려대 경영대학 경영학과 겸임교수 2010~2013년 금호타이어 사외이사 2013년 (주)팬택 각자대표이사 부회장, 팬택씨앤아이 대표이사 부회장(현) 2016년 (재)여시재 이사(현) 2016년 한국IT서비스산업협회 부회장 (상)체신부장관표창(1992), 500만불 수출의탑(1994), 1000만불 수출의탑(1995), 무역의날 대통령산업포장(1995), 하이테크 어워드(1997), 국제통상진흥인대상(1999), 한국과학기자클럽 올해의 정보통신인상(2000), 철탑산업훈장(2001), 10억불 수출의탑(2005)

## 박병완(朴炳完) Pyongwan Park

(생)1959·9·29 (본)밀양(密陽) (출)서울 (주)충청남도 보령시 주포면 대학길 106 아주자동차대학 총장실(041-939-3000) (학)1978년 서울 경희고졸 1982년 서울대 기계공학과졸 1984년 同대학원 기계공학과졸 1990년 기계공학박사(미국 매사추세츠공과대) (경)2002~2015년 한국GM 파워트레인연구소장 2006~2008년 同기술연구소 파워트레인개발담당 전무 2009~2015년 同파워트레인부문 부사장 2013년 한국자동차공학회 '2013 대학생 자작자동차대회' 조직위원장 2014년 同회장 2016~2018년 아주대 기계공학과 연구교수 2017~2018년 한국쉘석유 사외이사 2018년 아주자동차대학 총장(현) (상)한국자동차공학회 공로상 (종)불교

## 박병용(朴炳龍)

(출)전남 순천 (주)대전광역시 유성구 한우물로66번길 6 대전지방교정청(042-543-7100) (학)전남 순천고졸, 경기대 법학과졸 (경)1990년 교정간부 임용(33기) 2009년 광주지방교정청 의료분류과장(서기관) 2009년 同직업훈련과장 2010년 서울지방교정청 의료분류과장 2011년 인천구치소 부소장 2012년 제주교도소장 2013년 법무부 사회복귀과장 2015년 同교정기획과장 2015년 성동구치소장(고위공무원) 2016년 서울남부구치소장 2017년 인천구치소장 2018년 법무부 보안정책단장 2019년 대전지방교정청장(현)

## 박병원(朴秉元) PARK Byung Won

(생)1945·6·6 (본)밀양(密陽) (출)전남 진도 (주)전라북도 전주시 완산구 서학로 95 국립무형유산원(063-280-1468) (학)진도고졸 (경)1981년 중요무형문화재 제72호 진도씻김굿 전수 1985년 同이수자 선정 1987년 同전수조교 선정 1988년 서울아리랑보존회 미국공연 1991년 미국지역 순회공연 1997년 미국 4개주 순회공연 1999년 김덕수사물패와 합작공연 2001년 일본 교토민속공연 출연 2001년 국가중요무형문화재 제72호 진도씻김굿(장고) 예능보유자 지정(현) 2001년 진도군립민속예술단 단원 2002년 덴마크 공연 2003년 몽골 공연 2003년 네덜란드 공연 (상)남도국악제 기악부문 우수상 (종)유교

## 박병원(朴炳元) BAHK Byong Won

(생)1952·9·24 (본)비안(比安) (출)부산 (주)서울특별시 마포구 백범로 88 한국경영자총협회(02-3270-7300) (학)1971년 경기고졸 1975년 서울대 법학과졸 1977년 同대학원 법학과졸 1980년 한국과학기술원(KAIST) 산업공학과졸(석사) 1985년 미국 워싱턴대 시애틀교 대학원 경제학과졸 (경)1975년 행정고시 합격(17회) 1975년 부산시 사무관 1976~1985년 경제기획원 사무관 1986년 대통령 경제비서관실 서기관 1988~1992년 경제기획원 농수산과장·상공과장·예산관리과장 1992년 미국 워싱턴대 동아시아연구소 파견 1994년 경제기획원 재정계획과장 1995년 同예산정책과장 1996년 재정경제원 예산총괄과장 1997년 同비서실장 1998년 영국 유럽부흥개발은행(EBRD) 이사(파견) 2001년 재정경제부 경제정책국장 2003년 同차관보 2005~2007년 同제1차관 2007년 우리금융그룹 대표이사 회장 2007년 우리은행 이사회 의장 2008년 국제금융연합회(IIF : Institute of International Finance) 이사 2008~2009년 대통령 경제수석비서관 2009~2010년 미국 스탠퍼드대 초빙교수 2011년 (주)KT 사외이사 겸 감사위원 2011년 미래에셋자산운용 사외이사 2011년 자본시장연구원 고문 2011~2014년 전국은행연합회 회장 2012~2015년 서비스산업총연합회 회장 2012년 한국경제교육협회 회장 2012년 디캠프(은행권청년창업재단) 초대이사장 2012~2017년 문화체육관광부 한국문화예술위원회 위원 2013~2015년 (주)국민행복기금 이사장 2015~2018년 한국경영자총협회 회장 2015년 (주)포스코 사외이사(현) 2015년 두산인프라코어(주) 사외이사 2015년 서울세계무용축제조직위원회 위원장 2015년 청년희망재단 이사 2017~2018년 (주)포스코 이사회 의장 2017년 대통령직속 일자리위원회 위원 2018년 한국경영자총협회 명예회장(현) (상)근정포장(1983), 황조근정훈장(2007) (저)'미래에의 도전(共)'(1987)

## 박병윤(朴炳允)

(생)1961 (주)서울특별시 서초구 헌릉로 12 기아자동차(02-3464-1114) (학)서울대 금속공학과졸 (경)기아자동차 브랜드경영팀장(이사대우·이사), 同수출기획실장(이사·상무), 同마케팅사업부장(상무), 同기획실장, 同고객경험본부장(전무) 2018년 同고객경험본부장(부사장) 2019년 同고문(현)

## 박병은(朴炳垠) PARK, BYUNG EUN

(생)1973·1·4 (본)밀양(密陽) (출)전북 고창 (주)세종특별자치시 정부2청사로 13 행정안전부 인사기획관실(044-205-1386) (학)1991년 고창고졸 1997년 한국외국어대 행정학과졸 2000년 서울대 행정대학원 행정학과졸 2007년 미국 미시간대 대학원 행정학과졸 (경)1999년 행정고시 합격(43회) 2002년 행정자치부 지방세제관실 지방세제담당관실 사무관 2004년 同전자정부국 전자정부정책과 총괄사무관 2005년 미국 교육파견 2007년 행정자치부 조직진단센터 진단기획팀 사무관 2008년 同지방재정세제국 지방세정책과 사무관 2009년 同지방재정세제국 지방세정책과 기획총괄팀장(서기관) 2010년 전북도 기획관리실 성과관리과장 2012년 행정자치부 지방재정세제국 재정정책과 팀장 2012년 대통령소속 지방행정체제개편위원회 통합지원과장 2013년 대통령소속 지방자치발전위원회 자치기획과장 2015~2017년 대통령 정책조정수석비서관실 국정과제비서관실 행정관(부이사관) 2017년 OECD 대한민국정책센터 공공관리정책본부장 2017년 駐중국 참사관(현) (상)근정포장(2010)

## 박병익(朴秉益)

(생)1964 (출)경북 안동 (주)대구광역시 달서구 화암로 301 대구지방국세청 징세송무국(053-661-7527) (학)안동 경일고졸, 세무대학졸(3기) (경)국세청 세무조사특감팀 근무, 대구지방국세청 감사관 2010년 경주세무서 운영지원과장(행정사무관) 2013년 대구지방국세청 송무과장 2014년 同법인신고분석과장 2015년 同법인납세과장(서기관) 2016년 포항세무서장 2017년 남대구세무서장 2019년 대구지방국세청 징세송무국장(현)

**박병일(朴炳日) Park Byungil** (지안)

(생)1956 · 8 · 17 (본)밀양(密陽) (출)서울 (주)인천광역시 남동구 남동서로 202 카123텍(032-822-2002) (학)1994년 한국폴리텍대학 자동차공학과졸 2016년 동국대 대학원 행정학과졸 (경)2002년 대한민국 자동차정비 1호 명장(현), 대한민국인재상 중앙심사위원 2000년 카123텍 대표(현) 2006~2013년 신성대학 겸임교수 2006년 한국마이스터연합회 이사장(현), 고용노동부 산업현장교수(현) 2010~2016년 인천시 기능전기기술위원장 (상)산업포장(2005), 노동부 수기최우수상(2007), 노동부 논문최우수상(2008), 은탑산업훈장(2011) (저)'디젤엔진'(2010, 기한제) '자동차백과'(2017, 라의눈출판사) 외 저서 다수 (종)불교

**박병주(朴柄柱) PARK Byung Joo**

(생)1955 · 4 · 26 (본)밀양(密陽) (출)부산 (주)서울특별시 종로구 대학로 103 서울대학교 의과대학 예방의학교실(02-740-8325) (학)1980년 서울대 의대졸 1982년 同보건대학원졸 1984년 의학박사(서울대) (경)서울대 의대 예방의학교실 교수(현), 보건복지부 중앙약사심의위원회 위원, 국제약물역학회 Fellow, 同특별회원(현) 2003~2012년 서울대병원 의학연구협력센터장 2004~2012년 대한예방의학회지 편집위원장 2004~2012년 국제백신연구소 연구윤리심의위원장 2004년 서울대 의대 · 서울대병원 연구윤리심의위원장(현) 2004년 대한약물역학위해관리학회 명예회장(현) 2004~2012년 대한약물역학회의 국제개발위원회(Global Development Committee) 위원장 2004~2012년 한국역학회 회장 2009~2011년 식품의약품안전청 약물감시사업단장 2010년 국제약물역학회지 아 · 태 · 중동편집위원장(현) 2010~2011년 한국보건의료기술평가학회 회장 2011~2015년 건강보험평가심사원 미래전략위원회 보건의료생태계분과위원장 2012~2015년 대한민국의학한림원 정책개발위원회 간사 2012~2015년 한국의약품안전관리원 초대원장 2015~2018년 대한환자안전학회 회장 2015년 대한보건협회 회장(현) 2016년 대한민국의학한림원 정책개발위원회 위원장 2019년 同부회장(현) (상)식품의약품안전청장표창(2003), 보건복지부장관표창(2005 · 2013 · 2018), 서울대 20년 근속상(2006), 서울대 30년 근속상(2015), 심호섭의학상(2016), 대한의사협회 의당학술상(2018) (저)'실용의학통계론'(1996) '의학연구방법론'(1997) '신약평가를 위한 임상시험과 자료분석'(1998) '역학의 기초 : 원리와 방법'(1999) '임상의를 위한 통계연습'(2002) '종양학'(2003) '인간생명과학개론'(2005) '역학의 원리와 응용'(2005) '임상약리학'(2006) 'Pharmacoepidemiology and Therapeutic Risk Management'(2008) '근거중심 보건의료'(2009) '예방의학과 공중보건학'(2010) '약물역학'(2011) '임상예방의료'(2011) '환자안전 : 개념과 적용'(2016) '근거기반보건의료'(2018) (역)'보건역학입문'(1999) '병균으로부터 가족건강 지키기'(2005) (종)기독교

**박병주(朴昞柱) Byung-Ju Park**

(생)1957 · 10 · 10 (출)광주 (주)광주광역시 북구 용봉로 77 전남대학교 치의학전문대학원 구강생화학교실(062-530-4841) (학)1976년 광주제일고졸 1982년 전남대 의대졸 1984년 同대학원 의학석사 1991년 의학박사(전남대) (경)1982~1986년 전남대 의대 생화학교실 조교 1986~1987년 同치과대학 전임강사 1987~1990년 국군광주병원 병리과 · 외래과 군의관 1990~2001년 전남대 치과대학 치의학과 전임강사 · 조교수 · 부교수 1992~1993년 同치의학과장 1993~1995년 캐나다 캘거리 의과대 방문연구교수 1998~2000년 전남대 치의학연구소장 2001년 同치과대학 치의학과 구강생화학교실 교수, 同치의학전문대학원 구강생화학교실 교수(현) 2017~2019년 同치의학전문대학원장

**박병준 Byung Joon Park**

(생)1962 (주)서울특별시 노원구 광운로 20 광운대학교 소프트웨어융합대학 소프트웨어학부(02-940-5211) (학)1984년 서울대 컴퓨터공학과졸 1988년 미국 미네소타대 대학원 컴퓨터과학과졸 1997년 공학박사(미국 일리노이대 어배나 샘페인교) (경)1989~1996년 미국 육군건설기술연구소 연구원 1997~1998년 미국 (주)에픽시스템 선임연구원 1998~2000년 SPSS Inc. 선임연구원, 광운대 컴퓨터소프트웨어학과 교수 2017년 同소프트웨어융합대학 소프트웨어학부 교수(현) 2019년 同스마트융합대학원장 겸 소프트웨어융합대학장(현)

**박병찬(朴炳讚) PARK Byung Chan**

(생)1964·5·15 (출)충북 제천 (주)대전광역시 서구 둔산중로78번길 45 대전지방법원(042-470-1114) (학)1983년 제천고졸 1987년 고려대 법학과졸 1993년 同교육대학원졸 (경)1991년 사법시험 합격(33회) 1994년 사법연수원 수료(23기) 1994년 軍법무관 1997년 대구지법 판사 2000년 대전지법 천안지원 판사 2003년 대전지법 판사 2004년 대전고법 판사 2007년 대전지법 판사 2009년 청주지법 부장판사 2011년 대전지법 부장판사 2014년 청주지법 부장판사 2018년 대전지법 부장판사(현) (종)불교

**박병칠(朴炳七) PARK Byung Chil**

(생)1957 · 5 · 2 (본)무안(務安) (출)전남 나주 (주)광주광역시 동구 준법로 7-12 광주지방법원(062-239-1710) (학)1975년 광주제일고졸 1982년 전남대 법학과졸 (경)1985년 사법시험 합격(27회) 1988년 사법연수원 수료(17기) 1988년 광주지법 판사 1990년 同장흥지원 판사 1992년 광주지법 판사 1997년 同소년부지원장 1997년 광주고법 판사 2000년 광주지법 판사 2003년 同해남지원장 2005년 광주지법 부장판사 2007년 同목포지원장 2009년 광주지법 부장판사 2011년 광주고법 부장판사 2012년 광주지법 수석부장판사 2014년 광주고법 수석부장판사 2016년 同부장판사 2019년 광주지법원장(현) (종)기독교

**박병태(朴炳泰) PARK Byung Tae**

(생)1967 · 3 · 16 (출)전남 장흥 (주)서울특별시 서초구 서초중앙로 157 서울중앙지방법원(02-530-1114) (학)1986년 오산고졸 1991년 연세대 법학과졸 1994년 同대학원졸 (경)1993년 사법시험 합격(35회) 1996년 사법연수원 수료(25기) 1999년 대구지법 판사 2002년 수원지법 판사 2005년 서울중앙지법 판사 2007년 서울고법 판사 2009년 대법원 재판연구관 2011년 청주지법 부장판사 2012년 의정부지법 부장판사 2015년 서울북부지법 부장판사 2017년 서울중앙지법 부장판사(현)

**박병호(朴秉濠) PARK Byoung Ho** (瀛山)

(생)1931 · 5 · 13 (본)밀양(密陽) (출)전남 해남 (주)서울특별시 서초구 반포대로37길 59 대한민국학술원(02-3400-5220) (학)1950년 중앙중졸 1955년 서울대 법과대학졸 1975년 법학박사(서울대) (경)1963~1996년 서울대 법학과 교수 1964~1984년 이화여대 강사 1975년 서울대 규장각 도서관리실장 1978~1987년 同규장각 도서위원 1978~1996년 同한국문화연구소 운영위원 1979년 서울가정법원 조정위원 1981년 법무부 정책자문위원 1982년 同민법개정심의위원 1991년 법제연구원 자문위원 1991년 서울가정법원 조정위원 1994년 법무부 법무자문위원장 1996년 서울대 명예교수(현) 1997년 한국정신문화연구원 자료조사실 객원교수 1997~1999년 한국학중앙연구원 한국학대학원 역사연구실 객원교수 1998년 학교법인 한성학원 이사장 2000~2016년 한국학중앙연구원 한국학대학원 역사연구실 초빙교수 2007년 대한민국학술원 회

원(한국법제사 · 현) 2016~2017년 한국학중앙연구원 한국학대학원 역사연구실 석좌교수 2017년 同한국학대학원 역사연구실 초빙교수(현) (상)법률문화상(1986), 금호학술상(1989), 현암법학저작상(1997), 한국토지법학회학술상(2004), 영산법률문화상(2007), 국민훈장 무궁화장(2008), 자랑스러운 서울법대인(2010) (저)'한국법제사 특수연구' '전통적 법체계와 법의식' '한국법제사고' '친족상속법' '한국의 전통사회와 법' '세종시대의 법률' '근세의 법과 법사상' '가족법론집'

## 박병호(朴炳昊) Park byung ho

(생)1962 · 7 · 26 (본)밀양(密陽) (출)광주 (주)전라남도 무안군 삼향읍 오룡길 1 전라남도청 행정부지사실(061-286-2010) (학)1981년 광주 인성고졸 1985년 성균관대 행정학과졸 1989년 서울대 행정대학원졸(석사) 1999년 영국 버밍햄대 대학원졸(석사) 2008년 행정학박사(성균관대) (경)1986년 행정고시 합격(30회) 2003년 행정자치부 중앙공무원교육원 교육총괄과장 2003~2007년 대통령비서실 행정관 2004년 행정자치부 공개행정과장 2005년 同제도혁신과장 2008년 국가기록원 기록정책부장 2010년 행정안전부 조직정책관 2011~2012년 광주시의회 사무처장 2012년 광주시 기획조정실장 2014년 안전행정부 창조정부조직실 제도정책관 2014년 행정자치부 창조정부조직실 제도정책관 2015년 同창조정부조직실 조직정책관 2016~2018년 광주시 행정부시장 2017년 (재)광주비엔날레 대표이사 권한대행 2018년 행정안전부 지방자치인재개발원장 2018년 전남도 행정부지사(현) (상)홍조근정훈장(2015) (종)천주교

## 박병호(朴炳鎬) Byungho Park

(생)1986·7·10 (주)서울특별시 구로구 경인로 430 고척스카이돔구장內 키움 히어로즈(02-3660-1000) (학)성남고졸, 전주대졸 (경)2005~2011년 프로야구 LG 트윈스 소속(내야수) 2006~2008년 국군체육부대 소속(내야수) 2011~2015년 프로야구 넥센 히어로즈 소속(1루수) 2012년 프로야구 정규리그 3관왕(홈런·타점·장타율) 2012·2013년 프로야구 정규리그 2년연속 MVP 2013년 프로야구 정규리그 4관왕(홈런·타점·득점·장타율) 2014년 인천아시안게임 국가대표(금메달) 2014년 프로야구 정규리그 2관왕(홈런 52개·타점 124개) 2015년 9월21일 KBO리그 최초 2년연속 50홈런 및 한 시즌 최다 루타(358) 신기록 수립 2015년 프로야구 정규리그 성적(홈런 1위-53개·타점 1위-146개·타율 0.343·득점 129개·안타 181개) 2015년 세계야구소프트볼연맹(WBSC) 주관 '2015 프리미어 12' 국가대표·우승 2015~2017년 미국 메이저리그(MLB) 미네소타 트윈스 소속(보장금액 4년총액 1200만달러·옵션 포함 최대 5년총액 1800만달러) 2016년 시즌 MLB 성적(62경기 출전-타율 0.191·12 홈런·24 타점) 2017년 시즌 트리플A 성적(111경기 출전 – 타율 0.253·14 홈런·60 타점) 2017년 프로야구 넥센 히어로즈·키움 히어로즈 입단(연봉 15억원)(현) 2018년 제18회 자카르타-팔렘방아시안게임 야구 금메달 2018년 '2018 프로야구 정규리그' 출루율 1위(0.457개)·장타율 1위(0.718) (상)삼성 PAVV 프로야구 2군 최다홈런상·최다득점타상(2008), 일구상 시상식 최고타자상(2012), 제2회 카스포인트 어워즈 최우수선수상(2012), 제2회 카스포인트 어워즈 타자부문(2012), 동아스포츠대상 프로야구 올해의 선수상(2012·2013·2015), 조아제약 프로야구대상 대상(2012·2013), 프로야구 골든글러브 1루수부문(2012·2013·2014·2018), 팔도프로야구 MVP(2012), 팔도프로야구 최고장타율·최다타점·최다홈런상(2012), 프로야구 스포츠토토 올해의 선수상(2012), CJ 마구마구 일구상 최고타자상(2013), 플레이어스 초이스 어워드 올해의 선수상(2013·2015), 플레이어스 초이스 어워드 올해의 스타플레이어상(2013·2015), 제32회 한국야쿠르트 세븐 프로야구 골든글러브 골든포토상(2013), 제3회 카스포인트 어워즈 최우수선수상(2013), 제3회 카스포인트 어워즈 타자부문(2013), 프로야구 스포츠토토 올해의 선수상(2013), 한국야쿠르트 세븐 프로야구 MVP(2013), 한국야쿠르트 세븐 프로야구 최고 장타율상·최다 득점상·최다 타점상·최다 홈런상(2013), 제4회 카스포인트 어워즈 대상(2014), 제4회 카스포인트 어워즈 타자부문 1위(2014), 조아제약 프로야구대상 최고타자상(2014·2015·2018), 한국야쿠르트 세븐 프로야구 최다 타점상·최다 홈런상(2014), 타이어뱅크 KBO 홈런상·타점상(2015), 일구회 넷마블마구마구일구상 최고타자상(2015), 제5회 카스포인트 어워즈 타자TOP3·구단별 베스트 플레이어상·대상(2015), 제37회 신한은행 MYCAR 프로야구 1루수 골든글러브(2018)

## 박병홍(朴秉洪) Park, Byunghong

(생)1967 · 1 · 11 (출)경북 예천 (주)세종특별자치시 다솜2로 94 농림축산식품부 식품산업정책실(044-201-1061) (학)1984년 경북대사대부고졸 1989년 성균관대 사회과학대학 행정학과졸 2009년 중국 베이징대 대학원졸 (경)1992년 행정고시 합격(35회) 1992년 농수산부 농촌인력과 근무, 同투자심사담당관실 근무 2001년 농림부 식량정책과 근무 2004년 同농지과장 2009년 농림수산식품부 소비안전정책과장 2010년 同농촌정책과장 2011년 同기획조정관(고위공무원) 2013년 駐미국 공사참사관 2016년 농림축산식품부 식품산업정책관 2017년 同축산정책국장 2019년 同농업정책국장 2019년 同식품산업정책실장(현)

## 박병환(朴秉煥) PARK Byeong Hwan

(생)1969·4·1 (출)경북 영주 (주)세종특별자치시 국세청로 8-14 국세청 법무과(044-204-3071) (학)1987년 영주 영광고졸 1994년 서울대 경영대학 경영학과졸 (경)2002년 국세청 입청(행정고시 44회) 2002년 마산세무서 납세지원과장 2003년 평택세무서 징세과장 2004년 중부지방국세청 조사3국 근무 2004년 국무총리실 파견 2006년 국세청 심사1과 근무 2009년 同법무과 근무 2010년 서기관 승진 2011년 국세청 감찰담당관실 감찰1계장 2012년 부산지방국세청 감사관 2012년 한국개발연구원(KDI) 교육파견(미국 미시간주립대) 2014~2015년 창원세무서장 2016년 중부지방국세청 감사관 2016년 국세청 개인납세국 전자세원과장 2018년 금융정보분석원 파견(과장급) 2019년 국세청 법무과장(현)

## 박보영(朴保泳 · 女) PARK Poe Young

(생)1961 · 3 · 13 (출)전남 순천 (주)광주광역시 동구 준법로 7-12 광주지법 순천지원 여수시법원(062-239-1114) (학)1979년 전주여고졸 1984년 한양대 법과대학졸 1985년 同대학원 법학과 수료 (경)1984년 사법시험 합격(26회) 1987년 사법연수원 수료(16기) 1987년 수원지법 판사 1989년 서울가정법원 판사 1990년 서울민사지법 판사 1992년 광주지법 순천지원 판사 1994년 수원지법 성남지원 판사 1996년 서울지법 판사 1998년 서울가정법원 판사 1999년 서울고법 판사 2002년 광주지법 부장판사 2003~2004년 서울가정법원 부장판사 2003~2005년 여성부 남녀차별개선위원회 비상임위원 2004년 변호사 개업 2004~2005년 법원행정처 행정심판위원 2004~2005년 행정자치부 공무원연금급여재심위원 2004년 가사소년제도개혁위원회 위원 2005년 산업자원부 무역위원회 비상임위원 2008년 지식경제부 무역위원회 비상임위원 2011년 한국여성변호사회 회장 2012~2017년 대법원 대법관 2018년 한양대 법학전문대학원 석좌교수 2018년 광주지법 순천지원 여수시법원 1심소액사건전담 판사(원로법관)(현) (상)국민훈장 목련장, 청조근정훈장(2017)

## 박봉국(朴奉國) PARK Bong Kook

(생)1941 · 3 · 12 (본)밀양(密陽) (출)경북 의성 (주)서울특별시 영등포구 의사당대로 1 국회도서관 409호(02-712-1181) (학)1961년 대구상고졸 1969년 성균관대 법학과졸 1984년 연세대 행정대학원 사법행정학과졸 (경)1976년 국회 문교공보위원회 법제관 1986년 법제처 법제관 1988년 국회 민

주발전을위한법률개폐특별위원회 입법심의관 1989년 국회 법사위원회 입법심의관 1992년 국회 정치관계법심의특별위원회 전문위원 1993년 대한민국법령연혁집 편찬위원 1994년 국회 법사위원회 전문위원 1996년 국회 내무위원회 수석전문위원 1996년 국회 제도개선특별위원회 수석전문위원 1997년 국회 정치개혁입법특별위원회 수석전문위원 1998~2001년 국회 행정자치위원회 수석전문위원 1998년 국회 정치구조개혁입법특별위원회 수석전문위원 1998~2001년 국회 새마을금고연합회제도개선위원회 위원 2000년 국회 국무총리(이한동)임명동의에관한인사청문특별위원회 수석전문위원 2000년 국회 국회의원선거구획정위원회 실무지원단장 2001~2003년 공무원연금관리공단 비상임이사 2001~2018년 현대지방의정연구원 원장 2002~2004년 새마을금고연합회 상조복지회 이사 2002~2004년 대한지적공사전략추진위원회 위원 2002~2005년 천안대 초빙교수 2003~2005년 서울시의회 입법고문 2003~2008년 바른선거시민운동전국연합회 자문위원 2005~2015년 국회 입법지원위원회 위원 2006~2014년 인천시의회 입법고문 2006~2007년 단국대 법무행정대학원 초빙교수 2007년 경남도의회 입법고문(현) 2007년 남양주시의회 입법고문(현) 2014~2017년 충남 예산군의회 입법고문 2016년 경남 남해군의회 입법고문(현) 2016년 울산시 동구의회 입법고문(현) 2017년 파주시의회 입법고문(현) 2017~2019 제18기 민주평통 자문위원 2018년 (사)한국의정연구회 상임부회장(현) (상)국회사무총장표창(1971·1981), 황조근정훈장(1994), 국회의장표창(1980·2001) (저)'법제실무'(1991, 국회사무처) '조례입법의 이론과 실제'(1992, 장원출판사) '최신 국회법(3판)'(2004, 박영사) '지방의회과정론(재판)'(2006, 박영사) (종)천주교

## 박봉국(朴奉局) PARK Bong Kook

(생)1955·3·24 (출)서울 (주)서울특별시 강남구 역삼로 221 삼영빌딩 (주)대륙제관(02-6003-0600) (학)1973년 경복고졸 1980년 한국외국어대 중국어과졸 1986년 미국 뉴욕시립대 버룩칼리지(Baruch College) 경영대학원졸 (경)1986~1992년 DAERYUK INTERNATIONAL INC. 근무 1992년 (주)대륙제관 상무 1993년 맥선 사장 2000년 대양코리아 사장 2003년 (주)대륙제관 부사장 2012년 同각자대표이사 회장(현)

## 박봉규(朴鳳圭) PARK Bong Kyu

(생)1953·9·19 (본)밀양(密陽) (출)경북 청도 (학)1972년 청도 이서고졸 1976년 경북대 법학과졸 1986년 미국 노스웨스턴대 대학원 경제학과졸 2001년 국방대학원 안보과정 수료 2004년 국제경영학박사(숭실대) (경)1975년 행정고시 합격(17회) 1980년 예편(공군 중위) 1980년 상공부 행정사무관, 同수출진흥과 행정사무관, 同무역정책과 행정사무관 1984~1986년 해외유학 1990년 駐체코대사관 상무관(서기관), 상공부 행정관리담당관 1994년 통상산업부 산업배치과장 1995년 대통령 경제정책기획비서관실 행정관 1998년 산업자원부 외국인투자지원실장(부이사관) 1999년 同무역투자심의관 2000년 同국제협력투자심의관 2001년 국방대학원 파견 2001년 산업자원부 국제협력투자심의관 2002년 同무역정책심의관 2003년 同무역투자실장 2004년 한국산업기술재단 사무총장 2006~2008년 대구시 정무부시장 2008년 대구컨벤션뷰로 이사장 겸임 2008~2011년 한국산업단지공단 이사장 2011~2012년 대성에너지(주) 경영지원본부 사장 2013년 건국대 정보통신대학원 석좌교수 2014년 도레이케미칼(주) 사외이사 2016~2019년 (재)서울테크노파크 원장 2019년 2021세계가스총회(WGC) 조직위원회 상근위원장(현) (상)홍조근정훈장(1996), 대통령표창(2004) (저)'경제개혁과정의 이론과 실제' '다시, 산업단지에서 희망을 찾는다'(2010, 박영사) '정도전, 조선 최고의 사상범'(2012) '광인 정도전'(2014, 아이콘북스) (종)기독교

## 박봉균(朴奉均) Park, Bong Kyun

(생)1957·11·25 (출)강원 동해 (주)경상북도 김천시 혁신8로 177 농림축산검역본부(054-912-0300) (학)1975년 강릉고졸 1980년 서울대 수의학과졸 1985년 同대학원 수의학과졸 1991년 미국 아이오와주립대 대학원 수의미생물학과졸 1997년 수의학박사(미국 미네소타주립대) (경)1980~1997년 농촌진흥청 수의과학연구소 근무 1997~2016년 서울대 수의과대학 수의학과 조교수·부교수·교수 2003~2009년 농림수산식품부 축산발전심의위원회 위원 2004~2007년 감사원 산업·환경감사자문위원회 위원 2010~2012년 세계양돈수의사대회 총회(IPVS) 학술위원장·조직위원회 부위원장 2011~2013년 대통령실 국가위기관리실 정책자문위원 2014년 대한수의학회 회장 2015년 한돈연구회 회장 2016년 농림축산식품부 농림축산검역본부장(현)

## 박봉수(朴峰秀) PARK Bong Soo

(생)1959·1·1 (본)울산(蔚山) (출)서울 (주)울산광역시 울주군 온산읍 온산로 68 S-OIL(주) 사장실(052-231-2909) (학)1976년 중동고졸 1981년 서울대 화학공학과졸 1984년 同대학원 화학공학과졸 (경)1983년 쌍용정유(주) 입사 1996년 同원유·해외관리팀·특수제품팀 리더 2000년 同대외이사 2000년 S-OIL(주) 해외사업담당 상무 2001년 同해외사업·수급조정담당 부사장 2004년 同수급·해외영업부문·영업전략부문 부사장 2006년 同영업B/L Head 수석부사장 2012~2015년 同운영총괄 수석부사장 2012년 울산상공회의소 부회장 2015년 S-OIL(주) 운영총괄 사장(현) 2018년 한국공학한림원 회원(화학생명공학·현)

## 박봉수

(본)함양(咸陽) (출)경북 의성 (주)경상북도 영덕군 영덕읍 남산1길 14 영덕경찰서(054-730-5332) (학)대구 오성고졸 1989년 경찰대학졸(5기), 영남대 행정대학원졸 (경)1989년 경위 임관, 대구 중부경찰서 경비교통과장, 대구지방경찰청 교통안전계장, 同홍보담당관, 경북 칠곡경찰서장, 대구 강북경찰서장 2017년 총경 승진, 경북지방경찰청 경무과장 2019년 경북 영덕경찰서장(현)

## 박봉순(朴奉淳) PARK Bong Soon

(생)1961·3·2 (출)전남 영암 (주)전라남도 순천시 백강로 38 전라남도청 동부지역본부(061-286-7100) (학)1979년 광주고졸 1982년 조선대병설공업전문대학 건축공학과졸 1989년 광주대 행정학과졸 1993년 전남대 대학원 건축공학과졸 (경)1982년 목포시 공무원 임용(9급 공채) 1982년 전남 목포시·보성군·송정시(現 광주광역시) 근무 1987년 전남도 근무 2002년 지방건축사무관 승진 2002년 전남도 주택행정담당 사무관 2005년 同스포츠마케팅담당 사무관 2011년 지방시설서기관 승진 2013년 전남도 홍보마케팅부장 2014년 同F1대회지원담당관 2015년 전남 화순군 부군수 2017년 교육 파견(서기관) 2018년 전남도의회 사무처 의사담당관 2019년 전남도 동부지역본부장(지방부이사관)(현)

## 박봉용(朴鳳用) Park, Bongyong

(생)1970·8·26 (본)밀양(密陽) (출)충북 청주 (주)세종특별자치시 갈매로 477 기획재정부 예산실 국토교통예산과(044-215-7330) (학)1988년 청주 운호고졸 1995년 서울대 경영학과졸 2013년 미국 조지타운대 대학원 행정학과졸 (경)1997년 행정고시 합격(41회) 1998년 행정자치부 수습사무관 2001~2006년 기획예산처 제도관리과·투자관리과·사회재정1과·균형발전재정총괄과·예산총괄과 사무관 2006~2008년 同건설교통재정과·예산기준과 서기관 2008~2009년 기획재정부 통상정책과 서기관 2009~2011년 대통령 홍보비서관실·정책실장실 행정관 2011~2013년 미국 교육

ㅂ

파견 2014년 기획재정부 재정관리국 제도개혁1팀장 2014년 同경제정책국 물가구조팀장 2014년 同경제정책국 거시경제전략과장 2016년 대통령비서실 파견(서기관) 2017년 기획재정부 공공정책국 평가분석과장 2019년 同예산실 국토교통예산과장(현) (상)대통령표창(2015)

**박봉준(朴奉俊) PARK Bong June**

(생)1958·10·27 (출)서울 (주)서울특별시 강남구 역삼로 221 삼영빌딩 (주)대륙제관(02-6003-0600) (학)1976년 경복고졸 1981년 한양대 기계공학과졸 1989년 미국 위스콘신대 경영대학원졸 (경)(주)대륙제관 관리담당 상무이사, 同전무이사 2003~2012년 同대표이사 사장 2003년 (주)맥선 대표이사 사장(현) 2003년 (주)지에스켐 대표이사 사장(현) 2012년 (주)대륙제관 각자대표이사 사장(현) (상)동탑산업훈장(2010)

**박봉흠(朴奉欽) PARK Bong Heum**

(생)1948·10·11 (출)경남 밀양 (학)1967년 경남고졸 1972년 서울대 상학과졸 1987년 미국 듀크대 대학원 경제학과졸 (경)1973년 행정고시 합격(13회) 1990년 경제기획원 예산실 보사예산담당관 1991년 同물가총괄과장 1996년 同예산실 경제개발예산심의관 1998년 예산청 예산총괄국장 1998년 대한주택공사 비상임이사 1999년 국회 예산결산특별위원회 수석전문위원 2000년 기획예산처 기획관리실장 2000년 同예산실장 2002년 同차관 2003년 同장관 2003년 노사정위원회 위원 2003~2004년 대통령 정책실장 2006~2010년 한국은행 금융통화위원회 위원 2011~2019년 SK가스(주) 사외이사 2011~2016년 삼성생명보험 사외이사 겸 이사회 의장 2016~2019년 삼성중공업 사외이사 2018~2019년 同감사위원 겸임 (상)녹조근정훈장(1993), 황조근정훈장(2003)

**박봉희(朴奉熙) PARK Bong Hee**

(생)1970·2·27 (출)경기 화성 (주)서울특별시 서초구 반포대로 158 서울중앙지방검찰청 중요경제범죄조사단(02-530-4243) (학)1988년 마산 경상고졸 1996년 고려대 경영학과졸 (경)1997년 사법시험 합격(39회) 2000년 사법연수원 수료(29기) 2000년 인천지검 검사 2002년 대구지검 의성지청 검사 2003년 청주지검 검사 2005년 서울중앙지검 검사 2008년 인천지검 검사 2010년 춘천지검 검사 2012년 수원지검 검사 2013년 同부부장검사 2014년 서울중앙지검 부부장검사 2014년 창원지검 공안부장 2015년 부산지검 공안부장 2016년 청주지검 부장검사 2017년 서울북부지검 공판부장 2018년 의정부지검 인권감독관 2019년 서울중앙지검 중요경제범죄조사단 부장검사(현)

**박부일(朴富逸) PARK Boo Yl**

(생)1943·2·9 (본)밀양(密陽) (주)서울특별시 강남구 역삼로 172 다다C&C 회장실(02-559-9100) (학)1961년 목포고졸 1967년 연세대 정법대학 행정학과졸 1994년 서울대 AMP과정 수료(39기) 1999년 고려대 ICP과정 수료(제7기) 2000년 서울대 경영대학 EECP 수료 (경)1974~2007년 (주)다다실업 창업·대표이사 회장 1984년 (주)다다산업 창업·대표이사 회장(현) 1989년 PT. DADA Indonesia 설립·대표이사 회장(현) 1991년 DADA Dhaka Ltd. 설립·대표이사 회장(현) 1996년 Paxko Korea Ltd. 설립·대표이사 회장(현) 1997년 Paxko Bangladesh Ltd. 설립·대표이사 회장(현) 2000년 (주)다모넷 설립·대표이사 회장(현) 2002년 Unipax Ltd. 설립·대표이사 회장(현) 2007년 다다C&C 대표이사 회장(현) 2007년 Moland Ltd. 대표이사 회장(현) 2014년 Sunny Handbag Ltd. 대표이사 회장(현) (상)무역의 날 금탑산업훈장(2003), 산업자원부·특허청 선정 대한민국 100대 특허대상(2003), 수출공로상

**박사랑(朴思朗·女)**

(생)1973·9·27 (출)서울 (주)경기도 의정부시 녹양로34번길 23 의정부지방법원 총무과(031-828-0102) (학)1992년 혜원여고졸 1996년 이화여대 법학과졸 (경)1999년 사법시험 합격(41회) 2002년 사법연수원 수료(31기) 2002년 광주지법 예비판사 2004년 同판사 2005년 의정부지법 판사 2008년 서울북부지법 판사 2010년 서울중앙지법 판사 2013년 서울서부지법 판사 2015년 서울중앙지법 판사 2017년 대전지법 부장판사 2019년 의정부지법 부장판사(현)

**박삼구(朴三求) PARK Sam Koo**

(생)1945·3·19 (본)밀양(密陽) (출)광주 (주)서울특별시 종로구 삼청로 18 금호아시아나문화재단 이사장실(02-6303-1395) (학)1963년 광주제일고졸 1967년 연세대 경제학과졸 1997년 고려대 컴퓨터과학기술대학원 최고위정보통신과정 수료 2004년 명예 경영학박사(전남대) 2015년 명예 경영학박사(연세대) (경)1967년 금호타이어 입사·상무이사 1968년 한국합성고무 전무이사 1973년 금호실업 전무이사 1974년 同LA지사장 겸임 1979년 同부사장 1980년 同사장 1982~1983년 종합무역상사협의회 회장 1984년 (주)금호 대표이사 부사장 1990년 同사장 1991~2000년 아시아나항공(주) 대표이사 사장 1999년 한양대 관광학과 겸임교수 2000년 韓獨산업협력위원회 위원장 2000년 연세대총동문회 부회장 2001년 아시아나항공(주) 대표이사 부회장 2002년 금호아시아나그룹 부회장 2002~2009년 同회장 2002년 아시아나항공(주) 대표이사 회장 2003년 전국경제인연합회 부회장(현) 2003~2004년 사법개혁위원회 위원 2003~2005년 전국경제인연합회 기업논리위원장 2004~2011년 한국프로골프협회(KPGA) 회장 2005년 사법제도개혁추진위원회 민간위원 2005년 한·중우호협회 회장(현) 2005년 금호아시아나문화재단 이사장(현) 2005년 금호타이어 대표이사 회장 2005년 금호석유화학 대표이사 회장 2005~2007년 민족화해협력범국민협의회 후원회 회장 2006년 전국경제인연합회 관광산업특별위원회 위원장 2006년 2007한중교류의해 자문위원장 2008년 2013광주하계유니버시아드대회유치위원회 후원회장 2008년 연세대총동문회 회장(현) 2008~2009년 문화체육관광부 '2010~2012 한국방문의해' 위원장 2010~2019년 금호아시아나그룹 회장 2010~2017년 금호타이어 공동대표이사 회장 2013~2019년 금호산업 각자대표이사 회장 2014년 (사)한국메세나협회 부회장 2014~2019년 아시아나항공(주) 각자대표이사 회장 2015년 한일축제한마당 한국측 실행위원장 2015~2018년 (사)한국메세나협회 회장 2015~2018년 (재)한국방문위원회 위원장 2016~2018년 금호홀딩스(주) 각자대표이사 회장 2018년 금호고속(주) 각자대표이사 회장 2018년 同사내이사(현) (상)최우수정시운항상(1993), 보건사회부장관표창(1996), 국민훈장 석류장(1996), 안전경영대상(1998), 환경경영대상(1999), 한국마케팅대상(1999), 대통령표창(2000), Passenger Service Award(Air Transport World)(2001), 연세상경인상(2001), 고대 ICP경영대상(2001), 금탑산업훈장(2004), 자랑스런 연세인상(2005), 한중우호공로상(2007), 언스트앤영(Ernst & Young) 최우수기업가상 마스터부문(2008), 국제공연예술협회(ISPA) 예술후원가상(2012), 서울대 발전공로상(2013), 베트남 경제기여 감사패(2013), 베트남 우호훈장(2014), 몽블랑 문화예술 후원자상(2014), 한국공연예술경영인협회 공연예술경영대상(2015), 프랑스 최고권위 '레지옹 도뇌르 코망되르' 수훈(2016) (종)불교

**박삼동(朴三東) Park Samdong**

(생)1954·7·8 (주)경상남도 창원시 의창구 상남로 290 경상남도의회(055-211-7338) (학)마산공고졸 1988년 한국방송통신대졸 1992년 경남대 행정대학원 행정학과졸 (경)회성동체육진흥회 회장, 경남대 행정대학원 총학생회장, 한국청년지도자협회 마산시 부회장, 화랑청소년연합회 이사, 정

외국어학원 · 어린이집 원장 1998 · 2002 · 2006~2010년 경남 마산시의회 의원 2006~2008년 同건설도시위원장, 복지패밀리협의회 마산시위원장, 두척장학회 이사장(현) 2010~2014년 경남 창원시의회 의원(한나라당 · 새누리당) 2014~2018년 경남도의회 의원(새누리당 · 자유한국당) 2014년 同문화복지위원회 위원 2016년 同예산결산특별위원회 위원 2016~2018년 同농해양수산위원회 위원 2018년 경남도의회 의원(자유한국당)(현) 2018년 同교육위원회 위원(현), 경남사랑나눔회 자문위원(현), 민족통일 경남도협의회 자문위원(현), 자유한국당 마산회원구 부위원장(현) (상)경남장애인인권포럼선정 우수의원(2015)

**박삼득(朴三得) Park, Sam Deuk**

(생)1956 · 11 · 28 (출)부산 (주)세종특별자치시 도움4로 9 국가보훈처(044-202-5000) (학)1975년 부산상고졸 1980년 육군사관학교졸(36기) 1998년 한남대 대학원 국제정치학과졸 (경)1980년 육군 소위 임관 1990년 5사단 35연대 작전과장 1991년 3군사령부 작전처 작전명령장교 1993년 제26사단 73연대 2대대장 1995년 육군대학 참모학처 작전 및 기획교관 1997년 2군단 작전처 작전계획과장 1998년 7사단 작전처 작전참모 1999년 육군 교육사령부 전투개념구조발전기동개념발전장교 2000년 同전투개념구조발전개념발전계획장교 2001년 同전투개념구조발전사령부 · 사단구조장교 2002년 특전사령부 감찰부 감찰장교 2003년 15사단 38연대장 2005년 육군본부 감찰감실 검열과장 2006년 1군단 참모장 2007년 육군본부 정보작전참모부 작전처장 2009년 5사단장 2011년 국방부 육군개혁실장 2012~2014년 국방대 총장(중장), 육군본부 정책연구위원회 위원장 2017~2019년 전쟁기념사업회 회장 2019년 국가보훈처장(장관급)(현)

**박삼옥(朴杉沃) PARK Sam Ock**

(생)1946 · 8 · 2 (본)밀양(密陽) (출)전북 정읍 (주)전라북도 전주시 완산구 거마평로 130 상산고등학교 교장실(063-239-5308) (학)1966년 전주고졸 1972년 서울대 지리학과졸 1975년 同대학원 지리학과졸 1981년 이학박사(미국 조지아대) (경)1977~1981년 미국 조지아대 강사 1982~2011년 서울대 지리학과 교수 1990년 同지리학과장 1993년 미국 럿거스대 객원교수 1995~1998년 Papers in Regional Science 저널에디터 1996년 Area Development and Policy 저널에디터 1996년 서울대 사회과학정보센터 소장 겸 사회과학도서관장 1997~2001년 한국지역학회 회장 1998~2000년 서울대 국토문제연구소장 1999~2001년 태평양지역학회 회장 2000년 독일 프랑크푸르트대 초빙교수 2000년 세계지리학연합 경제공간위원장 2000년 대한지리학회 부회장 2003년 同회장 2003년 서울대 국토문제연구소장 2004~2006년 同사회과학대학장 2006~2012년 산업클러스터학회 회장 2007~2011년 서울대 평의원회 의장 2008~2011년 세계지역학회(RSAI) 상임이사 2011년 서울대 지리학과 명예교수(현) 2011년 가천대 행정학과 석좌교수(현) 2013년 전주 상산고 교장(현) (상)과학기술 우수논문상(1997), 대한지리학회 학술상(2006), 인문사회과학분야 우수학자(2008), 대한민국학술원 학술원상 인문학분야(2016) (저)'현대경제지리학'(1999) '한국의 장수인과 장수지역'(2007) '지속가능한 한국발전모델과 성장동력'(2009) 'Dynamics of Economic Spaces in the Global Knowledge Based Economy' (2015) (종)기독교

**박상경(朴床卿)**

(생)1967 · 10 · 25 (출)경남 남해 (주)경기도 의정부시 금오로23번길 22-49 경기북부지방경찰청 홍보담당관실(031-961-2515) (학)부산 동천고졸 1990년 경찰대졸(6기) (경)1990년 경위 임관, 서울 종로경찰서 교통과장, 경찰대 교육기획계장 2011년 서울 방배경찰서 경비교통과장, 서울지방경찰청 홍보운영계장 · 홍보기획계장 2015년 서울지방경찰청 경무과 치안지도관(총경) 2015년 강원지방경찰청 경비교통과장 2015년 同경무과 치안지도관 2016년 강원 양구경찰서장 2017년 강원지방경찰청 홍보담당관 2017년 경기 파주경찰서장 2019년 경기북부지방경찰청 홍보담당관(현)

**박상구(朴相球)**

(생)1963 · 4 · 29 (주)서울특별시 중구 세종대로 125 서울특별시의회(02-3702-1400) (학)경기대 정치전문대학원 정치법학과졸 (경)대성기업 대표, 민주평통 자문위원, 새천년민주당 서울강서甲지구당 부위원장, 새시대새정치연합청년회 서울강서甲지구 부회장, 세계 · 한국검도연맹 이사, 새천년민주당 직능위원회 부위원장, 同서울시당 부대변인 1998 · 2002 · 2010년 서울시 강서구의회 의원(민주당 · 민주통합당 · 민주당 · 새정치민주연합) 2000년 同운영위원장 2010년 同운영위원회 위원 겸 행정재무위원회 위원 2012년 同의장, 同경인고속도로지하화대책위원회 위원장 2014~2018년 서울시 강서구의회 의원(새정치민주연합 · 더불어민주당) 2018년 서울시의회 의원(더불어민주당)(현) 2018년 同도시계획관리위원회 위원(현) 2018년 同윤리특별위원회 위원(현) 2018년 同서부지역 광역철도 건설 특별위원회 위원(현) 2018년 同항공기 소음 특별위원회 위원(현) 2019년 同예산결산특별위원회 위원(현)

**박상구(朴相九) PARK Sang-Koo**

(생)1970 · 2 · 22 (본)고령(高靈) (출)서울 (주)서울특별시 서초구 서초중앙로 157 서울중앙지방법원(02-530-1114) (학)1988년 서울고졸 1993년 서울대 법과대학 사법학과졸 1998년 同대학원졸 (경)1993년 사법시험 합격(35회) 1996년 사법연수원 수료(25기) 1996년 공익법무관 1999년 대전지법 판사 2001년 同서산지원 판사 2002년 수원지법 성남지원 판사 2005년 서울중앙지법 판사 2009년 서울고법 판사 2011년 춘천지법 부장판사 2013년 의정부지법 부장판사 2015년 서울남부지법 부장판사 2017년 서울중앙지법 부장판사(현) (종)기독교

**박상국(朴相國)**

(생)1967 · 3 · 25 (출)대전 (주)전라북도 전주시 덕진구 사평로 25 전주지방법원 총무과(063-259-5466) (학)1985년 대전고졸 1991년 고려대 법학과졸 (경)1997년 사법시험 합격(39회) 2000년 사법연수원 수료(29기) 2000년 전주지법 판사 2004년 同남원지원 판사 2006년 전주지법 판사 2010년 광주고법 판사 2013년 전주지법 판사 2015년 대전지법 부장판사 2017년 전주지법 부장판사(현)

**박상권(朴相權) PARK Sang Kwon**

(생)1951 · 7 · 26 (본)밀양(密陽) (출)서울 (주)서울특별시 강남구 도산대로 235 평화그룹빌딩 (주)평화자동차 비서실(02-3015-1000) (학)조선대부고졸 1973년 중앙대 신문방송학과졸 2005년 명예 정치학박사(선문대) 2011년 명예 정치학박사(경남대) 2012년 고려대 일반대학원 북한학과졸 2012년 同대학원 박사과정 중 (경)1975~1977년 일본 세계일보 기자, 1979 ~ 1989년 미국 International Oceanic Enterprises INC. 회장 1992~2005년 미국 New Yorker Hotel 사장 1992~2005년 미국 True World Group 회장 1994년 금강산국제그룹 사장(현) 1994년 평양보통강호텔 사장(현) 1995년 베트남 메콩자동차 회장(현) 1997년 미국 IAP AUTO 회장(현) 1998~2006년 중국 팬다자동차 이사 1999년 (주)평화자동차 대표이사, 同명예회장(현) 1999년 평양 평화자동차총회사 회장(현) 2000년 (주)평화무역 대표이사(현) 2002년 경남대 초빙교수 2003년 (주)평화항공여행사 대표이사(현) 2004~2007년 (사)한국권투위원회 회장 2004~2006년 통일부 정책자문회의 자문위원 2004~2007년 세계권투위원회(WBC) 부회장 2005~2010년 세계여자프로권투위원회(WBCF) 회장 2007년 (재)세계평

화센터 이사장(현) 2009년 한국관광공사 자문위원(현) 2009년 민주평통 상임위원 2010년 (재)평화통일재단 이사장 2010년 피스컵조직위원회 위원장 2010년 선문평화축구재단 이사장(현) 2010년 K리그 성남일화축구단 구단주 2010년 세계해저터널재단 이사장(현) 2010년 남북경제인협회 회장(현) 2011년 한양대 국제관광대학원 겸임교수(현) (상)평양봄철국제상품전람회 DIPLOMA(2007), DMZ평화상 교류협력부문(2008), 대통령 공로장(2011), 대한민국 스포츠산업대상 우수상(2011) (종)기독교

### 박상규(朴相奎) PARK Sang Kyu

(생)1959·4·13 (주)대전광역시 유성구 가정로 218 한국전자통신연구원 부원장실(042-860-6114) (학)1982년 서울대 컴퓨터공학과졸 1984년 同대학원 전산학과졸 1998년 전산학박사(한국과학기술원) (경)2001년 한국전자통신연구원(ETRI) 휴먼정보처리연구부장 2007년 同임베디드SW연구단 음성언어정보연구센터장 2008년 同SW연구부문 음성언어정보연구부장 2014년 同SW·콘텐츠연구소 SW기반기술연구본부장 2017년 同SW·콘텐츠연구소 지능정보연구본부장 2019년 同부원장(현) (상)미래창조과학부장관표창(2013), 과학기술훈장 진보장(2015)

### 박상규(朴相圭) PARK Sang Kyoo

(생)1960·5·12 (출)전남 (주)전라남도 여수시 대학로 50 공학대학 기계설계공학부(061-659-7282) (학)1981년 조선대 정밀기계공학과졸 1983년 인하대 대학원졸 1989년 공학박사(인하대) (경)1984년 제철엔지니어링(주) 기사 1993~2006년 여수대 기계공학과 전임강사·조교수·부교수 2006년 전남대 공학대학 기계설계공학부 부교수, 同교수(현) 2006년 同공학대학장 2018년 同여수캠퍼스 부총장(현)

### 박상규(朴相奎) Park Sang Kyu

(생)1964·8·9 (주)서울특별시 중구 남대문로 90 SK네트웍스(주) 사장실(070-7800-2114) (학)배명고졸, 서울대 경영학과졸 (경)SK(주) 재무개선담당 소매전략팀장 2007년 同투자회사관리실 기획팀장(상무) 2008년 同기획담당 상무 2009년 SK네트웍스 소비재플랫폼본부 상무 2013년 SK이노베이션 비서실장 2016년 SK네트웍스 호텔총괄 부사장 2017년 同대표이사 사장(현)

### 박상기(朴相基) PARK Sang-Ki

(생)1952·6·18 (본)밀양(密陽) (출)전남 무안 (학)1970년 배재고졸 1974년 연세대 정법대학 법학과졸 1982년 독일 뷔르츠부르크대 법학부 수학 1986년 법학박사(독일 괴팅겐대) (경)1987~1997년 연세대 법대 법학과 조교수·부교수 1995년 독일 본(Bonn)대 범죄학연구소 방문교수 1995년 미국 위스콘신대 Law School 방문교수 1996~1998년 한국형사정책연구원 초빙연구위원 1997~2009년 연세대 법대 법학과 교수 1998~2003년 대검찰청 검찰제도개혁위원 1999년 한국의료법학회 부회장 2001년 중앙인사위원회 인사정책자문위원 2003~2006년 연세대 법과대학장 2004~2006년 同법무대학원장 겸임 2004년 법무부 정책위원 2004년 한국형사정책학회 회장 2004~2007년 학교법인 동덕여학단(동덕여중·고) 이사장 2005년 대통령자문 사법제도개혁추진위원회 위원 2005년 한국형사법학회 회장 2005년 국무조정실 정책평가위원 2005년 한국법학교수회 부회장 2006~2007년 형사판례연구회 회장 2006년 일본 게이오대 법무연구과 방문교수 2007년 대법원 형사실무연구회 부회장 2007~2011년 법무부 형사법개정특별분과위원회 위원 2007년 사법시험 위원·군법무관시험 위원·행정고등고시 위원·입법고시 위원 2007~2010년 한국형사정책연구원 원장 2009~2017년 연세대 법학전문대학원 교수 2012~2015년 경제정의실천시민연합 중앙위원회 의장 2017년 同공동대표 2017~2019년 법무부 장관 (상)국민훈장 동백장, 한국범죄방지재단 범죄문제관련 학술상(2011) (저)'독일형법사'(1993) '법학개론'(共) '형의 집행유예에 관한 연구' '형법연습' '형법총론 제7판'(2007, 박영사) '형사정책(共)'(2011, 한국형사정책연구원) '형법각론 제8판'(2011, 박영사) '형법학 제2판'(2016) '형사특별법 제2판(共)'(2016) '형법의 기초'(2016) (역)'형사정책'(共)

### 박상기(朴相起) PARK Sang Ki

(생)1952·10·6 (본)순천(順天) (출)인천 (주)서울특별시 강남구 영동대로 517 아셈타워 22층 법무법인 화우(02-6003-7144) (학)1971년 인천 제물포고졸 1975년 서울대 외교학과졸 1977년 同대학원 국제정치학과 수료 1989년 미국 뉴욕시립대 대학원 국제정치학과졸 (경)1975년 외무고시 합격(9회) 1975년 외무부 입부 1979년 駐미국 3등서기관 1981년 駐세네갈 2등서기관 1983년 외무부 국제연합과 서기관 1986년 駐뉴욕 영사 1989년 외무부 북미통상과 과장 1992년 駐EC대표부 참사관 1995~1996년 미국 하버드대 국제문제연구소(CFIA) 객원연구원 1996년 외무부 통상국 심의관 1998년 駐OECD대표부 공사 2002년 외교통상부 지역통상국장 2003년 駐상하이 총영사 2005년 인천시 국제관계자문대사 2006년 외교통상부 대테러국제협력대사 2007~2008년 아시아태평양경제협력체(APEC) 대테러대책반(CTTF) 의장 2010~2012년 駐제네바대표부 대사 2013년 법무법인 화우 고문(현) 2016년 UN한국협회 부회장(현) (상)외교안보연구원장표창(1991), 황조근정훈장(2013) (저)'메갈로폴리스 상하이'(2005, 박영사)

### 박상길(朴相吉) PARK Sang Kil

(생)1953·11·10 (본)밀양(密陽) (출)서울 (주)서울특별시 종로구 사직로8길 39 세양빌딩 김앤장법률사무소(02-3703-1714) (학)1972년 경기고졸 1976년 서울대 법과대학졸 1987년 미국 하버드대 법과대학원졸 1990년 미국 스탠퍼드대 법과대학원 수료 (경)1977년 사법시험 합격(19회) 1979년 사법연수원 수료(9기) 1979년 서울지검 검사 1981년 제주지검 검사 1982년 법무부 법무실 검사 1983~1987년 同법무심의관실 검사 1987년 서울지검 검사 1988년 법무부 검찰국 검사 1990년 서울지검 검사 1991년 창원지검 충무지청장 1992년 법무부 검찰국 검사 1993년 대검찰청 감찰제2과장 1995년 同중앙수사부 제3과장 1996년 同중앙수사부 제2과장 1997년 同중앙수사부 제1과장 1997년 서울지검 특수3부장 1998년 同특수2부장 1998년 同특수1부장 1999년 同의정부지청 차장검사 2000년 대검찰청 수사기획관 2001년 서울지검 제3차장검사 2002년 同남부지청장 2003년 법무부 기획관리실장 2004년 대검찰청 중앙수사부장 2005년 대구지검장 2006년 대전고검장 2007~2008년 부산고검장 2008년 김앤장법률사무소 변호사(현) 2011~2013년 (주)포스코 사외이사 (상)법무부장관표창(1989), 홍조근정훈장(2001), 황조근정훈장(2007)

### 박상대(朴相大) Park Sang-Dai (海峯)

(생)1937·8·20 (본)밀양(密陽) (출)경남 김해 (주)서울특별시 관악구 관악로 1 서울대학교 연구공원 IVI본부(02-881-1301) (학)1955년 부산고졸 1960년 서울대 문리과대학 동물학과졸 1962년 同대학원 이학과졸 1974년 이학박사(미국 세인트존스대) (경)1967~1982년 서울대 전임강사·조교수·부교수 1975~1981년 同실험동물사육장장 1981~1983년 국무총리 정책자문위원 1981년 서울대 자연대학 교무학장보 1982~2002년 同자연과학대학 생명과학부 교수 1985년 同유전공학연구소장 1985~1998년 교육부 유전공학심사평가위원장 1989~1990년 대통령 과학기술자문위원 1989년 유전학회 회장 1991년 분자생물학회 회장 1991년 서울대 연구처장 1993년 독성학회 회

장 1995년 한국과학기술한림원 이학부 종신회원·원로회원(현) 2000~2001년 한국생물과학협회 회장 2000~2008년 국제백신연구소 특별고문 2002년 대한민국학술원 회원·부회장(세포 및 분자유전학·현) 2002년 서울대 명예교수(현) 2003~2006년 기초기술연구회 이사장 2003~2006년 국가과학기술위원회 운영위원 2005~2006·2014~2015년 대한민국학술원 자연과학부 제2분과 회장 2005~2008년 한국과학기술단체총연합회 부회장 2006~2009년 (재)나노소자특화팹센터 이사장 2006년 제3세계과학아카데미 펠로우(현) 2009~2010년 (사)국제백신연구소(IVI) 한국후원회장 2009년 同이사장 2010년 同고문·수석고문(현) 2011~2014년 한국과학기술단체총연합회 회장 2011년 국제과학비즈니스벨트위원회 민간위원 2013~2014년 국가과학기술자문회의 부의장 2014~2016년 대학특성화사업 관리위원장 2015~2016년 대학구조개혁사업 관리위원장 2016년 태평양과학협회(PSA) 부회장(현) 2018년 대한민국학술원 부회장(현) (상)한국과학상(1987), 대한민국학술원상(1998), 외교통상부장관표창(1999), 녹조근정훈장(2002), 한국과학기술한림원상(2007), 과학기술훈장 창조장(2014), 유미과학문화상(2019) (저)'분자세포생물학' (역)'필수 세포생물학' '분자생물학' (종)가톨릭

**박상돈(朴商敦) PARK Sang Don**

(생)1949·9·3 (본)밀양(密陽) (출)충남 연기 (주)충청남도 천안시 서북구 늘푸른1길 19 부평파크빌 105동 301호 (사)아르크(041-592-0908) (학)1968년 대전고졸 1972년 육군사관학교졸(28기) 1986년 서울대 행정대학원 행정학과졸 (경)1988년 충남도 기획담당관 1989년 아산군수 1991년 충남도 지역경제국장 1991년 대통령비서실 근무 1994년 내무부 지방기획과장 1994년 대천(보령)시장 1995년 서산시장 1995년 충남도의회 사무처장 1998년 충남발전연구원 연구실장 1999년 충남도 기획정보실장 2002년 천안발전연구소 소장 2002년 천안시장 출마(자민련) 2003년 나사렛대 비서행정학과 객원교수 2004년 제17대 국회의원(천안乙, 열린우리당·중도통합민주당·대통합민주신당·자유선진당) 2006년 열린우리당 제4정책조정위원장 2008년 자유선진당 원내대표 2008~2010년 제18대 국회의원(천안乙, 자유선진당) 2008~2009년 자유선진당 사무총장 2008년 同천안乙당원협의회 위원장 2009~2010년 同충남도당 위원장 2010년 충남도지사선거 출마(자유선진당) 2012년 제19대 국회의원선거 출마(천안乙, 자유선진당) 2012년 선진통일당 천안乙당원협의회 위원장 2012년 同최고위원 2015년 (사)아르크 대표이사(현) 2018년 충남 천안시장선거 출마(자유한국당) (상)근정포장 (저)'지방자치와 우열의 법칙' (종)천주교

**박상돈(朴相敦) Park sang-don**

(생)1972·12·18 (주)충청북도 청주시 상당구 상당로 82 충청북도의회(043-220-5116) (학)고려대 행정대학원 정책학과졸 (경)청주일보 발행인, 박상돈시사영어사 ECC 원장, 충북중·고태권도연맹 부회장 2010년 충북 청주시의회 의원(민주당·민주통합당·민주당·새정치민주연합) 2014~2018년 충북 청주시의회 의원(새정치민주연합·더불어민주당) 2016년 더불어민주당 충북도당 지역정치발전위원회 위원장, 同충북도당 흥덕구청년위원장 2018년 충북도의회 의원(더불어민주당)(현) 2018년 同정책복지위원회 위원장(현)

**박상동(朴尙東) PARK Sang Dong** (濟民)

(생)1940·7·17 (본)반남(潘南) (출)서울 (주)서울특별시 서대문구 성산로 365-14 동서한방병원 의료원장실(02-320-7909) (학)1960년 청원고졸 1966년 경희대 한의학과졸 1971년 연세대 경영대학원졸 1975년 경희대 대학원 박사과정 수료 1985년 경제학박사(중국 文化大) 1987년 미국 조지워싱턴대 수료 1996년 연세대 언론홍보대학원 최고위과정 수료 1996년 고려대 언론대학원 최고위과정 수료 1997년 명예 중의학박사(중국 遼寧중의학원) 1998년 서울대 보건대학원 최고관리자과정 수료 1999년 한의학박사(경희대) (경)1965년 경희대 총학생회장 1972·1978년 통일주체국민회의 대의원 1984년 제민의료재단 이사장(현) 1984년 동서한방병원 의료원장 겸 이사장(현) 1985년 대한사격연맹 의무위원장 1986년 원광대 한의과대 외래교수 1987년 경희대 한의과대 외래부교수 1988년 국제라이온스협회 354-A지구 총재 1988년 同309복합지구 총재협의회 의장 1988년 한국라이온스장학회 설립·초대이사장 1990년 세계사격연맹 의무분과위원 겸 국제임원 1991~1995년 서울시의회 의원·재무경제위원장 1995년 서부신문사 회장(현) 1995~2005년 민주평통 서대문구협의회 자문회장 1996~2004년 대한한방병원협회 회장 1997년 중국 요녕중의학원 객원교수(현) 1998년 경희대 한의과대학 외래교수(현) 2002~2006년 경희대총동문회 회장 2002년 가톨릭대·차의과학대 외래교수 2005년 대한한방병원협회 명예회장(현) (상)국민훈장 목련장(1978·1996), 국무총리표창(1982), 서울특별시장 감사장(1985), 보건사회부장관표창(1986), 내무부장관표창(1986), 체육부장관표창(1988), 부총리 겸 재정경제원장관표창(1989·1995), 재무부장관표창(1989), 서울특별시장표창(1990), 보건복지부장관표창(1995), 서울시교원단체연합회 유공상(1998), 국가보훈처 감사패(1998), 강서구 등촌7동 종합사회복지관 감사패(1998), 강서구 자원봉사대상축제 봉사상(2003), 대한한방병원협회 표창장(2008), 연세대경영전문대학원총동창회 동문포상 사회봉사상(2008), 자랑스러운 청원동문상(2010), 대한민국 자랑스런 한국인상 사회봉사부문 (저)'여성의 고민과 한방' '중풍 못 고치는 것이 아니라 안 고치는 것이다' (종)기독교

**박상래(朴祥來) PARK Sang Rae**

(생)1963·6·2 (출)전남 광양 (주)전라남도 영광군 영광읍 함영로 3508 영광소방서 서장실(061-350-0900) (학)1982년 금오공업고졸 2002년 한국방송통신대 법학과졸 (경)1993년 소방위 임용(소방간부후보생 7기) 2004년 전남 담양소방서 소방과장 2006년 전남 목포소방서 방호구조과장 2012년 전남소방본부 장비·지도계장 2015년 同119종합상황실장 2015년 전남 해남소방서장 2017년 전남 여수소방서장 2018년 전남 강진소방서장 2019년 전남 영광소방서장(현)

**박상배(朴相培) Park Sang Bae**

(생)1958·7·20 (본)순천(順天) (출)충북 청주 (주)대전광역시 유성구 대덕대로 1227 한국가스기술공사 감사실(042-600-8000) (학)세광고졸 1986년 고려대 국어국문학과졸 2006년 同언론대학원졸 2010년 동국대 대학원 언론학 박사과정 수료 (경)1986년 대한경제일보 사회부 기자 1989년 중도일보 정치부 기자 1996년 同서울주재 정치부 차장 1998년 同서울주재 정치행정부 부장대우 2003년 同서울주재 정치부장, 同편집부국장 2006년 충남도정신문 상임편집위원(편집주간) 2009년 한국광해관리공단 대외협력실 이사 2012년 언론중재위원회 경기중재부 중재위원 2016년 한국가스기술공사 상임감사(현) (저)'언론에 비친 한국정치사'

**박상선(朴相善) Park Sang-Sun**

(생)1958·2·10 (본)밀양(密陽) (출)경기 성남 (주)경기도 성남시 분당구 판교역로 220 안랩 3층 (주)스마일게이트인베스트먼트 임원실(031-8017-9620) (학)1986년 경희대 경영학과졸 1992년 同경영대학원졸 (경)1986년 한국주택은행(現 국민은행) 입행 1990년 기술보증기금 근무 1997년 기보캐피탈 근무 2008년 아주IB투자(주) 투자총괄 상무 2010년 同투자총괄 전무 겸 PF본부장 2012~2015년 同경영본부 전무 2015년 (주)스마일게이트인베스트먼트 부사장(현)

## 박상수(朴相洙) PARK Sang Soo

(생)1957·7·11 (출)강원 삼척 (주)강원도 춘천시 중앙로 1 강원도의회(033-256-8035) (학)1978년 삼척고졸 1993년 삼척산업대 공예학과졸 1997년 관동대 행정대학원 행정학과졸 (경)삼척산업대 총학생회장, 강원도축구협회 이사, 민주평통 자문위원 1995년 삼척시 범죄예방위원회 위원 2002·2006·2010~2014년 강원도의회 의원(한나라당·새누리당) 2002~2006년 삼척시축구협회 회장, 새마을운동중앙회 삼척시지회 이사 2006~2008년 강원도의회 산업경제위원장, 同산업경제위원회 위원, 삼척시새마을협의회 이사, 삼척시축구협회 고문(현), 삼척시태권도협회 고문(현), (사)한국청년지도연합회 삼척시지부 고문(현), 삼척여고 운영위원, 강원해양수산포럼 감사, 삼척시종합사회복지관 운영위원, 삼척경찰서 방범자문위원 2011년 한국예술문화단체총연합회 삼척지회 자문위원 2012년 강원도의회 의장 2014년 강원도의원선거 출마(새누리당), 한국해양소년단 강원연맹장(현) 2018년 강원도의회 의원(자유한국당)(현) 2018년 同윤리특별위원회 위원장(현) 2018년 同경제건설위원회 위원(현) (상)전국지역신문협회 의정대상(2013) (종)가톨릭

## 박상순

(생)1964·4·12 (출)서울 (주)서울특별시 서대문구 통일로 87 임광빌딩 신관 SK커뮤니케이션즈(주) 임원실(02-3432-1114) (학)1993년 미국 콜로라도대 볼더교 대학원 통합마케팅커뮤니케이션 석사 (경)1995년 삼성그룹 비서실 근무 2001년 옥션 영업총괄 상무 2006년 NHN RM(Risk Management)담당 이사 2007년 同NBO(네이버 비즈니스 총괄) 2009년 同비즈니스플랫폼중개센터장(상무) 2010년 제이큐브인터랙티브(舊 조인스닷컴)·중앙일보씨앤씨 대표이사 2016년 SK커뮤니케이션즈 대표이사(현)

## 박상식(朴上植) Park Sang-shik

(생)1958·10·19 (출)경기 파주 (주)서울특별시 종로구 사직로8길 60 외교부 인사운영팀(02-2100-7136) (학)1977년 서울 성남고졸 1981년 육군사관학교졸 (경)1988년 외무부 입부 1991년 駐네덜란드 2등서기관 1993년 駐상파울루 영사 1999년 駐수단 참사관 2002년 駐시카고 영사 2005년 외교통상부 홍보과장 2006년 同중미과장 2007년 駐아르헨티나 공사참사관 2010~2013년 駐상파울루 총영사 2013~2015년 충남도 국제관계대사 2015년 駐베트남 총영사(현) (상)외무부장관표창(1996)

## 박상식(朴常植)

(생)1962·12·22 (출)전북 정읍 (주)인천광역시 연수구 해돋이로 130 해양경찰청 장비기획과(032-835-2471) (학)금오공업고졸, 금오공과대졸, 충남대 대학원졸(석사) (경)1997년 경감 특채(행정) 2005년 해양경찰청 조함단 조함지원팀장 2007년 同항공과 계장 2008년 同전략사업과 계장 2011년 남해지방해양경찰청 항공단장 2012년 부산해양경비안전서 해상안전과장 2013년 해양경찰청 레저기획계장 2014년 同해양장비기획계장 2016년 동해지방해양경찰청 상황실장 2017년 해양경찰청 해양항공과장(총경) 2017년 서해지방해양경찰청 부안해양경찰서장 2018년 동해지방해양경찰청 기획운영과장 2019년 해양경찰청 장비기획과장(현)

## 박상신(朴相信) PARK Sanh Shin

(생)1962·4·6 (주)서울특별시 종로구 종로1길 36 대림산업(주) 임원실(02-2011-7114) (학)대흥고졸, 고려대 경영학과졸 (경)2011년 (주)삼호 주택사업마케팅담당 상무 2013년 同경영기획·인사총무마케팅담당 상무 2013~2018년 同경영혁신본부장(전무) 2018년 대림산업(주) 건축사업본부장(전무) 2018년 同건설사업부문 대표이사 부사장(현)

## 박상언(朴尙彦) PARK, Sang-Eon

(생)1953·4·8 (출)인천 (주)인천광역시 미추홀구 인하로 100 인하대학교 자연과학대학 화학전공(032-860-7670) (학)1971년 제물포고졸 1975년 서울대 응용화학과졸 1977년 한국과학기술원(KAIST)졸(석사) 1981년 화학박사(한국과학기술원) (경)1977~1984년 전엔지니어링 Process Design 계장 1981년 同연구소 선임연구원 1984년 미국 Texas A&M Research Associate 1987년 한국과학기술원(KAIST) 객원연구원 1987~1990년 한국화학연구소 선임연구원 1990~2003년 同책임연구원 1999년 同분자활성공학연구팀장 2000년 고려대 객원교수 2001~2003년 한국화학연구원 책임연구원 2002~2004년 한밭대 화학공학과 겸임교수 2003년 국가나노핵심사업 나노촉매연구사업단장 2003년 인하대 화학과 교수 2004~2018년 同나노정밀화학융합산업기술개발지원센터장 2008년 한국과학기술한림원 정회원(현) 2013~2018년 인하대 자연과학대학 화학전공 교수 2013년 엘제비어 잡지사 편집장(현) 2018년 인하대 자연과학대학 화학전공 명예교수(현) (상)영국 왕립화학회(RSC) '올해의 펠로(2017 Fellow of the RSC)'(2017) (종)기독교

## 박상언(朴庠彦)

(생)1977·9·5 (출)충남 부여 (주)경상남도 창원시 성산구 창이대로 681 창원지방법원 총무과(055-239-2009) (학)1996년 서울과학고졸 2001년 서울대 법학과졸 (경)2000년 사법시험 합격(42회) 2003년 사법연수원 수료(32기) 2003년 軍법무관 2006년 서울중앙지법 판사 2008년 서울서부지법 판사 2010년 대구지법 판사 2012년 同상주지원 판사 2014년 수원지법 판사 2015~2017년 법원행정처 기획조정심의관 겸임 2016년 서울동부지법 판사 2018년 창원지법 부장판사(현)

## 박상연(朴商淵) PARK Sang Yeon

(생)1961·12·2 (본)밀양(密陽) (출)충북 청원 (주)충청북도 청주시 상당구 교동로 9 교직원공제회관 3층 충청미디어 편집국(043-211-7500) (학)1981년 운호고졸 1988년 충북대 영어영문학과졸 2010년 청주대 사회복지행정대학원 사회복지학과졸 (경)1988~1989년 충청일보 근무 1989년 중부매일 입사 1997년 同경제팀장 2000년 同경제부장 2001년 同사회부장 2002년 同사회부장 겸 제2사회부장 2004년 同정치부장 2004~2005년 충북기자협회 회장 2006년 중부매일 편집국 부국장 2007년 同경영기획국장 2008년 同편집국장 2011년 同뉴미디어국장 겸 논설실장 2012~2014년 同세종본부장 2015년 충청미디어 편집인 겸 편집국장(현), 청주복지재단 이사(현)

## 박상열(朴相烈) Sang-Ryoul Park

(생)1960·12·2 (출)충남 논산 (주)대전광역시 유성구 가정로 267 한국표준과학연구원 원장실(042-868-5001) (학)1979년 대전고졸 1984년 서울대 화학과졸 1996년 미국 캔자스대 대학원 생화학분석과졸 1996년 화학박사(미국 캔자스대 석·박사통합과정) (경)1984년 한국표준과학연구원 책임연구원(현) 1996~1998년 미국 유타대 인간유전학 박사후연구원 1998~2000년 미국 메이요클리닉 임상생화학 연구원 2004~2019년 과학기술연합대학원대(UST) 생물분석과학과 교수 2004~2006년 한국표준과학연구원 유기생물분석표준그룹장 2007년 기초기술연구회 기관평가단평가위원장 2009~2012년 한국표준과학연구원 바이오임상표준센터장 2011~2014년 同삶의질측정표준본부장 2011년 同영년직 연구원(현) 2015년 물질량자문위원회(CCQM) 단백질분석워킹그룹 위원장(현) 2016년 한국표준과학연구원 부원장 2017년 同원장(현) 2018년 과학기술출연기관장협의회 회장(현) 2018년 국제도량형위원회(CIPM) 위원(현) 2019년 同물질량자문위원회(CCQM) 의장(현)

**박상영(朴相泳) Park Sangyoung**

(생)1972 · 7 · 21 (본)죽산(竹山) (출)전북 익산 (주)대전광역시 서구 청사로 189 통계청 사회통계국 가계수지동향과(042-481-2543) (학)1991년 전주 신흥고졸 1998년 서울대 경제학과졸 2010년 호주 뉴사우스웨일스대 대학원 경제학과졸 2011년 한국개발연구원(KDI) 정책대학원 정책학과졸 (경)2002년 행정고시 합격(45회) 2002년 재정경제부 경제정책국 경제분석과 사무관 2004년 同거시경제팀 사무관 2006년 同경제정책국 종합정책과 사무관 2007년 同경제정책국 복지정책과 사무관 2007년 통계청 사무관 2007~2011년 同통계정책국 통계정책과 · 조사관리국 조사기획과 사무관 2011년 同운영지원과 서기관 2013년 同통계개발원 조사연구실장 2014년 同사회통계국 농어업통계과장 2016년 同경제통계국 소득통계과장 2018년 同사회통계국 복지통계과장 2019년 同사회통계국 가계수지동향과장(현)

**박상옥(朴商玉) PARK Sang Ok**

(생)1956 · 11 · 13 (출)경기 시흥 (주)서울특별시 서초구 서초대로 219 대법원 대법관실(02-3480-1100) (학)1975년 경기고졸 1979년 서울대 법학과졸 1988년 미국 조지워싱턴대 대학원 비교법학과졸 (경)1978년 사법시험 합격(20회) 1981년 사법연수원 수료(11기) 1981년 육군 법무관 1982년 육군 제3군단 검찰부장 1983년 육군 제1군사령부 심판부장 1984년 서울지검 검사 1987년 수원지검 여주지청 검사 1989년 서울지검 동부지청 검사 1991년 부산지검 고등검찰관 1993년 춘천지검 속초지청장 1993년 대검찰청 검찰연구관 1995년 인천지검 특수부장 1996년 대검찰청 범죄정보관리과장 1997년 사법연수원 교수 1999년 서울지검 외사부장 2000년 대전지검 홍성지청장 2001년 서울고검 검사 2002년 대전고검 검사 2003년 서울고검 검사 2004년 의정부지검 고양지청장 2005년 대검찰청 공판송무부장 2006년 사법연수원 부원장 2007년 의정부지검장 2008~2009년 서울북부지검장 2009년 법무법인 충정 변호사 2010년 법무법인 산호 변호사 2011~2014년 법무법인 도연 대표변호사 2012~2014년 사학분쟁조정위원회 위원 2014~2015년 한국형사정책연구원 원장 2015년 대법원 대법관(현) (상)홍조근정훈장(2003), 자랑스러운 숭문인상(2016) (저)'미국형사법'

**박상옥(朴商玉) Sang Ok Park**

(생)1972 · 7 · 8 (본)밀양(密陽) (출)대전 (주)세종특별자치시 도움6로 11 행정중심복합도시건설청 운영지원과(044-200-3033) (학)1990년 부천고졸 1998년 서울시립대 환경공학과졸 2013년 한국개발연구원(KDI) 국제정책대학원 지역정책학과졸 2014년 미국 럿거스대 대학원 도시계획학과졸 (경)1999~2002년 충남 연기군 환경사업소장(사무관) 2002~2003년 충남 공주시 정책팀장 2004~2005년 충남도 군문화엑스포팀장 2006년 행정중심복합도시건설청 도시발전정책과 사무관 2010년 同사업관리총괄과 서기관 2011년 同문화예술팀장 2012년 교육파견 2014년 행정중심복합도시건설청 입주지원팀장 2015년 同도시특화팀장 2015년 同기획재정담당관 2019년 同기획재정담당관(고위공무원) 2019년 국무조정실 세종특별자치시지원단 파견(현) (종)기독교

**박상용(朴尙用) PARK Sang Yong**

(생)1951 · 2 · 21 (출)인천 (주)서울특별시 중구 소공로 51 우리은행(1588-5000) (학)1969년 제물포고졸 1973년 연세대 경영학과졸 1981년 미국 뉴욕대 대학원 경영학과졸 1982년 同대학원졸(MBA) 1984년 경영학박사(미국 뉴욕대) (경)1983년 미국 서던캘리포니아대 교수 1984~2003년 연세대 상경대학 경영학과 교수 1996년 한국상장회사협의회 자문위원 1997년 재정경제원 금융산업발전심의위원회 위원 1998년 보람은행 사외이사 1999~2002년 금융감독위원회 비상임위원 1999년 한국금융학회 부회장 1999~2008년 LG데이콤 사외이사 2000~2002년 연세대 재무처장 2002~2005년 한국증권연구원 원장 2002~2005년 한국기업은행 외부이사 2003~2016년 연세대 경영대학 교수 2004~2005년 대통령자문 국민경제자문회의 위원 2004~2006년 공적자금관리위원회 민간위원 2006년 한국이사협회 회장 2007년 한국증권선물거래소 사외이사 2007~2008년 한국금융학회 회장 2009~2012년 연세대 경영대학장 겸 경영전문대학원장 2009~2010년 녹색성장위원회 위원 2013~2015년 금융위원회 공적자금관리위원회 민간위원장 2016~2018년 세이프키즈코리아 이사 겸 부대표 2016년 NH투자증권 사외이사 겸 감사위원 2016년 연세대 명예교수(현) 2017년 우리은행 사외이사(현) 2018년 同이사회 의장 겸임(현) 2018년 세이프키즈코리아 공동대표(현) (종)가톨릭

**박상용(朴商龍) PARK Sang Yong**

(생)1954·2·21 (본)밀양(密陽) (출)서울 (주)서울특별시 강남구 테헤란로 518 섬유센터 12층 법무법인 율촌(02-528-5768) (학)1973년 경기고졸 1979년 서울대 경제학과졸 1982년 同행정대학원졸 1993년 경제학박사(영국 리버풀대) (경)1979년 행정고시 합격(23회) 1980~1981년 총무처 연금관리국 사무관 1981~1991년 경제기획원 경제정책국·심사평가국·대외정책조정실 사무관 1993년 공정거래위원회 독점정책과 사무관 1995년 同총괄정책과 서기관 1996년 同국제업무2과장 1998년 대통령비서실 행정관 2001년 공정거래위원회 심판관리1담당관(부이사관) 2002년 同심판관리관 2004년 국방대 파견 2005년 공정거래위원회 기획홍보본부 홍보관리관(고위공무원) 2006년 同기획홍보본부장(고위공무원) 2007년 同경쟁정책국장(고위공무원) 2008년 同기업협력국장(고위공무원) 2009~2011년 同사무처장(고위공무원) 2011~2015년 상명대 법학과 초빙교수 2011년 법무법인 율촌 상임고문(현) 2013~2017년 동부화재해상보험(주) 사외이사 겸 감사위원 2017년 DB손해보험 사외이사 겸 감사위원(현) (상)대통령표창(1994) (저)'경제법원론(共)'(2004, 박영사) (역)'세계통합경제와 경쟁정책' '경제법원론'(2006) (종)기독교

**박상용(朴相勇) PARK Sang Yong**

(생)1962 · 12 · 20 (출)경남 양산 (주)세종특별자치시 도움5로 20 소청심사위원회 상임위원실(044-201-8611) (학)1981년 부산 금성고졸 1985년 부산대 법학과졸 (경)1984년 사법시험 합격(26회) 1987년 사법연수원 수료(16기) 1990년 부산시경찰국 강력과 민생대책반장 1991년 부산 연산경찰서 경비과장 1993년 경찰청 법무담당관실 법제담당 1996년 서울지방경찰청 인사계장 1997년 同경무부 경무과 수련장장(총경) 1998년 충북지방경찰청 수사과장 1999년 충남 조치원경찰서장 2000년 경찰청 법무과장 2001년 대전 둔산경찰서장 2002년 경찰청 수사국 근무 2003년 서울 성북경찰서장 2004년 경찰청 형사과장 2006년 同기획수사심의관(경무관) 2006년 부산지방경찰청 차장 2008년 경찰청 기획수사심의관 2009년 경찰수사연수원장 2010년 서울지방경찰청 수사부장 2010년 경찰수사연수원장 2011년 울산지방경찰청 차장 2011년 同청장 직대 2011년 경기지방경찰청 제1차장(치안감) 2012년 대전지방경찰청장(치안감) 2013년 경찰교육원 원장(치안감) 2013년 충남지방경찰청장(치안감) 2014~2015년 경기지방경찰청 제2차장(치안감) 2016~2017년 법무법인 민(民) 변호사 2017~2018년 법무법인 정세 변호사 2018년 인사혁신처 소청심사위원회 상임위원(현) (상)홍조근정훈장(2013)

**박상우(朴相禹) PARK Sang Woo**

(생)1939 · 8 · 11 (본)순천(順天) (출)전북 순창 (주)서울특별시 동대문구 천호대로12길 19 영한빌딩 5층 한국애견연맹(02-2278-0661) (학)1958년 전주고졸 1964년 서울대 문리대학졸 1966년 同행정대학원졸 1975년 농업경제학박사(미국 미네소타대) (경)1966년 고등고시 행정과 합격 1983년 駐

ㅂ

미국대사관 농무관 1987년 농림수산부 농산물유통국장 1988년 同농업정책국장 1990년 同양정국장 1992년 同농어촌개발국장 1992년 산림청 차장 1994년 농림수산부 제1차관보 1994~1995년 同차관 1996~1999년 한국농촌경제연구원 원장 1999년 경기대 농업경제학과 겸임교수 2000년 전북대 초빙교수 2005년 농업협동조합중앙회 사외이사 2005년 (사)한국애견연맹 총재(현) 2007~2009년 농업협동조합중앙회 이사 2007년 동양물산 사외이사(현) (상)황조·녹조근정훈장 (종)기독교

## 박상우(朴相于)

(생)1960·12·24 (출)전남 순천 (주)전라남도 무안군 삼향읍 후광대로359번길 28 전남지방경찰청 경무과(061-289-2621) (학)순천고졸, 조선대 법학과졸, 순천대 행정대학원졸 (경)1986년 경위 임용(경찰간부후보 34기) 2006년 광양경찰서 경비교통과장 2008년 전남지방경찰청 교통계장 2009년 同생활안전계장 2010년 同교통안전계장 2013년 同정보화장비담당관 2014년 전남 보성경찰서장 2015년 전남지방경찰청 여성청소년과장 2016년 전남 고흥경찰서장 2017년 전남지방경찰청 생활안전과장 2018년 전남 광양경찰서장 2019년 전남지방경찰청 경무과장(현)

## 박상욱(朴相郁) PARK Sang Wook

(생)1947·6·25 (출)울산 (주)경기도 이천시 모가면 공원로218번길 158-30 태농비료산업사(031-634-6233) (학)1996년 중앙대 사회개발대학원 수료 (경)1980년 홍농사 설립·대표이사 1991년 태농비료산업사 대표(현) 1991년 同원주공장 설립 1992년 한국유기비료공업협동조합 이사 1993년 한국자원재활용연합회 부회장 1994년 태농비료산업사 이천공장 설립 1997년 한국SF녹화공법협회 상임이사 1998년 한국환경복원녹화기술학회 이사 1999~2002·2005~2009년 한국유기비료공업협동조합 이사장 2000년 한국토양비료학회 이사 2001년 한국유기성폐자원학회 부회장 2003년 중앙대총동창회 부회장 (상)농림부장관표창(2001), 환경부장관표창(2002), 산업자원부장관표창(2005)

## 박상원(朴相元) PARK Sang Won

(생)1960·10·25 (주)부산광역시 사하구 낙동대로 550번길 37 동아대학교 수학과(051-200-7207) (학)1983년 동아대 수학과졸 1987년 미국 머레이주립대 대학원졸 1992년 이학박사(미국 켄터키대) (경)1995년 동아대 수학과 전임강사·조교수·부교수, 同수학과 교수(현) 2010년 同자연과학대학 부학장 2013년 국정도서편찬위원회 수학과 심의위원장 2015년 동아대 교양교육원장 2016년 同융합교양대학장 2019년 同자연과학대학장(현) (상)대한수학회 부산경남지회 학술상(2008) (저)'수학개론'(2001) '대학수학'(2009, 경문사)

## 박상융(朴商隆)

(생)1965·5·1 (출)충남 (학)1983년 대전 충남고졸 1987년 고려대 법학과졸 (경)1988년 사법시험 합격(29회) 1990년 사법연수원 수료(19기) 1990년 육군 법무관 1993년 경찰 특채(경정) 2002년 총경 승진 2002~2005년 충남지방경찰청 방범과장·수사과장·논산경찰서장 2005~2007년 경찰청 수사국 마약과장·대전중부경찰서장 2007~2010년 경찰청 지능범죄수사과장·서울양천경찰서장 2010~2012년 김포경찰서장·경기지방경찰청 수사과장·동두천경찰서장 2012년 평택경찰서장 2013년 경기지방경찰청 경무과 근무 2013~2018년 법무법인 한결 구성원변호사 2014년 남해지방해양경찰청 손실보상심의위원회 위원 2017년 평택해양경비안전서 법률자문위원 2017년 한국거래소 코스닥시장기업심사위원회 위원 2018년 '드루킹 댓글 조작 사건' 특별검사보 겸 대변인(현)

## 박상인(朴相仁) Sangin Park

(생)1965·4·23 (본)밀양(密陽) (출)대구 (주)서울특별시 관악구 관악로 1 서울대학교 행정대학원(02-880-5623) (학)1984년 동인고졸 1988년 서울대 경제학과졸 1990년 同대학원 경제학과졸 1996년 경제학박사(미국 예일대) (경)1996~2003년 미국 뉴욕주립대 스토니브룩교(State Univ. of New York at Stony Brook) 경제학과 조교수 2002년 미국 예일대 경제학과 초빙조교수 2003~2010년 서울대 행정대학원 조교수·부교수 2010년 同행정대학원 교수(현) 2010~2016년 문화체육관광부 여론집중도조사위원회 위원 2011년 시장과정부연구센터 소장(현) 2016년 산업통상자원부 기업활력제고를위한특별법(기활법) 관련 사업재편계획심의위원회 국회추천위원 2016년 경제정의실천시민연합 정치위원장(현) 2017년 법무부 정책위원회 시민사회분야위원(현) 2017~2018년 대통령직속 국민경제자문회의 거시경제분과 자문위원 2018년 한국문화관광연구원 이사(현) (상)공정거래위원장표창(2006) (저)'Strategies and Policies in Digital Convergence'(2007, Premier Reference Source) '한국의 기업지배구조 연구(共)'(2008, 법문사) '한반도 경제공동체, 그 비전과 전략(共)'(2009, 서울대 출판문화원) '방송통신정책과 쟁점(共)'(2011, 대영문화사) '벌거벗은 재벌님'(2012, 창해) (종)기독교

## 박상일(朴商一) Park Sang-il

(생)1958·7·23 (출)서울 (주)서울특별시 중구 세종대로9길 20 신한은행빌딩 법무법인(유) 충정(02-772-2703) (학)1977년 중앙대사대부고졸 1981년 서울대 법과대학졸 1990년 미국 시카고대 로스쿨졸(LL.M.) (경)1981년 사법시험 합격(23회) 1983년 사법연수원 수료(13기) 1983년 변호사 개업(Kim&Hwang) 1990년 미국 McGuire, Woods, Battle & Boothe 법률사무소 근무 1991년 미국 뉴욕주 변호사시험 합격 1993년 법무법인 충정 설립·구성원변호사 2002년 조선일보 독자권익보호위원 2003년 대한상사중재원 중재인(현) 2005년 학교법인 미래학원 이사(현) 2008년 학교법인 대우학원 이사(현) 2008년 국제상업회의소 한국중재인(현) 2008년 대한상사중재원 국제중재인(현) 2008년 법무법인(유) 충정 대표변호사(현) 2014년 덕양산업(주) 비상근감사(현)

## 박상일(朴尙一) SANG IL PARK

(생)1971·3·4 (주)부산광역시 기장군 장안읍 좌동길 40 동남권원자력의학원(051-720-5114) (학)부산대 의대졸, 同대학원 의학석사 2012년 의학박사(부산대) (경)1999~2002년 육군 군의관 2002~2006년 한국원자력의학원 산부인과 전공의 2006~2008년 同산부인과 전임의 2009~2010년 同산부인과장, 대한부인종양학회·대한암학회·미국 산부인과 내시경학회 정회원(현), 대한부인종양학회 'Journal of Gynecology Oncology' 편집위원(현), 대한부인종양연구회 세부운영위원회 위원(현) 2010~2018년 동남권원자력의학원 산부인과 주임과장 2013~2015년 同암예방건강증진센터장 2017~2018년 同진료부장 2018년 同원장(현)

## 박상재(朴尙在) Park Sang Jae

(생)1956·2·3 (본)밀양(密陽) (출)전북 장수 (주)서울특별시 동대문구 경희대로 26 경희대학교 중앙도서관 3층 한국아동문학학회 (학)1974년 전주고졸 1977년 전주교대졸 1987년 서울교대졸 1991년 성균관대 교육대학원 국어교육과졸 1998년 문학박사(단국대) (경)1977~2010년 초등학교 교사(서울사대부설초 외) 1995년 서울사대부설 국어교육연구소 독서체계연구위원 1995~2001년 교육인적자원부 초등학교국어교과용도서심의회 심의위원 1998~2001년 단국대 문리대학 강사 2001~2003년 同대학원 문예창작학과 강사 2002년 한국아동문학학회 부회장·회장(현) 2005년 명지대 대학원 문예창작학과 강사 2006~2009년 한

국교원대 겸임조교수 2009년 한국인성동요연구회 회장(현) 2010~2012년 서울 화일초 교감 2010~2012년 한국아동문학인협회 부회장 2011년 단국대 대학원 문예창작학과 강사·겸임교수 2012년 한국글짓기지도회 회장(현) 2013~2016년 서울 강월초 교감 2016년 서울 수명초 교감 2017년 서울 당중초 교장 2017년 국제펜클럽 한국본부 이사(현) 2017년 서울교육대 외래교수, 아프리카아시아난민교육후원회(ADRF) 홍보대사(현) 2019년 단국대 대학원 외래교수(현) 2019년 한국아동문학인협회 수석부회장(현) (상)새벗문학상(1983), 한국아동문학상(2002), 방정환문학상(2002), 한정동 아동문학상(2006), 박경종 아동문학상(2012), 눈솔어린이문화상(2014), 대한민국인성교육대상(2014), 이재철아동문학평론상(2016), 남강교육상(2017), 대한민국파워리더 대상(2017), PEN문학상(2017), 대한민국인성동요대상(2017), 황조근정훈장(2018) (저)'한국 창작동화의 환상성 연구'(1998, 집문당) '한국 동화문학의 탐색과 조명'(2002, 집문당) '동화 창작의 이론과 실제'(2002, 집문당) '한국 동화문학의 어제와 오늘'(2016, 청동거울), 동화집 '원숭이 마카카'(2005, 대교출판사) '달려라 아침해'(2014, 봄봄) '아름다운 철도원과 고양이 역장'(2015, 크레용하우스) '진도아리랑'(2017, 장수하늘소), 동요집 '아름다운 동요세상'(2017, 도담소리) '꿀벌릴리와 천하무적 차돌특공대'(2019, 머스트비) '어린이가 처음만나는 북한 전래동화'(2019, 함께자람) 외 100여권 (역)'소공녀'(1998, 삼성당) '몽테크리스트 백작'(1998, 삼성당) '톰소여의 모험'(2002, 삼성출판사) (작)가곡 '봄날' '봄밤', '생강나무꽃' '능소화 필무렵' '꽃그늘 솔그늘' '그리운 장수' '사랑노래' '가을연가' '겨울여행' '사랑하는 임에게', 가요 '짠돌이 내사랑', 동요 '산 위에서, 산으로 바다로' '숫대에게' '차례지키는 꽃' 외 400여곡 작사

**박상재(朴祥在)**

(생)1973·2·14 (출)전남 보성 (주)광주광역시 동구 준법로 7-12 광주지방법원(062-239-1710) (학)1991년 광주제일고졸 1997년 서울대 법학과졸 (경)2000년 사법시험 합격(42회) 2003년 사법연수원 수료(32기) 2003년 軍법무관 2006년 인천지법 판사 2008년 서울중앙지법 판사 2010년 광주지법 목포지원 판사 2013년 의정부지법 고양지원 판사 2016년 대법원 재판연구관 2018년 광주지법 부장판사(현)

**박상주(朴尙周) Park Sang Joo**

(생)1962·3·3 (본)밀양(密陽) (출)충남 예산 (주)세종특별자치시 다솜로 261 국무총리비서실 소통메시지비서관실(044-200-2714) (학)1987년 한국외대 서반아어과졸 1997년 영국 카디프대 대학원 저널리즘과졸 (경)1989~1993년 서울신문·스포츠서울 기자 1993~2007년 문화일보 기자 2007~2010·2012~2015년 작가(세계일주) 2010~2012년 서울특별시 교육감 비서실장 2012년 同교육감 대외협력특보 2015~2018년 뉴시스 국제부 전문위원 2018년 국무총리 소통메시지비서관(현) (상)한국기자협회 이달의 기자상(2002·2003), 전국경제인연합회 시장경제상 대상(2006) (저)'아름다운 동행'(2008) '세상 끝에서 삶을 춤추다'(2009) '나에게는 아프리카가 있다'(2014, 부키) '나에게는 중동이 있다'(2014, 부키) '부의 지도를 넓힌 사람들'(2018, 예미) (종)가톨릭

**박상준(朴商畯) PARK Sang-Jun**

(생)1962·5·16 (주)서울특별시 구로구 디지털로 306 한솔시큐어(주)(02-2082-0777) (학)1981년 광성고졸 1986년 서강대 경영학과졸 (경)1987년 (주)선경·SK네트웍스 근무 1991년 대한텔레콤 근무 1994년 SK텔레콤 재무·투자·해외업무담당 부장 2000년 와이더댄 대표이사 사장 2006년 SK커뮤니케이션즈(주) 부사장 2007년 同공동 대표이사 2008년 同대표이사 사장 2010년 하나SK카드 부사장 2012~2013년 SK텔레콤 신사업추진단장 2013년 SK텔링크(주) 대표이사 사장 2017년 한솔인티큐브 대표이사 2018년 한솔시큐어(주) 대표이사(현)

**박상진(朴祥珍) Park Sang-jin**

(생)1961·7·13 (주)서울특별시 종로구 사직로8길 60 외교부 인사기획관실(02-2100-7139) (학)1984년 전남대 영어영문학과졸 1986년 同대학원 행정학과졸 (경)1986년 외무고시 합격(20회) 1987년 외무부 입부 1992년 駐루마니아 2등서기관 1994년 駐독일 1등서기관 1999년 駐우크라이나 1등서기관 2002년 駐벨기에 및 駐구주연합 1등서기관 2004년 외교통상부 북서아프리카과장 2005년 駐LA 영사 2008년 駐투르크메니스탄 공사참사관 2010년 駐아랍에미리트 공사 2013년 국무조정실 외교안보정책관 2015년 駐알제리 대사 2018년 인천시 국제관계대사 2019년 駐덴마크 대사(현) (상)대통령표창(2001)

**박상진(朴相鎭)**

(생)1967 (출)강원 고성 (주)서울특별시 서초구 법원로1길 11 금구빌딩 한국생활자치연구원 생활정치와민생경제포럼(02-6085-0004) (학)속초고졸, 단국대 행정학과졸, 서울대 대학원 도시계획학과졸, 미국 인디애나대 로스쿨졸, 미국 뉴욕주립대 대학원 경제학과졸, 도시계획학박사(단국대) (경)입법고시 합격(13회) 2001년 국회사무처 재정경제위원회 입법조사관(서기관) 2006년 同국제국 국제협력과장 2008년 同국제국 의전과장 2009년 국회예산정책처 사업평가국 행정사업평가팀장(부이사관) 2010년 국회사무처 의사국 의안과장 2011년 同국제국 아주(중국)주재관 2014년 同안전행정위원회 입법조사관 2014년 同운영위원회 입법심의관 2015년 국토연구원 파견 2016년 국회사무처 정무위원회 전문위원 2016년 同예산결산특별위원회 전문위원(이사관) 2016년 태백회 회장(현) 2017년 국회사무처 기획재정위원회 전문위원(이사관) 2019년 同특별위원회 수석전문위원(차관보급) 2019년 (사)한국생활자치연구원 생활정치와민생경제포럼 회장(현)

**박상진(朴相鎭) Park Sang-gin**

(생)1971 (출)전남 (주)서울특별시 종로구 세종대로 209 서울지방경찰청 청사경비대(02-2100-4577) (학)1989년 목포고졸 1993년 경찰대 법학과졸(9기) (경)1993년 경위 임관 2006년 경북 상주경찰서 경무과장 2007년 서울지방경찰청 근무 2009년 경찰청 생활안전국 근무 2016년 전남지방경찰청 112종합상황실장 2017년 전남 영암경찰서장 2018년 서울지방경찰청 청사경비대장(현)

**박상진(朴相鎭) Park sang jin**

(생)1971·12·6 (출)서울 (주)부산광역시 강서구 명지국제7로 77 부산지방검찰청 서부지청(051-520-4200) (학)1990년 경기고졸 1995년 서울대 법학과졸 (경)1997년 사법시험 합격(39회) 2000년 사법연수원 수료(29기) 2000년 공익법무관 2003년 창원지검 검사 2005년 대구지검 검사 2009년 서울중앙지검 검사 2012년 대검찰청 연구관 2014년 대구지검 김천지청 부장검사 2015년 창원지검 특수부장 2016년 인천지검 강력부장 2017년 의정부지검 형사4부장 2018년 대검찰청 검찰연구관 2018년 同인권수사자문관 겸임 2019년 부산지검 서부지청 차장검사(현)

**박상진**

(생)1972 (주)경기도 성남시 분당구 불정로 6 네이버(주) 임원실(1588-3830) (학)1997년 연세대 응용통계학과졸 2005년 고려대 경영대학원졸 (경)1997년 삼성SDS 입사 1999년 네이버(구 네이버컴(주)) 입사 2000년 同경영기획팀장 2004년 同(구 NHN(주)) 재무기획실장 2007년 同재무담당이사 2016년 네이버(주) 최고재무책임자(CFO)(현)

ㅂ

**박상진(朴祥振)**

(생)1972·2·19 (출)경북 칠곡 (주)서울특별시 서초구 반포대로 157 대검찰청 인권기획과(02-3480-2032) (학)1990년 경북고졸 1997년 서울대 법학과졸 (경)1999년 사법시험 합격(41회) 2002년 사법연수원 수료(31기) 2002년 수원지검 검사 2004년 대구지검 안동지청 검사 2005년 울산지검 검사 2007년 서울남부지검 검사 2010년 법무부 통일법무과 검사 2013년 부산지검 검사 2016년 대검찰청 검찰연구관 2017년 법무부 통일법무과장 2018년 대전지검 공안부장 2019년 대검찰청 인권기획과장(현)

**박상철(朴相哲) Sang Chul Park (觀亭)**

(생)1949·3·25 (본)밀양(密陽) (출)광주 (주)대구광역시 달성군 현풍면 테크노중앙대로 333 대구경북과학기술원(053-785-0114) (학)1967년 광주제일고졸 1973년 서울대 의대졸 1975년 同대학원 의학석사 1980년 의학박사(서울대) (경)1980~2011년 서울대 의대 생화학교실 전임강사·조교수·부교수·주임교수·교수 1987~2000년 보건복지부 중앙약사심의위원 1987~2006년 서울대 의학연구원 체력과학노화연구소장 1993~2009년 Journal of Cancer Research and Clinical Oncology Regional Editor 1994~2000년 보건복지부 보건정책심의위원 1994~2009년 생화학분자생물학회 대의원·부회장·회장·감사·이사 1996년 한국노화학회 부회장·회장·감사 1996년 한국분자세포생물학회 대의원·부회장·회장·감사·이사 1996~2000년 대한암학회 상임이사·이사 1996~1999년 보건의료기술평가단 부단장 1997~2000년 기초의학협의회 학술위원장 1998~2000년 서울대 연구처장 1999~2000년 전국대학교연구처장협의회 회장 1999~2005년 한국WHO협력센터협의회 회장 2000~2002년 보건산업진흥원 기술평가위원장 2000~2004년 국제노화학회 회장·운영위원회 위원장 2000~2006년 Mechanism of Ageing and Development Editor in Chief 2000년 한국노인과학학술단체연합회 회장·이사 2000년 Gerontology Editorial Board(현) 2001~2003년 보건복지부 국민건강증진기금심의위원회 위원 2001~2007년 세계노화노년학회 아·태학회 총무이사 2002~2003년 보건복지부 보건의료기술정책심의위원회 위원 2002~2003년 과학기술부 과학재단우수연구센터 소장 겸 노화세포사멸연구센터 소장 2003~2004년 학술진흥재단 의약학위원장 2003~2006년 한국과학기술인연합회 의학회 회장 2004~2006년 국제백세인연구단 의장 2004~2006년 국제운동생화학회 회장 2004~2007년 기초기술연구회 평가단장 2004~2005년 보건복지부 실버산업추진위원회 위원 2005년 정부출연기관중점사업단 생물해양분과 평가위원장 2005~2006년 기초기술연구회 기획평가위원장 2005년 제20차 국제노년노인병학회(IAGG) 조직위원회 수석부위원장 2005년 Tohoku J. Experimental Medicine Editorial Board(현) 2006~2011년 서울대 노화고령사회연구소장 2006년 한국과학기술한림원 의약학부장 2006년 대한민국의학한림원 정회원(현) 2006년 장수문화포럼 공동대표 2007년 Gerontology and Geriatrics International Editorial Board(현) 2009~2013년 서울노인복지실행위원회 위원장 2011~2012년 가천의과학대 이길여 암·당뇨연구원장 2012년 가천대 메디컬캠퍼스 이길여 암·당뇨연구원장 2012년 同길병원 연구원장 겸임 2013~2015년 삼성종합기술원 웰에이징연구센터장(부사장) 2016년 대구경북과학기술원(DGIST) 대학원 뉴바이올로지전공 석좌교수 2016년 同웰에이징연구센터장, 同석좌연구원(현) 2017~2018년 국제백신연구소(IVI) 한국후원회 이사장 (상)올해의 과학자상(1990), 과학기술처장관표창(1991), 금호학술상(1992), 유한의학대상(2002), 국민훈장 모란장(2002), 의사평론가 기장(2004), 동헌생화학대상(2005), 서울대 30년 근속상(2008), 자랑스러운 일고인상(2008), 국제노년학노인의학회(IAGG) 회장상(2017) (저)'생명보다 아름다운 것은 없다'(1996) '건강보다 참된 것은 없다'(1998) '현대노인복지정책론'(2007) '한국 장수인의 특성' '100세인 이야기'(2009) '웰에이징'(2009) '생명의 미학'(2009) '노화혁명'(2010) (역)'복제인간 : 참인가 거짓인가'(1978) '복제인간 : 참인가 거짓인가'(1997) (종)천주교

**박상철(朴相哲) PARK Sang Chul**

(생)1959·8·8 (본)밀양(密陽) (출)전남 순천 (주)서울특별시 서대문구 경기대로9길 24 경기대학교 정치전문대학원(02-390-5009) (학)1978년 동북고졸 1982년 성균관대 법률과졸 1984년 同대학원 법학과졸 1987년 한국정신문화연구원 한국학대학원졸 1992년 법학박사(성균관대) (경)1990~1998년 법제처 한국법제연구원 연구실장 1994년 한국공법학회 상임이사 1994년 한국헌법학회 상임이사 1998년 경기대 정치전문대학원 교수(현) 2000~2003년 (사)새시대전략연구소 소장 2000년 (사)한국정치법학연구소 이사장 2002년 대통령직인수위원회 정무분과 자문위원 2003~2006년 민주평통 자문위원 2003~2006년 한국모바일학회 수석부회장 2003년 고등학교국정교과서 집필위원 2003~2010년 KBS '열린토론' 고정패널 2003년 (사)자녀보호운동본부 이사장 2005~2008년 대통령자문 정책기획위원회 위원 2005~2009년 경기대 정치전문대학원장 2006~2010년 MBN(매경방송) 고정패널 2006~2012년 대한민국순직소방관추모위원회 위원장 2007~2008년 (재)한반도전략연구원 이사 2011년 4.27재보선 국회의원선거 출마(순천, 무소속) 2012~2013년 한국비교공법학회 수석부회장 2013년 해병대 발전자문위원(현) 2014~2017년 경기대 정치전문대학원장 2015~2018년 국방부 정책자문위원 2016년 경기대 한반도전략문제연구소장(현) 2017년 同특임부총장(현) 2018년 미국헌법학회 회장(현) 2018년 국회 혁신자문위원회 위원(현) 2019년 (사)남북체육교류협회 남북스포츠교류종합센터건립추진위원회 자문위원(현) (저)'한국혁신정당론'(1987) '국민법의식조사 연구'(1991) 'A Survey on the Korean People's Attitude Towards Law'(1991) '뇌사 및 장기이식과 법률문제'(1992) '환경문제관련 입법의견'(1992) '성직자의 과세논쟁'(1992) '간통죄의 존폐 및 낙태의 허용범위'(1992) '북한법제관련문헌목록집'(1993) '남북연합의 법적 성격과 전망'(1994) '북한의 환경보호관계법제'(1995) '북한법률용어의 분석-헌법편'(1995) '북한의 문화재보호관련법제'(1995) '선거운동과 선거법'(1995) '선거운동과 정치관계법'(1995) '북한의 선거법제'(1996) '북한법률용어의 분석-형사법편'(1996) '법전문가의 법의식조사연구'(1996) '정치발전과 정당법의 개정'(1998) '남북합의서의 실천방안'(1998) '정치법학의 임무'(1999) '정치현안과제와 선거제도의 개선방향'(2003) '21世紀の日韓民事法制'(2005) '북한법을 보는 방법'(2006) '왜 지금 개헌인가'(2007) '한국정치법학론'(2008) (역)'콜라코프스키의 맑시즘 Ⅰ·Ⅱ·Ⅲ'(1989·1990) (종)기독교

**박상철(朴相澈) Park Sang Cheol**

(생)1967·7·15 (출)광주 (주)광주광역시 광산구 호남대길 120 호남대학교 총장실(062-940-5100) (학)광주 석산고졸, 미국 유타대 경제학과졸, 한양대 대학원 경영학과졸, 행정학박사(경기대) (경)호남대 서울사무소장·기획처장·지방대학특성화사업본부장 2008~2019년 광주시 동구선거관리위원회 위원 2008년 전남도 정책위원회 위원 2010년 중국 호남대 악록서원(岳麓書院) 객좌교수(현) 2015년 호남대 부총장 2018년 검찰시민위원회 위원장(현) 2018~2019년 호남대 총장 직대 2019년 同총장(현) (상)근정포장(2017), 2019광주FINA세계수영선수권대회 감사패(2019)

**박상태(朴商兌) PARK SANG TAE**

(생)1954·6·21 (본)밀양(密陽) (출)대구 달성 (주)대구광역시 북구 검단동로 35 (주)성안(053-382-4772) (학)1973년 대구 계성고졸 1977년 단국대 경영학과졸 (경)1977년 성안직물 입사 2001년 (주)성안 대표이사 회장(현) 2003~2015년 한국섬유수출입조합 이사장 2003~2015년 한국섬유산업연합회 부회장 2008~2014년 同감사 2009~2018년 대구상공회의소 상공의원 2015년 한국섬유수출입조합 명예이사장(현) 2017년 대한직물공업협동조합연합회 회장(현) (상)새마을훈장 노력장(1982), 석탑산업훈장(1992) (종)불교

### 박상표(朴祥杓) PARK Sang Pyo

㉥1960 · 10 · 20 ㉦밀양(密陽) ㉧경남 밀양 ㉨인천광역시 중구 서해대로 365 국립인천검역소(032-883-7501) ㉩마산고졸, 경희대 한의학과졸 ㉪보건복지부 한약담당관, 同국립통영검역소장 2005년 同한의학담당관실 사무관 2005년 同기초의료보장팀장(기술서기관) 2006년 同생명과학단지조성사업단 국책기관이전팀장 2008년 보건복지가족부 한의약산업과장 2010년 국립마산병원 진단검사의학과장 2014년 국립마산검역소장 2018년 국립인천검역소장(현) ㉫가톨릭

### 박상현(朴相賢)

㉥1972 · 10 · 10 ㉧전남 영광 ㉨부산광역시 해운대구 재반로112번길 20 부산지방법원 동부지원(051-780-1114) ㉩1991년 문성고졸 1999년 연세대 법학과졸 ㉪2000년 사법시험 합격(42회) 2003년 사법연수원 수료(32기) 2003년 대전지법 예비판사 2004년 대전고법 예비판사 2005년 대전지법 판사 2006년 의정부지법 고양지원 판사 2010년 서울남부지법 판사 2010년 서울중앙지법 판사 2012년 광주고법 판사 2014년 광주지법 판사 2016년 부산가정법원 판사 2018년 同부장판사 2019년 부산지법 동부지원 부장판사(현)

### 박상호(朴尙浩)

㉥1959 · 11 · 10 ㉨부산광역시 부산진구 중앙대로644번길 20 부산교통공사 경영본부(051-640-7203) ㉩부산진고졸, 성지공업전문대학 기계설계과졸 ㉪1979년 공직 입문 2001년 부산 동래구 총무국 실업대책담당 2002년 부산시 경제진흥국 노동정책과 근무 2003년 同행정관리국 시민봉사과 근무 2004년 同행정관리국 총무과 근무 2009년 同인재개발원 관리담당 2010년 同행정자치국 공무원단체담당 2013년 同창조도시본부 정비기획담당 2015년 同기획관리실 총무담당관 2015년 同경제통상국 IDB연차총회지원담당관 2017년 부산 강서구 부구청장 2018년 부산교통공사 경영본부장(상임이사)(현)

### 박상호(朴尙鎬) PARK SANG HO (星山)

㉦밀양(密陽) ㉧대구 ㉨대구광역시 수성구 동대구로 364 대구고등법원 사무국(053-757-6600) ㉩대구 대건고졸, 영남대 법학과졸, 법학박사(영남대) ㉪1992년 임용 2006년 대구지법 사법보좌관 2010년 대구고법 총무과장 2011년 광주지법 순천지원 사무국장 2012년 대구지법 서부지원 사무국장 2013년 대구가정법원 사무국장 2014년 대구지법 사무국장 2015년 법원행정처 사법등기심의관(법원이사관) 2017년 대구고법 사무국장(현) ㉬녹조근정훈장(2010) ㉫불교

### 박상환(朴相煥) PARK Sang Hwan

㉥1957 · 9 · 18 ㉧전남 곡성 ㉨서울특별시 종로구 인사동5길 41 (주)하나투어 비서실(02-2127-1099) ㉩1976년 옥과고졸 1982년 중앙대 영어교육학과졸 1987년 성균관대 대학원 경제학과졸 1999년 한국과학기술원(KAIST) 최고지식경영자과정 수료 2001년 한양대 e-Business CEO과정 수료 2007년 경영학박사(경희대) ㉪1981년 (주)고려여행사 입사 · 해외여행과장 1989년 (주)국일여행사 기획관리이사 1993년 국진여행사 대표이사 1996~2007년 (주)하나투어 대표이사 사장, (주)투어토탈 대표이사, 코스닥등록법인협의회 이사, 한국일반여행업협회 부회장 2007년 코스닥등록법인협의회 부회장 2008년 (주)하나투어 대표이사 회장(현) ㉬산업자원부장관표창(2003), 공정거래위원장표창(2004), 아시아경영자상 '올해의 혁신경영자상'(2005), 납세자의날기념 산업포장(2007), 언스트앤영 최우수기업가상 라이징스타부문(2008), 금탑산업훈장(2013), 한국의 영향력 있는 CEO 글로벌경영부문대상(2014 · 2015 · 2016), 2015 자랑스런 중앙인상(2015) ㉫기독교

### 박상훈(朴尙勳) PARK Sang Hoon

㉥1961 · 11 · 27 ㉦밀양(密陽) ㉧광주 ㉨서울특별시 강남구 영동대로 517 아셈타워 22층 법무법인 화우(02-6003-7548) ㉩1980년 우신고졸 1984년 서울대 법과대학졸 1990년 同대학원 법학과졸 ㉪1984년 사법시험 합격(26회) 1987년 사법연수원 수료(16기) 1990년 인천지법 판사 1992~2010년 서울대 노동법실무연구회 편집위원 1992년 서울지법 북부지원 판사 1994년 전주지법 군산지원 판사 1994년 독일 괴팅겐대 연수 1995년 춘천지법 영월지원 정선 · 태백 · 평창법원 판사 1996년 同영월지원 판사 1997년 수원지법 평택지원 판사 1998년 서울지법 판사 1999년 서울고법 판사 2002년 전주지법 정읍지원장 2004년 법률신문 목요일언 집필위원 2004년 수원지법 부장판사 2004~2008년 공인노무사협회 집체교육 강사 2006~2007년 서울행법 부장판사 2007~2011년 진실화해를위한과거사정리위원회 위원 2007년 중앙노동위원회 심판담당 공익위원 2007~2018년 법무법인 화우 변호사 2010~2012년 서울대 법학전문대학원 강사 2011~2013년 중앙행정심판위원회 비상임위원 2011년 성균관대 법학전문대학원 강사 2013~2015년 대한변호사협회 법제이사 · 변호사직역대책특별위원회 위원 2013년 同전문분야등록심사위원회 위원장 2013년 同법조일원화위원회 위원 2013~2015년 대법원 양형위원회 변호사위원 2013~2015년 법무부 변호사시험관리위원회 위원 2013~2015년 同사법시험관리위원회 위원 2014년 대한변호사협회 입법평가위원회 위원 2016년 한국노동법학회 감사 2016년 고용노동부 자문변호사 2018년 법무법인 화우 대표변호사(현)

### 박상훈(朴相勳) Sanghoon Park

㉥1963 · 2 · 24 ㉨서울특별시 종로구 종로33길 31 (주)삼양홀딩스 Compliance실 경영진단팀(02-740-7111) ㉩1986년 중앙대 경영학과졸 ㉪1987년 삼양사 입사 2008년 삼양홀딩스 경영지원실 인력개발팀장 2011년 同전략기획실 PI(Process Innovation)팀장 2014년 삼양데이타시스템(주) 대표 2015년 同대표이사 2019년 (주)삼양홀딩스 Compliance실 경영진단팀장(상무)(현)

### 박상훈(朴尙勳) Bahk Sahng-hoon

㉥1964 · 7 · 7 ㉨서울특별시 종로구 청와대로 1 대통령 의전비서관실(02-770-0011) ㉩1987년 연세대 경영학과졸 1989년 同대학원 행정학과졸 ㉪1989년 외무고시 합격(23회) 1989년 외무부 입부 1997년 駐국제연합 2등서기관 2000년 駐엘살바도르 1등서기관 2003년 외교통상부 장관비서관 2004년 駐국제연합 1등서기관 2007년 외교통상부 외신담당관 2008년 국무총리실 파견 2009년 외교통상부 유엔과장 2009년 駐벨기에유럽연합 참사관 2011년 駐오스트리아 공사참사관 2014년 대통령비서실 파견 2014년 외교부 중남미국장 2016년 駐파나마 대사 2018년 외교부 공공외교대사 2019년 대통령 의전비서관(현)

### 박상훈(朴相勳) PARK Sang Hoon

㉥1966 · 6 · 24 ㉧서울 ㉨서울특별시 강남구 논현로28길 34 고려제약(주) 임원실(02-529-6100) ㉩1985년 인창고졸 1990년 연세대 토목공학과졸 1992년 미국 Adelphi Business School 대학원 경영학과졸 ㉪1993~1994년 Account Executive 증권영업담당 1994~1995년 LG증권 국제영업담당 1995~1997년 Swiss Bank Corp. 증권부 차장 2004년 고려제약(주) 부사장 2005년 同대표이사 사장(현)

### 박상희(朴相熙) PARK Sang Hee

(생)1951·8·6 (본)밀양(密陽) (출)대구 달성 (주)인천광역시 남동구 남동동로 29 미주금속(주) 회장실(032-811-8472) (학)1970년 대구상고졸 1979년 건국대 행정학과졸 1985년 연세대 행정대학원졸 1997년 명예 행정학박사(숙명여대) 1997년 명예 경영학박사(숭실대) 1998년 홍익대 세무대학원졸(경영학석사) 1999년 명예 경제학박사(건국대) (경)1970~1978년 국민은행 근무 1978년 미주철강 창업 1991~1993년 한국수입업협회 부회장 1991~1995년 한국철강공업협동조합 이사장 1992~2001년 미주제강(주) 회장 1992년 미주금속(주) 대표이사 회장(현) 1992~1994년 국민은행 비상임이사 1995~2000년 중소기업협동조합중앙회 회장 1995년 건국대·중앙대·숭실대 행정대학원 객원교수 1996~2000년 OECD 민간특별위원회 공동의장 1997~1998년 금융개혁위원회 위원 1997~1998년 규제개혁위원회 위원 1998~2000년 중소기업뉴스 발행인 1998년 중국 길림성 옌볜조선족자치주인민정부 경제고문 2000~2004년 제16대 국회의원 2001년 건국대 경영대학원 겸임교수 2006년 (사)한국디지털경영인협회 고문 2006년 중소기업포럼 회장(현) 2007년 중국 선양시 대외경제무역 고문 2010년 대구경영자총협회 명예회장(현) 2012~2016년 새누리당 재정위원장 2013~2018년 중소기업진흥회 회장 2013년 건국대 경영전문대학원 석좌교수(현) 2015~2016년 대한야구협회 회장 2017년 충남 서천군 투자유치 자문관(현) 2017년 대한민국헌정회 고문 겸 중소벤처특별위원장(현) 2018년 한국영화방송제작협동조합 이사장(현) (상)1천만불 수출탑(1994), 노사화합우수상(1995), 자랑스런 건국인상(1995), 한국철강협회 철강상장려상(1996), 은탑산업훈장(1997), 한국경영자대상(1998), 국정감사 우수국회의원상(2002), 연세를 빛낸 행정인상(2005), 중소기업CEO대상(2007), 글로벌CEO대상(2009), 2천만불 수출탑(2010), 5천만불 수출탑(2012), 자랑스러운 서울대 국가정책인 대상(2013), 자랑스런 대상(대구상고)인상(2014) (저)'중소기업이 잘 되어야 나라가 산다'(1998) (종)기독교

### 박상희(朴相熙·女) PARK Sang Hee

(생)1963·2·14 (주)세종특별자치시 한누리대로 411 행정안전부 별관 정보기반보호정책관실(044-205-2801) (학)1981년 전주여고졸 1985년 이화여대 전자계산학과졸 (경)중앙인사위원회 정보관리과장 2004년 同인사정보관실 정보관리담당관 2006년 同인사정보관실 인사정보화담당관 2007년 同균형인사과장 2008년 행정안전부 균형인사과장 2008년 同인사정책관실 인사평가과장 2009년 중앙공무원교육원 정책교육과장 2012년 행정안전부 노사협력담당관 2013년 안전행정부 정보통계담당관(서기관) 2014년 同정보통계담당관(부이사관) 2014년 교육 파견(부이사관) 2015년 행정자치부 전자정부국 스마트서비스과장 2016년 대통령소속 개인정보보호위원회 조사조정관 2018년 同사무국장 2019년 행정안전부 정보기반보호정책관(현)

### 박생수(朴生洙) PARK Saeng Soo

(생)1963·5·13 (출)전남 진도 (주)경기도 수원시 장안구 창룡대로 223 경기남부지방경찰청 제1부장실(031-888-2221) (학)1982년 광주 인성고졸 1986년 경찰대 행정학과졸(2기) 2005년 성균관대 행정대학원 교통물류학과졸 (경)1986년 경위 임관 1991년 경감 임관 1997년 경정 임관 2007년 제주지방경찰청 해양경비단장(총경) 2009년 전남 장흥경찰서장 2010년 경찰청 교통안전담당관 2011년 서울 서대문경찰서장 2013년 경찰청 교통기획과장 2014년 서울지방경찰청 교통안전과장 2014년 전남지방경찰청 제2부장(경무관) 2015년 전북지방경찰청 제1부장 2016년 경기북부지방경찰청 차장 2018년 경기 수원남부경찰서장 2019년 경기남부지방경찰청 제1부장(현)

### 박서원(朴緖原)

(생)1979 (주)서울특별시 중구 장충단로 275 두산타워 (주)두산 임원실(02-3398-1247) (학)2010년 미국 뉴욕스쿨오브비주얼아트(SVA) 그래픽디자인학과졸 (경)2006년 (주)빅앤트 최고경영자(CEO) 겸 총괄크리에이티브디렉터(ECD) 2012년 서울시 브랜드자문위원 2012년 숙명여대 시각영상디자인과 겸임교수 2014년 (주)오리콤 크리에이티브총괄(CCO·부사장)(현) 2014년 보그·GQ·W 크리에이티브총괄(CCO) 2015년 (주)두산 CSO(전무)(현) 2017년 부산국제광고제(AD STARS) 크리에이티브총괄(CCO), 두산매거진 대표이사(매거진BU장)(현) (저)'생각하는 미친놈'(2011)

### 박석근(朴石根)

(생)1971·11·20 (주)경기도 수원시 영통구 법조로 105 수원지방법원 총무과(031-210-1114) (학)1990년 순천 효천고졸 1994년 건국대 법학과졸 (경)1996년 사법시험 합격(38회) 1999년 사법연수원 수료(28기) 1999년 공익 법무관 2002년 광주지법 판사 2004년 同목포지원 판사 2006년 인천지법 판사 2010년 서울남부지법 판사 2012년 서울고법 판사 2014년 부산지법 부장판사 2017년 수원지법 부장판사(현)

### 박석남(朴錫南) PARK Suk Nam (宇南)

(생)1941·8·28 (본)함양(咸陽) (출)전남 영암 (주)서울특별시 동대문구 천호대로 263 부룡빌딩 1001호 우진사료공업(02-2244-4447) (학)1960년 광주상고졸 1967년 건국대 경상대학 상학과졸 1990년 전주대 중소기업대학원 마케팅학과졸(경영학석사) (경)1983년 우진사료공업(주) 설립·회장(현) 1990~1997년 한국단미사료협회 제8·9·10대 회장 1999년 (주)유일산업 회장(현) 2001~2003년 在京영암군향우회 회장 2005~2009년 (재)유은학원 총동문회 제17·18대 회장 2007~2009년 광주·전남고교총동창회연합회 회장 2009~2013년 함양박씨종친회 제23·24대 종회장 2016년 우남인터내셔날 설립·회장(현) 2017년 우진SF(주)(舊동우산업) 회장(현)

### 박석모(朴石模) PARK Seok Mo

(생)1959·4·23 (출)경남 함안 (주)경상남도 창원시 마산합포구 해안대로 224-153 (주)경남무역(055-249-8000) (학)마산상고졸, 한국방송통신대 법학과졸 (경)1978년 농협중앙회 입사 2001년 同경남지역본부 공제보험팀장 2002년 同경남지역본부 자재양곡팀장 2003년 同경남지역본부 유통축산팀장 2005년 同경남지역본부 유통지원팀장 2007년 同경남지역본부 금융지원팀장 2008년 同거제시지부 부지부장 2009년 同창원중앙지점장 2012년 同창원시지부장 2014년 NH농협은행 경남본부장 2015~2016년 同부행장 2018년 (주)경남무역 대표이사(현) (상)농림부장관표창, 환경부장관표창, 농협중앙회장표창, 우수경영자상(2009·2012), 농협 총화상(2013)

### 박석무(朴錫武) PARK Seok Moo (江石)

(생)1942·9·15 (본)무안(務安) (출)전남 무안 (주)서울특별시 중구 서소문로 100 J빌딩 7층 다산연구소(02-545-1692) (학)1962년 광주고졸 1970년 전남대 법과대학졸 1972년 同대학원 법학과졸 1993년 고려대 언론대학원 최고위과정 수료 (경)1964년 6.3사태로 투옥 1965년 월남파병반대 시위로 투옥 1970~1987년 광주북성중·석산고·고창종합고·대동고·대촌중 교사 1973년 전남대 함성지사건으로 투옥 1977년 국제사면위원회 광주지부 총무 1980~1982년 광주민주화운동으로 투옥 1982년 한·중고문연구소 소장 1987년 민주쟁취국민운동 전남본부 공동의장 겸 정책연구실장 1987년 호남민주교육실천협의회 공동의장 1988년 평화민주당(평민당) 당무위원·교육문제특위 위원장 1988년 제13대 국회의원(무안, 평민당·신민당·민주당) 1988년 유네스코 한국위원 1991

년 신민당 교육문제특위 위원장 1992년 제14대 국회의원(무안, 민주당) 1992~2007년 민족문학작가회의 이사 1993년 민주당 당무위원 1995년 同당기위원장·전당대회의장 1996년 同서울광진乙지구당 위원장 1996년 국민통합추진회의 감사 1996년 호남대·명지대 객원교수 1996년 동국대 겸임교수 1996년 전남대 강사 1997년 국민회의 당무위원 1998~2001년 한국학술진흥재단 이사장 2000년 새천년민주당 당무위원 2002~2006년 자산서원 원장 2003년 전남대 초빙교수 2004~2006년 5.18기념재단 이사장 2004년 다산연구소 이사장(현) 2004~2015년 성균관대 석좌교수 2005~2008년 학교법인 단국대 이사장 2007~2010년 한국고전번역원 초대원장 2007~2011년 민주화운동기념사업회 부이사장 2008~2011년 학교법인 단국대 이사 2008년 민족문학작가회의 고문(현) 2011~2013년 단국대 석좌교수 2011~2015년 김대중·노무현대통령기념공원위원회 이사장 2012년 고산서원 원장(현) 2012~2016년 실학박물관 석좌교수 2014년 수은강항선생기념사업회 회장(현) 2014~2018년 한국학호남진흥원 설립추진위원장 2016년 (재)실시학사 이사(현) 2018년 우석대 교양대학 석좌교수(현) (상)광주민주화운동유공자상, 다산학술공로상, 용봉인 영예대상(2010), 광고인 영예대상(2011) (저)'茶山기행' '우리교육을 살리자' '다산 정약용 유배지에서 만나다' '풀어쓰는 다산 이야기 1·2' '다산정약용의 일일수행 1·2' '조선의 의인들'(2010, 한길사) '다산 정약용 평전'(2014, 민음사) '정약용 슈퍼히어로가 되다'(2016, 탐) '다산학공부(共)'(2018, 돌베개) (역)'茶山논설선집' '茶山문학선집' '역주 흠흠신서' '茶山詩 정선 상·하' '유배지에서 보낸 편지' '茶山 산문선' '哀絕陽(다산시선집)' '나의 어머니 조선의 어머니' (종)유교

## 박석범(朴錫凡) PARK Suk Bum

(생)1955·3·27 (출)서울 (주)서울특별시 중구 서소문로 89 순화빌딩 10층 유엔글로벌콤팩트 한국협회(02-749-2149) (학)1974년 경복고졸 1978년 고려대 경제학과졸 1979년 서울대 경영대학원 수료 1984년 프랑스 국제행정대학원(IIAP) 국제정치학과졸 2014년 미국 휴스턴대 대학원 경영학과졸(MBA) (경)1979년 외무고시 합격(13회) 1979년 외무부 입부 1985년 駐모리타니아 2등서기관 1987년 駐프랑스 2등서기관 1992년 駐제네바대표부 1등서기관 1995년 외무부 북서아프리카과장 1997년 同의전2담당관 1998년 외교통상부 경제기구과장 1999년 駐OECD대표부 참사관 2002년 외교통상부 통상정보지원팀장 2002년 同국제경제국 심의관 2004년 駐EU대표부 공사 2006년 외교통상부 국제경제국장 2007년 駐방글라데시 대사 2010년 駐이라크 대사 2012~2015년 駐휴스턴 총영사 2017년 유엔글로벌콤팩트(UN Global Compact) 한국협회 사무총장(현) (상)홍조근정훈장(2015)

## 박석원(朴石洹) PARK Seog Won

(생)1959·8·15 (출)서울 (주)서울특별시 강남구 삼성로 528 (주)테크로스(02-3775-7777) (학)서울고졸 1982년 서울대 경제학과졸 (경)1982년 금성사 입사 1993년 同부장 2000년 LG전자(주) LGEUS 상무보 2000년 同LGEUS 상무 2002년 同DTV연구소장 2004년 同전략기획팀장(상무) 2006년 同전략기획팀장(부사장) 2007년 同한국마케팅부문장(부사장), 同한국지역본부장(부사장) 2010년 同북미지역본부장 겸 미국법인장(부사장) 2014년 同GSMO 부사장 2014년 同해외영업본부장(부사장) 2015~2017년 同유럽지역 대표(부사장) 2019년 (주)테크로스 각자대표이사 사장(현)

## 박석원(朴奭原) PARK Sukwon

(생)1971·1·17 (본)밀양(密陽) (출)서울 (주)서울특별시 중구 장충단로 275 두산타워 (주)두산(02-3398-0114) (학)1989년 보성고졸 1995년 한양대 생물학과졸 1999년 미국 뉴욕대 대학원 경영학과졸 (경)1994년 두산그룹 입사 2002년 두산중공업(주) 입사, 同차장, 同부장 2008년 同원자력기획 상무 2010년 두산엔진(주) 전략혁신부문장(상무) 2013년 同미래성장부문장(상무) 2014년 同미래성장부문장(전무) 2014년 同미래성장부문장(부사장), 同사업부문장(부사장) 2015~2019년 아시아트라이애슬론연맹 회장 2018년 (주)두산 정보통신BU 부사장(현) (종)천주교

## 박석일(朴碩日)

(생)1964·12·28 (출)전남 해남 (주)전라북도 전주시 완산구 마전들로 1 전주완산경찰서 서장실(063-280-0231) (학)순천고졸, 경찰대 행정학과졸, 전남대 대학원 사법행정학과졸 (경)2007년 제주지방경찰청 생활안전과장 2008년 전남 해남경찰서장 2010년 광주지방경찰청 경비교통과장 2011년 전남 고흥경찰서장 2011년 광주지방경찰청 경무과장 2013년 광주북부경찰서장 2014년 광주지방경찰청 청문감사담당관 2014년 전남지방경찰청 제1부장(경무관) 2015년 국외훈련 2016년 전남지방경찰청 제2부장 2018년 同제1부장 2018년 광주지방경찰청 제1부장 2019년 전주완산경찰서장(현)

## 박석재(朴錫宰)

(생)1967·12·1 (출)충북 영동 (주)대전광역시 서구 둔산중로78번길 15 대전고등검찰청(042-470-3000) (학)1986년 김천고졸 1991년 서울대 사법학과졸 (경)1994년 사법시험 합격(36회) 1997년 사법연수원 수료(26기) 1997년 대구지검 검사 1999년 청주지검 영동지청 검사 2000년 인천지검 검사 2002년 서울지검 의정부지청 검사 2004년 대전지검 검사 2006년 창원지검 검사 2008년 광주지검 검사 2009년 同부부장검사 2012년 서울고검 검사 2012년 의정부지검 공판송무부장 2013년 광주지검 형사3부장 2014년 의정부지검 고양지청 부장 2015년 의정부지검 형사3부장 2016년 대구지검 부부장검사 2017년 대구고검 검사 2018년 대전고검 검사(현)

## 박석진(朴碩珍)

(생)1960·6·7 (주)경상북도 경주시 양북면 불국로 1655 한국수력원자력 상임감사실(054-704-2031) (학)부산대 회계학과졸 (경)1987년 감사원 근무 2009년 同재정조세감사국 제2과 서기관 2009년 同재정경제감사국 제2과 서기관 2010년 同사회문화감사국 제3과 서기관 2011년 同행정문화감사국 제2과 서기관 2013년 同전략감사단 제1과 서기관 2015년 2018평창동계올림픽조직위원회 감사관 2018~2019년 감사교육원 교수요원(부이사관) 2019년 한국수력원자력 상임감사위원(현)

## 박석현(朴錫炫) Park Suk Hyun

(생)1966·1·15 (출)전남 영암 (주)광주광역시 북구 첨단과기로208번길 43 광주지방국세청 청장실(062-236-7200) (학)광주 석산고졸, 서울대 경제학과졸, 同행정대학원졸 (경)1994년 행정고시 합격(38회), 북광주세무서 총무과장, 중부지방국세청 조사2국 조사2과장, 국세청 국제세원관리담당관실 근무 2006년 同재정기획관실 서기관 2008년 여수세무서장 2009년 국세청 과장급(캐나다 파견) 2010년 중부지방국세청 운영지원과장 2011년 기획재정부 환경에너지세제과장 2012년 同재산소비세정책관실 부가가치세제과장 2013년 국세청 차세대국세행정시스템추진단 근무 2014년 同국제세원관리담당관 2014년 광주지방국세청 세원분석국장 2015년 同성실납세지원국장(부이사관) 2015년 중부지방국세청 납세자보호담당관 2016년 서울지방국세청 징세관 2017년 국방대 교육파견(고위공무원) 2018년 중부지방국세청 조사3국장 2018년 국세청 소득지원국장 2019년 서울지방국세청 조사3국장 2019년 광주지방국세청장(현) (종)기독교

**박석환(朴錫煥) Park Suk-hwan**

(생)1955 · 10 · 27 (출)경남 사천 (주)서울특별시 강남구 봉은사로 316 한국가스연맹 사무총장실(02-563-8107) (학)경남고졸 1978년 고려대 법학과졸 1986년 일본 와세다대 연수 (경)1979년 외무고시 합격(13회) 1979년 외무부 입부 1986년 일본 와세다대 연수 1987년 駐일본 2등서기관 1990년 駐불가리아 1등서기관 1993년 대통령비서실 파견 1996년 외교통상부 통상1과장 1997년 駐중국 참사관 2000년 駐상하이 부총영사 2003년 외교통상부 의전심의관 2004년 駐일본 공사참사관 2006년 駐일본 공사 2008년 외교통상부 의전장 2010년 駐베트남 대사 2011~2012년 외교통상부 제1차관 2012~2013년 駐영국 대사 2014년 롯데케미칼 사외이사 2016년 한국가스연맹 사무총장(현) 2016~2018년 롯데정밀화학(주) 사외이사

**박석환(朴碩煥) Seok-hwan Park**

(생)1959 · 11 · 9 (주)충청북도 청주시 서원구 무심서로 377-3 서원대학교 환경공학과(043-299-8723) (학)1986년 서울대 자연과학대학 미생물학과졸 1990년 同보건대학원 환경보건학과졸 1994년 보건학박사(서울대) (경)1995~2004년 서원대 환경과학과 교수 1998년 폐기물처리기술사 출제위원(현) 2000년 한국환경산업기술원 신기술평가위원(현) 2004년 서원대 환경공학과 교수(현) 2005년 행정고시 · 기술고시 출제위원(현) 2013~2018년 한국환경공단 설계자문위원 2014년 한국환경보건학회 부회장(현) (저)'환경영향평가개론(共)'(2000, 계축문화사) '21세기와 환경(共)'(2001, 신광출판사) '산업환경관리(共)'(2001, 형설출판사) '환경위생학(共)'(2002, 신광출판사) '폐기물처리(共)'(2002, 동화기술) '환경생태학'(2002, 신광문화사)

**박석훈(朴石勳) Park, Seokhoon**

(생)1964 · 4 · 8 (본)밀양(密陽) (출)경북 (주)강원도 원주시 혁신로 2 도로교통공단 감사실(033-749-5050) (학)1983년 영일고졸 1988년 경찰대 법학과졸(4기) 2005년 아주대 교통ITS학과졸(석사) (경)1988년 경위 임용 1989~2010년 경찰청 경위 · 경감 · 경정 2011~2012년 도로교통공단 인천면허시험장 면허지원부장 2012년 同강남운전면허시험장 면허시험부장 2012~2014년 同면허관리처장 2014~2015년 同안산면허시험장장(직대) 2015~2016년 同감사처장 2016년 경찰대 치안정책과정(교육파견) 2016년 도로교통공단 남부운전면허시험장장 2018~2019년 同용인운전면허시험장장 2019년 同감사실장(현) (종)가톨릭

**박선경(朴仙卿 · 女) PARK Sun Kyoung**

(생)1954 · 9 · 19 (출)경기 수원 (주)경기도 용인시 처인구 용인대학로 134 용인대학교 총장실(031-8020-2501) (학)이화여고졸 1977년 이화여대 동양화과졸 1992년 同대학원 미술사학과졸 1998년 미술사학박사(동국대) 2015년 명예 박사(러시아 레츠카프트대) (경)1995~2014년 용인대 예술대학 회화학과 전임강사 · 조교수 · 부교수 · 교수 1999년 同기획처장 2000~2014년 同부총장 2002년 同박물관장 겸임 2005년 한국박물관협회 이사 2005~2012년 국립중앙박물관 이사 2014년 용인대 총장(현) 2017년 대한체육회 이사(현) 2017~2018년 국기원 이사 (종)불교

**박선규(朴宣圭)**

(생)1965 · 5 (주)서울특별시 종로구 새문안로 58 LG생활건강 연구원(02-3773-5114) (학)고려대 대학원 유전공학과졸 (경)1993년 LG그룹 입사 2014년 LG생활건강 CM · 스킨케어연구부문장(상무) 2019년 同연구원장(CTO · 전무)(현) 2019년 同미래화장품육성재단 이사장(현)

**박선기(朴宣基) PARK Seon Ki**

(생)1954 · 3 · 14 (출)경북 금릉 (주)서울특별시 서초구 서초중앙로 121 옥재빌딩 405호 법무법인 대동(02-523-1080) (학)1972년 김천고졸 1977년 경북대 법과대학졸 1986년 미국 조지워싱턴대 법학전문대학원 수료 (경)1978년 軍법무관 임용시험 합격(3회) 1980년 사단 법무참모 1981년 군수지원사령부 법무참모 1982년 육군본부 법무관 1986년 미국 펜실베이니아주 변호사시험 합격 1986년 한미연합사령부 법무실장 1988년 미국 Arnold & Porter 법무법인 실무연수 1989년 육군본부 보통군사법원 심판부장 1990년 수도방위사령부 법무참모 1993년 국방부 법무과장 1995년 3군사령부 법무참모 1996년 육군 법무감(준장) 1998년 국방부 법무관리관(소장) 2000년 법무법인 대동 변호사(현) 2004~2012년 르완다국제형사재판소(ICTR) 재판관 2011년 유엔 전범재판소 잔여업무처리기구 재판관(현) 2014~2017년 한전KPS(주) 비상임이사 (상)대통령표창(1992), 보국훈장 천수장(1997), 국가유공자 선정(2000), 자랑스러운 송설인상(2013)

**박선숙(朴仙淑 · 女) PARK Sun Sook**

(생)1960·12·1 (출)경기 포천 (주)서울특별시 영등포구 의사당대로 1 국회 의원회관 506호(02-784-2390) (학)1978년 창문여고졸 1982년 세종대 역사학과졸 2008년 서강대 공공정책대학원 정치학과졸 (경)1984~1987년 민주화운동청년연합 여성국장 1988~1994년 민족민주운동연구소 상임연구원·부소장 1989~1992년 한국여성단체연합 정책위원 1990~1993년 월간 '정세연구' 편집실장 1995년 민주당 지방선거대책위원회 부대변인 1995~1997년 새정치국민회의 부대변인 1997~1998년 김대중 대통령당선자 부대변인 1998~1999년 대통령 공보수석비서관실 일반공보비서관 1999~2002년 대통령 공보기획비서관 2002~2003년 대통령 공보수석비서관 겸 대변인 2004~2006년 환경부 차관 2006년 열린우리당 서울시장선거대책위원회 공동선거대책본부장 2006~2007년 국무총리직속 방송통신융합추진위원회 민간위원 2007년 대통합민주신당 제17대 대통령선거대책위원회 공동전략기획본부장 2007~2008년 한국기술교육대 객원교수 2008~2012년 제18대 국회의원(비례대표, 민주당·민주통합당) 2008년 국회 정무위원회 위원 2008년 국회 한반도평화포럼 대표의원 2011년 민주당 전략홍보본부장 2011년 국회 남북관계발전특별위원회 간사 2012년 민주통합당 야권연대 협상대표 2012년 同사무총장 2012년 무소속 안철수 대통령후보 공동총괄선거대책본부장 2013년 중부대 교양학과 초빙교수 2016년 국민의당 창당준비위원회 집행위원장 2016년 同사무총장 2016년 제20대 국회의원(비례대표, 국민의당·바른미래당〈2018.2〉)(현) 2016·2018년 국회 정무위원회 위원 2016년 국회 한반도평화포럼 대표의원(현) 2017~2018년 국회 정무위원회 간사 2018년 국회 과학기술정보방송통신위원회 위원(현) (상)2018 입법 및 정책개발 우수국회의원(2019) (역)'일본군사대국화의 현장'(1993, 사계절)

**박선양(朴宣陽) PARK Seon Yang**

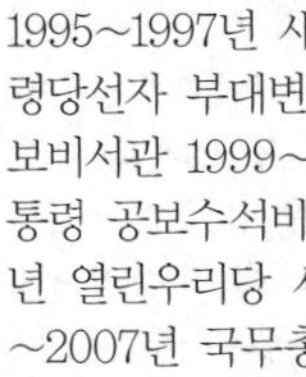

(생)1950·9·7 (본)밀양(密陽) (출)서울 (주)부산광역시 해운대구 해운대로 875 해운대백병원 암통합진료센터(051-797-0001) (학)1969년 경기고졸 1975년 서울대 의대졸 1978년 同대학원 의학석사 1985년 의학박사(서울대) (경)1983~1995년 서울대 의대 내과학교실 전임강사·조교수·부교수 1987년 同암연구소 조혈모세포이식연구부장 1988년 미국 캘리포니아대 로스앤젤레스교 Medical Center 방문교수 1992년 미국 오리곤보건과학대 방문교수 1995~2016년 서울대 의대 내과학교실 교수 1996년 同병원 외래진료부장 1997년 同내과 의무장 1999년 同혈액종양내과장 2003~2007년 한국혈전지혈학회 감사·부회장 2004~2013년 서울대 질병예측DNA칩센터장 2005~2006년 대한혈액학회 이사장 2007~2013년 한국혈전지혈학회 회장·고문 2016년 서울대 의대 내과학교실 명예교수(현) 2016년 인제대 해운대백병원 암센터 소장 겸

혈액종양내과 교수(현) (상)서울대 준최우등상(1975), 서울대 동창회 장표창(1975), 국제혈전지혈학회 우수논문상(1987), 대한내과학회 학술상(1995·1997), 대한혈액학회 학술상(2010), 보건의료기술진흥유공자 보건복지부장관표창(2013), 옥조근정훈장 (2016) (종)기독교

**박선영(朴宣映·女) Park Sun Young**

(생)1956·4·6 (본)밀양(密陽) (출)강원 양구 (주)서울특별시 중구 필동로1길 30 동국대학교 법과대학 법학과(02-2260-8558) (학)1974년 춘천여고졸 1978년 이화여대 법과대학 법학과졸 1991년 同법과대학원졸 1995년 헌법학박사(서울대) (경)1977~1989년 문화방송(MBC) 보도국 기자 1992~2000년 건국대·서울시립대·이화여대 강사 1998~2000년 경기대 겸임교수 2000~2002년 서울대 법과대학 BK21 계약교수 2002~2003년 同법학연구소 연구교수 2003~2007년 가톨릭대 법경학부 조교수 2006년 국가청렴위원회 위원, 한국헌법학회 부회장, 한국공법학회 부회장, 한국지방자치법학회 부회장, 원자력안전위원회 위원, 인천지검 부천지청 화해조정위원 2007년 동국대 법과대학 법학과 부교수·교수(현) 2008~2012년 제18대 국회의원(비례대표, 자유선진당) 2008~2011년 자유선진당 공동대변인 2008년 同제1정책조정위원장 2008년 국회 외교통상통일위원회 위원 2008~2012년 국회 여성가족위원회 위원 2010~2012년 자유선진당 원내수석부대표 2010~2012년 사할린포럼 공동대표 2011~2012년 자유선진당 정책위원회 의장 2011년 국회 독도영토수호대책특별위원회 위원 2011년 국회 남북관계발전특별위원회 위원 2012년 (사)물망초 이사장(현) 2012년 새누리당 박근혜 대통령후보 북한인권특보 2014년 국회의장직속 헌법개정자문위원회 위원 2015년 (재)통일과나눔 이사(현) 2017년 대한법률구조공단 비상임이사(현) 2018년 서울특별시 교육감선거 출마 2019년 자유한국당 저스티스리그 공동위원장(현) (상)언론법학회 철우언론법상(2003), 21세기 최고의 한국인상 정치부문상(2009), 인물대상 의정부문(2010), 바른사회시민회의 선정 '바른 사회를 지키는 아름다운 사람'(2010), 제1회 코리아 정책상(2011), 국회의원 의정대상(2011), 정경문화대상(2011), 공동선 의정활동상(2012), 한국여성지도자상(2012), 프리덤 어워드(2012) (저)'법여성학' '언론정보법연구Ⅰ-21세기 표현의 자유' '언론정보법연구Ⅱ-방송의 자유와 책임' '법학개론' '현대사회와 법'

**박선원(朴善源) PARK Sun-Won**

(생)1963·1·14 (출)전남 나주 (학)영산포상고졸 1992년 연세대 경영학과졸 1995년 同대학원 경영학과졸 2000년 국제정치학박사(영국 워릭대) (경)1993~1995년 나라정책연구원 연구원 1999년 일본 도쿄대 동양문화연구소 외국인연구원 2000년 연세대 국제학연구소 연구교수 2001년 同통일연구원 연구교수 2003년 대통령직인수위원회 통일외교안보분과 자문위원 2003년 국가안전보장회의 전략기획실 행정관(동북아평화체제담당관) 2006~2008년 대통령 통일외교안보전략비서관 2008년 미국 워싱턴 브루킹스연구소 초빙연구원, 한국미래발전연구원 부원장, 인천발전연구원 연구위원 2012년 인천시 국제협력·투자유치특별보좌관 2013~2014년 미단시티개발(주) 대표이사 2017년 더불어민주당 제19대 대통령중앙선거대책위원회 안보상황단 부단장 2017~2018년 駐상하이 총영사 2018년 국가정보원장 특별보좌관(현) (상)통일부 신진연구자 우수논문상(2001), 홍조근정훈장(2008)

**박선일(朴鮮一) PARK Sun Il**

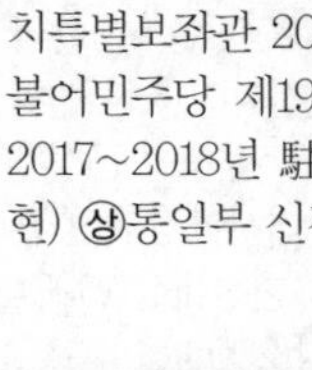

(생)1965·1·27 (주)강원도 춘천시 강원대학길 1 강원대학교 수의과대학 수의학과(033-250-8672) (학)1987년 서울대 수의학과졸 1991년 同대학원 수의공중보건학과졸 1999년 수의학박사(서울대) (경)1991~1992년 서울대 의학연구소 연구원 1992~1997년 駐韓미군병원 역학담당관 1999년 강원대 수의과대학 수의학과 교수(현) 2000년 국립수의과학검역원 구제역학조사위원 2002년 농림축산검역본부 역학조사위원(현) 2005년 국립수의과학검역원 겸임연구관 2007~2008년 미국 및 캐나다산 쇠고기수입현지조사 한국대표단 2007년 한·EU FTA상품분과(SPS) 자문위원, 강원대 동물의학종합연구소 관리부장 2008~2009년 중앙가축방역협의회 위원 2009년 돼지열병박멸대책위원회 위원(현) 2009~2010년 국무총리 식품안전정책위원회 전문위원 2010년 한국과학기술정보연구원 자문교수 2010~2012년 강원대 동물의학종합연구소장 2011~2012년 同수의과대학 부학장 겸 수의학과장 2011년 同수의학과 주임교수 2011년 한국수의공중보건학회 위해성평가분과위원장(현) 2012년 한국임상수의학회 편집위원 2012년 농림축산검역본부 축산물안전과 기술자문위원(현) 2013년 同양돈질병분야별협의체 위원(현) 2013년 수의역학 및 경제학회 창립준비위원장 2017년 강원대 수의과대학장(현) (상)국무총리표창(2012) (저)'수의 임상역학 및 통계'(編) '소동물의 피부병학'(共) '동물 및 축산물 검역 교육교재'(共)

**박선준(朴宣俊) PARK Sun Joon**

(생)1969·11·29 (본)밀양(密陽) (출)서울 (주)서울특별시 서초구 서초중앙로 157 서울고등법원(02-530-1114) (학)1988년 경기고졸 1993년 서울대 사법학과졸 (경)1993년 사법시험 합격(35회) 1996년 사법연수원 수료(25기) 1999년 서울지법 동부지원 판사 2001년 서울지법 판사 2003년 전주지법 군산지원 판사 2006년 인천지법 부천지원 판사 2007년 인천지법 판사 2008년 서울고법 판사 2009년 대법원 재판연구관 2011년 서울고법 판사 2016년 대전고법 판사 2017년 서울고법 판사(현)

**박선철(朴先哲) Park Seon-cheol**

(생)1969·9·13 (주)서울특별시 종로구 사직로8길 60 외교부 인사운영팀(02-2100-7141) (학)1991년 고려대 영어영문학과졸 (경)1994년 외무고시 합격(28회) 1994년 외무부 입부 2004년 駐오사카 영사 2007년 駐스위스 1등서기관 2009년 외교통상부 교학과장 2011년 기획재정부 남북경제과장 2012년 駐밴쿠버 영사 2014년 駐고베 부총영사 2017년 駐남아프리카공화국 공사참사관 겸 총영사 2019년 駐나고야 부총영사 2019년 駐나고야 총영사(현)

**박선호(朴善晧) PARK Sun Ho**

(생)1966·7·18 (출)서울 (주)세종특별자치시 도움6로 11 국토교통부 제1차관실(044-201-3200) (학)1985년 서울 신일고졸 1989년 서울대 경제학과졸 1991년 同행정대학원졸 1996년 미국 미시간대 대학원 경영학과졸 (경)1988년 행정고시 합격(32회) 1989~1999년 건설교통부 도시개발과·지가조사1과·주택기금과·수도권계획과 사무관 1999년 同도시관리과 서기관 2004년 同공공기관지방이전지원단 이전계획과장 2005년 同주택정책과장 2005년 同주택정책팀장 2007년 同주택정책팀장(부이사관) 2008년 국토해양부 국토정책과장 2009년 지역발전위원회 파견(고위공무원) 2009년 미국 주택도시부 파견(고위공무원) 2012년 국토해양부 공공주택건설추진단장 2012년 同주택정책관 2013년 국토교통부 국토정책관 2015년 同대변인 2016년 同주택토지실장 2018년 同국토도시실장 2018년 同제1차관(현)

**박선화(朴先和) PARK SUN HWA**

(생)1960·4·18 (본)춘천(春川) (출)강원 춘천 (주)서울특별시 영등포구 경인로 775 스포츠서울 임원실(02-2001-0012) (학)1979년 춘천고졸 1986년 서울대 농업경제학과졸(경제학사) (경)1986년 서울신문 입사·기자(공채 27기) 2000년 대한매일(서울신문) 경제팀 차장 2002년 同산업팀장(부장) 2003년 同논설위원 2003년 同기획부장 2004년 서울신문 기획부장 2005년 同지방자치뉴스부장 2006년 同문화부장 2007년 同광고마케팅국 부국장 2009년 同광고마케팅국장 2011년 同편집국 경제에디터(국장급) 2012년 同기획사업국장 2012년 同경영기획실장 2013년 스포츠서울 미디어총괄 전무이사 겸 편집인(현) (저)'청계천풍경(共)'(2005)

**박선효(朴善孝) PARK Sun Hyo**

(생)1946 · 5 · 14 (본)밀양(密陽) (출)경남 창녕 (주)서울특별시 구로구 경인로 427 구로성심병원 원장실(02-2067-1500) (학)1965년 마산고졸 1973년 부산대 의대졸 1983년 의학박사(중앙대) (경)한림대 의대 내과학교실 교수, 同의대 화상센터 소장, 同장기이식센터 소장, 미국 뉴욕콜럼비아대 이식외과(췌장외과) 교환교수, 미국 아이오와대 외과 교환교수 2000년 구로성심병원장(현) 2010~2015년 희망복지재단 이사장 (종)기독교

**박선희(女)**

(생)1975 · 1 · 10 (주)서울특별시 서초구 남부순환로 2406 예술의전당 내 오페라하우스 4층 (재)코리안심포니오케스트라(02-523-6258) (학)1993년 광주 수피아여고졸 1997년 전남대졸 (경)2000~2001년 (주)인포아트 기획팀 근무 2001~2002년 (주)이컬처 기획팀 근무 2002~2019년 금호아시아나문화재단 음악사업팀 근무 2013~2014년 한국문화예술위원회 음악분야 책임심의위원 2018년 同예술정책지원 소위원회 위원 2019년 (재)코리안심포니오케스트라 대표이사(현)

**박성경(朴聖敬 · 女) PARK Sung Kyung**

(생)1957 · 1 · 3 (출)전남 목포 (주)서울특별시 양천구 목동동로 350 이랜드재단(02-3142-1900) (학)1979년 이화여대 섬유예술학과졸 (경)1984년 이랜드 입사 1991년 (주)제롤라모 대표이사 1994년 (주)이랜드월드 대표이사 2005년 (주)데코 대표이사 2006~2013년 (주)이랜드월드 대표이사 2006~2018년 (주)이랜드그룹 부회장 2011~2013년 (주)이랜드파크 대표이사 2019년 이랜드재단 이사장(현) (상)삼우당 패션대상(2009) (종)기독교

**박성근(朴聖根) PARK Sung Keun**

(생)1967 · 11 · 1 (출)부산 (주)경기도 용인시 기흥구 구성로 243 법무연수원 용인분원 운영지원과(031-288-2242) (학)1986년 혜광고졸 1991년 서울대 법과대학졸 (경)1994년 사법시험 합격(36회) 1997년 사법연수원 수료(26기) 2000년 서울지검 검사 2002년 춘천지검 원주지청 검사 2003년 전주지검 검사 2005년 법무부 법무심의관실 검사 2007년 서울서부지검 검사 2007~2009년 국무조정실 파견 2009년 대구지검 부부장검사 2010년 국가정보원 파견 2012년 대검찰청 공안3과장 2013년 인천지검 공안부장 2014년 법무연수원 기획과장 2015년 서울중앙지검 형사7부장 2016년 대구지검 서부지청 부장검사 2017년 광주고검 검사 2017~2018년 공정거래위원회 파견 2018년 광주지검 순천지청장 2019년 법무연수원 용인분원장(현)

**박성도(朴性道)**

(생)1960 · 11 · 18 (출)경북 구미 (주)경상북도 청도군 화양읍 청화로 70 청도군청 부군수실(054-370-6005) (학)달서고졸, 계명대 경영학과졸 (경)1988년 공무원 임용(9급 공채) 2004년 경북 구미시 행정지원국 총무과 근무 2006년 同행정지원국 총무과 직소민원실장 2007년 경북도공무원교육원 총무과 근무 2008년 경북도 행정지원국 자치행정과 근무 2015년 同도지사 비서실장(지방서기관) 2018년 경북 청도군 부군수(현) (상)행정자치부장관표창(2000), 국무총리표창(2004), 대통령표창(2007)

**박성동(朴成東) PARK Sung Dong**

(생)1965·7·23 (출)부산 (주)서울특별시 서초구 반포대로 138 법무법인 삼우(02-536-8100) (학)1983년 부산 동성고졸 1987년 경찰대 행정학과 수석졸업(3기) (경)1987~1992년 서울지방경찰청 경위 1992년 사법시험 합격(34회) 1995년 사법연수원 수료(24기) 1995년 부산지검 동부지청 검사 1997년 창원지검 밀양지청 검사 1998년 수원지검 검사 2000년 서울지검 검사 2002년 울산지검 검사 2004년 서울북부지검 검사 2007년 의정부지검 부부장검사 2008년 법무연수원 파견 2009년 대구지검 김천지청 부장검사 2009년 부산지검 외사부장 2010년 청주지검 부장검사 2011년 서울고검 검사 2013년 김앤장법률사무소 변호사 2014~2018년 법무법인 다율 대표변호사 2019년 법무법인 삼우 구성원변호사(현) (종)불교

**박성동(朴星東) Sungdong Park**

(생)1967·6·9 (출)경북 경산 (주)대전광역시 유성구 유성대로1628번길 21 (주)쎄트렉아이 임원실(042-365-7500) (학)1986년 능인고졸 1989년 한국과학기술원(KAIST) 전기전자과졸 1990년 영국 서리대 대학원 위성통신공학과졸 (경)1990~1991년 영국 서리대 Teaching Assistant 1992~1999년 한국과학기술원(KAIST) 인공위성연구센터 연구개발실장 2000~2013년 (주)쎄트렉아이 대표이사 2013년 同이사회 의장(현) 2013년 국가과학기술심의회 거대공공전문위원회 전문위원 2014~2015년 국가과학기술자문회의 자문위원 2015~2016년 국가과학기술심의회 공공·우주전문위원회 위원장 2015~2016년 미래창조과학부 대전창조경제혁신센터 창업대사 (상)Venture Korea 2002 산업자원부장관표창(2002), 무역의날 산업자원부장관표창(2003), 중앙일보 차세대영리더상(2005), Venture Korea 2005 산업자원부장관표창(2005), 무역의날 대통령표창(2006), 대한원격탐사협회장표창(2007)

**박성득(朴成得) PARK Sung Deuk** (구월)

(생)1938·11·16 (본)밀양(密陽) (출)경남 (주)서울특별시 마포구 백범로 199 (사)한국해킹보안협회(02-716-9229) (학)1958년 국립체신고졸 1966년 성균관대 물리학과졸 1968년 한양대 공학대학원 통신관리공학과졸 1998년 명예 공학박사(성균관대) 2006년 명예 경영학박사(한국정보통신대) (경)1970년 기술고시 합격 1971년 무선전신전화 건설국 1과장 1977년 강릉전신전화건설국 국장 1978년 중앙통신지원국 지원계획관 1979~1983년 체신부 통신지원과장·특수통신과장·통신기술과장 1984년 중앙전파감시소장 1987년 체신부 통신정책국장·전파관리국장 1991년 同통신정책실장 1994년 정보통신부 기획관리실장 1996~1998년 同차관 1998~2002년 한국전산원 원장·이사장 1999~2009년 한국인터넷진흥원 이사장 2001~2007년 KT 이사회 이사·이사회 의장 2002~2007년 전자신문 대표이사 사장·발행인 2002~2005년 한국정보통신기술인협회 회장 2002~2009년 한국정보문화진흥원 이사장 2004~2007년 한국장애인재활협회 이사 2004~2006년 국가과학기술자문회의 위원 2007년 더인플러스 고문(현) 2007~2009년 하오TV(주) 회장 2008년 (사)한국해킹보안협회 회장(현) 2012~2018년 한국방송통신전파진흥원 선임이사 (상)서울시장표창(1958), 체신부장관표창(1969·1972), 녹조근정훈장(1977), 국무총리표창(1982), 홍조근정훈장(1990), 러시아정부 공훈메달(1995), 황조근정훈장(1998), 한국통신학회 정보통신대상(1998), 방송통신위원회 대한민국 인터넷산업진흥 특별공로상(2008)

**박성득(朴成得) PARK Sung Duck**

(생)1952·11·23 (본)밀양(密陽) (출)경남 함양 (주)서울특별시 서대문구 충정로 23 풍산빌딩 14층 리인터내셔날특허법률사무소(02-2262-6005) (학)1971년 진주고졸 1981년 서울대 법과대학졸 1993년 미국 조지타운대 연수 2005년 미국 노스웨스턴대 대학원 법학과졸 2012년 법학박사(원광대) (경)1980년

사법시험 합격(22회) 1983년 사법연수원 수료(13기) 1983년 서울지검 검사 1986년 창원지검 충무지청 검사 1987년 수원지검 검사 1988년 미국 워싱턴주립대 연수 1990년 법무부 검찰국 검사 1992년 서울지검 검사 1994년 대검찰청 검찰연구관 1995년 창원지검 진주지청 부장검사 1996년 춘천지검 영월지청장 1997년 서울지검 부부장검사 1998년 대구지검 공안부장 1999년 수원지검 조사부장 2000년 同형사3부장 2000년 서울지검 동부지청 형사2부장 2001년 同동부지청 형사1부장 2002~2004년 국회 법제사법위원회 전문위원 2005년 서울고검 검사 2005년 부산지검 1차장검사 2006년 서울고검 검사 2008~2012년 감사원 감사위원 2012년 리인터내셔날특허법률사무소 변호사(현) 2014년 현대건설 사외이사(현) (저)'韓美행협사건 처리요강' '외국인 범죄 수사요령' '韓·외국어 법률용어사전'

## 박성룡(朴成龍) Park Seong-Ryong

(생)1960 · 3 · 5 (주)서울특별시 동대문구 서울시립대로 163 서울시립대학교 예술체육대학 산업디자인학과(02-6490-5057) (학)홍익대 산업디자인학과졸, 미국 일리노이대 대학원 산업디자인학과졸, 조형디자인박사(경희대) (경)김천대학 산업디자인과 전임강사, 서원대 예술대학 산업디자인학과 조교수 1998년 서울시립대 예술체육대학 산업디자인학과 조교수 · 부교수 1997년 同교수(현), 한국디자인진흥원(KIDP) 중소기업기술지도위원, LG전자(주) 국제디자인공모전 심사위원, 한국기초조형학회 책임이사 · 부회장 2001년 서울시립대 산업디자인학과장 2009년 同디자인대학원장, 서울시 산업진흥원 자문위원, 한국도로공사 설계자문위원, 한국연구재단 평가위원, 한국산업인력공단 심사위원, 한국디자인진흥원 평가위원 2019년 서울시립대 예술체육대학장 겸 디자인전문대학원장(현)

## 박성만(朴成滿)

(생)1954 · 8 · 2 (주)울산광역시 중구 당산3길 33 울산중부새마을금고(052-244-3788) (학)울산대 경영대학원 수료, 同행정학과 재학 중 (경)무기화학(주) 노동조합 부위원장, (사)태화강보전회 대외협력국장, 울산시 중구생활체육회 부회장, 우정동자율방범회 회장, 우정 · 옥교새마을금고 이사, 한나라당 우정동협의회장 2002 · 2006~2010년 울산시 중구의회 의원 2006년 同부의장 2008년 同내무위원장 2010년 同의장 2017년 민주평통 울산중구협의회 회장 2019년 울산중부새마을금고 이사장(현)

## 박성민(朴成民) PARK Sung Min

(생)1967 · 8 · 22 (출)서울 (주)서울특별시 영등포구 국회대로 608 영등포경찰서(02-2118-9321) (학)경찰대졸(6기) (경)경기 안양경찰서 조사계장 2004년 원주경찰서 보안과장 직대 2005년 同정보과장 2005년 강원 강릉경찰서 경무과장 2013년 서울강동경찰서 생활안전과장 2014년 서울지방경찰청 치안지도관(총경) 2014년 교육 파견(총경) 2015년 강원 양구경찰서장 2016년 국무총리실 파견(총경) 2016년 경기 안양만안경찰서장 2017년 서울지방경찰청 제1기동대장 2019년 서울 영등포경찰서장(현) (상)행정자치부장관표창

## 박성민(朴盛珉) Sungmin PARK

(생)1968 · 6 · 14 (본)밀양(密陽) (출)서울 (주)서울특별시 서초구 반포대로37길 59 대한민국학술원 사무국(02-3400-5211) (학)1987년 영일고졸 1991년 고려대 사학과졸 1997년 연세대 행정대학원 행정학과졸 2004년 교육행정학박사(미국 아이오와대) (경)1990년 행정고시 합격(34회) 1991년 총무처 행정사무관 시보 1992년 경기도교육청 지방교육행정사무관 1993~1996년 예편(해군 중위) 1997년 교육부 교원정책과 · 교원양성연수과 · 국제교육협력과 교육행정사무관 2000년 同교원복지과 서기관 2002년 창원대 기획조정과장 2005년 교육인적자원부 학자금정책팀장 2006년 산업자원부 산업기술인력팀장 2007년 교육인적자원부 인적자원정책본부 정책총괄팀장 2008년 대통령 교육과학문화수석비서관실 행정관 2009년 대통령 교육비서관실 행정관 2010년 세계은행 파견 2013년 교육부 학교정책과장 2015년 경기도교육청 기획조정실장(고위공무원) 2015년 교육부 역사교육정상화추진단 부단장 2017년 한국교원대 사무국장 2017년 대한민국학술원 사무국장(현)

## 박성민(朴盛珉)

(생)1968 · 9 · 9 (주)인천광역시 남동구 정각로 29 인천광역시의회(032-440-6062) (학)광성고졸, 고려대졸, 同경영대학원 경영학과졸 (경)인천시 계양테크노밸리추진단장(현), 더불어민주당 중앙당 정책위원회 부의장 2018년 인천시의회 의원(더불어민주당)(현), 同의회운영위원회 위원(현), 同건설교통위원회 부위원장(현)

## 박성민(朴性玟 · 女) PARK Seong Min

(생)1975 · 3 · 21 (출)인천 (주)서울특별시 서초구 반포대로 158 서울중앙지방검찰청 형사9부(02-530-4217) (학)1994년 서인천고졸 2000년 서울대 사법학과졸, 同법과대학원 수료 (경)1999년 사법시험 합격(41회) 2002년 사법연수원 수료(31기) 2002년 서울지검 남부지청 검사 2004년 수원지검 안산지청 검사 2006년 울산지검 검사 2008년 인천지검 검사 2011년 대구지검 서부지청 검사 2013년 대검찰청 연구관 2015년 서울중앙지검 검사 2016년 同공안2부 부부장검사 2017년 수원지검 부부장검사 2017년 법무부 형사법제과장 2018년 춘천지검 속초지청장 2019년 서울중앙지검 형사9부장(현)

## 박성범(朴成範) PARK Sung Vum

(생)1940 · 3 · 17 (본)밀양(密陽) (출)서울 (주)서울특별시 영등포구 의사당대로 1 대한민국헌정회 서울지회(02-757-6612) (학)1958년 서울 중앙고졸 1960년 고려대 사학과 수료 1967년 건국대 정치외교학과졸 1974년 미국 조지워싱턴대 대학원 수료 1984년 프랑스 파리제2대 대학원 수료 1994년 고려대 언론대학원 수료 1997년 중앙대 대학원 언론학과졸 (경)1965년 한국방송공사(KBS) 기자 1972년 同정치부 차장·駐미국특파원 1974년 同워싱턴지국장 1975년 同외신부장 1976년 同경제부장 1978년 同부국장 1979년 同파리특파원 1981년 同유럽총국장 1986년 同해설위원장 1986~1991년 同9시뉴스 앵커 1986년 同보도본부 부본부장 1988년 同보도본부장 1991년 同특임본부장 1991~1993년 同방송총본부장 1992년 한국방송학회 부회장 1993년 한서대 교수 1996년 민자당 서울中지구당 위원장 1996년 제15대 국회의원(서울 중구, 신한국당·한나라당) 1998년 한나라당 총재 홍보특보 2000년 同서울中지구당 위원장 2000년 한서대 국제관계학과 전임교수 2001년 한나라당 이북도민위원장 2004~2008년 제17대 국회의원(서울 중구, 한나라당·무소속·한나라당·무소속) 2004~2006년 한나라당 서울시당 위원장 2009년 대한민국헌정회 서울지회장(현) 2017년 자유한국당 제19대 홍준표 대통령후보 중앙선거대책위원회 중앙선거대책본부 소통본부장 (상)방송대상 보도상, 국민포장, 국민훈장 동백장, 서울시 문화상, 프랑스 국가공로훈장(레종도뇌르), 평안북도 문화상 (역)'보도뉴스의 마술사 앵커맨' '앵커맨' '북극에서 남극까지' '정상과의 대화' (종)기독교

## 박성석(朴成錫)

(생)1965 · 8 · 31 (출)경북 울진 (주)인천광역시 남구 인하로 190 인천소방본부 예방안전과(032-870-3006) (학)울진고졸, 인하대 응용물리학과졸 (경)1991년 소방공무원 임관(장학생 특채) 2005년 인천시 소방본부 소방행정과 근무 2007년 同소방본부 예방안전과 근무 2008년 同소방방재본부 회계

ㅂ

장비담당(지방소방령) 2009년 인천남동소방서 예방안전과장 2011년 인천시 소방안전본부 119종합방재센터 근무 2012년 同소방안전본부 대응정책과 담당 2015년 同소방안전본부 소방행정과장 2016년 인천남동소방서장 2018년 인천중부소방서장(지방소방정) 2019년 인천시 소방본부 예방안전과장(현)

## 박성수(朴聖洙) PARK Sung Soo

(생)1950·2·13 (본)밀양(密陽) (출)서울 (주)경상남도 창원시 성산구 원이대로682번길 21 한마음창원병원(055-268-7565) (학)1968년 성동고졸 1974년 한양대 의대졸 1981년 同대학원 의학석사 1984년 의학박사(한양대) (경)1982~1993년 한양대 의대 내과학교실 전임강사·조교수·부교수 1989년 American College of Chest Physicians Fellow(현) 1990년 미국 호흡기학회 정회원(현) 1993~2015년 한양대 의대 호흡기내과학교실 교수 1993~2005년 한양대병원 호흡기내과장 겸 호흡기센터 소장 1994년 미국 생리학학회 정회원(현) 1997년 대한결핵및호흡기학회 총무이사 1999년 同수련이사 2001년 同국제협력이사 2003~2004년 同이사장 2003년 미국 흉부학회 한국지부 회장 2003년 제13차 서태평양중환자의학회 학술대회장 2003~2004년 대한결핵협회 학술이사 2004년 대한민국의학한림원 정회원(현) 2007~2008년 한양대병원 내과과장 겸 주임교수 2007~2008년 대한결핵및호흡기학회 법제윤리위원장 2007년 대한내과학회 감사 2008년 폐혈관연구회 회장 2008~2009년 제14차 아·태호흡기학술대회 감사 2009년 대한결핵및호흡기학회 회장 2009~2014년 한국호흡기장애인협회 이사장 2010~2013년 한양대 의무부총장 겸 의료원장 2013~2014년 대한의사협회 의학지식향상위원회 위원장 2015년 한양대 의대 내과학교실 명예교수(현) 2015년 한마음창원병원 병원장(현) (상)광혜학술상(1989), 백남학술상(1993), 대한내과학회 학술상(2003) (저)'결핵'(共) '일차진료의를 위한 약처방 가이드, 내과계'(共) (역)'오늘의 진단 및 치료' '내과학' (종)불교

## 박성수(朴晟洙) PARK Sung Soo

(생)1951·5·12 (출)전남 곡성 (주)전라남도 나주시 우정로 56 토담리치타워 (재)광주전남연구원(061-931-9300) (학)1973년 전남대 상과대학 경영학과졸 1979년 同대학원 경영학과졸 1986년 경영학박사(고려대) (경)1978년 중소기업은행 지점장 대리 1980~1992년 전남대 경영학과 전임강사·조교수·부교수 1992~2016년 同교수 1992년 미국 위스콘신대 방문교수 1993년 한국경영학회 상임이사 1994년 전남대 기업경영연구소장 1996년 同기획실장 2000년 同경영대학장 겸 경영대학원장 2001년 한국인사관리학회 회장 2003~2009년 (사)한국산학협동연구원 원장 2003년 기아자동차 광주공장 발전자문위원 2006년 고위공무원단 역량평가위원 2009년 전남대 경영전문대학원 자문위원 2009년 광주전남지역 기업호민관 2010년 대한경영학회 수석부회장 2011년 同회장 2013년 민생실천희망연대 상임고문 2016년 전남대 명예교수 2016년 (재)광주전남연구원 원장(현) 2017년 빛가람혁신도시공공기관장협의회 위원(현) 2018년 한국경영사학회장(현) (저)'인사관리론'(1988) '인적자원관리'(1995) '새로운 인적자원관리'(2005) '중고령자 인적자원관리'(2008) '디지로그시대의 인적자원관리'(2009) (종)천주교

## 박성수(朴成洙) PARK Sung Soo

(생)1958·7·5 (출)전북 전주 (주)서울특별시 중구 남대문로 90 (주)SK네트웍스(070-7800-0636) (학)1977년 전주고졸 1984년 한국외국어대 포르투갈어학과졸 1992년 미국 뉴욕대 경영학과정 수학 2010년 전북대 무역대학원 경제학과졸 (경)1983년 (주)선경 수출영업과 근무 1988~1995년 同뉴욕지사 근무 1991년 同수출자원팀 과장 1995년 同에너지석유팀장(차장) 1996년 同유화운영팀장 1998년 (주)SK상사 에너지기획팀장(부장) 2000년 (주)SK글로벌 에너지기획·운영팀장 2003년 (주)SK네트웍스 에너지사업팀장 2005년 同자원개발TF팀장 겸임 2005년 미국 교육파견 2006년 (주)SK네트웍스 전략에너지팀장(상무) 2006년 산업자원부 무역위원회 무역조사실장(국장급) 2008년 지식경제부 무역위원회 무역조사실장 2009년 (주)SK네트웍스 에너지사업부장(상무) 2010년 同Trading BHQ장 2011~2016년 同홍보실장 2016년 同CPR실장 2018년 同고문(현)

## 박성수(朴星洙) PARK Sung Soo

(생)1964·8·25 (본)밀양(密陽) (출)광주 (주)서울특별시 송파구 올림픽로 326 송파구청(02-2147-2022) (학)1982년 용문고졸 1986년 서울대 법과대학 공법학과졸 1989년 고려대 대학원 법학과졸 2003년 러시아 모스크바대 법과대학 법학과 이수 2010년 법학박사(고려대) (경)1991년 사법시험 합격(33회) 1994년 사법연수원 수료(23기) 1994년 인천지검 검사 1996년 광주지검 검사 1997년 서울지검 검사 2000년 춘천지검 강릉지청 검사 2001년 서울지검 북부지청 검사 2004년 서울북부지검 검사 2005년 수원지검 검사 2005년 대통령 민정수석비서관실 법무행정관 2006년 대통령 법무비서관실 선임행정관 2007~2008년 대통령 법무비서관 2008년 서울고검 검사 2008년 사법연수원 교수 2010년 인천지검 부천지청 부장검사 2011~2012년 울산지검 형사1부장 2012년 제19대 국회의원선거 출마(서울 송파구甲, 민주통합당) 2012년 민주통합당 서울송파구甲지역위원회 위원장 2012년 노무현재단 기획위원 2012~2018년 서울시 법률고문 2012~2015년 학교법인 진명정진학원 이사 2014년 새정치민주연합 서울송파구甲지역위원회 위원장 2014년 법무법인 세경 대표변호사 2015년 서울미디어대학원대 이사(현) 2015년 새정치민주연합 법률위원회 위원장 2015~2018년 경기 부천시 법률고문 2015~2016년 동국대 법과대학 겸임교수 2015~2017년 법무법인 정률 변호사 2015~2016년 더불어민주당 법률위원회 위원장 2015~2018년 同서울송파구甲지역위원회 위원장 2016년 제20대 국회의원선거 출마(서울 송파구甲, 더불어민주당) 2017~2018년 법무법인 정률 대표변호사 2017~2018년 중앙대 법학전문대학원 겸임교수 2017년 더불어민주당 제19대 문재인 대통령후보 선거캠프 법률지원단·부정선거감시단 부단장 2018년 사람사는세상 노무현재단 감사(현) 2018년 서울시 송파구청장(더불어민주당)(현) (저)'국제기업에 관한 UN행위법전 연구'(1989) '상사법상 주식회사 관련 형사책임 연구'(2009)

## 박성수(朴晟秀) PARK Seong Soo

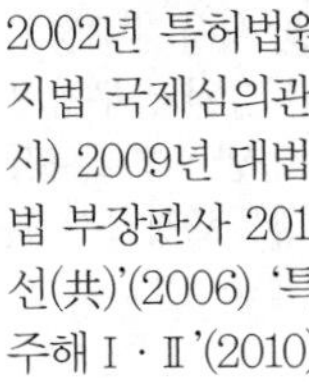

(생)1968·1·6 (본)충주(忠州) (출)충북 영동 (주)서울특별시 종로구 사직로8길 39 세양빌딩 김앤장 법률사무소(02-3703-1870) (학)1986년 서울고졸 1990년 서울대 법과대학 사법학과졸 1995년 同대학원 법학과졸 2000년 미국 미시간대 로스쿨졸 2006년 법학박사(서울대) 2007년 연세대 공학대학원 전자공학과졸 (경)1989년 사법시험 합격(31회) 1992년 사법연수원 수료(21기) 1992년 軍법무관 1995년 수원지법 판사 1997년 서울지법 판사 1999년 대전지법 홍성지원 판사 2001년 대전지법 판사 2002년 특허법원 판사 2005년 대법원 재판연구관 2008년 의정부지법 국제심의관(부장판사) 2008년 법원행정처 국제심의관(부장판사) 2009년 대법원 대법원장비서실 부장판사 2010~2011년 수원지법 부장판사 2011년 김앤장법률사무소 변호사(현) (저)'정보법판례백선(共)'(2006) '특허침해로 인한 손해배상액의 산정'(2007) '특허법주해Ⅰ·Ⅱ'(2010) (역)'특허판례백선3판'(2005)

## 박성수(朴晟秀)

(생)1978·2·27 (주)세종특별자치시 한누리대로 2120 세종특별자치시의회(044-300-7000) (학)고려대 행정전문대학원 정책학 석사과정 중 (경)제19대 대통령선거 문재인후보 세종시 선거대책위원회 종합상황본부장, 이해찬 국회의원 보좌관, 더불어민주당 중앙당 부대변인 2018년 세종특별자치시의회 의원(더불어민주당)(현) 2018년 同행정복지위원회 위원(현) 2019년 同예산결산특별위원회 위원(현)

## 박성식(朴聖植) PARK Sung Sik

(생)1961 · 7 · 12 (출)충남 (주)제주특별자치도 제주시 청사로1길 18-4 제주지역경제혁신센터 2층 (주)제주반도체(064-740-1700) (학)1985년 일본 니혼대(日本大) 전자공학과졸 (경)1985~2000년 삼성전자(주) 반도체판매사업부 근무 2000년 (주)이엠엘에스아이 설립 · 대표이사 사장 2013년 (주)제주반도체 대표이사 사장(현)

## 박성식(朴性植) PARK Sung Shik

(생)1965 · 6 · 8 (주)경기도 성남시 분당구 불정로 268 분당한방병원 원장실(031-710-3795) (학)경희대 한의학과졸, 同대학원졸, 한의학박사(경희대) (경)1994년 경희대 한방병원 레지던트, 同한방내과 교수, 동국대 한의과대학 사상체질과 교수(현), 同분당한방병원 사상체질과 전문의(현), 同분당한방병원 사상체질과장(현), 사상체질의학회 고시위원장 · 회장, 한의사전문의 고시위원회 위원, 대한한의학회 편집위원 2017년 동국대 분당한방병원장(현) (저)'불교의 마음챙김과 사상의학'(2011, 운주사)

## 박성용(朴成龍) PARK Sung Yong

(생)1949 · 9 · 28 (본)밀양(密陽) (출)대구 (주)부산광역시 강서구 미음산단1로15번길 41 동양라이트(051-831-4455) (학)대구 성광고졸, 영남대 수료, 한국방송통신대졸, 동아대 대학원 경영학과졸, 명예 이학박사(러시아 국립기술혁신산업대) (경)고려상사 입사 · 이사, 동양기술공업 전무이사, 동양상사 전무 1987년 동양라이트 설립 · 대표이사(현), 특허청 국제특허연수원 명예교수, 부산 · 경남발명인협의회 회장, 특허청 민간자문위원, 동부산대학 산관학협의회장, 동아대 경영대학원 석사총동창회장, 한국발명진흥회 비상근이사 (상)철탑산업훈장, WIPO 사무총장표창, 내무부장관표창, 독일 국제발명전시회 금메달, 상공부장관표창, 중소기업우수발명상, 거북선트로피수상, 전국우수발명전 특허청장상, 부산시민산업대상, 서울국제발명전 금상, 미국LA국제발명전 안전분야대상, 대만 과학훈장상(2010) (작)'스위치 없는 라이트' '생각만으로 작동되는 라이트' '말하는 랜턴' 등 170건 발명

## 박성우(朴星宇) Park, Sungwoo

(생)1962 · 10 · 10 (출)부산 기장 (주)부산광역시 동구 충장대로 351 부산지방해양수산청 운영지원과(051-609-6215) (학)1981년 부산동고졸 1986년 부경대 해양학과졸 1988년 同대학원 이학과졸 (경)1990~1991년 부산수산대 해양과학연구소 조교 1991~1997년 한국토지주택공사(LH) 근무 2004년 해양수산부 유통가공과 사무관 2014~2017년 同유통정책과장(부이사관) 2017년 부산지방해양수산청 운영지원과장(현)

## 박성욱(朴成昱) PARK Seong Wook

(생)1956 · 3 · 18 (출)경북 안동 (주)서울특별시 송파구 올림픽로43길 88 서울아산병원 심장내과(02-3010-3153) (학)1981년 서울대 의대졸 1985년 同대학원 의학석사 1993년 의학박사(서울대) (경)1981~1985년 서울대병원 내과 인턴 · 전공의 1985~1988년 육군 軍의관(대위) 1988~1989년 서울대병원 내과(순환기) 전임의 1989~1995년 울산대 의대 내과학교실 전임강사 · 조교수 1993~1994년 미국 베일러대 Research Fellow 1995년 울산대 의대 내과학교실 부교수 · 교수(현) 2003년 서울아산병원 기획조정실장 2006~2008년 同심장내과 과장 2008년 同협심증및심근경색센터 소장 2009년 同진료부원장 2010년 同연구위원장 2010~2016년 同병원장 2012년 대한병원협회 정책부회장 2014~2016년 한국국제의료협회(KIMA) 부회장 2016년 대한병원협회 부회장 (상)메디컬코리아대상 보건복지부장관표창(2013)

## 박성욱(朴星昱) PARK Sung Wook

(생)1958 · 1 · 8 (출)경북 포항 (주)서울특별시 종로구 종로 26 SK그룹 SUPEX추구협의회(02-6400-0114) (학)1977년 포항 동지상고졸 1982년 울산대 재료공학과졸 1984년 한국과학기술원(KAIST) 재료공학과졸(석사) 1992년 재료공학박사(한국과학기술원) (경)1984년 현대전자산업(주) 반도체연구소 입사 1999년 同미국생산법인 파견(Engineering 총괄) 2001년 同미국생산법인 이사 2001년 (주)하이닉스반도체 미국생산법인 상무이사 2002년 同메모리연구소 소자담당 2003년 同메모리연구소장 2005년 同연구소장(전무) 2007년 同연구소장(부사장) 2010년 同연구개발제조총괄 부사장 2010~2012년 세계반도체연맹(GSA) 아시아태평양지도위원회 위원 2012년 SK하이닉스(주) 연구개발총괄 부사장 2013년 同대표이사 사장 2014년 同이사회 의장 2015년 한국공학한림원 정회원(전기전자정보공학 · 현) 2016~2019년 한국반도체산업협회 회장 2017~2018년 SK하이닉스(주) 대표이사 부회장 2017년 SK그룹 SUPEX(Super Excellent)추구협의회 ICT위원장 2018년 同SUPEX(Super Excellent)추구협의회 글로벌성장위원장 2019년 同SUPEX(Super Excellent)추구협의회 ICT위원장(현) (상)대통령포장(2004), 동탑산업훈장(2010), 100억달러 수출탑(2014), KAIST총동문회 자랑스런 동문상(2015), 금탑산업훈장(2015), 대한전자공학대상(2018)

## 박성원(朴成遠) park sung won

(생)1964 · 8 · 5 (출)경기 평택 (주)서울특별시 영등포구 여의나루로 50 KB증권 IB1총괄본부(02-6114-0114) (학)1982년 평택고졸 1989년 성균관대 경영학과졸 (경)1989년 국민투자신탁 채권운용역 1995년 현대투자신탁운용 채권운용팀장 2003년 푸르덴셜투자증권 기업금융부장 2004년 KB투자증권 기업금융부 부본부장 2015년 同기업금융본부장(상무) 2016년 同기업금융본부장(전무) 2016년 금융위원회 신용평가시장평가위원회 위원 2017년 KB증권 기업금융본부장(전무) 2019년 同IB1총괄본부장(부사장)(현) (상)헤럴드경제 투자은행(IB) 대상, 제4회 뉴스핌캐피탈 마켓 대상, 한국은행 저축의 날 표창(2001), 아시아경제 아시아자본투자대상 채권부문 최우수상(2012), 한국경제신문 제4회 한국IB대상 채권발행(DCM)부문(2013), The bell Korea Capital Markets the bell League Table Awards(Best Bond Deal)(2013), 머니투데이 대한민국 IB대상(최우수 회사채주관사)(2013), 매일경제신문 제16회 매경증권인상 기업금융부문 금상(2014), 연합인포맥스 IB대상 회사채부문(2014), The bell Korea Capital Markets the bell League Table Awards(Best Bond House, Best Straight Bond House, Best Bond Deal)(2014), 한국경제신문 한국IB대상 채권발행(DCM)부문(2014 · 2015), 머니투데이 대한민국 IB대상(2015), 헤럴드경제신문 자본시장대상 특별상(2015), 아시아경제 아시아자본투자대상 IB부문 우수상(2015), 한국경제 한국IB대상(2016), The bell Korea Capital Markets the bell League Table Awards(BEST Financial Bond House,Best Asset Backed Securities House, Best Asset Backed Securities House, Best Bond Deal(SB) Best Bond Deal(ABS) Best Bond House)(2016), 매일경제 증권대상 기업금융부문 금상(2016)

## 박성원(朴成元)

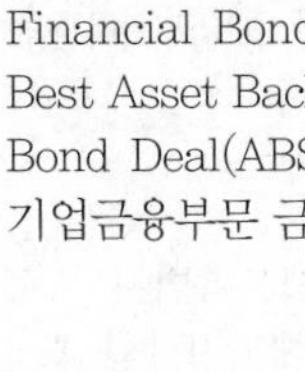

(생)1969 · 12 · 21 (주)충청북도 청주시 상당구 상당로 82 충청북도의회(043-220-5116) (학)제천고졸, 충북대 정치외교학과졸, 경기대 관광전문대학원 석사과정 중 (경)솔뫼학교 초대교장, 제천단양상공회의소 의원, 더불어민주당 충북도당 대변인(현), 同중앙당 중소기업특별위원회 부위원장(현) 2018년 충북도의회 의원(더불어민주당)(현) 2018년 同예산결산특별위원회 부위원장(현)

**박성윤(朴性閏) PARK Seong Yun**

(생)1957·7·8 (주)부산광역시 연제구 중앙대로 1001 부산광역시의회(051-888-8245) (학)동의과학대 부동산경영학과졸 (경)민주평통 부산시 영도구협의회 간사, 대한민국특수임무수행자회 부산중부지회장, 해군첩보부대(UDU)중앙회 부회장, 同부산동지회 대표(현) 2010년 부산시 영도구의회 의원(국민참여당·통합진보당), 同기획자치위원회 위원, 통합진보당 부산영도구위원회 위원장 2014~2018년 부산시 영도구의회 의원(새정치민주연합·더불어민주당) 2014~2016년 同복지건설위원장, 더불어민주당 동북아평화협력특별위원회 부위원장 2018년 부산시의회 의원(더불어민주당)(현) 2018년 同도시안전위원장(현)

**박성인(朴聖寅)**

(생)1968·3·16 (출)서울 (주)서울특별시 서초구 서초중앙로 157 서울중앙지방법원(02-530-1690) (학)1986년 대일고졸 1990년 중앙대 법학과졸 (경)1995년 사법시험 합격(37회) 1998년 사법연수원 수료(27기) 1998년 전주지법 판사 2001년 同군산지원 판사 2002년 인천지법 판사 2005년 서울행정법원 판사 2007년 서울남부지법 판사 2010년 서울고법 판사 2012년 서울동부지법 판사 2013년 부산지법 동부지원 부장판사 2015년 수원지법 안양지원 부장판사 2017년 서울남부지법 부장판사 2019년 서울중앙지법 부장판사(현)

**박성일(朴成一) PARK Sung Il**

(생)1955·3·13 (출)전북 완주 (주)전라북도 완주군 용진면 지암로 61 완주군청 군수실(063-290-2006) (학)1973년 전주고졸 1978년 전북대 법학과졸 1986년 서울대 행정대학원 행정학과졸 (경)1979년 행정고시 합격(23회) 1980년 공무원 임용 1994년 전북도 문화체육과장·세정과장 1995년 同국제협력관 1998년 同기획관 1999년 정읍시 부시장, 전북도 문화관광국 문화관광과장, 同문화관광국장, 미국 워싱턴주 파견 2003년 전북도 경제통상실장 직대 2004년 同도지사 정책보좌관 2005년 同자치행정국장 2005년 同경제통상실장 2006년 同기획관리실장 2007년 (재)전라북도인재육성재단 상임이사 겸임, 제주4·3사건처리지원단 파견 2008년 행정안전부 정부청사관리소장(고위공무원) 2009년 同정보화전략실 정보화기획관 2010년 同감사관 2011년 국민권익위원회 상임위원 2012~2013년 전북도 행정부지사 2014~2018년 전북 완주군수(무소속·더불어민주당), 더불어민주당 정책위원회 부의장 2018년 전북 완주군수(더불어민주당)(현) (상)대한민국 산림환경대상(2016), 2017 대한민국 TOP LEADERS 대상 혁신행정 자치단체장부문(2017)

**박성일(朴成一)**

(생)1958·1·13 (주)서울특별시 중구 소공로 51 우리은행 임원실(02-2002-3000) (학)1976년 천안중앙고졸 1983년 충남대 경영학과졸 (경)1983년 한일은행 입행 2001년 우리은행 재무회계팀 조사역 2002년 同재무기획팀 부장 2004년 同회계부장 2012년 同회계부장 겸 영업본부장 2015년 同준법감시인(상무) 2017년 同준법감시인(집행부행장)(현)

**박성재**

(생)1939·3·3 (출)황해 황주 (주)서울특별시 종로구 비봉길 64 이북5도위원회 황해도지사실(02-2287-2600) (학)경동고졸, 경희대 정치외교학과졸, 同관광대학원졸 (경)보광산업 대표, 황해도 시·군민회장협의회 회장, 황해도 행정자문위원, 민주평통 이북5도지역회의 대표운영위원, 황해도 시장·군수협의회 제18대 회장, 황해도장학회 이사장, 황해도중앙도민회 부회장, 통일부 통일교육원 제17대 운영위원, 경희대총동창회 이사·자문위원, (재)동남아세아문화우호협회 한국지부 운영위원 2018년 이북5도위원회 황해도지사(현) 2019년 同위원장 겸임(현)

**박성재(朴性載) PARK Sung Jae**

(생)1963·1·24 (출)경북 청도 (주)서울특별시 서초구 서초대로74길 23 서초타운트라팰리스 702호 박성재법률사무소(02-3472-3100) (학)1981년 대구고졸 1985년 고려대 법과대학졸 (경)1985년 사법시험 합격(27회) 1988년 사법연수원 수료(17기) 1988년 공군 법무관 1991년 서울지검 검사 1993년 대구지검 의성지청 검사 1994년 대구지검 검사 1996년 서울지검 북부지청 검사 1998년 부산지검 검사 2000년 서울지검 동부지청 부부장검사 2001년 춘천지검 강릉지청 부장검사 2002년 대검찰청 검찰연구관 2003년 사법연수원 교수 2005년 대검찰청 감찰2과장 2006년 서울중앙지검 금융조세조사1부장 2007년 대구지검 김천지청장 2008년 법무부 감찰담당관 2009년 서울동부지검 차장검사 2009년 대구지검 1차장검사 2010년 서울고검 공판부장 2011년 제주지검장 2012년 창원지검장 2013년 광주고검장 2013년 대구고검장 2015년 서울중앙지검장 2015~2017년 서울고검장 2017년 변호사 개업(현)

**박성재(朴成在) PARK Sung Jae**

(생)1965·11·26 (출)경남 사천 (주)경상남도 창원시 의창구 중앙대로 300 경상남도청 환경산림국(055-211-6600) (학)1984년 서울 동북고졸 1996년 건국대졸 (경)1997년 지방행정고시 합격 1998~2010년 합천군 기획관리실·합천군의회 전문위원·합천군 대양면장·경남도지방공무원교육원 파견·경남도 기획관리실 남해안시대추진기획단 대외협력팀장·경남도 문화관광체육국 문화예술과 문화정책담당 지방행정사무관 2010~2014년 행정안전부 지방행정국 민간협력관·안전행정부 지방행정실 지방행정정책관·경남도 서부권개발본부 공공기관이전단장·경남도 기획조정실 정책기획관(지방서기관) 2014~2015년 경남 함안군 부군수 2016년 지방행정연수원 교육파견(부이사관) 2016년 경남도 도시교통국장 2017~2019년 경남 사천시 부시장 2018년 同시장 권한대행 2019년 경남도 환경산림국장(현) (상)국무총리표창(2012)

**박성제(朴晟濟)**

(생)1967 (출)서울 (주)서울특별시 마포구 성암로 267 문화방송 보도국(02-789-0011) (학)서울대 국어국문학과졸 (경)1993년 문화방송(MBC) 입사, 同사회부·정치부·경제부·선거방송기획팀 기자, 同탐사보도팀 차장 2002년 同노동조합 민주언론실천위원회 간사 2007년 전국언론노동조합 MBC본부장 2017년 문화방송(MBC) 보도국 취재센터장(부국장급) 2018년 同보도국장(현) (저)'어쩌다 보니, 그러다 보니'(2014) '권력과 언론'(2017)

**박성주(朴成柱) Seong-Ju Park (寶月)**

(생)1952·11·1 (본)밀양(密陽) (출)전북 정읍 (주)광주광역시 북구 첨단과기로 123 광주과학기술원 신소재공학부(062-715-2309) (학)1971년 남성고졸 1976년 서울대 화학과졸 1979년 同대학원 화학과졸 1985년 이학박사(미국 코넬대) (경)1987~1995년 한국전자통신연구원 책임연구원 1992년 한국진공학회 간사·이사·부회장 1995~2015년 광주과학기술원(GIST) 신소재공학부 교수 1995~2001년 同신소재공학과장 1995~1996년 한국전자통신연구소 초빙교수 1997~2017년 광주과학기술원 광전자재료연구센터 소장 1999~2003년 대한화학회 광주전남지부 이사 1999~2001년 BK21재료사업단 단장 2000~2002년 KISTEP 창의연구사업추진기획위원 2002년 광주과학기술원 교학처장 2003년 APWS 자문위원 2003년 한국과학기술한림원 공학부 정회원(현) 2005년 일본 응용물리학회지(JJAP, APEX) 국제편집위원 2006년 한국진공학회 부회장 2006~2018년 광주과학기술원 LED연구센터장 2008년 LED반도체조명학회 부회장 2008~2012년 광주과학기술원 과학기술응용연구소장 2010년 한국광전자학회 수석부회장 2011년 광주과학기술원 솔라에너지연구소장 2013년 한

국광전자학회 회장 2015~2018년 광주과학기술원(GIST) 신소재공학부 특훈교수 2018년 同석좌교수(현) 2019년 同중앙연구기기센터장(현) [상]체신부장관표창(1994), 대한화학회 우수논문상, 광주과학기술원 학술상(2001), 대한민국 과학기술포장(2005), 제16회 과학기술우수논문상(2006), GIST 대표혁신기술상(2007), 대학상위10대 특허등록 연구자상(2009), 한국진공학회 학술상(2010), 과학기술훈장 웅비장(2012) [저]'Zinc Oxide Bulk Thin Films and Nano-structures (Contacts to ZnO) Elsevier Science'(2006) 'III-Nitride Devices and Nanoengineering'(2008, Imperial College Press)

**박성주(朴星柱)**

[생]1966 · 6 · 22 [출]전남 보성 [주]서울특별시 종로구 사직로8길 31 서울지방경찰청 수사과(02-700-3611) [학]광주 광덕고졸, 경찰대 행정학과졸(5기) [경]1989년 경위 임용 1996년 경감 승진 2003년 경정 승진, 서울 동대문경찰서 수사과장 · 형사과장, 서울 종암경찰서 · 영등포경찰서 · 수서경찰서 · 서초경찰서 · 강남경찰서 형사과장, 법무부 형사사법공동시스템운영단 파견 2013년 강원 평창경찰서장(총경), 경기지방경찰청 제2부 형사과장 2015년 경기 성남중원경찰서장 2016년 경찰청 수사국 범죄분석담당관 2016년 서울 강서경찰서장 2017년 서울지방경찰청 수사과장(현)

**박성준(朴成峻)**

[생]1963 · 1 · 15 [주]서울특별시 종로구 삼청로 118 한국금융연수원(02-3700-1543) [학]1981년 제주제일고졸 1988년 서울대 경영학과졸 1999년 미국 아이오와주립대 대학원 경제학과졸 [경]1988년 한국은행 입행 2008년 同금융통화위원회실 근무(2급) 2009년 同정책기획국 근무(2급) 2011년 同제주본부장 2014년 同공보실장 2015년 同발권국장 2017년 同기획협력국장(1급) 2019년 한국금융연수원 부원장(현)

**박성준(朴晟濬) SEONG-JOON PARK**

[생]1967 · 4 · 18 [출]서울 [주]대전광역시 서구 청사로 189 특허심판원 원장실(042-481-5006) [학]1990년 고려대 법학과졸 1998년 同대학원 법학과졸 2000년 미국 아이오와대 대학원 법학과졸 2003년 법무박사(J.D.)(미국 아이오와대) 2015년 서울대 자연과학대학 최고경영자과정 수료 [경]1991년 행정고시 합격(35회) 2007년 駐제네바대표부 특허관 2008년 세계지식재산권기구 임시총회 의장 2011년 국가지식재산위원회 지식재산진흥관 2012년 특허심판원 심판장 2012년 특허청 기획조정관 2013년 同상표디자인심사국장 2016년 同산업재산보호협력국장 2019년 同특허심판원장(현) [종]가톨릭

**박성중(朴成重) PARK Sung Joong**

[생]1958 · 8 · 1 [본]밀양(密陽) [출]경남 남해 [주]서울특별시 영등포구 의사당대로 1 국회 의원회관 936호(02-784-4364) [학]1976년 경남고졸 1981년 성균관대 행정학과졸 1984년 서울대 행정대학원졸 2004년 도시행정학박사(성균관대) [경]1979년 행정고시 합격(23회) 1981~1990년 서울시 행정과 지도계장 · 법제계장 · 교통기획계장 1990년 同주차관리담당관 1996년 同자치행정과장 1997년 대통령비서실 파견 1998년 서울시 교통기획과장 1999년 同공보관 2000년 同東京서울사무소장 2002년 同시정기획관 2003년 同서초구 부구청장 2004~2009년 서울디지털대 법무행정학부 겸임교수 2006~2010년 서울시 서초구청장(한나라당) 2006년 한국수필신인상 공모 당선 · 수필가 등단(현) 2007년 가톨릭대 행정대학원 겸임교수 2008~2010년 서울산업대 겸임교수 2010~2015년 서울과학기술대 겸임교수 2011~2012년 사회복지공동모금회 사무총장 2012년 미래도시연구소 소장 2016년 새누리당 서울서초구乙당원협의회 운영위원장 2016년 제20대 국회의원(서울 서초구乙, 새누리당 · 바른정당〈2017.1〉 · 자유한국당〈2017.5〉)(현) 2016년 국회 예산결산특별위원회 위원 2016~2017년 국회 안전행정위원회 위원 2016년 국회 저출산 · 고령화대책특별위원회 위원 2016년 새누리당 원내부대표 2016년 국회 운영위원회 위원 2017년 바른정당 제19대 유승민 대통령후보 중앙선거대책위원회 기획총무본부 부본부장 2017~2018년 자유한국당 홍보본부장 2017년 국회 행정안전위원회 위원 2017년 자유한국당 지방선거기획위원회 위원 2018년 국회 과학기술정보방송통신위원회 위원(현) 2018년 국회 '공공부문 채용비리의혹과 관련된 국정조사특별위원회' 위원 2019년 자유한국당 미디어특별위원회 공동위원장(현) [상]제142회 한국수필신인상 공모 신인상(2006), 제12회 효령상 효행부문(2009) [저]'법제실무개론', 에세이집 '행복찾는 이야기'(2006) '행복 디자인'(2010) [종]불교

**박성진(朴成鎭) PARK Sung Jin**

[생]1963·9·27 [본]밀양(密陽) [출]부산 [주]강원도 춘천시 공지로 288 춘천지방검찰청(033-240-4542) [학]1983년 동성고졸 1992년 한양대 법학과졸 [경]1992년 사법시험 합격(34회) 1995년 사법연수원 수료(24기) 1995년 수원지검 검사 1996년 同평택지청 검사 1998년 서울지검 검사 2000년 부산지검 검사 2002년 인천지검 검사 2004년 수원지검 안산지청 검사 2007년 대구지검 서부지청 부부장검사 2008년 서울고검 부부장검사 2009년 창원지검 통영지청 부장검사 2009년 부산지검 마약·조직범죄수사부장 2010년 대검찰청 마약과장 2011년 同조직범죄과장 2012년 서울중앙지검 강력부장 2013년 대전지검 형사1부장 2014년 서울동부지검 형사1부장 2015년 대전지검 천안지청 차장검사 2016년 춘천지검 강릉지청장 2017년 서울북부지검 차장검사 2018년 부산고검 차장검사(검사장급) 2019년 대전고검 차장검사 2019년 춘천지검장(현)

**박성진(朴成鎭) PARK, Seong-jin**

[생]1966 · 3 · 30 [출]서울 [주]세종특별자치시 도움6로 11 행정중심복합도시건설청 도시계획국(044-200-3100) [학]1984년 서울 영동고졸 1988년 서울대 법과대학졸 1998년 영국 버밍엄대 경영대학원졸(MBA) [경]1989년 행정고시 합격(33회 · 재경직) 1998~2002년 건설교통부 주택정책과 사무관 2002년 同토지정책과 서기관 2004년 OECD 사무국 파견 2007년 건설교통부 건설교통인재개발원 학사운영과장 2007년 同부동산정보분석팀장 2008년 국토해양부 부동산정보분석팀장 2008년 대통령자문 국가균형발전위원회 지역개발국 과장급 2008~2011년 駐카자흐스탄 참사관 2011년 국토해양부 주택토지실 토지정책과장 2013년 국토교통부 항공정책실 항공정책과장(부이사관) 2014년 同중앙토지수용위원회 사무국장 2015년 제주지방항공청장 2017년 국토교통부 감사담당관 2017년 행정중심복합도시건설청 도시계획국장(고위공무원)(현)

**박성진(朴成鎭) Seong Jin Park**

[생]1968 [출]부산 [주]경상북도 포항시 남구 동해안로 6261 (주)포스코 산학연협력실(054-220-0114) [학]부산 해운대고졸 1991년 포항공대 기계공학과졸(수석 졸업) 1993년 同대학원 기계공학과졸 1996년 기계공학박사(포항공대) [경]1996~2000년 LG전자 생산기술원 과장(선임연구원) 2000~2001년 (주)델레포스 부장 2001~2009년 (주)쎄타텍 Chief Technical Officer(CTO · 이사) 2001~2005년 미국 펜실베니아주립대 연구원 2006~2009년 미국 미시시피주립대 연구교수 2009~2018년 포항공대(POSTECH) 기계공학과 조교수 · 부교수 · 교수 2012~2016년 同연구부처장 2012~2017년 同창업보육센터장 2012~2018년 同포스코기술연계센터장 2012~2018년 (주)포스텍 기술지주 대표이사 2013년 포항공대(POSTECH) 기술사업화센터장 2016~2017년 同산학협력단 산학처장 2019년 (주)포스코 산학연협력실장(상무)(현)

### 박성찬(朴晟璨) Seong-Chan Park

(생)1973·1·24 (주)충청북도 청주시 청원구 오창읍 중심상업2로 72 기상청 국가기상슈퍼컴퓨터센터(043-711-0220) (학)1991년 서울 광신고졸 1999년 서울대 사범대학 지구과학교육과졸 2007년 이학박사(서울대) (경)2011년 기상청 관측기반국 관측정책과 기상사무관 2014년 同기후과학국 기후협력서비스팀 기상사무관 2015년 同기후과학국 기후정책과 기상사무관 2018년 同기후과학국 기후정책과 기술서기관 2018년 同관측기반국 국가기상슈퍼컴퓨터센터장(현)

### 박성철(朴性哲) PARK Sung Chul

(생)1957·2·21 (본)밀양(密陽) (출)경남 합천 (주)부산광역시 연제구 법원로 28 부산법조타운 1208호 법무법인 정인(051-911-6161) (학)1975년 경남고졸 1979년 서울대 법학과졸 1981년 同대학원 법학과 수료 2007년 법학박사(동아대) (경)1980년 사법시험 합격(22회) 1982년 사법연수원 수료(12기) 1982년 해군 법무관 1985년 부산지법 판사 1992년 同울산지원 판사 1993년 부산고법 판사 1996년 부산지법 판사 1998년 울산지법 부장판사 1999년 부산지법 부장판사 2003년 창원지법 부장판사 2004년 同수석부장판사 2005년 부산고법 부장판사 2007년 부산지법 수석부장판사 2009년 부산고법 부장판사 2009년 법무법인 정인(正人) 대표변호사, 同변호사(현) (종)불교

### 박성철(朴成哲) Park Sung Chul

(생)1960·2·17 (주)전라남도 나주시 빛가람로 661 한전KDN(주)(061-931-7114) (학)1978년 광주고졸 1982년 연세대 전기공학과졸 1990년 同산업대학원 전기공학과졸 (경)2009년 한국전력공사 경기본부 평택지점 전력공급팀장 2009년 同전남본부 판매계획실장 2010년 同노무처 안전재난관리팀장 2012년 同설비진단센터장 2012년 同서울지역본부 서부지사장 2014년 同경기지역본부 성남지사장 2015년 同신성장동력본부장(상임이사) 2016년 同영업본부장(상임이사) 2018년 한전KDN(주) 대표이사 사장(현)

### 박성철(朴成喆) Sung Cheul Park

(생)1960·3·30 (주)서울특별시 종로구 필운대로1길 34 배화여자대학교 총장실(02-733-0055) (학)1998년 경제학박사(성균관대) (경)1999~2019년 배화여자대학교 국제무역학과 교수 2017~2018년 한국무역상무학회 회장 2019년 배화여대 총장(현)

### 박성철(朴成哲) Scott Park

(생)1965·3·28 (출)영국 런던 (주)서울특별시 중구 장충단로 275 두산타워빌딩 두산밥캣(주)(02-3398-0993) (학)미국 Alta Loma고졸 1987년 미국 캘리포니아 하비 머드 대학(Harvey Mudd College) 전자공학과졸 1990년 미국 캘리포니아대 샌디에이고캠퍼스(UCSD) 대학원졸(글로벌 정책 및 전략 분야 국제경영학 석사) (경)1987~1988년 Theodore Barry & Associate 컨설팅 과장 1990~1992년 Coopers & Lybrand 컨설팅 차장 1992~1995년 Amgen 영업·마케팅 부장 1995~1998년 KPMG 로스앤젤레스지사 컨설팅 수석매니저(이사) 1998~2000년 한국오라클 전략서비스컨설팅담당 이사 2000~2001년 e비즈니스전문컨설팅회사 e-Xperts 서울지사 사장(CEO) 2001~2002년 SAP코리아 전략기획담당 상무(CSO) 2002~2012년 볼보건설기계(벨기에 브뤼셀 본사) 글로벌 CIO 겸 부사장·프로세스 & 시스템부문 총괄 사장 2012~2013년 두산인프라코어 건설기계부문 CSO 겸 부사장·제조전략 & TQM담당 전무 2013년 두산밥캣(주) 대표이사 사장(현) (종)기독교

### 박성태(朴性泰) Park Sung Tae

(생)1957·9·17 (출)대구 (주)대전광역시 서구 배재로 155-40 배재대학교 대외협력부총장실(042-520-5201) (학)1976년 배재고졸 1982년 연세대 문헌정보학과졸 1991년 동국대 대학원 신문방송학과졸 2003년 행정학박사(경원대) 2007년 서울대 행정대학원 정보통신정책과정 수료 (경)1985년 서울신문 편집국 조사부 기자 1985~2004년 서울시 정도6백년사업 심사위원·건설교통부 부가제정심의위원·대한민국 건축문화대상 심사위원 1988년 서울경제신문 편집국 기자(환경부·농림부·노동부·서울시청·건설부 출입) 1998년 서울신문 경제부 차장 2000년 파이낸셜뉴스 건설부동산부장·산업부장·부국장·편집국장 2002년 머니투데이 부국장·국장대우 오프라인국장·경영기획실장 2004~2005년 미국 서던캘리포니아대(USC) 동아시아연구소 객원연구원 2005년 대한주택공사 홍보실장 2007년 同홍보처장 2008년 同주택도시연구원 선임연구위원 2008년 (주)이코노믹리뷰 대표이사 겸 발행인·편집인 2009년 광남일보 사장 2009~2010년 아시아경제신문 부사장 2010~2016년 한국대학신문 대표이사 겸 발행인 2012년 (사)고령사회고용진흥원 회장 2012년 가천대 신문방송학과 겸임교수 2014년 서울여대 교양학부 겸임교수 2017년 가천대 미디어커뮤니케이션학과 겸임교수 2017년 서울신문 논설위원 겸 대학발전연구소장 2017년 성신여대 교양학부 대우교수 2018년 배재대 대외협력부총장(현) (상)한국편집인협회상, 한국백상기자대상 동상, 건설교통부장관표창, 경원대총장표창 (저)'삐딱한 광대' '서울 서울 서울' '한국의 인맥' '저금리시대에는 부동산이 최고다' '부동산으로 대박 나는 99가지 쪽박차는 32가지'(2002) (종)기독교

### 박성태(朴聖泰) PARK Sung Tae

(생)1958·5·30 (주)전라북도 익산시 익산대로 460 원광대학교 경영학부(063-850-6241) (학)남성고졸 1981년 전북대 경영학과졸 1983년 同대학원 경영학과졸 1990년 경영학박사(전북대) (경)1985~1996년 원광대 경영학부 전임강사·조교수·부교수 1992년 同교학부장 1993년 同경영학과장 1996년 同경영학부 교수(현) 1996년 同경영학부장 1998년 원불교 김제교당 교도회장(현) 2003년 (사)청소년과더불어함께나눔 이사(현) 2003년 한국산업경제학회 회장 2006~2007년 대한경영학회 회장 2007~2008년 원광대 경상대학장 2007년 한국재무관리학회 부회장 2008년 원불교 원광대학교 교당 운영위원(현) 2011·2014~2015년 한국경영학회 부회장 2012년 원불교 총부 사업기관 원창 이사(현) 2013년 同전북교구교의회 부의장(현) 2013년 (사)전북경제살리기 도민회의 자문교수(현) 2013~2017년 원불교교수협의회 회장 2013년 원불교 원친회 실무부회장(현) 2014년 한국전문경영인학회 부회장 2015년 한국재무관리학회 회장 2016~2017년 (사)한국전문경영인학회 학술자문위원 2016년 (사)한국금융공학회 자문위원(현) 2016년 만인동참보은장학회 회장(현) 2017~2019년 교육부 대학구조개혁위원회 위원 2017년 원불교 교수협의회 고문(현) (저)'현대통계학'(2003) '일반통계학'(2004) (종)원불교

### 박성태(朴成泰) PARK Sung Tae

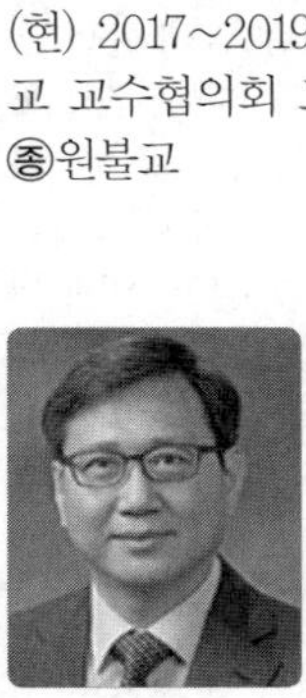

(생)1962·9·5 (출)대구 (주)서울특별시 송파구 올림픽로35길 125 삼성SDS(주) 경영지원실(02-6155-3114) (학)1980년 대구상업고졸 1985년 계명대 경영학과졸 2003년 핀란드 헬싱키대 대학원 경영학과졸(MBA) (경)1987년 제일합섬 입사 2003년 삼성SDS(주) 재무경영팀장(부장) 2009년 同재무팀장(상무), 同경영지원실 경영관리팀장(상무) 2015년 同경영지원실장(전무) 2017년 同경영지원실장(부사장)(현)

**박성택(朴成澤)**

(생)1957·1·23 (주)경기도 남양주시 와부읍 수레로 733 (주)산하(031-576-0576) (학)1975년 경희고졸 1983년 연세대 정치외교학과졸 (경)1984~1990년 LG그룹 근무(과장 퇴사) 1990년 산하물산 설립·대표이사(현) 1996년 (주)산하 대표이사 회장(현) 2007~2017년 (주)위업인베스트먼트 회장 2011년 서울경희중·고 총동창회장 2012~2015년 한국아스콘공업협동조합연합회 회장 2013년 중소기업중앙회 이사 2015~2019년 同제15대 회장 2015~2019년 중소기업통일경제위원회 고문 2015~2017년 중소기업사랑나눔재단 이사장 2015~2019년 홈앤쇼핑 이사회 의장 2015~2019년 민족화해협력범국민협의회 상임의장 2015~2019년 중소기업연구원 이사장 2017~2019년 대통령직속 일자리위원회 위원 2017~2019년 중소기업중앙회 중소기업혁신생태계확산위원회 공동위원장 (상)산업포장(2008)

**박성택(朴成澤) Park, Sung-Taek**

(생)1969·2·15 (본)밀양(密陽) (출)경남 거제 (주)세종특별자치시 한누리대로 402 산업통상자원부 운영지원과(044-203-5820) (학)1987년 마산 창신고졸 1996년 서울대 공법학과졸 (경)1995년 행정고시 합격(39회) 2010~2011년 서울G20비즈니스서밋 총괄조정관 2011~2012년 대통령실 행정관 2012년 지식경제부 전력산업과장 2013년 산업통상자원부 전력산업과장 2014년 同장관 비서실장 2016년 同무역정책과장 2016년 同무역투자실 투자정책관(고위공무원) 2017년 同에너지자원실 에너지산업정책관 2018년 同산업정책관 2019년 駐미국 공사참사관(현) (상)근정포장, 대통령표창, 국무총리표창 (종)무교

**박성학 Park Sung Hak**

(생)1968 (주)서울특별시 종로구 종로5길 86 서울지방국세청 조사3국 조사3과(02-2114-4298) (학)1985년 풍생고졸 1987년 세무대학 내국세학과졸 1994년 한국방송통신대 경영학과졸 (경)1987년 세무공무원 임용(8급 경채) 1987년 동부세무서 소득세1과 근무 1991년 을지로세무서 총무과·직세과 근무 1992년 개포세무서 총무과 근무 1993년 구로세무서 소득세과 근무 1995년 남양주세무서 간세과 근무 1996년 同부가가치세과 근무 1997년 국세청 감사관실 감찰담당관실 근무 1999년 同조사국 조사2과 근무 2002년 송파세무서 조사1과 근무 2003년 국세청 감사관실 감찰담당관실 근무 2009년 양천세무서 운영지원과 근무 2010년 남양주세무서 납세자보호담당관(행정사무관) 2011년 국무총리실 파견 2012년 국세청 감사관실 감찰담당관실 근무 2013년 同세무조사감찰TF 파견 2013년 대통령비서실 파견 2013년 강동세무서 부가가치세과장 2014년 국세청 세무조사감찰TF 파견 2015년 강동세무서 개인납세1과장 2015년 국세청 감사관실 청렴세정담당관실 서기관 2016년 부산지방국세청 감사관 직대 2017년 파주세무서장 2018년 서울 노원세무서장 2019년 서울지방국세청 조사3국 조사3과장(현)

**박성현(朴聖炫) PARK Sung Hyun** (河岸)

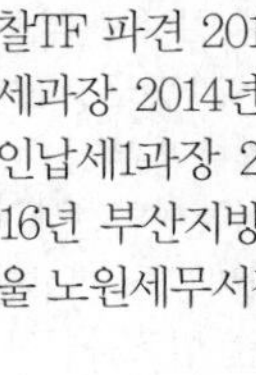

(생)1945·1·26 (본)밀양(密陽) (출)경기 옹진 (주)서울특별시 금천구 가산디지털1로 168 우림라이온스밸리 B동 1301호 사회적책임경영품질원(02-2025-9171) (학)1964년 서울고졸 1968년 서울대 화학공학과졸 1973년 미국 노스캐롤라이나주립대 대학원 산업공학과졸 1975년 이학박사(미국 노스캐롤라이나주립대·통계학) (경)1975~1977년 미국 미시시피주립대 조교수 1977~2010년 서울대 자연대학 통계학과 조교수·부교수·교수 1988~2008년 통계청 통계위원 1993년 대한품질경영학회 부회장 1993년 서울대 자연대학 기획연구실장 1995년 한국통계학회 회장 1995년 서울대 자연과학종합연구소장 1995년 전국대학기초과학연구소연합회 회장 1997~1998년 서울대 학생처장 1998년 국제통계기구(ISI) 이사 2000년 한국품질경영학회 회장 2000~2002년 서울대 자연과학대학장 2005~2007년 同평의원회 의장 2005~2007년 국제비즈니스산업통계학회 부회장 2008~2010년 서울대 법인화위원회 위원장 2010년 同자연대학 통계학과 명예교수(현) 2010년 한국과학기술한림원 부원장 2010~2012년 한국연구재단 기초연구본부장 2012~2015년 건국대 경영대학 기술경영학과 석좌교수 2013~2016년 한국과학기술한림원 원장 2013~2016년 미국품질학회 석학회원 2013~2015년 국가과학기술자문회의 과학기술기반분과 의장 2016년 (사)사회적책임경영품질원 회장(현) 2017년 대한민국학술원 회원(통계학)(현) (상)품질관리유공자상 국무총리표창(1980), 품질관리문헌상 국무총리표창(1990), 홍조근정훈장(2000), 한국품질경영학회 학술상(2002), 서울시 문화상(2008), Gopal Kanji Prize(2010), 과학기술훈장 혁신장(2015) (저)'회귀분석'(1981) '현대실험계획법'(1982) '전산통계개론'(1988) '통계학 공정관리'(1997) '통계적 품질관리'(1998) '6시그마 이론과 실제'(1999) 'Six Sigma for Quality and Productivity Promotion'(2003) '6시그마 혁신전략'(2005) 'Robust Design for Quality Engineering and Six Sigma'(2008) 'Minitab을 활용한 현대실험계획법'(2010) '고급 SPSS 이해와 활용'(2011) (종)기독교

**박성현(朴成鉉) Park Sung Hyeon**

(생)1965·12·29 (본)밀양(密陽) (출)전남 광양 (주)전라남도 목포시 해양대학로 91 목포해양대학교 총장실(061-240-7114) (학)순천고졸 1988년 한국해양대 항해학과졸 1994년 同대학원 선박공학과졸 2000년 공학박사(일본 큐슈대) (경)2000~2017년 목포해양대 항해정보시스템학부 교수 2007년 同해상운송시스템학부장, 同교무처장, 同산학협력단장, 전남도 도정평가위원 2008~2012년 국토해양부장관 정책자문위원, 해양수산부 중앙해양안전심판원 청렴옴부즈만 2017년 목포해양대 총장(현) (상)해군참모총장표창, 해군작전사령관표창, 전남도지사표창, 국무총리표창 (저)'선박구조와 정비'

**박성현(朴城炫·女) Park Sung Hyun**

(생)1993·9·21 (학)2012년 현일고졸 2017년 한국외국어대 국제지역대학 국제스포츠학과 재학 중(4년) (경)2012년 KLPGA 입회 2013~2016년 넵스 골프단 소속 2015년 KLPGA투어 기아자동차 한국여자오픈골프선수권대회 우승 2015년 KLPGA 투어 KDB대우증권 클래식 우승 2015년 KLPGA 투어 OK저축은행 박세리 인비테이셔널 우승 2015년 KLPGA투어 2016시즌 개막전 '2015 현대차 중국여자오픈' 우승 2016년 KLPGA 투어 삼천리 투게더 오픈 우승 2016년 KLPGA투어 넥센·세인트나인 마스터즈 우승 2016년 KLPGA투어 한화금융클래식 우승 2016년 '세마스포츠마케팅'과 매니지먼트 계약(현) 2017~2018년 KEB하나은행 골프단 소속 2017년 LPGA투어 US여자오픈 우승 2017년 LPGA투어 캐나다 퍼시픽 여자오픈 우승 2017년 LPGA투어 데뷔시즌(신인) 최초로 세계랭킹 1위(2017.11기준) 등극 2018년 LPGA투어 볼런티어스 오브 아메리카 텍사스 클래식 우승 2018년 LPGA투어 KPMG 위민스 PGA 챔피언십 우승 2018년 LPGA투어 인디 위민 인 테크 챔피언십 우승 2018년 여자골프 국가대항전 UL 인터내셔널 크라운 우승 2019년 LPGA투어 HSBC위민스월드챔피언십 우승 2019년 필리핀 블룸베리리조트앤호텔 후원 계약(현) 2019년 필리핀여자골프투어(LPGT) 더컨트리클럽 레이디스 인비테이셔널 와이어투와이어 우승(초청선수 자격) 2019년 LPGA투어 KIA 클래식 공동2위 2019년 LPGA투어 KPMG 여자 PGA 챔피언십 2위 2019년 LPGA투어 월마트 NW 아칸소 챔피언십 우승 (상)KLPGA투어 인기상·위너스클럽상(2015), MBN여성스포츠대상 4월 MVP(2016), 동아스포츠대상 올해의 프로골프선수상(2016), 2016 한국여자프로골프협회(KLPGA) 상금왕·최저타수상(69.64타)·다승왕(7승)·인기상·한국골프기자단 Best Player Trophy 여자부문(KLPGA)수상(2016), 제5회 MBN 여성스포츠대상 인기상(2016), 미국여자프로골프(LPGA)투어 신인상·상금왕·올해의 선수(2017), 한국언론인연합회 자랑스런 한국인 대상(2017), 美ABC 올해의 스포츠대상(2018)

**박성혜(朴晟蕙 · 女) Sung-Hye Park (靜坡)**

(생)1960 (출)서울 (주)서울특별시 종로구 대학로 101 서울대학교병원 병리과(02-2072-2788) (학)1985년 고려대 의대졸 1988년 同대학원 의학석사 1992년 의학박사(고려대) (경)1991~1996년 가천대병원 병리과장 1996~1998년 미국 캘리포니아대 로스앤젤레스교(UCLA) Research Fellow 1998~1999년 고려대 의대 병리학교실 연구강사 1999년 서울아산병원 병리과 임상강사 1999~2003년 인제대 의대 병리학교실 부교수 1999~2003년 同일산백병원 병리과장 2003년 서울대 의대 병리학교실 부교수·교수(현) 2009~2010년 대한병리학회 평의원 겸 학술이사 2015~2016년 한국뇌연구원 한국뇌은행장 2015~2017년 대한신경종양학회 다학제위원장 2017년 서울대병원 치매 뇌은행장(현) 2017~2019년 대한신경종양학회 이사 2018~2019년 대한퇴행성신경질환학회 부회장 2019년 同회장(현) 2019년 대한신경종양학회 지명위원회 위원(현) (상)대한병리학회 학술상 대상(2000) (저)'Sequential Atlas of Human Development(共)'(1992) 'Diagnostic Ultrastructural Neuropathology(共)'(1996, Korea Medical Publishing Co) '신경병리학 2판(共)'(1999) '진단전자현미경 학술모임 수록집(共)'(1999)

**박성호(朴性虎) PARK Sung Ho**

(생)1952 · 9 · 12 (본)밀양(密陽) (출)충남 보령 (주)서울특별시 영등포구 여의나루로 53-1 대오빌딩 12층 (주)CNTV(02-368-2209) (학)1975년 중앙대 신문방송학과졸 (경)1975~1989년 동아그룹 홍보실 홍보차장 1989~1993년 서울텔레콤 제작국장 1993~1997년 동아TV 편성제작국장 1997~2017년 (주)다비컴 대표이사 2002년 (주)CNTV 대표이사(현) 2011~2018년 개별PP발전연합회 회장

**박성호(朴成浩) PARK Seong-Ho (和齋)**

(생)1957·3·13 (본)밀양(密陽) (출)경남 마산 (주)경상남도 창원시 의창구 창원대학로 20 창원대학교 경영대학원(055-213-3323) (학)1979년 고려대 농경제학과졸 1982년 同대학원졸 1988년 경제학박사(경희대) (경)1983~1989년 경남대 강사 1984년 부산외국어대 강사 1990~2012년 창원대 국제무역학과 교수 1995년 同학생처 부처장 1998년 同학생처장 2001년 同산업경제연구소장 2004년 중국 길림대 객좌교수 2004년 중국 연변대 객좌교수 2005~2006년 창원대 중국비즈니스인력양성사업단장 2007~2011년 同총장 2012~2016년 제19대 국회의원(창원 의창구, 새누리당) 2013년 국회 교육문화체육관광위원회 위원 2013~2015년 한국대학야구연맹 회장 2014년 새누리당 인사청문제도개혁TF 위원 2014년 국회 통상관계대책특별위원회 위원 2014·2015년 국회 국토교통위원회 위원 2014~2015년 국회 예산결산특별위원회 위원 2015년 국회 미래창조과학방송통신위원회 위원 2015~2016년 새누리당 원내부대표 2015년 국회 운영위원회 위원 2016년 창원대 경영대학원 교수(현) 2018년 경남도 교육감선거 출마 (저)'최신국제통상론'(2001) '세계상거래문화론'(2002) '국제통상의 이해'(2005) '국제경계관제론'(2005) '국제통상론'(2006) '한중통상정책비교론'(2007) (종)불교

**박성호(朴成昊) Park, Sung Ho**

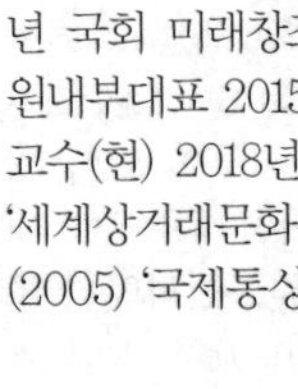

(생)1964 · 8 · 10 (주)서울특별시 중구 을지로 66 KEB하나은행 글로벌사업그룹(02-2002-1110) (학)1983년 대신고졸 1987년 서울대 경영학과졸 2013년 한국과학기술원(KAIST) 최고경영자과정 수료 (경)1987년 한국투자금융 영업부 입사 1992년 하나은행 여의도지점 대리 1997년 同가계금융부 과장 1998년 同경영관리팀장 2000년 同광화문지점장 2002년 同감찰실장 2004년 同싱가포르지점 차장(관리자) 2006년 同인력개발실장 2009년 同인도네시아법인(PT Bank Hana) 부행장 2012년 同경영관리본부장 2015년 同경영관리본부장 겸 업무지원본부장(전무) 2015년 하나금융지주 전략담당(CSO) 전무 2015~2017년 하나아이앤에스 대표이사 2017~2018년 하나금융티아이 대표이사 2018년 KEB하나은행 개인영업그룹장(전무) 2019년 同글로벌사업그룹 전무(현)

**박성호(朴性鎬) PARK Seong Ho**

(생)1966 · 12 · 13 (본)밀양(密陽) (출)경남 김해 (주)경상남도 창원시 의창구 중앙대로 300 경남도청 행정부지사실(055-211-2010) (학)1985년 김해고졸 1989년 경찰대 법학과졸(5기) (경)1992년 행정고시 합격(36회) 2003년 정부혁신지방분권위원회 지방분권과장 2004년 駐싱가포르 1등서기관 2006년 행정자치부 살기좋은지역관리팀장 2007년 同생활여건개선팀장 2008년 행정안전부 생활공간개선과장 2008년 同지역활성화과장 2009년 대통령실 파견 2010년 행정안전부 지역희망일자리추진TF팀장(과장급) 2010~2012년 전국시도지사협의회 일본참사관 2012년 행정안전부 자치제도과장 2013년 안전행정부 자치제도과장 2013년 대통령직속 지역발전위원회 연계협력국장 2013년 同지역생활국장 2015년 행정자치부 대전청사관리소장 2015년 울산시 기획조정실장 2016년 행정자치부 창조정부기획관 2017년 행정안전부 정부혁신기획관 2018년 同지방행정정책관 2018년 경남도 행정부지사(현) 2018년 경남도체육회 부회장(현) 2019년 경남도지사 직무대행 (상)홍조근정훈장(2018)

**박성호(朴成鎬)**

(생)1976 · 7 · 19 (출)전남 보성 (주)울산광역시 남구 법대로 55 울산지방법원(052-216-8000) (학)1995년 대일외국어고졸 2000년 서울대 사법학과졸 (경)2000년 사법시험 합격(42회) 2003년 사법연수원 수료(32기) 2003년 軍법무관 2006년 광주지법 판사 2009년 의정부지법 고양지원 판사 2012년 서울중앙지법 판사 2014년 서울북부지법 판사 2016~2018년 헌법재판소 파견 2018년 울산지법 부장판사(현)

**박성환(朴成煥) PARK Sung Hwan**

(생)1956·9·15 (본)밀양(密陽) (출)경북 포항 (주)경상북도 경산시 진량읍 공단9로12길 25 (재)경북IT융합산업기술원(053-245-5001) (학)1974년 서울공고졸 1978년 동국대 농업경제학과졸 1986년 서울대 행정대학원 행정학과졸 2010년 행정학박사(영남대) (경)1984년 행정고시 합격(28회) 1986년 경북도 법무담당관실 송무·법제계장 1990년 同지역경제국 지역경제계장 1991년 同기획관리실 확인평가계장 1992년 경북도지사 비서실장 1994년 경북도 인사계장 1995년 同법무담당관 1996년 경북도의회 전문위원 1998년 경북도 국제통상과장 2001년 경북 칠곡군 부군수 2003년 경북 상주시 부시장 2004년 경북도 문화체육관광국장 2006년 국방대 입교(부이사관) 2007년 경북도 경제과학진흥본부장 2008년 同경제과학진흥국장 2009년 대통령직속 친일반민족행위진상규명위원회 파견(부이사관) 2009년 행정안전부 지방재정세제국 재정정책과장 2009년 진실화해를위한과거사정리위원회 민족독립조사국장(일반직고위공무원) 2010년 同조사1국장 2011년 행정안전부 지방행정연수원 기획지원부장 2011년 대통령소속 지방분권촉진위원회 지방분권지원단장 2012~2014년 울산시 행정부시장 2014년 同시장 직무대행 2014년 전국시도지사협의회 사무총장 2017년 (재)경북IT융합산업기술원 원장(현) (상)대통령표창(1993), 홍조근정훈장(2005) (종)기독교

**박성효(朴城孝) PARK Seoung Hyo**

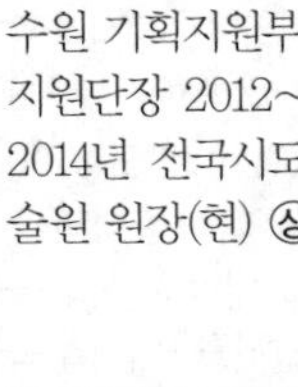

(생)1955 · 2 · 20 (본)무안(務安) (출)대전 (주)대전광역시 중구 중앙로138번길 21 자유한국당 대전시당(042-253-0261) (학)1973년 대전고졸 1978년 성균관대 행정학과졸 2004년 대전대 사회복지대학원 사회복지학과졸 2008년 명예 자치행정학박사(충남대) 2010년 행정학박사(대전대) (경)1979

년 행정고시 합격(23회) 1986년 대전시 기획실 기획계장 1988년 충남도 기획관리실 확인평가계장 1990년 대전시 내무국 시정과장 1990년 同중구 총무국장 1992년 同민방위국장 1994년 同서구청장 1996년 同경제국장 1998년 배재대 행정학과 겸임교수 1999년 미국 워싱턴주립대 연수 2000년 대전시 기획관리실장 2002~2003년 한남대 지역개발대학원 겸임교수 2004년 同행정정책대학원 객원교수 2005~2006년 대전시 정무부시장 2006~2010년 대전광역시장(한나라당) 2008~2010년 전국광역시장협의회 회장 2008~2010년 전국시도지사협의회 부회장 2009~2010년 대전문화재단 이사장 2010년 대전시의료관광협회 고문 2010년 대전광역시장선거 출마(한나라당) 2010~2011년 한나라당 최고위원 2011년 한남대 예우교수 2011년 한국농아인협회 고문 2011년 한나라당 충청지역발전특별위원회 위원장 2012~2014년 제19대 국회의원(대전 대덕구, 새누리당) 2012~2013년 새누리당 대전시당 위원장 2013년 국회 안전행정위원회 위원 2013년 새누리당 대표최고위원 특별보좌역 2014년 대전광역시장선거 출마(새누리당) 2015~2018년 충남대 초빙교수 2018년 자유한국당 대전유성구甲당원협의회 운영위원장(현) 2018년 대전광역시장선거 출마(자유한국당) (상)근정포장(1994), 국무총리표창(1997), 황조근정훈장(1997), 대전개발상(2001), 한국경제를 빛낸 경영인대상(2007), 대한민국 경제문화 지방자치경영대상(2007), 행복한도시대상(2008), 지방자치발전대상(2008), 지방자치경영대전 최우수상(2008), 기업하기좋은도시대상(2008), 대한민국녹색대상(2008), 보훈문화상(2008), 서민금융감독대상(2008), 선진교통안전대상(2009), 부부문화선도도시상(2009), 대한민국 녹색대상(2009), 지방자치경영대전 종합대상(2009), 공약이행평가 전국최우수상(2009), 대전상공회의소 감사패(2010) (저)'다리를 놓는 사람'(2005) '무지개 프로젝트'(2009) '다리를 놓는 사람 2014'(2014)

**박성훈(朴盛壎) PARK Sung Hoon**

(생)1945 · 2 · 3 (본)순천(順天) (출)경남 산청 (주)서울특별시 종로구 창경궁로 293 재능그룹 비서실(02-3670-0100) (학)1963년 부산고졸 1970년 고려대 상대 경영학과졸 1974년 미국 브리지포드대 경영대학원 경영학과졸 (경)1970년 삼경물산 근무 1974년 효성물산 근무 1977~1999년 (주)재능교육 대표이사 사장 1992~1999년 (주)재능출판 사장 1992~1999년 재능문화재단 이사장 1993~1999년 (주)재능컴퓨터 사장 1993~1999년 (주)재능인쇄 사장 1994~1999년 (주)재능유통 사장 1995~1999년 우미물산(주) 사장 1997년 학교법인 재능학원 이사장(현) 1998년 재능스스로방송(JN23TV) 대표 1999년 (주)재능교육 회장 2006년 재능그룹 회장(현) 2014~2017년 한국학중앙연구원 비상임이사 (상)대통령표창(1993), 재무부장관표창(1994), 색동회상(1994), 교육부장관표창(1995), 재정경제부장관표창(1998) (저)'재능스스로수학' '재능스스로한자' '재능스스로국어' '재능스스로영어' '재능스스로한글' '생각하는 피자' '재능은 스스로 키우는 사람의 몫이다' '스스로학습법의 힘' '학습혁명, 스스로학습시스템 2.0' '섬김재능교육지도자' '프로 보급전문가'

**박성훈(朴晟燻)**

(생)1972 · 12 · 28 (출)광주 (주)서울특별시 양천구 신월로 390 서울남부지방검찰청 금융조사2부(02-3219-2442) (학)1991년 광주고졸 1995년 서울대 경영학과졸 2000년 同법학과졸 2002년 同대학원 법학과 수료 (경)1994년 공인회계사시험 합격(29회) 1997년 공인회계사자격 취득 1999년 사법시험 합격(41회) 2002년 사법연수원 수료(31기) 2002년 서울지검 검사 2004년 광주지검 순천지청 검사 2006년 광주지검 검사 2009년 의정부지검 고양지청 검사 2013년 서울남부지검 검사 2015년 광주지검 검사 2016년 서울중앙지검 부부장검사 2017년 법무부 상사법무과장 2018년 대구지검 특수부장 2019년 서울남부지검 금융조사2부장(현)

**박성훈(朴成訓) PARK SUNG HOON**

(생)1973 (주)세종특별자치시 갈매로 477 기획재정부 재정혁신국 재정제도과(044-215-5490) (학)경북대 경영학과졸, 서울대 대학원 행정학과졸, 일본 교토대 공공정책대학원졸 (경)1997년 행정고시 합격(41회) 2015년 재정정보공개 및 국고보조금통합관리시스템추진단 파견 2016년 기획재정부 국유재산정책과장 2018년 同복권위원회사무처 복권총괄과장 2019년 同재정혁신국 재정제도과장(현)

**박성훈(朴聖薰)**

(생)1976 · 9 · 23 (주)경기도 수원시 팔달구 효원로 1 경기도의회(031-8008-7000) (학)경기대 정치전문대학원 정치학과졸 (경)해군 대위 전역, 민주당 원내대표 행정비서관(2급 상당), 박기춘 국회의원 정책보좌관, 국회 국토교통위원장 보좌관 2016년 이찬열 국회의원 정책보좌관 2018년 경기도의회 의원(더불어민주당)(현) 2018년 도시환경위원회 위원(현)

**박성흠(朴聖欽) Seong-Heum Park**

(생)1959 · 3 · 18 (본)밀양(密陽) (출)대구 (주)서울특별시 성북구 인촌로 73 고려대학교 안암병원 상부위장관외과(02-920-6834) (학)1978년 동성고졸 1985년 고려대 의대졸 1991년 同대학원 의학석사 1995년 의학박사(고려대) (경)1985~1988년 공중보건의 1988~1989년 고려대 의료원 수련의 1990년 同안암병원 외과 전공의 1994년 同안암병원 외과 임상강사 1996~2007년 국립의료원 외과 의무사무관 · 서기관 2007~2009년 고려대 안산병원 외과 임상교수 2009년 同의대 외과학교실 교수(현) 2009~2013년 同안산병원 외과 전문의 2009~2013년 同안산병원 외과 상부위장관분과장 2013년 同안암병원 외과 전문의(현) 2014~2018년 同안암병원 외과 상부위장관외과 분과장 2016~2018년 同안암병원 외과 과장 (상)보건복지부장관표창(2001), 제13회 한국로슈종양학술상(2014) (저)'최소침습수술학'

**박성희(朴聖熙) PARK Sung Hee**

(생)1956 · 12 · 8 (출)경남 진주 (주)경기도 부천시 오정로 233 OBS 경인TV 임원실(032-670-5000) (학)1975년 진주고졸 1982년 서울대 외교학과졸 2001년 미국 로욜라메리마운트대 경영대학원 미디어경영학 석사(MBA) (경)1984년 문화방송(MBC) 관재국 업무부 근무 1987년 同방송연구소 국제부 근무 1989년 同종합기획실 종합기획담당 1990년 同기획실 기획부 근무 1992년 同방송문화연구소 조사연구부 근무 1995년 同정책기획실 경영정책팀 근무 1998년 同기획국 기획부 근무 2001년 同기획국 종합기획팀장 2004년 同기획국 기획예산팀장 2005년 同광고국장 2008~2009년 同경영본부장 2015년 MBC꿈나무축구재단 이사장 2017년 OBS 경인TV 대표이사 사장(현)

**박성희(朴晟希 · 女) PARK, Seng-Hi**

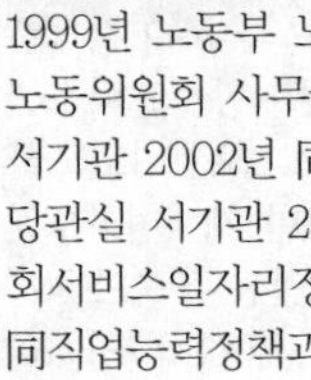

(생)1968 · 9 · 25 (출)서울 (주)서울특별시 영등포구 문래로20길 56 고용노동부 서울지방노동위원회(044-202-8200) (학)연세대 사회학과졸, 미국 듀크대 국제경제개발학과 수료 (경)1991년 행정고시 합격(35회), 노동부 임금복지과 사무관, 同실업급여과 사무관, 서울북부지방노동사무소 사무관 1999년 노동부 노사협의과 신노사문화담당 사무관 2000년 同중앙노동위원회 사무국 기획총괄과장 2002년 同고용정책실 고용정책과 서기관 2002년 同행정정보화담당관실 서기관 2005년 同국제협력담당관실 서기관 2005년 同고용정책본부 고용전략팀장 2006년 同사회서비스일자리정책팀장 2007년 同임금근로시간정책팀장 2008년 同직업능력정책과장 2010년 同직업능력정책과장(부이사관) 2010년

고용노동부 직업능력정책과장 2010~2011년 대통령 고용노사비서관실 행정관(부이사관) 2011년 고용노동부 정책기획관실 규제개혁법무담당관 2012년 同고용정책실 직업능력정책관 2013년 同대변인 2014년 국방대학원 교육파견(국장급) 2015년 고용노동부 기획조정실 국제협력관 2016년 同고용정책실 고령사회인력정책관 2017년 同노동시장정책관 2019년 서울지방노동위원회 위원장(실장급)(현)

### 박성희(朴聖熙) Park Sunghee

(생)1971 · 12 · 18 (출)전북 전주 (주)세종특별자치시 한누리대로 499 인사혁신처 인사조직과(044-201-8029) (학)1995년 서울대 영어교육학과졸 2000년 同대학원 행정학과졸 2011년 경영학박사(영국 요크대) (경)1999년 행정고시 합격(43회) 2011~2012년 행정안전부 인사정책과 근무 2012~2013년 2013평창동계스페셜올림픽세계대회조직위원회 근무 2013~2014년 2014인천아시아경기대회조직위원회 마케팅부장 2014~2015년 대통령 의전비서관실 근무 2015년 인사혁신처 인사조직과장 2016년 同인사관리국 인재개발과장(서기관) 2017년 同인사관리국 인재개발과장(부이사관) 2017~2018년 고용 휴직(부이사관) 2019년 인사혁신처 기획재정담당관 2019년 同본부 근무(부이사관)(현)

### 박세규(朴世圭)

(생)1956 (주)부산광역시 남구 문현금융로 33 기술보증기금 감사실(051-606-7665) (학)1976년 부산상고졸 1983년 부산경상대 세무회계과졸 (경)1975~2002년 서울은행 입행 · 지점장 2004~2008년 기보캐피탈 감사 2009~2011년 (주)라퀸타코리아 대표이사 2013~2016년 (주)아이마켓코리아 상임고문 2018년 기술보증기금 상임감사(현)

### 박세리(朴세리 · 女) Se Ri PAK

(생)1977·9·28 (본)경주(慶州) (출)대전 (주)경기도 파주시 회동길 174 대한골프협회(031-955-2255) (학)1996년 공주 금성여고졸, 숙명여대 정치행정학과졸 (경)1988년 육상선수 1991년 골프 입문 1996년 국내프로골프 입문(1위) 1996년 동일레나운클래식 우승 1996년 필라여자오픈 우승 1996년 SBS프로최강전 우승 1996년 서울여자오픈 우승 1997년 미국여자프로골프협회(LPGA) 프로테스트 본선1위 1997년 로즈여자오픈 우승 1997년 서울여자오픈 우승 1998·2002년 맥도널드LPGA챔피언십 우승 1998년 US여자오픈 우승 1998·1999·2001·2003·2007년 제이미파오웬스코닝클래식 우승 1998년 자이언트이글LPGA 클래식 우승 1998년 LPGA 신인왕·다승공동1위·상금랭킹2위·올해의선수상 2위 1999년 숍라이트클래식 우승 1999년 삼성월드챔피언십 우승 1999년 페이지넷챔피언십 우승 1999년 LPGA 상금랭킹3위·올해의 선수상 4위 1999~2001년 제일모직 아스트라 후원 계약 2001년 유어라이프바이타민스클래식 우승 2001년 롱스드럭스챌린지 우승 2001~2002년 삼성전자 후원계약 2001년 US여자오픈 준우승 2001년 브리티시오픈 우승 2001년 애플락챔피언스 우승 2001년 삼성월드챔피언십 준우승 2001년 시스코 매치플레이챔피언십 준우승 2002년 오피스디포-에이미 알콧 우승 2002년 테일러메이드 후원 계약 2002년 퍼스트유니온 벳시킹클래식 우승 2002년 모바일토너먼트오브챔피언스 우승 2002년 스포츠투데이 CJ나인브릿지클래식 우승 2002년 2002한일여자프로골프대항전 우승 2002~2007년 CJ그룹 후원계약 2003년 세이프웨이핑 우승 2003년 칙필A채리티챔피언십 우승 2003년 MBC X캔버스여자오픈 우승 2003년 브리티시여자오픈 준우승 2003년 와코비아클래식 준우승 2003년 투어롱스드럭스챌린지 준우승 2003년 CJ나인브릿지클래식 준우승 2003년 미즈노클래식 준우승 2004년 미켈롭울트라오픈 우승 2004년 제이미파오웬스코닝클래식 준우승 2006년 맥도널드LPGA챔피언십 우승 2006년 US여자오픈 공동3위 2007년 미국여자프로골프(LPGA) '명예의 전당' 입회(동양인 최초) 2007년 한국여자프로골프(KLPGA) '명예의 전당' 입회 2008년 LPGA투어 CN캐나다여자오픈 준우승 2009년 LPGA투어 스테이트 팜클래식 준우승 2010년 LPGA투어 벨마이크로 LPGA클래식 우승 2011년 KDB금융지주 후원 계약 2011년 대청호 오백리길 홍보대사 2012년 KLPGA투어 KDB대우증권 클래식 우승 2014년 하나금융그룹 골프선수단 소속 2015년 JDX멀티스포츠 후원 계약 2015년 공주시 홍보대사 2016년 제31회 리우데자네이루올림픽 여자골프 국가대표팀 감독 2016년 현역 은퇴 2017년 SBS골프채널 해설위원(현) 2017년 LPGA KEB하나은행 챔피언십 홍보대사 2017~2018년 여자골프 국가대항전 'UL 인터내셔널 크라운' 명예 조직위원장 2019년 여자골프 국가대표팀 감독(현) (상)대한골프협회 MVP(1995·1996·1998·2001), 체육훈장 맹호장(1998), 한일여자프로골프대항전 MVP(2002), 미국 LPGA 베어트로피(2003시즌 평균 최저타수상), 대한불교조계종 불자대상, 미국 타임 아시아판 선정 '2004년 아시아의 젊은 영웅', 자랑스러운 충청인(2006), LPGA 헤더파 어워드(2006), 체육훈장 청룡장(2010), 올해의 숙명인상(2012), 여성체육대상 여성체육지도자상(2016), 동아스포츠대상 특별상(2016), 2016 한국여자프로골프협회(KLPGA) 특별상(2016), 한국이미지커뮤니케이션연구원 디딤돌상(2017) (종)불교

### 박세복(朴世福) Park Se Bok

(생)1962 · 11 · 3 (출)충북 영동 (주)충청북도 영동군 영동읍 동정로 1 영동군청 군수실(043-740-3003) (학)영동농공고졸, 주성대학 산업경영학과졸, 영동대 산업경영학과졸 (경)대광건설 대표, 대한시설물유지관리협회 충북도 회장, 영동뉴라이온스클럽 제1부회장, 경제정의실천시민연합 자문위원, 민주평통 영동군 자문위원, 영동군체육회 이사, 영동군육상경기연맹 회장, 충북도생활체육협의회 이사, 뉴시스 충북도취재본부장 2006~2010년 충북 영동군의회 의원 2006~2008년 同의장 2014~2018년 충북 영동군수(새누리당 · 자유한국당) 2018년 충북 영동군수(자유한국당)(현) (상)지방자치 행정대상(2018 · 2019)

### 박세석(朴世晳)

(출)충북 영동 (주)충청남도 예산군 삽교읍 청사로 201 충남지방경찰청 보안과(041-336-2491) (학)서대전고졸, 충남대 법학과졸, 법학박사(대전대) (경)1989년 경찰간부후보 공채(37기) 1989년 경위 임용 2014년 충남지방경찰청 112종합상황실장 2015년 同경무과장 2015년 충남 논산경찰서장 2016년 충남지방경찰청 보안과장 2017년 同정보과장 2017년 천안서북경찰서장 2018년 대전지방경찰청 보안과장 2019년 충남지방경찰청 보안과장(현)

### 박세원(朴世源)

(생)1971 · 5 · 10 (주)경기도 수원시 팔달구 효원로 1 경기도의회(031-8008-7000) (학)장안대학 환경관리과졸 (경)동탄예당고 운영위원장, 동탄예당중 운영위원장, 더불어민주당 경기화성乙지역위원회 사무국장, 국회의원 이원욱 보좌관 2017년 더불어민주당 제19대 문재인 대통령후보 조직특보 2018년 경기도의회 의원(더불어민주당)(현) 2018년 同제2교육위원회 위원(현) 2019년 同예산결산특별위원회 위원(현)

### 박세진(朴世珍) PARK Se Jin

(생)1966·1·1 (본)밀양(密陽) (출)충남 당진 (주)서울특별시 종로구 율곡로2길 25 연합뉴스 국제뉴스2부(02-398-3114) (학)1984년 충남 서야고졸 1991년 중앙대 영어영문학과졸 (경)1991년 연합뉴스 입사 1991~2001년 同해외부·경제2부·사회부 기자 2002년 전국언론노조 연합뉴스지부 위원장 2003~2005년 연합뉴스 사회부·특신부 기자 2004년 同바그다드 단기특

파원 2005~2008년 同카이로주재특파원 2008~2011년 同전국부·사회부·산업부 부장대우 2011년 同스포츠레저부장 2012년 연합뉴스TV 보도국 뉴스제작부장 2013년 同뉴스총괄1부장 2013년 연합뉴스 뉴미디어편집부장 2014년 同뉴미디어편집부장(부국장대우) 2015년 同편집국 경제부장(부국장대우) 2016년 同편집국 증권부장(부국장대우) 2016년 同출판부장(부국장대우) 2018년 同국제뉴스2부 부국장 2019년 同도쿄지사장(현) (상)중앙언론동문상(2016)

### 박세창(朴世昌) PARK Se Chang

(생)1975·7·16 (출)서울 (주)서울특별시 종로구 우정국로 26 아시아나IDT(주) 임원실(02-2127-8354) (학)1994년 휘문고졸 2000년 연세대 생물학과졸 2005년 미국 매사추세츠공대(MIT) 경영대학원졸(MBA) (경)2000~2002년 AT커니 컨설턴트 2002년 아시아나항공 입사·자금팀 차장 2005년 금호타이어 경영기획팀 부장 2006년 금호아시아나그룹 전략경영본부 이사, 同전략경영본부 상무보 2008년 同전략경영본부 경영관리부문 상무 2010년 금호타이어 국내영업총괄 상무 2011년 同한국영업본부장(전무) 2012년 同영업총괄 부사장 2013년 同기획관리총괄 부사장 2015년 아시아나애바카스(주) 대표이사 겸임 2016~2017년 금호타이어 경영전략실 사장 2016~2018년 금호아시아나그룹 전략경영실 사장 2016~2018년 同4차산업사회TF팀장 2016년 아시아나세이버(주) 대표이사 사장(현) 2016년 금호산업 사장(등기이사) 2016~2018년 금호홀딩스(주) 사내이사 2018년 금호고속(주) 사내이사 2018년 아시아나IDT(주) 대표이사 사장(현)

### 박세철(朴世鐵) PARK Se Chul

(생)1957·8·26 (본)함양(咸陽) (출)경북 예천 (주)부산광역시 강서구 녹산산단289로 6 오리엔탈정공(051-202-0101) (학)동아대 기계공학과졸, 부산대 대학원 기계공학과졸 (경)1989년 (주)오리엔탈정공 기획조정실장 겸 관리본부장(부사장), 同대표이사(현), 오리엔탈정밀기계 감사 겸임(현) 2005년 오리엔탈검사개발 대표이사(현) 2013년 연태동방정공 선박배투유한공사 동사장(현) 2015년 오리엔탈마린텍 사내이사(현) (종)천주교

### 박세필(朴世必) PARK Se Pill

(생)1960·8·15 (출)전남 목포 (주)제주특별자치도 제주시 제주대학로 102 제주대학교 생명자원과학대학 생명공학부(064-754-4650) (학)1983년 제주대 축산학과졸 1985년 건국대 대학원졸 1991년 축산학박사(건국대) (경)1992~1994년 미국 위스콘신주립대 생명공학연구실 Post-Doc.·미국 Animal Breeders Service로부터 배아줄기세포(Stem Cell) 제작에 관한 연구비 수혜 1994년 세계 최초로 배아세포 유래의 소복제동물 생산 1994~2006년 마리아병원 마리아생명공학연구소장 1995~2006년 同기초의학연구소장 겸임 1995년 건국대 강사 1996년 한국가축번식학회 학술위원 겸 이사 1998년 국제냉동기구학회 이사 1998년 농림부 특정연구과제협력연구기관 책임자 1999년 한국발생생물학회 이사 2001년 국가과학기술자문회의 '생명과학관련연구 윤리확립방안에 관한 연구' 책임자 2002~2005년 보건복지부 '냉동배아유래인간배아줄기세포주 확립 및 특정세포 분화연구' 책임자 2002년 과학기술평가위원회 보건환경평가위원 2003년 대한불임학회 학술위원 겸 이사 2003년 한국분자세포생물학회 윤리위원 2004년 한국동물번식학회 국제협력위원장 겸 이사 2004년 한국발생생물학회 대회협력위원장 겸 이사 2007년 제주대 줄기세포연구센터장(현) 2008년 교육과학기술부 범정부줄기세포 전문위원 2009~2011년 국가정보원 PT담당 전문위원 2010년 제주대 생명자원과학대학 생명공학부 교수(현) 2011년 한국생명공학연구원 전문위원 2013~2014년 교육부 범정부줄기세포 전문위원 2014~2018년 제주대 생명윤리심의위원장 2015~2018년 同LMO위원장 2016년 국민건강보험공단 제주지사 명예지사장

### 박세현(朴世鉉) PARK Se Hyun

(생)1975·2·26 (출)경북 구미 (주)서울특별시 서초구 반포대로 157 대검찰청 운영지원과(02-3480-2032) (학)1993년 현대고졸 1998년 서울대 사법학과졸 2002년 同법과대학원 수료 (경)1997년 사법시험 합격(39회) 2000년 사법연수원 수료(29기) 2000년 육군 법무관 2003년 서울지검 검사 2004년 서울중앙지검 검사 2005년 춘천지검 강릉지청 검사 2006년 부산지검 검사 2010년 법무부 형사기획과 검사 2011년 서울서부지검 검사 2013년 同부부장검사 2013년 법무부 검찰과 검사 2015년 서울동부지검 형사6부장 2016년 법무부 형사기획과장 2017년 수원지검 형사3부장 2018년 광주지검 부부장검사 2018~2019년 예금보험공사 금융부실책임조사본부 파견 2019년 대검찰청 검찰연구관(현) 2019년 同국제협력단장 겸임(현)

### 박세호(朴世浩)

(생)1961·1·13 (출)충북 청원 (주)충청남도 예산군 삽교읍 청사로 201 충남지방경찰청 제1부장실(041-336-2121) (학)청주대 법학과졸, 同대학원 법학과졸 (경)1988년 경위 임용(경찰간부 후보 36기) 2007년 충북지방경찰청 수사과장(총경) 2008년 충북 영동경찰서장 2009년 충북지방경찰청 정보과장 2010년 대전 둔산경찰서장 2011년 대전지방경찰청 청문감사담당관 2013년 대전동부경찰서장 2014년 충북지방경찰청 정보과장 2014년 충북 청주흥덕경찰서장(경무관) 2015년 대전지방경찰청 제2부장 2016년 충북지방경찰청 차장 2017년 제주지방경찰청 차장 2018년 강원지방경찰청 제1부장 2019년 충남지방경찰청 제1부장(현)

### 박세환(朴世煥) PARK Se Hwan

(생)1957·2·3 (본)밀양(密陽) (출)강원 화천 (주)경기도 의정부시 녹양로34번길 18 정욱빌딩 4층 박세환법률사무소(031-837-7780) (학)1974년 철원고졸 1980년 고려대 행정학과졸 1982년 강원대 법학대학원졸 (경)1986년 사법시험 합격(28회) 1989년 사법연수원 수료(18기) 1989년 서울지검 남부지청 검사 1991년 대전지검 강경지청 검사 1993년 서울지검 의정부지청 검사 1995년 춘천지검 검사 1997년 인천지검 검사 1997년 변호사 개업(현) 1997년 한나라당 철원·화천·양구지구당 위원장 1997년 同이회창총재 법률특보 2003년 同강원도지부 대변인 2004~2008년 제17대 국회의원(철원·화천·양구·인제, 한나라당) 2004~2008년 한나라당 철원·화천·양구·인제당원협의회 운영위원장 2005~2006년 同원내부대표 2006년 同대표 비서실장 2006~2008년 同원내부대표 2007~2012년 同중앙선거대책위원회 부정선거방지위원회 법률지원단장

### 박세희(朴世熙) PARK Se Hie (華村)

(생)1935·11·28 (본)밀양(密陽) (출)서울 (주)서울특별시 서초구 반포대로37길 59 대한민국학술원(02-594-0324) (학)1959년 서울대 문리과대학 수학과졸 1961년 同대학원졸 1975년 이학박사(미국 인디애나대) (경)1963~1981년 서울대 문리과대학 강사·전임강사·조교수·부교수 1971년 대한수학회 총무이사 1976년 한국과학사학회 편집위원 1977~1979년 서울대 자연과학대학 학장보 1979년 미국 캘리포니아대 버클리교 연구조교 1980년 미국 수학회(A.M.S) Reviewer(현) 1980~1992년 한국수리과학연구소 소장 1980년 대한수학회 부회장 1981~2001년 서울대 수학과 교수 1982~1984년 대한수학회 회장 1982~1990년 한국과학사학회 이사 1982년 국제수학연맹(I.M.U.) 한국위원회 위원장 1984년 한국과학기술단체총연합회 이사 1986년 서울대 수학과장 1989~1993년 서울대교수협의회 부회장 1992년 미국 인디애나대 방문교수 1994년 한국과학기술한림원 종신회원(현) 1995~2003년 미국 뉴욕과학아카데미 회원 1996~2005년 중국 연변대 객좌교수 2001년 서울대 명예교수(현) 2001년 대한민국학술원 회원

(수학 · 현) (상)서울시 문화상(1981), 대한수학회 학술상(1986), 국민훈장 동백장(1987), 학술원상(1994), 서울대 30년 근속표창(1996), 대한수학회 논문상(1998), 한국과학기술한림원상(2007), 대한수학회 특별공로상(2016) (저)'중학교 새수학 1,2,3(空)'(1965, 탐구당) '인문계 고교 공통수학'(1967, 탐구당) '인문계 고교 수학 Ⅰ'(1967, 탐구당) '인문계 고교 수학 Ⅱ'(1967, 탐구당) '미분적분학'(1969, 형설출판) '대수학과 기하학'(1970, 형설출판) '교사를 위한 수학(空)'(1972, 한국방송통신대학) '인문계 고교 수학 Ⅱ'(1978, 계몽사) '선형대수(空)'(1985, 한국방송통신대학) '수학의 세계'(1985, 서울대학교출판부) '현대과학의 제문제(空)'(1991, 민음사) '고등학교 공통수학(空)'(1996, 동아서적) '고등학교 수학Ⅰ(空)'(1996, 동아서적) 고등학교 수학 Ⅱ(空)'(1997, 동아서적) '수학의 세계(개정판)'(2006, 서울대학교출판부) '대한수학회 70년사(空)'(2016, 대한수학회) '추상볼록공간의 이론'(2017, 대한민국학술원) '동림 최윤식 선생과 우리 수학계'(2018, 대한수학회 70년사편찬위원회) '화촌문집: 수학 속의 삶'(2018, parksehie.com) (역)'중국의 수학'(1976, 전파과학사) '수학의 확실성'(1984, 민음사) '수학의 철학'(2002, 아카넷)

### 박소경(朴素鏡 · 女) PARK So Kyung

(생)1951 · 8 · 11 (출)대구 (주)경상북도 경산시 하양읍 대경로105길 19 호산대학교 총장실(053-850-8023) (학)1970년 경북여고졸 1976년 이화여대 의대졸 2001년 의학박사(계명대) 2007년 서강대 교육대학원 상담심리전공 수료 2015년 계명대 대학원 철학 박사과정 수료 (경)1976~1977년 이화여대부속병원 인턴 1977~1981년 同소아과 레지던트 1981~1985년 계명대 의대 소아과학교실 교수 1985~1996년 박소경소아과의원 원장 1996~2008년 경동정보대학 간호과 교수 2000~2007년 同평생교육원장 2008년 同간호과 학장 2009~2015년 경산1대 총장 2012~2014년 KBS대구여성합창단 단장 2015년 호산대 총장(현) (저)'인체의 이해' '심리학 강의' '고전 에스프레소 1-논어 명언명구 100選' '고전 에스프레소 2-맹자 · 순자 명언명구 100選' '고전 에스프레소 3-붓다의 아름다운 문장' 'Letter' 'Business Service Manual' '스트레칭 레슨' (종)가톨릭

### 박소라(朴소라 · 女) PARK, SO RA

(생)1960 · 8 · 19 (주)인천광역시 미추홀구 인하로 100 인하대학교 의과대학 생리학교실(032-860-9852) (학)1985년 연세대 의대졸 1989년 同대학원졸 1993년 생리학박사(연세대) (경)1989~2003년 연세대 의대 생리학교실 연구강사 · 전임강사 · 조교수 · 부교수 1996~1998년 영국 옥스퍼드대 Post-Doc. 2003년 인하대 의대 생리학교실 교수(현) 2006년 同생리학교실 주임교수 2007년 同의대 교무부장 2008년 한국보건산업진흥원 신기술개발단장 2012년 보건복지부 글로벌줄기세포 · 재생의료연구개발촉진센터장(현) 2017년 인하대 의학전문대학원장(현) (상)국무총리표창(2011) (저)'조직공학과 재생의학'

### 박소영(朴昭瑛 · 女) PARK So Young

(생)1971 · 9 · 27 (출)서울 (주)제주특별자치도 제주시 남광북5길 3 제주지방검찰청 총무과(064-729-4626) (학)1990년 서울여고졸 1994년 이화여대 법학과졸 2003년 법학박사(이화여대) (경)1995년 사법시험 합격(37회) 1998년 사법연수원 수료(27기) 1998년 서울지검 의정부지청 검사 2000년 同북부지청 검사 2002년 부산지검 검사 2004년 대검찰청 검찰연구관 2006년 서울중앙지검 검사 2010년 청주지검 검사 2010년 同부부장검사 2011년 사법연수원 교수 2013년 법무부 인권국 인권조사과장 2014년 수원지검 안산지청 부장검사 2015년 수원지검 공판송무부장 2016년 인천지검 부천지청 부장검사 2017년 서울서부지검 형사1부장 2018년 부산지검 서부지청 차장검사 2019년 제주지검 차장검사(현)

### 박소영(朴素榮 · 女)

(생)1975 · 11 · 3 (출)인천 (주)인천광역시 연수구 인천타워대로 323 법무법인 케이앤피(032-864-8300) (학)1994년 인천 인일여고졸 1999년 고려대 법학과졸 2010년 인하대 경영대학원졸 2011년 同대학원 경영학 박사과정 이수 (경)2001년 사법고시 합격(43회) 2004년 사법연수원 수료(33기) 2004년 법무법인 새얼 소속변호사 2006년 법무법인 로시스 변호사 2008년 변호사 개업 2011년 김태진 · 박소영 법률사무소 변호사 2013년 법무법인 케이앤피 대표변호사(현) 2017~2019년 대통령직속 지역발전위원회 위원 2019년 대통령직속 국가균형발전위원회 위원(현)

### 박소영(朴邵英 · 女)

(생)1977 · 3 · 20 (출)서울 (주)부산광역시 연제구 법원로 31 부산지방법원 총무과(051-590-1507) (학)1995년 한양외국어고졸 2000년 서울대 사법학과졸 (경)2001년 사법시험 합격(43회) 2004년 사법연수원 수료(33기) 2004년 부산지법 동부지원 예비판사 2006년 同동부지원 판사 2007년 수원지법 안산지원 판사 2010년 서울중앙지법 판사 2012년 서울북부지법 판사 2014년 서울중앙지법 판사 2016년 서울북부지법 판사, 사법연수원 교수 2019년 부산지법 부장판사(현)

### 박손식(朴孫植) Park Son Sik (들풀)

(생)1961 · 2 · 24 (본)밀양(密陽) (출)경기 안성 (주)경기도 안성시 사곡길 6 서우종합개발(주)(031-671-0324) (학)1983년 검정고시 1988년 경원대 법학과졸 2013년 한경대 대학원 아동가족복지학과졸 (경)1988~1995년 (주)시티건설 주택본부장 1995~1997년 (주)늘푸른주택 관리이사 2001~2003년 (주)리건축 대표이사 2002~2004년 노사모 안성대표 2002~2003년 개혁국민정당 안성시지구당 위원장 2003년 서우종합개발(주) 대표이사(현) 2004년 6.4재보선 안성시의원 출마(열린우리당) 2005~2006년 민주평통 자문위원 2006년 경기 안성시의원(비례대표) 출마 2008~2010년 민주당 안성시지역위원회 사무국장 2010~2011년 국민참여당 안성시지역위원회 위원장 2019년 안성시체육회 부회장(현) (종)불교

### 박송하(朴松夏) PARK Song Ha

(생)1946 · 3 · 8 (출)광주 (주)서울특별시 강남구 영동대로 517 아셈타워 22층 법무법인 화우(02-6003-7035) (학)1964년 광주제일고졸 1968년 고려대 법학대학졸 (경)1971년 사법시험 합격(13회) 1973년 사법연수원 수료(3기) 1973~1975년 서울민사지법 · 서울형사지법 인천지원 판사 1975년 서울가정법원 판사 1977년 서울민사지법 판사 1979년 서울형사지법 판사 1980년 대전지법 천안지원 판사 1982년 서울지법 북부지원 판사 1983년 광주고법 판사 1984년 서울고법 판사 1986년 대법원 재판연구관 1987년 대전지법 서산지원장 1990년 서울지법 의정부지원 부장판사 1992년 서울형사지법 부장판사 1994년 광주고법 부장판사 1996년 광주지법 수석부장판사 1996~1997년 전남도 선거관리위원장 1997년 인천지법 수석부장판사 1998~2000년 대한변호사협회 변호사징계위원회 위원 1998년 서울고법 부장판사 2000~2004년 국회공직자윤리위원회 위원 2002년 서울지법 동부지원장 2004년 서울남부지법원장 2005년 광주고법원장 2006년 대법원 법관인사위원회 · 법관징계위원회 위원 2006~2008년 同법원소청심사위원장 2006~2008년 서울고법원장 2006~2009년 중앙선거관리위원회 위원 2007~2008년 대법원 양형위원회 위원 2008년 법무법인 화우 대표변호사 · 고문변호사(현) 2008~2014년 (주)대우건설 사외이사 2008년 (주)바텍 사외이사(현) 2010년 대한상사중재원 중재인(현) 2012년 서울고법 민사및가사조정위원회 위원(현) 2012년 同조정위원회 회장(현) 2016년 (사)한국기독교화해중재원 이사(현) (상)황조근정훈장(2008) (저)'1人회사' (종)기독교

### 박수경(朴水京 · 女) PARK Soo Kyung

(생)1965 · 12 · 5 (본)함양(咸陽) (출)부산 (주)서울특별시 강남구 강남대로 406 글라스타워 11층 듀오정보(주)(1577-8333) (학)1984년 부산 영도여고졸 1988년 서울대 가정관리학과졸 1997년 소비자아동학박사(서울대) (경)1990~1999년 서울대 · 고려대 · 성균관대 · 중앙대 등 강사 1995~1999년 서울대 생활과학연구소 연구원 2000년 아모레퍼시픽 이미지메이킹팀 과장 2006년 同소비자미용연구소장(상무) 2008~2013년 同고객지원사업부장(상무) 2014년 듀오정보(주) 대표이사(현) 2015년 (사)한국소비자교육지원센터 부회장(현)

### 박수금(朴壽錦) Park soo keum

(생)1963 · 9 · 29 (출)경남 통영 (주)서울특별시 중구 소공로 70 중부세무서(02-2260-9242) (학)1982년 통영고졸 1984년 세무대학 내국세학과졸(2기) 2003년 고려대 정책대학원 경제학과졸 (경)1984년 세무공무원 임용(8급 특채), 국세청 감사관실 근무, 부산지방국세청 감사관실 근무 2012년 서울지방국세청 조사2국 1과 근무 2015년 서기관 승진 2017년 경남 거창세무서장 2018년 부산 금정세무서장 2019년 서울 중부세무서장(현)

### 박수길(朴銖吉) PARK Soo Gil (海巖)

(생)1933 · 10 · 18 (출)경북 경산 (주)서울특별시 중구 서소문로 125 유엔협회세계연맹(WFUNA)(02-778-5560) (학)1959년 고려대 법대졸 1968년 미국 서던캘리포니아대 대학원졸 1971년 미국 컬럼비아대 국제대학원졸(석사) (경)1961년 외무부 통상국 근무 1966년 駐로스앤젤레스 부영사 1969년 외무부 기획관리실 법무담당관 1972~1974년 同조약과장 · 동북아1과장 1974년 외교안보연구원 연구관 1974년 駐호주대사관 참사관 1976년 駐유엔대표부 참사관 1977년 외무부 조약국장 1980년 駐유엔대표부 공사 겸 駐미국대사관 공사 1984년 駐모로코 대사 1986년 외무부 제1차관보 1988년 駐캐나다 대사 1990년 駐제네바 대사 1993년 외교안보연구원 원장 1994년 이란 · 요르단 · 카타르 · 오만 방문 대통령특사 1995년 駐유엔대표부 대사 1995~2000년 '새천년 유엔정상회의 및 유엔개혁문제를 협의하기 위한 16개국그룹' 대통령특사 1997년 유엔안보리 이사회 의장 1998년 외교통상부 본부대사 1998~2001년 고려대 국제대학원 석좌교수 1999~2008년 한국UN체제학회 회장 2000~2003년 유엔 인권위원회 인권보호증진소위원회 위원 2000~2016년 서울평화상 심사위원회 위원 2001~2003년 경희대 평화복지대학원장 2003~2006년 유엔한국협회 회장 2003~2005년 서울대 국제대학원 초빙교수 2005~2008년 고려대 국제대학원 석좌교수 2006년 유엔중앙긴급대응기금(UN Central Emergency Response Fund) 유엔사무총장 자문위원 2009 · 2013 · 2015년 유엔협회세계연맹(WFUNA) 회장(현) 2010년 통일부 고문 2011~2015년 국가인권위원회 정책자문위원장 (상)황조근정훈장(1996) (저)'21세기 UN과 한국' 'UN · PKO · 동아세아 안보'(英文) '21세기에서의 UN'(英文) 회고록 '그동안 우리가 몰랐던 대한민국 외교 이야기'(2014) (종)천주교

### 박수복(朴壽福) PARK Su Bok

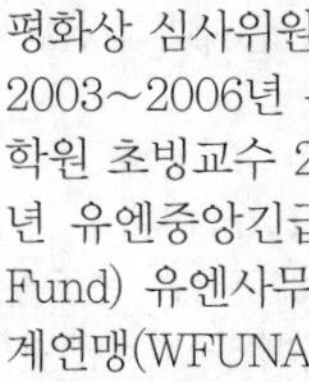

(생)1966 (출)경북 청도 (주)세종특별자치시 국세청로 8-14 국세청 정보개발2담당관실(044-204-2551) (학)청도 모계고졸, 세무대졸(5기) (경)특채 임용(8급) 1987년 동대구세무서 총무과 근무 2009년 경북 영덕세무서 운영지원과장 2011년 대구지방국세청 조사1국 조사1과장 2012~2013년 대통령 민정수석비서관실 파견 2013년 서울지방국세청 조사4국 조사3과 6팀장 2014년 대구지방국세청 세원분석국장 2014년 부산진세무서장 2015년 국세공무원교육원 운영과장 2016년 서울 금천세무서장 2017년 서울지방국세청 조사1국 조사2과장 2019년 국세청 정보개발2담당관(현) (상)국무총리표창(2007)

### 박수생(朴秀生)

(생)1963 · 9 · 30 (주)부산광역시 서구 구덕로 120 부산광역시 서구청(051-240-4001) (학)부산대 대학원 행정학과졸 (경)1991년 공무원 임용(7급 공채) 2000년 부산시 기획관리실 기획관 2004년 부산시 감사관 2009년 부산시 교육협력과 인재양성담당사무관 2010년 부산시 자치행정과 시민협력담당사무관 2012년 부산시 교통정책과 광역교통담당사무관 2015년 행정자치부 지방행정실 지역공동체사업팀장 2017년 부산시 국제협력과장 2018년 부산시 총무과장 2019년 부산시 서구 부구청장(현) (상)국무총리표창(2003), 대통령표창(2008)

### 박수성(朴秀晟) PARK Soo Sung

(생)1963 · 9 · 26 (출)부산 (주)서울특별시 송파구 올림픽로43길 88 서울아산병원 정형외과(02-3010-3529) (학)1988년 서울대 의대졸 2001년 同대학원 의학석사 2005년 의학박사(서울대) (경)1988년 서울대병원 인턴 1989~1992년 해군 軍의관(대위 전역) 1992~1996년 서울중앙병원 정형외과 레지던트 1996년 강릉병원 전문의 1997년 서울대 어린이병원 소아정형외과 전임의 1998년 강릉아산병원 전문의 1999년 울산대 의대 정형외과학교실 전임강사 · 조교수 · 부교수 · 교수(현) 2004년 미국 뇌성마비학회(AACPDM) 정회원(현) 2006년 미국 인명정보기관 ABI(American Biographical Institute) · 영국 케임브리지 국제인명센터 IBC(International Biographical Centre) 2006 하반기판에 등재 2011~2016년 서울아산병원 ARC실장 (저)'소아정형외과학'(2004) '심폐소생술'(2006) '소아청소년 골절학'(2007) '엄마의 관심만큼 자라는 아이'(2008) '골연장 및 변형교정'(2008) (종)가톨릭

### 박수연(朴修姸 · 女)

(생)1974 · 9 · 2 (출)제주 서귀포 (주)경기도 과천시 관문로 47 법무부 교정본부 심리치료과(02-2110-3896) (학)제주대 행정학과졸 (경)1999년 행정고시 합격(43회) 2000년 교정관 임용 2001년 제주교도소 서무과장 2005년 광주지방교정청 총무과 근무 2009년 춘천교도소 복지지원과장 2013년 광주지방교정청 의료분류과장(서기관) 2014년 同사회복귀과장 2015년 서울지방교정청 직업훈련과장 2016년 同사회복귀과장 2017년 제주교도소장 2018년 광주지방교정청 총무과장 2019년 법무부 교정본부 심리치료과장(현)

### 박수영(朴洙瑩) PARK, SOO-YOUNG

(생)1964 · 1 · 7 (출)부산 (주)서울특별시 중구 퇴계로 197 한반도선진화재단(02-2275-8391) (학)부산동고졸 1986년 서울대 법학과졸 1996년 미국 하버드대 대학원 정책학과졸 2005년 행정학박사(미국 버지니아폴리테크닉주립대) (경)1985년 행정고시 합격(29회) 1999년 중앙인사위원회 정책담당관 2001년 同정책지원과장 2005년 同인사정책국 정책총괄과장 2006년 同인사정책국 정책총괄과장(부이사관) 2006년 대통령 인사수석비서관실 선임행정관(고위공무원) 2007년 중앙인사위원회 성과후생국장 2008년 행정안전부 혁신정책관 2008년 同인사기획관 2009년 경기도 경제투자실장 2010~2012년 同기획조정실장 2012년 행정안전부 교육파견(고위공무원) 2015년 법무법인 화현 고문(현) 2016년 제20대 국회의원선거 출마(경기 수원시丁, 새누리당) 2016년 아주대 초빙교수(현) 2018년 한반도선진화재단 대표(현) (상)홍조근정훈장(2014)

**박수영**

(생)1969·5·4 (출)전남 무안 (주)서울특별시 도봉구 노해로 403 도봉경찰서(02-2289-9321) (학)전남대사대부고졸, 경찰대 행정학과졸, 캐나다 칼튼대 행정대학원졸 (경)2006년 경기 과천경찰서 경비과장 2007년 서울 종로경찰서 교통과장 2008년 경찰청 외사국 근무 2015년 충북지방경찰청 생활안전과장(총경) 2016년 충남 논산경찰서장 2017년 중앙경찰학교 교무과장 2018년 경찰청 교육정책담당관 2019년 서울 도봉경찰서장(현)

**박수완(朴洙完) PARK Soo Wan**

(생)1960·10·1 (주)서울특별시 관악구 보라매로3길 23 대교타워 (주)대교 비서실(02-829-1114) (학)서울 동성고졸, 인하대 공과대학 기계공학과졸 (경)1985~1986년 현대자동차(주) 근무 1986년 (주)대교 입사 1998년 同전략기획실 경영관리팀장 1999~2000년 대교D&S CFO 2001~2009년 대교홀딩스 최고재무책임자(CFO) 2008~2009년 (주)대교 투자전략실장 2010~2014년 同경영지원본부장 2010~2014년 대교홀딩스 COO 2014~2018년 同CAE 2014년 (주)대교 대표이사(현) 2019년 대교홀딩스 CAE(부사장) (상)한국IR대상 Best IRO상(2010), 투명회계대상(2013), 도농교류의 날 산업포장(2015) (종)천주교

**박수용(朴守龍) PARK Soo Yong**

(생)1957·10·16 (출)부산 (주)부산광역시 부산진구 시민공원로19번길 28 부산진문화원(051-817-9648) (학)양산대학 생활체육과졸, 부산대 행정대학원 수료, 동의대 행정대학원 수료 (경)아시안게임부산유치추진위원회 위원, 부산진구주민자치위원회 고문, 맑고푸른부산진구21 회장, 부암1동청소년지도위원회 위원장, 한국자유총연맹 부암1동 지도위원장, 부암동재개발추진위원회 위원장, 부산진구장학회 고문, 민주평통 부산진구협의회 부회장 1991·1995·1998·2002·2006~2007년 부산시 부산진구의회 의원 1997년 同사회산업위원장 1998·2000·2002년 同예산결산특별위원장 2002~2004년 同부의장 2004년 부암1동새마을금고 이사장(현) 2006년 부산시 부산진구의회 의장 2012년 부산진문화원 원장(현) 2018년 (사)대한민국팔각회 총재(현)

**박수용(朴守鏞) Sooyong Park**

(생)1962·9·5 (출)서울 (주)서울특별시 마포구 백범로 35 서강대학교 공학부 컴퓨터공학과(02-705-8928) (학)1981년 한성고졸 1986년 서강대 전자계산학과졸 1988년 미국 플로리다주립대 대학원 컴퓨터학과졸 1995년 공학박사(미국 조지메이슨대) (경)1996~1998년 미국 TRC-ISC Senior SW Engineer 1998년 서강대 공학부 컴퓨터공학과 조교수·부교수·교수(현) 2010~2011년 매일경제 디지털3.0 칼럼위원 2010~2012년 소프트웨어공학소사이어티 회장 2010년 디지털타임스 칼럼위원 2010년 국방SW산학연협회 총무이사 2011년 SW정책연구회 운영위원장 2011년 국가과학기술위원회 전문위원 2011~2012년 서강대 정보통신대학원장 2012~2014년 정보통신산업진흥원 원장 2015~2016년 새누리당 핀테크특별위원회 부위원장 2015년 서강대 대외교류처장 2017년 同지능형 블록체인 연구센터장(현) 2019년 (사)한국블록체인학회 회장(현)

**박수천(朴壽天) PARK Soo Cheon (世庵·銀材)**

(생)1948·10·8 (본)밀양(密陽) (출)경기 양평 (주)서울특별시 영등포구 국회대로66길 19 프리베로빌딩 904호 한국베트남우호협의회(02-761-7137) (학)1966년 양평 지평고졸 1977년 동국대 법정대학 행정학과졸 1979년 同대학원 행정학과졸 1988년 연세대 행정대학원 수료 1993년 고려대 경영대학원 수료 2010년 북한대학원대학교 최고지도자과정 수료 (경)1977~1995년 새한종합금융(주) 입사·부장 1978년 공인증권분석사 1984~1986년 (사)서울청년회의소 홍보위원장·총무이사 1989년 지평중·고총동문회 회장 1990~1996년 사회복지법인 성라원 이사 1990~1998년 학교법인 계신학원 감사 1993~2000년 (사)한·우즈벡공화국친선협회 이사 1993~1995년 연세대 행정대학원총동창회 부회장 1993~2004년 동국대총동창회 감사·부회장 1995~1998년 (재)동우장학회 이사 1995~1998년 두견주(중요무형문화재) 양조회사 부사장 1997년 효행실천운동본부 상임대표 1998~2000년 양평군민신문 발행인 겸 사장 2000~2002년 굿모닝증권(주)·현대투자신탁(주) 고문 2001년 민주평통 자문위원 2004~2014년 한국정경문화연구소 대표 2007년 불교포럼 운영위원장·이사장 2007~2010년 서울시농수산물공사 비상임이사 2010년 월남전 참전 국가유공자 위촉 2012~2015년 공법단체 대한민국월남전참전자회 대외협력위원장 2012년 동국대총동창회 부회장 2015~2016년 디엠엔텍(주) 부회장 2016년 (사)한국베트남우호협의회 회장(현) (상)서울시장표창, 문교부장관표창, 한국은행총재표창, 한국언론인연합회 자랑스런 한국인 대상(2017) (저)'아버지 날 낳으시고 어머니 날 기르시니' '新효행록' (종)불교

**박수천(朴壽天) Park soo-cheon**

(생)1963·4·8 (본)밀양(密陽) (출)경기 이천 (주)전라북도 전주시 덕진구 백제대로 709 전북지방조달청 청장실(063-240-6511) (학)1982년 용문고졸 1992년 동국대 경제학과졸 (경)1996~2000년 조달청 납품검사과·외자 2과 행정주사보(7급) 2000~2009년 同정보기술용역과·외자기기팀 행정주사(6급) 2009~2016년 同정보기획과 행정사무관·대전지방조달청 장비구매팀장 2016년 조달청 시설총괄과 서기관 2016년 同납품검사과 서기관 2017년 同조달회계팀장 2019년 인천지방조달청 장비구매과장 2019년 전북지방조달청장(현)

**박수헌(朴秀憲) PARK Soo Hun**

(생)1963·11·25 (주)서울특별시 용산구 청파로47길 100 숙명여자대학교 법과대학(02-2077-7119) (학)1986년 고려대 법학과졸 1988년 同대학원 법학과졸 1997년 미국 인디애나주립대 블루밍턴교 대학원 법학과졸 2000년 법학박사(미국 인디애나주립대 블루밍턴교) (경)1990년 국토연구원 연구원 1992년 한국법제연구원 연구원 2000~2007년 강원대 법학과 부교수 2007년 숙명여대 법과대학 부교수·교수(현) 2015년 대통령소속 국가생명윤리심의위원회 위원 2018년 숙명여대 법과대학장(현) (저)'남북한 법제비교'(2003)

**박수현(朴洙賢) PARK Soo Hyun**

(생)1964·8·14 (출)충남 공주 (학)1983년 공주사대부고졸 1991년 서울대 서양사학과 제적(3년) 2000년 한국방송통신대 행정학과졸 2002년 연세대 행정대학원 행정학과졸 (경)새희망민주연대 수석부대표, 더좋은민주주의연구소 이사, 충남도장애인럭비협회 회장, 푸른충남21추진협의회 위원, 대통령자문 국가균형발전위원회 자문위원, 국회 입법보좌관, 안희정 충남도지사후보선거대책본부 총괄선거대책본부장, 민주당 중앙당 부대변인, 충남도 정책특별보좌관, 민주당 충남도당 세종시특별위원회 위원장, 同충남도당 국제과학비즈니스벨트특별위원회 위원장, 同정책위원회 부의장 2003~2015년 (사)자연보호공주시협의회 회장 2012년 민주통합당 공주시지역위원회 위원장 2012년 同충남도당 위원장 2012~2016년 제19대 국회의원(공주, 민주통합당·민주당·새정치민주연합·더불어민주당) 2012·2015년 국회 운영위원회 위원 2012년 국회 국토해양위원회 위원 2012년 국회 태안유류피해대책특별위원회 간사 2012

년 민주통합당 4대강사업조사특별위원회 간사 2013년 同원내부대표 2013년 국회 국토교통위원회 위원 2013년 민주당 정책위원회 부의장 2013년 同충남도당 위원장 2013년 국회 허베이스피리트호유류피해대책특별위원회 간사 2013년 민주당 4대강사업조사특별위원회 간사 2013~2015년 충남사회복지협의회 회장 2013년 민주당 원내대변인 2014년 새정치민주연합 원내대변인 2014~2015년 同충남도당 공동위원장 2014년 同대표최고위원 비서실장 2014~2015년 同대변인 2014~2015년 同제3정책조정위원장 2015년 同원내대변인 2015~2016년 더불어민주당 원내대변인 2015~2016년 同비상대책위원회 대표 비서실장 2016년 同충남공주시·부여군·청양군지역위원회 위원장 2016년 제20대 국회의원선거 출마(충남 공주시·부여군·청양군, 더불어민주당) 2016년 더불어민주당 전략홍보본부장 2017년 同제19대 문재인 대통령후보 중앙선거대책위원회 공보단 대변인 2017~2018년 대통령 대변인 2017~2018년 청와대 가톨릭교우회 회장 2018~2019년 국회의장 비서실장(차관급) (상)뉴스메이커 선정 '한국을 이끄는 혁신리더 대상'(2011), 국정감사NGO모니터단 '2012국정감사 우수의원'(2012), 민주통합당 '2012국정감사 최우수의원'(2012), 건설경제신문 '2012 국정감사 우수의원'(2012), (사)한국환경정보연구센터 '2012 국정감사 친환경베스트의원'(2012), 경제정의실천시민연합 국정감사 우수의원(2014), 백봉신사상 올해의 신사의원 베스트10(2014), 글로벌기부문화공헌대상 정당인 봉사부문(2015), 전국청소년선플SNS기자단 선정 '국회의원 아름다운 말 선플상'(2015), 백봉신사상 올해의 신사의원 베스트10(2015) (저)'차마 돌아서지 못하는 마음'(2011) (종)가톨릭

## 박수홍(朴洙弘) SOO-HONG, PARK

(생)1965·2·27 (본)밀양(密陽) (출)강원 강릉 (주)경상남도 진주시 충의로 10 한국산업기술시험원 시스템융합본부 항공국방신뢰성센터(055-791-3520) (학)1982년 영등포고졸 1986년 한양대 정밀기계공학과졸 1989년 同대학원 정밀기계공학과졸 1998년 정밀기계공학박사(한양대) (경)1990~1993년 한국생산기술연구원 연구개발본부 연구원 1993년 한국산업기술시험원 기간산업본부 책임연구원, 同공연장안전지원센터장 2005년 同공연장안전지원센터 연구원 2011년 同기계시스템본부 수석연구원 2014~2015년 同시스템융합본부 시스템사업센터장 2016년 同시스템융합본부 시스템안전기술센터장 겸 중부지역본부장 2017년 同시스템융합본부 항공국방신뢰성센터장(현) (상)문화체육관광부장관표창(2010)

## 박수환(朴樹煥) PARK Soo Hwan

(생)1955·7·8 (본)함양(咸陽) (출)대구 (주)서울특별시 용산구 한강대로 100 삼일회계법인(02-709-0790) (학)1973년 경북대사대부고졸 1979년 영남대 경제학과졸 1995년 홍익대 대학원 경영학과졸 2010년 경영학박사(홍익대) (경)1979년 한국은행 조사부 근무 1982년 同조사부·은행감독원 근무 1984년 삼일회계법인 입사 1997~2005년 同제3본부 일본계 비지니스담당 상무이사·제3본부장(전무이사) 1999년 한국금융연수원 강사 1999년 한국게임산업개발원 비상근감사 2005년 한국문화콘텐츠진흥원 비상근감사 2005~2011년 삼일회계법인 부대표 2005년 신문유통원 비상임감사 2006~2008년 국세청 과세적부심 및 심사위원 2007년 한국조세연구원 자문위원 2008년 한국세무학회 부회장 2008~2010년 한국조세연구포럼 부회장 2008~2011년 기획재정부 세제실 세제발전심의위원회 위원 2008년 (재)한국방문의해위원회 비상근감사 2009년 한국공인회계사회 손해배상공동기금운용위원회 위원 2011~2017년 삼일회계법인 대표 2011년 국세청 통계위원회 위원장 2012년 재무인포럼 회장 2012년 한국예술인복지재단 비상임감사 2014~2016년 한국공인회계사회 조세부회장 2018년 삼일회계법인 상임고문(현) (상)납세자의날 대통령표창(2010)

## 박숙자(女) PARK Sook Ja

(생)1954·7·2 (출)서울 (주)경기도 안산시 단원구 예술대학로 171 서울예술대학교 공연학부 무용전공(031-412-7100) (학)1981년 서울예술대학 한국무용과졸, 상지대 체육과졸, 숙명여대 전통문화예술대학원졸, 단국대 대학원 무용학 박사과정 수료 (경)1973~1979년 국립국악원 무용단 단원 1977년 중요무형문화재 제17호 봉산탈춤 이수 1979~1985년 국립무용단 단원 1985~2019년 서울예술대 공연학부 무용전공 교수 1988년 88서울올림픽식전행사 해맞이안무 지도 1993년 중요무형문화재 제97호 이매방류 살풀이춤 이수 1999년 중요무형문화재 제39호 처용무 이수 2019년 국립국악원 무용단 예술감독(현) 2019년 서울예술대 공연학부 무용전공 명예교수(현)

## 박숙희(朴淑姬·女) Sookhee Park

(생)1970·1·16 (주)서울특별시 중구 세종대로 110 서울특별시청 문화본부 디자인정책과(02-2133-2700) (학)1992년 서울시립대 영어영문학과졸 2007년 미국 오레곤대 대학원 정책학과졸 (경)1993년 서울 강서구 사회복지과 근무 1996년 서울시 기획예산실 예산담당관 2001년 同기획예산실 법무담당관 2007년 同홍보기획관실 마케팅담당관 2010년 同교육협력국 교육격차해소과 친환경급식지원팀장 2012년 同행정국 정보공개정책과 정보공개지원팀장 2014년 同기후환경본부 녹색에너지과 에너지정책팀장 2016년 同기후환경본부 환경정책과 환경정책팀장 2017년 同기획조정실 시민참여예산반장 2018년 교육훈련(서기관) 2019년 서울시 문화본부 디자인정책과장(현)

## 박순경(朴順璟·女) PARK Soon Kyung

(생)1960·2·25 (출)대구 (주)충청북도 진천군 덕산면 교학로 8 한국교육과정평가원 부원장실(043-931-0546) (학)1983년 이화여대 영어영문학과졸 1985년 同대학원 교육학과졸 1991년 문학박사(이화여대) (경)1985~1997년 한국교육개발원 교육과정연구실 근무 1998년 同교육과정평가연구실장, 同교육과정·교과서연구본부 선임연구위원 1999~2001년 교육부 교육과정심의위원 2002년 교육인적자원부 교육과정심의회 운영위원 2004~2005년 이화여대 교육대학원 겸임교수, 한국교육과정학회 부회장, 한국초등교육학회 이사 겸 윤리분과위원장, 한국교원교육학회 이사 2009년 한국교육과정평가원 교육과정연구부장(선임연구위원) 2010년 同교육과정기초·정책연구실장(선임연구위원) 2010년 同교육과정본부장(선임연구위원) 2012년 同교육과정연구실 선임연구위원 2015년 同선행교육예방연구센터장 2016년 同교육과정교과연구본부 선임연구위원 2018년 同부원장(현) (상)인문사회연구회 우수연구상, 교육인적자원부장관표창 (저)'교과교육학신론(共)'(2001) (역)'탈구조주의 교육과정 탐구 : 권력과 비판'(1998) '교육과정 담론의 새 지평(共)'(2002)

## 박순곤(朴純坤) PARK Soon Gon

(생)1948·7·23 (본)밀양(密陽) (출)경북 청도 (주)서울특별시 마포구 큰우물로 76 용성해운항공(주) 임원실(02-702-3789) (학)부산대 국제대학원 국제통상학과 수료, 부산대 행정·경영·환경대학원 최고과정 수료 (경)1992~2007년 부산불교방송 본부장 1995년 한국청소년부산연맹 후원회장 2001년 (주)건희개발 회장 2003년 아시아드개발 대표 2004년 부산태권도협회 부회장 2006년 부산상공회의소 상임의원(현) 2007~2015년 부산불교방송 사장 2010년 용성해운항공(주) 회장(현) 2012~2014년 부산불교지도자포럼 회장 (상)대한불교조계종 종정표창, 부산대 공로패, 불교방송 공로패, 부산MBC 공로패, 부산교육청 감사장, 국제라이온스협회 355-A지구 무궁화금장대상 (종)불교

## 박순규(朴淳圭)

(생)1960·7·19 (주)서울특별시 중구 세종대로 125 서울특별시의회(02-3702-1400) (학)호남대 경제학과졸 (경)통합민주당 인권특별위원회 부위원장, 더불어민주당 문화예술특별위원회 부위원장, 同정책위원회 부의장 2018년 서울시의회 의원(더불어민주당)(현) 2018년 同운영위원회 위원(현) 2018년 同도시안전건설위원회 위원(현) 2018년 同예산결산특별위원회 위원 2018년 서울시농수산식품공사 사장후보자인사청문특별위원회 위원(현) 2019년 서울시의회 체육단체비위근절을위한행정사무조사특별위원회 부위원장(현) 2019년 同독도수호특별위원회 위원(현)

## 박순기(朴淳基) PARK Soon Ki

(생)1962·3·16 (본)충주(忠州) (출)경북 김천 (주)대구광역시 북구 원대로 128 연우빌딩 연합뉴스 대구·경북취재본부(053-355-4242) (학)1981년 대구 성광고졸 1987년 경북대 정치외교학과졸 (경)1988년 연합뉴스 입사 2000년 同대구·경북취재본부 차장대우 2002년 同대구·경북취재본부 차장 2005년 同대구·경북취재본부 부장대우 2009년 同대구·경북취재본부 근무(부장급) 2012년 同대구·경북취재본부장(부국장대우) 2015년 同대구·경북취재본부 선임기자(부국장대우) 2015년 同대구·경북취재본부 구미주재 기자(부국장대우) 2017년 同대구·경북취재본부 구미주재 기자(부국장) 2019년 同대구·경북취재본부 구미주재 기자(선임)(현)

## 박순배(朴順培)

(생)1974·6·15 (출)전남 순천 (주)대구광역시 달서구 장산남로 40 대구지방검찰청 서부지청 형사3부(053-570-4542) (학)1992년 순천고졸 2002년 서울대 심리학과졸 (경)2001년 사법시험 합격(43회) 2004년 사법연수원 수료(33기) 2004년 부산지검 검사 2006년 수원지검 검사 2008년 광주지검 순천지청 검사 2010년 서울중앙지검 검사 2013년 법무부 법무실 통일법무과 검사 2015년 대구지검 검사 2017년 수원지검 안양지청 검사 2017~2018년 금융정보분석원 파견 2018년 수원지검 안양지청 부부장검사 2019년 서울중앙지검 부부장검사 2019년 대구지검 서부지청 형사3부장(현)

## 박순석(朴順石) PARK Soon Souk

(생)1944·11·29 (출)전남 신안 (주)서울특별시 강남구 테헤란로 512 신안그룹 회장실(02-3467-1007) (학)1984년 경희대 경영대학원 수료 1994년 한양대 경영대학원 최고경영자과정 수료 1995년 서울대 경영대학원 최고경영자과정 수료 1998년 경기대 통일안보대학원 수료 1999년 고려대 최고위정보통신과정 수료 (경)1980년 신안종합건설 회장 1983년 (주)신안 대표이사 회장 1986년 범민족올림픽추진중앙협의회 위원 1992년 (재)순석장학재단 이사장 1994년 동작종합유선방송 이사 1996년 신안컨트리클럽 대표이사 1996년 신안캐피탈(주) 대표이사 1997년 그린씨앤에프(주) 대표이사 1997년 신안관광개발(제주신안CC)(주) 대표이사 2000년 신안신용금고 회장 2001년 리베라컨트리클럽 회장 2001년 민주평통 자문위원 2001년 서울 및 유성리베라호텔 회장 2001년 신호스틸(주) 회장 2002년 휴스틸 회장·이사 2002년 (주)네오어드바이저 이사 회장 2002년 (주)인스빌 이사 회장 2002년 (주)코지하우스 이사 회장 2002년 신안그룹 회장(현) (상)재무부장관표창(1984), 대통령표창(1992·2002), 총무처장관표창(1992·1997), 내무부장관표창(1994), 부총리 겸 재정경제원장관표창(1995), 건설교통부장관표창(1995), 서울지방국세청장표창(1996), 주택건설의날 산업포장(1997), 경인지방국세청장표창(1998), 산업포장(1998), 자랑스러운 고려대인(2000), 문화관광부장관표창(2002), 민주평통 의장표창(2002), 건설교통부장관표창(2005), 강남구청장 모범납세표창(2009), 2009 아름다운 기부 감사패(2010), 보건복지부장관표창(2010)

## 박순연(朴淳鍊) PARK SUNYOUN

(생)1970·4·1 (출)서울 (주)서울특별시 종로구 청와대로 1 대통령비서실 농해수비서관실(02-730-5800) (학)1985년 대성고졸 1988년 고려대 농생물학과졸 (경)1998년 국립농산물검사소 충청지소 유통지도과 농업사무관, 농림부 농산물유통국 채소특작과 농업사무관, 同농업구조정책국 협동조합과 농업사무관 2007년 同농업구조정책국 협동조합과 기술서기관 2007년 同농업정책국 정책조정과 기술서기관 2008년 농림수산식품부 농협개혁TFT 기술서기관, 同식품산업정책과 팀장, 同식품산업정책실 식품유통정책관, 국립식물검역원 인천공항지원장 2009년 농림수산식품부 한식세계화추진팀장 2011년 농림수산검역검사본부 수산물안전부 수산물검역과장 2012년 同축산물안전부 소비자보호과장 2012년 농림수산식품부 과학기술정책과장 2013년 농림축산식품부 소비과학정책관실 과학기술정책과장 2014년 同농업정책국 농업금융정책과장(서기관) 2016년 同농업정책국 농업금융정책과장(부이사관) 2017년 同식품산업정책실 창조농식품정책과장 2018년 同식품산업정책실 농산업정책과장 2019년 대통령비서실 농해수비서관실 근무(부이사관)(현) (상)국무총리표창(2004)

## 박순영(朴淳英) PARK Soon Young

(생)1943·1·3 (본)밀양(密陽) (출)경남 진주 (주)서울특별시 서대문구 연세로 50 연세대학교 철학과(02-2123-2390) (학)1961년 진주사범학교졸 1965년 한신대 신학과졸 1968년 연세대 대학원 철학과졸 1970년 同대학원 박사과정 수료 1976년 철학박사(독일 보쿰대) (경)1977년 경희대 문리대학 철학과 조교수 1981~1986년 연세대 철학과 조교수·부교수 1986~2008년 同철학과 교수 1997~2000년 한국현상학회 회장 1998년 한국해석학회 회장 1998~2000년 연세대 철학연구소장 2001~2005년 현대철학연구소 소장 2002년 단계학술연구원 이사장(현) 2008년 연세대 철학과 명예교수(현) 2009~2011년 同학부대학 특별초빙교수 (상)근정포장(2008) (저)'산업사회의 이데올로기'(1980, 학문과사상사) '사회구조와 삶의 질서'(1986, 학문과사상사) (역)'해석학의 철학'(1993, 서광사) '사회주의와 민주화운동'(1991, 한겨레) (종)기독교

## 박순영(朴順英·女) PARK Soon Young

(생)1966·9·24 (출)전남 목포 (주)서울특별시 서초구 서초중앙로 157 서울고등법원(02-530-1114) (학)1985년 은광여고졸 1989년 고려대 법학과졸 (경)1993년 사법시험 합격(35회) 1996년 사법연수원 수료(25기) 1996년 대전지법 판사 겸 서산지원 판사 2003년 서울지법 판사 2004년 서울중앙지법 판사 2006년 서울고법 판사 2008년 서울서부지법 판사 2009년 대법원 재판연구관 2012년 서울고법 판사(현) 2019년 대전고법 부장판사 직대(현)

## 박순영(朴淳榮·女) Sunyoung PARK

(생)1971·9·10 (본)밀양(密陽) (출)충북 충주 (주)세종특별자치시 한누리대로 411 행정안전부 정부혁신조직실 협업정책과(044-205-2241) (학)1989년 마산여상졸 1998년 고려대 철학과졸 2014년 영국 엑세터대 대학원 정책학과졸(MPA) (경)2002~2004년 통계청 국제통계과·산업동향과 근무 2004년 중앙인사위원회 성과기획과 근무 2005년 同고위공무원단제도추진단 근무 2006년 同역량평가과·균형인사과 근무 2009년 행정안전부 민간협력과 근무 2011년 同선거의회과 근무 2014년 행정자치부 지역경제과 근무 2015년 보건복지부 사회보장위원회 근무 2016년 행정자치부 지방인사제도과장 2017년 행정안전부 지방자치분권실 지방인사제도과장 2018년 同정부혁신조직실 협업정책과장(현) (종)천주교

## 박순용(朴舜用) PARK Soon Yong

생1945·5·29 본밀양(密陽) 출경북 구미 주서울특별시 강남구 테헤란로 311 아남타워현대오피스텔 1207호 박순용법률사무소(02-558-6666) 학1963년 경북고졸 1968년 서울대 법과대학졸 1970년 同사법대학원 수료 경1967년 사법시험 합격(8회) 1970년 육군 법무관 1973~1982년 서울지검 영등포지청 검사·법무부 검찰4과·조사과 검사·서울지검 검사 1982년 수원지검 여주지청장 1983년 대검찰청 공안2과장 1985년 同공안1과장 1986년 同중앙수사부 3과장 1987년 서울지검 남부지청 특수부장 1988년 서울지검 형사5부장 1989년 同형사3부장 1990년 同형사1부장 1991년 同북부지청 차장검사 1992년 대구지검 차장검사 1993년 서울지검 서부지청장 1993년 대검찰청 공판송무부장 1994년 춘천지검 검사장 1995년 법무부 교정국장 1997년 同검찰국장 1997년 대검찰청 중앙수사부장 1998년 서울지검장 1999년 대구고검장 1999~2001년 검찰총장 2001년 변호사 개업(현) 2002년 태영건설 사외이사 2007년 헌법재판소 자문위원 상홍조근정훈장(1981), 황조근정훈장(1999), 청조근정훈장(2001)

## 박순일(朴純一) Bark Soon Il

생1949·7·29 본밀양(密陽) 출서울 주서울특별시 중구 충무로 9 미르내빌딩 505호 한국사회정책연구원 대표이사실(02-2278-1068) 학1968년 삼선고졸 1973년 서울대 경제학과졸 1975년 同대학원 경제학과졸 1985년 경제학박사(미국 위스콘신대 메디슨교) 경1976년 전국경제인연합회 조사역 1980년 국제경제연구원 책임연구원 1987년 한국보건사회연구원 연구위원 1991년 UN ESCAP-DPD Consultant 2001년 한국보건사회연구원 선임연구위원 2002~2005년 同원장 2003년 대통령자문 정책기획위원 2004년 대통령자문 정책기획위원회 산하 사람입국신경쟁력특별위원회 위원 2004~2005년 대통령자문 국민경제자문회의 위원 2004~2005년 한국사회정책학회 회장 2005년 同명예회장(현) 2006년 (사)한국사회정책연구원 대표이사(현) 저'저소득층의 사회복지수요 분석' '한국경제의 전환점 분석' '선진국의 문턱에서 본 한국 빈곤 현실과 사회보장' '위기의 한국사회보험 리모델링' '21세기 한국사회의 통합과 정책이념의 방향(共)'(2009) '21세기 초 경제대국 한국사회의 빈곤을 끝내는 길'(2010) '중앙정부 사회지출의 효율성 및 효과성 분석(共)'(2010) '복지경쟁 그 끝은 어디인가?'(2012) '한국 및 몽골의 사회정책비교연구(1)'(2014) '한국과 부리아트공화국의 사회정책비교연구(1)'(2016) 종불교

## 박순자(朴順子·女) PARK SOON JA (중산)

생1958·10·12 본밀양(密陽) 출경북 주서울특별시 영등포구 의사당대로 1 국회 의원회관 426호(02-784-1606) 학성지고졸, 고려대 경제학과졸, 행정학박사(한양대) 경1995~1998년 경기도의회 의원 1995년 서해안갯벌보존환경시민연대 대표 1995년 해양시민대학 학장 1996년 민주평통 안산시협의회장 1997~2000년 환경부 환경정책자문위원 1998년 (사)21세기여성정치연합 공동대표 2000년 한국환경문제연구소 연구위원 2000년 여성과지방자치연구소 이사장 2003년 한나라당 부대변인 2003년 同안산시단원구지구당 위원장 2004년 제17대 국회의원(비례대표, 한나라당) 2004년 국회 빈곤아이를생각하는연구회 공동대표 2004년 한나라당 결식아동대책특별위원회 위원장 2005~2006년 同원내부대표 2006~2008년 同여성위원장 2008~2012년 제18대 국회의원(안산시 단원구乙, 한나라당·새누리당) 2008~2010년 한나라당 최고위원, (사)한국여성정치문화연구소 이사 2010~2012년 국회 국토해양위원회 예산결산기금심사소위원장 2010년 한·이라크의원친선협회 회장 2012년 새누리당 안산시단원구乙당원협의회 운영위원장 2012년 제19대 국회의원선거 출마(안산시 단원구乙, 새누리당) 2016년 제20대 국회의원(안산시 단원구乙, 새누리당·바른정당〈2017.1〉·자유한국당〈2017.5〉)(현) 2016년 국회 예산결산특별위원회 위원 2016~2017년 국회 안전행정위원회 위원 2016년 한국아동인구환경의원연맹(CPE) 회원(현) 2017년 국회 헌법개정특별위원회 위원 2017년 바른정당 최고위원 2017년 同제19대 유승민 대통령후보 중앙선거대책위원회 부위원장 2017~2019년 자유한국당 중앙연수원장 2017~2018년 국회 행정안전위원회 위원 2017~2018년 국회 청년미래특별위원회 위원 2017년 국회 한·라오스 의원친선협회 회장(현) 2017년 자유한국당 정책위원회 부의장 2017년 同안산단원乙당원협의회 운영위원장(현) 2018년 同국민정책위원단장 2018년 국회 국토교통위원회 위원장(현) 2018년 국회 남북경제협력특별위원회 위원(현) 상대통령표창, 국정감사 우수국회의원(4년 연속), 우수국회의원 11인 선정, 여성유권자가 뽑은 우수정치인 선정, 한나라당 선정 국정감사 우수의원(2년연속), 입법우수의원 선정, 국회 칭찬국회의원상, 대한민국 환경대상, 대한민국 청렴지도자상, 대한민국인물선정위원회 국정감사최우수상(2016) 저'지방자치시대 삶의 질 향상과 여성의 정치참여' '경기도 여성의 복지현황과 발전방향의 모색' '지방자치와 여성정책' '여성정치와 정책비전'

## 박순철

생1961·1 주서울특별시 종로구 종로33길 31 (주)삼양사(02-740-7114) 학1987년 한양대 경영학과졸 경1987년 (주)삼양사 입사, 同경영기획실 전략팀장, 同화학사업부문 전기전자팀장 2010년 삼양사공정소료 상해유한공사 총경리 2012년 (주)삼양사 AM BU장(상무) 2016년 同화학그룹장(부사장) 2017년 同화학부문 각자대표이사 부사장(현)

## 박순철(朴順哲) PARK Soon Chul

생1964·3·26 출강원 인제 주경상남도 창원시 성산구 창이대로 669 창원지방검찰청(669) 학1983년 서울 남강고졸 1987년 서울대 법학과졸 1990년 同대학원 법학과졸(상법전공) 2010년 법학박사(금융법)(성균관대) 경1990년 軍복무(석사 장교) 1992년 사법시험 합격(34회) 1995년 사법연수원 수료(24기) 1995년 부산지검 검사 1997년 춘천지검 원주지청 검사 1998년 서울지검 검사 2000년 청주지검 검사 2002년 법무부 법조인력정책과 검사 2004년 수원지검 검사 2005년 미국 듀크대 연수 2006년 수원지검 검사(대검찰청 검찰연구관 파견) 2007년 同부부장검사(대검찰청 검찰연구관 파견) 2007년 대검찰청 검찰연구관 2008년 서울중앙지검 금융조세조사1부 부부장검사 2009년 대구지검 서부지청 부부장검사(금융위원회 파견) 2010년 법무부 법조인력과장 2012년 서울중앙지검 특별수사제3부 부장검사 2013년 대검찰청 연구관 2013년 同형사정책단장 겸임 2014년 청주지검 부장검사 2015년 대구지검 제2차장검사 2016~2017년 대구고검 검사 2016~2017년 국무조정실 파견(부패척결추진단 부단장) 2017년 서울고검 형사부장 2018년 수원지검 안산지청장 2019년 창원지검장(현) 저'미공개 중요정보 이용 행위의 이해'(2010, 박영사)

## 박순호(朴舜浩) PARK Soon Ho

생1946·9·1 본밀양(密陽) 출경남 마산 주부산광역시 금정구 무학송로 158 (주)세정 회장실(051-510-5008) 학1987년 동아대 경영대학원 수료 1991년 부산대 행정대학원 수료 1997년 서울대 경영대학원 최고경영자과정 수료 1998년 명예 경영학박사(동아대) 2004년 명예 경영학박사(부산외국어대) 2010년 부경대 경영대학원 최고경영자과정 수료 2012년 명예 경영학박사(서강대) 경1991·1997~2012년 부산상공회의소 부회장(제14·16~20대) 1996년 세정그룹 회장(현) 1996년 (주)세정 대표이사 회장(현) 1996년 부산섬유패션산업연합회 명예회장(현) 1996년 부산섬유패션산업디자인협회 초대회장 1998~2013년 부산시배드민턴협회 회장 2000년 한국패션협회 이사 2003~2015년 대한요트협회 회장 2006년 駐韓멕시코 명예영사(현) 2008~2012년 부산메세나진흥원 초대 이사장 2011년 사회복지포

ㅂ

럼 세정나눔재단 이사장(현) 2012~2017년 동아비즈니스포럼 대표 2012년 부산지법 민사조정위원회 부회장(현) 2013년 한국방송공사(KBS) 부산방송총국 시청자위원장 2014년 제17회 인천아시아경기대회 대한민국선수단장 2015년 부산시새마을회 회장(현) 2015년 대한체육회 이사 2016~2018년 부산섬유패션정책포럼 상임대표 (상)한국섬유공업상(1986), 재무부장관표창(1988), 내무부장관표창, 국무총리표창(1992), 부산시민산업대상(1997), 대통령표창(1999 · 2001 · 2011), 부산산업대상(2003), 대한경영학회 최고경영자대상(2003), 은탑산업훈장(2006), 한국참언론인대상(2008), 보건복지부장관표창(2011), 한국참언론인대상 공로상(2011), 나눔봉사대상 최고대상(2013), 금탑산업훈장(2014), 함안군민상(2017) (저)'열정을 깨우고 혼을 심어라'(2011, 매일경제신문) (종)천주교

## 박순호(朴舜浩) PARK Soon Ho

(생)1955 · 11 · 13 (주)경기도 용인시 처인구 용인대학로 134 용인대학교 체육과학대학 스포츠레저학과(031-8020-2654) (학)1978년 한양대 체육학과졸 1983년 同대학원졸 1991년 이학박사(한양대) (경)1978~1980년 육군 제9671부대 소대장 1981~1983년 한양여중 교사 1983~1985년 장훈고 교사 1984~1988년 중앙대 · 한양대 · 유도대 강사 1986~1990년 대한수영연맹 심판 1988~1993년 대한체육과학대 전임강사 · 조교수 1993년 용인대 체육과학대학 사회체육학과 교수, 同체육과학대학 스포츠레저학과 교수(현) 1998년 同사회체육학과장 1998년 대한수중협회 경기력향상위원회 부위원장 1998~2012년 同이사 2005년 대학수영연맹 부회장 2009~2013년 同회장 2013~2015년 용인대 체육과학대학장 (상)대한수영연맹 최우수지도자상(1995), 체육포장(1996), 체육훈장 청룡장(2017) (저)'코치와 선수를 위한 경영(競泳)지도서 Competitive Swimming Manual'(1986) '엄마와 함께하는 어린이 수영'(1987) '수영지도서'(1988, 명지출판사) '수영교실'(1995, 태근문화사) '수영과 Fitness'(1997, 대한미디어)

## 박순환(朴順煥) Park Soon-Hwan

(생)1955 · 7 · 5 (본)밀양(密陽) (출)울산 (주)울산광역시 중구 염포로 55 울산시설공단(052-290-7334) (학)1975년 학성고졸, 춘해대학 사회복지학과졸 2004년 울산대 지역개발학과졸 2009년 同대학원 행정학 석 · 박사통합과정 수료 (경)1980년 9급 공무원 공채 1980~1986년 울산시 근무 1995년 울산시의회 의원 1997~1998 · 2002~2006년 울산시 남구의회 의원, 同부의장, 울산시 중구 자활센터장, 학성고총동문회 회장(제19대) 2006 · 2010~2014년 울산시의회 의원(한나라당 · 새누리당) 2006~2010년 同내무위원장, 사회복지재단 애리원 운영위원, 울산시 남부도서관 운영위원, 울산시자원봉사센터 운영위원 2010~2012년 울산시의회 의장 2012년 同행정자치위원회 위원 2012~2016년 새누리당 울산시당 부위원장 2014년 울산시 남구청장 예비후보(새누리당) 2016~2018년 한국산업인력공단 기획운영이사 2017년 同이사장 직대 2018년 울산시설공단 이사장(현) 2019년 전국특광역시시설관리공단협의회 의장(현) (상)울산시장표창(1984), 경남도지사표창(1985) (종)기독교

## 박순흠(朴舜欽) PARK Soon Heum

(생)1955 · 2 · 10 (주)경상북도 경주시 동대로 123 동국대학교 경주캠퍼스 자연과학계열 신소재화학과(054-770-2219) (학)1979년 서강대 화학과졸 1984년 同대학원졸 1989년 이학박사(미국 툴레인대) (경)1990년 동국대 경주캠퍼스 자연과학계열 신소재화학과 교수(현) 1999년 同기초과학센터 소장 2003~2005년 同경주캠퍼스 자연과학대학장 2003년 대한화학회 대구경북지부 이사 2019년 동국대 경주캠퍼스 과학기술대학장 겸 공학교육혁신센터장(현) (상)대한화학회 학술진보상 (저)'일반화학' '화학의 세계' '일반화학실험' '기초일반화학'

## 박승국(朴承國) PARK Soong Kook (栢嶺·渴葉)

(생)1938 · 8 · 9 (본)울산(蔚山) (출)평남 평양 (주)대구광역시 동구 파계로6길 16 이시아요양병원 원장실(053-983-7700) (학)1957년 대구공고졸 1963년 경북대 의대졸 (경)1963년 육군 군의관 1968~1974년 미국에서 인턴 · 내과(소화기학 · 임상의학) 수련 1974년 대구 동산병원 내과 과장 1977~1978년 미국 Mariana Medical Center(Guam소재) 내과 자문의 1978년 서울백병원 내과 과장 1978년 동산병원 내과 과장 1980~2003년 계명대 의대 교수 1990년 同동산병원장 1993년 대한소화관운동학회 창립회장 1994년 계명대 경주동산병원장 1996년 기독병원협회 회장 1996년 계명대 의무부총장 겸 동산의료원장 1996년 대한소화기내시경학회 회장 1996년 계명대 동산의료원장 1999~2000년 대구YMCA 이사장 2001~2002년 국제와이즈멘 한국동부지구 총재 2003~2012년 안동성소병원 원장 2009~2012년 KOMMS(Korea Oversea Medical Missionary Society) 이사장 2011년 안동성소병원 의료원장 2012년 이시아요양병원 원장(현) (종)기독교

## 박승국(朴承國) PARK Sung Kook (국이)

(생)1940 · 4 · 1 (본)영해(寧海) (출)대구 (주)서울특별시 영등포구 의사당대로 1 대한민국헌정회(02-757-6612) (학)1960년 울진종합고졸 1964년 경북대 사범대학졸 1971년 영남대 대학원 경영학과졸 (경)국제라이온스클럽 309-D대구지구 총재 1984년 신민당 대구東北지구당 위원장, 통일민주당 대구北지구당 위원장, 대구시의회 부의장 1985년 지역사회문제연구소 소장 1998년 제15대 국회의원(대구 북구甲, 한나라당) 2000~2004년 제16대 국회의원(대구 북구甲, 한나라당) 2001~2002년 한나라당 원내수석부총무 2003년 同제1사무부총장 2005~2007 · 2012년 대한민국헌정회 대구지회장(현) 2008년 자유선진당 최고위원 2009~2010년 대한민국헌정회 이사 2017년 바른정당 대구시당 상임고문 2017년 同대구시당 공천관리위원회 부위원장 (상)국민훈장 목련장(1979) (저)'바른 소리'(1975) '권력은 청렴에서 나온다'(2012) (종)천주교

## 박승국(朴勝國) Park Seung Kook

(생)1963 · 1 · 17 (본)반남(潘南) (출)인천 서구 (주)서울특별시 강남구 봉은사로114길 12 한올바이오파마(02-2204-1708) (학)1981년 부평고졸 1985년 서울대 농화학과졸 1987년 한국과학기술원(KAIST) 생물공학과졸(석사) 1991년 이학박사(한국과학기술원) 2009년 한국과학기술원(KAIST) 경영대학원 경영학과졸(석사 · MBA) (경)1991~1992년 생명공학연구원(KRIBB) Post-Doc. 1992~2002년 대웅제약 생명과학연구소 팀장 · 수석연구원 1998년 일본 다케다약품 바이오기술연구소 위촉연구원 2000~2001년 한국생물공학회 산학협동이사 2002~2006년 대웅제약 생명과학연구소장(상무) 2004~2009년 지식경제부 성장동력기술개발사업 운영위원 2006~2007년 대웅제약 바이오기획본부장(상무) 2006~2007년 한국과학기술정보원(KISTI) 과학기술정보클러스터협의회 자문위원 2007~2013년 한올바이오파마 바이오연구소장(부사장) 2007~2008년 지식경제부 바이오전략기술개발사업 기획위원 2008년 同신성장동력기획단 신산업분과 기획위원 2009~2011년 KOREA바이오경제포럼 의약바이오분과 위원 2009~2015년 한국제약협회 바이오의약품위원회 위원 2013~2015년 미래창조과학부 생명공학종합정책심의회 위원 2013~2018년 한올바이오파마 대표이사 부사장 2014년 한국생물공학회 국제협력위원회 공동위원장 2017년 보건산업진흥원 제약산업중장기전략기획단 위원 2018년 한올바이오파마 대표이사 사장(현) (상)특허청장표창(1996), 지식경제부장관표창(2001 · 2010), 보건복지부장관표창(2003 · 2010 · 2014 · 2018), 국무총리표창(2017), 대통령표창(2018)

**박승권(朴承權) Park Sung Kwon**

(생)1959·7·7 (본)밀양(密陽) (출)경북 영일 (주)서울특별시 성동구 왕십리로 222 한양대학교 융합전자공학부(02-2220-0367) (학)1982년 한양대 전자통신공학과졸 1983년 미국 스티븐스공대 대학원 전기전자컴퓨터공학과졸 1987년 공학박사(미국 랜실레어폴리테크닉대) (경)1987~1993년 미국 테네시주립공대 조교수·부교수 1993년 한양대 전자컴퓨터통신공학부 교수 2000년 同융합전자공학부 교수(현) 2008~2011년 同정보통신처장 2008~2010년 한국정보통신기술협회 디지털케이블방송그룹(PG803) 의장 2008년 한국디지털케이블포럼 의장(현) 2010~2014년 스마트워크포럼 운영위원장 2013~2015년 한양대 융합전자공학부장 2016년 국제통신연합 Associate Rapporteur(현) 2018년 한양대 공과대학 제2학장 2019년 同공과대학장 겸 공학대학원장(현) (상)정보통신부장관표창(2003), 한국정보통신기술협회장표창(2008), 국무총리표창(2008), 미래창조과학부장관표창(2016) (저)'PCS기술(共)'(1999) '가입자망기술(共)'(2000) '표준공법(共)'(2001) '확률 및 랜덤프로세스(共)'(2009) (역)'신호와 선형시스템 해석(共)'(1999) (종)기독교

**박승규(朴承圭) PARK Seung Kyu**

(생)1963·1·16 (본)밀양(密陽) (출)경남 거창 (주)경상남도 창원시 마산합포구 가포로 215 국립마산병원(055-249-5003) (학)1980년 부산동성고졸 1986년 부산대 의대졸 1990년 同대학원 의학석사 1997년 의학박사(부산대) (경)1999~2006년 국립마산결핵병원 흉부외과 과장 1999년 세계보건기구 결핵분과 Medical Officer 2003년 미국 국립보건원 결핵연구실 Advisory Fellowship 2005년 국제결핵연구센터(ITRC) 소장 2006~2010·2019년 국립마산병원장(현) 2011~2019년 국립소록도병원 외과 과장 겸 의료부장 (상)대통령표창(2003), 대한나학회 학술상(2015) (종)기독교

**박승규(朴承圭)**

(생)1970 (주)부산광역시 영도구 해양로 293 부산해양경찰서(051-664-2000) (학)1987년 청주신흥고졸 1995년 고려대 행정학과졸 (경)2002년 경위 공채(경찰간부후보 50기) 2006년 경감 승진 2007년 해양수산부 차관실 파견 2011년 해양경찰청장 비서실장(경정) 2012~2014년 제주지방해양경찰청 정보수사과 근무 2014~2016년 서해지방해양경찰청 정보수사과 근무 2016년 해양경찰청 정보계장 2017~2018년 同정보과장(총경) 2019년 남해지방해양경찰청 부산해양경찰서장(현)

**박승기(朴勝基) Park Seung Ki**

(생)1963·6·3 (주)강원도 원주시 입춘로 50 원주지방국토관리청 청장실(033-769-5660) (학)1982년 인천고졸 1988년 연세대 건축학과졸 2004년 토목공학박사(미국 퍼듀대) (경)2007년 건설교통부 도시정책팀 기술서기관 2008년 국토해양부 국가건축정책기획단 기술서기관 2010년 同국토정책국 건축문화경관팀장 2011년 同주택토지실 주택정비과장 2013년 국토교통부 국토도시실 도시재생과장 2015년 同국토도시실 도시재생과장(부이사관) 2016년 同동서남해안및내륙권발전기획단 기획관 2017년 행정중심복합도시건설청 공공건축추진단장 2017년 국토교통부 건축정책관 2019년 원주지방국토관리청장(현)

**박승기(朴升企) PARK Seung Gee**

(생)1965·6·10 (출)전남 순천 (주)서울특별시 송파구 송파대로28길 28 해양환경공단 이사장실(02-3498-8543) (학)1983년 광주 석산고졸 1987년 한양대 토목공학과졸 1989년 同대학원 토목공학과졸 1998년 미국 플로리다대 대학원 토목공학과졸 (경)1987년 기술고시 합격(22회) 1987년 행정자치부 토목사무관시보 1988년 인천지방해양수산청 근무 1990~1992년 부산지방해양수산청 근무 1992년 여수지방해양수산청 축항과장 1995년 제주지방해양수산청 축항과장 1996~1998년 해외 훈련(미국) 1998년 해양수산부 항만개발과 시설서기관 2000년 同항만정책과 근무 2000년 여수항건설사무소 근무 2001~2003년 해외 훈련(미국) 2003년 인천지방해양수산청 항만개발과장 2004년 해양수산부 항만개발과장 2006년 同항만국 항만개발과장(부이사관) 2007년 同항만국 항만정책과장 2008년 국토해양부 물류항만실 항만정책과장 2010년 同인천항건설사무소장 2011년 同부산지방해양항만청 부산항건설사무소장 2012년 중앙공무원교육원 고위정책과정 파견(고위공무원) 2013년 인천지방해양항만청장 2014년 해양수산부 대변인 2016년 同항만국장 2016~2017년 同중앙해양안전심판원장 2018년 해양환경공단 이사장(현) (상)근정포장(2002)

**박승길(朴昇吉) Park, Seung Kil**

(생)1962·9·18 (주)서울특별시 중구 을지로 66 KEB하나은행 IB사업단(1599-1111) (학)1981년 대일고졸 1985년 서울대 경영학과졸 2002년 미국 오하이오주립대 대학원 경영학과졸 (경)1985년 외환은행 종로지점 행원 1993년 同국제본부 대리 1997년 同자본시장부 대리 1997년 同인력지원부 차장 2000년 미국 오하이오주립대 연수 2002년 외환은행 재무본부 차장 2003년 同시장영업본부 차장 2004년 同투자금융부 선임전문역 2006년 同재무기획부 재무개선팀장 2009년 K.E.B.A(외환은행 호주법인) 사장 2012년 외환은행 투자금융부장 2015년 同IB본부장 2015년 KEB하나은행 IB본부장 2017년 同IB사업단장(전무)(현) 2017년 하나금융투자 IB그룹장 겸임(현)

**박승남(朴承男) SEUNG NAM PARK**

(생)1961·1·15 (주)대전광역시 유성구 가정로 267 한국표준과학연구원 물리표준본부 광학표준센터(042-868-5222) (학)1983년 전남대 물리학과졸 1985년 한국과학기술원(KAIST) 물리학과졸(석사) (경)1985~1989년 한국표준과학연구원 연구원 1989년 同선임연구원 2006년 同기반표준부장 2008년 同기반표준본부장, 同책임연구원 2011년 同기반표준본부장 2014년 同성과확산부장 2016년 국제조명위원회(CIE) 한국위원장(현) 2017년 한국표준과학연구원 부원장 2017년 同물리표준본부 광학표준센터 책임연구원(현) (상)산업포장(2017)

**박승대(朴勝大) PARK Seung Dae**

(생)1970·12·20 (출)서울 (주)서울특별시 서초구 반포대로 158 서울중앙지방검찰청 형사3부(02-530-4152) (학)1989년 상문고졸 1997년 고려대 법학과졸 (경)1998년 사법시험 합격(40회) 2001년 사법연수원 수료(30기) 2001~2002년 변호사 개업 2002년 서울지검 의정부지청 검사 2004년 춘천지검 영월지청 검사 2005년 부산지검 검사 2007년 서울남부지검 검사 2010년 수원지검 안양지청 검사 2015년 서울중앙지검 부부장검사 2016년 서울남부지검 형사5부장 2017년 同형사6부장 2017년 대구지검 특수부장 2018년 부산지검 특수부장 2019년 서울중앙지검 형사3부장(현)

**박승문(朴勝文) PARK Seung Moon**

(생)1959·4·24 (본)반남(潘南) (출)서울 (주)서울특별시 강남구 테헤란로 132 한독타워 9층 법무법인 다래(02-3475-7800) (학)1977년 충암고졸 1982년 서울대 법학과졸, 연세대 특허법무대학원 고위자과정 수료, 서울대 공대 최고산업전략과정 수료 2014년 삼성서울병원 LAHC캠프 수료 2016년 서울대 경영대학원 AMP최고경영자과정 수료(81기) (경)1981년 사법시험 합격(23회) 1983년 사법연수원 수료(13기) 1983년 軍법무관 1986년 인천지법 판사 1988년 서울가정법원 판사 1990년 서울민사지법 판사 1991년 대전지법 홍성지원 판사 1993년 서울지법 북부지

원 판사 1994년 서울고법 판사 1996년 서울지법 판사 1998년 특허법원 판사 1999년 법무법인 다래 대표변호사(현) 2004~2012년 서울 중랑구 자문변호사 2008년 사행산업통합감독위원회 자문위원 2009년 기술보증기금 비상임이사, (사)사랑의달팽이 감사, 아시아태평양감염재단 이사 (종)가톨릭

### 박승배(朴勝培) PARK SEUNG BAE

(생)1968·4·1 (본)밀양(密陽) (출)서울 (주)서울특별시 중구 을지로 76 유안타증권 홍보팀(02-3770-2000) (학)1986년 대광고졸 1994년 한양대 경영학과졸 (경)1993년 동양증권 지점위탁영업 2006년 同자금팀장 2013년 同재무전략팀장 2014년 유안타증권 홍보팀장(현)

### 박승빈(朴勝彬) PARK Seung Bin

(생)1954·9·10 (본)밀양(密陽) (출)서울 (주)대전광역시 유성구 대학로 291 한국과학기술원 생명화학공학과(042-350-3928) (학)1973년 경복고졸 1977년 서울대 화학공학과졸 1978년 한국과학기술원(KAIST)졸(석사) 1988년 이학박사(미국 퍼듀대) (경)1979~1981년 한국과학기술연구소 연구원 1989년 한국과학기술원 생명화학공학과 교수(현) 1997년 미국 퍼듀대 방문연구원 2005~2008년 한국입자에어로졸학회 부회장·회장 2006년 한국과학기술원 생명화학공학과장 2010~2014년 同공과대학장 2011~2012년 한국화학공학회 학술부회장 2013년 한국공학한림원 정회원(현) 2014~2017년 한국과학기술원 대외부총장 (상)한국과학기술원 학술상(2000), 캠퍼스특허전략유니버시아드대회 지도교수상(2008·2010), 교육과학기술부장관표창(2009) (종)기독교

### 박승오(朴昇吾) PARK Seung O

(생)1951·5·5 (본)무안(務安) (출)전남 영암 (주)대전광역시 유성구 대학로 291 한국과학기술 항공우주공학과(042-350-3713) (학)1969년 광주고졸 1973년 서울대 항공공학과졸 1978년 미국 아이오와주립대 대학원 항공공학과졸 1981년 항공공학박사(미국 아이오와주립대) (경)1974년 국방과학연구소 과학기술장교 1982년 미국 데이턴대 연구원 1983~2017년 한국과학기술원 항공우주공학전공 교수 1988년 미국 아이오와주립대 항공우주공학과 객원교수 1996년 한국과학기술원 학생처장 2006~2008년 규제개혁위원회 위원 2006년 한국과학기술원 항공우주공학전공 책임교수 2006년 同교육혁신본부장 2008~2010년 同공과대학장 2012년 새누리당 공직자추천위원회 위원 2013년 한국공학한림원 정회원(현) 2014~2017년 한국과학기술원 인공위성연구센터 소장 2017년 同공과대학 기계항공공학부 항공우주공학과 명예교수(현) 2017년 同옴부즈퍼슨(현) (상)미국 아이오와주립대 Professional Progress Award College of Engineering(1994), 한국과학기술단체총연합회 우수논문상(1995), 군사과학기술학회 우수논문상(2007), 항공우주학회 학술상(2008), 과학기술포장(2010), KAI-KSAS 항공우주공로상(2012) (종)천주교

### 박승오(朴勝吳) Park, Seoung Oh

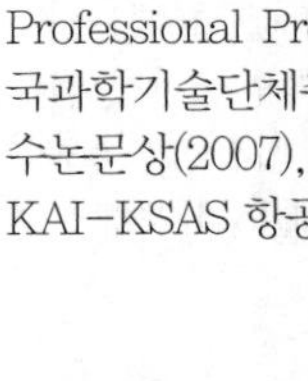

(생)1964·8·4 (주)서울특별시 중구 을지로 35 KEB하나은행 여신그룹(1588-1111) (학)1984년 전남 화순고졸 1991년 동국대 법학과졸 (경)1991년 신한은행 입행 1993년 하나은행 광주지점 행원 1994년 同송파지점 행원 1995년 同길동지점 대리 1998년 同여신관리부 대리 2001년 同중앙기업센터 대리 2001년 同대우센터지점 대리 2001년 同기업개선팀 대리 2001년 同Loan Center 대리 2004년 同채권관리팀장 2007년 同부평지점장 2009년 同천호동지점장 2010년 同개인여신심사부장 2015년 同중앙영업본부장 2015년 KEB하나은행 중앙영업본부장 2017년 同기업사업본부장(전무) 2018년 同여신그룹장(전무)(현)

### 박승우(朴承禹) PARK Seung Woo

(생)1949·12·22 (본)밀양(密陽) (출)전남 순천 (주)서울특별시 관악구 관악로 1 서울대학교 농업생명과학대학 조경·지역시스템공학부(02-880-4584) (학)1967년 순천고졸 1971년 서울대 농공학과졸 1975년 同대학원졸 1981년 공학박사(미국 일리노이대) (경)1984~2015년 서울대 농업생명과학대학 조경지역시스템공학부 교수 1999년 국토해양부 중앙하천심의위원회 위원 2000년 환경부 비점오염원최적관리계획기술자문단 위원 2001~2003년 국무조정실 물관리정책민간위원회 위원 2001~2007년 同새만금환경대책실무위원회 위원 2005~2006년 과학기술부 연구개발평가소위원회 위원 2006~2007년 서울지방국토관리청 안성천유역하천관리협의회 위원 2007~2009년 농림부 새만금배수갑문개폐위원회 위원 2007~2010년 (사)한국하천협회 자문위원 2007~2009년 국무총리실 새만금환경대책위원회 위원 2009년 국무총리소속 새만금위원회 위원 2010년 한국농어촌공사 기술심의위원회 대외위원 2013년 국무총리소속 새만금위원회 환경분과위원장 2015년 서울대 농업생명과학대학 조경·지역시스템공학부 명예교수(현) 2015년 同그린바이오과학기술연구원 그린에코공학연구소 책임연구원 2015년 대한민국학술원 회원(농공학·현) (상)한국농공학회 학술상(1993), 한국수자원학회 학술상(1997), 농업기반대상(2003), 홍조근정훈장(2004), 상록연구대상(2009) (종)기독교

### 박승우(朴勝優) PARK Seung Woo

(생)1959·12·28 (본)밀양(密陽) (출)대구 (주)경상북도 경산시 대학로 280 영남대학교 문과대학 사회학과(053-810-2256) (학)1983년 성균관대 행정학과졸 1985년 필리핀 라살대(De La Salle University) 대학원졸 1991년 사회학박사(미국 조지아대) (경)1992년 영남대 사회학과 교수(현) 2008년 포스코청암재단 포스코아시아지역전문가(시니어펠로) 2009~2013년 영남대 다문화교육연구원 초대 원장 2011~2013년 한국동남아학회 회장 2013~2017년 영남대 박정희새마을대학원장 2015~2016년 광복70년기념사업추진위원회 위원 2016년 영남대 박정희새마을연구원장(현) 2017년 同국제개발협력원장(현) (상)국무총리표창(2012) (저)'동남아의 경제성장과 발전전략'(2004) '한국기업의 현지화 경영과 문화적응'(2005) '동남아의 구조조정과 개혁의 정치경제'(2005) '동아시아 공동체와 한국의 미래'(2008) '복합적 갈등 속의 아시아 민주주의'(2008) '동남아의 선거와 정치사회적 변화'(2008) 'States of Democracy'(2008) '아시아 민주화와 사회경제적 불평등의 동학'(2009) 'Korea's Changing Roles in Southeast Asia'(2010) '동남아의 초국가적 이슈와 지역 거버넌스'(2010) '아시아 정치변동과 사회운동의 변화'(2010) 'From Unity to Multiplicities'(2012) 'The Historical Construction of Southeast Asia'(2013) '동아시아 공동체: 동향과 전망'(2014) '베트남의 새농촌개발프로그램과 새마을운동의 비교연구에 관한 한국·베트남 공동 정책연구'(2015) '새마을운동 정신의 교육과 세계화'(2018) 'Leading University Project in the Philippines'(2018) '다문화 교육과 정책의 이해'(2019) (종)가톨릭

### 박승운(朴承芸) Park Seung Woon

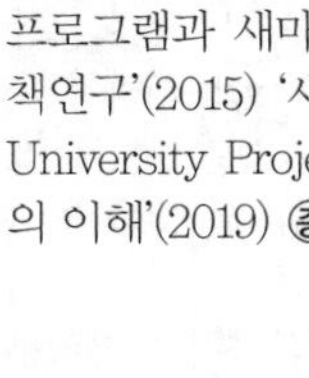

(생)1958·8·12 (본)밀양(密陽) (출)서울 (주)경기도 이천시 마장면 덕이로 180-31 (주)빅텍(070-7162-3802) (학)1977년 성동기계공고졸 1997년 한양대 산업경영대학원 최고경영자과정 수료 2006년 군장대학 전자공학과졸 2009년 국제디지털대 컴퓨터교육학과졸 2013년 동양대 정보대학원 국방기술학과졸 (경)1977~1990년 금성전기(주) 연구원 1990~1996년 빅텍파워시스템 대표 1996~2008년 (주)빅텍 대표이사 사장 2008년 同대표이사 회장 2011~2019년 同각자대표이사 회장 2019년 同회장(현) (상)대통령표창(2015)

**박승원(朴陞原) PARK Seung Won**

(생)1965·2·22 (본)밀양(密陽) (출)충남 예산 (주)경기도 광명시 시청로 20 광명시청(02-2680-2105) (학)1994년 한양대 인문과학대학 국어국문학과졸 (경)경기 광명시의회 의원, 대통령자문 국가균형발전위원회 위원, 백재현 광명시장 비서실장, 광명시평생학습원 사무국장, 광명지역정책연구소 소장, KTX광명역정상화를위한범국민대책위원회 집행위원, 민주통합당 경기도당 대변인, 민주당 광명乙학교무상급식추진위원회 부위원장 2010년 경기도의회 의원(민주당·민주통합당·민주당·새정치민주연합) 2010~2012년 同기획위원회 위원 2012년 同도시환경위원회 위원, 同남북교류추진특별위원회 간사, 同평택항발전특별위원회 간사 2013년 同운영위원회 간사, 同도시환경위원회 위원 2014년 同새정치민주연합 수석부대표 2014~2018년 경기도의회 의원(새정치민주연합·더불어민주당) 2014년 同예산결산특별위원회 위원 2014~2016년 同교육위원회 위원 2015년 새정치민주연합 자치분권민주지도자협의회 경기도 공동대표 2016~2018년 더불어민주당 자치분권민주지도자협의회 경기도·전국 공동대표 2016~2018년 경기도의회 더불어민주당 대표의원 2016~2018년 同운영위원회 위원 2016~2018년 同농정해양위원회 위원 2016~2018년 同노동자인권보호특별위원회 위원 2017년 더불어민주당 문재인 대통령후보 광명乙선거대책위원회 공동위원장 2018년 대통령소속 지방자치발전위원회 위원 2018년 대통령소속 자치분권위원회 위원(현) 2018년 경기 광명시장(더불어민주당)(현) (저)'내 삶을 바꾸는 자치분권'(2017) (종)천주교

**박승익(朴承翼) PARK Seung Ik**

(생)1956·5·6 (본)울산(蔚山) (출)서울 (주)대전광역시 동구 동대전로 171 우송대학교 건축공학과(042-630-6720) (학)1979년 고려대 기계공학과졸 1990년 건국대 대학원 건축공학과졸 2000년 건축공학박사(충북대) (경)1981~1989년 삼신설계(주) 근무 1989년 중경공업전문대학 건축설비과 조교수 1996년 우송대 건축학부 교수, 同기획연구처장, 同대학원장, 同부총장 2007년 우송공업대학 부학장 2008년 우송정보대학 학장 2009~2012년 同총장 2013년 우송대 건축공학과 교수(현) 2014~2016년 同교양교육원장 2018년 同학사1부총장(현) (저)'건축설비설계제도'(1996) (종)기독교

**박승일(朴乘一) Seung-Il Park**

(생)1967·11·11 (주)대전광역시 유성구 대덕대로 989번길 111 한국원자력연구원 중성자과학연구센터(042-868-8444) (학)1990년 한국과학기술원(KAIST) 물리학과졸 1993년 同대학원 물리학과졸(석사) 2001년 물리학박사(미국 매사추세츠공과대) (경)2001~2004년 미국 메릴랜드대 연구원 2001~2004년 미국 표준연구소(NIST) 장치과학자 2004년 한국원자력연구원 선임연구원 2011년 同책임연구원(현) 2017년 同중성자과학연구센터장(현) 2019년 국제원자력기구(IAEA) 산하 원자력과학응용자문회의(SAGNA) 자문위원(현)

**박승정(朴勝珽) PARK Seung Jung**

(생)1954·4·28 (출)서울 (주)서울특별시 송파구 올림픽로43길 88 서울아산병원 심장내과(02-2224-4818) (학)1979년 연세대 의대졸 1991년 한양대 대학원 의학석사 1993년 의학박사(고려대) (경)1979~1983년 연세대 세브란스병원 내과 인턴·전공의 1986~1989년 同세브란스병원 심혈관센터 심장내과 전임의 1989~1992년 울산대 의대 조교수 1992~1993년 미국 베일러대 연구조교수 1993~2019년 울산대 의대 심장내과학교실 조교수·부교수·교수 1996~2002년 서울아산병원 심장내과 과장 2002년 (재)심장혈관연구재단 이사장(현) 2004년 대한순환기학회 중재시술연구회 회장 2004~2013년 서울아산병원 허혈성심장질환임상연구센터 소장 2008~2009년 同심장병센터 소장 2009~2015년 同심장병원장 2014년 미국 심장학회지(JACC) 부편집장(현) 2014년 유럽 심장학회지(EHJ) 국제편집위원(현) 2017~2018년 대한심장학회 이사장 2019년 울산대 의대 석좌교수(현) (상)유럽의 대표적 심장혈관중재시술 학계 최고 영예상인 '에티카어워드' 수상, 미국 관상동맥중재시술(TCT)학회 최고업적상(2008), 제9회 유일한상(2011), 아산의학상(2011), 대한민국 최고과학기술인상(2011) (저)'심장병 119'(2003) '심장병 예방과 치료'(2009)

**박승주(朴昇柱) PARK Seung Joo (명구)**

(생)1952·1·25 (본)밀양(密陽) (출)전남 영광 (주)서울특별시 종로구 인사동5길 20 오원빌딩 903호 (사)한국시민자원봉사회(02-2663-4163) (학)1971년 광주고졸 1976년 서울대 경영학과졸 1981년 한국과학기술원(KAIST) 산업공학과졸(석사), 행정학박사(동국대) (경)1977년 행정고시 합격(21회) 1991년 대통령비서실 행정관 1995년 내무부 자치제도과장 1995~2014년 한국시민자원봉사회 집행부회장, 한국청소년봉사단연맹 이사장 1997년 국가전문행정연수원 기획부장 1998년 국방대학원 입교 1999년 행정자치부 제2건국운동지원팀장 2002년 同월드컵지원국장 2002년 同2002월드컵 '오~필승 코리아' 기획자(국장) 2002년 同지방재정경제국장 2003년 정부혁신지방분권위원회 기획운영실장 2003년 대통령자문 정책기획위원 2005년 중앙인사위원회 소청심사위원 2007~2008년 여성가족부 차관, 동국대 행정대학원 겸임교수 2009년 행정안전부 지방재정분야 정책자문위원 2011~2012년 지방행정체제개편추진위원회 구역분과위원장 2011~2014년 광주발전연구원 원장 2011~2012년 2012여수엑스포조직위원회 자원봉사자문위원장 2012년 대통령소속 사회통합위원회 부위원장 2013~2014년 안전행정부 지방재정분야 정책자문위원 2014년 행정자치부 지방재정분야 정책자문위원 2014년 한국시민자원봉사회 세종로국정포럼 이사장(현) (상)녹조근정훈장, 홍조근정훈장, 국민훈장 동백장(2013) (저)'마지막 남은 개혁' '지방자치의원보감' '사랑은 위함이다'(2013, 운주사)

**박승주(朴承柱) Park seung-ju**

(생)1966·12·27 (본)밀양(密陽) (출)전북 정읍 (주)경기도 수원시 권선구 동수원로 286 경기도 재난안전본부 회계장비담당관실(031-230-1900) (학)전북대 법학과졸 (경)1997년 소방공무원 임용(소방간부 9기) 1997년 경기 부천소방서 원종파출소장 1999년 경기도 소방재난본부 방호과 근무 2004년 경기도소방학교 교수운영과 평가담당 2007년 의왕소방서 대응과장 2009년 경기도 소방재난본부 방호담당 2013년 同재난안전팀장 2014년 경기도소방학교 교수운영과장 2015년 경기 김포소방서장 2017년 경기 안성소방서장 2018년 경기도 재난안전본부 회계장비담당관(현) (상)행정자치부장관표창(2005), 대통령표창(2011)

**박승준(朴勝晙) PARK Seung Jun**

(생)1967·5·9 (출)서울 (주)인천광역시 미추홀구 염전로 91 이건산업(주) 임원실(032-760-0038) (학)경복고졸, 연세대 체육교육과졸 (경)이건산업(주) 입사·합판영업2팀장, Eagon Forest Prod. Inc.(이건미국법인) 법인장, (주)이건창호시스템 이사, (주)이건리빙 상무이사 2003~2008년 同대표이사 사장 2005년 (주)이건인테리어 대표이사 사장 2008년 (주)이건환경 대표이사, 同이사 2009년 (주)이건창호 부사장 2010~2011년 同대표이사 사장 2011년 (주)이건환경 대표이사 사장 2013년 이건산업(주) 대표이사 사장 2018년 同각자대표이사 사장(현) (종)기독교

ㅂ

## 박승준(朴承駿) Park sung jun

(생)1970·7·10 (본)밀양(密陽) (출)경남 마산 (주)세종특별자치시 다솜2로 94 해양수산부 수산정책실 지도교섭과(044-200-5560) (학)1990년 마산중앙고졸 1996년 부산수산대 어병학과졸 (경)2001~2008년 해양수산부 양식개발과·유통정책과·어촌어항과 사무관 2008년 농림수산식품부 식품산업진흥과 사무관 2010년 同수산정책과 서기관 2011년 同허베이스피리트단 어업인지원팀장 2013년 해양수산부 소득복지과장 2014년 同해양생태과장 2017년 교육 파견(서기관) 2019년 해양수산부 수산정책실 지도교섭과장(현)

## 박승직(朴承稷)

(생)1957·5·15 (주)경상북도 안동시 풍천면 도청대로 455 경상북도의회(054-880-5126) (학)2009년 동국대 관광경영학과졸 (경)경주서적 대표, 한나라당 중앙위원, 바르게살기운동경주시협의회 선도동위원장 2006년 경북 경주시의원선거 출마 2009년 경북 경주시의회 의원(무소속) 2010년 경북 경주시의회 의원(한나라당·새누리당) 2010~2012년 同운영위원장 2012년 同예산결산특별위원장 2014년 同2013회계연도결산검사위원회 대표의원 2014~2018년 경북 경주시의회 의원(새누리당·자유한국당) 2014년 同경제도시위원회 위원 2016~2018년 同의장 2018년 경북도의회 의원(자유한국당)(현) 2018년 同건설소방위원회 위원(현) 2018년 同의회운영위원회 위원(현) 2018년 同원자력대책특별위원회 위원장(현)

## 박승철(朴承哲) PARK Seung Chul

(생)1950·2·5 (본)순천(順天) (출)서울 (주)서울특별시 강서구 화곡로61길 99 서울미디어대학원대학교 총장실(02-6393-3261) (학)1968년 제물포고졸 1978년 서울대 화학과졸 1984년 이학박사(미국 일리노이 공과대) (경)1985년 영국 캠브리지대 화학과 연구원 1986~1995년 강원대 화학과 조교수·부교수 1988년 일본 분자과학연구소 연구교수 1991년 영국 캠브리지대 화학과 초빙교수 1995~2015년 성균관대 화학과 교수 2000년 同기초과학연구소장 2000년 대한화학회 부회장 2000~2002년 국제화학연맹(IUPAC) 한국대표 2004년 성균관대 자연과학부장 2006~2007년 同교무처장 겸 대학교육개발센터장 2008~2010년 同교무처장 2009~2010년 同대학교육개발센터장, 전국대학교교무처장협의회 회장 2011년 교육과학기술부 대학구조개혁위원회 사립대학분과위원장 2011년 同국립대학발전추진위원회 위원 2012~2015년 학교법인 경기학원(경기대) 이사장 2012~2018년 의료분쟁조정중재원 인선위원회 위원 2015년 성균관대 화학과 명예교수(현) 2015년 가천대 나노화학과 석좌교수 2015~2016년 同부총장 2016년 서울미디어대학원대(SMIT) 총장(현) (상)부총리 겸 교육인적자원부장관표창(2002) (종)천주교

## 박승하(朴承河) Park Seung Ha

(생)1957·5·28 (출)서울 (주)서울특별시 성북구 인촌로 73 고려대학교 안암병원 성형외과(02-2286-1139) (학)1976년 서울 대광고졸 1982년 고려대 의대졸 1985년 同대학원졸 1990년 의학박사(고려대) 2010년 고려대 경영전문대학원 경영학석사(MBA) (경)1982~1987년 고려대병원 인턴·성형외과 전공의 1990년 고려대 구로병원 임상강사 1991~2001년 同의대 성형외과교실 전임강사·조교수·부교수 1994년 캐나다 토론토대 의대 객원교수 1998~2005년 고려대 의대 성형외과학교실 주임교수·안암병원 성형외과장 2000~2002년 同의대 의학과장·학생부학장 2001년 同의과대학 성형외과학교실 교수(현) 2003~2005년 同의료원 교육수련실장 2005~2007년 同의료원 기획조정실장 2006년 同정보전산처장 2009년 미국 세계인명사전 'Marquis Who's Who in Medicine and Healthcare'에 등재 2012~2013년 고려대 안암병원장 2014년 한국국제의료협회(KIMA) 부회장 2015년 대한의학레이저학회 이사장·부회장(현) 2016~2018년 대한성형외과학회 회장 (상)대한성형외과학회 학술상, 대한의학레이저학회 명예회장상 (저)'레이저성형' '미용성형외과학' '안성형외과학' '구순구개열' '레이저 피부성형(共)'(2014, 군자출판사) (종)가톨릭

## 박승한(朴勝漢) PARK Seung Han

(생)1958·9·27 (본)반남(潘南) (출)경기 (주)서울특별시 서대문구 연세로 50 연세대학교 물리학과(02-2123-2617) (학)1982년 연세대 물리학과졸 1984년 同대학원 물리학과졸 1988년 광학박사(미국 애리조나대) (경)1988년 미국 피츠버그대 Dept. of E.E. Assistant Professor 1991년 연세대 이과대학 물리학과 조교수·부교수·교수(현) 1996년 同BK21단장 2002~2007년 과학기술부 국가지정연구실 단장 2005년 연세대 이과대학 부학장 2007~2016년 同신경과학기술융합연구단장 2010~2012년 同교육대학원장 2012~2014년 同입학처장 2014~2016년 同이과대학장 2018년 同연구본부장 2018년 同대학원장(현) (종)기독교

## 박승환(朴勝煥) PARK Seong Hwan

(생)1957·10·8 (본)월성(月城) (출)부산 (주)서울특별시 서초구 강남대로 222-4 메디컬빌딩 법무법인 현재(02-2693-3004) (학)1976년 동래고졸 1983년 부산대 법학과졸 1988년 同대학원 법학박사과정 수료 2000년 미국 위스콘신주립대 로스쿨 MLI과정졸(법학석사) (경)1985년 사법시험 합격(27회) 1988년 사법연수원 수료(17기) 1988~1999년 변호사 개업 1993년 부산대 법학과 강사 1998년 부산지방변호사회 홍보위원회 간사 1998년 同공보위원회 간사 2001년 미국 뉴욕주 변호사자격 취득 2001년 부산외국어대 겸임교수 2002년 대한상사중재원 중재인 2003년 부산대·한국해양대 강사 2003년 민주사회를위한변호사모임 부산·경남지부장 2004~2008년 제17대 국회의원(부산 금정구, 한나라당) 2006년 한나라당 제4정책조정위원장 2006년 同지방자치위원회 부위원장 2006년 한·태국친선협회 이사 2006년 한·터키친선협회 이사 2007년 한나라당 한반도대운하특별위원회 추진단장 2008~2009년 법무법인 렉스 변호사 2009년 부국환경포럼 공동대표 2010~2013년 한국환경공단 이사장 2014~2015년 법무법인 화우 파트너변호사 2014~2015년 고려대 환경시스템공학과 초빙교수 2015~2017년 법무법인 다울 변호사 2016년 제20대 국회의원선거 출마(부산 동래구, 무소속) 2018년 법무법인 현재 변호사(현) 2019년 4대강보해체저지범국민연합 법률자문(현) (상)미국 가치공학회(SAVE) '가치혁신 최고경영자(CEO)상'(2011) (저)'부산사람 만인보 1-사람만이 희망이다'(2004) '금정산에서 바라본 한반도 대운하 : 금정산 달빛 산행'(2005) '부산사람 만인보 2-살맛나는 세상, 사람이 좋다'(2007) '한반도 대운하에 대한 무지한 억측 그리고 진실'(2007) '환경CEO의 녹색노트'(2011) '환경CEO의 소통노트'(2013) (종)불교

## 박승환(朴勝煥) Park Seung Hwan

(생)1966·2·13 (출)서울 (주)서울특별시 서초구 반포대로 158 서울고등검찰청 총무과(02-530-3261) (학)1984년 하동종합고졸 1991년 한양대 법학과졸 (경)1995년 사법시험 합격(37회) 1998년 사법연수원 수료(27기) 1998년 변호사 개업 2000년 수원지검 검사 2002년 대전지검 서산지청 검사 2003년 창원지검 검사 2005년 서울서부지검 검사 2008년 전주지검 검사 2010년 인천지검 부천지청 검사 2010년 同부천지청 부부장검사 2012년 서울고검 검사 2012년 대전지검 천안지청 부장검사 2013년 춘천지검 부장검사 2014년 부산지검 형사3부장 2015년 인천지검 형사3부장 2016년 법무연수원 교수 2017년 부산지검 인권감독관 2018년 서울고검 검사(현)

**박승환(朴承煥) PARK Seung-Hwan**

(생)1967·6·20 (주)부산광역시 연제구 중앙대로 1001 부산광역시의회(051-888-8311) (학)동아대 전기공학과졸 (경)동아대 총학생회장, 19대 대통령선거 연제구 선대위 상임본부장, 더불어민주당 연제구 지역위원회 부위원장, 동아대 민주동문회 부회장, 더불어민주당 부산광역시당 해양수도특별위원회 부위원장 2018년 부산시의회 의원(더불어민주당)(현) 2018년 同기획행정위원회 위원장(현)

**박승환(朴勝煥)**

(생)1977·6·5 (출)경남 함양 (주)서울특별시 서초구 반포대로 157 대검찰청 범죄수익환수과(02-3480-2840) (학)1996년 경기 안양고졸 2001년 서울대 법학과졸 (경)2000년 사법시험 합격(42회) 2003년 사법연수원 수료(32기) 2003년 해군 법무관 2006년 서울중앙지검 검사 2008년 수원지검 평택지청 검사 2012년 법무부 검찰국 형사기획과 검사 2014년 수원지검 성남지청 검사 2014년 대통령 민정비서관실 행정관 2016년 서울서부지검 검사 2017년 同부부장검사(세계은행 파견) 2018년 춘천지검 강릉지청 형사부장 2019년 대검찰청 범죄수익환수과장(현)

**박승훈(朴勝君) Paul H. Park**

(생)1958·10·8 (본)밀양(密陽) (출)경북 안동 (주)서울특별시 금천구 가산디지털2로 115 대륭테크노타운 3차 1009호 (주)인텔리코리아(02-323-0286) (학)1977년 휘문고졸 1982년 한양대 공과대학 전자공학과졸 (경)1982~1991년 제일정밀공업(주) CAD사업부장 1986~1988년 한국산업인력공단 CAD교재 편찬위원 1992년 (주)인텔리코리아 대표이사(현) 2014년 3D프린팅 전략기술로드맵 수립위원(현) (상)대통령표창(2000·2009), 산업자원부장관표창(2001), 한국캐드캠학회 금상(2002), High-Tech Award IT수출대상(2008), 지식경제부장관표창(2008), 3D프린팅 미래창조과학방송통신위원장표창(2014), 3D프린팅 정보통신산업진흥원장표창(2014), 국무총리표창(2018) (저)'CADian 2012'(2013, 북미디어) '3D프린팅 바이블'(2015, JNP커뮤니티) '3D프린터운용기능사'(2019, 예문사) (작)'CADian & Graphics'(2006) 'CADian'(2008) (종)천주교

**박승흥(朴勝興)**

(생)1971 (주)경기도 과천시 관문로 47 방위사업청 방위산업진흥국(02-2079-6400) (학)광주제일고졸, 성균관대 행정학과졸, 서울대 대학원 행정학과졸, 성균관대 대학원 정책학 박사과정 수료 (경)1996년 행정고시 합격(40회) 2010년 국방부 재정계획담당관(서기관) 2012년 同국제군수협력과장 2014년 同물자관리과장 2017년 同전력정책관실 전력정책과장(부이사관) 2018년 同군사시설기획관(고위공무원) 2018년 방위사업청 방위산업진흥국장(현)

**박승희(朴承姬·女) PARK Seung Hee**

(생)1959·2·27 (출)서울 (주)서울특별시 서대문구 이화여대길 26 이화여자대학교 사범대학 특수교육학과(02-3277-2716) (학)1981년 이화여대 교육학과졸 1983년 미국 시라큐스대 대학원 특수교육학과졸 1991년 특수교육학박사(미국 시라큐스대) (경)1984~1985년 Syracuse City School District, Henninger High School 일반고등학교 특수학급 교사 1985~1988년 미국 시라큐스대 특수교육 및 재활학과 연구조교 1991~1992년 이화여대 특수교육과·인천교대 유아교육과 강사 1992년 同사범대학 특수교육학과 교수(현) 1995~1997년 同특수교육학과장 2000~2001년 영국 케임브리지대 사범대학 특수교육 연구그룹 방문교수 2005년 이화여대 기획처 부처장 2006년 한국특수교육학회 부회장·편집위원·이사 2010년 이화여대 특수교육연구소장 2015~2016년 同발달장애아동센터 소장 2018년 한국특수교육학회 회장(현) (상)강의우수교원 베스트티쳐상(2001) (저)'여성장애인차별에 관한 사례연구 : 고등교육과정을 중심으로(共)'(2002) '한국 장애학생 통합교육 : 특수교육과 일반교육의 관계 재정립'(2003) '장애인 인권교육 입문 : 다르게 함께 사는 세상'(2005) '장애관련종사자의 특수교육 입문'(2007) (역)'정신지체 : 정의, 분류, 지원의 체계'(1994) '마서즈 비니어드 섬사람들은 수화로 말한다 : 장애수용의 사회학'(2003) '장애청소년 전환교육'(2006) '임상적 판단 : 장애분야 최선의 실제의 네번째 요소'(2008) (종)가톨릭

**박승희(朴承熙) Park Seunghee**

(생)1964·8·20 (출)충북 충주 (주)서울특별시 중구 서소문로 100 중앙일보 편집국(02-751-5114) (학)1990년 서울대 국제경제학과졸 2008년 건국대 언론홍보대학원 언론정보학과졸 (경)1991년 중앙일보 입사 2007년 同정치부 차장대우 2011년 同해외총국 워싱턴총국장(부국장대우) 2014년 同정치부장 2015년 관훈클럽 운영위원(서기) 2015년 중앙일보 뉴스룸 정치국제에디터 겸임 2016년 同편집제작부문 기획조정1담당(부국장) 2017년 관훈클럽 운영위원(편집) 2018년 同총무 2018년 중앙일보 선데이국장 2018년 同편집국장(현) 2019년 한국신문편집인협회 부회장(현) (상)관훈클럽 관훈언론상(1998) (종)기독교

**박시용(朴時用) PARK Si Yong**

(생)1956·10·31 (본)밀양(密陽) (출)서울 (주)서울특별시 서초구 방배로 208 소암빌딩 8층 아정산업 임원실(02-3478-2363) (학)1975년 경복고졸 1982년 연세대 경제학과졸 1984년 미국 인디애나대 대학원 경제학과졸 (경)범양건영(주) 대표이사 부사장 1999~2009년 同대표이사 부회장 2001년 아정산업(주) 이사 2001~2009년 원신보안(주) 대표이사 사장 2001년 (주)KMS 대표이사 사장 2002년 (주)코리아로터리서비스 비상근이사 2009년 범양건영(주) 부회장 2009년 아정산업(주) 대표이사 부회장(현)

**박시현(朴時炫) PARK Si Hyun**

(생)1958·1·23 (본)밀양(密陽) (출)전남 나주 (주)전라남도 나주시 빛가람로 601 한국농촌경제연구원 농업·농촌정책연구본부 농정연구센터(061-820-2343) (학)1976년 광주제일고졸 1981년 전남대 경제학과졸 1986년 서울대 환경대학원 도시계획학과졸 1993년 경제학박사(일본 교토대) (경)2001~2009년 한국농촌경제연구원 연구위원 2006년 同농촌발전연구센터장 2007~2008년 미국 미주리대 객원연구원 2007년 한국농촌관광학회 부회장 2009년 한국농촌경제연구원 농업농촌정책연구본부 농촌발전팀장 2009년 同선임연구위원 2011년 同농업농촌정책연구본부장 2011년 대통령직속 지역발전위원회 특별분과위원 2013~2014년 (사)한국농어촌관광학회 회장 2015~2016년 한국농촌경제연구원 대외협력실장 2017년 同농업·농촌정책연구본부 농정연구센터 선임연구위원(현) (상)국무총리표창, 농림부장관표창, 행정자치부장관표창 (종)가톨릭



ㅂ

### 박시환(朴時煥) PARK Si Hwan

(생)1953·4·12 (본)밀양(密陽) (출)경남 김해 (주)세종특별자치시 한누리대로 499 정부공직자윤리위원회(044-201-8453) (학)1972년 경기고졸 1976년 서울대 법학과졸 1978년 同대학원 법학과졸 (경)1978년 軍법무관 임용시험 합격(3회) 1978년 해군 법무관 1979년 사법시험 합격(21회) 1982년 사법연수원 수료(12기) 1985년 인천지법 판사 1985년 춘천지법 영월지원 판사 1987년 서울지법 의정부지원 판사 1989년 同동부지원 판사 1992년 서울민사지법 판사 1993년 서울고법 판사 1996년 서울지법 판사 1998년 전주지법 부장판사 1999년 인천지법 부장판사 2000년 서울지법 남부지원 부장판사 2003년 서울지법 부장판사 2003년 변호사 개업 2005~2011년 대법관 2011년 인하대 법학전문대학원 석좌교수(현) 2013~2015년 同법학전문대학원장 겸 법과대학장 2018년 하나금융지주 사외이사 2018년 정부공직자윤리위원회 제16대 위원장(장관급)(현)

### 박신언(朴信彦) PARK Shin Eon

(생)1942·7·1 (출)전남 화순 (주)서울특별시 중구 명동길 74-3 천주교 서울대교구청(02-727-2023) (학)1972년 가톨릭대 신학부졸 1978년 연세대 교육대학원졸 (경)1972년 사제 서품 1972년 연희동성당 보좌신부 1973년 육군 군종신부 1978년 명동성당 보좌신부 1979년 압구정동성당 주임신부 1982년 천주교200주년행사위원회 사무국장 1984년 천주교 서울대교구 관리국장 1989년 세계성체대회 행사위원장 1991년 반포성당 주임신부 겸 평화방송 감사 1993~2001년 평화신문·평화방송 사장 2002년 구의동성당 주임신부 2003년 교황 명예전속사제(몬시뇰)(현) 2004년 명동성당 주임신부 2010~2015년 천주교 서울대교구 가톨릭학교법인담당 교구장대리 겸 학교법인 가톨릭학원 상임이사 2015년 천주교 서울대교구 원로사목자(현) (종)천주교

### 박신의(朴信義·女) PARK Shin Eui

(생)1957·10·27 (본)충주(忠州) (출)광주 (주)서울특별시 동대문구 경희대로 26 경희대학교 경영대학원 문화예술경영학과(02-961-9211) (학)1980년 이화여대 미술사학과졸 1984년 同대학원졸 1986년 프랑스 파리소르본느대 대학원 미술사학과졸 1998년 同대학원 미술사학 박사과정 수료 (경)2000년 경희대 경영대학원 문화예술경영학과 교수(현) 2001년 同문화예술경영연구소장 2003년 문화연대 문화사회연구소 이사 2003년 청주문화산업진흥재단 정책자문위원 2003년 국무조정실 문화정책평가위원 2003년 한국영상문화학회 부회장 2004년 청주공예비엔날레 기획위원장 2004년 문화예술진흥원 문화예술편집위원 2004년 대통령 문화중심도시조성위원회 위원 2004~2008년 인천문화재단 이사 2004년 대통령자문 정책기획위원회 위원 2005~2007년 부천시 투자심의위원 2005년 문화관광부 미술은행 운영위원 2005년 同민자투자사업심의위원 2005년 同한불수교120주년기념사업 자문위원 2005년 한국문화예술위원회 위원 2005~2008년 남북및국제교류위원회 위원장 2008년 한국문화예술경영학회 초대 회장 2018년 한국문화예술교육진흥원 이사장(현) (상)동아일보 신춘문예 미술평론상(1988) (저)'문화예술 경영, 이론과 실제'(2002) '멀티미디어 아티스트 라즐로 모홀리나기'(2002) '멀티미디어 아티스트'(2008) '문화예술경영'(2013) (역)'新구상회화'(1988) '자유구상'(1989) '개념미술'(2003) (종)기독교

### 박신철(朴信哲) Park-Shin Chul

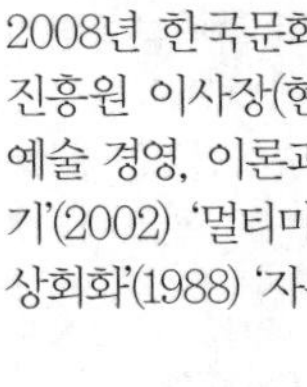

(생)1961·9·18 (본)밀양(密陽) (출)경기 연천 (주)서울특별시 송파구 오금로 62 수산업협동조합중앙회 조합감사위원회(02-2240-3415) (학)1982년 평택고졸 1991년 부산수산대 어업학과졸 2006년 한국과학기술원(KAIST) 테크노경영학과졸(MBA) (경)1991~1994년 현대자동차·일양무역 근무 1994년 기술고시 합격(30회) 1995년 해양수산부 해양정책실 해양환경과 사무관 1998년 국무조정실 수질개선기획단 사무관 2000~2003년 해양수산부 해양보전과·양식개발과·유통가공과 사무관 2004년 한국과학기술원 교육파견 2006년 해양수산부 수산정책국 수산경영과 서기관 2006~2009년 농림수산식품부 수산경영과장 직대·허베이스피리트호 유류오염사고피해어업인지원단 피해보상팀장 2009~2011년 국립수산과학원 미래전략과장·조직인사과장 2011년 농림수산식품부 식품산업정책관실 수출진흥팀장 2012년 同수산정책실 양식산업과장 2013년 해양수산부 수산정책실 지도교섭과장(서기관) 2014년 同수산정책실 지도교섭과장(부이사관) 2014년 同수산정책실 어업정책과장 2017년 국립수산물품질관리원 원장 2018년 수산업협동조합중앙회 조합감사위원회 위원장(현) (상)근정포장(2015) (종)불교

### 박신한(朴信漢)

(생)1957 (출)전남 목포 (주)대구광역시 달서구 화암로 301 대구지방보훈청 지청장실(053-230-6001) (학)서울 광성고졸, 성균관대 체육교육학과졸, 동국대 행정대학원 사회복지학과졸 (경)ROTC 18기 1980년 육군소위 임관, 특수전사령부 제9공수여단 지역대장, 36보병사단 107연대장, 제1군사령부 민사심리전과장 2005년 육군본부 인사참모부 전사자유해발굴과장 2007년 국방부 유해발굴감식단장(대령) 2013년 예편(육군 대령) 2017년 국가보훈처 자문위원 2017년 대구지방보훈청장(현)

### 박신환

(생)1962·10·7 (주)경기도 남양주시 경춘로 1037 남양주시청 부시장실(031-590-2010) (학)영국 요크대 대학원 정치학과졸 (경)1993년 행정고시 합격(37회) 2007년 경기도 비전경영기획관(서기관) 2008년 경기 가평군 부군수 2009년 경기도 도시환경국장 직대 2011~2016년 세종연구소 파견(부이사관) 2016년 경기도 경제실장 직대(지방이사관) 2017년 경기도의회 사무처장(지방이사관) 2017년 경기도 북부청 경제실 일자리노동정책관 2017년 同균형발전기획실장 직대 2018년 同북부청 경제노동실장 2019년 경기 남양주 부시장(현)

### 박 실(朴 實) PARK Sil (藏山)

(생)1939·10·8 (본)밀양(密陽) (출)전북 정읍 (주)서울특별시 영등포구 의사당대로 1 대한민국헌정회(02-757-6612) (학)1958년 전주고졸 1963년 서울대 문리과대학 정치학과졸 1968년 미국 조지아대 대학원졸 1978년 서울대 대학원 수료 (경)1963년 한국일보 입사 1977년 同정치부 차장 1977년 한국기자협회 회장 1984년 신한민주당 창당발기인·대변인 1985년 同정책연구실장 1985년 제12대 국회의원(서울 동작, 신한민주당) 1987년 통일민주당 언론특별위원장 1988년 평화민주당(평민당) 원내수석부총무 1988년 同당기관지 위원장 1988년 제13대 국회의원(서울 동작乙, 평민당·신민당·민주당) 1991년 신민당 당무위원 1991년 민주당 당무위원 1992년 제14대 국회의원(서울 동작乙, 민주당·국민회의) 1992년 민주당 서울시지부장 1992년 국회 환경특별위원회 위원장 1995년 국민회의 홍보위원장 1996년 同서울시지부장 1996년 同서울동작乙지구당 위원장 1998~2000년 국회 사무총장 2000년 한남대 언론홍보학과 예우교수 2006년 대한언론인회 이사 2007년 대한민국헌정회 이사 2009년 同부회장 2011~2015년 同고문 2012~2015·2018년 대한언론인회 이사(현) 2015년 대한민국헌정회 이사(현) (상)청조근정훈장, 건국포장, 국제평화언론대상 (저)'한국외교비사' '지구특파원' '80년대의 정치전망' '박정희와 미국대사관' '깨어진 꿈위에 새로운 꿈을' '중공군의 한국전쟁' (역)'이승만과 미국대사관' '백주의 암흑' '백악관을 향한 레이건'

**박양기(朴陽基) PARK YANG KI**

(생)1960 · 3 · 21 (본)밀양(密陽) (출)강원 삼척 (주)경상북도 경주시 양북면 불국로 1655 한국수력원자력 기술전략본부(054-704-2036) (학)1978년 삼척고졸 1985년 국민대졸 2012년 숭실대 대학원 경영학과졸 (경)1985년 한국전력 입사 2006년 한국수력원자력(주) 울진본부 기계부장 2008년 同발전본부 정비기획처 원자로기술부장 2011년 同발전본부 설비기술처 정비전략팀장 2012년 同울진본부 제2발전소 기술실장 2013년 同울진본부 제3발전소장 2015년 同발전본부 정비처장 2017~2018년 同월성원자력본부장 2019년 同기술전략본부장(현)

**박양동(朴洋東)**

(생)1954 · 3 · 12 (출)부산 (주)경상남도 창원시 성산구 마디미서로 54 서울아동병원 창원상남병원(055-262-8511) (학)부산대 의대졸 (경)1999년 창원시민단체협의회 회장 1999년 경남소비자단체협의회 회장 1999년 창원기독교단체 이사 2000년 창원외국인노동자상담소 이사 2000년 창원에이즈협회 이사, 부산대 · 고신대 의대 외래교수, 대한개원의협의회 정책이사, 경상남도의사회 부회장, 대한의사협회 의료정책연구소 운영위원(현), 의료와사회포럼 공동대표(현) 2003년 창원의사회 회장 2003년 서울아동병원 창원상남병원장(현) 2012~2017년 경상남도의사회 회장 2016년 대한아동병원협회 회장(현) 2019년 경남도 결혼 · 출산 · 양육분과위원회 위원장(현)

**박양수(朴良洙) Yang Su Park**

(생)1966 · 7 · 11 (출)전남 무안 (주)서울특별시 중구 남대문로 39 한국은행 경제통계국(02-759-4311) (학)1991년 고려대 경제학과졸 1993년 同대학원 국제경제학과졸 2001년 미국 일리노이대 어배나 샘페인교 대학원 경제학과졸 2004년 경제학박사(미국 일리노이대 어배나 샘페인교) (경)1991년 한국은행 인사부 행원 1993~1999년 同조사국 조사역 2003~2004년 미국 Univ. of Illinois · FRB of Chicago 공동 설립 · 지역경제학연구소(REAL) 선임연구원 2004년 기획예산처 중기재정계획총량작업반 전문위원 2004년 한국은행 조사국 거시모형반장 2007년 同뉴욕사무소 차장 2010~2011년 同조사국 통화재정팀장 · 차장 2011년 同조사국 거시모형팀장 2012년 同조사국 계량모형부장 2014년 同거시건전성분석국 거시건전성연구부장 2015년 同금융안정국 금융안정연구부장 2016년 한국금융연구원 파견(부장) 2017년 한국은행 광주전남본부장 2018년 同경제통계국장(현) (상)종하장학재단 Full-Scholarship(1985~1988), 고려대 정경대학 최고학생상(1988), 고려대 고대신문사 주최 4.19혁명기념 현상논문대회 입상(1988), 경제기획원장관표창(1994), 한국은행총재표창(1994 · 1995 · 2012(2회) · 2013 · 2014 · 2015), Philip R. Israilevich Distinguished Research Assistantship 지역경제학연구소(REAL)(2002) (저)'경제전망의 실제 직관과 모형의 종합예술'(2011, 한티미디어) '부채경제학과 한국의 가계 및 정부부채(共)'(2012, 한국은행) '21세기 자본을 위한 이단의 경제학 되짚어 보는 지구촌 경제의 새로운 패러다임'(2017, 아미존의나비)

**박양우(朴良雨) Yang-Woo Park**

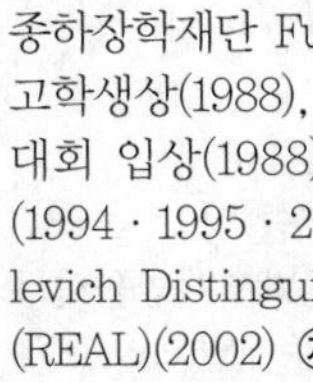

(생)1958 · 11 · 20 (본)반남(潘南) (출)광주 (주)세종특별자치시 갈매로 388 문화체육관광부 장관실(044-203-2005) (학)1977년 제물포고졸 1981년 중앙대 행정학과졸 1986년 서울대 행정대학원졸 1991년 영국 시티대 대학원 예술경영학과졸 2007년 관광학박사(한양대) (경)1979년 행정고시 합격(23회) 1994년 문화체육부 기념물과장 1995년 영국 문화부 파견 1997년 문화체육부 국제관광과장 1998년 대통령비서실 사회복지 행정관 1999년 대통령비서실 문화관광행정관(부이사관) 1999년 문화관광부 공보관 2000년 同관광국장(부이사관) 2002년 同관광국장(이사관) 2002년 駐뉴욕 한국문화원장 2005년 문화관광부 문화산업국장 2006년 同정책홍보관리실장(관리관) 2006~2008년 同차관 2008~2009년 인천세계도시축전 부위원장 2008~2019년 중앙대 예술대학원 예술경영학과 교수 2009~2011년 同부총장 2009~2013년 (사)한국예술경영학회 회장(제5 · 6대) 2009년 (사)함께하는나라사랑 이사장 2009~2014년 (사)지식재산포럼 부회장 2011~2015년 중앙대 예술대학원 예술경영학과장 2011~2014년 (사)한국영상산업협회 회장 2011~2017년 문화체육관광부 자체평가위원장 2011~2013년 한국영화배급협회 회장 2012~2014년 대통령직속 아시아문화중심도시조성위원회 부위원장 2012년 광주ACE페어 추진위원회 위원장 2013년 한국영화산업전략센터 대표이사 2013~2015년 한국호텔외식관광경영학회 회장 2013~2015년 문화재청 문화재위원회 위원 2014년 (재)광주비엔날레 이사 2015~2017년 同대표이사 2017년 문화체육관광부 조직문화혁신위원회 위원장 2019년 同장관(현) 2019년 대통령직속 국가균형발전위원회 위원(현) (상)대통령표창(1992), 녹조근정훈장(2000), 황조근정훈장(2009) (저)'예술경제란 무엇인가(共)'(1993) '기업의 문화예술지원과 방법(共)'(1994) 'Travel & Tourism English(共)'(2005) (종)기독교

**박양준(朴亮俊)**

(생)1964 · 11 · 22 (출)전북 진안 (주)서울특별시 서초구 강남대로 193 서울행정법원(02-2055-8114) (학)1982년 군산제일고졸 1988년 서울대 법과대학 공법학과졸 (경)1987년 한국증권협회 근무 1989년 신한증권(주) 근무 1995년 사법시험 합격(37회) 1998년 사법연수원 수료(27기) 1998년 서울지법 판사 2000년 同서부지원 판사 2002년 대전지법 천안지원 판사 2005년 의정부지법 고양지원 판사 2008년 서울중앙지법 판사 2010년 서울고법 판사 2011년 대법원 재판연구관 2013년 창원지법 부장판사 2014년 사법연수원 교수 2016년 의정부지법 고양지원 부장판사 2018년 서울행정법원 부장판사(현)

**박양진(朴洋進) Park Yang Jin (民濟)**

(생)1961 · 4 · 23 (본)밀양(密陽) (출)전남 해남 (주)서울특별시 강남구 삼성로 608 법무법인 해냄(02-541-7232) (학)1980년 서울 장훈고졸 1986년 성균관대 법학과졸 1997년 경희대 법무대학원 지도자과정 수료(2기) 2003년 서울대 행정대학원 국가정책과정 수료(56기) 2005년 미국 일리노이공과대(IIT) 시카고-켄트로스쿨 법학과졸(LL.M.) 2005년 새누리당 정치대학원 수료(5기) (경)1989년 사법시험 합격(31회) 1992년 사법연수원 수료(21기) 2002년 (사)남북교류협회 이사 2004년 한일약품(주) 사외이사 2005~2006년 법무법인 바로세움 대표변호사 2007년 법무법인 아주 변호사 2008년 법무법인(유) 대륙아주 변호사 2008년 한나라당 중앙위원회 공익법무분과 위원장, (사)우리민족교류협회 이사, 인천시양궁협회 회장, (사)한국전기전자재료학회 이사 겸 법률고문, (사)한국여성단체협의회 정책위원(현) 2016~2018년 법무법인 정향 변호사 2017년 한국가스공사 감사자문위원(현) 2018년 법무법인 해냄(현)

**박억수(朴億洙)**

(생)1971 · 10 · 7 (출)전남 구례 (주)대구광역시 수성구 동대구로 364 대구지방검찰청 형사1부(053-753-2201) (학)1990년 광주 석산고졸 1996년 고려대 법학과졸 2002년 同법과대학원졸 (경)1997년 사법시험 합격(39회) 2000년 사법연수원 수료(29기) 2000년 공익법무관 2003년 대구지검 검사 2005년 광주지검 목포지청 검사 2008년 서울서부지검 검사 2011년 서울중앙지검 검사 2013년 인천지검 부부장검사 2014년 수원지검 성남지청 부부장검사(헌법재판소 파견) 2016년 부산지검 형사3부장 2017년 대검찰청 공판송무과장 2018년 서울남부지검 형사3부장 2019년 대구지검 형사1부장(현)

ㅂ

## 박억조(朴億祚) Park Eok-jo

(생)1964·12·13 (출)부산 기장 (주)부산광역시 연제구 고분로 216 부산시소방재난본부 방호조사과(051-760-3004) (학)1983년 부산 기장고졸 1992년 동아대 행정학과졸 (경)1993년 지방소방위 임용(제7기 소방간부 후보생) 2006년 해운대소방서 방호과장 2008년 부산시소방본부 감사담당 2009년 부산 남부소방서 소방행정과장 2010년 부산 기장소방서 재난대응과장 2011년 부산시소방본부 방호기획담당 2012년 同종합상황실장(지방소방정) 2013년 부산 기장소방서장 2015년 부산진소방서장 2017~2019년 부산시소방안전본부 현장대응과장 2019년 부산시소방재난본부 방호조사과장(현)

## 박여종(朴汝鍾)

(생)1960·3·24 (주)충청남도 서천군 서천읍 군청로 57 서천군청 부군수실(041-950-4205) (학)1978년 공주농고졸 2005년 한밭대 경영학과졸 (경)1978년 제1회 지방공무원 5급乙 농림직 공채 합격 1979년 충남도 지역경제국 지역경제과·공보관실·정책담당관실·여성정책관실 근무 2005년 충남도의회 사무처·공주시의회 사무처 전문위원 2007년 충남도 복지환경국 복지정책과 행정사무관 2009년 同경제산업국 경제정책과 행정사무관 2010년 同경제산업국 일자리경제정책과 행정사무관 2011년 同여성가족정책관실 행정사무관 2014년 충남도 문화체육관광국 전국체전준비기획단장(서기관) 2017년 충남 서천군 부군수(현) 2018년 同군수 권한대행 (상)여성가족부장관표창(2003), 대통령표창(2010)

## 박연규(朴淵奎) Yon-Kyu PARK

(생)1969·2·10 (본)면천(沔川) (출)서울 (주)대전광역시 유성구 가정로 267 한국표준과학연구원 물리표준본부(042-868-5010) (학)기계공학박사(한국과학기술원) (경)2007년 국무조정실 의료산업발전기획단 전문위원 2008~2015년 국제측정연합(IMEKO) TC3 부의장 2011~2016년 한국표준과학연구원(KRISS) 질량힘센터장 2014~2018년 정밀공학회국제학술지(IJPEM) 편집위원 2015~2017년 국가과학기술연구회 차세대텍스타일기반임베디드소자융합클러스터장 2015년 한국형발사체개발사업단 추진위원(현) 2015년 국제측정연합(IMEKO) 대외협력부회장(현) 2016년 한국표준과학연구원 기반표준본부장 2017년 同물리표준본부장(현) 2017년 아시아태평양측정프로그램(APMP) 집행위원(현) (상)한국과학기술원 우수논문상(1998), APMP(아시아 태평양 측정 프로그램) 젊은 과학자상(2002), 교육과학기술부장관표창(2009)

## 박연상(朴淵相) Park Yeon Sang

(생)1961·2 (주)서울특별시 강남구 테헤란로 202 금융결제원 임원실(02-531-1022) (학)1987년 부산대 경제학과졸 2002년 미국 미시간대 대학원 경제학과졸 (경)1986년 금융결제원 입사 2008년 同지로업무부장 2009년 同기획조정실장 2013년 同금융결제연구소장 2014년 同경영기획부장 2015년 同상무이사 2017년 同전무이사(현)

## 박연선(朴研鮮·女) PARK Yon Sun

(생)1950·8·23 (본)밀양(密陽) (출)부산 (주)서울특별시 마포구 큰우물로 76 고려빌딩 214호 한국컬러유니버설디자인협회(02-6354-0523) (학)1969년 경기여고졸 1973년 홍익대 시각디자인학과졸 1975년 同대학원졸 (경)1992년 대한민국산업디자인전 추천디자이너 1994~2015년 홍익대 조형대학 커뮤니케이션디자인전공 교수 1999~2001년 한국여성시각디자이너협회 회장 1999년 캐나다 U.B.C. 벤쿠버 초대전 2002~2005년 홍익대 영상애니메이션연구소장 2005~2008년 한국색채디자인학회 초대 회장 2006~2012년 홍익대 색채디자인연구센터 소장 2007~2009년 同조형대학장 2008~2009년 한국색채학회 회장 2014년 (사)한국컬러유니버설디자인협회 회장(현) (상)대한민국산업디자인전 특선3회 (저)'색채용어사전'(2007, 예림) (역)'컬러하모니'(1995, 미진사)

## 박연수(朴演守) PARK Yeon Soo

(생)1953·12·8 (본)밀양(密陽) (출)전북 정읍 (주)서울특별시 마포구 백범로 35 서강대학교 떼이야르관 607호 ICT융합재난안전연구소(02-3274-4833) (학)1971년 성남고졸 1979년 고려대 토목공학과졸 1988년 연세대 산업대학원 도시계획학과졸 1997년 공학박사(연세대) (경)1978년 기술고시 합격(14회) 1979년 경남도 근무 1985~1986년 인천시 도시계획과장·도로과장 1986년 同도시계획국장 1989년 同공영개발사업단장 1989년 同동구청장 1991년 同교통관광국장 1993년 同지역경제국장 1994년 同재무국장 1995년 내무부 방재계획과장 1995년 同기획과장 1996년 미국 조지타운대 객원연구원 1997년 내무부 재난총괄과장 1998년 행정자치부 공기업과장 1999년 월드컵문화시민운동추진협의회 운영국장 2001년 인천시 기획관리실장 2003년 국민고충처리위원회 조사2국장 2004년 행정자치부 감사관 2005년 同지방지원본부장 2005년 同지방재정세제본부장 2007~2008년 同지방혁신인력개발원장 2008년 소방방재청 차장 2009~2011년 同청장 2011년 서울대 행정대학원 초빙교수 2011~2016년 한국방송공사(KBS) 객원해설위원 2012~2013년 고려대 그린스쿨대학원 교수 2014년 同에너지환경정책기술대학원 초빙교수 2016년 2018평창동계올림픽·패럴림픽안전자문위원회 위원장 2016년 서강대 ICT융합재난안전연구소 초빙교수(현) (상)건설부장관표창(1982), 홍조근정훈장(1998), 황조근정훈장(2012), 한국과학기술원(KAIST) 미래전략대상(2015), 한국도시계획가협회 한국도시계획가상(2018) (저)시집 '화단에 서서'(1974, 대학관) '대한민국의 지도를 바꿔 놓은 남자'(2008, 한경BP) '위기탈출119'(2010, 대표집필, 매일경제신문사)

## 박연욱(朴淵昱) PARK Yeon Wook

(생)1968·3·3 (본)함양(咸陽) (출)대구 (주)대구광역시 수성구 동대구로 364 대구고등법원 총무과(053-757-6600) (학)1986년 대구 계성고졸 1990년 고려대 법학과졸 (경)1991년 사법시험 합격(33회) 1994년 사법연수원 수료(23기) 1994년 軍법무관 1997년 수원지법 판사 1999년 서울지법 판사 2001년 대구지법 판사 2005년 서울고법 판사 2007년 대법원 재판연구관 2009년 부산지법 부장판사 2010년 의정부지법 부장판사 2012~2014년 헌법재판소 파견 2014년 서울행정법원 부장판사 2016년 수원지법 평택지원장 2018년 대구고법 부장판사(현)

## 박연재(朴連在) PARK, Yeon Jae

(생)1952·4·6 (본)함양(咸陽) (출)전남 영암 (주)광주광역시 동구 지산로78번길 3 4층 박연재법률사무소(062-236-1919) (학)1969년 광주제일고졸 1974년 전남대 법과대학 법학과졸 1984년 同법과대학원졸 2006년 광주대 언론홍보대학원 정치학과졸 (경)1981년 사법시험 2차시험 합격(23회) 1981년 한국방송공사(KBS) 광주방송총국 보도국 기자 1992년 同지역국기자협의회장 1993년 한국기자협회 광주전남지부장 1996년 한국방송공사(KBS) 광주방송총국 취재부장 1997년 同편집부장 1998년 同순천방송국 방송부장 1999년 同홍보실 차장 2001년 同보도국 전국부 차장 2002년 민주화운동 유공자 인정 2002년 한국방송공사(KBS) 광주방송총국 보도국장 2005~2007년 同목포방송국장 2007~2010년 同광주방송총국 심의위원 2007년 진실·화해를위한과거사정리위원회의 '시국관련 시위전력이 있는 사법시험 탈락자' 사법연수원 입소 권고 2008년 사법시험 추가합격(49회), 광주서중·광주제일고총동문회 상임이사, 광주학생독립운동기념사업회 이사 2011년 在京구림초등학교총동문회 회장 2012년 여수해양엑스포조직위원

회 자원봉사자문위원 2012년 사법연수원 수료(41기) 2012년 변호사 개업(현) 2012~2015년 전남대총동창회 부회장, 광주가정법원 가사조정위원 및 정보공개심의위원, 전남도 행정심판위원, 광주시 지방분권위원회 위원 2012년 한국농어촌공사 법률고문, 한국범죄방지사협회 호남지역회장, 광주제일고·광주서진여고 등 고문변호사, 대한변호사협회 대의원, 마을변호사 운영위원 [상]전남도지사표창(1963), 전남도교육감표창(1966), 전남대총장표창(1970), 보건복지부장관표창(2006), 자랑스런 전남대인상(2006)

**박연주(朴連珠·女)**
[생]1972·10·21 [출]서울 [주]경기도 의정부시 녹양로34번길 23 의정부지방법원 총무과(031-828-0102) [학]1991년 은광여고졸 1996년 서강대 법학과졸 [경]1998년 사법시험 합격(40회) 2001년 사법연수원 수료(30기) 2001년 서울지법 동부지원 판사 2002년 서울고법 판사 2003년 서울지법 판사 2004년 서울중앙지법 판사 2005년 대구지법 판사 2008년 인천지법 판사 2010년 서울중앙지법 판사 2013년 서울남부지법 판사 2014년 서울고법 판사 2016년 대전지법 천안지원·대전가정법원 천안지원 부장판사 2018년 의정부지법 부장판사(현)

**박연진(朴淵辰) Park, Youn Jin (三乎)**

[생]1968·11·17 [본]함양(咸陽) [출]강원 원주 [주]충청남도 홍성군 홍북읍 충남대로 21 충청남도청 건설교통국(041-635-2800) [학]1987년 서울 영동고졸 1993년 고려대 토목환경공학과졸 2010년 미국 뉴욕주립대 올바니교 대학원 행정학과졸(MPA) [경]1997년 기술고시 합격(33회) 2010년 국토해양부 건설수자원정책실 해외건설과 시설사무관 2011년 同건설수자원정책실 해외건설과 기술서기관 2013년 원주지방국토관리청 하천국장 2014년 국토교통부 공공주택관리과장 2016년 同공공주택본부 행복주택개발과장 2017년 同공공주택본부 행복주택공급과장 2017년 同첨단도로안전과장 2019년 同공항항행정책관실 공항정책과장 2019년 충남도 건설교통국장(현)

**박연채(朴然彩) PARK Yun Chae**

[생]1964·10·25 [출]경기 평택 [주]서울특별시 영등포구 여의나루로4길 18 키움증권 홀세일총괄본부(02-3787-5000) [학]1990년 연세대 경영학과졸 1994년 미국 시카고대 대학원 경영학과졸 [경]한일투자신탁운용 근무, James Capel 근무, Meril Lynch 근무 2003~2006년 한누리투자증권 리서치센터장(이사) 2006년 키움닷컴증권 리서치센터장(상무대우) 2008년 키움증권(주) 리서치센터장(상무) 2013년 同리서치센터장(전무) 2015년 同홀세일총괄본부장(전무)(현) 2017년 금융위원회 금융발전심의회 자본시장분과 위원(현)

**박열규**

[생]1953 [주]경기도 안성시 서운면 사갑1길 296-133 삼강산업개발(주)(031-672-0390) [학]삼일고졸 [경]2002년 (주)삼광아스콘 대표이사 2006년 삼강산업개발(주) 대표이사(현), 남부아스콘사업협동조합 이사장(현) 2016년 중소기업중앙회 노동특별위원회 위원(현) 2016~2017년 고용노동부 최저임금위원회 사용자위원 2017년 중소기업중앙회 이사(현) [상]경기도지사표창(2003), 조달청장표창(2015)

**박 염(朴 廉) PARK YEOM**

[생]1965·12·11 [본]밀양(密陽) [출]경남 산청 [주]부산광역시 금정구 중앙대로 1789 금정소방서(051-760-4713) [학]영산대 법학과졸 [경]1990년 소방공무원 임용 2010년 부산 항만소방서 재난대응과장(지방소방령) 2012년 부산 북부소방서 소방행정과장 2014년 부산시 소방안전본부 소방행정담당 2015년 同소방안전본부 소방감사담당관(지방소방정) 2017년 부산 사하소방서장(소방정) 2019년 부산 금정소방서장(현) [상]행정자치부장관표창, 근정포장 [종]불교

**박영관(朴永寬) PARK Young Kwan (佑村)**

[생]1939·4·8 [본]밀양(密陽) [출]경북 청도 [주]경기도 부천시 호현로489번길 28 부천세종병원(032-340-1201) [학]1957년 부산고졸 1960년 서울대 문리대학 의예과 수료 1964년 同의대졸 1966년 同대학원 의학석사 1971년 의학박사(서울대) 1990년 서울대 경영대학 최고경영자과정 수료 2000년 同경영대학 전자상거래 최고경영자과정 수료 2004년 同자연과학대학 과학기술혁신 최고경영자과정 수료 2004년 경기대 대학원 범죄예방전문화과정 수료 2007년 CEO가나문화포럼 수료 [경]1964~1969년 서울대 의대 조교 1972년 예편(해군 소령) 1972~1973년 인제대 의대 백병원 흉부외과 과장 1973~1981년 한양대 의대 전임강사·조교수·부교수 1975년 서독 뒤셀도르프대 심장외과학 연수 1977년 미국 하버드대 심장외과센터 연수 1978년 미국 Mayo Clinic 심장외과 연수 1979년 일본 오사카 순환기센터 연수 1980년 일본 동경 암센터 연수 1981년 미국 Texas Heart Institute 연수 1981~2009년 혜원의료재단 세종병원 이사장 1987년 사회복지법인 한국심장재단 실행이사 1989~2011년 사회복지법인 세이브더칠드런코리아(舊 한국어린이보호재단) 이사·이사장·실행이사 1995~2012년 인천지검 부천지청 의료자문협의회 자문위원 1996년 부천시체육회 부회장 1998~1999년 대한흉부외과학회 회장 1999~2006년 부천사랑문화센터 특별위원 1999~2006년 부천경찰서 행정발전위원 2000년 중국 옌볜의대 부속병원 명예원장(현) 2001~2014년 성균관대 의대 외래교수 2001년 복지법인 부천역사문화재단 고문 2001년 한·러시아극동협회 이사 2003~2006년 새마을운동중앙회 자문위원 2005~2012년 (사)신라오릉보존회 부이사장 2006~2010년 인천지검 부천지청 범죄예방위원부천지역협의회 고문 2006년 부천시체육회 고문(현) 2007년 서울대 경영대학 최고경영자과정 부회장(현) 2009년 부천세종병원 회장(현) 2016년 부천시립노인전문병원 회장(현) 2017년 메디플렉스세종병원 회장(현) [상]부천시 문화상(1984), 경기도지사표창(1986), 국민훈장 모란장(1987), 법무부장관표창(2001), 함춘의료봉사대상(2005), 몽골 울란바타르시장 감사패(2006), 서울대 AMP대상(2007), 한국선의복지재단 공로상(2007), 러시아 하바로브스크 명예시민(2009), 보건복지부장관표창(2011) [저]'Congenital Heart Disease Clinicopathologic Correlation' '선천성 심장병, 임상·병리학적 연관성 분석' '선천성 심장병의 연속분절분석에 대한 세미나' '좌측 심장의 폐쇄성 병변에 대한 세미나' [종]기독교

**박영관(朴榮琯) PARK Young Kwan**

[생]1952·10·15 [본]밀양(密陽) [출]전남 신안 [주]서울특별시 서초구 서초대로74길 4 삼성생명서초타워 17층 법무법인(유) 동인(02-2046-0656) [학]1971년 목포고졸 1978년 성균관대 법학과졸, 同대학원 법학과졸, 고려대 대학원 최고위정보통신과정 수료, 서울대 대학원 도시환경디자인최고전문가과정 수료 [경]1981년 사법시험 합격(23회) 1983년 사법연수원 수료(13기) 1983년 마산지검 진주지청 검사 1985년 서울지검 동부지청 검사 1987년 일본 중앙대 비교법연구소 파견 1988년 광주지검 검사 1990년 서울지검 북부지청 검사 1992년 駐일본대사관 법무협력관 1994년 법무부 검찰국 검사 1995년 광주지검 순천지청 부장검사 1996년 전주지검 정읍지청장 1997년 서울지검 부부장검사 1998년 법무부 검찰3과장 1999년 同검찰2과장 2000년 同검찰1과장 2001년 서울지검 특수1부장 2003년 전주지검 차장검사 2004년 서울고검 검사 2005년 광주지검 차장검사 2006년 부산고검 차장검사 2007년 전주지검장 2008~2009년 제주지검장 2009년 법무법인(유) 동인 구성원변호사(현) [저]'일본검찰연구' '공해형사법' '지적재산권형사법' [종]기독교

**박영구(朴泳求) PARK Young Koo** (水山)

(생)1950 · 11 · 13 (본)밀양(密陽) (출)광주 (주)광주광역시 광산구 용아로 717 금호HT(062-958-2700) (학)1968년 광주제일고졸 1972년 한국외국어대 영어과졸 2001년 연세대 언론홍보대학원 최고위과정 수료 2002년 서울대 경영대학원 최고경영자과정 수료 2004년 同공과대학 최고산업전략과정 수료 (경)1973~1975년 미쓰이(三井)물산 서울지점 금속부 근무 1975~1980년 금호실업(주) 수출3부 과장 1980년 삼양타이어 경리부 차장 1982년 금호전기 영업부 차장 1983년 同영업부장 1986년 同이사대우 1989년 同이사 1995년 同조명사업부 상무이사 1996년 同영업본부장(전무) 1998년 同생산본부장(전무) 겸 기술연구소장 1998년 同대표이사 사장 2000년 同대표이사 부회장 2001년 한국표준협회 부회장 2002년 국제로타리3650지구 중앙로타리클럽 회장 2004~2005년 국제로타리6지역 총재지역대표 2005년 국가품질상 심의위원 2005년 한국로타리3650지구 6지역 총재보좌역 2006~2015년 (주)금호전기 대표이사 회장 2006~2008년 한국로타리 장학문화재단 위원장 2006~2008년 한국로타리3650지구 헌혈봉사프로젝트위원장 2008년 전국경제인연합회 국제경영원 이사 2010~2011년 국제로터리3650지구 총재 2010~2012년 서울대 AIP총동창회 회장 2015년 금호HT 명예회장(현) (상)한국외국어대 모의유엔총회 학장표창(1970), 대한민국특허기술대전 동상(1998), 에너지위너상(1998), 산업자원분야 신지식인(1999), 은탑산업훈장(2007) (종)불교

**박영국(朴榮國) PARK Young Guk**

(생)1956 · 12 · 25 (본)순천(順天) (주)서울특별시 동대문구 경희대로 23 경희의료원 치과병원 교정과(02-958-9390) (학)경희대 치대졸, 同대학원졸 1990년 치의학박사(경희대) (경)경희대 치과대학 치과교정학교실 교수(현), 同치의학전문대학원 교수(현) 2003년 同치과대학병원 교정과장 겸 진료부장 2004~2007년 미국 Harvard School of Dental Medicine 객원조교수 2010~2013년 세계치과의사연맹(FDI) 교육위원회 위원 2010~2012년 대한치과교정학회 회장 2013~2014년 대한의료커뮤니케이션학회 회장 2013~2014년 대한치과교정학회 명예회장 2013~2017년 세계치과의사연맹(FDI) 교육위원회 부위원장 2014년 경희대 치의학전문대학원장 겸 치과대학장 2014~2017년 同치과대학병원장 2017년 세계치과의사연맹(FDI) 이사(현) 2018~2019년 경희대 대외협력부총장 2018년 同재정예산처장 2019년 同총장직대 겸 서울부총장(현) (상)보건복지부장관표창(2011 · 2012) (종)불교

**박영국(朴榮國) Park, Younggoog**

(생)1964 · 5 · 9 (본)여주(驪州) (출)서울 (주)서울특별시 성북구 화랑로32길 146-37 한국예술종합학교 사무국(02-746-9004) (학)1983년 경동고졸 1987년 서울대 법과대학 사법학과졸 2000년 미국 위스콘신대 메디슨교 법학대학원졸 (경)1988년 행정고시 합격(32회) 1989~1995년 총무처 · 공보처 행정사무관 1995년 駐뉴욕총영사관 영사 1997년 공보처 여론과 서기관 1998년 국무총리 공보실 공보기획담당관실 서기관 1999년 국정홍보처 홍보조사과 서기관 2001 미국 뉴욕주 변호사자격 취득 2003년 대통령 홍보수석비서관실 해외언론비서관실 행정관 2006년 대통령 국정상황실 행정관(부이사관) 2007년 국정홍보처 홍보분석관 2007년 駐캐나다 공사참사관(고위공무원) 2010년 한국예술종합학교 사무국장 2011년 중앙공무원교육원 교육훈련 파견 2012년 문화체육관광부 미디어정책국장 2014년 同문화콘텐츠산업실 저작권정책관 2014년 同문화콘텐츠산업실 콘텐츠정책관 2015년 同해외문화홍보원장 2016년 同문화예술정책실장 2016년 同국민소통실장 2017년 대한민국예술원 사무국장 2018년 국립한글박물관장 2019년 한국예술종합학교 사무국장(현) (상)근정포장(2014)

**박영규(朴永圭)**

(생)1961 · 2 · 12 (주)서울특별시 종로구 종로 1 교보문고 임원실(1544-1900) (학)고려대 수학과졸 (경)1986년 교보생명 입사 2001년 同부장 2002년 同계리팀장(이사보) 2004년 同경영관리실장(상무) 2006년 同상품지원실장(상무) 2010년 同경영관리실장(전무) 2013년 同경인FP본부장(전무) 2014년 同마케팅담당 겸 보험서비스지원실장(부사장) 2016년 同마케팅담당 겸 핀테크추진TF장(부사장) 2018년 교보문고 고문 2018년 同대표이사(현) 2018년 교보핫트랙스 대표이사 겸임(현)

**박영근(朴英根) PARK Yung Keun**

(생)1961 · 8 · 11 (본)밀양(密陽) (출)경남 하동 (주)부산광역시 연제구 법원로 34 정림빌딩 1306호 법무법인 현승(051-506-6930) (학)1979년 배정고졸 1984년 서울대 법학과졸 1986년 同대학원 법학과졸 (경)1985년 사법시험 합격(27회) 1988년 사법연수원 수료(17기) 1991년 수원지검 성남지청 검사 1993년 창원지검 진주지청 검사 1994년 서울지검 북부지청 검사 1996년 대전지검 검사 1998년 대구지검 검사 2000년 서울지검 남부지청 부부장검사 2001년 전주지검 군산지청 부장검사 2002년 전주지검 부장검사 2003년 부산지검 마약수사부장 2004년 대전지검 형사2부장 2005년 서울서부지검 형사3부장 2006년 서울고검 검사 2008~2009년 부산고검 검사 2009~2011년 법무법인 로앤로 부산사무소 공동대표 변호사 2012년 법무법인 현승 대표변호사(현)

**박영기(朴英基) PARK Young Ki**

(생)1944 · 1 · 1 (본)밀양(密陽) (출)평남 평양 (주)서울특별시 강남구 영동대로 316 새마을운동중앙회 4층(02-3446-8885) (학)1962년 배재고졸 1967년 연세대 건축공학과졸 1972년 同대학원 건축공학과졸 1985년 공학박사(연세대) (경)1989~2009년 연세대 공과대학 건축공학과 교수 1990년 총무처 기술고시 출제위원 1991년 한국건축가협회 회원(현) 1992~1995년 연세대 공과대학 건축공학과장 1993년 건설부 중앙건축위원 1996년 서울시 건축위원 1996년 대한건축학회 논문편집위원장 1998년 국세청 청사신축현상설계 심사위원 2000년 대한상사중재원 중재인 2002년 대한건축학회 부회장 2004~2006년 환경관리공단 설계자문위원회 기술위원 2009~2011년 천일건축엔지니어링종합건축사사무소 상임고문회장 2009년 연세대 명예교수(현) 2011년 이가종합건축사사무소 상임고문(현) 2015년 한국해비타트 서울지회 이사장(현) (상)대한건축학회 학술상(1999) (종)기독교

**박영기(朴永基) PARK YOUNG KI**

(생)1971 · 3 · 6 (본)밀양(密陽) (출)충북 보은 (주)서울특별시 영등포구 국제금융로6길 30 백상빌딩 904호 노무법인 사람(02-761-1430) (학)1989년 송림고졸 2006년 서강대 종교학과졸 (경)2003~2006년 민주노총 사무금융연맹 조직쟁의국장 2006년 노무법인 사람 대표(현) 2006년 참여연대 노동사회위원회 실행위원(현) 2007년 천주교 서울대교구 노동사목위원회 상임위원(현) 2008~2010년 한국공인노무사회 사무총장 2009~2012년 앞선노동경제연구소 정책실장 2013~2014년 경기도교육청 민주시민교육정책자문단 위원 2013~2015년 영유아보육법및서울시보육조례에의한서울시희망자문단 단원 2014~2017년 지방공기업 경영평가위원 2017년 서울가톨릭이주난민센터 이사(현) 2017~2019년 서울시 근로자권익보호위원회 위원 2017년 국회노동포럼 헌법33조위원회 자문위원(현) 2018년 한국공인노무사회 회장(현) 2018년 강원도 인권위원회 비상임인권옹호관(현) (종)천주교

**박영길(朴榮吉) PARK Young Kil**

(생)1942 · 12 · 2 (본)순천(順天) (출)경북 성주 (주)서울특별시 중구 세종대로20길 19 유성빌딩 한국편집미디어협회 회장실 (학)1961년 경북고졸 1966년 영남대 약학과졸 (경)1967년 대구일보 편집부 차장 1974년 한국일보 편집부 차장 · 부장 1994년 同편집국장대리 겸 종합편집부장 1995년 同편집1부장 겸 국장대리 1996년 일간스포츠 편집국장대리 1996년 同편집국장 1998년 同편집위원(이사대우) 1998년 한국일보 수석편집위원 1998년 일간스포츠 편집국장 2000년 同편집인(이사대우) 2001년 同편집위원(이사대우) 2002년 (주)머니투데이 편집국 편집고문 2002년 同편집국장(이사) 2003년 同편집인(이사) 2004년 한국편집미디어협회 회장(현)

**박영대(朴永大) PARK Young Dae**

(생)1967·7·29 (출)경남 김해 (주)서울특별시 강남구 테헤란로114길 11 강남경찰서(02-3673-9002) (학)1986년 김해고졸 1990년 경찰대졸(6기) 2013년 연세대 행정대학원 법학석사(경찰사법행정학 전공) (경)2006년 駐청뚜총영사관 경찰주재관 2009년 경찰청 외사국 외사기획·외사정보·국제보안 담당 2010년 同외사정보과 근무 2014년 同기획조정실 미래발전과장 겸 자치경찰TF팀장 2015년 경남 함양경찰서장 2016~2019년 駐상하이주재관 2019년 서울 강남경찰서장(현) (상)대통령표창(2011)

**박영렬(朴永烈) PARK Young Ryul** (浩亭)

(생)1956·11·6 (본)밀양(密陽) (출)경기 하남 (주)서울특별시 강남구 테헤란로 317 동훈타워 법무법인 대륙아주(02-563-2900) (학)1975년 경기고졸 1979년 서울대 법과대학 (경)1981년 사법시험 합격(23회) 1983년 사법연수원 수료(13기) 1983년 서울지검 동부지청 검사 1986년 춘천지검 강릉지청 검사 1987년 인천지검 검사 1989년 법제처 근무 1991년 일본 게이오대(慶應大) 법무성 연수 1992년 서울지검 검사 1994년 대전고검 검사 1996년 춘천지검 부장검사 1997년 대전지검 특수부장 1998년 수원지검 공판송무부장 1998년 同형사3부장 1999년 법무부 공보관 2001년 서울지검 외사부장 2002년 수원지검 여주지청장 2003년 서울고검 검사 2005년 광주지검 순천지청장 2006년 서울고검 송무부장 2007년 법무부 정책홍보관리실장 2008년 서울남부지검장 2009년 광주지검장 2009~2010년 수원지검장 2010년 변호사 개업 2011~2017년 법무법인 성의 대표변호사 2011년 경인일보 자문변호사 2013~2015년 이마트 사외이사 2017년 법무법인(유) 대륙아주 대표변호사(현) (상)홍조근정훈장(2006) (저)'일본 검찰실무' '외사사범 수사실무' '부동산 국가소송실무' '맑은 물 확보와 배분에 관한 법리' '광주 선진교통문화 범시민운동' '탈세사범 수사실무' (종)기독교

**박영렬(朴永烈) PARK Young Ryeol**

(생)1957 · 10 · 24 (출)대전 (주)서울특별시 서대문구 연세로 50 연세대학교 경영대학 경영학과(02-2123-2529) (학)1976년 중앙고졸 1983년 연세대 경영학과졸 1987년 미국 일리노이대 경영대학원 졸 1993년 경영학박사(미국 일리노이대) (경)1983년 (주)대우 근무 1983년 미국 일리노이대 객원조교수 1994년 연세대 동서문제연구원 객원연구원 1995~1999년 同경영학과 조교수 · 부교수 1999~2001년 同연세춘추 주간 2001~2002년 한국소프트웨어진흥원 자문위원 2004년 연세대 경영대학 경영학과 교수(현) 2004~2008년 同대외협력처장 2012년 同동서문제연구원장 2012~2014년 同경영대학장 겸 경영전문대학원장 2014~2015년 한국경영사학회 회장 2014년 삼성SDS 사외이사 겸 감사위원(현) 2014년 연세대 경영교육혁신센터장 2015~2018년 코리안리재보험(주) 사외이사 겸 감사위원 (저)'성공한 경영자가 알고 있는 소비자이야기'(1997) (종)기독교

**박영립(朴永立) PARK Young Lip**

(생)1953·2·8 (출)전남 담양 (주)서울특별시 강남구 영동대로 517 법무법인 화우(02-6003-7118) (학)1974년 검정고시 합격 1980년 숭실대 법학과졸 1987년 同대학원 법학과졸 2000년 단국대 대학원 법학 박사과정 수료 2001년 서울대 전문법학연구과정(금융거래) 수료 (경)1981년 사법시험 합격(23회) 1983년 사법연수원 수료(13기) 1987년 가정법률상담소 상담위원(현) 1989~1993년 전국검정고시총동문회 초대 회장 1990년 천주교정의평화위원회 자문위원 1993~1995년 서울지방변호사회 총무이사 1997년 대한상사중재원 중재인(현) 1997~2003년 법무법인 화백 변호사 2001~2003년 서울지방변호사회 인권위원장 2002~2003년 사법연수원 외래교수 2003~2005년 대한변호사협회 인권위원장 2003년 국무총리 교육정보화추진위원 2003~2013년 법무법인 화우 변호사 2004~2005년 대검찰청 수사제도관행개선위원 2004~2006년 법무부 치료감호심의위원 2004~2006년 교육인적자원부 학원폭력대책기획위원 2004년 소록도 한센병보상청구소송 한국변호단장(현) 2005년 한센인권변호단 단장(현) 2005~2007년 법무부 소년법개정위원 2006~2010년 대통령소속 친일반민족행위자재산조사위원회 위원 2007~2009년 사학분쟁조정위원회 초대 위원·위원장 2008~2014년 학교법인 숭실대 감사 2012년 학교법인 숭실사이버대 이사(현) 2013~2017년 법무법인 화우 대표변호사 2014년 서울장학재단 이사(현) 2015년 학교법인 숭실대 이사(현) 2017년 법무법인 화우 고문변호사(현) 2017년 화우공익재단 이사장(현) (종)기독교

**박영만(朴榮萬) Park Young Mann**

(생)1965·2·5 (본)밀양(密陽) (출)대구 (주)서울특별시 서초구 법원로 15 법무법인 법여울(02-584-8800) (학)1984년 영남고졸 1985년 경북대 공법학과 수석입학 1988년 同법학과졸 1991년 同대학원 법학과졸 2000년 법학박사(경북대) 2004년 연세대 언론홍보대학원 방송영상학과졸 (경)1995년 軍법무관 임용시험 합격(10회) 임용 1997년 사법연수원 수료 2000~2004년 연세대 법과대학 외래교수 2001년 국방부 고등군사법원 군판사 2002년 육군본부 수석검찰관 2002년 연세대 언론홍보대학원 총원우회장 2003~2012년 한국수자원공사 법률자문 2003~2007년 한국방송공사(KBS) 법률자문 2003년 남북평화축전조직위원회 추진위원 2004년 연합뉴스 저작권관리 전담변호사(현) 2004~2006년 국회 윤리특별위원회 자문변호사 2005~2010년 법무연수원 출강 2006~2011년 법무부 서울지방교정청 행정심판위원 2006~2008년 경찰대 운영혁신자문위원 2006년 공인중개사시험 출제위원 2006년 (주)비지에프리테일(CU) 자문변호사 2007년 법무법인 법여울 대표변호사(현) 2008~2010년 대한주택공사 법률고문 2008년 신용보증기금 자문변호사(현) 2010~2012년 CBS 노컷뉴스 법률고문 2010~2014년 한국자산관리공사 법률고문 2011~2013년 한국공정거래조정원 하도급분쟁조정위원 2011년 한국철도협회 법률고문(현) 2011년 한국토지주택공사 법률고문(현) 2012~2014년 국회 윤리특별위원회 윤리심사자문위원 2014년 대한전문건설공제조합 자문변호사(현) 2015~2016년 서울신용보증재단 자문변호사 2018년 한국도로공사 자문변호사(현) 2018년 기계설비협회및공제조합 고문변호사(현) 2018년 국민권익위원회 정부업무자체평가위원(현) (저)'임대차를 모르고 도장찍지 마라'(2011) (종)가톨릭

**박영만(朴永晩)**

(생)1969 (주)세종특별자치시 한누리대로 422 고용노동부 산재예방보상정책국(044-202-7500) (학)광주 대동고졸, 전남대 의대졸 2001년 가톨릭대 산업보건대학원졸 (경)여의도성모병원 레지던트, 한국안전환경연구원 산업보건의, 원진녹색병원 산업의학과장 2004년 사법시험 합격(46회) 2007년 사법연수원 수료(36기) 2007년 메디컬법률사무소 의연 변호사, 서울중앙지법 민사조정위원, 대한의사협회 의료광고 심의위원 2018년 고용노동부 산재예방보상정책국장(현)

**박영목(朴永穆) PARK Young Mok**

(생)1953·11·7 (본)밀양(密陽) (출)서울 (학)1976년 서울대 생물교육학과졸 1982년 미국 테네시대 대학원 동물학과졸 1988년 유전학박사(미국 아이오와대) (경)1988~1991년 미국 하버드대 Post-Doc. 1991~1996년 기초과학지원연구소 중앙분석기기부 책임연구원 1992~1996년 同중앙분석기기부장 1994~2007년 한국기초과학지원연구원 미래융합연구실 시스템생물학연구팀 책임연구원 1995~1997년 충남대 겸임교수 1997년 미국 스탠퍼드대·네브라스카대 객원교수 1998~2001년 한국기초과학지원연구원 선임부장 2003~2015년 세계인간프로테옴학회 Council Member 2004~2005년 한국광과학회 간사장 2005~2007년 한국프로테옴기구 회장 2006~2009년 한국유전체학회 부회장 2006년 세계인간뇌프로테옴프로젝트(HBPP) 위원장·부위원장 2007~2014년 한국기초과학지원연구원 질량분석연구부 책임연구원 2008~2016년 한국프로테옴기구 상임이사 2009년 충남대 분석과학기술대학원 교수 2010년 同분석과학기술대학원 교수부장 2011년 미국화학학회(American Chemical Society) JPR 편집위원 2014~2018년 한국기초과학연구원 인지및사회성연구단 책임연구원 (상)과학기술포장(2005)

**박영목(朴永穆) PARK Young Mok**

(생)1963·5·7 (본)밀양(密陽) (출)서울 (주)서울특별시 강남구 논현로134길 15 (주)인챈트인터렉티브 (학)1982년 여의도고졸 1988년 서울대 경영대학 경영학과졸 1990년 미국 뉴올리언즈대 대학원 경영학과졸(MBA) (경)1990~1995년 효성그룹 회장비서실 과장 1995~2000년 마이크로소프트 마케팅차장 2000년 (주)베스트사이트 부사장 2003년 엔씨소프트 상무이사 2005년 블리자드엔터테인먼트 상무이사 2008~2010년 크라이텍 대표이사 겸 아태지역 대표 2010년 NHN 게임본부 이사 2011년 (주)오렌지크루 대표이사 2014년 (주)인챈트인터렉티브 대표이사(현)

**박영민(朴榮敏) PARK Yeong Min**

(생)1961·1·2 (본)밀양(密陽) (출)전북 진안 (주)서울특별시 광진구 능동로 120 건국대학교 의학전문대학원 면역학교실(02-2049-6158) (학)1986년 전북대 의대졸 1988년 同대학원 의학석사 1991년 의학박사(전북대) (경)1995~2006년 부산대 의대 전임강사·조교수·부교수·교수 1998~2000년 미국 예일대 의대 Research Associate Scientist 2002년 부산대 의대 미생물학및면역학교실 주임교수 2005~2006년 한국학술진흥재단 운영위원 2005~2010년 수지상세포분화조절연구실(국가지정연구실) 연구책임자 2005년 한국수지상세포연구회 운영위원 2006~2013년 부산대 의학전문대학원 미생물학및면역학교실 교수 2006~2009년 세포응용연구사업단 이사 2009~2012년 대한미생물학회 이사 2011~2013년 한국보건산업진흥원 신기술개발단 위원 2011~2013년 한국보건산업진흥원 품질인증심의위원회 위원(생명의학분야) 2012년 한국생화학분자생물학회(KSBMB) 학술위원장 2012~2014년 한국연구재단 의약학단 전문위원 2012~2014년 한국의생명과학연구회 회장 2013년 건국대 의학전문대학원 면역학교실 교수(현) 2013~2015년 한국연구재단 기초연구본부 의약학단장 2014~2015년 대한백신학회 부회장 2014년 인사혁신처 고위공무원단 공채심사위원(현) 2015년 국무조정실 정부업무평가국정과제평가 전문위원 2016년 대한면역학회 회장 2016년 건국대 기초의과학연구센터(MRC) 센터장(현) 2016년 同의생명과학연구원장(현) 2016년 단디바이오사이언스(주) 대표이사(현) 2017년 보건복지부 예방접종전문위원회 위원(현) 2017년 더불어민주당 제19대 문재인 대통령후보 보건복지특보 (상)부산의대 학술상(2003·2006), 부산대병원 학술상(2005), 한국연구재단 우수평가자 감사패(2010), 자랑스런 신흥인상(2012), 부산대 의생명연구원 학술상(2012), 보건복지부장관표창(2013), 미래창조과학부장관표창(2015), 건국대 70주년 연구공로상(2016) (저)'분자세포면역학'(2004) (종)기독교

**박영배(朴英培) Young Bae Park**

(생)1959·4·12 (본)밀양(密陽) (출)부산 (학)1977년 부산 대동고졸 1982년 한국외국어대 서반어학과졸 1994년 미국 미시시피대 대학원 경제학과졸 2009년 서울대 국제대학원 최고경영자과정 수료 (경)1983년 한국무역협회 입사, 同조사부·무역진흥부 근무 1994년 ASEM건설사업추진단 기획팀 근무 1998년 코엑스(COEX) 마케팅팀장(파견) 1999년 ASEM회의준비기획단 파견 2001년 COEX 전시팀 파견 2002년 한국무역협회 전시컨벤션팀장 2006~2007년 同부산지부장 2007~2010년 同국제통상본부장(이사) 2008~2011년 한국조폐공사 해외사업리스크관리위원 2009~2010년 한국무역협회 국제통상본부장(상무) 2009~2011년 공정거래위원회 경쟁정책자문위원 2009년 지식경제부 지식경제전문가 2010~2011년 한국무역협회 무역진흥본부장(상무) 2010~2011년 관세청 규제심사위원회 위원 2010~2011년 지식경제부 자체규제심사위원회 위원 2010~2011년 관세청 옴부즈맨위원회 위원 2011~2014년 (주)코엑스 총괄임원(전무이사) 2014~2019년 (주)코엑스몰 대표이사 (상)대통령표창(2000), 관세청장표창(2002), 석탑산업훈장(2009) (종)천주교

**박영배(朴榮培)**

(생)1963·3·18 (주)서울특별시 중구 소공로 70 신한카드(주) 임원실(02-6950-1007) (학)1982년 서울대사대부고졸 1986년 연세대 사회학과졸 1988년 同대학원 사회학과졸 (경)1990년 신한종합연구소 마케팅책임연구원 2002년 신한은행 입행 2002년 신한카드(주) 인사총무팀 과장 2005년 同미래전략팀 부장 2006년 同전략혁신팀 부장 2007년 同인재육성팀 부장 2009년 同고객지원본부장 2011년 同신사업본부장 2014년 同금융영업본부장 2015년 同금융영업본부장(상무) 2015년 同금융사업부문장(상무) 2016년 同금융사업부문장(부사장) 2018년 同경영지원그룹장(부사장)(현)

**박영범(朴泳範)**

(생)1965 (주)서울특별시 종로구 청와대로 1 대통령 농림해양수산비서관실(02-770-0011) (학)성수고졸, 서울대 농업경제학과졸, 同대학원 농업경제학과졸 (경)(사)국민농업포럼 이사, 농림축산식품부 농정개혁위원, 지역농업네트워크협동조합연합회 회장 2019년 대통령정책실 경제수석비서관실 농림해양수산비서관(현)

**박영병(朴永秉) PARK Yeong Byeong**

(생)1964·8·23 (출)전남 여수 (주)서울특별시 송파구 강동대로 62 송파세무서(02-2224-9201) (학)1983년 순천고졸 1986년 세무대학졸(4기) (경)1986년 세무공무원 임용(8급 특채), 서울지방국세청 조사1국 근무, 경기 의정부세무서 세원관리과 근무, 국세청 법인납세국 법인세과 근무, 경기 의정부세무서 납세자보호과 근무 2009년 경기 고양세무서 재산세2과장 2014년 국세청 법인납세국 법인세과 서기관 2015년 강원 강릉세무서장 2016년 중부지방국세청 조사1국 조사1과장 2017년 서울지방국세청 국제거래조사국 국제조사관리과장 2019년 서울 송파세무서장(현)

**박영복(朴永福) PARK Young Bok** (남포)

(생)1945·2·3 (본)밀양(密陽) (출)평남 진남포 (주)충청남도 공주시 반포면 원당1길 34 (재)충청문화재연구원(041-856-8586) (학)1964년 중앙고졸 1968년 고려대 문과대학 사학과졸 1977년 단국대 대학원졸 (경)1974년 경주고분조사단 근무 1976년 문화재연구소 미술공예실 근무 1979년 독일 쾨

른동아세아박물관 연수 1982년 국립공주박물관장 1987년 국립청주박물관장 1989년 국립중앙박물관 미술부 근무 1992년 국립민속박물관 전시운영과장 1993년 국립중앙박물관 미술부장 1995년 同유물관리부장 1999년 문화재청 문화유산국장 2000년 국립경주박물관장 2004~2007년 경북도문화재연구원 원장 2007년 전통문화학교 문화유적학과 초빙교수 2009년 (재)고려문화재연구원 상임이사 2011·2013·2015년 (재)충청문화재연구원 제9·10·11대 원장(현) 2014년 신라왕경핵심유적복원정비사업추진단 위원, 한양대·단국대·청주대·고려대 강사, 울산시·경북도·경기도 문화재위원, 인천문화재단 이사 (상)대통령표창, 근정포장, 제4회 자랑스런 박물관인상 중진부문(2011) (종)기독교

## 박영빈(朴榮彬) PARK Young Been

(생)1954·9·23 (출)부산 (주)서울특별시 중구 통일로2길 16 (주)동성코퍼레이션(02-6190-8800) (학)1973년 경남고졸 1980년 연세대 법학과졸 2010년 서울대 경영대학원 최고경영자과정 수료 (경)1980년 (주)한국개발금융 입사 1983년 한미은행 영업부 심사역 1986년 同신사동지점 심사역 1990년 同심사부(여신심의위원회 간사) 근무 1993년 同이매동지점장 1994년 同임원부속실 비서실장 1997년 同런던지점장 2001년 同Asset Management Task Force팀장 2001년 同신사동지점장 2004~2008년 경남은행 울산본부장(수석부행장) 2009년 우리투자증권(주) 경영지원본부장(전무) 2010년 同경영지원 및 글로벌사업총괄 부사장 2010년 우리금융지주 그룹시너지·IR담당 전무 겸임 2011~2014년 경남은행장 2011~2014년 경남메세나협의회 회장 2015년 (주)동성홀딩스 부회장 2015년 (주)동성코퍼레이션 부회장(현) 2017년 디에스티아이 초대 대표이사 겸임(현) (상)재무부장관표창(1986), 대통령표창(2003), 문화확산은행경영진대상 최우수상(2007), 포브스사회공헌대상 지역부문대상(2011), 은탑산업훈장(2012), 대한민국금융대상 은행대상(2013)

## 박영빈(朴榮彬)

(생)1969·1·20 (출)경기 부천 (주)서울특별시 서초구 반포대로 158 서울중앙지방검찰청 강력부(02-530-4320) (학)1987년 부천고졸 1993년 고려대 법학과졸 (경)1998년 사법시험 합격(40회) 2001년 사법연수원 수료(30기) 2001년 서울지검 남부지청 검사 2003년 광주지검 순천지청 검사 2005년 울산지검 검사 2007년 서울중앙지검 검사 2010년 인천지검 검사(감사원 파견) 2015년 부산지검 부부장검사 2016년 광주지검 강력부장 2017년 인천지검 강력부장 2018년 수원지검 강력부장 2019년 서울중앙지검 강력부장(현)

## 박영상(朴永祥) PARK Yong Sang

(생)1942·9·15 (본)무안(務安) (출)경기 개성 (주)경기도 안산시 상록구 한양대학로 55 한양대학교 신문방송학과(031-400-5412) (학)1963년 가톨릭대 신학부 수료 1968년 한양대 신문학과졸 1980년 미국 미주리대 대학원졸 1983년 신문학박사(미국 미주리대) (경)1968~1975년 합동통신 기자 1983~2008년 한양대 신문방송학과 교수 1989·1992년 同사회대학장 1997년 언론중재위원회 위원 1999~2000년 한국언론학회 회장 1999~2002년 한양대 언론정보대학원장 2000년 한국광고자율심의기구 이사 2001년 삼성언론재단 이사 2002년 관훈클럽 편집위원 2004년 UN환경계획(United Nations Environment Program) 한국위원회 이사 2005~2008년 뉴스통신진흥회 이사 2007년 방송위원회 제17대 대통령선거방송심의위원회 부위원장 2008년 한양대 신문방송학과 명예교수(현) 2011~2013년 한국광해관리공단 비상임이사 2016~2019년 SBS 시청자위원회 위원장 (상)국무총리표창(2008) (저)'뉴스란 무엇인가' '언론자유의 재개념화를 위한 시론' '언론과 철학' '초고속통신망 수용과 정책방향' (종)천주교

## 박영서(朴泳瑞)

(생)1963·2·27 (주)경상북도 안동시 풍천면 도청대로 455 경상북도의회(054-552-3931) (학)수원대 토목공학과졸, 경북대 산업대학원 토목공학과졸 (경)민주평통 자문위원(현), 경북북부아스콘사업협동조합 이사장, 문경시 생활체육회장, 문경시종합사회복지관 운영위원장, 근혜동산 문경시 단장, 문경관광개발(주) 이사, 문경시 지역복지단체협의체 위원장, 사랑의열매 문경시 사랑나눔봉사단장, 문경시 장학회 이사(현), 새누리당 경북도당 부위원장 2006년 경북도의원선거 출마(무소속) 2014~2018·2018년 경북도의회 의원(새누리당·자유한국당)(현) 2014·2016년 同운영위원회 위원 2014년 同건설소방위원회 위원 2015년 同행정보건복지위원회 위원 2015년 同예산결산특별위원회 위원 2016년 同행정보건복지위원회 부위원장 2018년 同행정보건복지위원회 위원장(현), 대구·경북아스콘협동조합 이사장(현) (상)대통령표창(2017)

## 박영석(朴英錫) Youngsuk Park (古佛)

(생)1948·12·28 (본)죽산(竹山) (출)부산 (주)서울특별시 강남구 언주로 712 (주)엠티아이지(02-540-3617) (학)1967년 대양공고졸 1990년 광주대 전자계산학과졸 1993년 동의대 중소기업대학원졸 1998년 경영학박사(동의대) (경)1991년 KBS 부산방송본부 김해송신소장 1993년 同제주방송총국 기술국장 1995년 同전산정보실 개발부장 1998년 同정보자료실 부주간 1999년 한국정보기술사용자협회 회장 2001년 KBS 뉴미디어국장 2004년 同방송문화연구소 연구위원 2004년 同글로벌센터 국제방송팀장 2005~2006년 건잠디지털 CEO 2006년 토트엔터테인먼트 CEO 2006년 (주)엠티아이지 대표이사(현) (상)정보통신부장관표창 (종)불교

## 박영석(朴英錫) PARK Young Suk

(생)1953·10·1 (본)상주(尙州) (출)충북 (주)경기도 용인시 처인구 명지로 116 명지대학교 토목환경공학과(031-330-6412) (학)1975년 서울대 토목공학과졸 1980년 同대학원 토목공학과졸 1986년 토목공학박사(서울대) (경)1984~2018년 명지대 토목환경공학과 조교수·부교수·교수 1994년 서울시 건설기술심의위원 1996년 대한전기협회 강구조분과위원장 1999년 국제교량학회 한국지회 이사 1999~2015년 토목연구정보센터(CERIC) 소장 2000년 대한토목학회 논문집편집위원장 2002년 同강구조위원장 2003년 (사)한국공학교육인증원 인증평가위원 2003년 대한토목학회 학술대회위원장 2005~2007년 명지대 방목기초교육대학장 겸 교육개발센터장 2005~2019년 同하이브리드구조실험센터장 2006년 서울메트로 기술자문위원 2008~2014년 국제교량학회 한국지회 부회장 2011~2015년 건설연구인프라운영원 이사장 2013~2015년 한국강구조학회 회장 2017년 대한토목학회 회장 2017년 한국공학한림원 정회원(건설환경공학·현) 2017년 노후교량장수명화연구단 단장(현) 2018년 명지대 토목환경공학과 특임교수(현) 2019년 同스마트사회인프라유지관리학과 총괄책임교수(현) (상)건설부장관표창, 한국토목문화대상(2012) (저)'도로설계 해설집'(共) '대한토목사'(共) '구조역학' '철도설계기준'(共) '강교량의 피로와 손상' '도로교 표준시방서 설계편'(共)

## 박영석(朴榮碩) PARK Young Seak (海岩)

(생)1956·10·19 (출)경북 포항 (주)경상남도 창원시 마산합포구 경남대학로 7 경남대학교 정보통신공학과(055-249-2644) (학)1979년 영남대 전자공학과졸 1981년 한양대 대학원졸 1985년 전자공학박사(한양대) (경)1985년 경남대 정보통신공학과 전임강사·조교수·부교수·교수(현) 1989~1990년 同전자계산소장 1990~1991년 일본 우정성통신총합연구소(선단연구소) 초청과학자 2001~2002년 미국 노스캐롤라이나주립대 컴퓨터공학과 객원교수 2010~2012년 경남대 공과대학장 2017~2019년 同산업경영대학원장 2017년 同HRD사업단장(현)

**박영석(朴永錫) PARK Young Suk**

(생)1959·4·15 (본)밀양(密陽) (출)경북 구미 (주)대구광역시 중구 대봉로 260 대구문화재단 대표이사실(053-430-1200) (학)1977년 대건고졸 1985년 영남대 법학과졸 2005년 경북대 대학원 정치학 박사과정 수료, 정치학박사(경북대) (경)1984년 문화방송(MBC) 입사(기자) 1995~2000년 대구MBC 뉴스데스크 앵커 1998년 同편집부 차장대우 2001년 同취재부 차장 2003년 同정경부장 2004년 同'TV 박영석의 이슈&이슈' 진행 2005년 同보도국장 2007년 同해설위원 2008년 同시사토론 진행자 2009년 同시사광장 진행자 2010~2012년 同대표이사 사장 2012년 새누리당 대구시선거대책위원회 공동위원장 2016~2017년 계명대 언론광고학부 특임교수 2017년 대구문화재단 대표이사(현) (상)한국기자협회 제163회 이달의 기자상, 대구시문화상(2007), 한국방송대상(2009) (저)'선거와 TV토론'(2008, 커뮤니케이션북스)

**박영석(朴英錫) Young S. Park**

(생)1960·10·31 (본)밀양(密陽) (출)서울 (주)서울특별시 마포구 백범로 35 서강대학교 경영학부(02-705-8711) (학)1979년 한성고졸 1985년 서울대 경영학과졸 1987년 미국 펜실베이니아대 경영대학원졸 1990년 경영학박사(미국 펜실베이니아대) (경)1990년 일본 국제대 국제경영대학 조교수 1993~1995년 일본 릿쿄대(立教大) 부교수 1995년 동국대 경영학부 부교수 1998년 서강대 경영학부 부교수 2000년 同경영학부 교수(현) 2009~2012년 한국금융투자협회(KOFIA) 공익이사 2010~2015년 하나대투증권(주) 사외이사·이사회 의장 2011~2013년 공적자금관리위원회 민간위원 2013~2015년 서강대 경영학부학장 겸 경영전문대학원장 2013년 금융위원회 금융발전심의회 정책·글로벌금융분과 위원 2013~2015년 대통령자문 국민경제자문회의 거시금융분과 민간위원 2015년 금융위원회 금융개혁회의 위원 2016년 同금융발전심의회 자본시장분과 위원 2016년 同금융개혁추진위원회 위원 겸임 2016~2017년 한국증권학회 회장 2017~2018년 한국금융투자협회 자율규제위원 2017~2018년 한국금융학회 회장 2018년 금융위원회 공적자금관리위원회 민간위원장 2018년 한국자본시장연구원 원장(현) 2019년 SKC(주) 사외이사(현) (저)'경영의 원론적 이슈와 경영학의 본질'(2002) '투자론 – 이론과 실무'(2005) '주가지수와 자본시장'(2008) '외국자본과 한국경제'(2008) (역)'재무의 이해'(2002·2009) (종)천주교

**박영선(朴映宣·女) PARK Young Sun**

(생)1960·1·22 (출)경남 창녕 (주)대전광역시 서구 청사로 189 중소벤처기업부 장관실(042-481-4300) (학)1978년 수도여고졸 1982년 경희대 지리학과졸 1998년 서강대 언론대학원졸 (경)1983년 문화방송(MBC) 보도국 TV편집2부 기자 1984년 同문화과학부 기자 1989년 同보도제작국 보도특집부 기자 1990년 同국제부 기자 1991년 同경제부 기자 1993년 同TV편집2부 기자 1995년 同LA특파원 1998년 同국제부 차장 2000년 同경제부 차장 2001년 同보도행정부 차장 2002년 同문화부 부장대우 2003년 同경제부장 2004년 열린우리당 공동대변인 2004년 제17대 국회의원(비례대표, 열린우리당·대통합민주신당) 2004년 열린우리당 대변인 2004년 同원내부대표 2005년 同의장 비서실장 2007년 대통합민주신당 정동영 대통령후보비서실 지원실장 2008년 제18대 국회의원(서울 구로구乙, 통합민주당·민주당) 2008~2009년 민주당 정책위원회 수석부의장 2008년 同당무위원 2008~2009년 국회 민주정책연구원 부원장 2010년 국회 법제사법위원회 간사 2011년 민주통합당 정책위원회 의장 2012년 同최고위원 2012년 同MB·새누리심판국민위원회 위원장 2012년 제19대 국회의원(서울 구로구乙, 민주통합당·민주당·새정치민주연합·더불어민주당) 2012~2014년 국회 법제사법위원회 위원장 2012년 민주통합당 문재인 대통령후보 선거기획단 기획위원 2012년 同제18대 대통령중앙선거대책위원회 공동위원장 2014년 새정치민주연합 원내대표 2014년 국회 운영위원회 위원 2014년 국회 기획재정위원회 위원 2014년 국회 정보위원회 위원 2014년 새정치민주연합 국민공감혁신위원회 위원장 2015년 同재벌개혁특별위원회 위원장 2015년 국회 정치개혁특별위원회 위원 2015년 여성소비자신문 자문위원 2015년 더불어민주당 재벌개혁특별위원회 위원장 2016년 同제20대 총선 선거대책위원회 위원 2016년 同비상대책위원회 위원 2016년 同더불어경제실천본부 공동위원장 2016년 제20대 국회의원(서울 구로구乙, 더불어민주당)(현) 2016년 더불어민주당 참좋은지방정부위원회 공동위원장 2016·2018년 국회 기획재정위원회 위원(현) 2016년 더불어민주당 서울구로구乙지역위원회 위원장(현) 2016~2017년 국회 '박근혜 정부의 최순실 등 민간인에 의한 국정농단 의혹 사건 진상규명을 위한 국정조사특별위원회' 위원 2017년 더불어민주당 제19대 문재인 대통령후보 중앙선거대책위원회 공동위원장 2017년 국회 한영의원친선협회장 2017년 '에콰도르 대통령 취임식' 문재인 대통령 특사 2017년 아시아정당국제회의(ICAPP) 의원연맹 회장 2017년 국회 정치개혁특별위원회 위원 2018년 국회 예산결산특별위원회 위원(현) 2018~2019년 국회 사법개혁특별위원회 위원장 2018년 한러대화(KRD) 조정위원 2018~2019년 국회 수소경제포럼 위원장 2019년 더불어민주당 도시재생특별위원회 위원장 2019년 중소벤처기업부 장관(현) 2019년 대통령직속 국가균형발전위원회 위원(현) (상)바른말보도상, 백봉신사상(2008·2011), 백봉신사상 올해의 신사의원 베스트11(2010), 자랑스러운 경희인상(2013), 전국소상공인단체연합회 초정대상(2013), 대한민국 법률대상 사법개혁부문(2013), (사)한국인터넷소통협회 대한민국국회의원소통대상(2015), 국제언론인클럽 글로벌 자랑스런 한국인대상 의정발전공헌부문(2015), (사)한국청년유권자연맹 청년통통(소통·통합) 정치인상(2016), 제21회 대한민국을 빛낸 한국인물대상 정치공로부문 대상(2016), INAK 국회의정상(2016), 대한민국의정대상(2016), 유권자시민행동 선정 대한민국 유권자대상(2017), 한국소비자협회 대한민국소비자대상 입법의정부문 올해의 최고인물(2017), JJC지방자치TV 선정 국정감사 우수의원상(2017), 사랑&희망나눔운동본부 대한민국대표 공헌대상(2017), 더불어민주당 국정감사 우수의원(2018), 국정감사 NGO 모니터단 '2018 국정감사 국리민복상'(2018) (저)'사람 향기'(2002, 나무와 숲) '자신만의 역사를 만들어라'(2012, 마음의 숲) '누가 지도자인가'(2015, 마음의 숲) '박영선, 서울을 걷다'(2018, 가나출판사) (작)'중소국경지대를 가다' '한국 백년 세계 백년'

**박영선(朴永善)**

(생)1961·1·13 (주)경기도 용인시 기흥구 용구대로2291번길 12 수원국토관리사무소(031-218-1700) (학)충남기계공고졸, 한남대 불어불문학과졸 (경)2013년 국토교통부 기획조정실 기획재정담당관실 서기관, 同기획조정실 연구개발담당관실 서기관, 同정책기획관실 투자심사팀 근무 2016년 서울지방국토관리청 관리국장 2018년 同수원국토관리사무소장(현)

**박영소(朴泳昭) PARK Young So**

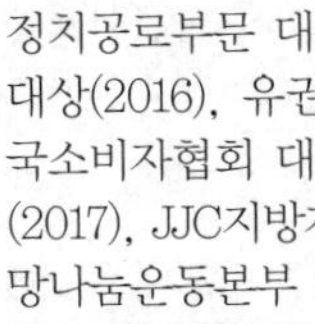

(생)1959·5·16 (출)경기 수원 (주)인천광역시 서구 거월로 61 그린에너지개발 사장실(032-564-3400) (학)1986년 동국대 정치외교학과졸 (경)1985~1990년 삼성전기 근무 1994년 한겨레신문 인사부장 2000년 同감사부장 2001년 同관리국장 2003년 同미디어사업본부 부본부장 2005년 同경영기획실장 2005년 同기획·제작담당 이사 2007년 同경영·제작담당 이사 2008년 同총괄상무이사 2009년 同제작·판매담당 상무이사 2009년 한국신문협회 기술협의회 이사 2011년 한겨레신문 기획조정본부장(상무이사) 2012년 씨네21(주) 사외이사 2012년 한겨레통일문화재단 이사 2014년 한겨레교육(주) 상임고문 2019년 그린에너지개발(주) 대표이사 사장(현)

**박영수(朴英洙) PARK Young Soo (德泉)**

(생)1952·2·15 (본)밀양(密陽) (출)제주 (학)1971년 서울 동성고졸 1975년 서울대 문리학 학사 1978년 고려대 대학원 법학과졸 1991년 국방대학원 수료 2010년 법학박사(단국대) (경)1978년 사법시험 합격(20회) 1980년 사법연수원 수료(10기) 1980년 軍법무관 1983년 서울지검 북부지청 검사 1986년 대전지검 서산지청 검사 1987년 수원지검 검사 1989년 법무부 보호국 검사 1991년 서울지검 검사 1992년 대전지검 강경지청장 1993년 대검찰청 검찰연구관 1994년 수원지검 강력부장 1995년 대검찰청 강력과장 1997년 서울지검 남부지청 형사3부장 1998년 서울지검 강력부장 1999년 수원지검 평택지청장 2000년 대검찰청 공안기획관 2001년 대통령 사정비서관 2002년 서울지검 제2차장검사 2003년 부산지검 동부지청장 2004년 서울고검 차장검사 2005년 대검찰청 중앙수사부장 2007년 대전고검장 2007~2009년 서울고검장 2009~2010년 법무법인 대륙아주 대표변호사 2010~2013년 법무법인 산호 대표변호사 2012~2013년 대한변호사협회 지방자치단체세금낭비조사특별위원회 위원장 2013~2015년 우리금융지주 사외이사 겸 이사회 의장 2013~2016년 법무법인(유) 강남 대표변호사 2016년 '박근혜 정부의 최순실 등 민간인에 의한 국정농단 의혹 사건(최순실 특검법)' 특별검사(현) (상)검찰총장표창(1986), 대통령표창(1990), 황조근정훈장(2004) (종)불교

**박영수(朴泳秀) PARK, youngsoo**

(생)1961·1·8 (출)충북 진천 (주)경상남도 진주시 에나로128번길 24 한국시설안전공단(055-771-4700) (학)대전산업대 전자공학과졸 1994년 광운대 산업정보대학원 제어계측학과졸 2003년 제어계측학박사(광운대) (경)1983년 철도청 입청 2013년 국토교통부 건설정책국 건설안전과장 2016년 同철도안전정책관실 철도시설안전과장(서기관) 2017년 同철도안전정책관실 철도시설안전과장(부이사관) 2018년 同철도국 철도안전정책관 2019년 한국시설안전공단 이사장(현) (상)녹조근정훈장(1997), 대통령표창(2006·2012)

**박영수(朴泳秀) PARK Young Soo**

(생)1961·3·16 (주)경기도 수원시 권선구 권광로 141 서울보증보험빌딩 8층 휴먼티에스에스(031-299-0299) (학)1980년 신성고졸 1985년 중앙대 경제학과졸 (경)삼성중공업 입사, 삼성자동차 인사팀 과장, (주)에스원 인사팀장 2005년 同인사담당 상무보, 同경영지원실 인사지원담당 상무 2010년 同경영지원실 인사지원담당 전무 2010년 同인사지원실장(전무) 2013년 同빌딩솔루션사업부장(전무) 2015년 同빌딩솔루션사업부장(부사장) 2015년 同세콤사업부장(부사장) 2016년 同SE사업부장(부사장) 2017~2018년 同고객지원실 사업부장(부사장) 2019년 휴먼티에스에스 대표이사(현)

**박영수(朴榮壽) PARK Yeong Soo**

(생)1964·10·3 (본)밀양(密陽) (출)경북 청도 (주)경기도 과천시 홍촌말로 44 중앙선거관리위원회 사무총장실(02-503-0522) (학)1982년 대구 청구고졸 1989년 경북대 정치학과졸 2015년 연세대 행정대학원 정치학과졸(석사) (경)중앙선거관리위원회 근무, 영일군선거관리위원회 근무, 고성군선거관리위원회 사무과장 2010년 중앙선거관리위원회 법규안내센터장 2011년 同법제과장 2013년 同법제국장 2013년 미국 휴스턴대 교육훈련 파견 2015년 중앙선거관리위원회 조사국장 2016년 同기획조정실장(관리관) 2016년 同선거구획정위원회 위원장 2016년 同사무차장(차관급) 2018년 同사무총장(장관급)(현) (상)국무총리표창(1998)

**박영수(朴榮洙) PARK Young Soo**

(생)1969·10·22 (출)광주 (주)서울특별시 서초구 서초대로 274 11층 법무법인 참본(02-6280-6833) (학)1987년 광주 서강고졸 1991년 조선대 법학과졸 1997년 同대학원 법학과졸 (경)1995년 사법시험 합격(37회) 1998년 사법연수원 수료(27기) 1998~2000년 변호사 개업 2000년 대전지검 검사 2002년 대구지검 포항지청 검사 2004년 인천지검 검사 2007년 의정부지검 검사 2009년 서울중앙지검 검사 2010년 同부부장검사 2011년 창원지검 공판송무부장 2012년 춘천지검 부장검사 2013년 의정부지검 공판송무부장 2014년 광주지검 형사3부장 2015년 인천지검 부천지청 부장검사 2016년 수원지검 안산지청 부부장검사 2016~2017년 법무법인 아크로 구성원변호사 2017년 법무법인 태평 구성원변호사 2019년 법무법인 참본 대표변호사(현)

**박영숙(朴永菽·女) PARK Young Sook**

(생)1959·3·14 (본)밀양(密陽) (출)경북 포항 (주)충청북도 진천군 덕산면 교학로 7 한국교육개발원 글로벌미래교육연구본부(043-530-9443) (학)1977년 인일여고졸 1981년 이화여대 교육학과졸 1983년 同대학원졸 1992년 교육학박사(이화여대) (경)이화여대 강사, 아주대 교육대학원 겸임교수 1983년 한국교육개발원 교육발전연구부 연구원·선임연구위원 2001년 교육인적자원부 교육정책자문위원 2001년 교원양성기관 평가위원 2004년 미국 피츠버그대 객원교수 2006년 한국교육개발원 혁신기획실장 2007년 同교원정책연구실장 2007년 기획재정부 재정사업평가자문단 자문위원 2007년 교육과학기술부 총사업심의위원, 한국교육행정학회 정책위원회 위원장 2009년 한국교육개발원 교육시설환경연구센터 소장 겸 교과교실지원센터 소장 2010년 同학교컨설팅·평가연구본부장 2010년 한국교원교육학회 부회장 2011~2012년 한국교육개발원 교원양성기관평가센터장 2012년 同교원정책연구실 선임연구위원 2012년 미래학교연구센터 공동대표 2012년 교육과학기술부 개방형공모직 면접전형심사위원 2012년 대통령 교육문화수석비서관 정책자문위원 2013~2014년 교육부 개방형공모직 면접전형심사위원 2013~2014년 한국교육개발원 기획처장 2014년 미래교육환경학회 공동회장 2015년 한국교육개발원 교육정책연구본부 초·중등교육연구실 선임연구위원 2016년 同초·중등교육연구본부 교원정책연구실장 2016년 同글로벌미래교육연구본부장(현) 2017~2018년 한국교원교육학회 회장 (상)교육부장관표창(1999), 우수연구보고서표창, 세종공로표창(2005), 국무총리표창(2007), 대한민국 커뮤니케이션대상(2013), 고객중심 경영대상 서비스부문(2014) (저)'학급 규모와 교육효과 분석 연구'(2000) '교원인사제도 혁신 방안 개발 연구'(2003) '교직활성화를 위한 교직문화변화전략개발 연구'(2003) '미래형 선진교육 인프라 구축 방안 연구'(2005) '참여정부의 교육정책 성과 분석 연구'(2005) '교원 중장기 수급 계획 재검토 및 보완 연구'(2007) '교직과 교사'(2007) '교육서비스업 인력양성체제의 적합성 제고 방안연구'(2008) '교원능력제고를 위한 인프라구축 및 평가연계모형 개발연구'(2008) '수석교사 시범운영 평가 연구'(2008) '교과교실제 실행모델 개발연구'(2009) '선진교원 충원 전략 및 지원과제 개발 연구'(2009) '교육전문직 인사제도 개선 방안 연구'(2010) '대학시설의 이론과 실제'(2010) '교육인사행정론'(2011) 등 (종)불교

**박영숙(朴英淑·女) PARK Young Sook**

(생)1966·2·5 (출)경남 사천 (주)경기도 과천시 관문로 47 서울지방중소벤처기업청(02-2110-6300) (학)1984년 진주여고졸 1988년 건국대 행정학과졸 1991년 同대학원 행정학 석사과정 수료 (경)1990년 행정고시 합격(34회) 2003년 한국방송통신대 사무국 총무과 서기관 2005년 교육인적자원부 지방교육지원국 유아교육지원과장 2007년 同사교육대책추진팀장 2008년 교육과학기술부 과학기술문화과장 2009년 同학술연구정책실 학술진흥과장 2010년 同학술연구정책실 학술진흥과장(부이

사관) 2011년 同교육복지국 교육복지과장 2012년 미래기획위원회 파견(부이사관) 2013년 교육부 교원정책과장 2014년 경북대 사무국장(고위공무원) 2014년 경북대병원 비상임이사 2016년 국방대 파견 2017년 교육부 역사교육정상화추진단 부단장(일반직고위공무원) 2017~2018년 경상대 사무국장 2018년 교육부 본부 근무(일반직고위공무원) 2019년 서울지방중소벤처기업청장(현)

### 박영순(朴榮順·女) Park Young Soon

[생]1946·12·8 [본]밀양(密陽) [출]울산 [주]제주특별자치도 제주시 조천읍 선교로 117 농업회사법인 경덕(080-782-0055) [학]1964년 부산대 약학과졸 1980년 원광대 대학원 생약학과졸 1985년 약학박사(원광대) [경]1987~1990년 약사임상생약연구회 창립·회장 1990~1994년 원광대 약학대학 강사 1992~2010년 (주)온누리약국체인 대표이사 사장·대표이사 회장 1996년 (주)렉스진바이오텍 설립·회장 1997~2010년 (사)온누리약사복지회 이사장 2001년 RexAhn Co. Ltd. 이사 2005년 농업회사법인 경덕(주) 대표이사 회장(현) 2010~2012년 한국전쟁기념재단 이사 2010년 (주)온누리생활건강 대표이사 회장, (사)온누리건강가족복지회 이사장 2012~2014년 부산대약대총동문회 회장 2012~2015년 집라인제주 대표이사 2013년 코오롱웰케어 더블유스토어(W-store) 자문역 [상]서울시장 자랑스런시민상(1993), 약업신문 동암약의상(2000), 대한약사회 대한약사금장상(2008) [저]'병과약'(1990) '한방의 약리해설'(1991) '온누리건강요법 시리즈'(1992) '온누리 전체건강요법 시리즈'(1993) '질병에 따라 달라지는 식이요법'(2000) '한방의 약리해설 개정판'(2002) '질병별 맞춤 식이요법 – 이럴땐 뭘 먹지'(2003) '건강기능식품과 질병별 영양요법'(2006) [종]기독교

### 박영순(朴榮順·女) PARK Young Soon

[생]1948·8·28 [출]서울 [주]서울특별시 종로구 율곡로 53 해영회관 5층 한국공예디자인문화진흥원(02-398-7921) [학]1966년 경기여고졸 1970년 이화여대졸 1973년 미국 웨인주립대 대학원졸 1985년 주거환경학박사(연세대) [경]1982~1983년 이화여대 강사 1982~1986년 금성사 디자인종합연구소 디자인고문 1986~1994년 연세대 주거환경학과 조교수·부교수 1992년 미국 미네소타대 교환교수 1995~2013년 연세대 생활디자인학과 교수 1997~1999년 삼성물산 건설부문 주택사업본부 자문교수 1997~2000년 IRI색채연구소 자문교수 1998~2001년 대한주택공사 자문위원 2002년 한국디자인학회 회장 2002~2004년 연세대 여학생처장 2006년 한국디자인단체총연합회 회장·상임고문·명예회장(현) 2008년 여성디자이너협회 명예회장(현) 2011년 한국공예디자인문화진흥원 비상임이사 2013년 연세대 생활디자인학과 명예교수(현) 2017년 한국공예디자인문화진흥원 이사장(현) [저]'인테리어디자인' '실내디자인 용어사전' '우리 옛집이야기' '색채와 디자인' '실내건축의 색채' 'Hanoak-Traditional Korean Homes'

### 박영순(朴榮淳) PARK Young Soon (善坐)

[생]1950·6·29 [본]밀양(密陽) [출]전북 [주]전라북도 전주시 덕진구 건산로 256 지산빌딩 3층 하나노무법인(063-241-4747) [학]1968년 전주고졸, 전북대 중퇴 [경]1969년 수산청 근무 1987년 노동부 근로기준국 근무 1989년 광주지방노동청 행정사무관 1992년 서울남부지방노동사무소 산업안전과장 1993년 전주지방노동사무소 관리과장 1996년 同근로감독과장 1997년 노동부 고용정책실 훈련지도국 자격지원과 근무 2000년 광주지방노동청 고용안정센터장 2001년 同근로감독과장 2002년 同관리과장 2004년 춘천지방노동사무소장 2005년 전주지방노동사무소장 2006년 광주지방노동청 전주지청장 2006년 전북지방노동위원회 위원장 2009~2012년 신세계노무법인 회장 2010~2013년 경기지방노동위원회 공익위원 2012년 하나노무법인 대표(현) [상]대통령표창(1999), 홍조근정훈장(2009) [종]천주교

### 박영식(朴泳植) Park Young-sig

[생]1965 [출]충북 단양 [주]서울특별시 종로구 사직로8길 60 외교부 인사운영팀(02-2100-7146) [학]1985년 제천고졸 1989년 한국외국어대 영어과졸 [경]1989년 외무고시 합격(23회) 2007년 외교통상부 통상교섭본부 자유무역협정추진단 자유무역협정상품무역규범과장 2008년 同통상교섭본부 자유무역협정교섭국 자유무역협정상품무역규범과장 2008년 駐오스트레일리아 참사관 2011년 駐인도네시아 공사참사관 2012년 駐인도네시아 공사 직대 2013~2014년 駐인도네시아 공사 2015년 외교부 유럽국 심의관(고위공무원) 2015년 보건복지부 국제협력관 2017년 駐네팔 대사(현)

### 박영아(朴英娥·女) PARK Young Ah

[생]1960·6·18 [출]서울 [주]경기도 용인시 처인구 명지로 116 명지대 물리학과 교수(031-330-6165) [학]1979년 상명여고졸 1983년 서울대 물리학과졸 1987년 물리학박사(미국 펜실베이니아대) [경]1983년 미국 펜실베이니아대 Teaching Assistant 1984~1987년 同Research Assistant 1987년 서울대 자연과학종합연구소 연구원 1988~1989년 포항공과대 물리학과 객원조교수 1989~2013년 명지대 이과대학 물리학과 교수 1998년 미국 메릴랜드대 방문교수 2005년 한국물리학회 여성위원장 2006년 아시아태평양물리학연합회(AAPPS) 여성물리실무그룹 초대위원장 2007년 한국물리학회 부회장 2007년 세계물리연맹(IUPAP) 여성물리실무그룹 위원 2007년 제3차 세계여성물리대회(ICWIP 2008) 조직위원장 2008년 아시아태평양물리학연합회(AAPPS) 집행위원회 이사 2008년 제18대 국회의원(서울 송파구甲, 한나라당·새누리당) 2008년 한나라당 제6정책조정위원회 부위원장 2008년 同서울시당 공약개발위원장 2008년 同윤리위원회 위원 2008~2012년 국회 교육과학기술위원회 위원 겸 법안심사소위 위원 2008년 국회 미래전략및과학기술특별위원회 위원 2009~2012년 국회 예산결산특별위원회 위원 2010~2012년 국회 독도영토수호대책특별위원회 위원 2010~2012년 국회 윤리특별위원회 위원 2010년 국회 교육과학기술위원회 위원 2010~2012년 국회 과학기술소위원회 위원장 2011~2012년 국회 운영위원회 위원 2012~2016년 (사)한국과학기술나눔포럼 상임대표 2013~2016년 한국과학기술기획평가원(KISTEP) 원장 2013~2017년 대학산업기술지원단(UNITEF) 이사 2014~2016년 국가과학기술자문회의 창조경제분과 위원 2015~2018년 미국 펜실베이니아대 한국동창회장 2017년 명지대 자연과학대학 물리학과 교수(현) [상]교육과학기술부 및 한국과학창의재단 선정 '2008년 닮고 싶고 되고 싶은 과학기술인'(2008), 한국과학기술단체총연합회 선정 '대한민국 국회 과학기술 현인상'(2011), 전국자연과학대학장협의회 및 한국공과대학장협의회 선정 과학기술백년대계상(2012), 과학기술훈장 웅비장(2013) [종]기독교

### 박영오(朴永晤) Park Young Oh

[생]1959·2·17 [본]밀양(密陽) [출]대구 [주]세종특별자치시 갈매로 388 문화체육관광부 기획조정실 비상안전기획관실(044-203-2280) [학]1978년 대구 대건고졸 1982년 육군사관학교 중국어과졸 1998년 경남대 대학원 경영학과졸 2018년 군사학박사(충남대) [경]2000년 육군 8사단 작전참모 2001년 합동참모본부 작전참모본부 계획및기획소요담당 2003년 육군 11군단 작전과장 2004년 육군 36사단 참모장 2005년 육군 56사단 218연대장 2006년 육군 11군단 작전참모 2007년 육군 32사단 505여단장 2008년 육군대학 및 합동군사대 전술학처장 2012~2014년 합동군사대학교 전문직 교관(전술학) 2015년 문화체육관광부 기획조정실 비상안전기획관(일반직고위공무원)(현) [상]국방부장관표창(2003), 대통령표창(2004), 보국훈장 삼일장(2015) [종]불교

**박영우(朴英雨) PARK Yung Woo (東泉)**

(생)1952·7·2 (본)죽산(竹山) (출)부산 (주)서울특별시 관악구 관악로 1 서울대학교 자연과학대학 물리천문학부(02-880-6607) (학)1975년 서울대 물리학과졸 1980년 이학박사(미국 펜실베이니아대) (경)1980년 미국 펜실베이니아대 Post-Doc. 1980~2017년 서울대 자연과학대학 물리천문학과 조교수·부교수·교수 1984~1985년 미국 캘리포니아주립대 산타바바라교 객원교수 1998~2001년 미국 국립고자기장연구소 Senior Research Affiliate 1999년 한국과학기술한림원 정회원(현) 2003~2004년 한국물리학회 부회장 2004·2008년 독일 막스플랑크고체물리연구소 방문교수 2004·2008년 스웨덴 샬머스공과대 방문교수 2004년 The Goeteborg Royal Academy of Sciences and Arts in Sweden Foreign Member(현) 2009년 미국 물리학회 펠로우(현) 2009~2015년 한·스웨덴 탄소기반나노구조연구센터 소장 2013~2016년 한국과학기술한림원 국제협력부장 2017년 서울대 자연과학대학 물리천문학부 명예교수(현) 2017년 同응용물리연구소 책임연구원(현) 2018년 미국 펜실베이니아대 물리천문학부 겸임교수(현) (상)서울대 물리학과 최우등 졸업(1975), 한국물리학회 논문상(1986), 한국과학상 물리부문(1991), 나노연구혁신대상 과학기술부장관표창(2004), 서울대 자연과학대학 연구상(2007), 한국과학재단 우수연구50선 선정(2007), The Brothers Jacob and Marcus Wallenberg Memory Foundation Grant Administered by the Royal Swedish Academy of Sciences Sweden(2008), 한국물리학회 학술상(2010) (종)기독교

**박영욱(朴瑛郁) PARK, YOUNGWOOK (清泉)**

(생)1963·2·17 (본)밀양(密陽) (출)서울 (주)강원도 강릉시 죽헌길 7 강릉원주대학교 치과병원 구강악안면외과(033-640-3183) (학)1987년 서울대 치의학과졸 1990년 同대학원졸 1997년 치의학박사(서울대) (경)1994년 안양중앙병원 구강악안면외과장 1995~1997년 한양대 의대 전임강사, 同부속구리병원 구강악안면외과장 1997~2009년 강릉대 치과대학 교수 2003~2004년 미국 텍사스주립대 엠디엔더슨암센터 교환교수 2007년 강릉대 치과병원장 2009~2013년 강릉원주대 치과병원장 2009년 同치과대학 치의학과 교수(현) 2018년 同치과대학장(현) (상)대한구강악안면외과학회 심계학술상(2003), 베트남정부 언청이봉사수술 공훈상(2013·2014)

**박영인(朴永仁) Young In PARK (靜寬)**

(생)1951·11·27 (본)밀양(密陽) (출)서울 (주)서울특별시 용산구 한강대로 308 한국약학교육평가원(02-583-0783) (학)1974년 서울대 제약학과졸 1976년 同대학원 약학과졸 1983년 미국 인디애나주립대 블루밍턴교(Indiana Univ. at Bloomington) 대학원 미생물학과졸 1987년 생화학박사(미국 인디애나주립대 블루밍턴교) (경)1987년 미국 Indiana Univ. Postdoctoral Fellow 1988~1996년 고려대 농과대학 유전공학과 조교수·부교수 1992~1994년 同유전공학과장 1993~2001년 (주)남양알로에 CAP연구기획 자문위원 1995년 고려대 대학원 유전공학과 주임교수 1996~1998년 同생명공학원 연구부장 1996~2010년 同생명과학부 교수 1997~1999년 보건복지부 유전자재조합종합협의회 위원 1998~2001년 同중앙약사심의위원 1999년 국무총리 청소년보호위원회 위원 1999~2001년 한국과학재단 전문위원(생명과학분야) 1999~2001년 과학기술부 기초과학심무위원 2000~2002년 고려대 생명과학부 교학부장 2002~2004년 同생명과학대학장 2005~2006년 同산학협력단장 2005~2006년 同연구처장 2005~2006년 대한약학회 부회장 2005~2009년 생명약학연구회 회장 2006~2007년 대학기술이전협회(KAUTM) 회장 2006년 선도TLO협의회 회장 2007년 한국분자세포생물학회(KSMCB) 부회장 2007년 한국미생물·생명공학회(KMB) 부회장 2008~2009년 한국생화학분자생물학회 부회장·회장 2010년 고려대 약학대학설립추진단장 2010~2018년 同약학대학 교수 2010~2017년 同약학대학장 2011년 한국미생물생명공학회 회장 2011년 고려대 바이오메디컬연구소장, 同약과학연구소장 2018년 同약학대학 명예교수(현) 2018년 한국약학교육평가원 원장(현) (상)한국생약학회 고려삼상 학술상(1975), 생명약학학술상(2002), 한국과학기술단체총연합회 우수논문상(2003), 한국미생물생명공학회 학술상(2010), 생화학분자생물학회 디아이학술상(2014) (저)'New Perspectives on Aloe(編)'(2006) (역)'Tropp의 분자생물학'(2011) (종)불교

**박영일(朴永逸) PARK Young Il**

(생)1958·10·9 (본)밀양(密陽) (출)서울 (주)서울특별시 서대문구 이화여대길 52 이화여자대학교 신산업융합대학 융합콘텐츠학과(02-3277-6705) (학)1976년 경복고졸 1980년 서울대 경영학과졸 1982년 同행정대학원졸 1984년 한국과학기술원(KAIST) 경영과학과졸(석사) 1996년 산업경영학박사(한국과학기술원) (경)1979년 행정고시 합격(23회) 1998년 과학기술부 기획예산담당관 1998년 同연구기획평가심의관 1999년 同기획조정심의관 2000년 한국원자력안전기술원 파견 2000년 과학기술부 기획조정심의관 2001년 同공보관 2002년 同기초과학인력국장 2003년 同연구개발국장 2003년 同과학기술정책실장 2004년 同기획관리실장 2005년 同정책홍보관리실장 2006~2007년 同차관 2007~2016년 이화여대 일반대학원 디지털미디어학부 교수 2007년 同R&D(연구개발)혁신단장 2007년 한국공학한림원 정회원(현) 2008년 과학예술융합포럼 공동대표 2011~2013년 한국건설교통기술평가원 이사 2013~2015년 국토교통과학기술진흥원 비상임이사 2013년 기술경영경제학회 회장 2013~2016년 국방기술품질원 비상임이사 2013·2015~2018년 대통령소속 국가지식재산위원회 민간위원 2014~2016년 이화여대 대외부총장 2015년 同의료원 이화융합의학연구원장 겸 연구중심병원추진단장 2015년 신성장창조경제협력연합회 초대 회장 2015~2016년 同이사장 2016~2017년 국가과학기술연구회 비상임이사 2016년 이화여대 신산업융합대학 융합콘텐츠학과 교수(현) (상)근정포장(1988), 과학기술처장관표창(1989), 고운문화상 창의상(1998), 황조근정훈장(2004), 한국공학한림원 기술정책기여부문 일진상(2012) (역)'실천 R&D 매니지먼트' '일본 과학기술의 사회사' (종)기독교

**박영일(朴永一) PARK Yeong Il**

(생)1958·11·25 (주)서울특별시 영등포구 여의대로 128 트윈타워 LG전자(주)(02-3777-1114) (학)마산고졸, 부산대 공과대학졸 (경)1984년 금성사 입사 2002년 LG전자(주) 냉장고생산담당(상무) 2005년 同태주법인장 2006년 同몬테레이법인장 2010년 同H&A사업본부 냉장고사업부장(전무) 2012년 同H&A사업본부 냉장고사업부장(부사장) 2016년 同키친어플라이언스사업부장(부사장) 2019년 同H&A사업본부 산하 부사장(현) (상)대통령표창(2013)

**박영재(朴英在) PARK Young Jae**

(생)1969·2·5 (본)밀양(密陽) (출)부산 (주)서울특별시 서초구 서초중앙로 157 서울고등법원(02-530-1114) (학)1987년 배정고졸 1991년 서울대 법과대학졸 2001년 미국 뉴욕대 로스쿨졸(LL. M.) (경)1990년 사법시험 합격(32회) 1993년 사법연수원 수료(22기) 1993년 공군 법무관 1996년 서울지법 동부지원 판사 1998년 서울지법 판사 2000년 대전지법 판사 2002년 대전고법 판사 2004년 법원행정처 인사제3담당관 2005년 同인사제1담당관 2006년 서울고법 판사 2008년 광주지법 순천지원 부장판사 2009년 사법연수원 교수 2012~2015년 서울중앙지법 부장판사 2012~2014년 법원행정처 기획조정실 기획총괄심의관 겸임 2015년 부산고법 부장판사 2017년 서울고법 부장판사(현) (종)천주교

## 박영정(朴永楨) PARK Young Jeong

(생)1961 · 11 · 23 (주)서울특별시 강서구 금낭화로 154 한국문화관광연구원 문화연구본부장(02-2669-9855) (학)1984년 전남대 인문대학 사학과졸 1991년 건국대 대학원 국어국문학과졸 1997년 국문학박사(건국대) (경)1998년 근로자연극제 심사위원 1998년 한국극예술학회 편집이사 2000년 한국문화정책개발원 위촉연구원 2000년 한국문화관광연구원 문화연구본부 선임연구위원(현) 2001년 통일문제연구협의회 운영위원(현) 2003년 한국극예술학회 연구 · 편집위원 2003년 남북종교교류추진협의회 위원 2003~2004년 한국문화관광연구원 문화관광평가센터장 2003년 한국문화관광정책연구원 책임연구원 2004년 同정책평가센터장 2005년 同예술정책팀장 2006년 同여가정책지원센터장 2006~2008년 한국문화관광연구원 문화예술연구실 예술정책팀장, 同문화예술연구실 책임연구원 2006년 북한대학원대 겸임교수(현) 2009~2013년 민주평통 상임위원 2008~2013년 문화체육관광부 문화예술진흥기금사업 평가위원 2014년 대통령직속 통일준비위원회 사회문화분과위원회 전문위원 2015년 한국문화관광연구원 통일문화연구센터장(연구위원) 2015~2018년 서울문화재단 비상임이사 2017년 한국문화관광연구원 문화연구본부 예술기반정책연구실장 2018년 同문화연구본부장(현) 2018년 한국문화예술교육진흥원 비상임이사(현) 2019년 연수문화재단 초대 대표이사 선임(현) (상)제7회 노정김재철 학술상(2008) (저)'유치진 연극론의 사적 전개'(1997) '한국현대예술사대계'(1999) '남북한공연예술의 대화'(2003) '한국 근대연극과 재일본 조선인 연극운동'(2007) '한국현대연극100년'(2008) '한국의 웃음문화'(2008)

## 박영조(朴永兆)

(생)1960 · 8 · 5 (주)서울특별시 종로구 새문안로5가길 32 한국생산성본부(02-724-1070) (학)대구고졸, 대구대 회계학과졸, 한국외국어대 대학원 국제경영학과졸, 서울대 의대 CEO정책과정 수료 (경)1986년 한국생산성본부 입사 2005~2016년 同기획조정실장 2005~2015년 한국사회능력개발원(주) 비상근감사 2005~2015년 한생미디어(주) 비상근감사 2005~2015년 한국생산성본부인증원 비상근감사 2011~2012년 고용노동부 명예고용평등감독관 2016년 한국생산성본부 교육훈련 · 자격부문장(상무) 2018년 同부회장(현)

## 박영주(朴英珠) PARK Young-Ju

(생)1941·1·29 (본)밀양(密陽) (출)부산 (주)서울특별시 마포구 동교로 161 이건하우스 4층 이건산업(주) 회장실(02-2007-2208) (학)1959년 경기고졸 1963년 서울대 상과대학 경제학과졸 2016년 명예 박사(미국 School of the Art Institute of Chicago) (경)1975년 광명목재 대표이사 1978~1993년 이건산업(주) 대표이사 사장 1988~2009년 (주)이건창호시스템 회장 1990~2002년 한국합판보드협회 회장 1993년 이건산업(주) 회장(현) 1993년 駐韓솔로몬아일랜드 명예총영사 1994~1996년 World Business Forum(WBF) 한국대표 1995~1997년 세계임업협회(WFC) 회장 2001년 전국경제인연합회 부회장 2002년 APEC자문기구 Pacific Business Economic Corporation 한국회장 2004~2009년 (주)포스코 사외이사 의장 2005~2012년 한국메세나협의회 회장 2005년 미국 School of Art Institute of Chicago 이사(현) 2005년 한·칠레협회 회장(현) 2009~2011년 현대미술관회 회장 2009~2015년 한국무역협회 부회장 2012~2015년 예술의전당 이사장 (상)대통령표창(1979·1988), 한국능률협회 선정 '한국의 경영자상'(2001), 금탑산업훈장(2001), 칠레 정부최고훈장(Bernardo O'Higgins)(2001), 몽블랑 예술후원자상(2005), 서울대 올해의 경영인 대상(2007), 한국CEO연구포럼 그랑프리상(2009), 미국 포브스誌 아시아판(Forbes Asia) '기부영웅'에 선정(2009), 한국메세나대회 메세나인상 문화체육관광부장관표창(2014), 은관문화훈장(2015) (종)기독교

## 박영주(朴泳柱) Young Joo Park

(생)1964 · 3 · 5 (출)경남 진해 (주)서울특별시 성동구 아차산로 78 에코넷센터 (주)유니베라 비서실(02-460-8979) (학)1990년 서울대 사회학과졸 (경)한글과컴퓨터 근무 2001~2004년 컴투게더 근무, 同부사장 2004~2017년 더맥키스컴퍼니(The MACKISS Company) 근무, 同전무이사 2017년 (주)유니베라 글로벌사업본부장(상무) 2018년 同대표이사 사장(현)

## 박영준(朴英俊) PARK Young June

(생)1940 · 11 · 11 (본)함양(咸陽) (출)전북 군산 (주)서울특별시 강남구 남부순환로 2913 동하빌딩 대주회계법인(02-568-7683) (학)1959년 군산고졸 1966년 서울대 상과대학 상학과졸 1968년 同경영대학원 경영학과졸 2000년 경제학박사(청주대) (경)1965년 공인회계사 및 세무사 개업 1968~1982년 단국대 · 서울여대 · 성균관대 강사 1970~1974년 광주지방국세청 · 서울지방국세청 국세심사위원 1972~1979년 세무공무원교육원 강사 1975~1987년 대한상공회의소 세무상담역 1975~1999년 국가사무기술자격검정시험(부기1급) 출제위원 1978~2000년 대한상공회의소 세무회계검정시험 출제위원 1980~2007년 문화방송(MBC) 회계고문 1980~2002년 경향신문 감사 1981~1983년 언론중재위원회 중재위원 겸 감사 1983~2007년 건국대 행정대학원 겸임교수 1985~1987년 한국생산성본부 경영자문위원 1987~1990년 재정경제부 공인회계사시험 출제위원 1988~2015년 연합뉴스 감사 1990~2005년 학교법인 해인학원(동신대) 감사 1990~1996년 공인회계사감사반연합회 회장 1990~2000년 공익자금관리위원회 부위원장 1991~2002년 홍익대 법경대 겸임교수 1993~2003년 민주평통 자문위원 1993~2007년 한국상장회사협의회 감사 · 회계 · 세무 자문위원 1997~1999년 한국회계학회 상임이사 1998년 국세청 세무사시험 출제위원 1998~2000년 학교법인 경원학원(경원대) 감사 1998~2003년 지방세과세표준심의위원회 위원 1999년 경인일보 감사(현) 1999~2012년 경원대 경상대학 초빙교수 2000~2013년 의료법인 길의료재단(길병원) 감사 2000~2006년 학교법인 가천학원재단(가천대 · 가천의대) 감사 2000~2002년 세제발전심의위원회 2000~2002년 한국공인회계사회 부회장 2002~2004년 同국제연구위원장 2002~2004년 경희대 경영대학원 강사 2002~2007년 국세공무원교육원 강사 2007~2010년 민주화운동기념사업회 감사 2008~2010년 학교법인 대양학원(세종대) 감사 2012~2015년 가천대 경상대학 초빙교수 2017년 대주회계법인 회계사(현) (상)청소년지도자 대훈장(1981), 재무부장관표창(1986), 국민포장(1993), 국세청장표창(2002) (저)'합병과 자산 재평가' '어음실무' '법인세법 해설' '경영과 세무' '세무신고와 신청' '어음의 실무와 회계' '경리 · 회계실무' '회계 · 세무사전' '세무조사 종합대책'(2007) (종)기독교

## 박영준(朴英濬)

(생)1975 · 1 · 16 (출)인천 (주)광주광역시 동구 준법로 7-12 광주고등검찰청 총무과(062-231-3114) (학)1992년 부천고졸 1998년 서울대 법학과졸 (경)1997년 사법시험 합격(39회) 2000년 사법연수원 수료(29기) 2000년 육군 법무관 2000년 제2보병사단 검찰관 2001년 국방부 법제과 법무관 2002년 同검찰단 검찰관 2003년 서울지검 북부지청 검사 2004년 서울북부지검 검사 2005년 대구지검 경주지청 검사 2008년 법무부 국제형사과 검사 2011년 서울중앙지검 검사 2013년 부산지검 동부지청 부부장검사 2014년 서울중앙지검 부부장검사 2015년 광주지검 공판부장 2016년 同순천지청 부장검사 2017년 수원지검 안양지청 형사2부장 2018년 인천지검 부천지청 형사2부장 2019년 광주고검 검사(현)

**박영진(朴泠鎭)**
(생)1974·7·29 (출)서울 (주)서울특별시 서초구 반포대로 158 서울고등검찰청 총무과(02-530-3261) (학)1993년 서울 숭실고졸 1998년 고려대 법학과졸, 상지대 대학원 법학과 재학 중 (경)1999년 사법시험 합격(41회) 2002년 사법연수원 수료(31기) 2003년 육군 법무관 2005년 서울중앙지검 검사 2007년 수원지검 여주지청 검사 2011년 법무부 상사법무과 검사 2013년 수원지검 검사 2016년 대검찰청 검찰연구관 2017년 광주지검 장흥지청장 2018년 법무연수원 법무연수과장 2019년 서울고검 검사(현) 2019년 대검찰청 서민다중피해범죄TF팀장 겸임(현)

**박영춘(朴英春) PARK Young Choon**

(생)1956·6·9 (주)서울특별시 마포구 성암로 267 문화방송 감사실(02-789-2037) (학)1975년 동아고졸 1983년 성균관대 불어불문학과졸 (경)1984년 문화방송(MBC) 사업단 사업1부 근무 1987년 同방송연구소 국제부 근무 1988년 同홍보실 홍보부 근무 1990년 同방송문화연구소 문자방송부 근무 1993년 同홍보실 출판부 근무 1994년 同총무국 시설부 근무 1997년 同인사부 근무 1998년 同관재부 차장 2003년 同기획국 관계회사팀장 2005년 同인력자원국장 2007년 同건설기획단 개발기획팀 부장 2008~2009년 同신사옥기획단 개발기획팀 부장 2009년 同감사실 부장 2010년 同정보콘텐츠부 부국장 2017년 同감사(현)

**박영춘(朴泳春) PARK Young Chun**

(생)1964·2·26 (본)춘천(春川) (출)강원 춘천 (주)서울특별시 종로구 종로 26 SK(주) 비서실(02-2121-1970) (학)1982년 강원대사대부고졸 1986년 서울대 경제학과졸 1989년 同행정대학원졸 1996년 경제학박사(미국 미주리주립대) (경)행정고시 재경직 합격(31회) 1988~1993년 경제기획원 경제기획국 사무관 1996~1998년 재정경제원 국제금융국 사무관 1998년 금융감독위원회 구조개혁기획단 서기관 2001년 금융정보분석원 기획협력팀장 2001~2002년 ABN AMRO Bank Debt Capital Market-Origination, VP 2002년 세계은행 Senior Economist 2005년 부총리 겸 재정경제부장관 비서관 2006년 재정경제부 보험제도과장 2008년 금융위원회 금융정책국 금융정책과장 2009년 대통령비서실 비상경제상황실 금융·구조조정팀장 2010년 SK그룹 SUPEX추구협의회 전무 2017년 同SUPEX추구협의회 부사장(현) (종)기독교

**박영태(朴永泰)**

(생)1960·9·25 (주)부산광역시 부산진구 중앙대로 644번길 20 부산교통공사 기획본부(051-640-7104) (학)경성대 법학과졸 (경)1985년 부산시지하철본부 입사 1994년 同재정처 보상과장 1999년 同감사실 감사과장 2000년 同총무처 총무부장 2002년 同경영지원처 총무팀장 2004년 同경영지원처 인사팀장 2006년 부산교통공사 경영본부 총무처장 2010년 同기획본부 고객홍보실장 2011년 同기획본부 안전관리실장 2012년 同기획조정실장 2015년 同경영본부 경영지원처장 2016년 同기획본부장(상임이사)(현)

**박영태(朴永台) PARK Young Tae**

(생)1961·7·29 (본)밀양(密陽) (출)경남 함양 (주)인천광역시 연수구 벤처로100번길 26 (주)캠시스(070-4680-2500) (학)1979년 고려대사대부고졸 1986년 중앙대 회계학과졸 1997년 同대학원 산업경영학과졸 (경)2004년 쌍용자동차(주) 재무회계총괄부장 2005년 同재무회계·PI담당 상무 2006년 同경영회계담당 상무 2006년 同재경담당 상무 2008년 同기획재무본부 부본부장(상무) 2009년 同공동법정관리인 2010~2011년 同공동대표이사 2012년 (주)캠시스 대표이사(현) (상)자랑스러운 중경인상(2016) (종)기독교

**박영택(朴永宅) PARK Young Taek**

(생)1956·3·7 (본)월성(月城) (출)대구 (주)경기도 수원시 장안구 서부로 2066 성균관대학교 시스템경영공학과(031-290-7594) (학)1975년 경북고졸 1979년 서울대 산업공학과졸(석사) 1981년 한국과학기술원(KAIST) 산업공학과졸 1986년 공학박사(한국과학기술원) (경)1985~1994년 성균관대 산업공학과 조교수·부교수 1994~1999년 同산업공학과 교수 1996년 영국 맨체스터대 경영대학원 명예객원교수 1996~2005년 서울Q&I포럼 대표 1998년 성균관대 품질혁신센터 소장 1999년 同시스템경영공학과 교수(현) 1999년 미국 Barons '차세대 Global 지도자 500인'에 선정 1999년 영국 국제인명사전(IBC) '20세기의 뛰어난 학자 2000인'에 선정 1999년 미국 세계인명사전 'Marquis Who's Who in the World'에 수록 2001년 미국품질학회 Senior Member(현) 2004년 성균관대 산학협력단장 겸 공동기기원장 2004년 한국품질경영학회 회장·고문(현) (저)'국민은 변화를 요구한다'(1999) '발명특허의 과학'(1999) '인터넷 품질경영'(2000) '경영품질의 세계기준 말콤 볼드리지'(2001) '품질경영론'(2001) '경영품질의 베스트 프랙티스'(2002) '서비스경영 : 전략·시스템·사례'(2002) '박영택 품질경영론'(2014) '박영택 창의발상론'(2016) '결국, 아이디어는 발견이다'(2019)

**박영호(朴永浩)**

(생)1970·11·17 (출)경북 청도 (주)서울특별시 서초구 서초중앙로 157 서울중앙지방법원(02-530-1114) (학)1986년 포항제철고졸 1989년 영남대 사법학과졸 1994년 서울대 대학원 법학과졸 (경)1994년 사법시험 합격(36회) 1997년 사법연수원 수료(26기) 1997년 軍법무관 2000년 대구지법 판사 2003년 同경주지원 판사 2006년 대구지법 판사 2009년 대구고법 판사 2010년 대법원 재판연구관 2015년 수원지법 안양지원 부장판사 2017년 서울중앙지법 부장판사(현) (저)'의료과실과 의료소송'

**박영호(朴榮鎬) Park Youngho**

(생)1978·2·15 (본)함양(咸陽) (출)서울 (주)세종특별자치시 다솜2로 94 해양수산부 혁신행정담당관실(044-200-5150) (학)1996년 여의도고졸 2003년 서울대 경제학과졸 2010년 同대학원 정책학과 수료 (경)2008년 농림수산식품부 식품산업정책팀 사무관 2009년 국무총리실 식품안전정책위원회 파견 2010년 농림수산식품부 원양정책과 사무관 2011~2013년 캐나다 북태평양소하성어류위원회 파견(국외훈련) 2013년 해양수산부 국제협력총괄과 사무관 2014년 同해양정책과 사무관 2015년 同해양개발과 서기관 2015년 同기획조정실 기획재정담당관실 서기관 2017년 부산지방해양수산청 선원해사안전과장 2018년 해양수산부 기획조정실 규제개혁법무담당관 2019년 同기획조정실 혁신행정담당관(현)

**박영화(朴永化) PARK Young Hwa (東泉)**

(생)1959·9·4 (본)강릉(江陵) (출)강원 강릉 (주)서울특별시 강남구 테헤란로 223 법무법인 충정(02-750-9011) (학)1976년 강릉고졸 1981년 경북대 법정대학 법학과졸 (경)1981년 사법시험 합격(23회) 1983년 사법연수원 수료(13기) 1986년 수원지법 판사 1988년 서울가정법원 판사 1990년 대구지법 김천지원 판사 1992년 서울중앙지법 판사 1994년 서울가정법원 판사 1994년 서울고법 판사 1995년 대구지법 영덕지원장 1997년 서울고법 판사 1998년 서울중앙지법 판사 1999년 대구지법 안동지원장 2000년 인천지법 부장판사 2002년 서울중앙지법 부장판사 2004년 법무법인 한승 대표변호사, 강원도민회중앙회 부회장, 在京강릉고총동문회 회장, 在京강릉시민회 부회장, 예금보험공사 부실기업책임심의위원 2009년 법무법인 충정 대표변호사(현) 2013~2019년 예맥의힘 회장 2017년 강산해(강원도의산과바다를사랑하는모임) 회장 (저)'교통, 산재 교통사고 손해배상소송 실무(共)'(1993) '법에도 심장이 있다면'(2019) (종)불교

**박영환(朴榮煥) PARK Young Hwan**

(생)1957·5·22 (본)밀양(密陽) (출)서울 (주)서울특별시 서대문구 연세로 50-1 세브란스병원 심장혈관병원(02-2228-8484) (학)1976년 경기고졸 1982년 연세대 의대졸 1991년 同대학원 의학석사 (경)1990~2003년 연세대 의대 흉부외과학교실 연구강사·조교수·부교수 1999년 한국조직은행연합회 심장혈관분과위원장 2003년 연세대 의대 흉부외과학교실 교수(현) 2004·2008~2009년 세브란스병원 심장혈관외과장 2009~2011년 연세대 의대 흉부외과학교실 주임교수 2011년 세브란스병원 제2진료부원장 2012년 同임상연구관리실장 2012~2014년 연세대의료원 기획조정실장 2014·2016년 同용인동백건립추진본부장(현) 2016~2017년 대한흉부심장혈관외과학회 부회장 2019년 세브란스병원 심장혈관병원장(현) (상)대한흉부외과학회 이영균학술상(2001) (종)기독교

**박영환(朴永煥) PARK Young Hwan**

(생)1960·10·17 (본)밀양(密陽) (출)경북 경산 (주)서울특별시 중구 필동로1길 30 동국대학교 중어중문학과(02-2260-3836) (학)1979년 대구 대륜고졸 1987년 동국대 중어중문학과졸 1992년 대만 국립성공대 대학원졸 1996년 문학박사(중국 베이징대) (경)1997~2008년 동국대 중어중문학과 전임강사·조교수·부교수 2000년 중국굴원학회 이사 2001년 한국중문학회 운영위원 2001~2015년 중국 북경대 동북아연구소 객좌연구원 2001년 동아시아비교문화국제회의 이사 2002~2006년 국제불교문화사상사학회 이사 2003~2006년 한국동서비교문학회 편집위원 2004~2008년 한국선문화학회 국제이사 2006~2008년 서울대 언어연구원 연구위원 2007년 중국굴원학회 상무이사(현) 2007년 중국 산서대 국학연구원 겸임교수 2008년 동국대 중어중문학과 교수(현) 2008년 중국 절강대 한국학연구소 특별초빙연구원(현) 2010년 중국 중산대 한국학연구소 객좌연구원(현) 2010년 한중일동아시아비교문화학술회의 부회장(현) 2010년 동아인문학회 부회장(현) 2010~2012년 한국시조학회 이사 2013년 동국대 국제어학원장 2013년 同한국어교육센터장 2015년 북경 어언대 객좌교수(현) 2015년 대한불교조계종 국제교류위원(현) 2019년 미국 하버드대 동아시아문명학과 visiting scholar(현) (저)'蘇軾禪詩研究'(1994) '(어느 인문학자의)문화로 읽는 중국'(2004) '중국시와 시인'(2004) '똑똑한 중국어 문법책'(2007) '문화한류로 본 중국과 일본'(2008) '행복, 비움으로 얻는가 채움으로 얻는가'(2010) '송시의 선학적 이해'(2017) (역)'논어'(2014) (종)불교

**박영환(朴英煥) PARK Young Hwan**

(생)1967·1·20 (주)경상북도 안동시 풍천면 도청대로 455 경상북도의회(054-880-5126) (학)2002년 영남대 경영대학원 경영학과졸 (경)영천청년회의소(JC) 회장 1998~2006년 경북 영천시의회 의원 2004년 同총무위원장, 한나라당 경북도당 청년위원장 2007년 경북 영천시장선거 출마(재·보궐선거, 무소속) 2010년 경북도의원선거 출마(무소속) 2014년 경북도의원선거 출마(무소속), 자유한국당 경북도당 부위원장(현) 2018년 경북도의회 의원(자유한국당)(현) 2018년 同기획경제위원회 위원(현) 2018년 同예산결산특별위원회 위원(현) 2018년 同정책연구위원회 위원(현) (저)'변화를 위한 도전'

**박영훈(朴永訓) Park Younghoon**

(생)1985·4·1 (본)함양(咸陽) (출)서울 (주)서울특별시 성동구 마장로 210 한국기원 홍보팀(02-3407-3870) (학)2004년 충암고졸 (경)1997년 전국아마10강전 우승(11세, 아마대회 최연소우승기록) 1998년 전국아마대회 4관왕(학초배·아마유단자대회·삼성화재배 아마바둑오픈·하이텔배), 최규병9단 문하 1999년 프로바둑 입단 2001년 천원전 우승(최저단 타이틀획득 타이기록 작성-서봉수의 명인 획득과 타이) 2001년 바둑TV배 신예연승최강전 준우승 2002년 박카스배 한중천원전 우승 2002년 농심신라면배 한국대표(4연승, 한국우승) 2003년 4단 승단 2003년 오스람코리아배 신예연승최강전·삼성화재배 준우승 2004년 후지쯔배 우승 2004년 LG정유배 준우승 2004년 6단 승단 2004년 9단 승단(후지쯔배 우승으로 3단 승단-최연소 최단기간 9단 승단)(현) 2005년 중환배·비씨카드배 신인왕전·기성전·한국물가정보배·영남일보배 우승 2006년 원익배 준우승 2006년 현대자동차배 기성전 우승 2007년 기성전·후지쯔배·GS칼텍스배·농심신라면배 우승 2008년 삼성화재배 세계바둑오픈 준우승 2008년 맥심커피배 입신최강전·GS칼텍스배 프로기전 우승 2009년 맥심배·GS칼텍스배 준우승 2009년 강릉세계청소년바둑축제 홍보대사 2010년 하이원리조트배 명인전 우승·명인위 등극 2011년 맥심커피배 입신최강전·하이원리조트배 명인전 우승 2011년 제2회 창더배 세계바둑명인전 우승 2012년 GS칼텍스배 준우승 2013년 박카스배 천원전 우승 2013년 원익배 십단전·한중천원전 준우승 2014년 하이원리조트배 명인전 우승 2016년 LG배 조선일보 기왕전 준우승 2017년 제11회 춘란배 준우승 2018년 제3회 몽백합배 세계바둑오픈 준우승 2018년 제19회 맥심배 준우승 2019년 제12회 춘란배 준우승 (상)농협 '2005 한국바둑리그' 최우수기사, 한국바둑대상 우수기사상(2006), 한국바둑리그 대마상(2011)

**박영희(朴永熙) PARK YOUNG HEE**

(생)1940·3·20 (본)밀양(密陽) (출)경북 경산 (주)대구광역시 서구 염색공단중앙로12길 9 삼성염직(주)(053-354-0541) (학)1959년 대륜고졸 1966년 경북대 화학공학과졸 (경)1965년 풍국주정(주) 실험실 근무, 한국마방직(주) 가공과장 1973년 삼성염직공업사 대표 1988년 삼성교역(주) 대표이사(현) 1997년 삼성염직(주) 대표이사(현) 1999년 삼성염공 대표 2000~2003년 대구상공회의소 상공의원 2003~2005년 同부회장 2005년 한국염색공업협동조합연합회 이사 (상)산업포장(2006), 삼우당섬유패션대상 최우수수출부문대상(2017), 은탑산업훈장(2017)

**박 옥(朴 玉·女) Park Ok**

(생)1971·3·6 (주)충청북도 청주시 흥덕구 오송읍 오송생명2로 187 오송보건의료행정타운內 질병관리본부 질병예방센터(043-719-7300) (학)1989년 전주기전여고졸 1995년 고려대 의대졸 1999년 同대학원 의학석사 2003년 의학박사(고려대) (경)2006년 질병관리본부 전염병감시팀장 2011년 同유전체센터 생물자원은행과장 2013년 同질병예방센터 예방접종관리과장 2015년 同유전체센터 생물자원은행과장 2016년 同질병예방센터 에이즈·결핵관리과장 2017년 同긴급상황센터 위기분석국제협력과장 2018년 同감염병관리센터 감염병총괄과장 2019년 同질병예방센터장(현) 2019년 同장기이식관리센터장 겸임(현)

**박옥분(朴玉分·女) PARK Ok Bun**

(생)1966·9·24 (주)경기도 수원시 팔달구 효원로 1 경기도의회(031-8008-7000) (학)아주대 공공정책대학원 행정학과졸, 경기대 정치전문대학원 공공정책학 박사과정 수료 (경)민주당 경기도당 여성국장, 同경기도당 대변인, 경기여성연대 사무국장, 경기도교육청 교육자치협의회 위원, 수원시 좋은시정위원회 여성복지전문위원, 안산시건강가정지원센터장, 외국인노동자쉼터 운영위원 2014년 새정치민주연합 중앙당 리더쉽센터 부소장 2014~2018년 경기도의회 의원(비례대표, 새정치민주연합·더불어민주당) 2014년 同여성가족평생교육위원회 위원 2015년 同평택항발전추진특별위원회 위원 2016~2018년 同운영위원회 위원 2016~2018년 同여성가족교육협력위원회 간사 2016~2018년 同경제민주화특별위원회 위원 2017~2018년 同지방분권위원회 위원 2017~2018년 경기도 자치분권민주지도자회의 공동대표, 더불어민주당 중앙당 부대변인 2018년 同여성위원회 부위원장(현) 2018

년 경기도의회 의원(더불어민주당)(현) 2018년 同여성가족교육협력위원회 위원장(현) 2019년 더불어민주당 중앙당 중앙위원(현)

**박옥희(朴玉姬·女) Park, Ok Hee**

(생)1950·7·1 (본)밀양(密陽) (출)전남 목포 (주)경기도 파주시 탄현면 헤이리마을길 82-136 리앤박갤러리(031-957-7521) (학)1973년 이화여대 신문방송학과졸 (경)1972~1978년 서울신문 편집국 사진부 기자 1989~1992년 여성신문 편집위원 1997~2006년 페미니스트저널 '이프' 이사 1999~2004년 同발행인 2003~2004년 문화방송(MBC) 시청자위원회 부위원장 2004~2010년 (사)문화세상이프토피아 대표 2004~2010년 21C 여성포럼 공동대표 2004~2008년 영상물등급위원회 소위원회 위원 2005년 리앤박갤러리 대표(현) 2009년 아트로드77아트페어조직위원회 위원장(현) 2010년 (사)문화세상이프토피아 고문(현) 2012~2018년 방송통신심의위원회 위원 2012년 서울시 2030서울도시기본계획자문위원회 위원 2013~2017년 同기부심사위원회 위원 2013~2015년 살림정치여성행동 대표 2016년 박영숙살림터 이사장(현) 2018년 한국여성재단 이사(현) 2018년 한국방송공사(KBS) 이사(현) (상)자랑스러운 이화언론인상(1994) (종)기독교

**박옥희(朴玉熙·女)**

(생)1976·8·9 (출)서울 (주)광주광역시 동구 준법로 7-12 광주지방법원 총무과(062-239-1503) (학)1995년 한영외국어고졸 2000년 서울대 사법학과졸 (경)2000년 사법시험 합격(42회) 2003년 사법연수원 수료(32기) 2003년 서울지법 예비판사 2005년 서울북부지법 판사 2007년 춘천지법 원주지원 판사 2010년 인천지법 부천지원 판사 2012년 서울북부지법 판사 2015년 서울중앙지법 판사 2016년 서울고법 판사 2018년 전주지법 부장판사 2019년 광주지법 부장판사(현)

**박완규(朴完奎) PARK Wan Kyu**

(생)1953·6·11 (본)밀양(密陽) (출)서울 (주)서울특별시 동작구 흑석로 84 중앙대학교(02-820-5539) (학)1972년 경기고졸 1979년 연세대 경제학과졸 1981년 同대학원 경제학과졸 1985년 경제학박사(미국 위스콘신대 메디슨교) (경)1986~2018년 중앙대 경제학부 조교수·부교수·교수 1990·1994년 한국재정학회 이사 1994~1995년 미국 Univ. of North Carolina at Chapel Hill Fulbright 교환교수 1996년 한국환경경제학회 이사 1997년 한국재정학회 감사 1998년 행정자치부 정책자문위원 2002~2004년 한국경제학회 이사 2003~2005년 중앙대 사회과학대학장 2003~2004년 한국재정·공공경제학회 회장 2007년 기획예산처 정부투자기관경영평가단장 2007년~2013년 행정안전부 정책자문위원회 지방재정분과위원장 2008~2012년 지식경제부 우정사업본부 우정사업운영위원장 2011~2012년 한국환경경제학회 회장 2011년 (사)한국비용편익분석연구원 이사장(현) 2014~2016년 한국남동발전 비상임이사 2015년 행정안전부 중앙투자심사위원회 위원장(현) 2018년 중앙대 명예교수(현) (상)Senior Research Award(Fulbright Foundation)(1994), 행정안전부장관표창(2011), 홍조근정훈장(2012), 대통령표창(2016) (저)'중앙·지방정부간 관계 및 재원조정'(共) '계량경제학' '현대지방재정 제도론'(共) '경제위기 극복을 위한 재정개혁'(共) '지방재정개혁론'(共) (역)'현대공공경제학'(1996) 'Gujarati의 계량경제학'(2009) '공공경제학'(2010) '비용편익분석개론'(2012) (종)기독교

**박완규(朴完奎) PARK Wan Gyu**

(생)1963·2·20 (출)서울 (주)서울특별시 종로구 경희궁길 26 세계일보 논설위원실(02-2000-1669) (학)1985년 경희대 정치외교학과졸 1987년 同대학원 정치학과졸 1997년 정치학박사(경희대) (경)1990년 세계일보 국제부 기자 1995년 同경제부 기자 1999년 同정치부 기자 2000년 同경제부 차장대우 2001년 同국제부 차장대우 2001년 同워싱턴특파원 2006년 同국제부 차장 2006년 同국제부장 2007년 同편집국 국제팀장 2008년 同편집국 국제부장 2008년 同논설위원 2010년 同편집국 외교안보부장 2012년 同편집국 부국장 2013년 同편집국 취재담당 부국장 겸 비전팀장 2015년 同논설위원 2017년 同수석논설위원(부국장) 2019년 同논설위원실장(현) (저)'리바이어던, 근대국가의 탄생' '테러리즘과 글로벌 커뮤니케이션'

**박완배(朴浣培) PARK Wan Bae (삼정)**

(생)1960·6·8 (본)밀양(密陽) (출)충북 음성 (주)충청북도 청주시 흥덕구 강촌로 264 (주)시시엠코리아(043-211-0100) (학)1985년 충북대 법학과졸 2004년 영남대 경영대학원졸 (경)1986~1996년 (주)종근당 소장 1996~2001년 두리약품 설립·대표이사 2001년 (주)수성약품 설립·대표이사 2002년 충북고총동문회 부회장 2016~2017년 충북대총동문회 부회장 2016년 충북대법대총동문회 부회장(현) 2016년 (주)시시엠코리아 대표이사(현) (상)청주시장 감사패(2007), 충북도지사표창(2013), 식품의약품안전청장표창(2013), 국회 보건복지위원장표창(2014) (종)기독교

**박완석(朴完錫) PARK Wan Suk**

(생)1963·11·13 (출)서울 (주)서울특별시 중구 장충단로 275 (주)두산 임원실(02-3398-1141) (학)1982년 환일고졸 1987년 고려대 경영학과졸 (경)1987년 동양맥주(주) 입사 2006년 (주)두산 관리본부 회계담당 상무 2012년 同관리본부 재무부문장(전무) 2015년 경기도체조협회 회장 2015년 同관리본부 부사장(현)

**박완수(朴完洙) PARK Wan Soo**

(생)1955·8·10 (본)밀양(密陽) (출)경남 통영 (주)서울특별시 영등포구 의사당대로 1 국회 의원회관 705호(02-788-2985) (학)1972년 마산공고졸 1976년 한국방송통신대 행정학과졸 1979년 경남대 행정학과졸 1981년 同대학원졸 2001년 행정학박사(경남대), 영국 왕립행정연구소 연수, 미국 미시간주립대 연수 2009년 명예 경영학박사(창원대) (경)1972년 한국동경전자(주) 근무 1976년 4급 乙류 행정직 합격 1979년 행정고시 합격(23회) 1981년 경남도 행정사무관 1991년 同법무담당관 1992년 同지역경제과장 1993년 同감사담당관 1994년 同지방과장 1994년 경남 합천군수 1995년 경남도 농정국장 1997년 同경제통상국장 2000년 김해시 부시장 2002년 창원시장선거 출마(무소속) 2003~2004년 가야대 교수·행정대학원장 2003년 민주평통 자문위원 2004·2006·2010~2014년 경남 창원시장(한나라당·새누리당) 2008년 창원문화재단 이사장 2010~2012년 경남도시장·군수협의회 회장 2011~2014년 세계생태교통연맹 초대의장 2014년 가야대 석좌교수 2014~2015년 인천국제공항공사 사장 2016~2017년 새누리당 창원시의창구당원협의회 운영위원장 2016년 제20대 국회의원(창원시 의창구, 새누리당·자유한국당〈2017.2〉)(현) 2016·2018년 국회 국토교통위원회 위원 2016~2017년 국회 민생경제특별위원회 위원 2016년 새누리당 지방자치위원장 2016년 同최고위원 2017년 同비상대책위원회 위원 2017년 자유한국당 창원시의창구당원협의회 운영위원장(현) 2018년 국회 행정안전위원회 위원(현) 2019년 同예산결산특별위원회 결산심사소위원(현) (상)대통령표창(1988), 국무총리표창(1995), 근정포장(1996), 녹조근정훈장(1999), 한국지방자치경영대상 공로상(2011), 대한민국무궁화대상 행정부문 대상(2012), 영국 City mayors 선정 '세계시장 25인'(2012), 영국 런던 소재 국제싱크탱크 시장재단 선정 '세계의 시장(World Mayor) 톱 10', 대한민국CEO리더십대상 친환경경영부문(2013), 한국을 빛낸 사람들 대상 '최우수의정활동대상'(2017), 대한민국의정대상·지방자치행정대상조직위원회 지방자치행정대상(2017) (저)'지방자치단체의 통상행정에 관한 연구'

## 박완식(朴完植) Park wanseek

(생)1963 · 7 · 5 (본)밀양(密陽) (출)전남 해남 (주)광주광역시 동구 준법로 7-12 광주고등법원 사무국(062-239-1160) (학)1980년 목포고졸 1991년 전남대졸 (경)2009~2011년 창원지법 사무국장 2012년 광주지법 순천지원 사무국장 2014년 법원행정처 재판사무국장 2017년 同사법등기국 사법등기심의관 2018년 광주고법 사무국장(현)

## 박완재(朴完在) PARK Wan Jae

(생)1962 · 6 · 20 (본)무안(務安) (주)강원도 춘천시 중앙로 1 강원도청 감사위원회(033-249-3587) (학)1981년 춘천제일고졸 1989년 강원대 토지행정학과졸 2005년 同대학원 지리정보학과졸 (경)1989년 공직 입문(영월군) 1991년 강원도 지적과 근무 2000년 同감사관실 근무 2005년 同토지과 근무 2006년 同지적관리담당 사무관 · 토지관리 · 토지정보담당 사무관 2012년 同건설방재국 토지자원과장(서기관) 2015년 同토지과장 2016년 동해시 부시장 2017년 강원도 문화관광체육국 관광개발과장 2018년 同감사관 2019년 同감사위원장(부이사관)(현) (상)내무부장관표창(1995), 행정자치부장관표창(2004), 국무총리표창(2007), 안전행정부장관표창(2013), 대통령표창(2019)

## 박완주(朴完柱) PARK Wan Joo

(생)1966 · 11 · 10 (본)밀양(密陽) (출)충남 천안 (주)서울특별시 영등포구 의사당대로 1 국회 의원회관 702호(02-784-7560) (학)1985년 천안중앙고졸 1997년 성균관대 한국철학과졸 (경)1987년 민주화운동관련 구속 1989년 성균관대총학생회 부회장 1995년 (주)동서산업 아산공장노동조합 부위원장 1997년 전국소기업연합회 정책부장 1998~2004년 지평문화 대표 2004~2007년 국회의원 정책보좌관(4급) 2006년 국회 입법학연구소 정책전문위원 2006년 한국보건산업최고경영자회의 이사 2007년 (재)광장 준비위원회 이사 2007~2010년 나사렛대 겸임교수 2008년 제18대 국회의원선거 출마(천안시乙, 통합민주당) 2008년 민주당 천안시서북구지역위원회 위원장 2008년 同부대변인 2008 · 2010년 同충남도당 대변인 2010년 나사렛대 객원교수 2010년 7.28재보선 국회의원선거 출마(천안시乙, 민주당) 2012년 제19대 국회의원(천안시乙, 민주통합당 · 민주당 · 새정치민주연합 · 더불어민주당) 2012~2015년 대한장애인당구협회 회장 2012년 국회 지식경제위원회 위원 2012년 국회 태안유류피해대책특별위원회 위원 2012년 한국아동 · 인구 · 환경의원연맹(CPE) 이사 2012년 민주통합당 제18대 대통령중앙선거대책위원회 총무본부 부본부장 2013년 국회 허베이스피리트호유류피해대책특별위원회 위원 2013 · 2014년 국회 산업통상자원위원회 위원 2013년 국회 여성가족위원회 위원 2014년 새정치민주연합 6.4지방선거 공직선거후보자추천관리위원회 위원 2014년 同원내기획부대표 2014~2015년 국회 운영위원회 위원 2014~2015년 국회 예산결산특별위원회 위원 2014~2015년 새정치민주연합 원내대변인 2014~2015년 국회 예산결산특별위원회 예산안조정소위원회 위원 2015년 더불어민주당 디지털소통본부 부본부장 2016년 제20대 국회의원(천안시乙, 더불어민주당)(현) 2016~2017년 더불어민주당 원내수석부대표 2016~2017년 국회 농림축산식품해양수산위원회 위원 2016~2017년 국회 운영위원회 간사 2016~2017년 국회 평창동계올림픽 및 국제경기대회지원특별위원회 위원 2016년 독립기념관 이사(현) 2016년 국회 한 · 중의원외교협회 간사장(현) 2016년 국회 한 · 모로코친선협회 회장(현) 2016년 국회 공직자윤리위원회 위원 2016~2018년 더불어민주당 충남도당 위원장 2017년 더불어민주당 수석대변인 2017년 국회 정치개혁특별위원회 위원 2017 · 2018년 국회 농림축산식품해양수산위원회 간사(현) 2018년 국회 헌법개정 및 정치개혁특별위원회 위원 2018년 더불어민주당 최고위원(충청 · 강원) 2018년 국회 예산결산특별위원회 위원(현) 2018년 더불어민주당 '더좋은미래' 대표(현) 2018~2019년 국회 정치개혁특별위원회 위원 2019년 더불어민주당 아프리카돼지열병예방대책특별위원회 위원장(현) 2019년 同민생입법추진단 위원(현) 2019년 국회 세종의사당추진특별위원회 위원(현) (상)국회 과학기술 우수의정상(2012 · 2013), 국정감사 NGO모니터단 선정 국정감사 우수의원(2012 · 2013 · 2014), 민주통합당 국정감사 우수의원(2012), 전국소상공인단체연합회 초정상(2012), 마켓월드 국감우수의원(2012), 푸드투데이 국정감사 우수국회의원(2012), 경제정의실천시민연합 국정감사 우수의원(2013 · 2014), 조선비즈 조사 국감베스트의원(2013), 피감기관 국정감사 베스트의원(2013), 법률소비자연맹 선정 국회 헌정대상 우수의원(2013 · 2014 · 2015), 새정치민주연합 선정 국정감사 우수의원(2014 · 2015), 전국지역신문협회 국회의정대상(2015), 위대한 한국인대상(2015), 법률소비자연맹 제20대 국회 1차년도 헌정대상(2017), 한국입법학회 입법대상(2017) (저)'을을 위한 행진곡'(2013) '천안행열차에서 희망을 만나다'(2013)

## 박용갑(朴龍甲) PARK Yong Kab

(생)1957 · 3 · 17 (본)밀양(密陽) (출)충남 논산 (주)대전광역시 중구 중앙로 100 중구청 구청장실(042-606-6001) (학)검정고시 합격 1996년 대전산업대 경제학과졸 2005년 한밭대 테크노경영대학원 경제학과졸 (경)강창희 국회의원 입법보좌관, 한나라당 대전中지구당 사무국장 2002~2006년 대전시의회 의원(한나라당) 2004~2006년 同산업건설위원장 2006년 국민중심당 중앙당 상무위원 2006년 대전시 중구청장선거 출마(국민중심당) 2008년 자유선진당 대전중구당원협의회 부위원장 2010년 대전시 중구청장(자유선진당 · 선진통일당 · 새누리당 · 새정치민주연합) 2014~2018년 대전시 중구청장(새정치민주연합 · 더불어민주당) 2016~2018년 대전구청장협의회 회장 2018년 대전시 중구청장(더불어민주당)(현) (상)환경대상(2013), 세계자유연맹 자유장(2013), 유권자시민행동 대한민국유권자대상(2015), 제1회 시민인권상 인권자치부문(2015) (저)'긍정과 희망을 가슴에 담고'(2014) (종)불교

## 박용국(朴鏞國) PARK, Yong Kuk

(생)1964 · 11 · 25 (본)고령(高靈) (출)대구 (주)경상북도 경산시 하양읍 하양로 13-13 대구가톨릭대학교 기계자동차공학부(053-850-2723) (학)1987년 서울대 금속공학과졸 1988년 미국 미시간대 대학원 산업공학과졸 1995년 생산공학박사(미국 오하이오주립대) (경)1988~1989년 미국 FORD자동차 컨설팅(Ypsilanti Plant, Michigan) 1989~1990년 육군(소위임관) 1996년 미국 오하이오주립대 박사후 연구원(미국 국방부 · 에너지부 과제 수행) 1996~1998년 삼성자동차 금형기술연구소 선임연구원 1998년 대구가톨릭대 기계자동차공학부 조교수 · 부교수 · 교수(현) 2002~2004년 산업자원부 대구가톨릭대지역기술혁신센터 자동차부품 디지털설계생산TIC 소장 2004~2005년 미국 오하이오주립대 교환교수 2006~2008년 대구가톨릭대 기계자동차공학부장 2007 · 2008 · 2009년 미국 세계인명사전 'Marquis Who's Who' 에 등재 2008년 영국 IBC '2008년도 세계 최고 과학자 100인' · '2008학년도 세계의 앞서가는 과학자' · '2008/2009 탁월한 과학자 2000인'에 선정 2008년 현대기아자동차 자동차내구성전문기술교육 교수(현) 2009년 영국 IBC '2009 세계 최고 교육자 100인'에 선정 2010년 同'INTERNATIONAL ENGINEERS OF THE YEAR 2010'에 선정 2011년 同'세계 최고 엔지니어 100인'에 선정

## 박용권

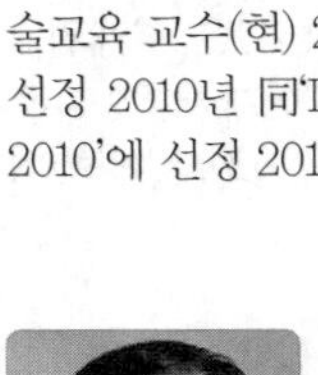

(생)1960 (출)충남 공주 (주)충청남도 공주시 연수원길 73-26 충청남도공무원교육원(041-635-6501) (학)공주고졸, 한국방송통신대졸, 한남대 지역발전대학원 지역발전정책학과졸 (경)유구읍장, 충남테크노파크 행정지원실장, 충남도의회 수석전문위원, 충남도 산업육성과장 2018년 공주시 부시장 2018년 同시장 권한대행 2018년 충남도공무원교육원 원장(현)

**박용규(朴瀧奎) Park, Yong Kyu**

(생)1967 · 2 · 12 (출)서울 (주)세종특별자치시 도움6로 11 환경부 4대강조사평가단(044-201-7570) (학)1986년 한성고졸 1990년 연세대 행정학과졸 1993년 同대학원 도시행정학과졸 (경)2000년 환경부 환경정책국 정책총괄과 사무관 2002년 同국제협력관실 지구환경담당관실 서기관 2004년 同대기보전국 대기정책과 서기관 2005년 신행정수도후속대책기획단 파견 2006년 국립환경과학원 총무과장 2007년 미국 델라웨어대 교육훈련 2011년 환경부 물환경정책국 수생태보전과장 2012년 국토해양부 4대강살리기추진본부 파견 2013년 환경부 감사관실 환경감시팀장 2013년 同환경정책실 환경산업과장 2015년 同상하수도정책관실 토양지하수과장 2016년 同감사담당관(부이사관) 2017년 同상하수도정책관(고위공무원) 2018년 미국 조지아대 칼빈슨연구소 파견 2019년 환경부 4대강조사평가단 조사평가지원관(현)/

**박용근(朴龍根) PARK Young keun**

(생)1960 · 6 · 20 (출)전북 장수 (주)전라북도 전주시 완산구 효자로 225 전라북도의회(063-280-4512) (학)1981년 장수고졸 1987년 전북대 법학과졸 1993년 同대학원 법학과졸 2008년 고려대 행정대학원 정책학과수료, 한일장신대 사회복지대학원졸 2012년 법학박사(전북대) (경)1993년 연청 장수지구 회장 1994년 전북대 법과대학 강사 · 초빙교수 1996년 정세균 국회의원 비서관 1998년 새정치국민회의 전북도지부 부대변인 2000년 새천년민주당 전북도지부 정책부실장 2002년 노무현 대통령후보 장수군대책위원장 2002~2006년 전북도의회 의원(새천년민주당 · 열린우리당) 2005~2006년 同인사조사소위원장 2005~2006년 同간행물편찬위원장 2005년 전주기전대 겸임교수 2005년 전주대 객원교수, 산업자원부 장관정책보좌관, 기획예산처 장관정책보좌관, 민주당 지방자치부 부위원장, 전북대 산학협력교수 2015년 새정치민주연합 전북도당 정책실장 2015년 더불어민주당 전북도당 정책실장, 제19대 대통령선거 더불어민주당 중앙선거대책위원회 국가정책자문단 위원, 제19대 대통령선거 더불어민주당 중앙선거대책위원회 중소벤처기업위원회 전통문화분과위원장 2018년 전북도의회 의원(무소속)(현) 2018년 同행정자치위원회 위원(현) 2018년 同예산결산특별위원회 위원(현) (상)지방자치단체 의정활동평가 우수대상(2018), 여의도정책연구원선정 2018대한민국 지방자치평가 의정대상 최우수상(2018) (저)'인생에 중요한 순간 나는 공자를 만난다'(2013, 하나의 책) (종)기독교

**박용기(朴龍基) PARK YONG-GI**

(생)1959 · 3 · 8 (본)밀양(密陽) (출)전남 진도 (주)전라남도 해남군 해남읍 교육청길 82 해남소방서 서장실(061-530-0900) (학)1978년 목포상업고졸 1995년 한국방송통신대 경영학과졸 2013년 초당대 사회복지학과졸 2016년 同대학원 사회복지학과졸 (경)1983년 소방공무원 임용 2005년 전남 영암소방서 방호구조과장 2007년 전남소방본부 방호담당 2008년 전남 영광소방서 소방과장 2010년 전남소방본부 소방지도담당 2012년 전남 영암소방서장(지방소방정) 2014년 전남 나주소방서장 2017년 전남 강진소방서장 2018년 전남 해남소방서장(현) (상)국무총리표창(2014)

**박용기(朴榕基) PARK YONG GI**

(생)1963 · 4 · 27 (주)경기도 수원시 영통구 삼성로 129 삼성전자(주) 인사팀(031-200-1114) (학)1986년 성균관대 산업공학과졸 2001년 한국과학기술원(KAIST) 경영대학원졸 (경)삼성전자(주) 인사지원담당 임원, 同경영전략담당 상무 2012년 同경영전략담당 전무 2013년 同인사팀장(전무) 2014년 同무선사업부 인사팀장(전무) 2015년 同인사팀장(부사장)(현)

**박용기(朴龍基) PARK Yong Ki**

(생)1966 · 12 · 10 (출)충남 부여 (주)서울특별시 서초구 서초중앙로 156 블루원빌딩 5층 법무법인 솔(02-535-1177) (학)1984년 군산제일고졸 1990년 고려대 법학과졸 (경)1993년 사법시험 합격(35회) 1996년 사법연수원 수료(25기) 1996년 대구지검 검사 1998년 同상주지청 검사 1999년 인천지검 검사 2001년 서울지검 북부지청 검사 2003년 광주지검 검사 2005년 서울중앙지검 검사 2009년 대구지검 부부장검사 2009년 同서부지청 형사2부장 2010년 청주지검 부장검사 2011년 대구지검 공안부장 2012년 수원지검 공안부장 2013년 同안양지청 부장검사 2014~2015년 인천지검 공안부장 2015년 의정부지검 형사1부장검사 2015~2019년 법무법인 삼우 구성원 변호사 2019년 법무법인 솔 구성원 변호사(현)

**박용덕(朴鎔德)**

(생)1970 (주)경기도 과천시 별말로 96 (주)일화 제약사업본부(031-550-0100) (학)1995년 고려대 무역학과졸 2013년 한양대 경영전문대학원 경영학과졸(MBA) (경)1998년 (주)일화 경영혁신팀 근무 2006년 同지원본부장 2007년 同제약사업본부장 2015년 同제약사업본부장(전무)(현) (상)산업통상부장관표창(2015)

**박용만(朴容晩) PARK Yong-maan**

(생)1955 · 2 · 5 (본)밀양(密陽) (출)서울 (주)인천광역시 동구 인중로 489 두산인프라코어(주) 회장실(032-211-1114) (학)1973년 경기고졸 1978년 서울대 경영학과졸 1982년 미국 보스턴대 경영대학원 경영학과졸 1987년 일본 동경 랭귀지스쿨 수료 (경)1977~1979년 한국외환은행 근무 1983~1986년 두산건설(주) 뉴욕지사 근무 1988년 동양맥주(주) 차장 1988년 두산식품(주) 부장 1990년 同이사 1991년 同상무 1992년 두산음료(주) 상무 1994년 同전무 1995년 (주)동아출판사 부사장 1995~1998년 두산그룹 기획조정실장(부사장) 1996년 OB맥주(주) 부사장 1998~2004년 (주)두산 대표이사 사장 2000년 네오플럭스 회장 2000년 한·스페인경제협력위원회 회장(현) 2001~2005년 하나은행 사외이사 2002년 한양대 경영대학 겸임교수 2003년 이화여대 경영대학 겸임교수 2005~2007년 두산인프라코어(주) 대표이사 부회장 2005~2009년 (주)두산 대표이사 부회장 2005~2009년 두산중공업 부회장 2005년 두산산업개발 대표이사 부회장 2005년 오리콤 부회장 2005년 삼화왕관(주) 부회장 2007~2016년 두산인프라코어(주) 회장 2009~2012년 오리콤 회장 2009년 두산중공업 회장(현) 2009년 두산건설 회장 2009~2016년 (주)두산 대표이사 회장(CEO) 2009년 서울상공회의소 부회장 2010년 미국 보스턴대 한국총동문회 회장 2010년 이화여대 경영대학 겸임교수(현) 2011년 (사)한국스페셜올림픽위원회 이사(현) 2011년 한국공예디자인문화진흥원 이사 2012~2015년 (재)명동정동극장 이사장 2012~2016년 두산그룹 회장 겸 (주)두산 이사회 의장 2012년 (재)마리아수녀회 한국후원회장(현) 2013년 (재)바보의나눔 이사(현) 2013~2016년 전국경제인연합회 부회장 2013년 국립오페라단 후원회장 2013년 대한상공회의소 회장 겸 서울상공회의소 회장(현) 2013~2016년 예술의전당 비상임이사 2013~2017년 환경보전협회 회장 2014년 국제상업회의소(ICC) 집행위원(현) 2014~2015년 중앙대 이사 2014년 駐韓스페인 명예영사(현) 2014년 교육부 지방대학및지역균형인재육성지원위원회 위원(현) 2016년 (재)국립오페라단 이사장(현) 2016년 DLI(주) 대표이사 회장(현) 2016년 두산인프라코어 회장(현) 2016년 한국수입협회 고문(현) 2017년 대통령직속 일자리위원회 위원(현) (상)은탑산업훈장(2000), 한국협상학회 대한민국협상대상(2001), 스페인 과학기술부장관 시민훈장(2003), 글로벌CEO대상(2007), 벨기에 왕립훈장(2009), 서울대 경영인대상(2011), 금탑산업훈장(2012), 밴 플리트상(2014), 2014 자랑스러운 경기인상(2015), 이탈리아 친선공로훈장(2016) (종)천주교

**박용목(朴龍睦) PARK Yong Mok**

(생)1954 · 11 · 10 (주)충청남도 서천군 마서면 금강로 1210 국립생태원 원장실(041-950-5310) (학)1981년 경북대 생물학과졸 1985년 일본 도쿄대 대학원 식물학과졸 1989년 식물학박사(일본 도쿄대) (경)일본 삼림종합연구소 특별연구원, 일본과학기술청 초빙연구원 1990년 청주대 생명유전통계학부 생명과학전공 교수 · BT융합학부 바이오산업공학전공 교수(휴직)(현), 한국자연환경보전협회 이사, 충북환경연구소 연구위원, 국립생태원 비상임이사 2018년 同원장(현) (저)'기초생태학'(1997, 지구문화사) '환경생물학'(2001, 동화기술) '생명과학실험 1'(2010, 청원출판사) (역)'스타 생명과학'(2005, 라이프사이언스) '보전생물학 입문'(2006, 월드사이언스)

**박용민(朴容玟) PARK Yong Min (駱山)**

(생)1935·8·16 (본)밀양(密陽) (출)서울 (주)경상북도 상주시 모서면 화현3길 127 상주CC(1899-1888) (학)1954년 동성고졸 1958년 부산대 문리대학 영문학과졸 2007년 고려대 교육대학원 수료 (경)1961~1980년 합동통신 사회부장·일본특파원 1981~1982년 연합통신 사회부장·편집국 부국장 1982~1991년 두산프로야구단(OB베어스) 단장·대표이사 사장 1982년 한국야구위원회 이사 1986년 한국권투위원회 이사 1986년 대한유도협회 이사 1991년 춘천컨트리클럽 사장 1991년 한국골프장사업협회 이사·고문 1991년 대한소프트볼협회 부회장 1991년 경월핸드볼팀 단장 1991~1998년 강원경영자협회 회장 1991년 두산기업 사장 겸 두산리조트 사장 1998~2001년 동현엔지니어링 고문 1999년 뉴스프링빌CC 대표이사 사장 2004년 同고문 2006년 상주CC 대표이사 사장(현) 2007년 두산메카텍 고문 2010~2013년 (주)두산건설 고문 (종)천주교

**박용민(朴容民) Park Yongmin**

(생)1966 · 9 · 29 (주)서울특별시 종로구 사직로8길 60 외교부 인사기획관실(02-2100-7139) (학)1991년 연세대 정치외교학과졸 1995년 영국 케임브리지대 대학원 국제관계학과졸 (경)1991년 외무고시 합격(25회) 1991년 외무부 입부 1996년 대통령비서실 파견 1998년 駐국제연합 2등서기관 2000년 駐오만 1등서기관 2005년 駐미국 1등서기관 2006년 駐인도네시아 1등서기관 겸 영사 2009년 외교통상부 북핵협상과장 2010년 駐일본 참사관 2012년 駐유엔 공사참사관 2015~2016년 駐르완다 대사 2016년 외교부 아프리카중동국장 2018년 駐센다이 총영사(현) (저)'영화, 뉴욕을 찍다'(2017, 헤이북스)

**박용석(朴用錫) PARK Yong Seok**

(생)1955 · 2 · 10 (본)밀양(密陽) (출)경북 군위 (주)서울특별시 중구 남대문로 63 한진빌딩본관 20층 법무법인 광장(02-772-4930) (학)1973년 경북고졸 1978년 서울대 법학과졸 (경)1981년 사법시험 합격(23회) 1983년 사법연수원 수료(13기) 1983년 서울지검 북부지청 검사 1986년 대구지검 안동지청 검사 1987년 부산지검 검사 1990년 법무부 검찰제3과 검사 1991년 同검찰제1과 검사 겸 서울지검 검사 1992년 미국 스탠퍼드대 법학과 연수 1993년 서울지검 검사 1994년 대검찰청 검찰연구관 1995년 전주지검 남원지청장 1996년 대구지검 총무부장(헌법재판소 파견) 1998년 대검찰청 정보화담당관 1999년 서울지검 남부지청 형사5부장 2000년 대검찰청 중수2과장 2001년 서울지검 특수2부장 2002년 창원지검 통영지청장 2003년 수원지검 성남지청 차장검사 2004년 대구고검 검사 2005년 부산지검 동부지청장 2006년 대전고검 차장검사 2007년 청주지검장 2008년 대검찰청 중앙수사부장 2009년 부산지검장 2009년 법무연수원장 2011년 대검찰청 차장검사 2011년 법무법인 광장 대표변호사(현) 2012~2014년 NH농협금융지주 사외이사 2015~2018년 현대산업개발(주) 사외이사 겸 감사위원 2016년 롯데케미칼 사외이사(현) 2016~2019년 국립암센터 비상임이사 2018년 HDC현대산업개발(주) 사외이사(현) (상)법무부장관표창, 검찰총장표창 (종)기독교

**박용석(朴庸碩) PARK YONG SEOK**

(생)1958 · 7 · 9 (출)경북 경산 (주)경기도 용인시 기흥구 흥덕중앙로 120 U-Tower (주)디엠에스(031-8031-1133) (학)1977년 대구고졸 1984년 경북대 물리학과졸 1999년 同대학원 전자공학과졸 (경)1984년 LG전자(주) 입사 1986년 同중앙연구소 PDP개발 1988년 同중앙연구소 선임연구원 1989년 LG필립스엘시디(주) 공정기술팀장 1999년 (주)디엠에스 대표이사(현)

**박용석(朴勇錫) Park Yong Seok**

(생)1968 · 1 · 8 (출)충북 청원 (학)1987년 청주 운호고졸 1991년 경희대 정치외교학과졸 2000년 同대학원 행정학과졸 2010년 행정학박사(경희대) (경)1998~2001년 경희대 행정연구소 선임연구원 2003~2011년 주성대 경찰행정과 조교수 2007~2011년 同평생교육원장 2007~2010년 충주시소년수련원 원장 2010~2011년 주성사이버평생교육원장 2011년 충북보건과학대 경찰행정과 부교수 2011~2018년 同총장

**박용선(朴容瑄) PARK Yong Sun**

(생)1969 · 2 · 28 (주)경상북도 안동시 풍천면 도청대로 455 경상북도의회(054-880-5126) (학)포항제철공고졸, 포항대학졸, 위덕대 경영대학원 경영학과졸, 경북대 정책정보대학원 정치학과졸 (경)(주)동하이엔씨 대표이사(현), 민주평통 포항시협의회 자문위원, 포항향토청년회 회장, 법사랑보호복지위원협의회 운영위원, 경북족구연합회 부회장, 새누리당 경북도당 청년위원장, 同경북도당 대변인, 同시 · 도당청년위원장협의회 회장, 在포항강원도민회 사무국장 2014~2018년 경북도의회 의원(비례대표, 새누리당 · 자유한국당) 2014년 同운영위원회 위원 2014년 同건설소방위원회 부위원장 2016년 同교육위원회 위원 2016~2017년 同예산결산특별위원회 부위원장 2017년 자유한국당 경북도당 부위원장단 총무 2017년 포항해양과학고 명예동문 2018년 경북도의회 의원(자유한국당)(현) 2018년 同의회운영위원회 위원장(현) 2018년 同교육위원회 위원(현) (상)출입기자단이 선정한 BEST 도의원(2015), 제14회 대한민국환경창조경영대상 지방자치부문 의정대상(2016)

**박용성(朴容晟) PARK Yong Sung (蓮岩)**

(생)1940·9·11 (본)밀양(密陽) (출)서울 (주)서울특별시 송파구 올림픽로 424 올림픽문화(올림픽컨벤션)센터(02-2144-8114) (학)1959년 경기고졸 1965년 서울대 상과대학 경제학과졸 1969년 미국 뉴욕대 경영대학원졸 (경)1965~1971년 한국상업은행 근무 1971년 한국투자금융 영업부장 1973년 한양투자금융 상무이사 1974년 한양식품 전무이사 1974~1993년 두산그룹 기획실장 1976년 두산기계 전무이사 1977년 동양맥주 전무이사 1979~1984년 同부사장 1980년 서울대동창회 부회장 1982년 대한유도회 부회장 1984~1989년 동양맥주(주) 대표이사 사장 1986~1995년 대한유도회 회장 1987년 아시아유도연맹 부회장 1988년 대한상공회의소 부회장 1988년 두산개발 대표이사 사장 1988~1994년 동양맥주(주) 부회장 1988~1991년 대한올림픽위원회(KOC) 부위원장 1991~2009년 同고문 1992년 국제유도연맹 재무위원장 1993~1998년 두산그룹 부회장 1994~1996년 동양맥주(주) 회장 1994년 한국유전공학연구조합 이사장 1995~2007년 국제유도연맹(IJF) 회장 1996~2002년 OB맥주 대표이사 회장 1996년 국제상업회의소 한국위원장 1997~2000년 한국마케팅연구원 회장 1998~2005년 두산베어스 프로야구단 구단주 1999년 서울엔젤그룹 초대회장 2000~2005년 대한

상공회의소 제17·18대 회장 2000년 통일고문 2000년 駐韓외국상공회의소협의회 회장 2001~2005년 두산중공업 대표이사 회장 2001년 세종문화회관 후원회장 2001~2004년 한국국제노동재단 이사장 2002~2007년 국제올림픽위원회(IOC) 위원 2002년 국제상업회의소(ICC) 부회장 2003년 MBC꿈나무축구재단 초대 이사장 2003년 환경보전협회 회장 2004년 대통령자문 정책기획위원회 산하 '사람입국신경쟁력특별위원회'위원 2004년 코리아외국인학교재단 이사장 2004년 대통령자문 국민경제자문회의 자문위원 2005~2006년 국제상업회의소(ICC) 회장(45대) 2005년 두산인프라코어(주) 대표이사 회장 2005년 두산그룹 회장 2007~2015년 두산중공업 회장 2008~2015년 학교법인 중앙대 이사장 2009~2013년 대한체육회 회장(37대) 겸 대한올림픽위원회 위원장(27대) 2009년 대통령자문 통일고문회의 고문 2010년 국제올림픽위원회(IOC) 국제관계위원회 위원 2011년 아시아올림픽평의회(OCA) 부회장 2012~2015년 2019세계수영선수권대회 유치위원회 상임고문 2013년 대한체육회 명예회장(현) (상)체육훈장 맹호장(1986), 은탑산업훈장(1987), 체육훈장 청룡장(1988), 대한민국 체육상-진흥부문(1989), 한국체육기자연맹 최우수공로상(1993), 금탑산업훈장(1996), 벨기에 왕립훈장(2000), 국채보상운동기념사업회 서상돈상(2001), 프랑스 국가최고훈장 '레지옹도뇌르'(2003), 국민훈장 무궁화장(2012), 아시아올림픽평의회 금장(2014) (저)수상록 '꿈을 가진 자만이 이룰 수 있다'(1993), 시화집 '새벽에 만난 달(共)'(2012, 온북스) (종)천주교

**박용수(朴鏞秀) PARK Yong Soo**

(생)1950·1·8 (본)밀양(密陽) (출)경남 마산 (주)부산광역시 연제구 법원로 28 법무법인 국제(051-463-7755) (학)1968년 마산고졸 1972년 서울대 법학과졸 1973년 同대학원 수료 (경)1973년 사법시험 합격(15회) 1975년 사법연수원 수료(5기) 1976년 軍법무관 1978년 부산지법 판사 1980년 同진주지원 판사 1982년 부산지법 판사 1984년 마산지법 밀양지원장 1986년 대구고법 판사 1988년 부산고법 판사 1989년 대법원 재판연구관 1991년 부산지법 부장판사 1995년 同울산지원장 1997년 부산고법 부장판사 1998년 부산지법 수석부장판사 2000년 同동부지원장 2002년 부산고법 부장판사 2004년 同수석부장판사 2005년 울산지법원장 2005년 부산지법원장 2007년 대구고법원장 2008~2009년 부산고법원장 2009~2011년 법무법인 국제 대표변호사 2011~2014년 同고문변호사 2011~2014년 (주)케이엔엔 사외이사 2014~2018년 부산법원조정센터 상임조정위원장 2018년 법무법인 국제 고문변호사(현)

**박용수(朴龍洙) Park, Yong Su**

(생)1953·4·2 (본)밀양(密陽) (출)경남 창원 (주)서울특별시 중구 퇴계로 272 아도라타워 4층 하이밸류컨설팅(주)(070-8277-5193) (학)1970년 부산고졸 1975년 서울대 사범대학 수학교육과졸 2005년 고려대 정책대학원 CEO과정 수료 2006년 순천향대 대학원 CEO과정 수료 (경)1978~2000년 (주)대우·대우정보시스템(주) 입사·전산실장·SI3본부장·이사 2001~2002년 아더앤더슨코리아 ERP사업 상무 2002~2010년 (주)베어링포인트코리아 경영컨설팅 대표 2010~2012년 삼정KPMG 컨설팅 대표대행 2012~2013년 同회계법인 상임고문 2013년 현대BS&C IT부문 컨설팅사업 대표 2013년 하이밸류컨설팅(주) 대표이사(현), (사)한국중소기업경영자협회 부회장(현) 2014년 학교법인 광운학원 이사(현) (상)무역의날 통상산업부장관표창(1995) (종)천주교

**박용수(朴勇洙)**

(생)1972 (주)세종특별자치시 한누리대로 499 인사혁신처 노사협력담당관실(044-201-8090) (학)1999년 서울대 심리학과졸 (경)1997년 행정고시 합격(41회) 2010년 행정안전부 재난안전실 재난대책과 서기관 2010년 同국가기록원 정책기획과장 2014년 안전행정부 교육훈련과장 2015년 국민안전처 기획조정실 창조행정담당관 2015년 인사혁신처 인재개발국 인재개발과장 2016년 同인재개발국 인재개발과장(부이사관) 2016년 駐프랑스 참사관(부이사관) 2019년 인사혁신처 노사협력담당관(현)

**박용순(朴龍淳) Park yong soon**

(생)1974·4·26 (출)충북 청주 (주)대전광역시 서구 청사로 189 중소벤처기업부 장관실(042-481-4307) (학)1992년 충북과학고졸 1998년 한국과학기술원(KAIST) 전기전자공학과졸 2001년 서울대 대학원 전기과졸 (경)2000년 기술고시 합격(34기) 2000년 공직 입문, 중소기업청 벤처진흥과 사무관, 同창조행정법무담당관실 과장 2015년 同벤처투자과장 2016년 충북지방중소기업청장 2017년 중소기업청 벤처투자과장 2017년 중소벤처기업부 창업벤처혁신실 벤처투자과장 2018년 同기획조정실 기획재정담당관 2019년 同장관 비서관(현)

**박용안(朴龍安) PARK Yong Ahn (偉海)**

(생)1937·1·1 (본)밀양(密陽) (출)서울 (주)서울특별시 관악구 관악로 1 서울대학교 자연과학대학 해양학과(02-880-1364) (학)1957년 중동고졸 1961년 서울대 문리과대학 지질학과졸 1964년 同대학원 (층서)퇴적학과졸 1966년 미국 브라운대 대학원 퇴적학과졸 1974년 이학박사(서독 킬대) (경)1965년 미국 SEPM학술단체 정회원(현) 1969~1974년 서울대 문리과대학 조교수 1974~1980년 同자연과학대학 부교수 1980~2002년 同해양학과 교수 1982년 同자연과학대학 학장보 1983년 한국해양학회 회장 1989년 서울대 해양연구소장 1990년 지질학회 부회장 1995년 한국과학재단 한·중기초과학위원장 1997·2002·2007·2017년 UN 해양법대륙붕한계위원회(CLCS) 위원 2001~2005년 국무총리실 물관리정책민간위원회 위원 2002년 서울대 자연과학대학 해양학과 명예교수(현) 2005년 중국 길림대 명예교수(현) 2006년 중국 청도 해양지질연구소 자문위원(현) 2017년 UN 해양법대륙붕한계위원회(CLCS) 의장(현) (상)한국해양학회 학술상, 대통령표창, 홍조근정훈장(2001), 대한민국학술원상 자연과학부문(2006), 아시아해양지질학술총회 공로상(ICAMG Award)(2008), 몽골과학원 쿠빌라이칸훈장(The golden medal of Khubilai Khan)(2009) (저)'일반해양학' '해양지질학 및 퇴적학 실험서' '해양' '지구과학개론' '해양광물자원' '한국의 지질'(共) 'Geology of Korea'(共) '바다의 과학' '한국의 제4기환경'(共) (종)기독교

**박용우(朴容雨)**

(생)1969·9·23 (출)전남 담양 (주)서울특별시 서초구 서초대로74길 4 법무법인 동인(02-2046-1300) (학)1988년 광주서석고졸 1993년 서울대 법학과졸 (경)1996년 사법시험 합격(38회) 1999년 사법연수원 수료(28기) 1999년 전주지법 예비판사 2001년 同판사 2002년 同정읍지원 판사 2003년 인천지법 판사 2006년 서울행정법원 판사 2008년 서울북부지법 판사 2010년 서울고법 판사 2012년 서울중앙지법 판사 2014년 광주지법 부장판사 2016년 수원지법 부장판사 2018년 법무법인 동인 변호사(현)

**박용우(朴庸雨) PARK Yong Woo**

(생)1972·5·25 (출)강원 영월 (주)세종특별자치시 다솜로 261 국무조정실 안전관리과(044-200-2114) (학)1991년 원주 진광고졸 1996년 서울대 정치학과졸 2000년 同행정대학원 정책학과졸 2005년 한국방송통신대 법학과졸 (경)1999년 행정고시 합격(43회) 2000년 중앙공무원교육원 행정사무관 시보 2000년 특허청 심사1국 심사기준과 행정사무관 2001~2005년 병역 휴직 2005년 특허청 정보기획본부 정보개발팀 행정사무관 2006년 同산업재산정책본부 국제협력팀 행정사무관 2007년 同산업재산정책국 산업재산정책과 서기관 2008년 同산업재산정책국

ㅂ

산업재산경영지원팀 서기관 2010년 특임장관실 특임2과장 2010년 同특임1과장 2011년 同기획총괄과장 2013년 국무총리 시민사회비서관실 행정관 2015년 국무조정실 통일안보정책과장 2016년 同규제조정실 사회규제심사1과장 2017년 대통령 정무비서관실 행정관 2017년 해외 유학 2019년 국무조정실 안전관리과장(현) (상)특허청장표창(2005), 국무총리표창(2007)

### 박용욱(朴容昱) PARK Yong Wook

(생)1960·4·3 (본)밀양(密陽) (출)서울 (주)서울특별시 강남구 도산대로 216 이생그룹 회장실(02-3460-8002) (학)1978년 서울고졸 1982년 인하대 무역학과졸 1986년 미국 페퍼다인대(Pepperdine Univ.) 경영학과졸 2000년 동국대 국제정보대학원 국제정보고위정책과정 수료 2001년 국제산업디자인대학원대학 IDAS뉴밀레니엄과정 수료 2002년 한양대 국제관광대학원 최고엔터테인먼트과정 수료 (경)1982년 동산토건(주) 입사 1983년 同뉴욕지사·LA지사 근무 1986년 유니콘통상(주) 전무이사 1990년 同대표이사 1992년 이생산업(주) 대표이사 1994년 (주)효중포장 대표이사 1999년 (주)넵스 대표이사 1999년 이생정보통신(주) 대표이사 2003년 (주)이생테크 대표이사 2003년 이생그룹(넵스·이생·이생정보통신·이생테크) 회장(현) (종)불교

### 박용운(朴龍雲) PARK Yong Woon

(생)1942·5·28 (본)영해(寧海) (출)평북 선천 (주)서울특별시 성북구 안암로 145 고려대학교 한국사학과(02-3290-2030) (학)경복고졸 1966년 서울대 사범대학 역사교육과졸 1971년 고려대 대학원졸 1980년 문학박사(고려대) (경)1974~1981년 성신여대 전임강사·조교수 1981년 고려대 인문대학 한국사학과 교수, 同박물관장 2001년 한국사연구회 회장, 고려대 한국사학과 명예교수(현) 2019년 대한민국학술원 회원(한국사·현) (상)두계학술상(1982), 우경문화저술상(1991), 서울사랑시민상(2005), 치암학술상(2005) (저)'고려시대 대간제도 연구' '고려시대사' '고려시대 음서제와 과거제 연구' '고려시대 開京연구'(1997, 일지사) '고려시대 중서문하성재신 연구'(2000, 일지사) '고려의 고구려 계승에 관한 연구'(2006, 일지사)

### 박용인(朴庸仁) PARK Yong In

(생)1964·4·23 (주)경기도 용인시 기흥구 삼성로 1 삼성전자(주) System LSI Sensor사업팀(031-209-7114) (학)휘문고졸 1987년 연세대 전자공학과졸 1993년 同대학원 전자공학과졸 (경)1987년 LG전자·LG반도체 근무 1999년 미국 텍사스인스트루먼츠(TI) 근무 2007년 동부하이텍 디스플레이사업부장(부사장) 2009~2014년 同각자대표이사 사장, 삼성전자(주) 시스템LSI 차세대제품개발팀장 2017년 同시스템LSI개발실장(부사장) 2019년 同System LSI Sensor사업팀장(현) (상)미국 DFW 아시안상공회 올해의 기술상(2003), 미국 DFW 아시안상공회 올해의 교육상(2005) (종)천주교

### 박용주(朴容周) PARK YONG JOO

(생)1952·1·5 (출)경북 포항 (주)서울특별시 송파구 법원로11길 11 현대지식산업센터 A동 9층 (주)지비스타일(02-2210-1400) (학)숭실대 벤처경영학과졸 (경)1985년 (주)지비스타일(舊 거봉교역) 대표이사(현) 2013년 한국경영혁신중소기업협회(MAINBIZ) 이사 2014~2017년 同제2대 회장 2014년 신용보증기금 규제심의태스크포스 위원 2014년 同창업성장멘토 위원 2016년 APA(Asia Philanthropy Awards) 조직위원 2016년 서울상공회의소 중소기업위원회 부위원장(현) 2016~2018년 서울시 사회복지공동모금회(사랑의 열매) 운영위원 2018년 同부회장 겸 모금분과실행위원장 (상)서울 동대문구청 우수납세자표창(1997), 서울시장표창(1999), 서울지방국세청 우수납세자표창(2001), 산업자원부장관표창(2005·2007·2013), 특허청장표창(2005), 자랑스런 연세법무인상(2006), 특허청 국가발명진흥 공로상(2006), 대한민국디자인대상 우수상(2007), 특허청 우수상표공모전 우수상(2008), 대한민국 로하스어워드 최우수상(2009), 강남세무서 우수납세자표창(2010), 이달(1월)의 중소기업인상(2011), 신세계81주년기념 윤리경영대상(2011), 강남구청장 모범납세법인상(2011), 중소기업중앙회 제4차 중소기업을 빛낸 얼굴들 선정(2012), 대통령표창(2012·2017), 산업통상자원부 3백만불 수출의탑(2016), 산업통상자원부장관표창(2016)

### 박용주(朴勇柱)

(생)1965·5·24 (출)전남 보성 (주)서울특별시 중구 을지로 65 SK텔레콤 법무그룹(02-6100-3700) (학)1984년 광주 대동고졸 1988년 고려대 법학과졸 (경)1989년 사법시험 합격(31회) 1992년 사법연수원 수료(21기) 1992년 軍법무관 1995년 창원지검 검사 1997년 광주지검 해남지청 검사 1998년 서울지검 북부지청 검사 2000년 광주지검 검사 2002년 서울지검 검사 2004년 수원지검 성남지청 부부장검사 2005년 법무법인 탑 변호사 2006년 SK텔레콤 CSR실장 2015년 同법무그룹장(현)

### 박용준(朴容俊)

(생)1971·5·7 (출)전북 익산 (주)서울특별시 종로구 북촌로 112 감사원 감사청구조사국 제3과(02-2011-2753) (학)1989년 원광고졸 1992년 농협대졸 1999년 원광대 행정학과졸 2004년 서울대 행정대학원 행정학과 수료 2015년 말레이시아 Univ. of Malaya 대학원 공공행정학과졸 (경)2004년 통일부 행정사무관 2004~2011년 감사원 부감사관 2011년 同행정문화감사국 제1과 서기관 2011년 同국방감사단 제1과 서기관 2016~2018년 전북도 감사관(지방부이사관) 2018년 감사원 감사청구조사국 제3과장(현)

### 박용진(朴用鎭) PARK Yong Jin

(생)1971·4·17 (출)전북 장수 (주)서울특별시 영등포구 의사당대로 1 국회 의원회관 611호(02-784-9721) (학)1990년 신일고졸 1997년 성균관대 사회학과졸 2015년 同국정관리대학원 행정학과졸 (경)1994년 성균관대 총학생회장·서울북부지역대학교총학생회연합 의장 1998년 국민승리21 대변인실 조직부장·언론부장·청년실업운동본부 상황실장 2000년 민주노동당 서울강북구乙지구당 위원장 2000년 제16대 국회의원선거 출마(서울 강북구乙, 민주노동당) 2003년 서울시학교급식조례제정 강북운동본부 대표 2003년 강북열린벼룩시장 대표 2004~2008년 민주노동당 대변인 2005년 同서울강북구지역위원회 위원장 2005년 同비상대책위원회 위원 2008년 제18대 국회의원선거 출마(서울 강북구乙, 진보신당) 2012년 민주통합당 대변인 2012~2015년 복지국가진보정치연대 대표 2012~2014년 민주당 대변인 2013년 同당무위원 2014년 同홍보위원장 2014년 민주당·새정치연합 신당추진단 정무기획위원 2014년 새정치민주연합 홍보위원회 공동위원장 2015~2016년 더불어민주당 정책위원회 부의장 2016년 同서울강북구乙지역위원회 위원장(현) 2016년 제20대 국회의원(서울 강북구乙, 더불어민주당)(현) 2016년 더불어민주당 비상대책위원회 대표 비서실장 2016~2018년 국회 정무위원회 위원 2016년 국회 정치발전특별위원회 위원 2017년 더불어민주당 제19대 문재인 대통령후보 중앙선거대책위원회 공보단 대변인 2017~2018년 同기획담당 원내부대표 2017~2018년 국회 운영위원회 위원 2017년 국회 정치개혁특별위원회 위원 2017년 더불어민주당 적폐청산위원회 위원 2018년 국회 교육위원회 위원(현) 2018년 국회 예산결산특별위원회 위원(현) 2018~2019년 국회 4차산업혁명특별위원회 간사 (상)금융소비자원 금융소비자보호 국회의원 대상(2016) (저)'과감한 전환'(2012, 폴리데이아) (종)천주교

**박용천(朴容千) PARK Yong Chon**

[생]1956·2·3 [출]인천 [주]경기도 구리시 경춘로 153 한양대학교 구리병원 정신건강의학과(031-560-2114) [학]1974년 제물포고졸 1980년 한양대 의대졸 1983년 同대학원 의학석사 1988년 의학박사(한양대) [경]1995년 한양대 의대 신경정신과학교실 교수 2003년 한국EMDR협회 회장, 한국정신치료학회 이사, 同부회장, 대한불안의학회 고문 2012년 한양대 구리병원 신경정신과장, 同구리병원 정신건강의학과장 2010~2012년 同의대 부학장 2011년 한양대 의대 정신건강의학교실 교수(현) 2013~2015년 한양대 교수평의원회 및 대학평의원회 의장 2013년 미국정신의학회 국제저명회원(현) 2014·2016·2018년 환태평양정신의학회(PRCP) 부회장(현) 2019년 대한신경정신의학회 차기(2020년)부터 이사장(현) [상]보건복지부장관표창(2006), 중앙문화의학학술상(2012), 대한신경정신의학회 최신해학술상(2016), 대한신경정신의학회 PI(Psychiatry Investigation) Award(2017) [저]'스트레스가 내 몸을 살린다'(2010) 'Routledge Handbook of Psychiatry in Asia'(2016) [역]'정신치료 시작을 위한 입문서'(2009) '정신역동적 정신치료 : 임상매뉴얼'(2015) 'DSM5 정신장애 쉽게 이해하기'(2017) 'SCID-5-PD'(2017) 'SCID-5-CV'(2017) 'SCID-5-SPQ'(2017) '카바니스의 정신역동적 공식화 : 부모라면 꼭 알아야할 아이들의 마음'(2019)

**박용철(朴用轍) Yong Chul Park**

[생]1961·7·29 [학]1979년 청주고졸 1983년 한양대 금속학과졸 1996년 同대학원 금속공학과졸 [경]1986년 앰코테크놀로지코리아(주) 입사 2009년 同이사 2009년 同ATC공장 근무 2010년 同ATT공장 상무이사 2011년 同ATC공장장 2014년 同K4공장장(전무이사) 2015년 同제조본부장 2015~2019년 同대표이사 사장

**박용태(朴龍泰) PARK Yong Tae**

[생]1943·12·4 [본]밀양(密陽) [출]경남 진주 [주]서울특별시 강남구 봉은사로 406 중요무형문화재 남사당놀이보존회(02-557-3880) [경]1960년 남사당놀이 남운용선생 문하입문 1962년 최성구·남운용선생께 인형제작 및 남사당탈제작 사사 1967년 민속극회 남사당 창단회원 1979년 일본 세계인형극협회 창립50주년축하공연 참가 1982년 프랑스 '린느 페스티벌' 참가 및 유럽 3개국 공연 1983년 우미나 한국일본지부설립 축하공연 1984년 일본 국제문화교류기금초청 일본 6개도시 순회공연 1986년 미국 LA디즈니랜드 한국의날 한국의인형제작 참가 1988년 88서울올림픽 축하공연 1990년 세계어린이페스티벌 참가(캐나다·미국) 1994년 문예진흥원 후원 이탈리아 한국관 꼭두각시 인형제작 출품 1996년 백제문화제 초청공연, 일본 나카쯔시 초청공연, 남사당놀이 일본공연 1998년 광복50주년행사(독립기념관) 1999년 남사당놀이 일본 나라 공연 2000년 남사당6종목 기록영화제작(문화재청) 2001년 일본 도쿄 수퍼엑스포 공연(산업자원부), 중국 북경 공연(서울시청) 2002~2013·2014년 국가무형문화재 제3호 남사당놀이(꼭두각시·덧뵈기·풍물) 기능보유자(현) 2002년 세계민속축전(국립극장), 세계탈춤 페스티벌(세종문화회관) 2003년 대구하계유니버시아드대회 공연(대구 선수촌), 일본 아즈카 문화축제 남사당놀이 공연, 한·유럽 수교40주년기념 Turned with Nature, 유럽 4개국 5개도시 순회공연(문화관광부) [종]불교

**박용태(朴龍泰) PARK Young Tae**

[생]1950·5·27 [출]경기 개성 [주]경기도 용인시 기흥구 이현로30번길 107 (주)GC 비서실(031-260-9220) [학]1969년 대전고졸 1975년 한양대졸 1981년 고려대 대학원졸 [경](주)녹십자메디칼 써플라이즈 부사장, (주)녹십자양행 대표이사 사장, (주)녹십자벤처투자 대표이사 겸 부사장 2009~2017년 (주)녹십자 부회장 2018년 (주)GC 부회장(현) [종]기독교

**박용하(朴龍河) PARK Yong Ha**

[생]1948·5·21 [출]전남 여수 [주]전라남도 여수시 여수산단로 1232 (주)와이엔텍 회장실(061-690-6985) [학]1967년 대신고졸 1972년 고려대 독문과졸 1974년 同대학원 정치외교학과졸 [경]1978년 여수주조공사 총무이사 1981년 여수보건공사 대표이사 1984년 삼미기업 대표 1988년 새마을운동중앙협의회 여수지회장 1990년 호남기업 근무 1991년 여수상공회의소 부회장 1993~1997년 여천환경회 회장 1994~2006년 여수상공회의소 회장 1994년 광주은행 이사 1997년 (주)여산 회장 2001년 (주)와이엔텍 회장(현) 2015년 여수상공회의소 회장(현) 2018년 대한상공회의소 부회장(현) [상]농수산부장관표창(1982), 노동부장관표창(1983), 은탑산업훈장(2009) [종]기독교

**박용현(朴容昡) PARK Yong Hyun (映山)**

[생]1943·9·16 [본]밀양(密陽) [출]서울 [주]서울특별시 종로구 종로33길 15 연강빌딩 3층 두산연강재단(02-708-5510) [학]1962년 경기고졸 1968년 서울대 의대졸 1970년 同대학원 의학석사 1977년 의학박사(서울대) [경]1968~1969년 서울대 의대 부속병원 인턴 1969~1973년 同의대 부속병원 레지던트 1973~1976년 육군 軍의관 1976~2006년 서울대 의대 외과학교실 전임강사·조교수·부교수·교수 1979~1981년 미국 브리감앤위먼스병원 외과 전임의 1984~1988년 제8차 아시아태평양소화기병학회 조직위원회 사무총장 1993~1995년 서울대병원 기획조정실장 1995~1998년 同진료부원장 1998~2004년 서울대병원장 1998~2004년 국립대학교병원장협의회 회장 1999~2003년 한국과학기술단체총연합회 이사 1999~2004년 대한병원협회 부회장 2000~2001년 대한소화기학회 회장 2003~2004년 대한병원경영연구원 이사장 2005~2007년 대한적십자사 병원경영위원장 2005년 두산연강재단 이사장(현) 2006~2007년 대한외과학회 회장 2007~2017년 두산건설(주) 회장 2008~2011년 한국문화예술교육진흥원 이사장 2009~2015년 서울대의대동창회 회장 2009~2012년 두산그룹 회장 2010~2019년 한국산업기술진흥협회 회장 2012~2015년 (사)한국메세나협회 회장 2014~2015년 국립대학법인 서울대 이사장 2015~2017년 서울대병원 발전후원회 회장 2015~2018년 예술의전당 이사장 2016년 학교법인 중앙대 이사장(현) 2017년 한국과학기술단체총연합회 부회장(현) [상]경영혁신대상(1999), 한국전문경영인 대상(2001), 황조근정훈장(2002), 과학기술인정보통신인 한마음대회 과학기술부문 창조장(2013) [저]'간담췌외과학'(2000) [종]가톨릭

**박용호(朴龍浩) PARK Yong Ho**

[생]1955·11·12 [주]서울특별시 관악구 관악로 1 서울대학교 수의과대학 수의학과(02-880-1257) [학]1978년 서울대 수의학과졸 1981년 同대학원 수의학과졸 1991년 수의학박사(미국 워싱턴대) [경]1978~1986년 농촌진흥청 가축위생연구소 연구사·연구관 1982년 뉴질랜드 Ruakura동물연구센터 방문연구원 1986~1992년 미국 Washington State Univ. 방문연구원·박사후연구원·방문교수 1992~1995년 수의과학연구소 연구관·과장(서기관) 1995~2004년 서울대 수의과대학 미생물학과 부교수 2004~2011년 同수의과대학 미생물학과 교수 2007~2009년 同수의과대학장 2010년 대한인수공통전염병학회 회장, 한국수의공중보건학회 회장, 한국수의학교육협의회 회장, 대한수의학회 이사장, 아시아수의과대학협의회 회장 2011년 농림수산식품부 축산물위생심의위원회 위원장 2011년 同농림수산검역검사본부장 2013~2014년 농림축산식품부 농림축산검역본부장 2014년 서울대 수의과대학 수의학과 교수(현) 2015~2017년 식품의약품안전처 축산물위생심의위원회 위원장 2015~2017년 서울대 환경안전원장 2017~2019년 同생명공학공동연구원장 2019년 미국 워싱턴주립대 겸임교수(현) [상]한국낙농대상 낙농과학기술부문(2010), 한국과학기술한림원 카길한림생명과학상(2017)

**박용호(朴龍虎)**

(생)1960 · 9 · 3 (출)경기 포천 (주)경기도 고양시 일산동구 중앙로 1325 일산소방서(031-930-0212) (학)1979년 포천종합고졸 (경)1984년 소방공무원 임용(지방소방사) 1986~1996년 경기 의정부소방서 · 포천군 민방위과 · 구리소방서 근무 1996~2003년 경기 의정부소방서 · 포천소방서 · 동두천소방서 근무(지방소방위) 2003~2009년 경기 포천소방서 · 경기도 제2소방재난본부 방호구조과 근무(지방소방경) 2009~2018년 경기 포천소방서 소방행정과장 · 구리소방서 예방과장 · 경기도 북부소방재난본부 상황1팀장 · 특수구조1팀장 · 감찰팀장 · 소방행정기획팀장(지방소방령) 2018년 경기 포천소방서장(지방소방정) 2019년 경기 일산소방서장(현) (상)내무부장관표창(1989), 행정자치부장관표창(2002), 문화관광부장관표창(2005), 국무총리표창(2014)

**박용호(朴龍鎬) Yong Ho PARK**

(생)1963·7·15 (출)경기 파주 (주)경기도 수원시 장안구 정조로 944 자유한국당 경기도당(031-248-1011) (학)1987년 서울대 공과대학 전기전자공학부졸 1999년 同대학원 전기공학과졸 (경)1987~1999년 LG종합기술원 통신알고리즘 책임연구원 1999~2011년 지엔씨텔링크(SI기업) 창업·대표이사 2012~2013년 중견기업 임원 2014~2015년 미래창조과학부 창조경제교류공간 '드림엔터' 센터장 2014~2017년 서울창조경제혁신센터 센터장 2015~2017년 대통령직속 청년위원회 위원장(장관급) 2017년 UN경제국제기구 세계유통연맹(WDF) 청년위원장 2018년 자유한국당 경기파주시甲당원협의회 운영위원장(현) 2018년 한국비지니스포럼 대표(현) (상)미주한인재단 자랑스런 한국인 대상(2014), 2014 대한민국 창조경제대상 국무총리표창(2014), 철탑산업훈장(2015)

**박용호(朴鎔浩) PARK Yong Ho**

(생)1965·5·20 (출)경남 밀양 (주)부산광역시 연제구 법원로 15 부산고등검찰청 총무과(051-606-3242) (학)1984년 밀양고졸 1988년 한양대 법학과졸 (경)1990년 사법시험 합격(32회) 1993년 사법연수원 수료(22기) 1993년 수원지검 검사 1993~1996년 변호사 개업 1996년 광주지검 순천지청 검사 1997년 창원지검 검사 1999년 인천지검 부천지청 검사 2001년 서울지검 검사 2004년 부산지검 검사 2005년 同부부장검사 2006년 同동부지청 형사3부장 2007년 창원지검 특수부장 2008년 춘천지검 속초지청장 2009년 서울서부지검 형사5부장 2009년 서울중앙지검 공판2부장 2010년 同형사8부장 2011년 광주지검 형사1부장 2012년 서울남부지검 형사1부장 2013년 서울고검 검사 2015년 인천지검 중요경제범죄조사단 파견 2019년 부산고검 검사(현)

**박용환(朴勇煥) PARK Yong Hwan**

(생)1964·2·20 (주)서울특별시 종로구 새문안로 58 LG트윈타워 (주)LG상사(02-3773-1114) (학)1982년 진주고졸 1989년 연세대 행정학과졸 (경)1989년 (주)LG상사 입사 2007년 同금융팀장(부장) 2009년 同금융담당 부장 2010년 同경영기획담당 상무 2016년 同최고재무책임자(CFO·상무) 2017년 同최고재무책임자(CFO·전무) 2019년 同인프라부문장(전무)(현)

**박용후(朴容厚) PARK Yong Hoo**

(생)1950 · 9 · 22 (본)밀양(密陽) (출)경기 평택 (주)경기도 성남시 중원구 둔촌대로457번길 14 (주)ED 임원실(031-730-7300) (학)1969년 서울공고졸 1976년 서울산업대 기계공학과졸, 한국방송통신대 경영학과 수료, 경기공업전문대 전자과 수료 2006년 가천대 대학원 경영학과졸 2010년 경영학박사(가천대) (경)1969년 동양나이론(주) 공무과 근무 1970년 노동부 중앙직업훈련원 용접과 근무 1973년 정수직업훈련원 용접과 근무 1976년 한 · 벨지움창원직업훈련원 근무 1986년 한 · 인니직업훈련원 자문관 파견 1991년 한국산업인력관리공단 지도실 근무 1991년 (주)ED 영업이사 1999년 同상무이사 2000년 同대표이사(현) 2015년 성남상공회의소 회장(현) (상)산업자원부장관표창(2006), IT중소기업인의 날 유공자 정보통신부장관표창(2007), 신성장동력산업발전 유공 산업포장(2013) (종)기독교

**박용희(朴龍姬 · 女)**

(생)1967·10·1 (주)세종특별자치시 한누리대로 2120 세종특별자치시의회(044-300-7000) (학)충북대 대학원 국어국문학 박사과정 수료 (경)세종특별자치시 학부모연합회장, 조치원여중총동문회 회장(현) 2018년 세종특별자치시의회 의원(비례대표, 자유한국당)(현) 2019년 同예산결산특별위원회 위원(현)

**박우건(朴禹建) PARK Woo Keon (海剛)**

(생)1951·5·18 (본)밀양(密陽) (출)전남 신안 (주)서울특별시 마포구 월드컵북로 396 한국정보산업연합회(02-780-0201) (학)1970년 광주 살레시오고졸 1974년 연세대 법학과졸 1976년 同대학원 행정학과졸 2016년 명예 행정학박사(미국 셰퍼드대) (경)1988년 정무제2장관실 기획조정관 1990년 同제3조정관 1992년 同제1조정관 1994년 同제4조정관 1996년 同제1조정관 1998년 同제4조정관 1998년 여성특별위원회 차별개선조정관 2000년 同협력조정관 2001~2014년 연세대총동창회 상임이사 2001년 한국생산성본부 상무이사 2003~2010년 대한상공회의소 특별위원 2003~2009년 한국생산성본부 전무이사 2004년 同인증원장 2004년 同정보문화원장 2008~2012년 중국 산동성 위해시 경제고문 2008~2010년 여성부 정책자문위원 2009~2011년 민주평통 자문위원 2009~2011년 (재)한국여성수련원 이사 2009년 한국생산성본부 New생산성향상운동본부장 겸임 2010년 同상근부회장 2010~2012년 同정보문화원장 2012년 한국극지연구진흥회 이사(현) 2015년 한국정보산업연합회 상근부회장(현) (상)대통령표창(1992), 근정포장(1998)

**박우귀(朴禹貴) PARK Woo Kie**

(생)1960 · 2 · 10 (본)밀양(密陽) (출)전남 신안 (주)서울특별시 양천구 목동동로 233 방송통신심의위원회 통신심의국(02-3219-5101) (학)1978년 목포고졸, 목포대 지역개발학과졸 2004년 고려대 언론대학원 신문방송학과졸 2013년 언론학박사(성균관대) (경)1986년 대농그룹 근무 1990년 한국광고산업 근무 1992년 국회사무처 근무 1993년 종합유선방송위원회 근무 2000년 방송위원회 정보자료부장 2002년 同행정국 전문위원 2002년 同심의2부장 2003년 성균관대 파견 2004년 방송위원회 제주사무소장 2005년 同시청자지원실 전문위원 2006년 同부산사무소장 2009년 방송통신심의위원회 대구사무소장 2011년 同미래전략연구단장 2011년 同권익보호국 전문위원 2012년 同조사연구실 전문위원 2013년 同권익보호국장 2015년 同인터넷피해구제센터장 2015년 同방송심의2국장 2016년 同권익보호국장 2018년 同전문위원 2019년 同전문위원실 수석전문위원 2019년 同통신심의국 수석전문위원(현) (저)'아름다운 변화'(2006, 에세이)

**박우근(朴宇根)**

(생)1953·6·16 (주)대구광역시 중구 공평로 88 대구광역시의회(053-803-5041) (학)계명대 외국학대학 일본학과졸, 同정책대학원 정책학과졸 (경)대구남부경찰서 보안계장(경감), 남부권신공항범시·도민추진위원회 남구지회 사무국장, 바르게살기운동 대구시 남구협의회 사무국장 2014~2018년 대구시 남구의회 의원(새누리당·자유한국당) 2016~2018년 同부의장 2018년 대구시의회 의원(자유한국당)(현) 2018년 同교육위원장(현)

**박우동(朴宇東) PARK Woo Dong**

(생)1951·4·9 (출)경북 (주)서울특별시 서대문구 충정로 23 풍산빌딩 (주)풍산(02-3406-5114) (학)대구 계성고졸, 영남대 화학공학과졸 (경)1976년 (주)풍산 입사(공채 1기), 同기술연구소장, 同생산본부장 2004년 同동래공장장(상무대우) 2006년 同동래공장장(전무대우) 2008년 同안강공장장(전무) 2008년 同방산총괄 수석부사장 2017년 同사장 2018년 同대표이사 사장(현) (상)한국방산학회 방산기술상(2012), 은탑산업훈장(2013)

**박우량(朴禹良) PARK Woo Ryang**

(생)1955·9·14 (출)전남 신안 (주)전라남도 신안군 압해읍 천사로 1004 신안군청 군수실(061-240-8105) (학)목포고졸, 목포교육대졸, 한국방송통신대 행정학과졸, 경원대 경영학과졸 1995년 일본 오사카대 법과대학원졸 2005년 성균관대 대학원 행정학 박사과정 수료 2010년 명예 교육학박사(목포대) (경)1974년 공무원시험 합격 1974년 전남 신안군 계장 1977년 내무부 지방기획과 근무 1983년 同지방행정국·지방재정국·민방위국 근무 1988년 경찰대학 기획계장 1992년 일본 국비유학 1995년 내무부 지방행정국·지방자치기획단 지방기획·자치기획·제도담당 1997년 내무부장관 비서실장(강운태·조해녕·김정길 장관) 1998년 행정자치부 자치운영과장·행정제도과장 1999~2002년 경기 하남시 부시장 2002년 同시장 권한대행 2002년 경원대총동창회 회장 2006년 경기 하남시장선거 출마(무소속) 2006~2010년 전남 신안군수(재보선 당선, 무소속) 2010~2014년 전남 신안군수(무소속) 2011년 목포극동방송 홍보대사 2018년 전남 신안군수(무소속)(현) (상)국무총리표창(1987), 근정포장(1996), 제3회 지방자치대상(2007), 국가생산성대상(2007·2008·2009·2010), 제5회 지방자치경영대전 최우수상(2008), 제4회 대한민국 조경대상(2008), 존경받는 CEO상(2008), 대한민국 최고의 목민관상(2008), 제6회 지방자치경영대전 최우수상(2009), 대한민국공공디자인대상(2010), 전국지역신문기자협회 자치대상(2011), 한국의 영향력있는 CEO 녹색경영부문(2013) (저)'성공한 단체장 실패한 단체장'(共) (종)가톨릭

**박우범(朴雨範) PARK Woo Bum**

(생)1968·6·5 (주)경상남도 창원시 의창구 상남로 290 경상남도의회(055-211-7410) (학)부산경호고졸, 진주산업대 국제축산개발학과졸, 경남과학기술대 대학원 동물소재공학과졸 (경)지리산평화제위원회 사무국장, JCI산청청년회의소 이사, 산청군체육회 사무국장, 민주평통 경남산청군협의회 사무국장, 산청한방약초축제위원회 사무국장 2014~2018년 경남도의회 의원(새누리당·자유한국당), 제10대 자유한국당 원내교섭단체 총무 2014·2016~2018년 同기획행정위원회 위원 2016년 同예산결산특별위원회 위원장 2017~2018년 同예산결산특별위원회 부위원장 2018년 경남도의회 의원(자유한국당)(현) 2018년 同문화복지위원회 위원장(현), 제11대 한·동남아 해외친선연맹 부회장(현)

**박우서(朴羽緖) PARK Woo Suh**

(생)1946·8·20 (본)반남(潘南) (출)서울 (주)서울특별시 서대문구 연세로 50 연세대학교(02-2123-2963) (학)1964년 경동고졸 1970년 연세대 사회과학대학 행정학과졸 1978년 도시및지역계획학박사(미국 뉴욕대) (경)1980년 국토개발연구원 수석연구원 1983년 연세대 사회과학대학 부교수 1985년 홍콩대 초빙교수 1985~2011년 연세대 행정학과 교수 1990년 미국 노스웨스턴대 객원교수 1992년 연세대 기획차장 1993년 同발전협력처장 1994년 同도시문제연구소장 1996년 미국 아이젠하워재단 초빙교수 1997~2000년 연세대 학생복지처장 1997~2001년 同국정관리학회장 1998년 전국학생처장협의회 회장 2000년 한국지방행정연구원 원장 2002년 亞·太지역경제사회위원회(UNESCAP) 산하 亞·太지역지방정부연구교육기관연합회(LOGOTRI) 회장 2002년 세종문화회관 이사 2003년 미국 미시간주립대 초빙교수 2003~2005년 연세대 사회과학대학장 2004~2005년 同행정대학원장 2005~2007년 행정자치부 지방자치단체합동평가위원회 위원장 2006년 해비타트 서울지회 부이사장 2007년 同서울지회 이사 2008년 영남대 임시이사 2009년 세종문화회관후원회 부회장(현) 2011년 연세대 명예교수(현) 2013년 (사)한국공공자치연구원 이사장(현) 2013~2015년 해비타트 서울지회 이사장 (상)홍조근정훈장 (저)'지방화시대의 도시행정' '행정개혁론' '정부개혁의 과제와 전략' '지방자치와 광역행정' '새내기를 위한 행정학'(共) '중국지방정부의 이해' '대학경영의 원리와 진단'(共) (역)'현대기획론' (종)기독교

**박우선(朴佑善) PARK, WOO SUN**

(생)1961·10·1 (본)무안(務安) (출)서울 (주)부산광역시 영도구 해양로 385 한국해양과학기술원 해양공학연구본부 연안개발에너지연구센터(051-664-3510) (학)1984년 서울대 토목공학과졸 1986년 한국과학기술원(KAIST) 토목공학과졸(석사) 1991년 공학박사(한국과학기술원) (경)1991~1999년 한국해양연구원 선임연구원 1994~1995년 일본 Port and Harbour Research Institute Visiting Research Scientist 1998년 홍익대 조선해양공학과 겸직교수 1999년 한국해양연구원 연안개발·에너지연구부 책임연구원 2000년 해양수산부 설계자문위원, 국토해양부 자문위원 2008년 부경대 해양공학과 겸임교수, 한국해양대 겸직교수(현) 2010~2019년 과학기술연합대학원대 교수 2010~2012년 한국해양연구원 연안·개발에너지연구부장 2011년 同영년직연구원 선정 2012~2015년 한국해양과학기술원 연안개발·에너지연구부 책임연구원 2013년 해양수산부 자문위원(현) 2015~2018년 한국해양과학기술원 연안공학연구본부장 2017~2018년 한국해안해양공학회 회장 2017년 한국해양과학기술협의회 회장, 한국해양과학기술원 해양공학연구본부 연안개발·에너지연구센터 책임연구원(현) (저)'연안개발-해양과학총서'(2001) '지속가능한 연안개발'(2014) (역)'석션기초구조물 기술매뉴얼'(2010) '해상풍력발전 기술매뉴얼'(2011) '재킷공법 기술매뉴얼'(2012) (종)기독교

**박우성(朴遇盛) PARK Woo Sung**

(생)1957·3·31 (출)서울 (주)충청남도 천안시 동남구 망향로 201 단국대학교병원 소아청소년과(041-550-3919) (학)1983년 서울대 의대졸 1988년 同대학원 의학석사 1996년 의학박사(서울대) (경)1983년 인제대 부속 서울백병원 수련의 1984년 同부속 서울백병원 소아과 전공의·전임의 1987년 가톨릭병원 소아과장 1989년 미국 하버드대 부속 Children's Hospital 심장해부병리학 전임의 1992~2003년 단국대 의대 소아청소년과학교실 전임강사·조교수·부교수 1999~2001년 단국대병원 기획조정실장 2001년 한국학술진흥재단 학술연구심사평가위원 2004년 단국대 의대 소아청소년과학교실 교수(현) 2004년 단국대 부속병원 부원장 2007~2017년 同부속병원장 2009년 한국백혈병소아암협회 충청지부장(현) 2014~2016년 대한병원협회 의무이사 2014년 사립대학의료원협의회 부회장 2017년 단국대 의료원장(현) (상)자랑스러운 충남인상(2015) (저)'병원 경영 정보관리'(2002) '사망진단서 이렇게 쓴다'(2003)

**박우순(朴宇淳) PARK Woo Soon**

(생)1950·9·15 (본)순천(順天) (출)강원 원주 (주)강원도 춘천시 중앙로 140 더불어민주당 강원도당(033-242-7300) (학)검정고시 합격 1975년 서울대 사회사업학과졸 (경)1983년 사법시험 합격(25회) 1985년 사법연수원 수료(15기) 1986년 변호사 개업(영월) 1991년 변호사 등록변경(원주) 1997년 춘천지방변호사회 부회장 1997년 법무법인 아시아 변호사, 원주교도소 가석방심사위원, 춘천지법 원주지원 조정위원, 강원 횡성

ㅂ

군 고문변호사, 제16대 국회의원선거 출마, 원주시사회복지협의회 부회장, 원주시체육회 이사 2000년 원주시노인생활협동조합 이사, 열린우리당 원주시지역위원회 위원장 2008년 제18대 국회의원선거 출마(원주, 통합민주당) 2008~2010년 가정법률상담소 이사장 2010년 민주당 원주지역위원회 위원장 2010~2012년 제18대 국회의원(원주 재보선 당선, 민주당·민주통합당) 2011년 민주당 원내부대표 2012년 공증인박우순사무소 개업(현) 2014~2015년 새정치민주연합 강원원주甲지역위원회 위원장 2015년 더불어민주당 강원원주甲지역위원회 위원장 2016~2017년 同강원도당 대의원대회 의장 2016년 同강원도당 상임고문(현) (저)'우순아, 너는 커서 뭐가 될래?(섬강처럼 깨끗한 정치인을 꿈꾸며)'(2015) (종)기독교

**박우양(朴愚陽) woo yang park**

(생)1950·9·27 (주)충청북도 청주시 상당구 상당로 82 충청북도의회(043-220-5116) (학)청주고졸 1978년 청주대 경제학과졸, 고려대 경영대학원 수료 (경)충청대 경영회계학부 겸임교수, 영동타임지 운영회장 겸 논설위원, 한나라당 충북도당 부대변인, 한국시사저널 대표이사, 매곡초총동문회 회장, 매곡면체육회 회장, 샘물사회봉사단 후원회장, 민주평통 보은군협의회 자문위원 2010년 충북도의원선거 출마(한나라당) 2014~2018년 충북도의회 의원(새누리당·자유한국당) 2014~2016년 同예산결산특별위원회 부위원장·위원 2014년 同산업경제위원회 위원 2014년 同운영위원회 위원 2015년 同윤리특별위원회 위원 2016~2017년 同예산결산특별위원회 위원장 2016~2018년 同정책복지위원회 위원 2016~2018년 同문장대온천개발저지특별위원회 위원 2016~2018년 同충북경제현안실태조사를위한행정사무조사특별위원회 위원 2018년 충북도의회 의원(자유한국당)(현) 2018년 同산업경제위원회 위원장(현)

**박우용(朴優用)**

(생)1963·5·24 (출)충남 홍성 (주)경상남도 거창군 거창읍 상동2길 14 거창세무서(055-940-0200) (학)홍성고졸 1984년 세무대학졸(2기) (경)1984년 세무공무원 임용(8급 특채) 1997년 대전지방국세청 직세국 근무 2000년 同조사2국 근무 2002년 충남 서산세무서 납세자보호담당실 근무 2010년 전북 군산세무서 부가소득세과장 2011년 충북 영동세무서 세원관리과장 2013년 충북 동청주세무서 조사과장 2015년 대전지방국세청 감사관 2017년 同감사관(서기관) 2018년 국세청 성실납세지원국 법인납세과장 2019년 同조사2국 조사관리과장 2019년 경남 거창세무서장(현)

**박우종(朴佑宗) PARK Woo Jong**

(생)1968·11·19 (본)밀양(密陽) (출)충북 영동 (주)서울특별시 도봉구 마들로 749 서울북부지방법원(02-910-3114) (학)1987년 남대전고졸 1992년 서울대 법과대학졸 (경)1992년 사법시험 합격(34회) 1995년 사법연수원 수료(24회) 1998년 서울지법 판사 2000년 同남부지원 판사 2002년 청주지법 판사 2005년 수원지법 판사 2006년 서울고법 판사 2008년 대법원 재판연구관 2010년 전주지법 부장판사 2010년 부산지법 부장판사 2012년 의정부지법 부장판사 2015년 서울중앙지법 부장판사 2018년 서울북부지법 부장판사(현)

**박운삼(朴雲三)**

(생)1971·4·19 (출)경남 의령 (주)부산광역시 연제구 법원로 31 부산고등법원(051-590-1114) (학)1997년 부산대 법학과졸 (경)1997년 사법시험 합격(39회) 2000년 사법연수원 수료(29기) 2000년 부산지법 판사 2003년 同동부지원 판사 2005년 부산지법 판사 2008년 同동부지원 판사 2010년 부산고법 판사 2013년 대법원 재판연구관 2015년 부산지법 부장판사 2019년 부산고법 판사(현)

**박운섭(朴雲燮) Park Woonsup**

(생)1962 (출)경북 (주)서울특별시 중구 세종대로 67 한국은행 발권국(02-560-1005) (학)1980년 대구고졸 1984년 서울대 무역학과졸 1986년 同대학원 국제경제학과졸 1999년 미국 캘리포니아대 샌타바버라교 대학원 경제학과졸 (경)1987~2002년 한국은행 자금부·정책기획국 차장 2002~2004년 국무조정실 파견 2010~2013년 한국은행 발권국 부국장 2014년 同강릉본부장 2016년 同강남본부장 2017년 同발권국장(현)

**박웅철(朴雄哲) Pak Woong-chul**

(생)1961·2·9 (주)서울특별시 종로구 사직로8길 60 외교부 인사운영팀(02-2100-7138) (학)1985년 이집트 아메리칸대(American Univ. in Cairo) 물리학과졸 1990년 요르단대 대학원 물리학과졸(석사) (경)1992년 외무부 입부 1993년 駐카이로 부영사 1995년 駐이집트 3등서기관 1999년 駐사우디아라비아 2등서기관 2001년 駐이라크 1등서기관 2005년 駐리비아 참사관 2007년 駐사우디아라비아 참사관 2012년 외교통상부 중동2과장 2014년 駐이스라엘 참사관 겸 駐라말라 연락사무소장 2016년 駐예멘 대사(현) (상)근정포장(2005)

**박웅현(朴雄鉉) PARK Woong Hyun**

(생)1961·4·1 (출)서울 (주)서울특별시 강남구 도산대로 139 제이타워 TBWA Korea 임원실(02-528-9704) (학)1988년 고려대 신문방송학과졸 1998년 미국 뉴욕대 대학원 텔레커뮤니케이션학과졸 (경)1998년 제일기획 제작본부 국장 2002년 '2002 칸 국제광고제' 심사위원 2004년 TBWA코리아 Creative Director 겸 전문임원, 同총괄 Creative Director(상무급) 2014년 同크리에이티브 대표(CCO)(현) (상)조선일보광고대상 우수상, 진로광고대상 대상, 한국광고학회선정 올해의광고상, 대한민국광고대상 금상 (저)'노란 토끼' '책은 도끼다' '여덟 단어' '아트와 카피의 행복한 결혼2'(共) '다섯친구이야기 시리즈' '디자인 강국의 꿈'(共) '나는 뉴욕을 질투한다' '인문학으로 광고하다(共)'(2009, 알마) '다시, 책은 도끼다'(2016, 북하우스)

**박원규(朴源圭) PARK Won Kyu**

(생)1959·8·20 (출)충남 (주)충청남도 아산시 탕정면 만전당길 30 코닝정밀소재 임원실(041-520-1114) (학)경희고졸, 한양대 무기재료공학과졸 (경)삼성코닝정밀유리(주) 제조기술그룹장, 同제조기술팀장 2005~2007년 同용해기술팀장(상무보) 2008년 同용해기술팀장(상무) 2009년 同용해기술팀장(전무) 2009년 同기술센터장(전무) 2010년 삼성코닝정밀소재(주) 기술센터장(전무) 2011년 同기술센터장(부사장) 2012년 同대표이사 사장 2014년 코닝정밀소재 대표이사 사장(현) (상)자랑스런 삼성인상 공적상(2008)

**박원규(朴原珪) Park Won Kyu**

(생)1966·1·20 (출)서울 (주)서울특별시 서초구 서초중앙로 157 서울중앙지방법원(02-530-1114) (학)1984년 대원고졸 1988년 서울대 사회과학대학 경제학과졸 1991년 同행정대학원 행정학과졸 2012년 同법학전문대학원 지적재산권법학 전문박사과정 수료 (경)1989년 행정고시 합격(33회) 1990년 행정사무관 시보 1991~1992년 통일원 행정사무관 1994년 사법시험 합격(36회) 1997년 사법연수원 수료(26기) 1997년 수원지법 판사 1999년 서울지법 판사 2001~2006년 창원지법 판사 2004~2005년 미국 워싱턴대 로스쿨 Visiting Scholar 2006년 특허법원 판사 2009년 서울중앙지법 판사 2010년 사법연수원 교수 2012년 전주지법 부장판사 2014~2015년 인천지법 부장판사 2014~2015년 사법정책연구원 연구위원 겸임 2015년 의정부지법 부장판사 2016년 서울중앙지법 부장판사(현) (종)천주교

**박원근(朴原根) Park, Won Keun**
(생)1972·12·10 (출)부산 (주)부산광역시 연제구 법원로 31 부산가정법원 총무과(051-590-0065) (학)1991년 해동고졸 1998년 고려대 법학과졸 (경)1998년 사법시험 합격(40회) 2001년 사법연수원 수료(30기) 2001년 부산지법 예비판사 2002년 부산고법 예비판사 2003년 부산지법 판사 2005년 同가정지원 판사 2007년 부산지법 판사 2011년 창원지법 진주지원 판사, 부산고법 판사 2014년 부산지법 판사 2016년 대구지법 김천지원·대구가정법원 김천지원 부장판사 2018년 부산지법 서부지원 부장판사 2019년 부산가정법원 부장판사(현) (종)기독교

**박원석(朴原奭)**

(생)1959 · 7 · 3 (주)대전광역시 유성구 대덕대로 989번길 111 한국원자력연구원 원장실(042-868-2120) (학)1983년 서울대 원자력공학과졸 1985년 同대학원 원자력공학과졸 1990년 공학박사(미국 신시내티대) (경)1985~1986년 한국전력연구소 위촉연구원 1995~2003년 한국원자력연구소 실장 2005~2006년 同수소사업단 부장 2006~2007년 한국원자력연구원 연구관리부장 2007년 同가동원전지원센터장 2008~2009년 同원자력기술사업부장 2012~2019년 同소듐냉각고속로개발사업단장 2018년 제4세대원자력시스템국제포럼(GIF) 부의장(현) 2019년 한국원자력연구원 원장(현)

**박원석(朴源錫)**

(생)1967 · 7 · 31 (주)경기도 군포시 청백리길 6 군포시청 부시장실(031-390-0010) (학)한양대 정치외교학과졸, 정치외교학박사(한양대) (경)1993년 행정고시 합격(37회), 경기도 경제투자실 근무, 同기획관리실 근무, 同문화관광국 근무, 안전행정부 지역녹색성장과장 2012년 경기도 비전기획관 2014년 경기 양주시 부시장 2015년 미국 미주리대 교육파견(지방부이사관) 2016년 경기 의왕시 부시장 2017년 경기도 교육협력국장 2018년 同연정협력국장 2019년 경기 군포시 부시장(현)

**박원세(朴源世) PARK Weon Se**

(생)1953·6·21 (본)태안(泰安) (출)경남 진주 (주)서울특별시 강남구 영동대로 511 무역센터트레이드타워 702호 시니어앤파트너즈 임원실(02-551-2145) (학)1972년 경남고졸 1977년 고려대 법학과졸 2002년 同경영대학원 최고경영자과정 수료 2003년 同언론대학원 최고위과정 수료 2013년 서울대 법과대학 최고지도자과정(ALP) 수료(17기) (경)1977년 제일제당 입사 1985년 삼성그룹 비서실 경영관리팀 근무 1991년 同감사팀 근무 1992년 제일제당 인사부장 1992년 同관리부장 1995년 同기업문화팀장 1996년 同음료사업부장(이사) 1997~2002년 CJ미디어 대표이사 1999년 한국케이블TV협회 이사 겸 PP협의회 이사 2000년 제일방송(주) 대표이사 2003년 한국케이블TV방송협회 상근부회장 2007년 방송위원회 제18대 총선 선거방송심의위원 2011년 (주)동성화학 이사 2011~2012년 (주)화인텍 대표이사 2011~2013년 (주)동성홀딩스 대표이사 부회장 2014~2015년 법률방송 대표이사 2016년 시니어앤파트너즈 상근고문(현) (상)제2회 대한민국 CEO리더십 대상(2013) (종)천주교

**박원수(朴元洙) Park won soo**
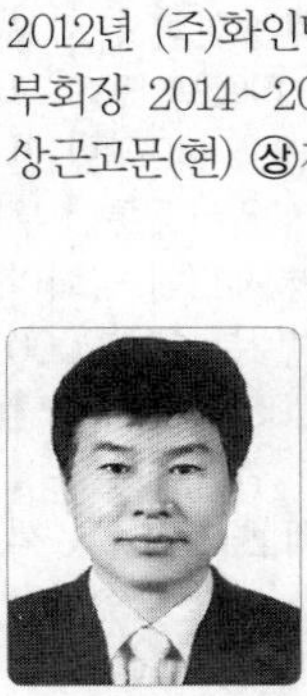
(생)1961 · 7 · 6 (주)경상북도 포항시 남구 동해안로 6363 현대제철(주) 포항공장 중기사업실(054-271-1021) (학)1980년 경북고졸 1988년 성균관대 금속공학과졸 (경)2009~2010년 현대제철(주) 인천 형강생산담당 이사대우 2011년 同포항 형강생산담당 이사대우 2011년 同중공업생산실장 2012년 同중공업생산실장(이사) 2014년 同중공업생산실장(상무) 2015년 同중기사업실장(현) 2016년 同순천단조공장장 겸임 2018년 同ROLL사업실장 겸임(현)

**박원순(朴元淳) PARK Won Soon**

(생)1956 · 3 · 26 (출)경남 창녕 (주)서울특별시 중구 세종대로 110 서울특별시청 시장실(02-735-6060) (학)1974년 경기고졸 1975년 서울대 사회계열 제적(1년) 1985년 단국대 문리과대학 사학과졸 1992년 영국 런던LSE 디플로머 취득 2015년 명예 박사(몽골국립대) (경)1978년 법원사무관시험 합격 1978~1979년 춘천지법 정선등기소장 1980년 사법시험 합격(22회) 1982년 사법연수원 수료(12기) 1982년 대구지검 검사 1983년 변호사 개업 1986년 역사문제연구소 이사장 1989~1991년 한겨레신문 논설위원 1993년 미국 하버드대 법과대학 객원연구원 1993년 대한변호사협회 공보이사 1995년 가톨릭대 강사 1995년 한국노동사회연구소 공동대표 1995~2002년 참여연대 사무처장 1998년 성공회대 겸임교수 2000년 2000총선시민연대 상임공동집행위원장 2000년 방송위원회 법률자문특별위원 2001년 시민사회단체연대회의 상임운영위원장 · 지도위원 2001~2010년 아름다운재단 총괄상임이사 2002년 법무법인 산하 고문변호사 2002년 참여연대 상임집행위원장 2002~2009년 아름다운가게 총괄상임이사 2003~2004년 한국방송공사(KBS) 이사 2003~2006년 사법개혁위원회 위원 2004년 (주)포스코 사외이사 2004~2011년 풀무원 사외이사 2007~2011년 희망제작소 상임이사 2007~2010년 한국갱생보호공단 비상근이사 2007년 법무부 검찰인권평가위원회 위원장 2008년 대한민국디자인 홍보대사 2008년 학교법인 덕성학원 이사 2011~2014년 서울특별시장(재보궐선거 당선, 무소속 · 민주통합당 · 민주당 · 새정치민주연합) 2011~2015년 한국상하수도협회(KWWA) 회장 2012~2014년 기후변화세계시장협의회(WMCCC) 의장 2014~2018년 서울특별시장(새정치민주연합 · 더불어민주당) 2015~2018년 지방자치단체국제환경협의회(ICLEI : International Council for Local Environmental Initiatives) 회장 2016년 더불어민주당 참좋은지방정부위원회 공동위원장 2017~2018년 '글로벌 기후에너지 시장서약' 이사회 위원 2017년 대통령 아세안(ASEAN · 동남아시아국가연합) 특사 2018년 서울특별시장(더불어민주당)(현) 2018~2019년 대한민국시도지사협의회 회장 2018~2019년 대통령직속 국가균형발전위원회 위원 (상)올해의 여성운동상(1998), 올해의 법조인(2000), 비즈니스위크선정 '아시아의 스타 50명'(2000), 심산상(2002), 명예로운 한국인(2002), 국민포장(2003), 제10회 만해대상 실천부문(2006), 막사이사이상 공공봉사부문(2006), 불교인권위원회 불교인권상(2009), 국제평화언론대상 국제평화부문 최우수상(2013), 제4회 진실의힘 인권상 특별상(2014), 제2회 도시기후리더십어워즈 녹색에너지부문(2014), 매니페스토약속대상 시 · 도지사선거공약분야 최우수상(2014), 도전한국인운동본부 '2014년 빛낸 도전한국인'(2015), 스웨덴 예테보리 지속가능발전상(2016), 한국인터넷소통협회 대한민국소통 CEO 대상(2016 · 2017), 한반도 통일공헌대상 정치행정부문(2017), 프랑스 파리시 최고등급 명예메달(Grand Vermeil)(2017), '대한민국 위민 33인대상' 국정혁신대상(2019), 제7차 선전저탄소도시국제포럼 '글로벌저탄소녹색블루스카이상'(2019) (저)'저작권법 연구' '국가보안법 1 · 2 · 3'(1991) '아직도 심판은 끝나지 않았다'(1995) '역사를 바로 세워야 민족이 산다'(1996) '내 목은 매우 짧으니 조심해서 자르게-세기의 재판이야기'(1999) 'NGO-시민의 힘이 세상을 바꾼다'(1999) '악법은 법이 아니다'(2000) '일본시민사회 기행'(2001) '성공하는 사람들의 아름다운 습관'(2002) '나눔' '희망을 심다'(2009) '원순씨를 빌려드립니다'(2010, 21세기북스) '마을 회사'(2011) '박원순의 아름다운 가치사전'(2011, 위즈덤하우스) '희망을 걷다(박원순의 백두대간 종주기)'(2013, 하루헌) '정치의 즐거움'(2013, 오마이북) '경청 : 박원순의 대한민국 소통 프로젝트'(2014, 휴먼큐브) '박원순의 어린이를 위한 응원(共)'(2015, 생각을담는어린이) '원순씨, 배낭 메고 어디가세요?(共)'(2015, 휴머니스트) '세기의 재판'(2016, 한겨레출판사) '국민에게만 아부하겠습니다'(2016, 더봄) '박원순, 생각의 출마'(2018, 더봄) '몰라서 물어본다'(2018, 행복한책읽기) '한국 경제 규칙 바꾸기(共)'(2018, 서울연구원)

ㅂ

## 박원우(朴元雨) PARK, WON-WOO

(생)1959·2·2 (출)경북 (주)서울특별시 관악구 관악로 1 서울대학교 경영대학 경영학과(02-880-5761) (학)1982년 서울대 경영학과졸 1984년 同대학원 경영학과졸 1989년 경영학박사(미국 피츠버그대) (경)1984~1985년 한국개발연구원(KDI) 연구원 1989~1990년 미국 Univ. of Pittsburgh 경영대학원 조교수 1990~1991년 LG인화원 연구위원 1991~1995년 중앙대 사회과학대학 경영학과 조교수·부교수 1995~1998년 경희대 정경대학 경영학부 부교수 1997년 한국인사조직학회 상임이사·부회장 1998년 서울대 경영대학 경영학과 조교수·부교수·교수(현) 2001년 중앙인사위원회 인사행정편집위원 2001년 한국학술진흥재단 2001 지방대학육성과제연구업적 및 연구계획서 심사위원 2003~2004년 미국 Duke대 경영대학원 방문교수 2004년 한국리더십학회 상임이사 2005년 서울대 노사관계연구소장, 한국경영학회 상임이사 2011~2012년 한국윤리경영학회 회장 2011~2012년 서울대 경영대학 교무부학장 겸 경영전문대학원 부원장 2015년 한국공인회계사회 윤리기준위원회 위원장(현) 2016~2017년 KDB산업은행 KDB혁신위원회 대외소통·변화관리분과 위원 (상)서울대 교육상(2019) (저)'조직변화의 개념과 방향' '기업문화' '한국기업 기업문화의 현황과 발전방향' '임파워먼트 실천 메뉴얼'(1998) '동기부여와 임파워먼트'(2006) '팀워의 개념, 측정 및 증진방법'(2006) '한국 팀제의 역사, 현황과 발전방향'(2006) '조직행동론'(2013) '조직관리'(2015) '조직문화 변화관리'(2019)

## 박원재(朴元在) PARK Won Jae

(생)1964·8·28 (본)무안(務安) (출)경기 평택 (주)서울특별시 서대문구 충정로 29 동아닷컴(02-360-0400) (학)1983년 평택고졸 1990년 고려대 신문방송학과졸 2001년 핀란드 헬싱키경제경영대학원졸(MBA) (경)1999년 동아일보 편집국 경제부 기자 2002년 일본 게이오대학 방문연구원 2003년 동아일보 동경지사 특파원 2007년 同경제부 차장 2008년 同논설위원 2008년 방송통신위원회 시청자불만처리위원회 위원 2008년 동아일보 편집국 경제부장 2009년 한국소비자원 비상임이사 2011년 동아일보 미래전략연구소장 2013년 同편집국 부국장 2014년 한국해양과학기술진흥원 비상임이사 2016년 동아닷컴 대표이사 사장(현) 2018년 한국해양과학기술원 비상임이사(현) 2019년 한국온라인신문협회 회장(현)

## 박원주(朴原住) PARK Wonjoo

(생)1964 (출)전남 영암 (주)대전광역시 서구 청사로 189 특허청 청장실(042-481-5001) (학)1983년 광주 송원고졸 1987년 서울대 경제학과졸 1990년 同대학원 정책학과졸 1997년 경제학박사(미국 인디애나대) (경)1987년 행정고시 합격(31회) 2005년 산업자원부 디자인브랜드과장 2006년 同장관비서관 2007년 대통령비서실 행정관 2008년 미국 로렌스 버클리 국립연구소 국외훈련 2009년 駐일본 공사참사관 2012년 지식경제부 산업경제실 산업경제정책관 2013년 대통령직인수위원회 경제1분과 파견 2013년 산업통상자원부 산업정책실 산업정책관 2014년 同대변인 2015년 同기획조정실장 2016년 同산업정책실장 2016년 대통령 산업통상자원비서관 2017년 산업통상자원부 에너지자원실장 2018년 특허청 청장(차관급)(현)

## 박원철(朴元哲) PARK Won Chul

(생)1962·7·22 (본)밀양(密陽) (출)제주 (주)제주특별자치도 제주시 문연로 13 제주특별자치도의회(064-741-1850) (학)한림공고졸, 한국방송통신대 법학과졸, 제주대 행정대학원 행정학과졸(석사) (경)제주사회연구소 미래 상임이사, 한국노동조합총연맹 제주지역본부 집행위원 2006년 제주도의원선거 출마(열린우리당), 민주당 중앙당 농어민특별위원회 부위원장, 한국노동조합총연맹 제주지역본부 정치국장 2010년 제주특별자치도의회 의원(민주당·민주통합당·민주당·새정치민주연합) 2010년 同행정자치위원회 위원 2010년 同미래전략산업연구회 위원 2010년 同제주지속가능발전포럼 위원 2010년 同지방재정연구회 위원 2012년 同운영위원회 위원, 同FTA대응특별위원회 위원장 2014~2018년 제주특별자치도의회 의원(새정치민주연합·더불어민주당) 2014년 同운영위원회 위원 2014년 同농수축경제위원회 위원장 2014년 同윤리특별위원회 위원 2016~2018년 同행정자치위원회 위원 2016년 同예산결산특별위원회 위원 2016년 더불어민주당 제주도당 총선기획단장 2017~2018년 제주특별자치도의회 4.3특별위원회 위원 2017~2018년 同자치분권위원회(T/F) 위원장 2017년 (사)제주희망경제연구소 이사장(현) 2018년 더불어민주당 제주특별자치도당 정책위원회 위원장(현) 2018년 제주특별자치도의회 의원(더불어민주당)(현) 2018년 同환경도시위원회 위원장(현) 2018년 同윤리특별위원회 위원 겸 의회운영위원회 위원(현) (상)대한민국위민의정대상 우수상(2016)

## 박원철(朴元哲)

(생)1963·2·21 (본)밀양(密陽) (출)충북 제천 (주)대전광역시 대덕구 신탄진로 200 한국수자원공사 글로벌사업처(042-629-4400) (학)영남고졸, 영남대 토목학과졸, 네덜란드 국제구조수리환경공학연구소(UNESCO-IHE) 도시공학과졸(석사), 공학박사(공주대) (경)1988년 한국수자원공사(K-water) 입사 2006년 同수자원개발처 차장 2009년 同해외사업처 투자사업팀장 2009년 同파키스탄 파견 근무 2012년 同해외사업처장 2013년 同아라뱃길관리처장 2015년 同충청지역본부장 2016년 同해외사업본부장 2019년 同글로벌사업처장(현) (상)대통령표창(2000)

## 박원호(朴元浩) PARK Won Ho

(생)1950·1·2 (출)서울 (주)서울특별시 강남구 논현로 703 (주)디아이 회장실(02-541-3691) (학)1968년 경기고졸 1972년 연세대 상학과졸 1976년 同경영대학원졸 (경)1976년 삼성중공업(주) 근무 1978년 미·일경영연구소(JAIMS) 수학 1979년 동일교역(주) 근무 1984년 同상무이사 1986년 同대표이사 부사장 1987년 VG INSTRUMENTS KOREA 대표이사 1990년 동일교역(주) 대표이사 사장 1996년 (주)디아이 대표이사 사장 2000년 同대표이사 부회장 2002년 同회장(현) (상)석탑산업훈장(1997), 중소기업대상, 철탑산업훈장(2007)

## 박원홍(朴源弘) PARK Wonhong (越穗)

(생)1942·6·11 (본)밀양(密陽) (출)서울 (주)서울특별시 영등포구 의사당대로 1 국회 대한민국헌정회(02-757-6612) (학)1960년 경기고졸 1965년 고려대 정치외교학과졸 1969년 미국 하와이주립대 대학원졸 1987년 미국 UCLA 대학원 MBA 수료 2010년 경제학박사(일본 사가대) (경)1964년 한국일보 외신부 기자 1969~1974년 동양통신 정치부 기자·워싱턴특파원 1975년 동아일보 미주편집국장 1976~1993년 미국 LA월터박부동산회사·학교대표 1992년 미국 LA라디오 한국보도본부장 1994~1995년 SBS '그것이 알고싶다' 진행자 1994~1996년 (주)청구 고문 1995~1998년 한국방송공사(KBS) '생방송 심야토론' 사회자 1997년 서울이동통신 부회장 1998년 한나라당 서울시장후보 대변인 1998년 제15대 국회의원(서울 서초甲 보선, 한나라당) 1998년 한나라당 원내부총무 2000~2004년 제16대 국회의원(서울 서초甲, 한나라당) 2001년 한나라당 홍보위원장 2002년 한국의원외교포럼 회장 2003년 한나라당 운영위원 2003년 同서울시지부 위원장 2004년 일본 福岡 西南學院大 객원교수 2004년 (사)한일친선협회중앙회 부회장 2004년 전국한자교육추진연합회 공동대표(현) 2009년 일본 국립사가대 고문(현) 2013~2015년 대한민국헌정회 이사 2015년 同고문(현) (저)'미국 부동산용어사전' '알기쉬운 미국 부동산 투자' '재미작가 9인 수필집'(共) '컴퓨터 처음부터 다시 배우기'(共) (역)'암웨이의 기적' (종)기독교

**박원화(朴源華) PARK Won Hwa**

(생)1950·1·21 (출)광주 (주)서울특별시 강서구 하늘길 78 한국공항공사 이사회실(02-2660-2264) (학)1972년 고려대 신문방송학과졸 1978년 프랑스 파리국제행정대학원 수료 1987년 캐나다 맥길대 대학원 항공우주법학과졸 1993년 법학박사(고려대) (경)1974년 외무고시 합격 1974년 외무부 입부 1990년 同국제기구과장 1990~1994년 국제통신위성기구 법률전문가 1996년 외무부 ASEM담당 심의관 1996년 고려대 법과대학원 강사 1997년 외무부 과학환경심의관 1998년 외교통상부 공보관 1998년 同정책기획관 1999년 駐남아프리카공화국 대사 2002년 전남도 국제관계자문대사 2003년 외교통상부 본부대사 2003년 고려대 국제대학원 강사 2004년 駐스위스 대사 2007년 외교통상부 본부대사 2007~2008년 고려대 국제학부 겸임교수 2008년 외교안보연구원 교육파견 2009~2015년 한국항공대 항공우주법학과 교수 2011년 한국그랑프리운영법인(KAVO) 대표이사 2012~2017년 F1한국그랑프리조직위원회 고문 2012년 국제상설중재재판소(Permanent Court of Arbitration) 우주분쟁 중재 재판관(현) 2015~2016년 한국항공대 항공우주법학과 초빙교수 2016~2017년 스와질랜드 크리스챤대 부총장 2018년 한국공항공사 이사회 의장(현) (저)'항공법'(1990) '우주법'(1990) '항공법 제2판'(1997) '우주법 제2판'(2009) '국제항공법'(2011) '항공사법'(2012) '항공운송법'(2013) '항공우주법개론'(2013) '국제항공법 제3판'(2014) '항공우주법'(2015)

**박원희(朴元羲) PARK Won Hee**

(생)1939·2·13 (본)밀양(密陽) (출)충남 예산 (주)경기도 동두천시 평화로2862번길 28 (주)세코닉스 비서실(031-860-1000) (학)1958년 서울 휘문고졸 1965년 서울대 전자공학과졸 1993년 연세대 대학원 최고경영자과정 수료 (경)1964~1983년 대한전선(주) 연구소장·공장장 1984년 대우전자(주) 개발본부장 1985~1990년 同구미공장장, 同중앙연구소장 1991~1993년 同중앙연구소장(전무) 1994~1996년 (주)북두 대표이사 사장 1996~2007년 (주)세코닉스 대표이사 사장 2007년 同대표이사 회장(현) (상)석탑산업훈장(1992), 산업자원부장관표창(1998), 철탑산업훈장(2001) (종)불교

**박월훈(朴月壎) PARK Weol Hun**

(생)1964·10·12 (출)경북 상주 (주)대전광역시 서구 둔산로 100 대전광역시청 시민안전실(042-270-2250) (학)1988년 한양대 건축공학과졸 1990년 同대학원 건축공학과졸 2003년 미국 미시간주립대 대학원 도시계획과졸 2004년 한국개발연구원(KDI) 국제정책대학원 공공정책학과졸 (경)기술고등고시 합격(23회) 1988년 공직 입문 1999년 대전시 건설관리본부 월드컵건설부장 2001년 同건축과장 2004년 同도시관리과장 2007년 同도시건설방재국장 2008년 同도시주택국장(부이사관) 2010년 지방행정연수원 교육파견(부이사관) 2011년 대전시 도시주택국장 2012년 同유성구 부구청장 2015년 同도시재생본부장 2016년 대전시의회 사무처장(지방이사관) 2017년 국외훈련 파견 2019년 대전시 시민안전실장(현) (상)근정포장(2008), 홍조근정훈장(2015)

**박유성(朴裕聖) PARK Yousung**

(생)1958·1·25 (출)전남 목포 (주)서울특별시 성북구 안암로 145 고려대학교 정경대학 통계학과(02-3290-2230) (학)1984년 고려대 통계학과졸 1987년 同대학원 통계학과졸 1991년 통계학박사(미국 조지아대) (경)1987년 미국 조지아대 강의조교·강사 1991년 고려대 정경대학 통계학과 교수(현) 1995~1997년 同통계학과 학과장 겸 대학원 주임교수 1999~2005년 한국조사통계연구회 감사 2005년 고려대 통계연구소장 2007년 同입학처장 2008년 대한금융공학회 총무이사 2013~2014년 중앙선거관리위원회 자문위원 2014~2015년 한국통계학회 부회장 2015~2018년 중앙선거방송토론위원회 위원 (저)'시계열자료분석(共)'(1994) '경영경제자료분석(共)'(1998) '통계적 탐구(共)'(2002) 'SAS/ETS를 이용한 시계열 자료분석(共)'(2002) '기초금융통계(共)'(2004) '계량경제 금융자료분석'(2016)

**박유식(朴裕植) PARK Yoo Sik**

(생)1964·12·15 (출)충남 (주)충청북도 청주시 서원구 충대로 1 충북대학교 경영대학 경영학부(043-261-2337) (학)1987년 성균관대 경영학과졸 1992년 同대학원 경영학과졸 1996년 경영학박사(성균관대) (경)동우대학 경영학과 교수 1998년 충북대 경영대학 경영학과 전임강사·조교수·부교수, 同경영대학 경영학부 교수(현), 同경영학과장, 同경영대학원 주임교수, 미국 애리조나주립대 연구교수, 한국소비문화학회 이사, 한국경영컨설팅학회 이사, KMAC마케팅대상 심사위원, 행정자치부 지방행정혁신평가위원, 충북도 업무평가위원, 同고객만족행정추진위원 2017~2019년 충북대 경영대학장 겸 경영대학원장 2019년 (사)한국마케팅학회 부회장(현) 2019년 한국경영학회 부회장(현) (저)'현대경영학원론'(1998) '최신소비자행동'(2009)

**박유재(朴有載) PARK Yoo Jae (原谷)**

(생)1934·1·15 (본)태안(泰安) (출)충북 옥천 (주)서울특별시 서초구 서초대로73길 40 (주)에넥스 비서실(02-2185-2111) (학)1954년 영동고졸 1958년 국제대 화학과졸 1966년 고려대 경영대학원 수료 1978년 서울대 행정대학원 수료 1980년 同경영대학원 수료 1985년 미국 조지워싱턴대 행정대학원 수료 (경)1963년 제일도기사 설립·회장 1963년 유일장학회 회장 1971년 서일공업사 설립·사장 1976년 (주)오리표싱크 사장 1981~1992년 同회장 1981년 제11대 국회의원(영동·보은·옥천, 민주정의당) 1981년 민주정의당(민정당) 충북도지부 위원장 1982년 한·인도의원친선협회 부회장 1983년 민정당 재해대책위원회 부위원장 1986년 엔텍 설립·대표 1992~2019년 (주)에넥스 대표이사 회장 1998년 (주)엔텍 회장(현) 2019년 (주)에넥스 명예회장(현) (상)새마을훈장 노력장, 금탑산업훈장 (종)불교

**박윤경(朴倫慶·女) PARK YOON KYOUNG**

(생)1957·10·10 (출)대구 (주)대구광역시 중구 국채보상로 642 KK(주) 회장실(053-430-5109) (학)1976년 경북여고졸 1980년 영남대 사범대학졸 2002년 同경영대학원 경영학과졸 (경)1997~2014년 경북광유(주) 공동대표이사 부사장·대표이사 회장 2007년 대한럭비협회 부회장 2008년 매일신문 비상근이사(현), 송화럭비진흥회재단 이사장 2014년 대한럭비협회 회장 2014년 대한적십자사 여성봉사특별자문위원장 2014년 (사)한국여성벤처협회 부회장 2015년 KK(주) 대표이사 회장(현) 2015년 대구상공회의소 부회장(현) 2016년 송화문화체육재단 이사장(현) (상)가족친화 우수기업 국무총리표창(2008), 모범여성기업인 교육과학기술부장관표창(2008), 모범중소기업 대구지방중소기업청장표창(2008), 노동부 노사문화우수기업상(2010), 모범여성기업인 대통령표창(2011), 대구경북첨단벤처산업대상 기업특별상(2012)

**박윤국(朴允國) PARK Youn Kook**

(생)1956·4·12 (본)밀양(密陽) (출)경기 포천 (주)경기도 포천시 중앙로 87 포천시청 시장실(031-538-2001) (학)1976년 포천 영북종합고졸 1981년 명지대 토목공학과졸 2000년 대진대 법무행정대학원 법학과졸, 명예 체육학박사(몰도바국립체육대) (경)경기 포천시의회 초대 의원, 同

예산결산 · 조사특별위원회 위원장, 전국시도의회의장협의회 사무총장, 제4대 경기도의회 의원(신한국당), 경기도유럽통상촉진단 대표의원 2002~2003년 제31대 포천군수 2003~2007년 초대 · 2대 포천시장, 한국체육대 초빙교수, 현대일보TV방송 대표이사 사장 2011 · 2013~2016년 경기도태권도협회 회장, 세계태권도연맹 자문위원 2012년 제19대 국회의원선거 출마(경기 포천 · 연천, 무소속) 2012~2017년 (재)경태재단 이사장 2017년 경기 포천시장선거 출마(재 · 보궐선거, 무소속) 2018년 경기 포천시장(더불어민주당)(현) (저)수필집 '금강산 길목에서'(2002) '나에게는 꿈이 있습니다'(2004), 산문기행집 '하나둘 불빛 살아나는 동네'(2011)

**박윤규(朴潤奎) Yun-Kyu Park**

(생)1952 · 7 · 16 (주)경기도 용인시 처인구 용인대학로 134 용인대학교 부총장실(031-8020-3086) (학)경기고졸, 서울대 법학과졸, 同대학원 법학과 수료 2010년 법학박사(아주대), 미국 펜실베이니아대 와튼스쿨 공공정책관리학 수료 2010년 행정학박사(아주대) (경)용인대 법학과 교수, 同경찰행정학과 교수, 同경찰행정학과 특임교수(현) 2000년 한국시큐리티포럼 상임이사 2002년 한민족평화통일연대 이사 2002년 한국산업정책연구소 이사 2003년 한국행정관리협회 시험관리위원회 전문위원 2004~2006년 용인대 대외협력실장, 同경영행정대학장, 同경영대학원장 2014년 同기획처장 2014년 (사)한국방범기술산업협회 회장(현), (사)평화 이사장 2015년 용인대 부총장(현)

**박윤규(朴潤圭) Park Yoon Kyu**

(생)1959 · 6 · 16 (주)서울특별시 구로구 연동로 320 성공회대학교 경영학부 · 사회융합자율학부 (학)1986년 미국 플로리다공과대 전산학과졸 1988년 同대학원 전산학과졸 1990년 미국 보스턴대 대학원 경영정보학과졸 1996년 경영정보학 박사(미국 클레모어대) (경)1996년 성공회 경영학부 · 사회융합자율학부 교수(현) 2001~2003년 同연구교류처장 2014~2016년 同기획처장 2014~2016 · 2019년 同부총장 겸 산학협력단장(현) 2019년 同더불어숲 교육혁신원장(현)

**박윤규(朴允圭) PARK YUN KYU**

(생)1962 · 6 · 6 (본)순천(順天) (출)경북 성주 (주)대구광역시 동구 동대구로 441 영남일보 편집국(053-756-8001) (학)1981년 성광고졸 1988년 경북대 영어영문학과졸 (경)1989년 영남일보 입사 2008년 同체육부장 2009년 同제2사회부장 2010년 同제1사회부장 2011년 同논설위원 2012~2013년 同고객지원국장 2014년 同편집국 부국장 2014년 同북부지역본부장 2014~2018년 대구예술대 이사 2016년 영남일보 광고사업국장 2019년 同편집국장(현) (종)불교

**박윤규(朴允圭) PARK Yoon Kyu**

(생)1966 · 12 · 1 (주)세종특별자치시 가름로 194 과학기술정보통신부 전파정책국(044-202-4910) (학)1989년 고려대 법학과졸 1991년 同대학원 법학과졸 (경)2002년 정보통신부 기획관리실 기획예산담당관실 서기관 2003년 충주우체국장 2003년 해외 파견 2007~2008년 정보통신부 정책홍보관리본부 재정팀장 2008년 방송통신위원회 방송정책국 채널사용방송과장 2008년 同방송채널정책과장 2009년 同위원장비서관 2010년 駐미국대사관 1등서기관 2013년 미래창조과학부 정보통신산업과장 2014년 同정보화전략국 정보화기획과장 2015년 同정보통신정책실 정책총괄과장 2016년 同기획조정실 기획재정담당관(부이사관) 2017년 국가정보원 파견(고위공무원) 2018년 과학기술정보통신부 전파정책국장(현) (상)근정포장(2014)

**박윤미(朴潤美 · 女)**

(생)1964 · 11 · 18 (주)강원도 춘천시 중앙로 1 강원도의회(033-256-8035) (학)원주여고졸, 연세대 환경과학과졸 2008년 同정경대학원 행정학과졸 (경)원주 MBC 아나운서, 원주시 시정홍보실 아나운서, 강릉원주대 LINC사업단 산학협력중점교수 2011~2012년 원주시선거관리위원회 민주시민정치교육 강사 2013년 강릉원주대 초빙교수 2014~2018년 강원도의회 의원(비례대표, 새정치민주연합 · 더불어민주당) 2014년 同사회문화위원회 위원 2015년 새정치민주연합 강원도당 여성위원장 2015년 더불어민주당 강원도당 여성위원장 2015~2016년 강원도의회 '저출산 · 고령화 극복방안 연구회' 회장 2016년 同경제건설위원회 위원 2016년 同운영위원회 위원 2016년 더불어민주당 강원도당 홍보위원장 2017년 同국민주권 강원선거대책위원회 여성본부 상임부본부장 2017년 同국민주권 원주甲선거대책위원회 공동선대본부장 2017년 同강원도당 대변인 2018년 강원도의회 의원(더불어민주당)(현) 2018년 同부의장(현) 2018년 同교육위원회 위원(현) (상)대한민국소비자대상 의회 정책부문 대상(2016), 자랑스런 대한국민 대상 지방의정 부문(2017) (저)'공무원도 이젠 스피치다!!'(2015, 스토리한마당)

**박윤민(朴允玟) PARK Yoon Min**

(생)1962 · 10 · 2 (본)밀양(密陽) (출)경남 남해 (주)경기도 안성시 공단1로 10 (주)디스플레이테크 비서실(031-776-7500) (학)1989년 광운대 전자재료공학과졸 2004년 서울대 대학원 최고경영자과정 수료 (경)1988~1996년 한국전자 LCD개발실 근무 1996~1998년 오리온전기 LCD개발실 근무 1998년 (주)디스플레이테크 대표이사 사장(현) (상)철탑산업훈장(2013)

**박윤석(朴允錫) Park, Youn Seok**

(생)1957 · 8 · 13 (본)밀양(密陽) (출)강원 영월 (주)서울특별시 서초구 효령로 131 신경제연구원(주)(02-3479-5041) (학)1983년 서울대 공과대학 공업화학과졸 1985년 同공과대학원졸 1989년 공업화학박사(서울대) (경)1990~1997년 삼성전자(주) 부장 1997~2005년 삼성토탈(주) 수석연구원 2005~2008년 제이엠아이(주) 상무 2009~2014년 (주)기술과가치 연구소장 2015년 신경제연구원 원장(대표이사)(현) (종)기독교

**박윤석(朴倫錫) PARK Yun Seog**

(생)1965 · 3 · 2 (본)밀양(密陽) (출)전북 정읍 (주)경상남도 창원시 마산합포구 중앙동로 21 마산지청 총무과(055-259-4542) (학)1983년 정읍고졸 1987년 동국대 법학과졸 1990년 同대학원 법학과졸 (경)1997년 사법시험 합격(39회) 2000년 사법연수원 수료(29기) 2000년 대한법률구조공단 광주지부 변호사 2003년 전주지검 검사 2005년 광주지검 장흥지청 검사 2007년 서울남부지검 검사 2011년 수원지검 안양지청 검사 2013년 同안양지청 부부장검사 2013년 서울중앙지검 부부장검사 2014년 전주지검 군산지청 부장검사 2015년 대구지검 공판부장 2015년 同의성지청장 2017년 서울동부지검 형사5부장 2018년 수원지검 부부장검사 2018년 한국형사정책연구원 파견 2019년 창원지검 마산지청장(현)

**박윤소(朴允昭) PARK Yoon So**

(생)1941 · 4 · 14 (주)부산광역시 강서구 녹산산단17로 113 (주)엔케이 회장실(051-204-2211) (학)문경고졸 1966년 한양대 공과대학 기계공학과졸 1987년 서울대 경영대학 최고경영자과정 수료, 동의대 대학원 경제학과졸, 공학박사(부산대) (경)현대중공업(주) 근무 2005~2008년 (주)엔케이 대표이사, 同회장(현) 2015~2018년 부산경영자총협회 회장 (상)철탑산업훈장, 혁신기업인상 공로상(2011) (종)불교

**박윤수(朴潤秀) Park, Youn-Soo**

(생)1956 · 5 · 17 (본)순창(淳昌) (출)인천 (주)서울특별시 강남구 일원로 81 삼성서울병원 정형외과(02-3410-3509) (학)1975년 서울고졸 1977년 서울대 자연과학대학 의예과 수료 1981년 同의대졸 1986년 同대학원 의학석사 1992년 의학박사(서울대) (경)1981~1986년 서울대병원 인턴 · 레지던트 1986년 軍의관 1987~1989년 국군서울지구병원 정형외과장 1989~1992년 강남병원 정형외과 전문의 1993년 캐나다 토론토대 부속병원 정형외과 임상 및 연구전임의 1994년 삼성서울병원 정형외과 전문의(현) 1997~2002년 성균관대 의대 정형외과학교실 부교수 2001년 대한정형외과학회 총무이사 · 편집위원 2002년 성균관대 의대 정형외과학교실 교수(현) 2005~2011년 삼성서울병원 정형외과장 2005~2007년 同홍보실장 2007년 同인공관절센터장 2011년 同입원과장 2013~2016년 同골관절센터장 2014년 대한고관절학회 회장 2014년 국제고관절학회(International Hip Society) International Hip Surgeon(IHS)(현) 2016년 삼성서울병원 진료부원장(현) 2016~2017년 국제인공관절학회 회장 2018년 대한민국의학한림원 정회원(정형외과학 · 현)

**박윤식(朴崙植) PARK Yun Sik**

(생)1957 · 10 · 8 (출)서울 (주)서울특별시 영등포구 여의대로 56 한화손해보험(주) 비서실(02-316-0200) (학)1976년 경기고졸 1982년 한국외국어대 서반아어과졸 1986년 서강대 경영대학원 무역학과졸 1995년 미국 코넬대 대학원 경영학과졸(MBA) (경)제일은행 팀장, 아더엔더슨코리아 경영컨설팅 이사, 캡제미니언스트영컨설팅 금융부문 이사, 동부화재해상보험(주) 변화관리팀장(상무) 2007년 同경영지원실장(부사장) 2010년 同고객상품지원실장(부사장) 2013년 한화손해보험(주) 대표이사 부사장 2017년 同대표이사 사장(현) (상)한국CFO대상(2008) (종)천주교

**박윤영(朴允泳) PARK Yun Young**

(생)1959 · 5 · 20 (출)경기 화성 (주)경기도 수원시 팔달구 효원로 1 경기도의회(031-8008-7000) (학)2004년 고려대 경영학과졸 (경)법무부 서울보호관찰소 보호위원, 화성문화원 이사 1995~2002년 경기 화성시의회 의원 1999년 경기 화성군수선거 출마 2000년 화성사랑봉사단 회장 2002년 경동대 경영학부 강사 2003년 화성개혁포럼 대표 2003년 자민련 경기오산 · 화성지구당 위원장 2004년 제17대 국회의원선거 출마 2006년 경기도의원선거 출마(열린우리당) 2010년 경기도의회 의원(민주당 · 민주통합당 · 민주당 · 새정치민주연합) 2012년 同농림수산위원회 위원 2014~2018년 경기도의회 의원(새정치민주연합 · 더불어민주당) 2014년 同농정해양위원회 위원 2016~2018년 同농정해양위원회 간사 2017~2018년 同윤리특별위원회 위원장 2017~2018년 同예산결산특별위원회 위원, 협성대 객원교수(현) 2018년 경기도의회 의원(더불어민주당)(현) 2018년 同농정해양위원회 위원장(현) (상)전국시 · 도의회의장협의회 우수의정 대상(2016) (종)기독교

**박윤영(朴倫影) PARK YUN YEONG**

(생)1962 · 4 · 18 (주)서울특별시 종로구 종로3길 33 (주)KT 광화문빌딩 East 기업사업부문(02-3495-3000) (학)서울대 토목공학과졸 1987년 同대학원 토목공학과졸 1992년 토목공학박사(서울대) (경)2014년 KT 융합기술원 미래사업개발그룹장(전무) 2015년 同미래융합사업추진실 미래사업개발단장 2015년 同기업사업컨설팅본부장(전무) 2018년 同기업사업부문장(부사장)(현) 2018년 한국클라우드산업협회 회장(현)

**박윤원(朴潤遠) Park Youn Won**

(생)1957 · 9 · 29 (주)대전광역시 유성구 문지로 193 카이스트 문지캠퍼스 L507&508호 비즈(042-864-4780) (학)1980년 서울대 기계공학과졸 1982년 同대학원 기계공학과졸 1991년 공학박사(프랑스 파리 에콜상트랄대) (경)한국기계학회 부회장 1983~1990년 한국원자력연구소 선임연구원 1999~2002년 한국원자력안전기술원 방사선 · 공학연구실장 2003년 OECD · NEA 규제위원회 위원 2003~2005년 한국원자력안전기술원 안전규제부장 2004년 미국기계학회(ASME) 회원(현) 2008~2009년 IAEA IRRS 점검단 2008~2010년 한국원자력안전기술원 국제원자력안전학교장(부장) 2009년 MDEP정책그룹 한국측 부대표 2009년 IAEA · RCF 운영위원회 위원 2010년 IAEA · ANSN 운영위원회 의장 2011년 한국원자력안전기술원 국제원자력안전협력단장(부장) 2011~2013년 同원장 2013~2016년 한국과학기술원(KAIST) 원자력및양자공학과 초빙교수 2015년 한국원자력문화재단 원자력국민소통자문위원장 2017~2018년 한국에너지정보문화재단 원자력국민소통자문위원장 2018년 비즈(주) 대표(현) (상)대한기계학회 유담학술상(2000), 대통령표창(2002) (종)천주교

**박윤주(朴允珠 · 女) Park, Younjoo**

(생)1965 · 10 · 17 (본)밀양(密陽) (출)서울 (주)충청북도 청주시 흥덕구 오송읍 오송생명2로 187 식품의약품안전평가원 바이오생약심사부(043-719-5051) (학)2001년 약학박사(서울대) (경)2001년 국립독성연구원 보건연구관 2004년 과학기술부 생명해양심의관실 보건연구관 2007년 식품의약품안전청 생물의약품본부 유전자치료제팀장 2008년 同생물의약품국 유전자치료제과장 2009년 식품의약품안전평가원 의료제품연구부 생물의약품연구과장 2010년 식품의약품안전청 바이오생약심사부 첨단제제과장 2012년 同바이오생약국 세포유전자치료제과장 2013년 식품의약품안전평가원 종양약품과장 2014년 同생약제제과장 2015년 同유전자재조합의약품과장 2017년 同바이오심사조정과장 2018년 교육훈련 파견(보건연구관) 2019년 식품의약품안전평가원 바이오생약심사부장(현)

**박윤주(朴潤柱) Park Yoonjoo**

(생)1970 · 10 · 29 (주)서울특별시 종로구 사직로8길 60 외교부 인사기획관실(02-2100-7135) (학)1993년 서울대 외교학과졸 2002년 미국 조지워싱턴대 대학원 국제무역학과졸 (경)1995년 외무고시 합격(29회) 1995년 외무부 입부 2004년 駐미국 1등서기관 2007년 駐이란 참사관 2011년 외교통상부 북미2과장 2013년 駐보스턴 부총영사 2016년 駐호주 참사관 2018년 외교부 북미국 심의관 2019년 同인사기획관(현)

**박윤준(朴倫俊) Park, Yoon-june**

(생)1959 · 1 · 4 (학)1984년 동국대 무역학과졸 (경)1984년 외무고시 합격(18회) 1984년 외무부 입부 1990년 駐태국 2등서기관 1993년 駐이탈리아 2등서기관 1997년 駐프랑스 1등서기관 2001년 외교통상부 정책총괄과장 2003년 駐UN 참사관 2006년 외교통상부 정책기획협력관 2007년 대통령비서실 파견 2008~2011년 駐코트디브와르 대사 2014~2018년 2018평창동계올림픽조직위원회 국제국장 2018~2019년 경기도 국제관계대사

**박윤택(朴潤澤)**

(생)1965 · 3 · 19 (주)서울특별시 중구 퇴계로 385 SK m&service(주)(02-6323-9000) (학)1990년 연세대 경영학과졸 2014년 미국 하버드대 대학원 최고경영자과정(AMP) 수료 (경)1990년 SK네트웍스(舊 선경) 입사 2003~2009년 SK텔레콤(주) 자금팀장 2010~2011년 SK텔링크(주) 경영기획실

ㅂ

장 2011~2013년 SK커뮤니케이션즈(주) CFO(상무) 2014년 SK플래닛(주) GLDP(Global Leadership Development Program) 연구위원 2015년 同코퍼레이션센터장 2015~2016년 SK커뮤니케이션즈(주) 대표이사 2015년 방송통신위원회 인터넷문화정책자문위원회 위원 2017년 SK플래닛 코퍼레이션센터장(전무) 2018년 同경영지원부문장 2019년 SK m&service(주) 대표이사(현)

**박윤해(朴潤海) PARK Yun Hae**

(생)1966·5·28 (본)밀양(密陽) (출)경북 문경 (주)서울특별시 서초구 반포대로28길 28 법무법인 백송(02-582-8600) (학)1983년 김천고졸 1988년 서울대 법과대학졸 1991년 숭실대 법학대학원졸 2005년 법학박사(숭실대) (경)1990년 사법시험 합격(32회) 1993년 사법연수원 수료(22기) 1996년 대한법률구조공단 변호사 1998년 인천지검 부천지청 검사 1999년 청주지검 충주지청 검사 2000년 서울지검 동부지청 검사 2003년 수원지검 성남지청 검사 2005년 대검찰청 검찰연구관 2007년 서울중앙지검 부부장검사 2007년 국가정보원 파견 2008년 청주지검 제천지청장 2009년 사법연수원 교수(부장검사) 2011년 서울중앙지검 형사3부장 2012년 춘천지검 원주지청장 2013년 대구지검 서부지청 차장검사 2014년 서울동부지검 차장검사 2015년 수원지검 평택지청장 2016년 법무연수원 연구위원 2017년 서울고검 검사(법무연수원 연구위원) 2017년 울산지검장 2018~2019년 대구지검장 2019년 법무법인 백송 대표변호사(현) (상)모범검사수상(2002), 법무부장관표창(2004) (종)불교

**박윤흔(朴鈗炘) PARK Yun Heun (淨賢)**

(생)1935·3·30 (본)밀양(密陽) (출)전남 보성 (주)대구광역시 남구 성당로50길 33 대구대학교 이사장실(053-650-8405) (학)1955년 광주고졸 1961년 서울대 법과대학졸 1967년 同대학원 공법학과졸 1971년 미국 캘리포니아대 대학원 수료 1985년 법학박사(고려대) (경)1969년 법제처 총무과장 1970년 同법제관 1978년 同기획관리관 1981~1988년 同차장 1988~1993년 경희대 법학과 교수 1988년 행정개혁위원회 일반행정분과위원회 간사 1992년 한국환경법학회 회장 1993년 한국공법학회 부회장 1993~1994년 환경처 장관 1995년 경희대 법학과 교수 1995년 한국공법학회 회장 1995년 민자당 국책자문위원 1995년 총무처 행정절차법 심의위원회 위원장 1995년 원자력위원회 위원 1996~2004년 중앙토지수용위원회 위원 1996~2000년 대구대 총장 2000~2004년 국민대 법학과 겸임교수 2000~2016년 한국토지보상법연구회 회장 2002년 한나라당 이회창 대통령후보 정책자문단 공동대표 2002~2004년 민주평통 사회문화분과 위원장·상임위원 2004년 한나라당 국책자문위원회 건설·환경·노동분과 위원장, 한국불교대원회 이사장 2006년 조계종 불교인재개발원 상임고문 2006~2015년 한국토지보상협회 회장 2008~2012년 한나라당 국책자문위원회 국토해양환경위원장 2012년 새누리당 국책자문위원회 국토해양환경위원장 2014~2015년 학교법인 영광학원(대구대) 임시이사 2014년 새누리당 국책자문위원회 부위원장 2016년 한국토지보상법연구회 명예회장 2017년 자유한국당 국책자문위원회 위원장 2019년 학교법인 영광학원 이사장(현) (상)대통령표창(1963), 홍조근정훈장(1973), 황조근정훈장(1992), 청조근정훈장(1995) (저)'입법기술 강좌' '믿음과 실천과 오늘의 좌표(共)'(1998) '행정상 손실보상의 주요문제'(1999) '행정조직법 지방행정법 공무원법(共)'(2006) '최신 행정법강의 上·下 개정30판'(2009) '도약(跳躍)의 시대를 함께한 행운'(2014) (종)불교

**박윤희(朴潤姬·女)**

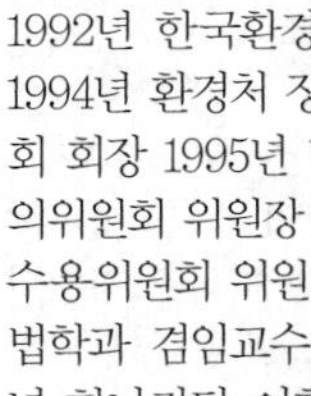

(생)1962·1·3 (주)경기도 고양시 덕양구 중앙로633번길 25 토당청소년수련관 2층 고양시청소년재단(031-810-4000) (학)1980년 서울 성심여고졸 1984년 고려대 국어국문학과졸 2000년 서강대 공공정책대학원 사회복지학과졸 2012년 행정학박사(명지대) (경)여성정치세력민주연대 운영위원, 서울지법 조정위원, 열린우리당 경기도당 상무위원 2002·2006·2010~2014년 경기 고양시의회 의원(열린우리당·민주당·민주통합당·민주당·새정치민주연합), 同여성특별위원장 2006년 同사회산업위원장, 고양시사회복지협의회 이사 2012~2014년 경기 고양시의회 의장 2014년 고양시장 예비후보(새정치민주연합) 2018년 (재)고양시청소년재단 대표이사(현) (종)기독교

**박융수(朴隆洙) Park, Yung Soo**

(생)1965·8·18 (주)서울특별시 관악구 관악로 1 서울대학교 사무국(02-880-5013) (학)1988년 서울대 인문대학 철학과졸 1995년 미국 오하이오대 대학원 교육학과졸 2010년 교육학박사(미국 오하이오대) (경)1988년 행정고시 합격(32회) 1991년 교육부 근무 1991~1993년 서울시립목동도서관 재무과 근무 1996년 서울시교육청 고척고 근무 1996~1997년 아시아유럽정상회의 준비기획단 파견 1997~1999년 교육부 대학학무과·대학제도과 기획예산담당관 1999~2001년 대통령비서실 수석비서관 보좌관·교육비서관실 행정관 2001년 한국방송통신대 독학학위검정부장 2005~2006년 교육인적자원부 학사지원 겸 대학학무과장 2006년 숭실대 전임강사(고용휴직), 연세대 객원교수 2007년 교육인적자원부 기획총괄담당관(부이사관) 2008년 교육과학기술부 장관비서관 2008~2011년 금오공대 총무과장 2011년 대한민국학술원 사무국장(고위공무원) 2011년 교육과학기술부 고위공무원(연세대 고용휴직) 2012~2014년 강릉원주대 사무국장·교육부 평생직업교육국장·교육부 지방교육지원국장 2015~2018년 인천시교육청 부교육감 2017~2018년 同교육감 직대 2019년 서울대 사무국장(관리관)(현) (상)미국 ISEP(International Society for Educational Planning)수여 '올해의 우수 박사논문상'(2010), 홍조근정훈장(2013)

**박은경(朴銀瓊·女) Park, Eun-Kyung**

(생)1946·6·16 (본)고령(高靈) (출)경기 수원 (주)경상남도 통영시 용남면 용남해안로 116 통영RCE 세자트라숲 통영시지속가능발전교육재단(055-650-7400) (학)1964년 경기여고졸 1968년 이화여대 영어영문학과졸 1971년 미국 미시간주립대 대학원 인류학과졸 1974년 同대학원 동남아시아학과졸 1977년 同대학원 인류학 박사과정 수료 1981년 문학박사(이화여대) (경)1968~1969년 이화여대 총장 비서 1969~1971년 미국 미시간대 Barbour Scholar(전액 장학생) 1971~1974년 미국 미시간주 Ann Arbor 한국인학교 한국문화 강사 1978~1981년 서울대 인류학과 강사 1978~1998년 이화여대 인류학 강사 1981~1982년 일본 동경대 인류학과 방문교수 1984~1985년 미국 워싱턴대 인류학과 방문교수 1991~2000년 대한YMCA연합회 상임위원 1996년 독일 뮌헨대 비교문화연구소 객원교수 1999~2001년 여성환경연대 공동대표 1999~2007년 세계YWCA연합회 부회장 1999~2012년 환경과문화연구소 소장 2001~2009년 환경정의시민연대 공동대표 2001~2003년 대통령자문 지속가능발전위원회 위원 2002~2005년 사회운동학회 회장 2003년 UNEP Governing Council of Ministerial Meeting Global Civil Society Forum 의장 2003년 同Subregional Environment Policy Dialogue 자문역 2003~2004년 대통령직속 국가균형발전위원회 위원·대통령자문 국민경제자문회의 위원 2004~2006년 대통령자문 지속가능발전위원회 대외협력분과 전문위원·서울시 녹색서울시민위원회 지속가능발전위원장 2005~2018년 연세대 동서문제연구원 RCE센터장 2005~2018년 同동서문제연구원 객원교수 2006~2008년 대한YWCA연합회 회장 2006년 UN 지속가능발전교육통영센터 운영위원장 2009~2012년 한국물포럼 총재 2009년 세계물위원회 집행이사 2009~2018년 유네스코 지속가능발전교육(ESD)위원회 초대 위원장 2010년 통영시지속가능발전교육재단 이사장(현) 2010~2015년 UN대 고등교육원(IAS) 이사 2011년 외교통상부 수자원협력대사 2012~2018년 유네스코 한국위원회 부위원장 2013~2014년 외교부 수자원협력대사 2015년 유네스코 연세대 석좌교수(지속가능발전교육) (상)대통령표

창(2003), 국민훈장 동백장(2013) (저)'한국 화교의 종족성'(1986) '세계 여성 운동의 어제와 오늘'(2001) (역)'동남아시아의 화교'(1993) (작)'박은경 환경 컬럼' '창조 문화를 위한 생명운동' (종)기독교

### 박은경(朴恩卿 · 女) PARK Eun Kyung

(생)1959 · 11 · 1 (주)부산광역시 사하구 낙동대로 550번길 37 동아대학교 인문과학대학 고고미술사학과(051-200-7154) (학)1985년 동아대 사학과졸 1988년 同대학원졸 1994년 문학박사(일본 九州大) (경)1985~1989년 동아대 박물관 조교 · 연구원 1992년 同인문과학대학 고고미술사학과 전임강사 · 조교수 · 부교수 · 교수(현) 1998년 한국미술사학회 평의원 2000년 부산시 문화재전문위원 2001년 경남도 문화재전문위원 2001년 문화재청 문화재전문위원 2009년 동아대 고고미술사학과장 2010~2014년 同인문과학대학 부학장 2014년 同인문과학대학장(현) 2017년 문화재청 문화재위원회 동산문화재분과 위원 2019년 전국사립대인문대학장협의회 회장(현) 2019년 인문학및인문정신문화진흥심의회 민간위촉위원(현) (상)우현학술상(2009), 눌원문화상 인문과학부문 학술상(2013), 부총리 겸 교육부장관표창(2016) (저)'중등학교미술과1 · 2급정교사자격연수교재'(1997) '중등학교미술과 일반연수교재'(1997) '중등학교역사과1급정교사자격연수교재'(1998) '민족문화의 이해'(2000) '중등학교역사과1급정교사자격연수교재'(2000) '문화유산해설사 교육'(2001) '조선 전반기 미술의 대외교섭(空)'(2006, 예경) '한국의 미, 최고의 예술품을 찾아서(空)'(2007, 돌베게) '복천사의 역사와 문화(空)'(2008, 경성대학교부설 한국학연구소) '조선 전기 불화연구'(2008, 시공아트) '미술사, 자료와 해석(空)'(2008, 일지사) '韓國 · 朝鮮の繪畵(空)'(2008, 平凡社) '알기쉬운 한국미술사(空)'(2009, 미진사) '범어사의 불교미술(空)'(2011, 선인) '한국역대서화가사전(空)'(2011, 국립문화재연구소 미술문화재연구실) '영남지역 전통사찰불전벽화의(空)'(2017, 세종출판사)

### 박은석(朴銀錫) PARK Eun Seok

(생)1963 · 11 · 10 (출)충북 청원 (주)서울특별시 서초구 서초대로 250 스타갤러리브릿지 7층 법무법인 중부로(02-6672-0001) (학)1982년 청주 세광고졸 1987년 서울대 법과대학졸 1989년 同대학원 법학과졸 1999년 미국 Stanford Law School Visiting Scholar 장기연수 2009년 고려대 법무대학원 연구과정(국제거래법학과) 수료 (경)1988년 사법시험 합격(30회) 1991년 사법연수원 수료(20기) 1991년 軍법무관 1994년 서울지검 남부지청 검사 1996년 춘천지검 강릉지청 검사 1997년 서울지검 검사 2001년 부산지검 검사 2003년 창원지검 부부장검사 2004년 駐미국 법무협력관 2007년 법무부 국제법무과장 2008년 서울중앙지검 조사부장 2009년 법무연수원 교수 2009년 서울고검 검사 2009년 법무부 정책기획단장 2010년 수원지검 여주지청장 2011년 대구지검 제2차장검사 2012년 창원지검 차장검사 2013~2014년 서울고검 검사 2013~2014년 국민권익위원회 법무보좌관(파견) 2014년 금융감독원 감찰실 국장 2016~2018년 同자본시장조사1국장 2018년 법무법인 중부로 대표변호사(현) (상)검찰총장표창(2002), 국무총리표창(2014)

### 박은수(朴殷秀) PARK Eun Soo

(생)1956·9·15 (출)대구 (주)서울특별시 강남구 테헤란로 518 섬유센터 12층 법무법인 율촌(02-528-5940) (학)1975년 대구 계성고졸 1979년 서울대 법학과졸 2011년 사회복지학박사(강남대) (경)1980년 사법시험 합격(22회) 1982년 사법연수원 수료(12기) 1983년 대구지법 판사 1986년 마산지법 판사 1988년 변호사 개업 1988~2004년 법무법인 백두 변호사 1991년 대구자원봉사지원센터 소장, 대구시 장애인고용대책위원장 2004~2008년 한국장애인고용촉진공단 이사장 2004년 빈부격차차별시정위원회 민간위원 2004년 문화관광부 문화헌장제정위원회 위원 2005년 문화방송(MBC) 시청자위원회 위원 2005년 광복60주년기념사업추진위원회 위원, 법무법인 다래 변호사 2008년 제18대 국회의원(비례대표, 통합민주당·민주당·민주통합당) 2008년 국회 보건복지위원회 위원 2008년 민주당 장애인위원장 2009년 同법률담당 원내부대표 2010년 국회 법제사법위원회 위원 2010~2012년 국회 보건복지위원회 위원 2011년 민주당 제5정책조정위원장 2011년 (사)한국성년후견지원본부 고문(현) 2012년 민주통합당 장애인위원장 2012년 법무법인 율촌 고문(현) 2013년 민주당 전국청년위원장 2014년 한국장애인재활협회 이사(현) 2014~2019년 서울시장애인체육회 부회장 2015~2016년 서울중앙지법 제4기 시민사법위원회 위원 (상)자랑스러운 대구시민상(2004) (저)'나는 눈물나는 해피엔딩이 좋다'(1997) '알고 이용하자! 성년후견제도'(2012, 나남) (종)기독교

### 박은숙(朴恩淑 · 女) Park Eun Sook

(생)1957 · 11 · 13 (본)밀양(密陽) (주)서울특별시 서대문구 연세로 50-1 연세대학교 세브란스병원 재활병원 재활의학과(02-2228-3712) (학)1982년 연세대 의대졸 1985년 同대학원 의학석사 1991년 의학박사(연세대) (경)1986~2003년 연세대 의대 연구강사 · 전임강사 · 조교수 · 부교수 1995년 미국 Univ. of Texas Houston Visiting Scientist 1997년 연세대 의대 재활의학연구소 상임연구원(현) 1998년 同세브란스병원 재활의학과장 2000년 同세브란스병원 재활병원 진료부장 2003년 同의대 재활의학교실 교수(현) 2005~2011년 同세브란스병원 재활병원장 2010년 대한소아재활발달의학회 회장 (종)기독교

### 박은식(朴殷植)

(생)1965 (출)경북 고령 (주)강원도 춘천시 동내면 세실로 49 강원지방경찰청 정보화장비과(033-254-2976) (학)계성고졸, 고려대 법학과졸 (경)1999년 경위 임용(경찰 간부후보 47기), 강원지방경찰청 경비교통과 근무, 강원 고성경찰서 근무, 서울지방경찰청 21기동대장, 경찰청 경리계장, 同고시계장 2017년 강원지방경찰청 청문감사담당관 2017년 同치안지도관(총경 · 교육파견) 2018년 강원 평창경찰서장(총경) 2019년 강원지방경찰청 정보화장비과장(현) (상)근정포장(2019)

### 박은영(朴恩瑛) PARK Eun Young

(생)1965 · 6 · 8 (출)경북 경주 (주)서울특별시 종로구 사직로8길 39 세양빌딩 김앤장법률사무소 국제통상 · 중재팀(02-3703-1039) (학)1984년 영진고졸 1988년 서울대 법과대학 법학과졸 1998년 同법과대학원 법학(경제법)과졸 2000년 미국 뉴욕대 법학대학원졸 2003년 법학박사(미국 뉴욕대) (경)1988년 사법시험 합격(30회) 1991년 사법연수원 수료(20기) 1991~1994년 軍법무관 1994~1996년 서울지법 판사 1996년 同서부지원 판사 1997년 김앤장법률사무소 국제통상 · 중재팀장(변호사)(현) 1997년 OECD 부패방지협약합동협상대표단(재정경제부 · 외무부 · 법무부 · 상공부) 자문변호사 1998년 금융감독위원회 구조개혁기획단 자문변호사 1998년 同보험경영평가위원 1999~2006년 대외경제연구원 공정경쟁부패분과 대외경제전문위원 2005~2007년 부패방지위원회 대외협력자문위원 2005년 대한상사중재원 중재인(현) 2007년 ICC 한국위원회 국제중재분과위원회 상임위원(현) 2009년 싱가포르국제중재원(SIAC) 중재인 2009년 국제중재변론재단(FIAA, 스위스) 집행임원(현) 2009년 세계은행 국제투자분쟁해결센터(ICSID) 조정인(현) 2010년 두바이국제중재원(DIAC) 중재인(현) 2010~2016년 성균관대 법학전문대학원 초빙교수 2010~2012년 국민권익위원회 정책자문위원 2011~2014년 대한중재인협회 부회장 2012년 영국 런던국제중재법원(LCIA) 상임위원 2012~2014년 공군 정책자문위원 2013~2016년 영국 런던국제중재법원(LCIA) 아시아태평양평의회 의장 2013~2015년 국제변호사협회(IBA) 중재위원회 부의장 2013~2014년 同아시아태평양중재그룹 공동의장 2013

~2016년 싱가포르국제중재원(SIAC) 이사 2014~2015년 세계변호사협회 아시아태평양중재그룹 초대 의장 2015년 싱가포르국제중재법원 상임위원(현) 2015년 영국 런던국제중재법원(LCIA) 부원장(현) (저)'자동차 및 산업재해 소송실무(共)'(1994, 서울지방법원) '미국의 이란제재법 분석 및 해외건설대응전략연구(共)'(2010, 지식경제부) '나는 세계로 출근한다'(2012, 21세기북스)

### 박은영(朴恩永)

(생)1973·12·31 (출)충북 청주 (주)서울특별시 서초구 서초중앙로 157 서울고등법원(02-530-1114) (학)1992년 충북고졸 2001년 서울대 사회학과졸 (경)2000년 사법시험 합격(42회) 2003년 사법연수원 수료(32기) 2003년 수원지법 예비판사 2004년 서울고법 예비판사 2005년 서울중앙지법 판사 2007년 광주지법 목포지원 판사 2007년 광주지법 판사 2010년 수원지법 성남지원 판사 2013년 서울북부지법 판사 2016년 서울중앙지법 판사 2018년 울산가정법원 부장판사 2019년 서울고법 판사(현)

### 박은용(朴恩用) PARK Eun Yong

(생)1942·6·29 (출)충북 영동 (주)대전광역시 중구 어덕마을로 1-18 (주)한일 비서실(042-252-5151) (학)충북 영동고졸 (경)애국흑판 상무이사 1974~1987년 한일산업사 설립·대표 1988~2007년 (주)한일 대표이사 사장 1994년 同중국법인 웨이팡 한일피혁복장유한공사 총경리, 향우자동차운전전문학원 회장 2005~2015년 한국무역협회 대전충남무역상사협의회장 2007년 중소기업중앙회 '중소기업을 빛낸 얼굴들'에 선정 2007년 대통합민주신당 대전선거대책위원회 중소기업강국위원회 고문 2007년 (주)한일 대표이사 회장(현) 2009~2011년 한국무역협회 부회장 2015년 同대전충남무역상사협의회 명예회장(현) (상)500만달러 수출탑 대통령표창(1990), 1천만달러 수출탑 대통령표창(1993), 대전시 경제대상 수출부문 장려상(1995), 동탑산업훈장(1997), 대통령표창(1997), 우수납세자 대전지방국세청장표창(2000), 2천만달러 수출탑 산업자원부장관표창(2004), 제40회 납세자의 날 대전지방국세청장표창(2006), 한국무역협회 창립60주년기념 한국무역협회장표창(2006), 중소기업중앙회 3월의 자랑스러운 중소기업인상(2007), 충북영동초총동문회 자랑스런 동문상(2007), 한국국제통상학회 국제통상진흥상, 제42회 납세자의 날 국세청장표창(2008)

### 박은재(朴殷載) PARK Eun Jai

(생)1967·7·11 (출)서울 (주)서울특별시 강남구 테헤란로 518 섬유센터 12층 법무법인 율촌(02-528-5099) (학)1986년 관악고졸 1991년 서울대 법학과졸 1993년 同대학원 법학과졸 (경)1992년 사법시험 합격(34회) 1995년 사법연수원 수료(24기) 1995년 서울고검 공익법무관 1997년 춘천지검 영월지청 공익법무관 1998년 서울지검 서부지청 검사 2000년 춘천지검 속초지청 검사 2001년 광주지검 검사 2001년 미국 펜실베니아대 법학대학원 방문학자 2004년 법무부 법무심의관실 검사 2006년 서울중앙지검 검사 2007년 광주지검 순천지청 부부장검사 2008년 대검찰청 연구관 2009년 대구지검 의성지청장 2010년 대검찰청 공판송무과장 2011년 법무부 국제형사과장 2012년 서울중앙지검 형사6부장 2013년 대검찰청 연구관 2013년 同미래기획단장 겸 국제협력단장 2014년 부산고검 검사 2014년 법무법인 율촌 변호사(현)

### 박은정(朴恩正·女) PAK Un Jong

(생)1952·10·3 (본)반남(潘南) (출)경북 안동 (주)세종특별자치시 도움5로 20 국민권익위원회(044-200-7001) (학)1970년 경기여고졸 1974년 이화여대 법학과졸 1978년 법학박사(독일 프라이부르크대) (경)1980~1990년 이화여대 법학과 조교수·부교수 1990년 미국 하버드대 옌칭연구소 객원연구원 1990~2004년 이화여대 법학과 교수 1994년 참여연대 사법감시센터 소장 1997년 교육부 교육개혁자문위원 1997년 사법시험 출제위원 1997년 한국생명윤리학회 부회장 1997~1999·2002~2005년 학교법인 한성학원 이사 1998~2002년 한국법철학회 회장 1998~2004년 UNESCO 국제생명윤리위원회(IBC) 위원 1999년 정부출연연구기관연합이사회 이사 1999~2002년 경찰위원회 위원 1999~2001년 국무총리 행정심판위원 2000~2002년 참여연대 공동대표 2000~2002년 대통령소속 의문사진상규명위원회 위원 2001년 이화여대 법학연구소장 2002년 '인간개체복제금지 협약 성안을 위한 유엔특별위원회' 정부대표 2002~2009년 대한임상연구심의기구협의회 부회장 2002~2007년 세포응용연구사업단윤리위원회 위원장 2003~2005년 문화재청 문화재위원 2003~2006년 한국도로공사 이사 2004~2017년 서울대 법학전문대학원 교수 2004~2007년 중앙인사위원회 비상임위원 2004년 아시아생명윤리학회(ABA) 부회장 2004~2005년 교육인적자원부 대학자율화구조개혁위원회 위원 2005~2006년 서울대 생명윤리심의위원회 위원장 2005년 대한적십자사 인도법자문위원회 위원 2005년 경제인문사회연구회 이사 2006~2009년 법무부 감찰위원회 위원 2006년 서울대 기초교육원장 2007년 수도권대학특성화사업단협의회 회장 2008~2014년 한국인권재단 이사장 2008년 대한법률구조공단 비상임이사 2009년 대한연구윤리심의기구협의회 부회장 2010~2013년 유네스코 아·태 국제이해교육원(APCEIU) 이사 2010년 아세아여성법학연구소 소장 2013~2017년 법무부 국가인권정책국민점검단 의장 2017년 국회 헌법개정특별위원회 자문위원 2017년 국민권익위원회 위원장(장관급)(현) 2017년 세계옴부즈만협회(IOI) 아시아지역 이사(현) 2018년 국제반부패아카데미(IACA) 집행이사회 이사(현) (상)대한민국 학술원상(2002), 홍조근정훈장(2002) (저)'자연법사상'(1987) '현대의 사회문제와 법철학'(1993) '법학입문'(共) '5.18 법적 책임과 역사적 책임'(1995, 이화여대 출판사) '인권과 연구윤리'(1999) '생명공학시대의 법과 윤리'(2001) '자연법과 실질적 정의'(2001) '법치국가와 시민 불복종'(2001) '줄기세포연구의 윤리와 법정책'(2004) '세계 각 국의 줄기세포 연구정책과 규제(共)'(2005) '지구화시대 여성주의 대안가치(共)'(2005) 'NGO와 법의 지배(共)'(2006) '줄기세포연구자를 위한 생명윤리(共)'(2007) '법철학의 문제들'(2007) '자연법의 문제들'(2007) (역)'라드브루흐의 법철학' '법철학과 법사학(共)'(1983)

### 박은정(朴恩貞·女) PARK Eun Jeong

(생)1962·5·14 (본)함양(咸陽) (출)전북 익산 (주)전라북도 전주시 덕진구 가련산로 99 원광대 전주한방병원 소아과(063-270-1019) (학)1985년 원광대 한의학과졸 1987년 同대학원 한의학과졸 1990년 한의학박사(원광대) (경)1985~1987년 대구 문성한방병원 수련의 1987~1988년 원광대 광주한방병원 전공의 1988~2002년 同한의과대학 전임강사·조교수·부교수 1988~1989년 同익산한방병원 소아과장 1988년 대한한방소아과학회 정회원(현) 1989년 원광대 전주한방병원 소아과장(현) 1994년 대한한방소아과학회 감사 2002년 원광대 한의과대학 교수(현) 2015~2019년 대한한방소아과학회 고문 2019년 同감사(현) (저)'한방소아과학(共)'(2001) '동의소아과학(共)'(2002) (종)여호와의 증인

### 박은정(朴恩貞·女)

(생)1972·1·15 (출)경북 구미 (주)서울특별시 양천구 신월로 390 서울남부지방검찰청 총무과(02-3219-4524) (학)1990년 원화여고졸 1994년 이화여대 법학과졸 (경)1997년 사법시험 합격(39회) 2000년 사법연수원 수료(29기) 2000년 수원지검 검사 2002년 춘천지검 원주지청 검사 2003년 대구지검 검사 2005년 서울서부지검 검사 2006~2009년 국가청소년위원회 파견 2011년 인천지검 부천지청 검사 2013년 同부천지청 부부장검사 2013년 춘천지검 부부장검사 2014년 수원지검 부부장검

사(법무연수원 교수 파견) 2016년 인천지검 공판송무부장 2017년 서울동부지검 공판부장 2018년 同여성아동범죄조사부장 2018년 서울중앙지검 여성아동범죄조사부장 2019년 서울남부지검 부부장검사(현) 2019년 한국형사정책연구원 파견(현)

**박은철(朴恩澈) PARK, Eun-Cheol (有心)**

(생)1962·1·7 (본)밀양(密陽) (주)서울특별시 서대문구 연세로 50-1 연세대학교 의과대학 예방의학교실(02-2228-1862) (학)1986년 연세대 의대졸 1989년 同대학원 보건학과졸 1996년 보건학박사(연세대) 2001년 미국 존스홉킨스대 보건대학원 박사후과정 수료 (경)1993~2003년 연세대 의대 예방의학교실 전임강사·조교수 2003~2006년 국립암센터 연구소 책임연구원 2004~2006년 건강보험심사평가원 조사연구실장 2006~2011년 국립암센터 국가암관리사업단장 2008~2009년 대한의사협회 의료정책연구소장 2010년 아·태암예방학술지 부편집장 2011년 연세대 의대 예방의학교실 교수(현) 2011년 同보건대학원 보건정책관리학과 교수(현) 2011년 한국의료지원재단 지원위원회 위원(현) 2012~2014년 국민건강보험공단 재정운영위원회 위원 2012~2018년 한국보건의료연구원 연구기획관리위원회 위원 2013년 연세대 보건정책·관리연구소장(현) 2014~2018년 同의대 예방의학교실 주임교수 2015년 대한민국의학한림원 정회원(현) 2017년 한국보건행정학회 편집위원장(현) 2018년 연세대 의과학연구처장·의료원산학협력단장(현) 2019년 한국보건행정학회 부회장(현) (상)국민포장(2011) (저)'의료보장론(編)'(2009, 신광출판사) '국가암관리사업 이론과 실제(編)'(2010, 국립암센터) (종)기독교

**박은하(朴銀夏·女) Park Enna**

(생)1962·2·23 (출)대구 (주)서울특별시 종로구 사직로8길 60 외교부 인사운영팀(02-2100-7138) (학)1984년 연세대 사학과졸 1989년 미국 컬럼비아대 대학원 국제관계학과졸 (경)1985년 외무고시 최초 여자 수석합격(19회) 1985년 외무부 입부 1989년 駐인도 2등서기관 1995년 駐유엔대표부 2등서기관 1996년 駐뉴욕 영사 2000년 대통령비서실 파견 2001년 외교통상부 기획조사과장 2002년 同지역협력과장 2003년 駐중국 참사관 2006년 駐유엔대표부 공사참사관 2010년 미국 컬럼비아대 연수 2011년 외교통상부 개발협력국장 2013년 외교부 개발협력국장 2014년 駐중국 경제공사 2017년 외교부 공공외교대사 2018년 駐영국 대사(현) (상)근정포장(2009)

**박은학(朴銀鶴)**

(생)1964 (출)경북 상주 (주)서울특별시 관악구 문성로 187 관악세무서(02-2173-4241) (학)김천고졸, 세무대학졸 (경)세무공무원 임용(8급 특채) 2007년 중부지방국세청 행정계 근무 2009년 경기 수원세무서 소득세과장 2011년 중부지방국세청 조사1국 근무 2013년 同감사관실 근무 2015년 同조사1국 근무 2015년 강원 속초세무서장 2016년 중부지방국세청 조사4국 조사1과장 2017년 경기 파주세무서장 직대 2017년 경기 성남세무서장 2019년 서울 관악세무서장(현) (상)국무총리표창(2007), 대통령표창(2013)

**박은희(朴恩熙·女) PARK Eun Hee**

(생)1952·11·30 (본)밀양(密陽) (출)서울 (주)서울특별시 광진구 동일로 180 한국페스티발앙상블(02-501-8477) (학)1975년 미국 맨해튼음악대학졸 1981년 서울대 대학원졸 (경)한국음악협회 이사, 한국종합예술학교 재단이사 1986년 한국페스티발앙상블 대표(현) 2012~2017년 디큐브아트센터 극장장 (상)문화부장관표창, 대한민국문화예술상 음악부문(2009), 한국공연예술경영인협회 공연예술경영상 대상(2012) (종)기독교

**박은희(朴恩希·女) PARK Eun Hee**

(생)1959·3·5 (본)밀양(密陽) (출)서울 (주)경기도 포천시 호국로 1007 대진대학교 신문방송학과(031-539-1704) (학)1977년 성신여고졸 1981년 서강대 신문방송학과졸 1983년 同대학원 신문방송학과졸 1995년 신문방송학박사(서강대) (경)1995~1997년 한국방송영상산업진흥원 선임연구원, 한국언론학회 언론학보 편집이사, 경기북부지역발전위원회 기획행정위원, 방송위원회 중계유선방송 전환사업승인 심사위원, 한국방송영상산업진흥원 우수파일럿프로그램제작비지원사업 심사위원장, 미국 플로리다주립대 방문교수 1997~2009년 대진대 사회과학대학 신문방송학과 전임강사·조교수·부교수 2007~2008년 한국여성커뮤니케이션학회 회장 2009~2010년 방송통신위원회 방송평가위원 2009년 대진대 사회과학대학 신문방송학과(現미디어커뮤니케이션학과) 교수(현) 2012~2016년 방송통신위원회 방송분쟁조정위원회 위원 2019년 연합뉴스 경기취재본부·경기북부취재본부 콘텐츠자문위원(현) (저)'매스미디어 탐구' '포스트모던 조건과 수용자 정체성에 관한 연구'

**박을종(朴乙鍾) PARK Eul Jong**

(생)1957·2·17 (출)경북 포항 (주)서울특별시 성동구 뚝섬로1길 43 성수종합사회복지관(02-2204-9900) (학)1982년 한양대 법정대학 행정학과졸 1984년 同대학원 행정학과졸 1996년 중앙대 사회개발대학원 사회복지학과졸 2004년 성균관대 대학원 사회복지학 박사과정 수료 (경)1984~1989년 서울장애인올림픽대회 조직위원회 기획과장 1989~1998년 한국장애인복지진흥회 연구개발실장 1998~2008년 한양대·성균관대 사회복지학과 겸임교수 1999년 사회복지공동모금회 배분위원·기획위원 1999년 한국장애인단체총연맹 초대 사무처장 2002~2008년 성내종합사회복지관 관장 2006년 지구촌나눔운동 감사 2006~2008년 서울시사회복지관협회 수석부회장 2006~2008년 한국사회복지관협회 이사 2006년 한양사이버대 사회복지학과 겸임교수(현) 2008~2017년 한국재활복지공학회 재활임상분야 부회장 2008년 서울시재활체육협회 상임부회장 2009~2010년 사회복지공동모금회 사무총장 2012년 성수종합사회복지관 관장(현)

**박의숙(朴宜淑·女) PARK Eui Sook**

(생)1946·10·14 (출)부산 (주)서울특별시 마포구 양화로 45 (주)세아네트웍스 회장실(02-6970-1500) (학)이화여고졸, 이화여대 불어불문학과졸 1992년 연세대 경영대학원졸 (경)1990년 해덕기업 이사 1991~1992년 同대표이사 1992~2013년 세아네트웍스 대표이사 사장, 세아금속 대표이사, (주)코암정보통신 사장, 세아정보통신 대표이사 1994년 세아메탈 대표이사(현) 2007년 드림라인 대표이사 2014년 (주)세아네트웍스 대표이사 회장(현) 2014년 세아홀딩스 대표이사 부회장 겸임(현)

**박의준(朴義俊) PARK Eui Jun**

(생)1959·9·20 (본)밀양(密陽) (출)경북 구미 (주)서울특별시 중구 세종대로7길 56 중앙일보마케팅 임원실(02-751-9471) (학)1978년 경북대사대부고졸 1985년 성균관대 신문방송학과졸 (경)1995년 중앙일보 경제부 기자 1998년 同경제부 차장 1999년 同기획취재팀 차장 2000년 同편집국 편집위원 2001년 同증권팀장 2003년 同정책사회부장 2004년 同정책기획부장 2004년 同경제부장 2006년 同편집국 사회부문 부에디터 2007년 중앙일보시사미디어(주) 포브스코리아 대표이사 2008년 同글로벌사업부(뉴스위크·포브스코리아부문) 대표 2008년 중앙일보 경제에디터 2009년 同경제에디터(부국장대우) 2011년 同경제연구소장 2011년 同경영지원실장 2012년 同경영지원실장(이사대우) 2013년 同광고사업본부장(이사) 2013년 한국신문협회 광고협의회 부회

장 2015년 JTBC 경영총괄 상무 2016년 同경영기획 및 지원총괄 전무 2017년 중앙일보 경영기획 및 지원총괄 전무 2018년 중앙일보마케팅(주) 대표이사(현) (상)관훈언론상, 한국기자상 (저)'조선민주주의 인민공화국' '떠오르는 재계 새별'

### 박이규(朴二奎) PARK Iee Kyu

(생)1969 · 7 · 5 (본)밀양(密陽) (출)경남 함안 (주)강원도 춘천시 공지로 284 춘천지방법원(033-259-9000) (학)1987년 마산 경상고졸 1991년 서울대 법과대학졸 (경)1990년 사법시험 합격(32회) 1993년 사법연수원 수료(22기) 1996년 서울지법 판사 1999년 同남부지원 판사 2000년 춘천지법 원주지원 판사 2001년 同횡성군법원 판사 2003년 서울지법 판사 2004년 서울고법 판사 2005년 대법원 재판연구관 2010년 춘천지법 강릉지원장 2011년 인천지법 부장판사 2013년 서울중앙지법 부장판사 2016년 서울북부지법 부장판사 2018년 춘천지법 부장판사(현)

### 박이라(朴易羅 · 女) PARK YI RA

(생)1978 · 10 · 27 (출)부산 (주)부산광역시 금정구 무학송로 158 (주)세정 임원실 (학)세종대 경제학과졸, 미국 페이스대 대학원 경영학 석사과정(MBA) 수료 (경)2005년 (주)세정 입사 2006년 (주)세정과 미래 총괄이사 2007년 同대표이사(현) 2013년 세정 상무이사, 同비서실담당 임원, 同웰메이드사업본부 임원, 同마케팅홍보실 임원, 同구매생산조직담당 임원 2016년 (주)세정 최고운영책임자(COO · 부사장) 2019년 同사장(현) 2019년 세정CCR 대표이사(현)

### 박익근(朴翼根) PARK Ik Keun

(생)1958 · 1 · 24 (출)경북 (주)서울특별시 노원구 공릉로 232 서울과학기술대학교 기계 · 자동차공학과(02-970-6944) (학)1984년 한양대 기계공학과졸 1987년 同대학원 정밀기계공학과졸 1991년 정밀기계공학박사(한양대) (경)1993~1994년 일본 니혼대(日本大) 생산공학부 첨단화상계측연구실 방문연구원 1995~2010년 서울산업대 공과대학 기계공학과 조교수 · 부교수 · 교수 1995년 한국공작기계학회 총무이사 · 감사 1998년 한국비파괴검사학회 총무이사 · 사업이사 2001년 대한전기협회 비파괴검사분과위원회 부위원장 2001년 기술표준원 산업표준심의회 위원 2002~2003년 Ultrasonic NDE Lab Department of Engineering Science and Mechanics The Pennsylvania State Univ. 방문교수 2006년 서울산업대 공동실험실습관장 2007년 同교육지원실장 2010년 서울과학기술대 기계 · 자동차공학과 기계공학프로그램 교수(현) 2015~2017년 同산학연구본부장 겸 산학협력단장 2016~2017년 同대외협력본부장 2016~2017년 同연구산학부총장 (상)한양학술상(2004) (저)'비파괴검사개론'(2000) '비파괴평가공학'(2001) '비파괴 시험-검사'(2004) '에너지 설비 비파괴[수명평가] 기술'(2004) '에너지 설비 첨단 비파괴 진단 기술'(2005) '용접기초와 실무과정'(2005) '에너지 시스템 진단공학'(2005) '비접촉 비파괴진단기술 및 표준화'(2006)

### 박인구(朴仁求) PARK In Koo

(생)1946 · 11 · 8 (본)밀양(密陽) (출)광주 (주)서울특별시 서초구 마방로 68 (주)동원 비서실(02-589-3201) (학)1975년 조선대 법학과졸 1977년 同대학원 국제법학과졸 1983년 미국 서던캘리포니아대 대학원 재무행정학과졸 (경)1977년 행정고시 합격(21회) 1981년 미국 콜로라도대 경제연구소 연구원 1994년 상공자원부 지역협력과장 1994년 통상산업부 지역협력담당관 1995년 同전자기기과장 1996년 同전자부품과장 1997년 동원정밀(주) 부사장 1997년 同대표이사 사장 2000~2006년 (주)동원F&B 대표이사 사장 2003년 한국SCM(공급망관리)민관합동추진위원회 제조업계 공동위원장 2006년 (주)동원 부회장(현) 2009~2012년 한국식품공업협회 회장 2010년 전주국제발효식품엑스포(IFFE) 조직위원장 2012~2016년 (재)한식재단 비상임이사 2012~2016년 한국식품산업협회 회장 2014년 조선대 석좌교수 2015년 (주)KT스카이라이프 사외이사 겸 감사위원장(현) 2017년 駐韓뉴질랜드 명예영사(현) 2018년 한국무역협회 비상근부회장(현) (상)대통령표창, 국무총리표창, 외무부장관표창, 대한민국해양대상(2011), 동탑산업훈장(2016) (종)기독교

### 박인국(朴仁國) Park, In kook

(생)1951 · 8 · 15 (본)밀양(密陽) (출)부산 (주)서울특별시 강남구 테헤란로 211 한국고등교육재단 사무총장실(02-552-3641) (학)1971년 경남고졸 1975년 서울대 중어중문학과졸 1980년 同대학원 법학과졸 (경)1978년 외무고시 합격(12회) 1981~1984년 駐뉴욕 영사 1984년 외무부 북미국 근무 1986년 駐사우디아라비아 1등서기관 1989년 외무부 장관비서관 1991년 駐미국대사관 1등서기관 1994년 외무부 유엔2과장 1994년 同군축원자력과장 1996년 대북한경수로사업지원기획단 국제협력부장 1999년 EU대표부 공사참사관 2002년 외교통상부 장관보좌관 2002~2003년 대통령 국제안보비서관 2003년 駐쿠웨이트 대사 2005년 駐제네바대표부 군축 · 인권담당 차석대사 2006년 제네바군축회의(CD) 의장 2006년 외교통상부 외교정책실장 2007년 同다자외교실장 2007년 아프가니스탄 인질구출을 위한 정부현지교섭 대표단장 2008~2011년 駐유엔대표부 대사(제22대) 2008년 유엔 경제사회이사회(ECOSOC) 부의장 2009~2011년 同평화구축위원회(PBC) 부의장 2009~2011년 駐유엔총회 제2위원회(경제 · 금융 · 환경) 의장 2010~2011년 유엔 지속가능발전정상회의(Rio+20)준비위원회 공동의장 2011년 한국고등교육재단 사무총장(현) 2011년 아 · 태연구센터(북경대 · 청화대 · 복단대 · 절강대 · 중국사회과학원) 공동이사장(현) 2011년 베이징포럼 · 상하이포럼 공동조직위원장(현) 2018년 최종현학술원 원장(현) (상)황조근정훈장(2011) (종)기독교

### 박인규(朴仁奎) PARK In Kyu

(생)1956 · 2 · 16 (출)서울 (주)서울특별시 마포구 양화로10길 49 프레시안(02-722-8494) (학)1975년 경기고졸 1979년 서울대 자연대학 해양학과졸 (경)1983년 경향신문 입사 1995년 同워싱턴특파원 1998년 同국제부 차장 2000년 同매거진X부장 2001년 同편집위원 겸 미디어팀장 2001년 프레시안 편집국장 2003년 同대표이사 사장 2007년 同편집국장 겸 편집부문 대표 2010년 同대표이사 사장 2013년 同이사장(현)

### 박인균(朴仁均)

(생)1961 · 8 · 16 (주)강원도 춘천시 중앙로 1 강원도의회(033-249-5202) (학)1982년 강원대 병리곤충과 제적(2년), 同병리곤충과 명예졸업 (경)가톨릭광산인권상담소장, 우리밀살리기운동 강릉시지부 사무국장, 강릉시 자원봉사센터 기획실장 2008년 5.18광주민주화운동유공자 인정 2018년 강원도의회 의원(더불어민주당)(현) 2018년 同경제건설위원회 위원(현)

### 박인길(朴寅吉) PARK In Kil

(생)1962 · 8 · 6 (출)경기 평택 (주)경기도 안산시 단원구 동산로27번길 42-7 (주)모다이노칩(031-8040-0014) (학)한양대 무기재료공학과졸, 한국과학기술원(KAIST) 재료공학졸(석사) 1991년 재료공학박사(한국과학기술원) (경)1991~1995년 한국과학기술원(KAIST) 전자세라믹재료연구센터 선임연구원 1995~2000년 삼성전기(주) 연구개발실장 2000~2016년 (주)이노칩테크놀로지 각자대표이사 사장 2016년 (주)모다이노칩 각자대표이사 사장(현)

## 박인동(朴麟東)

(생)1971·1·6 (주)인천광역시 남동구 정각로 29 인천광역시의회(032-440-6041) (학)1990년 전남외고졸, 한국방송통신대 행정학과 재학 중 (경)민주당 인천시당 청년위원회 청년국장, 상인천초 운영위원장, 고구려샤브샤브숯불구이 대표 2010년 인천시 남동구의회 의원(민주당·민주통합당·민주당·새정치민주연합), 박남춘 국회의원후원회 사무국장 2014~2018년 인천시 남동구의회 의원(새정치민주연합·더불어민주당) 2014~2016년 同부의장 2018년 인천시의회 의원(더불어민주당)(현), 同문화복지위원회 위원(현)

## 박인복(朴仁福) PARK In Bok

(생)1950·7·25 (본)밀양(密陽) (출)경기 하남 (주)서울특별시 마포구 백범로 136 3층 한국소기업소상공인연합회(02-717-1221) (학)1975년 한양대 공과대학 전기공학과졸 1990년 고려대 경영대학원 고위정책과정 수료 1992년 연세대 행정대학원 최고위정책과정 수료 1998년 숭실대 중소기업대학원 최고경영자과정 수료 1999년 서울대 행정대학원 국가정책과정 수료 (경)1990년 한국조명공업(주) 대표이사 회장 1992년 경기도민회 운영위원(현) 1996년 (사)한국NT전국연합회 제1·2·3대 회장 1996년 중소기업청 정책자문위원·기술협의회 위원 1996년 국립기술품질원 기술평가위원 1997년 한국전등기구공업협동조합 제9대 이사장 1998년 중소기업협동조합중앙회 이사 1998년 중소기업특별위원회 실무위원 1999년 (재)한국조명기술연구소 초대 이사장 2000년 (사)한국소기업소상공인연합회 회장(현) 2001년 대통령직속 21세기국정자문위원회 위원 및 산업자원위원회 간사 2002년 중소기업협동조합중앙회 정책자문위원 2003년 (주)한국산업경제신문 대표이사 겸 발행인(현) 2003년 우성전기(주) 회장 2004년 국정자문위원회 위원 겸 소기업소상공인분과 위원장 2004년 (사)세계중소기업연맹(WASME) 한국연합회장 2005년 同부총재 2005년 세계소기업소상공인대회 및 세계중소기업연맹(WASME) 제17차 세계대회조직위원장 2006년 세계중소기업연맹(WASME) 제13·14대 총재 2007년 춘천시 21C발전위원회 기업유치분과 위원 2008년 (사)한국신체장애인복지회 상임고문 2008년 KSB 다우리(주) 대표이사 회장(현) 2009년 (사)21세기글로벌전략개발원 경제수석자문위원장 2010년 (사)한국프랜차이즈협회 고문 2010년 전국소기업소상공인대회 제1~5회 대회장 2010년 안전행정부 산하 (사)한국개인정보보호협의회 제1·2대 회장 2011년 (사)하남시민회 수석부회장 겸 상임이사 2011년 제6회 전국소기업소상공인대회 공동위원장 겸 대회장 2011년 풍기인삼농업협동조합 고문 2012년 안전행정부 산하 개인정보보호범국민운동본부 위원장 2012년 소상공인연합회 창립준비위원회 공동위원장 겸 수석부회장 2012년 (사)서비스산업총연합회 1·2·3대 부회장(현) 2013년 태원전기산업(주) 상임고문(현) 2013년 에이컴에너지(주) 상임고문(현) 2013년 (사)한국신체장애인복지회 상임고문(현) 2013년 서울시 공익광고심의위원 2013년 국세청 세무조사감독위원회 위원 2014년 하남시 대학유치평가심의회 부위원장 2015년 강원도 투자유치자문관 2016년 (사)중소기업진흥회 조직총괄담당 부회장 2016년 (사)한국쌀소비촉진범국민운동본부 이사장 겸 회장(현) 2017년 국민건강보험공단 재정운영위원회 위원(현) (상)고려대 경영대학원 경영대상(1998), 대통령표창(2003)

## 박인비(朴仁妃·女) PARK In Bee

(생)1988·7·12 (출)서울 (학)미국 Bishop Gorman High School졸 2012년 광운대 생활체육학과졸 2016년 숙명여대 국제관계대학원 국제홍보및공공외교학 석사 (경)2000년 국가대표 상비군 발탁 2001년 미국 골프 유학 2002년 US여자주니어골프선수권대회 우승 2006년 프로 전향(2부투어상금 3위) 2007년 LPGA투어 세이프웨이클래식 공동2위 2008년 LPGA투어 US여자오픈 우승 2008년 하이원컵 SBS채리티여자오픈 2위 2009년 넵스 마스터피스 2위 2009~2010년 SK텔레콤 소속 2010년 일본여자프로골프(JLPGA)투어 요코하마 타이어 골프토너먼트 PRGR레이디컵스 공동2위 2010년 LPGA투어 KIA 클래식 2위 2010년 JLPGA투어 니시진 레이디스클래식 우승 2010년 JLPGA투어 후지산케이 레이디스클래식 2위 2010년 LPGA투어 숍라이트 클래식 3위 2010년 JLPGA투어 미야기TV 던롭여자오픈 2위 2010년 JLPGA투어 투어챔피언십 우승 2011년 JLPGA투어 다이킨 오키드 레이디스 토너먼트 우승 2012년 JLPGA투어 월드 레이디스 챔피언십 살롱파스컵 공동 2위 2012년 JLPGA투어 훈도킨 레이디스 우승 2012년 LPGA투어 매뉴라이프 파이낸셜 클래식 공동2위 2012년 LPGA투어 제이미파 톨리도 클래식 공동3위 2012년 LPGA투어 세이프웨이 클래식 공동2위 2012년 LPGA투어 캐나다여자오픈 2위 2012년 LPGA투어 브리티시여자오픈 2위 2012년 JLPGA투어 일본여자오픈선수권대회 2위 2012년 LPGA투어 에비앙 마스터스 우승 2012년 LPGA투어 사임다비 말레이시아 우승 2012년 LPGA투어 선라이즈 대만 챔피언십 2위 2012년 LPGA투어 로레나오초아 인비테이셔널 공동2위 2012년 JLPGA투어 챔피언십 리코컵 2위 2012년 제주도 홍보대사 2013년 LPGA투어 혼다 타일랜드 우승 2013년 유럽여자프로골프투어(LET) 미션힐스 월드레이디스 챔피언십 2위 2013년 LPGA투어 나비스코챔피언십 우승 2013년 KB금융그룹 메인스폰서 계약(현) 2013년 LPGA투어 노스텍사스 슛아웃 우승 2013년 LPGA투어 웨그먼스 챔피언십 우승 2013년 LPGA투어 월마트 NW 아칸소 챔피언십 우승 2013년 LPGA투어 US여자오픈 우승 2013년 LPGA투어 레인우드 클래식 3위 2013년 KLPGA투어 KB금융 스타챔피언십 2위 2013년 KLPGA투어 스윙잉스커츠 월드레이디스 마스터스 3위 2014년 차움 명예회원(현) 2014년 LPGA투어 혼다 타일랜드 2위 2014년 유럽여자프로골프투어(LET) 월드레이디스 챔피언십 우승 2014년 LPGA투어 롯데 챔피언십 3위 2014년 LPGA투어 매뉴라이프 파이낸셜 클래식 우승 2014년 LPGA투어 마이어 클래식 2위 2014년 LPGA투어 웨그먼스 챔피언십 우승 2014년 LPGA투어 캐나다 퍼시픽 여자오픈 3위 2014년 LPGA투어 레인우드 클랙식 공동3위 2014년 KLPGA투어 KB금융 스타챔피언십 2위 2014년 LPGA투어 푸본 타이완 챔피언십 우승 2014년 LPGA투어 로레나 오초아 인비테이셔널 3위 2015년 LPGA투어 HSBC 위민스 챔피언스 우승 2015년 유럽여자프로골프투어(LET) 월드 레이디스 챔피언십 2위 2015년 LPGA투어 롯데 챔피언십 2위 2015년 LPGA투어 노스 텍사스 슛아웃 우승 2015년 LPGA투어 KPMG 위민스 PGA챔피언십 우승 2015년 LPGA투어 US여자오픈 공동3위 2015년 LPGA투어 리코 브리티시여자오픈 우승(커리어 그랜드슬램 달성) 2015년 KLPGA투어 KB금융 스타챔피언십 공동2위 2016년 메르세데스-벤츠 코리아 엠버서더(현) 2015년 LPGA투어 로레나 오초아 인비테이셔널 우승 2016년 LPGA투어 KIA 클래식 2위 2016년 미국여자프로골프(LPGA) '명예의 전당'에 가입(역대 최연소) 2016년 제31회 리우데자네이루올림픽 여자골프 금메달(메이저 4개 대회 우승 + 올림픽 금메달을 석권한 세계 최초의 '골든 그랜드슬래머' 등극) 2017년 KLPGA투어 HSBC 위민스 챔피언스 우승 2017년 KLPGA투어 두산 매치플레이 챔피언십 준우승 2017년 한국여자프로골프(KLPGA) '명예의 전당' 입회 2018년 LPGA투어 뱅크 오브 호프 파운더스컵 우승 2018년 LPGA투어 ANA 인스퍼레이션 2위 2018년 LPGA투어 휴젤·JTBC LA 오픈 공동2위 2018년 KLPGA투어 두산 매치플레이 챔피언십 우승 2018년 KLPGA투어 KB금융 스타챔피언십 2위 2019년 LPGA투어 KIA 클래식 공동2위 2019년 LPGA투어 월마트 NW 아칸소 챔피언십 공동2위 (상)LPGA투어 2년연속 상금왕(2012·2013), LPGA투어 최저타상(2012), 대한골프협회 2012 최우수선수(2013), 미국 스포츠아카데미(USSA) 선정 여자부문 '4월의 선수'(2013), LPGA투어 올해의 선수상(2013), 협성문화재단 제3회 협성사회공헌상 국위선양부문(2013), 한국언론인연합회 자랑스러운 한국인대상 국위선양부문(2013), 미국골프기자협회 올해의 선수상(2014), 체육훈장 맹호장(2014), MBN 여성스포츠대상 8월 MVP(2015), 미국여자프로골프(LPGA) 롤렉스 안니카 메이저 어워드(2015), KLPGA투어 해외특별상(2015), MBN 여성스포츠대상 대상(2015), 대한민국체육상 대통령표창(2016), '제2회 행복나눔인' 보건복지부장관표창(2016), 2016 한국여자프로골프협회(KLPGA) 특별상(2016)

ㅂ

### 박인서(朴仁瑞) Park, In-Seo

(생)1959 (출)인천 (주)인천광역시 남동구 인주대로914번길 42 인천도시공사 사장실(032-260-5000) (학)1977년 광성고졸 1979년 한국방송통신대졸 1985년 성균관대 경영학과졸 1999년 인하대 대학원 경영학과졸 2013년 경영학박사(인하대) (경)1985~2004년 한국토지공사 근무 2004~2008년 同비서실장 2008년 同경기지역본부 평택고덕사업단장 2009년 한국토지주택공사 경기지역본부 평택고덕사업단장 2010~2012년 同경제자유구역사업처장 2013년 同세종사업본부장 2014년 同인천지역본부장 2016~2017년 同토지주택대 겸임교수 2018년 인천도시공사 사장(현)

### 박인석(朴仁錫) Park Inseok

(생)1964 · 9 · 30 (출)충남 천안 (주)세종특별자치시 도움4로 13 보건복지부 보육정책관실(044-202-2300) (학)1984년 부천고졸 1988년 성균관대 행정학과졸 2002년 미국 콜로라도대 행정대학원졸 (경)1992년 행정고시 합격(36회) 1993년 보건복지부 입부 2003~2005년 同보험정책과 · 보건의료정책과 · 정부혁신지방분권위원회 근무 2005년 同보험급여과장 2008~2010년 보건복지가족부 사회서비스정책과장 · 복지정책과장 2010년 보건복지부 보건의료정책과장(부이사관) 2012년 대통령 보건복지비서관실 선임행정관 2013년 보건복지부 보건산업정책국장(고위공무원) 2014년 국무조정실 사회조정실 고용식품의약정책관 2016년 보건복지부 연금정책국장 2016년 駐칠레대사관 파견(이사관) 2019년 보건복지부 보육정책관(현)

### 박인성(朴仁晟)

(생)1962·2·3 (주)서울특별시 서초구 서초대로74길 14 삼성화재해상보험 자산운용본부(1588-5114) (학)배재고졸, 성균관대 무역학과졸, 미국 위스콘신대 매디슨교 대학원(MBA) (경)1987년 삼성물산(주) 입사 2009년 삼성증권(주) 채권사업부장 2010년 同신탁운용사업부장(상무) 2013년 삼성화재해상보험 투자사업부장(상무) 2015년 同자산운용본부장(상무) 2016년 同자산운용본부장(전무) 2019년 同자산운용본부장(부사장)(현)

### 박인수(朴仁洙) PARK In Soo (인광)

(생)1949 · 1 · 29 (출)광주 (주)전라남도 장성군 장성읍 강변안길 100 장성공립노인전문요양병원(061-395-1170) (학)광주고졸 1974년 전남대 의대졸, 同대학원 의학석사 1986년 의학박사(전남대) (경)1982년 박신경외과의원 개원 1996년 인수연합의원 개원 1998년 인광의료재단 설립 · 이사장(현) 1998~2013년 광주시립인광정신병원 이사장 1998년 장성공립노인요양병원 이사장(현) 1999년 광주시탁구협회 회장 2001년 한국외래종생태환경연구회 이사장 2002~2013년 광주시립인광노인(치매)요양병원 이사장 2013~2018년 광주시립정신병원 이사장 2013~2018년 광주시립제1요양병원 이사장 (상)자랑스러운 전남대인(2017) (종)불교

### 박인숙(朴仁淑 · 女) In-Sook Park

(생)1948 · 11 · 10 (출)서울 (주)서울특별시 영등포구 의사당대로 1 국회 의원회관 915호(02-784-7810) (학)1967년 경기여고졸 1973년 서울대 의대졸 1993년 울산대 대학원 의학석사 (경)1975~1987년 미국 텍사스 베일러대 의대 소아과 수련 · 조교수 1989~2012년 울산대 의대 소아심장과학교실 조교수 · 부교수 · 교수 2001년 보건복지부 선천성기형 및 유전질환유전체연구센터장 2003~2005년 한국심초음파학회 부회장 2004~2006년 울산대 의과대학장 2004~2005년 의대학장협의회 부회장 2006년 질병관리본부 희귀난치성질환센터장 2008년 함춘여자의사회 회장 2008년 한국여자의사회 국제사업위원장 2009년 국가과학기술위원회 산하 BT위원회 위원 2009년 서울대의대동창회 부회장 2009년 한국산업안전보건공단 이사 2009년 대한의사협회 국민의학지식향상위원회 기획분과위원장 2010년 대한민국의학한림원 정회원(현) 2011년 대통령직속 사회통합위원회 위원 2011년 서울아산병원 선천성심장병센터 소장 2012년 아산오케스트라단 단장 2012~2014년 한국여자의사회 회장 2012년 제19대 국회의원(서울 송파구甲, 새누리당) 2012년 국회 대법관인사청문위원회 위원 2012년 국회 교육과학기술위원회 위원 2012 · 2014년 국회 윤리특별위원회 위원 2012년 국회 아동 · 여성성폭력대책특별위원회 위원 2012년 국회 한림원 과학기술혁신연구회 간사 2012년 대한선천성기형포럼 대표 2012년 의료리더십포럼 대표 2012년 사회복지법인 거제도애광원 이사(현) 2013 · 2015년 국회 교육문화체육관광위원회 위원 2013년 국회 BIF(Bio-Industry Forum) 대표의원(현) 2014년 새누리당 사회적경제특별위원회 위원 2014~2015년 국회 창조경제활성화특별위원회 위원 2014~2015년 새누리당 원내부대표 2014~2015년 국회 운영위원회 위원 2014~2015년 국회 안전행정위원회 위원 2015년 새누리당 정책위원회 안전행정정책조정위원회 부위원장 2015년 同메르스비상대책특별위원회 위원 2015년 국회 메르스대책특별위원회 위원 2015년 새누리당 노동시장선진화특별위원회 위원 2015년 同교육개혁특별위원회 위원 2016년 제20대 국회의원(서울 송파구甲, 새누리당 · 바른정당〈2017.1〉 · 자유한국당〈2018.1〉)(현) 2016년 국회 보건복지위원회 위원 2016년 국회 여성가족위원회 위원 2016년 한국아동인구환경의원연맹(CPE) 회원(현) 2016년 국회 가습기살균제사고진상규명과피해구제및재발방지대책마련을위한국정조사특별위원회 위원 2017~2018년 바른정당 정책위원회 따뜻한동행팀장 2017년 국회 보건복지위원회 간사 2017년 바른정당 서울시당 위원장 2017년 국회 여성가족위원회 간사 2017~2018년 바른정당 정책위원회 수석부의장 2017~2018년 同민생특별위원회20 든든의료특별위원장 2017~2018년 同최고위원 2017년 국회 보건복지위원회 위원 2017년 국회 여성가족위원회 위원 2017년 국회 미세먼지대책특별위원회 위원 2018년 자유한국당 서울송파구甲당원협의회 운영위원장(현) 2018년 국회 문화체육관광위원회 간사(현) 2018년 자유한국당 제7정책조정위원회 위원장(현) (상)동아의료 저작상(2002), 약사 평론가상(2008), 보령의료봉사상(2008), 비추미여성대상 별리상(2011), 입법 및 정책개발 우수국회의원(2012), 법률소비자연맹 선정 국회 헌정대상(2013), 유권자시민행동 대한민국유권자대상(2015), 대한민국교육공헌대상 의정교육부문(2016), 한국비서협회 2017 베스트리더상(2017), 한국유권자총연맹 국정감사 우수의원(2017), 2018 입법 및 정책개발 우수국회의원(2019) (저)'소아과학' '선천성 심질환 수술 후에 발생하는 부정맥' '소아심장이식' '선천성 심장병 : Pictorial Textbook of Congenital Heart Disease'(2001) '선천성 심장병 : 알면 고칠 수 있습니다'(2001) '일반인을 위한 선천성 심장병' '선천성 심장병'(2009) '임상의학과 나의 삶'(2010) '바보의사 박인숙의 끝나지 않은 성장통 이야기'(2011) '선천성 심장질환 진료지침 : An Illustrated Guide to Congenital Heart Disease'(2019) (역)'생명의 환희'(2005) (종)기독교

### 박인식(朴寅植) PARK In Sik

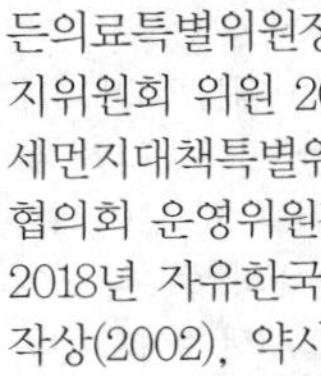

(생)1965 · 1 · 30 (본)밀양(密陽) (출)서울 (주)강원도 강릉시 동해대로 3288-18 춘천지방법원 강릉지원(033-640-1050) (학)1984년 경신고졸 1989년 고려대 법학과졸 (경)1989년 사법시험 합격(31회) 1993년 사법연수원 수료(22기) 1993년 軍법무관 1996년 부산지법 판사 1999년 울산지법 판사 2000년 서울지법 의정부지원 파주시법원 판사 2003년 同고양지원 판사 2004년 서울고법 판사 2006년 서울중앙지법 판사 2008년 춘천지법 부장판사 2009년 의정부지법 부장판사 2012년 서울남부지법 부장판사 2014년 서울중앙지법 부장판사 2017년 서울남부지법 부장판사 2019년 춘천지법 강릉지원장(현)

**박인영(朴仁映·女) PARK In Yeong**

(생)1977·7·10 (주)부산광역시 연제구 중앙대로 1001 부산광역시의회(051-888-8245) (학)동래여고졸, 부산대 정치외교학과졸 2005년 同대학원 NGO학과 수료 (경)부산NGO포럼 간사, 열린우리당 부산시당 조직기획차장, 同부산시당 교육연수팀장, 조성래 국회의원 여성특별보좌관, 부산금정세무서 고충처리위원 2006년 부산시 금정구의회 의원(비례대표) 2008년 同주민도시위원장, 노무현재단 기획위원 2010년 부산시 금정구의회 의원(민주당·민주통합당·민주당·새정치민주연합) 2014~2018년 부산시 금정구의회 의원(새정치민주연합·더불어민주당) 2014·2016~2018년 同부의장 2017년 더불어민주당 문재인 대통령후보 부산시 선거대책위원회 대변인 2018년 부산시의회 의원(더불어민주당)(현) 2018년 同의장(현)

**박인우(朴仁羽)**

(생)1971·7·24 (출)충북 청주 (주)서울특별시 서초구 서초대로 266 아스트라 406호 박인우법률사무소 (학)1990년 세광고졸, 서울대 법학과졸 (경)1998년 사법시험 합격(40회) 2002년 사법연수원 수료(31기) 2002년 수원지검 검사 2004년 대구지검 상주지청 검사 2006년 인천지검 검사 2008년 청주지검 검사 2010년 전주지검 검사 2013년 서울중앙지검 검사 2016년 인천지검 부부장검사 2017년 광주지검 순천지청 형사3부장 2018~2019년 대전지검 천안지청 형사3부장 2019년 변호사 개업(현)

**박인제(朴仁濟) PARK In Je**

(생)1952·2·10 (본)밀양(密陽) (출)경남 산청 (주)서울특별시 서초구 서초중앙로 215 홍익대 강남교육원 4층 법무법인 두우(02-595-1255) (학)1970년 진주고졸 1975년 서울대 법학과졸 1983년 부산대 대학원 수료 (경)1982년 사법시험 합격(24회) 1984년 사법연수원 수료(14기) 1985~2005년 변호사 개업 1988년 민주사회를위한변호사모임 총무간사 1993년 환경운동연합 지도위원 1995년 여성평화를위한변호사모임 운영위원장 1995년 경제정의실천시민연합 시민입법위원장 1997년 대한변호사협회 공보이사 1998년 나라정책연구회 회장 1998년 한양대 겸임교수 2000년 덕성학원재단 이사 2001년 비전한국 공동대표 2002년 조선일보 독자권익보호위원 2002년 동아일보 객원논설위원 2005~2008년 서원합동법률사무소 변호사 2005년 국가청렴위원회 비상임위원 2008년 대통령직인수위원회 자문위원 2008~2010년 국민권익위원회 부위원장(차관급) 2008~2010년 同사무처장 겸임 2011년 법무법인 두우앤이우 변호사 2013년 법무법인 두우 변호사(현) 2019년 4대강보해체저지범국민연합 법률자문(현) (상)대한변호사협회 공로상(1995), 서울지방변호사회 공로상(2008) (저)'이제 헌법에 손때를 묻힐 때이다'(1996)

**박인주(朴仁周) PARK In Ju**

(생)1950·2·9 (본)밀양(密陽) (출)경북 칠곡 (주)서울특별시 성북구 정릉로 77 국민대학교 교육대학원(02-910-6372) (학)1969년 경북고졸 1973년 고려대 정치학과졸 1975년 경북대 교육대학원 사회교육학과졸 2017년 교육학박사(아주대) (경)한국사회교육협회·도산아카데미연구원·흥사단본부·코리아리서치 근무 1992년 월드리서치 대표이사 겸 회장 1995·2002~2006년 공명선거시민실천협의회 사무총장·집행위원장 1998년 안양대 경영학부 겸임교수 2003~2008년 한국평생교육연합회 회장 2004~2008년 중앙선거관리위원회 인터넷선거보도심의위원회 위원 2005년 (사)통일교육협의회 공동의장 2005~2008년 생활개혁실천국민협의회 집행위원장·부회장 2006~2008년 흥사단 이사회장 2007년 (사)통일교육협의회 상임의장 2007년 공명선거시민실천협의회 상임대표 2008~2010년 국가평생교육진흥원 원장 2010~2013년 대통령실 사회통합수석비서관 2013~2016년 강원대 초빙교수 2014~2015년 (사)생명문화 상임공동대표 2014~2018년 생명문화학회 이사장 2015~2019년 경기도자원봉사센터 이사장 2016년 국민대 교육대학원 석좌교수(현) 2018년 한국생명운동연대 상임공동대표 2019년 (사)생명존중시민회의 상임대표(현) (상)국민훈장 동백장(2010) (저)'흥사단 운동 70년사' '개발도상국가 군부의 정치개입 원인과 형태에 관한 연구' '민족통일과 사회교육' '도산 안창호의 신민주의 사회교육 사상과 실천연구'(2017) (종)기독교

**박인철(朴仁哲)**

(생)1962·9·11 (주)서울특별시 영등포구 여의대로 70 신한BNP파리바자산운용 임원실(02-767-5777) (학)1981년 대륜고졸 1986년 경북대 경제학과졸 (경)1986년 신한은행 입행 1988년 同국제부 은행원 1992년 同홍콩사무소 대리 1996년 同국제부 차장 2001년 신한금융지주회사 IR팀장 2005년 신한은행 강남종합금융지점장 2007년 신한아주금융유한공사 조사역(부서장대우) 2010년 신한은행 프로젝트금융부장 2012년 同CIB지원부장 2014년 신한아주금융유한공사 사장 2015년 신한BNP파리바자산운용 부사장(현)

**박인철(朴寅喆) Park in chul**

(생)1971·5·6 (본)죽산(竹山) (출)서울 (주)서울특별시 강남구 논현로 641 대우아이빌힐타운 2층 (주)플렉스파워(02-500-8088) (학)1990년 송곡고졸 1995년 부천대 사무자동화과졸 2013년 한국과학기술원(KAIST) 최고경영자과정 수료 (경)1996~1998년 (주)나스미디어 창업·이사 1999~2006년 (주)넷포츠 창업·대표이사 2006년 판도라TV 공동창업·상무이사 2008~2011년 (주)핑플 창업·대표이사 2011~2013년 (주)대웅제약 이사 2013년 (주)플렉스파워 대표이사(현) 2018년 한국대학농구연맹 회장(현) (저)'다르지 않으면 성공할 수 없다(共)'(2000, 영진) 'ceo talk'(2002, 무한) '재리맥과이어 거품 걷어내기'(2002, 스포티즌) (종)기독교

**박인태(朴仁太) PARK In Tae**

(생)1944·10·12 (본)밀양(密陽) (출)경북 (주)경상북도 경산시 자인면 계정길 68 경산자인단오제보존회(053-856-5765) (학)1963년 계성고졸 1973년 용인대 유도학과졸 1985년 영남대 교육대학원 교육행정학과졸 (경)1970~1991년 자인중 교사 1971~1990년 중요무형문화재 제44호 한장군놀이 전수장학생 1980~1990년 경북도체육회 펜싱협회 전무이사 1981년 중요무형문화재 제44호 한장군놀이 전수교육조교 1991~1997년 경산여자전산고 교사 1997~2003년 자인여중 교감 2002년 경산자인단오제보존회 이사 2005년 자인여중 교장, 경산여자전산고 교장 2006년 중요무형문화재 제44호 한장군놀이 예능보유자 인정예고 2007년 국가무형문화재 제44호 경산자인단오제(慶山慈仁端午祭: 한장군(韓將軍)놀이 舊명칭) 예능보유자(현) 2007년 경산자인단오제보존회 고문 (상)경북도지사표창(1979), 대구시장표창(1986), 교육부장관표창(1989), 경산시장 공로패(1995·2001), 대통령표창(2002), 한국교원단체총연합회 교육공로상(2003), 홍조근정훈장(2007) (종)기독교

**박인학(朴仁鶴) In Hark Park**

(생)1959·2·25 (본)밀양(密陽) (출)서울 (주)서울특별시 서대문구 연희로 28 홍익사랑빌딩6층 가인디자인그룹(02-3443-3443) (학)1977년 중암고졸 1983년 중앙대 건축미술학과졸 1986년 同대학원 건축미술학과졸 (경)건국대·덕성여대·성신여대·호서대·명지전문대·충북대 인테리어디자인학과 강사, 한국잡지협회 이사, 한국색채협회 부회장 1986년 가인디자인그룹 대표이사 사장(현), 월간인테리어 발행인, 월간퍼블

ㅂ

릭디자인 발행인 1998년 숙명여대 겸임교수 2004년 국민대 겸임교수, 한양대 겸임교수, 장로회신학대 객원교수, 서울대 외래교수 2009년 한국실내건축가협회 부회장, 同회장 2010년 한국공공디자인학회 회장, (사)한국디자인단체총연합회 부회장, (사)한국색채학회 부회장, (사)문화창조연합 부회장 (상)공보처장관표창(1991), 국무총리표창(2002), 대한민국 산업포장, 문화체육관광부장관표창, 올해의 신한국인대상, VISION2010 경영혁신대상, 대한민국 미래를 여는 혁신기업대상, 문화관광부 우수잡지상, 코리아골든스케일디자인어워드 특별상 (종)기독교

### 박인호(朴仁皓) PARK In Ho

(생)1955·1·3 (출)경기 (주)인천광역시 연수구 아카데미로 119 인천대학교 자연과학대학 물리학과(032-835-8225) (학)1978년 서울대 물리학과졸 1983년 同대학원 교육학과졸 1990년 이학박사(미국 어번대) (경)1978~1981년 성일중 교사 1983~1990년 미국 Univ. of Auburn Teaching Assistant·Research Assistant 1990~1992년 한국과학기술연구원(KIST) 과학기술정책연구소 연구기획단 선임연구원 1992~1996년 인천대 자연과학대학 물리학과 조교수·부교수 1996년 한국플라즈마연구협회 편집위원·감사 1998~2001년 인천대 과학기술정보개발원장 1998~2002년 同과학영재교육센터 소장 2000~2002년 전국과학영재교육센터협의회 회장 2001년 인천일보 객원논설위원 2001년 인천대 물리학과 교수(현) 2001~2008년 (사)한국영재학회 편집위원·부회장·감사 2002년 한국청소년과학탐구토론대회(KYST) 조직위원장 2002년 인천대 과학영재교육원장 2002년 同과학영재교육원 원장(현) 2003년 국가연구개발사업평가사전 조정위원·평가위원 2003년 인천시의회 의정발전자문위원 2004년 인천시 과학기술자문관 2004년 인천대 교무처장 2005년 同산학협력단장 2006년 인천시 과학문화진흥협의회 위원장 2007~2009년 교육부 초등학교과학과교과용도서심의위원회 위원장 2008~2011년 (사)한국영재학회 회장 2008~2010년 인천시의회 의원 2008년 인천대 대학발전본부장 2008년 교육과학기술부 중앙영재교육진흥위원회 위원 2008~2010년 인천시 과학기술진흥협의회 위원장 2008~2009년 한국과학창의재단 창의인재기획단장 2009~2010년 대통령직속 미래기획위원회 위원 2009~2010년 과학고발전사업단 자문위원 2009~2010년 인천어린이과학단 건립추진자문위원 2010~2012년 수학·과학 교과용도서검정심의회 위원장 2010~2011년 한국과학창의재단 Honors Program 사업운영심의회 위원 2010~2011년 인천대 교육역량강화사업추진위원회 위원 2010~2012년 同초등영재교육원장 2010~2011년 同산학협력단장 2010~2011년 여성가족부 정책자문위원 2010년 교육과학기술부 자체평가위원회 위원 2011~2012년 인천대 교무처장 2011년 同기술지주 자회사 '(주)에듀키움' 대표이사(현) (상)과학기술부장관표창(2003), 부총리 겸 교육인적자원부장관표창(2005), 부총리 겸 과학기술부장관표창(2007), 인천대총장표창(2007), 과학기술훈장 도약상(2011) (저)'일반물리학'(1996, 창문각) '대학물리학'(1998, 창문각) '일반물리학'(2009, 청범) '일반물리학실험'(2012, 북스힐) '영재교육개론'(2012, 학지사) '한눈에 보는 영재교육(2014, 학지사)

### 박인환(朴仁煥) Park Inhwan

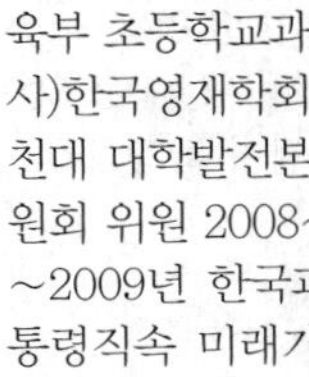

(생)1953·7·15 (본)함양(咸陽) (출)대구 (주)서울특별시 마포구 마포대로 196 고려아카데미텔 824호 바른사회시민회의(02-741-7660) (학)1972년 대구 대륜고졸 1977년 성균관대 법과대학 법학과졸 1980년 同대학원 법학과졸 (경)1980년 농협중앙회 근무 1984년 사법시험 합격(26회) 1987년 사법연수원 수료(16기) 1987년 인천지검 검사 1989년 청주지검 영동지청 검사 1991년 대구지검 검사 1993년 서울지검 검사 1995년 변호사 개업 2002년 아주대 경영대학원 겸임교수 2003년 사법시험 관리위원 2003년 제11차 반부패세계회의 조직위원 2004년 법률신문 논설위원 겸 편집위원 2005년 투명사회협약추진위원회 위원 2005년 투명사회협약실천협의회 집행위원 2005년 흥사단 투명사회운동본부 운영위원장·상임대표 2006년 서울중앙지법 민사조정위원, 한국소비자원 분쟁조정위원, 국가청렴위원회 보상심의위원, 사법연수원 외래교수, 대한변호사협회 법제위원 2006년 건국대 법학전문대학원 교수, 법조윤리위원회 전문위원 2012년 대일항쟁기강제동원피해조사및국외강제동원희생자등지원위원회 위원장(정무직 차관급) 2016~2018년 건국대 행정대학원 법무학과 교수 2016년 바른사회시민회의 공동대표(현) (상)국민훈장 목련장(2012), 법조언론인클럽 2013 올해의 법조인상(2014) (저)'권력형 비리척결을 위한 제도개선방안 연구(共)'(2005) (종)기독교

### 박일영(朴一泳) Park, Il Young

(생)1968·8·13 (출)서울 (주)세종특별자치시 갈매로 477 기획재정부 부총리정책보좌관실(044-215-7601) (학)1987년 공항고졸 1991년 서울대 국제경제학과졸 2005년 미국 듀크대 국제개발정책대학원 정책학과졸 (경)1993년 행정고시 합격(36회) 2000년 재정경제부 경제협력국 경협총괄과 사무관 2004년 同경제협력국 경협총괄과 서기관 2006년 同경제협력국 통상기획과장 2008년 기획재정부 통상기획과장 2008년 미국 국제부흥개발은행 파견 2012년 기획재정부 무역협정국내대책본부 총괄기획팀장 2013년 同인력정책과장 2013년 同장기전략국 전략기획과장 2013년 同미래사회정책국 미래정책총괄과장 2015년 국제통화기금(IMF) 선임자문관(파견) 2017년 기획재정부 경제구조개혁국 일자리경제과장(부이사관) 2017년 同대외경제국 통상현안대책반장 2018년 同기획조정실 정책기획관(고위공무원) 2019년 同부총리 정책보좌관(현)

### 박일준(朴一俊) PARK IL JUN

(생)1964 (출)경북 포항 (주)울산광역시 중구 종가로 395 한국동서발전(주) 사장실(070-5000-1054) (학)1982년 신일고졸 1986년 서울대 경제학과졸 2002년 미국 콜로라도대 대학원 경제학과졸 (경)1987년 행정고시 합격(31회) 2009년 대통령실 파견 2010년 지식경제부 운영지원과장 2010년 同정책기획관 2011년 중앙공무원교육원 교육훈련 파견 2012년 지식경제부 정보통신산업정책관 2013년 미래창조과학부 소프트웨어정책관 2014년 산업통상자원부 에너지자원정책관 2015년 同산업정책실장 2016~2017년 同기획조정실장 2018년 한국동서발전(주) 대표이사 사장(현)

### 박일평(朴日平)

(생)1963·1·5 (주)서울특별시 영등포구 여의대로 128 LG전자(주) 임원실(02-3777-1114) (학)서울대 컴퓨터공학과졸, 미국 컬럼비아대 대학원 컴퓨터공학과졸, 컴퓨터공학박사(미국 컬럼비아대) (경)삼성전자(주) 종합기술원 Digital System연구소 담당임원, 同종합기술원 S/W선행연구소 담당임원(연구위원), 同종합기술원 Future IT연구소 담당임원(연구위원) 2010년 삼성리서치파크 Future IT연구소 담당임원(연구위원) 2012년 하만 최고기술책임자(CTO) 2016년 LG전자(주) CTO부문 SW센터장(부사장) 2018년 同최고기술책임자(CTO) 겸 SW센터장(사장) 2018년 同최고기술책임자(CTO·사장)(현) (상)대한전자공학회 해동기술상(2018)

### 박일호(朴一浩) Park, Il Ho

(생)1962·7·21 (출)경남 밀양 (주)경상남도 밀양시 밀양대로 2047 밀양시청(055-359-5004) (학)1981년 마산고졸 1985년 중앙대 정치외교학과졸 1995년 서울대 행정대학원졸 2003년 환경경제학박사(영국 이스트앵글리아대) (경)1990년 행정고시 합격(34회) 1992년 환경부 정보화담당관

실 사무관 1994년 同기획예산담당관실 사무관 1997년 同총무과 서기관 2003년 同UN세계환경장관회의 준비기획단장 2004년 同대기보전국 생활공해과장 2005년 同자원순환국 자원재활용과장 2006년 대통령 인사수석비서관실 행정관(부이사관) 2007년 김앤장법률사무소 고문 2008년 환경부 기후변화전문가포럼 환경규제심사위원 2011년 한국전자산업환경협회 사외이사 2011년 한국환경공단 석면피해구제심사위원회 심사위원 2012년 국립공원관리공단 비상임이사 2014~2018년 경남 밀양시장(새누리당·자유한국당) 2018년 경남 밀양시장(자유한국당)(현) (상)대통령표창(1996), 근정포장(2004), 국민훈장 목련장(2013)

**박일환(朴一煥) PARK Ill Hoan**

(생)1951·1·15 (본)함양(咸陽) (출)경북 군위 (주)서울특별시 강남구 테헤란로92길 7 바른빌딩 5층 법무법인(유) 바른(02-3479-2620) (학)1969년 경북고졸 1973년 서울대 법과대학졸 (경)1973년 사법시험 합격(15회) 1975년 사법연수원 수료(5기) 1976년 공군 법무관 1978년 서울민사지법 판사 1980년 춘천지법 판사 1983년 서울지법 동부지원 판사 1985년 서울형사지법 판사 1986~1991년 서울고법 판사·헌법재판소 헌법연구관·대법원 재판연구관 1991년 춘천지법 부장판사 1992년 서울지법 의정부지원 부장판사 1993년 사법연수원 교수 1994년 서울지법 부장판사 1994년 법원행정처 송무국장 겸임 1998년 특허법원 부장판사 2000년 대법원 수석재판연구관 2003년 서울고법 부장판사 2005년 제주지법원장(광주고법 제주부 부장판사 겸임) 2005~2006년 서울서부지법원장 2006~2012년 대법원 대법관 2009~2011년 법원행정처장 겸임 2013년 법무법인(유) 바른 고문변호사(현) (상)청조근정훈장(2012)

**박임출(朴林出) Park, Im Chool (승주)**

(생)1960·2·9 (본)밀양(密陽) (출)전북 정읍 (주)부산광역시 남구 문현금융로 40 한국예탁결제원 임원실(051-159-1528) (학)전주고졸, 성균관대 행정학과졸 2003년 법학박사(성균관대) (경)금융감독원 증권감독국 팀장, 同펀드업무팀장 2010년 同금융투자서비스국 부국장 2012년 同법무실장 2013~2015년 同자본시장조사2국장 2015년 한국예탁결제원 상무 2016년 同국제펀드본부장(상무) 2016년 同예탁결제본부장 겸임 2016년 同경영지원본부장(상무) 2017년 同전무이사(현) (상)기획재정부장관표창(2011)

**박장순(朴章淳) PARK Jang Soon**

(생)1955·2·10 (본)순천(順天) (출)충북 청주 (주)서울특별시 종로구 대학로 57 홍익대학교 영상대학원 대학로아트센터 교육동 810호(02-3668-3764) (학)1980년 동국대 연극영화학과졸 1984년 미국 Alliant International University School of Performing & Visual Arts(San Diego)졸(연출MBA) 2012년 영상학박사(서강대) (경)1985~1991년 동국대 강사 1986~1994년 한국교육방송공사(EBS) PD 겸 편성차장 1994~2000년 한국방송공사(KBS) MEDIA 국제사업부장 2000~2002년 SKY Ghem TV 대표이사 2001~2003년 홍익대 광고홍보대학원 겸임교수 2002~2006년 한국엔터테인먼트학회 회장 2004~2005년 (재)아시아문화산업교류재단 이사 2005년 홍익대 영상대학원 프로덕션디자인전공 부교수(현) 2007년 부산콘텐츠마켓 부집행위원장 2008~2012년 同공동집행위원장 2008년 세계문화콘텐츠포럼 부운영위원장, (주)엔스타프로덕션 감사 2011년 서울세계등축제 자문위원 2012년 한국방송비평학회 기획이사·부회장 2013년 부산콘텐츠마켓 고문 2015년 국회방송 자문위원 2018년 한국방송비평학회 회장(현) (저)'한국인형극의 재조명'(1980) '문화콘텐츠연출론'(2002) '문화콘텐츠 해외마케팅'(2005) '문화콘텐츠학개론'(2006) '한류, 신화가 미래다'(2007) '한류, 한국과 일본의 드라마 전쟁'(2008) '문화콘텐츠 분석과 형상화 원리'(2009) '한류의 흥행유전자 밈'(2011) '한류 아시아 TV드라마 시장의 역사'(2012) '전환기의 한류'(2013) '한류학개론'(2014, 선) '미래의 한류'(2015, 선) '대한민국미래보고서(共)'(2015, 교보문고) 'K-pop, 유가에서 길을 찾다'(2016, 북북서) '한류토피아에 이르는 길'(2017, 북북서) '무엇이 한류토피아를 꿈꾸게 하는가'(2018, 북북서) (역)'노메디아'(1985) '아부핫산 부채를 갚다'(1986) (작)'맥베드'(1978, 동국대 스튜디오) '리어왕'(1979, 동국대 스튜디오) '내 영혼의 사막에서'(1980, 동국대 소극장) 'THE VALIANT'(1984, Legler Benbough Little Theatre) '리타 죠우의 엑스타시'(1987, 동국대 스튜디오) '마의태자'(1989, 문예대극장) '마지막 키스'(1992, 바탕골소극장) (종)가톨릭

**박장식(朴章植)**

(생)1972·12·1 (출)경남 마산 (주)경상남도 창원시 의창구 창원천로94번길 82-18 푸른요양병원(055-270-8888) (학)1991년 마산고졸 1995년 경찰대 행정학과졸(11기) (경)1995년 경위 임관 2004년 경찰청 정보국 정보3과 근무 2007년 경남 창원서부경찰서 경비교통과장 2007년 경정 승진 2008년 駐필리핀대사관 2등서기관 겸 영사 2010년 서울 강동경찰서 정보보안과장 2011년 서울 금천경찰서 정보보안과장 2011년 행정안전부 치안정책관실 파견 2014년 경남지방경찰청 청문감사담당관 2014년 총경 승진 2015년 경남 진해경찰서장 2016년 경남지방경찰청 정보과장 2017~2018년 경남 마산동부경찰서장 2018년 푸른요양병원 이사장(현)

**박장우(朴章佑) PARK Jang Woo**

(생)1967·11·1 (출)충북 충주 (주)서울특별시 중구 남대문로 63 한진빌딩 18층 박장우법률사무소(02-772-4000) (학)1986년 상문고졸 1990년 서울대 법학과졸 1993년 同대학원 수료 (경)1992년 사법시험 합격(34회) 1995년 사법연수원 수료(24기) 1998년 대전지검 검사 2000년 창원지검 진주지청 검사 2002년 서울지검 검사 2004년 서울중앙지검 검사 2005년 수원지검 안산지청 검사 2007년 同안산지청 부부장검사 2007년 오스트리아 비엔나 파견 2009년 부산지검 동부지청 형사3부장 2009년 인천지검 마약·조직범죄수사부장 2010년 同강력부장 2010년 대전지검 논산지청장 2011년 법무부 국제법무과장 2013년 서울중앙지검 공판1부장 2014년 부산지검 동부지청 형사1부장 2015년 창원지검 통영지청장 2016~2017년 대구지검 부장검사 2016~2017년 공정거래위원회 법률자문 파견 2017년 수원지검 안양지청장 2018~2019년 서울고검 검사 2019년 변호사 개업(현)

**박장호(朴庄鎬) Park Jang Ho**

(생)1963·8·12 (출)전북 익산 (주)전라남도 목포시 통일대로 130 해양수산부 목포지방해양안전심판원 원장실(061-285-9056) (학)1982년 익산 남성고졸 1986년 한국해양대 항해학과졸 1998년 미국 워싱턴대 대학원 해양정책학과졸 (경)1994~1996년 포항지방해운항만청 근무 1996~2006년 해양수산부 해양정책실·안전관리실 근무 2006~2012년 同해운물류국·물류항만실 근무 2012년 국토해양부 목포지방해양안전심판원 수석조사관(기술서기관) 2013~2015년 싱가포르 해적퇴치협정 정보공유센터 파견 2015년 해양수산부 중앙해양안전심판원 조사관 2017년 同목포지방해양안전심판원장(고위공무원)(현)

**박장희(朴長羲) PARK Chang Hee**

(생)1967·3·23 (주)서울특별시 중구 서소문로 100 중앙일보(02-751-9110) (학)1990년 서울대 정치학과졸 1993년 同대학원 정치학과졸 2002년 미국 펜실베이니아주립대 대학원 경영학과졸 (경)1992년 중앙일보 입사 2002년 同전략기획실 전략팀장 2004년 同전략기획실 전략기획팀장 2005년 同전

략기획실 마케팅전략팀장 겸 기획팀장 2006년 同전략기획실 마케팅전략팀장 겸 기획팀장(부장) 2007년 同전략기획실 전략팀장(부장) 2008년 同전략기획실 전략담당 2009년 同경영전략팀 수석부장 2011년 同재무기획실장 겸 I-TF팀장 2013년 同경영지원실장 2015년 同경영총괄 겸 디지털기획실장(상무) 2015~2017년 同경영총괄 전무 겸 미디어비즈니스본부장 2015~2017년 중앙M&C 대표이사 겸임 2017년 중앙일보데일리 대표이사 2017~2018년 미주법인 LA 중앙일보 대표이사 2019년 중앙일보 대표이사 전무(현)

**박재갑(朴在甲) PARK Jae Gahb**

(생)1948·5·25 (본)상주(尙州) (출)충북 청주 (주)서울특별시 종로구 대학로 101 서울대병원 한국세포주은행(02-3668-7915) (학)1966년 경기고졸 1973년 서울대 의대졸 1976년 同대학원졸 1979년 의학박사(서울대) (경)1973~1978년 서울대병원 인턴·레지던트 1978~1981년 육군 군의관(소령 예편) 1981~1994년 서울대 의대 일반외과학교실 전임강사·조교수·부교수 1983년 대한면역학회·대한암학회 총무 1985~1987년 미국 국립암연구소 연구원 1987년 서울대 의대 암연구소 세포생물학연구부장 1987년 한국세포주은행 대표(현) 1989년 대한암협회 총무이사 1990년 대한소화기학회 학술총무 1991년 한국세포주연구재단 이사장(현) 1993~1995년 아세아대장항문학회 사무총장 1994~2013년 서울대 의대 외과학교실 교수 1995~2000년 同암연구소·암연구센터 소장 1996~1998년 대한대장항문학회 이사장 1996년 대한암학회 학술위원장 1996~2002년 세계대학대장외과학회 지역부회장 1997~2002년 한국과학기술한림원 정회원 1997~2003년 국방부 의무자문관 1998~2001년 미국암학회 국제업무위원회 위원 1998~2002년 대한암학회 상임이사 2000~2006년 국립암센터 초대 원장 2000~2006년 (재)국립암센터발전기금 이사장 2002년 대한대장항문학회 회장 2002~2005년 아세아대장항문학회 회장 2002~2004년 대한암학회 감사 2002년 세계대학대장외과학회 운영위원·부회장 2002년 한국과학기술한림원 종신회원(현) 2004~2005년 국가과학기술자문회의 위원 2004~2006년 대한암학회 이사장 2005년 한국방송공사(KBS) 객원해설위원 2005년 일본암학회 명예회원(현) 2005년 환경재단 이사(현) 2010~2012년 세계대학대장외과학회 회장 2010~2011년 국립중앙의료원 초대 원장 겸 이사회 의장 2010~2012년 대한병원협회 법제이사 2011·2012년 충북도 명예도지사 2011년 한국담배제조및매매금지추진운동본부 대표(현) 2012~2014년 국민생활체육회 비상임이사 2013년 서울대 명예교수(현) 2015년 국민생활체육회 부회장 2016~2017년 대한체육회 부회장 (상)대한소화기학회 학술상(1993), 미국대장외과학회 학술상(1997), 황조근정훈장(2001), 대한의사협회 우수한국인과학자20인(2002), 미국 대장외과학회 학술상(2002), 대한대장항문학회 국제학회지 학술상(2002), 보령제약 암학술상(2003), 성곡학술문화상(2003), 한국언론인연합회 '자랑스런 한국인 대상' 보건복지부문(2004), 세계보건기구(WHO) 금연유공훈장(2005), 폴란드건강증진재단 세계금연지도자상(2005), 상허대상(2007), 쉐링의학상(2007), 한국보건산업대상 의료부문(2007), 제11회 관악대상 영광부문(2009), 봉래출판문화재단 봉래상(2011), 국민훈장 무궁화장(2018) (저)'대장항문학' '인간생명과학' '인간항문관리지침서' '인간과 유전병' '종양학' '보건복지정책 : 과제와 전망' '인간생명과학개론' '암! 극복할 수 있다' 'Banning Tobacco' '십중팔구 암에게 이긴다'(2011)

**박재구(朴在九) Park, Jai Koo**

(생)1956·4·18 (본)밀양(密陽) (출)대구 (주)서울특별시 성동구 왕십리로 222 한양대학교 자원환경공학과(02-2220-0416) (학)1981년 한양대 공과대학졸 1984년 일본 도쿄대 대학원졸 1988년 공학박사(일본 도쿄대) (경)1989년 (주)도시바 세라믹스 중앙연구소 근무 1992년 한양대 공과대학 자원환경공학과 조교수·부교수·교수(현) 1995·2004년 기술표준원 산업표준심의회 위원(현) 2000년 (주)마이크로포어 대표이사(현) 2002~2005년 한국지구시스템공학회 이사 2004~2005년 한국화학공학회 미립자공학부문위원장 2005~2007년 한국자원리싸이클링학회 이사 2005년 한국자연생태공학회 감사(현) 2005년 국회환경포럼정책 자문위원(현) 2006년 한국자연환경보전협회 이사 2006년 한양대 공과대학 부학장 2007년 한국광해관리공단 자문심의위원(현) 2009년 한국자원재활용기술연합 자문위원(현) 2010년 영국 국제인명센터(IBC) '2000 Outstanding Intellectuals of the 21st Century'에 등재 2011년 미국 인명정보센터(ABI) 'Great mind of the 21st Century'에 등재 2011년 미국 세계인명사전 'Marquis Who's Who in the World'에 등재 (상)한국자원공학회 학술상, 한국지구시스템공학회 학술상(2001), 한국자원싸이클링학회 논문상(2005) (종)천주교

**박재구(朴在求) PARK Jae Koo**

(생)1957·7·22 (출)서울 (주)서울특별시 강남구 테헤란로 405 BGF리테일(02-528-7071) (학)유신고졸 1983년 동국대 식품공학과졸 2009년 연세대 최고경영자과정 수료 (경)1992년 (주)보광훼미리마트 입사 2005년 同상품본부장(상무) 2008년 同개발본부장(전무), 한국유통학회 이사 2010년 (주)보광훼미리마트 영업본부장 겸 개발본부장(부사장) 2011~2012년 同총괄부사장 2012년 BGF리테일 총괄부사장 2013년 同대표이사 사장(현) 2013~2015년 한국편의점협회 회장 2015~2017년 한국편의점산업협회 회장 (종)불교

**박재권(朴在權) PARK Jae Kwon**

(생)1964·12·23 (본)상주(尙州) (출)충북 청원 (주)서울특별시 종로구 새문안로3길 30 대우빌딩3층 (주)시이오스코어(02-6941-0991) (학)1983년 충북고졸, 서울대 사회교육학과졸, 同대학원 외교학과졸 (경)2002년 디지털타임스 인터넷부 차장대우 2003년 同경제부 차장대우 2004년 同산업과학부 차장대우 2004년 同경제부장 2005년 同편집국장 직대 2006년 同수석논설위원 2006년 同광고국장 2008년 同편집국 선임기자 2009~2012년 경제투데이 대표이사 2013년 씨엔미디어 대표이사 2013년 (주)시이오스코어 대표이사(현) (상)벤처기업대상 특별상 언론인부문(2005) (저)'해방전후사의 인식5-북한편(共)'(1989, 한길사)

**박재규(朴在圭) PARK Jae Kyu**

(생)1944·8·11 (본)밀양(密陽) (출)경남 창원 (주)경상남도 창원시 마산합포구 경남대학로 7 경남대학교 총장실(055-246-6228) (학)1967년 미국 페어리디킨슨대 정치학과졸 1969년 미국 뉴욕시립대 대학원졸 1974년 정치학박사(경희대) 1987년 명예 법학박사(미국 페어리디킨슨대) 1992년 명예 경제학박사(러시아 프레하노프러시아경제대) 1997년 명예 국제정치학박사(러시아 극동국립대) 1998년 명예 교육학박사(러시아 하바로프스크국립사범대) 2001년 명예 정치학박사(일본 가나가와대) 2015년 명예 정치학박사(중국 중국문화대) 2016년 명예 박사(일본 소카대) (경)1973~1978년 경남대 조교수·부교수 1973~1986년 同극동문제연구소장 1978~1985년 同정치외교학과 교수 1978~1986년 同대학원장 1980년 한마법인 이사장 1982~1986년 경남대 부총장 1985~1999년 한국군사사학회 회장 1986~1999년 경남대 총장 1987~1991년 세계군사사학회 부회장 1987~2000년 규성학원재단 이사장 1987~1991년 경남교원단체연합회 회장 1992~1999년 한·러친선협회 회장 1993~1994년 통일원 통일정책평가위원 1994~1996년 한국대학교육협의회 부회장 1995~1996년 한국대학총장협회 부회장 1996~1997년 한국사립대학총장협의회 회장 1997~1999년 한국대학총장협회 회장 1998~1999년 경남대 북한대학원장 1999~2001년 통일부 장관 1999~2001년 국가안전보장회의(NSC) 상임위원장 2000년 남북정상회담 추진위원장 2000~2001년 남북장관급회담 남측수석대표 2001~2003년 경남대 북한대학원 교수 2001~2005년 同북한대학원장 2001~2004년 한국대학총장협회 이사장 2002~2003년 '2010 평창동계올림픽유치위원회' 상임고문 2003년 경남대 총장(현)

2003~2010년 동북아대학총장협회 이사장 2004년 한국대학총장협회 고문 2005~2007년 '2014 평창동계올림픽유치위원회' 고문 2005~2009년 윤이상평화재단 이사장 2005~2009년 북한대학원대 총장 겸임 2006~2008·2009년 대통령자문 통일고문회의 고문 2009년 대통령직속 사회통합위원회 위원 2010년 육군사관학교 자문위원 2012~2014년 駐韓미군사령관 자문위원 2013년 경남교육발전협의회 회장 2014년 대통령직속 통일준비위원회 통일교육자문단 자문위원 (상)미국 뉴욕 언론연구위원회 공로상(1980), 미국 뉴욕주지사 공로메달(1981), 미국 대통령 세계체육지도자상(1996), 미국 페어리디킨슨대 Global Understanding상(2001), 청조근정훈장(2002), 예원통일문화대상(2003), 한반도평화상(2004), 아름다운얼굴 교육인상(2004), 미연방의회 특별상(2009), 프랑스 시라크재단 분쟁방지상 심사위원특별상(2009), 대한민국 녹색경영인 교육부문 대상(2010), 한국의 최고경영인상 인재경영부문(2013) (저)'한국안보론 : 북한의 전략과 남한의 안보환경'(1978) 'Southeast Asia in Transition(編)'(1978) '냉전과 미국의 對아시아 정책'(1979) '핵 확산과 개발도상국(編)'(1979) '북한정치론(編)'(1979) 'The Soviet Union and East Asia in 1980s(編)'(1982) '북한군사정책론(共)'(1983) 'Politics in Southeast Asia(共)'(1983) '북한정치론(개정판)'(1984) 'The Foreign Relations of North Korea(編)'(1987) 'The Strategic Defense Initiative : Its Implications for Asia and the Pacific(編)'(1987) 'SDI와 아시아의 안보(編)'(1987) '전환기의 지성(共)'(1992) '북한의 신외교와 생존전략'(1997) '북한 이해의 길라잡이(編)'(1997) 'North Korea in Transition and Policy Choices : Domestic Structure and External Relations(編)'(1999) '새로운 북한 읽기를 위하여(編)'(2004) '북한의 딜레마와 미래'(2011) 회고록 '일념, 평화통일 길'(2017)

### 박재규(朴在圭) PARK Jae Kyu

(생)1952·1·25 (본)상주(尙州) (출)충북 청원 (주)충청북도 청주시 흥덕구 복대로 185 충청타임즈 회장실(043-279-5001) (학)1970년 청주상고졸 1974년 상지대 사회사업학과졸 (경)1978년 대전일보 기자 1981년 한국방송공사(KBS) 기자 1993년 同청주방송총국 취재부장 1995년 同청주방송총국 편집부장 1996년 同청주방송총국 취재·편집부장 1997년 同청주방송총국 보도국장(총괄본부장) 2001년 청주방송 전무 2004년 同대표이사 사장 2007년 충청타임즈 대표이사 회장(현) 2007~2016년 同발행인 (상)국무총리표창(1985), 내무부장관표창(1985·1986)

### 박재규(朴在奎) PARK Jae Kyu

(생)1963·10·26 (출)전북 완주 (주)세종특별자치시 다솜3로 95 공정거래위원회 상임위원실(044-200-4042) (학)1982년 전주 해성고졸 1986년 서울대 사회복지학과졸 (경)1989년 행정고시 합격(33회) 2000년 공정거래위원회 소비자보호국 소비자기획과 서기관 2001년 同하도급1과 서기관 2005년 同대구사무소장 2005년 미국 사우스웨스턴 로스쿨 파견 2007년 공정거래위원회 부산지방공정거래사무소장 2008년 同심판관리관실 경쟁심판담당관 2009년 同시장구조개선과장 2010년 同시장구조개선과장(부이사관) 2012년 同서울사무소 총괄과장 2014년 同기업거래정책국 기업거래정책과장 2015년 同시장구조개선정책관(고위공무원) 2016년 국가공무원인재개발원 교육파견(고위공무원) 2017년 공정거래위원회 경쟁정책국장 2018년 同상임위원(현)

### 박재근(朴在根) PARK Jae Keun

(생)1949·1·2 (출)경기 포천 (주)경기도 수원시 팔달구 인계로 178 경기문화재단 9층 경기도자원봉사센터(031-256-1365) (학)1968년 정광고졸 1971년 농협대학졸 1993년 한국방송통신대 경영학과졸 1995년 수원대 대학원 경영학과졸 (경)1998년 농업협동조합중앙회 장안동지점장 1999년 同오산화성시군지부장 2000년 同경기신용사업부 부본부장 2002년 同신탁업무실장 2004년 同경기지역본부장 2007~2008년 同상무 2009년 농민신문사 전무이사 2010년 同사장 2012~2014년 NH농협금융지주 이사 2012년 민주평통 자문위원 2019년 경기도자원봉사센터 이사장(현) (상)농림부장관표창(3회), 대통령표창, 산업포장(2001) (종)천주교

### 박재근(朴在勤) Park Jae-Gun

(생)1959·7·27 (출)부산 (주)서울특별시 성동구 왕십리로 222 한양대학교 융합전자공학부(02-2220-0234) (학)1978년 부산고졸 1985년 동아대 전자공학과졸 1988년 한양대 대학원 전자공학과졸 1994년 공학박사(미국 노스캐롤라이나주립대) (경)1999년 한양대 융합전자공학부 교수(현) 2004년 지식경제부 차세대메모리개발사업단장 2008년 교육과학기술부 국가과학기술위원회 운영위원 2008년 同초고속·무캐패시터메모리연구단장 2008년 한양대 대학원 나노반도체공학과장, SiWEDS Asia 대표 2008~2011년 한양대 산학협력단장 겸 학술연구처장 2010년 교육과학기술부 지식재산전문위원장 2011년 국가지식재산위원회 민간위원 2013~2016년 同BK21+ 융합IT기반 미래가치창조인재양성사업단장 2013년 한국과학기술한림원 차세대비전위원회 위원 2015년 한국공학한림원 정회원(전기전자정보공학·현) 2015년 미래창조과학부 과학기술규제개선 옴부즈맨 2017년 산업통상자원부 산업기술보호위원회 위원(현) 2018년 (사)한국반도체디스플레이기술학회 회장(현) 2018~2019년 (주)테라세미콘 사외이사 (상)한겨레신문 '한국의 미래를 열어갈 100인' 선정(2004), 대한민국특허기술상 충무공상(2004), 이달의 과학기술자상(2005), 한국공학한림원 젊은 공학인상(2009), 녹조근정훈장(2010), 기술이전사업화경진대회 최우수상(2010)

### 박재돈(朴在敦) PARK Jae Don

(생)1936·5·17 (주)서울특별시 강남구 논현로85길 58 (주)한국파마 비서실(02-558-1277) (학)1955년 경북고졸 1959년 영남대 약학대학졸 1976년 부산대 행정대학원졸(석사) 2017년 명예 경영학박사(영남대) (경)1965년 서울약품(주) 근무 1974년 (주)한국파마 창업·대표이사 회장(현) 1976~1979년 부산시약사회 부회장 1993년 국제로타리클럽 부산서면클럽 회장 1999~2001년 향남제약공단사업협동조합 이사장 1999년 (주)소야그린텍 창업 2000~2003년 한국의약품수출입협회 부회장 2005~2011년 한국제약협동조합 이사장 2011년 同이사 (상)보건복지부장관표창(1998), 한국무역협회장표창(1999), 100만불 수출의탑(1999), 전국약사대회 제31회 약사금탑(2004), 대통령표창(2005), 경영혁신 중소기업 선정(2006), 기술혁신 중소기업 선정(2007), IMI 경영대상(2009), 중소기업중앙회 고용우수중소기업 선정(2009), 대통령 산업훈장(2009), '제4차 중소기업을 빛낸 얼굴들' 선정(2012)

### 박재만(朴在萬) PARK Jae Man

(생)1963·4·4 (주)경기도 수원시 팔달구 효원로 1 경기도의회(031-8008-7000) (학)의정부고졸, 경희대 체육과학대학 체육학과졸, 대진대 법무행정대학원 행정학과졸 (경)제17대 정성호 국회의원 정책보좌관, 양주시무상학교급식추진운동본부 공동대표 2016~2018년 경기도의회 의원(보궐선거 당선, 더불어민주당) 2016~2018년 同도시환경위원회 위원 2017~2018년 同예산결산특별위원회 위원 2018년 경기도의회 의원(더불어민주당)(현) 2018년 同도시환경위원회 위원장(현)

### 박재목(朴在睦) Park Jae-Mok

(생)1960·3·26 (출)경북 의성 (주)서울특별시 종로구 세종대로 209 대통령소속 자치분권위원회 기획단 기획총괄과(02-2100-2211) (학)1978년 대구고졸 1985년 경북대 농화학과졸 1987년 同행정대학원졸 2001년 국민대 정치대학원졸 (경)관세청 비상계획담당관실 근무, 행정자치부 혁신홍보팀 근무

ㅂ

2007년 同교육홍보팀 서기관, 대구인재개발원 인재팀장, 한국은행 파견 2009년 행정안전부 조직실 서기관, 同재난위기종합상황실 서기관 2011년 행정안전부 기획총괄과장 2013년 안전행정부 기획총괄과장 2014년 同국가기록원 기록관리교육과장 2014년 행정자치부 국가기록원 기록관리교육과장 2014년 同의정관실 의정담당관(서기관) 2016년 同의정관실 의정담당관(부이사관) 2016년 대통령소속 지방자치발전위원회 행정지원과장 2018년 대통령소속 자치분권위원회 기획단 기획총괄과장(현) (저)'시간의 보복'(2004, 뿌리출판사)

### 박재묵(朴在默) Jae-Mook Park

(생)1950·8·17 (출)경북 (주)대전광역시 중구 중앙로 85 대전세종연구원(042-530-3500) (학)1974년 서울대 사회학과졸 1978년 同대학원 사회학과졸 1995년 문학박사(서울대) (경)1974~1979년 서울대 부설 한국방송통신대 조교 1980~1981년 서울시립산업대·충남대 시간강사 1981~2015년 충남대 사회학과 전임강사·조교수·부교수·교수 1991년 同기획실장 1994년 同사회과학대학 부학장 2000년 한국환경사회학회 부회장·회장 2005~2008년 한국NGO학회 부회장·회장 2007년 환경운동연합 감사 2011년 한국사회학회 회장 2012~2014년 충남대 교수회장 2014~2016년 교수신문 논설위원 2015년 환경운동연합 공동대표 2015~2017년 대전시 대전시민행복위원회 공동위원장 2015년 충남대 사회학과 명예교수(현) 2016년 에너지시민연대 공동대표 2017년 대전세종연구원 원장(현) 2017년 대통령직속 기구 산하 '세종·제주 자치분권·균형발전특별위원회' 세종특별자치시분과 위원(현) (저)'새 사회학통론' '제3세계 사회발전론' '한국의 지방자치와 지역사회발전' '제3세계와 한국의 사회학' '한국사회학' '사회학사' '우리 눈으로 보는 환경사회학'(2004) '공공갈등관리의 이론과 기법'(2005) '한국사회론'(2005)

### 박재문(朴載文) PARK Jae Moon

(생)1963·7·9 (본)밀양(密陽) (출)강원 동해 (주)경기도 성남시 분당구 분당로 47 한국정보통신기술협회(031-724-0001) (학)1981년 숭실고졸 1985년 서울대 법과대학 공법학과졸 1992년 同행정대학원 행정학과졸 1998년 미국 툴레인대 법학대학원졸 2011년 홍익대 대학원 법학 박사과정 수료 (경)1985년 행정고시 합격(29회) 1999년 미국 뉴욕주 변호사자격 취득 2000년 대통령 정책기획수석비서관실 행정관 2002년 정보통신부 정보화지원과장 2004년 同지식정보산업과장 2004년 同지식정보산업팀장 2005년 대통령비서실 행정관 2006년 정보통신부 소프트웨어진흥단장 2007년 同정책홍보관리관 2008년 방송통신위원회 대변인 2008년 미국 Paul Hastings(로펌) 파견(일반직고위공무원) 2010년 국가사이버안전센터 파견(일반직고위공무원) 2010년 방송통신위원회 융합정책관 2011년 同네트워크정책국장 2013년 미래창조과학부 정보화전략국장 2014~2016년 同연구개발정책실장 2016년 한국정보통신기술협회 회장(현) (상)홍조근정훈장(2013)

### 박재민(朴宰民) PARK Jae Min

(생)1965·9·18 (출)부산 (주)전라북도 완주군 이서면 반교로 150 지방자치인재개발원(063-907-5100) (학)1984년 서울 한성고졸 1988년 서울대 법학과졸 1990년 同대학원 행정학과졸 1998년 미국 시카고대 대학원 정책학과졸 (경)1987년 행정고시 합격(31회) 1990년 총무처 법무담당관실 1997년 행정자치부 정부수립50주년기념사업추진기획단 2000년 중앙인사위원회 교육훈련과 2004년 중앙인사위원회 인사정책국 균형인사과장 2005년 대통령비서실 균형인사 행정관 2006년 중앙인사위원회 성과후생국 직무분석과장 2007년 행정자치부 인사정책국 임용관리과장(부이사관) 2008년 행정안전부 지방재정세제국 교부세과장 2010년 법무부 국적통합정책단장 2010년 행정안전부 인사실 성과후생관(고위공무원) 2013년 교육 파견(고위공무원) 2014년 안전행정부 성과후생관 2015년 서울시 재무국장 2016년 행정자치부 인사기획관 2017~2018년 부산시 행정부시장 2018년 同시장 권한대행 2018년 행정안전부 지방자치인재개발원장(현)

### 박재민(朴宰民) Park Jae Min

(생)1967 (출)부산 (주)서울특별시 용산구 이태원로 22 국방부 차관실(02-748-6100) (학)1985년 서울 영동고졸 1991년 서강대 정치외교학과졸 1998년 미국 존스홉킨스대 대학원 국제관계학과졸 (경)1992년 행정고시 합격(36회) 2008년 국방부 기획조정관실 조직관리담당관(서기관) 2010년 同계획예산관실 예산편성담당관(부이사관) 2013년 同전력자원관리실 시설기획환경과장 2015년 同군사시설기획관 2017~2019년 同전력자원관리실장 2019년 同차관(현)

### 박재범(朴宰範)

(생)1966·8·29 (주)부산광역시 남구 못골로 19 남구청 구청장실(051-607-4006) (학)대동고졸 2018년 부경대 기계조선융합공학과 재학 중(1년) (경)농심양곡직판장 대표, 열린우리당 부산시당 인사위원, 민주평통 자문위원, 오륙도신문 운영위원, 사람사는세상 노무현재단 부산위원회 연구위원, (사)남구청년연합회 부회장, (사)노동인권연대 연구원, (사)감만1동청년회 회장 2014년 부산시 남구의회 의원(새정치민주연합·더불어민주당) 2014년 同총무위원장 2017년 더불어민주당 제19대 문재인 대통령후보 중앙선거대책위원회 직능본부 환경특별위원회 위원 2018년 부산시 남구청장(더불어민주당)(현) (상)더불어민주당 당대표 표창(2017)

### 박재승(朴在承) PARK Jae Seung

(생)1939·3·25 (본)함양(咸陽) (출)전남 강진 (주)서울특별시 강남구 강남대로 340 (역삼동) 경원빌딩 11층 법무법인 봄(02-3477-2103) (학)1958년 광주고졸 1968년 연세대 정법대학졸 1994년 同행정대학원 고위정책과정 수료 1995년 고려대 언론대학원 수료 1996년 서울대 경영대학 최고경영자과정 수료 2004년 명예 법학박사(전남대) (경)1967년 軍법무관 합격(1회) 1969년 육군 법무관 1971년 사법시험 합격(13회) 1973년 사법연수원 수료(3기) 1973년 서울형사지법 판사 1975년 서울민사지법 판사 1975년 이화여대·숭실대 강사 1977년 제주지법 판사 1979년 수원지법 판사 1981년 서울지법 남부지원 판사 1981년 변호사 개업 1993년 서울지방변호사회 인권위원장 1994년 한겨레신문 감사 1997년 한겨레통일문화재단 감사 1997년 외무부 행정심판위원 2000년 제주4.3사건진상조사및희생자 명예회복위원 2001년 서울지방변호사회 회장 2003~2005년 대한변호사협회 회장 2005년 사법개혁추진위원회 민간위원 2007년 학교법인 대양학원(세종대) 임시이사장 2007년 법무법인 디지털밸리 고문변호사 2008년 통합민주당 4.9총선 공천심사위원장 2009~2016년 법무법인 봄 대표변호사 2012년 희망제작소 이사장 2016년 법무법인 봄 고문변호사(현) 2017년 경찰청 경찰개혁위원회 위원장(현) (상)대법원장표창 (저)'법과 국가경영'

### 박재식(朴在植) Park, Jae-Seek

(생)1958·9·27 (본)밀양(密陽) (출)충남 공주 (주)서울특별시 종로구 새문안로5길 37 도렴빌딩 10층 저축은행중앙회 회장실(02-397-8600) (학)1977년 대전고졸 1982년 성균관대 경제학과졸 1988년 서울대 행정대학원 행정학과졸 1992년 미국 오레곤대 대학원 경제학과졸 2014년 경제학박사(동국대) (경)1982년 행정고시 합격(26회) 1984년 재정경제원 증권업무담당관실 근무, 재무부 증권정책과·국제기구과·관세정책과·공보관실 근무 1998년 미국 워싱턴주 금융감독청 파견 2001~2005년 재정경제부 경제홍보기획단 국내홍보과장·국제금융국 국제기구과장·금융정책국 보험제도과장 2005~2007년 대통령비서실 정책조

정선임행정관 2007~2009년 駐제네바국제연합사무처·국제기구대표부 공사참사관 2009~2011년 지식경제부 우정사업본부 보험사업단장 2011년 기획재정부 국고국장 2012년 금융정보분석원 원장 2012~2015년 한국증권금융(주) 대표이사 사장 2013~2015년 同꿈나눔재단 초대 이사장 2015~2016년 同고문 2019년 저축은행중앙회 회장(현) (상)근정포장

### 박재억(朴載億) PARK Jae Euk

(생)1958·7·14 (주)부산광역시 부산진구 전포대로 217 천일정기화물자동차(주)(051-647-1001) (학)중앙대 응용통계학과졸, 同대학원 응용통계학과졸 (경)천일정기화물자동차(주) 이사, 同전무이사, Kana Shipping(주) 대표이사, 천일정기화물자동차(주) 대표이사 사장, 한국통합물류협회 선임부회장 2013~2017년 同회장 2017년 천일정기화물자동차(주) 대표이사 회장(현)

### 박재억(朴在億)

(생)1971·4·17 (출)경남 고성 (주)경기도 과천시 관문로 47 법무부 대변인실(02-2110-3063) (학)1990년 대아고졸 1995년 한양대 법학과졸 (경)1997년 사법시험 합격(39회) 2000년 사법연수원 수료(29기) 2000년 공익법무관 2003년 수원지검 성남지청 검사 2005년 수원지검 검사 2006년 프랑스 파견 2008년 부산지검 검사 2010년 서울중앙지검 검사 2013년 수원지검 안양지청 부부장검사 2014년 광주지검 강력부장 2015년 대검찰청 마약과장 2016년 同조직범죄과장 2017년 서울중앙지검 강력부장 2018년 부산지검 부부장검사 2018년 서울시 법률자문검사 파견 2019년 법무부 대변인(현) (상)근정포장(2014)

### 박재영(朴在泳) PARK Jae Young

(생)1954·4·17 (본)밀양(密陽) (출)전남 담양 (주)서울특별시 서초구 반포대로 122 현대ESA2오피스텔 212호 광주대학교 서울사무소(02-525-1947) (학)1974년 광주제일고졸 1981년 서울대 경제학과졸 1983년 同행정대학원졸 1997년 영국 버밍엄대 대학원졸 1998년 행정학박사(한양대) (경)1982년 행정고시 합격(25회) 1983년 전남도 근무 1985년 산림청 근무 1986~1994년 내무부 근무 1995년 전남 함평군수 1995년 해외 유학 1998년 전남도지사 비서실장 1999년 대통령비서실 행정관 2000년 행정자치부 자치제도과장 2003년 정부혁신지방분권위원회 파견 2005~2006년 기획예산처 균형발전재정기획관 2006년 행정자치부 균형발전지원관 2006년 同지역균형발전지원본부장 2008년 전남도 행정부지사 2009년 행정안전부 소청심사위원회 상임위원 2010년 대통령 정무수석비서관실 행정자치비서관 2011~2014년 국민권익위원회 부위원장 겸 사무처장(차관급) 2015~2017년 (주)이마트 사외이사 겸 감사위원 2018년 광주대 부총장(현) (상)대통령표창(1991), 홍조근정훈장(2003) (저)'영국을 다시 본다'(1998) '여왕의 핸드백엔 무엇이 들었을까'(2000) (종)천주교

### 박재영(朴在映) PARK Jae Young

(생)1966·3·29 (출)대구 (주)경기도 의정부시 녹양로 34번길 23 의정부지방검찰청 총무과(031-820-4542) (학)1984년 대구 계성고졸 1988년 서울대 법과대학졸 1991년 경북대 법학대학원 수료 (경)1996년 사법시험 합격(38회) 1999년 사법연수원 수료(28기) 1999년 광주지검 검사 2001년 대구지검 김천지청 검사 2003년 인천지검 부천지청 검사 2005년 의정부지검 검사 2008년 대구지검 검사 2010년 서울남부지검 검사 2011년 同부부장검사 2012년 인천지검 부부장검사 2013년 서울고검 검사 2014년 의정부지검 고양지청 부부장검사 2015년 광주지검 목포지청 형사1부장 2016년 부산고검 검사 2018년 의정부지검 부장검사(현) (종)기독교

### 박재영(朴宰瑩)

(생)1974·11·10 (출)경남 진주 (주)서울특별시 서초구 서초중앙로 157 서울고등법원(02-530-1114) (학)1993년 진주고졸 1999년 서울대 사법학과졸 (경)1998년 사법시험 합격(40회) 2001년 사법연수원 수료(30기) 2001년 변호사 개업 2003년 부산지법 예비판사 2004년 부산고법 예비판사 2005년 부산지법 판사 2006년 수원지법 성남지원 판사 2009년 서울행정법원 판사 2011년 서울남부지법 판사 2012년 서울동부지법 판사 2012년 법원행정처 사법지원심의관 겸임 2014년 서울남부지법 판사 2016년 창원지법 부장판사 2018년 서울고법 판사(현)

### 박재완(朴宰完) BAHK Jaewan (春塘)

(생)1955·1·24 (본)밀양(密陽) (출)경남 마산 (주)서울특별시 종로구 성균관로 25-2 성균관대학교 사회과학대학 행정학과(02-760-0371) (학)1973년 부산고졸 1977년 서울대 경제학과졸 1988년 미국 하버드대 Kennedy School 정책학과졸 1992년 정책학박사(미국 하버드대) (경)1979년 행정고시 합격(23회) 1980년 총무처 근무 1981년 국가안전보장회의 행정사무관 1983~1992년 감사원 부감사관 1992~1994년 재무부 행정사무관 1994~1996년 대통령비서실 서기관 1996~2004·2013년 성균관대 사회과학대학 행정학과 교수(현) 1997년 한국공공경제학회 총무이사 1999년 한국정책학회 연구이사 2000년 한국행정학회 연구이사 2000~2002년 한국공공정책연구소 소장 2000~2002년 성균관대 입학처장 2003~2004년 同기획조정처장 2003년 BK21핵심사업팀장협의회 공동의장 2004년 경실련 정책위원장 2004~2008년 제17대 국회의원(비례대표, 한나라당) 2004년 한나라당 여의도연구소 부소장 2005년 同제3정책조정위원장 2005~2006년 同대외협력위원장 2006~2008년 同대표비서실장 2007년 제17대 대통령직인수위원회 국가경쟁력강화특별위원회 정부혁신규제개혁TF팀장 2008년 대통령 정무수석비서관 2008~2010년 대통령 국정기획수석비서관 2009~2010년 청불회(靑佛會) 회장 2010~2011년 고용노동부 장관 2011~2013년 기획재정부 장관 2014년 한반도선진화재단 이사장(현) 2014년 (재)이명박대통령기념재단 이사(현) 2014~2016년 성균관대 사회과학연구원장 2015~2016년 同국정전문대학원장 2016년 삼성전자(주) 사외이사(현) 2016년 롯데쇼핑(주) 사외이사(현) 2017년 전국경제인연합회 혁신위원회 위원(현) 2019년 삼성전자 거버넌스위원회 위원장(현) (저)'대통령의 성공조건'(2002) 'Building Good Governance'(2002) '국회의 성공조건'(2004) '국가 재창조를 위한 정부개혁'(2017) '국가와 좋은 행정'(2017) '수저계급론에 대한 진단과 정책제언'(2018) (종)불교

### 박재우(朴載祐) PARK Jae Woo

(생)1946·9·16 (본)밀양(密陽) (출)경남 밀양 (주)서울특별시 중구 퇴계로 97 고려대연각빌딩 901호 삼익물류(주) 회장실(02-3708-7000) (학)1965년 경남고졸 1969년 한양대 공과대학 공업경영학과졸 (경)1970년 조양상선(주) 이사 1971년 서울해운(주) 이사 1971년 삼익선박(주) 이사 1973년 조양상선(주) 상무이사 1975년 同전무이사 1975년 삼익선박(주) 전무이사 1975년 서울해운(주) 전무이사 1980~1990년 우성산업(주) 대표이사 1980~1988년 삼익선박(주) 부사장 1982~1988년 (주)남북수산 부사장 1982년 창원개발(주) 대표이사 1988~1997년 조양상선(주) 수석부사장 1988년 삼익종합운수(주) 대표이사 1992~1997년 조양상선그룹 부회장 1994~2003년 한국철도물류협회 1~3대 회장 1996~1997년 조양상선(주) 수석부사장 1997년 同대표이사 1997년 제일생명보험(주) 부회장 1997년 조양상선그룹 수석부회장 1997년 삼익물류(주) 대표이사 2004년 同회장(현) 2009년 한국철도물류협회 7~10대 회장(현) (상)부총리 겸 재정경제원장관표창(1996), 동탑산업훈장(1996), 노동부장관표창(1998) (종)기독교

**박재우(朴宰雨) PARK Jae Woo** (樹人 · 厚澤)

(생)1954·4·6 (본)반남(潘南) (출)충남 금산 (주)서울특별시 동대문구 이문로 107 한국외국어대학교 중국어대학 중국언어문화학부(02-2173-3192) (학)1973년 경기고졸 1978년 서울대 중어중문학과졸 1982년 국립대만대 중문연구소졸 1990년 문학박사(국립대만대) (경)1983~1997년 한국외국어대 중국어과 전임강사대우·전임강사·조교수·부교수 1991~1995년 민주화를위한전국교수협의회 서울지회 총무·편집국장·대외협력위원장 1994년 한국중어중문학회 상임이사 1994년 한국외국어대 중국어학과장 1997~2009년 同중국어과 교수 1998년 同홍보실장 1999~2003년 한국중국현대문학회 회장 2000~2004년 참여연대 운영위원 2001년 한국외국어대 학생지원처장 2001년 중국 북경대 교환교수 2002년 중국 화난사대 객좌교수(현) 2002~2013년 한중문화포럼 집행위원장 2003~2005년 한국외국어대 중국연구소장 2004년 중국사회과학원 '當代韓國' 편집위원 2005년 同'當代韓國' 편집위원장(현) 2006~2009·2012~2015년 한국문학번역원 이사 2007년 대산문화재단 한중일동아문학포럼 조직위원(현) 2007년 중국 루쉰박물관 객좌연구원(현) 2009~2012년 외교통상부 한중전문가연합연구위원회 위원 2009년 서울국제문학포럼 조직위원(현) 2009년 중국 난징대학 겸직교수(현) 2009~2013년 한국외국어대 중국어대학 중국학부 교수 2010~2011년 한국중어중문학회 회장 2011년 국제루쉰연구회 회장(현) 2013~2014년 한국외국어대 중국어대학장 2014~2019년 同중국어대학 중국언어문화학부 교수 2014~2015년 한국중국언어문화연구회 회장 2014년 중국 후난대학 객좌교수(현) 2015년 한국세계화문학협회 회장(현) 2016년 세계한학연구회 집행회장(현) 2016년 중국 시난대학 객좌교수(현) 2017년 한국외국어대 대학원장 2019년 同중국어대학 중국언어문화학부 명예교수(현) (상)한국외국어대 학생지원처장 공로패(2002), 중국대사관 한중교육교류 공로상(2003), 한국외국어대 우수교원표창(2007·2010·2011·2015·2016), 중국작가협회 '중국문학의 친구'賞(2018) (저)'사기한서비교연구' '중문학 어떻게 공부할까' '한국魯迅연구논문집' '일제하중국현대문학수용사' '20세기한인제재소설적통시적고찰' '중국당대문학의 조명' '고대한어기초 스토리텔링 기초편' '고대한어기초 스토리텔링 응용편' '한국魯迅연구精選集(2)' (역)'문학의 이론과 실천' '중국 현대소설 유파사' '만사형통' '눈부시게 새빨간 부겐빌레아' '중국은 루쉰이 필요하다' '중국당대12시인대표시선' (종)기독교

**박재우(朴載雨) PARK Jae Woo**

(생)1955·5·11 (출)충남 (주)경상북도 구미시 구미대로 350-27 (사)경북산학융합본부(054-478-4901) (학)1978년 서울대 공과대학 전자공학과졸 1980년 한국과학기술원(KAIST) 전기전자공학과졸(석사) 1994년 전기전자공학박사(한국과학기술원) (경)1980년 금오공대 전자공학부 교수(현) 1981~1986년 同전자계산소장 1983~1985년 同교무처장 1986~1987년 미국 North Carolina State Univ. 교환교수 1991~1993년 금오공대 응용전자기술연구소장 1991~1996년 중부지역공업단지관리공단 산업기술연구조합 기술자문위원장 겸 책임연구원 1999~2000년 금오공대 도서관장 2000~2002년 同대학원장 2019년 (사)경북산학융합본부 제4대 원장(현)

**박재우(朴宰佑) PARK Jae Woo**

(생)1969·10·30 (출)서울 (주)서울특별시 서초구 서초중앙로 157 서울고등법원(02-530-1114) (학)1988년 화곡고졸 1993년 서울대 법과대학 사법학과졸 1993년 同대학원 법학과졸 (경)1993년 사법시험 합격(35회) 1996년 사법연수원 수료(25기) 1996년 공군 법무관 1999년 서울지법 판사 2001년 서울남부지원 판사 2003년 춘천지법 강릉지원 판사 2006년 의정부지법 판사 2008년 서울고법 판사 2009년 대법원 재판연구관 2011년 서울중앙지법 판사 2012년 광주지법 부장판사 2013년 서울고법 판사(현)

**박재윤(朴在潤) PARK Jae Yoon**

(생)1940·3·7 (본)고령(高靈) (출)경기 평택 (주)서울특별시 강남구 도곡로1길 25 강산건설(주) 비서실(02-2007-9005) (학)1964년 한양대 전기공학과졸 2000년 同경영대학원 건설경영자과정 수료 (경)1978년 강산개발(주) 대표이사 1997년 수송전기공고총동문회 회장 2002년 학교법인 광운학원 관선이사 2003~2005·2006~2008·2009~2011년 한양대총동문회 발전위원장 2013년 강산건설(주) 대표이사 회장(현) 2013년 CENTURY21C.C 대표이사 회장(현) 2013년 건설공제조합 비상임감사(현) 2013년 경기도민회 부회장(현) 2013년 고령박씨대종회 부회장(현) 2013년 서초경제인협의회 운영위원 2013~2017년 대한건설협회 기획위원장 2014~2016년 서초경제인협의회 회장 2016년 同고문(현) (상)노동부장관표창(1984), 서울시장표창(1984), 내무부장관표창(1984), 건설부장관표창(1990), 대통령표창(1993), 교육부장관표창(1997)

**박재윤(朴在潤) PARK Jae Yoon**

(생)1941·7·25 (본)고령(高靈) (출)부산 (주)서울특별시 관악구 관악로 1 서울대학교 경제학부(02-880-6359) (학)1959년 부산고졸 1963년 서울대 경제학과졸 1967년 同대학원졸 1974년 경제학박사(미국 인디애나대) (경)1971~1985년 서울대 전임강사·조교수·부교수 1983년 한국경제학회 사무국장 1983년 재무부 금융산업발전심의위원 1985~1987년 서울대 기획실장 1985~1992년 同경제학과 교수 1987·1997년 금융통화운영위원회 위원 1989년 한국금융학회 회장 1991년 금융연구원 원장 1992년 서울대 경제학부 명예교수(현) 1992년 민자당 김영삼 대통령후보 경제특보 1993년 대통령 경제수석비서관 1994년 재무부 장관 1994~1996년 통상산업부 장관 1998년 순천향대 경제학부 교수 1999~2003년 부산대 총장 2004년 경기도지역혁신협의회 의장 2004~2006년 아주대 총장 2009~2014년 미국 유타대 교환교수 2014년 지식사회포럼 대표(현) 2017년 (사)김영삼민주센터 감사(현) (상)청조근정훈장(1997) (저)'화폐금융원론'(1979, 박영사) '한국공업노동연구' '한국의 민간저축에 관한 연구' '21세기를 사는 9가지 지혜-지식사회에서 어떻게 성공할 것인가'(2014, 한국경제신문) (종)기독교

**박재윤(朴在允) PARK Jae Yoon**

(생)1948·3·20 (본)밀양(密陽) (출)전북 부안 (주)서울특별시 서초구 서초대로41길 20 화인빌딩 법무법인 천우(02-591-6100) (학)1965년 전주고졸 1969년 서울대 법과대학졸 1970년 同사법대학원졸 (경)1968년 사법시험 합격(9회) 1971년 軍법무관 1974년 서울민사지법 판사 1982년 서울고법 판사 1985년 전주지법 부장판사 1987년 사법연수원 교수 1990년 서울형사지법 부장판사 1992년 인천지법 수석부장판사 1992년 광주고법 부장판사 1993~1999년 서울고법 부장판사 1993~1997년 대법원 수석재판연구관 겸임 1999년 서울지법 민사수석부장판사 직대 2000~2006년 대법원 대법관 2006~2018년 법무법인 바른 고문변호사 2009년 대법원 사법정책자문위원회 위원 2016년 한국기독교화해중재원 원장(현) 2018년 법무법인 천우 변호사(현) 2019년 한국신문윤리위원회 위원장(현) (상)청조근정훈장(2006) (종)기독교

**박재윤(朴宰潤) Jae Yun Park**

(생)1958·3·17 (출)인천 (주)인천광역시 연수구 아카데미로 119 인천대학교 공과대학 신소재공학과(032-835-8271) (학)1981년 연세대 물리학과졸 1983년 同대학원 물리학과졸 1987년 물리학박사(연세대) (경)1981~1987년 연세대 자연과학연구소 연구원 1983~1987년 연세대·한국항공대·국민대 강사 1988~2002년 인천대 재료공학과 조교수·부교수·

교수 1989년 미국 South Carolina대 교환교수 2000~2002년 미국 Alabama대 MINT 방문교수 2002년 인천대 공과대학 신소재공학과 교수(현) 2010~2012년 同대학발전본부장 2016~2018년 同공과대학장 겸 공학대학원장

## 박재천

(생)1962 (출)경남 사천 (주)부산광역시 중구 중앙대로 105 부산중부경찰서(051-664-0321) (학)경상대 불어불문학과졸, 부산대 대학원 행정학과졸 (경)1988년 경위 경채 2005년 부산 해운대경찰서 청문감사관 2006년 부산지방경찰청 외사과 외사1계장 2008년 경정 승진 2010년 부산금정경찰서 정보보안과장 2011년 부산서부경찰서 정보보안과장 2012년 부산지방경찰청 생활안전과 생활질서계장 2016년 제주지방경찰청 청문감사담당관(총경) 2017년 同치안지도관(총경 · 교육파견) 2017년 同정보화장비담당관 2019년 부산중부경찰서장(현)

## 박재철(朴宰徹)

(생)1968 · 12 · 11 (출)전남 목포 (주)전라북도 정읍시 수성6로 29 전주지방법원 정읍지원 총무과(063-570-1051) (학)1986년 목포 홍일고졸 1991년 동국대 정치외교학과졸 1997년 한국외국어대 통번역대학원 한일과졸 2003년 원광대 법학과졸 (경)1997년 국제방송교류재단 일본어팀 근무 2000년 사법시험 합격(42회) 2003년 사법연수원 수료(32기) 2003년 수원지법 예비판사 2005년 서울중앙지법 판사 2007년 창원지법 진주지원 판사 2012~2016년 同마산지원 판사 겸 진주지원 산청군법원 판사 2016년 창원지법 진주지원 판사 2018년 전주지법 정읍지원장(현)

## 박재학(朴宰鶴) PARK Jai Hak

(생)1956 · 8 · 5 (출)대구 (주)충청북도 청주시 서원구 충대로 1 충북대학교 공과대학 안전공학과(043-261-2460) (학)1979년 서울대 기계공학과졸 1981년 한국과학기술원(KAIST) 기계공학과졸(석사) 1987년 공학박사(한국과학기술원) (경)1987년 충북대 공과대학 안전공학과 조교수 · 부교수 · 교수(현) 2013~2014년 한국안전학회 회장 2015~2017년 한국산업안전보건공단 비상임이사 2015~2017년 원자력안전위원회 전문위원 2017년 충북대 공과대학장 겸 산업대학원장(현) (상)옥조근정훈장

## 박재혁(朴在赫) PARK Jae Hyeuk

(생)1960 · 8 · 1 (본)죽산(竹山) (출)경남 고성 (주)경상남도 진주시 범골로 56 주택관리공단 감사실(055-923-3003) (학)1980년 대아고졸 1989년 경남대 환경보호학과졸 (경)1987년 경남대 총학생회장 1987년 전국대학생대표자협의회(전대협) 경남지역 의장 1989년 마산 · 창원민주청년회 회장 1992년 정권교체를위한마산 · 창원지역청년모임 대표 1993년 민주주의민족통일전국연합 중앙위원 1995년 통일시대국민회의 이사 1998~2018년 중리초등학교체육진흥회 이사 2000년 새천년민주당 마산합포지구당 위원장 2002년 同마산회원지구당 위원장, 6월항쟁정신계승 경남사업회 대표, (사)자치분권연구소 이사, 열린사회희망연대 대표 2016~2018년 더불어민주당 경남도당 단디정책연구소장 2018년 주택관리공단 상임감사(현) (상)대통령표창

## 박재현(朴裁炫) PARK Jai Hyeon

(생)1962 · 7 · 7 (출)경남 충무 (주)서울특별시 중구 퇴계로 190 매경미디어빌딩 MBN(매일방송) 임원실(02-2000-3000) (학)1981년 진주고졸 1985년 한국외국어대 영어과졸 (경)1997년 매일경제신문 금융부 머니팀장(차장대우) 1999년 同경제부 차장대우 · 차장 1999년 일본 아시아경제연구소 객원연구원 2000년 매일경제신문 증권부 차장 2001년 同증권부 부장대우 2002년 同국제부장 2002년 同경제부장 겸 금융부장 직대 2002년 금융발전심의위원 2004년 매일경제신문 금융부장 겸 기획취재총괄 2005~2006년 한국금융학회 이사 2006년 매일경제신문 산업부장(부국장대우) 2008년 同산업부장 겸 지식부장 2009년 同편집국 차장 겸 지식부장(국장대우) 2010년 同편집국장 2012~2015년 同편집담당 상무이사 2012년 (사)금융저축정보센터 이사장 2013년 국민경제자문회의 거시금융분과 자문위원 2013년 한국빅데이터서비스학회 부회장(현) 2015년 국민경제자문회의 기초경제1분과 자문위원 2015년 매일경제신문 논설주간(전무이사) 2016년 同심의실장(전무이사) 겸임 2017년 한국전력기술 사외이사(현) 2017년 한국신문방송편집인협회 부회장 2017년 MBN(매일방송) 전무이사 2018년 同감사위원장 겸임 2019년 MBN미디어렙 전무 2019년 MBN(매일방송) '한국데이터거래소(KDX)추진위원회' 대표(전무급)(현) (상)한국외국어대 언론인상(2011), 한국 참언론인대상(2011) (저)'IMF 신재테크' '2000년 新한국 경제보고서'(共)

## 박재현(朴哉炫) JAE-HYON BAHK

(생)1964 · 2 · 19 (주)서울특별시 종로구 대학로 101 서울대병원 마취통증의학과(02-760-2818) (학)1987년 서울대 의대졸 1995년 同대학원 의학석사 1997년 의학박사(서울대) (경)1987~1991년 서울대병원 수련의 · 전공의 1991~1994년 서울지구병원 마취과장(군의관) 1994~1996년 삼성서울병원 전문의 1996년 서울대 의대 마취통증의학교실 전임강사 · 조교수 · 부교수 · 교수(현) 1998~2002년 미국 캘리포니아대 Medical School 연수 2005년 대한심폐혈관마취학회 총무학술이사 2010~2012년 서울대병원 교육연구부 수련실장 2012년 서울대 의대 기획부학장 2012~2014년 同입학본부장 2016년 同의대 마취통증의학교실 주임교수(현) 2016년 서울대병원 마취통증의학과장(현) 2016년 同수술부장(현) 2017년 2019세계심폐마취학회 조직위원장(현) 2017년 아시아심폐마취학회 회장(현) (상)대한마취과학회 학술상(1995), 대한마취과학회 애보트학술상(1998)

## 박재현(朴宰賢) PARK Jae Hyun

(생)1967 · 12 · 2 (본)밀양(密陽) (출)경북 김천 (주)서울특별시 중구 남대문로 63 한진빌딩 법무법인 광장(02-6386-6228) (학)1986년 대구 달성고졸 1990년 서울대 법학과졸 (경)1991년 사법시험 합격(33회) 1994년 사법연수원 수료(23기) 1994년 대구지법 판사 1997년 同경주지원 판사 1999년 대구지법 판사 2005년 수원지법 판사 2006년 서울고법 판사 2007년 대법원 연구법관 2008년 서울중앙지법 판사 2009년 제주지법 부장판사 2010년 同수석부장판사 2010~2011년 언론중재위원회 제주중재부장 2011년 인천지법 부장판사 2013~2015년 서울서부지법 부장판사 2015년 법무법인 광장 변호사(현) (종)기독교



## 박재현(朴載現) PARK JAE HYUN

(생)1969 · 2 · 20 (본)밀양(密陽) (출)전남 순천 (주)서울특별시 서초구 반포대로 158 서울고등검찰청 총무과(02-530-3261) (학)1988년 순천고졸 1997년 연세대 법학과졸 (경)1996년 사법시험 합격(38회) 1999년 사법연수원 수료(28기) 1999년 대구지검 검사 2001년 광주지검 순천지청 검사 2003년 서울지검 검사 2004년 서울중앙지검 검사 2005년 광주지검 형사제1부 검사 2006년 미국 위티어대 로스쿨 방문교수 2007년 광주지검 특수부 검사 2009년 서울동부지검 검사 2010년 사법연수원 교수 2013년 대구지검 경주지청 부장검사 2014년 창원지검 통영지청 부장검사 2015년 부산지검 형사4부장 2016년 의정부지검 고양지청 부장검사 2017년 법무연수원 교수 2018년 의정부지검 형사1부장 2019년 서울고검 검사(현) (종)천주교

## 박재형(朴宰亨)

(생)1968 (출)대전 (주)세종특별자치시 국세청로 8-14 국세청 운영지원과(044-204-2250) (학)서울 인창고졸, 고려대 경영학과졸 (경)1996년 행정고시 합격(39회), 서청주세무서 총무과장, 제천세무서 직세과장, 남인천세무서 총무과장, 국세청 납세자보호과 · 국제협력4계 근무, 同국제협력3계장, 同조사국 조사기획과 · 조사2과 근무, 서울지방국세청 조사2 · 4과 근무, 국세청 조사기획과 · 국제협력담당관실 3계장 2009년 충주세무서장(서기관) 2009년 미국 국제탈세정보교환센터(JITSIC) 파견 2012년 서울지방국세청 국제조사2과장 2014년 서울 삼성세무서장 2013년 국세청 세무조사감찰T/F팀장 2014년 同국제세원관리담당관(서기관) 2016년 同국제협력담당관(부이사관) 2017년 서울지방국세청 첨단탈세방지담당관 2018년 부산지방국세청 성실납세지원국장(고위공무원) 2018년 중부지방국세청 조사3국장 2019년 헌법재판소 파견(고위공무원)(현)

## 박재호(朴在昊) Park Jae-Ho

(생)1959 · 2 · 13 (본)밀양(密陽) (출)부산 (주)서울특별시 영등포구 의사당대로 1 국회 의원회관 832호(02-784-5512) (학)1977년 부산 동성고졸 1987년 부산외국어대 불어불문학과졸 1997년 중앙대 행정대학원 행정학과졸 2012년 명예 박사(가야대) (경)1987년 제13대 대통령선거 민주쟁취선거혁명추진위원회 부산학생연합회장 1987~1988년 통일민주당 중앙당 언론부장 1988~1992년 서석재 국회의원 비서관 1993~1995년 대통령비서실 총무 · 정무행정관 1995~1998년 同정무행정관 · 인사재무비서관 1998~1999년 미국 아이오와주립대 국제정치 객원연구원 2002년 노무현 대통령후보 부산시선거대책위원회 조직특보 2002년 대통령직인수위원회 정무분과 전문위원 2003년 同대통령비서실 정무비서관 2003년 대통령자문 동북아경제중심추진위원회 자문위원 2004년 열린우리당 부산시남구지구당 위원장 2004년 국민체육진흥공단 상임감사 2005년 同이사장 2009년 (사)코리아스픽스 원장 2011년 가야대 교양학부 초빙교수 2012년 민주통합당 부산시당 위원장 2012년 민주통합당 제18대 대통령선거 부산선대위 상임선대위원장 2013년 민주당 부산시당 위원장 2014년 새정치민주연합 부산시당 위원장 2015년 더불어민주당 부산시남구乙지역위원회 위원장 2016년 제20대 국회의원(부산시 남구乙, 더불어민주당)(현) 2016년 국회 을지로위원회 운영위원 2016년 국회 탈핵에너지전환국회의원모임 위원 2016년 국회 미래도시창생과재생을위한연구모임 대표 2016년 국회 정치발전특별위원회 위원 2016년 국회 윤리특별위원회 위원 2017년 더불어민주당 제19대 문재인 대통령후보 중앙선거대책위원회 지역균형정책위원회 부위원장 2017년 더불어민주당 조직강화특별위원회 위원 2017년 국회 예산결산특별위원회 위원 2017년 국회 산업통상자원중소벤처기업위원회 위원 2017년 더불어민주당 정책위원회 부위원장 2018년 국회 국토교통위원회 위원(현) (상)홍조근정훈장(1988), 원자력안전상(2016 · 2017), 국회를 빛낸 바른 언어상(2017), 자랑스러운 동성인상(2017), 소상공인연합회 초정상(2017), 우수환경의원 탈핵원전안전분야(2017), 부산로봇산업협회 감사패(2017), 최우수환경의원 탈핵분야(2018), 더불어민주당 국정감사 우수의원상(2018) (저)'대한민국 공기업에 고함'(2008) '당신이 선물입니다'(2013)

## 박재홍(朴在鴻) PARK Jae Hong

(생)1941·2·28 (본)고령(高靈) (출)경북 구미 (학)1961년 대구상고졸 1969년 고려대 법과대학졸 1971년 서울대 행정대학원 수료(1년) (경)1969년 포항종합제철 근무 1973년 동양철관 사장 1978년 대한테니스협회 감사 1980~1996년 동양철관 회장 1981년 제11대 국회의원(경북 구미·군위·칠곡·선산 민주정의당) 1981년 대한테니스협회 부회장 1981년 민주정의당 산업노동분과 위원장·원내부총무 1983년 同재해대책위원장 1985년 제12대 국회의원(경북 구미·군위·칠곡·선산, 민주정의당) 1985년 민주정의당 원내부총무 1988년 제13대 국회의원(경북 구미, 민주정의당·민주자유당) 1988년 민주정의당 정책위원회 부의장 1990년 민주자유당 구미지구당 위원장 1990년 同당무위원 1992년 제14대 국회의원(전국구, 민주자유당·신한국당) 1994년 국회 교통위원장 1995년 국회 건설교통위원장 1996년 자민련 구미甲지구당 위원장 1998년 한나라당 구미甲지구당 위원장 1998년 국민회의 당무위원 2000년 자민련 제16대 총선 선거대책위원회 부위원장 (상)새마을훈장 자조장 (종)기독교

## 박재홍(朴栽弘)

(생)1962 · 10 · 22 (출)경북 (주)서울특별시 영등포구 여의공원로 13 한국방송공사 경영본부(02-781-1000) (학)부산 금성고졸, 부산대 철학과졸, 한국개발연구원(KDI) 국제정책대학원 경영학과졸 (경)2010~2011년 한국방송공사(KBS) 경영본부 재원관리국 강북사업지사 근무 2013~2015년 同정책기획본부 방송문화연구소 공영성연구부 팀장 2016년 同인재개발원 인재개발부 팀장 2017년 同감사실 기획감사부 근무 2018년 同시청자본부장 2019년 同경영본부장(현)

## 박재홍(朴宰弘) PARK Jae Hong

(생)1965 · 1 · 8 (주)경기도 용인시 기흥구 삼성로 1 삼성전자(주) Foundry사업부 Design Platform개발실(031-209-7114) (학)1988년 서울대 전자공학과졸 1990년 同대학원 전자공학과졸 1995년 전기전자컴퓨터공학박사(미국 텍사스대 오스틴교) (경)1999년 삼성전자(주) S.LSI사업부 SOC개발 2001년 同S.LSI사업부 MP3개발 2008년 同S.LSI사업부 Media개발팀장(상무) 2011년 同S.LSI사업부 차세대AP개발팀장(상무) 2013년 同S.LSI사업부 기반설계센터장(전무) 2014년 同S.LSI사업부 SOC개발팀장(전무) 2015년 同S.LSI사업부 Design Service팀장(전무) 2017년 同Foundry사업부 Foundry Design Service팀장(전무) 2019년 同Foundry사업부 Design Platform개발실장(부사장)(현)

## 박재홍(朴在洪) Park Jae Hong

(생)1970 · 4 · 16 (출)전북 순창 (주)전라북도 전주시 완산구 마전중앙로 30 한국방송공사 전주방송총국 보도국(063-270-7410) (학)1987년 전주 상산고졸 1994년 전북대 경영학과졸 (경)1994년 한국경영자총협회 기획실 근무 1995년 한국방송공사(KBS) 입사 2013년 同전주방송총국 '9시뉴스' 앵커 2015년 同전주방송총국 편집부장 2015년 同전주방송총국 취재부장 2018년 同전주방송총국 보도국장(현)

## 박재환(朴宰煥) PARK JAE WHAN

(생)1960 · 12 · 7 (주)서울특별시 동작구 흑석로 84 중앙대학교 경영경제대학 경영학부(02-820-5295) (학)1979년 우신고졸 1984년 고려대 경영학과졸 1986년 同대학원 경영학과졸 2005년 경영학박사(고려대) (경)2005~2007년 한국기술교육대 산업경영학부 교수 2007년 중앙대 경영경제대학 경영학부 교수(현) 2007년 기획재정부 공기업및준정부기관 경영평가위원 2007~2010년 SK인천정유 사외이사 2007~2011년 한국공인회계사회 윤리기준위원회 위원 2009~2012년 중앙대 지식경영학부장 2009~2011년 금융감독원 감리위원회 감리위원 2011년 한국납세자연합회 정책연구위원장 2012~2013년 한국회계정보학회 회계정보연구 편집위원장 2012~2013년 국세청 기준경비율위원회 위원 2013~2014년 중앙대 산업창업경영대학원장 2013년 한국세무학회 세무와회계저널 편집위원장 2013~2016년 공무원연금운영위원회 운영위원 2014년 기획재정부 공공기관경영평가단 간사 2014년 세금바로쓰기납세자운동 부대표(현) 2014~2016년 한국공인회계사회 윤리기준위원 2014~2016년 증권거래소 법정자문위원회 감

정위원 2015~2016년 코스닥기업심사위원회 심사위원 2015~2016년 한국벤처창업학회 벤처창업연구 편집위원장 2015년 한국회계학회 부회장(현) 2015년 한국회계정보학회 부회장(현) 2015~2018년 교육부 산하 공공기관 경영평가위원 2016~2019 · 2019년 금융위원회 증권선물위원회 비상임위원(현) 2017~2018년 기획재정부 세제발전심의위원회 위원 2017~2018년 한국벤처창업학회 회장 2018~2019년 한국세무학회 회장 2018년 사회적기업학회 부회장(현) (상)홍조근정훈장(2009), 금융위원회위원장표창(2011) (저)'"왜?"를 설명한 IFRS 회계원리(共)'(2011) '사회적기업가를 위한 디자인 접근법(共)'(2015) '세법개론(共)'(2019)

### 박재훈(朴在勳)

(생)1967·11·30 (주)대구광역시 남구 현충로 170 영남이공대학교 총장실(053-650-9101) (학)1986년 브니엘고졸 1993년 부산대 생산기계공학과졸 1995년 同대학원 생산기계공학과졸 2011년 공학박사(부산대) (경)1994~1996년 LG전자 연구원 2001~2010년 영남이공대학 뉴-테크디자인계열 전임강사·조교수·부교수 2008~2010년 同뉴-테크디자인계열장 2008~2009년 同산학협력중심대학사업팀장 2009~2010년 同교직원공제회 감사 2009~2010년 同창업보육센터 운영위원 2009~2010년 同학생회 전담교수 2009년 영남대 의료기기임상시험센터 위원 2010~2012년 영남이공과대학 기계계열 부교수 2011~2013년 同메카트로닉스센터장 2011~2013년 同기계계열장 2011~2013년 同기계·자동차학부장 2011~2012·2012~2013년 同NCSI전담 책임교수 2012~2013년 同지멘스아카데미 원장 2012년 同생산기술대학 기계계열 교수(현) 2013~2016년 同기획처장 2014~2016년 同YNC창조일자리센터 운영위원 2014~2015년 同전산정보원장 2016~2017년 同교학부총장 2016년 同대학평의원회 의장 2017년 同총장(현) (저)'공업계열을 위한 기초영어(共)'(2006, 형설출판사) '따라하며 쉽게 배우는 AUto CAD_2006'(2007, 도서출판 대명) '금형제작'(2009, 도서출판 솔솔)

### 박재훈(朴宰壎) Park Jae Hun

(생)1970 · 1 · 28 (본)밀양(密陽) (출)서울 (주)대전광역시 서구 청사로 189 특허심판원 심판9부 심판정책과(042-481-8207) (학)1988년 서라벌고졸 1992년 서울대 제어계측공학과졸 1994년 同대학원 제어계측공학과졸 2009년 법학박사(영국 노팅햄대) (경)변리사 자격취득 1994년 총무처 5급 4호 1999년 특허청 심사4국 전기심사담당관실 사무관 2002년 서기관 승진 2004년 특허청 전기전자심사국 전기심사담당관실 서기관 2007년 同전기전자심사본부 전자상거래심사팀 서기관, 同전기전자심사본부 반도체설계재산팀 서기관 2008년 同전기전자심사국 전기심사과 서기관 2009년 특허심판원 심판관 2009년 특허청 산업재산정책국 산업재산경영지원팀장 2012년 同고객협력국 다자협력팀장 2013년 특허심판원 심판8부 심판관 2014년 특허법원 파견(과장급) 2016년 특허청 특허심사3국 멀티미디어방송심사팀장 2017년 同특허심사1국 생활가전심사과장 2018년 同특허심사제도과장 2019년 同특허심사제도과장(부이사관) 2019년 특허심판원 심판9부 심판관(현) (저)'Patents and Industry Standards'(2010, Edward Elgar Publishing Ltd.) (역)'최신 유럽특허(共)'(2009, 한국특허정보원)

### 박재휘(朴宰輝) Park Je Hwe

(생)1970 · 5 · 26 (출)경남 마산 (학)1988년 마산고졸 1993년 성균관대 법학과졸 (경)1996년 사법시험 합격(38회) 1999년 사법연수원 수료(28기) 1999년 서울지검 북부지청 검사 2001년 창원지검 밀양지청 검사 2002년 부산지검 검사 2004년 인천지검 검사(네덜란드 교육훈련 연수) 2007년 수원지검 평택지청 검사 2009년 서울남부지검 검사 2011년 대검찰청 연구관 2013년 창원지검 공안부장 2014년 부산지검 공안부장 2015년 수원지검 공안부장 2016년 서울중앙지검 공공형사수사부장 2017년 춘천지검 형사1부장 2018년 대구지검 서부지청 형사1부장 2019년 전주지검 군산지청장(현)

### 박 정(朴 釘) PARK Jeung

(생)1962 · 11 · 19 (본)함양(咸陽) (출)경기 파주 (주)서울특별시 영등포구 의사당대로 1 국회 의원회관 318호(02-784-3781) (학)1981년 동인천고졸 1986년 서울대졸 1988년 同대학원 미생물학과졸 2011년 국제관계학박사(중국 국립우한대) (경)1994년 박정어학원 원장(CEO) 1998년 미래국제교육문제연구소 소장 2000년 에버케이션(에버클래스) 회장 2001년 트루잉글리쉬 회장 2001년 새마을운동 파주시지회장 2001년 파주시축구협회 회장 2002년 PJ실버합창단 이사장 2003년 파주미래발전연구소 소장 2004년 열린우리당 부대변인 2004년 통일파주포럼 상임의장 2004년 미래전략정책연구소 소장 2005~2008년 중국 우한대 객좌교수 2007년 동북아시대위원회 자문위원 2008년 중국 샤판대 객좌교수 2011년 중국 우한대 객좌교수 2011년 파주미래발전연구소 소장 2011년 민주당 중앙당 교육복지특별위원장 2011년 同정책위원회 부의장 2011년 민주통합당 파주시乙지역위원회 위원장 2011년 민주평통 파주시협의회 부회장 2011년 유니(Uni)심포니오케스트라 단장 2011년 고려대 뇌공학연구소 연구교수 2012년 파주시장애인합창단 단장 2012년 파주시야구협회 회장 2012년 제19대 국회의원선거 출마(파주시乙, 무소속) 2013년 민주당 파주시乙지역위원회 위원장 2014년 새정치민주연합 파주시乙지역위원회 위원장 2014년 同국제위원장 2015년 同원외위원장협의회 회장 2015년 더불어민주당 파주시乙지역위원회 위원장(현) 2016년 제20대 국회의원(파주시乙, 더불어민주당)(현) 2016~2017년 더불어민주당 원내부대표 2016년 同청년일자리TF 간사 2016~2017년 국회 산업통상자원위원회 위원 2016~2017년 국회 미래일자리특별위원회 위원 2016~2018년 더불어민주당 경기도당 수석부위원장 2016~2018년 同경기도당 乙지키는민생실천위원장 2017년 세계한인민주회의 부의장(현) 2017년 더불어민주당 제19대 문재인 대통령후보 중앙선거대책본부 총괄부본부장 2017~2019년 국회 산업통상자원중소벤처기업위원회 위원 2017~2018년 더불어민주당 경기도당 지방선거기획단 위원 2017년 대통령직속 북방경제협력위원회 특별고문(현) 2017~2018년 국회 청년미래특별위원회 위원 2018년 국회 윤리특별위원회 위원(현) 2018~2019년 더불어민주당 정책위원회 부의장 2018년 同혁신성장추진위원회 간사(현) 2019년 국회 외교통일위원회 위원(현) 2019년 중국유학교우총회 회장(현) (상)한국학원총연합회 최우수학원상(1996), 전국JC경진대회 환경부문대상(1998), 교육부 인터넷경진대회 대상 · 은상(1998), 한국공간 수필가상 본상(2001), 한맥문학 수필부문 신인상(2002), 법률소비자연맹 국회의원 헌정대상(2017 · 2018 · 2019) (저)'선진사회로 가는 길' '조기유학 보낼까 말까 갈까 말까'(을유문화사) '만화에서 건진 영어'(을유문화사) '광고로 꽉 잡는 영어' '박정 비법 누설 CBT TOEFL(비법편 · 유형편)' '박정 인사이트 토플 시리즈' '사람 꿈 희망'(2012) '4생결단 코리아'(2014) (종)기독교

### 박정구(朴正九) PARK CHUNG KU

(생)1963 · 9 · 30 (출)경남 (주)서울특별시 영등포구 의사당대로 97 교보증권빌딩 13층 가치투자자문 대표이사실(02-780-3113) (학)연세대 경제학과졸 1988년 同대학원 경제학과졸 (경)1989년 동원증권 입사 1991년 교보증권 펀드매니저 1996년 삼성-JP모건투신운용 펀드매니저 1997년 삼성투신운용 펀드매니저 2000년 새턴투자자문 대표이사 2002년 가치투자자문 대표이사(현) (종)천주교

### 박정국(朴禎國) PARK Jung Guk

(생)1957 · 3 · 6 (주)서울특별시 강남구 테헤란로 203 현대모비스(주) 임원실(02-2018-5114) (학)1976년 경남고졸 1981년 서울대 기계공학과졸, 同대학원 기계공학과졸 (경)2004년 현대자동차(주) 성능시험실장(이사) 2005년 同성능시험실장(상무) 2006년 同연구개발본부장 2009년 同연구개

ㅂ

발본부장(전무), 同미국해치 소장 2013년 현대·기아자동차 남양연구소 성능개발담당 부사장 2015년 현대엔지비(주) 대표이사 부사장 2015~2018년 현대케피코(주) 대표이사 사장 2018·2019년 한국자동차공학회 부회장(현) 2019년 현대모비스(주) 대표이사 사장(현) 2019년 현대오트론 사외이사 겸임(현)

**박정규(朴廷奎) PARK JUNG GYU**

(생)1963·8 (출)대구 (주)대전광역시 중구 대종로 373 한화이글스(042-630-8200) (학)1982년 대구 능인고졸 1986년 고려대 불어불문학과졸 (경)1990년 한양화학 입사 1996년 한화석유화학 근무 2000년 한화케미칼(주) 업무지원부문장, 同PVC 영업담당 임원 2015년 한화이글스 단장 2016년 同사업총괄본부장 2018년 同대표이사(현)

**박정규(朴正圭) Park Jung Kyoo**

(생)1963·10·17 (본)밀양(密陽) (출)대전 (주)서울특별시 마포구 마포대로 127 풍림빌딩 1001호 위키리크스한국(02-702-2677) (학)1981년 서대전고졸 1988년 연세대 사회학과졸 (경)1988~1991년 서울경제신문 기자 1991년 한국일보 경제부 기자·금융팀장·재계팀장 2002년 파이낸셜뉴스 산업부장 2005년 아시아경제 편집국장·미디어본부장 2008년 아주경제 편집국장 2010~2013년 아시아투데이 상무 겸 편집국장 2013년 (주)이비뉴스(EBN) 전무 겸 편집인 2014~2017년 뉴데일리경제 대표이사 2017년 뉴데일리 편집국장 2018년 위키리크스한국 대표이사 겸 발행인(현) (상)백상기자대상(1995), 환경운동연합 언론공로상(1995) (저)'삼성열전(共)'(2010, 도서출판 무한) (역)'인간경영심리학'(2010, 돋을새김) (종)기독교

**박정규(朴政圭)**

(생)1967·6·30 (출)충북 청주 (주)서울특별시 서초구 반포대로 110 2층 법무법인 청녕 (학)1985년 청주고졸 1991년 서울대 공법학과졸 (경)1996년 사법시험 합격(38회) 1999년 사법연수원 수료(28기) 1999년 대구지법 예비판사 2001년 同판사 2002년 同김천지원 판사 2003년 수원지법 판사 2006년 서울중앙지법 판사 2008년 서울동부지법 판사 2011년 서울고법 판사 2012년 대법원 재판연구관 2014년 청주지법 충주지원장 2016~2017년 수원지법 안산지원 부장판사 2017년 변호사 개업, 법무법인 청녕 변호사(현)

**박정기(朴貞基)**

(생)1972·11·1 (출)전남 순천 (주)대전광역시 서구 둔산중로78번길 45 대전지방법원(042-470-1114) (학)1991년 순천고졸 1997년 한양대 법학과졸 (경)2000년 사법시험 합격(42회) 2003년 사법연수원 수료(32기) 2003년 광주지법 예비판사 2005년 同판사 2006년 인천지법 판사 2009년 서울중앙지법 판사 2011년 서울남부지법 판사 2015년 서울고법 판사 2017년 서울서부지법 판사 2018년 대전지법 부장판사(현)

**박정길(朴貞吉)**

(생)1958·8·30 (주)경기도 화성시 남양읍 현대연구소로 150 현대자동차(주) 고객안전전략사업부(02-3464-0096) (학)영광실업고졸, 조선대 기계공학과졸 (경)현대자동차(주) 의장설계1팀장, 同의장설계실장(이사) 2009년 同설계2실장(상무) 2010년 同설계2실장(전무), 同바디기술센터장(전무) 2013년 同설계담당 부사장 2019년 同고객안전전략사업부장(부사장)(현) (상)한국공학한림원 일진상 산업협력증진부문(2014), 동탑산업훈장(2018)

**박정길(朴禎吉)**

(생)1966·3·1 (출)경남 창녕 (주)서울특별시 송파구 법원로 101 서울동부지방법원(02-2204-2102) (학)1985년 마산 중앙고졸 1996년 한양대 법학과졸 (경)1997년 사법시험 합격(39회) 2000년 사법연수원 수료(29기) 2000년 수원지법 판사 2002년 서울지법 판사 2004년 창원지법 통영지원 판사 2007년 서울동부지법 판사 2010년 서울중앙지법 판사 2012년 서울고법 판사 2014년 서울북부지법 판사 2015년 춘천지법 부장판사 2017년 의정부지법 부장판사 2019년 서울동부지법 부장판사(현)

**박정남(朴正男) Park Chung-nam**

(생)1959·11·10 (주)서울특별시 종로구 사직로8길 60 외교부 인사운영팀(02-2100-7136) (학)1982년 연세대 정치외교학과졸 1995년 미국 조지아대 대학원 정치학과졸 (경)1991년 외무고시 합격(25회) 1991년 외무부 입부 1997년 駐스리랑카 2등서기관 1999년 駐미국 2등서기관 2004년 駐폴란드 1등서기관 2006년 외교통상부 홍보과장 2007년 同남동아프리카과장 2008년 駐이스라엘 공사참사관 2011년 駐이집트 참사관 2014년 駐이르쿠츠크 총영사 2016년 駐가봉 대사(현)

**박정대(朴正大)**

(생)1972·5·18 (출)서울 (주)전라북도 전주시 덕진구 사평로 25 전주지방법원 총무과(063-259-5466) (학)1991년 서울 영일고졸 1996년 연세대 법학과졸 2000년 同대학원 법학과졸 (경)1999년 사법시험 합격(41회) 2002년 사법연수원 수료(31기) 2002년 공군법무관 2005년 대구지법 판사 2008년 同경주지원 판사 2010년 대구지법 판사, 대구고법 판사 2015년 대법원 재판연구관 2018년 전주지법 부장판사(현)

**박정렬(朴正烈)**

(생)1966·11·4 (출)경남 함양 (주)세종특별자치시 갈매로 388 문화체육관광부 국민소통실(044-203-2901) (학)상문고졸, 서울대 철학과졸, 미국 듀크대 대학원 정책학과졸 (경)1991년 행정고시 합격(35회) 2006년 대통령비서실 행정관 2008년 駐미국대사관 참사관 2009년 駐뉴욕총영사관 영사 2011년 駐독일대사관 한국문화원 근무 2012년 문화체육관광부 홍보정책과장 2014년 同홍보정책관 2014년 同미디어정책관 2016년 同대변인 2017년 同국민소통실장 직대 2018년 同국민소통실장(현) 2018년 연합뉴스 수용자권익위원회 위원(현)

**박정림(朴靜林·女) Park Jeong Rim**

(생)1963·11·27 (출)서울 (주)서울특별시 영등포구 여의나루로 50 KB증권 임원실(02-3777-8178) (학)1982년 서울 영동여고졸 1986년 서울대 경영학과졸 1991년 同경영대학원졸 (경)1986년 체이스맨해튼은행 입행 1994년 조흥은행 경제연구소 책임연구원 1999년 삼성화재 자산리스크부장 2003년 기획예산처 기금정책심의회 위원 2003년 국민연금 리스크관리위원회 위원 2004년 KB국민은행 시장리스크부장 2008년 同제휴상품부장 2008년 기획재정부 연기금투자풀운영위원회 위원 2012년 KB국민은행 WM본부장 2013년 同WM사업본부장(부행장급 전무) 2014년 同리스크관리본부 부행장 2015년 同여신그룹 부행장 2016~2018년 KB금융지주 자산관리(WM) 총괄부사장 2017년 KB국민은행 WM그룹 부행장 2017~2018년 KB증권 WM부문 부사장 2018년 KB국민은행 WM그룹총괄 부행장 겸임 2019년 KB증권 각자대표이사 사장(현) 2019년 (주)KB금융지주 자본시장부문장 겸임(현)

**박정미(女)**

(생)1963 · 1 · 25 (주)서울특별시 마포구 매봉산로 45 KBS N(02-787-3333) (학)부산대 불어교육학과졸 (경)한국방송공사(KBS) 편성국 차장, 同예능국 차장, 同콘텐츠본부 예능국 팀장, KBS N 콘텐츠본부장 2018년 同대표이사 사장(현)

**박정미(朴貞美 · 女) PARK JUNGMI**

(생)1968 · 7 · 30 (주)경기도 수원시 영통구 삼성로 129 삼성전자(주) 무선사업부 전략마케팅실(031-200-1114) (학)1987년 서울여고졸 1991년 한국외국어대 노어노문학과졸 2013년 한국과학기술원(KAIST) 경영학과졸(석사) (경)1991년 삼성전자(주) 통신사업본부 해외마케팅그룹 근무 1999년 同정보통신총괄 홍보그룹 근무 2007년 同무선사업부 해외마케팅그룹 근무 2009년 同글로벌마케팅실 브랜드전략그룹 근무 2011년 同무선사업부 Experience마케팅그룹장 2013년 同무선사업부 Launching마케팅그룹 근무 2015년 同무선사업부 Experience마케팅그룹장 2015년 同무선사업부 Experience마케팅그룹장(상무), 同무선사업부 Retail L&D그룹장(상무) 2019년 同무선사업부 전략마케팅실 담당 상무(현)

**박정배(朴貞輩) Park, Jeong Bae**

(생)1955 · 3 · 4 (주)부산광역시 남구 문현금융로 40 부산국제금융센터 한국주택금융공사 임원실(051-663-8600) (학)1973년 통영고졸 1997년 한국방송통신대 법학과졸 2005년 부산대 대학원 행정학과졸 (경)1984년 부산시 중구청 근무 1996년 부산시 총무과 근무 1997년 同청사관리기획단 근무 1998년 부산시의회 총무담당관실 근무 2003년 부산시 산업진흥과 근무 2005년 同정책기획실 근무 2009년 同사법경찰과 수사1팀장 2012년 부산진해경제자유구역청 유치지원팀장 2012년 同기획예산과장 2018년 한국주택금융공사 상임이사(현)

**박정배(朴正培) Park, Jung Bae**

(생)1959 · 9 · 28 (본)밀양(密陽) (출)전남 영광 (주)전라북도 전주시 덕진구 기지로 180 국민연금공단(063-713-5020) (학)1977년 영광고졸 1988년 한국외국어대 일본어과졸 2008년 일본 도쿄대 대학원 사회학과졸, 보건학박사(가천대) (경)1993년 행정고시 합격(36회) 1994년 보건복지부 사무관 2002년 同서기관 2005~2008년 도쿄대 유학 2008년 보건복지부 요양보험제도과장 · 사회서비스정책과장 2011년 부이사관 승진 2012년 보건복지부 건강정책국 건강정책과장 2013년 식품의약품안전처 본부 근무(부이사관) 2014년 同위해사범중앙조사단장 2015년 同불량식품근절추진단 총괄기획팀장 2015년 同농축수산물안전국장 2017~2018년 부산지방식품의약품안전청장 2018년 국민연금공단 기획이사(현) (상)대통령표창(2014) (종)천주교

**박정보(朴正普) PARK Jeong Bo**

(생)1968 (출)전남 진도 (주)서울특별시 양천구 목동동로 99 양천경찰서(02-2093-8321) (학)1986년 성남서고졸 1997년 독학사(법학 전공) 2007년 고려대 법무대학원 법학과졸 (경)1994년 경위 임관(경찰간부 후보 43기) 1994년 서울 성동경찰서 조사과 · 서울 남부경찰서 조사과 · 경찰청 정보2과 · 전남지방경찰청 정보과 정보2계 근무 1999~2006년 서울 중랑경찰서 형사과 강력팀장 · 전북지방경찰청 수사1계장 · 서울 혜화경찰서 형사과장 · 진실화해를위한과거사정리위원회 파견 2013년 경찰청 특수수사과 팀장 2014년 전남지방경찰청 여성청소년과장(총경) 2015년 전남 진도경찰서장 2016년 경찰청 사이버안전국 디지털포렌식센터장 2017년 경기 파주경찰서장 2017년 경찰청 특수수사과장 2019년 서울 양천경찰서장(현) (상)근정포장(2015)

**박정부(朴正夫) PARK Jung Boo**

(생)1944 · 12 · 2 (출)서울 (주)서울특별시 강남구 도곡로 176 한웰그룹 회장실(02-405-0971) (학)1963년 영등포고졸 1973년 한양대 공업경영학과졸 2008년 서울과학종합대학원 기후변화리더십과정 수료 2010년 同녹색성장과정 수료 (경)1973~1988년 풍우실업 근무 1988~2017년 (주)한일맨파워 대표이사 사장 1992년 다이소아성산업 대표이사(현) 2004년 (주)대아에셋 설립 2006년 (주)다이소인터내셔널 설립 2006년 한국중견기업연합회 부회장 2006년 한국무역협회 남북교역투자협의회 부위원장 2007년 국세청 세정자문위원회 위원 2008년 서울과학종합대총원우회 회장 2008년 (주)한웰이쇼핑 설립 2009년 (주)한웰그룹 대표이사 회장(현) 2009년 (주)에이치원글로벌 설립 2010년 한웰국제무역(상해) 유한공사 회장 2014년 한국중견기업연합회 조세 · 금융위원회 위원장 2015년 한국무역협회 비상근부회장(현) 2015년 서울동부지법 민사조정위원회장(현) 2018년 (주)아성에이치엠피 대표이사 사장(현) (상)상공부장관표창(1993), 석탑산업훈장(1997), 철탑산업훈장(2002), 1억불 수출의탑(2002), 대한민국 경영인상(2003), 한국생산성학회 생산성대상(2003), 부총리 겸 재정경제부장관표창(2005), 동탑산업훈장(2008), 국무총리표창(2009), 대통령표창(2014), 금탑산업훈장(2016)

**박정상(朴正祥) Park Jungsang**

(생)1984 · 8 · 23 (출)서울 (주)서울특별시 성동구 마장로 210 한국기원 홍보팀(02-3407-3800) (학)충암고졸, 한국외국어대졸 (경)허장회 8단 문하생 2000년 프로바둑 입단 2001년 2단 승단 2002년 3단 승단 2003년 4단 승단 2004년 오스람코리아배 준우승 2004년 SK가스배 신예프로10걸전 우승 2005년 5단 승단 2005년 한국바둑리그 우승 2005년 바둑마스터즈 우승 2006년 6단 승단 2006년 전자랜드배 왕중왕전 준우승 2006년 후지쯔배 세계바둑선수권대회 우승 2006년 KB국민은행 한국바둑리그 광주KIXX 우승 2006년 9단 승단(현) 2006년 제6기 신예연승최강전 우승 2006년 한게임배 마스터즈 서바이벌 준우승 2007년 맥심커피배 입신최강전 · 중환배 준우승 2008년 제1회 세계마인드스포츠게임 바둑종목 남자 개인전 은메달 2013년 한국방송공사(KBS) 바둑 해설위원(현) (상)바둑대상 신예기사상(2004)

**박정석(朴廷錫) PARK Jung Seok**

(생)1954 · 5 · 15 (출)경남 (주)서울특별시 중구 남대문로 63 한진빌딩 15층 고려해운(주) 임원실(02-311-6114) (학)1973년 서울고졸, 서울대 경영학과졸 1983년 미국 미시간대 경영대학원 경영학과졸 (경)2007년 고려해운(주) 대표이사 사장 2016년 同대표이사 회장(현) 2016년 한국선주상호보험조합(Korea P&I Club) 대표이사 회장(현) (상)한국경제신문 혁신경영부문 '올해의 CEO 대상'(2014), 미국 미시간대 한국총동문회 자랑스런 동문상(2015), 매일경제 선정 '대한민국 글로벌 리더'(2015), 동탑산업훈장(2015)

**박정선(女)**

(생)1972 · 12 (주)경기도 수원시 영통구 삼성로 129 삼성전자(주) 무선사업부 서비스사업실(031-200-1114) (학)숙명여대 경영학과졸, 미국 듀크대 대학원졸(MBA) (경)2007년 삼성전자(주) 무선사업부 지원팀 차장 2010년 同무선사업부 사업운영그룹 부장 2013년 同무선사업부 해외지원그룹 부장 2014년 同SRA-SV담당 상무 2019년 同무선사업부 서비스사업실 담당 상무(현)

ㅂ

**박정수(朴正秀) PARK Cheong Soo**

(생)1943 · 10 · 27 (출)일본 (주)서울특별시 서대문구 연세로 50-1 연세대학교 의과대학(02-2019-3370) (학)1962년 경남고졸 1969년 연세대 의대졸 1983년 의학박사(연세대) (경)1976~1991년 연세대 의대 외과학교실 전임강사 · 조교수 · 부교수 1981~1982년 미국 M.D. 엔더슨암센터 · 슬로안케더링암센터 연수 1988년 미국 외과학술원 정회원(현) 1989년 미국 두경부암학회 정회원(현) 1991~2009년 연세대 의대 외과학교실 교수 1994~2000년 아시아내분비외과학회 집행위원 1996년 연세대 의대 연구위원장 1998년 대한두경부종양학회 회장 1999~2001년 연세대 의대 일반외과 과장 2000~2002년 대한내분비외과학회 회장 2000년 아시아내분비외과학회 회장 2001년 연세대 의대 외과학교실 주임교수 2001년 세계내분비외과학회 정회원(현) 2002년 대한외과학회 학술이사 2003년 연세대 수술실장 2004년 대한외과학회 이사장 2005년 연세대 세브란스병원 갑상선암전문클리닉팀장 2009년 同의대 명예교수(현) (상)보원학술상(1995), 대한두경부종양학회 최우수학술상, 서울시의사회 우수학술상, 연세대 연세의학대상(2015) (저)'박정수 교수의 갑상선암 이야기'(2012, 지누)

**박정수(朴釘洙) PARK Jung Soo**

(생)1962 · 11 · 24 (주)서울특별시 서대문구 이화여대길 52 이화여자대학교 행정학과(02-3277-2819) (학)1981년 중앙고졸 1985년 서울대 경제학과졸 1987년 同대학원 행정학과졸 1992년 정책학박사(미국 피츠버그대) (경)1997년 서울시립대 행정학과 부교수 2002년 경제정의실천시민연합 재정세제위원장 2004년 국회예산정책처 예산분석실 심의관, 한국조폐공사 비상임이사 2006년 이화여대 행정학과 교수(현) 2013~2015년 한국산업기술평가관리원 비상임이사 2015~2018년 이화여대 행정학전공 주임교수 2015~2017년 대통령자문 국민경제자문회의 기초경제1분과 자문위원 2016~2017년 이화여대 교무처장 겸 THE인재양성총괄본부장 2017년 한국장학재단 정책연구위원(현) 2018~2019년 대통령직속 정책기획위원회 산하 재정개혁특별위원회 위원 2019년 이화여대 정책과학대학원장 겸 사회과학대학장(현) (저)'Administrative corruption and state capture in korea' '국립대학의 지배구조 개혁' '기회예산 재정분야의 조직개편 : 쟁점과 과제'

**박정수(朴正洙) PARK Jeong Soo**

(생)1969 · 11 · 20 (본)순천(順天) (출)광주 (주)서울특별시 서대문구 충정로 60 KT&G 서대문타워 10층 법무법인(유) 지평(02-6200-1784) (학)1987년 광주제일고졸 1992년 서울대 법과대학졸, 미국 캘리포니아대 버클리교 Visiting Scholar 수료 (경)1991년 사법시험 합격(33회) 1994년 사법연수원 수료(23기) 1994년 軍법무관 1997년 서울지법 남부지원 판사 1999년 서울지법 판사 2001년 광주지법 판사 2002년 同담양군 · 곡성군 · 화순군법원 판사 2002년 전남 화순군 선거관리위원회 위원장 2003년 광주고법 판사 2004년 서울행정법원 판사 2006년 서울고법 판사 2007년 대법원 재판연구관 2009년 광주지법 부장판사 2010년 인천지법 부천지원 부장판사 2012년 부천 소사구 선거관리위원장 2013~2015년 서울남부지법 부장판사 2015년 법무법인 지평 파트너변호사 2018년 법무법인(유) 지평 파트너변호사(현)

**박정수(朴正秀)**

(생)1971 · 8 · 18 (출)전북 완주 (주)서울특별시 강남구 영동대로 517 아셈타워 법무법인(유) 화우(02-6003-7798) (학)1990년 서울 잠실고졸 1995년 서울대 사법학과졸 (경)1995년 사법시험 합격(37회) 1998년 사법연수원 수료(27기) 1998년 軍법무관 2001년 대전지법 판사 2003년 同천안지원 판사 2004년 인천지법 판사 2006년 서울북부지법 판사 2008년 서울행정법원 판사 2010년 서울고법 판사 2011년 대법원 재판연구관 2013년 창원지법 부장판사 2014년 부산지법 부장판사 2015년 의정부지법 부장판사 2017~2018년 서울남부지법 부장판사 2018년 법무법인(유) 화우 변호사(현) 2018년 국세청 조세법률고문(현)

**박정숙(朴貞淑 · 女)**

(생)1968 · 11 · 5 (주)인천광역시 남동구 정각로 29 인천광역시의회(032-440-6064) (학)인하대 정책대학원 사회복지학과졸 (경)인천시 자유총연맹 여성협의회장, 자유한국당 인천시당 여성위원회 수석부위원장 2018년 인천시의회 의원(비례대표, 자유한국당)(현), 同건설교통위원회 위원(현)

**박정식(朴正植) BAK Jeong Sik**

(생)1961 · 7 · 6 (출)대구 (주)서울특별시 서초구 서초중앙로 113 영한빌딩 6층 박정식법률사무소(02-585-0025) (학)1980년 대구 경북고졸 1985년 서울대 법과대학 사법학과졸 2001년 국방대 대학원 정책과정 수료 (경)1988년 사법시험 합격(30회) 1991년 사법연수원 수료(20기) 1991년 서울지검 남부지청 검사 1993년 대구지검 경주지청 검사 1995년 대구지검 검사 1997년 서울지검 검사 1999년 서울지검 검사 2000년 인천지검 부천지청 검사 2003년 부산지검 부부장검사 2003년 인천지검 부부장검사 2005년 부산지검 공판부장 2005년 同형사3부장 2006년 수원지검 안산지청 제2부장검사 2007년 인천지검 특수부장 2008년 대검찰청 중수2과장 2009년 서울중앙지검 특수2부장 2009년 대구지검 포항지청장 2010년 인천지검 부천지청 차장검사 2011년 부산지검 제2차장검사 2012년 서울북부지검 차장검사 2013년 서울중앙지검 제3차장검사 2013년 부산고검 차장검사(검사장급) 2014년 제주지검장 직대 2015년 울산지검장 2015년 대검찰청 반부패부장(검사장급) 2017년 부산고검장(고등검사장급) 2018~2019년 서울고검장(고등검사장급) 2019년 변호사 개업(현) (상)법무부장관표창(2002)

**박정열(朴正烈)**

(생)1961 · 6 · 2 (주)경상남도 창원시 의창구 상남로 290 경상남도의회(055-211-7416) (학)경남 용남고 중퇴, 검정고시 합격 2010년 한국국제대 사회복지학과졸, 경남대 행정대학원졸 (경)신상개발(주) 대표이사, EV종합중기(주) 대표이사, 코끼리크레인 대표, 사천사랑회 회장, 사천향교청년회 초대회장, 세계타악축제 기획위원장, 사천참여연대 상임위원, (사)한국노인요양협회 경남도 자문위원, 한나라당 경남도당 부위원장, 사천선진성라이온스 회장 2010년 경남도의원선거 출마(한나라당), 사천시학교운영위원회협의회 회장, 새누리당 경남도당 부위원장, 同여의도연구원 정책자문위원 2014~2018년 경남도의회 의원(새누리당 · 자유한국당) 2014년 同경제환경위원회 위원 2015~2016년 同예산결산특별위원회 위원 2015년 同지방자치제도개선특별위원회 위원 2015 · 2016~2018년 同운영위원회 위원 2016년 同남부내륙철도조기건설을위한특별위원회 위원 2016년 同경선관리위원회 위원장 2016~2018년 同경제환경위원회 부위원장 2017년 同교육청소관 예산결산특별위원회 위원장 2018년 경남도의회 의원(자유한국당)(현) 2018년 同문화복지위원회 위원(현), 경남도 낙동강수계관리위원회 자문위원(현), 同4H위원회 자문위원(현), 同항공우주발전위원회 위원(현) (상)2017 대한민국 지방자치단체 의정대상 최우수상(2017)

**박정오(朴晸午) Park Jeong O**

(생)1966 · 11 · 25 (주)경기도 용인시 처인구 모현읍 외대로 81 한국외국어대학교 동유럽대학 루마니아어과(031-330-4351) (학)1991년 한국외국어대 루마니아어과졸 1996년 루마니아어박사(루마니아 부쿠레쉬티대) (경)1996년 한국외국어대 동유럽학대학 루마니아어과 전임강사 · 조교수 · 부교

수·교수(현) 2003년 한국동유럽발칸학회 연구이사 2006년 한국외국어대 동유럽학대학 부학장 2008~2009년 同용인캠퍼스 학생복지처장 2012~2014년 同동유럽발칸연구소장 2016~2018년 同동유럽학대학장 2017년 세계루마니아상공회의소총연합회(Union of Bilateral Chambers of Commerce from Romania) 한국회장(현) 2017년 루마니아외교정책협회(Romanian Association for Foreign Policy) 한국회장(현) 2017년 미국 세계인명사전 'Marquis Who's Who in the World' 2017년판에 등재 (저)'세계문학의 기원(共)'(2001)

**박정우(朴貞雨·女)**
(생)1967·8·26 (출)경남 함양 (주)경기도 수원시 영통구 법조로 105 수원지방법원 총무과(031-210-1101) (학)1986년 한양여고졸 (경)2000년 사법시험 합격(42회) 2003년 사법연수원 수료(32기) 2003년 서울지법 남부지원 예비판사 2004년 서울고법 예비판사 2005년 서울중앙지법 판사 2007년 대구지법 김천지원 판사 2010년 대구지법 판사 2015년 대구가정법원 판사 2019년 수원지법 부장판사(사법연구)(현)

**박정욱(朴政昱) Park Jungwook**

(생)1968·1·23 (출)대구 (주)충청북도 음성군 맹동면 이수로 93 국가기술표준원 제품안전정책국(043-870-5305) (학)1987년 경성고졸 1992년 연세대 경제학과졸 1994년 서울대 행정대학원 정책학과 수료 2007년 경제학박사(미국 미주리대) (경)1991년 행정고시 합격(35회) 1992년 상공부 수습사무관 1993~2001년 상공자원부 아주통상과·자동차조선과·전기위원회 총괄정책과 근무·제네바국제연합 사무처및국제기구대한민국대표부 파견 2001년 산업자원부 전기위원회 사무국 총괄정책과 서기관 2003~2004년 지속가능발전위원회 파견 2004~2007년 국외훈련(미국 Univ. of Missouri-Columbia) 2007년 산업자원부 전기위원회 사무국 전기소비자보호과장 2008년 지식경제부 기후변화에너지정책관실 에너지관리과장 2009~2012년 OECD(IEA) 파견 2012년 지식경제부 주력산업정책관실 부품소재총괄과장 2013년 산업통상자원부 지역경제정책관실 지역경제총괄과장 2014년 同통상협력국 심의관(국장급) 2015년 駐제네바대표부 공사참사관 2018년 산업통상자원부 국가기술표준원 제품안전정책국장(현)

**박정운(朴庭運) Jeong-Woon Park**

(생)1960·3·20 (주)서울특별시 동대문구 이문로 107 한국외국어대학교 영어대학 ELLT학과(02-2173-3026) (학)1983년 한국외국어대 영어과졸 1985년 同대학원 영어과졸 1994년 언어학박사(미국 캘리포니아대 버클리교) (경)1995~1996년 서원대 전임강사 1996년 한국외국어대 영어학과 교수 2000년 同교육대학원 교학부장 2003년 同영어학부 학부장 2005~2007년 국제한국언어문화학회 부회장 2006~2007년 담화인지언어학회 국제학술대회 대회장(공동) 2007년 한국외국어대 언어연구소장 2007~2009년 담화인지언어학회 회장 2007~2009년 한국외국어대 대외협력처장 2010~2011년 同FLEX센터장 2012~2014년 同영어대학장 2018년 同영어대학 ELLT학과 교수(현) (저)'의미로 분류한 한국어/영어 학습사전'(한국문화사) '한국사회와 호칭어'(역락) (역)'인지문법'(박이정) '언어의 본질'(박이정) '어원론에서 화용론까지'(박이정) '언어와 언어학'(한국문화사)

**박정운(朴正運)**
(생)1970·10·28 (출)광주 (주)전라남도 장흥군 장흥읍 읍성로 121-1 광주지방법원 장흥지원(061-860-1513) (학)1989년 석산고졸 1994년 서울대 국제경제학과졸 (경)2001년 사법시험 합격(43회) 2004년 사법연수원 수료(33기) 2004년 광주지법 예비판사 2006년 同판사 2007년 전주지법 정읍지원 판사 2008년 인천지법 판사 2011년 서울중앙지법 판사 2013년 서울남부지법 판사 2016년 서울고법 판사 2018년 서울중앙지법 판사 2019년 광주지법 장흥지원장 겸 광주가정법원 장흥지원장(현)

**박정원(朴廷原) PARK Jeong Won**

(생)1962·3·9 (본)밀양(密陽) (출)서울 (주)서울특별시 중구 장충단로 275 두산그룹 회장실(02-3398-1081) (학)1981년 대일고졸 1985년 고려대 경영학과졸 1989년 미국 보스턴대 경영대학원졸(MBA) (경)1985년 두산산업(주) 입사 1985~1990년 同뉴욕지사 근무 1990~1992년 同동경지사 근무 1992년 일본 기린맥주 과장 1992년 동양맥주 과장 1994~1996년 同이사 1997~1998년 오비맥주(주) 주류부문 관리담당 상무 1998년 (주)두산 관리본부 상무 1999년 同관리본부 전무 1999~2005년 同상사BG 대표이사 2005~2007년 두산산업개발(주) 부회장 2007~2009년 두산건설(주) 부회장 2007~2011년 두산모터스 대표이사 2007~2012년 (주)두산 부회장 2007년 전국경제인연합회 부회장(현) 2009년 두산건설(주) 회장(현) 2009년 프로야구 두산베어스 구단주(현) 2012~2016년 (주)두산 지주부문 회장 2016년 同이사회 의장(현) 2016년 두산그룹 회장(현) (상)통합경영학회 올해의 경영자대상(2018) (종)천주교

**박정원(朴正源)**

(생)1974·8·27 (주)전라북도 장수군 장수읍 신천로 8 장수경찰서(063-350-4221) (학)1993년 호남고졸 1997년 경찰대 법학과졸(13기) (경)2009년 경정 승진, 서울지방경찰청 여성보호계장, 同생활질서계장, 同112지령실센터장 2018년 경찰청 치안상황실(총경) 2019년 전북 장수경찰서장(현)

**박정원(朴貞媛·女) Park Jung-Won**

(본)반남(潘南) (출)서울 (주)서울특별시 마포구 독막로20길 37 서울패션직업전문학교 학장실(02-755-3755) (학)1977년 경희여고졸 1981년 건국대 의상학과졸 1992년 同대학원 의상학과졸 1998년 이학박사(건국대) (경)1981~1983년 태평양화학(주) 미용연구실 근무 1985~1991년 한국화장품(주) 상품기획부 근무·신상품개발팀장 1993~2000년 선프로덕션 상품기획실장 1994~1999년 경원전문대 의상디자인과 강사 1994~2000년 건국대 및 同대학원 의상학과 강사 1996~2006년 대전보건대학 패션섬유산업과 겸임교수 2000년 서울패션직업전문학교 학장(현) 2001년 국가기술자격시험 출제·편집·검토전문위원 2004~2006년 서울시 중구상공회 이사 2009~2011년 전국연합중앙회 학생가장돕기 홍보대사 2009~2013년 한국학원총연합회 기술교육협의회 감사 2010~2012년 (사)재외동포교육지원단 이사 2012~2014년 고용노동부 세부직무분야별전문위원회 전문위원 2012년 (사)한국재난구호 이사(현) 2014년 同부총재 2015년 (사)한국학점은행평생교육협의회 자문위원(현) (상)제일모직 장미니트디자인콘테스트 대상(1989), 서울시 중구청장표창(2004), 한국학원총연합회장표창(2006), 서울시교육감표창(2006), 교육인적자원부장관표창(2007), 한·중교류협회 감사장(2011), 교육부장관표창(2016)

**박정율(朴政聿) PARK Jung-Yul** (서룡)

(생)1958·12·27 (본)영해(寧海) (출)서울 (주)서울특별시 성북구 인촌로 73 고려대학교 안암병원 신경외과(02-2286-1139) (학)1985년 고려대 의대졸 1989년 同대학원 의학석사 1995년 의학박사(고려대) (경)1990~1993년 3군사령부 제3의무실 신경외과장·대위 1993~1995년 고려대 구로병원 신경외과 임상전담의 1995~1998년 同안산병원 임상전담의·신경외과장 대리 1995년 同의대 신경외과학교실 조교수·부교수·교수(현) 1996~1998년 同안산병원 응급실장·임상연구실장 1998~2000년 캐나다 토론토대 객원교수 2002~2009년 고려대 안산병원 신경외과장, 同의대 의학교육학교실 주임교수 2005~2007년 同안산병원 교육수련위원장, 同안산병원 중환자실장 2007~2009년 同안산병원 진료부원장, 세계신경외과학회 대의원, 대한신경외과

학회지 편집위원장, 고려대 최소침습연구회장 겸 연구소장, 대한소아신경외과학회 간행이사 및 재무위원장, 대한체열학회 회장, 대한신경통증학회 상임이사, 대한척추통증연구회 학술이사, 대한통증연구학회 상임이사 겸 발전위원장 2007년 미국 인명연구소(ABI)·영국 국제인명센터(IBC) '2008·2009·2010·2011·2012년판'에 등재 2007년 미국 세계인명사전 'Marquis Who's Who in the World' 2008·2009·2010년판에 등재 2008년 미국 세계인명사전 'Marquis Who's Who International 2009·2010·2011·2012·2013·2014·2015년판'에 등재, 미국신경외과학회(AANS&CNS) Joint Section of Pain Functional & Stereotactic Neurosurgery Spine 정회원, 세계신경외과연맹(WFNS) 정회원 및 Functional & Stereotactic Section : Editorial Board Nomination Committee Member, 암정복추진연구개발사업 평가위원, 의료기관평가위원, BK21사업평가단 위원, 국제보건의료재단(KOFIH) 심사평가단 위원 2010년 대한정위기능신경외과학회 회장·상임이사·상임고문(현) 2010년 아시아태평양의학교육학회 사무총장, 전공의교육연구회 회장, 한국의학평가원 졸업후교육위원장, 한국신경조절학회 회장 2011~2013년 고려대 의무기획처장 2014년 대한신경외과학회 총무, 대한신경초음파학회 부회장, 고려대의대교우회 부회장, 대한노인신경외과학회 부회장 2016~2017년 同회장 2016~2018년 대한신경통증학회 고문 2016년 대한신경외과학회 기획이사(현) 2018년 대한의학회 부회장(현) 2018년 대한의사협회 부회장(현) 2019년 同의료감정원설립추진단 위원장(현) (상)대한통증연구학회 학술상(2003), 시사투데이 국민감동대상(2010) (저)'파킨슨병의 신경외과적 수술치료' 외 16권 (종)천주교

### 박정의(朴庭儀)

(생)1973·6·29 (출)충남 서천 (주)경상남도 창원시 성산구 창이대로 669 창원지방검찰청 공판송무부(055-239-4308) (학)1992년 인천 선인고졸 2000년 연세대 법학과졸 (경)2000년 사법고시 합격(42회) 2003년 사법연수원 수료(32기) 2003년 리인터내셔날 법률사무소 변호사, 변호사 개업, 서울서부지검 검사 2017년 전주지검 검사 2017년 同부부장검사 2018년 청주지검 부부장검사 2019년 창원지검 공판송무부장(현)

### 박정이(朴正二) PARK Jung I

(생)1952·5·2 (출)충남 홍성 (주)서울특별시 영등포구 버드나루로 73 우성빌딩 자유한국당(02-6288-0200) (학)평택종합고졸 1976년 육군사관학교졸(32기) (경)육군본부 정책조정과장, 제13공수여단장, 수도방위사령부 참모장, 제20사단장, 합동참모본부 작전부장(소장) 2008년 수도방위사령관(중장), 합동참모본부 전력발전본부장(중장) 2010~2011년 제1야전군사령관(대장) 2017년 자유한국당 제19대 홍준표 대통령후보 중앙선거대책위원회 상임공동위원장 겸 국가안보위원장 2017년 同국책자문위원장(현) 2017년 同북핵위기대응특별위원회 위원(현) 2017년 동국대 행정대학원 석좌교수(현) (저)'국가안보 패러다임의 변환'(2019, 백암) (종)불교

### 박정자(朴正子·女) PARK Jung Ja (해가사)

(생)1942·3·12 (출)인천 (주)서울특별시 종로구 대학로12길 46 삼광빌딩 201호 극단 자유(02-765-5475) (학)1961년 진명여고졸 1963년 이화여대 신문학과 중퇴(3년) 2004년 同언론영상학과 명예 졸업 (경)연극인(현) 1963년 동아방송 근무(성우 1기) 1964년 동인극장에서 '악령'으로 연극 데뷔 1966년 극단 자유 창단멤버·단원(현) 1991년 개인후원회 '꽃봉지회' 결성 1991~1999년 한국연극배우협회 부회장 1997년 문화비전2000위원회 위원 2002년 한국영상자료원 이사 2004년 한국기업메세나협의회 홍보대사 2005년 국립중앙박물관 문화재단 이사 2005~2017년 (재)한국연극인복지재단 이사장 2006년 경기도문화의전당 이사 2006년 의정부예술의전당 이사 2007년 서울국제공연예술제 홍보대사 2008년 한국문화예술위원회 문화나눔추진단장 2008년 대한민국예술원 회원(연극·현) 2008년 대통령직속 아시아문화중심도시조성위원회 위원 2012~2014년 한국방송예술교육진흥원 학장 2013~2015년 대통령소속 문화융성위원회 위원 2013~2016년 예술의전당 이사 (상)백상예술대상(1970·1972·1986·1990), 서울문화대상(1971), 동아연극상(1971·1975·1987), 대종상 여우조연상(1975·1985), 한국연극예술상(1988), 백상예술대상 대상(1990), 이해랑연극상(1996), 서울시문화상 공연부문(1998), 문화방송(MBC) 명예의전당 헌액(2001), 보관문화훈장(2007), 한국외국어대 경영인대상(2009), 파라다이스상 문화예술부문상(2012), 삼성행복대상 여성창조상(2013), 신영균예술문화재단 아름다운예술인상 연극예술인상(2014), 빛나는 이화인상(2016) (저)'사람아 그건 운명이야'(1993) '얘들아 무대에 서면 신이 난단다'(2002, 산하) '박정자와 한국연극 오십년'(2012, 수류산방) (작)'따라지의 향연'(1966) '어디서 무엇이 되어 만나랴'(1970) '자녀목'(1985) '위기의 여자'(1986) '굿나잇 마더'(1990) '대머리 여가수'(1990) '엄마는 오십에 바다를 발견했다'(1991·2005·2006·2007·2010) '신의 아그네스'(1992·2007) '내사랑 히로시마'(1993) '피의 결혼'(1995) '넌센스'(1998) '19 그리고 80'(2003·2004·2006) '우당탕탕, 할머니의 방'(2005) '침향'(2008) '어머니의 노래'(2010) '오이디푸스'(2011) '안티고네'(2013) '단테의 신곡'(2013) '육체의 약속' '이어도' '흙' '옛날옛적에 훠이 훠이' '장마' '낮은데로 임하소서' '과부춤' '자녀목' '안개기둥' '말미잘' '해롤드 앤 모드' '영영이별 영이별' '브람스를 좋아하세요'

### 박정제(朴正濟)

(생)1975·9·24 (출)전북 부안 (주)경기도 수원시 영통구 법조로 105 수원지방법원 총무과(031-210-1101) (학)1994년 여의도고졸 1999년 고려대 법학과졸 (경)1998년 사법시험 합격(40회) 2001년 사법연수원 수료(30기) 2001년 軍법무관 2004년 인천지법 판사 2006년 서울중앙지법 판사 2008년 광주지법 해남지원 판사 2011년 수원지법 안양지원 판사 2014년 대법원 재판연구관 2017년 전주지법 부장판사 2019년 수원지법 부장판사(현)

### 박정준(朴正埈)

(생)1947·2·21 (주)서울특별시 종로구 삼일대로 457 수운회관 404호 (사)한국고미술협회(02-732-2240) (학)한국방송통신대 행정학과졸, 동국대 행정대학원 행정학과 수료 (경)1981년 세종화랑 대표(현), 민주평통 자문위원, 동국대 행정대학원 총동문회 부회장, 21세기한국사회문화개발연구원 원장, (사)한국고미술협회 부회장 겸 서화감정위원, 성균관유도회 서울본부 부회장, (사)인사전통문화보존회 회장, 서울 종로구 21세기비전위원회 문화관광위원, 신라오릉보존회 총본부 부이사장 2018년 (사)한국고미술협회 제25대 회장(현) (상)대통령표창, 문화체육관광부장관표창, 국방부장관표창 외 다수 (작)전시회 '운림산방 3대전(소치, 미산, 남농)' 외 60여 회

### 박정준(朴政浚) Park Jungjun

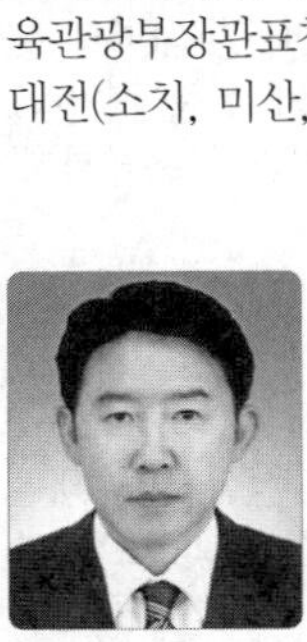

(생)1964 (출)서울 (주)서울특별시 영등포구 경인로 778 구로세무서(02-2630-7200) (학)서울 배문고졸, 세무대학졸(2기), 한양대 행정대학원 회계세무학과졸 (경)세무공무원 임용(8급 특채), 경기 부천세무서 조사1과 근무, 서인천세무서 김포지서 근무, 남인천세무서 세원관리2과·세원관리3과 근무, 중부지방국세청 조사3국·조사4국 근무, 기획재정부 세제실 파견, 중부지방국세청 체납자재산추적과 2팀장, 강원 속초세무서장 2017년 서울지방국세청 성실납세지원국 전산관리팀장 2019년 서울 구로세무서장(현)

**박정진(朴丁鎭) PARK Chung Jin (素田)**

(생)1937·11·10 (본)울산(蔚山) (출)경기 안양 (주)경기도 안양시 만안구 장내로139번길 7 삼원플라자호텔 회장실(031-448-6671) (학)1956년 경기고졸 1960년 미국 임포리아대학(The Coll. of Emporia)졸 1963년 미국 임포리아주립대(Emporia State Univ.) 대학원졸 (경)1961년 미국 뉴욕제이웰터톰슨 부사장보좌역 1973년 합동통신 부국장 1977년 (주)오이씨 대표이사 1979년 대진전자공업 대표이사 1982~1997년 안양상공회의소 회장 1982년 경기도체육회 부회장 1982년 경기도배구협회 회장 1983년 민정당 중앙위원 1985~1999년 (주)삼원 대표이사 사장 1985년 안양전자 회장 1986년 경기도 사회정화추진협의회 회장 1989~1993년 바르게살기운동중앙협의회 부회장 겸 경기도협의회장 1997년 안양상공회의소 고문(현) 1999년 삼원플라자호텔 회장(현) (상)대통령표창, 미국 육군성봉사메달 (종)기독교

**박정찬(朴珵讚) PARK Jung Chan**

(생)1954·10·15 (출)경남 남해 (주)서울특별시 성북구 안암로 145 고려대학교 미디어학부(02-3290-5149) (학)대구 계성고졸 1979년 고려대 정치외교학과졸 1987년 영국 웨일즈대 대학원졸 (경)1978년 합동통신 기자 1981년 연합통신 기자 1990년 同워싱턴특파원 1994년 同외신2부 차장 1996년 同정치부 부장대우 1999년 연합뉴스 국제뉴스2부장 2000년 同편집국 부국장 2003년 同편집국장 2005년 관훈클럽 총무 2005년 연합뉴스 경영기획실장 2005년 외교통상부 자문위원 2005년 해양수산부 남북수산협력자문위원 2006~2009년 연합뉴스 미디어전략담당 특임이사 2008·2011~2014년 관훈클럽 신영연구기금 이사 2009~2013년 연합뉴스 대표이사 사장 2009~2013년 연합인포맥스 대표이사 회장 2009~2013년 연합P&M 사장 2009~2013년 연합M&B 사장 2009~2013년 연합뉴스 동북아센터 이사장 2009~2013년 한국신문협회 감사 2009~2012년 대한장애인체육회 이사 2010년 아·태통신사정상회의 공동의장 2010년 연합뉴스 보도전문채널(연합뉴스TV) 설립·대표 2011~2013년 국무총리 재외동포정책위원회 위원 2011~2013년 연합뉴스TV(뉴스Y) 대표이사 사장 2014~2016년 관훈클럽 신영연구기금 고문 2014년 고려대 미디어학부 관훈신영 기금교수 2015년 同미디어학부 초빙교수(현) (상)제13회 장한 고대언론인상(2006), 제59회 서울시 문화상 언론분야(2010), 제24회 중앙언론문화상 신문·잡지부문(2012)

**박정하(朴正夏)**

(주)강원도 원주시 세계로 10 한국관광공사 국제관광본부(033-738-3000) (학)마산상고졸, 영남대졸 (경)2004년 한국관광공사 기획조정팀장 2005년 同한류연구팀장 2006년 외교통상부 파견 2009년 한국관광공사 중국팀장 2011년 同마케팅기획팀장 2013년 同선양지사장 2014년 同베이징지사장 2016년 同중국마케팅센터장 2016년 同해외마케팅실장 2017년 同마케팅지원실장 2017년 同경영지원실장 2018년 同국내관광실장 2018년 同국제관광본부장(상임이사)(현)

**박정현(朴政賢) PARK Jung Hyeon**

(생)1961·9·1 (출)경남 함양 (주)대전광역시 대덕구 신탄진로 200 한국수자원공사 감사실(042-629-2201) (학)경복고졸, 연세대 불어불문학과졸, 한양대 대학원 언론학석사, 광운대 대학원 언론학 박사과정 수료 (경)1999년 대한매일 편집국 행정뉴스팀 기자 2000년 同편집국 경제팀 기자 2003년 同공공정책부 차장 2004년 서울신문 공공정책부 차장 2004년 同편집국 정치부 차장 2006년 同편집국 기획탐사부장 2007년 同편집국 사회부장 2008년 同논설위원 2009년 同경영기획실 기획부장 2011년 同편집국 경제부장 2012년 同편집국 경제부장(부국장급) 2012년 관훈클럽 편집위원 2012년 서울신문 논설위원 2013~2014년 同경영기획실장 2014~2016년 국무총리비서실 공보실장 2017년 한국수자원공사 상임감사(현) (저)'프랑스인은 배꼽도 잘났다'(1998, 자작나무)

**박정현(朴政炫) PARK Joung Hyen**

(생)1962·11·17 (본)밀성(密城) (출)경북 고령 (주)경상북도 안동시 풍천면 도청대로 455 경상북도의회(054-880-5126) (학)포항1대 금속과졸, 대구대 평생교육원 부동산자산관리사과정 수료, 영남대 경영대학원 AMP 72기 수료, 경일대 행정학과졸 2011년 영남대 행정대학원 자치행정학과졸 (경)경북 다산초총동창회 조직부장, 다산면바르게살기협의회 회원, 부동산 중개업 2006년 경북 고령군의원선거 출마(비례대표, 한나라당) 고령군음식업지부 감사, 고령경찰서 행정발전위원, 다산면체육회 이사, 한나라당 경북도당 고령·성주·칠곡 자치청년자문위원장 2010년 경북 고령군의회 의원(한나라당·새누리당) 2012년 同부의장 2012년 새누리당 경북도당 대외협력위원회 부위원장 2012년 同박근혜 대통령후보 경북도당 선거대책위원회 부위원장 2014~2018년 경북도의회 의원(새누리당·자유한국당) 2014·2016년 同운영위원회 위원 2014년 同농수산위원회 위원 2014년 同경북·대구상생발전특별위원회 위원 2016년 同건설소방위원회 부위원장 2016~2017년 同예산결산특별위원회 위원 2018년 경북도의회 의원(무소속)(현) (상)전국시·도의회의장협의회 우수의정 대상(2016)

**박정현(朴政賢)**

(생)1964·6·19 (출)충남 부여 (주)충청남도 부여군 부여읍 사비로 33 부여군청 군수실(041-830-2005) (학)1982년 부여고졸 1990년 동국대 정치외교학과졸 (경)2001~2008년 (사)민족화합운동연합 사무국장·집행위원장 2009~2011년 민주당 부여·청양지역위원회 위원장 2010년 同안희정 충남도지사후보 공동선거대책본부장 2010~2011년 충남도지사 정책특별보좌관 2011년 충남도축구연합회 직장연맹 회장 2011년 (사)부여정림사복원건립추진위원회 사무총장 2011~2013년 민주통합당 부여·청양지역위원회 위원장 2012년 제19대 국회의원선거 출마(충남 부여·청양, 민주통합당) 2013~2014년 충남도 정무부지사 2014년 충남 부여군수선거 출마(새정치민주연합) 2014~2015년 새정치민주연합 부여·청양지역위원회 위원장 2015~2016년 더불어민주당 부여·청양지역위원회 위원장 2016~2017년 同충남도당 대변인 2016년 더불어민주당 상무위원회 상무위원 2017년 同제19대 문재인 대통령후보 충남선거대책위원회 총괄본부장 2018년 충남 부여군수(더불어민주당)(현), 더불어민주당 공주·부여·청양지역위원회 위원장(현)

**박정현(朴貞炫·女) PARK Jeong Hyeon**

(생)1964·11·4 (본)밀양(密陽) (출)대구 (주)대전광역시 대덕구 대전로1033번길 20 대덕구청 구청장실(042-608-6005) (학)청란여고졸, 충남대 법학과졸, 목원대 행정대학원 행정학 석사과정 수료 (경)대전YMCA 간사, 전국녹색연합 협동사무처장, 대전대 교양과목 강사, (사)대청호운동본부 집행위원장, 행정도시무산저지충청권비상대책위원회 공동운영위원장, 대전시민사회단체연대회의 공동운영위원장, 금강운하백지화국민행동 상임운영위원장, 대전충남녹색연합 사무처장 2009년 노무현 前대통령서거 대전추모위원회 대변인 2010년 김원웅 야4당 단일 대전시장후보 대변인 2010년 대전시의회 의원(비례대표, 민주당·민주통합당·민주당·새정치민주연합) 2010년 同미래도시연구회장 2010년 同운영위원회 위원 2010년 同산업건설위원회 부위원장 2010년 민주당 대전시당 생활정치실현위원장 2012년 대전시의회 대전·충청·세종상생발전특별위원회 부위원장 2012년 同복지환경위원회 위원 2014년 사람사는세상 노무현재단 대전·충남·

ㅂ

세종지역위원회 운영위원장 2014~2018년 대전시의회 의원(새정치민주연합·더불어민주당) 2014년 同복지환경위원회 위원 2014~2016년 同예산결산특별위원회 위원장 2015년 새정치민주연합 대전시당 여성위원장 2015년 同대전시당 을지로위원회 비정규직대책분과 위원장 2015년 同여성리더십센터 부소장 2015~2016년 더불어민주당 대전시당 여성위원장 2015~2016년 同대전시당 을지로위원회 비정규직대책분과 위원장 2016년 同전국여성위원회 부위원장 2016년 대전시의회 행정자치위원회 위원 2016년 同예산결산특별위원회 위원 2016년 同대전의료원설립추진특별위원회 위원장 2017년 同원자력안전특별위원회 부위원장 2017년 더불어민주당 미세먼지특별대책위원회 위원 2018년 대전시 대덕구청장(더불어민주당)(현) (종)천주교

**박정호(朴正浩) PARK Jung Ho**

(생)1945·6·23 (본)영해(寧海) (출)경기 안성 (주)서울특별시 영등포구 국회대로70길 7 한일의원연맹 사무총장실(02-784-6500) (학)1963년 경복고졸 1967년 서울대 문리대학 독어독문학과졸 (경)1969년 서울신문 기자 1980년 국무총리 비서관 1982년 駐나이지리아대사관 공보관 1984년 駐일본대사관 공보관 1988년 해외공보관 외보분석관 1990년 駐시카고총영사관 공보관 1993년 해외공보관 외보부장 1993년 駐일본대사관 한국문화원장 1996년 대통령 공보2비서관 1998~1999년 대통령 해외언론비서관 2000년 국무총리 공보수석비서관 2000년 국무총리 민정수석비서관 2001~2003년 駐센다이 총영사 2004년 중부대 신문방송학과 초빙교수 2005년 한·일의원연맹 사무총장(현)

**박정호(朴正鎬) PARK Jeong Ho**

(생)1960·8·24 (출)충남 천안 (주)서울특별시 송파구 법원로 101 서울동부지방법원(02-2204-2114) (학)1979년 천안고졸 1983년 한양대 법과대학졸 (경)1983년 사법시험 합격(25회) 1985년 사법연수원 수료(15기) 1986년 軍법무관 1989년 마산지법 판사 1992년 청주지법 충주지원 판사 1994년 수원지법 판사 1997년 서울가정법원 판사 1998년 서울고법 판사 1999년 대법원 재판연구관 2001년 대구지법 부장판사 2003년 수원지법 안산지원 부장판사 2005~2008년 서울중앙지법 부장판사 2005년 언론중재위원회 위원 2008년 법무법인 로고스 변호사 2008년 법무법인 서정 변호사 2014년 서울동부지법 민사소액전담판사(현)

**박정호(朴正浩) PARK Jung Ho**

(생)1963·5·17 (출)경남 (주)서울특별시 중구 을지로 65 SK텔레콤(주) 임원실(02-6100-2114) (학)1982년 마산고졸 1988년 고려대 경영학과졸 2000년 미국 George Washington Univ. 대학원 경영학과졸 (경)1989년 (주)선경 입사 1994년 대한텔레콤 근무 1995년 SK텔레콤 해외사업본부 뉴욕지사장 2001년 同마케팅전략본부 팀장 2004년 SK그룹 투자회사관리실 CR지원팀장(상무) 2007년 SK커뮤니케이션즈 사업개발부문장(상무) 2009년 SK텔레콤 사업개발실장(전무) 2012년 同사업개발부문장(부사장) 2013년 SK C&C Corporate Development장(부사장) 2015년 同대표이사 사장 2015~2016년 SK주식회사 C&C 대표이사 사장 2016년 SK하이닉스 사내이사(현) 2017년 SK텔레콤 대표이사 사장(현) 2017년 SK그룹 SUPEX(Super Excellent)추구협의회 커뮤니케이션위원장 2017년 프로농구 서울 SK 나이츠 구단주(현) 2018년 SK그룹 SUPEX(Super Excellent)추구협의회 ICT위원장, 서울상공회의소 부회장(현) 2018년 대한상공회의소·기획재정부 혁신성장 옴부즈만(현) 2019년 SK그룹 SUPEX(Super Excellent)추구협의회 글로벌성장위원장(현) 2019년 SK브로드밴드 대표이사 사장(현) 2019년 SK하이닉스 이사회 의장 겸임(현) (상)SK그룹 수펙스추구상 대상(2017)

**박정호(朴廷皓) PARK Jeong Ho**

(생)1973·7·20 (출)서울 (주)경상남도 창원시 마산합포구 완월동 7길 16 창원지방법원 마산지원(055-240-9374) (학)1992년 대원고졸 1999년 서울대 사법학과졸 (경)2000년 사법시험 합격(42회) 2003년 사법연수원 수료(32기) 2003년 춘천지법 강릉지원 예비판사 2005년 同강릉지원 판사 2006년 수원지법 판사 2009년 서울중앙지법 판사 2012년 서울북부지법 판사 2015년 서울중앙지법 판사 2015~2017년 법원행정처 사법등기심의관 겸임 2018년 창원지법 마산지원 부장판사(현)

**박정화(朴貞杹·女) PARK Jeong Hwa**

(생)1965·10·3 (본)무안(務安) (출)전남 해남 (주)서울특별시 서초구 서초대로 219 대법원(02-3480-1100) (학)1982년 광주중앙여고졸 1987년 고려대 법과대학졸 (경)1988년 사법시험 합격(30회) 1991년 사법연수원 수료(20기) 1991년 서울지법 북부지원 판사 1993년 서울민사지법 판사 1995년 대구지법 판사 1998년 서울지법 판사 2000년 서울가정법원 판사 2002년 서울고법 판사 2003년 대법원 재판연구관 2006년 대전지법 부장판사(수원지검 성남지원 파견) 2008년 사법연수원 교수(부장판사) 2010년 서울행정법원 행정13부 부장판사 2013년 광주고법 행정2부 부장판사 2014년 서울고법 부장판사 2015~2019년 대법원 양형위원회 위원 2017년 同대법관(현)

**박정환(朴廷桓) Park Jung-hwan**

(생)1993·1·11 (출)서울 (주)서울특별시 성동구 마장로 210 한국기원 홍보팀(02-3407-3800) (학)2012년 충암고졸 (경)권갑용 바둑도장 문하생 2006년 프로바둑 입단 2007년 엠게임 마스터스 챔피언십 우승 2007년 2단 승단 2008년 3단 승단 2008년 SK가스배 신예프로10걸전 준우승 2009년 4단 승단 2009년 원익배 십단전·한중통합천원전·박카스배 천원전 우승 2009년 5단 승단 2010년 7단 승단 2010년 8단 승단 2010년 9단 승단(현) 2010년 광저우 아시안게임 혼성페어·남자단체 금메달 2011년 후지쯔배·KBS바둑왕전·GS칼텍스배 우승 2012년 맥심커피배 우승 2013년 KBS바둑왕전·농심신라면배 한국대표·맥심커피배·물가정보배 우승 2013년 TV바둑아시아선수권·응창기배·봉황고성배 준우승 2014년 천원전·한중천원전 우승 2014년 맥심커피배·국수산맥 한중단체바둑대항전 준우승 2014년 농심신라면배 한국대표 2015년 국수전·LG배 조선일보 기왕전 우승 2015년 KBS바둑왕전·TV바둑아시아선수권 준우승 2016년 국수산맥 국제바둑대회 단체바둑대항전 우승·KBS바둑왕전 우승 2016년 응씨배·하이원리조트배 명인전 준우승 2016년 IMSA 엘리트 마인드게임스 남자단체전·혼성페어전 우승 2017년 월드바둑챔피언십 초대 우승·맥심배 우승 2018년 제3회 몽백합배 세계바둑오픈·하세배 한국대표·크라운해태배·월드바둑챔피언십 우승 2018년 제36기 KBS바둑왕전 우승 2018년 국수산맥 세계프로최강전·세계페어바둑 우승 2019년 월드바둑챔피언십 우승 2019년 제12회 춘란배세계바둑선수권대회 우승 2019년 CCTV 하세배 한중일바둑쟁탈전 우승 2019년 바둑TV배 마스터스 우승 2019년 2019세계페어바둑최강위전 우승 (상)바둑대상 신예기사상(2009), 한국바둑대상 최우수기사상(MVP)(2013·2015·2016·2017), 한국바둑대상 다승상·승률상·연승상(2012·2014·2015·2017), 대한체육회장표창(2018)

**박정훈(朴正勳) PARK Jeong Hoon**

(생)1958·5·15 (본)밀양(密陽) (출)대구 (주)서울특별시 관악구 관악로 1 서울대학교 법학전문대학원(02-880-7556) (학)1976년 경북고졸 1981년 서울대 법학과졸 1989년 同대학원 법학과졸 1992년 同대학원 법학 박사과정 수료 1996년 법학박사(독일 괴팅겐대) (경)1983년 사법시험 합격(25회) 1985년 사법연수원 수료(15기) 1986~1989년 공군 법무관

1989~1991년 서울민사지법 판사 1991~1992년 서울형사지법 판사 1996~2008년 서울대 법학과 강사·전임강사·조교수·부교수 2000~2002년 同대학원 공법학 전공주임교수 2008~2009년 同법과대학 교수 2009년 同법학전문대학원 교수(현) 2003년 법관임용심사위원회 위원 2004~2006년 서울대 법대 교무부학장 겸 법학부장 2008년 국민권익위원회 비상임위원 2011~2014년 경찰위원회 위원 2018년 同위원장(현) (저)'법학의 이해'(共) 'Rechtsfindung im Verwaltungsrecht'(獨文) (종)가톨릭

**박정훈(朴正薰) Park Jeonghoon**

(생)1961·1·6 (출)서울 (주)서울특별시 양천구 목동서로 161 SBS 임원실(02-2113-3002) (학)1979년 신일고졸 1987년 고려대 영어영문학과졸 1998년 호주 시드니공대(UTS) 대학원 저널리즘과졸 (경)1986년 문화방송(MBC) 입사 1991년 SBS 입사 2003년 同제작본부 부장 2004년 同교양2CP 2005년 同편성본부 편성기획팀장 2007년 同편성본부 편성기획팀장(부국장급) 2008년 同제작본부 예능총괄(부국장급) 2010년 同편성실장 2010년 同편성실장(이사대우) 2011년 同제작본부장(이사) 2012~2013년 (사)여의도클럽 회장 2013년 SBS 드라마본부장 2014년 同제작본부장(상무이사) 2015년 同공동대표이사 부사장 2016년 同대표이사 사장(현) 2017년 대법원 대법관후보추천위원회 위원 2018년 한국방송협회 회장(현) (상)삼성언론상, 한국방송대상(3회), 방송위원회 이달의 좋은 프로그램 대상, 백상예술대상 작품상, 국민포장, 방송위원회 이달의 좋은 프로그램상(3회), 방송프로듀서 작품상(3회) (저)'잘먹고 잘사는 법'(2002) '환경의 역습'(2004) (작)'그것이 알고 싶다' '생명의 기적' '환경의 역습' 등 연출

**박정훈(朴政勳) Park Junghoon**

(생)1969·3·17 (주)서울특별시 종로구 세종대로 209 금융위원회 기획조정관실(02-2100-2770) (학)1988년 휘문고졸 1992년 서울대 경영학과졸 2002년 미국 노스웨스턴대 경영대학원(MBA)졸 (경)1991년 행정고시 합격(35회), 재정경제부 보험제도과 근무, 同증권제도과 근무, 대통령정책실 근무 2007년 아시아개발은행(ADB) Capital Markets Specialist 2010년 기획재정부 G20정상회의준비위원회 파견 2011년 금융위원회 공적자금관리위원회 사무국 운용기획팀장 2012년 금융위원회 글로벌금융과장 2013년 同보험과장 2014년 同자본시장조사단장 2014년 국제통화기금(IMF) 통화자본시장국 Senior Financial Sector Expert 2016년 금융위원회 금융현장지원단장(고위공무원) 2017년 국정기획자문위원회 파견 2017년 금융위원회 자본시장국장 2018년 同자본시장정책관 2019년 同기획조정관(현)

**박정훈(朴正勳) Park Jeonghun**

(생)1971·10·1 (출)전남 장성 (주)광주광역시 동구 준법로 7-12 광주고등법원 총무과(062-239-1163) (학)1990년 광주 송원고졸 1997년 서울대 영어영문학과졸 (경)1998년 사법시험 합격(40회) 2001년 사법연수원 수료(30기) 2001년 수원지법 판사 2002년 서울고법 판사 2003년 서울지법 판사 2004년 서울중앙지법 판사 2005년 광주지법 판사 2009년 서울남부지법 판사 2010년 헤이그국제사법회의 상설사무국 파견 2012년 특허법원 판사 2015년 전주지법 정읍지원 판사 2016년 창원지법 부장판사 2017년 광주고법 판사(현)

**박정희(朴貞姬·女) Jeong- Hee Park**

(생)1959·7·10 (출)전북 전주 (주)전라남도 무안군 삼향읍 오룡3길 22 전남사회복지회관 3층 전남복지재단(061-287-8125) (학)전주여고졸 1982년 서울대 가정학과졸 1985년 同환경대학원 환경조경학과졸 1992년 이학박사(경희대) (경)1982~1986년 서울대 환경대학원 부설 환경계획연구소 비상임연구원 1986~1988년 대한주택공사 주택연구소 위촉연구원 1988~1992년 서원대·덕성여대·경희대 시간강사 1992~2008년 목포대 생활과학부 전임강사·조교수·부교수·교수 2005~2006년 호주 그리피스대 방문교수 2006~2008년 목포대 여성연구소장 2008년 전남도 복지여성국장 2010~2019년 목포대 생활과학예술체육대학 아동학과 교수 2019년 전남복지재단 이사장(현) (상)한국주거학회 학술상(2015) (저)'인간과 주거'(1995) '주택정보1·2·3'(1998) '새로쓰는 주거문화'(1999) '세계의 코하우징'(2000) '친환경주거-자연과 함께 하는 삶의 실천'(2003) '안팎에서 본 주거문화'(2004) '넓게 보는 주거학'(2005) '도서지역 여성의 삶의 질'(2005) '도서지역 여성의 삶'(2005) (종)기독교

**박제국(朴堤國) PARK Je Guk**

(생)1962·4·5 (출)부산 (주)세종특별자치시 도움5로 20 인사혁신처 소청심사위원회(044-201-8603) (학)1981년 부산 금성고졸 1985년 고려대 법학과졸 1997년 미국 예일대 대학원 경제학과졸 (경)1987년 행정고시 합격(31회) 1992년 총무처 조직국 조사담당관실 근무 1994년 同복무감사관실 근무 1997년 同의정국 상훈과 서기관 1998년 제2의건국범국민추진위원회 기획운영실 서기관 2000년 미국 Washington주정부(DSHS) 파견 2002년 행정자치부 정부기능분석작업단 서기관 2003년 대통령자문 정부혁신지방분권위원회 파견 2004년 행정자치부 능률행정과장 2004년 同정책혁신과장 2005년 同전략기획팀장(서기관) 2006년 同전략기획팀장(부이사관) 2006년 대통령 공직기강비서관실 선임행정관 2008년 행정안전부 국정과제실시간관리추진단 부단장(고위공무원) 2009년 同기획조정실 정책기획관 2009년 同인사기획관 2011년 同인력개발관 2012년 대통령 행정자치비서관실 선임행정관 2014년 안전행정부 전자정부국장 2014~2015년 행정자치부 전자정부국장 2015년 충북도 행정부지사 2016년 인사혁신처 차장 2018년 同소청심사위원회 위원장(차관급)(현) (상)대통령표창, 근정포장

**박제균(朴濟均)**

(생)1961 (주)서울특별시 종로구 청계천로 1 동아일보 논설주간실(02-2020-0114) (학)서울대 공법학과졸 (경)1989년 동아일보 입사 2005년 同정치부 차장 2008년 同통합뉴스센터 영상뉴스팀장 2011년 同정치부장 2013년 同편집국 부국장 2013년 채널A 보도본부 부본부장 2013년 同보도본부장 2015년 동아일보 논설위원 2017년 同논설위원실장(국장급) 2017년 관훈클럽 총무 2017년 同신영연구기금 이사(현) 2019년 동아일보 논설주간(상무)(현) 2019년 신문방송편집인협회기금 이사(현)

**박제균(朴濟均) Je-Kyun Park**

(생)1963·4·25 (주)대전광역시 유성구 대학로 291 한국과학기술원 공과대학 바이오및뇌공학과(042-350-4315) (학)1986년 서울대 식품공학과졸 1988년 同대학원 식품공학과졸 1992년 생물공학박사(한국과학기술원) (경)1992~1995년 금성중앙연구소 선임연구원 1996~1997년 미국 존스홉킨스대 초빙연구원 1996~2002년 LG전자기술원 책임연구원(그룹장) 2002~2009년 한국과학기술원(KAIST) 바이오시스템학과·바이오및뇌공학과 부교수 2006~2009년 同바이오시스템학과장 2009년 同공과대학 바이오및뇌공학과 교수(현) 2010~2012년 국제학술지 '랩온어칩' 편집위원 2012~2015년 (사)한국바이오칩학회 부회장 2016년 同회장

**박제근(朴濟根) Je-Geun Park**

(생)1965·10·14 (본)밀양(密陽) (출)경남 고성 (주)서울특별시 관악구 관악로 1 서울대학교 자연과학대학 물리천문학부(02-880-6613) (학)1984년 진주 대아고졸 1988년 서울대 물리학과졸 1990년 同대학원 물리학과졸 1993년 이학박사(영국 런던대) (경)1989년 한국물리학회 정회원·평의원 1990~

ㅂ

2008년 영국물리학회 회원 1993~1994년 프랑스 국립과학연구센터 루이네엘자기학연구소 박사 후 과정 1994~1996년 영국 런던대 박사 후 펠로우 1995~1996년 在英한국인과학자협회 간사장 1996~2000년 인하대 물리학과 조교수 2000~2001년 同물리학과 부교수 2001~2006년 성균관대 물리학과 부교수 2001~2005년 한국물리학회 편집위원 2003~2005년 同응집물질물리분과 총무간사 2006~2010년 성균관대 물리학과 교수 2008년 영국물리학회 석학회원(Fellow of the Institute of Physics)(현) 2008년 일본 J-PARC MLF 국제자문위원회 자문위원 2008~2010년 한국물리학회 응집물질물리분과 여름학교 조직위원장 2009년 성균관대 석학교수(SKKU Fellow) 2010~2011년 한국물리학회 응집물질물리분과 운영간사 2010~2012년 한국중성자이용자협회 총무간사 2010년 서울대 자연과학대학 물리천문학부 물리학전공 교수(현) 2012년 기초과학연구원 강상관계물질연구단 부단장(현) 2013년 Quantum Materials Symposium 조직위원(현) 2013년 International Conference on Neutron Scattering 2013 Edinburgh 프로그램위원 2015년 삼성재단 물리분과 위원·위원장 2015년 2nd Asia-Oceania Conference on Neutron Scattering 프로그램위원 2015년 20th International Conference Magnetism 프로그램위원 2015년 The 13th Conference of the Asian Crystallographic Association 프로그램위원 2015년 학술지 'Journal of Physics: Condensed Matter' 편집위원회 자문위원 2016년 삼성전자 미래기술연구원 위원, 한국물리학회 응집물질물리분과 운영위원(현) 2018년 한국과학기술한림원 정회원(이학부·현) [상]Rosalind Franklin Prize(1995), Alexander von Humboldt Research Fellowship(1996), 과학재단 우수연구성과 50선 선정(2006), 성균관대 대표적 우수연구성과 50선(2006), LG Yonam Fellowship(2007), 시사저널 영리더 27인 선정(2007), 영국물리학회 Fellow of the Institute of Physics 선정(2008), 한국연구재단 대표 우수연구성과 선정(2009), 한국과학기술기획평가원 국가연구개발우수성과 100선(2009), 한국물리학회 학술상(2015), 한국연구재단 한국과학상(2016) [저]'Quantum Tunneling of Magnetization-QTM'94'(1995, Kluwer Academic Publishers, 1995, The Netherlands) '대학물리학(상·하)'(1998, 인하대 출판부) '이공학도를 위한 물리학실험(共)'(2005, 성균관대) [종]불교

**박조현(朴兆鉉) PARK Cho Hyun**

[생]1955·12·8 [주]서울특별시 서초구 반포대로 222 서울성모병원 외과(02-2258-6099) [학]1981년 가톨릭대 의대졸 1986년 同대학원 의학석사 1991년 의학박사(가톨릭대) [경]1981년 성모병원 인턴 1982년 강남성모병원 레지던트 1988년 벨기에 루벤의과대학 연구원 1988년 가톨릭대 의대 외과학교실 교수(현) 1993~1995년 미국 브라운대 암센터 연구원 2007년 대한소화기학회 평의원(현) 2007년 가톨릭대 새병원일반외과준비위원장 2009~2011년 서울성모병원 진료부원장 2009년 同암병원 위암센터장 2011년 공식학술지「Gastric Cancer」편집위원(현) 2011~2013년 서울성모병원 외과 과장 2012년 국제위암학회(Gastric Cacer Association : IGCA) 상임위원(현) 2012년 대한임상종양학회 부회장 2013~2015년 대한위암학회 이사장 2014~2015년 대한소화기학회 부회장 2014~2016년 대한외과학회 학술위원장 2014년 가톨릭대 의과대학 외과학교실 주임교수 2015~2016년 대한종양외과학회 회장 2017년 중국외과학회(CCS) 명예회원(현) 2017~2018년 대한소화기학회 회장 2018년 아시아태평양소화기학회(APDW) 조직부회장(현)

**박종갑(朴鍾甲) PARK Jong Kab**

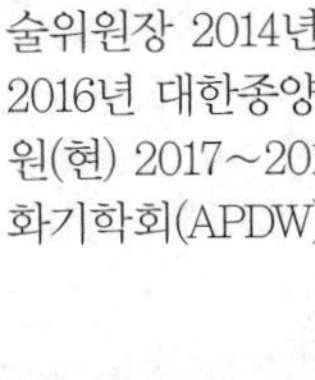

[생]1961·10·14 [출]충남 예산 [주]서울특별시 중구 세종대로 39 대한상공회의소 임원실(02-6050-3401) [학]1980년 예산고졸 1986년 건국대 사범대학 외국어교육학과졸 1998년 연세대 경영대학원 경영학과졸(MBA) [경]1986년 대한상공회의소 입소 1999년 同아주협력팀장 2000년 同기획과장 2004년 同아주협력팀장 겸 구미협력팀장 2006년 同홍보실장 2012년 同조사2본부장(상무이사) 2012년 국가경쟁력위원회 민관합동규제개혁추진단 부단장 2012년 고용노동부 근로시간면제심의위원회·고용보험위원회·임금채권보장기금심의위원회·장애인고용촉진전문위원회 위원 겸임 2012년 국민건강보험공단 재정위원회 위원 2012년 보건복지부 국민연금심의위원회 위원 2012년 노사정위원회 세대간상생위원회·산재예방시스템선진화위원회 위원 2012년 한국대학교육협의회 산업계관점대학평가운영위원회 위원 2012년 한국방문의해위원회 운영위원 2013년 고용보험심사위원회 위원 2013년 국제산업보건대회 국내조직위원회 위원 2013년 산업통상자원부 전기요금 및 소비자보호전문위원회 위원 2013년 한국직업능력개발원자문위원회 위원 2013년 미래창조과학부 창조경제문화운동 전문위원 2013년 고용노동부 고용평등상담실 심사위원 2013년 대한상공회의소 공공사업본부장(상무이사) 2013년 同자격평가사업단장 2013년 同산업혁신운동3.0 중앙추진본부 사무국장 2013년 S-PPM 중앙추진본부 사무국장 2014년 한국직업자격학회 부회장 2014년 한국소비자원 소비자중심경영인증제도 평가위원 2015년 농식품상생협력추진본부 사무국장 2015년 해양수산산업상생협력추진단 사무국장 2015년 경영·회계·사무분야 인적자원개발위원회 사무국장 2015년 국토교통부 건축물에너지평가사 자격심의위원 2016~2019년 한국소비자원 소비자분쟁조정위원 2016년 한국컨설팅서비스협회 비상임이사 2018년 대한상공회의소 전무이사 겸 경영기획본부장(현) [상]산업자원부장관표창(2003), 경찰청장 감사장(2010), 국무총리표창(2015)

**박종관(朴鍾寬) Park, Jong Kwan**

[생]1959 [주]전라남도 나주시 빛가람로 640 한국문화예술위원회(061-900-2100) [학]충북대 농화학과졸 2018년 同대학원 사회학과졸 [경]지역문화네트워크 공동대표(현), 서원대 교양대학 겸임교수(현) 1989년 (사)예술공장두레 상임연출가(현) 2005~2008년 한국문화예술위원회 위원 2011~2018년 충북문화재단 이사 2012~2015년 (사)충북민예총 이사장 2015~2018년 한국문화정책연구소 이사 2017~2018년 문화체육관광부 문화비전2030새문화정책준비단 위원 2018년 한국문화예술위원회 위원장(현)

**박종구(朴鍾久) PARK Jong Koo**

[생]1932·1·25 [본]밀양(密陽) [출]경남 밀양 [주]서울특별시 용산구 청파로 40 삼구그룹(02-705-0085) [학]1951년 경남고졸 1955년 고려대 정치학과졸 1985년 서울대 경영대학원 최고경영자과정 수료 1987년 고려대 경영대학원 최고경영자과정 수료 1992년 同국제대학원 최고위과정 수료 2001년 명예 경영학박사(고려대) 2008년 명예 법학박사(일본 와세다대) [경]1955년 합신공사 전무 1959년 신호사 대표 1966년 협성교역(주) 대표이사 1971년 달성(주) 전무이사 1975~1989년 삼구통상(주) 대표이사 1989년 삼구그룹 회장(현) 1995년 (주)삼구 대표이사 회장 1995~2000년 (주)39쇼핑 회장 1996~2000년 제일방송(주) 대표이사 2000년 i39 설립 2000~2012년 (재)삼구복지재단 이사장 2003~2007년 고려대교우회 회장 [상]대통령표창(1977·1983), 경기도지사표창(1979), 산업포장, 2천만불 수출탑(1986), 국세청장표창(1988), 상공부장관표창(1993), 자랑스런 고대인상(2008), 밀양교육상 교육봉사부문(2013) [저]자서전 '실크로드로 가는 길' [종]기독교

**박종구(朴鍾九) PARK Jong Koo** (平金)

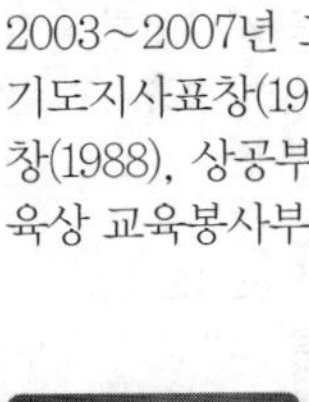

[생]1943·6·3 [본]밀양(密陽) [출]전남 순천 [주]서울특별시 서초구 반포대로39길 36-15 (주)월간목회(02-534-7196) [학]1981년 총회신학교 개혁신학연구원졸 1991년 미국 페이스신학대 대학원 신학과졸 1994년 선교학박사(미국 웨스턴신학교) 2003년 명예 신학박사(미국 코헨대) [경]1974년 경

향신문 신춘문예 동화 당선 1976년 '현대시학'에 詩로 데뷔 1976년 (주)신망애출판사 대표(현) 1976년 '월간목회' 편집인 겸 발행인(현) 1979년 돌샘교회 시무 1980년 기독교 대백과사전 편찬위원 1981년 미국 Airlines Clergy Bureau 한국대표 1982년 대한예수교장로회 목사 1983년 목회연구원 원장 1985년 크로스웨이 성경연구원 원장(현) 1986년 한국기독교잡지협의회 회장 1986년 (사)한국잡지협회 이사 1989년 국민일보 자문위원 1992년 한국기독교출판협의회 회장 1992년 (사)대한출판문화협회 이사 1992년 제3세계 선교단체협의회(TWMA) 커뮤니케이션 위원장 1994년 기독교리더십연구원 이사 1995년 미국 Louisiana Baptist Univ. 교환교수 1995년 (사)민족통일에스라운동협의회 이사장 1995년 한국크리스천문학가협회 회장 1995년 장로회신학대학원 강사 1995년 국제선교협력기구 이사장 2001~2008년 한국기독교역사박물관 이사 2002년 한국기독교총연합회 서기 2009년 한국기독교역사박물관 감사(현) (상)한국출판문화상 제작상(1978), 문화공보부장관표창(1989), 기독교 출판문화상(1998), 국무총리표창(1999), 한국크리스천 문학상(2000), 대통령표창(2005) (저)'하늘나라 편지'(1972) '무디 선생의 생애'(1973) '동화의 이론과 실제'(1973) '스펄젼 목사의 생애'(1977) '설교예화 대사전'(1978) '목회예화 대사전'(1978) '어린 양의 편지'(1981) '은행잎 편지'(1982) '우리 기도를 들어주시고'(1989) '세계선교, 그 도전과 갈등'(1994) '바른 지도자는 누구인가'(1997) '그는'(1999) '미래칼럼 제5물결'(2001) '21세기 세계는 어디로 가는가'(2001) '주어를 바꾸면 미래가 보인다'(2007) '변화를 이끄는 창조적 LEADERSHIP'(2007) (종)기독교

**박종구(朴鍾求) Park, Jong-gu**

(생)1953 · 9 · 20 (주)서울특별시 마포구 백범로 35 서강대학교 총장실(02-705-8557) (학)1979년 서울대 공대 전자공학과졸 1990년 프랑스 신학철학대(Institut Superieur de Theologie et de Philosophie) 신학과졸 1992년 同대학원 신학과졸 1996년 신학박사(이탈리아 Pontificia Univ. Gregoriana) (경)1997~2005년 서강대 교양학부 교수 2005~2006년 同교목처장 2006년 同국제인문학부 종교학과 교수(현) 2011년 同종교학과장 2012~2015년 同기초교육원장 겸 글쓰기센터 소장 2017년 同총장(현) 2018년 한국가톨릭계대학총장협의회 회장(현) (저)'어찌하여 나를'(2003, 성서와 함께) '사람아 너 어디 있느냐? 창세 1-11장의 인간학적 독서'(2007, 서강대 출판부) '열정과 회심'(2008, 이냐시오 영성연구소) '자비의 하느님, 인간의 수수께끼'(2010, 이냐시오 영성연구소)

**박종구(朴鍾九) PARK, Jong Ku**

(생)1958 · 1 · 24 (본)밀양(密陽) (출)경북 상주 (주)서울특별시 강남구 테헤란로7길 22 신관306호 (재)나노융합2020사업단(02-6000-7490) (학)1978년 경북대사대부고졸 1982년 경북대 금속공학과졸 1984년 한국과학기술원(KAIST) 재료공학 석사 1990년 재료공학박사(한국과학기술원) (경)1984년 한국과학기술연구원(KIST) 연구원 1990년 同선임연구원 1997년 同책임연구원 2000년 同세라믹공정연구센터장 2001년 同나노재료연구센터장 2007~2009년 同나노과학연구본부장 2007~2010년 국가과학기술위원회 융복합전문위원회 전문위원 2008~2015년 한국공학한림원 일반회원 2009년 한국과학기술연구원(KIST) 영년직연구원(현) 2010~2011년 지식경제부 연구개발특구기획단장(고위공무원) 2012년 한국과학기술연구원(KIST) 다원물질융합연구소장 2012년 同물질구조제어연구센터 책임연구원(현) 2012년 (재)나노융합2020사업단 단장(현) 2016년 한국공학한림원 정회원(재료자원공학분과 · 현) 2017년 국가과학기술심의회 기계소재전문위원회 전문위원 (상)국무총리표창(2006), 국민포장(2012), 산업통상자원부장관표창(2013), 미래창조과학부장관표창(2015) (저)'분말재료공학(共)'(2004, 한국분말야금학회)

**박종구(朴鍾九) PARK, JONG-KOO (靜圓)**

(생)1958·3·15 (본)밀양(密陽) (출)광주 (주)전라남도 무안군 무안읍 무안로 380 초당대학교 총장실(061-450-1001) (학)1975년 충암고졸 1979년 성균관대 사학과졸 1982년 미국 시러큐스대 대학원 경제학과졸 1987년 경제학박사(미국 시러큐스대) (경)1987~2003년 아주대 사회과학부 경제학과 조교수·부교수·교수 1992~1998년 대한상공회의소 한국경제연구센터 연구위원 1993~1995년 한국조세학회 총무이사 1993~1998년 전국경제인연합회 자문위원 1994~1995년 한국재정학회 총무이사 1995~1997년 경기도 행정쇄신위원 1996~1998년 아주대 기획처장 1998년 내무부 정책자문위원 1998~1999년 기획예산위원회 정부개혁실 공공관리단장(이사관) 1999년 기획예산처 공공관리단장 2002년 국무조정실 수질개선기획단 부단장 2003~2006년 同경제조정관 2006~2007년 同정책차장(차관급) 2007년 과학기술부 과학기술혁신본부장(차관급) 2008~2009년 교육과학기술부 제2차관 2009년 아주대 교무부총장 2009~2015년 경기개발연구원 이사 2010~2011년 아주대 총장 직대 2011~2014년 한국폴리텍대학 이사장 2012~2015년 광주과학기술원 비상임이사 2013~2014년 한국전문대학교육협의회 전문대학윤리위원회 위원 2015년 초당대 총장(현) (상)한국재정학회 학술상(1996), 황조근정훈장(2006), 중앙일보 대한민국경제리더대상(2012), 매경미디어그룹 2013 대한민국 창조경제리더 고객부문(2013), 한국경제신문 미래경영부문 대상(2013) (저)'지역발전과 지방재정(共)'(1990) '우리나라 기금제도의 문제점과 개선방안'(1991) '지가평가제도의 개선방안'(1992) '도시재정의 안정적 확충방안(共)'(1992) 'Public Finance in Korea(共)'(1992) '지방자치제 실시에 따른 중앙·지방재정기능의 재정립(共)'(1992) '기업과세 제도의 현황과 과제(共)'(1993) '제조업의 국제경쟁력 제고를 위한 조세지원제도 개편방안'(1993) '경기지역연구의 현황과 과제(共)'(1994) '수원지역의 현황과 과제(共)'(1996) '중앙·지방정부간 관계 및 재원조정(共)'(1996) '산업세제의 합리적 개편방향'(1997)

**박종구(朴鍾九) Park, Jong Koo**

(생)1971 · 7 · 16 (본)밀양(密陽) (출)전남 보성 (주)서울특별시 종로구 청와대로 1 대통령 법무비서관실(02-770-0011) (학)1990년 순천매산고졸 1997년 건국대 행정학과졸 2003년 서울대 행정대학원 행정학과 수료 2011년 미국 캘리포니아대 버클리교 로스쿨졸(법학석사) (경)1998년 행정고시 합격(42회) 1999년 통일부 통일정책실 사무관 2002~2006년 법제처 기획조정실 · 행정심판관리국 · 경제법제국 사무관 2007년 同경제법제국 서기관 2008년 同처장실 비서관 2012년 同법제지원단 법제교류협력과장 2013년 同법제지원단 법제관 2014년 同경제법제국 법제관 2015년 同행정법제국 법제관 2017년 同법제정책국 법제정책총괄과장 2017년 대통령 제도개선비서관실 행정관 2018~2019년 대통령 제도개혁비서관실 행정관 2019년 대통령 법무비서관실 행정관(현) (상)중앙공무원교육원장표창(1999), 통일부장관표창(2001), 법제처장표창(2005), 재정경제부장관표창(2007)

**박종국(朴鍾國) PARK Jong Gook (文園)**

(생)1935·12·27 (본)상주(尙州) (출)경기 화성 (주)서울특별시 동대문구 회기로 56 세종대왕기념사업회(02-966-2571) (학)1954년 경기상고졸 1959년 연세대 국어국문학과졸 1983년 건국대 대학원 수료 2002년 명예 문학박사(세종대) (경)1961~1968년 세종대왕기념사업회 간사·사무차장 1968~1988년 同사무국장·상무 1979~1992년 세종대왕기념관 관장 1979년 국어순화추진회 감사·부회장·회장(현) 1981~2005년 민주평통 상임위원 1983~1998년 한양대 국문학과 강사 1984년 한국겨레문화연구원 원장·이사(현) 1985~2002년 연세대 국문학과 강사 1988~1991년 세종대왕기념사업회 부회장 1989년 연세대 문과대학 동창회 회장·명예회장·고문(현) 1991~2015년 세종대왕기념사업회 회장 1992

ㅂ

~1998년 한글학회 감사 1993~1998년 학교법인 성신학원 감사, 외솔회 부회장·고문(현) 1993년 (재)운정재단 감사·이사(현) 1999년 세종한글서예큰뜻모임 명예회장·고문(현) 2001~2008년 재외동포교육진흥재단 이사 2003년 (재)한글재단 이사(현) 2006~2008년 한글날큰잔치조직위원회 공동위원장 2007년 세종학연구원 회장(현) 2015년 세종대왕기념사업회 명예회장(현) (상)문교부장관표창(1978), 대통령표창(1988), 외솔상(1995), 옥관문화훈장(1997), 연세대 문과대학총동창회 연문인상(2009), 고운문화상(고운문예인상) 대상(2015), 세종문화상 한국문화부문(2017) (저)'주시경 스승 어록'(1991) '국어학사'(1994) '용비어천가 역주'(1994) '한국어 발달사'(1996) '한글글꼴용어사전(共)'(2000) '한국고전용어사전(共)'(2001) '세종대왕기념관'(2001) '한글문헌 해제'(2003) '훈민정음 종합연구'(2007) '겨레의 큰 스승 세종성왕'(2008) '한국어 발달사 증보'(2009) '우리국어학사'(2012) '최현배 선생 저서 머리말'(2014) '우리 겨레 스승 말씀 : 자유 민주주의 보감'(2018, 세종학연구원) (역)'훈민정음' '용비어천가' '조선왕조실록-일부'(共) '증보문헌비고-일부'(共)

### 박종국(朴鍾國) PARK JONG KUK

(생)1964·2·5 (출)충북 괴산 (주)충청북도 청주시 상당구 상당로 127 자연타워 12층 연합뉴스 충북취재본부(043-225-1234) (학)1983년 공주사대부고졸 1987년 한양대 신문방송학과졸 (경)2009~2012년 연합뉴스 심양특파원 2014년 同충북취재본부장 2018년 同충북취재본부 부국장대우 2018년 同충북취재본부 증평주재 기자(부국장대우)(현)

### 박종국(朴鍾國)

(생)1964·8·15 (출)전남 무안 (주)인천광역시 미추홀구 소성로185번길 28 명인빌딩 303호 법무법인 명문(032-861-6300) (학)1982년 부평고졸 1989년 서울대 철학과졸 (경)1989년 제일증권(주) 근무 1997년 사법시험 합격(39회) 2000년 사법연수원 수료(29기) 2000년 서울지법 남부지원 판사 2002년 서울지법 판사 2004년 제주지법 판사 2007년 인천지법 판사 2009년 변호사 개업 2009년 법무법인 명문 변호사 2015년 同대표변호사(현) 2019년 연합뉴스 인천취재본부 콘텐츠자문위원(현)

### 박종군(朴鐘君) Park jong kun (刀庵·2대)

(생)1962·9·13 (본)밀양(密陽) (출)전남 광양 (주)전라남도 광양시 광양읍 매천로 771 광양장도박물관(061-762-4853) (학)1988년 동국대 대학원 불교미술과졸 1988년 同교육대학원 교과교육학과(미술교육전공)졸 (경)2006년 광양장도전수관·광양장도박물관 관장(현) 2011년 국가무형문화재 제60호 장도장 보유자(현) 2012~2016년 대한민국 전승공예대전 심사위원 2012년 동국대 문화예술대학원 불교예술문화학과 강사 2013~2017년 (사)국가무형문화재기능협회 상임이사 2014~2018년 (사)정부조달문화상품협회 나라장터 선정위원장·심사위원·자문이사 2014·2017년 대한민국전승공예대전 운영위원 2014년 (사)광양장도보존회 이사장(현) 2018년 공예주간 조직위원회 위원 2018년 (사)국가무형문화재기능협회 이사장(현) (상)전국공예품경진대회 동상(1990), 동아공예대전 동아공예상(1995), 대한민국전승공예대전 특별상(1998)

### 박종권(朴鍾權) Park Jong-kwon

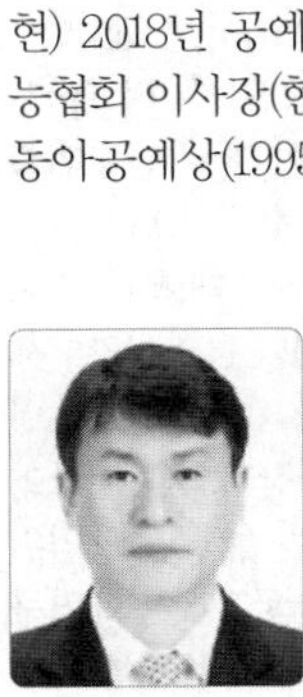

(생)1961·11·20 (본)밀양(密陽) (출)서울 (주)충청북도 청주시 흥덕구 산단로 149 SK케미칼(주) 청주공장(043-270-9600) (학)1980년 서울공고졸 1987년 건국대 미생물공학과졸 (경)SK케미칼(주) 입사 2008년 同오산공장 생산팀장(부장) 2009년 同안산공장 생산팀장 2011년 同오산공장 생산팀장 2012년 同안산공장 생산팀장 2013년 同오산공장장 2014년 同청주공장장 2016년 同청주공장장(상무) 2019년 同청주공장장(현) (종)천주교

### 박종규(朴鍾圭) PARK Jong Kew

(생)1935·10·27 (출)서울 (주)서울특별시 종로구 인사동5길 38 관훈빌딩 9층 (주)KSS해운 임원실(02-3702-2846) (학)1955년 서울고졸 1961년 서울대 정치학과졸 2003년 명예 경영학박사(목포해양대) (경)1964년 대한해운공사 조선과장 1970년 한국케미칼해운 대표이사 사장 1993~1997년 바른경제동인회 이사장 1993~1997년 경제정의실천시민연합 중앙위원회 의장 1995~2003년 (주)KSS해운 회장 1997~2001년 행정개혁시민연합 공동대표 2003년 (주)KSS해운 고문(현) 2003~2005년 통일경제연구협회 이사장 2004~2006년 규제개혁위원회 공동위원장 2015년 (사)바른경제동인회 회장(현) (상)제4회 일가상 산업부문 수상(1994), 국민훈장 무궁화장(2006), 제19회 인간상록수 선정(2011), 한국경영인협회 존경받는 기업인 선정(2018), 도산투명사회상(2018) (저)'손해를 보더라도 원칙은 지킨다'(2000) '직원이 주인인 회사'(2019)

### 박종규(朴宗奎) PARK Jong Kyu

(생)1961·3·4 (출)서울 (주)서울특별시 종로구 청와대로 1 대통령정책실 재정기획관실(02-770-0011) (학)1984년 서울대 경제학과졸 1986년 미국 노스캐롤라이나대 채플힐교 대학원 통계학과졸 1993년 경제학박사(미국 프린스턴대) (경)1993년 한국조세연구원 연구위원 2001~2009년 한국금융연구원 선임연구위원 2004년 同거시경제팀장 2005년 한국경제의분석패널 편집간사 2007~2008년 미국 스탠퍼드대 방문학자 2009년 한국금융연구원 연구총괄위원장 2009~2012년 국회예산정책처 경제분석실장 2012~2017년 한국금융연구원 선임연구위원 2016~2017년 (주)KSS해운 사외이사 2017년 한국재정학회 회장 2017년 대통령정책실 재정기획관(현)

### 박종근(朴鍾根) PARK Jong Keun

(생)1937·2·5 (본)순천(順天) (출)경북 상주 (주)서울특별시 영등포구 의사당대로 1 대한민국헌정회(02-757-6612) (학)1955년 경북고졸 1961년 서울대 경제학과졸 1969년 미국 워싱턴주립대 대학원 국제경영학과졸 (경)1962년 경제기획원 근무 1967년 同재경사무관 1971년 同경제협력관 1977년 同예산심의관 1991년 국가안전기획부 경제정책보좌관 1996년 제15대 국회의원(대구 달서甲, 자민련·한나라당) 1998년 한나라당 제2정책조정실장 1998년 同총재 경제특보 1999년 同정책실장 2000년 同총재 경제특보 2000년 제16대 국회의원(대구 달서甲, 한나라당) 2002~2003년 한나라당 정책위원회 부의장 2004년 제17대 국회의원(대구 달서甲, 한나라당·친박연대) 2004~2006년 한나라당 대구시당 위원장 2005~2006년 국회 재정경제위원장 2008년 제18대 국회의원(대구 달서甲, 친박연대·한나라당·새누리당) 2008년 국회 국제경기대회지원특별위원회 위원장 2008년 국회 기획재정위원회 위원 2008~2012년 국회 서민금융활성화 및 소상공인지원포럼 대표의원 2009~2012년 한나라당 대구달서甲당원협의회 운영위원장 2010~2012년 국회 외교통상통일위원회 위원 2013~2018년 한국에너지재단 이사장, 대한민국헌정회 고문(현) (상)근정포장(1979), 자랑스런 대륜인상(2009) (저)'구조조정과 감독기능'

### 박종근(朴鍾根) PARK Jong Keun

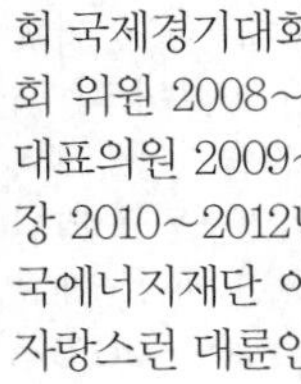

(생)1960·10·11 (출)전남 고흥 (주)서울특별시 서초구 헌릉로 13 대한무역투자진흥공사 전시컨벤션실 해외전시팀(02-3460-7292) (학)1979년 순천고졸 1986년 전남대 국어국문학과졸 1988년 同행정대학원 행정학과 수료 (경)1990년 대한무역투자진흥공사(KOTRA) 입사 1995년 同리스본무역관 근무 1998년 同국제화지원실 근무 1998년 同통상연수팀 근무 1998년 同인사연수팀 근무 2000년 同인사팀 근무 2001년 同부카레스트무역관장 2005년 同지방사업본부 지역총괄팀 근무 2005년 同

지방사업팀 근무 2006년 同중소기업수출지원단 사무국장 2008년 同리마무역관장 2008년 同리마코리아비즈니스센터장 2011년 同해외전시협력팀장 2011년 同해외전시팀장 2012년 同부에노스아이레스무역관장 2016년 同수출기업화지원실 수출첫걸음지원팀장 2016년 同해외진출종합상담센터장 2017년 同중견기업지원실장 2018년 同중견기업실장 2019년 同전시컨벤션실 해외전시팀 연구위원(현) (상)장관표창(2006), 대통령표창(2018)

### 박종근(朴鍾根)

(생)1968 · 7 · 6 (출)전남 영광 (주)부산광역시 연제구 법원로 15 부산지방검찰청 총무과(051-606-4542) (학)1988년 창신고졸 1996년 한양대 법과대학졸 (경)1996년 사법시험 합격(38회) 1999년 사법연수원 수료(28기) 1999년 서울지검 검사 2001년 광주지검 순천지청 검사 2003년 광주지검 검사 2005년 수원지검 검사 2008년 대검찰청 연구관 2009년 서울동부지검 검사 2011년 서울중앙지검 부부장검사 2012년 대전지검 홍성지청 부장검사 2014년 울산지검 특별수사부장 2015년 인천지검 부천지청 부장검사 2016년 수원지검 형사3부장 2017년 서울중앙지검 형사2부장 2018년 대검찰청 검찰연구관 2018년 同인권수사자문관 겸임 2019년 부산지검 제2차장검사(현)

### 박종기(朴鍾基) PARK Jong Ki

(생)1959 · 11 · 15 (본)강릉(江陵) (출)경북 청송 (주)부산광역시 연제구 법원로 15 부산고등검찰청(051-606-3300) (학)1978년 대구 달성고졸 1982년 고려대 법과대학졸 (경)1986년 사법시험 합격(28회) 1989년 사법연수원 수료(18기) 1989년 서울지검 동부지청 검사 1991년 부산지검 울산지청 검사 1993년 인천지검 검사 1995년 대구지검 검사 1997년 서울지검 검사 2000년 대전지검 검사 2001년 同부부장검사 2002년 창원지검 통영지청 부장검사 2003년 부산지검 동부지청 형사3부장 2004년 인천지검 강력부장 2005년 同마약 · 조직범죄수사부장 2005년 대검찰청 형사1과장 2006년 서울북부지검 형사4부장 2007년 同형사1부장 2008년 수원지검 형사1부장 2009년 同안산지청 차장검사 2009~2010년 서울고검 검사 2010~2014년 감사원 감찰관 2016~2018년 서울고검 검사 2016년 서울중앙지검 중요경제범죄조사단 제2단장 파견 2018년 부산고검 검사(현) (종)불교

### 박종달(朴鍾達) PARK Jong Dal

(생)1965 · 1 · 16 (주)세종특별자치시 갈매로 388 문화체육관광부 문화인문정신정책과(044-203-2511) (학)서울대 불어불문학과졸, 프랑스 앙제대 대학원 경영학과졸, 경영학박사(프랑스 앙제대) (경)1995년 행정고시 합격(39회) 2009년 문화체육관광부 정책기획관실 서기관 2010년 미래기획위원회 파견 2011년 국립중앙박물관 기획운영단 고객지원팀장 2012년 문화체육관광부 관광산업국 관광레저기획관실 녹색관광과장 2013년 同문화정책국 국제문화과장 2014년 한국예술종합학교 교무과장, 문화체육관광부 기획조정실 기획행정관리담당관 2016년 同체육정책실 체육협력관실 국제체육과장 2017년 同지역문화정책과장 2019년 同문화인문정신정책과장(부이사관)(현)

### 박종대(朴鍾大) Park Jong-dae

(생)1960 · 9 · 4 (본)충주(忠州) (출)광주 (주)서울특별시 종로구 사직로8길 60 외교부 인사운영팀(02-2100-7136) (학)1986년 연세대 정치외교학과졸 1995년 미국 캘리포니아대 대학원 아시아연구학과졸 2009년 정치학박사(경남대) (경)1991년 외무고시 합격(25회) 1991년 외무부 입부 1997년 駐미국 2등서기관 2000년 駐코트디부아르 1등서기관 2004년 국가안전보장회의사무처 파견 2006년 대통령비서실 파견 2006년 외교통상부 SOFA운영실장 2007년 同정책총괄과장 2009년 駐이탈리아 참사관 2011년 駐케냐 공사참사관 겸 駐우간다 대사 직대 2012년 駐우간다 공사참사관 겸 대사 직대 2014년 駐우간다 대사 2018년 駐남아프리카공화국 대사(현) (상)홍조근정훈장(2015)

### 박종덕(朴鍾德)

(생)1959 · 2 · 5 (주)서울특별시 용산구 한강대로40길 9-3 한국학원총연합회(02-798-8881) (학)전북대 법대졸, 同대학원졸, 同대학원 법학 박사과정 수료 (경)전주대성학원 대표(현) 2008년 6.4재보선 전북도의원선거 출마(무소속), 전북대 법과대학 초빙교수(현), 한국학원총연합회 전북도지회장, 전주시 인재육성재단 이사, 민주평통 자문위원, 더불어민주당 전북도당 연수교육위원장 2017년 한국학원총연합회 회장(현)

### 박종덕(朴鍾德)

(생)1962 · 1 · 8 (주)충청북도 충주시 중원대로 3230 충북북부보훈지청 지청장실(043-841-8888) (학)1999년 한국방송통신대졸 (경)1985년 공직 임용 1991년 국가보훈처 전입 2006년 同복지지원과 행정사무관 2009년 同취업지원과 행정사무관 2012년 同제대군인취업과 서기관 2013년 국립대전현충원 관리과장 2015년 국립서울현충원 현충과장 2017년 국립임실호국원장 2018년 국가보훈처 충남서부보훈지청장 2019년 同충북북부보훈지청장(현)

### 박종렬(朴鍾烈) PARK Jong Ryul (海東)

(생)1952 · 12 · 14 (출)전남 영암 (주)경기도 성남시 수정구 성남대로 1342 가천대학교 미디어커뮤니케이션학과(032-820-4667) (학)1979년 고려대 철학과졸 1993년 同언론대학원 최고위과정 수료 1994년 정치학박사(중앙대) (경)1978년 동아일보 · 동아방송 기자 1982~1988년 코래드 광고전략연구소 수석연구원 겸 해태그룹 홍보부장 1988년 동아일보 신동아부 기자 1990년 同여성동아부 차장 1995년 세계일보 객원논설위원 1995년 동신대 신문방송학과장 1999년 고려대 언론대학원 강사 1999년 경인일보 비상임이사 1999년 한국방송광고공사 공익광고협의회 위원 1999년 광주 · 전남언론학회 부회장 2000~2006년 가천의대 영상정보대학원 교수 2002년 국정홍보처 자문위원 2005년 한국방송영상산업진흥원 비상임감사 2005년 (재)사회과학연구소 등록이사 2006~2009년 가천의과학대 영상정보대학원 교수 2006년 同영상정보대학원장 직대 2006~2009년 한국교육방송공사(EBS) 비상임이사 2007~2009년 한국방송영상산업진흥원 비상임감사 2008~2009년 가천의과학대 영상정보대학원장 2008~2012년 同경영대학원장 2009~2012년 同경영대학원 교수 2009~2013년 한국교육방송원(EBS) 비상임이사 2012~2017년 가천대 사회과학대학 언론영상광고학과 교수 2012년 同가천CEO아카데미 원장 2014~2015년 방송통신심의위원회 광고특별위원회 위원 2014년 언론중재위원회 서울제7중재부 중재위원 2016~2017년 同시정권고위원 2017년 가천대 사회과학대학 미디어커뮤니케이션학과 교수 · 명예교수(현) 2018년 뉴스통신진흥회 이사(현) (저)'제왕학' '정치광고와 선거전략' '노태우 · 전두환-박종렬기자가 파헤친 5 · 6共 파워게임' '언론은 권력의 영원한 시녀인가' (역)'광고심리' '정치선전과 정치광고'

### 박종렬(朴鍾烈) PARK Jong Leal

(생)1961 · 10 · 21 (본)밀양(密陽) (출)전남 곡성 (주)서울특별시 종로구 종로33길 15 두산아트센터3층 두산큐벡스(주)(02-3670-8317) (학)중앙대사대부고졸, 중앙대 경제학과졸 (경)두산인프라코어(주) 관리 · 노사협력팀장 2006년 同관리지원부문 노사담당 상무 2012년 同경영관리총괄 관리지원부문 전무 2013년 인천상공회의소 부회장, 인천경영자총협회 부회장 2016년 (주)두산 FM BU장 2018년 두산큐벡스(주) 대표이사(현)

ㅂ

### 박종률(朴鍾律) PARK CHONG RYUL

(생)1966 · 5 · 29 (출)전북 전주 (주)서울특별시 양천구 목동서로 159-1 CBS 기획조정실(02-2650-7000) (학)1991년 연세대 철학과졸 1994년 同언론홍보대학원 신문학과졸 2017년 언론학박사(성균관대) (경)1992~2000년 CBS 사회부 · 정치부 · 문화부 · 경제부 기자 · 기획조정실 파견, 6.15선언남측언론본부 공동상임대표 2001~2006년 同정치부 · 사회부 · 전국부 · 국제부 차장 2005년 한국기자협회 CBS지회장 2007년 CBS 아침종합뉴스 앵커 2007년 同워싱턴특파원 2012~2017년 同보도국 부장 2012~2015년 한국기자협회 회장(제43 · 44대) 2012년 방송통신심의위원회 제18대 대통령선거방송심의위원회 심의위원 2012~2015년 한국언론진흥재단 비상임이사 2012~2015년 한국신문윤리위원회 이사, 언론개혁시민연대 운영위원 2013년 국제기자연맹(IFJ) 집행위원 2014년 한국언론인공제회 이사 2017년 성균관대 신문방송학과 겸임교수(현) 2017년 한국신문방송편집인협회 이사 2017년 CBS 논설위원실장 2018년 同기획조정실장(현), 한국기자협회 고문(현) 2018년 성균관대 언론정보대학원 겸임교수(현) (상)한국기자협회 이달의 기자상(1993 · 2005), 한국기자협회 한국기자상(1994), 한국방송기자클럽 올해의방송기자상 · 해설논평부문특별상(2016) (저)'정치하는 기자 취재하는 기자'(2007, 성전기획) '화이트하우스의 블랙프레지던트'(2011) '청언백년'(2018, 인문서원)

### 박종문(朴鍾汶) PARK Jong Moon

(생)1957 · 12 · 22 (출)경북 영주 (주)경상북도 포항시 남구 청암로 77 포항공과대학교 환경공학부(054-279-2275) (학)서울고졸 1979년 서울대 공업화학과졸 1981년 同대학원 공업화학과졸 1986년 공학박사(영국 맨체스터대) (경)1981년 한국과학기술연구소 연구원 1986년 영국 맨체스터대 과학기술연구소 연구원 1986년 미국 미네소타대 연구원 1988년 미국 VIPONT 연구소 실장 1989년 포항공과대 화학공학과 조교수 · 부교수 1994년 同환경공학부 교수(현) 2002년 한국과학기술한림원 회원 2004년 포항공과대 환경연구소장(현) 2004~2008년 同환경공학부장 2012년 한국과학기술한림원 정회원(현) 2013~2015년 포항공과대 산업협력단장 겸 연구처장 (상)한국과학기술한림원 젊은 과학자상(1997), 한국지하수토양환경학회 학술상(2004), 경상북도 과학기술대상(2006), 한국과학재단 및 과학논문인용색인(SCI) 주관사 미국 톰슨사이언티픽 선정 '올해 세계 수준급 연구영역 개척자상'(2007)

### 박종문(朴鍾文) Jong Mun Park

(생)1959 · 10 · 22 (본)밀양(密陽) (출)전남 장흥 (주)서울특별시 종로구 북촌로 15 헌법재판소 사무처장실(02-708-3456) (학)1978년 장흥고졸 1983년 서울대 법학과졸 (경)1984년 사법시험 합격(26회) 1987년 사법연수원 수료(16기) 1987년 육군 법무관 1990년 서울지법 의정부지원 판사 1992년 서울민사지법 판사 1994년 광주지법 순천지원 판사 1996년 광주고법 판사 1997년 서울지법 판사 1999년 서울고법 판사 2000년 대법원 재판연구관 2002년 제주지법 부장판사 2004년 수원지법 안산지원 부장판사 2006년 서울북부지법 부장판사 2008년 서울중앙지법 부장판사 2009년 법무법인(유) 원 변호사 2012~2019년 同대표변호사 2015~2019년 삼성카드(주) 사외이사 2017~2019년 아름다운재단 이사장 2019년 헌법재판소 사무처장(장관급)(현)

### 박종민(朴鍾珉) PARK Jongmin

(생)1965 · 2 · 14 (본)강릉(江陵) (출)강원 강릉 (주)전라북도 군산시 새만금북로 466 새만금개발청 개발전략국 교류협력과(063-733-1230) (학)1983년 강릉고졸 1987년 서울대 농공학과졸 1994년 네덜란드 델프트공과대 Hydraulics과정 Hydroinformatics전공 수료(diploma) 2000년 서울대 대학원 농공학과졸(석사) 2003년 농공학박사(서울대) (경)1989년 대우건설 근무 1990년 농림부 주무관 2005년 同사무관 2011년 농림수산식품부 사무관 2014년 농림축산식품부 서기관 2015년 同창조행정담당관실 성과팀장 2016년 새만금개발청 개발사업국 사업관리총괄과장 2016~2018년 同기획조정관실 고객지원담당관 2018년 교육 파견(서기관) 2019년 새만금개발청 대변인 2019년 同개발전략국 교류협력과장(현) (상)대통령표창(2013)

### 박종민(朴鍾珉) PARK Jong Min

(생)1968 · 8 · 24 (출)대전 (주)서울특별시 동대문구 경희대로 26 경희대학교 정경대학 언론정보학과(02-961-9441) (학)1987년 남대전고졸 1992년 고려대 독어독문학과졸 1994년 同신문방송대학원졸 1997년 미국 미주리주립대 광고홍보학과졸 1999년 언론학박사(미국 미주리주립대) (경)1993년 고려대 기숙사감보 1996~1999년 미국 미주리주립대 스티븐슨연구소연구 간사 2000년 성곡언론재단 Associate Editor 2000년 머니투데이 홍보자문위원 2000~2002년 부산대 신문방송학과 조교수 2001년 한국PR협회 이사 2001~2003년 한국홍보학회 운영이사 · 총무이사 2002년 경희대 정경대학 언론정보학과 조교수 · 부교수 · 교수(현) 2003년 한국광고홍보학회 홍보이론분과위원장, 경희대 커뮤니케이션연구소장 2007년 同언론정보대학원장 2011~2015년 독립기념관 비상임이사 2012~2013년 한국언론학회 총무이사 2013년 경희대 정경대학 언론정보학과장 2014~2018년 기획재정부 복권위원 2017년 경희대 사회과학연구원장(현) 2017~2018년 한국광고홍보학회 회장 (상)한국통신 정보통신우수논문 금상, 사사가와 장학금, 한국프레스센터 장학금, Kappa Tau Alpha(Univ. of Missouri chapter)저널리즘스쿨 석사과정 우수졸업, O.McIntyre Fellowship(1999 · 2000, Univ. of Missouri) (저)'상업웹사이트 사용자들의 귀인과 기대측정' '여론홍보론' 'PR캠페인론' '인터넷커뮤니케이션' '지역문화이벤트PR : 부산국제영화제'

### 박종백(朴鍾栢) PARK Jong Baek

(생)1961 · 12 · 16 (출)경북 고령 (주)서울특별시 강남구 테헤란로 133 한국타이어빌딩 8층 법무법인 태평양(02-3404-0135) (학)1980년 영남고졸 1985년 서울대 법과대학 사법학과졸 1987년 同대학원 법학과졸 2000년 영국 런던정경대 대학원 국제금융법학과졸(LL.M.) 2002년 서울대 대학원 세계경제최고전략과정(ASP) 수료 2005년 同대학원 최고지도자인문학과정(AFP) 수료 (경)1986년 사법시험 합격(28회) 1989년 사법연수원 수료(18기) 1989년 軍법무관 1992~1998년 법무법인 아람 변호사 2000~2001년 영국 Richards Butler 런던본사 · 홍콩지사 근무 2002~2008년 법무법인 세화 대표변호사 2002~2006년 한국거래소 코스닥시장 자문위원 2003~2005년 벤처기업협회 Venture Advisory Club 위원 2003~2015년 인천시 외국인투자유치자문위원회 위원 2004년 대한상사중재원 중재인(현) 2005~2006년 법무부 외국자문사법제정위원회 위원 2006년 대한상사중재원 중재인협의회 이사(현) 2007~2008 · 2011~2013년 법무부 상법개정위원회 위원 2009~2013년 법무법인(유) 에이펙스 대표변호사 2010년 한국오픈소스SW법센터 대표(현) 2010년 Free Software Foundation Europe ELN 회원(현) 2013년 국제중재실무회 이사(현) 2013년 창조경제연구회 이사(현) 2014년 법무법인 태평양 변호사(현) 2014년 국민연금공단 대체투자위원회 위원(현) 2014~2018년 同비상임이사 2015~2018년 인천시 투자유치기획위원회 위원 2016년 주한인도상공회의소(ICCK) 이사(현) 2018년 한국블록체인 법학회원(현) (상)서울지방변호사회 공로상(2004), International WHO'S WHO of professionals(2004), Asialaw 선정 FInance Lawyer(2004) (저)'오픈소스 소프트웨어 라이선스'(2016, 커뮤니케이션북스)

**박종보(朴鍾普) PARK JONG BO**

(생)1960 (주)서울특별시 중구 청계천로 30 헌법재판연구원(02-317-8103) (학)1979년 부산 혜광고졸 1983년 서울대 법과대학졸 1985년 同대학원 법학과졸 1994년 법학박사(서울대) 2000년 미국 휘티어대 Law School 석사과정 수료 (경)한남대 법과대학 교수, 한양대 법학전문대학원 교수(현), 기획재정부 공기업·준정부기관경영평가단 평가위원, 서울시의회 입법고문, 미국 휘티어대 Law School 방문교수, 독일 본대 공법연구소 방문교수 2013~2015년 한양대 법학전문대학원장 겸 법과대학장 2015년 한국헌법학회 회장 2019년 헌법재판연구원 원장(현)

**박종복(朴鍾福) PARK Jong Bok**

(생)1955·5·29 (출)충북 청주 (주)서울특별시 종로구 종로 47 SC제일은행 은행장실(02-3702-4143) (학)1974년 청주고졸 1979년 경희대 경제학과졸, 연세대 경영대학원 수료 (경)1979년 제일은행 입행 2007년 SC제일은행 소매사업본부 상무 2011년 同소매채널사업본부 전무 2014년 同리테일금융총괄본부 부행장 2015년 한국스탠다드차타드금융지주 회장 겸 은행장 2016년 SC제일은행 은행장(현) (상)자랑스러운 경희인상(2016), 대한민국금융대상 올해의금융인상(2017)

**박종삼**

(생)1968 (주)전라북도 무주군 무주읍 한풍루로 408 무주경찰서(063-320-1210) (학)영생고졸, 동국대 경찰행정학과졸 (경)1995년 경위 임관(경찰간부 후보 43기), 남원경찰서 수사과장, 군산경찰서 수사과장, 전주완산경찰서 수사과장, 전북지방경찰청 광역수사대장, 同홍보계장, 同감찰계장, 전주완산경찰서 형사과장, 제주지방경찰청 해양경비단장 2019년 전북 무주경찰서장(현)

**박종석(朴鍾奭)**

(생)1963·9 (주)서울특별시 중구 세종대로 67 한국은행 부총재보실(02-759-4006) (학)1982년 청주청석고졸 1987년 서울대 경제학과졸 1989년 同대학원 경제학과졸 (경)1992년 한국은행 입행 1994년 同조사제1부 통화금융과 행원 1998년 외교통상부 파견 1999년 한국은행 조사국 통화분석팀 조사역 2002년 同금융통화위원회실 의사관리팀 과장 2004년 同금융시장국 주식시장팀 차장 2008년 同런던사무소 차장 2011년 同정책기획국 정책조사팀장 2012년 同통화정책국 정책분석팀장 2013년 同통화정책국 정책총괄팀장 2015년 同총재 정책보좌관 2016년 同통화정책국장 2019년 同부총재보(현)

**박종석(朴鍾石) Park Jong-Seok**

(생)1965·4·2 (출)전북 군산 (주)대전광역시 서구 둔산로 111 충청지방우정청(042-611-1000) (학)1982년 군산제일고졸 1986년 동국대 행정학과졸 1989년 서울대 대학원 정책학과졸 2003년 미국 콜로라도대 볼더교 대학원졸 (경)1987년 행정고시 합격(31회) 1997년 정보통신부 우정국 우정기획과 서기관 1998년 同우표실장 1999년 전남체신청 전파국장 1999년 정보통신부 광주우편집중국장 2004년 同우정사업본부 우편물류과장 2005년 同경영기획실 기획총괄과장 2005년 同경영혁신과장 2006년 同경영혁신팀장 2007년 同경영혁신팀장(부이사관) 2008년 지식경제부 우정사업본부 경영기획실 경영총괄팀장 2010년 同우정사업본부 우편사업단 물류기획관 2010년 전남체신청장(고위공무원) 2011년 외교통상부 외교안보연구원 교육파견(고위공무원) 2012년 부산지방우정청장 2013년 미래창조과학부 우정사업본부 경영기획실장 2015년 同우정사업본부 우편사업단장 2017~2018년 서울지방우정청장 2019년 과학기술정보통신부 우정사업본부 충청지방우정청장(현) (상)홍조근정훈장(2013)

**박종선(朴鍾先)**

(생)1965·5 (주)서울특별시 영등포구 여의대로 128 LG디스플레이 임원실(02-3777-1114) (학)고려대 경영학과졸, 미국 워싱턴대 대학원 경영학과졸(MBA) (경)LG디스플레이 TV마케팅담당 부장 2014년 同Commercial사업담당 상무 2019년 同Commercial사업담당 전무(현)

**박종섭(朴鐘燮)**

(생)1966·8·7 (주)경상북도 봉화군 봉화읍 내성로 73 봉화경찰서(054-679-0210) (학)동국대 회계학과졸 (경)순경 공채 2001년 인천 미추홀경찰서 생활안전과장 2013년 서울 종암경찰서 여성청소년과장 2014년 경찰청 대변인실 홍보담당관 2017년 서울지방경찰청 치안지도관 2019년 경북 봉화경찰서장(현)

**박종성(鏄鐘成) PARK Jong Sung**

(생)1962·2·10 (출)경기 (주)충청남도 당진시 송악읍 북부산업로 1480 현대제철 당진제철소 소장실(041-680-3192) (학)동인천고졸, 한양대 금속재료학과졸, 同대학원 재료공학과졸, 재료공학박사(영국 맨체스터대) (경)2010년 현대제철 연속주조부서장(이사대우) 2013년 同제강생산담당 이사 2016년 同제강생산실장(상무) 2017년 同선강사업부장(전무) 2019년 同당진제철소장(부사장)(현)

**박종세(朴宗世) PARK JONG SEI**

(생)1965·12·24 (주)서울특별시 중구 세종대로21길 52 조선일보 여론독자부(02-724-5114) (학)배문고졸, 서울대 국제경제학과졸 1991년 同대학원 국제경제학과졸 (경)1991년 조선일보 입사, 同사회부·경제과학부 기자, 同사회부 기동팀장 2007년 同경제부 차장대우 2008년 同駐뉴욕특파원 2013년 同경제부장 2015년 同사회정책부장 2016년 同경영기획실장 2017년 한국신문협회 기조협의회 부회장 2017~2018년 조선일보 TF경영지원팀장 겸임 2019년 同여론독자부장 겸 디지털에디터(현) (저)'21세기 경영대가를 만나다(共)'(2008, 김영사) '최고의 한 수'(2015, 모멘텀) '위클리비즈 인사이트(共)'(2018, 어크로스)

**박종수(朴鍾洙) PARK Chong Soo**

(생)1958·7·14 (출)인천 (주)서울특별시 금천구 가산디지털2로 61 국도화학(주)(02-3282-1445) (학)1977년 대건고졸 1984년 인하대 고분자공학과졸 2002년 전북대 대학원 고분자공학과졸 2006년 공학박사(전북대) 2006년 서울대 공과대학원 AIP 수료 2007년 同경영대학원 AMP 수료 (경)국도화학공업(주) 연구소장·기술본부장·사업본부장, 국도정밀화학(주) 이사, 국도화학(주) 상무이사, 同전무이사 1996년 국가기술표준원 산업표준심의회 IECEE/PC15 전문위원 2002년 SPE(Society of Polymer Engineering) Korea 자문위원(현) 2007~2011년 국도화학(주) 대표이사 사장 2008년 하진켐택 대표이사 사장 2009년 (사)한국복합재료학회 이사·명예부회장(현) 2009년 (사)한국고분자학회 이사(현) 2009년 아주대 분자과학기술학과 겸임교수(현) 2010년 대한상공회의소 조세위원(현) 2011년 (사)한국엔지니어링클럽 이사 2012년 국도화학(주) 부회장(현) 2013년 (사)한국첨단소재기술협회(SAMPE Korea) 이사(현) 2015년 한국탄소학회 고문(현) 2017년 국도화인켐(주) 대표이사 사장(현), (사)한국엔지니어연합회 이사(현) (상)통상산업부장관표창(1995), 석탑산업훈장(2008), 무역의 날 3억불 탑(2011) (저)'Clever Underdog(共)'(2015, 마음상자) (종)천주교

## 박종수(朴鍾秀)

(생)1962·9·24 (출)전남 광주 (주)전라남도 무안군 삼향읍 남악영산길 61 전남도보건환경연구원(061-240-5111) (학)전남대 환경공학과졸, 전북대 대학원 환경공학과졸, 공학박사(전남대) (경)1989년 공무원 임용 2015년 전남도보건환경연구원 수질분석과장 2018년 同연구부장 2018년 同원장(현) (상)전라남도지사표창(1997), 환경부장관표창(2008)

## 박종순(朴鍾淳) PARK Chong Soon (天波)

(생)1940·1·27 (본)밀양(密陽) (출)전북 (주)서울특별시 용산구 이촌로 188 충신교회(02-793-7740) (학)전주고등성경학교졸 1964년 장로회신학대졸 1968년 숭실대 철학과졸 1971년 중앙대 사회개발대학원졸 1982년 아세아연합신학대 대학원졸 1983년 목회학박사(아세아연합신학대·미국 풀러신학교 공동학위과정) 1993년 명예 철학박사(카자흐스탄국립종합대) 1997년 명예 철학박사(숭실대) 2000년 명예 법학박사(미국 바이올라대) 2004년 명예 신학박사(장로회신학대) 2005년 명예 문학박사(서울기독대) (경)1966년 목사 안수(대한예수교장로회 서울노회) 1967년 영락교회 교육목사 1968년 남현교회 부목사 1972년 목포양동제일교회 담임목사 1973년 목포십대선교회 대표 1976~2010년 서울 충신교회 담임목사 1980년 극동선교회 부회장 1984년 서울시교회와경찰협의회 회장 1985년 기독교방송(CBS) 이사 1987년 세계개혁교회연맹(WARC) 세계대회준비위원회 예배분과위원장 1987년 국제전도폭발 한국이사 1988년 한국교회지도자전국대회 연구분과위원장 1989년 대한예수교장로회총회(통합) 사이비집단및이단대책위원회 위원장 1989년 同서울서노회장 1990년 한국외항선교회 회장 1990년 대한예수교장로회총회(통합) 공천위원장 1991년 同전도부장 1991년 同기독교사이비이단문제상담소 운영위원장 1992년 한국아세아선교봉사회 회장 1993년 신앙세계사 대표회장 1993년 호남신학대 이사 1993년 세계교회목회연구원 원장 1994년 장로회신학대총동문회 회장 1994년 한국강해설교학교 교장 1994년 숭실대목회자총동문회 회장 1995년 대한예수교장로회총회(통합) 부총회장 1996년 同총회장 1996년 한국기독교교회협의회 대표회장 1996년 기독공보 이사장 1997년 크리스찬뉴스위크신문 회장 1997년 대한예수교장로회총회(통합) 연합사업위원회 위원장 1998년 同기구개혁위원회 위원장 1998년 한국기독교총연합회 공동회장 1998년 유니세프 이사 1998년 아세아연합신학대총동문회 회장 1998년 국민일보 운영이사 1999년 同편집자문위원장 1999년 한국교회비전큰잔치 대회장 1999년 남북나눔운동 이사장 2000년 2002월드컵기독시민운동 서울시협의회 대표회장 2000년 2000세계선교대회 대표준비위원장 2000년 한국세계선교협의회(KWMA) 이사장 겸 대표회장 2000년 아가페월드오페라단창단준비위원회 대표위원장 2001년 한국스포츠선교협의회 대표회장 2002년 세계스포츠선교회(WSM) 이사장 겸 대표회장 2002년 할렐루야축구단후원회 회장 2002년 대한예수교장로회총회(통합) 훈련원장 2004년 同군선교후원회 회장 2004년 한국선교120주년기념선교대회준비위원회 위원장 2004년 숭실대 재단이사 2005년 미주복음방송 한국상임이사회 이사장 2006년 한국기독교총연합회 대표회장 2006년 한국교회부활절연합예배 대회장 2006년 미주 장로회신학대 이사 2006년 평신도교육대학원 원장 2006~2016년 학교법인 숭실대 이사장 2006~2017년 공생복지재단 이사장 2007~2010년 장로회신학대 성지연구원 이사장 2007~2010년 국민문화재단 이사장 2007~2010년 한국세계선교협의회(KWMA) 대표회장 2010년 서울 충신교회 원로목사(현) 2010년 한국세계선교협의회(KWMA) 이사장 2011~2012년 국민문화재단 이사 2011년 기독교IPTV 회장 2011년 씨채널방송 회장 2011년 (사)한지터 대표(현) 2012년 국민문화재단 명예이사 2014년 한중기독교교류회 대표회장(현) (저)'거울보는 사람들' '시원한 사람들' '웃고사는 사람들' '예수를 만난 사람들' '흰옷 입은 사람들' '호세아서 강해' '전도서 강해' '한국교회 설교를 조명한다' '목사님 대답해 주세요' '전도 하면 된다' '예수는 나를 어떻게 변화시켰나?'(編) '교회성장과 성경공부' '21세기의 도전과 성장목회' '뜻으로 본 세상이야기' '베들레헴까지 갈보리까지'(共) '하나님의 손'(共) '우물 파는 사람들' (역)'수의의 신비' (작)칼럼 '뜻으로 본 세상이야기' '목사님 대답해주세요' '굿모닝 크리스천' (종)기독교

## 박종열(朴鍾烈)

(생)1966·11·5 (출)전남 화순 (주)광주광역시 광산구 용아로 112 광주지방경찰청 112종합상황실(062-609-2429) (학)광주 석산고졸 1990년 경찰대졸(6기) (경)1990년 경위 임용 2014년 광주지방경찰청 치안지도관 2015년 同여성청소년과장 2016년 전남 화순경찰서장 2016년 광주지방경찰청 여성청소년과장 2017년 전남 나주경찰서장 2019년 광주지방경찰청 112종합상황실장(현) (상)국무총리표창(2009), 행정안전부장관표창(2010)

## 박종오(朴鍾午) Jong-Oh Park

(생)1955·9·13 (본)순천(順天) (출)광주 (주)광주광역시 북구 용봉로 77 전남대학교 공과대학 기계공학부(062-530-1686) (학)1978년 연세대 기계공학과졸 1981년 한국과학기술원(KAIST) 기계공학과졸(석사) 1987년 로봇공학박사(독일 Stuttgart대) (경)1982~1987년 독일 Fraunhofer생산자동화연구소(FhG-IPA) 객원연구원 1987~2004년 한국과학기술연구원(KIST) 선임연구원·책임연구원 2000~2004년 과학기술부 프런티어사업(지능형마이크로시스템) 단장 2005년 전남대 공과대학 기계공학부 교수(현), 同로봇연구소장(현) 2005~2006년 국제로봇연맹(IFR, International Federation of Robotics) 회장 2006년 同집행이사 겸 한국대표(현) 2014년 (사)제어·로봇·시스템학회 부회장 2015년 러시아연방 산업통상부장관 신산업전략투자위원(현) 2016~2018년 마이크로의료로봇센터 센터장 2017년 대통령직속 4차산업혁명위원회 위원(현) 2019년 한국마이크로의료로봇연구원 원장(현) (상)IR52 장영실상(1991), 정진기언론문화상 과학기술부문 대상(1992), 국제로봇연맹 Golden Robot Award(1997), KIST인 대상(2001), 한국과학기자협회 올해의 과학자상(2010·2013), 과학기술훈장 혁신장(2013), 독일 프라운호퍼메달(2015) (저)'Untersuchung des Plasmaschneidens zum Gussputzen mit Industrierobotern'(1987, Springer Verlag) (역)'어떻게 로봇을 만들까?'(2000, 사이언스북스) '인간과 똑같은 로봇을 만들 수 있을까?'(2006, 민음인) (종)기독교

## 박종왕(朴鍾旺) Park, Jong Wang

(생)1954·9·6 (본)밀양(密陽) (출)충남 보령 (주)부산광역시 남구 홍곡로320번길 106 유엔평화기념관(051-901-1400) (학)1972년 경신고졸 1976년 육군사관학교 불어학과졸 1980년 서울대 불어불문학과졸 1986년 프랑스 지휘참모대 수료 2008년 동국대 대학원 행정학과졸 (경)1980~1981년 육군사관학교 불어강사 1987년 육군대학 연합·합동작전 교관 2003~2005년 육군본부 인사운영차장 2005~2007년 육군 제72보병사단장 2007~2008년 국방대 안전보장대학원장 2009~2010년 충남대 평화안보대학원 겸임교수 2011~2016년 국가보훈처 제대군인국장 2018년 유엔평화기념관 제2대 관장(현) (상)대통령표창(1984), 보국훈장 삼일장(2002), 보국훈장 천수장(2008) (역)'This is War'(2018) (종)천주교

## 박종우(朴鍾寓)

(생)1974·8·14 (출)서울 (주)서울특별시 서초구 서초중앙로 160 1101호 법무법인 아리율(02-592-8787) (학)1993년 서울 영동고졸 1998년 서울대 사법학과졸 (경)2001년 사법고시 합격(43회) 2004년 사법연수원 수료(33기) 2004년 공익 법무관 2007년 미국 공인회계사시험 합격 2007년 법무법인

한결 변호사, 법무법인 준경 변호사, 법무법인 아리율 대표변호사(현) 2015~2018년 서울지방변호사회 감사 2019년 同회장(현)

**박종욱(朴鍾郁) Park, Chong-Wook**

(생)1953·5·16 (본)순천(順天) (출)부산 (주)서울특별시 관악구 관악로 1 서울대학교 자연과학대학 생명과학부(02-880-6671) (학)1972년 경기고졸 1976년 서울대 식물학과졸 1978년 同대학원 식물분류학과졸 1985년 이학박사(미국 코넬대) (경)1981~1983년 미국 코넬대 조교 1986년 미국 New York Botanical Garden Research Associate 1987년 미국 하버드대 박사후연구원 1988년 미국 Montclair State Univ. Assistant Professor 1988~1995년 미국 New York Botanical Garden 명예연구원 1990년 한국식물분류학회 이사(현) 1990년 한국식물학회 이사·대의원(현) 1990년 서울대 식물학과 조교수 1991~1999년 同생물학과 조교수·부교수 1996~2000년 同생물학과장 1999~2018년 同자연과학대학 생명과학부 교수 1999~2003년 同재정위원 2000년 同자연과학대학 기초교육연구위원 2000~2002년 국립수목원 수목조사과 임업연구관 2000~2007년 일본 Jouranl of Plant Research 편집위원 2002년 국립생물자원관 건립위원회 자문위원 2003~2007년 중앙환경보전자문위원회 위원 2004~2006년 한국식물분류학회 회장 2004~2006년 한국생물과학협회 편집위원장 2007~2009년 국립생물자원관 초대관장 2006~2008년 환경부 자체평가위원회 위원 2010년 同책임운영기관 운영심의회 위원장(현) 2010~2013년 국립낙동강생물자원관 건립위원회 위원 2011~2016년 환경부 차세대핵심환경기술개발사업 생물자원이용기술연구단장 2012년 이화여대 자연사박물관 연구전문위원(현) 2012년 멸종위기종 인공증식심사위원회 위원 2012년 국가수목유전자원목록심의회 국가식물목록분과위원회 위원 겸 위원장(현) 2014~2017년 국립생태원 비상임이사 2014년 국립호남권생물자원관 건립위원회 위원(현) 2015년 한국생물과학협회 회장 2015년 한국환경한림원 정회원(현) 2015~2017년 제2기 국가생물다양성위원회 위원 2017~2019년 국립생태원 자문위원 2018년 국립낙동강생물자원관 자문위원회 위원(현) 2018년 서울대 자연과학대학 생명과학부 명예교수(현) (상)한국식물학회 우수논문상(1993), 한국과학기술단체총연합회 우수논문상(1998), 교육과학기술부 국가연구개발 우수성과패(2008), 교육과학기술부 과학기술인 감사패(2008), 환경부 우수기술100선(2009), 홍조근정훈장(2010) (저)'강릉, 평창(1-11)의 자연환경 : 오대산(강릉, 평창)과 인근산지의 식물상'(1999) 'Recent Progress in the Floristic Research in Korea'(2006) '제2차 전국자연환경조사사'(2006) '동경대학교 식물표본관에 소장되어 있는 한국산 기준표본들. 제1권. 돌나무과, 범의귀과, 장미과(共)'(2006) 'The Genera of Vascular Plants of Korea(共)'(2007) 'Flora of Korea. Vol. 1. Pteridophytes & Gymnosperms(共)'(2015) 'Flora of Korea. Vol. 5b. Rosidae : Elaeagnaceae to Sapindaceae(共)'(2015) 'Flora of Korea. Vol. 2. Magnoliidae(共)'(2017) 'Flora of Korea. Vol. 6c-1. Asteridae : Asteraceae(1)(共)'(2017) 'Flora of Korea. Vol. 5c. Rosidae : Rhamnaceae to Apiaceae(共)'(2017)

**박종욱(朴鍾旭) PARK Jong Ook**

(생)1962·1·24 (본)밀양(密陽) (출)전남 곡성 (주)경기도 성남시 분당구 불정로 90 (주)KT 경영기획부문 전략기획실(031-727-0114) (학)전남 옥과고졸, 전남대 법학과졸, 同대학원 법학과졸 (경)한국통신 기술기획실 근무, 同경영전략실 근무, 同기획조정실 근무, (주)KT 원주지사 영업부장, 同마케팅본부 부장 2008년 同프로세스혁신담당 상무대우 2010년 同노원지사장(상무보) 2014년 同IT전략본부장(상무) 2015년 同경영기획부문 전략기획실장(상무) 2017년 同경영기획부문 전략기획실장(전무) 2018년 同경영기획부문 전략기획실장(부사장)(현) 2019년 KTH(주) 기타비상무이사 겸 성과보상위원(현)

**박종욱(朴鍾旭) PARK Jong Uk**

(생)1965·6·29 (본)밀양(密陽) (출)경기 수원 (주)대전광역시 유성구 대덕대로 776 한국천문연구원 우주과학본부(042-865-3233) (학)1984년 유신고졸 1988년 연세대 천문기상학과졸 1990년 同대학원 천문학과졸 1999년 이학박사(연세대) (경)1993~1999년 한국표준과학연구원 부설 천문대 연구원·선임연구원 1999년 한국천문연구원 책임연구원 1999~2006년 특허청 특허심사자문위원 2001~2003년 충남대 천문우주과학과 겸임부교수 2002년 세계전파통신회의(WRC) 한국준비단 준비위원 2003~2004년 캐나다 캘거리대 방문연구원 2005년 국제GNSS 관측망(IGS) Associate Member 2005~2006년 한국천문연구원 우주과학연구부 우주측지연구그룹장 2006년 과학기술연합대학원대 천문우주과학과 교수 2006년 한국천문연구원 우주측지연구부장 2009년 同우주과학연구부장 2009년 同우주과학연구본부장 2010~2013년 국제위성항법서비스(IGS) 이사 2012년 한국천문연구원 천문우주사업본부장 2013년 同기획부장 2014년 同우주과학본부 책임연구원(현) 2015~2016년 국가과학기술심의회 공공·우주전문위원회 위원 (상)과학기술처장관표창 (저)'비선형 제어기법을 이용한 인공위성의 궤도조정'

**박종욱(朴鍾昱) Park Jong Wook**

(생)1966·2·24 (본)문경(聞慶) (출)인천 (주)서울특별시 용산구 한강대로 32 (주)LG유플러스 모바일상품그룹(1544-0010) (학)1989년 고려대 경영학과졸 (경)2010년 LG유플러스 강남사업부장(상무) 2012년 同전략조정실 전략기획담당 상무 2014년 同전략조정실 IPTV사업담당 상무, 同미디어플랫폼서비스부문 상무 2015년 한국IPTV방송협회(KIBA) 이사 2017년 LG유플러스 모바일서비스사업부장(상무) 2019년 同모바일서비스사업부장(전무) 2019년 同모바일상품그룹장(전무)(현)

**박종운(朴淙澐) PARK JONG UN**

(생)1965·1·12 (본)무안(務安) (출)전남 함평 (주)서울특별시 서초구 서초중앙로 114 일광빌딩 401호 법무법인 하민(02-6959-5120) (학)1983년 전남 학다리고졸 1991년 성균관대 법과대학졸 (경)1997년 사법시험 합격(39회) 2000년 사법연수원 수료(29기) 2000~2014년 법무법인 소명 변호사, 장애인차별금지법제정추진연대 상임집행위원·법제정위원장 2005~2009년 국가인권위원회 사회권전문위원·장애차별전문위원·장애차별조정위원 2006~2007년 대통령자문 빈부격차차별시정위원회 전문위원 2006~2010년 서울시 정신보건심의회 심판위원 2007~2010·2017~2019년 대한손해보험협회 자동차보험구상금분쟁심의위원회 심의위원 2007~2009년 서울지방변호사회 인권위원회 위원 겸 장애인인권소위원장 2008년 한국기독교화해중재원 조정위원(현) 2008~2009년 기독법률가회(CLF) 사회위원장 2008~2009·2009~2010년 서울 혜화초 변호사·명예교사 2009~2011·2016~2019년 기독교전문잡지 '복음과상황' 이사장 2011년 한반도평화연구원(KPI) 연구위원·운영위원(현) 2011년 성균관대 법학전문대학원 초빙교수(현) 2014~2016 대한변호사협회 세월호참사피해자지원및진상조사특별위원회 대변인·현장대응지원단장·총괄지원팀장·법제도개선단 특별법제정팀장 2015~2016년 4.16세월호참사특별조사위원회 상임위원 겸 안전사회소위원장 2016년 대한변호사협회 생명존중재난안전 특별위원회 위원·법제도개선팀장 2016년 한국법조인협회 공익인권센터 고문(현) 2016년 대한변호사협회 생명존중재난안전특별위원회 위원·부위원장 2017년 서울지방변호사회 인권위원회 위원장(현) 2017년 同시민인권상사업회 운영위원(현) 2017년 同법률원조사업회 운영위원회 당연직운영위원 2017~2019년 대한변호사협회 인권위원회 위원 2017년 同법조대화합특별위원회 위원(현) 2017년 서울시-서울지방변호사회 철거현장인권지킴이단 변호사(단장)(현) 2017년 국가인권위원회 장애인인권전문위원회 장애차별분야위원(현) 2017년 행정안전부 정책자문위원회 안전정책분과위원(현) 2017년 교회개혁실천연

대 집행위원·공동대표(현) 2017년 2017정의평화기독교대선행동 정책위원·공동대표(현) 2017년 장애물없는생활환경시민연대(무장애연대) 이사(현) 2017년 (사)장애인법연구회 법인이사(현) 2017년 법무법인 하민 변호사(현) 2019년 대한손해보험협회 자동차사고과실비율분쟁심의위원회 심의위원(현) 2019년 기독교전문잡지 '복음과 상황' 실행이사(현) 2019년 한국디자인진흥원 인권경영위원회 위원(현) 2019년 대한변호사협회 인권위원회 부위원장(현) 2019년 同장애인인권소위원회 위원장(현), 同생명존중재난안전특별위원회 부위원장(현), 서울지방변호사회 인권위원회 위원(현), 同아동청소년노인인권소위원회 위원장(현) [종]개신교

### 박종웅(朴鍾雄) PARK Chong Ung

[생]1953·8·9 [본]충주(忠州) [출]부산 [학]1971년 부산 경남고졸 1975년 서울대 법과대학졸 [경]1978년 해군 예편(중위) 1979년 신민당 총재기획실 총무 1985년 민주화추진협의회 공동의장 비서·기획위원 1986년 통일민주당 김영삼총재 공보비서관 1988년 국회 정책연구위원 1990년 민자당 김영삼 대표최고위원 보좌역 1992년 同총재 보좌역 1993년 대통령 민정비서관 1993년 제14대 국회의원(부산 사하 보궐선거, 민자당·신한국당) 1995년 민자당 民靑總團長 1996년 제15대 국회의원(부산 사하乙, 신한국당·한나라당) 1996년 신한국당 홍보위원장 1997년 同기획조정위원장 1998년 한나라당 제1사무부총장 1998년 한국여성민우회 미디어운동본부 자문위원 1998년 한국사회문화연구회 운영이사 2000년 한·이란친선협회 회장 2000~2004년 제16대 국회의원(부산 사하乙, 한나라당) 2002년 (사)민주화추진협의회 공동부이사장 2002년 국회 보건복지위원장 2004년 제17대 국회의원선거 출마(부산 사하乙, 무소속), 민주연대21 회장 2011~2013년 대한석유협회 회장 [상]체육훈장 맹호장

### 박종웅(朴鍾雄) PARK Jong Woong (家元)

[생]1959·6·28 [본]밀양(密陽) [출]서울 [주]서울특별시 강남구 언주로 329 (주)삼일기업공사(02-564-3131) [학]1978년 환일고졸 1982년 연세대 기계공학과졸 1984년 미국 위스콘신대 대학원 기계공학과졸 1986년 공학박사(미국 위스콘신대) [경]1986년 미국 기계학회 정회원(현) 1990년 (주)삼일기업공사 대표이사 사장(현) 1995년 아시아·서태평양지역건설협회(IFAWPCA) 사무총장 1996년 대한건설협회 IFAWPCA 이사 1997년 同대의원(현) 2004년 同중소특별위원회 위원 2005년 同건설산업혁신위원회 위원 2006년 同서울시회 부회장 2009년 同이사(현) 2009~2011년 同대중소상생협의회 위원 2009년 同기획위원회 위원 2011~2017년 同서울시회 회장 2011년 건설공제조합 대의원(현) 2014~2017년 대한건설협회 회원부회장 [상]IFAWPCA Meritorious Service Award(1997), 지식경제부장관표창(2009), 검찰총장표창(2009), 금탑산업훈장(2014), 경찰청장표창(2014) [종]기독교

### 박종원(朴鐘元) Park Jong Won

[생]1960·10·20 [본]밀양(密陽) [출]서울 [주]서울특별시 성북구 화랑로32길 146-37 한국예술종합학교 영상원 영화과(02-746-9500) [학]한양대 연극영화과졸, 한국영화아카데미졸(연출전공), 미국 아카데미오브미술대(AAU) 대학원졸, 명예 문학박사(단국대) [경]1985년 (주)세경흥업 기획실장 1995~2006년 한국예술종합학교 영상원 조교수·부교수 1997년 한국공연예술진흥협의회 위원 1999년 영상물등급위원회 위원 2006년 한국예술종합학교 영상원 영화과 교수(현) 2007년 (사)한국영화감독협회 부이사장 2009년 한국예술종합학교 영상원장 2009~2013년 同총장 2010년 대종상영화제 조직위원 2010년 (재)신영균예술문화재단 이사(현) 2011~2013년 2018평창동계올림픽조직위원회 위원 2011~2013년 유네스코 한국위원회 문화분과위원회 위원 2012~2014년 유럽예술기관연맹(ELIA) 비유럽회원 이사 2012~2014년 아시아예술교육기관연맹(ALIA) 초대회장 2014년 同상임고문 2015년 (재)한국영화아카데미발전기금(KAFA) 이사장(현) 2016년 동학농민혁명기념재단 이사 [상]대종상영화제 우수작품상·감독상(1992), 청룡영화제 최우수작품상·감독상(1992), 백상예술대상 대상·작품상·감독상(1992), 하와이국제영화제 최우수작품상(1992), 대종상영화제 최우수작품상·감독상(1995), 한국영화평론가협회상 최우수작품상(1995), 오늘의 젊은 예술가상(1995), 동경국제영화제 심사위원특별대상(1999), 한국방송비평회 좋은방송프로그램상 드라마부문(2007), 자랑스러운 한양인상(2012) [저]'시나리오에서 스크린까지'(1999, 집문당) [작]시나리오·감독 '구로아리랑'(1989) '우리들의 일그러진 영웅'(1992) '영원한 제국'(1995) '송어'(1999) '파라다이스 빌라'(2001) '연출 '정조 암살 미스테리 8일'(2007) [종]기독교

### 박종원(朴鍾元)

[생]1961 [주]서울특별시 동대문구 서울시립대로 163 서울시립대학교 경영학부(02-6490-2234) [학]1988년 국민대 경상대학 경영학과졸 1990년 서울대 대학원 경영학과졸 1995년 경영학박사(서울대) [경]1987~1991년 영화회계법인 Senior CPA(공인회계사·세무사) 1994년 우신투자컨설팅(주) 자문위원 1995~1996년 증권금융연구소 연구원 1996~2004년 제주대 전임강사·조교수·부교수 1998~2006년 한국재무관리학회 이사 2003~2004년 미국 펜실베이니아대 와튼스쿨 Visiting Scholar 2005년 서울시립대 경영학부 교수(현) 2006~2007년 한국재무관리학회 편집위원장 2006~2008년 한국증권학회 이사 2009~2012년 한국증권학회 감사 2009~2012년 한국재무관리학회·한국파생상품학회 이사 2009년 한국학술진흥재단 사회과학분야PM 2009년 글로벌금융학회·한국금융공학회 이사(현) 2010년 한국금융연수원 자문교수(현) 2011~2014년 AJFS Associate Editor 2012~2015년 예금보험공사 자산운용위원회 위원 2012년 한국재무학회 이사 2013~2015년 한국금융학회 이사 2013~2014년 한국재무학회 감사 2013년 한국재무관리학회 부회장 2014~2016년 한국파생상품학회 부회장 2014년 서울신용보금재단 리스크관리위원회 위원(현) 2014~2019년 국민체육진흥기금 기금운용심의회 위원 2014~2017년 (주)KB캐피탈 사외이사 겸 감사위원장 2015년 사학연금성과평가위원회 위원장(현) 2015년 한국재무학회 부회장 2016년 금융안정연구 편집위원(현) 2017~2018년 공적자금관리위원회 위원 2018년 한국파생상품학회 회장 2018년 공적자금관리위원회 민간위원장(현) [저]'선물·옵션·스왑(共)'(2009) '재무관리 제3판(共)'(2011) '현대재무관리 제8판(共)'(2015) '현대투자론 제4판(共)'(2016) 외 3편

### 박종원(朴鍾源) PARK Jong Won

[생]1968·7·4 [출]전남 담양 [주]전라남도 무안군 삼향읍 오룡길 1 전라남도의회(061-286-8200) [학]금호고졸, 광주대 토목공학과졸 [경]담양청년회의소 회장, 전남지구청년회의소 내무부회장, 담양읍주민자치위원회 간사, 담양군체육회 이사, 담양대나무총판 대표, 열린우리당 담양군 청년위원장 2006~2010년 전남 담양군의회 의원 2009년 민주당 전남도당 부대변인 2010년 전남 담양군의원선거 출마(민주당), (사)생태도시담양21협의회 사무국장 2014~2018년 전남 담양군의회 의원(새정치민주연합·더불어민주당) 2014·2016년 同자치행정위원장 2018년 전남도의회 의원(더불어민주당)(현), 同경제관광문화위원회 위원 겸 윤리특별위원회 위원(현), 同광양만권해양생태계보전특별위원회 위원(현) [종]천주교

### 박종윤(朴鍾允) PAK Jong Youn (世倉)

[생]1935·11·20 [본]밀양(密陽) [출]세종 [주]대전광역시 서구 계룡로 598 세창(042-601-3911) [학]1954년 대전고졸 1959년 동국대 경제학과졸, 충남대 경영대학원 최고경영자과정 수료 [경]동신운수(주) 대표이사, 삼진고속(주) 대표이사, 국제특수금속(주) 대표이사, 대전상공회의소 감사, 한국에프엠 회

장 1987~2000년 한국드라이베아링 대표이사 1988~2002년 대전지법 가사및민사조정위원 1989~2001년 한국청소년연맹 대전충남연맹 총장 1989~1990년 국제로타리3680지구 총재 1990~2000년 충남도 선거관리위원회 위원 1992~1994년 대전개발위원회 회장 1998~2000년 한국로타리총재단 의장 1998~2000년 대전고총동창회 회장, 대전지검 청소년선도위원회 위원, 대전고법 민사조정위원회 위원장, 대전시 제2의건국범국민추진위원회 상임위원장 2000년 한국드라이베아링 회장(현) 2000년 세창 대표이사 회장(현) 2001~2002년 민주평통 자문회의 대전부의장 2001~2002년 대전사랑운동시민협의회 회장 2004~2018년 (재)대능장학문화재단 이사장 2006~2007년 (재)한국로타리장학문화재단 이사장

**박종윤(朴鍾允) PARK Chong-Yun**

(생)1950·12·30 (본)밀양(密陽) (출)경남 밀양 (주)경기도 수원시 장안구 서부로 2066 성균관대학교 자연과학대학 물리학과(031-290-6500) (학)1969년 경동고졸 1973년 성균관대 물리학과졸 1976년 同대학원 물리학과졸 1982년 이학박사(일본 東北大) (경)1973년 성균관대 조교 1978~1979년 일본 東北大 이학연구과 연구원 1983~1992년 성균관대 물리학과 조교수·부교수 1986~1987년 일본 東北大 이학연구과 객원연구원 1992~2016년 성균관대 자연과학대학 물리학과 교수 1994~1996년 同진공산업기술연구소장 1995~1996년 미국 UC Berkeley대 객원교수 1996~1998년 성균관대 대학원 진공과학공학과 주임교수 1998년 同기초과학연구소장 1999년 同방사선안전관리실장 겸 방사선안전관리위원장 2000년 同물리학과장 2006~2010년 同자연과학부장 2006~2008년 한국나노연구협의회 감사 2007~2015년 성균관대 나노튜브 및 나노복합구조연구센터 소장 2007~2009년 한국물리학회 부회장 2008년 한국과학기술한림원 정회원(현) 2009~2011년 한국진공학회 부회장 2009~2011년 한국방사광이용자협의회 회장 2011~2012년 한국진공학회 회장 2016년 성균관대 자연과학대학 물리학과 석좌교수(현) (상)성균가족대상(2001), 경기도문화상 자연과학부분(2002), 한국과학기술단체총연합회 제23회 과학기술우수논문상(2013) (저)'진공과학입문'(2001) (역)'대학물리학'(1986·1997) 'BASIC에 의한 물리'(1986)

**박종익(朴鍾益) PARK Jong Ik**

(생)1939·12·13 (출)경남 합천 (주)부산광역시 동구 중앙대로 176 대한통운빌딩 1309호 (주)삼익(051-463-5351) (학)1959년 동아고졸 1966년 부산대 상대 경영학과졸 1989년 경성대 대학원 무역학과졸 1990년 부산대 행정대학원 최고행정관리자과정 수료 1995년 경제학박사(경성대) 2006년 명예 경영학박사(부산대) (경)1976년 삼익TR 대표이사 회장 1978년 동명목재상사 영업본부장 1979년 삼원실업(주) 대표이사 1987년 (주)삼원 대표이사 1988년 부산시원목수입협회 회장 1990~2007년 학교법인 동명학원 이사 1998년 부산상공회의소 부회장 1999년 부산시체육회 부회장 2000년 (사)문화도시네트워크 이사 2003~2014년 (주)삼익 대표이사 회장 2006년 부산경영자총협회 회장 2014년 (주)삼익 회장(현) (상)한국무역협회장표창(1988), 5백만불 수출탑(1988), 재무부장관표창(1991), 국무총리표창(1991·1998), 1천만불 수출탑(1991), 산업자원부장관표창(2000), 국민훈장 목련장(2002), 동명대상 산업분야(2011), 자랑스러운 부산대인(2012) (종)불교

**박종익(朴鍾翼) Jong-Ik Park**

(생)1965·12·2 (출)서울 (주)강원도 춘천시 백령로 156 강원대학교병원 정신건강의학과(033-258-2310) (학)1991년 서울대 의대졸 1995년 울산대 대학원 의학석사 2002년 의학박사(울산대) 2012년 강원대 법무전문대학원 법학과졸 2015년 同대학원 법학 박사과정 수료 (경)2004년 강원대 의학전문대학원 정신건강의학교실 교수(현), 同병원 교육연구실장, 강원도 광역정신건강심사위원회 위원장(현), 중앙자살예방센터 센터장, 同운영위원(현) 2005년 춘천시 정신건강복지센터장(현) 2015년 국립춘천병원장 (상)교육부총리표창(2006), 보건복지가족부장관표창(2008), 강원도지사표창(2011), 보건복지부장관표창(2011·2013), 한국직장인지원프로그램(EAP)협회 학술상(2014), 춘천시장표창(2018) (저)'정신장애 진단도구'(2001) '법정신의학'(2012) '신경정신의학 3판'(2016)

**박종인(朴鍾仁) Park, Jong In**

(생)1954·3·10 (본)밀양(密陽) (출)서울 (주)서울특별시 서초구 효령로53길 23 진란회관 6층 아이브이에셋(주) 회장실(02-6951-0204) (학)1972년 대광고졸 1979년 연세대 경제학과졸 1985년 同경영대학원졸 1993년 미국 피츠버그대 마케팅특별과정(석사) 수료 2002년 고려대 기업지배구조특별과정 수료 (경)1978~1984년 삼성생명보험 기획실 근무 1984~1993년 삼성그룹 회장 비서실 근무 1993~1998년 삼성카드 영업기획실장(이사) 1998~2000년 현대캐피탈 영업지원본부장 2000~2001년 한국주택은행 부행장(카드사업담당) 2001~2002년 BC카드 사외이사 2001~2003년 국민은행 부행장 2003~2009년 한국전자금융 대표이사 사장 2004~2005년 나이스D&B 대표이사 사장 겸임 2009~2010년 한국신용평가정보 사장 2010년 한국신용평가(주) 사외이사 2010년 나이스홀딩스 비상임이사 2011년 토마토저축은행 그룹총괄부회장 2012년 중앙신용정보 고문 2015년 리베에이엠씨(주) 대표이사 2017년 아이브이에셋(주) 회장(현) (종)기독교

**박종일(朴鍾逸) Park, Jongil**

(생)1963·9·3 (주)서울특별시 관악구 관악로 1 서울대학교 자연과학대학 수리과학부(02-880-9198) (학)1986년 서울대 수학과졸 1988년 同대학원 수학과졸 1996년 이학박사(미국 미시간주립대) (경)1996~1997년 미국 Univ. of California-Irvine 방문조교수 1997~2004년 건국대 수학과 조교수·부교수 2004년 서울대 자연과학대학 수리과학부 부교수·교수(현) 2012년 미국수학회 초대펠로(석학회원) 2015년 한국과학기술한림원 정회원(이학부·현) (상)포스코 청암과학상(2010), 한국과학상 수학분야(2011), 미래창조과학부 및 한국과학기술단체총연합회 선정 '2013 대한민국 최고과학기술인상'(2013)

**박종일(朴鍾一) PARK Jong Il**

(생)1966·11·7 (출)전북 김제 (주)서울특별시 서초구 서초대로 274 3000타워 7층 법무법인 태환(02-6959-0702) (학)1984년 덕수상고졸 1988년 성균관대 경영학과졸 1995년 서울대 경영대학원 수료 (경)1984년 산업은행 근무 1986년 청운회계법인 근무 1992년 해군 중위 전역 1996년 사법시험 합격(38회) 1999년 사법연수원 수료(28기) 1999년 인천지검 부천지청 검사 2001년 전주지검 군산지청 검사 2003년 대구지검 검사 2005년 수원지검 안산지청 검사 2007년 서울북부지검 검사 2010년 인천지검 검사 2011년 同부부장검사 2012년 서울중앙지검 부부장검사 2013년 광주지검 목포지청 부장검사 2014년 부산지검 형사5부장 2015~2016년 수원지검 평택지청 부장검사 2016년 변호사 개업 2017년 법무법인 이순신(理順信) 변호사 2018년 법무법인 태환 대표변호사(현) (상)모범검사상, 검찰총장표창

**박종주(朴鍾柱) PARK Jong Joo**

(생)1965·3·18 (본)밀양(密陽) (출)전남 광양 (주)대전광역시 서구 청사로 189 특허청 운영지원과(042-481-5050) (학)1983년 영동고졸 1990년 성균관대 기계설계학과졸 1992년 同대학원 기계공학과졸 1994년 기계공학박사(성균관대) (경)1997년 특허청 사무관 2006년 同기계금속건설심사본부 특허심사

ㅂ

정책팀 서기관 2009년 同정보기획국 정보기획과 서기관 2010년 同기계금속건설심사국 공조기계심사과장 2011년 同정보기획국 정보기반과장 2013년 특허심판원 심판10부 심판관 2013년 특허청 특허심사1국 국토환경심사과장 2015년 同특허심사기획국 특허심사기획과장(서기관) 2017년 同특허심사기획국 특허심사기획과장(부이사관) 2018년 同운영지원과장(현) (상)국무총리표창(2007) (종)불교

### 박종진(朴鍾振) Park Jong Jin

(생)1953·9·30 (출)서울 (주)서울특별시 마포구 와우산로 94 홍익대학교 공과대학 기계시스템디자인공학과(02-320-1633) (학)서울대 공업교육학과졸, 미국 캘리포니아대 버클리교 대학원졸 1982년 공학박사(미국 캘리포니아대 버클리교) (경)1983~1991년 미국 바텔연구소 선임·주임연구원 1991~2019년 홍익대 공과대학 기계시스템디자인공학과 교수 2002년 同교무부처장(행정담당) 2002~2005년 同교무처장 2009~2011년 同학사담당 부총장 2010~2011년 한국소성가공학회 수석부회장 2011년 同회장 2019년 홍익대 공과대학 기계시스템디자인공학과 초빙교수(현) (종)기독교

### 박종찬(朴鍾讚) PARK Jong Chan

(생)1961·5·16 (출)충북 (주)세종특별자치시 조치원읍 세종로 2511 고려대학교 세종캠퍼스 경영학부(044-860-1535) (학)고려대 경제학과졸, 미국 Univ. of California at Santa Barbara 대학원 경제학과졸, 경제학박사(미국 Univ. of California at Santa Barbara) (경)1991~1994년 공주대 사회교육과 조교수 1994년 고려대 경영학부 교수(현) 1997~1999년 同무역학과장 2003년 同대학원 디지털경영학과 교수(현) 2004년 한국산업경제학회 부회장 2005년 국회 운영위원회 자문위원 2006년 산업자원부 무역위원회 비상임위원 2007~2010년 한국무역전시학회 회장 2008년 지식경제부 무역위원회 비상임위원 2008년 한국산업경제학회 회장, 同명예회장(현) 2010~2015년 고려대 세종캠퍼스 입학홍보처장 2019년 同세종캠퍼스 경영정보대학원장 겸 글로벌비즈니스대학장(현)

### 박종찬(朴鍾讚) Jong-Chan, Park

(생)1972·4·16 (출)충북 청주 (주)대전광역시 서구 청사로 189 중소벤처기업부 상생협력정책관실(042-481-3932) (학)1991년 운호고졸 1999년 서울시립대 행정학과졸 (경)1999년 행정자치부 사무관 2000년 중소기업청 국제협력담당관실 사무관 2001년 同경영지원국 판로지원과 사무관 2004년 同기업성장지원국 인력지원과 사무관 2005년 同중소기업정책국 정책총괄과 서기관 2006년 同중소기업정책본부 혁신기업팀장 2006년 同정책홍보관리본부 정책정보관리팀장 겸 행정정보화팀장 2007년 同기술경영혁신본부 산학협력팀장 2008년 同기술협력지원과장(서기관) 2013년 同창업벤처국 벤처투자과장 2015년 충북지방중소기업청장 2016년 중소기업청 창업벤처국 벤처투자과장 2017년 同정책총괄과장(부이사관) 2017년 중소벤처기업부 중소기업정책실 정책총괄과장(부이사관) 2019년 同상생협력정책관(국장급)(현)

### 박종천(朴鍾天)

(생)1967·6·27 (출)충북 충주 (주)서울특별시 서대문구 통일로 97 경찰청 교통안전과(02-3150-2251) (학)1989년 경찰대졸(5기) (경)1989년 경위 임용, 경기 안양경찰서 경비교통과장, 경기 남양주경찰서 정보보안과장, 경찰청 정보국 정보4과 정보1계장 2011년 충남지방경찰청 정보과장(총경) 2011년 충북지방경찰청 정보과장 2013년 충북 청주상당경찰서장 2014년 경찰청 교통운영담당관 2015년 서울 강북경찰서장 2016년 경찰청 교통운영과장 2017년 同교통기획과장 2019년 同교통안전과장(현)

### 박종철(朴鍾喆) PARK Jong Chul

(생)1957·12·10 (본)밀양(密陽) (출)전북 전주 (주)서울특별시 서초구 반포대로 217 통일연구원(02-2023-8109) (학)1976년 전주고졸 1981년 고려대 신문방송학과졸 1983년 同대학원 문학과졸 1988년 정치학박사(고려대) (경)1983년 고려대·강원대·숙명여대·원강대 강사 1985년 경남대 극동문제연구소 연구위원, 현대사회연구소 연구실장 1991년 민족통일연구원 연구위원 1997~1998년 미국 하버드대 교환교수, 통일연구원 경제협력연구실 선임연구위원 2004년 同통일정책연구실장 2005년 同남북관계연구실장, 同평화기획연구실 선임연구위원, 同통일정책연구실 선임연구위원, 통일부 자문위원, 민주평통 자문위원 2010년 통일연구원 통일정책연구센터 소장 2012~2018년 同통일정책연구실 선임연구위원 2014~2015년 同남북통합연구센터 소장 2014년 북한연구학회 회장 2015년 同고문(현) 2017년 민주평통 평화발전분과위원회 위원장 2018년 통일연구원 석좌연구위원(현) 2019년 민주평통 국제협력분과위원회 상임위원(현) (상)통일원장관표창, 통일부장관표창 (저)'남북한 정치공동체 형성방안'(1993, 민족통일연구원) '통일한국의 정당제도와 선거제도'(1994, 민족통일연구원) '남북한 군비통제의 포괄적 이해방안'(1995, 민족통일연구원) '북한이탈 주민의 사회적응에 관한 연구 : 실태조사 및 개선방안'(1996, 민족통일연구원) '남북한 교차승인 전망과 한국의 외교안보정책 방향'(1998, 민족통일연구원) '북한과 주변4국 및 남한간 갈등 협력관계'(1998, 민족통일연구원) '4자회담의 추진전략 : 분과위원회 운영방안을 중심으로'(2000, 통일연구원) '페리프로세스와 한·미·일 협력방안'(2000, 통일연구원) '북미 미사일협상과 한국의 대책'(2001, 통일연구원) '남북협력 증진을 위한 군사적 조치의 이행방안'(2002, 통일연구원) '미국과 남북한 : 갈등과 협력의 삼각관계'(2002, 오름) '동북아 안보 경제 협력체제 형성방안'(2003, 통일연구원) '통일 이후 갈등해소를 위한 국민통합방안'(2004, 통일연구원) (종)천주교

### 박종철(朴鍾哲) Bak Jong Chul

(생)1966·6·21 (출)경북 문경 (주)부산광역시 영도구 해양로 293 중앙해양특수구조단(051-664-2000) (학)1984년 동성고졸 1989년 한국해양대 항해학과졸 2012년 인하대 정책대학원 행정학과졸 (경)1996년 해양경찰청 임용(간부공채 44기) 2006년 부산해양경찰서 장비과장(경정) 2007년 속초해양경찰서 경비통신과장 2008년 해양경찰청 정보수사국 정보과 정보3계장 2009년 同정보수사국 수사과 계장 2010~2011년 同경비안전국 경비과 경호작전계장·경비계장 2011년 남해지방해양경찰청 경비안전과장(총경) 2012년 해양경찰청 경비안전국 경비과장 2012년 포항해양경찰서장 2014년 해양경찰청 수색구조과장 2014년 인천해양경찰서 경무기획과장 2014년 국민안전처 동해지방해양경비안전본부 기획운영과장 2015년 同동해해양경비안전본부 기획운영과장 2016년 同중부해양경비안전본부 기획운영과장 2017년 해양경찰청 중부지방해양경찰청 기획운영과장 2017년 同장비기술국 정보통신과장 2017년 同중앙해양특수구조단장(현) (상)대통령표창(2009), 근정포장(2013)

### 박종태(朴鍾泰) PARK Jong Tae

(생)1960·9·20 (주)광주광역시 동구 제봉로 42 전남대학교병원 병리과(062-220-4090) (학)1984년 전남대 의대졸 1987년 同대학원 의학석사 1992년 의학박사(전북대) (경)1985~1988년 전남대병원 해부병리과 전공의 1988~1990년 전남대 의과대학 병리학교실 조교 1993~1994년 同의과대학 법의학교실 조교 1995~1997년 同의과대학 법의학교실 전임강사·조교수·부교수, 同의대 법의학교실 교수(현) 1996년 同의과대학 병리학교실 교수 2007년 同법학전문대학원 교수 2013~2015년 대한법의학회 회장 2015년 대검찰청 법의학자문위원회 위원(현) (상)경찰청 과학수사대상(2014), 대통령표창(2014)

**박종태(朴宗泰) PARK JONG TAE**

(생)1965·4·5 (주)경기도 수원시 장안구 경수대로 1110-17 중부지방국세청 조사3국 조사1과(031-888-4153) (학)1983년 영흥고졸 1985년 세무대학 내국세학과졸 1992년 한국방송통신대 경영학과졸 (경)1985년 국세공무원 임용(8급) 1985년 서울지방국세청 직세국 파견 1985년 서울 남산세무서 총무과 근무 1988년 서울 서부세무서 총무과 근무 1989년 同소득세1과 근무 1990년 서울 을지로세무서 부가가치세과 근무 1992년 서울 서대문세무서 재산세과 근무 1993년 서울 마포세무서 소득세2과 근무 1994년 서울 서부세무서 총무과 근무 1995년 서울 성동세무서 부가가치세과 근무 1996년 서울 양천세무서 재산세과 근무 1997년 국세청 재산세국 재산세1과 근무 1999년 同개인납세국 재산세과 근무 2000년 서울지방국세청 조사3국 조사4과 근무 2004년 서울 종로세무서 징세과 근무 2005년 국세청 개인납세국 종합부동산세준비팀 근무 2005년 同개인납세국 종합부동산세과 근무 2006년 同부동산납세관리국 종합부동산세과 근무 2007년 서울 마포세무서 세원관리3과·재산세과 근무 2007년 중부지방국세청 조사3국 조사2과 행정사무관 2009년 국세청 근로소득지원국 소득관리2과 사무관 2009년 同소득지원국 자영소득관리과·근로소득관리과 사무관 2011년 同소득지원국 학자금상환팀 사무관 2011년 同소득지원국 근로소득관리과 사무관 2013년 同소득지원국 소득관리과 서기관 2014년 서울지방국세청 조사2국 조사2과 서기관 2015년 원주세무서장 2015년 광명세무서 개청준비단장 2016년 同서장 2016년 성남세무서장 2017년 중부지방국세청 납세자보호2담당관 2019년 同조사3국 조사1과장(현)

**박종태(朴鍾泰) PARK Jong Tae**

(생)1975·5·12 (본)무안(務安) (출)광주 (주)서울특별시 서초구 양재천로13길 23 특허그룹 인사이트플러스(02-2038-2418) (학)2003년 건국대 건축공학과졸, 한국기업평가 기업가치평가사과정 수료(19기) (경)이지국제특허법률사무소 변리사, 대한민국반도체설계재산유통센터(KIPEX) 책임연구원, 한빛지적소유권센터 상표법 전임강사, 한국발명진흥회 지재권과정 강사, 한국생산성본부 지적재산권 운영실무 강사 2007~2012년 안앤박국제특허법률사무소 파트너변리사 2007년 성균관대 강사 2007년 LEC한빛변리사 강사 2012~2014년 특허법인 이지 변리사 2015년 특허그룹 인사이트플러스 대표변리사(현) (상)대한변리사회 감사패(2006) (저)'이지저작권법'(2003) '이지상표법'(2004) '신경향 상표법사례'(2004) '인사이트플러스 상표법'(2015)

**박종택(朴鍾澤) PARK Chong Taik (晩翠)**

(생)1943·4·9 (본)밀양(密陽) (출)전북 전주 (주)서울특별시 강남구 논현로 566 강남차병원 산부인과(02-3468-3000) (학)1965년 전남대 의대졸 1978년 연세대 대학원 병리학과졸 (경)1966~1974년 한전의료재단 한일병원 인턴·레지던트 1974~2006년 성균관대 의대부속 삼성제일병원 레지던트·산부인과전문의·산부인과장·종양학분과장·대한부인종양콜포스코피학회 부회장·진료부원장 1995년 포천중문의대 의학부 산부인과학교실 교수 2009년 차의과학대 의학전문대학원 산부인과학교실 교수(현) 2010년 분당차병원 부인암종합진료센터 전문의 2010년 분당차여성병원 산부인과 전문의 2010년 同원장 (종)천주교

**박종택(朴鍾澤) PARK Jong Taek**

(생)1965·11·29 (본)밀양(密陽) (출)전북 순창 (주)경기도 수원시 영통구 청명로127 수원가정법원(031-799-9999) (학)1983년 전주 영생고졸 1987년 고려대 법학과졸 (경)1990년 사법시험 합격(32회) 1993년 사법연수원 수료(22기) 1993년 육군 법무관 1996년 청주지법 판사 2000년 수원지법 판사 2002년 同안산지원 판사 2003년 서울지법 판사 2004년 서울고법 판사 2006년 서울가정법원 판사 2007년 대법원 연구법관 2008년 서울가정법원 부장판사 2013년 서울남부지법 부장판사 2015년 서울중앙지법 부장판사 2016년 전주지법 군산지원장 2018년 서울중앙지법 부장판사 2019년 수원가정법원장(현) (종)기독교

**박종택(朴宗澤) Park Jongtaek**

(생)1973·9·12 (주)세종특별자치시 갈매로 408 정부세종청사 14-1동 해외문화홍보원 인사과(044-203-3300) (학)건국대 영어영문학과졸, 서울대 행정대학원 행정학과졸 2010년 미국 텍사스대 대학원 행정학과졸 (경)1996년 행정고시 합격(40회) 2011~2012년 대통령실 파견 2012~2013년 대통령 관광진흥비서관실 행정관 2013~2014년 2015 광주U대회조직위원회 파견 2014년 문화체육관광부 관광산업과장 2017년 同문화산업정책과장 2017년 同콘텐츠정책국 문화산업정책과장 2018년 해외문화홍보원 駐홍콩 문화홍보관(현)

**박종필(朴鍾泌) PARK Jong Pill**

(생)1967·7·22 (본)밀양(密陽) (출)서울 (주)세종특별자치시 한누리대로 422 고용노동부 청년고용정책관실(044-202-7400) (학)1985년 경동고졸 1989년 고려대 사학과졸 1994년 연세대 행정대학원 행정학과졸 2009년 영국 버밍엄대 대학원 정책학과졸 (경)2003년 노동부 총무과 서기관 2006년 대전지방노동청 관리과장 2006년 기획예산처 사회서비스향상기획단 사회서비스개발팀장 2009년 대전지방노동청 대전종합고용지원센터 소장 2010년 노동부 기획재정담당관 2010년 고용노동부 기획재정담당관 2011년 同기획조정실 기획재정담당관(부이사관) 2012년 同운영지원과장 2013년 중부지방고용노동청 강원지청장 2015년 경북지방노동위원회 위원장 2017년 국방대 파견(고위공무원) 2018년 국무조정실 고용식품의약정책관 2019년 고용노동부 청년고용정책관(현) (저)'고수의 보고법'(2015) '고수의 역량평가 대처법'(2019)

**박종학(朴鍾鶴) PARK Jong Hak**

(생)1944·8·16 (본)밀양(密陽) (출)충남 천안 (주)서울특별시 마포구 월드컵북로6길 83 학산빌딩 4층 (주)동산테크 대표이사실(02-338-4611) (학)1963년 서울공고졸 1967년 한양대 토목학과졸 1993년 서강대 경영대학원 최고경영자과정 수료 2000년 연세대 경영대학원 수료 (경)1981~2004년 (주)동산종합설비 대표이사 1998년 대한설비건설협회 서울시회 감사 1998년 대한설비건설공제조합 감사 1999년 同서울시회 부회장 1999년 기계설비협의회 윤리위원 2002년 대한설비건설협회 서울시회장 2002년 서울공고 운영위원장 2005년 (주)동산테크 대표이사(현) 2005~2008년 대한설비건설협회 회장 2005년 대한건설단체총연합회 감사 (상)동탑산업훈장(2003), 은탑산업훈장(2009) (종)불교

**박종학(朴鍾學) Chong Hak Park**

(생)1965·12·1 (본)밀양(密陽) (출)충북 청원 (주)서울특별시 중구 을지로 29 삼성화재빌딩 7층 베어링자산운용(주) 비서실(02-3788-0513) (학)1990년 서강대 경제학과졸 1998년 미국 Purdue Univ. 경영전문대학원졸(MBA) 2000년 同대학원 금융공학과졸 (경)1990~1998년 한국투자신탁운용(주) 인사부·국제부 조사역 2000년 미국 SEI Investments Asset Allocation Team Analyst 2001년 SEI에셋코리아자산운용(주) 투자전략팀장 2001~2003년 FRM Korea CFA 코스 강사 2001~2002년 국민연금 장기투자정책위원회 조사위원 2003년 도이치투자신탁운용(주) 주식팀 이사 2004년 SEI에셋코리아자산운용(주) 글로벌계량운용팀장 2008년 同운용부문총괄(CIO) 상무 2012~2013년 同운용부문총괄(CIO) 전무 2013~2017년 베어링자산운용 운용부문총괄(CIO) 전무 2017년 同운용부문총괄(CIO) 부사장(현)

ㅂ

**박종학(朴鍾學)**

(생)1970·1·10 (출)전남 화순 (주)서울특별시 서초구 반포대로30길 29 마운틴뷰 빌딩 6~10층 법무법인 화현(02-535-1766) (학)1989년 광주고졸 1993년 한양대 법학과졸 (경)1995년 사법시험 합격(37회) 1998년 사법연수원 수료(27기) 1998년 軍법무관 2001년 광주지법 판사 2003년 同순천지원 판사 2005년 인천지법 판사 2009년 특허법원 판사 2012년 서울중앙지법 판사 2013년 전주지법 부장판사 2015년 수원지법 부장판사 2017~2018년 서울남부지법 부장판사 2018년 법무법인(유) 이경 대표변호사 2019년 법무법인 화현 파트너변호사(현)

**박종혁(朴鍾赫)**

(생)1964·12·17 (주)인천광역시 남동구 정각로 29 인천광역시의회(032-440-6022) (학)1999년 인천전문대학 무도과졸 2013년 인천대 기계자동차공학과졸 (경)인천대 기계자동차공학과 학생회장, 인천 혁신태권도 관장, 한국자유총연맹 인천시 부평구지부 운영위원, 인천시 부평구태권도협회 전무이사·부회장 2002·2006·2010년 인천시 부평구의회 의원(민주당·민주통합당·민주당·새정치민주연합), YMCA삼산복지관 자문운영위원, 삼산중 운영위원, 인천전산과학고 운영위원 2014~2018년 인천시 부평구의회 의원(새정치민주연합·더불어민주당) 2014~2016년 同의장, 인천시 부평구 노인인력개발센터 운영위원 2018년 인천시의회 의원(더불어민주당)(현) 2018년 同문화복지위원회 위원장(현) (상)대한민국자치발전대상 광역부문(2019) (종)기독교

**박종혁(朴鍾赫) Park Jong Hyeok**

(생)1965·1·8 (출)충남 부여 (주)충청남도 천안시 서북구 번영로 705 천안서북경찰서(041-536-1321) (학)1983년 부여고졸 1987년 공주대 화학과졸 (경)1994년 경위 임관(경찰간부 후보 42기) 2000년 경감 승진 2006년 충남 서산경찰서 생활안전과장(경정) 2009년 서울 강동경찰서 경비교통과장 2010년 서울지방경찰청 교육계장 2017년 충남지방경찰청 경무과장 2017년 충남 부여경찰서장 2018년 충남지방경찰청 형사과장 2019년 충남 천안서북경찰서장(현)

**박종현(朴琮炫) PARK Chong Hyun**

(생)1934·11·10 (출)경남 남해 (주)서울특별시 종로구 성균관로 25-2 성균관대학교 철학과(02-760-0315) (학)1954년 부산고졸 1962년 서울대 철학과졸 1965년 同대학원졸 (경)1968~1970년 단국대·성균관대 강사 1970~1982년 성균관대 철학과 전임강사 대우·전임강사·조교수·부교수 1982~2000년 同교수 1987년 그리스 아테네대 연구교수 1992년 영국 옥스포드대 연구교수, 한국서양고전학회 회장 2000년 성균관대 철학과 명예교수(현) 2017년 대한민국학술원 회원(서양고대철학·현) (상)열암 학술상, 서우 철학상, 성균가족상 대상, 옥조근정훈장, 인촌상 학술부문 (저)'희랍사상의 이해' '헬라스사상의 심층' '플라톤'(編) (역)'플라톤의 국가' '플라톤의 티마이오스' '플라톤의 네 대화편(에우티프론/소크라테스의변론/크리톤/파이돈)' '플라톤의 필레보스'

**박종현(朴鍾炫) PARK Jong Hyun** (筝山)

(생)1939·12·10 (본)순천(順天) (출)전남 구례 (주)서울특별시 도봉구 도봉로109길 78 (사)한국아동문예작가회(02-995-0073) (학)1958년 광주사범학교졸 1976년 한국방송통신대 경영학과졸 (경)1958~1965년 초등학교 교사 1976년 월간 「아동문예」 발행인 겸 주간(현) 1977년 도서출판 「아동문예」 대표(현) 1988~2012년 한국청소년문학회 회장 2001년 한국문인협회 아동문학분과 회장 2001~2017년 아동문학의날운영위원회 운영회장 2003년 국제펜클럽 한국본부 이사, 한국문인협회 이사 2007~2017년 同아동문학분과 회장 2010년 (사)한국아동문예작가회 이사장(현), 국제펜클럽 한국본부 자문위원 (상)한정동 아동문학상(1977), 전남문학상(1981), 문화공보부장관표창(1985), 대한민국 문학상(1987), 국무총리표창(1992), 간행물윤리상 청소년부문(1998), 대통령표창(1998), 펜문학상(2005), 예총예술문화상(2007), 한국문학상 아동문학부문(2008), 문화포장(2010), 도봉문학상(2012), 우수콘텐츠 잡지선정(2014) (작)동시집 '빨강자동차'(1965), '손자들의 숨바꼭질'(1977), '구름 위에 지은 집'(1980), '아침을 위하여'(1987), '도깨비나라의 시'(1993), '도봉산 솔솔'(2005, 세계문예) 동화집 '별빛이 많은 밤'(1985), '꽃파는 아이'(1991), '대추나무집 아이'(1996), 동화시집 '참 예쁘구나 할아버지 돋보기 안경'(2000), '비 오는 날 당당한 꼬마'(2006, 세계문예), '반짝반짝 돋보기 안경'(2007, 세계문예), '무지갯빛참예쁘구나'(2007, 세계문예), '깡충달리는아기토끼'(2007, 세계문예), '너무나 예쁜 하얀 사슴'(2007, 세계문예), '뚝딱뚝 만든 오두막집'(2007, 세계문예), 동화 '섬에온쌍둥이별'(2008, 세계문예), '오솔길의옹달샘'(2008, 세계문예), '꽃구름아기구름'(2008, 세계문예), '바람이된아이들'(2008, 세계문예), '꽃밭 1·2·3'(2011, 세계문예), 여행기 '체험솔솔세계기행'(2004, 세계문예) (종)천주교

**박종현(朴琮炫) PARK Jong Hyun**

(생)1966·2·9 (출)전남 고흥 (주)서울특별시 영등포구 여의대로 60 NH투자증권 Equity Sales본부(02-768-7000) (학)1983년 광주 진흥고졸 1987년 서울대 국제경제학과졸 (경)1989~1993년 LG투자증권 기업분석실 근무 1994~1996년 同국제영업정보팀 근무 1997~1999년 한솔그룹 경영기획실 근무 2000년 LG투자증권 리서치센터 기업분석2팀장 2001~2005년 同리서치센터 기업분석팀장 2005~2010년 우리투자증권(주) 리서치센터장 2011년 同홀세일사업부 이사 2012년 同법인영업그룹장(이사) 2014년 同주식영업그룹장(이사) 2015년 NH투자증권 Equity Sales 본부장(상무보) 2016년 同Equity Sales본부장(상무)(현) (종)천주교

**박종호(朴種昊) Park Jong Ho**

(생)1945·5·5 (주)인천광역시 남동구 능허대로 649번길 123 대봉그룹 회장실(032-712-8800) (학)진주고졸 1971년 서울대 제약학과졸 (경)1971~1979년 동신제약 개발부 차장 1980년 비봉파인(주) 창업·대표이사 1986년 대봉엘에스(주) 창업·대표이사 1989년 비봉수산(주) 창업·대표이사 1996년 화장품협동조합 이사 2003년 대봉그룹 회장(현) (상)제2회 어업인의 날 산업포장(2013) (저)'모발백과'(1984)

**박종호(朴鍾虎) Park Chongho**

(생)1961·11·3 (본)밀양(密陽) (출)충남 서천 (주)대전광역시 서구 청사로 189 산림청 차장실(042-481-4110) (학)1981년 수원농고졸 1987년 서울대 임학과졸 1997년 미국 미시간주립대 대학원 임업정책학졸 2008년 산림경영학박사(충남대) (경)1987년 유한양행 근무 1989년 기술고시(25회) 합격 1991년 산림청 산림영림국 영림과 임업사무관 1999년 同자원조성국 산림자원과 고용대책팀장 2001년 同청장 비서관 2003년 同사유림지원국 산림자원과장 2004년 駐인도네시아 한국대사관 1등서기관(임무관) 2007년 산림청 산림자원국 해외자원팀장(부이사관) 2010년 同산림자원국 국제산림협력추진단장 2011년 同산림자원국장(고위공무원) 2013년 아시아산림협력기구(AFoCO) 사무국 사무차장(총장대행) 2015년 산림청 산림이용국장(산림복지시설사업단장 겸직) 2017년 同산림복지국장 2017년 同기획조정관 2018년 同차장(현) (상)환경운동연합 녹색공무원상(1999), 외교부장관표창(2005), 우수외교주재관선발 중앙인사위원장표창(2006), 홍조근정훈장(2008) (저)'North Korea Reforestation(共)'(2012, 서울대)

**박종화(朴宗和) PARK Jong Wha**

(생)1945 · 10 · 30 (본)밀양(密陽) (출)충남 보령 (주)서울특별시 서초구 서초대로38길 12 마제스타시티타워Ⅱ 7층 (재)국민문화재단(02-2161-5250) (학)1964년 군산고졸 1968년 한국신학대학 신학과졸 1970년 연세대 연합신학대학원졸 1986년 신학박사(독일 Tubingen대) 1996년 명예 신학박사(헝가리 Karoli Gaspar Reformed Egyetem) 2002년 명예 신학박사(헝가리 Debreceni Egyetem) (경)1970년 한국기독교장로회 충남노회 목사안수 1971~1974년 육군 군목(대위 전역) 1985~1994년 한신대 신학과 교수 · 기획실장 · 신학과장 · 평화연구소장 1989년 기독교사회문제연구원 원장 직대 1991~2006년 세계교회협의회(WCC) 중앙위원 1993년 캐나다 토론토대 임마누엘신학대학원 초빙교수 1994~1999년 한국기독교장로회총회 총무 1998~2003년 대통령 통일고문 1999~2015년 경동교회 담임목사 2000~2017년 대화문화아카데미(前 크리스찬아카데미) 이사장 2003년 민주평통 상임위원 2003~2005년 同종교분과위원장, 한민족복지재단 이사, 월간「기독교사상」편집위원 2005~2008년 한국국제보건의료재단 초대총재 2007~2010년 대한기독교서회 이사장 2011년 (재)국민문화재단 이사장(현) 2014년 바른사회운동연합 공동대표(현) (상)국민훈장 모란장(2004), 독일 십자공로훈장(2008), 존경받는 목회자대상 세계평화부문(2009) (저)'G.바움(共)'(1981) '평화신학과 에큐메니칼 운동'(1991) '평화, 그 이론과 실제(共)'(1992) (역)'칼 바르트'(1972) '인간화'(1974) (종)기독교

**박종화(朴鍾和) Jong-Hwa Park**

(생)1961 · 10 · 23 (주)서울특별시 영등포구 선유로52길 11 석천빌딩 2층 (재)자동차손해배상진흥원(02-2039-7400) (학)1980년 영훈고졸 1986년 인하대졸 (경)1988년 손해보험협회 입사 1999년 同보험업무부장 2004년 同경영기획팀장 2006년 同보험업무부장 2007년 同기획조사부장 2010년 同총무부장 겸 정보시스템부장 2010년 同시장업무본부장(이사) 2011년 보험전문인시험관리위원 2012~2018년 손해보험협회 상무 2015년 금융감독원 금융분쟁조정위원 2015년 자동차보험진료수가분쟁심의 위원 2015년 신용정보집중관리위원회 위원 2018년 (재)자동차손해배상진흥원 원장(현) (상)경찰청장표창(2000), 금융감독위원장표창(2000), 건설교통부장관표창(2004), 안전행정부장관표창(2013)

**박종화(朴鍾和) BHAK Jong Hwa (생자)**

(생)1967 · 5 · 20 (본)밀양(密陽) (출)부산 (주)울산광역시 울주군 언양읍 유니스트길 50 울산과학기술원(UNIST) 110동 3층 게놈산업기술센터(KOGIC) (052-217-5329) (학)1987년 서울대 수의대 자퇴(2년) 1994년 영국 애버딘대(Univ. of Aberdeen) 생화학과졸 1997년 생정보학박사(영국 케임브리지대) (경)1998년 미국 하버드의대 유전학과 박사 후 연구원 1999~2001년 영국 케임브리지EBI(유럽생정보학연구소) 박사 후 연구원 2001~2003년 영국 케임브리지 MRC-DUNN그룹 리더 2003~2005년 한국과학기술원(KAIST) 바이오시스템학과 부교수 2005년 한국생명공학연구원 국가생물자원정보관리센터장 2009~2014년 테라젠이텍스 사장 겸 바이오연구소장 2014년 울산과학기술원(UNIST) Biomedical Engineering 교수(현) 2015~2016년 서울대 수의과대학 겸임교수 2016년 미국 뉴멕시코대 겸임교수(현) (저)'게놈이야기'(2011) (종)생교(Bioreligion)

**박종환(朴鍾煥) PARK Jong Hwan**

(생)1954 · 5 · 7 (출)충북 충주 (주)서울특별시 중구 장충단로 72 한국자유총연맹(02-2238-0712) (학)1972년 중동고졸 1976년 경희대 법학과졸 (경)1981년 경위 임용 1994년 경찰청 감사관실 근무 1995년 서울지방경찰청 지능계장 1998년 경찰청 인사계장 1999년 음성경찰서장(총경) 2000년 용인경찰서장 2001년 서울지방경찰청 인사교육과장 2002년 서울 용산경찰서장 2004년 서울지방경찰청 22경찰경호대장 2005년 경찰청 감사관(경무관) 2006년 제주지방경찰청장 2006년 충북지방경찰청장(치안감) 2008년 경찰종합학교장 2009년 경찰청 치안감 2018 · 2019년 한국자유총연맹 총재(현) (상)대통령표창(1998), 녹조근정훈장(2003)

**박종환(朴鍾丸) PARK Jong Hwan**

(생)1954·11·30 (출)경남 사천 (주)서울특별시 서초구 서초대로 254 오퓨런스빌딩 12층 법무법인 서광(02-6250-3033) (학)1973년 진주고졸 1978년 서울대 법학과졸 1984년 원광대 대학원 법학 박사과정 수료 2005년 고려대 대학원 최고위정책과정 수료 (경)1983년 사법시험 합격(25회) 1985년 사법연수원 수료(15기) 1986년 서울지검 검사 1988년 부산지검 울산지청 검사 1990년 수원지검 검사 1992년 법무부 검찰2국 검사 1995년 서울지검 검사 1997년 부산고검 검사 1999년 대전지검 논산지청장 2000년 서울고검 검사 2001년 광주지검 형사1부장 2002년 사법연수원 교수 2004년 서울남부지검 형사2부장 2005년 창원지검 통영지청장 2006년 춘천지검 차장검사 2007년 인천지검 부천지청장 2008~2009년 서울고검 검사 2009년 법무법인 서광 공동대표 변호사(현)

**박종환(朴鍾桓) PARK Jong Hwan**

(생)1961·12·17 (출)경북 경산 (주)경기도 수원시 영통구 삼성로 129 삼성전자(주) 전장사업팀(031-200-6517) (학)1980년 달성고졸 1984년 연세대 경영학과졸 1986년 同대학원 경영학과졸 (경)1999년 삼성전자(주) 재무팀 담당부장 2002년 同상무보 2005년 同생활가전사업부 경영지원팀 기획그룹장(상무), 同생활가전사업부 키친솔루션사업팀장(상무) 2010년 同생활가전사업부 키친솔루션사업팀장(전무) 2010년 同생활가전사업부 구매팀장(전무) 2012년 同생활가전사업부 콤프앤모터팀장(전무) 2012년 同생활가전사업부 C&M사업팀장(전무) 2013년 同생활가전사업부 C&M사업팀장(부사장) 2016년 同전장사업팀장(부사장)(현)

**박종환(朴鍾煥) Park Jong Hwan**

(생)1975 · 11 · 23 (출)대구 (주)세종특별자치시 한누리대로 422 고용노동부 인사팀(044-202-7865) (학)1994년 대구 덕원고졸 2003년 경북대 행정학과졸 (경)2002년 행정고시 합격(46회) 2003년 대구지방노동청 근무, 노동부 혁신기획관실 근무, 同고용정책본부 능력개발지원팀 근무, 同차관실 근무 2011년 고용노동부 노사협력정책관실 노사협력정책과 서기관 2013년 중부지방고용노동청 경기지청 수원고용센터 소장 2014년 고용노동부 고용정책실 고령사회인력정책과 서기관 2016년 同직업능력정책국 일학습병행정책과장 2017~2018년 同대변인실 홍보기획팀장 2019년 교육파견(현)

**박종훈(朴鍾勛) PARK Jong Hoon**

(생)1960 · 10 · 22 (본)밀양(密陽) (출)경남 마산 (주)경상남도 창원시 의창구 중앙대로 241 경상남도교육청 교육감실(055-268-1000) (학)1980년 마산고졸 1984년 경남대 법과대학 정치외교학과졸 1990년 同대학원 정치학과졸 2001년 정치학박사(경남대) (경)1984~2002년 창원 문성고 교사 1995년 전국교직원노동조합 창원지회장 1996년 同중앙위원 2002년 同경남도지부 사립위원장 2002 · 2006~2010년 경남도교육위원회 교육위원 2004년 (사)경남교육포럼 상임대표 2005년 경남도교육위원회 부의장 2010년 경남도 교육감선거 출마, 경남대 초빙교수 2011~2012년 마창진환경운동연합 공동의장 2011~2012년 경남민주언론시민연합 공동대표 2014~2018 · 2018년 경상남도 교육감(현) 2014년 경남미래교육재단 이사장(현) 2018년 전국시도교육감협의회 대

입제도개선연구단장(현) (상)경남도교육감표창(1973), 교육부장관표창(2001), 자랑스러운 경남대인상(2016) (저)'박종훈, 도서관에서 길을 나서다'(2010, 도서출판 삼덕) '무릎을 굽히면 아이들이 보입니다'(2014, 도서출판 브레인) (종)불교

**박종훈(朴琮勳) Park, Jong-Hoon**

(생)1962·8·6 (본)밀양(密陽) (출)서울 (주)세종특별자치시 다솜2로 94 농림축산식품부 농업기반과(044-201-1851) (학)1980년 서울 우신고졸 1988년 건국대 토목공학과졸 1995년 同대학원 농업토목과졸 2017년 환경과학박사(건국대) (경)1989~1992년 농림수산부 농어촌개발국 개량과 토목기사보 1992~2003년 농림부 농어촌개발국 조성과 토목조사 2003~2010년 국무총리실 새만금사업추진단 파견·농림수산식품부 녹색성장정책관실 시설사무관 2010~2016년 농림축산식품부 농촌정책국 지역개발과·식량정책관실 농업기반과 기술서기관 2016년 同간척지농업과장(기술서기관) 2018년 同농업기반과장(현) (상)대통령표창(1995), 국무총리표창(2000), 녹조근정훈장(2012) (종)불교

**박종훈(朴鍾薰) PARK Jong Hoon**

(생)1963·8·11 (출)경남 진주 (주)부산광역시 연제구 법원로 31 부산고등법원(051-590-1013) (학)1982년 부산진고졸 1986년 서울대 법과대학 공법학과졸 (경)1987년 사법시험 합격(29회) 1990년 사법연수원 수료(19기) 1993년 수원지법 판사 1995년 서울지법 판사 1997년 창원지법 거창지원(합천군법원·함양군법원) 판사 2002년 부산고법 판사 2005년 부산지법 동부지원 부장판사 2007년 부산지법 부장판사 2011년 창원지법 통영지원장 2013년 부산고법 부장판사 2016년 부산지법 수석부장판사 2016~2018년 언론중재위원회 위원 2018년 부산고법 수석부장판사(현) 2019년 부산지법 부장판사 겸임 (종)불교

**박종흔(朴鍾昕) PARK Jong Heun**

(생)1949·2·20 (본)순천(順天) (출)서울 (학)1968년 묵호상고졸 1983년 관동대 행정학과졸 1994년 강릉대 대학원 지역개발학과졸 행정학박사(관동대) (경)1971~1972년 월남전 참전(백마부대) 1997년 동해시 세무과장·총무과장 1999년 同총무국장·자치행정국장 2001년 월간 '문학세계' 시부문 신인상 수상·등단 2003년 국무조정실 재난관리과장 2004년 강원도 국제스포츠위원회 홍보부장 2005년 同국제스포츠지원단장 2006년 同국제스포츠정책관 2007년 강원도립대학 해양경찰과 객원교수, 동해문인협회 회원(현) 2009~2018년 MBC강원영동방송 시청자위원회 부위원장 2010년 (재)묵호고장학회 이사장, 동해시선거관리위원회 부위원장 2015년 아라웰다잉연구회 회장(현) (상)대통령표창(1998), 국무총리표창, 홍조근정훈장(2009) (저)'환경정책 갈등의 이론과 실제'(共), 시집 '이제야 끄집어낸 그림자의 영혼'(2009) (작)시 '배트남 상륙' '조선족 어부' 외

**박종흥(朴鍾興) PARK Jong Heung**

(생)1959·12·25 (출)서울 (주)대전광역시 유성구 가정로 218 한국전자통신연구원 중소기업사업화본부(042-860-5513) (학)1982년 한양대 기계공학과졸 1990년 同대학원 기계공학과졸 1997년 기계공학박사(한양대) (경)1982년 한국전자통신연구원 무선방송기술연구소 위성통신시스템연구부 위성통신탑재체연구팀장 1994년 영국 Matra Marconi Space사 파견연구원 1995년 미국 Lockheed Martin Astro사 파견연구원, 한국전자통신연구원 전파방송연구소 통신위성개발센터 통신위성RF기술연구팀장 2005년 同정보통신서비스연구단 우정기술연구센터장 2008년 同융합기술연구부문 우정기술연구센터장 2009년 同우정물류기술연구부장 2012년 同연구원 2014년 同사업화부문 R&D사업화부장 2019년 同중소기업사업화본부장(현) (상)산업포장(2009) (저)'훤히 보이는 우편기술'(2009)

**박종희(朴鍾熙) PARK Jong Hee**

(생)1960·5·6 (본)밀양(密陽) (출)경기 포천 (주)서울특별시 영등포구 국회대로 800 진미파라곤 1126호 (학)1978년 수원고졸 1989년 경희대 무역학과졸 2001년 아주대 공공정책대학원 행정학과졸 (경)1988~1992년 경기일보 편집부·사회부·정치부 기자 1989년 同노조위원장 1992~2000년 동아일보 사회부·수도권부·지방부 기자 2000~2004년 제16대 국회의원(수원시 장안구, 한나라당) 2001년 한나라당 원내부총무 2002년 同대표 비서실장 2002~2003년 同대변인 2004~2006년 수원월드컵경기장관리재단 사무총장 2008~2009년 제18대 국회의원(수원시 장안구, 한나라당) 2009년 예일회계법인 고문 2015년 새누리당 경기수원시甲당원협의회 운영위원장 2015~2016년 同제2사무부총장 2016년 同총선기획단 위원 2016년 同제20대 총선 공직자후보추천관리위원회 위원 2016년 제20대 국회의원선거 출마(경기 수원시甲, 새누리당) 2016년 중앙대 경영전문대학원 최고경영자과정(AMP) 총동문회 회장(현) 2016~2018년 자유한국당 경기수원시甲당원협의회 운영위원장 2019년 (사)가평발전협동조합 추진위원장(현) (상)한국기자협회 제4회 이달의 기자상, 제1회 의정대상, 자랑스러운 경희인상, 수고인대상 (저)'꿈은 좌절마저 삼킨다 - 박종희의 거침없는 도전'(2008) '박종희의 행복일기, 다시 일어나 희망을 쏘다'(2015, 나무와숲) '문(問)&문(聞)으로 경기 새천년 문을 열다'(2017, 한국폴리애드) (종)천주교

**박주만(朴柱曼) PARK Joo Man**

(생)1967·10·8 (출)서울 (주)서울특별시 강남구 테헤란로 152 강남파이낸스센터 35층 이베이 비서실(02-589-7018) (학)1994년 고려대 경영학과졸 1998년 미국 펜실베이니아대 와튼스쿨 경영학과졸 (경)1994년 현대종합금융 근무 1998~2000년 보스턴컨설팅그룹 근무 2000년 두루넷 기획총괄 이사 2002년 (주)옥션 영업총괄 상무이사 2004년 同경영총괄 부사장 2005~2011년 同대표이사 사장 2009년 G마켓·옥션 대표이사 2011~2013년 한국인터넷기업협회 회장 2011~2013년 이베이코리아 대표이사 사장 2013~2017년 이베이호주&뉴질랜드 대표이사 2013년 이베이코리아 이사회 의장(현) 2017년 이베이 아시아태평양지역본부 총괄대표(현)

**박주민(朴柱民) PARK JUMIN**

(생)1973·11·21 (출)서울 (주)서울특별시 영등포구 의사당대로 1 국회 의원회관 544호(02-784-8690) (학)1992년 대원외국어고 중국어과졸 1998년 서울대 법과대학 사법학과졸 (경)2004년 사법시험 합격(45회) 2006년 사법연수원 수료(35기) 2006~2012년 법무법인(유) 한결 변호사 2012~2016년 법무법인 이공 변호사 2012~2015년 민주사회를위한변호사모임 사무차장, 세월호피해자가족협의회 법률대리인 2015~2016년 참여연대 집행위원회 부위원장 2016년 더불어민주당 뉴파티위원회 위원(현) 2016년 同서울은평구甲지역위원회 위원장(현) 2016년 제20대 국회의원(서울 은평구甲, 더불어민주당)(현) 2016년 더불어민주당 민주주의회복TF 위원 2016년 국회 안전행정위원회 위원 2016~2018년 국회 여성가족위원회 위원 2016·2018년 국회 법제사법위원회 위원(현) 2017년 더불어민주당 제19대 문재인 대통령후보 중앙선거대책본부 공명선거본부 부본부장 겸 법률지원단장 2017년 문재인 대통령 러시아 특사단 2017년 더불어민주당 정책위원회 부의장 2017년 同적폐청산위원회 위원 2017년 국회 정치개혁특별위원회 위원 2018년 국회 헌법개정 및 정치개혁특별위원회 위원 2018년 국회 예산결산특별위원회 위원 2018년 국회 사법개혁특별위원회 위원(현) 2018년 더불어민주당 최고위원(현) 2018년 同현대화추진특별위원회 위원장(현) (상)백봉라용균선생기념회 백봉신사상 대상(2017)

**박주선(朴柱宣) PARK Joo Sun**

(생)1949·7·23 (본)밀양(密陽) (출)전남 보성 (주)서울특별시 영등포구 의사당대로 1 국회 의원회관 708호(02-784-5288) (학)1968년 광주고졸 1974년 서울대 법과대학 법학과졸 1976년 同대학원 법학과 수료 1987년 영국 케임브리지대 대학원 법학과 수료 (경)1974년 사법시험 수석합격(16회) 1976~1979년 육군 법무관 1979년 서울지검 검사 1982년 제주지검 검사 1983년 서울지검 검사 1988년 부산지검 검사 1989년 광주지검 해남지청장 1990년 대검찰청 검찰연구관 1991년 同환경과장 1993년 同중앙수사부 3과장 1994년 同중앙수사부 2과장 1994년 同중앙수사부 1과장 1995년 서울지검 특수2부장 1996년 同특수1부장 1997년 춘천지검 차장검사 1997년 대검찰청 중앙수사부 수사기획관 1998~1999년 대통령 법무비서관 2000~2004년 제16대 국회의원(전남 보성군·화순군, 무소속·새천년민주당) 2000~2007년 정률 법무법인 변호사 2000년 새천년민주당 총재특보 2001년 同법률구조단장 2002년 同제1정책조정위원장 2002년 제16대 대통령당선자 중국특사 2003년 새천년민주당 기획조정위원장 2003년 同사무총장 직대 2005년 민주당 외부인사영입특별위원장 2006년 서울시장선거 출마(민주당) 2007년 민주당 광주시동구지역위원회 위원장 2008년 제18대 국회의원(광주시 동구, 통합민주당·민주당·민주통합당·무소속) 2008·2010~2011년 민주당 최고위원 2008년 同2010인재위원회 공동위원장 2008년 국회 외교통상통일위원회 위원 2008~2011년 국회 사법제도개혁특별위원회 위원 2008~2011년 국회 검찰개혁소위원회 위원장 2008년 국회 환경포럼 대표의원 2009년 6.15공동선언실천남측위원회 공동대표 2011년 국회 남북관계발전특별위원회 위원장 2012년 제19대 국회의원(광주시 동구, 무소속·새정치민주연합·무소속·국민의당) 2012년 국회 외교통상통일위원회 위원 2013년 국회 외교통일위원회 위원 2014년 국회 교육문화체육관광위원회 위원 2014~2015년 국회 평창동계올림픽 및 국제경기대회지원특별위원회 위원장 2015년 국회 교육문화체육관광위원회 위원장 2016년 국민의당 최고위원 2016년 제20대 국회의원(광주시 동구·남구乙, 국민의당·바른미래당〈2018.2〉)(현) 2016~2018년 국회 부의장 2016~2018년 국민의당 광주동구·남구乙지역위원회 위원장 2016·2018년 국회 외교통일위원회 위원(현) 2016년 남북관계정상화를위한여야중진모임 공동대표 2016년 국민의당 당헌당규제·개정위원회 위원장 2017년 국민의당 제19대 안철수 대통령후보 중앙선거대책위원회 공동위원장 2017년 同비상대책위원회 위원장 2018년 바른미래당 공동대표최고위원 2018년 同광주동구·남구乙지역위원회 위원장(현) (상)검찰총장표창, 법무부장관표창(1988), 황조근정훈장(1995), 세계일보 선정 올해의 인물(2005), 21세기한국인상 정치공로부문상(2008), 대한민국환경문화대상 정치부문상(2009), 무궁화대상 정치부문상(2009), 한국메니페스토약속대상 우수상(2009·2010), NGO모니터단 선정 국정감사 우수의원(2011), 한국효도회 효행상(2011), 대한민국 국회의원 의정대상(2011), 자랑스러운 대한민국 우수국회의원(2011), 민주통합당 국정감사 최우수의원(2011), 범시민사회단체연합 선정 '올해의 좋은 국회의원상'(2015), 대한민국국회평화대상 국회의정부문(2017) (저)'컴퓨터범죄 방지대책' '영국의 사법경찰제도' '이 땅의 새벽을 위해'(2000) (종)불교

**박주성(朴柱誠)**

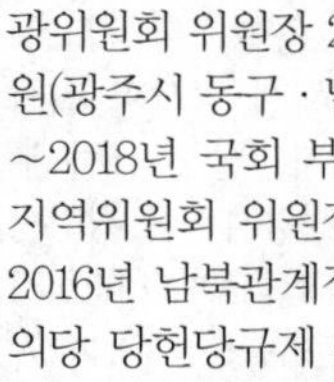

(생)1978·2·2 (출)충남 보령 (주)경기도 부천시 상일로 127 인천지방검찰청 부천지청 형사4부(032-320-4316) (학)1996년 한영외국어고졸 2001년 서울대 법학과졸 (경)2000년 사법시험 합격(42회) 2003년 사법연수원 수료(32기) 2003년 軍법무관 2006년 서울중앙지검 검사 2008년 대전지검 천안지청 검사 2011년 법무부 검찰과 검사 2015년 서울서부지검 검사 2016년 '박근혜 정부의 최순실 등 민간인에 의한 국정농단 의혹 사건'(최순실 특검법) 파견 2017년 대전지검 검사 2017년 서울중앙지검 부부장검사 2019년 인천지검 부천지청 형사4부장(현)

**박주승(朴柱承) PARK Joo Seung**

(생)1948·12·25 (출)서울 (주)대전광역시 서구 둔산서로 95 대전을지대학병원 외과(042-259-1300) (학)1975년 서울대 의대졸 1981년 同대학원 의학석사, 의학박사(충북대) (경)1981~1997년 대전을지병원 일반외과장 및 부장 1994~1997년 同의무원장 1997~2014년 을지대 의대 외과학교실 교수 2004년 을지대학병원 개원준비위원장 2005~2008년 同원장 2008년 同명예원장 2014년 을지대 의대 외과학교실 석좌교수(현)

**박주영(朴柱泳) PARK Joo Young**

(생)1957·5·15 (출)강원 (주)강원도 원주시 일산로 20 연세대학교 원주의과대학 미생물학교실(033-741-0114) (학)1982년 연세대 의대졸 1984년 同대학원 의학석사 1992년 의학박사(연세대) (경)1985~1988년 국군수도병원 병리시험과 軍의관 1988~1991년 연세대 의대 미생물학교실 연구강사 1991~1995년 同전임강사·조교수 1994~1996년 미국 Univ. of Alabama at Birmingham 교환교수 1996~2001년 연세대 원주의과대학 미생물학교실 부교수 1996년 同원주의과대학 중앙연구실장 1999년 강원장애인스포츠후원회 회장(현) 2001년 연세대 원주의과대학 미생물학교실 교수(현) 2009년 同원주사회복지센터 소장(현) 2011~2013년 同원주의과대학장 2014년 소치장애인동계올림픽 국가대표 총감독

**박주영(朴柱永)**

(생)1968·9·1 (출)대구 (주)울산광역시 남구 법대로 55 울산지방법원(052-216-8000) (학)1987년 영신고졸 1994년 성균관대 법학과졸 (경)1996년 사법시험 합격(38회) 1999년 사법연수원 수료(28기) 1999년 변호사 개업 2006년 부산지법 판사 2009년 부산고법 판사 2011년 부산가정법원 판사 2012년 부산지법 판사 2013년 울산지법 판사 2016년 대전지법 부장판사 2019년 울산지법 부장판사(현) (저)'이것 또한 지나가리라'(2012) '어떤 양형 이유'(2019, 김영사)

**박주영(朴珠英·女)**

(생)1974·7·25 (출)서울 (주)부산광역시 연제구 법원로 31 부산지방법원 총무과(051-590-1507) (학)1993년 서울과학고졸 1998년 서울대 산업공학과졸 (경)2001년 사법시험 합격(43회) 2004년 사법연수원 수료(33기) 2004년 서울중앙지법 예비판사 2006년 서울서부지법 판사 2008년 대전지법 공주지원 판사 2011년 수원지법 판사 2015년 서울중앙지법 판사 2019년 부산지법 부장판사(현)

**박주철(朴柱哲) PARK Ju Chull**

(생)1958·6·20 (주)울산광역시 남구 대학로 93 울산대학교 공과대학 산업경영공학부(052-259-2177) (학)1981년 서울대 산업공학과졸 1983년 한국과학기술원(KAIST) 산업공학과졸(석사) 1990년 산업공학박사(한국과학기술원) (경)1983년 울산대 공과대학 산업경영공학부 교수(현) 1991~1992년 미국 Auburn대 교환교수 1994~1997년 대한산업공학회 경제성분석학술분과 위원장 2001~2004년 필정보기술(주) 대표이사 2003~2005년 현대중공업(주) 조선PIERP프로젝트 전문위원 2004년 필정보기술(주) 기술고문 2015~2016년 (재)울산창조경제혁신센터 센터장, 울산대 산업대학원장(현) (상)제6회 대한산업공학회 백암기술상(1995) (저)'산업공학용어사전'(1993, 청문각) '경제성공학'(1999, 경문사) '울산산업의 미래(共)'(2001, 울산대 출판부)

## 박주철(朴柱哲) PARK Joo Cheol

(본)밀양(密陽) (출)전남 화순 (주)서울특별시 종로구 대학로 101 서울대학교 치의학대학원 구강조직발생학교실(02-880-2335) (학)1987년 조선대 치의학과졸 1989년 同대학원졸 1996년 치의학박사(서울대) (경)1987~1990년 조선대 치대 부속치과병원 인턴·레지던트 1990~1993년 군복무(대위 예편) 1993~1995년 서울대 치대 연구원 1995~2007년 조선대 치대 전임강사·조교수·부교수 1997~1999년 일본 오카야마대 의대 분자생물학교실 객원연구원 2003~2004년 미국 뉴욕주립대 구강생물학 연구조교수 2007년 조선대 치대 교수 2007년 서울대 치의학대학원 구강조직발생학교실 부교수·교수(현) 2013~2014년 同치대 연구부원장 2015년 同산학협력단 연건분원장 2017~2019년 同치학연구소 소장 (상)대한치의학회 연송치의학상(2016) (저)'조직-발생-구강조직학'(2009) (역)'치아형태학'(2004) '구강조직학'(2015)

## 박주현(朴珠賢·女) PARK Joo Hyun

(생)1963·4·11 (출)전북 군산 (주)서울특별시 영등포구 의사당대로 1 국회 의원회관 508호(02-784-6341) (학)1981년 전주여고졸 1985년 서울대 법대졸 1990년 同대학원 법학과졸 (경)1985년 사법시험 합격(27회) 1988년 사법연수원 수료(17기) 1988년 변호사 개업 1989년 여성민우회·여성단체연합 정책위원 1992년 경제정의실천시민연합 중앙위원·상임집행위원 1995년 민주사회를위한변호사모임 사회복지특별위원장 1995년 대한변호사협회 인권위원·이사 2003년 대통령직인수위원회 국민참여센터 자문위원 2003년 대통령 국민참여수석비서관 2003~2004년 대통령 참여혁신수석비서관 2005년 YTN '박주현의 시사업클로스' 진행 2005~2007년 대통령직속 규제개혁위원회 위원 2005~2012년 시민경제사회연구소 소장 2006~2008년 대통령직속 저출산고령사회위원회 간사위원 2006~2008년 학교법인 단국대 이사 2010년 서울시교육청 인사위원회 위원 2016년 국민의당 최고위원 2016년 同당규제정TF·경선규칙TF팀장 2016년 제20대 국회의원(비례대표, 국민의당·바른미래당〈2018.2〉)(현) 2016년 국민의당 구의역스크린도어청년근로자사망사고대책특별위원회 위원장 2016~2018년 국회 기획재정위원회 위원 2017년 국민의당 정책위원회 수석부의장 2017년 同제19대 안철수 대통령후보 중앙선거대책위원회 프로젝트플랫폼 시민사회위원장 2017~2018년 同전국여성위원장 2017~2018년 同최고위원 2017년 국회 정치개혁특별위원회 위원 2018년 국회 농림축산식품해양수산위원회 위원(현) 2018년 민주평화당 수석대변인(현) 2018년 同제2정책조정위원장(현) 2018년 同예산결산위원장(현) 2019년 同4.3특별위원회 위원장(현) 2019년 同최고위원(현) (종)기독교

## 박주현(朴柱炫) PARK JU HYUN

(생)1968·1·11 (출)대구 (주)경상북도 경산시 대학로 280 영남대학교 전기공학과(053-810-2114) (학)1990년 경북대 전자공학졸 1992년 同대학원 전자공학졸 1997년 공학박사(포항공과대) (경)1997~2000년 포항공대 연구원 2000~2012년 영남대 전기공학과 조교수·부교수·교수 2004~2006년 경북테크노파크 영남대센터 부소장 2006년 대한임베디드공학회 부편집장(현) 2006년 同상임이사(현) 2006~2007년 미국 조지아공대 방문교수 2007년 Jouranl of The Franklin Institute 부편집장(현) 2008년 Applied Mathematics and Computation 부편집장(현) 2010~2014년 한국연구재단 기초연구본부 전문위원 2012년 Int. J. Control Automation Systems 편집장(현) 2012년 영남대 전기공학과 천마석좌교수(현) 2013년 BK21+ 차세대스마트메카트로닉스개발팀 사업팀장(현) 2013년 영국 공학기술학회(IET) 제어론및응용학술지 부편집장(현) 2014년 Cogent Enginering 편집장(현) 2014년 슈프링거 비선형동역학(Nonlinear Dynamics) 부편집장(현) 2017년 한국과학기술한림원 정회원(공학부)(현) 2018년 국제전기전자공학회(IEEE) 'IEEE Transactions on Fuzzy Systems' 부편집장(현) (상)미래창조과학부 '지식창조대상'(2013), 톰슨 로이터 수학분야 세계 최상위급 연구자 선정(2015)

## 박주현

(생)1969 (출)전북 임실 (주)전라북도 전주시 완산구 유연로 180 전북지방경찰청 생활안전과(063-280-8246) (학)1987년 전주해성고졸 1996년 동국대 경찰행정학과졸 2008년 同행정대학원졸 (경)경찰 임용(경찰간부후보 44기), 서울 종암경찰서·양천경찰서·용산경찰서·서대문경찰서 정보과장 2015년 서울 종로경찰서 정보과장(총경) 2016년 서울지방경찰청 치안지도관 2017년 전북지방경찰청 정보과장 2018년 전북 임실경찰서장 2019년 전북지방경찰청 생활안전과장(현)

## 박주현(朴柱鉉)

(생)1973·1·8 (출)대구 (주)서울특별시 서초구 반포대로 157 대검찰청 인권감독과(02-3480-2973) (학)1991년 대구 달성고졸 1996년 한양대 법학과졸 (경)1999년 사법시험 합격(41회) 2002년 사법연수원 수료(31기) 2002년 공익법무관 2005년 청주지검 충주지청 검사 2007년 부산지검 검사 2010년 울산지검 검사 2012년 서울중앙지검 검사 2015년 인천지검 검사 2016년 同부부장검사 2017년 대전지검 서산지청 부장검사 2018년 대구지검 형사4부장 2019년 대검찰청 인권감독과장(부장검사)(현)

## 박주형(朴柱炯) PARK Joo Hyung

(생)1959·12·22 (출)전남 강진 (주)서울특별시 서초구 신반포로 176 (주)신세계센트럴시티(02-6282-0200) (학)1977년 광주고졸 1985년 동국대 회계학과졸 2003년 연세대 국제학대학원 최고위과정 수료 2009년 미국 펜실베이니아대 와튼스쿨 최고경영자과정 수료 (경)1985년 (주)신세계 인사과 입사 1991년 同경영기획실 경영관리과장 1996년 同경영지원실 자금팀 부장 1999년 同경영지원실 경영관리팀장 2002년 同경영지원실 경영관리팀 수석부장 2002년 同경영지원실 기획담당 상무보 2004년 同경영지원실 기획담당 상무 2006년 同백화점부문 지원본부장(상무) 2007년 同백화점부문 지원본부장(부사장) 2008년 同백화점부문 본점장(부사장) 2011년 同이마트부문 전략경영본부장(부사장) 2011년 (주)이마트 경영지원본부장(부사장) 2013년 (주)신세계 지원본부장(부사장) 2014년 同신규사업본부장 겸임 2016년 (주)센트럴시티 대표이사 2016년 센트럴관광개발(주) 대표이사(현) 2016년 서울고속버스터미널(주) 대표이사(현) 2018년 (주)신세계센트럴시티 대표이사(현) (종)기독교

## 박주환(朴珠煥) PARK Joo Hwan

(생)1943·8·20 (본)밀양(密陽) (출)경남 창녕 (주)서울특별시 서초구 서초중앙로 160 법률센터 703호 박주환법률사무소(02-3476-1300) (학)1962년 경북고졸 1967년 서울대 법과대학 법학과졸, 同대학원 법학과졸, 同행정대학원 발전정책과정 수료 (경)1969년 사법시험 합격(10회) 1971년 대전지검 검사 1973년 서울지검 인천지청 검사 1975년 대전지검 천안지청 검사, 서울지검 의정부지청 검사 1980년 서울지검 검사 1982년 대전지검 서산지청장 1983년 법무부 인권과장 1986년 대검찰청 형사2과장 1987년 인천지검 형사2부장 1988년 부산지검 형사1부장 1989년 서울지검 남부지청 형사2부장 1990년 同공판부장 1991년 同조사부장 1992년 전주지검 차장검사 1993년 서울고검 검사 1993년 서울지검 남부지청장 1994년 대구고검 차장검사 1995년 서울고검 차장검사 1997년 제주지검장 1997년 대검찰청 형사부장 1998년 울산지검장 1999년 대전지검장 1999년 전주지검장 2000~2001년 법제처장 2001년 변호사 개업(현) (저)'회사법상 특별배임죄에 관한 소고' '민사법률구조의 현대적 경향과 정책방안' '최근 강력범죄의 특성과 대책' (종)불교

**박 준(朴 焌) PARK Joon**

(생)1948·3·29 (출)울산 (주)서울특별시 동작구 여의대방로 112 (주)농심 부회장실(02-820-7003) (학)1966년 경남고졸 1971년 중앙대 사회복지학과졸 (경)1984년 농심 미국(샌프란시스코)지사장 1986년 同국제부장 1991년 同이사·해외사업부장 1996년 同상무이사·국제영업본부장 2000년 同전무이사·국제영업본부장 2002년 同부사장 2005년 同국제담당 사장 2008년 농심홀딩스 USA사장·농심아메리카 사장 2010년 (주)농심 회장실장·국제사업총괄 사장 2012년 同대표이사 사장 2016년 同대표이사 부회장(현)

**박 준(朴 埈) Park Joon**

(생)1956·9·22 (출)경북 성주 (주)대구광역시 북구 영송로 47 대구과학대학교 총장실(053-320-1721) (학)대구상고졸, 영남대 경제학과졸, 동국대 대학원 행정학과졸 (경)교육인적자원부 총무과 사무관 2005년 同총무과 서기관 2005년 부경대 서기관 2007년 교육인적자원부 정책홍보관리실 재정총괄팀장 2008년 교육과학기술부 재정총괄팀장 2009년 同전문대학지원과장 2009년 同평생직업교육국 전문대학정책과장 2011년 同전문대학과장 2011~2012년 同감사총괄담당관(부이사관) 2012년 경북도 부교육감(일반직고위공무원) 2013년 교육부 대학지원실 대학지원관 2013년 대구과학대 유아교육학과 교수 2014년 同부총장 2014년 同총장 직무대행 2016년 同총장(현) 2017~2018년 해병대학·군협약대학협의회 회장

**박준구(朴寯求) PARK Jun Ku**

(생)1961·1·10 (주)대전광역시 유성구 엑스포로 325 SK바이오텍(주) 사장실(042-866-7505) (학)고려고졸, 연세대 화학공학과졸, 同대학원 화학공학과졸, 계측제어공학박사(미국 노스웨스턴대) (경)SK(주) 생산기술개발그룹 책임연구원, 同정밀화학연구팀 수석연구원, 同CRD연구소 수석연구원 2009년 同CMS사업부 CMS생산담당 상무 2011년 SK바이오팜 CMS사업부장 2015년 SK바이오텍(주) 대표이사 2016년 同대표이사 전무 2018년 同대표이사 사장(현)

**박준동(朴晙東) June Dong Park**

(생)1963·5·19 (본)강릉(江陵) (출)강원 강릉 (주)서울특별시 종로구 대학로 101 서울대학교병원 소아청소년과(02-2072-3359) (학)1982년 강릉고졸 1988년 서울대 의대졸 1997년 同대학원 의학석사 1999년 의학박사(서울대) (경)1988~1991년 경기 파주보건소 공중보건의 1991~1996년 서울대병원 소아과 인턴·레지던트 1996년 同소아과 신생아학전공 전임의 1998~2000년 서울시립보라매병원 소아과 전담의 1998년 서울대 의대 소아과학교실 초빙전임강사·조교수·부교수·교수(현) 2000~2004년 同소아중환자진료실장 2003~2004년 미국 미시간대 소아병원 소아중환자실 교환교수 2005년 대한심폐소생협회 PLS위원장(현) 2010년 서울대병원 홍보실 홍보담당 2011년 대한소아중환자의학회 회장(현) 2012~2013년 서울대 의대 대외협력실장 2014년 대한소아응급의학회 초대회장(현) (저)'신생아보조환기요법'(1998) '신생아 집중치료 지침서'(2003) '중환자의학'(2010)

**박준모(朴埈模) Park Jun Mo (旦石)**

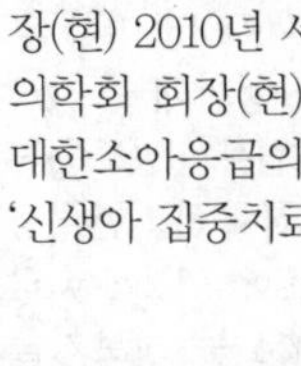

(생)1955·12·29 (본)반남(潘南) (출)충남 천안 (주)서울특별시 서초구 서초중앙로29길 10 백산빌딩 법무법인(우) 강남(02-6010-7000) (학)1973년 천안고졸 1979년 고려대 법학과졸 1993년 서울대 사법발전과정 수료 2010년 건국대 부동산대학원 부동산학과졸 2013년 부동산학박사(서울벤처대학원대) (경)1982년 사법시험 합격(24회) 1984년 사법연수원 수료(14기) 1985년 인천지검 검사 1987년 대전지검 공주지청 검사 1988년 서울지검 의정부지청 검사 1990년 대구지검 검사 1992년 서울지검 동부지청 검사 1993년 국방대학원 파견 1994년 서울지검 동부지청 검사 1995년 수원지검 검사 1997년 서울고검 검사 1998년 창원지검 특수부장 1999년 인천지검 강력부장 2000년 사법연수원 교수 2002년 서울지검 북부지청 형사5부장 2003년 同북부지청 형사1부장 2003년 청주지검 제천지청장 2004년 서울고검 검사 2005년 광주고검 검사 2005년 법무부 통합형사사법체계구축기획단장 파견 2006년 서울중앙지검 부장검사 2007년 서울고검 검사 2009~2010년 부산고검 검사 2010년 교육과학기술부 감사관 2013~2015년 교육부 감사관 2015년 서울고검 검사 2017~2018년 부산고검 검사 2019년 법무법인(유) 강남 구성원변호사(현) (상)검찰총장표창(1991), 법무부장관표창(1996), 홍조근정훈장(2007)

**박준민(朴埈民)**

(생)1966·4·12 (출)경남 김해 (주)서울특별시 송파구 법원로 101 서울동부지방법원(02-2204-2102) (학)1985년 경남고졸 1989년 서울대 공법학과졸, 同법과대학원졸 (경)1996년 사법시험 합격(38회) 1999년 사법연수원 수료(28기) 1999년 인천지법 판사 2001년 서울지법 남부지원 판사 2003년 부산지법 판사 2006년 서울중앙지법 판사 2008년 서울북부지법 판사 2010년 서울중앙지법 판사, 서울서부지법 판사 2011~2013년 헌법재판소 파견 2014년 부산지법 부장판사 2016년 인천지법 부장판사 2019년 서울동부지법 부장판사(현)

**박준배(朴俊培) Bark, June Bae**

(생)1956·1·5 (주)전라북도 김제시 중앙로 40 김제시청 시장실(063-540-3201) (학)1975년 전주고졸 1987년 한국방송통신대 행정학과졸 1994년 전북대 행정대학원 행정학과졸 2002년 행정학박사(전북대) (경)1997년 전북도 기획관리실 기획계장 2000년 同경제통상국 산업정책과장 2003년 同경제통상실 투자통상과장 2004년 同경제통상실 경제정책관 2006~2007년 세계물류박람회 조직위원회 사무총장 2007년 전북도 새만금개발국장, 민주당 김제·완주지역위원회 부위원장 2014년 전북 김제시장선거 출마(새정치민주연합) 2016년 더불어민주당 김제·부안지역위원회 상임부위원장 2018년 同부대변인 2018년 전북 김제시장(더불어민주당)(현) (상)전북도지사표창(1981·1982·1983·1984·1989), 전북공무원교육원장표창(1982), 국무총리표창(1984), 내무부장관표창(1988), 대통령표창(2004), 행정안전부장관표창(2010), 홍조근정훈장(2013)

**박준봉(朴準奉) PARK Joon Bong (姿炫)**

(생)1954·10·15 (본)밀양(密陽) (출)경북 (주)서울특별시 강동구 동남로 892 강동경희대학교병원 치과병원 치주과(02-440-6201) (학)1971년 대륜고졸 1977년 경희대 치과대학졸 1980년 同대학원졸 1986년 치의학박사(경희대) (경)1977년 경희대부속 치과병원 치주과 수련의·전문의과정 수료 1980년 육군 59후송병원 치무대 치주과장 1981년 대구국군통합병원 치과부 치주과장 1983~1993년 경북대 치과대학 치의학과 전임강사·조교수·부교수 1983~1993년 同병원 치주과장 1984~1986년 同유전공학연구실 운영위원 1986~1987년 미국 캘리포니아주립대(UCLA) 치과대학 교환교수 1988~1989년 경북대 치과대학 교무과장 1988~1998년 同치과대학 학생과장 1990년 일본 오사카대 치학부 객원연구원 1990년 경북대병원 진료부 차장 1991~1992년 미국 뉴욕주립대(Suny at Buffalo) 치과대학 교환교수 1993년 경희대 치과대학 치주과학교실 부교수·교수(현) 1994년 일본 아사히대 치학부 객원연구원 1996년 경희대부속 치과병원 교학부장 1996년 대한치주연구소 이사 1996~1997년 대한공직치과의사회 재무이

사 1997년 대한치주과학회 총무이사 1998년 경희대부속 치과병원 치주과장 2000~2001년 同교육부장 2001년 대한치주과학회 부회장 2005년 강동경희대병원 치과병원 치주과 의사(현) 2006년 경희대부속 동서신의학병원 치과병원장 2007~2009년 대한치주과학회 회장 2009~2014년 경희대 치의학전문대학원장 2009~2014년 同치과대학장 2011~2012년 한국치과대학장·치의학전문대학원장협의회 회장 2011~2013년 대한노년치의학회 회장 2013~2014년 전국치주과학교수협의회 회장 2014~2019년 의료지도자협의체 이사겸 기획위원장 2015~2017년 대한치과의사학회 회장 2015~2017년 외교부 시니어공공외교단 단원 (저)'치주과학'(2015) (역)'임상치주 임플란트학'(2010) (종)가톨릭

### 박준상(朴俊相) Park Joon Sang

(생)1972·9·18 (출)서울 (주)서울특별시 구로구 경인로 430 고척스카이돔구장內 키움 히어로즈(02-3660-1000) (학)미국 더낙스(The Knox School)고졸, 미국 뉴욕대 정치외교학과졸 (경)(주)대우 국제금융팀 근무, 안랩 기획팀장, 아서디리틀 코리아지사장, 프로야구 넥센 히어로즈 부사장 2018년 同대표이사 사장 2019년 키움 히어로즈 대표이사 사장(현)

### 박준석(朴埈奭) PARK Jun Seok

(생)1959·3·23 (출)인천 (주)서울특별시 구로구 디지털로26길 72 우림이비지센터1차 5층 NHN한국사이버결제(02-2108-1000) (학)인하대 산업공학과졸 (경)(주)LG소프트 근무, LG-EDS시스템(주) 근무, 한국사이버페이먼트(주) 이사 2005년 (주)시스네트 영업총괄 이사 2006년 (주)한국사이버결제 영업총괄 이사 2008년 同온라인사업총괄 이사 2010년 同온라인사업총괄 상무 2013년 同B2C사업본부장(상무) 2014년 同O2O가맹본부장(전무) 2017년 NHN한국사이버결제 대표이사(현)

### 박준석(朴俊奭) PARK Joon Suk

(생)1975·9·3 (본)밀양(密陽) (출)경북 경산 (주)제주특별자치도 제주시 남광북5길 3 제주지방법원 총무과(064-729-2423) (학)1994년 대원외고졸 1999년 서울대 사법학과졸 (경)1999년 사법시험 합격(40회) 2002년 사법연수원 수료(31기) 2002년 軍법무관 2005년 부산지법 판사 2008년 수원지법 판사 2012년 서울북부지법 판사 2015년 서울행정법원 판사 2017년 광주지법 순천지원·광주가정법원 순천지원 부장판사 2019년 제주지법 부장판사(현)

### 박준선(朴俊宣) PARK Jun Seon

(생)1966·6·23 (본)밀양(密陽) (출)충남 논산 (주)서울특별시 서초구 법원로3길 15 영포빌딩 501호 박준선법률사무소(02-6954-2258) (학)1985년 성동고졸 1989년 서울대 법과대학 사법학과졸 (경)1992년 사법시험 합격(34회) 1994년 사법연수원 수료(24기) 1995년 광주지검 검사 1997년 부산지검 울산지청 검사 1998년 울산지검 검사 1999년 서울지검 검사 2002년 호주 시드니법대 객원연구원 2002년 법무부 국제법무과 검사 2005~2017년 법무법인 홍윤 대표변호사 2005년 대한변호사협회 이사·인권위원 2005년 대통령직속 진실과화해를위한과거사정리위원회 위원 2007년 제17대 대통령직인수위원회 법무행정분과위원회 자문위원 2008년 제18대 국회의원(용인 기흥, 한나라당·새누리당) 2008~2009년 한나라당 원내부대표, (사)한국장애인연맹(한국DPI) 이사, 세계한민족공동체재단 부총재, 한민족미래지도자연대 중앙회장, 단국대 정치외교학과 겸임교수, 국민성공실천연합 공동대표, 한나라당 인권위원 2009년 同일자리만들기나누기지키기특별위원회 위원 2010~2012년 국회 법제사법위원회 위원 2010년 한나라당 공천제도개혁특별위원회 대변인, 同법제사법정책조정위원회 부위원장 2011년 국회 정치개혁특별위원회 위원 2011년 한나라당 헌법개정특별위원회 위원 2011~2012년 同경기도당 윤리위원장 2016년 새누리당 서울동대문乙당원협의회 운영위원장 2016년 제20대 국회의원선거 출마(서울 동대문구乙, 새누리당) 2017년 바른정당 당무본부장 2017년 同제19대 유승민 대통령후보 중앙선거대책위원회 법률지원단 부단장 2017년 변호사 개업(현) 2018년 바른미래당 서울동대문구乙지역위원회 공동위원장 2019년 (주)한화 사외이사(현) (상)전국지역신문협회 의정대상(2009), 국정감사 우수국회의원상(2009) (저)'사랑하는 딸들에게 건네주는 아빠의 세상'

### 박준성(朴埈成) PARK Joon Sung

(생)1954·4·25 (본)밀양(密陽) (출)경북 군위 (주)세종특별자치시 한누리대로 422 중앙노동위원회(044-202-8201) (학)1971년 경북고졸 1977년 영남대 경영학과졸 1979년 서울대 대학원 경영학과졸 1988년 경영학박사(서울대) (경)1977~1979년 한국행동과학연구소 연구원 1982~1983년 한국방송통신대 경영학과 조교 1983~1984년 관동대 경영학과 전임강사 1984~1993년 성신여대 경영학과 조교수·부교수 1988년 同경영학과장 1993년 일본 一橋大 객원연구원 1994~2016년 성신여대 경영학과 교수 1994~2003년 同경영연구소장 1999년 同전산원장 2000~2007년 디지털엠지티(주) 대표이사 겸임 2001년 노사정위원회 비정규직근로자대책특별위원회 위원 2003~2005년 성신여대 인력대학원장 2003~2006년 서울지방노동위원회 공익위원 2005년 한국인사조직학회 회장 2008년 한국노사관계학회 회장 2010~2011년 노동부 최저임금위원회 위원 2010년 경제사회발전노사정위원회 중소기업고용개선위원장 2010년 同노사문화선진화위원회 위원장 2011~2016년 고용노동부 최저임금위원회 제8·9·10대 위원장 2016년 중앙노동위원회 위원장(장관급)(현) (상)황조근정훈장(2012) (저)'임금체계 개선사례'(1992) '경쟁력강화를 위한 신인사관리'(1992) '경영학연습' '인재육성형 신인사제도'(1995) '일본적 인사노무관리의 비밀'(1995) '인터랙티브 인사평가시스템' '21세기형 인적자원관리'(2000) '인사평가시스템'(2004, 명경사) '임금관리 이론과 실제'(2004, 명경사) '임금체계'(2015, 명경사) (역)'직능자격제도 매뉴얼'(2000) '성과평가시스템' '연봉제'(2000)

### 박준성(朴俊性) PARK June Sung

(생)1954·11·10 (본)상주(尙州) (출)서울 (주)경기도 성남시 분당구 삼평동 대왕판교로 670 한국소프트웨어기술진흥협회(031-606-9311) (학)1973년 경기고졸 1979년 서울대 경영학과졸 1983년 同대학원 경영학과졸 1988년 전산학·시스템공학박사(미국 오하이오주립대) (경)1978~1983년 한국개발금융 기획담당·국제경제연구원·한국산업기술경제연구원 근무 1981~1983년 현대엔지니어링 고문 1984~1987년 미국 오하이오주립대 전산센터 근무 1987~1989년 미국 루이지애나주립대 조교수 1989~2000년 미국 아이오와대 경영대 부교수(종신교수) 1993년 미국 Telecommunication Systems·Information Technology and Management 학술지 편집인(현) 1994년 미국 세계인명사전 'Marquis Who's Who in Science and Engineering'·'Who's Who in the Media and Communications'에 등재 1995~2000년 미국 오하이오주립대·한국과학기술원·포항공과대·중국 청화대 초청교수 1995~2015년 기획예산처·국방부·산업통상자원부·정보통신부·지식경제부·미래창조과학부·한국전산원·한국통신·현대정보기술·삼성생명·삼성전자·LG전자·미국 Unisys·Rockwell Collins·HON Industries·Microsoft·HP Software 등 정보기술 자문 1998~2000년 미국 OR/경영과학학회(INFORMS)산하 통신시스템연구회장 2001~2005년 삼성SDS 첨단SW공학센터장·기술지원본부장(상무이사) 2006~2009년 同생산성혁신본부장(전무이사·CTO·CKO) 2009년 한국정보과학회 부회장 2009년 한국소프트웨어기술진흥협회(KOSTA) 부회장(현) 2009년 한국공개소프트웨어추진협의회 운영위원 2009년 공공부문클라우드컴퓨팅추진협의회

운영위원 2010~2018년 한국과학기술원(KAIST) 산업및시스템공학과 S급초빙교수 겸 전산학과 겸임교수 2010년 지식경제부 IT정책자문위원 2010년 同WBS과제기획위원 2010년 한국SW기술훈련원 원장(현) 2011년 지식경제부 산업원천기술로드맵 지식서비스분과위원장 2012년 同클라우드산업포럼 도입확산분과 위원장 2013년 한국과학기술원·미래창조과학부 스마트모바일클라우드릿연구프로그램 총괄책임자(현) 2013년 미래창조과학부 클라우드지원센터 자문위원장 2013년 국제SW방법론및이론협회(SEMAT) 회장 2014년 산업통상자원부 시험인증전략기획단 2014년 행정자치부 전자정부민관협력포럼 클라우드분과 위원장 2015년 OMG Essence 국제표준TF 위원장 2015년 산업통상자원부 자체평가위원 2015년 국방부 IT자문위원 2016년 미래창조과학부 글로벌SaaS육성프로젝트(GSIP) 기획위원장(현) 2016년 인천국제공항공사 IT자문위원 2016년 미래창조과학부 클라우드CEO아카데미 기획 및 강의 2018년 미국 세계인명사전 'Marquis Who's Who in the World'에 등재 2018년 한국소프트웨어기술진흥협회(KOSTA) 회장 직대 2019년 同공동회장(현) (상)서울대 총동창회장표창(1979), SW산업유공자 국무총리표창(2004), 한국SW산업협회 한국소프트웨어기술인대상(2006), 한국정보과학회 기술상(2008), 한국IT서비스학회 IT학술연구상(2012) (저)Essence and Art of Agile Development(2019) (종)기독교

**박준성(朴晙盛) Park, Jun Seong**

(생)1970·8·14 (본)밀양(密陽) (출)서울 (주)세종특별자치시 갈매로408 교육부 운영지원과(044-203-6508) (학)1989년 경복고졸 1996년 국민대 교육학과졸 2013년 미국 플로리다주립대 대학원 교육정책학과졸 (경)2001년 교육인적자원부 전문대학지원과 사무관 2004년 同정책총괄과 사무관 2005년 同BK21추진단 사무관 2006년 同장관정책보좌관실 사무관 2007년 재정경제부 경제자유구역기획단 사무관 2008년 교육과학기술부 기획담당관실 서기관 2009년 강릉원주대 기획평가과장(서기관) 2013년 안동대 기획과장(서기관) 2014년 교육부 홍보기획팀장(서기관) 2015년 同기획담당관(부이사관) 2017년 駐미국 시카고 한국교육원 파견(부이사관)(현) (상)근정포장(2016) (종)가톨릭

**박준숙(朴俊淑·女) PARK Jun Sook**

(생)1956·11·29 (본)밀양(密陽) (주)대전광역시 중구 계룡로771번길 77 을지대학교 의과대학 산부인과학교실(042-259-1107) (학)1981년 한양대 의대졸 1986년 同대학원졸 1998년 의학박사(일본 도호대) (경)1986~1988·1997년 을지대학병원 산부인과장 1997~2000년 을지대 의과대학 산부인과학교실 부교수 1997~2004년 同모자보건센터 소장 1999~2001년 同의과대학 부학장 2001년 同의과대학 산부인과학교실 교수(현) 2001~2002년 同부총장 2008~2010년 을지대병원장 2010~2013년 을지의료원장 2011년 을지대 의무부총장 2013년 범석학술장학재단 이사장(현) (종)기독교

**박준식(朴濬植) Park Joon-Shik**

(생)1960·4·30 (출)강원 춘천 (주)강원도 춘천시 한림대학길 1 한림대학교 사회과학대학 사회학과(033-248-1743) (학)1983년 연세대 사회학과졸 1985년 同대학원 사회학과졸 1991년 사회학박사(연세대), 박사(미국 시카고대) (경)1993~1994년 미국 시카고대 박사 후 과정 수료 1994년 한림대 사회과학대학 사회학과 전임강사·조교수·부교수, 同사회과학대학 사회학과 교수(현) 2003년 同한림과학원 부원장 2003년 同사회과학부장 2003년 同사회과학연구소장 2003년 同고령사회연구소장 2004년 대통령자문 빈부격차차별시정위원회 민간위원 2007년 한림대 기획처장 2010년 同국제교육원장 2010년 강원도의회 사회문화의정자문단 2014~2016년 한림대 사회과학대학장, 경제인문사회연구회 기획평가위원 2012~2014년 지역사회학회 회장·이사 2017~2019년 한림대 비전협력처장 2017~2019년 대통령직속 정책기획위원회 포용사회분과 위원 2019년 고용노동부 최저임금위원회 위원장(현) (저)'생산의 정치와 작업장 민주주의' '세계화와 노동체제' '구조조정과 고용조정의 국제비교' (역)'미국기업의 작업현장 혁신'

**박준연(朴俊緣)**

(생)1973·4·28 (출)광주 (주)경기도 안산시 단원구 광덕서로 68 삼영빌딩 법무법인 다일(031-475-7400) (학)1991년 광주 대동고졸 1995년 경희대 법학과졸 (경)1999년 사법고시 합격(41회) 2002년 사법연수원 수료(31기) 2002년 다일합동법률사무소 변호사, 경기 안산시 고문변호사 2015년 안산도시공사 비상임이사, 법무법인 다일 대표변호사(현), 경기도의회 고문변호사(현) 2019년 경기 안산시의회 법률고문(현)

**박준영(朴準永) PARK Jun Young**

(생)1952·5·12 (출)인천 (주)전라북도 군산시 임해로 333 군장에너지(주) 사장실(063-460-7215) (학)1973년 남성고졸 1980년 전북대 화학공학과졸 (경)1998년 동양화학공업 군산공장 부공장장(이사) 2001년 동양제철화학(주) 군산공장장(상무) 2005년 同군산공장장(전무) 2009~2011년 (주)OCI 군산공장장(부사장) 2012년 군장에너지(주) 대표이사 사장(현) (상)산업포장(2004)

**박준용(朴俊勇) Park Joon-yong**

(생)1963·6·10 (주)서울특별시 종로구 사직로8길 60 외교부 인사운영팀(02-2100-7146) (학)1982년 순천고졸 1986년 한국외국어대 영어과졸 1988년 서울대 대학원 행정학과졸(석사) (경)1986년 외무고시 합격(20회) 1987년 외무부 입부 1993년 중국 북경어언학원 연수 1994년 미국 워싱턴대 연수 1995년 駐중국 2등서기관 1998년 駐벤쿠버 영사 2002년 駐미얀마 참사관 2004년 외교통상부 서남아대양주과장 2005년 同장관 보좌관 2007년 駐오스트리아 참사관 2009년 駐중국 공사참사관 2012년 외교통상부 동북아시아국 심의관 2012년 同동북아시아국장 2013년 외교부 동북아시아국장 2014년 駐중국 공사 2017년 국가안보실 정책조정비서관 겸 국가안전보장회의(NSC) 사무차장 2017년 駐샌프란시스코 총영사(현)

**박준용(朴賰瑢) PARK Jun Yong (厚敏)**

(생)1965·1·1 (본)밀양(密陽) (출)울산 (주)부산광역시 연제구 법원로 31 부산고등법원(051-590-1114) (학)1983년 울산 학성고졸 1987년 서울대 법학과졸 1989년 同대학원 법학과졸 (경)1991년 사법시험 합격(33회) 1994년 사법연수원 수료(23기) 1994년 부산지법 판사 1996년 同동부지원 판사 1998년 울산지법 판사 2002년 일본 히토쯔바시대 연수 2004년 부산고법 판사 2007년 부산지법 판사 2009년 同부장판사 2011년 부산고법 판사 2017년 대구고법 부장판사 2019년 부산고법 부장판사(현)

**박준원(朴準遠) PARK Joon Won**

(생)1957·1·8 (주)경상북도 포항시 남구 청암로 77 포항공과대학교 화학과(054-279-2119) (학)1979년 서강대 이학과졸 1981년 한국과학기술원 이학과졸(석사) 1988년 이학박사(미국 California Institute of Technology) (경)1981~1984년 럭키중앙연구소 연구원·선임연구원 1984~1988년 California Institute of Technology 연구조교·교육조교 1988~1990년 미국 Northwestern Univ. 박사 후 연구원 1990년 포항공대 화학과 교수(현), 同시스템생명공학대학원 교수 겸임(현) 1998~1999년 미국 Massachusetts Institute of Technology(MIT) 방

ㅂ

문학자 2001~2009년 포항공대 바이오나노텍연구센터장 2006~2008년 기술지주회사 NSB POSTECH CEO 2008년 同기술고문(현) 2009년 Nanogea, Inc.(California C Corp.) Head of Science Adivisors(현) 2011년 (주)LG화학 기술고문 2011~2018년 포스텍·가톨릭대 의생명공학연구원 부원장 2012년 대한화학회 이사 2012년 同무기화학분과 회장 2012~2016년 포스텍 이학장 2012~2013년 가톨릭대 암연구소 자문위원 2012년 대한나노의학회 감사 2013년 한국바이오칩학회 고문(현) 2013년 삼성미래기술육성센터 소재부문분과 위원장(현) 2014년 대한화학회 국제협력위원장 2018년 포스텍·가톨릭대 의생명공학연구원장(현) 2018년 대한나노의학회 회장(현) 2019년 포항공대 부총장(현) (상)서강대 관구장상(1979), 밝은 빛 이용 우수연구논문(1999), 대한화학회 무기화학분과 우수연구상(2001), 대한민국특허기술대전 국무총리표창(2002), 나노코리아 2007연구혁신분야 조직위원상(2007), 자랑스러운 포스테키안상 봉사부문(2007), 나노코리아 2008공로분야 조직위원장상(2008), 특허청장표창(2009), 대한화학회 학술상(2015) (저)'무기화합물 명명법'(共)

**박준하(朴俊夏) Park, Junha**

(생)1961·2·20 (출)경북 상주 (주)인천광역시 남동구 정각로 29 인천광역시청 행정부시장실(032-440-2010) (학)1980년 수원농림고졸 1984년 건국대 사료학과졸 (경)2000년 행정자치부 행정능률과 서기관 2004년 중앙인사위원회 성과후생국 성과기획과장 2006년 同정책홍보관리관실 혁신인사기획관 2007~2008년 同정책홍보관리실 혁신인사기획관(부이사관) 2009년 행정안전부 인력개발기획과장 2012년 同국가기록원 대통령기록관장 2013년 안전행정부 국가기록원 대통령기록관장 2013년 인천시 기획관리실장 2014년 同기획조정실장 2015년 교육 파견 2016년 대통령소속 국민대통합위원회 기획정책국장(고위공무원) 2016년 행정자치부 정책기획관 2017년 행정안전부 정책기획관 2017년 同정부청사관리본부장 2018년 인천시 행정부시장(현)

**박준현(朴埈賢) PARK Joon Hyun (芝峰)**

(생)1944·3·19 (본)함양(咸陽) (출)일본 오사카 (주)경상북도 경주시 알천북로 345 경북신문(054-748-7901) (학)고려대 대학원 경영학과졸 (경)매일신문 사회2부장, 同편집국 부국장, 同국장대우, 同동부본부장(국장급), 同편집위원, (사)경주지역발전협의회 부회장 2005~2019년 고려대교우회 포항시지부 운영위원, 同경주시지부 산악회장 2009년 경북일보 부사장 2013~2015년 (사)경주지역발전협의회 회장 2013년 경도일보 대표이사 사장 2014년 경북신문 대표이사 사장(현) (상)내무부장관 감사장, 행정자치부장관 감사장, 문화관광부장관 감사장, 대통령표창, 경주시 문화상 (종)천주교

**박준형(朴埈亨) PARK Joon Hyung (懸谷)**

(생)1936·10·3 (본)밀양(密陽) (출)경북 경산 (주)서울특별시 송파구 백제고분로 362 신라교역(주) 비서실(02-3434-9900) (학)1957년 경북고졸 1963년 동국대 경제학과졸 1977년 서울대 경영대학 최고경영자과정(AMP) 수료 1996년 명예 경제학박사(동국대) (경)1963~1967년 명화직물 대표이사 1967~2018년 신라교역 대표이사 회장 1978년 신라문화장학재단 이사장(현) 1991~1999년 서울상공회의소 상임의원 1991~1994년 同무역위원회 위원장 1991~1995년 전국경제인연합회 이사 1992~1994년 한국원양어업협회 회장 1995년 駐韓콩고공화국 명예영사 2010년 신라에스지(주) 회장(현) 2018년 신라교역(주) 회장(현) (상)대통령표창, 은탑·금탑산업훈장, 한국능률협회 최우수 기업상(1987), 자랑스러운 동국인상(2008), 한국경영학회 올해의 기업가상, 제1회 국제거래신용대상, 인사관리학회 경영자대상(2013) (저)'한국경제의 새로운 도약을 위하여' (종)불교

**박준형(朴俊亨) PARK Jun Hyoung**

(생)1952·8·25 (출)서울 (주)서울특별시 서초구 반포대로 235 효성화학(주) 대표이사 사장실(02-707-7000) (학)1970년 경복고졸 1974년 서울대 화학공학과졸 (경)1976년 대림산업(주) 입사 1995년 同이사대우 1996년 同석유화학사업부 이사·상무보·상무이사 2000년 同대표이사 부사장 2001~2006년 대림H&L 대표이사 2004~2007년 대림코퍼레이션 대표이사 사장 2008~2009년 (주)효성 화학부문 사장 2018년 효성화학(주) 대표이사 사장(현)

**박준호(朴埈暭) Junho Park**

(생)1972·9·29 (주)세종특별자치시 갈매로 477 기획재정부 예산실 예산정책과(044-215-7130) (학)1998년 고려대 경제학과졸 2012년 경제학박사(영국 요크대) (경)1998~2008년 기획예산위원회·기획예산처 사무관 및 서기관 2012~2016년 국무조정실·대통령비서실 서기관 2016년 기획재정부 예산기준과장 2017년 同복지예산과장 2018년 同고용환경예산과장 2019년 同예산실 예산정책과장(현)

**박준호(朴浚晧)**

(생)1974·7·10 (주)경상남도 창원시 의창구 상남로 290 경상남도의회(055-211-7378) (학)인제대 경영통상학과졸 (경)김경수 국회의원 정책특별보좌관, 김해시체육회 사무국장, 더불어민주당 경남도당 지역복지발전특별위원장 2018년 경남도의회 의원(더불어민주당)(현) 2018년 同경제환경위원회 위원(현) 2018년 同더불어민주당 원내총무(현)

**박준효(朴埈孝) PARK Joon Hyo**

(생)1962·12·14 (출)전남 진도 (주)세종특별자치시 한누리대로 422 고용노동부 감사관실(044-202-7700) (학)1981년 전주고졸 1985년 서울대 법학과졸 1987년 同대학원졸 (경)1986년 사법시험 합격(28회) 1989년 사법연수원 수료(18기) 1989년 軍법무관 1992년 부산지검 동부지청 검사 1994년 광주지검 순천지청 검사 1996년 서울지검 검사 1998년 제주지검 검사 2000년 대통령 민정수석비서관실 법무이사관 2001년 전주지검 정읍지청장 2002년 서울지검 부부장검사 2003년 서울고검 검사 2005년 서울북부지검 형사6부장 2006~2007년 서울중앙지검 조사부장 2007년 법무법인 조은 변호사 2010~2017년 법무법인(유)원 변호사 2017년 고용노동부 감사관(현)

**박준훈(朴俊勳)**

(생)1957·3·25 (출)서울 (주)충청북도 충주시 대학로 50 한국교통대학교 총장실(043-841-5325) (학)성균관대졸, 同대학원졸, 박사(성균관대) (경)1983~1991년 삼성전자(주) 종합연구소 선임연구원 1991~2012년 충주대 제어계측공학과 교수 2007~2010년 同첨단과학기술대학장 2012~2018년 한국교통대 융합기술대학 전자공학과 교수, 同LINC사업단장 2018년 同총장(현)

**박준훈(朴俊薰)**

(주)대구광역시 달서구 이곡공원로 54 대구지방조달청 청장실(053-589-6677) (학)1982년 김천고졸 1996년 고려대 행정대학원 정책학과졸 (경)조달청 비축구매전문관, 同신기술구매팀 사무관 2015년 同감사담당관실 서기관, 同국유재산기획조사과 서기관 2016년 同비서관 2018년 同신기술서비스국 우수제품구매과장 2019년 대구지방조달청장(현) (상)혁신조달인 학습동아리부문 우수상(2007)

## 박준희(朴俊熙) PARK Jun Hee

(생)1963·6·27 (본)밀양(密陽) (출)전남 완도 (주)서울특별시 관악구 관악로 145 관악구청 구청장실(02-879-5011) (학)1980년 완도 금일고졸 1989년 경기대 경제학과졸 2001년 동국대 행정대학원 행정학과졸 (경)오산심장사랑협회 부회장, 새정치국민회의 서울관악甲지구당 정책실장, 열린우리당 서울시당 지방자치위원장, 서울 관악구 도시계획심의위원, 이훈평 국회의원 환경정책특별보좌역, 내외뉴스 환경자문위원, 열린우리당 유기홍 국회의원 환경정책특별보좌역 1998·2002년 서울시 관악구의회 의원, 同조례심사소위원회 위원장 2000~2001년 同총무보건사회위원회 위원장 2004년 同예산결산특별위원회 위원장 2006년 서울시의원선거 출마(열린우리당) 2010년 서울시의회 의원(민주당·민주통합당·민주당·새정치민주연합) 2010·2012년 同교통위원회 위원 2010년 同CNG버스안전운행지원특별위원회 위원 2010년 同인권특별위원회 위원 2011~2012년 同예산결산특별위원회 위원장 2011~2012·2013년 同윤리특별위원회 위원 2014년 새정치민주연합 중앙당 정책위원회 부의장 2014~2018년 서울시의회 의원(새정치민주연합·더불어민주당) 2014년 同도시계획관리위원회 위원 2014년 同예산결산특별위원회 위원 2015~2016년 同남산케이블카운영사업독점운영및인허가특혜의혹규명을위한행정사무조사특별위원회 위원장 2015년 同청년발전특별위원회 위원 2016년 同환경수자원위원회 위원장 2017년 同면목선등경전철건설사업조속추진지원을위한특별위원회 위원, 더불어민주당 중앙당 정책위원회 부의장 2018년 서울시 관악구청장(더불어민주당)(현) 2019년 (재)관악문화재단 이사장(현) (상)대한민국소비자평가우수대상 지방자치단체 행정부문(2018) (종)기독교

## 박중겸(朴中謙) PARK Jung Gyum

(생)1948·7·5 (주)충청북도 청주시 흥덕구 2순환로 1262 하나병원(043-230-6114) (학)전남대 의대졸, 의학박사(연세대) (경)미국 피츠버그의대 신경외과 연수, 한양대 의대 신경외과학교실 전임강사, 청주 한국병원장, 연세대 의대 신경외과학교실 외래교수, 동아대 의대 신경외과학교실 외래교수, 청주 신남궁병원 개설·원장, 충북도의사회 부회장, 충북도병원회 회장 1998년 하나병원 병원장(현), 同신경외과 전문의, 同노인전문병원장(현), 대한병원협회 이사 2016년 同상임고문(현) (상)청주시민대상(2016), 국민훈장 동백장(2017)

## 박중문(朴重文)

(생)1958·6·1 (주)부산광역시 북구 효열로 256 부산광역시 교통문화연수원(051-334-2947) (학)1978년 동아대 정치외교학과졸 1995년 부산대 행정대학원 도시정책학과졸 2000년 同일반대학원 행정학 박사과정 수료 (경)1993년 행정고시 합격(37회) 2007~2009년 교육파견(미국 조지아대 Research Scholar) 2010년 부산시 정책기획실 비전전략담당관 2012년 同경제산업본부 투자유치과장 2012년 同북구 부구청장 2015년 부산·진해경제자유구역청 부산본부장 2016년 부산시 인재개발원장 2017~2018년 한국거래소 사외이사 2018년 부산시 교통문화연수원장(현) (상)대통령표창(2003), 근정포장(2006)

## 박중신(朴重信) Park, Joong Shin

(생)1963·6·12 (출)서울 (주)서울특별시 종로구 대학로 101 서울대학교병원 산부인과(02-2072-3199) (학)1982년 숭실고졸 1989년 서울대 의대졸 1992년 同대학원 의학석사 1994년 의학박사(서울대) (경)1989년 서울대병원 산부인과 인턴 1990~1994년 同산부인과 전공의 1994~1997년 제주의료원 산부인과장(공중보건의) 1997~1998년 서울대병원 산부인과 전임의 1998~2009년 서울대 의대 산부인과학교실 조교수·부교수 1999~2001년 대한산부인과초음파학회 총무이사 2002~2003년 미국 하버드의대 산부인과 방문교수 2003~2004년 미국 예일의대 산부인과 방문교수 2003~2005년 대한산부인과초음파학회 총무이사 2007년 미국 유타의대 산부인과 방문교수 2007~2009년 대한산부인과학회 사무총장 2009년 서울대 의대 산부인과학교실 교수(현) 2009~2012년 서울대병원 역량개발실장 2010년 미국 터프츠의대 산부인과 방문교수 2011년 대한산부인과초음파학회 학술위원장 2012~2014년 서울대병원 교육연구부장 2014~2015년 서울대 의과대학 대외협력실장 2015~2017년 대한산부인과초음파학회 회장 2016~2018년 서울대 의대 교무부학장 겸 의학대학원 교무부원장 2018년 同의대 산부인과학교실 주임교수(현) 2018년 서울대병원 산부인과장(현) (상)대한산부인과학회 학술상(1996), 대한태아의학회 학술상(1999), 일본산부인과학회 국제학술상(2000), 대한주산의학회 학술상(2010)

## 박중원(朴重源) PARK Jung Won

(생)1964·3·4 (출)전북 (주)서울특별시 서대문구 연세로 50-1 세브란스병원 알레르기내과(02-2228-1961) (학)1982년 경신고졸 1988년 연세대 의대졸 1993년 同대학원 의학석사 1998년 의학박사(연세대) (경)1988~1989년 세브란스병원 인턴 1989~1992년 同내과 전공의·전문의 1992~1995년 해군 軍의관 1997년 연세대 의과대학 내과학교실 알레르기내과 전임강사·조교수·부교수·교수(현) 2001~2003년 미국 National Jewish Medical & Research Center 연수 2011년 세브란스병원 알레르기내과장(현) 2014년 Yonsei Medical Journal 편집장(현) 2015년 연세대 의과대학 알레르기연구소장(현) (상)미래창조과학부 선정 장영실상(2015) (종)기독교

## 박중헌(朴重憲) Park Jung Hun

(생)1957·10·10 (주)서울특별시 영등포구 여의대로 66 KTB빌딩 10층 (주)나눔로또(02-721-7357) (학)1976년 경복고졸 1981년 고려대 경제학과졸 1985년 한양대 행정대학원 도시행정학과졸 (경)2006년 신한은행 비서실장 2008년 SBJ(신한은행 일본현지법인) 동경지점장(대표이사) 2012년 신한은행 본부장 2013년 한국연합복권(주) 본부장 2015년 (주)나눔로또 본부장 2017년 同대표이사(현)

## 박중현(朴重鉉) PARK Joong Hyun

(생)1955·10·25 (출)경기 포천 (주)서울특별시 강남구 선릉로 514 굿어스(주)(070-7017-4100) (학)포천고졸 1982년 중앙대 수학과졸 1987년 同대학원 전자계산학과졸 (경)1983년 삼성물산 전산팀 근무 1991년 同정보통신팀 근무 1994년 삼성SDS 별정통신사업팀 근무 2000년 유니텔 금융공공BI본부장 2002년 삼성네트웍스 금융사업부장 2003년 同그룹2사업부장(상무보) 2005년 同솔루션사업부장 2006년 同솔루션사업부장(상무) 2007년 同금융공공사업부 상무, 同대외사업부장(상무) 2010년 삼성SDS ICT인프라전략사업부장(상무) 2011년 同자문역 2015~2018년 굿어스(주) 대표이사 2018년 同고문(현) (종)천주교

## 박중현(朴重炫) Park, Joong Hyun

(생)1967·2·23 (출)서울 (주)서울특별시 종로구 청계천로 1 동아일보사 미디어렙에이(02-2020-2610) (학)1985년 충암고졸 1990년 연세대 사학과졸 1994년 同영어영문학과졸 (경)1993년 동아일보 사회부 기자 2000년 同편집국 경제부 기자 2008년 同편집국 경제부 차장 2010년 同편집국 경제부 차장(광고국 파견) 2013년 同편집국 소비자경제부 차장 2013년 채널A 소비자경제부 차장 겸임 2013년 동아일보 편집국 경제부장 2015~2016년 同편집국 소비자경제부장 2015~2016년 채널A 소비자경제부장 겸임 2016년 미디어렙에이 상무 2017년 同대표이사(현) (저)'윤리경영이 온다'(2004)

## 박지만(朴志晩) PARK Ji Man

(생)1958·12·15 (출)경북 구미 (주)서울특별시 강남구 언주로 736 EG빌딩 5층 (주)EG 회장실(02-3443-0516) (학)1977년 서울 중앙고졸 1980년 육군사관학교졸(37기) (경)1986년 예편(육군 대위) 1989년 삼양산업(주) 부사장 1990~1994년 (재)육영재단 이사 1990년 삼양산업(주) 대표이사 사장 1996·2019년 同대표이사 회장(현) 2000년 (주)EG 회장(현)

## 박지성(朴智星) PARK Ji Sung

(생)1981·2·25 (본)밀양(密陽) (출)전남 고흥 (주)경기도 수원시 영통구 반정로 216 JS파운데이션(031-231-2791) (학)1998년 수원공고졸 2007년 명지대 체육학과졸 2012년 同대학원 체육학과졸 2017년 영국 드몽포르대 대학원 스포츠경영학과졸 (경)2000년 시드니올림픽 국가대표 2000~2002년 일본 교토 상가 FC 소속 2001년 컨페더레이션스컵 국가대표 2002년 한·일월드컵 국가대표 2002년 부산아시안게임 국가대표 2002~2005년 네덜란드 PSV 아인트호벤 소속 2005~2012년 영국 맨체스터 유나이티드 소속 2006년 독일월드컵 국가대표 2009년 2022월드컵유치위원회 홍보대사 2009년 선플달기운동 홍보대사 2010년 남아공월드컵 국가대표 2010년 同명예리저브 선정 2010년 서울G20정상회의 홍보대사 2010년 JS파운데이션 설립 2011년 AFC 아시안컵 축구 국가대표 2011년 제주 세계7대자연경관 선정 범국민추진위원회 홍보대사 2011년 JS파운데이션 이사장(현) 2012년 여수세계박람회 홍보대사 2012~2014년 영국 퀸즈 파크 레인저스(QPR) FC 소속 2013~2014년 네덜란드 PSV 아인트호벤 임대 2014년 잉글랜드 프리미어리그 맨체스터 유나이티드 앰배서더(홍보대사)(현) 2014년 수원시(2017 FIFA U-20월드컵 수원유치) 홍보대사 2014년 에어아시아 홍보대사 2015년 2019 말레이시아 쿠알라룸푸르 아시아축구연맹(AFC) 아시안컵조직위원회 사회공헌위원회 위원(현) 2016년 2017 FIFA U-20월드컵 홍보대사 2017년 2018평창동계올림픽 홍보대사 2017~2018년 대한축구협회 유스전략본부장 2018년 SBS 해설위원 2019년 중소벤처기업부 공동브랜드 '브랜드K' 홍보대사(현) (상)차범근 축구대상(1993), 체육훈장 맹호장(2002), 일본 오사카경제법률대학교표창(2002), 자황컵 체육대상 남자최우수상(2002), 피스컵 국제축구대회 골든볼(2003), 불자대상(2005), 세계경제포럼(WEF)선정 차세대 지도자(2007), 잉글랜드 프리미어리그 우승메달(2007·2008·2009), 슈퍼매거진 슈퍼어워드 아시아선수상(2008), 경기도 스포츠스타상(2009·2010), 대한축구협회 올해의 선수(2010) (저)'멈추지 않는 도전'(2006) '더 큰 나를 위해 나를 버리다'(2010) '박지성 마이 스토리'(2015)

## 박지영(朴智鍈) Park Ji Young

(생)1963·9·27 (출)전남 해남 (주)전라북도 전주시 완산구 유연로 180 전북지방경찰청 제1부장실(063-280-8121) (학)광주 숭일고졸, 조선대 행정학과졸 2010년 경찰행정학박사(동국대) (경)1993년 경위 임관(경찰간부후보 41기) 2008~2012년 경기지방경찰청 감찰계장·기획예산계장 2012년 경찰청 교육담당관(총경) 2013년 전남 담양경찰서장 2014년 경기지방경찰청 청문감사담당관 2015년 경기 용인동부경찰서장 2016년 경찰청 감사관실 피해자보호담당관 2017년 서울 양천경찰서장 2018년 경찰청 감찰담당관 2019년 전남지방경찰청 제2부장(경무관) 2019년 전북지방경찰청 제1부장(현)

## 박지영(朴志英·女)

(생)1970·9·3 (출)광주 (주)경기도 여주시 현암로 21-11 수원지방검찰청 여주지청(031-880-4588) (학)1989년 광주수피아여고졸 1993년 연세대 법학과졸 (경)1997년 사법시험 합격(39회) 2000년 사법연수원 수료(29기) 2000년 서울지검 검사 2002년 광주지검 순천지청 검사 2004년 인천지검 검사 2006년 법무부 검찰과 검사 2009년 서울동부지검 검사 2011년 법무부 인권정책과 검사 2013년 서울중앙지검 부부장검사 2014년 대검찰청 피해자인권과장 2016년 서울중앙지검 총무부장 2017년 同형사6부장 2018년 법무연수원 용인분원 교수 2019년 수원지검 여주지청장(현)

## 박지원(朴志遠) PARK Ji Won

(생)1934·7·11 (본)밀양(密陽) (출)경기 수원 (주)경기도 수원시 권선구 삼천병마로1566번길 30 화산학원(031-8012-8001) (학)1953년 서울공고졸 1958년 동국대 경제학과졸 1960년 同경영대학원졸 1975년 연세대 산업대학원졸 (경)1968년 학교법인 화산학원(영신중·여고) 이사장(현) 1972~1984년 영신산업 대표이사 1980년 경기도탁약주주조협회 회장 1984년 탁약주제조중앙회 부회장 1984년 (주)영신연와 회장 1985년 민주정의당(민정당) 중앙위원 1986년 同중앙위원회 교육분과 부위원장 1987년 민정당 경기제1지구당 위원장 1988년 제13대 국회의원(화성, 민정당·민자당) 1990년 민자당 오산·화성지구당 위원장 1990년 탁약주제조중앙회 회장 (상)새마을훈장 운제장 (종)불교

## 박지원(朴智元) PARK Jie Won

(생)1942·6·5 (본)밀양(密陽) (출)전남 진도 (주)서울특별시 영등포구 의사당대로 1 국회 의원회관 615호(02-784-4177) (학)1960년 목포 문태고졸 1969년 단국대 상학과졸 1994년 한양대 대학원 최고경영자과정 수료 1999년 고려대 언론대학원 최고위언론과정 수료(13기) 2009년 명예 법학박사(목포대) 2010년 명예 경제학박사(조선대) 2015년 명예 정치학박사(목포해양대) (경)1970년 럭키금성상사 근무 1972년 동서양행 뉴욕지사장 1975년 데일리팬숀스(주) 대표이사 1980년 미국 뉴욕한인회장 1980년 미주지역한인회 총연합회장 1989년 인권문제연구소 이사장 1991년 민주당 통일국제위원회 부위원장 1992년 제14대 국회의원(전국구, 민주당) 1992~1995년 민주당 대변인 1993년 同당무위원 1995년 새정치국민회의 대변인 1995년 同부천시소사구지구당 위원장 1996년 同기획조정실장 1997년 同총재 언론특보 1998년 김대중 대통령당선자 대변인 1998년 대통령 공보수석비서관 1999~2000년 문화관광부 장관 2001년 대통령 정책기획수석비서관 2002년 대통령 정책특보 2002~2003년 대통령 비서실장 2007년 김대중평화센터 이사장 비서실장 2008년 제18대 국회의원(목포시, 무소속·민주당·민주통합당) 2008년 국회 법제사법위원회 위원 2009~2010년 민주당 정책위 의장 2010~2011년 同원내대표 2010년 同비상대책위원장 2012년 민주통합당 최고위원 2012년 제19대 국회의원(목포시, 민주통합당·민주당·새정치민주연합·더불어민주당·국민의당) 2012년 국회 법제사법위원회 위원 2012년 민주통합당 원내대표 2013년 국회 남북관계발전특별위원회 위원장 2014~2019년 김대중평화센터 부이사장 2014~2016년 국회 정보위원회 위원 2014년 새정치민주연합 비상대책위원회 위원 2015년 同한반도평화안전보장특별위원회 위원장 2015~2016년 더불어민주당 한반도평화안전보장특별위원회 위원장 2016년 제20대 국회의원(목포시, 국민의당·민주평화당〈2018.2〉·대안정치연대〈2019.8〉)(현) 2016년 국민의당 원내대표 2016~2018년 同목포시지역위원회 위원장 2016년 同비상대책위원회 위원장 2016년 국회 운영위원회 위원 2016년 국회 정보위원회 위원 2016~2018년 국회 법제사법위원회 위원 2017년 국민의당 대표최고위원 2017년 同제19대 안철수 대통령후보 중앙선거대책위원회 상임공동위원장 2017년 2018국제와이즈멘 여수세계대회 명예대회위원장 2018~2019년 민주평화당 목포시지역위원회 위원장 2018년 국회 법제사법위원회 위원(현) 2018~2019년 민주평화당 제1정책조정위원장 2018년 국회 사법개혁특별위원회 위원(현) (상)국민훈장 동백장(1983), 청조근정훈장(2002), 진도군민의상(2005), 백봉신사상 올해의 신사의원 베스트10(2009), 국정감사평가회 우수의원상(2010), 백봉신사상 올해의 신사의원 베스트11(2010·2012), 자랑스런 고려대 언론인상(2014), 경제정의실천시민연합 국정감사 우수의원(2014), 대한민국 유권자대상(2016), 서울석세스 정치대상(2016), 제18회 백봉신사상 대상(2016) (저)'넥타이를 잘 매는 남자' (종)천주교

**박지원(朴知原) PARK GEE WON**

(생)1965·3·20 (본)밀양(密陽) (출)서울 (주)서울특별시 중구 장충단로 275 두산그룹 임원실(02-3398-1081) (학)1984년 경신고졸 1988년 연세대 경영학과졸 1990년 미국 뉴욕대 Stern School of Business졸(MBA) (경)1988년 동양맥주(주) 입사 1992년 McCann-Erickson Hakuhodo(Tokyo) 근무 1992~1993년 同World Wide(New York) 근무 1993~1997년 Doosan America Corporation 근무 1997~1999년 (주)두산상사 이사 1999~2001년 (주)두산 상무 2001~2007년 두산중공업(주) 기획조정실장(부사장) 2007~2012년 同대표이사 사장 2009~2012년 (주)두산 사장(COO) 2012~2016년 同부회장(COO) 2012~2016년 두산중공업(주) 대표이사 부회장 2013년 두산엔진(주) 부회장 2016년 두산그룹 부회장(현) 2016년 두산중공업(주) 대표이사 회장(CEO)(현) (상)대한민국CEO 인재경영부문 대상(2009), 한국CEO그랑프리 대상(2009), 자랑스런 연세상경인상(2010), 금탑산업훈장(2010) (종)천주교

**박지원(朴智遠)**

(생)1974·8·21 (출)서울 (주)경기도 부천시 상일로 129 인천지방법원 부천지원 총무과(032-320-1213) (학)1993년 구정고졸 1998년 고려대 법학과졸 (경)1998년 사법시험 합격(40회) 2001년 사법연수원 수료(30기) 2001년 軍법무관 2004년 청주지법 판사 2007년 수원지법 판사 2010년 서울서부지법 판사 2012년 서울중앙지법 판사 2015년 서울동부지법 판사 2016년 광주지법 부장판사 2018년 인천지법 부천지원·인천가정법원 부천지원 부장판사(현)

**박지은(朴鋕恩·女) Park Jieun**

(생)1983·10·4 (출)경기 부천 (주)서울특별시 성동구 마장로 210 한국기원(02-3407-3870) (경)김동엽 7단 문하생 1997년 프로바둑 입단 1999년 2단 승단 1999년 여류명인전 우승 2000년 홍창배·여류명인전 준우승 2001년 3단 승단 2002년 호작배 준우승 2003년 4단 승단 2003년 농심신라면배 한국대표(최초의 여류기사 국가대표) 2003년 정관장배 우승 2004년 5단 승단 2004년 정관장배 세계여자바둑최강전 한국대표 2005년 6단 승단 2006년 정관장배 한국대표 2007년 대리배 세계여자바둑선수권대회 우승 2007년 7단 승단 2007년 8단 승단 2008년 원양부동산배 세계여자바둑선수권대회 우승 2008년 정관장배 한국대표 2008년 9단 승단(현) 2008년 여류국수전 우승 2008년 제1회 세계마인드스포츠게임즈여자개인전 동메달 2009년 강릉세계청소년바둑축제 홍보대사 2009년 경기기능성게임페스티벌(KSF2009) 홍보대사 2009년 정관장배 세계여자바둑최강전 한국대표 2009년 정관장배 우승(4연승) 2010년 궁륭산병성배 세계여자바둑대회 초대 챔피언 2010년 지지옥션배 최종전 승리 2011년 정관장배 세계여자바둑최강전·궁륭산병성배 우승 2011년 황룡사가원배 여자단체전 준우승 2012년 여류국수전 준우승 2012년 화정차업배 우승 2013년 화정차업배 우승 2013년 여류기성전 준우승 2014년 여류국수전 준우승 2014년 황룡사쌍등배 대표 2014년 국내 여성기사 최초 500승(2무 374패) 달성 2017년 천태산 농상은행배 세계여자바둑단체대항전 우승 (상)바둑대상 여자인기기사상(2003·2004·2005·2006·2007·2008년), 바둑대상 여자기사상(2007·2008·2011)

**박지홍(朴志弘) PARK, JI HONG**

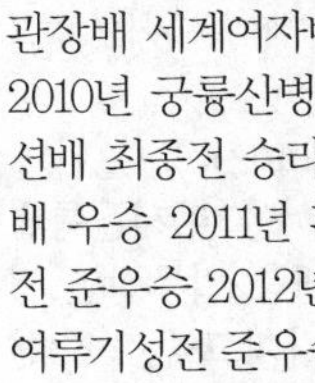

(생)1971·1·22 (출)경남 남해 (주)세종특별자치시 도움6로 11 국토교통부 기획담당관실(044-201-3201) (학)1989년 부산 동아고졸 2005년 서울대 자원공학과졸 2007년 同대학원 자원공학과졸 2014년 교통경제학박사(영국 사우샘프턴대) (경)2007~2009년 건설교통부(국토해양부) 도로정책과 서기관 2009~2010년 부산지방국토관리청 건설관리실장 2014년 국토교통부 신교통개발과장 2016년 대통령 국토교통비서관실 행정관 2017년 국토교통부 철도국 철도운영과장 2019년 同기획담당관(현)

**박지환(朴知煥) Park, ji Whoan**

(생)1961·6·20 (주)서울특별시 중구 을지로 35 KEB하나은행 기업영업그룹(1588-1111) (학)1980년 청주상고졸 1988년 충북대 회계학과졸 (경)1989년 제일은행 입행 1991년 하나은행 총무부 행원 1992년 同본점 영업부 대리 1995년 同청주지점 대리 1998년 同영업1부 차장 2000년 同구로공단역지점 차장 2002년 同경인기업금융본부 RM 2002년 同청주중앙지점장 2004년 同인천지점장 2007년 同대전기업금융센터 지점장 2010년 同회현동지점장 2013년 同신용평가부장 2014년 同중소기업본부장 2014년 同중소기업사업본부장 2015년 同중소기업사업본부장 겸 대기업사업본부장 2015년 同기업사업본부장 2015년 KEB하나은행 기업사업본부장 2017년 同여신그룹장(전무) 2018년 同기업영업그룹장(전무)(현)

**박지훈(朴志訓) Jihoon Park**

(생)1968·1·15 (주)서울특별시 강남구 강남대로330 우덕빌딩13층 한일네트웍스 비서실(02-3466-9100) (학)연세대 경제학과졸 (경)조흥리스금융(주) 근무, 서연개발(주) 근무 2006년 (주)오늘과내일 재무총괄 이사(CFO) 2006년 同네트워크사업본부장(이사) 2007년 同네트워크사업본부장 겸 경영지원팀장(상무) 2008년 同관리사업본부장 겸 콘택트센터사업본부장(상무) 2009년 同콘택트센터사업본부장(상무) 2010년 同콘택트센터사업본부장(전무) 2011년 同통합커뮤니케이션사업본부장(전무) 2013년 한일네트웍스(주) 통합커뮤니케이션사업본부장(전무) 2014년 同경영총괄 부사장 2017년 同대표이사 부사장(현)

**박 진(朴 振) PARK Jin (三正)**

(생)1956·9·16 (본)여주(驪州) (출)서울 (주)서울특별시 동대문구 이문로 107 한국외국어대학교 국제지역대학원 유엔평화학과(02-2173-2148) (학)1974년 경기고졸 1978년 서울대 법대졸 1980년 同대학원졸 1985년 행정학석사(미국 하버드대 케네디스쿨졸) 1993년 정치학박사(영국 옥스퍼드대) 2008년 명예 행정학박사(상명대) (경)1977년 외무부 입부 1980년 해군사관학교 교관 1987년 일본 도쿄대 연구생 1989년 영국 런던대 킹스칼리지 연구원 1990년 영국 뉴캐슬대 정치학 교수 1993년 대통령 공보비서관 1996~1998년 대통령 정무기획비서관 1998년 연세대 동서문제연구원 연구교수 1998~2001년 김앤장법률사무소 고문 2000년 미국 뉴욕주 변호사 2001년 한나라당 총재 공보특보 2002년 同이회창 대통령후보 공보특보 2002년 同종로지구당 위원장 2002년 제16대 국회의원(서울 종로 보궐선거 당선, 한나라당) 2002년 한나라당 이회창 대통령후보 정책특보(대외협력·공보) 2003년 同대변인 2004년 제17대 국회의원(서울 종로, 한나라당) 2004~2005년 한나라당 국제위원장 2004년 한·영협회(Korea-Britain Society) 회장 2004~2012년 대한장애인농구협회 회장 2006~2007년 한나라당 서울시당 위원장 2007~2008년 同국제위원장 2007년 제17대 대통령직인수위원회 외교통일안보분과위원회 간사 2008년 제18대 국회의원(서울 종로, 한나라당·새누리당) 2008~2012년 대한치어리딩협회 명예회장 2008~2010년 국회 외교통상통일위원장 2008~2012년 국회 아시아문화경제포럼 대표의원 2008~2012년 국회 한·요르단의원친선협회 회장 2010~2012년 국회 지식경제위원회 위원 2010년 서울팝스오케스트라 이사장 2011년 한국외국어대 국제지역대학원 유엔평화학과 석좌교수(현) 2014년 대한민국헌정회 통일문제연구특별위원회 간사 2015~2017년 (사)이승만건국대통령기념사업회 회장 2015년 옥스브리지소사이어티 회장 2015년 (사)아시아미래연구원 이사장(현) 2015년 한국소기업소상공인연합회 상임고문 2017년 한미협회 제6대 회장(현) (상)백봉신사상(5회), 대한민국무궁화대상 깨끗한정치인부문(2008), 영국 왕실훈장 '대영제국 지휘관 훈장(CBE)'(2013), 영국 옥스퍼드대 우정상(2016) (저)'청와대 비망록' '박진의 북핵리포트' '박진감있는 돌고래 다이어트' '나는 꿈을 노래한다'(2011, 스타북스) (종)기독교

ㅂ

**박 진(朴 進) PARK Jin**

(생)1964·3·30 (출)서울 (주)서울특별시 영등포구 의사당대로 1 국회의원회관 222호(02-786-2190) (학)1987년 서울대 경제학과졸 1991년 경제학박사(미국 펜실베이니아대) (경)미국 펜실베이니아대 조교 1992~1998년 한국개발연구원(KDI) 북한경제연구센터 부연구위원 1998~2001년 기획예산처 행정2팀장 2001년 한국개발연구원(KDI) 국제정책대학원 교수(현) 2001년 同기획처장 2003년 同지식협력처장 2005~2007년 대통령직속 정책기획위원 2006년 한국개발연구원(KDI) 갈등조정협상센터 소장 2007~2009년 민주평통 상임위원 2008~2009년 미래전략연구원 원장 2012~2013년 한국조세재정연구원 공공기관정책연구센터 소장 2014년 안민정책포럼 회장 2015년 경찰청 새경찰추진자문위원회 위원 2015~2016년 한국행정연구원 객원연구위원 2016년 안민정책연구원 원장 2017년 교육부 대학구조개혁위원회 위원 2018년 국회미래연구원 원장(현) (저)'자립형 사립고의 공급 및 수요 예측과 교육재정 절감규모 추정(共)'(2008, 한국교육개발원) '공공갈등관리매뉴얼 : 건설, 환경 분야 사례(編)'(2009, 국무총리실·푸른길) '한반도경제공동체, 그 비전과 전략(共)'(2009, 서울대 출판문화원)

**박진권(朴鎭權) Park Jin Kwon**

(생)1972·7·6 (주)전라남도 무안군 삼향읍 오룡길 1 전라남도의회(061-286-8200) (학)조선대 정치외교학과졸 (경)전남지구청년회의소(JCI) 회장, 더불어민주당 부대변인, 同전남도당 지방선거기획단 지원국장 2018년 전남도의회 의원(더불어민주당)(현), 同전라남도청년발전특별위원회 위원(현), 同농수산위원회 위원 겸 예산결산특별위원회 위원(현), 同광양만권해양생태계보전특별위원회 위원(현), 同여수순천10.19사건특별위원회 위원(현)

**박진규(朴鎭圭) PARK JIN KYU**

(생)1961·7·1 (본)태안(泰安) (출)서울 (주)서울특별시 서초구 서초대로73길 40 (주)에넥스 회장실(02-2185-2111) (학)1979년 서울 배명고졸 1986년 세종대 경영학과졸 2000년 서강대 경영대학원 최고경영자과정 수료 (경)1986년 (주)오리표 입사 1990년 에넥스하이테크 대표이사 1998년 (주)에넥스 부회장 2003년 同중국법인장 2009년 同베트남법인장 2010년 同대표이사 부회장 2019년 同대표이사 회장(현)

**박진규(朴眞圭) PARK Jin Kyu**

(생)1966·1·26 (본)밀양(密陽) (출)충남 부여 (주)서울특별시 종로구 청와대로 1 대통령 통상비서관실(02-770-0011) (학)1985년 대전 대신고졸 1990년 서울대 경제학과졸 1997년 同대학원 정책학과 수료 2000년 영국 버밍엄대 대학원 국제경제학과졸 2004년 경제학박사(영국 버밍엄대) (경)1990년 행정고시 합격(34회) 1991~2003년 산업자원부 해외자원과·통상정책과·지역협력과·투자진흥과·공보관실 행정사무관 2004년 대통령자문 국가균형발전위원회 기획팀 과장 2005년 산업자원부 지역혁신지원담당관 2006년 同구미협력과장 2006년 同구미협력팀장 2007년 駐영국 상무관 2010년 지식경제부 전기위원회 총괄정책과장 2011년 同기획재정담당관(부이사관) 2013년 산업통상자원부 기획조정실 기획재정담당관 2013년 同무역위원회 무역조사실장(고위공무원) 2015년 同통상정책국장 2016년 同무역투자실 무역정책관 2016년 대한무역투자진흥공사 비상임이사 2017~2018년 산업통상자원부 기획조정실장 2018년 대통령 경제수석비서관실 통상비서관(현) (종)기독교

**박진도(朴珍道) PARK Jin Do**

(생)1952·8·5 (출)강원 삼척 (주)서울특별시 서초구 서초대로58길 31-11 우진빌딩 3층 (재)지역재단(02-585-7731) (학)1970년 서울고졸 1974년 서울대 경제학과졸 1977년 同대학원 경제학과졸 1987년 경제학박사(일본 도쿄대) (경)1979~2014년 충남대 경제학과 전임강사·조교수·부교수·교수 1993년 미국 하버드대 국제개발연구소 객원연구원 1995년 참여연대 참여사회연구소장 1997년 일본 도쿄대 객원연구원 1998년 농림부 협동조합개혁위원회 위원 1998년 한국조폐공사 비상임이사 2000년 선거구획정위원회 위원 2003년 대통령자문 정책기획위원, 농어업·농어촌특별대책위원회 위원 2010~2013년 충남발전연구원 원장 2011년 충남도 정책자문위원장 2014년 충남대 명예교수(현) 2014년 (재)지역재단 이사장(현) 2017년 대통령직속 정책기획위원회 분권발전분과 위원(현) 2019년 대통령직속 농어업·농어촌특별위원회 위원장(현) (저)'한국자본주의와 농업구조'(1994) 'WTO체제와 농정개혁'(2005) '그래도 농촌이 희망이다'(2005) '농촌개발정책의 재구성'(2005) 'グローバリゼーション下の東アジア農業と農村'(2008) '経済の相互依存と北東アジア農業'(2008) '순환과 공생의 지역만들기'(2011) '위기의 농협, 길을 찾다'(2015) '부탄 행복의 비밀'(2017) (역)'식량대란' (종)불교

**박진두(朴鎭斗) Park Jin Du** (흰바위)

(생)1960·5·16 (본)밀양(密陽) (출)전북 진안 (주)전라북도 전주시 완산구 효자로 225 전라북도의회 농산업경제위원회(063-280-3077) (학)1980년 전주농림고 농업과졸 1999년 전북대 행정대학원 최고관리자과정 수료 2016년 원광디지털대 부동산학과졸(학사) (경)2000년 전북도보디빌딩협회 재무이사 2004년 진안군 용담면장 2005년 同지역특산과장 2007년 同안천면장 2008년 전북도 농림수산국 농산물수출계장 2009년 同농수산식품국 농업교육복지계장 2010년 同농수산국 친환경농업계장 2012년 同농수산국 친환경유통과장 2013년 전북도 농식품인력개발원 원장 2013년 전북도 농업마이스터대학장 2014년 교육 파견(과장급·지방행정연수원) 2015년 전북도 농축수산식품국 친환경유통과장 2016년 同농축수산식품국 농업정책과장 2017년 전북 임실군 부군수 2019년 전북도의회 농산업경제위원회 농산업경제전문위원(현) (상)전국서예대회 입선(1974), 농림수산부장관표창(1992), 전북도 모범공무원 선정(1997), 농림부장관표창(1999·2001·2007), 농림수산식품부장관표창(2010), 대통령표창(2011)

**박진만(朴珍滿) PARK Jin Man**

(생)1965·11·5 (본)밀양(密陽) (출)서울 (주)서울특별시 강남구 도곡로 194 일양빌딩 3층 법무법인 서평(02-6271-4300) (학)1984년 경희고졸 1988년 서울대 사법학과졸 2000년 미국 펜실베이니아대 로스쿨졸(LL.M.) (경)1989년 사법시험 합격(31회) 1992년 사법연수원 수료(21기) 1992년 서울지검 북부지청 검사 1994년 전주지검 군산지청 검사 1996년 서울지검 검사 1998년 대구지검 검사 2001년 인천지검 검사 2003년 서울지검 서부지청 검사 2003년 대북송금특검 파견 2003년 대검찰청 중앙수사부 파견 2004년 同공적자금비리합동수사반 파견 2004년 서울서부지검 부부장검사 2005년 광주지검 목포지청 부장검사 2006년 대구지검 특수부장 2007년 법무부 감찰관실 검사 2008년 수원지검 특수부장 2009년 서울중앙지검 금융조세조사3부장 2009년 서울서부지검 형사2부장 2010~2011년 서울동부지검 형사1부장 2011년 변호사 개업 2015년 법무법인 성율 변호사 2016~2018년 법무법인 다한 대표변호사 2016년 대검찰청 보통징계위원회 위원 2018년 법무법인 서평 변호사(현) (종)불교

**박진배(朴珍培) PARK Jin Bae**

(생)1954·8·7 (출)서울 (주)서울특별시 서대문구 연세로 50 연세대학교 전기전자공학부(02-2123-2773) (학)1977년 연세대 전기공학과졸 1985년 미국 캔자스주립대 대학원 전기및컴퓨터공학과졸 1990년 공학박사(미국 캔자스주립대) (경)1979~1981년 대우자동차 특수사업본부 연구원 1985년 미국 캔자스주립대 한국학생회장 1988~1991년 同공대 전기및컴퓨터공학과 전임강사·조교수 1992~2001년 연세대 전기공학과 조교수·부교수 1993년 생산기술연구원 전문위원 1993년 교육부 심의위원 1994년 국방부 심의위원 1997년 연세대 전기공학과장 1998년 同창업보육센터장 1998년 同공학원 부원장 2001~2019년 同전기전자공학부 교수 2001~2012년 同자동화기술연구소장 2002년 산업자원부 기획평가위원 2004년 연세대 정보통신처장 2004년 同정보화추진위원장 2005년 同입학관리처장 2006~2008년 同연구처장 겸 산학협력단장 2006~2010년 영문학술지 'International Journal of Control Automation and Systems(SCIE 등재저널)' Editor in Chief 2008년 제어로봇시스템학회 부회장 2009년 연세대 교수평의회 의장 2009년 한국공학한림원 정회원(현) 2012년 한국지식재산연구원 비상임이사 2013년 제어로봇시스템학회 회장 2013~2014년 연세대 윤리경영담당관 2014~2016년 同행정·대외부총장 2014~2016년 同백양로건설사업본부장 2015~2016년 同국제캠퍼스 부총장 2015~2018년 한국지식재산연구원 비상임이사 2015~2018년 서울시 산학연협력포럼 회장 2019년 연세대 전자전기공학부 명예교수(현) (상)육군 참모총장표창(1977), 미국 캔자스주립대 최우수박사학위논문상(1991), 대한전기학회 논문상(1999), 제어자동화시스템공학회 공로상(2003·2004·2005), 연세대 연구업적 우수교수상(2005), 한국퍼지및지능시스템학회 우수논문발표상(2006), 제어자동화시스템공학회 ICASE 학술상(2006), 연세학술상(2006), 연세대 우수강의 교수상(2007), 대한전기학회 학술상(2009), 한국공학한림원 일진상 산학협력증진부문(2016), 대한전기학회 논문상(2017) (저)'디지털제어시스템'(1995) '전기공학개론'(2000) '제어시스템공학'(2002)

**박진선(朴進善) Jinsun Park**

(생)1950·2·28 (출)서울 (주)서울특별시 중구 충무로 2 매일경제신문 별관 8층 샘표식품(주) 비서실(02-2279-8619) (학)1968년 경기고졸 1973년 서울대 공대 전자공학과졸 1979년 미국 스탠퍼드대 대학원 전자공학과졸(석사) 1988년 철학박사(미국 오하이오주립대) (경)1988년 샘표식품(주) 이사·뉴욕지사장 1990년 同기획이사 1995년 同전무이사 1997년 同대표이사 사장(현) 1998년 한국능률협회 이사 2000년 한국무역협회 이사 2000년 서울상공회의소 상임의원 겸 감사 2000년 한국경영자총협회 이사(현) 2008년 한국중견기업연합회 이사·부회장(현), 양포식품(주) 대표이사 사장(현), 조치원식품(주) 대표이사 사장(현) 2015년 (재)세종문화회관 이사, 한국상장회사협의회 부회장(현), 한국경영자총협회 부회장(현) 2019년 대한상공회의소 조세위원장(현) (상)국가환경경영대상, 대통령표창, 기업혁신대상 최우수CEO상(2015), 식품의약품안전처장표창(2017), 인간개발연구원 HDI 인간경영대상 지속가능부문(2017)

**박진선(朴珍仙) Park Jin Seon**

(생)1960·8·15 (출)전북 군산 (주)전라북도 고창군 고창읍 녹두로 1294 고창소방서 서장실(063-560-1200) (학)1980년 군산고졸 1987년 전북대 농화학과졸 2006년 同행정대학원 행정학과졸 (경)1990년 소방공무원 임용(소방간부후보생 6기), 전북 김제소방서 방호과장, 전북 정읍소방서 방호과장, 전북 완산소방서 소방과장, 전북도 소방본부 구조구급담당 2008년 同소방안전본부 대응구조과장(소방정) 2010년 전북 무진장소방서장 2012년 전북 전주완산소방서장 2014년 전북 군산소방서장 2016~2018년 전북소방본부 소방행정과장 2018년 전북 고창소방서장(현) (상)녹조근정훈장(2017)

**박진섭(朴進燮) Park, Jin Sub**

(생)1964·5·28 (주)서울특별시 양천구 목동서로 20 서울에너지공사(02-2640-5103) (학)한국외국어대 노어과졸, 서울시립대 도시과학대학원 도시환경정책학과 수료 (경)1996년 환경연합 정책기획실장 2006년 생태지평연구소 상임이사, 에너지산업전문위원회 위원 2007년 국가에너지위원회 갈등관리 전문위원 2008년 환경부 민관환경정책협의회 위원 2013년 서울도시철도ENG 사외이사 2014년 서울주택도시공사 집단에너지사업단 전문위원 2015년 同집단에너지사업단장 2016년 서울에너지공사 초대 사장(현)

**박진섭(朴珍燮) PARK JIN SUP**

(생)1977·3·11 (출)서울 (주)광주광역시 서구 금화로 240 광주월드컵경기장 2층 광주FC 사무국(062-373-7733) (학)배재고졸, 고려대졸 (경)1997년 세계청소년축구선수권대회 국가대표 1998년 아시안게임 국가대표 1999년 코리아컵 국가대표 2000년 광주 상무 불사조 프로축구단 입단 2000년 시드니올림픽 국가대표 2000년 북중미골드컵 국가대표 2001년 홍콩칼스버그컵 국가대표 2001년 유니버시아드대회 국가대표 2002년 프로축구 울산 현대 호랑이 입단 2005년 프로축구 성남 일화 천마 입단 2009년 프로축구 부산 아이파크 입단(수비수) 2013~2014년 同U-18팀 감독 2015년 同수석코치 2015년 프로축구 포항 스틸러스 필드 코치 2017년 프로축구 광주 FC 감독(현) (상)대학선수권대회 수비상(1998)

**박진성(朴眞成)**

(생)1957·2·28 (주)전라남도 순천시 중앙로 255 순천대학교 사회체육학과(061-750-5210) (학)1976년 순천고졸 1980년 부산대 사범대학 체육교육과졸 1985년 同교육대학원 체육교육과졸 1992년 이학박사(부산대) (경)1988년 서울올림픽대회 본부호텔 VIP 영어통역 1997년 순천대 사회체육학과 교수(현) 2001~2002년 미국 미주리대 컬럼비아교 방문교수 2004년 KBS 순천방송국 라디오상담실 건강운동상담 방송위원(현) 2005~2006년 순천대 학생처 부처장 2005~2006년 同종합인력개발센터장 2006년 전남 순천시 국제심포지움 추진위원 2007년 한국학술진흥재단 번역서 심사위원 2007~2009년 순천대 생활체육연수원장 2008~2015년 전남도체육회 체육진흥자문위원회 위원장·이사 2008년 전남도 정책자문위원회 사회복지위원(현) 2008~2010년 순천대 체육부장 2009~2011년 同인문예술대학장 2009~2011년 한국스포츠심리학회 부회장 2010년 전남도 건강증진사업단 위원(현) 2011~2012년 2012세계여수박람회 영어통역자원봉사자 면접위원 2012~2014년 순천대 교수회 의장 2013년 순천시 건강도시 운영위원(현) 2013년 同공직자 윤리위원회 위원(현) 2014년 광주유니버시아드 자원봉사자 영어교육교재 집필위원장 2015년 광주국제대학스포츠연맹(FISU) Conference Expert Researcher(현) 2015년 한국체육교육학회 부회장(현) 2015~2018년 순천대 총장, 한국대학교육협의회 대학입학전형위원회 위원(현), 광주전남연구원 발전자문위원(현) 2017년 2017광주디자인비엔날레 자문위원 2017년 지방대학및지역균형인재육성협의회 위원(현) (상)문교부장관표창(1989), 순천대 우수학술상(2007), 전남도체육회장표창(2011), 정부포상(2015)

**박진수(朴鎭秀) Park, Jin Soo**

(생)1975·9·28 (출)대구 (주)서울특별시 서초구 서초대로 219 대법원(02-3480-1100) (학)1994년 울산 학성고졸 1999년 서울대 법학과졸 2003년 同대학원졸 (경)1998년 사법시험 합격(40회) 2001년 사법연수원 수료(30기) 2001년 軍법무관 2004년 서울남부지법 판사 2006년 서울중앙지법 판사 2008년 창원지법 진주지원 판사 2009년 미국 콜럼비아대 파견 2012년 사법연수원 교수 2014년 서울중앙지법 판사 2016년 창원지법 통영지원 부장판사 2017년 대법원 재판연구관(현)

**박진식(朴振植) Park Jinsik**

(생)1970·4·3 (본)밀양(密陽) (주)인천광역시 계양구 계양문화로 20 메디플렉스 세종병원(032-240-8202) (학)1995년 서울대 의대졸, 중앙대 대학원졸 2003년 의학박사(중앙대) 2007년 한국방송통신대 경영학과 수료 2008년 서울대 의료경영고위과정(제5기) 수료 (경)1995년 서울대병원 수련의 1996~2000년 同내과 전공의 2003~2005년 同순환기내과 전임의 2005~2008년 서울대 의대 응급의학과·순환기내과 조교수 2009~2013년 부천세종병원 심장내과장 겸 전략기획본부장 2013~2016년 同병원장 2013년 미국 드렉셀대 임상조교수(현) 2014~2016년 (사)대한병원협회 평가·수련이사 2014년 혜원의료재단 이사장(현) 2016년 (사)대한병원협회 보험이사 2017년 메디플렉스 세종병원 심장혈관센터 심장내과 진료과장(현) 2017~2018년 同병원장 2017년 同이사장(현) 2017~2018년 (사)대한병원협회 보험부위원장 2018년 同정책부위원장(현) (상)경기도지사표창(2015), 대한병원협회장표창(2015), 국무총리상표창(2015), 부천시장표창(2016), 경기도의회 의장표창(2017)

**박진열(朴振悅) PARK Jin Yeul (皓山)**

(생)1942·2·18 (본)밀양(密陽) (출)경남 마산 (주)서울특별시 성동구 마장로 210 한국기원(055-263-0660) (학)마산대 법학과 중퇴 (경)1975년 프로바둑 입단 1975년 2단 승단 1975년 경남신문 바둑해설 1977년 3단 승단 1979년 4단 승단 1983년 박카스배 본선 1984년 제왕전 본선 1985년 5단 승단 1987년 제왕전 본선 1989년 바둑왕전 본선 1991년 바둑왕전 본선 1993년 최고위전 본선 1995년 테크론배 본선 1995년 6단 승단 1997년 7단 승단 1998년 기성전 본선 2000~2002년 경남케이블TV 바둑해설위원 2003년 한국기원 경남도바둑협회 지도사범 2004년 8단 승단, 박진열바둑교실 대표 2012년 9단 승단(현)

**박진열(朴珍列) PARK Jin Yeol**

(생)1953·2·4 (본)밀양(密陽) (출)경남 고성 (주)서울특별시 마포구 월드컵북로56길 19 드림타워 10층 한국미디어네트워크(02-6388-8000) (학)1972년 서울 경동고졸 1979년 고려대 중어중문학과졸 1994년 미국 서던캘리포니아대 언론대학원 수료 2000년 연세대 보건대학원 고위정책과정 수료 (경)1978년 한국일보 기자 1994년 同LA특파원 1996년 同기획관리부장 직대 1997년 同사회부장 1999년 同논설위원 1999년 同사장실장 2000년 同기획조정실장 2001년 同편집국 부국장 겸 통일문제연구소장 2002년 同경영전략실장 2002년 同구조조정본부장 2003년 한국아이닷컴 대표이사 사장 2003년 한국일보 편집국장 2004년 同사업본부장(상무) 2004년 同이사 2007~2011년 스포츠한국 대표이사 사장 2011년 한국일보 대표이사 사장 겸 발행인 2011년 同부회장 2013~2014년 同대표이사 사장 겸 발행인 2015~2016년 환경TV 미디어부문 정보관리총괄 사장(CIO) 2017년 (사)한국공공외교협회(KPDA) 수석부회장 겸 이사(현) 2017년 한국미디어네트워크 부회장(현) (상)한국기자상, 백상기자대상 금상(2회), 고대언론인교우회 제15회 장한 고대언론인상(2009)

**박진열(朴振悅) Park Jinyoul**

(생)1975·3·5 (본)밀양(密陽) (출)대구 (주)경기도 과천시 관문로 47 법무부 운영지원과(02-2110-3083) (학)1994년 능인고졸 1999년 서울대 사법학과졸 2012년 同대학원 법학과졸, 同대학원 법학박사과정 수료 (경)2006년 사법시험 합격(48회) 2009년 사법연수원 수료(38기) 2014년 법무부 교정본부 근무 2015년 서울남부교도소 보안과장 2015년 경북북부제1교도소 부소장(서기관) 2016년 법무부 교정본부 사회복귀과 서기관 2016년 同교정본부 심리치료과장 2018년 同교정본부 의료과장 2018년 제주교도소장·인천구치소 부소장 2019년 세종연구소 파견(현) (상)법무부장관표창(2012)

**박진영(朴秦永) PARK Jin Young**

(생)1962·2·23 (본)밀양(密陽) (출)서울 (주)서울특별시 강남구 선릉로131길 8 노벨빌딩 네온정형외과(02-540-3200) (학)1980년 배문고졸 1986년 서울대 의대졸 1994년 同대학원 의학석사 1997년 의학박사(서울대) (경)1986~1987년 서울대병원 인턴 1987~1988년 충북 영동군 용화면 보건지소장 1988~1990년 충북 옥천군 군북면 보건지소장 1990년 서울대병원 전공의 1994~1996년 단국대 의대 정형외과학교실 전임강사 1996년 미국 텍사스대병원 Health Science Center 방문교수 1998년 미국 컬럼비아대 교환교수 2000년 단국대 의대 정형외과 부교수 2000~2002년 제4차 아시아견관절학회 준비위원회 학술위원장 2003년 대한올림픽위원회 의무위원 2003~2004년 The 11th International Congress of the International Musculoskeletal Laser Society·Scientific Committee·Commissioner 2003~2004년 APLAR Scientific Committee·Commissioner 2003년 Journal of Shoulder & Elbow Society Editor in Asia 2005~2016년 의료보험심사평가원 서울지원 비상근위원 2006~2014년 건국대 의학전문대학원 정형외과 교수 2006년 건국대병원 기획관리실장 2006~2008년 서울동부지검 의료자문위원 2006년 대한의학회 건강자료심의위원회 심의위원(현) 2009~2011년 건국대병원 진료부원장 2010~2011년 대한견주관절학회 회장 2010년 'Journal of Shoulder & Elbow' Assistant Editor(현) 2011~2014년 건국대병원 어깨팔꿈치센터장 겸 정형외과장 2011년 한국야구위원회(KBO) 야구발전위원회 위원(현) 2011~2016년 세계견주관절학술대회 조직위원장 2014년 네온정형외과 원장(현) 2016년 세계견주관절학회(ICSES) 이사회 상임이사(현) 2016년 의료보험심사평가원 자동차보험 비상근위원(현) 2017년 대한핸드볼협회 의무위원(현) 2017~2018년 대한정형외과초음파학회 회장 2019년 세계견주관절학회(ICSES)사무총장(현) (상)대한스포츠의학회 제마스포츠의학상(2008), 대한골절학회 학술상(2008), 대한견주관절학회 학술상(2009), 대한선수트레이너협회 Best MD상(2009), 제45회 대한스포츠의학회 최우수연제상(2014) (저)'정형외과의를 위한 해부학'(1996·2001·2008) '어깨가 많이 아프십니까?'(2001) 'Sports injury to the Shoulder&Elbow'(2015) '어깨 통증 수술 없이 벗어나라!'(2015)

**박진영(朴晋永)**

(생)1969·10·5 (출)경북 영천 (주)서울특별시 종로구 세종대로 209 대통령직속 국가균형발전위원회 정책소통국(02-2100-1145) (학)2002년 영남대 대학원 정치학 박사과정 수료 (경)2002년 새천년민주당 노무현 대통령후보 선거대책위원회 불교특별위원회 팀장 2002~2004년 영남대 통일문제연구소 연구원 2002년 지방분권운동본부 정책위원(현) 2003~2004년 영남대·대구미래대학 외래강사 2004~2005년 통일부 교육위원 2004~2008년 (재)민주연구원 정치·지방자치담당 연구원 2011~2012년 국회 정책연구위원 2015~2017년 더불어민주당 지방자치국장 2017년 同부산시당 사무처장 2017~2018년 대통령직속 지역발전위원회 정책소통국장 겸 대변인 2018년 대통령직속 국가균형발전위원회 정책소통국장 겸 대변인(현) (저)'우리시대의 정치사회사상(共)'(2003, 영남대 출판부) '링컨처럼, 2분 스피치로 승부하라'(2015, 지식중심)

**박진영(女)**

(생)1971·11 (주)경기도 용인시 기흥구 삼성로 1 삼성전자(주) DS부문 구매팀(031-209-7114) (학)서울대 인류학과졸 (경)1994년 삼성전자(주) 자재그룹 근무 1997년 同반도체통합설비구매그룹 근무 2004년 同LCD설비구매그룹 과장 2004년 同반도체설비구매그룹 부장 2015년 同DS부문 구매팀 상무(현)

## 박진영(朴眞永) Park Jin young

(생)1972 · 10 · 25 (주)서울특별시 중구 세종대로 110 서울특별시청 시민소통기획관실(02-2133-6400) (학)1991년 중앙대사대부고졸 1999년 동국대 경영학과졸 (경)2011년 서울시 기획담당관실 기획조정팀장 2012년 서울역사박물관 경영지원부장 2012년 서울시 문화관광디자인본부 관광정책과장 겸 관광사업과장 2014년 국외 훈련파견(미국) 2016년 서울시 기획조정실 공기업담당관 2017년 同기획조정실 기획담당관 2019년 同기획조정실 정책기획관 직대(지방부이사관) 2019년 同시민소통기획관(현)

## 박진오(朴鎭五) PARK Jin Oh

(생)1959 · 2 · 2 (본)밀양(密陽) (출)강원 평창 (주)강원도 춘천시 중앙로 23 강원일보 임원실(033-258-1000) (학)1978년 춘천고졸 1982년 강원대 행정학과졸 1984년 연세대 대학원 행정학과졸 2011년 강원대 대학원 신문방송학 박사과정 수료 2011년 한국생산성본부 제5기 글로벌CEO아카데미 수료, 한국체육대 최고경영자과정 수료(WPTM 33기) (경)1987년 강원대 학보사 간사 1988년 강원일보 기자 1996년 同정경부 차장대우 1998년 同정치부 차장 1999년 同서울주재 정치부 차장(청와대출입) 2000년 同정치부장 2001년 同제2사회부장 2003년 同서울지사 부국장(청와대 출입) 2004년 同취재담당 부국장 2007년 同편집국장 2009년 同서울지사장(이사) 2010~2018년 예맥출판사 대표 2010년 (사)강원도민회 중앙회 이사(현) 2012~2015년 연합뉴스 수용자권익위원회(4 · 5 · 6기) 위원 2012년 한국생산성본부인증원 인증정책자문위원 2012년 대통령실 관광진흥분야 정책자문위원 2012년 아세아문예지에 수필가 등단 2014년 강원일보 서울지사장 겸 대외협력본부장(상무이사) 2017년 同서울지사장 겸 대외협력본부장(전무이사) 2017년 이효석문학재단 이사(현) 2018년 同전무이사 2019년 강원일보 대표이사 전무(현)2019년 사회복지법인 함께사는강원세상 이사장(현) 2019년 동곡사회복지재단 이사장(현) (상)대화중 자랑스런동문상(2008), 춘필인상(2010), 在京춘천고 문화예술부문 상록대상(2016), 안미초교 자랑스런동문상(2017) (저)'지방자치와 지방선거' 'B&C미디어'(2002)

## 박진오(朴盡五) PARK JIN OH

(생)1971 · 7 · 3 (주)인천광역시 남동구 능허대로649번길 123 대봉엘에스(주) 사장실(032-712-8800) (학)1990년 여의도고졸, 연세대 의대 의학과졸 (경)2001년 대봉엘에스(주) 입사 2003년 同대표이사 사장(현) 2010년 P&K피부임상연구센타 대표이사(현), 한국의약품수출입협회 이사, 대한화장품협회 감사, 대한화장품학회 이사, 대한화장품산업연구원 이사, 제주바이오포럼 이사, 대한의사협회 회원, 한국제약의학회 회원, 중소기업청 인천지역 명예 옴부즈만 2017년 (사)인천헬스뷰티기업협회 회장(현)

## 박진오

(주)경기도 용인시 처인구 금학로 225 용인세브란스병원(031-331-8888) (학)1989년 연세대 의대졸 1996년 同대학원 의학석사 2000년 의학박사(연세대) (경)1990년 세브란스병원 정형외과 레지던트 1996년 육군사관학교 지구병원 정형외과장 1997년 영동세브란스병원 정형외과 연구강사 2002년 용인세브란스병원 진료부장 2007년 연세대 의대 정형외과학교실 교수(현) 2007년 연세대의료원 용인세브란스병원장 2011년 수원지검 의료자문위원회 부위원장 2011년 용인시노인복지회관 운영위원 2011년 용인시사회복지협의회 이사 2019년 연세대의료원 용인세브란스병원장(현)

## 박진옥(朴晋玉)

(생)1965 · 2 · 18 (출)경남 남해 (주)경상남도 창원시 마산회원구 3 · 15대로 642 경남은행(055-290-8000) (학)1983년 남해고졸 2014년 창원대 법학과졸 (경)2008년 경남은행 명곡지점장 2010년 同중부영업추진부장 2011년 同뉴코아지점장 2012년 同기업영업추진부장 2014년 同임원부속실장 2016년 同총무부장 2017년 同동부영업본부장 2018년 同준법감시인 겸 금융소비자보호총괄책임자(CCO)(현)

## 박진우(朴珍雨) Park, Jin Woo

(생)1952 · 9 · 18 (출)서울 (주)서울특별시 관악구 관악로 1 서울대학교 공과대학 산업공학과(02-880-7172) (학)1974년 서울대 산업공학과졸 1976년 한국과학기술원(KAIST) 산업공학과졸(석사) 1985년 산업공학박사(미국 캘리포니아대 버클리교) (경)1976~1977년 (주)현대인터내셔널 Project Planner 1977~1978년 同사장 보좌역 1979년 同Section Manager 1982~1985년 미국 캘리포니아대 버클리교 연구강사 · 조교수 · 부교수 1985~2018년 서울대 공과대학 산업공학과 교수 2001년 한국경영과학회 부회장 2010~2011년 同회장 2012~2018년 서울대 공과대학 중소기업119 참여교수 2014~2018년 同산업시스템혁신연구소장 2015년 효성ITX(주) 사외이사(현) 2015~2018년 산업통상자원부 스마트공장추진단장 2016년 한국공학한림원 정회원(기술경영정책분과 · 현) 2017년 마크로젠(주) 사외이사(현) 2018년 서울대 공과대학 산업공학과 명예교수(현) (종)기독교

## 박진우(朴鎭雨) Jinwoo Park

(생)1955·7·5 (본)반남(潘南) (출)경기 (주)서울특별시 성북구 안암로 145 고려대학교 공과대학 전기전자공학부(02-3290-3225) (학)1974년 대신고졸 1979년 고려대 전자공학과졸 1983년 미국 클렘슨대 대학원 전기공학과졸 1987년 공학박사(미국 버지니아공과대) (경)1980~1981년 한국통신기술연구소 연구원 1983년 국제전기전자학회(IEEE) 회원 1986~1987년 미국 Fiber and Electro-Optics Research Center VPI&SU연구원 1988~1989년 명지대 전자공학과 전임강사 1989~2013년 고려대 전자공학과 부교수·교수 1994~1996년 한국방송개발원 비상임위원 1995년 NHK 기술연구소 광무선연구부 연구교수 1996년 한국방송공학회 이사 1998년 대한전자공학회 평의원 1998년 한국통신학회 상임이사 1999~2001년 고려대 연구지원실장(처장) 2000년 기술표준원 전문위원 2000년 한국표준원 IEC광소자분과 전문위원 2001년 한국광인터넷포럼 기술분과 위원장 2003~2007년 정보통신부 위원 2003~2009년 정보화촉진기금자문평가위원회 기술분과팀장 2004~2008년 Open Network Alliance(ONA) 의장 2004년 광대역연구개발망발전위원회 위원장 2004~2006년 고려대 정보통신기술연구소장 2008~2011년 국가과학기술위원회 전문위원 2008년 한국통신학회 부회장 2008~2010년 방송통신기금위원회 위원 2009~2010년 국가정보화추진실무위원회 위원 2009년 지식경제부 IT정책자문위원회 위원 2010~2012년 한국정보화전략위원회 위원 2010~2011년 한국통신학회 수석부회장 2010년 국가정보화전략위원회 위원 2012~2017년 한국네트워크산업협회 부회장 2012년 한국통신학회 회장 2012년 한국클라우드산업포럼 의장 2012~2014년 同운영위원장 2013년 고려대 공과대학 전기전자공학부 교수(현) 2013년 스타트업포럼 운영위원장(현) 2014~2016년 국무총리소속 정보통신전략위원회 민간위원 2014~2016년 고려대 공과대학장·공과대학원장·기술경영전문대학원장·그린스쿨대학원장 겸임 2015년 ICT대연합 정책자문위원장(현) 2017년 한국공학한림원 정회원(전기전자정보공학·현) 2019년 대한중재인협회 감사(현) (상)한국통신학회 연구우수공로상(1998), 디지털통신공학상(2003), 대통령표창(2007), 한국통신학회 석좌교수상(2017) (저)'정보정책론(共)'(1997, 나남출판사) '초고속광통신(共)'(1997, 홍릉과학출판사) '디지털통신공학'(2003) (역)'디지털통신공학'(2003)

ㅂ

**박진우(朴珍佑) PARK Jin Woo**

(생)1956·6·22 (본)밀양(密陽) (출)경북 경주 (주)경상북도 구미시 이계북로 7 경북신용보증재단(054-474-7100) (학)동국대 법학대학 법학과졸, 연세대 행정대학원 사회복지학과졸, 법학박사(동국대) (경)신용협동조합중앙회 회장(제26대·27대), 한동대 이사, MBN(TV) 비상임이사, 경북도체육회 이사, 조달청 정책연구용역심의위원회 위원, 한나라당 제17대 대통령후보 상임특보, 민주평통 상임위원, 여성가족부 정책자문위원 2004~2017년 사회복지법인 '쉼과 평화의집' 대표이사 2010~2016년 한국노인복지중앙회 회장(제18대·19대) 2010~2016년 보건복지부 장기요양위원회 위원 2011~2017년 경북도사회복지협의회 회장(제10대·11대) 2012년 새누리당 제18대 대통령중앙선거대책위원회 노인복지위원장, 同정책위원회 보건복지위원회 정책자문위원 2012년 국방부 정책자문위원회 인사복지위원 2012년 경북도새마을회 회장(제14대) 2012~2015년 보건복지부 국가치매관리위원회 위원 2013~2015년 同사회보장실무위원회 위원 2013년 새누리당 정책위원회 정무정책자문위원 2014년 금융감독원 금융감독자문위원회 자문위원, 경북도사회복지위원회 위원장, 경북도행복재단 이사, 경북도 인사위원회 위원, 同여성정책위원회 위원, 포항의료원 이사 2017년 경북도 정무특별보좌관 2017~2018년 同사회경제일자리특별보좌관 2018년 경북신용보증재단 이사장(현) (상)경북도지사표창(1981), 치안본부장표창(1982), 대통령표창(1983), 2군사령관표창(1989), 재정경제부장관표창(1998), 한국노인복지중앙회 한국사회복지대상(2012), 제17회 노인의날 국무총리표창(2013), 한국노인복지중앙회 대한민국최우수공공서비스대상(2013), 한국노인복지중앙회 대한민국인권상(2014) (종)기독교

**박진우(朴鎭雨) PARK Jin Woo**

(생)1957·3·26 (본)밀양(密陽) (출)서울 (주)서울특별시 동대문구 이문로 107 한국외국어대학교 경영대학 경영학부(02-2173-3175) (학)1976년 서울고졸 1981년 한국외국어대 무역학과졸 1983년 서울대 대학원 경영학과졸 1985년 미국 일리노이대 대학원졸 1990년 경영학박사(미국 아이오와대) (경)1990~1994년 미국 캔자스주립대 조교수 1995~2005년 한국외국어대 무역학과 부교수·교수 2005~2015년 同글로벌경영대학 경영학부 교수 2006년 한국증권학회 부회장 2007년 同편집위원장 2008년 同상경대학 부학장 2009년 同글로벌경영대학 부학장 2009년 同기업경영연구소장 2009~2011년 同글로벌경영연구소장 2010~2012년 유화증권 사외이사 2010~2011년 기획재정부 공기업경영평가위원 2011~2012년 한국증권학회 회장 2011년 한국외국어대 글로벌경영대학장 2012~2015년 한국정책금융공사 운영위원 2012~2015년 예금보험공사 자문위원 2014~2017년 한국거래소 상장공시위원회 위원장 2015년 한국외국어대 경영대학 경영학부 교수(현) 2018년 한국거래소 주가지수운영위원회 위원장(현) (상)모교를 빛낸 외대 교수상(2010) (저)'선물 옵션의 이해와 활용전략' '파생상품론'(2010)

**박진우(朴眞佑) PARK Jin Woo**

(생)1960·9·2 (출)부산 (주)경기도 화성시 봉담읍 와우안길 17 수원대학교 총장실(031-220-2201) (학)1979년 경남고졸 1983년 서울대 계산통계학과졸 1985년 同대학원졸 1989년 이학박사(서울대) (경)1991~1993년 관동대 산업공학과 조교수 1993년 수원대 응용통계학과 조교수·부교수·교수(현) 2004년 응용통계연구 편집위원 2009년 한국통계학회 조사통계연구회 소장 2012년 수원대 평가실장 2015년 同부총장 2018년 同총장(현) (상)농림부장관표창(2000), 한국갤럽학술상 우수상(2003), 통계청장표창(2005) (저)'표본조사론' '통계학의 길잡이'(2005) '조사방법의 이해'(2005) (종)기독교

**박진우(朴晋佑)**

(생)1962·7·24 (출)제주 (주)서울특별시 마포구 마포대로 78 경찰공제회(02-2084-0521) (학)1980년 한림공고졸 2002년 제주대 법학과졸 2012년 연세대 행정대학원졸 (경)1989년 경위 임용(간부후보 37기) 2007년 강원 인제경찰서장(총경) 2008년 경찰대학 학생과장 2009년 서울지방경찰청 22경찰경호대장 2011년 서울 서초경찰서장 2011년 경찰청 경호과장 2012년 대구지방경찰청 차장(경무관) 2013년 부산지방경찰청 제3부장 2014년 인천지방경찰청 제1부장 2014년 경찰청 수사기획관 2015년 同수사국장(치안감) 2016년 경남지방경찰청장 2017년 경찰청 차장(치안정감) 2017년 同경찰개혁추진본부장 2017~2018년 경찰대학장 2018년 경찰공제회 제14대 이사장(현)

**박진웅(朴鎭雄) Park Jin-woong**

(생)1960·8·19 (출)경북 경주 (주)서울특별시 종로구 사직로8길 60 외교부 인사기획관실(02-2100-7863) (학)서울 중앙고졸 1984년 중앙대 무역학과졸 1989년 미국 텍사스대 대학원 국제정치학과졸 (경)1984년 외무고시 합격(18회) 1984년 외무부 입부 1991년 駐밴쿠버 영사 1993년 駐필리핀 2등서기관 1997년 駐후쿠오카 영사 2000년 駐홍콩 영사 2004년 외교통상부 문화협력과장 2006년 駐선양 부총영사 2009년 駐상하이 부총영사 2012년 국립외교원 파견 2012~2016년 駐후쿠오카 총영사 2016년 전북도 국제관계대사 2018년 駐칭다오 총영사(현)

**박진웅(朴珍雄)**

(생)1972·2·13 (출)부산 (주)부산광역시 강서구 명지국제7로 77 부산지방법원 서부지원(051-812-1103) (학)1990년 대동고졸 2000년 고려대 법학과졸 (경)1999년 사법시험 합격(41회) 2002년 사법연수원 수료(31기) 2002년 서울지법 판사 2004년 서울가정법원 판사 2006년 부산지법 판사 2009년 의정부지법 고양지원 판사 2012년 서울중앙지법 판사 2014년 서울남부지법 판사 2016년 서울고법 판사 2018년 부산지법 서부지원 부장판사(현) 2018~2019년 법원행정처 공보관 겸임

**박진원(朴進遠) PARK Jin Won**

(생)1946·12·1 (본)밀양(密陽) (출)전북 전주 (주)서울특별시 종로구 종로3길 17 법무법인 세종 서울사무소(02-316-4403) (학)1965년 경기고졸 1970년 서울대 상학과졸 1980년 미국 콜럼비아대 대학원 경제학 박사과정 수료 1990년 법학박사(미국 브룩클린대) (경)1970년 한국은행 입행 1973~1977년 한국은행 조사부 근무 1985년 미주매일신문 편집위원 1988년 미국 뉴욕 브룩클린지방법원 수련 1990~1993년 미국 Paul, Hastings, Janofsky & Walker 변호사 1993년 미국 Gibson Dunn & Crutcher 변호사 1995~2012년 법무법인 세종 외국변호사 1998~2000년 삼부토건(주) 사외이사 1998~1999년 일은증권 사외이사 1998년 한일합섬 사외이사 1999~2002년 금융감독위원회 비상임위원 1999~2004년 대한축구협회 자문변호사 1999년 아주대 경영대학원 국제계약론 강의 2000년 현대중공업 사외이사 2000~2012년 울산학원 재단이사 2000~2011년 한국증권거래소 기업지배구조연구원 개선위원 2002~2003년 채권금융기관조정위원회 위원 2003~2006년 굿모닝신한증권 사외이사 2006~2008년 미국 컬럼비아대 한국총동창회장 2006년 (재)동아시아연구원 이사(현) 2006~2010년 현대중공업 사외이사 2006~2008년 외교통상부 통상교섭자문위원 2007년 국제스포츠분쟁조정위원회(Court for Sports Arbitration) 중재위원 2007년 국제스포츠중재재판소(CAS) 재판위원(현) 2009년 금융감독평가위원회 위원 2010년 (주)위메이드 사외이사(현) 2010~2013년 국제교류재단(Korea Foundation) 비상근이사 2012~2019년 O'Melveny & Myers 외국법자문법률사무소 서

울사무소 대표변호사 2016년 (재)아름다운가게 이사(현) 2016년 국제스포츠중재재판소(CAS) 리우올림픽특별중재판정부 위원 2017~2018년 同평창올림픽특별판정부 아시아대표 2019년 법무법인 세종 고문(현) 2019년 대한체육회 법률고문(현) (종)원불교

**박진원(朴禛原) PARK Chinwon**

(생)1968·1·27 (본)밀양(密陽) (출)서울 (주)경상남도 창원시 성산구 적현로 259 두산메카텍(주) 부회장실(055-279-5555) (학)1986년 보성고졸 1990년 연세대 경영학과졸 1993년 미국 뉴욕대 경영대학원 경영학과졸 (경)1989년 대한항공 근무 1994~1997년 두산음료(주) Sales & Marketing 1998년 (주)두산 전략기획본부 부장 2004~2005년 同전략기획본부 상무 2005년 두산인프라코어(주) 기획조정실 상무 2006년 同산업차량BG 상무 2008년 同산업차량BG 총괄 전무 2011년 두산산업차량(주) 대표이사 부사장 2013~2015년 (주)두산 산업차량BG부문 사장 2017~2018년 (주)네오플럭스 부회장 2018년 두산메카텍(주) 부회장(현) (종)천주교

**박진원(朴振源)**

(생)1971·3·29 (출)경기 화성 (주)서울특별시 서초구 반포대로 158 서울중앙지방검찰청 조사1부(02-530-4701) (학)1990년 대원고졸 1995년 서울대 사법학과졸 (경)1998년 사법시험 합격(40회) 2001년 사법연수원 수료(30기) 2001년 부산지검 검사 2003년 대구지검 안동지청 검사 2004년 인천지검 검사 2006년 서울중앙지검 검사 2009년 대검찰청 연구관 2011년 대구지검 검사 2014년 국가정보원 파견 2015년 서울중앙지검 부부장검사 2016년 대전지검 공안부장 2017년 서울동부지검 형사6부장 2018년 대검찰청 수사정보2담당관 2019년 서울중앙지검 조사1부장(현)

**박진탁(朴鎭卓) PARK JIN-TAK**

(생)1936·10·5 (출)전북 완주 (주)서울특별시 서대문구 서소문로 21 충정타워 7층 (재)사랑의장기기증운동본부(02-363-2114) (학)1957년 경복고졸 1963년 한신대 신학과졸 (경)1968년 우석대병원 원목실 근무 1969년 (사)한국헌혈협회 창립 1991년 (재)사랑의장기기증운동본부 창립 2014년 同이사장(현) (상)국민포장(1991), 생명보험의인상(2009), 올해의 한신상(2011), 영곡봉사대상(2011) (저)'나를 불러쓰신 생명나눔운동1·2'(2001, 바른길) '생명나눔'(2013, 바른길)

**박진하(朴振河) PARK Jin Ha**

(생)1963·1·18 (본)밀양(密陽) (출)강원 강릉 (주)대구광역시 동구 동대구로 441 영남일보 경영지원실(053-757-5410) (학)1981년 경신고졸 1988년 계명대 회계학과졸 (경)1987~1991년 (주)갑을 기획실 근무 1991~2009년 영남일보 총무국 경리부 차장·경영기획부장 2007년 국민건강보험공단 자문위원 2008년 법질서확립추진위원회 분과위원 2010년 영남일보 경영지원실장(현) 2012년 드림화인투자운용 감사(현) (상)한국신문협회상(2000)

**박진호(차진호) Park, Chinho**

(생)1958·8·22 (본)밀양(密陽) (출)경남 충무 (주)경상북도 경산시 대학로 280 영남대학교 화학공학부(053-810-2522) (학)1981년 한양대 화학공학과졸 1983년 서울대 대학원 화학공학과졸 1992년 화학공학박사(미국 플로리다대) (경)1994년 영남대 화학공학부 교수(현) 2007년 同산학연구처 부처장 2007~2009년 同학생역량개발실장 2011~2013년 同지식경제R&D 태양광PD·에너지기술평가원 2012년 국제에너지기구(IEA) 태양광분과 Task 1 한국대표 2012~2015년 한국태양광발전학회 국제협력부회장 2014~2017년 영남대 산학연구처장 2014~2016년 정부 미래성장동력추진단 신재생에너지하이브리드시스템분야 추진단장 2015년 한국화학공학회 학술부회장 2016년 산업통상자원부 전략기획단 에너지산업MD(현) 2016년 국제에너지기구(IEA) 태양광분과 Task 1 자문위원(현) 2017년 한국태양광발전학회 회장 2018년 한국공학한림원 정회원(화학생명공학·현) 2018년 산업통상자원부 제3차 에기본 총괄분과위원(현) (상)석명우수화공인상(2013), 한국과학기술단체총연합회 제24회 과학기술우수논문상(2014), 미래창조과학부장관표창(2014), 과학기술훈장 도약장(2018), 글로벌 태양광발전 컨퍼런스 'GPVC 어워드'(2019) (저)'촉매공정'(2002) '알기쉬운 화학공학 입문설계'(2005) '공학입문설계'(2008) '응용태양전지공학(共)'(2012) '화학공학입문설계(共)'(2012) '공학입문설계 2판(共)'(2014) (역)'응용태양전지공학'(2012) '화학공학입문설계 : 현재와 미래를 위한 도구'(2012)

**박진호(朴鎭浩) Park Jin Ho**

(생)1970·12·10 (출)전북 전주 (주)세종특별자치시 다솜로 261 국무총리비서실 소통총괄비서관실(044-200-2696) (학)1988년 전주고졸 1997년 성균관대 사회학과졸 2004년 미국 델라웨어대 대학원 정책학과졸 (경)1995년 행정고시 합격(39회) 1997년 국무총리 제1행정조정관실 총괄사무관 2004년 국무조정실 총괄심의관실 혁신팀장(서기관) 2006년 대통령비서실 국정상황실 행정관 2007년 국무조정실 교육문화심의관실 문화정책과장 2008년 국무총리실 사회정책관실 사회복지정책과장 2009년 새만금사업추진기획단 정책총괄과장 2015년 국무조정실 규제조정실 규제총괄과장(부이사관) 2015년 同국정운영실 기획총괄과장 2017년 同국정운영실 개발협력정책관(고위공무원) 2018년 교육파견(고위공무원) 2019년 국무총리 소통총괄비서관(현) (상)대통령표창(2004)

**박진환(朴鎭煥)**

(생)1966·12·15 (출)전남 영암 (주)서울특별시 서초구 서초중앙로 157 서울중앙지방법원(02-530-1114) (학)1984년 영암고졸 1988년 성균관대 행정학과졸 (경)1996년 사법시험 합격(38회) 1999년 사법연수원 수료(28기) 1999년 창원지법 예비판사 2001년 同판사 2002년 수원지법 여주지원 판사 2006년 서울동부지법 판사 2009년 서울중앙지법 판사 2010년 서울고법 판사 2012년 대법원 재판연구관 2014년 춘천지법 원주지원장 2016년 의정부지법 부장판사 2018년 서울중앙지법 부장판사(현)

**박진회(朴進會) PARK Jin Hei**

(생)1957·9·12 (출)전남 (주)서울특별시 중구 청계천로 24 한국씨티은행 은행장실(02-3455-2001) (학)1976년 경기고졸 1980년 서울대 무역학과졸 1983년 미국 시카고대 경영대학원졸 1984년 영국 런던정경대(LSE) 대학원 경제학과졸 (경)1980년 한국개발연구원 근무 1984년 씨티은행 서울지점 Treasury Marketing Officer 1987년 同Chief Dealer(외환거래책임자) 1995년 同자금담당본부장 2000년 삼성증권 운용사업담당상무 2001년 한미은행 기업금융본부장 2002년 同COO(부행장) 2004년 한국씨티은행 수석부행장 2007년 同기업금융그룹 수석부행장 2014년 同은행장(현) (종)기독교

**박차양(朴次陽·女)**

(생)1958·12·7 (주)경상북도 안동시 풍천면 도청대로 455 경상북도의회(054-880-5126) (학)경주여고졸, 동국대 관광경영학과졸, 同사회과학대학원 사회복지학과졸 (경)경주여성포럼 회장, 경북 경주시 양북면장·공보전산과장·문화관광과장·창조경제과장·문화관광실장 2018년 경북도의회 의원(자유한국당)(현) 2018년 同의회운영위원회 위원(현) 2018년 同원자력대책특별위원회 위원(현) 2018년 同문화환경위원회 부위원장(현) 2019년 同예산결산특별위원회 위원(현)

**박차훈(朴且訓) PARK Cha Hoon**

(생)1957·1·4 (출)울산 (주)서울특별시 강남구 봉은사로114길 20 새마을금고중앙회(02-2145-9630) (학)동의대 행정대학원 수료 (경)바르게살기운동 울산 전하1동 위원장, 불교방송 울산동부지부 사무국장, 민자당 울산동구지구당 조직부장 1997~1998년 울산시의회 의원 1997~2018년 동울산새마을금고 이사장 1997~1998년 울산 동구의회 초대 운영위원장 1998~2000년 同제2대 부의장 2002~2010년 새마을금고연합회 울산경남지부 제12·13·14대 회장 2010~2013년 새마을금고중앙회 이사 2010~2016년 사회복지법인 동울산새마을금고 느티나무복지재단 설립위원장 겸 초대 대표이사 2018년 새마을금고중앙회 회장(현) (상)새마을금고 대상(2008), 새마을훈장 노력장(2013)

**박 찬(朴 燦) PARK Chan (一洋)**

(생)1925·1·28 (본)함양(咸陽) (출)경북 의성 (주)대구광역시 수성구 동대구로 357 럭키빌딩 2층 법무법인 대구(053-755-0021) (학)1944년 대륜고졸 1950년 고려대 법학과졸 (경)1952년 고시사법과 합격(2회) 1955~1961년 대구·부산지검 검사 1961년 변호사 개업 1965~1973년 영남일보 이사 1966년 신라오릉보존회 경북지부장 1973년 제9대 국회의원(대구中·西·北, 민주공화당) 1975년 대한법률구조협회 이사 1982년 대구지방변호사회 회장 1982년 대한변호사협회 부회장 1985~1994년 바르게살기운동대구시협의회 회장 1988년 대한불교조계종 대구신도회 회장 1988년 법무법인 대구 대표변호사(현) 1990년 정화교육재단 이사장 (상)국민훈장 모란장 (종)불교

**박 찬(朴 燦) PARK Chan**

(생)1960·11·27 (본)밀양(密陽) (출)부산 (주)충청북도 청주시 흥덕구 오송읍 오송생명2로 187 오송보건의료행정타운내 질병관리본부(043-719-8240) (학)1979년 성동고졸 1984년 연세대 생화학과졸 1988년 同대학원 생화학과졸 1994년 생화학박사(미국 일리노이공대) (경)1994년 미국 NIH(국립보건연구원) Post-Doc. 1997년 국립보건원 바이러스질환부 보건연구관 1998년 과학기술부 연구사업 기획 및 평가위원 2000년 보건복지부 연구사업 기획 및 평가위원 2000년 국립보건원 감염질환부 기획연구과 보건연구관 2001년 국가과학기술분류위원회 위원 2001~2004년 고려대 의대 외래부교수 2001~2004년 숙명여대 강사 2001년 국립보건원 중앙유전체연구소 조정실장 2002년 同유전체연구소 유전체기술개발실장 2003년 국립보건연구원 유전체연구부 유전체역학정보실장 2005년 同유전체센터 유전체역학팀장 2007년 同질병매개곤충팀장 2009년 同면역병리센터 질병매개곤충과장 2012년 同면역병리센터 신경계바이러스과장 2014년 同감염병센터 약제내성과장(현) (상)보건복지부장관표창(2005) (저)'한국인유전체역학조사사업 보고서'(2004) '영양성분 통합DB 보고서'(2005) '한국인유전체역학조사사업 추적보고서'(2006) (종)기독교

**박찬구(朴贊求) PARK Chan Koo**

(생)1948·8·13 (출)광주 (주)서울특별시 중구 청계천로 100 시그니쳐타워 동관 12층 금호석유화학(주) 회장실(02-6961-1004) (학)1967년 광주제일고졸 1972년 미국 아이오와주립대 통계학과졸 2009년 명예 이학박사(미국 아이오와주립대) (경)1976년 한국합성고무(現 금호석유화학) 근무 1978년 금호실업 이사 1982년 금호건설 상무 1984년 금호석유화학 대표이사 부사장 1989~1996년 금호몬산토 대표이사 사장 1992년 금호그룹 회장실 사장 1996년 금호석유화학(주) 대표이사 사장 2000~2001년 금호미쓰이화학 대표이사 사장 2004년 금호석유화학(주) 대표이사 부회장 2006~2009년 금호아시아나그룹 화학부문 회장 2010~2011년 세계합성고무생산자협회 회장 2010년 금호석유화학(주) 대표이사 회장(현) (상)생산성대상 대통령표창, 장영실상, 안전경영대상 우수상, 철탑산업훈장(2000), 금탑산업훈장(2005), 이웃돕기유공자 대통령표창(2010) (종)기독교

**박찬구(朴贊久) Park Chan Koo**

(생)1963·7·31 (본)반남(潘南) (출)서울 (주)서울특별시 강남구 선릉로 433 세방전지 대표이사실(02-3451-6201) (학)1982년 경신고졸 1986년 한양대 섬유공학과졸 1994년 미국 펜실베이니아대 와튼스쿨 대학원 경영학과졸 (경)1986년 제일합섬(주) 기술연구소 주임연구원 1990~1992년 同경영기획실 사업개발팀 기술기획팀 대리 1994~1995년 삼성경제연구소 신경영연구실 선임연구원 1995~1998년 Arthur D.Little Korea Manager 1998~2000년 SIGMA Knowledge Group 이사 2000~2005년 이언그룹 대표이사 2005~2007년 (주)재능교육 상무 2008년 웅진케미칼(주) 전략기획실장(상무) 2009년 同전략기획본부장(상무) 2010년 同전략기획본부장(전무) 2011년 同대표이사 전무 2014~2016년 도레이케미칼(주) 공동대표이사 부사장 2016~2017년 TCK텍스타일 회장 2017년 세방전지 부사장 2018년 同대표이사(현)

**박찬구(朴贊玖) Park, Chan Gu**

(생)1964·12·18 (출)부산 (주)서울특별시 중구 세종대로 124 서울신문 편집국(02-2000-9000) (학)1983년 부산 중앙고졸 1987년 서울대 국사학과졸 (경)1991년 서울신문 기자, 同편집국 사회부 기자 1999년 대한매일 정치팀 기자 2002년 同사회교육부 기자 2005년 서울신문 정치부 차장급 2008년 同사회부 차장 2008년 同편집국 정치부 차장 2010년 同미래전략팀장 2011년 同국제부 차장 2012년 同정치부장 2013년 同편집국 사회부장 2013년 同논설위원 2014년 同편집국 정책뉴스부장 2016년 同지방자치연구소 연구위원 겸임 2016년 同편집국 정책뉴스부 선임기자(부국장급) 2017년 同편집국 부국장 2018년 同편집국장(현) (상)한국기자협회 '2017년 1분기 자살예방 우수보도상'(2017)

**박찬규(朴燦奎) Park Changyu**

(생)1962·8·19 (주)인천광역시 남동구 예술로152번길 9 인천지방경찰청 정보화장비과(032-455-2330) (학)1981년 전북 이리고졸 1988년 전북대 법학과졸 (경)1991년 경사 임관(특채) 2008년 강원 영월경찰서 생활안전교통과장 2009년 경찰교육원 경비학과장 2011년 서울지방경찰청 기동본부 4기동단 부단장 2012년 서울 구로경찰서 경비교통과장 2013년 서울 동작경찰서 경비과장 2014년 서울 남대문경찰서 여성청소년과장 2015년 서울 양천경찰서 여성청소년과장 2016년 서울지방경찰청 치안지도관 2017년 대전지방경찰청 홍보담당관 2018년 충남 부여경찰서장 2019년 인천지방경찰청 정보화장비과장(현)

**박찬기(朴贊祺) Chan Ki Park**

(생)1972·7·20 (본)반남(潘南) (출)서울 (주)세종특별자치시 한누리대로 402 산업통상자원부 전력시장과(044-203-5050) (학)부산 동천고졸 1997년 서울대 국제경제학과졸 2007년 미국 조지타운대 대학원 법학과졸 (경)2000~2009년 산업자원부 구아협력과·기초소재산업과·산업경제정책과 사무관 2009~2011년 지식경제부 산업경제정책과 사무관·자원개발총괄과 서기관·중동아프리카팀장 2011년 同중동아프리카협력과장 2012년 대통령실 경제수석비서관실 파견 2013년 미국 World Bank 근무 2016년 산업통상자원부 지역산업과장 2016년 同미주통상과장 2017년 同통상교섭실 자유무역협정정책기획과장 2018년 同전력진흥과장 2019년 同전력시장과장(현) (종)기독교

**박찬대(朴贊大) PARK CHAN DAE (時雨)**

(생)1967·5·10 (본)반남(潘南) (출)인천 (주)서울특별시 영등포구 의사당대로 1 국회 의원회관 815호(02-784-5477) (학)1984년 동인천고졸 1988년 인하대 경영학과졸 1998년 서울대 대학원 경영학과졸 (경)1997~1999년 세동회계법인 국제부 회계사 1999~2000년 삼일회계법인 국제부 회계사 2001~2003년 금융감독원 회계감독국·공시감독국 근무 2003~2016년 한미회계법인 경인본부장 겸 부대표 회계사(한국·미국공인회계사 겸 세무사), 인천시체육회 감사, 인천환경공단 감사, 인천햇빛발전협동조합 감사, 인천시의제21실천협의회 감사, 인천시협동조합협의회 감사, 인천사회복지보건연대 참여예산센터 운영이사, (사)인천사람과문화 운영이사, 인천시역도연맹 부회장, 인천시연극협회 고문, 인하대·숭실대·한국방송통신대 경영학과 강사 2011년 인천시 산업단지계획심사위원회 위원, 인하대 경영학과 겸임교수 2014~2015년 새정치민주연합 인천시연수구지역위원회 위원장 2016년 더불어민주당 인천시연수구甲지역위원회 위원장(현) 2016년 同인천시당 직능위원회 위원장 2016년 제20대 국회의원(인천시 연수구甲, 더불어민주당)(현) 2016~2018년 국회 정무위원회 위원 2016~2017년 국회 저출산·고령화대책특별위원회 위원 2017년 더불어민주당 제19대 문재인 대통령후보 중앙선거대책본부 유세본부 부본부장 2017~2018년 同조직강화특별위원회 위원 2017~2018년 국회 청년미래특별위원회 위원 2018년 더불어민주당 한국GM대책특별위원회 위원 2018년 同인천시당 공직선거후보자추천재심위원회 위원장 2018년 국회 교육위원회 위원(현) 2018년 국회 예산결산특별위원회 위원(현) 2019년 더불어민주당 원내대변인(현) (상)대한민국사회발전대상 정치부문(2016), 법률소비자연맹 '제20대 국회 1차년도 국회의원 헌정대상'(2017), 2017 자랑스러운 인하인상 정치사회부문(2017) (종)기독교

**박찬량(朴贊亮) Park Chan Ryang**

(생)1958·1·23 (출)경북 영주 (주)서울특별시 성북구 정릉로 77 국민대학교 과학기술대학 응용화학과(02-910-4765) (학)1982년 서울대 화학과졸 1984년 同대학원 화학과졸 1989년 화학박사(미국 코넬대) (경)1992~2017년 국민대 자연과학대학 화학과 조교수·부교수·교수 1992~1993년 미국 코넬대 화학과 방문연구원 1996년 대한화학회 편집위원 2001년 同총무이사 2002~2003년 한국과학재단 전문분과위원 2005~2006년 한국학술진흥재단 학술연구심사평가위원 2006~2007년 대한화학회 출판위원회 부위원장 2014~2016년 국민대 산학협력단장 2016~2018년 同교학부총장 겸 학부교육선도추진단장 2017년 同과학기술대학 응용화학과 교수(현) 2018년 同대학원장(현) 2019년 同교학부총장(현) (저)'한국학술연구의 동향과 전망'(2001) '일반화학실험'(2005) (역)'일반화학'(1995, 탐구당) '기초일반화학'(1996, 탐구당) '화학의 세계'(1998, 자유아카데미) 'Didac'(2001, 대한화학회)

**박찬록(朴贊祿)**

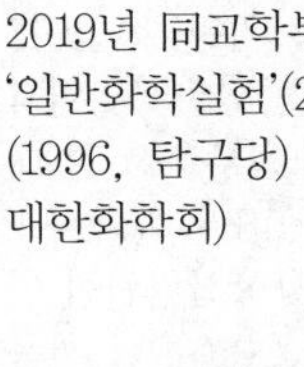

(생)1970·5·12 (출)경북 안동 (주)서울특별시 서초구 반포대로 157 대검찰청 검찰연구관실(02-3480-2032) (학)1988년 영문고졸 1995년 서울대 국어국문학과졸 (경)1998년 사법시험 합격(40회) 2001년 사법연수원 수료(30기) 2001년 울산지검 검사 2003년 대구지검 의성지청 검사 2004년 수원지검 검사 2006년 청주지검 검사 2008년 법무부 보호기획과 검사 2009년 同범죄예방기획과 검사 2010년 서울중앙지검 검사 2014년 대검찰청 검찰연구관 2016년 법무부 보호법제과장 2017년 대구지검 상주지청장 2018년 의정부지검 부장검사 2019년 대검찰청 검찰연구관(현) 2019년 同인권수사자문관 겸임(현)

**박찬병(朴燦秉)**

(생)1958·2·6 (주)서울특별시 은평구 갈현로7길 49 서울특별시립서북병원(02-3156-3000) (학)중앙대 의대졸, 경북대 대학원 보건학과졸, 보건학박사(경북대) (경)1987~1993년 경주군보건소장 1993~2000년 광명시보건소장 2000~2007년 경기도의료원 수원병원장 2007~2013년 강원도 삼척의료원장 2014년 충남도 천안의료원장 2015~2016년 수원시 영통구보건소장 2016년 서울시 서북병원장(현)

**박찬복(朴贊福) Park Chan Bok**

(생)1961·9·4 (주)서울특별시 중구 통일로 10 연세세브란스빌딩 롯데글로벌로지스(주)(02-2170-3355) (학)1988년 중앙대 회계학과졸 (경)1988년 호남석유화학 경리·감사담당 2000년 롯데장학재단 근무 2008년 同이사대우 2009년 롯데로지스틱스(주) 경영관리부문·유통물류부문장 2010년 同이사 2014년 同상무 2017~2019년 同대표이사 전무 2019년 롯데글로벌로지스(주) 대표이사 부사장(현)

**박찬석(朴贊石) PARK Chan Suk (大山)**

(생)1940·9·5 (본)반남(潘南) (출)경남 산청 (주)대구광역시 중구 이천로 237 제일에스병원 이사장실(053-602-0101) (학)1958년 진주농고졸 1963년 경북대 지리교육학과졸 1967년 同대학원졸 1972년 네덜란드 사회과학연구소 지역개발학과졸 1981년 지리학박사(미국 하와이대) (경)1971~1987년 경북대 지리학과 전임강사·조교수·부교수 1986년 대구시 도시계획위원 1987~2004년 경북대 지리학과 교수 1988년 미국 워싱턴대 교환교수 1990년 대구경북지역발전학회 회장 1991년 경북대 교수협의회 의장 1992년 국립대교수협의회 의장 1994년 경북대 사회대학장 1994~2002년 同총장 1996년 대학교육협의회 부회장 1996년 국민통합추진회의 고문 1998년 제2의건국범국민추진위원회 위원 1998년 민주평통 자문위원 2000년 국무총리 정보화추진자문위원장 2003년 열린우리당 교육특별위원장 2003년 同상임고문 2004~2008년 제17대 국회의원(비례대표, 열린우리당·대통합민주신당·통합민주당) 2004년 열린우리당 열린정책연구원 감사 2007년 同최고위원 2008년 제일삼성병원 이사장 2014년 제일에스병원 이사장(현) (상)청조근정훈장(2002) (저)'계량지리학' '인간과 문화'(共) '미래사회와 교육'(共) '新지리학개설'(共) '지역개발연구' '박찬석의 세계지리산책'(2007, 비엘프레스) (작)'아버지의 마음' '잔치' (종)천주교

**박찬석(朴贊錫)**

(생)1973·5·9 (주)경상북도 안동시 강남로 304 대구지방법원 안동지원(054-850-5090) (학)1992년 수원 창현고졸, 연세대 법학과졸 (경)1999년 사법시험 합격(41회) 2002년 사법연수원 수료(31기) 2002년 부산지법 동부지원 예비판사 2004년 부산지법 판사 2006년 수원지법 성남지원 판사 2009년 서울중앙지법 판사 2011년 서울서부지법 판사 2014년 서울행정법원 판사 2015년 대법원 재판연구관 2018년 대구지법 안동지원·대구가정법원 안동지원 부장판사(현)

**박찬수(朴贊守) PARK Chan Soo**

(생)1949·7·1 (본)반남(潘南) (출)경남 산청 (주)경기도 여주시 강천면 이문안길 21 목아박물관(031-885-9952) (학)1972년 서라벌예술대 공예과졸 1988년 홍익대 미술교육원졸(일반미술전공) 1989년 연세대 산업대학원 수료 1997년 동국대 문화예술대학원졸(불교미술전공) (경)1985년 문화재수리 기능보유자(조각 제722호)(현) 1986년 대한불교조계종 총무원 포교사 1989년 同국제포교사 1993~2017년 목아박물관 개관·관장 1994년 문화체육부 문화학교협의회 위원 1996년 국가무형문화재 제108호 목조각장 기능보유자 지정(현) 1999년 정부지정 신지식인 선정 2001년 독

일 HANOVER EXPO 전시 및 공연 초대 2001~2013년 한국예총 여주지구장 2002년 목아전통예술학교 설립·교장(현) 2003년 국립한국전통문화학교 목조각 초빙교수(현) 2003년 문화재수리기능자격시험 심사위원 2005년 한국공예문화진흥원 이사 2005년 유네스코초청 미국 순회전시 2006년 (사)한국사립박물관협회 회장 2006~2011년 (사)한국중요무형문화재기능보존협회 이사장 2006년 프랑스 및 국립종교미술관 초대전 '박찬수 나무새김의 아름다움' 개최 2007년 UN본부 전시 오프닝퍼포먼스 2007년 전국전승공예대전 운영위원장 2007년 중앙대 예술대학 객원교수 2007~2012년 중문의대 객원교수 2008년 (사)부천세계무형문화유산엑스포 집행위원장·위원, 광주시 제1회 빛고을전국공예작품공모전 추진위원장, 한국박물관협회 이사 겸 정책위원장, 제33회 대한민국전승공예대전 운영위원장, 경기도박물관협회 분과진흥위원, 한국조형디자인학회 이사 2009년 목아한민족문화재단 이사장(현) 2010년 駐영국 한국문화원 초청 '부처가입을열다(나는누구인가?)' 특별전시회 2011년 프랑스 파리유네스코 중요무형문화재 전시 2011~2014년 한국공예디자인문화진흥원 비상임이사 2012년 새누리당 제18대 대통령선거 박근혜후보 중앙선거대책위원회 총괄본부 불교본부 상임고문 2012~2014년 (사)한국문화예술통 이사 2013년 한국미술협회 국전 초대작가 2014년 경기도교육연수원 발전전문위원회 위원 2015년 영월문화재단 이사(현) 2018년 목아박물관 명예관장(현) (상)단원예술제 종합대상(1982), 대한민국불교미술특별전 종합대상(종정상, 1986), 대한민국 전승공예대전 대통령상(1989), 대한민국문화예술상 문화부문 대통령표창(2001), 대한민국 만해예술상(2002), 박물관 및 미술관발전유공자 대통령표창(2008) (저)'佛敎木工藝'(1990) '須彌壇(共)'(1990) '알기쉬운 불교미술(共)'(1998) '나의 선택 나의 길(共)'(1998) 'TAKASHIMAYAS KOERAN FESTIVAL(共)'(2002) '아! 목아박찬수'(2002) '불모(佛母)의 꿈'(2003) '목아박물관소장유물도록'(2004, 예맥출판사) '나무새김의 아름다움'(2005, 예맥출판사) '한민족의 마음전'(2008, 예맥출판사) '여인의 향기'(2008, 예맥출판사) '우주의진리 불화전'(2008, 예맥출판사) '목아문방구전'(2009, 모나미) '부처가입을열다'(2010, 모나미) '회향전 부처가입을열다' '목조장인의 연장'(2011, 모나미) '목아박물관 소장 무형문화재 작품전'(2012, 모나미) '세계공예회화전'(2013, 모나미) '마음과 세상을 수 놓다'(2014, 모나미) '독, 불, 장군'(2015, 모나미) (작)'예천용문사 윤장대' '영산회상' '법상' '목조투각화문소통' (종)불교

**박찬수(朴贊洙)**

(생)1964·1·30 (본)밀양(密陽) (출)서울 (주)서울특별시 마포구 효창목길 6 한겨레신문 논설위원실(02-710-0145) (학)1982년 양정고졸, 서울대 정치학과졸 (경)1989년 한겨레신문 편집국 기자 1989~1994년 同사회부·정치부·국제부 기자 1994년 同사회부 경찰팀장 1996년 同정치부 기자 1998년 同한겨레21 정치팀장 1999~2000년 미국 미시간주립대 연수 2001년 한겨레신문 정치부 기자 2003~2006년 同워싱턴특파원 2006년 同정치팀장 2007년 同편집국 정치부분 편집장 2008년 同논설위원 2009년 관훈클럽 편집위원 2009년 한겨레신문 편집국 부국장 2011~2013년 同편집국장 2013년 同콘텐츠본부장 2014년 同통합미디어시스템추진단장 2014~2017년 同논설위원 2016년 관훈클럽 운영위원(서기) 2017년 한겨레신문 논설위원실장(현) 2017년 관악언론인회 감사(현) 2018년 한미클럽 이사(현) (저)'청와대 vs 백악관'(2009, 개마고원) 'NL 현대사'(2017, 인물과사상사)

**박찬우(朴贊祐) Park, Chan-woo**

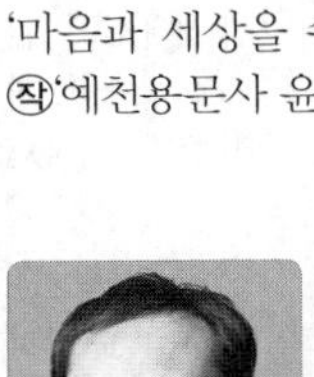

(생)1964·1·5 (출)서울 (주)서울특별시 종로구 율곡로 75 현대엔지니어링(주) 인프라·투자개발사업부(02-2134-1114) (학)1982년 서울 대신고졸 1986년 고려대 기계공학과졸 (경)1986년 현대건설(주) 입사 2010년 同건축사업본부 건축기술지원실장(상무보) 2013년 현대엠코(주) 기획실장(상무) 2014년 현대엔지니어링(주) 기획실장 2016년 同기획실장(전무) 2019년 同인프라·투자개발사업부장(현) (종)불교

**박찬욱(朴贊郁) PARK Chan Wook**

(생)1954·6·13 (본)반남(潘南) (출)강원 춘천 (주)서울특별시 관악구 관악로 1 서울대학교 사회과학대학 정치외교학부(02-880-6330) (학)1972년 경동고졸 1976년 서울대 정치학과졸 1978년 同대학원졸 1987년 정치학박사(미국 아이오와대) (경)1987~1989년 미국 프랭클린마샬대 전임강사·조교수 1990~1999 서울대 사회과학대학 정치학과 조교수·부교수 1995~1997년 同사회과학대학 부학장 1995년 제주일보 객원논설위원 1997년 강원도민일보 비상임논설위원 1997~2003년 (재)미래인력연구원 원장 1997~1998년 미국 듀크대 초빙교수 1998~2000년 서울대 사회과학대학 정치학과장 1998~2001년 대통령자문 정책기획위원회 위원 1999~2019년 서울대 정치외교학부 교수 2001~2003년 同미국학연구소장 2002~2004년 同교수협의회 이사 2002~2009년 한국정치정보학회 부회장 2003년 조사연구학회 부회장 2003~2007년 한국선거학회 부회장, 同고문(현) 2003~2016년 (재)조선일보 미디어연구소 이사 2004~2012년 Asian Consortium for Political Research 사무총장 2004~2008년 서울대 한국정치연구소장 2004~2006년 同평의원 2004·2006년 한국정치학회 부회장 2004년 21세기정치학회 부회장 2004~2005년 한국정당학회 부회장 2004~2006년 한국동북아학회 부회장 2005~2009년 아·태정치학회 부회장 2005년 국회의장자문 지원조직개선기획위원장 2006~2007년 서울대 장기발전계획위원회 법인화분과위원장 2006~2013년 同정치학BK사업단장 2006~2012년 감사원·국회입법조사처·헌법재판소·국회 미래한국헌법연구회 자문위원 2007~2008년 국회사무처 '국회60년사' 집필위원 2007~2009년 국회 법제실 입법지원위원 2007년 일본 와세다대 정치경제대학원 초빙교수 2007~2009년 서울대 사회과학대학 정치학과장 2008~2010년 同법인화추진위원회 분과위원장 2008~2012년 한국행정연구원 연구자문위원·위원장 2008~2009년 한국의회발전연구회 상임이사 2008년 한국세계지역학회 부회장 2008~2009년 국회의장자문 국회운영제도개선위원회 간사 2008~2013년 중앙선거관리위원회 '정당사' 편찬위원 2010년 중앙일보·동아일보 칼럼 집필진 2011년 한국정치학회 회장 2011~2013년 김창준미래한미재단 이사 2012년 해위윤보선대통령기념사업회 윤보선민주주의연구원 운영위원(현) 2012년 한국사회과학협의회 부회장 2012~2015년 국가보훈처 독립유공자심사위원 2012년 중앙선거관리위원회 선거연수원 민주시민교육자문위원(현) 2013~2015년 국민대통합위원회 갈등관리포럼 위원 2014~2016년 서울대 사회과학대학장 2014~2016년 한국정책재단 이사 2014~2016년 (사)강원하나포럼 이사장 2014년 중앙선거관리위원회 선거자문위원(현) 2014~2018년 세계정치학회 집행위원·부회장 2014~2015년 경제인문사회연구회 인문정책연구심의위원 2015년 중앙선거관리위원회 '정당·선거사 및 선거관리위원회사' 편찬위원(현) 2015~2016년 (재)여해와함께 이사 2016년 국회 우수입법선정위원장 2016년 서울대 정치외교학부장 2016~2019년 同교육부총장 겸 대학원장 2017년 대법관후보추천위원회 위원(현) 2018년 한국사회과학협의회 회장(현) 2018년 국무총리소속 공직인사혁신위원회 민간위원장(현) 2018~2019년 서울대 총장 직대 2018~2019년 서울대 병원·치과병원 이사장 2019년 인촌기념사업회 이사(현) 2019년 서울대 사회과학대학 정치외교학부 명예교수(현) (저)'한국의 의회정치'(1991) '미래한국의 정치적 리더십'(1997) '비례대표 선거제도'(2000) '4.13총선'(2000) '정치학의 이해'(2002) '한국지방자치와 민주주의'(2002) '21세기 미국의 거버넌스'(2004) '국회의 성공조건'(2004) '미국의 정치개혁과 민주주의'(2004) '제17대 국회의원 총선거 분석'(2005) '정치학의 대상과 방법'(2006) '민주정치와 균형외교'(2006) '제17대 대통령선거를 분석한다'(2008) '한국유권자의 선택1 : 2002총선'(2012) '2012년 국회의원선거 분석'(2012) '한국유권자의 선택2 : 2012년 대선'(2013) '2012년 대통령선거 분석'(2013) '윤보선과 1960년대 한국정치'(2015) (역)'제3의 길'(1998) '질주하는 세계'(2000) '기로에 선 자본주의'(2000) '제3의 길과 그 비판자들'(2002)

### 박찬욱(朴贊郁) PARK Chan Uk

(생)1963·8·23 (출)서울 (주)경기도 고양시 일산동구 백마로 195 모호필름(주)(02-3675-4430) (학)1982년 서강대 철학과졸 (경)1988년 영화 '감동'의 조감독으로 영화계 입문 1992년 영화 '달은 해가 꾸는 꿈'으로 영화감독 데뷔·영화감독(현) 2005년 한국국제협력단(KOICA) 명예 해외봉사단장 2006년 (주)모호필름 대표(현) 2006년 제63회 베니스국제영화제 국제경쟁부문 심사위원 2007년 아이비필름페스티벌 심사위원 2009년 제5회 제천국제음악영화제 명예홍보위원 2012년 제2회 올레스마트폰영화제 심사위원장 2016년 영화예술과학아카데미(AMPAS) 회원(현) 2017년 제70회 칸 국제영화제 경쟁부문 심사위원 (상)제21회 청룡영화상 감독상(공동경비구역JSA, 2001), 제27회 시애틀 국제영화제 심사위원특별상(공동경비구역JSA, 2001), 제37회 백상예술대상 감독상(공동경비구역JSA, 2001), 제24회 청룡영화상 감독상(올드보이, 2003), 제3회 대한민국영화대상 감독상(올드보이, 2004), 제40회 백상예술대상 감독상(올드보이, 2004), 제57회 칸 국제영화제 심사위원대상(올드보이, 2004), 제41회 대종상영화제 감독상(올드보이, 2004), 보관문화훈장(2004), 제24회 영평상 감독상(올드보이, 2004), 제62회 베니스영화제 '젊은 사자상(Young Lion Award, 2005)' '베스트 이노베이션상(Best Innovated Award)' '미래영화상' 등 3개상 수상(친절한 금자씨), 마크 오브 리스펙트상(2005), 청룡영화상 작품상(친절한 금자씨, 2005), 방콕 국제영화제 감독상(친절한 금자씨, 2006), 제57회 베를린영화제 알프레드 바우어상(싸이보그지만 괜찮아, 2007), 제62회 칸 국제영화제 심사위원상(박쥐, 2009), 제17회 춘사영화제 감독상(박쥐, 2009), 스타일아이콘어워즈 문화예술부문상(2009), 제9회 마라케시 국제영화제 골드스타상(2009), 제12회 디렉터스컷어워드 올해의 감독상(2009), 서강희년상 문화예술부문(2010), 브뤼셀 판타스틱 국제 영화제 심사위원특별상(2010), 제61회 베를린영화제 단편영화부문 황금곰상(2011), 스파이크 아시아 광고제 필름크래프트부문 은상(2011), 제44회 시체스국제판타스틱영화제 오피셜 놉스 비전 최우수 작품상(2011), 제49회 시체스국제판타스틱영화제 관객상(2016), 미국 LA비평가협회(LAFCA) 외국어영화상·미술상(2016), 벨기에 브뤼셀 판타스틱영화제(BIFFF) 공로상(2017), 백상예술대상 영화부문 대상(2017), 제14회 서울드라마어워즈 미니시리즈부문 최우수상(2019) (저)영화평론집 '영화보기의 은밀한 매력' '박찬욱의 오마주'(2005) 산문집 '박찬욱의 몽타주'(2005) (작)'달은 해가 꾸는 꿈'(1992) '3인조'(1997) '공동경비구역JSA'(2000) '복수는 나의 것'(2002) '올드보이'(2003) '여섯개의 시선'(2003) '쓰리, 몬스터'(2004) '친절한 금자씨'(2005) '싸이보그지만 괜찮아'(2006) '박쥐'(2009) '파란만장'(2010) '청출어람'(2012) '스토커'(2013) '고진감래'(2013) 'A Rose Reborn'(2014) '무뢰한'(2015) '아가씨'(2016) '비밀은 없다'(2016)

### 박찬운(朴燦運) Chan Un PARK

(생)1963 (출)충남 청양 (주)서울특별시 성동구 왕십리로 222 한양대학교 법학전문대학원(02-2220-2576) (학)1981년 한영고졸 1985년 한양대 법학과졸 1998년 미국 노트르담대 대학원 국제인권학과졸 2008년 법학박사(고려대) (경)1984년 사법시험 합격(26회) 1987년 사법연수원 수료(16기) 1992년 대한변호사협회 대의원·인권위원 1994년 민주사회를위한변호사모임 사무차장 2001년 서울지방변호사회 섭외이사 2002년 한국정신문제대책협의회 법률전문위원장 2003년 대한변호사협회 인권위원회 부위원장 2005년 국가인권위원회 인권정책국장 2006년 同인권정책본부장 2006년 한양대 법과대학 부교수, 同법학전문대학원 교수(현) 2011~2013년 (재)사랑샘 이사, 인권정책연구소 이사, 서울지방변호사회 국제이사 2016~2019년 서울시 인권위원회 위원 2017년 경찰청 경찰개혁위원회 수사분과위원(현) (상)대한변호사협회 공로상(2005) (저)'일본인의 일과 근성'(共) '한국 감옥의 현실' 'International Human Rights Law' '국제인권법과 한국의 미래(日文)' '인권법'(2008) '국제범죄와 보편적 관할권'(2009) '국제인권법'(2011) '책으로 세상을 말하다'(2011) '인권법의 신동향'(2012) '문명과의 대화'(2013) '로마문명 한국에 오다'(2014) '빈센트 반 고흐 새벽을 깨우다'(2016)

### 박찬일(朴贊日) PARK Chan Il

(생)1964·10·25 (출)서울 (주)서울특별시 서초구 반포대로 158 서울중앙지방검찰청(02-530-4340) (학)1983년 경성고졸 1987년 고려대 법학과졸 1994년 서울대 법학대학원졸 (경)1992년 사법시험 합격(34회) 1995년 사법연수원 수료(24기) 1995년 변호사 개업 1998년 서울지검 의정부지청 검사 1999년 대전지검 논산지청 검사 2001년 춘천지검 검사 2003년 同강릉지청 검사 2005년 서울중앙지검 검사 2007년 인천지검 부천지청 부부장검사 2009년 창원지검 공판송무부장 2009년 부산지검 동부지청 형사2부장 2010년 제주지검 부장검사 2011년 인천지검 부천지청 부장검사 2012년 수원지검 안양지청 부장검사 2013년 의정부지검 고양지청 부장검사 2014년 광주고검 전주지부 검사 2016~2018년 부산고검 검사 2018년 서울중앙지검 부장검사(현)

### 박찬종(朴燦鍾) PARK Chan Jong (尤堂)

(생)1939·4·19 (본)밀양(密陽) (출)부산 (주)서울특별시 서초구 서초대로48길 33 허브원빌딩 7층 법무법인 산우(02-584-5533) (학)1958년 경기고졸 1962년 서울대 상경대학 경제학과졸 1966년 同경영대학원졸, 한국외국어대 세계경영대학원 최고세계경영자과정 수료 (경)1961년 고등고시 사법과(12회)·행정과(13회) 합격 1961~1964년 해군 법무관 1962년 공인회계사시험 합격 1964~1970년 서울지검·춘천지검 검사 1971년 변호사·공인회계사 개업 1973년 제9대 국회의원(부산西·東, 민주공화당) 1976년 대한체육회 감사 1978년 변호사 개업 1978년 한국공인회계사회 회장 1979년 제10대 국회의원(부산西·東, 민주공화당) 1979년 민주공화당 정책위원회 부의장 1979년 대한볼링협회 회장 1979년 민주공화당 정책조정실장 1984년 민주화추진협의회 인권특위 위원장 1985년 제12대 국회의원(부산中·東·영도, 신한민주당) 1985년 신한민주당 인권옹호위원장 1985년 민주화추진협의회 헌법개정특위 위원장 1987년 민주당 정책심의장 1988년 제13대 국회의원(서울 서초甲, 무소속·민주당·신정당) 1990년 민주당 부총재 1991년 정치개혁협의회 대표발기인 1992년 신정당 대표최고위원 1992년 제14대 국회의원(서울 서초甲, 신정당·신민당) 1994년 신민당 공동대표 1996년 신한국당 수도권선거대책위원장 1996년 同상임고문 1997년 한나라당 상임고문 1997년 국민신당 선거대책위원회 의장 1997~1998년 同상임고문 1998~2001년 일본 게이오대 객원연구원 2000년 민주국민당 최고위원 2000년 同부산中·東지구당 위원장 2002년 아시아경제연구원 이사장(현) 2002년 한나라당 이회창대통령후보 정치특별자문역 2003년 同상임고문 2004년 제17대 국회의원선거 출마(부산西, 무소속), 국제평화전략연구원 이사장, 법무법인 유담 대표변호사 2017년 법무법인 산우 고문변호사(현) (상)제1회 아키노자유상(1987) (저)'절도의 논리' '부끄러운 이야기' '광주에서 양키까지' '세대교체선언' '박찬종 서울개혁리포트-서울2020' 수상집 '나는 이제 말하지 않을 수 없다' '서울 이대로 좋은가' '색시 얻어줄께 서울 가지마' '박찬종의 신국부론-경제의 틀을 새로 짜는 21세기를 열자' '박찬종이 찾아낸 일본도 놀란 일본의 성공 벤처이야기' '침몰하는 한국경제 희망은 있는가?' (종)천주교

### 박찬진(朴贊鎭)

(생)1963·6·28 (주)경기도 과천시 홍촌말로 44 중앙선거관리위원회 선거정책실(02-502-6845) (학)1981년 광주서석고졸 1987년 전남대 사학과졸 2011년 同행정대학원졸 (경)2007년 중앙선거관리위원회 법규해석과 서기관 2008년 광주시 북구선거관리위원회 사무국장 2010년 광주시선거관리위원회 지도과장 2012년 중앙선거관리위원회 사무총장비서관 2013년 同해석과장 2015년 광주시선거관리위원회 관리과장 2015년 同관리과장(부이사관) 2016년 충북도선거관리위원회 사무처장 2018년 중앙선거관리위원회 선거정책실 조사국장(이사관) 2018년 同선거정책실장(관리관)(현) 2018년 同중앙선거여론조사심의위원회 상임위원 겸임(현)

### 박찬형(朴贊亨) Park, Chan Hyoung

(생)1959·10·27 (출)강원 춘천 (주)서울특별시 용산구 이태원로 222 제일기획 경영지원실(02-3780-2114) (학)춘천고졸, 성균관대 경제학과졸 (경)1984년 삼성전자(주) 입사, 同독일 프랑크푸르트지사장, 同네덜란드물류법인장 2010년 同영국 구주(SLES) 경영지원팀장 2011년 제일기획 CFO(전무), 同경영지원실장(전무) 2014~2015년 프로축구 수원 삼성 블루윙즈 대표이사 2015년 제일기획 경영지원실장(부사장) 2015년 同경영지원실장(부사장)(현) 2015~2017년 同솔루션2부문장 겸임

### 박찬호(朴璨浩) PARK Chan Ho

(생)1966·3·18 (출)전남 광양 (주)서울특별시 서초구 반포대로 157 대검찰청 공공수사부(02-3480-2310) (학)1985년 순천고졸 1994년 전남대 인문대학 철학과졸 (경)1994년 사법시험 합격(36회) 1997년 사법연수원 수료(26기) 1997년 대구지검 검사 1999년 광주지검 순천지청 검사 2001년 서울지검 검사 2003년 대검찰청 중앙수사부 공적자금비리합동단속반 검사 2005년 광주지검 검사 2007년 대검찰청 검찰연구관 2010년 서울고검 검사 2010년 서울중앙지검 부부장검사 2011년 전주지검 남원지청장 2012년 대검찰청 디지털수사담당관 2013년 서울중앙지검 특수3부장 2014년 인천지검 형사4부장 2015년 서울남부지검 금융조사1부장 2016년 서울중앙지검 방위사업수사부장 2017년 서울중앙지검 제2차장검사 2019년 대검찰청 공안부장(검사장급) 2019년 同공공수사부장(현) (상)홍조근정훈장(2019)

### 박찬호(朴贊浩)

(생)1966·4·3 (출)서울 (주)인천광역시 서구 환경로 42 한국환경공단 경영기획본부(032-590-3100) (학)1985년 경기고졸 1990년 고려대 지구환경학과졸 1992년 同대학원 지구환경학과졸 (경)1994년 한국환경자원공사 기획과장, 同비서실장 2006년 환경부 장관정책보좌관실 과장, 한국폐기물협회 사무국장, 환경부 산하 그린패트롤측정기술개발사업단 사무국장 2018년 한국환경공단 경영기획본부장(상임이사)(현)

### 박찬홍(朴贊洪) PARK Chan Hong

(생)1963·12·28 (출)전남 (주)경상남도 창원시 성산구 창원대로1144번길 55 성우테크론(주) 비서실(055-297-8425) (학)1982년 목포공고졸 1991년 경남대 전기공학과졸 1999년 창원대 대학원 최고경영자과정 수료 (경)1981~1993년 삼성항공산업(주) 자동화설계팀 근무 1993년 성우정밀 창업 1997년 同공동대표이사 사장 2000년 성우테크론(주) 대표이사 사장(현) 2000년 삼우정밀공업(주) 이사(비상근)·대표이사 2004년 (주)아큐텍반도체기술 이사(비상근) 2006~2007년 同각자대표이사 사장 (상)삼성그룹회장표창(1984), 중소기업청 이달의 벤처기업인상(2001)

### 박찬훈

(생)1962·4·18 (주)경기도 용인시 기흥구 삼성로 1 삼성전자(주) DS부문(031-209-7114) (학)1988년 일본 일본대 전자공학과졸 1990년 일본 전기통신대 대학원 전자공학과졸 1993년 전자공학박사(일본 전기통신대) (경)1993년 삼성전자(주) 종합기술원 근무 2008년 同메모리FAB팀 부장 2008년 同메모리FAB팀 상무 2009년 同반도체연구소 공정개발팀 연구위원(상무) 2010년 同메모리기술팀장(상무) 2011년 同메모리제조센터 상무 2013년 同SCS법인장(상무) 2013년 同SCS법인장(전무) 2017년 同DS부문 기흥·화성·평택단지장(부사장)(현)

### 박찬흔(朴贊昕) PARK Chan Heun

(생)1956·12·27 (본)반남(潘南) (출)서울 (주)서울특별시 종로구 새문안로 29 강북삼성병원 유방·갑상선암센터(02-2001-1730) (학)1981년 연세대 의과대학졸 1996년 의학박사(연세대) (경)1982~1986년 연세대 의료원 전공의 1989~1990년 연세대 의료원 연구강사 1990년 차병원 외과 과장 1990~2011년 한림대 의과대학 외과학교실 전임강사·조교수·부교수·교수 1996~1998년 미국 NSABP 연구원 2003년 한림대부속 강동성심병원 외과 과장 2004~2005년 同기획실장 2005~2007년 한국유방암학회 총무이사 2008년 한림대부속 강동성심병원장 2011년 성균관대 의과대학 외과학교실 교수(현) 2011년 강북삼성병원 유방·갑상선암센터장(현) 2011~2013년 한국유방암학회 이사장 (상)한림대의료원 학술상(1994) (저)'유방학'(2005)

### 박찬희(朴贊熹) PARK Chan Hi

(생)1964·12·2 (본)반남(潘南) (출)서울 (주)서울특별시 동작구 흑석로 84 중앙대학교 경영학부(02-820-5576) (학)1987년 서울대 경영학과졸 1989년 同대학원 경영학과졸 2000년 경영학박사(미국 하버드대) (경)1990~1991년 쿠퍼스 앤드 라이브랜드(Coopers & Lybrand) 컨설턴트 1991~2000년 대우그룹 회장실 대리·과장 1997년 미국 Harvard Business School 연수 2000년 Axisoft 전략기획담당 이사 2001년 성균관대 겸임교수 2001년 중앙인사위원회 직무분석과장 2002년 중앙대 경영학부 조교수·부교수·교수(현) 2002~2008년 한국이사협회(KIOD) 교육위원 2003~2007년 한국기업지배구조개선센터(CGS) 연구원 2003~2004년 딜로이트컨설팅 전문위원 2004~2005년 MBC 라디오 '손에 잡히는 경제' 진행 2004~2009년 MBC TV '세계석학대담'·SBS TV '2009대한민국 신화를 다시쓰다'·NA TV '나라살림 우리살림'·EBS TV '일과 사람들' 기획·진행 2004~2005년 정부혁신지방분권추진위원회 자문위원 2005~2007년 우리홈쇼핑 사외이사·감사위원장·편성위원장 2006~2007년 국가비전2030 총괄기획 및 정책홍보 민간위원 2008~2013년 (주)SK C&C 사외이사 2009~2010년 녹색성장위원회 위원 2009~2018년 하츠 사외이사 2010~2014년 하이드릭앤스트러글스(Heidrick & Struggles) 자문역 2012~2014년 TV조선 '박찬희 정혜전의 황금 펀치' 진행 2017년 대통령직속 정책기획위원회 국민성장분과 위원(현) 2018년 대림산업 사외이사 겸 감사위원(현) (저)'공직사회조직문화와 젠더파트너십'(2004) '인생을 바꾸는 게임의 법칙'(2005) '한국기업 성과급 제도의 변천(共)'(2007) (종)불교

### 박창규(朴昌圭) PARK Chang Gyu

(생)1960·11·24 (출)서울 (주)서울특별시 구로구 구로동로 148 고려대학교 구로병원 순환기내과(02-2626-3019) (학)1985년 고려대 의대졸 1988년 同대학원 의학석사 1995년 의학박사(고려대) (경)캐나다 오타와대 교환교수 2001년 고려대 의대 순환기내과학교실 교수(현), 아시아·태평양고혈압학회 조직위원회 사무부총장, 대한순환기학회 부총무 2007~2013년 고려대 구로병원 심혈관센터 과장 2010~2017년 일본 고혈압학회 SCI 고혈압 연구(Hypertension Research) 편집고문 2010~2016년 고려대 구로병원 순환기내과장 2010년 포브스 선정 '한국의 100대 명의' 2014~2018년 고려대 구로병원 심혈관센터장 2014년 대한고혈압학회 저항성고혈압연구회 감사·이사·부회장(현) 2014~2017년 한국연구재단 전문위원 2015~2017년 국제전문학술지 'BioMed Research International : SCIE(Science Citation Index Expanded)' 편집위원 2015~2019년 고려대 구로병원 교수협의회 의장, 세계혈관건강학회 조직위원, 대한심장학회 이사, 심뇌혈관예방학회 학술이사, 식품의약품안전청(KFDA) 약사심의위원·의료기기심사협의회 위원 2017~2019년 고려대 평의원 (상)고려대 석탑강의상(2007), 대한고혈압학회 최우수임상연구상(2010), 일본고혈압학회 공로상(2010), 고려대 의대 교우회 고의 의학상(2011)

## 박창근(朴昌根) Park Chang-Kun

(생)1961·1·7 (본)밀양(密陽) (출)부산 (주)강원도 강릉시 범일로579번길 24 가톨릭관동대학교 공과대학 토목공학과(033-649-7514) (학)1984년 서울대 공과대학 토목공학과졸 1986년 同대학원 토목공학과졸 1993년 공학박사(서울대) (경)1993~1995년 서울대 공학연구소 특별연구원 1995~1997년 한국건설기술연구원 선임연구원 1997~2006년 관동대 공과대학 토목공학과 조교수·부교수 1997년 강원도 지방건설기술심의위원 1999년 속초시 수돗물수질관리위원 1999년 한국수자원학회 지하수분과위원회 위원 2000~2002년 행정자치부 국립방재연구소 지역위원 2000~2007년 속초경실련 집행위원장 2001년 대한토목학회 편집위원 2002년 원주지방국토관리청 설계자문위원 2003년 관동대부설 방재연구센터 소장 2003년 경제정의실천시민연합 중앙상임집행위원회 중앙위원 2004년 환경운동연합 물위원회 부위원장 2004~2005년 대통령직속 지속가능발전위원회 물관리정책TF팀 위원 2005년 한국수자원학회 지하수분과위원회 위원장 2006년 가톨릭관동대 공과대학 토목공학과 교수(현) 2007~2008년 대한주택공사 토목설계심의위원 2007년 희망제작소 재난관리연구소 운영위원 2008~2014년 (사)시민환경연구소 소장 2008년 한반도대운하반대전국교수모임 상임공동집행위원장 2010년 서울시 양천구의회 재해대책특별위원회 특별전문위원 2016년 (사)대한하천학회 회장(현) 2017~2018년 가톨릭관동대 교무처장 2017~2018년 국가위관리학회 회장 2018년 가톨릭관동대 에너지자원융합대학원장 겸 공과대학장 (상)환경부장관표창(2007), 홍조근정훈장(2019) (저)'유체역학(共)'(1997, 동화기술) '지하수학(共)'(2003, 시그마프레스) '지속가능한 물관리 정책(共)'(2005, 박영사) '물관리, 어떻게 할 것인가'(2005, 커뮤니케이션즈코리아) '수리학(共)'(2005, 동화기술) (종)기독교

## 박창달(朴昌達) PARK Chang Dal

(생)1946·3·17 (본)구산(龜山) (출)경북 포항 (주)서울특별시 영등포구 의사당대로 1 대한민국헌정회(02-757-6612) (학)1964년 대구 계성고졸 1973년 한국외국어대 독어과졸 1995년 영남대 행정대학원졸 2001년 고려대 컴퓨터과학기술대학원 수료 2002년 연세대 행정대학원 최고위과정 수료 2009년 명예 정치학박사(용인대) 2009년 명예 교육학박사(계명대) (경)1975년 경북청년지도자연합회 부회장 1989년 대구시핸드볼협회 회장 1991년 경북산업대 기성회장 1992년 민자당 제14대 대통령선거 경북선거대책위원회 상황실장 겸 대변인 1993년 신한국당 경북도지부 사무처장 1995년 同제1회 지방자치선거 경북선거대책위원회 총괄부본부장 1996년 同제15대 총선 경북도선거대책본부장 1997년 한나라당 대구시지부 사무처장 1997년 同제15대 대통령선거 이회창후보 특보역 1998년 同대구中지구당 위원장 2000년 同중앙선거대책위원회 상황실장 2000년 제15대 국회의원(전국구 승계, 한나라당) 2000년 제16대 국회의원(전국구, 한나라당) 2000년 한나라당 원내부총무 2000년 한·슬로바키아의원친선협회 부회장 2001년 한나라당 중앙청년위원장 2002년 국회 교육위원회 간사 2003년 국회 여성위원회 위원 2004~2005년 제17대 국회의원(대구東乙, 한나라당) 2004년 국회 보건복지위원회 위원 2005년 한·캄보디아의원친선협회 회장 2007년 한나라당 제17대 대통령선거 중앙선거대책위원회 유세지원단 부단장 2007년 同제17대 대통령선거 이명박후보 특보단장 2008년 제17대 대통령취임준비위원회 상임자문위원 2009~2011년 한국자유총연맹 제11대 회장 2010~2011년 세계자유민주연맹(WLFD) 의장 2010~2011년 아시아태평양자유민주연맹(APLFD) 의장 겸 총재 2011년 국가정체성회복국민협의회 의장 2011~2013년 한국자유총연맹 제12대 총재 2015년 대한민국헌정회 이사 2015년 미래실버청년연구원 이사장(현) 2015~2016년 계성학교 총동창회장 2016년 제20대 국회의원선거 출마(대구 중구·남구, 무소속) 2017~2018년 늘푸른한국당 최고위원 2019년 대한민국헌정회 위원(현) (상)자랑스러운 외대인상(2010) (저)'박창달, 자유를 말하다'(2011)

## 박창렬(朴昌烈) PARK Chang Ryul

(생)1964·4·25 (출)전남 장성 (주)서울특별시 강남구 테헤란로92길 7 법무법인(유한) 바른(02-3476-2397) (학)1983년 조선대부고졸 1987년 연세대 법학과졸 2014년 서울대 대학원 최고전략과정(SPARC) 수료 (경)1993년 사법시험 합격(35회) 1996년 사법연수원 수료(25기) 1996년 부산지법 동부지원 판사 1998년 부산지법 판사 2000년 인천지법 판사 2003년 서울지법 동부지원 판사 2004년 서울동부지법 판사 2005년 서울행정법원 판사 2007년 서울고법 판사 2008년 미국 William & Mary Law School Visiting Scholar 2009년 서울중앙지법 판사 2011년 광주지법 부장판사 2012년 수원지법 부장판사 2015~2017년 서울동부지법 부장판사 2017년 법무법인(유) 바른 구성원변호사(현) (저)'주민소송(共)'(2007) (종)기독교

## 박창범(朴昌範) PARK Chang Bom

(생)1960·12·26 (출)광주 (주)서울특별시 동대문구 회기로 85 고등과학원 물리학부(02-958-3751) (학)1983년 서울대 천문학과졸 1985년 同대학원 천문학과졸 1991년 천체물리학박사(미국 프린스턴대) (경)1990~1992년 미국 캘리포니아공대 물리학과 연구원 1992~2003년 서울대 자연과학대학 천문학과 조교수·부교수·교수 2003년 고등과학원 물리학부 교수(현) 2010~2015년 同거대수치계산연구센터(KIAS) 센터장 2016년 호주국립대 석학방문교수 2016~2018년 고등과학원 물리학부장 2017년 한국과학기술한림원 정회원(이학부)(현) (상)서울대 최다SCI 피인용논문상(1998), 한국과학기술단체총연합회 제9회 과학기술우수논문상(1999), 한국천문학회 학술상(2012), 교육과학부 지식창조대상(2012) (저)'수치 천체물리학'(1995) '한국의 천문도'(1995) '동아시아 일식도'(1999) '하늘에 새긴 우리역사'(2002) '한국의 전통과학 천문학'(2007) 'Traditional Korean Science : Astronomy'(2008) (역)'어떻게 타임머신을 만들까'(1999)

## 박창석(朴昌錫)

(생)1965·12·22 (주)경상북도 안동시 풍천면 도청대로 455 경상북도의회(054-880-5126) (학)대구미래대학 사회복지과졸 (경)의흥면평생학습마을 추진위원장, 의흥면청년회 회장, 새누리당 군위군 청년분과 위원장, 군위군청년연합회 회장, 경북도청년연합회 감사 2014~2018년 경북 군위군의회 의원(무소속·새누리당·자유한국당) 2016년 同부의장 2018년 경북도의회 의원(자유한국당)(현) 2018년 同농수산위원회 위원(현) 2018년 同통합공항이전특별위원회 위원장(현), 대구경북한뿌리상생위원회 위원(현)

## 박창수(朴彰洙) PARK Chang Soo

(생)1953·7·10 (주)광주광역시 남구 덕남길 100 광주시립제2요양병원(062-612-9800) (학)전남대 의대졸, 同대학원 의학석사 1987년 의학박사(전남대) (경)1986~1997년 전남대 의대 병리학교실 전임강사·조교수·부교수 1989~1991년 미국 오클라호마의대 병리학교실 연구원 1997~2018년 전남대 의대 병리학교실 교수 1999~2001년 전남대병원 교육연구실장 2001~2004년 同병리과장, 전남대 의대 부학장, 同의대 병리학교실 주임교수 2008~2010년 同의과대학장 2009~2010년 同의학전문대학원장 2018년 광주시립제2요양병원 원장(현)

## 박창순(朴昌淳) PARK chang soon (만경·가송)

(생)1961·11·18 (출)전남 영암 (주)경기도 수원시 팔달구 효원로 1 경기도의회(031-8008-7000) (학)1981년 전북기계공고졸 2006년 서울디지털대 법학과 및 행정학과졸 2008년 단국대 행정법무대학원 행정학과졸 2013년 同행정대학원 행정학 박사과정 수료 (경)1997~2010년 복지종합건설(주) 이

사 2000년 (사)한국아마추어무선연맹 강사 2002~2010년 도성건설(주) 사장 2006~2008년 단국대 사회과학연구소 지방자치연구원 2008년 민주당 경기도당 정치아카데미 수료 2009년 同성남수정구지역위원회 상무위원·부위원장 2009년 시민주권모임 준비위원 2009년 민주당 서민경제활성화특별위원회 부위원장 2009년 성남시호남향우회 상임위원 2010~2014년 경기 성남시의회 의원(비례대표, 민주당·민주통합당·민주당·새정치민주연합) 2010년 同행정기획위원회 위원 2010년 同예산결산위원회 위원 2010년 민주당 성남수정지역위원회 운영위원 2010년 단국대총동문회 상임이사 2010년 민주평통 성남시협의회 부회장 2011년 경기 성남시의회 민주당의원협의회 간사 2011년 서울디지털대총동문회 수석부회장 2011~2014년 성남수정초 학교운영위원회 위원장 2012년 성남시도시개발공사설립 심사위원 2012년 경기 성남시의회 문화복지위원회 위원·간사 2012년 성남시 의료원설립추진위원회 위원 2012년 민주통합당 제18대 대통령중앙선거대책위원회 성남시수정구선거대책본부장 2014~2018년 경기도의회 의원(새정치민주연합·더불어민주당) 2014년 同새정치민주연합 대변인 2014년 同예산결산특별위원회 위원 2014년 同안전행정위원회 위원 2014~2017년 성남수진중 학교운영위원장 2015년 경기도의회 더불어민주당 대변인 2015년 同안전사회건설특별위원회 위원 2015년 同항공기소음피해대책특별위원회 위원 2016년 同안전행정위원회 간사 2016년 남한산성 관리위원회 위원(현) 2018년 경기도의회 의원(더불어민주당)(현) 2018년 同안전행정위원회 위원(현) (상)서울디지털대총장표창(2006), 민주당 파워블로그 당대표상(2010), 민주당 공로상(2011), 전남도지사표창(2014) (종)천주교

**박창식(朴昌植) Park chang sik**

(생)1959·10·17 (출)충북 단양 (주)서울특별시 영등포구 버드나루로 73 자유한국당(02-6288-0200) (학)서울예술대학 연극과졸 (경)1993~1996년 SBS프로덕션 프로듀서 2006~2007년 방송위원회 외주제작개선위원회 위원 2008~2012년 한국드라마제작사협회 부회장 2009~2012년 (주)김종학프로덕션 대표이사 2011~2018년 (사)한국드라마제작사협회 회장 2012~2016년 제19대 국회의원(비례대표, 새누리당) 2012년 국회 평창동계올림픽 및 국제경기대회지원특별위원회 위원 2012년 국회 문화체육관광방송통신위원회 위원 2012년 새누리당 제18대 대통령중앙선거대책위원회 미디어본부장 2013~2016년 국회 교육문화체육관광위원회 위원 2013년 새누리당 홍보기획본부 부본부장 2013년 同구리시당원협의회 운영위원장 2014년 同세월호사고대책특별위원회 위원 2014년 국회 예산결산특별위원회 위원 2014~2015년 同원내부대표 2014~2015년 국회 운영위원회 위원 2015년 새누리당 홍보기획본부장 2016년 제20대 국회의원선거 출마(경기 구리시, 새누리당) 2016~2019년 디지털서울문화예술대 총장 2017년 자유한국당 경기구리시당원협의회 운영위원장 2019년 同홍보위원회 위원장(현) (상)문화체육관광부장관표창(2010), 대한민국 나눔실천대상위원회 대한민국나눔실천대상(2013), (사)한국가수협회 대한민국 희망나눔대상(2014), 대한민국 국회의원 의정대상(2015), (사)언론사협회 글로벌 자랑스러운 인물대상(2015), 시민일보 의정·행정대상(2015) (작)'모래시계' '태왕사신기' '이산' '베토벤바이러스' '아이두 아이두' '풀하우스' '제중원' '영광의 재인' '하얀거탑' '히트' '서동요' '백야' '대망' '포도밭 그 사나이' '추적자' 등 다수 제작

**박창식(朴昶湜) PARK Chang Sik**

(생)1961·10·2 (출)서울 (주)서울특별시 강남구 논현로128길 3 (주)파커스(02-3443-5360) (학)1984년 인하대 기계공학과졸 1986년 미국 스티븐스공과대(Stevens Institute of Technology) 대학원 기계공학과졸 (경)1988년 대진정밀산업(주) 근무 1997년 同대표이사 사장 2001~2019년 (주)대진디엠피 대표이사 사장 2019년 (주)파커스 대표이사 사장(현)

**박창열(朴昌烈) PARK Chang Yeol**

(생)1946·6·15 (본)밀양(密陽) (출)전남 강진 (주)전라북도 고창군 심원면 애향갯벌로 70 고창컨트리클럽(063-560-7744) (학)1964년 광주고졸 1972년 한양대졸 2008년 서울대 자연과학대학 과학기술혁신최고전략과정 수료 (경)1972년 광주시 도로과 근무 1973년 광주 대동고 교사 1984년 대동건설(주) 근무 1989년 남광주컨트리클럽 근무 1994~2006년 광주상공회의소 의원(15·16·17·18대) 1995년 남광주컨트리클럽 대표이사 1995~2006년 대동건설(주) 대표이사 1995년 학교법인 우성학원 이사 2000년 대한건설협회 전남지회 상임감사 2000년 한국골프장경영협회 중부권대표 회장 2001년 법무부 범죄예방위원 2001년 한국골프장경영협회 전국부회장 2001년 민주평통 자문위원 2002년 고창컨트리클럽 대표이사(현) 2003년 대한건설협회 전남도회 감사 2003년 在광주·전남 한양대총동창회 회장 2003~2006년 학교법인 우성학원 이사장 2004년 남광주컨트리클럽 회장 2006년 한양대총동창회 부회장 2006~2015년 대동갤러리 대표 2007년 광주북성중총동창회 회장 2019년 (사)한국골프장경영협회 회장(현) (상)대한주택공사 우수시공업체선정(1988·1990), 고흥군수표창(1998), 전남도지사표창(2003), 광주지방국세청장표창(2003), 행정자치부장관표창(2004), 대통령표창(2004), 광주세무서장표창(2005) (종)기독교

**박창원(朴昌遠) PARK Chang Won**

(생)1954·11·19 (본)밀양(密陽) (출)경남 고성 (주)서울특별시 서대문구 이화여대길 52 이화여자대학교 인문과학대학 국어국문학과(02-3277-2141) (학)부산고졸 1981년 서울대 국어국문학과졸 1983년 同대학원졸 1991년 문학박사(서울대) (경)1988년 경남대 교수 1992~1994년 인하대 교수 1994년 이화여대 인문과학대학 국어국문학과 교수(현) 2001~2003년 국립국어연구원 어문규범연구부장 2004년 한국세계화재단 운영이사 2008~2018년 이화여대 다문화연구소장, 同국어문화원장 2009~2011년 전국국어문화원연합회 회장 2012~2015년 한국어문학술단체연합회 공동대표 2013~2015년 국어학회 회장 2013~2015년 언어문화개선범국민연합 공동대표 2016년 이화여대 인문과학대학장 겸 루체테인문학사업단장 2017~2019년 국어국문학회 대표이사 (상)국어학회 일석상(1989), 문화체육관광부장관표창(2011) (저)'중세국어 자음연구'(1996, 한국문화사) '언어와 여성의 사회적 위치'(1999, 태학사) '국어음운연구사 1'(2002, 태학사) '고대 국어음운 1'(2002, 태학사) '언어의 이론과 분석 1'(2002, 태학사) '남북의 언어와 한국어교육'(2003, 태학사) '한영일 음운대비(共)'(2004) '훈민정음'(2005, 신구문화사) '한영일 음운대비'(2006, 한국문화사) '한국어의 정비와 세계화 1'(2009, 박문사) '외국에서의 한국어 교육 2'(2010, 박문사) '한글 박물관'(2011, 책문) '한국어의 표기와 발음'(2012, 지식과 교양)

**박창원(朴昌遠) Park, Chang Won**

(생)1964·3·29 (본)밀양(密陽) (출)서울 (주)충청북도 청주시 흥덕구 오송읍 오송생명2로 187 식품의약품안전평가원 의약품심사부 종양약품과(043-719-3051) (학)1984년 배문고졸 1989년 성균관대 약학과졸 1991년 同약학대학원 생물약학과졸 1997년 생물약학박사(성균관대) (경)1991~1999년 국립독성연구소 일반독성과 보건연구사 1999~2001년 미국 국립보건원(NIH) Visiting Fellow(Post-Doc.) 2001~2004년 국립독성연구원 신경독성과·일반독성과 보건연구관 2004~2010년 식품의약품안전청 의약품심사부 기관계용의약품과·종양약품과·허가심사조정과 보건연구관 2011년 同의약품심사부 허가초과의약품평가TF팀장 2012년 대전지방식품의약품안전청 유해물질분석과장 2013년 식품의약품안전평가원 화장품연구팀장 2015년 同의료기기연구과장 2018년 同의약품심사부 종양약품과장(현) (상)국무총리표창(2009)

**박창일(朴昌一) PARK Chang-il**

(생)1946·10·12 (본)밀양(密陽) (출)인천 (주)서울특별시 영등포구 대림로 223 명지춘혜병원(02-3284-7777) (학)1965년 제물포고졸 1972년 연세대 의대졸 1979년 同대학원 의학석사 1982년 의학박사(연세대) 2010년 명예 의학박사(몽골국립의과대) (경)1983~2011년 연세대 의대 재활의학교실 전임강사·조교수·부교수·교수 1989년 국제키비탄 한국본부 사무총장 1992년 연세대의료원 기획조정실 기획차장 1993년 同세브란스병원 재활의학과장 1993년 同재활병원 진료부장 1994년 아·태장애인경기연맹(FESPIC) 의무분과 위원장 1995년 연세대의료원 재활의학연구소장 1996년 대한재활의학회 이사장 1998년 연세대의료원 기획조정실장 1998년 한국장애인복지진흥회 이사 1999년 아·태지역장애인경기연맹(FESPIC) 부회장 겸 의무분과 위원장 2000~2005년 연세대의료원 재활병원장 2002년 세계재활의학회 부회장 2002~2004년 대한재활의학회 회장 2002~2005년 대한스포츠의학회 회장 2004년 연세대의료원 새병원개원사업본부장 2005~2008년 同세브란스병원장 2006~2010년 사립대학병원장협의회 초대회장 2006~2008년 세계재활의학회(ISPRM) 회장 2006년 한국산재의료원 비상임이사 2008년 세계재활의학회(ISPRM) 명예회장(현) 2008~2010년 연세대 의료원장 겸 의무부총장 2008년 연세대의료원 암전문병원건설사업단장 2008~2010년 대한병원협회 부회장 2009~2010년 국제키비탄 한국본부 총재 2010~2015년 한국인체조직기증지원본부 이사장 2010~2012년 행복한재단 이사장 2011년 연세대 명예교수(현) 2011~2016년 건양대 의무부총장 겸 의료원장 2012년 대한병원협회 이사 2012~2014년 충남지방경찰청 시민감찰위원장 2013년 학교법인 가천대 이사(현) 2014~2016년 법무부 사면위원회 위원 2015년 국제키비탄 한국본부 이사(현) 2015년 한국뇌성마비복지회 부회장(현) 2016년 同산하 한국뇌성마비연구소장(현) 2016년 명지춘혜병원 명예원장(현) 2016년 학교법인 연세대 이사(현) 2017년 한국공공조직은행 이사(현) 2017년 한국장기조직기증원 이사(현) (상)체육포장(1996), 보건복지부장관표창(1997), 대한재활의학회 학술상(1998·2003), 체육훈장 거상장(2003), 대한민국글로벌경영인대상 종합병원부문(2008), 자랑스런 연세인상 공로상(2010), 한국경제를움직이는인물 가치경영부문(2012), 옥조근정훈장(2012), 대한장애인럭비협회 공로패(2012), 대한민국보건산업대상 올해의 보건산업인(2012), 한국의영향력있는CEO 사회책임경영부문(2013), 창조경제리더 고객서비스경영부문(2013), 한국서비스경영학회 한국서비스경영인 대상(2014), 대전시장애인부모회 감사패(2015), 기획재정부장관표창(2016), 연세대 의대 영예동창상(2016), 종근당 CEO부문 '존경받는 병원인상'(2016), 세계재활의학회 헬만프락스상(2016) (저)'척추외과학' '척추외과학'(共) '스포츠 의학'(共) '재활의학'(2007) '세브란스 르네상스의 비밀'(2010) (역)'재활의학(共)'(2007, 한미의학) (종)기독교

**박창제(朴昌濟)**

(생)1970·4·4 (출)경남 합천 (주)경기도 안산시 단원구 광덕서로 75 수원지방법원 안산지원(031-481-1114) (학)1989년 거창 대성고졸 1999년 성균관대 법학과졸 (경)1998년 사법시험 합격(40회) 2001년 사법연수원 수료(30기) 2001년 부산지법 판사 2002년 부산고법 판사 2003년 부산지법 판사 2005년 수원지법 판사 2008년 서울중앙지법 판사 2010년 서울북부지법 판사 2012년 서울동부지법 판사 2014년 서울고법 판사 2016년 대전지법 부장판사 2018년 수원지법 안산지원 부장판사(현)

**박창종(朴昌鍾) PARK Chang Jong**

(생)1952·4·3 (본)밀양(密陽) (출)경남 의령 (주)서울특별시 서초구 효령로60길 23-14 TSA빌딩 3층(02-6300-7402) (학)1970년 경남고졸 1975년 서울대 독어독문학과졸 1987년 연세대 경영대학원 경제학과졸 2000년 미국 UC San Diego 대 연수 (경)1995년 보험감독원 임원실장 1997년 同생보검사1국 부국장 1998년 同홍보실장 1999년 금융감독원 검사3국 팀장 2001년 同보험검사국장 2002년 同런던사무소장 2003~2006년 同보험감독국장 2006년 생명보험협회 전무 2007~2012년 同부회장 2010~2012년 금융감독원 금융소비자자문위원 2012~2018년 푸르덴셜생명보험(주) 감사 2019년 TSA손해사정(주) 경영고문(현)

**박창진(朴昌鎭) Park Chang Jin**

(생)1960·4·25 (주)경기도 여주시 장여로 849 HDC현대PCE(031-883-9192) (학)중앙고졸, 중앙대 토목공학과졸 (경)1986년 동서산업(주) 입사 2000년 동서산업건설(주) 부장 2007년 동서PCC(주) 상무 2014년 현대PCE 전무 2017년 同대표이사 부사장 2018년 HDC현대PCE 대표이사 부사장(현)

**박창호(朴彰昊) Park, Chang-Ho**

(생)1962·2·19 (주)서울특별시 동작구 상도로 369 숭실대학교 사회과학대학 정보사회학과(02-820-0497) (학)1985년 경북대 사회학과졸 1990년 同대학원 사회학과졸 1998년 사회학박사(영국 헐대) (경)1992~2002년 계명대·경북대·대구가톨릭대·영남대·대구대 강사 2003년 숭실대 사회과학대학 정보사회학과 교수(현) 2006년 同사회과학대학 부학장 2007년 同신문방송 주간 직대 2013~2015년 同학생처장 2017~2019년 同사회과학대학장

**박창호(朴昌浩)**

(생)1965 (출)충북 (주)경기도 오산시 동부대로 596 오산경찰서(031-371-8321) (학)1988년 경찰대졸(4기) (경)1988년 경위 임용 2012년 중앙경찰학교 운영지원과장(총경) 2013년 충북 단양경찰서장 2014년 경찰청 외사정보과장 2015년 서울 마포경찰서장 2016년 서울지방경찰청 여성청소년과장 2018년 경찰청 성폭력대책과장 2019년 경기 오산경찰서장(현)

**박창환(朴昌桓) Park, changhwan**

(생)1971·2·11 (주)세종특별자치시 갈매로 477 기획재정부 예산실 고용환경예산과(044-215-7230) (학)1989년 광주 인성고졸 1996년 고려대 경영학과졸 2011년 미국 링컨대 대학원 MBA(석사) (경)1998년 기획예산위원회 정부개혁실 근무 2002년 기획예산처 예산실 근무 2012년 기획재정부 정책조정국 협동조합협력과장 2014년 駐미국대사관 재경참사관 2017년 기획재정부 재정관리국 재정성과평가과장 2017년 同예산실 교육예산과장 2018년 同예산실 복지예산과장 2019년 同예산실 고용환경예산과장(현)

**박창희(朴暢熙) PARK Chang Hi**

(생)1959·10·22 (본)밀양(密陽) (출)경남 밀양 (주)경상남도 창원시 성산구 창원대로 797 한국기계연구원 재료연구소 기술사업화실(055-280-3790) (학)1978년 마산고졸 1985년 중앙대 영어교육학과졸 1996년 창원대 대학원 경영학과졸 2001년 경영학박사(창원대) (경)1985년 한국기계연구원 기술정보실 근무 1992년 同총무과장 1994년 同연구기획과장 1998년 同행정실장 2004년 同연구기획실장 2007년 同부설 재료연구원 연구기획실장 2010년 同차세대소재성형프론티어사업단 기술사업실장 2012년 同재료연구소 기술마케팅홍보실장 2015~2019년 同재료연구소 대외협력사업화실장 2019년 同재료연구소 기술사업화실 실장급(현) (상)과학기술처장관표창(1991) (종)불교

**박창희(朴昌熙) PARK Chang Hee**

(생)1963·7·10 (본)밀양(密陽) (출)대전 (주)대전광역시 서구 한밭대로 809 사학연금회관 10층 특허법인 플러스(042-482-0004) (학)1982년 대전고졸 1986년 서울대 화학과졸 1988년 同대학원 화학과졸 1993년 이학박사(서울대) (경)1993~1996년 한화그룹 종합연구소 선임연구원 1996~2004년 특허청 책임심사관·공업서기관, 대한변리사회(KPAA) 회원, 아시아변리사회(APAA) 회원, 특허청 산업재산권 운영위원, 지방법원 민사조정위원, 국제특허연수원 강사 2003년 특허법인 플러스 대표변리사(현) 2015~2018년 (사)대전변리사협의회 회장 (상)특허청 심사관 특허맵작성경진대회 최우수상(1997), 특허청 특허넷개통관련 유공표창(1999), 특허청 우수심사관표창(1999), 법무부 특허소송관련우수소송수행관표창(2002) (종)천주교

**박채아(朴寀我·女)**

(생)1986·10·13 (주)경상북도 안동시 풍천면 도청대로 455 경상북도의회(054-880-5126) (학)경북경산여고졸, 영남대 경영학과졸 (경)2013년 세무사시험 합격(50회), 세무사 개업(현), 자유한국당 경북도 선거대책위원회 2030특별위원장, 민주평통자문위원(현) 2018년 경북도의회 의원(비례대표, 자유한국당)(현) 2018년 同정책연구위원회 위원(현) 2018년 同문화환경위원회 위원(현) 2018년 同통합공항이전특별위원회 부위원장(현), 경산시 규제개혁위원회 위원(현), 경북도 청년정책위원회 위원(현)

**박천규(朴天圭) Park Chun Kyoo**

(생)1964·11·26 (출)전남 구례 (주)세종특별자치시 도움6로 11 환경부 차관실(044-201-6020) (학)1983년 광주 동신고졸 1990년 연세대 행정학과졸 1997년 미국 위스콘신대 대학원 정책학과졸 (경)1991년 행정고시 합격(34회) 1991~2002년 환경부 국제협력과·해외협력과·유해물질과·환경기술과·총무과 근무 2002~2004년 同교통공해과장·교통환경기획과장 2004~2008년 駐UN대표부 파견 2008~2010년 환경부 기후변화정책과장·기후대기정책과장·기획재정담당관 2010~2012년 녹색성장위원회 파견 2012년 환경부 기후대기정책관 2013년 금강유역환경청장 2014년 중앙공무원교육원 파견 2015년 환경부 국제협력관 2015년 同대변인 2016년 同자연보전국장 2017년 同기획조정실장 2018년 同차관(현)

**박천수(朴千守) Park Cheon-su**

(생)1965·6·15 (출)경남 고성 (주)경상남도 창원시 의창구 상남로 289 경남지방경찰청 여성청소년과(055-233-2248) (학)1984년 경남 고성고졸 1989년 경찰대 행정학과졸(5기) 2004년 경북대 대학원 의학석사 (경)1989년 경위 임관 1999년 경감 승진 2005년 경정 승진 2005년 경남 양산경찰서 생활안전과장 2006년 창원중부경찰서 생활안전과장 2009년 경남지방경찰청 외사1계장 2011년 同경무계장 2014년 同치안지도관(총경 승진) 2015년 同생활안전과장 2015년 경남 양산경찰서장 2016년 경남지방경찰청 경무과장 2017년 경남 김해중부경찰서장 2019년 경남지방경찰청 여성청소년과장(현)

**박천수(朴千壽) PARK Chun Soo**

(생)1968·10·12 (출)강원 홍천 (주)세종특별자치시 한누리대로 411 행정안전부 사회통합지원과(044-205-3251) (학)1986년 홍천고졸 1993년 강원대 행정학과졸, 同정보과학대학원 행정정보관리학과졸, 미국 텍사스주립대 대학원 경영학과졸, 미국 콜로라도주립대 대학원 회계학과졸 (경)지방고시 합격(1기), 강원도 유통계획담당 사무관, 同농어업정책담당 사무관 2005년 농어업정책담당 서기관 2008년 미국 파견, 강원도 국제협력실 투자유치단장 2011년 同환경관광문화국 관광진흥과장 2013년 양양군 부군수 2013년 국방대 안보과정교육 파견(서기관) 2015년 강원도 글로벌투자통상국 국제교류과장 2015년 同보건복지여성국 보건정책과장 2015년 同총무행정관실 서기관 2016년 행정자치부 지역발전과장 2017년 행정안전부 지역발전과장 2018년 同지방자치분권실 지역균형발전과장(부이사관) 2018년 同사회통합지원과장(현) (상)내무부장관표창, 강원도지사표창

**박천오(朴天悟) PARK Chun Oh**

(생)1954·10·15 (본)밀양(密陽) (출)경북 고령 (주)서울특별시 서대문구 거북골로 34 명지대학교 사회과학대학 행정학과(02-300-0661) (학)1976년 건국대 법학과졸 1981년 同대학원 법학과졸 1982년 미국 오하이오대 대학원 정치학과졸 1986년 정치학박사(미국 워싱턴주립대) (경)1987년 명지대 사회과학대학 행정학과 교수(현) 1988~1996년 同행정학과장·교학과장 1990~2003년 중앙공무원교육원·서울시공무원교육원 강사 1994년 미국 워싱턴주립대 객원교수 1996년 경기도 행정쇄신위원 1997~1998년 명지대 야간교학부장 1998년 同고시원장 1998~2002년 입법고시·행정고시·외무고시 출제위원 1999년 기획예산처 자체심사평가위원 2000년 명지대 정부행정연구센터 소장 2001~2003년 행정개혁시민연합 정부운영개혁분과 위원장 2002년 행정자치부 정책자문위원 2002~2004년 명지대 리서치아카데미 운영위원장 2003년 대통령자문 정부혁신위원회 전문위원 2003년 서울행정학회 학술상위원장 2004년 한국인사행정학회 회장 2004년 중앙인사위원회 인사정책자문위원 2004~2009년 명지대 사회과학연구소장 2005년 한국행정학회 부회장 2005년 국방부 진급제도개선 자문위원 2005~2007년 대통령자문 정부혁신지방분권위원회 위원 2005~2007년 청와대 '고위공직자 인사검증자문회의' 위원 2007~2009년 명지대 사회복지대학원장 2007년 서울시 조직진단자문위원회 위원 2007년 고위공무원단 역량평가위원 2007년 중앙공무원교육원 겸임교수 2008~2009년 명지대 사회과학대학장 2008~2018년 서울시 책임운영기관 운영위원 2013~2015년 한국산업기술평가관리원 비상임이사 2014~2018년 명지대 대학원장 2015~2017년 인사혁신처 자문위원 2016~2018년 명지대 학술연구진흥위원회 위원장 2016~2017년 전국대학원장협의회 회장 (저)'비교행정론(共)'(1999) 'Handbook of Global Environmental Policy and Administration(共)'(1999) '고위공무원 개방형 임용제도(共)'(2000) '행정학의 주요이론(共)'(2000) '정책학의 주요이론(共)'(2000) '조직학의 주요이론(共)'(2000) '한국관료제의 이해(共)'(2001) '현대한국정부론(共)'(2001) '인사행정의 이해(共)'(2001) '정부조직진단(共)'(2002)

**박천웅(朴天雄) PARK Chun Woong**

(생)1952·8·27 (출)충남 금산 (주)서울특별시 중구 동호로14길 7 스탭스(주) 사장실(02-2178-8017) (학)1979년 중앙대 전자공학과졸 (경)1978년 삼성그룹 입사(공채) 1982년 삼성전자(주) 일본 도쿄주재원, 同종합연구소 연구개발팀장 1992년 삼성그룹 회장비서실 감사팀 부장 1995년 삼성전자(주) 전략기획실 기획팀 부장 1997년 同첨단기술센터장(이사) 1998년 스탭스(주) 대표이사 사장(현) 2003년 숙명여대 취업경력개발원 자문위원, 한국아웃소싱기업협회 초대회장 2010년 한국장학재단 100인멘토위원회 위원(현) 2015년 (사)한국진로취업서비스협회 회장(현) (상)삼성그룹 기술상 등 연구개발관련 수상 5건(1985), 교육인적자원부장관표창(2004), 고용노동부 고용서비스우수기관 인증상(2010·2013), 한국장학재단 차세대리더육성멘토링 대상(2010·2015), 일자리창출지원유공 산업포장(2011) (저)'분사경영전략'(1999, 21세기북스) '왜 어제처럼 사는가'(2001, 더난출판사) '신입사원 이강호'(2006, 21세기북스) '일과 인생 모두 프로답게'(2008, 청림출판) '졸업전에 취업하라'(2012, 21세기북스) 등

**박천웅(朴天雄) PARK Cheon Woong** (형산)

(생)1962·4·6 (출)충남 서산 (주)서울특별시 영등포구 여의대로 70 신한금융투자타워 15층 이스트스프링자산운용코리아(주) 비서실(02-2126-3550) (학)대전고졸, 연세대 경제학과졸 1987년 同대학원 경제학과졸 2000년 미국 노트르담대 경영대학원졸(MBA) (경)현대증권 근무 1993~1995년 홍콩 코리아 아시아펀드 운용Manager 1996년 미국 뉴욕 드래곤 코리아펀드 운용Manager 2000~2003년 메릴린치 인베스트먼트 매니저(MLIM), 同자산운용Manager(싱가포르·런던) 2003~2005년 모건스탠리증권 한국지점 상무(리서치헤드) 2005~2010년 우리투자증권(주) 기관·리서치사업부 대표(전무) 2009년 同Equity사업부 대표(전무) 2009년 同해외사업부 대표(전무) 2010년 미래에셋자산운용 법인·국제마케팅부문 대표(부사장) 2011~2012년 同홍콩법인 사장 2012년 이스트스프링자산운용코리아(주) 대표이사 사장(현) 2018년 국제공인재무분석사(CFA)한국협회 회장(현) (상)대한민국 금융명품대상 자산운용부문 최우수상(2010)

**박천일(朴天一) Park (Jason) Chunil**

(생)1964·10·2 (본)반남(潘南) (출)전남 순천 (주)서울특별시 강남구 영동대로 511 한국무역협회 경영관리본부 기획조정실(1566-5114) (학)1983년 양정고졸 1991년 연세대 행정학과졸 1999년 미국 헐트국제경영대학원 경영학과졸 2015년 단국대 대학원 경영학 박사과정 수료 (경)2000년 한국무역협회 인사팀 과장 2002년 同비서실 차장 2005년 同미주실 차장 2006년 同뉴욕지부 차장 2009년 同국제협력실 부장 2012년 同기업경쟁력실장 2012년 同통상연구실장 2016년 同홍보실장 2018년 同통상지원단장 2019년 同경영관리본부 기획조정실장(현) (상)국무총리표창(2011)

**박천홍(朴天弘) PARK Chun Hong**

(생)1960·6·9 (출)서울 (주)대전광역시 유성구 가정북로 156 한국기계연구원 원장실(042-868-7001) (학)1983년 한양대 공과대학 정밀기계공학과졸 1985년 同대학원 정밀기계공학과졸, 기계공학박사(일본 고베대) (경)1985~1999년 한국기계연구원 자동화연구부 선임연구원 1999~2014년 同초정밀시스템연구실 책임연구원 2005년 同지능형정밀기계연구본부 지능기계연구센터장 2007년 同지능형생산시스템연구본부장 2012년 同첨단생산장비연구본부장 2015~2017년 同연구부원장 2017년 한국정밀공학회 회장 2017년 한국기계연구원 원장(현) 2017년 대덕연구개발특구 기관장협의회 회장(현) 2018년 한국공학한림원 회원(기계공학·현)

**박 철(朴 哲) PARK Cheul**

(생)1946·4·27 (본)밀양(密陽) (출)경남 진주 (주)서울특별시 중구 세종대로9길 20 (주)신한금융지주회사 임원실(02-6360-3000) (학)1964년 진주고졸 1968년 서울대 경제학과졸 1980년 미국 뉴욕대 대학원 경제학과졸 (경)1968년 한국은행 입행 1976년 同조사제1부 조사역 1978년 同뉴욕사무소 조사역 1980~1985년 同자금부·정책금융과·통화관리과·금융기획과장 1985년 同조사제1부 부부장 1991년 同조사제1부 수석부부장 1992년 同비서실장 1993년 同인사부 조사역 1993년 同런던사무소장 1995년 同자금부장 1998년 同부총재보 2000~2003년 同부총재 2003년 同고문 2003~2008년 고려대 경제학과 초빙교수 2004~2005년 국민경제자문회의 자문위원 2004년 한국금융교육연구회 회장 2006~2010년 한국씨티은행 사외이사 2006~2012년 삼성꿈장학재단 이사 2007~2013년 리딩투자증권 대표이사 회장 2010~2011년 한국씨티은행 선임사외이사 2015년 (주)신한금융지주회사 사외이사(현) 2016년 同이사회 의장(현) (상)재무부장관표창(2회), 석탑산업훈장

**박 철(朴 徹) PARK Chul**

(생)1949·1·7 (출)인천 (주)서울특별시 강남구 도산대로 107 비아이오성형외과(02-535-9000) (학)연세대 의대졸, 同대학원 의학석사, 의학박사(연세대) (경)1976~1981년 연세대 세브란스병원 성형외과 수련의 1984~2003년 同의과대학 성형외과학교실 전임강사·조교수·교수 1989~1991년 미국 UCSF 교환교수 1993~2003년 영동세브란스병원 성형외과 과장 2003~2006년 박철성형외과(귀성형전문의원) 원장 2006~2014년 고려대 의과대학 성형외과학교실 교수 2006년 同안암병원 귀성형연구센터 소장(현) 2013년 미국성형외과의사학회지(Plastic Reconstructive Surgery) 한국대표 겸 국제부편집장 2014년 고려대 의과대학 성형외과학교실 임상교수 2018년 비아이오성형외과 원장(현) (상)연세대 보원의학학술상(1989), 대한의사협회 광혜의학학술상(1992), 서울시의사협회 유한의학학술상(1993), 미국성형외과의사협회 63차학회 포스터상(1994), 대통령표창(2014)

**박 철(朴 哲) PARK Chul** (頓齋)

(생)1951·8·12 (본)밀양(密陽) (출)서울 (주)서울특별시 동대문구 이문로 107 한국외국어대학교 스페인어과(02-2173-2285) (학)1967년 경동고졸 1972년 한국외국어대 스페인어학과졸 1974년 연세대 행정대학원 행정학과졸 1982년 한국외국어대 대학원 스페인어문학과졸 1985년 스페인어문학박사(스페인 마드리드국립대) 2009년 명예 문학박사(태국 치앙마이라차팟대) (경)1971~1983년 KBS 국제방송국 차장 1985~1992년 한국외국어대 서반아어학과 조교수·부교수 1989~1990년 同홍보실장 1992년 同스페인어과 교수, 同명예교수(현) 1992~1993년 同서양어대학 부학장 1995년 同외국문학연구소장 1998년 同연구협력처장 2000년 미국 하버드대 로망스어학부 방문교수 2001년 한국외국어대 재직동문교수회장 2003~2004년 한국서어서문학회 회장 2004~2005년 한국외국어교육학회 회장 2005~2014년 한·스페인포럼 한국측 대표 2006~2014년 한국외국어대 총장 2006년 아·태지역외국어대학총장협의회 회장 2006년 한·스페인우호협회 회장(현) 2007년 울산과학기술대 설립준비위원회 위원장 2008~2015년 포스코청암장학재단 이사 2009년 스페인 왕립한림원 종신회원(현) 2011~2013년 한국사립대학총장협의회 회장 2011~2013년 한국대학교육협의회 수석부회장 2011~2014년 한국전쟁기념재단 부이사장 2014년 한국세르반테스연구소 이사장(현) 2019년 폴란드 야길로니안대 초빙교수(현) (상)스페인 문화훈장 기사장(1983), BK21 세르반테스연구 인문학분야 최우수표창(2005), 루마니아 국가최고훈장(코멘다도르)(2007), 헝가리 십자기사훈장(2007), 자랑스러운 경동인(2008), 한국협상대상(2008), 스페인 까를로스3세 십자기사훈장(2010), 스페인 '이사벨 여왕' 훈장(2011), 자랑스러운 외대인상(2013), 폴란드 기사훈장(2014) (저)'세스뻬데스-한국방문 최초 서구인'(1987, 서강대 출판부) '스페인문학사(상·중·하)' '노벨문학상과 한국문학'(2001, 월인) '스페인어 교과서(1·2, 교육부 검인정 고등학교 교과서)' '독학 스페인어 첫걸음(1·2)' '돈키호테를 꿈꿔라'(2009, 시공사) '16세기 서구인이 본 꼬라이'(2011, 한국외국어대 출판부) (역)'빠스꾸알 두아르떼의 가족'(1989, 삼영서관) '한국천주교전래의 기원'(1993, 서강대 출판부) '착한 성인 마누엘'(1995, 한국외국어대 출판부) '스페인 역사'(2000, 삼영서관) '세르반테스 모범소설'(2003, 오늘의책) '돈키호테'(2004, 시공사) '브레다의 태양'(2005, 시공사) '개들이 본 세상'(2013, 시공사) '돈키호테 1편 개정판'(2015, 시공사) '돈키호테 2편'(2015, 시공사) 외 (종)가톨릭

**박 철(朴 哲) PARK Chul**

(생)1956·3·11 (주)대전광역시 유성구 대학로99 충남대학교 자연과학대학 해양환경과학과(042-821-6438) (학)1980년 서울대 해양학과졸 1982년 同대학원졸 1987년 이학박사(미국 텍사스 A&M대) (경)1981~1983년 강원대 환경학과 조교 1988~1992년 충남대 해양학과 조교수 1989

년 同해양학과장 1991~1992년 미국 하와이대 해양학과 객원연구원 1992년 미국 Texas A&M대 해양학과 객원연구원 1992~1997년 충남대 해양학과 부교수 1997년 同자연과학대학 해양환경과학과 교수(현) 2002년 同해양연구소장 2004~2005년 국립수산과학원 해양환경부장 2006~2008년 충남대 자연과학대학장 2010~2011년 한국해양학회 회장 2010년 UN 세계해양환경평가 전문위원(현) 2012~2016년 북태평양해양과학기구(PICES) 부의장 2014~2016년 한국해양과학기술진흥원 전문위원 2016년 북태평양해양과학기구(PICES) 의장(현) (저)'해양생물학'(1997) '플랑크톤 생태학'(2003)

### 박 철(朴 徹) PARK Chul

(생)1959 · 6 · 3 (본)함양(咸陽) (출)대구 (주)서울특별시 강남구 테헤란로92길 7 법무법인 바른(02-3479-2326) (학)1978년 대구 대건고졸 1982년 서울대 법학과졸 1985년 同대학원 법학과 석사과정 수료 (경)1982년 사법시험 합격(24회) 1984년 사법연수원 수료(14기) 1985년 공군보통군법회의 검찰부장 1988년 서울민사지법 판사 1990년 서울형사지법 판사 1992년 대구지법 판사 1995년 서울가정법원 판사 1996년 서울고법 판사 1998년 대법원 재판연구관 2000년 대구지법 부장판사 2001년 대법원 재판연구관 2003년 서울지법 북부지원 부장판사 2004년 서울북부지법 부장판사 2005년 서울중앙지법 부장판사 2006년 대전고법 부장판사 2007년 사법연수원 수석교수 2007~2010년 서울고법 부장판사 2010~2018년 법무법인 바른 구성원변호사 2015~2018년 한국공예 · 디자인문화진흥원 비상임이사 2019년 NH투자증권 사외이사(현) 2019년 법무법인(유) 바른 대표변호사(현)

### 박 철(朴 哲) Park, Cheol

(생)1965 · 2 · 23 (주)서울특별시 종로구 세종대로 209 통일부 운영지원과(02-2100-5662) (학)성남고졸, 서울대 신문학과졸 (경)통일부 정세분석국 경제사회분석과장, 同교류협력국 교류협력기획과장, 同남북협력지구지원단 관리총괄과장, 同북한이탈주민정착지원사무소 교육기획과장, 同통일정책실 정책총괄과장 2013년 同통일교육원 교육총괄과장(부이사관) 2014년 同남북출입사무소 출입총괄과장 2014년 고용휴직(부이사관) 2016년 통일부 북한이탈주민정착지원사무소 화천분소장 2017년 同개성공단남북공동위원회 사무처장 2017년 同남북회담본부 회담기획부장(고위공무원) 2019년 국립외교원 파견(현)

### 박철(朴鐵) PARK Cheol

(생)1966 · 12 · 15 (출)서울 (주)경기도 성남시 분당구 판교로 332 SK가스 윤리경영부문(02-6200-8114) (학)1985년 성남고졸 1989년 서울대 사법학과졸 1991년 同대학원 법학과졸 (경)1990년 사법시험 합격(32회) 1993년 사법연수원 수료(22기) 1996년 서울지검 동부지청 검사 1998년 수원지검 여주지청 검사 1999년 수원지검 검사 2001년 광주지검 검사 2002년 부패방지위원회 파견 2004년 광주지검 검사 2005년 同부부장검사 2005년 인천지검 부부장검사 2005년 법무부 정책기획단 파견 2007년 청주지검 영동지청장 2008년 대전지검 특수부장 2009년 법무부 법질서 · 규제개혁담당관 2010~2011년 서울중앙지검 형사4부장 2012~2014년 SK건설(주) 윤리경영총괄 겸 감사실장(전무) 2012~2015년 SK케미칼(주) 법무실장(전무) 겸 SK가스(주) 윤리법무총괄 전무 2015~2017년 SK케미칼(주) 윤리경영부문장(전무) 겸 SK가스(주) 윤리경영부문장(전무) 2017~2018년 SK케미칼(주) 윤리경영부문장(부사장) 2017~2019년 현대시멘트(주) 사외이사 2017년 SK가스(주) 윤리경영부문장(부사장) 2019년 同윤리경영본부장 겸 법무실장(현) 2019년 SK디스커버리(주) 윤리경영담당 부사장(현)

### 박철곤(朴鐵坤) PARK Cheol Gon

(생)1952·5·30 (본)밀양(密陽) (출)전북 진안 (주)서울특별시 성동구 왕십리로 222 한양대학교 갈등문제연구소(02-2220-4651) (학)1972년 부산진고졸 1979년 한국방송통신대 2년졸 1982년 한양대 행정학과졸 1985년 同대학원 행정학과졸 1997년 서울대 국가정책과정 수료 2000년 미국 조지타운대 연수 2003년 법학박사(전주대) 2003년 연세대 최고기업인과정 수료 2006년 서울대 최고경영자과정 수료 2007년 세계경영연구원(IGM) 최고경영자과정 수료 2009년 미래혁신경제포럼 최고위과정 수료 2009년 고려대 정보통신정책최고위과정 수료 2012년 한국예술종합학교 최고경영자문화예술과정 수료 2013년 매일경제신문 M명품 CEO과정 수료 2013년 한양대 유비쿼터스최고위과정 수료 (경)1981년 행정고시 합격(25회) 1991~1999년 국무조정실 기획총괄·교육·의전담당 과장(서기관·부이사관) 1999~2004년 同총괄심의관·복지노동심의관·일반행정심의관·외교안보심의관(이사관) 2001~2002년 부패방지위원회 기획운영심의관 2004~2008년 국무조정실 기획관리조정관·심사평가조정관·규제개혁조정관 겸 규제개혁기획단장(관리관) 2004~2008년 제2중앙징계위원회 위원 2005~2006년 한국규제학회 부회장 2005~2007년 법제처 법령해석심의위원회 위원 2006~2008년 한양대 행정자치대학원 겸임교수 2008~2009년 국무총리실 국무차장(차관급) 2008~2009년 국가정책조정실무회의 의장 2008~2009년 2012여수세계박람회 정부지원실무위원회 위원장 2008~2009년 기후변화대책기획단 단장 2008~2009년 아동·여성보호대책추진점검단 단장 2008~2009년 성매매방지대책추진점검단 공동단장 2008~2009년 국제개발협력실무위원회 위원장 2009~2011년 신한금융투자 사외이사 2009~2011년 한국조폐공사 비상임이사 2009~2011년 한양대 공공정책대학원 특임교수 2009~2010년 세종시 민관합동위원회 위원 2010~2012년 한선국가전략포럼 공동대표 2010~2013년 국제한인경제인총연합회 대외정책위원장 2011~2014년 한국전기안전공사 사장 2013년 혁신창조경제포럼 회장(현) 2013년 한양미래전략포럼 운영위원장 2014년 同공동대표(현) 2014년 북한이탈주민미래희망센터 회장(현) 2014년 전북도지사선거 출마(새누리당) 2014년 한양대 특훈교수(현) 2015년 (사)한국인성동요교육협의회 회장(현) 2015~2016년 4대사회악근절한국여성운동본부 고문 2018년 한양대 갈등문제연구소 대표(현) (상)홍조근정훈장(1997), 자랑스러운 한양인상(2008), 글로벌 경영대상 최고경영자대상(2011), 황조근정훈장(2012), 올해의 CEO대상 윤리경영부문(2012), 한국을 빛낸 창조경영인 지속가능경영부문(2013), 동아일보 2013 대한민국 창조경제 CEO대상(2013), 노사문화대상 국무총리표창(2013) (저)자전에세이 '머슴이나 보내지 공부는 무슨'(2014, 북마크)

### 박철규(朴哲圭) PARK Cheol Kyoo

(생)1960·6·1 (주)서울특별시 송파구 올림픽로35길 123 삼성물산(주) 패션부문(02-2145-5114) (학)서울대 국제경영학과졸 (경)1989년 삼성물산(주) 입사, 同패션부문 밀라노법인장, 同패션부문 해외상품·여성복사업부장 2015년 同패션부문 상품본부장(전무) 2015년 同패션부문 상품총괄 부사장, 제일패션리테일(주) 대표이사 2019년 삼성물산(주) 패션부문장(부사장)(현)

### 박철민(朴哲民) Park Chul-min

(생)1964·6·1 (주)서울특별시 종로구 청와대로 1 국가안보실 외교정책비서관실(02-770-7117) (학)1988년 서울대 외교학과졸 1997년 미국 플로리다대 대학원 국제관계학과졸(석사) (경)1989년 외무고시 합격(23회) 1989년 외무부 입부 1998년 駐네덜란드 1등서기관 2002년 駐브루나이 참사관 2003년 외교통상부 주한공관담당관 2006년 同군축비확산과장 2007년 駐러시아 참사관 2009년 駐유엔대표부 공사참사관 2013년 외교부 국제기구국 국제기구협력관 2015년 同유럽국장 2016년 駐포르투갈 대사 2019년 국가안보실 외교정책비서관(현) (상)근정포장(2008)

### 박철수(朴哲秀) Park, Chul Soo

(생)1955·2·10 (본)상산(商山) (출)경북 김천 (주)경기도 화성시 정남면 세자로 288 수원과학대학교 총장실(031-353-8980) (학)1974년 경북고졸 1978년 고려대 산업공학과졸 1981년 미국 Western Illinois Univ. 대학원 경제학과졸 1988년 경제학박사(미국 Univ. of Oregon) (경)1987~1989년 미국 지역경제연구소(Center for Reg. Econ. Issues) 연구위원 1989~1990년 산업연구원(KIET) 지역산업실 책임연구원 1990~2010년 수원대 경제금융학과 교수 1993~1999년 同지역사회개발연구소장 1995~1996년 미국 지역경제연구소(Center for Reg. Econ. Issues) 초청연구위원 2005년 수원대 기획·홍보실장 2007년 한국지역경제학회 회장 2007년 수원대 기획실장 2008년 同비서실장 2008년 한국문화산업학회 부회장 2010년 수원과학대 총장(현) (상)교육부장관표창(2005) (저)'지방자치의 경영학(共)'(1988) '세계화와 경제발전(共)'(1995)

### 박철순(朴哲洵) Park Cheolsoon

(생)1958·5·15 (주)서울특별시 관악구 관악로 1 서울대학교 경영학과(02-880-6900) (학)서울대 경제학과졸, 미국 미시간주립대 경영학과졸(MBA), 경영학박사(미국 컬럼비아대) (경)London Business School 전략 및 국제경영담당 교수, 서울대 경영학과 교수(현), 同경영대학 벤처경영 기업가센터장(현) 2009~2012년 신한은행 사외이사 2011~2012년 同이사회 의장 2012~2014년 하나은행 사외이사 2017년 서울대 경영대학장 겸 경영전문대학원장(현) (상)1994 Academy of Management Journal 최우수논문상(1995), 인사조직학회 국제학술상(2008), 서울대 경영대학 연구우수 교수상(2008), 한국전략경영학회 최우수논문상(2013), 서울대 경영대학 우수강의상(2015) (저)'세계수준의 한국기업에 도전한다(共)'(2003, 21세기북스) (역)'글로벌시대의 국제경영'(2009, MCGRAWHILL)

### 박철순(朴喆淳) PARK Cheol Soon

(생)1966·3·28 (본)밀양(密陽) (주)경기도 성남시 분당구 분당로 47 한국정보통신기술협회 소프트웨어시험인증연구소(031-724-0130) (학)1992년 서울대 동양사학과졸 1994년 同외교학과졸 1997년 同행정대학원 정책학과졸 2006년 벨기에 루벤대 사회과학대학원 유럽연합학과졸 2010년 기술경영학박사(서울대) (경)1998년 정보통신부 정보통신정책실 산업기술과 근무(사무관) 2002년 同통신위원회사무국 심의과장 2003년 同통신위원회사무국 총괄과장(서기관) 2008년 同중앙전파관리소 위성전파감시센터장 2008년 방송통신위원회 중앙전파관리소 위성전파감시센터장 2009년 同네트워크정보보호팀장 2011년 同네트워크정보보호팀장(부이사관대우) 2011년 同이용자보호과장 2014년 미래창조과학부 중앙전파관리소 전파보호과장 2016년 同정보통신정책실 정보보호지원과장 2016년 한국정보통신기술협회 소프트웨어시험인증연구소장(현) (상)대통령표창(2003)

### 박철언(朴哲彦) PARK Chul Un (靑民)

(생)1942·8·5 (본)밀양(密陽) (출)경북 성주 (주)서울특별시 강남구 선릉로 524 선릉대림아크로텔 733호 박철언법률사무소(02-569-2212) (학)1960년 경북고졸 1965년 서울대 법과대학 법학과졸 1969년 同사법대학원졸 1977년 미국 조지워싱턴대 법과대학원 수학 1990년 법학박사(한양대) 1991년 명예 법학박사(미국 디킨슨법대) (경)1967년 사법시험 합격(8회) 1969년 육군 법무관 1972~1980년 부산지검·법무부 검찰국·서울지검 검사 1980~1985년 대통령 정무·법률비서관 1985~1988년 국가안전기획부장 특보 1985년 외교안보연구원 연구위원 1986~1988년 법무연수원 연구위원(검사장급) 1987년 아·태법률가협회 고문 1987~2013년 한국복지통일연구소 이사장 1988년 대통령 정책보좌관 1988년 제13대 국회의원(전국구, 민주정의당·민주자유당) 1989년 정무제1장관 1990년 민자당 당무위원 1990년 체육청소년부 장관 1992년 제14대 국회의원(대구 수성甲, 민자당·국민당·신민당·자민련) 1992년 국민당 최고위원 1994년 신민당 최고위원 1995~2000년 자민련 부총재 1995년 순수문학지로 시인등단 1996년 제15대 국회의원(대구 수성甲, 자유민주연합) 1996년 한·독의원친선협회 회장 1998~2000년 민족화해협력범국민협의회 상임의장 1999년 일본 도까이대 객원교수 2000년 자민련 대구수성甲지구당 위원장 2000~2002년 미국 보스턴대 아시아경영연구소 객원교수 2001년 변호사 개업(현) 2001년 (사)대구·경북발전포럼 이사장(현) 2006~2011년 건국대 언론홍보대학원 초빙교수·석좌교수 2013년 한반도복지통일재단 이사장(현) (상)보국훈장 천수장(1980), 청조근정훈장(1990), 제10회 서포 김만중문학상 시부문 대상(2005), 순수문학작가상(2008), 순수문학대상(2011), 제8회 세계문학상 시부문 대상(2013), 제19회 영랑 김윤식 문학상 대상(2014), 제12회 시세계문학상 시부문 대상(2015), 제15회 문학세계문학상 대상(2018), 헝가리 십자공로훈장(2019) (저)'변화를 두려워하는 자는 창조할 수 없다'(1992, 고려원) '4077, 면회왔습니다'(1995, 행림출판) '獄中에서 토해내는 恨'(1998, 일본 동경문예사), 회고록 '바른 역사를 위한 증언 1권·2권'(2005, 랜덤하우스 중앙), 시집 '작은 등불 하나'(2004, 행림출판사), '따뜻한 동행을 위한 기도'(2011, 평민사), '바람이 잠들면 말하리라'(2014, 순수문학) (종)불교

### 박철영(朴哲泳)

(생)1967 (출)강원 홍천 (주)서울특별시 영등포구 여의나루로4길 23 한국예탁결제원 예탁결제본부(02-3774-3000) (학)성균관대 법학과졸 2005년 법학박사(성균관대) (경)1991년 한국예탁결제원 입사 2012년 同신사업추진부장 2013년 同전자증권추진단장 2013년 同경영전략부장 2016년 同연구개발부장 2017년 同경영지원본부장 2019년 同예탁결제본부장(현)

### 박철완(朴哲完) PARK Chul Wan

(생)1961·10·23 (출)전북 익산 (주)광주광역시 동구 준법로 7-12 광주지방검찰청 중요경제범죄조사단(062-231-4543) (학)1980년 전주고졸 1988년 고려대 법학과졸 (경)1989년 사법시험 합격(31회) 1992년 사법연수원 수료(21기) 1992~1995년 변호사 개업 1995년 수원지검 성남지청 검사 1997년 전주지검 정읍지청 검사 1998년 인천지검 검사 2000년 서울지검 검사 2002년 전주지검 검사 2002년 同부부장검사 2003년 同군산지청 검사 2005년 인천지검 부부장검사 2006년 춘천지검 부장검사 2008년 서울남부지검 공판송무부장 2009년 서울고검 검사 2009년 수원지검 안양지청 부장검사 2010년 서울고검 검사 2010년 의정부지검 검사 2011년 서울고검 공판부 검사 2012년 同형사부 검사 2013년 광주고검 제주지부 검사 2015년 서울고검 검사(수원지검 중요경제범죄조사단 파견) 2019년 광주지검 중요경제범죄조사단장(현)

### 박철완(朴哲完) Park, Cherl-Oan

(생)1972·1·5 (출)전남 순천 (주)부산광역시 연제구 법원로 15 부산고등검찰청 총무과(051-606-3242) (학)1989년 순천고졸 1993년 고려대 법학과졸 1995년 同대학원 행정법학과 수료 (경)1995년 사법시험 합격(37회) 1998년 사법연수원 수료(27기) 1998년 軍법무관 2001년 서울지검 남부지청 검사 2003년 전주지검 군산지청 검사 2005년 창원지검 검사 2007년 부산지검 동부지청 검사 2009년 의정부지검 검사 2010년 同부부장검사 2011년 서울중앙지검 부부장검사 2012년 대전지검 공판부장 2013년 부산지검 동부지청 형사2부장 2014년 부산고검 검사 2017년 부산지검 중요경제범죄조사단 부장검사 2018년 청주지검 충주지청장 2019년 부산고검 검사(현)

**박철우(朴哲佑) PARK Chul Woo**

(생)1966·7·4 (주)경기도 시흥시 산기대학로 237 한국산업기술대학교 기계공학과(031-8041-0407) (학)1990년 연세대 기계공학과졸 1992년 同대학원 기계공학과졸 1996년 공학박사(연세대) (경)LG산전 중앙연구소 근무 1997~1999년 연세대 전문연구원 1998~1999년 뮤테크놀러지(주) 연구소장, 한국산업기술대 기계공학과 교수(현) 2008년 同기획실장 2011년 同기획처장 2012년 동아일보 청년드림센터 자문위원 2014년 한국산업기술대 전략기획단장 2015년 국가과학기술심의회 기초·기반전문위원회 위원 2019년 한국산업기술대 특임부총장(현) 2019년 同총장 직대(현) (상)IJPEM 최다 다운로드 논문상(IJPEM Most Downloaded Articles Award)(2011), 옥조근정훈장(2017)

**박철우**

(생)1971·12·30 (주)서울특별시 서초구 반포대로 158 서울중앙지방검찰청 총무과(02-530-4771) (학)1990년 목포 문태고졸 1995년 서울대 외교학과졸 (경)1998년 사법시험 합격(40회) 2001년 사법연수원 수료(30기) 2001년 공익법무관, 청주지검 검사, 대전지검 천안지청 검사 2009년 서울중앙지검 검사 2013년 부산지검 동부지청 검사 2015년 서울중앙지검 부부장검사 2016년 울산지검 특수부장 2017년 광주지검 특수부장 2018년 서울중앙지검 범죄수익환수부장 2019년 同부부장검사(현) 2019년 국회사무처 파견(현)

**박철웅(朴哲雄) PARK Chul Woong**

(생)1955·5·5 (출)전북 익산 (주)전라북도 익산시 평동로 457 농업기술실용화재단(063-919-1000) (학)1972년 남성고졸 1978년 전주대 영어영문학과졸 1998년 경기대 행정대학원졸 (경)1973년 농촌진흥청 호남작물시험장 행정서기보 1991년 同제주시험장 관리과장 1993년 同작물시험장 관리과 사무관 1994년 同기획예산담당관실 사무관 1996년 한국농업전문학교 서무과장 1998년 농촌진흥청 기획예산담당관실 서기관 2000년 농업기계화연구소 관리과장 2001년 농촌진흥청 농업경영관실 기술정보화담당관 2002년 同농업경영정보관실 기술정보화담당관 2002~2004년 세종연구소 파견 2004년 농촌진흥청 기획관리실 기획예산담당관 2005년 同정책홍보관리관실 재정기획관 2007년 농업과학기술원 행정과장 2008년 농촌진흥청 창의혁신담당관 2008년 同축산과학원 행정과장 2009년 同기획조정관실 행정법무담당관 2010년 국립원예특작과학원 인삼특작부장 2012~2013년 농촌진흥청 기획조정관 2013~2015년 농업기술실용화재단 총괄본부장 2019년 同이사장(현) (상)모범공무원표창(1989), 국무총리표창(1997), 근정포장(2009), 홍조근정훈장(2013) (종)기독교

**박철웅(朴哲雄) PARK Chul Woong**

(생)1971·10·6 (출)전남 완도 (주)서울특별시 서초구 반포대로 157 대검찰청 과학수사기획관실(02-535-9484) (학)1990년 여수고졸 1996년 서울대 법과대학졸 (경)1996년 사법시험 합격(38회) 1999년 사법연수원 수료(28기) 1999년 수원지검 검사 2001년 同평택지청 검사 2003년 광주지검 검사 2005년 서울중앙지검 검사 2008년 대검찰청 연구관 2010년 부산지검 검사 2011년 同부부장검사 2014년 법무부 형사법제과장 2015년 대검찰청 수사지원과장 2016년 同과학수사1과장 2017년 서울중앙지검 형사5부장 2018년 광주지검 형사1부장 2019년 대검찰청 과학수사기획관(부장검사)(현)

**박철주(朴哲主) Park Chull-joo**

(생)1967·8·19 (출)전남 보성 (주)서울특별시 종로구 사직로8길 60 외교부 인사기획관실(02-2100-7141) (학)전남 순천고졸 1991년 서울대 영문학과졸 1997년 미국 버지니아대 대학원 외교학과졸 (경)1991년 외무고시 합격(25회) 1998년 駐상하이 영사 2002년 駐중국 1등서기관 2005년 駐핀란드 1등서기관 2007년 외교통상부 인사제도팀장 2007년 同국제법규과장 2009년 駐유엔 참사관 2011년 駐네덜란드 공사참사관 2014년 외교부 국제법률국 심의관 2016~2017년 同국제법률국장 2018년 駐유엔대표부 차석대사(현)

**박철현(朴哲賢) Park, Chulhyun**

(생)1968·2·16 (본)밀양(密陽) (출)부산 (주)경기도 성남시 분당구 성남대로343번길 9 SK주식회사 C&C(02-6400-0114) (학)서울대 공법학과졸, 미국 미네소타대 로스쿨졸(LL.M.) (경)1998년 삼성생명보험(주) 법무팀 근무 2002년 SK C&C 법무팀 근무 2012년 同법무1팀장 2015년 同법무본부장(상무) 2015년 SK주식회사 C&C 법무본부장(상무) 2019년 同법무담당 부사장(현) (종)천주교

**박철홍(朴哲弘)**

(생)1960·1·2 (주)서울특별시 영등포구 국제금융로8길 2 농협재단빌딩 3층, 4층 농협자산관리회사(02-6256-8600) (학)1978년 광주고졸 1983년 홍익대 경영학과졸 1995년 고려대 대학원 경영학과졸 (경)1986년 농협중앙회 입회 2009년 同서울대지점 부지점장 2010년 同대방로지점장 2012년 NH농협은행 충무로지점장 2014년 同여신감리부장 2015년 同리스크관리부장 2017년 同여신심사부문 부행장 2019년 농협자산관리회사 대표이사(현)

**박철홍(朴哲洪) Park Cheol-hong**

(생)1961·8·10 (본)밀양(密陽) (출)경북 문경 (주)서울특별시 동작구 여의대방로16길 61 기상청 이상기후팀(02-2181-0470) (학)1980년 문경종합고졸 1991년 한국방송통신대 행정학과졸 1998년 경상대 경영행정대학원 행정학과졸 2014년 이학박사(조선대) (경)1994~1996년 부산지방기상청 남해기상관측소장 1997년 국립진주산업대 농학과 강사 2006년 대전지방기상청 예보관 2008년 기상청 인사제도계장 2011년 同청장 비서실장 2013년 同기후과학국 기후협력서비스팀장 2015년 국립기상과학원 연구기획운영과장 2016년 대전지방기상청 예보과장 2017년 기상청 관측기반국 계측기술과장 2018년 同이상기후팀장(현) (상)행정자치부장관표창(1998), 모범공무원표창(2000), 기상청장표창(2005) (종)기독교

**박청수(朴淸洙) PARK Cheong Soo**

(생)1958·10·13 (출)경북 경산 (주)서울특별시 강남구 테헤란로87길 36 법무법인 로고스(02-2188-2830) (학)1977년 경북고졸 1982년 한양대 법과대학졸 (경)1984년 사법시험 합격(26회) 1987년 사법연수원 수료(16기) 1987년 서울지검 남부지청 검사 1989년 대구지검 영덕지청 검사 1990년 대구지검 검사 1992년 수원지검 검사 1994년 부산지검 검사 1996년 서울지검 검사 1999년 대구지검 부부장검사 1999년 창원지검 거창지청장 2000년 서울지검 북부지청 부부장검사 2001년 울산지검 공안부장 2002년 부산지검 공안부장 2003년 수원지검 공안부장 2003년 대검찰청 공안2과장 2004년 同공안1과장 2005년 서울중앙지검 공안1부장 2006년 춘천지검 강릉지청장 2007년 대검찰청 공안기획관 2008년 서울남부지검 차장검사 2009년 대전지검 차장검사(검사장급) 2009년 사법연수원 부원장 2010년 울산지검장 2011년 의정부지검장 2012~2013년 서울남부지검장 2014~2015년 법무법인(유) 동인 구성원변호사 2015~2018년 정부법무공단 이사장 2019년 법무법인(유) 로고스 변호사(현) (상)홍조근정훈장(2004)

**박춘근(朴春根) Park, Choon-Keun**

(생)1959 · 4 · 28 (본)함양(咸陽) (출)전북 임실 (주)제주특별자치도 제주시 제주대학로 102 한국생산기술연구원 제주지역본부 융합바이오기술그룹(064-759-9263) (학)1982년 한양대 공과대학 무기재료공학과졸 1984년 同대학원 무기재료공학과졸 1993년 재료공학박사(미국 펜실베이니아주립대) (경)1984~1989년 쌍용 중앙연구소 선임연구원 1994~2000년 同중앙연구소 연구실장 1994~2003년 한밭대 · 전주대 · 충남대 · 홍익대 강사 2000년 한국생산기술연구원 환경 · 에너지본부 청정소재팀장, 同지능형부품소재센터장 2003~2004년 미국 Materials Research Institute Visiting Senior Scholar 2003년 미국 세계인명사전 'Marquis Who's Who in the World'에 등재 2007년 광주 · 전남지방중소기업청장 2009년 한국생산기술연구원 기술지원총괄본부장, 同녹색기술사업단장 2010년 同충청강원권기술실용화본부장 2010년 同엔지니어링기술지원센터 소장 2011년 한미국제기술협력센터(미국 실리콘밸리 소재) 소장 2015년 한국생산기술연구원 제주본부장 2019년 同제주지역본부 융합바이오기술그룹 연구원(현) (상)20세기 100대 기술상(1999), 국제인명기관 명예의전당 공학분야(2004), 중소기업육성지원공로 국무총리표창(2011) (저)'소결세라믹스'(2002) '수경성 세라믹스'(2003) (종)기독교

**박춘란(朴春蘭 · 女) PARK Chun Ran**

(생)1965 · 5 · 1 (출)경남 고성 (주)충청북도 진천군 덕산읍 교학로 30 국가공무원인재개발원 진천본원 원장실(043-931-6000) (학)1983년 진주여고졸 1988년 서울대 법과대학 사법학과졸 2001년 미국 캘리포니아대 대학원 법학과졸(석사) (경)1989년 행정고시 합격(33회) 1993년 교육부 기획관리실 법무담당관실 근무 1998년 同학교정책총괄과 서기관 2003년 강릉대 파견 2004년 교육인적자원부 혁신담당관 2005년 同인력수급정책과장 2005년 同대학정책과장(부이사관) 2007년 경북대 사무국장 2008년 교육과학기술부 학술연구지원관 2008년 강릉대 사무국장 2010년 중앙공무원교육원 파견(고위공무원) 2011년 충북도교육청 부교육감 2012년 교육과학기술부 정책기획관 2013년 교육부 대학지원실 대학정책관 2014년 충남도교육청 부교육감 2015년 교육부 평생직업교육국장 2016년 서울시교육청 부교육감 2017~2018년 교육부 차관 2019년 국가공무원인재개발원 원장(차관급)(현) (상)대통령표창(1997) (종)기독교

**박춘배(朴瑃培) PARK Choon Bae**

(생)1951 · 10 · 4 (본)밀양(密陽) (출)울산 (주)서울특별시 서초구 남부순환로325길 9 DS HALL빌딩 7층 (사)한국드론산업진흥협회(02-2135-4977) (학)1970년 경복고졸 1974년 서울대 항공공학과졸 1976년 同대학원 항공공학과졸 1989년 항공공학박사(서울대) (경)1977~1980년 공군사관학교 교수부 전임강사 1980~2007년 인하대 공대 기계항공공학부 조교수 · 부교수 · 교수 1987~1989년 국방과학연구소 위촉연구원 1992~2000년 건설교통부 항공전자과 위성항행시스템자문위원 1995~1997년 인하대 공대 제1교학부장 1999~2001년 同연구교류처 부처장 2002~2005년 인천국제공항공사 사외이사 2005~2006년 국방부 국방획득정책자문위원 2007년 인하대 연구처장 2007년 인하공업전문대학 총장 2012~2014년 인하대 총장 2013년 국토교통과학기술진흥원 사외이사 2014년 통일교육위원회 인천협의회 회장 2014년 인하대 항공우주공학과 교수 2015년 (사)한국드론산업진흥협회 부회장(현) 2015~2018년 국토교통과학기술진흥원 항공R&D자문위원 2017년 인하대 항공우주공학과 명예교수(현) (상)KAI-KSAS 항공우주공로상(2013), 청조근정훈장(2017) (저)'항공우주학개론' '비행 동력학 이해'(2004) (역)'항공기 어떻게 나는가' '헬리콥터의 이해' '키티호크의 그날'

**박춘섭(朴春燮) PARK Chun Sup**

(생)1960·2·15 (본)밀양(密陽) (출)충북 단양 (학)1978년 대전고졸 1983년 서울대 국제경제학과졸 1995년 영국 맨체스터대 대학원 경제학과졸 (경)1987년 행정고시 합격(31회) 1988년 경제기획원 사무관 1994~1996년 해외 유학 1996년 재정경제원 예산실 사무관·서기관·과장 2005년 기획예산처 행정예산과장 2006년 同예산제도과장 2008년 기획재정부 예산총괄과장 2009년 국회 예산결산위원회 국장 2010년 중앙공무원교육원 교육파견(고위공무원) 2011년 국무총리실 재정금융정책관 2012년 기획재정부 대변인 2013년 同예산실 경제예산심의관 2014년 同예산실 예산총괄심의관 2015년 同예산실장 2017~2018년 조달청장 (상)대통령표창(2005), 녹조근정훈장(2006), 홍조근정훈장(2014)

**박춘원(朴春園) PARK Choon Weon**

(생)1962 · 11 · 12 (본)밀양(密陽) (출)경남 사천 (주)부산광역시 동구 중앙대로 449 고려저축은행(1877-9900) (학)1981년 진주고졸 1986년 한양대 경영학과졸 2008년 서울대 대학원 고위의료경영자과정 수료 (경)1986년 삼성화재해상보험(주) 입사 2004년 同경영관리팀 경영관리파트장 2007년 同상품업무실 상품기획팀장 2008~2012년 同경영관리팀장(상무) 2012년 삼성화재손해사정서비스 대표이사 상무 2013년 同대표이사 전무 2013년 삼성화재애니카손해사정(주) 대표이사 전무 2015~2016년 삼성화재해상보험(주) 자동차보험본부 자문역(전무) 2016년 고려저축은행 대표이사(현) (종)기독교

**박춘호(朴春鎬) Park Choonho**

(생)1965·12·15 (본)함양(咸陽) (출)대구 (주)세종특별자치시 다솜로 261 국무조정실 조세심판원 제5상임심판관실(044-200-1802) (학)1983년 대구 경신고졸 1988년 연세대 경제학과졸 1993년 서울대 행정대학원 석사과정 수료 (경)1993년 행정고시 합격(37회) 2010년 기획재정부 재정관리국 재정집행관리팀장·세제실 소득세제과장 2011년 同세제실 환경에너지세제과장·국제조세협력과장·부가가치세제과장 2012년 同조세특례제도과장 2013년 제18대 대통령직인수위원회 파견 2013년 기획재정부 세제실 소득세제과장 2014년 同예산실 교육예산과장 2015년 同세제실 법인세제과장 2016년 同세제실 법인세제과장(부이사관) 2016년 同역외소득·재산자진신고기획단 부단장 2017년 OECD 대한민국정책센터 조세정책본부장 2018년 국무조정실 조세심판원 제2상임심판관 2018년 同조세심판원 제4상임심판관 2019년 同조세심판원 제5상임심판관(현)

**박충근(朴忠根) park choong keun**

(생)1956·8·7 (출)서울 (주)서울특별시 서초구 법원로 15 법무법인 LKB & Partners(02-596-7339) (학)1976년 덕수상고졸 1982년 건국대 정법대학졸 (경)1976년 한국은행 근무 1985년 사법시험 합격(27회) 1988년 사법연수원 수료(17기) 1988년 대전지검 검사 1990년 同강경지청 검사 1991년 수원지검 검사 1993년 서울지검 검사 1996년 부산지검 검사 1998년 서울지검 동부지청 검사 1999년 전주지검 검사 2000년 광주지검 부부장검사 2001년 창원지검 밀양지청장 2002년 서울지검 부부장검사 2003년 부산지검 강력부장 2004년 수원지검 강력부장 2005년 同마약·조직범죄수사부장 2005년 서울중앙지검 공판2부장 2006년 同형사3부장 2007년 대전지검 서산지청장 2008년 춘천지검 차장검사 2009년 대전지검 천안지청장 2009~2010년 대구지검 서부지청장 2010년 변호사 개업, 법무법인 성의 대표변호사 2010년 한국산학연협회 법률자문위원 2011~2014년 현대증권(주) 사외이사 2013~2015년 인천국제공항공사 비상임이사 2015년 법무법인 LKB & Partners 대표변호사(현) 2016~2017년 '박근혜 정부의 최순실 등 민간인에 의한 국정농단 의혹 사건(최순실 특검법)' 특별검사보 겸 대변인

**박충근(朴忠根)**

(생)1964 (주)세종특별자치시 갈매로 477 기획재정부 대외경제국(044-215-2299) (학)서울대 경제학과졸, 同대학원 행정학과졸 (경)1990년 행정고시 합격(34회), 대통령비서실 행정관 2004년 기획예산처 농림해양예산과장, 경제협력개발기구(OECD) 파견 2008년 기획재정부 대외경제국 개발협력과장 2010년 同대외경제국 대외경제총괄과장 2010년 同인사과장(부이사관), 미국 미주개발은행(IDB) 선임컨설턴트 2016년 기획재정부 대외경제국 대외경제협력관 2017년 同대외경제국 통상현안대책반장(일반직고위공무원) 2017년 同혁신성장정책관 2018년 국립외교원 교육파견(일반직고위공무원) 2019년 기획재정부 대외경제국장(현)

**박충화(朴忠和) PARK Choong Hwa**

(생)1961·6·8 (본)밀양(密陽) (출)충남 천안 (주)대전광역시 동구 대학로 62 대전대학교 소방방재학과(042-280-2571) (학)1985년 충남대 해양물리학과졸 1987년 일본 東京大 대학원 지질학과졸 1990년 지반탐사공학박사(일본 東京大) (경)1995~2007년 대전대 지반방재공학전공·건설안전방재공학과 전임강사·조교수·부교수·교수 1995년 同지질공학연구소장 1996~2011년 한국철도시설공단 충남도건설기술자문위원 1996~1998년 금강환경관리청 환경영향평가위원 1997~1999년 同먹는물환경영향조사심사위원회 위원 1998~1999년 한국자원연구소 산업자원부출연과제평가회의 평가위원 2002~2007년 대전대 입학홍보처장 2006~2007년 전국입학관련처장협의회 대전·충북·충남협의회장 2007년 대전대 소방방재학과 교수(현) 2007·2009~2010년 同소방방재공학과장 2009~2011년 同공과대학장 2011년 同기획처장 2011년 同연수학습센터장 2011년 대한지질공학회 수석부회장 2013년 대전시 소방기술심의위원회 심의위원 2014~2016년 한국소방산업기술원 비상임이사 2015년 대한지질공학회 회장 2016년 대전대 대외협력·경영부총장(현) 2017년 同대학특성화사업단장·국가안전방재전문인력양성사업단장 겸임

**박치모(朴稚模) PARK Chi Mo**

(생)1954·12·22 (주)울산광역시 남구 대학로 93 울산대학교 조선해양공학부(052-259-2156) (학)1979년 서울대 조선공학과졸 1981년 同대학원졸 조선공학과졸 1990년 조선공학박사(서울대) (경)1981년 울산대 수송시스템공학부 교수 2005년 同조선해양공학부 교수(현), 同조선해양공학부장, 同공과대학장 2017년 同교학부총장 겸 미래교육선도기획단장(현)

**박치봉(朴致奉)**

(생)1966·7·14 (본)울산(蔚山) (출)경북 경산 (주)경상북도 김천시 물망골길 39 대구지방법원 김천지원(054-420-2003) (학)1984년 경산 무학고졸 1988년 서울대 법과대학 법학과졸 (경)1992년 사법시험 합격(34회) 1995년 사법연수원 수료(24기) 1995년 대구지법 판사 1998년 同경주지원 판사 1999년 대구지법 판사 2001년 同칠곡군법원·성주군법원·고령군법원 판사 2003년 대구지법 가정지원 판사 2005년 대구지법 판사 2007년 대구고법 판사 2009년 대구지법 판사 2011년 부산지법 동부지원 부장판사 2012년 대구지법 영덕지원장 겸 대구가정법원 영덕지원장 2014년 대구지법 부장판사 2019년 대구지법 김천지원장 겸 대구가정법원 김천지원장(현) (종)기독교

**박치완(朴治玩) PARK Tchi Wan**

(생)1962·3·18 (주)경기도 용인시 처인구 모현읍 외대로 81 한국외국어대학교 철학과(031-330-4677) (학)1989년 한국외국어대 철학과졸 1992년 同대학원 철학과졸 2001년 철학박사(프랑스 부르고뉴대) (경)2001~2010년 대동철학회 국제교류위원회 위원 2001~2004년 한국해석학회 정보교류이사·편집위원 2002~2004년 同편집위원 2002년 한국외국어대 철학과 조교수·부교수·교수(현) 2002~2006년 同철학과장 2002~2006년 同대학원 철학과 주임교수 2003~2005년 우리말로학문하기 총무이사 2004~2006년 한국해석학회 이사·편집위원 2004~2006년 한국철학회 학술이사 2005~2007년 프랑스학회 총무이사·학술이사·운영이사 2005~2010년 중앙대 중앙철학연구소 '철학탐구' 편집위원 2006~2008년 한국외국어대 학생생활상담연구소장 2006~2007년 同대학원 문화콘텐츠학과 주임교수 2006~2010년 한국해석학회 편집이사 2007년 한국인지과학회 총무이사 2008년 인문콘텐츠학회 기획이사 2008~2010년 한국외국어대 대학원 교학처장 2010~2012년 한국해석학회 기획이사·편집위원 2010~2012년 한국미디어학회 부회장 2011~2016년 한국외국어대 철학문화연구소장 2011~2013년 同대학원 글로벌문화콘텐츠학과 주임교수 2012~2014년 한국해석학회 부회장 2013~2016년 인문콘텐츠학회 부회장 2013~2018년 글로벌문화콘텐츠학회 부회장 2013년 한국외국어대 글로컬창의산업연구센터 소장(현) 2014~2016년 同세계민속박물관장 2014~2016년 한국해석학회 회장 2016~2018년 同자문위원 2016~2018년 인문콘텐츠학회 회장 2018년 한국동서철학회 회장 2019년 同자문위원(현) 2019년 인문콘텐츠학회 편집위원회 위원장(현) 2019년 한국외국어대 인문대학장(현) (저)'고전해석학의 역사(共)'(2002) '데카르트가 만난 왕자'(2007)

**박치형(朴治炯) PARK Chi Hyung**

(생)1961·6·15 (본)함양(咸陽) (출)전남 영암 (주)경기도 고양시 일산동구 한류월드로 281 한국교육방송공사(EBS) 임원실(1588-1580) (학)1980년 광주 대동고졸 1989년 중앙대 신문방송학과졸 1991년 同신문방송대학원졸 2001년 언론학박사(중앙대) (경)1989년 한국교육방송공사(EBS) 제작부 프로듀서 1995년 同교육문화뉴스 프로듀서·앵커 1996년 중앙대 신문방송학과 강사 2002년 한국교육방송공사(EBS) 편성관리팀 차장 2003년 同TV1국 1CP(차장), 同'EBS현장리포트' 앵커 2004년 同정책기획실 기획예산팀장(부장급) 2004년 중앙대 신문방송대학원 강사 2005년 한국교육방송공사(EBS) 비서팀장 2006년 同정책팀장 2006년 한국방송학회 협력이사 2007년 한국교육방송공사(EBS) 제작본부 시사통일팀장 대우 2007년 교육부 BK21사업 평가위원 2007~2008년 미국 노스케롤라이나대 저널리즘스쿨 수학 2009년 한국교육방송공사(EBS) 영어채널팀장 2009년 同정책기획센터 정책팀장 2010년 同정책기획부장 2010년 同교육방송연구소장 2011년 同정책기획센터장 2012년 한국소통학회 이사 2013년 한국교육방송공사(EBS) 평생교육본부장 2014년 同AMERICA지사장 2016~2018년 同토론프로그램 '교육대토론' 연출 2019년 同부사장(현) (저)'텔레비전 영상과 커뮤니케이션'(2002) 'ENG 캠코더 영상제작의 실제'(2002) 'PD가 말하는 PD(共)'(2003) (작)'세계의 명화' '청소년음악회' 'EBS문화센터' '컴퓨터정보광장' 'EBS현장리포트' '도시교통 프로젝트' '세상에 말걸다' 'Live Talk N Issue' '생방송, EBS교육대토론' (종)가톨릭

**박치형(朴致瑩) park chi hyung**

(생)1966·9·20 (출)전남 해남 (주)대전광역시 서구 청사로 189 중소벤처기업부 운영지원과(042-481-4350) (학)1985년 광주 동신고졸 1992년 숭실대 정치외교학과졸 1994년 同대학원 국제정치학과졸 (경)1994~1998년 무등일보 기자 1998~2000년 국민일보 기자 2000년 파이낸셜뉴스 정치팀 기자 2001년 同편집국 정치경제부 기자 2003~2004년 (주)ABS농어민방송 보도국장 2004~2005년 국회사무처 입법보좌관 2005년 중소기업청 홍보담당관실 서기관 2006년 同정책홍보관리본부 홍보기획팀장 2008년 同대변인 2013~2015년 해외 파견(서기관) 2015년 중소기업청 경영판로국 인력개발과장 2017년 同기획조정관실 기획재정담당관 2017년 중소벤처기업부 기획조정실 기획재정담당관(서기관) 2018년 同기획조정실 기획재정담당관(부이사관) 2018년 同운영지원과장(현) (상)이달의 기자상(1998)

**박칼린(女) PARK Kolleen**

(생)1967·5·1 (출)미국 (주)경기도 성남시 분당구 성남대로779번길 18 코너스톤빌딩 2층 킥뮤지컬아카데미(031-701-5258) (학)경남여고졸, 미국 캘리포니아예술대 첼로학과졸, 서울대 대학원 국악작곡학과졸 (경)1991~1999년 뮤지컬 극단 '에이콤' 음악감독 1994~1996년 에이콤뮤지컬아카데미 강사 2005년 동아방송대 공연예술계열 뮤지컬전공 교수 2008년 킥뮤지컬아카데미 대표 겸 예술감독(현) 2010년 호원대 방송연예학부 뮤지컬전공 주임교수 2010~2015년 킥뮤지컬스튜디오 대표·예술감독 2010년 KBS '남자의자격-합창단' 음악감독 2010년 2018평창동계올림픽유치위원회 홍보대사 2011년 전주소리축제 집행위원장 2011년 tvN 코리아갓탤런트1 심사위원 2012년 同코리아갓탤런트2 심사위원 2012~2015년 KAC한국예술원 뮤지컬학부장 2012년 희망서울 홍보대사 2012년 전주세계소리축제 집행위원장 2012년 제18대 대통령직인수위원회 청년특별위원회 위원 2013~2015년 케이노트뮤직아카데미 뮤지컬원장 2013~2014년 대통령직속 청년위원회 소통분과 위원 2014년 서울시 홍보대사 (상)전국청소년연극제 연기상(1984), 미주 MBC가요제 대상(1989), 연극 '불의가면' 작곡상(1990), 제19회 기독교문화대상 뮤지컬부문 수상(2006), 제13회 뮤지컬대상 음악상(2007), 제3회 스타일 아이콘 어워즈 문화 예술 부문 수상(2010), 올해의 여성문화인상(2010), 제6회 세상을 밝게 만든 사람들 문화 예술 부문 수상(2010), KBS 연예대상 특별상(2010) (저)'그냥'(2010, 달) (작)연극 '맥베스'(1988) '불의 가면'(1990) '여자의 선택'(1991) '스타가 될 거야'(1994) '가스펠'(1996) 뮤지컬 '명성황후'(1996) '페임'(1999) '한여름 밤의 꿈'(2001) '오페라의 유령'(2002) '노틀담의 꼽추'(2004) '렌트'(2004·2011) '미녀와 야수'(2004) '아이다'(2006·2010·2012) '사운드 오브 뮤직'(2006) '시카고'(2008) '틱틱붐'(2010) 발매앨범 'I Believe'(2010) '아름다운 널'(2010) '넥스트 투 노멀'(2011·2012·2013·2015) 'Merry Christmas'(2013) '카붐'(2014) '박칼린의 크리스마스 캐롤'(2014) '미스터쇼'(2014) '박칼린 캐롤'(2016) CF출연 '신한은행 동행'

**박태견(朴太堅) PARK Tae Kyun**

(생)1959·5·14 (본)밀양(密陽) (출)서울 (주)서울특별시 마포구 마포대로14가길 6 정화빌딩 3층 뷰스앤뉴스(02-393-5455) (학)1984년 서울대 인문대학 국어국문학과졸 (경)1988년 국민일보 입사, 同문화부·정치부 기자 1989년 평화방송 입사 1990년 문화일보 정치부·경제부·국제부 기자 1998년 同경제부 차장 2001년 프레시안 경제에디터 2003년 同편집국장 2005년 同편집국 이사·논설주간 2006년 뷰스앤뉴스 대표이사 겸 편집국장(현) (저)'가자! 다시 조선으로 세계로' '초국가시대로의 초대' '세계를 움직이는 127대 파워' '앨 고어의 정보 초고속도로' '저패니메이션이 세상을 지배하는 이유' '조지 소로스의 핫머니 전쟁' '관료 망국론과 재벌신화의 붕괴' '큰 장사꾼 김정태' '미국의 금융파워' (종)기독교

**박태경(朴泰炅) Park Tae Kyeong**

(생)1959·3·20 (출)서울 (주)서울특별시 종로구 창경궁로 120 종로플레이스 12층 LIG시스템 임원실(02-6900-1600) (학)1977년 관악고졸 1985년 인하대 화학공학과졸 (경)1987~2013년 LIG손해보험 입사·부장 2013년 LIG엔설팅 컨설팅사업본부장(이사·상무) 2014년 同대표이사 2014년 LIG시스템 손보서비스본부장(상무) 2017년 同대표이사(현)

**박태경(朴泰京)**

(생)1962·5·21 (출)서울 (주)서울특별시 마포구 성암로 267 문화방송(MBC) 전략편성본부(02-780-0011) (학)1981년 서울 영일고졸 1985년 서울대 법과대학 공법학과졸 (경)1987년 문화방송(MBC) 입사 2001년 同보도국 사회부 기자(차장대우) 2002년 同기획국 정책기획팀 차장대우 2003년 同보도제작국 보도제작2차장 2005년 同미래전략팀장 2006년 同보도국 사회2부장(부장대우) 2006년 同보도국 사건팀장(부장대우) 2006년 同편집에디터 2007년 同보도국 탐사보도팀장 2008년 同도쿄특파원 2013년 同보도본부 취재센터 팩트체크팀장(부장) 2017년 同보도국 취재센터 팩트체크팀장 2017년 同디지털사업본부장(이사) 2018년 同전략편성본부장(이사)(현) (상)한국기자상(1994)

**박태규(朴泰奎) PARK Tae Gyu**

(생)1954·1·30 (출)경남 남해 (주)서울특별시 서초구 서초대로74길 4 삼성생명 서초타워 17층 법무법인 동인(02-2046-0657) (학)1972년 남해제일고졸 1978년 동아대 법학과졸 1980년 同대학원 법학과졸 (경)1980년 사법시험 합격(22회) 1983년 사법연수원 수료(13기) 1983년 부산지검 검사 1986년 대구지검 김천지청 검사 1987년 수원지검 검사 1990년 서울지검 북부지청 검사 1993년 대검찰청 검찰연구관 1995년 부산지검 울산지청 부장검사 1996년 대구지검 안동지청장 1997년 서울지검 부부장검사 1998년 수원지검 강력부장 1999년 부산지검 특수부장 2000년 서울지검 남부지청 형사3부장 2000년 同남부지청 형사2부장 2001년 同남부지청 형사1부장 2002년 대구지검 경주지청장 2003년 대검찰청 범죄정보기획관 2004년 서울고검 검사 2005년 의정부지검 고양지청장 2006년 대전고검 검사 2007년 춘천지검장 2008~2009년 의정부지검장 2009년 법무법인 동인 구성원변호사(현) 2013년 법제처 법령해석심의위원회 해석위원(현) 2015~2018년 (재)한국장기기증원 감사

**박태동(朴泰東) PARK Tae Dong**

(생)1953·11·8 (출)대구 (주)경기도 수원시 영통구 광교중앙로248번길 7-2 원희캐슬광교 B동10층(070-4036-4110) (학)1971년 경북고졸 1975년 서울대 법과대학졸 (경)1981년 사법시험 합격(23회) 1982년 사법연수원 수료(13기) 1983년 수원지법 성남지원 판사 1985년 서울지법 남부지원 판사 1987년 서울형사지법 판사 1988년 청주지법 판사 1991년 서울지법 남부지원 판사 1993년 서울민사지법 판사 1994년 서울고법 판사 1998년 서울가정법원 판사 1999년 대전지법 부장판사 2000년 서울지법 의정부지원 부장판사 2002년 서울지법 부장판사 2004년 서울중앙지법 부장판사 2005년 서울남부지법 부장판사 2006~2007년 수원지법 부장판사 2007년 변호사 개업 2009년 사법연수원 교수 2016년 대전지법 서산지원·대전가정법원 서산지원 부장판사 2018년 수원지법 부장판사 2019년 법무법인 일호 변호사(현) (종)불교

**박태범(朴泰範) PARK Tae Beom**

(생)1952·9·24 (출)경북 청도 (주)서울특별시 서초구 서초중앙로 29길 10 백산빌딩 2, 3, 5층 법무법인(유) 강남(02-6010-7000) (학)1971년 경기고졸 1975년 서울대 법과대학졸 1982년 同법과대학원졸 1987년 미국 워싱턴대 수료 2002년 서울대 국제대학원 GLP과정 수료 (경)1976년 사법시험 합격(18회) 1978년 사법연수원 수료(8기) 1978년 軍법무관 1982년 수원지법 판사 1984년 서울지법 남부지원 판사 1986년 서울형사지법 판사 1988년 대구고법 판사 1990년 서울고법 판사 1991년 대법원 재판연구관 1993년 부산지법 부장판사 1995년 인천지법 부장판사 1997년 서울지법 남부지원 부장판사 1998년 서울지법 부장판사 1998년 법무법인 천지인 대표변호사 2001년 해동합동법률사무소 변호사 2001년 천지인합동법률사무소 변호사 2003~2005년 대한변호사협회 부회장 2006~2009년 한국간행물윤리위원회 위원 겸 감사 2006년 법무법인 한빛 대표변호사 2009~2010년 법무법인 원 변호사 2010년 법무법인 대광 대표변호사, 법무법인 삼화 대표변호사 2016년 법무법인(유) 강남 변호사(현) (저)'신용장 매입은행의 조사의무' (종)천주교

ㅂ

**박태석(朴泰錫) PARK Tae Sok**

(생)1957·9·10 (본)밀양(密陽) (출)전북 옥구 (주)서울특별시 서초구 서초대로 266 한승아스트라 703호 법무법인 월드(02-587-2800) (학)1976년 용문고졸 1981년 서울대 법과대학졸 1993년 영국 옥스퍼드대 수료 (경)1981년 사법시험 합격(23회) 1983년 사법연수원 수료(13기) 1983년 육군 법무관 1986년 부산지검 검사 1989년 전주지검 정주지청 검사 1990년 서울지검 의정부지청 검사 1993년 서울지검 검사 1995년 서울고검 검사 1996년 청주지검 제천지청장 1997년 서울지검 동부지청 부부장검사 1998년 서울지검 부부장검사 1998년 同의정부지청 형사4부장 1999년 법무부 관찰과장 2000년 同법무과장 2001년 서울지검 소년부장 2002년 同형사7부장 2003년 춘천지검 차장검사 2004년 창원지검 차장검사 2005년 서울동부지검 차장검사 2006년 서울고검 검사 2006년 변호사 개업 2007년 법무법인 월드 대표변호사(현) 2012년 디도스공격수사특별검사팀 특별검사 (상)대통령표창 (저)'관세형벌법' '정치개혁 이렇게 한다'(共) '미국의 사법제도'(共) (종)기독교

**박태선(朴太瑄·女) PARK Tae Sun**

(생)1960·7·4 (출)부산 (주)서울특별시 서대문구 연세로 50 연세대학교 생활과학대학 식품영양학과(02-2123-3123) (학)1979년 동명여고졸 1983년 연세대 식품영양학과졸 1985년 同대학원 영양학과졸 1987년 미국 매사추세츠주립대 대학원 영양학과졸 1991년 이학박사(미국 캘리포니아 데이비스대) (경)1990년 미국 스탠포드대 박사 후 연구과정 수료 1991년 미국 Palo Alto 의료재단연구소 박사 후 연구과정 수료 1994년 미국 스탠포드대 의대 선임연구원 1995~2003년 연세대 식품영양학과 조교수·부교수 1996년 한국영양학회 편집위원·학술위원 1998년 연세대 식품영양학과장 2000~2002년 보건복지부 식품위생심의위원회 심의위원 2000~2003년 방송심의위원회 상품판매방송심의위원 2001~2003년 연세대 생활과학대학 교학부장·학부장 2001~2005년 한국간행물윤리위원회 심의위원 2002년 한국식품과학회 건강기능식품분과위원회 학술간사 2002년 대한지역사회영양학회 상임이사 2003년 연세대 생활과학대학 식품영양학과 교수(현) 2003~2005년 대한영양의학회 학술위원 2003년 연세대 교수평의회 총무간사 2004년 同대외협력부처장 2004년 한국국제생명과학회 과학자문위원 2004~2005년 건강기능성식품기능성표시광고심의위원회 부위원장 2004~2006년 식품의약품안전청 건강기능식품심의위원회 심의위원 2010년 방송통신심의위원회 광고특별위원회 위원 2011~2013년 同광고특별위원회 위원장 2012~2014년 연세대 연구처장 겸 산학협력단장 (상)우수업적교수상(연구부문)(2015) (저)'항산화영양소와 건강(共)'(1998) '한국인의 식생활 100년 평가(共)'(1998) '식사요법 실습서(共)'(1999) '현대인의 생활영양'(共) '한국인의 위장질환과 식생활·환경요인 및 H. pylori 감염과의 관계(共)'(1999) '21세기 스포츠영양(共)'(2001) '영양생화학실험(共)'(2004) '고급영양학'(2012) (역)'제58장 영양소와 유전자의 상호작용' (종)기독교

**박태선(朴太先) Tae-sun, Park**

(생)1962·12·9 (출)전남 신안 (주)서울특별시 중구 통일로 120 NH농협은행 임원실(02-2080-7136) (학)1982년 목포고졸 1989년 동국대졸 (경)1989년 농협중앙회 안양시지부 입사 1995년 同안양시지부 과장 1997년 同중앙본부 상호금융기획부 과장 2006년 同전남지역본부 상호금융팀장 2008년 同중앙본부 상호금융기획부 팀장 2014년 同서울영업본부 남영동지점장 2015년 同전남영업본부 해남군지부장 2017년 同광주지역본부장 2018년 同전남지역본부장 2018년 NH농협은행 HR·업무지원부문·신탁부문 부행장(현)

**박태섭(朴兌涉) Park Tae Sup**

(생)1960·1·18 (본)밀양(密陽) (출)서울 (주)경기도 용인시 처인구 명지로 116 명지대학교 예술체육대학 체육학부(031-330-6306) (학)1983년 부산대 영어영문학과졸 1985년 同대학원 체육학과졸 1988년 일본 쓰쿠바대 대학원 체육학과졸 1991년 체육학박사(일본 쓰쿠바대) (경)1993년 명지대 예술체육대학 체육학부 교수(현) 1999년 한국올림픽성화회 상임위원 1999~2002년 한국유아체육학회 부회장 2000~2002년 한국체육학회 전문위원 2000~2005년 명지대 자연캠퍼스 사회교육원 교학부장 2002년 한국발육발달학회 편집위원 2003년 한국체육학회 편집위원 2005년 명지대 자연캠퍼스 학생지원처장 2007년 同경력개발원장 겸임 2011년 同체육부장 2018년 同예술체육대학장(현) (저)'성장단계별 신체의 발육발달론'(1995)' 체력 트레이닝 방법론'(2002) '운동해부학'(2002) '발달운동학노트'(2005, 명지대 출판부) '발육발달학'(2007) (역)'신체활동과 노화'(2006) (종)천주교

**박태성(朴泰成) PARK Tae Sung**

(생)1962·3·19 (주)서울특별시 관악구 관악로 1 서울대학교 자연과학대학 통계학과(02-880-8924) (학)1984년 서울대 계산통계학과졸 1986년 同대학원졸 1990년 이학박사(미국 미시간대) (경)1990년 미국 아이오와대 예방의학과 방문연구원 1991년 미국 국립보건연구소 방문연구원 1992~1999년 한국외국어대 통계학과 조교수·부교수 1993~1995년 同통계학과장 1995~1999년 同통계학과 통계상담실장 1999년 서울대 자연과학대학 통계학과 부교수·교수(현) 2002~2003년 미국 피츠버그대 생물통계학과 방문교수 2005~2008년 서울대 협동과정생물정보학전공 주임교수 2007~2009년 同통계학과장 2009~2010년 미국 워싱턴대 생물통계학과 방문교수 2000~2001년 응용통계연구 편집위원 2012~2016년 서울대 고차원생물정보통계연구단 창의연구단장 2017년 한국과학기술한림원 정회원(이학부·현) 2018년 미국 통계학회(ASA) 석학회원(현) (상)한국생물정보시스템생물학회 온빛상(2014), 한국연구재단 선정 '1월의 과학기술인상'(2017), 한국통계학회 한국갤럽학술상(2017), 과학기술훈장 도약장(2018) (저)'범주형자료분석개론'(1999) '의사결정론'(1999)

**박태성(朴泰晟) Park Tae Sung**

(생)1963·4·15 (본)밀양(密陽) (출)경남 마산 (주)세종특별자치시 한누리대로 402 산업통상자원부 무역투자실(044-203-5300) (학)1983년 문일고졸 1987년 서울대 경제학과졸 1989년 同행정대학원 정책학과졸 1999년 미국 오리건대 대학원 경제학과졸 (경)1991년 행정고시 합격(35회) 2003년 해양수산부 항만국 민자계획과장 2004년 同국제협력관실 WTO통상협력팀장 2005년 산업자원부 중국협력기획단장 2006년 駐말레이시아대사관 상무관 2008년 同상무참사관 2009년 지식경제부 반도체디스플레이과장 2010년 同지역경제총괄과장 2010년 同지역경제총괄과장(부이사관) 2012년 同FTA무역종합지원센터 종합지원단장 2013년 산업통상자원부 통상정책총괄과장 2013~2015년 중소기업청 기획조정관 2015년 중앙공무원교육원 교육파견 2016년 산업통상자원부 감사관 2018년 同산업정책관 2018년 同무역정책관 2019년 同무역투자실장(현) (상)대통령표창(2002) (종)기독교

**박태수(朴泰洙) PARK Tae Su**

(생)1966·10·31 (주)부산광역시 연제구 중앙대로 1001 부산광역시청 정책특보실(051-888-1054) (학)1993년 동아대 법과대학 법학과졸 (경)1997~2000년 (주)월간 말 부산지사장 1998~2002년 전국대학생대표자협의회 부산지역동우회장 1999~2003년 실직·저소득가정을위한좋은친구만들기운동본부 본부장 1999~2003년 (사)청년정보문화공동체 사무처장 2001년 부

산하천살리기시민연대 집행위원 2002년 주민자치리더쉽센터 프로그램개발 책임연구원 2002~2005년 부산시민운동단체연대 운영위원 2002년 전자주민자치지원시스템구축사업 컨텐츠개발총괄팀장 2002년 주민자치센터박람회 실행팀 추진본부장 2002년 희망연대 운영위원 2003년 주민자치리더쉽센터 소장 2004년 부산시장후보(보궐선거) 비서실장 2005년 (사)동북아미래포럼 이사(현) 2005년 해양수산부장관 정책보좌관 2017년 더불어민주당 제19대 문재인 대통령후보 부산시선거대책위원회 공동종합상황실장 2018년 부산시 정책수석보좌관(현)

### 박태신(朴泰信) PARK Tae Shin

(생)1963·10·16 (본)영해(寧海) (출)충남 서천 (주)서울특별시 마포구 와우산로 94 홍익대학교 법과대학 법학과(02-320-1818) (학)1980년 중앙고졸 1985년 연세대 법학과졸 1994년 同대학원 법학과졸 2008년 법학박사(연세대) (경)1986년 사법시험 합격(28회) 1989년 사법연수원 수료(18기), 법무법인 치악종합 변호사 2005~2012년 홍익대 법경대학 법학과 조교수·부교수 2008년 한국의료법학회 편집이사 2012년 홍익대 법과대학 법학과 교수(현) (저)'최신 집합건물법의 해설'(2006) '판례중심 민법총칙'(2009, 법문사) (종)기독교

### 박태안(朴泰安) Park Tae-an

(생)1970·5·16 (출)서울 (주)서울특별시 서초구 서초중앙로 157 서울중앙지방법원(02-530-1690) (학)1988년 동북고졸 1993년 성균관대 법학과졸 1994년 서울시립대 대학원 법학과 수료 (경)1995년 사법시험 합격(37회) 1998년 사법연수원 수료(27기) 1998년 공익법무관 2001년 창원지법 판사 2004년 수원지법 평택지원 판사 2006년 서울북부지법 판사 2008년 서울중앙지법 판사 2010년 서울고법 판사 2012년 서울동부지법 판사 2013년 대전지법 부장판사 2015년 인천지법 부장판사 2017년 서울북부지법 부장판사 2019년 서울중앙지법 부장판사(현)

### 박태영(朴泰暎)

(생)1967·5·15 (출)전남 진도 (주)세종특별자치시 갈매로 388 문화체육관광부 미디어정책국(044-203-2805) (학)연세대 행정학과졸, 미국 플로리다대 대학원 운동과학 및 보건학과졸 (경)문화관광부 관광레저도시추진기획단 관광레저기획팀장 2008년 문화체육관광부 관광산업국 관광레저기획과장 2008년 同관광자원과장 2009년 同관광산업국 관광정책과장 2010년 국가브랜드위원회 파견(부이사관) 2011년 문화체육관광부 문화콘텐츠산업실 콘텐츠정책관실 문화산업정책과장 2012년 국립중앙도서관 디지털자료운영부장(고위공무원) 2013년 국외훈련 2014년 문화체육관광부 관광국 관광레저기획관 2014년 한국예술종합학교 사무국장 2016년 문화체육관광부 문화콘텐츠산업실 저작권정책관 2017년 同관광정책국 관광산업정책관 2018년 同미디어정책국장(현)

### 박태완(朴泰完) PARK Tae Wan (천팔)

(생)1957·5·29 (본)울산(蔚山) (출)울산 (주)울산광역시 중구 단장골길 1 중구청 구청장실(052-290-3001) (학)영산대 경영학과졸 2006년 同경영대학원 경영학과졸 (경)삼성정밀화학(주) 근무, 同노조위원장 2002~2006년 울산시 중구의회 의원, 同내무위원장, 울산시 중구 자치위원장협의회장, 울산시교육청 교육발전위원회 위원, 울산정책연구소 선임연구원·자치연대회장, 울산장애인총연합후원회 회장, 고려대 노동대학원 총교우회 이사 2006년 울산시 중구의원선거 출마 2010~2014년 울산시 중구의회 의원(한나라당·새누리당) 2010~2012년 同의장 2014년 울산시의원선거 출마(무소속), 더불어민주당 중앙당 정책위원회 부의장 2018년 울산시 중구청장(더불어민주당)(현) 2018년 전국혁신도시협의회 회장(현) (상)참사랑 복지대상(2004)

### 박태완(朴泰完)

(생)1972·4·27 (출)부산 (주)세종특별자치시 가름로 194 과학기술정보통신부 정보통신방송기술정책과(044-202-6230) (학)1991년 부산남일고졸 1996년 부산대 컴퓨터공학과졸 1998년 同대학원 컴퓨터공학과졸 (경)2002년 기술고시 합격(37회) 2002년 정보통신부 정보화담당관실 사무관 2003년 同정보화기획실 기획총괄과 사무관 2005년 同정보통신정책국 소프트웨어진흥과 사무관 2007년 同통신위원회 통신시장조사과 사무관 2008년 지식경제부 무역위원회 불공정무역조사팀 사무관 2009년 同성장동력실 정보통신산업과 사무관 2010년 同성장동력실 정보통신정책과 사무관 2011년 기술서기관 승진 2012년 지식경제부 산업경제실 산업기술시장과 서기관 2013년 미래창조과학부 융합정책관실 방송통신기술과 서기관 2013년 同정보통신산업정책관실 정보통신방송기술정책과 서기관 2017년 同정보통신산업정책관실 정보통신산업과장 2017년 과학기술정보통신부 정보통신산업정책관실 정보통신산업과장 2018년 同전파정책국 전파방송관리과장 2018년 同정보통신방송기술정책과장(현)

### 박태원(朴兌原) PARK TAE WON

(생)1969·1·7 (출)서울 (주)서울특별시 강남구 언주로 726 두산건설(주)(02-510-3006) (학)1987년 오산고졸 1993년 연세대 지질학과졸 1996년 미국 뉴욕대 경영대학원 경영학과졸(MBA) (경)1993~1994년 효성물산 자원팀 근무 1996~1997년 미국 Crown Cork & Seal Sales팀 근무 1999~2000년 (주)두산 테크팩BG 기획팀 근무 2000년 네오플럭스캐피탈 Investment팀 근무 2004~2006년 네오플럭스 Venture Investment 총괄담당 상무 2006년 두산산업개발(주) 상무 2007년 두산건설(주) 상무 2008년 同전략혁신부문장(전무) 2011~2014년 同메카텍BG장(부사장) 2011년 同전략혁신부문장 겸임 2014년 同기자재최고운영책임자(COO·부회장) 2017년 同부회장(현) 2017년 대한건설협회 대기업정책위원회 초대 위원장(현) (종)천주교

### 박태의(朴泰儀)

(생)1970 (출)충남 태안 (주)충청남도 아산시 배방읍 배방로 57-29 아산세무서(041-536-7200) (학)공주대사대부고졸, 서울대 경영학과졸 (경)2002년 행정고시 합격(45회), 재정경제부 국민생활국·정책조정국 근무, APEC 재무장관회의준비기획단 파견, 재정경제부 혁신인사기획관실 근무, 조세심판원 행정실·조사관실 근무, 대한무역진흥공사(KOTRA) 파견, 조세심판원 행정실장, 조세심판원 상임심판관실 심판조사관 2019년 충남 아산세무서장(현)

### 박태일(朴泰一)

(생)1973·10·16 (출)부산 (주)서울특별시 서초구 서초중앙로 157 서울중앙지방법원(02-530-1690) (학)1992년 경남고졸 1996년 한양대 법과대학 법학과졸 2002년 同대학원 경제법학과졸 2005년 同대학원 법학(지적재산권법 전공) 박사과정 재학 중 (경)1996년 사법시험 합격(38회) 1999년 사법연수원 수료(28기) 1999년 육군 법무관 2002년 수원지법 판사 2004년 서울중앙지법 판사 2009년 특허법원 판사 2012년 대법원 재판연구관 2017년 대전지법 부장판사 2019년 서울중앙지법 부장판사(현) (종)천주교

### 박태종(朴泰淙) PARK Tae Jong (목연)

(생)1945·12·20 (본)밀양(密陽) (출)서울 (주)서울특별시 서초구 법원로3길 22 영인빌딩 3층 박태종법률사무소(02-532-2100) (학)1964년 경복고졸 1969년 서울대 법학과졸 (경)1974년 사법시험 합격(16회) 1976년 사법연수원 수료(6기) 1976년 軍법무관 1979년 부산지검 검사 1982년 대전지검 서

산지청 검사 1983년 서울지검 동부지청 검사 1985년 프랑스 국립사법관학교 국제부법관연수과정 수료 1986년 법무부 검사 1988년 서울지검 검사 1989년 수원지검 여주지청장 1990년 대검찰청 검찰연구관 1991년 同기획과장 1993년 부산지검 특수부장 1993년 법무부 검찰제1과장 1995년 대통령 법률비서관 1997년 서울지검 남부지청 차장검사 1998년 청주지검 차장검사 1999년 대전지검 차장검사 1999년 서울지검 남부지청장 2000년 사법연수원 부원장 2001년 전주지검장 2002년 대검찰청 감찰부장 2003년 대구지검장 2003년 법무법인 신세기 대표변호사 2004년 법무법인 장한 대표변호사 2006년 법무법인 렉스 대표변호사 2009년 법무법인 에이텍스 고문변호사 2010~2019년 삼양홀딩스 사외이사 2010년 변호사 개업(현) 2011~2013년 대통령소속 개인정보보호위원회 위원장(장관급) 2014년 법무법인 웅빈 고문변호사 2018년 국회 공직자윤리위원회 위원장(현) (상)홍조근정훈장 (종)천주교

### 박태주(朴泰朱) PARK Tae Joo

(생)1950·12·13 (본)밀양(密陽) (출)경북 포항 (주)부산광역시 금정구 부산대학로63번길 2 부산대학교 공과대학 화공생명·환경공학부(051-510-1434) (학)1976년 부산대 공과대학 화학공학과졸 1980년 고려대 대학원 토목공학과졸 1989년 화학공학박사(부산대) (경)1977~1979년 한국산업단지공단 기술공해부 근무 1979~1981년 한국건업엔지니어링(주) 환경사업부 과장 1981~1985년 효성중공업(주) 환경사업부 과장 1985~1988년 현대모비스(주) 환경플랜트부 차장 1988~1990년 부산가톨릭대 환경공학과장 1990~2016년 부산대 공과대학 사회환경시스템공학부 환경공학전공 조교수·부교수·교수 1997~2001년 同환경문제연구소장 2000년 환경부 환경친화성기업심의위원회 위원 2001년 환경관리공단 하수도민자사업평가단 평가위원 2002~2005년 IWA-ICA 국제학술회의조직위원회 위원장 2005~2007년 경남도 지방건설심의위원회 위원 2005~2008년 부산대 환경기술·산업개발연구소장 2005~2008년 부산시 수돗물평가위원회 위원장 2007~2009년 同낙동강자문위원회 위원 2008년 대통령자문 국가지속가능발전위원회 위원 겸 에너지산업전문위원회 간사 2008~2010년 중앙환경보전자문위원회 위원 2008~2011년 한국환경정책·평가연구원(KEI) 원장 2009~2011년 통일정책연구협의회 공동의장 2009~2012년 IWA-WWC 2012세계물회의및전시회조직위원회 집행위원 2009~2010년 대통령직속 녹색성장위원회 위원 2009~2011년 (사)대학환경안전협회 회장, 同이사장, 同고문(현) 2010~2011년 (사)대한환경공학회 회장 2010~2011년 유네스코한국위원회 자연과학분과 위원 2016~2018년 (사)한국물학술단체연합회 회장 2016년 부산대 공과대학 화공생명·환경공학부 명예교수(현) 2017년 한국과학기술단체총연합회 부산·울산지역연합회 회장(현) (상)대한환경공학회 논문상(2000·2007), 부산대 공대 기술상(2003), 부산대 공대 효원산학협동상(2005), 과학기술포장(2006), 부산시장표창(2007), 부산대 공대 논문상(2007), 한국생물공학회 BBE 공로상(2008), 한국물환경학회 학술상(2009), 대한환경공학회 학술상(2009), 홍조근정훈장(2012) (저)'실험실 환경과 안전관리'(2000) (종)천주교

### 박태주(朴泰鉒) PARK Tae Ju

(생)1955·1·5 (출)경북 고령 (주)서울특별시 종로구 새문안로 82 S타워 8층 경제사회노동위원회 기획과(02-721-7122) (학)1982년 서울대 경제학과졸 1985년 고려대 대학원 노동경제학과졸 1999년 경영학박사(영국 워릭대) (경)1982년 산업연구원 입사 1987·1990·2001년 同노조위원장, 전국전문기술노동조합연맹 위원장, 고려대·강원대·상지대 강사, 산업연구원 산업정보연구센터 수석연구원 2003년 제16대 대통령직인수위원회 사회·문화·여성분과위원회 전문위원 2003년 대통령직속 노동개혁테스크포스팀장 2003년 대통령자문 정책기획위원회 위원 2004년 한국노동교육원 교육개발실 교수 2007~2009년 현대자동차 노사전문위원회 대표 2009년 한국노동교육원 공공노동교육팀 교수 2010년 同교육총괄팀 교수, 한국기술교육대 교수, 고려대 노동문제연구소 연구교수 2014~2017년 노사정서울모델협의회 위원장 2017~2018년 대통령소속 경제사회발전노사정위원회 상임위원(차관급) 2018년 대통령소속 경제사회노동위원회 상임위원(사무처장·차관급)(현)

### 박태주(朴泰柱) PARK TAE JOO

(생)1965·8·22 (본)밀양(密陽) (출)전북 (주)서울특별시 중구 덕수궁길 15 서울특별시청 도시교통실 보행정책과(02-2133-2410) (학)1984년 선린상업고졸 1992년 서울시립대 세무학과졸 (경)2012년 서울시 서울혁신기획관실 마을공동체담당관실 마을기획팀장 2014년 同정보기획관실 정보기획팀장 2015년 同시민건강국 동물보호과장 2016년 同디지털산업과장 2016년 同디지털창업과장 2018년 同보행정책과장(현)

### 박태준(朴兌俊) PARK Tai Jun

(생)1954·10·27 (주)서울특별시 중구 필동로1길 30 동국대학교 이과대학 화학과(02-2260-3217) (학)1978년 서울대 화학과졸 1980년 한국과학기술원 화학과졸(석사) 1988년 이학박사(미국 시카고대) (경)1980년 한국과학기술원(KAIST) 연구원 1988년 미국 Univ. of Texas at Austin Postdoctoral Fellow 1992년 한남대 화학과 조교수 1993년 동국대 이과대학 화학과 조교수·부교수·교수(현) 2015~2016년 同이과대학장

### 박태준(朴泰俊) PARK, Tae Joon

(생)1967·10·6 (출)부산 (주)서울특별시 강남구 테헤란로 133 법무법인(유) 태평양(02-3404-0546) (학)1986년 사직고졸 1990년 동아대 법학과졸 2001년 同대학원 법학과졸 (경)1990년 사법시험 합격(32회) 1993년 사법연수원 수료(22기) 1993년 육군 법무관 1996년 서울지법 판사 1999년 서울가정법원 판사 2000년 부산지법 동부지원 판사 2002년 부산고법 판사 2003년 서울지법 판사 2004년 서울중앙지법 판사 2007년 서울고법 판사 2008년 부산지법 부장판사 2010~2012년 수원지법 부장판사 2010년 법원행정처 윤리감사관 2012년 서울행정법원 부장판사 2013년 법무법인(유) 태평양 변호사(현) 2013~2014년 대법원 사법참여기획단 위원 2017~2019년 고려대 법학전문대학원 겸임교수 (저)'파산판례해설(共)'(2007, 박영사) '행정재판 참고사항(共)'(2013)

### 박태진(朴泰辰) PARK Tae Jin

(생)1961·7·21 (출)부산 (주)서울특별시 중구 서소문로11길 35 제이피모건프라자 5층 JP모건증권 서울지점(02-758-5101) (학)1984년 서울대 독어독문학과졸 1986년 同경영대학원졸 (경)도이치증권 서울지점장 2000년 同투자금융본부장(상무) 2001년 JP모건증권 기업금융본부장 2007년 同서울지점장 2015년 同한국대표(Managing Director & Country CEO)(현)

### 박태철(朴泰澈) PARK Tae Chul

(생)1955·7·31 (주)경기도 의정부시 천보로 271 가톨릭대학교 의정부성모병원(031-820-3088) (학)1982년 가톨릭대 의대졸 1989년 同대학원 의학석사 1994년 의학박사(가톨릭대) (경)1985~1986년 성빈센트병원 인턴 1986~1990년 성모자애병원 산부인과 레지던트 1990~1991년 성가병원 산부인과 전임강사대우 1993~2003년 가톨릭대 의대 산부인과학교실 전임강사·조교수·부교수 2001~2015년 同의정부성모병원 산부인과 임상과장 2003년 同의대 산부인과학교실 교수(현) 2013~2017년 同의정부성모병원 진료부원장 2015년 同의정부성모병원 검진센터 소장 2017년 同의정부성모병원장(현) 2018년 대한병원협회 학술위원장(현)

**박태춘(朴泰春)**

(생)1961·1·25 (주)경상북도 안동시 풍천면 도청대로 455 경상북도의회(054-880-5126) (학)경호학박사(용인대) (경)안동과학대학 경호경찰과 전임교수 2014년 경북도의원선거 출마·사퇴(새누리당), 경북도유도회 심판위원장 겸 이사, 대한장애인유도연맹 국가대표 감독, 경북도민신문 대표이사 2018년 경북도의회 의원(비례대표, 더불어민주당)(현) 2018년 同교육위원회 위원(현) 2018년 同예산결산특별위원회 위원(현) 2018년 同지진대책특별위원회 위원(현) 2018년 同미세먼지대책특별위원회 부위원장(현), 더불어민주당 경북도당 부위원장(현), 경북도유도회 고단자회 이사(현), 경북직업훈련교도소 교정위원(현)

**박태학(朴泰學) PARK Tae Hak**

(생)1955·4·6 (출)부산 (주)부산광역시 사상구 백양대로700번길 140 신라대학교 총장실(051-999-5231) (학)1974년 신일고졸 1978년 고려대 교육학과졸 1985년 미국 미시간주립대 대학원 교육심리학과졸 1997년 철학박사(미국 위스콘신대 메디슨교) (경)1998~2012년 신라대 교육학과 교수 2001~2003년 同홍보부장 2001~2004년 부산국제영화제후원회 감사 2003~2004년 신라대 연구지원부장 2005~2012년 한국인력개발학회 이사 2006~2012년 신라대 산학협력단장 2006~2008년 고려대부산교우회 부회장 2007~2012년 부산테크노파크 운영위원 2007~2008년 국제재생에너지학술대회 조직위원 2008~2010년 부산시 사상구 사상공업지역발전위원회 위원 2009~2014년 고려대교우회 상임이사 2010~2012년 부산지역대학산학협력단장협의회 회장 2010~2012년 부산IT융합포럼 회장 2010~2012년 부산시발전협의회 운영위원 2011~2013년 부산시지역대학협의회 운영위원 2011~2013년 부산시 인적자원개발 및 과학기술진흥위원회 운영위원 2011~2013년 부산시 R&D전략위원회 운영위원 2012·2016년 신라대 총장(현) 2014~2016년 통일부 제19기 통일교육위원 2015년 고려대부산교우회 회장(현) 2015년 국제태양광발전학술대회(PVSEC-25) 국내자문위원(현) 2015년 고려대총교우회 부회장(현) 2015년 부산경남방송(KNN) 시청자위원회 부위원장(현) (상)산업자원부장관표창(2006)

**박태현(朴太鉉) PARK Tai Hyun**

(생)1957·9·18 (출)서울 (주)서울특별시 관악구 관악로 1 서울대학교 공과대학 화학생물공학부(02-880-8020) (학)1981년 서울대 화학공학과졸 1983년 한국과학기술원(KAIST) 화학공학과졸(석사) 1990년 화학공학박사(미국 퍼듀대) (경)1983~1986년 럭키중앙연구소 유전자공학연구부 연구원 1990~1991년 미국 캘리포니아주립대 박사 후 연구원 1991~1992년 LG 바이오텍연구소 선임연구원 1992~1997년 성균관대 유전공학과 교수 1996~1997년 미국 캘리포니아주립대 방문교수 1997년 서울대 공과대학 화학생물공학부 교수(현) 2001·2006~2007년 미국 코넬대 방문교수 2007년 국내학술저널 'Enzyme and Microbial Technology' Editor 2007~2008년 서울대 바이오최고경영자과정 주임교수 2007~2009년 同바이오공학연구소장 2009~2011년 同공학바이오연계전공 주임 2010~2012년 同생명공학공동연구원(Bio-MAX) 원장 2013년 국내학술저널 'Biotechnology Journal' Editor, 'Biotechnology and Bioprocess Engineering' Editorial Board Member, 'Biotechnology and Applied Biochemistry' Editorial Board Member 2013~2016년 서울대 차세대융합기술연구원장 2013~2016년 코오롱생명과학 사외이사 2014년 한국공학한림원 정회원(현) 2014~2016년 국가과학기술연구회 융합연구위원 2014년 일본 도쿄대 공과대학 Fellow 2015년 한국생물공학회 수석부회장 2015~2016년 한국생물공학회 회장 2015~2018년 국가과학기술연구회 이사 2015~2017년 국가과학기술심의회 민간위원 2016~2018년 한국과학창의재단 이사장 2016년 한국해양과학기술진흥원 이사(현) 2016년 아시아생물공학연합회 부회장(현) 2017년 한국과학기술한림원 정회원(공학부)(현) 2017~2018년 유네스코 한국위원회 위원 2019년 서울대 화학생물공학부 학부장(현) 2019년 同화학공정신기술연구소 소장(현) (상)특허기술상 대상(2003), 한국생물공학회 BBE Contribution Award(2005·2006·2007·2008·2009·2010), 우수기술연구상(2008), 한국과학기술단체총연합회 과학기술우수논문상(2009), 우수강의상(2011), 아시아생물공학연합회(Asian Federation of Biotechnology) YABEC Award(2012), 한국화학공학회 형당교육상(2012), 한국공학한림원 공학기술문화확산부문 해동상(2013), 한국생물공학회 양정당 국제교류상(2015), 한국생물공학회 학술대상(2017), 신양문화재단 신양학술상(2018), 서울대학교 학술연구교육상(2018) (저)'Biological Systems Engineering'(2002) '미래를 들려주는 생물공학이야기'(2006) '처음 읽는 미래과학 교과서-생명공학 편'(2007) '영화 속의 바이오테크놀로지'(2008) '기술의 대융합'(2010) '생명과학 교과서는 살아있다'(2011) '위험천만 생명공학 실험실'(2012, 김영사) '뇌, 약, 구, 체(共)'(2013, 동아시아) 'Bio-electronic Nose'(2014) '융복합시대 인생설계(共)'(2014, 중앙공무원교육원) '한 우물에서 한눈팔기(共)'(2014, 베가북스) '영화 속의 바이오 테크놀로지'(2015, 글램북스) (역)'생물공정공학'(2003) '생명과학 생명공학'(2007)

**박태형(朴泰炯) PARK TAE HYEONG**

(생)1961·10 (주)서울특별시 영등포구 국제금융로8길 31 SK증권 채널사업부(02-3773-8074) (학)1980년 관악고졸 1987년 고려대 사회학과졸, 서울대 대학원 AMP 수료(81기) (경)대유증권(舊 브릿지증권) 근무, 교보증권 근무 2009년 SK증권 영업본부장 직대 2010년 同자산관리사업부문 3영업본부장(상무) 2011년 同서울지역본부장(상무) 2013년 同강남PIB센터장(상무) 2013년 同도곡PIB센터장(상무) 2014년 同법인영업본부장(상무) 2016년 同WM부문장 겸 법인영업본부장(전무) 2016년 同WM부문장(전무) 2018년 同IB부문장 겸 기업금융본부장(전무) 2019년 同채널사업부 대표 겸 법인금융본부장(현)

**박태호(朴泰鎬) Bark, Taeho**

(생)1952·7·30 (본)밀성(密城) (출)부산 (주)서울특별시 중구 남대문로 63 법무법인 광장 국제통상연구원(02-772-6680) (학)1971년 경기고졸 1975년 서울대 경제학과졸 1983년 경제학박사(미국 위스콘신대) (경)1983년 미국 조지타운대 경제학과 조교수 1986년 세계은행 초빙학자 1987년 한국개발연구원 연구위원 1989년 대외경제정책연구원 연구위원 1989년 우루과이라운드협상 총괄 겸 서비스협상 자문위원 1992년 대외경제정책연구원 선임연구위원 1992년 同연구조정실장 1993년 대통령경제비서실 파견 1994년 대외경제정책연구원 부원장 1997~2017년 서울대 국제대학원 국제학과 교수 1997년 대통령자문 정책기획위원 1998년 외교통상부 정책자문위원 1998년 ASEM 비전그룹 자문위원 1998년 IMF 초빙교수 2000년 APEC산하 투자전문가그룹 의장 2001년 서울대 대외협력본부장 2001년 미국 워싱턴대 초빙교수 2002년 산업자원부 무역위원회 위원 2003년 국민경제자문위원회 자문위원 2004년 미국 스탠퍼드대 초빙교수 2004년 세계은행 초빙학자 2005년 한국국제통상학회 회장 2005년 국무총리실 정책평가위원 2005년 서울대 국제학연구소장 2006~2010년 同국제대학원장 2007년 산업자원부 무역위원회 위원장 2008~2010년 지식경제부 무역위원회 위원장 2008~2010년 국민경제자문회의 자문위원 2011~2013년 외교통상부 통상교섭본부장 2013년 외교부 경제통상대사 2015~2016년 국제공정무역학회 회장 2015년 (주)효성 사외이사(현) 2015~2017년 한국항공우주산업(주) 사외이사 2017년 서울대 국제대학원 국제학과 명예교수(현) 2017년 법무법인 광장 국제통상연구원장(현) 2018년 (주)효성 이사회 의장(현) (상)대통령표창(1997), 황조근정훈장(2010) (저)'국제통상론'(共) '한국경제의 이해'(共) '국제경제학원론'(共) (종)기독교

ㅂ

**박태호(朴台顥)**

(생)1973 · 9 · 19 (출)경북 청도 (주)대구광역시 수성구 동대구로 366 대구지방검찰청 형사3부(053-740-4312) (학)1992년 대구 경신고졸 1997년 서울대 경제학과졸 (경)2000년 사법시험 합격(42회) 2003년 사법연수원 수료(32기) 2003년 공익법무관 2006년 대전지검 천안지청 검사 2008년 대구지검 검사 2010년 서울중앙지검 검사 2013년 법무부 공안기획과 검사 2014년 인천지검 부천지청 검사 2014년 대통령 민정비서관실 행정관 2016년 대검찰청 검찰연구관 2018년 대구지검 의성지청장 2019년 同형사3부장(현)

**박태희(朴泰熙)**

(생)1974 · 12 · 21 (주)경기도 수원시 팔달구 효원로 1 경기도의회(031-8008-7000) (학)고려대 정책대학원 도시 및 지방행정학 석사과정 중 (경)정성호 국회의원 비서관, 더불어민주당 양주시지역위원회 사무국장, '양주 평화의 소녀상' 건립추진준비위원회 위원, 문재인 대통령후보 국민주권 양주시선거대책본부 총괄상황실장 2018년 경기도의회 의원(더불어민주당)(현) 2018년 同보건복지위원회 위원(현) 2018~2019년 同예산결산특별위원회 위원

**박판수(朴判洙)**

(생)1952 · 12 · 8 (주)경상북도 안동시 풍천면 도청대로 455 경상북도의회(054-880-5126) (학)김천농림고졸, 경북대 건축공학과졸, 영남대 대학원 환경설계학과졸 2005년 철학박사(영남대) (경)김천시축구협회 회장 · 명예회장(현), 한나라당 경북도당 부위원장, 同박근혜대표 특별보좌관, (사)박판수가정문제상담소 대표이사 2010년 경북도의원선거 출마(무소속), 민주평통 김천시사회복지위원장 2012년 제18대 대통령선거 박근혜후보 경북통합위원회 수석본부장, 대한적십자사 경북도지사 상임위원 2014년 경북도의원선거 출마(무소속) 2016년 제20대 국회의원선거 출마(경북 김천시, 무소속), 박정희 대통령 향수관장(현), 행복가족김천산악회 회장(현) 2018년 경북도의회 의원(무소속)(현) 2018년 同문화환경위원회 위원(현) 2018년 同예산결산특별위원회(현) 2018년 同독도수호특별위원회 부위원장(현) (상)대한적십자사 총재금장, (사)자연보호중앙연맹 총재표창, 경북도교육감표창, 교육부총리표창, 경북도지사표창, 이명박대통령감사장

**박판제(朴判濟) PARK Pan Jei (志峯)**

(생)1939 · 12 · 2 (본)밀양(密陽) (출)경남 합천 (주)서울특별시 서대문구 증가로 9 범우빌딩 301호 (재)지봉장학회(02-3143-1368) (학)1960년 덕수상고졸 1964년 고려대 상경대학 상학과졸 1974년 IMF연수원 금융정책과정 수료 1975년 고려대 경영대학원졸 1999년 국제디자인대학원대 뉴밀레니엄과정 수료 2012년 명예 경영학박사(국제신학대학원대) (경)1963년 공인회계사시험 합격 1964년 육군 소위임관(ROTC 2기) 1967년 행정고시 합격 1967년 재무부 사무관 1969년 대통령 외자비서실 행정관 1971년 재무부 법무관 1973~1975년 同증권2과장 · 이재2과장 1975년 同외화자금과장 · 증권1과장 1979년 同국고국장 1980년 국가보위비상대책위원회 재무분과위원 1980년 입법회의 경제제1위원회 전문위원 1981년 대통령 사정비서관 1983년 조달청 차장 1986~1988년 환경청장 1989년 민정당 국책자문위원 1990년 민자당 국책자문위원 · 중앙위원 · 상무위원 · 주택특위 간사위원 1991년 (재)지봉장학회 이사장(현) 1991년 지봉정경연구소 이사장(현) 1992년 제14대 총선출마(경남 합천 · 무소속) 1993년 국회 환경보전특별위원회 위원 1996년 무당파국민연합 최고위원 1996년 同거창 · 합천지구당 위원장 1996년 제15대 총선출마 1998~2002년 국제디자인대학원대(IDAS) 총장 2007년 녹색환경포럼 명예회장(현) 2009년 사랑의녹색운동본부 명예총재(현) 2012년 한국독도역사문화아카데미 명예총재(현) 2015년 세계숲보전협회 명예총재(현) (상)국무총리표창, 보국훈장 천수장, 황조근정훈장, 20세기를 빛낸 환경인상 (저)'디자인 강국의 꿈'(共) '환경보전의 길'(上 · 下) '나는 새로움에 도전할 때 가장 즐거웠다'(2016, 나녹) (종)기독교

**박평균(朴坪均) PARK Pyong Kyun**

(생)1965 · 12 · 20 (본)밀양(密陽) (출)경남 통영 (주)경상남도 창원시 성산구 창이대로 681 창원지방법원 총무과(055-239-2009) (학)1984년 마산중앙고졸 1988년 서울대 법학과졸 (경)1989년 사법시험 합격(31회) 1992년 사법연수원 수료(21기) 1992년 軍법무관 1995년 부산지법 판사 1997년 同동부지원 판사 1998년 수원지법 판사 2002년 서울행정법원 판사 2004년 서울고법 판사 2005년 대법원 재판연구관 2007년 제주지법 부장판사 2009년 수원지법 안양지원 부장판사 2011년 서울남부지법 부장판사 2013년 서울중앙지법 부장판사 2015년 서울서부지법 부장판사 2018년 창원지법 부장판사(현)

**박평수(朴平洙) PARK Pyung Soo**

(생)1970 · 9 · 10 (출)전북 김제 (주)부산광역시 해운대구 재반로112번길 20 부산지방법원 동부지원(051-780-1114) (학)1989년 전주 완산고졸 1996년 고려대 법학과졸 (경)2000년 사법시험 합격(42회) 2003년 사법연수원 수료(32기) 2003년 전주지법 예비판사 2005년 同판사 2006년 의정부지법 판사 2009년 서울북부지법 판사 2011년 서울중앙지법 판사 2013년 서울가정법원 판사 2015년 서울중앙지법 판사 2018년 부산지법 동부지원 부장판사(현)

**박하영(朴夏榮) PARK Ha Young**

(생)1962 · 9 · 11 (본)충주(忠州) (출)서울 (주)경기도 안산시 단원구 장자골로 49 대한광통신(주)(031-450-3968) (학)1981년 대전고졸 1986년 연세대 경제학과졸 (경)1986년 대한전선(주) 입사 2006년 同글로벌사업부장(상무) 2008년 同글로벌사업부장(상무) 2010년 同통신영업그룹장(상무) 2011년 同글로벌사업부장(전무) 2011년 同구조조정추진본부장(전무) 2012년 同마케팅부문장(전무), 대한광통신(주) 부사장 2019년 同대표이사(현) (상)상공자원부장관표창(1993)

**박하영(朴夏英)**

(생)1974 · 10 · 22 (출)서울 (주)대전광역시 서구 둔산중로78번길 15 대전지방검찰청 특허범죄조사부(042-470-4308) (학)1993년 여의도고졸 1998년 서울대 국제경제학과졸 (경)1999년 사법시험 합격(41회) 2002년 사법연수원 수료(31기) 2002년 공익법무관 2005년 부산지검 검사 2007년 대전지검 서산지청 검사 2010년 법무부 법무심의관실 검사 2012년 서울중앙지검 검사 2016년 청주지검 부부장검사 2017년 법무부 법질서선진화과장 2018년 同범죄예방기획과장 2018년 同법무과장 2019년 대전지검 특허범죄조사부장(현)

**박하정(朴夏政) PARK Ha Jeong**

(생)1956 · 3 · 27 (출)전남 (주)경기도 성남시 수정구 성남대로 1342 가천대학교 헬스케어경영학과(032-820-4000) (학)1975년 광주제일고졸 1981년 서울대 수학과졸 1997년 미국 산호세주립대졸, 행정학박사(경희대) (경)1982년 보건사회부 부녀복지과 근무 1986년 同기획예산담당관실 근무 1990년 同약무제도과 근무 1993년 同보험정책과 근무 1995년 미국 산호

세주립대 파견 1998년 대통령비서실 파견 2000년 보건복지부 보험정책과장 2002년 同기초생활보장심의관 2002년 국립의료원 사무국장 2003년 대통령직인수위원회 파견 2003년 국외 훈련 2004년 보건복지부 기초생활보장심의관 2005년 同인구가정심의관 겸 노인요양보장추진단장 2005년 同저출산고령사회정책본부 노인정책관 2007년 국립의료원 진료지원부장 2008년 보건복지가족부 저출산고령사회정책국장 2009년 同보건의료정책실장 2010년 보건복지부 보건의료정책실장 2010~2011년 同기획조정실장 2011~2013년 가천대 의학전문대학원 보건행정학과 교수 2012~2014년 한국보건복지정보개발원 비상임이사 2012~2013년 보건복지부자문 보건의료직능발전위원회 부위원장 2013년 가천대 헬스케어경영학과 교수(현) 2013년 건강보험심사평가원 미래전략위원회 경영효율화분과위원장 2014~2017년 가천대 보건대학원장 2014~2017년 건강보험심사평가원 약제급여평가위원회 위원장 2017~2018년 국민건강보험공단 재정운영위원회 위원장

**박학도(朴學道) PARK Hak Do**

(생)1950·3·17 (본)밀양(密陽) (출)부산 (주)강원도 태백시 광장로 6 태백시외버스터미널 영암·화성고속(주) 대표이사실(033-552-6653) (학)휘문고졸, 동국대 상경대학 무역학과졸, 연세대 대학원졸 (경)화성여객자동차(주) 대표이사, 영암·화성고속(주) 대표이사(현), 한국청년회의소 강원지구 회장, 강원도 도정자문위원, 새교육공동체태백시협의회 회장, 법무부 범죄예방태백지구 회장 2003~2015년 태백상공회의소 회장 2011년 민주평통 태백시협의회장 2014년 강원버스운송사업조합 이사장(현) 2015년 태백상공회의소 명예회장(현) (종)불교

**박학래(朴學來) Park Hak-Rae**

(생)1961·3·17 (본)밀양(密陽) (출)강원 횡성 (주)경기도 성남시 분당구 황새울로 258번길 29, BS타워 7층 (주)티맥스오에스(031-8018-1047) (학)춘천고졸, 고려대 경영학과졸 (경)LG데이콤 시외전화사업본부 과장, 同전화사업부 사업팀장, 同강북지사 유통영업팀장, 同전화사업부장(상무), LG유플러스 전화사업부장, 同HT(Home Telephony)사업부장 2011년 티맥스소프트 전략마케팅실장(전무) 2012년 同전략마케팅실장(부사장) 2012년 同기획조정실장(부사장) 2015년 同글로벌사업부문장(부사장) 2015~2016년 (주)티맥스오에스 사장 2016년 (주)티맥스소프트 기획조정실장 2017년 (주)티맥스오에스 대표이사 사장(현) 2017년 티맥스클라우드 대표이사 사장 겸임

**박학용(朴鶴用) PARK Hak Yong**

(생)1959·8·15 (출)충북 영동 (주)서울특별시 중구 새문안로 22 문화일보빌딩 9층 디지털타임스(02-3701-5002) (학)1978년 서울 동성고졸 1985년 한국외국어대 이란어과졸 1988년 同대학원 행정학과졸 (경)1988년 연합뉴스 기자 1991~1994년 문화일보 사회부·경제부·산업부 기자 1994~1997년 同사회부 차장대우 2000년 同경제산업과학부 차장대우 2003년 同경제부 차장 2004년 同경제부장 2008년 同경제산업부장(부국장대우) 2008년 同편집국장 2009년 농림수산식품부 농어업선진화위원회 위원 2011년 농협중앙회 사업구조개편위원회 위원 2012년 문화일보 논설위원 2018년 디지털타임스 대표이사 겸 발행인(현) (상)대통령표창(2001), 대산농촌문화상(2005), 서울언론인클럽 언론상(2005), 한국신문상(2005), 삼성언론상(2006), 씨티그룹 대한민국언론인상 최우수상(2007), 한국외대언론인상(2009), 한국참언론인대상 경제부문(2009), 동탑산업훈장(2009), 지속가능경영(KBCSD) 언론상(2011) (저)'대한민국 신용리포트 2005-크레디피아를 꿈꾸며'(2005) '한국의 부농들-WTO시대의 희망농업 보고서'(2006)

**박한기(朴漢基) Park Hanki**

(생)1960 (출)충남 부여 (주)서울특별시 용산구 이태원로 22 국방부(02-748-3000) (학)1978년 서울대신고졸 1983년 서울시립대졸(ROTC 21기) 2010년 한국과학기술원(KAIST) 연수 2017년 아주대 대학원 석사과정 중 (경)1997년 육군 제17보병사단 102연대 1대대장 2006년 육군 제32보병사단 99연대장 2008년 육군 제2작전사령부 계획편성과장 2010년 육군 제1군단 참모장 2011년 육군 학생군사학교 교수부장 2012년 육군 제53보병사단장(소장) 2015년 육군 제8군단장(중장) 2017년 육군 제2작전사령관(대장) 2018년 합참의장 겸 통합방위본부장(대장)(현) (상)서울시립대총동창회 자랑스러운 서울시립대인(2017)

**박한수(朴漢洙) Park Hansoo**

(생)1962·2·19 (출)경남 밀양 (주)서울특별시 서초구 헌릉로 13 대한무역투자진흥공사 감사실(02-3460-7010) (학)1982년 경남 밀양고졸 1986년 한국외국어대 아랍어과졸 2011년 핀란드 헬싱키경제대 대학원 MBA졸 (경)1991년 대한무역투자진흥공사(KOTRA) 입사 1995~1998년 同런던무역관 근무 1998~1999년 同투자협력처 근무 2000~2003년 同카이로무역관 근무 2003~2005년 同기획조정실 근무 2005~2008년 同북미지역본부 뉴욕무역관 근무 2009~2010년 同예산담당관 2010~2013년 同쿠웨이트KBC센터장 2016~2019년 同서남아지역본부장 2019년 同감사실장(현)

**박한오(朴翰浯) PARK Han-Oh**

(생)1962·5·16 (출)강원 인제 (주)대전광역시 대덕구 문평서로 8-11 (주)바이오니아(042-930-8500) (학)1980년 서울 우신고졸 1984년 서울대 화학과졸 1986년 한국과학기술원(KAIST) 화학과졸(석사) 1992년 생화학박사(한국과학기술원) (경)1984~1986년 산업연구원(KIET) 연구원 1986~1992년 생명공학연구소 분자세포생물학 연구원 1992년 (주)바이오니아 대표이사(현) 2001년 한국바이오협회 부회장(현) 2001년 (사)벤처기업협회 이사 2002년 대덕밸리벤처연합회(DDVA) 이사 및 수석부회장 2002년 (사)한국분석기기제조업협회 부회장 2002년 한중협력센터 운영위원 2003년 과학기술부 고분해능질량분석기사업추진위원회 위원 2004년 화생방방어학회 부회장(현) 2005년 산업자원부 산업기술기반운영체계개선 기획위원 2005년 한국유전자검사평가원 이사 2005~2006년 대한화학회 이사 2006년 R&D특허센터 자문위원 2006년 한국과학기술원(KAIST) 바이오및뇌공학과 겸임교수(현) 2007년 BIT산업협의회 회장 2008~2009년 한국생물공학회 부회장 2011~2013년 국가과학기술위원회 평가전문위원 2011년 국가교육과학기술자문회의 위원 2012~2014년 A Council Member of World Economic Forum's Global Agenda Council on Biotechnology 2013~2014년 국가과학기술자문회의 자문위원 2015년 한국생물공학회 부회장 2015년 대한화학회 산학협력부회장, 2015년 한국공학한림원 일반회원(현) 2018년 한국미생물생명공학회 부회장 2019년 (재)대전테크노파크 IP 경영인클럽 회장 (상)KIST 유전공학센터 우수연구원상(1987), 벤처기업대상 국무총리표창(1998), 대한민국 특허기술대전 금상(1998), 벤처기업대상 대통령표창(2002), 나노연구혁신부문 대상(2009), 지식재산경영인대상 대상(2012), 무역의 날 산업통상자원부 장관표창(2013), 한국과학기술원(KAIST) 자랑스런 동문상(2016)

**박한용(朴漢用) Han-Yong Park**

(생)1964·12·15 (본)밀양(密陽) (출)전북 무주 (주)서울특별시 종로구 율곡로2길 25 연합뉴스 기획조정실 ERP팀(02-398-3114) (학)1982년 안양공고 기계과졸 1990년 건국대 전자계산학과졸 (경)1990~1994년 큐닉스데이터시스템 대리 1994년 연합뉴스 입사 2012년 同정보통신국 개발부 ERP팀장

2013년 同미디어기술국 ICT기획부 ERP팀장 2013년 同경영지원상무이사 직속 ERP팀장(부장급) 2016년 同미디어기술국 ERP팀장(부장급) 2018년 同미디어기술국 ERP팀 근무(부국장대우) 2018년 同기획조정실 ERP팀 근무(부국장대우)(현) (종)천주교

### 박한우(朴旱雨) PARK Han Woo

(생)1958 · 1 · 29 (본)반남(潘南) (출)대구 (주)서울특별시 서초구 헌릉로 12 기아자동차(주) 사장실(02-3464-5262) (학)단국대 경영학과졸 (경)현대자동차(주) 인도법인(HMI) 이사, 同인도법인(HMI) 상무 2008년 同인도법인(HMI) 전무 2009년 同인도법인장(부사장) 2012년 기아자동차(주) 재경본부장(부사장) 2014년 同재경본부장(사장) 2014년 同각자대표이사 사장(현) 2014~2017년 (주)기아타이거즈 대표이사 사장 겸임 (상)산업포장(2010), 은탑산업훈장(2016) (종)불교

### 박한일(朴漢一) Han-il PARK

(생)1957 · 7 · 11 (본)밀양(密陽) (출)경남 창원 (주)부산광역시 영도구 태종로 727 한국해양대학교 해양과학기술대학 해양공학과(051-410-4326) (학)1977년 마산고졸 1981년 한국해양대 기관학과졸 1988년 서울대 대학원 해양학과졸 1992년 해양공학박사(영국 Univ. College London) (경)1981~1982년 영신상운(주) 근무(외항상선 승선) 1984~1987년 한국해양대 조교(실습선 한바다호 2년승선) 1987년 同해양과학기술대학 해양공학과 교수(현) 1991~1992년 영국 런던대 Research Fellow 2000~2001년 일본 큐슈대 객원교수 2001~2002년 한국해양대 해양과학기술연구소장 2005~2007년 同해양과학기술대학장 2006~2011년 한국해양수산기술진흥원 전문위원 2009~2012년 중국 대련이공대학 海天학자 2010~2011년 한국해양공학회 회장 2012~2019년 한국해양대 제6 · 7대 총장 2012~2016년 한국해양과학기술원(KIOST) 초대 이사장 2012년 (사)한국해양산업협회 공동이사장(현) 2012년 한국조선해양기자재연구원 공동이사장(현) 2014년 한국공학한림원 회원 2014년 극지해양미래포럼 공동대표 2015~2016년 부산 · 울산 · 경남 · 제주지역대학교총장협의회 회장 2018년 한국공학한림원 정회원(기계공학 · 현) (상)ISOPE 올해의 세션오그나이즈상(2005), 근정포장(2006), PACOMS Award(2010), ISOPE Award(2012), 부산문화대상 해양부문(2015) (저)'해양공학개론(共)'(1996) '해양구조물설계개론'(2012) (역)'해양공학의 기초지식'(1997) (종)불교

### 박한철(朴漢徹) PARK Han Chul

(생)1953 · 10 · 25 (본)밀양(密陽) (출)인천 (주)서울특별시 동대문구 서울시립대로 163 서울시립대학교 법학전문대학원(02-6490-5109) (학)1971년 제물포고졸 1975년 서울대 법과대학 법학과졸 1986년 독일 알버트루드비히대 대학원 수료 1993년 서울시립대 대학원 법학과졸 2016년 명예 법학박사(서울시립대) (경)1981년 사법시험 합격(23회) 1982년 사법연수원 수료(13기) 1983년 부산지검 검사 1985년 독일 막스플랑크국제형사법연구소 객원연구원 1986년 독일 슈투트가르트검찰청 파견 1986년 대전지검 강경지청 검사 1987년 법무부 검찰국 검사 1990~1994년 대통령비서실 파견 1994년 서울고검 검사 1995년 춘천지검 속초지청장 1996년 헌법재판소 헌법연구관 1998년 인천지검 특수부장 1998년 同형사4부장 1999년 同형사3부장 1999년 대검찰청 기획과장 2001년 서울지검 형사5부장 2002년 대구지검 김천지청장 2003년 대전지검 차장검사 2004년 수원지검 1차장검사 2005년 同2차장검사 2005년 서울중앙지검 3차장검사 2006년 대구고검 차장검사 2006년 법무부 정책홍보관리실장 2007년 울산지검장 2007년 '삼성비자금사건' 특별수사 · 감찰본부장 2008년 대검찰청 공안부장 2009년 대구지검장 2009~2010년 서울동부지검장 2010~2011년 김앤장법률사무소 변호사 2011년 헌법재판소 재판관 2013~2017년 헌법재판소장 2017~2018년 서울대 법과대학 초빙교수 2019년 서울시립대 법학전문대학원 초빙교수(현) (상)홍조근정훈장, 국민훈장 무궁화장(2017) (저)'국제형사법 공조제도' '각국의 사법경찰제도' (종)불교

### 박항구(朴恒九) BAHK Hang Gu

(생)1946 · 8 · 5 (본)고령(高靈) (출)경기 이천 (주)서울특별시 구로구 디지털로 306 대륭포스트타워2차 1504호 (주)소암시스텔(02-851-7799) (학)1965년 휘문고졸 1970년 한양대 공과대학 전자공학과졸 1979년 고려대 대학원 공학과졸 1985년 공학박사(고려대) (경)1970년 금산전자 技士 1972~1977년 한국과학기술연구원(KIST) 연구원 1977년 통신기술연구원 선임연구원 1982년 전기통신연구원 책임연구원 1985년 한국전자통신연구원 책임연구원 · 선임연구위원 · TDX개발단장 1988년 同통신정보기술연구단장 1990년 同TDX개발단장 1992년 同교환기술연구단장 1994년 同이동통신기술연구단장 1997년 현대전자산업(주) 통신부문장(부사장) 2001년 (주)하이닉스반도체 통신부문장(부사장) 2001년 (주)현대시스콤 대표이사 사장 2001년 대한전자공학회 회장 2002년 하나로통신 사외이사 2002년 (주)현대시스콤 대표이사 회장 2005년 (주)소암시스텔 회장(현) (상)국민포장, 국민훈장 동백장, 3.1문화상, 은탑산업훈장, 해동학술봉사상, 모바일혁신어워즈 미래창조과학부장관 감사패(2014) (저)'전전자교환기' 'TDX-10개요' 'CDMA 이동통신' '공학기술로 21세기 앞장서자' '미래를 위한 공학, 실패에서 배운다' (종)천주교

### 박항서(朴恒緖) Park Hang Seo

(생)1959 · 1 · 4 (본)반남(潘南) (출)경남 산청 (학)1976년 서울 경신고졸 1980년 한양대졸 1994년 수원대 대학원 체육학 석사과정 수료 (경)1977년 청소년축구 국가대표 1979~1980년 국가대표 축구선수 1981년 제일은행 축구선수 1981~1983년 육군 충의팀 축구선수 1984~1988년 프로축구 럭키 금성 소속 1989~1995년 프로축구 안양 LG 치타스 트레이너 · 코치 1994년 미국 월드컵국가대표팀 코치 1996~1998년 프로축구 수원 삼성 블루윙즈축구단 코치 2000~2002년 한일월드컵 국가대표팀 코치 2002년 부산아시아경기대회 국가대표팀 감독(동메달) 2003~2004년 프로축구 포항 스틸러스 수석코치 2005~2007년 경남도민프로축구단(경남FC) 초대감독(2007 정규리그 4위) 2007~2010년 프로축구 전남 드래곤즈 감독 2008년 프로축구 삼성 하우젠컵 준우승 2012~2015년 상주 상무 피닉스축구단 감독 2013년 상주 상무 피닉스축구단 K리그 최다연승(11연승) 신기록 2013년 상주 상무 피닉스축구단 K리그 사상최초 1부리그 승격 2015년 상주 상무 피닉스축구단 K리그 2부리그 우승 · 1부리그 승격 2017년 베트남 축구대표팀 감독(현) 2018년 베트남 국가대표팀 감독으로 아시아축구연맹(AFC) 23세 이하(U-23) 챔피언십 준우승 2018 · 2019년 농림축산식품부 '한국농식품 수출' 홍보대사(현) 2018년 자카르타-팔렘방아시안게임 4강 진출(베트남 사상 최초) 2018년 베트남 대표팀 감독으로 '2018 AFF 스즈키컵' 우승 2019년 베트남 대표팀 감독으로 'AFC 아시안컵' 8강 진출(12년 만) 2019년 경남 산청군 홍보대사(현) (상)대통령표창(1978), 체육훈장 맹호장(2002), 베트남 3급 노동훈장(2018), 자랑스러운 한양인상(2018) (종)기독교

### 박항식(朴恒植) PARK Hang Sik

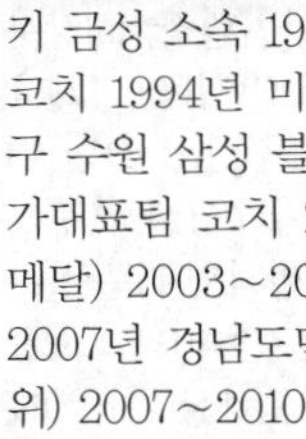

(생)1958 · 9 · 27 (본)춘천(春川) (출)서울 (주)경기도 성남시 수정구 산성대로 553 을지대학교(031-740-7147) (학)1977년 보성고졸 1981년 연세대 경제학과졸 1988년 영국 서섹스대 대학원 산업개발학과졸 2003년 행정학박사(동국대) (경)1981년 행정고시 합격(25회) 1982~1984년 총무처 행정사무관 1984년 과학기술처 정보산업과 · 기술진흥담당

관실 행정사무관 1988~1992년 同기획예산담당관 1992~1993년 同연구관리과장 · 연구기획과장(서기관) 1993~1995년 대통령 경제비서관실 파견 1995년 과학기술처 기술협력2과장 1996년 OECD 과학기술정책위원회 파견 1998년 과학기술부 기초과학지원과장 1999년 대통령비서실 행정관(부이사관) 2000년 과학기술부 기획예산담당관 2001년 한국과학기술기획평가원 파견 2002년 과학기술부 원자력안전심의관 2003년 同과학기술정책실 기획조정심의관 2004~2005년 기상청 기획국장 · 정책홍보관리관(이사관) 2005년 과학기술부 과학기술기반국장 2006년 국가과학기술자문회의 사무처장 2007년 과학기술부 연구개발조정관 2008년 교육과학기술부 과학기술정책기획관 2009년 同기초연구정책관(고위공무원) 2010년 同과학기술정책기획관 2010~2011년 광주과학기술원 이사 2011년 외교안보연구원 파견(고위공무원) 2012년 국립중앙과학관장 2013년 미래창조과학부 과학기술조정관 2013~2014년 同창조경제조정관 2014년 민관합동창조경제추진단 공동단장, 을지대 교양학부 교수(현) 2018년 同부총장 겸임(현) (상)과학기술처장관표창(1989), 대통령표창(2000), 홍조근정훈장(2004), SOItmC 국제공동학술대회 '최고논문상(Best Paper Award)'(2017) (종)기독교

### 박해룡(朴海龍) PARK Hai Ryong

(생)1935 · 11 · 1 (출)서울 (주)서울특별시 강남구 논현로28길 34 고려제약(주) 회장실(02-529-6100) (학)1956년 경동고졸 1959년 성균관대 약학과졸 1972년 고려대 경영대학원졸 1980년 연세대 대학원 최고경영자과정 수료 1981년 미국 하버드대 대학원 최고경영자과정 수료 (경)(주)종근당 입사 · 상무이사 1976~1980년 한국메디카공업(주) 대표이사 1980~1982년 한국롱프랑제약(주) 대표이사 1980년 고려제약(주) 대표이사 회장(현) (상)대통령표창(1997), 재정경제부장관표창(2002)

### 박해빈(朴海彬) PARK Hae Bin

(생)1972 · 6 · 28 (출)부산 (주)서울특별시 서초구 서초중앙로 157 서울고등법원(02-530-1114) (학)1991년 서인천고졸 1995년 서울대 사법학과졸 (경)1994년 사법시험 합격(36회) 1997년 사법연수원 수료(26기) 1997년 軍법무관 2000년 인천지법 판사 2002년 서울지법 판사 2004년 대구지법 포항지원 판사 2008년 서울중앙지법 판사 2009년 서울고법 판사 2009년 헌법재판소 파견 2011년 서울고법 판사 2012년 대전지법 부장판사 2013년 서울고법 판사(현)

### 박해상(朴海相) PARK Hae Sang

(생)1949 · 8 · 28 (본)밀양(密陽) (출)경북 청도 (주)서울특별시 서초구 서리풀3길 20-1 (사)한국단미사료협회 회장실(02-585-2223) (학)1976년 경북대 농학과졸 1989년 고려대 식량개발대학원 식량경제학과졸 2005년 농학박사(경북대) (경)1977년 기술고시 합격(12회) 1977~1988년 국립농산물검사소 영동출장소장 · 농수산부 비료과 · 미산과 근무 1988년 국립종자공급소 밀양지소장 1990년 同평택지소장 1993년 농림수산부 식물방역과장 1994년 同농산과장 1995년 同농산기술과장 1995년 同환경농업과장 1996년 농림부 환경농업과장(부이사관) 1997년 同원예특작과장 1997년 同농산기술과장 1999년 국립식물검역소장(이사관) 2000년 국방대 파견 2001년 농림부 식량생산국장 2002~2004년 한국농업전문학교 학장 2004~2006년 농림부 차관보 2006~2008년 同차관 2008~2011년 농촌사랑지도자연수원 원장 2009~2013년 농협대학 총장 2012~2014년 의정부지검 고양지청 시민위원회 위원장 2013~2015년 경북도 농어업FTA대책특별위원회 위원장 2014년 (사)한국단미사료협회 회장(현) (상)근정포장(1982), 홍조근정훈장(1998), 황조근정훈장(2008), 자랑스러운 경대인상(2010) (종)불교

### 박해성(朴海成) PARK Hai Sung

(생)1955 · 6 · 8 (출)부산 (주)서울특별시 강남구 테헤란로 518 섬유센터빌딩 12층 법무법인 율촌(02-528-5663) (학)1974년 경기고졸 1978년 서울대 법과대학졸 1986년 同법과대학원 법학과졸 (경)1977년 사법시험 합격(19회) 1980년 사법연수원 수료(10기) 1983년 서울민사지법 판사 1986년 서울형사지법 판사 1987년 춘천지법 강릉지원 판사 1989년 해외 연수(미국 버클리대) 1990년 서울고법 판사 1991년 서울형사지법 판사 1992년 서울고법 판사 1993년 대법원 재판연구관 1994년 대전지법 부장판사 1995년 대법원 재판연구관 1997년 수원지법 부장판사 1998년 서울지법 동부지원 부장판사 1999년 서울행정법원 부장판사 1999년 수원지법 성남지원장 2001년 대전고법 부장판사 겸 대전지법 수석부장판사 직대 2002년 서울고법 부장판사 2005년 대법원 수석재판연구관 2006년 서울고법 부장판사 2007년 법무법인(유) 율촌 변호사(현)

### 박해식(朴海植) PARK Hae Sik

(생)1959 · 12 · 5 (출)경북 구미 (주)서울특별시 강남구 테헤란로 518 섬유센터빌딩 12층 법무법인 율촌(02-528-5645) (학)1978년 대구 계성고졸 1987년 고려대 법과대학졸 2000년 同법과대학원 법학과졸 2000년 서울대 공정거래과정 연구과정 수료 2006년 고려대 법과대학원 법학 박사과정 수료 (경)1986년 사법시험 합격(28회) 1989년 사법연수원 수료(18기) 1989년 서울형사지법 판사 1991년 서울민사지법 판사 1993년 대구지법 상주지원 판사 1996년 서울지법 남부지원 판사, 서울지법 판사 2002년 대법원 재판연구관 2006~2007년 인천지법 부천지원 부장판사 2007년 법무법인 율촌 대표변호사(현) 2007년 미국 UC Berkely Law School Visiting Scholar 2009년 한국케이블TV방송협회 방송광고심의위원회 위원(현) 2009년 문화체육관광부 고문변호사 2010년 한국마사회 기부심의위원회 위원 2010년 연합뉴스 수용자권익위원회 위원 2010~2016년 국가인권위원회 행정심판위원회 위원 2010~2014년 한국보건복지정보개발원 비상임감사 2011~2015년 同감사 2010년 한국상사중재원 중재인(현) 2010~2017년 중앙행정심판위원회 위원 2010~2013년 대통령실 행정심판위원회 위원 2011~2014년 한국거래소 시장감시위원회 규율위원회 위원 2011~2013년 공정거래위원회 하도급정책자문단 위원 2011~2018년 장기등기증자차별 · 불이익방지위원회 위원 2011~2017년 CJ E&M(주) 사외이사 겸 감사위원 2012~2013년 한국보건복지정보개발원 비상임이사 2012년 서울시 법률고문(현) 2012~2014년 한국도로공사 투자 · 자금운용심의위원회 위원 2013년 서울행정심판위원회 위원(현) 2013년 서울지방변호사회 증권금융연수원장(현) 2014~2018년 同시민인권상사업회운영위원회 위원 2014~2016년 고용노동부 임금체불정보심의위원회 위원 2013년 서울시 입법고문(현) 2015년 대동공업(주) 사외이사 겸 감사위원(현) 2015년 고려대 법무대학원 지적재산권법학과 교우회장 2015년 방송통신위원회 정책심의위원 겸 정보공개심의위원(현) 2019년 AJ렌터카(주) 사외이사(현) (상)대통령표창(2011)

### 박해식(朴海植) Haesik Park

(생)1963 · 4 · 20 (본)밀양(密陽) (출)서울 (주)서울특별시 중구 명동11길 19 은행회관 5층 한국금융연구원 국제금융연구실(02-3705-6327) (학)1986년 미국 보스턴대 경제학과졸 1988년 미국 브라운대 대학원 경제학과졸 1997년 경제학박사(미국 브라운대) (경)대외경제정책연구원 책임연구원, 한국금융연구원 국제금융팀장, 감사원 재정 · 금융감사국 자문위원, 외교통상부 금융부문 통상교섭자문위원, 싱가포르국립대 초빙연구원, 외교통상부 한 · EU FTA 전문가 자문위원 2008년 한국금융연구원 금융시장연구실장, 두산(주) 감사 겸 사외이사 2011년 한국금융연구원 선임연구위원(현) 2015년 同금융동향센터장 2015년 同국제금융연구실장, 同은행보험연구실장 2018년 同국제금융연구실장(현) 2018년 同북한금융연구센터장 겸임(현) (상)니어학술상(2009) (종)가톨릭

ㅂ

### 박해심(朴海心·女) PARK Hae Sim

(생)1958·3·27 (본)월성(月城) (출)대구 (주)경기도 수원시 영통구 월드컵로 164 아주대학교병원 알레르기내과(031-219-5150) (학)1977년 경북여고졸 1983년 연세대 의대졸 1986년 同대학원 의학석사 1989년 의학박사(연세대) (경)1983~1987년 연세대 의대 인턴·내과 전공의 수료 1987~1989년 同의대 내과 강사 1990~1993년 국립의료원 알레르기내과 근무 1993년 영국 사우샘프턴대 연구원 1995년 아주대 의대 알레르기면역내과학교실 교수 1995년 同의료원 알레르기면역내과 과장 2005년 同의료원 알레르기류마티스내과 과장 2005~2017년 同병원 임상시험센터장, 대한천식·알레르기학회 국제협력이사 2007~2011년 아주대 의대 알레르기류마티스내과학교실 주임교수 2007년 한국과학기술한림원 정회원(현) 2008년 세계알레르기학회(WAO) Board Member(현) 2011년 아주대 의대 알레르기내과학교실 교수(현) 2011~2012년 同의료원 임상과장 2012년 同의료원 연구지원실장 2012년 대한직업성천식폐질환학회 회장 2013~2015년 아주대 의대 알레르기내과학교실 주임교수 2014년 대한천식알레르기학회지(AAIR) 편집장(현) 2014년 아주대 의료산학협력단 부단장(현) 2015·2017년 同의료원 첨단의학연구원장(현) 2016년 同병원 연구중심병원 연구단장(현) 2017년 대한천식알레르기학회 회장(현) (상)광혜학술상, 유한의학상, 한국과학기술단체총연합회 우수과학자상, 한국여자의사회 학술연구상, 대한내과학회 우수논문상(1998), 소오 우수논문상(1998), 유한양행 유일한상(2013), 세계알레르기학회(WAO) 공로상(2013), 연세의대총동창회 공로상(2018), 복지부 보건의료기술진흥유공자 수상(2018)

### 박해영(朴亥英) Park Haeyoung

(생)1971·12·2 (본)밀양(密陽) (출)경남 사천 (주)인천광역시 남동구 남동대로 763 인천지방국세청 성실납세지원국(032-718-6401) (학)1990년 진주대아고졸 1998년 고려대 경제학과졸 (경)1997년 행정고시 합격(41회) 1999년 진주세무서 재산세과장 1999년 同납세지원과장 2000년 동대문세무서 납세지원과장 2001년 금융정보분석원 파견 2003년 마포세무서 세원관리1과장 2004년 국세청 소득세과 근무 2009년 서울지방국세청 국제조사관리과 근무 2013년 同조사1국 조사2과 근무 2013년 서인천세무서장 2014년 국세청 소득관리과장 2015년 同상속증여세과장 2017년 同부동산납세과장 2017년 同감사담당관(서기관) 2018년 同감사담당관(부이사관) 2019년 중부지방국세청 조사4국 조사1과장 2019년 인천지방국세청 성실납세지원국장(현)

### 박해철(朴海哲) PARK Hae Churl

(생)1957·9·13 (출)경남 사천 (주)서울특별시 동작구 흑석로 84 중앙대학교 경영학부(02-820-5550) (학)1980년 연세대 응용통계학과졸 1982년 한국과학기술원(KAIST) 경영과학과졸(석사) 1991년 경영학박사(미국 예일대) (경)1991~1992년 미국 Bell Laboratories 연구위원 1992~1994년 한국국방연구원 연구위원 1994년 중앙대 경영학부 교수(현) 1996~1998·2002~2004·2006년 同경영학부장 2001~2003년 同경영연구소장 2007~2009년 同경영대학장 2013년 同경영전문대학원장 2015~2017년 同행정부총장

### 박해춘(朴海春) PARK Hae Choon

(생)1948·5·25 (출)충남 금산 (주)서울특별시 강서구 오정로 443-83 아시아나항공(주)(02-2669-8000) (학)1968년 대전고졸 1976년 연세대 수학과졸 1992년 고려대 경영대학원 최고경영자과정 수료 (경)1975년 국제화재해상보험(주) 장기업무부 근무 1977년 안국화재해상보험(주) 기획조사실·상품개발팀·보험수리실 근무 1980년 同대표 보험계리인 1993년 同기획·마케팅담당 이사 1998년 삼성화재해상보험(주) 마케팅담당 상무이사·강북본부장 1998~2004년 서울보증보험(주) 대표이사 사장 2003~2012년 한국보험계리사회 회장 2004~2007년 LG카드(주) 대표이사 사장 2007~2008년 우리은행장 2008~2009년 국민연금공단 이사장 2010년 충남도지사선거 출마(한나라당) 2010년 한나라당 비상대책위원회 위원 2010년 同서민정책특별위원회 서민금융대책소위원장 2010~2013년 용산역세권개발(주) 대표이사 회장 2014~2018년 금호타이어(주) 사외이사 겸 감사위원 2019년 아시아나항공(주) 사외이사 겸 감사위원(현) (상)재무부장관표창(1982), 보험감독원장표창(1991), 제14회 기업혁신대상 최우수 최고경영자(CEO)상(2007), 은탑산업훈장(2007), 아시안인베스터紙 올해의기관투자가(2009) (종)불교

### 박해헌(朴海憲) PARK Hae Heon (錦山)

(생)1950·7·20 (본)밀양(密陽) (출)경남 의령 (주)경상남도 의령군 의령읍 충익로 52 (주)의령신문 대표이사실(055-573-7800) (학)국민대 정치외교학과졸, 대만 중국문화대 대학원졸 1987년 정치학박사(대만 중국문화대) (경)1985~1987년 대만 중국문화대 겸임교수 1987~1993년 동의대·경남대 강사 1991~1999년 동남정치조사연구소 소장 1993~1996년 신라대 겸임교수 1996년 부산매일신문 논설위원 1997년 同정치부국장 1997년 同사업국장 1997~1999년 국제지역학회 이사 1998~1999년 영산대 겸임교수 1999년 새의령신문 사장 겸 발행인 2002년 (주)의령신문 대표이사 겸 발행인(현) 2004~2007년 (사)한국지역신문협회 경남지역신문협의회 회장 2007년 同경남지역신문협의회 감사 (저)'三新의 中國'(1997, 세종출판사) '중공의 권력투쟁과 노선투쟁'(1995, 대만 문사철출판사)

### 박행열(朴幸烈)

(생)1972 (주)세종특별자치시 한누리대로 499 인사혁신처 인사혁신기획과(044-201-8310) (학)연세대 행정학과졸 (경)2006년 행정고시 합격(43회) 2007년 중앙인사위원회 인력개발정책과 서기관, 대통령직속 미래기획위원회 파견, 대통령 의전비서관실 행정관 2014년 중앙공무원교육원 교육총괄과장 2015년 인사혁신처 기획조정관실 기획재정담당관(서기관) 2017년 同기획조정관실 기획재정담당관(부이사관) 2017~2018년 미국 조지아대 Carl Vinson Institute of Government 교육파견 2018년 인사혁신처 인사혁신기획과장(현)

### 박행용(朴幸勇) PARK Haeng Yong

(생)1951·1·8 (출)전남 목포 (주)광주광역시 동구 준법로 7-12 광주지방법원조정센터(062-239-1502) (학)1969년 광주제일고졸 1974년 서울대 법학과졸 (경)1973년 사법시험 합격(15회) 1975년 사법연수원 수료(5기) 1976년 軍법무관 1978년 광주지법 판사 1981년 同장흥지원 판사 1982년 同목포지원 판사 1984년 광주지법 판사 1986년 광주고법 판사 1990년 대법원 재판연구관 1991년 광주지법 부장판사 1993년 同순천지원장 1994년 광주지법 부장판사 1997년 광주고법 부장판사 1999년 광주지법 수석부장판사 2000년 광주고법 수석부장판사 2005~2006년 광주지법원장 2013년 광주지법조정센터 상임조정위원장(현)

### 박헌기(朴憲基) PARK Heon Kee

(생)1936·2·23 (본)밀양(密陽) (출)경북 영천 (주)대구광역시 중구 태평로 242 (주)신성조명하우징 3층 공증인가 팔공합동법률사무소(053-425-9019) (학)1950년 영천 대창국민학교졸 1991년 경북대 경영대학원 수료 (경)1955년 보통고시 합격(11회) 1961년 고등고시 사법과 합격(13회) 1962년 軍법무관 1965년 청주지법 판사 1969년 同제천지원장 1970~1975

년 대구지법·대구고법 판사 1975년 대법원 재판연구관 1977년 대구지법 상주지원장 1978~1981년 대구지법 부장판사·안동지원장 1981년 변호사 개업(현) 1985~1987년 대구지방변호사회 총무이사 1989~1991년 同회장 겸 대한변호사협회 부회장 1992년 제14대 국회의원(영천시·군, 무소속·민자당·신한국당) 1992년 민자당 원내부총무 1993~1996년 국회 공직자윤리위원회 부위원장 1996년 제15대 국회의원(영천, 신한국당·한나라당) 1996년 신한국당 중앙당기위원장 1997년 同경북도지부 위원장 1997년 한나라당 법률자문위원장 1998년 同인권위원장 2000~2004년 제16대 국회의원(영천, 한나라당) 2000~2002년 국회 법사위원장 2003년 한나라당 공천심사위원장, 同지도위원, 同상임고문 2012~2017년 새누리당 상임고문 2017년 자유한국당 상임고문(현), 대한민국헌정회 고문(현) (종)불교

**박헌수(朴憲守) Park Heon Su**

(생)1967·10·9 (출)전북 익산 (주)전라북도 익산시 배산로 165-12 익산경찰서(063-830-0321) (학)1987년 이리고졸 1994년 전북대 법학과졸 2008년 원광대 행정대학원 경찰학과졸 (경)1996년 경위 임관(경찰간부 후보 44기) 1996~2001년 전북 익산경찰서 경비과 교통지도계장 등(경위) 2001~2005년 전북 장수경찰서 경무과장·전북 순창경찰서 경무과장(경감) 2005~2014년 전북지방경찰청 교통안전계장·기획예산계장·인사계장(경정) 2013년 전북지방경찰청 치안정책과장(총경) 2013년 同생활안전과장 2015년 전북 순창경찰서장 2016년 전남지방경찰청 112종합상황실장 2017년 전북 고창경찰서장 2017년 전북지방경찰청 수사과장 2019년 전북 익산경찰서장(현) (상)국무총리표창(2006), 건설교통부장관표창

**박헌주(朴憲珠·女) PARK, HEON JOO**

(생)1960·3·7 (출)서울 (주)인천광역시 중구 서해대로 366 인하대학교 의학전문대학원 미생물학교실(032-860-9800) (학)1986년 가톨릭대 의대졸 1989년 미국 미네소타대 대학원 미생물학과졸 1993년 의학박사(미국 미네소타대) (경)1986~1993년 미국 미네소타대 조교·연구조교 1994~2006년 인하대 의과대학 미생물학교실 전임강사·조교수·부교수·교수 2006년 同의학전문대학원 미생물학교실 교수(현) 2014~2017년 同의학전문대학원장 2017년 한국연구재단 의약학단장(현) (상)대한정형외과연구학회 우수논문상(1998), Scientific Award(1999), 제15회 인천시 과학기술상 과학부문 금상(2014) (저)'Cancer Drug Resistance'(2006) (종)기독교

**박헌행(朴憲幸) PARK Heon Haing**

(생)1968·11·28 (출)전남 담양 (주)충청남도 논산시 강경읍 계백로 99 대전지방법원 논산지원(041-746-2700) (학)1987년 광주 인성고졸 1993년 고려대 법학과졸 (경)1999년 서울지법 예비판사 2001년 同동부지원 판사 2003년 전주지법 군산지원 판사 2007년 전주지법 판사 2008년 광주고법 전주부 판사 2011년 전주지법 군산지원 판사 2012년 대법원 재판연구관 2014년 전주지법 부장판사 2016년 대전지법 천안지원 부장판사 겸 대전가정법원 천안지원 부장판사 2018년 대전지법 논산지원장 겸 대전가정법원 논산지원장(현)

**박 현(朴 賢) PARK Hyun**

(생)1965·7·25 (본)밀양(密陽) (출)강원 인제 (주)서울특별시 동대문구 회기로 57 국립산림과학원 산림생명자원연구부(031-290-1111) (학)1987년 서울대 산림자원학과졸 1989년 同대학원졸 1993년 토양학박사(미국 위스콘신대) (경)1994년 산림청 임업연구원 연구사·토양미생물연구실 임업연구사 1998~1999년 일본 농림수산성 식품종합연구소 세포기능연구실 교환연구원, 국립산림과학원 기획과 임업연구관, 산림청 산림정책팀 임업연구관 2008년 국립산림과학원 연구기획과 임업연구관 2010년 同바이오에너지연구과장 2011년 同연구기획과장 2013년 同산림정책연구부 기후변화연구센터장 2015년 同국제산림연구과장 2018년 同산림생명자원연구부장(현) (상)모범공무원표창(2005), 대통령표창(2007) (종)기독교

**박 현(朴 炫) PARK Hyun**

(생)1967·2·13 (출)전남 해남 (주)광주광역시 동구 준법로 7-12 광주지방법원(062-239-1114) (학)1985년 광주 서석고졸 1991년 전남대 사법학과졸 (경)1995년 사법시험 합격(37회) 1998년 사법연수원 수료(27기) 1998년 광주지법 예비판사 2000년 同해남지원 판사 2001년 변호사 개업 2004년 광주지법 목포지원 판사 2006년 광주고법 판사 2009년 광주지법 판사 2014년 전주지법 정읍지원장 2016년 광주지법 부장판사(현)

**박현건(朴炫建) PARK Hyun Keon**

(생)1961·3·14 (출)부산 (주)경상남도 진주시 동진로 33 경남과학기술대학교 건설환경공과대학 환경공학과(055-751-3344) (학)1988년 동아대 환경공학과졸 1990년 同대학원졸 1994년 공학박사(동아대) (경)1994년 진주산업대 환경공학과 전임강사·조교수·부교수·교수 1995년 同환경문제연구소 분석실장 1995년 경북도 지방건설기술 심의위원 1997년 일본 국립환경연구원 공동연구원 1998~2000년 진주산업대 환경공학과장 2002~2004년 同환경문제연구소장 2002년 同수질검사센터 소장 2010년 경남과학기술대 건설환경공과대학 환경공학과 교수(현) 2010년 同수질검사센터 소장 2017~2019년 同건설환경공과대학장 2017년 경남도 도민행복위원회 녹색행복분과 위원장 2019년 경남과학기술대 부총장(현) 2019년 진주환경운동연합 상임의장(현) 2019년 경상남도 도정자문위원(현) (저)'하폐수처리공학' '환경과학개론' '환경시스템최적화' '환경과 공해'

**박현국(朴賢國)**

(생)1959·12·20 (주)경상북도 안동시 풍천면 도청대로 455 경상북도의회(054-880-5126) (학)봉화고졸, 경북전문대학 행정과졸, 동양대 경영학과졸 (경)한국농업경영인연합회 봉화군연합회 회장, 민주평통 자문위원 2006년 봉화군수선거 출마(무소속) 2007년 4.25재보선 봉화군수선거 출마(무소속) 2012년 새누리당 제18대 대통령선거대책위원회 봉화군민통합위원회 단장 2014~2018년 경북도의회 의원(무소속·자유한국당) 2014년 同운영위원회 위원 2014·2016년 同기획경제위원회 위원 2014·2016년 同경북·대구상생발전특별위원회 위원 2016~2017년 同예산결산특별위원회 위원 2018년 경북도의회 의원(자유한국당)(현) 2018년 同기획경제위원회 위원장(현), 민주평통 자문위원(현) (종)기독교

**박현규(朴賢圭) Park Hyeon-gyu**

(생)1963·1·9 (주)서울특별시 종로구 사직로8길 60 외교부 인사기획관실(02-2100-7863) (학)1988년 충남대 행정학과졸 (경)1988년 외무부 입부 1991년 駐요코하마 부영사 1997년 駐일본 3등서기관 1999년 駐스리랑카 3등서기관 2005년 駐시카고 영사 2008년 駐카타르 1등서기관 2010년 駐이집트 1등서기관 2015년 외교부 여권과장 2017년 駐삿포로 총영사(현)

**박현남(朴現南) PARK Hyun Nam**

(생)1953·3·22 (출)전남 (주)서울특별시 금천구 가산디지털1로 205-17 성호전자(주) 비서실(02-855-5931) (학)1973년 선린상고졸 1993년 중앙대 대학원 국제경영학과졸 (경)1977~1985년 진영전자(주) 근무 1986~1993년 성호전자(주) 설립·대표이사 1993~2000년 진영전자(주) 대표이사 회장 2000년 성호전자(주) 대표이사 회장(현) 2011년 강진다산강좌 강사 (상)최우수중소기업인 대통령표창(2000), 자랑스런 선린기업인상(2004)

**박현동(朴玄東) PARK Hyun Dong**

(생)1961·8·20 (본)밀양(密陽) (출)울산 (주)서울특별시 영등포구 여의공원로 101 국민일보 광고마케팅국(02-781-9817) (학)1981년 학성고졸 1988년 성균관대 영어영문학과졸 2004년 서강대 경제대학원 OLP과정 수료 2007년 同언론대학원 중퇴 2011년 미국 하와이대 미래학과 단기연수 (경)1988년 국민일보 기자 1989년 同외신부·사회부 기자 1993년 同경제부 기자 2000년 同경제부 차장대우 2002년 同사회부 차장 2004년 同경제부 차장 2005년 同기획취재부장 직대 2005년 同사회부장 직대 2006년 同논설위원 2007년 同경제부장 2009년 同산업부장 2010년 同인터넷뉴스부장 2011년 同경제·사회·디지털뉴스담당 부국장 직대 2012년 同사업국장 2014년 同편집국장 2016년 同논설위원 2018년 同공공정책국장 2018년 同광고마케팅국장(현) (상)성균관대 자랑스러운성균언론인상(2015), 한국언론인연합회 산업경제부문 한국참언론인대상(2016)

**박현두(朴玄斗) PARK Hyun Doo (秋水)**

(생)1942·8·4 (본)밀양(密陽) (출)평남 양덕 (학)1961년 서울대사대부고졸 1967년 미국 St. Andrews Presbyterian College 경제경영학부졸 1974년 미국 MIT 대학원 도시계획학과졸 1974년 미국 Harvard Univ. JF Kennedy School of Government 행정학과졸 1978년 영국 옥스퍼드대 대학원 외교관연수과정 수료 1982년 경제학박사(영국 Univ. of Reading) (경)1975~1976년 외무부 정보문화국 서기관 1977년 同국제경제국 서기관(ESCAP 한국대표) 1977~1978년 駐영국 2등서기관 1978년 외무부 통상국 서기관(韓·濠원자력협력협정체결 실무회의 한국대표) 1979~1981년 駐독일 경제과장(1등서기관) 1982~1983년 한국개발연구원(KDI) 연구위원 1983~1985년 쌍용그룹 상무이사 1985년 세계경영원(Global Management Institute: GMI) 원장·이사장(현) 1995~2005년 한미우호협회 총무이사 1997~1999년 미국 아이와주정부 한국대표 1997년 미국 Cornell대 객원교수 1997년 독일 Niedersachsen주 투자진흥청(IPA) 한국대표 1997년 미국 Iowa주립대 경영대학원 겸임교수 1998년 중소기업진흥공단 외국인투자유치 자문위원 1999~2000년 한국개발연구원(KDI) 국제정책대학원 국가발전지도자연수센터 소장 1999~2005년 Enterprise Florida Inc(EFI) 한국소장 2005년 미국 앨라배마주정부 한국대표(현) 2012년 (사)글로벌코리아포럼 공동대표(현) 2012년 한국외국어대 국제지역대학원 외래교수, (재)한반도평화재단 사무총장(현) (상)Henry Luce Foundation Fellowship(1970), UNDP Fellowship(1972~1974), British Council Fellowship(1977~1978) (저)'한국세계화 콘서트'(2012) (종)기독교

**박현민(朴玄珉) Hyunmin PARK**

(생)1962·11·14 (출)전남 (주)대전광역시 유성구 가정로 267 한국표준과학연구원 산업응용측정본부 융합물성측정센터(042-868-5277) (학)1986년 서울대 재료공학과졸 1988년 同대학원 재료공학과졸 1994년 재료공학박사(서울대) (경)1996년 한국표준과학연구원 책임연구원, 同물질량표준부 재료평가그룹 연구원 2008년 同전략기술연구본부 전략팀장 2009년 同나노소재측정센터장 2010년 同나노소재평가센터장 2014~2016년 同부원장 2016년 同원장 직대 2016년 同미래융합기술본부 소재게놈측정센터 책임연구원 2018년 同산업응용측정본부 융합물성측정센터 책임연구원(현)

**박현석(朴泫錫) Hyun-Seok Park**

(생)1963·9·16 (출)대구 (주)서울특별시 서대문구 이화여대길 52 이화여자대학교 엘텍공과대학 소프트웨어학부 컴퓨터공학전공(02-3277-2831) (학)1986년 서울대 전기공학과졸 1990년 미국 캔자스주립대 전산학과졸 1994년 미국 펜실베이니아대 대학원 전산정보학과졸 1998년 전산학박사(영국 케임브리지대) (경)1994년 미국 펜실베이니아대 연구원 1997년 일본 도쿄대 연구원 1999~2001년 (주)마크로젠 이사 2000~2002년 세종대 컴퓨터공학과 조교수 2000~2002년 同과학기술원 소프트웨어연구소장 2002년 同바이오인포매틱스연구소장 2002년 이화여대 컴퓨터정보통신공학과 조교수·부교수 2003~2006년 (주)마크로젠 대표이사 2008년 이화여대 엘텍공과대학 소프트웨어학부 컴퓨터공학전공 교수(현) 2013~2015년 同정보통신연구소장 겸 공학융합연구소장 2015~2016년 디지탈옵틱 사외이사 2019년 이화여대 공학융합연구소장(현) (저)'자바 프로그래밍'(2000) '펄로 시작하는 바이오인포매틱스'(2002) '자바로 배우는 바이오인포매틱스(共)'(2006)

**박현선(朴鉉善) PARK Hyun Seon**

(생)1960·5·20 (출)서울 (주)인천광역시 중구 인항로 27 인하대학교 의과대학 신경외과학교실(032-890-2370) (학)1985년 연세대 의대졸 1988년 同대학원 의학석사 1996년 의학박사(연세대) (경)1996년 연세대 의대 신경외과학교실 조교수 1997년 인하대 의대 신경외과학교실 조교수·부교수·교수(현) 2013년 인하대병원 기획조정실장(현) 2016~2017년 대한뇌혈관외과학회 회장

**박현선(朴炫宣·女) PARK Hyun Sun**

(생)1967·12·25 (출)서울 (주)서울특별시 광진구 능동로 209 세종대학교 공공정책대학원 사회복지학과(02-3408-3805) (학)1991년 이화여대 사회복지학과졸 1993년 서울대 대학원 사회복지학과졸 1998년 사회복지학박사(서울대) (경)1993년 한림대 부속한강성심병원 정신의료 사회복지사 1996년 삼성생명 사회정신건강연구소 전임연구원 1998~2001년 전북대 사회복지학과 조교수 2001~2007년 同사회복지학과 부교수 2007년 세종대 정책과학대학원 사회복지학과 교수 2014년 同공공정책대학원 사회복지학과 교수(현)

**박현수(朴峴秀) PARK Hyune Su**

(생)1959·12·16 (본)밀양(密陽) (출)전북 완주 (학)1978년 전주 신흥고졸 1984년 동국대 경영학과졸 2004년 국방대학원 안보과정 수료 2005년 동국대 언론정보대학원 신문방송학과 수료 2014년 서울대병원 산학정정책과정 수료 (경)1993년 경인일보 입사 2000년 同사회부 차장 2001년 同사회부장 2003년 同서부지역취재본부장 2007년 同서부권취재본부장(김포) 2010년 同편집국 지역사회부 김포주재 부국장 2013년 同편집국장 2015년 同인천본사 경영본부장 겸 편집제작국장 2016년 인천시 대변인 2017~2018년 송도국제화복합단지개발(주) 대표이사 (상)내무부장관표창, 한국기자상, 이달의 기자상(1994·2007·2009), 한국언론인연합회 한국참언론인대상 지역사회부문(2013)

**박현수(朴賢洙)**
(생)1968 · 12 · 21 (출)전남 담양 (주)충청북도 청주시 서원구 산남로62번길 51 청주지방법원(043-249-7114) (학)1986년 목포 덕인고졸 1990년 조선대 법학과졸 1993년 同대학원 법학과졸 (경)1999년 사법시험 합격(41회) 2002년 사법연수원 수료(31기) 2002년 광주지법 판사 2003년 광주고법 판사 2004년 광주지법 판사 2005년 同순천지원 판사 2007년 광주지법 판사 2011년 同순천지원 판사 2012년 광주고법 판사, 광주지법 순천지원·광주가정법원 순천지원 판사 2014년 광주고법 판사 2016년 광주가정법원 판사 2017년 청주지법 부장판사(현) 2017년 베트남 법원연수원 파견(현)

**박현숙(朴賢淑·女) PARK Hyun Sook**

(생)1926 · 6 · 1 (본)밀양(密陽) (출)황해 재령 (주)서울특별시 서초구 반포대로37길 59 대한민국예술원(02-3479-7223) (학)1946년 북한 해주음악전문학교 성악과 수학 1951년 중앙대 심리학과졸 1974년 同사회개발대학원졸 (경)1948년 한국방송공사(KBS) 입사(2기) 1950년 한국문화연구소 수필 '어머니' 당선·문단데뷔 1950년 문화연구소 문예誌 기자 1952년 부산희망잡지사 기자 1960년 조선일보 신춘문예 희곡 입선 1962년 조선일보 신춘문예 당선 1965년 한국연극협회 극작분과 위원 1965~1995년 서울가정법원 조정위원 1969~1973년 극단 제작극회 명예회장·대표 1970년 국제펜클럽 한국본부 이사 1976년 국제극예술협회 한국본부 회원 1977년 한국희곡작가협회 회장·고문 1988년 한국여성개발원 자문위원 1991년 연극의 해 연극제 심사위원 1994~1996년 한국여성문학인회 회장 1994년 문학의 해(96년)조직위원회 위원 1994년 한국여성문학인회 고문 1996~1999년 한국여성연극인회 자문위원 1997년 대한민국예술원 회원(희곡·현) 1999년 한국여성연극인회 고문 1999년 한국연극협회 종신회원(현) 2001년 한국공연예술원 자문위원(현) 2002년 한국여성연극인협회 고문(현) (상)한국문학상(1976), 한국희곡문학상(1986), 한국중앙문학상 대상(1991), 조국문학상(1992), 화관문화훈장(1995), 훌륭한 중앙인상(1995), 국제펜클럽 문학상(2000), 대한민국 예술원상 연극·영화·무용 부문(2002), 올빛상(2007) (저)'여인' '막은 오르는데' '가면무도회' '쫓기며 사는 행복' '그 찬란한 유산' '여자의 城' '나의 독백은 끝나지 않았다' '박현숙문학전집(7권)' '박현숙 수상희곡 선집'(2013) (역)'그리움은 강물처럼'(2005) (종)기독교

**박현순(朴顯淳) PARK HYEON SUN**

(생)1961 · 7 (주)서울특별시 중구 을지로 100 한솔테크닉스 임원실(02-3287-7903) (학)경북대 전자공학과졸 (경)삼성전관(現 삼성SDI) 근무 2009년 삼성전자 상무, 同글로벌제조혁신그룹장 2013년 한솔테크닉스 입사, 同신사업팀장, 同베트남법인장 2018년 同대표이사(현)

**박현순(朴賢淳·女) PARK HYUN SOON**

(생)1963 · 4 · 6 (본)순천(順天) (출)충남 아산 (주)충청북도 청주시 상당구 상당로 82 충청북도청 여성가족정책관실(043-220-3910) (학)1982년 미림여고졸 1986년 이화여대 사회사업학과졸 1999년 청주대 대학원 사회복지학과졸 2009년 사회복지학박사(청주대) (경)1987~1993년 서울시 동부근로청소년회관 가정상담소 상담원 2000~2002년 서울시 늘푸른여성정보센터팀 근무 2008~2009년 충북여성민우회 공동대표 겸 한부모가족지원센터장 2011~2012년 청주시다문화가족지원센터장 2013~2017년 청주시청소년상담복지센터장 겸 청주청소년쉼터 소장 2015~2017년 충북여성정책포럼 부대표·사무처장 2018년 충북도 여성가족정책관(현)

**박현식(朴鉉植) Park Hyun Shik**

(생)1968 · 3 · 24 (출)전남 고흥 (주)전라남도 순천시 백강로 38 전라남도청 행정지원과(061-286-3325) (학)1987년 인하대 환경공학과졸 2000년 전남대 대학원 환경공학과졸 2017년 환경공학박사(목포대) (경)1998년 지방환경사무관 임용 2005년 전남도 수질개선과 유역관리담당 2006년 同환경정책과 환경관리담당 2008년 同환경정책과 하수도담당 2009년 同환경정책과 환경정책담당 2011년 여수세계박람회조직위원회 파견(기술서기관) 2014년 전남도 녹색성장정책실 기후변화지원관 2014년 同동부지역본부 환경관리과장 2016년 同동부지역본부 환경보전과장 2017년 전남 완도군 부군수 2019년 고위정책과정 교육파견(지방부이사관)(현)

**박현신(朴炫信·女) Park Hyun Shin**

(생)1958 · 7 · 26 (본)밀양(密陽) (출)경북 (주)서울특별시 도봉구 삼양로144길 33 덕성여자대학교 예술대학 의상디자인학과(02-901-8433) (학)1981년 이화여대 복식디자인학과졸 1984년 同대학원 복식디자인학과졸 1991년 미국 아카데미오브미술대학(Academy of Art College) 대학원 패션디자인학과졸 2004년 패션디자인학박사(홍익대) (경)1981~1982년 우연상사 디자이너 1982~1984년 (주)세봉 디자이너 1984~1988년 박현신패션일러스트레이션스튜디오 대표, 개인전 3회, 광주비엔날레 국제미술의상 초대작가 1994년 덕성여대 예술대학 의상디자인학과 교수(현) 2001년 同학생부처장 2005~2006년 同학생처장 2005~2006년 (사)한국패션디자인학회 회장 2007~2008년 덕성여대 예술대학장 2008~2013년 同교무처장 2015~2016년 同예술대학장 (역)'패션칼라'(1996) '텍스타일 디자인북'(1996) (종)기독교

**박현오(朴炫午) Park Hyun Oh**

(생)1958 · 11 · 18 (본)밀양(密陽) (출)경남 창원 (주)경상남도 창원시 의창구 중앙대로210번길 3 경남신문(055-210-6008) (학)1977년 창신고졸 1985년 경남대 행정학과졸 2007년 창원대 대학원 행정학과졸 (경)1986년 경남신문 입사 1991년 同정치부 기자 1995년 同정치부 국회출입기자 1998년 同정치부 청와대출입기자 2002년 同경제부장 2003년 同정치부장 2006년 同사회부장 2007년 同광고사업국장 2009년 同편집국장 2012년 同논설실장 겸 방송팀장 2013년 同다올(외부사업부문) 대표 2014년 同상무이사 2017년 同전무이사(현)

**박현욱(朴玄旭) PARK Hyun Wook**

(생)1959 · 7 · 5 (본)밀양(密陽) (출)전남 진도 (주)대전광역시 유성구 대학로 291 한국과학기술원 공과대학 전기및전자공학과(042-350-3466) (학)1981년 서울대 전기공학과졸 1983년 한국과학기술원(KAIST) 전기 및 전자공학과졸(석사) 1988년 공학박사(한국과학기술원) (경)1983~1986년 금성통신연구소 연구원 1988~1989년 한국과학기술원(KAIST) 선임연구원 1989~1992년 미국 워싱턴대 Research Associate 1992~1993년 삼성전자(주) 정보컴퓨터연구소 수석연구원 1993년 한국과학기술원(KAIST) 공과대학 전기및전자공학과 교수(현) 1994년 한국통신학회 영상통신연구회 간사 1994년 대한의료정보학회 이사 2002년 대한뇌기능매핑학회 대외협력이사 2006년 한국과학기술원(KAIST) 전자전산학부장 2013년 同교무처장 2013·2015~2018년 대통령소속 국가지식재산위원회 민간위원 2015~2017년 한국과학기술원(KAIST) 교학부총장 2018년 국가과학기술연구회 기획평가위원회 위원(현) 2019년 同연구부총장(현) (저)'Chemical-shift imaging - principles and applications, A chapter of Advances in Magnetic Resonance Imaging'(1989) 'Techniques in image segmentation and 3D visualization in brain MRI and their applications a chapter of Medical imaging systems technology'(2005)

### 박현일(朴鉉一) PARK Hyun Il

(생)1958 · 4 · 25 (본)밀양(密陽) (출)인천 (주)서울특별시 강남구 테헤란로7길 12 (주)반도건설 사장실(02-3011-2737) (학)동국대사대부고졸, 건국대 건축공학과졸, 同대학원 건축공학과졸(계획설계전공), 공학박사(건국대) (경)삼성물산(주) 건설부문 주택기술본부 트라팰리스PM(상무보), 同건설부문 신공덕2재개발아파트현장소장(상무), 同건설부문 주택사업본부 목동트라팰리스총괄현장소장, 同건설부문 공사PM(상무) 2010년 同건설부문 주택사업본부 주택공사팀장(전무) 2011년 同건설부문 주택기술본부장(전무) 2014년 同건설부문 주택사업부장(전무) 2015년 (주)반도건설 부사장 2017년 (주)반도건설 대표이사 사장(현) (상)동탑산업훈장(2011) (저)'단상'(2006) (종)천주교

### 박현재(朴鉉在)

(생)1963 · 5 · 15 (출)강원 화천 (주)경기도 가평군 청평면 청평중앙로 80 산림청 춘천국유림관리소(033-240-9900) (학)1989년 강원대 임학과졸 (경)2009년 산림청 국유림경영과 사무관 2012년 2018평창동계올림픽조직위원회 근무 2017년 국방대 교육파견(기술서기관) 2018년 산림청 대변인 2019년 同북부지방산림청 춘천국유림관리소장(현) (상)국무총리표창(2000), 2018평창동계올림픽 개최 준비 유공 장관급표창(2014)

### 박현주(朴炫柱) PARK Hyeon Joo

(생)1958 · 10 · 17 (본)충주(忠州) (출)광주 (주)서울특별시 중구 을지로5길 26 센터원빌딩 미래에셋그룹(02-3774-1713) (학)1977년 광주제일고졸 1983년 고려대 경영학과졸 1995년 연세대 경영대학원 고위경영자과정 수료 2002년 미국 하버드대 비즈니스스쿨 최고경영자과정(AMP) 수료 (경)1986~1996년 동양증권 근무 1997년 미래에셋벤처캐피탈 설립 1997년 미래에셋자산운용 설립 1997년 미래에셋그룹 회장(현) 1999년 미래에셋증권 설립 2003년 미래에셋박현주재단 설립 2003년 미래에셋자산운용(홍콩) 설립 2004년 미래에셋맵스자산운용 설립 2005년 미래에셋생명 설립 2006년 미래에셋자산운용(인도) 설립 2007년 미래에셋자산운용(영국) 설립 2008년 미래에셋익재투자자문(상해) 설립 2008년 미래에셋자산운용(미국) 설립 2008년 미래에셋자산운용(브라질) 설립 2011년 미래에셋자산운용(대만) 설립 2016년 미래에셋자산운용 창업추진위원회 위원장 2016~2018년 미래에셋대우 회장 2018년 同홍콩 글로벌 회장(현) 2018년 同글로벌경영전략고문(GISO) 겸임(현) (상)한국일보 선정 '2000년대 주역 50인'(1998), 월간조선 선정 '한국의 50대 기업인'(1999), 매일경제 증권인상 대상(1999), 매일경제 선정 '한국을 이끄는 올해의 금융 CEO' 1위(2007), 머니투데이 선정 '한국 증시를 이끄는 파워맨' 1위(2007), 한국능률협회 한국의 경영자상(2008), 언스트앤영 최우수기업가상 마스터상(2009), 금융투자협회 금융투자인상 대상(2011), 매일경제 럭스맨 기업인상(2013) (저)'돈은 아름다운 꽃이다'(2007)

### 박현주(朴賢珠 · 女) PARK Hyun Joo

(생)1971 · 1 · 1 (출)서울 (주)경기도 수원시 영통구 법조로 91 수원지방검찰청 총무과(031-5182-4546) (학)1989년 고척고졸 1996년 연세대 법학과졸 (경)1999년 사법시험 합격(41회) 2002년 사법연수원 수료(31기) 2002년 수원지검 검사 2004년 춘천지검 영월지청 검사 2005년 대구지검 검사 2009년 대전지검 서산지청 검사 2011년 서울남부지검 검사 2014년 수원지검 안양지청 검사 2016년 부산지검 부부장검사 2017년 법무부 여성아동인권과장 2018년 수원지검 여성아동범죄조사부장 2018년 대검찰청 '성추행 사건 진상 규명 및 피해 회복 조사단' 부단장 겸임 2019년 수원지검 부부장검사(현) 2019년 여성가족부 파견(현)

### 박현준(朴賢濬) Park Hyun Jun

(생)1971 · 3 · 5 (출)서울 (주)경기도 용인시 기흥구 구성로 243 법무연수원 용인분원 운영지원과(031-288-2242) (학)1990년 고려사범대부속고졸 1996년 고려대 법학과졸 1999년 同대학원 수료 (경)1998년 사법시험 합격(40회) 2001년 사법연수원 수료(30기) 2001년 부산지검 검사 2003년 춘천지검 원주지청 검사 2005년 수원지검 안산지청 검사 2007년 서울서부지검 검사 2011년 제주지검 검사 2013년 서울중앙지검 검사 2015년 의정부지검 부부장검사 2016~2018년 창원지검 부부장검사(헌법재판소 파견) 2018년 부산지검 형사2부장 2018년 대검찰청 디지털수사과장 2019년 법무연수원 용인분원 교수(현)

### 박현진(朴賢鎭) PARK Hyun Jin

(생)1958 · 9 · 27 (출)강원 홍천 (주)서울특별시 성북구 안암로 145 고려대학교 생명과학부 식품공학과(02-3290-3450) (학)1983년 고려대 식품공학과졸 1985년 同대학원졸 1991년 공학박사(미국 조지아주립대) (경)1985년 한국과학기술원(KAIST) 식품공학연구실 연구원 1987~2003년 고려대 생명과학부 교수 1991년 미국 Clemson Univ. 농공생물학과 연구원·조교수 1993년 同겸임교수 2003년 고려대 생명과학부 식품공학과 교수(현) 2003년 同건강기능식품연구센터 소장(현) 2008~2011년 롯데제과 사외이사 2015년 미국식품과학회(IFT) 석학회원(현) 2016~2019년 한국과학기술한림원 국제협력부장 2016년 세계식품공학회(IUFoST) 국제식품공학 석학회원(현) 2017년 한국식품과학회 회장 2018년 한국키틴키토산학회 회장(현) (상)오뚜기재단 오뚜기 학술상(2015)

### 박현진(朴賢眞 · 女) PARK Hyeon Jin

(생)1966 · 10 · 6 (주)경기도 고양시 일산동구 일산로 323 국립암센터 부속 소아청소년암센터(031-920-1651) (학)1991년 서울대 의대졸 1997년 同대학원 의학석사 2004년 의학박사(서울대) (경)1991~1992년 서울대병원 수련의 1992~1996년 同소아과 전공의 1996년 同소아혈액종양분과 전임의 1996~2010년 충북대 의대 소아과학교실 전임강사 · 조교수 · 부교수 2005~2009년 국립암센터 부속병원 특수암센터 소아혈액종양클리닉 의사 2009년 同소아청소년암센터 교수(현) 2011~2013년 대한소아혈액종양학회 정보홍보이사 2012년 대한소아뇌종양학회 연구기획이사(현) 2012년 대한소아과학회 학술이사 2013년 대한신경종양학회 감사(현) 2013년 다학제위원회 Other glioma소위원장 2013년 대한조혈모세포이식학회 기획홍보이사 2013년 대한소아혈액종양학회 의료정책이사(현) 2015년 국립암센터 부속병원 소아청소년암센터장(현) (상)대한소아뇌종양학회 아헤 우수연구상(2010), 법무부장관표창(2010), 대한조혈모세포이식학회 최우수연제상(2012), 대한혈액학회 우수논문상(2014) (저)'혈액학'(2006) '소아, 청소년암 환자관리'(대한소아혈액종양학회) '혈액학'(대한혈액학회) '뇌종양 100문 100답'(2009) '종양학'(2012) '소아청소년암 치료후 건강관리법'(2014) '뇌간교종 이해하기'(2015) '소아청소년암 경험자 학교복귀 지침서 다시 만나 반가워'(2016)

### 박현채(朴鉉寀) PARK Hyun Chai

(생)1948 · 8 · 15 (본)무안(務安) (출)광주 (주)서울특별시 강남구 강남대로 310 유니온센터 1502호 투데이코리아(0707-178-3820) (학)1966년 서울대사대부고졸 1972년 성균관대 신문방송학과졸 1989년 미국 미시간대 저널리즘펠로과정 수료 2000년 성균관대 언론정보대학원 언론학과졸 (경)1975년 동양통신 외신부 기자 1978~1980년 同경제부 · 사회부 기자 1981년 연합통신 경제부 기자 1990년 同경제1부 차장 1993년 同경제부 부장대우 1995년 同경제1부장 1997년 同기사심의위원 1998년 同논설위원 1998년 同경제국 부국장 직대 1998년 연합뉴스 경제국 부국장 직대 1999년 同호남취재본부장 2000년 同지방국장 직

대 2002년 同지방국장 2003년 同논설위원 2004년 同논설위원실장 2005년 同논설위원실 고문 2005~2007년 한국신문방송편집인협회 부회장 2005년 한국프레스클럽 운영위원 2006년 연합뉴스 논설위원실 이사대우 2006~2007년 아시아경제신문 주필 2006년 한국전력 전력수요관리자문위원 2008년 한남대 사회과학대학 정치언론·국제학과 예우교수 2010년 연합뉴스 동북아센터 비상임이사 2011년 언론중재위원회 중재위원 2017년 투데이코리아 주필(현) (상)서울언론인클럽 제8회 언론상(기획취재상, 공동수상), 성균관대 제4회 언론문화대상 (저)'다시 일어난 일본 그 힘은 어디서'(共)

**박현철(朴鉉哲)**

(생)1960·10·16 (출)대구 (주)서울특별시 송파구 올림픽로 300 롯데지주(주) 경영개선실(02-771-2500) (학)1978년 대구 영남고졸 1985년 경북대 통계학과졸 (경)1985년 롯데건설 기획조정실 입사 1999년 롯데그룹 경영관리본부 근무 2006년 同정책본부 운영실 상무보 2011년 同정책본부 운영실 상무 2014년 同정책본부 운영실 전무 2015년 롯데물산 사업총괄본부장(전무) 2017년 同대표이사 부사장 2019년 롯데지주(주) 경영개선실장(부사장)(현)

**박현철(朴鉉撤) PARK Hyou Chul**

(생)1964·12·24 (주)서울특별시 영등포구 국제금융로6길 17 부국증권(주)(02-368-9203) (학)동서대 일본어학과졸, 한양대 대학원 행정학과졸 (경)1986년 부국증권(주) 입사, 同강남지점장, 同영업부장, 同이사보 2010년 同영업총괄 상무 2012년 유리자산운용(주) 부사장 겸 최고마케팅책임자(CMO) 2014년 同공동대표이사 2015~2019년 同대표이사 2019년 부국증권(주) 대표이사 사장(현)

**박현철(朴賢哲)**

(생)1971·9·2 (출)경남 통영 (주)서울특별시 서초구 반포대로 157 대검찰청 정책기획과(02-3480-2120) (학)1990년 통영고졸 2000년 고려대 법학과졸 (경)1999년 사법시험 합격(41회) 2002년 사법연수원 수료(31기) 2002년 서울지검 검사 2004년 대전지검 공주지청 검사 2006년 제주지검 검사 2008년 창원지검 검사 2010년 법무부 범죄예방기획과 검사 2012년 서울서부지검 검사 2014년 대검찰청 검찰연구관 2017년 창원지검 밀양지청장 2018년 서울북부지검 형사6부장 2019년 대검찰청 정책기획과장(부장검사)(현)

**박현호 PARK HYUN HO**

(생)1962·5·10 (주)경기도 수원시 영통구 삼성로 129 삼성전자(주) 네트워크개발팀(031-200-1114) (학)1987년 계명대 영어영문학과졸 (경)1988년 삼성전자(주) 컴퓨터사업부 개발팀 근무 1997년 同컴퓨터사업부 System S/W그룹 근무 1998년 同네트워크사업부 인터넷인프라사업팀 근무 2001년 同컴퓨터사업부 서버개발그룹 근무 2009년 同무선사업부 System S/W개발그룹 근무 2012년 同무선사업부 System S/W개발그룹장(상무) 2013년 同무선사업부 개발실 전무 2017년 同무선사업부 제품기술팀 전무 2018년 同네트워크개발팀 전무(현) (상)자랑스런 삼성인상 기술상(2014)

**박형건(朴亨健) PARK Hyung Gun**

(생)1960·2·11 (출)부산 (주)서울특별시 동대문구 왕산로 51 한국의류시험연구원 원장실(02-3668-3020) (학)1978년 부산 동성고졸 1983년 부산대 경제학과졸 1985년 同대학원 경제학과졸 (경)1991년 행정고시 합격(35회) 1999년 재정경제부 국고국 회계제도과 사무관 2000년 同국고국 국유재산과 사무관 2002년 同국고국 국유재산과 서기관 2002~2004년 이탈리아 국외훈련 2004년 국무조정실 정책상황실 과장 2007년 재정경제부 지역특화발전특구기획단 특구운영1과장 2008년 지식경제부 지역특화발전특구기획단 특구운영1과장 2008년 울산시 산업경제협력관 2009년 지식경제부 연구개발특구기획단 연구개발특구기획팀장 2011년 同입지총괄과장(부이사관) 2012년 同무역구제정책팀장 2013년 산업통상자원부 실물경제지원단 부이사관 2014년 同국가기술표준원 제품안전정책과장(부이사관) 2016년 한국의류시험연구원(KATRI) 제18대 원장(현)

**박형구(朴衡求) PARK Hyung Koo**

(생)1956·2·10 (본)밀양(密陽) (출)충북 제천 (주)충청남도 보령시 보령북로 160 한국중부발전(주)(070-7511-1114) (학)1977년 충주공업고등전문학교 전기과졸 1999년 한국방송통신대 경영학과졸 2005년 성균관대 경영대학원 경영학과졸(석사) 2006년 서울대 경영대학원 한전경영자과정 수료 2011년 同행정대학원 국가정책과정 수료 2012년 세계미래포럼 미래경영CEO과정 수료 (경)1977년 한국전력공사 입사 1980년 한국남동발전 영동화력발전소 근무 1984년 한국중부발전 보령화력1발전소 회로과장 1995년 한국서부발전 태안화력발전소 건설처 계측제어부장 2006년 한국중부발전(주) 보령화력2발전소 발전운영팀장 2008년 同보령화력1발전소장 2010년 同인천화력발전소 본부장 2012년 同보령화력발전소 본부장 2012년 同서울화력발전소장 2013년 同발전처장 2013년 同기술본부장 2014~2016년 同발전안전본부장 2018년 同대표이사 사장(현) (상)동력자원부장관표창(1997), 산업자원부장관표창(2007), 대한민국녹색경영대상 대통령표창(2013) (종)기독교

**박형규(朴炯奎) PARK Hyung Gyu**

(생)1956·11·27 (본)죽산(竹山) (출)서울 (주)서울특별시 동대문구 회기로 85 고등과학원 물리학부(02-958-3823) (학)1975년 경기고졸 1979년 서울대 물리학과졸 1981년 同대학원졸 1988년 이학박사(미국 워싱턴대) (경)1988~1990년 미국 카네기멜론대 물리학과 연구원 1990~1992년 미국 보스턴대 연구원 1992~2001년 인하대 물리학과 조교수·부교수 1998년 미국 워싱턴대 방문교수 2001~2002년 인하대 물리학과 교수 2002년 고등과학원 물리학부 교수(현) 2005년 同물리학부장 2006~2008년 한국물리학회 통계물리분과위원장 2007년 고등과학원 교수부장 2008~2009년 同부원장 (저)'복잡성 과학의 이해와 적용' '대학물리학'(上·下) 'World Scientific Corp.' (역)'카오스에서 인공생명으로' (종)천주교

**박형근(朴亨根) PARK Hyeung Geun**

(생)1963·1·11 (주)서울특별시 관악구 관악로 1 서울대학교 약학대학 제약학과(02-880-7871) (학)1981년 여의도고졸 1985년 서울대 약대졸 1987년 同약학대학원졸 1995년 이학박사(미국 휴스턴대) (경)1986~1987년 서울대 약대 조교 1993~1995년 미국 Houston대 Research Assistant 1995~1996년 미국 펜실베이니아주립대 화학과 Post-Doc. 1996년 서울대 약학대학 제약학과 교수(현) 2009년 同약학대학 교무부학장 2019년 同약학대학장(현) (상)신풍호월학술상 신약연구개발부문(2014) (저)'유기약품제조화학'(1997) '의약화학'(2004) 'Asymmetric Phase Transfer Catalysis'(2008)

**박형길**

(생)1960 (주)경기도 수원시 영통구 매봉로 52 수원남부경찰서(031-899-0321) (학)동국대 경찰행정학과졸, 연세대 대학원졸 (경)경위 임용(경찰간부후보 36기), 서울 성동경찰서 정보과장, 서울 종로경찰서 정보과장 2011년 총경 승진 2012년 경찰교육원 운영지원과장 직대 2013년 경찰

ㅂ

청 정보1과장 2014년 경기 군포경찰서장 2015년 서울지방경찰청 청사경비대장 2016년 서울 혜화경찰서장 2017년 경찰청 정보4과장 2018년 인천 남동경찰서장(경무관) 2019년 경기 수원남부경찰서장(현)

### 박형남(朴炯南) PARK Hyung Nam

(생)1960·6·9 (본)죽산(竹山) (출)전북 군산 (주)서울특별시 서초구 서초중앙로 157 서울고등법원(02-530-1114) (학)전주고졸 1982년 서울대 법학과졸 (경)1981년 사법시험 합격(23회) 1984년 사법연수원 수료(14기) 1988년 서울형사지법 판사 1990년 서울민사지법 판사 1992년 춘천지법 판사 1995년 서울가정법원 판사 1996년 서울고법 판사(행정부 재판장) 1996년 법원행정처 송무심의관 겸임 1999년 서울지법 판사 2000년 춘천지법 원주지원장 2001년 사법연수원 교수 2004년 서울동부지법 부장판사 2006년 서울중앙지법 부장판사 2006년 부산고법 부장판사 2008년 서울고법 부장판사(선거전담부 재판장) 2014년 전주지법원장 2016년 서울고법 부장판사(현) (종)가톨릭

### 박형덕(朴炯德) Park Hyung-duck

(생)1961·3·10 (출)강원 평창 (주)전라남도 나주시 전력로 55 한국전력공사 기획본부(061-345-3511) (학)1978년 원주 육민관고졸 1985년 강원대 행정학과졸 2007년 핀란드 헬싱키경제대학 대학원 공익기업경영학과(UM-MBA)졸(석사) (경)1985년 한국전력공사 입사 1996년 同노무처 노사제도부 차장 2004년 同영업처 영업총괄팀장 2009년 同인천본부 서인천지점장 2010년 同기획처 경영평가팀장 2012년 同구매처장 2013년 중앙공무원교육원 고위정책과정 교육 2014년 한국전력공사 영업처장 2014년 同홍보실장 2015년 同경기지역본부장 2018년 同기획본부장(상임이사)(현) 2019년 同윤리준법위원회 위원(현)

### 박형동(朴亨東)

(주)세종특별자치시 갈매로 388 문화체육관광부 한국정책방송원 방송기술부(044-204-8300) (학)연세대 법학과졸 (경)문화관광부 출판신문과 사무관 2004년 同출판신문과 서기관 2004년 同APEC정상회의준비기획단 서기관 2006년 국립중앙도서관 도서관정책과장 2006년 문화관광부 문화중심도시조성추진기획단 정책기획팀장 2007년 同도서관정보정책기획단 정책기획팀장 2008년 문화체육관광부 도서관정보정책기획단 정책기획과장 2008년 同문화콘텐츠산업실 영상산업과장 2009년 同문화콘텐츠산업실 영상콘텐츠산업과장 2010년 국무총리실 파견(서기관) 2011년 문화체육관광부 미디어정책국 출판인쇄산업과장 2012년 同미디어정책국 출판인쇄산업과장(부이사관) 2013년 同국민소통실 국민홍보과장 2016년 同체육관광정책실 관광레저정책관실 관광레저기반과장 2016년 同관광정책관실 관광콘텐츠과장 2017년 同관광개발과장 2018년 同전통문화과장 2019년 한국정책방송원 방송기술부장(현)

### 박형명(朴炯明) PARK Hyeong Myeong

(생)1961·6·10 (출)경남 남해 (주)서울특별시 강남구 감남대로 302 법무법인 양헌 강남사무소(02-3453-8200) (학)1979년 부산진고졸 1984년 서울대 법학과졸 (경)1983년 사법시험 합격(25회) 1985년 사법연수원 수료(15기) 1986년 공군 법무관 1989년 서울지법 남부지원 판사 1991년 서울형사지법 판사 1993년 대구지법 경주지원 판사 1996년 인천지법 판사 1997년 서울고법 판사 1998년 대법원 재판연구관 2000년 서울지법 판사 2001년 춘천지법 원주지원장 2002년 수원지법 부장판사 2005년 서울중앙지법 부장판사 2007년 서울남부지법 부장판사 2009~2011년 수원지법 안양지원장 2011년 법무법인 양헌 강남사무소 파트너변호사(현)

### 박형빈(朴炯彬) Park, Hyung-Bin

(생)1963·8·14 (주)경상남도 창원시 성산구 삼정자로 11 창원경상대병원(055-214-3820) (학)1989년 경상대 의대졸 1999년 同대학원 의학석사 2007년 의학박사(부산대) (경)1995~1997년 국군진해병원 정형외과장·외과부장(소령 예편) 1997~1998년 마산의료원 정형외과장 1999년 경상대 의대 정형외과학교실 교수(현) 2007~2008년 경상대병원 정형외과장 2008~2011년 同기획조정실장 2008~2015년 경상대 의대 정형외과학교실 주임교수 2014~2015년 대한견주관절학회 회장 2016년 창원경상대병원 정형외과장 2017년 同병원장(현) (상)대한정형외과학회 학술장려상, 대한견주관절학회 학술상, 대한골절학회 학술우수상, 아시아관절경학회 우수논문상

### 박형순(朴泂淳) PARK Hyung Soon

(생)1971·5·31 (출)경북 안동 (주)서울특별시 서초구 강남대로 193 서울행정법원(02-2055-8114) (학)1990년 단국대사대부고졸 1995년 서울대 사법학과졸 (경)1995년 사법시험 합격(37회) 1998년 사법연수원 수료(27기) 1998년 軍법무관 2001년 서울지법 서부지원 판사 2003년 서울지법 판사 2004년 서울중앙지법 판사 2005년 부산지법 판사 2008년 수원지법 판사 2010년 서울고법 판사 2011년 서울중앙지법 판사 2013년 대구지법 부장판사 2016년 수원지법 부장판사 2018년 서울행정법원 부장판사(현)

### 박형식(朴亨植) PARK HYUNG SIK

(생)1953·2·8 (본)밀양(密陽) (출)제주 (주)서울특별시 서초구 남부순환로 2406 예술의전당 오페라하우스 4층 국립오페라단(02-580-3500) (학)1972년 숭문고졸 1978년 한양대 음대 성악과졸 1986년 단국대 대학원 음악과졸 1997년 이탈리아 Nino Rota Accademia 성악 및 합창지휘과정 수료 1997년 이탈리아 Niccolo Piccinni Accademia 대학원 성악과정 수료 2010년 교육사회학 및 평생교육학박사(단국대) (경)1978~2000년 세종문화회관 서울시립합창단 기획실장 겸 단장 직대 1986~2002년 상명대 음악과 외래교수 1997~2000년 명지대 음악과 및 사회교육원 음악과 객원조교수 2000~2002년 국민대 음악과 강사 2000~2004년 정동극장 극장장 2001년 세계일보 자문위원 2003~2004 중부대 대학원 외래교수 2004년 대통령자문 사람입국일자리위원회 위원 2004~2005년 한국관광공사 한류관광추진위원회 자문위원 2004~2008년 (재)국립중앙박물관문화재단 사장 2004~2008년 경향신문 자문위원 2006년 한양대총동문회 상임이사 2006~2009년 과학기술정책민간협의회 위원 2006~2009년 태권도진흥재단 태권도공원건립위원회 위원 2008~2009년 농림수산식품부 농업농촌정책협의회 위원 2008~2010년 홍익대 산업미술대학원 외래교수 2009~2012년 안양문화예술재단 대표이사 2011~2012년 한국문화예술연합회 경기지회장 2013~2019년 의정부예술의전당 대표이사 사장 2014·2016년 한국문화예술회관연합회 경기지회장(현) 2014년 한양대 국제관광대학원 및 엔터테인먼트학과 겸임교수(현) 2019년 국립오페라단 예술감독(현) (상)서울시장표창(1984), 세종문화회관장표창(1994), 서울시 중구청 음악부문 문화상(2001), 대통령표창(2002), 아름다운 관광 한국을 만드는 사람들 10인상(2002), 산업포장(2006), 문화예술진흥유공표창(2015) (작)'오페라 갈라 「La Traviata」 바리톤 주역'(이탈리아 Accademia Internazionale di Musica Niccolo Piccinni 주최) '2인 음악회'(이탈리아 Accademia Internazionale di Musica Niccolo Piccinni 주최) '1997년 1월 Concerto'(이탈리아 Accademia Internazionale di Musica Niccolo Piccinni 주최) '독창회 2회 개최' '서울 정도 600주년 및 광복 50주년 기념 연주를 포함하여 150여 회 기획연주' '한국로얄오페라단 창단 공연 총괄 기획' '초분·카르멘·팔리앗치·춘희 등 20여 회 오페라 주역 출연'(국립 김자경 서울오페라단 주최) '30여 회의 가곡의 밤 및 음악회 출연' (종)기독교

**박형용(朴亨用)**

[생]1960 · 6 · 6 [주]충청북도 청주시 상당구 상당로 82 충청북도의회(043-220-5116) [학]충북 옥천공고졸, 대전대 경영행정 · 사회복지대학원 사회복지학과졸 [경]국민건강보험공단 근무, 전북사회보험노동조합 대전충남본부장, 同수석부위원장, 충북 옥천군배드민턴협회 회장(현) 2018년 충북도의회 의원(더불어민주당)(현) 2018년 同정책복지위원회 부위원장(현)

**박형우(朴亨宇) PARK Hyung Woo**

[생]1957·8·13 [본]밀양(密陽) [출]인천 [주]인천광역시 계양구 계산새로 88 계양구청 구청장실(032-450-5002) [학]1976년 인천기계공고졸 1978년 동양공업전문대학(現 동양미래대) 건축과졸, 인천대 행정대학원 수료 [경]1992년 (주)우진토건 대표이사 1995년 민주당 인천계양지구당 부위원장 1995·1998년 인천시의회 의원(국민회의·새천년민주당) 1998년 새정치국민회의 인천계양·강화甲지구당 부위원장 1999년 인천시 도시계획위원회 위원 2000년 인천시의회 건설위원장 2000년 새천년민주당 인천계양지구당 부위원장 2000년 인천시 제2의건국범국민추진위원회 위원 2006년 인천시 계양구청장선거 출마(열린우리당) 2007년 대통합민주신당 정동영 대통령후보 인천계양甲선거대책위원회 부위원장 2010년 민주당 인천시당 사무처장 2010년 同인천시당 건설특별위원장 2010년 인천시 계양구청장(민주당·민주통합당·민주당·새정치민주연합) 2014~2018년 인천시 계양구청장(새정치민주연합·더불어민주당) 2018년 인천시 계양구청장(더불어민주당)(현)

**박형일(朴炯日) PARK Hyoung Il**

[생]1957 · 1 · 22 [본]밀양(密陽) [출]서울 [주]강원도 춘천시 공지로 280 법무법인 새빌(033-257-4502) [학]1976년 경복고졸 1980년 서울대 법학과졸, 同대학원 법학과졸 [경]1981년 사법시험 합격(23회) 1983년 사법연수원 수료(13기) 1985년 수원지법 성남지원 판사 1987년 서울지법 남부지원 판사 1989년 춘천지법 속초지원 판사 1991년 춘천지법 판사 1991년 변호사 개업, 법무법인 새빌 변호사(현) 1997년 춘천지방변호사회 총무이사 2005~2007년 강원지방변호사회 회장 2006년 언론중재위원회 중재위원 2010년 춘천경제정의실천시민연합 공동대표 2012~2015년 춘천YMCA 이사장 2013년 춘천지속발전가능협의회 상임대표 2015년 춘천YMCA 회원(현) [종]기독교

**박형일(朴亨日)**

[생]1963 · 5 · 23 [출]서울 [주]서울특별시 용산구 한강대로 32 (주)LG유플러스(1544-0010) [학]서울 우신고졸, 고려대 신문방송학과졸, 핀란드 헬싱키대 대학원 경영학과졸 [경]LG그룹 홍보팀 근무, LG정보통신 홍보팀 부장, LG전자 홍보팀 그룹장, LG데이콤(주) 사업협력담당 상무, LG텔레콤 대외협력담당 상무 2010년 (주)LG유플러스 대외협력담당 상무 2012년 同사업협력담당 상무 2015년 한국IPTV방송협회(KIBA) 이사 2016~2017년 同부회장 2017년 (주)LG유플러스 CR정책그룹장(전무) 2017년 방송통신위원회 남북방송통신교류추진위원회 제5기 위원(현) 2019년 (주)LG유플러스 CRO(전무)(현)

**박형일(朴炯一) PARK HYEONG IL**

[생]1968 · 3 · 13 [출]제주 [주]서울특별시 강북구 4.19로 123 통일교육원 교육협력부(02-9017-103) [학]1987년 당곡고졸 1993년 연세대 행정학과졸 1997년 서울대 행정대학원 행정학과졸 2002년 법학박사(중국 중국인민대) [경]1993년 행정고시 합격(37회) 2007년 통일부 개성공단사업지원단 개발기획팀장 2008년 駐중국대사관 홍보관 2009년 통일부 개성공단사업지원단 운영지원팀장 2009년 同장관 비서관 2011년 駐중국대사관 통일관 2014년 통일부 통일정책실 정책기획과장(서기관) 2015년 同통일정책실 정책기획과장(부이사관) 2015년 대통령 외교안보수석비서관실 통일비서관실 행정관 2017년 통일부 통일정책실 통일정책협력관(고위공무원) 2018년 同통일교육원 교육협력부장(현) [저]'중국 통일전선 연구'(2001, 중국학센터)

**박형주(朴炯珠) PARK Hyung Joo**

[생]1957 · 9 · 11 [주]서울특별시 서초구 반포대로 222 서울성모병원 흉부외과(02-2258-2858) [학]1982년 고려대 의대졸 1989년 同대학원 의학석사 1994년 의학박사(고려대) [경]1985~1986년 고려대의료원 인턴 1986~1990년 同흉부외과 레지던트 1990~1993년 고려대 구로병원 흉부외과 전임의 1993~2001년 순천향대 의대 흉부외과학교실 조교수 · 부교수 2001~2006년 同교수 2001~2006년 同천안병원 흉부외과 과장 2006~2011년 고려대 의대 흉부외과학교실 교수 2006~2011년 同안산병원 흉부외과 과장 2011년 가톨릭대 의대 흉부외과학교실 교수(현) 2011년 同서울성모병원 흉부외과 과장 2016년 세계흉벽학회(CWIG) 회장(현), 同지역조직위원회 의장 [상]이영균 학술상(2004)

**박형주(朴炯柱) Hyungju Park**

[생]1964·3·11 [본]함양(咸陽) [출]충남 부여 [주]경기도 수원시 영통구 월드컵로 206 아주대학교 총장실(031-219-2001) [학]1986년 서울대 물리학과졸 1995년 수학박사(미국 버클리대) [경]미국 버클리대 대학원 전자공학 박사 후 연구원 1995~2003년 미국 오클랜드대 수학과 조교수·부교수 2004~2009년 고등과학원 계산과학부 교수 2009~2015년 포항공과대 수학과 교수 2013~2014년 기초과학연구원(IBS) 부설 국가수리과학연구소 수학원리응용센터장, 대한수학회 국제교류위원장, 2014 서울국제수학자대회조직위원회 위원장 2014년 국제수학연맹(IMU) 집행위원(한국인 최초) 2015년 아주대 수학과 석좌교수(현) 2015~2017년 기초과학연구원(IBS) 부설 국가수리과학연구소장 2018년 아주대 총장(현) [저]'수학이 불완전한 세상에 대처하는 방법'(2015, 해나무)

**박형준(朴亨埈) PARK Hyung Jun**

[생]1959 · 12 · 21 [본]밀양(密陽) [출]부산 [주]부산광역시 서구 구덕로 225 동아대학교 사회학과(051-200-8642) [학]대일고졸 1982년 고려대 사회학과졸 1984년 同대학원졸 1992년 문학박사(고려대) [경]1983~1985년 중앙일보 기자 1993~1996년 부산경실련 기획위원장 1993년 동아대 사회학과 전임강사 · 조교수 · 부교수 · 교수(현) 1994년 대통령자문 정책기획위원 1998~2001년 포럼신사고 사무총장 2004~2008년 제17대 국회의원(부산 수영, 한나라당) 2004년 한나라당 여의도연구소 부소장 2004년 국회 문화관광위원회 상임위원 2004년 한나라당 언론발전특별위원회 간사 2005년 국회 정치개혁특별위원회 간사 2005년 한나라당 혁신위원회 총간사 2005년 同새정치수요모임 대표 2007년 同대변인 2007년 제17대 대통령직인수위원회 기획조정분과위원회 위원 2008년 대통령 홍보기획관 2009~2010년 대통령 정무수석비서관 2010~2011년 대통령 사회특보 2012년 제19대 국회의원선거 출마(부산 수영, 무소속) 2014~2016년 국회 사무총장(장관급) 2017년 JTBC '썰전' 출연(현) [상](사)한국청년유권자연맹 청년통통(소통 · 통합) 정치인상(2016) [저]'마르크스주의의 위기와 포스트 마르크스주의(共)'(1992, 의암출판사) '후기 자본주의와 사회운동의 전망(共)'(1993, 의암출판사) '기호와 공간의 경제'(1998, 현대미학사) '현대노동 과정론 – 자동화에 대한 연구' '네트워크형 시스템이론 구축을 위한 시론' '21세기를 위한 국가경영의 논리' '21세기의 이해' '한국형 지방자치의 청사진'(共) '한국 사회 무엇을 어떻게 바꿀 것인가–박형준의 공진국가 구상'(2014) '보수의 재구성(共)'(2019, 메디치미디어) [역]'현대의 조건, 탈현대의 쟁점'(共)

ㅂ

**박형준(朴亨濬) Park Hyeung-joon**

(생)1965·6·1 (본)밀양(密陽) (출)서울 (주)부산광역시 해운대구 재반로112번길 20 부산지방법원 동부지원(051-780-1114) (학)1983년 경복고졸 1987년 고려대 법학과졸 (경)1992년 사법시험 합격(34회) 1995년 사법연수원 수료(24기) 1998년 창원지법 판사 2000년 同함안군법원·의령군법원 판사 2001년 창원지법 판사 2002년 부산지법 판사 2005년 同동부지원 판사 2006년 부산고법 판사 2009년 부산지법 판사 2010년 창원지법 부장판사 2012년 부산지법 부장판사 2016년 울산지법 부장판사 2018년 부산지법 동부지원장(현)

**박형준(朴亨浚)**

(생)1966·1·10 (출)서울 (주)경기도 과천시 통영로 20 과천경찰서(02-2149-4321) (학)1988년 경찰대 행정학과졸(4기), 경기대 대학원 석사과정 수료 (경)1988년 경위 임관 1992년 경감 승진 2001년 경정 승진 2003년 경기지방경찰청 기획예산계장 2004년 同정보4계장 2005년 同정보2계장 2009년 경찰대학 치안정책과정 교육파견 2009년 경기지방경찰청 홍보담당관(총경) 2010년 강원 화천경찰서장 2011년 경기지방경찰청 경비과장 2011년 경기 성남중원경찰서장 2013년 경기지방경찰청 경비과장 2014년 경기 성남수정경찰서장 2015년 경기남부지방경찰청 경무과장 2016년 경기 화성동부경찰서장 2017년 경기남부지방경찰청 홍보담당관 2019년 경기 과천경찰서장(현)

**박형준(朴炯俊) PARK Hyung Joon**

(생)1969·4·28 (출)서울 (주)서울특별시 서초구 서초중앙로 157 서울고등법원(02-530-1114) (학)1988년 부산진고졸 1992년 서울대 법학과졸 1998년 同대학원졸 2001년 독일 프라이부르크대 연수 (경)1991년 사법시험 합격(33회) 1994년 사법연수원 수료(23기) 1994년 수원지법 판사 1996년 서울지법 판사 1998년 울산지법 판사 2001년 서울지법 판사 2004년 서울중앙지법 판사 2005년 법원행정처 법무담당관 2005년 同기획2담당관 2007년 서울고법 판사 2009년 창원지법 부장판사 2010년 대법원 재판연구관 2014년 서울중앙지법 부장판사 2016년 특허법원 부장판사 2018년 서울고법 부장판사(현) (종)가톨릭

**박형채(朴炯採) PARK Hyung Chae**

(생)1955·7·4 (출)전남 (주)경기도 성남시 분당구 성남대로 69 로드랜드EZ타워 610호 (주)코센(02-2604-6648) (학)1985년 순천제일대학 경영학과졸 (경)성원파이프(주) 상무이사 2007년 同STAINLESS사업본부장(전무) 2008년 同STS사업본부장(전무) 2009년 同대표이사 부사장 2009년 중평금속 대표이사 부사장 겸임 2010년 성원파이프(주) 대표이사 사장 2013년 DS제강 대표이사 사장 2014~2018년 (주)코센 각자대표이사 2019년 同부회장(현) (상)철의 날 산업포장(2011)

**박형철(朴亨澈) Park, Hyung Cheol**

(생)1961·7·17 (출)전남 무안 (주)전라남도 고흥군 도양읍 소록해안길 65 국립소록도병원(061-840-0501) (학)1988년 전남대 의대졸 1991년 同대학원 의학석사 1997년 의학박사(전남대) 2005년 전남대 행정대학원 행정학과졸 2007년 한국교육개발원 사회복지학과졸(문학사) 2008년 서울대병원·대한의사협회 의료경영고위과정(AHP) 수료 (경)1995~2007년 광주시 동구보건소장 1999~2000·2002~2003년 조선대 환경보건대학원 겸임교수 2000~2008년 전남대 의대 임상조교수 2001~2008년 조선대 의대 외래부교수 2002~2003년 대통령직속 의료제도발전특별위원회 공공의료전문위원회 위원, 한센인피해사건진상규명실무위원회 위원 2003~2005년 대한공공의학회 정책이사 2004~2005년 캐나다 맥마스터대 방문연구원 2006~2008년 한국모자보건학회 기획·법제위원 2007년 대한나학회 이사(현) 2007년 국립소록도병원장(현) 2016~2017년 대한공공의학회 부회장 (상)보건사회부장관표창(1994), 무등의림대상 특별상(2006), 한국보건행정학회 한국보건행정인상(2009), 대한나학회 유준학술상(2010), 근정포장(2016)

**박형철(朴炯哲) PARK Hyeong Chul**

(생)1968·4·17 (출)서울 (주)서울특별시 종로구 청와대로 1 대통령 반부패비서관실(02-770-0011) (학)1987년 서울고졸 1993년 서울대 공법학과졸 (경)1993년 사법시험 합격(35회) 1996년 사법연수원 수료(25기), 미국 캘리포니아대 버클리교 대학원 Visiting Scholar 1996년 공익 법무관 1999년 서울지검 동부지청 검사 2001년 춘천지검 원주지청 검사 2002년 광주지검 검사 2004년 서울중앙지검 검사 2006년 인천지검 검사 2008년 부산지검 검사 2009년 同부부장검사 2010년 창원지검 밀양지청장 2011년 대검찰청 공안2과장 2013년 서울중앙지검 공공형사수사부장 2014년 대전고검 검사 2016년 부산고검 검사 2016~2017년 법률사무소 담박(淡泊) 변호사 2017년 대통령 민정수석비서관실 반부패비서관(현)

**박형호(朴瀅浩) PARK Hyung Ho**

(생)1958·9·21 (출)서울 (주)서울특별시 서대문구 연세로 50 연세대학교 공과대학 신소재공학부(02-2123-2853) (학)1981년 한양대 금속공학과졸 1984년 한국과학기술원(KAIST) 대학원 재료공학과졸(석사) 1988년 재료공학박사(프랑스 보르도1대) (경)1988~1989년 프랑스 보르도 국립과학연구소 박사 후 연구원 1989~1995년 한국전자통신연구소 선임연구원 1995년 연세대 공과대학 세라믹공학과 교수 1999년 KISTEP 평가위원 2000년 (주)CIJ 자문교수 2000년 한국결정학회 재료분과 이사 2004년 한국세라믹학회 정보화위원장 2004년 신기술인정(KT마크)제도 심사위원 2006년 연세대 공학대학원 부원장 2007년 한국세라믹학회 조직위원장 2008년 대한금속재료학회 편집위원 2009년 한국세라믹학회 학술운영이사 2009년 연세대 공과대학 신소재공학부 교수(현) (상)한국실리콘학회 공로상(2019), 한국세라믹학회 춘계학술대회 학술상(2019) (저)'세라믹실험' '한국의 산업기술과 미래전망'(2006) '하이테크 세라믹스 용어사전'(2007)

**박혜경(朴惠慶·女) Park Hye Kyung**

(생)1960·2·17 (본)밀양(密陽) (출)서울 (주)충청북도 청주시 흥덕구 오송읍 오송생명1로 194-41 충북산학융합본부 기업연구관 I동 401호 중앙급식관리지원센터(043-233-8812) (학)1982년 숙명여대 식품영양학과졸 1985년 고려대 대학원 식품공학과졸 1991년 식품공학박사(고려대) (경)1996년 서울지방식품의약품안전청 시험분석실 보건연구관 1998년 식품의약품안전청 식품규격과 보건연구관 2003년 同영양기능식품본부 영양평가팀장 2008년 同영양기능식품국 영양평가과장 2008년 同영양기능식품국 식품첨가물과장 2009년 同영양기능식품국 영양평가과장 2009년 同식품안전국 영양정책관실 영양정책과장 2010년 同식품안전국 영양정책관(연구직고위공무원) 2013년 식품의약품안전처 식품영양안전국장 2014년 국방대 파견(고위공무원) 2015~2018년 식품의약품안전처 식품의약품안전평가원 독성평가연구부장 2018년 중앙급식관리지원센터 센터장(현) (상)대통령표창(2007), 중앙일보 선정 '새뚝이' 과학의학분야(2007) (종)기독교

**박혜경(朴惠敬·女) PARK Hye Kyeong**

(생)1968·9·24 (출)서울 (주)인천광역시 미추홀구 소성로163번길 49 인천지방검찰청 중요경제범죄조사단(032-860-4484) (학)1986년 은광여고졸 1990년 연세대 사학과졸 (경)1998년 사법시험 합격(40회) 2001년 사법연수원 수료(30기) 2001년 대전지검 검사 2003년 대구지검 김천지청 검사 2005년 서울동부지검 검사 2008년 의정부지검 고양지청 검사 2011년 울산지검 검사 2013년 수원지검 안양지청 검사 2015년 同안산지청 부부장검사 2016년 전주지검 부부장검사 2017년 수원지검 부부장검사 2018년 서울고검 검사 2018년 수원지검 부부장검사 2019년 인천지검 중요경제범죄조사단 부장검사(현)

**박혜경(朴惠景·女)**

(생)1974 (주)세종특별자치시 도움5로 20 국민권익위원회 심사보호국 보호보상정책과(044-200-7751) (학)1993년 예천여고졸 1997년 경북대 공법학과졸 (경)1999년 사법시험 합격(41회) 2002년 사법연수원 수료(31기) 2002년 법무법인 동양 변호사 2003~2004년 법무법인 단비 변호사 2005년 법제처 법령관리해석단 사무관 2007년 同행정심판관리국 사무관 2011년 국민권익위원회 행정심판총괄과 서기관 2012년 同제도개선총괄담당관 2017년 법제처 행정법제국 법제관(파견) 2018년 국민권익위원회 행정심판국 환경문화심판과장 2019년 同심사보호국 보호보상정책과장(현)

**박혜란(朴惠蘭·女)**

(생)1946·12·5 (주)서울특별시 서대문구 충정로 50 골든브릿지빌딩 9층 (사)여성문화네트워크(02-2036-9214) (학)1969년 서울대 문리과대학 독어독문학과졸 1971년 同대학원 독어독문학과 수료 1987년 이화여대 대학원 여성학과졸 (경)1968~1974년 동아일보 기자 1988년 여성신문 편집위원장(현) 1993~2017년 한국YWCA연합회 돌봄과살림팀 위원 2003~2008년 양성평등교육진흥원 이사 2007~2010년 (사)서울국제가족영상축제 이사장 2007~2017년 (사)공동육아와공동체교육 이사장, 이화여대 아시아여성학센터 초빙연구원, 중국 연변대 초빙교수, 인간교육실현학부모연대 공동대표 2015년 (사)여성문화네트워크 대표이사(현) (상)제36회 세종문화대상 문화다양성부문(2017) (저)'삶의 여성학'(1993) '프로냐 포로냐'(1995) '변경에서의 일년'(1997) '자신감이 없을 때'(1998) '공부하기 싫을 때'(1999) '꾸중을 들었을 때'(1999) '여자와 남자'(2003) '소파전쟁'(2005) '나이듦에 대하여'(2011) '다시 아이를 키운다면'(2013) '믿는 만큼 자라는 아이들'(2013) '결혼해도 괜찮아'(2015) '엄마공부'(2015) '오늘, 난생처음 살아보는 날'(2017) '나는 맘먹었다, 나답게 늙기로'(2017) '모든 아이는 특별하다'(2019)

**박혜련(朴慧蓮·女) PARK Hye Ryeon**

(생)1957·9·20 (주)대전광역시 서구 둔산로 100 대전광역시의회(042-270-5071) (학)대성여상졸 2006년 주성대학 청소년문화복지과졸, 한밭대 경영학과졸, 충남대 행정대학원 행정학과졸 (경)대전생활체육협의회 상임이사, 열린우리당 대전서구乙지역위원회 여성위원장, 민주당 대전서구甲지역위원회 여성위원장, 同대전시당 여성위원회 운영위원, 민주평통 자문위원 2006~2010년 대전시 서구의회 의원(비례대표, 열린우리당), 대전 내동초교 운영위원 2010~2014년 대전시 서구의회 의원(민주당·민주통합당·새정치민주연합), 대전서부초교 운영위원회 부위원장 2014~2018년 대전시의회 의원(새정치민주연합·더불어민주당) 2014년 同행정자치위원회 위원 2015년 同운영위원회 위원 2015년 同행정자치위원회 부위원장 2015·2016~2018년 同국립철도박물관유치특별위원회 위원 2015년 새정치민주연합 대전시당 을지로위원회 시민행복증진분과 위원장 2015년 더불어민주당 대전시당 을지로위원회 시민행복증진분과 위원장(현) 2016~2018년 대전시의회 행정자치위원장 2016~2018년 同운영위원회 위원 2017년 대전 백운초교 운영위원(현) 2018년 대전시의회 의원(더불어민주당)(현) 2018년 同행정자치위원장(현) (상)대한미용사회 감사패(2017), 2017매니페스토약속대상 우수상 좋은조례분야(2017)

**박혜린(朴惠璘·女) Park Hye Rin**

(생)1969·9·1 (주)서울특별시 성동구 광나루로 172 (주)바이오스마트(070-8897-8433) (학)1987년 잠실여고졸 1991년 서울여대 도서관학과졸 2015년 연세대 대학원졸 (경)2007년 (주)바이오스마트 회장(현) 2009년 옴니시스템(주) 대표이사(현) 2009년 (주)한생화장품 대표이사(현) 2013년 라미화장품 대표이사(현) 2012~2013년 국가경쟁력강화위원회 민간위원 2012~2016년 코스닥협회 이사 2012년 지식경제부 에너지위원회 위원 2013년 중소기업중앙회 중소기업창조경제확산위원회 위원 2013년 미래창조과학부 ICT정책고객대표 자문위원 2013년 중소기업중앙회 기업성장촉진위원회 위원 2014년 중소기업학회 부회장 2015년 국가과학기술심의회 에너지환경전문위원회 위원 2015년 한국무역협회 비상근부회장(현) 2015년 동반성장위원회 위원(현) 2016년 코스닥협회 부회장(현) 2017년 대통령직속 국민경제자문회의 혁신경제분과 자문위원(현) 2018년 녹색성장위원회 위원(현) (상)국회 신성장산업포럼 대한민국한류대상(2009), 지식경제부장관표창(2011), 대한민국친환경대상위원회 친환경대상(2011), 중소기업연구원 환경친화경영 여성기업인상(2012), 벤처활성화유공부문 산업포장(2012), 중소기업청 이 달의 자랑스러운 중소기업인상(2013), 소비자시민모임 에너지위너상(2014), 한국거래소 코스닥시장 아시아뷰티어워즈 라이징브랜드상(2015), 코리아메이크업브랜드어워즈 글로벌브랜드부문 대상(2015), 한국벤처창업학회 혁신기업가 대상(2015), 중소기업중앙회 중소기업을 빛낸 얼굴들 헌정증(2016), 한국거래소 코스닥시장 개장20주년 감사패(2016)

**박혜영(朴惠英·女) PARK Hae Young**

(생)1961·2·26 (출)서울 (주)서울특별시 마포구 성암로 267 문화방송(MBC) 사회공헌실(02-789-0011) (학)1979년 한양대부속여고졸 1983년 한국외국어대 불어과졸 (경)1982년 문화방송(MBC) 프로듀서 1985년 同심의실 근무 1986년 同라디오제작국 제작2부 근무 1986년 同기획특집부 근무 1988년 同FM방송부 근무 1991년 同FM2부·1부 근무 1993년 同라디오제작1부 근무 1995년 同라디오편성기획팀 근무 1996년 同FM2팀 차장대우 1998년 同제작1부 차장 2000년 同라디오2팀·라디오4팀 차장 2002년 同라디오4CP·1CP(부장대우) 2004년 同라디오본부 위원(부장) 2005년 同라디오본부 1CP(부장) 2006년 同라디오편성기획팀 근무(부장급) 2009년 同라디오본부 라디오4부 부국장 2017년 同사회공헌실장(국장)(현)

**박혜자(朴惠子·女) PARK Hae Ja**

(생)1956·5·23 (본)진원(珍原) (출)전남 구례 (주)대구광역시 동구 동내로 64 한국교육학술정보원 원장실(053-714-0212) (학)1974년 전남여고졸 1978년 이화여대 정치외교학과졸 1980년 同대학원 정치외교학과졸 1984년 미국 오리건대 대학원 도시행정학과졸 1993년 도시행정학박사(서울시립대) (경)1989~2004·2008~2012년 호남대 행정학과 교수 1996년 YMCA 지도위원 1999년 행정자치부 정책자문위원 1999년 광주시 시정자문위원장 2000~2004년 대통령직속 지방이양추진위원회 실무위원 2002년 호남발전연구원 자치행정연구소장 2004년 대통령직속 정부혁신지방분권위원회 전문위원 2004~2008년 전남도 복지여성국장 2009~2010년 호남대 인문사회대학장, 한국거버넌스학회 회장, 국무총리실 행정정보공유추진위원회·행정선진화추진위원회 위원 2011년 광주여성재단 설립추진위원회 위원장 2011년 同이사 2012년 민주통합당 정책위원회 부의장 2012~2016년 제19대 국회의원(광주 서구甲, 민주통합당·민주당·새정치민주연합·더불어민주당) 2012년 국회 교육과학기술위원회 위원 2012년 국회 윤리특별위원회 위원 2013·2014년 국회 교육문화체육관광위원회 위원 2013년 한국스카

ㅂ

우트 광주연맹장(현) 2013년 민주당 최고위원 2014년 새정치민주연합 최고위원 2014년 국회 여성가족위원회 위원 2014년 한국여성의정회 이사(현) 2014~2015년 국회 평창동계올림픽및국제경기대회지원특별위원회 위원 2015년 새정치민주연합 광주시당 위원장 2015년 同전국시·도당위원장협의회 간사 2015년 국회 메르스대책특별위원회 위원 2015년 국회 예산결산특별위원회 위원 2015년 국회 평창동계올림픽및국제경기대회지원특별위원회 위원 2015년 더불어민주당 광주시당 위원장 2016~2018년 同광주시서구甲지역위원회 위원장 2017년 同제19대 문재인 대통령후보 중앙선거대책위원회 공보단 대변인 2017년 조선대 정책대학원 초빙교수 2017~2018년 더불어민주당 조직강화특별위원회 위원 2019년 한국교육학술정보원(KERIS) 원장(현) (상)대통령표창(2002), 국정감사NGO모니터단 선정 '국정감사 우수국회의원상'(2012·2014·2015), 유권자시민행동 대한민국유권자대상(2015) (저)'행정학개론'(共) '정부와 여성참여'(共) '문화정책과 행정'(2011) '사회서비스정책론(共)'(2011) (종)기독교

### 박 호(朴 虎) Park Ho

(생)1964·3·27 (주)전라남도 무안군 삼향읍 오룡길 1 전남도청 국제협력관 국제관계대사실(061-286-2406) (학)1990년 한국외국어대 정치외교학과졸 (경)1991년 외무고시 합격(25회) 1991년 외무부 입부 1997년 駐영국 2등서기관 2000년 駐라오스 1등서기관 2005년 외교통상부 혁신기획팀장 2007년 同서유럽과장 2009년 駐프랑스 참사관 2011년 駐이탈리아 공사참사관 2014년 미국 조지타운대 외교연구소 파견 2016년 駐바레인 대사 2017년 전남도 국제관계대사(현)

### 박호군(朴虎君) PARK Ho Koon

(생)1947·12·1 (본)진주(晋州) (출)서울 (주)서울특별시 강남구 봉은사로 405 서울벤처대학원대학교 총장실(02-3470-5112) (학)1966년 제물포고졸 1970년 서울대 문리과대학 화학과졸 1975년 미국 일리노이대 대학원 이학과졸 1979년 이학박사(미국 오하이오주립대) (경)1980년 미국 하버드대 연구원 1982년 한국과학기술연구원(KIST) 선임연구원 1985년 同스테로이드분석실장 1985~1999년 同책임연구원 1989년 同천연물화학연구실장 1991년 同정밀화학연구부장 1992년 同연구조정부장 1996년 同응용과학연구부장 1998년 同생체과학연구부장 1999~2003년 同원장 2001년 한국환경분석학회 회장 2001년 대통령자문 정책기획위원 2003년 과학기술부 장관 2004년 한국과학기술연구원(KIST) 석좌연구원 2004년 LG화학 사외이사 2004~2008년 인천대 총장 2004년 인천지역혁신협의회 의장 2012~2015년 한독미디어대학원대 총장 2013년 국민과함께하는새정치추진위원회 공동위원장 2014년 새정치연합 창당준비위원회 공동위원장 2015~2016년 서울미디어대학원대(SMIT) 총장 2018년 서울벤처대학원대 총장(현) (상)인천시 과학기술상(2000), 국민훈장 목련장(2001) (종)천주교

### 박호근(朴昊根) PARK Ho Keun

(생)1955·2·1 (출)울산 (주)서울특별시 종로구 율곡로2길 25 연합뉴스 동북아센터(02-398-3114) (학)1974년 학성고졸 1978년 고려대 정치외교학과졸 (경)1982년 연합통신 입사 1982~1994년 同외신부·사회부·경제부·지방부 기자 1994년 同경제부 차장대우 1996년 同경제부 차장 1997~1998년 미국 미주리대 저널리즘스쿨 객원연구원 1998년 연합뉴스 경제부 차장 1999년 同지방부 부장대우 2000년 관훈클럽 편집위원 2000년 (주)연합인포맥스 취재담당 이사 2003년 同상무이사 2005년 공정거래위원회 정책홍보자문위원 2006~2009년 (주)연합인포맥스 전무이사 2009~2012년 同대표이사 사장 2010년 한국양방향방송콘텐츠산업협의회 회장 2012~2014년 (주)연합인포맥스 상임고문 2018년 연합뉴스 동북아센터 비상임이사(현) (상)한국개발연구원(KDI) 정책대학원 특별공로상(2009)

### 박호기(朴浩基) Park Ho Gi

(생)1961·1·28 (출)대구 (학)1979년 대구상고졸 1988년 단국대 경영학과졸 (경)1983년 신한은행 입행 1986년 同대구지점 은행원 1989년 同제주지점 대리 1990년 同인사부 대리 1994년 同종로지점 대리 1998년 同쌍문동지점장 2004년 同아현동지점장 2004년 同양재하이브랜드지점장 2005년 同삼성역지점장 2009년 同BPR추진부장 2012년 同업무개선본부장 2013년 同대구경북본부장 2015년 同미래채널본부장 2016~2018년 제주은행 부행장

### 박호성(朴浩成) Hosung Park

(생)1974·6·30 (출)서울 (주)세종특별자치시 갈매로 477 기획재정부 대변인실(044-215-2410) (학)1993년 명지고졸 2001년 연세대 경제학과졸 2016년 영국 버밍엄대 대학원 사회정책학과졸(MA) (경)2000년 행정고시 합격(44회) 2001~2010년 기획예산처 기금정책국·성과관리본부·기획재정부 예산실 행정사무관 2010년 기획재정부 공공정책국 민간투자정책과 서기관 2017년 同재정관리국 재정집행관리과장 2017년 同재정기획국 중기재정전략과장 2017년 同재정혁신국 지출혁신과장 2019년 同대변인실 홍보담당관(현)

### 박호영

(생)1955·2·25 (주)서울특별시 서초구 방배중앙로29길 30 서울시의약품유통협회(02-3482-6791) (학)1998년 연세대 경영대학원 경영학과졸, 서울대 보건대학원 보건의료정책최고관리자과정(HPM) 수료 (경)1979년 현대약품 병원영업마케팅본부장 1997~2018년 한국위너스약품(주) 설립·대표이사, 한국의약품도매협회 부회장, 한국의약품유통협회 총무위원장, 세계의약품도매연맹(IFPW) 사무부총장 2012년 한국보건정보정책연구원 원장 2012년 서울대 보건대학원 HPM 총동문회장 2013년 민주평통 고양시 일산지회장 2015년 한국소아당뇨인협회 이사장(현) 2016년 수요포럼 회장 2016·2017년 민주평통 고양시지역협의회 회장 2018년 서울시의약품유통협회 제20대 회장(현) 2018년 한국위너스약품(주) 대표이사 회장 (상)보건복지가족부장관표창(2009), 대통령표창(2013)

### 박호용(朴鎬用) PARK Ho Yong

(생)1957·11·19 (출)부산 (주)대전광역시 유성구 과학로 125 한국생명공학연구원 산업바이오소재연구센터(042-860-4650) (학)1976년 부산고졸 1980년 서울대 농대졸 1983년 同대학원 곤충병리학과졸 1987년 곤충병리학박사(서울대) (경)1984년 한국생명공학연구원 산업바이오소재연구센터 책임연구원(현) 1999~2002년 한국생명공학연구원 유전자원센터장 1999년 한중생명공학협력센터장 2000년 생명공학기술평가단 단장 2000년 (주)인섹트바이오텍 CTO(현) 2006년 한국생명공학연구원 곤충소재연구센터장 2008년 한국곤충생명공학연구회 회장 2012년 한국곤충학회 회장 2012년 세계곤충학회 진행위원장 2012년 한국생명공학연구원 미래연구정책부장 2012년 한국R&D IP협의회 회장(현) 2014년 한국잠사학회 회장(현) 2014년 아시아태평양잠사학회 회장(현) 2016~2018년 한국지식재산전략원 비상임이사 (상)과학기술훈장 도약장 (저)'한국의 생물다양성 2000' '한국의 화분' '중국 생명공학 현황의 이해' '자원곤충학' '생명공학백서' (역)'약용곤충의 효능과 처방'(2004)

### 박호표(朴浩杓) PARK Ho Pyo

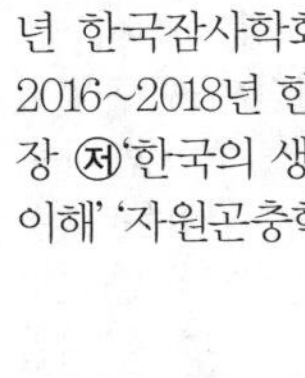

(생)1956·6·5 (주)충청북도 청주시 청원구 대성로 298 청주대학교 관광경영학과(043-229-8726) (학)1980년 강원대 관광경영학과졸 1982년 경희대 대학원졸 1988년 관광경영학박사(경기대) 1997년 미국 미시간주립대 국제대학원 VIPP과정 수료 (경)1986년 청주대 경상대학 관광경영학과 교수

(현) 1995년 한국관광정책학회 부회장 1998년 대한관광경영학회 감사 1998~2000년 한국관광학회 학술기획출판위원장 1998년 한국호텔·외식경영학회 이사 1999년 한국관광학회 부회장, 한국관광진흥연구원 이사, 한국관광개발학회 부회장, 충북경제포럼 지식관산업분과 위원장 2003년 청주대 학생취업지원실장 2008~2009년 同기획조정처장 2012~2013년 同교무처장 2014년 同경상대학장 겸 경영경제연구소장 2016~2018년 同대학원장 겸 청주학연구원장 2017년 同행정부총장(현) 2017년 (사)충북마이스협회 회장(현) (상)경북도관광협회장표창(1984), 간송문화재단 학술상(2000), 충북도지사표창(2001) (저)'관광서비스'(1991) '관광학의 이해'(1997) '호텔·관광마케팅'(1998) '스포츠게임산업개론'(2001) '관광사업의 이해'(2001)

### 박호형(朴浩亨)

(생)1966·5·8 (주)제주특별자치도 제주시 문연로 13 제주특별자치도의회(064-741-1942) (학)오현고졸, 제주대 정치외교학과졸, 同사회복지임상치료대학원 사회복지학과졸 (경)제주전문대학총학생회 회장, 한국청소년지도자 제주특별자치도연맹회 회장 2016~2018년 오영훈 국회의원 정책특별보좌관 2018년 제주특별자치도의회 의원(더불어민주당)(현) 2018년 同문화관광체육위원회 위원(현) 2019년 同 예산결산특별위원회 위원(현)

### 박호형(朴虎螢) PARK, Ho-Hyoung

(생)1967·2·4 (본)밀양(密陽) (출)전남 해남 (주)대전광역시 서구 청사로 189 특허청 산업재산정책국(042-481-5817) (학)1985년 광주서석고졸 1989년 중앙대 정치외교학과졸 2008년 미국 미주리주립대 행정대학원졸 (경)1994년 행정고시 합격(38회) 2000년 특허청 발명정책과 근무 2002년 同상표2심사담당관실 서기관 2004~2006년 同혁신인사기획팀 혁신팀장 2008년 同산업재산경영지원과장 2009년 특허심판원 심판관 2010년 특허청 기획조정관실 기획재정담당관 2011년 駐미국 주재관(파견) 2014년 특허청 상표디자인심사국 상표심사정책과장(부이사관) 2017년 同산업재산정책과장 2018년 특허심판원 심판2부 심판장(고위공무원) 2018년 특허청 산업재산정책국장(현) 2019년 同수출규제대응지식재산권지원단 간사 겸임(현)

### 박홍근(朴弘根) PARK Hong Geon

(생)1950·10·8 (본)밀양(密陽) (출)부산 (주)부산광역시 북구 낙동대로 1786 구포성심병원 이사장실(051-330-2088) (학)1969년 부산고졸 1975년 부산대 의대졸 1988년 의학박사(고려대) 1995년 부산대 경영대학원 최고경영자과정 수료 (경)1976년 부산대병원 인턴 1980년 同정형외과 레지던트 1980년 同정형외과 전문의 1983년 구포성심병원 개원·이사장(현) 1995년 민주평통 자문위원 1997~1998년 부산시 사상구로타리클럽 회장 1997~2009년 부산북구장학회 이사 2000년 부산 북부경찰서 선진질서위원장, 대한병원협회 이사 2010년 부산 북구장학회 이사장(현), 부산 북구노인후원회 회장(현), (사)부산북구문화관광축제 조직위원회 부회장(현), 부산과학기술대 이사(현), 부산어린이어깨동무 이사(현), 쿠쿠사회복지재단 이사(현) 2017년 부산 낙동문화원 원장(현) (상)산업포장(1996), 저축의 날 금융위원장표창(2014) (종)불교

### 박홍근(朴鴻根) PARK Hong Gun

(생)1962·10·14 (본)밀양(密陽) (출)서울 (주)서울특별시 관악구 관악로 1 서울대학교 공과대학 건축학과(02-880-7055) (학)1981년 고려고졸 1985년 서울대 건축학과졸 1987년 同대학원 구조공학과졸 1994년 공학박사(미국 텍사스대) (경)1988~1990년 전우구조기술사사무소 설계주임 1994년 미국 텍사스대 퍼거슨구조연구소 연구원 1995~1997년 同퍼거슨구조연구소장 1997년 서울대 공과대학 건축학과 교수(현) 2003~2004년 한국지진공학회 이사 2006년 대한건축학회 건축구조기준제정위원회 위원장 2006~2013년 서울대 2단계 BK사업팀장 2009~2011년 同건축학과장 2013~2014년 한국구조물진단유지관리공학회 부회장 2013년 서울대 BK21플러스사업단 차세대글로벌건설엔지니어양성사업팀장(현) 2014~2016년 한국건축정책학회 부회장 2015년 한국콘크리트학회 부회장 2015년 한국건축구조기술사회 부회장 2017년 한국과학기술한림원 정회원(공학부·현) 2018년 한국공학한림원 정회원(건설환경공학·현) (상)서울대 공과대학 우수연구교수상(2008), 미국콘크리트학회 ACI구조공학논문상(2009·2011), 지식경제부장관표창(2011), 서울대 공과대학 우수강의상(2011), 국토해양부장관표창(2014)

### 박홍근(朴洪根) Park, Hong-Keun

(생)1969·10·8 (본)밀양(密陽) (출)전남 고흥 (주)서울특별시 영등포구 의사당대로 1 국회 의원회관 442호(02-784-8370) (학)1988년 순천 효천고졸 1994년 경희대 국어국문학과졸 1999년 同행정대학원 환경행정학과졸 (경)1992~1993년 경희대 총학생회장 2001~2005년 KYC 공동대표 2003~2005년 한국자원봉사협의회 이사 2004~2007년 시민사회단체연대회의 운영위원 2004년 서울시민포럼 공동대표 2005~2008년 민주평통 상임위원 2007년 대통합민주신당 창당준비위원회 대변인 2012년 제19대 국회의원(서울 중랑구乙, 민주통합당·민주당·새정치민주연합·더불어민주당) 2012년 민주통합당 전국청년위원장 2012년 국회 교육과학기술위원회 위원 2012년 민주통합당 제18대 대통령중앙선거대책위원회 청년위원장 2013년 同비상대책위원 2013년 국회 교육문화체육관광위원회 위원 2013년 민주당 전국청년위원장 2014~2015년 국회 남북관계 및 교류협력발전특별위원회 위원 2014~2015년 새정치민주연합 비상대책위원장 비서실장 2015년 민족화해협력범국민협의회 정책위원장 2015~2016년 더좋은미래 책임운영간사 2016년 제20대 국회의원(서울 중랑구乙, 더불어민주당)(현) 2016년 더불어민주당 청년일자리TF 위원 2016·2018년 국회 예산결산특별위원회 위원(현) 2016~2017년 국회 미래창조과학방송통신위원회 간사 2016년 더불어민주당 서울중랑구乙지역위원회 위원장(현) 2017년 同제19대 문재인 대통령후보 중앙선거대책위원회 방송언론정책위원회 부위원장 2017~2018년 同원내수석부대표 2017~2018년 국회 운영위원회 간사 2017~2018년 국회 과학기술정보방송통신위원회 위원 2018년 국회 국토교통위원회 위원(현) 2018년 더불어민주당 을지키는민생실천위원회 위원장(현) 2019년 민족화해협력범국민협의회 정책위원장(현) (상)민주평화통일자문회의 의장표창(2006), 제19대 국회의원 헌정대상(2013), 대한민국 우수국회의원 대상(2013), 국정감사 NGO모니터단 국정감사 우수의원(2013·2014·2015·2016·2017), 경제정의실천시민연합 국정감사 우수의원(2014), 법률소비자연맹 국회의원 헌정대상(2015), 한국매니페스토실천본부 국정감사 우수의원(2015), 한국언론사협회 대한민국우수국회의원 대상(2015·2016), 법률소비자연맹 제19대국회종합헌정대상(2015·2017), 한국언론사협회 자랑스런한국인 인물대상(2016), 한국교육신문연합회 대한민국인성교육대상(2016), 대한민국가족지킴이 대한민국실천대상(2016), 한국교육신문연합회 대한민국교육공헌대상(2016), 한국언론사협회 국제평화언론대상(2016), 녹색소비자연대 전국협의회 ICT정책우수의원(2016), 더불어사는희망연대노동조합 감사패(2017), 유권자시민행동 대한민국유권자대상(2017), 한국인터넷전문가협회 인터넷에코어워드 특별공로상(2017), JJC지방자치TV 대한민국의정대상(2017), 소상공인연합회 감사패(2017), 자랑스런한국인인물대상 의정발전공헌대상(2017·2018), 더불어민주당 국정감사우수의원(2017·2018), 국회사무처 입법및정책개발 우수국회의원(2018), 법률소비자연맹 국회의원 헌정대상(2018), 소상공인연합회 우수국회의원상 초청대상(2018), 국회의원 의정활동세미나 대한민국모범국회의원 대상(2018), 국정감사 NGO국정감사 국리민복상(2018), 세계연맹기자단 제4회 대한민국참봉사대상 법률공로대상(2019), MBN&한국여성유권자연맹 제1회 참괜찮은의원상(2019), 민주신문사 대한민국을빛낸21세기한국인상 의정부문대상(2019), 새한일보&전국NGO단체연대 대한민국인물대상 민족화해협력부문 의정대상(2019) (저)'백년인대계'(2014) '진심에 바뀌고 진실이 이긴다'(2011) (종)기독교

**박홍기(朴洪基) Hongki Park**

(생)1961·4·12 (주)서울특별시 중구 퇴계로 213 일흥빌딩 5층 한솔PNS(주) 감사실(02-772-5306) (학)1985년 한남대 경영학과졸 (경)1987년 경제기획원 예산실 근무 1991~1995년 同심사평가국 근무 1995년 공정거래위원회 조사2국 조사1과 근무 1996년 同조사담당관실 근무 1997년 同조사국 조사기획과 근무 2001년 同심판관리2담당관실 근무 2002년 同혁신인사담당관실 근무 2005년 同종합상담실 근무 2006년 同시장조사과 근무 2009~2010년 同소비자안전정보과 근무 2010~2015년 법무법인 광장 전문위원 2015년 한솔PNS(주) 상근감사(현)

**박홍기(朴弘基) Park, Hong Ki**

(생)1963·12·7 (출)충남 (주)서울특별시 중구 세종대로 124 서울신문(02-2000-9000) (학)1982년 천안고졸 1989년 성균관대 사회학과졸 2004년 同언론정보대학원 언론학과졸 2018년 언론학박사(성균관대) (경)1989년 서울신문 입사 2003년 한국기자협회 대학언론위원회 위원장 2003년 서울신문 사회부 차장 2003~2004년 교육인적자원부 교육과정심의위원회 위원 2005년 서울신문 논설위원(차장) 2005년 同정치부 차장 2006년 사립학교법시행령 개정위원 2008년 서울신문 도쿄특파원(부장급) 2010~2011년 同논설위원(부장급) 2010~2011년 교육과학기술부 교육정책심의위원 2011~2012년 한국자살예방협회 미디어위원회 위원 2011년 서울신문 사회부장 2012년 同사회에디터 겸 부국장 2013~2014년 대한민국인재상 중앙심사위원 2013~2018년 교육부 국공립대학교원임용양성평등위원회 위원 2013~2015년 서울신문 온라인뉴스국장 2015년 同논설위원(국장급) 2015~2019년 포털뉴스제휴평가위원회 위원 2016~2018년 서울고법 국선변호인운영위원 2016년 同수석논설위원 2017~2018년 서울신문 편집국장 2017년 포털뉴스제휴평가위원회 2소위원회 위원장 2017년 한국대학교육협의회 한국교양기초교육원 운영위원(현) 2018년 서울신문 이사(현) 2019년 관세청 관세행정발전심의위원(현) (상)한국기자협회 이달의 기자상(1993·1995·2000·2003·2004), 한국마약퇴치운동본부 한국마약대상(1999), 성균언론인상(2017) (저)'학벌리포트(共)'(2003, 더북) '태평양 건너를 몰라도 너무 모른다'(2006)

**박홍래(朴洪來) Park Hong Rae**

(생)1962·9·21 (본)밀양(密陽) (출)전남 담양 (주)서울특별시 서초구 서초대로74길 4 삼성생명서초타워 법무법인 동인(02-2046-0673) (학)1981년 광주 동신고졸 1985년 전남대 법학과졸 1987년 同대학원 법학과졸 2000년 인하대 대학원 법학과졸 (경)1985년 사법시험 합격(27회) 1988년 사법연수원 수료(17기) 1988~1991년 군법무관 1991~1994년 인천지검·광주지검 목포지청 검사 1994~1999년 인천제일법무법인 변호사 1999~2005년 전남대 법대 전임강사·조교수·부교수 2006년 광주고법 판사 2009년 인천지법 판사 2010년 춘천지법 수석부장판사 2010~2011년 언론중재위원회 강원중재부장 2011년 수원지법 여주지원장 2013년 서울중앙지법 부장판사 2014년 수원지법 성남지원장 2016~2017년 인천지법 부장판사 2017년 법무법인(유) 동인 구성원변호사(현) (종)기독교

**박홍배(朴弘培) Park Hong Bai**

(생)1957 (출)제주 제주시 (주)제주특별자치도 제주시 선덕로 23 제주관광공사(064-740-6012) (학)제주상고졸 (경)1976년 공무원 임용 2010년 제주특별자치도 투자정책과장 2011년 同국제자유도시과장 2013년 同서울본부장 2014년 同공항인프라확충추진단장 직대 2014년 同교통제도개선추진단장 2015년 同경제산업국장(지방부이사관) 2016년 同특별자치행정국장 2016년 제주발전연구원 파견(지방부이사관) 2017년 제주관광공사 사장(현) (상)대한민국 공공정책대상 정책 부문 대상(2019), 국무총리표창(2019)

**박홍석(朴弘錫) PARK Hong Seok**

(생)1965·6·16 (주)서울특별시 종로구 우정국로 26 금호아시아나그룹 전략경영실(02-6303-1672) (학)경복고졸, 성균관대 기계설계학과졸, 미국 미시간대 대학원 경영학과졸(MBA) (경)대우건설 근무 2007년 금호아시아그룹 전략경영본부 경영관리부문 상무보 2010년 同전략경영본부 경영관리부문 상무 2013년 금호아시아나그룹 전략경영실 전무 2014년 금호타이어 경영기획본부 전무 2016년 금호아시아나그룹 전략경영실장(부사장)(현) 2017년 금호고속(주) 사내이사(현) 2019년 금호산업 사내이사(현)

**박홍우(朴洪佑) PARK Hong Woo**

(생)1952·7·2 (출)대구 (주)서울특별시 종로구 종로5길 58 법무법인 케이씨엘(02-721-4242) (학)1972년 경북고졸 1976년 서울대 법학과졸 1979년 同대학원 법학과졸 1986년 헌법학박사(서울대) (경)1980년 사법시험 합격(22회) 1982년 사법연수원 수료(12기) 1982년 춘천지법 판사 1985년 수원지법 성남지원 판사 1989년 서울지법 남부지원 판사 1991년 서울민사지법 판사 1991년 미국 코넬대 연수 1993년 서울고법 판사 겸 헌법재판소 헌법연구관 1997년 사법연수원 교수, 국민대 교수 1998년 창원지법 부장판사 1999년 서울지법 의정부지원 부장판사 2000년 同북부지원 부장판사 2003년 서울중앙지법 부장판사 2005년 대구고법 부장판사 2006년 서울고법 부장판사 2008~2010년 헌법연구회 회장 2010년 서울중앙지법 형사수석부장판사 2011년 의정부지법원장 2012년 서울행정법원장 2013년 서울가정법원장 겸임 2014~2016년 대전고등법원장 2016년 법무법인 케이씨엘 고문변호사(현) (저)'주석헌법'(1988) '코멘탈 헌법(共)'(1992) '법학의 이해(共)'(1997) '주석형법(共)'(2006) '미국헌법'(2008) '헌법판례해설Ⅰ(共)'(2010)

**박홍원(朴鴻遠) PARK Hong Won**

(생)1957·8·27 (출)부산 (주)부산광역시 금정구 부산대학로63번길 2 부산대학교 사회과학대학 신문방송학과(051-510-2112) (학)1976년 부산고졸 1983년 서울대 신문학과졸 1987년 미국 뉴욕주립대 언론학과졸 1999년 문학박사(미국 미네소타대) (경)1985년 서울대 신문연구소 조교 1992~1993년 미국 미네소타대 강사 2001년 연세대 강사 2001~2002년 서울대 강사 2001년 한국언론재단 연구위원 2002년 부산대 신문방송학과 조교수 2004년 한국언론학회 연구이사 2005~2008년 부산대 대학원 신문방송학과장 2006년 同사회과학대학 신문방송학과 부교수·교수(현) 2008년 同대학생활원 운영위원 2010년 同부산캠퍼스 대학생활원 지도교수 2017~2019년 同교수회장 (저)'기록으로 보는 생활사(共)'(2007) '커뮤니케이션 다시 읽기: 경계를 가르는 관점들(共)'(2015)

**박홍재(朴弘栽) Park Hong Jae**

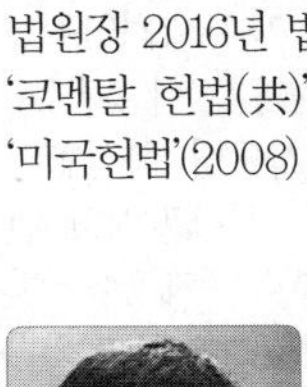

(생)1962·1·16 (주)서울특별시 서초구 헌릉로 12 현대자동차 기업전략본부(02-3464-0130) (학)1980년 전주고졸 1988년 서울대 국제경제학과졸 1990년 同대학원 경제학과졸 2000년 경제학박사(영국 런던대) (경)1990~1992년 매일경제신문 경제부 기자 1992~1995년 현대자동차써비스 노무기획과·인사제도과·경영개선팀 근무 2000~2004년 현대자동차 한국자동차산업연구소 연구위원·경영연구팀장 2003~2004년 대통령자문 동북아경제중심추진위원회 국가혁신체제전문위원 2004년 현대자동차 한국자동차산업연구소 부소장·소장 2005~2007년 대통령자문 국민경제자문회의 산업통상회의 전문위원 2008년 현대자동차 한국자동차산업연구소장(상무) 2013년 同한국자동차산업연구소장(부사장) 2016년 同글로벌경영연구소장 2018년 同기업전략실장 2019년 同기업전략본부장(현)

**박홍주(朴弘珠) Hongju Park**

(생)1969·10·15 (주)광주광역시 북구 용봉로 33 전남대학교 치과병원(062-530-5500) (학)1988년 광주 대동고졸 1995년 전남대 치대졸 1998년 同대학원 치의학과졸 2002년 치의학박사(전남대) (경)1999~2000년 전남대병원 구강악안면외과 전임의 2000~2002년 하남성심병원 치과장 2002년 순천 성가롤로병원 치과장 2003~2014년 전남대 치과대학 전임강사·조교수·부교수 2010년 독일 프라이부르크대학병원 구강악안면외과 Clinical Fellowship 2010~2011년 미국 텍사스주립대 MD Anderson Cancer Center 방문교수 2013~2016년 전남대 치과병원 진료부장 2014년 同치의학전문대학원 구강악안면외과학교실 교수(현) 2017년 미국 하버드대 부속 보스톤아동병원 연수, 대한치과감염학회 부회장(현), AOCMF regional faculty(현), 대한구강악안면외과학회 학술이사(현) 2018년 전남대 치과병원장(현) (상)미국임플란트학회 최우수구연상, 대한악안면성형재건외과 우수구연상(2008), 대한구강악안면외과학회 최우수포스터상(2009), 대한구강악안면외과학회 우수포스터상(2009) 등 다수

**박홍진(朴弘鎭) Park Hong Jin**

(생)1964·3·1 (주)경기도 용인시 수지구 문인로 30 (주)현대그린푸드 사장실(031-525-2008) (학)경북고졸, 서울대 농경제학과졸, 경제학박사(서울대) (경)1996~2000년 현대경제연구원 수석연구위원 2000년 (주)현대백화점 기획조정본부 전략기획팀장, (주)디씨씨 감사(비상근) 2006년 (주)현대백화점 이사대우 2007년 同기획조정본부 기획담당 상무 2008년 同무역센터점장(상무갑) 2010년 同무역센터점장(전무) 2012년 同기획조정본부 부본부장(부사장) 2013년 同영업본부장(부사장) 2015년 (주)현대그린푸드 공동대표이사 부사장 2016년 同대표이사 사장(현) (종)불교

**박홍진(朴洪珍) Park, Hongjin**

(생)1969·2·9 (본)상주(尙州) (출)전남 여수 (주)서울특별시 중구 세종대로 39 기획재정부 혁신성장추진기획단 혁신성장기획팀(02-6050-2515) (학)1987년 순천고졸 1993년 서울대 공법학과졸 2003년 同대학원 경제법학과졸 2011년 미국 Univ. of Pennsylvania Law School 법학석사(LL. M.) 2013년 同Law School S.J.D.(금융규제법)과정 수료 (경)1994년 행정고시 합격(38회) 1998년 사법시험 합격(40회) 2003년 사법연수원 수료(32기) 2005년 외교통상부 자유무역협정상품협상과 행정사무관 2005년 재정경제부 지역경제정책과 행정사무관 2006년 同기술정보과 행정사무관 2007년 同산업경제과 행정사무관 2007년 同정책조정총괄과 행정사무관 2008년 기획재정부 정책조정총괄과 서기관 2008년 국무총리실 재정산업정책관실 서기관 2013년 기획재정부 대변인실 서기관 2013년 同서비스경제과 서비스산업육성팀장 2014년 同통상정책과 한·중FTA팀장 2015년 同미래사회전략팀장 2015년 대통령 정책조정수석비서관실 행정관 2016년 대통령 경제수석비서관실 행정관 2016년 기획재정부 자유무역협정관세이행과장 2018년 同미래전략과장 2019년 同혁신성장추진기획단 혁신성장기획팀장(현) (저)'프랜차이즈 관련 법률과 제도의 이해'(2005, 중소기업청 소상공인지원센터)

**박화진(朴華珍) Park, Hwa-Jin**

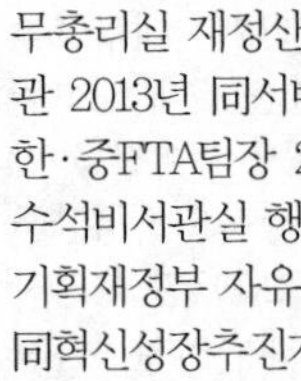

(생)1962·10·7 (본)밀양(密陽) (출)부산 (주)세종특별자치시 한누리대로 422 고용노동부 노동정책실(044-202-7300) (학)1981년 대동고졸 1985년 서울대 사회학과졸 2002년 미국 위스콘신대 그린베이교 대학원 노사관계학과졸 (경)1990년 행정고시 합격(34회) 2002년 청주지방노동사무소장 2002년 노동부 장관 비서관 2003년 同노사정책국 노동조합과장 2005년 同노사정책국 노사관계법제팀장 2006년 同총무과장(서기관) 2007년 同총무과장(부이사관) 2008년 同근로기준국 차별개선과장 2009년 同근로기준국 근로기준과장 2009년 同근로기준국장(일반직고위공무원) 2010년 국방대 파견 2011년 대통령 고용노사비서관실 선임행정관 2012년 부산지방고용노동청장 2013년 고용노동부 노동정책실 노사협력정책관 2014~2015년 同인력수급정책국장 2015년 대통령 고용노동비서관실 선임행정관 2016년 고용노동부 산재예방보상정책국장 2017년 同중앙노동위원회 상임위원 2017년 同기획조정실장 2019년 同노동정책실장(현)

**박효관(朴孝寬) PARK Hyo Kwan**

(생)1961·1·26 (본)밀양(密陽) (출)경남 진주 (주)부산광역시 연제구 법원로 31 부산고등법원(051-590-1114) (학)1979년 부산대사대부고졸 1983년 서울대 법학과졸 1985년 同대학원졸 (경)1983년 사법시험 합격(25회) 1985년 사법연수원 수료(15기) 1986년 軍법무관 1989년 마산지법 판사 1992년 부산지법 판사 1996년 同동부지원 판사 1996년 부산고법 판사 1998년 부산지법 판사 2001년 창원지법 밀양지원장 2003년 부산지법 부장판사 2007년 창원지법 진주지원장 2009년 부산고법 부장판사 2011년 부산지법 수석부장판사 2012년 同동부지원장 2013년 부산가정법원장 겸임 2014년 부산고법 수석부장판사 2016년 同부장판사 2017년 창원지법원장 2019년 부산고법 부장판사(현)

**박효대(朴孝大) PARK Hyo Dae**

(생)1954·3·20 (본)밀양(密陽) (출)부산 (주)서울특별시 강남구 선릉로 514 성원빌딩 10층 에스넷시스템(주) 비서실(02-3469-2805) (학)1972년 동아고졸 1976년 서울대 전기공학과졸 1984년 미국 펜실베이니아대 대학원 전자공학과졸 1988년 전자공학박사(미국 퍼듀대) (경)1989~1993년 삼성종합기술원 컴퓨터응용연구실장·그룹 CAE센터장 1993~1994년 삼성SDS 사업부장·연구소장 1998~1999년 사라정보(주) 대표이사 1999년 에스넷시스템(주) 대표이사 부회장 2014년 同각자대표이사 부회장 2016년 同부회장 2017년 同회장(현) (상)대통령표창

**박효덕(朴孝德) Park Hyo Derk**

(생)1960·11·24 (주)경상북도 구미시 산동면 첨단기업1로 17 (재)구미전자정보기술원(054-479-2005) (학)1984년 경북대 전자공학과졸 1986년 同대학원 전자공학과졸 1993년 전자공학박사(경북대) (경)1993년 전자부품연구원 입원, 同마이크로머신연구센터장, 同나노융합연구본부장, 同바이오나노에너지연구본부장, 同에너지전력IT사업단장, 同LED융합산업단장, 同에너지IT연구본부장, 同신사업개발그룹장, 同스마트센서사업단장 2002년 한국산업기술진흥협회 심사위원(현) 2003~2015년 나노코리아조직위원회 위원 2004~2005년 과학기술부 융합기술포럼위원 2005~2008년 한국과학기술기획평가원 국가연구개발예산분배·조정위원회 자문위원 2008~2010년 기획재정부·한국과학기술기획평가원(KISTEP) 국가예비타당성조사분석위원회 자문위원 2010~2011년 한국에너지기술평가원(KETEP)·한국산업기술평가관리원(KEIT) 전략산업기술위원회 위원 2011~2013년 환경부 미래유망녹색기술포럼 총괄위원 2011~2017년 멤스(MEMS)기술연구조합 이사장 2013~2016년 산업통상자원부 스마트센서심포지엄 조직위원장 2014~2017년 미래창조과학부 스마트IT융합사업단 평가위원 2015년 대한전기전자재료학회 부회장 2016년 한국엔젤투자협회 TIPS기술평가단 평가위원(현) 2016~2017년 (주)동국이노텍 대표이사 2017년 과학기술정보통신부 스마트IT융합사업단 평가위원(현) 2017년 한국센서학회 회장 2017년 강원테크노파크 강원전략사업융복합TF 실무위원(현) 2017년 세종지역산업기획단 기획위원(현) 2017년 대전창조경제혁신센터 운영위원(현) 2017년 한국연구재단·과학기술정보통신부 R&D프로세스혁신TF 위원(현) 2017~2018년 나노종합기술원 첨단센서사업추진단장 2018년 (재)구미전자정보기술원 원장(현) (상)20세기 한국의 100대 기술상(1999), 국무총리표창(2001), 산업포장(2004)

**박효동(朴孝東) PARK Hyo Dong**

(생)1958·1·12 (출)경남 고성 (주)강원도 춘천시 중앙로 1 강원도의회(033-249-5018) (학)1976년 동광농고졸 1998년 관동대 행정학과졸 (경)1980년 토성농협 근무 1991년 관동컴퓨터 사장 1993년 강원 고성경찰서 방범자문위원 1998~2002년 강원 고성군의회 의원, 천진초 운영위원, 토성명번영회 회장, 민주평통 고성군협의회 간사, 한나라당 이명박 대통령후보 특보, 강원시군의회의장협의회 사무처장 2002·2006년 강원 고성군의회 의원 2004~2006년 同의장 2010~2014년 강원도의회 의원(한나라당·새누리당) 2012~2014년 同농림수산위원장 2014년 강원도의원선거 출마(무소속) 2018년 강원도의회 의원(더불어민주당)(현) 2018년 同농림수산위원회 위원장(현)

**박효선(朴孝仙·女)**

(생)1973·6·20 (출)서울 (주)대구광역시 수성구 동대구로 364 대구지방법원 총무과(053-757-6470) (학)1992년 영등포여고졸 1996년 서울대 법학과졸 (경)2001년 사법시험 합격(43회) 2002년 사법연수원 수료(33기) 2004년 법무법인 대륙 변호사 2009년 청주지법 판사 2012년 대전고법 청주재판부 판사 2013년 수원지법 판사 2016년 서울중앙지법 판사 2017년 서울고법 판사 2019년 대구지법 부장판사(현)

**박효성(朴曉星) Park Hyo-sung**

(생)1958·6·18 (본)밀양(密陽) (출)서울 (주)서울특별시 종로구 사직로8길 60 외교부 인사운영팀(02-2100-7141) (학)1981년 한국외국어대 정치외교학과졸 1988년 미국 펜실베이니아대 대학원 국제정치학석사 및 행정학 석사 (경)1981년 외무고시 합격(15회) 1981년 외무부 입부 1990년 駐토론토 영사 1992년 駐자메이카 1등서기관 1997년 駐미국 1등서기관 2001년 외교통상부 구주통상과장 2002년 同북미통상과장 2002년 駐체코 참사관 2004년 駐제네바대표부 공사참사관 2007년 외교통상부 통상교섭본부장 보좌관 2007년 同자유무역협정제2기획관 2008년 同자유무역협정 교섭국장 2009년 미국 하버드대 케네디스쿨 기업정부연구센터 선임연구원(M-RCBG: Mossavar-Rahmani Center for Business and Government) 2009년 駐제네바대표부 차석대사 2014년 駐루마니아 대사 2016년 외교부 본부대사 2016년 미국 하버드대 케네디스쿨 기업정부연구센터(M-RCBG) 연구위원 2017년 駐뉴욕 총영사(현)

**박효식**

(생)1961·6·27 (출)경북 고령 (주)경상북도 안동시 풍천면 검무로 77 경북지방경찰청 경무과(054-824-2121) (학)경북대사대부고졸, 경북대 경영학과졸, 同행정대학원졸 (경)1991년 경위 임관(경찰간부후보 39기), 울진경찰서 정보보안과장, 성주경찰서 정보보안과장, 김천경찰서 청문감사관, 경산경찰서 수사과장 2004년 경북지방경찰청 교육계장 2006년 同경무계장 2008년 同청문감사담당·인사계장 2011년 울릉경찰서장(총경) 2012년 청도경찰서장 2013년 경북지방경찰청 청문감사담당관 2014년 대구달성경찰서장 2015년 대구지방경찰청 홍보담당관 2016년 대구강북경찰서장 2017년 대구지방경찰청 정보과장 2018년 경북 고령경찰서장 2019년 경북지방경찰청 경무과장(현)

**박효종(朴孝鍾) PARK Hyo Chong**

(생)1947·11·6 (출)서울 (학)1966년 경북 순심고졸 1973년 가톨릭대 신학과졸 1975년 同대학원졸 1979년 서울대 대학원 국민윤리학과졸 1986년 정치학박사(미국 Indiana Univ. at Bloomington) (경)1976년 덕성여고 교사 1980년 통일원 연구원 1987~1999년 경상대 교수 1999~2013년 서울대 사범대학 윤리교육과 교수 2001년 한국간행물윤리위원회 심의위원 2001년 동북아학회 편집위원장 2001년 한국체계과학회 회장 2003년 한국국민윤리학회 편집위원장 2003년 바른사회를위한시민회의 정책위원장 2004년 同공동대표 2005년 교과서포럼 상임공동대표 2005년 동아일보 객원논설위원 2008년 조선일보 객원논설위원 2009·2011년 대통령직속 사회통합위원회 위원 2011년 한반도포럼 회원 2011년 마중물여성연대 고문 2012년 새누리당 정치쇄신특별위원회 위원 2013년 제18대 대통령직인수위원회 정무분과 간사 2014~2017년 방송통신심의위원회 위원장(차관급) 2014~2017년 同광고심의소위원회 위원장 겸임 (상)한국백상출판문화상 저작상(2001), 대통령표창(2013) (저)'네오마르크스주의에 있어 국가의 재조명'(1991) '정치경제학에 있어 국가의 위상에 대한 비판적 고찰'(1992) '최소한의 국가의 위상정립을 위한 정치경제학적 접근'(1993) '시장의 실패와 국가의 실패에 관한 정치경제학적 조명'(1993) '한국에 있어 산업민주주의의 발전과 복지체제'(1994) '정당국고보조금제 비판과 대안'(1997) '사회주의 운동과 노동운동'(1998) '한국 민주정치와 3권분립'(1998) '한국의 보수주의'(1999) '국가와 권위'(2001) '성찰의 사회학'(2002) '세계화 과정에서 공동체주의'(2002) '한국의 인념적 담론과 노무현 현상'(2002) '자유와 법치'(2002) '아들에게 건네주는 인생의 나침반'(2003) (종)가톨릭

**박효진(朴孝津) PARK Hyo Jin**

(생)1959·9·25 (출)부산 (주)서울특별시 강남구 언주로 211 강남세브란스병원 소화기내과(02-2019-3318) (학)1985년 연세대 의대졸 1988년 同대학원 의학석사 1996년 의학박사(연세대) (경)1992~1994년 연세대 의과대학 내과학교실 강사 1993~1994년 영국 런던 ST. Mark's 병원 Research Fellow 1994~2005년 연세대 의과대학 내과학교실 전임강사·조교수·부교수 1998~2000년 미국 아이오와대 병원 Visiting Scientist 2005~2006년 한국평활근학회 학술위원 2006~2009년 同회장 2006년 연세대 의과대학 내과학교실 교수(현) 2007~2009년 강남세브란스병원 교육수련부장 2010~2014년 同대장암클리닉팀장 2011~2013년 대한소화기기능성질환운동학회 회장 2013·2015~2019년 강남세브란스병원 소화기내과 과장 2014~2016년 同강남세브란스체크업 소장 2017년 아시아소화관운동학회(ANMA) 회장(현) 2017~2019년 강남세브란스병원 암병원장 (저)'소화관 운동질환'(1999) '변비와 식사요법'(2002) '소화운동질환 아트라스'(2006)

**박후근(朴厚根) PARKHOOGEUN**

(생)1965·1·5 (본)밀양(密陽) (출)경북 영양 (주)대전광역시 서구 청사로 189 행정안전부 국가기록원 행정지원과(042-481-6206) (학)1984년 대구고졸 1992년 영남대 행정학과졸 2010년 연세대 대학원 행정학과졸 2018년 충남대학교 공공정책전공 박사과정 재학 중 (경)1991~1996년 경북도·영양군 근무 1996~1997년 내무부 재난관리국 근무 1998~2005년 행정자치부 기획관리실·감사관실 근무 2005~2013년 同대변인실·감사관실·자치제도과 사무관 2013~2017년 국가기록원 서기관 2017년 국무조정실 제주특별자치도정책관실 분권재정과장 2018년 행정안전부 국가기록원 행정지원과장(현) (종)불교

**박 훈(朴 勳) PARK Hoon**

(생)1969·5·5 (출)서울 (주)서울특별시 강남구 테헤란로 512 신안빌딩 14층 (주)휴스틸 비서실(02-828-9025) (학)1987년 한영고졸, 삼육의명대학졸, 경희대 경영대학원졸 (경)1988년 신안종합건설(주) 입사, 강남엔지니어링 대표이사, (주)신안스포츠클럽 대표이사, (주)신안 전무이사 2001년 同건설부문 기술담당 상무, (주)휴스틸 전무이사 2004년 同대표이

사 2005년 同경영기획실 이사 2006년 同비상근전무 2007년 신안레져(주) 대표이사 2009년 (주)휴스틸 비상근이사 2012년 신안그룹 총괄부사장 2014년 (주)휴스틸 부사장 2016년 同대표이사 사장(현) (종)기독교

**박 훈(朴 壎) PARK HOON**

(생)1976·1·2 (본)밀양(密陽) (출)서울 (주)세종특별자치시 한누리대로 402 운영지원과(044-203-5062) (학)1994년 서울고졸 2000년 서울대 인류학과졸 2007년 同대학원 행정학과 수료 2014년 미국 컬럼비아대 대학원 행정학과졸(MPA) (경)2001년 행정고시 합격(44회) 2002~2006년 軍복무(공군 사관후보생109기) 2010년 同자원개발총괄과 서기관 2010년 同산업기술정책과 서기관 2011년 지식경제R&D전략기획단 파견 2014년 산업통상자원부 신재생에너지과 서기관 2014년 同자원개발전략과 광물자원팀장 2017년 同중견기업혁신과장 2019년 세종연구소 파견(서기관)(현) (종)천주교

**박훈기(朴勳基) PARK Hun Ki**

(생)1962·9·6 (본)밀양(密陽) (주)부산광역시 남구 문현금융로 30 BNK금융지주 그룹D-IT부문(051-620-3107) (학)1986년 서울대 경영학과졸 2007년 한국과학기술원(KAIST) 최고경영자과정(정보미디어) 수료 (경)1986~2001년 한국IBM(주) 입사·글로벌서비스본부장·교육본부장·시스템통합사업부장 2003년 SAP-Korea 마케팅·전략기획총괄 상무 2004~2009년 (주)GS홈쇼핑 정보전략부문장(상무·CIO) 2009~2010년 同자문역 2009~2010년 대한무역투자진흥공사(KOTRA) IT수출 전문위원 2013년 한국기술교육대 교수 2015~2017년 한양여자대학 컴퓨터정보과 교수 2017년 BNK금융지주 그룹디지털총괄부문장(부사장) 2019년 同그룹D-IT부문장(부사장)(현) (상)한국CIO포럼 제6회 올해의 CIO(최고정보책임자)상(2005)

**박훈기(朴勳基) PARK Hoon Ki**

(생)1962·10·3 (출)전북 김제 (주)서울특별시 성동구 왕십리로 222-1 한양대학교 서울병원 가정의학과(02-2290-8738) (학)1987년 서울대 의대졸 1993년 同보건대학원 보건학과졸 1999년 의학박사(서울대) 2003년 영국 런던대 스포츠의학과졸 (경)1990년 육군 군의관 1993년 서울대병원 전임의 1994~1995년 단국대 의대 전임강사 1995년 한양대 의과대학 의학교육학교실 교수 2007~2013년 대한가정의학회 교육이사 2010년 대한스포츠의학회 이사(현), 한양대 의대 가정의학교실 교수(현) 2019년 한양대 의과대학 교무부학장(현) (상)홍콩의학교육학회 우수발표논문상(2004), 대한가정의학회 학술상(2005), 대통령표창(2010) (저)'스포츠의학'(2001) '가정의학'(2001) '저항운동의 이해'(2004) '의학개론'(2006) '대한가저의학회 최신가정의학'(2007) (역)'Crash Course-History and Physical examinatiom'(2000) (종)천주교

**박흥권(朴興權) Park, Heung Gweon**

(생)1971·2·20 (출)부산 (주)서울특별시 중구 청계천로 86 한화빌딩 (주)한화 임원실(02-729-1114) (학)1989년 해운대고졸 1996년 고려대졸 2002년 미국 펜실베이니아대 와튼스쿨졸(MBA) (경)두산중공업(주) 전략기획담당 상무, McKinsey & Company Engagement Manager, 두산 밥콕 최고운영책임자(COO·상무), 두산중공업(주) EPC BG EPC 영업총괄 전무, 同Power BG 관리총괄 전무 2013~2018년 同터빈·발전기BG장(부사장) 2019년 (주)한화 재경본부장(사장)(현) (종)기독교

**박흥대(朴興大) PARK Heung Dae**

(생)1954·4·21 (출)경남 창원 (주)부산광역시 연제구 법원로 38 로펌빌딩 7층 법무법인 유석(051-714-6661) (학)1973년 경남공고졸 1977년 부산대 법학과졸 1979년 同대학원 법학과 수료 (경)1979년 사법시험 합격(21회) 1981년 사법연수원 수료(11기) 1981년 해군 법무관 1984년 광주지법 판사 1987년 부산지법 판사 1991년 부산고법 판사 1994년 부산지법 판사 1997년 同울산지원 부장판사 1998년 부산지법 부장판사 2002년 창원지법 진주지원장 2003년 부산고법 부장판사 2005년 부산지법 수석부장판사 2006년 부산고법 수석부장판사 2009년 부산지법 동부지원장 2010년 제주지법원장 2011년 부산지법원장 2011년 부산가정법원장 겸임 2013~2015년 부산고법원장 2015년 법무법인 유석 대표변호사(현) 2015년 S&T모티브(주) 사외이사(현) 2015년 경남대 고문변호사(현) (상)부산여성NGO연합회 감사패(2013), 황조근정훈장(2015) (저)'형사소송법 연구' (종)불교

**박흥목(朴興穆) PARK Heung Mok**

(생)1960·10·3 (출)강원 동해 (주)강원도 동해시 천곡로 120 동해소방서(033-533-1119) (학)삼척대 행정학과졸 (경)1986년 공무원 임용, 강원 삼척소방서 구조구급담당·예방담당 2004년 강원 동해·삼척소방서 소방행정담당 2011년 강원 정선소방서 현장지휘대장(지방소방령) 2012년 강원 삼척소방서 방호구조과장 2014년 강원도소방학교 교육지원과장 2015년 강원 동해소방서 소방행정과장 2017년 강원 강릉소방서 방호구조과장 2018년 강원 태백소방서장(지방소방정) 2019년 강원 동해소방서장(현) (상)내무부장관표창

**박흥석(朴興錫) PARK Heung Seok**

(생)1945·2·12 (출)광주 (주)광주광역시 광산구 하남산단1번로 43 (주)럭키산업 회장실(062-951-7881) (학)1974년 전남대 행정대학원 수료 1994년 同경영대학원 최고경영자과정 수료 2003년 명예 경영학박사(전남대) 2010년 명예 경영학박사(호남대) (경)1970년 전남지방병무청 근무 1974년 흥국상사 대표이사 1985년 (주)럭키산업 설립·대표이사 회장(현) 1994년 한국우주정보소년단 광주전남본부장 1996년 장백산업 설립·대표이사 1998년 광주방송 이사 1999년 한국발명진흥회 광주지회장 2001~2012년 광주방송 대표이사 사장 2002~2007년 전남사회복지공동모금회 회장 2004년 전남대병원 발전후원회장(현) 2008년 (사)여의도클럽 부회장 2009~2015년 광주상공회의소 회장 2009~2013년 민주평통 부의장 2010년 광주FC프로축구단 초대 대표이사 2011~2013년 대통령직속 지역발전위원회 민간위원 2011~2017년 전남대병원 비상임이사 2013년 제18대 대통령직인수위원회 경제1분과 인수위원 2014년 광주과학기술원 비상임이사(현) 2018년 대한적십자사 광주·전남지사 회장(현) (상)동탑산업훈장(1987), 대통령표창(1991), 광주시민대상(1994), 국민훈장 동백장(2013), 해남군민의 상(2015)

ㅂ

**박흥석(朴興碩) PARK Heng Seok**

(생)1955·1·17 (출)경북 영천 (주)서울특별시 강남구 테헤란로 222 도원빌딩 대명그룹(02-2222-7234) (학)1973년 영천고졸 (경)1982년 대명그룹 입사 1994년 同구매관제이사 2000년 同상무이사 2001~2018년 同총괄사장 2018년 同부회장(현), 在京영천고동창회 회장 (상)산업포장(2007), 은탑산업훈장(2013)

**박흥석(朴興錫) PARK Heung Suk**

(생)1957·7·8 (출)경기 수원 (주)경기도 의정부시 추동로 140 연합뉴스 경기북부취재본부(031-853-1414) (학)1976년 제물포고졸 1983년 연세대 기계공학과졸 (경)1988~1992년 경기일보 편집부·정경

부 기자 1992년 同제2사회부 안양주재 차장 1992년 同정경부 차장 1994년 同제2사회부 차장 1995년 同정경부장대우 1997년 同정치부장 1999년 同사회부장 2001년 同부국장대우 인천분실장 2002년 同정치부 부국장 2002년 同편집국장 2006년 同편집이사 겸 편집국장 2008년 同전략담당 이사 겸 경기정판사 대표이사 2002년 경기언론인클럽 이사 2009년 화성문화재단 이사 2019년 연합뉴스 경기취재본부·경기북부취재본부 콘텐츠자문위원장(현)

**박흥수(朴興洙) PARK Heungsoo**

(생)1961·8·3 (본)밀양(密陽) (출)충남 예산 (주)서울특별시 동대문구 이문로 107 한국외국어대학교 중국어대학 중국언어문화학부(02-2173-2296) (학)1980년 천안고졸 1985년 한국외국어대 중국어과졸 1987년 同대학원 중국어과졸 1994년 문학박사(대만국립사범대) (경)1994~1996년 한국외국어대·용인대·성신여대 강사 1996~2006년 한국외국어대 중국어과 전임강사·조교수·교수 1998~2002년 同중국어과 학과장 1999년 중국 북경대 교환교수 2002~2003년 미국 그랜드밸리주립대 교환교수 2004~2006년 한국외국어대 교육대학원 중국어교육과 주임교수 2006년 同중국어대학 중국언어문화학부 교수(현) 2006년 중국 상해복단대 교환교수 2007·2009~2010년 한국외국어대 중국어대학 부학장 2007년 同중국어학과장 2010~2012년 同입학처장 2011~2012년 서울·경인지역대학입학처장협의회 회장 2013~2014년 한국중국어교육학회 회장 2013~2014년 사이버한국외국어대 학장 2015년 한국외국어대 공자아카데미 원장 2016~2018년 한국중국언어학회 회장 2017년 한국외국어대 중국언어문화학부장(현) (저)'중국이 보인다(共)'(1998) '짜오 차이나(共)'(2000) '차이나하우스'(2007) (역)'朱駿聲 說文學 硏究(A STUDY OF ZHU, JUN-SHENG'S SHUOWEN STUDIES)'(1994) (종)기독교

**박흥식(朴興植) Park heung sik (검박)**

(생)1947·5·12 (본)영해(寧海) (출)서울 종로 (주)서울특별시 종로구 송월1길 68 부정부패추방실천시민회(02-586-8436) (학)1999년 한양대 시민사회리더쉽과정 수료 2007년 서울대 NGO와법의지배강좌 수료 (경)1979~1987년 한국청년회의소 동대문JC 이사 1988~1998년 만능기계(주) 설립·대표이사 1993~1995년 경제정의실천시민연합 부정부패추방본부 부패감시단 회원 1996~1997년 부정부패추방시민연합 창립(발기인) 및 기획사업단 부단장 1998년 부정부패추방실천시민회 창립 상임공동대표(현) 2000년 한국NGO지도자협의회 상임공동대표(현) 2000~2005년 서울종로세무서 세무고충처리위원회 심의위원 2001~2006년 서울 관악구 규제개혁위원회 심의위원 2002~2003년 바른선거유권자운동 감시고발분과 위원장 2004~2006년 민주평통 광진구협의회 유공자문위원 2007년 인터넷뉴스 'NGO글로벌뉴스' 발행인 겸 편집인(현) (상)제25회 발명의 날 상공부장관 공로상(1990) (종)불교

**박흥식(朴興植) PARK Heung Sik**

(생)1954·1·28 (주)부산광역시 연제구 중앙대로 1001 부산광역시의회(051-888-8245) (학)1985년 동의대 회계학과졸 (경)꽃마을슈퍼 대표, 동의대학원자율화추진위원회 위원장, 同5.3사건공동대책위원회 위원장, 부산인권센터 발기인 겸 운영위원, 서대신동주거환경개선사업 제7지구주민대책위원회 총무, 구덕초 운영위원회 위원장, 열린우리당 부산시서구당원협의회 준비위원, 同운영위원, 同APEC지원특별위원회 위원, 열린자원봉사단 서구지역단장, 평화와통일로가는3040네트워크 공동대표, 열린우리당 부산시당 교육연수위원, 同서구지역위원회 부위원장, 同김두관 최고위원 정치특별보좌관 2006년 부산시 서구의원 선거 출마(민주당) 2010~2014년 부산시 서구의회 의원(민주당·민주통합당·민주당·새정치민주연합) 2018년 부산시의회 의원(더불어민주당)(현) 2018년 同도시안전위원회 위원(현) (종)기독교

**박흥식(朴興植) Heung-Sik Park**

(생)1962·1·5 (출)경북 칠곡 (주)광주광역시 북구 서림로 10 기아타이거즈(070-7686-8000) (학)서울 신일고졸, 한양대졸 (경)1984년 '1985 KBO 신인드래프트' 1차 지명에서 MBC청룡에 지명 1982~1989년 프로야구 MBC청룡 소속(외야수) 1990~1993년 프로야구 LG트윈스 소속(외야수) 1990년 프로야구 한국시리즈 우승(LG트윈스) 1993년 현역 은퇴 1996~2006년 프로야구 삼성라이온즈 1군 타격코치 2007년 同2군 타격코치 2008년 프로야구 기아타이거즈 1군 타격코치 2010년 프로야구 넥센히어로즈 1군 타격코치 2011년 同2군 감독 2012년 同1군 타격코치 2013~2014년 프로야구 롯데자이언츠 1군 타격코치 2015~2017년 프로야구 기아타이거즈 1군 타격코치 2018년 同2군 감독 2019년 同감독 대행 2019년 同2군 감독(현)

**박흥식(朴興植) PARK Heung Sik**

(생)1964·2·20 (주)서울특별시 구로구 공원로 7 애경빌딩 애경화학(주)(02-860-7698) (학)강릉고졸, 서울대 화학과졸 (경)코오롱(주) 기술연구소 선임연구원, GE플라스틱스코리아 부장 1992년 듀폰코리아 입사, 同엔지니어링폴리머사업부 상무, 同전무 2014년 同대표이사 2019년 애경화학(주) 대표이사(현)

**박흥준(朴興俊) PARK HEUNG-JUN**

(생)1969·10·29 (본)밀양(密陽) (출)경북 영덕 (주)서울특별시 서초구 서초대로 250 스타갤러리브릿지 11층 법무법인 담박(淡泊)(02-548-4301) (학)1988년 대구고졸 1992년 서울대 법과대학졸 2006~2007년 중국 상해사범대 법정대학 연수 (경)1996년 사법시험 합격(38회) 1999년 사법연수원 수료(28기) 1999년 부산지검 검사 2001년 대구지검 포항지청 검사 2003년 인천지검 부천지청 검사 2005년 청주지검 충주지청 검사 2006년 서울중앙지검 금융조세조사1부·형사1부 검사 2011년 수원지검 안양지청 검사 2011년 同안양지청 부부장검사 2012년 대구지검 서부지청 부장검사 2014년 부산지검 특별수사부장 2015년 인천지검 형사5부장 2016년 서울남부지검 형사3부장 2017년 인천지검 형사3부장 2017년 법무법인 담박(淡泊) 구성원변호사(현) (상)검찰업무유공 법무부장관표창(2010)

**박희근(朴熙槿) Park Huigeun**

(생)1971·12·29 (출)경북 예천 (주)인천광역시 미추홀구 소성로163번길 17 인천지방법원 총무과(032-860-1169) (학)1990년 금천고졸 1999년 성균관대 법학과졸 (경)1998년 사법시험 합격(40회) 2001년 사법연수원 수료(30기) 2001년 부산지법 동부지원 판사 2003년 부산지법 판사 2005년 의정부지법 판사 2008년 서울북부지법 판사 2010년 서울중앙지법 판사 2012년 서울가정법원 판사 2014년 대법원 재판연구관 2016년 제주지법 부장판사 2018년 인천지법 부장판사(현)

**박희동(朴喜東)**

(생)1967·4·3 (출)경북 김천 (주)충청북도 보은군 보은읍 장신로 8 보은경찰서(043-540-1321) (학)김천고졸 1991년 경찰대졸(7기) (경)1991년 경위 임용, 서울 서초경찰서 우면파출소장 2002년 경북 울릉경찰서 정보보안과장(경감), 인천 서부경찰서 형사과장 2010년 재정경제부 금융정보분석원 파견(경정), 서울 송파경찰서 수사과장, 서울 금천경찰서 형사과장, 경찰청 수사국 폭력계장, 同수사국 강력계장 2017년 경찰수사연수원 교무과장 2018년 총경 승진 2019년 충북 보은경찰서장(현)

## 박희두(朴熙斗) Park Hee-Doo (刀仁)

(생)1946·7·25 (본)충주(忠州) (출)경북 김천 (주)부산광역시 남구 수영로 175 부산성소병원 원장실(051-633-1123) (학)1965년 경북고졸 1972년 부산대 의대졸 1981년 의학박사(부산대) 1998년 서울대 보건대학원 최고관리자과정 수료 2001년 미국 노스웨스턴대 대학원 의료정책과정 수료 (경)1972년 미국 ECFMG자격시험 합격 1980년 예편(해군 소령) 1981~1986년 부산대 의대 외과학교실 전임강사·조교수 1984년 중국 홍콩대 퀸메리병원·일본 순천당대 의과대학 교환교수 1986년 박희두외과 원장 1991~2012년 부산성소의원 원장 1991년 부산 대연교회 장로(현) 1995년 (사)목요학술회발간 월간 '시민시대' 발행인 1997년 수필가 등단 1998~2000년 부산시남구의사회 회장 2002~2006년 부산YMCA 이사장 2003년 부산외과학회 회장 2003년 부산시의사회 수석부회장 2003년 부산대 의과대학 외래교수협의회장 2004년 국제와이즈멘 한국동부지구 총재 2004~2011년 YMCA 그린닥터스 창립 공동대표·이사장 2005년 민주평통 수영구협의회장 2006년 한울장애인자활센터 이사장 2006~2009년 부산시의사회 회장 2006년 대한의사협회 부회장 2006년 한국의정회 회장 2007년 대한의사협회 대외협력사업위원장 2008년 同사업특별위원회 위원장 2008년 (사)부산시민재단 이사장(현) 2009~2012년 대한의사협회 대의원회 의장 2009년 부산의과대학동창회 회장 2010년 부일CEO아카데미원우총회 3기 회장 2011~2013년 (사)목요학술회 회장 2011~2013년 국제와이즈멘 국제의원 2011년 민주평통 상임위원 2012~2013년 국제와이즈멘 한국지역 총재 2012년 부산성소병원 원장(현) 2016년 자유총연맹 부산시민남구회장(현) (상)국제와이즈맨 국제봉사상, 국제와이즈맨 엘마크로우상(1997), 부총리 겸 경제기획원장관표창(2002), 보건복지부장관표창(2004), 부산시 자랑스런 시민상 대상(2005), ABI Man of the Year(2007), 누가문학상(2008), 오륙도문학상(2010), 자랑스러운 부산대인상(2010) (저)'생활인의 건강'(1993) '생활인의 수상'(1997) '갑상선과 건강'(2004) '또 하나의 작은 결실'(共) '크리스찬문학'(共) '사과나무 과수원과 아이들'(2008) (종)기독교

## 박희봉(朴熙峯) PARK Hee Bong

(생)1960·9·8 (출)서울 (주)서울특별시 동작구 흑석로 84 중앙대학교 사회과학대학 공공인재학부(02-820-5451) (학)1983년 한양대 행정학과졸 1985년 同대학원 행정학과졸 1994년 정치학박사(미국 템플대) (경)대진대 정치학과 전임강사 2005년 중앙대 행정학과 교수, 同사회과학대학 공공인재학부 교수(현) 2009년 한국정책과학학회 회장 2018년 중앙대 사회과학대학장(현) 2019년 同행정대학원장 겸임(현) (저)'한국 지방자치의 쟁점과 과제(共)'(1995, 문원) '정부조직의 혁신(共)'(1998, 대영문화사) '조직학의 주요이론'(2000, 법문사) '정부조직진단(共)'(2002, 대영문화사) '고위공무원 개방형 직위제도 평가(共)'(2002, 나남출판사) '한국 지방민주주의의 위기(共)'(2002, 나남출판사) 'NGO와 한국정치(共)'(2004, 아르케) '국가발전을 위한 사회적 자본 형성 전략 연구' '한국 민주주의와 시민참여' '사회자본 : 불신에서 신뢰로, 갈등에서 협력으로' '시민참여와 거버넌스' '지방행정 거버넌스'

## 박희섭(朴喜燮) PARK Hee Sub

(생)1948·12·20 (본)밀양(密陽) (출)경북 상주 (주)서울특별시 금천구 시흥대로 155 (주)에스제이일레콤 부회장실(02-808-4333) (학)1966년 상주농잠고졸 1969년 한양대 전자공학과졸 (경)1969~1981년 대한전선(주) 근무 1981년 삼지전자(주) 근무, 同부사장, 푸로테크국제무역(주) 감사 1988·2007~2009년 (주)제이일레콤 대표이사 사장 2005~2007년 (주)에스제이윈텍 대표이사 2009년 (주)에스제이일레콤 부회장(현) (상)상공부장관표창(1977) (종)불교

## 박희승(朴熙承) PARK Hee Seung

(생)1963·9·28 (출)전북 남원 (주)서울특별시 서초구 서초중앙로24길 12 영생빌딩 7층 법무법인 호민(02-592-8181) (학)1981년 전주고졸 1986년 한양대 법학과졸 (경)1986년 사법시험 합격(28회) 1989년 사법연수원 수료(18기) 1992년 軍법무관 1992년 광주지법 판사 1994년 전주지법 판사 1996년 인천지법 판사 1998년 同인천지법원 판사 2000년 서울지법 판사 2001년 서울고법 판사 2003년 서울지법 판사 2004년 울산지법 부장판사 2006년 수원지법 성남지원 부장판사(사법연구) 2008년 서울중앙지법 부장판사 2011년 서울서부지법 부장판사 2012년 同수석부장판사 2014~2015년 수원지법 안양지원장 2016년 더불어민주당 남원임실순창 지역위원회 위원장(현) 2016년 제20대 국회의원선거 출마(전북 남원시·임실군·순창군, 더불어민주당) 2016년 평산법률사무소 대표변호사 2016년 더불어민주당 전북도당 법률고문단장 2016년 한국경제문화연구원 중앙위원 겸 법률자문단장(현) 2017년 법무법인 호민 대표변호사(현)

## 박희옥(朴熙玉) Park Hee Ok

(생)1962·8·9 (본)밀양(密陽) (출)경남 진주 (주)부산광역시 부산진구 자유평화로 11 부산지방식품의약품안전청 청장실(051-602-6100) (학)1981년 진주 동명고졸 1988년 경상대 식품공학과졸 2002년 중앙대 의약식품대학원 식품안전성관리학과졸 2006년 식품의약학박사(조선대) (경)1996~1998년 정무1장관실 사무관 1998~2004년 식품의약품안전청 식품관리과 사무관 2004~2005년 부산지방식품의약품안전청 수입관리과 사무관 2005~2008년 식품의약품안전청 기획관리관실 사무관 2008~2009년 同재정기획팀 사무관 2009~2010년 同기획조정관실 서기관 2010년 서울지방식품의약품안전청 식품안전관리과장 2012년 同운영지원과장 2014년 식품의약품안전처 식품안전정책국 주류안전관리기획단장(서기관) 2016년 同식품안전정책국 주류안전관리기획단장(부이사관) 2017년 同식품안전정책국 주류안전관리과장 2018년 부산지방식품의약품안전청장(현) (상)보건복지부장관표창(2003), 대통령표창(2007) (종)불교

## 박희원(朴喜源) Park Hee Won

(생)1949·4·30 (출)대전 (주)대전광역시 대덕구 대덕대로1277번길 36 (주)라이온켐텍(042-930-3300) (학)1982년 충남대 경영대학원 수료 1994년 同경영대학원 최고경영자과정 수료 2005년 同평화안보대학원 평화안보최고위과정 수료 2011년 명예 공학박사(충남대) (경)1973년 (주)라이온켐텍 설립·대표이사 회장(현) 1994년 (주)라이온포리텍 설립·대표이사(현) 1993년 국제라이온스협회 355-D지구 부총재 1995년 대전시승마협회 회장 1996년 대덕이업종교류연합회 회장 1996년 건양대 사회교육원 겸임교수 2001년 대전·충남중소기업이업종교류연합회 회장 2007년 대전충남경영자총협회 회장 2011년 충남대 경상대학 겸임교수 2012년 대전상공회의소 부회장 2015~2018년 同회장 2018년 同명예회장(현) (상)노동부장관표창(2004), 전국이업종교류연합회 대통령표창(2006), 무역의 날 대통령표창(2012), 기획재정부장관표창(2012), 투명경영대상(2013), 한국창업대상 최첨단과학기술부문(2014), 대전MBC 한빛대상(2014), 산업포장(2014)

## 박희자(朴喜子·女) Park Heeja

(생)1962·3·10 (주)전라북도 전주시 완산구 효자로 225 전라북도의회(063-280-3970) (학)우석대 아동복지학과졸 (경)전미지역아동센터 대표, 전북학교운영위원장협의회 회장, 더불어민주당 전북도당 여성위원장 2018년 전북도의회 의원(비례대표, 더불어민주당)(현) 2018년 同교육위원회 위원 겸 운영위원회 위원(현)

ㅂ

**박희재(朴喜載) PARK Hee Jae**

(생)1961·1·27 (본)밀양(密陽) (출)경기 (주)서울특별시 관악구 관악로 1 서울대학교 기계항공공학부(02-880-7467) (학)1979년 우신고졸 1983년 서울대 기계설계학과졸 1985년 同대학원졸 1990년 공학박사(영국 멘체스터대) (경)1985~1987년 한국생산성본부 연구원 1988~1990년 영국 UMIST대 기계공학과 RA 1991~1993년 포항공과대 산업공학과 교수 1993년 서울대 기계항공공학부 교수(현) 1998년 SNU프리시젼(서울대 벤처창업1호) 창업 2001~2017년 同대표이사 2013~2017년 산업통상자원부 R&D전략기획단장 2013~2016년 한국산업기술평가관리원 비상임이사 2014년 한국공학한림원 정회원(현) 2016~2018년 청년희망재단 이사장 2017년 한국산업기술보호협회 회장(현) 2019년 (주)포스코 사외이사(현) (상)통상산업부장관표창(1995·1996), 백암논문상(1995), 은탑산업훈장(2004), 장영실상(2005), 한국공학한림원 젊은공학인상(2006), 백남기념사업회 백남상 공학부문(2013)

**박희재(朴熙在) PARK Hee Jae**

(생)1967·1·17 (주)서울특별시 영등포구 국제금융로 56 미래에셋대우 투자자산관리센터 여의도 멀티1영업본부(02-3774-8334) (학)고려대 통계학과졸 (경)동원증권 근무, 미래에셋증권(주) 기업금융1본부장(상무보) 2012년 同기업RM2부문 1본부장(상무보) 2012년 同기업RM부문 3본부장(상무보) 2013년 同기업RM부문 3본부장(상무보) 2014년 同기업RM부문 1본부장(상무보) 2015년 同기업RM부문 1본부장(상무) 2016년 미래에셋대우 기업RM부문 1본부장(상무) 2017~2018년 同IWC2RM2본부장 2019년 同투자자산관리센터 여의도 멀티1영업본부장(현)

**박희준(朴喜準) Heejun Park**

(생)1968·7·1 (출)광주 (주)서울특별시 종로구 경희궁길 26 세계일보 편집국 경제부(02-2000-1230) (학)1994년 고려대 국어국문학과졸 (경)1993년 세계일보 편집국 사회부 기자 2001년 同특별기획취재팀 기자 2002년 同정치부·사회부·경제부 기자 2005년 同경제부 차장대우 2006년 同편집국 사회부 차장대우 2008년 同국제부 차장대우 2008년 同사회부 차장대우 2010년 同편집국 사회부장 2011년 同특별기획취재팀장 2012년 同워싱턴특파원 2015년 同논설위원 2018년 (사)한미클럽 편집위원(현) 2018년 세계일보 사회부장 2019년 同편집국 경제부장(현) (상)이달의 기자상(1997·2001·2003) (저)'독서경영'(2006)

**박희찬(朴喜粲) Park Hee Chan**

(생)1949·3·1 (본)반남(潘南) (출)대구 (주)서울특별시 서초구 동산로 55 (사)한국문화스포츠진흥원(02-577-7718) (학)1967년 대구 영신고졸 1997년 용인대졸 1999년 同경영대학원졸 2014년 명예 체육학박사(용인대) (경)1995년 용인대 장학재단 이사(현) 1998~2009년 용인대총동문회 상임부회장 2001년 대한유도회 심의위원 2006~2016년 서울시유도회 회장 2008년 (사)한국문화스포츠진흥원(언남문화체육센터) 이사장(현) 2012년 용인대 객원교수(현) 2013년 법무부 교정교화위원회 회장(현) 2016년 서울시유도회 명예회장(현) 2016년 대한유도회 부회장 (상)대통령표창(2011), 대한체육회 공로상(2013), 법무부장관표창(2013) (종)천주교

**박희창(朴喜暢) PARK Hee Chang**

(생)1956·12·20 (주)경상남도 창원시 의창구 창원대학로 20 창원대학교 자연과학대학 통계학과(055-279-7453) (학)계명대 통계학과졸, 서울대 대학원졸, 이학박사(충남대) (경)창원대 자연과학대학 통계학과 교수(현) 2001년 同기획연구실장 2001~2003년 同기획연구처장 2010~2011년 한국자료분석학회 회장 2010~2011년 창원대 대학원장 2018년 同교무처장 2019년 同총장 직대(현)

**박희태(朴熺太) PARK Hee Tae**

(생)1938·8·9 (본)밀양(密陽) (출)경남 남해 (학)1957년 경남고졸 1961년 서울대 법과대학졸 1970년 미국 캘리포니아대 버클리교 수학 1987년 법학박사(건국대) (경)1961년 고시사법과 합격 1962년 육군 법무관 1966~1976년 청주지검·법무부 법무실·부산지검·서울지검 검사 1976년 대검찰청 특수부 1과장 1977년 대구고검 검사 1978~1980년 법무부 검찰3과장·송무과장 1980년 서울지검 성동지청 부장검사 1981년 同남부지청 차장검사 1981년 대검찰청 공판송무부장 1982년 법무부 출입국관리국장 1983~1987년 춘천지검·대전지검·부산지검 검사장 1987년 부산고검장 1988년 제13대 국회의원(남해·하동, 민정당·민자당) 1988년 민정당 원내부총무 1988년 同대변인 1988년 변호사 개업 1990년 민자당 대변인 1990년 同당기위원 1992년 제14대 국회의원(남해·하동, 민자당·신한국당) 1993년 법무부 장관 1994년 국회 법제사법위원장 1996년 제15대 국회의원(남해·하동, 신한국당·한나라당) 1997년 신한국당 원내총무 1997년 국회 운영위원장 1998년 한나라당 당무위원·원내총무 2000년 제16대 국회의원(남해·하동, 한나라당) 2000년 한나라당 부총재 2002년 同최고위원 2002년 同제16대 대통령선거대책위원회 부위원장 2003년 同대표최고위원 2003년 同지도위원 2004~2008년 제17대 국회의원(남해·하동, 한나라당) 2004~2006년 국회 부의장 2007년 한나라당 제17대 대통령선거 중앙선거대책위원회 상임고문 2008년 이명박 대통령 당선인 법률고문 2008년 한나라당 제18대 총선 중앙선거대책위원회 공동위원장 2008~2009년 同대표최고위원 2009년 제18대 국회의원(양산 재보선 당선, 한나라당·무소속) 2010~2012년 국회 의장 2013~2015년 건국대 법학전문대학원 석좌교수 2014~2017년 새누리당 상임고문 (상)홍조근정훈장(1973), 브라질 하원공로훈장(2011) (저)회고록 '대변인' '화(和)'(2013)

**반기문(潘基文) BAN Ki Moon**

(생)1944·6·13 (본)광주(光州) (출)충북 음성 (주)서울특별시 종로구 새문안로 92 광화문오피시아빌딩 313호 미세먼지해결을 위한 범국가기구 설립추진단(02-6943-1348) (학)1963년 충주고졸 1970년 서울대 외교학과졸 1985년 미국 하버드대 케네디스쿨졸 2008년 명예 외교학박사(서울대) 2008년 명예박사(미국 뉴저지주 페어리디킨슨대) 2010년 명예박사(러시아 모스크바국립국제관계대) 2010년 명예박사(중국 난징대) 2015년 명예 여성학박사(이화여대) 2016년 명예 법학박사(영국 케임브리지대) 2016년 명예박사(미국 LA 로욜라메리마운트대) 2016년 명예 법학박사(미국 뉴욕 컬럼비아대) 2016년 명예박사(프랑스 팡테옹소르본대) 2016년 명예박사(싱가포르국립대(NUS)) 2016년 명예박사(미국 메릴랜드대) (경)1970년 외무고시 합격(3회) 1970년 외무부 입부 1972년 駐뉴델리 부영사 1974년 駐인도 2등서기관 1978년 駐유엔대표부 1등서기관 1980년 외무부 국제연합과장 1983년 同장관보좌관 1985년 국무총리 의전비서관 1987년 駐미국 참사관 겸 총영사 1990년 외무부 미주국장 1992년 同장관특보 1992년 駐미국 공사 1995년 외무부 외교정책실장 1996년 同제1차관보 1996년 대통령 의전수석비서관 1996년 대통령 외교안보수석비서관 1998년 駐오스트리아 대사 겸 駐비엔나 국제기구대표부 대사 1999년 포괄적핵실험금지조약기구(CTBTO) 준비위원회 의장 2000~2001년 외교통상부 차관 2001년 제56차 유엔총회 의장 비서실장 2003년 대통령 외교보좌관 2004~2006년 외교통상부 장관 2006~2016년 제8·9대 유엔(UN) 사무총장 2017년 미국 하버드대 초빙교수 2017년 연세대 석좌교수 겸 글로벌사회공헌원 명예원장(현) 2017년 국제올림픽위원회(IOC) 윤리위원회 위원장(현) 2017년 유엔글로벌콤팩트(UNGC) 한국협회 명예회장(현) 2018년 '글로벌녹색성장기구(GGGI)' 총회 및 이사회 의장(현) 2018년 보아

오포럼 이사장(현) 2019년 충북 '2019 충주 세계무예마스터십' 명예대회장(현) 2019년 대통령직속 '미세먼지 문제 해결을 위한 국가기후환경회의' 위원장(현) 2019년 연세대 글로벌사회공헌원 명예원장(현) 상녹조근정훈장(1975), 홍조근정훈장(1986), 오스트리아 명예대훈장(2001), 브라질 리오 블랑코 대십자훈장(2002), 밴 플리트(Van Fleet)상(2004), 페루 최고등급 수교훈장 '페루 태양 대십자훈장'(Gran Cruz del Sol del Peru, 2006), 헝가리 자유의영웅 기념 메달(2006), 알제리 국가유공훈장(2006), 청조근정훈장(2006), 한국이미지디딤돌상(2006), 관악대상(영광부문)(2007), 제1회 포니정 혁신상(2007), 국제로터리 영예의 상(2008), 필리핀 최고훈장 '시카투나 훈장'(2008), 대한적십자사 무궁화대장(2009), UCLA 메달(2010), 탁월한 국제지도자상(2012), 서울평화상(2012), 대한민국실천대상 국위선양부문상(2012), IOC 올림픽훈장 금장(2012), 자랑스러운 서울대인상(2013), 국제평화언론대상 국제평화부문 대상(2013), 미국 하버드대 '올해의 인도주의자 상'(2014), 티퍼래리 국제평화상(Tipperary International Peace Award)(2015), 2015 독일미디어상(2016), 네덜란드 사자 기사 대십자 훈장(2016), 러시아 우호훈장(2016), 아프가니스탄 국가최고훈장 '가지 아마눌라 칸 훈장'(2016) 프랑스 최고훈장 '레지옹 도뇌르 그랑 오피시에(Grand Officer of the Legion of Honor)'(2016), 국민훈장 무궁화장(2017), 글로벌 자랑스런 세계인상 국제평화발전부문(2017), 세계청년리더총연맹 세계혁신공헌대상(World Innovative Contribution Awards) 세계평화부문(2017), 한국을 빛낸 대한민국국회평화대상 국제평화공헌부문(2017), 제2회 한국을 빛낸 글로벌 100인 글로벌평화부문(2019)

## 반병률(潘炳律) BAN Byung Yool

생1956·7·19 본광주(光州) 출충북 음성 주경기도 용인시 처인구 모현읍 외대로 81 한국외국어대학교 사학과(031-330-4287) 학1981년 서울대 국사학과졸 1986년 한양대 대학원 사학과졸 1996년 역사학박사(미국 하와이대 마노아교) 경1997년 한국외국어대 사학과 조교수·부교수·교수(현) 2001년 同외대학보 편집인 겸 주간 2002년 同국제지역대학원 교학부장 2006년 同역사문화연구소장 2006년 동북아역사재단 제2연구실장 2013~2015년 국제한국사학회 상임대표 2017~2019년 한국외국어대 인문대학장 상월봉저작상(1999) 저'성재 이동휘 일대기'(1998) '우즈베키스탄 한인의 정체성 연구(共)'(2001, 한국정신문화연구원) '1920년대 전반 만주·러시아지역 항일무장투쟁'(2009) '국외 3·1운동(共)'(2009) '여명기 민족운동의 순교자들'(2013, 신서원) '망명자의 수기(編)'(2013, 한울아카데미) '홍범도 장군-자서전 홍범도일지와 항일무장투쟁'(2014, 한울아카데미) 'The Rise of the Korean Socialist Movement: Nationalist Activities in Russia and China, 1905-1921'(2016, Hanul Academy) 종기독교

## 반상권(潘祥權) Ban, Sang Kwon

생1970·5·15 출경남 남해 주경기도 과천시 관문로 47 방송통신위원회 이용자정책국 이용자정책총괄과(02-2110-1510) 학1988년 진주고졸 1995년 연세대 법학과졸 경1997년 행정고시 합격(41회), 정보통신부 통신위원회 조사과장, 同통신위원회 재정과장, 同통신이용제도과 사무관 2006년 同통신전파방송정책본부 통신방송정책총괄팀 서기관, 同미래정보전략본부 미래전략기획팀 서기관 2007년 남울산우체국장 2008년 방송통신위원회 전파기획과 총괄담당(서기관) 2008년 同부산전파관리소장 2009년 同신규방송사업정책TF팀 정책1팀장 2012년 同기획조정실 ITU전권회의준비기획단 행사준비팀장 2013년 同이용자정책국 개인정보보호윤리과장 2015년 同운영지원과장(서기관) 2017년 同운영지원과장(부이사관) 2018년 同방송기반국 방송시장조사과장 2018년 미국 교육파견(부이사관) 2019년 방송통신위원회 이용자정책국 이용자정책총괄과장(현)

## 반상진(潘相振) BHAN Sang Jin

생1960·5·1 주충청북도 진천군 덕산면 교학로 7 한국교육개발원 원장실(043-530-9100) 학동국대 교육학과졸, 同대학원 교육학과졸, 교육행정학박사(미국 위스콘신대) 경1989~1990년 한국교원단체총연합회 교육정책연구소 연구원 1995~2002년 순천대 사범대학 교직과 전임강사·조교수·부교수 2001~2003년 대통령자문 교육인적자원정책위원회 전문위원 2002~2006년 전북대 사범대학 교육학과 부교수 2006~2018년 同사범대학 교육학과 교수 2009~2018년 한국교육정치학회 학술위원장·이사 2017~2018년 교육부 대학구조개혁위원회 위원 2017~2018년 同정책자문위원회 고등교육혁신분과 위원 2018년 한국교육개발원 원장(현) 저'21세기의 한국적 교육개혁의 방향'(1996) '교육재정경제사전'(2001) '교육경제학'(2003) '교육행정평가론'(2003) '2002 한국교육평론'(2003) '학교재무관리의 이론과 실제(共)'(2004) '자율과 책무의 대학개혁'(2004) '지방화시대의 교육경쟁력 강화 방향 및 과제'(2005) '고등교육의 경제학'(2006) 'Efficient Management of Educational Finance'(2008) '교육경제학(共)'(2008) '고등교육경제학'(2008) '학습사회의 교육행정 및 교육경영(共)'(2011) '새로운 사회를 여는 교육혁명(共)'(2012) '교육재정학(共)'(2012) '생산가능인구 감소시대 인력정책 10대 이슈(共)'(2014) '대학평가의 정치학(共)'(2017)

## 반선섭(潘先燮) BAN Seon Seob

생1959·9·25 주강원도 강릉시 죽헌길 7 강릉원주대학교 총장실(033-640-2001) 학1981년 한국항공대 항공경영학과졸 1983년 연세대 대학원 경영학과졸 1990년 경영학박사(연세대) 경1988~2008년 강릉대 회계학과 교수 1991년 同사회과학연구소 조사부장 1993년 同사회과학대학 교학과장 1994년 同사회과학대학 학생과장 2000년 同영동산업문제연구소장 2001~2003년 同학생처장 2009년 강릉원주대 사회과학대학 회계학과 교수(현) 2009년 同회계학과장 2016년 同총장(현) 상강릉대 학술상(2008) 저'기업회계기준해설'

## 반원익(潘元益) Bahn, Won-Ick

생1953·10·10 본거제(巨濟) 출경북 영주 주서울특별시 마포구 독막로 279 상장회사회관 (사)한국중견기업연합회(02-3275-2102) 학1972년 영광고졸 1981년 고려대 경영학과졸 1997년 한국외국어대 최고세계경영자과정 수료 2012년 순천향대 건강과학대학원 최고위과정 수료 2014년 고려대 미래성장최고지도자과정(FELP) 수료 경1986년 삼익건설(주) 사우디아라비아지사장 1989~1992년 同사업부장·개발부장 1993~1995년 同이사(관리·개발·수주총괄) 1994년 세계한인상공인총연합회 사무국장 1995년 시마텍(주)(舊 삼익리빙) 대표이사 사장 1996년 이탈리아 SIMMAPARK 사장 1997~2004년 한국주차설비공업협동조합 이사장 1999년 (사)ITS Korea 이사 1999~2004년 중소기업협동조합중앙회 이사 2000년 제조하도급분쟁조정협의회 위원 2001년 중소기업진흥재단 이사 2001년 공정거래위원회 하도급자문위원 2003년 중소기업청 중소기업공제사업기금 운영위원 2004년 한국수입업협회 이사 2004년 한국주차설비공업협동조합 명예이사장 2005년 신용보증기금 열린기금참여위원회 위원 2007년 (사)국제10021클럽 이사장 2010년 한국중견기업학회 수석부회장(현) 2011년 고려대경영대학교우회 부회장(현) 2011년 한애전자(주) 회장 2012~2015년 (재)중소기업연구원 이사 2012년 (주)신영 고문 2012~2015년 중소기업중앙회 자문위원회 간사 2013~2015년 (사)통일문화연구원 부원장 2013년 (사)한국중견기업연합회 상근고문 2013년 同대외협력부회장 2014년 대한해운주식회사 사외이사(현) 2014년 (사)군인자녀교육진흥원 이사(현) 2014~2015년 기획재정부 세계발전심의위원회 위원 2015년 (사)한국중견기업연합회 상근부회장(현) 2015년 (재)중견기업연구원 이사(현) 2016년 한국생산성본부 이사(현) 2017~2019년 한국경영학회 부회장 상공직감찰 유공 행정안전부장관표창(2017) 종기독교

**반장식(潘長植) BAHN Jahng Shick**

(생)1956 · 6 · 2 (출)경북 상주 (주)서울특별시 영등포구 국회대로68길 7 더불어민주당 혁신성장특별위원회(1577-7667) (학)덕수상고졸 1978년 국제대 법학과졸 1983년 서울대 행정대학원 수료 1995년 미국 위스콘신대 대학원 공공정책행정학과졸 2003년 행정학박사(고려대) (경)1977년 행정고시 합격(21회) 1995년 재정경제원 지역경제과장 1996년 同기술정보과장 1998년 기획예산위원회 재정정책과장 1999년 기획예산처 건설교통예산과장 2000년 同예산제도과장 2000년 同예산총괄과장 2002년 중앙공무원교육원 파견 2003년 기획예산처 사회재정심의관 2004년 同예산총괄심의관 2005년 대통령직속 국가균형발전위원회 국가균형발전기획단장 2006년 기획예산처 예산실장 2007~2008년 同차관 2008년 서강대 서강미래기술연구원(SIAT) 교수 2008년 同서강미래기술원(SIAT) 원장 2010년 同기술경영전문대학원장 2014년 OCI(주) 사외이사 겸 감사위원 2015년 기획재정부 공공기관경영평가단장 2015년 (주)대한항공 사외이사 겸 감사위원 2016년 대한체육회 미래기획위원회 위원 2017~2018년 대통령정책실 일자리수석비서관 2018년 더불어민주당 혁신성장특별위원회 자문위원(현) (상)홍조근정훈장

**반재구(潘在龜) PAN Jae Gu**

(생)1958 · 4 · 10 (출)전북 군산 (주)대전광역시 유성구 과학로 125 한국생명공학연구원 국제아젠다연구부 감염병연구센터(042-860-4483) (학)1980년 연세대 식품공학과졸 1982년 한국과학기술원(KAIST) 생물공학과졸 1985년 생물공학박사(한국과학기술원) (경)1985년 한국생명공학연구원 책임연구원 2000년 (주)제노포커스 최고기술경영자(CTO) 2006년 한국생명공학연구원 바이오소재연구부장 2006년 同시스템미생물연구센터장 겸임 2009~2011년 同바이오화학에너지연구센터 책임연구원 2011년 同바이오시스템연구본부 바이오합성연구센터 책임연구원 2013년 同슈퍼박테리아연구센터장, 同국제아젠다연구부 감염병연구센터 책임연구원(현)

**반재신(潘齋晨) BAN Jae Sin**

(생)1962 · 10 · 22 (주)광주광역시 서구 내방로 111 광주광역시의회(062-613-5044) (학)광주 서석고졸, 광주대 법학과 중퇴 2007년 동아인재대학 복지관광학부졸 (경)광주시의회 근무, 민주당 광주북구甲지역위원회 기획정책특별위원장, 同참여자치21 정책위원 2006년 광주시 북구의원선거 출마 2010년 광주시 북구의회 의원(민주당 · 민주통합당 · 민주당 · 새정치민주연합) 2010~2012년 同운영위원장 2014~2018년 광주시의회 의원(새정치민주연합 · 더불어민주당) 2014년 同산업건설위원회 위원 2014 · 2016년 同예산결산특별위원회 위원장 2014년 同도시재생특별위원회 위원장 2015년 同윤리특별위원회 위원 2016년 同행정자치위원회 위원 2018년 광주시의회 의원(더불어민주당)(현) 2018년 同자치분권특별위원회 부위원장(현) 2018년 同산업건설위원회 위원(현) (상)전국시 · 도의회의장협의회 우수의정 대상(2016), 2016 매니페스토약속대상 공약이행분야(2017)

**반재훈(潘在勳) Bahn Jae Hoon**

(생)1975 · 3 · 29 (출)충북 음성 (주)세종특별자치시 국세청로 8-14 국세청 운영지원과(044-204-2244) (학)1994년 청주 청석고졸 1999년 서울대 경영학과졸 2001년 同행정대학원 수료 2015년 미국 듀크대 행정대학원(ITP)졸 (경)2001년 행정고시 합격(45회) 2003년 대전지방국세청 충주세무서 납세자보호담당관 2007년 국세청 납세지원국 납세홍보과 근무 2009년 同국제조세관리관실 국제세원관리담당관실 근무 2013년 서울지방국세청 조사3국 조사관리6팀장 2013년 국외 파견 2015년 국세청 50년사TF 근무 2015년 서울지방국세청 국제거래조사국 조사관리과 근무 2015년 춘천세무서장 2016년 서인천세무서장 2017년 중부지방국세청 운영지원과장 2019년 금융위원회 파견(현)

**반정모(潘正模) BAN Jeong Mo**

(생)1971 · 2 · 6 (출)전남 순천 (주)서울특별시 서초구 서초중앙로 157 서울중앙지방법원(02-530-1114) (학)1989년 순천고졸 1995년 서울대 공법학과졸 (경)1996년 사법시험 합격(38회) 1999년 사법연수원 수료(28기) 1999년 육군 법무관 2002년 인천지법 판사 2004년 서울중앙지법 판사 2006년 광주지법 목포지원 판사 2009년 서울남부지법 판사 2010년 서울고법 판사 2012년 서울중앙지법 판사 2014년 부산지법 부장판사 2016년 수원지법 부장판사 2018년 서울중앙지법 부장판사(현)

**반정우(潘侹佑) BAN Jung Woo**

(생)1968 · 10 · 27 (본)거제(巨濟) (출)대구 (주)서울특별시 양천구 신월로 386 서울남부지방법원(02-2192-1154) (학)1987년 대구 덕원고졸 1991년 서울대 사법학과졸 (경)1991년 사법시험 합격(33회) 1994년 사법연수원 수료(23기) 1994년 軍법무관 1997년 대구지법 판사 2000년 同경주지원 판사 2001년 서울지법 의정부지원 판사 2003년 수원지법 성남지원 판사 2005년 법원행정처 국제담당관 2006년 同사법정책실 판사 2007년 서울고법 재판부 형사3부 판사 2009년 춘천지법 강릉지원 부장판사 2010년 인천지법 부장판사 2013년 서울행정법원 부장판사 2016년 서울남부지법 부장판사 2017년 대구지법 김천지원장 겸 대구가정법원 김천지원장 2019년 서울남부지법 수석부장판사(현) (종)불교

**반채홍(潘采鴻) BAHN Che Hong (鹿苑)**

(생)1940 · 11 · 15 (출)경기 평택 (주)서울특별시 서초구 논현로 87 삼호물산빌딩 B동 1902호 (사)한국인성문화원 이사장실(02-2253-3224) (학)1957년 남산고졸 1961년 한국외국어대 독어학과졸 1988년 同세계경영대학원 국제통상학과졸 (경)1966년 의사시보 편집국 차장 1970년 후생일보 편집국 부장 1976~1998년 한의신문 편집국장 1998년 월간 의림사 발행인 겸 편집인 1998년 한국한자교육연합회 부회장 겸 서울본부장 2000년 同특별검정본부장 2000년 대한인성문화추진회 이사장 2000~2010년 (사)한국청소년인성문화추진회 이사장 2006년 서해천수만청소년수련원장 2010년 (사)한국인성문화원 이사장(현) (종)기독교

**반태연(潘泰延)**

(생)1963 · 1 · 4 (주)강원도 춘천시 중앙로 1 강원도의회(033-256-8035) (학)1984년 신흥대학 방사선과졸, 가톨릭관동대 대학원 사회복지학과졸 (경)강릉의료원 근무, 강릉시번영회 부회장, 전국민주노동조합총연맹 강릉시협의회 의장(제1 · 5 · 6대), 한국가정법률상담소 강릉지부 이사(현) 2010년 강원도의원선거 출마(민주노동당) 2017년 더불어민주당 제19대 문재인 대통령후보 영동지역특별선거대책위원장 2018년 강원도의회 의원(더불어민주당)(현) 2018년 同사회문화위원회 위원(현) 2018년 강릉YWCA여성새로일하기센터 운영위원(현)

**반 현(潘 鉉) BAN Hyun**

(생)1967·8·2 (출)서울 (주)인천광역시 연수구 아카데미로 119 인천대학교 사회과학대학 신문방송학과(032-835-8594) (학)1986년 선덕고졸 1990년 한국외국어대 불어교육학과졸 1995년 미국 캘리포니아주립대 대학원 커뮤니케이션학과졸 1999년 언론학박사(미국 텍사스대 오스틴교) (경)1999~2000년 인천대·한국외국어대·경희대·이화여대·한양대 강사 2001~2012년 인천대 신문방송학과 전임강사·조교수·부교수 2003~2005년 KBS

열린채널 운영위원 2003~2004년 한국방송학회 연구이사 2005~2007년 서울시 정보화사업단 자문위원 2006~2007년 사이버커뮤니케이션학회 편집위원 2007년 미국 텍사스대 방문교수 2012년 인천대 사회과학대학 신문방송학과 교수(현) 2019년 연합뉴스 인천취재본부 콘텐츠자문위원(현) 저⃝'세계의 인터넷미디어 (미국의 인터넷 신문 현황과 특징)'(2002, 한국언론재단) '사라지는 신문독자'(2005, 커뮤니케이션북스) '미디어 이해'(2005, 인천대 미디어정보교육센터) '신화의 추락, 국익의 유령–황우석, 그리고 한국의 저널리즘'(2006, 한나래) '현대 사회와 미디어'(2006, 커뮤니케이션북스) '얼터너티브 인터넷'(2007, 커뮤니케이션북스) '프레이밍과 공공생활 : 미디어와 사회현실에 대한 이해'(2007, 한울) '프로슈머로서의 수용자와 문화적 창조성'(2007, 한국학술정보) '언론에 나타난 한미 FTA'(2007, 한국언론재단) '저널리즘과 선진민주주의'(2008, 커뮤니케이션북스) '외신, 한국경제를 톺아보다'(2009, 한국언론재단) '트위터란 무엇인가'(2012, 커뮤니케이션북스) 'Liberation Technology: Social media and the struggle for democracy'(2014, 커뮤니케이션북스)

### 반효경(潘孝京) Hyokyung Bahn

주⃝서울특별시 서대문구 이화여대길 52 이화여자대학교 엘텍공과대학 컴퓨터공학전공(02-3277-2368) 학⃝1997년 서울대 계산통계학과 전산과학과졸 1999년 同대학원 전산과학과졸 2002년 공학박사(서울대) 경⃝1997~2002년 서울대 전산과학과 조교·시간강사 2002년 한양대 시간강사 2002~2003년 서울대 박사후연구원·특별연구원 2002년 이화여대 엘텍공과대학 컴퓨터공학전공 교수(현) 2009년 同임베디드소프트웨어연구센터소장(현) 2010~2013년 同BK21플러스사업 차세대모바일소프트웨어기반기술인력양성사업팀장, 同공과대학부학장 겸 엘텍공과대학부학장 겸 공학교육혁신센터부센터장 2019년 同연구처장 겸 산학협력단장 겸 기업가센터장 겸 연구윤리센터장(현) 상⃝서울대 총동창회장표창(1997), 서울대 최우등졸업자상(1997), (주)LG 정보통신 제6회 정보통신논문공모전 대상(1998), 한국정보과학회 제17회 정보과학논문경진대회 최우수상(1998), (주)SK 텔레콤 제4회 M&M(무선 통신 및 멀티미디어) 논문대상공모전 동상(1999), 한국통신학회 제10회 정보사회논문현상공모입선(2000), (주)삼성전자 제6회 휴먼테크논문대상 금상·은상(2000), 유즈닉스(USENIX) FAST 최우수논문상(2013)

### 방귀희(方貴姬·女) BANG Gui Hee (靑桃)

생⃝1957·8·7 본⃝온양(溫陽) 출⃝서울 주⃝서울특별시 금천구 서부샛길 606 대성지식산업센터 B동 2506동 2호 (재)한국장애예술인협회(02-861-8848) 학⃝1976년 무학여고졸 1981년 동국대 불교철학과졸 1983년 同대학원 불교철학과졸 2010년 숭실대 사회복지대학원졸 2013년 사회복지학박사(숭실대) 경⃝1981년 한국방송공사(KBS) 제1라디오 '내일은 푸른 하늘'로 방송작가 입문 1987년 조계종 포교원 중앙상임법사 1989년 장애인복지신문 이사 1990년 한국장애인문인협회 회장(현) 1991~2015년 '솟대문학' 발행인 1992년 도서출판 솟대 대표(현) 1999년 BBS '그리운 등불 하나' MC 2002년 한국방송공사(KBS) 제3라디오 '방귀희가 만난 사람' MC, 同제1라디오 '생방송 오늘' 행복통신 고정출연, 同제3라디오 '내일은 푸른 하늘' 집필, 불교텔레비전 '열린마당' 및 시사토론 집필 2002년 복지TV '방귀희의 세상 바로보기' MC 2004~2008년 장애인식바로잡기연구소 소장 2007년 경희대 국어국문학과 강사(현) 2007~2009년 우송대 의료사회복지학과 겸임교수 2007~2016년 경향신문에 '희망 솟대' 연재 2007년 조선일보·동아일보·한겨레신문 등 컬럼 집필(현) 2007~2015년 국가인권위원회 정책자문위원 2008년 한국사회복지협의회 '복지저널' 편집자문위원 2009년 (주)희망복지방송 복지TV 논설위원 겸 칼럼니스트 2009~2015년 (재)한국장애인개발원 이사 2009년 장애인문화진흥회 회장 2010년 한국장애인올림픽위원회 위원 2010년 2013평창동계스페셜올림픽세계대회조직위원회 위원 2011~2013년 한국광고자율심의기구 기사형광고심의위원회 위원 2012~2013년 대통령 문화특별보좌관 2012년 한국체육대 노인체육복지학과 초빙교수(현) 2012년 숭실대 사회복지대학원 겸임교수(현) 2013년 장애인문화예술연구소 소장(현) 2013년 (사)한국장애예술인협회 회장(현) 2013년 평창스페셜 국제뮤직&아트페스티벌 추진위원(현) 2013~2015년 대통령소속 문화융성위원회 위원 2013년 숭실사이버대 한국어문화예술학과 특임교수(현) 2013년 미래창조과학부 창조경제문화운동 추진위원 2015년 (사)한국장애인문화예술단체총연합회 상임대표 2015년 한국장애학회 이사(현) 2015년 서울시 투자심사위원회 위원(현) 2016년 한국문학과종교학회 회원(현) 2016년 경향신문 '우리 여기 있어요' 연재 2016년 '이미지' 창간·발행인(현) 2016년 새누리당 최고위원 2017년 '솟대평론' 창간 2017년 (재)한국장애인기업종합지원센터 이사(현) 2017년 불이상 심사위원(현) 2017년 (재)한국장애인문화예술원 이사(현) 2017년 나눔 First UCC운동 공동대표(현) 2017년 2018평창동계패럴림픽G-100일 한중일장애인예술축제 대회장 2018년 장애인기업활동촉진위원회 위원(현) 2018년 삼육대 장애인예술의이해 외래교수(현) 2018년 예술인증명 심의위원(현) 상⃝삼애봉사상(1982), 보건사회부장관표창(1986), 한국방송공사(KBS) 장애인 수기공모 최우수상, 한국방송공사(KBS) 우수평가 리포터상, 국민훈장 석류장(1996), 불이상(2000), 보리방송 MC상(2002), 방송작가대상(2006), 여성지도자상(2007), 대한민국장애인문화예술대상(2009), 제2회 여성문화인대상(2009), 불자대상(2011) 저⃝수필집 '그래도 이 손으로'(1981) '그대 나의 속살이라 부르는 것은'(1982) '동자야 어디로 가니'(1984) 날지 않는 새'(1986) '라훌라'(1988) '극복의 얼굴들'(1988) '후회하지 않기 위해서'(1989) '작은 일에서 행복 찾기'(1999) '나랑 친구하지 않을래요'(1991) '유리구두를 신지 않은 신데렐라'(1992) '깃털이 같은 새는 함께 앉기를 거부한다'(1994) '종이인형의 사랑'(1997) '버리면 자유로워진다'(2000) '숨바꼭질'(2001) '세르반테스'(2004) '희망으로 빛을 만든 사나이'(2005) '세상을 바꾸고 싶다'(2008) '당신이 있어 행복합니다'(2011) '가정이 웃어야 나라가 웃는다(共)'(2015), 장편소설집 '샴사랑'(2009), 동화집 '정경부인이 된 맹인 이씨부인'(2009, 연인), 교재 '영화와 예술로 보는 장애인 복지'(2010) '한국장애인사'(2014) '장애인문화예술의 이해'(2014) '세계장애인물사'(2014) '장애학으로 보는 문화와 사회(共)'(2015) '장애인예술론'(2019) '장애인문학론'(2019), 컬럼집 '배제와 포용'(2019) 종⃝불교

### 방규식(方奎植) BANG KYU SIK

생⃝1962·9·4 본⃝온양(溫陽) 출⃝충남 예산 주⃝서울특별시 영등포구 버드나루로 84 한국경제TV 마케팅본부(02-6676-0000) 학⃝홍주고졸, 경희대 신문방송학과졸 경⃝2000년 매일경제TV 산업부 기자 2002년 同차장 2002년 同뉴스총괄부 차장대우 2003년 한국경제TV 보도본부 기업팀장 2008년 同보도본부 부본부장, 同부국장 겸 경제팀장 2010년 同보도본부 국장대우 겸 경제팀장 2011년 同보도국장 2012년 同보도본부장 2013년 同마케팅본부장(국장급) 2015년 同마케팅본부장(이사) 2018년 同마케팅본부장(상무이사)(현) 저⃝'장수기업의 조건'

### 방극봉(房極奉) Bang, Geuk-Bong

생⃝1965·7·4 출⃝전남 담양 주⃝세종특별자치시 도움5로 20 법제처 운영지원과(044-200-6521) 학⃝1995년 고려대 정치학과졸 경⃝1998년 행정자치부 행정사무관 1999년 법제처 행정사무관 2002년 한국환경법학회 회원 2005년 법제처 법제조정실 서기관 2007년 同사회복지심판팀장 2008년 同법제총괄담당관 2009~2010년 同행정법제국 법제관 2010~2011년 중앙공무원교육원 파견(교수) 2011년 법제처 경제법령해석과장 2012년 同대변인 2013년 同경제법제국 법제관 2014년 同행정법제국 법제관 2014년 국회사무처 법제사법위원회 파견 2016년 법제처 법령해석정보국 자치법제지원과장(부이사관) 2017년 同기획조정관실 기획재정담당관 2018년 同사회문화법제국 법제관 2019년 경기도 법제협력관(현) 저⃝'도로교통법 해설'(2010)

## 방극성(房極星) BANG Keuk Seong

(생)1955·10·16 (본)남양(南陽) (출)전북 남원 (주)전라북도 전주시 덕진구 사평로 24 방극성법률사무소(063-276-2500) (학)1974년 전주고졸 1978년 서울대 법학과졸 1980년 同대학원 민사법학과 수료 (경)1980년 사법시험 합격(22회) 1982년 사법연수원 수료(12기) 1982년 軍법무관 1985년 전주지법 판사 1988년 同군산지원 판사 1990년 전주지법 판사 1992년 광주고법 판사 1995년 전주지법 남원지원장 1997년 전주지법 판사 1998년 同부장판사 2000년 同수석부장판사 2002년 同군산지원장 2004년 광주고법 부장판사 2006년 同전주부 부장판사 2008년 광주고법 수석부장판사 2011년 제주지법원장 2012년 광주고법 부장판사 2013년 전주지법원장 2014~2016년 광주고법원장 2016년 변호사 개업(현)

## 방기봉(方基奉) Ki-Bong, Bang

(생)1958·11·10 (주)대전광역시 대덕구 문평서로 31 한국특수메탈공업(주) 임원실(042-933-6011) (학)1977년 충남고졸 1987년 일본 구마모토대 경영학과졸 (경)1987년 한국특수메탈공업(주) 대표이사(현) 1996년 대전상공회의소 상임의원, 대전시정구연맹 부회장, 국가균형발전위원회 위원, 민주평통 자문위원 2005년 (주)프럼파스트 비상근감사, (재)한국범죄방지재단 이사(현) 2017년 대덕산단관리공단 이사장(현) (상)한국자유총연맹 대전시지회장표창, 조세의날 대통령표창, 노사화합 대전시장표창

## 방기선(方基善) BANG Ki Seon

(생)1965·6·24 (주)세종특별자치시 갈매로 477 기획재정부 차관보실(044-215-2003) (학)1988년 서울대 경제학과졸 1998년 경제학박사(미국 미주리주립대) (경)1990년 행정고시 합격(34회) 2003년 동북아경제중심추진위원회 과장급 파견 2004년 기획예산처 재정기획실 산업재정3과장 2005년 同성장동력팀장 2007년 同정책기획팀장 2008년 대통령 경제금융비서관실 행정관, 대통령 경제비서관실 행정관 2010년 기획재정부 예산실 국토해양예산과장 2011년 同사회예산심의관실 복지예산과장 2012년 駐LA 부총영사 2016년 기획재정부 경제예산심의관(국장급) 2017년 同정책조정국장 2018년 同고위공무원 2019년 同차관보(현)

## 방기태(房基泰) BANG Ki Tae (潔引)

(생)1967·12·1 (본)남양(南陽) (출)경남 밀양 (주)서울특별시 강남구 영동대로 517 법무법인(유) 화우(02-6003-7098) (학)1985년 밀양고졸 1992년 부산대 법학과졸 (경)1993년 사법시험 합격(35회) 1996년 사법연수원 수료(25기) 1996년 수원지검 검사 1998년 창원지검 진주지청 검사 2000년 전주지검 검사 2002년 인천지검 검사 2004년 서울중앙지검 검사 2006년 외교통상부 파견 2009년 청주지검 부부장검사 2009년 춘천지검 강릉지청 부장검사 2010년 사법연수원 교수 2012년 법무부 인권국 인권정책과장 2013~2014년 서울북부지검 형사4부장 2014~2016년 국무조정실 국정과제자문단 자문위원 2014년 법무법인(유) 화우 변호사(현)

## 방대현(方大鉉) Bang Dai Hyun

(생)1946·8·15 (본)온양(溫陽) (출)경기 양평 (주)서울특별시 용산구 한강대로 45 (주)Digital Contents Works(02-793-8639) (학)1981년 동국대 행정대학원 행정학과 수료 (경)1974~1980년 (사)동양통신 총무국 차장 1981~1993년 연합뉴스 근무·기획실 부국장 1994~2004년 서울미디어그룹(서울문화사·일요신문·시사저널) 이사 1994~2008년 (주)씽글로골프·씽글로골프제조(주) 감사 2008~2014년 서울미디어그룹(서울문화사·일요신문·시사저널) 감사 2010년 (주)Digital Contents Works 감사(현) 2016~2018년 연합뉴스사우회 감사 (종)불교

## 방명균(方明均) BANG Myung Gyoon

(생)1955·5·11 (본)온양(溫陽) (출)강원 강릉 (주)강원도 강릉시 강릉대로 369-13 강원도민일보 강릉본사(033-652-7000) (학)1974년 강릉 명륜고졸 1980년 강원대 임학과졸 (경)1988년 강원일보 사회부 차장 1991년 同영동취재부장 1992년 강원도민일보 영동본부 취재부장 1995~1998년 同취재부국장 1998년 同편집부 국장 2000년 同편집국장 2005년 同광고국장(이사) 2006년 한국ABC협회 이사 2007년 강원도민일보 편집기획담당 상무이사 2011년 同경영기획본부장 겸 출판국장(상무이사) 2016년 同경영본부장(전무이사) 2019년 同강릉본사 부사장(현) (상)대통령표창(2000)

## 방문규(方文圭) BANG Moon Kyu

(생)1962·2·26 (출)경기 수원 (주)경상남도 창원시 의창구 중앙대로 300 경상남도청 경제혁신추진위원회(055-211-2114) (학)1981년 수성고졸 1985년 서울대 영어영문학과졸 1995년 미국 하버드대 행정대학원 석사 2009년 행정학박사(성균관대) (경)1984년 행정고시 합격(28회) 1997년 재정경제원 회계총괄과 서기관 1999년 기획예산처 예산실 예산총괄과 서기관 2000년 세계은행(IBRD) 파견 2003년 기획예산처 산업재정3과장 2004년 同균형발전재정총괄과장(부이사관) 2005년 同재정정책과장 2006년 대통령비서실 행정관 2008년 중앙공무원교육원 교육파견(고위공무원) 2009년 농림수산식품부 식품산업정책단장 2009년 同식품유통정책관 2010년 기획재정부 성과관리심의관 2010년 同대변인 2011년 同사회예산심의관 2012년 同예산실 예산총괄심의관 2013년 同예산실장 2014~2015년 同제2차관 2015~2017년 보건복지부 차관 2018년 경남도 경제혁신추진위원회 위원장(현) 2019년 NH농협금융지주 사외이사(현)

## 방문석(方文奭) Moon Suk Bang

(생)1961·6·20 (본)온양(溫陽) (출)서울 (주)경기도 양평군 양평읍 중앙로 260 국립교통재활병원 병원장실(031-580-5455) (학)1986년 서울대 의대졸 1994년 同대학원 의학석사 1996년 의학박사(서울대) (경)1986~1987년 서울대병원 인턴 1990~1997년 同레지던트 1994~1995년 同전임의 1995~1997년 同임상전임강사 1997~2001년 서울대 의대 기금조교수 1998~1999년 미국 하버드 의대 Spaulding재활병원 연수 2001~2007년 서울대 의대 재활의학교실 조교수·부교수 2006년 대한재활의학회지 편집장, American Journal of Medicine & Rehabilitation 국제편집자문위원 2007년 서울대 의대 재활의학교실 교수(현) 2008~2011년 同의대 재활의학교실 주임교수 2008~2011년 서울대병원 재활의학과장 2011~2013년 국립재활원 원장 2013년 서울대병원 홍보실장 2014~2016년 同대외협력실장 2014~2016년 대한재활의학회 이사장 2018년 대한소아재활발달의학회 회장(현) 2018년 세계재활의학회 국제교류위원장(현) 2019년 국립교통재활병원장(현) (상)Athena Award for Outstanding Paper Presentation(1998), 대한재활의학회 학술상(1998) (저)'스포츠의학(共)'(2001) '인간생명과학개론(共)'(2005) '신경학(共)'(2005) '소아재활의학(共)'(2006) '재활의학(共)'(2014)

## 방봉혁(房峰爀) BANG Bong Hyeok

(생)1962·2·11 (출)전북 장수 (주)서울특별시 서초구 반포대로 158 서울고등검찰청(02-530-3114) (학)1980년 전주고졸 1984년 고려대 법학과졸 (경)1989년 사법시험 합격(31회) 1992년 사법연수원 수료(21기) 1992년 광주지검 검사 1994년 전주지검 정읍지청 검사 1995년 서울지검 검사 1998년 대전지검 검사 2000년 법무부 보호과 검사 2002년 서울지검 서부지청 검사 2004년 전주지검 부부장검사 2005년 同군산지청 부장검사 2006년

수원지검 안산지청 부장검사 2008년 부산지검 동부지청 형사1부장 2009년 수원지검 형사4부장 2009년 同형사3부장 2010년 서울서부지검 형사1부장 2011년 부산고검 검사 2013년 서울고검 검사 2015년 대전고검 검사 2016년 서울고검 검사(현) 2016년 서울중앙지검 중요경제범죄조사단 파견(부장검사) 2018년 '드루킹 댓글 조작 사건' 수사팀장

### 방사익(方士翊) Sa Ik Bang

(생)1960·10·26 (본)온양(溫陽) (출)서울 (주)서울특별시 강남구 일원로 81 삼성서울병원 성형외과(02-3410-2215) (학)1985년 서울대 의대졸 1993년 同대학원 의학석사 2000년 의학박사(서울대) (경)1988~1993년 서울대병원 인턴·레지던트 1993년 삼성서울병원 성형외과 전문의(현) 1993~1996년 강남병원 성형외과장 1996~2002년 충북대 의대 성형외과장 1996~1997·2000~2001년 미국 UCLA 의대 연수 2002년 삼성서울병원 성형외과 의국장 2003년 성균관대 의대 성형외과학교실 부교수·교수(현) 2007·2013년 삼성서울병원 성형외과장(현) 2007년 同연구협력실장 2008년 삼성의료원 전략기획실장, 同대외협력실장 2010년 同삼성국제진료센터설립추진본부 기획단 부단장 2012년 성균관대 리더스헬스캠프(최고경영자과정) 주임교수 2017년 현성바이탈 사외이사(현)

### 방상천(方相天)

(생)1967·11·5 (출)광주 (주)충청남도 홍성군 홍북면 충남대로 21 충청남도 소방본부 화재대책과(041-635-5520) (학)광주 대동고졸 1994년 조선대 행정학과졸 2011년 강원대 대학원 소방방재학과졸, 미국 오클라호마주립대 대학원졸 (경)1993년 소방공무원 임용(소방간부후보생 7기) 1993년 나주소방서 화순119안전센터장 1994년 同금성119안전센터장 1995년 同방호과 방호팀장 1995년 소방방재청 중앙소방학교 교학과 근무 2002년 충남도 소방본부 소방지도팀장 2005년 공주소방서 소방행정과장 2008년 충청소방학교 교관단장 2010년 충남도 소방본부 종합상황실장 2011년 同소방본부 방호팀장 2012년 同소방본부 방호구조과장(소방정) 2013년 同소방본부 소방행정과장 2014년 천안서북소방서장 2016년 충남 당진소방서장 2018년 충남도 소방본부 화재대책과장(현) (상)나주시장표창(1994), 내무부장관표창(1997), 대통령표창(1998)

### 방상훈(方相勳) BANG Sang Hoon

(생)1948·2·6 (본)온양(溫陽) (출)서울 (주)서울특별시 중구 세종대로21길 30 조선일보 비서실(02-724-5002) (학)1966년 경복고졸 1972년 미국 오하이오주립대 경영학과졸 1988년 연세대 대학원 행정학과졸 1997년 同언론홍보대학원 최고위과정 수료 2001년 명예 매스컴학박사(미국 오하이오주립대) (경)1970년 조선일보 외신부 기자 1971년 同駐미국 특파원 1972년 同기획관리실장 1973년 同이사 1974~1984년 同상무이사 1983년 국제언론인협회(IPI) 한국위원회 이사 1984~1988년 조선일보 대표이사 전무 1984~2006년 소년조선일보 발행인 1988~1993년 조선일보 대표이사 부사장 1988~1996년 중학생조선일보 발행인 1989~2006년 조선일보 발행인 1993년 한국데이터베이스진흥센터 이사장 1993년 조선일보 대표이사 사장(현) 1993년 국제언론인협회(IPI) 한국위원회 위원장(현) 1993년 방일영문화재단 이사 1994~2005년 IPI본부 이사 1995~2005년 同부회장 1997년 연합통신 이사(비상임) 1997~2003년 한국신문협회 회장 1998년 전국재해대책협의회 회장 1999년 세계신문협회(WAN) 한국대표 1999년 대우재단 이사 2000년 한국신문협회 이사 2002년 아시아신문재단(PFA) 한국위원회 이사 2003년 한국신문협회 이사·고문(현) 2004년 올림푸스한국 등기이사 2005년 국제언론인협회(IPI) 종신회원(현) 2010년 월남이상재선생기념사업회 공동대표(현) 2011년 (주)조선방송(TV조선) 이사 겸 이사회 의장(현) (상)로타리 특별상(1993), 미국 미주리대 언론공로상(1996) (종)기독교

### 방선옥(房善玉·女)

(생)1975·3·16 (출)경기 화성 (주)제주특별자치도 제주시 남광북5길 3 제주지방법원 총무과(064-729-2423) (학)1994년 당곡고졸 1999년 이화여대 법학과졸 (경)2001년 사법시험 합격(43회) 2004년 사법연수원 수료(33기) 2004년 전주지법 예비판사 2006년 同판사 2007년 수원지법 판사 2010년 청주지법 판사, 대전지법 판사 2017년 대전가정법원 판사 2019년 제주지법 부장판사(사법연구)(현)

### 방성훈(方聖勳) BANG Sung Hoon

(생)1973·4·3 (본)온양(溫陽) (출)서울 (주)서울특별시 양천구 목동동로 233-1 현대드림타워 20층 스포츠조선 비서실(02-3219-8114) (학)경복고졸, 미국 루이스앤드클라크대 국제정치학과졸 2000년 일본 게이오대 대학원 정책미디어학과졸 (경)2001년 조선일보 편집국 사회부 기자 2002년 同경제부 기자 2004년 同산업부 기자 2006~2007년 同경영기획실 기자 2007년 스포츠조선 전무이사 2008년 同대표이사 부사장 2010~2017년 조선일보 이사 2016년 스포츠조선 대표이사 발행인(현) 2017년 조선일보 비등기이사(현) (종)기독교

### 방세현(方世鉉) BANG Sei Hyun

(생)1965·9·20 (본)온양(溫陽) (출)서울 (주)서울특별시 중구 소공로 95 부원빌딩 501호 (주)GCN(02-753-7280) (학)1984년 경복고졸 1988년 서강대 정치외교학과졸 1991년 同대학원 정치외교학과졸 (경)1986·1991년 한·일학생회의 창립·초대회장·동우회장 1988년 한국청년외교협회 창립·회장 1988년 한국청년회의소 국제실 전문위원 1992년 시사정책연구소 소장 1997년 서울의제21추진위원회 문화분과 전문위원 1997년 부정부패추방시민연합 사무차장 1997년 한국시민단체협의회 운영위원 2000년 한국신당 부대변인·서울종로구지구당 위원장 2000년 同선거대책위원회 미디어기획위원장 2000년 (주)GCN 대표이사(현) 2008~2014년 제일의료재단 이사 (저)평론집 '주민은 없고 국민만 있다'(1996) 국제의례해설집 '프로토콜 매뉴얼'(1997)

### 방순자(方順子·女) Bang Soon-ja

(생)1959·3·10 (출)충남 (주)서울특별시 강남구 영동대로 511 무역센터 트레이드타워 16층 전략물자관리원(02-6000-6400) (학)동덕여대 무역학과졸 2000년 한국개발연구원 경제정책졸(석사) 2006년 숭실대 대학원 국제경영학 박사과정 수료 (경)1999년 산업자원부 유통산업과 사무관 2001년 同수출입조사과 사무관 2004년 同조사총괄과 사무관 2008년 지식경제부 성장동력실 디자인브랜드과 서기관 2010년 대한무역투자진흥공사(KOTRA) 해외진출지원센터 파견 2011년 세종연구소 파견 2013년 산업통상자원부 무역위원회 무역조사실 덤핑조사팀장 2015~2016년 同무역위원회 무역조사실 덤핑조사과장 2016년 전략물자관리원 원장(현) (상)대통령표창(2016), 황조근정훈장(2017) (종)천주교



### 방승만(方承晩) BANG Seung Man

(생)1961·2·13 (본)온양(溫陽) (출)충남 아산 (주)전라북도 전주시 덕진구 사평로 25 전주지방법원 총무과(063-259-5466) (학)1979년 천안중앙고졸 1984년 동국대 경영학과졸 1986년 同대학원 법학과 수료 (경)1986년 사법시험 합격(28회) 1989년 사법연수원 수료(18기) 1992년 변호사 개업 2000년 광주지법 판사 2002년 광주고법 판사 2003년 대전고법 판사 2005년 청주지법 부장판사 2007년 대전지법 부장판사 2009년 同가정지원장 2011년 同부장판사 2012년 대전지법 천안지원장 겸 대전가정법원 천안지원장 2014년 청주지법 수석부장판사 2016년 대전지법 부장판사 2016년 언론중재위원회 위원(대전중재부장) 2018년 전주지법 부장판사(현) (종)불교

**방승찬(方承燦) Seung Chan Bang**

(생)1962·8·9 (본)온양(溫陽) (출)경기 안성 (주)대전광역시 유성구 가정로 218 한국전자통신연구원 통신미디어연구소 (학)1980년 관악고졸 1984년 서울대 전자공학과졸 1986년 同대학원 전자공학과졸 1994년 공학박사(서울대) (경)1986~1987년 금성사(주) 중앙연구원 주임 1987~1992년 디지콤정보통신연구소 선임 1994년 한국전자통신연구원(ETRI) 책임연구원(현) 2016년 同미래기술연구부장 2017년 同미래전략연구소 미래기술연구본부장 2019년 同통신미디어연구소장(현) (상)정보통신부장관표창(1998), 국무총리표창(2007), 미래창조과학부 통신분야 한국공학상(2014)

**방시혁(房時赫) Hitman BANG**

(생)1972·8·9 (본)남양(南陽) (출)서울 (주)서울특별시 강남구 학동로30길 5 양진프라자 5층 (주)빅히트엔터테인먼트(02-3444-0105) (학)경기고졸, 서울대 미학과졸 (경)1995년 '인어이야기'로 작곡가 데뷔 1997년 JYP엔터테인먼트 프로듀서 2005년 (주)빅히트엔터테인먼트 설립·대표이사 2006년 MBC 대학가요제 심사위원 2010~2011년 MBC '스타오디션-위대한 탄생1' 심사위원 2018년 미국 빌보드지 '인터내셔널 파워플레이어스(International Power Players)'에 선정 2019년 (주)빅히트엔터테인먼트 공동대표이사(현) (상)제6회 유재하가요제 동상(1997), 멜론뮤직어워드 송라이터상(2009·2016), 한국음악저작권대상 작품상·발라드부문 작사가상·작곡가상(2011), 아시아 아티스트어워즈 베스트프로듀서상(2016), Mnet아시안뮤직어워드 베스트제작자상(2016), 골든디스크어워즈 제작자상(2017), 가온차트 뮤직어워즈 올해의프로듀서상(2017), 대통령표창(2017), 이데일리문화대상 프런티어상(2018), 하이원 서울가요대상 올해의제작자상(2018) (저)'최승호·방시혁의 말놀이 동요집(共)'(2011, 비룡소) '최승호, 방시혁의 말놀이 동요집2(共)'(2013, 비룡소) '사랑해 사랑해 우리아가(共)'(2013, 비룡소) (작)프로듀싱 '옴므-뻔한 사랑 노래'(2011), '이현-악담'(2011), '방탄소년단-Love Yourself Her'(2017) 작사·작곡 '김장훈-드림송'(2011) 작곡 'GOD-Friday Night'(2000), '비-나쁜남자'(2002), '백지영-총맞은것처럼'(2008), '백지영-내 귀에 캔디'(2009), '티아라-처음처럼'(2009), '2AM-죽어도 못 보내'(2010), '다비치-시간아 멈춰라'(2010), '임정희-진짜일 리 없어'(2010)

**방 열(方 烈) PANG Yul**

(생)1941·10·10 (본)온양(溫陽) (출)서울 (주)서울특별시 송파구 올림픽로 424 대한농구협회(02-420-4221) (학)1961년 경복고졸 1965년 연세대 정치외교학과졸 1986년 同체육대학원졸 1997년 한국체육대 대학원 박사과정 수료 1999년 이학박사(한국체육대) (경)1962~1964년 제4회 아시안게임·ABC아세아선수권대회·동경올림픽 국가대표 농구선수 1968~1973년 조흥은행 여자농구단·ABC여자농구 국가대표·세계유니버시아드대회 여자농구 국가대표 코치 1974~1977년 쿠웨이트 남자농구 국가대표·청소년농구 국가대표 감독 1978~1986년 현대 남자농구단 코치·감독 1982~1983년 제9회 아시안게임·아세아 남자농구 국가대표 감독 1985년 남자실업농구연맹 부회장 1986년 기아산업 남자농구단 감독 1987년 ABC남자농구 국가대표 감독 1988년 서울올림픽 남자농구 국가대표 감독 1990년 기아자동차 농구단 총감독 1990년 경원대 교양체육과 객원교수 1993~2007년 同사회체육학과 교수 1993년 同학생처장 1994년 세계코치협회 부회장 겸 아시아코치협회 회장 1994년 대한농구협회 국제담당 부회장 1998년 아시아농구연맹 중앙이사 1999년 한국사회체육학회 부회장 2000년 한국스포츠교육학회 부회장 2000년 서울시농구협회 회장 2002년 한국올림픽성화회 회장 2003년 경원대 사회체육대학원장 2003년 한국운동처방학회 회장 2004년 대한체육회 이사 2010~2013년 건동대 총장 2013년 대한농구협회 회장(현) 2013~2017년 대한체육회 이사 2014년 FIBA(국제농구연맹)아시아 차석부회장(현) 2014년 가천대 명예교수(현) 2014~2016년 한국체육대 스포츠코칭론과 강사 2015~2016년 한세대 대학원 스포츠교육학과 강사 2017년 대한체육회 회장자문위원(현) (상)대한민국 체육지도상(1973), 최우수감독상(1984), 체육훈장 백마장(1982), 대통령표창(1983), 장관표창(2007) (저)'인생만들기, 농구만들기'(1995) '바스켓볼'(1997) '사회체육프로그램'(2000) '스포츠보도론'(2001) '농구(기초편)' '농구(전술편)-지역수비의 모든것' '농구바이블'(2006) '전략농구'(2010) (역)'실전현대농구Ⅰ·Ⅱ'(1997) (종)불교

**방영민(方泳敏) BANG Young Min**

(생)1959·8·19 (출)서울 (주)서울특별시 서초구 서초대로74길 4 삼성선물(주)(02-3707-3699) (학)1978년 중앙대사대부고졸 1982년 서울대 법학과졸 1987년 同행정대학원졸 1999년 미국 밴더빌트대 대학원 경제학과졸 (경)1982년 행정고시 합격(25회) 1995년 재정경제원 예산실 서기관 1999년 同공보관실 과장 2000년 대통령 경제수석비서관실 행정관 2003년 재정경제부 경제홍보기획단 총괄기획과장 2003년 삼성증권(주) 경영전략담당 상무이사 2004년 同전략기획실장(상무) 2005년 同전략기획팀장(상무) 2008년 同전략기획팀장(전무) 2009년 同법인사업본부장(전무) 2010년 同투자은행(IB)사업본부장(전무) 2012년 同SNI본부장(부사장) 2013년 삼성생명보험(주) 기획실장(부사장) 2018년 삼성선물(주) 대표이사 사장(현) (종)기독교

**방영주(方英柱) BANG Yung-Jue**

(생)1954·11·11 (본)온양(溫陽) (출)서울 (주)서울특별시 종로구 대학로 101 서울대학교병원 내과(02-2072-2390) (학)1979년 서울대 의대졸 1982년 同대학원 의학석사 1989년 의학박사(서울대) (경)1986~1999년 서울대 의대 혈액종양내과 전임강사·조교수·부교수 1989년 미국 국립암연구소 Visiting Fellow 1999년 서울대 의과대학 내과학교실 교수(현) 2000~2006년 同암연구소장 2000~2004년 대한암학회 학술위원장 2004~2008년 同편집위원장 2004~2008년 서울대병원 혈액·종양분과장 2007~2011년 국제암연구소 학술위원 2008~2010년 한국임상암학회 이사장 2009~2017년 서울대병원 임상시험센터장 2010~2014년 同내과 과장 2010~2011년 同국제사업본부장 2012~2014년 대한암학회 이사장 2013~2017년 서울대병원 의생명연구원장 2019년 SK바이오팜 사외이사 겸 감사위원(현) (상)보령 암학술상(2004), 보건산업기술대상 대통령표창(2009), 아시아 최초 미국임상종양학회(ASCO) 최우수논문(Plenary Session) 선정(2010), 바이엘쉐링 임상의학상(2011), 함춘창의논문상(2011), 김진복 암연구상(2011), 지식창조대상(2012), 고바야시재단 어워드(2012), 2015 과학자상(2015), 광동 암학술상(2016), 서울대 학술연구상(2017), 홍조근정훈장(2017), 아산사회복지재단 제11회 아산의학상 임상의학부문(2018)

**방용훈(方勇勳) BANG Yong Hoon**

(생)1952·5·5 (본)온양(溫陽) (출)경기 의정부 (주)서울특별시 중구 세종대로 135 (주)코리아나호텔 비서실(02-2171-7801) (학)용산고졸 1975년 미국 오하이오대 경영학과졸 (경)조선일보 미국특파원, 同이사(현) 1982년 (주)코리아나호텔 부사장 1984년 同대표이사 사장(현) (종)기독교

**방웅환(方雄煥)**

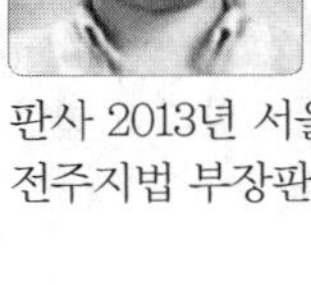

(생)1973·11·11 (출)충남 논산 (주)서울특별시 서초구 서초중앙로 157 서울고등법원(02-530-1114) (학)1992년 대전고졸 1997년 서울대 사법학과졸 (경)1998년 사법시험 합격(40회) 2001년 사법연수원 수료(30기) 2001년 軍법무관 2004년 인천지법 판사 2006년 서울중앙지법 판사 2011년 수원지법 판사 2013년 서울중앙지법 판사 2014년 대법원 재판연구관 2017년 전주지법 부장판사(사법연구) 2018년 서울고법 판사(현)

**방유봉(方有鳳) BANG Yoo Bong**

(생)1954·7·20 (주)경상북도 안동시 풍천면 도청대로 455 경상북도의회(054-880-5126) (학)후포고졸, 삼척대 행정학과졸, 경북대 행정대학원 휴학 중 (경)울진군유도협회 부회장, 민주평통 자문위원 1995·1998년 경북 울진군의회 의원, 同예산결산특별위원장 2000년 同의장 2002·2006~2010년 경북도의회 의원(한나라당) 2006~2008년 同농수산위원장 2008~2010년 同운영위원장 2010년 경북도의원선거 출마(무소속), 전국시·도운영위원장협의회 부회장 2018년 경북도의회 의원(자유한국당)(현) 2018년 同농수산위원회 위원(현) 2018년 同독도수호특별위원회 위원(현) (종)불교

**방윤섭(方允燮)**

(생)1975·8·12 (출)서울 (주)인천광역시 미추홀구 경원대로 881 인천가정법원(032-620-4213) (학)1994년 경문고졸 1999년 서울대 사법학과졸 (경)1998년 사법시험 합격(40회) 2001년 사법연수원 수료(30기) 2001년 軍법무관 2004년 수원지법 판사 2007년 서울중앙지법 판사 2009년 대구지법 의성지원 판사 2012년 수원지법 판사 2014년 서울가정법원 판사 2016년 서울중앙지법 판사 2017년 부산지법 동부지원 부장판사 2019년 인천가정법원 부장판사(현)

**방재욱(方在旭) BANG Jae Wook (枉岩)**

(생)1948·6·28 (본)온양(溫陽) (출)서울 (학)1968년 양정고졸 1975년 서울대 사범대학 생물교육과졸 1977년 同대학원 생물교육과졸 1984년 이학박사(서울대) (경)1976년 이화여고 교사 1977년 서울대 사범대학 생물교육과 조교 1981~1986년 목포대 전임강사·조교수 1986~2013년 충남대 생명시스템과학대학 생물학과 교수, 同생물학과 명예교수(현) 1988년 영국 Rothamsted연구소 객원연구원 1993년 일본 후쿠오카대 생물학과 방문교수 1999년 미국 텍사스A&M대 방문교수 2000~2012년 한국식물염색체연구센터 대표 2001년 한국약용작물학회 회장 2002년 한국식물학회 부회장 2002년 충남대 자연과학대학장 2002년 전국국립대학자연과학대학장협의회 회장 2002년 이공계활성화특별대책위원회 위원 2004년 한국유전학회 부회장 2005년 충남대 산학연지원처장 2005년 同산학협력단장 2005년 전국산학협력단장협의회 부회장 2005년 대전지역대학산학협력단장협의회 회장 2006년 한국유전학회 회장 2006년 한국유채연구회 부회장 2008년 한국과학기술단체총연합회 대전지역연합회 부회장(현) 2009년 충남대 환경·생물시스템연구소장 2009~2014년 충청광역경제권위원회 자문위원 2011년 미국 인명사전(ABI) '21세기 위대한 지성 1000명'에 선정 2011년 미국 세계인명사전 'Marquis Who's Who in the world'에 3년 연속 등재 2011년 영국 인명사전(IBC)에 등재 2011~2012년 한국생물과학협회 회장 2012년 자유칼럼그룹 칼럼니스트(현) (상)한국식물학회 우수논문상(1991), 한국식물학회 공로상(1998), 최우수강의상(2004), 헤럴드경제 경영대상(2006) (저)'생명과학의 이해' '일반식물학' '한국자생식물염색체자료집(영문판)'(2006) '생명 너머 삶의 이야기'(2008) '세포유전학'(2009) 등 20권 (역)'생물과학'(2012)

**방재율(房在律)**

(생)1950·12·4 (주)경기도 수원시 팔달구 효원로 1 경기도의회(031-8008-7000) (학)성균관대 행정대학원 행정학과졸 (경)국가공무원 부이사관(국토해양부·교육과학기술부·중앙선거관리위원회), 경기도 사회적경제위원회 위원, 민주평통 고양시협의회 부위원장, 더불어민주당 고양甲지역위원회 법률대책위원장, 同중앙당 부대변인 2018년 경기도의회 의원(더불어민주당)(현) 2018년 同제1교육위원회 위원(현)

**방재홍(方在鴻) BANG JAE HONG (일민)**

(생)1952·10·17 (본)온양(溫陽) (출)서울 (주)서울특별시 서초구 논현로31길 14 서울미디어빌딩 전관 5층 (주)서울미디어그룹(02-523-8541) (학)2011년 고려대 언론대학원 언론학과졸(석사) 2012년 명예 경영학박사(미국 칼빈대) 2015년 경영학박사(서경대) (경)1990년 한국시사신문 대표이사 1990년 독서신문 대표이사 겸 발행인(현) 1992~1998년 독서문화센터 회장 1993년 동국대총동창회 이사 1995~2000년 독서문화연구원 원장 1998~1999년 경인매일신문 편집위원 1999~2002년 (주)인터피아엠 대표이사 1999~2002년 (주)인터피아닷컴 사장 2000~2006년 고려대언론대학원총교우회 사무총장 2001년 대한민국재향군인회 서울시 직능대표 2002~2005년 신한종합비료(주) 회장 2004년 오늘경제신문 발행인 2004년 고려대 100주년기념후원회 기획위원 2004년 고려대총교우회 상임이사(현) 2005년 한국자유총연맹 자문위원 2006년 한국전문신문협회 수석부회장 2006년 고려대언론대학원총교우회 부회장(현) 2006~2015년 경복대 인터넷정보과 외래교수 2006년 대한민국유권자승리 전국의장 2006년 왕인문학협회 회장 2007년 이뉴스투데이 발행인(현) 2008년 이뉴스TV 발행인(현) 2008년 한국인터넷신문협회 수석부회장 2011년 (주)서울미디어그룹 대표이사 회장(현) 2012년 전북일보 편집위원 2012년 한국신문협회 윤리위원회 심의위원 2014년 한국인터넷신문협회 고문(현) 2014년 서경대 겸임교수(현) 2014~2019·2019년 인터넷신문위원회 위원장(현) (상)자랑스런 고언인상(2001), 국무총리표창(2003), 화관문화훈장(2008), 동암언론상(2011), 한국인터넷신문협회 공로상(2017) (저)'어제 오늘 그리고 내일'(2009, 고요아침) '대한민국 건강지도가 바뀐다'(2014, 한국식용연구소) (종)기독교

**방준필(方俊弼) BANG John Junpil**

(생)1971·2·4 (본)온양(溫陽) (출)서울 (주)서울특별시 강남구 테헤란로 133 한국타이어빌딩 법무법인 태평양(02-3404-0270) (학)1989년 미국 러셀컬리지고졸(수석졸업) 1993년 미국 펜실베이니아대졸 1996년 미국 템플대 대학원 법학과졸 (경)1996~1997년 미국 뉴저지주연방법원 'Kathryn C. Ferguson 판사'의 재판연구관(Law Clerk) 1998년 법무법인 태평양 외국변호사(현) 2007~2015년 영국 세계전문변호사인명사전 'Who's Who Legal The International Who's Who of Commercial Arbitration'에 수록 2011년 국제중재법률지 글로벌아비트레이션리뷰 'GAR 45 Under 45'에 선정 2012년 국제중재실무회(KOCIA) 이사(현) 2013년 IBA Litigation Committee 위원(현) 2015년 싱가폴국제중재센터(SIAC) Users Council 구성원(현) 2019년 同중재법원 상임위원(현) (상)아시아로 아시아-태평양 분쟁해결분야 시상식 2016 (Asia-Pacific Dispute Resolution Awards 2016) '올해의 분쟁스타상'(2016) (저)'Commentary on Using Legal Experts in International Arbitration(共)'(2007, Kluwer Law International) 'Arbitration Law of Korea : Practice and Procedure(共)'(2011) '중재실무강의(共)'(2012, 박영사) (종)천주교

**방준혁(房俊爀) BANG Joon Hyuk**

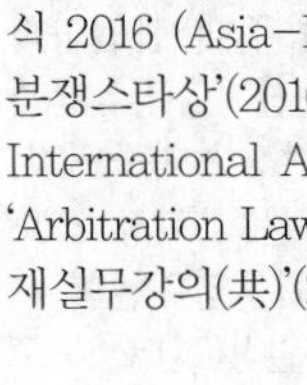

(생)1968·12·23 (주)서울특별시 구로구 디지털로 300 지밸리플라자 20층 넷마블(주)(02-2271-7114) (학)고교 중퇴 (경)2000~2003년 넷마블 대표이사 2003년 同서비스기획담당 이사 2003년 플레너스엔터테인먼트 사업기획 및 신규사업부문 사장 2003~2004년 플레너스 사업기획 및 신규사업부문 사장 2004~2006년 CJ인터넷(주) 사장·고문 2011~2014년 CJ E&M 게임부문총괄 상임고문 2014~2018년 넷마블게임즈(주) 이사회 의장 2018년 넷마블문화재단 초대 이사장(현) 2018년 넷마블(주) 이사회 의장(현) (상)동탑산업훈장(2015)

## 방창섭(方昌燮) BANG CHANG SEOP

(생)1960 · 12 (주)경기도 군포시 고산로 102 (주)현대케피코 임원실(031-450-9015) (학)경북대 기계공학과졸, 영국 크랜필드대 대학원 기계공학과졸 (경)1983년 현대자동차(주) 입사, 同울산공장 샤시설계1팀 차장 2008년 同미국법인 기술연구소 이사대우 2010년 同품질경영실장(이사) 2011년 同현대품질사업부장(상무) 2013년 同품질본부장(전무) 2015년 同품질본부장(부사장) 2019년 (주)현대케피코 대표이사 부사장(현)

## 방창현(房昌炫)

(생)1973·1·8 (출)전북 남원 (주)대전광역시 서구 둔산중로78번길 45 대전지방법원(042-470-1114) (학)1991년 전주 완산고졸 1996년 서울대 공법학과졸 (경)1996년 사법시험 합격(38회) 1999년 사법연수원 수료(28기) 2002년 전주지법 판사 2004년 同군산지원 판사 2006년 인천지법 부천지원 판사 2009년 서울동부지법 판사 2010년 서울북부지법 판사 2012년 서울고법 판사 2014년 전주지법 부장판사 2018년 대전지법 부장판사(현)

## 방하남(房河男) PHANG Ha-Nam

(생)1957 · 12 · 16 (출)전남 완도 (주)서울특별시 성북구 정릉로 77 국민대학교 행정대학원(02-910-4246) (학)1975년 서울고졸 1982년 한국외국어대 영어학과졸 1990년 미국 밴더빌트대 대학원 사회학과졸 1995년 사회학박사(미국 위스콘신대) (경)1999~2001년 한국노동연구원 연구조정실장 2003년 同고용보험연구센터소장 2004~2013년 同선임연구위원 2005~2007년 한국노동연구원 노동시장연구본부장 2008년 대통령소속 경제사회발전노사정위원회 수석전문위원 2009~2010년 한국인구학회 수석부회장 2010년 한국사회보장학회 회장 2011~2012 · 2015년 한국연금학회 회장 2013년 제18대 대통령직인수위원회 고용 · 복지분과 전문위원 2013~2014년 고용노동부 장관 2015~2017년 한국노동연구원 원장 2016년 駐韓글로벌기업CEO협회 고문 2017년 국민대 행정대학원 석좌교수(현) (상)재정경제부장관표창(2002), 자랑스런 외대인상(2014) (저)'기업연금제도 도입방안 연구Ⅰ, Ⅱ'(共) '사회보험 통합방안연구'(共) '한국 가구와 개인의 경제활동'(共) '한국노동시장의 구조와 변화' '한국의 직업이동과 계층이동' '인구고령화와 노동시장'(共) '현대한국사회의 불평등'(共) '베이비붐세대의 근로생애와 은퇴과정연구'(2010 · 2011) (종)기독교

## 방한일(方漢一)

(생)1958 · 4 · 21 (주)충청남도 예산군 삽교읍 도청대로 600 충청남도의회(041-635-5057) (학)예산중앙고졸, 혜전대학 행정과졸, 공주대 산업과학대학원졸 (경)예산군 환경 · 산림축산 · 농정유통과장, 예산읍장 · 고덕면장 · 오가면장 · 대술면장, 예산전자공고(舊 예산중앙고)총동문회 회장 2018년 충남도의회 의원(자유한국당)(현) 2018년 同의회운영위원회 부위원장(현) 2018년 同제도개혁T/F 입법정책분과위원장(현) (상)녹조근정훈장(2018) (저)'나의 길, 함께 가꿔가는 삶'

## 방현하(方炫夏) Hyunha pang

(생)1973 · 11 · 21 (주)세종특별자치시 도움6로 11 국토교통부 공항항행정책관실 공항정책과(044-201-4328) (학)1992년 순천고졸 1999년 서울대 대학원 자원공학과졸 2016년 공공행정학박사(MPA)(미국 럿거스대) (경)2011~2012년 대통령직속 지역발전위원회 성장기반과장 2012~2013년 대통령실 국정과 제2비서관실 행정관 2013년 서울지방국토관리청 도로시설국장 2016년 국토교통부 공간정보진흥과장 2017~2019년 同공항안전환경과장 2019년 同공항항행정책관실 공항정책과장(현)

## 방형남(方炯南) BHANG Hyong Nam (鄕石)

(생)1957 · 10 · 24 (본)온양(溫陽) (출)경기 화성 (주)서울특별시 강북구 4.19로8길 17 국립4.19민주묘지관리소(02-996-0419) (학)제물포고졸 1983년 한국외국어대 불어과졸 1992년 프랑스 파리제2대 신문연구DEA과정 수료 2008년 한양대 언론정보대학원졸 2009년 고려대 국제대학원 최고위과정 수료 2011년 同언론정보대학원 최고위과정 수료 (경)1982년 동아일보 사회부 기자 1986년 同국제부 기자 1993년 同파리특파원 1996년 同정치부 차장 2000년 同국제부장서리 2001년 同국제부장 · 논설위원(부장급) 2002년 한국기독언론인클럽(CJCK) 총무 2004~2012년 외교통상부 정책자문위원 2005년 한국신문방송편집인협회 남북교류분과 위원장 2005년 동아일보 논설위원(부국장급) · 편집국 부국장 2006년 同편집국 부국장 겸 수도권본부장 2007년 同논설위원(부국장급) 2008~2016년 同부설 21세기평화연구소장 2010~2016년 同논설위원(국장급) 2011년 국방부 정책자문위원 2011~2016년 민주평통 상임위원 2013년 외교부 정책자문위원 2016~2017년 한국외국어대 정치행정언론대학원 겸임교수 2016년 국가보훈처 국립4.19민주묘지관리소장(현) (상)한국기자상(1988), 외대 언론인상(2005) (저)'일어서는 나라 주저앉는 나라' (종)기독교

## 방혜선(方惠善 · 女) Bang, heason

(생)1972 · 1 · 19 (본)군위(軍威) (출)대구 달성 (주)전라북도 완주군 이서면 농생명로 166 국립농업과학원 농업생물부 곤충산업과(063-238-2931) (학)1990 대구 화원여고졸 1993년 경북대 견섬유학과졸 1997년 同농업생명대학원 견섬유학과졸 2005년 곤충학박사(서울대) (경)1994~2004년 농촌진흥청 농업과학기술원 곤충자원과 잠업연구사 2004~2008년 同농업과학기술원 환경생태과 농업연구사 2006~2007년 영국 브리스톨대 해외명예연구원(곤충생태학) 2008~2011년 농촌진흥청 농업과학기술원 기후변화생태과 농업연구사 2011~2013년 同국립농업과학원 기획조정과 농업연구관 2013~2015년 국무조정실 정부업무평가실 파견(미래창조과학부 · 특허청 평가담당관) 2015~2016년 농촌진흥청 국립농업과학원 기후변화생태과 농업생태연구실장 2016년 同연구정책과 투자기획팀장 2017년 同대변인 2019년 국립농업과학원 농업생물부 곤충산업과장(현)

## 방화섭(方華燮)

(생)1965 (주)인천광역시 서구 거월로 61 수도권매립지관리공사 감사실(032-560-9349) (학)1984년 마산중앙고졸 1992년 연세대 정치외교학과졸 (경)2005~2008년 국회의원 보좌관 2011~2012년 인천대 경영학부 교수 2011~2013년 인천글로벌캠퍼스(주) 상임감사 2016~2017년 케이스마트피아(주) 부사장 2018년 수도권매립지관리공사 상임감사(현)

## 방효원(方孝元) BANG Hyoweon

(생)1959 · 2 · 27 (본)온양(溫陽) (출)부산 (주)서울특별시 동작구 흑석로 84 중앙대학교 의과대학 생리학교실(02-820-5650) (학)1983년 중앙대 의대졸 1985년 同대학원 의학석사 1988년 의학박사(중앙대) (경)1983~1988년 중앙대 의과대학 의학과 조교 1988~1991년 공군 항공의학 적성훈련원 연구부장 겸 생리학과장 1992년 중앙대 의과대학 생리학교실 강사 · 조교수 · 부교수 · 교수(현) 1998~2000년 미국 시카고메디컬스쿨 연구교수 2001~2002년 중앙대 의과대학 의학부장 2002~2009년 대한생리학회 총무이사 · 학술이사 2005~2009년 同의과대학 학장보 2010~2012년 同평의원회 의장 2010~2014년 한국이온통로연구회 회장 2011~2013년 한국피지옴연구회 회장 (종)천주교

## 방효진(方孝進) BANG Hyo Jin

(생)1955·3·28 (출)서울 (주)서울특별시 중구 세종대로 136 싱가포르개발은행(DBS) 서울지점(02-6322-2660) (학)1981년 미국 캘리포니아대 버클리교 경제학과졸 (경)1988년 스위스은행 한국사무소장 1993년 미국 메릴린치 홍콩법인 서울디렉터 1994년 미국 골드만삭스 서울사무소장 1997년 영국 내셔널 웨스트민스터뱅크 한국디렉터 1999년 독일 드레스드너 클라인워트은행 한국대표 2002년 I-Reality Group 한국고문 2003~2005년 하나은행 부행장보 겸 투자은행(IB)사업본부장(이사) 2005년 싱가포르개발은행(DBS) 서울지점 한국대표(현) 2015~2016년 금융정보분석원 자금세탁방지정책자문위원회 위원 2017년 금융위원회 금융중심지활성화태스크포스(TF) 단장(현) (종)기독교

## 방효철(方孝哲) BANG Hyo Chul (東岩)

(생)1943·12·9 (본)온양(溫陽) (출)충북 청원 (주)경상남도 창원시 성산구 성주로 53 삼우금속공업(주)(055-282-4235) (학)1962년 청주공고졸 1966년 청주대 법학과졸 1969년 성균관대 경영대학원졸 (경)1984년 삼우금속공업(주) 대표이사 사장 1993년 민주평통 자문위원 1995년 (주)삼우반도체 대표이사 사장 1996~2008년 한국도금공업협동조합 이사장 1996~2000년 삼우정밀공업(주) 대표이사 회장 2001년 (사)한국추진공학회 부회장 2002년 (사)중소기업진흥재단 이사·중소기업법 개정위원장 2003~2012년 (주)엠피티 대표이사 2003~2007년 (사)한국방위산업진흥회 부회장 2004년 (주)삼우KJS텍 대표이사 2007년 중소기업중앙회 부회장 2008년 한국도금공업협동조합 명예이사장(현) 2008년 (사)글로벌CEO클럽 동남지역본부장(현) 2009년 중소기업중앙회 정책자문위원(현) 2009~2014년 한국무역협회 이사 2009년 창원상공회의소 상임의원 2009~2013년 창원국가산업단지경영자협의회 회장 2010년 삼우금속공업(주) 대표이사 회장(현) 2013년 경남중소기업대상수상기업협의회 고문(현) 2014년 한국자유총연맹 경남지회장(현) (상)국무총리표창(1990), 경남산업평화상(1991), 동탑산업훈장(1995), 창원상공대상(1996), 환경부장관표창, 중소기업대상(1998), 국세청장표창(1998), 산업자원부장관표창(2000), 은탑산업훈장(2006), 한국을 빛낸 이 달의 무역인상(2007), 자랑스러운 중소기업인 선정(2008), 한국의 아름다운 기업 대상(2009), 금탑산업훈장(2012), 경남도 산업평화상 금상(2015) (종)기독교

## 방효충(方孝忠) BANG Hyo Choong

(생)1964·2·20 (본)온양(溫陽) (출)충남 서산 (주)대전광역시 유성구 대학로 291 한국과학기술원 기계항공공학부 항공우주공학과(042-350-3722) (학)1981년 충남 서령고졸 1985년 서울대 항공공학과졸 1987년 同대학원 항공공학과졸 1992년 공학박사(미국 텍사스A&M대) (경)1992~1994년 미국 해군대학원 연구조교수 1995~1999년 한국항공우주연구소 선임연구원 1995·1997년 한국항공우주학회 편집위원 1999~2000년 충남대 항공우주공학과 조교수 2001년 한국과학기술원 항공우주공학전공 조교수·부교수 2009년 同기계항공공학부 항공우주공학과 교수(현) 2017년 同공과대학 부학장 2019년 同KAIST안보융합연구원장(현) (상)한국과학기술단체총연합회 과학기술우수논문상(2004), 부총리 겸 과학기술부장관표창(2007) (저)'The Finite Element Method using MATLAB' '비행동역학 및 제어'(2004) (종)천주교

## 방희선(方熙宣) Heeseon Bang

(생)1955·11·16 (본)온양(溫陽) (출)충북 진천 (주)서울특별시 서초구 서초대로 266 한승아스트라 1201호 방희선법률사무소(02-525-5539) (학)1974년 경기고졸 1979년 서울대 법과대학 법학과졸 1981년 同대학원 법학과졸(석사) 1994년 법학박사(서울대) (경)1981년 사법시험 합격(23회) 1981~1984년 육군법무장교 1983년 사법연수원 수료(13기) 1987년 인천지법 판사 1989년 서울형사지법 판사 1991년 광주지법 목포지원 판사 1991~1997년 무안·장성·안성·과천시 선거관리위원장 1992~1996년 광주지법 판사 1994년 미국 사법제도 특별연수 1996년 수원지법 판사 1997년 법무법인 이산 변호사 1998년 대한변호사협회 이사 1998년 법무부 사법시험위원 1998년 형사소송법학회 감사 1998·2002년 민주화보상심의위원회 위원 1998년 법제처 법령심의위원 1999~2002년 경희대 법대 겸임교수 2002~2008년 변호사 개업 2005년 '시민과함께하는 변호사들' 발기인, 세계일보·내일신문 객원논설위원 2007~2015년 동국대 법과대학 교수 2008년 同법과대학장 2015년 변호사 개업(현) 2016~2018년 방송통신위원회 미디어다양성위원회 위원 (상)육군참모총장표창(1983), 시사저널 선정 '올해의 인물'(1993) (저)'가지 않으면 길은 없다' '저작권법'(共) '형법(총론·각론)'(1986·1987) '양형기준제와 양형위원회 도입방안 연구'(2010) (종)기독교

## 배경록(裵坰錄) BAE Kyung Lock

(생)1958·8·6 (본)성주(星州) (출)전남 광양 (주)서울특별시 마포구 와우산로 48 씨네21(주)(02-6377-0500) (학)1984년 한국외국어대 인도네시아어과졸 2002년 서강대 공공정책대학원졸 (경)1985년 경인일보 근무 1988년 한겨레신문 기자 1997년 同민권사회1부 차장 2001년 同정치부 차장 2003년 同미디어사업본부 한겨레21부장 2005년 同제2창간운동본부 주주배가추진단장 2006년 同지역담당 편집장 2006년 同문화교육사업단장 2007년 同편집국 인사교육담당 부국장 2008년 同편집국 사회부문 선임기자 2009년 同광고국장 2010년 同광고국장(이사대우) 2011년 同애드본부장(상무이사) 2013~2014년 한국신문협회 광고협의회 부회장 2014년 씨네21(주) 부사장 2017년 同대표이사(현) (종)천주교

## 배경주(裵坰柱) Bae Kyung Ju

(생)1964·10·13 (출)전남 순천 (주)서울특별시 영등포구 여의대로 60 NH투자증권 임원실(02-768-7000) (학)1982년 순천고졸 1989년 고려대 독어독문학과졸 (경)1989년 LG증권 입사 2003년 우리투자증권 경영기획혁신팀장 2005년 同경영관리팀장 2010년 同대치WMC센터장 2012년 同광화문광역센터장 2013년 同경영전략본부장 2015년 NH투자증권 인사홍보본부장(상무보) 2015년 同인사홍보본부장(상무) 2016년 同강남지역본부장(상무) 2018년 同자산관리전략총괄 전무(현)

## 배경택(裵京澤)

(생)1970 (주)세종특별자치시 도움4로 13 보건복지부 인구정책실 인구정책총괄과(044-202-3375) (학)서울대 신문학과졸(89학번) (경)1996년 외무고시 합격(30회), 보건복지부 사무관 2006년 同정책홍보관리실 통상협력팀장 2006년 同한·미자유무역협정팀장 2007년 同보건의료정책본부 의료자원팀장 2008년 보건복지가족부 의료자원과장 2009년 同규제개혁법무담당관 2010년 보건복지부 장관비서관 2010년 同사회복지정책실 기초의료보장과장 2012년 同보건의료정책실 보험급여과장 2013년 同기획조정실 국제협력담당관 2014~2017년 駐벨기에 EU 대표부 주재관 2017년 보건복지부 건강정책국 구강생활건강과장 2017년 同인구정책실 인구정책총괄과장 2018년 同인구정책실 인구정책총괄과장(부이사관)(현)

## 배계완(裵啓完)

(생)1961·3·3 (주)울산광역시 중구 종가로 400 한국산업안전보건공단(052-7030-506) (학)1980년 서울 보성고졸 1985년 연세대 토목공학과졸 1998년 영국 셰필드대 대학원 토목구조공학과졸 (경)2010년 한국산업안전보건공단 서울지역본부 전문기술위원실 기술위원 2011년 同국제협력

팀장 2014~2015년 同협력지원실장 · 국제산업보건대회 사무국장 2016년 한국산업안전보건공단 충북지사장 2017년 同건설안전실장 2018년 同경기지사장 2018년 同기술이사(현) (상)한국산업안전보건공단 이사장표창(1997), 고용노동부장관표창(2009), 대통령표창(2015)

**배광국(裵珖局) BAE Kwang Kook**

(생)1961 · 10 · 6 (본)경주(慶州) (출)서울 (주)서울특별시 서초구 서초중앙로 157 서울고등법원(02-530-1229) (학)1980년 광성고졸 1985년 서울대 법대 사법학과졸 1987년 同대학원졸 (경)1986년 사법시험 합격(28회) 1989년 사법연수원 수료(18기) 1989년 軍법무관 1992년 서울지법 동부지원 판사 1994년 서울민사지법 판사 1996년 부산지법 형사6부 판사 1999년 수원지법 판사 2000년 서울고법 판사 2002년 대법원 재판연구관 2004년 청주지법 부장판사 2005년 사법연수원 교수 2008년 서울중앙지법 민사합의41부 · 형사합의26부 부장판사 2011년 의정부지법 고양지원장 2012년 특허법원 부장판사 2013년 同수석부장판사 2014년 서울고법 부장판사(현) (종)기독교

**배광식(裵珖植) BAE Kwang Sik**

(생)1959 · 7 · 19 (출)경북 의성 (주)대구광역시 북구 옥산로 65 북구청 구청장실(053-665-2000) (학)능인고졸, 경북대 행정학과졸, 영남대 행정대학원졸 (경)1982년 행정고시 합격(26회) 1983년 통일부 행정사무관, 대구시 청소년계장, 同노정계장, 同지역경제계장 1994년 同시정계장 1995년 同사회진흥과장 1995년 同지역경제과장 1998년 同경제산업국장 2002년 同환경녹지국장 2004년 同행정관리국장 2004년 同남구 부구청장 2007년 세종연구소 교육파견(국장급) 2008년 대구시 수성구 부구청장 2012~2014년 同북구 부구청장 2014~2018년 대구시 북구청장(새누리당 · 자유한국당) 2018년 대구시 북구청장(자유한국당)(현) (상)대통령표창, 근정포장

**배광언(裵光彦) BAE Kwang Un**

(생)1936 · 6 · 18 (본)달성(達城) (출)전남 목포 (주)서울특별시 중구 세종대로9길 53 대한통운빌딩 1007호 전국출장소연합회(02-777-7470) (학)목포고졸 1962년 성균관대졸 1994년 전남대 행정대학원 수료 (경)1964년 대양운수(합) 사장(현) 1969년 대한통운(주) 신안출장소장 1974년 전남지구청년회의소 회장 1977년 목포시축구 · 테니스협회 회장 1979년 전남의용소방대연합회 회장 1985년 목포시체육회 부회장 1987년 전남도 도정자문위원 1991년 민주당 목포지구당 부위원장 1991 · 1995~1998년 전남도의회 의원 1991년 同산업건설위원장 1993년 同부의장 1995년 同의장 1998년 대한통운 전국출장소연합회 중앙회장 1998년 한국운수창고(주) 대표이사 회장(현) 1999년 민주평통 부의장 2011년 CJ대한통운 전국출장소연합회 중앙회장(현) (상)대통령표창(1985), 체육부장관표창(1988), 재무부장관표창(1989), 국민훈장 동백장(1996) (저)'연설문집 1집'(1997, 제일기획문화사) '연설문집 2집'(1998, 제일기획문화사) (종)기독교

**배광환(裵光煥)**

(생)1960 · 8 · 1 (주)서울특별시 서대문구 서소문로 51 서울특별시 상수도사업본부(02-3146-1020) (학)1986년 서울시립대 건축공학과졸 (경)2009년 서울시 도로계획과 지방서기관 2010년 同도시기반시설본부 경전철추진반장 2012년 서울 영등포구 근무 2013년 서울시 물관리정책과장 2015년 同서부도로사업소장 2017년 同도로관리과장(지방부이사관) 2018년 同안전총괄관 직대 2018년 同물순환안전국장 2019년 同상수도사업본부 부본부장(현)

**배광효(裵光孝) Bae Kwang-hyo**

(생)1962 · 8 · 30 (주)부산광역시 동래구 온천천남로 185 부산환경공단 이사장실(051-760-3201) (학)1989년 동아대 대학원 법학과졸 1997년 독일 훔볼트대 대학원 수료 (경)1986년 행정고시 합격(30회) 2001년 부산시 보건복지여성국 아 · 태장애인경기대회지원과장 2005년 同경제진흥실 투자유치과장 2005년 同경제진흥실 경제정책과장 2008~2010년 부산교통공사 파견 2010년 부산시 해운대구 부구청장 2012년 국방대 파견 2013년 부산시 해양농수산국장 2014년 부산시의회 사무처장 2015년 중앙공무원교육원 교육파견(지방이사관) 2016년 부산발전연구원 파견(지방이사관) 2017~2018년 부산시 시민안전실장 2018년 부산환경공단 이사장(현) (상)녹조근정훈장(2003), 대통령표창(2007), 상공회의소회장표창(2007)

**배국환(裵國煥) BAE Kook Hwan**

(생)1956 · 10 · 16 (본)경주(慶州) (출)전남 강진 (주)서울특별시 종로구 율곡로 194 현대아산 임원실(02-3669-3905) (학)1975년 경복고졸 1979년 성균관대 경영학과졸 1985년 서울대 행정대학원 행정학과졸 1997년 미국 위스콘신대 대학원 공공정책학과졸 2012년 명예 행정학박사(제주대) (경)1978년 행정고시 합격(22회) 1980년 상공부 기업지도담당관실 사무관 1984년 경제기획원 투자기관1과 사무관 1987~1992년 同예산실 총괄계장 · 예산정책 · 건설교통 · 교육예산과 사무관 1994년 대통령비서실 국가경쟁력기획단 과장 1998년 기획예산위원회 정부개혁실 개혁기획팀장 1999년 기획예산처 예산제도과장 · 건설교통예산과장 2000년 同예산제도과장 2002~2003년 同예산총괄과장 2003년 대통령소속 정부혁신및지방분권위원회 재정세제개혁팀 국장 2004년 행정자치부 지방재정국장(이사관) 2005년 同지방재정기획관 2005년 기획예산처 재정정책기획관 2006년 同공공혁신본부장(고위공무원) 2007년 同정책홍보관리실장 2007년 同재정전략실장 2008~2009년 기획재정부 제2차관 2009~2012년 감사원 감사위원 2012년 NH농협금융지주 사외이사 2014년 인천시 정무부시장 2014~2015년 同경제부시장 2015~2018년 가천대 사회과학대학 글로벌경제학과 초빙교수 2018년 경기도경제과학진흥원 이사장 2018년 현대아산 대표이사 사장(현) (상)대통령표창(1985), 녹조근정훈장(1998), 홍조근정훈장(2005), 자랑스러운 성균인 공직자부문(2011), 황조근정훈장(2012) (저)'생동하는 SOC'(1995, 사법행정문화원) '한국의 재정 2001'(2001, 매일경제신문사) '한국의 재정, 어제 오늘 그리고 내일'(2007, 기획예산처) '배롱나무 꽃필 적에 병산에 가라'(2016, 나눔사) (종)기독교

**배규식(裵圭植) BAE Kiu Sik**

(생)1957 · 2 · 23 (본)성산(星山) (출)충북 영동 (주)세종특별자치시 시청대로 370 세종국책연구단지 경제정책동 5-7층 한국노동연구원(044-287-6010) (학)1976년 대전고졸 1994년 서울대 공과대학 전기공학과졸 1996년 영국 워릭대 대학원 노사관계학과졸 2000년 산업경영학박사(영국 워릭대) (경)2000년 한국노동연구원 연구위원 · 선임연구위원 2002~2003년 同노사관계고위지도자과정 주임교수 2005년 同국제협력실장 2005~2008년 同노사관계연구본부장 2008~2014년 경기도지방노동위원회 공익위원 2011년 한국노동연구원 국제협력실장 2011년 同노사 · 사회정책연구본부장 2014년 중앙노동위원회 공익위원(현) 2015~2015년 대통령소속 경제사회발전노사정위원회 수석전문위원 2016~2018년 한국노동연구원 노사관계연구본부 선임연구위원 2017년 고용노동부 정책자문위원회 위원(현) 2018년 한국노동연구원장(현) 2018년 고용노동부 조선업중대산업재해국민참여조사위원회 위원장 (저)'지식기반산업의 신노사관계-이동통신서비스산업을 중심으로'(2003, 한국노동연구원) '한국의 노동 1987-2002(共)'(2003, 한국노동연구원) '노사관계 모델에 관한 국제비교(共)'

(2003, 한국노동연구원) '공공부문 구조조정과 노사관계 안정화(共)'(2004, 한국노동연구원) '주요외국의 사회적 대화 및 사회협약체제 비교연구: 스페인의 사회협약 체제(共)'(2006, 노사정위원회) '노사관계 안정화 방안연구-주요 업종 사례를 중심으로(共)'(2006, 한국노동연구원) '중소제조업의 고용관계'(2006, 한국노동연구원) '무노조 기업의 고용관계'(2007, 한국노동연구원) '장시간노동과 노동시간 단축 Ⅰ·Ⅱ'(2011, 한국노동연구원) '한국고용관계의 현상'(2012, 한국노동연구원) '교대제와 노동시간, 노동시간과 일생활균형'(2013, 한국노동연구원) '중국 조선족 청년의 이주와 노동시장 진출 연구'(2013, 대외경제정책연구원) 'Employment Relations in South Korea'(2014, Palgrave)

## 배규진(裵圭振) BAE Gyu Jin

(생)1955·8·15 (본)달성(達城) (출)경북 (주)경기도 고양시 일산서구 고양대로 283 한국건설기술연구원 인프라안전연구본부(031-910-0212) (학)1980년 경북대 농공학과졸 1982년 연세대 대학원졸 1984년 일본 전국건설연구센터 건설기술과정 수료 1990년 토목공학박사(연세대) (경)1982~1983년 연세대 공과대학 토목공학과 연구조교 1983~1984년 同산업기술연구소 객원연구원 1984~1990년 한국건설기술연구원 토목연구부 연구원 1990~1994년 同지반연구실 선임연구원 1992년 미국 Comtec Research Company 객원연구원 1995년 한국건설기술연구원 지반연구실 수석연구원 1996~1998년 同지반연구실장 1999년 同기획조정실장 2000년 同토목연구부 지하구조물그룹 수석연구원 2001년 同토목연구부장 2001년 同연구위원 2003년 同지반연구부장 2005년 同선임연구부장 2005년 同원장 직대 2006~2009년 同지하구조물연구실 책임연구위원 2008~2010년 한국터널공학회 회장 2009~2011년 한국건설기술연구원 선임본부장 2011년 同기반시설연구본부 지반연구실 선임연구위원 2011년 同SOC성능연구소 Geo-인프라연구실 선임연구위원 2015년 同지반연구소 선임연구위원 2019년 同인프라안전연구본부 선임연구위원(현) (상)과학기술자상(1998), 대한토목학회 기술상(1998), 대한토목학회 학술상(2002) (종)가톨릭

## 배규한(裵圭漢) BAE Kyuhan

(생)1951·4·5 (본)김해(金海) (출)경북 칠곡 (주)충청남도 천안시 동남구 문암로 76 백석대학교 사회복지학부(041-550-2527) (학)1970년 계성고졸 1974년 서울대 사회학과졸 1979년 同대학원 사회학과졸 1985년 사회학박사(미국 일리노이대 어배나교) (경)1979~1980년 서울대 강사 1985~1986년 同사회과학연구소 특별연구원 1985~1995년 국민대 조교수·부교수 1985~1988년 同학보사 부주간·주간 1989~1994년 대통령자문 21세기위원회 위원 1992~1993년 미국 캘리포니아대 버클리교 연구교수 1995~2016년 국민대 사회학과 교수 1995~1999년 同학생처장 1996년 한겨레신문 미래칼럼위원 1996~1998년 종합유선방송위원회 심의위원 1996~1998년 전국대학교학생처장협의회 회장 2000~2002년 국민대 사회과학대학장 2001년 중앙일보 옴부즈맨칼럼위원 2002~2004년 국무총리실 비상기획위원회 위원 2002~2004년 한국방송공사(KBS) 객원해설위원 2002~2003년 동아일보 객원논설위원 2003~2006년 서울시정자문단 위원 2004년 매일신문 화요포럼 칼럼위원 2004~2007년 한국청소년정책연구원 원장 2005~2008년 서울시 사회복지위원회 위원 2005~2011년 아산문화재단 아산봉사상 심사위원 2005~2006년 청소년특별회추진단 단장 2006~2007년 국무총리실 제대군인지원위원회 위원 2006~2012년 삼성사회정신건강연구소 자문위원 2007~2011년 아산문화재단 장학위원장 2008~2010년 대통령직속 미래기획위원회 위원 2008~2010년 교육과학기술부 자체평가위원회 위원장 2009년 한국학술진흥재단 사무총장 2009년 同이사장 직대 2009~2012년 한국연구재단 초대 사무총장 2010·2016년 여성가족부 청소년정책자문위원장 2012년 국가청소년수련활동인증위원회 위원장 2012년 (사)한미협회 이사(현) 2012~2016년 청소년보호위원회 위원장 2013년 뉴질랜드 오클랜드대 연구교수 2014~2017년 한국천문연구원 비상임감사 2016년 국민대 명예교수(현) 2016년 백석대 사회복지학부 석좌교수(현) 2017년 (사)한미협회 교육분과위원장(현) 2019년 자유한국당 당대표 특별보좌역(현) 2019년 同당무감사위원장(현) (저)'21세기 한국과 한국인(共)'(1994) '21세기 한국의 사회발전전략(共)'(1994) '학생운동과 대학생 자치활동'(1999) '조사방법론과 사회통계(共)'(2000) '미래 사회학'(2000) '변화하는 사회, 기업의 대응(共)'(2002) '글로벌화와 한국경제의 선택(共)'(2002) '통계조사론(共)'(2003) '매스미디어와 정보사회(共)'(2004) '청소년학개론(共)'(2007) '청소년학연구방법론(共)'(2007) '사회학적 통찰과 상상'(2011) 등 22권 (종)기독교

## 배금자(裵今子·女) BAE Keum Ja (山)

(생)1961·2·2 (출)경북 영일 (주)서울특별시 종로구 새문안로5가길 28 광화문플래티넘 911호 해인법률사무소(02-3471-2277) (학)1978년 부산 혜화여고졸 1984년 부산대 사학과졸 1998년 미국 하버드대 로스쿨졸(LL.M.) (경)1985년 사법시험 합격(27회) 1988년 사법연수원 수료(17기) 1988~1989년 부산지법 동부지원 판사 1989년 동서로펌 변호사 1990년 변호사 개업 1994년 MBC '오변호사 배변호사' 진행 1998년 미국 뉴욕주 변호사시험 합격 1998~1999년 미국 조지타운로스쿨 객원연구원 1999년 해람합동법률사무소 변호사 1999년 해인법률사무소 대표변호사(현) 2000~2003년 방송위원회 고문변호사 2000~2004년 KBS 객원해설위원 2001~2004년 전자거래분쟁조정위원회 조정위원 2002~2004년 서울지방변호사회誌 '시민과 변호사' 편집위원 2003~2004년 저작권심의조정위원회 조정위원 2004·2014년 동아일보 객원논설위원 2005~2007년 정보통신윤리위원회 위원 2008년 한국문화콘텐츠진흥원 국제거래 책임변호사 2008년 저작권위원회 위원 2008년 대한상사중재원 중재인(현) 2009년 법제처 법령해석심의위원회 위원 2012~2017년 대한변호사협회 징계위원 2012~2015년 대통령소속 개인정보보호위원회 위원 2012년 문화콘텐츠분쟁조정위원회 위원(현) 2013년 공공데이터제공분쟁조정위원회 위원 2016년 산업재산권분쟁조정위원회 조정위원(현), 생명보험협회 광고심사위원(현), 문화체육관광부 자체평가위원(현), 서울대 동물실험윤리위원회 위원(현) 2018년 한국저작권위원회 부위원장(현) (상)대한변호사협회장표창(1995), 서울지방변호사회 공익봉사상(2004), 여성권익디딤돌상(2004), 세계보건기구(WHO) 공로상(2006) (저)'종군위안부문제 특별보고서'(1991, 대한변호사협회 인권보고서) '이의있습니다'(1995) '인간을 위한 법정'(1999) '공직자 명예훼손 소송과 그 법리'(2002, 언론중재) '집단명예훼손'(2002) '저작권에 있어서의 병행수입 문제'(2003) '미국에서의 퍼블리시티권'(2004) '법보다 사람이 먼저다'(2005) '화재안전담배 도입방안'(2010, 서울지방변호사회 시민과 변호사) 외 다수 (작)'미국에서의 종교의 자유'(2006, 대한변협신문 연재) (종)불교

ㅂ

## 배금주(裵今珠·女)

(생)1964·11·28 (주)세종특별자치시 도움4로 13 보건복지부 감사관실(02-6383-2023) (학)부산 이사벨여고졸, 서울대 미학과졸, 미국 메릴랜드주립대 대학원 여성학과졸 (경)1995년 행정고시 합격(39회), 여성가족부 행정사무관 2005년 대통령비서실 사회정책행정관 2008년 보건복지가족부 국민연금급여과장 2009년 同사회복지정책실 국민연금정책과장 2010년 보건복지부 사회복지정책실 국민연금정책과장 2010년 同보건의료정책실 식품정책과장 2011년 同보건의료정책실 의료기관정책과장(서기관) 2012년 同건강정책국 건강증진과장 2013년 국방대 교육파견 2014년 보건복지부 사회복지정책실 급여기준과장 2015년 同사회복지정책실 지역복지과장 2016년 同기획조정실 기획조정담당관(부이사관) 2016년 한국보건복지인력개발원 보건복지교육본부장 2017년 同사회복지교육본부장 2018년 보건복지부 사회복지정책실 복지정책과장 2019년 同본부 근무(부이사관) 2019년 同감사관(현)

**배긍찬(裵肯燦) BAE Geung Chan**

(생)1956·5·17 (출)서울 (주)서울특별시 서초구 남부순환로 2572 국립외교원 아시아·태평양연구부(02-3497-7693) (학)1979년 고려대 정치외교학과졸 1983년 미국 클레어먼트대 대학원 정치학과졸 1988년 정치학박사(미국 클레어먼트대) (경)1988~1989년 고려대·성균관대·중앙대 강사 1989~2000년 외교안보연구원 조교수·부교수 1996~2000년 同아시아·태평양연구부장 1999년 인도네시아 CSIS(Center for Strategic and International Studies) 객원연구원 2001년 외교안보연구원 교수 2008~2012년 同연구실장 2012년 국립외교원 아시아·태평양연구부 교수(현) (저)'정치적 현실주의의 역사와 이론(共)'(2003) '국제적 통일역량 강화방안(共)'(2003) '동남아 정치변동의 동학 : 안정과 변화의 갈림길(共)'(2004)

**배기동(裵基同) BAE Ki Dong** (尋恒)

(생)1952·5·6 (본)성주(星州) (출)대구 (주)서울특별시 용산구 서빙고로 137 국립중앙박물관(02-2077-9011) (학)1971년 경남고졸 1975년 서울대 고고인류학과졸 1980년 同대학원 고고학과졸 1988년 인류학박사(미국 캘리포니아대 버클리교) (경)1976~1979년 호암미술관 학예연구원 1979~1983년 서울대 박물관 연구원 1984~1988년 미국 캘리포니아대 동아시아연구소 연구원 1989년 문화재연구소 연구원 1991~2008·2010~2017년 한양대 인문학부 문화인류학과 교수 1992년 동아시아고고학연구소 소장 2002·2008년 한양대 박물관장 2002~2005년 서울·경기고고학회 회장 2003~2005년 문화재청 매장문화재분과 위원 2004년 2004세계박물관대회조직위원회 사무총장 2004~2006년 대학박물관협회 회장 2004~2007년 세계고고역사박물관위원회 집행위원 2005~2006년 문화재보호재단 이사 2005~2006년 경기도 문화재 위원 2005년 한미문화재단 이사 2005년 고려문화재연구원 이사 2006년 한양대 박물관 문화환경연구센터장 2007~2009년 문화재위원회 사적분과 위원 2007~2009년 한국박물관협회 회장 2009년 세계적영문인류학잡지 '인간진화 저널(Journal of Human Evolution)' 편집위원 2009~2010년 한국전통문화학교 총장 2011~2017년 국제박물관협의회(ICOM) 한국위원회 위원장 2011~2015년 전곡선사박물관 관장 2012년 유네스코 한국위원회 집행위원 겸 문화분과 부위원장(현) 2013년 유네스코 아시아태평양국제이해교육원 이사회 의장(현) 2013년 국외문화재재단 이사 2013년 삼성문화재단 이사 2013~2015년 한양대 국제문화대학장 겸 문화산업대학원장 2014년 국제박물관협의회(ICOM) 국가위원회 의장(현) 2016년 同아시아태평양지역연합(ASPAC) 위원장(현) 2016~2017년 국립박물관문화재단 이사장 2017년 국립중앙박물관장(차관급)(현) 2017년 국제푸른방패(Blue Shield International) 초대 집행위원 겸 상임이사(현) (상)한양대 최우수교수상(1997), 제4기 위해학술상(2009), 경남중·고동창회 용마상(2010), (사)한국박물관협회 자랑스런 박물관인상 중진부문(2017) (저)'전곡리 구석기유적'(2009) 'Museum and History of the Jeongok Paleolithic Site'(2012) 'Paleolithic Archaeology in Korea'(2012) 등 (역)'인간이 된다는 것의 의미' '문명의 여명' '일본인의 기원' '고고학이론과 방법실습' '아프리카 5백만년의 역사' '대한민국 박물관 기행'

**배기명(裵基明)**

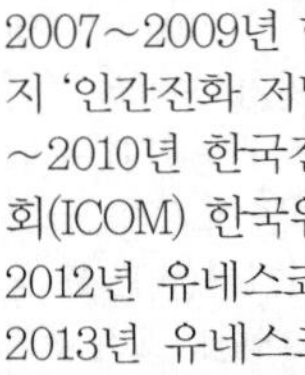

(생)1967 (주)울산광역시 중구 성안로 112 울산지방경찰청 여성청소년과(052-210-2649) (학)경북고졸, 경찰대졸(6기) (경)대구 서부경찰서 수사과장, 대구지방경찰청 여성보호계장, 同형사과장 2016년 同경무과 치안지도관(총경) 2018년 경북 성주경찰서장 2019년 울산지방경찰청 여성청소년과장(현)

**배기영(裵基英) Bae, Ki Young**

(생)1955·11·2 (본)성산(星山) (출)충북 옥천 (주)서울특별시 강남구 강남대로 284 더클래스효성(주) 사장실(02-575-7500) (학)1974년 보성고졸 1981년 연세대 행정학과졸 (경)1981~1994년 Shell Korea 근무·극동정유(現현대오일뱅크) 과장·부장 1994~1996년 고성진흥(주) 신규사업개발부장 1996~2000년 선인자동차(주) Director 2000~2004년 고진모터스(주) Managing Director 2004~2011년 선인자동차(주) 대표이사 사장 2012~2013년 同고문 2013년 더클래스효성(주) 대표이사 사장(현) 2013년 연세대총동문회 상임이사(현) 2013년 한독상공회의소(KGCCI) 상임이사(현) 2014년 메르세데스-벤츠 사회공헌위원회 부의장(현) (종)기독교

**배기철(裵基哲)**

(생)1957·11·1 (주)대구광역시 동구 아양로 207 동구청 구청장실(053-662-2002) (학)김천고졸, 한국방송통신대 법학과졸, 계명대 대학원 환경과학과 휴학 중 (경)총무처·행정안전부 근무, 대구상공회의소 상공의원, 대구시 상수도사업본부장 2015년 대구 동구 부구청장(지방부이사관), 대구경북섬유산업연합회 상임부회장, 여의도연구원 정책자문위원회 정치발전분과 부위원장 2018년 대구시 동구청장(자유한국당)(현) 2018년 (재)동구교육발전장학회 이사장(현)

**배기현(裵基賢) Bae Kihyen** (무애)

(생)1953·2·1 (출)경남 마산 (주)경상남도 창원시 마산합포구 오동북16길 27 천주교 마산교구청(055-249-7001) (학)1983년 광주가톨릭대졸 1985년 同대학원졸 1994년 오스트리아 인스브루크대 철학과졸 1996년 독일 뮌헨대 대학원 철학박사과정 수료 (경)1985년 사제서품 1985~1989년 천주교 마산교구 남해본당 주임신부 1996~1998년 부산가톨릭대 교수 1998~2001년 미국 덴버 한인성당 교포사목 2001년 안식년 2002~2005년 천주교 마산교구 사천성당 주임신부 2005~2008년 同마산교구 덕산동성당 주임신부 2008~2014년 미국 로스앤젤레스 한인성당 교포사목 2014년 안식년 2015년 천주교 마산교구 총대리 겸 사무처장 2016년 同마산교구장(주교)(현)

**배덕곤(裵德坤) Bae Deok Gon**

(생)1969 (출)전북 임실 (주)세종특별자치시 한누리대로 2130 소방본부(044-300-8013) (학)전북대 산업공학과졸 2008년 서울시립대 도시과학대학원 방재공학과졸 (경)1997년 소방간부 후보(9기) 1997년 행정자치부 민방위재난통제본부 예방과 근무 2002년 同소방정책본부 과학화기반팀 및 소방정책과 근무, 전북 고창소방서 소방행정과 근무, 소방방재청 소방정책과 근무 2011년 同경기2본부 방호구조과장 2011년 경기 이천소방서장 2014년 광주소방학교장(소방정) 2016년 국민안전처 119구조구급국 소방장비항공과 소방정 2016년 同중앙소방본부 119구조구급국 소방장비항공과장 2017년 소방청 소방장비항공과장 2018년 同기획재정담당관 2019년 세종특별자치시 소방본부장(현) (상)국무총리표창, 행정자치부장관표창 (저)'핵심 소방학개론'(2011, 엔플북스)

**배덕수(裵悳秀) BAE Duk Soo**

(생)1955·9·18 (출)서울 (주)서울특별시 강남구 일원로 81 삼성서울병원 산부인과(02-3410-3511) (학)경기고졸 1980년 서울대 의대졸 1988년 同대학원 의학석사 1990년 의학박사(서울대) (경)1994년 삼성서울병원 산부인과 전문의(현) 1997~2002년 성균관대 의대 산부인과학교실 부교수 2001~2007년 삼성서울병원 산부인과장 2001~2007년 성균관대 의대 산부인과

학교실 주임교수 2002년 同의대 산부인과학교실 교수(현) 2002년 대한산부인과내시경학회 재무위원장 2003년 삼성서울병원 암센터 부인암센터장 2004~2014년 대한부인종양콜포스코피학회 상임이사 2005~2007년 대한산부인과학회 정보위원장 2006년 대한비뇨부인과학회 정보위원장, 同이사 2006~2017년 대한암학회 이사 2006~2010년 대한산부인과내시경학회 학술위원장·부회장 2009~2011년 삼성서울병원 산부인과장 2009~2011년 성균관대 의대 산부인과학교실 주임교수 2011~2012년 대한산부인과내시경학회 회장 2013년 同명예회장(현) 2013년 아시아태평양부인과내시경학회(APAGE) 조직위원장 2014~2016년 대한부인종양학회 회장, 同명예회장(현) 2015~2017년 대한산부인과학회 이사장

## 배덕효(裵德孝) Bae,Deg-Hyo

(생)1960 (주)서울특별시 광진구 능동로 209 세종대학교 총장실(02-3408-3001) (학)1983년 연세대 토목공학과졸 1989년 미국 아이오와대 대학원 건설환경공학과졸 1992년 건설환경공학박사(미국 아이오와대) (경)1992~1994년 미국 농업연구청(USDA-ARS) 선임연구원 1996~2001년 창원대 토목공학과 조교수·부교수 2001년 세종대 공과대학 건설환경공학과 교수(현) 2003~2004년 서울시 건설기술심의위원 2004~2006년 세종대 공과대학 건설환경공학과장 2008~2009년 미국 워싱턴대 방문교수 2009~2012년 세종대 기획처장 2012~2014년 국토교통부 중앙하천관리위원 2014년 세종대 '기후변화대비 수자원적응기술개발 연구단' 단장 2015~2016년 한국기후변화학회 부회장 겸 학술위원장 2015~2017년 한국수자원학회 학술부회장 2015~2018년 세종대 대학원장 2018년 한국연구재단 국책연구본부 에너지환경분과 전문위원(현) 2018년 세종대 총장(현) (상)교육과학기술부 우수연구성과 50선(2008), 미래창조과학부 국가우수연구성과 100선(2014), 국무총리표창(2015), 대양학술상(2016) 외 다수

## 배동인(裵東仁) Bae Dong In

(생)1970·2·5 (본)성산(星山) (출)경북 상주 (주)세종특별자치시 갈매로 408 교육부 사회정책총괄담당관실(044-203-7261) (학)능인고졸, 한국교원대 영어교육학과졸 (경)2000년 행정고시 합격(44회) 2009년 교육과학기술부 교육복지정책과(서기관) 2012~2013년 同학교선진화과장 2015년 교육부 교원정책과장 2016년 同학교안전총괄과장 2016~2017년 대통령 정책조정수석비서관실 행정관 2017년 교육부 평생직업교육국 직업교육정책과장 2018년 同교육기회보장과장(부이사관) 2019년 同사회정책총괄과장 2019년 同사회정책총괄담당관(현) (상)대통령표창(2009)

## 배동현(裵東鉉) BAE Dong Hyun

(생)1955·10·17 (본)달성(達城) (출)전북 고창 (주)서울특별시 중구 청계천로 100 시그니쳐타워 서관 11층 아모레퍼시픽그룹 비서실(02-709-5900) (학)1974년 법성상고졸 1981년 국민대 경영학과졸 (경)2000년 (주)태평양 경리팀 부장 2002년 同재경담당 상무 2005년 同기획재경부문 부사장 2006년 (주)아모레퍼시픽 기획재경담당 부사장 2008년 同기획재경부문 부사장(CFO) 2011년 同지원총괄 대표이사 부사장 2013년 同경영지원부문 각자대표이사 부사장 2015년 아모레퍼시픽그룹 사장(현) (상)공정거래위원장표창(2010), 자랑스러운 국민인의 상(2017)

## 배두용(裵頭容) BAE Doo Yong

(생)1966·2·1 (주)서울특별시 영등포구 여의대로 128 LG전자(주) 세무통상그룹(02-3777-1114) (학)서울대 경제학과졸, 同대학원 정책학과졸, 미국 조지워싱턴대 대학원 회계학과졸 (경)1990년 국세청 진무세무서 근무 1999년 서울지방국체청 조사2국 근무 2005년 LG전자(주) 세무통상담당 상무 2009년 同해외법인관리담당 상무 2010년 同CFO(유럽경영관리담당 상무) 2012년 同CFO(세무통상담당 상무) 2014년 同CFO(세무통상담당 전무) 2018년 同세무통상그룹장(부사장)(현) (종)기독교

## 배만규(裵晩奎) BAE MAN GYU

(생)1960·11·15 (본)성산(星山) (출)경북 고령 (주)경상북도 안동시 풍천면 도청대로 455 경상북도청 하천과(054-880-4060) (학)대구 달성고졸, 경북산업대 토목공학과졸, 경북대 산업대학원 산업공학과졸 (경)1986~2009년 경북도 주무관 2009~2011년 김천시 혁신도시건설지원단장(시설사무관) 2011년 경북도 시설사무관 2015년 同생활안전과장 2016~2017년 同건설소방위원회 수석전문위원 2017년 同북부건설사업소장 2018년 同하천과장(현) (상)내무부장관표창, 행정자치부장관표창, 국토부장관표창, 국무총리표창(2회)

## 배명국(裵命國) BAE Myung Gook (庭岩)

(생)1934·11·6 (본)달성(達城) (출)경남 진해 (주)서울특별시 영등포구 의사당대로 1 대한민국헌정회(02-757-6612) (학)1958년 육군사관학교졸(14기) 1962년 서울대 문리대학졸 1971년 同행정대학원졸 (경)1972년 대통령 민정비서실 근무 1981년 제11대 국회의원(창원·진해·의창, 민주정의당) 1981년 국회 건설위원장 1983년 同상공위원장 1985년 민주정의당(민정당) 중앙집행위원 1985년 제12대 국회의원(창원·진해·의창, 민정당) 1985년 한·호주의원친선협회 회장 1986년 한·브라질의원친선협회 회장 1987년 민정당 경남지부 위원장 1988년 同진해·의창지구당 위원장 1988년 지역개발연구소 이사장 1990년 홍익재활원 대표이사 1992년 제14대 국회의원(진해·창원, 민자당·신한국당) 1992년 민자당 경남도지부장 1992년 同당무위원 1995년 한·일의원연맹 경제과학기술위원장 1996년 자민련 부총재 1998년 同정책자문위원장 2000년 同진해지구당 위원장 2005년 대한민국헌정회 사무총장·이사 2013~2019년 同고문 2019년 同위원(현) (상)충무무공훈장 (종)불교

## 배명인(裵命仁) BAE Myung In (周峰)

(생)1932·11·8 (본)달성(達城) (출)경남 진해 (주)서울특별시 강남구 테헤란로 133 법무법인(유) 태평양(02-3404-0110) (학)1952년 진해고졸 1956년 서울대 법과대학졸 (경)1957년 고등고시 사법과 합격(8회) 1958년 서울지검 검사 1959년 청주지검 검사 1960년 부산지검 검사 1964년 서울지검 검사 1968년 대구지검 검사 1968년 법무부 송무과장 1971년 서울지검 성동지청 부장검사 1973년 서울지검 부장검사 1974년 同형사1부장 1976년 同북부지청장 1978년 대구지검 차장검사 1979년 광주지검장 1980년 법무부 검찰국장 1981년 대검찰청 차장검사 1981년 광주고검장 1982년 법무연수원 원장 1982~1985년 법무부 장관 1986년 대한변호사협회·서울지방변호사회 소속회원(현) 1987년 법무법인(유) 태평양 대표변호사(현) 1988년 국가안전기획부장 1995년 대한불교진흥원 이사 1997년 불교방송 이사, 학교법인 동명문화학원 이사 (상)홍조근정훈장(1983), 청조근정훈장(1985) (종)불교

## 배문기(裵文基)

(생)1973·12·29 (출)부산 (주)서울특별시 마포구 마포대로 174 서울서부지방검찰청 형사5부(02-3270-4315) (학)1992년 부산사대부고졸 1998년 연세대 법학과졸 (경)2000년 사법시험 합격(42회) 2003년 사법연수원 수료(32기) 2006년 수원지검 성남지청 검사 2008년 대구지검 포항지청 검사 2010년 창원지검 검사 2012년 서울중앙지검 검사 2016~2017년 인천지검 검사 2016~2017년 '박근혜 정부의 최순실 등 민간인에 의한 국정농단 의혹 사건'(최순실 특검법) 파견 2017년 서울중앙지검 부부장검사 2018년 울산지검 형사4부장 2019년 서울서부지검 형사5부장(현)

ㅂ

## 배민규(裵敏圭) BAE MIN KYU

(생)1962·12·15 (출)경남 고성 (주)울산광역시 북구 사청2길 7 동울산세무서(052-219-9200) (학)1981년 진주고졸 1983년 세무대학 내국세학과졸(1기) 2010년 한국방송통신대 경제학과졸 (경)1983년 세무공무원 임용(8급 특채) 2010년 제주세무서 소득세과장(행정사무관) 2012년 울산세무서 운영지원과장 2013년 부산수영세무서 법인세과장 2014년 부산지방국세청 개인신고분석과 행정사무관 2015년 同징세송무국 송무과장 2016년 同조사2국 관리과장 2017년 경남 통영세무서 거제지서장(서기관) 2018년 부산지방국세청 조사2국 조사2과장 2018년 동울산세무서장(현) (상)국무총리표창(2008), 대통령표창(2015)

## 배병선(裵秉宣) BAE Byeong Seon

(생)1960·10·4 (출)경북 포항 (주)인천광역시 강화군 강화읍 북문길42번길 5 국립강화문화재연구소(032-930-0000) (학)1984년 서울대 건축공학과졸 1986년 同대학원 건축공학과졸 1993년 건축공학박사(서울대) (경)1996~2000년 군산대 공대 건축공학과 조교수 2000년 한국전통문화학교 전통건축학과 교수 2005년 문화재청 매장문화재분과 문화재전문위원 2005년 국립문화재연구소 건조물연구실장, 한국문화콘텐츠기술학회 이사, 국립문화재연구소 건축문화재연구실장 2010년 국립해양문화재연구소 전시홍보과장 2011년 국립문화재연구소 건축문화재연구실장 2013년 국립부여문화재연구소장 2017년 국립문화재연구소 건축문화재연구실장(과장급) 2019년 국립강화문화재연구소장(현) (저)'부석사(共)'(1995) '한국건축사'(1996) (종)불교

## 배병수(裵秉水) Bae, Byeong-Soo

(생)1962·7·7 (출)서울 (주)대전광역시 유성구 대학로 291 한국과학기술원 신소재공학과(042-350-4119) (학)1981년 오산고졸 1986년 서울대 공대 무기재료공학과졸 1988년 미국 드렉셀대 대학원 재료공학과졸 1993년 재료공학박사(미국 애리조나대) (경)1993~1994년 미국 Arizona Materials Lab 연구원 1994년 한국과학기술원 공과대학 신소재공학과 교수(현) 1997년 일본 교토대 방문교수 1997년 독일 신소재연구소(Univ. of Saalandes) 방문교수 1997년 호주 Photonics CRC(호주 국립대) 초빙교수 2000~2003년 일본 도쿄대 방문교수 2003~2012년 한국과학기술원 솔-젤응용기술연구센터 소장 2006~2007년 미국 애리조나주립대 초빙교수 2008년 한국과학재단 화공소재 전문위원 2008~2016년 한국과학기술한림원 준회원 2008~2009년 한국연구재단 화학화공소재단장 2010년 한국과학기술원 나노융합연구소장 2011년 LG전자 자문교수 2011~2013년 국가과학기술위원회 첨단융합전문위원회 위원 2011~2012년 LG디스플레이 상임 지도교수 2011~2012년 삼성디스플레이 자문교수 2012년 국가나노인프라협의체 이사(현) 2012년 삼성정밀화학 자문교수 2012년 ANF(Asia Nanotechnology Fund) 과학자문위원 2012년 (주)솔잎기술 대표이사(현) 2013~2014년 국가과학기술위원회 첨단융합전문위원회 위원 2014년 국가과학기술연구회 기획평가위원회 위원 2016년 한국과학기술한림원 정회원(공학부·현) (상)대한민국기술대상 은상(2004), 산업자원부장관표창(2005), KAIST 학술상(2008), 국제정보디스플레이 대상(2009), KAIST 기술혁신상(2010), 국가연구개발 우수성과 100선 최우수성과(2012), 제2회 EEWS 사업기획경진대회 최우수상(2012), 과학기술훈장 웅비장(2012)

## 배병일(裵炳日) BAE Byung Il

(생)1957·8·13 (출)경북 경산 (주)경상북도 경산시 대학로 280 영남대학교 법학전문대학원(053-810-2614) (학)1975년 대구 경북고졸 1980년 영남대 법학과졸 1982년 同대학원 법학석사 1988년 법학박사(영남대) (경)1985~1992년 강릉대 법학과 조교수·부교수 1988년 한국민사법학회 이사 1992년 민사법의이론과실무학회 부회장 1992~1996년 영남대 법학과 부교수 1995년 한국비교사법학회 이사 1996~2018년 영남대 법과대학 법학과 교수 1996년 同취업지원센터장 1999~2000년 同생활관장 2000~2001년 同기획처 부처장 2000~2004년 대구시 동구 인사위원회 위원 2002~2004년 영남대 법과대학장 2002년 同법학연구소장·운영위원 2002~2004년 전국법과대학장협의회 부회장 2002~2008년 경북도 행정심판위원회 위원 2004~2008년 同지방세심사위원회 위원 2004~2005년 영남대 교수회 사무국장 2005~2007년 100인포럼 상임공동대표 2006년 대구일보 독자권익위원회 위원장(현) 2007~2008년 미국 버지니아주 올드도미니언대 교환교수 2008~2012년 영남대 법과대학장 겸 법학전문대학원장 2008년 경북도교육청 행정심판위원회 위원 2010~2012년 전국법과대학장협의회 회장 2010~2014년 통일교육원 대구지역협의회장 2012~2014년 법학전문대학원협의회 법학적성시험연구사업단장 2013년 검찰총장후보추천위원회 위원 2013~2014년 한국법학교수회 회장 2014년 대법관후보추천위원회 위원 2014~2015년 영남대 대외협력처장 2014~2015년 성요셉교육재단 이사장 2014년 국회 윤리심사자문위원회 위원 2014년 교육과학부 대학수학능력시험개선자문위원회 위원 2015년 경북 청도군 정책자문위원장(현) 2015~2016년 대구지검 검찰시민위원회 위원장 2016~2017년 대구고검 시민모니터링단장 2016~2018년 기술보증기금 비상임이사 2016년 국회 윤리심사자문위원회 위원장 2016년 경북 경산시 규제개혁위원장(현) 2017년 경북도 공직자윤리위원장(현) 2017~2018년 경북도교육발전협의회 위원장 2018년 영남대 법학전문대학원 교수(현) 2019년 영남대 도서관장(현) (저)'부패의 현상과 진단'(1996) '북한체제의 이해'(1997) '주석민법'(1999) '법학개론'(1999·2005) '물권법'(2002·2003) '생활법률'(2006)

## 배병준(裵秉俊) BAE BYOUNG JUN

(생)1966·10·30 (본)경주(慶州) (출)경북 상주 (주)세종특별자치시 도움4로 13 보건복지부 사회복지정책실(044-201-3100) (학)1984년 대구 심인고졸 1988년 고려대 사회학과졸 1991년 서울대 행정대학원 정책학과졸 2003년 미국 하버드대 대학원 행정학과졸 2011년 보건학박사(차의과학대) (경)1988년 행정고시 합격(32회) 1989년 행정사무관 시보 1990년 국가보훈처 사무관 1994년 보건사회부 아동복지과 사무관 1996년 보건복지부 기획예산담당실 사무관 1999년 同기획예산담당실 서기관 2000년 同연금재정과 서기관 2001년 해외훈련 2003년 보건복지부 연금재정과장 2004년 同사회정책총괄과장(서기관) 2005년 同사회정책총괄과장(부이사관) 2005년 同전략조정팀장 2006년 同보험연금정책본부 보험정책팀장 2007년 同보건의료정책본부 의약품정책팀장 2007년 서울지방식품의약품안전청장 2008년 대통령 보건복지비서관실 선임행정관 2009년 보건복지가족부 사회복지정책실 사회서비스정책관 2009년 한국사회서비스학회 부회장 2010년 보건복지가족부 사회정책선진화기획관 겸임 2010~2011년 보건복지부 사회정책선진화기획관 2010년 同사회서비스정책관 겸임 2011년 駐영국 공사참사관 2014~2015년 보건복지부 보건산업정책국장 2014~2015년 한국보건산업진흥원 비상임이사 2015년 고용휴직(서울대 의대 이종욱글로벌의학센터 근무) 2017년 보건복지부 사회복지정책실 복지정책관(고위공무원) 2018년 同사회복지정책실장(현) (상)대통령표창(1998) (저)'보육정책의 이해' 'Pension Reform in Korea' (종)불교

## 배병철(裵炳澈) BAE BYUNG CHEOL

(생)1968·8·15 (본)달성(達城) (출)경남 고성 (주)부산광역시 연제구 중앙대로 1001 부산광역시청 민생노동정책관실(051-888-6480) (학)1997년 부산대 행정대학원 행정학과졸 (경)2007~2009년 국외훈련(미국) 2009년 안전행정부 자치제도기획관실 자치제도과 근무 2010년 同기획조정실 정보화담당관실 근무 2011년 행정자치부 기획조정실 기획재정담당관실 국회팀장(서기관) 2015년 부산시 시민안전국 원자력안전과장 2015년 同신성장산업국 창업지원과장 2017년 同좋은기업유치과장 2018년 同해양농수산국장 2019년 同민생노동정책관(현)

## 배보윤(裵輔允) BAE Bo Yoon

(생)1960·4·9 (본)경주(慶州) (출)경북 영양 (주)서울특별시 중구 세종대로 135 코리아나호텔 806호 배보윤법률사무소(02-738-0022) (학)영남고졸(28회) 1983년 고려대 법학과졸 1985년 同법과대학원 수료 (경)1988년 사법시험 합격(30회) 1991년 사법연수원 수료(20기) 1994년 헌법재판소 헌법연구관(2급) 2000년 미국 하버드 법대 장기연수 2002년 헌법재판소 헌법연구관(1급)·선임연구관 2008년 同전속부 부장연구관 겸 비서실장 2010년 同기획조정실장 2011년 헌법재판연구원 연구교수부장 2014년 헌법재판소 전속부 부장연구관 2015~2017년 同공동부 부장연구관(총괄) 2016~2017년 同공보관 겸임 2017년 변호사 개업(현) (종)천주교

## 배복태(裵福泰) BAE Bok Tae

(생)1961·6·26 (출)서울 (주)서울특별시 강남구 언주로 620 (주)데이타솔루션 대표이사실(02-3467-7200) (학)1984년 서울대 컴퓨터공학과졸 1986년 한국과학기술원(KAIST) 전산학과졸(석사), IT정책경영학박사(숭실대) (경)1984~1992년 (주)금성사·(주)금성히다찌시스템·(주)오픈테크 근무 1992년 (주)오픈베이스 이사 2007년 同대표이사 2011년 (주)오픈SNS 대표이사 2016년 (주)데이타솔루션 대표이사(현) (상)행정자치부장관표창, 법제처장표창 (종)기독교

## 배봉길(裵奉吉) BAE Bong Gil

(생)1962·5·19 (출)경북 성주 (주)경상북도 안동시 풍천면 검무로 77 경북지방경찰청 제1부장실(054-824-2121) (학)1981년 대구 청구고졸 1985년 경찰대졸 2002년 경북대 경영대학원 경영학과졸 (경)1985년 경위 임용 2006년 경북지방경찰청 경비교통과장(총경) 2007년 경북 칠곡경찰서장 2008년 경산경찰서장 2010년 대구지방경찰청 보안과장 2010년 성서경찰서장 2011년 경북지방경찰청 생활안전과장 2011년 대구 수성경찰서장 2013년 경북지방경찰청 정보과장 2014년 同차장(경무관) 2014년 경찰대학 교수부장 2015년 서울지방경찰청 보안부장 2017년 경찰대학 학생지도부장 2018년 대구지방경찰청 제1부장 2019년 경북지방경찰청 제1부장(현) (상)근정포장(2014)

## 배삼철(裵三喆) BAE Sam Chul

(생)1941·8·12 (본)분성(盆城) (출)경남 김해 (주)서울특별시 송파구 백제고분로 362 신라교역(주) 부회장실(02-3434-9722) (학)1959년 목포고졸 1965년 부산수산대 어로학과졸 1967년 同대학원 수산물리학과졸, 한국과학기술원(KAIST) 경영대학 최고경영자과정 수료 (경)1967~1968년 부산수산대 강사 1988년 (주)비전힐스컨트리클럽 이사(현) 1995년 신라교역 부사장 1996년 同대표이사 부사장 2003~2018년 同대표이사 사장, 한국원양산업협회 부회장 2018년 신라교역(주) 부회장(현)

## 배삼희(裵三喜·女) BAE SAM HEE

(생)1964·12·1 (출)부산 (주)서울특별시 서초구 반포대로 217 양육비이행관리원(02-3479-5501) (학)1983년 부산 이사벨여고졸 1987년 고려대 법학과졸 (경)1998년 사법시험 합격(40회) 2001년 사법연수원 수료(30기), 법무법인 원 변호사 2005~2016년 한국성폭력상담소 이사 2006~2012년 성매매피해·생존여성다시함께센터 법률지원단 운영위원 2009~2013년 한국보육진흥원 비상임감사 2011~2016년 서울가정법원 조정위원 2012~2013년 서울지방변호사회 여성특별위원회 위원장 2012~2013년 법률사무소 디케 변호사 2013년 법무법인 새길 변호사(현) 2018년 양육비이행관리원 원장(현)

## 배상근(裵祥根) Sang-Kun Bae

(생)1966·1·7 (본)성주(星州) (출)서울 (주)서울특별시 영등포구 여의대로 24 전국경제인연합회(02-3771-0023) (학)1984년 대일고졸 1988년 연세대졸 1997년 미국 미주리주립대 대학원 경제학과졸 1998년 경제학박사(미국 미주리주립대) (경)1999~2001년 산업연구원(KIET) 연구위원 2000~2002년 태평양경제협력위원회(PECC) PEO/Structure분과위원회 전문위원 2001~2009년 한국경제연구원 연구위원 2003~2005년 국무조정실 정책평가위원회 재경부담당 전문위원 2007년 미국 샌프란시스코 연방준비은행(Federal Reserve Bank of San Francisco) Visiting Scholar 2008년 미국 존스홉킨스대 SAIS Visiting Scholar 2008년 미국 미주리주립대 Visiting Scholar 2008~2017년 금융감독원 거시금융감독전문가포럼 위원 2009년 MBC 시청자위원회 위원 2009~2014년 최저임금위원회 위원 2009~2014년 고용보험위원회 위원 2009~2014년 국민건강보험공단 재정운영위원 2009~2014년 관세청 규제심사위원 2009~2014년 한국회계기준원 비상임이사 2009~2014년 전국경제인연합회 경제본부장(상무) 2009년 한국국제금융학회 이사(현) 2010~2011년 무역교육인증판정위원회 위원 2010~2012년 관세청 옴부즈만위원회 옴부즈만 2010~2011년 노사정위원회 노사문화선진화위원회 2010~2014년 同근로시간면제심의위원회 위원 2011~2012년 同노동시장선진화위원회 위원 2011년 법무부 상법시행령개정을위한준법경영법제개선단 위원 2011~2014년 구조조정기업고충처리위원회 위원 2011~2013년 CBS 객원해설위원 2011~2015년 국민연금 기금운영위원회 위원 2011~2013년 동반성장위원회 창조적동반성장실무위원회 위원 2011~2012년 교육과학기술부 경영전문대학원설치심사위원회 위원 2011~2012년 同국립대학발전추진위원회 위원 2011~2014년 채널A 시청자위원 2012년 교육과학기술부 미래인재포럼 위원 2012~2013년 노사정위원회 실근로시간단축위원회 위원 2013~2016년 한국소비자원 소비자분쟁조정위원회 위원 2013~2014년 노사정위원회 일가정양립을위한일자리위원회 위원 2014년 공정거래위원회 청렴시민감사관 2014~2016년 교육부 법학교육위원회 위원 2014년 전국경제인연합회 전무 2014년 한국경제연구원 부원장 겸 기획조정본부장 2015년 고용노동부 고용영향평가위원회 위원 2015년 서울시 투자심사위원회 위원 2015년 한국고용노사관계학회 부회장(현) 2015~2018년 금융감독원 금융감독자문위원회 위원 2017년 전국경제인연합회 총괄전무 겸 커뮤니케이션본부장 2017~2018년 한국방송공사(KBS) 시청자위원 2018년 전국경제인연합회 총괄전무(현) 2018년 한국경제연구원 총괄전무 겸임(현) (상)대통령표창(2014) (저)'국내은행의 소유형태에 따른 정치적 영향과 경영성과'(2002) '통화의 장기 중립성에 관한 연구'(2003) '정책금리에 대한 의견개진의 효과분석'(2005) '국책사업표류와 정책혼선'(2006) '조세부담률과 국가채무에 대한 국제비교분석'(2007) '선진경제로의 도약방안모색'(2009)

## 배상록(裵相祿) BAE, SANGROCK

(생)1958 (본)대구(大丘) (출)전남 장성 (주)대전광역시 유성구 가정북로 96 대전경제통상진흥원 원장실(042-380-3000) (학)1978년 광주 대동고졸 1985년 전남대 경제학과졸 1999년 미국 코넬대 대학원 국제농업개발 석사과정 수료 2008년 서울대 환경대학원 환경계획학과졸(도시계획학 석사) (경)1986~1990년 국세청 근무 1990~1998년 재무부 증권국·금융실명제실시단·국제협력관실 근무 1999~2008년 기획예산처 재정기획국·예산실·인사담당 2009~2012년 미국 미주개발은행(IDB) 파견 2012년 기획재정부 복권위원회 발행관리과장 2013년 同재정기획국 재정정보과장(서기관) 2015년 同역외소득재산자진신고기획단 과장 2017년 同세제실 조세정책과 국제조세분석팀장(부이사관) 2017년 세계선거기관협의회(A-WEB) 사업본부장 2018년 대전시 경제과학협력관(지방이사관급) 2019년 대전경제통상진흥원 원장(현) (저)'Korea and Latin America Planning and Budgeting Systems'(2015, IDB)

ㅂ

### 배상민(裵相旻) Bae, Sang-Min

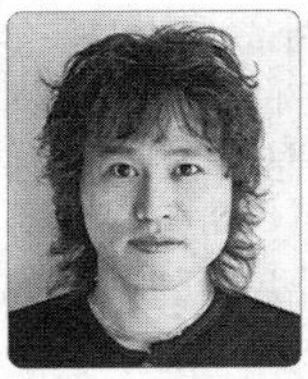

(생)1971·12·26 (주)대전광역시 유성구 대학로 291 한국과학기술원 산업디자인학과(042-350-4520) (학)1997년 미국 파슨스디자인학교졸 2002년 同대학원졸 (경)1997~1998년 미국 Smart Design Inc. 디자이너 1998~2000년 미국 Deskey Associate Inc. 디자이너 1998~2005년 미국 파슨스디자인학교 겸임교수 1998~2005년 Frame29 Inc. 사장 2005년 한국과학기술원 산업디자인학과 교수(현) 2015~2016년 대통령소속 문화융성위원회 위원 (상)미국산업디자인협회(IDSA) 우수상(1998), 대만 국제디자인공모전 장려상(2006), 영국 디자인붐공모전 우수상(2006), 독일 레드닷 최우수상(2007), 미국 IDEA 은상(2008), 일본 2009굿디자인어워드 최고디자인상(2009), 굿디자인어워드2010 제품디자인부문 최고디자인상(G-Mark)(2010), 독일 레드닷 어워드(Reddot Award) 디자인콘셉트부문 대상(Best of the Best) 및 스노에너지 본상 2개(2015), 국제디자인공모전 'IDEA(International Design Excellence Awards) 2015' 은상 및 동상(2015), iF디자인어워드 건축부문 본상(2017), 국제디자인공모전 'IDEA(International Design Excellence Awards) 2017' 은상 및 본상(2017)

### 배상재(裵祥在) BAE Sang Jae

(생)1967·5·6 (출)경남 산청 (주)경기도 파주시 금릉역로 62 파주세무서(031-956-0200) (학)방송통신고졸, 부산대 법학과졸 (경)1993년 행정고시 합격(37회) 1997년 부산 동래세무서 총무과장 1998년 부산 영도세무서 부가가치세과장 1999년 서울지방국세청 조사1국·조사3국·조사6국 계장 2002년 同납세자보호관 2003년 국세청 법무심사국 근무 2006년 同법무과 서기관 2006년 서울지방국세청 국제거래조사국 서기관 2006년 국무총리 국무조정실 사회보험적용·징수통합추진단 파견 2008년 충북 청주세무서장 2009년 부산 수영세무서장 2010년 서울지방국세청 법무2과장 2011년 同신고분석1과장 2012년 서울 성북세무서장 2013년 국세청 전산기획담당관 2015년 서울 반포세무서장 2016년 서울 서대문세무서장 2017년 국세공무원교육원 교수과장 2019년 경기 파주세무서장(현)

### 배상철(裵祥哲) BAE Sang Cheol

(생)1959·8·9 (출)대구 (주)서울특별시 성동구 왕십리로 222-1 한양대 류마티스병원 류마티스내과(02-2290-8114) (학)1984년 한양대 의대졸 1987년 同대학원졸 1993년 의학박사(한양대) 1998년 미국 하버드대 대학원졸(MPH) (경)1993~2005년 한양대 의대 내과학교실 전임강사·조교수·부교수 1996~1999년 미국 하버드대 의대 객원연구원·전임강사 1997년 SLICC(세계루푸스전문가모임) 아시아 대표 1998년 한양대 류마티스병원 루푸스클리닉실장 1998년 同임상역학·경제연구실장 2002년 同류마티스병원 류마티스내과 과장 2004년 '전신홍반성낭창(루푸스)의 원인이 되는 유전자변이'를 최초로 발견 2005년 한양대 의대 내과학교실 교수(현) 2005~2019년 同류마티스병원장 2007년 보건복지부 약재급여평가위원 2011년 대한민국의학한림원 정회원(현) 2012년 한양대 석학교수 2018년 한국과학기술한림원 정회원(현) 2018년 (사)대한의학회 부회장(현) 2019년 한양대 류마티즘연구원 초대 원장(현) (상)아시아태평양류마티스학회 APLAR Award(2008), 한미 자랑스런 의사상(2010), 한양UP상(2011), 대한류마티스학술상(2011), HYU석학교수상(2012), 보건복지부장관표창(2016)

### 배석주(裵奭柱) BAE SEOK JOO

(생)1973·12·10 (본)김해(金海) (출)경북 상주 (주)세종특별자치시 도움6로 11 국토교통부 혁신도시발전추진단 혁신도시지원정책과(044-201-4484) (학)1992년 상주 상산고졸 2001년 경북대 행정학과졸 2010년 영국 사우샘프턴대 대학원 교통공학과졸 (경)2001년 행정고시 합격(45회) 2002년 건설교통부 정보화담당관실 사무관 2003년 외교통상부 APEC정상회의준비기획단 사무관 2004년 건설교통부 항공정책과 사무관 2007년 同물류정책과 사무관 2008년 국토해양부 제2차관 비서관 2009년 同해사안전정책과 사무관 2009년 영국 사우샘프턴대 대학원 교육파견 2010년 영국 교통연구소(Transport Research Laboratory) 근무 2011년 국토교통부 철도운영과 서기관 2014년 同대중교통과장 2016년 駐인도네시아 국토교통관 2019년 국토교통부 혁신도시발전추진단 혁신도시지원정책과장(현) (상)근정포장(2014)

### 배석철(裵錫哲) BAE Suk Chul

(생)1958·9·9 (출)광주 (주)충청북도 청주시 서원구 충대로 1 충북대학교 의과대학 생화학교실(043-261-2842) (학)1985년 서울대 약학대학 약학과졸 1987년 同대학원졸 1991년 생화학박사(서울대) (경)1991~1994년 일본 교토대 Institute for Virus Reserach Post-Doc. 1994~1995년 프랑스 리옹 ENS(Ecole Normale Superiole)암연구소 Post-Doc. 1995년 충북대 의과대학 생화학교실 교수(현) 2002년 세계 최고의 생명과학 학술誌 셀(Cell)誌에 '위암을 억제하는 유전자 렁스3(RUNX3)의 기능상실로 위암이 발생' 논문 발표 2002년 충북대 종양연구소장(현) 2003~2013년 과학기술부 창의적연구진흥사업 암억제유전자기능연구단장 2008~2012년 교육과학기술부 창의적연구진흥사업 암억제유전자기능연구단장 2008~2011년 충북대 종양연구소장 2013년 교육부 창의적연구진흥사업 암억제유전자기능연구단장 2017년 한국과학기술한림원 정회원(의약학부)(현) (상)한국과학재단 과학기술자상(2002), 한국과학기자협회 올해의 과학자상(2002), 보령암학술상(2005) (저)'Oncogenes as Transcription Regulators: The Runt domain transcriptionfactor, PEBP2/CBF, and its involvement in human leukemia'

### 배석희(裵錫熹·女) BAE SEOKHEE

(생)1972·10·7 (주)대전광역시 서구 청사로 189 중소벤처기업부 운영지원과(042-481-4350) (학)1991년 전주기전여고졸 1995년 전북대 정보통신학과졸 2014년 일본 리츠메이칸대 정책과학과졸 (경)2002년 행정고시 합격(46회) 2004년 국가보훈처 행정사무관 2004~2008년 과학기술부 행정사무관 2008~2011년 교육과학기술부 행정사무관 2011~2014년 일본 교육훈련 2014년 미래창조과학부 행정사무관 2015년 同연구예산총괄과 서기관 2017~2019년 중소벤처기업부 기술협력보호과장 2019년 정책기획위원회 파견(현)

### 배선주 Bae Sun Joo

(생)1953 (주)대구광역시 북구 호암로 15 대구오페라하우스(053-666-6001) (학)계명대 작곡과졸 (경)1981~2009년 공연기획사 대표 겸 전문기획자 2003년 (사)대구국제오페라축제조직위원회 사무처장 겸 집행위원장 2009~2011년 수성아트피아 관장 2013~2014년 대구콘서트하우스 관장 2015년 (재)대구오페라하우스 상임대표(현)

### 배성근(裵成根)

(생)1965·5·19 (주)대구광역시 수성구 수성로76길 11 대구광역시교육청 부교육감실(053-231-0020) (학)1984년 부산남고졸 1988년 서울대 교육학과졸 1991년 同행정대학원 행정학과졸 2002년 교육학박사(미국 플로리다주립대) (경)1987년 행정고시 합격(31회) 1988~1997년 영등포도서관 서무과장(사무관)·서울대 사무관·교육부 법무담당관실·기획예산담당관실·지방교육기획과 사무관 1997~2005년 교육부 대학지원과·경기도교육청 서기관·국가균형발전위원회 파견(서기관) 2005년 교육인적자원부 교육정보화기획과장(서기관) 2005년 同기획총괄담당관(부이사관) 2007년 국제부흥개발은행(IBRD)(고용휴직) 2010년 교육과학기술부

학교선진화과장(부이사관) 2011년 同기획조정실 국제협력관(고위공무원) 2011년 경북대 사무국장, 국방대 교육파견 2014년 교육부 대학정책실 대학지원관 2014년 同대학정책실 대학정책관 2016년 同대학정책실장 2017년 同중앙교육연수원장 2019년 대구광역시 부교육감(현) [상]대통령표창(1997), 홍조근정훈장(2005)

## 배성길(裵聖吉)

[생]1963 [출]경북 울진 [주]경상북도 안동시 풍천면 도청대로 455 경상북도청 교육정책관실(054-880-3050) [학]경북고졸, 경북대 행정대학원 행정학과졸 [경]1982년 공직 입문 1990년 경북도 전입, 同교통행정과·국제협력관실·기획관실·예산담당관실 근무 2006년 사무관 승진, 대구경북경제자유구역청 투자유치팀 근무, 同미래전략기획단 근무 2015년 서기관 승진 2016년 세종연구소 교육연수(서기관) 2017년 경북도 총괄지원과장 2017년 同도청신도시추진단장 2018년 경북 울진군 부군수 2018년 同군수 권한대행 2019년 경북도 교육정책관(현) [상]국무총리표창

## 배성동(裵成東) PAI Seong Tong

[생]1936·6·21 [본]흥해(興海) [출]대구 [주]서울특별시 용산구 한강대로 257 청룡빌딩 9층 평화연구원(02-777-4983) [학]1956년 계성고졸 1960년 서울대 문리과대학졸 1964년 독일 뮌헨대 대학원졸 1975년 정치학박사(서울대) [경]1964~1979년 서울대 정치학과 전임강사·조교수·부교수 1968~1970년 일본 도쿄대 교환교수 1979~1988년 서울대 정치학과 교수 1981년 제11대 국회의원(전국구, 민주정의당) 1981년 민주정의당 중앙집행위원·정책조정실장 1982년 同정책연구원 당이념제2연구실장 1983년 同중앙정치 연수원장 1985년 同의식개혁추진본부장 1985년 제12대 국회의원(전국구, 민정당) 1985년 한·일의원연맹 부간사장 1987년 사회개발연구소장 1988년 민정당 서울도봉구乙지구당 위원장 1990년 일본 가쿠슈인대 강사 1992년 현대경제사회연구원 원장 1994~2001년 명지대 북한학과 교수 2009~2012년 한국학중앙연구원 비상근이사장 2011~2014년 운경재단 이사장, 同이사(현) 2013년 (사)평화연구원 이사장(현) [저]'신정치학개론(共)'(1978) '한일관계의 정치적 조명'(1983) '정치의 이상과 현실'(1988) '일본근대정치사'(1996) '21세기 일본의 국가개혁(編)'(2000) [역]'이데올로기와 유토피아' '정치적 낭만' [종]기독교

## 배성로(裵聖魯) BAE SEONG RO

[생]1955·2·27 [본]달성(達城) [출]대구 [주]대구광역시 동구 동대구로 441 영남일보(053-757-5100) [학]1973년 경북고졸 1979년 울산대 공대 토목공학과졸 [경]1979~1992년 포항종합제철(주) 근무, 동양종합건설 회장 2005년 영남일보 대표이사 사장 2009년 同회장(현) [상]경북체육협회 공로패(1997), 경북핸드볼협회 공로패(1998), 울산대를 빛낸 40인의 동문(2010)

## 배성범(裵城範) BAE Sung Bum

[생]1962·8·24 [출]경남 마산 [주]서울특별시 서초구 반포대로 158 서울중앙지방검찰청(02-530-4301) [학]1980년 마산고졸 1985년 서울대 법학과졸 [경]1991년 사법시험 합격(33회) 1994년 사법연수원 수료(23기) 1994년 부산지검 울산지청 검사 1996년 청주지검 검사 1998년 서울지검 검사 2000년 부산지검 검사 2002년 법무부 검찰2과 검사 2004년 서울남부지검 검사 2005년 미국 캘리포니아대 리버사이드교 사회과학대학원 방문교수 2006년 서울남부지검 부부장검사 2007년 부산지검 동부지청 형사3부장 2008년 대구지검 상주지청장 2009년 부산지검 특수부장 2009년 서울남부지검 형사6부장 2010년 서울중앙지검 조사부장 2011년 인천지검 형사4부장 2012년 대구지검 부장검사 2012~2013년 금융정보분석원 파견 2013년 서울동부지검 형사1부장 2014년 부산지검 제2차장검사 2014~2016년 서울고검 검사 2014년 국무총리소속 부패척결추진단 부단장(파견) 2016년 수원지검 안산지청장 2017년 대검찰청 강력부장(검사장급) 2017년 부산지검장 직대 2018년 창원지검장 2018년 광주지검장 2019년 서울중앙지검장(현)

## 배성중(裵晟中) BAE Seong Zhong

[생]1968·8·20 [출]서울 [주]서울특별시 서초구 서초중앙로 157 서울중앙지방법원(02-530-1114) [학]1987년 한성고졸 1992년 고려대 문과대 서어서문학과졸 1997년 명지대 대학원 법학과졸, 스페인 국립콤플루텐스대 법대 방문연구자과정 수료 [경]1995년 사법시험 합격(37회) 1998년 사법연수원 수료(27기) 1998~2000년 서울지검 북부지청 검사 2000~2001년 수원지검 여주지청 검사 2001~2003년 대구지검 검사 2003~2006년 서울중앙지검 검사 2006~2007년 의정부지검 검사 2007년 법무법인 다래 변호사 겸 변리사 2007년 사법연수원 법관임용연수 2008년 대구지법 판사 2011년 수원지법 판사 2012년 서울고법 판사 2014년 청주지법 제천지원장 2016년 수원지법 성남지원 부장판사 2018년 서울중앙지법 부장판사(현)

## 배성효(裵成孝) BAE Sung Hyo

[생]1964·12·28 [출]부산 [주]부산광역시 연제구 법원로 15 부산지방검찰청 중요경제범죄조사단(051-606-4153) [학]1983년 부산진고졸 1993년 서울대 철학과졸 [경]1997년 사법시험 합격(39회) 2000년 사법연수원 수료(29기) 2000년 대구지검 검사 2002년 수원지검 여주지청 검사 2003년 同성남지청 검사 2005년 인천지검 검사 2006년 미국 파견 2008년 부산지검 검사 2010년 同동부지청 검사 2012년 서울중앙지검 검사 2013년 同부부장검사 2014년 창원지검 부부장검사 2015년 부산지검 공판부장 2016년 수원지검 부부장검사 2017년 대전지검 중요경제범죄조사단 부장 2019년 부산지검 중요경제범죄조사단 부장(현)

## 배성훈(裵盛訓) BAE Sung Hun

[생]1976·10·18 [본]분성(盆城) [출]부산 [주]경기도 과천시 관문로 47 법무부 법조인력과(02-2110-3063) [학]1995년 대인고졸 2003년 연세대 법학과졸 [경]2000년 사법시험 합격(42회) 2003년 사법연수원 수료(32기) 2003년 울산지검 검사 2005년 수원지검 안산지청 검사 2007년 창원지검 검사 2009년 인천지검 부천지청 검사 2011년 서울남부지검 검사 2016년 대검찰청 검찰연구관 2017년 광주지검 검사 2017년 서울중앙지검 부부장검사 2018년 청주지검 영동지청장 2019년 법무부 법조인력과장(부장검사)(현)

## 배수문(裵秀紋) BAE Soo Moon

[생]1965·8·16 [출]서울 [주]경기도 수원시 팔달구 효원로 1 경기도의회(031-8008-7000) [학]2003년 성결대 사회복지대학원 사회복지행정학과졸, 사회복지학박사(강남대) [경]경기도노인복지관협회 사무국장, 과천시장애인합창단 지휘자 2010년 경기도의회 의원(민주당·민주통합당·민주당·새정치민주연합) 2010~2012년 同윤리특별위원회 간사 2010~2012년 同입법활동지원위원회 위원 2012년 同기획재정위원회 간사 2014~2018년 경기도의회 의원(새정치민주연합·더불어민주당) 2014~2016년 同기획재정위원장 2015년 同안전사회건설특별위원회 위원 2016~2018년 同여성가족교육협력위원회 위원 2016~2017년 同경제민주화특별위원회 위원 2017년 더불어민주당 사회복지특별위원회 부위원장 2017~2018년 경기도의회 경제민주화특별위원회 간사 2018년 경기도의회 의원(더불어민주당)(현) 2018년 同도시환경위원회 위원(현) 2019년 同예산결산특별위원회 위원(현) [상]의정행정대상 광역지방의원부문(2010), 제3회 무등 행정·의정대상 지역발전부문(2019)

**배순일(裵淳一)**

(생)1967·7·23 (출)서울 (주)충청남도 아산시 신창면 황산길 100-50 경찰대학 치안정책연구소 과학기술연구부(041-968-2017) (학)서울 성보고졸, 연세대 컴퓨터과학과졸, 同대학원 컴퓨터과학과졸, 컴퓨터과학박사(미국 텍사스A&M대) (경)LG전자 주임연구원, SK텔레콤 연구원, 삼성테크윈 수석연구원, 한화테크윈 수석연구원 2015년 경찰대학 치안정책연구소 과학기술연구부장(일반직고위공무원)(현)

**배승남(裵承男) BAE Sung Nam (秋男)**

(생)1944·11·1 (본)경주(慶州) (출)서울 (주)서울특별시 중구 장충단로 84 민주평화통일자문회의(02-2250-2300) (학)1994년 연세대 경영대학원 최고경영자과정 수료 1994년 고려대 국제대학원 최고경영자과정 수료 1994년 영국 런던비즈니스스쿨 수료 1995년 명예 정치학박사(러시아 모스크바대) 1999년 한국과학기술원 최고정보경영자과정 수료 1999년 중국 청화대 수료 (경)1964년 한일기획 대표이사 1973년 국제광고협의회 회원 1982년 (사)한국문화광고영화제작자협회 회장 1986년 영화정책자문위원 1989년 충남승마협회 회장 1994년 한국케이블TV방송협회 감사 1995년 한국프레스클럽 회원 1995년 카자흐스탄공화국국립대 명예교수 1997년 용산케이블TV 설립·대표이사 1998년 (사)서울외신기자클럽 회원 1999년 용산케이블TV 회장 1999~2005년 민주평통 용산구협의회 회장 2000년 중국 보아포럼 회원 2002년 러시아 모스크바대 명예교수(현), 용산구 한미친선협의회 회원, 한일실업 대표, (사)세계한민족평화통일협의회 부총재, 미국 아칸소주 명예대사(현), 중국 시안박애국제학교 명예교장(현), 미국 리틀락시 명예시민(현), 미국 태권도협회 특별대사(현) 2006년 새마을운동 직·공장서울시 회장 2008년 중국 랴오닝성 잉커우시 경제기술고문(현) 2009년 민주평통 상임위원(현), 고려대교우회 제29대 상임이사 2014년 중국 푸단대 한국연구소 객원교수(현) (상)미국 CLIO광고상(1974·1975·1976·1984), 일본 ACC광고상(1974·1975·1976-2편·1982), 서울시공로표창(1976·1987·1988·1990·1997), 치안본부장공로표창(1978), 한국방송광고대상 TV부문 우수상(1983·1985), (사)일본TV광고제작자연맹 공로표창 2회(1985), 전일본IM협의회 공로표창(1986), 문화체육부장관표창(1993), 공보처장관표창(1995), 산업포장(1996), 경찰청장표창(1996), 대통령표창(1998·2000), UN PKO 표창(1998), 비상기획위원장표창(1998), 駐韓 미8군사령관 5회 표창(1999), 미의회 헤롤드 포드 하원의원 표창(1999), 국세청장표창(2000), 국민훈장 동백장(2001), 대통령 공로장(2005) (작)해외광고상수상 TV CF '일동제약 아로나민' '호남정유 백등유(작은별)' '종근당 러미라(피아노 연주회)' '삼아약품 코코시럽(야구)' '한독약품 훼스탈(난파선)' '삼아약품 코코시럽(축구)' '한독약품 썰감(공항)' '녹십자 헤파박스-B' 등 TV광고 1천 여편

**배승수(裵承守) BAE Seung Soo**

(생)1955·12·3 (본)대구(大丘) (출)전남 화순 (주)광주광역시 남구 사직길 17 GFN 광주영어방송 임원실(062-460-0987) (학)1974년 광주제일고졸 1978년 동국대 법학과졸, 광주대 대학원 언론학석사과정 수료 (경)1984년 광주MBC 기자 1995년 한국기자협회 광주·전남 회장 1996~1997년 同부회장 1997~1998년 광주MBC 노조위원장 1999년 同보도국 차장 1999년 同취재팀장 2000년 同취재1부장(차장) 2001년 同취재1부장(부장대우) 2003년 同취재부장 2005년 同보도제작부장 2007년 同경영국장 2008년 同보도국장 2009년 同보도제작국장 2010년 同보도국 보도위원 2013년 방송통신위원회 산하 한국방송통신전파진흥원 광주시청자미디어센터장 2015~2017년 시청자미디어재단 광주시청자미디어센터장 2018년 GFN 광주영어방송 사장(현) (상)한국방송대상 지역사회우수상 (종)기독교

**배양호(裵良鎬) Yang Ho BAE**

(생)1960·3·23 (본)성산(星山) (출)경북 성주 (주)경상북도 경주시 양북면 불국로 1655 한국수력원자력(주) 신재생사업처(054-704-2600) (학)1978년 청구고졸 1985년 영남대 전기공학과졸 (경)1985~2000년 현대중전기 근무 2000~2004년 현대중공업(주) 런던지사 파견 2005~2009년 同전기전자사업본부 해외영업부장 2010~2011년 현대종합상사(주) 전략사업본부장(상무보) 2011~2012년 同그린에너지본부장(상무) 2013년 同자문역 2013년 한국수력원자력 신재생사업실장 2016년 同그린에너지본부 에너지신사업실장 2017년 同에너지신사업처장 2018년 同신재생사업처장(현) (상)한국에너지대상 대통령표창(2018) (종)가톨릭

**배연국(裵然國) BAE Youn Koog**

(생)1960·9·14 (본)성주(星州) (출)대구 달성 (주)서울특별시 종로구 경희궁길 26 세계일보(02-2000-1669) (학)1979년 청구고졸 1983년 경북대 행정학과졸 (경)1990년 세계일보 편집국 사회부 기자 2006년 同사회부장 2007년 同편집국 지방팀장 2008년 同편집국 경제부장 2009년 同편집국 경제부 선임기자 2010년 同편집국 기동취재팀장 2010년 同기획조정실장 2011년 同논설위원 2012년 同편집국 부국장 겸 경제부장 겸 그린라이프추진운동본부장 2013년 同논설위원 2013년 同기획조정실장 2014~2016년 대한석탄공사 감사자문위원장 2016년 세계일보 수석논설위원 2016~2018년 同논설실장 2016년 기획재정부 세제발전심의위원, 대한변호사협회 징계위원(현), 민주평통 자문위원(현) 2019년 세계일보 논설위원(현) (상)한국기자협회 이달의 기자상(2회), 경북대 언론인상(2014) (저)'어린이를 참부자로 만드는 돈 이야기'(2004) '거인의 어깨를 빌려라'(2016) '사랑의 온도'(2017) '소확행'(2018)

**배연재(裵淵宰) BAE Youn Jae**

(생)1960·4·7 (주)인천광역시 서구 환경로 42 국립생물자원관 관장실(032-590-7000) (학)1983년 고려대 축산학과졸 1985년 同대학원 생물학과졸 1991년 곤충학박사(미국 퍼듀대) (경)1994년 서울여대 자연과학대학 생물학과 조교수·부교수, 同환경생명과학부 교수 2008년 고려대 생명과학대학 환경생태공학부 교수(현) 2019년 국립생물자원관장(국장급)(현)

**배영길(裵英吉) BAE Young Kil**

(생)1946·5·8 (본)성주(星州) (출)대구 (주)부산광역시 남구 수영로 312 센츄럴시티빌딩 1831호 한국수산법제연구소(051-610-1443) (학)1969년 서울대 법학과졸 1988년 부산대 대학원졸 1992년 법학박사(부산대) (경)1992~1995년 한국지방자치연구소 수석연구위원 1995년 행정쇄신위원회 연구위원 1995년 부경대 법학과 교수 1996년 기술고등고시위원·행정고등고시위원 1998년 사법시험위원 2002년 부산시교육청·울산시행정심판위원 2003년 부산시 법률자문위원 2004년 한국공법학회 부회장 2005년 한국비교공법학회 회장 2008년 부산시 행정심판위원 2008년 부경대 법률지원센터장 2011년 한국수산법제연구소 이사장(현) (저)'토지공법1'(1998) '토지공법2'(1999) '토지공법3'(2003), 부동산공법(2010), 수산업법론(2012) (종)불교

**배영수(裵永洙) Bae Yeong Soo**

(생)1962·2·22 (본)달성(達城) (출)부산 (주)세종특별자치시 다솜3로 95 공정거래위원회 시장구조개선정책관실(044-200-4361) (학)1980년 경남고졸 1988년 서울대 국사학과졸 2004년 국방대 대학원 국방관리학과졸 (경)2007년 공정거래위원회 서울사무소 건설하도급과장 2008년 同기간산업경쟁과장 2009년 同소비자안전정보과장 2009년 서울지방공정거래사

무소 총괄과장 2011년 공정거래위원회 경쟁심판담당관(부이사관) 2014년 同심판총괄담당관 2015년 중앙공무원교육원 교육파견(고위공무원) 2016년 공정거래위원회 시장구조개선정책관 2017년 同카르텔조사국장 2018년 OECD 대한민국정책센터 경쟁정책본부장 2019년 공정거래위원회 시장구조개선정책관(현)

**배영창(裵永昌) Bae Young Chang**

(생)1961·9 (주)경기도 수원시 영통구 삼성로 129 삼성전자(주) Foundry사업부 전략마케팅팀(031-209-7114) (학)휘문고졸, 명지대 전자공학과졸 (경)삼성전자(주) 구주총괄 SSEL법인장(부장) 2005년 同구주총괄 SSEL법인장(상무보), 同메모리영업팀 담당임원(상무) 2010년 同메모리영업팀장(상무) 2010년 同메모리영업팀장(전무), 同SSI법인장, 同DS부문 미주총괄장 2013년 同DS부문 미주총괄장(부사장) 2015~2017년 同System LSI사업부 전략마케팅팀장(부사장) 2017년 同Foundry사업부 전략마케팅팀장(부사장)(현)

**배영철(裵泳哲) BAE Young Cheol**

(생)1957·2·5 (본)성주(星州) (출)경북 고령 (주)대구광역시 북구 유통단지로14길 17 대구컨벤션뷰로(053-382-5220) (학)1982년 영남대 정치외교학과졸 1986년 미국 볼스테이트대 대학원 경영학과졸 1994년 미국 뉴욕시립대 버룩칼리지 대학원 경영학과졸 (경)1986~1995년 우리아메리카은행 뉴욕현지법인 회계및투자담당 1998년 대구시 국제통상협력연구원 2000년 同외국인투자유치요원 2001년 同투자통상과장 직대 2003년 同국제통상과장 2015~2018년 同국제협력관 2019년 대구컨벤션뷰로 대표이사(현) (상)국무총리표창(2002)

**배영환(裵英煥) BAE Young Hwan**

(생)1933·10·11 (출)경남 양산 (주)인천광역시 중구 서해대로418번길 70 삼화고속(032-508-1580) (학)1951년 동래고졸 1956년 연세대 상경대학 상학과졸 (경)1958년 전남제사·광주여객자동차 상임감사 1960년 삼양타이어 상임감사 1966~1991년 삼화교통 사장 1969년 한국합성고무 상임감사 1970년 서울좌석버스운송사업조합 이사장 1970년 교통회 관리사장 1972년 검도협회 회장 1973~1991년 조일제지 사장 1973~1986년 전국버스운송사업조합연합회 회장 1979년 동서여행사 회장(현) 1991년 삼화고속 회장(현) 1991~2004년 조일제지 회장

**배용덕(裵龍德) Bae, Yong Duk**

(생)1962·3·13 (출)경남 김해 (주)서울특별시 중구 을지로 79 IBK기업은행 개인고객그룹(1566-2566) (학)1981년 동대문상고졸 1992년 한국방송통신대 경영학과졸 2005년 중앙대 대학원 경영학과졸 (경)1980년 IBK기업은행 입행 2008년 同분당수내역지점장 2010년 同무역센터지점장 2013년 同분당야탑역지점장 2014년 同선릉역지점장 2015년 同강동·강원지역본부장 2016년 同경수지역본부장 2017년 同개인고객그룹장(부행장)(현)

**배용원(裵鏞元) BAE Yong Won**

(생)1968·1·13 (출)전남 순천 (주)경기도 수원시 영통구 법조로 91 수원지방검찰청 제1차장검사실(031-5182-4265) (학)1985년 순천고졸 1991년 서울대 사법학과졸 (경)1995년 사법시험 합격(37회) 1998년 사법연수원 수료(27기) 1998년 창원지검 검사 2000년 광주지검 순천지청 검사 2002년 인천지검 검사 2004년 서울동부지검 검사 2007년 법무부 법무심의관실 검사 2007~2010년 국무총리실 파견 2009년 광주지검 검사 2010년 同부부장검사 2012년 창원지검 거창지청장 2013년 대검찰청 디엔에이수사담당관 2014년 同공안3과장 2015년 법무부 법무심의관 2016년 서울중앙지검 형사6부장 2017년 대검찰청 검찰연구관(미래기획·형사정책단장) 2018년 수원지검 안양지청 차장검사 2019년 수원지검 제1차장검사(현)

**배용주(裵容珠) BAE Yong Joo**

(생)1962·11·1 (출)광주 (주)경기도 수원시 장안구 창룡대로 223 경기남부지방경찰청 청장실(031-888-2415) (학)광주 정광고졸 1986년 경찰대졸(2기) (경)1986년 경위 임용 1991년 전북 군산경찰서 방범과장(경감) 1993년 전북 장수경찰서 경비과장 1997년 경남 창원경찰서 방범과장(경정) 2002년 서울지방경찰청 과학수사계장 2003년 同형사과 폭력계장 2005년 同생활안전과 지도관 2005년 부산지방경찰청 보안과장(총경) 2006년 전남 보성경찰서장 2007년 서울지방경찰청 제3기동대장 2008년 광주 광산경찰서장 2009년 경찰청 사이버테러대응센터장 2010년 서울 성북경찰서장 2011년 서울지방경찰청 형사과장 2014년 同형사과장(경무관) 2014년 전북지방경찰청 차장 2014년 경찰수사연수원 원장 2015년 경찰청 과학수사관리관 2016년 同보안국장(치안감) 2017년 광주지방경찰청장 2018년 경찰청 수사국장 2019년 경기남부지방경찰청장(현)

**배용준(裵龍駿) BAE Yong Joon**

(생)1959·10·5 (주)부산광역시 연제구 중앙대로 1001 부산광역시의회(051-888-8245) (학)부산상고졸 1987년 부산대 정치외교학과졸 (경)1986~2010년 한국전기통신공사(KT) 근무 2010~2014년 부산시 부산진구의회 의원(민주당·민주통합당·새정치민주연합) 2014~2018년 부산시 부산진구의회 의원(새정치민주연합·더불어민주당) 2014~2016년 同운영위원장, 민주평통 부산진구협의회 자문위원(현) 2018년 부산시의회 의원(더불어민주당)(현) 2018년 同도시안전위원회 위원(현) 2018년 同예산결산특별위원회 위원(현) 2018~2019년 同부산시산하공공기관장후보자인사검증특별위원회 위원

**배용준(裵容浚)**

(생)1974·1·25 (출)서울 (주)서울특별시 서초구 서초중앙로 157 서울고등법원(02-530-1114) (학)1992년 서울고졸 1997년 서울대 사법학과졸 (경)1998년 사법시험 합격(40회) 2001년 사법연수원 수료(30기) 2001년 軍법무관 2004년 서울동부지법 판사 2006년 서울중앙지법 판사 2008년 대전지법 논산지원 판사 2009년 춘천지법 원주지원 판사 2011년 서울고법 춘천재판부 판사 2012년 수원지법 판사 2012년 법원행정처 인사제2심의관 겸임 2013년 同인사제1심의관 겸임 2014년 서울중앙지법 판사 2016년 울산지법 부장판사 2018년 서울고법 판사(현)

**배용찬(裵龍贊) BAE Yong Chan**

(생)1967·9·20 (본)경주(慶州) (출)서울 (주)충청북도 진천군 덕산읍 교연로 780 법무연수원 진천본원 총무과(043-531-1542) (학)1985년 우신고졸 1991년 서울대 법과대학졸 1993년 同대학원 수료 (경)1995년 사법시험 합격(37회) 1998년 사법연수원 수료(27기) 1998년 인천지검 검사 2000년 광주지검 목포지청 검사 2002년 서울지검 의정부지청 검사 2003년 의정부지검 고양지청 검사 2005년 법무부 관찰과 검사 2007년 서울중앙지검 검사 2010년 부산지검 부부장검사 2011년 대구지검 포항지청 부장검사 2012년 청주지검 부장검사 2013년 대구지검 안동지청장 2014년 법무부 범죄예방기획과장 2015년 법무연수원 기획과장 2016년 서울중앙지검 공판1부장 2017년 법무부 기획조정실 형사사법공통시스템운영단장 2018년 춘천지검 원주지청장 2019년 법무연수원 진천본원 교수(현) (종)기독교

ㅂ

**배원진(裵原進)**

(생)1950 · 9 · 3 (출)경남 창원 (주)경상남도 창원시 의창구 용지로239번길 19-22 창원문화원(055-284-8870) (학)1970년 경남대 중퇴 1987년 同경영대학원 수료 (경)1986년 창원JC 회장 · 창원시 시정자문위원 1988년 범민족올림픽추진중앙협의회 대의원 1990년 경남산업사 대표 1991~1994년 창원시의회 의원 1995년 통합 창원시의회 의원 1997~1998년 同부의장, 창원문화원 부원장 2015년 同원장(현)

**배유례(裵俞禮 · 女) BAE YU RAE**

(생)1960 · 3 · 20 (본)경주(慶州) (출)전남 화순 (주)광주광역시 북구 매곡로 127 전라남도 지방공무원교육원(062-606-1314) (학)1979년 광주 중앙여고졸 1983년 전남대 독어독문학과졸 (경)1984~1986년 광주중앙여고 교사 1986~1991년 함평군 · 담양군 근무(지방행정주사보) 1991~2004년 전남공무원교육원 · 전남공영개발사업단 · 전남도청 근무 2005~2011년 전남도 세입운영담당 · 정책평가담당 · 정책개발담당 · 경리담당 사무관 2012~2016년 同세무회계과장 · 세정담당관 · 국제통상과장 · 문화예술과장 2016년 同세정담당관 2016년 同세정과장 2017년 전남도립도서관 관장 2019년 전남도 지방공무원교육원장 직대(지방부이사관)(현)

**배유현(裵有鉉) BAI Yoo Hyun (雲岩 · 一山)**

(생)1957 · 11 · 14 (본)달성(達城) (출)충남 논산 (주)서울특별시 은평구 통일로 599 청수1빌딩 306호 한국산업전시협회(02-355-0141) (학)1980년 고려대 경영학과졸 1983년 同대학원 경영학과졸, 同교육대학원 일반사회과 경제학전공 수료, 연세대 대학원 경영학박사과정 수료, 건양대 대학원 최고경영자과정 수료 (경)1982~1990년 동아일보 기자 1990년 스포츠조선(조선일보사) 기자 1990년 순국열사 배영직선생기념사업회 운영위원장(현) 1990~2000년 중앙일보 기자 · 경제부 차장 1999년 백제권발전추진운동본부장 겸 백제문화예술단 이사(현) 2000~2003년 한나라당 논산 · 금산지구당 위원장 2000년 同선대위 부대변인 겸 충남도 대변인 2000년 은서포럼 회장(현) 2000년 고은산하회 · 경주배씨 문양산악회 회장(현) 2000년 고려대교우회 상임이사 겸 은평고대교우회 부회장(현) 2000년 3.1운동기념사업회 부회장(현) 2000년 한국사회체육육상중앙연합회 부회장 2000년 한국공공정책연구원 원장(현) 2000년 시사뉴스 주필(현) 2003년 고양포럼 공동회장(현) 2006년 한국산업전시협회 회장(현) 2008년 북한산포럼 회장(현), 은평소상공인포럼 회장(현), 고양시소상공인회 부회장(현), 고려대교육대학원교우회 수석부회장(현) 2014년 요양복지신문 주필(현) 2015년 한국노년인권신문 주필(현) 2015년 새누리당 은평甲당원협의회 상임고문 2015년 은평발전포럼 상임이사(현) 2015년 민주평통 자문위원, 바르게살기운동 고양시마두2동협의회 위원장(현) 2017년 자유한국당 은평甲당원협의회 상임고문(현) (상)중소기업중앙회장표창(2010), 고양시장표창(2016) (저)'21세기 우리민족의 비전'(2002, 세진사)

**배윤자(裵允子 · 女) BAE Yun Ja (珍明)**

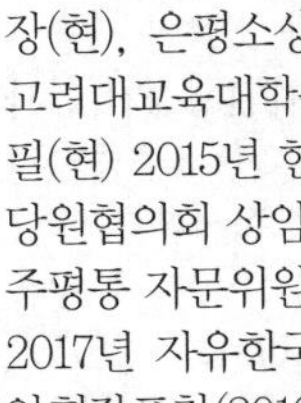

(생)1946 · 3 · 19 (본)달성(達城) (출)평남 진남포 (주)서울특별시 마포구 월드컵북로6길 49 서울연희직업전문학교(02-337-9900) (학)1964년 수도여고졸 1971년 동국대 국어국문학과졸 1994년 연세대 대학원 고위여성경영인과정 수료 2003년 초당대 조리과학과졸 2005년 순천향대 대학원 관광경영학과졸 2009년 조리학박사(세종대) (경)1983~1989년 (사)한국식생활개발연구회부설 한국조리직업전문학교 강사, 식생활개발연구회 감사 1990~1991년 동아요리학원 원장 1991년 SBS '남편은 요리사' MC · KBS '가정요리' 출연 1992년 배윤자제과제빵요리학원 원장 1994~1999년 롯데문화센터 강의 1994~1996년 (주)동원산업 식품연구소 연구위원 1996~2000년 (주)태훈산업 연구위원 1997~1999년 세계음식문화학술회 회장 1997년 국제문화친선협회 분과위원장 1997년 서울시 강동교육청 자문위원 1998년 국제라이온스협회 서울선사라이온스 회장 1998년 전국요리학원연합회 수석부회장 1998년 한국학원총연합회 상임이사 1998년 국제문화친선협회 부회장(현) 2000~2008년 서울보건대 조리예술과 겸임교수 2000년 을지대 평생교육원 호텔조리과 지도교수 2005~2010년 전국요리학원연합회 회장 2008년 세종대 조리외식경영학과 강사, 한국외식산업학회 요리분과위원장 2013년 서울연희직업전문학교 학장(현) 2013년 배윤자요리연구소 원장(현) (상)한국학원총연합회 공로상(1994), 교육부장관표창(1995), 문화체육부장관표창(1998), 강동구청장표창(1998), 강동교육청장표창(1999), 교육감표창(2000), 국제문화친선협회표창, 강동구방위협의회표창, 강동경찰서장 감사장, 서울시의회의장표창 (저)'배윤자의 남편은 요리사' 'Happy Cooking' '한국의 죽'(共) '음식 맛은 손 끝에서 나와요'(共) '요리하는 남자는 아름답다'(요리감수) '약이 되는 야채사전'(요리감수) '몸에 좋은 생선사전'(요리감수) (종)기독교

**배은정(裵銀靜 · 女) BAE Eun Jung**

(생)1962 · 8 · 6 (출)서울 (주)서울특별시 종로구 대학로 101 서울대학교병원 소아청소년과(02-2072-3097) (학)1987년 서울대 의학과졸 1998년 同대학원 소아과학과졸 1998년 소아과학박사(서울대) (경)1988년 서울대병원 소아과 레지던트 1992년 同소아과 전임의 1993~1998년 부천세종병원 소아과 진료과장 · 소아심장학 전문의 1998년 미국 University of michigan 소아심장학 연수 1999년 미국 The Children's Hospital in Boston 전극도자 절제술 연수 2000년 서울대병원 촉탁조교수 2003년 심장병리연구회 총무 2003년 서울대 임상조교수 2005년 同의대 소아과학교실 부교수 2010년 同의대 소아과학교실 교수(현) 2019년 서울대병원 교육인재개발실장(현) (저)'소아심전도 해설(共)'(2004)

**배은희(裵恩希)**

(생)1962 · 12 · 19 (출)경남 창원 (주)경상남도 창원시 성산구 창원대로 754 한국산업단지공단 경남지역본부(070-8895-7800) (학)창원대 행정학과졸 (경)1990년 한국산업단지공단 입사 2004년 同동남지역본부 부산지사 경영지원팀장(부장급) 2005년 同동남지역본부 산학협력팀장 2005년 同동남지역본부 기획평가팀장 2006년 同동남지역본부 경영지원팀장 2006년 同동남지역본부 클러스터운영팀장 2007년 同산업조사부장 2011년 同구조고도화기획팀장 2015년 同기업혁신지원실장 2016년 同기획조정실장 2017년 同경남지역본부장(현) 2018년 경남창원산학융합원장 겸임(현) (상)산업자원부장관표창, 대통령표창, 국방부장관표창(2018)

**배인구(裵寅九 · 女) BAE In Gu**

(생)1968 · 6 · 27 (출)충남 논산 (주)서울특별시 강남구 테헤란로87길 36 도심공항타워 법무법인(유) 로고스(02-2188-2869) (학)1986년 대전여고졸 1990년 고려대 법학과졸 2013년 同대학원 법학석사 2017년 同대학원 법학박사 수료 (경)1993년 사법시험 합격(35회) 1996년 사법연수원 수료(25기) 1996년 부산지법 울산지원 판사 1999년 대전지법 판사 2002년 서울지법 의정부지원 판사 2004년 의정부지법 판사 2006년 서울북부지법 판사 2007년 서울고법 판사 2008년 헌법재판소 파견 2010년 서울중앙지법 판사 2011년 서울가정법원 부장판사 2016~2017년 서울중앙지법 부장판사 2017년 법무법인(유) 로고스 가사 · 상속센터장(변호사)(현) (종)가톨릭

### 배인준(裵仁俊) BAE In Joon

(생)1953 · 1 · 10 (본)분성(盆城) (출)경북 선산 (주)서울특별시 서초구 서초대로74길 4 삼성언론재단(02-597-4201) (학)1974년 서울대 철학과졸 2003년 연세대 언론홍보대학원졸 2007년 고려대 언론홍보대학원 최고위과정 수료 (경)1977년 동아일보 사회부 기자 1984년 同신동아부 기자 1987년 同사회부 기자 1988년 同경제부 기자 1992년 同국제부 차장 1993년 同도쿄특파원 1994년 同도쿄지국장 1997년 同경제부장 1999년 同논설위원 2000년 同편집국 기획편집담당 부국장 2002년 同편집국 부국장 2003년 同수석논설위원 2003~2015년 同'배인준칼럼' 필자 2005년 同논설위원실장 2007년 同논설주간(이사대우) 2007년 한국신문방송편집인협회 부회장 2008년 동아일보 논설주간(이사) 2009~2011년 한국신문방송편집인협회 회장 2009~2011년 한국신문윤리위원회 비상임이사 2009~2014년 신문박물관 관장 2009~2011년 동아일보 방송설립추진위원회 부위원장 2010~2011년 한국언론진흥재단 비상임이사 2010년 대한변호사협회 인권재단 이사 2010년 삼성언론재단 이사(현) 2010~2015년 동아일보 주필(상무이사 · 전무이사) 2011~2015년 관악언론인회 회장 2011년 한국신문방송편집인협회 고문 2011~2015년 한국신문방송편집인협회 기금 이사 2014년 대통령직속 통일준비위원회 언론자문단 자문위원 2015년 동아일보 고문 2015년 서초문화재단 이사 2016~2019년 한국교육방송공사(EBS) 감사 (상)서울언론문화상(1995), 한국기자협회 이달의 기자상(1995), 동아대상(1996), 한국언론인연합회 한국참언론인대상(2006), 삼성언론상(2007), 위암 장지연상 언론부문(2007), 서울대 언론인대상(2008), 중앙언론문화상 신문 · 잡지부문(2009) (저)'대한민국 되찾기'(2007) '누가 미래세력인가'(2013)

### 배인휴(裵仁烋) Inhyu Bae (梅岸)

(생)1952·10·26 (본)성주(星州) (출)전남 순천 (주)전라남도 순천시 북정1길 46 순천대학교 에코드림치즈연구소(061-751-5493) (학)1973년 순천농림고등전문학교 축산과졸 1975년 건국대 축산대학 낙농학과졸 1981년 同대학원 낙농학과졸 1989년 농학박사(성균관대) (경)1982~1994년 순천대 동물자원과학과 전임강사·조교수·부교수 1984년 同영농교육원장 1991년 스위스 연방공과대학 낙농식품연구소 Post-Doc. 1991~1994년 순천대 기획연구실 부실장 1994~2018년 同동물자원과학과 교수 1997년 同동물사육장장 1998~1999년 同기획연구실장 2002~2005년 同평생교육원장 2006년 同동물자원과학과장 2009~2010년 同산학협력단장 2011년 한국유가공기술과학회 회장 2014년 (사)한국동물자원과학회 제1부회장 2015년 同회장 2018년 순천대 명예교수(현) 2018년 同에코드림치즈연구소장(현) (상)교육부장관표창(1997), 한국낙농대상 낙농과학기술부문(2017) (저)'농가형 유가공장 운영론'(1998, 도서출판 필방) '낙농식품가공학'(1999, 선진문화사) '축산식품 즉석가공학'(2001, 선진문화사) '유식품가공학'(2002, 선진문화사) '최신유가공학'(2005, 유한문화사) '한우학'(2006, 선진문화사) '친환경축산물생산학'(2006, 인쇄나라) '증보개정판 최신유가공학'(2011, 유한문화사) 'Cheese Types, Nutrition and Consumption'(2011) '동물미생물공학'(2012, 유한문화사) 'NCS기반 학습모듈 : 유제품 가공'(2015, 한국직업능력개발원) '목장유가공론 : 지속가능낙농길잡이'(2017, 유한문화사) '매안 배인휴 교수와 함께하는 실용치즈전서'(2018, 유한문화사) (역)'유산균실험메뉴얼'(2005) '치즈과학과 제조기술'(2007) '개정증보판 치즈과학과 제조기술'(2017) (종)기독교

### 배일권(裵一權) Bae Ilkwon

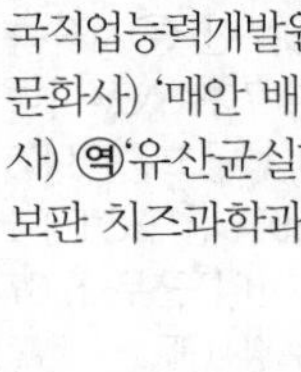

(생)1972 · 12 · 7 (본)성주(星州) (출)서울 (주)세종특별자치시 한누리대로 411 행정안전부 별관 정부혁신조직실 혁신기획과(044-205-2201) (학)1991년 대원외고졸 1998년 서울대 사회학과졸 2003년 同행정대학원 행정학과졸 2009년 미국 시라큐스대 대학원 행정학과졸(EMPA) (경)1998년 행정고시 합격(42회) 1999~2006년 행정자치부 행정사무관 2006~2009년 同서기관 2009~2010년 대통령직속 G20정상회의준비위원회 사업지원과장 2010~2013년 행정안전부 자원관리과장 2013~2014년 안전행정부 자전거정책과장 2014~2015년 대통령 정무수석비서관실 국민소통비서관실 행정관 2015~2016년 행정자치부 글로벌전자정부과장 2016년 호주 교육파견 2017년 행정안전부 정부혁신조직실 공공데이터정책과장 2018년 同정부혁신조직실 혁신기획과장 2019년 同정부혁신조직실 혁신기획과장(부이사관)(현) (상)대통령표창(2006), 근정포장(2011)

### 배일도(裵一道) BAE Il Do

(생)1950 · 9 · 14 (본)성주(星州) (출)전북 김제 (주)서울특별시 영등포구 국회대로72길 11 프린스텔 909호 한국사회발전전략연구원(02-782-0253) (학)1972년 태인고졸 1973년 전북대 공대 자원공학과 수료 2002년 고려대 언론대학원 수료 (경)1979년 서울시 공무원 임용(9급) 1987년 서울시지하철공사노동조합 설립 · 초대 위원장 1988년 서울지역노동조합협의회 설립 · 초대 의장 1988년 노동조합활동관련 구속 1989년 해고 1990년 전국노동조합협의회 대기업노조특별대책위원장 1991년 국민연합민중생존권 특별대책위원장 1991년 노동조합활동관련 구속 1992년 노동인권회관 실행이사 1998년 복직 1999~2004년 제9 · 10 · 11대 서울시지하철공사 노조위원장 2001년 서울시투자기관노동조합협의회 상임의장 2001년 전국지방공기업노동조합협의회 설립 · 초대 의장 2004~2008년 제17대 국회의원(비례대표, 한나라당) 2009년 (사)한국사회발전전략연구원 대표(현) 2011년 10.26재보선 서울시장선거 출마(무소속) 2012년 제19대 국회의원선거 출마(경기 남양주甲, 국민생각) 2012년 한국기술대 고용노동연수원 객원교수 (상)협상대상(2001), 체육훈장 기린장(2002) (저)에세이 '공존의 꿈'(2004), '새로운 시대의 노사교섭제도 어떻게 할 것인가?'(2005), '승자와 패자'(2008) (종)불교

### 배일환(裵一煥) Bae, Il Hwan

(생)1965 · 12 · 12 (출)서울 (주)서울특별시 서대문구 이화여대길 52 이화여자대학교 관현악과(02-3277-2459) (학)1988년 미국 줄리어드음대졸 1990년 미국 예일대 대학원졸 1992년 미국 인디애나대 음대 박사과정 수료 (경)1990년 삿포로 페스티발 첼로 수석 1992년 코리안심포니 첼로 수석 1993년 이화여대 관현악과 교수(현) 1994년 문화방송(MBC) TV 문화집중 공동MC 1995년 기독교방송 공동MC 2005~2007년 미국 스탠퍼드대 방문학자 2006년 서울시 문화교육 정책위원, Soma Trio Korea Festival Ensemble 멤버 2007년 (사)뷰티플마인드채리티 총괄이사(현), 한국국제기아대책기구 음악대사 2008년 이화여대 실용음악대학원 교학부장 2008~2009년 외교통상부 문화홍보 외교사절 (상)예음 실내악상 및 예음 창작음악연주상(1995) (작)'만화 서양음악사'(2003, 다빈치) 감수 (종)기독교

### 배재규(裵在圭) BAE Jae Kyu

(생)1961 · 6 · 25 (본)분성(盆城) (출)경남 산청 (주)서울특별시 서초구 서초대로74길 11 삼성자산운용(주)(02-3774-7600) (학)보성고졸 1985년 연세대 경제학과졸 1987년 同행정대학원 행정학과졸 (경)1989년 한국종합금융 증권신탁부 근무 1994년 同국제투자팀장 1995년 SK증권 국제영업부 자산운용팀장 2000년 삼성투자신탁운용 코스닥팀장 · 同주식3팀장 · 同주식2팀장 2002년 同인덱스운용본부 부장 2007년 同ETF운용팀장 2008년 同인덱스운용2본부장(상무) 2010년 삼성자산운용(주) 인덱스운용2본부장 2011년 同ETF운용본부장 2013년 同Passive본부장(전무) 2015년 同Passive총괄본부장(전무) 2017년 同채권 · 패시브 · 해외투자 · 자산배분운용총괄 부사장(현) (상)신지식인상, 금융감독원장표창 (역)'성공하는 투자전략 – 인덱스 펀드'

**배재덕(裵在德) BAE Jae Duk**

(생)1966·9·28 (출)부산 (주)서울특별시 중구 남대문로 63 한진빌딩본관 법무법인 광장(02-772-5960) (학)1985년 부산 중앙고졸 1992년 부산대 법학과졸 1994년 同대학원 법학과졸 (경)1994년 사법시험 합격(36회) 1997년 사법연수원 수료(26기) 1997년 서울지검 동부지청 검사 1999년 창원지검 진주지청 검사 2001년 부산지검 동부지청 검사 2003년 대구지검 검사 2005년 법무부 보호과 검사 2007년 서울중앙지검 특수1부·형사2부 검사 2009년 수원지검 특수부 부부장검사 2010년 同여주지청 부장검사 2011년 광주지검 장흥지청장 2012년 대구지검 강력부장 2013~2014년 대검찰청 형사1과장 2014년 법무법인 광장 형사담당 변호사(현) (상)검찰총장표창(1998·2002·2008)

**배재문(裵栽問) BAE Jae Moon**

(생)1960·11·15 (출)대구 (주)서울특별시 강남구 일원로 81 삼성서울병원 소화기외과분과(02-3410-0252) (학)1986년 서울대 의대졸 1989년 同대학원 의학석사 1995년 의학박사(서울대) (경)1986~1991년 서울대병원 인턴·일반외과 레지던트 1991~1994년 軍의관 1994~2001년 이화여대 의대 전임의·전임강사·조교수 1998년 일본 국립암센터 위암분과 연구원 2000년 미국 국립암연구소 연구원 2001~2012년 대한위암학회 이사·상임이사 2001년 국립암센터 부속병원 위암센터 전문의 2002년 同연구소 위암연구과장 2002~2006년 同위암센터장 2004~2006년 同부속병원 부원장 2004년 同진료지원센터장 겸임 2006년 同기획조정실장 2007년 同연구소 이행성임상제1연구부 위암연구과장 2007년 성균관대 의대 외과학교실 교수(현) 2007~2009년 대한위암학회 홍보이사 겸 학술위원 2009~2011년 同홍보위원장 2010년 대한외과대사영양학회 학술위원장 2010~2012년 대한외과학회 학술위원 2010~2012년 한국정맥경장영양학회 보험위원장 2011~2013년 대한위암학회 학술위원장 2011~2013년 삼성서울병원 소화기외과분과장 2012~2013년 同연구기획부장 2012~2014년 대한외과대사영양학회 기획위원장 2012~2014년 한국정맥경장영양학회 학술위원장 2012~2016년 대한외과학회 고시위원 2013~2015년 한국보건산업진흥원 PM제도 운영위원 2013~2016년 대한암협회 집행이사 2013년 대한위암학회 총무위원장 겸 KINGCA조직위원회 사무총장 2014~2016년 대한외과대사영양학회 부회장 2014~2017년 보건복지부 전문평가위원회 위원 2015~2017년 대한위암학회 감사 2016~2018년 대한외과대사영양학회 회장 2016년 대한암학회 재무위원장 겸 이사(현) 2018년 대한민국의학한림원 정회원(외과학·현) 2019년 대한위암학회 이사장(현)

**배재웅(裵載雄) Bae Jae-ung**

(생)1963·8·27 (출)충남 서산 (주)경기도 과천시 상하벌로 110 국립과천과학관(02-3677-1300) (학)1982년 안양공고졸 1988년 한양대 기계공학과졸 2002년 영국 맨체스터대 대학원 과학기술정책학과졸 (경)1988년 기술고시 합격(24회) 1990~1997년 국립중앙과학관 조성과·대전세계박람회 조직위원회·원자력발전소 울진주재관실·과학기술부 원자력정책과 기계사무관 1997~1999년 과학기술부 원자력개발과·기초과학지원과 공업서기관 2001~2003년 同과학기술정책실 과학기술문화과·기술개발지원과 공업서기관 2003년 경수로사업지원기획단 파견 2005년 과학기술부 과학기술문화과장 2005년 문화관광부 문화기술인력과장 2006년 同문화산업국 문화기술인력팀장 2006년 과학기술부 원자력방재과장 2007년 同원자력안전과장 2008년 교육과학기술부 원자력안전과장(서기관) 2009년 同원자력안전과장(부이사관) 2009년 국제원자력기구(IAEA) 파견 2012년 교육과학기술부 기초과학정책과장 2013년 미래창조과학부 미래선도연구실 연구개발정책과장 2013년 同연구개발정책실 연구개발정책과장 2014년 공주대 사무국장(고위공무원) 2016년 미래창조과학부 연구성과정책관 2017년 과학기술정보통신부 연구개발정책실 연구성과정책관 2017년 同우정사업본부 우정사업정보센터장 2017년 국립과천과학관장(현)

**배재정(裵在禎·女) Bae Jae Jeung**

(생)1968·2·16 (본)경주(慶州) (출)부산 (주)부산광역시 연제구 중앙대로 1117 더불어민주당 부산시당(051-802-6677) (학)1986년 부산 데레사여고졸 1990년 부산대 영어영문학과졸 2012년 同대학원 예술·문화와영상매체협동과정 수료 (경)1989~2007년 부산일보 기자·인터넷뉴스부장 2009~2011년 부산국제광고제 조직위원회 홍보실장 2011~2012년 부산문화재단 기획홍보팀장 2012년 민주통합당 언론정상화특별위원회 간사 2012~2016년 제19대 국회의원(비례대표, 민주통합당·민주당·새정치민주연합·더불어민주당) 2012년 국회 문화체육관광방송통신위원회 위원 2012·2015년 국회 예산결산특별위원회 위원 2013년 민주통합당 비상대책위원회 위원 2013년 국회 미래창조과학방송통신위원회 위원 2013년 국회 교육문화체육관광위원회 위원 2013년 민주당 대변인 2014~2016년 한국신문윤리위원회 위원 2014년 새정치민주연합 6.4지방선거 부산시당 공동선거대책위원장 2014년 同정책위원회 부의장 2014년 同공적연금발전TF 위원 2014~2015년 국회 동북아역사왜곡대책특별위원회 위원 2015년 새정치민주연합 부산시당 을지킴이위원회 위원장 2015년 同부산사상구지역위원회 위원장 직대 2015년 더불어민주당 공적연금발전TF 위원 2015년 同부산시당 을지킴이위원회 위원장 2015~2017년 同부산사상구지역위원회 위원장 2016년 제20대 국회의원선거 출마(부산 사상구, 더불어민주당) 2017년 부산대 교양교육원 전문경력교수 2017년 더불어민주당 제19대 문재인 대통령후보 중앙선거대책위원회 여성본부 부본부장 2017~2018년 국무총리 비서실장(차관급) 2019년 더불어민주당 부산사상구지역위원장(현) (상)민주통합당 국정감사 우수의원상(2012), 민주당 국정감사 우수의원상(2013) (저)'재정아 부산가자'(2014)

**배재훈(裵在勳) Jae-hoon Bae**

(생)1953·6·6 (출)대구 (주)서울특별시 종로구 율곡로 194 현대상선 임원실(02-3706-5114) (학)1971년 배명고졸 1975년 고려대 전자공학과졸 2010년 숭실대 대학원 경영학과졸 2013년 경영학박사(숭실대) (경)1984~1990년 LG상사 뉴욕법인 근무 1990~1999년 LG반도체 해외마케팅 담당·미주지역법인장 2000~2003년 LG전자 Mobile부문 북·중남미지역담당 해외법인장 2004~2007년 同MC사업본부 전략지원담당 부사장·해외마케팅담당 2008~2009년 同동남아지역담당·싱가포르 LGESL 해외법인장 2009년 同비즈니스솔루션사업본부 마케팅담당 부사장 2010~2015년 범한판토스 대표이사 사장 2014년 대한상공회의소 물류위원장 2019년 현대상선 대표이사 사장(현)

**배정운(裵正運) BAE Jung Woon**

(생)1940·10·10 (본)성주(星州) (출)부산 (주)서울특별시 서초구 명달로 120 KMJ빌딩 7층 S&M미디어(주)(02-583-4161) (학)1959년 경남고졸 1963년 서울대 경제학과졸 (경)1963~1965년 ROTC 1기(육군 소위) 1965~1967년 천양산업 근무 1967~1974년 연합철강공업(주) 수출부장 1974~1977년 同뉴욕지점장(이사) 1977~1981년 同상무이사 1981~1985년 국제상사 철강금속본부장(전무·부사장) 1985~1986년 연합철강공업(주) 부사장 1987~1992년 두양금속·영흥철강(주) 대표이사 1994년 (주)한국철강신문 대표이사 회장 2014년 S&M미디어(주) 대표이사 회장(현) (상)석탑산업훈장(2004)

**배정찬(裵丁贊) BAE Jung Chan**

(생)1954·10·4 (출)광주 (주)광주광역시 광산구 진곡산단중앙로 55 광주그린카진흥원(062-960-9500) (학)광주제일고졸 1979년 서울대 공대 금속공학과졸 1984년 미국 위스콘신대 메디슨교 대학원 금속공학과졸 1988년 금속공학박사(미국 위스콘신대 메디슨교) (경)1978~1982년 대우자동차 엔진제조기술부 대리 1982~1988년 미국 위스콘신-메디슨대 RA 및 TA 1988~1991년 미국 Idaho national Engineering Lab Research Scientist 1991~1997년 한국생산기술연구원 생산기반기술개발 수석연구원 1998~2001년 同연구기획본부장 2002년 同벌크비정질나노소재사업단장 2003년 同광주주연구센터 소장 2008년 同호남권기술지원본부장 2008~2010년 同생산기반기술연구본부장 2010~2011년 同인천지역본부 뿌리산업연구부문 주조공정연구그룹 선임연구원 2015~2018년 (재)광주테크노파크 원장 2018년 (재)광주그린카진흥원 원장(현)

**배정회(裵楨淮) Bae Junghoe**

(생)1962·4·7 (주)서울특별시 서초구 바우뫼로 27길 2 과학기술일자리진흥원 원장실(02-736-0047) (학)1980년 광주 사레지오고졸 1992년 서울대 인문대학 동양사학과졸 2007년 미국 포틀랜드주립대 공과대학원 기술경영학과졸 2012년 건국대 경영대학원 기술경영학 박사과정 수료 (경)1997년 행정고시 합격(40회) 1997~2005년 과학기술부 연구개발1담당관실·기반기술개발과·기술개발지원과·조사평가과·과학기술정보과 사무관 2005~2012년 同우주개발과장·인사교육팀장·운영지원과장(서기관) 2012년 미래창조과학부 성과평가국 성과정책과장(부이사관) 2014~2015년 중앙대 고용휴직 2015년 미래창조과학부 연구성과활용정책과장 2016년 同연구성과혁신기획과장 2017년 국립중앙과학관 전시연구단장(일반직고위공무원) 2019년 과학기술일자리진흥원 원장(현)

**배종렬(裵鍾烈) PAE Chong Yeul**

(생)1943·2·18 (본)김해(金海) (출)부산 (주)부산광역시 금정구 공단동로55번길 28 동일고무벨트(주)(051-520-9000) (학)1961년 부산고졸 1965년 서울대 상과대학 무역학과졸 (경)1969~1976년 한국은행 조사부 근무 1973년 대통령 경제비서관실 행정관 1976년 삼성물산(주) 입사 1983년 同LA현지법인 사장 1985년 同뉴욕현지법인 사장 1986년 同상무이사 1988년 삼성전자(주) 반도체부문 영업본부장 1990년 同전무이사 1991년 삼성그룹 비서실 차장(부사장) 1994년 중앙일보 부사장 1997년 제일기획 대표이사 사장 2001~2004년 삼성물산(주) 총괄대표이사 사장, (주)재능교육 회장, 삼성물산(주) 고문 2012년 동일고무벨트(주) 사외이사(현) (상)은탑산업훈장(1994) (종)기독교

**배종면(裵鍾冕) BAE Jong Myon**

(생)1962·3·23 (주)제주특별자치도 제주시 제주대학로 102 제주대학교 의학전문대학원 예방의학교실(064-754-3856) (학)1987년 서울대 의대졸 1994년 同대학원 의학석사 1999년 의학박사(서울대) (경)충북대 의대 전임강사, 제주대 의학전문대학원 예방의학교실 교수(현), 국립암센터 암등록통계과장, 캐나다 Univ. of McMaster 교환교수, 한국보건의료연구원 임상성과분석실장, 대한예방의학회 이사, 한국역학회 이사, 한국보건협회 이사, 대한암협회 이사 2015년 제주도 메르스민간역학조사지원단장 2016년 제주감염병관리본부 초대본부장 2017년 제주감염병관리지원단장(현) (저)'예방의학'(2004, 계축문화사) '역학의 원리와 응용'(2005, 서울대 출판부)

**배종민(裵鍾旻) PAI Chong Min**

(생)1961·10·10 (출)서울 (주)서울특별시 중구 세종대로 23 창화빌딩 문배철강(주) 비서실(02-758-6609) (학)1980년 배문고졸 1985년 미국 콜로라도주립대 경제학과졸 (경)문배철강(주) 이사 1994~2013년 同사장 2001~2007년 (주)NI테크 대표이사, 창화철강 대표이사 회장(현) 2007년 (주)NI스틸 대표이사 회장(현) 2013년 문배철강(주) 부회장 2015년 同회장(현) (종)천주교

**배종태(裵鍾太) BAE Zong Tae**

(생)1959·12·25 (출)대구 (주)서울특별시 동대문구 회기로 85 한국과학기술원 테크노경영대학원(02-958-3607) (학)1978년 대구 청구고졸 1982년 서울대 산업공학과졸 1984년 한국과학기술원(KAIST) 경영과학과졸(석사) 1987년 경영과학박사(한국과학기술원) (경)1987~1992년 한국과학기술연구원(KIST) 경제분석실·기술정보실 선임연구원 1989년 태국 Asian Inst. of Technology 경영대학원 객원교수 1991년 과학기술처 G7전문가기획단 간사 1992~1993년 한국과학기술원(KAIST) 산업경영연구소 선임연구원 1993년 同테크노경영대학원 산업경영학과 조교수 1996년 정부투자기관 경영평가단 평가교수 1996년 한국과학기술원(KAIST) 테크노경영대학원 교수(현) 1998년 同최고벤처경영자과정 책임교수 1998~1999년 벤처정보교류협회 회장 2014년 중소기업사랑나눔재단 이사(현) 2014~2015년 한국중소기업학회 회장 2015년 LG하우시스(주) 사외이사 겸 감사위원(현) (상)과학기술처장관표창(1992), 송곡과학기술상(2000), 세계중소기업학회(ICSB) 베스트페이퍼논문상(2017) (저)'경영학 뉴패러다임 : 기술경영과 생산전략(共)'(2002, 박영사) (종)기독교

**배준경(裵俊坰) BAE Joon Kyung**

(생)1958·12·7 (주)경상남도 진주시 동진로 33 경남과학기술대학교 융합기술공과대학 메카트로닉스공학과(055-751-3381) (학)1982년 국민대 전자공학과졸 1984년 경희대 대학원 전자공학과졸 1990년 전자공학박사(경희대) (경)1984년 경희대 전자공학과 조교 1987년 서울시립대 전자공학과 시간강사 1987년 경희대 전자공학과 시간강사 1990년 진주농림전문대 전자과 전임강사, 진주산업대 이공대학 메카트로닉스공학과 교수 2001년 同산학협력처장 2004~2006년 同산학협력단장 2010년 경남과학기술대 융합기술공과대학 메카트로닉스공학과 교수(현) 2014~2017년·2019년 同융합기술공과대학장(현) (저)'제어시스템-제4판(共)'(2001) '엑셀활용과 PC일반(共)'(2002)

**배준근(裵準根) PAE JOON KEUN**

(생)1961·7·19 (출)서울 (주)서울특별시 영등포구 여의대로 56 한화투자증권(주) WM본부(02-3772-7000) (학)1980년 경복고졸 1987년 연세대 경영학과졸 (경)1988년 한화증권(주) 입사 2006년 同분당지점 부장 2007년 同대치지점장 2009년 同상무보 2010년 同중부1본부장(상무보) 2011년 同영남지역본부장(상무보) 2012년 한화투자증권(주) 재경1지역본부장(상무보) 2013년 同리테일사업본부장(상무) 2014년 同재경1지역사업부장(상무) 2016년 同리테일본부장(상무) 2016년 同WM본부장(전무)(현)

**배준현(裵峻鉉) BAE Jun Hyun**

(생)1965·7·24 (출)경남 산청 (주)서울특별시 서초구 서초중앙로 157 서울고등법원(02-530-1114) (학)1983년 경복고졸 1987년 고려대 법학과졸 (경)1987년 사법시험 합격(29회) 1990년 사법연수원 수료(19기) 1993년 軍법무관 1993년 대전지법 판사 1996년 同천안지원 판사 1997년 수원지법 판사 1998년 同안산시법원 판사 1999년 수원지법 판사 2000년 서울지법 판사 2001년 사법연수원 교수 2003년 서울고법 판사 2005

ㅂ

년 의정부지법 부장판사 2008년 서울북부지법 부장판사 2010년 서울중앙지법 부장판사 2013년 특허법원 부장판사 2014년 同수석부장판사 2015년 서울고법 부장판사 2016년 수원지법 수석부장판사 2017년 서울고법 부장판사(현)

### 배중열(裵重烈)

〈생〉1958 · 12 · 25 〈주〉경상남도 김해시 김해대로 2595 (주)넥센(055-333-0771) 〈학〉인제대 경영대학원졸 〈경〉(주)넥센 경영관리 · 경영전략본부장(전무이사), (주)넥센산기 감사, (주)넥센L&C 감사 2013년 (주)넥센 경영관리 · 경영전략본부장(부사장) 2013~2019년 에어부산(주) 감사 2016년 (주)넥센 총괄부사장 2019년 同대표이사 사장(현)

### 배중호(裵重浩) BAE Joong Ho

〈생〉1953 · 5 · 18 〈본〉달성(達城) 〈출〉대구 〈주〉서울특별시 강남구 봉은사로 641 (주)국순당(02-513-8500) 〈학〉1971년 용산고졸 1978년 연세대 생화학과졸 1998년 同경영대학원 최고경영자과정 수료 〈경〉1978년 롯데상사 무역부 근무 1980~1992년 (주)배한산업 입사 · 부설연구소장 1992년 (주)국순당 대표이사 사장(현) 2000년 한국산업미생물학회 감사 2000년 한국미생물학회 이사 2001년 코스닥등록법인협의회 감사 〈상〉농림부장관표창(1994 · 1996), 과학기술부장관표창(2000), 철탑산업훈장(2002), 자랑스러운 용산인(2010) 〈종〉천주교

### 배지숙(裵智淑 · 女) BAE Ji Sook

〈생〉1968 〈출〉대구 〈주〉대구광역시 중구 공평로 88 대구광역시의회(053-803-5041) 〈학〉효성여고졸, 계명대 영어영문학과졸 〈경〉한나라당 여성파워네트워크(5기) 부회장, 남대구세무서 납세자보호위원, TBC대구방송 시청자위원, 국민건강보험공단 달서지사 자문위원, 민주평통 자문위원, 대구달서경찰서 경찰행정발전위원, 대구시 여성단체협의회 총무이사·서기이사, TBC Dream FM라디오 '우리 아이 바른 교육법' 상담역, 민주시민교육센터 교수, 자녀교육학부모연대 공동대표, 한나라당 대구시당 대외협력위원회 부위원장, 한국자유총연맹 대구시지부 여성회장, 세계학원 원장 2010년 대구시의회 의원(한나라당·새누리당) 2010~2012년 同문화복지위원회 위원 2012~2014년 同부위원장 2012~2014년 同영남권통합신공항추진특별위원회 위원장·공사공단선진화추진특별위원회 부위원장 2013년 새누리당 부대변인 2013년 대경대 사회복지학과 겸임교수 2013년 새누리당 중앙당 차세대위원회 자문위원 2014년 대구시 사회복지사처우개선위원회 위원 2014~2018년 대구시의회 의원(새누리당) 2014~2016년 同기획행정위원회 위원장 2016~2018년 同문화복지위원회 위원 2016~2018년 同예산결산특별위원회 위원 2016~2018년 同윤리특별위원회 위원 2016~2018년 同대구국제공항통합이전추진특별위원회 위원 2018년 대구시의회 의원(자유한국당)(현) 2018년 同의장(현) 2019년 전국시·도의회의장협의회 수석부회장(현) 〈상〉대통령표창(2007), 제11회 대한민국청소년대상 의정봉사대상(2013), 대구사랑나눔교육기부 유공 감사패(2015), 한국방송통신대 대구경북지역 총동문회 감사패(2015), 대구안전생활실천시민연합 감사패(2016), 매니페스토 약속대상 최우수상(2017), 제5회 우수의정대상(2017), 전국여성지방의원 우수상(2018), 세계자유민주연맹 자유장(2018), 대구아동복지시설 공로패(2018)

### 배지철(裵志哲) Bae Ji chul

〈생〉1968 · 8 · 21 〈출〉전남 곡성 〈주〉대전광역시 서구 청사로 189 중소벤처기업부 지역기업정책관실(042-481-3927) 〈학〉1986년 광주 금호고졸 1992년 고려대 경영학과졸 2001년 영국 맨체스터대 대학원 재무 · 경제학석사(MA in Finance and Economics) 〈경〉1994년 행정고시 합격(37회) 1995~1998년 재정경제원 국제협력과 · 산업경제과 근무 1998~2005년 同정책조정과 근무 · 영국 멘체스터대 파견 2005~2007년 재정경제부 공적자금관리위원회 의사총괄과 · 혁신인사기획관실 혁신팀장 · 법무팀장 2007년 同경제자유구역기획단 교육의료팀장 2007~2008년 同국고국 재정기획과장 2008~2010년 미국 국제부흥개발은행(IBRD) 파견(서기관) 2011~2012년 기획재정부 산업경제과장 2012~2014년 同지역경제정책과장 2014~2015년 同기금운용계획과장 2015~2016년 同지역예산과장(부이사관) 2016~2017년 국방대 안보과정 파견 2017년 중소벤처기업부 중소기업정책실 지역기업정책관(고위공무원)(현)

### 배진석(裵晋奭)

〈생〉1974 · 4 · 30 〈주〉경상북도 안동시 풍천면 도청대로 455 경상북도의회(054-880-5126) 〈학〉경주고졸, 건국대 사학과졸, 고려대 대학원 정치외교학과졸 〈경〉경북 계림초 제78회동기회장(현), 경주고총동창회 부회장(현), 송영선 국회의원 보좌관(4급), 김문수 경기도지사 정책보좌관, (재)서라벌공원 본부장, ROTC중앙회 경주지회 임원(현), BBS경주지부 임원, 경주상공회의소 상공의원(현), 경북도 학교폭력대책지역위원회 위원, 대구경북경제자유구역청 조합 부의장 2014~2018년 경북도의회 의원(새누리당 · 자유한국당) 2014년 同운영위원회 위원 2014 · 2016년 同기획경제위원회 위원 2014 · 2016년 同원자력안전특별위원회 위원 2017년 同예산결산특별위원회 위원 2017년 同지진대책특별위원회 부위원장 2018년 경북도의회 의원(자유한국당)(현) 2018년 同행정보건복지위원회 위원(현) 2018년 同예산결산특별위원회 위원(현) 2018년 同원자력대책특별위원회 위원(현), 민주평통 자문위원(현), 대구경북경제자유구역청 의장(현) 〈상〉전국시 · 도의회의장협의회 우수의정대상(2017)

### 배진환(裵辰煥) Bae Jin Hwan

〈생〉1960 · 2 · 5 〈주〉부산광역시 동구 충장대로 325 남해지방해양경찰청 수사정보과(051-663-2554) 〈학〉1978년 동래공고졸 1983년 울산공과대학 전기과졸 2017년 영산대 경찰행정학과졸 〈경〉2007년 부산해양경찰서 수사과장 2009년 해양경찰청 광역수사계장 2010년 同수사계장 2011년 남해지방해양경찰청 정보수사과장 2012년 同경비안전과장 2013년 부산해양경찰서장 2014년 부산지방경찰청 수사2과장 2016년 울산지방경찰청 정보화장비과장 2016년 부산지방경찰청 정보화장비과장 2017년 경남 합천경찰서장 2017년 부산지방경찰청 경무과 치안지도관 2017년 해양경찰청 수사정보국 형사과장 2017년 남해지방해양경찰청 울산해양경찰서장 2018년 同수사정보과장(현)

### 배진환(裵晋煥) Jinhwan Bae

〈생〉1965 · 1 · 22 〈출〉강원 평창 〈주〉세종특별자치시 정부2청사로 13 행정안전부 재난안전관리본부 재난협력실(044-205-6000) 〈학〉1982년 원주 대성고졸 1987년 서울대 외교학과졸 2002년 미국 시라큐스대 행정대학원졸 〈경〉1987년 행정고시 합격(31회) 1989~1992년 해군(해병) 정훈장교 1992~1995년 강원도 지방행정사무관 1995~2000년 내무부 행정자치부 사회진흥과 재난총괄과 사무관 2000년 행정자치부 자치운영과 서기관 2003년 同장관비서실장 2004년 同세정과장 2005년 同분권지원팀장 2006년 同자치제도팀장 2007년 同자치분권제도팀장(부이사관) 2007년 대통령 혁신관리비서관실 선임행정관(고위공무원) 2008년 진실 · 화해를위한과거사정리위원회 파견(고위공무원) 2009년 국가기록원 기록정책부장 2011년 중앙공무원교육원 기획부장 2011년 강원도 기획관리실장 2012년 同기획조정실장 2013년 안전행정부 지방재정세제실 지방세제정책관 2014년 행정자치부 지방재정세제실 지방세제정책관 2015년 강원도 행정부지사 2017년 행

정자치부 지방행정연수원장 2017년 행정안전부 지방자치인재개발원장 2018년 同재난안전관리본부 재난안전조정관 2018년 同재난안전관리본부 재난협력실장(현) (상)국무총리표창(1993), 대통령표창(1999), 근정포장(2005)

**배찬영(裵燦鍈) Bae chan young (冠德)**

(생)1960·1·2 (본)성산(星山) (출)경기 파주 (주)경기도 과천시 관문로 47 정부과천청사 서울지방공정거래사무소 건설하도급과(02-2110-6107) (학)1978년 경복고졸 1996년 한국방송통신대 법학과졸 2016년 고려대 대학원 법학과졸 (경)1986~1992년 문화공보부 문화재관리국 주사보·문화부 예산담당 주사 1992년 경제기획원 정책조정국 주사 1995년 공정거래위원회 조사국 대규모기업집단 조사담당 주사 2000~2003년 同광주사무소 소비자과장·경쟁국 사무관 2003년 국무조정실 심사평가조정관실 사무관 2007년 코리아나화장품 유통기획실장(민간 고용) 2008년 공정거래위원회 서울사무소 총괄과 서기관 2010~2013년 同심판담당관실·송무담당관실·행정법무담당관실 서기관 2014년 同카르텔조사국 입찰담합조사과·디지털포렌식팀장 2015년 대전지방공정거래사무소장 2017년 공정거래위원회 기획조정관실 정보화담당관 2017년 서울지방공정거래사무소 건설하도급과장(현) (종)불교

**배창경(裵昶慶)**

(생)1967 (출)경북 경주 (주)경상북도 김천시 평화길 128 김천세무서(054-420-3241) (학)영신고졸, 경북대 경영학과졸 (경)1993년 세무공무원 임용(7급 공채) 1999년 동대구세무서 조사2과 근무 2000년 대구지방국세청 납세지원과 근무 2001년 경북 경주세무서 세원관리과 근무 2003년 대구지방국세청 개인납세2과 근무 2006년 서대구세무서 세원관리2과 근무 2007년 대구지방국세청 조사2국 조사2과 근무 2008년 同조사2국 조사1과 근무 2010년 경북 포항세무서 울릉지서장(사무관) 2012년 대구지방국세청 조사2국 조사1과장 2014년 同조사2국 조사관리과장 2014년 同조사2국 조사관리과장(서기관) 2015년 국세청 법인납세국 원천세과 근무 2015년 서대구세무서장 2016년 대구지방국세청 조사2국장 2017년 동대구세무서장 2019년 경북 김천세무서장(현) (상)국무총리표창(2009)

**배창대(裵唱大) BAE Chang Dae**

(생)1972·4·6 (출)부산 (주)서울특별시 서초구 반포대로 158 서울고등검찰청 총무과(02-530-3261) (학)1990년 부산 낙동고졸 1995년 서울대 법학과졸 1998년 同대학원 법학과졸 (경)1997년 사법시험 합격(39회) 2000년 사법연수원 수료(29기) 2000년 수원지검 검사 2002년 대전지검 홍성지청 검사 2004년 인천지검 검사 2006년 대전지검 서산지청 검사 2007년 서울중앙지검 검사 2013년 수원지검 안산지청 부부장검사 2014년 부산지검 부부장검사 2015년 창원지검 진주지청 형사2부장 2016년 인천지검 부부장검사 2017년 서울서부지검 공판부장 2017년 광주지검 형사3부장 겸 환경보건범죄전담부장 2018년 서울고검 검사(현) (상)검찰총장표창(2004) (종)불교

**배창호(裵昶浩) BAE Chang Ho**

(생)1953·5·16 (본)분성(盆城) (출)대구 (학)1976년 연세대 경영학과졸 (경)1976년 한국개발리스 입사 1978년 현대종합상사(주) 나이로비지사장 1982년 '꼬방동네 사람들'로 영화감독 데뷔, 영화감독(현) 1988년 미국 산호세주립대 초빙교수 1994~2000년 배창호프로덕션 대표 1997년 서울예술대학 겸임교수 2003~2007년 건국대 예술학부 교수 2010년 전주국제영화제 국제경쟁부문 심사위원 2010년 제8회 아시아나국제단편영화제 심사위원장 2013~2014년 대통령소속 국민대통합위원회 위원 2019년 울주세계산악영화제 집행위원장(현) 2019년 한국도박문제관리센터 홍보대사(현) (상)대종상 작품상(2회), 대종상 감독상(2회), 한국연극영화예술상 감독상, 아·태영화제 작품상·감독상, 서울시문화상, 이탈리아 우디네이 아시아영화제 최우수관객상, 프랑스 베노데국제영화제 심사위원 대상·최우수 관객상, 대한민국문화예술상, 미국 필라델피아영화제 최우수작품상(Jury Award of Best Feature Film) (저)'창호야 인나 그만 인나'(2003) (작)'꼬방동네 사람들' '철인들' '적도의 꽃' '고래사냥' '그 해 겨울은 따뜻했네' '깊고 푸른 밤' '고래사냥2' '황진이' '기쁜 우리 젊은 날' '안녕하세요 하나님' '꿈' '젊은 남자' '천국의 계단' '러브스토리' '정' '흑수선' '길' '여행' (종)기독교

**배창환(裵昌煥) Bae Chang Whan**

(생)1950·6·8 (출)서울 (주)서울특별시 강남구 학동로 160 국제빌딩 303호 창성(02-512-3211) (학)1972년 연세대 경영학과졸 (경)1972년 서울신탁은행 근무 1974년 삼보증권(주) 근무 1975년 (주)창성 대표이사 회장(현), (주)도일코리아 대표이사, (주)창성건설 대표이사 2000·2005·2013년 대한바이애슬론연맹 회장 2010년 2018평창동계올림픽유치위원회 감사 2010년 아시아바이애슬론연맹(ABC) 초대회장 2018년 대한승마협회 회장 (상)산업포장(1987), 과학기술훈장 도약장(2004), 금탑산업훈장(2010), 체육포장(2012)

**배춘환(裵春煥) BAE CHOON WHAN**

(생)1969·3·4 (본)흥해(興海) (출)경북 봉화 (주)경기도 과천시 관문로 47 방송통신위원회 미디어다양성정책과(02-2110-1460) (학)1988년 풍생고졸 1995년 연세대 사회학과졸 2008년 同대학원 법무학과졸 2013년 서울대 행정대학원 정보통신방송정책과정 수료 (경)1995년 종합유선방송위원회 근무 2000년 방송위원회 근무 2003년 同방송정책실 선임조사관 2005년 同방송통신구조개편기획단 선임조사관 2008년 방송통신위원회 근무 2008년 대통령 언론비서관실 행정관 2009년 대통령 대변인실 행정관 2011년 대통령 홍보기획비서관실 행정관 2013년 방송통신위원회 공보팀장 2014년 同홍보협력담당관 2016~2017년 대통령비서실 행정관 2017년 정보통신정책연구원 초빙연구원 2018년 방송통신위원회 미디어다양성정책과장(부이사관)(현) (상)대통령실장표창(2009)

**배충식(裵忠植) BAE Choong Sik**

(생)1963·3·27 (본)성주(星州) (출)충남 금산 (주)대전광역시 유성구 대학로 291 한국과학기술원 공과대학 기계항공공학부 기계공학과(042-350-3044) (학)1981년 대전고졸 1985년 서울대 항공공학과졸 1987년 同대학원 항공공학과졸 1994년 기계공학박사(영국 임페리얼대) (경)1987년 한국항공우주연구소 연구원 1988년 한국과학기술원(KAIST) 기계재료공학부 조교 1995년 충남대 공대 항공우주공학과 조교수 1998년 한국과학기술원(KAIST) 공과대학 기계항공공학부 기계공학과 부교수·교수(현) 2012년 同연소기술연구센터 소장(현) 2013년 세계자동차공학회(SAE, Society of Automotive Engineers) 석학회원(Fellow)(현) 2014~2017년 한국과학기술원(KAIST) 기계공학과장 2014~2017년 同기계항공공학부장 2014~2017년 액체미립화학회 부회장 2018년 同회장(현) 2018년 한국자동차공학회 부회장(현) 2019년 한국과학기술원(KAIST) 공과대학장(현) (상)세계자동차공학회 최우수논문상 콜웰상(Arch T. Colwell Merit Award)(1997), 세계자동차공학회 호닝상(Harry L. Horning Memorial Award)(2006), KAIST 연구상(2011), 지식경제부장관표창(2012) (역)'내연기관(共)'(1996)

ㅂ

## 배택휴(裵澤休) BAE Taek Hue

(생)1970 · 10 · 10 (출)전남 순천 (주)전라남도 무안군 삼향읍 오룡길 1 전라남도청 일자리정책본부(061-286-2900) (학)전남대 행정학과졸 (경)1994년 행정고시 합격(38회) 2003년 전남도 기획관실 정책개발담당 2004년 同혁신분권담당관실 혁신기획담당 2006년 2012여수세계박람회유치위원회 파견(서기관) 2008년 전남도 기획관리실 엑스포지원관 2008~2010년 해외 유학 2010년 전남도 경제과학국 경제통상과장 2011년 同기획조정실 정책기획관 2013년 해남군 부군수 2013년 전남도 투자정책국장(지방부이사관) 2014년 同경제과학국장 2015년 교육파견 2016년 전남도 해양수산국장(지방부이사관) 2017~2019년 장기국외 교육파견(부이사관) 2019년 전남도 일자리정책본부장(현)

## 배학연(裵鶴淵) BAE Hak Youn

(생)1954 · 9 · 7 (출)광주 (주)광주광역시 동구 필문대로 365 조선대학교병원 원장실(062-220-3114) (학)1973년 광주제일고졸 1980년 조선대 의대졸 1983년 同대학원 의학석사 1990년 의학박사(조선대) (경)1987년 조선대 의대 내과학교실 교수(현), 조선대병원 당뇨병센터장(현), 캐나다 캘거리의대 당뇨병연구소 교환교수, 대한당뇨병학회 호남지회장, 대한내분비학회 호남지회장, 대한당뇨병학회 감사, 조선대병원 응급실장 2015년 대한당뇨병학회 회장 2017년 조선대병원장(현) 2018년 대한병원협회 상임이사(현)

## 배한동(裵漢東) BAE Han Dong

(생)1946 · 12 · 20 (본)성산(星山) (출)경북 성주 (주)대구광역시 북구 연암로 40 대구시청별관 104동 1층 민주평화통일자문회의 대구지역회의(053-252-2614) (학)1965년 계성고졸 1969년 경북대 사범대학 사회교육학과졸 1977년 同대학원 정치학과졸 1986년 정치학박사(영남대), 독일 아이히슈로츠 정치교육 연수원 수료 (경)1979~1980년 경남대 병설전문대 전임강사 1981~1990년 경북대 사범대학 전임강사 · 조교수 · 부교수 1990~2012년 同사범대학 윤리교육과 교수 1995~2004년 민주평통 자문위원 1996년 한국민주시민교육협의회 대구 · 경북지회장 1996년 경북대 교수회 부의장 1997~1999년 同학생처장 2000~2001년 한국정치학회 감사 2001~2004년 경북대 교수회 의장 2001년 同한국교민연구소장 2001~2002년 대한정치학회 회장 2002년 전국국공립대학교수협의회 상임회장 2003~2005년 학교법인 영남학원 이사 2003~2004년 학술진흥재단 남북학술교류협력위원회 위원장 2004~2006년 한국윤리교육학회 회장 2012년 경북대 명예교수(현) 2019년 민주평통 대구지역회의 부의장(현) (상)경북대총장 공로상(1969), 통일부장관표창(1999), 대통령표창(2000) (저)'대학국민윤리(共)'(1984) '유로코뮤니즘 연구'(1987) '참된 삶의 길(共)'(1994) '북한 신론'(1998) '한국 대학생의 정치의식'(2002) '민주시민 교육론'(2006) (종)천주교

## 배한철(裵漢喆) BAE HAN CHOL

(생)1949 · 1 · 10 (출)경북 경산 (주)경상북도 안동시 풍천면 도청대로 455 경상북도의회(054-880-5010) (학)대구상고졸, 경동정보대학 사회복지과졸 (경)경북 경산군농업협동조합 근무, 진량농업협동조합 근무, 경산축산업협동조합 이사, 경산시체육회 감사, 민주자유당 경산 · 청도지구당 홍보부장, 同제14대 대통령선거대책위원회 위원, 同중앙당 상무위원, 신한국당 제15대 대통령선거 지역운영위원회 위원, 민주평통 자문위원, 한나라당 경산 · 청도지구당 운영위원, (주)e-서비스코리아 전무이사 2002 · 2006 · 2010~2013년 경북 경산시의회 의원(한나라당 · 새누리당) 2006~2008년 同부의장 2008~2010년 同의장 2013년 경북도의회 의원(보궐선거, 새누리당) 2013년 同행정보건복지위원회 위원 2014~2018년 경북도의회 의원(새누리당 · 자유한국당) 2014년 同문화환경위원회 위원 2014 · 2016년 同윤리특별위원회 위원장 2016년 同문화환경위원회 위원장 2018년 경북도의회 의원(자유한국당)(현) 2018년 同부의장(현) 2018년 同교육위원회 위원(현) (상)경북 의정봉사대상(2011) (종)천주교

## 배현기(裵顯起) BAE Hyeon Kee

(생)1965 · 11 · 6 (주)서울특별시 종로구 세종대로 209 금융위원회 금융발전심의회 금융산업혁신분과(02-2100-2500) (학)1988년 서울대 경제학과졸 1990년 同대학원 경제학과졸 1998년 경제학박사(서울대) (경)1992년 한국장기신용은행 선임연구원 1998년 기획예산처 정부개혁실 사무관 1999년 머니투데이 이코노미스트 2000년 FN가이드 리서치센터장 2002년 동원증권 금융산업팀장 2003년 하나금융경영연구소 전략기획실장 2005년 하나금융지주 전략기획팀장 겸임 2009~2010년 하나카드 비상임이사 겸임 2011년 하나아이앤에스 기타비상무이사 2012년 하나금융지주 전략본부장 2012년 외환은행 전략본부장 2012년 하나금융경영연구소 대표이사 소장 2017년 KEB하나은행 하나금융경영연구소장 2017년 금융위원회 금융발전심의회 금융서비스분과 위원 2018년 同금융발전심의회 금융산업혁신분과 위원(현) 2019년 KEB하나은행 글로벌사업그룹 전무

## 배현정(裵賢貞 · 女) Bae Hyun-Jung

(생)1970 · 6 · 6 (주)세종특별자치시 다솜3로 95 공정거래위원회 소비자거래심판담당관실(044-200-4152) (학)1989년 수원여고졸 1994년 이화여대 법학과졸 2002년 同대학원 행정법학과졸 2010년 일본 히토쓰바시대 대학원 경영법학과졸 (경)1998년 사법시험 합격(40회) 2000년 사법연수원 수료(30기) 2001~2010년 공정거래위원회 약관심사제도과 · 심판관리관실 · 시장구조개선정책과 사무관 2011년 국무총리실 재정금융정책국 파견(서기관) 2012~2015년 공정거래위원회 창조행정담당관실 · 카르텔조사과 · 심판총괄담당관실 서기관 2015년 同서울지방공정거래사무소 소비자과장 2017년 同소비자정책국 약관심사과장 2019년 同소비자거래심판담당관(현)

## 배현태(裵玄太) BAE Hyeon Tae

(생)1969 · 9 · 22 (본)달성(達城) (출)서울 (주)서울특별시 종로구 사직로8길 39 세양빌딩 김앤장법률사무소(02-3703-1872) (학)1988년 신일고졸 1992년 서울대 법과대학졸 2004년 미국 버지니아대 법학대학원 법학과졸 (경)1991년 사법시험 합격(33회) 1994년 사법연수원 수료(23기) 1994~1996년 해군법무관 1997년 서울지법 서부지원 판사 1999년 서울지법 판사 2001년 춘천지법 강릉지원 판사 2005년 서울고법 판사 2007년 법원행정처 홍보심의관 2009년 광주지법 부장판사 2010~2011년 인천지법 부장판사 2011년 김앤장법률사무소 변호사(현) (종)천주교

## 배형원(裵亨元) BAE Hyung Won

(생)1968 · 9 · 3 (본)성산(星山) (출)서울 (주)서울특별시 서초구 서초중앙로 157 서울고등법원(02-530-1114) (학)1986년 서울대사대부고졸 1990년 서울대 법학과졸 2000년 미국 컬럼비아대 Law School졸(LL.M.) (경)1989년 사법시험 합격(31회) 1992년 사법연수원 수료(21기) 1992년 軍법무관 1995년 인천지법 판사 1997년 서울지법 판사 1999년 광주지법 목포지원 판사 2002년 광주고법 판사 2003년 서울고법 판사 2003년 법원행정처 국제담당관 겸임 2005년 同사법정책연구심의관 2005년 同국제심의관 2006~2008년 외교통상부 파견(駐오스트리아대사관 겸 비엔나국제기구대표부 사법협력관) 2007년 광주지법 형사3부 부장판사 2009년 인천지법 제1행정부 · 제16민사부 부장판사 2011

년 서울중앙지법 민사합의46부 부장판사 2011~2012년 법원행정처 인사총괄심의관 겸임 2014년 부산고법 부장판사 2016년 서울고법 부장판사(현)

**배호근(裵豪根) BAE Ho Keun**

(생)1964·1·23 (본)성주(星州) (출)서울 (주)서울특별시 종로구 종로3길 17 디타워 23층 법무법인 세종(02-316-4006) (학)1982년 용산고졸 1986년 서울대 법과대학졸 1988년 同법과대학원 법학과졸 (경)1989년 사법시험 합격(31회) 1992년 사법연수원 수료(21기) 1992년 부산지법 판사 1995년 同울산지원 판사 1996년 수원지법 판사 1998년 同용인시법원 판사 2000년 서울지법 판사 2000~2001년 미국 데이비스대 방문교수 2003년 同서부지원 판사 2004년 서울고법 판사 2005년 대법원 재판연구관 2007년 춘천지법 속초지원장 2007~2009년 속초시선거관리위원회 위원장 2009년 수원지법 부장판사 2010~2011년 용인수지구선거관리위원회 위원장 2011년 서울서부지법 부장판사 2011~2015년 공정거래위원회 약관심사자문위원회 위원 2012~2013년 서울 은평구선거관리위원회 위원장 2013~2015년 서울중앙지법 부장판사 2015년 법무법인 세종 파트너변호사(현)

**배호열(裵昊烈) BAE Ho Yeol**

(생)1958·9 (주)대전광역시 대덕구 대전로1331번길 185 아트라스BX(042-620-4242) (학)대전고졸, 서울대 언어학과졸 (경)1986년 한국타이어(주) 입사 1995년 同구주본부운영팀 과장 1997년 同바르샤바지점장 2000년 同구주아주팀장 2001년 同해외마케팅팀장 2003년 同호주법인장 2006년 同미주지역본부장(상무보) 2008년 同미주지역본부장(상무) 2009년 同마케팅기획부문 상무 2014년 同구주지역본부장(전무) 2015년 同구주지역본부장(부사장) 2018년 아트라스BX 대표이사 사장(현)

**배호열(裵好烈) BAE Ho Yeol**

(생)1967·11·8 (본)김해(金海) (출)부산 (주)전라북도 군산시 새만금북로 466 새만금개발청 개발전략국(063-733-1004) (학)1991년 동아대 행정학과졸 1994년 同대학원 경제학과졸 (경)1995년 농림수산부 축산국 가축위생과 사무관 1999년 同식품산업과 사무관 2001년 同기획관리실 투자심사담당관실 사무관 2002년 同기획관리실 투자심사담당관실 서기관 2003년 同축산국 축산정책과 서기관 2006년 同농산물유통국 서기관 2007년 同농가소득안정추진단 소득지원팀장 2008년 농림수산식품부 어선인력과 서기관 2009년 대통령자문 국가경쟁력강화위원회 파견 2010년 농림수산식품부 소비안전정책과장 2011년 同농촌정책국 농촌정책과장 2011년 同농어촌정책과장 2012년 국무총리실 파견(부이사관) 2013년 국무조정실 파견(부이사관) 2013년 농림축산식품부 식품산업정책실 식품산업정책과장 2015년 同농림축산검역본부 인천공항지역본부장 2016년 새만금개발청 개발사업국장 2017년 同투자전략국장 2018년 同개발전략국장(현) (상)대통령표창(2010) (저)'프랑스 도로교통운영체계'(2009) (종)천주교

**배호원(裵昊元) BAE Ho Won**

(생)1950·1·20 (본)분성(盆城) (출)경남 함양 (주)서울특별시 송파구 올림픽로 25 대한육상연맹 회장실(02-414-3032) (학)1968년 경남고졸 1977년 연세대 경영학과졸 (경)1977년 삼성그룹 입사 1992년 삼성생명보험(주) 관리담당 대우이사 1993년 同관리담당 이사 1997년 同경영지원담당 상무이사 1999년 同기획관리실장(전무) 1999년 同투자사업본부장(전무) 2001년 同부사장 2001년 삼성투자신탁운용 사장 2003년 삼성생명보험 자산운용BU 대표이사 사장 2004년 한국증권업협회 이사 2004~2008년 삼성증권 대표이사 사장 2008년 삼성사회공헌위원회 위원 2009~2010년 삼성정밀화학(주) 대표이사 사장 2016년 대한육상연맹 회장(현) (상)대통령표창(2003), 자랑스런 연세상경인상(2007)

**배효점(裵孝漸) BAE Hyo Jeom**

(생)1952·11·20 (본)성주(星州) (출)경북 청도 (주)서울특별시 금천구 가산디지털1로 88 IT프리미어타워 동양피엔에프(02-2106-8002) (학)대건고졸 1977년 영남대 공과대학 기계공학과졸 (경)1977~1983년 현대건설 근무 1984~1991년 (주)삼성엔지니어링 부장 1991~1998년 (주)삼성항공산업 임원 1998~2012년 (주)에스에프에이 대표이사 2013~2014년 同상담역 2016년 동양피엔에프 대표이사 사장(현) (상)철탑산업훈장(2010)

**백강진(白康鎭) Baik Kang-jin**

(생)1969·11·11 (출)경남 양산 (주)대전광역시 서구 둔산중로78번길 45 대전고등법원(042-470-1114) (학)1988년 서울고졸 1992년 서울대 사법학과졸 2004년 미국 조지워싱턴대 로스쿨(LL.M.) 수료 (경)1991년 사법시험 합격(33회) 1994년 사법연수원 수료(23기) 1994년 서울지법 동부지원 판사 1996년 서울지법 판사 1998년 대전지법 홍성지원 판사 2000년 대전지법 판사 2003년 서울지법 북부지원 판사 2004년 서울중앙지법 판사 2005년 법원행정처 정보화심의관 2009년 창원지법 부장판사 2010년 수원지법 부장판사 2011년 서울고법 판사 2015년 유엔 캄보디아 특별재판소(ECCC : Extraordinary Chambers in the Courts of Cambodia) 전심재판부 국제재판관 2016년 대전고법 부장판사(고용휴직)(현)

**백건우(白建宇) PAIK Kun Woo**

(생)1946·5·10 (출)서울 (주)서울특별시 강남구 논현로 653 유니버설뮤직 클래식부(02-2106-2030) (학)1968년 미국 줄리어드음대 피아노과졸 1971년 同대학원졸 (경)피아니스트(현) 1971년 제1회 독주회(뉴욕 앨리스튤리홀) 1972년 미국 카네기홀에서 뉴욕오케스트라와 협연 1979년 국립관현악단과 미국 순회 공연 1980년 프랑스 파리 거주·한국을 오가며 활동 1993년 프랑스 뉴벨아카데미 뒤 디스크에 선정 1994년 프랑스 디나르 에메랄드해변 페스티벌 예술감독 1995년 아카데미 오브 세인트 마틴 인더 필즈와 협연(예술의 전당) 1995년 성마틴 아카데미합주단 내한공연 협연(예술의 전당) 1995년 한국교향악50년 특별연주회 1996~2000년 BMG인터내셔날 전속 아티스트 1996년 오슬로 필하모닉 오케스트라와 협연(예술의 전당) 1996년 MBC TV 문화특급 선정 올해의 예술가 1997년 프랑스 디나르 음악제·콜 음악제 1997년 피아노인생40년 기념연주회 1997년 꽃동네 돕기 자선연주회 1998년 라디오 프랑스 필하모닉 오케스트라와 협연 1998년 프랑스 방송관현악단과 협연(프랑스 라디오방송회관) 1998년 라벨 피아노 전곡 연주회(대전 우송문화예술회관·예술의 전당) 1998년 크라코프 2000 페스티벌-모자이코 음악제(폴란드 크라코프) 1998년 러시아 내셔널오케스트라와 협연(세종문화회관) 1999년 파리 오케스트라앙상블 협연 쇼팽150주기 기념연주회(파리샹젤리제극장) 1999년 서울국제음악제(예술의 전당) 1999년 베토벤 피아노소나타 연주회(순천문화예술회관·대구문화예술회관·예술의 전당·부산문화회관·춘천문화예술회관·대전 우송문화예술회관) 2000년 신년 음악회(예술의 전당) 2000년 중국 교향악단 협연(베이징 世紀劇院) 2000년 유니버셜뮤직 전속 아티스트(현) 2007년 러시아 모스크바 차이코프스키콩쿠르 피아노부문 심사위원 2011년 이탈리아 부조니콩쿠르 피아노부문 심사위원 (상)미국 레벤트리트 콩쿠르 특별상(1967), 이태리 부조니 콩쿠르 금상(1970), 미국 나움버그 콩쿠르 대상(1971), 프랑스 파리 디아파종상(1992·1993), 프랑스 누벨아카데미 디스크상, 대한민국 문화훈장(1995), 일신문화상(1996), 호암상 예술상(2000), 프랑스 예술 및 문학훈장(2000), 프랑스 황

금 디아파종상(2002), 한인하상(2004), 제3회 대원음악상 대상(2008), 경암학술상 예술부문(2009), 한불문화상(2010), 은관문화훈장(2010), Steinway & Sons 명예의전당 헌액(2011), 제2회 예술의전당 예술대상 독주부문 최우수상(2016) (작)음반 '무언가'(1994) '라흐마니노프 피아노협주곡 1·2·3·4번'(1998) '나라 사랑'(1998) '쇼팽연주집' (종)천주교

**백경란(白敬蘭·女) Peck Kyong Ran**

(생)1962·3·25 (출)서울 (주)서울특별시 강남구 일원로 81 삼성서울병원 감염내과(02-3410-0322) (학)1987년 서울대 의대졸 1994년 同대학원 의학석사 1999년 의학박사(서울대) (경)1987~1992년 서울대병원 인턴·레지던트 1992~1993년 同감염분과 전임의 1993~1994년 미국 예일대 의과대학 감염내과 연구전임의 1994년 삼성서울병원 감염내과 전문의(현) 1996~1997년 미국 Johns Hopkins Hospital 연수 1997~2001년 성균관대 의과대학 내과학교실 조교수 2001~2007년 同의과대학 내과학교실 부교수 2003~2005년 삼성서울병원 감염관리실장 2005~2015년 同감염내과장 2007년 성균관대 의과대학 내과학교실 교수(현)

**백경욱(白京煜) Paik Kyung-Wook**

(생)1956·2·16 (출)서울 (주)대전광역시 유성구 대학로 291 한국과학기술원 공과대학 신소재공학과(042-350-3335) (학)1979년 서울대 금속공학과졸 1981년 한국과학기술원(KAIST) 재료공학과졸(석사) 1989년 재료공학박사(미국 코넬대) (경)1989년 미국 General Electric Corporate 연구센터 책임연구원 1995~2004년 한국과학기술원(KAIST) 응용공학부 재료공학과 조교수·부교수 1999~2000년 미국 조지아공과대학 패키징연구센터 교환교수 2004년 한국과학기술원(KAIST) 공과대학 신소재공학과 교수(현) 2008년 同학생처장 2011~2013년 同연구부총장 (상)범태평양 마이크로일렉트로닉 심포지움 최우수논문상(2012), 범태평양 마이크로일렉트로닉 심포지움 최우수논문상(2014), 과학기술훈장 웅비장(2017)

**백경호(白暻昊) BAEK Kyoung Ho**

(생)1961·8·14 (본)수원(水原) (출)부산 (주)부산광역시 남구 문현금융로 33 기술보증기금(051-606-7504) (학)1980년 동래고졸 1986년 부산대 경제학과졸 1988년 同대학원 경제학과졸 (경)1987년 동원증권 입사·법인부·채권영업팀 근무 1991~1997년 SK증권 채권부 근무 1998년 한국주택은행 자본시장실장 1999년 同채권시장안정기금운용부장 2000년 同자본시장본부장 직대 2000~2002년 주은투자신탁운용(주) 대표이사 사장 2002년 국민투자신탁운용(주) 대표이사 사장 2002년 (사)청소년내길찾기 대표이사·이사장(현) 2004년 KB자산운용 대표이사 사장 2005년 LG투자신탁운용 대표이사 사장 2005년 우리자산운용(주) 대표이사 사장 2005년 연합인포맥스 자문위원 2006~2008년 우리CS자산운용 대표이사 사장 2008년 그린부산창업투자(주) 대표이사 2012~2013년 부산은행 자금시장본부 부행장 2014~2016년 아이솔라솔루션 대표이사 2018년 기술보증기금 상임이사(현) (상)부총리겸 재정경제원장관표창(1995)

**백광진(白光鎭) BAEK Kwang Jin**

(생)1959·2·5 (출)강원 춘천 (주)서울특별시 동작구 흑석로 84 중앙대학교 의과대학 생화학교실(02-820-5654) (학)1977년 경복고졸 1987년 중앙대 의대졸 1989년 同대학원졸 1992년 의학박사(중앙대) (경)1992~1994년 미국 The Cleveland Clinic Foundation 박사 후 과정 연구원 1994년 중앙대 의대 생화학교실 조교수·부교수·교수(현) 1999년 미국 The Cleveland Clinic Foundation 연구교수 2009년 중앙대 의과대학장 2016년 同입학처장(현) 2018~2019년 서울경인지역입학처장협의회 회장 (종)기독교

**백광현(白光鉉) BAEK, Kwang-Hyun**

(생)1964·5·29 (본)수원(水原) (출)경기 수원 (주)경기도 성남시 분당구 판교로 335 차의과학대학교 의생명과학과(031-881-7223) (학)1987년 경희대 생물학과졸 1990년 미국 남미시시피주립대 대학원 생물학과졸 1995년 유전학박사(미국 아이오와주립대) (경)1988년 미국 남미시시피주립대 Teaching Assistant 1990~1995년 미국 아이오와주립대 Teaching Assistant·Research Assistant 1996~1999년 미국 하버드대 의과대학 HHMI BWH Research Associate·DFCI Research Fellow 1999~2006년 포천중문의과대(現차의과학대) 미생물학교실 조교수·부교수 1999년 강남차병원 여성의학연구소 분자생식면역학연구실장 2002년 同세포유전자치료연구소 분자신호전달연구실장 2002년 포천중문의과대(現차의과학대) 생명과학전문대학원 교학부장 2003~2017년 미국 세계인명사전 'Marquis Who's Who in the world'에 연속등재 2004~2013년 차의과학대 세포유전자치료연구소 부소장 2004~2011년 보건복지부 지정 생식의학및불임유전체사업단 부소장 2005년 Current Protein & Peptide Science 편집위원(현) 2007년 International Journal of Medical Sciences 편집위원(현) 2007년 차의과학대 의생명과학과 교수(현) 2008년 Molecular Medicine Reports 편집위원(현) 2012년 PLoS One 편집위원(현) 2014~2016년 차의과학대 생명과학대학장 2014년 同세포유전자치료연구소장 2015년 International Journal of Oncology 편집위원(현) 2016년 International Journal of Immunotherapy and Cancer Research 편집장(현) 2017년 The Open Biochemistry Journal 아시아편집위원장(현) 2018년 서울바이오허브 지식공동체 전문위원 2019년 한국유전학회 기획위원회 위원장(현) 2019년 Biomedicine and Pharmacotherapy 부편집장(현) 2019년 Oncology Reports 편집위원(현) 2019년 Experimental and Therapeutic Medicine 편집위원(현) 2019년 국제학술지 '분자과학 국제저널'(International Journal of Molecular Sciences) 초청 편집장(Guest Editor)(현) (상)미국 생식의학회 Poster Award(1999), 제일의학 학술대회 학술상(1999), 대한불임학회 최우수논문상(2002), 대한민국과학기술논문상(2003), 대한생화학분자세포생물학회 포스터 우수발표상(2003), 한국분자세포생물학회 우수포스터발표상(2004·2014), 대한불임학회 우수논문상(2005), 한국프로테옴학회 최우수포스터상(2006), 한국프로테옴학회 우수포스터상(2006·2007·2009), 대한생화학분자세포생물학회 우수포스터상(2008·2011), 대한생식의학회 우수논문상(2009·2010·2013), 대한생화학분자생물학회 우수포스터상(2009), 글로벌 보건산업기술유공 보건복지부장관표창(2011), Human Proteome Organisation Travel Award(2012), 과학기술진흥유공 국무총리표창(2013), 대한암학회 노바티스 Merit Award(2015), 한국생물과학협회 우수포스터상(2017), Protein Metabolism & Diseases Conference 우수포스터발표상(2018), 한국분자세포생물학회 동계학술대회 우수포스터상(2019) (저)'태교혁명(共)'(2003) '의학 미생물학(共)'(2004) '스테드만 의학사전'(2006) '의학미생물학'(2007) 'Advances in Protein and Peptide Sciences(共)'(2013) 'Resistance to Proteasome Inhibitors in Cancer(共)'(2014) 'Polycystic Ovary Syndrome (PCOS): Clinical Aspects, Potential Complications and Dietary Management(共)'(2016, Nova) (역)'인체 유전학(共)'(2000)

**백구현(白具鉉) BAEK Goo Hyun**

(생)1957·8·29 (본)수원(水原) (출)서울 (주)서울특별시 종로구 대학로 101 서울대병원 정형외과(02-2072-3787) (학)1976년 중앙고졸 1982년 서울대 의대졸 1986년 同대학원 의학석사 1993년 의학박사(서울대) (경)1987년 대한정형외과학회 편집간사 1987~1990년 軍의관 1990년 원자력병원 정형외

과 의사 1992년 한일병원 정형외과 부과장 1993년 서울대 의대 정형외과학교실 전임강사·조교수·부교수·교수(현) 1993년 대한미세수술학회 감사·대한수부외과학회 총무 2003~2004년 대한정형외과학회 총무 2012~2016년 서울대 의과대학 정형외과학교실 주임교수 2012·2014~2016년 서울대병원 정형외과 진료과장 2014~2015년 대한미세수술학회 이사장 2016년 대한정형외과학회 이사장 2017년 아시아태평양수부외과학회연맹(APFSSH) 회장(현) 2019년 세계수부외과학회연맹 사무총장(현) [상]대한정형외과학회 만례재단상(1999), 대한정형외과학회 임상부문 본상(2000), 세계수부외과학회 연맹 포스터 2등상(2004), 대한수부외과학회 임상부문 최우수논문상(2006), 대한미세수술학회 임상부문 우수논문상(2007), 대한정형외과연구학회 우수논문상(2007) [저]'하지 재건과 수부 종양학'(2003, 대한미세수술학회) '임상미세수술학'(2003, 대한미세수술학회) '수부 피판과 손목 질환의 최신 지견'(2004, 대한미세수술학회)

## 백군기(白君基) BAEK Gun Ki

[생]1950·2·12 [출]전남 장성 [주]경기도 용인시 처인구 중부대로 1199 용인시청(031-324-2001) [학]1969년 광주고졸 1973년 육군사관학교졸(29기) 1985년 경남대 경영대학원 경영학과졸(인사관리석사) 2008년 명예 경영학박사(용인대) [경]특수전사령부 작전처장, 1군단 참모장, 1공수여단장, 육군사관학교 생도대장, 31사단장 2002년 육군 교육사령부 교리발전부장 2003년 육군대학 총장 2004년 특전사령관(중장) 2005년 육군본부 감찰실장(중장) 2006년 육군 인사사령관(중장) 2006~2008년 제3야전군사령관(대장) 2007년 부천대 초빙교수 2012~2016년 제19대 국회의원(비례대표, 민주통합당·민주당·새정치민주연합·더불어민주당) 2012년 민주통합당 제18대 대통령중앙선거대책위원회 안보특별위원장 2013년 민주당 정책위원회 원내부의장 2013년 同경기용인시甲지역위원회 위원장 2013년 同안보담당 원내부대표 2014~2015년 국회 지방자치발전특별위원회 위원 2014년 국회 국방위원회 위원 2014년 국회 운영위원회 위원 2014~2015년 국회 군인권개선및병영문화혁신특별위원회 위원 2014~2015년 국회 예산결산특별위원회 위원 2014년 새정치민주연합 안보담당 원내부대표 2014년 同새로운대한민국위원회 안전사회추진단 생활안전분과위원장 2015~2016년 더불어민주당 안보담당 원내부대표 2015년 同새로운대한민국위원회 안전사회추진단 생활안전분과위원장 2016년 同총선정책공약단 한반도평화본부 공동본부장 2016년 同경기용인시甲지역위원회 위원장 2016년 제20대 국회의원선거 출마(경기 용인시甲, 더불어민주당) 2016년 더불어민주당 민주정책연구원 산하 국방안보센터장 2018~2019년 同국방안보특별위원회 위원장 2018년 경기 용인시장(더불어민주당)(현) [상]보국훈장 삼일장(1997), 대통령표창(1998), 보국훈장 천수장(2002), 미국공로훈장(2005·2008), 보국훈장 통일장(2007), 선플운동본부 '국회의원 아름다운 말 선플상'(2014), 글로벌 자랑스런 한국인대상(2015), (사)대한민국가족지킴이 대한민국실천대상 의정활동 국방안보부문(2015)

## 백규석(白奎錫) BAEK Gyu Seok

[생]1962·11·17 [출]서울 [주]서울특별시 종로구 종로3길 17 디타워 23층 법무법인 세종(02-316-4207) [학]1981년 대원고졸 1985년 연세대 토목공학과졸 1987년 同대학원 토목공학과졸 1995년 태국 아시아공과대(AIT) 대학원 환경공학과졸 [경]1984년 기술고시 합격(20회) 1987~1996년 환경부·서울지방환경청·인천시청 근무 1995년 환경부 수질정책과·생활오수과장 1998년 대통령비서실 행정관 1999년 환경부 폐기물재활용과장 2000년 캐나다 연방환경부 파견 2002년 환경부 국제협력관실 해외협력담당관 2003년 同환경정책국 환경기술과장 2003년 同수질보전국 수질정책과장 2004년 同기획관리실 기획예산담당관 2005년 同기획관리실 혁신인사기획관(서기관) 2005년 同기획관리실 혁신인사기획관(부이사관) 2006년 同정책홍보관리실 재정기획관 2007년 대통령자문 지속가능발전위원회 파견(부이사관) 2008년 대통령 환경비서관실 선임행정관 2009년 환경부 자원순환국장 2011년 同자연보전국장 2013년 同환경정책실장 2015~2016년 同기획조정실장 2017년 법무법인 세종 고문(현) [상]근정포장(2004·2005), 홍조근정훈장(2011) [종]천주교

## 백규현(白奎鉉) BAIK, KYU HYUN

[생]1948·8·15 [출]경북 성주 [주]경상북도 성주군 월항면 월항농공단지1길 45 목화표장갑(053-252-7380) [학]성주농업고졸, 영남대 경영대학원 수료 [경]목화표장갑 대표이사(현), 대구북부경찰서 선진질서위원 1995년 달서공고육성회 회장 1997년 대구경북장갑공업협동조합 이사장 1997년 대한니트공업협동조합연합회 이사 1997년 한국섬유개발연구원 이사 1997년 대구경북섬유산업협회 이사 2001년 同육성추진위원 2001년 달성군상공회의소 상공의원 2014~2019년 장애인기업종합지원센터 이사장 [상]대구시장표창, 경북도지사표창, 제8회 전국장애경제인대회 산업통상자원부장관표창(2013)

## 백기엽(白基燁) PAEK Kee Yoeup

[생]1951·2·24 [주]충청북도 청주시 서원구 충대로 1 충북대학교 농업생명환경대학 원예과학과(043-261-2525) [학]1976년 경북대 원예학과졸 1978년 同농학과졸 1984년 농학박사(경북대) [경]1981년 미국 캘리포니아대 연구원 1982~2005년 충북대 농업생명환경대학 원예학과 조교수·부교수·교수 1987년 충북농촌진흥원 겸직연구관 1992년 이탈리아 국립원자력연구소 초청연구원 1996년 충북대 첨단원예기술개발연구센터 소장 1999년 한국식물조직배양학회 부회장 1999년 중국 북경의과학원 약용식물연구소 명예교수 2002년 '제9회 아시아태평양난학술회의 및 전시회' 유치위원장 2002년 한국과학기술한림원 정회원(현) 2003년 한국식물생명공학회 회장 2003년 중국 절강임학원 객좌교수 2005~2016년 충북대 농업생명환경대학 원예과학과 교수 2005년 한국원예학회 부회장 2006년 충북대 BK21사업바이오농업기술실용화사업단장 2008년 同농업생명과학연구원장, 同첨단원예기술개발연구센터 소장 2010~2011년 한국원예학회 회장 2010년 한국농식품생명과학협회 이사 2016년 충북대 농업생명환경대학 원예과학과 석좌교수(현) [상]대한민국 최고과학기술인상(2011)

## 백기완(白基玩) BAIK Ki Wan

[생]1933·1·24 [출]황해 은율 [주]서울특별시 종로구 대학로9길 27 통일문제연구소(02-762-0017) [학]1946년 일도국교졸 [경]1946년 월남 1954~1960년 농민·빈민·綠化운동 1964년 한일협정반대운동 1967년 백범사상연구소 소장 1974년 반유신백만인 서명운동 1974년 긴급조치 제1호 위반으로 투옥 1979년 '명동 YWCA 위장결혼 사건' 주도혐의로 투옥 1983년 민족통일민중운동연합 부의장 1985년 통일문제연구소 소장(현) 1986년 '부천 권인숙양 성고문폭로대회' 주도혐의로 투옥 1987년 제13대 대통령선거 입후보(무소속) 1990년 전국노동조합협의회 고문 1992년 제14대 대통령선거 입후보(무소속) 1997년 민족문화대학설립위 위원장 2000년 계간지 '노나메기' 발행인 2000년 한양대 겸임교수 2010년 노나메기재단 고문(현) [상]우리말살리는겨레모임 선정 '올해의 우리말 으뜸 지킴이상'(2002) [저]'항일민족론'(1971) '백범어록' 수필집 '자주고름 입에 물고 옥색치마 휘날리며' 시집 '이제 때는 왔다'(1986) 평론집 '통일이냐 반통일이냐'(1987) '그들이 대통령 되면 누가 백성 노릇을 할까' '벼랑을 거머쥔 솔뿌리여' '백기완의 통일 이야기'(2003) '거듭 깨어나서' '항일민족론' '백두산 천지'(1989) '우리겨레 위대한 이야기'(1990) '젊은 날'(1990) '나도 한때 사랑을 해 본 놈 아니요'(1992) '장산곶매 이야기'(1994) '아 나에게도' '단돈 만 원' '이심이 이야기' '해방전후사의 인식(共)'(2004, 한길사) '장산곶매 이야기(증보판)'(2004) 회고록 '사랑도 명예도 이름도 남김없이'(2009) '두 어른(共)'(2017, 오마이북) '버선발 이야기'(2019, 오마이북) [작]시 '묏비나리'(1980) 창작영화극본집 '대륙'

**백기훈(白基勳) Paek, Kihun**

생1958 · 6 · 11 출서울 주인천광역시 연수구 송도문화로 119 인천글로벌캠퍼스운영재단(032-626-0503) 학경기 평택고졸 1982년 서울대 영어영문학과졸 1992년 同행정대학원졸 2001년 영국 런던정경대 대학원 정보체계학 박사과정 수료 2015년 공학박사(숭실대) 경1989년 행정고시 합격(32회) 1990년 충청체신청 영업과장 1992년 체신공무원교육원 도서실장 1994년 정보통신부 정보통신정책실 정책총괄과 사무관 1997년 同총무과 인사담당 사무관(서기관) 2001년 남포항우체국장 2002년 정보통신부 장관 비서관 2003년 同정보화기획실 인터넷정책과장 2005년 대통령 정보과학기술보좌관실 행정관 2006년 대통령 정보과학기술보좌관실 행정관(부이사관) 2007년 정보통신부 정보통신협력본부 협력기획팀장 2007년 同총무팀장 2008년 방송통신위원회 조사기획총괄과장 2009년 同기획조정실 국제협력관(일반직고위공무원) 2010년 외교안보연구원 교육훈련 2011년 방송통신위원회 기획조정실 정책기획관 2013년 미래창조과학부 성과평가국장 2014년 同정보통신방송정책실 정보통신융합정책관 2015~2016년 경인지방우정청장 2016~2019년 (재)한국스마트그리드사업단 단장 2019년 인천글로벌캠퍼스운영재단 대표이사(현) 상대통령표창(1997) 종천주교

**백낙청(白樂晴) PAIK Nak-chung**

생1938 · 1 · 10 본수원(水原) 출대구 주서울특별시 관악구 관악로 1 서울대학교 인문대학 영어영문학과(02-880-6078) 학1955년 경기고졸 1959년 미국 브라운대(Brown Univ.) 영문학과졸 1960년 미국 하버드대 대학원 영문학과졸 1972년 영문학박사(미국 하버드대) 1994년 명예 인문학박사(미국 브라운대) 경1963~1984년 서울대 영어영문학과 조교 · 전임강사 · 조교수 · 부교수 1966 · 1988~2015년 계간 '창작과 비평' 편집인 1974년 민주회복국민선언으로 서울대 교수직 징계 파면 1976년 창작과비평 대표 1978년 해직교수협회 부회장 1980~2003년 서울대 영어영문학과 부교수 · 교수 1987년 민족문학작가회의 부회장 1996~1998년 同이사장 1998년 미국 하버드대 객원교수 2002~2007년 시민방송 RTV 이사장 2003년 서울대 영어영문학과 명예교수(현) 2003~2005년 환경재단 136포럼 공동대표 2005년 6.15공동선언실천 남측위원회 상임대표 2006년 대통령자문 통일고문회의 고문 2007년 시민방송 RTV 명예이사장(현) 2008년 시민평화포럼 고문(현) 2009년 6.15공동선언실천 남측위원회 명예대표(현) 2009~2017년 한반도평화포럼 공동이사장 2016년 계간 '창작과비평' 명예편집인(현) 2017년 한반도평화포럼 공동명예이사장(현) 상심산상(1987), 대산문학상(1993), 요산문학상(1997), 은관문화훈장(1998), 만해상(2001), 옥조근정훈장(2003), 늦봄통일상(2006), 후광 김대중 학술상(2009) 저'민족문학과 세계문학(1 · 2)' '한국문학의 현 단계'(共) '현대문학을 보는 시각' '분단체제 변혁의 공부길' '흔들리는 분단체제'(창작과비평사) '통일시대 한국문학의 보람'(2006) '한반도식 통일, 현재진행형'(2006) '백낙청 회화록 1~7권'(2007~2017) '어디가 중도며 어째서 변혁인가'(2009, 창비) '주체적 인문학을 위하여'(2011, 서울대 출판문화원) '문학이 무엇인지 다시 묻는 일-민족문학과 세계문학5'(2011, 창비) '2013년체제 만들기'(2012) '민족주의란 무엇인가'(共) '서구 리얼리즘소설 연구'(共) '리얼리즘과 모더니즘'(共) '백낙청이 대전환의 길을 묻다'(共) 역'문학과 예술의 사회사(A. 하우저)'(共) '패니와 애니(D.H. 로런스)'(共)

**백남근(白南根) PAIK Nam Kun**

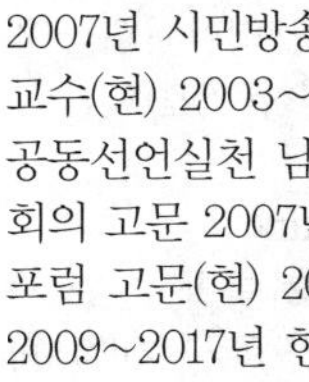

생1944 · 11 · 6 본수성(隋城) 출경남 함양 주서울특별시 서초구 신반포로 162 (주)동양고속 비서실(02-590-8515) 학1963년 국립체신고졸 1968년 성균관대 경제학과졸 1997년 서울대 행정대학원졸 경1978~1986년 교통부 수송조정국 해운담당관 · 관광국 총무과장 · 도시교통국 기획과장 · 관광지도국 시설과장 · 수성조정국 조정통계과장 1983~1986년 同공보관 1986~1988년 同안전관리국장 1988~1990년 同도시교통국장 1990~1991년 同관광국장 1992년 同수송정책실장 1996년 한국관광협회 상근부회장 1998~2005년 서울고속버스터미널(주) 대표이사 사장 2006년 (주)동양고속운수 부회장 2007년 同대표이사 사장 2013년 (주)동양고속 대표이사 사장(현) 상홍조근정훈장(1998) 종불교

**백남선(白南善) Nam-Sun Paik (海峰)**

생1947 본수원(水原) 출전북 익산 주서울특별시 양천구 안양천로 1071 이대여성암병원 원장실(02-2650-2801) 학1966년 이리고졸 1973년 서울대 의대졸 1976년 同대학원졸 1984년 의학박사(서울대) 2001년 경희대 국제법무대학원 지도자과정 수료 2006년 고려대 컴퓨터대학원 고대ICP 최고경영자과정 수료 2006년 중국 칭화대 한국분교 최고경영자과정 수료 2008년 한국체육대 WPTM 최고경영자과정 수료 2009년 중앙대 예술대학원 한류최고경영자과정 수료 2010년 건국대 경영대학원 최고경영자과정 수료(47기) 2010년 숙명여대 CEO과정 SELP 5기 수료 2012년 MBC 문화예술리더스포럼 수료(1기) 2012년 미래지식최고경영자포럼 수료(1기) 2012년 한국생산성본부 글로벌CEO아카데미 수료 2012년 한중여의도리더스포럼 최고위CEO과정 수료(1기) 2013년 매일비즈뉴스 M명품최고위과정 수료 2016년 한중국제경영교육원-칭화대 칭화88인동문특별연구과정 수료 경1973~1978년 서울대병원 인턴 · 외과 레지던트 1979~1981년 국군수도통합병원 암연구실장 1981년 영일병원 외과 과장 1982~2008년 원자력병원 외과2과장 1984년 미국 메모리얼 슬로언 케이터링 암센터(MSKCC) 임상의사 연수 1985~1986년 일본 국립암센터 초빙연구원 1987~2001년 일본 암치료학회 회원 1995~2009년 Philos(자선봉사단체) 회장 1995~1997년 원자력병원 임상의학연구실장 1997~1999년 同의무부원장 1998년 서울대병원 외과 초빙교수 1998년 대한외과학회 국제학술위원 1998~1999년 한국비타민정보센터 자문위원장 1999~2003년 중앙암등록사업본부 자문위원 1999~2001년 원자력병원장 1999~2001년 대한병원협회 상임이사 1999~2007년 아시아유방암학회 이사 1999~2003년 아시아대양주임상종양학회 위원 2001~2003년 한국유방암학회 회장 2003~2010년 대한암협회 부회장 2005년 중국 칭화대 한국캠퍼스 교수 겸 부원장 2005~2009년 대한임상암예방학회 초대 회장 2006년 영국 IBA '세계 위암 및 유방암 100대 의사'에 선정 2007년 영국 케임브리지 국제인명센터(IBC) '세계 100대 의사(TOP 100 Health Professionals)'에 선정 2007~2010년 아시아유방암학회(Asian Breast Cancer Society) 회장 2008~2011년 건국대 의대 외과학교실 교수 2009년 아시아외과학회 상임이사(현) 2009~2010년 건국대병원장 2009~2011년 건국대병원 유방암센터 소장 2010~2012년 대한병원협회 경영위원장 겸 경영이사 2011년 이화여대 의대 교수 2011년 이대여성암병원장(현) 2019년 이화여대 의료원 국제의료사업단장 겸임(현) 상서울대총장표창(1973), 국군의무사령관표창(1978), 내무부장관표창(1990), 전북도지사표창(1994), 경찰청장 감사표창(2009), 한국신지식인협회 선정 명예신지식인(2011), 한국지식경영원 지식경영인대상(2011), 자랑스러운 미령인상(2012), 한국재능기부협회 한국재능나눔대상(2012), 한국재능기부협회 자랑스러운 재능기부천사상(2013), 한국창조경영브랜드대상 병원부문(2013), (사)한국창조경영인협회 신창조인상(2015), 한국재능기부협회 재능나눔의료대상(2015), 도전한국인운동본부 2016년을 빛낼 도전한국인(2016), 매일비스뉴스 한국을 빛낸 자랑스런 기업경영 및 문화예술 경영대상 의료부문(2017) 저'암의 모든 것〈공인받지 못한 항암 치료제〉'(1985) '암 예방의 길잡이(共)'(1991) '민족 대백과사전(共)'(1992) '비타민(共)'(1996) '유방학(共)'(1999) '암 알아야 이긴다'(1999) '다시보는 세상(共)'(1999) '화학적 암 예방(共)'(2000) 'Aromatase Inhibition and Breast Cancer'(共)(2000) '알기 쉬운 암의학(共)'(2002) '유방학(共

)'(2006) '암을 이기는 한국인의 음식 54가지(共)'(2007) '소이주스'(2007) '명의가 추천하는 약이 되는 밥상 1'(2010) '가슴 설레는 맛, 가슴 뛰는 요리(共)'(2017, 북스고출판사)

**백남수(白南秀)**

(생)1962·12 (주)서울특별시 영등포구 은행로 38 한국수출입은행 리스크관리본부(02-3779-6005) (학)경희대 경제학과졸, 서강대 대학원 경제학과졸 (경)2009년 한국수출입은행 녹색성장금융부 녹색성장기획팀장 2011년 同경영전략실장 2012년 同리스크관리부장 2013년 同기획부장 2014년 同홍콩현지법인장 2017년 同해외사업개발단장 2018년 同리스크관리본부장(현)

**백남순(白南淳)**

(생)1969·9·15 (주)경기도 포천시 포천로 1648 경기도의료원 포천병원 병원장실(031-539-9114) (학)순천향대 의대졸 (경)2004~2018년 경기도의료원 포천병원 마취통증의학과장 2018년 同포천병원장(현)

**백남종(白南淙) Nam-Jong Paik**

(생)1966·1·9 (본)수원(水原) (출)서울 (주)경기도 성남시 분당구 구미로173번길 82 분당서울대병원 재활의학과(031-781-7731) (학)1990년 서울대 의대졸 1995년 同대학원 의학석사 2000년 의학박사(서울대) (경)1990~1991년 서울대병원 인턴 1991~1995년 同재활의학과 레지던트 1995~1998년 국립재활원 공중보건의 1995~2000년 서울대병원 재활의학과 전임의사 1999~2001년 인천중앙병원 재활의학과장 2001년 서울대 의대 재활의학교실 교수(현) 2003~2010년 분당서울대병원 의학자료정보센터장 2003~2010년 同재활의학과장 2004~2010년 서울대 의대 교무부학장보 2005~2006년 미국 국립보건원(NIH) 방문연구원 2010년 미국 노스캐롤라이나대 채플힐캠퍼스 객원연구원 2010~2012년 분당서울대병원 진료협력센터장 2012~2013년 同홍보대외정책실 부실장 2013~2014년 同홍보대외정책실장 2014~2016년 同홍보실장 2015~2019년 아시아·오세아니아신경재활학회 회장 2015년 일동제약(주) 사외이사(현) 2016년 대한민국의학한림원 정회원(현) 2016년 세계신경재활학회 상임이사(현) 2016년 분당서울대병원 기획조정실장(현) 2017년 보건복지부 미래보건의료포럼위원회 위원 2017년 보건복지부 국민건강증진종합계획 HP2030 추진단 위원 2018년 기획재정부 혁신성장본부 자문위원(현) 2019년 미국 다나재단 뇌주도동맹(DABI)회원(현) 2019년 뇌신경재활학회 이사장(현) (상)미국재활의학회 베스트 포스터 프레젠테이션 어워드(2004), 미국신경재활학회 플레처 맥도웰 어워드(2007), 대한재활의학회 재활의학학술상(2014), 국제의료사업 유공 경기도지사표창(2015), 보건복지부장관표창(2017), 대한재활의학회 석전 신정순 학술상(2019)

**백남천(白南天) PAEK Nam Chon**

(생)1962·2·27 (주)서울특별시 관악구 관악로 1 서울대학교 농업생명과학대학 식물생산과학부(02-880-4543) (학)1980년 영등포고졸 1985년 서울대 농학과졸 1987년 同대학원 농학과졸 1994년 농학박사(미국 텍사스A&M대) (경)1987년 한국방송통신대 농학과 조교 1990년 미국 텍사스 A&M대 조교 1994년 미국 아이오와주립대 농학과 박사후연구원 1996년 미국 농무성 농업연구소 Research Geneticist 1997년 금호석유화학(주) 금호생명환경과학연구소 전임연구원 1998년 서울대 농업생명과학대학 식물생산과학부 교수(현) (상)서울대 학술연구상(2017) (종)기독교

**백남치(白南治) PAEK Nam Chi**

(생)1944·1·22 (본)수원(水原) (출)충남 서천 (학)1962년 동성고졸 1968년 서울대 법과대학졸 1976년 미국 뉴욕대 대학원 정치학과졸 1978년 미국 컬럼비아대 정치학 박사과정 수료 (경)1975년 미국 뉴욕시립대 Asian-American협회 연구원 1976년 미국정치학회 회원 1979년 서울대 강사 1981~1986년 경찰대 정치학과 교수 1987년 민주화추진협의회 통일문제위원회 부위원장 1987년 민족문제연구소 정치외교안보위원회 부위원장 1987년 통일민주당(민주당) 창당발기인 1988년 제13대 국회의원(서울 노원甲, 민주당·민자당) 1988년 민주당 부대변인 1988년 同정책연구실장 1989년 同재외동포협력위원회 부위원장 1990년 민자당 해외동포특별위원장 1991년 同국책연구소 부원장 1992년 제14대 국회의원(서울 노원甲, 민자당·신한국당) 1992년 민자당 제3정책조정실장 1993년 同기획조정실장 1993~1998년 대한웅변인협회 총재 1993년 (사)한국지체장애인협회 후원회장 1993년 민자당 제2정책조정실장 1994년 同정치담당 정책조정실장 1994~1997년 한국보이스카우트 서울북부연맹 위원장 1995년 중국 밍위엔대 객원교수 1995~1996년 2002월드컵유치지원단 부단장 1996년 제15대 국회의원(서울 노원甲, 신한국당·한나라당·자민련) 1996~1997년 국회 건설교통위원장 1997~1998년 국회 문화체육위원장 1998~2000년 한나라당 당무위원 1998년 국회 정무위원회 위원 2000년 제16대 국회의원선거 출마(서울 노원甲, 자민련) 2000년 자민련 서울노원구甲지구당 위원장 2000~2001년 同부총재 (저)'국제정세' '한 목소리' '미완의 장' (종)기독교

**백남훈(白南薰) Baek Namhun**

(생)1961·11·20 (출)서울 (주)서울특별시 노원구 한글비석로1길 8 노원소방서(02-975-0119) (학)한국방송통신대졸 (경)1984년 소방공무원 임용, 서울소방학교 전임교수, 국무총리실 정부합동 안전점검단, 서울소방재난본부 구조팀장·인사팀장 2017년 서울 강북소방서장(지방소방정) 2019년 서울 노원소방서장(현)

**백대현(白大鉉) Paek Daehyun**

(생)1978·5·15 (출)대구 (주)서울특별시 성동구 마장로 210 한국기원 홍보팀(02-3407-3870) (학)명지대 바둑학과졸 (경)1994년 프로바둑 입단 1994년 국수전 본선 1995년 연승바둑최강전 본선 1996년 연승바둑최강전·배달왕기전 본선 1998년 4단 승단 1998년 LG배 세계기왕전 본선 1999년 명인전·LG배 세계기왕전 본선 2000년 국수전·제10기 신인왕전 본선 2002년 5단 승단 2002년 제6기 SK가스배 신예프로10걸전 준우승 2003년 국수전·오스람코리아배 신예연승최강전 본선 2003년 제7기 SK가스배 신예프로10걸전 준우승 2004년 6단 승단 2007년 KBS바둑왕전·기성전 본선 2009년 7단 승단 2009년 KBS바둑왕전·LG배 세계기왕전·국수전·GS칼텍스배 본선 2010년 LG배 세계기왕전 본선 2010년 8단 승단 2014년 9단 승단(현) 2016년 KB바둑리그 BGF리테일CU팀 감독

**백동원(白東源) BAIK Dong Won**

(생)1955·3·14 (출)서울 (주)경기도 안산시 단원구 강촌로 149 (주)인터플렉스(031-436-5000) (학)보성고졸, 고려대 재료공학과졸, 同대학원 재료학과졸 (경)(주)하이닉스반도체 HSMA담당 전무 2007년 同CIS사업부본부장 겸 기술지원사업부본부장(전무) 2008년 同CIS사업부장 2008년 同품질보증실장(전무) 2011년 同PKG&TEST제조본부장(부사장) 2012년 SK하이닉스 PKG&TEST제조본부장(부사장) 2013년 同기업문화실부 자문위원 2013~2014년 同충칭법인 동사장(부사장) 2015~2018년 시그네틱스(주) 대표이사 사장 2018년 (주)인터플렉스 대표이사(현) (종)불교

ㅂ

**백동흠(白東欽) Baek dong heum**

(생)1968·1·30 (출)대구 (주)서울특별시 서대문구 통일로 97 경찰청 외사기획과(02-3150-2276) (학)1986년 대구 영신고졸 1991년 경북대 법학과졸 2013년 연세대 행정대학원 행정학과졸 (경)2001년 사법시험 합격(43회) 2004년 경정 임용(특채) 2005년 경찰청 법무과 송무담당 2007년 同지식관리담당 2009년 同교육담당 2010년 同보안1담당 2012년 대구지방경찰청 수사과장 2012년 同경무과장 2013년 경북 김천경찰서장 2014년 경찰청 외사수사과장 2015년 경기 구리경찰서장 2016년 경찰청 기획조정관실 규제개혁법무담당관 2017년 서울 강동경찰서장 2017년 경찰청 외사기획과장(현)

**백두현(白斗鉉) BAIK Doo Hyun**

(생)1959·2·27 (출)서울 (주)대전광역시 유성구 대학로 99 충남대학교 공과대학 유기재료공학과(042-821-6618) (학)1981년 서울대 섬유공학과졸 1984년 同대학원 섬유공학과졸 1987년 섬유공학박사(서울대) (경)1988~1992년 선경인더스트리연구소 선임연구원 1992~2001년 충남대 섬유공학과 조교수·부교수 1997년 미국 Univ. of Massachusetts Amherst 고분자공학과 방문교수 1998년 충남대 섬유공학과장 2001년 同섬유공학과 교수, 同공과대학 유기소재·섬유시스템공학과 교수 2009년 同산업기술연구소장 2016년 同공과대학 유기재료공학과 교수(현) 2017년 한국섬유공학회 회장 (상)한국섬유공학회 학술상(2010) (저)'산업섬유신소재' '최신합성섬유' (종)기독교

**백두현(白斗鉉) BAIK Doo Hyun**

(생)1966·6·25 (출)경남 고성 (주)경상남도 고성군 고성읍 성내로 130 고성군청 군수실(055-670-2002) (학)1992년 경상대 무역학과졸 (경)대통령직속 국가균형발전위원회 자문위원, 김근태 보건복지부장관 특별보좌관 2006년 경남 고성군수선거 출마(열린우리당) 2008년 민주당 통영·고성지역위원회 위원장 2008년 同부대변인 2010~2012년 同경남도당 운영위원·경남도당 위원장, 김두관 경남도지사후보 선대본부장, 국가운영발전위원회 자문위원 2010~2012년 경남민주도정협의회 위원 2015년 새정치민주연합 전국농어민위원회 부위원장 2015년 同부대변인 2015년 同경남통영시·고성군지역위원회 위원장 2015년 同조선해양산업대책위원회 공동위원장 2015년 경남 고성군수선거 출마(재선거, 새정치민주연합) 2015년 더불어민주당 조선해양산업대책위원회 공동위원장 2016년 同경남통영시·고성군지역위원회 위원장 2017~2018년 대통령 정무수석비서관실 자치분권비서관실 선임행정관 2018년 경남 고성군수(더불어민주당)(현)

**백롱민(白霳民) Rong-Min Baek**

(출)부산 (주)경기도 성남시 분당구 구미로173번길 82 분당서울대병원 원장실(031-787-2104) (학)1984년 서울대 의대졸 1989년 同대학원 의학석사 1993년 의학박사(서울대) (경)1993~2003년 인제대 의대 성형외과학교실 교수 1994~1995년 미국 UCLA Medical Center 성형외과 교환교수 2002년 (사)세민얼굴기형돕기회(Smile for Children) 회장(현) 2002~2003년 인제대 백병원 성형외과장·주임교수 2003년 서울대 의대 성형외과학교실 교수(현) 2008~2013년 분당서울대병원 진료부원장 2013~2014년 대한두개저외과학회 회장 2014~2017년 미래창조과학부 미래성장동력맞춤형웰니스시스템 추진단장 2016~2019년 분당서울대병원 연구부원장 2015~2016년 대한의료정보학회 회장 2016~2017년 대한의학레이저학회 회장 2018년 대한민국의학한림원 정회원(현) 2019년 분당서울대병원 병원장(현) (상)외교통상부장관 감사장(1998), 서울시교육감 감사장(1998), 대한성형외과학회 임상부문 학술상(1999), 대한의학협회 보령봉사상(2006), 대한성형외과학회 학술상(2008), 대한적십자사 적십자박애장 은장(2009), 서울대 사회봉사상(2013), 대통령표창(2013), 오드리햅번 인도주의상(2014)

**백만기(白萬基) PAIK Man Gi**

(생)1954·1·5 (출)경기 (주)서울특별시 중구 정동길 21-15 정동빌딩 5층 김앤장법률사무소(02-2122-3501) (학)1972년 경기고졸 1976년 서울대 공과대학 전자공학과졸 1978년 한국과학기술원(KAIST) 전기 및 전자공학과졸(석사) 1984년 미국 펜실베이니아대 와튼스쿨 경영대학원졸(MBA) (경)1978년 특허청 전자심사담당관실 심사관 1980년 상공부 전자전기공업국 사무관 1987~1988년 특허청 전자심사담당관·국제특허연수원 부교수 겸임 1988~1989년 대통령자문 전산망조정위원회 사무국·특허청 전산과장 겸임 1989~1992년 상공부 정보기기과장·정보진흥과장 1992년 同반도체산업과장 1993년 통상산업부 산업기술정책과장 1996년 특허청 항고심판관 1996~2000년 (재)기술과법연구소 이사 1997년 통상산업부 기술품질국장 1998년 산업자원부 산업기술국장 1998년 특허청 심사4국장 1999년 김앤장법률사무소 변리사(현) 1999년 벤처기업협회 고문 1999년 E-CEO협의회 위원장 1999~2002년 컴퓨터프로그램심의조정위원회 조정위원 2001~2004년 한국외국기업협회 부회장 2003~2005년 아시아변리사회 한국지부 부회장 2003~2006년 산업자원부 산업기술발전심의회 위원 2004~2005년 국가과학기술위원회 종합조정실무위원 2004~2006년 국무조정실 지적재산보호협의회 위원 2005년 한국공학한림원 정회원(현) 2005~2009년 서울산학연위원회 위원 2005년 한국지식재산연구원 비상임이사 2005년 한국국제지적재산보호협회 부회장 2005~2007년 특허청 지식재산정책위원회 위원 2006~2007년 한국공학한림원 공학교육위원회 위원 2006~2008년 과학기술부 과학기술혁신정책협의회 위원 2008년 한국지식재산서비스협회 회장(현) 2008년 특허청 변리사자격심의위원회 위원 2008년 국무총리실 정부업무평가위원 2009년 한국공학한림원 CEO운영위원장 2009년 대한전자공학회 협동부회장(현) 2009년 한국과학기술원(KAIST) 과학영재교육연구원 차세대영재기업인교육·운영프로그램 자문위원 2009년 한국산업기술미디어문화재단 감사 2010년 대통령직속 녹색성장위원회 민간위원 2010~2018년 한국과학기술원(KAIST) 지식재산대학원 겸임교수 2010~2011년 국가지식재산위원회 민간위원 2011~2014년 산업기술연구회 이사 2011년 한국지식재산학회 부회장(현) 2012년 아이피리더스포럼 회장(현) 2012~2018년 한국과학기술원(KAIST) 이사 2013년 특허청 정책자문위원 2014~2016년 한국과학기술원총동문회 회장 2017년 산업통상자원부 R&D전력기획단장(현) (상)국무총리표창(1991), 중소기업특별위원장표창(2005), 동탑산업훈장(2015) (저)'노벨상을 가슴에 품고'(共)

**백명기(白明基) BAEK Myeong Ki**

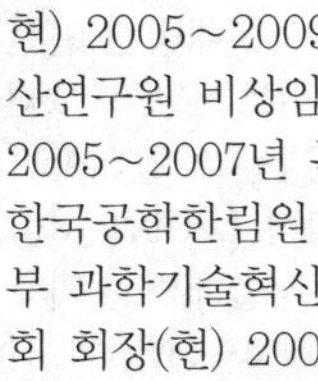

(생)1968·7·1 (출)충남 보령 (주)대전광역시 서구 청사로 189 조달청 차장실(042-724-8700) (학)1986년 충남고졸 1991년 고려대 무역학과졸 (경)1992년 행정고시 합격(36회) 2001년 조달청 기술심사팀 서기관 2004년 同물자정보국 정보기획과장 2005년 同정책홍보관리관실 혁신인사기획관 2005년 同정책홍보본부 혁신인사팀장 2006년 駐뉴욕총영사관 영사(뉴욕 구매관) 2009년 조달청 기획조정관실 창의혁신담당관 2009년 同기획조정관실 기획재정담당관(부이사관) 2011년 중앙공무원교육원 교육파견(고위공무원) 2012년 조달청 전자조달국장 2015년 同구매사업국장 2017년 인천지방조달청장 2018년 조달청 기획조정관 2019년 同차장(현) (상)대통령표창(2000)

**백명현(白明鉉 · 女) SUH, Myunghyun Paik**

생1948 · 12 · 29 본수원(水原) 출전북 전주 주서울특별시 관악구 관악로 1 서울대학교 자연과학대학 화학부(02-880-7760) 학1967년 경기여고졸 1971년 서울대 화학과졸 1974년 미국 시카고대 대학원 화학과졸 1976년 화학박사(미국 시카고대) 경1977년 한국과학원 대우교수 1977~1988년 서울대 사범대학 화학교육과 조교수 · 부교수 1988~2000년 同사범대학 화학교육과 교수 1996~1998년 同화학교육과 학과장 겸 대학원 화학전공 주임교수 1996~1997년 Bull. Korean Chem. Soc. 편집위원 1997~2001년 同상임편집위원 1997년 Coordination Chemistry Reviews(Elsevier) 편집위원(현) 2000~2014년 서울대 자연과학대학 화학부 교수 2000~2010년 European Journal of Inorganic Chemistry 편집고문 2002~2005년 IUPAC(국제순수 및 응용화학총연맹) 상임위원 2002~2003년 과학기술부 여성과학기술정책자문위원 2003년 대한화학회 무기화학분과 회장 2004년 과학기술부 · 한국과학문화재단 '닮고 싶고 되고 싶은 과학기술인' 10명에 선정 2004~2018년 한국과학기술한림원 정회원 2005년 Bulletin of Chemistry Society of Japan 편집고문(현) 2006년 '2005 국가석학지원사업대상자(화학분야)' 선정 2006~2009년 IUPAC(국제순수 및 응용화학총연맹) 최고상임위원 2006년 대한화학회 부회장 2007~2008년 同여성위원장 2012~2013년 제4차 아시아 배위화학 학술대회 조직위원장 2012~2018년 기초과학연구원 IBS 과학자문위원 2013~2014년 국제순수및응용화학총연맹(IUPAC) Fellow 2014년 서울대 자연과학대학 화학부 명예교수(현) 2014년 Chemistry-An Asian Journal(Wiley-VCH) International Advisory Board(현) 2014~2017년 한양대학교 석좌교수 2015년 The Chemistry Record(Wiley-VCH) International Advisory Board(현) 2019년 한국과학기술한림원 종신회원(현) 상한국과학기술단체총연합회 최우수연구논문상(1999), 대한화학회 우수연구상(1999), 제1회 올해의 여성과학기술자상(2001), 과학기술부 닮고싶고 되고 싶은 과학기술인(2004), 비추미여성대상(2006), 자랑스러운 경기인상(2006), 제1회 국가석학 선정(2006), 제11회 한국과학상(2008), 녹조근정훈장(2014), International Award of Japan Society of Coordination Chemistry(2014) 종가톨릭

**백문흠(白文欽)**

생1969 출경남 창원 주세종특별자치시 도움5로 20 법제처 경제법제국(044-200-6630) 학중앙고졸, 부산대졸 경1992년 행정고시 합격(36회), 법제처 행정심판관리국 일반심판담당관 2002년 同행정심판관리국 경제심판담당관 2006년 同사회문화법제국 법제관 2010년 同행정법제국 법제관 2011년 同법령해석정보국 법령해석총괄과장(부이사관) 2012년 同행정법제국 법제관 2014년 同기획조정관실 기획재정담당관 2015년 同행정법제국 법제관 2015년 同행정법제국 법제심의관(고위공무원) 2015~2017년 헌법재판소 파견 2017년 법제처 행정법제국 법제심의관 2018년 同경제법제국장(현)

**백민우(白民友) BAIK, MIN-WOO**

생1948 주경기도 김포시 김포한강3로 283 뉴고려병원 뇌혈관센터(031-980-9114) 학1973년 가톨릭대 의대졸, 同대학원 의학석사, 의학박사(가톨릭대) 경1974년 가톨릭대 성모병원 인턴 1980년 신경외과 전문의 취득(인제대 서울백병원 신경외과 수련) 1982년 가톨릭대 강남성모병원 신경외과 전임강사 1983년 同성가병원 신경외과 조교수 · 신경외과장 1988~1989년 영국 런던대 왕실신경연구소 임상교수 1995~2013년 가톨릭대 성가병원 신경외과 교수 1996년 일본 도호쿠대 고난병원 혈관내치료학 임상교수 1997~2001년 대한뇌혈관내수술학회 회장 2000년 대한신경외과학회 연구재단 이사 2001~2005년 가톨릭대 성가병원 의무원장 2003년 대한신경외과학회 서울경인지회장 2010~2015년 가톨릭대 부천성모병원장 2013년 대한병원협회 평가이사 겸 수련이사 2014년 同감사 2015년 뉴고려병원 뇌혈관센터장(현) 상한미중소병원상 봉사상(2019)

**백방준(白邦埈) BAEK Bang Joon**

생1965 · 9 · 5 출인천 주서울특별시 서초구 법원로2길 17-5 백영빌딩 3층 법률사무소 이백(02-599-5991) 학1984년 부평고졸 1988년 고려대 법학과졸 경1989년 사법시험 합격(31회) 1992년 사법연수원 수료(21기) 1992년 軍법무관 1995년 서울지검 검사 1997년 대전지검 천안지청 검사 1998년 인천지검 검사 2000년 법무부 법무과 검사 2002년 서울지검 서부지청 검사 2004년 부산지검 부부장검사 2004년 법무부 정책기획단 파견 2005년 청주지검 부장검사 2006년 대전지검 공주지청장 2007년 서울중앙지검 부부장검사 2007년 미국 일리노이주립대 국외연수 2008년 법무부 법질서 · 규제개혁담당관 2009년 同법무과장 2009년 同법무심의관 2010년 대구지검 형사2부장 2011년 서울중앙지검 형사1부장 2012년 춘천지검 차장검사 2013년 서울고검 검사 2015년 대전고검 검사 2015~2016년 대통령소속 특별감찰관실 특별감찰관보 2017년 법률사무소 이백 변호사(현)

**백복인(白福寅) Baek Bok In**

생1965 · 9 · 21 출경북 경주 주서울특별시 강남구 영동대로 416 (주)KT&G 임원실(02-3404-4239) 학영남대 조경학과졸, 충남대 경영대학원졸, 서울대 경영대학원 최고경영자과정 수료 경1993년 한국담배인삼공사 입사 2007년 (주)KT&G 글로벌본부 터키사업팀장 2009년 同터키법인장 2010년 同마케팅본부 마케팅실장 2011년 同마케팅본부장 2013년 同전략기획본부장 2015년 同전략기획본부장 겸 생산R&D부문장(부사장) 2015년 同대표이사 사장(현) 상메세나대상(2015)

**백상엽(白尙曄) BAEK Sang Yeop**

생1966 · 8 · 25 본수원(水原) 출전북 전주 주제주특별자치도 제주시 첨단로 242 카카오 AI Lab(064-795-1500) 학1985년 전주 해성고졸 1990년 서울대 산업공학과졸 1992년 同산업대학원 산업공학과졸 1996년 산업공학박사(서울대) 2000년 미국 Colorado Univ. Denver Global Business Communication Program 수료 2003년 동국대 행정대학원 부동산최고위과정 수료 2007년 한국과학기술원(KAIST) 경영대학 정보미디어최고경영자과정 수료 2008년 매일경제 M&A 최고경영자과정 수료 2010년 미국 스탠퍼드대 Graduate School of Business 경영자과정(Executive Program for Growing Company) 수료 경1996~2000년 LG EDS(現 LG CNS) 컨설팅부문 과장 · 차장 · 책임 컨설턴트 1999년 WorldBank 컨설턴트 · Kazakhstan National Oil Co. 컨설팅 2001~2004년 LG CNS 공공사업본부 대법원사업담당 수석(대법원 등기전산화 · 사법정보화 · 집행관전산화 총괄 PM) 2002~2007년 과학기술 앰버서더 2004~2007년 대한산업공학회 IE Magazine 편집위원 2005년 서울대 컴퓨터공학과 발전자문위원 2005년 LG CNS 공공사업본부 공공3사업부장(상무) 2006년 한국경영정보학회 이사 2006년 LG CNS 공공사업본부 공공2사업부장(상무) 2008년 同사업이행본부장(상무) 2009년 同사업이행본부장(전무) 2009년 서울대동창회 이사 2010~2011년 한국경영과학회 비상임부회장 2010~2012년 LG CNS 전략마케팅본부장(전무) 2012~2013년 서울중앙지법 시민사법위원 2013년 LG CNS 글로벌전략본부장(전무) 2013년 (주)LG 사업개발팀장(전무) 2015년 同사업개발팀장(부사장) 2015년 同시너지팀장(사장) 2017년 同에너지TFT장(사장) 2017~2019년 LG CNS 미래전략사업부장(사장) 2019년 카카오 AI Lab 대표이사(현) 상한국프로젝트경영협회 올해의 프로젝트대상(2003), LG그룹 Skill Olympic 회장상(2004), LG그룹 Skill Olympic 혁신상(2005), LG그룹 Skill Olympic 우수성과상(2006), 전자정부구축공로 산업포장(2007)

ㅂ

**백석근(白錫根) Baik Seok Keun**

(생)1958·10·26 (본)수원(水原) (출)전북 전주 (주)서울특별시 중구 정동길 3 전국민주노동조합총연맹(02-2670-9188) (학)1977년 성남고졸 1987년 연세대 신학과졸 (경)1989~1990년 남부지역일용건설노동조합 추진위원 1996~1997년 서울지역건설일용노동조합 위원장 1997~1999년 전국건설일용노동조합협의회 사무처장 2002~2006년 전국건설산업노동조합연맹 부위원장 2007~2009년 전국건설노동조합 위원장 2007~2009년 전국건설노동조합연맹 수석부위원장 2011~2012·2016~2017년 전국건설산업노동조합연맹 위원장(5·8대) 2012~2013년 전국민주노동조합총연맹 비상대책위원회 위원장 2018년 同사무총장(현) 2018년 고용노동부 최저임금위원회 근로자위원(현)

**백석기(白晳基) PAIK Seok Kie (우허)**

(생)1938·10·31 (본)수원(水原) (출)서울 (주)서울특별시 영등포구 의사당대로1길 34 인영빌딩 아시아투데이(02-769-5000) (학)1963년 고려대 법학과졸 1988년 同경영대학원졸 (경)1982~1988년 (주)데이콤 관리본부장 1986~1987년 (주)정보시대 발행인 1988~1998년 한국정보문화센터 기획실장 1998~2001년 정보통신교육원 원장·중앙대 예술대학원 객원교수 2001년 동국대 정보산업대학 겸임교수 2005~2016년 아시아투데이 대표이사 2008년 한국미디어융합산업협회 회장(현) 2009~2016년 한국디지털컨버전스협회 회장 2016년 아시아투데이 상임고문(현) (상)대통령표창 (저)'정보문화운동의 바람직한 방향'(1992) '정보예술의 미래'(1995) '한국인의 성공 DNA'(2007)

**백선기(白善璣) BAEK SEON GI**

(생)1955·1·21 (출)서울 (주)서울특별시 종로구 성균관로 25-2 성균관대학교 미디어커뮤니케이션학과(02-760-0399) (학)1979년 성균관대 신문방송학과졸 1981년 서울대 대학원 신문학과졸 1985년 同대학원 신문학박사과정 수료 1989년 신문학박사(미국 미네소타대) (경)1979~1981년 서울대 신문연구소 조교 1989년 미국 미네소타대 연구원 1992~1997년 경북대 신문방송학과 조교수·부교수·교수 1992년 한국언론학회 이사 1997년 성균관대 사회과학대학 미디어커뮤니케이션학과 교수(현) 1998년 한국언론학회 총무이사 1999년 성균관대 신문방송학과장 1999년 同언론정보연구소장 2001년 同신문사 주간 2003년 同대외협력처장 2003년 동아일보 객원논설위원 2004~2005년 성균관대 국제교류교육센터장 2005~2007년 同언론정보대학원장 2006~2007년 한국방송학회 회장 2012~2016년 아시아태평양커뮤니케이션학회(PACA·Pacific and Asian Communication Association) 회장 2016년 세계커뮤니케이션학회(WCA·World Communication Association) 회장(현) (상)한국언론학회 최우수저술상(1998), 한국언론학회 최우수번역상(2000), 성균관대 최우수 연구교수상(2001) (저)'정·체면·연줄 그리고 한국인의 인간관계(共)'(1995) '한국선거보도연구(共)'(1997) '한국선거보도의 기호학'(1997) '언론보도와 신화적 인식'(1998) '영화, 그 기호학적 해석의 즐거움'(2007) '보도비평, 그 기호학적 해석의 즐거움'(2010) '광고기호학'(2010) '미디어기호학'(2015) '미디어 담론'(2015) (역)'텔레비전과 사회, 그 함축적 의미'(1994) '텔레비전 뉴스'(1997) '문화연구란 무엇인가'(2000) '미디어 담론'(2004) '문화연구와 담론분석'(2009)

**백선기(白善基) Baek Sunki (玄翁)**

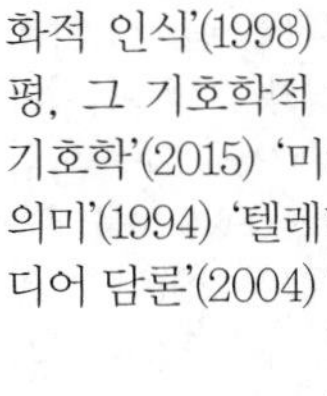

(생)1955·2·18 (본)수원(水原) (출)경북 칠곡 (주)경상북도 칠곡군 왜관읍 군청1길 80 칠곡군청 군수실(054-973-2001) (학)1975년 경북 순심고졸 2002년 한국방송통신대 행정학과졸 2005년 경북대 행정대학원 행정학과(지방자치학전공)졸 (경)1980년 경북도 근무 1997년 同상황실장 2002년 同감사관실 근무 2007년 同자치협력팀장 2008년 지방혁신인력개발원 고급리더과정 파견 2009년 경북도 사회복지과장 2009년 同자치행정과장 2011년 경북 청도군 부군수 2011년 경북 칠곡군수(한나라당·새누리당) 2012년 전국농어촌지역군수협의회 감사 2014~2018년 경북 칠곡군수(새누리당·자유한국당) 2018년 경북 칠곡군수(자유한국당)(현) (상)대통령표창(2002), 녹조근정훈장(2009), 홍조근정훈장(2011), TV조선 '한국의 영향력 있는 CEO'(2015), 국가보훈처·문화일보 보훈문화상(2017) (종)천주교

**백선엽(白善燁) PAIK Sun Yup (愚村)**

(생)1920·11·23 (본)수원(水原) (출)평남 강서 (학)1940년 평양사범학교졸 1941년 만주군관학교졸 1946년 군사영어학교졸 1972년 연세대 경영대학원 수료 1973년 고려대 경영대학원 수료 1976년 서울대 경영대학원 최고경영자과정 수료 2010년 명예 군사학박사(충남대) 2015년 명예 군사학박사(국방대) (경)1949년 사단장 1951~1952년 군단장·휴전회담 한국대표 1952~1954년 육군 참모총장 1953년 초대 육군대장 1954~1957년 제1야전군사령관 1957~1959년 육군 참모총장 1959~1960년 연합참모본부 총장 1960년 예편(대장) 1960년 駐중국 대사 1961년 駐프랑스·네덜란드·벨기에 대사 1965년 駐캐나다 대사 1969~1971년 교통부 장관 1971년 충남비료 사장 1972년 호남비료 사장 겸임 1973년 한국종합화학공업 초대 사장 1973년 한국에타놀 사장 1974년 대한화학펄프 사장 1975년 비료공업협회 회장 1976~1981년 한국화학연구소 이사장 1980년 한국에타놀 사장 1980년 국제상공회의소 국내위원장 1984~1999년 한국후지쯔 고문 1986년 통일고문 1986년 한·캐나다협회 회장 1987~1991년 밝은사회국제클럽 한국본부 총재 1989~1991년 전쟁박물관후원회 회장 1989년 성우회 회장 1999년 6.25전쟁 50주년기념사업위원회 위원장 1999~2001년 노근리사건대책단자문위원회 위원장 2003년 군사편찬연구자문위원장 2007~2017년 (사)대한민국육군협회 회장 2010~2012년 한국전쟁기념재단 이사장 2011년 한국행정연구원 초청연구위원 2013년 美8군 명예사령관(현) (상)태극무공훈장(2회), 미국 은성무공훈장, 금탑산업훈장, 日勳一等瑞寶章, 캐나다 무공훈장, 자유수호의 상(2000), 을지무공훈장, 충무무공훈장, 駐韓미군 '좋은 이웃상', 호라스 그란트 언더우드박사 특별상(2009), 미국 코리아소사이어티 '2010 밴 플리트 상'(Van Fleet Award), 駐韓미군 38의학학회 특별공로상(2011) (저)'한국전쟁一千日'(1988) '軍과 나'(1989) '실록 지리산'(1992) 'From Pusan to Panmunjum'(1992) '길고 긴 여름날 1950년 6월 25일'(1999) '한국전쟁 Ⅰ, Ⅱ, Ⅲ'(2000) 회고록 '조국이 없으면 나도 없다'(2010, 월간 아미) 6.25전쟁 회고록 '내가 물러서면 나를 쏴라'(2010, 중앙일보) '노병은 사라지지 않는다'(2012, 늘품출판사) (종)기독교

**백성기(白聖基) BAEK Sung Gi (島岩)**

(생)1940·1·4 (본)수원(水原) (출)부산 (주)경상남도 양산시 충렬로 303 한신모방(주)(055-365-4061) (학)1958년 부산고졸 1963년 서울대 약학과졸 1967년 부산대 경영대학원 수료 2004년 총신대 선교대학원 선교학과졸 (경)1961년 서울대약대학생회 회장 1961년 서울대총학생회 학예부장 1962년 전국약대학생연합회 회장 1966년 공군 중위(예편) 1966년 경기기독청장년연합회 총무 1975년 부산기독청장년연합회 회장 1981년 한신모방(주) 대표이사(현) 1986~1997년 양정3동새마을금고 이사장 1988~1990년 민정당 부산3지구 부위원장 1989~2010년 총신대 상임이사 1989~1991년 부산초중고육성회협회 회장 1991~1997년 한국자유총연맹 부산진구지부장 1994년 아시아경기대회유치 추진위원 1995~1997년 부산진기독실업인회 회장 1995~2000년 부산개성중총동창회 회장 1996~1997년 전국남전도회연합회 회장 1996년 사랑의장기부산본부 부산각막은행 회장 1996~1997년 부산중노회 장로회 회장 1996~1998년 사랑의장기본부 각막은행 부산본부장 1996년 부산섬유패션산업연합회 부회장·고문(현) 1997년 중소

기업협동조합 이사장협의회 부회장 1997년 한국자원봉사협의회 이사 1999~2009년 (사)부산중소기업자원봉사단 이사 2008~2017년 부산패션칼라산업협동조합 이사장 2009년 새시대문학사 수필부문 등단 2011~2017년 부산 사하문화원 원장 2018~2019년 부산지역장로원로회 회장 2018년 부산장로회총연합회 자문위원(현) (상)섬유의날 모범경영인 산업포장, 대통령표창(2회), 노동부장관표창, 대한적십자사총재표창, 통상산업부장관표창, 부산시장표창, 상공부장관표창, 문화체육관광부장관표창(2017), 부산시장표창(2017) (종)기독교

**백성기(白聖基) Sunggi Baik**

(생)1949·3·30 (본)수원(水原) (출)서울 (주)서울특별시 강남구 광평로 280 로즈데일 2028호 (사)한국아세안친선협회(070-7443-9501) (학)1967년 경기고졸 1971년 서울대 금속공학과졸 1981년 재료공학박사(미국 코넬대) (경)1981~1983년 미국 코넬대 연구원 1983~1986년 미국 Oak Ridge National Laboratory 연구원 1986~2014년 포항공과대 신소재공학과 교수 1986년 한국세라믹학회 회원(현) 1994년 세계세라믹학술원 종신회원(현) 1999년 미국세라믹학회 석학회원(현) 2000~2004년 포항공과대 포항가속기연구소장 2007~2011년 同총장 2009~2010년 한국세라믹학회 회장 2010~2013년 원자력위원회 위원 2011~2013년 국가교육과학기술자문회의 과학기술분야위원장 2014~2017년 교육부 대학구조개혁위원회 위원장 2014년 포항공과대 신소재공학과 명예교수(현) 2014~2016년 국립대학법인 서울대 이사 2015년 (사)선진통일건국연합 상임고문(현) 2016년 (사)한국아세안친선협회 상임이사(현) (상)한국세라믹학회 학술상(2010), 한국언론인연합회 자랑스러운 한국인대상(2010), 미국 Cornell Univ. Distinguished Alumni Award(2011), 한국세라믹학회 성옥상(2011), 청조근정훈장(2014) (저)'Ceramic Microstructure : Control at the Atomic Level'(1998, SPRINGER) (종)기독교

**백성일(白聖一) BAIK Sung Il**

(생)1957·5·1 (본)수원(水原) (출)전북 임실 (주)전라북도 전주시 덕진구 기린대로 418 우석빌딩 전북일보(063-250-5510) (학)1980년 전북대 정치외교학과졸 1982년 同정보과학대학원 언론홍보학과졸 1999년 同대학원 정치학과졸 (경)1980년 전북일보 기자 1988년 同지방부 차장 1990년 同사회부 차장 1990년 同노조위원장, 전북도 물가대책위원 1995년 농업진흥공사 자문위원 1995년 전북일보 경제부장 1997년 同사회부장 1998년 同사회문화부장 1999년 同정경부장 2000년 同정치부장(부국장대우) 2001년 同편집국장 2003년 同논설위원 2004년 同판매광고국장 2007~2011년 同수석논설위원 2009년 전북대 신문방송학과 초빙교수(현) 2011년 전북일보 주필 2013년 同주필(상무이사) 2017년 同주필(부사장)(현) 2017년 민주평통 사회문화교류분과위원회 상임위원 (상)한국참언론인대상 지역언론부문(2009), 전북대 동문언론인상 (종)가톨릭

**백성학(白聖鶴) BAIK Sung Hak**

(생)1940·4·18 (출)중국 흑룡강성 (주)경기도 부천시 오정로 215 영안모자(주) 비서실(032-681-2814) (학)독학 (경)1959년 영안모자점 창업·대표 1969년 영안모자상사 대표 1984년 영안모자(주) 설립·회장(현) 1995년 코스타리카 마우코사(버스사업) 인수 1996~2014년 안중근의사숭모회 부이사장 1999~2001년 학교법인 승의학원 이사장 2003년 대우버스 인수 2003년 클라크지게차 인수 2007년 OBS 경인TV 이사회 의장(현) 2008년 (재)백학재단 이사장(현) 2011년 대우자판 버스부문 인수 (종)기독교

**백성현(白聖鉉) BAEK Seong Hyeon**

(생)1958·9·30 (본)수원(水原) (출)충남 부여 (주)경기도 안산시 단원구 신원로 305 (주)TLB 비서실(031-8040-2051) (학)1976년 부여고졸 1984년 국민대 기계설계학과졸 2000년 同산업경영대학원 수료 (경)대덕전자(주) TLB부문장(상무이사) 2010년 同TLB부문장(전무이사) 2011년 (주)TLB 대표이사(현) (상)산업자원부장관표창(1999), 한국무역협회 7천만불 수출의 탑(2014), 산업통상자원부장관표창(2014), 중소기업청장표창(2015), 한국무역협회 1억불 수출의 탑(2016) (종)기독교

**백성희(白盛喜·女) Baek, Sung Hee**

(생)1970·6·30 (출)서울 (주)서울특별시 관악구 관악로 1 서울대학교 자연과학대학 생명과학부(02-880-9078) (학)1994년 서울대 분자생물학과졸 1996년 同대학원 분자생물학과졸 1999년 이학박사(서울대) (경)1999~2000년 서울대 분자생물학과 Post-Doc. 2000~2002년 미국 Univ. of California San Diego Post-Doc.(유전자발현연구) 2002~2003년 미국 Univ. of California San Diego 연구교수 2003~2013년 서울대 자연과학대학 생명과학부 조교수·부교수 2006년 Frontiers in Biosciences 경영에디터(현) 2008년 BBA Molecular Basis of Disease에디터(현) 2009~2017년 크로마틴다이나믹스 창의연구단장 2009년 한국과학기술한림원 이학부 준회원(현) 2013년 서울대 자연과학대학 생명과학부 교수(현) 2013~2018년 Human Frontier Science Program 평론협회 회원 2015년 국가과학기술자문회의 전문위원 2015년 한국연구재단 기초연구본부 생명과학단 전문위원(현) 2015년 Keystone Symposia Asian Advisory Committee(현) 2015년 DNA and Cell Biology 에디터(현) 2017~2018년 대통령소속 4차산업혁명위원회 1기 위원 (상)한국로레알-유네스코 여성과학상 약진상(2005), 마크로젠 신진과학자상(2005), 김진복암연구상(2006), 차세대 인물 30인(과학기술분야) 선정, 마크로젠 여성과학자상(2007), 아모레퍼시픽 여성과학자상 '신진과학자상'(2007), 교육과학기술부 젊은과학자상(2009), 서울대 자연과학 연구상(2010), 한국로레알-유네스코 여성생명과학상 진흥상(2011), 삼성행복대상 여성창조상(2014), 경암교육문화재단 경암학술상(2015)

**백수동(白洙童) BAEK Su Dong**

(생)1964·4·17 (본)수원(水原) (출)경남 고성 (주)서울특별시 영등포구 국제금융로2길 24 삼성생명(주) 여의도빌딩 6층 BNK투자증권 임원실(02-3215-1500) (학)1982년 마산 경상고졸 1989년 부산대 경영학과졸 2011년 미국 미시간주립대 경영대학원 재무학과졸 (경)1989~1997년 대우증권(주) 입사·채권부 근무 1997년 템플턴투신운용 채권운용팀장 2000~2002년 ABN AMRO은행 서울지점 부지점장 2003년 CJ자산운용 채권운용본부장 2005년 산은자산운용 채권운용본부장 2008~2010년 한국스탠다드차타드증권(주) ALM담당 전무 2012~2017년 (주)에프앤자산평가 총괄부사장 2012~2018년 건국대 부동산대학원 겸임교수 2017년 BNK투자증권 S&T본부장(전무)(현) 2018년 同증권영업그룹장 겸임(현) (상)재무부장관표창(1994)

**백수인(白洙寅) BAEK Soo In**

(생)1954·4·12 (본)수원(水原) (출)전남 장흥 (주)광주광역시 동구 필문대로 309 조선대학교 사범대학 국어교육과(062-230-7314) (학)1973년 장흥고졸 1977년 조선대 국어교육과졸 1979년 同대학원 국어국문학과졸 1994년 국문학박사(전북대) (경)1982~1997년 조선대 국어교육과 전임강사·조교수·부교수 1997년 同국어교육과 교수(현) 2001~2003

년 민주화를위한전국교수협의회 공동의장, (재)5.18기념재단 이사, 한국언어문학회 이사, KBS 광주방송총국 시청자위원, 국어국문학회 이사, 한국언어문학회 감사, 광주시문인협회 부회장, 학교법인 조선대 정상화추진위원회 위원장, 조선대 학생처장 2010~2011년 중국 광동외국어대 연구교수 2011년 한국시학회 지역이사(현) 2011~2012년 조선대 교육대학원장 2012년 (재)지역문화교류호남재단 이사장(현) 2015년 한국언어문학회 회장 2015년 한국어문학술단체연합 대표 2018년 원탁시회 대표(현) (상)전남문학상(2000), 광주문학상(2017) (저)'장흥의 가사문학'(1997, 장흥군) '대학문학의 역사와 의미'(2003, 국학자료원) '기봉 백광홍의 생애와 문학세계'(2004, 시와사람) '소통과 상황의 시학'(2007, 국학자료원) '소통의 창'(2007, 시와사람) 시집 '바람을 전송하다'(2016, 시와사람) (작)시 '투명한 난꽃' 외 다수

**백수진(白秀禛·女) BAEK Soo Jin**

(생)1970·12·10 (출)전북 군산 (주)전라북도 군산시 법원로 70 전주지방검찰청 군산지청 형사1부(063-472-4328) (학)1989년 군산중앙여고졸 1995년 고려대 영문학과졸 (경)2001년 사법시험 합격(43회) 2004년 사법연수원 수료(33기) 2004년 광주지검 검사 2006년 수원지검 서남지청 검사 2008년 서울북부지검 검사 2011년 전주지검 군산지청 검사 2015년 전주지검 검사 2017년 부산지검 검사 2018년 서울중앙지검 부부장검사 2019년 전주지검 군산지청 형사1부장(현)

**백수하(白水夏) Soo Ha Baik**

(생)1964·2·28 (본)수원(水原) (출)강원 평창 (주)경기도 성남시 분당구 판교로 335 차병원그룹 홍보본부(031-881-7917) (학)1983년 신일고졸 1990년 한양대 정치외교학과졸 (경)1991~1995년 서울신문 기자 1995~1998년 YTN 기자 2000~2006년 문화일보 기자 2004~2005년 캐나다 브리티시컬럼비아대 아시아연구소 Visiting Scholar 2006~2007년 삼성전자(주) 차장 2007~2013년 한국마이크로소프트 상무 2013년 삼성전자(주) 커뮤니케이션팀 상무 2017년 차병원그룹 홍보본부장(현)

**백수현(白守鉉) BAEK SU HYEON**

(생)1963·1·8 (출)전북 (주)서울특별시 서초구 서초대로74길 11 삼성전자(주) 경영지원실 커뮤니케이션팀(02-2255-8261) (학)1981년 전주고졸 1987년 서울대 서양사학과졸 1994년 同행정대학원 수료 (경)1991년 SBS 입사 1999년 同보도본부 기자 2001년 同워싱턴특파원(차장대우) 2008년 同보도본부 사회2부장 2010년 同보도본부 편집1부장 2012년 同보도본부 경제부장(부국장급) 2013년 관훈클럽 운영위원(회계) 2013년 삼성전자(주) 커뮤니케이션실 홍보담당 전무 2017년 同경영지원실 커뮤니케이션팀장(부사장)(현)

**백숙기(白淑基) PACK Sook Ki**

(생)1952·2·10 (출)경북 성주 (주)서울특별시 강남구 삼성로96길 23 DB Inc.(02-2136-6000) (학)1972년 성주농공고졸 1979년 영남대 경제학과졸 (경)1979년 제일합섬 입사 1991년 삼성증권(주) 부장 1995년 同이사보 1997년 同이사 2000년 同상무 2002년 同WM영업담당 상무 2004년 (주)동부 경영지도팀 부사장 2007년 동부CNI(주) 컨설팅부문 경영지도팀 부사장 2012년 同컨설팅부문 사장 2012년 동부증권 사장 2015년 (주)동부 컨설팅부문 사장 2017년 DB Inc. 컨설팅부문 사장(현) (종)기독교

**백순근(白淳根) Sun-Geun, Baek**

(생)1961·12·18 (출)대구 달성 (주)서울특별시 관악구 관악로 1 서울대학교 사범대학 교육학과(02-880-7645) (학)서울대 사범대학 교육학과졸, 同대학원 교육학과졸, 교육학박사(미국 Univ. of California at Berkeley) (경)서울대 사범대학 교육학과 강의 및 연구조교, 同교육연구소 연구원, 미국 UC Berkeley 대학원 한인학생회 회장, 同대학원 특별연구원, 한국교육개발원 부연구위원, 한국교육과정평가원 연구위원, 서울대 사범대학 교육학과 교수(현), 同사범대학 기획실장, 한국학술단체총연합회 사무총장, 서울대 입학본부장, 대통령직속 미래기획위원회 위원 2012~2013년 한국교육평가학회 회장 2013~2016년 한국교육개발원(KEDI) 원장 2013~2015년 경제협력개발기구(OECD) 교육연구혁신센터(CERI) 운영위원 2013~2015년 유네스코(UNESCO) 한국위원회 운영위원 2013년 전국경제인연합회 창조경제특별위원회 위원 2013~2016년 한국대학교육협의회 대학평가인증위원회 위원 2015~2019년 기획재정부 재정정책자문회의 위원 2016~2017년 교육부 정책자문위원 2017년 서울대 교육연구소장(현) (상)제1회 칼리파교육상 감사패(2014) (저)'수행평가의 이론과 실제'(1996, 국립교육평가원) '컴퓨터를 이용한 개별적응검사(共)'(1998, 원미사) '수행평가의 원리'(2000, 교육과학사) '일제강점기의 교육평가'(2003, 교육과학사) '학위논문 작성을 위한 교육연구 및 통계분석'(2004, 교육과학사) '교육측정의 이론과 실제'(2007, 교육과학사) '백교수의 백가지 교육 이야기 : 밝은 미래를 위한 교육학적 담론'(2009, 교육과학사)

**백순현(白淳鉉) BAEK Sun Hyun**

(생)1959·11·18 (출)대구 달성 (주)광주광역시 동구 준법로 7-12 광주고등검찰청 총무과(062-233-2169) (학)1977년 용산고졸 1981년 서울대 사범대학졸 (경)1981년 사법시험 합격(23회) 1983년 사법연수원 수료(13기) 1983년 공군 법무관 1986년 서울지검 북부지청 검사 1989년 대구지검 안동지청 검사 1990년 부산지검 검사 1993년 서울지검 동부지청 검사 1995년 서울고검 검사 1996년 서울지검 공판부 부부장검사 1997년 대구지검 김천지청 부장검사 1998년 청주지검 부장검사 1999년 서울지검 의정부지청 형사4부장 2000년 서울고검 검사 2001년 수원지검 형사1부장 2002년 同형사2부장 2002년 대전고검 검사 2003년 서울지검 전문부장검사 2004년 서울중앙지검 전문부장검사 2005년 서울서부지검 전문부장검사 2006년 서울동부지검 전문부장검사 2007년 창원지검 전문부장검사 2009년 인천지검 전문부장검사 2009년 대전고검 검사 2011년 서울고검 검사 2013년 부산고검 검사 2015년 서울고검 검사 2017년 대전고검 검사 2019년 광주고검 검사(현)

**백승근(白承根) PAEK Seung Geun**

(생)1964·6·13 (출)경남 고성 (주)세종특별자치시 한누리대로 350 국토교통부 대도시권광역교통위원회(044-201-5010) (학)1983년 제주 오현고졸 1990년 서울대 농경제학과졸 (경)1990년 행정고시 합격(34회) 2003년 건설교통부 물류개선기획팀장 2004년 同지속가능발전위원회 팀장 2005년 同공공기관지방이전지원단 이전지원과장 2007년 同감사팀장 2008년 국토해양부 물류산업과장 2009년 同항공철도국 철도운영과장 2009년 同교통정책실 철도운영과장 2010년 同기획조정실 재정담당관(부이사관) 2012년 미국 국외 훈련 2013년 국토교통부 기술기준과장 2013년 2015세계물포럼조직위원회 사무처장 2015년 국토교통부 지적재조사기획단 기획관 2016년 同정책기획관 2017년 同철도국 철도안전정책관 2018년 同도로국장 2019년 同대도시권광역교통위원회 상임위원(현)

**백승기(白承基)**

(생)1962 · 11 · 6 (주)경기도 수원시 팔달구 효원로 1 경기도의회(031-8008-7000) (학)죽산상고졸 (경)안성시체육회 이사, 안성청년회의소 감사, 죽산면체육회 회장, 안성신용협동조합 감사, 골프존카운티 안성Q 근무(현) 2018년 경기도의회 의원(더불어민주당)(현) 2018년 同농정해양위원회 부위원장(현)

**백승렬(白承烈) Baek Seungreal**

(생)1966 · 2 · 2 (본)남포(藍浦) (출)충남 보령 (주)서울특별시 종로구 율곡로2길 25 연합뉴스 사진부(02-398-3114) (학)1985년 서대전고졸 1992년 충남대 철학과졸 (경)1993년 연합뉴스 입사 1993~2003년 同대전 · 충남취재본부 기자 2003년 同사진부 기자 2007년 同사진부 차장 2014년 同사진부 부장급 2018년 同사진부장(부국장대우)(현) (상)한국기자협회 이달의 기자상 사진보도부문(123회 · 128회 · 133회 · 139회), 한국사진기자협회 제37회 한국보도사진전 뉴스부문 금상 · 뉴스부문 가작(2001), 한국사진기자협회 제25회 이달의 보도사진상 스포츠부문 우수상(2005), 제2회 기업사진공모전 입선(2015), 제51회 한국보도사진전 people in news부문 우수상(2015), 제3회 기업사진공모전 우수상(2016), 제5회 기업사진공모전 입선(2016), 제173회 이달의 보도사진상 피쳐부문 최우수상(2017) (저)'우리시대의 궁궐 청와대'(2006, 디오네) '나랏일을 돌보며 국민을 섬기는 곳 청와대'(신나는 교과연계 체험학습: 41)(2008, 주니어김영사) (종)기독교

**백승민(白承旻) Seung Min BAEK**

(생)1963 · 7 · 11 (출)경남 진주 (주)서울특별시 서초구 서초중앙로 125 로이어즈타워 606호 백승민법률사무소(02-587-0053) (학)1981년 대신고졸 1985년 연세대 법학과졸 1987년 同행정대학원졸 (경)1987년 사법시험 합격(29회) 1990년 사법연수원 수료(19기) 1993년 청주지검 검사 1994년 대구지검 경주지청 검사 1996년 서울지검 검사 1998년 수원지검 검사 2000년 대검찰청 검찰연구관 2002년 대전지검 부부장검사 2003년 법무연수원 기획부 교수 2004년 대검찰청 컴퓨터수사과장 2005년 同첨단범죄수사과장 2005년 연세대 법학과 교수 2008년 同법무대학원 부원장 2010년 인터넷주소분쟁조정위원회 위원 2011년 버추얼텍 사외이사 2013~2016년 테크앤로법률사무소 고문변호사 2016년 변호사 개업(현) (저)'형사소송법(전정 제1판)'(2007, 대명출판사) '형사소송법'(2008, 대명출판사) '형법강의(전정 제1판)'(2008, 대명출판사)

**백승보(白勝普) Baek Seung-Bo**

(생)1971 · 7 · 16 (출)대구 (주)대전광역시 서구 청사로 189 조달청 조달관리국(042-724-7002) (학)1990년 브니엘고졸 1994년 고려대 경제학과졸 (경)1995년 행정고시 합격(39회) 2005년 조달청 성과관리팀장 2007년 교육훈련 파견 2010년 조달청 조달교육담당관 2010년 同시설총괄과장 2011년 同기획재정담당관(부이사관) 2014년 同구매사업국장 2015년 교육훈련 파견(부이사관) 2016년 조달청 조달품질원장 2016년 同국제물자국장 2017년 同공공물자국장 2018~2019년 인천지방조달청장 2019년 조달청 조달관리국장(현)

**백승열(白承烈) BAEK Seung Ryel**

(생)1959 · 3 · 10 (출)충북 음성 (주)서울특별시 성동구 천호대로 386 대원제약 임원실(02-2204-7000) (학)1978년 경기고졸 1983년 서울대 농생물학과졸 1988년 미국 조지아대 대학원 식물병리학과졸 2008년 농학박사(서울대) (경)대원제약(주) 이사 1992년 同상무 1995년 同전무 2002년 同총괄부사장 2008년 同대표이사 사장 2011년 同대표이사 부회장(현) 2013년 한국제약협동조합 이사(현) (상)산업포장(2016)

**백승완(白承玩) BAIK Seong Wan (佛岩)**

(생)1953 · 1 · 30 (본)수원(水原) (출)부산 (주)부산광역시 사상구 백양대로 420 부산보훈병원 원장실(051-601-6100) (학)1977년 부산대 의대졸 1981년 同대학원 의학석사 1990년 의학박사(충남대) 2005년 명예 철학박사(몽골학술원) 2011년 명예 철학박사(키르기즈스탄 츄이대) (경)1985~2006년 부산대 의과대학 마취통증의학교실 교수 1998년 同중앙수술실장 1998년 同의과대학 마취통증의학교실 주임교수 2001년 대한중환자의학회 회장 2002년 대한마취과학회 고시이사 2003년 부산대 의학연구소장 2003~2007년 한국호스피스완화의료학회 부산 · 울산 · 경남지부장 2004년 양산부산대병원 건립기획본부장 2006년 대한마취과학회 회장 2006년 대한민국의학한림원 정회원 2006~2018년 부산대 의학전문대학원 마취통증의학교실 교수 2008~2011년 양산부산대병원장 2011~2012년 부산대 의무부총장 2011~2017년 양산부산대병원 국제진료센터장 2018년 부산대 의학전문대학원 명예교수(현) 2018년 부산보훈병원장(현) (상)불국토 사회봉사대상(1997), 아호학회기념 학술상(1998), 대한정맥마취학회 최우수논문상(2003), 몽골 대통령훈장(2012) (저)'암환자의 통증관리' '소아마취' '의료윤리학'(共) '정맥마취' '수술실 감염관리' '노인마취' '생명건축' '의료윤리' 등 약 25권 (종)불교

**백승운(白承雲) PAIK Seung Woon**

(생)1957 · 8 · 11 (본)수원(水原) (출)서울 (주)서울특별시 강남구 일원로 81 삼성서울병원 소화기내과(02-3410-3402) (학)1976년 경기고졸 1982년 서울대 의대졸 1986년 同대학원 의학석사 1995년 의학박사(서울대) (경)1982~1986년 서울대병원 전공의 1994년 삼성서울병원 소화기내과 전문의(현) 1994년 일본도쿄여대 단기연수 1996년 미국 존스홉킨스병원 단기연수 1997~2002년 성균관대 의대 내과학교실 부교수 1997~1998년 미국 존스홉킨스병원 연수 1998~2005년 대한소화기학회 보험이사 1999~2005년 삼성서울병원 소화기내과장 2002년 성균관대 의대 내과학교실 교수(현) 2004~2009년 삼성서울병원 외래부장 2005~2015년 同암센터 간암센터장 2005~2007년 同소화기연구소장 2010~2011년 대한간학회 총무이사 2016~2019년 삼성서울병원 암병원 간암센터장

**백승일(白承一) SEUNG-IL BAEK**

(생)1972·8·25 (본)수원(水原) (출)서울 (주)세종특별자치시 다솜로 261 국무총리비서실 언론홍보행정관실(044-200-2290) (학)1991년 환일고졸 1997년 서울대 불어불문학과졸 2001년 同행정대학원 행정학과 수료 2013년 영국 킹스칼리지런던대 대학원 국제정치학과졸(diploma) 2014년 영국 런던정경대 대학원 공공관리학과졸(MSc) (경)2000~2005년 노동부 기획관리실·중앙노동위원회·고용평등국 사무관 2005년 국무조정실 규제개혁실 사무관 2007년 同심사평가조정관실 서기관 2008년 同정무실 정보관리팀장 2009년 同규제개혁실 사회규제심사2팀장 2010년 同공보실 연설행정관 2011년 同사회조정실 안전지원과장 2014년 同경제조정실 재정기후정책과장 2015년 同정부업무평가실 평가관리과장 2017년 同사회조정실 복지정책과장 2019년 국무총리비서실 소통총괄비서관실 언론홍보행정관(현)



ㅂ

**백승주(白承周) BAEK SEUNG JOO**

(생)1961·3·20 (출)경북 구미 (주)서울특별시 영등포구 의사당대로 1 국회 의원회관 830호(02-784-6730) (학)1979년 대구 심인고졸 1983년 부산대 정치외교학과졸, 경북대 대학원 정치학과졸 1993년 정치학박사(경북대) (경)1990~2013·2015~2016년 한국국방연구원 책임연구위원 2002~2006년 同북한연구실장 2003~2007년 통일부 자문위원 2007년 민주평통 상임위원 2008년 통일부 평가위원 2009년 한국정치학회 북한통일분과위원장 2009~2012년 한국국방연구원 안보전략연구센터장 2013년 한국정치학회 부회장 2013년 제18대 대통령직인수위원회 외교·국방·통일분과 전문위원 2013~2015년 국방부 차관 2016~2017년 새누리당 경북구미시甲당원협의회 운영위원장 2016년 제20대 국회의원(경북 구미시甲, 새누리당·자유한국당〈2017.2〉)(현) 2016년 국회 '박근혜 정부의 최순실 등 민간인에 의한 국정농단 의혹 사건 진상규명을 위한 국정조사특별위원회' 위원 2016년 국회 국방위원회 위원 2016~2017년 국회 미래일자리특별위원회 위원 2016~2017년 새누리당 경북도당 위원장 2017년 자유한국당 경북구미시甲당원협의회 운영위원장(현) 2017년 同경북도당 위원장 2017년 국회 예산결산특별위원회 위원 2017년 자유한국당 북핵위기대응특별위원회 간사(현) 2017·2018년 국회 4차산업혁명특별위원회 위원(현) 2018년 국회 국방위원회 간사(현) 2018년 자유한국당 국가미래비전특별위원회 위원(현) 2018년 同제2정책조정위원회 위원장(현) (상)페루정부 '공군 대십자훈장'(2015) (저)'북한 후계체제와 대미정책 전망'(2008)

**백승주(白承柱) Baek, Seung-Ju**

(생)1964·12·15 (출)전남 장성 (주)세종특별자치시 갈매로 477 기획재정부 재정혁신국(044-215-5700) (학)1982년 동신고졸 1988년 서울대 경제학과졸 1990년 同대학원 행정학과졸 (경)2002년 기획예산처 정부개혁실 개혁기획팀 서기관 2005년 同재정전략실 균형발전협력팀장 2006년 재정경제부 조세지출예산과장 2007년 기획예산처 건설교통예산과장 2008년 기획재정부 예산실 지식경제예산과장 2009년 同정책조정국 신성장정책과장 2010년 同정책조정국 산업경제과장 2011년 同무역협정본부 무역협정지원단 총괄기획팀장 2011년 同무역협정본부 무역협정지원단 총괄기획팀장(부이사관) 2012년 同기획조정실 정책기획관 2014년 경제협력개발기구(OECD) 고용 휴직 2017년 대통령소속 지방자치발전위원회 지방자치발전기획단 행정체제개편국장 2018년 대통령소속 자치분권위원회 기획단 재정분권국장 2019년 기획재정부 재정혁신국장(현)

**백승필(白承弼) Baeg Seung Pil**

(생)1960·3·10 (본)수원(水原) (출)충남 아산 (주)서울특별시 마포구 마포대로 49 성우 B/D 1206호 한국여행업협회(02-752-8692) (학)1979년 천안북일고졸 1988년 숭실대 행정학과졸 2007년 호원대 자동화학과졸(학사) (경)1990년 공무원 임용(7급 공채) 1990년 공보처 기획관리실 근무 2003년 국정홍보처 총무과 사무관 2012년 문화체육관광부 감사담당관실 서기관 2015년 同감사담당관 2016년 대통령직속 지역발전위원회 파견(과장급) 2017~2019년 문화체육관광부 국립중앙박물관 행정지원과장 2019년 한국여행업협회 상근부회장(현) (상)국무총리표창(2000), 대통령표창(2013) (종)불교

**백승헌(白承憲) Seunghun BAIK**

(생)1963·12·14 (출)서울 (주)서울특별시 서초구 남부순환로 2583 법무법인 지향(02-3471-4004) (학)1976년 검정고시 합격 1984년 연세대 법학과졸 (경)1983년 사법시험 합격(25회) 1985년 사법연수원 수료(15기) 1986년 변호사 개업 1988~2004년 대한변호사협회 인권위원 1996~1998년 민주사회를위한변호사모임 사무국장 2000년 총선시민연대 대변인 2000~2002년 대통령소속 의문사진상규명위원회 비상임위원 2000년 서울지방중소기업청 법률지원자문단 2001~2005년 한겨레신문 사외이사 2003~2004년 대검찰청 검찰개혁자문위원회 위원 2003~2006년 민주사회를위한변호사모임 부회장 2004~2006년 사회복지공동모금회 감사 2004~2006년 학교법인 동원육영회 감사 2005~2006년 한국방송공사(KBS) 이사 2005~2006년 법무부 정책위원회 위원 2006~2010년 민주사회를위한변호사모임 회장 2015년 법무법인 지향 변호사(현) 2016년 민주사회를위한변호사모임 박근혜정권퇴진및헌정질서회복을위한특별위원회 위원장

**백승호(白承浩) BAEK SEUNG HO**

(생)1956·5·2 (본)수원(水原) (출)전남 영광 (주)서울특별시 중구 장충단로 275 두산타워 17층 (주)두산(02-3398-3803) (학)1974년 순천고졸 1981년 성균관대 경영학과졸 2008년 메타비 MBA과정 수료 2009년 건국대 CGO과정 수료 2010년 서울과학종합대학원 4T CEO 수료 2013년 한국코칭센터 전문코칭과정 수료 (경)1996~1999년 한국중공업 북경지점장·중국합작사 대표 1999~2000년 同전략사업T/F팀장 2001년 두산중공업(주)(前한국중공업) 발전국내영업담당 상무 2004년 同기획·변화관리담당 2005년 두산그룹 기획관리본부 TRI-C팀장 겸 전략관리팀장 2006년 두산중공업(주) 발전해외영업담당 전무이사 2007년 同발전국내영업·사업관리총괄 전무 2009~2013년 同파워국내영업·미래에너지사업(풍력·IGCC)총괄 전무 2009~2013년 대한상공회의소 녹색성장·환경기후위원회 위원 2010~2013년 녹색서울시민위원회 위원 2013~2015년 두산중공업(주) 자문역 2015년 (주)두산 퓨얼셀BG(연료전지사업) 상근고문(현) (상)철탑산업훈장(2007)

**백승호(白承浩) BAEK Seung Ho**

(생)1956·5·15 (출)충북 음성 (주)서울특별시 성동구 천호대로 386 대원제약 회장실(02-2204-6907) (학)1975년 중앙고졸 1982년 한양대 토목공학과졸 1986년 미국 서던캘리포니아대 대학원 MBA (경)1982년 대원제약(주) 입사 1987년 同상무이사 1989년 同전무이사 1994~2007년 同대표이사 사장 1999년 한국제약협회 이사 2008년 대원제약(주) 회장(현) 2011~2013년 한국제약협동조합 이사 2017년 한국제약바이오협회 부이사장(현) 2017년 同홍보위원장 겸임(현) (종)불교

**백승호(白承昊) BAEK Seong Ho**

(생)1961·5·24 (본)수원(水原) (출)경남 함양 (주)서울특별시 서초구 남부순환로 2477 JW신약(주) 임원실(02-2109-3300) (학)1979년 거창고졸 1983년 부산수산대 냉동공학과졸 2010년 한국과학기술원(KAIST) 석사(EMBA : Executive Master of Business Administration) (경)1985년 (주)대웅제약 입사, 同소장, 同과장 2003년 同영업부 상무이사 2007년 同영업본부장(전무) 2007년 同ETC사업본부장(전무) 2013~2015년 同신규사업본부장(부사장) 2013년 (주)DNC 부사장 겸임 2014년 (주)폴라리스 대표이사 겸임 2015~2016년 한올바이오파마 관리·영업본부 부사장 2016년 JW신약(주) 부사장 2017년 同대표이사(현) (종)기독교

**백승호(白昇昊) BAEK Seung Ho**

(생)1963·1·10 (본)수원(水原) (출)전남 장흥 (주)서울특별시 서초구 서초중앙로 89 6층 미래빌딩 법무법인 이우스(02-537-4496) (학)금호고졸 1985년 전남대 법학과졸 2003년 경기대 행정대학원졸 (경)1991년 사법시험 합격(33회) 1994년 사법연수원 수료(23기), 부산 동래경찰서 경비과장, 부

산 해운대경찰서 수사과장, 경찰청 법제계장 2001년 서울지방경찰청 경무계장 2002년 제주지방경찰청 방범과장(총경) 2003년 전남 강진경찰서장 2004년 경찰청 법무과장 2005년 경기 수원중부경찰서장 2007년 서울 관악경찰서장 2008년 경찰청 인권보호센터장 2009년 同수사과장 2010년 중앙공무원교육원 교육파견(경무관) 2011년 강원지방경찰청 차장 2012년 경찰수사연수원장 2012년 경찰청 정보통신관리관 2013년 同정보화장비정책관 2013년 경기지방경찰청 제1차장 2014년 전남지방경찰청장 2015~2016년 경찰대학장(치안정감) 2018년 법무법인 이우스 대표변호사(현) (상)근정포장(2006), 홍조근정훈장(2016) (종)불교

**백승훈(白承勳) BAEK Seung Hoon**

(생)1958·6·15 (본)수원(水原) (출)제주 서귀포 (주)제주특별자치도 제주시 조천읍 남조로 1717-35 제주특별자치도개발공사(064-780-3300) (학)1976년 제주제일고졸 1980년 제주대 농화학과졸 (경)1982~1990년 제주신문 기자 1990년 제민일보 기자 1991년 同제2사회부 차장대우 1996년 同사회부 차장 1997년 同사회부 부장 1998년 同서귀포지사장 겸 편집국 부국장대우 1999년 同기획관리실장 2001년 同편집부국장 2002년 同논설위원 겸 광고국장 2003년 同편집국장(이사) 2005~2008년 同논설위원실장(이사) 2009~2010년 제주도 지역협력특보 2011년 제민일보 상무이사 2014년 同대표이사 사장 2017년 同부회장 2019년 제주특별자치도개발공사 상임감사(현) (종)기독교

**백승훈(白承勳) Baik Seung Hun**

(생)1964·6·12 (출)충남 논산 (주)세종특별자치시 국세청로 8-14 국세청 조사국 조사1과(044-204-3551) (학)동국대부속고졸, 세무대학졸, 연세대 경제대학원 경제학과졸 (경)공무원 임용(8급 특채) 2007년 사무관 승진 2009년 국세청 조사국 근무 2013년 서울지방국세청 조사4국 조사관리과 근무(서기관) 2014년 충남 서산세무서장 2015년 중부지방국세청 조사1국 조사1과장 2016년 경기 분당세무서장 2017년 서울지방국세청 조사4국 조사관리과장 2018년 국세청 조사국 조사2과장 2019년 同조사국 조사1과장(현)

**백영철(白永哲) PAIK Young Chul (靑松)**

(생)1938·3·5 (본)수원(水原) (출)평북 용천 (주)서울특별시 종로구 김상옥로 30 한국기독교연합회관 1604호 한국기독교학교연맹(02-708-4428) (학)1962년 동국대 법학과졸 1968년 미국 인디애나주립대 대학원 정치학과 수료 1969년 미국 데이튼대 대학원 행정학과졸 1978년 연세대 법학대학원졸 1981년 법학박사(연세대) (경)1970년 국무총리 비서관 1971년 국회사무처 비서관 1972~1979년 국회의장 수석비서관 1981년 명지대 부교수 1984년 同사무처장 1987년 관동대 학장 1989~2001년 同총장 1990~2001년 강원교수선교회 고문 1992년 세계대학총장회의 이사 1993~2001년 강원도체육회 부회장 1993~2001년 한국기독교대학협의회 이사 겸 회장 1994~2001년 한국기독교학교연맹 부이사장 1995년 한국대학총장협회 부회장 1996년 한국기독교리더십연구원 부이사장 1996~2001년 강원개발연구원 이사 1997~2001년 한국사립대학총장협의회 부회장 1997~1999년 경찰위원회 위원 2000년 한국대학교육협의회 부회장 2001~2002년 미국 웨인즈버그대 교환교수 2001~2003년 명지대 법정대학 교수 2001년 방목기념사업회 위원장 2003~2009년 혜천대학 학장 2008년 한국기독교학교연맹 이사장(현) 2008년 혜천학원(혜천대학) 이사 2008년 동방학원 이사 2009~2013년 이북5도위원회 평안북도지사 (상)국회의장표창, 국방부장관표창, 청조근정훈장(2003) (저)'농업개발을 위한 행정의 역할' (종)기독교

**백완기(白完基) PAIK Wan Ki**

(생)1936·11·9 (본)수원(水原) (출)전북 고창 (주)서울특별시 성북구 안암로 145 고려대학교 행정학과(02-3290-2270) (학)1955년 전주고졸 1959년 서울대 문리대학 정치학과졸 1961년 同행정대학원졸 1972년 정치학박사(미국 플로리다주립대) (경)1975년 국민대 행정학과 부교수 1976년 同교무처장 1978~2002년 고려대 정경대학 행정학과 부교수·교수 1981년 한국정치학회 연구이사 1982년 사회과학연구협의회 편집위원장 1982년 同이사 1985년 한국행정학회 회장 1988년 고려대 행정문제연구소장 1994~1996년 한국사회과학연구협의회 회장 1996~1998년 고려대 정경대학장 1998년 同행정문제연구소장 1999~2002년 同정부학연구소장 2002년 同행정학과 명예교수(현) 2004년 한국외국어대 이사장 2004~2008년 행정개혁시민연합 공동대표 2005년 감사원 시민감사청구위원회 위원장 2007년 대한민국학술원 회원(한국행정·행정문화)(현) 2008년 행정개혁시민연합 고문 (상)근정포장(2002), 학술공로상(2005), 제30회 인촌상 인문·사회부문(2016) (저)'한국정치론(共)'(1976) '한국정치행정의 체계(共)'(1980) '한국의 행정문화'(1982) '행정학'(1984) '민주주의 문화론'(1994) '한국행정학의 기본문제들' '문화와 국가경쟁력(共)'(1997) '성경과 민주주의'(1999) '한국행정학 50년 : 문헌검토를 중심으로'(2005) (종)기독교

**백용매(白容梅) Yongmae Baek**

(생)1960·2·4 (본)수원(水原) (출)경북 경산 (주)경상북도 경산시 하양읍 하양로 13-13 대구가톨릭대학교 사회과학대학 심리학과(053-850-3233) (학)영남대 심리학과졸, 경북대 대학원 심리학과졸, 심리학박사(경북대) (경)1988년 해인정신건강상담센터 소장 1998년 대구가톨릭대 사회과학대학 심리학과 교수(현) 2002년 한국임상심리학회 정신보건임상심리사 수련위원장 2002년 대구가톨릭대 사회과학부장 2004년 국방부 심리평가자문위원 2004년 대구가톨릭대 사회과학연구소장 2004년 미국 캘리포니아주립대 객원교수 2005년 한국동서정신과학회 회장 2006년 한국임상심리학회 편집위원 2007년 대구동구정신건강증진센터 센터장(현) 2008년 대구가톨릭대 사회과학대학장 2011년 한국임상심리학회 회장 2011년 대구가톨릭대 교양교육원장 2011년 대구시정신보건기관협의회 회장 2012년 한국중독심리학회 회장 2013~2015년 한국도박문제관리센터 비상임이사 2014년 대구가톨릭대 특성화사업추진단 부단장 2014~2016년 同중독과폭력의예방·치유·재활을위한전문인력양성사업단장 2016~2017년 同특성화추진단장 2016~2017년 同교학부총장 (상)보건복지부장관표창(2009), 교육부장관표창(2016), 한국청소년학회 연구논문상 대상(2016), 대구가톨릭대 우수연구업적상 우수상(2018) (역)'아동의 심리치료'(2003, 학지사) '치료자의 자기분석과 성장을 위한 워크북'(2006, 학지사) '표현치료'(2009, 시그마프레스) '마음의 정원'(2014, 학지사) (종)천주교

**백용천(白龍天) BAEK Yong Chun**

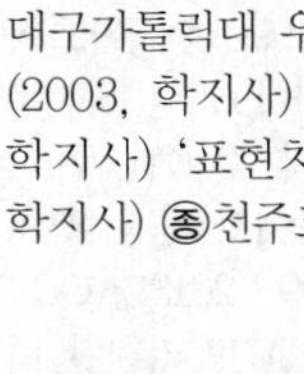

(생)1966·1·4 (출)대구 (주)서울특별시 종로구 사직로8길 60 외교부 인사운영팀(02-2100-7136) (학)1984년 대구 성광고졸 1988년 서울대 경제학과졸 1990년 同행정대학원졸 1998년 미국 조지아대 대학원 경영학과졸 (경)1994년 재정경제부 금융정책실 자금시장과 사무관 1998년 同국민생활국 물가정책과 사무관 2000년 同물가정책과 서기관 2005년 同경제자유구역기획단 송도청라팀장 2006년 同정책조정국 지역경제정책과장 2008년 대통령 재정경제비서관실 행정관 2009년 대통령 경제비서관실 행정관 2009년 기획재정부 국고국 국고과장 2011년 駐중국대사관 공사참사관 2014년 교육 파견(고위공무원) 2015년 대통령소속 국민대통합위원회 국민소통국장 2015~2017년 기획재정부 미래경제전략국장 2017년 駐중국 경제공사(현) (상)대통령표창(1993)

ㅂ

**백용하(白龍夏) BAEK Yong Ha**

(생)1968 · 1 · 31 (본)수원(水原) (출)서울 (주)서울특별시 서초구 서초대로 264 법조타워 8층 법무법인 다담(02-501-5100) (학)1986년 서울고졸 1992년 서울대 사법학과졸 2009년 미국 조지워싱턴대 연수 (경)1993년 사법시험 합격(35회) 1996년 사법연수원 수료(25기) 1999년 청주지법 판사 2002년 同보은군 · 괴산군 · 진천군법원 판사 2003년 수원지법 판사 2005년 서울동부지검 검사 2007년 창원지검 검사 2009년 同부부장검사 2010년 同통영지청 부장검사 2010년 울산지검 공안부장 2011년 춘천지검 영월지청장 2012년 인천지검 부천지청 부장검사 2013년 의정부지검 고양지청 부장검사 2014년 서울중앙지검 공판2부장 2015년 춘천지검 부장검사 2016~2017년 수원지검 부부장검사 2016~2017년 국민권익위원회 파견(법무보좌관) 2017년 수원지검 성남지청 차장검사 2018년 법무법인 다담 대표변호사(현) (종)기독교

**백용호(白容鎬) Baek Yong Ho**

(생)1956 · 9 · 2 (출)충남 보령 (주)서울특별시 서대문구 이화여대길 52 이화여자대학교 정책과학대학원 이화포스코관연구동 306호(02-3277-4689) (학)1980년 중앙대 경제학과졸 1983년 미국 뉴욕주립대 대학원 경제학과졸 1985년 경제학박사(미국 뉴욕주립대) (경)1993년 경제정의실천시민연합 상임집행위원 및 국제위원장 1994년 대통령자문 21세기위원회 위원 1996년 여의도연구소 부소장 2002년 서울시정개발연구원 원장 2005년 이화여대 정책과학대학원 교수 2006년 공적자금관리위원회 위원 2008년 제17대 대통령직인수위원회 경제1분과위원회 위원 2008년 공정거래위원회 위원장 2009~2010년 국세청장 2010~2011년 대통령실 정책실장 2012~2013년 대통령 정책특별보좌관 2012년 이화여대 정책과학대학원 교수(현) 2017~2019년 LG전자(주) 사외이사 2017년 안민정책포럼 제10대 이사장(현) 2019년 LG전자(주) 사외이사 겸 감사위원(현) (상)미국 뉴욕주립대 최우수논문상(1986), 자랑스러운 중앙인상(2008), 한국여성단체협의회 감사패(2009), 미국 뉴욕주립대 자랑스러운 한국동문상(2010), 한국정책대상(2010), 청조근정훈장(2013) (저)'증권금융론'(1992) '돈의 경제학'(1997) '금융증권 시장론(共)'(2000) '백용호의 반전'(2014, 김영사)

**백우석(白禹錫) BAEK Woo Suk**

(생)1952 · 7 · 28 (출)서울 (주)서울특별시 중구 소공로 94 OCI(주)(02-727-8211) (학)1971년 경동고졸 1975년 연세대 경영학과졸 (경)1979년 동양화학(주) 입사 1989년 同국제영업부장 1990년 同기초화학사업부 이사 1992년 同상무이사 1995년 同전무이사 1997년 영창건설(주) 대표이사 2000년 (주)이테크이엔씨 대표이사 사장 2005년 이테크건설 대표이사 사장 2005년 동양제철화학 사장 2006년 同각자대표이사 2009~2013년 OCI(주) 대표이사 사장 2010년 지식경제부 지식경제R&D전략기획단 비상근단원 2013년 OCI(주) 대표이사 부회장 2019년 同대표이사 회장(현) (상)자랑스런 연세경영인상 산업 · 경영부문(2011) (종)천주교

**백운규(白雲揆) Paik Un Gyu**

(생)1964 · 3 · 2 (본)수원(水原) (출)경남 마산 (주)서울특별시 성동구 왕십리로 222 한양대학교 공과대학 에너지공학과(02-2220-0502) (학)1982년 진해고졸 1986년 한양대 무기재료공학과졸 1988년 미국 버지니아폴리테크닉주립대 대학원 재료공학과졸 1991년 세라믹공학박사(미국 클렘슨대) (경)1991~1992년 미국 표준기술연구소 근무 1992~1999년 창원대 부교수 1995~1996년 미국 표준기술연구소 연구원 1999~2006년 한양대 세라믹공학과 부교수 2006~2009년 同재료공학과 교수 2007년 하이닉스반도체 기술고문 2009년 한양대 공과대학 에너지공학과 교수(현), 한국에너지자원기술기획평가원 이사, 국가과학기술심의회 전문위원, 미래창조과학부 다부처공동기술협력특별위원회 위원 2014~2017년 (주)티씨케이 사외이사 2017년 한양대 제3공과대학장 2017~2018년 산업통상자원부 장관 (상)교육과학기술부 및 한국과학재단 선정 '이달(12월)의 과학기술자상'(2008)

**백운만(白雲晩) BAEK Woon Man**

(생)1968 · 12 · 9 (출)경기 파주 (주)경기도 수원시 영통구 반달로 87 경기지방중소벤처기업청(031-201-6900) (학)1987년 제물포고졸 1994년 연세대 화학공학과졸 2008년 영국 버밍엄대 대학원 경영학과졸(석사) (경)1993년 기술고시 합격(29회) 1994년 총무처 사무관 1995년 노동부 산업안전국 작업환경과 사무관 1996년 중소기업청 기술국 기술지도과 사무관 1999년 同벤처기업국 입지지원과 · 벤처정책과 사무관 2000~2004년 同중소기업정책국 소기업과 · 기업진흥과 · 기업환경개선과 사무관 2004년 同기획예산법무담당관실 공업서기관 2005년 同재정기획법무관실 공업서기관 2005년 同창업제도과 공업서기관 2005년 同창업제도과장 2006년 영국 버밍엄대 파견(공업서기관) 2008년 중소기업청 경영지원국 기업금융과장 2009년 同벤처정책과장(부이사관) 2010년 대통령 중소기업비서관실 행정관 2011년 대통령 중소기업비서관 2013년 중소기업청 창업벤처국장(고위공무원) 2014년 국방대 교육 훈련 2015~2016년 중소기업청 경영판로국장 2016년 순천향대 경영학과 교수(고용 휴직) 2017년 중소벤처기업부 대변인 2018년 경기지방중소벤처기업청장(현)

**백운석(白雲石) BAEK Woon Suk**

(생)1961 · 11 · 3 (출)충남 보령 (주)경기도 수원시 팔달구 효원로 241 수원시청 제2부시장실(031-228-2035) (학)1980년 성동기계공고졸 1983년 서울보건전문대학 환경관리학과졸 1990년 한국방송통신대 행정학과졸 1996년 서울대 대학원 환경보건학과졸 2006년 미국 콜로라도주립대 대학원 행정학과졸 2012년 환경보건학박사(서울대) (경)1987년 노동부 직업안정국 근무 1992년 기술고시 합격(27회) 2001년 환경부 국제협력관실 지구환경담당관실 서기관 2002년 同수질보전국 유역제도과 서기관 2006년 국립환경인력개발원 교육혁신기획과장 2007년 환경부 환경감시담당관 2008년 同환경전략실 생활환경과장 2009년 同물환경정책국 상하수도정책관실 토양지하수과장 2010년 同환경보건정책관실 환경보건정책과장 2012년 한국환경정책평가연구원(KEI) 파견(고위공무원) 2013년 국방대 교육파견 2014년 낙동강유역환경청장 2016년 국립생물자원관장 2018년 경기 수원시 제2부시장(현)

**백운찬(白雲瓚) BAEK Un Chan**

(생)1956·2·13 (본)수원(水原) (출)경남 하동 (주)서울특별시 강남구 테헤란로 152 강남파이낸스센터 27층 삼정KPMG(02-2112-0001) (학)1976년 진주고졸 1980년 동아대 법대졸 1982년 同대학원 법학과졸(석사) 2000년 미국 위스콘신대 대학원 공공정책학과졸(석사) 2012년 세무학박사(서울시립대) (경)1980년 행정고시 합격(24회) 1980년 국세청 진주·남대구·동대구세무서 과장 1989년 재무부 증권국 사무관 1992년 同세제실 사무관 1995년 재정경제원 세제실 법인세제과 서기관 1995년 대통령비서실 파견 2001년 재정경제부 조세지출예산과장 2002년 同소득세제과장 2004년 同세제실 조세정책과장(부이사관) 2005년 국회 재정경제위원회 파견 2006년 재정경제부 EITC추진기획단 부단장 2007년 同부동산실무기획단 부단장 2008년 기획재정부 관세정책관 2008~2010년 同재산소비세정책관 2010년 국무총리실 조세심판원장(고위공무원) 2011년 기획재정부 세제실장 2011~2013년 지식경제부 무역위원회 비상임위원 2013~2014년 관세청장 2015~2017년 한국세무사회

제29대 회장 2017년 삼정KPMG 상근고문(현) 2016년 건국대 행정대학원 세무학과 겸임교수(현) (상)근정포장(1994), 홍조근정훈장(2012), 납세자권익상(2012), 황조근정훈장(2014)

### 백운찬(白雲燦)

(생)1964 · 11 · 2 (주)울산광역시 남구 중앙로 201 울산광역시의회(052-229-5125) (학)문학박사(대구대) (경)춘해보건대학교 겸임교수, 사회복지법인 인애복지재단 대표이사, 더불어민주당 울산시당 보육정책특별위원회 위원장(현) 2018년 울산시의회 의원(더불어민주당)(현) 2018년 同예산결산특별위원회 위원(현) 2018년 同환경복지위원회 위원(현)

### 백운철(白雲喆) BAEK Woon Cheol

(생)1968 (주)경기도 성남시 분당구 분당로 23 분당세무서(031-219-9200) (학)한양고졸, 한국방송통신대졸 (경)1992년 행정고시 합격(36회) 1995년 서대구세무서 부가가치세2과장 1997년 국세청 자료관리관실 전산기획 1998년 서울 양천세무서 재산세과장 2001년 중부지방국세청 개인납세2과 근무 2001년 同법인납세과 근무 2005년 同총무과 근무 2006년 同총무과 서기관 2006년 국세공무원교육원 서무과 고시계장 2007년 재정경제부 근로장려세제추진기획단 제도운영팀장 2008년 경기 평택세무서장 2009년 중부지방국세청 법무과장 2013년 국세청 소득관리과장 2014년 同심사2담당관 2015년 경기 동수원세무서장 2017년 서울 동작세무서장 2018년 서울지방국세청 개인납세2과장 2019년 경기 분당세무서장(현)

### 백웅기(白雄基) BAEK Ehung Gi

(생)1955 · 8 · 25 (출)서울 (주)서울특별시 종로구 홍지문2길 20 상명대학교 총장실(02-2287-7081) (학)1974년 서울고졸 1979년 서울대 수학과졸 1981년 同대학원 경제학과졸 1988년 경제학박사(미국 위스콘신대) (경)1983년 산업연구원 연구원 1984년 미국 위스콘신대 경제학과 조교 1988년 미국 아이오와주립대 경제학과 조교수 1991~1995년 한국개발연구원 부연구위원 1992년 통계청 통계분석국 자문교수 1995년 한국개발연구원 연구위원 1995~2004년 상명대 경제통상학부 조교수 · 부교수 1997~2001년 통계청 간행물심의위원 1999년 한국은행 자문위원 2002년 통계청 통계품질심의위원 2003~2004년 미국 위스콘신대 명예연구원 2004~2006년 상명대 경제통상학부 경제학전공 교수 2004년 同기획처장 2006~2009년 국회예산정책처 경제분석실장 2009~2017년 상명대 금융경제학과 교수 2010~2011년 同서울캠퍼스 부총장 2011년 한국경제연구학회 회장 2011년 상명대 총장서리 2013~2014년 정책네트워크 내일 이사 2016년 한국개발연구원(KDI) 수석이코노미스트 2017년 상명대 경제금융학부 교수(현) 2017년 同총장(현) (저)'한국의 거시경제 분기모형 : KDIQ92(共)'(1993) '금융안정과 거시경제정책'(2004) '한국과 미국의 디지털 경제의 발전과 경기변동의 변화'(2005) '카오스 이론과 경제학' '복잡성 과학의 이해와 적용' (종)기독교

### 백웅철(白雄喆) BAEK WUNG CHEOL

(생)1968 · 5 · 19 (출)경북 문경 (주)서울특별시 강남구 테헤란로92길 7 법무법인 바른(02-3479-2481) (학)1986년 대구 영진고졸 1990년 고려대 법학과졸 1996년 同대학원 법학과졸 (경)1992년 사법시험 합격(34회) 1995년 사법연수원 수료(24기) 1998년 인천지법 판사 2000년 서울지법 판사 2002년 대구지법 판사 2005년 서울중앙지법 판사 2006년 서울고법 판사 2006년 해외 연수 2008년 대법원 재판연구관 2010년 전주지법 부장판사 2011년 사법연수원 교수 2013~2015년 인천지법 부장판사 2015년 법무법인 바른 변호사(현)

### 백원국(白源國)

(생)1967 · 10 · 2 (출)경남 거창 (주)세종특별자치시 도움6로 11 국토교통부 주거복지정책관실(044-201-4968) (학)거창 대성고졸, 성균관대 건축공학과졸 (경)1996년 기술고시 합격(31회) 1997~2007년 건설교통부 기획조정실 · 기획담당관실 · 복합도시기획과 · 기술정책과 사무관 2007년 기술서기관 승진 2007~2008년 건설교통부 국토정책과 남북정상회담종합대책반 · 국토정보정책과 기술서기관 2007년 미국 연방지리정보청(USGS) 파견(과장급) 2011년 국토해양부 공공기관지방이전추진단 종전부동산기획과장 2013년 국토교통부 공공주택건설추진단 행복주택정책과장 2014년 부이사관 승진 2016년 경기도 도시주택실장 2018년 부산지방국토관리청장 2018년 국토교통부 주거복지정책관(현)

### 백원우(白元宇) BAEK Won Woo

(생)1966 · 5 · 2 (본)수원(水原) (출)서울 (주)서울특별시 영등포구 국회대로74길 19 더불어민주당 민주연구원(1577-7667) (학)1984년 동국대사대부고졸 1993년 고려대 신문방송학과졸 (경)1988년 전국대학생대표자협의회 연대사업국장 1992년 통합민주당 시흥 · 군포지구당 총무부장 1994년 제정구 국회의원 비서관 1997년 새정치국민회의 노무현부총재 보좌역 1997년 同김대중후보 선거대책위원회 수도권특별유세단 기획팀장 1998년 노무현 국회의원 비서관 2002년 새천년민주당 노무현 대통령후보 정무비서 2003년 제16대 대통령직인수위원회 행정실 전문위원 2003년 대통령 민정수석비서관실 행정관 2004년 제17대 국회의원(경기 시흥甲, 열린우리당 · 대통합민주신당 · 통합민주당) 2006~2007년 열린우리당 전자정당위원장 2008~2012년 제18대 국회의원(경기 시흥甲, 통합민주당 · 민주당 · 민주통합당) 2008~2010년 민주당 유비쿼터스위원장 2008~2010년 국회 보건복지가족위원회 간사 2009년 민주당 홍보미디어위원장 2010년 한국U헬스협회 고문 2010년 국회 행정안전위원회 민주당 간사위원 2011년 민주통합당 경기도당 시흥甲지역위원회 위원장 2012년 제19대 국회의원선거 출마(경기 시흥甲, 민주통합당) 2015년 더불어민주당 경기시흥甲지역위원회 위원장 2016년 제20대 국회의원선거 출마(경기 시흥시甲, 더불어민주당) 2017년 더불어민주당 제19대 문재인 대통령후보 중앙선거대책본부 조직본부 부본부장 2017~2019년 대통령 민정수석비서관실 민정비서관 2019년 더불어민주당 민주연구원 부원장(현)

### 백원필(白源弼) Baek, Won-Pil

(생)1961 (본)수원(水原) (출)전북 고창 (학)1982년 서울대 공과대학 원자핵공학과졸 1984년 한국과학기술원(KAIST) 원자력공학과졸(석사) 1991년 원자력공학박사(한국과학기술원) (경)1991~2001년 한국과학기술원(KAIST) 신형원자로연구센터 연구원 · 원자력공학과 연구부 교수 2001~2007년 한국원자력연구원 열수력대과제 책임자 2007~2010년 同열수력안전연구부장 2010~2015년 同원자력안전연구본부장 2016~2019년 同부원장 2016년 경제협력개발기구(OECD) 원자력기구(NEA) 부의장(현) 2018년 한국공학한림원 정회원(재료자원공학 · 현) (상)한국원자력학회 제1회 두산원자력기술상(2009), 과학기술훈장 도약장(2011), 동아일보 '10년 뒤 한국을 빛낼 100인' 선정(2014), 한국과학기술원(KAIST) 자랑스런 동문상(2016) (저)'임계열유속(共)'(1997) '원자력 안전(共)'(1998) '원자력 논쟁(共)'(2017)

### 백윤기(白潤基) PAIK Yoon Ki

(생)1955 · 8 · 15 (본)수원(水原) (출)경북 청도 (주)경기도 수원시 영통구 월드컵로 206 아주대학교 법과대학(031-219-2758) (학)1973년 경북고졸 1977년 서울대 법학과졸 1983년 同대학원 법학과졸 1988년 미국 컬럼비아대 법과대학원(Law School) 수료 1995년 법학박사(서울대) (경)1976

년 사법시험 합격(18회) 1978년 사법연수원 수료(9기) 1979년 부산지법 판사 1982년 수원지법 성남지원 판사 1984년 서울민사지법 판사 1985년 법제처 파견 1986년 서울민사지법 판사 1988년 서울고법 판사 1991년 대법원 재판연구관 1993년 대구지법 부장판사 1995년 인천지법 부천지원 부장판사 1997년 서울지법 동부지원 부장판사 1998년 서울행정법원 부장판사 2000년 서울지법 부장판사 2000~2005년 변호사 개업·법무법인 두우 대표변호사 2001~2018년 한국지방자치법학회 부회장 2002~2006년 법원행정처 행정소송법개정위원회 위원 2002년 방송위원회 행정심판위원회 위원 2002년 同보도교양심의위원회 위원 2005~2009년 국무총리 행정심판위원회 위원 2005년 한국공법학회 부회장 2005~2010년 삼성물산 사외이사 2005년 아주대 법과대학 교수(현) 2005·2012~2014년 同법과대학장 2006~2010년 경기지방소청심사위원회 위원장 2008~2014년 아주대 법학전문대학원장 2008~2014년 방송통신위원회 행정심판위원회 위원 2008~2011년 행정조정협의회 위원 2009·2013~2014년 아주대 법무대학원장 2009~2014년 법학전문대학원평가위원회 위원 2011~2014년 법제처 법령해석심사위원 2012년 제1회 변호사시험 출제위원 2012~2014년 대통령직속 규제개혁위원회 위원 2013~2018년 대한변호사협회 사법평가위원회 위원 2019년 행정안전부 행정협의조정위원회 위원장(현) (저)'행정작용과 행정소송'(2007) '주제별 행정구제법 강의'(2009) (종)천주교

**백윤수(白允秀) BAEK Yoon Soo**

(생)1956·2·2 (주)서울특별시 서대문구 연세로 50 연세대학교 기계공학부(02-2123-2827) (학)1979년 연세대 기계공학과졸 1981년 同대학원 기계공학과졸 1986년 미국 Oregon State Univ. 대학원 기계공학과졸 1990년 기계공학박사(미국 Oregon State Univ.) (경)연세대 공대 기계공학부 교수(현) 1996년 同기전공학부 기획위원장 1997년 한국자동차공학회 춘계학술대회 좌장 1997년 국립기술품질원 품질인증(EM마크)위원 1997년 연세대 기전공학부 학사위원장 1998년 한국산업기술진흥협회 국산신기술(KT마크)심사위원 1999년 한국창업보육센터협회 부회장 1999년 연세대 창업보육센터장 2004년 同입학관리처장 2005~2006년 同정보통신처장 2005년 同정보화추진위원장 2007~2009년 창의공학연구원 이사장 2012년 연세대 윤리경영담당관 2013~2016년 同법인본부장 (저)'정역학'(1995) '디지탈 제어시스템'(1995) '기구학'(1996)

**백윤재(白允才) Baek, Yun-Jae (白虎)**

(생)1959·6·23 (본)수원(水原) (출)서울 (주)서울특별시 강남구 테헤란로 521 파르나스타워 38층 법무법인 율촌(02-528-5473) (학)1978년 한영고졸 1982년 서울대 법학과졸 1985년 同대학원 법학과 수료 1993년 미국 하버드대 로스쿨 법학과졸 (경)1982년 사법시험 합격(24회) 1984년 사법연수원(14기) 1985~1988년 軍법무관 1988~1992년 동서종합법률사무소 변호사, 코리아벤처포럼 부회장 겸 법률자문 1993년 미국 뉴욕·워싱턴 Bryan Cave 변호사 1994년 법무법인 광장 변호사 1995년 대한상사중재원 중재인(현) 1995~2002년 MBC '백윤재의 생활법률' 라디오 진행 1997~2017년 법무법인 한얼 대표변호사 1998~1999년 숭실대 통상대학원 강사 2004년 한국중재학회 부회장 2004년 대한중재인협회 부회장 2005~2007년 대한변호사협회 사업이사 2005~2009년 재정경제부 정보공개심의회 심의위원 2006년 ICC Korea 중재위원(현) 2006~2009년 한국보건사회연구원 감사 2006년 법무부 국가배상심의회 심의위원(현) 2006~2013년 STX팬오션(주) 사외이사 2007~2011년 (주)STX 사외이사 2009년 중국 대련 및 이집트 카이로 국제중재센터 중재인(현) 2010년 서울대법과대학동창회 부회장(현) 2013년 (주)심팩 사외이사(현) 2014년 문화체육관광부 제2·3기 콘텐츠분쟁조정위원회 위원장(현) 2014년 말레이시아 쿠알라룸푸르국제중재센터 중재인(현) 2015년 중국 상해상사중재원 중재인(현) 2018년 법무법인 율촌 변호사(현) 2019년 대한상사중재원 중재교육원장(현) (상)산업자원부장관표창(2014), 법무부장관표창(2015) (저)'돈과 법률'(1998, 한국경제신문 연재) (종)천주교

**백융기(白融基) Young-Ki Paik (松川)**

(생)1953·1·8 (본)수원(水原) (출)대전 (주)서울특별시 서대문구 연세로 50 연세대학교 생명시스템대학 생화학과(02-2123-4242) (학)1975년 연세대 생화학과졸 1983년 생화학박사(미국 미주리대 컬럼비아교) (경)1977~1979년 국방과학연구소 Research Associate 1979~1981년 미국 Univ. of Missouri-Columbia Research Associate 1981~1983년 E.I. du Pont Co. Cardiovascular Group Visiting Scientist 1983~1986년 Gladstone Institute of Cardiovascular Diseases, Univ. of California/Postdoctoral Fellow 1986~1989년 Gladstone Foundation Laboratories Univ. of California, San F Staff Research Inv. 1989~1993년 한양대 생화학과 부교수 1992년 同생화학과장 1993년 농업유전공학연구소 전문위원 1993년 연세대 생화학과 부교수 1995~2009년 同생화학과 교수 2000년 同연세프로테옴연구원 원장(현) 2001년 Human Proteome Organization Council Member 2001~2005년 한국인간프로테옴기구 회장 2001~2007년 아세아·오세아니아인간프로테옴기구 사무총장 2002~2008년 세계인간프로테옴기구(HUPO) 사무총장·부회장, 同총회 공동조직위원장 겸 학술위원장 2003~2011년 질병유전단백체연구지원센터 소장 2007년 한국인간프로테옴기구(KHUPO) 이사(현) 2008~2010년 아세아·오세아니아인간프로테옴기구(AOHUPO) 회장 2009~2010년 세계인간프로테옴기구(HUPO) 회장 2009~2018년 연세대 생명시스템대학 생화학과 특훈교수 2011년 글로벌 인간염색체단백질지도사업(C-HPP) 의장(현) 2013~2014년 한국과학기술한림원 이학부장 2018년 연세대 생명시스템대학 생화학과 명예특훈교수(현) (상)MSD Award(1996), 한국생화학회 동헌생화학상(1999), 세계인간프로테옴기구(HUPO) 공로상(2004), 과학교육기술부 이달의 과학기술자상(2005), 경암학술상(2005), 보건복지부 이달의 보건인상(2005), DI Awards (2017) (저)'실험생화학'(共) (종)가톨릭

**백은옥(白恩沃·女) PAEK Eun Ok**

(생)1963 (주)서울특별시 성동구 왕십리로 222 한양대학교 공과대학 컴퓨터소프트웨어학부(02-2220-2377) (학)1985년 서울대 전자계산기공학과졸 1991년 인공지능학박사(미국 스탠퍼드대) (경)1985~1991년 미국 스탠퍼드대 컴퓨터공학과 연구조교 1991~1995년 서울대 컴퓨터신기술공동연구소 Post-doc. 및 특별연구원 1992~1995년 同공대 컴퓨터공학과 강사 1994~1996년 한국전자통신연구원 위촉연구원 1995~2000년 LG전자 전자기술연구원 책임연구원 2000~2001년 (주)누리캐스트 대표이사 2001~2012년 서울시립대 기계정보공학과 조교수·부교수·교수 2012년 한양대 공대 컴퓨터소프트웨어학부 교수(현) 2019년 同소프트웨어대학장(현) (상)서울대 최우수졸업상(1985), 한국과학기술단체총연합회장표창(1993)

**백은희(白恩姬·女) Paek, Eunhee**

(생)1965 (주)인천광역시 미추홀구 인하로 100 인하대학교 문과대학 중국학과(032-860-8057) (학)1983년 보성여고졸 1987년 서울대 중어중문학과졸 1989년 同대학원 중어중문학과졸 1994년 중국어학박사(대만 타이완사범대) (경)1995년 인하대 문과대학 국제언어문화학부 중국언어문화전공 교수, 同문과대학 중국언어문화학과 교수, 同문과대학 중국학과 교수(현) 2018년 同문과대학장(현)

**백인균(白仁均) Baek In Gyun**

(생)1963·4·29 (주)서울특별시 영등포구 은행로 14 KDB생명보험(1588-4040) (학)1982년 충남고졸 1986년 충남대 회계학과졸 (경)1989년 KDB산업은행 입행 1999년 同수신기획부 대리 2002년 同기업구조조정실 차장 2003년 同M&A실 차장 2005년 同프로젝트파이낸스실 부팀장 2006년 同홍보실 팀장 2007년 同투자금융실 팀장 2011년 同사모펀드실 팀장 2013년 同사모펀드2실장 2015년 同홍보실장 2016~2019년 同경영관리부문장(집행부행장) 2019년 KDB생명보험 수석부사장(현)

**백인근(白仁根) Paik, In-Keun**

(생)1956·4·6 (본)수원(水原) (출)서울 (주)서울특별시 중구 삼일대로 363 장교빌딩 20층 고려제강 영업본부(02-316-6114) (학)1974년 숭문고졸 1984년 한국외국어대 서반아어학과졸 (경)1984년 고려제강 입사 2010년 同영업총괄 부사장(현)

**백인호(白仁鎬) BAIK In Ho**

(생)1957·1·7 (출)서울 (주)서울특별시 마포구 백범로 35 서강대학교 사학과(02-705-8334) (학)1980년 서울대 서양사학과졸 1985년 프랑스 낭트대 대학원졸 1992년 문학박사(프랑스 파리제1대) (경)1980~1982년 육군종합행정학교 영어교관 1982~1983년 駐韓스위스대사관 통역관 1992~1993년 서울대 강사 1993년 서강대 사학과 조교수·부교수·교수(현) 1997~1998년 한국서양사학회 편집이사 1999~2000년 미국 하버드대 교환교수 2001~2002년 한국프랑스사학회 편집이사 2005~2006년 同총무 2005~2009년 프랑스 로베스피에르학회 편집이사 2008년 서강대 교양학부 부학장 2009~2011년 同교양학부 학장 2012년 同사학과장 2013~2015년 한국프랑스사학회 회장 2017~2019년 서강대 교육대학원장 (상)전국학도호국단 전국대학생학술논문대회 우수상(1979) (저)'오늘의 역사학(共)'(1998, 한겨레출판사) '창과 십자가'(2004, 소나무) '프랑스혁명과 종교 : 센에와즈도를 중심으로'(2007, 한국문화사) '프랑스구체제의 권력구조와 사회(共)'(2009) '프랑스의 종교와 세속화의 역사(共)'(2013) '20세기 프랑스 역사가들(共)'(2016, 삼천리) (역)'프랑스혁명의 문화적 기원'(1998, 일월서각) '대서양의 역사 : 개념과 범주'(2010, 뿌리와이파리) (종)기독교

**백일헌(白日昍) PAIK ILHON**

(생)1967·4·2 (본)수원(水原) (출)경북 성주 (주)서울특별시 중구 세종대로 110 서울특별시청 기획조정실(02-2133-6800) (학)1986년 영남고졸 1993년 서강대 경영학과졸 (경)2010년 서울시 한강사업본부 공원사업부장 2011년 同행정국 서기관 2012년 대통령 공직기강비서관실 행정관 2013년 서울시 재무국 재정사업단장 2015년 同감사위원회 안전감사담당관 2017년 同복지본부 장애인복지정책과장 2017년 同기획조정실 예산담당관 2019년 同기획조정실 재정기획관 직대(현) (상)대통령표창(2008)

**백일현(白一鉉) PAEK Il Hyun**

(생)1967·12·29 (출)세종 (주)세종특별자치시 다솜로 261 국무조정실 사회복지정책관실(044-200-2286) (학)1986년 공주대사대부고졸 1990년 서울대 사회복지학과졸 2009년 서울대 행정대학원졸 (경)1991년 행정고시 합격(35회) 1993~2000년 행정조정실·국무조정실 사무관 2000~2003년 국무조정실 농수산건설심의관실 서기관 2003년 同농수산건설심의관실 해양수산정책과장 2004~2006년 직무훈련 2006년 국무조정실 외교안보심의관실 통일안보과장 2007년 同규제개혁2심의관실 일반행정과장 2008년 국무총리실 사회규제관리관실 사회규제심사1과장 2009년 同규제개혁정책관실 규제총괄과장 2010년 同농수산국토정책관(고위공무원) 2011년 교육파견 2012년 국무총리실 개발협력정책관 2014년 국무조정실 교육문화여성정책관 2015년 同공직복무관리관 2017년 同규제총괄정책관 2019년 同사회조정실 사회복지정책관(현)

**백재명(白宰明) BAEK Jae Myung**

(생)1967·11·10 (출)부산 (주)서울특별시 서초구 반포대로 158 서울고등검찰청 총무과(02-530-3261) (학)1986년 부산 동천고졸 1990년 서울대 법과대학 법학과졸 (경)1994년 사법시험 합격(36회) 1997년 사법연수원 수료(26기) 1997년 서울지검 검사 1999년 대구지검 안동지청 검사 2000년 부산지검 검사 2002년 대구지검 검사 2004년 법무부 검찰3과 검사 2006년 서울동부지검 검사 2008년 국가정보원 파견 2009년 서울동부지검 부부장검사 2010년 서울중앙지검 부부장검사 2011년 대구지검 상주지청장 2012년 서울동부지검 형사6부장 2013년 법무부 검찰국 공안기획과장 2014년 대검찰청 공안1과장 2015년 서울중앙지검 공안1부장 2016년 부산지검 공안부장 2017년 대전지검 천안지청 차장검사 2018년 대구지검 서부지청장 2019년 서울고검 검사(현)

**백재봉(白在峯) JAEBONG PAIK**

(생)1958·10·21 (출)서울 (주)서울특별시 서초구 서초대로74길 4 삼성경제연구소(02-3780-8000) (학)1977년 환일고졸 1981년 연세대졸 2004년 광운대 환경대학원졸 (경)1983년 삼성 공채 입사 2010년 삼성경제연구소 전무 2013년 대한상공회의소 화학물질안전대책단장 2013년 삼성경제연구소 부사장(현) 2013~2018년 삼성안전환경연구소 소장 겸임 2015~2016년 제8기 지속가능발전위원회 위원 2016년 대한상공회의소 환경기후위원회 위원장(현) (상)산업포장(1999), 녹색경영대상 매일경제회장표창(2010), 국민포장(2012)

**백재승(白宰昇) PAICK Jae Seung**

(생)1953·3·14 (출)서울 (주)인천광역시 계양구 계양문화로 20 메디플렉스 세종병원(032-240-8000) (학)1977년 서울대 의대졸 1980년 同대학원 의학석사 1984년 의학박사(서울대) (경)1978~1982년 서울대병원 전공의 1982년 계명대 의대 전임강사 1983년 국립의료원 과장 1985년 원자력병원 과장 1987년 서울대 의과대학 비뇨기과학교실 교수 1995년 일본 삿포로의대 초청교수 1995년 일본 관서의대 초청교수 2002~2007년 서울대병원 임상의학연구소 연구기획부장 2003년 同비뇨기과장 2007년 대한불임학회 회장 2007년 서울대병원 임상의학연구소장 2008년 대한비뇨기과학회 이사장 2009~2010년 同회장 2014~2017년 서울대병원 의학역사문화원장 2018년 메디플렉스 세종병원 비뇨의학과 진료과장(현) (상)KABI-PHARMACIA-PREIS des Forum Urodynamicume.V(1992), 국외발표우수논문상(4회), 과학기술우수논문상(2001), 해외학술상(2004), 페링해외학술상(2004), Best Abstract on Basic Science Male(2004), 서울대병원 SCI I.F상(2005·2006·2007), 대한남성과학회 해외논문 학술상(2005·2006·2008·2012), 대한비뇨기과학회 우수논문상(2006), 대한배뇨장애요실금학회 학술상(2006·2009), 서울대병원 학술상(2008·2009) (저)'폐경기 건강(共)'(2006) '비뇨기과학(共)'(2007) '미래의학(共)'(2008) '남성의 성기능 장애(共)'(2008) '제2판 배뇨장애와 요실금(共)'(2009) '남성갱년기(共)'(2009) '부인과 내분비학(共)'(2012) '제2판 남성건강학(共)'(2013) '남성건강 15대 질환 길라잡이(共)'(2015) '제3판 배뇨장애와 요실금(共)'(2015) '제3판 남성과학(共)'(2016) (종)천주교

**백재현(白在鉉) BAEK Jae Hyun** (솔뫼)
(생)1951·7·4 (출)전북 고창 (주)서울특별시 영등포구 의사당대로 1 국회 의원회관 729호(02-788-2326) (학)1969년 검정고시 합격 1979년 경기대 무역학과졸 1996년 연세대 행정대학원 고위정책과정 수료 1997년 서울대 행정대학원 정보통신정책과정 수료 (경)1970~1982년 국세청 근무 1982년 세무사 개업 1990년 한국청년회의소 재정실장 1990~1994년 광명예총 자문위원 1991~1995년 경기 광명시의회 의원 1991년 평화민주당 광명시甲지구당 부위원장 1991년 경기 광명시의회 총무상임위원장 1991~1992년 평화방송 '세무상담' 생방송 진행, 광명청년회의소 회장 1991~1998년 광명종합사회복지관 자문위원장 1995~1998년 경기도의회 의원·통상경제위원장 1995~1998년 광명문화원 부원장 1997~1999년 연청중앙회 부회장 1998~2000년 새정치국민회의 중앙위원 1998~2006년 광명시체육회 회장 1998~2002년 광명시장(국민회의·새천년민주당) 1999~2006년 (재)광명애향장학회 이사장 2002~2006년 광명시장(새천년민주당·열린우리당) 2003~2006년 (재)광명애향장학회 자원봉사센터 이사장 2007년 대통합민주신당 중앙위원 2008년 제18대 국회의원(광명시甲, 통합민주당·민주당·민주통합당) 2009~2010년 국회 지방행정체제개편특별위원회 법안심사소위원 2009~2010년 민주당 당무담당 원내부대표 2010년 국회 국토해양위원회 위원 2010년 민주당 제4정책조정위원장 2011년 同정책위원회 부의장 2011년 同주거복지특별위원회 위원장 2012년 민주통합당 정책위원회 수석부의장 2012년 제19대 국회의원(광명시甲, 민주통합당·민주당·새정치민주연합·더불어민주당) 2012~2013년 민주통합당 경기도당 위원장 2012년 국회 지방자치포럼 공동대표 2013년 국회 안전행정위원회 위원 2013~2014년 국회 정치개혁특별위원회 야당 간사 2014년 새정치민주연합 정책위원회 수석부의장 2014년 국회 산업통상자원위원회 야당 간사 2014~2015년 새정치민주연합 정책위원회 의장 2014~2015년 同새로운대한민국위원회 희망사회추진단장 2014년 국회 산업통상자원위원회 위원 2015년 국회 정치개혁특별위원회 위원 2015년 새정치민주연합 공직선거후보자검증위원장 2015년 더불어민주당 공직선거후보자검증위원장 2016년 제20대 국회의원(광명시甲, 더불어민주당)(현) 2016년 더불어민주당 전국대의원대회준비위원회 공동부위원장 2016년 同경기광명시甲지역위원회 위원장(현) 2016~2017년 同호남특별위원회 수석부위원장 2016년 국회 윤리특별위원회 위원장 2016~2017년 국회 안전행정위원회 위원 2016~2017년 국회 남북관계개선특별위원회 위원 2016년 한국아동인구환경의원연맹(CPE) 회원(현) 2016년 국회포럼 자치·분권·균형발전 공동대표(현) 2017년 국회 헌법개정특별위원회 위원 2017년 더불어민주당 제19대 문재인 대통령후보 중앙선거대책위원회 국민의나라위원회 예산부위원장 2017~2018년 국회 예산결산특별위원회 위원장 겸 추경예산안등조정소위원회 소위원장 2017년 국회 행정안전위원회 위원 2017년 남북백범포럼 부총재(현) 2018년 국회 산업통상자원중소벤처기업위원회 위원(현) (상)법률소비자연맹 국회의원 헌정대상(2013·2017·2019) (저)'CEO의 꿈은 희망을 디자인한다'(2002) '꿈이 있는 사람은 행복을 디자인한다'(2007) '힘들수록 광명정대'(2011) (종)가톨릭

**백점기(白点基) PAIK, Jeom Kee** (청곡)
(생)1957·1·7 (본)수원(水原) (출)경남 사천 (주)부산광역시 금정구 부산대학로63번길 2 부산대학교 조선해양공학과(051-510-2429) (학)1981년 부산대 조선공학과졸 1984년 일본 오사카대 대학원 조선공학석사 1987년 조선공학박사(일본 오사카대) 2012년 명예박사(벨기에 리에주대) (경)1987~1989년 한국기계연구소 선임연구원 1988년 부산대 조선해양공학과 강사 1989년 同조선해양공학과 조교수·부교수·교수(현) 1993~1994년 덴마크 공과대학 초빙교수 1993~1995년 부산대 조선해양공학과장 1994~1996년 미국 캘리포니아대 버클리교 초빙교수 1999~2000년 미국 버지니아공대 초빙교수 2000년 미국 선급협회 연구개발부 객원연구원 2000년 영국왕립조선학회 상임이사(현) 2000~2003년 국제선박해양플랜트전문가회의(ISSC) 충돌좌초전문가위원회 위원장 2003~2006년 同노후선박안정성평가전문가위원회 위원장 2003~2012년 국제표준화기구(ISO) TC8/SC8/WG3 의장(선박구조강도 국제표준개발) 2004년 영국왕립조선학회 한국지회장 2006년 국제학술논문집 'Ships and Offshore Structures' 편집장(현) 2006~2013년 UNESCO '조선해양플랜트 기술 백과사전' 편집장 2006~2007년 부산대 조선해양공학과장 2006~2007년 호주 뉴캐슬대 초빙교수 2006~2012년 국제선박해양플랜트전문가회의(ISSC) 최종강도기술자문위원장 2006~2013년 제2단계 Brain Korea 21 사업단장(IT기반 선박·해양플랜트설계분야) 2008~2015년 World Class Univ. 사업단장(비선형구조역학기술분야) 2008년 부산대-로이드선급재단 우수연구센터장(현) 2009~2015년 국제학술논문집 'Structural Longevity' 편집장 2011~2015년 이탈리아 선급협회 한국조선자문위원장 2011~2013년 국제해양플랜트대학원대 설립위원장 2011년 부산대 선박해양플랜트기술연구원장(현) 2012~2014년 대한조선학회 선박해양플랜트구조연구회장 2012년 일본 선급협회 기술자문위원장(현) 2013~2017년 말레이시아 페트로나스공대 자문이사 2013년 미국 조선해양공학회의 국제업무담당 부회장(현) 2013년 (사)화재폭발안전포럼 이사장(현) 2015년 영국 런던대 Department of Mechanical Engineering 교수(1년 중 2~3개월 가량 강의)(현) 2017년 중국 남방과학기술대 명예교수(현) 2017년 영국 스트래스클라이드대 명예교수(현) 2018년 영국 애버딘대 명예교수(현) 2019년 영국 왕립조선학회 부회장(현) (상)영국왕립조선학회 최우수논문상(1995·2008·2010·2013), 부산대 공대 공학상(1995), 대한조선학회 우수논문상(1996), 한국과학기술단체총연합회 우수논문상(1996), 영국 국제인명센터(IBC) 20세기 세계 우수과학자 2000인상(1999), 미국 조선학회 최우수논문상(2000), 영국 기계공학회 최우수논문상(2002), 제1회 부산과학기술공학상(2002), 미국조선학회 최우수논문상(2004), 영국 국제인명센터(IBC) The Da Vinci Diamond(2007), 영국왕립조선학회 최고과학기술상(2008), 대한조선학회 학술상(2008), OMAE 학술상(2010), International Conference on Computational & Experimental Engineering 'THH Pian' 메달(2011), 벨기에 리에주대 Doctor Honoris Causa(2012), 미국조선해양공학회 데이비드 W. 테일러 메달(David W. Taylor Medal)(2013), 경암학술상 공학부문(2013), 과학기술훈장 웅비장(2014), 영국왕립조선학회 윌리엄 프루드 메달(William Froude Medal)(2015) (저)'Computational Analysis of Complex Structures'(2003, 미국 토목공학회) 'Ultimate Limit State Design of Steel-Plated Structures'(2003, John Wiley & Sons) 'Engineering Design Reliability Handbook'(2005, 미국 CRC Press) 'Ship-shaped Offshore Installations : Design, Building, and Operation'(2007, 영국 Cambridge Univ. Press Installations Computational & Experimental Engineering) 'Condition Assessment of Aged Structures'(2008, 미국 CRC Press) 'Ship Structural Analysis and Design'(2010, 미국 조선학회) 'Advanced Structural Safety Studies With Extreme Conditions and Accidents'(2019, 영국 Springer) (종)불교

**백정현(白正鉉) Baek Jeong Hyun**
(생)1962·11·11 (출)경북 고령 (주)경상북도 경주시 화랑로 89 대구지방법원 경주지원(054-770-4300) (학)1982년 대구 성광고졸 1989년 영남대 법학과졸 (경)1992년 사법시험 합격(34회) 1995년 사법연수원 수료(24기) 1995년 대구지법 판사 1998년 同경주지원 판사 2000년 대구지법 판사, 同포항지원 판사 2007년 대구고법 판사 2009년 대구지법 판사 2010년 부산지법 동부지원 부장판사 2011년 대구지법 안동지원장 2013년 同부장판사 2018년 대구지법 경주지원장 겸 대구가정법원 경주지원장(현)

**백정호(白正鎬) Baek, Jeong Ho**

(생)1958·9·3 (출)부산 (주)부산광역시 사하구 신산로 99 (주)동성그룹 회장실(051-200-4532) (학)1981년 연세대 사회학과졸 (경)1992년 동성그룹 회장(현) 2003년 駐韓캐나다 명예영사(현) 2012년 부산상공회의소 부회장(현) 2016년 한국메세나협회 부회장(현) (상)매일경제 선정 '대한민국 글로벌리더'(2015)

**백종범(白鍾範) Jong-Beom Baek**

(생)1967·3·17 (본)수원(水原) (출)경북 고령 (주)울산광역시 울주군 언양읍 유니스트길 50 울산과학기술원(UNIST) 에너지및화학공학부(052-217-2510) (학)1991년 경북대 공업화학과졸 1993년 同대학원 고분자공학과졸 1998년 고분자공학박사(미국 애크런대) (경)1998년 미국 케이스웨스턴리저브대 고분자학부 박사 후 연구원 1998~1999년 미국 캔드주립대 액정연구소(LCI) 박사 후 연구원 1999~2003년 미국공군연구소(AFRL/UDRI) 고분자부 연구원(P2) 2003~2008년 충북대 화학공학부 조교수·부교수 2008~2009년 미국 조지아공대 방문연구원 2008~2015년 울산과학기술대(UNIST) 에너지 및 화학공학부 교수 2011~2015년 同저차원탄소혁신소재연구센터장 2014년 同차원조절유기구조체연구단장 2015년 울산과학기술원(UNIST) 에너지및화학공학부 교수(현) 2015년 同저차원탄소혁신소재연구센터장 2015년 同차원조절유기구조체(창의연구단)연구단장(현) 2016~2017년 미국 에너지성 퍼시픽노스웨스트국립연구소(PNNL) 방문연구원 (상)국비장학생(1993), 미국 학술진흥재단 연구원상(1999), 충북대 연구부문 우수교원상(2005), 학술진흥재단 '우수 연구성과 51' 선정(2007), 충북대 공적상(2007), 교육과학기술부 우수교원장관표창(2011), 한국연구재단 '우수 연구성과 50' 선정(2011), 국가기술자문위원회 '우수연구성과 100선' 선정(2011), 지식경제부장관표창(2013), 한국과학기술단체총연합회 2015 대한민국 10대 과학기술뉴스선정(2015), 미래창조과학부 최우수연구성과 12선 선정(2016)

**백종빈(白鍾彬)**

(생)1958·5·13 (주)인천광역시 남동구 정각로 29 인천광역시의회(032-440-6061) (학)검정고시 합격, 한국방송통신대 관광학과 재학 중 (경)인천 옹진군농업경영인회 회장, 인천 옹진군선거관리위원회 위원 2006·2010~2014년 인천시 옹진군의회 의원(민주당·민주통합당·새정치민주연합) 2010~2012년 同부의장 2014년 농업협동조합중앙회 인천옹진농협 조합장 2018년 인천시의회 의원(더불어민주당)(현), 同운영위원회 위원(현), 同건설교통위원회 부위원장(현)

**백종수(白種琇) BAEK Jong Soo**

(생)1960·11·26 (출)인천 (주)서울특별시 서초구 서초대로74길 4 삼성생명서초타워 17층 법무법인 동인(02-2046-0825) (학)1979년 부평고졸 1983년 고려대 법학과졸 1985년 경희대 행정대학원졸 (경)1985년 사법시험 합격(27회) 1988년 사법연수원 수료(17기) 1988년 육군 법무관 1991년 전주지검 검사 1993년 대전지검 서산지청 검사 1994년 서울지검 북부지청 검사 1996년 대구지검 검사 1998년 대검찰청 검찰연구관 2000년 부산지검 부부장검사 2000년 전주지검 남원지청장 2001년 법무연수원 기획부 교수 2002년 서울지검 북부지청 부부장검사 2002년 교육 파견(미국 뉴욕검찰청) 2003년 수원지검 공판송무부장 2003년 법무연수원 기획과장 2004년 대검찰청 감찰2과장 2005년 광주지검 형사2부장 2006년 서울서부지검 형사1부장 2007년 대구지검 서부지청 차장검사 2008년 법무연수원 연구위원 2009년 서울고검 검사 2009년 인천지검 부천지청장 2010년 대구지검 1차장검사 2011년 광주고검 차장검사 2012년 대검찰청 형사부장 겸 공판송무부장 2012년 제주지검장 2013년 서울북부지검장 2013~2015년 부산지검장 2015년 법무법인(유) 동인 구성원변호사(현) 2018년 (주)KT&G 사외이사(현)

**백종원(白鍾元) Paik Jong Won**

(생)1966·9·4 (출)충남 예산 (주)서울특별시 강남구 봉은사로1길 39 유성빌딩 4층 (주)더본코리아(02-549-3864) (학)1985년 서울고졸 1989년 연세대 사회복지학과졸 (경)1994년 (주)더본코리아 대표이사(현) 2005년 더본차이나 대표이사(현) 2008년 더본아메리카 대표이사(현) 2010~2011년 SBS '진짜 한국의 맛' 출연 2012년 더본재팬 대표이사(현) 2012년 학교법인 예덕학원(예산고·예화여고) 이사장(현) 2014년 O'live '한식대첩2' 심사위원 2015년 MBC '마이리틀 텔레비전' 출연 2015~2017년 tvN '집밥 백선생' 출연 2015년 O'live '한식대첩3' 심사위원 2015~2017년 SBS '백종원의 3대 천왕' 진행 2016년 충남 예산군 명예홍보대사 2017년 동국대 문화예술대학원 예술경영학과 객원교수 2017년 '제16회 식품안전의날' 홍보대사 2017년 SBS '백종원의 푸드트럭' 출연 2018년 SBS '백종원의 골목식당' 진행(현) 2018년 tvN '스트리트 푸드 파이터' 출연 2018년 O'live '한식대첩-고수외전' 심사위원 출연 2019년 tvN '고교급식왕' 출연(현) (상)우수 외식 프랜차이즈 농수산식품부장관표창(2011), 안전행정부장관표창(2013), SAF SBS 연예대상 특별상(2016), SBS 연예대상 공로상(2017), 소비자의날 국무총리표창(2017), 2018 자랑스러운 연세인상(2018) (저)'돈 버는 식당 비법은 있다'(2004, 청림출판) '백종원의 식당 조리비책'(2009, 한국외식정보) '전문식당'(2010, 서울문화사) '작은식당'(2010, 서울문화사) '외식 경영전문가 백종원의 창업 레시피 세트'(2010, 서울문화사) '백종원의 육'(2013, 한국외식정보) '백종원이 추천하는 집밥 메뉴 52'(2014, 서울문화사) '백종원이 추천하는 집밥 메뉴 54'(2016, 서울문화사) '백종원의 장사 이야기'(2016, 서울문화사) '백종원이 추천하는 집밥 메뉴 55'(2017, 서울문화사) '백종원의 식당 조리비책'(2018, 한국외식정보) '백종원의 혼밥 메뉴'(2018, 서울문화사) '백종원의 도전 요리왕 1'(2019, 위즈덤하우스) '백종원이 추천하는 집밥 메뉴 56'(2019, 서울문화사)

**백종일**

(생)1962 (출)광주 (주)서울특별시 영등포구 의사당대로 97 교보증권 빌딩 9층 JB자산운용(02-3782-5000) (학)1987년 고려대졸 (경)1987년 대신증권(주) 근무, JP모건 근무, 현대증권(주) 근무, 페가수스PE 근무 2015~2019년 전북은행 여신지원본부 부행장 2019년 JB자산운용(주) 대표이사(현)

**백종천(白鍾天) BAEK Jong Chun (河松)**

(생)1943·7·30 (출)광주 (주)경기도 성남시 수정구 대왕판교로851번길 20 (재)세종연구소(031-750-7500) (학)1962년 목포고졸 1966년 육군사관학교졸 1970년 서울대 정치학과졸 1972년 同대학원졸 1980년 정치학박사(미국 노스캐롤라이나대) (경)1981년 육군사관학교 정치학과 조교수 겸 사회과학과장 1983년 미국 포틀랜드주립대 초빙교수 1985년 미국 메릴랜드대 국제발전연구소 객원연구위원 1986년 육군사관학교 부교수 겸 인문사회과학처장 1988년 同교수 겸 교학처장 1990년 同화랑대연구소장 1993년 同교수부장 1994~1999·2003년 대통령자문 정책기획위원 1995년 예편(준장) 1995년 (재)세종연구소 수석연구위원 1996~1999년 同부소장 1999~2001년 국방정책자문위원 2000~2006년 (재)세종연구소 소장 2000년 한국국제정치학회 회장 2000~2003년 통일부 통일정책평가위원장·위원 2005년 동북아시대위원회 위원 2005~2006년 대통령직속 국방발전자문위원회 위원 2006~2008년 대통령 통일외교안보정책실장(장관급) 2006~2008년 국가안전보장회의(NSC) 사무처장·상임위원장 겸임 2018

년 (재)세종연구소 이사장(현) (상)보국훈장 삼일장(1988), 대통령표창(1993), 청조근정훈장(2009) (저)'한반도 공동안보론(共)'(1993) '한반도 군비통제의 이론과 실제(共)'(1993) '한국의 군대와 사회(共)'(1994) '한·미 군사협력 : 현재와 미래(共)'(1998) '탈냉전기 한국 대외정책의 분석과 평가(共)'(1998) '21세기 동북아 평화증진과 북한(共)'(2000) '2000년대초 동북아 군비경쟁과 군비통제(共)'(2001) '한미동맹 50년(編)'(2003) '한국의 국가전략(編)'(2004) '한반도 평화안보론'(2006) (종)기독교

### 백종현(白琮鉉) PAEK Chong Hyon

(생)1950·3·29 (본)수원(水原) (출)전북 부안 (주)서울특별시 관악구 관악로 1 서울대학교 철학과(02-880-5114) (학)1969년 전주고졸 1973년 서울대 철학과졸 1975년 同대학원졸 1985년 철학박사(독일 Freiburg대) (경)1975~1978년 육군제3사관학교 교수부 전임강사(대위) 1986~1988년 인하대 철학과 조교수 1988~2015년 서울대 철학과 조교수·부교수·교수 1994~1998년 한국철학회 '철학' 편집인 1999~2001년 한국칸트학회 회장 2002~2004년 서울대 철학사상연구소장 2002~2004년 철학연구회 부회장 2003~2007년 한국철학회 철학용어정비위원장 2004~2007년 서울대 법인이사 2007~2013년 同BK21 철학교육연구사업단장 2013~2015년 同인문학연구원장 2015~2016년 (사)한국철학회 회장 겸 이사장 2015~2016년 철학문화연구소 소장 2015년 서울대 철학과 명예교수(현) 2015년 한국포스트휴먼학회 회장(현) (상)서우철학상(2002), 서울대 교육상(2007), 한국출판문화상(2007) (저)'칸트 순수이성비판에서 대상개념에 대한 현상학적 연구'(1985) '칸트비판철학의 형성과정과 체계'(1992) '칸트 실천이성비판 논고'(1995) '독일철학과 20세기 한국의 철학'(1998) '칸트 비판철학의 체계' '철학논설-대화하는 이성'(1999) '존재와 진리 : 칸트 순수이성비판의 근본문제'(2000) '서양근대철학'(2001·2003) '존재와 진리'(2002·2008) '윤리개념의 형성'(2003) '사회운영원리'(2004) '철학의 개념과 주요문제'(2007) '시대와의 대화 : 칸트와 헤겔의 철학'(2010) '칸트 이성철학 9서 5제'(2012) '동아시아의 칸트철학'(2014, 아카넷) '포스트휴먼시대의 휴먼'(2016, 아카넷) '이성의 역사'(2017, 아카넷) '한국 칸트사전'(2019, 아카넷) (역)'실천이성비판'(2002) '윤리형이상학 정초'(2005) '순수이성비판'(2006) '판단력 비판'(2009, 아카넷) '이성의 한계 안에서의 종교'(2011, 아카넷) '윤리형이상학'(2012, 아카넷) '형이상학 서설'(2012, 아카넷) '영원한 평화'(2013, 아카넷) '실용적 관점에서의 인간학'(2014, 아카넷)

### 백준기(白俊基) PAIK Joon Ki

(생)1960·7·10 (주)서울특별시 동작구 흑석로 84 중앙대학교 첨단영상대학원 영상공학과(02-820-5300) (학)1984년 서울대 제어계측학과졸 1987년 미국 노스웨스턴대 대학원 전기 및 컴퓨터공학과졸 1990년 전기 및 컴퓨터공학박사(미국 노스웨스턴대) (경)1987~1990년 미국 노스웨스턴대 연구조교 1990~1992년 삼성반도체 선임연구원 1999년 중앙대 첨단영상대학원 영상공학과 교수(현) 2005~2007년 同영상대학원장 2005년 서울미래형콘텐츠컨버전스클러스터사업단 단장 2006~2008년 대한전자공학회 이사 2006년 IT-CT컨버전스워크샵 학술위원 2006년 한국·핀란드컬러영상처리워크샵 위원장 2006~2007년 문화관광부 CT중장기발전위원회 위원 2007년 IEEE Seoul Section 이사 2008년 삼성전자(주) 반도체총괄 시스템LSI사업부 기술고문 2008~2009년 대검찰청 자문위원 2013~2016·2019년 중앙대 첨단영상대학원장(현) 2017년 대한전자공학회 수석부회장 2018년 同회장 (상)국제전기전자기술협회(IEEE) 최우수논문상(2011) (저)'신호와 시스템'(2003·2007·2008) '디지털 엔터테인먼트'(2004) (역)'CMOS VLSI 설계원리'(2004·2005)

### 백준기 Jun Kee Baek

(생)1964·9·29 (주)서울특별시 강북구 4.19로 123 통일부 통일교육원(02-901-7100) (학)1988년 고려대 정치외교학과졸 1992년 同대학원 정치외교학과졸 1998년 정치학박사(러시아 모스크바국립대) (경)1999~2018년 한신대 국제관계학부 교수, 미국 하버드대 방문학자, 미국 케임브리지대 객원연구원, 민주평통 자문위원·상임위원, 동북아평화연구소 운영위원장, 한국정치학회 이사, 통일부 남북관계발전위원회 위원 2010~2014년 학교법인 동원육영회 이사, 한신대 정치학과장, 同국제평화인권대학원장, 국회 헌법개정특별위원회 자문위원, 한국유라시아학회 회장, 코리아컨센서스연구원 원장 2015년 한신대 국제관계학부장 2017년 한국지방정치학회 이사 2017년 한신대 기획처장 2017년 同총장 직대 2018년 통일부 통일교육원 원장(고위공무원)(현) (저)'유라시아 제국의 탄생 : 유라시아 외교의 기원'(2014, 홍문관)

### 백지숙(白智淑·女) BAK Ji Sook

(생)1964·7·21 (주)서울특별시 중구 덕수궁길 61 서울시립미술관(02-2124-8803) (학)1988년 연세대 인문대 사회학과졸 1990년 서울대 대학원 미학과졸 (경)미술·문학평론가, 전시기획자, 계원조형예술대 강사, 포럼A 편집위원, 한국문화예술진흥원 인사미술공간프로젝트디렉터 2000년 문화관광부 '2001 지역문화의 해' 문화예술기획추진위원 2006년 제6회 광주비엔날레 공동큐레이터 2007년 아르코미술관 운영·관리총괄 전시감독 2008년 同관장 2011~2019년 아뜰리에에르메스 아티스틱디렉터 2012~2016년 (재)안양문화예술재단 안양공공예술프로젝트 예술감독, SeMA 비엔날레 '미디어시티서울 2016' 예술감독 2019년 서울시립미술관 관장(현) (저)'이미지에게 말 걸기'(1995) '짬뽕'(1997) '작가론'(共) (역)'이미지는 모든 것을 삼킨다'

### 백지아(白芝娥·女) Paik Ji-ah

(생)1963·1·1 (주)서울특별시 종로구 사직로8길 60 외교부 인사운영팀(02-2100-7136) (학)경명여고졸 1985년 서울대 외교학과졸 1989년 미국 존스홉킨스 School of Advanced International Studies(SAIS)졸(석사) (경)1984년 외무고시 합격(18회) 1985년 외무부 입부 1991년 駐뉴욕 영사 1992년 駐유엔대표부 2등서기관 1998년 駐태국 1등서기관 2001년 대통령비서실 파견 2002년 외교통상부 인권사회과장 2004년 駐제네바대표부 참사관 2004~2008년 유엔 인권소위원회 교체위원 2006년 駐말레이지아 공사참사관 2009년 외교통상부 국제기구국 협력관 2009년 同저출산·고령사회문제담당 대사 겸임 2010~2012년 同국제기구국장 2013년 외교부 안보리업무지원대사 2013년 駐유엔대표부 차석대사 2015년 외교부 국제안보대사 2016~2017년 同기획조정실장 2017년 국립외교원 외교안보연구소장 2017년 외교부 '한·일 일본군 위안부 피해자 문제 합의 검토 TF(태스크포스)' 위원 2018년 駐제네바 대사(현) 2018년 국제노동기구(ILO) 정부그룹 의장(현) 2018년 세계무역기구(WTO) 우즈벡가입작업반 의장(현) (상)홍조근정훈장(2012)

### 백지호 BAEK JI HO

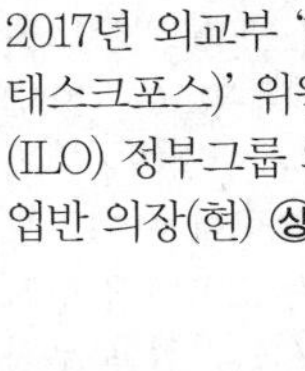

(생)1964·9 (출)서울 (주)경기도 용인시 기흥구 삼성로 1 삼성디스플레이(주) 임원실(031-5181-1114) (학)한성고졸, 연세대 경제학과졸, 서울대 대학원 경영학과졸 (경)삼성전자(주) 메모리사업부 마케팅팀 부장 2009년 同메모리사업부 전략마케팅팀 상무 2015년 同메모리사업부 전략마케팅팀 전무, 同무선사업부 전략마케팅실 전무 2018년 삼성디스플레이(주) 전무 2019년 同OLED사업부 전략마케팅팀장(부사장)(현)

**백진현(白珍鉉) PAIK Jin Hyun**

(생)1958·2·1 (본)수원(水原) (출)부산 (주)서울특별시 관악구 관악로 1 서울대학교 국제대학원(02-880-8513) (학)1976년 경기고졸 1980년 서울대 법대졸 1983년 미국 컬럼비아대 대학원졸 1989년 법학박사(영국 케임브리지대) (경)1985년 네덜란드 헤이그 국제법아카데미 연구원 1988년 미국 뉴욕주 변호사 1990~1997년 외교안보연구원 교수 1994~1997년 대통령자문 정책기획위원 1997년 서울대 국제지역원 교수 2000년 미국 랜드연구소 초빙연구원 2000년 외교통상부 정책자문위원 2001년 서울대 국제대학원 교수(현) 2005년 同국제대학원 부원장 2006~2014년 해성국제문제윤리연구소 소장 2008~2011년 (사)한국유엔체제학회(KACUNS) 회장 2009년 국제해양법재판소(ITLOS) 재판관 2010~2012년 서울대 국제대학원장 2015년 국제법학술원(IDI) 종신회원(현) 2015년 아시아국제법학회 회장 2017년 국제중재재판소 소장(현) 2017년 국제해양법재판소(ITLOS) 소장(현) (저)'한반도 평화체제의 모색'(共) '국제기구와 한국외교(共)'(1996) '4자회담과 한반도평화(共)'(1997) 'Maritime security and Cooperation' (종)기독교

**백찬하(白欑河) BAEK Chan Ha**

(생)1964·11·1 (출)경기 (주)서울특별시 서초구 반포대로 158 서울고등검찰청 총무과(02-530-3261) (학)1983년 대성고졸 1987년 서울대 법학과졸 (경)1986년 사법시험 합격(28회) 1989년 사법연수원 수료(18기) 1989년 서울지검 검사 1991년 대구지검 경주지청 검사 1993년 수원지검 검사 1995년 대구지검 검사 1997년 법무부 검찰국 검사 1999년 서울지검 동부지청 검사 2001년 同동부지청 부부장검사 2001년 사법연수원 교수 2003년 인천지검 공판송무부장 2004년 청주지검 부장검사 2005년 대전지검 논산지청장 2006년 서울서부지검 형사3부장 2007년 同형사1부장 2008~2011년 서울고검 검사 2008년 진실화해를위한과거사정리위원회 파견 2012년 서울고검 검사 2015~2017년 수원지검 부장검사 2015~2017년 同중요경제범죄조사단장 겸임 2017년 서울서부지검 중요경제범죄조사단장 2018년 대전고검 검사 2018년 同차장검사 직대 2019년 서울고검 검사(현) (상)홍조근정훈장(2011)

**백창곤(白昌坤) PAIK Chang Gohn**

(생)1944·9·20 (본)수원(水原) (출)경북 청송 (학)1963년 계성고졸 1967년 한국외국어대 스페인어학과졸 2002년 경희대 국제법무대학원졸 (경)1981년 대한무역투자진흥공사 산호세무역관장 1985년 同기획과장 1987년 同마이애미무역관장 1990년 同총무과장 1991년 同인사교육과장 1992년 同멕시코시티무역관장 1994년 同대구·경북무역관장 1996년 同기획관리처장 1997년 同중남미지역본부장 1998년 同외국인투자지원센터 소장 1999년 同외국인투자지원센터 소장(이사) 2000~2002년 同전략경영본부장 겸 부사장 2002~2008년 (주)대구전시컨벤션센터 대표이사 사장 2003~2008년 (사)대구컨벤션뷰로 이사장 2008~2018년 同대표이사 2008년 계명대 관광경영학과 초빙부교수 2009~2012년 同정책대학원 전시컨벤션학과 초빙부교수 2009~2012년 한국컨벤션학회 부회장 2010~2013년 한국무역전시학회 회장 2013~2017년 한국컨벤션학회 명예회장 2015년 한국MICE협회 부회장 2017년 (사)한국MICE관광학회 명예회장(현) (상)상공부장관표창(1990), 국무총리표창(1996), 석탑산업훈장(2001), 철탑산업훈장(2018) (종)기독교

**백창훈(白昌勳) BAEK Chang Hoon**

(생)1957·7·24 (본)수원(水原) (출)부산 (주)서울특별시 종로구 사직로8길 39 세양빌딩 김앤장법률사무소(02-3703-1067) (학)1976년 경기고졸 1980년 서울대 법학과졸 1993년 미국 캘리포니아대 버클리교 Visiting Scholar (경)1981년 사법시험 합격(23회) 1983년 사법연수원 수료(13기) 1983년 軍법무관 1986년 서울민사지법 판사 1989년 서울형사지법 판사 1990년 청주지법 판사 1992년 서울지법 판사 1994~1997년 법원행정처 법정심의관 1997~1998년 서울고법 판사 1998년 창원지법 진주지원 부장판사 1999~2000년 同진주지원장 2000~2002년 사법연수원 교수 2002년 김앤장법률사무소 변호사(현) 2002년 중앙일보 법률자문위원 2009년 도산법연구회 이사 2010년 민사판례연구회 운영위원 2010~2013년 두산건설 사외이사 2014~2016년 감사원 정책자문위원 2015년 증권법학회 이사 2015~2017년 학교법인 대양학원 이사 2015년 U.C. Berkeley Law School 한국동창회 회장(현) 2015~2016년 한양대 법학전문대학원 교수 2016~2019년 두산밥캣 사외이사 (상)체임버스앤파트너스 한국소송 선두전문가상(2014) (저)'회사정리법(개정판) 상·하(共)'(2002, 한국사법행정학회)

**백태균(白泰均) BAEK TAE GYUN**

(생)1963·4·9 (출)경남 밀양 (주)부산광역시 연제구 법원로 38 로펌빌딩 7층 법무법인 유석(051-714-6661) (학)1982년 밀양 밀성고졸 1990년 부산대 법학과졸 (경)1994년 사법시험 합격(36회) 1997년 사법연수원 수료(26기), 부산지법 판사 2006년 부산고법 판사 2009년 부산지법 판사 2011년 울산지법 판사 2012~2014년 창원지법 밀양지원장 2014년 법무법인 유석 대표변호사(현)

**백태현(白泰鉉) BAIK Tae Hyun**

(생)1965·2·2 (출)서울 (주)서울특별시 종로구 세종대로 209 통일부 정세분석국(02-2100-5866) (학)1983년 이대사대부고졸 1987년 서울대 공법학과졸 1989년 고려대 대학원 행정학과 중퇴 2000년 미국 미네소타대 Law School졸(LL.M.) 2012년 북한대학원대 박사과정 중 (경)1991년 행정고시 합격(35회) 1992~1995년 통일부 통일정책실 사무관 1995~1996년 駐독일대사관 통일연구관(3등서기관) 1998~1999년 통일부 차관비서관 2001년 同교류협력국 총괄과 사무관 2003년 同통일정책실 정책총괄과 서기관 2004~2006년 대통령비서실 행정관 2007년 통일부 정책홍보본부 정책총괄팀장 2008~2009년 同통일정책실 정책기획과장 2009~2010년 미국 스팀슨센터 객원연구원 2011년 통일부 기획조정실 기획재정담당관 2012년 대통령실 행정관(부이사관) 2013년 통일부 장관비서관 2014년 同교류협력국장 2015년 중앙공무원교육원 교육파견 2016년 대통령비서실 선임행정관 2017년 통일부 대변인(고위공무원) 2019년 同기획조정실 정책기획관 2019년 同정세분석국장(현) (상)대통령표창(2008) (종)기독교

**백학선(白學善)**

(생)1970·6·19 (출)서울 (주)제주특별자치도 제주시 구산로 65 제주지방해양경찰청 경비안전과(064-801-2041) (학)1989년 서울 자양고졸 1993년 한국해양대졸 (경)1997년 경위 임관(경찰간부후보 45기) 2004년 동해지방해양경찰청 속초해양경찰서 257함장(경감) 2008년 해양경찰청 재정담당관실 근무 2010년 동해지방해양경찰청 포항해양경찰서 1003함장(경정) 2012년 해양경찰청 창의성과팀장 2012년 同예산팀장 2016년 동해지방해양경찰청 동해해양경찰서 5001함장(총경) 2017년 서해5도 특별경비단장 2017년 남해지방해양경찰청 경비과장 2018년 동해지방해양경찰청 속초해양경찰서장 2018년 제주지방해양경찰청 경비안전과장(현)

**백학순(白鶴淳) PAIK Hak Soon**

(생)1954·6·15 (본)수원(水原) (출)전남 보성 (주)경기도 성남시 수정구 대왕판교로851번길 20 세종연구소(031-750-7520) (학)1973년 광주제일고졸 1977년 서울대 영어교육학과졸 1982년 同대학원 정치학과 수료 1986년 미국 Univ. of Georgia 대학원 정치학과졸 1993년 정치학박사(미국 Univ.

ㅂ

of Pennsylvania) (경)1994년 세종연구소 남북한관계연구실 수석연구위원, 同통일전략연구실 수석연구위원 1994년 서재필기념회 이사(현) 1996년 미국 Harvard Univ. Korea Institute Post-doctoral Fellowship 2002~2007년 세종연구소 남북한관계연구실장 2002~2007년 同북한연구센터장 2002~2006년 KBS 남북교류협력단 자문위원 2003~2008년 통일부 자체평가위원장 2005~2008년 同통일정책자문회의 통일정책분과위원장 2005년 KBS 객원해설위원 2005년 한국정치학회 한미학술교류협력특별위원회 위원장 2006년 同부회장 2006~2010년 외교통상부 정책자문위원 2006~2008년 서울·워싱턴포럼 사무총장 2006년 민족화해협력범국민협의회 정책위원장 2007년 김대중평화센터 자문위원(현) 2007년 아리랑국제평화재단 자문위원 2008~2010년 국회 외교통상통일분과위원회 정책자문위원 2009~2013년 통일부 남북관계발전위원회 위원 2009~2014년 경제정의실천시민연합 통일협회 이사 2009~2011년 한반도평화포럼 운영위원 2009~2010년 북한연구학회 부회장 2009~2010년 세종연구소 남북한관계연구실장 2010년 광주평화재단 자문위원(현) 2012년 한반도평화포럼 이사(현) 2014년 정책네트워크 내일 이사 2015년 한반도평화포럼 대외집행위원장 2018년 세종연구소 제10대 소장(현) (저)'남북한 통일외교의 구조와 전략(編)'(1997) '북한문제의 국제적 쟁점(共·編)'(1999) '국가형성 전쟁으로서의 한국전쟁'(1999) '북한의 근로단체 연구'(共) '김정일시대의 당과 국가기구(共)'(2000) '21세기 남북관계와 대북전략(共)'(2000) '21세기 남북한과 미국(共)'(2001) '부시정부 출범 이후의 북미관계 변화와 북한 핵문제'(2003) '북한의 국가전략(共)'(2003) '베트남의 개혁·개방경험과 북한의 선택'(2003) '북한의 개혁·개방과 탈사회주의화 전망'(2003) '북한의 대외관계(共)'(2007) '북한의 당·국가기구·군대(共)'(2007) '김대중정부와 노무현정부의 대북정책비교'(2009) '역대 남한정부의 대북·통일정책 : 정체성과 이익의 정치'(2009) '북한권력의 역사 : 사상 정체성 구조'(2010) '북한정치에서의 군대 : 성격·위상·역할'(2011)

**백헌기(白憲基) BAEK Hun Ki**

(생)1955·12·4 (본)수원(水原) (출)인천 (주)서울특별시 관악구 조원로 24 새한빌딩 2층 안전생활실천시민연합(02-843-8616) (학)2010년 숭실대 경영대학원졸(경영학석사) (경)1989~2000년 한국공항 노조위원장(4선) 1994~1999년 한국노동조합총연맹 서울지역본부 부의장 1995~2000년 전국연합노동조합연맹 부위원장 1997~2002년 서울지방노동위원회 근로자위원 1998~2001년 서울시실업대책위원회 대책위원 2000~2008년 전국연합노동조합연맹 위원장 2000~2012년 중앙노동위원회 위원 2000~2011년 최저임금위원회 위원 2001~2008년 한국노동조합총연맹 부위원장 2001~2013년 민주평통 자문위원 2005~2011년 한국노동조합총연맹 사무총장 2005~2008년 한국노동교육원 비상임이사 2005~2010년 국제노동재단 이사 2005~2008년 중앙근로자복지정책위원회 정책위원 2005~2011년 국민건강보험공단 재정운영위원 2005~2008년 한국산재의료원 비상임이사 2006~2009년 저출산고령화대책연석회의 위원 2006~2011년 중소기업직업능력개발지원사업심의위원회 위원 2006~2011년 예산자문회의 위원 2006~2011년 세제발전심의위원회 위원 2006~2008년 서울남부지법 조정위원 2007~2011년 경제사회발전노사정위원회 상임위원 2007~2011년 노사발전재단 이사 2009~2011년 근로복지공단 이사 2010~2011년 국민건강보험공단 재정운영위원회 직장가입자대표 2011년 한전KPS 사외이사 2011~2014년 한국안전보건공단 이사장 2015~2018년 기획재정부 공공기관운영위원회 위원 2015년 안전생활실천시민연합 부대표(현) 2015~2018년 고용노동부 기타공공기관평가위원 2017년 한국노동연구원 노사관계고위지도자과정 총동문회 회장(현) 2017년 119안전재단 비상임이사(현) (상)국무총리표창(1995), 금탑산업훈장(2008), 한국경제신문 2012 올해의 CEO 대상(2012), 베트남정부 훈장(2012), 몽골정부 훈장(2012), 캄보디아정부 훈장(2013), 동아일보 2013 창조경제 CEO 대상(2013)

**백 현(白 鉉) Harry Baek**

(생)1963·8·15 (주)서울특별시 종로구 세종대로 149 광화문빌딩5층 롯데관광개발(주) 임원실(02-2075-3020) (학)2002년 경희대 경영대학원 경영학과졸 2005년 호텔관광학박사(경희대) (경)종로청계관광특구발전위원회 부회장, 대한상공회의소·서울상공회의소 관광사업위원회 위원(현), 서울시 관광발전협의회 위원(현), 한국관광공사 크루즈관광 자문위원(현), 제주도크루즈발전협의회 부회장(현), 제주도 크루즈산업진흥특구 위원(현), 한국공항공사 자문위원(현), 강원도크루즈발전협의회 위원(현), 서울시관광협회 일반여행업위원회 위원(현), 경희대 관광대학원 관광경영학과 겸임교수, 롯데관광개발(주) 해외영업본부장(영업이사) 2001년 同해외영업총괄본부장(상무이사) 2004년 同해외영업총괄본부장(전무이사) 2007년 (주)NH여행 초대 대표이사, 롯데관광개발(주) 총괄부사장 2014년 코레일관광개발(주) 비상임이사(현) 2015년 롯데관광개발(주) 대표이사 사장(현) (상)대통령표창(2012)

**백현기(白鉉己) BAEK Hyun Kie**

(생)1952·3·9 (출)전남 장흥 (주)서울특별시 강남구 봉은사로 524 법무법인(유) 로고스(02-2188-1006) (학)1971년 광주제일고졸 1976년 한양대 법학과졸 1982년 한림대 어학연수과정 수료 1989년 서울대 사법발전연구과정 수료(2기) 1994년 미국 산타클라라대 미국법입문과정 수료 2001년 한국외국어대 세계경영대학원 GAMP(글로벌최고경영자과정) 수료 2010년 법학박사(한양대) (경)1979년 사법시험 합격(21회) 1981년 사법연수원 수료(11기) 1981~1984년 대전지법 판사 1985~1988년 인천지법 판사 1988~1989년 서울지법 남부지원 판사 1989~1991년 서울형사지법 판사 1991~1994년 서울고법 판사 1994년 (사)기독대학인회 이사(현) 1995년 대한상사중재원 중재인(현) 1996~1998년 한국교원단체총연합회 교권옹호위원회 위원 1997~2003년 한양대총동문회 부회장 1998~2001년 사법연수원 교수 1999~2006년 대한무역투자진흥공사(KOTRA) 법률고문 2000년 법무법인 로고스 구성원변호사 2000~2012년 (재)한양대총동문장학회 이사 2001~2004년 중기·벤처기업고문변호사단특별위원회 위원장 2001년 사법시험 및 군법무관시험 출제위원 2002년 서울중앙지법 민사조정위원(현) 2002~2014년 (사)기독교세진회 부이사장 2002~2008년 중소기업제조물책임분쟁조정위원회 위원장 2003~2010년 한국소비자보호원 소송지원변호사 2003년 영산대 법무대학원 겸임교수(현) 2006~2007년 국가정보원 행정심판위원 2006~2013년 한국기독교총연합회 법률고문 2006년 기독교대한감리회 장로회 전국연합회장 직대 2007~2008년 한양대 법과대학 동문회장 2007~2008·2011~2012년 법무법인 로고스 대표변호사 2007~2014년 (사)대한상사중재인협회 부회장 2008년 대한변호사협회 변호사등록심사위원회 위원 2008년 기독교화해중재원 이사(현) 2008년 대한상사중재원 국제중재인(현) 2009년 한양대 법학전문대학원 입학전형위원 2009년 (사)기독대학인회 이사장 2010~2012년 기독대한감리회 감독회장 직대 2011~2014년 기독신문 논설위원 2011년 한양대 법학전문대학원 겸임교수(현) 2012~2016년 대한변호사협회 변호사등록심사위원회 위원장 2012~2018년 EBM포럼 이사장 2013년 법무법인(유) 로고스 상임고문변호사(현) 2013~2017년 학교법인 한양학원 감사 2013년 도화엔지니어링 사외이사(현) 2015~2018년 (사)기독교세진회 이사장 2017년 대한치과의사협회 고문변호사(현) (상)장흥인 대상(2012), 전문인선교대상(2013), 대한변호사협회 공로상(2016) (종)기독교

**백형기(白炯基) Baek, Hyoung-ki**

(생)1974·1·6 (주)세종특별자치시 도움4로 13 보건복지부 사회복지정책실 사회서비스일자리과(02-2100-1210) (학)2000년 연세대 행정학과졸 (경)2004년 행정고시 합격(48회), 보건복지부 보건산업정책과 근무 2014년 同연금정책국 국민연금재정과 서기관 2015년 同사회보장제도과 서기관

2016년 청년위원회 실무추진단 파견 2016년 보건복지부 장관 직속 TF팀장 2016년 同보건산업정책국 해외의료사업과장 2017년 同기획조정실 규제개혁법무담당관 2019년 同사회복지정책실 사회서비스일자리과장(현)

### 백형덕(白亨德) Hyung-duk Baik

(생)1960·8 (주)경기도 성남시 분당구 성남대로 343번길 9 SK주식회사 C&C(02-6400-0114) (학)전남대 건축공학과졸 2002년 세종대 대학원 정보통신학과졸 (경)2004년 SK C&C 정보기술원 IT서비스관리팀장 2010년 同Application운영본부장(상무) 2012년 同전략사업운영본부장(상무) 2013~2015년 同전략사업1본부장(상무) 2015년 SK주식회사 C&C 전략사업1본부장(상무) 2016년 同금융사업1본부장(상무) 2019년 同고문(현)

### 백형선(白炯善) BAIK Hyoung Seon

(생)1952·2·16 (본)수원(水原) (출)서울 (주)서울특별시 강남구 테헤란로 339 선릉빌딩 5층 연세백치과의원(02-6205-2875) (학)1971년 서울 중앙고졸 1977년 연세대 치의학과졸(수석졸업) 1980년 同대학원 치의학과졸 1986년 치의학박사(연세대) 1999년 연세대 보건대학원 고위정책과정수료 (경)1977~1980년 연세대 치대 부속병원 인턴·레지던트 1980년 해군 군의관 1984~1996년 연세대 치대 교정과 전임강사·조교수·부교수 1988년 미국 노스캐롤라이나대 교정과 방문교수 1990년 대한치과교정학회 총무이사 1996~2017년 연세대 치대 교정과 교수 1996~2004년 同부속병원 교정과장 1997년 同부속병원 교육연구부장 1997년 미국 치과교정학회지 논문심사위원 1998~2000년 연세대 치대 교육연구부장 2000년 세계치과교정학회지 편집위원 2000년 미국 남가주대 방문교수 2000~2002년 연세대 치과대학 학생부장 2000년 대한치과교정학회 부회장 2000년 사랑의교회 장로(현) 2000년 한국세계선교협의회 법인이사·운영이사 2000년 이화여대 다락방전도협회 이사·실행이사 2000~2014년 ISF 이사 2000~2003년 대한치의학회 재무이사 2000~2014년 한국기독치과의사회 부회장 2004~2006년 대한치과교정학회 회장 2004년 연세대 치과대학병원 진료부장 2007~2009년 대한구순구개열학회 부회장 2008~2010년 연세대 치과대학병원장 2011~2013년 대한구순구개열학회 회장 2012년 대한치과교정학회 편집위원장(현) 2014년 전국치과대학교수협의회 회장 2014~2016년 대한치과교정학회 평의원회 의장 2017년 연세대 치대 명예교수(현) 2017년 연세백치과 원장(현) (상)과학기술우수논문상(1989), 올해를 빛낸 중앙인상(2008), 자랑스러운 연아인상(2013), 옥조근정훈장(2017) (저)'頭部방사선 계측 분석학'(1989) '최신 頭部방사선 계측 분석학'(1998) '최신 가철식교정치료학'(1999) '교정치료 길잡이Ⅰ'(2001) '교정치료 길잡이Ⅱ'(2004) '임상 치과교정학 매뉴얼'(2006) '최신가철식교정학'(2015) '최신임상악교정수술 치료'(2017) (역)'치과교정학'(1994) '교정치료의 보정과 안정성'(1996) '교정치료와 교합'(1998) '교정학의 미래'(2002) '미래의 교정학' '체계적인 임상교정 치료'(2002) '임상교정치료 : 위험요소의 분석과 해법'(2004) '치열안면변형증의 최신 치료법'(2005) '최신 치과교정학'(2013) (종)기독교

### 백형찬(白衡燦) PAIK Hyung Chan

(생)1957·1·7 (본)수원(水原) (출)서울 (주)경기도 안산시 단원구 예술대학로 171 서울예술대학교 예술창작기초학부(031-412-7384) (학)1975년 제물포고졸 1980년 고려대 농과대학 농학과졸 1991년 세종대 대학원 교육학과졸 1996년 교육학박사(세종대) (경)1987~1997년 서울산업대 산업교육연구소 책임연구원 1997~2004년 청강문화산업대 유아교육과 부교수 2001년 대통령자문 교육인적자원정책위원회 연구위원 2001~2003년 한국직업능력개발원 전문가 모니터위원 2002년 교육부 전문대학특정화사업 평가위원 2003~2005년 한국교육개발원 교육현안문제 모니터위원 2004년 한국성인교육학회 실행이사 2004년 경기도문화상 심사위원 2004~2011년 서울예술대 교양학부 부교수·교수 2005~2007년 同교무처장 2006~2012년 한국직업교육학회 편집위원 2006~2008년 한국교육정치학회 선임위원 겸 윤리위원회 위원 2006년 한국교육행정학회 규정개정위원회 위원 2007년 한국직업능력개발원 연구사업평가위원 2007년 국방부 정신전력논문 심사위원 2007년 한국문화예술교육진흥원 사회문화예술교육 강사 겸 현장평가위원 2007년 (사)대한민국국기선양회 자문위원 2007~2009년 학교법인 동랑예술원 사무국장 2008년 서울대 대학원 고등직업교육 외래교수 2008년 청소년문화포럼 자문위원 2009~2011년 서울예술대 교무처장 2011년 同예술창작기초학부 교수(현) 2012~2013년 同예술창작기초학부장 2014년 한국국제협력단 기술평가위원 2014~2015년 청소년문화포럼 자문위원 2015~2016년 서울예술대 예술한국학연구소장 2016년 교육부 전문대학특성화사업 평가위원 2016년 한국고등직업교육평가인증원 평가위원(현) 2017·2019년 서울예술대 교학부총장(현) 2017~2018년 同예술정보센터장 (상)청강문화산업대 올해의 교수상(1999), 문학나무 수필부문 신인작품상(2010), 서울예술대 연구포상(2012) (저)'공업입문'(1996, 교육부) '안전사회 이렇게 만들자'(2003, 나남) '예술예찬'(2006, 연극과인간) '문화의 힘 교육의 힘'(2008, 서현사) '글로벌리더'(2008, 살림출판사) '예술혼을 찾아서'(2010, 서현사) '공업입문(직업윤리)'(2011, 교학사) '교육이야기'(2012, 서현사) '한국 예술의 빛 동랑 유치진'(2013, 살림지식총서) '공업일반/직업윤리(共)'(2014, 씨마스) '예술가를 꿈꾸는 젊은이에게'(2015, 태학사) '빛나는 꿈의 계절아'(2015, 태학사) '교육'(2016, 서현사) (종)천주교

### 백혜련(白惠蓮·女) BAEK HYERYUN

(생)1967·2·17 (출)전남 장흥 (주)서울특별시 영등포구 의사당대로 1 국회 의원회관 833호(02-784-6130) (학)1985년 서울 창덕여고졸 1992년 고려대 사회학과졸 (경)1997년 사법시험 합격(39회) 2000년 사법연수원 수료(29기) 2000년 수원지검 검사 2002년 대구지검 김천지청 검사 2003년 수원지검 안산지청 검사 2005년 서울중앙지검 검사 2010~2011년 대구지검 검사 2011년 변호사 개업 2012년 민주통합당 중앙선거대책위원회 MB정권비리척결본부장 2012년 同제18대 대통령중앙선거대책위원회 반부패특별위원회 위원 2013년 민주당 경기도당 여성위원장 2014년 새정치민주연합 경기도당 6.4지방선거공천관리위원회 위원 2014년 同윤리위원회 위원 2014년 제19대 국회의원선거 출마(수원乙(권선) 보궐선거, 새정치민주연합) 2015년 더불어민주당 수원시乙지역위원회 위원장(현) 2016년 제20대 국회의원(수원시乙, 더불어민주당)(현) 2016~2017년 더불어민주당 법률담당 원내부대표 2016년 同민주주의회복TF 위원 2016년 국회 운영위원회 위원 2016·2018년 국회 법제사법위원회 위원(현) 2016년 국회 대법관(김재형)임명동의에관한인사청문특별위원회 위원 2017년 더불어민주당 제19대 문재인 대통령후보 중앙선거대책본부 유세본부 부본부장 2017~2018년 同대변인 2017년 同적폐청산위원회 대변인 2017~2018년 同지방선거기획단 대변인 2018년 국회 사법개혁특별위원회 위원 2018년 국회 예산결산특별위원회 위원(현) 2018년 더불어민주당 전국여성위원회 위원장(현) 2018년 국회 사법개혁특별위원회 간사(현) (상)2018 입법 및 정책개발 우수국회의원(2019)

### 백 호(白 虎) BAEK Ho

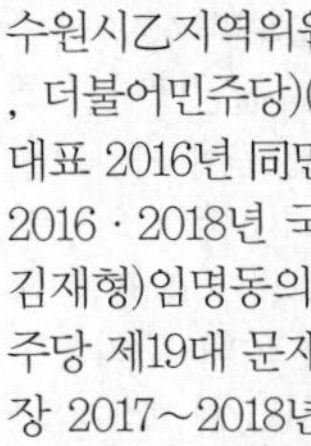

(생)1964·6·13 (출)전남 (주)서울특별시 서대문구 서소문로 51 서울특별시청 상수도사업본부(02-3146-1010) (학)1982년 검정고시 합격 1987년 단국대 행정학과졸 2007년 미국 콜로라도대 행정대학원 공공행정학과졸 (경)1989년 행정고시 합격(33회) 1991년 총무처 조직국 제도2과 근무 1995

년 同능률국 행정능률과 근무 1996년 서울시 경제진흥과 근무 1998년 同기획담당관 2002년 同환경기획과 근무 2003년 同뉴타운총괄과 근무 2004년 대통령직속 정부혁신지방분권위원회 파견 2008년 서울시 경쟁력강화본부 문화산업담당관 2008년 同대변인실 언론담당관 2010년 同행정과장 2011년 同행정과장(부이사관) 2011년 同도시교통본부 교통운영관 2012년 同도시교통본부 교통정책관 2015년 서울시립대 행정처장 2016년 서울 광진구 부구청장 2018년 서울시 평생교육국장(지방이사관) 2019년 同상수도사업본부장(현) (상)대통령표창(2001), 녹조근정훈장(2009), 서울특별시장표창(2012) (종)기독교

## 백홍석(白洪淅) Baek Hongsuk

(생)1986 · 8 · 13 (주)서울특별시 성동구 마장로 210 한국기원 홍보팀(02-3407-3870) (경)2001년 프로바둑 입단 2004년 3단 승단 2005년 4단 승단 2006년 SK가스배 우승 2007년 원익배 십단전 · 비씨카드배 신인왕전 · 오스람배 준우승 2008년 6단 승단 2008년 기성전 준우승 · 세계마인드스포츠게임 한국대표 2009년 십단전 준우승 2009년 7단 승단 2011년 KBS바둑왕전 · 하이원리조트배 명인전 · TV바둑아시아선수권 준우승 2011년 8단 승단 2011년 9단 승단(현) 2011년 KB국민은행 한국바둑리그 우승 2012년 비씨카드배 월드바둑챔피언십 · TV바둑아시아선수권대회 우승 2012년 하이원리조트배 명인전 · KBS바둑왕전 준우승 (상)바둑대상 신예기사상(2007), 2012 바둑대상 우수기사상(2012)

## 백홍주

(생)1961 · 12 · 3 (주)경기도 수원시 영통구 삼성로 129 삼성전자(주) 임원실(031-200-1114) (학)1988년 인하대 응용물리학과졸 (경)1988년 삼성전자(주) 반도체연구소 근무 1997년 同반도체연구소 K9-PJT 근무 1998년 同반도체연구소 T/F PJT 1999년 同반도체연구소 공정기술2그룹 근무 2000년 同메모리사업부 제조센터 DT제조기술2그룹 근무 2002년 同메모리사업부 제조센터 T기술2그룹장 2007년 同메모리사업부 제조센터 표준화T/F장 2008년 同메모리사업부 제조센터 TC기술15그룹장 2011년 同메모리사업부 제조센터 Zeus-P/J장 2012년 同메모리사업부 제조센터 M-P/J담당 2015년 同메모리사업부 제조센터 SCS법인장 2017년 同메모리사업부 제조센터장(부사장) 2018년 同메모리사업부 제조기술센터장(부사장) 2019년 同Test & System Package총괄 부사장(현)

## 범희승(范熙承) BOM Hee Seung (下新)

(생)1957 · 11 · 22 (본)금성(錦城) (출)광주 (주)전라남도 화순군 화순읍 서양로 322 화순전남대병원 핵의학과(061-379-7270) (학)1976년 광주제일고졸 1982년 전남대 의대졸 1985년 同대학원 의학석사 1988년 의학박사(전남대) (경)1988~1991년 육군 군의관 1991~2002년 전남대 의대 핵의학교실 전임강사 · 조교수 · 부교수 1993~2002년 전남대병원 핵의학과장 1994~1995년 미국 Emory대병원 핵의학과 교환교수 1996년 전남대 전산실장 1998년 대한핵의학회 정보이사 2002년 전남대 의대 핵의학교실 교수(현) 2002년 同의대 핵의학교실 주임교수 2003~2004년 화순전남대병원 개원준비단 진료부장 2004~2006년 同진료지원실장 · 핵의학과장 2005~2006년 전남대 의대 대외협력위원장 2008~2010년 화순전남대병원 병원장 2008~2010년 대한핵의학회 회장 2010~2013년 아시아지역핵의학협력회의 의장 2010~2015년 한국F1그랑프리 의료단장 2011~2014년 광주권의료관광협의회 회장 2012~2013년 한국F1그랑프리 최고의료책임자(CMO) 2012~2015년 아시아 · 오세아니아 핵의학생물학회(AOFNMB) 회장 2013~2015년 전남대 의대 교수협의회장 2013년 同의대 장기발전기획위원장(현) 2016년 한국방사선의학포럼 회장(현) 2016년 아시아지역 핵의학 협력회의(ARCCNM) 의장(현) (상)대한핵의학회 학술상, 대한의료정보학회 학술상, 전남대병원 우수논문상, 보건복지부장관표창, 문화체육관광부장관표창, 전남대총장표창 (저)'증례중심핵의학' '미국의학연수 길라잡이' '핵의학' '핵의학 입문' '병원인문학' '다른 생각 같은 길' (종)불교

## 법 등(法 燈)

(생)1948 · 12 · 21 (출)전북 임실 (주)경기도 남양주시 진접읍 봉선사길 32 봉선사(031-527-1951) (학)1969년 해인사 승가대 대교과졸 (경)1961년 직지사에서 녹원스님을 계사로 사미계 수지 1974년 직지사에서 고암대종사를 계사로 비구계 수지 1977년 직지사 총무국장 1983년 대한불교조계종 비상종단 운영위원 1984년 同총무원 총무국장 1984년 조계사 주지 1988~2012년 구미 도리사 주지 1988 · 1997년 직지사 부주지 1990년 대한불교조계종 제9 · 10 · 11 · 12 · 13대 중앙종의회 의원 1996년 同제11대 중앙종의회 수석부의장 1998~2000 · 2004년 同중앙종의회 의장 1999년 금오종합사회복지관 관장(현) 2005~2008년 경제정의실천시민연합 공동대표 2007~2017년 더프라미스 이사장 2009 · 2011년 대통령직속 사회통합위원회 위원 2013~2014년 대통령소속 국민대통합위원회 위원 2016년 직지사 주지 2018년 봉선사 총무국장(현) (종)불교

## 법 륜(法 輪) Pomnyun

(생)1953 · 4 · 11 (본)경주(慶州) (출)울산 (주)서울특별시 서초구 서초중앙로 62 우일빌딩 5층 (재)평화재단(02-581-0581) (학)1972년 경주고졸 (경)1969년 경주 분황사에서 득도(은사 불심도문 : 조계종 원로의원) 1983년 한국대학생불교연합회 상임법사 1988년 정토포교원 설립 1988년 월간 '정토' 창간 · 발행인 1988년 한국불교사회교육원(現 에코붓다) 설립 · 이사장(현) 1988년 한국불교사회연구소 설립 1991년 정토불교대학 설립 1992년 문경정토수련원 설립(깨달음의 장 · 나눔의 장 · 명상수련 등 진행) 1994년 한국JTS 설립 · 이사장(인도에 학교 · 병원 설립 등 국제봉사활동)(현) 1999년 (사)좋은벗들 설립 · 이사장(현) 2004년 (재)평화재단 설립 · 이사장(현), 민족화해협력범국민협의회 공동의장(현), 정토회 지도법사(현) (상)교보환경문화재단 제1회 교보 사회교육부문 환경문화상(1998), 만해사상실천선양회 포교부문 만해상(2000), 막사이사이재단 평화및국제이해부문 막사이사이상(2002), 제2회 교류협력부문 DMZ평화상(2006), 민족화해협력범국민협의회 제5회 개인부문 민족화해상(2007), 제1회 천지일보 천지인상(2010), 포스코청암재단 봉사상(2011), 통일문화대상(2011) (저)'실천적 불교사상' '젊은 불자들을 위한 수행론' '우물에서 바다로 나간 개구리(수상집)' '인간 붓다 그 위대한 삶과 사상'(1990) '반야심경 이야기'(1991) '금강경 이야기 상 · 하'(1996 · 1997) '함께 사랑한다는 것, 그 아름다움에 대하여'(共) '마음의 평화와 자비의 사회화'(2002) '붓다, 나를 흔들다'(2005) '스님, 마음이 불편해요'(2006) '행복하기 행복전하기' '답답하면 물어라'(2007) '행복한 출근길'(2009, 김영사) '날마다 웃는 집'(2009, 김영사) '스님의 주례사'(2010, 도서출판 휴) '붓다에게 물들다' '기도-내려놓기'(2010, 정토출판) '힘내라 청춘' '엄마수업'(2011, 도서출판 휴) '방황해도 괜찮아'(2012, 지식채널) '새로운 100년'(2012, 오마이북) '인생수업'(2013, 휴) '야단법석1'(2015, 정토출판) '날마다 새날'(2016, 정토출판) '법륜 스님의 행복'(2016, 나무의마음) '야단법석2'(2017, 정토출판) (종)불교

## 법 안(法 眼) buban

(생)1960 · 10 · 20 (본)영성(靈城) (출)전남 영광 (주)서울특별시 종로구 비봉길 137 금선사(02-395-0441) (학)1983년 범어사 불교전문강원졸 1988년 동국대 선학과졸 1999년 경남대 북한대학원 최고위과정 수료 (경)1980년 부산 범어사에서 덕명스님을 계사로 사미계 수지 1983년 부산 범어사

에서 자운스님을 계사로 비구계 및 보살계 수지 1988년 동국대 불교대학 학생회장 1989~1992년 불교정토구현전국승가회 사무처장 1990년 서울대 총불교학생회 지도법사 1992~2007년 민족의화해와통일을위한종교인협의회 운영위원 1992년 실천불교전국승가회 사무처장 1994~2007년 참여연대 운영위원 1994년 대한불교조계종 총무원 총무국장 1994년 북한산 금선사 주지(현) 1996년 대한불교조계종 중앙종회 의원(제11·12·13·15대) 1998년 실천불교전국승가회 집행위원장 1999년 총선연대 상임집행위원장 2000~2006년 국민고충처리위원회 비상임위원 2001년 제2의건국범국민추진위원회 위원 2004년 실천불교전국승가회 부의장 2005년 대한불교조계종 총무원 기획실장 2005~2009년 민주평통 상임위원 2005~2009년 백두대간보호위원회 위원 2006~2009년 국민고충처리위원회 명예옴부즈만 2006~2007년 국방부 과거사진상규명위원회 위원 2007~2009년 군의문사진상규명자문위원회 자문위원 2007~2010년 민족의화해와통일을위한종교인협의회 공동대표 2007~2010년 국가인권위원회 인권위원 2007년 불교미래사회연구소 소장 2008~2010년 실천불교전국승가회 대표 2008~2010년 진실과화해를위한과거사위원회 위원 2009년 대한불교조계종 교육위원장 2010~2016년 同화쟁위원회 위원 2010~2013년 同승가교육진흥위원회 위원 2010~2012년 서울시 전통사찰보존위원회 위원장 2011~2017년 대한불교조계종 불교사회연구소장 2012년 同결사위원회 위원 2012~2015년 同중앙종의회 부의장 2012~2013년 同종단쇄신위원회 위원 2015~2019년 더불어민주당 윤리심판원 위원 2015~2016년 종단개혁계승을위한사부대중위원회 위원 2016년 민주행동 공동대표 2019년 주권자국민회의 상임대표(현) (상)대한불교조계종 총무원장표창(1983), 동국대총장표창(1988), 국민훈장 동백장(2006) (종)불교

**법 일(法 一)**

(생)1954·1·26 (주)대구광역시 중구 명덕로 261 대구불교방송 사장실(053-427-5114) (경)1980년 해인사에서 일타스님을 은사로 득도, 경주 기림사 주지, 청송 대천사 주지 1995~2010년 대한불교조계종 제11·12·14대 중앙종회 의원 2010년 학교법인 능인학원(능인중·고) 감사 2015년 대구불교방송 사장(현)

**법 조(法 祖)**

(생)1944·4·4 (출)경북 포항 (주)경상북도 포항시 북구 방장산길 5 조계종 옥천사(054-272-4633) (학)1962년 해인사 강원졸 1973년 동국대 불교학과졸 (경)1957년 해인사에서 도원스님을 계사로 사미계 수지 1963년 해인사에서 자운스님을 계사로 비구계 및 보살계 수지 1974년 옥천사 주지 1982년 포항불교연합회 회장 1986년 미국주재 불교방송협회 이사 1986년 전국불교유아·유치원협회 회장 1988년 대한불교조계종 9대종회 의원 1990년 (주)대한불교신문 이사 1994년 고운사 주지 1996년 21세기불교연합회 회장 1999년 동국대 석림동문회 회장 2001년 경북지방경찰청 경승실장·경승(현) 2001년 학교법인 능인학원 이사 2002년 대한불교조계종 중앙종회 수석부의장 2004~2008년 대구불교방송 사장 2006년 (재)불교방송 이사 2010년 옥천사 승려·회주(현) 2015년 포항불교총연합회 원로의장 겸 위원장 (상)대한불교조계종 총무원장표창(1989), 조계종총무원 포교대상 특별상(1990) (종)불교

**법 현(法 顯) Beophyeon**

(생)1958·4·12 (출)전남 화순 (주)서울특별시 은평구 연서로17길 18-6 한국불교태고종 열린선원(02-386-4755) (학)1985년 중앙대 기계공학과졸 1989년 동국대 대학원 불교학과졸, 同대학원 불교학 박사과정 수료 (경)한국불교태고종 종정 예하로부터 선덕·중덕·대덕·종덕 법계 품수 1980년 평택 명법사청년회 창립·초대회장 1981년 중앙대 불교학생회장 1981년 한국대학생불교연합회 서울지부장 1984년 현대사회연구소 경인사무소 과장 1985년 태고사에서 득도(이운산), 한국불교태고종 총무원 교무간사 1989년 同교무과장 1990년 대덕법계(안덕암 종정) 1990~1992년 한국불교태고종 총무원 교무국장 1991년 덕암스님을 계사로 비구계 수지 1992년 동방불교대 통신과장 1992년 경제정의실천불교시민연합 상임운영위원회 부위원장 1996년 한국불교태고종 총무원 총무부장 1997년 천중사 부주지 2003~2014년 종교간대화위원회 위원 2003~2005년 동방불교대 교학처장, 동방대학원대 행정실장·사회부장·교류협력실장, 한국불교종단협의회 상임이사, 한국종교인평화회의 감사, 한국불교태고종 총무원 부원장, 원각사 주지, 고심사 주지, 불교레크리에이션포교회 회장 2005년 열린선원 원장(현) 2006~2011년 자운암 주지 2013년 중국 상하이 복단대 겸임교수(현) 2014~2016년 종교간대화위원회 위원장 2014년 불교생명윤리협회 집행위원장 2015년 서울시 에너지산림홍보대사(현) 2015년 국가인권위원회 생명인권포럼위원(현) 2015~2016년 대통령소속 국가생명윤리심의위원회 생명존중헌장제정을위한특별위원회 위원 2016년 성공회대 '스님과 함께하는 채플' 강사(현) 2016년 은평구 인권위원회 위원(현) 2016년 同협치위원회 위원(현) 2017년 4차산업혁명과생명윤리민관협의체 위원(현) 2017년 일본 나가노 금강사 주지(현) (상)국토통일원장관표창, 경기도교육감표창, 설법대회우수상, 한국불교종단협의회장상 (저)'왜 불교를 믿는가'(共) '불교학교지도자 강습지침서' '놀이 놀이 놀이' '수행의 길 세속의 길'(共) '풍경소리'(共) '부루나의 노래' '추워도 향기를 팔지 않는 매화처럼'(2014) '그래도, 가끔'(2017) (종)불교

**변관수(卞寬洙) Byeon Kwan Su**

(생)1965·2·24 (출)충북 청원 (주)경기도 의정부시 금오로23번길 22-49 경기북부지방경찰청 보안과(031-961-2691) (학)충북고졸 1987년 경찰대 법학과졸(3기) 2004년 연세대 대학원 법학과졸 (경)2009년 경북지방경찰청 경비교통과장(총경) 2010년 경북 상주경찰서장 2011년 서울지방경찰청 정부중앙청사경비대장 2013년 경기 과천경찰서장 2014년 서울지방경찰청 기동본부 제4기동단장 2015년 서울 남대문경찰서장 2016년 경찰청 경호과장 2017년 同경비과장 2017년 경기 구리경찰서장 2019년 경기북부지방경찰청 보안과장(현) (상)근정포장(2015)

**변광용(邊光龍) Byun Gwang-yong**

(생)1966·4·2 (본)황주(黃州) (주)경상남도 거제시 계룡로 125 거제시청 시장실(055-639-3100) (학)거제고졸 1989년 서울대 사범대학졸 1995년 연세대 행정대학원 행정학과졸 (경)1988년 김봉조 국회의원 보좌역 1997년 거제경실련 사무국장 2005년 월간 '거제' 편집장 2006년 경남 거제시장선거 출마(열린우리당), 열린우리당 상무위원 2006~2008년 대통령직속 국가균형발전위원회 자문위원 2008년 경남도의원 출마(보궐선거, 무소속) 2009년 거제신문 편집국장 2010년 창신대 강사 2012~2016년 거제프레시전 대표 2012년 민주통합당 문재인 대통령후보 특보 2012년 同제18대 대통령중앙선거대책위원회 거제시선대위원장 2013년 민주당 거제시지역위원회 위원장 2013년 同정책위원회 부의장 2014~2015년 새정치민주연합 거제시지역위원회 위원장 2015년 민주당 거제시지역위원회 위원장 2016년 제20대 국회의원선거 출마(경남 거제시, 더불어민주당) 2016년 더불어민주당 경남도당 대변인 2017년 同중앙당 부대변인 2017년 同중앙당 농어촌특별위원회 부위원장 2017년 제19대 대통령선거 문재인후보 경남도선거대책위원회 공동본부장 겸 정무특보 2017년 더불어민주당 경남 거제시 상임위원장 2017년 同거제지역위원회 위원장 2018년 경남 거제시장(더불어민주당)(현) (상)(재)공공정책연구원 공공정책대상(지방자치부문)(2018) (종)기독교

### 변광욱(邊光旭) Byun Kwangouck

(생)1972·6·22 (본)원주(原州) (출)서울 (주)서울특별시 동대문구 약령시로 159 동대문세무서 서장실(02-958-0200) (학)1991년 당곡고졸 1999년 연세대 경제학과졸 2011년 미국 듀크대 대학원 국제개발학과졸 (경)1999~2002년 진주세무서·안양세무서·서울 역삼세무서 행정사무관 2002년 재정경제부 소득세제과 행정사무관 2005년 同조세지출예산과 행정사무관 2007년 同기획재정담당관실 서기관 2008년 기획재정부 기획재정담당관실 서기관 2009년 同양자관세협력과 서기관 2009년 국외 훈련(미국 듀크대) 2011년 기획재정부 G20준비기획단 서기관 2011~2013년 국무총리실 국정과제관리과장·공적개발원조(ODA) 지원과장 2013년 스위스 국제연합무역개발협의회(UNCTAD) 파견 2015년 기획재정부 세제실 조세특례평가팀장 2016년 同세제실 국제조세협력과장 2017년 同세제실 국제조세제도과 서기관 2018년 同세제실 조세분석과장 2019년 서울 동대문세무서장(현) (종)천주교

### 변광윤(卞光允) BUUN KWANG YUN

(생)1969·11·9 (출)충남 (주)서울특별시 강남구 테헤란로 152 강남파이낸스센터 34층 이베이코리아(02-589-7500) (학)1993년 홍익대 기계공학과졸 (경)1993년 LG전선 근무, 삼성엔지니어링 근무 2000년 옥션 근무, 쇼핑닷컴(Shopping.com) 마케팅이사, 이베이코리아 옥션사업본부장 2012년 同G마켓비즈니스총괄 상무 2013년 同사장(현), (사)한국인터넷기업협회 수석부회장 2015년 한국온라인쇼핑협회 부회장 2017년 同회장(현) 2018년 (사)한국인터넷기업협회 부회장(현)

### 변대규(卞大圭) BYUN Dae Gyu

(생)1960·3·8 (출)경남 거창 (주)경기도 성남시 분당구 황새울로 216 (주)휴맥스홀딩스(031-776-6001) (학)영남고졸 1983년 서울대 제어계측공학과졸 1985년 同대학원 제어계측공학과졸 1989년 공학박사(서울대) (경)1989~1998년 (주)건인시스템(現 휴맥스) 설립·대표이사 1998~2014년 (주)휴맥스 대표이사 사장 1998~2005년 한국벤처기업협회 부회장 2001~2008년 SK Telecom 사외이사 2001~2007년 (사)벤처리더스클럽 회장 2005년 한국공학한림원 정회원(현) 2006~2011년 한국과학기술원(KAIST) 이사 2007~2011년 공정거래위원회 경쟁정책자문위원 2008~2010년 국가과학기술위원회 민간위원 2009년 (주)휴맥스홀딩스 회장(현) 2011~2013년 포스코 사외이사 2011~2014년 국립대학법인 서울대 초대이사 2014년 (주)휴맥스 이사회 의장(현) 2015~2016년 한국공학한림원 부회장 2015~2016년 롯데그룹 기업문화개선위원회 위원 2015~2017년 울산과학기술원(UNIST) 사외이사 2017년 네이버(주) 이사회 의장(현) (상)철탑산업훈장(1999), 한국공학한림원 젊은공학인상(2002), 5억불 수출탑(2006), 금탑산업훈장(2006), 대통령표창(2008), 한국공학한림원 대상(2015)

### 변대석(卞大錫) BYUN Dae Suk

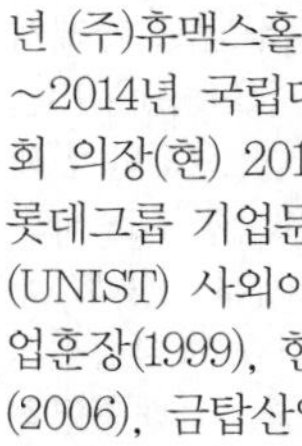

(생)1958·2·7 (출)경남 김해 (주)대구광역시 북구 옥산로 111 대구은행(1566-5050) (학)1976년 동래고졸 1980년 중앙대 경제학과졸 1995년 미국 캔자스대 대학원 경제학과졸 (경)1980년 한국은행 입행 1998년 同은행감독원 국제협력실 팀장 1999년 금융감독원 비서실 근무 2000년 同홍콩주재원 2003년 同국제협력실 팀장 2004년 同은행검사2국 팀장 2005년 同은행검사1국 팀장 2007년 同부산지원장 2009년 同특수은행서비스국장 2010~2012년 同북경사무소장 2012년 同제주도청 금융자문관 2015년 대한전선(주) 경영지원부문장(부사장) 2016년 두산인프라코어(주) 재무관리부문 상근고문 2018년 대구은행 상임감사위원(현) (상)한국은행총재표창(1997)

### 변동걸(卞東杰) BYUN Dong Gul

(생)1948·12·8 (본)초계(草溪) (출)경북 문경 (주)서울특별시 강남구 영동대로 517 아셈타워 22층 법무법인 화우(02-6003-7570) (학)1966년 대광고졸 1970년 서울대 법학과졸 (경)1971년 사법시험 합격(13회) 1973년 사법연수원 수료(3기) 1974년 육군 법무관 1977년 부산지법 판사 1979년 同진주지원 판사 1980년 수원지법 인천지원 판사 1982년 서울민사지법 판사 1984년 대구고법 판사 1985년 서울고법 판사 1986년 대법원 재판연구관 1988년 전주지법 부장판사 1991년 사법연수원 교수 1993년 서울형사지법 부장판사 1995년 부산고법 부장판사 1996년 부산지법 수석부장판사 1998년 사법연수원 수석교수 1999년 서울고법 부장판사 2001년 서울지법 파산수석부장판사 2003년 서울고법 부장판사 2004년 울산지법원장 2005년 서울중앙지법원장 2005~2014년 법무법인 화우 대표변호사 2008~2011년 한국도산법학회 회장 2009~2015년 삼성정밀화학(주) 사외이사 2010년 대한상사중재원 중재인 2012년 서울중앙지법 조정위원(현) 2013년 同조정위원협의회 회장(현) 2014년 법무법인 화우 고문변호사(현) 2016년 롯데정밀화학(주) 사외이사(현) (저)'회사정리 실무·파산사건 실무'(共) (종)불교

### 변동준(邊東俊) Dong-Jun Pyun

(생)1953·11·7 (본)원주(原州) (출)서울 (주)경기도 성남시 중원구 사기막골로 47 삼영전자공업(주)(031-740-2102) (학)1972년 중앙고졸 1980년 한양대 체육학과졸 1984년 일본 산업능률대 최고경영자과정 수료 (경)1986년 삼영전자공업(주) 총무부장 1988년 同이사 1989~2016년 同대표이사 사장 1996년 성남전기공업 대표이사 회장(현) 2016년 삼영전자공업(주) 대표이사 회장(현) (상)경영력 10대 기업 선정(1977), 무재해1000만시간달성탑(1981), 2000만불 수출의 탑(1983), 품질경영유공자상(1994), 1억불 수출의탑 및 산업포장(1994), 한국경영대상 최우수기업상(1996), 산업포장(1996), 철탑산업훈장(1999)

### 변무장(邊茂長) Mu-Jang Byun

(생)1958·4·15 (본)원주(原州) (출)강원 원주 (주)울산광역시 중구 종가로 345 한국산업인력공단(052-714-8082) (학)원주고졸, 부산수산대졸, 한국노동연구원 노사관계고위지도자과정 수료, 건국대 대학원 기술경영학과졸, 경영학박사(건국대) (경)한국산업인력공단 부산지방사무소 검정1부장, 同영남지역본부 관리부장, 同고용촉진국 고용관리부장, 同총무국 복리후생부장, 同총무국 인사부장, 同정선직업전문학교 원장, 同감사실장 2009년 同국제HRD교류원장, 同글로벌HRD협력원장 2011년 同직업능력지원국장 2012년 同직업능력기획국장 2014년 同서울지역본부장 2016~2017년 同부산지역본부장 2018년 同기획운영이사(현) (상)노동부장관표창(3회), 대통령표창(2014) (종)불교

### 변민선(邊珉宣) Byeon Minseon

(생)1965·5·11 (출)제주 (주)경기도 의정부시 녹양로34번길 23 의정부지방법원 총무과(031-828-0102) (학)1984년 제주 오현고졸 1990년 서울대 사회학과졸 (경)1996년 사법시험 합격(38회) 1999년 사법연수원 수료(28기) 1999년 부산지법 판사 2003년 同동부지원 판사 2005년 의정부지법 판사 2008년 서울북부지법 판사 2012년 서울중앙지법 판사 2013년 서울북부지법 판사 2015년 제주지법 부장판사 2016~2017년 언론중재위원회 위원 2017년 의정부지법 부장판사(현)

**변보경(卞普經) BYUN Bo Kyung**

(생)1953·8·9 (출)부산 (주)서울특별시 중구 동호로 287 앰배서더호텔그룹 임원실(02-2270-3952) (학)1972년 경기고졸 1977년 서울대 공과대학 기계설비학과졸 2000년 미국 펜실베이니아대 와튼스쿨 MBA과정 수료 (경)1979년 한국IBM(주) 입사 1984년 同영업부장 1988년 IBM 아시아·태평양본사 아세아지역본부장 1990년 한국IBM(주) 중소형시스템PC영업지사장 1992년 同기획조정실장 1996년 同PC사업본부장 1996년 LG-IBM PC(주) 시스템사업본부장(상무) 2000년 同대표이사 사장 2002~2006년 코오롱정보통신(주) 대표이사 사장 2006~2008년 국민은행 사외이사 2006~2010년 코오롱아이넷 대표이사 사장 2006~2008년 코오롱베니트 대표이사 2008~2010년 KB금융지주 사외이사 2011~2012년 서울산업통상진흥원 대표이사 2013~2016년 (주)코엑스(COEX) 사장 2014~2016년 한국전시산업진흥회 회장 2014~2016년 아시아전시컨벤션협회연맹(AFECA) 이사 2016~2018년 (주)코엑스(COEX) 대표이사 사장 2018년 앰배서더호텔그룹 부회장(현)

**변봉덕(邊鳳德) BYUN Bong Duk**

(생)1940·7·1 (본)원주(原州) (출)평남 평양 (주)경기도 성남시 중원구 둔촌대로 494 (주)코맥스(031-739-3504) (학)1958년 양정고졸 1962년 한양대 문리대학 수학과졸 1966년 同산업대학원 경영학과 수료 1987년 同경영대학원졸 2004년 한국과학기술원(KAIST) 최고경영자과정 수료 2006년 중국 칭화대 최고경영자과정 수료 2018년 명예 경영학박사(한양대) (경)1968년 중앙전자공업사 창립·대표 1976~1999년 중앙전자공업(주) 대표이사 1979년 한국전자공업협동조합 이사 1983년 한국전자공업진흥회 이사 1987~1996년 한양대총동문회 회장 1990년 한국전기통신협회 대표회원·경기지부장 1994년 천진중앙전자유한공사 설립·총경리 1997년 (사)한국전기제품안전진흥원 이사장 1997년 (사)전자파장해공동연구소 이사장 1999년 민주평통 자문위원 1999년 (주)코맥스 대표이사 회장(현) 2001년 무한넷코리아 이사 2003~2006년 성남상공회의소 부회장 2005년 성남벤처기업육성촉진지구발전협의회 운영위원회 부위원장 2005년 한국전자부품연구원 이사 2005~2015년 성남산업진흥재단 이사 2006~2013년 경원대 감사 2006~2014년 한양대총동문회 명예회장 2006~2015년 성남상공회의소 회장 (상)수출산업포장(1994), 한국전자산업대상(1997), 모범시민상(2000), 우수중소수출기업상(2000), 무역진흥대상(2000), 국무총리표창(2001), 대통령표창(2004), 성남상공회의소 대상(2005), 한국과학기술원 최고테크노경영자상(2005), 석탑산업훈장(2006), 한양경영대상 창업경영인부분(2008), 4.19혁명공로자 건국포장(2010), 자랑스러운 한양인상(2010), 대한민국 글로벌 CEO(2012), 한국의 영향력 있는 CEO(2013), 5월의 자랑스러운 중소기업인상(2013), 금탑산업훈장(2017)

**변상진(卞相鎭) BYUN Sang Jin**

(생)1962·12·19 (주)서울특별시 서초구 헌릉로 12 현대제철(주) 인사팀(02-3464-6077) (학)마산상고졸, 경상대 경영학과졸 (경)현대제철(주) 인력운영담당 겸 인사지원1팀장(이사대우), 同포항공장 경영지원실장(이사) 2015년 同포항공장 경영지원실장(상무) 2016년 同제철지원본부장(당진공장 인력운영실장 겸임) 2017년 同제철지원본부장(전무) 2017년 同제철지원사업부장 2019년 同자문(현)

**변성완(邊城完) Byun Seong Wan**

(생)1965·7·16 (주)부산광역시 연제구 중앙대로 1001 부산광역시청 행정부시장실(051-888-1010) (학)1984년 부산 배정고졸 1989년 고려대 행정학과졸 (경)1994년 행정고시 합격(37회) 1994~2003년 부산시 해운대구 문화공보실장·한국지방자치단체국제화재단 파견·안전행정부 지방재정세제국 재정경제과 및 자치행정국 자치행정과 행정사무관 2003~2011년 안전행정부 자치행정국 자치행정과 서기관·지방자치국 자치제도과 서기관·비서실장실 행사의전팀 의전행정관·지방재정세제국 회계계약제도과장·지방재정세제국 지방세제관실 지방세정책과장·지방재정세제국 교부세과장 2011~2014년 同재난안전실 국민안전종합대책TF팀 부이사관·기획조정실 창의평가담당관·기획조정실 정책평가담당관 2014년 부산시 정책기획실장 2014년 同기획관리실장 2017년 행정자치부 지방재정경제실 지역경제지원관 2017년 행정안전부 지방재정경제실 지역경제지원관 2018~2019년 同대변인 2019년 부산시 행정부시장(현) (상)홍조근정훈장(2015)

**변성원(卞星源) BYUN Sung Won**

(생)1964·9·22 (본)밀양(密陽) (출)서울 (주)경기도 양주시 남면 검준길 170 한국섬유소재연구원(031-860-0980) (학)1995년 섬유고분자학박사(한양대) (경)1995년 한국생산기술연구원 수석연구원 2001년 同산업용섬유사업단장 겸 섬유소재신뢰성평가센터장 2005년 同산업용섬유팀장 2007년 同섬유소재본부장 2008년 同경기기술지원본부장 2010년 同산업용섬유기술센터장, 同산업융합섬유연구실용화그룹 연구원 2015년 同융합생산기술연구소 산업융합섬유그룹장, 同섬유소재신뢰성평가센터장 2016년 한국섬유소재연구원 원장(현)

**변성환(邊成桓)**

(생)1972·7·12 (출)전남 장성 (주)서울특별시 서초구 서초중앙로 157 서울중앙지방법원(02-530-1114) (학)1990년 서울고졸 1996년 서울대 공법학과졸 (경)1996년 사법시험 합격(38회) 1999년 사법연수원 수료(28기) 1999년 육군 법무관 2002년 인천지법 판사 2004년 서울중앙지법 판사 2006년 대구지법 상주지원 판사 2007년 同서부지원 판사 2010년 서울고법 판사 2012년 대법원 재판연구관 2014년 전주지법 부장판사 2016년 인천지법 부장판사 2018년 서울중앙지법 부장판사(현)

**변세길**

(생)1963 (출)경북 청도 (주)서울특별시 도봉구 노해로69길 14 서울 노원세무서(02-3499-0200) (학)대구 영신고졸, 세무대학졸(3기) (경)세무공무원 임용(8급 특채), 중부세무서 조사과 근무, 서울지방국세청 납세자보호담당관실 근무, 경기 의정부세무서 소득지원과장, 국세청 소비세과 주세2계장, 同소비세과 주세1계장 2016년 부산 금정세무서장 2017년 부산 수영세무서장 2018년 경기 파주세무서장 2019년 서울 노원세무서장(현)

**변수남(邊壽男) Byun Soo Nam**

(생)1961·5·7 (본)원주(原州) (출)제주 서귀포 (주)부산광역시 연제구 고분로 216 부산광역시 소방재난본부(051-760-3000) (학)1979년 오현고졸 1989년 한국방송통신대 행정학과졸 1999년 제주대 행정대학원 행정학과 수료 (경)2011~2012년 제주 서귀포소방서장 2012~2013년 경기도 소방재난본부 청문감사담당관 2013년 경기 일산소방서장 2013~2014년 중앙소방학교 소방과학연구실장 2014년 국민안전처 소방상황센터장 2015년 同방호조사과장 2016년 同서울특별시소방학교장 2017년 소방청 서울특별시소방학교장 2017년 同119구조구급국장(소방감) 2017~2018년 충북제천복합건물화재 소방합동조사단장 2018~2019년 전남도 소방본부장 2019년 부산시 소방재난본부장(소방정감)(현) (상)행정자치부장관표창(2003), 국무총리표창(2008) (저)'소방승진수험 총서-행정실무'(2005, 와이즈고시) '소방승진수험 총서-행정실무 예상문제집'(2005, 와이즈고시) '중견 간부반-소방인사론'(2005, 중앙소방학교) '최근 20년 대형화재 사례집'(2011, 소방방재청) (역)'소방혁신 리더십'(2006, 중앙소방학교) (종)불교

**변수량(卞秀良)**
(생)1972·12·6 (출)전남 나주 (주)인천광역시 미추홀구 소성로163번길 49 인천지방검찰청 공판송무부(032-860-4318) (학)1991년 대원외고졸 1998년 서울대 경영학과졸 (경)2000년 사법시험 합격(42회) 2003년 사법연수원 수료(32기) 2003년 전주지검 검사 2005년 인천지검 검사 2007년 수원지검 안산지청 검사 2011년 부산지검 동부지청 검사 2013년 서울동부지검 검사 2015년 서울중앙지검 검사 2017년 울산지검 검사 2017년 同부부장검사 2018년 창원지검 진주지청 형사2부장 2019년 인천지검 공판송무부장(현)

**변양균(卞良均) BYEON Yang Kyoon**

(생)1949·9·25 (출)경남 통영 (주)경기도 성남시 분당구 판교역로 220 Ahnlab 5층 스마일게이트인베스트먼트(주) 회장실(031-622-4770) (학)1968년 부산고졸 1973년 고려대 경제학과졸 1987년 미국 예일대 대학원졸 2002년 경제학박사(서강대) (경)1973년 행정고시 합격(14회) 1993년 경제기획원 예산실 예산총괄과장 1994년 재정경제원 예산실 제1심의관 1995년 同예산실 경제개발예산심의관 1997년 同국제협력관 1998년 예산청 행정예산국장 1999년 기획예산처 사회예산심의관 2000년 同재정기획국장 2000년 새천년민주당 정책위원회 수석전문위원 2002년 기획예산처 기획관리실장 2003년 同차관 2004년 연합인포맥스 자문위원 2005~2006년 기획예산처 장관 2005년 광복60년기념사업추진위원회 정부위원 2006~2007년 대통령 정책실장(장관급) 2011년 코리아본뱅크 고문 2015년 (주)옵티스 회장 2015년 스마일게이트인베스트먼트(주) 회장(현) 2016~2018년 MG손해보험 사외이사 (상)조선일보 신춘문예 입선, 대통령표창(1982), 녹조근정훈장(1993) (저)'노무현의 따뜻한 경제학'(2012, 바다출판사)

**변영만(卞榮萬) BYUN Young Man**

(생)1969·5·16 (출)전북 (주)세종특별자치시 한누리대로 402 산업통상자원부 감사관실(044-203-5420) (학)1987년 숭실고졸 1991년 연세대 행정학과졸 (경)1992년 총무처 5급 공채 1993년 공업진흥청 기획관리관실 기획예산담당관실 사무관 1994년 同품질안전국 전기용품안전과 사무관 1996년 통상산업부 기술품질국 품질안전과 사무관 1998년 산업자원부 기술품질국 산업기술기획과 사무관 2001년 同자원정책실 자원정책과 서기관 2005년 국가균형발전위원회 파견 2006년 산업자원부 재정기획팀장 2006년 同법무행정팀장 2007년 교육인적자원부 인적자원개발국 산학협력과장 2007년 同인적자원정책본부 산학연계팀장 2008년 지식경제부 디자인브랜드과장 2009년 駐오스트레일리아 1등서기관 2012년 지식경제부 무역투자실 투자정책과장(부이사관) 2013년 산업통상자원부 무역투자실 투자정책과장 2014년 FTA무역종합지원센터 종합지원단장 2015년 국가기술표준원 기술규제대응국장 2016년 국가공무원인재개발원 교육파견(부이사관) 2017년 대한무역투자진흥공사(KOTRA) 외국인투자지원센터 파견(부이사관) 2018년 산업통상자원부 장관정책보좌관 2018년 同감사관(현)

**변영삼(卞永三) BYUN Young Sam**

(생)1958·5·10 (주)경상북도 구미시 3공단3로 132-11 SK실트론 임원실(054-470-8499) (학)경북고졸 1981년 서울대 금속공학과졸 1983년 同대학원 금속공학과졸 1989년 재료공학박사(미국 노스웨스턴대) (경)1989년 LG반도체 입사 2003년 하이닉스반도체 생산본부 상무 2007년 동부일렉트로닉스 생산총괄 부사장 2008년 동부하이텍 기획관리총괄 부사장 2008년 (주)LG실트론 생산기술본부장(부사장) 2011~2016년 同대표이사 부사장 2016년 한국공학한림원 정회원(재료자원공학분과·현) 2017년 (주)LG실트론 대표이사 사장 2017년 SK실트론 대표이사 사장(현) (상)석탑산업훈장(2012)

**변영진 Yung-Jin Byun**

(생)1966·7·1 (본)밀양(密陽) (출)경남 창원 (주)서울특별시 마포구 상암산로 34 한국코닥(주)(02-3438-2671) (학)1985년 진해고졸 1992년 건국대 전기공학과졸 (경)1992년 한국코닥(주) 의료사업부 입사 1997~2007년 코닥폴리크롬그래픽스 한국지사 부장 2008~2013년 한국코닥(주) 그래픽커뮤니케이션그룹 이사 2013~2015년 同프린팅시스템디비전 상무 2015~2017년 同부사장 2018년 同대표이사(현)

**변용상(卞溶相)**

(생)1965·8 (주)서울특별시 영등포구 여의대로 128 LG디스플레이 LCD패널센터(02-3777-1114) (학)인하대 전기과졸 (경)2013년 LG디스플레이 파주패널생산·공정2담당 상무 2015년 同패널8공장장(상무) 2016년 同F(Future)-Project Leader(상무) 2018년 同LCD패널센터장(상무) 2019년 同TV제조2센터장(전무)(현) (상)대통령표창(2017)

**변웅전(邊雄田) BYUN Ung Jun**

(생)1940·10·15 (본)원주(原州) (출)충남 서산 (학)1958년 서산농고졸 1964년 중앙대 문리대학졸 1995년 고려대 언론대학원 최고위과정 수료 1997년 서울대 행정대학원 최고위과정 수료, 중앙대 행정대학원졸 (경)1963~1969년 한국방송공사(KBS) 아나운서 1988~1991년 문화방송(MBC) 방송위원 1995~1996년 MBC프로덕션 대표이사 사장 1995년 자민련 창당준비위원회 대변인 1996년 同홍보위원장 1996년 제15대 국회의원(충남 서산·태안, 자민련) 1996년 국회 운영위원회 위원 1997년 국회 농림해양수산위원회 위원 1997년 국회 건설교통위원회 위원 1998년 국회 재정경제위원회 위원 1999년 국회 2002월드컵지원특별위원회 위원 2001년 자민련 총재 비서실장 2002~2004년 同서산·태안지구당 위원장 2003년 同전당대회 의장 2004년 제16대 국회의원(전국구 승계, 자민련) 2004년 국회 통일외교통상위원회 위원 2004년 제17대 국회의원선거 출마(충남 서산·태안, 자민련) 2005년 충청경제사회발전연구소 이사장 2008~2012년 제18대 국회의원(충남 서산·태안, 자유선진당) 2008~2010년 국회 보건복지가족위원장 2009년 자유선진당 최고위원 2009년 同인재영입위원장 2010년 同6.2지방선거공천심사위원장 2010~2011년 同최고위원 2010년 한·일의원연맹 부회장 2010년 한국·파라과이의원친선협회 회장 2011년 자유선진당 대표 (상)자랑스러운 중앙인상(2008), 국회를 빛낸 바른언어상 품격언어상(2011)

**변인수(卞仁洙)**

(생)1970·2·15 (출)경북 포항 (주)경상북도 문경시 매봉로 35 문경경찰서(054-550-7321) (학)1988년 포항고졸 1997년 한국외국어대 중국어학과졸 (경)1997년 경위 임관(경찰간부후보 45기) 1997년 의정부경찰서 수사1계장 2000년 경북 경주경찰서 방범순찰대장 2001년 경북 청송경찰서 수사과장 2003년 경북 영주경찰서 수사과장 2009년 울산남부경찰서 수사과장 2010년 경북지방경찰청 수사1계장 2013년 同정보2계장 2016년 同정보3계장 2017년 경북 울릉경찰서장 2019년 경북지방경찰청 경무과 총경(교육파견) 2019년 경북 문경경찰서장(현)

**변장호(卞張鎬) BYUN Jang Ho (靑岩)**

(생)1939·4·27 (본)초계(草溪) (출)경기 이천 (주)서울특별시 중구 퇴계로27길 35 대종필름(주)(02-2266-1001) (학)1958년 한양공업고졸 1966년 한양대 연극영화과졸 2003년 연세대 언론홍보대학원 방송영상학과졸 (경)1973~1979년 제11·12·13대 한국영화감독협회 회장 1980~1984년 제12·13

대 한국영화인협회 이사장 1980~1984년 영화진흥공사 비상임이사 1986년 (주)대종필름 대표이사(현) 1987년 미스코리아 심사위원 1987~2003년 한양대 연극영화과 겸임교수·객원교수 1990~1994년 (주)SKC 영상고문 1995·1999·2006년 제6·7·14회 춘사영화제 심사위원장 1999~2011년 한국영화감독협회 고문 2000~2002년 제8회 춘사영화제 집행위원장 2000년 아세아태평양대학영화제 집행위원장(현) 2001년 제38회 대종상영화제 심사위원장 2006~2010년 동덕여대 방송연예과 초빙교수 2006년 (사)한국영상예술인협회 이사장(현) 2012년 대한민국예술원 회원(영화·현) (상)제8회 청룡영화제 신인감독상(1971), 제9회 백상예술대상 감독상·작품상·대상(1973), 제19·22회 아태영화제 감독상(1973·1976), 문화공보부장관상(1973), 제12회 대종상영화제 작품상(1973), 제11회 백상예술대상 감독상·작품상(1975), 제20·23회 백상예술대상 감독상(1984·1987), 제23회 대종상영화제 우수작품상(1984), 제32회 아태영화제 심사위원특별상(1987), 제33회 아태영화제 예술영화최우수작품상(1988), 제23회 문화예술대상 대통령상(1991), 미국 폴라더데일국제영화제 최우수작품상(1994), 유공영화인상(1996), 제13회 예술문화대상(1999), 보관문화훈장(2006), 고양시 문화대상(2007), 자랑스러운 고양인상(2007), 제20회 경기예술대상 대상(2008) (작)감독 작품 '홍살문' '눈물의 웨딩드레스' '벙어리 삼용이' '망나니' '보통여자' '을화' '0양의 아파트' '푸른하늘 은하수' '사랑 그리고 이별' '이브의 건너방' '감자' '밀월' (종)천주교

**변재상(邊在相) BYUN Jae Sang**

(생)1963·4·21 (본)황주(黃州) (출)대전 (주)서울특별시 영등포구 국제금융로 56 미래에셋생명보험(주)(1588-0220) (학)대전고졸, 서울대 공법학과졸 (경)동부증권 근무, 살로먼스미스바니증권 근무 2005년 미래에셋증권(주) 채권본부장 2006년 同경영지원부문장 2007년 同홍보담당 겸 HR본부장 2011년 同경영서비스부문 대표 2012년 同리테일부문 대표 2012년 同대표이사 전무 2013년 同리테일·해외·경영서비스부문 각자대표이사 사장 2016~2017년 미래에셋생명보험 법인총괄대표(사장) 2018년 미래에셋대우 혁신추진단 사장 2019년 미래에셋생명보험(주) 관리총괄 사장 2019년 同각자대표이사 사장(현)

**변재영(卞在英) BYUN Jae Young**

(생)1953·8·2 (출)충남 아산 (주)서울특별시 마포구 마포대로 53 미포트라팰리스 A동 304호(02-763-5627) (학)1980년 가톨릭대 의대졸 1983년 同대학원 의학석사 1990년 의학박사(가톨릭대) (경)1992~1995년 미국 워싱턴대 의대 교환교수 1997년 미국 예일대 New Haven Hospital 교환교수 1998년 가톨릭대 의대 방사선과학교실 전임강사·조교수·부교수 2001~2018년 同의대 방사선과학교실 교수 2001~2005년 同강남성모병원 진단방사선과장 2005~2007년 대한비뇨생식기영상의학회 회장 2009~2016년 미국 세계인명사전 'Marquis Who's Who in the World'에 등재 2010~2013년 대한초음파의학회 이사장 2010~2011년 대한복부영상의학회 회장 2015~2016년 대한초음파의학회 회장 2017년 (재)한국초음파의학재단 이사장(현) 2017년 대한초음파의학교육원 초대원장(현) 2018년 가톨릭대 의대 방사선과학교실 명예교수(현) 2018년 한국영상의원 원장(현) (상)대한방사선의학회 해외저술상(2000) (역)'Pocket MRI 해부 Atlas' 'Pocket CT 해부 Atlas' '소화기검사 Manual' (종)기독교

**변재용(邊在鎔) BYUN Jae Yong**

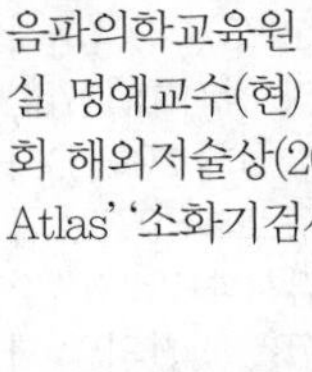

(생)1956·1·1 (출)전북 고창 (주)서울특별시 마포구 월드컵북로 361 (주)한솔교육 비서실(02-2001-5659) (학)1975년 서울고졸 1981년 서울대 토목공학과졸 (경)1982년 영재수학교육연구회 사장 1985년 모범수학회 사장 1991년 한솔출판(주) 사장 1993년 (주)한솔미디어 사장 1995~2007년 (주)한솔교육 대표이사 사장 1999년 한겨레신문 자문위원 2003~2004년 여성부 정책자문위원 2006년 (재)한솔교육희망재단 이사장(현) 2008년 (주)한솔교육 대표이사 회장(현) (상)한국능률협회 최고경영자상(2004), 노동부 남녀평등고용대상, 대한민국 마케팅대상 브랜드명품부문 명품상(2005), 한글학회 공로표창(2008), 대통령표창(2010) (저)'아이를 부자로 키우는 법'(2000)

**변재운(卞在運) BYUN Jae Woon**

(생)1958·5·6 (출)충북 청주 (주)서울특별시 영등포구 여의공원로 101 국민일보 임원실(02-781-9114) (학)청주고졸, 충북대 영어교육과졸 (경)1986년 연합통신 입사(5기) 2000년 국민일보 경제부 차장대우 2002년 同경제부 차장 2004년 同경제부장 직대 2005년 同산업부장 직대 2006년 同광고마케팅국장 2008년 同편집국장 2009년 同편집국 경제담당 대기자 2009년 同논설위원 2011~2018년 쿠키뉴스 대표이사 사장 2013~2015년 한국디지털뉴스협회 이사 2013~2016년 한국신문윤리위원회 위원 2018년 국민일보 대표이사 사장 겸 발행인(현) (상)한국참언론인대상 산업부문(2008)

**변재일(卞在一) BYUN Jae Il**

(생)1948·9·2 (출)충북 청주 (주)서울특별시 영등포구 의사당대로 1 국회 의원회관 701호(02-784-1626) (학)1967년 청주고졸 1974년 연세대 정치외교학과졸 1983년 미국 펜실베이니아대 대학원 정치학과졸 2011년 명예 정치학박사(충북대) (경)1975년 행정고시 합격(16회) 1975~1984년 국방부 기획국·공보관실 사무관 1984~1986년 서울올림픽대회조직위원회 파견 1987~1989년 서울장애자올림픽대회 조직위원회 기획조정실장 1989년 국무총리행정조정실 근무 1992년 국무총리 정무비서관 1994년 국무총리행정조정실 산업심의관 1998년 국무조정실 산업심의관 1998년 정보통신부 정보화기획실장 2001년 同기획관리실장 2003~2004년 同차관 2004년 제17대 국회의원(충북 청원군, 열린우리당·중도개혁통합신당·중도통합민주당·대통합민주신당·통합민주당) 2006~2007년 열린우리당 제4정책조정위원장 2007년 중도개혁통합신당 정책위원회 수석부의장 2008년 제18대 국회의원(충북 청원군, 통합민주당·민주당·민주통합당) 2010년 국회 일자리만들기특별위원장 2010년 국회 교육과학기술위원장 2012년 제19대 국회의원(충북 청원군, 민주통합당·민주당·새정치민주연합·더불어민주당) 2012년 민주통합당 민주정책연구원장 2012년 同제18대 대통령중앙선거대책위원회 충북도당 공동선거대책위원장 2013년 同비상대책위원회 정책위원회 의장 2013·2014년 국회 국토교통위원회 위원 2013년 민주당 민주정책연구원장 2013년 同충북도당 위원장 2014년 민주당·새정치연합 신당추진단 정강정책분과 공동위원장 2014년 새정치민주연합 민주정책연구원장 2014~2015년 同충북도당 공동위원장 2014~2015년 同조직강화특별위원회 위원 2015년 국회 예산결산특별위원회 위원 2015년 새정치민주연합 재벌개혁특별위원회 위원 2016년 더불어민주당 비상대책위원회 위원 2016년 제20대 국회의원(청주시 청원구, 더불어민주당)(현) 2016년 더불어민주당 정책위 의장 2016년 同청주시청원구지역위원회 위원장(현) 2016년 同충북도당 인재영입위원장 2016~2017년 국회 미래창조과학방송통신위원회 위원 2017년 국회 헌법개정특별위원회 위원 2017년 더불어민주당 제19대 문재인 대통령후보 중앙선거대책위원회 방송언론정책위원장 2017·2018년 국회 과학기술정보방송통신위원회 위원(현) 2017~2018년 국회 재난안전대책특별위원회 위원장 2018년 더불어민주당 충북도당 위원장(현) 2018년 同중앙당선거관리위원회 위원장 2018년 同국가경제자문회의 수석부의장(현) 2018년 국회 에너지특별위원회 위원(현) 2019년 국회 세종의사당추진특별위원회 위원(현) (상)체육훈장, 황조근정훈장(1999), 한국IT전문가협회 올해의 정보인상(2016), 한국소비자단체협의회 소비자권익증진상(2019)

ㅂ

**변정섭(卞政燮) Jung Seop Byeon** (요한)

(생)1956·7·19 (본)초계(草溪) (출)경남 하동 (주)부산광역시 사하구 을숙도대로755번길 64 부산복지중앙교회(051-262-9442) (학)1995년 대한신학교 신학대학원졸 1997년 한국기독교복지연구원졸 2004년 동아대 경영대학원 최고경영자과정 수료 2005년 고신대 의료보건대학원 최고경영자과정 수료 2008년 명예 신학박사(미국 캘리포니아 센트럴대) 2009년 사회복지학박사(미국 캘리포니아 센트럴대) 2010년 부산시 자원봉사대학과정 수료 2010년 법무부 범죄예방대학과정 수료 2011년 부산보호관찰소 범죄예방역량강화교육 수료 2011년 법무부 보호간찰전문화교육 수료 (경)1992년 부산복지중앙교회 담임목사(현) 1993년 '무엇을 도와드릴까요?' 상담소 대표(15년) 1994년 법무부 범죄예방부산북구자원봉사협의회 대표위원 2002년 장애인복지생활관 믿음의집 대표 2003년 (사)한국민간복지시설협의회 회장(5년 역임) 2008년 (재)국제독립교회·선교단체연합총회 총회장 2008년 (재)국제복지신학·연구원 이사장 2008년 (재)가나안노인복지센터 대표(5년 역임) 2009년 복지법인 기아대책부산 이사 2010년 (재)나눔과행복 자원봉사단 이사장 2010년 (재)국제장애인복지총연합회 중앙회 대표회장 2010년 (재)국제구국기도봉사협회 이사장 2010년 (사)엘림장애인선교회 이사 2010년 (사)한국기독교단체총연합회 상임회장(3년 역임) 2011년 교회복음신문 이사장 2011년 대한적십자사 부산지사 대의원 2012년 환경부 낙동강유역환경감시위원 2012년 한국자유총연맹 부산시지부 운영위원 2012년 한국법무보호복지공단 부산지부 주거보호위원회 회장 2013년 (사)자유대한지키기국민운동본부 부산지구 공동대표 회장 2013년 민주평통 자문위원 2013년 포럼동서남북중앙회 부회장 2015~2017년 민주평통 부회장 2015년 법무부 부산구치소 교정교화위원회 위원 2016년 同부산구치소 교정교화위원회 부회장(현) 2016년 대구지방교정청 교정위원회 운영위원(현) 2018년 민주평통 수석부회장(현) (상)법무부 부산보호관찰소장 공로패(1995), 엘림장애인선교회장 감사장(1997), 대한장애인공예협회장 감사장(1999), 검찰총장표창(2002), 사랑의장기기증운동본부장 공로패(2002), 참빛장애인선교단장 공로패(2003), 법무부장관표창(2004), 부산시교육감 감사장(2004), 덕명정보여고교장 감사패(2005), 부산 북구청장표창(2005), 중국 용정시장애인연합회 감사패(2008), 법무부 갱생보호공단 부산지부장표창(2009), 부산 사하구청장표창(2009), 법무보호복지공단이사장표창(2009), 엘림장애인선교회 공로장(2010), 스포츠조선 '대한민국 자랑스러운 혁신한국인상'(2011), 헤럴드경제 '대한민국 미래를 여는 혁신인물상'(2011), 월간뉴스피플 '희망을 주는 인물상'(2011), 대한적십자사 유공포장(2011), 대한적십자사 유공포장 금장(2012), 부산시장표창(2012), 서울신문 한국기독교리더 30인 대상(2012), 시사매거진 신년특집 177호(2013), 동아일보 한국사회를 빛낸 글로벌리더(2013), 한국일보 한국을 빛낸 그랑프리 종교인대상(2013), 행정자치부 자원봉사상(2015), 행정자치부 국가안보상(2016) (저)'나는 술의 제왕이었다'(2009, 세종출판사) '나눔과 행복'(2010, 백양출판사) '주제별 성경'(2013, 로고스출판사) (종)기독교

**변정섭(邊正燮) BYUN Jeong Sub**

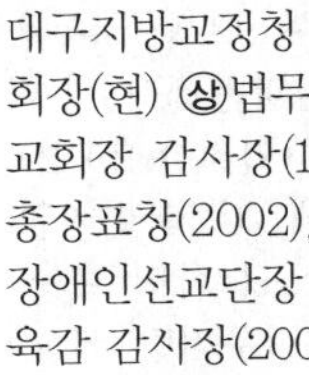

(생)1959·7·22 (주)광주광역시 광산구 하남산단8번로 177 광주신용보증재단(062-950-0011) (학)조선대부고졸, 조선대 경영학과졸, 서울대 고급경영자과정 수료 (경)2001년 광주은행 조선대학교지점장 2003년 同여수지점장 2003년 同인사부장 2004년 同종합기획부장 2007년 同경영지원본부장(이사대우) 2007년 同경영지원본부장(부행장보) 2008년 同부행장 2010년 同경영기획본부장(부행장) 2011년 同개인고객본부장(부행장) 2011~2013년 광은비지니스 대표이사 사장 2015년 해원엠에스씨 대표이사 2019년 광주신용보증재단 이사장(현)

**변정일(邊精一) BYON Jong Il** (石巖)

(생)1942·5·14 (본)원주(原州) (출)제주 남제주 (주)서울특별시 영등포구 의사당대로 1 대한민국헌정회(02-757-6112) (학)1960년 제주 오현고졸 1964년 서울대 법대졸 1967년 同사법대학원졸 1994년 건국대 대학원졸 1995년 법학박사(건국대) (경)1965년 사법시험 합격(5회) 1967~1970년 육군법무관 1970년 서울형사지법 판사 1973~2008년 변호사 개업 1976년 제주대 강사 1979년 제10대 국회의원(제주·북제주·남제주, 무소속·민주공화당) 1980년 민주정의당 제주지구당 위원장 1982년 제주도야구협회 회장 1985년 제주지구JC특우회 회장 1988~1992년 헌법재판소 초대 사무처장 1992년 제14대 국회의원(서귀포·남제주, 무소속·국민당·민자당·신한국당) 1992년 국민당 대변인 1993년 한·일의원연맹 간사 겸 법적지위분과 위원장 1994년 민자당 서귀포·남제주지구당 위원장 1996년 제15대 국회의원(서귀포·남제주, 신한국당·한나라당) 1996년 국회 윤리특별위원회 위원장 1997년 국회 법제사법위원회 위원장 1998년 한나라당 총재 비서실장 2000년 同서귀포·남제주지구당 위원장 2002년 법무법인 한별 변호사 2004~2008년 同대표변호사 2004년 제17대 국회의원 선거 출마(제주 서귀포·남제주, 한나라당) 2005~2006년 한나라당 제주도당 위원장 2008년 법무법인 신우 고문 2009~2013년 제주국제자유도시개발센터(JDC) 이사장 2010~2012년 제주대 법학전문대학원 석좌교수 2013년 대한민국헌정회 제주지회장 2014~2016년 서울제주특별자치도민회 회장 2015년 대한민국헌정회 법률고문 2015년 同법·정관개정특별위원회 위원장, 同법률고문 2019년 同부회장(현) (상)대법원장표창(1967), 황조근정훈장(1994) (저)'미국헌법과 아시아 입헌주의' (역)'자유·질서 그리고 정의' (종)기독교

**변정환(卞廷煥) BYUN Chung Whan** (香山)

(생)1932·7·22 (본)밀양(密陽) (출)경북 청도 (주)대구광역시 중구 달구벌대로 2134 제한한의원 원장실(053-423-2233) (학)1955년 영남고졸 1959년 경희대 한의대졸 1970년 同대학원졸 1985년 보건학박사(서울대) 1986년 한의학박사(경희대) (경)1959~1970년 제한의원 원장 1969~1974년 경북한의사회 회장 1969~1972년 대동역경연구원 이사장 1970~1986년 제한한방병원 원장 1971~1987년 제한동의학술원 이사장 1975~1986년 제한장학회 회장 1976~1986년 계간 '동서의학' 사장 1976~1980년 국제동양의학회 회장, 同세계학술대회 회장 1977년 제풍제약 사장 1977년 삼성장학회 회장 1980년 한의사협회 회장 1980~1986년 제한학원 이사장 1981년 민주평통 자문위원 1985년 국제라이온스협회 309-D지구 총재 1985년 同한국복합지구총재협의회 의장 1986~1988년 대구한의대학 학장 1990년 유교학회 회장 1991~1992년 경산대 학장 1991년 제한의료원 초대원장 1991년 慈光학술원 이사장 1992~1998년 경산대 총장 1996~1998년 대구·경북총장협의회 회장 1996~1998년 대구·경북대학교육협의회 회장 2006~2010년 대구한의대 총장 2010년 同명예총장(현) 2010년 제한한의원 원장(현) 2010년 (사)대자연사랑실천본부 이사장(현) (상)대한한의사협회 공로표창(1965), 대구지검장 공로표창(1969), 보건사회부장관 감사장(1971), 경희대한의과대학 제8회 동문공로패(1974), 국제Lions협회 309-D지구총재 공로표창(1975), 경북도지사 감사장(1975), 한국보이스카우트연맹 경북연맹장 감사패(1975), 한국사회의학연구소이사장 감사패(1976), 국제Lions협회 309-D지구총재 표창(1976), 대구Lions Club회장 봉사상·공로패(1977), 국제Lions협회장 공로패(1978), 대구한의사협회장 감사패(1978), 경북도지사 감사패(1978), 영남일보사사장 감사패(1978), 경찰의날 재무부장관 감사장(1978), 국민포장(1978), 내무부장관 감사장(1978), 윤제장(1979), 경북도지사 공로패(1979), 대구약령시 개발위원장 감사패(1979), 국제Lions협회 수성Club회장 감사패(1979), 경북한의사회장 공로패(1980), 대한한의사협회장 공로패(1982), 5·16 민족상(1984), 국제Lions협회장 20년 쉐보론상(1985), 국제Lions협회장 훈장(1985), 새마을훈장 협동장(1985), 국제Lions 한국사자대상

(1986), 경희인상(1994), 청도군수 감사장(1998), 이서면장 감사장(2000), 대구·경북 아젠다21 봉사대인상(2007), 국가유공자증서(2008), 2012 자랑스런 한·중인상(2013), 전국시조광진구경창대회 대상(2016) [저]'한의의 맥박'(1980) '낮이나 밤이나'(1980) '맥'(1984) '부인 양방'(1987) 자서전 '아직은 쉼표를 찍을 수 없다'(1992) '민족정기론'(1995) '오늘도 삼성산 돌층계를 오르며'(1995) 'The Road to Korean Medicine'(2001) '역질의 보건사적 구료시책'(2001) '일흔'(2002) '자연의 길, 사람의 길'(2003) '시련을 딛고 밝은 세계로'(2007) [역]'도덕경'(1994) '주역'(2010) [종]불교

**변종문(卞鍾文) BYUN JONG MOON**

[생]1953·6·22 [본]초계(草溪) [출]경북 경주 [주]경상남도 창원시 성산구 웅남로 618 지엠비코리아(주) 임원실(055-278-2108) [학]1976년 서울대 공대졸 [경]현대자동차(주) AUTO TM부 차장 1997년 (주)화신 기술연구소장, 同상무이사, 지엠비코리아(주) 전무이사 2011년 同대표이사 사장(현) [상]산업포장, 캄보디아국가재건훈장 금장(2015), 금탑산업훈장(2017) [종]기독교

**변종환(卞宗煥) BYUN Jong Hwan (草牛·牧雲)**

[생]1950·4·13 [본]밀양(密陽) [출]경북 청도 [주]서울특별시 마포구 월드컵북로9길 18 남평빌딩 한국현대시인협회(02-323-2227) [학]부산상고졸, 경희대졸, 부산대 경영대학원졸 [경]1980~2007년 삼성안전기업사 대표 1981~1987년 평통 정책자문위원 1988~1992년 민주평통 자문위원 1999~2002년 부산대 경영대학원동문회 이사 2000~2001년 부산상고총동창회 부회장 2001~2003년 부산문인협회 사무처장 2003~2004년 (사)한국JC특우회 부회장 2003년 부산시문인협회 감사 2006년 (사)한국바다문학회 회장 2007~2009년 부산시인협회 회장 2009년 한국현대시인협회 중앙위원 2010년 부산진구문화예술인협의회 회장 2011~2012년 부산시문인협회 부회장 2012~2015년 한국현대시인협회 지도위원 2013~2016년 부산시문인협회 회장 2013~2017년 국제펜클럽 한국본부 이사 2015년 (사)한국문인협회 이사 2015년 (사)한국현대시인협회 이사(현) 2016~2018년 부산예술문화단체총연합회 감사 2018년 (사)한국현대문화작가연대 부이사장(현) [상]국회의장표창(1966), 문교부장관표창(1967), 부산진구 자랑스런구민상(1988), 부산지구JC특우회 자랑스런후배상(1990), 한국바다문학 작가상(2004), 제7회 설송문학상, 제1회 한국바다문학작가상, 제4회 한국문학상 시부문 본상, 제17회 부산문학상 본상(2010), 부산시인상(2015) [저]시집 '수평선 너머'(1967, 親學社) '思念의 江'(1998, 삼아) '우리 어촌계장 박씨'(2002, 다층) '풀잎의 잠'(2010, 두손컴) '송천리(松川里)에서 쓴 편지'(2015, 두손컴), 산문집 '餘適'(1998, 삼아) 'K형에게'(2013, 두손컴) [종]가톨릭

**변주선(卞柱仙·女) BYUN Ju Seon (예빈)**

[생]1940·11·10 [본]초계(草溪) [출]서울 [주]서울특별시 영등포구 시흥대로 657 대림성모병원 비서실(02-829-9254) [학]1960년 서울사대부고졸 1964년 서울대 사범대학 영어과졸 1988년 연세대 보건대학원졸 2002년 보건학박사(연세대) [경]1965~1971년 선린중 교사 1971년 한국걸스카우트연맹 대외분과위원 1977~1994년 대림성모병원 행정부원장 1978년 한국걸스카우트연맹 중앙이사 1990~1994년 同부총재 1991년 세계잼버리 국제분단장 1993년 세계걸스카우트연맹 지원재단 세계이사 1994년 同특별연구위원회 위원 1994~1998년 한국걸스카우트연맹 총재 1994년 한국에이즈연맹 고문 1994년 대림성모병원 행정원장(현) 1996년 서울대총동창회 부회장 1997~2014년 구로성모병원 이사장 1998년 한국청소년단체협의회 부회장 1998년 세계걸스카우트연맹 아시아태평양지역 의장 2000년 2002월드컵축구대회 문화시민운동중앙협의회 이사 2000년 6·25전쟁50주년기념사업위원회 위원 2001·2007~2015년 한국아동단체협의회 회장 2001~2004년 세계걸스카우트연맹 아태지역 의장 2001~2004년 同지원재단 세계이사 2002년 미국 세계인명사전 'Marquis Who's Who in the World 2002년판'에 등재, 세계도덕재무장(MRA) 이사, 한국UN협회 이사, 한국유방건강재단 이사, 사회복지공동모금회 이사 2008~2014년 서울대사범대학동창회 회장 2009~2014년 사랑의열매 사회복지공동모금회 이사 2012년 말레이시아 술탄 하지 아흐마드샤 파항주국왕 다투(Dato) 작위 수여 2014년 의료법인 다나의료재단 구로다나병원 이사장(현) 2015년 한국아동단체협의회 명예회장(현) 2017년 금아피천득선생기념회 회장(현), 한국유방건강재단 자문위원(현) [상]국민훈장 동백장(1966), 국무총리표창(1991), 인도정부 은코끼리상(1991), 세계걸스카우트연맹 최고훈장(1998), 대통령표창(2001), 한국여성단체협의회 여성지도자상(2004), 'WAGGGS 브론즈메달' 수상(2005), 제9회 비추미여성대상 해리상(2009), 유관순상위원회 유관순상(2012), 청관대상 공로상(2015), 서울대총동창회 제18회 관악대상 참여부문(2016) [종]천주교

**변주연(卞株淵) BYUN Joo Youn (高遠)**

[생]1963·4·16 [본]초계(草溪) [출]충북 청주 [주]충청북도 청주시 흥덕구 직지대로 735 충청매일(043-277-5555) [학]1982년 청주기계공고졸 1990년 청주대 지적학과졸 2003년 충북대 경영대학원 최고경영자과정 수료 [경]1999년 한빛일보 경영이사 2001년 同대표이사 사장 2005년 (사)책사랑운동본부 이사장 2007년 충청매일 대표이사 사장(현) [종]불교

**변주영(邊周榮) Ju Young Byun**

[생]1965·1·5 [주]인천광역시 서구 서곶로 307 서구청 부구청장실(032-560-4011) [학]2000년 한국개발연구원 국제정책대학원 경제정책학과졸 2001년 미국 미시간주립대 대학원 국제응용학과졸 [경]1996년 지방고등고시 합격(1회) 1997~1999년 인천 부평구 사회산업국 사회복지과장 2003~2004년 인천시 정책투자진흥관실 투자진흥1팀장 2005년 인천경제자유구역청 기획정책과 기획팀장 2007년 同유시티사업과장 2010~2012년 駐애틀란타총영사관 영사 2012년 인천시 건설교통국 교통기획과장 2013년 同국제협력관 2015년 인천경제자유구역청 기획조정본부장 2015년 인천시 투자유치전략본부장(지방부이사관) 2017년 교육파견 2018년 인천시 일자리경제국장 2018년 同일자리경제국장(지방이사관) 2018년 인천시 서구청 부구청장(현) [상]대통령표창(2003)

**변준석(卞俊晳) BYUN Joon Seok**

[생]1963·11·28 [본]밀양(密陽) [출]대구 [주]대구광역시 수성구 신천동로 136 대구한의대학교 의료원(053-770-2015) [학]1982년 대구 능인고졸 1988년 대구한의대 한의학과졸 1994년 경희대 대학원 한의학과졸 1997년 한의학박사(대구한의대) [경]1988년 자광학술원 부속 제한한방병원 일반수련의 1992년 同임상한의사 1995~1997년 서울 제한한의원 원장 1997년 대구한의대 한의학과 전임강사 1998년 同부속 구미한방병원 3내과 진료과장 1999~2002년 同한의학과 조교수 1999~2007년 능인동문보리수한의사회 회장 2000~2001년 대구한의사회 대구한의대분회장 2000~2001년 대구한의대 대구한방병원 진료부장 2001~2003년 同구미한방병원장 2002~2003년 대구한의대한의과대동창회 회장 2002~2003년 근로복지공단 구미지사 한방전문자문위원 2002년 대구한의대 한의학과 부교수 2005~2007년 同대구한방병원장 2005·2007년 同의료원 한방임상시험센터장 2007년 同의료원 기획처장 2007년 同한의학과 비계내과학교실 교수(현) 2009~2011년 (재)대구테크노파크 한방산업지원센터장 2012년 대구한의대 의료원장(현) 2014년 同의무부총장 겸임(현) [상]구미시장표창(2001), 보건복지부장관표창(2007)

ㅂ

**변지석(卞智錫) JISEOK BYEON (James)**

(생)1965 · 2 · 27 (출)경북 의성 (주)세종특별자치시 정부2청사로 13 행정안전부 재난안전관리본부 재난보험과(044-205-5350) (학)부산 대동고졸 1989년 명지대 건축공학과졸 1993년 미국 조지워싱턴대 대학원 토목공학과졸 1999년 구조공학박사(미국 조지워싱턴대) (경)1997~2004년 미국 AIR Worldwide 수석연구원 2004~2006년 삼성에버랜드 방재컨설팅팀장 2006~2010년 삼성지구환경연구소 수석연구원 2010~2015년 현대해상화재보험 교통기후환경연구소 수석전문위원 2015년 국민안전처 재난보험과장 2017년 행정안전부 재난안전관리본부 재난관리실 재난보험과장(현)

**변지영(卞芝英 · 女)**

(생)1976 · 12 · 17 (출)서울 (주)대구광역시 수성구 동대구로 364 대구지방법원 총무과(053-757-6470) (학)1995년 진선여고졸 2000년 서울대 사법학과졸 (경)2000년 사법시험 합격(42회) 2003년 사법연수원 수료(32기) 2003년 서울지법 예비판사 2005년 서울남부지법 판사 2007년 대구지법 서부지원 판사 2010년 인천지법 판사 2012년 서울남부지법 판사 2014년 서울행정법원 판사 2016년 서울남부지법 판사 2019년 대구지법 부장판사(현)

**변찬우(邊瓚雨) BYUN Chan Woo**

(생)1961 · 9 · 23 (본)원주(原州) (출)경북 문경 (주)서울특별시 종로구 사직로8길 39 김앤장법률사무소(02-3703-1114) (학)1979년 대건고졸 1983년 경북대 법학과졸 1985년 同대학원 법학과졸 (경)1986년 사법시험 합격(28회) 1989년 사법연수원 수료(18기) 1989년 軍법무관 1992년 서울지검 북부지청 검사 1994년 대구지검 안동지청 검사 1995년 대구지검 검사 1997년 법무부 법무심의관실 검사 1999년 서울지검 검사 2001년 울산지검 부부장검사 2001년 청주지검 영동지청장 2002년 서울고검 검사 2003년 청주지검 부장검사 2004년 대검찰청 환경보건과장 2005년 同형사2과장 2006년 서울중앙지검 총무부장 2007년 同형사7부장 2008년 대구지검 포항지청장 2009년 同2차장검사 2009년 서울동부지검 차장검사 2010년 수원지검 성남지청장 2011년 서울고검 형사부장 2012년 서울중앙지검 제1차장검사 2013년 울산지검장 2013년 광주지검장 2015년 대검찰청 강력부장(검사장급) 2016년 변호사 개업 2017~2019년 NH투자증권(주) 사외이사 2019년 김앤장법률사무소 변호사(현)

**변창남(邊昌男) Byun Chang-Nam (松溪)**

(생)1943·7·14 (본)원주(原州) (출)황해 봉산 (주)부산광역시 연제구 중앙대로1124번길 6 경로복지회관 (사)한국경로복지회(051-852-4100) (학)1971년 미국 웨스트민스터신학교 신학과졸 1981년 대한예수교장로회 총회신학교 신학과졸 1985년 미국 웨스트민스터신학대학원대학교 신학과졸 1987년 동의대 행정대학원 최고경영자과정 수료 1991년 명예 신학박사(미국 트리니티신학대학원) (경)1972~1998년 예비군·민방위대원 정신교육강사 1973년 대한예수교장로회 목사 안수(현) 1975~1977년 대한구국봉사단 부산시단 설립자·단장 1975년 (사)한국경로복지회 설립자·회장(현) 1976~2007년 부산경로의원 원장 1977~1986년 법무부 부산소년원 선도위원장 1977~1985년 (사)부산의료봉사단 설립·단장 1978~1981년 부산시통일꾼협의회 설립·사무국장·부회장 1981~1991년 민족통일부산시협의회 설립·사무국장·부회장 1981~1995년 민주평통 자문위원 1982~1988년 88범민족올림픽 추진위원 1982년 통일부 통일교육위원(현) 1984~1990년 부산시사회복지협의회 조직위원·감사·운영위원 1987년 부산시문화상 심사위원 1988~2002년 부산신학교 이사장 1990~2003년 통일문화협회 회장 1992~1999년 한국복지신문 부사장 1992~2002년 제14회 아시아경기대회 범시민추진위원 1995년 사회복지법인 송계재단 이사장(현) 1996년 '경로문화' 발행인 겸 편집인(현) 1997~1998년 기독교보사 사장 1997~2003년 경로한의원 원장 1998~2003년 (사)한국평생교육노인대학협의회 부회장 1998~2000년 (재)세계노인의해 한국조직위원회 부위원장 1999~2013년 송계사회교육원 원장 1999년 경로복지회관 관장(현) 1999~2002년 부산기독인기관장회 사무총장 2000~2003년 (사)전국노인복지단체협의회 수석부회장 2000년 법무부 법사랑위원(현) 2000년 同부산보호관찰분과위원회 상임부위원장 2002~2004년 국회노인복지정책연구회 전문위원 2002~2004년 교회복지연구원 교수 2003~2006년 교회복음신문사 회장 2003~2006년 전국노인복지단체연합회 회장 2003~2005년 대통령자문 고령화및미래사회위원회 자문위원 2004년 부산노인대학협의회 명예회장(현) 2004년 국민건강보험공단 부산연제지사 자문위원(현) 2005~2009년 부산지검 범죄예방청소년선도강연단 위원 2005~2006년 한국노년학회 이사 2005~2008년 부산시사회복지대표이사협의회 감사 2005년 임수복장학재단 이사 2006년 황해도지사 후보 2007년 '시와 수필사' 가을호 수필가 등단 2007~2009년 한국사회복지법인협의회 공동대표 2007~2011년 전국노인복지단체연합회 이사 겸 명예회장 2008~2010년 법무부 부산청소년예방센터 강사 2008년 노인장기요양보험협의회 부산연제지사 위원(현) 2008~2014년 한국노인권리연대 회장 2008년 신서정문학회 회원(현) 2010년 (사)한국문인협회 회원(현) 2011~2014년 전국노인복지단체연합회 회장 2014년 새누리당 실버세대위원회 수석부위원장 (상)국민훈장 목련장, 국민포장, 대통령표창(5회), 대한민국팔각상, 세계평화봉사상, 세계복지인물상, 잡지언론상, 경로대상, 신인문학상 수필상(2008) (저)'효문화 빛나는 미래'(1997) '인생은 복지, 인간은 복지사'(2003) '병약한 노인들의 등대'(2006) '노인의료와 효운동의 발자취'(2007) '송계야 욕봤다'(2014) (종)기독교

**변창립(邊昌立) Byun Chang Lib**

(생)1958 · 6 · 9 (주)서울특별시 마포구 성암로 267 문화방송 임원실(02-789-0011) (학)1978년 보성고졸 1984년 연세대 영어영문학과졸 2003년 영국 서섹스대 대학원 뉴미디어학과졸 (경)1984년 문화방송(MBC) 아나운서 공채 입사 1990년 同뉴스담당 1992년 同아나운서실 제작담당, 同'용기100배 희망100배' 진행, 同'다큐멘터리 성공시대' 진행, 同'생방송 여론광장' 진행, 同'현장출동' 진행 2000년 同아나운서국 아나운서2부 · 1부 차장 2003년 同경영관리국 인력개발부 해외교육담당(부장대우) 2003년 同아나운서1부 부장대우 2005년 同아나운서1부장 2006년 同아나운서제작부장, 同'교육이 미래다' 진행, 同FM라디오 '변창립의 세상속으로' 진행, 同'TV 속의 TV' 진행 2017년 同부사장 2018년 同운영총괄 부사장(현) (상)한국방송협회 아나운서상(2001), 한국여성민우회 푸른미디어상(2001)

**변창범(邊昶範) BYEON Chang Beom**

(생)1959·4·12 (주)서울특별시 영등포구 여의대로 128 LG전자(주) 인사팀(02-3777-1114) (학)심인고졸, 한국외국어대 서반아어과졸 (경)1985년 금성사 TV중남미과 입사 1988년 同산티아고지사 PM 1994년 LG전자 비데오NTSC수출팀 근무 1997년 同파나마법인 PM 1998년 同콜롬비아법인장 2004년 同브라질법인 HE담당 2005년 상무 승진 2009년 LG전자 멕시코법인장(상무) 2013년 同브라질법인장(상무) 2014년 전무 승진 2015년 LG전자 중남미지역대표 겸 브라질법인장(전무) 2018년 同중남미지역 대표(부사장)(현) 2018년 同브라질법인장 겸임(부사장) (종)천주교

**변창범(邊昶範) BYUN Chang Bum**

(생)1963 · 1 · 29 (출)제주 남제주 (주)서울특별시 서초구 반포대로 158 서울고등검찰청 총무과(02-530-3261) (학)1981년 제주 오현고졸 1985년 고려대 법학과졸 (경)1993년 사법시험 합격(35회) 1996년 사법연수원 수료(25기) 1996년 인천지검 검사 1998년 전주지검 남원지청 검사 1999년 광주지검

검사 2001년 서울지검 서부지청 검사 2003년 수원지검 성남지청 검사 2005년 대구지검 검사 2008년 서울북부지검 검사 2009년 同부부장검사 2009년 대구지검 경주지청 부장검사 2010년 인천지검 공판송무부장 2011년 서울북부지검 공판부장 2012년 창원지검 형사2부장 2013년 제주지검 부장검사 2014년 서울서부지검 형사3부장 2015년 수원지검 안산지청 부장검사 2016년 인천지검 형사2부장 2017년 서울고검 검사(현)

**변창훈(卞暢壎) BYUN Chang Hoon** (용담)

(생)1965·3·15 (본)밀양(密陽) (주)경상북도 경산시 한의대로 1 대구한의대학교 총장실(053-819-1001) (학)영남대 건축공학과졸, 同대학원 공학과졸, 미국 프랫인스티튜트 대학원 건축학과졸, 공학박사(영남대) (경)1994~2013년 대구한의대 건축·토목설계학부 교수 2005년 경북도 도시계획위원회 위원(현) 2006년 경북도개발공사 설계자문위원(현) 2006년 대구지역환경기술개발센터 연구협의회 위원(현) 2006~2007년 대구한의대 산학협력단장 2009~2010년 同학교기업단장 2009~2010년 同미래발전기획단장 2009년 대경권광역경제발전위원회 자문위원(현) 2009년 대구시건축사회 자문위원(현) 2010년 경북도 미래경북전략위원회 위원(현) 2010년 대구한의대 교학부총장 2011~2015년 민주평통 자문위원 2012~2015년 경산시 인사위원 2012년 대한적십자사 대구지사 상임위원(현) 2013년 경북도 실크로드 프로젝트 추진위원(현) 2013년 (사)한국건축가협회 대구·경북건축가회 대외이사(현) 2013년 (사)대한건축학회 대구·경북지회 연구부회장(현) 2013년 한국주거환경학회 영남지회장(현) 2013년 한국산업기술진흥원 산업단지캠퍼스조성사업 심의위원(현) 2013년 경북테크노파크 이사(현) 2013년 대구한의대 총장(현) 2016~2018년 대구·경북지역대학교육협의회 회장 2016년 한국대학교육협의회 이사(현) 2016년 한국사립대학총장협의회 부회장(현) 2018년 대학평가인증위원회 부위원장(현) (상)미국 프랫인스티튜트대 졸업우수상(2000)

**변창흠(卞彰欽) BYEON Chang Heum** (七夕)

(생)1965·8·14 (본)초계(草溪) (출)경북 의성 (주)경상남도 진주시 충의로 19 한국토지주택공사 사장실(055-922-3001) (학)1983년 능인고졸 1988년 서울대 경제학과졸 1990년 同환경대학원 환경계획학과졸 2000년 행정학박사(서울대) (경)1994~2004년 충북대·강남대·연세대·서울대 강사 1996~1999년 서울시도시개발공사 선임연구원 2000~2003년 서울시정개발연구원 부연구위원 2001~2003년 同DMC지원연구팀장 2003년 세종대 행정학과 교수(현) 2003년 同산업경영대학원 교학부장 2003년 同부동산경영학과 주임교수 2003년 서울시 DMC MA위원·실무위원 2003년 인천경제특구특별위원회 위원 2003년 국가균형위원회 및 동북아경제중심추진위원회 전문위원 2003년 건설교통부 신도시포럼 위원 2003년 서울 영등포구 도시계획위원회 위원 2004년 지속가능발전위원회 및 빈부격차차별시정위원회 전문위원 2004년 중앙공무원교육원 및 서울시공무원교육원 객원교수 2005년 국민경제자문회의 부동산정책분야 전문위원 2005년 공인중개사시험 출제위원, 환경정의 토지정의센터장 2007년 서울시 투자유치자문단 위원 2007년 KBS 객원해설위원 2008년 서울시 주거환경개선 정책자문위원 2008년 세종대 도시부동산대학원 주임교수 2008년 입법고시 출제위원 2008년 2012여수세계박람회조직위원회 전략기획연구위원 2008년 서울시 산업특정개발진흥지구 심의위원 2008년 국회 환경노동위원회 환경정책자문위원 2009년 2012여수세계박람회조직위원회 총괄계획가(MP) 2010년 경남도 낙동강사업특별위원회 위원 2011년 충북도정 정책자문위원 2014년 SH공사 사장 2016~2017년 서울주택도시공사 사장 2017~2019년 대통령직속 국가균형발전위원회 위원 2018~2019년 대통령직속 정책기획위원회 산하 재정개혁특별위원회 위원 2018~2019년 세종대 공공정책대학원장·정책과학대학원장·행정대학원장·언론홍보대학원장·도시부동산대학원장 겸임 2019년 한국토지주택공사(LH) 사장(현) 2019년 대한근대5종연맹 회장(현) (상)대통령표창(2007), 서울시장표창(2009), 세종대 총동문회 특별상(2016) (저)'서울연구'(1993) '세계화시대 일상공간과 생활정치'(1995) '18C 신도시 & 20C 신도시'(1996) '신산업지구 : 지식, 벤처, 젊은 기업의 네트워크'(2000) '공간의 정치경제학 : 현대 도시 및 지역연구'(2001) '공간 이론의 사상가들'(2001) '도시 : 현대도시의 이해'(2002) '서울의 미래를 읽는다'(2004) '수도권 재창조의 비전과 전략'(2005) '개발공사와 토건국가'(2005) '토지문제의 새로운 이해'(2006) '현대의 장소판촉'(2006) '살기좋은 지역만들기'(2006) '국가균형발전의 이론과 실천(共)'(2007) 'Balanced National Development Policy in Korea : Theory and Practice(共)'(2007) '토지공사의 문제와 개혁(共)'(2008) '위기의 부동산(共)'(2009) '도시, 인간과 공간의 커뮤니케이션(共)'(2009) '녹색의 나라, 보금자리의 꿈(共)'(2010) '이기는 진보 : 진보의 미래를 위한 대안과 전략(共)'(2010) '독단과 퇴행, 이명박 정부 3년 백서(共)'(2011) '저성장시대의 도시정책(共)'(2011) (역)'현대 도시계획의 이해(共)'(2004) (종)불교

**변철형(邊哲亨) BYUN Chul Hyung**

(생)1970·6·1 (출)서울 (주)서울특별시 서초구 반포대로 138 양진빌딩 2층 법무법인 진(02-2136-8100) (학)1989년 전주 신흥고졸 1996년 고려대 경영학과졸 (경)1996년 사법시험 합격(38회) 1999년 사법연수원 수료(28기) 1999년 공익 법무관 2002년 울산지검 검사 2004년 전주지검 정읍지청 검사 2006년 서울중앙지검 검사 2009년 인천지검 검사 2011년 광주지검 검사 2011년 同부부장검사 2012년 同목포지청 부장검사 2013년 서울고검 검사 2014년 창원지검 특수부장 2015년 인천지검 특수부장 2016년 서울서부지검 식품의약조사부장 2017년 수원지검 안산지청 부장검사 2017년 법무법인 진 파트너변호사(현)

**변철환(卞喆煥) Byun Chul-hwan**

(생)1967·9·5 (주)서울특별시 종로구 사직로8길 60 외교부 재외동포영사기획관실(02-2100-7565) (학)1993년 서강대 정치외교학과졸 (경)1993년 외무고시 합격(27회) 1993년 외무부 입부 2001년 駐중국 1등서기관 2003년 駐상하이 영사 2008년 駐인도네시아 참사관 2010년 외교통상부 재외동포과장 2011년 同동북아2과장 2012년 駐일본 공사참사관 2016년 駐리비아 공사참사관 2018년 외교부 기능형거점공관TF팀장 2019년 同재외동포영사기획관(현)

**변태석(卞泰錫) BYUN Tae Suk** (伊堂)

(생)1936·9·24 (본)초계(草溪) (출)경북 상주 (주)대구광역시 동구 동부로26길 37 (주)B&B커뮤니케이션즈 회장실(053-751-0777) (학)1956년 상주농잠고졸 1960년 부산수산대 제조학과졸 (경)1963년 상주고 교사 1969년 (주)문화방송 지방방송설립부장 1970년 영남TV방송(주) 총무부장 1971년 대구문화방송(주) 총무국장 1975년 同관리국장 1976년 경북축구협회 이사 1979년 (주)문화방송·경향신문 대구지사장 겸임 1979년 경북도체육회 감사 1981년 대구체육회 감사 1985년 대구문화방송(주) 상무이사 1985년 대구경찰청 자문위원 1986년 안동문화방송(주) 대표이사 사장 1986년 대한적십자사 경북지사 장학위원 1987년 경북도 자문위원 1994년 TBC(주) 대구방송 대표이사 사장 1995년 민주평통 자문위원 1996년 (사)대구경북언론클럽 초대이사장·고문(현) 1997년 (재)동일문화장학재단 이사(현) 1997년 계명대 신문방송학과 초빙교수 1997년 (주)B&B커뮤니케이션즈 대표이사 회장(현) 1999년 경북신용보증재단 이사장 1999년 경북통상(주) 감사(현) 2000년 건강관리협회 대구시지부장(현) 2002년 대경대 사회교육대학원 학장 2006년 경북사회복지공동모금회 회장 2006~2012년 구미1대학 평의원회 의장 2011년 아시아포럼21 이사장(현) 2012년 구미대 평의원회 의장(현) (상)부총리 겸 재정경제부장관표창(2007) (종)천주교

**변태섭(卞泰燮) Byeon, Taesup**

(생)1971·2 (본)초계(草溪) (출)대전 (주)대전광역시 서구 청사로 189 중소벤처기업부 정책기획관실(042-481-4522) (학)1989년 보문고졸 1993년 고려대 행정학과졸 2010년 미국 워싱턴주립대 대학원 행정학과졸 (경)1994년 행정고시 합격(38회) 1997~1998년 정무제1장관실 사무관 1998년 중소기업청 자금지원과 사무관 2001년 同벤처정책과·기획예산과·혁신인사과 사무관 2004년 同기업금융과 서기관 2006년 同인력지원과장 2010~2012년 대통령 중소기업비서관실 행정관 2012년 중소기업청 정책총괄과장 2014년 同운영지원과장 2016년 국방대 교육파견 2017년 중소기업청 창업벤처국장 2017년 중소벤처기업부 창업벤처혁신실 창업진흥정책관 2019년 同기획조정실 정책기획관(현) (상)국무총리표창(2003), 근정포장(2014)

**변필건(卞弼建) BYUN Pil Gun**

(생)1975·2·3 (본)초계(草溪) (출)서울 (주)서울특별시 마포구 마포대로 174 서울서부지방검찰청 형사4부(02-3270-4833) (학)1993년 여의도고졸 1998년 서울대 경영학과졸 (경)1997년 사법시험 합격(39회) 2001년 사법연수원 수료(30기) 2001년 해군 법무관, 서울중앙지검 검사 2006년 수원지검 평택지청 검사 2009년 법무부 국제법무과 검사 2013년 서울남부지검 검사 2015년 同부부장검사(법무부 검찰제도개선기획단장 파견) 2016년 법무부 형사법제과장 2017년 부산지검 동부지청 부장검사 2018년 수원지검 형사4부장 2019년 서울서부지검 형사4부장(현)

**변해철(卞海喆) BYUN HAE CHEOL**

(생)1955·5·25 (주)서울특별시 동대문구 이문로 107 한국외국어대학교 법학전문대학원(02-2173-3220) (학)1978년 한국외국어대 법학과졸 1980년 同대학원 법학과졸 1989년 법학박사(프랑스 파리제2대) (경)1990~1999년 한국외국어대 법학과 조교수·부교수 1996~2002년 법제처 법령정비위원 1997~1998년 한국외국어대 학보사 주간 1999년 同법학과 교수(현) 2000~2002년 미국 인디애나대 객원교수 2000~2002년 한국스포츠법학회 감사 2002년 한국법제연구원 자문위원 2003년 한국국제지역학회 부회장 2003~2005년 한국외국어대 교수협의회 회장 2004년 同법학연구소장 2005년 한국공법학회 부회장 2005년 국회 입법지원위원 2006~2007년 한국외국어대 법과대학장 2007년 한국국제지역학회 회장 2008년 한국외국어대 법학전문대학원 교수(현), 유럽헌법학회 회장 2017년 한불법학회 회장(현) (상)한국공법학회 학술상(2000) (저)'법학입문'(1995) '신법학입문'(1996) '헌법학'(2001) '통합유럽과 유럽시민권(共)'(2004) (역)'1789년 인간과 시민의 권리선언'(1999)

**변 혁(邊 赫) Daniel H. BYUN**

(생)1966·1·1 (출)광주 (주)서울특별시 종로구 성균관로 25-2 성균관대학교 예술대학 영상학과(02-760-0666) (학)고려대 불문학과졸, 제7기 한국영화아카데미 수료, 프랑스 파리제8대 대학원 영화학과졸, 프랑스 국립영화학교 영화연출학과졸, 미학박사(프랑스 파리제1대) (경)영화감독(현) 1991년 제35회 샌프란시스코국제영화제 단편영화부문 출품(단편영화 호모비디오쿠스) 1991년 제29회 뉴욕영화제 출품(단편영화 호모비디오쿠스) 1992년 제38회 오버하우젠국제영화제 출품작 경쟁부문 선정(단편영화 호모비디오쿠스) 1996년 오버하우젠영화제 초청(단편영화 생일) 1996년 카를로비바리국제영화제 초청(단편영화 생일) 1996년 부산국제영화제 초청(단편영화 생일) 1997년 프랑스 국립영화학교(FEMIS) 졸업작품전(단편영화 ORSON) 1997년 프랑스 국내 개봉(단편영화 ORSON) 2000년 아시아 최초 도그마 인증(영화 인터뷰) 2006년 성균관대 예술대학 영상학과 부교수·교수(현) 2013~2015년 영화진흥위원회 위원 (상)끌레르몽 페랑영화제 심사위원상 비평가대상(1991), 몬테카티니영화제 심사위원 대상(1991), 샌프란시스코국제영화제 단편영화부문 최우수작품상(1992), 방돔 국제영화제 다큐멘터리부문 대상(1995), 장띠이영화제 다큐멘터리부문 대상(1995), 부산영화평론가협회 신인감독상(2000), 대한민국무용대상 문화부장관상(2012) '윤이상을 만나다' 평론가가 뽑은 올해의 작품상(2013), 브느와 드 라 당스(Benois de la Dance) 작품상(2013) (작)단편영화 '호모비디오쿠스'(1991) 'FROID'(1994) '생일'(1996) 'ORSON'(FEMIS 졸업작품 1997), 다큐멘터리 '브루노 뤼당 34세'(1995), 장편영화 '인터뷰'(2000) '서프라이즈'(2002) '주홍글씨'(2004) '오감도'(2009) '상류사회'(2018), 오페라연출 '윤동주'(2013, 세종문화회관·일본 오사카 인터내셔널홀), 복합장르공연 '자유부인'(2012, 예술의전당 오페라극장) '윤이상을 만나다'(2013, LG아트센터) '통영국제음악당 개관기념 공연 : 최후의 만찬'(2014, 아르코대극장), 영상전시 '70mK : 7천만의 한국인들'(2013, 서울메트로미술관)

**변현석(卞鉉晳) Byun Hyun Suk**

(생)1977·3·9 (본)초계(草溪) (출)서울 (주)서울특별시 송파구 양재대로 1002 미래신용정보(주) 비서실(02-3451-9900) (학)1996년 현대고졸 2000년 미국 클라크대 경영학과졸 2011년 미국 펜실베이니아대 와튼스쿨 경영학과졸(석사) (경)2000~2002년 리먼브라더스 IBD Technology Group 투자은행분석가 2007~2009년 LG텔레콤 경영관리실 금융IR팀 근무 2011~2016년 LG U+ CFO실 금융팀 Structured Finance·전사 M&A 투자평가담당 2016년 同CSO실 제휴협력담당 글로벌협력2팀장 2017년 미래신용정보(주) 대표이사 사장(현)

**변현철(邊賢哲) BYUN Hyun Chul**

(생)1960·6·11 (출)경기 파주 (주)서울특별시 강남구 테헤란로 518 섬유센터 12층 법무법인 율촌(02-528-5987) (학)1979년 경성고졸 1984년 서울대 법대졸 1986년 同대학원 법학과졸 (경)1985년 사법시험 합격(27회) 1988년 사법연수원 수료(17기) 1988년 軍법무관 1991년 서울지법 서부지원 판사 1993년 서울형사지법 판사 1995년 광주지법 순천지원 판사 1996년 광주고법 판사 1998년 서울지법 판사 1999~2000년 일본 히토쓰바시대 방문과정 수료 2000년 서울고법 판사 2001년 대법원 재판연구관 2003년 광주지법 부장판사 2005년 사법연수원 교수 2006년 대법원 공보관 2008~2010년 언론중재위원회 중재부장 2008년 서울중앙지법 부장판사 2010년 특허법원 부장판사 2012~2013년 서울고법 부장판사 2013년 법무법인 율촌 변호사(현)

**변형섭(邊亨燮) BYUN Hyung Sup**

(생)1966·3·18 (본)원주(原州) (출)강원 인제 (주)서울특별시 강남구 영동대로 517 아셈타워 8층 (주)오비맥주(02-2149-5031) (학)1985년 신일고졸 1992년 고려대졸 (경)1992~2005년 한국일보 기자 2005~2007년 중앙인사위원회 정책홍보팀장 2007~2010년 한국주택금융공사 홍보팀장 2010년 부영그룹 이사 2010년 (주)오비맥주 홍보이사(현) (종)기독교

**변형윤(邊衡尹) BYUN Hyung Yoon (學峴)**

(생)1927·1·6 (본)원주(原州) (출)황해 황주 (주)서울특별시 종로구 사직로 102 신동아광화문의꿈 402호 (사)서울사회경제연구소(02-598-4652) (학)1944년 경기중졸(5년제) 1951년 서울대 상과대학졸 1957년 同대학원 경제학과졸 1964년 미국 밴더빌트대 대학원 수료 1968년 경제학박사(서울대) (경)1955~1965년 서울대 상과대학 경제학과 강사·조교수·부교수 1960년 同상과대학 교무과장 1962년 세계계량경제학회 회원(현) 1965~1980년 서울대 상과대학 경제학과 교수 1967~1971년

同경제연구소장 1968년 유엔 경제개발연구소 강사 1970년 아시아통계연구원 운영위원 1970~1975년 서울대 상과대학장 1973년 대한통계협회 회장 1974년 무역연구소 소장 1980년 서울대 교수협의회장 1980~1984년 교수 해직 1983년 '오늘의 책' 선정위원장 1984~1992년 서울대 경제학과 교수 1986년 계량경제학회 회장 1987년 서울이코노미스트클럽 회장 1987~1991년 한국사회경제학회 회장 1987년 서울대 교수협의회장 1987~2002년 국민은행 고문 1989년 한국경제학회 회장 1989~2007년 노사문제협의회 이사장 1989~1995년 남북교수·학생교류협회 자문위원 1989년 경제정의실천시민연합 공동대표 1991~1997년 한겨레신문 비상임이사 1992년 서울대 경제학부 명예교수(현) 1993년 (사)서울사회경제연구소 이사장(현) 1993년 대한민국학술원 회원(경제학·현) 1994년 한국노동연구원 이사장 1994년 한국경제발전학회 회장 ·이사장(현) 1996~2005년 포항공과대 이사 1996~2017년 대림수암장학문화재단 이사장 1996년 한겨레통일문화재단 이사장 1996년 서울시정개발연구원 이사장 1997년 한국사회경제학회 이사장 1998년 수산중공업 사외이사 1998~2000년 통일부 통일고문회의 고문 1998~2000년 한국외국어대 이사장 1998~2000년 제2의건국범국민추진위원회 대표공동위원장 1999~2002년 한국사회정책학회 회장 2001년 개혁과대안을위한전문지식인회의 대표 2002년 한국사회정책학회 명예회장(현) 2004~2007년 상지학원 이사장 2004년 (사)따뜻한한반도사랑의연탄나눔운동 이사장(현) 2005년 월간 '현대경영' 이사장(현) (상)대통령표창(1977), 한국경제학술상(1978), 다산경제학상(1987), 황해도민상(1987), 국민포장(1992), 국민훈장 무궁화장(2000), 서울시 문화상(2001) (저)'통계학'(1958) '현대경제학'(1962) '한국경제론'(1977) '한국경제의 진단과 반성'(1980) '분배의 경제학'(1983) '현대경제학연구'(1985) '한국경제연구'(1995) '경제를 되새기면서'(2000) '역사와 인간'(共) '분배의 경제학'(2003)

**변혜정(邊惠貞·女)**

(생)1964·5·18 (학)이화여대사대부고졸, 고려대 심리학과졸, 이화여대 대학원 여성학과졸, 여성학박사(이화여대) (경)2003~2006년 한국성폭력상담소 부설 성폭력문제연구소장 2004~2008년 이화여대 한국여성연구원 연구교수 2008~2012년 서강대 성평등상담실 상담교수 2009~2011년 한국여성인권진흥원 비상임이사 2012~2017년 충북도 여성정책관(개방형) 2017~2019년 한국여성인권진흥원 원장

**보 광(普 光) Bo Kwang**

(생)1951·3·29 (출)경북 경주 (주)경기도 성남시 수정구 옛골로42번길 3 정토사(031-723-9797) (학)1971년 경주고졸 1975년 동국대 불교대학 불교학과졸 1980년 同대학원졸 1989년 문학박사(일본 붓교대) (경)1970년 분황사에서 득도 1975년 서울 대성사 주지 1980년 범어사에서 비구계 수지 1982~2017년 성남 정토사 주지 1983년 대각회 이사 1985년 일본 교토대 인문과학연구소 연구원 1986~1999년 동국대 선학과 강사·전임강사·조교수·부교수 1989~2000년 대각사 부주지 1993~2010년 가산불교연구원 감사 1993~1995년 동국대 정각원장 1995~1998년 同개교백주년기념사업본부장 1998~2015년 同전자불전문화콘텐츠연구소장 1998~1999년 同선학과장 1998년 대각사상연구원 원장(현) 1998년 한국정토학회 총무이사(현) 1999~2005년 불교호스피스 자문위원 1999년 도서출판 여래장 대표이사(현) 1999~2016년 동국대 불교대학 선학과 교수 1999~2003년 同대외협력처장 2001~2003년 同불교대학장 2002~2008년 국제전자불전협회(EBTI) 회장 2003~2005년 동국대 불교대학원장 2005~2006년 서울대 수의과대학 연구윤리심의위원 2006~2008년 한국정토학회 회장 2010~2016년 국가인권위원회 비상임위원 2013~2019년 문화재청 문화재위원회 위원 2015~2019년 동국대 총장 2018년 성남 정토사 회주(현) (상)일본인도학불교학회상(1991) (저)'용성선사연구'(1981, 감로당) '신라정토사상연구'(1991, 大阪東方出版社) '통일불교성전 설법지침서'(1993) '오늘의 사회문제 그 불교적 대응'(1994) '선과 자아'(1999) '신앙결사연구'(2000, 여래장) '일본선의 역사'(2001, 여래장) (역)'淨土教汎論' '淨土教概論 韓譯 弘法院'(1984) '禪淨雙修의 展開'(1991) '禪과 日本文化'(1995) '반주삼매경'(1998) '정토삼부경'(2000) (종)불교

**복거일(卜鉅一) POCK Gu Il**

(생)1946·3·20 (출)충남 아산 (학)1963년 대전상고졸 1967년 서울대 경제학과졸 (경)중소기업은행 전주지점 근무, 한국과학연구원 선박연구소 연구개발실장 1987년 가상역사소설 '碑銘을 찾아서'로 소설가 등단·소설가(현) 1998년 경향신문 정동칼럼 기고 2006~2008년 문화미래포럼 대표 2009·2011년 대통령직속 사회통합위원회 위원 2014~2015년 새누리당 보수혁신특별위원회 위원 2014년 자유와창의교육원 교수 (상)시장경제대상 기고문부문(2010), 동리목월문학상(2014), 자유경제원 '올해의 자유인상'(2014), 전국경제인연합회 제25회 시장경제대상 공로상(2014), 제2회 춘원문학상(2017) (저)소설 '碑銘을 찾아서'(1987) '높은 땅 낮은 이야기'(1988) '파란 달 아래'(1992) '캠프 세네카의 기지촌'(1994) '마법성의 수호자, 나의 끼끗한 들깨'(2001) '목성잠언집'(2002) '숨은 나라의 병아리 마법사'(2005) '보이지 않는 손'(2006) '한가로운 걱정들을 직업적으로 하는 사내의 하루'(2014, 문학동네) 시집 '五丈原의 가을'(1988) '나이들어가는 아내를 위한 자장가'(2001) '진단과 처방' '쓸모 없는 지식을 찾아서'(1996) '아무것도 바라지 않는 죽음 앞에서'(1996) '소수를 위한 변명'(1997) '국제어시대의 민족어'(1998) '영어를 공용어로 삼자'(2003) '죽은 자들을 위한 변호'(2003) '진화적 풍경'(2004) '정의로운 체제로서의 자본주의'(2005) '조심스러운 낙관'(2005) '21세기 한국(자유, 진보 그리고 번영의 길)'(2005) '현명하게 세속적인 삶'(2006) SF단편소설집 '애틋함의 로마'(2008, 문학과지성사) 'The Jovian Sayings'(2014, 싱가포르 스탤리온) 산문집 '서정적 풍경'(2009) '수성의 옹호'(2010, 문학과지성사) '서정적 풍경2'(2010, 북마크) 희곡 'The Unforgotten War'(2014, 싱가포르 스탤리온) 장편소설 '역사 속의 나그네 전6권'(2015, 문학과지성사) '복거일 생명 예찬'(2016, 살림) '대한민국 보수가 지켜야 할 가치'(2016, 북앤피플) '한반도에 드리운 중국의 그림자'(2017, 북앤피플) '기본소득 논란의 두 얼굴(共)'(2017, 한국경제신문) '박정희의 길'(2017, 북앤피플) 희곡집 '프린체스카-우연히 오스트리아에서 태어난 한국 여인'(2018, 북앤피플) 평론집 '현실과 지향'

**복성해(卜成海) Song Hae BOK**

(생)1943·4·25 (본)면천(沔川) (출)충남 청양 (주)대전광역시 유성구 유성대로 1662 대전바이오벤처타운 409호 바이오뉴트리젠(042-861-0638) (학)1962년 공주사대부고졸 1966년 서울대 농생물학과졸 1972년 미국 매사추세츠공과대 대학원 생물화학공학과졸 1976년 미생물학박사(미국 펜실베이니아주립대) (경)1966년 한국화이자(주) 연구원 1976년 미국 A.E.Staley Mfg. Co. 선임연구원 1980년 미국 Hoffmann La Roche제약 책임연구원 1985년 미국 Monsanto Co. 생물공정연구그룹 Manager 1987년 한국화학연구소 생물공학연구실장 1988년 세계최초 무공해항진균제 개발 1989년 한국화학연구소 응용생물연구부장 1989년 충남대 강사 1992년 한국과학기술연구원(KIST) 유전공학연구소 생물공학연구실장 1992년 충남대 미생물학과 겸임교수 1993년 한국과학기술연구원 생명공학연구소 생물소재연구그룹장 1998~2003년 캐나다 몬트리올대 생물학과 겸임교수 1999년 생명공학연구소 소장 1999년 한국미생물학회 부회장 2000년 농림부장관 자문위원 2000년 미국 세계인명사전 'Marquis Who's Who in the World 밀레니엄판'에 등재 2001~2002년 한국생명공학연구원장 2001년 한국과학기술한림원 정회원(현) 2001년 한국분자·세포생물학회 산학협력위원장 2001년 영국 케임브리지국제인명센터(IBC) 21세기 저명과학자 2000인에 선정 2001년 대통령직속 국민경제자문회의 위원 2001년 국가과학기술위원회 바이오기술·산업위원회 위원 2002년 (주)바이오뉴트리젠 대표이사(현) 2004년 중

ㅂ

국 연변과학기술대 명예교수 2004년 건양대 제약공학과 석좌교수 2004년 同생명산업연구원장 2004년 (재)충남동물자원센터 센터장 2005년 대전충남북바이오커뮤니티협의회 회장 2008년 미국 Bio-nutrigen Inc. 회장 2009년 대전시 국제과학비즈니스벨트조성 자문위원 2009년 (사)한국엔지니어클럽 이사 2010년 한글사랑나라사랑본부 이사 2010년 대전시 식품산업정책분과위원회 위원 2011년 식품의약품안전청 신소재과학전문가 자문위원 2013년 식품의약품안전처 신소재과학전문가 자문위원 2014년 대한무역투자진흥공사(KOTRA) 서비스자문단 대전충남지역 자문위원 (상)과학기술처장관표창(1988), 특허청 세종대왕상(1997), 대한민국 특허기술 대전 국무총리표창(1997), 우수발명진흥회 국무총리표창(1998), 독일국제발명기술대회 금메달(1998), 국무조정실장표창(2001), 감사원장표창(2001), 대한민국농업과학기술상 산업포장(2001), 석탑산업훈장(2008), 특허청 최우수지식재산경영인상(2012), 무역의날 1백만불 수출의 탑(2013) (저)'생명공학연구와 함께한 복성해 박사의 45년 발자취(복성해 박사 연구논문집)'(2013) '생명공학연구와 함께한 복성해 박사의 45년 발자취(복성해 박사 특허집)'(2013) (종)기독교

### 봉두완(奉斗玩) PONG Du Wan (多爲)

(생)1935 · 12 · 8 (본)하음(河陰) (출)황해 수안 (주)서울특별시 종로구 율곡로 190 여전도회관 10층 북한대학원대학교(02-3700-0800) (학)1954년 경복고졸 1960년 연세대 영어영문학과졸 1966년 미국 아메리칸대 대학원 수료 (경)1959년 동화통신 정치부 기자 1962~1968년 한국일보 미국특파원 1969~1980년 중앙일보 · 동양방송 논평위원 1973년 제28차 유엔총회 한국대표 1975년 관훈클럽 총무 1976년 새서울라이온스클럽 회장 1981년 제11대 국회의원(서울 마포 · 용산, 민주정의당) 1981년 민주정의당 대변인 1981년 한 · 캐나다의원친선협회 회장 1983년 국회 외무위원장 1985년 제12대 국회의원(서울 용산 · 마포, 민주정의당) 1985년 국회 외무위원장 1985년 IPU 부의장 1989년 미국 메릴랜드대 객원교수 1990년 천주교북한선교후원회 회장 1991년 남북한장애인걷기운동본부 고문 1992년 성나자로마을돕기회 회장, 同고문 1993~2001년 광운대 신문방송학과 교수 1994년 세계가톨릭꾸르실료협의회 의장 1995년 대한적십자사 봉사회중앙협의회 의장 1996년 천주교 서울대교구 한민족복음화추진회장 1998년 생활개혁실천협의회 운영위원장, 천주교한민족돕기회 회장 1998~2002년 대한적십자사 부총재 2001년 미국 American Univ. 객원교수 2001년 6.25순교자현양사업추진위원회 공동대표 2001년 제17차 세계자원봉사대회(IAVE) 실행위원장 2002년 클린인터넷국민운동협의회 의장 2002년 바른사회를위한시민회의 공동대표 2005년 생활개혁실천협의회 대표의장 2005년 위성방송 한강건강TV(채널556) '봉두완의 의료계 진단' 진행 2005~2006년 원음방송 상임고문 2006~2018년 한미클럽 회장 2008년 공정언론시민연대 고문 2009~2015년 (재)기쁨나눔재단 이사 2011년 성심학원 발전위원회 위원장 2011년 통일TV방송 이사장 2015년 서울중구문화재단 충무아트홀후원회 회장 2015년 북한대학원대 석좌교수(현) 2016~2017년 라자로돕기회 회장 2018년 한미클럽 자문위원회 위원장(현) (상)한국방송 해설부문 대상(1977), 대한적십자사 대훈장(2000), 적십자광무장 금장(2001), 미국 아메리칸대동문회 자랑스런AU상(2002), 연세대영문과총동문회 자랑스런 연세인상(2003), 연세대 연문인상(2006) (저)'안녕하십니까. MBC전국패트롤 봉두완입니다'(1991) '뉴스 전망대 2'(1995) '여자가 좋다 사람이 좋다'(2000) '앵커맨'(2004) '너 어디 있느냐 : 대한민국 앵커맨 봉두완의 신앙고백'(2010) (종)가톨릭

### 봉양순(奉良順 · 女) BONG Yang Soon

(생)1961 · 11 · 23 (출)전북 고창 (주)서울특별시 중구 세종대로 125 서울특별시의회(02-3702-1400) (학)고창여고졸, 성인경상전문대학 행정과졸 (경)국민건강보험공단 근무, 시정신문 취재기자 · 논설위원, 균형발전강북노원구추진위원회 부위원장, 민주평통 자문위원, 경기대 정치전문대학원 부설 정치교육원 지방자치위원 2006년 서울시 노원구의원 후보(열린우리당), 민주당 서울노원구乙지역위원회 부위원장 2010년 서울시 노원구의회 의원(비례대표, 민주당 · 민주통합당 · 민주당 · 새정치민주연합) 2010~2012년 同행정재경위원회 위원 2012년 同보건복지위원회 부위원장 2014~2018년 서울시 노원구의회 의원(새정치민주연합 · 더불어민주당) 2014년 同보건복지위원장 2018년 서울시의회 의원(더불어민주당)(현) 2018년 同보건복지위원회 위원(현) 2019년 同예산결산특별위원회 위원(현) (종)기독교

### 봉 욱(奉 旭) BONG Wook

(생)1965 · 7 · 24 (본)하음(河陰) (출)서울 (주)서울특별시 서초구 서초대로 248 월헌회관빌딩 701호 봉욱법률사무소(02-525-5300) (학)1984년 여의도고졸 1988년 서울대 법과대학졸 1994년 同대학원 수료 (경)1987년 사법시험 합격(29회) 1990년 사법연수원 수료(19기) 1993년 軍법무관 1993년 서울지검 검사 1995년 수원지검 여주지청 검사 1997년 부산지검 검사 1997년 미국 예일대 로스쿨 방문학자 1997년 법무부 검찰2과 검사 1999년 서울지검 북부지청 검사 2000년 대통령 민정수석비서관 2002년 대전지검 부부장검사 2002년 청주지검 제천지청장 2003년 대검찰청 검찰연구관 2005년 同첨단범죄수사과장 2007년 同혁신기획과장 2008년 서울중앙지검 금융조세조사1부장 2009년 수원지검 여주지청장 2009년 대검찰청 공안기획관 2010년 서울서부지검 차장검사 2011년 부산지검 동부지청장 2012년 법무부 인권국장 2013년 同기획조정실장 2013년 울산지검장 2015년 법무부 법무실장(검사장급) 2015년 서울동부지검장 2017~2019년 대검찰청 차장검사(고등검사장급) 2017년 검찰총장 직무대행 2019년 변호사 개업(현) (저)'미국의 힘, 예일 로스쿨'(2000 · 2009) (종)천주교

### 봉원석(奉原奭) BONG Won Suk

(생)1965 · 12 · 4 (출)서울 (주)서울특별시 중구 을지로5길 26 미래에셋대우(주) 임원실(02-3774-7065) (학)1984년 서라벌고졸 1990년 서울대 공법학과졸, 미국 워싱턴대 대학원졸(MBA) (경)한국산업은행 근무, 대웅제약 근무, LG투자증권 근무 2005년 미래에셋증권(주) Structured Finance 본부장(이사) 2007년 同프로젝트금융1본부장(상무) 2011년 同기업RM2본부장(상무) 2014년 同CRO(상무) 2015년 同CRO(전무) 2016년 미래에셋대우(주) 기업금융(IB)2부문 대표(전무) 2018년 同기업금융(IB)2부문 대표(부사장)(현)

### 봉준호(奉俊昊) BONG Jun Ho

(생)1969 · 9 · 14 (본)하음(河陰) (출)대구 (학)1988년 잠실고졸 1994년 연세대 사회학과졸 1995년 한국영화아카데미졸(11기) (경)1993년 6mm단편 '백색인' 으로 영화감독 데뷔 2000년 한국영화감독협회 회원(현) 2007 · 2016~2018년 (사)한국영화감독조합 대표 2009년 미쟝센단편영화제 대표 집행위원 2010년 同심사위원 2011년 미국 선댄스영화제 심사위원 2011년 제64회 칸국제영화제 황금카메라상부문 심사위원장 2013년 제3회 올레스마트폰영화제 심사위원장 2013년 영국 에든버러국제영화제(EIFF) 심사위원장 2014년 제19회 부산국제영화제(BIFF) 뉴커런츠부문 심사위원 2015년 독일 베를린국제영화제 심사위원 2015년 미국 영화예술과학아카데미(AMPAS · 미국 최고 영화상인 아카데미상 주관) 회원(현) (상)신영청소년영화제 수상(1993), 디렉터스컷어워즈 올해의 신인감독상(2000), 홍콩국제영화제 국제영화비평가상(2001), 스페인산세바스티안국제영화제 최우수감독상 · 신인감독상(2003), 대한민국영화대상 작품상 · 감독상, 춘사나운규영화예술제 감독상 · 각본상(2003), 올해의 최우수예술인(2003), 디렉터스컷어워즈 올해의 감독상(2003 · 2014 · 2017), 코냑영화제 대상(2004), 맥스무비 최고의영화상 최고의감독상(2004 · 2007), 청룡영화상 최우수작품상(2006), 대한민국영화대상 감독상(2006), 시체

스국제영화제 오리엔탈익스프레스상(2006), 한국엔터테인먼트산업학회 제1회 한류대상(2007), 대종상영화제 감독상(2007), 백상예술대상 영화부문 작품상(2007), 브뤼셀국제판타스틱영화제 황금까마귀상(2007), 판타스포르토영화제 경쟁부문 감독상(2007), 제29회 영평상 작품상(2009), 청룡영화상 최우수작품상(2009), 두바이국제영화제 각본상(2009), 올해의 영화상 작품상(2010), 제4회 아시안필름어워즈 각본상(2010), APN 아시아영화인상 감독상(2010), 제34회 청룡영화제 감독상(2013), 한국예술평론가협의회 제33회 올해의 최우수 예술가상 영화부문(2013), 한국영화배우협회 자랑스러운 KOREA 영화인상(2013), 백상예술대상 영화부문 연출·감독상(2014), 프랑스 문화예술공로훈장 오피시에(2016), 한국영화평론가협회 국제비평가연맹 한국본부상(2017), 제72회 프랑스칸국제영화제 황금종려상(국내 최초)(2019), 제15회 제천국제음악영화제 올해의영화인(2019), 토론토국제영화제 관객상 3등상(Second runner-up)(2019) (저)'기생충 각본집·스토리보드북'(2019, 플레인) (작)영화감독 '지리멸렬'(1994), '모텔 선인장'(1997), '유령'(1999), '플란다스의 개'(2000), '살인의 추억'(2002), '이공'(2004), '남극일기'(2005), '괴물'(2006), '도쿄! Tokyo!'(2008), '마더'(2009), '이키'(2011), '설국열차'(2013), '해무'(2014), '옥자'(2017), '기생충'(2019) 등 (종)천주교

## 부공남(夫公男) Bu Gong-nam

(생)1953·8·10 (주)제주특별자치도 제주시 문연로 13 제주특별자치도의회(064-741-1944) (학)제주제일고졸, 제주대 사범대학 수학교육과졸, 同교육대학원 수학교육과졸 (경)제주 동여중·제일중·세화중·제주고·중문고 교사, 제주고 교감, 제주특별자치도교육청 장학관, 제주 남원중·제주서중 교장, 제주특별자치도수학교육연구회 회장, 백록봉사회 자문위원, 제주특별자치도연합청년회 자문위원, 세화중총동문회 부회장·회장, 제주대총동문회 부회장, 제주시구좌읍민회 부회장·감사, 해병대전우회 제주특별자치도연합회 부회장, 한국청소년지도자 제주특별자치도연맹 고문, 제주상록회·한솔팔각회·손뜻모아봉사회 자문위원, 제주특별자치도배드민턴연합회 자문위원, 제주일보 논설위원(비상임), 제주특별자치도미래제주교섭단체 대표 2014~2018·2018년 제주특별자치도의회 교육의원(현) 2014년 同교육위원회 부위원장 2015년 同예산결산특별위원회 위원 2016~2018년 同운영위원회 위원 2016~2018년 同교육위원회 위원 2016~2018년 同윤리특별위원회 위원 2016~2017년 제주교육발전연구회 회장 2018년 제주특별자치도의회 교육위원회 위원(현) (상)교육과학기술부장관표창(2009), 제9회 전국아름다운교육상 경영자부문 최우수상

## 부구욱(夫龜旭) BU Gu Wuck

(생)1952·2 (출)부산 (주)경상남도 양산시 주남로 288 영산대학교 총장실(055-380-9100) (학)1970년 경기고졸 1974년 서울대 법과대학 법학과졸 1979년 同대학원졸 2001년 명예 법학박사(한양대) (경)1979년 사법시험 합격(21회) 1981년 사법연수원 수료(11기) 1981년 부산지법 판사 1984년 同울산지원 판사 1986년 수원지법 판사 1989~1994년 서울지법 동부지원 판사·서울고법 판사 1994년 서울형사지법 판사 1994년 대법원 재판연구관 겸임 1997년 청주지법 부장판사 1998년 인천지법 부천지원 부장판사 2000~2001년 서울지법 부장판사 2001년 영산대 총장(현) 2008~2011년 부산관광컨벤션포럼 이사장 2008~2014년 부산국제영화제후원회 회장 2009년 한국대학교육협의회 로스쿨(법학전문대학원) 대책위원장 2009~2016년 한국조정학회 초대회장 2010년 한국대학교육협의회 대학윤리위원장 2011년 한국대학총장협회 회장 2012~2014년 한국대학교육협의회 부회장 2013년 부산관광컨벤션포럼 이사(현) 2014~2015년 한국사립대학총장협의회 회장 2014~2017년 대통령직속 통일준비위원회 통일교육자문단 자문위원 2015~2016년 한국대학교육협의회 회장 2018년 在부산 서울대동창회 회장(현) (상)부산문화대상 사회공헌부문(2015) (종)불교

## 부동식(夫東植)

(생)1972·5·5 (주)부산광역시 연제구 법원로 31 부산지방법원 총무과(051-590-1507) (학)1991년 제주 오현고졸 1995년 서울대 경영학과졸 1997년 同대학원 경제학과졸 (경)2001년 사법시험 합격(43회) 2004년 사법연수원 수료(33기) 2004년 서울남부지법 예비판사 2006년 서울중앙지법 판사 2008년 부산지법 판사 2012년 수원지법 안산지원 판사 2016년 서울중앙지법 판사 2019년 부산지법 부장판사(현)

## 부상일(夫相一) BOO Sang-Il

(생)1971·8·19 (출)제주 (주)서울특별시 강남구 학동로 401 금하빌딩 4층 법무법인 정률(02-2183-5612) (학)1990년 제주제일고졸 1998년 서울대 사법학과졸 (경)1999년 사법시험 합격(41회) 2002년 사법연수원 수료(31기) 2000~2004년 청주지검 검사 2004년 제주지검 검사 2006~2007년 의정부지검 검사 2007년 한나라당 대통령선거중앙선거대책위원회 클린정치위원회 BBK팀 위원 2007년 제주대 법학부 조교수 2008년 대통령직인수위원회 취임준비위원회 상근자문위원, 한나라당 중앙청년위원회 상임전국위원, 한나라당 제주도당 위원장 2008년 同제주시乙당원협의회 운영위원장 2010년 同대표 특보, 법무법인 정률 변호사(현) 2016년 제20대 국회의원선거 출마(제주시乙, 새누리당) 2016년 새누리당 제주시乙당원협의회 운영위원장 2016년 同중앙당 수석부대변인

## 부상준(夫相俊) BOO Sang Jun

(생)1969·3·29 (출)제주 (주)서울특별시 양천구 신월로 386 서울남부지방법원(02-2192-1114) (학)1987년 제주제일고졸 1991년 고려대 법학과졸 2000년 同대학원 법학과졸 (경)1993년 사법시험 합격(35회) 1996년 사법연수원 수료(25기) 1999년 부산지법 판사 2003년 서울지법 의정부지원 판사 2006년 서울중앙지법 판사 2007년 서울고법 판사 2008년 대법원 연구법관 2009년 서울북부지법 판사 2011~2012년 제주지법 수석부장판사 2011~2012년 언론중재위원회 위원 2012년 사법연수원 교수 2014년 의정부지법 부장판사 2015년 서울중앙지법 부장판사 2018년 서울남부지법 부장판사(현)

## 부임춘(夫林春·女) Bu Im Chun

(생)1962·3·18 (본)제주(濟州) (출)제주 서귀포 (주)제주특별자치도 제주시 도공로 9-1 제주신문(064-744-7220) (학)1980년 세화고졸, 제주대 경영대학원 최고경영자과정 수료 2017년 부산여대 유아영어지도과졸 (경)주간지 제주우먼타임스 발행인·편집인 1995년 (주)제주국제도매센터 대표이사 2006년 제주도의원선거 출마(민주당) 2007년 민주당 제주도당 여성특별위원회 위원장 2007년 제주우먼타임스 창간 2007년 시사저널 제주프레스 편집국장 2007년 (주)제주신문 발행인·편집인·대표이사 사장 겸임(현) 2013년 일간 제주신문 창간 2014년 (주)제주신문인쇄 법인설립·대표이사(현) 2016년 제주김대중대통령기념사업회 고문(현) (상)향토언론인상(2016) (종)천주교

## 부좌현(夫佐炫) BOO Jwa Hyun

(생)1956·5·13 (본)제주(濟州) (출)제주 (학)1975년 목포고졸 1980년 서강대 철학과 수료 2001년 한국방송통신대 법학과졸, 한양대 행정대학원졸 (경)법무법인 해마루 상담실장 1996년 새정치국민회의 안산乙지구당 정책실장 1997년 천정배 국회의원 보좌관, 새천년민주당 안산乙지구당 사무국장 1998년 경기도의회 의원(국민회의·새천년민주당), 열린우리당 천정배 원내대표 비서실장, 국회 정책연구위원, (사)경기서부지역혁

신연구원 이사, 열린우리당 안산시당 상무위원, 안산풀뿌리환경센터 공동대표, 안산문화원 이사 2006년 경기 안산시장선거 출마(열린우리당) 2009~2010년 안산통일포럼 대표 2011년 민주통합당 안산단원乙지역위원회 위원장 2012년 同정책위원회 부의장 2012년 제19대 국회의원(안산 단원乙, 민주통합당·민주당·새정치민주연합·더불어민주당·국민의당) 2012년 민주통합당 원내부대표 2012년 同경기도당 직능위원장 2012·2015년 국회 운영위원회 위원 2013·2014년 국회 산업통상자원위원회 위원 2013년 민주당 의원담당 원내부대표 2013년 同경기도당 수석부위원장 2014~2015년 국회 창조경제활성화특별위원회 위원 2014년 새정치민주연합 다문화위원회 위원장 2014년 同새로운대한민국위원회 안전사회추진단 산업안전분과 위원장 2015년 同의원담당 원내부대표 2015년 국회 예산결산특별위원회 위원 2015~2016년 더불어민주당 다문화위원회 위원장 2015~2016년 同새로운대한민국위원회 안전사회추진단 산업안전분과위원장 2015~2016년 同의원담당 원내부대표 2016년 제20대 국회의원선거 출마(안산시 단원구乙, 국민의당) 2016년 국민의당 수석사무부총장 2016~2018년 同안산시단원구乙지역위원회 위원장 2017년 同정치연수원장 2017년 同제19대 안철수 대통령후보 중앙선거대책위원회 프로젝트플랫폼 지역균형발전위원회 부위원장 2017~2018년 同제2창당위원회 부위원장 2018년 민주평화당 안산시단원구乙지역위원회 위원장 2018년 同경기도당 위원장 2019년 대안정치연대 원외준비모임 위원장(현) (종)기독교

### 부준홍(夫俊洪) BOO Joon Hong

(생)1956·2·27 (본)제주(濟州) (출)서울 (주)경기도 고양시 덕양구 항공대학로 76 한국항공대학교 항공우주및기계공학부(02-300-0107) (학)1978년 서울대 기계공학과졸 1984년 미국 조지아공대 대학원 기계공학과졸 1989년 기계공학박사(미국 조지아공대) (경)1979~1982년 공군사관학교 교관 1982~1983년 코오롱상사 신규사업팀 주임 1989~1998년 한국항공대 항공우주및기계공학부 조교수·부교수 1994년 미국 텍사스A&M대 연구교수 1995~1996년 한국항공대 교무처장 1998년 同항공우주및기계공학부 교수(현) 2000년 同연구·평가관리실장 2000~2005년 대한기계학회 히트파이프분과 회장 2000년 국제히트파이프학회(IHPC) 운영위원(현) 2001년 일본우주과학연구소(ISAS) 초빙교수 2002~2004년 한국항공대 기획처장 2004~2006년 同항공우주박물관장 2007~2008년 일본 와세다대 연구교수 2007~2008년 대한기계학회 이사 2008~2014년 경기도 에너지위원 2009~2011년 대한기계학회 마이크로나노부문 이사 2012~2013년 한국공학교육인증원 공학인증위원회 위원장 2012~2014년 한국항공대 대학평의원회 의장 2016년 미국 세계인명사전 'Marquis Who's Who in the World 2016 (33rd Edition)'에 등재 (상)교과교육우수자 교육인적자원부장관표창(2003), 일본히트파이프협회 오시마코이치 학술상(2006), 한국항공대 공로상(2006), 한국신재생에너지학회 학술대회 우수논문상(2009·2013), 산학협력우수자 교육과학기술부장관표창(2010) (저)'분사추진기관'(1997·2001) 'Heat Pipe Technology'(2004) (역)'열역학'(1996·2002· 2007· 2011· 2016) '열전달'(1999·2003·2007· 2014)

### 부청하(夫淸河) BOO Chung Ha

(생)1943·9·1 (본)제주(濟州) (출)제주 (주)서울특별시 관악구 남현길 63 사회복지법인 상록원(02-584-7097) (학)1962년 제주제일고졸 1968년 중앙대 사회사업학과졸 1974년 미국 켄터키주립대 대학원 사회복지행정학과 수료 (경)1972~1979년 홀트아동복지회 회장 1973~1981년 한국사회사업가협회 회장 1976년 사회복지법인 상록원 대표이사 겸 원장(현) 1987~1994년 한국아동복지시설연합회 서울시지회장 1997~2002년 한국해양소년단 제주연맹장 1999년 재경4·3유족회 수석공동대표(현) 2000년 한국아동복지시설연합회 정책위원장, 서울아동복지협회 회장 2008년 관악구사회복지시설연합회 회장(현) 2008년 한국사회복지법인협의회 상임공동대표 2010~2012년 한국아동복지협회 회장, 제15기 민주평통 자문위원 (상)국민훈장 목련장(2007) (저)'설문몽생이(나는 고아였다)'(1978) (종)기독교

### 부하령(夫夏玲·女) POO Haryoung

(생)1961·1·16 (출)부산 (주)대전광역시 유성구 과학로 125 한국생명공학연구원 감염병연구센터(042-860-4157) (학)1983년 서강대 생명과학과졸 1990년 미국 미주리대 대학원 생물학과졸 1994년 면역학박사(미국 웨인주립대) (경)1994~1995년 미국 미시간대 의대 Post-Doc. 1996년 서강대 생명과학과 강사 1997년 한국생명공학연구원 선임연구원 1998년 同프로테옴연구실 선임연구원, 同바이러스감염대응연구단장, 同노화과학연구소 생명체방어시스템연구센터 책임연구원, 同국가아젠다연구부 감염병연구센터 책임연구원(현) 2006년 과학기술연합대학원대(UST) 교수(현) 2006~2013년 질병관리본부 예방접종심의위원회 위원 2008~2009년 대한여성과학기술인회 부회장 2008~2010년 중앙약사심의위원회 전문가 2010~2014년 한국연구재단 전문위원 2012년 한국과학기술단체총연합회 다산컨퍼런스 조직위원장(농수산분야) 2012년 코스닥 상장심사위원회 전문가(현) 2014~2016년 한국과학기술단체총연합회 정책위원 2015년 연구발전협의회총연합회 부회장 2016~2018년 대한여성과학기술인회 회장 2016년 한국과학기술한림원 정회원(농수산학부)(현) (상)대전시 경제과학대상(2009), 과학기술유공자포장(2012), 한국미생물생명공학회 여성과학자상(2015)

### 빈대인(賓大仁) Dae In, Bin

(생)1960·7·8 (출)경남 남해 (주)부산광역시 남구 문현금융로 30 부산은행 은행장실(051-661-4000) (학)1979년 원예고졸 1988년 경성대 법학과졸 1992년 同대학원 법학과졸 (경)1988년 부산은행 입행 2006년 同비서팀장 2008년 同경영혁신부장 2009년 同인사부장 2012년 同사상공단지점장 2013년 同북부영업본부장 2014년 同경남지역본부장(부행장보) 2015년 同신금융사업본부장(부행장) 2016~2017년 同미래채널본부장(부행장) 2017년 同은행장(현)

### 빈지태(賓址泰) BIN Ji Tae

(생)1969·4·15 (출)경남 함안 (주)경상남도 창원시 의창구 상남로 290 경상남도의회(055-211-7350) (학)1987년 마산고졸 1995년 경상대 사회과학대학 경제학과졸 (경)동호전기(주) 노동조합 교육부장, 전국농민회 함안군 대산면 회장, 민주노동당 중앙위원, 함안군 민중연대 집행위원장, 대산농협 대의원, 국립농산물품질관리원 농산물명예감시원, 부산경남농민회총연맹 함안군농민회 정책국장·사무처장 2006년 경남도의원선거 출마(민주노동당) 2010~2014년 경남 함안군의회 의원(민주노동당·통합진보당), 同산업건설위원장 2017년 경남 함안군의원선거 출마(재·보궐선거, 더불어민주당), 더불어민주당 경남도당 상무위원(현), 민주평통자문회의 자문위원(현) 2018년 경남도의회 의원(더불어민주당)(현) 2018년 同농해양수산위원회 위원장 (현)

# 한국인물사전

# 2020

Y O N H A P N E W S

# ㅅ

수록 순서 가나다 · 생년월일순

약 호 (생) 생년월일 (본) 본관 (출) 출생지
(주) 주소(연락처) (학) 학력 (경) 경력 : (현) → 현직
(상) 상훈 (저) 저서 (역) 역서
(작) 작품 (종) 종교

### 사공일(司空壹) SAKONG Il

(생)1940 · 1 · 10 (본)효령(孝令) (출)경북 군위 (주)서울특별시 강남구 봉은사로 524 무역회관 2505호 세계경제연구원(02-551-3334) (학)1958년 경북고졸 1964년 서울대 상과대학졸 1966년 미국 UCLA 대학원 경영 · 경제학과졸 1969년 경제학박사(미국 UCLA) (경)1969~1973년 미국 뉴욕대 교수 1973~1983년 한국개발연구원(KDI) 재정금융실장 · 부원장 1981년 부총리 겸 경제기획원 장관 자문관 1983년 산업연구원 원장 1983~1987년 대통령 경제수석비서관 1987~1988년 재무부 장관 1989~1992년 국제통화기금(IMF) 특별고문 1993~2018년 세계경제연구원 이사장 1998~2000년 아시아유럽정상회의(ASEM) 아시아 · 유럽비전그룹(AEVG) 의장 2000~2002년 외교통상부 대외경제통상대사 2003년 고려대 석좌교수 2008~2009년 대통령직속 국가경쟁력강화위원회 위원장(장관급) 2008~2009년 대통령 경제특별보좌관 2009~2011년 대통령직속 G20정상회의준비위원회 위원장 2009~2012년 한국무역협회 회장 2012~2017년 중앙일보 고문 2019년 세계경제연구원 명예이사장(현) (상)국민훈장 모란장(1983), 벨기에 국왕 왕관대관장(1986), 중화민국 대수경성훈장(1987), 청조근정훈장(1990), 고려대 정책인대상(2002), 미국 UCLA 총장표창(2010), 국민훈장 무궁화장(2012) (저)'경제개발과 정부 및 기업가의 역할(Government, Business, and Entrepreneurship in Economic Development : The Korean Case)'(1980, Harvard University Press) '세계 속의 한국경제(Korea in the World Economy)'(1991, 미국 Washington IIE · 1993, 김영사) '세계는 기다리지 않는다'(2001) '한국무역 프리미엄시대 열자'(2013) '한국경제 갈 길 멀다'(2013) '도약의 기억'(2017) 외 다수 (종)천주교

### 사공진(司空珍) SAKONG Jin

(생)1956 · 1 · 6 (출)대구 (주)경기도 안산시 상록구 한양대학로 55 한양대학교 ERICA 캠퍼스 경상대학 경제학부(031-400-5605) (학)1974년 경기고졸 1979년 서울대 국제경제학과졸 1985년 미국 뉴욕주립대 올바니교 대학원 경제학과졸 1989년 경제학박사(미국 뉴욕주립대 올바니교) (경)1982~1983년 한국해양연구소 연구원 1990년 한국개발연구원(KDI) 초빙연구원 1990년 한국보건사회연구원 초빙연구원 1992년 한국의료관리연구원 연구위원 1992년 한양대 ERICA 캠퍼스 경상대학 경제학부 교수(현) 2000년 한국사회보장학회 이사 2002~2010년 한국보건행정학회 이사 2003~2005년 한국보건경제학회 회장 2005년 한국사회보장학회 회장 2006년 한국재정학회 이사 2009~2012년 한국보건산업진흥원 비상임이사 2010년 건강보험정책심의위원회 위원 2011년 한국보건행정학회 회장 2012~2014년 대통령소속 규제개혁위원회 위원 2012~2014년 한양대 ERICA캠퍼스 기업경영대학원장 겸 경상대학장 2012~2016년 보건복지부 건강보험정책심의위원회 부위원장 2012~2014년 同보건의료직능발전위원회 위원 2013~2015년 同건강보험료부과체계개선기획단 위원 2013~2017년 건강보험심사평가원 미래전략위원회 평가분과위원장 2014~2018년 국세청 자체평가위원회 위원 2014~2015년 산림청 자문위원 2015년 건강보험심사평가원 의료평가조정위원회 위원(현) (상)한국과학기술단체총연합회 과학기술우수논문상(2001), 옥조근정훈장(2014)

### 사공호상(司空昊相) SAKONG Ho-Sang

(생)1960 · 7 · 25 (출)경북 군위 (주)경기도 수원시 영통구 월드컵로 92 국토지리정보원(031-210-2612) (학)1979년 대구 능인고졸 1986년 영남대 토목공학과졸 1991년 서울대 대학원 도시계획학과졸 2002년 도시공학박사(서울시립대) (경)1986년 국토연구원 연구위원, 同도시계획공학부 수석연구원 2000~2009년 同국토정보연구센터(GIS) 연구위원 2001년 한국지리정보학회 집행부 섭외이사 2007년 국토연구원 국토정보연구센터(GIS) 소장 2009년 同국토인프라 · GIS연구본부 GIS연구센터장 2009~2014년 同선임연구위원 2010년 同글로벌개발협력센터(GDP) 소장 2013~2014년 同국토정보연구본부장 2019년 국토지리정보원장(현) (상)건설교통부장관표창

### 사동민(史東珉) Tong-Min Sa

(생)1960·3·21 (출)서울 (주)충청북도 청주시 서원구 충대로 1 충북대학교 환경생명화학과(043-261-2561) (학)1984년 서울대 농화학과졸 1986년 同대학원 농화학과졸 1990년 미생물학박사(미국 노스캐롤라이나주립대) (경)1986~1990년 미국 노스캐롤라이나주립대 방문연구원 1991~1992년 서울대 농업개발연구소 특별연구원 1992~1994년 농촌진흥청 농업유전공학연구소 농업연구사 1999~2001년 충남도 농업기술원 농업연구관 1999년 충북대 농업생명환경대학 식물자원환경화학부 환경생명화학전공 조교수·부교수·교수(현) 2006~2007년 미국 오리건주립대 방문연구원 2007~2016년 충북특화작목산학연협력단 단장 2008~2010년 농림기술관리센터 전문위원 2008~2009년 한국연구재단 기초연구기획평가자문위원 2008~2010년 충북대 농업과학기술연구소장 2012~2013년 미국 노스캐롤라이나주립대 방문연구원 2016년 국제비료연구센터 아시아지역 부회장(현) 2017년 (사)한국토양비료학회 회장 2017년 한국과학기술한림원 정회원(농수산학부·현) 2017년 충북대 농업생명환경대학장(현) 2018년 (사)전국농학계대학장협의회 회장(현) (상)한국과학기술단체총연합회 과학기술우수논문상(2005), 농림수산식품부장관표창(2008), 한국토양비료학회 학술상(2010), 충북대 학술상(2012), 근정포장(2012), 한국미생물생명공학회 JMB학술상(2012), 아시아농업미생물학회 공로상(2019) (저)'유전공학 이론과 응용'(1993) '자원식물학'(1996) '토양사전'(2000) '토양학'(2006)

### 사봉관(史奉官) SA Bong Kwan

(생)1968 · 4 · 8 (출)전남 장흥 (주)서울특별시 서대문구 충정로 60 KT&G 서대문타워 10층 법무법인(유) 지평(02-6200-1781) (학)1985년 광주 대동고졸 1989년 서울대 법학과졸 1991년 조선대 대학원 법학과졸 (경)1991년 사법시험 합격(33회) 1994년 사법연수원 수료(23기) 1994년 軍법무관 1997년 서울지법 북부지원 판사 1999년 서울지법 판사 2001년 광주지법 순천지원 판사 2002년 同광양시 · 구례군법원 판사 2003년 同순천지원 판사 2004년 서울서부지법 판사 2006년 서울고법 판사(헌법재판소 파견) 2009년 광주지법 부장판사 2010년 사법연수원 교수 2012년 수원지법 성남지원 부장판사 2014~2016년 서울중앙지법 부장판사 2016~2018년 법무법인(유) 지평 파트너변호사 2017년 해병대 인권자문위원(현) 2018년 법무법인(유) 지평 파트너변호사(현)

### 사순문(史淳文)

(생)1957 · 2 · 23 (주)전라남도 무안군 삼향읍 오룡길 1 전라남도의회(061-286-8200) (학)성균관대 법학과졸, 경희대 평화복지대학원 행정학과졸, 영국 Univ. of Hull 대학원 국제정치학 박사과정 수료 (경)통일부 장관보좌관 2010년 전남 장흥군의원선거 출마(무소속) 2014년 전남 장흥군의원선거 출마(새정치민주연합), 더불어민주당 전남도당 부위원장 2018년 전남도의회 의원(더불어민주당)(현), 同기획행정위원회 위원(현)

### 상기숙(尙基淑·女) Sang, Key-sook

(생)1954·8·1 (본)목천(木川) (출)서울 (주)서울특별시 송파구 거마로9길 35 홍진빌라 학교법인 상문학원(02-586-3141) (학)1976년 경희대 문리대학 국어국문학과졸 1980년 同대학원 국어교육학과졸 1982년 同대학원 국문학과졸 1984년 대만사범대학 국문연구소 박사과정 수료 1989년 문학박사(홍콩 원동대) (경)1993~2016년 한서대 인문사회학부 중국학과 조교수·부교수, 同항공융합학부 글로벌언어협력학과 중국전공교수(2019년 8월 퇴직) 1993년 (사)한국민속예술연구원 무속위원회 학술원장(현) 1996년 서령신문 논설위원 1997년 (사)한국사회통일연구원 비상임위원 1998~2005년 한국무속학회 편집위원 겸 대전충남충북지구 이사 1999~2002년 경희대 인문학연구원 민속학연구소 연구원 2000~2001년 일본 廣島여자대 국제문화학부 객원연구원 2001년 최영장군당굿보존회 자문위원 2002~2012년 경희대 민속학연구소 특별연구원 2003년 한서대 내포지역발전연구소 연구원 2003~2004년 한국한자능력검정회 한서대시험시행위원장 2004~2009년 한서대 대학원 교학부장 2004년 同중장기발전위원회 분과위원 2004~2005년 同성폭력대책위원 2004·2009년 한국역사민속학회 대전·충남지역 이사(현) 2004년 화성재인청복원사업추진위원회 무속분과 위원 2005년 한국무속학회 실무이사 2005~2008년 한국귀신학회 이사 2006년 내포지역발전연구소 섭외이사 2007년 한국무속학회 부회장 2007년 한서대 부설 동양고전연구소 편집위원 2008년 한국중국문화학회 연구이사 2008~2010년 지역민속학회 국제이사(중국지역) 2008년 (사)한국무속연희연구회 이사 2008년 한국귀신학회 편집위원 2008년 同부회장 2009~2010년 한서대 도서관운영위원 2010년 한국무교학회 부회장(현) 2010~2012년 전국한자능력검정시험 시험시행위원장 2011~2012년 국립민속박물관 '2011샤머니즘특별전' 자문위원 2011년 인문정치연구소 지도·자문위원 2011년 한국무속학회 연구윤리위원 2011년 GH인문정치연구소 자문위원(현) 2012~2014년 한서대 중국학과장 2012~2014년 同대학원 동아시아학과·정보산업대학원 한중언어문화학과 주임교수 2012~2016년 학교법인 동인학원(상문고) 이사 2014년 이북5도 무형문화재연합회 자문위원(현) 2014년 同무형문화재지정 조사위원(현) 2015년 서산문화발전연구원 부원장 겸 학술위원 겸 간사 2015년 서산문화춘추 편집위원 2015년 한국중국문화학회 운영이사(현) 2015년 아시아퍼시픽해양문화연구원(APOCC) 연구위원(현) 2016년 중국어실용능력시험 CPT 출제위원 겸 자문위원(현) 2016년 학교법인 상문학원(상문고) 이사(현) (저)'巫俗信仰(한국민속학총서3 : 民俗學會編)(共)'(1989, 교문사) '韓國의 山村民俗Ⅰ-치악산편(共)'(1995, 교문사) '韓國의 山村民俗Ⅱ-노적산편(共)'(1995, 교문사) '韓國의 占卜(共)'(1995, 민속원) '實用大學漢字(共)'(1997, 서문문화사) '民俗文學과 傳統文化(共)'(1997, 박이정) '韓國文化의 原本思考(共)'(1997, 민속원) '古典作家作品의 理解(共)'(1998, 박이정) '고전산문교육의 이론(共)'(2000, 집문당) '세시풍속1(共)'(2002, 우리마당 터 도서출판) '중국명시감상(共)'(2005, 명문당) '세계의 고전을 읽는다1 (동양 문학편)(共)'(2005, 휴머니스트) '인간과 신령을 잇는 상징, 巫具-충청도(共)'(2005, 민속원) '대학생을 위한 한자와 한문의 이해(共)'(2007, 신아사) '민속문화의 조명과 새 지평(共)'(2007, 민속원) '한자와 한문의 이해(개정판)(共)'(2010, 신아사) '한자쓰기연습 사자성어를 중심으로(共)'(2010, 신아사) '샤머니즘의 사상(共)'(2013, 민속원) '샤머니즘의 윤리사상과 상징(共)'(2014, 민속원) '샤머니즘과 타종교의 융합 갈등'(共)'(2017, 민속원) (역)'荊楚歲時記'(1996) '〈夢遊桃源圖〉贊詩文'(2007) '帝京歲時紀勝'(2012) '형초세시기'(2015) '연경세시기'(2017)

### 상병헌(尙炳憲) SANG Byeong Hyun

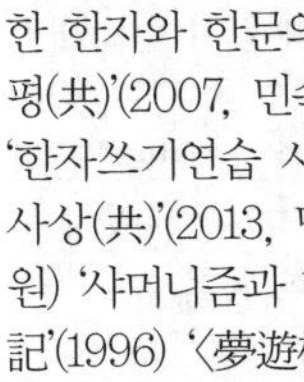

(생)1966·6·25 (본)목천(木川) (출)충남 부여 (주)세종특별자치시 한누리대로 2120 세종특별자치시의회(044-300-7000) (학)국민대 법과대학졸 (경)열린성북개혁포럼 상임대표, 열린우리당 서울시당 청년위원회 부위원장 2006년 同서울시의원선거 출마(열린우리당), 민주평통 자문위원 2017년 더불어민주당 제19대 문재인 대통령후보 정무특보, 同중앙당 부대변인 2018년 세종특별자치시의회 의원(더불어민주당)(현) 2018년 同교육안전위원회 위원장(현)

### 상원종(尙元鍾) SANG Won Jong

(생)1952·4·30 (본)목천(木川) (출)서울 (주)서울특별시 송파구 거마로9길 35 홍진빌라 학교법인 상문학원(02-586-3141) (학)1971년 서울고졸 1978년 연세대 행정학과졸 1995년 同행정대학원졸 2002년 同대학원 행정학 박사과정 수료 (경)1979년 입법고시 합격(4회) 1980년 국회사무처 입법조사국 조세금융담당 사무관 1982년 同국제국 국제협력담당 사무관 1984년 미국 하와이대 대학원 정치학과 교육파견 1985년 국회사무처 문교공보위원회 입법조사관 1988년 同사무총장 비서관 1990년 同의안과장 1993년 同국제기구과장 1994년 同총무과장 1994년 同의정연수원 연구부장 1995년 同감사관 1996년 同재정경제위원회 입법심의관 1997년 同교육위원회 전문위원 2000년 同교육위원회 수석전문위원 2003년 同정무위원회 수석전문위원 2004~2006년 同입법차장 2006년 同사무총장 직대 2006년 LECG코리아 부설 한국입법연구원장 2007년 한국전문가컨설팅그룹(KECG)부설 한국입법연구원장 2009~2012년 KB자산운용 사외이사 2012~2016년 상문고 이사 2012~2017년 현대캐피탈 비상근고문 2013~2018년 법무법인 세종 고문 2015년 국회 입법지원위원(현) 2016년 학교법인 상문학원(상문고) 이사장(현) (상)국회의장표창(1986), 황조근정훈장(2008) (종)불교

### 서갑원(徐甲源) SUH Gab Won

(생)1962·6·24 (본)대구(大丘) (출)전남 순천 (주)전라남도 무안군 삼향읍 후광대로 274 더불어민주당 전남도당(061-287-1219) (학)1981년 순천 매산고졸 1989년 국민대 법과대학졸 1991년 同대학원 법학과졸 2004년 同대학원 법학박사과정 수료 (경)1992년 민주당 노무현 최고위원 비서 1994년 지방자치실무연구소 연구원 1996년 황규선 국회의원 보좌관 1998년 노무현 국회의원 보좌관 1999년 용인송담대 법률실무학과 겸임교수 2002년 새천년민주당 노무현 대통령후보 정무보좌역·의전팀장 2003년 노무현 대통령당선자 의전팀장 2003년 대통령 의전비서관 2003년 대통령비서실 행사의전팀장 겸 대통령 의전비서관 2003년 대통령 정무1비서관 2004년 제17대 국회의원(순천, 열린우리당·대통합민주신당·통합민주당) 2004년 열린우리당 제4정책조정위원회 부위원장 2005년 同원내부대표 2008년 대통합민주신당 전자정당위원장 2008~2011년 제18대 국회의원(순천, 통합민주당·민주당) 2008~2009년 민주당 원내수석부대표 2009년 국회 여수세계박람회유치특별위원회 위원 2010~2011년 국회 문화체육관광방송통신위원회 간사 2010~2011년 국회 예산결산특별위원회 계수조정소위원 2013~2018년 국민대 행정대학원 특임교수 2014년 제19대 국회의원선거 출마(순천·곡성 보궐선거, 새정치민주연합) 2017년 더불어민주당 순천지역위원회 위원장(현) 2018~2019년 신한대 총장 (종)기독교

### 서강문(徐康文) Kangmoon Seo

(생)1963·9·30 (본)이천(利川) (출)서울 (주)서울특별시 관악구 관악로 1 서울대학교 수의과대학(02-880-1258) (학)1986년 서울대 수의학과졸 1988년 同대학원 수의학과졸 1995년 수의학박사(서울대) (경)1988~1993년 수의장교(식검·방역) 예편 1992~1994년 서울대 수의과대학 부속동물병원 조교 1994~1995년 경상대 수의과대학 시간강사 1994~1995년 서울대 수의과대학 수의과학연구소 연수연구원 1995~1996년 영국 왕립수의과대 안과학교실 Post-Doc. 1996년 삼성생명과학연구소 안과학교실 연구원 1996~1997년 서울대 수의과대학 수의과학연구소 연구원 1997~2002년 강원대 축산대학 수의학과 전임강사·조교수 2002년 서울대 수의과대학 조교수·부교수·교수(현)

2003년 한국전통수의학회 학술위원장 2003년 한국수의임상교육협의회 임상교육위원장 2006년 한국임상수의학회 부회장 2009~2010년 미국 위스콘신대 수의과대학 방문교수 2010~2012년 한국수의안과연구회 회장 2011~2015년 아시아수의안과학회 회장 2011~2013년 서울대 수의과대학 부학장 2012~2013년 한국임상수의학회 부회장 2013~2017년 서울대 수의과대학 동물병원장 2017~2019년 세계수의안과협회(ISVO : International Society of Veterinary Ophthalmology) 회장 2019년 서울대 수의과대학장(현) (상)대법원장표창(1986) (역)'개의 안과학'(2003)

**서강훈(徐康勳) SEO Kang Hun**

(생)1937 · 6 · 15 (본)이천(利川) (출)서울 (주)인천광역시 남동구 미래로 32 비전타워 14층 기호일보 회장실(032-761-0001) (학)1958년 인천사범학교졸 1963년 건국대 법정대학졸 (경)1964년 경기일보 기자 1966년 同사회부장 1968~1973년 同편집국부국장 1975년 경기교육신보 설립 · 발행인 1983년 주간신문협회 감사 1988년 기호일보 발행인 겸 대표이사 사장 2008년 同발행인 겸 대표이사 회장(현) (상)서울언론인클럽 향토언론인상(2002) (종)불교

**서거석(徐巨錫) SUH Geo Suk**

(생)1954 · 6 · 7 (본)달성(達城) (출)전북 전주 (주)서울특별시 중구 무교로 20 사회복지법인 초록우산 어린이재단(02-778-1791) (학)1977년 전북대 법학과졸 1980년 同대학원 법학과졸, 법학박사(충남대) 1990년 법학박사(일본 주오대) (경)1982~2006년 전북대 법과대학 교수 1993~1995년 일본 도쿄대 법학부 객원교수 1997~2001년 전북대 법과대학장 1999~2001년 전주경제정의실천시민연합 공동대표 1999~2000년 국립법과대학장협의회 회장 2004~2006년 중국 서북정법대학 객좌교수 2004~2006년 한국소년법학회 회장 2005년 독일 막스프랑크 외국형법연구소 객원교수 2006~2007년 한국비교형사법학회 회장 2006~2014년 전북대 총장(제15 · 16대) 2007~2008년 국제발효식품EXPO 조직위원장 2008~2009년 정부혁신지방분권위원회 위원 2009~2010년 전국국공립대학교총장협의회 회장 2009년 민주평통 자문위원 2011~2013년 정부사회통합위원회 위원 2012~2013년 대통령직속 국가교육과학기술자문회의 교육분야 위원장 2013~2015년 교육부 대학발전기획단 자문위원 2013~2015년 대학구조개혁위원회 위원 2013~2014년 한국대학교육협의회 회장 2014년 한국 · 러시아대화(KRD)포럼 교육분과위원장 2014년 헌법재판소 자문위원 2014~2017년 전북대 법학전문대학원 교수 2015년 미국 프린스턴대 객원교수 2017년 사회복지법인 초록우산어린이재단 전국후원회 부회장 겸 전북후원회장(현) 2017년 가천대 석좌교수(현) 2018년 전북도 교육감선거 출마 (상)한국일보 올해의 CEO대상(2007), 일본능률협회 글로벌경영대상(2008), 중앙일보 대한민국 창조경영인상(2009), 국민훈장 목련장(2010), TV조선 한국의 영향력 있는 CEO(2013), 전북애향운동본부 전북애향대상(2015), 자랑스러운 전고인상(2017), 청조근정훈장(2018) (저)'現代の韓國法'(2014, 日本 有信堂) 'How World-Class Affect Global Higher Education'(2014, SensePublishers) '위기의 대학, 길을 묻다'(2016, 전북대 출판문화원) (역)'일본형법 대표판례(총론)'(2014, Fides) '일본형법 대표판례(각론)'(2014, Fides) (종)기독교

**서경덕(徐擎德) SEO Kyoungduk**

(생)1974 · 5 · 25 (출)서울 (주)서울특별시 성북구 보문로34다길 2 성신여자대학교 교양교육대학(02-920-7272) (학)성남고졸, 성균관대 조경학과졸, 고려대 생명과학대학원 환경생태공학 박사과정 수료 (경)2008년 독립기념관 홍보대사 2009년 서울시장애인복지시설협회 홍보대사 2009년 나눔의집 홍보대사 2009년 성신여대 교양교육대학 교수(현) 2010년 소년의집 홍보대사 2010년 해외문화홍보원 자문위원 2011년 대통령직속 국가브랜드위원회 위원 2012년 푸르메재단 홍보대사 2012~2018년 문화체육관광부 세종학당재단 비상임이사 2012~2014년 UN 새천년개발목표지원 특별자문위원 2013~2018년 독립기념관 독도학교 교장 2013년 제20회 광주세계김치문화축제 홍보대사 2013년 범국민언어문화개선운동 홍보대사 2014년 IBK기업은행 '힘내라! 대한민국' 마케팅홍보대사 2014년 서울브랜드추진위원회 위원 2016년 국방부 유해발굴감식단 홍보대사(현) 2017~2018년 전주시 글로벌홍보대사 2017년 간송미술관 홍보대사(현), 대한민국공군 · 국가보훈처 · 산림청 · 중앙선거관리위원회 자문위원(현) 2018년 문화체육관광부 전통문화예술진흥재단 홍보대사(현) 2019년 국립서울현충원 명예집례관(현) (상)제6회 환경재단 세상을 밝게 만든 사람들(2010), 광고진흥발전유공자 문화체육관광부장관표창(2011)

**서경배(徐慶培) SUH Kyung Bae**

(생)1963 · 1 · 14 (본)이천(利川) (출)서울 (주)서울특별시 용산구 한강대로 100 (주)아모레퍼시픽그룹 비서실(02-709-5026) (학)1981년 경성고졸 1985년 연세대 경영학과졸 1987년 미국 코넬대 경영대학원 경영학과졸 (경)1987년 (주)태평양 과장 1989~1990년 태평양종합산업(주) 기획부장 · 이사 1990년 (주)태평양 이사 1990년 同상무이사 1991년 同전무이사 1993년 태평양그룹 기획조정실 사장 1997년 (주)태평양 대표이사 사장 2002년 세계경제포럼(WEF) 「아시아의 미래를 짊어질 차세대 한국인 리더」에 선정 2003년 대한화장품공업협회 회장 2003~2004년 (주)국민은행 경영전략 및 리스트관리위원회 위원(사외이사) 2004년 대한화장품협회 회장(현) 2006년 (주)아모레퍼시픽 대표이사 사장 2013년 아모레퍼시픽그룹 대표이사 회장(현) 2014년 서울상공회의소 부회장(현) 2015~2019년 연세대상경 · 경영대학동창회 회장 2017년 글로벌CEO경영평가(The Best-Performing CEOs in the World 2017) 세계 20위(아시아 2위) 선정 (상)대통령표창(1998 · 2008 · 2012), 한국능률협회 가치경영대상 최우수기업상(1999), 한국능률협회 월드베스트골드상(1999), 한국능률협회컨설팅 대한민국마케팅대상 개인상(2001), 올해의청년 연세 상경인상(2002), 연세대 경영대학 기업윤리대상(2004), BPW 골드어워드(2005), 대한민국마케팅대상(신상품부문 명품상)(2005), 프랑스정부 최고훈장 '레종 도뇌르'(2006), 자랑스러운 코넬동문상(2007), 대한민국 브랜드이미지어워드 기업인부문(2009), 언스트앤드영 최우수기업가상 마스터상(2010), 경영학자선정 경영자대상(2010), 한국경제신문 소비재부문 '대학생이 뽑은 올해의 최고경영자(CEO)'(2014), 한국능률협회(KMA) 선정 '제47회 한국의 경영자'(2015), 포브스아시아 선정 '올해의 기업인'(2015), 금탑산업훈장(2015), 매경이코노미 선정 '올해의 CEO 종합 3위'(2016), 자랑스러운 연세인상(2017)

**서경석(徐京錫) SOH Kyung Suk**

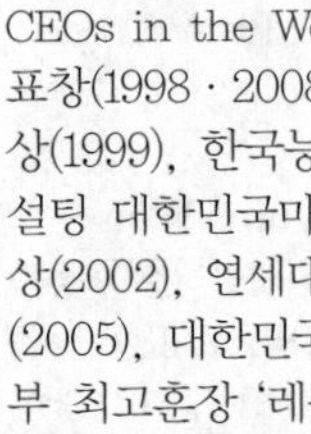

(생)1948 · 10 · 6 (본)달성(達城) (출)서울 (주)서울특별시 마포구 토정로 319 3층 나눔과 기쁨(1544-9509) (학)1966년 서울고졸 1971년 서울대 공과대학 기계공학과졸 1984년 미국 프린스턴신학교 대학원 신학과졸 1986년 미국 유니언신학교 대학원 기독교윤리학과졸 (경)1975년 한국기독학생총연맹 간사 1977년 한국기독청년협의회 간사 1979년 한국사회선교협의회 총무 1985년 미국 장로교 목사안수 1985년 미국 브룩클린 한인교회 목사 1988년 한국기독교사회문제연구원 원장서리 1989~1995년 경제정의실천시민연합 사무총장 1991년 공명선거실천시민협의회 사무처장 1994년 한국기독교총연합회 협동총무 1994년 한국국제협력단 자문위원 1995년 세계화추진위원회 위원 1995년 경제정의실천시민연합 경제정의연구소장 1995년 개혁신당 사무총장 1995년 민주당 정책위원회 의장 1996년 同서울양천甲지구당 위원장 1996~2004년 우리민족서로돕기운동 집행위원장 1998~2001년 한국시민단체협의회 사무총장 1998~2001년 민족화해협력범국민협의회 집

행위원장 1998년 (사)지구촌나눔운동 부이사장 1999~2018년 서울조선족교회 담임목사 2002년 경제정의실천시민연합 상임집행위원장 2003년 공명선거실천시민운동협의회 공동대표 2004년 경제정의실천시민연합 중앙위원회 의장 2004년 대검찰청 감찰위원 2004년 국가정보원 자문위원 2004년 우리민족서로돕기운동 공동대표 2004~2015년 인터넷신문 업코리아 대표 2004년 기독교사회책임 공동대표 2004년 나눔과기쁨 이사장(현) 2005년 선진화시민행동 상임대표(현) 2013년 세금바로쓰기납세자운동 공동대표(현) 2014~2015년 (사)지구촌나눔운동 이사장 2014년 새로운한국을위한국민운동 공동대표 겸 집행위원장(현) (상)국회인권포럼 제3회 올해의 인권상(2008) (저)'21세기 기독교인의 사명과 비전' '꿈꾸는 자만이 세상을 바꿀 수 있다'(1996, 웅진출판) (종)기독교

**서경석(徐敬錫) Suh, Kyung-Suk**

(생)1960·1·19 (출)서울 (주)서울특별시 종로구 대학로 101 서울대암병원 원장실(02-2072-7200) (학)1984년 서울대 의대졸 1989년 同대학원 의학석사 1991년 의학박사(서울대) (경)1984~1985년 서울대병원 인턴 1985~1989년 同전공의 1989~1991년 同전임의 1991~1993년 서울대 의대 간연구소 연구보조원 1993년 同의대 외과학교실 임상전임강사 1993년 同의대 외과학교실 기금조교수 1994~2003년 한국세포주연구재단 이사 1995~1997년 미국 Cedars-Sinai Medical Center. Liver Support Lab. 연수 1998년 서울대 의대 외과학교실 조교수·부교수·교수(현) 1998~2000년 서울대병원 외과학교실 의무장 2000~2003년 대한소화기학회 학술위원 2007년 서울대병원 간담췌외과분과장 2012년 同외과 과장 2015년 (주)유비케어 사외이사(현) 2015~2017년 한국간담췌외과학회 이사장 2016~2018년 대한외과학회 이사장 2017년 서울대암병원장(현) (상)8th Annual Congress International Travel Award, International Liver Transplantation Society(2002), Traveler's Award, International Liver Transplantaion Society(2006)

**서경원(徐京源·女) SEO Kyung Won**

(생)1965·9·27 (본)달성(達城) (출)서울 (주)충청북도 청주시 흥덕구 오송읍 오송생명2로 187 식품의약품안전평가원 의약품심사부(043-719-4601) (학)1988년 서울대 약학대학졸 1993년 경희대 대학원 약학과졸 1996년 독성학박사(경희대) (경)국립보건안전연구원 일반독성과 보건연구사 1989년 식품의약품안전청 독성연구소 일반독성과 보건연구관 1997년 同의약품본부 의약품평가부 기관계용의약품과장 2004년 同기관계용의약품팀장 2008년 同의약품안전국 의약품평가부 기관계용의약품과장 2008년 同의약품안전국 의약품평가부 항생항암의약품과장 2009년 同허가심사조정과 보건연구관, 同의약품안전국 의약품재분류T/F팀장 2012년 同의약품안전국 약효동등성과장 2013년 식품의약품안전처 식품의약품안전평가원 약효동등성과장 2015년 同의료제품연구부장(고위공무원) 2016년 국가공무원인재개발원 교육훈련(고위공무원) 2017년 식품의약품안전평가원 의료제품연구부장 2019년 同의약품심사부장(현)

**서경환(徐慶桓) SEO Gyung Hwan**

(생)1966·2·22 (출)서울 (주)서울특별시 서초구 서초중앙로 157 서울회생법원(02-530-1114) (학)1984년 건국대사대부고졸 1988년 서울대 법학과졸 1990년 同대학원 법학과졸 (경)1988년 사법시험 합격(30회) 1992년 사법연수원 수료(21기) 1992년 軍법무관 1995년 서울지법 서부지원 판사 1997년 서울지법 판사 1999년 춘천지법 강릉지원 판사 2000년 미국 조지워싱턴대 연수 2003년 서울고법 판사 2003년 법원행정처 송무심의관 겸임 2005년 서울고법 판사 2007년 전주지법 형사1부 부장판사 2008년 대법원 재판연구관(부장판사) 2010년 인천지법 형사3부 부장판사 2011년 서울서부지법 형사12부 부장판사 2013년 서울중앙지법 부장판사 2014년 광주고법 부장판사 2016년 서울고법 부장판사 2019년 서울회생법원 수석부장판사 직대(현)

**서경희(徐璟嬉·女) SEO Kyung Hi**

(생)1962·8·27 (출)대구 (주)울산광역시 남구 법대로 55 울산지방법원 총무과(052-216-8000) (학)1981년 대구 효성여고졸 1985년 경북대 법학과졸 1988년 同대학원졸 (경)1992년 사법시험 합격(34회) 1995년 사법연수원 수료(24기) 1995년 대구지법 판사 1998년 同경주지원 판사 2000년 대구지법 판사 2002년 同가정지원 판사 2004년 대구지법 판사 2007년 대구고법 판사 2009년 대구지법 판사 2010년 부산지법 부장판사 2011년 대구지법 김천지원장 2013년 대구지법 부장판사 2018년 울산지법 수석부장판사(현)

**서계숙(徐桂淑·女) SEO Kye Sook**

(생)1937·3·4 (출)서울 (주)서울특별시 서초구 반포대로37길 59 대한민국예술원(02-3479-7224) (학)1960년 서울대 음악대학 기악과졸 1962년 프랑스 파리음악대졸 1963년 同대학원졸 (경)1966~1969년 한양대 전임강사 1969~1983년 서울대 음악대학 기악학과 전임강사·조교수·부교수 1983~2002년 同음악대학 기악과 교수 1992~1994년 同음악대학 기악과장 1997~1999년 同음악대학 부학장 2002년 同명예교수(현) 2003년 同음악대학 피아노발전기금후원회 회장(현) 2006년 대한민국예술원 회원(음악·현) (상)서울대총장표창(2000), 녹조근정훈장(2002), 한국음악상 특별상(2007)

**서계원(徐桂源) SEO GYEWON**

(생)1961·3·28 (주)광주광역시 서구 화정로 149 광주광역시보건환경연구원(062-613-7500) (학)금호고졸, 전남대 수의과대학졸, 同대학원 수의학과졸, 수의학박사(전남대) (경)2001~2003년 전남대 수의과대학 겸임교수, 광주시보건환경연구원 식품의약품연구부장, 同미생물과장, 同식품분석과장, 同농수산물검사소장 2019년 同원장(현) (상)국무총리표창(2004), 대통령표창(2019) (저)식품공전분석실험 5권(NURI사업단)

**서광열(徐光烈)**

(생)1963·8 (출)서울 (주)서울특별시 종로구 종로 33 그랑서울 GS건설(주)(02-2154-1114) (학)1982년 서라벌고졸 1986년 서울대 화학공학과졸 (경)1986년 한국엔지니어링프라스 입사 1990년 럭키금성 입사 2003년 LG건설 공정팀장(부장급) 2011년 GS건설(주) 런던지사장(부장급) 2013년 同플랜트 Sub-Sahara지역담당 상무보 2014년 同플랜트Sub-Sahara지역담당 겸 요하네스버그지사장(상무) 2014년 同플랜트부문 Clean Fuels PJT/SM(상무) 2014년 同플랜트부문 Clean Fuels PJT/PD(상무) 2017년 同플랜트부문 Clean Fuels PJT/PD(전무) 2018년 同플랜트 국내사업담당 전무·LG화학6AA PJT/PD·MFC FEED PJT/PD(현) 2019년 同MFC PJT/PD 겸임(현)

**서광현(徐光鉉) SEO Kwang Hyun**

(생)1957·4·7 (출)전남 (주)서울특별시 강남구 테헤란로 310 두꺼비빌딩 4층 한국디스플레이산업협회(02-3014-5701) (학)순천고졸, 한국항공대 통신공학과졸, 미국 콜로라도주립대 대학원 전기통신공학과졸, 정보보호공학박사(고려대) (경)1982년 기술고시 합격(18회) 1995년 정보통신부 정보통신정책실 기술기준과 서기관 1998년 同전파연구소 통신기술담당관 1999년 同Y2K상황실 서기관 2000년 同정보보호산업과장 2002년 同정보통신지원국 부가통신과장 2003년 同통신이용제도과장 2003

년 同정보통신정책국 기술정책과장(부이사관) 2004년 서울체신청 정보통신국장 2008년 지식경제부 우정사업정보센터 정보기반과장 2009년 同우정사업정보센터장(고위공무원) 2012~2013년 同기술표준원장 2013~2016년 (주)한국무역정보통신(KTNET) 대표이사 사장 2017년 한국디스플레이산업협회 상근부회장(현)

**서교일(徐敎一) SUH Kyo Il**

(생)1959 · 8 · 3 (출)서울 (주)충청남도 아산시 신창면 순천향로 22 순천향대학교 총장실(041-530-1007) (학)1978년 배문고졸 1984년 서울대 의대졸 1988년 同대학원 의학석사 1994년 의학박사(서울대) (경)1984~1988년 서울대병원 내과 전공의 1991~1993년 미국 남가주주립대 내분비내과 전임의 1993~1997년 순천향대 중앙의료원 기획조정실장 1994~2009년 순천향대 의대 내과학교실 교수 1995년 동은의료재단 이사장 1997~2001년 同부총장 겸 중앙의료원장 1998년 학교법인 혜화학원(대전대) 이사 2001~2009년 순천향대 총장 2006~2008년 국무조정실 의료산업선진화위원회 위원 2006년 (재)대정장학회 이사(현) 2006~2008년 호서지역총학장협의회 회장 2006~2009년 대전·충남지역총장협의회 공동회장 2007년 (사)충남벤처협회 고문(현) 2007년 도덕성회복국민연합회 고문 2008~2011 · 2017~2018년 한국과학기술단체총연합회 이사 2008~2009년 대학입학전형위원회 위원 2009~2013년 학교법인 동은학원(순천향대) 이사장 2009~2011년 민주평통 충남지역회의 부의장 2009~2011년 한국대학총장협의회 감사 2013년 순천향대 총장(현) 2015~2016년 대전 · 세종 · 충남지역총장협의회 수석회장 2015~2019년 한국사립대학총장협의회 부회장 · 감사 2016~2018년 호서지역총장협의회 수석회장 2018년 대한내분비학회 회장 2018년 한국사립대학총장협의회 수석부회장(현) 2018년 충남도 지속가능발전위원회 공동위원장(현) 2018년 同청렴사회민관협의회 위원(현) (상)과학기술훈장 웅비장(2003), 캄보디아 국가재건훈장 금장(2005), 청조근정훈장(2009), 중국 텐진외국어대 창업개척상(2017) (종)기독교

**서귀현**

(생)1962·8·10 (주)경기도 화성시 동탄기흥로 550 한미약품(주) 연구센터(031-371-5114) (학)경희대 화학과졸, 同대학원 화학과졸, 화학박사(경희대) (경)한미약품(주) 개량신약팀장 2011년 同신약부문 연구위원 2012년 同합성신약부문 연구위원 2013년 同연구부문 상무, 同연구센터 부소장(상무) 2016~2018년 同연구센터 부소장(전무) 2018년 同연구센터 소장(전무)(현) (상)제33회 정진기언론문화상 과학기술연구부문 우수상(2015)

**서규영(徐圭永) Seo Kyuyeong**

(생)1966 · 12 · 14 (주)서울특별시 영등포구 여의대로 38 금융감독원 자산운용검사국(02-3145-6700) (학)1984년 대구 덕원고졸 1989년 고려대 법학과졸 2002년 同대학원 법학과졸 2009년 법학박사(고려대) (경)1992~1998년 증권감독원 근무 2002~2009년 금융감독원 법무실 · 공보실 · 자산운용감독국 · 변화추진기획단 근무 2009~2013년 同자본시장서비스국 · 공보실 · 금융투자검사국 팀장 2013년 同자산운용검사국 상시감시팀장 2015년 同기업공시제도실 부국장 2016년 同금융투자국 부국장 2017년 同공보국장 2018년 同인재교육원장 2019년 同자산운용검사국장(현)

**서규용(徐圭龍) SUH Kyu Yong (桂山)**

(생)1948 · 1 · 9 (본)달성(達城) (출)충북 청주 (주)서울특별시 마포구 양화로 78-7 (사)로컬푸드운동본부(02-338-5020) (학)1966년 청주고졸 1973년 고려대 농학과졸 1978년 미국 농무성대학원 수학 1984년 국방대학원 국방관리학과졸(석사) (경)1973년 농림수산부 농림기좌 1980~1993년 同농업공무원교육원 교관 · 전작과장 · 채소과장 · 농산과장 1993년 同농업공무원교육원 교수부장 1994년 해외 연수 1995년 농업진흥청 종자공급소장 1996년 농림부 농산정책심의관 1998년 同농산원예국장 · 식량생산국장 1999년 농촌진흥청 차장 2000년 농림부 차관보 2001년 농촌진흥청장 2002년 농림부 차관 2002~2005년 한국마사회 상임감사 2006~2007년 고려대 환경생태공학부 겸임교수 2006~2008년 한국농어민신문 사장 2008~2011년 (사)로컬푸드운동본부 회장 2011~2013년 농림수산식품부 장관 2013년 (사)로컬푸드운동본부 명예회장(현) 2013년 (사)식품안전국민운동본부 초대회장 2014~2016년 同명예회장 2015년 로컬푸드코리아 대표(현) (상)국무총리표창(1980), 녹조근정훈장(1992), 황조근정훈장(1996) (저)'양곡전산화에 관한 연구', 자서전 '꿈이 있는 곳에 희망이 있다', '돌직구 서규용 장관 이야기'(2013) (종)천주교

**서균렬(徐鈞烈) SUH Kune Yull (노아)**

(생)1956 · 1 · 20 (본)이천(利川) (출)광주 (주)서울특별시 관악구 관악로 1 서울대학교 공과대학 원자핵공학과(02-880-8324) (학)1974년 광주제일고졸 1978년 서울대 원자핵공학과졸 1986년 미국 매사추세츠공과대(MIT) 핵 · 기계공학과졸 1987년 핵 · 기계공학박사(미국 매사추세츠공과대) (경)1979~1981년 한국원자력연구소 노심계통실 연구원 1985~1986년 미국 매사추세츠공과대(MIT) 핵공학과 연구조교 1987~1988년 프랑스 국립유체역학연구소 방문연구원 1988년 미국 매사추세츠공과대(MIT) 핵공학과 방문연구원 1988~1994년 미국 웨스팅하우스 원자력안전 선임연구원 1994~1996년 한국원자력연구소 응용연구그룹 실장 1996년 서울대 공과대학 원자핵공학과 조교수 · 부교수 · 교수(현) 2002년 필로소피아 공학기업 대표 2003년 프린시피아 공학기술소장 2012년 유토피아 공학마당 설립 · 올림피아 공학화랑 개장 2016~2018년 미국 원자력학회 집행이사 2016~2018년 태평양원자력협회 회장 2016년 국제원자력한림원 회원(현) (상)서울대 우수강의교수상(2003) (저)'실험안전의 길잡이(共)'(2005, 동화기술) (역)'원자력은 공포가 아니다'(1999, 한국원자력문화재단) (종)가톨릭

**서근철(徐根哲) SUH Kun Chul**

(생)1960 · 9 · 7 (주)경기도 이천시 부발읍 경충대로 2091 SK하이닉스(031-8093-4114) (학)영동고졸, 고려대 영어영문학과졸 (경)(주)하이닉스반도체 HST법인장 겸 HSH법인장 2012년 SK하이닉스 대만법인장(상무) 2013년 同미주법인장(전무) 2015년 同중화총괄 전무 2017년 同중국우시생산법인장(전무) 2018년 同중국우시생산법인담당 전무 2019년 同중국우시생산법인담당 부사장(현)

**서금택(徐今澤)**

(생)1953 · 3 · 20 (주)세종특별자치시 한누리대로 2120 세종특별자치시의회(044-300-7000) (학)충청대 사회복지학부 아동복지과졸 (경)연기군 행정중심복합도시건설지원사업소장, 同주민생활지원과장, 同자치행정과장, 同환경보호과장, 전동면 면장, 전의면 면장, 남면 면장, 세종특별자치시 행복나눔과장(지방서기관) 2013~2018년 세종특별자치시당 부위원장(민주당 · 새정치민주연합 · 더불어민주당) 2014년 민주평통 자문위원(현) 2014~2016년 同운영위원회 위원장 2014년 同행정복지위원회 위원 2016~2018년 세종특별자치시의회 운영위원회 위원 2016~2018년 同행정복지위원회 부위원장 2018년 세종특별자치시의회 의원(더불어민주당)(현) 2018년 同의장(현) 2019년 전국시 · 도의회의장협의회 부회장(현) (상)전국지방의회 친환경최우수의원상(2016), 녹조근정훈장, 제3회 대한민국위민의정대상 단체우수상(2016)

### 서기석(徐基錫) SUH Ki Suhk (正原)

(생)1953·2·19 (본)달성(達城) (출)경남 함양 (주)서울특별시 성동구 왕십리로 222 한양대학교 법학전문대학원(02-2220-0972) (학)1972년 경남고졸 1977년 서울대 법학과졸 1981년 同대학원 법학과졸 (경)1979년 사법시험 합격(21회) 1981년 사법연수원 수료(11기) 1981년 서울지법 남부지원 판사 1983년 서울민사지법 판사 1985년 마산지법 충무지원 판사 1987년 서울지법 동부지원 판사 1989년 서울형사지법 판사 1989년 서울고법 판사 겸임 1991년 일본 게이오대 방문연구원 1994년 대법원 재판연구관 1998년 인천지법 부장판사 1999년 서울지법 남부지원 부장판사 1999년 헌법재판소 연구부장 2000년 서울지법 부장판사 2002년 서울행정법원 부장판사 2004년 대전지법 수석부장판사 2005년 서울고법 민사25부 부장판사 2006년 서울행정법원 수석부장판사 직대 겸임 2006년 서울고법 형사1부 부장판사 2009년 同행정2부 부장판사 2010년 서울고법 수석부장판사 2010~2012년 청주지법원장 2010년 충북도선거관리위원회 위원장 2012년 수원지법원장 2012년 경기도선거관리위원회 위원장 2013년 서울중앙지법원장 2013~2019년 헌법재판소 재판관 2013년 서울특별시선거관리위원회 위원장 2019년 한양대 법학전문대학원 석좌교수(현) (상)청조근정훈장(2019) (저)'주석 민법'(共) '주석 민사집행법'(共)

### 서기웅(徐琦雄) SUH, Keewoong

(생)1966·2·21 (본)이천(利川) (출)전남 광양 (주)세종특별자치시 한누리대로 402 산업통상자원부 에너지자원실 원전산업정책과(044-203-5320) (학)1984년 순천고졸 1989년 고려대 정치외교학과졸 2010년 미국 노스캐롤라이나주립대 대학원 경제학과졸 (경)1999년 산업자원부 기업규제심의관실·산업기계과 행정사무관 2001년 同산업정책과 행정사무관 2003년 同자원정책과 행정사무관 2005년 同투자정책과 행정사무관 2006년 同유통물류팀 서기관 2008년 同전기위원회 사무국 총괄정책과 서기관 2010년 국가경쟁력강화위원회 산업경쟁력팀 서기관·과장 2011년 산업통상자원부 엔지니어링플랜트팀장 2013년 同전기전자과장 2013~2015년 유엔무역개발회의(UNCTAD) 교육파견 2015년 노동부 파견 2016년 산업통상자원부 에너지수요관리과장 2017년 同산업기반실 유통물류과장 2018년 同산업혁신성장실 유통물류과장 2019년 同에너지자원실 원전산업정책과(현) (종)기독교

### 서기호(徐基鎬) SEO Gi Ho

(생)1970·3·9 (본)이천(利川) (출)전남 목포 (주)서울특별시 서초구 서초중앙로24길 12 영생빌딩 법무법인 상록(02-3482-3322) (학)1988년 목포고졸 1996년 서울대 법과대학 공법학과졸 (경)1990년 서울대교구 가톨릭대학생연합회 회장 1997년 사법시험 합격(39회) 2000년 사법연수원 수료(29기) 2000년 제주지법 판사 2004년 인천지법 판사 2006년 서울남부지법 판사 2008년 서울중앙지법 판사 2010~2012년 서울북부지법 판사 2012~2016년 제19대 국회의원(비례대표, 통합진보당·진보정의당·정의당) 2012년 국회 법제사법위원회 위원 2012년 국회 김소영대법관임명동의에관한인사청문특별위원회 위원 2013년 국회 헌법재판소장후보임명동의에관한인사청문특별위원회 위원 2013년 국회 사법제도개혁특별위원회 위원 2014년 국회 윤리특별위원회 위원 2014년 국회 지속가능발전특별위원회 위원 2015년 국회 박상옥대법관임명동의에관한인사청문특별위원회 위원 2015년 국회 서민주거복지특별위원회 위원 2015년 국회 예산결산특별위원회 위원 2015~2016년 정의당 원내대변인 2016년 변호사 개업(변호사서기호법률사무소) 2018년 법무법인 상록 변호사(현) (상)대한변호사협회 선정 '최우수 국회의원상'(2016), 대한민국교육공헌대상 의정교육부문(2016) (저)'국민판사 서기호입니다'(2012) (종)천주교

### 서길수(徐吉守) Sur, Gil Soo

(생)1952·6·7 (출)대구 (주)경상북도 경산시 대학로 280 영남대학교 총장실(053-810-5114) (학)1975년 서울대 공업화학과졸 1977년 한국과학기술원(KAIST) 화학과졸(석사) 1981년 이학박사(한국과학기술원) (경)1975년 대한화학회 종신회원(현) 1975년 한국고분자학회 종신회원(현) 1975년 미국화학회 종신회원(현) 1975년 한국공업화학회 종신회원(현) 1975년 한국화학공학회 종신회원(현) 1977년 한국과학기술원(KAIST) 연구원 1978~2017년 영남대 공과대학 화학공학부 교수 1986~1991년 同화학공학과장(대학원 주임교수) 1994~1997년 同전산정보원장(전자계산소장) 1997~1999년 同공업기술연구소장 1998~1999년 同생산기술연구원 영남지역센터 소장 2002~2003년 한국공업화학회 학술이사 2003~2004년 한국고분자학회 대구경북지부장(이사) 2004년 영남대 공과대학 응용화학공학부장 2005년 同산학협력단장 2005년 同산학연구처장 2005년 평화그룹 산학협력운영위원장 2005년 LG실트론 산학협력운영위원장 2006년 영남대 교육지원처장 2007년 한국고분자학회 부회장 2009~2010년 영남대 대외협력부총장 2009~2011년 同교학부총장 겸 특수대학원장 2017년 同총장(현) 2017년 同학술진흥재단 이사장(현) 2017년 TBC 시청자위원장(현) 2017년 경북테크노파크 이사장(현) (상)한국고분자학회 우수논문상(2002), 한국과학기술원(KAIST) 자랑스러운 동문상(2018)

### 서길수(徐吉洙) SEO Kil Soo

(생)1961·4·15 (주)서울특별시 서대문구 연세로 50 연세대학교 경영대학 정보시스템학과(02-2123-2522) (학)1983년 연세대 경영학과졸 1986년 미국 인디애나대 대학원졸 1989년 경영정보학박사(미국 인디애나대) (경)1983~1984년 쌍용컴퓨터 사원 1987~1989년 미국 인디애나대 경영대학 강사 1990년 연세대 상경대학 경영학과 조교수·부교수 1991~2000년 경영정보학회 데이터베이스연구회 간사·위원장 1996년 캐나다 브리티시컬럼비아대 경영대학 교환교수 1998년 한국경영정보학회 이사·운영위원 1999~2001년 한국경영학회 e저널편집위원·상임이사 2000년 연세대 경영대학 정보시스템학과 교수(현) 2001년 한국데이터베이스학회 이사 2015~2017년 연세대 교수평의회 의장 2019년 同경영대학장 겸 경영전문대학원장(현) (상)액센츄어 최우수논문상(2001), 연세대 경영대학 우수강의교수상(2007) (저)'데이터베이스 관리'(2005)

### 서남수(徐南洙) SEO Nam Soo

(생)1952·3·22 (본)당성(唐城) (출)서울 (주)충청북도 제천시 세명로 65 세명대학교(043-645-1125) (학)1971년 서울고졸 1975년 서울대 철학과졸 1985년 미국 일리노이대 대학원 교육학과졸 1988년 서울대 행정대학원 행정학과졸 1996년 교육학박사(동국대) (경)1979년 행정고시 합격(22회) 1979년 문교부 행정사무관 1985년 대통령비서실 행정관 1988년 문교부 서기관 1990년 서울대 연구진흥과장 1992년 교육부 과학교육과장 1993년 同대학학무과장 1994년 영국 런던대 교육학대학원 객원연구원 1997년 교육부 교육정책총괄과장 1997년 同대학교육정책관 1998년 同교육정책기획관 1999년 경기도교육청 부교육감 2001년 교육인적자원부 대학지원국장 2002년 서울대 사무국장 2004년 미국 APEC 사무국 객원연구원 2004년 교육인적자원부 차관보 2005년 서울시교육청 부교육감 2007~2008년 교육인적자원부 차관 2008~2012년 한국교육개발원 객원연구위원·경인교대 초빙교수·홍익대 초빙교수 2012~2013년 위덕대 총장 2013~2014년 교육부 장관 2014년 세명대 석좌교수(현) 2015~2018년 한국교육방송공사(EBS) 이사장 2019년 관정이종환교육재단 이사장(현) (상)근정포장(1986), 미국 일리노이대총동문회 공로상(2014) (종)불교

**서남원**

(생)1967·2·1 (출)충북 (주)대전광역시 대덕구 벚꽃길 71 KGC인삼공사 프로배구단(042-939-6651) (학)서울시립대졸, 한성대 경영대학원졸 (경)1986~1990년 서울시청 배구단 소속 1990~1996년 LIG손해보험 배구단 소속 1992~1994년 국군체육부대 소속 1996~2006년 삼성화재 블루팡스 코치 2000~2003년 배구국가대표팀 코치 2004년 아테네올림픽 국가대표팀 코치 2007년 아시아남자배구선수권대회 국가대표팀 코치 2008년 베이징올림픽 국가대표팀 코치 2008년 월드리그국제남자배구대회 국가대표팀 감독대행 2009년 GS칼텍스 수석코치 2010년 AVC컵 남자배구대회 국가대표팀 코치 2010년 광저우아시안게임 국가대표팀 코치 2010~2013년 대한항공 점보스 수석코치 2013~2015년 한국도로공사 하이패스 감독 2015년 프로배구 V리그 여자부 정규리그 우승 및 챔피언결정전 준우승 2016년 KGC인삼공사 프로배구단 감독(현)

**서노원(徐魯源) Suh No Won**

(생)1962 (주)서울특별시 양천구 목동동로 105 양천구청 부구청장실(02-2620-3011) (학)1985년 서울대 영어영문학과졸 1990년 同대학원 행정학과졸 1998년 미국 위스콘신대 메디슨교 대학원 행정학과졸 (경)1990년 행정고시 합격(32회) 2010년 서울시 문화국 체육진흥과장 2012년 同문화관광디자인본부 문화정책과장 2013년 同마곡사업추진단장(부이사관) 2014년 서울 양천구 부구청장(현) 2018년 同구청장 권한대행

**서능욱(徐能旭) Seo Neung-uk**

(생)1958·5·5 (출)인천 (주)서울특별시 성동구 마장로 210 한국기원 홍보팀(02-3407-3870) (학)1976년 남산공고졸 (경)타이젬 이사 1972년 프로바둑 입단 1974년 2단 승단 1975년 3단 승단 1977년 4단 승단 1978년 왕위전 본선 1979년 5단 승단 1980년 6단 승단 1980년 제1기 전일왕위전 준우승 1983년 7단 승단 1986년 8단 승단 1987년 최고위전·바둑왕전 준우승 1987~1999년 (주)대우 지도사범 1988년 왕위전 본선 1989년 바둑왕전 우승 1990년 9단 승단(현) 1990년 제왕전·KBS배 바둑왕전 준우승 1991년 제27기 패왕전·31기 최고위전 준우승 1992년 SBS 제1회 세계선수권 단체전 우승 1993년 기왕전·왕위전·국기전·최고위전 본선 1994년 기성전·천원전 본선 1995년 제2회 롯데배 한·중대항전 대표 1995년 명인전·제3기 한국이동통신배·제31기 패왕전 본선 1996년 제3회 롯데배 한·중대항전 대표 1996년 동양증권배·삼성화재배 본선 1999년 제34기 패왕전 본선 2000년 제35기 패왕전 본선 2000년 인터넷바둑 타이젬 감사 2003년 제22기 KBS바둑왕전·제37기 패왕전 본선 2004년 제9기 LG정유배 본선 2005년 제7회 맥심커피배 16강 2008년 제2회 지지옥션배 본선 2008년 제10회 맥심커피배 입신최강 본선 2009년 SKY바둑 시니어 연승전 5연승 2010년 제2기 대주배 우승 2011·2013년 대주배 우승 2012년 7월 30일 1000승 달성(국내 5번째) 2016년 제10회 지지옥션배 본선 2017년 한중일 세계시니어 바둑대회 본선 2017년 제11회 지지옥션배 본선 2018년 제19회 맥심배 본선 2018년 제5회 대주배 본선 (상)기도문화상 신예기사상(1978), 바둑문화상 감투상 (종)불교

**서대석(徐大錫)**

(생)1961·6·26 (주)광주광역시 서구 경열로 33 서구청 구청장실(062-360-7201) (학)순천고졸, 전남대 독어독문학과졸 1994년 중앙대 사회개발대학원 지역사회개발학과졸 (경)국회의원 보좌관, 새천년민주당 광주시지부 사무처장, 대통령직속 고령화및미래사회위원회 행정관, 대통령 인사수석비서관실 선임행정관 2006~2007년 대통령 사회조정3비서관 2007년 전남대병원 상임감사 2010년 광주시 서구청장선거 출마(국민참여당), (재)광주과학기술진흥원 원장 2018년 광주 서구청장(더불어민주당)(현)

**서덕호(徐德昊) Seo Deog Ho**

(생)1966·1·15 (본)달성(達城) (출)충북 보은 (주)서울특별시 중구 세종대로 39 대한상공회의소 유통물류진흥원(02-6050-1472) (학)1985년 충북고졸 1989년 서울대 농경제학과졸 2005년 국방대 대학원 국방경제과졸 (경)1993년 건설부 장관실 근무 1993~1994년 同법무담당관실 근무 1994년 건설교통부 지역교통과 근무 1996년 통상산업부 산업배치과 근무 1998년 산업자원부 구아협력과 근무 2000년 同무역진흥과 근무 2001~2002년 同석유산업과 근무 2005년 대통령자문 사람입국일자리특별위원회 근무 2005~2006년 산업자원부 아주협력과장 2006~2009년 駐홍콩총영사관 영사 2010년 지식경제부 경제자유구역기획단 정책기획과장 2010년 駐아랍에미리트대사관 공사참사관 2014년 산업통상자원부 무역위원회 무역구제정책과장 2015~2016년 同통상정책총괄과장 2016년 대한상공회의소 유통물류진흥원장(현)

**서동구(徐東鷗) Suh Dong-gu**

(생)1955·12·30 (출)서울 (주)서울특별시 종로구 사직로8길 60 외교부 인사기획관실(02-2100-7141) (학)경기고졸 1979년 한국외국어대 정치외교학과졸 1989년 미국 조지워싱턴대 대학원 정치학과졸 2013년 정치학박사(경남대) (경)1992년 駐토론토 영사 1994년 駐미국 1등서기관 1998년 駐시카고 영사 2004년 駐미국 공사참사관 2005년 駐국제연합 공사 2007년 駐미국 공사 2008년 한국전력공사(KEPCO) 해외자원개발자문역 2011년 부경대 초빙교수 2013년 통일연구원 객원연구위원 2016년 駐파키스탄 대사 2017~2019년 국가정보원 제1차장 2019년 駐이스라엘 대사(현) (상)보국포장(2003)

**서동권(徐東權) SUH Dong Kwon (東軒)**

(생)1932·10·30 (본)달성(達城) (출)경북 영천 (주)서울특별시 종로구 새문안로5길 19 로얄빌딩 1410호 서동권법률사무소(02-734-5511) (학)1952년 경북고졸 1957년 고려대 정법대학졸 (경)1956년 고등고시 사법과 합격(8회) 1961~1965년 서울지검·광주지검·대구지검 검사 1965년 대구지검 의성지청장 1967년 同상주지청장 1968~1973년 대구지검·서울지검 검사 1973년 대구지검 부장검사 1975년 서울고검 검사 1978~1980년 광주지검·대구지검·대구고검 차장검사 1980년 법무부 송무담당관 1981년 同보호국장 1981년 同차관 1981년 대검찰청 차장검사 1982년 서울고검장 1985년 검찰총장 1987년 변호사 개업(현) 1989~1992년 국가안전기획부장 1992년 대통령 정치담당 특보 1995~2001년 검찰동우회 회장 1997~1998년 대통령 통일고문 1998~2000년 대우자판 사외이사 (상)황조·청조근정훈장, 보국훈장 통일장, 자랑스런 고대법대인상 (저)'한국검찰사' (종)불교

**서동규(徐東圭) Tong-Kyu Seo**

(생)1966·1·23 (출)강원 속초 (주)서울특별시 용산구 한강대로 100 아모레퍼시픽빌딩 19층 삼일회계법인(02-709-0507) (학)1984년 속초고졸 1991년 서울대 경영학과졸(84학번) 1994년 同대학원 경영학과졸 (경)1990~1993년 동양맥주 근무 1994년 삼일회계법인 입사 2005년 2018평창동계올림픽유치위원회 감사 2005년 삼일회계법인 상무이사 2007년 同전무이사 2009~2010년 숙명여대 경영학부 겸임교수 2012년 삼일회계법인 부대표 2013년 방송통신위원회 방송광고균형발전위원회 위원 2013~2016년 대한축구협회 감사 2015년 삼일회계법인 복합서비스그룹 총괄대표, 전국재해구호협회 감사(현) 2017년 방송통신위원회 방송미래발전위원회 제1분과(공영방송지배구조개선) 경영회계분야 위원 2017년 삼일회계법인 Market & Growth 리더(현)

## 서동면(徐東冕) SEO Dong Myun

(생)1963·2·10 (본)달성(達城) (출)강원 원주 (주)서울특별시 강동구 상일로6길 26 삼성물산(주) 경영지원실 커뮤니케이션팀(02-2145-5114) (학)1982년 원주고졸 1986년 한양대 화학과졸 (경)1993년 삼성서울병원 근무 1997~2003년 同과장 2001~2002년 전국병원홍보협의회 회장 2003년 삼성서울병원 홍보팀장 2009년 삼성 커뮤니케이션팀 부장 2010~2017년 同미래전략실 상무 2017년 삼성전자(주) 커뮤니케이션팀 상무 2017~2018년 同DS부문 커뮤니케이션팀장(전무) 2018년 삼성물산(주) 건설부문 경영지원실 커뮤니케이션팀장 겸 경영기획실 홍보담당(전무)(현) (종)천주교

## 서동석(徐同錫) SEO Dong Suk

(생)1954·6·9 (출)전북 완주 (주)대전광역시 서구 청사로 152 이안빌딩 9층 한국산학연협회(042-720-3300) (학)1978년 전주대 미술교육학과졸 1991년 원광대 산업대학원 미술학과졸 2006년 공학박사(원광대) (경)개인전 3회, 전북도공예품경진대회 지도위원·심사위원, 전국기능경기대회 목공예부문 심사위원, 전북도산업디자이너협회 공모전 심사위원 1996~2018년 우석대 산업디자인학과 전임강사·조교수·부교수·교수 2006~2012년 同산학협력단장 2007~2016년 同평생교육원장 2008년 同중소기업산학협력센터장 2013~2017년 한국산학연협회 회장 2015~2017년 한국대학평생교육협의회 이사장 2017년 한국산학연협회 명예회장(현) 2017년 한국지식인총연합회 이사장 2018년 서해대학 총장 (상)대한민국산업디자인전 입선·특선, 동아공예대전 공예상, 문교부장관표창(1990), 교육부장관표창(1993), 대한적십자사총재표창(1993), 한국보이스카우트연맹총재표창(1994), 교육인적자원부장관표창(2004), 법무부장관표창(2004), 소방방재청장표창(2009), 교육과학기술부장관표창(2009), 대통령표창(2010), 전북도지사표창(2010), 대한민국 미래창조경영대상(2014), 한국학점은행평생교육협의회장표창(2014), 환황해경제기술교류대상(2016) (저)'디자인과 생활' '디자인론' (작)서동석 목조형전(1998), 동아공예초대전(1998) (종)기독교

## 서동수(徐東壽)

(생)1961·11·4 (출)경북 예천 (주)경상북도 영양군 영양읍 영양창수로 135 영양경찰서(054-680-0211) (학)강원대 법학과졸, 동국대 대학원 공안행정학졸 (경)1989년 순경 공채 1998년 경위 승진 2004년 경감 승진 2009년 경정 승진 2014년 서울 노원경찰서 정보과장 2016년 서울 혜화경찰서 정보보안과장 2017년 충북지방경찰청 보안과장 직대 2018년 서울지방경찰청 생활안전부 치안지도관(총경) 2019년 경북 영양경찰서장(현)

## 서동숙(徐東淑·女) SEO Dong Sook

(생)1959·4·25 (출)충북 (주)서울특별시 서대문구 응암로 11 연희빌딩 2층 월간 환경미디어(02-358-1700) (학)1986년 인하대 경상대학 무역학과졸 1990년 한국방송통신대 국어국문학과졸 1999년 연세대 언론홍보대학원 최고경영자과정 수료 2005년 광운대 환경경영대학원 경영학과졸 (경)1990년 월간 '환경미디어' 발행인 겸 대표(현) 1997년 도서출판 봄·여름 발행인 1999년 한국잡지협회 회원 2000년 한국정기간행물협동조합 이사 2001년 한국여성경제인협회 회원 2001년 경인쇄정보산업협동조합 회원 2001년 월간 '환경신기술' 발행인 2005년 (사)한국잡지협회 부회장, 문화관광부 정기간행물등록 최고심사위원, 한국간행물윤리위원회 심의위원 2017년 (사)한국잡지협회 감사 2019년 同이사(현) (상)문화관광부장관표창(1998), 환경부장관표창(2004), 국무총리표창(2011)

## 서동엽(徐東燁) SEO Dong Yeop

(생)1968·9·30 (본)달성(達城) (출)서울 (주)강원도 춘천시 공지로 126 춘천교육대학교 수학교육과(033-260-6452) (학)대구 영진고졸 1990년 서울대 수학교육학과졸 1992년 同대학원 수학교육학과졸 1999년 수학교육학박사(서울대) (경)1994년 호주 서던크로스대 방문연구원 1999년 한국교육과정평가원 연구원 1999~2000년 숭실대·성균관대 시간강사 2000년 춘천교대 수학교육과 교수(현) 2000년 열린교육학회 편집위원 2011년 춘천교대 기획연구처장 겸 산학협력단장 2015~2017년 同수학교육과장 2017년 同교무처장(현) 2017년 同총장 직대 (상)한국교육과정평가원 우수과제표창(1999) (종)천주교

## 서동영(徐東榮) SEO Dong Young

(생)1960·9·19 (출)경북 상주 (주)서울특별시 마포구 상암산로 34 디지털큐브 12층 케이씨코트렐(주) 임원실(02-320-6311) (학)1979년 동북고졸, 서울대 경제학과졸 1985년 同대학원 국제경제학과졸 (경)1987~1992년 삼성전자(주) 근무, 한국코트렐(주) 인사담당 상무 2008년 KC코트렐(주) 인사담당 전무 2010년 케이씨그린홀딩스(주) 관리총괄 전무 2015년 KC코트렐(주) 대표이사 사장(현)

## 서동욱(徐東煜)

(생)1965 (출)충남 아산 (주)대구광역시 북구 원대로 118 북대구세무서(053-350-4200) (학)천안북일고졸, 세무대학졸(3기) (경)세무공무원 임용(8급 특채) 2008년 국세청 소비세과 근무 2010년 강원 원주세무서 부가소득세과장 2011년 국세청 소득관리과 근무 2012년 국무조정실 정책분석평가실 근무 2013년 서울지방국세청 조사3국 조사1팀장 2015년 서기관 승진 2016년 서울지방국세청 조사2국 관리1팀장 2018년 경북 경주세무서장 2019년 북대구세무서장(현)

## 서동욱(徐東煜) Seo Dong-Wook

(생)1969·9·11 (출)전남 순천 (주)전라남도 무안군 삼향읍 오룡길 1 전라남도의회(061-286-8200) (학)순천고졸 1992년 순천대 농업생물학과졸, 전남대 행정대학원 행정학과졸 (경)순천대총학생회 회장, 새벽을여는노동문제연구소 정책실장, 서갑원 국회의원 보좌관 2002~2006년 전남 순천시의회 의원, 同예산결산특별위원장 2006년 전남 순천시의원선거 출마 2010년 전남도의회 의원(민주당·민주통합당·민주당·새정치민주연합) 2010년 同경제관광문화위원회 위원, 순천대총동창회 부회장 2014~2018년 전남도의회 의원(새정치민주연합·더불어민주당) 2014년 同행정환경위원회 위원 2014년 광양만권경제자유구역조합회의 의장 2016~2018년 전남도의회 기획행정위원회 위원장 2018년 전남도의회 의원(더불어민주당)(현) 2018년 同의회운영위원회 위원장(현), 同경제관광문화위원회 위원 겸 여수순천10.19사건특별위원회 위원(현) 2019년 더불어민주당 전남도당 상임부위원장(현) (상)전국시·도의회의장협의회 우수의정 대상(2016), 2017매니페스토약속대상 우수상 좋은조례분야(2017)

## 서동진(徐東震) SUH Dong Jin

(생)1958·6·12 (본)이천(利川) (출)대구 (주)서울특별시 성북구 화랑로14길 5 한국과학기술연구원 국가기반기술연구본부 청정에너지연구센터(02-958-5192) (학)1977년 경북고졸 1982년 서울대 화학공학과졸 1984년 한국과학기술원(KAIST) 화학공학과졸(석사) 1991년 공학박사(한국과학기술원) (경)1984년 한국과학기술연구원(KIST) 연구원·선임연구원·책임연구원 1993년 미국 카네기멜론대 Post-Doc. 1995년 일본 동경대 생

산기술연구소 초빙연구원 2003년 미국 노트르담대 화학공학과 초빙연구원 2004년 한국과학기술연구원(KIST) 청정기술연구센터장, 同청정에너지연구센터 책임연구원 2008년 同청정에너지연구센터장 2013년 한국화학공학회 촉매부문위원회 위원장 2014년 한국청정기술학회 수석부회장 2015년 한국과학기술연구원(KIST) 국가기반기술연구본부 청정에너지연구센터 책임연구원(현) 2015년 한국청정기술학회 회장 2016년 한국바이오연료포럼 운영위원장 2016년 독일 칼스루에대 초빙연구원 [상]UST 최우수교수상(2011), KIST인대상(2012), 여산촉매학술상(2018) [저]'초다공성 에어로젤의 제조 및 응용'(2006) [종]천주교

## 서동철 SEO DONG CHEOL

[생]1968·11·7 [주]부산광역시 동래구 사직로 45 사직실내체육관 부산 KT 소닉붐(051-507-8018) [학]송도고졸, 고려대 경영학과졸 [경]1991~1997년 삼성전자 농구단 소속(가드) 1991~1997년 농구 국가대표 선수(가드) 1997~2002년 삼성생명 여자농구단 코치 2003~2004년 상무 불사조 농구단 감독 2003~2004년 국가대표 여자농구팀 코치 2004~2011년 서울 삼성 썬더스 코치 2011~2013년 고양 오리온스 코치 2013~2016년 청주 KB스타즈 감독 2017년 국가대표 여자농구팀 감독 2018년 고려대 농구부 감독 2018년 부산 KT 소닉붐 감독(현)

## 서동학(徐東鶴)

[생]1972·4·26 [주]충청북도 청주시 상당구 상당로 82 충청북도의회(043-220-5116) [학]대원고졸, 강동대학졸, 건국대 사회과학대학 경영학과 휴학 중 [경]민주평통 자문위원, 더불어민주당 충북지역위원회 사무국장, 同충북도당 대변인(현) 2018년 충북도의회 의원(더불어민주당)(현) 2018년 同교육위원회 부위원장(현)

## 서동희(徐東熙) SUH Dong Hee (海松)

[생]1960·9·15 [본]이천(利川) [출]전북 정읍 [주]서울특별시 강남구 언주로 432-6 법무법인 정동국제(02-755-0199) [학]1979년 관악고졸 1984년 서울대 법학과졸 1996년 미국 툴레인대 법과대학원졸 1998년 연세대 보건대학원 수료 [경]1983년 사법시험 합격(25회) 1985년 사법연수원 수료(15기) 1989~1992년 법무법인 광장(前 한미합동법률사무소) 변호사 1992~2000년 김앤장 법률사무소 변호사 1997년 대한상사중재원 중재인(현) 2000년 법무법인 정동국제 대표변호사(현) 2000~2001년 한국외국어대 법대 외래강사 2000년 한국해운신문 해사법률칼럼 고정집필 2001~2008·2013~2019년 해양수산부 고문변호사 2003년 대한중재인협회 이사 2003년 부산해양경찰서 고문변호사 2003년 한국학술진흥재단 분쟁조정위원 2004년 서울대법과대학총동창회 운영위원 2004~2005년 법무부 상법개정특별분과 위원 2004년 한국해법학회 섭외이사 2004년 국제거래법학회 이사 2004년 한국상사법학회 이사(현) 2004년 미국해법학회 회원 2004년 대한변호사협회지 명예기자 2005년 한국외국어대 법과대학 조교수 2006년 한국철도공사 고문변호사 2008년 항공·철도사고조사위원회 자문위원 2009~2015년 국토해양부·국토교통부 고문변호사 2011년 서울대법과대학80학번동창회 회장 2011~2014년 서울대법과대학총동창회 부회장 2011년 사법연수원 외래강사 2012~2016년 금융감독원 금융분쟁조정위원회 전문위원 2013~2015년 대한중재인협회 부회장 2014~2017년 한국해양과학기술진흥원 비상임감사 2014년 감사원 행정심판위원회 위원 2016년 同행정심판위원회 위원(자체감사활동심사위원회 위원 겸임)(현) 2017년 서울고법 국가송무상소심의위원회 위원(현), 금융감독원 금융분쟁조정위원회 전문위원(현) 2019년 해경 고문변호사(현) [저]'사례별로 본 실무해상법 해상보험법'(2007, 법문사) 'Getting the Deal Through – Shipping'(2011) 'Getting the Deal Through – Shipping & Shipbuilding'(2012) '주석 상법(해상편)'(2014) [종]가톨릭

## 서동희(徐東熙)

[생]1964·2 [주]서울특별시 영등포구 여의대로 128 LG디스플레이(주)(02-3777-1114) [학]성균관대 경영학과졸 [경]1987년 (주)LG 입사 2008년 同정도경영TFT 상무 2012년 (주)LG전자 HE경영관리담당 상무 2014년 (주)LG CNS 정도경영담당 상무 2017년 (주)LG생활건강 정도경영담당 상무 2018년 同정도경영부문장(전무) 2018년 同최고재무책임자(CFO·전무) 2019년 LG디스플레이(주) 최고재무책임자(CFO·전무)(현)

## 서명석

[생]1956·8·4 [출]대구 [주]서울특별시 중구 세종대로 124 한국방송광고진흥공사 혁신성장본부 [학]대구 계성고졸, 영남대 영문학과졸 [경]안동MBC PD, 평화방송 PD, 同기자, 한국기자협회 편집국장, 한국방송광고공사 기획전문위원, YTN DMB 비상임이사 2019년 한국방송광고진흥공사 혁신성장본부장(상임이사)(현)

## 서명석(徐明錫) SUH Myung Suk

[생]1961·4·19 [출]서울 [주]서울특별시 중구 을지로 76 유안타증권(주) 임원실(02-3770-2200) [학]1980년 충암고졸 1986년 서강대 경영학과졸, 고려대 대학원 경영학과졸 [경]2003년 동양종합금융증권(주) Wrap운영팀장 2006년 同리서치센터장(상무보) 2007년 同투자전략팀장 2008년 同투자전략·파생상품리서치팀장 2009년 同리서치센터장 2009~2011년 同리서치센터장(상무) 2011년 同경영CFO 2011년 동양파워 발전사업추진본부장 2012년 동양증권(주) 경영기획부문장(CFO·전무) 2013년 同부사장 2013년 同대표이사 사장 2014년 유안타증권(주) 대표이사 사장(현) 2019년 금융투자협회 회원이사(현)

## 서명수(徐明洙) SUH Myung Su

[생]1956·7·26 [본]달성(達城) [출]경남 창원 [주]서울특별시 강남구 테헤란로92길 7 법무법인 바른(02-3479-2307) [학]1975년 서울고졸 1980년 서울대 법학과졸 2000년 미국 UC Berkeley 수학 [경]1980년 사법시험 합격(22회) 1982년 사법연수원 수료(12기) 1982년 서울민사지법 판사 1984년 서울형사지법 판사 1986년 부산지법 울산지원 판사 1988년 서울지법 의정부지원 판사 1990년 同서부지원 판사 1991년 서울민사지법 판사 1993년 서울고법 판사 1994~1999년 대법원 재판연구관 1994년 서울고법 판사 겸임 1999년 인천지법 부장판사 2000년 서울지법 남부지원 부장판사 2002년 서울지법 부장판사 2004년 서울중앙지법 부장판사 2005년 인천지법 수석부장판사 2006~2010년 서울고법 부장판사 2010년 법무법인 바른 변호사(현) [저]'형사재판의 제문제 3 – 법인의 비자금과 횡령죄(共)'(2000, 박영사) [종]천주교

## 서명숙(徐明淑·女) SEO Myung Sook

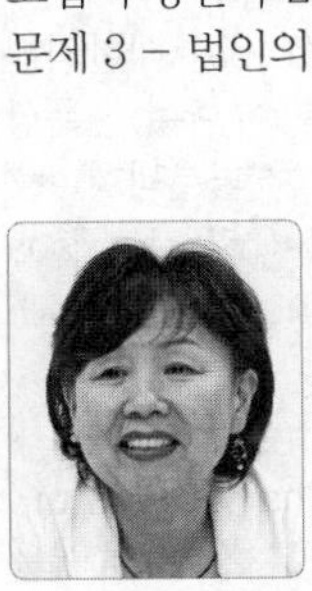

[생]1957·10·23 [출]제주 [주]제주특별자치도 서귀포시 칠십리로214번길 17-17 제주올레(064-739-0815) [학]1976년 제주 신성여고졸 1980년 고려대 교육학과졸 [경]1980~1983년 기독교사회문제연구원 출판간사 1985년 월간 '마당' 기자 1987~1989년 월간 '한국인' 기자 1989~2003년 '시사저널' 정치부 기자·정치팀장·취재1부장·편집장 2003~2005년 프리랜서 저술가 2005~2006년 인터넷신문 '오마이뉴스' 편집국장 2007년 (사)제주올레 이사장(현) 2007~2013년 시사IN 편집위원 [상]대통령표창(2009), 재암문화상(2010), 일가재단 일가상 사회공익부문(2013), 국민훈장 동백장(2017), 대통령표창(2017) [저]'흡연여성잔혹사' '놀멍 쉬멍 걸으멍 제주 걷기여행' '꼬닥꼬닥 걸어가는 이 길처럼'(2010) '식탐'(2012, 시사IN북) '영초언니'(2017, 문학동네)

ㅅ

**서명용(徐名鏞)**

(생)1965·7·3 (주)충청북도 청주시 흥덕구 오송읍 오송생명2로 187 질병관리본부 장기이식관리과(044-202-2118) (학)1984년 목포고졸 1992년 조선대 독어과졸 2006년 연세대 행정대학원 북한·국제지역학과졸 (경)1993~1996년 통일부 남북회담사무국 국사회담과·사회문화회담과 행정주사보 1996~2011년 同인도지원국 정착지원과·교류협력국 교역과·북한이탈주민정착지원사무소 생활지도과 행정주사 2011년 同남북출입국사무소 동해선운영과·국가인권위원회 홍보협력과 행정사무관 2012년 보건복지부 보육정책과 행정사무관 2014년 同인구정책과 서기관 2014년 同사회서비스일자리과 서기관 2015년 同기획조정실 서기관 2017년 국립나주병원 서무과장 2018년 보건복지부 질병관리본부 장기이식관리과장(현) (상)장관급표창 4회(1994·2000·2006·2011)

**서명진(徐明辰) SEO MYEONG JIN**

(생)1962·6·29 (주)서울특별시 서초구 헌릉로 12 현대기아차사옥 서관 현대제철(주) 구매본부(02-3464-6114) (학)연세대 금속공학과졸 (경)2009년 기아자동차 구매지원실장(이사대우) 2011년 同구매지원실장(이사) 2013년 同구매관리사업부장(상무) 2015년 同구매관리사업부장(전무) 2018년 현대제철(주) 구매본부장(부사장)(현)

**서명환(徐明煥) SUH Myoung Hwan**

(생)1955·9·15 (출)서울 (주)서울특별시 중구 퇴계로 307 광희빌딩 9층 대원전선(주) 대표이사실(02-3406-3400) (학)1974년 경동고졸 1980년 한양대 섬유공학과졸 1982년 미국 캘리포니아대 대학원졸 (경)1984년 청화기업(주) 대표이사 1987년 갑도물산(주) 대표이사(현) 1988년 청화전자(주) 대표이사 1989~1996년 (주)현도 대표이사 1999~2011년 대원전선(주) 대표이사 1999년 대원특수전선(주) 대표이사 2004년 한송하이테크(주) 대표이사 2011년 대원전선(주) 각자대표이사 2016년 同대표이사(현) (상)은탑산업훈장(2007)

**서무규(徐武揆) Moo Kyu Suh**

(생)1958·2·3 (본)이천(利川) (출)대구 (주)경상북도 경주시 동대로 87 동국대학교 경주병원 피부과(054-770-8268) (학)1976년 경북고졸 1982년 경북대 의대졸 1985년 同대학원 의학석사 1993년 의학박사(경북대) (경)1982~1986년 경북대병원 인턴·피부과 전공의 1986~1989년 국군진해병원 피부과장(해군 軍의관) 1989~1991년 대구 예수의원 피부과장 1991년 동국대 의대 피부과학교실 전임강사·조교수·부교수·교수(현) 1991년 同경주병원 피부과장(현) 2013~2015년 대한의진균학회 이사장 2017년 同회장(현) (상)대한의진균학회 우수논문상(2001·2010), 대한피부과학회 오헌학술상(2011) (저)'피부과학(共)'(2001·2008, 여문각) (역)'Molecular phylogenetics of Fonsecaea strains isolated from chromoblastomycosis patients in South Korea. Mycoses'(2011) 등 150여 편

**서문용채(西門龍彩) Yong-Chae, Seomun**

(생)1956·2·14 (본)안음(安陰) (출)전북 장수 (주)서울특별시 서대문구 충정로 60 KT&G 서대문타워 10층 법무법인(유) 지평(02-6200-1926) (학)1975년 전주고졸 1984년 성균관대 행정학과졸 1995년 영국 맨체스터대 대학원 International Managers Course 수료, 연세대 경영전문대학원 최고경영자과정(AMP) 수료, 한국예술종합학교 최고경영자 문화예술과정(CAP) 수료 (경)1984년 한국은행 입행 1999년 금융감독원 입사, 同런던사무소 과장, 同신용정보팀장 2003년 同기획조정국 시니어팀장, 同비은행검사2국 상시감시1팀장, 同제재심의실 부국장 2007년 同제재심의실장 2008년 同기업금융2실장 2009~2011년 同기획조정국장 2011~2014년 KB국민카드 상근감사위원 2014~2018년 법무법인(유) 지평 상임고문 2018년 전북은행 사외이사(현) 2018년 법무법인(유) 지평 상임고문(현)

**서미영(徐美英·女) SUH Mi Young**

(생)1974·1·19 (출)대구 (주)서울특별시 종로구 북촌로 104 계동빌딩 인크루트(02-2186-9000) (학)경북대 정치외교학과졸, 연세대 대학원 정치학과졸 (경)한화경제연구소 연구원, 대한YMCA연합회 복지사업위원회 자문위원, 명지대 겸임교수 2005~2008년 인크루트(주) HR사업총괄 상무이사 2008년 同서비스본부장, 同최고운영책임자(COO·상무) 2018년 同대표이사(현) (저)'프로페셔널의 숨겨진 2%'(2004, 원앤원북스) (역)'인재경영의 기술(共)'(2003, 더난출판사) (종)기독교

**서 민**

(생)1963 (주)경기도 가평군 가평읍 가화로 61 가평경찰서(031-580-1215) (학)1985년 경찰대 법학과졸 (경)1985년 경위 임용, 경찰종합학교 경비학과장, 경찰교육원 총무계장 2016년 서울지방경찰청 치안지도관(총경), 울산지방경찰청 청문감사관, 경기북부지방경찰청 112종합상황실장 2017년 경기 연천경찰서장 2018년 중앙경찰학교 운영지원과장 2019년 경기북부지방경찰청 112종합상황실장 2019년 경기 가평경찰서장(현)

**서민교(徐敏敎) SEO Min Kyo**

(생)1959·1·29 (본)달성(達城) (출)경북 영천 (주)경상북도 경산시 진량읍 대구대로 201 대구대학교 무역학과(053-850-6222) (학)1977년 계성고졸 1984년 영남대 무역학과졸 1986년 고려대 대학원 무역학과졸 1992년 경영학박사(고려대) (경)1987년 고려대 기업경영연구소 연구원 1991~2003년 경일대 국제무역컨벤션학부 전임강사·조교수·부교수 2000~2002년 한국인터넷전자상거래학회 총무이사 2001년 경산상공회의소 ECRC 전문위원 2001년 한국산업경영학회 이사·상임이사 2001년 국제무역학회 감사 2002년 한국국제통상학회 이사 2002년 한국인터넷전자상거래학회 기획이사·편집위원장 2002년 국제e-비즈니스학회 이사·부회장 2003년 한국학술진흥재단 선도연구심사위원 2003~2006년 경일대 국제무역컨벤션학부 교수 2004년 (사)한국통상정보학회 상임이사·부회장 2004년 한국산업경영학회 재무이사·편집위원 2004년 한국국제경영관리학회 학회지 편집위원장·부회장 2005년 국제무역학회 부회장 2006년 대구대 무역학과 교수(현) 2009년 EXCO 사외이사(현) 2010년 한국인터넷전자상거래학회 회장, 同고문(현) 2012년 한국국제경영관리학회 회장 2014년 한국경영학회 부회장 2017년 한국산업경영학회 회장 2017년 관세청 면세점특허심사위원회 위원(현) 2019년 대구대 경상대학장(현) 2019년 한국국제경영학회 회장(현) (상)대구대 Best Researcher상(2007~2015), 대구대 Best Teaching Professor상(2014), 한국경영학회 제1회 우수경영학자상(2015) (저)'다국적 기업론'(1997) '국제금융기구의 이해'(1999) '다국적기업경영론'(2000) '국제경제기구의 이해'(2001) '국제통상의 이해'(2002) '전자상거래와 소비자보호'(2003) '국제경영'(2003) '전시마케팅'(2004) '국제운송론'(2005) '글로벌경영'(2015)

**서민석(徐敏錫) SUH Min Sok**

(생)1943·6·15 (본)대구(大邱) (주)서울특별시 강남구 테헤란로 516 정헌빌딩 901호 동일방직(주)(02-2222-3020) (학)1961년 경기고졸 1966년 서울대 섬유공학과졸 1968년 미국 미시간대 대학원졸 2000년 명예 경영학박사(세종대) (경)1970년 동일방직(주) 입사 1973년 同이사·전무이사 1976년 同

부사장 1978~1991년 同대표이사 사장 1985년 한국Y.P.O 회장 1987년 駐韓벨리즈 명예총영사 1989년 한국섬유기술연구소 이사장 1990년 한국상장회사협의회 부회장(현) 1991년 동일방직(주) 대표이사 회장(현) 1992년 한국섬유공학회 부회장 1994년 한국무역협회 국제통상분과 위원장 1994년 서울상공회의소 부회장(현) 1995년 조흥은행 회장 1995년 대한방직협회 회장 1996년 한·일경제협회 부회장(현) 1997년 한국섬유산업연합회 부회장 1998년 국제섬유제조업자연합회(ITMF) 회장 1999년 (사)대한중재인협회 부회장 1999년 대한상사중재원 중재인 2000년 한·미경제협의회 부회장 2000년 한국무역협회 재정분과위원장 2001년 한국페스티벌앙상블 이사장 2002~2004년 대한방직협회 회장 2005년 한국무역협회 비상근부회장 2006년 서울대·한국공학한림원 선정 '한국을 일으킨 엔지니어 60인' 2006년 한국메세나협의회 부회장 2007년 현대미술관회 부회장 2013년 (재)정헌재단 이사장(현) (상)철탑산업훈장, 대통령표창(1979), 석탑산업훈장(1986), 재무부장관표창(1993), 올해의 섬유인(1998), 은탑산업훈장(1999), 금탑산업훈장(2006) (종)기독교

**서민석(徐敏錫) SEO Min Suk**

(생)1966·6·7 (출)충북 청주 (주)서울특별시 서초구 서초중앙로24길 16 케이엠타워 6층 법무법인 케이에스앤피(02-596-1234) (학)1985년 청주고졸 1990년 서울대 공법학과졸 (경)1991년 사법시험 합격(33회) 1994년 사법연수원 수료(23기) 1994년 인천지법 판사 1996년 서울지법 남부지원 판사 1998년 창원지법 진주지원 판사 2000년 수원지법 판사 2002년 서울지법 판사 2003년 미국 스탠퍼드대 파견 2004년 서울중앙지법 판사 2005년 서울고법 판사 2006년 대법원 재판연구관 2008년 서울중앙지법 판사 2009년 대전지법 부장판사 2011년 사법연수원 교수 2014~2017년 서울중앙지법 부장판사 2017년 법무법인 케이에스앤피 파트너변호사(현)

**서배원(徐培源) Seo Bae Won**

(생)1961·1·7 (본)이천(利川) (출)충남 서산 (주)서울특별시 중구 세종대로 124 프레스센터 1305호 한국신문윤리위원회 심의위원실(02-734-3081) (학)1979년 공주대사대부고졸 1985년 연세대 정치외교학과졸 1997년 미국 인디애나대 저널리즘스쿨 연수 (경)1985년 경향신문 사회부 기자 1986년 同외신부 기자 1988년 同경제부 기자 1999년 同국제부 차장 2000년 同경제부 정책·금융팀장 2002년 同경제부장 2006년 同경제담당 논설위원 2008년 同전략기획실장 2009년 同경제담당 논설위원 2012~2015년 同상무이사 2016년 한국신문윤리위원회 심의위원(현)

**서범규(徐範奎)**

(생)1965·9·24 (출)경북 김천 (주)서울특별시 서대문구 통일로 97 경찰청 치안상황관리관실(02-3150-2246) (학)김천고졸 1988년 경찰대졸(4기) 2005년 한양대 지방자치대학원졸 (경)2006년 경찰청 정보2과 총경 2006년 경북 영덕경찰서장 2007년 경찰청 수사국 수사구조개혁팀장 2008년 경북 상주경찰서장 2009년 경찰청 정보2과장 2011년 서울 남대문경찰서장 2013년 경찰청 교통관리과장 2015년 서울지방경찰청 정보1과장 2016년 제주지방경찰청 차장(경무관) 2017년 부산지방경찰청 제1부장 2018년 경기북부지방경찰청 차장 2019년 경찰청 치안상황관리관(현)

**서범석(徐範錫) Seo, Beom Seok**

(생)1956·9·9 (출)경북 안동 (주)충청북도 제천시 세명로65 세명대학교 광고홍보학과(043-649-1260) (학)1974년 배명고졸 1980년 중앙대 광고홍보학과졸 1983년 同신문방송대학원 PR광고학과졸 1995년 광고학박사(경희대) (경)1981~1990년 LG화학 광고기획과장·마케팅관리부장 1995년 세명대 광고홍보학과 교수(현) 1997년 (주)대한펄프 마케팅고문 2000년 (사)한국언론학회 광고홍보연구회 회장 2000년 (사)한국옥외광고학회 회장 2001년 대한민국광고대상 심사위원장 2001년 서울시 옥외광고물심의위원 2003~2005년 서울메트로 블루오션팀 자문교수 2004년 (사)한국광고학회 회장 2004~2008년 국무총리실 복권위원회 홍보자문위원 2005년 (사)한국광고학회 편집위원장 2007년 중국 북경대 신문방송학원 광고학 초빙교수 2010년 매일경제광고대상 심사위원장(현) 2011년 경인일보 '월요논단' 컬럼교수 2012년 서울AP(Advertising & Public Relations)클럽 기획위원 2016~2019년 방송통신위원회 방송광고균형발전위원회 위원 2019년 (사)한국광고홍보인협회장(현) (상)한국일보광고대상(1998), 매일경제광고인 학술공로상(1999), 근정포장(2006), 대한항공사진전 입상(2011·2012), 한국광고학회 '제일기획 학술상'(2014) (저)'광고와 소비자'(1997) '광고기획론'(2000) '눈으로 보는 한국광고사'(2001) '시장원리와 공익성의 조화'(2003) '현대광고기획론'(2010) '한국광고사'(2011)

**서범수(徐範洙) SUH Beom Soo**

(생)1963 (출)울산 (주)울산광역시 남구 중앙로128번길 31 자유한국당 울산광역시당(052-275-7363) (학)부산 혜광고졸, 서울대 농업경제학과졸, 부산대 대학원 행정학 박사과정 수료 (경)1989년 행정고시 합격(33회) 1993년 경정 임용(특별채용) 2002년 울산지방경찰청 방범과장(총경) 2003년 부산지방경찰청 교통과장 2003년 同강서경찰서장 2005년 同남부경찰서장 2005년 同수사과장 2006년 同동래경찰서장 2007년 同교통과장 2009년 同부산진경찰서장 2010년 同경무과장 2011년 울산지방경찰청 차장(경무관) 2012년 부산지방경찰청 제2부장 2012년 同제1부장 2013년 경찰청 교통국장 2013년 同생활안전국장(치안감) 2014년 울산지방경찰청장 2015년 경기지방경찰청 제2차장 2016년 경기북부지방경찰청장 2016~2017년 경찰대학장(치안정감) 2019년 자유한국당 울산울주군당원협의회 운영위원장(현)

**서범준(徐範俊)**

(생)1972·7·8 (출)대구 (주)대구광역시 수성구 동대구로 364 대구지방법원 총무과(053-757-6470) (학)1991년 대륜고졸 1999년 고려대 법학과졸 (경)2000년 사법고시 합격(42회) 2003년 사법연수원 수료(32기) 2003년 서울지검 의정부지청 검사 2004년 의정부지검 검사 2005년 부산지검 동부지청 검사 2007년 울산지검 검사 2009년 서울중앙지검 검사, 대구지법 판사 2016년 수원지법 판사 2019년 대구지법 부장판사(사법연구)(현)

**서병기(徐昞基) Suh Byung Ki**

(생)1963·2·16 (출)경북 김천 (주)서울특별시 영등포구 국제금융로8길 16 신영증권(주) 임원실(02-2004-9000) (학)1980년 김천고졸 1988년 연세대 경제학과졸 1998년 한국과학기술원(KAIST) 금융공학과졸(석사) (경)외환은행 근무, 한국투자공사(KIC) 근무, 신영증권(주) 전무이사 2012년 同자산운용본부장 2015년 同WM부문장(부사장) 2018년 同IB총괄 부사장 겸 최고운영책임자(COO)(현)

**서병륜(徐炳倫) SUH Byong Yoon**

(생)1949·9·3 (출)전남 광양 (주)서울특별시 마포구 마포대로 63-8 삼창빌딩 6층 로지스올(주)(02-711-7255) (학)순천고졸 1972년 서울대 농공학과졸 (경)1977~1984년 대우중공업 근무 1984년 한국물류연구원 원장, 한국로지스틱스학회 부회장 1985년 로지스올(주) 대표이사 회장(현) 1985년 한국파렛트풀 회장(현) 1985년 한국컨테이너풀(주) 회장(현) 1985년 한국로지스풀(주) 회장(현) 2000~2009년 (사)한국물류협회 회장 2003년 아시아태평양물류연맹 회장 2008년 아시아팔레트시스템연맹(APSF) 명예회장(현) (저)'물류의 길'(2000) (종)천주교

## 서병문(徐炳文) SEO Byung Moon

(생)1944·3·4 (출)경북 영주 (주)경상남도 창원시 진해구 남의로43번길 42 (주)비엠금속(055-548-9000) (학)영광고졸 1967년 경희대 체육학과졸 1981년 同경영대학원졸 2001년 명예 경영학박사(중앙대) (경)1981~2001년 신일금속공업 관리이사·대표이사 1991~1997년 진해마천주물공단사업협동조합 이사장 1994년 진해마천주물공업관리공단 이사장 1997년 한국주물공업협동조합 이사장(현) 1997년 중소기업협동조합중앙회 부회장 2001년 (주)비엠금속 대표이사(현) 2007~2011년 중소기업중앙회 비상근부회장 2009년 同중소기업TV홈쇼핑추진위원회 공동위원장 2011년 同부회장 2012~2015년 중소기업사랑나눔재단 이사 2016년 대한배구협회 회장 (상)중소기업협동조합대상 대상(2009)

## 서병수(徐秉洙) SUH Byung Soo (宇津)

(생)1952·1·9 (본)달성(達城) (출)울산 (주)부산광역시 동구 초량동 리더십4.0연구소 (학)1971년 경남고졸 1978년 서강대 경제학과졸 1980년 同대학원 경제학과졸 1987년 경제학박사(미국 노던일리노이주립대) (경)1987년 (주)우진서비스 대표이사 1992~2010년 동부산대 금융경영과 겸임교수 1992년 직장새마을운동해운대구협의회 회장 1993년 동백장학회 회장 1993년 해운대케이블TV방송(주) 대표이사 1994년 새마을운동중앙회 해운대구지회 회장 1996년 한나라당 중앙상무위원 1997년 신해운대로타리클럽 회장 1998년 장애인정보화협회 자문위원장 2000년 부산시 해운대구청장(한나라당) 2002년 한나라당 부산 해운대·기장甲당원협의회 운영위원장 2002년 제16대 국회의원(부산 해운대·기장甲 보궐선거, 한나라당) 2003년 한나라당 원내부총무 2004년 제17대 국회의원(부산 해운대·기장甲, 한나라당) 2004년 한나라당 재해대책위원장 2004~2014년 (사)부산장애인총연합회 고문 2005년 한나라당 제1정책조정위원장 2005년 同정책위원회 부의장 2005년 同여의도연구소 부소장 2006~2007년 同부산시당 위원장 2007년 同여의도연구소장 2008년 제18대 국회의원(부산 해운대·기장甲, 한나라당·새누리당) 2008~2010년 국회 기획재정위원장 2010~2011년 한나라당 최고위원 2011년 同재외국민협력위원장 2012년 새누리당 도시재생특별위원회 위원장 2012년 同부산해운대·기장甲당원협의회 운영위원장 2012~2013년 同사무총장 2012~2014년 제19대 국회의원(부산 해운대·기장甲, 새누리당) 2012년 새누리당 조직강화특별위원회 위원장 2012년 同제18대 대통령중앙선거대책위원회 당무조정본부장 2014~2018년 부산광역시장(새누리당·자유한국당) 2014~2018년 극지해양미래포럼 이사 2014년 교육부 지방대학및지역균형인재육성지원위원회 위원 2014~2016년 부산국제영화제(BIFF) 조직위원장 2016~2018년 부산시 '어린이 텃밭학교' 교장 2017~2018년 영호남시도지사협력회의 의장 2018년 부산광역시장선거 출마(자유한국당) 2019년 리더십4.0연구소 소장(현) 2019년 자유한국당 부산행복연구원 원장 내정(현) (상)대한민국 헌정대상(2011), 재외동포신문 '올해의 인물 정치·행정부문'(2014), 한국의 영향력 있는 CEO선정 미래경영부문상(2016), 대한민국 유권자 대상(2017) (저)'일하는 사람이 미래를 만든다'(2014)

## 서병식(徐秉植) SOH Byong Sik (廷岩)

(생)1928·12·2 (본)달성(達城) (출)황해 연백 (주)서울특별시 강남구 압구정로 210 융기빌딩 (재)정암(02-548-6237) (학)1944년 연백공립농업학교졸 1955년 동국대 경제학과졸 1985년 전국경제인연합회 국제경영원 최고경영자과정 수료 1985년 연세대 행정대학원 수료 (경)1958년 융기산업 창립·대표이사 1962년 동남갈포공업 창립·회장 1972~1983년 한국벽지수출조합 이사장 1977년 서대문구공장새마을협의회 회장 1980년 서부공장새마을추진지부 부회장 1981년 연백장학회 이사장(현) 1983년 가헌과학기술재단 이사 1984년 황해도민회 부회장·자문위원(현) 1985년 민주평통 자문위원 1985년 이북5도행정자문위원회 위원·위원장 1987년 민족통일중앙협의회 부의장·지도위원(현) 1988년 안산상공회의소 고문 1990년 남서울로타리클럽 회장 1990년 전국경제인연합회 국제경영원최고경영자과정총동문회 회장 1996년 밝은사회서울중앙클럽 회장·고문(현) 2007년 (재)정암이사장(현) (상)산업포장(1979), 새마을훈장 노력장(1979), 국민훈장 목련장(1993), 국민훈장 모란장(2001), 대통령표창(4회), 국무총리표창(3회) (종)천주교

## 서병재(徐炳哉) Suh Byung Jae

(생)1962·4·9 (주)강원도 춘천시 영서로 2854 강원도교육청 부교육감실(033-258-5210) (학)1980년 광주고졸 1985년 한국외국어대 서반아어과졸 1987년 同대학원 중남미지역학과 수료 2007년 영국 버밍엄대 대학원 MPhil과정 수학 2014년 미국 Colorado대 연수 (경)1991년 행정고시 합격(35회) 1993~2001년 교육부 교원복지담당관실·교육정보화국 교육정보화기획과·지방교육국 지방교육재정과·고등교육실 대학재정과·고등교육실 대학학무과 행정사무관·서울시 강남교육청 학무과 사회교육체육과장·고척도서관 서무과장 2001~2011년 국무총리실 교육문화정책과장·건설정책과장·교육과학기술부 감사관실 서기관·기획조정실 국제협력관실 재외동포교육담당관·국제협력국 재외동포교육과장·기획조정실 정책기획관실 예산담당관 2011~2015년 교육부 인재정책실 평생직업교육관실 평생학습정책과장(부이사관)·교육정보통계국 교육정보분석과장(부이사관)·교육안전정보국 학교안전총괄과장(부이사관) 2015년 전남대 사무국장(일반직고위공무원) 2017년 전남도 부교육감(일반직고위공무원) 2017년 강원도 부교육감(현) 2018년 同교육감 권한대행

## 서보민(徐輔民)

(생)1971·8·8 (주)인천광역시 미추홀구 소성로163번길 17 인천지방법원 총무과(032-860-1169) (학)1990년 대구 달성고졸 1995년 서울대 공법학과졸 (경)1998년 사법시험 합격(40회) 2001년 사법연수원 수료(30기) 2001년 수원지법 판사 2002년 서울고법 판사 2003년 서울지법 판사 2004년 서울중앙지법 판사 2005년 부산지법 판사 2008년 서울남부지법 판사 2010년 서울중앙지법 판사 2013년 서울서부지법 판사 2016년 서울중앙지법 판사 2017년 대구지법 서부지원 부장판사 2019년 인천지법 부장판사(현)

## 서보신(徐補信) SEO BO SIN

(생)1957·1·10 (주)서울특별시 서초구 헌릉로 12 현대자동차(주) 임원실(02-3464-1114) (학)대구 대륜고졸, 한양대 정밀기계공학과졸 (경)2008년 현대자동차(주) 해외생기실장(이사) 2012년 同인도(HMI)법인장(상무), 同파워트레인·툴링담당 전무 2016년 同파워트레인·툴링담당 부사장 2016년 同해외공장지원실장 2017년 同생산개발본부장 겸임 2019년 同생산개발본부·품질본부 사장(현) (상)은탑산업훈장(2019)

## 서보혁(徐輔赫) SUH BO HYUG

(생)1966·12·17 (본)달성(達城) (출)경북 안동 (주)서울특별시 서초구 반포대로 217 통일연구원(02-2023-8000) (학)1985년 안동고졸 1994년 성균관대 신문방송학과졸 1999년 한국외국어대 대학원 외교안보학과졸(정치학 석사) 2003년 정치학박사(국제관계학전공)(서울대) (경)2003~2006년 국가인권위원회 전문위원 2007~2011년 이화여대 평화학연구소 연구교수 2011~2018년 서울대 통일평화연구원 인문한국 연구교수 2018년 통일연구원 연구위원(현) 2019년 민주평통 평화발전분과위

원회 상임위원(현) (상)민간통일운동 유공 국무총리표창(2017) (저)'북한인권 : 이론 · 실제 · 정책'(2014, 한울아카데미) '분단폭력 : 한반도 군사화에 관한 평화학적 성찰(共 · 編)'(2016, 아카넷) '평화학과 평화운동(共)'(2016, 모시는사람들) 'North Korean Human Rights : Crafting a More Effective Framework'(2016, IEUS) '평화를 위한 파병? : 한국의 베트남 · 이라크전 개입 비교연구'(2017, 진인진) (역)'실패한 외교 : 부시, 네오콘 그리고 북핵위기(共)'(2008, 사계절) (종)천주교

## 서봉국(徐鳳國)

(생)1961 · 9 (주)서울특별시 중구 세종대로 67 한국은행 외자운용원(02-759-5201) (학)1980년 전주고졸 1987년 고려대 경영학과졸 2008년 미국 일리노이대 대학원 경영학과졸 (경)1987년 한국은행 입행 1997~2000년 同런던사무소 과장 2000년 同국제국 차장 2004년 同비서실 차장 2008~2014년 同외자운용원 운용4팀장 · 운용1팀장 · 운용전략팀장 · 운용기획팀장 2014년 同외자운용원 외자기획부장 2015년 同공보관 2016년 同국제국장 2017년 同외자운용원장(현)

## 서봉규(徐奉揆) Suh Bong-Kyu

(생)1970 · 11 · 29 (본)이천(利川) (출)대구 (주)서울특별시 서초구 반포대로 158 서울고등검찰청 총무과(02-530-3261) (학)1989년 현대고졸 1994년 서울대 법과대학졸 (경)1994년 사법시험 합격(36회) 1997년 사법연수원 수료(26기) 2000년 서울지검 검사 2002년 수원지검 여주지청 검사 2003년 대구지검 검사 2005년 법무부 법무심의관실 검사 2007년 서울북부지검 형사부 검사 2007~2008년 호주 파견 2009년 대검찰청 공판송무 양형팀 검사 2011년 청주지검 영동지청장 2012년 법무부 상사법무과장 2014년 서울중앙지검 형사6부장 2015년 대전지검 형사2부장 2016년 서울남부지검 금융조사1부장 2016년 同증권범죄합동수사단장 겸임 2017년 대구지검 포항지청장 2018년 서울고검 검사(현) (종)천주교

## 서봉만(徐봉만) SEO Bong Man

(생)1970 (출)울산 (주)세종특별자치시 도움4로 9 국가보훈처 정책보좌관실(044-202-5031) (학)울산고졸, 동아대 경영학과졸 (경)2003년 울산정치개혁추진위원회 기획국장 2003~2005년 열린우리당 울산시당 기획국장 2006~2010년 진실화해를위한과거사정리위원회 조사관 2012~2014년 민주당 울산시당 정책실장 2014~2015년 새정치민주연합 울산시당 정책실장 2015~2017년 더불어민주당 울산시당 정책실장 2017~2018년 대통령 제도개선비서관실 행정관 2019년 국가보훈처 정책보좌관(별정직고위공무원)(현)

## 서봉수(徐鳳洙) SEO Bong Soo (眞空)

(생)1938 · 8 · 12 (본)당성(唐城) (출)경남 의령 (주)부산광역시 동구 중앙대로231번길 16 한국댄스스포츠지도자협회(051-467-6477) (학)1958년 부산 광성공고졸 1961년 경희대 체육학과졸 1976년 同대학원 체육학과졸 (경)1984년 한국댄스스포츠지도자협회 이사장(현) 1991년 한국여가레크리에이션협회 부산지부장 1995년 법무부 부산보호관찰소 보호선도위원 1997년 한국청소년마을 부산시지부장 1997년 부산지검 범죄예방위원 1998년 독도사랑문학회 자문위원 1998년 청소년유해환경감시단 단장(현) 2002년 부산동부교육청 학교환경위생정화위원회 위원장 2003년 고려대 사회체육학과 댄스스포츠 지도교수(현) 2004~2014년 충 · 효 · 예실천운동본부 부산경남연합회 부회장 2004년 3.1동지회중앙회 부회장, 한국댄스스포츠 프로페셔널 심사위원장(현), 동지대 생활체육학과 지도교수, 보성노인대학 이사장(현), 독립유공자 호국연각회 회장 2008년 3.1동지회중앙회 회장(현) 2008~2010년 해운대교육청 학교환경위생정화위원회 위원장 2009년 대한민국재향군인회 부산중 · 동구 회장(현) 2010년 해운대교육지원청 학교환경위생정화위원회 위원장(현) 2011년 6.25참전국가유공자 부산지부 운영위원(현) 2013년 노인대학연합회 부회장(현) 2015년 박재혁의사기념사업회 회장(현) 2015년 충 · 효 · 예실천운동본부 부총재(현) 2015년 법무부 부산보호관찰소 청소년위원회 회장(현) (상)부산시 동구청장표창(1986), 문화체육부장관표창(1997), 문화관광부장관표창(1999), 한국여가레크리에이션협회장표창(2001), 부산시장표창(2001), 부산시청소년단체협의회장표창(2002), 대한민국불교문화상 댄스스포츠교육부문 지도대상(2004), 계간 '농민문학' 시부문 신인상(2004), 대한민국통일문화예술대축제 제1회 한국예술문화대상 보훈문화기념사업부문 대상(2005), 행정자치부장관표창(2005), 3.1동지회중앙회장표창(2005), 대한민국재향군인회장표창(2006) (저)'주민 여가생활을 위한 레크리에이션 안내서'(1994) '2005학년도 부산광역시교육청 교원직무연수 : 댄스스포츠 지도자 양성과정 교육교재'(2005) '고려대학교 사회체육학과 댄스스포츠 교육교재'(2005) (종)불교

## 서봉수(徐奉洙) Seo Bongsoo

(생)1953 · 2 · 1 (출)대전 (주)서울특별시 성동구 마장로 210 한국기원 홍보팀(02-3407-3870) (학)배문고졸 (경)1970년 프로바둑 입단 1971년 2단 승단 1971년 제4기 명인전 우승(7연패) 1972년 명인전 우승 1973년 3단 승단 1974년 제1기 국기전 우승 1975년 제10기 왕위전 우승 1976년 명인전 우승 1978년 6단 승단 1980년 7단 승단 1980년 제6기 국기전 · 제15기 왕위전 · 제20기 최고위전 우승 1982년 제8기 기왕전 우승 1983년 제7기 KBS바둑왕전 · 제왕전 · 명인전 · 제9기 기왕전 우승 1986년 9단 승단(현) 1986년 제30기 국수전 우승 1987년 제31기 명인전 · 제왕전 · 국수전 우승 1988년 제13기 기왕전 · 국기전 우승 1991년 동양증권배 우승 1992년 제14기 국기전 우승 1993년 제2회 응씨배 우승 1993 · 1994 · 1995 · 1997년 진로배 한국대표(우승) 1994년 통산 1,000승 달성 1995년 신사배 우승 1999년 제4기 LG정유배 프로기전 우승 1999년 제1회 프로시니어기전 우승 1999년 LG정유배 프로기전 우승 1999년 왕위전 · 배달왕전 · 명인전 본선 2000년 제34기 왕위전 준우승 2001년 서봉수바둑사이버학교 개설 2003년 제3회 돌씨앗배 프로시니어기전 우승 2003년 왕위전 · 기성전 본선 2004년 맥심배 입신최강전 · 전자랜드배 왕중왕전 · 한국바둑리그 본선 2005년 맥심커피배 입신최강전 · 잭필드배 프로시니어기전 · 원익배 · 맥심커피배 본선 2006년 제3기 전자랜드배 왕중왕전 현무부 우승 2006년 국수전 50주년 기념 역대국수 초청전 우승 2006년 삼성화재배 본선 2007년 지지옥션배 본선 2008년 한국바둑리그 티브로드 감독 2008년 제5기 전자랜드배 현무왕전 우승 2008년 제2회 지지옥션배 시니어대표 2008년 전자랜드배 왕중왕전 · 원익배 십단전 · 맥심커피배 입신최강 본선 2009년 KB국민은행 한국바둑리그 티브로드 감독 2009년 지지옥션배 · 맥심커피배 본선 2009년 SKY바둑배 시니어연승대항전 우승(명인팀 주장) 2010년 지지옥션배 본선 2012년 olleh배 본선 2012년 제6기 지지옥션배 시니어대표 2013년 제1기 대주배 시니어최강자전 준우승 2013년 삼성화재배 본선 2014년 시니어바둑클래식 시니어왕위전 우승 2015년 시니어바둑클래식 왕중왕전 준우승 2016년 한국기원총재배 시니어바둑리그 우승 2016년 엄성동방그룹배 한 · 중바둑단체 명인대항전 우승 2017년 한국기원총재배 시니어바둑리그 준우승 2017년 맥심배 · 지지옥션배 · 삼성화재배 월드바둑마스터스 본선 2018년 맥심배 본선 2019년 1004섬 신안국제시니어바둑대회 단체전 우승 (상)기도문화상 연승기록상(1979), 기도문화상 최다승기록상(1979 · 1981 · 1982 · 1983), 바둑문화상 수훈상(1980 · 1981 · 1982 · 1993 · 1999), 기도문화상 우수기사상(1980 · 1981 · 1982), 바둑문화상 최우수기사상(1992), 바둑문화상 우수기사상(1993 · 1997 · 1999), 바둑대상 감투상(2006), 국수(國手) 선정(2018)

**서봉하(徐奉何) SEO Bong Ha**

(생)1969·10·6 (출)서울 (주)서울특별시 서초구 서초대로 274 삼천타워 13층 서봉하법률사무소(02-523-3100) (학)1988년 광주고졸 1998년 서울대 사법학과졸 (경)1999년 사법시험 합격(41회) 2002년 사법연수원 수료(31기) 2002년 청주지검 검사 2004년 광주지검 검사 2006년 청주지검 검사 2008년 인천지검 부천지청 검사 2011년 서울북부지검 검사 2013년 전주지검 검사 2015년 대검찰청 검찰연구관 2016년 대구지검 서부지청 부부장검사 2017년 의정부지검 공판송무부장 2018~2019년 부산지검 서부지청 형사3부장 2019년 변호사 개업(현)

**서삼석(徐參錫) SEO Sam Seok (南松)**

(생)1959·8·3 (출)전남 무안 (주)서울특별시 영등포구 의사당대로 1 국회 의원회관 329호(02-784-9501) (학)1979년 조선대부고졸 1988년 조선대 법정대학 행정학과졸 2000년 전남대 행정대학원 행정학과졸 2012년 NGO학박사(전남대) (경)1988~1994년 13·14대 국회의원 보좌관 1993년 민주당 전남도지부 총무부장 1995년 同전남도지부 부대변인 1995·1998~2002년 전남도의회 의원(국민회의·새천년민주당) 2001년 同예산결산특별위원회 위원장 2001~2002년 同기획재정위원장 2002·2006·2010~2011년 전남 무안군수(새천년민주당·열린우리당·무소속·민주당) 2010~2011년 미래한국해양수산선진화포럼 사무총장, 무안군장애인협회후원회 회장 2012년 민주통합당 제18대 문재인 대통령후보 선거대책위원회 인재영입위원회 부위원장 2013년 전남대 NGO연구회 회장 2013년 조선대 정책대학원 초빙객원교수 2015년 국민생활체육전국걷기연합회 고문 2015년 한국대학배구연맹 부회장 2016년 더불어민주당 전남영암군·무안군·신안군지역위원회 위원장(현) 2016년 제20대 국회의원선거 출마(전남 영암군·무안군·신안군, 더불어민주당) 2016년 더불어민주당 전남도당 상임부위원장 2018년 同해양수산특별위원회 공동위원장 2018년 同전남도당 AI대책특별위원회 위원장 2018~2019년 同정책위원회 상임부의장 2018년 제20대 국회의원(전남 영암군·무안군·신안군 재보선 당선, 더불어민주당)(현) 2018년 국회 농림축산식품해양수산위원회 위원(현) 2018·2019년 국회 예산결산특별위원회 위원(현) 2018년 더불어민주당 전남도당 위원장(현) 2019년 同원내부대표(현) 2019년 同아프리카돼지열병예방대책특별위원회 부위원장(현) (상)풀뿌리민주대상(2001·2003), 2019 대한민국 의정대상(2019)

**서상기(徐相箕) SUH Sang Kee**

(생)1946·1·29 (본)달성(達城) (출)대구 (주)서울특별시 강서구 금낭화로 234 한국청소년단체협의회(02-2667-0876) (학)1964년 경기고졸 1970년 서울대 공과대학 금속공학과졸 1972년 미국 웨인주립대 대학원졸 1976년 공학박사(미국 드렉셀대) (경)1975년 미국 피츠버그대 조교 1976~1981년 미국 Ford자동차연구소 선임연구원 1978년 미국 웨인주립대 객원교수 1980년 한국기계연구소 제조야금실장 1987년 同선임연구부장 1987~1992년 한국기계연구원 원장 1992~1998년 한국산업기술인회 회장 1996년 국가과학기술자문회의 자문위원 1999~2004년 호서대 공과대학 신소재공학과 교수 2000~2002년 경남미래산업재단 대표 2000~2004년 충남환경기술개발센터장 2002년 한나라당 이회창 대통령후보 정책특보(과학기술) 2002~2004년 대구기계부품연구원 특별자문위원 2003~2004년 전국지역환경기술개발센터협의회 회장 2004년 제17대 국회의원(비례대표, 한나라당) 2004년 국회 디지털포럼 회장 2005년 한나라당 과학기술지원특별위원회 위원장 2007년 同과학기술정보통신분과위원회 위원장 2008년 제18대 국회의원(대구 북구乙, 한나라당·새누리당) 2008~2010년 한나라당 대구시당 위원장 2009년 미국 웨인주립대 '명예의전당' 헌정 2010년 국회 교육과학기술위원회 간사 2010~2012년 한나라당 과학기술특별위원장 2010년 국회 예산결산특별위원회 계수조정소위원 2011년 한국과학우주청소년단 총재(현) 2012~2013년 한국대학야구연맹 초대회장 2012년 제19대 국회의원(대구 북구乙, 새누리당) 2012~2014년 국회 정보위원회 위원장 2012년 국회 과학기술혁신포럼 회장 2012년 국회 선플정치위원회 공동위원장 2013년 국회 교육문화체육관광위원회 위원 2013~2015년 국민생활체육회 회장 2013~2015년 스포츠안전재단 이사장 2014년 국회 미래창조과학방송통신위원회 위원 2014년 (사)문화재찾기한민족네트워크 공동대표(현) 2015년 국회 예산결산특별위원회 위원 2015년 새누리당 핀테크특별위원회 위원장 2015년 한국자동차공학한림원 명예회원(현) 2017년 한국청소년단체협의회 회장(현) 2019년 대한체육회 상임고문(현) (상)국민훈장 동백장(1983), 在美과학기술자협회 한미학술대회 공로상(2010), 전국청소년선플SNS기자단 선정 '국회의원 아름다운 말 선플상'(2015) (종)기독교

**서상대(徐相大) SEO Sang Dae**

(생)1950·2·13 (출)대구 (주)서울특별시 강남구 삼성로72길 43 (주)엠테크 대표이사실(02-554-6481) (학)1970년 대륜고졸 1974년 고려대 전자학과졸 (경)1993년 대우전자(주) 물류관리팀·판매관리팀 부장 1997년 同판매관리팀 이사부 1998년 同경영기획담당 이사부, (주)메인텍 대표이사 2006년 (주)엠테크 대표이사(현) (상)대우인상(1998) (종)천주교

**서상목(徐相穆) SUH Sang Mok (明泉)**

(생)1947·7·11 (본)달성(達城) (출)충남 홍성 (주)서울특별시 마포구 만리재로 14 한국사회복지회관 5층 한국사회복지협의회(02-2077-3904) (학)1965년 경기고졸 1969년 미국 앰허스트대 경제학과졸 1973년 경제학박사(미국 스탠퍼드대) 1991년 서강대 대학원 최고경영자과정 수료 1996년 세종대 대학원 최고경영자과정 수료 (경)1973~1978년 세계은행(IBRD) 경제조사역 1978년 한국개발연구원(KDI) 수석연구원 1982년 同연구조정실장 1983년 부총리·경제기획원장관 자문관 1983년 한국개발연구원(KDI) 부원장 1988년 민주정의당(민정당) 정책조정부실장 1988년 제13대 국회의원(전국구, 민정당·민자당) 1990년 민주자유당(민자당) 제4정책조정실장 1990~1993년 21세기정책연구원 원장 1991년 민자당 제2정책조정실장 1992년 제14대 국회의원(전국구, 민자당·신한국당) 1993년 민자당 제1정책조정실장 1993년 보건사회부 장관 1993년 민자당 서울강남甲지구당 위원장 1994~1995년 보건복지부 장관 1995년 21세기정책연구원 원장 1996년 UN 환경자문위원 1996~1999년 제15대 국회의원(서울 강남甲, 신한국당·한나라당) 1996년 한나라당 당무위원 1996년 한국아동·인구·환경의원연맹 회장 1996년 아시아·태평양환경개발의원회의 집행위원장 1996~2017년 21세기교육문화포럼 이사장 1997년 경제자유찾기모임 공동대표 1998년 한나라당 정책위원회 의장 2000~2002년 미국 스탠퍼드대 후버연구소 연구위원 2001년 명지대 교수 2002년 同정보통신경영대학원장 2005년 도산기념사업회 부회장 2008년 제18대 국회의원선거 출마(서울 강남甲, 무소속) 2008년 인제대 석좌교수 2009~2011년 경기복지재단 이사장 2012년 제19대 국회의원선거 출마(충남 홍성·예산, 자유선진당) 2012년 선진통일당 국책자문위원장 2014~2017년 도산안창호선생기념사업회 이사장 2014년 동아대 석좌교수(현) 2015~2017년 지속가능경영재단 이사장 2015년 인터넷매체 데일리경제 회장 2016~2017년 한국복지경영학회 회장 2017년 한국사회복지협의회(SSN) 회장(현) (상)국민포장(1983), 청조근정훈장(1996), WHO 금연운동 공로훈장(1996), 아·태지역 환경보존공로패(1997), 남녀평등정치인상(1998) (저)'빈곤의 실태와 영세민대책'(1981) '한국자본주의의 위기 : 어떻게 극복할 것인가'(1989) '새로운 도전 앞에서 : 21세기를 향한 한국경제의 선택'(1992) '공짜 점심은 없다 : 서상목의 경제이야기'(1994) '말만 하면 어쩝니까, 일을 해야지요'(1996) '경기종합지수 작성에 관한 연구보고서' '긴급점검 김대중정부의 경제개혁'(共) 'To the Brink of Peace'(共) '시장(市場)을 이길 정부는 없다'(2003) '정치시대를 넘어 경제시대로'(2004) '김정일 이후의 한반도'(2004) (종)기독교

**서상범(徐尙範) SEO, Sang Beom**

㉯1970 · 2 · 16 ㉯달성(達城) ㉯서울 ㉯서울특별시 종로구 청와대로 1 대통령 법무비서관실(02-790-5800) ㉯1988년 서울 중앙고졸 1992년 서울대 법과대학 공법학과졸 ㉯1995년 외무고시 합격(29회) 1995년 외무부 국제연합국 군축원자력과 외무사무관 2000년 사법고시 합격(42회) 2003년 사법연수원 수료(32기) 2003~2007년 여는합동법률사무소(민주노총 법률원) 변호사 2006~2010년 국민연금심사위원회 심사위원 2008~2015년 법무법인 다산 구성원변호사 2010~2015년 경기지방노동위원회 공익위원 2015~2017년 서울시 기획조정실 법무담당관 2017~2018년 同정책기획관실 법률지원담당관 2018년 대통령 법무비서관실 행정관(현) ㉯불교

**서상수(徐相守) Seo Sang Soo (구경)**

㉯1962 · 2 · 8 ㉯달성(達城) ㉯경북 포항 ㉯서울특별시 서초구 서초대로 287 법무법인 서로(02-3476-3000) ㉯1980년 달성고졸 1984년 서울대 법학과졸 1986년 同대학원 법학과졸 1998년 同대학원 법학과 박사과정 수료 ㉯1992년 사법시험 합격(34회) 1995년 사법연수원 수료(24기) 1995~2012년 종합법률사무소 서로 대표변호사 1999년 서울비전휠체어농구단 단장(현) 2000년 한국국방연구원 고문변호사(현), 서울시버스운송사업조합 고문변호사 2002~2004년 한국휠체어농구연맹 부회장, 한국육영학교 학교운영위원회 위원장 2005년 한국자폐인사랑협회 인권위원장(현) 2005년 (사)안보경영연구원 감사(현) 2005년 서울중앙지법 조정위원(현) 2005년 한국소비자보호원 의료관련분쟁조정위원회 전문위원(현) 2005년 이화여대 법학전문대학원 겸임교수(현) 2007~2009년 보건복지부 중앙의료심사조정위원회 위원 2008년 同장기요양심판위원회 위원(현) 2008~2012년 의료문제를생각하는변호사모임 대표 2009~2011년 대한변호사협회 인권위원 2012년 법무법인 서로 대표변호사(현) 2019년 한국의료분쟁조정중재원 의료분쟁조정위원장 겸 비상임이사(현) ㉯기독교

**서상수(徐祥洙) Seo Sang Soo**

㉯1970 ㉯경기도 고양시 일산동구 일산로 323 국립암센터 부속병원 자궁난소암센터(031-920-1230) ㉯1996년 서울대 의대졸 2002년 同대학원 의학석사 2007년 의학박사(서울대) ㉯1996~1997년 서울대병원 수련의 1997~2001년 同산부인과 전공의 2001~2003년 同전임의 2003~2019년 국립암센터 부속병원 자궁암센터 의사 2012년 同부속병원 산부인과 의사(현) 2014~2019년 同자궁암센터장 2019년 同부속병원 자궁난소암센터장(현) 2019년 同산부인과 과장(현)

**서상우(徐相佑) Suh Sang Woo**

㉯1960 · 12 · 8 ㉯경북 안동 ㉯대구광역시 중구 공평로 88 대구광역시의회 사무처(053-803-5030) ㉯1978년 안동고졸 1983년 경북대 사회학과졸 ㉯2011년 대구시 대변인 2014년 同문화체육관광국장 2015년 同자치행정국장 2016년 대구시의회 사무처장(현)

**서상홍(徐相弘) SUH Sang Hong**

㉯1949·12·4 ㉯달성(達城) ㉯부산 ㉯서울특별시 서초구 서초대로 332 신승빌딩 11층 법무법인 세아(02-532-7300) ㉯1968년 경기고졸 1973년 서울대 법과대학졸 1975년 同대학원 수료 1985년 영국 케임브리지대 수학 ㉯1975년 사법시험 합격(17회) 1977년 사법연수원 수료(7기) 1977년 서울민사지법 판사 1980년 서울형사지법 판사 1981년 청주지법 충주지원 판사 1983년 서울지법 북부지원 판사 1986년 서울민사지법 판사 1987년 서울고법 판사 1990년 대법원 재판연구관 1991년 부산지법 부장판사 1993년 헌법재판소 연구부장 1994년 서울민사지법 부장판사 1995년 서울지법 부장판사 겸 서울가정법원 부장판사 1997년 인천지법 부천지원장 1999년 서울지법 부장판사 1999년 변호사 개업 2000년 헌법재판소 사무차장 2006~2007년 同사무처장 2008~2009년 정부법무공단 초대 이사장 2009년 서&현법률사무소 대표변호사 2010년 법무법인 세아 대표변호사(현) ㉯청조근정훈장(2007)

**서상훈(徐常熏)**

㉯1961 · 12 ㉯서울특별시 종로구 율곡로 75 현대건설(주) 구매본부(1577-7755) ㉯아주대 기계공학과졸 ㉯현대 · 기아자동차 통합구매실장(이사대우 · 이사), 同해외부품구매실장(이사), 현대건설(주) 구매실장(이사 · 상무), 同구매본부장(전무) 2017년 同구매본부장(부사장)(현)

**서상희(徐相熙) SEO Sang Heui**

㉯1965 · 5 · 30 ㉯달성(達城) ㉯경북 영천 ㉯대전광역시 유성구 대학로 99 충남대학교 수의학과(042-821-7819) ㉯1988년 경북대 수의학과졸 1997년 바이러스면역학박사(미국 텍사스A&M대) ㉯1997~1999년 미국 Univ. of Minnesota 박사후연구원 1997년 홍콩 조류독감바이러스의 인체손상원인 세계최초 규명 1999~2002년 미국 St. Jude Children's Research Hospital 박사후연구원 2002~2010년 충남대 수의학과 조교수 · 부교수 2007~2008년 同수의학과장 · 부학장 2008년 세계보건기구(WHO) 및 미국 정부의 허가를 받아 도입한 고병원성 조류독감 균주를 유전자재조합 기법으로 약독화해 'AI 인체백신'을 개발하는 데 성공 2009년 신종 인플루엔자(신종플루)의 인체백신 세계 최초 개발에 성공 2009년 충남대 독감바이러스연구소장(현) 2010년 同수의학과 교수(현) 2017년 국가과학기술심의회 생명의료 전문위원 ㉯국제독감바이러스학회 젊은과학자상(2003)

**서석구(徐錫龜) SUH Suk Koo**

㉯1955·1·15 ㉯달성(達城) ㉯서울 ㉯서울특별시 송파구 중대로 168 (주)경원엔지니어링(02-2185-8401) ㉯1973년 서울고졸 1977년 한양대 토목공학과졸 1985년 同대학원 토목공학과졸 1998년 同대학원 토목공학 박사과정 수료 ㉯특수교량설계 전문가(현) 1979~1995년 (주)삼우기술단 상무이사 1995~2012년 (주)서영엔지니어링 구조설계실장(부사장) 1998~2010년 국토해양인재개발원 초빙강사 2000~2006년 중앙대 건설환경공학과 겸임교수 2009~2011년 한국콘크리트학회 부회장 2012년 (주)서영엔지니어링 감리본부장(부사장) 2015~2017년 同기술영업총괄 수석부사장 2015~2017년 (사)토목구조기술사회 회장 2017년 同명예회장(현) 2017년 (주)경원엔지니어링 부회장(현) 2018년 (사)한국교량및구조공학회 회장(현) ㉯건설교통부장관표창, 행정자치부장관표창, 국무총리표창, 과학기술부 이달(3월)의 엔지니어상 ㉯'철도설계기준 : 철도교편'(2004, 철도청) '도로교 설계기준'(2005, 도로교통협회) '도로교 표준시방서'(2005, 도로교통협회) '강도로교 상세부 설계지침'(2006, 건설교통부) '콘크리트 구조설계기준 해설'(2007, 한국콘크리트학회) '도로교 설계기준 해설'(2008, 대한토목학회) '고속도로공사 전문시방서'(2009, 한국도로공사)

**서석숭(徐錫崇) SEO Seok Soong**

㉯1957 · 5 · 5 ㉯서울 ㉯서울특별시 강남구 선릉로131길 18-4 (재)한일산업기술협력재단(02-3014-9898) ㉯1976년 서울고졸 1980년 한양대 행정학과졸 1986년 서울대 행정대학원 행정학과졸 1994년 미국 밴더빌트대 대학원 경제학과졸 ㉯1980년 행정고시 합격(23회) 1992년 상공부 아주통상과장 1994년 통상산업부 구주통상과장 1995년 駐러시

人

아 상무관 2000년 산업자원부 국제협력투자심의관실 미주협력과장 2002년 同자원정책심의관실 자원개발과장 2003년 대한무역투자진흥공사 외국인투자지원센터 종합행정지원실장 2004년 駐일본상무관(부이사관) 2008년 지식경제부 경제자유구역기획단장 2008년 同무역투자실 통상협력정책관 2009~2012년 駐슬로바키아 대사 2013~2014년 부산·진해경제자유구역청장 2014년 경상남도인재개발원 연구원 2017년 (재)한일산업기술협력재단 전무이사(현) 2017년 한일경제협회 부회장(현)

### 서석원

(생)1963·3 (주)서울특별시 종로구 종로 26 SK트레이딩인터내셔널 임원실(02-6400-0114) (학)서울대 경제학과졸 (경)유공 입사, SK에너지 원유Tradings사업부장 2012년 同원유사업부장 2014년 SK이노베이션 OPI실장 2015년 SK그룹 SUPEX추구협의회 에너지화학위원회 유가팀장 2016년 SK이노베이션 Optimization본부장 2018년 SK트레이딩인터내셔널(주) 대표이사 사장(현)

### 서석진(徐錫珍) SEO Seok Jin

(생)1958·5·29 (본)달성(達城) (출)강원 삼척 (주)전라남도 나주시 빛가람로 760 한국방송통신전파진흥원 원장실(061-350-1200) (학)함백공고졸 1988년 한양대 전자공학과졸 1990년 同대학원 전자공학과졸, 미국 오클라호마주립대 경영학과졸(MBA) (경)1986년 기술고시 합격(22회) 1999년 정보통신부 전파방송관리국 전파기획과 서기관, 同월드컵조직위원회 통신부장 2002년 해외 파견 2004년 정보통신부 광대역통합망과장 2006년 同정보보호기획단 정보보호정책팀장 2007년 同정보통신정책본부 기술정책팀장 2008년 同정보통신정책본부 기술정책팀장(부이사관) 2008년 지식경제부 산업융합정책과장 2009년 同정보통신총괄과장 2010년 同한국형헬기개발사업단 민군협력부장(고위공무원) 2011년 同우정사업본부 부산체신청장 2011년 부산지방우정청장 2012년 국방대 교육파견 2013년 강원지방우정청장 2013년 미래창조과학부 국립전파연구원장 2014~2016년 同소프트웨어정책관 2017년 한국방송통신전파진흥원 원장(현) (상)녹조근정훈장(2002)

### 서석호(徐石虎) SEO Suk Ho

(생)1960·9·8 (출)대구 (주)서울특별시 종로구 사직로8길 39 세양빌딩 김앤장법률사무소(02-3703-1652) (학)1979년 경복고졸 1983년 서울대 법학과졸 2000년 미국 워싱턴대 경영대학원졸 2001년 미국 뉴욕대 School of Law졸(LL. M. in Corporation Law) 2002년 同School of Law졸(LL. M. in Taxation) (경)1982년 사법시험 합격(24회) 1984년 사법연수원 수료(14기) 1985~1988년 육군 법무관 1988년 변호사 개업 1996년 회명합동법률사무소 변호사 2001년 미국 뉴욕주변호사시험 합격 2002년 삼일회계법인 고문변호사(현) 2004년 서맥법률사무소 대표변호사 2005년 법무법인 바른 변호사 2005~2007년 대한변호사협회 재무이사 2005년 SKC(주) 사외이사 2005~2007년 경제인문사회연구회 감사 2005~2009년 재정경제부 세제발전심의위원회 위원 2006년 서울고검 항고심사위원(현) 2006년 서울중앙지법 조정위원(현) 2006~2007년 명지대 법과대학 부교수 2006년 부영그룹 고문변호사 2008년 김앤장법률사무소 변호사(현) 2009~2011년 대한변호사협회 법제이사 2009~2011년 대법원 양형기준위원회 위원 2009~2012년 법무부 법교육위원회 위원 2009~2012년 同사법시험관리위원회 위원 2010년 대한변호사협회 전문분야등록심사위원회 위원(현) 2011년 서울대법과대학동창회 부회장(현) 2011~2012년 서울지방변호사회 정책자문위원 2011~2015년 법무부 변호사제도개선위원회 위원 2015년 서울지방변호사회 준법지원인 연수원장(현) 2015년 환경부 중앙환경분쟁조정위원(현) 2015년 행정안전부 주민감사청구심의위원회 위원(현) 2016년 同상벌심사위원(현)

### 서석홍(徐錫洪) SUH Suk Hong

(생)1945·6·19 (본)달성(達城) (출)경북 고령 (주)서울특별시 서초구 남부순환로 2636 성문빌딩 308호 동선합섬(주)(02-578-0202) (학)1968년 영남대 공과대학 섬유학과졸 1974년 고려대 경영대학원 연구과정 수료 1991년 서울대 경영대학 최고경영자과정 수료 1993년 고려대 국제대학원 최고국제관리과정 수료 (경)1968년 삼덕무역(주) 입사 1971년 同영등포공장장(이사) 1973년 同부평공장장(이사) 1973년 동선산업사 설립 1982년 동선합섬(주) 대표이사(현) 1999~2004년 한국폴리프로필렌섬유공업협동조합 이사장 2002년 화학산업협동조합 위원장 2002년 중소기업중앙회 이사 2003~2014년 용인상공회의소 부회장 2004년 한국P.P섬유공업협동조합 이사장(현) 2009·2019년 중소기업중앙회 부회장(현) 2012~2015년 중소기업사랑나눔재단 이사 2015년 용인상공회의소 수석부회장 2017년 중소기업사랑나눔재단 이사장 2018년 용인상공회의소 회장(현) (상)500만불 수출의 탑(1987), 1천만불 수출의 탑(1988), 대통령표창(1989), 은탑산업훈장, 자랑스러운 영대인상(2011), 육군 제1군사령부 감사패(2017)

### 서석희(徐奭熙) Suh Suk-hee (乙用)

(생)1956·5·14 (본)달성(達城) (출)경남 통영 (주)서울특별시 서초구 서초대로 274 3000타워 11층 법무법인 참본(02-457-3100) (학)1975년 경남고졸 1980년 서울대 법학과졸 1986년 부산대 법과대학원졸 1990년 미국 육군법무관학교 국제법학과졸 2008년 서울대 공정거래법전문과정 수료 2011년 법학박사(중앙대) (경)1982년 軍법무관임용시험 합격(5회) 1984년 사법연수원 수료(법무 5기) 1984~1994년 軍판사·軍검찰관·법무참모·교육장교·법무전속부관·법무담당관 1994년 대통령비서실 민정수석실 민정·사정행정관(과장) 1998년 공정거래위원회 소비자보호국 약관심사2과장 2000년 同약관제도과장 2001년 同심판관리3담당관 2001년 同송무담당관 2002년 영국 관리정책연구센터(CMPS) 수료 2003년 미국 워싱턴주립대 파견 2004년 同교환교수(독점규제법) 2005년 공정거래위원회 정책국 제도법무과장 2006년 同심판관리관실 심판행정팀장 2006년 네덜란드 EIPA과정 수료 2007년 공정거래위원회 카르텔조사단 카르텔정책팀장 2008년 同시장분석정책관 2009년 명예퇴직(일반직고위공무원) 2009~2017년 법무법인 충정 변호사 2012~2015년 공정거래위원회 비상임위원 2017~2019년 법무법인 법경 변호사 2019년 법무법인 참본 변호사(현) (종)불교

### 서성일(徐成一) Seo Seongil

(생)1965·2·5 (본)달성(達城) (출)경남 거제 (주)세종특별자치시 가름로 194 과학기술정보통신부 정보통신정책실 정보통신정책과(044-202-4180) (학)1984년 해성고졸 1989년 서울대 지리학과졸 1995년 同대학원 환경계획학과졸 2009년 영국 엑세터대 대학원 경영학과졸(MSc) (경)1996년 행정고시 합격(40회) 1998~2005년 정보통신부 지식정보산업과·정책총괄과·통신이용제도과·통신기획과 행정사무관 2005~2006년 同통신기획과·혁신기획담당관실 서기관 2009년 대통령직속 미래기획위원회 파견(서기관) 2011~2013년 지식경제부 규제개혁법무담당관·정보통신산업과장 2013년 미래창조과학부 정보통신산업과장 2013년 同소프트웨어융합과장 2015년 同소프트웨어진흥과장 2017년 同장관비서실장 2017년 과학기술정보통신부 장관비서실장 2018~2019년 同미래인재정책국 미래인재정책과장 2019년 同정보통신정책실 정보통신산업정책관실 정보통신정책과 서기관(현) (상)정보통신부장관표창(2001), 대통령표창(2002)

## 서성준(徐成俊) SEO Seong Jun

(생)1958 · 9 · 17 (출)부산 (주)서울특별시 동작구 흑석로 102 중앙대학교병원 피부과(02-6299-1538) (학)1983년 중앙대 의대졸 1989년 同대학원 의학석사 1993년 의학박사(중앙대) (경)1994~1999년 대한의학협회 편집자문의원 1994년 중앙대 의대 피부과학교실 교수(현) 1996~1997년 미국 콜로라도대 덴버교 의대 피부과 연구교수 2003년 중앙대병원 피부과장, 대한피부연구학회 재무이사, 미국피부과학회 정회원, 세계피부연구학회 정회원, 대한아토피피부염학회 학술이사 2010~2014년 중앙대병원 피부과장, 同연구중심병원 사업단장 2014~2015년 대한피부과학회 총무이사 2015~2017년 대한아토피피부염학회 회장 2015~2017년 대한피부면역학회 감사 2018년 대한피부과학회 회장(현) (상)중앙대 학술상(2003), MSD 학술상(2004), 대한피부과학회 스티펠학술상(2014) (저)'피부과학 전자교과서'(共) '비타민' '피부과학' '아토피피부염의 역학과 관리'

## 서성호(徐聖昊)

(생)1970 · 9 · 2 (출)대구 (주)전라남도 순천시 왕지로 19 광주지방검찰청 순천지청 총무과(061-729-4511) (학)1989년 대구고졸 1996년 고려대 법학과졸 (경)1997년 사법시험 합격(39회) 2000년 사법연수원 수료(29기) 2000년 청주지검 검사 2002년 대구지검 김천지청 검사 2003년 창원지검 검사 2005년 서울북부지검 검사 2008년 부산지검 검사 2010년 서울중앙지검 검사 2013년 의정부지검 부부장검사 2015년 광주지검 공안부장 2016년 의정부지검 공안부장 2017년 대구지검 공안부장 2018년 서울북부지검 형사3부장 2019년 순천지청 차장검사(현)

## 서세옥(徐世鈺) SUH Se Ok (山丁)

(생)1929 · 2 · 7 (본)달성(達城) (출)대구 (주)서울특별시 관악구 관악로 1 서울대학교 미술대학 동양화과(02-880-7470) (학)계성중졸 1950년 서울대 예술대학 미술부 제1회화과졸 1998년 예술학박사(미국 Rhode Island School of Design) (경)1961~1969년 서울대 미술대학 조교수 1961~1982년 국전 심사위원 · 운영위원 1964년 국제조형예술한국위원회 부위원장 · 위원장 1969~1971년 서울대 미술대학 부교수 1971~1994년 同동양화과 교수 1974년 (사)한국미술협회 이사장 1977년 同고문 1982년 서울대 미술대학장 1983년 전국미술대학장협의회 회장 1991년 한 · 중미술협회 초대회장 1994년 서울대 미술대학 동양화과 명예교수(현) 2008년 대한민국예술원 회원(동양화 · 현) (상)국전 국무총리표창(1949), 국전 문교부장관표창(1954), 국민훈장 석류장(1993), 서울시 문화상(1994), 일민예술상(1997), 한국예술문화단체총연합회 예술문화상 대상, 국립현대미술관 올해의 작가상(2005), 대한민국예술원상 미술부문(2007), 은관문화훈장(2012) (작)'즐거운 비' '군무' '운월의 장'

## 서수경(徐秀京 · 女) Soo Kyung Suh

(생)1966 · 11 · 3 (출)서울 (주)충청북도 청주시 흥덕구 오송읍 오송생명2로 187 식품의약품안전평가원 독성평가연구부 약리연구과(043-719-5201) (학)1984년 송곡여고졸 1988년 중앙대 약학과졸 1990년 同대학원 병태생리학과졸 1999년 약물학박사(중앙대) 2012년 동국대 대학원졸(MBA) (경)1990~1998년 보건사회부 국립보건원 의약품규격과 연구사 1998~2000년 국립독성연구원 약효약리과 연구사 2001년 同신경독성과 연구관 2001~2003년 同안전성평가과 연구관 2003~2005년 미국 국립보건원 장기훈련 파견 2005~2006년 국립독성연구원 유전독성과 연구관 2007~2012년 식품의약품안전처 재조합의약품과 연구관 2012년 광주식품의약품안전청 유해물질분석과장 2013~2014년 캐나다 보건성 바이오의약품심사국 심사관 2014~2017년 식품의약품안전처 의료제품연구부 첨단바이오제품과장 2017년 식품의약품안전평가원 바이오생약심사부 유전자재조합의약품과장 2018년 同독성평가연구부 약리연구과장(현)

## 서수길(徐洙吉) SEO Soo Kil

(생)1967 · 3 · 9 (출)서울 (주)경기도 성남시 분당구 판교로228번길 15 판교세븐벤처밸리 1단지 2동 9층 아프리카TV(031-622-8080) (학)1986년 서울 환일고졸 1990년 서울대 항공우주학과졸 1997년 미국 펜실베이니아대 경영대학원졸(MBA) (경)1990~1995년 국방과학연구소 유도무기추진기관본부 연구원 1997년 Boston Consulting Group 근무 2000년 (주)아이텍스타일 대표이사 2001년 Valmore Partners(clayman) 부사장 2002~2005년 SK C&C 기획본부장(상무) 2005~2006년 (주)액토즈소프트 대표이사 사장 2007~2011년 위메이드엔터테인먼트 대표이사 사장, (주)조이맥스 대표이사 2011년 나우콤 대표 2013년 아프리카TV 대표이사(현) (종)기독교

## 서수정(徐秀貞 · 女) Suh, Su Jeong

(생)1974 · 12 · 15 (주)서울특별시 중구 삼일대로 340 나라키움 저동빌딩 국가인권위원회 차별시정총괄과(02-2125-9940) (학)1993년 잠실여고졸 1997년 이화여대 법학과졸 2008년 미국 오리건대 대학원 환경법학과졸(LL.M.) (경)1999년 사법시험 합격(41회) 2002년 사법연수원 수료(31기) 2010년 국가인권위원회 홍보협력과장 2014년 同행정법무담당관 2017년 同광주인권사무소장 2018년 同운영지원과장 2019년 同차별시정총괄과장(현)

## 서순탁(徐淳鐸) SUH SOON TAK

(생)1959 · 10 · 27 (본)이천(利川) (출)전북 고창 (주)서울특별시 동대문구 서울시립대로 163 서울시립대학교 총장실(02-6490-6000) (학)1986년 서울시립대 도시행정학과졸 1992년 同대학원 도시행정학과졸 1998년 영국 뉴캐슬대 대학원졸(도시계획학박사) (경)1988~2001년 국토연구원 연구위원 2001~2018년 서울시립대 도시행정학과 교수 2003~2007년 감사원 건설물류국 자문위원 2005~2018년 국회 입법지원위원회 위원 2006~2008년 서울시 출연기관 경영평가단장 2007~2011년 도시과학국제저널(IJUS) 편집위원장 2008~2009년 행정안전부 정책자문위원 2008~2012년 국토해양부 건설교통규제개혁심의회 위원 2012~2014년 서울시립대 교무처장 2012~2014년 법제처 국민법제관 2012~2015년 서울시 공유재산심의위원회 위원 2013~2015년 대통령직속 지역발전위원회 위원 2015~2017년 경제정의실천시민연합 정책위원장 2015~2017년 대한국토도시계획학회 학술지국토계획편집위원회 위원장 2015~2016년 서울시립대 도시과학대학장 2017년 한국도시행정학회 회장 2017~2018년 중앙도시계획위원회 위원 2017~2018년 서울시교육청 교육환경보호위원회 위원 2017~2018년 경제정의실천시민연합 상임집행위원회 부위원장 2017~2018년 뉴스제휴평가위원회 위원 2018년 국무총리 산하 국토정책위원회 위원(현) 2019년 서울시립대 총장(현) (상)근정포장(2015) (저)'Global City Region(共)'(2003, KRIHS) '새로운 국토 · 도시계획제도의 이해(共)'(2003, 보성각) '부동산학개론(共)'(2004, 부동산114) '현대공간이론의 사상가들(共)'(2005, 한울아카데미) '부동산용어사전(共)'(2006, 부동산114) '토지문제의 올바른 이해(共)'(2006, 박영사) '알기 쉬운 도시이야기(共)'(2006, 한울아카데미) '영국의 우스와트 보고서(共)'(2007) '도시행정론(共)'(2014, 박영사) '대한민국 역대정부 주요 정책과 국정운영 : 노태우 정부, 한국행정연구원(共)'(2014, 대영문화사) '토지이용계획론(共)'(2015, 보성각) '도시계획의 위기와 새로운 도전(共)'(2015, 보성각) '도시의 이해(共)'(2016, 박영사) (역)'협력적 계획 –분절된 사회의 협력과 거버넌스(共)'(2004, 한울아카데미)

人

**서승렬(徐昇烈) SEO Seung Ryul**

(생)1969 · 1 · 7 (출)경남 마산 (주)대전광역시 서구 둔산중로 69 특허법원(042-480-1400) (학)1987년 마산 창신고졸 1993년 서울대 법학과졸 (경)1992년 사법시험 합격(34회) 1995년 사법연수원 수료(24기) 1998년 부산지법 판사 2001년 同동부지원 판사 2003년 수원지법 판사 2006년 서울고법 판사 2007년 법원행정처 기획제2담당관 2008년 同기획제1담당관 2009년 서울중앙지법 판사 2010년 창원지법 부장판사 2011년 서울고법 판사 2018년 특허법원 부장판사(현)

**서승석(徐昇錫) Seung Suk, Seo**

(생)1959·10·14 (주)부산광역시 해운대구 해운대로 584 해운대 부민병원 원장실(051-330-3000) (학)부산대졸, 同대학원 의학석사, 의학박사(인제대) (경)1992년 인제대 의대 전임강사·조교수·부교수 2012년 同부산백병원 조직은행장 2012년 부산부민병원 의무원장 2017년 해운대 부민병원장(현) 2018~2019년 대한슬관절학회 회장 (상)대한정형외과학회 최우수논문상(2007), 대한관절경학회 최우수논문상(2008), 대한슬관절학회 최우수논문상(2009), 대한슬관절학회 우수논문상(2012), 대한정형외과학회 학술장려상(2014), 대한의사협회장표창, 부산시장표창

**서승우(徐承佑) Seo, Seung-Woo**

(생)1964 (주)서울특별시 관악구 관악로 1 서울대학교 전기·정보공학부(02-880-8418) (학)1987년 서울대 전기공학과졸 1989년 同대학원 전기공학과졸 1993년 공학박사(미국 펜실베이니아주립대) (경)1993~1994년 미국 펜실베이니아주립대 전산기공학과 조교수 1994~1996년 미국 프린스턴대 POEM연구소 연구원 1996~2012년 서울대 전자컴퓨터공학부 교수 2000~2006년 同정보보안센터장 2004~2005년 현대자동차 남양기술연구소 기술고문 2009년 서울대 지능형자동차IT연구센터장(현) 2012년 同전기·정보공학부 교수(현) 2013~2014년 미국 스탠퍼드대 방문교수 2018년 대한전자공학회 부회장 (상)해동과학문화재단 제25회 해동학술상(2015), 삼일문화재단 제58회 3·1문화상(2015)

**서승우(徐承佑) Seo, Soungwoo**

(생)1968 · 11 · 6 (출)충북 청원 (주)세종특별자치시 한누리대로 411 행정안전부 지방행정정책관실(02-2100-3399) (학)충북 세광고졸, 서울대 외교학과졸, 同행정대학원졸, 미국 콜로라도주립대 행정대학원졸 (경)1993년 행정고시 합격(37회), 충북지방공무원교육원 교관, 충북도 국제협력담당관 · 기획홍보팀장 2004년 同국제통상과장(서기관) 2005년 한국개발연구원(KDI) 교육파견 2007년 행정자치부 국제협력팀장 2007년 同지방세제팀장 2008년 대통령직인수위원회 법무행정분과 실무위원 2008년 대통령 행정자치비서관실 행정관 2009년 행정안전부 장관비서실장(부이사관) 2010년 同자치제도과장 2011년 駐시드니 주재관 2013년 안전행정부 지방세분석과장 2014년 同지방재정세제실 재정정책과장 2014년 행정자치부 지방재정세제실 재정정책과장 2015년 대통령 행정자치비서관실 선임행정관 2015년 충북도 기획관리실장 2018~2019년 행정안전부 지방자치분권실 자치분권정책관 2019년 同지방행정정책관(현) (상)근정포장(2003)

**서승원(徐承源) SEO Seung Won**

(생)1965 · 1 · 3 (출)서울 (주)서울특별시 영등포구 은행로 30 중소기업중앙회 임원실(02-2124-3006) (학)1983년 한성고졸 1987년 서울대 경제학과졸 2001년 미국 콜로라도대 대학원 경제학과졸 2004년 경제학박사(미국 콜로라도대) (경)1987년 행정고시 합격(31회) 1988년 총무처 사무관 1989년 농림부 국립농산물검사소 강원지소 서무과장 1989년 同농수산통계관실 근무 1992년 同농업협력통상관실 근무 1994~1998년 상공자원부 국제협력관실 · 국제협력과 · 세계무역기구담당관실 · 지도과 · 중소기업경영지원담당관실 · 기획예산담당관실 근무 1998~1999년 중소기업청 정책총괄과 · 구조개선과 서기관 2003년 同기획관리관실 행정법무담당관 2004년 同창업벤처국 벤처진흥과장 2005년 同기획관리관실 혁신인사담당관 2005년 同정책홍보관리관실 혁신인사기획관(서기관) 2006년 同정책홍보관리관실 혁신인사기획관(부이사관) 2006년 同정책홍보관리본부장 2007~2008년 한남대 교수(파견) 2010년 중소기업청 기업호민관실 고위공무원 2010~2013년 同창업벤처국장 2013년 중앙공무원교육원 파견 2014년 경기지방중소기업청장 2017년 중소기업청 기획조정관 2017~2018년 중소벤처기업부 기획조정실 정책기획관 2018년 더불어민주당 수석전문위원 2018년 중소기업중앙회 상근부회장(현) (상)상공자원부장관표창(1994), 중부일보 율곡대상 공공기관경영부문(2016)

**서승일(徐承佚) SEO Sung Il**

(생)1962 · 7 · 17 (본)달성(達城) (출)서울 (주)경기도 의왕시 철도박물관로 176 한국철도기술연구원 차세대철도차량본부 차량핵심기술연구팀(031-460-5623) (학)1980년 경동고졸 1984년 서울대 조선공학과졸 1986년 同대학원 조선공학과졸 1994년 공학박사(서울대) 2007년 한국방송통신대 대학원 경영학과졸 (경)1986~1991년 한진중공업 대리 1994~2002년 同수석연구원 2002년 한국철도기술연구원 책임연구원 2006년 미국 세계인물사전 'Marquis Who's Who in Science & Engineering'에 등재 2006년 미국 세계인물사전 'Marquis Who's Who in Asia'에 등재 2007년 미국 세계인물사전 'Marquis Who's Who in the World'에 등재 2007년 한국철도기술연구원 정책개발실장 2008년 同기획정책부장 2009년 同기획정책부장(수석연구원) 2010년 同선임연구부장 2011년 同신교통연구본부장 2018년 同차세대철도차량본부장 2019년 同차세대철도차량본부 차량핵심기술연구팀 수석팀원(현) (상)대한조선학회 우수논문상(1997), 한국과학기술단체총연합회 과학기술우수논문상(2005), 대한기계학회 기술상(2008), 한국경제신문 다산기술상(2009), 산업포장(2010) (종)기독교

**서승진**

(출)경남 의령 (주)인천광역시 연수구 해돋이로 130 해양경찰청 경비국(032-835-2541) (학)1991년 부경대 어업학과졸 2012년 인하대 대학원 행정학과졸 (경)1995년 공직임용(간부후보 43기) 2011년 제주지방해양경찰청 신설준비단 경무준비반장(총경) 2012년 同경무과장 2013년 해양경찰청 경비과장 2014년 통영해양경찰서장 2014년 국민안전처 남해지방해양경비안전본부 통영해양경비안전서장 2015년 同해양경비안전본부 해양정보통신과장 2015년 대통령 재난안전비서관실 파견 2017년 국민안전처 울산해양경비안전서장 2017년 해양경찰청 남해지방해양경찰청 울산해양경찰서장 2017년 同혁신기획재정담당관 2017년 한국해양소년단 울산연맹 명예연맹장 2019년 해양경찰청 경비국장(경무관)(현)

**서승화(徐承和) SUH Seung Hwa**

(생)1948 · 9 · 8 (출)경기 양주 (주)서울특별시 강남구 테헤란로133 한국타이어(주) 한국타이어앤테크놀로지 임원실(02-2222-1000) (학)1967년 보성고졸 1971년 한국외국어대 정치외교학과졸 (경)1973년 한국타이어제조(주) 근무 1976년 효성물산(주) 대리 · 런던지점 부장 · 이사 1997년 한국타이어(주) 상무이사 1997년 同미국지사 사장 2001년 同마케팅본부장(부사장) 2006년 同구주지역본부 사장 2007년 同대표이사 사장 2009년 同부회장 2010년 헝가리 라칼마스시 명예시민(현) 2012~2018년 한국타이어(주) 대표이사 부회장 2012년 한국표준협회 비상

임이사 2015~2018년 대한타이어산업협회 회장 2018년 한국타이어(주) 경영자문 2019년 한국타이어앤테크놀로지 경영자문(현) (상)매일경제 선정 '대한민국 글로벌 리더'(2014) (종)천주교

### 서승환(徐昇煥) SUH Seoung Hwan

(생)1956 · 6 · 28 (출)서울 (주)서울특별시 서대문구 연세로 50 연세대학교 상경대학 경제학부(02-2123-2483) (학)서울고졸 1979년 연세대 경제학과졸 1981년 同대학원졸 1985년 경제학박사(미국 프린스턴대) (경)1987~2013년 연세대 경제학과 교수, KBS 경제전망대 앵커, 통계청 전문직공무원, 핀란드 헬싱키 경제학스쿨 교환교수 1993년 미국 사우스캐롤라이나대 교환교수 2001년 한국응용경제학회 감사, 同회장 2003년 연세대 경제연구소장 2004년 (사)옳은생각 이사장 2005~2006년 한국응용경제학회 회장 2006~2008년 연세대 기획실장 2008년 同송도국제화복합단지건설추진단장 겸 건설기획본부장 2009~2010년 한국지역학회 회장 2010년 연세대 국제캠퍼스 총괄본부장 2010년 국가미래연구원 국토 · 부동산 · 해운 · 교통분야 발기인 2012년 연세대 국제캠퍼스 부총장 2013년 제18대 대통령직인수위원회 경제2분과 인수위원 2013~2015년 국토교통부 장관 2015년 연세대 상경대학 경제학부 교수(현) (상)한국경제학회 청람상(1993), 근정포장(2004), 제20회 시장경제대상 대상(2009), 자랑스런 연세상경인상 사회 · 봉사부문(2013)

### 서시주(徐時柱) SUH See Joo (靑松)

(생)1940 · 9 · 30 (본)달성(達城) (출)경남 고성 (학)1959년 경남고졸 1964년 연세대 정치외교학과졸 (경)1968~1976년 동양통신 입사 · 사회부 차장대우 1976년 同정치부 차장 1981년 연합통신 LA특파원 1984년 同편집위원 1985년 同사회부장 1989년 同논설위원 1990년 同북한부장 1992년 同방송뉴스부장 1993년 同지방국 부국장 1995년 同특별기획북한취재본부장 1997년 同논설위원실장 1997~1998년 同편집 · 제작담당 상무이사 1999년 경남대 극동문제연구소 연구위원 1999년 흥사단 민족통일운동본부 운영위원 1999년 민주평통 상임위원 2001년 흥사단 민족통일운동본부 정책담당 본부장 2003~2005년 인터넷TV방송 '바른방송' 창립 · 대표이사 사장 2003~2005년 반핵반김국민협의회 대변인 겸 집행위원 2007~2009년 (사)아프리카미래재단 고문 (상)수교훈장 숙정장 (저)'세계학생운동 격돌의 현장' '北, 행복도 강요되는 땅'(共) (종)기독교

### 서아람(徐아람)

(생)1975 · 10 · 23 (출)부산 (주)경상남도 창원시 성산구 창이대로 681 창원지방법원 총무과(055-239-2009) (학)1994년 서울 양정고졸 1999년 서울대 법학과졸, 同대학원 법학과졸 (경)2000년 사법시험 합격(42회) 2003년 사법연수원 수료(32기) 2003년 軍법무관 2006년 서울남부지법 판사 2008년 서울중앙지법 판사 2009년 부산지법 판사 2013년 인천지법 판사 2016년 대법원 재판연구관 2019년 창원지법 부장판사(현)

### 서양원(徐洋遠) SEO YANG-WEON

(생)1965 · 3 · 21 (본)달성(達城) (출)전남 장성 (주)서울특별시 중구 퇴계로 190 매일경제신문(02-2000-2620) (학)1983년 광주 살레시오고졸 1987년 연세대 경제학과졸 1989년 同대학원 경제학과졸 2006년 경제학박사(연세대) (경)1991년 매일경제신문 국제부 기자 1992년 同정치부 기자 1995년 同금융부 기자 1999년 同산업부 기자 2003년 영국 셰필드대 연수 2004년 매일경제신문 증권부 기자 2006년 同순회특파원(인도) 2007년 同정치부 차장 2008년 同경제부 차장 2009년 同국제부장 직대 2010년 同금융부장 직대 2011년 同경제부장 2013년 同편집국 산업부장(부국장대우) 2014년 同편집국 지식부장 겸임 2015년 同편집국 국차장 겸 레이더 총괄 2016년 同편집국장 2018년 同편집담당 겸 세계지식포럼 총괄국장(이사대우) 2019년 同편집담당 겸 세계지식포럼 총괄국장(상무)(현) (상)씨티은행 아시아언론인상(1999), 한국언론인연합회 심층보도부문 한국참언론인대상(2016), 지속가능발전기업협의회 언론상 공로상(2018) (저)'남북경제협력 이렇게 풀자(共)'(1995) '경제기사는 돈이다(共)'(2000) '다가오는 경제지진(共)'(2012) '대동강의 기적(共)'(2013)

### 서양호(徐良鎬)

(생)1967 · 10 · 15 (출)경남 창녕 (주)서울특별시 중구 창경궁로 17 중구청 구청장실(02-3396-8010) (학)1986년 청량고졸 1995년 숭실대 철학과졸 (경)노무현재단 기획위원 1997년 새정치국민회의 제15대 김대중 대통령후보 중앙선거대책위원회 청년특별위원회 부위원장 1997년 바른정치시민연대 운영위원 2000년 한국청년연합 근무 2000~2002년 국회의원 보좌관 2002~2003년 제16대 노무현 대통령 대통령직인수위원회 행정관 2003~2007년 노무현 대통령 청와대 정무수석실 · 인사수석실 행정관 2005~2006년 대통령자문 동북아시대위원회 자문위원 2008~2009년 통합민주당 전략기획위원회 부위원장 2011년 10.26 재보궐선거 박원순 서울시장후보 조직특별보좌관 2011년 민주통합당 전략기획위원회 부위원장 2013~2014년 새정치민주연합 대표실 부실장 2015~2016년 두문정치전략연구소 부소장 2016년 同소장 2018년 더불어민주당 정책위원회 부의장 2018년 건국대 행정대학원 초빙교수 2018년 서울시교육청 교육자치특별보좌관 2018년 서울 중구청장(더불어민주당)(현)

### 서연식(徐延式)

(생)1966 · 11 · 5 (출)충남 논산 (주)인천광역시 서구 탁옥로 77 인천서부경찰서(032-453-3220) (학)서대전고졸 1988년 경찰대졸(4기), 연세대 언론홍보대학원졸 (경)1988년 경위 임관 2008년 충남지방경찰청 홍보담당관 2009년 총경 승진 2010년 충남 홍성경찰서장 2011년 경찰청 미래발전담당관 2013년 서울 관악경찰서장 2014년 경찰청 규제개혁법무담당관 2015년 同자치경찰TF팀장(미래발전담당관) 2016년 同재정담당관 2017년 서울지방경찰청 경무과 파견(총경) 2017년 인천지방경찰청 여성청소년과장 2019년 인천 서부경찰서장(현)

### 서연호(徐淵昊) SUH Yon Ho (南浦)

(생)1941 · 8 · 22 (출)강원 고성 (주)서울특별시 성북구 안암로 145 고려대학교 국어국문학과(02-3290-1963) (학)1961년 속초고졸 1966년 고려대 국어국문학과졸 1970년 同대학원졸 1982년 문학박사(고려대) (경)1967~1972년 금란여고 · 배재고 교사 1976~1980년 서울시립대 국어국문학과 전임강사 · 조교수 1981~2006년 고려대 국어국문학과 교수 1984년 일본 天理大 객원교수 1991년 한국연극학회 이사 1994~1999년 문화체육부 문화재위원회 위원 2000~2003년 국악방송 이사, 한국문화예술위원회 비상임이사 2006년 고려대 국어국문학과 명예교수(현) 2007~2010년 한국예술종합학교 전통원 객원교수 2012~2018년 한국문화관광연구원 이사장 2016년 문화재청 무형문화재위원회 위원(현) 2018년 同제2대 무형문화재위원장(현) (상)간행물윤리상, 한국비평가상, 서송한일학술상(2010) (저)'산대탈놀이' '황해도 탈놀이' '야유 · 오광대 탈놀이' '꼭두각시놀이' '서낭굿탈놀이' '한국근대희곡사'(1994, 고려대 출판부) '꼭두각시놀음의 역사와 원리'(2001, 연극과인간) '한국가면극연구'(2002, 월인) '한국연극사 : 근대편'(2003, 연극과인간) '한국전승연희학개론'(2004, 연극과인간) '향토축제의 가능성과 미래' '한국문학50년'(共) '한국희곡전집'(編) '한국 근대 극작가론' '일본문화예술의 현장'(2008, 도서출판 문) '동서공연예술의 비교연구'(2008, 연극과인간)

**서영거(徐永鉅) SUH Young Ger**

(생)1952·5·30 (본)이천(利川) (출)전북 고창 (주)경기도 포천시 해룡로 120 차의과대학교 약학대학(031-850-9300) (학)1970년 전주고졸 1975년 서울대 약학과졸 1980년 同대학원졸 1987년 유기화학박사(미국 피츠버그대) (경)1987년 미국 피츠버그대 연구원 1988~1998년 서울대 약학대학 제약학과 조교수·부교수 1993년 同약학대학 중앙기기실장 1998~2016년 同제약학과 교수 1999년 同제약학과장 1999~2001년 대한약학회 산학협력위원장 2001~2003년 서울대 약학대학 부학장 2003년 대한약학회 편집위원장 2007~2011년 서울대 약학대학장 2007~2009년 한국약학대학협의회 회장 2011~2014년 한국약학교육평가원 원장 2013~2014년 대한약학회 회장 2014년 한국과학기술한림원 정회원(의약학부·현) 2016년 차의과학대 약학대학장(현) 2017년 서울대 제약학과 명예교수(현) (상)대한약학회 학술장려상(1995), 이선규 약학상(1998), 과학기술우수논문상(2000), 보건복지부장관표창(2004), 남양알로에 생명약학학술상(2005), 세종대왕상(2005), 대한약학회 녹암학술상(2005), 서울대총동창회장표창(2006), Asia Core Program Lectureship Award(2006), 한독약품·대한약학회 학술대상(2011) (저)'학회정보화 실태조사 및 보급대책' '유기의약품 화학각론' '유기의약품 화학총론' '실험의약품화학' '의약화학' '유기화학' (종)기독교

**서영경(徐英京·女) Suh, Young Kyung**

(생)1963·7·15 (주)서울특별시 중구 세종대로 39 대한상공회의소 지속성장이니셔티브(SGI)(02-6050-3403) (학)1982년 창문여고졸 1986년 서울대 경제학과졸 1994년 미국 조지워싱턴대 대학원 경제학과졸 2011년 경제학박사(미국 조지워싱턴대) (경)1988년 한국은행 입행 2003년 同조사국 과장(3급) 2007년 同금융경제연구원 차장·연구실장 2011년 同국제국 국제연구팀장(2급) 2012년 同통화정책국 금융시장부장(2급) 2013년 同통화정책국 금융시장부장(1급) 2013~2016년 同부총재보 2014년 여성가족부 사이버멘토링 금융인분야 대표멘토 2015년 International Journal of Central Banking 이사 2015년 한국금융학회 이사 2016~2018년 고려대 아세아문제연구소 연구위원 2016~2018년 同경제학과 특임교수 2017년 공무원연금운영위원회 위원(현) 2018년 대한상공회의소 지속성장이니셔티브(SGI) 초대원장(현)

**서영관(徐永官) Suh, Young Kwan**

(생)1965·3·29 (주)서울특별시 서대문구 연희로 248 서대문구청 부구청장실(02-330-1304) (학)1984년 서울 영신고졸 1988년 서울대 법학과졸 (경)2008년 서울시 경영기획실 법무담당관 2008년 同디자인서울총괄본부 WDC담당관 2012년 同기후환경본부 자원순환과장 2013년 同여성가족정책실 외국인다문화담당관 2014년 同한강사업본부 총무부장 2014~2016년 同재무국 재무과장 2017년 同문화본부 문화정책과장 2019년 서울 서대문구 부구청장(현)

**서영교(徐瑛敎·女) SEO Young Kyo**

(생)1964·11·11 (본)달성(達城) (출)경북 상주 (주)서울특별시 영등포구 의사당대로 1 국회 의원회관 928호(02-784-8490) (학)혜원여고졸 1988년 이화여대 정치외교학과졸 2002년 同정책과학대학원 공공정책학과졸, 同대학원 동아시아학 박사과정 수료 (경)1982년 혜원여고총학생회 회장 1986년 이화여대총학생회 회장·구속 1987년 구속청년학생협의회 청년여성대표 1988~1995년 푸른소나무무료도서대여실 대표 1988년 민주쟁취국민운동본부 간사 1988~1995년 새날청년회 대표 2001년 이화여대정책과학대학원 총학생회 회장 2002년 새천년민주당 노무현 대통령후보 중앙선거대책위원회 여성본부 부국장 2003년 同부대변인 2004년 열린우리당 부대변인 2004년 同서울시당 집행위원 겸 상무위원 2005년 同서울시당 여성위원장 2005년 同중앙위원 2005~2007년 同부대변인 2007년 대통령 보도지원비서관 겸 춘추관장 2007년 남북정상회담 실무접촉보도분야 남측대표 2008년 동국대 언론정보대학원 겸임교수, 불교신문 논설위원, 6월항쟁계승사업회 이사 2012년 제19대 국회의원(서울 중랑구甲, 민주통합당·민주당·새정치민주연합·더불어민주당) 2012년 민주통합당 홍보위원장 2012~2013년 同원내부대표 2012·2014년 국회 법제사법위원회 위원 2014~2015년 국회 예산결산특별위원회 위원 2014~2015년 새정치민주연합 원내대변인 2015년 여성소비자신문 자문위원 2015~2016년 더불어민주당 전국여성위원장 2016년 제20대 국회의원(서울 중랑구甲, 더불어민주당·무소속〈2016.7〉·더불어민주당〈2017.9〉)(현) 2016년 국회 법제사법위원회 위원 2016년 국회 예산결산특별위원회 위원 2016년 국회 국방위원회 위원 2017~2018년 국회 예산결산특별위원회 위원 2017년 더불어민주당 서울중랑구甲지역위원회 위원장(현) 2017년 국회 재난안전대책특별위원회 위원 2018년 국회 교육위원회 간사 2018년 국회 운영위원회 위원 2018년 더불어민주당 원내수석부대표 2018년 국회 교육위원회 위원(현) (상)미래여성지도자상(2005), 맑은 여성 정치인100인에 선정, 경제정의실천시민연합 국정감사 우수의원(2014), 범시민사회단체연합 좋은 국회의원상(2014), 대한민국 유권자대상(2014·2015·2016·2017), 글로벌기부문화공헌대상 정당인 봉사부문(2015), (사)도전한국인운동협회·도전한국인운동본부 국정감사 우수의원(2015), 대한민국혁신경영대상 정치신인부문(2015) (종)불교

**서영근(徐永根) Seo Young Geun**

(생)1964·12·2 (주)서울특별시 영등포구 의사당대로 88 한국투자증권(주) 경영지원본부(02-3276-5000) (학)1982년 영신고졸 1996년 서울대 경영학과졸 (경)한국투자증권(주) 사외이사, 한국투자금융지주 상무보, 한국투자밸류운용 비상근감사, 한국투자증권(주) 상무보 2011년 同경영지원본부장(상무) 2017년 同경영지원본부장(전무)(현)

**서영두(徐永斗) SEO Young Doo**

(생)1961·6·15 (출)경북 의성 (주)서울특별시 강남구 테헤란로 507 미래에셋생명보험 임원실(02-3271-4221) (학)영신고졸, 건국대졸, 고려대 대학원졸, 연세대 최고경제인과정 수료, 중앙일보 최고경영자과정 수료 (경)한국투자신탁 근무, 삼성증권 근무, 미래에셋증권(주) 금융상품영업2팀 상무보 2008년 同퇴직연금컨설팅1본부장(상무) 2011년 同기업RM1본부장(상무) 2012년 同퇴직연금영업 대표 2012년 미래에셋생명보험 법인영업 대표 2014~2017년 同법인영업 연금마케팅 대표(전무) 2018년 同전략영업부문 대표(전무)(현)

**서영민(徐榮敏)**

(생)1969·11·16 (출)경남 창녕 (주)서울특별시 강남구 영동대로 517 아셈타워 법무법인 화우(02-6003-7000) (학)1987년 경상고졸 1992년 고려대 법학과졸 (경)1993년 사법시험 합격(35회) 1996년 사법연수원 수료(25기) 1996년 軍법무관 1999년 부산지검 검사 2000년 수원지검 평택지청 검사 2002년 서울지검 의정부지청 검사 2004년 서울중앙지검 검사 2006년 국가청렴위원회 파견 2006년 대구지검 검사 2006~2008년 국민권익위원회 파견 2008년 대구지검 검사 2009년 同부부장검사 2010년 울산지검 특수부장 2011년 서울서부지검 형사5부장 2012년 대검찰청 과학수사담당관 2013년 서울남부지검 형사5부장 2014년 서울중앙지검 첨단범죄수사1부장 2015년 대구지검 형사1부장 2016년 법무부 감찰담당관 2017년 인천지검 제2차장검사 2018~2019년 대구지검 제1차장검사 2019년 법무법인 화우 변호사(현)

**서영배(徐榮倍) SEO Young Bae**

(생)1956·6·14 (출)경기 수원 (주)서울특별시 관악구 관악로 1 서울대학교 제약학과(02-880-2486) (학)1975년 경남고졸 1979년 서울대 생물학과졸 1981년 同대학원 식물학과졸 1985년 생물학박사(미국 텍사스A&M대) 1989년 식물학박사(미국 텍사스대 오스틴교) (경)1980년 서울대 식물학과 조교 1983년 同식물학과 강사 1983년 전북대 생물교육학과 시간강사 1985년 미국 텍사스대 식물학과 조교 1989년 미국 루이지애나주립대 연구원 1990년 미국 국립자연사박물관 연구원 1993년 서울대 천연물과학연구소 조교수·부교수, 同제약학과 교수(현) 1995년 한국생약학회 이사, 한국식물분류학회 이사, 한국식물학회 이사 2009년 문화재위원회 천연기념물·세계유산분과 위원 2009년 세계자연보전연맹(IUCN) 한국위원회 위원장(현) 2009~2011년 同아시아지역위원회 의장 2016년 생물다양성과학기구(IPBES) 아시아·태평양지역 부의장(현) (저)'Medicinal Plants in Republic of Korea'

**서영수(徐暎受) SEO Young Soo**

(생)1969·11·7 (출)서울 (주)울특별시 서초구 서초대로50길 8 관정빌딩 법무법인 평안(02-6747-6565) (학)1988년 재현고졸 1994년 고려대 법학과졸 (경)1993년 사법시험 합격(35회) 1996년 사법연수원 수료(25기) 1999년 대구지검 검사 2000년 수원지검 여주지청 검사 2002년 수원지검 검사 2004년 서울중앙지검 검사 2006년 대전지검 검사 2009년 서울중앙지검 부부장검사 2009년 법무부 감찰담당관실 검사 2011년 대검찰청 공판송무과장 2012년 同감찰부 감찰2과장 2013년 서울북부지검 형사5부장 2014년 서울중앙지검 공판1부장 2015년 대전지검 천안지청 형사1부장 2016년 부산지검 동부지청 차장검사 2017년 대검찰청 특별감찰단장 2018~2019년 수원지검 제1차장검사 2019년 변호사 개업 2019년 법무법인 평안 변호사(현)

**서영애(徐英愛·女) SEO Young Ae**

(생)1969·5·7 (출)경북 청송 (주)경상북도 포항시 북구 법원로 181 대구지방법원 포항지원(054-251-2502) (학)1987년 청송여고졸 1991년 영남대 법학과졸 (경)1994년 사법시험 합격(36회) 1997년 사법연수원 수료(26기) 1997년 창원지법 진주지원 판사 1999년 대구지법 판사 2002년 同포항지원 판사 2004년 대구지법 판사 2005년 同가정지원 판사 2008년 대구고법 판사 2011년 대구지법 서부지원 판사 2012년 창원지법 부장판사 2014년 대구지법 부장판사 2019년 대구지법 포항지원장 겸 대구가정법원 포항지원장(현)

**서영제(徐永濟) Seo Young Jae**

(생)1950·1·1 (본)달성(達城) (출)충남 서천 (주)서울특별시 서대문구 충정로 23 풍산빌딩 14층 리인터내셔널법률사무소(02-2262-6009) (학)1967년 대전고졸 1972년 성균관대 법과대학 법학과졸 1974년 同대학원졸 1986년 미국 미시간대 대학원 수료 1988년 일본 UNAFEI 보험범죄연수과정 수료 2000년 법학박사(성균관대) (경)1974년 사법시험 합격(16회) 1976년 사법연수원 수료(6기) 1979년 서울지검 검사 1982년 대전지검 천안지청 검사 1983년 서울남부지검 검사 1986년 광주지검 순천지청 검사 1989년 대전지검 강경지청장 1990년 대검찰청 검찰연구관 1991년 同공안3과장 1993년 부산지검 공안부장 1993년 서울지검 서부지청 특수부장 1995년 서울지검 강력부장 1997년 同서부지청 차장검사 1998년 전주지검 차장검사 1999년 대검찰청 범죄정보기획관 1999년 서울지검 서부지청장 2000년 법무연수원 기획부장 2001년 대검찰청 마약부장 2002년 청주지검장 2003년 서울지검장 2004년 서울중앙지검장 2004년 대전고검장 2005년 대구고검장 2005년 변호사 개업 2005년 법무법인 리인터내셔널 상임고문변호사 2006~2008년 同대표변호사 2006~2012년 한솔제지 사외이사 2008년 법무법인 산경 대표변호사 2009~2011년 충남대 법학전문대학원장 2011~2012년 동아제약 사외이사 2011년 리인터내셔널법률사무소 변호사(현) 2011~2017년 대한건설협회 법률고문, 2011년 기독방송(CBS) 정책자문위원 겸 뉴스해설위원 2013년 동아ST 사외이사 2013~2015년 학교법인 대양학원 이사 2015~2018년 同감사 (상)홍조근정훈장(1998) (저)'미국 검찰의 실체분석' '미국 특별검사제도의 과거와 미래' '주요 조직폭력 및 마약사범 수사사례' '보험범죄에 관한 연구' '누구를 위한 검사인가'

**서영종(徐永宗) Seo Yong Jong**

(생)1966 (주)서울특별시 종로구 종로5길 68 손해보험협회 기획관리본부(02-3702-8500) (학)청량고졸, 동국대 경제학과졸 1996년 同대학원 경제학과졸 (경)1996년 손해보험협회 입사 2006년 同자동차보험부 업무팀장 2007년 同자동차보험팀장 2011년 同경영기획팀장 2014년 同보장사업부장 2015년 同기획조정부장 2017년 同기획관리본부장(이사) 2018년 同기획관리본부장 겸 자동차보험본부장(상무) 2019년 同기획관리본부장(상무)(현)

**서영주(徐暎珠·女) SEO Young Joo**

(생)1962·10·28 (출)경남 진해 (주)강원도 춘천시 중앙로 1 강원도청 여성특별보좌관실(033-254-2011) (학)신광여고졸, 이화여대 법학과졸, 강원대 대학원 법학과졸, 법학박사(강원대) (경)1990~1995년 한국가정법률상담소 춘천지부 상담위원 1995~2000년 춘천성폭력상담소장 1999년 강원도아동학대예방협회 감사 2000년 춘천지법 소년자원보호위원회 자문위원 2000년 강원지방경찰청 민관협력기구 자문위원 2000~2003년 여성부위촉 성희롱예방·남녀평등교수요원 2000년 강원대 비교법학연구소 특별연구원 2000년 同강사 2001년 강원도 여성정책과 전문계약직 2004년 교육인적자원부 기획관리실 여성교육정책담당관 2005년 同여성교육정책과장 2007년 同평생직업교육지원국 여성교육정책과장 2008년 중앙공무원교육원 교육파견 2016~2018년 강원도여성가족연구원 원장 2018년 강원도 여성특별보좌관(현) 2019년 대통령소속 자치분권위원회 정책자문위원(현) (상)행정자치부장관표창

**서영준(徐英俊) SEO Young Jun**

(생)1950·1·21 (출)경북 안동 (주)서울특별시 강남구 테헤란로 432 (주)DB메탈 임원실(02-3484-1800) (학)경복고졸, 서울대 경제학과졸 (경)1976년 강원산업 철강해외영업부 근무 1977년 현대종합상사 홍콩지사장·타이페이 지사장·철강본부장 2002~2008년 현대자동차(주) 상용수출사업부 전무 2009년 同비상근자문 2010년 삼보모터스 부사장 2011년 동부특수강 대표이사 2015년 (주)동부 무역부문 사장 2017년 (주)동부메탈 대표이사 사장 2017년 (주)DB메탈 대표이사 사장(현)

**서영준(徐榮俊) SURH Young Joon**

(생)1957·9·26 (본)달성(達城) (출)인천 (주)서울특별시 관악구 관악로 1 서울대학교 약학과(02-880-7845) (학)1976년 영훈고졸 1981년 서울대 제약학과졸 1983년 同대학원 약학과졸 1990년 이학박사(미국 위스콘신대) (경)1985년 미국 위스콘신대 McArdle 암연구소 연구조교 1990년 미국 하버드대 암연구소 연구원 1991년 미국 MIT 연구원 1992~1996년 미국 예일대 의대 조교수 1996년 서울대 약학과 조교수·부교수·교수(현), 미국암학회 공식학술지 'Cancer Prevention Research' 포함 25개 SCI급 국제학술지 편집위원, 아시아환경돌연변이원학회 부회

장, 한국프리라디칼학회 회장, 대한암협회 이사 2009년 서울대 융합과학기술대학원 분자의학및바이오제약학과 교수(현) 2014~2015년 대한암예방학회 회장 2017~2018년 아시아태평양 영양유전체기구 회장 2017~2018년 대한암학회 부회장 2018년 한국분자세포생물학회 수석부회장 2019년 同회장(현) [상]Ochi Young Scholar Award(1995), 이선구 약학상(2000), 한국과학기술단체총연합회 과학기술우수논문상(2002 · 2003), 한국생화학분자생물학회 최다논문인용상(2004), 이달의 과학기술자상(2006), 한국과학기자협회 '2008올해의과학인'(2008), 한국과학기술정보원 지식창조대상(2011), 보령암학술상(2012), 한국과학상(2013), 인촌상 과학 · 기술부문(2015) [저]'Oxidative Stress, Inflammation and Health'(2005, MarcelDekkerInc) '화학적 암예방'(共) '분자약품생화학'(共) 'Dietary Modulation of Cell Signaling'(2008) [역]'종양생물학의 원리'(2008, 라이프사이언스)

## 서영철(徐英哲) Suh, Youngcheol

[생]1964 · 8 · 22 [본]이천(利川) [출]경북 문경 [주]서울특별시 서초구 서초중앙로 164 신한국빌딩 8층 특허법인 이노(02-536-7536) [학]1983년 영동고졸 1988년 서울대 법과대학 사법학과졸 2005년 연세대 법과대학 경영법무최고위과정 수료(22기) [경]1992년 사법시험 합격(34회) 1995년 사법연수원 수료(24기) 1995년 변호사 개업 1999년 광주지법 판사 2000년 청주지법 충주지원 판사 2002년 인천지법 판사 2005년 서울동부지법 판사 2006~2008년 특허법원 판사 2009년 특허법인 이노 대표변리사 겸 변호사(현), 대한변호사협회 회원(현), 한국특허법학회 회원(현), 대법원 특별실무연구회 · 지적재산법연구회 · 사법정보화연구회 회원 [저]'특허법주해서'(共) '특허소송연구(3집)'(共) '특허판례연구(共)'(한국특허법학회)

## 서영호(徐榮皓)

[생]1966 · 3 · 26 [주]서울특별시 영등포구 여의나루로 50 KB증권 리서치센터(02-6114-0343) [학]1990년 서강대 경영학과졸 [경]1990년 신영증권 애널리스트(은행업) 1990~2001년 ABN AMRO 애널리스트(금융업) 1997년 도이치모건그렌펠 애널리스트(은행업) 1998년 대우증권 애널리스트(은행업) 2001년 JP모건 애널리스트(금융업) 2004년 同리서치센터장(상무) 2006~2015년 同한국 부대표(Managing Director) · 리서치센터장 2016년 KB증권 리서치센터장(전무)(현) [상]금융감독원장 표창(2017)

## 서영화(徐英華) Young Hwa Suhr

[생]1961 · 7 · 17 [출]부산 [주]부산광역시 해운대구 센텀동로 99 벽산센텀클래스원 1117호 법무법인 청해(051-244-9697) [학]1980년 경남고졸 1984년 서울대 법학과졸 1986년 同대학원 법학과졸 1994년 미국 코넬대 법과대학원졸 [경]1986년 사법시험 합격(28회) 1989년 사법연수원 수료(18기) 1989년 김앤장법률사무소 변호사 1989년 해양수산부 해양안전심판원 심판변론인(前 해사보좌인) 1994년 미국 뉴욕주 변호사시험 합격 1994년 변호사 개업 1997년 법무법인 청해 대표변호사(현) 1998년 한국수출보험공사 고문변호사 1998년 덴마크 명예영사 2000~2008년 동아대 법학과 겸임교수 · 부교수 2001 · 2010년 (주)아이즈비전 사외이사(현) 2001년 (주)알보그 감사 2002년 (주)한국해저통신 사외이사 2002년 한국자산관리공사 고문변호사 2003년 부산은행 고문변호사 2003년 해양수산부 어업재해보상심사위원 2004년 (주)우리홈쇼핑 사외이사 2011~2013년 부산대 법학전문대학원 겸임교수 2014~2017년 기술신용보증기금 고문변호사 [종]불교

## 서영효(徐榮孝)

[생]1971 · 3 · 17 [출]인천 [주]경기도 수원시 영통구 법조로 105 수원지방법원 총무과(031-210-1101) [학]1990년 인천고졸 1998년 서강대 법학과졸 [경]1999년 사법시험 합격(41회) 2002년 사법연수원 수료(31기) 2002년 서울지법 남부지원 판사 2003년 서울고법 판사 2004년 서울중앙지법 판사 2005년 의정부지법 고양지원 판사 2006년 대전지법 홍성지원 판사 2009년 의정부지법 고양지원 판사 2012년 서울남부지법 판사 2014년 서울중앙지법 판사, 서울남부지법 판사 2017년 울산지법 부장판사 2019년 수원지법 부장판사(현)

## 서옥식(徐玉植) SUH Ok Shik

[생]1944 · 5 · 13 [본]이천(利川) [출]전남 광양 [주]서울특별시 중구 세종대로 124 한국프레스센터 1405호 대한언론인회(02-732-4797) [학]1963년 순천 매산고졸 1973년 서울대 동양사학과졸 1984년 캐나다 오타와대 정치학과 수료 2002년 경기대 정치전문대학원 북한학과졸 2006년 정치학박사(경기대) [경]1973~1980년 동양통신 외신부 · 사회부 기자 1981~1986년 연합통신 기획취재부 · 정치부 기자 1986년 同정치부 차장대우 1987~1991년 同방콕특파원 1991년 同외신2부 부장대우 1992~1994년 同외신1부장 직대 · 외신1부장 1994년 同방콕특파원 1995년 同방콕특파원(부국장대우) 1997년 同편집국 부국장대우 겸 북한부장 1998~2000년 연합뉴스 편집국장 직대 · 편집국장 1999~2000년 한국신문방송편집인협회 운영위원 1999~2001년 민주평통 자문위원 1999~2015년 서울대총동창회보 논설위원 2000년 연합뉴스 논설위원실 고문 2000년 同기사심의실 고문 2001~2003년 미국 인명연구소(ABI) 국제인명사전 'International Directory of Distinguished Leadership' 제10판 · 11판에 등재 2002년 연합뉴스 기사심의실 고문(이사대우) 2002~2003년 미국 현대인명사전 'Contemporary Who's Who' 에 등재 2003~2019년 경남대 극동문제연구소 초빙연구위원 2003~2005년 호남대 사회과학대학 초빙교수 2003~2019년 미국 세계인명사전 'Marquis Who's Who in the World'에 연속 16차례 등재 2004년 영국 국제인명사전 'Dictionary of International Biography' 제31판 등재 2004년 동학농민혁명기념재단 자문위원 2004~2007년 현대정치발전연구원 현대정치아카데미 회장 2005~2012년 통일부 통일교육위원 2006년 한국기독교평생교육연구소 협력이사 2006~2007년 숭실대 언론홍보학과 강의교수 2006~2008년 성결대 행정학부 외래교수 2006~2007년 경기대 정치전문대학원 연구교수 2006~2007년 한남대 국방전략대학원 초빙교수 2006년 한국정치학회 정회원(현) 2008년 언론중재위원회 선거기사심의위원 2008~2009년 한국언론재단 사업이사 2009~2015년 관악언론인회 감사 2009~2011년 서울대사학과총동문회 부회장 겸 동양사학과총동문회 회장 2010~2011년 서울대인문대학총동문회 부회장 2010~2014년 성결대 행정학부 초빙교수 2010년 한국언론진흥재단 전문위원 겸 언론인금고관리위원회 위원 2010~2012년 한국광고자율심의기구 기사형광고심의위원회 위원 2012년 '통영의 딸' 송환대책위원회 위원(현) 2012~2014년 언론중재위원회 중재위원 2014년 서울대 총장추천위원회 추천위원 겸 총장후보검증소위원회 검증위원 2015년 국회개혁범국민연합 고문(현) 2016~2018년 연합뉴스사우회 회장 2016년 대한언론인회 이사 2016년 同편집위원(현) 2016년 서울대총동창신문 논설위원 2017년 한국자유회의 창립 발기인 2018년 대한언론인회 부회장(현) 2018년 대한민국수호비상국민회의 창립 발기인 2018년 (사)6.25참전언론인회 자문위원(현) [상]경기대 정치전문대학원 최우수학업졸업상(2006) [저]'통일을 위한 남남갈등 극복 방향과 과제'(2003, 도서출판 도리) '신동북아 질서의 제문제(共)'(2004, 법영사) '김정일 통일대통령 만들기 북한의 선군정치론'(2006, 도서출판 도리) '서해 NLL은 우리 영토선 아니다-어록으로 본 노무현의 종북좌파 진보주의와 그 적들'(2010, 도서출판 도리) '오역의 제국 - 그 거짓과 왜곡의 세계'(2013, 도서출판 도리) '나는 북한의 대변인 변호인이었다'(2014, 도서출판 도리) '실록-언론 · 언론인의 길(4) : 그때 그 현장 못다한 이야기(共)'(2014, 대한언론인회) '북한 교과서 대해부'(2015, 해맞이미디어) '명기자, 명데스크 못다한 뒷이야기34: 취재현장의 목격자들+(共)'(2017, 청미디

어) (역)'랭군 아웅산묘소 폭탄공격사건 조사위원회의 조사결과 및 버마정부가 취한 조치에 관한 보고서 全文'(1984) (종)기독교

**서완석**

(생)1961 (출)경기 부천 (주)인천광역시 강화군 강화읍 동문안길 17 강화경찰서(032-930-0321) (학)경복고졸, 인하대 행정학과졸, 서강대 경영대학원졸 (경)1992년 경위 공채(경찰 간부후보 40기), 경찰종합학교(現 경찰교육원) 경비교통학과 교수, 강원 횡성경찰서 생활안전교통과장, 서울 영등포경찰서 생활안전과장 2013년 서울 종로경찰서 교통과장(경정) 2015년 광주지방경찰청 홍보담당관 2016년 강원지방경찰청 정보화장비과장 2016년 同정보화장비담당관 2016년 강원 횡성경찰서장 2017년 강원지방경찰청 생활안전과장 2017년 경기북부지방경찰청 여성청소년과장 2018년 인천 강화경찰서장(현)

**서왕진(徐旺鎭)**

(생)1964 · 11 · 25 (본)이천(利川) (출)전남 영광 (주)서울특별시 서초구 남부순환로340길 57 서울연구원(02-2149-1234) (학)1989년 서울대 신문학과졸 2003년 서울시립대 대학원 도시환경정책학과졸 2009년 에너지환경정책학박사(미국 델라웨어대) (경)1988~2003년 (사)환경정의 사무처장 1999~2003년 환경부 환경영향평가위원 2000~2003년 대통령직속 지속가능발전위원회 분과위원 2010~2011년 서울대 국제문제연구소 연구교수 2010~2011년 환경정의연구소 연구소장 2011년 서울시장 정책특보 2012년 서울시장 비서실장 2014년 서울시장 정책수석비서관 2015~2016년 서울시장 정책특보 2017년 서울연구원 원장(현)

**서용교(徐龍敎) SUE Yong Kyo**

(생)1955 · 4 · 5 (출)대구 (주)경상북도 칠곡군 왜관읍 공단로 209-6 대원GSI(054-973-2221) (학)대륜고졸 1981년 경북대 문리대학 사회학과 수료 (경)1981년 대원산업 관리부장 1983년 同대표이사 1983년 대원GSI 대표이사(현) 1997 · 2003년 칠곡군상공회의소 제1 · 2대 상공의원 2000년 대구볼링협회 회장, 한국농기계협동조합 이사 · 감사, 대구시 북구방위협의회 위원, 왜관지방관리공단 이사, 일성유치원 이사장, 한국농업기계학회 이사 2007년 칠곡상공회의소 부회장 2007년 한국RPC연구회 부회장 2007년 새마을운동협의회 대구시 북구지회장 (상)상공부장관표창 청산기술상, 경북도 중소기업표창, 농림부장관표창, 국세청장표창, 500만불 수출의탑, 3천만불 수출의탑(2009)

**서용석(徐龍錫) SEO YONG-SEOG**

(생)1960·10·24 (출)전남 (주)대전광역시 유성구 가정로 152 한국에너지기술연구원 부원장실(042-860-3612) (학)1985년 한국과학기술원(KAIST) 기계공학과졸(석사) 2000년 기계공학박사(한국과학기술원) (경)1985년 한국에너지기술연구원 책임연구원 2008년 同수소시스템연구단장 2008년 同수소에너지연구센터장 2011년 同수소에너지센터장 2011년 同신재생에너지연구본부장 2012년 同효율소재연구본부장 2013년 同미래창의융합연구본부장 2016년 同에너지효율연구본부장 2018년 同부원장 겸 에너지효율·소재연구본부장 2019년 同부원장(현)

**서용원(徐龍源) SUH Yong Won**

(생)1949 · 8 · 10 (출)충남 (주)서울특별시 중구 남대문로 63 (주)한진 비서실(02-728-5501) (학)1968년 대전고졸 1977년 서울대 교육학과졸 (경)1977년 (주)대한항공 입사 1990년 同동남아지역본부 관리팀장 1997년 同인재개발관리본부 인사관리팀장 2000년 同노사협력실장 2003년 同인재개발 · 노사협력담당 상무 2005년 同인재개발관리본부장(전무) 2008년 同인재개발관리본부장(부사장) 2010년 同대표이사 수석부사장 2010년 한진그룹 경영지원실장 겸임 2010년 (주)대한항공 인력관리본부장(수석부사장) 2014년 (주)한진 대표이사 사장(현) (상)금탑산업훈장(2008), 체육훈장 거상장(2012)

**서우정(徐宇正) SEO Woo Jeong**

(생)1956 · 4 · 8 (출)경남 통영 (주)서울특별시 종로구 사직로8길 39 세양빌딩 김앤장법률사무소(02-3703-1788) (학)1982년 서울대 법학과졸 (경)1981년 사법시험 합격(23회) 1984년 사법연수원 수료(13기) 1985년 서울지검 검사 1987년 제주지검 검사 1988년 서울지검 동부지청 검사 1992년 법무부 검찰4과 검사 1994년 대통령비서실 파견 1996년 법무부 검찰국 검사 1997년 춘천지검 속초지청장 1998년 사법연수원 교수 2000년 법무부 관찰과장 2001년 同공보관 2002년 서울지검 특수3부장 2003년 同특수1부장 2003년 부산고검 검사 2004년 서울고검 검사 2004년 삼성그룹 구조조정본부 법무실 부사장 2006년 同전략기획위원회 부사장 2007년 同법무실 부사장 2008년 삼성생명보험(주) 법무실장(부사장) 2010년 同윤리경영실장(부사장) 2014~2017년 同준법경영실장(부사장) 2017년 同자문역 2017년 김앤장법률사무소 변호사(현) (종)천주교

**서 욱(徐 旭) Suh, Wook**

(생)1963 · 5 · 12 (출)광주 (주)충청남도 계룡시 신도안면 사서함 501-57호 육군본부(042-550-0114) (학)1981년 광주 인성고졸 1985년 육군사관학교졸(41기) (경)1985년 소위 임관, 육군 제31보병사단 93연대장(대령) 2011년 한미연합사령부 지구사 작전처장(준장) 2011~2012년 同작전처장 2012~2014년 同기획참모차장 2014~2015년 육군 제25보병사단장(소장) 2015~2016년 합동참모본부 작전부장 2016~2017년 제1군단장(중장) 2017~2019년 합동참모본부 작전본부장 2019년 제48대 육군 참모총장(대장)(현)

**서원정(徐源廷) Suh Won Jeong**

(생)1959 (주)서울특별시 강남구 테헤란로 152 강남파이낸스센터 27층 삼정KPMG 품질관리실(02-2112-0001) (학)1978년 우신고졸 1983년 한양대 경영학과졸 1985년 同경영대학원 경영학과졸 2006년 유럽경영대학원(INSEAD) Executive Course 수료 2012년 서울대 최고경영자과정(AMP) 수료 (경)산동회계법인(KPMG) 근무, 삼정회계법인 근무, 미국 KPMG(San Francisco) 근무, 서울시 투자기관경영평가위원회 위원, 자원개발전문회사육성 민관합동TFT 위원, 석유개발융자심의위원회 위원, 한국공인회계사회 IFRS적용Manual발간TFT 위원, 삼정KPMG IFRS Conversion Leader(AAS본부장), KPMG 아시아지역 AAS(회계자문) 서비스라인 리더, 한국공인회계사회 손해배상공동기금운용위원회 위원, 삼정KPMG Audit부문 대표 · COO 2017년 同품질관리실장(대표)(현) (상)금융감독위원장표창(2006), 기획재정부장관표창(2012)

**서유미(徐裕美 · 女) SUH You Mi**

(생)1964 · 2 · 27 (본)이천(利川) (출)전북 전주 (주)세종특별자치시 갈매로 408 정부세종청사 교육부 차관보실(044-203-6810) (학)1982년 전주여고졸 1986년 서울대 가정관리학과졸 2004년 교육학박사(미국 아이오와대) (경)1987년 행정고시 합격(31회) 1988년 교육부 사무관 1998년 교육인적자원부 대학행정지원과 · 대학원지원과 서기관, 전북대 교무과장 2004년 同기획과장 2004년 교육인적자원부 학술정책과장 2005년 同BK21기획단 사업기획팀장 2006년 同국제교육협력과장(부이사

관) 2007년 전북대 교육학과 초빙교수(파견) 2009년 교육과학기술부 연구정책과장 2010년 순천대 사무국장 2011년 전북대 사무국장 2011년 교육과학기술부 국제협력관(고위공무원) 2013년 교육부 대학지원실 학술장학지원관 2014년 중앙공무원교육원 파견(고위공무원) 2015년 여성가족부 청소년가족정책실 청소년정책관 2016년 교육부 대학정책실 대학정책관 2017~2018년 부산시교육청 부교육감 2018년 同교육감 권한대행 2018년 더불어민주당 정책위원회 수석전문위원 2019년 교육부 차관보(고위공무원)(현) 2019년 同제1차 사람투자인재양성민·관전문가협의회 공동위원장(현) (상)홍조근정훈장(2009)

**서유석(徐維錫) SUH Yu Suk**

(생)1956·3·4 (출)서울 (주)전라북도 군산시 임피면 호원대3길 64 호원대학교 교양학과(063-450-7465) (학)1975년 서울고졸 1983년 서울대 철학과졸 1985년 同대학원 철학과졸 1995년 철학박사(서울대) (경)1985~1993년 서울대·이화여대·한국외국어대·가톨릭대 강사 1989~1991년 스위스 프리부르그대 동유럽연구소 Research Fellow 1994년 호원대 교양학과 교수(현) 1999년 독일 브레멘대 객원교수 2001년 한러철학자협의회 사무총장 2007년 대한철학회 부회장 2008년 범한철학회 부회장 2008년 한국철학사상연구회 회장 2008년 학술단체협의회 상임대표 2017년 호원대 부총장 겸 호원미래본부장(현) (저)'삶과 철학' '현대사회와 대중문화' '논리학' '철학개론'(1987, 남아출판사) '철학, 문화를 읽다'(2009, 동녘) (역)'청년헤겔2'(1987, 동녘) '변증법적 유물론'(1990, 동녘) '철학의 모험'(1996, 동녘) '철학 오디세이'(2004, 현실과 과학) (종)기독교

**서유석(徐柳錫) SEO Yoo Seok**

(생)1962·8·4 (출)서울 (주)서울특별시 종로구 종로 33 그랑서울 미래에셋자산운용(주) 임원실(1577-1650) (학)배재고졸, 고려대 경제학과졸, 同대학원 재무관리학과졸 (경)대한투자신탁 근무, 미래에셋증권(주) 돈암지점장(이사대우) 2005년 同마케팅1본부장 2005년 同마케팅1본부장(상무보) 2006년 同리테일사업부문장(상무) 2006년 同리테일사업부 대표 2007년 同리테일사업부 대표(사장) 2009년 同퇴직연금추진부문 대표(사장) 2011~2012년 미래에셋맵스자산운용(주) 공동대표이사 2012년 미래에셋자산운용(주) ETF마케팅부문 사장 2016년 同대표이사 사장(현)

**서유성(徐有成) Yousung Suh**

(생)1957·8·23 (출)부산 (주)서울특별시 용산구 대사관로 59 순천향대학교 서울병원 병원장실(02-709-9128) (학)1983년 고려대 의대졸, 순천향대 대학원 의학석사 1994년 의학박사(순천향대) (경)1988년 순천향대 의대 정형외과학교실 교수(현) 2006년 同서울병원 진료부장 2008년 同서울병원 부원장 2010년 同중앙의료원 기획조정실장 2010년 同의대 정형외과학교실 주임교수 2012년 대한병원협회 보험이사(현) 2012년 순천향대 서울병원장(현)

**서유헌(徐維憲) Yoo-Hun Suh (菊史一舟)**

(생)1948·2·8 (본)달성(達城) (출)경북 김천 (주)인천광역시 남동구 남동대로774번길 21 가천대학교 뇌과학연구원(032-460-8227) (학)1967년 중동고졸 1973년 서울대 의대졸 1976년 同대학원 의학석사 1981년 의학박사(서울대) (경)1980~1993년 서울대 의대 약리학교실 전임강사·조교수·부교수 1984~1986년 미국 코넬대 교환교수 1988~1991년 서울대 교무담당부학장보 1989~1990년 독일 하이델베르그대 객원교수 1992~1993년 일본 도쿄대 의과학연구소 객원교수 1993~2013년 서울대 의대 약리학교실 교수 1994~1996년 영국 임페리얼대 객원교수 1995년 일본 도쿄대 신경과학연구소 객원교수 1996~1998년 아·태신경화학회 회장 1996년 국제치매학회 이사 1996~1998년 뇌연구촉진법제정준비위원회 위원장 1997년 국가뇌연구촉진심의위원회 심의위원(현) 1997년 J. Molecular Neuroscience Editor 1997~1999년 강원대 의대 초대학장 1998~2000년 교육부 학술진흥위원회 위원 1998~2001년 국립보건원 뇌의약학센터장 1998년 한국노벨상수상지원본부 이사 1998~2000년 한국뇌학회 회장 1998년 중국 하얼빈의대 종신객원교수(현) 1998년 J.Neuroscience Research Editor 1998년 노의약학센터 소장 1999~2009년 전문인참여포럼 공동대표 1999년 미국 세계인명사전 'Marquis Who's Who 새 세기의 전세계 500명 지도자'에 선정 2000~2009년 과학기술부 지정 치매정복창의연구단장 2000~2010년 서울대 의대 신경과학연구소장 2000~2003년 한국뇌신경과학회 이사장 2000~2003년 아시아대양주신경과학회 회장 2001~2002년 대한약리학회 회장 2002년 동아일보·과학기술정보통신부 과학기술앰버서더 2002~2008년 서울대 의대 약리학교실 주임교수 2002년 대학약리학회 회장 2002년 Neurochemical Research 편집위원 2002~2003년 한국인지과학회 회장 2003년 한국과학기술한림원 정회원(현) 2004년 '퇴행성 뇌질환인 파킨슨병을 혈액검사를 통해 조기진단'에 성공 2004~2006년 의협신문 객원논설위원 2004~2006년 서울대 의대 인사위원 2004년 대한민국의학한림원 인사위원 겸 정회원(현) 2004년 중앙약사심의위원회 위원(현) 2005년 국제HFSP(인간프론티어과학)기구 본부이사(현) 2005~2008년 서울대 의대·서울대병원 IRB 위원 겸 심사위원 2005~2010년 서울대 인지과학연구소장 2007~2008년 국가과학기술위원회 위원 2007~2009년 한국마음두뇌교육협회 회장 2007~2010년 대한신경퇴행성질환학회 회장 2007~2010년 한국뇌연구원 설립추진기획단장 2008년 IBRO 아시아태평양위원회(APRC) 위원(현) 2009년 한국컨벤션 명예홍보대사 2009년 한국뇌과학올림피아드 위원장(현) 2010~2012년 정부 국가교육과정개정 TF 위원 2011년 Journal of Pharmacological Sciences 부편집인(현) 2011~2013년 국가생명공학종합정책심의회 심의위원 2012~2015년 한국뇌연구원 초대 원장 2014년 서울대 의대 명예교수(현) 2015년 한국뇌교육학회 회장(현) 2015년 국제뇌과학기구(IBRO) 2019대회조직위원회 위원장(현) 2015년 가천대 의대 석좌교수(현) 2015년 同뇌과학연구원장 2017년 인천시 과학기술진흥협의회 위원(현) (상)한국과학기술단체총연합회 과학기술우수논문상(1991), 유한의학상(1992), 광혜학술상(1995), 세종문화상(1997), 한국과학기술저술상(1997), 서울대 자부심상(2001·2002), MBC 21세기 한국의 꿈 21인 선정(2001), 대한의사협회 우수의과학자20인 선정(2001), 유한의학상 대상(2002), 과학기술훈장 웅비장(2002), 5.16민족상(2004), 의당학술상(2004), 서울대 BK우수상(2006), 서울대 우수SCI상(2007), 서울대 우수연구자상(2008), 심호섭상(2008), 제7회 대한민국 최고과학기술인상(2009), 서울대 30년 근속상(2009), 옥조근정훈장(2013), Asia's Scientific Trailblazers(2016), 서울대총동창회 제21회 관악대상(2019) (저)'신경학원론'(2001) '생활건강교실'(2001) '인지과학'(2001) '천재 아이를 원한다면 따뜻한 부모가 되라'(2001) '학부모는 아무나 하나요'(2002) '어떻게 영원히 살까?'(2002) '임상약리학'(2002) 'Research and Perspectives in Alzheimer's Disease'(2002) 'Mapping the Progress of Alzheimer's Parkinson's Disease'(2002) '의학자 114인이 내다보는 의학의 미래'(2003) '120가지 뇌계발 육아비법'(2003) '어린이, 청소년 어떻게 사랑할 것인가(共)'(2004) '나는 두뇌짱이 되고 싶다'(2005) '유아 백과사전(共)'(2005) '태교 동화'(2005) '똑똑한 동요·동시'(2005) '똑똑한 동화'(2005) '생태적 상호의존성과 인간의 욕망(共)'(2006) '머리가 좋아지는 뇌과학 세상'(2008) '너무 늦기 전에 사랑한다고 말하세요'(2008) '내 아이의 미래가 달라지는 엄마표 뇌교육'(2010, 생각의 나무) '뇌의 비밀'(2013, 살림출판사) '나이보다 젊어지는 행복한 뇌'(2014, 비타북스) '우리 아이 영재로 키우는 엄마표 뇌교육'(2014, 동아엠앤비) (역)'너의 뇌를 알라'(1997, 사이언스북스) '놀라운 뇌의 세계' '약리학'(2004) '노화'(2004) '노화의 과학'(2006) 'Katzung 약리학'(2008) '뇌는 정말 신기해'(2009) 'Katzung 약리학'(2010) (종)기독교

## 서윤기(徐允基) SEO Youn Gi

(생)1970 · 9 · 29 (출)전남 영암 (주)서울특별시 중구 세종대로 125 서울특별시의회(02-3702-1400) (학)2005년 숭실대 교육대학원 교육공학과졸, 아주대 대학원 교육학 박사과정 중 (경)서울시민연대 공동대표, 관악자치포럼 공동대표, 인터넷교육업체 (주)조이런 대표, 대통령자문 국가균형발전위원회 자문위원 2006~2010년 서울시 관악구의회 의원 2008년 (사)미래교육희망 이사(현) 2010~2014년 서울시의회 의원(민주당 · 민주통합당 · 민주당 · 새정치민주연합) 2010~2014년 同교육위원회 위원 2010~2012년 同친환경무상급식지원특별위원회 위원 2011~2012년 同정책연구위원회 위원 2012년 同지하철9호선및우면산터널등민간투자사업진상규명특별위원회 위원 2012~2013년 同예산결산특별위원회 위원 2013~2014년 同윤리특별위원회 위원 2013~2014년 同사립학교투명성강화특별위원회 위원 2014~2018년 서울시의회 의원(새정치민주연합 · 더불어민주당) 2014 · 2016년 同행정자치위원회 위원 2014 · 2016년 同남북교류협력지원특별위원회 위원 2015~2016년 同남산케이블카운영사업독점운영및인 · 허가특혜의혹규명을위한행정사무조사특별위원회 위원 2015~2016년 同하나고등학교특혜의혹진상규명을위한행정사무조사특별위원회 위원 2015년 同청년발전특별위원회 위원장 2015~2016년 同윤리특별위원회 위원 2016년 同서울메트로사장후보자인사청문특별위원회 위원 2016~2017년 同예산결산특별위원회 부위원장 2016년 同지방분권TF 위원 2018년 서울시의회 의원(더불어민주당)(현) 2018년 同운영위원장(현) 2018년 同보건복지위원회 위원(현) 2018년 同청년특별위원회 위원(현) (상)제1회 매니페스토 약속대상 최우수상(2009), 전국시 · 도의회의장협의회 우수의정대상(2017), 2017매니페스토약속대상 최우수상 공약이행분야(2017) (종)기독교

## 서윤석(徐允錫) SUH Yoon Suk

(생)1955 · 1 · 3 (본)달성(達城) (출)서울 (주)서울특별시 서대문구 이화여대길 52 이화여자대학교 경영대학 경영학부(02-3277-3351) (학)1977년 서울대 경제학과졸 1981년 미국 텍사스대 대학원 회계학과졸 1985년 회계학박사(미국 텍사스대) (경)1977~1979년 한국은행 조사제1부 근무 1981년 미국 공인회계사(현) 1985~1993년 미국 UCLA 경영대학 조교수 1993년 미국 일리노이대 부교수 1994년 정보통신정책연구원 연구위원 1995~2002년 아주대 경영대 교수 2000년 두산중공업 사외이사, LG텔레콤 사외이사 2001년 한국관리회계학회 부회장 2002년 이화여대 경영대학 경영학부 교수(현) 2002~2007년 同경영대학장 겸 경영대학원장 2004년 (주)포스코 사외이사 2004~2010년 (주)SK 사외이사 2004~2005년 한국관리회계학회 회장 2006년 (주)포스코 감사위원 2006~2007년 이화여대 경영전문대학원장 2008년 (주)포스코 이사회 의장 2009년 한국이사협회 회장 2009년 한국경영학회 부회장 2010년 (주)엔씨소프트 사외이사 2011~2016년 쌍용자동차(주) 사외이사 겸 감사위원장 (종)기독교

## 서윤성(徐潤成)

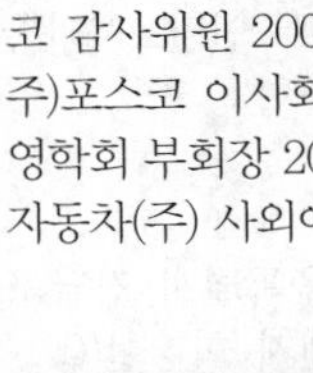

(생)1970 · 12 · 19 (주)서울특별시 중구 통일로 120 NH농협은행 준법감시 · 금융소비자보호부문(02-2080-5114) (학)1989년 광주 살레시오고졸 1998년 연세대 법학과졸 (경)2006년 사법시험 합격(48회) 2009년 사법연수원 수료(38기) 2009년 법무법인 승지 변호사 2010~2012년 법무법인 조율 구성원변호사 2012년 법무법인 새빛 구성원변호사 2013년 법무법인 세한 파트너변호사, 한국사랑봉사협회 법률고문, 태광그룹 고문변호사, 금호산업 고문변호사, 한국독립유공자협회 법률고문, 지식경제부 특허심사자문위원, 광주하남교육지원청 고문변호사, 대한변호사협회 인권위원, 동서울대 경영학부 겸임교수 2017년 NH농협은행 준법감시 · 금융소비자보호부문 준법감시인(부행장보) 2018년 同준법감시 · 금융소비자보호부문 준법감시인(부행장)(현)

## 서윤식(徐允植) SEO Yoon Shick

(생)1953 · 10 · 13 (출)전남 광양 (주)서울특별시 강남구 테헤란로8길 21 세무법인 다솔(02-550-2000) (학)한국방송통신대졸, 경희대 대학원 법학과졸, 세무학박사(서울시립대) (경)2000년 국세청 법무과 서기관 2002년 서울지방국세청 조사2국 조사4과 서기관 2004년 전남 순천세무서장 2005년 서울지방국세청 국제조세2과장 2005년 同국제조사3과장 2006년 국세청 국제세원관리담당관 2006년 同개인납세국 부가가치세과장 2009년 同법무심사국 심사1과장 2009년 同납세보호관실 심사1담당관(부이사관) 2010년 중부지방국세청 조사3국장(고위공무원) 2011년 同조사1국장 2012년 세무법인 다솔 상임고문(현) 2013~2016년 한솔로지스틱스(주) 상근감사

## 서윤원(徐允源) SEO Yoon Weon

(생)1957 · 6 · 17 (출)인천 (주)서울특별시 강남구 영동대로 517 아셈타워 23층 관세법인 화우(02-6182-6506) (학)1976년 인천 제물포고졸 1983년 한국외국어대 행정학과졸 1986년 서울대 행정대학원졸 1992년 미국 아이오와주립대 경영대학원졸 (경)1983년 행정고시 합격(27회) 1985년 특허청 행정관리담당관실 행정사무관 1986년 同국제협력담당관실 행정사무관 1987년 同심사1국 상표심사1담당관실 행정사무관 1993년 관세청 평가협력국 평가1과 행정사무관 1995년 同통관관리국 총괄징수과 행정사무관 1998년 관세공무원교육원 서무과장 1998년 뉴질랜드 관세청 파견 2000년 관세청 기획관리관실 행정법무담당관 2001년 同정보협력국 국제협력과장 2001년 인천공항세관 조사감시국장 2002년 관세청 조사감시국 조사총괄과장 2003년 인천본부세관 조사감시국장 2003년 관세청 통관지원국 수출통관과장 2003년 同통관지원국 통관기획과장 2005년 국세공무원교육원 교수부장 2006년 관세국경관리연수원장 2007년 중앙공무원교육원 파견(국장급) 2008년 관세청 정보협력국장 2010년 同조사감시국장 2011년 부산본부세관장 2012년 관세국경관리연수원장 2013년 인천공항본부세관장 2015~2016년 서울본부세관장 2016년 관세법인 화우 대표관세사(현)

## 서은경(徐銀景 · 女) SUH Eun Kyung

(생)1957 · 10 · 15 (본)이천(利川) (출)전북 전주 (주)전라북도 전주시 덕진구 백제대로 567 전북대학교 반도체과학기술학과(063-270-3441) (학)1976년 전주여고졸 1980년 서울대 물리교육학과졸 1982년 同대학원 물리학과졸 1988년 물리학박사(미국 퍼듀대) (경)1989~2002년 전북대 자연과학대학 물리학과 전임강사 · 조교수 · 부교수 · 교수 1990년 同반도체물성연구소 연구원 · 운영위원 2002년 同반도체과학기술학과 교수(현) 2002~2004년 同반도체과학기술학과장 2004~2008년 同반도체물성연구소장 2009~2010년 同기획처장 2011~2013년 同자연과학대학장 2013~2015년 학교법인 한국폴리텍 비상임이사 2017~2018년 대통령직속 4차산업혁명위원회 위원 2017년 과학기술정보통신부 자체평가위원회 기초과학연구형기관평가위원장(현) 2018년 한국과학창의재단 이사장 (상)FAN AWARD, 한국물리학회 논문상, 한국과학재단 올해의 여성과학기술자상(2004) (종)기독교

## 서은석(徐銀錫) Seo Eun Seog

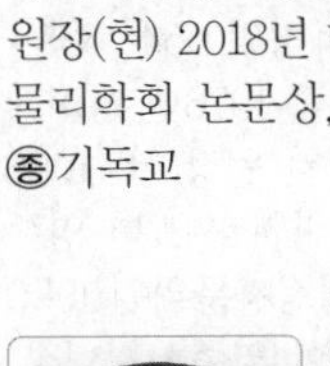

(생)1960 · 2 · 3 (본)이천(利川) (출)전남 무안 (주)경기도 고양시 덕양구 고양대로 1342 고양소방서(031-931-0212) (학)1986년 목포대 경제학과졸 (경)1987년 소방사 임용(공채) 1995년 경기 과천소방서 주암파출소장 · 예방계장 1996년 내무부 소방국 구조구급과 구급계 근무 1998년 행정자치부 소방국 구조구급과 구급계 근무 2003년 경기 의정부소

방서 소방행정과장 · 방호예방과장 2006년 경기도 제2소방재난본부 방호구조과 예방홍보담당 2010년 同제2소방재난본부 소방행정기획과 예산장비담당 2011년 경기 연천소방서장 2013년 경기 일산소방서장 2016년 경기 양주소방서장 2018년 경기 의정부소방서장 2018년 경기 용인소방서장(지방소방준감) 2019년 경기 고양소방서방(현) (상)내무부장관표창(1977), 행정자치부장관표창(2000), 국무총리표창(2002), 국민안전처장관표창(2016) (종)기독교

### 서은수(徐銀洙) SUH Eun Soo

(생)1970 · 10 · 19 (출)전남 광양 (주)전라남도 무안군 삼향읍 오룡길 1 전라남도청 농축산식품국(061-286-6200) (학)1993년 서울대 농업교육과졸 (경)1996년 지방고시 합격(1회), 광양시 농업정책과장, 교육 파견 2006년 지방기술서기관 승진 2008년 전남도 농산물유통과장 2008년 同농산물원종장장 2009년 同농업정책과장 2013년 同식품유통과장 2014년 同정책기획관 2015년 전남 장흥군 부군수 2017년 전남도 농림축산식품국장(부이사관) 2018년 세종연구소 교육파견(지방부이사관) 2019년 전남도 농축산식품국장(현)

### 서은숙(徐銀淑 · 女) SEO Eun Suk

(생)1967 · 9 · 25 (주)부산광역시 부산진구 시민공원로 30 부산진구청 구청장실(051-605-4004) (학)부산 남성여고졸, 신라대 영어영문학과졸, 부산대 대학원 국민윤리학과졸, 同대학원 국민윤리학 박사과정 수료 (경)신라대 총학생회장, 백양산롯데골프장저지주민대책위원회 운영위원, 금정구자원봉사센터 사무국장, 부산혁신포럼 기획실장, 희망연대 사무국장 2006~2010년 부산시 부산진구의회 의원(비례대표), 열린우리당 부산시당 수석부대변인, 同부산시당 지방자치위원회 간사, 민주평통 자문위원 2007년 대통령직속 국가균형발전위원회 자문위원 2010~2014년 부산시 부산진구의회 의원(민주당 · 민주통합당 · 민주당 · 새정치민주연합) 2010년 同기획총무위원장, 동원초 운영위원장, 노무현재단 기획위원, 국가인권위원회 명예인권위원, 숨바꼭질 쌈지도서관 운영위원 2014년 부산시의원선거 출마(새정치민주연합), 서울시 정책자문특별보좌관 2018년 부산시 부산진구청장(더불어민주당)(현)

### 서은지(徐銀志 · 女) Seo Eun-ji

(생)1970 · 7 · 17 (주)서울특별시 종로구 사직로8길 60 외교부 공공문화외교국(02-2100-7540) (학)1992년 연세대 정치외교학과졸 1999년 미국 보스턴대 대학원 정치학과졸 (경)1995년 외무고시 합격(29회) 1995년 외무부 입부 2002년 駐샌프란시스코 영사 2008년 駐베트남 참사관 2011년 외교통상부 문화예술협력과장 2013년 외교부 다자협력 · 인도지원과장 2015년 駐제네바 공사참사관 2018년 외교부 공공외교총괄과장 2019년 同공공문화외교국장(현)

### 서익제(徐益濟)

(생)1951 · 2 · 27 (본)달성(達城) (출)대구 (주)경상북도 영주시 구성로 380 영주기독병원(054-635-6161) (학)1969년 경북대사대부고졸 1976년 경희대 의학과졸 (경)1985년 영주기독병원 원장(현) 1986년 대한적십자사 경북지사 상임위원 1987년 영주시의사회 회장 1988년 영주시 시정자문위원 1990년 민자당 중앙위원 1993년 새마을운동중앙협의회 영주시지회장, 영주소백라이온스클럽 회장, KBS 안동방송국 시청자위원, 경북도민체육대회추진위원회 부위원장 1995년 민자당 영주시지구당 부위원장 1996년 영주경찰서 방범자문위원장 1998년 영주시체육회 부회장 1999년 영주경찰서 경찰행정발전위원장 2003년 영주시축구협회 회장 (상)재무부장관표창, 보건복지부장관표창, 새마을훈장 근면장 (종)가톨릭

### 서인덕(徐仁德) SEO In Deok (淸泉)

(생)1960 · 10 · 6 (본)달성(達城) (출)전남 구례 (주)광주광역시 서구 시청로 98 광주광역시선거관리위원회(062-382-7607) (학)1979년 송원고졸 1984년 전남대 섬유공학과 2년 중퇴, 성균관대 법과대학 1년 중퇴 1995년 한국방송통신대 법학과졸 (경)1989년 전남 구례군 근무 1990년 同구례군선거관리위원회 근무 1991~1993년 전남도선거관리위원회 관리과 근무 1999년 중앙선거관리위원회 사무관 1999년 전남 여수시선거관리위원회 관리담당관 2000년 同신안군선거관리위원회 사무과장 2001년 同순천시선거관리위원회 관리담당관 2001년 광주北선거관리위원회 관리담당관 2002년 중앙선거관리위원회 홍보담당관실 공보계장 2005년 同정당국 정당과 정당계장 2006~2008년 同정당국 정책정당지원팀 과장(서기관) 2008년 同여수시선거관리위원회 사무국장 2010년 전남도선거관리위원회 홍보과장 2011년 중앙선거관리위원회 홍보담당관 2013~2014년 광주시선거관리위원회 관리과장(부이사관) 2016년 전남도선거관리위원회 사무처장 2017년 중앙선거관리위원회 선거연수원장 2017년 시인(현) 2018년 광주시선거관리위원회 상임위원(관리관)(현) (상)전남도선거관리위원장표창(1998), 대통령표창(2008), 매니페스토약속대상 공직분야 우수상(2009), 자랑스런 대한민국시민대상 선거관리부문 '공명선거관리공로대상'(2019) (저)'각 국의 선거관계 언론법제'(共)

### 서인석(徐仁錫) SUH Een Seok

(생)1952 · 9 · 13 (출)서울 (주)충청남도 천안시 동남구 병천면 가전5길 133 새론오토모티브(041-560-4114) (학)1971년 경동고졸 1975년 한양대 기계공학과졸 2002년 서울대 공과대학 최고산업전략과정 수료 (경)1975년 현대양행 입사, 만도기계(주) 평택사업본부 생산부장 · 승용공장장 · 연구소장(이사) · 부본부장(상무이사) 2000년 (주)만도 평택사업본부장(전무) 2007년 同평택사업본부장(부사장) 2008~2018년 새론오토모티브(주) 대표이사 사장 2018년 同공동대표이사 사장(현)

### 서인선(徐仁善 · 女)

(생)1974 · 3 · 1 (출)서울 (주)대전광역시 서구 둔산중로78번길 15 대전지방검찰청 총무과(042-470-4544) (학)1992년 용화여고졸 1999년 한국외국어대 법학과졸 (경)1999년 사법시험 합격(41회) 2002년 사법연수원 수료(31기) 2002년 서울지검 검사 2003년 同공안2부 검사 2004년 의정부지검 고양지청 검사 2006년 광주지검 검사 2008년 청주지검 검사 2011년 대검찰청 연구관 2012~2016년 서울북부지검 검사 2014년 헌법재판소 파견 2016년 부산지검 부부장검사 2017년 법무부 인권조사과장 2018년 同공안기획과장 2019년 대전지검 부장검사(현)

### 서인수(徐仁洙) SEO In Soo

(생)1955 · 3 · 15 (출)서울 (주)서울특별시 강남구 영동대로106길 42 (주)성도이엔지 회장실(02-6244-5200) (경)1987년 (주)성도이엔지 대표이사 회장(현), 한국공기청정협회 이사, 한국디스플레이산업협회 이사 2009년 (주)에스티아이 대표이사 2010년 同각자대표이사(현) (상)산업자원부장관표창(2002), 건설산업기술경영대상(2006), 국무총리표창(2008)

### 서일홍(徐一弘) SUH Il Hong

(생)1955 · 4 · 16 (출)서울 (주)서울특별시 성동구 왕십리로 222 한양대학교 공과대학 융합전자공학부(02-2220-0392) (학)1977년 서울대 전자공학과졸 1979년 한국과학기술원(KAIST) 전기및전자공학과졸(석사) 1982년 공학박사(한국과학기술원) (경)1982년 한국과학기술원(KAIST) 전기및전

자공학과 대우교수 1982~1985년 대우중공업(주) 기술연구소 선임연구원 1985~2000년 한양대 공과대학 전자공학과 교수 1987년 미국 Univ. of Michigan CRIM연구소 객원연구원 2000~2013년 한양대 정보통신대학 컴퓨터전공 교수 2003년 대한전자공학회 시스템부문 회장 2003년 대한전기학회 로보틱스및자동화분과 위원장 2004~2006년 한양대 정보통신대학원장 2004~2006년 同정보통신대학장 겸임 2006~2010년 同네트워크기반지능형로봇교육센터장 2008년 한국로봇학회 회장 2009~2014년 지식경제부 로봇특성화대학원 사업단장 2010년 한국공학한림원 일반회원 2013년 同정회원(현) 2013년 한양대 공과대학 융합전자공학부 교수(현) 2015~2017년 한국뇌공학회 회장 2016년 세계지능로봇학술대회(IEEE/RSJ IROS 2016) 조직위원장 (상)한국로봇학회 우수논문상(2009), 대한민국 100대 기술과 그 주역상 로봇제어기부문(2010), 로봇산업유공 국무총리표창(2011) (저)'해외 로봇 인력양성 현황 조사 및 분석(共)'(2009, 지식경제부) 'Robot Intelligence : From Reactive AI to Semantic AI'(2009, 한양대 로봇특성화대학원 사업단) '로봇지능 : 기술분야별 연구동향 및 대표기술'(2010, 한양대 로봇특성화대학원 사업단)

**서장은(徐張恩) SEO Jang Eun**

(생)1965 · 7 · 21 (출)경북 포항 (주)대구광역시 북구 엑스코로 10 대구전시컨벤션센터(EXCO)(053-601-5000) (학)1984년 남강고졸 1989년 고려대 법학과졸 2002년 단국대 행정법무대학원 지방자치법학과졸 2007년 법학박사(중앙대) (경)(주)클라우드나인 부사장, 정치발전협의회 기획위원, 새로운한국을준비하는국회의원연구모임 기획실장, (주)한국바이오비료 이사, (주)닷솔루션 이사, (주)아세아종합금융 증권신탁부 근무, 한나라당 대표최고위원 공보특보, (사)한국법제발전연구소 선임연구위원 2004년 제17대 국회의원선거 출마(서울 동작甲, 한나라당) 2007년 (사)한중친선협회 이사 · 부회장 2008년 서울시 정무조정실장 2009~2010년 同정무부시장 2010~2012년 중앙대 행정대학원 특임교수 2011년 한나라당 수석부대변인 2012년 새누리당 서울동작甲당원협의회 위원장 2012년 제19대 국회의원선거 출마(서울 동작구甲, 새누리당) 2012년 새누리당 국민공감위원장 2012년 同제18대 대통령중앙선거대책위원회 종합상황실 부실장 2014~2017년 駐히로시마 총영사(특임대사) 2019년 대구전시컨벤션센터(EXCO) 사장(현) (저)'공존의 정치'(2012)

**서재경(徐在景) SUH Jae Kyoung**

(생)1947 · 10 · 22 (본)이천(利川) (출)전남 (주)서울특별시 은평구 통일로 684 국립독성연구원 1동 1층 아름다운서당(02-3278-8114) (학)1966년 광주제일고졸 1974년 한국외국어대 서반아어과졸 1990년 서강대 대학원 최고경영자과정 수료 1998년 미국 하버드대 행정대학원 수학 (경)1973년 한국일보 기자, 서울경제신문 기자, 대우그룹 회장비서실 상무, 同중남미본부장, 同부사장 1998년 미국 하버드대 한국학연구소 객원연구원, 전국경제인연합회 회장보좌역, 한국경제연구원 감사 2000~2012년 SPR경영연구소 대표, 한국외국어대 상경학부 겸임교수, 미국 세계인명사전 'Marquis Who's Who in the World'에 등재, 영국 국제인명센터(IBC) 인명록에 등재 2002년 영국 IBC '20세기의 탁월한 인물 200인'에 선정 2004년 아름다운서당 이사장(현) 2005~2012년 영리더스아카데미 대표 2007~2012년 조선대 초빙교수 2009년 희망제작소 상임고문 2012~2014년 서울신용보증재단 이사장 2016~2019년 남도학숙 원장 (상)체육포장(1997), 희망제작소 제1회 해피시니어어워즈 희망씨앗상(2008) (저)'PI : 기업인의 이미지'(1992, 김영사) '시장은 넓고 팔 물건은 없다'(1997, 김영사) '제목이 있는 젊음에게'(2016, 김영사) (역)'한반도 운명에 관한 보고서'(1998) '리더여 두려움을 극복하라'(2001)

**서재국(徐在國)**

(생)1972 · 7 · 2 (출)전남 함평 (주)대전광역시 서구 둔산중로78번길 45 대전지방법원 총무과(042-470-1684) (학)1991년 광주 고려고졸 1995년 성균관대졸 1998년 同대학원 법학과 수료 (경)1997년 사법시험 합격(39회) 2000년 사법연수원 수료(29기) 2000년 청주지법 판사 2005년 同충주지원 판사 2008년 청주지법 판사 2012년 同충주지원 판사 2013년 전주지법 판사 2015년 부산지법 부장판사 2019년 대전지법 부장판사(현)

**서재석(徐在錫) Jae-Seok, Seo**

(생)1962 · 2 · 10 (출)경북 구미 (주)부산광역시 남구 문현금융로 30 BNK금융지주 그룹리스크부문(051-620-3000) (학)1980년 부산 개성고(舊 부산상고)졸 1988년 홍익대 경영학과졸 (경)1980년 경남은행 입행 2003년 同경영기획부 부부장 2005년 同서창지점장 2008년 同학성지점장 2012년 同울산본부 부장 2013년 同양산기업금융 지점장 2015년 同금융소비자보호총괄책임자(본부장) 2016년 同울산영업본부장 겸 서울영업본부장 2017년 同마케팅본부장(부행장보) 2018년 同여신운영그룹장 겸 여신지원본부장(부행장보) 2019년 BNK금융지주 그룹리스크부문 전무(현)

**서재성(徐在成) SEO Jae Sung**

(생)1953 · 9 · 24 (출)대구 (주)대구광역시 남구 현충로 170 영남대학교(053-640-6809) (학)1978년 경북대 의대졸 1984년 同대학원 의학석사 1992년 의학박사(경북대) (경)1981~1982년 경북대병원 인턴 1982~1986년 同전공의 1986~2016년 영남대 의대 정형외과학교실 조교수 · 부교수 · 교수 1990~1991년 미국 메이요클리닉 객원이사 1992~1993년 싱가폴국립대 미세수술연구원 2007~2008년 영남대 병원장 2010~2011년 대한수부외과학회 회장 2016년 영남대 의대 명예교수(현) (종)기독교

**서재용(徐載傛) SEO JAE YONG**

(생)1966 · 9 · 1 (본)달성(達城) (출)경남 밀양 (주)부산광역시 중구 충장대로 20 부산본부세관 통관국(051-620-6100) (학)1985년 부산 성도고졸 1989년 부산대 무역학과졸 2012년 미국 피츠버그대 대학원 국제공공정책학과졸 (경)1998년 행정고시 합격(42회) 1999~2007년 관세청 통관기획과 · 수출통관과 · 외환조사과 사무관 · 인천공항세관 감시과장 · 마산세관 조사심사과장 2007~2009년 관세청 국제협력과 서기관 2009~2010년 거제세관장 · 관세청 운영지원과장 2012~2013년 관세청 국제협력과장 · FTA협력담당관 2013년 同통관기획과장 2016년 同조사감시국 조사총괄과장 2017년 同창조기획재정담당관 2018년 관세평가분류원장 2019년 부산본부세관 통관국장(현)

**서재익(徐在益) Jae-Ick Seo**

(생)1962 · 7 · 26 (출)전남 강진 (주)서울특별시 중구 삼일대로 340 나라키움저동빌딩 內 남대문세무서(02-2260-0200) (학)광주제일고졸, 전남대졸 (경)1994년 세무공무원 임용(7급 공채) 1994년 재무부 경제협력국 · 재정경제부 세제실 · 기획재정부 · 기획예산처 근무 2008년 서울 용산세무서 법인세과장 2011년 국세청 전산정보관리관실 사무관 2012년 同전산정보관리관실 서기관 2013년 서울지방국세청 조사2국 서기관 2014년 광주지방국세청 징세법무국장 2015년 서울 영등포세무서장 2016년 국세청 정보개발1담당관 2017년 서울 종로세무서장 2018년 서울지방국세청 조사1국 조사3과장 2019년 서울 남대문세무서장(현)

**서재일(徐載鎰) SEO Jae Il (장우)**

(생)1949·5·28 (본)달성(達城) (출)경북 안동 (주)강원도 원주시 행구로 215 원주영강교회(033-761-1188) (학)한국신학대 신학과졸, 한신대 대학원 신학과졸, 목회학박사(미국 리젠트대) 1988년 캐나다 토론토대 어학교육원 수료 (경)1980년 원주영강교회 담임목사(현) 1988년 캐나다 토론토한인연합교회 임시목사, 연세대 원주기독병원 이사, 민주개혁국민연합 공동대표 1999년 한국지뢰대책회의 대표 1999년 반부패국민연대 강원본부 상임회장, 자주평화통일민족회의 원주시의장, 한국기독교교회협의회 인권위원장, 同원주지역회장 2000년 상지대 이사, 21세기목회협의회 상임회장, 제2의건국범국민추진위원회 추진위원 2001년 한국기아대책기구와섬기는사람들 원주지부 설립·회장 2002~2008년 한국가정법률상담소 원주지부 이사장 2008년 영강쉐마기독학교 설립·이사장(현) 2008~2009년 한국기독교장로회 총회 총회장 2011년 同WCC 제10차 부산총회 기장준비위원회 위원 2011년 同기장21세기중장기발전기획위원회 위원 (저)'거룩한 곳에 피하라'(1996) '마음이 뜨거워지는 말씀'(1996) '빛되는 교회성장' '순종과 저항의 기도' '장애우와 함께 사랑으로 개혁해가는 교회' '행복한 새 가정' '멍에를 메고 배우라' '자라는 교회' '사람을 쓰십시오' '웃게 하시는 하나님' '성령의 생명강 성전' '사람을 쓰십니다' (종)기독교

**서재철(徐載喆) SEO Jai Churl (家源)**

(생)1947·7·10 (본)달성(達城) (출)전북 군산 (주)전라북도 전주시 완산구 기린대로 222 전주매일신문 임원실(063-288-9700) (학)1965년 군산고졸 1967년 군산수산대 기관학과졸 1993년 원광대 행정대학원 수료 1998년 총회신학교 신학과졸 2004년 한국방송통신대 중어중문학과졸 2007년 총신대 신학대학원졸 (경)1967년 호남일보 기자 1976년 한국소설가협회·한국문인협회 회원(현) 1988년 전북도민일보 문화부장·편집부장 1991년 전주일보 편집국장 1994년 同수석논설위원·업무국장 1996년 전북매일신문 대표이사 사장 1997년 同편집국장 1998년 전주일보 이사·편집국장 1999년 일요시사 주필 2003년 전민일보 이사·편집국장 2004년 전북중앙신문 편집국장 2006~2008년 同주필 2008년 목사 안수 2008년 전주방주교회 담임목사(현) 2009년 전주매일신문 부회장 겸 주필(현) 2013~2015년 대한예수교장로회 전주노회장 2015년 同전주증경노회장(현) (상)통일원장관표창, 해양문학상 (저)'어떤 귀향'(1977) '벽지의 4계절'(1980) '독불장군'(1982) '아버지, 우리 아버지'(1982) '춤추는 교단'(1982) '부안 향토문화지'(共) '알을 낳은 아이' '한국은 지금 몇 시인가' (종)기독교

**서재환(徐在煥) Suh Jae Hwan**

(생)1954·10·2 (본)이천(利川) (출)전남 나주 (주)서울특별시 종로구 우정국로 26 금호건설 비서실(02-6303-0896) (학)신일고졸, 한국외국어대 경제학과졸, 한국항공대 대학원 항공경영학과졸 2009년 물류학박사(인천대) (경)1988년 아시아나항공 입사 2003년 한국도심공항터미널 관리총괄상무보 2005년 한국복합물류 경영지원총괄 상무 2009년 대한통운(주) 경영관리부문장(전무) 2011년 同경영관리부문장(부사장) 2012년 금호아시아나그룹 전략경영실 부사장 2013년 同전략경영실장(사장) 2016년 금호건설 대표이사 사장(현) (상)산업포장(2010) (저)'3PL 이렇게 공략하라'(2007) (종)기독교

**서 정(徐 定) SU Jung**

(생)1960·8·2 (출)서울 (주)서울특별시 중구 소월로2길 12 CJ(주)(02-726-8114) (학)1979년 영등포고졸 1984년 한국외국어대 스웨덴어학과졸 (경)1986년 삼성물산 입사 2001년 (주)CJ오쇼핑 CJmall사업부장(상무대우) 2004년 同미디어지원담당 상무 2007년 同마케팅실장(상무) 2008년 同TV사업부장 2010년 同글로벌전략담당 상무 2010년 同영업본부장(부사장대우) 2012년 CJ CGV(주) 대표이사 부사장대우 2013~2018년 同대표이사 부사장 2018년 CJ(주) 아시아·태평양본사 대표(부사장)(현) (상)보건복지부장관표창(2013), 대통령표창(2014)

**서정권**

(생)1960·4·20 (출)서울 (주)대전광역시 서구 둔산중로 77 대전지방경찰청 112종합상황실(042-609-2249) (학)서울 충암고졸, 단국대 건축공학과졸 (경)1987년 경위 임관(건축기사 특채) 1996년 경감 승진 2002년 경정 승진 2013년 충남 아산경찰서장(총경) 2014년 충남지방경찰청 생활안전과장 2015년 충남 부여경찰서장 2016년 대전지방경찰청 생활안전과장 2017년 대전 동부경찰서장 2019년 대전지방경찰청 112종합상황실장(현)

**서정기(徐廷琪) SEO Jeong Kee**

(생)1949·1·19 (본)이천(利川) (출)서울 (주)서울특별시 종로구 대학로 103 서울대학교 의과대학(02-740-8114) (학)1967년 경기고졸 1973년 서울대 의대졸 1976년 同대학원 의학석사 1984년 의학박사(서울대) (경)1973~1978년 서울대병원 인턴·레지던트 1981~2014년 서울대 의대 소아청소년과학교실 교수 1984~1986년 미국 하버드의대부속소아병원 소화기·영양분과 전임의 1995~2012년 아시아태평양소아소화기영양학회(APPSPGHAN) 상임이사·한국측 대표 2001~2003년 대한소아소화기영양학회 회장 2004년 서울대병원 소아과장 2004년 대한민국의학한림원 정회원(현) 2008년 대한소화기내시경학회 회장 2009~2012년 아시아태평양소아기영양학회(APPSPGHN) 회장 2010~2012년 4th World Congress of Pediatric Gastroenterology Hepatology and Nutrition 준비위원회 소아내시경분야 책임위원 2014년 서울대 의대 명예교수(현) (상)옥조근정훈장(2014) (저)'소화기계질환(共)'(2010) '소아과학(共)'(2012)

**서정묵(徐正默) SUH Chung-Mook**

(생)1948·10·22 (출)대구 달성 (주)서울특별시 영등포구 경인로 775 에이스하이테크시티 1동 1106호 (주)아이커머 사장실(02-466-3700) (학)1968년 대구상업고졸 1976년 고려대 법학과졸 (경)1968년 한국은행 조사부 입행 1979년 삼성그룹 입사 1984~1987년 同기획관리과장 1987~1992년 同부장 1993~1994년 同컴퓨터사업부장(이사대우) 1994~1996년 삼성데이타시스템 컴퓨터사업부장(이사) 1996년 同공공1사업부장(이사) 1997년 삼성SDS(주) 공공사업부장(이사) 2000년 同공공사업부장(상무) 2001~2002년 同일본사업총괄본부장(상무) 2002년 (주)아이커머 대표이사 사장(현) (상)재무부장관표창(1974), 국민포장(1996)

**서정민(徐廷旻) SEO Jeong Min**

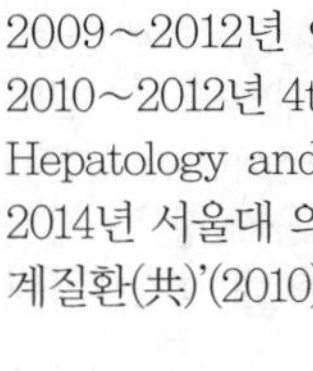

(생)1962·2·21 (출)서울 (주)서울특별시 강남구 일원로 81 삼성서울병원 소아외과(02-3410-2114) (학)1986년 서울대 의대졸 1994년 同대학원 의학석사 2000년 의학박사(서울대) (경)1990~1994년 서울대병원 일반외과 전공의 1994년 대한소아외과학회 정회원(현) 1994년 대한외과학회 정회원(현) 1994~1996년 한양대병원 소아외과 전임의 1996~2001년 인하대 의대 전임강사·조교수 2000~2001년 미국국립보건원 연구원 2001년 삼성서울병원 소아외과 전문의(현) 2002~2008년 성균관대 의대 외과학교실 부교수 2003년 한국정맥경장영양학회 정회원(현), 同학술위원장(현) 2009년 성균관대 의대 외과학교실 교수(현) 2007·2017년 삼성서울병원 영양지원팀장(현) 2008년 대한외과학회 학술위원회 위원(현) 2009년 삼성서울병원 소아외과장(현) 2017년 同소아청소년센터장(현) (역)'Chassin 외과수술의 원칙과 실제'(2007)

### 서정민(徐楨旼)

(생)1976 · 12 · 25 (출)경북 포항 (주)서울특별시 서초구 반포대로 157 대검찰청 공판송무과(02-3480-2362) (학)1995년 덕원고졸 2000년 서울대 법학과졸 (경)1999년 사법시험 합격(41회) 2002년 사법연수원 수료(31기) 2005년 수원지검 검사 2007년 대구지검 포항지청 검사 2012년 법무부 법무심의관실 검사 2013년 서울중앙지검 검사 2015년 대구지검 검사 2016년 대검찰청 검찰연구관 2017년 법무부 국제형사과장 2018년 청주지검 제천지청장 2019년 대검찰청 공판송무과장(부장검사)(현)

### 서정배(徐定培) SEO Jung Bae

(생)1967 · 10 · 30 (본)달성(達城) (출)경기 용인 (주)서울특별시 종로구 세종대로 209 통일부 인도협력국(02-2100-2300) (학)1986년 수원고졸 1994년 서울시립대 행정학과졸 1997년 서울대 대학원 행정학과졸 2009년 미국 럿거스대 대학원 도시계획과졸 2009년 한국개발연구원(KDI) 국제정책대학원졸 (경)1993년 통일원 남북회담사무국 사무관 1998년 통일부 인도지원국 사무관 2002년 경수로기획단 파견 2003년 통일부 기획관리실 사무관 2004년 同기획관리실 서기관 2005년 同남북회담본부 회담기획3팀장 2007년 한국개발연구원(KDI) 파견 2008년 미국 뉴저지주립대 교육파견 2009년 통일부 통일정책실 정착지원과 근무 2011년 同통일교육원 교육총괄과장 2013년 同교류협력국 남북경협과장 2013년 同교류협력국 교류협력기획과장 2015년 同교류협력국 교류협력기획과장(부이사관) 2016년 同통일교육원 교육협력부장(고위공무원) 2018년 국외 교육파견 2019년 통일부 인도협력국장(현) (상)국무총리표창(1999), 대통령표창(2009) (종)천주교

### 서정선(徐廷善) SUH Jung Sun (正山 · 直谷)

(생)1942 · 11 · 3 (본)달성(達城) (출)충남 청양 (주)서울특별시 서대문구 가좌로 134 명지전문대학 총장실(02-300-1000) (학)1960년 대전고졸 1964년 서울대 사범대학 화학교육과졸 1970년 同교육대학원 교육학과졸 1980년 이학박사(서울대) (경)1967~2008년 명지대 화학과 교수 1982~1983년 미국 피츠버그대 교환교수 1984~1988년 명지대 교무처장 1985~1986년 기술고등고시 시험위원 1988년 명지대 기획관리실장 1990~1994년 대한화학회 평의원 1990~1995년 명지대 본부 부총장 1991년 同총장 직대 1992~1993년 同이과대학장 1993~1994년 同총장 직대 1995~1996년 대전대 초빙교수 1996~1997년 한국결정학회 회장 1997~2001년 학교법인 명지학원 법인사무처장 1997~2010년 명지의료재단 이사 2001년 학교법인 명지학원 이사(현) 2001~2012 · 2018년 명지전문대학 총장(현) 2002~2005년 한국과학기술단체총연합회 이사 2003~2006년 한국전문대학교육협의회 부회장 2004~2007년 명지교육학원(명지외국어고) 이사 2004~2010년 한국기독교전문대학협의회 부회장 2005~2006년 미국 피츠버그대한국동창회 회장 2006~2007년 한국전문대학교육협의회 감사 2008~2011년 명지대 자연과학대학 화학과 명예교수 (상)근정포장(2000), 한국일보 신한국인 대상(2005), 헤럴드경제 '올해를 빛낸 인물 20인상' 선정(2006), 헤럴드경제 '2007년을 빛낸 자랑스런 한국인' 선정(2007), 황조근정훈장(2008), 중앙일보 '한국을 빛낸 창조경영대상'(2010), 한국참언론인대상 공로상(2011) (저)'물리화학(共)'(1978) '일반화학(共)'(1982) (종)기독교

### 서정선(徐廷瑄) SEO Jeong Sun

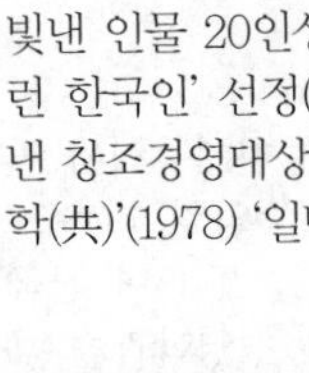

(생)1952 · 6 · 11 (본)이천(利川) (출)서울 (주)서울특별시 금천구 벚꽃로 254 (주)마크로젠 회장실(02-2113-7000) (학)1970년 경기고졸 1976년 서울대 의대졸 1978년 同대학원 의학석사 1980년 의학박사(서울대) (경)1980~1983년 서울지구병원 생화학과장 1981~1982년 미국 국립보건원 분자유전학실 연구원 1983~1996년 서울대 의대 생화학교실 전임강사 · 조교수 · 부교수 1983년 同암연구소 분자생물학실장 1984년 미국 M.D.Anderson암연구소 연구원 1987년 미국 뉴욕과학아카데미사이언스 정회원(현) 1989년 서울대 유전공학연구소 응용연구부장 1990년 미국 록펠러대 객원연구원 1995~2016년 한국유전체의학연구재단 상임이사 1996~2017년 서울대 의대 생화학교실 교수 1997년 同의학연구원 유전자이식연구소장 1997~2000년 (주)마크로젠 창립 · 기술고문 1999년 한국생화학회 간사장 2000~2004년 (주)마크로젠 대표이사 2000~2002년 랩벤처(Lab Venture)협의회 회장 2000년 한국바이오벤처협회 부회장 2003년 한국과학기술한림원 정회원(의약학부 · 현) 2003년 한국분자세포생물학회 부회장 2004년 (주)마크로젠 회장(현) 2004년 대한민국의학한림원 제1분과 회장 2004년 대한생화학분자생물학회 부회장 2005년 한국유전체학회 회장 2005년 미국 생화학분자생물학회 정회원(현) 2005년 인천경제자유구역 바이오메디컬허브 자문위원장(현) 2006년 서울대 의학연구원 인간유전체연구소장 2007~2017년 同유전체의학연구소장 2007년 한국바이오벤처협회 회장 2009~2013 · 2015 · 2017년 한국바이오협회 회장(현) 2016~2017년 한국유전체의학연구재단 이사장 2017년 공우생명정보재단 이사장(현) (상)Bio Industry Award 기술상(2000), 벤처기업대상 중소기업특별위원장표창(2000), 대한민국 국회 과학기술대상(2001)

### 서정식(徐禎植) SUH, JUNG-SIK

(생)1969 · 8 · 18 (출)대구 (주)서울특별시 서초구 헌릉로 12 현대 · 기아자동차그룹 ICT본부(02-3464-1114) (학)서울대 국제경영학과졸, 미국 UC버클리대 대학원 경영학과졸 (경)1995~2003년 아서디 리틀 코리아 통신방송 담당리더(이사) 2003년 하나로텔레콤 경영전략실장(상무) 2005년 同영업지원실장 겸 두루넷인수추진단 인수반장(상무) 2009년 (주)KT CorporateCenter 그룹전략CFT 경영전략1담당 상무 2010년 同CorporateCenter 신사업개발TF장(상무) 2010~2014년 同Cloud추진본부장(상무) 2018년 현대 · 기아자동차그룹 ICT본부장(전무)(현)

### 서정식(徐正植) Seo Jeong Sik

(생)1969 · 11 · 15 (출)경남 밀양 (주)서울특별시 강남구 테헤란로87길 36 법무법인(유) 로고스(02-2188-2856) (학)1988년 밀양고졸 1997년 건국대 법학과졸 (경)1998년 사법시험 합격(40회) 2001년 사법연수원 수료(30기) 2001년 수원지검 검사 2003년 광주지검 목포지청 검사 2005년 대전지검 검사 2007년 창원지검 진주지청 검사 2009년 서울중앙지검 검사 2013년 수원지검 안양지청 검사 2015년 同성남지청 부부장검사 2016년 광주지검 형사3부장 2017년 수원지검 형사4부장 2018~2019년 부산지검 동부지청 형사1부장 2019년 법무법인(유) 로고스 변호사(현)

### 서정식(徐政湜)

(생)1974 · 2 · 26 (출)경북 포항 (주)서울특별시 서초구 반포대로 157 대검찰청 운영지원과(02-3480-2032) (학)1992년 서울 배문고졸 1998년 고려대 법학과졸 (경)1999년 사법시험 합격(41회) 2002년 사법연수원 수료(31기) 2002년 육군 법무관 2005년 서울북부지검 검사 2007년 대전지검 천안지청 검사 2009년 부산지검 검사 2012년 대검찰청 연구관 2013년 서울중앙지검 검사 2016년 同부부장검사 2017년 제주지검 부부장검사 2017년 전주지검 남원지청장 2018년 인천지검 형사6부장 2019년 대검찰청 검찰연구관(현)

## 서정아(徐晶娥·女)

(생)1968·11·24 (주)서울특별시 종로구 세종대로 209 금융위원회 대변인실(02-2100-2550) (학)1991년 서울대 외교학과졸 (경)1991년 서울신문 기자 2000년 머니투데이 자본시장팀 기자 2001년 同주식팀장 2003년 同온라인기획실 기자 2004년 同재테크사업부장 직대 2005년 同편집국 신사업팀장 겸 재테크부장 2010년 同뉴미디어부장 2010년 同크리에이티브 미디어유닛(CMU) 유닛장 2014년 同부국장대우 더300에디터(정치·경제담당) 2015년 同편집국 정치부장(부국장대우) 2017년 同통합뉴스룸1부장(부국장대우) 2018년 (주)싸이월드 뉴스Q 미디어본부장 2019년 금융위원회 대변인(고위공무원)(현)

## 서정욱(徐廷旭) SEO Jung Uck

(생)1934·11·14 (본)이천(利川) (출)서울 (주)충청북도 청주시 상당구 남일면 단재로 635 공군사관학교(043-290-6114) (학)1953년 휘문고졸 1957년 서울대 전기공학과졸 1969년 공학박사(미국 텍사스A&M대) (경)1957~1970년 공군사관학교 전자공학과 주임교수 1970~1982년 국방과학연구소 실장·부장·부소장·소장 1984년 한국전기통신공사 전자교환기사업단장·품질보증단장 1986년 대한전자공학 회장·명예회장(현) 1987년 한국전기통신공사 품질보증단장·사업개발단장 1990년 同부사장 1990년 과학기술처 차관 1992~1993년 한국과학기술연구원 원장 1993년 체신부 전파통신기술개발추진협의회 의장 1995년 한국이동통신 사장 1997년 SK텔레콤 사장 1998년 同부회장 1999년 초당대 총장 1999~2001년 과학기술부 장관 2001년 한국인터넷청소년연맹 총재 2001년 한국인정원 회장 2002년 한국시스템엔지니어링협회 초대회장 2002년 명지대 정보공학과 석좌교수 2002년 서울대 초빙교수 2003년 공군사관학교 명예교수(현) 2003년 이화여대 초빙교수 2004년 국제과학기술협력재단 이사장 2004년 전자무역추진위원회 위원장 2004년 한국전자거래협회 회장, Personal Space Communication협회 의장 2005년 순천대 석좌교수 2008년 영국 왕립공학한림원 외국회원(현) 2008년 한국과학기술원 특훈초빙교수 2018년 방위산업유공자 인정 (상)철탑산업훈장(1978), 국민훈장 동백장(1986), 황조근정훈장(1992), 금탑산업훈장(1996), 정보통신대상(1996), 전자대상, 한국공학한림원 대상(2002) (저)'미래엘리트를 위한 텔레마띠끄'(1990) '정보화사회의 길목에 서서(共)'(1993) '한국의 2001년 설계(共)'(1995) '미래를 열어온 사람들-통신과 함께 걸어온 길'(1996) (역)'일렉트로닉스 신소재'(1984) '암기편중 교육에 대한 직언'(1994) (종)기독교

## 서정원(徐廷元) SOH Jung Won

(생)1940·4·25 (본)달성(達城) (출)대전 (주)서울특별시 서초구 반포대로30길 34 세무법인 서한(02-3473-1162) (학)1959년 대전고졸 1964년 서울대 법과대학 행정학과졸 (경)1968년 행정고시 합격 1974~1984년 대전지방국세청 간세국장·직세국장 1984년 한강세무서장 1989년 서울지방국세청 자료관리관 1991년 同간세국장 1992년 대전지방국세청장 1993년 경인지방국세청장 1995년 국세청 징세심사국장 1995년 세무공무원교육원장 1997년 한국증권금융 감사 1998~2001년 同부사장 2001년 세무법인 서한 대표세무사(현) 2018년 학교법인 혜화학원(대전대) 이사장(현) (상)내무부장관표창(1971), 재무부장관표창(1982) (저)'부동산 투기억제방안' '조직갈등의 해소방안' '조직갈등의 이론과 대책' (종)천주교

## 서정원(徐靚源·女)

(생)1977·5·15 (주)대구광역시 달서구 장산남로 30 대구지방법원 서부지원(053-570-2114) (학)1996년 대구혜화여고졸 2000년 서울대 법학과졸 (경)1999년 사법시험 합격(41회) 2002년 사법연수원 수료(31기) 2002년 서울지법 판사 2004년 서울동부지법 판사 2006년 대구지법 판사 2009년 수원지법 판사 2011년 서울중앙지법 판사 2014년 서울서부지법 판사 2015년 대법원 재판연구관 2018년 대구지법 서부지원 부장판사(사법연구)(현)

## 서정인(徐廷仁) Su Jung In

(생)1936·12·20 (본)달성(達城) (출)전남 순천 (주)서울특별시 서초구 반포대로 37길 59 대한민국예술원(02-3479-7223) (학)순천고졸, 서울대 문리과대학 영어영문학과졸, 同대학원 영어영문학과졸, 영문학박사(전남대) (경)1962년 「사상계」에 단편 '후송'으로 등단·소설가(현) 1968~2002년 전북대 영어영문학과 교수 1989~1991년 同인문과학대학장 2002년 同영어영문학과 명예교수(현) 2009년 대한민국예술원 회원(소설·현) (상)한국문학작가상(1976), 월탄문학상(1983), 한국문학창작상(1986), 동서문학상(1995), 김동리문학상(1998), 대산문학상(1999), 이산문학상(2002), 녹조근정훈장(2002), 순천문학상(2010·2011), 은광문화훈장(2016) (저)'Erza Pound의 The Pisan Cantos에 나타난 혼란의 의미'(1992) (작)산문집 '개나리 울타리'(2012), 장편소설 '바간의 꿈'(2014) '강'(1976) '가위'(1977) '토요일과 금요일 사이'(1980) '철쭉제'(1986) '달궁'(1987) '달궁 둘'(1988) '달궁 셋'(1990) '지리산 옆에서 살기'(1990) '봄꽃 가을 열매'(1991) '붕어'(1994) '베네치아에서 만난 사람'(1999) '용병대장'(2000) '말뚝'(2000) '모구실'(2004) '빗점'(2011) (종)불교

## 서정인(徐廷仁) Suh Jeong-in

(생)1962·3·1 (본)달성(達城) (출)경북 상주 (주)서울특별시 종로구 사직로8길 60 외교부 한·아세안특별정상회의준비기획단(02-2100-2114) (학)1980년 관악고졸 1986년 한국외국어대 독일어과졸 1992년 미국 조지워싱턴대 대학원 국제관계학과졸 (경)1988년 외무고시 합격(22회) 1988년 외무부 입부 1994년 駐이탈리아 영사(2등서기관) 1997년 駐인도네시아 영사(1등서기관) 1999년 외교통상부 아시아태평양국 동남아과 외무서기관 2002년 駐호주 영사(1등서기관) 2004년 외교통상부 공보과장 2005년 同아시아태평양국 동남아과장 2007년 駐일본 참사관 2009년 駐태국 공사참사관 2012년 외교통상부 남아시아태평국 심의관 2013년 외교부 남아시아태평양국 심의관 2013년 同남아시아태평양국장 2015년 駐아세안대표부 대사 2017년 외교부 기획조정실장 2019년 同한·아세안특별정상회의준비기획단장(현) (상)체신부장관표창, 외교부장관표창 (종)가톨릭

## 서정일(徐正日)

(생)1959 (출)경남 합천 (주)경기도 성남시 분당구 야탑로 205번길 8 국제원산지정보원(031-600-0701) (학)합천 초계고졸 (경)7급 공채 2005년 관세청 외환조사과 서기관 2008년 포항세관장 2010년 관세청 기획심사팀장 2010년 同조사총괄과장 2011년 同조사총괄과장(부이사관) 2012년 평택세관장 2013년 관세청 본부 근무(부이사관) 2014년 관세국경관리연수원 원장(고위공무원) 2016~2017년 관세청 광주본부세관장 2018년 (재)국제원산지정보원 원장(현)

## 서정진(徐廷珍) SEO Jung Jin

(생)1957·10·23 (출)충북 청주 (주)인천광역시 연수구 아카데미로 23 (주)셀트리온 임원실(032-850-5100) (학)1977년 제물포고졸 1983년 건국대 산업공학과졸 1990년 同대학원 경영학과졸 (경)1983~1986년 삼성전기 근무 1986~1991년 한국생산성본부 전문위원 1992~1999년 대우자동차 상임고문 2002년 (주)셀트리온 대표이사 회장 2009년 (주)셀트리온제약 대표이사 회장 2010~2017년 코스닥협회 이사·부회장 2012~2014년 충북도 명예도지사 2015년 (주)셀트리온 이사회 의장(현) (상)바이오스펙트럼 올해의 기업인상(2009), 제46회 무역의날 금탑

산업훈장(2009), 자랑스런 건국인상(2009), 제1회 생생코스닥대상 대상(2010), 5.16민족상 과학기술개발부문(2011), 메디컬코리아대상 식품의약품안전처장표창(2013), 자랑스러운 충청인 특별대상 경제부문(2016)

### 서정학(徐廷鶴)

(생)1963·10·15 (출)충북 진천 (주)서울특별시 중구 을지로 79 IBK기업은행 IT그룹(02-729-6114) (학)1981년 경성고졸 1989년 동국대 영어영문학과졸 (경)1989년 IBK기업은행 입행 2011년 同구로중앙드림기업지점장 2012년 同이태원지점장 2013년 同IB지원부장 2014년 同기술금융부장 2016년 同강북지역본부장 2017년 同강동지역본부장 2018년 同IT그룹장(부행장)(현)

### 서정향(徐正享) Jung-Hyang Sur

(생)1963·7·13 (주)서울특별시 광진구 능동로120 건국대학교 수의학과(02-450-4153) (학)1982년 진해고졸 1986년 경상대 수의학과졸 1991년 同대학원 수의학과졸 1994년 수의병리학박사(경상대) (경)1994~1998년 미국 네브라스카주립대 수의병리진단센터 Research Associate 1998~2002년 미국 농무성(USDA) Plum Island Animal Disease Center 수의병리학실장 2001년 同외래악성질병진단 전문의 2002년 건국대 수의학과 교수(현) 2002년 미국 수의진단학회(AAVLD) 위원(현) 2008~2009년 미국 네브라스카주립대 진단센터 겸임교수 2012~2014년 농림수산검역검사본부 기술자문위원 2012~2013년 국방부 의무자문관 2012~2018년 건국대 산학협력단장 2013~2019년 건국대기술지주회사 대표이사 2014~2016년 식품안전정보원 이사 2016년 2017인천세계수의사대회조직위원회 위원 2016~2019년 건국대 BK21PLUS통합관리단장 2016~2017년 同연구부총장 (상)농림부장관표창(2005)

### 서정현(徐楨弦) SEO Jeong Hyun

(생)1971·1·11 (출)대구 (주)부산광역시 해운대구 재반로112번길 20 부산지방법원 동부지원(051-780-1114) (학)1989년 달성고졸 1994년 서울대 공법학과졸 (경)2001년 사법시험 합격(43회) 2004년 사법연수원 수료(33기) 2004년 춘천지법 예비판사 2006년 同판사 2007년 수원지법 판사 2010년 서울서부지법 판사 2012년 서울중앙지법 판사 2014년 수원지법 판사 2017년 서울중앙지법 판사 2019년 부산지법 동부지원 부장판사(현)

### 서정협(徐正協) SEO Jeong Hyup

(생)1965·1·29 (주)서울특별시 중구 세종대로 110 서울특별시청 기획조정실(02-2133-6600) (학)1983년 학성고졸 1987년 서울대 국제경제학과졸 1991년 同행정대학원 정책학과졸 2000년 미국 하버드대 케네디스쿨 행정학과졸 2007년 한국방송통신대 영어영문학과졸 (경)1991년 행정고시 합격(35회) 2004년 서울시 홍보기획과 청계천축제추진반장 2005년 同DMC담당관 2006년 同인재양성기획반장 2007년 同정책기획관실 창의혁신담당관 2010년 同언론담당관 2011년 同행정과장 2013년 同문화관광디자인본부 관광정책관 2015년 同기획조정실 정책기획관 2015년 서울시장 비서실장 2016년 서울시 시민소통기획관(이사관) 2017~2019년 同문화본부장 2017~2019년 서울디자인재단 비상임이사 2018년 同이사장 겸 대표이사 직대 2019년 서울시 기획조정실장(현)

### 서정호(徐政鎬) SEO Jeongho

(생)1970·12·26 (주)세종특별자치시 다솜2로 94 해양수산부 어촌양식정책과(044-200-5610) (학)1989년 경기 수성고졸 1996년 성균관대 행정학과졸 2010년 영국 카디프대 경영대학원 국제물류·교통학과졸 (경)1996년 행정고시 합격(40회) 1997~1998년 중앙공무원교육원 교육 2002년 해양수산부 해양정책국 해양환경과 사무관 2003년 同기획조정실 행정법무담당관실 사무관 2004년 同기획조정실 혁신기획관실 사무관 2005년 同해운물류국 항만물류과 서기관 2006년 同해양정책본부 해양정책과 서기관 2007년 2012여수세계박람회조직위원회 해외유치팀장 2008~2010년 영국 카디프대 유학 2010년 국토해양부 부산지방해양항만청 항만물류과장 2011~2014년 駐블라디보스톡총영사관 산업통상자원관 2014년 해양수산부 해운물류국 연안해운과장 2016년 同해양정책실 해양환경정책과장 2018년 同장관 비서실장 2019년 同어촌양식정책과장(부이사관)(현) (상)대통령표창(2015) (종)가톨릭

### 서정호(徐正鎬)

(생)1974·6·1 (주)인천광역시 남동구 정각로 29 인천광역시의회(032-440-6073) (학)인천체육고졸, 명지대 체육학부졸, 인하대 교육대학원 생활체육교육학과 석사과정 제적 (경)남인천중·고 교사, 민주당 인천시당 부대변인, 인천시생활체육회 종목육성팀장 2014년 인천시의원선거 출마(새정치민주연합) 2018년 인천시의회 의원(더불어민주당)(현), 同운영위원회 위원(현), 同교육위원회 부위원장(현), 同예산결산특별위원회 위원(현)

### 서정화(徐廷和) SUH Chung Hwa (一默)

(생)1933·3·4 (본)달성(達城) (출)경남 충무 (주)서울특별시 영등포구 버드나루로 73 우성빌딩 자유한국당(02-6288-0200) (학)1951년 통영고졸 1955년 서울대 법과대학졸 1966년 同행정대학원 수료 1967년 국방대학원졸 1981년 명예 법학박사(대만 국립정치대) 1987년 한양대 행정대학원 사법행정학과 수료 1990년 법학박사(한양대) 1997년 명예 정치학박사(숙명여대) (경)1961~1962년 경남도 감사실장·사회과장 1962년 경남 사천군수·김해군수 1964년 내무부 총무과장 1967년 同지방행정연수원장 1968~1972년 경기도 부지사·전남도 부지사 1972년 부산시 부시장 1973년 내무부 기획관리실장 1974년 충남도지사 1976년 내무부 차관 1980년 중앙정보부 차장 1980~1982년 내무부 장관 1983년 국토통일 고문 1983년 민주평통 사무총장 1985년 민주정의당(민정당) 국책평가위원회 부위원장 1985년 제12대 국회의원(전국구, 민정당) 1985년 민정당 평화통일특별위원장 1985년 韓·日의원연맹 부회장 1986년 한·타이의원친선협회 회장 1988년 민정당 국책조정위원장 1988년 제13대 국회의원(서울 용산구, 민정당·민자당) 1988년 민정당 중앙집행위원 1990년 민자당 서울시지부 위원장 1990년 同정책평가위원장 1992년 제14대 국회의원(서울 용산구, 민자당·신한국당) 1992년 국회 내무위원장 1995년 아·태의원연맹 회장 1996년 신한국당 중앙상무위원회 의장 1996년 제15대 국회의원(서울 용산구, 신한국당·한나라당) 1997년 내무부 장관 1997년 한나라당 중앙상무위원회 의장 1997~2000년 同전당대회 의장 2000~2004년 제16대 국회의원(전국구, 한나라당) 2000년 한나라당 지도위원 2002년 국회 통일외교통상위원장 2003년 한나라당 상임고문 2012~2017년 새누리당 상임고문 2014~2018년 서울대총동창회 회장 2017년 자유한국당 상임고문(현) (상)홍조·황조·청조근정훈장, 세네갈공화국훈장, 대만경성대수훈장, 미국 육군성지휘관훈장 (저)'서울시청을 용산으로' '도시문제개설' '한국부동산 중개입법론' '한국내무행정 발전론' ' 임차권계속성 연구' '사용자배상책임론' (종)기독교

### 서정화(徐廷華) SUH Jung Hwa

(생)1939·8·20 (본)달성(達城) (출)경기 양평 (학)1959년 인천고졸 1963년 육군사관학교졸 1989년 연세대 행정대학원졸 1997년 행정학박사(인하대) (경)1963년 육군 보병 소대장 1968년 월남 파병 1969년 육군 보병 중대장 1972년 육군본부 작전참모부 근무 1973년 보안사령부 근무 1978년 예편(육군 중령) 1978년 경일섬유 사장 1980년 민주정의당(민정당) 총무부장 1981

년 同총무부국장 · 훈련국장 1983년 同기획조정국장 · 조직국장 1985년 同정치연수원 부원장 1985년 제12대 국회의원(전국구, 민정당) 1987년 민정당 조직국장 1988년 제13대 국회의원(인천中 · 東, 민정당 · 민자당) 1990년 민자당 정책위원회 부의장 1990년 同수석부총무 1992년 제14대 국회의원(인천中 · 東, 민자당 · 신한국당) 1992년 국회 건설위원장 1994년 민자당 인천시지부장 1994년 同당무위원 1995년 同원내총무 1995년 국회 운영위원장 1996년 신한국당 원내총무 1996년 제15대 국회의원(인천中 · 東 · 옹진, 신한국당 · 한나라당 · 국민회의 · 새천년민주당) 1998년 국민회의 부총재 2000년 새천년민주당 지도위원 2000년 同고문 2000년 同인천中 · 東 · 옹진지구당 위원장 2002년 국민통합21 인천中 · 東 · 옹진지구당 위원장 2002년 同정치연수원장 (상)무공훈장, 대통령표창 (종)기독교

**서정훈(徐廷熏) Seo Jung Hoon**

(생)1978 · 7 · 21 (본)달성(達城) (출)대구 (주)세종특별자치시 한누리대로 411 행정안전부 별관 지방세특례제도과(044-205-3851) (학)1997년 대구 영신고졸 2002년 경북대 행정학과졸 2014년 영국 요크대 대학원 행정학과졸(MPA) (경)2001년 행정고시 합격(45회) 2002년 정보통신부 수습사무관 2003년 同우정사업본부 서울은평우체국 영업과장 2003~2007년 軍 복무(공군 군수사령부) 2007~2008년 정보통신부 정보화기획단 개인정보보호팀 사무관 2008년 행정안전부 정보화전략실 개인정보보호과 사무관 2009년 同지방재정세제국 지방세운영과 사무관 2011~2012년 同지방재정세제국 지방세정책과 사무관 2012~2014년 국외훈련(영국 요크대) 2014~2015년 행정자치부 지방재정세제실 재정정책과 재정팀장(서기관) 2015년 국립과학수사연구원 연구기획과장 2016년 행정자치부 지방세입정보과장 2017년 행정안전부 지방세입정보과장 2018년 同지방세특례제도과장(현) (종)천주교

**서정희(徐廷禧)**

(생)1962 · 8 · 5 (본)대구(大丘) (출)서울 (주)서울특별시 중구 충무로 2 매일경제 별관 2층 매경출판(주)(02-2000-2606) (학)서울대 국제경제학과졸, 미국 미주리주립대 대학원 경제학과졸 2000년 경제학박사(미국 미주리주립대) (경)1990년 매일경제신문 입사, 同정보통신부 · 경제부 기자 2002년 同워싱턴특파원(차장대우), 한국금융학회 이사, 재정경제부 금융발전심의위원, 공정거래위원회 소비자정책자문위원 2007년 매일경제신문 논설위원 2007년 규제개혁위원회 위원 2008년 매일경제신문 금융부장 직대 2010년 금융감독원 금융소비자자문위원 2010년 매일경제신문 경제부장 2011년 관훈클럽 편집위원 2011년 매일경제신문 증권부장 2012년 同증권2부장 겸임 2013년 同지식부장(부국장대우) 2014년 매일방송(MBN) 보도국장 직대 2015~2016년 매일경제TV 공동대표이사 2016년 同대표이사 2019년 매경출판(주) 대표이사(현) (상)한국유럽학회 유럽언론인대상(2011), 씨티언론대상(2011 · 2012) (저)'나는 분노한다'(2012)

**서종국(徐鍾國) SEO Jong Gook**

(생)1958 · 11 · 11 (본)달성(達城) (출)전북 무주 (주)인천광역시 연수구 아카데미로 119 인천대학교 도시과학대학 도시행정학과(032-835-8741) (학)1984년 홍익대 경영학과졸 1987년 성균관대 대학원 행정학과졸 1988년 미국 일리노이주립대 대학원 정치학과졸 1993년 도시계획학박사(미국 서던 캘리포니아대) (경)미국 서던 캘리포니아대 도시계획연구소 선임연구원 1993년 성균관대 사회과학연구소 선임연구원 1994년 서울시정개발연구원 초빙연구원 1994~1999년 인천전문대 행정과 조교수 · 부교수 1995~2000년 인천발전연구원 연구자문위원 2010~2013년 수도권광역경제발전위원회 자문위원 2010년 인천대 도시과학대학 도시행정학과 교수(현) 2011~2013년 同도시발전연구원장 2012년 인천시 도시계획위원회 위원 2012~2014년 한국도시행정학회 부회장 2013~2015년 인천대 대학건설본부장 2014년 한국도시행정학회 상임이사 2019년 (사)인천학회 회장(현) (저)'토지와 주택의 불평등' '(알기 쉬운) 도시이야기'(2006, 한울)

**서종범(徐鍾範) SEO Jong Bum**

(생)1955 · 12 · 5 (본)달성(達城) (출)부산 (주)울산광역시 울주군 상북면 삽재로 400 언양아하브요양병원 원장실(052-264-6100) (학)1973년 부산 브니엘고졸 1992년 부산신학대 신학과졸 1996년 연세대 행정대학원 도시행정학과졸 2010년 의학박사(고신대) (경)1974년 양정재건중 · 고 설립 1980년 B.B.S기술학교장 1985년 사랑의전화 설립 · 대표 1985~1990년 신한민주당 의원 비서 1996년 민주당 부산진甲지구당 위원장 1997년 국민신당 부산진甲지구당 위원장 1999년 혜성장학재단 이사장 1999년 만덕복음병원 이사장 1999년 언양아하브요양병원 이사장(현) 2001년 同병원장 겸임(현) 2001~2014년 한서사회복지재단 이사장 (상)새마을훈장 근면장(1986) (저)'마음에서 마음으로' '우동젓가락과 비닐우산' '자신감을 갖고 말합시다' '세번째의 부름' (종)기독교

**서종석(徐鍾錫) SUH Chong Suk**

(생)1943 · 4 · 24 (출)서울 (주)부산광역시 강서구 녹산산단289로 6 (주)오리엔탈정공 회장실(051-979-0808) (학)1964년 연세대 국어국문학과졸 (경)1965~1971년 (주)과학세계사 주간 1971~1986년 (주)대한조선공사 상무이사 1986~2009년 (주)오리엔탈정공 대표이사 사장 2009년 同회장(현) 2009~2012년 부산상공회의소 상공의원 2010년 IBK기업은행 CEO클럽 회장 (상)산업포장, 산업자원부장관표창, 은탑산업훈장(2001), 석탑산업훈장(2003) (종)불교

**서종혁(徐鍾赫) SEO Jong Hyouk**

(생)1968 · 4 · 9 (출)서울 (주)서울특별시 서초구 반포대로 158 서울고등검찰청 총무과(02-530-3261) (학)1986년 휘문고졸 1990년 연세대 법학과졸 1995년 同대학원 법학과졸 (경)1994년 사법시험 합격(36회) 1997년 사법연수원 수료(26기) 1997년 軍법무관 2000년 수원지검 검사 2002년 대전지검 홍성지청 검사 2004년 인천지검 검사 2006년 서울북부지검 검사 2009년 부산지검 부부장검사 2010년 춘천지검 강릉지청 부장검사 2011년 창원지검 공안부장 2012년 서울북부지검 공판부장 2013년 사법연수원 교수 2015년 수원지검 성남지청 부장검사 2016년 창원지검 형사1부장 2017년 서울중앙지검 부장검사 2018년 서울고검 검사(현)

**서주원(徐注源) SEO Ju Won**

(생)1959 · 5 · 11 (출)전남 목포 (주)인천광역시 서구 거월로 61 수도권매립지관리공사(032-560-9317) (학)1976년 목포고졸 1981년 서울대 공업화학과졸 (경)1987년 인천노동운동단체협의회 대표 1991년 민주주의민족통일 인천연합 사무처장 1994~1997년 인천환경운동연합 사무국장 1995~2000년 반핵아시아포럼환경연합 대표 2000년 환경운동연합 사무처장 2002년 한국NGO아시아센터(필리핀 소재) 준비위원장 2002년 대선유권자연대 공동집행위원장 2003~2005년 환경운동연합 사무총장 2012년 판교환경생태학습원 원장, 환경교육센터 소장 · 이사 2018년 수도권매립지관리공사 사장(현)

**서주태(徐柱泰) Ju Tae Seo**

(생)1961 · 9 · 4 (출)부산 (주)서울특별시 서초구 강남대로 543 국전빌딩 3층 서주태비뇨기과학의원(02-3443-7582) (학)1986년 연세대 의대졸 1995년 경희대 대학원졸 2003년 의학박사(경희대) (경)1986~1991년 이화여대 부속병원 인턴 · 레지던트 1991~1994년 광주육군병원 軍의관(과장) 1995

~1997년 삼성제일병원 비뇨기과장 1997~2007년 성균관대 의대 비뇨기과학교실 조교수·부교수 1999~2004년 대한불임학회 이사 겸 학술위원 2000~2001년 미국 Univ. of Tennessee Medical Center 방문교수 2001~2003년 대한남성과학회 이사 겸 편집위원·편집이사 2004~2005년 대한배뇨장애및요실금학회 총무이사 2006년 대한불임학회 윤리위원·학술이사 2007년 대한생식의학회 학술위원 2007년 대한배뇨장애및요실금학회 교류·협력이사 2007~2014년 관동대 의대 비뇨기과학교실 교수 2007~2014년 제일병원 비뇨기과장 2007년 대한여성건강학회 회장 2010~2018년 제일병원 IRB위원장 2013년 대한생식의학회 부회장 2014~2015년 가톨릭관동대 의대 비뇨기과학교실 교수 2014~2016년 대한생식의학회 회장 2015~2018년 단국대 의대 비뇨기과학교실 교수 2018년 제일병원 의료기획실장 2019년 서주태비뇨의학과의원 대표원장(현) [상]대한불임학회 세로노학술상(2005), 제일의학 우수논문상(2005), 화이자 해외학술상(2006), 대한배뇨장애및요실금학회 페링해외학술상(2006), 대통령표창(2018) [저]'남성갱년기와 안드로겐'(共)

### 서주홍(徐州洪) SEO Ju Hong

[생]1955·1·4 [출]대구 [주]서울특별시 강남구 테헤란로 119 법무법인 대호(02-568-5200) [학]1973년 경북고졸 1977년 서울대 법학과졸 [경]1978년 사법시험 합격(20회) 1980년 사법연수원 수료(10기) 1980년 軍법무관 1983년 서울지검 남부지청 검사 1987년 부산지검 검사 1990년 법무부 법무심의관실 검사 1991년 서울지검 동부지청 검사(고등검찰관) 1992년 대구지검 의성지청장 1993년 전주지검 부장검사 1993년 창원지검 형사2부장 1994년 대구지검 강력부장 1996년 수원지검 형사3부장 1997년 부산지검 형사2부장 1998년 서울지검 서부지청 형사2부장 1999년 대전지검 홍성지청장 2000년 부산지검 동부지청 차장검사 2001년 서울지검 남부지청 차장검사 2002년 서울고검 검사 2003년 同송무부장 2004년 대구고검 검사 2005년 변호사 개업 2013년 법무법인 대호 변호사, 同대표변호사 2017년 同고문변호사(현)

### 서중석(徐重錫) Seo, Jong Seok

[생]1969·11·11 [출]전남 해남 [주]서울특별시 서초구 법원로 16 정곡빌딩 동관 1층 106호 서중석법률사무소(02-599-3200) [학]1988년 광주 문성고졸 1994년 서울대 법학과졸 2003년 전남대 대학원 법학과졸 [경]1996년 사법시험 합격(38회) 1999년 사법연수원 수료(28기) 1999년 軍법무관 2002년 대전지법 판사 2004년 同서산지원 판사 2005년 의정부지법 판사 2007년 영국 캠브리지대 파견 2007년 서울중앙지법 판사 2009년 서울북부지법 판사 2011년 서울고법 판사 2012년 사법연수원 교수 2014년 대전지법·대전가정법원 논산지원장 2016~2018년 인천지법 부장판사 2018년 변호사 개업(현)

### 서지은(徐智銀·女) SEO Ji Eun

[생]1959·1·28 [출]부산 [주]충청북도 진천군 진천읍 대학로 66 우석대학교 에코바이오학과(043-531-2891) [학]1981년 이화여대 생물학과졸 1983년 同대학원 생물학과졸 1987년 생물학박사(이화여대) [경]1988~2014년 우석대 생명과학과 교수·보건복지대학 재활학과 교수 1996년 한국동물분류학회 편집간사 1996~1997년 우석대 생물학과장 2003~2004년 同생물과학전공 주임교수 2003~2004년 한국수중과학회 감사 2003~2004년 생물다양성협회 편집이사 2006년 한국생물과학협회 간행위원 2013~2015년 한국동물분류학회 회장 2014년 우석대 생명과학과 교수(현) 2015년 국가과학기술심의회 에너지·환경전문위원회 위원 2016년 한국생물과학협회 부회장 2016년 우석대 부총장(현) 2019년 체코 리베레츠 Technical Unversity of Liberec(TUL) 객원교수(현) 2019년 우석대 교육혁신본부장(현) 2019년 同총장 직대(현) [상]과학기술우수논문상(2010) [저]'생물학개론'

### 서지현(徐知賢·女) SUH JI HYUN

[생]1965·1·12 [출]부산 [주]서울특별시 마포구 마포대로 25 신한DM빌딩 12층 (주)버추얼텍(02-3140-1017) [학]1983년 홍익여고졸 1987년 연세대 전산학과졸 [경]1991년 아이오시스템 사장 1994년 (주)버추얼아이오시스템 사장 1998~2005년 한국여성벤처기업협회 이사·부회장 1999~2019년 (주)버추얼텍 대표이사 2000년 (주)버추얼메디 이사 2001년 아시아위크 '아시아경제 뉴리더 25인'에 선정 2002년 소프트산업협회 이사 2002년 세계경제포럼(WEF) '아시아의 미래를 짊어질 차세대 한국인 리더'에 선정, 페이퍼코리아(주) 이사 2006년 벤처기업협회 이사 2019년 (주)버추얼텍 이사(현) [상]벤처대상 국무총리표창(1999), 중소기업청 신지식인상(1999), 여성미지상, 인터넷그랑프리 진흥대상

### 서지훈(徐志勳) Seo ji-hoon

[생]1969·7·22 [출]부산 [주]서울특별시 영등포구 여의대로 56 한화손해보험 기업영업4본부(02-316-0571) [학]1988년 부산 가야고졸 1992년 한양대 정치외교학과졸 1993년 미국 미주리주립대 IEP과정 연수, 서강대 경제대학원 경제학과졸 [경]1994~1999년 부산매일신문 서울지사 정치부 기자 1999~2005년 파이낸셜뉴스 정치경제부·증권부 기자 2005~2009년 KTF 대외협력팀 부장 2009~2010년 방송통신위원회 방송통신융합실 근무 2011~2014년 KT파워텔 커뮤니케이션실장(상무) 2015년 한화생명보험 홍보실장(상무보) 2018년 한화그룹 커뮤니케이션위원회 위원 2019년 한화생명보험 홍보실 상무 2019년 한화손해보험 기업영업4본부장(현) [상]이데일리 대한민국금융산업대상 생명보험협회장상(2016)

### 서지희(徐知希·女) Suh Ji Hee

[생]1962·8·15 [출]제주 제주시 [주]서울특별시 강남구 테헤란로 152 강남파이낸스센터 9층 삼정회계법인(02-2112-0001) [학]1981년 제주 신성여고졸 1985년 이화여대 법정대학 경영학과졸 1987년 同대학원 경영학과졸 [경]1986년 공인회계사시험 합격 1986~2000년 산동회계법인 근무 2000년 미국 공인회계사시험 합격 2001~2011년 삼정회계법인 회계사(상무이사) 2003~2005년 정부회계기준위원회 위원 2003~2008년 서울시 물가대책위원회 위원 2004~2005년 재정경제부 금융발전심의회 위원 2004~2006년 금융감독위원회 회계제도자문위원회 위원 2005~2010년 재정경제부 시장효율과위원회 위원 2006~2010년 여성공인회계사회 회장 2009~2011년 한국공인회계사회 이사회 이사 2009~2011년 공적자금관리위원회 위원 2011~2014년 안전행정부 책임운영기관운영위원회 위원 2011년 삼정회계법인 회계사(전무이사)(현) 2014년 행정자치부 책임운영기관운영위원회 위원 2016~2019년 방송통신위원회 방송광고균형발전위원회 위원 2016년 위민인이노베이션(WIN) 이사(현) 2016년 세계여성이사협회(WCD) 이사(현) [상]한국공인회계사회 국세청장표창(2003), 자랑스런 이화경영인(2004), 한국공인회계사회 금융위원장표창(2008), 부총리 겸 기획재정부장관표창(2014·2016) [종]가톨릭

### 서진발(徐鎭發) Seo, Jin Bal

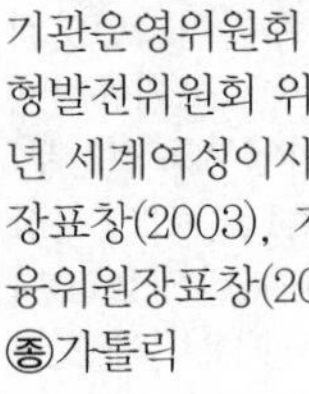

[생]1961·3·15 [본]달성(達城) [출]울산 [주]울산광역시 남구 돋질로 44 융진빌딩 연합뉴스 울산취재본부(052-256-9300) [학]1979년 울산고졸 1988년 경남대 국어국문학과졸 [경]1988년 경남매일 근무 1992년 국제신문 근무 1993년 연합통신 근무 1998년 연합뉴스 근무 2013년 同울산취재본부장(부장급) 2014년 同울산취재본부장(부국장대우) 2018년 同울산취재본부 기자(부국장) 2019년 同울산취재본부 기자(선임)(현)

**서진석 Jin-Sug, Suh**

(생)1965·8·1 (출)서울 (주)서울특별시 영등포구 여의공원로 111 태영빌딩 EY한영(02-3787-6362) (학)1983년 신일고졸 1988년 연세대 경영학과졸 2005년 同대학원 경영학과졸 2006년 同법무대학원 경영정책법무고위자과정 수료 (경)1990년 EY한영 입사 1998~2000년 EY글로벌 미국지사 근무 2006년 同Technology Industry Leader 2007년 同글로벌고객서비스부분감사 리더 2012년 EY한영 감사본부장 2015년 同대표이사(현) (상)금융감독위원장표창(2007), 경제부총리 겸 기획재정부장관표창(2014)

**서진수(徐鎭秀) Jin Soo Suh**

(생)1963·5·6 (주)경기도 고양시 일산서구 주화로 170 일산백병원 정형외과(031-910-7360) (학)서울대 의대졸, 인제대 대학원 의학석사, 同의학박사(인제대) (경)1999년 인제대 의대 정형외과학교실 교수(현) 2003~2005년 미국 아이오와대 족부족관절센터 임상교수 2013~2019년 인제대 일산백병원장 2015~2019년 대한사립대학병원협회 총무이사 2015~2018년 고양시의료관광협의회 회장 2016~2017년 대한족부족관절학회 회장 2017~2019년 대한병원협회 보험위원장 2017~2019년 건강보험정책심의위원회 위원 2017~2019년 보건의료일자리특별위원회 위원 2018년 건강보험심사중앙평가원 비상임이사(현) 2018년 대한정형외과학회 대외협력위원·보험위원(현) 2019년 대한사립대학병원협회 보험위원장(현) 2019년 의료분쟁조정위원회 비상임위원(현) 2019년 보훈심사위원회 비상임정부위원(현) (상)제27회 JW중외박애상(2019)

**서진식(徐珍湜) SUH JIN SIK**

(생)1970·1 (주)서울특별시 서초구 바우뫼로27길 2 일동제약(주) 임원실(02-526-3252) (학)1994년 서울대 경영학과졸 2002년 미국 버지니아주립대 다든스쿨(Darden School)졸(MBA) (경)1995~1999년 현대종합상사 근무 2002년 (주)한국얀센 입사 2008년 同재정부 이사대우 2010년 同재정부 이사 2012년 同재정부 상무이사, 동원F&B CFO 겸 건강식품사업부 상무 2015년 일동제약 부사장(현)

**서진우(徐鎭宇) SO Jin Woo**

(생)1961·12·20 (출)서울 (주)서울특별시 종로구 종로 26 SK그룹 SUPEX추구협의회(02-6400-0114) (학)1980년 우신고졸 1984년 서울대 전기공학과졸 1987년 미국 아이오와대 대학원졸(MBA) (경)1988~1989년 삼성전자(주) 중장기경영전략팀 근무 1989~1994년 (주)유공 정보통신투자관리팀 근무 1994~1996년 대한텔레콤 정보통신투자전략팀장 1997~2000년 SK텔레콤(주) 마케팅전략수립 총괄 2000년 (주)와이더덴닷컴 대표이사 2001년 넷츠고 대표이사 사장 겸임 2002년 SK커뮤니케이션즈 대표이사 사장 2004년 SK텔레콤(주) 신규사업부문장(상무) 2005년 同신규사업부문장(전무) 2008년 同Global Biz. CIC 사장 2009년 同GMS CIC 사장 겸 Top Team Coordination실장 2010년 同C&I CIC 사장 2010년 同Platform 사장 2011년 同대표이사 2011~2016년 SK플래닛 대표이사 사장 2017년 SK그룹 SUPEX(Super Excellent)추구협의회 인재육성위원장(현)

**서진형(徐鎭亨) SEO, JINHYEONG**

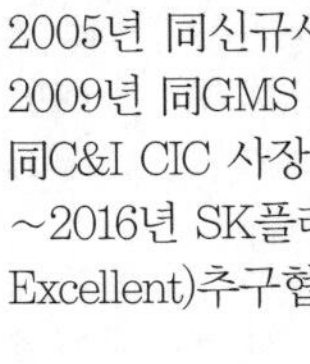

(생)1964·4·2 (본)달성(達城) (출)경북 의성 (주)인천광역시 계양구 계양산로 63 경인여자대학교 경영학과(032-540-0172) (학)1983년 청구고졸 1991년 한양대 대학원 부동산학과졸 2001년 대구대 대학원 지역사회개발학과졸(행정학박사) (경)2000~2006년 경민대학 부동산경영과 겸임교수 2004~2006년 대불대 부동산학과 겸임교수 2006년 경인여대 경영학과 교수(현) 2015~2017년 국토교통부 공인중개사정책심의위원회 위원 2015~2017년 同국가공간정보위원회 전문위원 2015~2017년 서울시 서대문구 공유재산심의회 위원 2016년 한국직업능력개발원 NCS및신자격보완사업 개발위원 2017년 한국토지주택공사 경영투자심사위원회 위원(현) 2017년 서울시 서대문구 도시계획위원회 위원(현) 2018년 대한부동산학회 회장(현) (상)서울시장표창(2010), 대한부동산학회장표창(2014), 대한부동산학회 논문상(2014), 국토교통부장관표창(2016) (저)'제2판 최신 부동산학개론(共)'(2011, 부연사) '부동산컨설팅 이론과 실무'(2011, 부연사) '제2판 공인중개사법론'(2011, 부연사) '현대 부동산중개론(共)'(2013, 부연사) 등 30여 권

**서진호(徐鎭浩) SEO Jin Ho**

(생)1953·12·24 (본)달성(達城) (출)서울 (주)서울특별시 관악구 관악로 1 서울대학교 농업생명과학대학 농생명과학부(02-880-4855) (학)1976년 서울대 화학공학과졸 1978년 한국과학기술원(KAIST) 생물공학과졸(석사) 1986년 화학공학박사(미국 캘리포니아공과대) (경)1978~1981년 한국과학기술원(KAIST) 화학공정연구실 연구원 1981~1985년 미국 California Institute of Tech. 화학공학연구소 연구조교 1985년 同화학공학연구소 연구원 1986~1989년 미국 퍼듀대 화학공학과 조교수 1990~2019년 서울대 농업생명과학대학 식품·동물생명공학부 식품생명공학과 조교수·부교수·교수 1995년 同농업생명과학대학 기획실장 1997~1999년 同교무부처장 1997년 미국 산업미생물학회(SIM) 회원 1999년 국가과학기술위원회 바이오기술산업위원 2003~2005년 한국학술진흥재단 사무총장 2005년 생물공학전문학술지 'Journal of Biotechnology' 편집장(현) 2005년 서울대 생명공학공동연구원장 2005년 한국과학기술한림원 정회원(현) 2006년 'Journal of Bioprocess and Biosystems Engineering' 편집위원(현) 2006년 한국생물공학회 부회장 2008년 同회장 2008~2010년 서울대 연구처장 겸 산학협력단장 2008년 한국공학한림원 정회원(현) 2010~2011년 국가과학기술위원회 운영위원회 운영위원 2011~2014년 서울대 평의원회 평의원 겸 기획연구위원장 2011~2012년 한국연구재단 WCU위원회 위원장 2011~2013년 국가인권위원회 정책자문위원 2013~2014년 KOREA바이오경제포럼 회장 2014~2017년 한국연구재단 비상임이사 2018년 同이사장 직대 2019년 서울대 농업생명과학대학 농생명공학부 명예교수(현) (상)범석 우수논문상(1994), 과학기술우수논문상(2002), 한국생물공학회 학술대상(2005), 서울대 학술상(2007), 한국화학공학회 석명우수화공인상(2008), 듀폰과학기술상(2011), 한국화학공학회 양정생물화공상(2014), 한국과학기술한림원 대상한림식품과학상(2017), 과학기술훈장 도약장(2018) (저)'생물공정공학'(1993) '실험실 밖에서 만난 생물공학이야기'(1995) '생물화학공학'(2001) (종)천주교

**서진환(徐眞煥) Suh, Jin Hwan (金剛)**

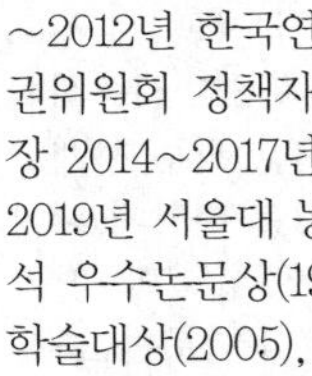

(생)1956·8·26 (본)달성(達城) (출)부산 (주)서울특별시 노원구 공릉로 232 서울과학기술대학교 조형대학 금속공예디자인학과(02-970-6666) (학)1975년 휘문고졸 1983년 홍익대 미술대학 공예과졸 1985년 同산업미술대학원 산업공예과졸 1988년 미국 뉴욕주립대 대학원 금속공예학과졸(MFA) 2010년 홍익대 대학원 박사과정 수료 (경)1987년 이후 개인전 14회·국내외 단체전 260여회 출품 1991년 이후 패션·장신구 특별기획전 14회 1991~2010년 서울산업대 조형대학 금속공예학과 교수, 同NID융합기술대학원 주임교수, 제주도공예협동조합 디자인센터 전문위원, 한국공예가협회 분과위원장, 한국미술대전·한국공예대전 심사위원, 국제다이아몬드디자인공모전 심사위원 1997년 조형디자인연구소 소장(현) 1999년 한국기초조형학회 이사·부회장(현) 2000~2003년 한국장신구디자인협회 부회장·회장 2001년 한국디자인교육자협의회 이사 2003~2004년 서울산업대 교육지원처장 2003년 한국귀금속보석기술협회 표준용어제정위원 2003년 한국공예대전 운영위원 2004

년 한국장식문화예술진흥협회 이사장(현) 2004~2005년 서울산업대 공동실험실습관장 2006~2016년 同공예문화정보디자인학과 주임교수 2008~2010년 同조형대학장 2010~2018년 서울과학기술대 조형대학 금속공예학과 교수 2010~2016년 同공예문화정보디자인학과 주임교수 2011~2012년 同국제교류본부장 2013~2018년 同나노IT디자인융합대학원 IT디자인융합전공 주임교수 2018년 同나노IT디자인융합대학원장(현) 2018년 同조형대학 금속공예디자인학과 교수(현) (상)대한민국미술대전 공예부문 수상, 대한민국산업디자인전람회 공예부문 수상, 대한민국국제장신구 공모전 수상 (저)'금속공예 표면처리' '귀금속디스플레이' '전통공예의 산업디자인 접목' '공예(전문계 고등학교 교과)' 외 3권 (역)'유럽주얼리의 새로운 시도' 외 15편 (작)'월간공예' '미술공예' '귀금속세계' 외 30여편 (종)불교

**서진희(徐珍喜 · 女) SEO JIN HEE**

(생)1975 · 11 · 25 (본)연산(連山) (주)세종특별자치시 다솜2로 94 해양수산부 해사안전국 해사산업기술과(044-200-5830) (학)1994년 수원 동우여고졸 1998년 연세대 행정학과졸 2016년 영국 요크대 대학원 행정학과졸 (경)2001년 행정고시 합격(45회) 2003년 인천지방해양수산청 환경안전과 근무 2004년 국무총리실 수질개선기획단 · 국무조정실 환경심의관실 근무 2005년 해양수산부 해양정책국 해양환경과 근무 2007년 同해운물류본부 국제기획관실 물류협력팀 근무 2008년 국토해양부 물류항만실 항만유통과 근무 2009년 同기획조정실 기획담당관실 근무 2011년 대통령직속 녹색성장위원회 기후변화정책과장 2013년 해양수산부 해운물류국 국제물류팀장 2014년 영국 국외훈련(Univ.of York) 2016년 인천지방해양수산청 항만물류과장 2017년 해양수산부 해운물류국 선원정책과장 2019년 同해사안전국 해사산업기술과장(현) (상)근정포장(2013)

**서창교 SEO Chang Kyo**

(생)1961 · 4 · 15 (주)대구광역시 북구 대학로 80 경북대학교 경상대학 경영학부(053-950-5425) (학)1986년 경북대 경영학과졸 1990년 포항공과대 대학원 산업공학과졸 1994년 산업공학박사(포항공과대) (경)한국과학기술원(KAIST) 연구원, 미국 텍사스주립대 조교수, 경북대 경상대학 경영학부 교수(현) 2013~2014년 同기획처장 2015년 한국정보시스템학회 회장 2019년 경북대 대외협력부총장(현)

**서창록(徐昌祿) Soh Changrok**

(생)1961 · 5 · 26 (본)달성(達城) (출)서울 (주)서울특별시 성북구 안암로 145 고려대학교 국제대학원(02-3290-2402) (학)1980년 경복고졸 1984년 서울대 외교학과졸 1987년 미국 터프츠대 대학원 국제정치학과졸 1992년 정치학박사(미국 터프츠대) (경)1989년 제네바 UN사무국 근무 1991~1993년 미국 터프츠대 방문연구원 1992~1993년 미국 하버드대 연구원 1992~1994년 미국 캘리포니아대 버클리교 연구원 1996년 고려대 국제대학원 교수(현) 2002년 한국국제정치학회 이사(현) 2002~2003년 미국 뉴욕대 초빙교수 2004~2005년 한국행정학회 연구위원 2005년 북한인권시민연합 이사(현) 2005년 한국국제정치학회 국제기구및평화연구분과위원회 위원장 2005~2007년 한국정책학회 운영위원회 이사 2006년 한국국제정치학회 연구이사 2006~2008년 고려대 국제대학원장 2006~2010년 아시아인권센터 부소장 2007~2008년 同세계지역연구소장 2008~2014년 (주)휘닉스커뮤니케이션즈 사외이사 2010~2018년 국가인권위원회 국제인권전문위원회 위원 2010년 외교부 자체평가위원회 위원(현) 2010년 휴먼아시아 대표(현) 2012~2014년 한국사회과학협의회(KOSS-REC) 대외협력위원장 2012~2015년 한국전력 국제원자력대학원대 개방이사 2012년 통일부 정책자문위원회 위원(현) 2013년 국가인권위원회 인권정책관계자협의회 위원(현) 2013년 국무총리실 납북자피해보상및지원심의위원회 위원(현) 2014년 한국국제교류재단 이사추천위원회 위원 2014년 유엔 인권이사회 자문위원회 위원(현) 2015년 일동제약(주) 사외이사(현) 2015년 (주)파라다이스그룹 사외이사(현) 2016년 고려대 인권센터장(현) 2017년 대법원 양형위원회 자문위원(현) 2017년 한국인권학회 부회장(현) 2018년 유엔체제학회 회장(현) 2019년 국가인권위원회 정책자문위원회 위원(현) (저)'현대국제정치경제'(2000, 법문사) '거버넌스의 정치학'(2002, 법문사) '세계화와 한국'(2003, 을류문화사) '국제기구 : 글로벌 거버넌스의 정치학'(2004, 다산출판사) '글로벌 거버넌스와 한국'(2006, 한양대 출판부) '거버넌스 : 확산과 내재화'(2009, 대경출판사) '북한인권 개선, 어떻게 할 것인가 - 평화적 개입 전략과 국제 사례'(2010, 한반도평화연구원) '국제기구와 인권, 난민, 이주'(2015, 오름출판사) '국제기구 : 글로벌 거버넌스의 정치학'(2016, 다산출판사) 'Introduction to International Development Cooperation : Issues and Actors in the Global Arena'(2017, 고려대) (종)천주교

**서창석(徐昌錫)**

(생)1976 · 2 · 10 (출)충남 논산 (주)부산광역시 연제구 법원로 31 부산지방법원 총무과(051-590-1507) (학)1994년 서울 대원고졸, 건국대 법학과졸 (경)2001년 사법시험 합격(43회) 2004년 사법연수원 수료(33기) 2004년 서울중앙지법 예비판사 2006년 서울북부지법 판사 2008년 청주지법 충주지원 판사 2011년 인천지법 판사 2014년 서울중앙지법 판사 2017년 서울서부지법 판사 2019년 부산지법 부장판사(현)

**서창수(徐昌洙) Changsoo Suh**

(생)1958·6·15 (본)이천(利川) (출)경북 문경 (주)충청남도 아산시 신창면 순천향로 22 순천향대학교 일반대학원(041-530-4750) (학)1977년 문경종합고졸 1983년 건국대 행정학과졸 1987년 서울대 행정대학원졸 1992년 영국 브루넬대 대학원졸(MBA) 2003년 기술경영학박사(호서대) (경)1982년 행정고시 합격(26회) 1983~1990년 공업진흥청 검사행정과·소비자보호과·품질관리과 사무관 1993년 同청장비서관 1996년 중소기업청 조사평가담당관 1997년 同청장비서관 1998년 서울지방중소기업청 지원총괄과장 1999~2000년 중소기업청 창업지원과장 겸 벤처정책과장 2000~2004년 다산벤처(주) 부사장 2005년 순천향대 일반대학원 교수(현) 2007~2008년 同산학협력단장, 대한상사중재원 중재위원, 국무총리실 규제개혁실무위원, 교육인적자원부 규제개선심의위원 2009년 순천향대 대외협력처장 2010~2014년 한국산업기술평가관리원 청렴옴부즈맨 2011~2016년 순천향대 기업가정신연구소장 2012~2015년 창업진흥원 비상임이사 2013~2015년 순천향대 순천향BIT창업보육센터 소장 2013년 同평생교육원장 2014년 同창업지원단장 2019년 同산학협력부총장(현) 2019년 同SIR-I센터장(현) 2019년 同산학협력통합지원본부장 겸임(현) (저)'1인 1업 : 내 일은 내가 만든다'(2016, 맥스미디어) (역)'갈등을 경영하라'(2005) (종)천주교

**서창우(徐昌祐) Soh Changwoo** (宥齊)

(생)1958·8·18 (출)서울 (주)서울특별시 강남구 압구정로 210 융기빌딩 4층 한국파파존스(주) 비서실(070-7114-9203) (학)1977년 경복고졸 1982년 연세대 경영학과졸 1984년 미국 마이애미대 대학원졸(MBA) 1991년 고려대 최고경영자과정 수료 1997년 同국제대학원 국제관리최고과정 수료 (경)1977년 청소년국제여름마을(CISV) 한국협회 이사(현) 1978~2005년 제24회 서울사대부속초등학교 동창회장 1986년 예편(육군 소위) 1986~1989년 동남갈포공업(주) 이사 1989년 젊은경영인회 회원(현) 1989~2009년 (주)흥신 대표이사 1990~1997년 동남갈포공업(주) 대표이사 1991년 경영연구회 회원(현) 1995~2008년 연세대 상경대학 동창회 이사 1996~1997년 젊은경영인회 회장 1998~2012년 미국 마이애미대 한국총동창회 총무 2000년 경복고총동창회 부회장(현)

2002년 (사)한국유라시아포럼 이사장(현) 2002년 (주)한국파파존스 대표이사 회장(현) 2003년 남산로타리클럽 회원(현) 2006~2013년 연세대총동창회 이사 2006년 (주)리타산업 회장(현) 2006년 히딩크재단 이사(현) 2006년 경영연구회 회장 2007년 리타인베스트먼트 사장(현) 2008년 키르키즈스탄 태권도협회 고문(현) 2009~2013년 민주평통 자문위원 2009년 중앙아시아 태권도협회 자문위원(현) 2009년 연세대상경대학동창회 부회장(현) 2010년 압구정1동성당 사목위원 부회장(현) 2010년 (사)아시아인권센터 이사(현) 2011~2015년 국제Rotary 3650지구 인터랙트·로타랙트 위원장 2012~2013년 남산로타리 회장 2012년 전하진의원후원회 회장(현) 2013년 미국 마이애미대한국총동창회 회장(현) 2013년 실크로드인터내셔날 회장(현) 2013년 연세대 연경포럼 편집장(현) 2014년 자연보호중앙연맹 부총재(현) 2014~2017년 연세대총동창회 금융분과위원장 2015~2016년 국제Rotary 3650지구 사무총장 2016~2018년 同3650지구 3지역 대표 2016년 (재)바보의나눔 이사(현) 2016년 서울스페셜올림픽회장(현) 2017년 (사)현대미술관회 이사(현) 2017년 숙명여대 이과대학 객원교수(현) 2017년 연세대총동창회 부회장(현) 2018년 서울카톨릭평신도협의회 청장년위원회 위원장(현) 2018년 (재)가톨릭평화방송 이사(현) 2018년 국제Rotary 3650지구 연수위원장(현) 2019년 메가존클라우드(주) 감사(현) (상)경기도지사표창(1997), 환경부장관표창(2015), 부산시 신체장애인복지회 봉사상(2015), 보건복지부장관표창(2015), (사)스페셜올림픽코리아 표창(2017), 대한민국 공감브랜드 교육대학 공로상(2017) (종)천주교

### 서창원(徐昌沅) SEO Chang Won

(생)1964·4·13 (본)달성(達城) (출)서울 (주)서울특별시 서초구 서초중앙로 118 카이스시스템빌딩 5층 법무법인 오늘(02-532-4800) (학)1983년 경기고졸 1987년 서울대 법과대학 사법학과졸 (경)1987년 사법시험 합격(29회) 1990년 사법연수원 수료(19기) 1990년 軍법무관 1993년 대구지검 검사 1994년 변호사 개업 1998년 창원지법 진주지원 판사 1999년 광주지법 판사 2002년 서울지법 동부지원 판사 2004년 서울중앙지법 판사 2005년 인천지법 부장판사 2008년 서울북부지법 부장판사 2008~2009년 미국 Georgetown Univ. Visiting Scholar 2010년 서울중앙지법 부장판사 2013~2015년 서울동부지법 부장판사 2015년 법무법인 오늘 변호사(현) 2016년 (주)유양디앤유 사외이사(현)

### 서창훈(徐彰焄) SUH Chang Hoon

(생)1962·12·11 (출)전북 전주 (주)전라북도 전주시 덕진구 기린대로 418 전북일보 비서실(063-250-5510) (학)1981년 전주고졸 1985년 서울대 법과대학졸 (경)1997년 우석대 기획조정처장 1998년 전북일보 상무이사 1999~2007년 同대표이사 사장 2000년 우석학원 이사장(현) 2002년 국제언론인협회(IPI) 한국위원회 회원(현) 2003~2008년 한국신문협회 이사 2007년 전북일보 대표이사 회장(현) 2008년 한국신문협회 이사 2009~2012년 한국신문윤리위원회 이사 2009년 새만금코리아 전주시지부장(현) 2009년 한국디지털뉴스협회 부회장 2012~2014년 한국신문협회 부회장 2013~2015년 한국디지털뉴스협회 이사 2013년 (사)한국대학법인협의회 이사(현) 2014~2018년 전국재해구호협회 이사 2014년 한국신문협회 이사(현) 2015년 풍석문화재단 이사 겸 전북지부장(현) 2015년 육군 35사단 자문위원(현) 2016년 한국문화예술관연합회 부회장(현) 2018년 한미경제연구소(KEI) 이사(현) (종)기독교

### 서창희(徐昌熙) SEO Chang Hee

(생)1963·4·1 (출)대구 (주)서울특별시 중구 남대문로 63 한진빌딩 법무법인 광장(02-772-4427) (학)1982년 동래고졸 1986년 서울대 법학과졸 (경)1985년 사법시험 합격(27회) 1988년 사법연수원 수료(17기) 1988년 사단 검찰관 1990년 수도방위사령부 검찰관 1991년 서울지검 검사 1993년 부산지검 울산지청 검사 1996년 법무부 검찰3과 검사 1998년 서울지검 검사 2000년 대전지검 부부장검사 2000년 대구지검 상주지청장 2001년 대검 연구관 2003년 사법연수원 교수 2005년 서울중앙지검 공안2부장 2006년 서울고검 검사 2006년 법무법인 광장 변호사(현) 2016년 대한축구협회 이사 겸 공정위원회 위원장(현)

### 서철모(徐轍模) SEO Cheol Mo

(생)1964·10·7 (본)연산(連山) (출)충남 홍성 (주)세종특별자치시 정부2청사로 13 행정안전부 예방안전정책관실(044-205-4500) (학)1983년 대전고졸 1991년 충남대 행정학과졸 2002년 영국 엑스터대 대학원 행정학과졸 2009년 공주대 대학원 건설환경공학 박사과정 수료 (경)1991년 행정고시 합격(35회) 1992~1995년 수습 및 교육 파견·충남도 지방공무원교육원 지방행정사무관 1995~1996년 충남도 지방과·중소기업과·총무과 지방행정사무관 1996년 내무부 재난관리과 행정사무관 1997년 국무조정실 행정사무관 1998년 행정자치부 재정경제과 행정사무관 1999년 同장관실 행정사무관 2000년 同장관실 서기관 2001년 同조직관리과 문화조직담당 서기관 2003년 지속가능발전위원회 파견 2004년 충남도 정책기획관(서기관) 2006년 同정책기획관(부이사관) 2007년 同문화관광국장 2008년 중앙공무원교육원 파견 2009년 행정안전부 지역발전정책국 지역활성화과장 2009년 同지역발전정책국 지역녹색성장과장 2011~2013년 駐뉴욕 영사 2013년 안전행정부 UN공공행정포럼준비기획단 부단장 2015년 충남도의회 사무처장 2015년 천안시 부시장(이사관) 2017년 충남도 기획조정실장 2018년 행정안전부 예방안전정책관(현) (상)충남도지사표창(1993), 국무총리표창(1999), 대통령표창(2006)

### 서철모(徐喆模) SEO CHEOLMO

(생)1968·7·10 (본)연산(連山) (출)충남 서산 (주)경기도 화성시 시청로 159 화성시청 시장실(031-369-2004) (학)1988년 대일외고졸 1992년 공군사관학교 외국어학과졸 (경)1997년 기아자동차(주) 수출본부 근무 1998~2000년 국회의원 김상우 비서 2010~2017년 국회의원 정세균 정무특별보좌관 2014년 노무현재단 기획위원(현) 2015~2017년 경기 화성시 자원봉사센터 이사 2016~2017년 더불어민주당 전략기획위원회 위원 2016~2017년 同경기화성乙지역위원회 사무국장 2017~2018년 대통령 제도개선비서관실 행정관 2018년 경기 화성시장(더불어민주당)(현) 2019년 참여민주주의지방정부협의회 부회장(현)

### 서철헌(徐哲憲) SEO Chul Hun

(생)1959·10·10 (주)서울특별시 동작구 상도로 369 숭실대학교 전자정보공학부 IT융합학과(02-820-0903) (학)1983년 서울대 전자공학과졸 1985년 同대학원 전자공학과졸 1993년 전자공학박사(서울대) (경)1990~1992년 미국 Univ. of Texas Fasion center 연구조교 1993~1995년 미국 MIT 연구원, 숭실대 정보통신전자공학부 교수, 同전자정보공학부 IT융합학과 교수(현) 1999~2000년 미국 MIT 교환교수, 대한전자공학회 편집이사, 한국전자파학회 상임이사 2015년 숭실대 IT대학장 2017~2018년 同일반대학원장

### 서철환(徐哲煥) SEO Cheol-hwan

(생)1961·1·12 (본)이천(利川) (출)전남 영암 (주)서울특별시 영등포구 은행로 14 KDB산업은행 감사실(02-787-6003) (학)1979년 덕수상고졸 1987년 서울시립대 행정학과졸 1997년 영국 요크대 대학원 경제학과졸 (경)1987년 행정고시 합격(31회) 1989~1994년 경제기획원 기획관리실·예산실 사무관 1995~2000년 재정경제원 경제정책국 산업경제과 및 국고국 국유재산과·회계제도과 사무관 2000~2002년 재정경제부 국

고국 회계제도과 · 공보관실 서기관 2002~2006년 일본 재무성 재무종합정책연구소 파견 2006~2007년 재정경제부 지역특화발전특구기획단 특구기획과장 · 국고국 국유재산과장 2008년 기획재정부 국고국 회계제도과장 2009~2011년 통계청 통계개발원장(고위공무원) 2011년 기획재정부 부이사관 2012년 국립외교원 파견 2014~2016년 대통령소속 지방자치발전위원회 행정체제개편국장(고위공무원) 2016년 국가공무원인재개발원 파견 2017년 대통령직속 청년위원회 실무추진단장 2018년 KDB산업은행 상임감사(현) (종)기독교

### 서청원(徐淸源) SUH Chung Won

(생)1943 · 4 · 3 (본)달성(達城) (출)충남 천안 (주)서울특별시 영등포구 의사당대로 1 국회 의원회관 601호(02-784-9515) (학)1962년 중앙대사대부고졸 1966년 중앙대 정치외교학과졸 1989년 서울대 경영대학원 최고경영자과정 수료 1990년 연세대 행정대학원 고위정책과정 수료 1992년 중앙대 국제경영대학원 최고경영자과정 수료 1995년 고려대 언론대학원 최고위언론과정 수료 2000년 명예 인문학박사(미국 클리블랜드주립대) (경)1964년 중앙대총학생회 회장 1966년 세계국제학생회의 한국대표 1969년 조선일보 기자 1980년 민주한국당 선전분과 부위원장 1981년 제11대 국회의원(서울 동작구, 민주한국당) 1985년 민주화추진협의회 상임운영위원 1987년 同민주통신 주필 1988년 통일민주당 대변인 1988년 제13대 국회의원(서울 동작구甲, 통일민주당 · 민주자유당) 1989년 민주당 총재 비서실장 1990년 민주자유당 제3정책조정실장 1992년 제14대 국회의원(서울 동작구甲, 민주자유당 · 신한국당) 1993~1994년 정무제1장관 1996년 제15대 국회의원(서울 동작구甲, 신한국당 · 한나라당) 1996년 신한국당 원내총무 1996년 국회 운영위원장 1997년 신한국당 서울시지부장 1997년 6.3동지회 회장 1997년 한 · 중친선협회 회장 1998년 한나라당 사무총장 2000년 同선거대책본부장 2000~2004년 제16대 국회의원(서울 동작구甲, 한나라당) 2001년 한나라당 국가혁신위원회 정치발전분과 위원장 2001~2005년 중앙대총동창회 회장 2002년 (사)민주화추진협의회 수석부이사장 2002년 한나라당 서울시지부장 2002~2003년 同대표최고위원 2002년 同6.13지방선거대책위원장 2002년 同제16대 대통령선거대책위원장 2007년 同제17대 대통령중앙선거대책위원회 상임고문 2008~2010년 친박연대 공동대표 2008~2009년 제18대 국회의원(비례대표, 친박연대) 2010년 미래희망연대 대표 2013년 새누리당 상임고문 2013~2017년 同화성시甲당원협의회 운영위원장 2013년 제19대 국회의원(화성시甲 보궐선거 당선, 새누리당) 2014년 추계최은희문화사업회 회장(현) 2014년 국회 안전행정위원회 위원 2014~2016년 새누리당 최고위원 2014~2017년 한 · 일의원연맹 회장 2016년 새누리당 제20대 총선 중앙선거대책위원회 공동위원장 2016년 제20대 국회의원(화성시甲, 새누리당 · 자유한국당〈2017.2〉 · 무소속〈2018.6〉)(현) 2016년 새누리당 전국위원회 의장 직대 2016~2017년 同경기화성시甲당원협의회 운영위원장 2016~2018년 국회 정보위원회 위원 2016~2018년 국회 외교통일위원회 위원 2017년 한 · 일의원연맹 명예회장(현) 2018년 국회 국방위원회 위원(현) 2019년 국회 한 · 일의회외교포럼 회장(현) (상)청조근정훈장, 2015 자랑스런 중앙인상(2015) (저)'아직도 먼 길을 가야 할 약속이 있다'(1992) '5.18특파원리포트(共)'(1997) '카리스마의 시대는 끝났다'(1998) '새천년, 우리 정치의 과제는 자기 혁신이다'(2000) '쿼바디스 코리아 : 정치혁신 대안은 없는가?'(2002), 자서전 '우정은 변치 않을 때 아름답다'(2013) (종)기독교

### 서춘석(徐椿錫)

(생)1960 · 3 · 30 (주)서울특별시 중구 세종대로9길 20 신한은행 임원실(02-756-0506) (학)1979년 덕수상고졸 (경)조흥은행 입행, 同구의동지점 근무 1981년 同전산개발과 근무 1984년 신한은행 전산정보부 차장 2001년 同개인고객부 팀장 2004년 同IT개발부장 2009년 同IT총괄부장 2011년 同ICT본부장 2015년 同부행장보 2018년 同디지털그룹 부행장(현)

### 서춘수(徐春洙) SEO Choon Su

(생)1950 · 12 · 4 (출)경남 함양 (주)경상남도 함양군 함양읍 고운로 35 함양군청(055-960-5000) (학)1968년 진주고졸 2000년 경남대 행정학과졸 2002년 同행정대학원 행정학과졸 (경)1969년 행정고시 합격 1991년 경남도 공무원교육원 서무과 서무계장 1993년 同가정복지국 가정복지과 아동계장 1995년 同지역경제국 교통행정과 교통기획계장 1996년 同감사실 조사계장 1997년 同감사관실 회계감사계장 2000년 同자치행정국 서무담당 2001년 밀양시의회 사무국장 2006년 혁신인력개발원 파견(지방서기관) 2007년 밀양시 부시장 2008~2009년 경남도 농수산국장 2010~2011년 경남도의회 의원(무소속) 2011년 경남 함양군수 재선거 출마 2014년 경남 함양군수선거 출마(무소속) 2018년 경남 함양군수(무소속)(현) (상)내무부장관표창(1979), 국무총리표창(1996), 대통령표창(2000), TV조선 한국의 영향력 있는 CEO 투명경영부문 대상(2019) (저)'숲을 지키는 나무는 아름답다'(2010)

### 서치길(徐致吉)

(생)1964 · 2 · 3 (주)서울특별시 중구 을지로 79 IBK기업은행 임원실(1566-2566) (학)1982년 순천고졸 1988년 서강대 수학과졸 (경)1991년 IBK기업은행 입행 2013년 同리스크총괄부장 2015년 同경영관리부장 2017년 同전략기획부장 2018년 同호남지역본부장 2019년 同경영전략그룹장(부행장)(현)

### 서치호(徐致熇) SEO Chi Ho

(생)1953 · 8 · 7 (출)부산 (주)서울특별시 광진구 능동로 120 건국대학교 건축대학(02-450-3446) (학)1972년 중앙고졸 1976년 한양대 건축공학과졸 1978년 同대학원졸 1986년 공학박사(한양대) (경)1979~1981년 청주대 이공대학 건축공학과 교수 1981~1991년 건국대 건축대학 건축공학과 전임강사 · 조교수 · 부교수 1989~1991년 건설교통부 중앙건축위원 1990년 국방부 특별건설기술심의위원 1991~2018년 건국대 건축대학 건축학과 교수 1997년 대한주택공사 자문위원 1998~2002년 서울시 건설기술심의위원 2001~2002년 건국대 건축전문대학원장 · 건축대학장 2004~2006년 한국건설순환자원학회 회장 2004년 국토해양부 중앙건설기술심의위원회 위원 2008~2010년 대한건축학회 총무담당 부회장 2011년 현대건설 사외이사(현) 2012~2014년 대한건축학회 회장 2012년 한국건축단체연합 대표 회장 2015년 미국 세계인명사전 'Marquis Who's Who in the World' 2016년판에 등재 2018년 건국대 건축대학 명예교수(현) 2019년 콘크리트산업발전포럼(CiDF) 공동대표(현) (상)대통령표창(2010)

### 서태범(徐泰範) SEO, TAE-BEOM

(생)1960 · 1 · 5 (본)이천(利川) (출)인천 (주)인천광역시 미추홀구 인하로 100 인하대학교 공과대학 기계공학과(032-860-7327) (학)1978년 인천 동산고졸 1982년 인하대 기계공학과졸 1985년 한국과학기술원(KAIST) 기계공학과졸(석사) 1994년 공학박사(미국 Rensselaer Polytechnic Inst.) (경)1985~1989년 한국기계연구원 연구원 1994년 삼성코닝(주) 선임연구원 1997~2004년 인하대 공과대학 기계공학부 조교수 · 부교수 2004년 同공과대학 기계공학과 교수(현) 2012년 한국태양에너지학회 회장 2013년 국제태양에너지학회 'Solar World Congress 2015' 공동조직위원장 2014~2015년 인천테크노파크 원장 2018년 인하대 연구처장 겸 산학협력단장(현) (상)한국태양에너지학회 학술상(2007 · 2008), 인하대 우수연구상 산학협력상(2015) (저)'에너지변환' (역)'열전달'(2007, 텍스트북스) 'Fundamentals of Engineering Thermodynamics'(2008, Wiley & Sons, Korea Branch)

**서태설(徐泰雪) SEO Tae Sul**

(생)1961·8·14 (본)이천(利川) (출)인천 (주)서울특별시 동대문구 회기로 66 한국과학기술정보연구원 학술정보공유센터(02-3299-6290) (학)1984년 연세대 기계공학과졸 1986년 한국과학기술원(KAIST) 생산공학과졸(석사) 2004년 공학박사(한국과학기술원) (경)1986~1990년 산업연구원 연구원 1991~2000년 산업기술정보원 선임연구원 2001년 한국표준협회 전문위원 2001년 한국과학기술정보연구원 책임연구원 2005년 同지식정보센터 지식기반팀 책임연구원 2006년 영국 Cardiff Univ. 방문연구원 2008년 World Wide Science Alliance 임원 2009년 한국과학기술정보연구원 정보유통본부 정보서비스실 책임연구원 2012년 同정보서비스센터 국내정보탐장 2013년 同정보서비스센터 국내정보실 책임연구원 2015년 同과학기술정보센터 정보서비스실 책임연구원 2017년 同국가과학기술데이터본부 학술정보공유센터장(현) (상)한국표준협회 표준화우수논문상(2003), 정보통신부장관표창(2003), 방송통신위원장표창(2013), 산업통상자원부장관표창(2015) (저)'21세기 인터넷 시대의 표준과 기술'(2001) '인터넷 시대의 데이터기술 표준화 동향'(2002) 'ISO 9000과 정보유통시스템의 품질표준화'(2002) '문헌정보 메타데이터 관리 표준화'(2002) '지식 콘텐츠의 표준과 기술동향'(2003) '학술지 국제출판 가이드'(2013) '학술정보 시각화 서비스 전략'(2014) '정보검색을 위한 분류, 시소러스, 온톨로지'(2015) (종)기독교

**서태식(徐泰植) SUH Tae Sik**

(생)1938·11·22 (출)대구 (주)서울특별시 용산구 한강대로 100 삼일회계법인(02-709-0548) (학)1957년 경북고졸 1963년 서울대 경제학과졸 1987년 경영학박사(경기대) (경)1962년 계리사시험 본시 합격(8회) 1965년 공인회계사 개업 1971~2003년 삼일회계법인 설립·대표이사 회장 1978년 서강대 강사 1979~1989년 공인회계사 시험위원 1980~1987년 한국공인회계사회 회계감사·연구위원장·심리위원 1981~1988년 서울대 강사 1988년 아·태지역회계사연맹(CAPA) 부의장 1989년 同의장 1989~1998년 COOPERS & LYBRAND(INTERNATIONAL) 이사 1989~1995년 새마을운동중앙협의회 감사 2003년 삼일회계법인 명예회장(현) 2004~2008년 한국공인회계사회 회장 2009년 삼일미래재단 이사장(현) (상)회계발전공로상(2003), '회계인명예의전당 헌액인'에 선정(2017)

**서태환(徐泰煥) SEO Tae Hwan**

(생)1964·12·2 (본)이천(利川) (출)전북 정읍 (주)서울특별시 서초구 서초중앙로 157 서울고등법원(02-530-1114) (학)1983년 재현고졸 1987년 고려대 법학과졸 1999년 同대학원 법학과졸 (경)1987년 사법시험 합격(29회) 1990년 사법연수원 수료(19기) 1990년 軍법무관 1993년 서울지법 북부지원 판사 1995년 서울지법 판사 1997년 청주지법 제천지원 판사 1999년 수원지법 판사 2001년 서울행정법원 판사 2003년 대법원 재판연구관 2005년 광주지법 부장판사 2006년 사법연수원 교수 2009년 서울행정법원 행정11부·행정3부 부장판사 2012년 서울북부지법 부장판사 2013년 同수석부장판사 2013년 同법교육참여위원회 위원 2014년 광주고법 부장판사 2015~2018년 서울고법 부장판사 2017~2019년 대법원 양형위원회 위원 2018년 인천지법 수석부장판사 직대 2019년 서울고법 부장판사(현) (종)기독교

**서토덕(徐土德) Seo To Duc**

(생)1968·1·7 (출)경남 창원 (주)대전광역시 유성구 대덕대로989번길 111 한국원자력연구원 감사실(042-868-2122) (학)1985년 창원고졸 1990년 부산수산대 무역학과졸 2006년 한국개발연구원(KDI) 국제정책대학원 경제정책과정 수료 2010년 울산대 대학원 정치외교학 석사과정 수료 (경)1998~1999년 내일신문 부산경남지역본부 홍보실장 1999~2002년 부산환경운동연합 조직부장 2002~2005년 울산환경운동연합 사무처장 2005~2007년 환경운동연합 운영처장 2007~2015년 (사)환경과자치연구소 기획실장 2015~2016년 울산환경운동연합 정책실장 2016~2018년 (사)부산·경남생태도시연구소 책임연구원 2016~2018년 에너지시민연대 운영위원 2018년 (사)부산·경남생태도시연구소 연구위원 2018년 한국원자력연구원 상임감사(현) (상)환경부장관표창(2014)

**서판길(徐判吉) SUH Pann Ghill**

(생)1952·3·9 (출)경북 영덕 (주)대구광역시 동구 첨단로 61 한국뇌연구원 원장실(053-980-8101) (학)1980년 서울대 수의학과졸 1983년 同대학원 의학석사 1988년 의학박사(서울대) (경)1989~2010년 포항공과대(POSTECH) 생명과학과 교수 2003~2007년 同이학부학장·연구처장·산학협력단장 2003~2010년 同국가지정연구실(NRL) 책임자 2006~2007년 전국대학연구처장·산학협력단장협의회 회장 2006~2008년 대통령자문정책기획위원회 균형발전위원회 지역혁신위원회 위원 2007년 국가석학(현) 2008~2012년 국가과학기술위원회 기초연구진흥협의회 위원장 2010~2013년 대구경북과학기술대(DGIST) 이사 2010~2016년 기초과학연구원(IBS) 설립위원·이사 2010~2017년 울산과학기술대·울산과학기술원(UNIST) 선도연구센터(SRC) 센터장 2010~2018년 同생명과학부 교수 2012~2014년 同연구부총장 겸 융합연구원장 2014년 포스코 청암재단 포스코청암상 과학상 선정위원장(현) 2016년 교육부 여성공학인재양성사업 관리위원회 위원장(현) 2016년 포항공과대 명예교수(현) 2017년 한국과학기술단체총연합회 학술로드맵 총괄위원장(현) 2017년 과학기술정보통신부 기초연구사업추진위원회 위원장(현) 2018년 기초과학연구원 과학자문위원회 위원(현) 2018년 한국뇌연구원 원장(현) 2019년 ICBL(International Conference on the Bioscience of Lipids) 운영위원(현) (상)대한생화학분자생물학회 제1회 동헌 학술상(2001), 대한민국특허기술대전 특허청장표창(2002), 과학기술부·한국과학재단 선정 '이달의 과학기술자상'(2007), 교육인적자원부·한국학술진흥재단 선정 '국가석학(우수학자)'(2007), 한국분자세포생물학회 골드리본상(2014), 아산사회복지재단 아산의학상 기초의학부문(2014), 한국연구재단 생물학정보센터(BRIC) 선정 '2017 국내 의과학 성과 TOP5'(2017) (저)'Phospholipases in Health and Disease(共)'(2014, SpringerVerlag) 등 4편

**서필언(徐弼彦) SEO Pil Eon**

(생)1955·12·4 (본)달성(達城) (출)경남 통영 (주)경상남도 통영시 중앙로 297 통영고성발전연구소(055-646-7701) (학)1974년 동아고졸 1981년 고려대 통계학과졸 1996년 미국 시라큐스대 대학원(Maxwell School) 행정학과졸 2002년 행정학박사(경희대) (경)1980년 행정고시 합격(24회) 1981년 총무처 행정사무관 1983~1993년 同조직기획과·조직2과 사무관 1996년 국가상징기획단 부단장 1998년 행정자치부 공보담당관 1998년 同조직관리과장 2000년 同조직정책과장 2002년 영국정부(Cabinet Office 내각사무처) 파견 2005년 행정자치부 혁신기획관 2006년 同정부혁신본부 조직혁신단장 2007년 同전자정부본부장 2008~2009년 울산시 행정부시장 2009년 행정안전부 조직실장(고위공무원) 2010년 同인사실장 2011년 同기획조정실장 2011~2013년 同제1차관 2013~2014년 서울대 행정대학원 초빙교수 2015~2018년 경상대 해양과학대학 석좌객원교수 2016~2019년 미국 시라큐스대 한국총동창회 회장 2017년 자유한국당 통영·고성당원협의회 운영위원장 2016년 한국거버넌스혁신포럼 이사장(현) 2017년 통영고성발전연구소 이사장(현) 2019년 자유한국당 당대표특별보좌역(현) (상)대통령표창(1991), 녹조근정훈장(2000), 황조근정훈장(2014) (저)'新정부혁신론'(1997) '영국행정개혁론'(2005) '바다는 오늘도 소금을 만든다'(2015) (종)천주교

**서한순(徐漢淳) Seo, Hansoon**

(생)1962·9·20 (출)전남 완도 (주)세종특별자치시 한누리대로 499 인사혁신처 심사임용과(044-201-8330) (학)1980년 전남기계공고졸 1991년 호남대 법학과졸 2004년 연세대 행정대학원 행정학과졸 2011년 일본 와세다대 대학원 공공경영학 박사과정 수료 (경)9급 공무원공채 합격, 행정자치부 소청심사위원회 행정과 근무 2012년 행정안전부 인력기획과 서기관 2013년 안전행정부 인력개발관실 인력기획과 서기관, 인사혁신처 성과복지국 T/F팀장 2015년 同공무원노사협력관실 노사협력담당관 2016년 同인사조직과장 2017년 同심사임용과장 2018년 同심사임용과장(부이사관)(현) (상)근정포장(2015) (종)가톨릭

**서해동(徐海東) Seo, Hae-dong**

(생)1968·2·2 (출)대구 달성 (주)세종특별자치시 다솜2로 94 농림축산식품부 운영지원과(044-201-1267) (학)1986년 능인고졸 1991년 서울대 경제학과졸 2001년 영국 맨체스터대 대학원 경제학석사(농업환경분야) (경)1992~2002년 농림수산부 공보관실·유통경제통계담당·국제협력과·협동조합과 사무관 2002~2004년 농림부 농업정책과·유통정책과 사무관 2004년 국무조정실 파견(서기관) 2005~2012년 농림부 농업협상과장·駐이태리 1등서기관 2009년 농림수산식품부 지도안전과장, 대통령실 농수산식품비서관 2012~2014년 농림축산식품부 유통정책과장·농업정책과장 2014년 同농림축산검역본부 인천공항지역본부장(일반직고위공무원) 2015년 중앙공무원교육원 파견 2016년 농림축산식품부 농림축산검역본부 동식물위생연구부장 2016년 同정책기획관 2017~2019년 농식품공무원교육원장 2019년 미국 파견(현)

**서현석(徐現碩) SEO Hyun Seok**

(생)1972·9·10 (출)강원 삼척 (주)경기도 안산시 단원구 광덕서로 75 수원지방법원 안산지원(031-481-1114) (학)1991년 도계고졸 1998년 서울대 국사학과졸 (경)1998년 사법시험 합격(40회) 2001년 사법연수원 수료(30기) 2001년 창원지법 판사 2004년 의정부지법 판사 2007년 서울중앙지법 판사 2009년 서울남부지법 판사 2011년 서울중앙지법 판사 2014년 서울고법 판사 2016년 제주지법 부장판사 2018년 수원지법 안산지원 부장판사(현)

**서현옥(徐賢玉·女)** (철경)

(생)1968·3·3 (본)이천(利川) (출)경기 평택 (주)경기도 수원시 팔달구 효원로 1 경기도의회(031-8008-7000) (학)가온고졸, 아주대 공공정책대학원 행정학(사회복지전공) 석사과정 중 (경)민주당 평택乙지역위원회 여성위원장, 원평동 부녀회장, 평택시 복지위원, 원평동 청소년선도위원, 바르게살기운동 평택시협의회 이사 2014~2018년 경기 평택시의회 의원(비례대표, 새정치민주연합·더불어민주당), 더불어민주당 사회복지제도개선특별위원회 부위원장 2018년 경기도의회 의원(더불어민주당)(현) 2018년 同안전행정위원회 위원(현)

**서현주(徐現周) Hyun Ju SEO**

(생)1960·7·5 (출)부산 (주)제주특별자치도 제주시 오현길 90 제주은행 은행장실(064-720-0200) (학)1979년 부산상고졸 2003년 성균관대 경영전문대학원졸(MBA) 2012년 고려대 대학원 최고경영자과정 수료 (경)1987년 신한은행 입행 1989년 同마산지점 대리 1991년 同부전동지점 대리 1993년 同부산지점 대리 1994년 同영남본부 대리 겸 심사역 1996년 同사상지점 대리 1997년 同부산중앙지점 차장 1998년 同마산지점장 2000년 同마포지점장 2004년 同흑석동지점장 2004년 同고객만족센터실장 2007년 同개인고객부장 2009년 同무교금융센터장 2011년 同시너지지원본부장 2012년 同IPS본부장 2013년 同마케팅지원그룹장(부행장보) 2015년 同영업추진그룹장(부행장) 2016년 同개인그룹장(부행장) 2017년 同영업기획그룹장(부행장) 2018년 제주은행장(현) (상)은탑산업훈장(2017)

**서형근(徐亨根) Seo Hyung Keun**

(생)1960·1·10 (주)서울특별시 중구 퇴계로 141-7 뉴서울빌딩 IBK시스템(02-3407-6600) (학)1978년 덕수상고졸 (경)1978년 기업은행 입행 2005년 同돈암동지점장 2007년 IBK기업은행 업무지원센터장 2008년 同총무부장 2010년 同성수동지점장 2013년 同경동지역본부장 2015년 同카드사업본부장 겸 신탁연금본부장(집행간부·부행장) 2016년 同CIB그룹장(부행장) 2017년 IBK시스템 대표이사(현)

**서형수(徐炯洙) SEO Hyung Soo**

(생)1957·4·5 (출)경남 양산 (주)서울특별시 영등포구 의사당대로 1 국회 의원회관 932호(02-784-1524) (학)1976년 동래고졸 1983년 서울대 법과대학 법학과졸 (경)1983년 롯데그룹 입사·근무 1987년 한겨레신문 창간사무국 근무·기획부장 1991년 언론문화연구소 사무국장 1994년 나산백화점 이사 1995년 한겨레신문 운영기획실장 1997년 同사업국장 1998년 同판매국장 겸 C&P실장 1999년 한겨레리빙 감사 1999년 한겨레신문 사업국장 1999년 同뉴미디어국장 겸임 1999년 인터넷한겨레 부사장 겸임 2000년 同이사 2003년 同대표이사 사장 2004년 한겨레신문 경영총괄 전무이사 2006년 同고문역 2007~2008년 同대표이사 사장 2008년 同상임고문 2008년 희망제작소 소기업발전소장 2009~2010년 경남도민일보 대표이사 사장 2011년 풀뿌리사회적기업가학교 교장 2014년 흙살림 경영고문 2016년 더불어민주당 경남양산시乙지역위원회 위원장(현) 2016년 제20대 국회의원(경남 양산시乙, 더불어민주당)(현) 2016~2018년 국회 환경노동위원회 위원 2016~2017년 국회 예산결산특별위원회 위원 2016~2017년 국회 미래일자리특별위원회 위원 2017년 더불어민주당 사회적경제위원회 수석부위원장 2017년 同제19대 문재인 대통령후보 중앙선거대책위원회 노동환경정책위원회 부위원장 2017~2018년 同민생담당 원내부대표 2017년 여야 4당(더불어민주당·자유한국당·국민의당·바른정당) 물관리일원화협의체 간사 2017·2018년 국회 4차산업혁명특별위원회 위원(현) 2018년 더불어민주당 한국GM대책특별위원회 위원 2018년 국회 기획재정위원회 위원 2019년 국회 국토교통위원회 위원(현)

**서형열(徐亨烈) SUH Hyung Ryur**

(생)1956·3·1 (본)이천(利川) (출)광주 (주)경기도 수원시 팔달구 효원로 1 경기도의회(031-8008-7000) (학)1995년 한국방송통신대 행정학과졸, 한경대 국제개발협력대학원 국제경영학 석사과정 중 (경)민주당 경기구리시지역위원회 상무위원, 독도문제연구소 부소장 2010년 경기도의회 의원(민주당·민주통합당·민주당·새정치민주연합) 2010~2012년 同건설교통위원회 간사 2012년 민주통합당 경기도당 대외협력위원장 2012년 경기도의회 건설교통위원회 위원 2012년 경기도민교통안전교육위원회 자문위원장 2014~2018년 경기도의회 의원(새정치민주연합·더불어민주당) 2014년 同안전행정위원회 간사 2014년 同윤리특별위원회 위원 2015년 同예산결산특별위원회 위원 2016~2018년 同건설교통위원회 위원 2016~2018년 同간행물편찬위원회 위원장 2018년 경기도의회 의원(더불어민주당)(현) 2018년 同건설교통위원회 위원(현) 2019년 同예산결산특별위원회 위원장(현) (상)의정행정대상 광역지방의원부문(2010) (종)기독교

**서형원(徐炯源) Suh Hyung-won**

[생]1956·2·4 [출]전남 순천 [주]전라남도 순천시 녹색로 1641 청암대학교 총장실(061-740-7103) [학]1978년 서울대 철학과졸 1984년 同행정대학원 수료 1988년 일본 게이오대 연수 [경]1984년 외무고시 합격(18회) 1984년 외무부 입부 1989년 駐일본 2등서기관 1992년 駐리비아 2등서기관 1996년 외무부 인사제도계장 1997년 同인사운영계장 1998년 미국 조지타운대 방문연구원 1999년 駐일본 1등서기관 2001년 대통령비서실 파견 2003년 국가안전보장회의 사무처 행정관 2004년 외교통상부 동북아1과장 2004년 駐호주 참사관 2007년 駐일본 공사참사관 2008년 외교안보연구원 파견(글로벌리더십과정) 2010년 G20정상회의준비위원회 행사기획국장 2011년 駐일본 공사 2013~2016년 駐크로아티아 대사 2017년 외교자문그룹 국민아그레망 단원 2017년 청암대 총장(현) 2017년 대통령직속 정책기획위원회 평화번영분과 위원(현) [상]근정포장(2009)

**서형주(徐亨周)**

[생]1972·1·22 [출]전남 광양 [주]경기도 수원시 영통구 법조로 105 수원지방법원 총무과(031-210-1114) [학]1990년 순천고졸 1998년 연세대 행정학과졸 [경]1997년 사법시험 합격(39회) 2000년 사법연수원 수료(29기) 2000년 청주지법 판사 2004년 수원지법 판사 2007년 서울중앙지법 판사 2009년 서울남부지법 판사 2011년 서울가정법원 판사 2013년 서울남부지법 판사 2015년 부산지법 부장판사 2017년 수원지법 부장판사(사법연구)(현)

**서혜란(徐惠蘭·女) Suh, Hye-ran**

[생]1955·7·13 [본]달성(達城) [출]서울 [주]서울특별시 서초구 반포대로 201 국립중앙도서관(02-590-0510) [학]경기여고졸 1978년 연세대 도서관학과졸 1980년 同대학원 문헌정보학과졸 1985년 문헌정보학박사(연세대) [경]1985~2019년 신라대 문헌정보학과 전임강사·조교수·부교수·교수 2001~2003년 한국정보관리학회 편집위원 2001~2003년 신라대 여성문제연구소장 2003~2005년 한국비블리아학회 편집위원장 2003~2005년 한국기록관리학회 편집위원장 2004~2008년 대통령소속 정보공개위원회 위원 2005년 한국문헌정보학회 부회장 2005년 재정경제부 혁신자문평가위원 2005~2006년 2006서울세계도서관정보대회(WLIC) 조직위원 2005~2007년 신라대 교원인사위원회 위원 2006년 행정자치부 국가기록원 기록물관리표준화자문위원 2007~2008년 한국비블리아학회 회장 2007년 산업표준심의회 문헌정보기록관리전문위원 2007~2013년 국무총리소속 국가기록관리위원회 위원 겸 표준전문위원회 간사위원 2008~2019년 (사)포럼 문화와도서관 대표 2009년 한국기록학회 연구이사(현) 2009~2010년 한국기록관리학회 편집위원장 2009~2010년 한국비블리아학회 기획이사 2009년 신라대 종합정보센터 소장 2010~2012년 행정안전부 제3기 정책자문위원회 조직분과위원 2011년 국가기록원 기록물관리전문요원시험 자문위원(현) 2011~2012년 한국기록관리학회 부회장 2012~2014년 울산시 정책자문위원 2013~2014년 한국기록관리학회 회장 2013~2017년 신라대 도서관장 2013~2015년 국립중앙도서관 장서개발위원회 위원 2014년 국회도서관 분관부산유치범시민위원회 위원(현) 2015~2016년 한국기록관리학회 편집위원장 2014~2015년 한국문헌정보학교수협의회 회장 2015~2017년 한국도서관협회 부회장 2018년 대통령소속 도서관정보정책위원회 위원(현) 2019년 국립중앙도서관 관장(현) [상]문화관광부장관표창(2007), 대통령표창(2010) [저]'최신 문헌정보학의 이해'(2006, 한국도서관협회) '기록관리론 : 증거와 기억의 과학'(2008, 아세아문화사) '최신 문헌정보학의 이해'(2008, 한국도서관협회) '도서관편람'(2009, 한국도서관협회) '주제별정보원'(2015, 신라대 출판부) 외 다수 [역]'색인 및 초록작성법' '색인지침'

**서혜석(徐惠錫·女) SUH Hae Suk**

[생]1953·11·14 [출]서울 [주]서울특별시 강남구 테헤란로87길 36 법무법인 로고스(02-2188-1033) [학]1972년 정신여고졸 1976년 이화여대 영어영문학과졸 1981년 서울대 인문대학원 영문학과졸 1987년 미국 산타클라라대 로스쿨졸 [경]1981년 인하대·서울대 강사 1988년 미국 캘리포니아주변호사협회 회원(현) 1990~2001년 법무법인 광장 국제변호사 1994년 대한상사중재원 중재인(현) 2001~2005년 법무법인 우현 국제변호사 2001년 코스닥등록법인협의회 자문위원 2002년 우리금융지주 사외이사 2004년 열린우리당 민생·경제특별본부 부본부장 2005~2008년 제17대 국회의원(비례대표, 열린우리당·대통합민주신당·통합민주당) 2006~2016년 ICC KOREA 국제중재위원회 부위원장 2006년 열린우리당 여성경제인특별위원회 위원장 2007년 同원내부대표 2007년 同공동대변인 2008년 법무법인 우현지산 고문변호사 2009년 대외무역분쟁조정위원회 위원 2009년 법무법인 로고스 고문변호사(미국변호사)(현) 2014~2017년 주식백지신탁심사위원회 위원 2016년 더불어민주당 공직선거후보자추천관리위원회 위원

**서 호(徐 虎) SUH Ho**

[생]1960·9·11 [출]광주 [주]서울특별시 종로구 세종대로 209 통일부 차관실(02-2100-5610) [학]전주신흥고졸 1985년 고려대 정치외교학과졸 1991년 同대학원 정치학과졸 [경]6급상당 특채, 통일부 공보담당관, 同정보화담당관, 同남북회담본부 회담기획부 회담3과장 2001년 同남북회담본부 회담기획부 회담1과장, 同행정법무담당관, 同비상계획법무담당관 2004년 同통일정책실 국제협력담당관 2005년 同혁신재정기획실 혁신인사기획관 2006년 同혁신재정기획실 재정기획팀장 2009년 同남북회담본부 회담운영부 회담지원과장 2009년 同남북회담본부 회담기획부장 2010년 同교류협력국장 2011년 同남북협력지구지원단장 2013년 同남북출입사무소장 2015년 同통일준비위원회 사무국장 2017년 同기획조정실장(고위공무원) 2018~2019년 국가안보실 통일정책비서관 2019년 통일부 차관(현) 2019년 개성 남북공동연락사무소 남측 소장(현)

**서호갑(徐鎬甲) SEO Ho Gap**

[생]1966·3·23 [출]부산 [주]부산광역시 동구 중앙대로 387 부산동부경찰서(051-409-0337) [학]1985년 부산 해동고졸 1989년 경찰대졸(5기) [경]2007년 경정 승진 2008년 부산사하경찰서 형사과장 2009년 부산북부경찰서 생활안전과장 2009년 부산지방경찰청 제2기동대장 2011년 同교통관계계장 2014년 同교통안전계장 2016년 총경 승진 2016년 대구지방경찰청 형사과장 2017년 경북 울진경찰서장 2017년 부산지방경찰청 홍보담당관 2019년 부산동부경찰서장(현)

**서호경(徐豪卿) SEO Ho Kyung**

[주]경기도 고양시 일산동구 일산로 323 국립암센터 부속병원 비뇨기암센터(031-920-1250) [학]1994년 부산대 의대졸 1997년 同대학원 의학석사 2006년 의학박사(부산대) [경]1994~1995년 부산대병원 인턴 1995~1999년 同비뇨기과 레지던트 1999~2000년 대청보건지소 소장 2000~2001년 울산구치소 의무관 2001~2002년 적십자통영병원 비뇨기과장 2002년 부산대병원 비뇨기과 전임의 2002~2003년 이화여대 동대문병원 조교수 2003~2009년 국립암센터 부속병원 특수암센터 비뇨기종양클리닉 의사 2007~2008년 미국 Memorial Sloan-Kettering Cancer Center 연수 2009~2019년 국립암센터 전립선암센터 전문의 2014~2017년 同비뇨생식기암연구과 선임연구원 2017~2019년 同이행성연구부 생체표지자연구과장 2017~2019년 同비뇨기과장 2017~2019년 同전립선암센터장 2019년 同비뇨기암센터장(현) 2019년 同종양면역학연구부 책임연구원(현)

**서호영(徐灝榮 · 女) Seo Ho Young**

(생)1964·10·5 (본)이천(利川) (출)광주 (주)경기도 과천시 관문로 47 서울지방교정청 총무과(02-2110-8680) (학)1983년 무학여고졸 1989년 서울여대 사회사업학과졸 2004년 한양대 대학원 사법행정학과졸 (경)1989년 법무부 교정국장실·교화과 근무(7급) 1992년 수원교도소·서울구치소 근무(6급) 2001년 법무연수원 교수(사무관) 2005년 천안개방교도소·인천구치소 교화과장 2007년 법무부 사회복귀지원팀 사무관 2009년 법무연수원 교수·인천구치소 사회복귀과장 2013년 광주지방교정청 서기관·안양교도소 사회복귀과장 2015년 수원구치소 사회복귀과장 2016년 서울구치소 분류심사과장 2017년 강원 영월교도소장 2018년 법무부 교정본부 심리치료과장 2019년 서울지방교정청 총무과장(현) (상)법무부장관표창(1999·2008), 국무총리표창(2010) (종)기독교

**서홍관(徐洪官) SEO Hong Gwan**

(생)1958·10·30 (출)전북 완주 (주)경기도 고양시 일산동구 일산로 323 국립암센터 부속병원 암예방검진센터(031-920-1707) (학)1977년 전주고졸 1983년 서울대 의대졸 1991년 同대학원 의학석사 1995년 의학박사(서울대) (경)1985년 창작과 비평 「16인 신작시집」에 '흙바닥에서' 외 6편으로 등단, 시인(현) 1990~2003년 인제대 의대 가정의학과 조교수·부교수·교수 1995년 미국 메사추세츠주립대 의과대학 연구원 2003년 국립암센터 부속병원 암예방검진센터 의사(현) 2003~2019년 同부속병원 지원진료센터 금연클리닉 책임의사 2009~2019년 同부속병원 가정의학클리닉 전문의 2010년 한국금연운동협의회 회장(현) 2011~2019년 국립암센터 부속병원 가정의학과 전문의 2011~2013년 同국가암관리사업본부장 2012~2014년 同암정복추진기획단 암관리연구전문위원회 위원장 2014~2017년 국제암대학원대 암관리정책학과 겸임교수 2017년 同암관리학과 겸임교수(현) (상)대통령표창(2002), 대한의사협회 의사문학상(2011), 국민훈장 석류장(2015) (저)'한국인의 평생 건강관리', 시집 '어여쁜 꽃씨 하나' '지금은 깊은 밤인가' '어머니 알통', 수필집 '이 세상에 의사로 태어나', 전기 '전염병을 물리친 빠스퇴르' '궁금해요 의사가 사는 세상' (역)'히포크라테스'(2004) '꼭 알아야 할 남편 건강지키기'(2009) '잘못 알려진 건강상식'(2009)

**서홍기(徐洪紀) SEO Hong Ki**

(생)1965 · 8 · 12 (출)경기 평택 (주)경기도 평택시 평남로 1041 법무법인 일호(070-4036-4110) (학)1984년 평택고졸 1992년 성균관대 법학과졸 (경)1992년 사법시험 합격(34회) 1995년 사법연수원 수료(24기) 1996년 변호사 개업 1998년 전주지검 검사 2000년 춘천지검 영월지청 검사 2002년 수원지검 검사 2004년 서울동부지검 검사 2007년 대전지검 부부장검사 2009년 춘천지검 부장검사 2009년 창원지검 형사2부장 2010년 부산지검 동부지청 형사2부장 2011년 수원지검 안산지청 부장검사 2012년 사법연수원 검찰교수실 교수 2014년 법무연수원 교수 2015년 창원지검 마산지청장 2016년 대전고검 검사 2017년 수원지검 중요경제범죄조사단 부장검사 2018년 법무법인 일호 변호사(현)

**서홍석(徐弘錫) Suh Hongsuk**

(생)1955·1·11 (본)달성(達城) (출)서울 (주)부산광역시 금정구 부산대학로63번길 2 부산대학교 자연과학대학 화학과(051-510-2203) (학)1981년 서강대 화학과졸 1986년 화학박사(미국 텍사스대 오스틴교) (경)1986~1987년 미국 Univ. of Texas at Austin 화학과 Post-Doc. 1988~1989년 미국 Columbia Univ. 화학과 Post-Doc. 1989~1993년 미국 Novartis 의약화학 Senior Scientist 1993~2002년 부산대 자연과학대학 화학과 조교수·부교수 2000~2001년 同화학과장 2002년 同화학과 교수(현) 2008~2011년 同기능성물질화학연구소장 2011~2013년 同자연과학대학장 (상)대한화학회 우수포스터상(1999), 대한화학회 장세희유기화학 학술상(2009), 부산과학기술협의회 부산과학기술상(2010), 대한화학회 시그마알드리치화학자상(2010) (저)'유기안료의 가교결합을 통한 새로운 타입의 색재합성과 그 응용기술개발'(1996) '새로운 콜린산 유도체에 의한 혈관형성억제제의 개발'(1996) '혈관계 조절작용물질의 탐색 및 합성연구'(2000) (역)'최신 일반화학'(1999) (종)기독교

**서홍석(徐洪錫) SEO Hong Seok**

(생)1960·11·20 (출)충남 공주 (주)서울특별시 송파구 중대로 135 IT벤처타워 서관 12층 한국소프트웨어산업협회(02-2188-6910) (학)대전고졸, 단국대 행정학과졸, 서울대 대학원 행정학과졸 (경)행정고시 합격(28회) 1995년 정보통신부 정보통신정책실 정보망과 서기관 1996년 同통신개발연구원 서기관 1998년 서울송파우체국장 1998년 정보통신부 체신금융국 보험과장 1999년 同정보통신지원국 부가통신과장 2002년 同통신위원회 사무국장 2002년 同정보통신지원국 통신경쟁정책과장 2003년 同정보화기획실 초고속정보망과장 2004년 同정보화기획실 기획총괄과장(부이사관) 2005년 중앙전파관리소 감시1과장 2005년 미국 파견 2007년 정보통신부 우정사업본부 금융사업단 금융총괄팀장 2007년 同우정사업본부 예금사업단 금융총괄팀장 2008년 지식경제부 우정사업본부 금융총괄팀장 2009~2010년 同우정사업본부 예금사업단장 2011년 (주)KT CR부문 대외협력실장(전무) 2012~2014년 同대외협력실 부사장 2013~2015년 방송통신위원회 남북방송통신교류추진위원회 위원 2015년 한국소프트웨어산업협회 상근부회장(현)

**서홍석(徐弘錫) SEO HONG SEOK**

(생)1970 · 3 · 23 (본)이천(利川) (출)전북 전주 (주)대전광역시 서구 청사로 189 특허청 상표디자인심사국 디자인심사과(042-481-5354) (학)1988년 전북 전일고졸 1995년 전북대 산업디자인학과졸 1999년 홍익대 대학원 산업디자인학과졸 2018년 공학박사(전북대) (경)1995~2015년 (주)인켈 디자인팀장 2015년 특허청 상표디자인심사국 디자인심사과장(현)

**서효원(徐孝源)**

(생)1966 · 11 · 28 (출)강원 양양 (주)전라북도 전주시 덕진구 농생명로 300 농촌진흥청 대변인실(063-238-0123) (학)1985년 강릉고졸 1992년 건국대 생명과학과졸 1994년 同대학원 생명과학과졸 2001년 생명과학박사(건국대) (경)1995년 농촌진흥청 고령지농업연구소 농업연구사 2005년 同연구정책국 연구개발과 · 연구조정과 · 연구운영과 근무 2010년 同원예농공팀장(농업연구관) 2012년 국립원예특작과학원 도시농업팀 농업연구관 2013년 농촌진흥청 행정법무담당관실 조직팀장 2016년 同청장비서관 2017년 국립원예특작과학원 화훼과장 2018년 농촌진흥청 연구정책국 연구운영과장 2019년 同대변인(현)

**서 훈(徐 薰) SUH Hoon**

(생)1954·12·6 (출)서울 (학)1973년 서울고졸 1980년 서울대 사범대학 교육학과졸 1995년 미국 존스홉킨스대 대학원 국제공공정책학과졸 2008년 북한학박사(동국대) (경)1980~1996년 국가안전기획부 근무 1996~1999년 한반도에너지개발기구(KEDO) 금호사무소 대표 1999~2004년 국가정보원 근무·대북전략국 단장 2004년 국가안전보장회의(NSC) 정보관리실장 2004년 국가정보원 대북전략실장 2006~2008년 同제3차장 2012년 민주통합당 문재인 대통령후보 중앙선거대책위원회 '미래캠프' 산하 남북경제연합위원회 위원, 이화여대 북한학과 초빙교수 2017년 더불어민주당 제19대 문재인 대통령후보 중앙선거대책위원회 국방안보위원회 부위원장 2017년 국가정보원장(현) 2018년 남북정상회담준비위원회 위원 (상)홍조근정훈장(2002) (저)'북한의 선군외교'(2008)

## 서휘웅(徐輝雄)

(생)1973 · 12 · 22 (주)울산광역시 남구 중앙로 201 울산광역시의회(052-229-5125) (학)울산제일고졸, 부경대 평생교육 · 상담학과 재학 중 (경)(사)한국청년회의소 상무위원, 더불어민주당 중앙당 부대변인(현), 문재인정부 울산대선공약실천단 부단장(현) 2018년 울산시의회 의원(더불어민주당)(현) 2018년 同예산결산특별위원회 · 에너지특별위원회 위원장(현) 2018년 同환경복지위원회 부위원장(현) 2018년 同의회운영위원회 위원(현)

## 서흥원(徐興源) SEO Heung Won

(생)1969 · 8 · 8 (본)달성(達城) (출)경기 남양주 (주)세종특별자치시 도움6로 11 환경부 운영지원과(044-201-6241) (학)1988년 덕소고졸 1992년 서울대 대기과학과졸 2016년 환경학박사(미국 델라웨어대) (경)1993년 기술고시 합격 2009년 영산강유역환경청 환경관리국장 2009년 환경부 자원순환국 폐자원관리과장 2010년 국무총리 안전환경정책관실 환경정책과장 2011년 환경부 환경정책실 기후변화협력과장 2014년 同물환경정책국 유역총량과장(서기관) 2015년 同물환경정책국 유역총량과장(부이사관) 2015~2017년 同환경보건정책관실 환경보건정책과장 2016년 同가습기살균제대응TF 총괄 및 피해조사반장 겸임 2017년 同기후미래정책국 기후미래전략과장 2018년 同기후변화정책관실 기후전략과장 2018년 국립생물자원관 생물자원활용부장 2019년 국가기후환경회의 파견(고위공무원)(현)

## 서희덕(徐喜德) SEO Hee Deok

(생)1952 · 2 · 24 (본)달성(達城) (출)대전 (주)서울특별시 영등포구 여의대방로65길 23 포레스텔빌딩 905호 (주)뮤직디자인(02-780-5561) (학)1972년 대전고졸 1981년 한양대 토목학과졸 (경)1981~1984년 대성음반 문예부장 1984년 (주)뮤직디자인 대표이사 1991~1999년 (사)한국음악산업협회 이사 1993~1997년 (사)한국연예제작자협회 이사 1999년 한국저작권법 개정위원 1999년 문화관광부 음반산업진흥위원회 위원 1999년 일본대중문화개방시 음악부분 담당 1999년 일본 · 중국 · 대만 등에 대중문화 '한류' 전파 2000년 (재)한국음악산업진흥재단 이사장(현) 2001~2006년 (사)한국음원제작자협회 회장 2001년 문화관광부 문화산업단지지정 심의위원 2001년 同자체평가위원회 위원 2002~2003년 (재)아시아문화교류재단 초대이사장 2003년 인터넷 및 모바일 음악서비스 유료화사업 기틀마련 2006년 (주)세아BNK 회장 2007~2013년 (사)한국음원제작자협회 명예회장 2013년 (사)한국음반산업협회 명예회장 2013~2017년 (주)THE CnS 회장 2017~2019년 더불어민주당 음반산업발전특별위원회 위원장 2018년 (주)뮤직디자인 회장(현) (작)정광태 '독도는 우리땅' 신형원 '개똥벌레' 등 국내가요음반 250여 종 기획 · 제작 (종)기독교

## 서희석(徐希錫) SEO Hee Seok

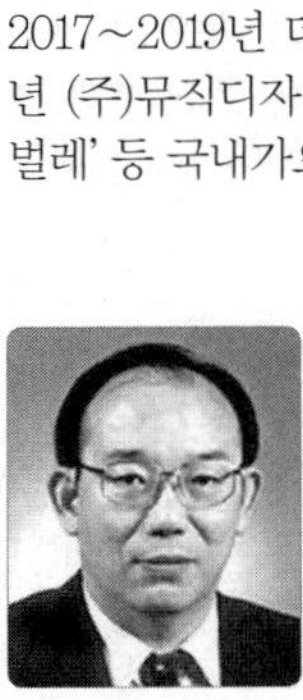

(생)1952 · 11 · 8 (출)서울 (주)서울특별시 서초구 서초중앙로 203 법무법인 강남(02-599-7797) (학)1971년 경기고졸 1975년 서울대 법과대학졸 1977년 同대학원 법학과정 수료 1987년 미국 U.C. Berkeley 법과대학원 수료 (경)1976년 사법시험 합격(18회) 1978년 사법연수원 수료(8기) 1981년 춘천지법 판사 1984년 서울민사지법 판사 1986년 미국 버클리대 대학원 연수 1987년 수원지법 성남지원 판사 1989년 서울고법 판사 1990년 법원행정처 사법정책연구심의관 겸임 1992년 창원지법 진주지원 부장판사 1993년 同진주지원장 1995년 수원지법 부장판사 1997년 서울지법 동부지원 부장판사 1997년 서울지법 부장판사 2000년 부산고법 부장판사 2001년 사법연수원 수석교수 2002년 서울고법 부장판사 2003년 법률사무소 정명 대표변호사 2013~2016년 서울북부지법조정센터 상임조정위원 2017년 법무법인 강남 구성원변호사(현) (종)불교

## 석균성(石均成) Seok Gyun Seong

(생)1961 · 11 (본)충주(忠州) (출)충북 진천 (주)서울특별시 서초구 잠원로14길 29 롯데건설(주) 외주구매본부(02-3480-9114) (학)충북대 경영학과졸 (경)롯데건설(주) 주택사업본부 이사대우 2013년 同주택사업본부 이사 2015년 同주택사업본부 상무 2018년 同주택사업본부장(전무) 2019년 同외주구매본부장(전무)(현) (상)주택건설의날 유공 산업포장(2013)

## 석동규(昔東奎) SEOK Dong Kyu

(생)1962 · 2 · 15 (출)충북 진천 (주)충청북도 청주시 서원구 산남로70번길 14 하이탑빌딩 3층 법무법인 주성(043-286-1259) (학)1980년 청주고졸 1989년 연세대 법학과졸 (경)1990년 사법시험 합격(32회) 1993년 사법연수원 수료(22기) 1993년 전주지법 판사 1995년 同군산지원 판사 1996년 대전지법 판사 1998년 同연기군 · 금산군법원 판사 1999년 同서산지원 태안군 · 당진군법원 판사 2003년 대전고법 판사 2006년 대전지법 판사 2007년 사법연수원 연구법관 2008~2010년 청주지법 부장판사 2010년 법무법인 주성 대표변호사 겸 변리사(현)

## 석동일

(생)1964 (주)서울특별시 구로구 새말로 97 서부금융센타 40층 삼성카드고객서비스(주)(02-2000-8327) (학)서라벌고졸, 연세대 법학과졸 (경)1988년 삼성카드(주) 총무팀 입사 2007년 同자금팀장(상무보) 2010년 同자금팀장(상무) 2011년 同감사담당 상무 2014년 同신용관리실장(상무) 2017년 삼성카드고객서비스(주) 대표이사(현)

## 석동현(石東炫) SEOK Dong Hyeon (修堂)

(생)1960 · 7 · 10 (본)충주(忠州) (출)부산 (주)서울특별시 강남구 테헤란로 119 법무법인 대호(02-568-5200) (학)1979년 부산동고졸 1983년 서울대 법과대학졸 1986년 同대학원 법학과졸 1998년 미국 조지타운대 법과대학원 연수 (경)1983년 사법시험 합격(25회) 1985년 사법연수원 수료(15기) 1987년 부산지검 검사 1989년 춘천지검 원주지청 검사 1990년 서울지검 남부지청 검사 1993년 대구지검 검사 1995년 법무부 법무과 검사 1998년 서울지검 검사 1999년 서울고검 검사 1999년 청주지검 영동지청장 2000년 대검찰청 검찰연구관 2002년 同공보담당관 2002년 同특별수사지원과장 2003년 법무부 법무과장 2004년 서울고검 검사 2005년 서울중앙지검 형사1부장 2006년 대전지검 천안지청장 2007년 서울고검 검사 2008년 同송무부장(검사장급) 2009년 대전고검 차장검사 2009년 법무부 출입국 · 외국인정책본부장 2011년 부산지검장 2012년 서울동부지검장 2013년 법무법인(유) 화우 변호사 2013년 '아너 소사이어티' 회원(현) 2013년 한반도인권과통일을위한변호사모임 공동대표(현) 2013년 (사)동포교육지원단 이사장 2014~2016년 법무법인 대호 고문변호사 2014년 한국이민법학회 회장 2014년 4.16세월호참사특별조사위원회 비상임위원 2016년 법무법인 대호 대표변호사(현) 2017~2019년 자유한국당 부산해운대甲당원협의회 운영위원장 (상)대통령표창(2000) (저)'대한민국 신국적법해설(共)'(1999) '국적법연구'(2004) '국적법'(2011) '희망이 되어주는 사람 석동현(共)'(2016) (종)기독교

## 석상옥 SangOk Seok

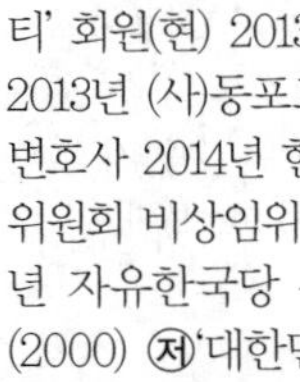

(생)1975 · 4 · 1 (주)경기도 성남시 분당구 구미로 8 NAVER Labs(1522-6590) (학)2002년 서울대 기계항공공학부졸 2004년 同대학원 기계항공공학부졸 2014년 기계공학박사(미국 매사추세츠공과대학) (경)2004년 한국내쇼날인스트루먼트 Applications Engineer 2006년 同Technical Marketing Engineer 2007년 同Product Marketing Manager 2008~2009년 同

Strategic Marketing Manager 2009~2013년 미국 매사추세츠공과대 생체모방로봇연구소 책임연구원 2014~2015년 삼성전자 생산기술연구소 수석연구원 2015년 네이버 Labs 수석연구원 2017년 同로보틱스그룹 리더 2018년 同자율주행머신부문장 2019년 同대표(현) (상)TMECH Best Journal Paper Award(2016), 과학기술정보통신부 및 한국산업기술진흥협회 선정 8월의 '대한민국 엔지니어상'(2019)

### 석성균(石成均) SUK Sung Kyoon (德宇)

(생)1966 · 11 · 30 (본)충주(忠州) (출)경북 영주 (주)강원도 춘천시 중앙로 1 강원도청 농정국 축산과(033-249-2650) (학)1984년 영주 영광고졸 1988년 서울대 농학과졸 1998년 강원대 대학원 농학석사과정 수료 2004년 미국 미시간주립대 국제전문인과정 수료 2005년 한국개발연구원(KDI) 국제정책대학원 정책학과졸(석사) (경)1995년 강원도농촌진흥원 농업연구사 1997년 지방고등고시 합격(농업직 3회) 1998년 횡성군 새농어촌건설운동추진팀장 2000년 강원도 밀레니엄기획단 파견 2001년 同감자종자보급소 사업과장 2003년 同유통특작과 원예특용작물담당 2005년 同농어업소득담당 2006년 同유통원예과장(서기관) 2007년 同감자원종장장 2008년 同감자종자진흥원장 2011년 同농정산림국 유통원예과장 2013년 강원 횡성군 부군수 2014년 안전행정부 지방행정연수원 고급리더과정 파견 2015년 강원도 농산물원종장장 2016년 同농정국 축산과장(현) (상)대통령표창(2012) (종)기독교

### 석영철(石暎哲) SEOK Yeong Cheol

(생)1957·4·28 (본)충주(忠州) (출)서울 (주)서울특별시 강남구 테헤란로 305 한국산업기술진흥원(02-6009-3005) (학)1981년 서울대 국사학과졸 1983년 同대학원 경제학과 수료 1987년 미국 오하이오주립대 대학원졸 1989년 경제학박사(미국 오하이오주립대) (경)1990년 미국 신시내티대 경제학과 조교수 1994~2001년 한국산업기술평가원 정책연구부장 1999~2004년 국가과학기술위원회 1·2기 정책및기획조정전문위원 2001년 한국산업기술재단 정책연구위원 2001~2009년 同정책연구센터장 2004~2007년 同미국사무소장 2009~2013년 한국산업기술진흥원 부원장 2010~2011년 국가과학기술위원회 제2기 정책전문위원 2013년 한국산업기술진흥원 기술기반본부장 2014~2016년 산업통상자원R&D전략기획단 국제협력본부장 2016년 한국공학한림원 기술경영정책분과 정회원(기술경영정책분과·현) 2017년 인하대 프런티어학부대학 석좌교수(현) 2019년 한국산업기술진흥원 원장(현) (상)국무총리표창(2003) (저)'환경폐해의 경제적 분석'

### 석영환(石英煥)

(생)1961 (출)경기 포천 (주)서울특별시 영등포구 의사당대로1 국회사무처 기획재정위원회(02-788-2128) (학)포천고졸, 성균관대졸 (경)1992년 입법고시 합격(11회) 1999년 국회사무처 국제국 국제기구과 서기관 2001년 同행정자치위원회 입법조사관 2002년 同환경노동위원회 입법조사관 2004년 同기획조정실 기획예산담당관 2005년 同기획조정실 기획예산담당관(부이사관) 2006년 同국제국 구주주재관(부이사관) 2010년 同예산결산특별위원회 입법심의관 2011년 同문화체육관광방송통신위원회 전문위원(이사관) 2013년 同의정연수원장 2015년 同농림축산식품해양수산위원회 전문위원 2017년 同보건복지위원회 수석전문위원(차관보급) 2018년 同기획재정위원회 수석전문위원(차관보급)(현)

### 석용진(石容鎭) SEOK Yong Jin

(생)1938 · 4 · 4 (출)경북 영천 (주)부산광역시 연제구 법원로 18 세종빌딩 3층 법무법인 신성(051-949-5003) (학)1957년 경북고졸 1963년 서울대 법학과졸 1967년 同사법대학원 수료 (경)1965년 사법시험 합격(5회) 1967년 육군 검찰관 1969년 수도경비사령부 법무사 1970년 부산지법 판사 1972년 同진주지원 판사 1973년 부산지법 판사 1977년 同통영지원장 1978년 同소년부지원장 1979년 대구고법 판사 1981년 대구지법 경주지원장 1983년 부산지법 부장판사 1985년 변호사 개업 1997~1999년 부산지방변호사협회 회장 겸 대한변호사협회 부회장, 부산시 법률고문 2001년 법무법인 신성 변호사(현) (종)불교

### 석인선(石仁仙 · 女)

(생)1958 (주)서울특별시 서대문구 이화여대길 26 이화여자대학교 법과대학 법학과 · 법학전문대학원(02-3277-2788) (학)이화여대 법학과졸, 同대학원 법학과졸, 미국 플로리다대 로스쿨졸(LL.M.), 법학박사(이화여대) (경)이화여대 법과대학 법학과 · 법학전문대학원 교수(현) 2002~2004년 국무총리 행정심판위원회 위원 2005~2006년 미국 Univ. of Illinois at Urbana-Champaign College of Law Visiting Scholar 2005~2009년 법제처 법령해석심의위원회 위원 2007년 중앙노동위원회 심판담당 공익위원 2010~2012년 이화여대 젠더법학연구소장, 한국헌법학회 부회장, 한국환경법학회 부회장, 한국공법학회 부회장 2013년 헌법재판소 헌법연구위원 2013~2015년 법무부 정책위원회 위원 2014~2017년 이화여대 학생처장 2017~2019년 헌법재판연구원 원장 (저)'환경권론'(2007, 이화여대출판부) '환경법(共)'(한국방송통신대 출판문화원)

### 석인영(石仁榮) Seok In Young

(생)1960 · 10 · 17 (본)충주(忠州) (출)서울 (주)서울특별시 마포구 마포대로 78 경찰공제회(1577-0112) (학)1979년 경기고졸 1983년 서울대 토목공학과졸 1986년 同대학원 도시계획 및 설계학과졸(공학석사) (경)1986~1990년 (주)대우건설 개발사업부 대리 1990~1994년 (주)한진중공업 건설부문 개발사업부 차장대리 1995~1997년 동양시멘트(주) 건설부문 개발팀장(차장) 1998~2005년 (주)스페이드 대표이사 2006~2008년 CJ건설(주) 전략사업실 이사대우 2008~2012년 현대엠코(주) 베트남법인 대표이사 2013~2016년 제주국제자유도시개발센터(JDC) 사업관리본부장(상임이사) 2016~2017년 서남해안기업도시개발(주) 마케팅본부장 2018년 경찰공제회 사업개발이사(현) (상)한진중공업 건설 최우수직원상(1992), 건설기술교육원 우등상(1994), 중앙대 대학원 최우수논문상(2008) (종)가톨릭

### 석정훈(石正勳) SEOK Jung Hoon

(생)1956 · 12 · 26 (주)서울특별시 광진구 광나루로 52길 92 (주)태건축설계건축사사무소(02-444-7018) (학)1974년 대광고졸 1978년 연세대 건축공학과졸 1995년 同대학원 건축공학과졸 (경)1996년 (주)태건축설계건축사사무소 대표(현) 2015~2017년 대한건축사협회 서울시건축사회장 2017년 UIA 서울세계건축사대회 조직위원장 2018년 대한건축사협회 회장(현) 2018년 대한건설단체총연합회 이사(현)

### 석제범(石濟凡) SEOK Jae Bum

(생)1963 · 3 · 10 (주)대전광역시 유성구 유성대로 1548 정보통신기획평가원 원장실(042-612-8001) (학)미국 시라큐스대 대학원 행정학과졸 (경)1997년 정보통신부 정보통신정책과 서기관 1999년 한국정보보호센터 파견 2003년 정부혁신지방분권위원회 파견 2004년 정보통신부 정보통신진흥국 통신경쟁정책과장 2005년 同정보통신진흥국 통신기획과장 2006년 同통신방송정책총괄팀장(부이사관) 2006년 대통령비서실 산업정책행정관 2007년 同정책홍보관리본부 재정기획관(고위공무원) 2008년 방송통신위원회 기획조정실 국제협력관 2009년 외교안보연구원 파견 2010년 방송통신위원회 정책기획관 2011년 同방송진흥기획관 2011년 同네트워크정책국장 2011년 同통신정책국장

2013년 새누리당 미래창조과학방송통신위원회 수석전문위원 2014년 대통령 미래전략수석비서관실 정보방송통신비서관 2017년 미래창조과학부 정보통신정책실장 2018년 정보통신기술진흥센터(IITP) 센터장 2018년 정보통신기획평가원 원장(현)

**석종훈(石琮熏) SEOK Jong Hoon**

(생)1962 · 4 · 26 (출)서울 (주)서울특별시 종로구 청와대로 1 대통령 중소벤처비서관실(02-770-0011) (학)대성고졸 1986년 연세대 경영학과졸 (경)1986년 경향신문 기자 1989년 조선일보 기자(팀장) 2000년 미국 실리콘밸리뉴스 부사장 2001년 미국 ComeToUSA 부사장 2002년 (주)다음커뮤니케이션 미디어콘텐츠본부장(부사장) 2005년 同미디어부문 사장 2006년 同각자대표이사 사장 2008년 同대표이사 사장 2008년 대통령자문 국가균형발전위원회 위원 2009년 (주)다음커뮤니케이션 이사회 의장 2010년 전자신문 객원논설위원 2018년 중소벤처기업부 창업벤처혁신실장(일반직고위공무원) 2019년 대통령정책실 경제수석비서관실 중소벤처비서관(현)

**석준협(石埈協)**

(생)1970 · 8 · 29 (출)대구 (주)인천광역시 미추홀구 소성로163번길 17 인천지방법원 총무과(032-860-1169) (학)1989년 오성고졸 1994년 서울대 사법학과졸 (경)1994년 사법시험 합격(41회) 2002년 사법연수원 수료(31기) 2002년 대전지법 예비판사 2004년 同판사 2005년 수원지법 안산지원 판사 2008년 서울중앙지법 판사 2010년 서울남부지법 판사 2013년 서울중앙지법 판사 2015년 서울남부지법 판사 2017년 대구지법 서부지원 부장판사 2019년 인천지법 부장판사(현)

**석진욱(石晋旭) SUK JIN WOOK**

(생)1976 · 12 · 5 (주)경기도 안산시 상록구 용신로 422 OK저축은행 러시앤캐시 배구단(031-343-2400) (학)인하대부속고졸, 한양대졸 (경)1999~2005년 프로배구 삼성화재 배구단 소속(레프트) 2002년 제14회 부산아시안게임 남자배구 금메달 2005~2013년 프로배구 삼성화재 블루팡스 소속(레프트) 2013년 현역은퇴 2005 · 2008~2013년 프로배구 V-리그 챔피언결정전 우승 2007 · 2008 · 2010 · 2012 · 2013년 프로배구 V-리그 정규리그 우승 2008년 제29회 베이징올림픽 남자배구 국가대표 2009년 프로배구 KOVO컵 우승 2010년 제16회 광저우아시안게임 남자배구 동메달 2013~2014년 프로배구 안산 러시앤캐시 베스피드 수석코치 2014~2019년 프로배구 OK저축은행 러시앤캐시 수석코치 2019년 同감독(현) (상)V-코리아 세미프로리그 수비상(2001), 헤드배구대상 MVP수상(2004), 한일 V리그 톱매치 MVP(2010), 동아스포츠대상 배구부문(2010)

**석창성(石昌星) SEOK Chang Sung**

(생)1957 · 3 · 24 (본)충주(忠州) (출)전북 익산 (주)경기도 수원시 장안구 서부로 2066 성균관대학교 공과대학 기계공학부(031-290-7446) (학)1981년 성균관대 기계공학과졸 1983년 同대학원졸 1990년 공학박사(성균관대) (경)1993년 성균관대 공과대학 기계공학부 조교수 · 부교수 · 교수(현) 1997년 同기계공학과장 1997년 한국산업안전공단 KOSHA CODE 제정위원회 위원 1998년 미국 노스캐롤라이나대 방문교수 2003년 대한기계학회 편집위원 2004~2008년 국제냉동기구 한국위원회 위원 2005년 한국정밀공학회 평의원(현) 2005~2008년 同설계 및 재료부문위원장 2005~2009년 국민체육진흥공단 체육과학연구원 객원연구원 2005~2007년 성균관대 기계공학부장 · 기계기술연구소장 2007년 대한기계학회 평의원 2009~2012년 성균관대 미래가전연구센터장 2011~2013년 교육과학기술부 2단계BK성균관대기계공학부사업단장 2013년 교육부 BK21+성균관대기계공학부사업단장(현) 2015~2017년 한국정밀공학회 부회장 2015~2019년 국토교통부 자동차제작결함심사평가위원회 위원 2015~2017년 한국연구재단 책임전문위원 2017~2019년 한국정밀공학회 감사 (상)대한기계학회 유담학술상(1999), 제7회 현대 · 기아자동차 자동차설계공모전 은상(2005), 한국과학기술단체총연합회 과학기술우수논문상(2011), 한국정밀공학회 가헌학술상(2014) (종)가톨릭

**석태수(石泰壽) SUK Tal Soo**

(생)1955 · 11 · 3 (출)충남 (주)서울특별시 중구 소공로 88 (주)한진칼 비서실(02-726-6166) (학)경기고졸, 서울대 경제학과졸, 미국 MIT 대학원 경영학과졸 (경)1984년 (주)대한항공 입사 1986년 同비서실 근무 1989년 (주)한진해운 파견 1993년 (주)대한항공 미주지역본부 여객마케팅담당 2000년 同경영계획팀장(이사) 2003년 同경영계획실장(상무) 2003년 同미주지역본부장(상무) 2008~2013년 (주)한진 대표이사 2011~2012년 한국통합물류협회 회장 2011년 S-OIL 비상무이사 2013년 한진칼 이사 2013년 한진그룹 물류연구원장 2013년 (주)한진해운 사장 2014~2017년 同대표이사 사장 2017년 (주)한진칼 대표이사 사장(현) 2018년 (주)대한항공 부회장(현)

**석학진(石學鎭) SUK Hak Jin**

(생)1938 · 7 · 20 (본)충주(忠州) (출)경북 영주 (주)서울특별시 강남구 테헤란로87길 13 서영엔터프라이스 회장실(02-555-5946) (학)1958년 경북고졸 1964년 서울대 상과대학졸 (경)1963년 방림방적 입사 1970년 (주)코오롱 구매과장 1977년 同영업담당 이사 1981년 한국섬유산업연합회 근대화사업전문위원회 부위원장 1982년 (주)코오롱 전무이사 1983년 한국염공사장 겸임 1984년 코오롱건설 사장 1995년 同회장 1995년 코오롱그룹 부회장 1997년 (주)글로텔 대표이사 1998~2000년 코오롱그룹 고문 2000년 상지경영컨설팅 사장 2000년 서영엔터프라이스 회장(현) (상)동탑산업훈장 (종)기독교

**석호영(昔浩榮) SEOK Ho Young**

(생)1957 · 3 · 1 (출)충남 홍성 (주)서울특별시 강남구 테헤란로8길 33 청원빌딩 4층 세무법인 오늘(02-6929-0624) (학)육군사관학교 정경학과졸, 홍익대 경영대학원 회계학과 수료, 서울대 행정대학원 국가정책과정(ACAD) 수료 (경)천안세무서 간세과장, 대전세무서 재산세과장, 서울 소공세무서 직세과장, 서울지방국세청 재산세국 부동산조사담당 1998년 同감사관실 서기관 2000년 대전지방국세청 서산세무서 개청준비위원장 2000년 同서산세무서장 2002~2003년 울산세무서장 2004년 용산세무서장 2005년 국세청 납세자보호과장 2006년 同정보개발2과장 2006년 대구지방국세청 조사2국장 2006년 국세청 소득세과장 2008년 同개인납세국 소득세과장(부이사관) 2009년 同전산정보관리관실 전산기획담당관 2009년 서울지방국세청 납세지원국장(고위공무원) 2010년 삼화왕관(주) 부회장 2010~2012년 同대표이사 사장 2012~2017년 현대글로비스(주) 사외이사 겸 감사위원 2013년 세무법인 오늘 부회장(현)

**석호익(石鎬益) SUK Ho Ick**

(생)1952 · 11 · 27 (본)충주(忠州) (출)경북 성주 (주)서울특별시 송파구 올림픽로32길 21-9 2층 (재)한국디지털융합진흥원(02-598-8187) (학)1971년 순심고졸 1978년 영남대 상경대학 경영학과졸 1981년 서울대 행정대학원 행정학과졸 1998년 고려대 언론대학원 최고위언론과정 수료 2002년 행정학박사(성균관대) 2003년 순천향대 산학정정책과정 수료 (경)1977년 행정고시 합격(21회) 1979~1987년 체신부 우정국 · 통신

정책국 행정사무관 1987년 대통령비서실 조산망조정위원회 파견 1989년 미국 AT&T社 파견 1990년 국제전기통신연합(ITU) 파견 1992년 체신부 전파연구소 감시기술담당관 1992년 同전파관리국 방송과장 1993년 대통령 경제수석비서관실 행정관 1995년 정보통신연구관리단 정책관리위원 1996년 정보통신부 정책심의관 1997년 97소프트엑스포 운영위원장 1998년 정보통신부 정보화기반심의관 1998년 同우정국장 1999년 同전파방송관리국장 2000년 同정보통신지원국장 2001년 정보통신정책연구원 파견 2002년 서울체신청장 2003년 정보통신부 정보화기획실장 2005년 同기획관리실장 2005~2006년 同정책홍보관리실장 2006~2008년 정보통신정책연구원 원장 2007~2016년 (사)통일IT포럼 회장 2007년 미래사회연구포럼 정책위원회 초대집행위원장 2008~2009년 김앤장 법률사무소 고문 2008년 제18대 국회의원선거 출마(고령·성주·칠곡, 한나라당) 2008년 한나라당 재해대책위원회 부위원장 2009~2011년 (주)KT CR부문장(부회장) 2009년 대통령직속 국가정보화전략위원회 위원 2010년 대한민국소프트웨어공모대전 부대회장 2010년 한국전자정부포럼 공동수석대표 2010년 미래무선통신기술(CS.SDR)포럼 의장 2010년 스마트워크포럼 의장 2011년 한국지능통신기업협회 초대회장 2012년 제19대 국회의원선거 출마(고령·성주·칠곡, 무소속) 2012년 연세대 겸임교수 2012~2013년 인하대 겸임교수 2012년 ICT대연합 공동의장(현) 2012~2016년 서울대 의대 산학정정책과정 운영위원 2013~2014년 한국전자통신연구원 초빙연구원 2014년 (재)한국디지털융합진흥원 원장(현) 2016년 동북아공동체ICT포럼 회장(현) 2016년 서울대 의대 산학정정책과정 학사부원장(현) 2016년 한국정보통신공사협회 대외협력위원회 위원장(현) [상]체신부장관표창(1982), 근정포장(1983), 홍조근정훈장(2000), 정보통신부장관표창(2004), 뉴미디어대상 특별상 올해의 정보통신인(2007), 한국IT서비스학회 공로상(2008), 제16회 KRnet 컨퍼런스 공로상(2008), 하이테크어워드 정보통신부문 대상(2009) [저]'내일을 준비하라 : 정보통신의 부활을 꿈꾸며'(2011, 다밋) '22인의 지성, 내일의 대한민국을 말한다'(2014, 휴먼컬처아리랑) [종]천주교

**석호철(石鎬哲) SUK Ho Chul**

[생]1956·5·15 [본]충주(忠州) [출]경남 창녕 [주]서울특별시 강남구 테헤란로92길 7 법무법인 바른(02-3479-7855) [학]1974년 경북고졸 1978년 서울대 법과대학졸 [경]1978년 사법시험 합격(20회) 1980년 사법연수원 수료(10기) 1980년 공군 법무관 1983년 부산지법 판사 1983년 인천지법 판사 1989년 서울지법 동부지원 판사 1990년 서울고법 판사 1993년 대법원 재판연구관 1995년 대구지법 부장판사 1997년 사법연수원 교수 2000년 서울지법 부장판사 2002년 부산고법 부장판사 2003~2007년 서울고법 부장판사 2003~2005년 법원행정처 인사관리실장 겸임 2007~2018년 법무법인 바른 변호사 2010~2016년 한화테크윈 사외이사 2016년 지스마트글로벌(주) 사외이사 2019년 법무법인(유) 바른 대표변호사(현)

**석희진(石熙鎭) SUK Hee Jin**

[생]1950·10·20 [본]충주(忠州) [출]경북 [주]서울특별시 관악구 남부순환로 1965 (사)한국축산경제연구원(02-873-1997) [학]1987년 한국방송통신대 행정학과졸 2011년 건국대 농축대학원 식품유통경제학과졸 2015년 경영학박사(건국대) [경]1975년 경남농업통계사무소 울산출장소 근무 1976년 농림수산부 국립동물검역소 서무과 사무관 1995년 同농업정책실 농업금융과 사무관 1999년 농림부 기획관리실 기획예산담당관실 서기관 2001년 국무총리실 수질개선기획단 농림사업지원과장 2002년 농림부 농업정보통계관실 통계기획담당관 2004년 同축산국 축산물위생과장 2006년 同농촌정책국 농촌진흥과장 2007년 同농촌정책국 농촌지역개발과장(부이사관) 2008년 농림수산식품부 축산정책팀장 2009년 同농업연수원 전문교육과장(일반직고위공무원) 2009~2012년 축산물위해요소중점관리기준원 원장 2013년 친환경축산협회 회장 2016년 (사)한국축산경제연구원 원장(현) 2016년 건국대 농축대학원 식품유통경제학과 초빙교수(현) [상]모범공무원표창(1989), 근정포장(1998), 녹조근정훈장(2009)

**석희철(石喜澈) Seok Hui Cheol**

[생]1960·1·22 [주]서울특별시 서초구 잠원로14길 29 롯데건설(주) CM사업본부(02-3480-9114) [학]유신고졸, 중앙대 건축공학과졸 [경]1986년 롯데건설(주) 건축담당 2009년 同초고층부문장 2012년 同건축사업본부장 2016년 同제2월드건설본부장 2017년 同건축사업본부장 2019년 同CM사업본부장(부사장)(현) [상]건설의날 산업포장(2014)

**선 경(宣 卿) SUN, Kyung (漢影)**

[생]1957·2·15 [출]서울 [주]서울특별시 성북구 인촌로 73 고려대안암병원 흉부외과(02-3290-5559) [학]1981년 고려대 의대졸 1984년 同대학원 의학석사 1990년 의학박사(고려대) 2007년 고려대 경영전문대학원졸(MBA) [경]1981~1986년 고려대병원 인턴·전공의 1982~1989년 軍의관 1989년 고려대 임상강사 1989~1991년 청주리라병원 과장 1991년 고려대 임상강사 1993년 일본 Kurume Univ. 외과강사 1993~1996년 미국 Indiana Univ. Research Associate 1996~1998년 인하대 부교수 1998년 고려대 의대 부교수 1998년 同의대 흉부외과학교실 교수(현) 1999년 同BK21 책임교수 2001년 고려대의료원 홍보위원장 2003~2014년 한국인공장기센터 소장 2004~2014년 고려대 안암병원 흉부외과장 2004~2014년 同의대 의공학교실 주임교수 2005~2008년 대통령자문 의료산업선진화위원회 의료R&D전문분과위원 2005~2007년 고려대의료원 대외협력실장 2007~2009년 고려대 의무기획처장 2008년 보건복지부 보건의료기술정책심의위원 2009년 同HT포럼 공동대표 2010~2011년 국가과학기술위원회 운영위원 2010~2012년 한국보건산업진흥원 R&D진흥본부장 2011~2013년 국가과학기술위원회 생명복지전문위원회 운영위원 겸 전문위원 2012~2014년 고려대 KU-KIST융합대학원 겸무교수 2013년 대한의용생체공학회 회장 2013~2014년 국가과학기술심의회 생명복지전문위원회 위원 2013~2014년 대한흉부심장혈관외과학회 이사장 2014~2017년 오송첨단의료산업진흥재단 이사장 2015~2017년 보건복지부 보건의료기술정책심의위원 2016년 한국생체재료학회 회장 2016년 세계생체재료학회총연합회(IUSBSE) Fellow(현) [상]대한의용생체공학회 메디슨 의공학상, 일본 외과학회 Young Surgeons Travel Grant, 의사신문 일간보사 의약학평론가상(2006), 오스트리아 ICR Workshop Scientific Committee Awards(2006), 고려대 경영대학원 공로상(2007), 서울대 의료경영고위과정 금상·우수상(2007), 보건산업진흥 유공자 대상(2008), 옥조근정훈장(2013), 동아일보 주최 '10년 뒤 한국을 빛낼 100인'(2014), 월간조선 주최 '한국의 미래를 빛낼 CEO' 창조부문(2015) [역]'관상동맥질환 관리지침'(2005) '의사를 위한 영어회화 표현법 500-외래진료편(共)'(2009) '의사를 위한 영어회화 표현법 500-학회발표편(共)'(2009) [종]천주교

**선남국(宣南國) Sun Nahm-kook**

[생]1967·3·8 [출]제주 [주]서울특별시 종로구 사직로8길 60 인사운영팀(02-2100-7146) [학]장훈고졸 1990년 연세대 천문기상학과졸 [경]1992년 외무고시 합격(26회) 1992년 외무부 입부 2003년 駐토론토 영사 2005년 駐인도 1등서기관 2008년 외교통상부 공보담당관 2009년 同서남아태평양과장 2011년 駐독일 참사관 2013년 駐인도네시아 공사참사관 2015년 외교부 부대변인 2017년 駐영국 공사(현)

## 선두훈(宣斗勳) SUN Doo Hoon

(생)1957·9·24 (출)서울 (주)대전광역시 중구 목중로 29 영훈의료재단 이사장실(042-220-8028) (학)1976년 신일고졸 1982년 가톨릭대 의대졸, 同대학원 의학석사 1994년 의학박사(가톨릭대) (경)1982~1987년 가톨릭대 강남성모병원 인턴·수련의 1987~1990년 軍의관 1990~2001년 가톨릭대 의대 정형외과학교실 교수 2001년 영훈의료재단 이사장(현) 2005년 (주)코렌텍 대표이사 사장(현) 2012년 대한병원협회 보험이사 2016년 국립중앙과학관후원회 회장 (상)제7회 한독학술·경영대상(2010), 대통령표창(2014)

## 선미라(宣美羅·女) Mira Sun

(생)1958·12·4 (주)서울특별시 종로구 사직로8길 60 외교부 인사운영팀(02-2100-7139) (학)1981년 고려대 영어영문학과졸 1984년 미국 캘리포니아주립대 베이커즈필드교 대학원 영문학과졸 1995년 미국문학박사(고려대) 2002년 법무박사(미국 뉴욕시립대(CUNY) 로스쿨) (경)1986~1990년 공군사관학교 전임강사 1987년 미국 Indiana Univ. 풀브라이트 교환교수 1992~1999년 駐韓미국공보원(USIS) 문화과 Cultural Affairs Specialist 2003~2004년 미국 뉴욕시 Yi Cho & Brunstein 변호사 2005~2007년 대통령 해외언론비서관 2007~2010년 한국국제교류재단 이사 2007~2018년 법무법인(유) 한결 미국변호사 2014년 대한상사중재원 중재인 2016~2018년 국회 윤리심사자문위원 2016~2018년 한국인권재단 이사장 2017년 외교부 '한·일 일본군위안부 피해자 문제 합의 검토 TF' 부위원장 2018년 유네스코 지속발전교육 한국위원회 위원 2018년 駐폴란드 대사(현) (상)미국 국무부장관표창(1998), 전미여성변호사협회 우수법과대학원상(2002) (저)'대통령 없이 일하기(共)'(2017)

## 선상신(宣尙伸) SUN Sang Sin

(생)1960·11·9 (출)부산 (주)서울특별시 영등포구 의사당대로1길 34 인영빌딩 아시아투데이(02-769-5000) (학)1979년 용문고졸 1985년 고려대 영어영문학과졸 2002년 同정책대학원졸 2012년 북한학박사(동국대) (경)1989년 불교방송 입사(공채 1기) 1997년 同정치부 차장 2000년 同정치보도팀장 2003년 同정치경제보도부장 직대 2004년 同방송제작국 해설위원 2005년 同보도국장 2007년 同해설위원 2007년 同보도국장 2008~2009년 한국언론재단 연구이사 2010~2012년 한국언론진흥재단 경영본부장(상임이사) 2010~2012년 同기금관리위원 2015~2019년 불교방송 사장 2019년 아시아투데이 상임고문(현) (상)한국방송기자클럽 보도제작상(1993), 한국기자협회 공로상(1995) (저)'美 클린턴 행정부의 대북정책에 관한 연구' (종)불교

## 선석기(宣石基) SUN Seog Ki

(생)1961·11·10 (출)전남 보성 (주)서울특별시 서초구 헌릉로 13 대한무역투자진흥공사 중소중견기업본부(02-3460-7300) (학)1980년 숭일고졸 1986년 전남대 경제학과졸 2015년 핀란드 헬싱키경제대 대학원졸(MBA) (경)1989년 대한무역투자진흥공사(KOTRA) 기획관리부 근무 1991년 同로스엔젤레스무역관 근무 1994년 同기획관리부 근무 1995년 同기획관리처 근무 1998년 同더블린한국무역관장 2001년 同투자전략팀 근무 2004년 同코펜하겐무역관장 2008년 同지방사업지원단장 2009년 同기획조정실 경영혁신팀장 2009년 同기획조정실 성과관리팀장 2010년 同기획조정실 경영관리팀장 2010년 同하노이KBC센터장 2013년 同정보전략실장 2014년 同기획조정실장 2016년 同중소기업지원본부장(상임이사) 2017년 同고객서비스본부장(상임이사) 2018년 同중소중견기업본부장(상임이사)(현) (상)창립기념일 장관표창(2002), 외국기업의날 대통령표창(2003), 경영평가유공 장관표창(2010)

## 선승혜(宣承慧·女) Seunghye Sun

(주)대전광역시 서구 둔산대로 155 대전시립미술관(042-270-7301) (학)1993년 서울대 미학과졸 1996년 同대학원 미학과졸 2010년 문학박사(일본 도쿄대) (경)2001~2002년 미국 셔먼리 미술연구소 근무 2002~2003년 미국 하버드대 엔칭연구소 펠로우 2002~2009년 국립중앙박물관 학예연구사 2010~2011년 미국 클리블랜드미술관 한국일본미술큐레이터 2011~2013년 同한국일본미술 컨설팅큐레이터 2011~2013년 성균관대 동아시아학술원 조교수 2013~2015년 서울시립미술관 학예연구부장 2014~2015년 이화여대 조형예술학부 겸임교수 2016~2018년 외교부 문화외교국 문화교류협력과장 2019년 대전시립미술관장(현) (상)전국대학생논문대회 인문분야 최우수상(1992) (저)'미학대계 1권(共)'(2007) '일본근대서양화'(2008) '일본미술의 복고풍'(2008) 'Seunghye Sun, The Lure of Painted Poetry: Japanese and Korean Art'(2011) '동아시아 유교문화의 재발견(共)'(2013)

## 선우명호(鮮于明鎬) SUNWOO, Myoungho

(생)1953·3·30 (출)대전 (주)서울특별시 성동구 왕십리로 222 한양대학교 미래자동차공학과(02-2220-0453) (학)1979년 한양대 전기공학과졸 1983년 미국 텍사스대 오스틴교 대학원 전기공학과졸 1990년 자동차전자제어박사(미국 오클랜드대) (경)1993~2011년 한양대 자동차공학과 교수 1997년 세계자동차공학회(SAE) 한국지부 대표 2002년 제19회 세계전기자동차학술대회 및 전시회 대회조직위원장 2003~2008년 과학기술부 및 산업자원부 주관 10대 차세대성장동력산업 미래형자동차 추진위원장 2006·2015년 아시아태평양지역전기자동차협회(EVAAP) 부회장(현) 2006년 자동차부품산업진흥재단 이사(현) 2008~2010년 한양대 대외협력처장 2009년 한국자동차공학회 회장 2009년 한국공학한림원 정회원(현) 2010년 지식경제부 그린카전략포럼 운영위원장 2011년 세계자동차공학회(SAE) 석좌회원(현) 2011~2015년 아시아태평양지역전기자동차협회(EVAAP) 회장 2011~2012년 한국공학한림원 기획사업위원장 2011년 한양대 미래자동차공학과 특훈교수(현) 2011년 세계전기자동차협회(WEVA) 부회장 2013~2015년 同회장 2013~2015년 한양대 경영부총장 2013~2015년 제28회 세계전기자동차학술대회 및 전시회(EVS28) 대회장 2014~2016년 정부 미래성장동력추진단 스마트자동차분야 추진단장 2014~2016년 국립대학법인 서울대 이사 2014~2017년 대통령 국가과학기술자문위원회 자문위원 2014년 한양대 IT융합스마트·그린카글로벌창의인재양성특성화사업단장 2015년 (주)LG유플러스 사외이사(현) 2015~2017년 대통령 국가과학기술자문위원회 창조경제분과 의장 2016년 국토교통부 자율주행차 융·복합 미래포럼 총괄위원(현) 2016~2017년 과학기술전략회의 주관 국가전략프로젝트 자율주행자동차사업기획단장 (상)미국자동제어학회 최우수논문발표상(1990·1991), 한국자동차공학회 학술상(2001), 한국자동차공학회 공로상(2002), 산업자원부장관표창(2004), 국무총리표창(2004), 교육과학기술부 우수연구성과 50선 선정(2008), 교육과학기술부 국가연구개발우수성과 100선 선정(2008), 산학협동상 대상(2009), 산업포장(2010), 근정포장(2010), 한양대 백남학술상(2012), 미래창조과학부 국가연구개발우수성과 100선 선정(2014), 미래창조과학부장관표창(2014), 한국공학한림원 해동상(2015), 국제전기전자기술자협회(IEEE) 혁신상(Xplore Innovation Award)(2015), 한양대 HYU학술상(2016) (저)'자동차 공학' '전기전자 공학개론'

## 선우명훈(鮮于明勳) SEONWOO Myung Hoon

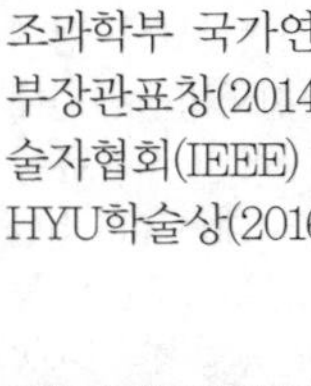

(생)1958·3·25 (본)태원(太原) (출)서울 (주)경기도 수원시 영통구 월드컵로 206 아주대학교 정보통신대학 전자공학과(031-219-2369) (학)1980년 서강대 전자공학과졸 1982년 한국과학기술원 대학원졸 1990년 전자공학박사(미국 텍사스대) (경)1982~1985년 한국전자통신연구원 연구원 1992

년 아주대 정보통신대학 전자공학과 교수(현) 2000년 미국 캘리포니아대 데이비스교 초청교수 2007년 한국컨벤션 명예홍보대사 2010년 미국 전기전자공학회(IEEE) 석학회원(현) 2012~2013년 대한전자공학회 반도체소사이어티 회장 (저)'VisTA-An Image Understanding Architecture'(1991)

### 선우영(鮮于暎) SUNWOO Young

(생)1961·1·11 (주)서울특별시 광진구 능동로 120 건국대학교 사회환경공학부(02-450-3541) (학)1984년 연세대 화학공학과졸 1987년 미국 아이오와주립대 대학원 재료공학과졸 1993년 공학박사(미국 아이오와주립대) (경)1994~2003년 건국대 공과대학 환경공학과 조교수·부교수 1998~2003년 同환경공학과 주임교수 2000~2002년 한국대기환경학회 편집위원 2002~2004년 同학술위원 2003년 건국대 공과대학 사회환경공학부 교수(현) 2004~2005년 한국대기환경학회 국문편집이사 2004년 인천시 보건환경연구원 자문위원(현) 2005년 국립환경연구원 국립환경과학원 자문위원 2005~2006년 건국대 공과대학 교학부장 2006~2009년 한국대기환경학회 총무이사·국제이사 2008~2017년 대한환경공학회 이사·국문편집위원·평의원·부회장 2009~2011년 건국대 국제처장 2010년 한국대기환경학회 국제부회장 2012~2014년 건국대 글로벌융합대학장 2017년 환경부 미세먼지대책위원회 위원(현) 2018년 한국대기환경학회 회장(현) 2019년 국제대기환경단체연합(IUAPPA) 사무총장(현) (저)'대기환경관리-대기환경의 실상과 대책'(1999) '대기오염제어공학'(1999) '자동차환경개론'(2000) '인간과 환경'(2001)

### 선우영(女)

(생)1966 (주)서울특별시 송파구 올림픽로 269 롯데캐슬골드 3층 롭스(LOHB's)(080-030-7777) (학)연세대 식생활학과졸 (경)1989년 대우전자 근무 1998년 롯데하이마트 입사 2005년 同생활가전팀장(부장) 2014년 同온라인부문장(상무) 2018년 롯데쇼핑(주) H&B사업본부(롭스(LOHB's)) 대표이사 상무(현) 2019년 국제대기환경단체연합(IUAPPA) 사무총장(현)

### 선우영석(鮮于永奭) SUNWOO Young Suk

(생)1944·3·6 (본)태원(太原) (출)서울 (주)서울특별시 중구 을지로 100 한솔그룹 임원실(02-3287-6501) (학)1962년 경복고졸 1970년 연세대 경영학과졸 1998년 고려대 언론대학원 최고위언론과정 수료 (경)1970년 제일모직(주) 입사 1977년 삼성물산 몬트리올지점장 1984년 삼성중공업 해외사업부 이사 1988년 同상무이사 1989년 삼성항공 항공기사업본부 부본부장 1991년 同KFP사업본부장(전무이사) 1993년 한솔무역(주) 대표이사 전무 1997년 (주)한솔 대표이사 사장 1998년 한솔제지(주) 신문용지사업부문 사장 1999년 팝코전주(주) 대표이사 사장 2000년 팬아시아페이퍼코리아(주) 대표이사 사장 2002년 한솔제지(주) 총괄대표이사 부회장 2003~2009년 同대표이사 2009년 同대표이사 부회장 2015년 한솔홀딩스(주) 대표이사 부회장 2017년 한솔그룹 부회장 2018년 同자문역(현) (상)국무총리표창(1999), 대통령표창(1999), WBA생산기술역부문 금상(1999), 은탑산업훈장(2003) (종)기독교

### 선우정(鮮于鉦) SON U JONG

(생)1967·2·9 (출)서울 (주)서울특별시 중구 세종대로21길 52 조선일보 편집국(02-724-5114) (학)1985년 서울 배재고졸 1992년 연세대 사학과졸 1998년 일본 게이오대 매스커뮤니케이션센터 수료 2014년 서강대 경제대학원 수료 (경)1991년 조선일보 입사 2005~2010년 同일본특파원 2013년 同주말뉴스부장 2014년 同국제부장 2015년 同논설위원 2017년 同편집국 사회부장 2019년 同편집국 사회부장(부국장대우)(현) (상)일한문화교류기상(2011) (저)'일본, 일본인, 일본의 힘'(2008)

### 선우정택(鮮于晶澤) SUNWOO Jung Taek

(생)1968·2·27 (본)태원(太原) (출)서울 (주)세종특별자치시 한누리대로 422 고용노동부 정책기획관실(044-202-7101) (학)1986년 중동고졸 1991년 서울대 경제학과졸 1995년 同대학원 행정학과졸 2005년 영국 버밍엄대 대학원졸 (경)2002년 기획예산처 기금정책국 사회기금과 사무관 2003년 同기금정책국 기금제도과 사무관 2003년 同기금정책국 기금제도과 서기관 2007년 同홍보관리관실 팀장 2007년 同기금정책국 기금운용계획과장 2008년 기획재정부 공공정책국 경영혁신과장 2009년 同재정정책국 재정분석과장 2014년 同공공정책국 인재경영과장 2016년 同공공정책국 제도기획과장 2017년 同공공정책국 정책총괄과장 2017년 同국고과장(서기관) 2018년 同국고과장(부이사관) 2018년 고용노동부 정책기획관(현)

### 선 욱(宣 旭) Sun, Wook

(생)1973·4·19 (본)보성(寶城) (출)서울 (주)서울특별시 종로구 세종대로 209 금융위원회 산업금융과(02-2100-2873) (학)1992년 반포고졸 2001년 고려대 경영학과졸 2010년 미국 조지워싱턴대 대학원 회계학과졸 (경)2000년 행정고시 합격(44회) 2001년 금융감독위원회 기획과 사무관 2003년 同보험감독과 사무관 2007~2008년 同위원장비서실 사무관 2010년 금융위원회 산업금융과 사무관 2012년 同산업금융과 서기관 2012년 同금융정책과 서기관 2013년 同정책홍보팀장 2014년 同기업구조조정지원팀장 2015년 同공정시장과장 2016년 고용 휴직 2017년 금융위원회 위원장비서관 2019년 同산업금융과장(현) (종)천주교

### 선의종(宣宜宗) Sun Uijong

(생)1974·8·18 (출)서울 (주)서울특별시 양천구 신월로 386 서울남부지방법원(02-2192-1152) (학)1993년 서울 장훈고졸 1997년 고려대 법학과졸 (경)1996년 사법시험 합격(38회) 1999년 사법연수원 수료(28기) 1999년 공군 법무관 2002년 청주지법 판사 2005년 인천지법 부천지원 판사 2007년 서울중앙지법 판사 2009년 서울가정법원 판사 2011~2014년 서울고법 판사 2011~2013년 헌법재판소 파견 2014년 창원지법 부장판사 2016년 수원지법 성남지원 부장판사 2019년 서울남부지법 부장판사(현)

### 선종학(宣鍾學) SUN Jong Hak

(생)1955·3·15 (출)전남 장흥 (주)서울특별시 동대문구 왕산로 10 교보재단빌딩 9층 교보교육재단(02-925-8925) (학)광주제일고졸, 중앙대 행정학과졸 (경)2002년 교보생명보험(주) 경인지역본부장(이사보) 2002~2003년 同영업지원 이사보 2003~2004년 同강남지역본부장(이사보) 2004~2005년 同강남지역본부장(상무) 2005년 同계성원 부원장(상무) 2008년 同계성원장(상무) 2019년 교보교육재단 이사장(현)

### 선진규(宣晋圭) SUN Jin Kyu

(생)1934·4·3 (본)보성(寶城) (출)경남 김해 (주)경상남도 김해시 진영읍 본산리 3 봉화산 정토원(055-342-2991) (학)1955년 부산공고졸 1959년 동국대졸 1964년 同대학원 수료 (경)1957년 동국대총학생회 회장 1958년 전국대학생회장단협의회 의장 1978년 대한불교청년회 중앙회장 1984년 봉화산청소년수련원 원장, 봉화산 정토원장(현) 1985년 대한불교조계종 전국포교사단 부단장 1995~1998년 경남도의회 의원 1995년 同무소속동우회 부회장 1999년 한국청소년수련시설협회 회장 2004~2005년 열린우리당 경남도당 위원장 2005~2007년 同전국노인위원회 위원장 2007년 대통합민주신당 전국노인위원회 위원장 2008년 통합민주당 전국노인위원회 위원장 2008년 민주당 전국노인위원회 위원장 2008년 同당무위원 2012년 민주통합당 전국노인위원장 2012년 同제18대 대통령중앙선거대책위원회 노인특보실장

2013년 민주당 전국노인위원회 위원장 2013년 同고문 2014년 새정치민주연합 고문 2015년 더불어민주당 고문(현) 2018년 同전국노인위원회 위원장(현) (상)문화체육부장관표창 (저)'불교포교론' (종)불교

### 선진영(宣鎭永) Sun Jin-young

(생)1964 · 3 · 1 (주)서울특별시 마포구 백범로 192 에쓰오일(주) 관리지원본부(02-3772-5925) (학)1982년 수원 수성고졸 1989년 연세대 경영학과졸 (경)1989년 쌍용정유(주) 근무 2010~2012년 에쓰오일(주) 고객개발마케팅부문장 2012~2016년 同석유화학부문장 2016~2017년 同Aromatics영업부문장 2018년 同관리지원본부장(전무)(현)

### 선채규(宣彩奎) SUN Chae Kyu (淸潭)

(본)보성(寶城) (주)서울특별시 강남구 도산대로 507 한국기업연구원(02-540-0837) (학)1967년 선인상고졸 1974년 전남대 경영대학원 수료 1989년 장로회연합신학대 종교철학과졸 1991년 미국 트리니티신학대 신학과졸 1993년 미국 미드웨스트대 대학원졸(석사) 1995년 선교학박사(미국 미드웨스트대), 고려대 정책대학원 수료 (경)1974년 예편(육군 대위) 1974~1979년 한국경제분석연구소 이사장 1978년 선우기업(주) 대표이사 1980~1982년 청화그룹 종합기획조정실장 1982~1984년 한일그룹 종합기획감사담당 상무이사 1982~1984년 한국프로레슬링협회 이사 1986년 한국기업연구원 이사장(현) 1998~2003년 국가경영전략위원회 경제과학위원 2000~2003년 국정 자문위원 2002년 在京광주 · 전남향우회 부회장(현) 2002년 한국산업인력공단 자격검정이사 2003~2005년 민주평통 자문위원 2004~2007년 한국원자력문화재단 전무이사 2006~2007년 同이사장 직대 2007년 서남해안포럼 운영위원 2007~2008년 전국호남향우회총연합회 사무총장 2007년 한나라당 제17대 이명박 대통령후보 정책특보 2008~2009년 한국토지공사 비상임이사 2008년 한나라당 정책위원회 자문위원 2013년 새누리당 정책위원회 산업통상자원위원회 정책자문위원 2013년 여의도연구원 정책고문위원 2014년 「한국수필」에 수필가 등단 2017년 (사)평화통일시민연대 정책위원(현) 2017년 (사)남북경협국민운동본부 정책위원(현) (상)駐越한국군사령관표창, 대통령표창, 한국수필 신인상(2014) (저)'한국교회 선교전략에 대한 연구' '꾸쉬의 죽음' '생사의 갈림길' (종)기독교

### 선형렬(宣洞列) SUN Houng Yeol

(생)1969 · 1 · 25 (본)보성(寶城) (출)광주 (주)서울특별시 영등포구 국제금융로2길 25 유수홀딩스빌딩 19층 에이원자산운용(주)(02-6732-7001) (학)1987년 광주 석산고졸 1994년 성균관대 회계학과졸 (경)1995~2000년 조흥증권 리서치팀 근무 2000년 KTB자산운용(주) 벤처투자팀 선임펀드매니저 2006년 同전략투자팀장 겸 수석펀드매니저 2011년 同전략투자본부장 겸 수석펀드매니저 2013년 同메짜닌투자담당 이사 2015년 에이원투자자문(주) 대표이사, 에이원자산운용(주) 대표이사(현) (저)'제3주식시장 투자기업이 보인다'(2000)

### 선환규(宣煥圭) SEON Hwan Kyu

(생)1950 · 3 · 3 (출)부산 (주)서울특별시 중구 청계천로 30 예금보험공사 감사실(02-758-0014) (학)부산상고졸, 서울디지털대 경영학부 파이낸스학과졸, 고려대 국제대학원 수료 2011년 홍익대 대학원 금융보험학과졸 (경)1969년 상업은행 동래지점 입행 1980년 同마산지점 과장 1989년 同수영로지점 차장 1995년 同일산동출장소장 1998년 同부곡동지점장 1999년 우리은행 사상지점장 2000년 同부산지점장 2002년 同부전동지점장 2003년 同부산경남2영업본부장 2004년 同주택금융사업단장 2007년 同개인고객2본부장(부행장) 2008년 우리금융지주 LIG생명보험(주) 인수위원회 위원장 2008~2011년 우리아비바생명보험(주) 대표이사 2012~2018년 글로벌모기지(주) 경영고문 2018년 예금보험공사 상임감사(현)

### 설경훈(薛暻勳) Sul Kyung-hoon

(생)1958 · 7 · 7 (주)제주특별자치도 서귀포시 중문관광로 227-24 제주국제연구센터(064-735-6585) (학)1981년 서울대 경제학과졸 1986년 미국 버지니아대 대학원 외교학과졸 (경)1982년 외무고시 합격(16회) 1982년 외무부 입부 1987년 駐뉴욕영사 1993년 駐이란 1등서기관 1998년 駐제네바대표부 참사관 2001년 외교통상부 외국어교육과정 2002년 同안보정책과장 2003년 駐쿠웨이트 공사참사관 2005년 駐유엔대표부 참사관 2006년 同공사참사관 2009년 외교통상부 국제기구국 협력관 2009년 同개발협력국장 겸임 2011년 유엔재단 파견 2011년 駐유엔대표부 차석대사 2014년 駐우크라이나 대사 2016년 외교부 본부대사 2016~2017년 대전시 국제관계대사 2017~2018년 한국국제협력단(KOICA) 글로벌사업이사 2019년 제주국제연구센터 소장(현) (상)홍조근정훈장(2005)

### 설기문(薛耆汶) SEOL Ki Moon

(생)1957 · 9 · 15 (본)순창(淳昌) (출)경남 창녕 (주)서울특별시 서초구 강남대로 82 삼덕빌딩 4층 설기문마음연구소(02-757-8008) (학)1975년 대구 계성고졸 1979년 경북대 사범대학 교육학과졸 1982년 계명대 대학원 교육학과졸 1986년 교육학박사(미국 알리안트국제대) (경)1982년 계명대 학생생활연구소 연구원 1986~2003년 동아대 교육학과 조교수 · 부교수 · 교수 1996년 캐나다 빅토리아대 교육학과 객원교수 2001년 미국 California State Polytechnic Univ.(Pomona) 심리학과 객원교수 2003년 설기문마음연구소 원장(현) 2007~2015년 동방대학원대 자연치유학과 교수 · 초빙교수 (저)'인간관계와 정신건강' '최면과 전생퇴행' '최면과 최면치료' '전생가기 참 쉽다' '멈출 수 없는 발걸음'(2003) '최면의 세계'(2003) '시간선치료'(2007) 'Only One : 내 삶을 움켜쥔 오직 한 가지'(2007) '스스로 학습법으로 유턴하라(共)'(2007) 'Yes, I Can'(2009) '에릭슨최면과 심리치료'(2009) '난 EFT로 두드렸을 뿐이고'(2009) '창조적 성공최면'(2009) '위대한 삶으로 가는 길'(2010) '돈 속에 빠져버려라'(2010) '너에게 성공을 보낸다'(2011) '그래도 가족입니다'(2013) '걱정하지마 잘 될거야'(2013) '좀 좀기법'(2016) (역)'NLP의 원리'(2002) '두려움 극복을 위한 NLP(共)'(2007) '최면상담'(2009) '행복한 머니코칭'(2010) 'NLP 입문'(2010)

### 설기현(薛琦鉉) SEOL Ki Hyeon

(생)1979 · 1 · 8 (출)강원 정선 (주)경기도 성남시 분당구 탄천로 215 탄천종합운동장內 성남시민프로축구단(070-7791-9398) (학)강릉상고졸 2001년 광운대졸 (경)1998년 광운대축구단 입단 1998년 청소년 국가대표 1999년 나이지리아 세계청소년선수권 국가대표 2000년 아시안컵 국가대표 2000년 시드니올림픽 국가대표 2000년 벨기에 로열앤트워프FC 입단 2001년 벨기에 1부리그 안더레흐트 입단 2002년 한 · 일월드컵 국가대표 2004~2006년 잉글랜드 울버햄튼 원더러스FC 소속 2005년 기아자동차 홍보대사 2006년 독일월드컵 국가대표 2006년 잉글랜드 프리미어리그 레딩FC 입단 2007년 잉글랜드 프리미어리그 풀럼FC 입단 2007년 롯데호텔 명예홍보대사 2009년 사우디아라비아 알 힐랄 클럽 입단(6개월 임대) 2009년 잉글랜드 풀럼FC 입단(MF) 2010년 포항스틸러스 입단 2011년 울산현대축구단 입단(공격수) 2012~2015년 인천 유나이티드 축구선수(공격수) 2015~2018년 성균관대 축구부 감독 2016년 대한축구협회 이사 · 사회공헌분과위원장(현) 2017년 同국가대표축구팀 코치 2019년 성남FC 전력강화실장(현) (상)아시아청소년선수권대회 우승(1998), 던힐컵 우승(1999), 체육훈장 맹호장(2002), 자황컵 체육대상 남자최우수상(2002)

## 설동승

(생)1957 (주)대전광역시 유성구 엑스포로 326 대전광역시시설관리공단(042-610-2700) (학)공주대사대부고졸, 한남대 경영학과졸 (경)1977~2000년 대전시청 근무 2001~2017년 대전광역시시설관리공단 팀장 · 경영처장 · 기반시설본부장 2018년 대전주택종합관리 도안1단지아파트 관리과장 2018년 대전광역시시설관리공단 이사장(현)

## 설동완(薛東玩)

(생)1958 · 9 · 15 (출)전북 순창 (주)서울특별시 서초구 서초중앙로 63 리더스빌딩 8층 한국아스콘공업협동조합연합회(02-583-5241) (학)1977년 순창고졸 1990년 한국방송통신대 법학과졸 1997년 충남대 행정대학원 행정 석사과정 수료 (경)1978년 공무원 임용(9급) 2009년 조달청 구매사업국 종합쇼핑몰과장 2010년 同청장 비서관(서기관) 2011년 전북지방조달청장 2012년 조달청 국제물자국 원자재총괄과장 2012년 同시설사업국 시설총괄과장 2014~2015년 광주지방조달청장(부이사관) 2019년 한국아스콘공업협동조합연합회 전무 겸 품질기술연구원장(현) (상)경제기획원장관표창(1991), 행정자치부장관표창(1998), 대통령표창(2004), 조달청 혁신조달인상(2006), 공정대상(2014), 홍조근정훈장(2015)

## 설동호(薛東浩) SUL Dongho

(생)1950 · 11 · 21 (출)충남 예산 (주)대전광역시 서구 둔산로 89 대전광역시교육청 교육감실(042-616-8000) (학)1970년 보문고졸 1972년 공주교대졸 1976년 한남대 사범대학 영어교육과졸 1980년 충남대 교육대학원 영어교육과졸 1987년 영어영문학박사(충남대) (경)1972~1977년 화정국교 교사 1977년 성남국교 교사 1977~1980년 덕산중 교사 1980~1981년 대성여중 교사 1981~1985년 대성고 교사 1984~1988년 대전공업대 · 충남대 · 한국방송대 · 한남대 강사 1988~2001년 대전산업대 영어과 교수 1997~1998년 미국 Univ. of Cincinnati 교환교수 1999~2000년 전국국공립대교수협의회 부회장 1999~2001년 대전산업대 교수협의회장 2001~2011년 한밭대 인문과학대학 영어과 교수 2001~2003년 한국현대언어학회 부회장 2001~2002년 전국대학교수회 공동회장 2002~2010년 한밭대 총장 2003~2005년 민주평통 자문위원 2005~2007년 대전권대학발전협의회 공동의장 2005~2007년 전국국립산업대학교총장협의회 회장 2005~2006년 대통령자문 지속가능발전위원회 자문위원 2006~2010년 CBS 대전방송본부 시청자위원장 2007~2010년 (사)대청호보전운동본부 이사장 2008~2010년 대전 · 충남지역총장협의회 수석회장 2008~2010년 한국대학교육협의회 이사 2011년 한국산림아카데미 원장 2012~2014년 한밭대 인문대학 영어영문학과 교수 2014~2018 · 2018년 대전시 교육감(현) (상)근정포장(2009), 매니페스토약속대상 선거공약서부문 우수상(2014) (저)'미래를 준비하는 교육' (종)기독교

## 설민수(薛敏洙) Seol Minsu

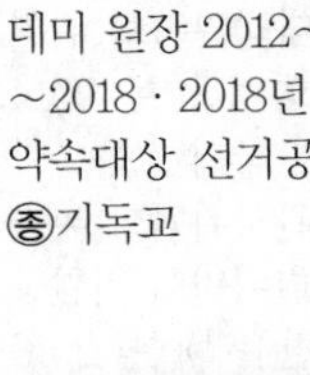

(생)1969 · 7 · 17 (출)서울 (주)서울특별시 양천구 신월로 386 서울남부지방법원(02-2192-1152) (학)1988년 장훈고졸 1993년 서울대 경제학과졸 (경)1993년 사법시험 합격(35회) 1996년 사법연수원 수료(25기) 1999년 대전지법 판사 2002년 수원지법 성남지원 판사 2006년 서울중앙지법 판사 2007년 서울고법 판사 2009년 서울동부지법 판사 2011년 부산지법 동부지원 부장판사 2013년 수원지법 부장판사 2016년 서울중앙지법 부장판사 2019년 서울남부지법 부장판사(현)

## 설 범(薛 范) SULL Buhm

(생)1958 · 3 · 5 (출)서울 (주)서울특별시 영등포구 국제금융로2길 17 삼성생명여의도빌딩 13층 대한방직(주) 비서실(02-368-0114) (학)1977년 배재고졸 1981년 연세대 경영학과졸 1985년 미국 Dubuque대 경영대학원졸 (경)1985년 대한방직(주) 상무이사 · 전무이사 1995년 同부사장 1996년 同사장 1998~2008년 同회장 2009년 同대표이사 회장(현) (종)기독교

## 설범식(薛範植) SEOUL Beom Shik

(생)1962 · 12 · 10 (출)충남 태안 (주)서울특별시 서초구 서초중앙로 157 서울고등법원(02-530-1186) (학)1980년 천안고졸 1985년 한국외국어대 법학과졸 1988년 同대학원 법학과졸 (경)1988년 사법시험 합격(30회) 1991년 사법연수원 수료(20기) 1994년 대전지법 판사 1996년 同홍성지원(서천군법원 · 보령시법원 · 예산군법원) 판사 1998년 대전지법 판사 2000~2004년 대전고법 판사 2001년 일본 도쿄대 연수 2002년 법원행정처 송무심의관 2004년 특허법원 판사 2006년 대전지법 부장판사 2007년 대법원 재판연구관 2009년 대전지법 부장판사 2010년 서울동부지법 부장판사 2012년 서울중앙지법 부장판사 2014년 특허법원 부장판사 2015~2018년 대법원장 비서실장 2015년 서울고법 부장판사(현) (저)'지적재산 소송실무(共)'(2006) (역)'특허판례백선(共)'(2005)

## 설성수(薛晟洙) SEOL Sung Soo

(생)1954·4·30 (출)광주 (주)대전광역시 대덕구 한남로 70 한남대학교 경상대학 경제학과(042-629-7608) (학)1981년 고려대 경제학과졸 1984년 同대학원 경제학과졸 1989년 경제학박사(고려대) (경)1984년 고려대·성신여대·경기대 강사 1985~2019년 한남대 경상대학 경제학과 전임강사·조교수·부교수·교수 1993~1995년 同경상대학 교학과장 1993~1998년 대덕과학기술정책연구회 창설 발기위원 1994년 산업기술정책연구소 선정평가위원 1995년 영국 Science Policy Research Unit 방문교수 1996년 同상무성 기술정책프로젝트(Ernst & Young) 참여 1997~2000년 한남대 경제연구센터 소장 1997년 한국기술혁신학회 학술위원장·편집위원장·부회장·회장·고문·명예회장(현) 1997~1998년 한남대 중국경제학부 학부장 1997~1999년 同경제학과장 1999년 (사)한국기술가치평가협회 창설 발기위원 2000년 同부회장 2002년 同회장 2003년 산업자원부 산업기술개발사업선정평가위원 2003년 한남대 하이테크비즈니스연구소장 2004~2005년 중소기업청 이노비즈정책협의회 위원 2004~2006년 한국학술진흥재단 학술연구심사평가위원회 위원 2004~2005년 국가연구개발사업 종합조정위원장 2004~2006년 과학기술부 평가위원 2004~2006년 국가과학기술위원회 기획예산전문위원회 위원 2005~2006년 국가연구개발사업 부품소재전문위원회 위원장 2006년 정보통신부 정보통신기술개발사업 자문위원 2006년 중소기업청 산학협력지원사업심의조정위원회 위원 2006년 한국과학재단 모스트투자조합 심의위원장 2007년 대덕연구개발특구투자조합 투자심의위원장 2010년 미국 세계인명사전 'Marquis Who's Who in the World'에 등재 2010년 미국 인명정보기관(ABI) '21세기 위대한 지성'에 등재 2010년 영국 국제인명센터(IBC) '21세기 2000명의 탁월한 지식인'에 등재 2011년 'Asian Journal of Innvation and Policy' Editor-in-Chief 2012년 아시아기술혁신학회 회장 2019년 한남대 경상대학 경제학과 명예교수(현) (상)한남대 연구비수주 우수교수(2000), 한국기술혁신학회 논문대상(2001), 한남대 우수연구교수(2001), 한남학술상(2014), 과학기술훈장 웅비장(2016) (저)'국제가치평가기준 2000'(2001, 기술가치평가협회) '가치평가 용어사전'(2002) '기업과 기술의 가치 요인분석'(2003) '기업과 기술의 가치평가 원칙과 보고'(2003) '가치평가 원칙과 보고'(2004) '기술시장 정보분석의 체계화 연구(共)'(2004) '바이오 기술과 산업(共)'(2007) 'IFRS 무형/지적자산 가치평가 용어사전(共)'(2010) '기술혁신론'(2011) '기술가치평가론(共)'(2012) '기술가치평가론연구(共)'(2013)

**설용수(薛勇洙) SEOL Yong Soo (志松)**

(생)1942·1·6 (본)순창(淳昌) (출)전북 순창 (주)경기도 용인시 처인구 포곡읍 포곡로 188-18 (재)중앙노동경제연구원(031-333-1062) (학)1965년 태인고졸 1968년 상지대 경영학과졸 1986년 연세대 행정대학원 외교안보학과졸 1987년 미국 조지워싱턴대 행정대학원 최고경영자과정 수료 1992년 한국노동연구원 노사정고위지도자과정 수료 1993년 한양대 행정대학원 최고경영자과정 수료 1998년 명예 경영학박사(미국 캘리포니아 유인대) 1999년 중앙대 산업대학원 세계학아카데미졸 2002년 서울대 행정대학원 국가정책과정 수료 2002년 고려대 언론대학원졸 2005년 명예 철학박사(선문대) (경)1974년 (사)치안문제연구소 전문위원 1974년 경찰대 행정학과 교수 1975년 통일부 통일교육전문위원 1979년 국제승공연합 중앙연수원장 1981년 국정홍보위원 1981년 민주평통 자문위원 1981년 국제라이온스클럽 K-309지구 일주라이온스 회장 1982년 국가보훈처 상임지도위원 및 보훈연수원 초빙교수 1984년 국방대학원 전임교수 1984년 육군대·해군대·공군대 전임교수 1985년 대한웅변가협회 부총재 1989년 사회과학연구원 원장 1990년 (재)현대사회문제연구소 원장 1991년 남북통일운동국민연합 두익사상연수원장 1992년 (재)중앙노동경제연구원 원장 1993년 중국 길림성 연변대학 객원교수 1993년 동북연구소 소장 1997년 남북사회문화연구소 이사장 1998년 옥천향토문화연구소 이사장 1998년 도덕성회복국민운동본부 부총재 1998년 (재)중앙노동경제연구원 이사장(현) 2001년 세계일보 사장 2001년 민주평통 상임위원 2002년 아시아신문재단(PFA) 한국위원회 이사 2002년 국제언론인협회(IPI) 한국위원회 이사 2003년 행정자치부 자문위원 2004년 남북청소년교류평화연대 이사장(현) 2007년 남북사회문화연구소 이사장(현) 2008년 한국노동연구원 노사관계고위지도자과정 총동창회장 2009년 통일교육협의회 상임공동의장 2009~2014년 민족화해협력범국민협의회 지도위원 2011년 민주평통 자문위원·상임위원(현) 2011~2012년 선문대 객원교수 2013~2017년 경주·순창설씨대종회 회장 2015년 (사)남북통일운동국민연합 상임고문(현) 2018년 평화통일단체총연합 상임의장(현) (상)국민포장, 올림픽체육기장, 라이온스 무궁화대훈장, 내무부장관표창, 통일부장관표창, 국방부장관표창, 국민훈장 석류장(2005), 제1회 노사발전대상(2008), 21세기위원회 한민족평화통일대상 (저)'한민족의 가치관 정립'(1971) '전환시대의 위기관리'(1974) '민주주의와 공산주의'(1975) '남과 북이 함께 사는 길'(1984) '한국노동운동의 발전방안'(1986) '한국노동운동발달사'(1990) '격동의 시대 총체적 위기 그 실상과 대안'(1994) '중국 동북지역(만주) 조선족의 삶과 역사적 의의'(1995) '노사갈등 매듭 풀기'(1995) '동북아 질서 재편과 정치경제환경'(1997) '의식개혁과 직업윤리'(1998) '세계화시대 한국과 한국인'(1999) '작은 거인의 세상 보기'(1999) '다매체시대 한국언론의 방향'(2001) '통일대비 통일교육의 올바른 방향'(2001) '북한핵과 남북관계 발전방향'(2002) '화해와 협력시대 남북관계와 민방위 역할'(2003) '재중동포 조선족 이야기'(2004) '전변의 현장에서 본 북한'(2005) '팍스 코리아나, 한국인 시대가 온다'(2009) (종)기독교

**설우석(薛又碩) SEOL Woo Seok**

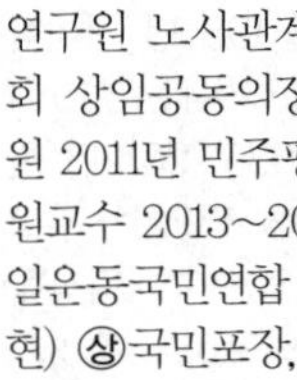

(생)1961·5·10 (본)순창(淳昌) (주)대전광역시 유성구 과학로 169-84 한국항공우주연구원 발사체신뢰성안전품질보증단(042-860-2337) (학)1984년 서울대 기계공학과졸 1987년 미국 미네소타대 대학원 기계공학과졸 1993년 기계공학박사(미국 미네소타대) (경)1984~1993년 미국 Univ. of Minnesota Mech. Eng. 연구조교 1985~1993년 同교육조교 1993~1994년 同Post-Doc. 1994년 한국항공우주연구원 항공추진기관그룹 선임연구원, 同로켓엔진연구그룹 책임연구원 2001년 세계인명사전 'Marquis Who's Who in the World'에 등재 2002년 영국 국제인명센터(IBC) '21세기 저명지식인 2000인'에 선정 2003년 同'위대한 아시아인 1000인'에 선정 2003년 한국항공우주연구원 우주발사체연구본부 엔진팀장(책임연구원) 2005~2016년 과학기술연합대학원대 겸임교수 2006년 영국 국제인명센터(IBC) '세계 100대 과학자'에 선정 2011년 한국항공우주연구원 한국형우주발사체엔진개발실장 2012~2015년 同한국형발사체개발사업단 엔진개발실장 2015년 同발사체신뢰성안전품질보증단장(현) (상)한국항공우주연구원장표창, 과학기술부장관표창, 공공기술연구회이사장표창, 나로호 개발유공 과학기술훈장(2013)

**설정곤(薛定坤) SEOL Jung Gon**

(생)1957·9·15 (출)강원 속초 (주)서울특별시 마포구 만리재로 14 한국사회복지회관 5층 한국사회복지협의회(02-2077-3908) (학)1976년 속초고졸 (경)1976년 보건복지직 9급 공채 2002년 보건복지부 기획관리실 법무담당관실 서기관 2002년 삶의질향상기획단 파견 2003년 보건복지부 공보관실 서기관 2003년 同사회복지정책실 가정아동복지과장 2004년 同사회복지정책실 보육·아동정책과장 2005년 同저출산고령사회정책본부 아동복지과장 2005년 同보건의료정책본부 암관리팀장 2007년 同보건의료정책본부 혈액장기팀장 2007년 同생명지원팀장 2008년 보건복지가족부 공공의료과장 2009년 同건강증진과장 2009년 同사회보험징수통합추진단 총괄조정과장 2009년 보건복지부 사회보험징수통합추진단 총괄조정과장(부이사관) 2010년 同운영지원과장 2011년 同첨단의료복합단지조성단장(고위공무원) 2013~2016년 국민건강보험공단 총무상임이사 2018년 한국사회복지협의회 사무총장(현) (상)보건사회부장관표창(1984), 동력자원부장관표창(1986), 대통령표창(1990), 홍조근정훈장(2013)

**설 훈(薛 勳) SUL Hoon**

(생)1953·4·23 (본)순창(淳昌) (출)경남 창녕 (주)서울특별시 영등포구 의사당대로 1 국회 의원회관 948호(02-784-8570) (학)1972년 마산고졸 1974년 고려대 사학과 입학 2000년 同한국사학과졸 (경)1977년 긴급조치 9호 위반으로 구속 1980년 김대중내란음모사건으로 구속 1984년 민주화청년연합 상임위원 1987년 평민당 마산시지구당 위원장 1988년 同서울시성북구甲지구당 위원장 1992년 김대중 총재 보좌관 1993년 민주당 부대변인 1995년 국민회의 서울시도봉구乙지구당 위원장 1995년 同수석부대변인 1996년 제15대 국회의원(서울 도봉구乙, 국민회의·새천년민주당) 1996년 국민회의 총재특보 1997년 同총재비서실 수석차장 1998년 同원내부총무 1998년 同기획조정위원장 1998년 아·태평화재단 이사 1998~2000년 민족화해협력범국민협의회 집행위원장 1999년 국민회의 총재특보 2000년 새천년민주당 시민사회위원장 2000년 제16대 국회의원(서울 도봉구乙, 새천년민주당·무소속) 2000년 민족화해협력범국민협의회 수석집행위원장, 同공동의장 2007년 대통합민주신당 대통령중앙선거대책위원회 대외협력위원장 2008년 민주당 서울시당 부위원장 2012년 제19대 국회의원(부천시 원미구乙, 민주통합당·민주당·새정치민주연합·더불어민주당) 2012년 민주통합당 대선후보경선준비기획단 부단장 2012년 국회 기획재정위원회 위원 2013년 민주통합당 비상대책위원회 위원 2013년 민족화해협력범국민협의회(민화협) 공동상임의장(현) 2014년 민주당·새정치연합 신당추진단장 2014~2015년 국회 교육문화체육관광위원회 위원장 2015년 국회 교육문화체육관광위원회 위원 2015년 국회 평창동계올림픽및국제경기대회지원특별위원회 위원장 2016년 제20대 국회의원(부천시 원미구乙, 더불어민주당)(현) 2016~2017년 국회 외교통일위원회 위원 2016~2017년 국회 남북관계개선특별위원회 위원 2016년 더불어민주당 경기부천시원미구乙지역위원회 위원장(현) 2017년 同제19대 문재인 대통령후보 중앙선거대책위원회 새로운교육정책위원장 2017년 국회 교육문화체육관광위원회 위원 2017~2018년 국회 농림축산식품해양수산위원회 위원장 2018년 국회 환경노동위원회 위원(현) 2018년 더불어민주당 최고위원(현) 2018년 국회 남북경제협력특별위원회 위원(현) 2019년 더불어민주당 아프리카돼지열병예방대책특별위원회 부위원장 (저)'지식정보화시대와 사립전문대학의 현실' '통계로 본 대학교육' '국립대학재정운용의 문제점과 개선방향' '김대중 내란음모의 진실(共)'(2000, 문이당) '사람답게 사는 세상을 꿈꾸다'(2011, 폴라리스) (종)기독교

**성계용(成㰹鏞) Key Yong Sung**

(생)1958·5·15 (출)충남 천안 (주)대전광역시 유성구 과학로 62 한국원자력안전기술원(042-868-0158) (학)1980년 한양대 원자력공학과졸 1985년 同대학원 원자력학과졸 1992년 한국과학기술원(KAIST) 원자력학과졸(석사) 1997년 원자력학박사(한국과학기술원) (경)1984년 한국원자력안전기술원(KINS) 입사 1984~1997년 同원자력발전소 규제업무 1998~2003년 同원자력발전소 중장기연구 PM(계통성능 및 리스크정보활용) 2003~2006년 同원자력발전소 규제업무 PM(영광부지) 2006~2011년 同전문실장(리스크평가실) 2012년 同국제원자력안전학교장 2013년 同가동원자력규제단장 2013년 同원자력심사단장 2015년 同부원장 2016~2018년 同원장 2018년 同책임연구원(현) (상)과학의날 국무총리표창(2011), 과학의날 과학기술포장(2016) (종)기독교

**성경륭(成炅隆) SUNG Kyoung Ryung**

(생)1954·10·2 (출)경남 진주 (주)세종특별자치시 시청대로 370 세종국책연구단지 국무총리산하 경제·인문사회연구회(044-211-1001) (학)1977년 서울대 사회복지학과졸 1979년 同대학원졸 1990년 사회학박사(미국 스탠퍼드대) (경)1991~2000년 한림대 사회학과 조교수·부교수 1992년 同사회조사연구소장 1996년 同사회교육원장 1997년 교육부 시도교육청평가위원 1998년 대통령자문 정책기획위원회 위원 2000년 한림대 사회학과 교수(현) 2001년 동아일보 객원논설위원 2001년 한림대 연구협력처장 2002년 제16대 대통령직인수위원회 기획조정분과 위원 2003~2007년 대통령자문 국가균형발전위원회 위원장 2003년 대통령자문 정책기획위원회 위원 2007~2008년 대통령 정책실장 2008~2009년 한국미래발전연구원 원장 2010~2012년 한림대 사회과학대학장 2017년 더불어민주당 제19대 문재인 대통령후보 중앙선거대책본부 포용국가위원회 위원장 2018년 국무총리산하 경제·인문사회연구회 이사장(현) (저)'국민국가개혁론'(1996) '지방자치와 지역발전'(共) '새천년의 한국인'(共) '국가혁신의 비전과 전략'(共) '국가균형발전정책의 이론과 실천'(共) '균형사회와 분권국가의 전망'(2013) 외 다수 (종)기독교

**성경찬(成暻贊) Sung Gyeongchan**

(생)1965·6·10 (주)전라북도 전주시 완산구 효자로 225 전라북도의회(063-280-3970) (학)고창고졸, 전남과학대학 사회체육과졸 (경)세계주니어태권대회 코치, 아시아주니어태권도대회 감독, 전북고창군체육회 부회장, 더불어민주당 중앙당 부대변인 2018년 전북도의회 의원(더불어민주당)(현) 2018년 同환경복지위원회 부위원장(현) 2018년 同운영위원회 위원(현) 2018년 同남북교류협력위원회 위원장(현), 전북도 남북교류협력위원회 위원(현), 더불어민주당 중앙당 체육위원회 부위원장(현), 전라북도의회 원내부대표(현)

**성경현**

(생)1959 (주)서울특별시 마포구 마포대로 45 일진그룹 운영실(02-707-9114) (학)고려대 경제학과졸 (경)2011년 일진그룹 비서실 감사팀장(상무) 2013년 同비서실 감사팀장(전무) 2013년 일진전기(주) 경영기획실장(전무) 2016년 일진그룹 운영실장(부사장) 2017년 同운영실장(사장)(현)

**성경환(成景煥) SUNG Kyoung Hwan**

(생)1955·9·5 (출)전북 정읍 (주)세종특별자치시 정부2청사로 13 한국정책방송원(KTV)(044-204-8101) (학)1973년 태인고졸 1983년 원광대 법학과졸 1987년 연세대 행정대학원졸 (경)1982년 MBC 입사 1989년 同아나운서실 뉴스담당 1990년 同제작담당 1992년 同아나운서실 뉴스담당 1993년 同편성국 아나운서부 근무 1995년 同아나운서국 1부 차장 1997년 同아나운서1팀 근무 1999년 同아나운서국 1부장 2003년 同아나운서국 위원 2006~2008년 同아나운서국장 2006~2007년 (사)여의도클럽 감사 2006~2008년 성공회대 겸임교수 2009~2011년 MBC아카데미 대표이사 사장 2011년 방송통신심의위원회 방송언어특별위원회 위원 2011년 교통방송(tbs) 본부장 2012~2015년 同대표 2017~2018년 원광대 교양교육대학 초빙교수 2018년 한국정책방송원(KTV) 원장(현) (상)대통령표창(1991) (작)진행프로그램 'MBC 뉴스6' 'MBC 마감뉴스' 'TV-미디어비평' 라디오 'MBC 패트롤' '아침을 달린다' '화제집중 전화를 받습니다'

**성경희(成京姬·女)**

(생)1975·2·17 (출)대구 (주)대구광역시 수성구 동대구로 364 대구지방법원(053-757-6600) (학)1993년 대구 경화여고졸 1999년 성균관대졸 (경)1998년 사법시험 합격(40회) 2001년 사법연수원 수료(30기) 2001년 대구지법 판사 2004년 同포항지원 판사 2006년 대구지법 판사 2010년 同서부지원 판사 2013년 대구고법 판사 2015년 대구지법 김천지원·대구가정법원 김천지원 판사 2015년 대구가정법원 판사 2016년 울산지법 부장판사 2018년 대구지법 부장판사(현)

**성금석(成金石)**

(생)1969·1·15 (출)경남 거제 (주)부산광역시 연제구 법원로 31 부산지방법원(051-590-1114) (학)1988년 거제종합고졸 1993년 부산대 법학과졸 1995년 同대학원 석사과정 수료 (경)1993년 사법시험 합격(35회) 1996년 사법연수원 수료(25기) 1996년 공익법무관 1999년 부산지법 판사 2002년 창원지법 밀양지원 판사 2003년 同밀양지원(창녕군법원) 판사 2004년 부산지법 동부지원 판사 2006년 부산고법 판사 2009년 부산지법 판사 2011년 울산지법 부장판사 2013년 부산지법 부장판사 2016년 창원지법 부장판사 2018년 부산지법 부장판사(현)

**성기권(成基權)**

(생)1967·8·29 (출)경남 함안 (주)대전광역시 서구 둔산중로78번길 45 대전지방법원 총무과(042-470-1114) (학)1985년 부산 낙동고졸 1990년 서울대 법학과졸 (경)1997년 사법시험 합격(39회) 2000년 사법연수원 수료(29기) 2000년 서울지법 판사 2002년 同동부지원 판사 2004년 청주지법 충주지원 판사 2007년 대전지법 판사 2010년 同천안지원 판사 2011년 대전고법 판사 2013년 대전지법 천안지원·대전가정법원 천안지원 판사 2015년 전주지법 군산지원 부장판사 2017년 대전지법 부장판사(현)

**성기명(成基明)**

(생)1965·1·22 (출)경남 김해 (주)서울특별시 양천구 목동서로 159-1 CBS 미디어본부 보도국(02-2650-7000) (학)김해고졸, 고려대 경영학과졸 (경)1993년 부산CBS 보도국 기자 1999년 CBS 보도제작국 사회부 기자 2004년 同편집부 기자 2008년 同경제부 차장 2009년 同산업부장 2010년 同베이징특파원, 同산업부장 2013년 同보도국 경제부장, 同콘텐츠본부 선임기자 2016년 同제주방송본부 보도제작국장 2016년 同마케팅본부장 2017년 同강원방송본부 특임국장 2017년 同미디어본부 보도국장(현)

**성기문(成箕汶) SEONG Kee Moon**

(생)1953·10·1 (출)충남 당진 (주)서울특별시 강남구 영동대로 416 KT&G타워 8층 법률사무소 에스앤엘파트너스(02-6207-1145) (학)1972년 대전고졸 1976년 서울대 상과대학졸 1978년 同대학원 법학과졸 (경)1981년 사법시험 합격(23회) 1984년 사법연수원 수료(14기) 1985년 서울민사지법 판사 1987년 서울지법 동부지원 판사 1989년 광주지법 판사 1991년 서울

人

지법 남부지원 판사 1993년 미국 듀크대 연수 1994년 서울민사지법 판사 1995년 사법연수원 교수 1997년 서울고법 판사 1999년 서울지법 판사 1999년 특허법원 판사 2002년 서울지법 동부지원 부장판사 2004년 서울동부지법 부장판사 2005년 서울중앙지법 부장판사 2006년 부산고법 부장판사 2007년 특허법원 부장판사 2008년 同수석부장판사 2009년 서울고법 부장판사(부패전담 형사재판장) 2010년 同형사4부 부장판사 2013년 同행정4부 부장판사 2014년 춘천지법원장 2016년 서울고법 부장판사 2017~2019년 서울중앙지법 원로(元老)법관 2019년 법률사무소 에스앤엘파트너스 대표변호사(현) 종기독교

**성기석(成基錫) seung ki-seuk**

생1961 · 4 · 7 본창녕(昌寧) 출경북 구미 주충청남도 공주시 사곡면 연수단지길 90 국가민방위재난안전교육원(041-560-0001) 학1980년 달성고졸 1987년 영남대 행정학과졸 2001년 국방대 국제관계학과졸(석사) 2012년 서울대 행정대학원 방송통신정책과정 수료 경2013년 소방방재청 대변인(부이사관) 2014년 국민안전처 민방위과장 2016년 국방대 교육훈련 파견(고위공무원) 2017년 국민안전처 기획조정실 정책기획관 2017년 행정안전부 재난안전관리본부 안전조사지원관 2018년 同국가민방위재난안전교육원장(현) 상국무총리표창(1994 · 2003), 녹조근정훈장(2006) 종천주교

**성기선(成基善) SUNG Ki Sun**

생1964 · 4 · 4 본창녕(昌寧) 출경남 창녕 주충청북도 진천군 덕산면 교학로 8 정동빌딩 한국교육과정평가원(043-931-0114) 학1986년 서울대 사범대학 국어교육학과졸 1988년 同대학원 교육학과졸 1997년 교육학박사(서울대) 경1993~1997년 한국방송통신대 학생생활연구소 연구원 1997~1998년 한국문화정책개발원 책임연구원 1998~2000년 한국교육개발원 부연구위원 2000~2015년 가톨릭대 교직과 교수 2003~2004년 同교수학습센터장 2006~2008년 교육인적자원부 혁신서포터즈 2010년 가톨릭대 교수학습센터장 2015년 경기도율곡교육연수원 원장 2017년 한국교육과정평가원 제10대 원장(현) 상한국교육개발원 우수논문연구상(2000), 인문사회연구회 이사장표창(2001) 저'학교효과 연구의 이론과 방법론' '공부의 왕도' '대학입시와 교육제도의 스펙트럼'(2007, 학지사) 종가톨릭

**성기선(成耆瑄) Sung ki sun**

생1964·4·11 본창녕(昌寧) 출충남 예산 주대전광역시 서구 갈마중로30번길 67 충청투데이 신사업단(042-380-7066) 학1983년 예산고졸 1990년 단국대 농학과졸 2016년 한남대 대학원졸(문학석사) 경1990~1997년 대전매일신문 편집국 문화체육부·사회부 기자 1997~2001년 同사회부·경제부·문화체육부 차장 2001년 충청투데이 편집국 사회부장 2002년 同편집국 행정부장 2003년 同기획조정실 기획조정부장 2005년 同편집국 문화레저부장 2006년 同기획조정실장 2007년 同편집국 부국장 2008년 同경영전략실장 2008년 同기획조정실장 2009년 同기획조정실장(상무보) 2010년 同편집국장(상무보) 2012년 同기획조정실장(부사장) 2015년 同충북본사 사장 2018년 同신사업단 사장(현) 저'시간속에 바래지는 성기선 시간여행'(2018) 종기독교

**성기숙(成基淑 · 女) Ki Sook Soung**

생1966 · 6 · 10 주서울특별시 성북구 화랑로32길 146-37 한국예술종합학교 전통예술원 한국예술학과(02-746-9722) 학1988년 수원대 무용학과졸 1992년 중앙대 사회개발대학원 문화예술학과졸 1998년 성균관대 대학원 동양철학과졸 2002년 중앙대 대학원 연극학 박사과정 수료 2004년 동양철학박사(성균관대) 경1992~1996년 국립문화재연구소 연구원 1995~2005년 국립한국체육대 · 국민대 · 대전대 · 성균관대 대학원 · 수원대 · 한국예술종합학교 전통예술원 시간강사, 대전대 겸임교수 2003년 서울시 문화재위원회 전문위원 2004년 국립무용단 자문위원 2004년 서울문화재단 평가위원 2004년 한국국제교류재단 심의위원, 문화재청 문화재전문위원, 한국문화예술위원회 위원, 한국무용예술학회 이사, 한국무용사학회 이사 · 편집위원, 경기도 문화재위원 2005년 한국예술종합학교 전통예술원 한국예술학과 교수(현) 2006년 춤전문자료관 연낙재 관장(현) 2006년 한국춤문화유산기념사업회 회장(현) 2006년 한국음악사학회 이사(현) 2009년 한국춤평론가회 회장 2011년 한국예술종합학교 전통예술원 한국예술학과장(현) 2012년 (재)한국예술인복지재단 비상임이사 2013년 (재)한국공연예술센터 이사, 한국전통공연예술학회 이사, 同부회장(현), (재)전문무용수지원센터 자문위원(현) 2014~2016년 한국예술종합학교 교학제1부처장 2015년 (재)세종문화회관 이사(현) 2017년 서울무용협회 초대 회장(현) 상현대미학사 예술비평상(1988), 예음문화재단 예술평론상(1996), 원로무용가원 한성준예술상(1998), 문화관광부 우수학술도서선정(1999), 문화관광부 우수학술도서선정(2001), 한국무용예술학회 우수논문상(2002), 한국미래춤학회 무용학술대상(2003) 저'이 달의 문화인물 – 한성준' '전통의 변용과 춤창조' '한국 전통춤 연구' '춤의 현실과 비평적 인식' '이 달의 문화인물 – 김창하' '한국 무용학 연구의 지평' '춤창조의 새 지평과 비평' '한국 근대무용가 연구' '한국춤의 역사와 문화재' '아시아 춤의 근대화와 한국의 근대춤' '정재의 예악론과 공연미학'

**성기영(成基榮) SUNG, KI-YOUNG**

생1957 · 11 · 22 주서울특별시 강남구 언주로 547 한국선박금융(주)(02-590-1400) 학1975년 경북고졸 1983년 고려대 행정학과졸 경1983년 한국산업은행 입행 2007년 同대구지점장 2009년 同영업부장 2009년 同싱가폴지점장 2011년 同인사부장 2012년 同성장금융본부장(부행장) 2013년 同기획관리부문장(부행장) 2014년 同기업금융부문장(부행장) 2015년 한국선박금융(주) 대표이사 사장(현)

**성기욱(成基旭) SUNG, KI WOOK**

생1976 · 12 · 16 주서울특별시 종로구 청와대로 1 국가안보실(02-730-5800) 학1995년 대구 대건고졸 2004년 연세대 신문방송학과졸, 서울대 행정대학원 정책학 석사과정 수료 2013년 미국 듀크대 대학원 국제개발정책학과졸 경2003년 행정고시 합격(47회) 2004년 국방부 기획총괄과 근무 2005년 同재정계획과 근무 2007년 同동북아정책과 근무 2010년 同군비통제과 근무 2014년 同계획예산관실 서기관 2015년 同국제정책과장 2017년 同계획예산총괄과장 2018년 同군사보좌관실 의전담당관 2019년 국가안보실 근무(현)

**성기준(成基俊) SUNG Ki Joon**

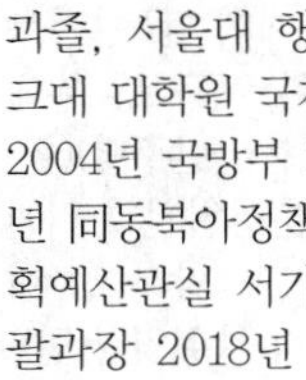

생1957 · 8 · 18 본창녕(昌寧) 출서울 주강원도 춘천시 한림대학길 1 한림대학교 미디어스쿨(033-248-1910) 학1982년 한국외국어대 서반아어과졸 경1981년 연합통신 입사 1981년 同국제뉴스부 기자 1983~1993년 同사회부 기자 1993년 同부에노스아이레스특파원 1996년 同사회부 차장 1998년 연합뉴스 사회부 차장 2000년 同멕시코시티특파원 2003년 同부국장대우 사회부장 2005년 同편집국 정치 · 민족뉴스 · 스포츠 · 문화담당 부국장 2006년 同편집국장 2008년 同논설위원실장 2009년 同기획 · 총무담당 상무이사 2012~2013년 同전무이사 2013~2015년 同동북아센터 상무이사 2015년 한림대 미디어스쿨 초빙교수(현) 2015~2018년 언론중재위원회 위원 2018년 한국수목원관리원 홍보자문위원(현) 상한국언론인연합회 한국참언론인대상(2006), 외대언론인상(2007) 종가톨릭

## 성기철(成耆哲) SUNG Keecheal

(생)1960 · 5 · 13 (본)창녕(昌寧) (출)경남 (주)서울특별시 영등포구 여의공원로 101 국민일보 경영전략실(02-781-9210) (학)대건고졸 1986년 경북대 사회학과졸 2005년 연세대 언론홍보대학원졸 (경)1986년 매일신문 사회부 기자 1990년 국민일보 정치부 기자 1993년 同사회부 기자 1995년 同정치부 기자 1999년 同정치부 차장대우 1999년 同교육생활부 차장대우 2001년 同정치부 차장대우 2002년 同사회2부 차장 2005년 同사회부 차장 2005년 同사회부장 2005년 同정치부장 2006년 同논설위원 2007년 同취재담당 부국장 2009년 同취재 · 기획담당 부국장 2009년 한국신문윤리위원회 윤리위원 2010년 국민일보 논설위원 2011년 同카피리더 2011년 同정치기획담당 부국장 2013년 同논설위원 2014년 同논설위원(국장대우) 2014년 대통령직속 통일준비위원회 언론자문단 자문위원 2016년 국민일보 판매국장 2016년 同독자마케팅국장 2018년 同경영전략실장(현) (상)경북대 언론인상(2015) (저)'김영삼의 사람들(共)'(1996, 국민일보) (종)가톨릭

## 성기철(成基哲) SUNG Ki Chul

(생)1973 · 1 · 9 (출)경남 창녕 (주)서울특별시 종로구 세종대로 209 금융위원회 구조개선정책과(02-2100-2915) (학)1990년 부산 남일고졸 1997년 서울대 경영학과졸 (경)1997년 행정고시 합격(41회) 1998년 행정자치부 수습행정관 1999년 특허청 심사1국 상표심사담당관실 사무관 2003년 금융감독위원회 근무 2006년 同감독정책1국 비은행감독과 근무 2007년 同감독정책1국 은행감독과 서기관 2008년 금융위원회 금융정책국 산업금융과 서기관 2013년 同금융소비자보호기획단 금융관행개선1팀장 2015~2016년 同금융소비자과장 2016년 영국 EBRD(유럽부흥개발은행) 파견 2019년 금융위원회 구조개선정책과장(현)

## 성기태(成基泰) SUNG Ki Tae (삼보)

(생)1952 · 5 · 24 (본)창녕(昌寧) (출)충북 제천 (주)충청북도 충주시 대소원면 대학로 50 한국교통대학교 공과대학 건설환경도시교통공학부 토목공학전공(043-841-5187) (학)1972년 충주공업고등전문학교졸 1974년 동국대 토목공학과졸 1981년 건국대 대학원 토목공학과졸 1996년 공학박사(동아대) 2004년 서울대 행정대학원 국가정책과정 수료 (경)1980~1993년 충주공업전문대 토목과 전임강사 · 조교수 · 부교수 · 교수 1990년 同토목학과장 1992년 同산업과학기술연구소장 1993~1999년 충주산업대 토목공학과 교수 1993~1995년 同산학협력처장 겸 기획실장 1995년 同기획연구실장 1995~1996년 대통령직속 국민고충처리위원회 전문위원 1998년 충주대 대학종합평가총괄위원장 1999~2001 · 2005~2012년 同토목공학과 교수 2001~2005년 同총장 2001~2005년 同학술진흥장학재단 이사장 2001년 민주평통 자문위원 2001~2003년 지방대학육성법 제정위원 2003~2005년 충북지역총학장협의회 회장 2003~2004년 국제키비탄 한국본부 부총재 2004~2013년 중증장애인복지시설 나눔의집 운영위원장 2005년 충주대 명예총장 2006~2018년 충주다문화가족지원센터 운영위원장 2006년 뉴라이트 충북상임대표 2007년 同고문 2009년 (사)한국위기관리연구소 자문위원(현) 2009년 청주지법 충주지원 조정위원(현) 2012~2017년 한국교통대 건설교통대학 토목공학과 교수 2012년 同명예총장(현) 2013~2017년 충주여성단체협의회 자문위원장 2013년 법무부 충주보호관찰소 자문위원(현) 2014년 (사)국제키비탄 한국본부 총재 2016년 同이사(현) 2017년 한국교통대 공과대학 건설환경도시교통공학부 토목공학전공 명예교수(현) 2019년 同평의원(현) 2019년 안림요양원 운영위원(현) (상)대한적십자사총재표창(3회), 홍조근정훈장, 시사투데이 올해의 신한국인 대상(2014) (저)'응용역학' '토목시공학' '토목실험법' '기자재조작기술법' '21세기를 향한 산업대학의 발전방향' '토목공학개론' (종)불교

## 성기학(成耆鶴) SUNG Ki hak

(생)1947 · 7 · 8 (출)경남 창녕 (주)서울특별시 중구 만리재로 159 (주)영원무역 회장실(02-390-6200) (학)1965년 서울대사대부고졸 1970년 서울대 무역학과졸 2011년 명예 경영학박사(한림대) (경)1971~1974년 (주)서울통상 이사 1974년 (주)영원무역 설립 1984년 同대표이사 1992년 골드윈코리아 설립 1996년 한 · 방글라데시경제협력위원회 위원장 1997년 (주)영원무역 대표이사 회장(현) 1997~2014년 골드윈코리아 대표이사 회장 2009~2016년 (주)영원무역홀딩스 대표이사 회장 2010~2015년 (재)박영석탐험문화재단 이사장 2010년 (사)선농문화포럼 이사장(현) 2014년 (주)영원아웃도어 대표이사 회장(현) 2014년 한국섬유산업연합회 회장(현) 2016년 한국학중앙연구원 비상임이사(현) 2016~2018년 국제섬유생산자연맹(ITMF) 수석부회장 2018년 同회장(현) (상)무역진흥대상(1997), 무역의날 1억불 수출의 탑(1998), 삼우당 대한민국패션대상 최우수수출부문 대상(2004), 삼우당 대한민국패션대상 내수패션아웃도어부문 대상(2005), 납세자의날 대통령표창(2006), 섬유산업의날 금탑산업훈장(2008), 언스트앤영 최우수기업가상 소비재부문(2009), 국제월드비전 총재상(2010), 서울대 발전공로상(2013), 삼우당 섬유패션대상 대상(2014), 서울대총동창회 관악대상(2017)

## 성기현(成基鉉) SUNG Ki Hyun

(생)1958·10·24 (출)인천 (주)서울특별시 서대문구 서소문로 21 충정타워 5층 한국케이블TV방송협회(02-735-6511) (학)1976년 동북고졸 1981년 연세대 기계공학과졸 1983년 미국 텍사스공대 대학원 기계공학과졸 1992년 미국 조지워싱턴대 대학원 국제경영학과졸 1992년 기계공학박사(미국 매릴랜드대) (경)1981~1983년 미국 텍사스공과대 Research and Teaching Assistant 1983~1987년 미국 매릴랜드대 Research and Teaching Assistant 1987~1991년 미국 Bendix Field Engineering Co. Senior Engineer 1992~1996년 한국통신 위성사업본부 사업감리2실 발사감리부장 1995~2000년 현대전자 정보통신서비스사업본부 근무 2002~2005년 C&M커뮤니케이션 전략기획실장 2005년 CJ케이블넷 기술전략실장 2007년 同서부운영사업부장 겸 드림씨티 대표이사 2007년 同대외협력담당 2008~2010년 한국케이블TV방송협회(KCTA) 사무총장 2008년 케이블TV시청자협의회 간사 2008년 시청자불만처리위원회 위원 2010년 태광그룹 종편설립법인 편성책임자(전무) 2011~2012년 국민대 법무대학원 교수 2015~2016년 한국케이블텔레콤 대표이사, 연세대 강사 2018년 한양대 언론정보대학원 교수 2018년 한국케이블TV방송협회 부회장 겸 SO협의회장(현) (상)한국통신사장표창(1995), 정보통신부장관표창(1996) (종)기독교

## 성기형(成基炯) SEONG GI HYEONG

(생)1961 · 8 · 27 (주)서울특별시 강남구 테헤란로 203 현대모비스 구매본부(02-2018-5114) (학)부산대 기계공학과졸 (경)2010년 현대자동차 의장전장부품구매실장(이사) 2012년 同의장전장부품구매실장(상무) 2014년 同부품구매사업부장(전무) 2015년 同부품개발사업부장(전무) 2019년 현대모비스 구매본부장(부사장)(현)

## 성기호(成耆虎) SUNG Kee Ho (恩泉)

(생)1940·10·7 (본)창녕(昌寧) (출)서울 (주)서울특별시 중구 을지로18길 41 월간 한국인선교사(070-8884-6636) (학)1959년 경복고졸 1964년 서울대 상학과졸 1970년 성결교신학교졸 1977년 미국 페이스신학교졸 1990년 철학박사(미국 드류대) (경)1965~1973년 중·고교 교사 1973~1987년 성결대 신학과 조교수·부교수 1987~2006년 同교수 1989년 성결교신학교 교장 1992년 성결교신학대 학장 1992년 同총장 1998~2002년 성결

대 총장 1999년 월간 한국인선교사 발행인(현) 2002년 성결대 명예총장 2011년 새에덴교회 원로목사 2011년 세계성령부흥운동협의회 총재 (상)출판문화상, 근정포장, 청조근정훈장(2006) (저)'주일학교 운영관리'(1979) '하나님을 기쁘게 하라 사람을 기쁘게 하라'(1986) '교회와 신학논쟁'(1995) '이야기 신학'(1997) '하나님이 열면 닫을 자 없다'(2001) '지성과 도전'(2002) '마음에 새길 하나님의 말씀'(2005) '신학과 영성목회의 비전'(2007) '이야기 조직신학'(2009) (종)기독교

**성기홍(成耆洪) SUNG Ki Hong**

(생)1963·9·20 (주)서울특별시 송파구 중대로 296 6층 (주)씨티씨바이오 임원실(1661-8800) (학)1982년 영훈고졸 1989년 서울대 농과대학 축산학과졸 (경)1988~1994년 한국화이자(주) 근무 1994년 (주)세축상사 근무 1996년 (주)씨티씨바이오 부사장 2012년 同대표이사 부사장 2013년 同각자대표이사 사장(현) (상)회사 상훈, 송파구청 성실납세 우수기업표창(2009), KOITA IR52 장영실상(2009), 국립수의과학검역원 선정 동물용 의약품 수출우수업체 수출액부문(2009), 무역의날 수출 오백만불 수출의 탑(2010), INNOBIZ 선정 GLOBAL LEADER 2012 취업하고 싶은 기업(2012), 신성장경영대상 대통령표창(2012)

**성기홍(成耆洪) Ghi-Hong Seong**

(생)1968·7·29 (본)창녕(昌寧) (출)경남 의령 (주)서울특별시 종로구 율곡로2길 25 연합뉴스TV 보도국(02-398-7800) (학)1986년 창원고졸 1990년 서울대 사회학과졸 (경)1992년 연합뉴스 입사 1992~1994년 同경제2부 기자 1994~1998년 同정치부 기자 1998~2003년 同사회부 기자 2003~2004년 일본 게이오대 커뮤니케이션연구소 방문연구원 2004~2005년 연합뉴스 영상취재팀장 2005~2009년 同정치부 기자 2009~2012년 同워싱턴특파원 2012~2014년 연합뉴스TV 정치부장 2014년 관훈클럽 편집위원 2015년 연합뉴스 정치부장 2016년 同정치부장(부국장대우) 2016년 同편집국 정치에디터 2018년 관훈클럽 운영위원(서기) 2018년 연합뉴스 논설위원 2019년 同편집국 외국어에디터 2019년 연합뉴스TV 보도국장(선임)(현) (저)'50년 금단의 선을 걸어서 넘다'(共) (종)가톨릭

**성낙문(成洛文) SUNG Nak Moon**

(생)1962·6·20 (출)충남 당진 (주)세종특별자치시 시청대로 370 한국교통연구원 종합교통연구본부(044-211-3204) (학)1989년 한양대 도시계획공학과졸 1998년 미국 미시간주립대 대학원 토목공학과졸 2000년 공학박사(미국 미시간주립대) (경)1989~1996년 교통개발연구원 연구원 2001년 미국 미시간주립대 연구원 2001~2012년 한국교통연구원 책임연구원·연구위원 2006년 同도로교통연구실장 2008년 同육상교통연구본부 연구위원 2008년 同도로교통연구실장 2010년 同도로교통안전연구본부 센터장 2010년 同도로연구실장 2012년 同도로정책·기술연구실장 2013년 同도로정책·기술연구실 선임연구위원 2014년 세계은행 파견(선임연구위원) 2016년 한국교통연구원 종합교통본부장 2018년 同종합교통연구본부장(현) (상)건설교통부장관표창(1996), 국무총리표창(2017)

**성낙송(成樂松) SUNG Rak Song**

(생)1958·1·19 (출)경남 산청 (주)서울특별시 서초구 서초대로50길 8 법무법인 평안(02-6467-6565) (학)1976년 경기고졸 1981년 서울대 법과대학졸 1983년 同대학원졸 1992년 영국 캠브리지대 연수 (경)1982년 사법시험 합격(24회) 1984년 사법연수원 수료(14기) 1985년 해군 법무관 1988년 서울형사지법 판사 1990년 서울민사지법 판사 1992년 대전지법 강경지원 판사 1994년 대전고법 판사 1996년 서울고법 판사 1996년 법원행정처 사법정책연구심의관 겸임 1999년 서울지법 판사 2000년 대전지법 서산지원장 2001년 사법연수원 교수 2004년 서울남부지법 부장판사 2006년 대구고법 부장판사 2007~2009년 대법원 양형위원회 초대 상임위원 2009년 서울고법 부장판사 2011년 서울중앙지법 형사수석부장판사 2012년 同민사수석부장판사 2013년 서울고법 부장판사 2014년 수원지법원장 2014~2016년 경기도선거관리위원회 위원장 2016년 서울고법 수석부장판사 2018~2019년 사법연수원장 2019년 법무법인 평안 대표변호사(현) (종)기독교

**성낙수(成洛秀) SEONG Nack Soo (東菴)**

(생)1949·11·10 (본)창녕(昌寧) (출)충남 당진 (주)서울특별시 종로구 종로12길 6 해종빌딩 6층 외솔회(02-734-5048) (학)1966년 공주대사대부고졸 1971년 연세대 국어학과졸 1973년 同대학원졸 1983년 문학박사(연세대) (경)1978~1981년 청주사범대 전임강사·조교수 1981년 동덕여대 조교수 1984~2015년 한국교원대 국어교육과 조교수·부교수·교수 1989~1990년 프랑스 파리제7대 객원교수 1998년 同새마을연구소장 2002년 同도서관장 2004~2005년 同교무처장 2006년 중국 중앙민족대 객원교수 2009년 외솔회 회장(현) 2015년 한국교원대 명예교수(현) (상)녹조근정훈장(2015) (저)'제주도방언의 통사론적 연구'(1992, 계명문화사) '우리말 방언학'(1993·2000, 한국문화사) '논술강좌'(1998, 배재서관) '국어학서설(共)'(1999, 신원문화사) '고등학교 작문(共)'(2006, 신원문화사) '고교생이 알아야 할 논술'(編) 수필집 '삶과 앎의 터전', '한 세상 살다보면', '날이면 날마다 새로운 날' 논문집 '국어와 국어학 1·2'

**성낙승(成樂承) Sung Nak-Seung (丈山)**

(생)1935·2·12 (본)창녕(昌寧) (출)경남 창녕 (주)서울특별시 마포구 독막로 324 동서식품장학회(02-3271-0007) (학)1954년 대구 대건고졸 1959년 고려대 법과대학 행정학과졸 1964년 同경영대학원 수료 1971년 서울대 행정대학원 행정학과졸 1997년 정치언론학박사(성균관대) (경)1961년 국무원사무처 방송과 근무 1961년 공보부 방송과·보도과·문화과·총무과 근무 1968년 문화공보부 사무관 1973~1979년 同문예진흥담당관·법무담당관·총무과장·신문과장(서기관) 1977년 동국대 강사 1979년 문화공보부 홍보조정관(부이사관) 1980년 同감사관 1983년 同매체국장(이사관) 1983년 한국방송공사(KBS)·한국통신 이사 1985~1988년 문화방송(MBC) 방송자문위원 1985년 한국교육방송(EBS) 자문위원 1985~1988년 민정당 정책조정실 문화공보전문위원 1988년 문화공보부 총무실장 1990년 공보처 기획관리실장 1992년 남북교류공동위원회 사회문화위원 1993~1996년 한국방송광고공사 사장 1993년 한국방송개발원 이사·한국프레스센터 이사 1993~1996년 한국문화예술진흥원 이사 1997년 동국대 교수 1997년 국제방송교류재단(아리랑TV) 이사장 1998~2000년 불교방송 사장·한국방송협회 이사 1998~1999년 대통령자문 방송개혁위원회 위원 1998~2000년 제2의건국범국민추진위원회 위원 1999~2003년 민주평통 상임위원·문화관광부 정책평가위원 2000년 천안대 초빙교수 2002~2007년 (주)동서그룹 상임감사 2002년 동서식품장학회 이사(현) 2003년 방송위원회 방송광고심의위원회 위원장 2005년 금강대 재단이사 겸 대학발전위원장 2006~2007년 (주)성재개발 회장 2007~2010년 금강대 대학원장 2007~2011년 同총장 (상)국무총리표창(1968), 대통령표창(1971), 보국포장(1981), 홍조근정훈장(1990) (종)불교

**성낙인(成樂仁)**

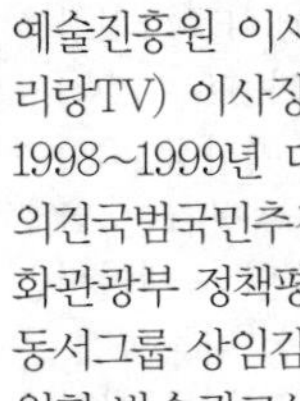

(생)1958·6·14 (주)경상남도 창원시 의창구 상남로 290 경상남도의회(055-211-7322) (학)경남대 행정대학원 행정학과졸 (경)경남 창녕군 창녕읍장, 창녕군 체육회 이사, (사)행복드림후원회 운영이사(현), 민주평통 창녕군위원(현), (사)비사벌문화제 제전위원(현) 2018년 경남도의회 의원(자유한국당)(현) 2018년 同기획행정위원회 위원(현)

**성낙제(成樂濟) SEONG Nak Je**

(생)1957·5·15 (본)창녕(昌寧) (출)경남 (주)경상남도 김해시 유하로 154-9 동아화성(주) 사장실(055-313-1800) (학)1982년 경남대 경영학과졸 (경)동진산업 근무 1984년 동아화성(주) 입사, 同영업·생산·개발 총괄이사, 同전무 2008년 同대표이사 사장(현) (종)불교

**성녹영(成彔瑩) Sung Nog Young**

(생)1967·3·26 (출)전남 순천 (주)세종특별자치시 갈매로 363 세종파이낸스센터 중소벤처기업부 규제자유특구기획단 기획총괄과(044-865-9712) (학)1986년 전남 순천고졸 1992년 동국대 물리학과졸 2007년 서울대 대학원 행정학과졸 (경)2000년 행정고시 합격(44회) 2006년 중소기업청 소상공인정책팀 서기관 2010년 국가경쟁력강화위원회 파견 2012년 대구경북지방중소기업청 공공판로지원과장 2013년 중소기업청 창업벤처국 지식서비스창업과장 2013년 同기획조정관실 창조행정법무담당관 2014년 同재도전성장과장 2017년 충북지방중소기업청장 2017년 충북지방중소벤처기업청장 2018년 중소벤처기업부 중소기업정책실 지역혁신정책과장 2019년 同규제자유특구기획단 기획총괄과장(현) 2019년 同규제자유특구기획단장 직대 겸임

**성단근(成檀根) SUNG Dan Keun**

(생)1952·7·19 (본)창녕(昌寧) (출)경남 진주 (주)대전광역시 유성구 대학로 291 한국과학기술원(KAIST) 공과대학 전기및전자공학부(042-350-3402) (학)1975년 서울대 전자공학과졸 1982년 미국 텍사스주립대 대학원 전기컴퓨터공학과졸 1986년 공학박사(미국 텍사스주립대) (경)1977~1980년 한국전자통신연구원(ETRI) 전임연구원 1981년 미국 텍사스대 조교 1986~2017년 한국과학기술원(KAIST) 공과대학 전기·전자공학과 조교수·부교수·교수 1993년 정보통신진흥원 교환관리위원 1996년 한국과학기술원(KAIST) 인공위성연구센터 소장 1998~2007년 Journal of Communications and Networks 편집위원 2002년 전기·전자기술자협회(IEEE) Communications Magazine 편집위원 2002년 미국 국립표준기술연구소 방문연구원 2003년 IEICE(Japan) 정회원(현) 2003년 IEEE(USA) Senior Member(현) 2003년 한국정보과학회 정회원(현) 2003년 한국통신학회 정회원(현) 2005년 IEEE(Seoul) General Conference Chair, TPC Vice-Chair 2017년 한국과학기술원(KAIST) 공과대학 전기및전자공학부 명예교수(현) 2018년 한국과학기술한림원 정회원(공학부·현) (상)국민훈장 동백장(1992), 한국과학기술원(KAIST) 연구업적상(1997), MoMuC학술대회 우수논문상(1997), 한국과학기술원(KAIST) 학술상(2000), APCC학술대회 최우수논문상(2000), 이달의 과학자상(2004), 한국통신학회 해동학술대상(2013)

**성대규(成大奎)**

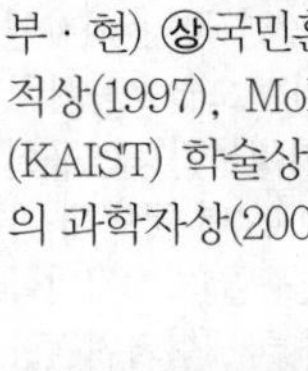

(생)1967·2·23 (출)경북 영천 (주)서울특별시 중구 삼일대로 358 신한생명보험(주) 사장실(02-3455-4001) (학)1985년 대구 능인고졸 1989년 한양대 경제학과졸 1991년 同경영대학원 수료 2001년 법학박사(미국 유타대) (경)1989년 행정고시 합격(33회) 1990년 총무처 수습 사무관 1994년 재정경제원 보험제도담당관실 사무관 2003년 국민경제자문회의 사무처 조사관 2005년 駐프랑스 재경관 2008년 기획재정부 국정기획수석비서관실 행정관 2009년 금융위원회 보험과장 2011년 同은행과장 2012년 同공적자금관리위원회 사무국장 2012년 국가경쟁력강화위원회 파견 2014년 법무법인 태평양 외국변호사 2015년 경제규제행정컨설팅 수석연구위원 2016~2019년 보험개발원 원장 2019년 신한생명보험(주) 대표이사 사장(현) (저)'한국보험업법'(2004)

**성대석(成大錫) SEONG daeseock**

(생)1938·10·20 (본)창녕(昌寧) (출)서울 (주)서울특별시 영등포구 국제금융로6길 30 (사)한국언론인협회(02-3775-3733) (학)1964년 중앙대 정치외교학과졸 1983년 同신문방송대학원졸(방송학전공) (경)1964년 동양방송 기자 1976~1980년 同사회부 차장·라디오앵커·TV앵커 1981~1982년 한국방송공사 해외특집부장·라디오앵커 1983~1984년 同9시뉴스 앵커 1984년 同미국특파원·LA지국장 1989년 同보도본부 취재담당 부국장 1990년 同시청자본부 홍보국장 1992년 同보도본부 해설위원 1993년 同증기기획단 주간 1993년 同편성운영부 홍보실장 1996년 同시설관리사업단 감사 1999년 디지털코리아헤럴드·내외경제 부회장 1999년 Young Asia TV 한국지사장 1999년 SM미디어 대표이사 사장 2000·2006·2009·2015년 (사)한국언론인협회 회장(현) 2000년 중앙대신문방송대학원총동창회 회장, 대통령 정책자문위원 2004년 국제의료발전재단 이사 2004년 중앙대 신문방송대학원 겸임교수 2005년 한국방송공사 시청자위원 2005년 씨티그룹 대한민국언론상 심사위원(현) 2008년 (사)한국불교종단협의회 언론위원회 수석부위원장 2008년 서울시 정기간행물심의위원(현) 2008년 노사정민 위원(현) 2011년 (사)한국불교종단협의회 언론위원장(현) 2012년 서울시문화상 언론분과위원회 위원장(현) 2013년 국가원로회의 위원(현) 2014년 한국정치문화연구원 명예회장(현) 2016년 공익법인 맑은물결 이사장(현) (상)중앙대 중앙언론문화상(2006) (저)'한반도 UN본부'(2014) (종)불교

**성대영(成大永) SUNG Dae Young**

(생)1959·11·23 (주)서울특별시 서초구 동산로12길 9 위더스제약(주)(02-3486-7474) (학)2005년 서울대 공과대학 최고산업전략과정 수료 2011년 중앙대 대학원졸(경제학박사) (경)1996~2005년 한빛약품 대표, 위더스메디팜(주) 대표이사, 한국유통학회 이사 2005년 위더스제약(주) 대표이사(현), 남서울대 겸임교수 2009년 석경의료재단 이사장(현) (상)서강경제대상(2017)

**성대훈(成大勳) SUNG, Daehoon**

(생)1971·9 (출)충남 부여 (주)인천광역시 연수구 해돋이로 130 해양경찰청 대변인실(032-835-2012) (학)1990년 성보고졸 1998년 중앙대졸 2006년 러시아 상트페테르부르크대 대학원졸 2013년 원광대 대학원 법학박사과정 수료 (경)1998년 중부지방해양경찰청 인천해양경찰서 경사 2001년 해양경찰청 정보과 근무 2004년 同총무과 경위 2006년 同위기담당관실 근무 2007년 同외사담당관실 근무 2008년 同국제협력담당관실 근무 2009년 외교통상부 국제법규과 경감 2012년 해양경찰청 국제협력담당관실 근무 2013년 해양수산부장관실 치안비서관 경정 2014년 국민안전처 중앙재난안전상황실 해경상황팀장 2015년 同홍보기획팀장 2017년 해양경찰청 정책소통팀장 2019년 同대변인(총경)(현)

**성동규(成東圭) SUNG Dong Kyu**

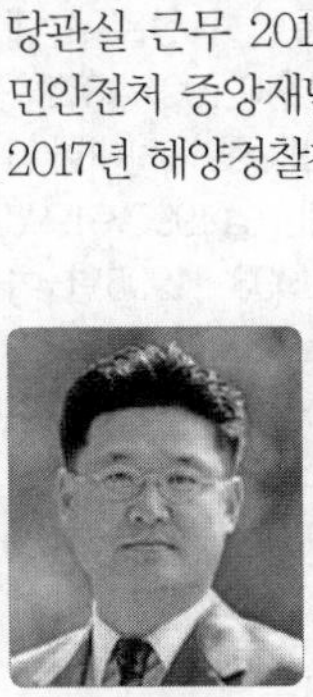

(생)1964·9·23 (출)충남 부여 (주)서울특별시 동작구 흑석로 47 중앙대학교 미디어커뮤니케이션학부(02-820-5513) (학)1987년 중앙대 신문방송학과졸 1990년 同대학원 신문방송학과졸 1995년 언론학박사(영국 러프버러대) (경)1996~1998년 한국언론재단 선임연구위원 1998~2014년 중앙대 신문방송학과 교수 2001~2003년 同신문방송대학원 부원장 2005년 한국언론학회 총무이사 2005년 한국방송공사(KBS) 객원해설위원 2007~2009·2011~2013년 중앙대 신문방송대학원장 2008년 한국방송영상산업진흥원 비상임이사 2010~2013년 여론집중도조사위원회 위원 2012~2015년 한국교육방송공사(EBS) 비상임이사 2014년 중앙대 사회과학대학 미디어커뮤니케이션학부 교수(현) 2015~2018년 同신문방송대학원장 (저)'국제커뮤니케이션의 이해' '인터넷과 커뮤니케이션' '사이버 커뮤니케이션' '모바일 커뮤니케이션'

**성동은(成東恩)**

(생)1980·5·20 (주)경상남도 창원시 의창구 상남로 290 경상남도의회(055-211-7222) (학)양산대학 생활체육과졸 (경)유성산업 이사(현), 양산덕계초 운영위원회 부위원장(현) 2018년 경남도의회 의원(더불어민주당)(현) 2018년 同건설소방위원회 위원(현), 더불어민주당 양산乙 환경특별위원장(현), 同경남도당 청년위원회 운영위원(현), 同지방경제활성화 특별위원장(현)

**성동화(成棟禾) SUNG, DONG HWA**

(생)1961·10·17 (주)부산광역시 남구 문현금융로 30 부산은행 임원실(051-661-4000) (학)1980년 성광고졸 1988년 경북대 법학과졸 (경)1988년 부산은행 입행 2008년 同중국 청도사무소장 2010년 同금융시장지원부장 2011년 同국제금융부장 2013년 同금사공단지점장 2014년 同자금증권부장 2015년 同남부영업본부장 2016년 同준법감시인·금융소비자보호총괄책임자(부행장보) 2017년 同업무지원본부·신탁사업단 부행장보 2017년 同업무지원본부장(부행장보) 2017년 BNK금융지주 그룹WM총괄부문장(전무) 2018년 同그룹WM총괄부문장(부사장) 2018년 부산은행 WM사업본부장(부행장) 2018년 同경영관리그룹장(부행장)(현)

**성명호(成明浩) Myungho Sung**

(생)1960·7·15 (출)대구 (주)대구광역시 달성군 구지면 국가산단서로 201 지능형자동차부품진흥원(053-670-7801) (학)오성고졸, 영남대 기계설계학과졸, 서울대 대학원 기계설계학과졸, 기계공학박사(서울대) (경)2000년 현대자동차 기능시험팀 책임연구원(그룹장) 2006년 同차량성능개발팀장 2012년 同차량성능개발팀장(이사대우) 2013~2015년 同고성능기술개발실장(이사대우) 2014년 중앙대 대학원 기계공학부 강사 2015년 지능형자동차부품진흥원 원장(현)

**성명환(成明煥) SUNG MYUNGHWAN**

(생)1960·3·15 (출)경북 청도 (주)부산광역시 동구 범일로 92 (주)BNK저축은행(1644-9988) (학)부산상고졸 (경)1976년 부산은행 입행 2008년 同중앙동지점장 2010년 同양산지점장 2012년 同지역본부장 2013년 同경남영업본부장(부행장보) 2014년 同울산영업본부장(부행장) 2016~2018년 BNK신용정보 대표이사 2018년 (주)BNK저축은행 대표이사(현)

**성명훈(成明勳) SUNG Myung Whun**

(생)1957·10·5 (출)서울 (주)서울특별시 종로구 대학로 101 서울대학교병원 이비인후과(02-2072-3830) (학)1982년 서울대 의대졸 1989년 同대학원 의학석사 1991년 의학박사(서울대) (경)1990~1995년 同임상전임강사·임상조교수 1993~1995년 미국 피츠버그대 Pittsburgh Cancer Institute, Research Fellow 1995년 서울대 의대 이비인후과학교실 조교수·부교수·교수(현) 2007~2010년 서울대병원 헬스케어시스템 강남센터 원장 2010·2012~2014년 同이비인후과 진료과장 2012년 同국제사업본부장 2012년 서울대 의대 이비인후과학교실 주임교수 2015년 아랍에미리트(UAE) 쉐이크칼리파전문병원장(현) (상)녹조근정훈장(2015)

**성 문(性 門) SUNG MOOM**

(생)1953·1·5 (출)경남 밀양 (주)서울특별시 종로구 우정국로 55 대한불교조계종 중앙종회(02-2011-1700) (학)1979년 범어사 승가대학졸 1981년 중앙승가대졸 2013년 한문불전승가대학원졸 2013년 명예 철학박사(중앙승가대) (경)1970년 파계사에서 종수스님을 계사로 수지 1974년 범어사에서 석암스님을 계사로 수지 1979년 중앙승가학원(現 중앙승가대) 설립·발기인 1988년 봉은사 주지 1988년 제4·5·6대 중앙승가대총동문회 회장 1989년 학교법인 승가학원 설립·이사 1992년 대한불교조계종 제10~12·16대 중앙종회 의원(현) 2010년 同제9교구 본사 동화사 주지 2014년 同제16대 중앙종회 의장, 同교구본사주지협의회 회장, 대구불교총연합회 이사장 2018년 중앙승가대 총장 2018~2019년 승가원 이사장 (종)불교

**성문업(成文業) Sung Moon-up**

(생)1965·3·30 (주)서울특별시 종로구 사직로8길 60 외교부 인사기획관실(02-2100-7141) (학)1987년 서울대 영어영문학과졸 1990년 同대학원 정책학과졸 1997년 미국 미시간대 대학원 정책학과졸 (경)1989년 외무고시 합격(23회) 1989년 외무부 입부 1999년 駐OECD 1등서기관 2002년 駐아프가니스탄 1등서기관 2005년 외교부 지역협력과장 2007년 駐시애틀영사 2008년 駐스웨덴 공사참사관 2011년 외교부 국제경제국 심의관 2014년 駐호주 공사 2018년 駐트리니다드토바고 대사(현)

**성문희(成文喜) Sung, Moon Hee**

(생)1957·6·3 (본)창녕(昌寧) (출)서울 (주)서울특별시 성북구 정릉로 77 국민대학교 과학기술대학 바이오발효융합학과(02-910-4808) (학)1976년 경복고졸 1982년 성균관대 농과대학 생명과학과졸 1985년 同대학원 식품미생물학과졸 1989년 미생물생화학박사(일본 교토대) (경)1989~2003년 한국생명공학연구원 선임연구원·책임연구원 1993~1995년 산·학·연연구회 생물촉매기술연구회 총무 1995년 산·학·연협동연구회 생물전환기술및공정연구회 간사 1995~1999년 충남대 수의과대학 겸임부교수 1995~1966년 과학기술처 신경제 장기구상 과학기술부문 위원 1996~1998년 (사)한국미생물·생명공학회 생물촉매학술분과 위원장 1996~1998년 과학기술처 미래원천기술전문위원회 위원 1996~1998년 同특정연구개발사업 실무및전문위원회 위원 1996~1999년 한국생명공학연구원 미생물전환 Research Unit장 1997~1999년 제6차 국제생화학회(IUBMB) 학술대회조직위원회 총무간사 1997~1998년 일본 오사카대 산업과학연구소 Research Fellow 1998~1999년 과학기술부 국가연구개발사업 조사분석평가위원 1999년 (사)한국미생물·생명공학회 SCI국제영문지 「Journal of Microbiology Biotechnology」 Editor 및 Editorial Board, 同Editor 및 Advisory Board(현) 1999~2002년 제9차 국제산업미생물유전학(GIM)심포지엄조직위원회 사무차장 1999~2004년 과학기술부 국가지정연구실(생물촉매기술) 연구책임자 2000~2002년 (사)한국생물공학회 편집이사 2000~2015년 (주)바이오리더스 대표이사 2000년 국민대 자연과학대학 생명나노화학과 교수, 同과학기술대학 바이오발효융합학과 교수(현) 2002~2003년 한국생명공학연구원 미생물기능연구실장 2002~2018년 (사)한국바이오협회 이사 2003~2004년 국민대 바이오텍연구소장 2003~2005년 과학기술부 2003연구클러스터(의학및 생명공학) 대표간사 2004년 (사)한국생물공학회 국제협력위원장 2004~2005년 PACIFICHEM 2005 Symposium Combinatorial Bioengineering-Protein Display Co-organizer 2005년 (사)한국생화학회 교육위원장 2005~2006년 산업자원부 부품소재전략연구회(바이오신소재) 대표간사·총괄연구책임자 2006~2007년 과학기술부 규제심사위원 2006~2008년 식품의약품안전청 식품위생심의위원회 민간위원 2006년 국민대 산학협력단 바이오신소재산업화지원센터장 2006~2011년 서울시 산학연협력사업 바이오소재산업화혁신클러스터 총괄연구책임자 2006년 한국과학기술한림원 정회원(농수산학부·현) 2007년 과학기술부 인수공통전염병R&D협의회 민간위원 2007년 제1~5차 한·일바이오매스심포지엄조직위원회 한국위원장 2008년 제4차 한·일조합생물공학워크샵조직위원회 한국위원장 2008년 제12차 한국펩타이드심포지엄조직위원회 위원장 2008년 (사)한국미생물학회연합 대의원(현) 2008년 (사)생화학분자생물학회 대의원(현) 2009년 한국생명공학연구원 경영·정책자문위원

회 자문위원 2009~2012년 국민대 발효융합기술연구원 부원장·원장 2009~2011년 기초기술연구회 기획평가위원회 전문위원 2010년 (사)한국미생물·생명공학회 장기발전기획위원장 2010년 同이사(현) 2011년 (사)한국미생물학회연합 이사 2011년 (사)한국미생물·생명공학회 수석부회장 2011~2012년 한국과학기술단체총연합회 대의원 2012년 (사)한국미생물·생명공학회 학술진흥위원장 2012~2013년 (사)한국생물공학회 부회장 2012~2019년 국민대 바이오발효융합기술연구소장 2012년 (사)한국과학기술개발원 이사(현) 2012년 한국과학기술한림원 농수산학부 제1분과장 2013년 (사)한국미생물·생명공학회 장기발전기획위원장 2014년 국민대 LINC사업단 바이오헬스케어ICC 소장(현) 2015~2018년 (주)바이오리더스 각자대표이사 2016년 국민대 BK21플러스바이오식의약소재특화전문인재양성사업단장(현) 2016년 한국과학기술한림원 발전자문위원회 위원(현) 2017년 (사)한국미생물·생명공학회 회장 2017년 한국생명공학연합회 회장 2017년 한국과학기술단체총연합회 이사(현) 2018년 (주)바이오리더스 고문 (상)한국과학기술연구원장표창(1990), 국무총리표창(2000), 한국산업미생물학회 학술장려상(2001), 중소기업청장표창(2001), 벤처대상(2002), 한국미생물공학회 송암학술상(2004), 보건복지부장관표창(2004), 장영실상(2005), 대한민국기술대상 은상(2007), 지식경제부장관표창(2008), 과학기술포장(2009), 과학기술우수논문상(2009), 폴리머재료포럼 우수발표상(2011), 한국미생물·생명공학회 기술상(2012), 국민대 우수교수상(2012), 한국미생물·생명공학회 수라 서정훈 학술상(2014), 보건의료기술진흥 유공자 정부포상(2016) (저)'생명공학기술 현재와 미래'(1997) '산업과 미생물'(1998) '일반화학'(2003·2005) 'Frontier of Combinatorial Bioengineering'(2004) 'Proceeding of the 29th Aso Symposium 2005 : A Bird's-eye View of Protections against Infection'(2006) 'Microbial Bioconversion and Bioproduction : Development of White Bio-technology beyond Chemical Synthesis'(2008) 'D-Amino Acids in Chemistry, Life Sciences, and Biotechnology'(2011, VCHA and Wiley – VCH) '생화학기초의 두드림'(2013) '폴리감마글루탐산'(2015) '2030년을 대비한 식품산업 트렌드예측과 대응 전략(한림연구보고서110)'(2016, 한국과학기술한림원) '생물학 실험서'(2017, 국민대 출판부) '미생물학'(2017, 범문에듀케이션) (역)'일반화학'(2005, 녹문당) '일반화학'(2005, 삼경문화사) (종)불교

**성미경(成美庚·女)**

(생)1961·8·9 (주)서울특별시 용산구 청파로47길 100 숙명여자대학교 식품영양학과(02-710-9395) (학)1984년 숙명여대 식품영양학과졸 1986년 同대학원졸 1988년 미국 플로리다주립대 영양학과졸 1994년 영양학박사(캐나다 토론토대) (경)1995~2004년 숙명여대 식품영양학과 조교수·부교수 2003년 同건강생활과학연구소장 2004년 同식품영양학과 교수(현) 2006~2007년 대한지역사회영양학회 위원장 2016년 숙명여대 연구처장 겸 산학협력단장 2018년 同부총장(현) (저)'우리가 즐겨먹는 음식 칼로리핸드북(共)'(2006, 교문사) '호스피스완화간호(共)'(2006, 군자출판사)

**성미영(成美映·女) SUNG Mi Young**

(생)1959·8·7 (주)인천광역시 연수구 아카데미로 119 인천대학교 정보기술대학 컴퓨터공학부(032-835-8496) (학)1982년 서울대 식품영양학·계산통계학과졸 1987년 프랑스 리옹 국립응용과학원(리옹 국립응용과학연구소) 대학원졸 1990년 공학박사(프랑스 Insa de Lyon대) (경)1982~1983년 현대건설(주) 시스템분석가 1984~1985년 (주)한국전력기술(KOPEC) 시스템분석가 1987~1990년 프랑스 리옹 국립응용과학연구소 연구원 1990~1993년 한국전자통신연구소(ETRI) 선임연구원 1993~2010년 인천대 컴퓨터공학과 조교수·부교수·교수, 교육인적자원부 2단계BK21 핵심사업팀장 2006년 인천시의원선거(비례대표, 한나라당) 출마 2010년 인천대 정보기술대학 컴퓨터공학부 교수(현) 2012년 同교무처장 겸 인재개발원장 2016~2018년 同정보기술대학장 겸 정보기술대학원장 2019년 (사)한국여성정보인협회 회장(현) (저)'PC 100배 활용' '윈도우98 교양PC' '정보화시대와 컴퓨터' 'Haptic Data Transmission based on the Prediction and Compression'(2010, In-Tech)

**성민규(成旼奎)**

(생)1982 (주)부산광역시 동래구 사직로 45 롯데자이언츠(051-590-9000) (학)대구 상원고졸, 홍익대 중퇴, 미국 네브래스카대졸 (경)2007년 KIA 입단 2008년 미국 메이저리그 시카고컵스 입단 2008년 선수생활 은퇴 2009년 미국 메이저리그 시카고컵스 마이너리그 정식코치 2012년 MBC스포츠플러스 해설자 2016~2019년 미국 메이저리그 시카고컵스 구단 환태평양담당 스카우트 슈퍼바이저 2019년 프로야구 롯데자이언츠 단장(현)

**성백린(成百麟) SEONG Baik Lin**

(생)1955·3·28 (본)창녕(昌寧) (출)대전 (주)서울특별시 서대문구 연세로 50 연세대학교 생명시스템대학 생명공학과(02-2123-2885) (학)1973년 용산고졸 1977년 서울대 약학과졸 1979년 한국과학기술원(KAIST) 생명공학과졸(석사) 1988년 유전공학박사(미국 MIT) (경)1979~1982년 한국과학기술연구원(KAIST) 생물공학부 연구원 1987년 미국 MIT 박사후연구원 1988년 영국 옥스퍼드대 박사후연구원 1992년 미국 Aviron 창립연구원 1993~1998년 한효과학기술원 생물과학연구소장 1996~1998년 한일그룹 이사 1998년 연세대 생명시스템대학 생명공학과 부교수·교수(현) 1998년 생물무기금지국제협약특별그룹 유엔회의 한국대표 1999년 영국 Int'l Biographical Center 부의장(현) 1999~2005년 미국 American Biographical Inst. 연구위원 2000~2010년 프로테온 대표이사 2013~2018년 보건복지부 면역백신기반기술개발센터장 (상)한탄생명과학상, 미국 인명기관 20세기 공적상(2000), 보건복지부장관표창(2013) (종)기독교

**성백전(成百詮) SUNG Baik June**

(생)1931·9·10 (출)충북 영동 (주)경기도 안양시 동안구 시민대로 401 대륭테크노타운15차 7층 한국해외기술공사 회장실(02-546-6181) (학)1952년 대전고졸 1956년 서울대 공과대학 토목학과졸 1967년 同행정대학원 수료 1968년 미국 미네소타대 대학원 수료, 서울대 경영대학원 최고경영자과정 수료 (경)1963년 고등고시 합격 1963~1968년 울산특별건설국·건설부 수자원국 및 태백산국토건설국 계장·과장 1969~1971년 인천축항사무소장·남강댐건설사무소장 1971년 건설부 준설과장·건설과장 1973년 同인천항건설사무소장 1974년 同수자원국장 1976년 서울지방국토관리청장 1978년 국립건설연구원 기술심사부장 1979년 건설부 기술심사관 1980~1999년 한국해외건설 사장 1981년 건설부 정책자문위원회 위원 1982년 한국해외기술공사 회장(현) 1990~1999년 한국엔지니어링진흥협회 회장 1991년 기술고시동지회 회장 1996~1997년 同부회장 2002년 서울대공과대학동창회 회장 2017년 한국엔지니어링협회 고문(현) (상)홍조근정훈장, 한국토목학회 기술상(1976), 동탑산업훈장(1994) (저)'엔지니어링 산업과 건설컨설턴트 21세기'(1998) (역)'콘크리트 구조물의 진단과 보수'(1999) (종)기독교

**성백현(成百玹) SUNG Baek Hyun**

(생)1959·2·5 (본)창녕(昌寧) (출)경북 상주 (주)서울특별시 서초구 서초중앙로 157 서울중앙지방법원(02-530-1114) (학)1977년 용산고졸 1983년 서울대 법과대학 법학과졸 (경)1981년 사법시험 합격(23회) 1983년 사법연수원 수료(13기) 1983년 육군 법무관 1986년 서울지법 남부지원 판사, 미국

워싱턴주립대 연수 1989년 서울민사지법 판사 1991년 청주지법 판사 1993년 서울지법 동부지원 판사 1994년 서울고법 판사 1997년 대법원 재판연구관 1999년 춘천지법 강릉지원 부장판사 1999년 同강릉지원장 2000년 수원지법 부장판사 2002년 서울행정법원 부장판사(재판장) 2005년 서울서부지법 부장판사 2006년 대전고법 부장판사 2006년 同수석부장판사 2007년 서울고법 부장판사 2010년 同행정4부 부장판사(재판장) 2013년 제주지법원장 2013년 제주도선거관리위원회 위원장 2014~2015년 서울북부지법원장 2015~2017년 서울고법 부장판사 2017년 서울가정법원장 2019년 서울중앙지법 원로(元老)법관(현)

### 성병욱(成炳旭) SEONG Byong Wook

(생)1940·12·24 (본)창녕(昌寧) (출)서울 (주)서울특별시 중구 세종대로 124 한국프레스센터 1311호 한국신문방송편집인협회(02-732-1726) (학)1961년 서울대 문리대학 정치학과졸 1985년 영국 에든버러대 연수 1999년 고려대 언론대학원 최고위과정 수료 (경)1965년 중앙일보 기자 1975년 同논설위원 1979년 同정치부장 직대 1980년 신문윤리위원회 위원 1981년 중앙일보 정치부장 1985년 同편집국 부국장 1988년 한국신문편집인협회 보도자유위원장 1989년 同운영위원장 1989년 중앙일보 편집국장 1991년 同출판담당 이사대우 1992년 同논설주간 1992년 한국신문편집인협회 부회장 1993년 중앙일보 이사 1995~1999년 同상무이사·주필 1996~1999년 한국신문방송편집인협회 회장 1997~1998년 통일부 고문 1999년 한국신문방송편집인협회 고문(현) 1999~2004년 중앙일보 상임고문 1999~2002년 세종문화회관 이사 2000~2003년 고려대 언론대학원 초빙교수 2002~2004년 세종대 사회과학부 신문방송학전공 석좌교수 2004~2006년 同신문방송학과 교수 2004~2005년 同언론홍보대학원장 2005~2009년 한국신문방송편집인협회기금 이사장 2005~2008년 뉴스통신진흥회 이사 2006~2008년 세종대 사회과학부 신문방송학과 석좌교수 2008년 공정언론시민연대 공동대표 2009년 同고문 2009~2011년 한국신문윤리위원회 독자불만처리위원 겸 윤리위원 2010년 同인터넷신문윤리강령제정위원장 2011~2013년 同인터넷신문심의위원장 2017년 울타리포럼 회장(현) (종)기독교

### 성병욱(成炳旭) SUNG Byung Wook

(생)1961·8·13 (출)부산 (주)서울특별시 금천구 가산디지털1로 226 에이스하이엔드타워5차 19층 에스앤소프트(주)(1600-4707) (학)부산해동고졸, 홍익대 경제학과졸, 한국외국어대 경영정보대학원졸 (경)(주)상운 마케팅팀장, (주)삼테크 마케팅팀장, 한국DB(주) 마케팅팀장 1995년 에스앤소프트(주) 대표이사(현) (상)하이테크어워드 ERP부문 대상(2015)

### 성병희(成炳熹)

(생)1964·3·7 (주)서울특별시 중구 남대문로 39 한국은행 인사운영관실(02-759-5568) (학)1983년 대구 영진고졸 1987년 서울대 경제학과졸 1998년 경제학박사(미국 뉴욕주립대) (경)1987년 한국은행 입행 1987년 同대구지점 근무 1989년 同인사부 근무 1991년 同금융경제연구소 근무 1998년 同정책기획부 근무 2001년 同기획국 근무 2003년 同정책기획국 근무 2004년 국제통화기금(IMF) 상임이사실 파견 2007년 한국은행 정책기획국 근무 2009년 同금융안정분석국 근무 2012년 同거시건전성분석국장 2014년 同대구경북본부장 2016년 국가공무원인재개발원 파견 2017년 한국은행 인재개발원장 2017년 同공보관 2018년 同런던사무소장(현)

### 성보기(成輔基)

(생)1965 (출)부산 (주)서울특별시 서초구 서초중앙로 157 서울중앙지방법원(02-530-1114) (학)1984년 부산고졸 1988년 서울대 공법학과졸 1991년 부산외국어대 대학원 법학과졸 (경)1995년 사법시험 합격(37회) 1998년 사법연수원 수료(27기) 2000년 서울지법 북부지원 판사 2009년 서울고법 판사 2010년 대법원 재판연구관 2013년 대전지법 서산지원장 겸 대전가정법원 서산지원장 2015년 수원지법 부장판사 2017년 서울중앙지법 부장판사(현) (상)전국성폭력상담소협의회 '여성인권 디딤돌상'(2014)

### 성상욱(成祥旭)

(생)1970·8·23 (주)서울특별시 서초구 반포대로 157 대검찰청 수사정보2담당관실(02-3480-2492) (학)1989년 부산 배정고졸 1994년 서울대 사법학과졸 1999년 同대학원 수료 (경)2000년 사법고시 합격(42회) 2003년 사법연수원 수료(32기) 2003년 수원지검 검사 2005년 울산지검 검사 2007년 창원지검 검사 2009년 인천지검 검사 2012년 대검찰청 연구관 2013년 서울중앙지검 검사 2016년 청주지검 검사 2017년 同부부장검사 2018년 광주지검 장흥지청장 2019년 대검찰청 수사정보2담당관(현)

### 성상철(成相哲) SEONG Sang Cheol (曉尙)

(생)1948·11·10 (본)창녕(昌寧) (출)경남 거창 (주)경기도 성남시 분당구 성남대로 932 분당척병원(031-788-5023) (학)1967년 경남고졸 1973년 서울대 의대졸 1976년 同대학원 의학석사 1983년 의학박사(서울대) (경)1981~1994년 서울대 의대 정형외과학교실 전임강사·조교수·부교수 1985~1986년 미국 하버드대 의대 연구교수 1990년 스웨덴 카롤린스카병원 연구원 1994~2014년 서울대 의대 정형외과학교실 교수 1995년 同기획조정실장 1995년 한국인체기초공학연구재단 이사장 1995년 대한노인병학회 부회장 1998~2001년 서울대병원 진료부원장 2001년 대한스포츠의학회 회장 2001년 대한슬관절학회 부회장 2001년 분당서울대병원 개원준비단장 2002년 대한슬관절학회 회장 2002~2004년 분당서울대병원장 2003년 대한관절경학회 회장 2003년 한국노화학회 회장 2004~2010년 서울대병원장 2004~2010년 대한병원협회 부회장 2005년 대통령소속 의료산업선진화위원회 위원 2005년 대한정형외과학회 이사장 2007년 u-Health산업활성화포럼 초대 의장 2007년 경남고동창회 덕형포럼 회장 2008년 대한의사협회 창립100주년위원회 위원장 2008년 한글학회 홍보대사 2009년 한국국제의료서비스협의회 회장 2010년 한국국제의료협회 초대 회장 2010년 한국U헬스협회 회장 2010~2012년 대한병원협회 회장 2010년 의료기관평가인증원 이사 2013~2014년 대한정형외과학회 회장 2014년 서울대 의대 명예교수(현) 2014년 분당서울대병원 정형외과 외래교수 2014~2017년 국민건강보험공단 이사장 2016~2019년 세계사회보장협회(ISSA) 집행이사 2018년 분당척병원 명예원장(현) 2018년 미국 세계인명사전 'Marquis Who's Who in the World' 2018년판에 등재 (상)홍조근정훈장(2002), 한국일보-주간한국 '올해의 CEO대상'(2007), 대한민국보건산업대상 '올해의 보건산업인상'(2009), 제4회 종근당 '존경받는 병원인상' CEO부문(2014), 월간조선주최 '한국의 미래를 빛낼 CEO' 혁신경영부문(2015) (저)'골절학' '정형외과 진단'(共) '인간생명과학'(共) '학생을 위한 정형외과학' (종)불교

### 성상헌(成尙憲)

(생)1973·2·1 (출)서울 (주)서울특별시 서초구 반포대로 158 서울중앙지방검찰청 형사1부(02-530-4308) (학)1991년 서울 영동고졸 1997년 서울대 공법학과졸 (경)1998년 사법시험 합격(40회) 2001년 사법연수원 수료(30기) 2001년 육군 법무관, 서울중앙지검 검사 2006년 춘천지검 영월지청 검사 2008년 대전지검 검사 2012년 대검찰청 검찰연구관 2014년 서울남부지검 검사 2015년 대검찰청 검찰연구관 2016년 서울동부지검 형사6부장 2017년 대검찰청 수사정보2담당관 2018년 同인권감독과장(부장검사) 2019년 서울중앙지검 형사1부장(현)

**성석제(成錫濟) SUNG Suk Je**

(생)1960·12·27 (출)충북 (주)서울특별시 서초구 사평대로 343 제일약품(주) 임원실(02-549-7451) (학)1978년 천안중앙고졸 1986년 충북대 경영학과졸 1999년 한양대 경영대학원졸 (경)1986년 CCT. Infomag Korea 근무 1989년 텍사스인스트루먼트 근무 1997년 밀리포아 근무 2000년 한국화이자제약 재정담당 상무 2001년 同운영담당 부사장 2003년 同영업·노사담당 부사장 2005년 제일약품(주) 대표이사 사장(현) 2009~2017년 한국제약협회 감사 2018년 한국제약바이오협회 이사(현)

**성석호(成碩鎬) Sung Seok-Ho**

(생)1959·1·1 (출)서울 (주)서울특별시 송파구 올림픽로 424 대한체육회(02-423-5508) (학)배문고졸, 서울시립대 경영학과졸, 서울대 대학원 행정학과졸 (경)입법고시 합격(8회) 1996년 국회사무처 환경노동위원회 입법조사관 1997년 同기획조정실 행정관리담당관 1999년 同환경노동위원회 입법조사관 2002년 駐러시아 주재관(부이사관) 2004년 국회사무처 농림해양수산위원회 입법심의관 2005년 국회도서관 기획관리관(이사관) 2006년 국회사무처 건설교통위원회 전문위원 2007~2008년 同의정연수원장 2009년 同국토해양위원회 전문위원 2010년 제주특별자치도 특별자치추진단장(파견) 2011년 국회사무처 외교통상통일위원회 수석전문위원(차관보급) 2014~2016년 同국방위원회 수석전문위원(차관보급) 2017년 대한체육회 회장특별보좌관(현) 2017년 국방부 군인복무정책심의위원회 민간위원(현) 2019년 민주평통 국제협력분과위원회 상임위원(현)

**성수석(成洙釋)**

(생)1970·10·5 (주)경기도 수원시 팔달구 효원로 1 경기도의회(031-8008-7000) (학)장안전문대학 경영과졸 (경)경기도무형문화재50호 이천거북놀이 이수자, 한국예술문화단체총연합회 이천시지회 부회장, 이천시체육회 이사, 이천시택견회 회장, 더불어민주당 이천지역위원회 사무국장, 同사회적경제위원회 자문위원, 同중앙당 부대변인 2018년 경기도의회 의원(더불어민주당)(현) 2018년 同농정해양위원회 부위원장(현)

**성수제(成秀濟) SUNG Soo Je**

(생)1965·12·18 (본)창녕(昌寧) (출)경북 상주 (주)경기도 고양시 일산동구 호수로 550 사법연수원(031-920-3022) (학)1983년 성광고졸 1988년 서울대 인문대학졸 1991년 同대학원 법학과졸 (경)1990년 사법시험 합격(32회) 1993년 사법연수원 수료(22기) 1993년 軍법무관 1995년 육군사관학교 전임강사 1996년 인천지법 판사 1998년 서울지법 남부지원 판사 2000년 춘천지법 영월지원 판사 2000년 同영월지원(평창군법원) 판사, 강원 태백시선거관리위원회 위원장 2001년 춘천지법 영월지원 판사 2003년 서울지법 판사 2004년 서울고법 판사 2006년 서울행정법원 판사 2007년 대법원 연구법관 2008년 대전지법 공주지원장 2008년 충남 공주시선거관리위원회 위원장 2010년 사법연수원 교수 2013년 서울중앙지법 부장판사 2016년 대구고법 민사1부 부장판사 2018년 사법연수원 수석교수(현) (종)불교

**성숙환(成俶煥) Sook Whan, SUNG**

(생)1954·2·19 (본)창녕(昌寧) (출)경북 상주 (주)서울특별시 강서구 공항대로 260 이화여자대학교 서울병원 흉부외과(02-6986-2222) (학)1978년 서울대 의대졸 1982년 同대학원 의학석사 1989년 의학박사(서울대) (경)1978~1983년 서울대병원 전공의 1983~1986년 수도통합병원 군의관 1986~1987년 서울대병원 전임의 1987~2001년 서울대 의대 흉부외과학교실 전임강사·조교수·부교수 1990년 미국 하버드대 의대 교환교수 1991년 미국 워싱턴대 의대 교환교수 1996년 미국 피츠버그대 의대 교환교수 2001~2010년 서울대 의대 흉부외과학교실 교수 2003~2010년 분당서울대병원 흉부외과장 2004년 세계폐암학회 한국조직지부 부회장 2005년 분당서울대병원 폐센터장 2007~2009년 대한흉부종양외과학회 회장 2007년 대한폐기관식도연구회 회장 2008~2010년 서울대 의대 흉부외과학교실 주임교수 2009년 대한기관식도과학회 부회장 2010년 同회장 2010~2019년 가톨릭대 의대 흉부외과학교실 교수 2011~2012년 同서울성모병원 흉부외과장 2014~2015년 대한흉부심장혈관외과학회 회장 2019년 이화여대 의대 흉부외과학교실 교수(현) (종)천주교

**성승용(成承鏞) Seung-Yong Seong**

(생)1965·8·14 (출)강원 춘천 (주)서울특별시 종로구 대학로 103 서울대학교 의과대학 미생물학교실(02-740-8301) (학)1990년 서울대 의대졸 1992년 同대학원 의학석사 1995년 의학박사(서울대) (경)1995~1998년 한국과학기술연구원 공중보건의사 1998년 서울대 의대 기금조교수 1999년 식품의약품안전청 생물학적제제분과위원 2002~2010년 서울대 의대 미생물학교실 조교수·부교수 2002~2004년 미국 국립보건원 Research Fellow 2004~2006년 서울대 학생부학장보 2006년 同기획실장보 2006~2012년 同시스템면역의학연구소 설립추진단장 2008년 한국보건산업진흥원 질병연구단장 2010년 서울대 의대 미생물학교실 교수 2012~2014년 同기획부학장 2013~2019년 同시스템면역의학연구소장 2016년 同의대 미생물학교실 주임교수(현) (상)유한의학상 대상(2012) (저)'Protein Microarrays(共)'(2005) '의학미생물학'(2005·2007) '간호미생물학'(2008)

**성시찬(成始燦) Si Chan SUNG**

(생)1954·3·26 (출)부산 (주)경상남도 양산시 물금읍 금오로 20 양산부산대병원 흉부외과(055-360-1409) (학)1972년 동래고졸 1978년 부산대 의대졸 1982년 同대학원 의학석사 1986년 의학박사(부산대) (경)1986년 부산대 의대 전임강사·조교수 1988년 홍콩 그랜탐병원·퀸메리병원 CMB Fellow(식도 및 심장외과 연수) 1990년 일본 도쿄여자의대 순환기센터 심장외과 연수 1990~2003년 동아대 의대 흉부외과학교실 조교수·부교수·교수 1992년 일본 후쿠오카소아병원 심장외과 연수 1995년 호주 멜버른소아병원 심장외과 연수 1995년 대한흉부외과학회 고시위원 1999년 同교육위원 2001년 同학술위원 2003~2019년 부산대 의대 흉부외과학교실 교수 2003년 양산부산대병원 흉부외과장 2004년 부산대 의대 흉부외과학교실 주임교수 2005년 대한흉부외과학회 상임이사 2007년 同교육위원장 2008년 아시아태평양소아심장학회 조직위원장 2008년 同학술위원장 겸임 2008년 양산부산대병원 흉부외과장 2009년 아시아흉부심장혈관학회 조직위원 2009년 同프로그램위원장 겸임 2011년 대한흉부외과학회 부회장 2013~2015년 양산부산대병원장 2019년 부산대 의대 흉부외과학교실 명예교수(현) (상)대한흉부외과학회 이영균학술상(2005)

**성시철(成始喆) SUNG Si Chul**

(생)1949·11·30 (출)충남 당진 (주)충청남도 서산시 해미면 한서1로 46 한서대학교 산학협력단(041-660-1785) (학)건국대 경영학과졸, 고려대 경영대학원졸 2013년 명예 이학박사(한서대) (경)국가보훈처장 비서관, 교통부장관 비서관, 한국공항공단 실장, 同부산지사장, 同운영본부장 2001년 同관리본부장(이사) 2002년 한국공항공사 관리본부장(이사) 2005년 同부사장 2008~2013년 同사장 2008년 국제공항협회(ACI) 아시아태평양지역이사회 임원 2014년 한서대 산학협력단 교수(현) 2014~2016년 同항공정보산업대학원장 2016년 同행정부총장(현) 2016년 한국공항(주) 사외이사(현) (상)은탑산업훈장(2009), 국제비즈니스

(IBA)대상 올해의 CEO본상·올해의 마케팅CEO 본상·올해의 아시아CEO 본상(2010), 한국경영대상 한국의 인재육성리더상(2010), 국제비즈니스대상(IBA) 항공부문 올해의 CEO대상(2011), 한국서비스경영인대상(2011), 한국항공우주법학회 항공부문대상(2011)

**성언주(成彦周·女) Sung, Un Joo**

[생]1975·11·15 [출]경남 진주 [주]서울특별시 서초구 서초중앙로 157 서울고등법원(02-530-1114) [학]1994년 마산 성지여고졸 1998년 고려대 법학과졸 2007년 同대학원 석사과정 수료 [경]1998년 사법시험 합격(40회) 2001년 사법연수원 수료(30기) 2001년 서울지법 동부지원 예비판사 2002년 서울고법 예비판사 2003년 서울지법 판사 2005년 대구지법 판사 2008년 인천지법 판사 2009년 미국 조지워싱턴대 파견 2011년 서울중앙지법 판사 2013년 사법연수원 교수 2015년 서울서부지법 판사 2016년 제주지법 부장판사 2017년 서울고법 판사(현)

**성연기**

[생]1959·3 [출]서울 [주]서울특별시 강동구 상일로6길 26 삼성엔지니어링 조달본부(02-2053-3000) [학]대일고졸, 광운대 전기공학과졸 [경]1982년 삼성엔지니어링 입사 2003~2011년 同전기제어팀장 2009년 同전기제어팀장(상무) 2012~2013년 同설계2본부장, 同조달2팀장 2015년 同조달본부장(전무)(현)

**성연석(成年碩)**

[생]1962·5·12 [주]경상남도 창원시 의창구 상남로 290 경상남도의회(055-211-7324) [학]계명대 사회학과졸 [경]자치분권경남연대 사무처장, (주)경성로봇정보기술 이사 2010년 경남도의원선거 출마(무소속) 2012년 경남도의원선거 출마(보궐선거, 무소속) 2018년 경남도의회 의원(더불어민주당)(현) 2018년 同기획행정위원회 위원(현)

**성열각(成烈恪) Yurl Gak Sung**

[생]1950·8·4 [출]충남 부여 [주]충청남도 천안시 서북구 성거읍 오송1길 114-41 대원강업(주)(041-520-7510) [학]1969년 강경고졸 1973년 명지대 법학과졸 [경]대원강업(주) 영업2부장, 同상무이사 1996년 同전무이사 1998년 同영업본부장(부사장) 2006년 同대표이사 사장 2018년 同대표이사 부회장(현) [상]제33회 연세경영자상(2013), 은탑산업훈장(2014) [종]기독교

**성열기**

[생]1962 [출]서울 [주]서울특별시 성동구 성수일로 56 (주)신세계푸드 임원실(02-3397-6058) [학]서울 양정고졸, 성균관대 경제학과졸 [경]1987년 (주)신세계 인사기획 입사 1999년 同이마트부문 매입담당 가공B팀장 2004년 同이마트부문 창원점장 2011년 同에르리데이리테일 매입담당 상무보 2013년 同에브리데이리테일 판매담당 상무 2015년 (주)신세계푸드 매입유통담당 상무 2016년 同매입유통본부장 겸 매입담당 상무 2019년 同매입유통부문 대표이사(현)

**성영철(成永喆) SUNG Young Chul**

[생]1956·5·7 [출]충북 제천 [주]경상북도 포항시 남구 청암로 77 포항공과대학교 생명과학과(054-279-2294) [학]1981년 연세대 생화학과졸 1988년 생화학박사(미국 미네소타대) [경]1988년 미국 하버드대 Medical School 박사 후 과정 연구원 1990~1999년 포항공대 생명과학과 조교수·부교수 1998년 대한면역학회 이사 1999년 포항공대 생명과학과 교수(현) 1999년 에이즈DNA백신 개발 2004~2007년 산업자원부 성장동력사업면역치료사업단 운영위원장 2005~2011년 포항공대 의생명공학연구원장 2006~2015년 (주)제넥신 대표이사 2006~2007년 대한면역학회 회장 2008년 대한에이즈학회 부회장 2015년 (주)제넥신 이사회 의장 겸 기술총괄책임자(CTO) 겸 회장(현) [상]목암생명과학상 장려상(1994), 산학협동상 우수상(1998), 한국과학기자협회 2014 과학자상(2014), 대통령표창(2016), 제59회 3.1문화상 기술상(2018)

**성영훈(成永薰) SUNG Yung Hoon (灘馨)**

[생]1960·1·2 [출]서울 [주]서울특별시 강남구 테헤란로 133 법무법인(유한) 태평양(02-3404-0312) [학]1978년 명지고졸 1981년 연세대 법학과졸 1984년 同대학원 법학과졸 2004년 同법과대학원 법학 박사과정 수료 [경]1983년 사법시험 합격(25회) 1985년 사법연수원 수료(15기) 1986년 부산지검 검사 1988년 춘천지검 원주지청 검사 1989년 서울지검 북부지청 검사 1992년 광주지검 검사(독일연방 법무부 베를린지검 정권범죄특별수사본부 파견) 1993년 법무부 특수법령과 검사 1995년 서울지검 특수2부 검사 1997년 인천지검 특수부 부부장검사 1998년 대구지검 영덕지청장 1999년 법무부 검찰국 연구검사 2001년 同검찰4과장 2002년 同공보관 2002년 법무연수원 연구위원 2003년 법무부 검찰1과장 2004년 서울중앙지검 형사5부 부장검사 2005년 춘천지검 강릉지청장 2006년 서울고검 검사 겸 대검찰청 전략과제연구관 2006년 독일 막스플랑크 국제형사법연구소 파견 2007년 서울남부지검 차장검사 2008년 의정부지검 고양지청장 2009년 대구지검 1차장검사 2009년 법무부 법무실장 2009~2011년 교육과학기술부 법학교육위원회 위원 2010년 광주지검장 2010~2011년 사법연수원 운영위원 2011년 대검찰청 공판송무부장 2011~2015년 법무법인(유) 태평양 고문변호사 2012년 풀무원홀딩스 사외이사 2012~2014년 유니온스틸 사외이사 2012년 법률신문 사설편집위원 2013년 국회의장직속 법정형정비자문위원회 위원 2014~2015년 법무부 정책위원회 위원 2015년 대법원 사실심충실화사법제도개선위원회 위원 2015년 법무부 자체평가위원회 위원장 2015년 한국범죄방지재단 자문위원(현) 2015~2017년 국민권익위원회 위원장(장관급) 2016년 세계옴부즈만협회(IOI) 아시아지역 이사 2018년 법무법인(유) 태평양 고문변호사(현) [상]검찰총장표창(1991), 법무부장관표창(3회), 연세대총동문회 연세를 빛낸 동문상(2016) [저]'통일독일의 구동독몰수재산처리 개관(共)'(1994) '통일독일의 구동독체제 불법 청산개관(共)'(1995) [종]천주교

**성용길(成墉吉) SUNG Yong Kiel (瑞巖·思誠齋)**

[생]1941·1·19 [본]창녕(昌寧) [출]충남 당진 [주]서울특별시 중구 필동로1길 30 동국대학교 이과대학 화학과(02-2260-3212) [학]1959년 당진정보고졸 1964년 동국대 화학과졸 1968년 同대학원 화학과졸 1975년 이학박사(부산대) 1978년 공학박사(미국 유타대) [경]1968년 가톨릭대 의대 조교 1969년 한국과학기술연구원(KIST) 연구원 1971~1981년 부산대 조교수·부교수 1975~1978년 미국 유타대 연구원 1981년 동국대 이과대학 부교수 1984~2006년 同화학과 교수 1985년 同대학원 학감 1989년 同과학관장 1995년 同기획조정실장 1997년 同이과대학장 1997년 한국생체재료학회 부회장 1999년 한국고분자학회 회장 2000년 미국 유타대 교환교수 2001~2014년 (사)과학문화연구원 연구위원 2003년 한국생체재료학회 회장 2003~2005년 在京당진군민회 회장 2003~2010년 당진군 정책자문위원장 2004년 (사)과학문화연구원 용어제정위원장 2006년 동국대 이과대학 명예교수(현) 2010~2017년 한국과학기술정보연구원(KISTI) 전문연구위원 2011~2015년 한국원자력문화진흥원 이사 2016년 한국노벨과학문화연구원 원장(현) 2016년 한국노벨지원재단 총재(현) 2016년 한국시니어과학기술인연합회(KASSE) 부회장 2017년 Nobel

Science 저널 편집위원장(현) (상)과학기술처장관표창(1990), 동국대 우수연구학술상(1991), 대통령표창(2005), 서울시교육연합회 교육공로상(2006), 녹조근정훈장(2006), 자랑스런 당진인상(2007) (저)'고분자 물성론(共)'(1995) '물리화학(共)'(1997) (역)'물리화학(共)'(1993)

**성용락(成龍洛) Sung Yong Rak**

(생)1958 · 12 · 26 (출)경북 영천 (주)서울특별시 강남구 테헤란로 133 법무법인 태평양(02-3404-7506) (학)1977년 용문고졸 1981년 고려대 법학과졸 1997년 미국 시라큐스대 Maxwell school 졸 2001년 미국 뉴욕주립대 올바니교 Rockefeller College 정부정책및전략과정 수료 2009년 경희대 대학원 행정학 박사과정 수료 (경)1981년 행정고시 합격(24회) 1981년 총무처 행정사무관 1981년 국세청 행정사무관 1984년 감사원 부감사관 1992년 同감사관 1995년 同법무담당관 1998년 同국제협력담당관 1999년 同제1국 제6과장 2000년 同제1국 제6과장(부이사관) 2002년 同총무과장 2004년 미국 버클리대 방문학자 2005년 감사원 법무심사관(이사관) 2006년 同재정금융감사국장 2007년 同기획홍보관리실장(관리관) 2008년 제17대 대통령직인수위원회 정무분과 전문위원 2008년 감사원 제1사무차장 2009년 同사무총장(차관급) 2009~2013년 同감사위원 2013년 同원장 직대 2014~2015년 서울대 행정대학원 초빙교수 2014~2015년 한국예탁결제원 비상임이사(공익대표) 2015~2016년 경기도시공사 이사회의장(비상임이사) 2016년 법무법인 태평양 고문(현) 2016년 유진투자증권 사외이사 겸 감사위원(현) (상)감사원장표창(4회), 근정포장(1991), 감사원 마패상(1994), 감사원 삼청상(2001) (종)불교

**성 우(性 愚)**

(생)1943 · 1 · 15 (출)경남 밀양 (주)서울특별시 서초구 남부순환로 2265 BTN불교TV빌딩 8층 불교TV(02-3270-3321) (학)1963년 경남 세종고졸 1967년 불교전문강원졸 (경)1963년 파계사에서 출가 1970년 시조문학으로 시조시인 등단 1971년 중앙일보 신춘문예 시조 당선, 대한불교신문 주간, 홍콩 홍법원장, 대한불교조계종 국제포교사, 월간 '현대불교' 발행인 겸 편집인 1994년 대한불교조계종 제11 · 12대 중앙종회 의원 1995~2008년 파계사 주지, 대한불교조계종 원로의원 2000년 불교TV 제6대 회장(현) 2015년 대한불교조계종 전계대화상(현) (상)월간문학 신인상, 정운시조문학상(1994), 다촌茶문화상 학술상(1998), 초의차문화상(1999), 명원차문화상(2000), 불교언론문화상 불교언론인상(2006) (저)동시집 '연꽃', '열반사상', '반야사상', 시집 '우리들의 약속', '어둠이 온다고 서러워 말라', '금가락지', '다도' 수필집 '죄없이 미운사람', '선문답', '산바람 들바람', '해와 달 사이', '태교 에세이', '화엄의 바다', '연꽃 한송이', '선시', '태교시집' (종)불교

**성우경(成愚慶) SUNG Ukyung**

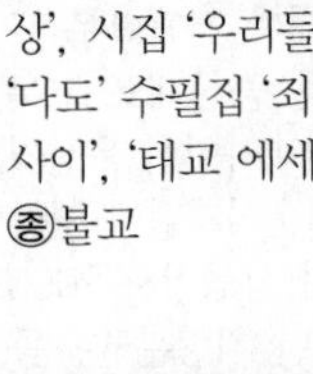

(생)1952 · 5 · 6 (본)창녕(昌寧) (출)대구 (주)서울특별시 중구 무교로 15 남강빌딩 301호 공증인성우경사무소(02-753-2003) (학)1970년 경북대사대부고졸 1975년 고려대 법과대학졸 1989년 미국 조지아주립대 로스쿨졸(LL.M.) (경)1978년 軍법무관 임용시험 합격(3회) 1980년 사법연수원 수료 · 육군본부 검찰관 1981~1986년 각급 군사법원 軍판사 · 법무참모 1987~1989년 미국 조지아주립대 로스쿨 연수 1989~1990년 종합행정학교 법률학과장 1991년 한미연합사 법무실장 1993년 변호사 개업(서울변회 소속) 1996년 서울지방변호사회 이사 · 재정위원장 2003년 대한변호사협회 통일문제연구위원 · 탈북자보호위원 2005년 서강대 대우교수 2009년 대한변호사협회 사무총장 2009년 법무법인 현대 대표변호사 2014년 공증인가 장안합동법률사무소 구성원변호사 2016년 공증인성우경사무소 대표(현) (종)불교

**성우제(成宇濟) SEONG Woojae**

(생)1960 · 1 · 6 (출)서울 (주)서울특별시 관악구 관악로 1 서울대학교 조선해양공학과(02-880-8359) (학)1982년 서울대 조선공학과졸 1984년 同대학원 조선공학과졸 1990년 해양공학박사(미국 매사추세츠공과대) (경)1992~1996년 인하대 선박해양과 조교수 · 부교수 1996년 서울대 조선해양공학과 교수(현), 한국음향학회 편집위원장 2013년 同회장 2013년 한국공학한림원 정회원(현) 2014~2016년 서울대 최고산업전략과정 주임교수 2015~2016년 同해양시스템공학연구소장 2018년 미국음향학회(Acoustical Society of America) 석학회원(현) (상)한국음향학회 학술상(1999 · 2005), 한국음향학회 최우수논문상(2006), 한국과학기술단체총연합회 과학기술우수논문상(2010) (저)'Structure-Borne and Flow Noise Reductions(Mathematical Modeling)'(2001)

**성우제(成雨濟) Sung woo je**

(생)1963 · 1 · 25 (주)경기도 의왕시 고산로 87 서울소년원(031-455-6111) (학)1982년 천안북일고졸 1990년 서울시립대 도시행정학과졸 2009년 한양대 행정자치대학원 사법경찰행정학과졸 2013년 법학박사(한양대) (경)1996년 행정고시 합격(40회) 2005년 법무부 보호국 소년제2과장 2007년 안양소년원장 2008년 광주보호관찰소장 2010년 대전소년원장 2011년 법무부 소년과장 2012년 서울동부보호관찰소장 2013년 대구보호관찰소장(부이사관) 2016년 대전보호관찰소장 2018년 광주보호관찰소장 2018~2019년 서울준법지원센터 소장 2019년 서울소년원장(고위공무원)(현)

**성원용(成元鎔) Sung Wonyong**

(생)1955 · 4 · 14 (출)서울 (주)서울특별시 관악구 관악로 1 서울대학교 공과대학 전기 · 정보공학부(02-880-1816) (학)1978년 서울대 전자공학과졸 1980년 한국과학기술원(KAIST) 전자공학과졸(석사) 1987년 공학박사(미국 캘리포니아대 샌타바버라교) (경)1980년 금성사 중앙연구소 근무 1988년 세방정밀 근무 1989년 서울대 반도체공동연구소 조교수 1993년 同전기공학부 부교수 · 교수 2012년 同전기 · 정보공학부 교수(현) 2014년 국제전기전자공학회(IEEE) 석학회원(Fellow)(현)

**성윤모(成允模) Sung Yun Mo**

(생)1963 · 6 · 27 (출)대전 (주)세종특별자치시 한누리대로 402 산업통상자원부 장관실(044-203-5000) (학)1982년 대전 대성고졸 1986년 서울대 경제학과졸 1988년 同행정대학원 정책학 석사 1998년 경제학박사(미국 미주리대) (경)1988년 행정고시 합격(32회) 1990년 산업자원부 중소기업국 지도과 근무 1992년 同산업정책국 산업기술과 근무 1994년 同산업기술국 산업기술정책과 근무 1994년 同산업정책국 산업기술기획과 근무 1995년 미국 미주리대 파견 1998년 산업자원부 무역정책실 미주협력과 근무 1999년 同산업정책국 산업정책과 근무 2000년 同산업기술국 산업기술정책과 서기관 2001년 일본 경제산업성 파견 2003년 산업자원부 자본재통상팀장 2004년 대통령 국정상황실 파견 2006년 산업자원부 에너지산업본부 전력산업팀장(부이사관) 2007년 同산업정책본부 산업정책팀장 2008년 지식경제부 산업경제정책과장 2009년 국가경쟁력강화위원회 실무추진단 파견(고위공무원) 2009년 駐제네바대표부 공사참사관 2013년 지식경제부 중견기업정책관(고위공무원) 2013년 중소기업청 중견기업정책국장 2014년 同경영판로국장 2014년 산업통상자원부 기획조정실 정책기획관 2015년 同대변인 2016년 국무조정실 경제조정실장 2017~2018년 특허청장 2018년 산업통상자원부 장관(현) 2018년 대통령직속 국가균형발전위원회 위원(현) (저)'기술중심의 산업발전전략'(1992) '산업기술정책의 이해'(1995) '한국의 제조업은 미래가 두렵다'(2003)

**성윤환(成允煥) SEONG Yoon Hwan**

(생)1956·8·29 (본)창녕(昌寧) (출)경북 상주 (주)경상북도 상주시 중앙시장길 51-4 성윤환법률사무소(054-531-1234) (학)1976년 경복고졸 1980년 한양대 법과대학 법학과졸 2001년 同법과대학원 수료 (경)1981년 사법시험 합격(23회) 1983년 사법연수원 수료(13기) 1983년 수원지검 성남지청 검사 1986년 전주지검 검사 1988년 서울지검 검사 1991년 대구지검 검사 겸 대구보호관찰소장 1993년 창원지검 검사 1995년 서울지검 서부지청 검사 1995년 부산고검 검사 1996년 서울지검 부부장검사 1997년 부산지검 울산지청 부장검사 1998년 대전지검 특수부장 1998년 사법연수원 교수 2000년 서울지검 북부지청 형사3부장 2001년 同형사2부장 2002년 변호사 개업 2003년 사법연수원 교수 2005~2007년 법무법인 문형 대표변호사 2006~2015년 중앙대 법대 부교수 2007년 한나라당 법률지원단 2008~2012년 제18대 국회의원(상주, 무소속·한나라당·새누리당) 2008~2010년 국회 문화체육관광방송통신위원회 위원 2009~2010년 국회 운영위원회 위원 2009~2010년 한나라당 원내부대표 2009~2012년 同상주당원협의회 운영위원장 2010~2011년 同인권위원장 2010~2011년 국회 예산결산특별위원회 위원 2010~2012년 국회 농림수산식품위원회 위원 2010~2012년 국회 일자리만들기특별위원회 위원 2011~2012년 국회 정치개혁특별위원회 위원 2011년 한나라당 경북도당 수석부위원장 2015년 변호사 개업(현) 2015~2018년 (주)위니아딤채 사외이사 2017년 제20대 국회의원선거 출마(경북 상주시·군위군·의성군·청송군 재·보궐선거, 무소속)

**성은정(成恩貞·女) Eun-Jung Sung**

(생)1971·4·22 (주)대전광역시 유성구 가정로 267 한국표준과학연구원 홍보실(042-868-5590) (학)2000년 인간공학박사(일본 규슈예술공과대) (경)2006년 한국표준과학연구원 정책연구실 선임기술원 2012년 同전략사업기획팀장 2014년 同정책팀장 2015년 同홍보팀장 2017년 同홍보실장(현)

**성은현(成垠鉉·女) Eun-Hyun Sung**

(생)1962·1·22 (주)충청남도 천안시 동남구 호서대길 12 호서대학교 유아교육과(041-560-8132) (학)1984년 이화여대 교육심리학과졸 1986년 同대학원 심리학과졸 1995년 문학박사(프랑스 파리제5대) (경)1996년 호서대 유아교육과 교수(현) 1998년 대전지법 천안지원 민사및가사조정위원 2000년 한국안전생활교육회 자문위원 2001~2004년 은초록사회복지관 이사 2002~2004년 호서대 부속유치원장 2007년 同인문대학 교학과장 2012~2013년 한국발달심리학회 회장 2013~2015년 호서대 문화복지상담대학원장 겸 국제협력원장 2014~2015년 한국창의력교육학회 회장 2015~2017년 호서대 벤처창의교육원장 2016~2017년 한국영재교육학회 회장 2017~2018년 호서대 더:함교양대학장 2018년 同정책부총장(현) (저)'발달심리학'(2004) '창의성-사람 전략 환경-'(2005)

**성의경(成義慶) SUNG Euy Kyung (長溪)**

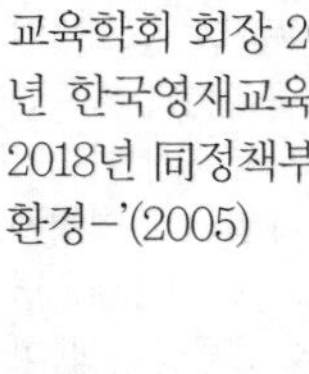

(생)1941·10·30 (본)창녕(昌寧) (출)경기 파주 (주)서울특별시 영등포구 국제금융로8길 34 오륜빌딩 406호 신산업경영원(02-784-5292) (학)1960년 용산고졸 1965년 성균관대 문리대학 철학과졸 1972년 서울대 신문대학원 수료 1983년 성균관대 대학원 수료 (경)1967년 서울경제신문 기자 1973~1980년 내외경제신문 기자·차장 1981~1982년 한국능률협회 조사출판부장 겸 월간 '현대경영' 편집장 1982~1985년 전자신문 이사 겸 편집국장 1985년 신산업경영원 원장(현) 1985년 21세기경영인클럽 간사·사무총장·상근부회장(현) 1985~1986년 월간 'NIMA리포트' 발행인 1987년 월간 'New Media' 창간·발행인(현) 1987년 정보문화추진협의회 위원 1990년 세계한인상공인총회 사무총장 1991~1992년 한국데이타베이스학회 감사 1994년 연감 '한국 30대 재벌 재무분석' 발행인 2003년 연감 '한국 대기업그룹 재무분석' 발행인 (저)에세이 '아웃사이더'(2009)

**성익경(成益慶) SUNG Ick Kyung**

(생)1959·12·15 (본)창녕(昌寧) (출)경남 창녕 (주)서울특별시 강서구 마곡동로 110 코오롱인더스트리(주) 기술본부(02-3677-3114) (학)대륜고졸, 경북대 고분자공학과졸, 인하대 대학원 고분자공학과졸 1997년 고분자공학박사(인하대) 2010년 한국과학기술원 최고경영자과정 수료 (경)2000~2006년 (주)코오롱유화 수석연구원 2006년 (주)코오롱 유화부문 기술연구소장 겸 인천공장장(상무보) 2009~2011년 코오롱인더스트리(주) 유화부문 기술연구소장 겸 인천공장장(상무) 2010년 한국청정기술학회 회장, 同고문(현) 2011년 코오롱인더스트리(주) 여수공장장(상무) 2012~2013년 한국접착및계면학회 수석부회장 2013년 코오롱인더스트리(주) 여수공장장(전무) 2014년 同중앙기술원 부원장(전무) 2014년 한국접착및계면학회 회장 2015년 코오롱인더스트리(주) 환경안전기술본부장 2019년 同기술본부장(부사장)(현) (상)과학기술부 및 한국산업기술진흥협회 선정 '이달의 엔지니어상'(2007), 대통령표창(2007), 기술경영인상 연구소장부문(2010), 국무총리표창(2010), 은탑산업훈장(2015) (역)'접착과 접착제 선택의 포인트'(2009) (종)기독교

**성익경(成益慶) SEONG Ik Kyeong**

(생)1970·5·25 (출)충남 공주 (주)부산광역시 연제구 법원로 31 부산지방법원 총무과(051-590-1507) (학)1988년 고려고졸 1992년 한양대 법학과졸 1995년 同대학원 법학과 수료 (경)1994년 사법시험 합격(36회) 1997년 사법연수원 수료(26기) 1997년 軍법무관 2000년 인천지법 판사 2002년 서울지법 판사 2004년 창원지법 밀양지원 판사 2008년 부산고법 판사 2011년 부산지법 판사 2012년 울산지법 부장판사 2014년 부산지법 부장판사 2017년 청주지법 부장판사 2019년 부산지법 부장판사(현)

**성인수(成仁洙) SEONG In Soo (인제)**

(생)1952·10·5 (본)창녕(昌寧) (출)인천 (주)울산광역시 남구 두왕로 318 울산도시공사 비서실(052-219-8401) (학)1971년 제물포고졸 1975년 연세대 건축공학과졸 1977년 同대학원 건축공학과졸 (경)1977년 송민구건축연구소 연구원 1978~1982년 의전건축연구소 부소장 1982년 울산대 건축학과 전임강사·조교수·부교수 1993~2018년 同건축대학 건축학부 교수 1993~2003년 울산경실련 집행위원장·지도위원·공동대표·고문 1995년 미국 예일대 방문교수 1997~2004년 한국건축가협회 울산지회장 1999년 한국사이버대 강의교수(현) 2001년 서울디지털대 연합대학 강의교수(현) 2002~2004년 한국건축역사학회 상임이사 2003년 대통령직인수위원회 경제2분과 자문위원 2003년 지방분권운동 울산본부 공동대표 2004년 미국 남가주건축학교(SCI-Arc) 방문교수 2004년 한국건축가협회 울산지회 고문(현) 2004년 한국예술문화단체총연합회 울산시연합회 자문위원(현) 2006~2007년 대통령자문 건설기술·건축문화선진화위원회 건축환경문화특별위원회 위원 2007~2009년 민주평통 자문위원(13기) 2008~2010년 한국건축가협회 감사 2010년 국제온돌학회 이사(현) 2010~2013년 울산대 건축대학 도시건축연구소장 2012~2013년 同건축대학장 2013년 울산사회경제연구원 이사(현) 2018년 울산대 디자인·건축융합대학 건축학부 명예교수(현) 2018년 더불어민주당 울산시당 위원장 2018년 울산도시공사 사장(현) (상)대한민국미술전람회 건축부문 특선(1980), 대한민국미술전람회 건축부문 입선(1981), 울산시장 공로상(2004), 농림수산식품부장관표창(2010), 국무총리표창(2012) (저)'한국건축사연구2(共)'(2003, 한국건축역사학회) '세계문화유산'(2004) '공간예술의 이해'(2005) '건축개론(共)'(2006)

**성인희(成仁熙) SUNG In Hee**

(생)1957·1·3 (출)강원 원주 (주)서울특별시 용산구 이태원로55길 48 삼성생명공익재단(02-2014-6860) (학)1975년 경희고졸 1983년 경희대 행정학과졸 (경)삼성전자(주) 인력팀 담당임원 2003년 삼성그룹 기업구조조정본부 상무 2006년 同전략기획실 인사지원팀 전무 2007~2009년 삼성전자(주) 인사팀장(전무) 2008년 중앙노동위원회 사용자위원 2009년 삼성경제연구소 이사 2010년 삼성인력개발원 부사장 2011~2016년 삼성정밀화학 대표이사 사장 2016년 삼성생명공익재단 대표이사(현) (종)기독교

**성일모(成一模) SUNG IL MO**

(생)1955 · 10 · 12 (주)서울특별시 송파구 올림픽로 289 시그마타워 (주)한라홀딩스 임원실(02-3434-5114) (학)1974년 서울고졸 1978년 한양대 전기공학과졸 1983년 同대학원 산업공학과 수료 (경)1978~1981년 현대양행 입사 · 근무 1981~1994년 신도리코 근무 1994년 만도기계(주) 입사 · 부장 2003년 (주)만도 상무 2008년 同전무 2010년 同부사장 2012년 同대표이사 사장 2013년 同대표이사 최고운영책임자(COO) 2014년 同대표이사 수석사장 2015년 同각자대표이사 수석사장 2017년 (주)한라홀딩스 지주부문 대표이사 사장 2018년 同각자대표이사 수석사장 2018년 同고문(현) (상)금탑산업훈장(2016)

**성일종(成一鍾) Il Jong Sung**

(생)1963 · 3 · 19 (출)충남 서산 (주)서울특별시 영등포구 의사당대로 1 국회 의원회관 423호(02-784-6290) (학)1980년 서산고졸 1985년 고려대 경영학과졸 2014년 환경공학박사(광운대) (경)엔바이오컨스 대표이사 2000~2006년 대한택견협회 부회장 2008년 국토해양부 자문위원 2009년 안면도국제꽃박람회조직위원회 조직위원 2009~2010년 민주평통 중앙상임위원 2012년 월드휴먼브리지 법인이사(현) 2014~2015년 독도사랑운동본부 총재 2014~2016년 고려대 그린스쿨대학원 겸임교수 2016~2017년 새누리당 서산시 · 태안군당원협의회 운영위원장 2016년 제20대 국회의원(서산시 · 태안군, 새누리당 · 자유한국당〈2017.2〉)(현) 2016년 새누리당 원내부대표 2016 · 2017 · 2018년 국회 운영위원회 위원 2016~2018년 국회 보건복지위원회 위원 2016 · 2018년 국회 예산결산특별위원회 위원(현) 2017년 국회 헌법개정특별위원회 위원 2017년 자유한국당 충남서산시 · 태안군당원협의회 운영위원장(현) 2017 · 2019년 同소상공인특별위원회 위원장(현) 2017~2018년 同원내부대표 2018년 同충남도당 위원장 2018년 同충남도당 공천관리위원회 위원장 2018년 국회 정무위원회 위원(현) 2018년 국회 윤리특별위원회 위원(현) 2019년 자유한국당 당대표 특별보좌역(현) 2019년 대통령직속 미세먼지문제해결을위한국가기후환경회의 위원(현) (상)은탑산업훈장(2009), 동아일보 10년 뒤 한국을 빛낼 100인(2012 · 2013), 포브스코리아 최고경영자대상(2012), 동아일보 창조경제CEO대상(2013), 법률소비자연맹 국회의원 헌정대상(2017 · 2019), 한국입법학회 대한민국 입법대상(2017), 한국노인복지중앙회 노인복지분야 의정활동 최우수상(2017), 대한간호협회 감사패(2017)

**성일홍(成日弘) SUNG Il Hong**

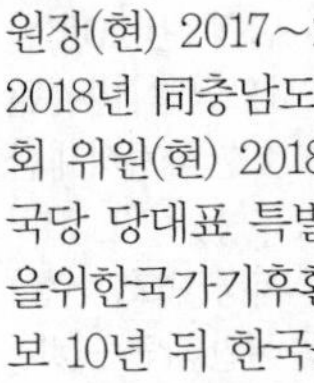

(생)1965 · 2 · 26 (출)서울 (주)서울특별시 중구 세종대로 39 기획재정부 혁신성장추진기획단(02-6050-2525) (학)1987년 서울대 사법학과졸 (경)1993년 행정고시 합격(37회) 2002년 기획예산처 기금제도과 · 기금총괄과 서기관 2004년 국가청렴위원회 정책기획실 평가조사담당관 2006년 기획예산처 예산낭비대응팀장 2007년 同성과관리본부 총사업비관리팀장 2008년 기획재정부 재정정책국 타당성심사과장 2010년 同예산실 기금운용계획과장 2011년 同예산총괄심의관실 예산기준과장 2012년 同경제예산심의관실 농림수산예산과장 2013년 同경제예산심의관실 농림해양예산과장 2014년 同산업경제과장 2014년 同국고국 국고과장(서기관) 2015년 同국고국 국고과장(부이사관) 2016년 미래창조과학부 연구개발투자심의관 2017년 과학기술정보통신부 과학기술혁신본부 연구개발투자심의국장 2018년 국방대 파견 2019년 기획재정부 국고보조금통합관리시스템관리단장 2019년 同혁신성장추진기획단장(현)

**성장현(成章鉉) SUNG Jang Hyun (青松)**

(생)1955 · 5 · 17 (본)창녕(昌寧) (출)전남 순천 (주)서울특별시 용산구 녹사평대로 150 용산구청 구청장실(02-2199-6333) (학)1976년 순천 매산고졸 1997년 안양대 행정학과졸 1999년 동국대 행정대학원졸 행정학과졸 2004년 행정학박사(단국대) 2011년 명예 정치학박사(몽골 항가이대) (경)1988~1991년 전국웅변인협회 총본부 사무총장 1991~1998년 민주평통 자문위원 1991·1995년 서울 용산구의회 의원(초대·2대) 1992년 민주연합청년동지회 용산구회장 1998~2000년 서울시 용산구청장(새정치국민회의·새천년민주당) 1998년 새정치국민회의 청년위원회 부위원장·서울용산지구당 부위원장 1998~2001년 백범기념관건립위원회 용산구회장 2002년 새천년민주당 노무현 대통령후보 선거대책위원회 조직부위원장 2004년 민주당 노인복지특별위원회 위원장 2005~2010년 同서울용산지역위원회 위원장 2006년 서울시 용산구청장선거 출마(민주당) 2007년 민주당 지방자치위원장 2008년 통합민주당 직능위원장 2008년 同중앙당 주거복지위원장 2010년 동국대총동창회 부회장(현) 2010~2014년 서울시 용산구청장(민주당·민주통합당·민주당·새정치민주연합) 2010년 용산구체육회 회장(현) 2010년 서울시구청장협의회 부회장 2012년 단국대 행정법무대학원 겸임교수(현) 2012년 중국 옌변대 객원교수 2014~2018년 서울시 용산구청장(새정치민주연합·더불어민주당) 2016년 전국웅변협회 감사(현) 2017년 한국리틀야구연맹 고문(현) 2018년 서울시 용산구청장(더불어민주당)(현) 2018~2019년 전국시장군수구청장협의회 대표회장 (상)보건사회부장관표창, 체신부장관표창, 3군단장표창, 대한민국소비자대상 소비자행정부문(2016), 대한민국유권자대상 기초자치단체장부문(2016·2017), 전국지역신문협회 행정대상(2017), 한국지방자치경영대상 최고경영자상(2017), 대한민국 자랑스러운 한국인대상 서울행정부문(2017), 베트남 주석 우호훈장(2018), 제2회 한국을 빛낸 글로벌 100인 지방행정부문(2019) (종)기독교

**성재생(成在鉎) SUNG Jae Saeng**

(생)1948·4·14 (본)창녕(昌寧) (출)경남 진주 (주)서울특별시 강남구 영동대로 315 대경빌딩 (주)에스에이엠티 비서실(02-3458-9000) (학)1967년 진주기계공고졸 1971년 동아대 기계공학과졸 2000년 고려대 산업정보대학원 반도체최고위과정 수료 2008년 한국산업기술대 박사과정 수료 (경)1973년 육군 중위 예편(ROTC 9기) 1977년 삼성전자 TV·오디오구매과장 1980년 同생산관리과장 1983~1991년 同국내영업부장·지사장 1992년 同반도체부분 국내영업총괄 1994년 同반도체부문 시스템LSI 국내영업총괄 상무 1999년 (주)삼테크 기획담당 사장 2004~2006년 同대표이사 부회장 2006년 (주)에스에이엠티 대표이사 부회장 2007~2019년 同대표이사 회장 2019년 同회장(현) (상)석탑산업훈장(2006)

**성재영(成宰榮) SUNG Jae Young (고당)**

(생)1945 · 1 · 5 (본)창녕(昌寧) (출)경남 창녕 (주)부산광역시 남구 신선로 335 동남여객자동차(주)(051-628-0788) (학)1963년 부산고졸 1970년 성균관대 경제학과졸 1996년 동아대 대학원 정치학과졸 1999년 정치학박사(동아대) (경)1979년 동남여객자동차(주) 회장(현) 1985년 새마을운동 부산시 남구지회장 1991년 민주평통 상임위원 1991~1994년 부산시의회 의원 · 교통항만위원장 1992년 해외참전전우회 부산남구지부 명

예회장 1993년 민주평통 부산시 남구협의회장 1995년 영남통운(주) 회장(현) 1996~2000년 민주평통 중앙상임위원 1998년 교통방송 부산본부 시청자위원장 2003년 민주평통 부산시 남구협의회장 2003년 PSB 시청자위원장 2003년 부산시 홍보위원회장 2005년 창성여객(주) 회장(현) 2006년 KNN 시청자위원장 2007년 부산남구문화원 원장(현) 2016년 부산문화연합회 회장(현) (상)대통령표창(1993), 새마을훈장 근면장(1998), 국민훈장 동백장(2004) (저)'북한 핵문제의 해법 모색' '한국지방자치법 개정과정' (종)불교

**성주영(成周永) Sung joo yung**

(생)1962·9·20 (출)대전 (주)서울특별시 영등포구 은행로 14 KDB산업은행(02-787-6014) (학)1981년 대전고졸 1988년 서울시립대 회계학과졸 (경)1988년 한국산업은행 입행 1999년 同국제투자본부 과장 2002년 同자본시장실 차장 2005년 同재무관리본부 부팀장 2006년 同홍보실 팀장 2009년 同뉴욕지점 팀장 2012년 同뉴욕지점장 2012년 同M&A실장 2014년 同홍보실장 2015년 同창조기술금융부문장(부행장) 2016~2018년 同기업금융부문장 2017~2018년 同구조조정부문장 겸임 2019년 同수석부행장(전무이사)(현)

**성준모(成峻模) SEOUNG Jun Mo**

(생)1966·12·21 (출)충북 음성 (주)경기도 수원시 팔달구 효원로 1 경기도의회(031-8008-7000) (학)충북고졸, 수원대 공과대학 토목공학과졸, 한양대 기업경영대학원 경영학과졸 (경)안산경찰서 시민경찰, 민주평통 자문위원, 김대중 대통령 선거연설원, 새천년민주당 선부2동협의회 회장, 천정배 국회의원 특별보좌관, 참뜻어린이집 이사장, 입시한국학원 이사장 2006·2010년 경기 안산시의회 의원(열린우리당·민주당·민주통합당·민주당·새정치민주연합) 2010년 同도시건설위원장 2012년 同예산결산특별위원회 위원 2014~2018년 경기 안산시의회 의원(새정치민주연합·더불어민주당) 2014~2016년 同의장, 수원대 객원교수(현) 2018년 경기도의회 의원(더불어민주당)(현) 2018년 同제2교육위원회 위원(현) 2019년 同예산결산특별위원회 위원(현)

**성중기(成仲基) Sung Joong Gi (겸조)**

(생)1960·11·3 (주)서울특별시 중구 세종대로 125 서울특별시의회(02-3702-1400) (학)고려대 정책대학원 행정학과졸, 행정학박사(동국대) (경)고려대 경영대학원 총교우회 사무총장 2010년 (사)한국새생명복지재단 후원회장·운영위원(현) 2012년 여의도연구소 정책자문위원 2013년 여의도연구원 정책자문위원 2014~2018년 서울시의회 의원(새누리당·바른정당·자유한국당) 2014~2016년 同운영위원회 위원 2014~2016년 同교통위원회 위원 2014년 同새누리당·자유한국당 대변인 2014~2015년 同의회개혁특별위원회 위원 2014~2015년 同예산결산특별위원회 위원 2014·2016년 同남북교류협력지원특별위원회 위원 2014~2015년 同윤리특별위원회 부위원장 2015년 同항공기소음특별위원회 위원 2015~2016년 同남산케이블카운영사업독점운영 및 인·허가특혜의혹규명을위한행정사무조사특별위원회 위원 2015년 서울시 선플위원회 공동위원장(현) 2015년 同교통문화교육원 운영자문위원장(현) 2015년 同지하철노사정협의회 의원(현) 2015년 서울시의회 청년발전특별위원회 위원 2016년 同교통위원회 부위원장 2016년 同새누리당 부대표 2016년 同서울메트로사장후보자인사청문특별위원회 위원 2016년 同지방분권TF 위원 2017년 同예산결산특별위원회 위원 2018년 서울시의회 의원(자유한국당)(현) 2018년 同교통위원회 위원 겸 예산결산특별위원회 위원(현) 2018년 同항공기소음특별위원회 부위원장(현) (상)창조경영인대상(2014), 한국재능나눔대상(2014), 유권자시민행동 대한민국유권자대상(2015), 자랑스런대한민국시민대상 지역발전공로대상(2016), 소비자대상(2016), 한국을 빛낸 사람들 대상 '지역교통활성화공로대상'(2017)

**성지용(成智鏞) Sung Ji-Yong**

(생)1964·1·15 (출)강원 춘천 (주)서울특별시 서초구 서초중앙로 157 서울고등법원(02-530-1235) (학)1982년 춘천고졸 1986년 서울대 법과대학 사법학과졸 1989년 同대학원 법학과 수료 (경)1986년 사법시험 합격(28회) 1989년 사법연수원 수료(18기) 1992년 창원지법 판사 1995년 同통영지원 판사 1996년 인천지법 판사 2000년 사법연수원 교수 2002년 서울고법 판사 2004년 대구지법 부장판사 2006년 수원지법 평택지원장 2008년 서울행정법원 부장판사 2011년 서울남부지법 수석부장판사 2012년 대전고법 부장판사 2013년 대전지법 수석부장판사 2013~2014년 세종특별자치시선거관리위원회 위원장 2014년 서울고법 부장판사(현) 2017년 대법원 '사법부 블랙리스트 추가조사위원회' 위원 2018~2019년 서울중앙지법 부장판사 겸임

**성지호(成志鎬) SUNG Ji Ho**

(생)1962·2·10 (출)경북 상주 (주)강원도 춘천시 공지로 284 춘천지방법원(033-259-9000) (학)1980년 중앙대사대부고졸 1985년 고려대 법과대학졸 (경)1987년 사법시험 합격(29회) 1990년 사법연수원 수료(19기) 1990년 서울지법 의정부지원 판사 1992년 서울민사지법 판사 1994년 대전지법 서산지원 판사 1997년 서울지법 남부지원 판사 1999년 서울지법 판사 2002년 서울고법 판사 2003년 대법원 재판연구관 2005년 인천지법 부장판사 2006년 미국 버클리대 Law School Visiting Scholar 2007년 인천지법 부천지원 부장판사 2008년 서울남부지법 부장판사 2010년 서울중앙지법 부장판사 2013년 서울서부지법 부장판사 2015년 의정부지법 부장판사 2018년 춘천지법 부장판사(현)

**성창익(成昌益) Chang Ik Sung**

(생)1970·12·29 (출)경남 창녕 (주)서울특별시 서대문구 충정로 60 법무법인(유) 지평(02-6200-1600) (학)1988년 대구 오성고졸 1993년 서울대 법학과졸 2004년 미국 조지타운대 법과대학원졸(LL.M.) (경)1992년 사법시험 합격(34회) 1995년 사법연수원 수료(24기) 1998~1999년 서울지법 남부지원 판사 1999~2006년 김앤장법률사무소 변호사 2007~2009년 부산고법 판사 2009~2011년 특허법원 판사 2011~2012년 울산지법 부장판사 2011~2012년 울산시 중구선거관리위원회 위원장 2012~2017년 법무법인(유) 원 변호사 2012년 대한상사중재원 중재인(현) 2014~2017년 한국지적재산권변호사협회 이사 2015년 중소기업기술분쟁조정·중재위원회 중재위원(현) 2016년 산업기술분쟁조정위원회 위원(현) 2016년 특허법원 조정위원(현) 2016년 민주사회를위한변호사모임 사법위원장 2016년 서울시자원봉사센터 이사(현) 2017~2019년 한국지적재산권변호사협회 감사 2017년 국회 헌법개정특별위원회 자문위원 2017년 법률사무소 로움 대표변호사 2017년 법무법인(유) 지평 변호사(현) 2019년 한국지적재산권변호사협회 부회장(현) (저)'특허판례연구(共)'(2012) '직무발명제도 해설(共)'(2015) (역)'특허판례백선(共)'(2014)

**성창호(成昌昊) SUNG Chang Ho**

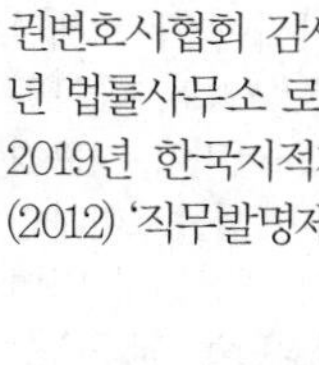

(생)1972·3·26 (출)부산 (주)서울특별시 송파구 법원로 101 서울동부지방법원(02-2204-2102) (학)1990년 성동고졸 1994년 서울대 법과대학 사법학과졸 2005년 미국 조지타운대 대학원 법학과졸(LL.M) (경)1993년 사법시험 합격(35회) 1996년 사법연수원 수료(25기) 1996년 軍법무관 1999년 서울지법 남부지원 판사 2001년 서울지법 판사 2003년 창원지법 판사 2005년 同통영지원 판사 2006년 수원지법 판사 2007년 법원행정처 인사관리심의관 2009년 同인사심의관 2010년 서울고법 판사 2011년 전주지법 군산지원 부장판사 2012~2014년 대법원장 비서실 파견 2012년 수원지법 부장판사 2016년 서울중앙지법 부장판사 2019년 서울동부지법 부장판사(현)

## 성춘복(成春福) SUNG Choon Bok (尙南)

(생)1936 · 12 · 10 (본)창녕(昌寧) (출)경북 상주 (주)서울특별시 종로구 혜화로 35 경주이씨중앙화수회빌딩 205호(02-743-5793) (학)1952년 부산공고졸 1959년 성균관대 국어국문학과졸 1988년 명예문학박사(세계문화예술아카데미) (경)1958년 「현대문학」詩 추천으로 문단 데뷔, 시인(현) 1959~1970년 을유문화사 편집부 근무 1970년 한국문인협회 이사 · 시분과 회장 1970~1976년 삼성출판사 편집국장 1972년 성균관대 강사 1976년 한국시인협회 상임위원 1976년 노벨문화사 상무이사 1979년 세계시인회의 한국위원회 사무국장 1988년 계간 「시대문학」 주간 1989년 한국문인협회 상임이사 1992년 同부이사장 1993~2001년 SBS문화재단 이사 1998~2000년 한국문인협회 이사장 1998~2001년 한국예술문화단체총연합회 부회장 2001년 계간 「문학시대」 발행인(현) 2002년 (사)자연을사랑하는문학의집서울 이사(현) (상)월탄문학상, 서울시 문화상, 한국시인협회상, 예술문화대상, PEN문학상 (저)'마음의 불'(2000) '話頭와 때깔'(2001) '길을 가노라면'(2007) '공책'(2008, 한국문학도서관) '혼자 부르는 노래'(2008, 한국문학도서관) '봉선화 꽃물'(2008, 마을) '내 안 뜨거워'(2009, 마을) '길 밖에서'(2013, 마을) (작)'오지행' '복사꽃제' '네가 없는 이 하루는' '길 하나와 나는' '그리운 죄 하나만으로도 나는' '혼자 부르는 노래' '부끄러이' (종)불교

## 성충용(成忠容) SEONG Chung Yong

(생)1970 · 8 · 22 (출)서울 (주)서울특별시 서초구 서초중앙로 157 서울고등법원(02-530-1114) (학)1989년 배명고졸 1994년 서울대 사법학과졸 1998년 同대학원 법학과 수료 (경)1994년 사법시험 합격(36회) 1997년 사법연수원 수료(26기) 1997년 軍법무관 2000년 서울지법 의정부지원 판사 2002년 서울지법 판사 2004년 전주지법 정읍지원 판사 2007년 전주지법 판사 2008년 서울고법 판사 2010년 사법연수원 교수 2012년 대전지법 부장판사 2013년 서울고법 판사(현)

## 성 타(性 陀) SUNG-TA

(생)1941 · 8 · 19 (출)울산 (주)서울특별시 종로구 우정국로 55 대한불교조계종(02-2011-1700) (학)1955년 수계 1961년 통도사강원 대교과졸, 동국대 역경연수원 수료 (경)1952년 출가(恩師월산) 1970년 법주사 강사 1974년 불국사 총무 · 교무담당 1978년 대한불교조계종 비상종회 의원 1980년 同제6 · 7 · 8 · 10 · 11대 중앙종회 의원 1980년 同총무원 교무부장 1980년 능인학원 이사 1982년 대한불교조계종 총무원 교무부장 1984년 충북 반야사 주지 1985년 불국사 총무 1986년 同의전실장 1988년 반야사 주지 1991 · 1994년 불국사 부주지 1993년 대자연환경보존회 회장 1994년 대한불교조계종 개혁위원 1995년 경주경제정의실천시민연합 공동대표 1995년 대한불교조계종 포교원장 1995년 원효학연구원 이사장(현) 1996년 청정국토만들기운동본부 회장 1996년 파라미타청소년연합 총재 1997년 중앙승가학원 이사 1997년 한국대인지뢰대책회 공동대표 1998~2002년 불국사 주지 1999년 우리민족서로돕기운동본부 공동대표 1999년 민주평통 자문위원(현) 2000~2005년 대구불교방송 사장 2001년 (재)불교방송 이사 2001년 대한불교조계종 환경위원장 2002~2014년 불국사 주지 2002년 同회주(현) 2003년 (재)성림문화재연구원 이사장(현) 2005년 경북지방경찰청 경승실장 2007년 동국대 이사(현) 2008년 나옹왕사기념사업회 회장(현) 2010~2012년 대한불교조계종 화쟁위원회 위원 2013년 원자력안전협의회 위원장(현) 2015~2016년 학교법인 동국학원(동국대) 이사장 직대 2016년 대한불교조계종 호계원장 2017년 同원로회의 의원(현) (상)통상산업부장관표창, 국무총리표창(1997), 대통령포장(2000), 국민훈장 모란장(2002) (저)'금오집' '백암의 사상' '경허의선사상' '경허선사와 한말의 불교' '한국불교의 사회적 성격' '자연과 나' (역)'불소행찬' (종)불교

## 성태곤(成泰坤)

(생)1966 (출)전북 정읍 (주)대전광역시 서구 청사로 189 관세청 자유무역협정집행기획관실(042-481-3200) (학)부산 배정고졸, 서울대 국사학과졸 2003년 同행정대학원 행정학과졸 (경)1993년 행정고시 합격(37회) 2003년 관세청 수출입물류과장(서기관) 2007년 同특수통관과장 2009년 同자유무역협력이행팀장 2010년 同통관기획과장(부이사관) 2010년 駐벨기에유럽연합(EU)대표부 근무 2014년 부산본부세관 통관국장, 평택세관장 2015년 관세청 통관지원국장(고위공무원) 2016년 국가공무원인재개발원 파견 2017년 인천본부세관 수출입통관국장 2018년 관세청 자유무역협정집행기획관(현)

## 성태연(成泰連) SEONG Tae Yeon

(생)1959 · 12 · 11 (본)창녕(昌寧) (출)전남 목포 (주)서울특별시 성북구 안암로 145 고려대학교 신소재공학부(02-3290-3288) (학)1978년 목포고졸 1982년 울산대 재료공학과졸 1985년 한국과학기술원(KAIST) 재료공학과졸(석사) 1992년 재료공학박사(영국 옥스퍼드대) (경)1985~1988년 한국과학기술연구원(KIST) 연구원 1992~1994년 영국 옥스퍼드대 Post-Doc. Fellow 1994~2005년 광주과학기술원 신소재공학과 교수 2002~2008년 기술신용보증기금 기술자문위원 2003~2004년 광주과학기술원 신소재공학과장 겸 BK21재료사업단장 2004년 교육인적자원부 BK21후속사업(Post-BK21)기획단 위원 2004년 지방대학혁신역량강화누리사업단 연차평가지표개발위원장 2005~2006년 同선정단장 2005~2007년 교육인적자원부 정책자문위원 2005년 고려대 신소재공학부 교수(현) 2005~2011년 同신소재공학부장 2006~2007년 지방대학혁신역량강화사업(누리사업)단 연차평가단장 2006~2011년 고려대 BK21첨단부품소재사업단장 2007년 국가균형발전사업 평가위원 2008~2010년 반도체조명 및 LED학회 이사 2008년 영국물리학회 석학회원(Fellow)(현) 2008년 'Semiconductor Science & Technology' 편집위원 2010년 'ECS journal of Solid-State Science and Technology' 편집자문위원 2010년 'Electrochemical & Solid-State Letters' 편집자문위원 2011년 고려대 나노포토닉스공학과장(현) 2013년 'Semiconductor Science & Technology' Associate Editor(현) 2013년 국제광전자학회(SPIE) 석학회원(Fellow)(현) 2014년 LG이노텍(주) 사외이사(현) 2014년 한국광전자학회 회장 2015년 한국재료학회 이사 2015년 고려대 공과대학 연구부학장 2017년 미국전기화학학회(ECS) 석학회원(Fellow)(현) 2018년 미국재료학회(MRS) 석학회원(Fellow)(현) (상)광주과학기술원 교육상(2001), 광주과학기술원 창립10주년기념 연구상(2003), 공학연구상(2011), 석탑강의상(2011 · 2012 · 2013), 석탑기술상(2012), 미국 전기화학회 2018 EPD Award(2017) (종)기독교

## 성태제(成泰濟) SEONG Tae Je

(생)1954 · 9 · 20 (출)서울 (주)서울특별시 서대문구 이화여대길 52 이화여자대학교 교육학과(02-3277-2622) (학)1973년 서울 양정고졸 1982년 고려대 교육학과졸 1986년 미국 위스콘신대 메디슨교 대학원 교육심리학과졸 1988년 철학박사(미국 위스콘신대 메디슨교) (경)1989년 이화여대 교육학과 교수(현) 1996년 미국 위스콘신대 교환교수 1997년 이화여대 교육학과 학과장 1999년 학술연구지원사업 학술연구심사평가위원 1999년 2000학년도대학수학능력시험출제위원단 평가부위원장 2001년 2002학년도대학수학능력시험 총괄부위원장 2002년 이화여대 입학처장 2003년 서울지역대학교입학처장협의회 회장 2004~2005년 이화여대 교무처장 2004년 한국교육평가학회 부회장 2005~2009년 경제인문사회연구회 기획평가위원장 2006~2008년 국무조정실 정부정책평가위원 · 정부업무평가위원 2006~2008년 한국교육평가학회 회장 2008년 대학중점정책연구소 평가위원장 2009년 대통령 교육과학문화수석비서관실 정책자문위원 2009년 국가교육과정개정자문위원

회 위원장, 한국교원단체총연합회 한국교육정책연구소 이사, 한국교육신문 논설위원, 대학자율화위원회 위원, 대학입학제도선진화위원회 위원장, 한국창의재단 이사 2010년 한국대학교육협의회 사무총장, 한국의학교육평가원 이사, 한국간호평가원 이사, 청년고용촉진특별위원회 위원, 유네스코 한국위원회 위원, 육군사관학교 자문교수 2011~2014년 한국교육과정평가원 원장 (상)홍조근정훈장(2008) (저)'현대 기초통계학의 이해와 적용'(1991) '타당도와 신뢰도'(1995) '문항제작 및 분석의 이론과 실제'(1996) '교육연구방법의 이해'(1998) '문항반응이론의 이해와 적용'(1998) '현대교육평가'(2002) '타당도와 신뢰도'(2002) '수행평가의 이해와 실제'(2003) '연구방법론'(2006) '최근 교육학개론(共)'(2007) 'SPSS/AMOS를 이용한 알기 쉬운 통계분석'(2007) '교육평가의 기초'(2008) '2020한국 초중등교육의 향방과 과제'(2013) '교육단상'(2015) '교수학습과 하나되는 형성평가'(2015) (역)'문항반응이론 입문'(1991) '준거설정'(2010)

**성태환(成泰煥) Tae Hwan. Sung**

(생)1963·8·26 (본)창녕(昌寧) (출)전북 고창 (주)서울특별시 중구 퇴계로 190 매일경제TV AD마케팅국(02-2000-4930) (학)1982년 전주 제일고졸 1989년 군산대 무역학과졸 2014년 한국과학기술원(KAIST) 과학저널리즘과정졸(경영학석사) (경)1994년 매일경제 보도국 산업부 기자 2000년 매일경제TV 보도국 정경부 기자 2001년 同뉴스총괄부 기자 2002년 同뉴스총괄부 차장대우 2002년 同증권부 차장대우 2004년 同증권부 차장 2004년 同보도국 보도제작1부장 2004년 한국기자협회 권익옹호분과위원장 2005년 매일경제TV 보도제작2부장 2006년 同증권부장 2006년 同보도국 문화스포츠부장 2008년 MBN 매일방송 사회2부장 2010년 同스포츠부장 겸임 2010년 同사회1부장 2012년 同보도국 보도제작부장 겸 국제부장 2013년 매일경제TV AD마케팅국장(현) (종)기독교

**성 파(性 坡)**

(생)1939·7·11 (출)경남 합천 (주)서울특별시 종로구 우정국로 55 대한불교조계종(02-2011-1700) (학)통도사강원 대교과졸 1985년 부산대 행정대학원 수료 (경)1960년 통도사에서 득도(은사 월하) 1960년 통도사에서 사미계 수지(계사 월하) 1970년 통도사에서 비구계 수지(계사 월하) 1973년 금화사 주지 1979년 학교법인 원효학원 이사 1980년 同이사장 1980년 대한불교조계종 총무원 규정부장·사회부장 1981년 同제15교구본사 통도사 주지 1984년 同제8대 중앙종회 의원 1986년 同총무원 교무부장 1986년 통도사 서운암 주지 1988년 학교법인 영축학원 이사장 1988~1989년 대한불교조계종 제9대 중앙종회 의원 1989년 영축불교문화연구원 원장(현), 부산 해동고 이사장, 통도사 서운암 회주(현) 2017년 영축총림 통도사 방장 직대(현), 대한불교조계종 원로회의 의원(현) (상)국민포장(1984), 옥관문화훈장(2017)

**성풍현(成豊鉉) POONG HYUN SEONG**

(생)1955·8·8 (본)창녕(昌寧) (출)서울 (주)대전광역시 유성구 대학로 291 한국과학기술원(KAIST) 원자력및양자공학과(042-350-3820) (학)1973년 경복고졸 1977년 서울대 원자핵공학과졸 1984년 미국 매사추세츠공대 대학원 원자핵공학과졸 1987년 원자핵공학박사(미국 매사추세츠공과대) (경)1977~1982년 국방과학연구소 연구원 1982년 강원대 강사 1983~1987년 미국 매사추세츠공대(MIT) 연구원·강의조교 1987~1991년 미국 AT&T Bell연구소 연구원 1991년 한국과학기술원(KAIST) 원자력및양자공학과 교수(현) 1997~1998년 미국 Lucent Technologies Bell 연구소 방문연구원 1997~2003년 과학기술부 안전전문위원회 원자로계통분과 위원 2004~2008년 Nuclear Engineering and Technology(NET) 편집장 2006~2007년 미국원자력학회 인간요소분과(HFD) 회장 2006~2009년 한국원자력안전위원회 위원 2010~2011년 아랍에미리트 Khalifa Univ. of Science Technology and Research 교수 2010~2011년 미국원자력학회(ANS) 한국지부 의장 2010~2017년 네덜란드 Reliability Engineering and System Safety Elsevier 편집위원 2011년 아랍에미리트 Khalifa Univ. of Science Technology and Research 방문교수(현) 2012~2013년 한국과학기술원(KAIST) 입학처장 2014~2015년 (사)한국원자력학회 수석부회장 2015~2016년 同회장 2016년 한국원자력진흥위원회 위원(현) 2017년 미국 원자력학회(ANS) 석학회원(현) 2018년 한국과학기술원(KAIST) 한전석좌교수(현) (상)미국 AT&T Bell 연구소 Achievement Award(1988), 한국과학기술단체총연합회 우수논문상(1996), 한국원자력학회 공로상(2001·2008·2015), 한국원자력학회 학술상(2001), 한국원자력학회 우수논문상(2001·2005·2008·2011·2012), 한국과학기술원(KAIST) 국제협력상(2005), 한국원자력학회40주년 교육과학기술부장관표창(2009), 한국원자력학회지 발전기여상(2010), 한국원자력학회 감사패(2011), 한국원자력학회 ICI2011 감사패(2012), 돈 밀러 어워드(2019) (저)'Reliability and Risk Issues in Large-scale Digital Control Systems'(2008, Springer) '공학이란 무엇인가'(2013, 살림출판사) (종)기독교

**성한경(成漢慶) SUNG Han Kyong (晩堂)**

(생)1941·8·25 (출)경남 창녕 (주)부산광역시 영도구 태종로 808 신한여객자동차(주) 회장실(051-405-0514) (학)1964년 성균관대 법학과졸 1969년 同경영대학원 수료 (경)1977년 신한여객(주) 대표이사 1979년 부산상공회의소 상공의원 1982년 부산시버스운송사업조합 이사장 1990년 신한여객자동차(주) 회장(현) 1998년 새마을운동중앙회 부산시지부 회장 2003년 同부산시지부 명예회장 2009~2015년 부산경영자총협회 회장 2010~2018년 영도문화원 원장 2016~2018년 부산경영자총협회 명예회장 2019년 부산경영자총협회 고문(현) (상)노동부장관표창(1981), 새마을훈장 근면장(1982), 보건사회부장관표창(1983), 석탑산업훈장(1991), 국민훈장 동백장(1992), 법무부장관표창(2002) (저)회고록 '멈추지 않은 도전 나의 길'(2010, 사랑과책) (종)원불교

**성항제(成亢濟) SUNG Hang Je**

(생)1959·9·11 (본)창녕(昌寧) (출)충남 (주)서울특별시 중구 소공로 48 남산센트럴타워 22F 이데일리TV(02-3772-0219) (학)1977년 천안중앙고졸 1985년 한국외국어대 아랍어과졸 1997년 한양대 경영대학원졸 (경)2000년 내외경제신문 사회문화부장 2000년 同사회생활부장 2001년 同정경부장 2002년 同증권부장 2003년 同산업1부장 2004년 헤럴드미디어 광고국장 직대 2005년 헤럴드경제 전략마케팅국장 2006년 同논설위원 2007년 同산업부문 선임기자 2008년 同수석논설위원 2010년 同선임기자 2011년 同논설위원 2011년 헤럴드미디어 CS본부장 2012년 이데일리 편집국장(이사) 2013년 同상무 2014년 同사업총괄본부장 겸 경영지원실장(상무) 2015년 이데일리TV 총괄본부장 2017년 同대표이사(현) (종)기독교

**성형진(成亨鎭) SUNG HYUNG JIN**

(생)1954·8·7 (출)서울 (주)대전광역시 유성구 대학로 291 한국과학기술원 공과대학 기계항공공학부 기계공학과(042-350-3002) (학)1978년 서울대 기계공학과졸 1980년 한국과학기술원(KAIST) 대학원 기계공학과졸(석사) 1984년 기계공학박사(한국과학기술원) (경)1986~1994년 한국과학기술원(KAIST) 기계공학과 조교수·부교수 1986~1988년 미국 Univ. of Illinois at Urbana-Champaign 방문교수 1989년 일본 홋카이도대 방문교수 1990년 독일 칼루스에대(Univ. of Karlsruhe) 방문교수 1994~2019년 한국과학기술원(KAIST) 공과대학 기계항공공학부 기계공학과 교수 1996~1997년 미국 UCLA 방문교수 2001~2003년 한국과학기술원(KAIST) 연구처장 2009년 同창의연구단장 2013

년 미국물리학회(APS) Fellow(석학회원)(현) 2016~2018년 대한기계학회 평의원, 미국기계학회 회원(현) 2018~2019년 한국과학기술원(KAIST) 헬스케어음향미세유체연구실 책임교수, 2019년 同공과대학 기계항공공학부 기계공학과 명예교수(현) (상)대한기계학회 남헌학술상(1997), 부품소재기술상 대통령표창(2003), 대한기계학회 학술상(2003), 한국과학기술원(KAIST) 학술상(2005 · 2009), 한국과학기술원(KAIST) 국제협력상(2008), 삼양그룹 수당상(2014), 이달(11월)의 과학기술인상(2017)

**성환태(成煥泰) Sung Hwan Tae**

(생)1960 · 10 · 2 (출)경북 영천 (주)서울특별시 강남구 도곡로3길 27 동일빌딩 11층 조인에셋글로벌자산운용(주)(02-569-6452) (학)1979년 대구 달성고졸 1986년 고려대 경영학과졸, 서울대 대학원 고급금융과정(ABP) 수료, 고려대 대학원 최고경영자과정(AMP) 수료 (경)1986년 쌍용투자증권 입사 1986년 同마포지점 주임 1986년 쌍용경제연구소 파견 1986년 쌍용투자증권 명동지점 주임 1988년 同지점총괄부 주임 1989년 同지점총괄부 대리 1989년 同대구서지점 대리 1991년 同지점총괄부 주임 1993년 同지점총괄부 과장 1996년 同투자신탁팀장(과장) 1997년 同투자신탁팀장(차장) 1997년 同금융상품부 차장 1998년 同업무지원부장(차장) 1999년 同채널개발부장(차장) 1999년 굿모닝증권 사이버사업부장(차장) 2000년 同굿아이사업부장(차장) 2001년 同경영기획실장 2002년 굿모닝신한증권(주) PMI Tower부서장 2003년 同제주지점장 2004년 同경영기획부장 2006년 同영남영업본부장 2006년 同시너지 · PB본부장 2007년 同전략기획실장(본부장) 2009년 同자산관리영업본부장(상무) 2010년 신한금융투자(주) 전략기획본부장(상무) 2011년 同퇴직연금본부장(상무) 2012년 현대증권 기획지원부문장 겸 Capital Market부문장(전무) 2013~2014년 同자문역 2015~2019년 조인에셋투자자문(주) 대표이사 2019년 조인에셋글로벌자산운용(주) 대표이사(현)

**성효용(成孝鏞 · 女) Hyo-Yong Sung**

(생)1963·11·18 (본)창녕(昌寧) (출)충남 천안 (주)서울특별시 성북구 보문로34다길 2 성신여자대학교 사회과학대학 경제학과(02-920-7506) (학)1982년 천안여고졸 1986년 성신여대 경제학과졸 1992년 미국 이스턴미시간대 대학원 경제학석사 수료 1997년 경제학박사(미국 뉴욕주립대 빙엄턴교) (경)1993~1994년 미국 뉴욕주립대 빙엄턴교 경제학과 조교 1993~1996년 미국 Universal교육센터 통역사 1993~1996년 미국 뉴욕주정부 지방법원 통역사 1994~1996년 미국 뉴욕주립대 경제학과 강사 1997~1998년 同경제학과 연구원 1998~1999년 서울여대 대학원 경제학과 강사 1999년 성신여대 사회과학대학 경제학과 전임강사·조교수·부교수·교수(현) 2003~2006년 재정경제부 세제발전심의위원회 심의위원 2003년 서울 성북구 지방세이의신청심의위원회 심의위원 2004년 同부동산심의위원회 심의위원 2004년 서울 강북구 재정계획심의위원회 심의위원(현) 2005~2008년 한국여성경제학회 편집위원장 2006~2008년 여성가족부 국가청소년위원회 자체평가소위원회 재정성과부문 위원 2006~2010년 통계청 자체평가위원회 재정성과부문 위원 2009~2010년 우정사업본부 우체국금융위험관리위원회 위원 2009~2010년 한국여성경제학회 부회장 2011~2013년 同회장 2011~2013년 성신여대 사회과학대학장 2013~2018년 고용노동부 고용보험심사위원회 위원 2013~2016년 보건복지부 저출산·고령사회정책운영위원회 위원 2013년 예금보험공사 자문위원 2014~2015년 국세청 기준경비율심의회 위원 2014~2018년 (재)우체국금융개발원 비상임이사 2014~2018년 IBK기업은행 사외이사 2016년 기획재정부 정책성과평가위원회 위원(현) 2017년 사회보장위원회 재정통계전문위원회 위원(현) 2018년 기획재정부 민간투자사업심의위원회 민간위원(현) 2018년 키움증권 사외이사·리스크관리위원회 위원장(현) (저)'한국의 빈곤 확대와 노동시장구조(共)'(2011, 서울사회경제연구소) '여성주의 연구의 도전과 과제(共)'(2013, 한울아카데미) (역)'현실을 담은 경제학원론(共)'(2017, 맥그로힐코리아) (종)가톨릭

**성흠제(成欽濟)**

(생)1965 · 3 · 11 (주)서울특별시 중구 세종대로 125 서울특별시의회(02-3702-1400) (학)한국방송통신대 행정학과 휴학 중(4년) 2017년 연세대 공학대학원졸 (경)성세애드 대표(현), 열린우리당 서울은평甲당원협의회 응암3동지회장, 민주평통 자문위원, 은평구 자원봉사위원, 민주당 서울은평甲지역위원회 청년위원장 2010년 서울시 은평구의회 의원(민주당 · 민주통합당 · 민주당 · 새정치민주연합) 2012년 同운영위원장 2014~2018년 서울시 은평구의회 의원(새정치민주연합 · 더불어민주당) 2014~2016년 同행정복지위원회 위원 2016년 同의장 2017~2018년 서울 · 전국자치분권민주지도자회의(KDLC) 공동대표 2018년 서울시의회 의원(더불어민주당)(현) 2018년 同도시안전건설위원회 위원(현) 2018년 同서부지역 광역철도건설특별위원회 위원(현) 2018년 同항공기소음특별위원회 위원(현) 2019년 同예산정책연구위원회 위원(현) 2019년 同예산결산특별위원회 위원(현) 2019년 同김포공항주변지역활성화특별위원회 위원(현) 2019년 민주평통 국민소통분과위원회 상임위원(현)

**세 민(世 敏)**

(생)1943 · 10 · 8 (출)대전 (주)서울특별시 서초구 효령로68길 30 수안사(02-587-3213) (학)1966년 해인사강원 대교과졸 1981년 일본 교토불교대졸 1984년 동국대 교육대학원졸 1989년 철학박사(동국대) (경)1956년 해인사에서 득도 1956년 해인사에서 자운스님을 계사로 사미계 수지 1966년 해인사에서 자운스님을 계사로 구족계 수지 1975년 삼성암 주지 1984년 대한불교조계종 총무원 재무부장 1984년 同조계사 주지 1987년 同제8대 중앙종회 위원 1988년 同제9대 중앙종회 위원 1990년 중앙승가대 불교학과 교수 1992년 대한불교조계종 제10대 중앙종회 위원 1994년 수안사 주지 2000년 해인사 주지, 수안사 회주(현) 2012년 대한불교조계종 원로회의 의원 2017년 대한불교조계종 원로회의 부의장 2017년 同원로회의 의장(현) (상)문화관광부장관표창 (저)'한국불교의례자료총서' (종)불교

**세 영(世 英)**

(생)1955 · 2 · 11 (출)서울 (주)서울특별시 종로구 우정국로 55 대한불교조계종 중앙종회(02-2011-1700) (학)1987년 장안실업전문대학졸, 해인사 승가대학졸, 동국대 교육대학원 수료 (경)1974년 용주사에서 득도(은사 정무), 대한불교조계종 총무원 포교국장 1994년 同제11대 중앙종회 의원 1995~2013년 신륵사 주지 1998년 대한불교조계종 제12대 중앙종회 의원 2001년 불교환경연대 집행위원장 2003년 同공동대표 2004년 여주군 노인복지회관 등 사회복지단체 설립 · 운영 2006년 생태지평연구소 공동이사장 2007~2009년 대한불교조계종 총무원 사회부장 2014~2017년 同총무원 호법부장 2014년 수원사 주지(현) 2015년 수원 남부경찰서 경승(현) 2016~2018년 동국대 이사 2018년 대한불교조계종 중앙종회 중앙선관위원장(현) (종)불교

**소강춘(蘇江春) SO KANG CHUN**

(생)1957 (주)서울특별시 강서구 금낭화로 154 국립국어원 원장실(02-2669-9702) (학)1979년 전북대 국어국문학과졸 1983년 同대학원 국어국문학과졸 1989년 국문학박사(전북대) (경)1989~2018년 전주대 국어교육과 교수 2007~2011년 同사범대학장 2008~2018년 同국어문화원장 2009~2010년 국어문학회 회장 2011~2013년 전주대 교육대학원장 2013~2016년 전국국어문화원연합회 회장 2014년 한국언어문학회 회장 2018년 국립국어원 원장(현)

## 소기웅(蘇基雄) SO Ki Wong

(생)1963·12·10 (본)진주(晉州) (출)강원 홍천 (주)강원도 강릉시 주문진읍 해안로 1976 동해안산불방지센터(033-634-8503) (학)홍천고졸, 상지대 행정학과 수료 (경)2005년 강원도소방본부 119구조대장(지방소방위) 2008년 강원도 소방본부 방호구조과 소방경 2012년 속초소방서 방호구조과장(소방령) 2013~2017년 강원도 소방본부 방호구조과 소방령 2017년 정선소방서장(지방소방정) 2019년 강원도 동해안산불방지센터장(현) (상)태백시장표창, 강원도지사표창, 행정자치부장관표창

## 소기홍(蘇基洪) SO Ki Hong

(생)1960·7·19 (출)전북 남원 (주)서울특별시 송파구 석촌호수로 166 산림조합중앙회(02-3434-7120) (학)1978년 전주고졸 1984년 서울대 영어교육학과졸 1986년 同행정대학원졸 2018년 행정학박사(충북대) (경)1983년 행정고시 합격(27회) 2002년 기획예산처 재정기획국 사회재정과장 2003년 同재정기획실 산업재정2과장 2004년 同재정개혁국 재정개혁총괄과장(서기관) 2004년 同재정개혁국 재정개혁총괄과장(부이사관) 2005년 同공공혁신기획팀장 2005년 제주특별자치도추진기획단 산업진흥관 2007년 국민경제자문회의 사무처 대외산업국장(고위공무원) 2008년 기획재정부 디지털예산회계시스템추진기획단장 2009년 同행정예산심의관 2010년 同사회예산심의관 2011~2014년 대통령직속 지역발전위원회 기획단장 2014~2017년 국민권익위원회 중앙행정심판위원회 상임위원 2018년 전북대 공공인재학부 초빙교수(현) 2019년 산림조합중앙회 부회장(현) (종)천주교

## 소병석(蘇秉錫)

(생)1972·11·23 (출)전북 진안 (주)서울특별시 서초구 서초중앙로 157 서울중앙지방법원(02-530-1690) (학)1991년 전주고졸 1997년 성균관대 법과대학졸 (경)1996년 사법시험 합격(38회) 1999년 사법연수원 수료(28기) 1999년 軍법무관 2002년 대전지법 판사 2004년 同천안지원 판사 2005년 수원지법 성남지원 판사 2008년 서울동부지법 판사 2010년 서울고법 판사 2012년 서울중앙지법 판사 2014년 울산지법 부장판사 2016년 사법연수원 교수 2019년 서울중앙지법 부장판사(현)

## 소병세(蘇秉世) So Byeong Se

(생)1962·9·17 (주)경기도 수원시 영통구 삼성로 129 삼성전자(주)(031-200-1114) (학)1984년 서울대 전자공학과졸 1986년 同대학원 전자공학과졸 1994년 전자공학박사(미국 위스콘신대 메디슨교) (경)2002년 삼성전자(주) 메모리사업부 DRAM Module개발팀장 2004년 同메모리사업부 Module 개발팀장(연구위원) 2008년 同메모리사업부 Flash Solution팀장(연구위원) 2009년 同메모리사업부 품질보증실장(상무) 2010년 同메모리사업부 품질보증실장(전무) 2011년 同메모리사업부 상품기획팀장(전무) 2012년 同메모리사업부 전략마케팅팀 연구위원(전무) 2014년 同SSIC 기술전략팀장(전무) 2015년 同SSIC 기술전략팀장(부사장) 2017년 同SSIC담당 부사장, 同자문역(현)

## 소병진(蘇秉珍)

(생)1972·12·2 (출)전남 보성 (주)충청북도 청주시 서원구 산남로62번길 51 청주지방법원(043-249-7114) (학)1991년 광주 대동고졸 1998년 전남대 법학과졸 (경)1999년 사법시험 합격(41회) 2002년 사법연수원 수료(31기) 2002년 대구지검 검사 2004년 대전지검 홍성지청 검사 2005년 서울남부지검 검사 2007년 사법연수원 법관임용연수 2008년 인천지법 판사 2010년 서울중앙지법 판사 2012년 광주고법 판사 2014년 광주가정법원 판사 2016년 인천지법 판사 2018년 청주지법 부장판사(현)

## 소병철(蘇秉哲) SO Byung Chul

(생)1958·2·15 (본)진주(晉州) (출)전남 순천 (주)경기도 용인시 기흥구 구성로 243 법무연수원 용인캠퍼스(031-288-2222) (학)1977년 광주제일고졸 1982년 서울대 법과대학졸 1984년 同대학원 법학과 수료 2007년 법학박사(서울시립대) (경)1983년 사법시험 합격(25회) 1985년 사법연수원 수료(15기) 1986년 서울지검 검사 1988년 마산지검 거창지청 검사 1989년 서울지검 서부지청 특별수사부 검사 1991년 법무부 검찰2과 검사 1994년 서울지검 공안1부 검사 1994년 미국 워싱턴주립대 방문교수 1996년 미국 조지타운대 법과대학원 객원연구원 1997년 대검찰청 검찰연구관 1998년 김대중 대통령직인수위원회 전문위원 1998년 국가정보원 법률보좌관 1998년 수원지검 여주지청장 1999년 서울고검 검사 1999년 駐미국 법무협력관(참사관) 2000년 부산고검 검사 2002년 법무부 검찰2과장 2002년 同검찰1과장 2003년 서울지검 조사부장 2004년 수원지검 형사1부장 2005년 법무부 정책기획단장 2006년 대검찰청 범죄정보기획관 2007년 대전지검 차장검사 2008년 법무부 기획조정실장 2009년 同범죄예방정책국장 2009년 대검찰청 형사부장 2010년 대전지검장 2011년 대구고검장 2012년 한국법무보호복지공단 한국소년보호협회 비상임이사(현) 2012~2018년 상설중재재판소(Permanent Court of Arbitration, 헤이그소재) 중재재판관 2013년 법무연수원장 2014~2017년 농협대 석좌교수 2014년 순천대 법학과 석좌교수(현) 2014년 민간보호법인연합회 상임고문 2015년 법무연수원 석좌교수(현) 2016~2018년 사학분쟁조정위원회 위원 2016년 한국기자협회 자문위원장(현) 2019년 전남도 신성장추진위원회 위원(현) 2019년 현대삼호중공업(주) 사외이사 겸 감사위원(현) 2019년 원자력안전위원회 원자력안전 옴부즈만(현) (상)대통령표창 (역)'미국검찰-연원과 발전'(共)

## 소병훈(蘇秉勳) SO Byung Hoon

(생)1954·6·3 (본)진주(晉州) (출)전북 군산 (주)서울특별시 영등포구 의사당대로 1 국회 의원회관 1020호(02-784-5020) (학)1973년 전주고졸 1981년 성균관대 철학과졸 (경)1983년 도서출판 '이삭' 대표 1988년 도서출판 '산하' 대표 1993년 남북민간교류협의회 사무총장 1994년 참교육을위한전국학부모회 자문위원 1996년 대한출판문화협회 이사 1998년 문화유통북스 이사 1999~2000년 산하기획 대표 2000년 산하출판사 사장, 한강Society 이사장 2008년 제18대 국회의원선거 출마(경기 광주시, 통합민주당) 2008년 민주당 경기광주시지역위원회 위원장 2012년 제19대 국회의원선거 출마(경기 광주시, 민주통합당) 2012년 민주통합당 정책위원회 부의장 2016년 더불어민주당 경기광주시甲지역위원회 위원장(현) 2016년 제20대 국회의원(경기 광주시甲, 더불어민주당)(현) 2016~2017년 국회 안전행정위원회 위원 2016년 국회 문화·관광산업연구포럼 책임연구위원(현) 2016년 더불어민주당 소녀상의눈물특별위원회 위원 2016년 同AI및구제역확산방지대책특별위원회 위원 2016~2018년 同문화예술특별위원회 위원장 2017년 同제19대 문재인 대통령후보 중앙선거대책위원회 지방분권위원회 부위원장 2017~2018년 국회 예산결산특별위원회 위원 2017년 더불어민주당 정책위원회 부의장(현) 2017~2018·2018년 국회 행정안전위원회 위원(현) 2017년 더불어민주당 공공부문 일자리창출TF 간사(현) 2018년 더불어민주당 제2사무부총장(현) 2019년 同조직강화특별위원회 부위원장(현) 2018년 국회 '공공부문채용비리의혹과 관련된 국정조사특별위원회' 위원(현) 2019년 국회 행정안전위원회 위원(현) 2019년 국회 사법개혁특별위원회 위원(현) (상)제4회 국회의원아름다운말 선플상(2016), 더불어민주당 국정감사우수의원(2016·2017·2018), KIT뉴스 국정감사베스트10 우수국회의원(2017), 2018년 대한민국우수국회의원 대상(2018), 대한민국의회정치 대상(2018·2019), 2018코리아리더대상 의정부분 대상(2018), 민주주의와복지국가연구회 2018우수국회의원연구단체 선정(2017·2018·2019), 더불어민주당 경기광주甲지역위원회 우수지역위 선정(2019) (저)'나는 페이스북으로 세상과 소통한다'(2011, 도서출판 산하) (종)기독교

**소상윤(蘇祥允)**

(생)1962·3·7 (출)전북 전주 (주)경상남도 창원시 의창구 중앙대로 178 한국방송공사(KBS) 창원방송총국(055-280-7201) (학)1987년 전주고졸 1988년 연세대 경영학과졸 (경)1987년 한국방송공사(KBS) 입사 1987년 同라디오국 프로듀서 1992년 同라디오2국 근무 1998년 同라디오1국 근무 1999년 同창원방송총국 편성부장 2002년 同라디오정보센터 차장 2002년 同1라디오팀 프로듀서 2007년 同라디오제작본부 2FM팀장 2008년 同라디오제작본부 1라디오팀장 2009년 同라디오제작본부 라디오2국 EP 2010년 同콘텐츠본부 라디오센터 라디오2국 EP 2014년 同라디오센터 라디오2국장 2015년 同심의실 심의부 심의위원 2018년 同창원방송총국장(현) (상)우수프로평가 연출상(1989), 한국방송프로듀서상 라디오특집부문(2000) (저)'대중문화평론집 'H.O.T 즐거운 반항'(1999, 중앙M&B)

**소성규(蘇星圭) SO SUNG-KYU (勞謙)**

(생)1965·7·7 (본)진주(晉州) (출)경북 의성 (주)경기도 포천시 호국로 1007 대진대학교 사회과학대학 공공인재법학과(031-539-1782) (학)1987년 한양대 법과대학졸 1989년 同대학원 법학과졸 1995년 법학박사(한양대) (경)대진대 공공인재법학과 교수(현) 2017년 국방부 군인복무정책심의위원회 민간위원(현) 2017년 한국인터넷법학회 회장 2017년 한국부동산법학회 명예회장(현) 2017년 통일교육원 경기북부통일교육센터 사무처장(현) 2018년 대진대 공공정책대학원장 겸 공공인재대학장 겸 글로벌산업통상대학장 2019년 同법정책연구소장(현) (상)국민훈장 석류장(2016) (저)'부동산중개계약론'(1998, 부연사) '민법총칙'(2014, 법률시대) '물권법'(2014, 동방문화사) '채권총론'(2015, 동방문화사) '법여성학강의'(2016, 법률시대) '가족정책법'(2016, 동방문화사) '채권각론'(2018, 동방문화사) 외 다수

**소성모(蘇成模)**

(생)1959·8·27 (출)전북 남원 (주)서울특별시 중구 새문안로 16 농업협동조합중앙회 임원실(02-2080-5017) (학)1977년 전주 해성고졸 1982년 전북대 경영학과졸 1985년 同대학원 경영학과졸 (경)1982년 농협중앙회 입회 2005년 同상호금융지원부 부부장 2006년 同상호금융기획실 단장 2008년 同상호금융여신단장 2009년 同상호금융지원부장 2011년 同스마트금융부장 2015년 NH농협은행 전북영업본부장(부행장보) 2017년 同디지털뱅킹본부 부행장보 2017년 同상호금융 대표이사(현)

**소순무(蘇淳茂) SOH Soon Moo**

(생)1951·3·23 (출)전북 남원 (주)서울특별시 강남구 테헤란로 518 섬유센터빌딩 12층 법무법인 율촌(02-528-5302) (학)1969년 전주고졸 1974년 서울대 법과대학졸 1977년 同법과대학원 법학과졸 1990년 독일 본(Bonn)대학 법관장기연수 1999년 법학박사(경희대) (경)1978년 사법시험 합격(20회) 1980년 사법연수원 수료(10기) 1980년 수원지법 판사 1982년 서울가정법원 판사 1983년 서울민사지법 판사 1986년 창원지법 밀양지원장 1988년 서울지법 동부지원 판사 1990년 서울고법 판사 1993년 대법원 재판연구관 1997~1998년 인천지법 부천지원 부장판사 1997~2000년 사법연수원 강사 1998년 서울지법 서부지원 부장판사 1999~2000년 서울지법 부장판사 2000년 법무법인 율촌 변호사(현) 2000~2003년 국세심판원 비상임심판관 2000~2005년 서울대 대학원 조세법 강사 2000~2005년 세제발전심의위원회 기업과세분과위원 2002~2007년 대한변호사협회 이사 2002~2007년 KT&G 사외이사 2003~2004년 금융감독원 제재심의위원 2003~2005년 한국방송공사(KBS) 방송자문변호사 2003~2006년 대한의사협회 자문변호사 2004~2010년 국세청 고문변호사 2005년 대한상사중재원 중재인(현) 2005~2011년 기획재정부 세제실 고문 2005~2008년 국가청렴위원회 비상임위원 2006~2008년 서울시립대 대학원 조세법 강사 2007~2009년 대한변호사협회 부회장 2007~2009년 국세청 법령해석심의위원 2007~2011년 한국대학교육협의회 대학평가인정위원회 위원 2008~2011년 한국조세연구원 감사 2008~2014년 서울지방변호사회 조세연구원장 2008~2012년 고려대 법과대학 겸임교수 2008년 대한암연구재단 이사(현) 2013~2014년 기획재정부 세제발전심의위원회 위원 2015~2017년 서울대 법학전문대학원 겸임교수 2016년 (사)온율 이사장(현) 2016년 조선일보 윤리위원(현) 2017년 한국후견협회 회장(현) (상)대통령표창(2006), 동탑산업훈장(2011), 대한변호사협회 한국법률문화상(2017) (저)'조세소송(개정7판)'(2014, 조세통람사)

**소순창(蘇淳昌) SO Soon Chang**

(생)1964·12·4 (출)전북 남원 (주)충청북도 충주시 충원대로 268 건국대학교 국제비즈니스학부 행정학전공(043-840-3437) (학)군산제일고졸 1986년 국민대 행정학과졸 1988년 同대학원 행정학과졸 1992년 행정학박사(국민대) 1998년 일본 도쿄대 대학원 국제학 박사과정 수료 (경)1995~1997년 일본 경응의숙대 법학부 방문연구원 1996~1997년 한국학술진흥재단 Post-Doc. 과정 일본 파견(객원연구원) 1999~2001년 일본 동경대 특별초빙연구원 1999~2001년 일본학술진흥회 특별초빙연구원 2001~2002년 한국학술진흥재단 연구교수 2003~2012년 건국대 사회과학대학 행정학과 교수 2004~2006년 대통령직속 지방이양추진위원회 실무위원 2005년 경제정의실천시민연합 지방자치위원회 위원 2007년 대통령자문 정책기획위원회 위원, 경제정의실천연합 지방자치위원회 위원장 2008~2010년 영국 버밍엄대 Visting Scholar 2013~2017년 건국대 공공인재대학 행정복지학부 행정학전공 교수 2015년 同미래지식교육원장 겸 보육교사교육원장, 한국지방자치학회 부회장 2015~2017년 서울시 지방분권협의회 위원 2017년 대통령직속 정책기획위원회 분권발전분과 위원장(현) 2018년 한국지방자치학회 광역지방정부위원장 2018년 충북 증평군자치분권협의회 초대 위원장(현) 2018년 언론중재위원회 제7회 전국동시지방선거 선거기사심의위원회 위원 2018년 건국대 인문사회융합대학 국제비즈니스학부 행정학전공 교수(현) 2018년 同인문사회융합대학장(현) (상)고주지방자치학술상(2003) (저)'지방정부의 실증연구'(2001) '지방정부의 이론과 실제'(2002) '지방정부의 역량과 정책혁신'(2008) (역)'현대 일본의 정치과정 연구'(2001) (종)기독교

**소영술(蘇泳述) SOH Young Sool**

(생)1960·4·7 (본)진주(晉州) (주)서울특별시 서초구 헌릉로 13 대한무역투자진흥공사(KOTRA) 아카데미(02-3460-3202) (학)1979년 전주고졸 1986년 한국외국어대 독어학과졸 1990년 영국 글래스고대 대학원 정치경제학과 수료 2009년 핀란드 헬싱키경제대학 경영대학원졸(MBA) (경)1998년 대한무역투자진흥공사(KOTRA) 하노이무역관장 2003년 同강원무역관장 2004년 同구주지역본부 부본부장 2007년 同투자환경개선팀장 2009년 同블라디보스토크 무역관장 2012년 同IT사업단장 2013년 同산업자원협력실장 2014년 同글로벌기업협력실장 2015년 同쿠알라룸푸르무역관장 2016년 同IT사업단장 2018년 同ICT·성장산업실장 2019년 同아카데미 투자유치담당 연구위원(현)

**소영진(蘇榮鎭) SO Young Jin**

(생)1966·10·22 (출)경남 합천 (주)서울특별시 서초구 법원로 16 정곡빌딩동관 507호 법무법인 온세(02-593-5900) (학)1985년 부산 배정고졸 1989년 서울대 법학과졸 (경)1988년 사법시험 합격(30회) 1991년 사법연수원 수료(20기) 1991년 육군 법무관 1994년 창원지법 판사 1996년 同통영지원 판사 1998년 부산지법 판사 2001년 부산고법 판사 2004년 의정

부지법 고양지원 판사 2005년 미국 산타클라라대 로스쿨 Visiting Scholar 2006년 창원지법 부장판사 2007년 수원지법 안산지원 부장판사 2010~2012년 서울동부지법 부장판사 2012년 변호사 개업 2014~2018년 법무법인(유) 주원 변호사 2018년 법무법인 온세 대표변호사(현)

**소영환(蘇泳煥)**

(생)1963·1·19 (출)서울 (주)경기도 수원시 팔달구 효원로 1 경기도의회(031-8008-7000) (학)명지대 지방자치대학원 행정컨설팅학과졸 (경)(주)엠비즈 대표이사 1998년 경기 고양시의회 의원 2006년 경기 고양시의원선거 출마, 민주당 고양시 무상급식추진위원장 2010년 경기 고양시의회 의원(민주당·민주통합당·민주당·새정치민주연합) 2012년 同운영위원장, 국민생활체육 전국수영연합회 부회장 2014~2018년 경기 고양시의회 의원(새정치민주연합·더불어민주당) 2016년 同의장 2018년 경기도의회 의원(더불어민주당)(현) 2018년 同농정해양위원회 위원(현) (상)경기도지사표창(2017)

**소은주(蘇銀珠·女) Eunjoo So**

(생)1966·3·16 (주)세종특별자치시 달빛1로 251 세종국제고등학교(044-410-0505) (학)1984년 부산 남성여고졸 1989년 서울대 영어교육학과졸 1999년 同대학원 교육학과졸 (경)1989~2000년 영동중·서운중·서울대사대부고 등 서울관내 중등교 교사 2000~2007년 교육부 학교정책과·재외동포교육과 등 교육연구사 2007~2009년 同혁신인사기획관실·학교제도기획과 등 교육연구관 2009~2011년 국립전통예술고 교감·국립전통예술중·고 교장 직대 2011년 교육부 학교선진화과 교육연구관 2011~2014년 미국 워싱턴한국교육원장(파견) 2015년 교육부 교원복지연수과 장학관 2016년 同대외협력팀장(장학관) 2017년 同교육과정운영과장(장학관) 2017년 세종국제고 교장(현)

**소의영(蘇義永) SOH Euy Young**

(생)1954·9·12 (본)진주(晉州) (출)전북 익산 (주)경기도 수원시 영통구 월드컵로 164 아주대병원 외과(031-219-5201) (학)1973년 중앙고졸 1979년 연세대 의대졸 1986년 同대학원 의학석사 1992년 의학박사(연세대) (경)1982년 연세대 세브란스병원 인턴 1983년 同세브란스병원 일반외과 레지던트 1987~1991년 同의대 일반외과학교실 연구강사·전임강사 1991~2000년 아주대 의대 외과학교실 조교수·부교수 1992~1996년 同의료원건립추진본부 기획부장 1994~1996년 미국 캘리포니아대 샌프란시스코교 연수 1999년 아주대 의대 의학부장 2000년 同의대 외과학교실 교수(현) 2000년 아주대병원 병원장 직대 2002년 아주대의료원 기획조정실장 2005~2010년 아주대병원 병원장 2007년 대한병원협회 보험이사 2010~2012년 同기획이사 2010~2014년 아주대 의무부총장 겸 의료원장 2010년 사립대의료원장협의회 부회장 2011년 (재)한국의학원 이사(현) 2012~2014년 대한갑상선내분비외과학회 회장 2012년 한국의료분쟁조정중재원 의료사고예방자문위원(현) 2012년 同비상임감정위원(현) 2012년 대한임상보험의학회 이사(현) 2013~2015년 대한두경부종양학회 회장 2013~2016년 한국보건의료연구원 비상임이사 2013년 미국 Thyroid Journal 편집위원(현) 2014~2015년 대한갑상선학회 회장 2014~2016년 아시아내분비외과학회(Asian Association of Endocrine Surgeon) Congress President 2014~2019년 아주대병원 갑상선내분비외과장 2015년 세계내분비외과학회 이사회원(council member)(현) 2015~2017년 건강보험심사평가원 상임심사위원 (상)경기도병원회 도지사상(2009), 보건산업최고경영자회의 보건산업대상 종합부문(2009), 자랑스런 올해의 중앙인(2009), 대한갑상선학회 Genzyme 학술상(2010), 연세대 의대 동창회 올해의 동창상(2010), JW중외박애상(2011) (저)'표준화 환자를 이용한 임상실습 평가'(2000, 도서출판 한의학) '갑상선암 진단 및 치료(Thyroid cancer Diagnosis and treatment)'(2000) '응급질환의 진단과 치료(Emergency Medicine)(共)'(2001, 도서출판 한우리) '외과학(共)'(2011, 군자출판사) '내분비외과학(共)'(2012, 군자출판사) (역)'현대의학의 위기'(2001) (종)기독교

**소재광(蘇在光) SOH Jae Gwang**

(생)1961·8·15 (출)서울 (주)서울특별시 강남구 영동대로 511 트레이드타워 901호 한국신용카드결제(주)(1577-0016) (학)장훈고졸 1984년 고려대 경영학과졸 1998년 미국 로체스터대 대학원 경영학과졸 (경)1986년 LG전자 자금부·국제금융부 근무 1992년 LG그룹 회장실 재무팀 차장 1998년 同구조조정본부 사업조정팀 부장 2000년 LG카드 금융팀·IR팀·전략기획팀장 2004년 同경영지원담당 이사대우 2007년 同신용관리담당 이사대우 2007년 신한카드 경영관리본부장(상무) 2009년 同신용관리부문장(부사장) 2011년 신한금융지주회사 전무 2012년 同시너지·감사·IT부문 부사장 2013~2015년 同시너지·감사·IT부문·스마트금융팀 부사장 2017년 한국신용카드결제(주) 대표이사 사장(현)

**소진광(蘇鎭光) SO, Jin Kwang (雉巖·꿩바위)**

(생)1953·5·14 (본)진주(晉州) (출)충남 부여 (주)경기도 성남시 수정구 성남대로 1342 가천대학교 행정학과(031-750-5747) (학)1979년 서울대 사범대학 지리교육과졸 1984년 同환경대학원 도시계획학과졸 1994년 행정학박사(서울대) (경)1987년 한양대 사회과학대학 강사 1989년 내무부 지방행정연수원 교수 1990~2012년 경원대 도시행정학과 교수 1994~1996년 同사회교육원장 1998~2000년 대한국토·도시계획학회 지역개발분과위원장 1999~2000년 중앙권한지방이양추진실무위원회 위원 1999~2000년 경원대 성남발전연구소장 2000~2001년 미국 미시간주립대 사회과학대학 방문학자 2001~2002년 베트남 국립하노이건축대 초빙교수 2002~2004년 한국지역개발학회 학회지편집위원장 2002~2004년 경원대 동남아지역국제협력센터 소장 2002~2004년 同법정대학장·사회과학연구소장 2003~2005년 대통령소속 정부혁신지방분권위원회 위원 2003년 알바니아 티라나시청 정책자문관 2004~2005년 한국지방자치학회 부회장 2004~2006년 한국지역개발학회 부회장 2005~2007년 건설교통부 전략환경평가위원회 위원 2005년 UN ESCAP 지역개발사업 평가위원 2005~2006년 한국지방자치학회 학회지편집위원장 2006년 행정자치부 지방재정투·융자심사위원회 위원 2006~2008년 同지방채발행심사위원회 위원 2006~2012년 (재)한국자치경영평가원 이사 2007~2008년 한국지방자치학회 회장 2008년 지방자치단체정부시책합동평가단 단장 2008~2009년 베트남 국립하노이건축대 도시행정학부 초빙교수 2011~2012년 경원대 사회정책대학원장 2011~2014년 글로벌새마을운동 자문위원 2012년 가천대 행정학과 교수(현) 2012~2015년 同대외부총장 2012~2016년 (재)한국자치경영평가원 인사위원 2012~2015년 새마을운동중앙회 이사 2012~2014년 법제처 국민법제관 2012~2018년 국무총리산하 경제·인문사회연구회 비상임이사 2014~2016년 (사)한국지역개발학회 회장 2015~2016년 중앙도시계획위원회 위원 2016~2018년 새마을운동중앙회 회장 2016~2018년 세계새마을운동글로벌리그(SGL) 초대 의장 2017~2018년 국무총리산하 경제·인문사회연구회 이사장 직대 (상)경원대 학술상(1999·2004·2005·2006), 대한국토·도시계획학회 공로상(2000·2004), 한국지역개발학회 공로상(2004), 한국지방자치학회 저술부문 학술상(2006), 한국지역개발학회 논문부문 학술상(2008), 한국지방자치학회 공로상(2010), 사회부총리 겸 교육부장관표창(2015), 홍조근정훈장(2015), 한국지역개발학회 최우수학술상(2018) (저)'정보화시대의 경제활동과 공간'(1999) '국토지역계획론(共)'(2003) '지방자치와 지역발전'(2005) '지역특성을 고려한 사회적 자본 측정지표 개발(共)'(2006) '한국지방자치의 이해(共)'(2008) 외 15권

**소진기(蘇鎭基)**

(생)1968·1·9 (주)부산광역시 연제구 중앙대로 999 부산지방경찰청 112종합상황실(051-899-3749) (학)경남 김해고졸 1990년 경찰대졸(6기), 동아대 법무대학원 법학과졸 (경)1990년 경위 임관 1994년 경감 승진 2007년 경정 승진 2010년 부산동래경찰서 정보보안과장 2011년 부산지방경찰청 정보과 정보2계장 2012년 同정보과 정보4계장 2014년 同정보과 정보3계장 2016년 울산지방경찰청 112종합상황실장(총경) 2016년 부산지방경찰청 여성청소년과장 2017년 경남 의령경찰서장 2019년 부산지방경찰청 112종합상황실장(현)

**소진세(蘇鎭世) SO Jin Sei**

(생)1950·5·8 (본)진주(晋州) (출)대구 (주)경기도 오산시 동부대로436번길 55-18 교촌F&B(주)(031-371-3500) (학)대구고졸 1977년 고려대 행정학과졸 (경)1977년 롯데쇼핑(주) 입사 1977년 同가정·잡화·아동·가정·신사·판촉실장 1995년 同본점 판매담당 겸 마트사업부문 이사 1997년 同영등포점장 1998년 同본점 점장 2000년 同상품본부장(전무) 2005년 同마케팅부문장 2005년 (주)롯데미도파 대표이사 2006년 롯데쇼핑(주) 슈퍼사업본부 대표이사 겸 총괄부사장 2009~2014년 同슈퍼사업본부 대표이사 사장 2010~2014년 (주)코리아세븐 대표이사 2014년 롯데쇼핑(주) 슈퍼사업본부 총괄사장 2014년 (주)코리아세븐 총괄사장 2014년 롯데그룹 대외협력단장(사장) 2017년 同사회공헌위원회 위원장 겸 회장보좌역(사장) 2017~2019년 롯데지주(주) 사회공헌위원회 위원장 겸 회장보좌역(사장) 2019년 교촌F&B(주) 대표이사 회장(현) (상)보건복지부장관표창(2010) (종)불교

**손건익(孫建翼) Sohn Gunn Yik**

(생)1956·11·15 (출)경북 경주 (주)서울특별시 중구 남대문로 63 법무법인 광장(02-6386-6330) (학)1975년 인창고졸 1981년 국민대 행정학과졸 1992년 서울시립대 대학원졸 1998년 영국 런던대 대학원 행정학과졸 2013년 보건학박사(차의과학대) (경)1982년 행정고시 합격(26회) 1988~1994년 보건복지부 생활보호과·보험정책과·복지정책과 사무관 1994~2002년 同복지정책과·생활보호과·노인복지과·보험정책과 서기관 2002~2004년 同보험정책과·복지정책과 부이사관 2004년 국립의료원 사무국장 겸 보건복지부 보건복지정책혁신단장 2005년 보건복지부 국민연금심의관 2005년 同감사관 2005년 同저출산고령사회정책본부 정책총괄관 2007년 同저출산고령사회정책본부 노인정책관 2008년 보건복지가족부 노인정책관 2009년 同건강정책국장 2009년 同사회복지정책실장 2010년 보건복지부 사회복지정책실장 2010년 同보건의료정책실장 2011~2013년 同차관 2013~2017년 국민대 행정대학원 사회복지학전공 석좌교수 2015~2017년 (주)신세계인터내셔날 사외이사 겸 감사위원 2017년 법무법인 광장 헬스케어그룹 고문(현) 2017년 국민대 행정대학원 외래교수 (상)보건복지부장관표창, 국무총리표창, 근정포장(2003), 홍조근정훈장(2011)

**손경식(孫敬植) SON Kyung Sik** (海清·海晴·陽道)

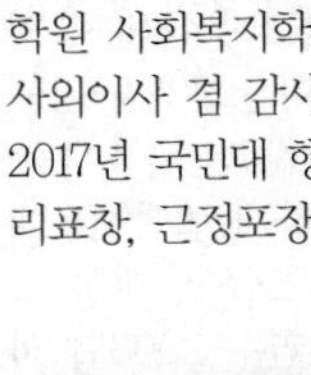

(생)1934·12·4 (본)밀양(密陽) (출)충남 논산 (주)서울특별시 서대문구 연희로 28 홍익사랑빌딩 6층 해청갤러리(02-336-5885) (학)1963년 국학대졸 (경)1958~1967년 국무원 사무처·총무처 근무(사무관) 1964~1971년 국전 서예부 특선(5차) 1967~1974년 노동청 사무관·서기관 1972~1981년 국전 추천작가 5회·국전 초대작가 5회 1974~1979년 국가안보회의 서기관 1978~2004년 개인전 8회 1978~1979년 국전 심사위원 1980~1987년 노동문화제 심사위원 1982~1991년 현대미술초대전 초대작가 1990~2016년 현정회 이사 1990~1996년 공무원미술대전 심사위원(3회) 1992년 한중일서예문화교류협회 부회장 1992~2000년 서울시립미술관 초대출품 1992~1995년 근로자문화예술제 심사위원 1994년 한국서예100인전 초대작가 1994년 서울정도600주년기념 예술의전당 초대작가 1995~1996년 국민예술협회 회장 1995~2004년 민주평통 자문위원·상임위원 1995~2003년 민족통일중앙협의회 이사 1997년 통일건국민족회 공동대표 1997~2014년 일월서단 고문 1999년 인간개발연구원 회원 1999~2005년 대한민국종교예술제·미술제 초대출품 2001년 홍익삼경개명원 원장(현) 2004~2005년 한국서도협회 고문 2004~2005년 해청미술관 개관·관장 2004년 세계효문화협회 이사 2005년 해청갤러리 회장(현) 2006~2014년 대한민국서예문인화 원로총연합회장 2008년 삼일서법회 회장 2009년 양우회 회장 2009년 목요회 회장 2012년 홍익정신중흥회 회장(현) 2014년 대한민국서예문인화 원로총연합회 명예회장 (상)자랑스런시민상(1984), 대통령표창(1999) (저)'오체백림문'(1985) '칠체백림문'(1995) '천도동학론'(1997·2000) '충효진리'(2007) (역)'홍익삼경'(2001) '생명의 씨알 홍익삼경선해'(2005) '천부경'(2005) (작)'코오롱호텔장식(경주)' '크라운호텔장식(부산)' '민주평통 사무처(平和統一, 4M)' '국정원 원훈(6M)'

**손경식(孫京植) SOHN, KYUNG-SHIK**

(생)1939·9·15 (본)밀양(密陽) (출)서울 (주)서울특별시 중구 소월로2길 12 CJ(주) 회장실(02-726-8000) (학)1957년 경기고졸 1961년 서울대 법과대학 법학과졸 1968년 미국 오클라호마주립대 경영대학원졸(MBA) 1987년 서울대 경영대학원 최고경영자과정 수료 (경)1961~1964년 한일은행 근무 1968~1973년 삼성전자공업(주) 근무 1973년 삼성화재해상보험 이사 1974년 同대표이사 전무 1977년 同대표이사 사장 1991년 同대표이사 부회장 1993년 CJ(주) 대표이사 부회장 1994년 同대표이사 회장(현) 1995년 CJ그룹 회장(현) 2005~2013년 대한상공회의소 회장 겸 서울상공회의소 회장 2005년 한중민간경제협의회 회장 2005년 세계발전심의위원회 위원장 2005년 소비자정책심의위원회 위원 2005년 지속가능경영원 이사장 2006~2013년 환경보전협회 회장 2006년 농촌사랑범국민운동본부 공동대표 2006년 한국경영교육인증원 이사장 2006년 통일고문회의 고문 2006년 코리아외국인학교재단 이사장 2006년 FTA민간대책위원회 공동위원장 2007년 CJ제일제당 대표이사 회장(현) 2007년 경제사회발전노사정위원회 위원 2007년 지식서비스산업협의회 회장 2007년 서울대 발전위원회 공동위원장(현) 2010년 서울G-20정상회의 준비위원 겸 Business Summit 조직위원장 2011~2013년 대통령자문 국가경쟁력강화위원회 위원장 2011~2018년 2018평창동계올림픽대회조직위원회 고문 2013년 CJ그룹 경영위원회 위원장(현) 2018년 한국경영자총협회 회장(현) (상)석탑산업훈장(1996), 미국 오클라호마주립대 우수동문대상(1997), 제16회 신산업경영대상 신산업경영인(2001), 서울대동창회 관악대상(2002), 금탑산업훈장(2002), 한국능률협회 한국의 경영자상(2002), 자랑스런 서울법대인(2002), 서울대AMP대상(2005), 자랑스러운 서울대인(2009), 우즈베키스탄 도스트릭(Dostlik)훈장(2011), 국민훈장 무궁화장(2013), 일본 욱일대수장(旭日大綬章)(2017), 밴 플리트상(2018) (종)불교

**손경식(孫炅植) Son Gyeong-Sig**

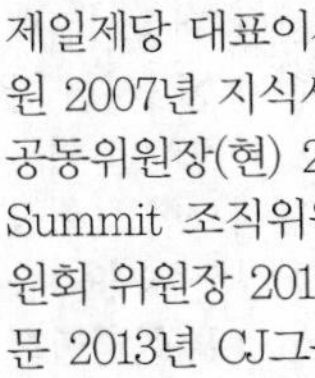

(생)1956·1·27 (출)전북 고창 (주)경기도 의정부시 의정로 1 의정부예술의전당 사장실(031-828-5830) (학)고려대 대학원 행정학과졸, 법학박사(대진대) (경)1975년 인천시 중구 근무(지방행정서기보시보) 1979년 경기도 전입(경기기술학원 근무) 1995년 양평군 사회진흥과장(지방행정사무관) 1999년 의정부시 총무국 비상대책과장 2000년 경기도 여성복지담당 2003년 同기획행정실 감사담당 2005년 同기획행정실 기획담당 2006년 同보육청소년담당관(지방서기관) 2007년 同경제농정국 지역경제과장 2008년 同기획행정실 남북협력담당관 2008년 통일교육원 파견 2009년 경기도 경제농정국 산업경제과장 2010년 同기획행정실 기획예산담당관 2012년 경기 연천군 부군수 2014~2015년 경기 의정부시 부시장 2019년 의정부예술의전당 대표이사 사장(현)

**손경윤(孫炅鈗)**

(생)1959 · 11 · 14 (주)서울특별시 강서구 마곡중앙8로3길 79 FITI시험연구원(02-3299-8101) (학)조선대병설공업전문대학 금속학과졸, 한국방송통신대 행정학과졸, 한양대 도시대학원 도시개발최고위과정 수료, 전북대 경영대학원 최고경영자과정 수료 (경)1984년 마산수출자유지역관리소 금속기원 1985년 상공부 기초공업국 금속과 금속주사보 1989년 同기초공업국 제철과 금속주사 1996년 통상산업부 기술품질국 산업기술개발과 공업사무관 2004년 지식경제부 산업정책국 산업구조과 기술서기관 2006년 同주력산업정책관실 철강석유화학팀 기술서기관 2009년 군산자유무역지역관리원장 2011년 경제자유구역기획단 개발지원1팀장 2014년 산업통상자원부 통상국내대책관실 활용촉진과장 2016년 FITI시험연구원 부원장(현) 2017~2018년 同원장 직대

**손경종**

(생)1965 · 1 · 21 (출)전남 보성 (주)광주광역시 서구 내방로 111 광주광역시청 전략산업국(062-613-3700) (학)동일전자정보고(舊 동일실업고)졸, 조선대 전자공학과졸, 전남대 대학원졸(공학석사), 전자공학박사(전남대) (경)2011년 광주시 전략산업과 신재생에너지담당 2013년 同전략산업과장(지방서기관) 2013년 同자동차산업과장 2017년 同일자리경제국장(지방부이사관) 2018년 교육 파견(지방부이사관) 2018년 광주시 전략산업국장(현)

**손경한(孫京漢) SOHN Kyung Han (한범)**

(생)1951 · 3 · 22 (본)밀양(密陽) (출)부산 (주)서울특별시 서초구 반포대로 30길 29 마운틴뷰빌딩 법무법인 화현(02-535-1766) (학)1973년 서울대 법학과졸 1983년 同대학원졸(상법 전공) 1985년 미국 펜실베이니아대 대학원졸 1988년 독일 뮌헨 Max Planck Inst. 연구과정 수료 2002년 법학박사(일본 오사카대) (경)1977년 사법시험 합격(19회) 1979년 사법연수원 수료(9기) 1979~1988년 중앙법률사무소 변호사 1981년 서울시립대 강사 1983년 한국외국어대 강사 1985년 미국 뉴욕주 변호사시험 합격 1986년 미국 Madison & Sutro 법률사무소 변호사 1987년 미국 Vinson & Elkins 법률사무소 변호사 1988년 대한변리사회 부회장 1988~1993년 법무법인 태평양 변호사 1989년 대한상사중재원 중재인(현) 1990~1993년 국제산업재산권보호협회(AIPPI) 한국협회 부회장 1993~2010년 공정거래위원회 약관심사위원 1993~2007년 법무법인 아람 대표변호사 1995년 한국상사법학회 감사 1996년 한국중재학회 부회장 1996년 국제산업재산권보호협회(AIPPI) 한국협회 부회장 1997년 서울지방변호사회 섭외위원장 2000~2004년 한국법학원 섭외이사 2000~2009년 전자거래분쟁조정위원회 조정위원 2001~2005년 한국상사법학회 부회장 2002년 국제거래법학회 부회장 2006~2007년 건국대 법학과 교수 2007~2009년 국제거래법학회 회장 2007~2016년 성균관대 법과대학 법학과 교수 2007년 법무법인 화현 변호사 2008년 同파트너변호사(현) 2011~2015년 한국국제사법학회 회장 2011~2014년 한국지식재산학회 회장 2012~2017년 한국과학기술법학회 회장 2012~2016년 한국지식재산연구원 비상임이사 2013~2104년 변리사제도개선위원회 위원장 2014~2016년 한국방송광고진흥공사 비상임이사 2014년 지식재산권 손해배상제도개선위원회 위원장 2014~2015년 법무부 국제사법개정위원회 위원장 2015~2019년 한국의료분쟁조정중재원 의료분쟁조정위원장 2016~2018년 한국지식재산연구원 이사장 2016년 성균관대 법과대학 법학과 겸임교수, 同사회과학대학 글로벌리더학부 초빙교수(현) (상)국무총리표창(2002), 서울지방변호사회장표창(2003), 국민훈장 동백장(2005) (저)'특허법원소송(編)'(1998) '사이버지적재산권법(編)'(2004) '신특허법론(編)'(2006) '엔터테인먼트법(編)'(2008) '과학기술법(編)'(2010) (역)'문답스포츠법(共)'(2002)

**손광섭(孫光燮) SON Kwang Sub**

(생)1960 · 9 · 26 (출)경북 경주 (주)서울특별시 강서구 양천로 583 우림블루나인 (주)엑스크립트 대표이사실(02-2093-3131) (학)1979년 대구 대건고졸 1984년 고려대 물리학과졸 2000년 한국과학기술원(KAIST) AIM과정 수료 (경)1984~1987년 공군사관학교 교수부 물리학 교관 1987~1991년 삼성전자(주) 반도체사업본부 수출담당 근무 1991년 (주)동화서미텍 과장 1994년 (주)네스트 대표이사 1997~2000년 (주)팬택 해외사업부장 · 제조본부장 · 연구소장 · 상무이사 2000~2003년 서두인칩(주) 전무이사 2003년 (주)엑스크립트 대표이사(현) (상)전국우수발명품 금상 특허청장표창(1996), 무역의날 국무총리표창(2005) (종)천주교

**손교명(孫敎明) Kyomyung Sohn**

(생)1960·5·11 (출)부산 (주)서울특별시 서초구 법원로2길 15 길도빌딩 408호 법무법인 위너스(02-3478-1060) (학)1979년 부산남고졸 1984년 동아대 법과대학졸 1986년 同대학원 법학과졸 1991년 同대학원 법학 박사과정 수료 1996년 경희대 언론정보대학원 스피치토론전문과정 수료 2004년 서울대 법과대학 전문분야법학연구과정 수료 (경)동아대 법학연구소 조교, 한국방송통신대 강사, 통일민주당 전문위원(공채 1기) 1990년 민주자유당 정책부장 1993년 同재정국 재정1부장 1995년 신한국당 재정국 부국장 1996년 同재정국장 1997년 국회 재경담당 정책연구위원(이사관) 2001년 사법시험 합격(43회) 2004년 사법연수원 수료(33기), 동아대 법대 강사, 서울시 고문변호사, 대한체육회 법제상벌위원 2007년 한나라당 대선후보경선 준비위원 2007년 同당헌당규개정특별위원회 위원 2007년 同이명박 대통령예비후보 법률지원특보 2007년 同이명박 대통령후보 정책특별보좌역 2008년 제17대 대통령직인수위원회 법무행정분과 자문위원 2009년 북한인권시민연합 이사(현) 2009~2010년 대통령 정무2비서관 2010~2011년 예금보험공사 감사 2011년 법무법인 위너스 구성원변호사(현) 2012년 대통령선거 불법선거감시단 부단장 2013년 새누리당 정치쇄신특별위원회 위원 2014년 同예산결산위원회 위원 2015년 경기도 옴부즈만(현) (종)가톨릭

**손근호(孫根鎬)**

(생)1980 · 10 · 11 (주)울산광역시 남구 중앙로 201 울산광역시의회(052-229-5125) (학)동아대 기계공학과졸 (경)전국금속노동조합 현대차지부 교육위원, 더불어민주당 전국노동위원회 부위원장 2018년 울산시의회 의원(더불어민주당)(현) 2018년 同예산결산특별위원회(현) 2018년 同에너지특별위원회 위원(현) 2018년 同교육위원회 위원(현)

**손금주(孫今柱) SON KUMJU**

(생)1971 · 7 · 29 (출)전남 나주 (주)서울특별시 영등포구 의사당대로 1 국회 의원회관 905호(02-784-9401) (학)1989년 광주고졸 1995년 서울대 국어국문학과졸 2007년 일본 와세다대 법학전문대학원 지적재산권 단기과정 수료 2008년 미국 노스캐롤라이나대 법학전문대학원 연수 2008년 서울대 법과대학원 법학과졸 (경)1998년 사법시험 합격(40회) 2001년 사법연수원 수료(30기) 2001년 수원지법 판사 2003년 서울지법 판사 2004년 서울중앙지법 판사 2005년 광주지법 순천지원 판사 2008년 서울동부지법 판사 2008~2009년 서울행정법원 판사 2009~2016년 법무법인 율촌 변호사 2009~2015년 서울시 동작구 고문변호사 2009년 방송통신위원회 고문변호사 2009년 同행정심판위원회 위원 2010년 법제처 국민법제관 2016년 同법령해석심의위원 2016년 국민의당 정책위원회 부의장 2016년 제20대 국회의원(전남 나주시 · 화순군, 국민의당 · 무소속〈2018.2〉)(현) 2016년 국민의당 수석대변인 2016~2018년 同전남나주시 · 화순군지역위원회 위원장 2016~2017년 국회 산업통상자원위원회 간사 겸 법안심

사소위원회 위원장 2017년 국민의당 최고위원 2017년 同제19대 안철수 대통령후보 중앙선거대책위원회 수석대변인 2017년 同수석대변인 2017~2018년 국회 예산결산특별위원회 위원 2017~2018년 국회 산업통상자원중소벤처기업위원회 간사 겸 법안심사소위원회 위원장 2017~2018년 국민의당 탈원전TF팀장 2017~2018년 同민생경제살리기위원회 중소기업분과 위원장 2018년 국회 운영위원회 위원(현) 2018년 국회 농림축산식품해양수산위원회 위원(현) 2018년 국회 예산결산특별위원회 위원(현) (상)방송통신위원장표창(2013), 법률소비자연맹 '제20대 국회 1차년도 국회의원 헌정대상'(2017), 백봉라용균선생기념사업회 백봉신사상(2017)

### 손기식(孫基植) Ki-Sik Sonn

(생)1950·9·28 (본)일직(一直) (출)대구 (주)서울특별시 강남구 테헤란로 317 동훈타워 법무법인 대륙아주(02-563-2900) (학)1968년 경북대사대부고졸 1972년 서울대 법과대학졸 1975년 同대학원 법학과졸 1980년 독일 브레멘대 연수 1985년 법학박사(서울대) (경)1972년 사법시험 합격(14회) 1974년 사법연수원 수료 1975년 해군 법무관 1977년 대구지법 판사 1983년 수원지법 판사 1984년 서울지법 동부지원 판사 1986년 서울고법 판사 1987년 법원행정처 조사심의관 1989년 대법원 재판연구관 1990년 대구지법 경주지원 부장판사 1991년 서울민사지법 부장판사 1991년 법원행정처 건설관리국장 겸임 1993년 서울지법 부장판사 1996년 同의정부지원장 1997년 부산고법 부장판사 1999년 서울고법 부장판사·법원행정처 사법정책연구실장 겸임 2004년 서울고법 수석부장판사 2005년 청주지법원장 2005~2009년 사법연수원장 2005~2009년 중앙선거관리위원회 위원 2009~2013년 성균관대 법학전문대학원 교수 2009~2013년 同법학전문대학원장 겸 법과대학장 2011~2015년 서울시 행정심판위원회 위원 2011~2015년 헌법재판소 공직자윤리위원회 위원 2012년 한국형사소송법학회 회장 2013년 서울남부지법 조정센터 상임조정위원장 2013~2015년 사학분쟁조정위원회 위원장 2015년 서울중앙지법 조정센터 상임조정위원장 2016년 법무법인(유) 대륙아주 고문변호사(현) (상)황조근정훈장(2009) (저)'교통·산재 손해배상소송실무(共)'(1994, 한국사법행정학회) '주석형법(각칙2)(共)'(2006, 한국사법행정학회) '교통형법(제4판)'(2008, 한국사법행정학회) (종)기독교

### 손기호(孫基浩) SON Ki Ho

(생)1959·4·17 (본)안동(安東) (출)부산 (주)경기도 고양시 일산동구 장백로 208 성암빌딩 504호 유어사이드 공동법률사무소(031-901-1245) (학)1978년 해동고졸 1983년 서울대 법학과졸 1985년 同대학원 법학과졸 (경)1985년 사법시험 합격(27회) 1988년 사법연수원 수료(17기) 1988년 부산지검 검사 1990년 대전지검 서산지청 검사 1991년 서울지검 검사 1994년 제주지검 검사 1996년 법무부 조사과 검사 1998년 서울지검 북부지청 검사 2000년 청주지검 부부장검사 2001년 광주지검 순천지청 부장검사 2002년 서울지검 부부장검사 2002년 울산지검 형사2부장 2003년 법무부 관찰과장 2004년 同보호과장 2005년 서울중앙지검 조사부장 2006년 대구고검 검사 2007년 춘천지검 원주지청장 2008년 제주지검 차장검사 2009년 서울북부지검 차장검사 2009년 의정부지검 고양지청장 2010~2013년 변호사 개업 2014~2018년 대한법률구조공단 사무총장 2019년 유어사이드 공동법률사무소 변호사(현) (상)대통령표창

### 손기환(孫基煥) SOHN Ki Hwan (峻石)

(생)1956·1·3 (본)밀양(密陽) (출)서울 (주)충청남도 천안시 동남구 상명대길 31 상명대학교 예술대학 만화애니메이션학과(041-550-5253) (학)1985년 홍익대 대학원 서양화과졸 (경)개인전 9회 1996~1997년 상명대 예술대 만화예술과 강사 1997~2000년 청강문화산업대 애니메이션학과 교수 2000년 상명대 예술대학 만화예술학과 교수, 同만화·애니메이션학부 만화콘텐츠전공 교수 2005년 同상명디지털영상미디어센터장(현) 2005년 한국만화애니메이션학회 명예회장·고문(현) 2007~2013년 서울국제만화애니메이션페스티벌(SICAF) 집행위원장 2009~2015년 상명대 만화학과 교수, 同산학협력부단장 2015~2016년 한국애니메이션예술인협회 수석부회장 2015년 상명대 예술대학 만화애니메이션학과 교수(현) 2017년 툰팩토리(Toon-Factory) 대표(현) (상)문화관광부장관표창(2005) (저)'아트 툰 아트'(2005) '애니메이션의 감상과 이해'(2005) (작)애니메이션 '호수'

### 손길승(孫吉丞) Son Kil Seung

(생)1941·2·6 (출)경남 진주 (주)서울특별시 중구 을지로 65 SK텔레콤 임원실(02-6100-2000) (학)1959년 진주고졸 1963년 서울대 상과대학졸 (경)1965년 선경직물(주) 입사 1978~1998년 선경그룹 경영기획실장 1982~1997년 유공해운 사장 1994년 한국이동통신 부회장 1997년 SK텔레콤 부회장 1997년 SK해운 사장 1998년 SK 구조조정추진본부장 1998~2004년 SK그룹 회장 1998년 전국경제인연합회 부회장 2000~2003년 한국기업메세나협의회 회장 2002년 전국경제인연합회 중국위원회 초대 위원장 2003년 同회장 2008년 SK텔레콤 명예회장(현) 2009~2017년 전국경제인연합회 명예회장 2009~2015년 대한펜싱협회 회장, 프로야구 SK 와이번스 구단주 2011~2014년 한국학중앙연구원 비상임이사 2014~2017년 전국경제인연합회 통일경제위원회 초대 위원장 (상)동탑산업훈장(1988), 은탑산업훈장(1994), 뉴미디어대상 올해의 정보통신인(1996), 한국능률협회 한국의 경영자상(1998), 신산업경영인상(1999), 한국경영학회 한국경영자대상(1999), 금탑산업훈장(2000), 한국의 최고전문경영인 '한국의 CEO' 선정(2001), 다산경영상(2001), 관악대상(2001) (종)불교

### 손대경(孫大炅) Sohn Dae Kyung

(생)1972·11·24 (주)경기도 고양시 일산동구 일산로 323 국립암센터 외과(031-920-1140) (학)1997년 서울대 의대졸 2005년 충북대 대학원 의학석사 2011년 의학박사(충북대) (경)1997~1998년 서울대병원 인턴 1998~2002년 同일반외과 레지던트 2002~2003년 국립암센터 부속병원 암예방검진센터 전임의 2003년 同암예방검진센터 전문의(현) 2003년 대한소화기내시경학회 평생회원(현) 2003년 대한대장항문학회 평생회원(현) 2004~2019년 국립암센터 대장암센터 전문의 2004년 同암예방검진센터 의사 2004년 미국 대장항문외과학회 정회원(현) 2004년 미국 소화기내시경학회 정회원(현) 2004년 대한암학회 평생회원(현) 2008년 미국 메사추세츠종합병원 연구전임의 2009~2015년 국립암센터 대장암연구과 선임연구원 2009년 미국 소화기내시경복강경외과학회 정회원(현) 2011~2013년 대한무흉터내시경수술연구회 총무이사 2012년 국립암센터 외과 전문의(현) 2012~2017년 同의공학연구과장 2014년 同부속병원 대장암센터장 2015~2017년 同대장암연구과 책임연구원 2015~2017년 대한무흉터내시경수술연구회 학술이사 2017~2019년 국립암센터 혁신의료기술연구과장 2018~2019년 同의공학과장 2018년 同국제암대학원대 암관리학과 겸임교수(현) 2019년 同융합기술연구부 수석연구원(현) (상)보건복지부장관표창(2010), 대한대장항문학회 학술상(2014·2015)

### 손대식(孫大植) SON Dae Sig

(생)1965·11·15 (출)대구 (주)부산광역시 연제구 법원로 31 부산지방법원(051-590-1114) (학)1984년 대구 오성고졸 1988년 고려대 법학과졸 (경)1990년 사법시험 합격(32회) 1993년 사법연수원 수료(22기) 1993년 대구지법 판사 1996년 同상주지원 판사 1997년 同상주지원(예천군법원) 판사 1998년 대구지법 판사 1999년 同청도군법원 판사 2001년 대구지법 가정지

원 판사 2003년 대구지법 판사 2004년 대구고법 판사 2005년 대구지법 판사 2007년 同서부지원 판사 2008년 同영덕지원장 2010년 대구지법 부장판사 2015년 同서부지원 부장판사 2017년 부산지법 부장판사(현)

**손덕상(孫德相)**

(생)1977·8·23 (주)경상남도 창원시 의창구 상남로 290 경상남도의회(055-211-7222) (학)경남과학기술대 산업경제학과졸 (경)가자모터스 대표(현), 더불어민주당 김해乙지역위원회 청년위원장(현), 同경남도당 재난안전특별위원장(현) 2018년 경남도의회 의원(더불어민주당)(현) 2018년 同건설소방위원회 위원(현) 2018년 同의회운영위원회(현), 장유발전협의회 이사(현)

**손동식(孫東植) SON Dong Sik**

(생)1963·7·17 (출)부산 (주)서울특별시 종로구 종로 33 그랑서울 미래에셋자산운용(주) 임원실(1577-1640) (학)1989년 서울대 국제경제학과졸 (경)1989년 장기신용은행 주식운용역 1998년 미래에셋자산운용투자자문(주) 주식운용수석팀장 2001년 同관리총괄담당 대표이사 2004년 同주식운용본부장(상무·CIO) 2005년 同주식운용부문 대표(부사장) 2006년 미래에셋자산운용 주식운용부문 대표(부사장) 2012년 同주식운용부문 대표(사장)(현) 2018년 同리서치부문 대표 겸임(현) (상)장기신용은행 선정 우수펀드매니저(1997)

**손동연 Sohn Dong-youn**

(생)1958·7 (주)서울특별시 중구 장충단로 275 두산인프라코어(주) 임원실(02-3398-8114) (학)1976년 경복고졸 1981년 한양대 정밀기계학과졸 1984년 서울대 대학원 기계공학과졸 1989년 기계공학박사(미국 펜실베이니아주립대) 1999년 미국 보스턴대 대학원 경영학과졸 (경)1989년 대우자동차 입사 2007~2010년 GM대우 글로벌경차개발본부장 2010~2011년 同기술연구소장 2010~2012년 同기술개발부문 부사장 2011~2012년 한국GM 기술연구소장 2012~2015년 두산인프라코어 기술본부 사장 2015년 同대표이사 총괄사장(CEO) 2015년 한국건설기계산업협회 제11·12대 회장(현) 2015~2017년 건설기계부품연구원 이사장 2018년 한국기계산업진흥회 회장(현) 2018년 자본재공제조합 이사장(현) 2018년 두산인프라코어 각자대표이사 총괄사장(CEO)(현)

**손동영(孫東英)**

(생)1966·9·23 (출)부산 (주)서울특별시 서초구 동작대로 204 방배경찰서(02-3403-8321) (학)1985년 부산 동래고졸 1989년 경찰대졸(5기) (경)1989년 경위 임용 2009년 서대문경찰서 경비과장 2010년 남대문경찰서 경비과장 2011년 종로경찰서 경비과장 2014년 제주지방경찰청 청문감사관 2015년 울산지방경찰청 경비교통과장 2015년 駐인도대사관 주재관 2019년 서울지방경찰청 5기동단장 2019년 서울 방배경찰서장(현)

**손동우(孫東佑) SOHN Dong Woo**

(생)1959·1·4 (출)경북 포항 (주)서울특별시 중구 세종대로 124 한국언론진흥재단 경영본부(02-2001-7702) (학)1977년 서울 신일고졸 1985년 한국외국어대 독어과졸, 同정치행정언론대학원졸 (경)1984년 경향신문 입사 1985년 同사회부·국제부 기자 1994년 同독일특파원 1998년 同논설위원 1999년 同사회부 차장 2000년 同기획취재팀 차장 2002년 同종합기획부 부장대우 2002년 同정치부 부장대우 2003년 同지방자치부장 2003년 同인터뷰 전문위원 2004년 同사회부장 2005년 同논설위원 2008년 同논설위원(부국장대우) 2008년 同편집국 사회담당에디터 2009년 (주)인천경향신문 편집국장 2010년 경향신문 편집국 기획에디터 2011~2015년 同논설위원 2015~2018년 한국교육방송공사(EBS) 비상임이사 2018년 한국언론진흥재단 경영본부장(상임이사)(현) (저)'자유의 종을 난타하라'(共)

**손동원(孫東源) SOHN Dong Won**

(생)1961·2·14 (본)밀양(密陽) (출)경기 안양 (주)인천광역시 미추홀구 인하로 100 인하대학교 경영학과(032-860-7746) (학)1983년 고려대 경영학과졸 1985년 同대학원 경영학과졸 1993년 경영학박사(미국 미주리대 컬럼비아교) (경)1994~1995년 정보통신정책연구원(KISDI) 책임연구원 1995년 인하대 경영학과 조교수·부교수·교수(현) 1999~2001년 (주)유화 사외이사 2001년 프랑스 르아브르대 초빙교수 2004~2005년 미국 캘리포니아대 객원교수 2009~2012년 인하대 기획처장 2011~2012년 한국복잡계학회 회장 2011~2015년 경인일보 객원논설위원 2011~2014년 인천지방노동위원회 공익위원 2013~2017년 코스닥시장위원회 위원 2013년 미국 세계인명사전 'Marquis Who's Who in the World' 2014년판에 등재 2014~2017년 인하대 기업가센터장 2015년 同경영대학장 겸 경영대학원장 (상)Journal of Conflict Resolution Best Article Award(1993), Superior Graduate Achievement Award(1993), 인하대 우수연구업적상(2005), 기술경영경제학회 우수논문상(2013) (저)'벤처 지역혁신 클러스터'(2004) '벤처진화의 법칙 : 벤처기업과 벤처생태계의 공진화'(2004) '벤처기업 창업경영론'(2006) '기업 생로병사의 비밀'(2007) '지역혁신 거버넌스의 진단과 대안 모색(共)'(2007) '하이테크 경영론'(2009) '자녀의 창의성을 살리는 창조투어(共)'(2011) '벤처의 재탄생'(2013) (종)기독교

**손동창(孫東昌)**

(생)1948 (출)경북 안동 (주)서울특별시 송파구 오금로 311 (주)퍼시스(02-443-9999) (학)1964년 경복중졸 1970년 경기공업고등전문학교(現 서울과학기술대)졸 (경)1976~1980년 한샘 근무 1980~1983년 한샘공업 설립 1983년 (주)퍼시스 설립·대표이사 사장 1994년 (주)일룸 설립 1997년 (주)바로스 설립 1996~2011년 (주)퍼시스 대표이사 부회장·회장 2002년 공익재단 '퍼시스 목훈재단' 설립·이사장(현) 2007년 (주)시디즈 설립 2011~2014년 (주)퍼시스 회장 2014~2017년 同대표이사 회장 2017년 同명예회장(현) (상)무역의날 국무총리표창(1990), 상공의날 국무총리표창(1997), 경제정의실천시민연합 경제정의기업상(1998·2003), 근로자의 날 장관표창(1999), 경제정의실천시민연합 경제정의기업상 대상(2001), 대한민국디자인경영대상 국무총리표창(2001), 납세의날 대통령표창(2002), 상공의날 은탑산업훈장(2005), 상공의날 금탑산업훈장(2016)

**손동현(孫東鉉) SON Dong Hyun**

(생)1947·11·26 (출)대전 (주)대전광역시 동구 대학로 62 대전대학교 혜화리버럴아츠칼리지(042-280-2075) (학)1970년 서울대 철학과졸 1972년 同대학원 철학과졸 1985년 철학박사(독일 마인츠요하네스 구텐베르크대) (경)1972~1977년 육군사관학교 교관(전임강사) 1985년 성균관대 철학과 부교수 1990~2013년 同철학과 교수 1995년 한국철학회 연구위원장 2000년 同부회장 2000년 한국철학교육연구회 회장 2000년 한국현상학회 회장 2003년 한국철학회 발전위원장 2004~2008년 한국현상학회 이사 2004년 성균관대 비판적사고와문화연구소장 2005~2007년 대학교양교육협의회 회장 2006~2008년 한국교양교육학회 회장 2007~2011년 성균관대 학부대학장 2008~2009년 한국철학회 회장 2009~2011년 성균관대 학생상담센터장 2009~2013년 한국교육과정평가원 교과서검정위원·위원장 2009년 한국현상학회 고문(현) 2009~2011년 경제인문사회연구회 인문정책자문위원 2011~2016년

한국교양기초교육원 원장 2013년 성균관대 명예교수(현) 2013~2015년 대전대 교양학부 석좌교수 2013~2015년 국회 공직자윤리위원회 위원 2014~2016년 한국연구재단 비상임이사 2014년 육군사관학교 군대윤리연구위원 2014년 한국연구재단 BK21+사업 총괄관리위원 2015년 대전대 혜화리버럴아츠칼리지 석좌교수(현) 2015~2019년 포스코교육재단 이사 2015~2016년 세계인문학포럼 추진위원장 2015년 대전대 혜화인성교육원장(현) 2017년 同총장 직대 2017~2019년 同특임부총장 (상)근정포장(2013) (저)'재론의 새로운 길'(1997) '카를 야스퍼스'(1999) '별이 총총한 하늘 아래 역동하는 자유'(2002)

**손동환(孫東煥) Son Donghwan**
(생)1973 · 11 · 7 (출)부산 (주)서울특별시 서초구 서초중앙로 157 서울중앙지방법원(02-530-1114) (학)1992년 상문고졸 1997년 서울대 법학과졸 (경)1996년 사법시험 합격(38회) 1999년 사법연수원 수료(28기) 1999년 공군 법무관 2002년 수원지법 판사 2004년 서울중앙지법 판사 2006년 울산지법 판사 2010년 서울고법 판사 2012년 대법원 재판연구관 2014년 부산지법 부장판사 2016년 의정부지법 고양지원 부장판사 2018년 서울중앙지법 부장판사(현)

**손명선(孫明善 · 女)**

(생)1968 (주)서울특별시 종로구 세종대로 178 원자력안전위원회 안전정책국(02-397-7260) (학)서울대 농화학과졸 (경)1993년 공직 입문(7급 공채), 과학기술부 · 교육과학기술부 근무 2012년 국무총리소속 원자력안전위원회 안전정책과 서기관 2014년 同원자력심사과장(서기관) 2015년 同안전정책국 안전정책과장 2018년 同안전정책국장(고위공무원)(현) 2018년 한국원자력안전재단 이사(현)

**손명세(孫明世) SOHN Myong Sei (밝음)**

(생)1954·7·28 (출)서울 (주)서울특별시 서대문구 연세로 50 아펜젤러관 301호 글로벌사회공헌원(02-2123-3953) (학)1973년 경기고졸 1980년 연세대 의대졸 1983년 同대학원 의학석사 1989년 의학박사(연세대) 1991년 미국 존스홉킨스대 보건대학원 수료 (경)1981~1984년 연세대 의대 예방의학교실 전공의 1987~2014·2017~2019년 同의대 예방의학교실 전임강사·조교수·부교수·교수 1998년 보건복지부 장관자문관 1999년 대한에이즈예방협회 이사 1999년 대한예방의학회 이사 1999년 연세대 보건대학원 의료법윤리학과 주임교수 2000년 아주남북한보건의료연구소 이사 2000년 대한의학회 이사 2002년 세계의료법학회 이사·부회장·집행이사 2004~2006년 연세대 보건대학원 교학부장 2005년 세계의료법학회 조직위원장 2006년 연세대 의료법윤리학연구소장 2006년 대한의학회 부회장 2007~2010년 세계보건기구(WHO) 집행이사 2010년 연세대 보건대학원장 2010~2013년 UN UNAIDS 특별보좌관 2011~2013년 연세대의료원 의료법윤리학과장 2012~2015년 유네스코 국제생명윤리심의위원회 위원 2012년 한국보건행정학회 회장 2013년 건강보험심사평가원 고문 2013~2014년 한국건강증진재단 비상임이사 2013~2015·2015~2017년 아시아태평양공중보건학회(APACPH) 회장 2014~2017년 건강보험심사평가원 원장 2018~2019년 연세대 보건대학원 국제보건학과 주임교수 2019년 同글로벌사회공헌원장(현) (상)대통령표창, 올해의 교수상(2002), 녹조근정훈장(2010) (저)'의학의 한계와 새로운 가능성' '의료윤리의 네원칙' '통일독일의 보건의료체계 변화'

**손명수(孫明秀) Son, Myung Soo**
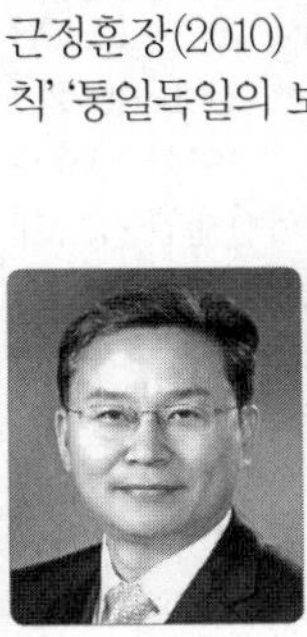
(생)1966 · 11 · 9 (출)전남 완도 (주)세종특별자치시 도움6로 11 국토교통부 기획조정실(044-201-3201) (학)1984년 용산고졸 1988년 고려대 정치외교학과졸 1990년 서울대 행정대학원졸 (경)1989년 행정고시 합격(33회) 1990년 사무관 임용 2004년 건설교통부 공공기관이전지원단 이전계획과장 2006년 駐미국대사관 1등서기관 2009년 국토해양부 정책기획관실 녹색미래전략담당관 2010년 同해양정책국 해양정책과장 2011년 同교통정책실 철도운영과장 2011년 서울지방항공청장 2013년 익산지방국토관리청장 2014년 국립외교원 파견(고위공무원) 2015년 국토교통부 항공정책실 공항항행정책관 2017년 同철도국장 2018년 同항공정책실장 2019년 同교통물류실장 2019년 同기획조정실장(현)

**손문갑(孫文甲)**

(생)1964 (출)전남 해남 (주)서울특별시 강남구 언주로 721 서울본부세관 조사1국(02-510-1114) (학)이대사대부고졸 1986년 세무대학졸 (경)8급 경채 2008년 사무관 승진 2011년 인천본부세관 감사담당관 2014년 서기관 승진 2016년 여수세관장 2017년 인천본부세관 세관운영과장 2019년 同특송통관국장 2019년 서울본부세관 조사1국장(현)

**손문국(孫文國)**

(생)1963 · 10 · 10 (주)서울특별시 중구 소공로 63 (주)신세계 상품본부(1588-1234) (학)성균관대졸 (경)신세계백화점 여성팀 바이어 · 여성캐주얼팀장 2011년 同여성캐주얼팀장(수석부장) 2013년 同패션담당 상무보 2015년 同패션담당 상무 2017년 (주)신세계 상품본부장(상무) 2017년 同상품본부장(부사장보) 2019년 同상품본부장 겸 패션담당 부사장보(현)

**손문기(孫文其) SOHN Mun Gi**

(생)1963·12·14 (출)서울 (주)경기도 용인시 기흥구 덕영대로 1732 경희대학교 식품생명공학과(031-201-3698) (학)1982년 경기고졸 1986년 연세대 식품공학과졸 1989년 미국 럿거스대 대학원 식품공학과졸 1996년 식품공학박사(미국 럿거스대) (경)1990년 국립보건원 기능5급 10호 특채 2001~2003년 식품의약품안전청 식품안전국 식품유통과·식품안전과 사무관 2005년 보건복지부 보건정책국 식품정책과장 2005년 同보건의료정책본부 식품정책팀장 2007년 식품의약품안전청 식품본부 식중독예방관리팀장 2008년 同식품안전국 식중독예방관리팀장 2008년 同식품안전국 식품관리과장 2010년 同식품안전국 식품안전정책과장 2010년 同식품안전국장(고위공무원) 2013년 휴직(고위공무원) 2013년 식품의약품안전처 소비자위해예방국장 2015년 同농축수산물안전국장 2015년 同차장 2016~2017년 同처장(차관급) 2018년 경희대 생명과학대학 식품생명공학과 교수(현) (상)고운문화상 창의부문(2008)

**손미향(孫美香 · 女) MI-HYANG SOHN**

(생)1968 · 8 · 28 (주)서울특별시 중구 동호로 195-7 (사)한국해비타트(1544-3396) (경)2001~2003년 (사)한국해비타트 홍보개발실장 2003~2011년 국제백신연구소 자원개발마케팅본부장 · Fund-raising Head 2007~2008년 국제앰네스티 한국지부 재정자문위원 2008~2010년 어린이재단 홍보위원 2011년 한국모금전문가협회 감사 2012~2014년 한국과학기술단체총연합회 과학기술나눔공동체 사무국장 · 자문위원 2012~2016년 서울시 자원봉사센터 비상임이사 2012~2017년 한국뉴욕주립대 기술경영학과 겸임교수(국제개발인재연구원장 겸임) · 연구교수(커리어개발센터장 · 장학후원개발센터장 겸임) 2013~2017년 서울시 기부심사위원회 위원 2013~2016년 (재)월드리더스재단 사무총장 2015~2017년 까르띠에 국제여성창업어워드(CWIA) 아태지역 심사위원 2016년 한국코치협회 인증코치 KAC(현) 2012~2017년 한국뉴욕주립대 겸임교수 2017년 한국모금가협회 쇼미더트러스트 투명사회캠페인 공동위원장 2017년 (사)한국해비타트 사무총장(상임이사)(현) 2017년 주거복지포럼 이사(현) 2018년 서울시 NPO지원센터 운영위원 (상)교육인적자원부 KEDI 국제교육전문가 선정(2007), 교육과학기술부 KEDI 국제교육전문가 선정(2009)

### 손민균(孫旻均 · 女) SOHN Min Kyun

(생)1961 · 9 · 14 (출)서울 (주)대전광역시 중구 문화로 266 충남대학교병원 재활의학과 재활센터 4층 405호(042-280-7817) (학)1986년 연세대 의대졸 1989년 同대학원 의학석사 1997년 의학박사(연세대) (경)1986년 연세대 세브란스병원 인턴 1987~1990년 同세브란스병원 전공의 1990~1993년 同의대 재활의학과 연구강사 1992~1994년 성신병원 재활의학과장 1994~2005년 충남대 의대 재활의학교실 전임강사 · 조교수 · 부교수 1999년 덴마크 Aalborg Univ. Post-Doc. 2003년 대한근전도전기진단의학회 이사장(현) 2005년 충남대 의대 재활의학교실 교수(현) 2005~2007년 同뇌과학연구소 소장 2010~2016년 충남대병원 대전충남권역재활센터 심뇌재활센터장 2011년 대한뇌신경재활학회 이사(현) 2013~2014년 충남대 의학전문대학원 교무부원장 2014~2016년 충남대병원 대전충청권역의료재활센터장 2016년 同진료부원장(현) (상)대한근전도전기진단의학회 학술상(2005), 대한재활의학회 우수논문상(2005), 한국과학기술단체총연합회 과학기술우수논문상(2005) (역)'질환별 운동치료'(1998, 현문사) '통증유발점의 기전과 치료'(2003, 영문출판사)

### 손민호(孫珉鎬) SON Min Ho

(생)1968 · 3 · 3 (주)인천광역시 남동구 정각로 29 인천광역시의회(032-440-6032) (학)제물포고졸, 인하대 금속공학과졸, 한국방송통신대 국어국문학과졸, 인하대 평생교육원 사회복지학과졸 (경)예편(ROTC 중위), 인천 두리지역복지센터 남동사업단 대표, (주)대우자동차 기술연구소 주임연구원, (주)에스아이 대표이사, 충남 나누어드림협동조합 이사장(현) 2014~2018년 인천시 계양구의회 의원(새정치민주연합 · 더불어민주당) 2018년 인천시의회 의원(더불어민주당)(현), 同운영위원회 위원(현), 同기획행정위원회 부위원장(현), 同예산결산특별위원회 위원(현)

### 손범규(孫範奎) SON Bum Kyu

(생)1966 · 12 · 19 (본)밀양(密陽) (출)서울 (주)서울특별시 서초구 법원로3길 21 이정빌딩 3층 법무법인 정론(02-521-2005) (학)1985년 숭실고졸 1989년 연세대 법학과졸 (경)1991년 삼성물산(주) 법무팀 근무 1996년 사법시험 합격(38회) 1999년 사법연수원 수료(28기) 1999년 변리사자격 취득 1999년 낮은합동법률사무소 대표변호사 2000년 한빛지적소유권센터 교수 2000년 대한민국ROTC중앙회 부회장 2000년 한나라당 인권위원회 부위원장 2001년 숭의여대 외래교수 2001~2002년 한나라당 부대변인 2001년 민주평통 자문위원 2002~2003년 한나라당 인권위원회 위원 2003~2004년 전국택시노동조합연맹 경기북부고양지부 법률고문 2003년 한나라당 경기도지부 대변인 2004년 同법률지원단 부단장 2004~2005년 (사)한국정신지체인애호협회 고양시지부 법률자문 2004년 경기북부자동차부분정비사업조합 법률고문 2005년 주식백지신탁심사위원회 위원 2006년 한나라당 고양시덕양구甲당원협의회 운영위원장 2006년 同경기도당 법률지원단장 2007년 同제1정책조정위원회 부위원장 2008~2012년 제18대 국회의원(고양시 덕양구甲, 한나라당 · 새누리당) 2008년 한나라당 법률지원단 부단장 2008년 同인권위원회 위원 2008년 同예산결산특별위원회 위원 2008년 同법제사법위원회 위원 2008년 同여성위원회 위원 2009~2010년 同원내부대표 2009년 법무법인 성신 대표변호사 2010~2012년 국회 환경노동위원회 위원 2010~2013년 법무법인 한우리 고양분사무소 고문변호사 2010~2012년 국회 예산결산특별위원회 위원 2012년 새누리당 총선공약개발단 일자리창출팀장 2012년 제19대 국회의원선거 출마(고양시 덕양구甲, 새누리당) 2013~2015년 정부법무공단 이사장 2015~2016년 법무법인 비전인터내셔널 고문변호사 2016년 새누리당 경기고양시甲당원협의회 운영위원장 2016년 제20대 국회의원선거 출마(경기 고양시甲, 새누리당) 2016년 '박근혜 대통령 탄핵소추안' 심판 대리인 2017년 자유한국당 경기고양시甲당원협의회 운영위원장 2017년 법무법인 정론 변호사(현) (저)'대법원 전원합의체 판결집'(1997) '新민사소송법'(1998) '시민생활과 법률'(2000) '민사소송법 연습'(2000) (종)기독교

### 손병관(孫炳瓘) SON Byong Kwan

(생)1949 · 4 · 29 (본)경주(慶州) (출)충북 청원 (주)충청북도 청주시 서원구 흥덕로 48 청주의료원(043-279-0114) (학)1967년 청주고졸 1975년 서울대 의대졸 1980년 同대학원의학석사 1985년 의학박사(서울대) (경)1983~1985년 부천세종병원 소아과장 1985년 성남한미병원 소아과장 1987~1994년 인하대 의대 소아과학교실 부교수 · 소아과장 1994~2014년 同의대 소아과학교실 교수 1996년 인하대병원 소아과장 1996년 同기획조정실장 1996년 대한소아알레르기및호흡기학회 이사 2000년 대한소아과학회 이사 2002~2006년 인하대병원 진료부원장, 대한소아알레르기호흡기학회 부이사장 · 이사장 2008~2014년 환경부 지정 알레르기질환환경보건센터장 2008~2013년 인하대 의대장 2010~2013년 同의학전문대학원장 겸임 2014년 청주의료원장(현) 2014년 충북대병원 비상임이사(현) (상)국무총리표창(2014) (저)'가정의학' '소아과학' '4000만의 알레르기' '감기를 달고 사는 아이들' '어린이 알레르기를 이겨내는 101가지 지혜' (종)기독교

### 손병기(孫炳基) Son byong ki

(생)1946 · 4 · 27 (본)평해(平海) (출)충북 충주 (주)충청북도 충주시 으뜸로 21 충주중원문화재단 임원실(043-850-7983) (학)1966년 충주고졸 1968년 청주교대 초등교육과졸 1993년 건국대 대학원 교육행정학과졸 (경)2001~2003년 충북 가평초 교장 2003~2005년 충북 동량초 교장 2005~2007년 충북 중앙초 교장 2007~2008년 충북 충주교육지원청 교육장 2009~2010년 충주학사 원장 2009~2011년 충북 충주시장학회 이사 2011년 대한충효봉사단 충주시단장(현) 2012~2013년 충북 충주시 민원조정위원회 위원 2014~2016년 충주문화관재단 이사 2019년 충주중원문화재단 대표이사(현) (상)문교부 제5회 스승의날 모범교원 표창장(1986), 문교부 제32회 전국현장교육연구대회 1등급 수상(1988), 자랑스런 청주교대인상(2011), 황조근정훈장(2018)

### 손병두(孫炳斗) SOHN Byungdoo (志松)

(생)1941 · 8 · 3 (본)밀양(密陽) (출)경남 진양 (주)서울특별시 영등포구 여의대로 24 전경련회관 44층 자유와창의교육원(02-3771-0276) (학)1959년 경복고졸 1964년 서울대 상과대학 경제학과졸 1982년 同경영대학 최고경영자과정 수료 1983~1984년 미국 조지타운대 · 조지워싱턴대 · 메릴랜드주립대 대학원 수료 1985년 미국 헐트국제경영대학원(舊 Arthur D. Little Management Education Institute) 경영학과졸 1988년 고려대 경영대학원 최고경영자과정 수료 1990년 경영학박사(한양대) 1999년 서강대 경영대학원 가톨릭최고경영자과정 수료 2002년 명예 경제학박사(경희대) 2008년 명예 교육학박사(성신여대) 2013년 명예박사(대만 문화대) (경)1966~1970년 전국경제인연합회 조사부 조사역 1970~1972년 중앙일보 동양방송 기획실 및 광고국 차장 1972~1981년 삼성그룹 회장비서실 과장 · 차장 · 부장 · 이사 1981~1983년 제일제당(주) 기획 · 홍보 · 마케팅 · 지역관리담당 이사 1981~1982년 재무부 정책자문위원 1985~1988년 한국생산성본부 상무이사 1987~1988년 한국기업상담(주) 전무이사 1988~1994년 동서경제연구소 대표이사 1989~1997년 대한상공회의소 부설 한국경제연구센터 연구위원 1993~2006년 카네기클럽 초대 회장 1993~1998년 한국방송공사(KBS) 시청자위원 1994~1995년 동서투자자문(주) 대표이사 사장 1995~1997년 한국경제연구원 대표이사 부원장 1997~1998년 한국외국어대 국제지역대학원 특별초빙교수 1997~1998년 노동개혁위원회 위원 1997~1998년 통상산업부 정책자문위원 1997~2003년 한국능률

협회 부회장 1997~2003년 한·미친선회 부회장 1997~2003년 한·일경제협회 이사 1997~2003년 태평양지역민간경제위원회(PBEC) 부위원장 1997~2003년 한국노동교육원 이사 1997~2003년 전국경제인연합회 상근부회장 1997~1998년 금융개혁위원회 위원 1997~2003년 공정거래위원회 경제규제개혁위원 1997~1998년 금융발전심의회 위원 1997년 세제발전심의위원회 소득과세분과위원 1998~2003년 노사정위원회 상임위원 1998~2003년 한미기업협력재단 이사 1998~2003년 전국경제인연합회 국제산업협력재단 이사장 1998~2002년 (사)사회복지공동모금회 부회장 1998~2002년 IBM Korea 자문위원 1998~2003년 전국경제인연합회 국제경영원(IMI) 원장 1999~2002년 미국 Hult International Business School 한국동문회장 1999~2003년 공정거래위원회 경쟁정책자문위원 1999~2012년 박정희대통령기념사업회 이사 1999~2005년 (재)한국학중앙연구원 이사 2000~2005년 경희대 경영대학원 겸임교수 2000~2003년 자유기업원 이사 2001~2007년 민주평통 자문위원 2003~2004년 전국경제인연합회 상임고문 2003~2005년 우석대 객원교수 2004~2005년 한국천주교평신도사도직협의회 회장 2004~2005년 천주교 서울대교구 평신도사도직협의회장 2004~2010년 코피온(COPION) 총재 2005~2009년 서강대 총장 2006~2007년 한국사립대학총장협의회 부회장 2006년 김대중평화센터 이사(현) 2006~2008년 대통령자문 지속가능발전위원회 자문위원 2006~2009년 동아시아 및 오세아니아지역 예수회대학총장회의 부의장 2007~2008년 한국사립대학총장협의회 회장 2007~2008년 대학자율화추진위원회 위원장 2007~2008년 한국대학교육협의회 부회장 2008~2009년 同회장 2008~2015년 한국과학기술기획평가원 이사장 2009년 한국경제연구원 상임고문 2009년 교육과학강국실천연합 이사장 2009~2012년 한국방송공사(KBS) 이사장 2009년 교육과나눔 이사장 2009~2010년 삼성고른기회장학재단 이사장 2010년 사회적기업활성화포럼 공동대표 2011~2014년 삼성꿈장학재단 이사장 2011~2014년 한국과학기술기획평가원 비상임이사 2013년 학교법인 숙명학원 이사장 2013~2016년 (재)박정희대통령기념재단 이사장 2013년 (주)효성 사외이사(현) 2014~2018년 (재)호암재단 이사장 2014년 자유와창의교육원 석좌교수(현) 2015~2017년 한국학중앙연구원 이사장 2016년 환주복지재단 이사(현), 서울현대학원 이사(현), 삼성경제연구소 상근고문(현) (상)데일카네기 리더쉽상(1998), 동탑산업훈장(1999), 세계자유민주연맹 자유상(2001), 자랑스런 가톨릭경제인상(2002), 서울대 최고경영자과정 경영대상(2003), 한국 신지식인·신한국인상(2003), 서울대 자랑스러운 ROTC 동문상(2009), 코피온(COPION) 감사패, 미국 헐트국제경영대학원 올해의 동문상(2012) (저)'경제상식의 허와 실(編)'(1996) '시민이 고객 되는 지방경영(共)'(1997) '보다 밝은 삶을 위하여'(1997) '뉴밀레니엄 생존전략-IMF 파고를 넘고'(2000) '꽃을 세며 정원을 보라'(2000) '지송경제담론'(2001) (역)'의욕적인 사람으로 만들어주는 101가지 방법'(1998) '미래의 경영'(2000) (종)천주교

**손병두(孫炳斗) SOHN Byung Doo**

(생)1964·8·1 (본)밀양(密陽) (출)서울 (주)서울특별시 종로구 세종대로 209 금융위원회 부위원장실(02-2100-2800) (학)1983년 서울 인창고졸 1987년 서울대 국제경제학과졸 1993년 同행정대학원 정책학과졸 2000년 경제학박사(미국 브라운대) (경)1989년 행정고시 합격(33회) 1990년 총무처 행정사무관 1992년 경제기획원 통상조정1과·지역경제1과·차관실 근무 2000년 재정경제부 조정2과 근무 2001년 同경제정책국 종합정책과 서기관, 同경제분석과 서기관 2002년 대통령비서실 파견 2003년 세계은행 선임이코노미스트 2005년 대통령비서실 행정관 2006년 재정경제부 국제금융국 국제기구과장 2008년 기획재정부 국제금융국 외화자금과장 2010년 同국제금융국 국제금융과장 2011년 同G20기획조정단장(고위공무원) 2012년 국방대 파견(고위공무원) 2013년 금융위원회 공적자금관리위원회 사무국장 2014년 同금융서비스국장 2015년 同금융정책국장 2016년 同상임위원 2017~2019년 同사무처장 2019년 同부위원장 겸 증권선물위원회 위원장(차관급)(현) (상)홍조근정훈장(2015)

**손병문(孫炳文) SON Byung Moon**

(생)1950·8·20 (출)서울 (주)서울특별시 서초구 효령로 64 ABC상사(주) 비서실(02-522-4900) (학)1972년 건국대 국문학과졸 1991년 동국대 경영대학원 경영학과졸 2003년 전국경제인연합회 국제경영원과정 수료 2004년 고려대 컴퓨터과학기술대학원 수료 2006년 서울과학종합대학원 4T CEO과정 수료 2006년 同3T CEO과정 수료 2006년 IGM 세계경영연구원 CEO협상스쿨 수료 2006년 서울과학종합대학원 지배구조CEO과정 수료 2006년 홍익대 미술전문디자인대학원 뉴비전과정 수료 2007년 삼성경제연구소 뮤직&컬쳐과정 수료 2007년 同포토&컬쳐과정 수료 (경)1977년 ABC상사 설립·회장 1987년 ABC상사(주) 대표이사 회장(현) 1988년 ABC통상(주) 설립 1991년 ABC개발 설립 1991년 ABC농산(주) 설립 1996년 세무사협회 자문위원 1998년 한국합기도협회장 1999년 세계합기도연맹 고문 2000년 동국대경영대학원총동창회 회장 2001년 중앙아시아개발(주) 카자흐스탄 정유공장 설립 2002년 타이페이클럽 감사 2003년 한국예술인총연합회 자문위원 2003년 고려대 컴퓨터과학기술대학원 회장 2003년 전국경제인연합회 자문위원장 2003년 ABC나노텍(주) 인수 2004년 전국경제인연합회 Y.L.C(Young Leaders Club) 부회장 2004년 밝은사회중앙클럽 부회장 2005년 국제경영원(IMI) 이사 2005년 민주평통 상임위원 2006년 ABC상사(주)·ABC통상(주) 합병 2007년 ABC USA법인(LA) 설립 2007년 ABC USA법인(괌) 설립 2007년 ABC탄자니아(주)법인 설립 2007년 민주평통 강남구협의회장 2008~2009년 국제경영원총동문회 회장 2009년 민주평통 서울부의장 (상)한국상업은행 유망중소기업 선정(1996), 한국경제신문 우수기업 선정(1996), 한국상업은행 공로업체수상(1998), 대통령표창 수출탑수상(1998), 국무총리표창(2003), 미국 캘리포니아주지사표창(2004), 미국 LA시장 공로상(2005), 국제경영원(IMI) 공로상(2006), 미국 명예시민권 수상(2006), 미국 LA COUNTY 감사장(2006), 한국일보(주) 2006 한국을 빛낸 기업인대상(2006), 전국경제인연합회IMI글로벌경영자과정 총동문회 최우수경영인상(2006), 민주평통 의장표창(2007)

**손병석(孫昞錫) SON BYEONG SUK**

(생)1962·1·25 (출)경남 밀양 (주)대전광역시 동구 중앙로 240 한국철도공사(코레일) 사장실(042-615-3104) (학)배재고졸, 서울대 건축학과졸, 同대학원 건축학과졸 (경)1986년 기술고시 합격(22회) 1998년 건설교통부 건설지원실 기술정책과 서기관 1999년 同기술안전국 기술정책과 서기관 2006년 同국토균형발전본부 복합도시기획팀장 2007년 행정중심복합도시건설청 정책홍보관리본부 혁신기획팀장 2008~2009년 同기획재정담당관 2009년 세종시기획단 파견(부이사관) 2010년 대통령자문 국가경쟁력강화위원회 파견 2011년 2012여수세계박람회조직위원회 파견(부이사관) 2012년 국토해양부 국토정책국장 2013년 국토교통부 수자원정책국장 2014년 同철도국장 2015년 同중앙토지수용위원회 상임위원 2016년 同기획조정실장 2017~2018년 同제1차관 2018년 한국공학한림원 회원(건설환경공학·현) 2019년 한국철도공사(코레일) 사장(현) (상)한국일보 그린하우징 어워드(2017)

**손병우(孫炳雨) SOHN Byung Woo**

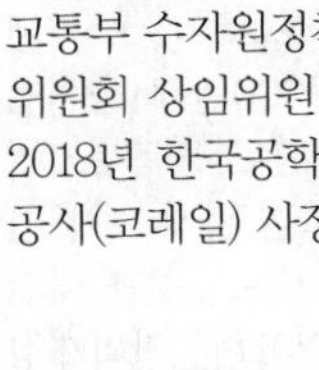

(생)1963·8·28 (출)서울 (주)대전광역시 유성구 대학로 99 충남대학교 사회과학대학 언론정보학과(042-821-6377) (학)1986년 서울대 신문학과졸 1988년 同대학원졸 1994년 신문학박사(서울대) (경)1991~1994년 건국대·계명대·광운대 강사 1995년 순천향대 신문방송학과 교수 1998년 충남대 사회과학대학 언론정보학과 교수(현) 2008~2012년 同신문방송사 주간 2008~2009년 한국방송통신심의위원회 방송제2분과특별위원회 위원장 2014~2016년 충남대 언론정보학과장 2015~2017년 同교수회 부회장 2016~2019년 同사회과학연구소장 2019년 한국언론정보학회 회장(현) (저)'TV를 읽읍시다'(1991) '대중매체

의 이해와 활용(共)'(1996·2002) '풍자 바깥의 즐거움'(2002) '미디어 문화 비평'(2007) '디지털시대 미디어의 이해와 활용(共)'(2009) '한국사회와 미디어 공공성(共)'(2012) '두꺼운 언어와 얇은 언어(共)'(2012) '드라마의 모든 것(共)'(2016) 'TV 두껍게 읽기'(2016) (역)'문화·일상·대중(共)'(1996) '라깡 정신분석사전(共)'(1998) '문화이론사전(共)'(2003) '개정판 문화이론사전(共)'(2012)

**손병재(孫昺在) Byong jae Sohn**

(생)1963·8·15 (본)밀성(密城) (출)부산 (주)서울특별시 영등포구 의사당대로 8 (주)까뮤이앤씨(02-769-6001) (학)1982년 부산 배정고졸 1986년 서울대 경영학과졸 2010년 건국대 부동산대학원 건설개발학과졸 2007년 Thunderbird Int'l Consortium II Leadership과정 수료 2008년 서울대 ASP과정 14기 수료 2009년 세계경영연구원(IGM) NCP과정 8기 수료 2016년 서울대 ACPMP 13기 수료 (경)1986년 (주)선경 입사 1997년 (주)SK 경영기획실·구조조정본부 근무 1999년 SK글로벌 경영분석팀장(부장급) 2002년 SK건설 경리팀장 2004년 同상무 2004년 SK케미칼 사장실장(상무) 2007년 SK건설 자산관리본부장(상무) 2010년 同사업지원총괄 상무 2012년 同건축영업총괄 전무 2014년 (주)삼환까뮤 상근감사 2015년 同대표이사 사장 2015년 (주)까뮤이앤씨 대표이사 사장(현) 2016년 (주)후니드 대표이사 사장 겸임(현) (상)산업포장(2017) (종)가톨릭

**손병주(孫炳柱) Byung-Ju Sohn**

(생)1956·6·27 (본)밀양(密陽) (출)전북 임실 (주)서울특별시 관악구 관악로 1 서울대학교 지구환경과학부(02-880-7783) (학)1975년 전주고졸 1980년 서울대 사범대학졸 1985년 同대학원졸 1990년 기상학박사(미국 플로리다주립대) (경)1990년 미국 플로리다주립대 박사후연구원 1991년 미국 NASA 연구원 1993년 서울대 지구환경과학부 부교수·교수(현) 2000~2009년 한국기상학회 재무이사·연구이사·국제협력이사 2004년 국제복사학회 심포지움 조직위원장 2006년 서울대 중앙전산원 부원장 2009년 일본 도쿄대 객원교수 2009년 국제대기복사학회 사무총장 2010년 한국기상학회 부회장 2016~2017년 同회장 2017년 국제대기복사위원회 회장(현) 2019년 한국과학기술한림원 정회원(현) (상)한국기상학회 학술상(2004), 근정포장(2009), 국가R&D사업 우수연구사례 100선 선정

**손병준(孫秉竣) SON Byeong Jun**

(생)1966·3·25 (출)경남 밀양 (주)서울특별시 중구 남대문로 63 한진빌딩 본관 18층 법무법인 광장(02-772-4420) (학)1985년 밀양고졸 1989년 고려대 법학과졸 2003년 서울시립대 세무대학원졸 (경)1992년 행정고시 합격(36회) 1993년 사법시험 합격(35회) 1996년 사법연수원 수료(25기) 1996년 창원지법 진주지원 판사 1998년 창원지법 판사 2000년 서울지법 의정부지원 판사 2003년 서울행정법원 판사 2005년 서울북부지법 판사 2006년 일본 도쿄대 법관연수 2007년 서울고법 판사 2008년 대법원 재판연구관 2010년 서울중앙지법 판사 2011~2012년 대전지법 부장판사 2012년 법무법인 광장 변호사(현) 2017년 기획재정부 세제발전심의위원회 위원(현) (상)국무총리표창(2014)

**손보익(孫保翼) Sohn Bo Ik**

(생)1961·9·15 (주)대전광역시 유성구 테크노2로 222 실리콘웍스 임원실(042-712-7700) (학)영신고졸, 경북대 전자공학과졸, 미국 매사추세츠공과대 대학원 경영학과졸 (경)LG전자(주) 시스템IC사업팀장 2011년 同최고기술책임자(CTO) 산하 SIC센터장(상무) 2013년 同최고기술책임자(CTO) 산하 SIC연구소장(전무) 2015년 실리콘웍스 비상무이사 2017년 同대표이사 부사장(CEO)(현) (상)동탑산업훈장(2015)

**손봉기(孫鳳基) SON Bong Ki**

(생)1965·12·5 (본)경주(慶州) (출)대구 (주)대구광역시 수성구 동대구로 364 대구지방법원(053-757-6600) (학)1984년 달성고졸 1988년 고려대 법학과졸 1990년 同대학원 법학과 수료 (경)1990년 사법시험 합격(32회) 1993년 사법연수원 수료(22기) 1993년 軍법무관 1996년 대구지법 판사 1999년 同안동지원 판사 2001년 同안동지원(영주시법원·봉화군법원) 판사 2002년 대구지법 판사 2005년 대구고법 판사 2006년 대법원 재판연구관 2008년 대구지법 상주지원장 2010년 사법연수원 교수 2013년 대구지법 부장판사 2016년 울산지법 수석부장판사 2018년 대구지법 부장판사 2019년 대구지법원장(현)

**손봉락(孫鳳洛) Sohn Bong Rak**

(생)1950·4·16 (본)경주(慶州) (출)서울 (주)서울특별시 영등포구 국회대로 543 동양타워 20층 (주)TCC스틸 회장실(02-2633-3311) (학)1968년 동성고졸 1972년 경희대졸 1976년 연세대 경영대학원 수료 1982년 일본 와세다대 Business School 수료 1986년 미국 서던캘리포니아대 경영대학원졸(MBA) (경)1975년 (주)쌍용 근무 1976년 효성물산(주) 철강부 근무 1977년 同런던지사 근무 1978년 同해외관리부 근무 1979년 동양석판공업(주) 생산부 차장 1980년 同도쿄사무소장 1982년 同전무이사 1984년 同대표이사 부사장 1988~1999년 同대표이사 사장 1990~1994년 한국철강협회 이사 1994년 同감사(현) 1994년 한·미경제협의회 이사(현) 1996년 문화복지협의회 감사(현) 1997년 한국무역협회 이사(현) 1997~2009년 서울상공회의소 상공의원 2000~2010년 동양석판(주) 대표이사 회장 2001년 미국 Ohio Coatings Company 회장(현) 2001~2015년 대한상공회의소 국제통상위원회 위원장 2002년 駐韓헝가리 명예영사(현) 2003~2007년 유네스코 서울협회장 2004년 우석문화재단 이사장(현) 2007~2012년 미국 Univ. of Southern California(USC) 한국동창회장 2008~2017년 한·일경제협회 상임이사 2009년 서울상공회의소 상임의원(현) 2010~2019년 (주)TCC동양 회장 2012년 한일산업기술협력재단 감사(현) 2017년 한·일경제협회 부회장(현) 2017년 세아이운형문화재단 감사(현) 2019년 (주)TCC스틸 회장(현) (상)재무부장관표창(1989), 환경처장관표창(1991), 국무총리표창(1991), 재정경제부장관표창(2000), 철탑산업훈장(2005), 미국 USC 동문회 '2014 APAA Service Award'(2014), 은탑산업훈장(2017), APAIB-UNAI 'Global Business Leader Award'(2018)

**손봉수(孫鳳秀) SON Bong Soo**

(생)1958·1·7 (출)경남 진주 (주)서울특별시 강남구 영동대로 714 하이트진로 임원실(02-520-3021) (학)1976년 대아고졸 1994년 경상대 대학원 식품공학과졸, 同이학박사(경상대) (경)1982년 하이트맥주(주) 입사 1997년 同이사 2003년 同생산관리담당 상무, 同전주공장장(상무) 2006년 同전주공장장(전무) 2007년 同강원공장장(전무이사) 2010년 (주)진로 생산·연구소·인사담당 전무 2010년 同생산·연구소·인사담당 부사장 2010~2011년 同생산담당 사장 2010년 하이트맥주(주) 생산담당 사장 겸임 2011~2019년 하이트진로(주) 생산총괄 사장 2011~2013년 한국용기순환협회 회장 2013~2017년 하이트진로음료(주) 대표이사 2019년 하이트진로(주) 고문(현)

**손봉수(孫鳳洙) Son, Bong Soo**

(생)1959 (주)경기도 안양시 동안구 시민대로 286 국토교통과학기술진흥원(031-389-6400) (학)1982년 연세대 토목공학과졸 1990년 캐나다 맥매스터대 대학원 교통공학과졸 1996년 교통공학박사(캐나다 토론토대) (경)1998년 서울시립대 도시행정대학원 겸임교수 1999~2001년 경기대 첨단산업공학부 겸임교수 1999~2005년 대한교통학회 논문편집위원 2001~2002년

한양대 교통시스템공학전공 겸임교수 2002년 同안산캠퍼스 첨단도로연구센터 연구교수 2002~2018년 연세대 공과대학 도시공학과 교수 2005~2008년 同도시공학과장 2005~2008년 同공학원 부원장 2011~2012년 同도시교통과학연구소장 2011~2012년 同공학대학원 도시계획전공 주임교수 2012~2014년 同학생복지처장 2012~2014년 同장애학생지원센터 소장 2014~2016년 同공과대학장 2015~2018년 교통안전공단 비상임이사 2018년 한국공학한림원 정회원(건설환경공학·현) 2018년 국토교통과학기술진흥원 원장(현)

**손봉숙(孫鳳淑 · 女) SOHN Bong Scuk**

(생)1944 · 3 · 17 (출)경북 영주 (주)서울특별시 마포구 마포대로 196 고려아카데미텔 422호 한국여성정치연구소(02-706-6761) (학)1962년 영주여고졸 1966년 이화여대 정치외교학과졸 1968년 同대학원졸 1975년 미국 하와이대 대학원 정치외교학과졸 1981년 미국 프린스턴대 우드로윌슨스쿨 수료 1985년 정치학박사(이화여대) (경)1982년 이화여대 강사 1988년 미국 럿거스대 객원교수 1990~2000년 한국여성정치연구소 소장 1992년 한국정치학회 이사 1992~1997년 공명선거실천시민운동협의회 집행위원장 1994년 영국 옥스포드대 객원연구원 1995년 한국여성NGO위원회 공동대표 1996년 싱가포르 동남아연구소 객원연구원 1996~2000년 한국여성정보원 원장 1997~2003년 중앙선거관리위원회 위원 1998년 정치개혁시민연대 공동대표 1999년 시민개혁포럼 대표운영위원 1999년 한국시민단체협의회 공동대표 1999년 동티모르주민투표 UN선거관리위원 2000년 한국여성정치연구소 이사장(현) 2001년 동티모르 UN독립선거관리위원회 위원장 2001년 한국시민사회단체연대회의 공동대표 2001년 경희대 NGO대학원 객원교수 2002년 同경영대학원 베스트우먼아카데미 원장 2004~2008년 제17대 국회의원(비례대표, 새천년민주당 · 민주당 · 통합민주당) 2004년 새천년민주당 비상대책위원회 부위원장 2007년 민주당 최고위원 (상)국민포장(1999), 한국여성단체협의회 올해의 여성상(2001) (저)'한국지방자치연구' '현대한국정치론'(共) '한국의 정당'(共) '북한의 여성생활'(共) '리더쉽과 여성'(共) '북한여성-그 삶의 현장'(共) '꼼꼼한 정치, 확 트인 정치' '선거운동전략 25시' '지방의회와 여성엘리트'(共) '여성이 정치를 바꾼다' '동티모르의 탄생'(2003) '국회를 바꾸고 싶다'(2008) '세계에서 문화를 만나다'(2008) (역)'리더십과 정치' '소련의 여성과 정치' (종)기독교

**손봉원(孫烽源) SOHN Bong Won**

(생)1968·7·28 (본)밀양(密陽) (출)서울 (주)대전광역시 유성구 대덕대로 776 한국천문연구원 전파천문연구그룹(042-865-2173) (학)1987년 중동고졸 1992년 연세대 천문대기학과졸 1994년 同대학원 천문대기학과졸 2003년 전파천문학박사(독일 본대) 2004년 과학문화아카데미 리더십과정 수료 (경)1996~2002년 독일 본대 전파천문학연구소 연구원 2002~2004년 독일 막스플랑크(Max-Planck-Institute) 전파천문학연구소 Research Fellow 2004년 한국천문연구원 KVN사업그룹 선임연구원 2005년 과학기술연합대학원대(UST) 천문우주학과 조교수 2005년 미국 세계인명사전 'Marquis Who's Who in the World'에 등재 2006년 한국천문연구원 선임연구원 2009년 과학기술연합대학원대(UST) 천문우주학과 부교수, 연세대 대학원 천문우주학과 객원교수(현), 과학기술연합대학원대(UST) 천문우주학과 전임교수(현), 한국천문연구원 책임연구원(현) (상)과학기술연합대학원대 최우수교수상(2011) (종)가톨릭

**손봉호(孫鳳鎬) SON Bong Ho**

(생)1938 · 8 · 18 (본)경주(慶州) (출)경북 포항 (주)서울특별시 중구 동호로 240 환경빌딩 B1 (사)나눔국민운동본부(070-7710-6300) (학)1957년 경주고졸 1961년 서울대 영어영문학과졸 1965년 미국 웨스트민스터신학교 대학원 신학과졸 1972년 철학박사(네덜란드 자유대) (경)1966~1973년 네덜란드 자유대 철학부 조교 · 전임강사 1973~1983년 한국외국어대 화란어과 조교수 · 부교수 및 철학과 교수 1983~1993년 서울대 사범대학 사회교육학과 조교수 · 부교수 1985~1997년 한국간행물윤리위원회 부위원장 1990~1999년 한국칸트철학연구회 회장 1991년 기독교윤리실천운동 이사장 1992년 공명선거실천시민운동협의회 집행위원장 1992~2003년 밀알복지재단 이사장 1993~2003년 서울대 사범대학 사회교육과 교수 1993년 샘물호스피스 이사장(현) 1994~1997년 경제정의실천시민연합 공동대표 1995~2005년 세계밀알연합회 이사장 1995~1998년 정보통신윤리위원회 위원장 1995~2000년 한국시민운동협의회 공동대표 1997년 경제정의실천시민연합 고문(현) 1998~2000년 기독교윤리실천운동 공동대표 1998~2004년 한국기독교철학회 회장 1999~2015년 국제학생회 이사장 2000~2003년 사회복지법인 아이들과미래 이사장 2000년 푸른아시아 이사장(현) 2001~2002년 한국철학회 회장 2002~2005년 공명선거실천시민운동협의회 상임공동대표 2003년 서울대 사범대학 명예교수(현) 2003~2004년 학교법인 한성학원(한성대) 이사장 2003~2004년 광역단체분쟁조정위원회 위원장 2003~2007년 서울시 공직자윤리위원장 2004~2016년 대검찰청 감찰위원장 2004~2008년 동덕여대 총장 2005~2012년 KBS 강태원복지재단 이사장 2005~2008년 세종문화회관 이사장 2005년 대산신용호기념사업회 이사장(현) 2008년 고신대 석좌교수(현) 2009년 기독교세계관학술동역회 이사장 2009~2011년 한국방송공사(KBS) 시청자위원장 2011년 (사)나눔국민운동본부 대표(현) 2013년 일가재단 이사장(현) 2014년 국방부 중앙전공사망심사위원장(현) 2015년 성산장기려선생기념사업회 이사장(현) 2015년 국제구호단체 기아대책 이사장(현) 2015~2019년 한국국제장애인무욕축제(kIADA) 대회장 2015~2016년 대통령소속 국가생명윤리심의위원회 생명존중헌장제정을위한특별위원장 2016년 조선일보 윤리위원장(현) (상)현대수필문학상(1992), 島山人상(1996), 국민훈장 모란장(1998), 서울대 자랑스런동문상(2000), 웨스트민스터한국총동문회 자랑스런동문상(2012), 율곡문화상(2015), 제7회 민세(民世)상 사회통합부문(2016), 김태길수필문학상(2017), 서울대 사회봉사상(2018) (저)'Science and Person'(1972) '윗물은 더러워도'(1983) '나는 누구인가'(1986) '오늘을 위한 철학'(1986) '꼬집어 본 세상'(1990) '약한 자 편들기'(1991) '고통 받는 인간'(1995) '고상한 이기주의'(1998) '잠깐 쉬었다가'(2011, 홍성사) '한국사회의 발전과 기독교(共)'(2012) '답이 없는 너에게'(2014, 홍성사) (역)'현상학과 분석철학'(共) '몸 · 마음 · 정신'(共) '종교현상학입문'(共) '인성교육'(共) '종교와 현대과학의 출현'(1987) '약자중심의 윤리'(2016) '주변으로 밀려난 기독교'(2018) (종)기독교

**손부식(孫富植) SON Bu Sik**

(생)1961 · 4 · 8 (본)밀양(密陽) (출)경북 구미 (주)경상북도 울진군 울진읍 울진중앙로 28 울진경찰서(054-785-0331) (학)1979년 김천중앙고졸 1987년 영남대 영어영문학과졸 (경)1987년 경사 특채 2007년 대구북부경찰서 경비과장(경정) 2008년 대구남부경찰서 경비교통과장 2010년 대구지방경찰청 보안과 외사계장 2014년 同감찰계장 2016년 경북 봉화경찰서장(총경) 2017년 대구지방경찰청 청문감사담당관 직대 2019년 경북 울진경찰서장(현)

**손부한(孫富漢) SOHN, BU HAN**

(생)1963 · 4 · 6 (본)밀양(密陽) (출)충남 태안 (주)서울특별시 중구 한강대로 416 서울스퀘어 13층 세일즈포스코리아(02-6272-1434) (학)1982년 천안고졸 1986년 서울대 조선공학과졸 1995년 연세대 대학원 경영학과졸 2011년 서울대 경영대학원 최고경영자과정 수료 (경)1986~1990년 대우조선해양(주) 입사 · 과장 1991~1994년 한국HP 부장 1995~1999년 액센츄어컨설팅 이사 2000년 i2테크놀러지코리아 영업 · 마케팅담당 부사장 2004년 비즈니스오브젝티브코리아 지사장 2006년 머큐리인

터액티브 한국지사장 2007년 한국휴렛팩커드 BTO세일즈매니저(상무) 2008~2014년 SAP Korea 영업총괄 부사장 2015~2018년 아카마이코리아 대표이사 2019년 세일즈포스코리아 대표이사(현) (상)국무총리표창(2010) (저)'CIM 실천전략' 'Auto Marking Robot'

### 손삼석(孫三錫) SON Sam Seok

(생)1955 · 11 · 3 (출)부산 (주)부산광역시 수영구 수영로 427번길 39 천주교 부산교구청(051-629-8750) (학)1980년 광주가톨릭대 신학과졸 1982년 同대학원 역사신학과졸 1988년 이탈리아 우르바노대 대학원졸 1990년 성서신학박사(이탈리아 우르바노대) (경)1982년 사제 서품 1982년 범일본당 보좌신부 1983년 전포본당 보좌신부 1984년 同주임신부 1987년 필리핀 EAPI 연수 1992년 로마 성서대 연수 1994~2001년 부산가톨릭대 신학대학 교수 1996년 同영성수련원장 1998년 同대학원장 2001~2006년 同총장 2010~2018년 천주교 부산교구청 보좌주교 2018년 한국천주교주교회의 복음선교위원회 위원장(현) 2018년 同선교사목주교위원회 위원(현) 2018년 천주교 부산교구장 서리 2019년 同부산교구장(현) (상)청조근정훈장(2011) (저)'성서의 마흔열쇠'(1999, 영업서원) (종)가톨릭

### 손상원(孫祥源)

(생)1971 · 6 · 13 (출)서울 (주)서울특별시 용산구 서빙고로 137 국립박물관문화재단(02-2077-9700) (학)2009년 서경대 연극영화과졸 2012년 同경영대학원 문화예술경영학과졸 (경)2007년 (주)이다엔터테인먼트 대표이사 2010~2014년 (재)경기문화의전당 이사 2010년 (사)한국소극장협회 이사 2013년 (사)한국공연프로듀서협회 회장 2013~2017년 문화융성위원회 전문위원 2014년 국립자료원 이사 2014~2016년 기획재정부 민간자문위원 2015년 대통령소속 문화융성위원회 위원(2기) 2016년 (사)한국연극협회 이사 2016년 정동극장 극장장(상임이사) 2016년 국립박물관문화재단 비상임이사(현) (상)문화체육관광부장관표창(2012), 오늘의 젊은예술가상(2015) (작)뮤지컬 '해를품은달' '그날들' '락오브에이지' '페임' '달콤한 나의 도시' '샤인' '판타스틱스' '트라이앵글' 연극 '모범생들' '뜨거운바다' '연애시대' '극적인하룻밤' '늘근도둑 이야기' '멜로드라마' '환상동화' 등

### 손상철(孫相喆) SOHN Sang Cheol (평산)

(생)1940 · 2 · 5 (본)밀양(密陽) (출)경남 진주 (주)서울특별시 강서구 등촌로13아길 20 학교법인 인권학원(02-2644-3542) (학)1958년 진주사범학교졸 1984년 미국 뉴포트대 교육학과졸 1991년 성균관대 교육대학원 교육행정학과졸 2000년 일본 쓰쿠바대 대학원 교육학과 수료 (경)1958~1978년 부산중 · 부산 동래고 · 서울 여의도고 교사 1978~1981년 교육부 교육연구사 · 교육연구관 1981~1985년 駐일본대사관 교육관 1985~1988년 駐후쿠오카 영사 1988~1992년 교육부 장학관 1992~1994년 서울시교육청 중등장학관 1994~1997년 서울 개포중 교장 1997~2000년 일본 도쿄한국학교장 2000~2005년 서울 구룡중 · 신정여상 교장 2005년 (사)한국교육삼락회총연합회 사무국장 2006년 同사무처장 2007년 同사무총장 2014년 同상임이사 2014년 한국문학사 편찬위원 2014년 한국현대시인협회 이사(현) 2014~2015 同중앙위원 2014~2015년 학교법인 인권학원 이사장 2015년 同이사(현) 2015년 한국문인협회 전통문학연구위원 2015년 서초문인협회 이사 2017년 同부회장(현) (상)대통령표창(1981), 황조근정훈장(2002), 월간한국시 신인상(2007), 제19회 한국시문학대상(2008) (저)'한국 국어교육문제 연구'(1979, 예지각) '교육의 새 좌표를 찾아서'(2001, 교음사), 시집 '고독한 여행'(2008, 한국시사) '날 수 없는 새'(2009, 평음사) '회색도시의 풍경속에서'(2018, 문영사) (역)'가정교육면허증'(1993, 재능교육) (작)칼럼집 '아침을 열고' (종)불교

### 손상호(孫祥皓) SOHN Sang Ho

(생)1957 · 2 · 13 (본)일직(一直) (출)인천 (주)서울특별시 중구 명동11길 19 한국금융연구원 원장실(02-3705-6251) (학)1975년 경기고졸 1981년 고려대 경영학과졸 1983년 同대학원 경제학과졸 1989년 경제학박사(미국 오하이오주립대) (경)1990~1995년 산업연구원 연구위원 1995년 한국금융연구원 연구위원 2000~2008년 同선임연구위원 2001년 조흥은행 사외이사 2001년 금융감독위원회 자문관 2003년 대통령자문 정책기획위원회 위원 2004년 한국금융연구원 정책제도팀장 2005년 同연구총괄위원장 2006~2008년 同부원장 2007년 LG카드 사외이사 2008~2009년 금융감독원 전략기획본부장(부원장보) 2010~2012년 한국금융연구원 부원장 2012~2014년 同중소서민금융 · 소비자보호연구실 선임연구위원 2014~2018년 NH농협금융지주(주) 사외이사 2015년 한국금융연구원 금융혁신성평가센터장 2018년 同원장(현)

### 손석근(孫錫根) Son Seok-Keun

(생)1966 · 8 · 17 (주)서울특별시 영등포구 국제금융로 10 하나증권빌딩 10층 트러스톤자산운용 임원실(02-6308-0500) (학)1985년 인천 송도고졸 1992년 연세대 경영학과졸 (경)1992년 대한보증보험 자산운용팀 대리 1999년 동원증권 대리 1999년 국민연금공단 기금운용본부 증권운용실 채권팀장 2009년 同기금운용본부 운용전략실 위탁팀장 2011년 同기금운용본부 주식운용실 주식위탁팀장 2011년 同기금운용본부 채권운용실장 2012년 한화생명보험 투자전략본부 변액계정운용사업부 상무 2014년 트러스톤자산운용 채권운용부문 전무(CIO) 2015~2017년 BNK자산운용 대표이사 사장 2018년 트러스톤자산운용 채권 · 솔루션부문 총괄 부사장(현)

### 손석민(孫錫民) Seok-Min Son

(생)1967 · 5 · 11 (출)경기 수원 (주)충청북도 청주시 서원구 무심서로 377-3 서원대학교 총장실(043-299-8006) (학)1986년 경기과학고졸 1990년 연세대 공과대학 식품공학과졸 1992년 同대학원 식품공학과졸 1998년 식품공학박사(미국 퍼듀대) (경)1993~1998년 미국 퍼듀대 식품공학과 연구조교 1998~2001년 미국 코넬대 식품공학과 연구원 2001~2012년 호서대 식품생물공학과 교수 2002~2004년 한국산업식품공학회 편집간사 2003~2005년 호서대 식품생물공학전공 주임교수 2006~2012년 同식품생물공학과 학과장 2009~2011년 경기과학고총동문회 회장 2012년 서원대 총장(현) (상)베트남 호치민시 '인민위원회 공로훈장'(2017)

### 손석준(孫錫俊) SUKJOON SON

(생)1970 · 9 · 17 (본)밀양(密陽) (출)서울 (주)세종특별자치시 가름로 194 과학기술정보통신부 운영지원과(044-202-4144) (학)1989년 서울 충암고졸 1996년 홍익대 금속재료공학과졸 1998년 서울대 대학원 금속공학과졸 2000년 미국 카네기멜론대 대학원 재료공학과졸 2003년 재료공학박사(미국 카네기멜론대) (경)2003~2009년 삼성전자(주) 메모리사업부 책임연구원 2009년 산업기술연구회 평가팀장 2011~2013년 국가과학기술위원회 성과관리과장 2013년 미래창조과학부 연구성과확산과장 2015년 同네트워크진흥팀장 2017년 과학기술정보통신부 정보통신정책실 인터넷융합정책관 네트워크진흥팀장 2018~2019년 同기획조정실 정보보호담당관 2019년 해외파견(현) (상)국비유학 장학생(1997), 산업기술연구회이사장표창(2011), 국가과학기술위원장표창(2012), eASIA Award(2011), UN 공공행정상(2012), 문화체육관광부 데이터베이스품질대상(2012), 조선일보 올해의 앱 대상(2014) (종)기독교

## 손석천(孫錫仟) SON Suk Chun

(생)1965·11·8 (출)경북 경주 (주)대구광역시 수성구 동대구로 364 대구지방검찰청(053-740-4352) (학)1984년 금오공고졸 1990년 조선대 법학과졸 (경)1997년 사법시험 합격(39회) 2000년 사법연수원 수료(29기) 2000년 부산지검 동부지청 검사 2002년 전주지검 정읍지청 검사 2003년 인천지검 검사 2005년 서울중앙지검 검사 2008년 대구지검 검사 2010년 수원지검 안산지청 검사 2012년 수원지검 검사 2013년 同부부장검사 2013년 서울동부지검 부부장검사 2014년 인천지검 공판송무부장 2015년 광주지검 강력부장 2016년 창원지검 마산지청 부장검사 2017년 의정부지검 고양지청 형사2부장 2018년 대구지검 인권감독관 2018년 미국 국외훈련(현)

## 손석희(孫石熙) SOHN Suk Hee

(생)1956·6·20 (출)서울 (주)서울특별시 마포구 상암산로 48-6 JTBC 임원실(02-751-6600) (학)1975년 휘문고졸 1981년 국민대 국어국문학과졸 1999년 미국 미네소타주립대 대학원 저널리즘학과졸 (경)1985년 MBC '현장85 여기' 앵커 1985년 同'아침뉴스' 앵커 1985년 同'1분뉴스' 앵커 1986년 同'심야 0시뉴스' 앵커 1989년 同'뉴스센터' 앵커 1993년 同'선택 토요일이 좋다' MC 1994~1999년 同'생방송 아침만들기' MC·'뉴스투데이' 앵커·편성국 아나운서실 차장대우 1999년 同'아침뉴스 2000' 앵커 2000년 同'TV 와! e-멋진세상' MC 2000~2002년 성균관대 신문방송학과 겸임교수 2000~2013년 MBC FM라디오 '손석희의 시선집중' MC 2001년 同'TV미디어비평' 앵커 2002~2009년 同'100분 토론' 진행 2002~2005년 同아나운서2부장 2004~2006년 연세대 신문방송학과 겸임교수 2005~2006년 문화방송(MBC) 아나운서국장 2006년 성신여대 인문과학대학 문화정보학부 교수 2006년 同문화정보학부장 2007년 同인문과학대학 문화커뮤니케이션학부 교수 2009~2013년 同사회과학대학 미디어커뮤니케이션학과 교수 2013~2018년 JTBC 보도담당 사장 2013~2014년 同'News 9' 앵커 2015년 同뉴스룸 앵커(현) 2018년 同대표이사 사장(현) (상)한국방송대상 아나운서상(1995·2004), 한국아나운서대상(2003), 한국방송학회상(2006), 한국프로듀서연합회상(2006), 자랑스러운 북악언론인상(2006), 한국참언론인대상 시사토론부문(2007), 문화방송(MBC) 브론즈마우스상(2008), 2008 자랑스러운 휘문인(2009), 대한민국영상대전 MC부문 포토제닉상(2009), MBC연기대상 라디오부문 최우수상(2009), 한국방송대상 라디오진행자상(2012), 송건호 언론상(2014), 국민대총동문회 자랑스런 국민인상(2015), 한국천주교중앙협의회 가톨릭매스컴대상(2017), 심산상(2017) (저)'풀종다리의 노래'(1993) '세상은 꿈꾸는 자의 것이다(共)'(1995)

## 손선익(孫善益) SON SUN IK

(생)1963·10·20 (주)경기도 과천시 코오롱로 11 코오롱베니트 경영지원본부(02-3677-4477) (학)1981년 성의상업고졸 1985년 경북대 경영학과졸 (경)1987~2007년 (주)코오롱 경영관리팀장 2007~2012년 코오롱글로텍 경영지원본부장 2013년 코오롱베니트 경영지원본부장(전무)(현) 2014년 同IT혁신본부장

## 손성규(孫晟圭) Sohn Sungkyu

(생)1959·12·16 (본)밀양(密陽) (출)서울 (주)서울특별시 서대문구 연세로 50 연세대학교 경영대학(02-2123-2525) (학)1984년 연세대 경영학과졸 1986년 미국 캘리포니아주립대 버클리교 경영대학원졸 1992년 회계학박사(미국 노스웨스턴대) (경)1992년 미국 뉴욕시립대 Baruch College 조교수 1993년 미국 공인회계사 1993년 연세대 경영대학 회계학전공 교수(현) 2002~2005년 금융감독원 감리위원회 위원 2005~2008년 연세대 재무처장 2006~2010년 롯데쇼핑(주) 사외이사 2006~2008년 (주)와이비엠시사닷컴 비상근감사 2008~2010년 STX엔진 사외이사 2008~2010년 한국거래소 유가증권시장공시위원장 2009~2010년 한국회계기준원 회계기준위원회 비상임위원 2010~2013년 금융위원회 증권선물위원회 비상임위원 2012~2015년 연세대 상남경영원장 2013~2014년 유니온스틸 사외이사 겸 감사위원 2013년 SGI서울보증 사외이사 겸 감사위원장 2015·2017~2019년 제주항공 사외이사 겸 감사위원장 2016~2017년 한국회계학회 회장 2017년 현대건설기계 사외이사 겸 감사위원장(현) (상)한국공인회계사회 최우수논문상, 한국회계학회 선정 삼일저명교수 (저)'원가회계'(1996) '회계원리'(1999) '자본시장에서의 회계정보유용성 : 분석, 평가, 활용'(2003) '회계감사이론, 제도 및 적용'(2005) '수시공시이론, 제도 및 정책'(2008) '금융감독, 제도 및 정책'(2012) '회계환경, 제도 및 전략'(2014) '금융시장에서의 회계의 역할과 적용'(2016) '전략적 회계 의사결정'(2017, 박영사) (종)기독교

## 손성학(孫成學)

(생)1968·6·29 (출)경남 (주)부산광역시 남구 문현금융로 40 한국남부발전 감사실(070-7713-8021) (학)1987년 배정고졸 1996년 부산외대 외교학과졸 1998년 同대학원 정치학과졸 (경)2007~2008년 대통령비서실 의전비서관실 행정관 2011~2017년 (사)시민사회연구원 운영기획실장 2017~2018년 세상모든소통연구소 전략자문실장 겸 부소장 2018년 한국남부발전 상임감사위원(현)

## 손성현(孫聖鉉) SON Sung Houn

(생)1954·8·4 (출)전남 보성 (주)서울특별시 서초구 반포대로 110 산우빌딩 6층 법무법인 혜민(02-582-6694) (학)1973년 인천 송도고졸 1980년 경희대 법학과졸 (경)1982년 사법시험 합격(24회) 1984년 사법연수원 수료(14기) 1985년 수원지검 검사 1987년 광주지검 목포지청 검사 1988년 부산지검 동부지청 검사 1991년 서울지검 의정부지청 검사 1993년 창원지검 검사 1995년 서울지검 검사 1997년 광주지검 부부장검사 1998년 서울고검 검사 1999년 대구지검 조사부장 2000년 同형사3부장 2001년 사법연수원 교수 2003년 서울지검 공판1부장 2004년 청주지검 충주지청장 2005년 서울고검 검사 2006년 변호사 개업, 법무법인 상선 대표변호사 2009년 법무법인 혜민 대표변호사(현)

## 손성환(孫聖煥) Son Sung-hwan

(생)1955·3·23 (주)서울특별시 종로구 종로 38 서울글로벌센터 1303호 세계자연기금 한국본부(02-722-1601) (학)1978년 한국외국어대 불어과졸 2006년 서강대 공공정책대학원 환경정책과졸 2007년 연세대 행정대학원 최고위정책과정 수료 2009년 미국 노스웨스턴대 대학원 분쟁해결과정 수료 (경)1977년 외무고시 합격(11회) 1977년 외무부 입부 1980년 대통령비서실 파견 1982년 駐뉴욕 영사 1990년 미국 국방언어교육원 연수 1991년 駐러시아 1등서기관 1993년 駐카자흐스탄 참사관 1995년 외무부 환경기구과장 1996년 駐제네바 참사관 2000년 아시아·유럽정상회의(ASEM)준비기획단 파견 2001년 외교통상부 환경과학담당심의관 2002년 駐러시아 공사 2005년 외교안보연구원 구주·아프리카연구부장 2007년 駐시카고 총영사 2010년 한국외국어대 초빙교수 2011년 외교통상부 기후변화대사 2013년 외교부 기후변화대사 2013~2015년 駐스웨덴 대사 2016년 인천시 녹색기후기금(GCF) 자문대사 2017년 인천기후환경연구센터(ICERC) 상임고문 2018년 세계자연기금 한국본부(WWF-Korea) 이사장(현)

**손세일(孫世一) SONN Se Il** (淸溪)

(생)1935·6·10 (본)밀양(密陽) (출)부산 (주)서울특별시 영등포구 국회대로70길 7 동아빌딩 3층 한일문화교류기금(02-784-1023) (학)1954년 경남고졸 1959년 서울대 문리과대학 정치학과졸 1967년 미국 인디애나대 저널리즘스쿨 수료 1973년 일본 도쿄대 대학원 법학부 수료 (경)1958~1962년 사상계 기자·편집부장 1963년 조선일보 기자 1964~1971년 동아일보 신동아 차장·부장 1971~1980년 同논설위원 1979년 서울언론문화클럽 이사장 1981년 제11대 국회의원(서울 서대문·은평, 민주한국당) 1981년 민주한국당(민한당) 당무위원·서울시지부장 1982년 한·일의원연맹 부간사장 1983년 한일문화교류기금 이사(현) 1985~2016년 淸溪연구소장 1986년 민주화추진협의회 상임운영위원 1992년 제14대 국회의원(서울 은평甲, 민주당·새정치국민회의) 1992년 민주당 통일국제위원장 1995년 새정치국민회의(국민회의) 정책위원회 의장 1996년 제15대 국회의원(서울 은평甲, 국민회의·새천년민주당) 1996년 국회 통상산업위원장 1998년 국회 산업자원위원장 1998년 해외한민족연구소 이사·이사장 1998년 한·대만의원친선협회 회장 1998년 한·일의원연맹 부회장 1999년 국민회의 원내총무 1999년 국회 운영위원장 2000년 대한민국헌정회 회원(현) (상)우남 이승만 애국상(2014), 제6회 민세(民世)상(2015) (저)'이승만과 김구'(1970) '한국논쟁사(전5권·編)'(1976) '인권과 민족주의'(1980) '이승만과 김구(1부 1·2·3권)'(2008) '이승만과 김구(1~7권)'(2015, 조선일보뉴스프레스) (역)'현대정치의 다섯가지 사상'(1960, 사상계사) '트루먼 회고록(상·하)'(1968, 지문각) (종)기독교

**손세환(孫世煥) SON Sehwan**

(생)1960·8·1 (출)서울 (주)서울특별시 영등포구 여의대로 128 LG화학(02-3777-1114) (학)1979년 여의도고졸 1984년 연세대 화학공학과졸 1986년 同대학원 화학공학과졸 1994년 재료공학박사(미국 일리노이대) (경)1994~1995년 AT&T 벨연구소 근무 1995년 LG화학 입사·차장 2003년 同기술연구원 신소재연구소 연구위원(상무급) 2006년 同기술연구원 소재연구소 연구위원(상무급), 同기술연구원 정보전자소재연구소 연구위원(상무) 2013년 同기술연구원 정보전자소재연구소장(전무) 2015년 同기술연구원 재료연구소장(전무) 2019년 同고문실 전무(현) (종)기독교

**손수근(孫秀根) Son Soo Geun**

(생)1961·6·6 (출)대구 (주)서울특별시 강남구 테헤란로104길 21 (주)인디에프(02-3456-9000) (학)1980년 인창고졸 1984년 관동대 이학부졸 2008년 서울대 패션산업 최고경영자과정 수료 (경)1986년 논노 입사 1991년 (주)신원 입사 2005년 同숙녀복사업본부장(이사) 2006년 同내수영업본부장(전무) 2010년 同에벤에셀영업본부장(부사장) 2011~2013년 同에벤에셀부문 사장, (사)개성공단기업협회 부회장 2015년 (주)인디에프 대표이사 사장(현)

**손 숙(孫 淑·女) SON Sook**

(생)1944·5·13 (출)경남 밀양 (주)서울특별시 서초구 반포대로37길 59 대한민국예술원(02-3479-7223) (학)풍문여고졸 1965년 고려대 사학과 중퇴 1998년 同명예졸업, 연세대 언론홍보대학원 최고위과정 수료 (경)1967년 '동인극장' 연극 데뷔 1968년 '상복이 어울리는 엘렉트라' 주인공으로 데뷔 1969년 극단 '산울림' 창단단원 입단 1971년 국립극단 입단·MBC AM라디오 '여성시대' 진행자 1990년 영화 '단지 그대가 여자라는 이유만으로' 출연 1994년 MBC '문화집중' MC·일요아침드라마 '짝' 출연 1995년 영화 '개같은 날의 오후' 출연 1997년 '담배피우는 여자' 출연 1998년 대통령직속 여성특별위원회 민간위원 1998년 예술의전당 비상임이사 1999년 환경운동연합 공동대표 1999년 환경부 장관 1999년 밀양연극촌 이사장 2000년 (주)웨딩TV 대표이사 2001년 한·호주 영상관광산업협회 창립회장 2001년 하이텔아이스쿨 교장 2002년 아름다운가게 공동대표 2003년 SBS라디오 '손숙·김범수의 아름다운 세상' 진행 2004년 아시아나국제단편영화제집행위원회 위원장 2005년 同이사장 2005년 영화 '극장전' 출연 2006년 단국대 연극영화과 초빙교수 2006년 삼성고른기회장학재단 이사 2006년 MBC라디오 '여성시대' 진행 2007년 (주)웨디안(결혼정보회사) CEO 2010년 (재)국립극단 이사 2010년 DMZ다큐멘터리영화제 조직위원 2011년 한국방송예술진흥원 부학장 2011~2012년 아름다운가게 이사장, 同고문(현) 2013~2019년 마포문화재단 이사장 2016년 대한민국예술원 회원(연기·현) 2018년 예술의전당 이사장(현) (상)대한민국연극제 여우주연상(1986), 한국일보 연극영화상 여우주연상(1991), 청룡영화제 여우조연상(1991), 베스트드레서 백조상(1997), 이해랑연극상(1997), 서울시 문화상(1998), 문화훈장 대통령표창 및 올해의 배우상(1998), 은관문화훈장(2012), 제3회 아름다운예술인상 연극예술인상(2013), 밀양시민대상 문화부문(2015) (저)'마음에 상처 없는 사람은 없지요' '벼랑끝에서 하늘을 보다' '무엇이 이토록 나를' '울며 웃으며 함께 살기' '사랑아 웃어라(共)'(2006) '손숙의 아주 특별한 인터뷰'(2007) (작)'홍당무' '파우스트' '상복이 어울리는 엘렉트라' '느릅나무 그늘의 욕망' '헨리8세와 그 여인들' '베르나르다알바의 집' '오해' '신의 아그네스' '동지섣달 꽃 본 듯이' '셜리발렌타인' '리어왕' '위기의 여자' 에세이 '무엇이 이토록 나를' '여성수첩' '그 여자' '세여자' '메디슨카운티의 추억' '밤으로의 긴 여로'(2009) (종)천주교

**손숙미(孫淑美·女) SON Sook Mee**

(생)1954·9·10 (출)경남 거제 (주)경기도 부천시 지봉로 43 가톨릭대학교 생활과학부 식품영양학전공(02-2164-4318) (학)1973년 경남여고졸 1977년 서울대 식품영양학과졸 1979년 同대학원 식품영양학과졸 1984년 영양학박사(미국 노스캐롤라이나대) (경)1989~1990년 미국 텍사스대 의대 영양학교실 Research Fellow 1989~1995년 성심여대 식품영양학과 조교수 1995년 가톨릭대 식품영양학과 부교수 1999년 同생활과학부 식품영양학전공 교수(현) 2000~2001년 미국 코넬대 영양학부 객원교수 2001년 가톨릭대 생활과학부 학부장 2004년 대한영양사회 학술위원장 2006~2008년 경기도의회 의원(비례대표, 한나라당) 2008년 대한영양사협회 회장 2008~2012년 제18대 국회의원(비례대표, 한나라당·새누리당) 2008년 국회 보건복지위원회 위원 2008년 국회 여성가족위원회 위원 2009년 한나라당 정책조정위원회 부위원장 2010년 同원내부대표 2010년 국회 운영위원회 위원 2011년 한나라당 직능특별위원회 부위원장 2011~2012년 국회 저출산특별위원회 위원 2012년 새누리당 부천원미乙당원협의회 운영위원장 2012년 제19대 국회의원선거 출마(부천 원미구乙, 새누리당) 2012년 대한영양사협회 부회장 2013~2016년 인구보건복지협회 회장 2014년 대한지역사회영양학회 회장 2015년 同고문(현) 2018년 (재)한국영양교육평가원 원장(현) (상)한국영양학회 우수논문학술상, 자랑스러운 국회의원상(2011), 대한민국 헌정우수상(2011) (저)'영양교육과 상담의 실제(共)'(라이프사이언스) '임상영양학(共)'(교문사) '다이어트와 체형관리'(교문사) '식사요법과 실습(共)'(교문사) '소금, 알고 먹으면 병 없이 산다'(한언출판사) (종)가톨릭

**손순혁(孫淳爀) SON Soon Hyuk**

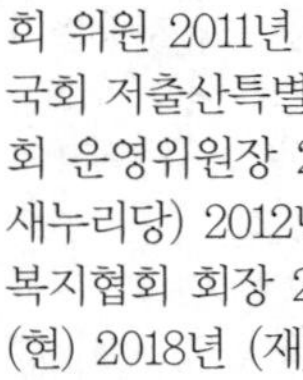

(생)1960·9·15 (출)경북 월성 (주)대구광역시 수성구 동대구로 364 대구고등검찰청(053-740-3300) (학)1979년 대구 대륜고졸 1984년 한양대 법학과졸 1986년 同대학원 법학과졸 (경)1986년 사법시험 합격(28회) 1989년 사법연수원 수료(18기) 1992년 대구지검 검사 1994년 同김천지청 검사 1995년 서울지검 남부지청 검사 1997년 부산지검 동부지청 검사 1999년 대구지검 검사 2001년 同부부장검사 2001년 대구고검 검사 2003년 울산지검 형사2부장 2004년 대구지검 형사4부장 2005년 대구고검 검사 2006년 부산지검 형사3부장 2007년 대구지검 형사

2부장 2007년 대구고검 검사 2007~2008년 미국 파견 2012년 부산고검 검사 2014년 대구고검 검사 2017년 부산고검 검사 2018년 대구고검 검사(현) 2018년 同차장검사 직대

### 손승온(孫丞瑥 · 女)

(생)1973 · 10 · 28 (출)경기 구리 (주)경기도 고양시 일산동구 호수로 550 사법연수원(031-920-3114) (학)1992년 숙명여고졸 1996년 고려대 법학과졸 (경)1998년 사법시험 합격(40회) 2001년 사법연수원 수료(30기) 2001년 서울지법 판사 2003년 서울가정법원 판사 2005년 청주지법 판사 2008년 수원지법 여주지원 판사 2011년 서울중앙지법 판사 2013년 서울서부지법 판사, 서울남부지법 판사 2016년 대구지법 부장판사 2018년 인천지법 부장판사 2019년 사법연수원 교수(현)

### 손승철(孫承喆) SON Seung Cheul

(생)1952 · 3 · 31 (본)경주(慶州) (출)서울 (주)강원도 춘천시 강원대학길 1 강원대학교 사학과(033-850-8210) (학)1970년 서울고졸 1977년 성균관대 사학과졸 1979년 同대학원졸 1990년 문학박사(성균관대) (경)1977년 성균관대 조교 1979년 서울시 사편찬위원회 연구원 1980년 영남대 국사학과 전임강사 1981~2017년 강원대 사학과 조교수 · 부교수 · 교수 1985년 일본 北海島大 연구원 1992년 일본 東京大 객원교수 1994~1996년 한일관계사학회 회장 2001~2003년 강원대 박물관장 2003~2005년 한일역사공동연구위원회 위원 2003~2004년 한국독서인증센터장 2006년 강원대 인문과학연구소장 2007~2008년 同학생입학처장 2007~2010년 한일역사공동연구위원회 총간사 2009년 미국 세계인명사전 'Marquis Who's Who in the World' 2010년판에 등재 2009년 국사편찬위원회 위원 2010년 일본 구주대 연구교수 2010년 한국이사부학회 회장 2013~2014년 대통령소속 문화융성위원회 인문정신문화특별위원회 위원 2014년 동북아역사재단 자문위원 2015~2016년 광복70년기념사업추진위원회 위원 2017년 강원대 사학과 명예교수(현) (상)강원도문화상 학술부문(2012) (저)'조선시대 한일관계사연구' '근세 한일관계사연구' '동아시아 속의 중세 한국과 일본' '해동제국기의 세계' '조선통신사-일본과 통하다' '한일역사의 쟁점' (역)'한일관계 사료집성(전32권)' '조선통신사' (종)천주교

### 손승현(孫承鉉) SON Seung Hyun

(생)1965 · 6 · 19 (출)충북 청주 (주)세종특별자치시 가름로 194 과학기술정보통신부 감사관실(044-202-4050) (학)1984년 충북 운호고졸 1991년 한양대 행정학과졸 (경)1994년 행정고시 합격(37회) 2003년 춘천우체국장, 정보통신부 기획관리실 경영분석담당관, 同정보화기획실 기획총괄과 근무, 同정보화지원과 근무, 同우정사업본부 경영기획실 근무 2006년 同정보통신정책본부 중소기업지원팀장 2007년 同정책홍보관리본부 법무팀장 겸 IT중소벤처기업지원총괄팀장 2008년 방송통신위원회 중앙전파관리소 지원과장 2009년 호주 직무파견(서기관) 2010년 방송통신위원회 뉴미디어정책과장 2011년 同감사담당관 2012년 同방송정책기획과장 2013년 미래창조과학부 통신정책국 통신정책기획과장 2015년 同기획조정실 기획재정담당관 2016년 同운영지원과장(부이사관) 2017년 국가공무원인재개발원 교육훈련(고위공무원) 2018년 과학기술정보통신부 우정사업본부 경영기획실장 2018년 同감사관(현)

### 손승혜(孫承惠 · 女) SOHN Seung Hye

(생)1964 · 7 · 7 (출)서울 (주)서울특별시 광진구 능동로 209 세종대학교 미디어커뮤니케이션학과(02-3408-3706) (학)1988년 서울대 영어영문학과졸 1990년 同대학원 신문학과졸 1997년 언론학박사(미국 텍사스주립대) (경)1990~1992년 평화방송 프로듀서 1991~1992년 뉴스위크 제작위원 1997~1998년 방송위원회 객원연구원 1999~2000년 한국언론재단 연구위원 2000년 세종대 미디어커뮤니케이션학과 교수(현) 2016년 (사)한국여성커뮤니케이션학회 회장 2017년 세종대 사회과학대학장(현) (저)'TV 저널리즘과 뉴스가치 I : 한국, 영국, 미국 TV뉴스 내용분석'(1999) 'TV 저널리즘과 뉴스가치 II : 편집실험-기자와 수용자의 인식비교'(1999) '디지털 시대의 뉴스전문채널'(2000) '디지털 컨버전스'(2004) '컨버전스와 미디어세계'(2005)

### 손양훈(孫良薰) SONN Yang Hoon

(생)1958 · 9 · 13 (본)경주(慶州) (출)대구 (주)인천광역시 연수구 아카데미로 119 인천대학교 글로벌법정경대학 경제학과(032-835-8537) (학)1977년 경북고졸 1982년 연세대 경제학과졸 1984년 同대학원 경제학과졸 1989년 경제학박사(미국 플로리다대) (경)1990~1998년 에너지경제연구원 연구위원 1998~2013년 인천대 동북아경제통상대학 경제학과 교수, 통상산업부 장기전력수급 심사위원, (주)신일건업 사외이사 2007년 한국자원경제학회 편집위원장 · 부회장 2007~2013년 (주)경동도시가스 사외이사 2007년 산업자원부 전기위원회 경제학계 대표위원 2009~2010년 대통령직속 녹색성장위원회 위원 2010년 지식경제부 전기위원회 위원 2010년 국가미래연구원 환경 · 에너지분야 발기인 2013년 제18대 대통령직인수위원회 경제2분과 전문위원 2013~2014년 대통령자문 국민경제자문회의 창조경제분과 민간위원 2013~2014년 에너지경제연구원 원장 2015년 한국자원경제학회 회장 2015년 인천대 글로벌법정경대학 경제학과 교수(현) 2015~2017년 대통령자문 국민경제자문회의 혁신경제분과 위원장 2015~2018년 한국가스공사 사외이사 2018년 인천대 글로벌법정경대학장(현) (저)'표류하는 한국경제 활로는 없는가'(2004) '한국의 경제정책'(2005)

### 손연기(孫鉛技) SON Yeon Gi

(생)1958 · 11 · 4 (본)경주(慶州) (출)강원 강릉 (주)서울특별시 관악구 관악로 1 서울대학교 행정대학원(02-880-4143) (학)1977년 경신고졸 1984년 고려대 심리학과졸 1988년 미국 유타주립대 대학원 사회학과졸 1992년 미국 텍사스A&M대 대학원 사회학과졸 1994년 사회학박사(미국 텍사스A&M대) (경)1989~1994년 미국 텍사스대 연구조교 1995년 고려대 경영대학원 강사 1995~1999년 한국정보문화센터 정책연구실장 · 정보문화기획본부장 1999~2002년 숭실대 사회과학대학 정보사회학과 교수 · 학과장, 同명예교수(현) 2000년 대통령직속 전자정부특별위원회 실무위원 2001~2007년 정보통신윤리위원회 위원 2001년 국무총리실 정보화평가위원 2001년 인문사회연구회 기관경영평가위원 2001년 정보통신부 정책평가및심사위원 2001~2002년 숭실대 사이버연구센터장 2001~2002년 행정자치부 정책자문위원 2002년 한국정보문화센터 소장 2002~2009년 정보통신접근성향상표준화포럼 의장 2003~2009년 유네스코 한국위원회 집행위원 2003~2009년 한국정보문화진흥원(KADO) 원장 2004년 2004대한민국과학축전조직위원회 공동대표 2005년 사이버명예시민운동 공동준비위원장 2005년 국회 과학기술정보통신위원회 정책자문위원 2005~2006년 문화관광부 2010게임산업전략위원회 위원 2006~2009년 UN ITU DIGITAL OPPORTUNITY FORUM 사무총장 2007~2009년 정보통신국제협력진흥원 이사 2007~2012년 행정안전부 정보화분과 자문위원 2008년 해군본부 정보화분과 자문위원 2009년 사이버정화운동i클린 공동추진위원 2009~2010년 대통령소속 국가정보화전략위원회 위원 2010년 전자신문 객원논설위원 2010~2014년 고려대 정보보호대학원 · 서울시립대 도시사회학과 초빙교수 2010~2013년 정보통신윤리학회 회장 2014년 한국보안윤리학회 명예회장 2014년 한국정책재단 이사 2014~2015년 ICT폴리텍대학 학장 2015~2018년 한국지역정보개발원(KLID) 원장 2015년 여성가족부 청소년보호위원회 위원 2015년 공공데이터전략위원회 위원 2016년 국토교통부 유비쿼터스도시위원회 위원 2016

년 행정자치부 민관협력포럼 공동의장 2016년 同전자정부추진위원회 위원 2016년 同전자정부수출진흥협의회 위원 2016년 미래창조과학부 민관합동 소프트웨어TF 민간팀원 2017년 여성가족부 청소년보호위원회 위원장(현), 서울대 행정대학원 객원교수(현) 2019년 한국보안윤리학회 회장(현) (상)정보통신부장관표창(1998), 대통령표창(2000), 캄보디아 국민훈장(2003), 세계정보기술서비스연합(WITSA) Global IT Excellence Award(2004), 글로벌신지식경영인(2005), 신한국인대상(2005), 하이테크어워드 공로부문(2006), 정부산하기관경영평가 2년연속1위 정보통신부장관표창(2006), 한국최고의리더대상(2006), 대한민국퍼플오션경영대상(2007), 한국최고의경영자대상(2008), 국민훈장 동백장(2008), 대한민국글로벌경영인대상(2008), 한국경제를 움직이는 CEO대상(2017) (저)'한국의 지역정보화 정책' '정보문화 지수개발에 관한 연구' '정보사회와 정보문화'(1999) '인간과 사회'(2000) '노인복지와 정보화'(2004) (종)기독교

## 손 열

(생)1961 · 10 · 16 (주)서울특별시 서대문구 연세로 50 연세대학교 새천년관 510호 국제학대학원(02-2123-4183) (학)1985년 서울대 공과대학졸 1989년 미국 시카고대 대학원 정치학과졸 1994년 정치학박사(미국 시카고대) (경)2001~2005년 중앙대 국제협력교수, 연세대 국제학대학원 교수(현), 한국정치학회 이사, 외교부 자문위원, 동북아역사재단 자문위원, 국립외교원 자문위원, 한국국제정치학회 이사 2012년 동아시아연구원 지구넷21 회장 2012년 연세대 국제학대학원장 2012년 (재)동아시아연구원 일본연구센터 소장 2012년 한국현대일본학회 회장 2012~2016년 연세대 학장 2018년 (재)동아시아연구원(EAI) 원장(현) 2019년 한국국제정치학회 회장 2019년 연세대 국제학연구소장(현) (저)'일본'(2003, 나남) '근대한국의 사회과학 개념 형성사 2(共)'(2012, 창비) '일본 부활의 리더십'(2013, EAI)

## 손영권(孫榮權)

(생)1956 · 3 · 19 (출)서울 (주)서울특별시 서초구 서초대로74길 11 삼성전자(주)(02-2255-0114) (학)1979년 미국 펜실베이니아대 전기공학과졸 1983년 미국 매사추세츠공과대(MIT) 경영대학원졸 (경)1983년 인텔 입사 1984년 同한국지사장 1992년 퀀텀 아시아태평양지사장 1999년 同기업 · 개인용저장장치그룹(EPSG) 사장 2000년 하이닉스반도체 사외이사 2003년 애질런트테크놀로지스 반도체사업부문(SPG) 사장 2006년 파노라마캐피털 대표파트너 2012년 삼성전자(주) 삼성전략혁신센터(SSIC)장(사장)(현) 2017년 同최고전략책임자(CSO) 겸임(현) 2017년 하만 이사회 의장 겸임(현)

## 손영기(孫榮基) SON Young Ki

(생)1953 · 10 · 1 (본)밀양(密陽) (출)부산 (주)서울특별시 서대문구 연세로 50 연세대학교 법인본부(02-2123-5065) (학)1971년 삼선고졸 1978년 연세대 화학공학과졸 (경)1978년 호남정유(주) 기술판매부 입사 1999년 LG칼텍스정유(주) 윤활유부문장(상무) 2000년 同법인영업부문장(상무) 2004~2018년 연세대 화공 · 생명공학과 겸임교수 2005년 LG칼텍스정유(주) 부사장 2005~2007년 GS칼텍스(주) 가스 · 전력사업본부장(부사장) 2008~2015년 GS파워(주) 대표이사 사장 2009년 아시아클린에너지펀드 대표 2011년 한국지역냉난방협회 회장 2014년 한국화학공학회 수석부회장 2014년 (사)민간발전협회 비상근감사 2015년 한국화학공학회 회장 2015년 GS E&R 대표이사 사장 2015~2016년 GS EPS 대표이사 2017~2018년 (주)GS E&R 대표이사 부회장 2017년 (사)한국풍력산업협회 회장(현) 2018년 연세대 법인본부장(현) (상)국가환경경영대상 산업포장(2009), 한국화학공학회 공로상(2017) (종)불교

## 손영래(孫永來) SON Young Lae

(생)1946 · 2 · 2 (출)전남 보성 (주)서울특별시 강남구 테헤란로 145 우신빌딩 법무법인 서정(02-311-1141) (학)1965년 광주고졸 1973년 연세대 행정학과졸 (경)1972년 행정고시 합격(12회) 1984년 제주세무서장 1986년 부산진세무서장 1989년 서울지방국세청 국제조세과장 1990년 수원세무서장 1993년 남대문세무서장 1996년 국세청 부가가치세과장 1997년 서울지방국세청 조사2국장 1999년 국세청 조사국장 2000년 서울지방국세청장 2001~2003년 국세청장 2005년 법무법인 서정 고문(현) 2015년 국도화학(주) 사외이사(현) 2017~2018년 효성그룹 사외이사 겸 감사위원 2018년 (주)효성 사외이사(현)

## 손영래(孫映萊) Son Young Rae

(생)1974 · 3 · 1 (주)세종특별자치시 도움4로 13 보건복지부 예비급여과(044-202-2118) (학)2002년 부산중앙고졸 2009년 서울대 의대졸 (경)2009년 보건복지부 보건의료정책실 공공의료과장 2010년 同사회정책선진화기획관실 사회정책분석담당관 2012년 同보건의료정책실 보건의료현안대응TF팀장 2012년 同보건의료정책실 건강정보TF 총괄제도팀장 2013년 同건강보험정책국 보험급여과장 2014년 同건강보험정책국 보험정책과장 2015년 同건강보험정책국 보험급여과장 2017년 同보건의료정책관실 의료자원정책과장 2017년 대통령정책실 사회수석비서관실 사회정책비서관실 행정관 2018년 보건복지부 예비급여과장(현)

## 손영배(孫榮培) Son Yeongbae

(생)1972 · 7 · 14 (출)경북 칠곡 (주)서울특별시 서초구 반포대로 158 서울고등검찰청 총무과(02-530-3261) (학)1991년 대구 경신고졸 1995년 연세대 법학과졸 1999년 서울대 법학대학원 수료 (경)1996년 사법시험 합격(38회) 1999년 사법연수원 수료(28기) 1999년 수원지검 성남지청 검사 2001년 대구지검 김천지청 검사 2003년 대구지검 검사 2005년 서울중앙지검 검사 2005년 대검찰청 공적자금비리합동단속반 파견 2008년 수원지검 안산지청 검사 2011년 同안산지청 부부장검사 2011년 법무부 법질서선진화과 검사 겸임 2012년 서울중앙지검 부부장검사 2013년 인천지검 부부장검사 2013년 광주지검 순천지청 부장검사 2014년 대검찰청 형사2과장 2015년 서울북부지검 형사5부장 2016년 서울중앙지검 첨단범죄수사제1부장 2017년 同부장검사(부패범죄특별수사단 팀장) 2018년 대검찰청 검찰연구관 2018년 同국제협력단장 겸임 2019년 서울고검 검사(현) (종)기독교

## 손영식(孫永植)

(생)1963 · 2 (출)경기 부천 (주)서울특별시 중구 소공로 48 (주)신세계디에프(02-6048-5353) (학)1981년 대구 심인고졸 1988년 서강대 경제학과졸 2007년 연세대 대학원 경영학과졸 (경)1987년 (주)신세계백화점 입사 2006년 同MD3담당 해외명품팀장 2007년 (주)신세계 백화점부문 MD3담당 상무보 2009년 同백화점부문 MD3담당 상무 2012년 同상품본부장(부사장보) 2014년 同패션본부장(부사장보) 2015년 (주)신세계디에프 사업총괄 겸 영업담당 부사장 2017년 同대표이사(현) 2019년 同영업지원본부장 겸임(현)

## 손영식(孫榮飾) SON Young Sik

(생)1965 · 6 · 2 (출)경남 밀양 (주)대전광역시 서구 청사로 189 특허청 운영지원과(042-481-5520) (학)1984년 경남 밀성고졸 1990년 한양대 법학과졸 1996년 국방대학원 국방관리학과졸(석사) 2002년 충남대 특허법무대학원 특허법무과졸(석사) 2006년 미국 워싱턴주립대 법학대학원 지식재산권(IP)

법학과졸(석사) 2014년 한남대 일반대학원졸(법학박사) (경)1992년 행정고시 합격(36회) 1993년 중앙공무원교육원 수습사무관(교육파견) 1997년 특허청 정보기획과 사무관 2000년 同산업재산정책과 서기관 2001년 同국제지식재산연수원 교육과장 2002년 同정보자료관실 정보개발담당관 2003년 同공보담당관 2004년 특허심판원 심판관 2005년 국외훈련(미국 워싱턴주립대) 2007년 특허청 국제상표심사팀장 2008년 同산업재산진흥과장 2009년 특허심판원 심판관 2010년 특허청 대외협력고객지원국 고객협력총괄과장 2011년 同고객협력국 고객협력정책과장(부이사관) 2011년 同상표디자인심사국 상표심사정책과장 2012년 국가지식재산위원회 지식재산전략기획단 지식재산진흥관 2013년 특허심판원 심판관 2014년 同심판장(고위공무원) 2016년 특허청 기획조정관 2018년 특허심판원 심판3부 심판장 2018년 국외훈련 파견(고위공무원)(현) (저)'디자인보호법 주해(共)'(2015) '상표법 주해(共)'(2018) '상표판례 총람(共)'(2018)

## 손영익(孫瑛翼) Son Young-Ik

(생)1963·3·27 (주)서울특별시 강남구 일원로 81 삼성서울병원 이비인후과(02-3410-3579) (학)1987년 서울대 의대졸 1991년 同대학원 의학석사 1999년 의학박사(서울대) (경)1987~1991년 서울대병원 인턴·이비인후과 레지던트 1991~1994년 육군 軍의관 1994~1997년 삼성서울병원 이비인후과 전문의 1997년 성균관대 의대 이비인후과학교실 조교수·부교수·교수(현) 1999~2001년 미국 피츠버그대 암연구소 연수 2006년 대한음성언어의학회 총무이사·홍보이사 2006년 대한두경부외과학회 상임위원 2006년 미국 MD Anderson 암센터 이비인후과 교환교수 2006년 미국 피츠버그대 메디컬센터 이비인후과 교환교수 2007년 삼성서울병원 두경부암팀장 2009~2013년 同삼성암센터 두경부암센터장 2011~2015년 同이비인후과장 2013~2017년 同SMC파트너즈센터장 2013~2017년 同암병원 두경부암센터장 2015~2017년 대한후두음성언어의학회 회장 2017년 同고문위원(현) 2017년 삼성서울병원 QI실장(현)

## 손영준(孫榮晙) SON Young Jun

(생)1965·12·7 (본)밀양(密陽) (출)대구 (주)서울특별시 성북구 정릉로 77 국민대학교 사회과학대학 언론정보학부(02-910-1311) (학)1983년 대구 영신고졸 1987년 서울대 외교학과졸 1989년 同행정대학원 정책학과졸 2003년 매스컴학박사(미국 인디애나대) (경)1991년 연합통신 기자 1995년 대구방송 기자 2000년 미국 인디애나대 저널리즘스쿨 부강사 2001년 同연구원 2003년 국민대 사회과학대학 언론정보학부 교수(현), 同주임교수, 同언론정보학부장 2003년 한국사이버커뮤니케이션학회 연구이사 2004년 한국언론학회 총무이사 2006년 한국언론재단 언론교육원 자문위원 2006년 국민대 정치대학원 주임교수 2007년 同신문방송사 주간 2009년 미국 조지워싱턴대 Visiting Scholar 2010년 한국방송공사(KBS) 공정성·독립성확보방안연구위원회 위원장 2011~2014년 언론중재위원회 서울제3중재부 위원 2012년 同시정권고위원 2012년 한국방송공사(KBS) 제18대 대선 방송 자문위원 2012년 사용후핵연료정책포럼 위원 2012년 채널A 시청자위원 2014~2016년 국민대 교무처장 2014년 방송통신연구 편집이사 2014~2017년 뉴스통신진흥회 이사 2019년 국민대 교무처장(현) (저)'매스미디어와 정보사회(共)'(2004, 커뮤니케이션북스) '현대 정치커뮤니케이션 연구(共)'(2006, 나남)

## 손영진(孫榮振)

(생)1964·2·28 (출)대구 (주)대구광역시 수성구 무학로 227 대구지방경찰청 112종합상황실(053-804-7044) (학)1982년 대구 오성고졸 1986년 경찰대졸(2기) 1988년 서울대 행정대학원 행정학과졸 1996년 미국 미시간주립대 대학원 범죄학과졸 (경)1986년 경위 임용 2009년 경찰청 외사국 외사기획 주재관(총경) 2010년 駐영국대사관 주재관(참사관) 2011년 강원 철원경찰서장 2012년 駐LA총영사관 주재관 2015년 경북지방경찰청 보안과장 2016년 대구 수성경찰서장 2016년 대구지방경찰청 청문감사담당관 2017년 대구 동부경찰서장 2019년 대구지방경찰청 112종합상황실장(현)

## 손영택(孫英澤) SOHN Young Taek

(생)1955·1·6 (본)경주(慶州) (출)서울 (주)서울특별시 도봉구 삼양로144길 33 덕성여자대학교 약학대학 약학과(02-901-8385) (학)1973년 중앙고졸 1977년 서울대 제약학과졸 1981년 同대학원졸 1986년 이학박사(독일 브라운슈바이크대) (경)1980년 한국인삼연초연구소 연구원 1981년 (주)대웅제약 개발부 주임 1986~1987년 충북대·덕성여대 시간강사 1987~1992년 강원대 약학과 조교수·부교수 1989년 同보건진료소장 1991년 同약학과장 1992년 덕성여대 약학대학 약학과 교수(현) 2001년 同학생처장 2002~2005년 同약학대학장 2002년 한국약학대학협의회 부회장 2003년 대한약학회 이사 2005년 한국약학대학협의회 회장 2007년 한국약제학회 회장 2010년 교육부 고등교육평가인증인정기관소위원회 위원 2011년 건강보험심사평가원 약제급여평가위원회 위원장 (상)한국약제학회 학술장려상(1991), 한국과학기술단체총연합회 우수논문상(1998), 한국약제학회 학술상(1999), 식품의약품안전청장표창(2003), 동암 약의상 의학부문(2014) (저)'약제학' '제제학' '조제학' '제제공학' (종)기독교

## 손영환(孫泳煥) Sohn Young Hwan

(생)1969·2·27 (본)밀양(密陽) (출)경북 김천 (주)경기도 안산시 단원구 선부광장1로 158 안산세관(031-8085-3800) (학)1987년 대전 보문고졸 1993년 영국 리치먼드대 국제경영학과졸 1999년 한국개발연구원(KDI) 국제정책대학원 경제정책과졸(석사) (경)5급 경력직 채용 2007년 인천세관 심사관 2008년 관세청 교역협력과 사무관 2009년 서기관 승진 2011년 관세청 교역협력과장 2014년 駐호치민 영사(서기관) 2017년 관세청 정보협력국 국제협력팀장 2017~2019년 인천본부세관 자유무역협정총괄과장 2019년 안산세관장(현)

## 손옥동(孫玉東) SON Ok Dong

(생)1958·8·5 (출)경남 (주)서울특별시 영등포구 여의대로 128 LG트윈타워 LG화학 기초소재사업본부(02-3773-3710) (학)동래고졸, 부산대 경영학과졸, 캐나다 맥길대 대학원 경영학과졸 (경)2002년 (주)LG화학 ABS·PS국내영업담당 상무 2003년 同ABS·PS사업부장(상무) 2005년 同LG Yongxing법인장(상무) 2008~2013년 同PVC사업부장(부사장) 2010~2012년 한국바이닐환경협의회 회장 2013년 (주)LG화학 ABS사업부장(부사장) 2015년 同기초소재사업본부장(부사장) 2016년 同기초소재사업본부장(사장)(현)

## 손왕석(孫旺錫) SON Wang Suk

(생)1956·7·1 (출)경남 밀양 (주)서울특별시 강남구 테헤란로44길 8 아이콘역삼빌딩 9층 법무법인 클라스(02-555-5007) (학)1974년 경복고졸 1980년 서울대 철학과졸 1986년 同대학원 법학과졸 (경)1985년 사법시험 합격(27회) 1988년 사법연수원 수료(17기) 1988년 대전지법 판사 1991년 同서산지원 판사 1993년 인천지법 판사 1995년 同부천지원 판사 1996년 서울지법 남부지원 판사 1998년 서울지법 판사 2000년 서울고법 판사 2002년 서울지법 판사 2003년 대전지법 부장판사 2005년 서울가정법원 부장판사 2010년 서울남부지법 부장판사 2011년 서울가정법원 수석부장판사 2013년 대전가정법원장 2016년 수원지법 부장판사 2018년 법무법인 클라스 변호사(현)

## 손외철(孫外哲) SOHN Yoi Chull

(생)1962·12·5 (본)안동(安東) (출)대구 (주)서울특별시 동대문구 한천로 272 서울보호관찰심사위원회(02-2200-0300) (학)1980년 대입검정고시 합격 1987년 영남대 경영학과졸 2003년 영국 헐대 대학원 범죄학과졸 2011년 범죄학박사(동국대) (경)1993~1995년 대구보호관찰소 관호과 근무 1995년 同사무과장 1996년 제주보호관찰소장 1999~2001년 대구보호관찰소 관호과장 2001~2004년 영국 국비유학·서울보호관찰소 관호과장 2004년 인천보호관찰소장 2006년 부산보호관찰소장 2007년 법무부 범죄예방정책국 보호관찰과장 2010년 同치료감호소 서무과장 2011년 대구보호관찰소장(부이사관) 2013년 법무부 보호관찰과장(부이사관) 2015년 서울보호관찰소장(고위공무원) 2017년 서울보호관찰심사위원회 상임위원(현) (상)법무부장관표창(2009) (저)'외국의 보호관찰제도 연구'(1993) '보호관찰 20년사 – 열정과 희망의 발자취'(2009)

## 손용구(孫龍九)

(생)1968·8·27 (주)부산광역시 연제구 중앙대로 1001 부산광역시의회(051-888-8245) (학)한국해양대 해사법학과졸 (경)교일학원 원장, 부산전포2동주민자치위원회 위원, 부산전포초 운영위원장 2014~2018년 부산시 부산진구의회 의원(새정치민주연합·더불어민주당), 민주평통 부산진구협의회 간사 2018년 부산시의회 의원(더불어민주당)(현) 2018년 同기획행정위원회 위원(현) 2018년 同민생경제특별위원회 위원(현) 2018년 同시민중심 도시개발 행정사무조사특별위원회 위원(현) 2018년 同윤리특별위원회 위원(현)

## 손용근(孫容根) SOHN Yong Keun (修仁)

(생)1952·1·25 (본)밀양(密陽) (출)전남 강진 (주)서울특별시 서초구 서초대로74길 4 법무법인(유) 동인(02-2046-0618) (학)1971년 광주제일고졸 1975년 한양대 법학과졸 1980년 同대학원 법학과졸 1987년 미국 컬럼비아대 법과대학원 수학 1993년 연세대 대학원 법학과 수료 1997년 법학박사(연세대) 2008년 한국예술종합학교 최고경영자문화예술과정(CAP) 수료 (경)1975년 사법시험 합격(17회) 1977년 사법연수원 수료(7기) 1980~1983년 대구지법·대구지법 안동지원 판사 1983~1987년 서울지법 남부지원·의정부지원·수원지법 성남지원 판사 1986년 한양대 법과대학 강사 1987년 미국 컬럼비아대 법과대학원 방문연구원 1988년 서울고법 판사 1989년 헌법재판소 헌법연구관 1991년 대법원 재판연구관 1991년 대전지법 부장판사 1993년 충남대 법과대학 강사 1994년 수원지법 부장판사 1995년 서울지법 서부지원 부장판사 1997년 서울지법 부장판사·언론중재위원 1999년 부산고법 부장판사 2000~2005년 서울고법 부장판사 2002년 한국비교사법학회 부회장 2003년 대법원 법원도서관장 겸임 2005년 춘천지법원장 2006년 서울행정법원장 2009년 특허법원장 2010~2011년 사법연수원장 2011~2014년 한양대 법학전문대학원 석좌교수 2011년 법무법인(유) 동인 대표변호사(현) 2012~2014년 한국민사소송법학회 회장 2014년 한양대 특훈교수(현) 2014년 同고문(현) 2014~2016년 법학전문대학원협의회 평가위원회 위원장 2018년 한양대총동문회 회장(현) (상)황조근정훈장, 한양대총장표창, 한국법학원 법학논문상, 자랑스런 한양인상, 자랑스런 강진인상, 대한변호사협회 공로상(2016) (저)'주석 민사소송법Ⅱ·Ⅲ·Ⅳ'(共) '주석 신민사소송법Ⅴ'(共) '주석중재법'(共) (종)기독교

## 손용기(孫龍基) Son, yongki

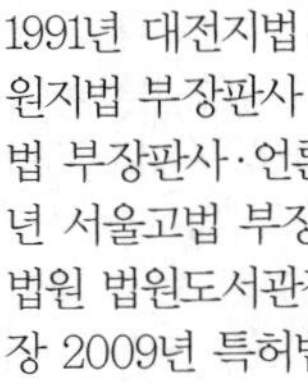

(생)1936·7·7 (출)경기 수원 (주)충청북도 청주시 서원구 무심서로 377-3 서원대학교 이사장실(043-299-8206) (학)1956년 배재고졸 1963년 성균관대 법정대학 상학과졸 (경)1976~1978년 경기축산조합 조합장 1986~1988년 수원시방범연합회 회장 2003년 농업회사법인 (유)목민 감사 2004년 (주)에프액시스 대표이사(현) 2007년 수원생명의전화 이사장(현) 2010년 손용기캄보디아선교센터 설립 2011년 (주)에드밴스개발 대표이사 2012년 학교법인 서원학원(충북여중·충북여고·청주여상·운호중·서원대) 이사장(현)

## 손용호(孫龍浩) Son Yong-ho

(생)1963·10·19 (주)서울특별시 종로구 사직로8길 60 외교부 정보관리기획관실(02-2100-7102) (학)1988년 광운대 전산학과졸 (경)1988년 외무부 입부 1990년 駐프랑스 행정관 1996년 駐세네갈 3등서기관 2003년 駐캐나다 2등서기관 2005년 駐아랍에미리트(U.A.E) 2등서기관 2012년 외교통상부 외교정보보안담당관 2014년 駐프랑스 참사관 2018년 駐미국 공사참사관 2018년 외교부 정보관리기획관(현)

## 손우성(孫宇成) SON Woo Sung

(생)1956·9·30 (본)밀양(密陽) (출)부산 (주)경상남도 양산시 물금읍 금오로 20 부산대학교치과병원 치과교정과(055-360-5160) (학)1975년 부산고졸 1981년 서울대 치의학과졸 1984년 同대학원 치의학과졸 1990년 치의학박사(서울대) (경)1981~1984년 서울대병원 인턴·레지던트 1987~1998년 부산대 치의학과 교수 1990년 국제치과연구학회(IADR) 회원 1992~2003년 부산대 치과교정학교실 과장 1993~1994년 同학생과장 1994~1995년 同교무과장 1995년 同치과대학 부학장 1998년 대한치과교정학회 이사 1998~2000년 부산대 치과교정학교실 주임교수, 同치의학전문대학원 치과교정학교실 교수(현) 2003년 同치과병원 치과진료처장 2005~2007년 同치과대학장 2007년 同치의학전문대학원장 2009~2011년 대한구순구개열학회 부회장 2016년 치과의사학(齒科醫史學)교수협의회 회장(현) 2017년 전국치과교정학교수협의회 회장(현) (상)The Japanese Orthodontic Society 'Excellent Exibition Award'(2006), 대한치과교정학회 관송학술상(2014), 대한구순구개열학회 우수포스터상(2018), 부산대 교육자상(2019) (저)'알기쉬운 구순·구개열 이야기'(2001) '치과교정학 실습'(2002) '악교정수술학'(2006) 'Interdisciplinary Management of Seriously Compromised Periodontal Diseases'(2013) '치과교정학 3판'(2014) '치과 외상의 체계적인 접근 : 교정치료를 중심으로'(2015) '악교정수술의 이론과 실제'(2019) (역)'성인의 치과치료와 교정(共)'(1995) '전문직 치과의사로의 긴 여정'(2018) (종)불교

## 손우준(孫宇準) SON Woo Joon

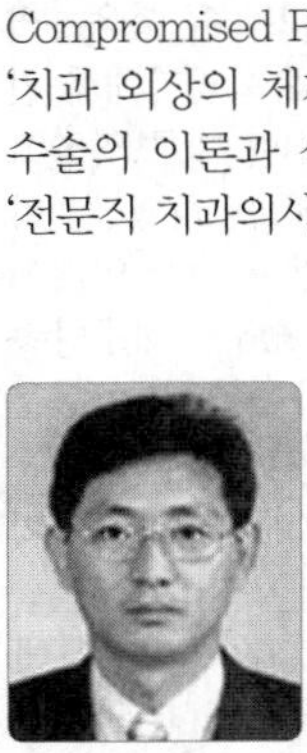

(생)1964·6·1 (출)경북 영주 (주)세종특별자치시 도움6로 11 국토교통부 국토정보정책관실(044-201-3456) (학)1982년 대구 청구고졸 1986년 연세대 정치외교학과졸 1998년 법학박사(미국 네브래스카주립대) (경)1992년 행정고시 합격(36회) 2003년 미국 버클리시정부 파견 2005년 건설교통부 행정중심복합도시건설실무지원단 기획과장(서기관) 2007년 同공공기관지방이전추진단 기획국 혁신도시2팀장 2008년 대통령실 파견(서기관) 2010년 駐베트남 주재관, 교육 파견 2013년 駐베트남 참사관 2014년 국토교통부 국토정보정책과장(서기관) 2015년 同국토정보정책과장(부이사관) 2016년 同지적재조사기획단 기획관 2018년 同국토정보정책관(현)

## 손우창(孫佑昌)

(생)1975·12·17 (출)경남 창녕 (주)서울특별시 도봉구 마들로 747 서울북부지방검찰청 중요경제범죄조사단(02-3399-4939) (학)1994년 서울 현대고졸 2000년 서울대 공법학과졸 (경)1999년 사법시험 합격(41회) 2002년 사법연수원 수료(31기) 2005년 창원지검 검사 2007년 춘천지검 검사 2009년 서울중앙지검 검사 2013년 대구지검 서부지청 검사 2013~2015년 금융부실책임조사본부 파견 2016년 서울중앙지검 부부장검사 2017년 제주지검 형사3부장 2018년 춘천지검 형사2부장 2019년 서울북부지검 중요경제범죄조사단 부장검사(현)

**손우현(孫又鉉) SOHN Woo Hyun**

(생)1948 · 12 · 29 (본)경주(慶州) (출)서울 (주)서울특별시 용산구 청파로47길 100 숙명여자대학교 기초교양대학(02-710-9114) (학)서울고졸 1973년 한국외국어대 불어과졸 1989년 프랑스 파리외교전략대학원(CEDS)졸(DESS) (경)1966~1967년 New York Herald Tribune지 주최 '세계청소년토론대회' 한국대표 1972~1981년 코리아헤럴드 기자 1977~1978년 同파리지사장 1981~1984년 연합통신 기자 1984년 駐인도네시아 공보관 1985~1989년 駐프랑스대사관 문화관 · 공보관 1989년 駐제네바대표부 공보관 1991~1992년 공보처 공보정책실 제3기획관 1993년 대전세계박람회조직위원회 프레스센터 본부장 1993년 同홍보2국장 1994년 駐캐나다 공보관 1995년 공보처 해외공보관 외보부장 1996~1998년 대통령 공보비서관(해외담당) 1998~1999년 문화관광부 정부간행물제작소장 2000~2004년 駐프랑스 공사겸 문화원장 2003년 제115차 IOC총회(프라하 개최) 정부대표 2004~2007년 서울평화상문화재단 사무총장 2007~2019년 한림대 글로벌학부 객원교수 2009년 한국과학기술원(KAIST) 인문사회과학부 대우교수 2011년 광화문문화포럼 운영위원(현) 2014년 한강포럼 회원(현) 2015년 한불협회 이사 2015년 국무총리 프랑스공식방문 특별수행원('한 · 불 상호교류의 해' 개막행사 참가) 2016년 한미협회 편집위원(현) 2017년 한불협회 회장(현) 2018년 한불상공회의소 명예회원(현) 2019년 숙명여대 기초교양대학 객원교수(현) (상)근정포장(1994), 프랑스정부 예술문화훈장 기사장(2004), 방일영문화재단 저술지원 대상자(2013) (저)'프랑스를 생각한다'(2014, 기파랑) (종)천주교

**손 욱(孫 郁) SUN Wook**

(생)1945 · 1 · 24 (본)밀양(密陽) (출)경남 밀양 (주)서울특별시 마포구 마포대로 45 일진빌딩 일진홀딩스(02-707-9114) (학)1963년 경기고졸 1967년 서울대 공과대학 기계공학과졸 1989년 연세대 경영대학원 수료 (경)1967년 한국비료공업 입사 1973년 제2종합제철 입사 1975년 삼성전자(주) 입사 1983년 同기획조정실장 1984년 同기획조정실 이사대우 1985년 同이사 1987~1990년 삼성전기 상무이사 1987년 同기술본부장 · 종합연구소장 겸임 1990년 同생산기술본부장(전무이사) 1993년 삼성전자(주) 기획실 전무이사 1993년 同전략기획실장(부사장) 1995년 삼성전관 대표이사 부사장 1997~1999년 한국전지연구조합 이사장 1998년 삼성전관 대표이사 사장 1999~2004년 삼성종합기술원 원장 2000년 한국산업기술사학회 부회장 2000년 한국공학한림원 최고경영인평의회 운영위원장 2000~2010년 테라급나노소자개발사업단 이사장 2004년 한국능률협회(KMA) 경영자교육위원 · 경영위원 2004년 삼성인력개발원 원장 2004~2008년 한국공학한림원 부회장 2005년 삼성SDI 상담역 2005~2011년 포스코 사외이사 2005년 同감사위원 겸임 2005~2007년 태평양 사외이사 2006~2008년 서울대 공과대학 최고산업전략과정(CEO) 주임교수 2007년 한국형리더십연구회 회장 · 이사장 2008년 한국학중앙연구원 이사 2008~2010년 (주)농심 대표이사 회장 2008~2010년 전주국제발효식품엑스포조직위원회 위원장 2009년 (주)포스코 이사회 의장 2010~2012년 서울대 융합과학기술대학원 초빙교수 2010년 한국트리즈학회(KATA) 자문위원회장 2011년 광양시 홍보대사 2012~2014년 포스코ICT 사외이사 2012년 (재)차세대융합기술연구원 기술경영솔루션센터장 2019년 일진홀딩스 사외이사(현) (상)석탑산업훈장, 한국능률협회 최우수기업상, 한국능률협회컨설팅 98생산혁신세계컨퍼런스 최고경영자상, 과학기술훈장(2001), 3.1문화상 기술상(2003), 일진상 공학한림원발전부문(2010) (저)'초일류 목표설정의 길'(2001) '전통속의 첨단 공학기술'(2002) '변화의 중심에 서라'(2006) '지식을 넘어 창조로 전진하라'(2007) '삼성, 집요한 혁신의 역사'(2013) (역)'4세대 혁신'(2000) '즐거운 품질경영' (종)기독교

**손원락(孫元洛)**

(생)1971 · 3 · 3 (출)경북 포항 (주)대구광역시 달서구 장산남로 30 대구지방법원 서부지원(053-570-2220) (학)1989년 울산고졸 1997년 한양대 법학과졸 (경)2001년 사법시험 합격(43회) 2004년 사법연수원 수료(33기) 2004년 대전지법 예비판사 2005년 대전고법 예비판사 2006년 대전지법 판사 2007년 의정부지법 고양지원 판사 2011년 서울중앙지법 판사 2013년 서울서부지법 판사 2017년 서울가정법원 판사 2019년 대구지법 서부지원 부장판사(현)

**손은락(孫殷洛) SON EUN RAK**

(생)1963 · 11 · 7 (본)경주(慶州) (출)경북 상주 (주)대전광역시 서구 청사로 189 통계청 통계정책국 통계기준과(042-481-2030) (학)1982년 김천고졸 1991년 경희대 경제학과졸 2011년 한남대 행정복지대학원 정보통계학과졸 (경)2009년 통계청 사회통계국 복지통계과 서기관 2012년 호남지방통계청 목포사무소장 2013년 同농어업조사과장 2014년 同조사지원과장 2015년 통계청 경제통계국 서비스업동향과장 2018년 同통계정책국 통계심사과장 2018년 同통계정책국 통계기준과장(현)

**손의동(孫宜東) SOHN Uy Dong**

(생)1956 · 7 · 5 (본)병산(屛山) (출)대구 (주)서울특별시 동작구 흑석로 84 중앙대학교 약학대학(02-820-5614) (학)1978년 중앙대 약학과졸 1983년 부산대 대학원 약리학과졸 1989년 약학박사(중앙대) (경)1983~1984년 부산대 의대 약리학교실 조교 1985~1990년 경북대 의대 약리학교실 조교 · 강사 1991년 미국 브라운대 의대 소화기질병연구소 연구원 1994~1995년 同의대 조교수 1996~1997년 영남대 의대 약리학과 조교수 1997년 중앙대 약학대학 부교수 · 교수(현) 1999~2000년 대한약학회 총무간사 2000년 중앙대 의약식품대학원 주임교수 2000년 미국 하버드대 의대 의과학연구소 객원교수 2003년 한국보건의료인국가시험원 약사시험위원회 간사 2004년 중앙대 분자조절신약개발연구소장 2005년 미국 세계인명사전 'Marquis Who's Who in the World'에 등재, 휴먼케어 대표이사, 보건복지부 중앙약사심의위원, 식품의약품안전청 국립독성연구소 연구조정위원회 자문위원, 중앙대 멀티미디어센터 운영위원, 대한약사회 약학발전위원 · 교육연장특별위원 2007~2009년 중앙대 약학대학장 2009년 同PostBK21연구단장 2012년 대한약리학회 회장 2013~2016년 한국보건의료인국가시험원 비상임이사 2014~2016년 대한약학회 회장 2017년 한국의약평론가회 감사(현) (상)7058부대 사단장표창(1980), 미국소화기학회 Young Investigator Award(1992), 국제소화기학회 Young Investigator Award(1993), 한국응용약물학회 우수초록상(1999), 대한약학회 우수포스터상(2001), 중앙대 학술상(2001), 한국평활근학회 우수논문상(2001), 대한약리학회 학술상(2002), 중앙대 연구기금수상(2003), 대한약학회 녹암학술상(2004), 대한약학회 우수포스터상(2008), 대한약리학회 최우수약리학자상(2009), 병원약사대회 · 추계학술대회 우수논문상(2009), 올해의 교수상(2009), 한국연구재단 · 특허청 선정 우수특허기술이전10인(2009), 제48회 東巖 藥의상 약학부문(2011), 한국과학기술단체총연합회 우수논문상(2011), 의약사 평론가 기장 (저)'독성학'(1993) '약물학'(1998) '처방조제와 복약지도'(1999) '약물상호작용'(2000) '하버드핵심약리학(共)'(2006, 범문사) '독성학강의(共)'(2006, 신일상사) '약물학(共)'(2007, 신일상사) '소화기생리중개연구의 길잡이(共)'(2009)

**손이태(孫理泰) SHON Li Tai**

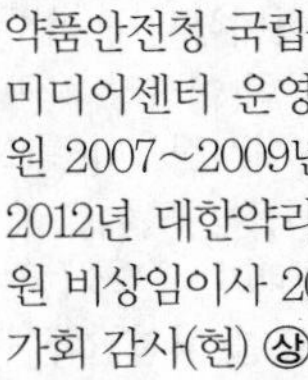

(생)1944 · 12 · 11 (출)부산 (주)경상남도 양산시 어실로 77 (주)홍아 부회장실(055-371-3707) (학)1964년 부산고졸 1969년 고려대 경영학과졸 1982년 부산대 경영대학원졸 (경)1978년 (주)홍아 입사, 同이사, 同상무, 同대표이사 사장 1996년 (주)홍아포밍 대표이사 사장, (주)썬텔 비상근감사

1999~2018년 (주)흥아포밍 각자대표이사 2007년 (주)흥아 부회장(현) 2009~2012년 대한타이어공업협회 회장 2012년 同이사 2015년 대한타이어산업협회 이사 2018년 同회장(현)

### 손인국(孫麟國) SON In Kuk

(생)1949·8·6 (출)서울 (주)경기도 안산시 단원구 번영2로 58 시화공단 4라 201호 국일신동(주)(031-499-9192) (학)1968년 용산고졸 1972년 경희대 상학과졸 1974년 고려대 경영대학원 인사관리학과졸 1976년 연세대 산업대학원 공업재료과졸 1996년 서울대 최고경영자과정 수료 (경)1974년 이구산업(주) 입사 1983년 同대표이사(현) 1993~2002년 국일신동(주) 대표이사 사장 2001년 덕흥제선(주) 대표이사 2004~2014년 한국동공업협동조합 이사장, 산업자원부 기술표준원 자문위원 2011~2014년 중소기업중앙회 부회장 2016년 국일신동(주) 각자대표이사 회장(현) (상)수출의 날 천만불탑, 금탑산업훈장(2009)

### 손인수(孫寅洙)

(생)1983·9·24 (주)세종특별자치시 한누리대로 2120 세종특별자치시의회(044-300-7000) (학)한남대 문예창작학과졸 (경)모아미래도APT 비상대책위원회 부위원장, 더불어민주당 중앙당 정책위원회 부의장 2018년 세종특별자치시의회 의원(더불어민주당)(현) 2018년 同산업건설위원회 위원(현) 2019년 同예산결산특별위원회 위원(현)

### 손인웅(孫寅雄) Son In Woong

(생)1942·7·10 (출)경북 군위 (주)경기도 이천시 신둔면 마소로11번길 311-43 실천신학대학원대학교 이사장실(031-638-8657) (학)대구서고졸, 경북대 사범대학 국어교육과졸, 장로회신학대 신학대학원졸, 박사(미국 시카고맥코믹신학교) 2001년 명예 신학박사(장로회신학대) 2009년 명예 실천신학박사(실천신학대학원대) (경)덕수교회 담임목사, 同원로목사(현), 한국기독교목회자협의회 대표회장, (재)국민문화재단 이사장, (사)한국교회희망봉사단 이사장, 학교법인 실천신학대학원대 이사장, (사)한국샬롬노인복지원 이사장, (재)대한성서공회 이사장, (재)덕수장학재단 이사장, (사)세계결핵제로운동본부 이사장, 기독교사회복지엑스포 2005 조직위원장, 同2010 상임대회장, W.C.C 제10차 부산총회 공동대회장 2015년 서울시자원봉사센터 이사장(현) 2016년 종교계자원봉사협의회 회장(현) 2016~2017년 실천신학대학원대 총장 2016~2017년 대한성서공회 이사장 2017년 同이사(현) 2017년 실천신학대학원대 이사장(현) 2017년 (사)한국교회희망봉사단 상임이사(현) 2017년 국무총리소속 시민사회발전위원회 위원(현) 2018년 (사)세계결핵제로운동본부 총재(현) (상)서울특별시장 감사패(2004), 국민훈장 동백장(2013) (저)'육경강해' '풀밭이 있는 잔잔한 물가 1·2권' '우리는 이렇게 기도합니다'(編) '평신도 신학' '예배와 강단'(共) '섬김, 화해, 일치의 목회와 신학-담임목회 30주년 기념논문집' '뜻있는 만남, 소중한 사람들-담임목회 30주년 기념문집' '하나님 나라를 세우는 오색목회' (종)기독교

### 손인춘(孫仁春·女) SHON In Choon

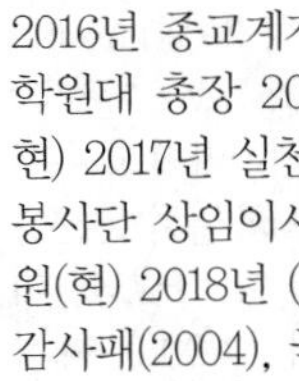

(생)1959·5·13 (출)충남 태안 (주)서울특별시 동작구 상도로30길 8 2층 (사)한국씨니어연합(02-815-1922) (학)1977년 태안여고졸 2004년 남서울대 경영세무학과졸 2006년 상명대 정치경영대학원 경영학과졸 2010년 건국대 대학원 벤처전문기술학 박사과정 수료 (경)1987~1998년 (주)코리아비바 설립·대표이사 1999년 (주)인성내츄럴 대표이사 사장 2001년 한국여성단체협의회 재무위원 2001년 여성부 신지식인 1호에 선정 2003년 21세기여성CEO연합회 수석부회장 2004년 상명대 정치경영대학원 대체의학전문가과정 외래교수, 한국여성발명협회 이사, 의료복지재단 샘코리아 이사, 자연보호중앙협의회 이사, 민주평통 자문위원, (사)한국여성경제인협회 이사 2011년 (사)한국씨니어연합 회장(현) 2012년 제19대 국회의원(비례대표, 새누리당) 2012~2015년 새누리당 광명시乙당원협의회 운영위원장 2012·2014년 국회 운영위원회 위원 2012·2014년 국회 국방위원회 위원 2012년 국회 허베이스피리트호유류피해특별대책위원회 위원 2012·2014~2015년 새누리당 원내부대표 2014년 同세월호사고대책특별위원회 위원 2014년 국회 여성가족위원회 위원 2014~2015년 새누리당 제3사무부총장 2014년 同재외국민위원회 북미주서부지역 부위원장 2015년 同중앙여성위원회 수석부회장 2019년 자유한국당 당대표 특별보좌역(현) (상)자랑스런 서울시민상(1992), 여성부장관표창(2001), 행정자치부장관표창(2007), 서울시장표창(2008), 대통령표창(2009), 국가보훈처장표창(2010), 전북도지사표창(2011), 환경부장관 최우수상(2011), 대한민국나눔봉사 소외계층봉사부문 대상(2013), 대한민국인물대상 국정감사 우수국회의원(2013), 위대한 한국인100인대상 정치부문 우수국회의원(2013), 대한민국신창조인대상(2014), 의정행정대상 국회의원부문(2014), 선플운동본부 '국회의원 아름다운 말 선플상'(2014) (저)'세상을 뒤엎는 리더십' '나는 행복한 바보 경영자'

### 손일호(孫一鎬) SON Il Ho

(생)1953·7·12 (출)경남 밀양 (주)대구광역시 서구 국채보상로 104 경창산업(주) 회장실(053-555-2333) (학)1972년 경북대사대부고졸 1976년 중앙대 국어국문학과졸 (경)1979년 경창산업(주) 이사 1983년 同전무이사 1990년 同부사장 1990년 대구JC 회장 1991년 경창산업(주) 대표이사 회장(현) 1991~2015년 경창와이퍼시스템(주) 대표이사 2000년 대구상공회의소 상공의원 2000년 한국자동차공업협동조합 이사 2012~2015년 대구상공회의소 부회장 (상)무역의날 대통령표창(2013) (종)불교

### 손일호(孫一豪) SON Il Ho

(생)1956·8·11 (출)광주 (주)광주광역시 광산구 하남산단9번로 90 부국철강(주) 비서실(062-954-3800) (학)1974년 광주제일고졸 1982년 한양대 기계공학과졸 (경)부국철강(주) 상무이사, 同전무이사, 同대표이사 부사장 1999년 同대표이사 사장(현) 2007년 철강유통협의회 충청·전라지역협의회장 (상)제44회 납세자의날 동탑산업훈장(2010) (종)천주교

### 손장목(孫丈睦) SOHN Jang Mok

(생)1967·12·31 (본)밀양(密陽) (출)경북 경산 (주)경기도 부천시 조마루로311번길 84 부천원미경찰서(032-680-7321) (학)심인고졸, 경찰대졸(6기), 영국 런던대 대학원졸 (경)2010년 제주지방경찰청 홍보담당관(총경) 2011년 경기지방경찰청 청문감사담당관 2011년 경기 일산경찰서장 2013년 경기지방경찰청 제2청 정보보안과장 2014년 경찰청 인권보호담당관 2015년 서울 강동경찰서장 2016년 경찰청 감사관실 감사담당관 2017년 서울지방경찰청 경무과장 2018년 서울 강서경찰서장(경무관) 2019년 경기 부천원미경찰서장(현) (상)감사원장표창, 대통령표창, 근정포장(2014)

### 손재영(孫載榮) SON Jae Young

(생)1964·5·12 (본)밀양(密陽) (출)경남 합천 (주)대전광역시 유성구 과학로 62 한국원자력안전기술원 원장실(042-868-0001) (학)1982년 부산 가야고졸 1986년 서울대 원자핵공학과졸 1988년 同대학원졸 1990년 同대학원 박사과정 수료 (경)1990년 과학기술처 원자력국 사무관 1996~1999년 同연구개발조정실·연구개발국 사무관 1999년 과학기술부 과학기술정책실 서기관 2000년 영국 Sussex Univ. 연수 2003년 과학기술

부 원자력국 서기관 2004년 同연구개발국 우주항공기술과장 2004년 同장관 비서관 2005년 駐영국 주재관 2008년 교육과학기술부 우주개발과장 2009년 同우주정책과장 2009년 同기초연구지원과장 2009년 同학술연구정책실 기초연구과장(부이사관) 2010년 同학술연구정책실 연구정책과장 2010년 同대구경북과학기술원건설추진단장(고위공무원) 2011년 同국제과학비즈니스벨트추진지원단장 2011년 同원자력안전국장 2011년 대통령직속 원자력안전위원회 사무처장 2013년 국무총리직속 원자력안전위원회 사무처장 2015~2018년 한국원자력통제기술원 원장 2018년 한국원자력안전기술원 원장(현) ㉧기독교

**손재일(孫在一)**

㉤1963·3 ㉥대구 ㉦서울특별시 중구 청계천로 86 (주)한화 임원실(02-729-1114) ㉩영진고졸, 고려대 경영학과졸 ㉧1991년 한국화약 입사 2011년 한화(주) 화약부문 상무보 2015년 同방산사업본부 상무 2017년 한화테크윈(주) 방산사업본부장(전무) 2017~2018년 한화지상방산(주) 대표이사 2018년 (주)한화 지주경영부문 전무 2018년 同지원부문 전무(현)

**손정호(孫正鎬)**

㉤1961 ㉥대전 ㉦대구광역시 달성군 구지면 구지서로 1 중앙119구조본부 본부장실(053-712-1000) ㉩1980년 남대전고졸 1993년 대전산업대졸 ㉧1985년 공주소방서 임용(초임) 1999년 대전시 소방안전본부 소방행정계장 2002년 대전 서부소방서 방호과장 2005년 중앙소방학교 경리·서무계장·교수운영팀장 2008년 소방방재청 소방정책국 소방제도과 근무 2009년 충남 보령소방서장(소방정) 2011년 충남도 소방안전본부 소방행정과장 2013년 충남 홍성소방서장 2015년 충남 공주소방서장 2016년 국민안전처 중앙소방본부 소방제도과장 2016년 同중앙소방본부 소방제도과장(소방준감) 2017년 소방청 119종합상황실 과장급(소방준감) 2018~2019년 대전시 소방본부장 2019년 소방청 중앙119구조본부장(소방감)(현) ㉪국무총리표창(2001), 대통령표창(2012)

**손종식(孫鍾植) Son Jong-sik**

㉤1951·8·15 ㉦서울특별시 종로구 사직로8길 60 외교부 인사운영팀(02-2100-7141) ㉩1975년 경희대 법과대학졸 1986년 同대학원 행정학과졸(석사) ㉧1977년 국가정보원 입사 1992년 駐오사카 영사 2000년 駐일본 참사관 2005년 駐일본 공사 2009년 동아대 계약교수 2017년 駐후쿠오카 총영사(현) ㉪보국포장(1983), 대통령표창(1987·1990·1998)

**손종학(孫宗鶴) SON JONG HAK**

㉤1957·8·3 ㉯경주(慶州) ㉥울산 ㉦울산광역시 남구 중앙로 201 울산광역시의회(052-229-5125) ㉩1976년 울산고졸 2003년 울산대 지역개발학과졸 2006년 同정책대학원 공공정책학과졸 ㉧1980년 공무원 임용(9급) 1988년 울산시 보건사회국 복지위생과 근무 1993년 同노정담당관실 근무 1995년 同재무국 세정과 근무 2001년 同경제통상국 경제통상과 근무 2007년 同문화예술회관 관리과장(지방사무관) 2009년 同박물관추진단 기획운영담당 2011년 同행정지원국 자치행정과 여론담당 2014년 同문화체육관광국 관광과 관광기획담당 2016년 同문화체육관광국 체육지원과장(지방서기관), 대통령선거 울산공약실천단 특별위원회 부단장 2018년 울산시의회 의원(더불어민주당)(현) 2018년 同행정자치위원회 위원(현) 2018년 同예산결산특별위원회 위원(현) ㉪전국공무원노동문학상 으뜸상(2003), 대통령표창(2012) ㉧불교

**손종학(孫鍾學) Sohn, Jonghak**

㉤1961·8·10 ㉥대전 ㉦대전광역시 유성구 대학로 99 충남대학교 법학전문대학원(042-821-5824) ㉩1980년 충남고졸 1984년 충남대 법학과졸 1986년 同대학원 법학과졸 ㉧1989년 사법시험 합격(31회) 1992년 사법연수원 수료(21기) 1992년 전주지법 판사 1995년 同정읍지원 판사 1997년 수원지법 판사 1998년 同오산시법원 판사 1999년 수원지법 판사, 변호사 개업 2005년 충남대 법과대학 교수 2009년 同법학전문대학원 교수(현), 同학생처장 2015~2017년 同법학전문대학원장 2015~2017년 同특허법무대학원장 2015~2017년 同법과대학장 겸임 2015년 디트뉴스24 객원논설위원 2018년 충남대 법률센터장(현) 2018년 KEB하나은행 경영자문위원(현) ㉪행정중심복합도시건설청장표창(2015)

**손종현(孫鐘鉉) SOHN Jong Hyun**

㉤1948·3·22 ㉥대전 ㉦대전광역시 대덕구 대전로1331번길 17 남선기공(042-625-5561) ㉩대전고졸, 경희대 경영학과졸, 충남대 경영대학원 수료, 한남대 최고경영자과정 수료, 고려대 최고경영자과정 수료, 배재대 최고경영자과정 수료 ㉧1971년 남선기공사 상무이사, 남선기공 부사장 1987년 同사장, 대전상공회의소 상임의원, 중부리스금융 비상근이사 2006년 남선기공 대표이사 회장(현) 2006년 대전상공회의소 부회장 2011~2017년 한국공작기계산업협회 회장 2011~2012년 대전범죄피해자지원센터 이사장 2012~2015년 대전상공회의소 회장 2012~2015년 대한상공회의소 부회장 ㉪한국과학기술대상, 국무총리표창(2006) ㉧제칠일 안식일 예수재림교

**손주석(孫周錫) Joo-Suk, Son**

㉤1960·10·9 ㉥전북 임실 ㉦경기도 성남시 분당구 안양판교로 1207 한국석유관리원(031-789-0211) ㉩1979년 전주고졸 1984년 경희대 정치외교학과졸 ㉧1985~1988년 국회의원 비서관 1989~1998년 한국보증보험 차장 2001~2003년 지방자치연구원 조직기획실장 2001년 새천년민주당 노무현 대통령경선후보 조직기획실장 2001년 同대선기획단 행정팀장 2002년 同대통령선거대책위원회 국민참여운동본부 행정지원실장 2003년 환경관리공단 관리이사 2006~2008년 同이사장, (주)한화건설 고문, 신성대 보건환경과 초빙교수 2018년 한국석유관리원 이사장(현)

**손주철(孫周哲)**

㉤1973·11·3 ㉥전북 전주 ㉦서울특별시 송파구 법원로 101 서울동부지방법원(02-2204-2102) ㉩1992년 전주 완산고졸 1997년 서울대 법학과졸 ㉧1997년 사법시험 합격(39회) 2000년 사법연수원 수료(29기) 2000년 공익 법무관 2003년 광주지법 판사 2005년 同목포지원 판사 2006년 인천지법 판사 2010년 서울남부지법 판사 2012년 서울고법 판사 2014년 서울중앙지법 판사 2015년 춘천지법 원주지원 부장판사 2017년 수원지법 안산지원 부장판사 2019년 서울동부지법 부장판사(현)

**손주환(孫柱煥) SON Chu Whan**

㉤1939·4·20 ㉯밀양(密陽) ㉥경남 김해 ㉦서울특별시 종로구 북촌로15길 2 북한대학원대학교(02-3700-0800) ㉩1958년 마산고졸 1966년 고려대 법학과졸 1974년 미국 컬럼비아대 언론대학원 수료 1996년 경남대 행정대학원졸 1996년 명예 경제학박사(러시아 플레하노프경제아카데미) 1998년 정치학박사(경남대) ㉧1962~1974년 경향신문 기자·월남특파원·사회부 차장·외신부 부장대우 1971년 한국기자협회 회

장 1974~1988년 중앙일보 사회부장·외신부장·편집부국장·편집국장 대리·광고국장·이사 1985년 관훈클럽 총무 1988년 민주정의당(민정당) 선거대책본부 대변인 1988년 同국책연구소 부소장 겸 정세분석실장 1988년 同기획조정실장 1988년 제13대 국회의원(전국구, 민정당·민자당) 1990년 민자당 국책연구원 부원장 1990년 同당기위원 1990년 대통령 정무수석비서관 1992년 공보처 장관 1992~1994년 한국국제교류재단 이사장 1995~1998년 서울신문 사장 1996~2007년 노비산장학재단 이사장 1999~2007년 경남대 북한대학원 초빙교수 2003~2011년 文信예술발전위원회 위원장 2008년 북한대학원대 초빙교수(현) (상)청조근정훈장 (저)'불타는 월남' 'Journalism and Unionization–A Comparative Study of the Korean and Foreign Press' '자유언론의 현장' '북한 인권통제 실상에 관한 연구' '북한 이탈 주민문제에 관한 연구' (종)기독교

**손준성(孫準晟) SON Jun Sung**

(생)1974·3·21 (본)밀양(密陽) (출)대구 (주)강원도 원주시 시청로 139 춘천지방검찰청 원주지청 총무과(033-769-4543) (학)1993년 경북고졸 1998년 서울대 사법학과졸 2003년 同대학원졸 (경)1997년 사법시험 합격(39회) 2000년 사법연수원 수료(29기) 2000년 해군 법무관 2003년 서울지검 검사 2004년 서울중앙지검 검사 2005년 대구지검 포항지청 검사 2008년 법무부 검찰과 검사 2011년 서울남부지검 검사 2013년 同부부장검사 2013년 대검찰청 연구관 2015년 서울서부지검 형사5부장 2016년 대검찰청 정책기획과장 2017년 서울중앙지검 형사7부장 2018년 광주지검 형사2부장 2019년 춘천지검 원주지청장(현) (종)천주교

**손준호(孫峻鎬) SON Joon Ho**

(생)1965·8·27 (본)경주(慶州) (출)경북 의성 (주)경기도 수원시 영통구 법조로 91 수원고등검찰청(031-5182-3114) (학)1984년 경북고졸 1988년 연세대 법학과졸 1991년 同대학원졸 (경)1990년 사법시험 합격(32회) 1993년 사법연수원 수료(22기) 1993년 공군 법무관 1996년 서울지검 검사 1998년 대구지검 김천지청 검사 2000년 부산지검 검사 2002년 수원지검 검사 2004년 서울남부지검 검사 2005년 同부부장검사 2006년 수원지검 여주지청 부장검사 2007년 인천지검 부천지청 3부장검사 2008년 부산지검 동부지청 2부장검사 2009년 수원지검 안산지청 3부장검사 2009년 서울중앙지검 조사부장 2010년 법무연수원 검사교수 2011년 서울고검 검사 2013년 부산고검 검사 2015년 서울고검 검사(수원지검 중요경제범죄조사단 파견) 2019년 수원고검 검사(현) (상)법무부장관표창(2002)

**손지웅(孫智雄)**

(생)1964·7 (주)서울특별시 영등포구 여의대로 128 LG트윈타워빌딩 (주)LG화학 생명과학사업본부(02-3773-7010) (학)서울대 의대졸, 同대학원 의학석사, 의학박사(서울대), 고려대 대학원 경영학과졸 (경)1993년 서울대병원 내과 전문의 1999년 한림대 의대 임상면역학교실 교수 2002년 아스트라제네카 한국법인 메디칼 디렉터 2007년 同일본법인 임상의학부문장 2009년 同항암제신약물질탐색 아시아태평양지역 총괄담당 2010년 한미약품 CMO 겸 신약개발본부장 2017년 (주)LG화학 생명과학사업본부장(부사장)(현)

**손지호(孫志皓) SON Ji Ho**

(생)1964·2·1 (출)경남 하동 (주)경기도 수원시 영통구 법조로 105 수원고등법원(031-639-1555) (학)1982년 동아고졸 1987년 서울대 법과대학졸 (경)1988년 사법시험 합격(30회) 1991년 사법연수원 수료(20기) 1991년 서울형사지법 판사 1993년 서울민사지법 판사 1995년 창원지법 판사 1997년 同김해시법원 판사 1998년 서울지법 동부지원 판사 2000년 서울지법 판사 2003년 법원행정처 공보관 2005년 대법원 연구법관 2005년 서울고등법원 판사 2006년 청주지법 부장판사 2007~2008년 사법연수원 교수 2008년 인천지법 부장판사 2010년 서울중앙지법 부장판사 2013년 수원지법 성남지원장 2014년 부산고법 창원재판부 부장판사 2015년 부산고법 부장판사 2018년 同창원재판부 부장판사 2019년 서울고법 부장판사 2019년 수원고법 부장판사(현)

**손진욱(孫珍旭) Son Jin Wook**

(생)1970·12·23 (주)세종특별자치시 다솜로 261 국무조정실 재정금융기후정책관실 경제총괄과(044-200-2178) (학)1989년 거창고졸 1998년 서울대 국민윤리교육학과졸 (경)1999년 행정고시 합격(43회) 2003년 국무조정실 규제개혁기획단 사무관 2007년 同정책홍보심의관실 서기관 2008년 국무총리 정무기획비서관실 입법관리팀장 2009년 휴직(서기관) 2013년 국무조정실 안전환경정책관실 안전정책과장 2014년 同성과관리정책과장 2014년 국무조정실장 비서관 2015년 국무조정실 기획총괄정책관실 정책관리과장 2015년 대통령정책조정수석실 국정과제비서관실 행정관 2017년 국무조정실 사회조정실 고용식품의약정책관실 과장 2017년 同총무기획관실 인사과장 2019년 同재정금융기후정책관실 경제총괄과장(현)

**손진책(孫振策) SON Jin Chaek**

(생)1947·11·18 (본)경주(慶州) (출)경북 영주 (주)서울특별시 성북구 아리랑로5길 92 해피트리아파트 106동 1103호 극단미추(010-5255-2697) (학)1965년 대광고졸 1970년 서라벌예술대 연극과졸 (경)1967년 극단 「산하」연출부 입단 1973년 극단 「민예극장」 창단동인 1982~1986년 同대표 1986년 극단 '미추' 창단·대표(현) 1986년 국제극예술협회(ITI) 한국본부 이사 1987년 (사)중앙국악관현악단 지도위원 1988년 (사)한국연극협회 감사 1988년 서울올림픽문화예술축전 한강축제 총감독 1989년 서울연극연출가그룹 회장 1994년 국제극예술협회(ITI) 한국본부 부회장 1998~2000년 서울연극제 예술감독 2002년 한·일 월드컵축구대회 개막식 총연출 2004~2007년 예술의전당 이사 2007년 대통령취임식 연출 2008년 건국60년행사 총감독 2009년 광화문광장 개장식 연출 2010~2013년 (재)국립극단 초대 예술감독 2011년 핵안보정상회의 문화부문 자문위원 2015년 문경세계군인체육대회 개·폐회식 총감독 2017년 호찌민·경주세계문화엑스포 예술총감독 2017년 대한민국예술원 회원(연극·현) (상)한국연극영화예술대상 신인연출상(1976), 한국연극예술상(1983), 서울연극제 연출상(1987), 백상예술대상 연출상(1988·1989·1994), 대통령표창(1989), 동아연극상, 국립극장 선정 올해의 연출가상(1996), 보관문화훈장(2002), 이해랑 연극상(2003), 허규 예술상(2005), 동아연극상 연출상(2008), 국민훈장 목련장(2010), 고운문예인상(2011) (작)마당놀이 '허생전' '토선생전' '춘향전' '흥부전' '심청전' '홍길동' '이춘풍전' '변강쇠전' '삼국지', 연극 '서울말뚝이'(1974) '한네의 승천'(1976) '쌀'(1977) '꼭두각시 놀음'(1977) '지킴이'(1986) '오장군의 발톱'(1987) '신이국기'(1988) '시간의 그림자'(1989) '영웅만들기'(1990) '죽음과 소녀'(1992) '남사당의 하늘'(1993) '봄이 오면 산에 들에'(1996) '둥둥낙랑둥'(1996) '그불'(1999) '히바카리 : 400년의 초상(한일합동공연)'(2000) '최승희'(2003) 'The Other Side(일본신국립극장)'(2004) '벽속의 요정'(2005) '삼국지(중국 남경연예집단)'(2005) '디 아더 사이드'(2005) '주공행장'(2006) '열하일기만보'(2007) '은세계'(2008) '템페스트'(2009), 창극 '광대가' '임꺽정' '아리랑' '천명' '춘향전' '윤봉길의 사등', 음악극 '하늘에서 땅에서' '백두산신곡' '햄릿'(2016) (종)불교

**손진현(孫瑱顯) SON JIN HYUN**

(생)1966·5·31 (출)충북 영동 (주)울산광역시 동구 미포1길 2 한국프랜지공업(주)(052-233-5511) (학)1993년 아주대 산업공학과졸 (경)1992~1997년 한국쓰리엠(주) 근무 1999~2005년 이나베어링(주) 근무 2005~2014년 서한워너터보시스템즈(유)

대표이사 2014~2016년 한국PIM(주) 총괄부사장 2017년 한국프랜지공업(주) 관리총괄 전무 2017년 同대표이사(현)

**손진호(孫震鎬)**

(생)1960 (주)대구광역시 북구 호국로 807 칠곡경북대학교병원(053-200-2114) (학)1979년 대구 달성고졸 1985년 경북대 의대졸 1988년 同대학원 의학석사 1991년 의학박사(충남대) (경)1991~1992년 미국 Cleveland Clinic 연구강사 1992~2000년 대구가톨릭대 의대 전임강사·조교수·부교수 2000년 경북대 의대 이비인후과학교실 교수(현) 2003~2004년 미국 위스콘신대 객원교수 2013~2015년 대한기관식도과학회 회장 2017년 대한이비인후과학회 회장 2018년 경북대병원 임상실습동건립본부장 2019년 칠곡경북대병원장(현)

**손진홍(孫振鴻) SON Jin Hong**

(생)1967·3·3 (본)밀양(密陽) (출)광주 (주)광주광역시 동구 동명로 102 법무법인 에스앤파트너스(062-229-8300) (학)1986년 송원고졸 1990년 한양대 법학과졸 2003년 전남대 대학원 법학과 수료 (경)1998년 광주지법 예비판사 2000년 同목포지원 판사 2002년 광주지법 판사 2008년 광주고법 판사 2011년 사법연수원 교수 2013년 전주지법 남원지원장 2015년 인천지법 부장판사 2016~2017년 수원지법 평택지원 부장판사 2017년 변호사 개업 2018년 법무법인 에스앤파트너스 변호사(현) (저)'채권등집행실무편람(共)'(법원행정처) '공탁실무편람(共)'(법원행정처) '주석 민사집행법(共)'(한국사법행정학회) '주석 민법(共)'(한국사법행정학회) '법원실무제요 민사집행(共)'(법원행정처) '부동산집행(경매)의 실무'(2013, 법률정보센터) '채권집행의 이론과 실무'(2013, 법률정보센터) '부동산집행의 이론과 실무'(2015, 법률정보센터) (종)천주교

**손찬오(孫儹旿)**

(생)1972·8·28 (출)경북 포항 (주)전라북도 군산시 법원로 70 전주지방검찰청 군산지청 형사2부(063-472-4428) (학)1991년 포항제철고졸 1996년 서울대 사법학과졸 (경)2001년 사법시험 합격(43회) 2004년 사법연수원 수료(33기) 2004~2006년 변호사개업 2006년 수원지검 안산지청 검사 2008년 울산지검 검사 2010년 인천지검 검사 2012년 대구지검 서부지청 검사 2014년 서울남부지검 검사 2016년 서울중앙지검 검사 2018년 청주지검 검사 2018년 同부부장검사 2019년 전주지검 군산지청 형사2부장(현)

**손창동(孫昌東) Sohn, Chang Dong**

(생)1965·11·9 (출)경북 구미 (주)서울특별시 종로구 북촌로 112 감사원 감사위원실(02-2011-2114) (학)1983년 대구 대건고졸 1991년 영남대 행정학과졸 1994년 서울대 행정대학원 행정학과 수료 2004년 미국 미시간주립대 대학원 행정학과졸 (경)1991년 행정고시 합격(35회) 1993~2000년 감사원 제2국 제2과·제3과·제5과·감찰담당관실 부감사관 2000~2006년 同기획담당관실·국제협력담당관실·국가전략사업평가단 제1과·총괄과 감사관 2006년 同기획홍보관리실 혁신인사담당관 2007년 同산업환경감사국 제1과장 2008년 同기획관리실 기획담당관 2010년 同행정지원실장 2011년 同공보관(고위감사공무원) 2011년 국방대 파견(고위감사공무원) 2012년 감사원 특별조사국장 2014년 同산업·금융감사국장 2016년 同재정·경제감사국장 2016년 同감사교육원장 2017년 同기획조정실장 2017년 同제2사무차장 2018년 同감사위원(차관급)(현) (상)감사원장표창(1997·2006), 바른감사인상(2009) (저)'대한민국 시스템 Up(共)'(2006, 중앙M&B)

**손창석(孫昌石) Son Chang Suk**

(생)1962·10·10 (주)서울특별시 중구 남대문로9길 24 하나카드(주) 임원실(02-6399-3849) (학)1981년 광주 대동고졸 1986년 서강대 경영학과졸 (경)1989년 외환카드(주) 입사 2002년 同IR(Investor Relations)팀장 2003년 同신용관리부장 서리 2004년 한국외환은행 신용카드사업본부 근무(카드3급) 2004년 同법인회원팀 차장대우 2007년 同법인회원팀 차장 2011년 同카드사업본부 차장 2012년 同카드기획실장 직대 2013년 同카드기획실 조사역(하나금융지주 파견) 2013년 同외환카드 설립 사무국장 2014년 외환카드(주) 경영지원본부장 2014년 하나카드(주) 경영지원본부장 2016년 同고객관리본부장 2016년 同채널영업본부장 2017년 同리스크관리본부장 2019년 同디지털지원본부장(전무)(현)

**손창열(孫昌烈) SON Chang Ryul**

(생)1958·1·4 (출)서울 (주)서울특별시 중구 세종대로9길 20 신한은행빌딩 법무법인 충정(02-772-2876) (학)1976년 경기고졸 1980년 서울대 법과대학졸 1982년 同대학원 법학과졸 (경)1982년 사법시험 합격(24회) 1984년 사법연수원 수료(14기) 1985년 軍법무관 1988년 청주지검 검사 1990년 수원지검 여주지청 검사 1991년 법무부 조사과 검사 1993년 서울지검 검사 1996년 대구고검 검사 1998년 부산지검 동부지청 형사2부장 1999년 대구지검 총무부장 1999년 헌법재판소 헌법연구관 파견 2000년 대전고검 검사 2001년 대검찰청 환경보건과장 2002년 서울지검 공판2부장 2003년 同형사5부장 2003년 대전지검 서산지청장 2004년 서울고검 검사 2005년 춘천지검 차장검사 2006년 서울고검 검사 2006년 법무법인 충정 변호사(현) 2006~2017년 환경부 고문변호사 2012년 변호사시험 출제위원 2012년 서울지방국세청 조세법률고문 2012년 법무부 국제투자·지식재산권 법률자문단 자문위원 2014년 한국토지주택공사 청렴옴부즈만 2017~2019년 원자력안전위원회 원자력안전 옴부즈만 (상)헌법재판소 선정 모범국선대리인(2017) (종)기독교

**손창완(孫昌浣) SON Chang Wan**

(생)1955·10·10 (출)전남 장성 (주)서울특별시 강서구 하늘길 76 한국공항공사 사장실(1661-2626) (학)1973년 광주제일고졸, 동국대 경찰행정학과졸, 同대학원 행정학과졸(석사) (경)2000년 경찰청 인사교육과 인사계장(총경) 2001년 경기지방경찰청 감사담당관 2002년 경기 안산경찰서장 2003년 서울지방경찰청 인사교육과장 2005년 서울 강남경찰서장 2006년 경찰청 홍보담당관 2006년 경기지방경찰청 3부장(경무관) 2008년 전남지방경찰청 차장 2008년 서울지방경찰청 교통지도부장 2009년 同차장(치안감) 2010년 전북지방경찰청장 2010~2011년 경찰대학장(치안정감) 2012~2014년 한국철도공사(코레일) 상임감사위원 2016년 더불어민주당 경기안산시단원구乙지역위원회 위원장 2016년 제20대 국회의원선거 출마(안산시 단원구乙, 더불어민주당) 2018년 한국공항공사 사장(현) 2019년 국제공항협회(ACI) 아시아·태평양지역 이사(현) (상)녹조근정훈장(2003), 쏘나타 K리그 대상 공로상(2010)

**손창욱(孫昌郁) Tristan Son**

(생)1976·11·21 (본)밀양(密陽) (출)경남 밀양 (주)서울특별시 강남구 학동로31길 12 벤쳐캐슬빌딩2층 (주)미투온(02-515-2864) (학)1995년 대구 경상고졸 2000년 서울대 조선해양공학과졸 (경)1997~1998년 서울대재경경상동문회 회장 2000~2002년 (주)새하정보시스템 인터넷사업부 근무 2002년 (주)넥슨 포털개발팀 근무 2003년 (주)프리챌 전략기획팀장 2004년 (주)SKCP 기획팀장·CTO 2004~2005년 (주)넥슨JAPAN 개발팀장 2005~2009년 (주)프리챌 대표이사 사장 2010년 (주)미투온 대표이사(현)

**손철우(孫哲宇)**

(생)1970·10·19 (출)전남 여수 (주)서울특별시 서초구 서초중앙로 157 서울고등법원(02-530-1114) (학)1989년 여수고졸 1994년 서울대 사법학과졸 (경)1993년 사법시험 합격(35회) 1996년 사법연수원 수료(25기) 1996년 軍법무관 1999년 서울지법 판사 2001년 同동부지원 판사 2003년 대전지법 판사 2007년 서울고법 판사 2007년 법원행정처 정책연구심의관 겸임 2008년 同형사정책심의관 2009년 서울고법 판사 2016년 광주고법 판사 2017년 서울고법 판사(현)

**손태승(孫泰升) Sohn Tae Seung**

(생)1959·5·16 (출)광주 (주)서울특별시 중구 소공로 51 우리금융그룹 임원실(02-2002-3000) (학)1978년 전주고졸 1983년 성균관대 법학과졸 1986년 서울대 대학원 법학과졸 2000년 핀란드 헬싱키대 경제경영대학원졸 (경)1987년 한일은행 입행 2003년 우리은행 전략기획팀 부장 2006년 同L.A 지점장 2010~2012년 우리금융지주 상무 2012년 우리은행 관악동작영업본부장 2014년 同자금시장사업단 상무 2014년 同글로벌사업본부장(집행부행장) 2015년 同글로벌그룹장 겸 글로벌사업본부장(집행부행장) 2017년 同글로벌부문장 겸 글로벌그룹장 2017년 同은행장 직대 2017년 同은행장(현) 2018년 우리미소금융재단 회장(현) 2018년 우리다문화장학재단 이사장(현) 2018년 우리금융그룹 회장(현) (상)외교통상부장관표창(2005), 재정경제부장관표창(2006), 기획재정부장관표창(2008), 성균언론인회 '자랑스러운 성균언론인상' 대외부문(2018) (종)기독교

**손태원(孫泰元) Tae Won Sohn (一江)**

(생)1950·5·1 (본)평해(平海) (출)경기 개성 (주)서울특별시 성동구 왕십리로 222 한양대학교 경영대학 경영학부(02-2220-4604) (학)1969년 중동고졸 1974년 한국외국어대 영어과졸 1977년 서울대 행정대학원 수료 1985년 경영학박사(미국 뉴저지주립대 럿거스교) (경)1977년 평화통일연구소 연구원 1978년 외교안보연구원 연구원 1980년 미국 뉴저지주립대 럿거스교 조교 1985~2015년 한양대 경영대학 조교수·부교수·교수 1988년 한국경영연구원 연구위원(현) 1996년 한국사회과학연구협의회 감사 1999년 한양대 경영대학원 주임교수 2000년 (주)크리에티즌 대표이사 2001~2002년 한국인사조직학회 회장 2002년 한국시스템다이내믹스학회 회장 2003~2005년 행정자치부 지방공기업경영평가위원 2005년 한국지식경영학회 회장 2005~2007년 한양대 경영대학장 2005년 대통령자문 정책기획위원회 위원 2005~2006년 기초기술연구회 기획평가위원 2005~2011년 (사)한국경영교육인증원 수석부원장 2006~2008년 한국경영대학대학원협의회 회장 2007년 정부혁신컨설팅위원회 위원장 2007~2009년 사립학교교직원연금관리공단 비상임이사 2008년 서울시정개발연구원 이사 2010~2011년 한국경영학회 부회장 2013~2018년 한국경영교육인증원 원장 2015년 한양대 경영대학 경영학부 명예교수(현) (상)녹조근정훈장(2007) (저)'한국사회의 불평등과 형평'(1992, 나남) '한국사회의 불평등과 공정성(編)'(1997, 나남) '학습조직의 이론과 실제'(1997, 삼성경제연구소) '조직학의 주요이론(共·編)'(2000, 법문사) '조직행동과 창의성'(2004, 법문사) (역)'학습조직의 5가지수련(共)'(1996, 21세기북스) '살아있는 기업'(2000, 세종서적) (종)불교

**손태원(孫泰遠) Terry SON (聖道)**

(생)1960·5·17 (본)경주(慶州) (출)경북 예천 (주)서울특별시 서초구 사임당로 28 (주)청호나이스 마케팅&글로벌부문(02-3019-5140) (학)장충고졸, 고려대 신문방송학과졸, 同언론대학원 광고홍보학과졸 1992년 미국 피츠버그대 경영대학원 EMBA과정 수료, 서울대 AMP과정 수료 (경)1984년 (주)제일기획 입사 1995년 同런던지점장, 同광고팀장, 同영국법인장(상무보) 2007년 同구주법인장(상무), 同글로벌본부 2그룹장(상무), 同글로벌광고본부장(상무) 2011년 同자문 2012년 부산국제광고제 부집행위원장 2012년 (주)대교 해외사업총괄본부장(전무) 2019년 (주)청호나이스 마케팅&글로벌부문장(전무)(현) (상)한국방송광고대상, 한국광고우수광고상, 대한민국광고대상 TV금상, 대한민국광고대상 TV은상, 대한매일광고대상, 대통령표창(2011) (저)'프로의 눈물에는 맛이 있다'(共)

**손태호(孫台浩) SON Tae Ho**

(생)1957·2·24 (출)대구 (주)서울특별시 강남구 영동대로 517 아셈타워 22층 법무법인 화우(02-6003-7109) (학)1975년 경북고졸 1980년 서울대 법학과졸 2015년 同대학원 법학과졸 (경)1981년 사법시험 합격(23회) 1983년 사법연수원 수료(13기) 1983~1986년 공군 법무관 1986~1989년 서울민사지법 판사 1989~1991년 서울형사지법 판사 1991~1992년 대구지법 김천지원 판사 1991년 미국 워싱턴대 로스쿨 객원연구원 1992년 대구지법 판사 1993~1994년 대구고법 판사 직대 1994~1996년 서울고법 판사 1996~2000년 대법원 재판연구관 2000~2002년 수원지법 부장판사 2000~2003년 언론중재위원회 중재부장 2002~2004년 서울지법·서울중앙지법 부장판사 2004년 법무법인 화우 변호사(현) 2007~2013년 국무총리 행정심판위원회 위원 2010~2012년 국민권익위원회 중앙행정심판위원회 비상임위원 2011~2017년 구조조정기업고충처리위원회 위원 2011~2017년 저축은행중앙회 적립금관리위원회 위원 2012~2015년 동양자산운용 사외이사 2012~2016년 한국철도시설공단 고문변호사 2012년 서울지방변호사협회 행정법커뮤니티위원장(현) 2014년 한국동서발전 법률담당 고문(현) 2014년 건설공제조합 고문변호사(현) 2014년 한국서부발전 법률담당 고문(현) (종)기독교

**손학규(孫鶴圭) SOHN Hak Kyu**

(생)1947·11·22 (본)밀양(密陽) (출)경기 시흥 (주)서울특별시 영등포구 국회대로 786 B&B타워 바른미래당(02-715-2000) (학)1965년 경기고졸 1973년 서울대 문리과대학 정치학과졸 1988년 정치학박사(영국 옥스포드대) (경)1973년 기독교교회협의회 간사 1986년 기독교사회문제연구원 원장 1988년 인하대 정치외교학과 교수 1990~1993년 서강대 정치외교학과 교수 1992년 同사회과학연구소장 1993년 제14대 국회의원(광명乙 보궐선거, 민자당·신한국당) 1993년 민자당 부대변인 1995년 同국제기구위원장 1995년 同대변인 1996~1997년 제15대 국회의원(광명乙, 신한국당·한나라당) 1996년 신한국당 정책조정위원장 1996~1997년 보건복지부 장관 1997~1998년 한나라당 총재비서실장 1999년 미국 조지워싱턴대 교환교수 2000~2002년 제16대 국회의원(광명, 한나라당) 2001년 국회 한·중포럼 회장 2002~2006년 경기도지사(한나라당) 2002~2006년 경기디지털아트하이브종합지원센터 이사장 2006년 동아시아미래재단 상임고문(현) 2007년 선진평화연대 발족 2007년 대통합민주신당 제17대 대통령중앙선거대책위원회 공동선거대책위원장 2008년 同대표최고위원 2008년 통합민주당 공동 대표최고위원 2008년 민주당 서울종로지역위원회 위원장 2008~2010년 同상임고문 2010~2011년 同대표최고위원 2011~2012년 제18대 국회의원(성남 분당乙 재보선 당선, 민주당·민주통합당) 2011년 민주통합당 상임고문 2013년 민주당 상임고문 2014~2015년 새정치민주연합 상임고문 2014년 同6.4지방선거대책위원회 공동위원장 2014년 제19대 국회의원선거 출마(수원 丙(팔달) 보궐선거, 새정치민주연합) 2015년 더불어민주당 상임고문 2017년 국민주권개혁회의 의장(현) 2017년 국민의당 제19대 안철수 대통령후보 중앙선거대책위원회 상임공동위원장 2017년 同고문 2018년 바른미래당 상임고문 2018년 同안철수 서울시장후보 선거대책위원회 위원장 2018년 바른미래당 대표최고위원(현) (상)청조근정훈장, 백봉신사상

(2000 · 2001), 평등부부상(2001), 한국을 빛낸 CEO 글로벌경영부문(2005) (저)'Authoritarianism and Opposition in South Korea, London'(1989) '한국사회 인식논쟁(共)'(1990) '한국정치와 개혁'(1993) '경기 2002, 새로운 희망의 중심지'(1998) '진보적 자유주의의 길'(2000) '손학규와 찍새, 딱새들'(2006) '저녁이 있는 삶'(2012, 폴리테이아) (종)기독교

### 손학래(孫鶴來) SON Hak Lae

(생)1942 · 3 · 1 (출)전남 보성 (주)서울특별시 강남구 테헤란로 317 동훈타워 법무법인(유) 대륙아주(02-3016-5233) (학)1960년 광주고졸 1966년 조선대 토목과졸 1974년 네덜란드 델프공과대 수료 2002년 명예 경영학박사(금오공대) (경)1981~1988년 건설부 산업입지과 · 자연공원과 근무 1988년 국회 건설위원회 파견 1990년 건설부 자연공원과장 1991년 同신도시택지담당 1993년 同기술심의담당 1994년 同건설기준과장 1994년 건설교통부 기술정책과장 1995년 국토개발연구원 파견 1995년 건설교통부 건축기획관 1996년 同익산지방국토관리청장 1998년 同고속철도건설기획단장 1999년 同도로심의관 1999년 同광역교통기획단장 2001~2003년 철도청장 2004~2007년 한국도로공사 사장 2008년 법무법인(유) 대륙아주 고문(현) (상)근정포장(1984), 홍조근정훈장(1998) (저)'국립공원' '이야기따라 가는 국립공원' (종)불교

### 손혁상(孫赫相) Hyuk-Sang SOHN

(생)1962 · 6 · 19 (본)일직(一直) (출)서울 (주)서울특별시 동대문구 경희대로 26 경희대학교 공공대학원(02-961-0130) (학)1980년 서울 경동고졸 1985년 서울대 정치학과졸 1987년 미국 펜실베이니아대 대학원 정치학과졸 1999년 同대학원 정치학 박사과정 수료 2006년 정치학박사(경희대) (경)2001~2006년 경희대 NGO국제연구소 상임연구위원(현) 2006년 경희대 공공대학원 교수(현) 2007년 한국국제협력단(KOICA) 정책자문위원(현) 2007~2010년 참여연대 국제연대위원장 2009~2019년 한국정치학회 편집이사 · 이사 · 부회장 2009~2018년 외교부 정책자문위원 2009~2012년 국무총리실 국제개발협력위원회 통합평가소위원회 위원 2010년 경희대 국제개발협력센터장(현) 2010~2012년 Open Forum Global Facilitating Group(G-FG) 위원 2010~2012년 한국국제개발협력 시민사회포럼(KoFID) 운영위원 2011년 부산세계개발원조총회(HLF-4)추진단 자문위원 2011년 국제개발협력민간협의회(KCOC) 정책위원(현) 2012~2016년 국무조정실 국제개발협력실무위원회 민간위원 2012~2013년 통일부 정책자문위원 2012년 유엔인권정책센터 정책전문위원(현) 2012년 한국국제정치학회 국제개발협력연구분과 위원장 · 이사 · 부회장(현) 2013~2019년 서울시 국제교류자문단 자문위원 2013~2018년 법무부 이민정책자문위원 2014~2018년 한국국제교류재단 자문위원 2015~2017 · 2019년 국회 입법조사처 자문위원(현) 2015~2016년 한국국제개발협력학회 회장 2016년 한국정치학회 부회장 2016~2017년 한국국제협력단 비상임이사 2016~2019년 경희대 공공대학원장 2016~2018년 국무조정실 국제개발협력위원회 민간위원 2017년 한국국제협력단(KOICA) 혁신위원회 위원 2017년 UN거버넌스센터(UNPOG) 정책자문위원(현) 2017년 한국행정연구원 글로벌네트워크 자문위원(현) 2018년 한국연구재단 사회과학연구지원(SSK) 개발파트너십 대형연구단장(현) 2018년 유네스코 한국위원회 위원(현) 2019년 경희대 대외협력부총장(현) 2019년 한 · 아프리카재단 자문위원(현) 2019년 외교부 자체평가위원회 위원(현) (상)한국국제협력단 감사장(2012), 외교통상부장관표창(2012), 경희대 학술성취우수상(2016), 경희대 연구우수교원(2016~2018), 한국정치학회 학술상(논문) (2017), 국제개발협력민간협의회(KCOC) 감사장(2019) (저)'개발도상국과 국제개발 : 변화하는 세계와 새로운 발전론(共)'(2016, 푸른길) '시민사회와 국제개발협력 : 한국 개발NGO의 현황과 과제'(2015, 집문당) '한 잔의 커피, 한 잔의 평화 : 동티모르 사회적기업 피스커피 이야기'(2015, 경희대 출판문화원) 'EU와 국제개발협력'(2017, 박영사) '북한개발협력의 이해 : 이론과 실제'(2017, 오름) '변화의 시대, 한국유네스코 협력비전'(2018, 유네스코한국위원회) (역)'구성주의 이론과 국제관계 연구 전략(共)'(2011, 경희대 출판문화원) '개발도상국과 국제개발: 변화하는 세계와 새로운 발전론(共)'(2016, 푸른길)

### 손현덕(孫顯德) SOHN Hyun Duck

(생)1961 · 9 · 3 (본)경주(慶州) (출)충북 충주 (주)서울특별시 중구 퇴계로 190 매일경제신문 대표이사실(02-2000-2100) (학)1979년 대성고졸 1983년 한양대 경제학과졸 1985년 同대학원 경제학과졸 (경)1989년 매일경제신문 경제부 기자 1995년 同증권부 기자 1997년 同산업부 기자 1998년 同경제부 기자 1998년 同편집부 기자 2000년 同워싱턴특파원(차장대우) 2004년 同정치부 차장 2004년 同유통부장 2005년 同국제부장 겸 유통경제부장 2006년 同중소기업부장 직대 2006년 同경제부장 2008년 同정치부장 2010년 同증권부장 2011년 同편집국 증권부장 겸 여론독자부장(부국장대우) 2011년 同편집국 산업부장(부국장급) 2012년 同지식부장 겸임 2012년 관훈클럽 편집위원 2013~2014년 매일경제신문 편집국 차장(부국장급) 2014년 대통령직속 규제개혁위원회 위원 2014년 매일경제신문 편집국장 2016년 同논설실장 겸 편집담당 이사대우 2017년 同논설실장 겸 편집담당 상무이사 2018년 同대표이사 전무(현) (상)삼성언론상 기획보도부문(2000), 한양언론인회 한양언론인상(2014), 제19회 대한민국 디지털경영혁신대상 대통령표창(2019) (저)'재미있는 보험이야기' '월가를 알면 주식이 보인다' '신지식 업그레이드' '뉴이코노미시대에는 新경제기사가 돈이다'(共) '부자 나라 가난한 나라' (역)'마스터링 매니지먼트' '네이비 실 리더십의 비밀'

### 손현상(孫鉉相)

(생)1963 · 6 · 27 (출)부산 (주)서울특별시 중구 을지로 79 IBK기업은행 리스크관리그룹(1588-2588) (학)1982년 송도고졸 1986년 연세대 행정학과졸 (경)1986년 IBK기업은행 입행 2008년 同가산디지털중앙드림기업지점장 2009년 同역삼남지점장 2010년 同전략기획부 대외협력부장 2011년 同홍보부장 2014년 同강남지역본부장 2016년 同경동지역본부장 2017년 同경동 · 강원지역본부장 2018년 同부산 · 울산 · 경남그룹장(부행장) 2019년 同리스크관리그룹장(부행장)(현)

### 손현식(孫賢植) Son Hyun-Sik

(생)1954 · 9 · 14 (출)대구 (주)서울특별시 강남구 광평로 281 수송빌딩 효성티앤에스 대표이사실(02-6181-2426) (학)1973년 경북고졸 1977년 한양대 전자학과졸 (경)1977년 효성컴퓨터 입사 1996년 同구미공장장 2002년 同국내영업총괄담당 임원 2003년 노틸러스효성(주) 금융자동화기기사업총괄 상무 2006년 同금융자동화기기사업총괄 전무 2010년 同부사장 2011년 同대표이사 부사장 2018년 효성티앤에스 대표이사(현)

### 손현옥(孫賢玉 · 女)

(생)1967 · 11 · 12 (주)세종특별자치시 한누리대로 2120 세종특별자치시의회(044-300-7000) (학)전남대 경영대학 회계학과졸 (경)세종특별자치시 안전도시위원회 위원(현), 더불어민주당 중앙당 정책위원회 부의장 2018년 세종특별자치시의회 의원(더불어민주당)(현) 2018년 同교육안전위원회 위원(현) 2019년 同예산결산특별위원회 부의장(현)

人

**손현주(孫顯柱)**

(생)1960 (주)서울특별시 중구 통일로 10 롯데글로벌로지스 글로벌사업본부(02-2170-3424) (학)1979년 대구 대륜고졸 1985년 경북대 무역학과졸 (경)1985년 한국머스크 입사 1991년 현대상선 미주·구주팀 과장 1996년 同밀라노지점 차장 2004년 同태국법인장 2012년 同홍콩법인장 2013년 同일본법인장 2014년 다이에이쉬핑 상무 2015년 천지에이젠시 사장 2015년 현대로지스틱스 글로벌사업본부장(상무) 2016년 롯데글로벌로지스 글로벌사업본부장(상무)(현)

**손현찬(孫鉉讚) SON Hyeon Chan**

(생)1970·5·5 (출)대구 (주)대구광역시 수성구 동대구로 364 대구지방법원(053-757-6470) (학)1989년 대구 대륜고졸 1994년 서울대 법과대학 사법학과졸 (경)1993년 사법시험 합격(35회) 1996년 사법연수원 수료(25기) 1999년 대구지법 판사 2002년 同포항지원 판사 2005년 대구지법 판사 2008년 대구고법 판사 2010년 대구지법 판사 2011년 울산지법 부장판사 2013년 대구지법 서부지원 부장판사 2014년 대구지법 상주지원장 겸 대구가정법원 상주지원장 2016년 대구지법 부장판사 2019년 同수석부장판사(현)

**손현호(孫鉉浩) Son, hyonho**

(생)1969·1·7 (출)경남 밀양 (주)경상남도 창녕군 대지면 우포2로 1097 창녕소방서(055-259-9200) (학)계명대 공업화학과졸 (경)1994년 소방위 임용(소방간부후보 8기) 1995년 경남 밀양소방서 구조대장 1999년 경남 김해소방서 계장(소방경) 2002년 경남 창원소방서 계장 2005년 경남 진해소방서 계장 2006년 경남 동마산소방서 구조구급과장(소방령) 2009년 경남 양산소방서 예방안전과장 2014년 경남 함안소방서 소방행정과장 2015년 경남도 소방본부 119종합방재센터장(소방정) 2016년 경남 거창소방서장 2017년 경남도 소방본부 예방대응과장 2018년 경남 창녕소방서장(현)

**손형수(孫亨洙) Sohn, Hyung-Su**

(생)1963·8·25 (주)서울특별시 중구 청계천로 30 예금보험공사(02-758-0028) (학)진주동명고졸, 세무대학 관세학과졸 2009년 연세대 경제대학원 금융공학과졸, 스페인 네브리하대 ILP과정 수료 (경)2006년 예금보험공사 기획조정부 팀장 2008년 2급 승진 2010년 예금보험공사 인사지원부장 2011년 同비서실장 2012년 同금융정리부장(1급), 同금융정리1부장 2015년 同청산회수기획부장 2015년 同정리총괄부장 2018년 同상임이사(현)

**손형진(孫炯璡) Hyeung Jin, Son**

(주)서울특별시 서대문구 이화여대길 52 이화여자대학교 약학대학(02-3277-4504) (학)1978년 서울대 미생물학과졸 1980년 한국과학기술원(KAIST) 생화학과졸(석사) 1987년 이학박사(미국 아이오와대) (경)1980~1983년 한국과학기술원(KAIST) Research Scientist 1983~1987년 미국 아이오와대 Research Assistant 1987~1990년 미국 컬럼비아대 Postdoctoral Associate 1990~1996년 미국 코넬대 의대 Assistant Professor 1990~2005년 미국 Burke Medical Research Institute Principal Investigator·Transgenic Mice Core Facility Chief Scientist 1997~2005년 미국 코넬대 의대 Associate Professor 2000~2004년 미국 국립보건원 근무, 이화여대 약학대학 교수(현) 2008~2016·2018년 同뇌질환기술연구소장(현) 2012~2016년 同약학연구소장 2014년 同대학원 뇌인지과학과장 (상)Mathers Foundation Award(1990~1993), N.Y. Alzheimer's disease Research Center Award(1992), Goldsmith Research Fellow(1994~1996)

**손혜원(孫惠園·女) Sohn Hye Won**

(생)1955·1·23 (본)밀양(密陽) (출)서울 (주)서울특별시 영등포구 의사당대로 1 국회 의원회관 317호(02-784-9241) (학)숙명여고졸 1977년 홍익대 미술대학 응용미술과졸 1981년 同대학원 시각디자인과졸 (경)1986~2016년 크로스포인트 대표 2005~2008년 홍익대 산업미술대학원 교수, 한국시각정보디자인협회 회원, 同부회장 2012~2014년 한국디자인진흥원 비상임이사 2014~2016년 한국나전칠기박물관 관장 2015년 새정치민주연합 홍보위원장 2015~2016년 더불어민주당 홍보위원장 2016년 同제20대 총선 선거대책위원회 위원 2016년 同서울마포구乙지역위원회 위원장 2016년 제20대 국회의원(서울 마포구乙, 더불어민주당·무소속〈2019.1〉)(현) 2016~2018년 국회 교육문화체육관광위원회 위원 2016~2018년 한국신문윤리위원회 윤리위원 2016년 국회 문화·관광산업연구포럼 공동대표의원(현) 2016~2017년 국회 '박근혜 정부의 최순실 등 민간인에 의한 국정농단 의혹 사건 진상규명을 위한 국정조사특별위원회' 위원 2017년 더불어민주당 제19대 문재인 대통령후보 중앙선거대책본부 홍보본부 부본부장 2018년 국회 문화체육관광위원회 간사 2019년 국회 보건복지위원회 위원(현) (상)홍콩디자인협회 아시아 디자인상(2003) (저)'브랜드와 디자인의 힘' '꿈꾀끼꼴깡(共)'(2008)

**손호권(孫湖權) SON Ho Kwon**

(생)1964·11·5 (출)부산 (주)서울특별시 중구 을지로 16 (주)모두투어인터내셔널 비서실(02-3788-4800) (학)세종대 관광경영학과졸, 경기대 대학원 관광산업과졸 (경)1989년 국일여행사 입사, (주)모두투어네트워크 경영지원본부장(이사) 2009년 同상품기획본부장(상무) 2011년 同상품기획본부장(전무이사) 2011~2013년 호텔앤에어닷컴 대표이사 2014년 (주)모두투어인터내셔널 대표이사(현) (상)일반여행업협회선정 우수종사원상(2001)

**손호영(孫昊榮) SON Ho Young**

(생)1976·10·28 (주)세종특별자치시 한누리대로 402 산업통상자원부 원전환경과(044-203-5340) (학)양정고졸 1999년 서울대 경영학과졸 (경)2001년 행정고시 합격(45회), 산업통상자원부 장관실 비서관, 同광물자원팀장 2016~2017년 同기획조정실 창조행정담당관 2017년 同기획조정실 혁신행정담당관 2019년 同원전환경과장(현)

**손호현(孫昊鉉)**

(생)1961·3·2 (주)경상남도 창원시 의창구 상남로 290 경상남도의회(055-211-7352) (학)2004년 진주산업대 산업경제학과졸 (경)경남 의령군청·경남도청 근무 2010년 경남 의령군의회 의원(한나라당·새누리당) 2012~2014년 同자치행정위원장 2014~2018년 경남 의령군의회 의원(새누리당·자유한국당) 2016~2018년 同의장 2018년 경남도의회 의원(자유한국당)(현) 2018년 同농해양수산위원회 부위원장(현) 2018년 同의회운영위원회 위원(현)

**손홍기(孫弘基) Son, Hong-Ki**

(주)서울특별시 양천구 목동동로 151 서울출입국·외국인청(02-2650-6214) (학)서울대 공법학과졸, 미국 아이오와대 대학원 법학과졸 (경)1993년 행정고시 합격(37회) 2005년 법무부 마산출입국관리사무소장(서기관) 2007년 駐심양총영사관 영사 2009년 법무부 서울출입국관리사무소 심사국장 2009년 법무부 외국인정책과장 2012년 同출입국기획과장(부이사관) 2014년 부산출입국관리사무소장(고위공무원) 2015년 법무부 출입국·외국인정책본부 출입국정책단장 2016년 인천공항출입국관리사무소장 2018년 서울출입국·외국인청장(현)

**손 훈(孫 勳) SOHN Hoon**

(생)1969·10·5 (출)서울 (주)대전광역시 유성구 대학로 291 한국과학기술원(KAIST) 공과대학 건설및환경공학과(042-350-3625) (학)1992년 서울대 공과대학 토목공학과졸 1994년 同대학원 토목공학과졸 1998년 공학박사(미국 스탠퍼드대) (경)1999~2004년 미국 로스아라모스 국립연구소(Los Alamos National Lab.) 기술지원연구원 1999~2010년 미국 로스아라모스 다이나믹스(Los Alamos Dynamics) LLC 공동·책임연구원 2004~2010년 미국 카네기멜론대(Carnegie Mellon Univ.) 공과대학 건설및환경공학과 조교수·겸임교수 2004년 미국토목학회 회원(현) 2007~2010년 한국과학기술원(KAIST) 건설및환경공학과 부교수 2007~2010년 同미래도시연구소 참여교수 2007~2013년 미국 공군연구소(Air Force Research Laboratory, USA) 여름방문교수 2008년 국제소음진동연구소 회원(현) 2009·2010년 미국 세계인물사전 'Marquis Who's Who in the World'에 등재 2009년 국제인명센터(IBC) '100인의 교육자' 등재 2009년 한국과학기술한림원 준회원 2011년 한국과학기술원(KAIST) 공과대학 건설및환경공학과 교수(현) 2011년 同공과대학 건설및환경공학과 석좌교수 2011~2012년 미국 퍼듀대 건설및환경공학과 방문교수 2012~2013년 미국 미시간주립대 Electrical and Computing Engineering 겸임교수 2013년 한국과학기술원(KAIST) ICT교량연구단장(현) 2013년 국제광공학회(SPIE) 종신회원(현) 2013년 미국기계학회 회원(현) 2017년 한국과학기술한림원 정회원(공학부·현) (상)국제구조물건전성모니터링학회(IWSHM) 최우수논문상(2007), 한국과학기술한림원 젊은과학자상(2008), 한국과학기술원(KAIST) 기술혁신상(2010), 미국 퍼듀대 방문교수상(2011), 국제구조물건전도모니터링학회(IWSHM) 올해의 인물상(2011), 동아일보 10년 뒤 한국을 빛낼 100인(2012), 현대NGV 우수연구과제상(2015), 한국과학기술원(KAIST) 우수연구상(2015), 한국방재학회 최우수논문상(2016), 대한토목학회 우수논문상(2016), 한국공학한림원 젊은 공학인상(2017), 한국과학기술원(KAIST) 연구대상(2017), 제14회 경암학술상 공학부문(2018), 제53회 발명의 날 근정포장(2018), 한국과학기술원 대표 R&D 연구성과 10선(2018), 2018 소방청 최우수 연구과제상(2019) (저)'Signal processing for structural health monitoring'(a book chapter in Encyclopedia of Aerospace Engineering) 'Applications of statistical pattern recognition paradigms to structural health monitoring'(a book chapter in Encyclopedia of Structural Health Monitoring) 'Guided wave based nondestructive testing: a reference-free pattern recognition approach'(a book chapter of Ultrasonic and Advanced Methods for Nondestructive Testing and Material Characterization) 'Statistical pattern recognition paradigm applied to defect detection in composite plates'(a book chapter of Damage Prognosis for Aerospace, Civil and Mechanical System) 'Sensor technologies for civil infrastructures, Volume 1: sensing hardware and data collection methods for performance assessment'(2014) 'Sensor technologies for civil infrastructures, Volume 2: applications in structural health monitoring'(2014) 'Fatigue crack detection methodology'(a Book chapter in CISS: Smart Sensors for Health and Environment Monitoring)(2015) 'Non-contact laser ultrasonic for SHM in aerospace structures'(a book chapter in Structural health monitoring in aerospace structures)(2016)

**손흥민(孫興慜) Son Heung-Min**

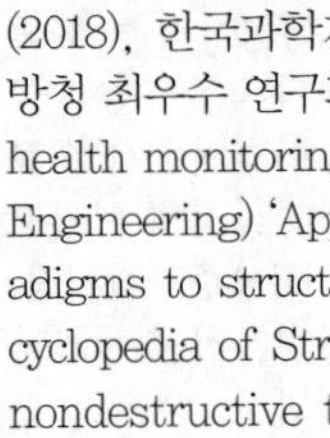

(생)1992·7·8 (본)밀양(密陽) (출)강원 춘천 (학)2008년 서울 동북고(프로축구 FC서울 U-19) 중퇴 (경)2008~2010년 독일 함부르크 SV U-19 소속(공격수) 2009년 'FIFA U-17 월드컵' 청소년 국가대표 2010~2013년 독일 프로축구 함부르크 SV 소속(공격수) 2011년 아시아축구연맹(AFC) 아시안컵 국가대표 2013~2015년 독일 프로축구 TSV 바이어 04 레버쿠젠 소속(공격수) 2014년 '2014 FIFA 월드컵 브라질' 국가대표 2015년 아시아축구연맹(AFC) 아시안컵 준우승 2015년 영국 프로축구 토트넘 홋스퍼 FC 입단(공격수)(현) 2016년 제31회 리우데자네이루올림픽 남자축구 국가대표(와일드카드) 2017년 강원도 홍보대사(현) 2018년 '2018 FIFA 월드컵 러시아' 국가대표 2018년 제18회 자카르타-팔렘방아시안게임 남자축구 금메달 2018년 KEB하나은행 홍보대사(현) 2019년 아시아축구연맹(AFC) 아시안컵 국가대표 2019년 메르세데스 벤츠 코리아 AMG 브랜드 홍보대사(현) 2019년 '2022 FIFA 카타르 월드컵' 국가대표(현) (상)분데스리가 전반기 최우수 신인(2010), 아시아축구연맹(AFC) 선정 '아시아 BEST XI'(2012), 피스컵 베스트 네티즌상(2012), AP통신 선정 주간 톱10(2013), ESPN 선정 '올해 최고의 아시아 축구선수'(2013), 대한축구협회 선정 '올해의 선수상'(2013·2014·2017), 폭스스포츠 선정 '아시아 최고의 선수'(2014·2015·2017·2018), AFC 호주아시안컵 베스트 11 우측 공격수부문(2015), 영국 축구전문지 포포투 선정 '아시아 최고의 축구선수'(2015), 아시아축구연맹(AFC) 선정 '올해의 아시아 해외파 선수상'(2015), 한국갤럽 선정 '2015년을 빛낸 스포츠선수 1위'(2015), 영국 축구전문지 포포투 선정 '아시아 최고의 축구선수' 2위(2016), 잉글리시 프리미어리그(EPL) '이달의 선수상'(2016·2017), 영국 축구전문지 월드사커 선정 '올해의 선수'(2016), 잉글랜드 FA컵 득점왕(2016·2017), 아시아축구연맹(AFC) 올해의 아시아 국제 선수상(2017), 한국갤럽 선정 '2017년 올해를 빛낸 스포츠스타' 1위(2017), 독일 프로축구 함부르크 SV 선정 '역대 BEST XI'(2018), 잉글랜드 프로축구협회(PFA) '팬들이 뽑은 이달의 선수상'(2018), 잉글리시 프리미어리그(EPL) 선정 '이달의 골'(2018), 런던풋볼어워즈 '잉글리시 프리미어리그(EPL) 올해의 선수상'(아시아·비유럽 출신 선수로는 최초)(2019), 토트넘 홋스퍼 FC 클럽어워즈 '공식팬클럽 선정 올해의 선수'(2019), 토트넘 홋스퍼 FC 클럽어워즈 '공식팬클럽 선정 올해의 골'(2019), 토트넘 홋스퍼 FC 클럽어워즈 '원 홋스퍼 올해의 선수상'(2019), 토트넘 홋스퍼 FC 클럽어워즈 '원 홋스퍼 주니어 올해의 선수상'(2019), 아시아체육기자연맹(AIPS ASIA) 선정 '올해의 남자선수'(아시아 출신 선수 최초)(2019)

**손흥수(孫興洙)**

(생)1965·7·1 (출)전남 장흥 (주)서울특별시 강남구 테헤란로92길 7 법무법인(유) 바른(02-3479-2416) (학)1984년 장흥 관산고졸 1990년 서울대 동양사학과졸 1997년 서강대 대학원 법학과 수료 (경)1990년 근로복지공단 근무 1990년 대한주택공사 근무 1996년 사법시험 합격(38회) 1999년 사법연수원 수료(28기) 1999년 서울지법 남부지원 예비판사 2001년 서울지법 판사 2003년 전주지법 정읍지원 판사 2007년 의정부지법 판사 2010년 서울고법 판사 2012년 서울중앙지법 판사 2014~2016년 대전지법·대전가정법원 천안지원 부장판사 2016년 법무법인(유) 바른 변호사(현) 2017년 중앙대 법무대학원 강사 2019년 고려대 법학전문대학원·법무대학원 겸임교수(현) (저)'제3판 주석 민사집행법(Ⅳ·Ⅴ)'(2012) '법원실무제요 민사집행(Ⅱ)'(2014) '채권집행'(2017) '부동산경매 1·2'(2017)

**손희송(孫凞松) SON Hee Song**

(생)1957·1·28 (출)경기 연천 (주)서울특별시 중구 명동길 74 천주교 서울대교구(02-727-2114) (학)1975년 성신고졸 1979년 가톨릭대졸 1986년 오스트리아 인스브루크대 대학원 교의신학과졸 1996년 교의신학박사(가톨릭대) (경)1986년 사제 수품 1992~1994년 용산성당 주임신부 1994~2015년 가톨릭대 교수 2012~2015년 천주교 서울대교구 사목국장 2015년 同서울 대교구 보좌주교(현) 2015~2017년 同서울대교구 중서울지역 교구장 대리 2015년 가톨릭학교법인담당 교구장 대리(주교)(현) 2015년 학교법인 가톨릭학원 상임이사 겸임(현) 2016년 천주교 서울대교구 총대리 겸임(현) 2016년 평화방송 이사장 겸 평화신문 이사장(현) 2016년 (재)바보의나눔 이사장(현) 2017년 천주교

서울대교구 홍보위원장(현) (저)'주님이 쓰시겠답니다'(2002, 생활성서사) '성사 하느님 현존의 표지'(2003, 가톨릭대 출판부) '믿으셨으니 정녕 복되십니다'(2003, 가톨릭대 출판부) '미사 마음의 문을 열다'(2008, 생활성서사) '주님은 나의 목자'(2010, 생활성서사) '우리는 혼자가 아닙니다'(2011, 가톨릭출판사) '일곱 성사, 하느님 은총의 표지'(2011, 가톨릭대 출판부) '행복한 신앙인'(2014, 가톨릭출판사) '주님의 어머니, 신앙인의 어머니'(2014, 가톨릭대 출판부) '일곱 성사'(2015, 가톨릭출판사) '우리 시대의 일곱 교황'(2016, 가톨릭출판사) '칠성사 믿음의 문을 열다'(2018, 생활성서사)

### 손희식(孫熙植) Sohn, Hi-Shik

(생)1962 · 3 · 20 (본)밀양(密陽) (출)대구 (주)서울특별시 중구 청파로 463 한국경제신문 15층 한국경제매거진(주)(02-360-4800) (학)1980년 대륜고졸 1985년 연세대 정치외교학과졸 (경)1990년 한국경제신문 편집국 외신부 기자 1991년 同경제부 기자 1993년 同증권부 기자 1995년 同한경비즈니스 창간 1996년 同증권부 기자 1998년 同정보통신부 기자 1999년 同건설부동산부 기자 2001년 同산업부 대기업팀 기자 2003년 同경영기획실 기자 2004년 同사장실장 2005년 同편집국 증권부 차장 2010년 同편집국 생활경제부장 2013년 한국경제매거진 이사대우 2015년 同이사 겸 한경비즈니스 편집장 2017년 한국경제매거진(주) 대표이사(현) (종)천주교

### 손희역(孫熙易)

(생)1987 · 10 · 3 (주)대전광역시 서구 둔산로 100 대전광역시의회(042-270-5142) (학)성화대 항공조종학졸 (경)더불어민주당 문재인후보 청년특별보좌관, 同해피워시연구소 수석연구원(현) 2018년 대전시의회 의원(더불어민주당)(현)

### 손희정(孫希禎 · 女)

(생)1967 · 10 · 20 (주)경기도 수원시 팔달구 효원로 1 경기도의회(031-8008-7000) (학)숭실대 경영대학원 경영학과졸, 숭실대 대학원 회계학 박사과정 수료 (경)한국은행 근무, 강남경영아카데미 회계세무 전임교수 2014~2018년 경기 파주시의회 의원(새정치민주연합 · 더불어민주당) 2016~2018년 同운영위원장 2018년 경기도의회 의원(더불어민주당)(현) 2018년 同의회운영위원회 위원(현) 2018년 同여성가족평생교육위원회 위원(현) 2018~2019년 同예산결산특별위원회 위원

### 송각엽(宋珏燁)

(생)1971 · 5 · 15 (출)전북 전주 (주)광주광역시 동구 준법로 7-12 광주지방법원(062-239-1710) (학)1990년 전주 해성고졸 1998년 서울대 사법학과졸 (경)1999년 사법시험 합격(41회) 2002년 사법연수원 수료(31기) 2002년 수원지법 성남지원 판사 2004년 서울중앙지법 판사 2006년 전주지법 남원지원 판사 2009년 서울중앙지법 판사 2011년 서울남부지법 판사 2013년 서울중앙지법 판사 2015년 대법원 재판연구관 2018년 광주지법 부장판사(현)

### 송갑석(宋甲錫) SONG Kap Seok

(생)1966 · 10 · 10 (출)전남 고흥 (주)서울특별시 영등포구 의사당대로 1 국회 의원회관 534호(02-784-5750) (학)1986년 광덕고졸 1996년 전남대 경영대학 무역학과졸 (경)1989년 전남대 총학생회장 1990년 전국대학생대표자협의회 제4기 의장 1995년 5년2개월 복역 후 만기 출소 1998년 광주 YMCA 운영위원 1999년 한국청년연합회 운영위원 1999년 (주)미디어메써드 대표이사 2000년 제16대 국회의원선거 출마(광주 남구, 무소속) 2003년 열린우리당 중앙위원 2004년 미국 서던캘리포니아대 객원연구원 2007년 대통합민주신당 대통령 경선후보 대변인 2007년 同정동영 대통령후보 청년위원장 2009~2012년 민족화해협력범국민협의회 청년위원장 2010~2012년 한국공공데이터센터 소장 2010~2012년 전남과학대학 객원교수 2012년 (사)광주학교 교장(현) 2012년 제19대 국회의원선거 출마(광주 서구甲, 무소속) 2015~2016년 참여연대 운영위원 2016년 더불어민주당 정책위원회 부의장 2016년 제20대 국회의원선거 출마(광주 서구甲, 더불어민주당) 2016년 사람사는세상 노무현재단 광주지역위원회 운영위원(현) 2017년 더불어민주당 제19대 문재인 대통령후보 비서실 부실장 2018년 제20대 국회의원(광주 서구甲 재보궐선거 당선, 더불어민주당)(현) 2018년 국회 산업통상자원중소벤처기업위원회 위원(현) 2018 · 2019년 국회 예산결산특별위원회 위원(현) 2018년 더불어민주당 광주시당 위원장(현) 2019년 국회 윤리특별위원회 위원(현) 2019년 더불어민주당 을지로위원회 위원(현) (저)'무등산 역사길이 내게로 왔다'(2011) '1987 기억하다'(2018) (종)기독교

### 송 강(宋 岡)

(생)1974 · 1 · 31 (출)충북 보은 (주)경상북도 포항시 북구 법원로 181 대구지방검찰청 포항지청 지청장실(054-250-4301) (학)1992년 휘문고졸 1997년 고려대 법학과졸 2003년 同대학원졸 (경)1997년 사법시험 합격(39회) 2000년 사법연수원 수료(29기) 2000년 공익 법무관 2003년 수원지검 검사 2005년 청주지검 충주지청 검사 2007년 법무부 법무과 검사 2009년 서울중앙지검 검사 2013년 창원지검 부부장검사 2013년 대검찰청 연구관 2014년 대전지검 공안부장 2015년 서울남부지검 형사6부장 2016년 대검찰청 공안3과장 2017년 同공안2과장 2018년 同공안1과장(부장검사) 2019년 대구지검 포항지청장(현)

### 송강호(宋岡鎬) SONG Gang Ho

(생)1956 · 2 · 6 (출)경북 경산 (주)서울특별시 구로구 디지털로26길 123 꿈과희망법률사무소(02-6969-7123) (학)1974년 경북고졸 1981년 서울대 법학과졸 1999년 연세대 대학원 행정학과졸 2009년 한림대 법학대학원 박사과정 재학 중 (경)1984년 사법시험 합격(26회) 1987년 사법연수원 수료(16기) 1987년 경찰청 정보2계장 1994년 서울지방경찰청 수사지도관 1995년 경북지방경찰청 칠곡경찰서장 1995년 同상주경찰서장(총경) 1996년 대통령비서실 파견 1998년 서울지방경찰청 수사과장 1998년 同용산경찰서장 2000년 경찰청 방범기획과장 2002년 중앙공무원교육원 파견 2002년 경찰대 학생지도부장(경무관) 2004년 경찰청 기획정보심의관 2005년 同혁신기획단장 2006년 중앙경찰학교장(치안감) 2006년 경북지방경찰청장 2008년 경찰청 수사국장 2009년 강원지방경찰청장 2010~2014년 법무법인(유) 정률 변호사 2010년 서울 강동구 · 관악구 · 마포구 · 용산구 고문변호사 2010년 한국마사회 고문변호사(현) 2010년 한국철도시설공단 고문변호사(현) 2010~2013년 한국수력원자력 고문변호사 2010년 한국방정환재단 자문변호사(현) 2010년 현대리서치연구소 고문변호사(현) 2011년 서울 마포구 분쟁조정위원(현) 2011년 서울 용산구 도시재개발분쟁조정위원장(현) 2011년 동국대 경찰사법대학원 겸임교수 2012년 한국프라스틱연합회 고문변호사(현) 2012년 강원랜드 고문변호사 2014년 꿈과희망법률사무소 대표변호사(현) 2014년 서울 용산구 · 강동구 고문변호사(현) (저)'경찰이 친절하면 국민이 편합니다' '수사권논의의 새로운 패러다임' '협동조합의 이해와 핵심'

### 송경근(宋景根) SONG Kyong Keun

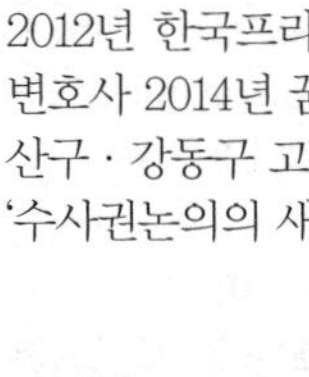

(생)1964 · 9 · 25 (본)은진(恩津) (출)충북 청주 (주)전라북도 군산시 법원로 68 전주지방법원 군산지원(063-450-5100) (학)1982년 운호고졸 1990년 연세대 법학과졸 (경)1990년 사법시험 합격(32회) 1993년 사법연수원 수료(22기) 1993년 수원지법 판사 1995년 서울지법 판사 1997년 청주지법 제

천지원 판사 2000년 서울지법 판사 2000년 변호사 개업 2004년 대전고법 판사 2006년 서울서부지법 판사 2007년 대법원 재판연구관 2009년 춘천지법 수석부장판사 2010년 인천지법 부장판사 2013년 서울중앙지법 부장판사 2016년 서울동부지법 부장판사 2018년 전주지법 군산지원장(현)

**송경석(宋庚錫) SONG Kyung Suk**

(생)1965·1·23 (주)서울특별시 강서구 공항대로 396 귀뚜라미그룹 임원실(02-2600-9193) (학)배문고졸, 고려대 경영학과졸, 미국 미시간대 대학원 경영학과졸(MBA) (경)현대증권(주) 경영기획본부장(상무보대우), 同경영기획본부장(상무), 레이크투자자문 전무이사 2012년 귀뚜라미그룹 경영관리본부장(CFO), 귀뚜라미에너지 대표이사(현) 2018년 귀뚜라미 대표이사 겸임(현)

**송경애(宋敬愛·女) SHONG Kyeong Yae**

(생)1956·3·17 (본)양주(楊州) (출)경북 예천 (주)서울특별시 서초구 반포대로 222 가톨릭대학교 간호대학 간호학과(02-2258-7410) (학)1975년 창덕여고졸 1979년 가톨릭대 간호학과졸 1983년 同대학원졸 1994년 간호학박사(가톨릭대) (경)1979년 가톨릭대 성모병원 간호사 1981~1986년 同의대 간호학과 조교 1986~1995년 同의대 간호학과 전임강사·조교수 1995~2005년 同간호대학 간호학과 조교수·부교수·교수(현) 1998~1999년 미국 Univ. of Washington School of Nursing Post-Doc. Fellow 2006~2007년 기본간호학회 회장 2013년 가톨릭대 간호대학 교학부학장 2017년 同간호대학장(현) (상)대한간호학회 간호학술상(1996), 교육부장관표창(1999) (저)'기본간호학'(共) '간호진단'(共) '루푸스'(共) '간호학 대사전'(共) '진단검사와 간호'(共) '임상검사와 간호'(共) '루푸스환자의 자기관리'(共) '최신 기본간호학'(共) '기본간호의 실제'(共) '보완·대체요법과 간호' '기본간호학1' '기본간호학2' (종)천주교

**송경원(宋京垣) SONG Kyung Won**

(생)1966·1·15 (본)여산(礪山) (출)전남 고흥 (주)세종특별자치시 다솜로 261 국무조정실 공직복무관리관실(044-200-2740) (학)1984년 순천고졸 1991년 서울대 법학과졸 2005년 영국 리즈대 경영대학원졸(MBA) 2006년 同대학원 사회정책학과 수료 2011년 북한대학원대 박사과정 수료 (경)2002년 국무조정실 규제개혁조정관실 연구지원심의관실 사무관 2003년 同사회수석조정관실 복지심의관실 사무관 2004년 同사회수석조정관실 복지심의관실 서기관 2007년 국무총리실 외교안보심의관실 통일안보과장 2008년 同국정운영실 외교안보정책관실 통일안보정책과장(서기관) 2009년 통일부 남북회담본부 회담3과장 2010년 국무총리실 복지여성정책관실 보건복지정책과장 2010년 대통령 정무수석비서관실 행정관 2012년 국무총리실 산업정책총괄과장(부이사관) 2013년 국무조정실 경제조정실 산업통상정책과장 2014년 同재정금융기후정책관실 경제총괄과장 2015년 同광복70년기념사업추진기획단장 2016년 同안전환경정책관 2017년 한국개발연구원 고용휴직(부이사관) 2018년 국무조정실 공직복무관리관(현)

**송경주(宋京珠·女) Song Kyoung Ju**

(생)1972 (주)세종특별자치시 다솜3로 95 조세심판원 제6상임심판관실(044-200-1806) (학)1991년 부산 혜화여고졸 1995년 고려대 사회학과졸 (경)2011년 행정안전부 지방경쟁력지원과장 2012년 同주소정책과장 2013년 안전행정부 주소정책과장 2014년 同지방세입정보과장 2014년 행정자치부 지방세입정보과장 2015년 同지방세특례제도과장 2016년 同지방세운영과장(부이사관) 2017년 同교부세과장(부이사관) 2017년 행정안전부 지방재정경제실 교부세과장(부이사관) 2018년 국무조정실 조세심판원 제6상임심판관(고위공무원)(현)

**송경진(宋坰鎭) SONG Kyung Jin**

(생)1955·12·8 (본)연안(延安) (출)전북 전주 (주)전라북도 전주시 덕진구 건지로 20 전북대병원 정형외과(063-250-1770) (학)1981년 전북대 의대졸 1984년 同대학원 의학석사 1990년 의학박사(전북대) (경)1990년 일본 아키타대 방문교수 1992~1993년 미국 케이스웨스턴리저브대 방문교수 2002년 전북대 의대 정형외과학교실 교수 2003~2006년 전북대병원 진료처장 2006년 대한골절학회 평의원(현) 2008~2016년 대한정형외과학회 이사 2008~2012년 전북대 의학전문대학원 정형외과학교실 주임교수 2009년 대한정형통증의학회 평의원 2012~2014년 아·태 경추연구학회 회장 2012년 전북대 의과대학 정형외과학교실 교수(현) 2013~2017년 대한정형통증의학회 감사 2014년 대한정형외과연구학회 평의원 2014년 대한척추외과학회 편집위원 2017년 대한정형통증의학회 평의원(현) (상)미국경추연구학회 기초과학연구상(2009), 아·태경추연구학회 우수포스터상(2010), 일본척추외과학회 우수논문상(2012), 아시아-태평양경추연구학회(CSRS-AP) 최우수학술상(2015) (저)'척추외과학'(2003, 최신의학사) (종)기독교

**송경진(宋璟眞·女) SONG Kyung Jin**

(생)1967·9·25 (출)전남 고흥 (주)서울특별시 영등포구 여의나루로 81 파이낸셜뉴스 글로벌이슈센터(02-2003-7114) (학)1985년 예일여고졸 1990년 한국외국어대 영어과졸 1991년 미국 보스턴대 대학원 이중언어교육학과졸 1997년 언어학박사(미국 켄자스대) (경)1997~1999년 한국국제노동재단 국제협력부장 1999~2001년 국제자유노동조합연맹 아태지역기구(ICFTU-APRO) 여성부장 2001~2003년 同아태지역기구(ICFTU-APRO) 여성국장 2003~2004년 同아태지역기구(ICFTU-APRO) 노동권실장 2004년 재정경제부 외신대변인 2008년 국가경쟁력강화위원회 위원장 보좌관 2010년 대통령직속 G20정상회의준비위원회 위원장 특별보좌관 2011년 한국무역협회 회장 특별보좌관 2012년 세계경제연구원 부원장 2016~2018년 同원장 2018년 파이낸셜뉴스 글로벌이슈센터장(현) (상)홍조근정훈장(2011) (저)'지역신문에 묘사된 LA 韓黑갈등' '아태지역 노동권 현황' '아태지역 여성노동운동'

**송경호(宋景鎬)**

(생)1970·10·10 (주)서울특별시 서초구 서초중앙로 157 서울중앙지방법원(02-530-1114) (학)1989년 제주대사대부고졸 1994년 서울대 법학과졸 (경)1996년 사법시험 합격(38회) 1999년 사법연수원 수료(28기) 1999년 서울고검 법무관 2002년 대구지법 판사 2005년 同김천지원 판사 2006년 수원지법 안산지원 판사 2009년 서울중앙지법 판사 2011년 서울고법 판사 2012년 대법원 재판연구관 2014년 대전지법 부장판사 2016년 수원지법 부장판사 2018년 서울중앙지법 부장판사(현)

**송경호(宋庚鎬)**

(생)1970·11·17 (출)충북 보은 (주)서울특별시 서초구 반포대로 158 서울중앙지방검찰청 총무과(02-530-4340) (학)1989년 중동고졸 1995년 서울대 법학과졸 (경)1997년 사법시험 합격(39회) 2000년 사법연수원 수료(29기) 2000년 부산지검 검사 2002년 대구지검 안동지청 검사 2003년 서울지검 동부지청 검사 2004년 서울동부지검 검사 2005년 광주지검 검사 2008년 법무부 형사기획과 검사 2009년 서울중앙지검 검사 2013년 수원지검 성남지청 부부장검사 2013년 대검찰청 연구관 2014년 춘천지검 원주지청 부장검사 2015년 대검찰청 범죄정보2담당관 2016년 수원지검 특수부장 2017년 서울중앙지검 특수2부장 2019년 同제3차장검사(현)

**송경희(宋敬熙·女) SONG Kyoung Hee (芸潭)**

(생)1961·8·24 (출)전북 전주 (주)경기도 부천시 부천로198번길 18 경기콘텐츠진흥원(032-623-8000) (학)이화여고졸, 이화여대 신문방송학과졸, 미국 남가주대 대학원 커뮤니케이션학과졸, 미국 버팔로뉴욕주립대 박사과정 수료, 신문방송학박사(중앙대) (경)1982~1983년 KBS 입사·아나운서 1984~1987년 미국 LA 동아일보 기자 1994~1996년 스위스그랜드호텔 홍보실장 1997~2003년 한국방송진흥원 책임연구원, 방송위원회 편성정책연구회의 위원, 同국내제작애니메이션판정위원회 위원, 한국방송공사(KBS) 시청자참여프로그램 운영위원 2003년 대통령 대변인 2003년 대통령 국내언론비서관 2019년 경기콘텐츠진흥원 원장(현) (저)'아시아 국가의 텔레비전: 방송구조, 프로그램, 수용자'등 (역)'애니메이션 제작'92002)

**송계충(宋桂忠) SONG Kye Chung**

(생)1951·2·17 (본)여산(礪山) (출)광주 (주)대전광역시 유성구 대학로 99 충남대학교 경상대학 경영학부(042-821-5114) (학)1969년 광주제일고졸 1973년 서울대 상과대학 경영학과졸 1975년 同대학원 경영학과졸 1981년 미국 루이지애나대 몬로캠퍼스 대학원 경영학과졸 1985년 경영학박사(미국 오하이오주립대) (경)1973~1976년 서울대 상과대학 경영학과 조교 1976~1991년 충남대 경상대학 경영학과 전임강사·조교수·부교수 1991~1993년 인도네시아 과학기술평가청(BPPT) STAID11 연구책임자 1991~2016년 충남대 경상대학 경영학부 교수 1995~1997년 同경상대학장 겸 경영대학원장 1995~2000년 미국 교육부 이문화리더십연구(GLOBE) 한국책임자 1995년 한국인사조직학회 부회장 1997~1998년 한국경영학회 부회장 1999~2001년 한국인적자원개발학회 회장 2001~2009년 한국학술진흥재단 감사 2003~2004년 한국인사관리학회 회장 2004~2005년 대통령 인사수석비서관실 인사자문위원 2004~2006년 한국원자력안전기술원 성과평가위원장 2004~2007년 특허청 정부업무평가자체평가위원회 위원장 2007~2008년 미국 South Dakota State Univ. 교환교수 2014~2016년 충남대 평생교육원장 2014~2016년 (사)한국국공립대학평생교육원협의회 이사장 2015년 중앙노동위원회 조정담당 공익위원(현) 2016년 충남대 경상대학 경영학부 명예교수(현) 2016년 (사)한국국공립대학평생교육원협의회 사무총장(현) (상)녹조근정훈장(2016) (저)'마케팅연습' '조직행위론' '인사조직 용어사전'

**송관호(宋官浩) SONG Kwan Ho (永甫)**

(생)1952·1·26 (본)여산(礪山) (출)전북 전주 (주)서울특별시 마포구 와우산로23길 20-28 한국IT전문가협회(02-338-2311) (학)1971년 전주고졸 1980년 서울대 전자공학과졸 1984년 한양대 산업대학원 전자공학과졸 1995년 전자통신공학박사(광운대) 1997년 서울대 행정대학원 정보통신정책과정 수료 2005년 전국경제인연합회 글로벌최고경영자과정 수료 2007년 CFO School CEO재무관리과정 수료 (경)1979~1985년 금성전선연구소 입사·정보시스템과장 1985~1987년 (주)데이콤 미래연구실장 1987~1999년 한국전산원 연구위원·초고속국가망구축실장·표준본부장·국가정보화센터 단장 1998~1999년 미국 메릴랜드대 컴퓨터공학과 교환교수 1998~2002년 APAN(Asia Pacific Advanced Network) 부회장 1999년 서울시 정보화추진 자문위원 1999년 한국인터넷정보센터 사무총장 2001~2004년 同원장 2001~2003년 대우증권(주) 사외이사 2001~2003년 정보통신윤리위원회 위원 2002~2006년 한국통신학회 부회장 2002~2003년 건국대 정보통신대학 겸임교수 2004~2007년 한국인터넷진흥원 원장, (주)다산네트웍 사외이사, 한국통신학회 산학협동위원장 2005~2007년 한국모바일학회 회장 2007~2017년 숭실대 IT대학 글로벌미디어학부 교수 2009~2010년 한국방송통신학회 부회장 2012~2013년 한국정보통신윤리지도자협회 회장, 한국IT전문가협회(IPAK) 이사 2016년 同회장(현) 2016~2018년 전북ICT발전협의회 의장 2017년 숭실대 IT대학 글로벌미디어학부 초빙교수(현) 2017년 다산네트워크 상임감사(현) (상)체신부장관표창(1990), 대통령표창(1996), 동탑산업훈장(2002), 인터넷그랑프리 인터넷진흥대상(2002), 한국통신학회 공로대상(2004), 한국의 CEO대상(2005), 서울대학교 AIC대상(2006), 실버IT문화대상(2011) (저)'광통신개론'(1982) '근거리 정보통신망 이론과 OA·FA응용'(1985) '컴퓨터통신망'(1990) '정보통신시스템 – 뉴미디어 기술 및 응용사례'(1990) '알기 쉬운 정보기술 핸드북'(1996) '21세기로의 정보기술 산책'(1998) '인터넷의 두 얼굴'(2005) '사이버세상의 길을 묻다'(2009) 'IT융합기술개론' (역)'유비쿼터스 모바일인터넷'(2004) (종)가톨릭

**송관호(宋官鎬) SONG Kwan Ho**

(생)1968·3·5 (출)충남 대전 (주)경기도 수원시 권선구 호매실로 22-55 경인지방우정청(031-8014-3000) (학)1985년 대전고졸 1992년 충남대 행정학과졸 2006년 영국 요크대 대학원 행정학과졸 2007년 同대학원 사회정책학과졸 (경)2001년 정보통신부 우정사업본부 우편사업단 우편기획과 서기관 2003년 同정보통신공무원교육원 관리과장(서기관) 2004년 同기획연구과장 2007년 同우정사업본부 우편사업단 우표팀장 2008년 지식경제부 우정사업본부 우표팀장 2009년 同우정사업본부 우편사업단 국제사업팀장 2011년 同우정사업본부 경영기획실 경영성과팀장 2012년 同우정사업본부 준법지원팀장 2013년 미래창조과학부 우정사업본부 경영기획실 재정기획과장 2013년 同우정사업본부 경영기획실 재정기획담당관 2014년 同우정사업본부 경영기획실 재정기획담당관(부이사관) 2015년 同우정사업본부 우정사업조달사무소장 2016년 同우정사업본부 우정사업조달센터장 2017년 同우정사업본부 우편사업단장(고위공무원) 2017년 과학기술정보통신부 우정사업본부 우편사업단장(고위공무원) 2018년 국방대 교육파견(고위공무원) 2019년 과학기술정보통신부 우정사업본부 경인지방우정청장(현) (상)대통령표창(2001)

**송광수(宋光洙) Kwang Soo SONG**

(생)1950·1·4 (본)은진(恩津) (출)경남 마산 (주)서울특별시 종로구 사직로8길 39 세양빌딩 김앤장법률사무소(02-3703-1355) (학)1967년 서울고졸 1971년 서울대 법학과졸 (경)1971년 사법시험 합격(13회) 1973년 사법연수원 수료(3기) 1974년 육군 법무관 1977년 서울지검 수원지청 검사 1979년 부산지검 검사 1982년 법무부 검찰1과 검사 1985년 대검찰청 검찰연구관 1986년 마산지검 충무지청장 1989년 법무부 검찰2과장 1991년 同검찰1과장 1992년 서울지검 형사6부장 1994년 부산지검 제2차장검사 1995년 수원지검 성남지청장 1996년 서울지검 제2차장검사 1997년 同동부지청장 1999년 사법연수원 부원장 1999년 법무부 법무실장 1999년 대구지검장 2000년 부산지검장 2001년 법무부 검찰국장 2002년 대구고검장 2003~2005년 검찰총장 2005년 변호사 개업 2007년 김앤장법률사무소 변호사(현) 2009년 두산중공업(주) 사외이사 2011년 (주)GS리테일 사외이사 2012~2014년 국립대학법인 서울대 이사 2014년 천고법치문화재단 이사(현) 2016~2019년 삼성전자(주) 사외이사 2016~2019년 (주)두산 사외이사 2017~2018년 한국기원 부총재 (상)홍조근정훈장(1990), 황조근정훈장(1999), 청조근정훈장(2005) (종)천주교

**송광순(宋光淳) SONG KWANG SOON**

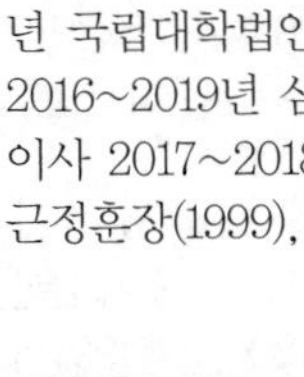

(생)1955·2·13 (본)야성(冶城) (출)경북 칠곡 (주)대구광역시 중구 달성로 56 계명대학교 동산병원(053-250-7250) (학)경북대사대부고졸 1979년 경북대 의대졸 1986년 의학박사(경북대) (경)1984년 계명대 의대 정형외과학교실 교수(현) 1992년 미국 남플로리다주립대 교환교수 2000~2004년

계명대 정형외과장 2002~2008년 대한정형외과학회 이사 2004~2006년 계명대 동산의료원 교육연구부장 2006~2008년 대한소아정형외과학회 회장, 세계소아정형외과학회 이사 2009년 대한골연장변형교정학회 회장 2013년 계명대 의학도서관장 2017년 대한민국의학한림원 정회원(현) 2017년 계명대 동산병원장(현) (상)대한정형학회 학술상 장려상(1986), 대한소아정형학회 우수논문상(2002), 대구시의사회 학술상(2004), 대한정형외과학회 학술상 임상본상(2007), 보건복지부장관표창(2013) (저)'암이라구요'(共) '일리자로프술식을 이용한 복합골절의 치료'(共) '정형외과학(共)'(2006) '나는 목수다'(2006) '소아 · 청소년골절학(共)'(2007) (종)기독교

**송광조(宋光朝) SONG Kwang-Jo**

(생)1962 · 3 · 6 (출)서울 (주)서울특별시 강남구 테헤란로 133 한국타이어빌딩 법무법인 태평양(02-3404-7519) (학)대신고졸 1984년 서울대 경제학과졸 1994년 미국 미시간대 대학원 경제학과졸 (경)1983년 행정고시 합격(27회), 남부산세무서 총무과장, 영도세무서 부가가치세과장, 재무부 소비 · 재산세제과 행정사무관, 국세청 부가1계장, 同기획1계장 1997년 同부가가치세과 서기관 1998년 경인지방국세청 부가가치세과장 1999년 국세청 기획예산담당관실 서기관 2002년 중부지방국세청 법무과장, 미국 워싱턴 세무관 파견, 국세청 납세지원국 납세홍보과장 2005년 同청장 비서관 2005년 同조사기획과장(서기관) 2006년 同조사기획과장(부이사관) 2007년 제17대 대통령직인수위원회 경제1분과위원회 실무위원 2008년 대통령 민정2비서관실 행정관 2009년 서울지방국세청 조사1국장(고위공무원) 2009년 국세청 조사국장 2010년 부산지방국세청장 2011년 국세청 감사관 2013년 서울지방국세청장 2013~2016년 세무법인 택스세대 고문 2014년 同공동회장 2016년 법무법인 태평양 고문(현) 2019년 (주)동양 사외이사(현)

**송광행(宋光幸)**

(생)1968 · 1 · 15 (주)부산광역시 연제구 중앙대로 1001 부산광역시청 신공항추진본부(051-888-4100) (학)1997년 부산대 행정학과졸 (경)2005년 사무관 임용 2014년 부산시 금융산업과장 2016년 同해양산업과장 2017년 同대중교통과장 2018년 同신공항추진본부장(현)

**송귀근(宋貴根) SONG Gwi Geun**

(생)1957 · 1 · 20 (본)남양(南陽) (출)전남 고흥 (주)전라남도 고흥군 고흥읍 흥양길 40 고흥군청 군수실(061-830-5202) (학)1974년 광주 살레시오고졸 1979년 고려대 경영학과졸 1986년 서울대 행정대학원 행정학과졸, 행정학박사(명지대) (경)1979년 행정고시 합격(23회) 1982~1992년 전남도 송무계장 · 공업계장 · 공보계장 · 지도계장 · 행정계장 1992년 同법무담당관 1993년 전남 장성군 부군수 1994~1995년 전남도 경제정책과장 · 지방과장 1995년 전남 고흥군 부군수 1997년 내무부 민방위국 편성운영과장 1998~2000년 행정자치부 주민과장 · 자치제도과장 2000년 한국지방자치단체국제화재단 파견(일본 東京사무소장) 2002년 광주시 기획관리실장 2005년 국가균형발전위원회 지역개발국장 2007년 중앙공무원교육원 파견 2008년 소방방재청 기획조정관(고위공무원) 2009년 행정안전부 조직정책관 2010년 광주시 행정부시장 2011~2012년 행정안전부 국가기록원장 2012~2014년 대한지적공사 감사 2014년 전남 고흥군수선거 출마(무소속) 2018년 민주평화당 지방자치분권위원회 위원장 2018년 전남 고흥군수(민주평화당)(현) 2018년 민주평화당 국가비전위원회 공동위원장(현) (상)내무부장관표창, 근정포장, 홍조근정훈장

**송귀홍(宋貴洪) SONG Kwi Hong**

(생)1960 · 9 · 9 (본)은진(恩津) (출)부산 (주)울산광역시 남구 북부순환도로 17 경상일보 경영기획실(052-220-0606) (학)부산 대동고졸 1987년 부산대 무역학과졸, 울산대 정책대학원 수료 (경)1987년 국제상사 근무 1989년 경상일보 기자 1997년 同정경부장 직대 2001년 同정경부 부장대우 2003년 同편집국장 직대 2004년 同나눔울산추진본부장 겸 논설위원 2006년 同광고사업국장 직대 2008년 同편집기획이사 2009년 同편집국장 겸 이사 2011년 同광고사업본부장(이사) 2013년 同상무이사 2015년 同경영기획실장(상무이사) 2018년 同경영기획실장(전무이사)(현)

**송규종(宋奎鍾) SONG Keu Jong**

(생)1969 · 10 · 17 (출)전남 고흥 (주)서울특별시 서초구 반포대로 158 서울고등검찰청 감찰부(02-530-3170) (학)1988년 순천고졸 1992년 부산대 법학과졸 (경)1994년 사법시험 합격(36회) 1997년 사법연수원 수료(26기) 2000년 서울지검 북부지청 검사 2002년 청주지검 제천지청 검사 2003년 부산지검 검사 2005년 수원지검 평택지청 검사 2007년 서울중앙지검 검사 2009년 수원지검 안양지청 부부장검사 2011년 광주지검 공안부장 2012년 대검찰청 디엔에이수사담당관 2013년 同공안부 공안1과장 2014년 서울중앙지검 형사7부장 2015년 광주지검 순천지청 형사1부장 2016년 서울남부지검 형사1부장 2017년 법무부 감찰담당관 2018년 대검찰청 공안기획관 2019년 서울고검 감찰부장(현)

**송규헌(宋奎憲) Kyu Heon SONG**

(생)1957 · 4 · 28 (출)충남 (주)서울특별시 서초구 매헌로 16 하이브랜드빌딩 4층 (주)오픈베이스 비서실(02-3404-5700) (학)1975년 중앙고졸 1981년 서울대 동양사학과졸 1990년 서강대 대학원 경영학과졸 2004년 서울대 AMP(최고경영자과정) 수료 (경)1991년 IBM 아시아태평양지역본부 근무 1999년 한국IBM 마케팅총괄본부장 2003년 (주)오픈베이스 대표이사(현) 2008년 국산소프트웨어솔루션CEO모임(국솔모) 회장 (상)주민등록시스템구축 공로 국무총리표창(2004), SW산업유공 대통령표창(2008), 제15회 대한민국 소프트웨어대상 국무총리표창(2014) (종)원불교

**송근호(宋根浩) SONG Keun Ho**

(생)1946 · 1 · 12 (본)은진(恩津) (출)황해 (주)서울특별시 중구 다동길 5 광일빌딩 801호 (사)대한민국해양연맹(02-848-4121) (학)1964년 경복고졸 1968년 해군사관학교졸(22기) 1981년 연세대 행정대학원졸 1983년 영국 해군대학졸 1991년 서울대 행정대학원 국가정책과정수료 (경)해군 2함대 2전투전단장, 해군본부 인사참모부장, 同정보참모부장, 해군 2함대 사령관, 해군본부 함참전략기획부장 1999년 해군사관학교 교장(중장) 2000년 해군 작전사령관(중장) 2001년 합동참모본부 인사군수본부장 2002년 同전략기획본부장 2004년 한국군사문제연구원 연구위원 2005~2008년 駐쿠웨이트 대사 2009년 한국해양전략연구소 소장 2014년 (사)대한민국해양연맹 부총재(현) 2015년 대한민국재향군인회 해군부회장 (상)보국훈장 천수장 · 국선장, 대통령표창, 보국포장 (종)기독교

**송기동(宋基東) SONG Ki Dong**

(생)1963 · 9 · 17 (출)부산 (주)충청북도 청주시 서원구 충대로 1 충북대학교 사무국(043-261-2005) (학)1982년 부산 중앙고졸 1986년 서울대 경제학과졸 1989년 同행정대학원 행정학과졸 (경)1996년 과학기술처 서기관 1999년 과학기술부 과학기술정책실 정책총괄과 서기관 2000년 同과학기술협력

국 기술협력1과 서기관, 駐독일대사관 주재관 2002년 국가과학기술자문회의 파견 2004년 과학기술부 정보화법무담당관 2008년 교육과학기술부 학연협력지원과장 2008년 同평생학습정책과장(서기관) 2009년 同평생학습정책과장(부이사관) 2009년 同인재정책실 대학선진화과장 2010년 同국제협력국장(고위공무원) 2011년 同대학지원관 2013년 경북대 사무국장 2013년 경북대병원 비상임이사 2014년 국립외교원 파견(고위공무원) 2015년 강원도교육청 부교육감 2015년 교육부 사회정책협력관 2016년 부산대 사무국장 2017년 국립국제교육원 원장 2019년 충북대 사무국장(현)

### 송기민(宋基玟) Song Kimin

(주)경상남도 창원시 의창구 중앙대로 241 경상남도교육청 부교육감실(055-268-1011) (학)진주고졸, 성균관대 교육학과졸, 미국 오레곤대 대학원 교육행정학과졸(석사) (경)1989년 행정고시 합격(33회) 2002년 교육인적자원부 대학재정과 서기관 2004년 국가균형발전위원회 파견 2006년 울산시교육청 기획관리국장 2007년 교육인적자원부 지방교육재정담당관 2008년 교육과학기술부 영어교육강화추진단 영어정책총괄팀장 2008년 同연구성과관리과장 2009년 同원자력국 방사선관리과장 2010년 기획재정부 정책조정국 기업환경과장(부이사관) 2012년 교육과학기술부 감사관실 감사총괄담당관 2012년 제주대 사무국장 2014년 국방대 파견(고위공무원) 2014년 군산대 사무국장 2015년 경기도교육청 기획조정실장 2016년 제주대 사무국장 2018년 경상남도 부교육감(현) 2018년 同교육감 권한대행 (상)대통령표창(2001)

### 송기방(宋基方) SONG Ki Bang

(생)1941·11·27 (본)여산(礪山) (출)서울 (주)서울특별시 서초구 법원로4길 41 명광빌딩 4층 법무법인 기회(02-511-7036) (학)1959년 서울대사대부고졸 1963년 서울대 법과대학졸 1964년 同사법대학원 수료 1992년 同공과대학원 최고산업전략과정(AIP) 수료 1996년 고려대 컴퓨터과학기술대학원 최고위정보통신과정과정(ICP) 수료 (경)1963년 고등고시 사법과 합격(16회) 1965년 육군 법무관 1968년 부산지법 판사 1973년 서울지법 영등포지원 판사·수원지원 판사 1975년 서울형사지법 판사 1976년 서울고법 판사 1980년 대법원 재판연구관 1981년 춘천지법 원주지원장 1983년 수원지법 부장판사 1985년 서울지법 동부지원 부장판사 1987년 사법연수원 교수 1988년 서울형사지법 부장판사 1989년 부산고법 부장판사 1990년 변호사 개업 1994~2000년 사법연수원 외래교수 1994년 언론중재위원회 중재위원 1997년 사법시험 운영위원 1997년 정보통신윤리위원회 부위원장 1999년 광고자율심의기구 제2분과위원장 2002년 저작권심의조정위원회 부위원장, 서울대 법과대학 장학회 이사, 한국배출권거래협회 법률고문 2003년 법무법인 지성 고문변호사 2008년 법무법인 지평지성 고문변호사 2014~2017년 법무법인 지평 고문변호사, 서울이웃분쟁조정센터 조정위원 2017~2018년 법무법인 세창 고문변호사 2017년 한국불교태고종 고문변호사(현) 2017년 한국의료분쟁사고조정중재원 조정위원(현) 2018년 서울대법과대학동창회 상임이사(현) 2019년 법무법인 기회 대표변호사(현) (종)천주교

### 송기복(宋基福) Kibok Song

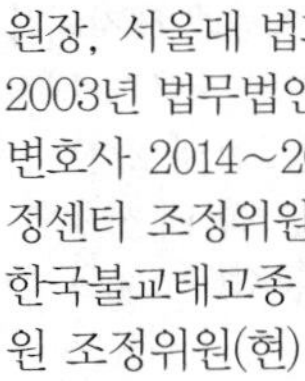

(생)1963·1·13 (본)여산(礪山) (출)전남 고흥 (주)경기도 수원시 영통구 월드컵로150번길 33 한국자산관리공사 경기지역본부 2층 (주)캠코시설관리 (학)1980년 검정고시 합격 1985년 건국대 정치외교학과졸 1988년 한국정신문화연구원 대학원 한국정치법제전공 수료 2002년 경기대 정치전문대학원 공공정책학과졸 2005년 정치법학박사(경기대) (경)2001~2003년 새시대전략연구소 정책협의단장 2005년 새천년민주당 정책위원회 전문위원 2006년 열린우리당 원내대표 정무특보 2007년 중도통합민주당 원내기획실장 2010년 (사)한국정치법학연구소 이사(현) 2010~2014년 경기대 정치전문대학원 정치법학과 겸임교수 2011~2013년 민주당 원내행정기획실장·원내행정실장 2011~2013년 국회사무처 인사위원회 위원 2011~2013년 국회 정책연구위원(1급상당) 2013~2017년 대통령소속 지방자치발전위원회 위원 2013~2015년 민주정책연구원 상근부원장 2014년 새정치민주연합 통합협상6인위원 및 당헌당규분과 위원 2014년 경기대 정치전문대학원 정치법학과 초빙교수(현) 2015년 새정치민주연합 조직본부 부본부장 2015년 同원내대표 정무실장 2015년 청주대 정치안보국제학과 객원교수(현) 2018년 (주)캠코시설관리 대표이사(현) (상)국회의장표창(2008) (역)'정치신화(Political Myth)'(1994, 도서출판 삼문)

### 송기봉(宋基奉) SONG Gi Bong

(생)1965·4·20 (본)여산(礪山) (출)전북 고창 (주)경기도 수원시 장안구 경수대로 1110-17 중부지방국세청 조사3국(031-888-4083) (학)1984년 한양공고졸 1994년 성균관대 경제학과졸 (경)1995년 행정고시 합격(38회) 1996년 동래세무서 총무과장 1997년 제주세무서 재산세과장 1998년 성남세무서 총무과장 1999년 국세청 납세지도과·홍보과·조사과 근무 2001년 서울지방국세청 조사4국 1과 근무 2006년 국세청 조사1과 근무(서기관) 2008년 영주세무서장 2009년 중부지방국세청 조사2국 3과장 2009년 서울지방국세청 조사4국 3과장 2010년 同조사4국 2과장 2010년 국세청 원천세과장 2012년 同대변인 2014년 同대변인(부이사관) 2014년 서울지방국세청 조사1국 조사1과장 2014년 同납세자보호담당관 2016년 국방대 파견(고위공무원) 2016년 중부지방국세청 징세송무국장(고위공무원) 2017년 서울지방국세청 성실납세지원국장 2019년 중부지방국세청 조사3국장(현)

### 송기섭(宋起燮) SONG Gi Seop

(생)1956·8·18 (본)여산(礪山) (출)충북 진천 (주)충청북도 진천군 진천읍 상산로 13 진천군청 군수실(043-539-3000) (학)청주고졸 1979년 서울시립대 토목과졸 1991년 영국 노팅햄대 대학원 환경계획학과졸 2011년 공학박사(아주대) (경)1998년 건설교통부 건설기술연구원 과장 2000년 제주개발건설사무소 소장 2001년 서울지방항공청 공항시설국장 2003년 서울지방국토관리청 도로시설국장 2004년 건설교통부 도로환경과장 2006년 同도로정책팀장(부이사관) 2007년 대전지방국토관리청장 2010년 국토해양부 공공기관지방이전추진단 부단장(파견) 2010년 행정중심복합도시건설청 차장 2011~2012년 同청장 2013~2015년 충북대 도시공학과 초빙교수 2016~2018년 충북 진천군수(재선거 당선, 더불어민주당) 2018년 충북 진천군수(더불어민주당)(현) (상)대통령표창(1998), 근정포장(2004), 황조근정훈장(2012), 대한민국 최고국민대상 지역발전의정부문 대상(2016), 대한민국 글로벌리더 대상 투자유치부문 대상(2017)

### 송기영(宋基榮) SONG Kee Young (謙堂)

(생)1948·12·19 (본)여산(礪山) (출)광주 (주)서울특별시 강남구 테헤란로87길 36 도심공항타워 법무법인 로고스(02-2188-1012) (학)1968년 경기고졸 1973년 서울대 법과대학 법학과졸 2003년 감리교신학대 목회신학대학원졸 (경)1979년 사법시험 합격(21회) 1981년 사법연수원 수료(11기) 1981년 전주지법 판사 1984년 同정주지원 판사 1986년 수원지법 판사 1988년 서울가정법원 판사 1990년 서울민사지법 판사 1991년 변호사 개업 1993~1998년 한국사회인검도연맹 회장 1996~1999년 대한변호사협회 및 서울지방변호사회 당직변호사 운영위원장 1999~2001년 기산상호신용금고(주) 파산관재인 1999~2000년 사법연수원 교수 2000년 법무법인 로고스 창립구성원 변호사 2000~2004년 현대투자신탁증권(주) 사외이사 2000~2014년 기독교대한감리회 선한목자교회 장로 2002년 영산대 법무대학원 겸임교수(현) 2005~2008년 (사)한국해비타트 감사 2008~2010년 (주)현대미포조선 사

외이사 2008~2011년 감리교신학원 감사 2008~2011년 태양학원(경인여자대학) 감사 2008~2010년 법무법인 로고스 대표변호사 2009~2017년 (사)한국해비타트 이사 2009년 한국YWCA 자문변호사(현) 2011년 법무법인 로고스 상임고문변호사(현) 2015년 현대삼호중공업(주) 사외이사(현) (종)기독교

**송기원(宋基源) SONG Ki Weon**

(생)1958 · 9 · 3 (출)전북 전주 (주)전라북도 전주시 완산구 선너머1길 50 전주문화방송 사장실(063-220-8000) (학)전주고졸, 고려대졸 (경)1984년 문화방송(MBC) 입사 2000년 同보도국 정치부 차장대우 2002년 同보도국 정치부 차장 2003년 同LA특파원(부장대우) 2006년 同보도국 뉴스투데이팀장 2007년 同보도국 문화스포츠에디터 2008년 同보도제작국 시사토론팀장 2009년 同보도국 부국장 2010년 同보도제작국장 2011년 同FM '뉴스포커스' 앵커 2011년 同선거방송기획단장 2013년 同논설위원(부국장) 2013년 同라디오 뉴스 '2시의 취재현장' 앵커 2015년 同논설위원(국장급) 2018년 전주문화방송 대표이사 사장(현) (저)'재외선거의 두 얼굴'(2015)

**송기정(宋起政) Song Ki Jeong**

(생)1963 · 6 · 24 (출)전남 목포 (주)제주특별자치도 제주시 첨단로 213-4 제주첨단과학기술단지 엘리트빌딩 제주국제자유도시개발센터(064-797-5503) (학)1982년 목포고졸 1987년 연세대 경영학과졸 (경)1992~1994년 목포민주청년회 회장 1998~1999년 자주평화통일민족회의 조직국장 2000~2002년 이창복 국회의원 비서관 2002년 새천년민주당 제16대 대통령선거대책본부 미디어특별본부 기획팀장 2003~2005년 대통령비서실 행정관 2006~2007년 컴퓨터프로그램보호위원회 상임전문위원 2007년 대통합민주신당 제17대 대통령선거 서울강동甲공동선대위원장 2007년 민주평통 상임중앙위원 2008년 제18대 국회의원선거 출마(서울 강동甲, 통합민주당) 2008년 민주당 서울강동甲지역위원회 위원장 2014년 새정치민주연합 서울시당 사무처장 2018년 제주국제자유도시개발센터(JDC) 상임감사(현)

**송기준(宋起準)**

(생)1962 (출)경남 사천 (주)서울특별시 종로구 종로 33 그랑서울 GS건설 조달본부(02-2154-1114) (학)1981년 부산동성고졸 1988년 부산대 토목공학졸 (경)1988년 GS건설 입사 2003년 同국내공사관리팀장(부장) 2008년 同경영진단실담당(부장) 2009년 同공무2담당(부장) 2010년 同공무담당(상무) 2013년 同해외공무담당(상무) 2014년 同토목해외영업지원담당(상무) 2015년 同플랜트공무담당(상무) 2015년 同조달본부장(상무) 2019년 同조달본부장(전무)(현)

**송기창(宋基昌) SONG Ki Chang**

(생)1957 · 7 · 26 (본)여산(礪山) (출)충남 부여 (주)서울특별시 용산구 청파로47길 100 숙명여자대학교 교육학부(02-710-9348) (학)1976년 대성고졸 1983년 서울대 사범대학 교육학과졸 1987년 同대학원 교육학과졸 1994년 교육학박사(서울대) (경)1983~1994년 서울 언북중 · 방이중 · 용산공고 · 서울북공고 교사 1994~1995년 대통령자문 교육개혁위원회 전문위원 1995~1997년 인제대 교육대학원 전임강사 · 조교수 1997년 숙명여대 교육학부 조교수 · 부교수 · 교수(현) 1999년 대통령자문 새교육공동체위원회 전문위원 1999~2000년 한국교육재정경제학회 상임이사 1999~2000년 교육재정GNP6%확보를위한국민운동본부 정책위원장 2000~2002년 학교바로세우기실천연대 사무처장 2000~2001년 교육부 시도교육청 평가위원 2001~2002년 숙명여대 전략기획실장 2001~2003년 교육인적자원부 정책자문위원회 위원 2001~2003년 국무총리실 인문사회연구회 기관평가위원 2002~2004년 숙명여대 기획처장 2004년 국가균형발전위원회 평가위원 2010~2011년 숙명여대 평생교육원장 2011~2013년 同교육대학원장 2012~2013년 한국교육재정경제학회 회장 2013~2015년 교육부 정책자문위원회 위원 2013~2014 · 2019년 한국교육학회 부회장(현) 2015년 同교육개혁추진협의회 위원 2015년 同지방교육재정 운영성과평가위원장 2016년 지방교육재정분석위원회 위원장 (상)한국교육학회 국내박사학위논문상(1994), 교육과학기술부장관표창(2010), 한국교육행정학회 소석논문상(2015), 교육부장관표창(2016) (저)'교육행정학원론(共)'(1994) '한국교육정책의 탐구(共)'(1996) '교육재정정책론(共)'(1997) '학교재무관리 이론과 실제(共)'(2000) '한국교육개혁의 과제와 접근(共)'(2000) '한국교육정책의 쟁점(共)'(2002) '전환기의 한국교육정책(共)'(2008) '중등 교직실무(共)'(2009) '교육재정학(共)'(2014) '신교육재정학(共)'(2015) (종)기독교

**송기헌(宋基憲) SONG Ki Heon**

(생)1963 · 10 · 2 (본)여산(礪山) (출)강원 원주 (주)서울특별시 영등포구 의사당대로 1 국회 의원회관 535호(02-784-6150) (학)1982년 원주고졸 1986년 서울대 법과대학 법학과졸 1998년 미국 듀크대 법과대학 연수 (경)1986년 사법시험 합격(28회) 1989년 사법연수원 수료(18기) 1989년 육군 법무관 1992년 서울지검 검사 1994년 대구지검 안동지청 검사 1995년 인천지검 검사 1997년 부산지검 검사 1999년 치악합동법률사무소 변호사, 원주시축구협회 부회장 2001~2016년 사회복지법인 밥상공동체복지재단 법인이사 2012년 제19대 국회의원선거 출마(원주시乙, 민주통합당) 2014년 새정치민주연합 강원도당 집행위원 2014~2015년 同원주시乙지역위원회 위원장 2015년 더불어민주당 원주시乙지역위원회 위원장(현) 2016년 제20대 국회의원(원주시乙, 더불어민주당)(현) 2016~2017년 더불어민주당 법률담당 원내부대표 2016년 국회 운영위원회 위원 2016~2017년 국회 산업통상자원위원회 위원 2016~2018년 국회 평창동계올림픽및국제경기대회지원특별위원회 간사 2016년 더불어민주당 조직강화특별위원회 위원장 2017년 同제19대 문재인 대통령후보 중앙선거대책본부 공명선거본부 부본부장 겸 법률특보단장 2017 · 2018년 同법률위원장(현) 2017년 국회 예산결산특별위원회 겸 추경예산안등조정소위원회 위원 2017~2018년 국회 산업통상자원중소벤처기업위원회 위원 2018년 국회 법제사법위원회 간사(현) 2018년 국회 여성가족위원회 위원 2018년 국회 예산결산특별위원회 위원(현) 2018년 국회 사법개혁특별위원회 위원(현) 2019년 더불어민주당 민생입법추진단 위원(현) (상)법률소비자연맹 국회의원 헌정대상(2018) (종)기독교

**송길대(宋吉大)**

(생)1971 · 10 · 27 (출)경남 함양 (주)서울특별시 강남구 테헤란로92길 7 법무법인(유) 바른(02-3476-5599) (학)1990년 진주동명고졸 1995년 서울대 공법학과졸 (경)1998년 사법시험 합격(40회) 2001년 사법연수원 수료(30기) 2001년 공익법무관 2004년 수원지검 여주지청 검사 2006년 광주지검 검사 2008년 창원지검 검사 2010년 서울중앙지검 검사 2013년 헌법재판소 파견 2015년 부산지검 부부장검사 2016년 청주지검 충주지청 부장검사 2017년 법무부 국가송무과장 2018~2019년 수원지검 형사3부장 2019년 법무법인(유) 바른 변호사(현)

**송길룡(宋吉龍) SONG Gil Yong**

(생)1966 · 12 · 5 (출)전남 고흥 (주)광주광역시 동구 동명로 102 3~4층 법무법인 에스앤파트너스(062-229-8300) (학)1985년 조선대부고졸 1989년 조선대 법학과졸 2011년 아주대 대학원 금융보험학과졸 (경)1988년 사법시험 합격(30회) 1991년 사법연수원 수료(20기) 1994년 청주지검 검사

1995년 대전지검 홍성지청 검사 1997년 부산지검 검사 1999년 서울지검 검사 2002년 수원지검 검사 2003년 同부부장검사 2003년 청주지검 부부장검사 2004년 광주고검 검사 2004년 미국 조지워싱턴대 연수 2005년 대검찰청 검찰연구관 직대 2006년 서울중앙지검 부부장검사 2007년 서울동부지검 형사5부장 2008년 서울북부지검 형사5부장 2009년 의정부지검 형사2부장 2009년 대전고검 검사 2009년 법무부 형사사법통합정보체계추진단장 2011~2014년 광주고검 검사 2011~2012년 대통령직속 국가경쟁력강화위원회 법·제도선진화국 파견 2015년 법무법인 아크로 대표변호사 2017~2018년 법무법인 태평 대표변호사 2018년 법무법인 에스앤파트너스 대표변호사(현) [상]검찰총장표창

**송대수(宋大洙) SONG Dae Soo** (지아)

[생]1956·3·22 [본]홍주(洪州) [출]전남 여수 [주]전라남도 여수시 박람회길 1 2012여수세계박람회재단 이사장실(061-659-2004) [학]1975년 서울 보성고졸 1981년 전남대 공과대학 토목공학과졸 1992년 중앙대 국제경영대학원 수료 2001년 미국 펜실베이니아대 와튼스쿨 수료, 전남대 대학원 산업공학(해양토목) 석사 [경](주)대우 근무, 전원예식장 대표, 가송개발 대표 1994년 여수청년회의소 회장 1995~1998년 전남 여수시의회 의원 1999년 여수경찰서 청소년지도위원장, 민주평통 자문위원, 새천년민주당 여수시지구당 사무국장 2002·2006·2010~2014년 전남도의회 의원(새천년민주당·민주당·통합민주당·민주당·민주통합당·민주당), 同여수엑스포유치특별위원회 위원장, 민주당 중앙당 기업경쟁력강화특별위원장 2005년 同여수甲지역위원회 위원장 2006~2008년 전남도의회 건설소방위원장 2007년 여수마음놓고학교가기추진협의회 회장·고문 2009년 전남도의회 교육사회위원회 위원 2010~2012년 同부의장 2010년 광양만권경제자유구역조합회의 의장 2012년 전남도의회 행정환경위원회 위원 2016~2018년 더불어민주당 전남여수시甲지역위원회 위원장 2016년 제20대 국회의원선거 출마(전남 여수시甲, 더불어민주당) 2016~2018년 더불어민주당 전남도당 상임부위원장 2017~2018년 同중앙당 정책위원회 부의장 2018년 2012여수세계박람회재단 이사장(현) [상]전남지구청년회의소 최우수회장상, 내무부장관표창, 경찰청장표창, 전국지역신문협회 의정대상(2010) [저]'땀은 거짓말을 하지 않습니다'(2014) [종]가톨릭

**송대현(宋大鉉) SONG Dae Hyun**

[생]1958·12·12 [출]경남 진주 [주]서울특별시 영등포구 여의대로 128 LG전자(주) H&A사업본부(02-3777-1114) [학]진주고졸, 부산대 기계공학과졸, 캐나다 맥길대 대학원 경영학과졸 [경]1983년 금성사 전기회전기설계실 입사 2000년 LG전자(주) 조리기기사업부장 2001년 同에어컨컴프레서사업부장(상무) 2004년 同조리기기사업부장 겸 청소기사업부장(상무) 2006년 同구매담당 전략구매팀장(상무) 2008년 同중국 텐진(天津)법인장(부사장) 2009년 同창원공장 냉장고사업부장(부사장) 2012~2016년 同러시아법인장(부사장) 2015~2016년 同CIS지역대표(부사장) 겸임 2017년 同H&A사업본부장(사장)(현)

**송덕수(宋德洙) SONG Tuck Soo**

[생]1956·8·10 [출]전북 임실 [주]서울특별시 서대문구 이화여대길 52 이화여자대학교 법과대학 법학과(02-3277-2749) [학]1979년 서울대 법학과졸 1982년 同대학원 법학과졸 1989년 법학박사(서울대) [경]1981~1983년 서울대 법과대학 조교 1983년 한국민사법학회 상임이사 1983~1986년 경찰대 법학과 전임강사 1986~1988년 同법학과 조교수 1988~1997년 이화여대 법정대학 조교수·부교수 1994~1996년 同법정대학 법학과장 1997년 同법과대학 법학과 교수(현) 1998~2000년 同기획처차장 2003~2004년 미국 Santa Clara Univ. Law School Visiting Scholar 2004~2005년 이화여대 학생처장 2005~2006년 同교무처장 2005년 한국민사법학회 부회장 2007년 법무부 법무자문위원 2009년 同민법개정위원회 4분과위원장 2010~2012년 이화여대 법학전문대학원장 겸 법과대학장 2010~2011년 법무부 민법개정위원회 제2분과 위원장 2012년 同민법개정위원회 제3분과 위원장 2013년 법제처 민법알기쉽게새로쓰기자문위원회 위원장 2016~2017년 이화여대 학사부총장 2016~2017년 同총장 직대 [상]홍조근정훈장(2014) [저]'객관식 민법총칙' '민법, 민사특별법' '착오론-법률행위에서의 착오를 중심으로' '민법주해 제2·8·9·13권'(共) '법학입문' '법률행위와 계약에 관한 기본문제' '부동산 점유취득시효와 자주점유' '대상청구권에 관한 이론과 판례연구' '법률행위에 있어서의 착오에 관한 판례연구' '계약체결에 있어서 타인 명의를 사용한 경우의 법률효과-이론과 판례' '주석 민법 채권 각 칙(7)' '흠있는 의사표시 연구' '민법개정안 의견서' '제3자를 위한 계약 연구' '민법사례연습' '민법강의(상)' '민법강의(하)' '신 민법강의'(2008) '신 민법사례연습'(2008)

**송도균(宋道均) SONG Do Kyun**

[생]1943·9·20 [본]여산(礪山) [출]황해 연백 [주]서울특별시 강남구 테헤란로 133 한국타이어빌딩 법무법인 태평양(02-3404-7517) [학]1963년 제물포고졸 1971년 한국외국어대 스페인어학과졸 1998년 고려대 언론대학원 수료 2001년 한국외국어대 대학원 세계최고경영자과정 수료 [경]1970년 동양방송(TBC) 기자 1980년 중앙일보 기자 1981년 한국방송공사(KBS) 외신부 차장 1981년 문화방송(MBC) 경제부 차장 1985년 同외신부장·보도제작부장·정치부장·편집부장·북한부장 1988년 同부국장대우 1992년 SBS 보도국장 1994년 同해설위원장(이사대우) 1995년 일본 동경대 사회정보연구소 객원연구원 1996년 SBS 보도본부장(이사대우) 1997년 同보도본부장(이사) 1997년 同편성본부장(이사) 1998년 同기획편성본부장(상무이사) 1998년 同보도본부장(상무이사) 1999~2005년 同대표이사 사장 1999~2005년 SBS스타즈 구단주 1999년 한국방송학회 부회장 2001~2005년 한국방송협회 부회장 2003~2004년 同회장 2005~2007년 SBS 상임고문 2005~2008년 숙명여대 언론정보학부 정보방송학과 석좌교수 2007~2008년 SBS 고문 2008~2011년 방송통신위원회 상임위원 2008~2009년 同부위원장 2008년 同지역방송발전위원회 위원장 2008년 2008OECD장관회의 준비위원장 2009년 방송통신위원회 방송분쟁조정위원장 2011년 법무법인 태평양 고문(현) 2013~2019년 (주)KT 사외이사 2014~2018년 同이사회 의장 [상]황해도민의날 도민상(2000), 외대 언론인회 '2001 외언상'(2001), 한국방송프로듀서연합회 2001방송인상(2001), 중앙대 중앙언론문화상 방송부문(2002), 물사랑대상, 금관문화훈장(2007)

**송도근(宋道根) SONG Do Gun** (石川)

[생]1947·11·27 [본]은진(恩津) [출]경남 사천 [주]경상남도 사천시 용현면 시청로 77 사천시청 시장실(055-831-2000) [학]경남 자영고졸 1985년 한국방송통신대 행정학과졸, 국민대 정치대학원 정치학과졸 2017년 명예 행정학박사(창원대) [경]1997년 건설교통부 공보관 1998년 부산지방국토관리청장 2000년 한국건설기술연구원 파견 2001년 건설교통부 대도시권광역교통기획단 교통관리국장 2003년 서울지방국토관리청장 2004년 한국건설기술연구원 파견 2006년 명예 퇴직(관리관) 2006·2010년 경남 사천시장선거 출마(무소속), 한국시대학회 대표 2013년 새누리당 여의도연구원 정책자문위원 2014~2018년 경남 사천시장(무소속·자유한국당) 2018년 경남 사천시장(자유한국당)(현) 2018년 경남시장·군수협의회 회장(현) [상]대통령표창(1988), 근정포장(1989), 황조근정훈장(2006), 한국도로학회 공로상(2016), 21세기 대한민국을 빛낸 한국인물대상 지방자치공로부문(2017) [종]불교

### 송도호(宋悼鎬)

(생)1960 · 2 · 10 (출)전남 곡성 (주)서울특별시 중구 세종대로 125 서울특별시의회(02-3702-1400) (학)여수수산대학 어업과졸, 숭실사이버대 사회복지학과졸 (경)동원산업 선장, 바르게살기운동 봉천본동위원장, 주민자치위원회 봉천본동위원 2006년 서울시 관악구의원선거 출마(열린우리당), 민주당 서울관악甲지역위원회 부위원장 · 운영위원, (사)미래교육희망 상임이사 2010년 서울시 관악구의회 의원(민주당 · 민주통합당 · 민주당 · 새정치민주연합) 2012년 同행정재경위원회 위원 2014~2018년 서울시 관악구의회 의원(새정치민주연합 · 더불어민주당) 2016년 同보건복지위원회 위원장, 더불어민주당 서울시당 지방자치위원회 부위원장 2018년 서울시의회 의원(더불어민주당)(현) 2018년 더불어민주당 다문화위원회 부위원장(현) 2018년 서울시의회 교통위원회 부위원장(현) 2018년 同예산결산특별위원회 위원(현) 2018년 서울시농수산식품공사 사장 후보자 인사청문특별위원회 위원(현)

### 송동원(宋東源) SONG Dong Won

(생)1952 · 2 · 8 (본)은진(恩津) (출)경북 의성 (주)서울특별시 서초구 서초대로78길 5 대각빌딩 17층 법무법인 정향(02-535-8004) (학)1970년 경북고졸 1974년 서울대 법과대학졸 (경)1974년 사법시험 합격(16회) 1976년 사법연수원 수료(6기) 1977~1979년 軍법무관 1979년 춘천지법 판사 1981년 同강릉지원 판사 1982년 수원지법 판사 1984년 서울지법 북부지원 판사 1986년 서울형사지법 판사 1987년 서울고법 판사 1990년 대법원 재판연구관 1991년 대구지법 부장판사 1993년 수원지법 여주지원장 1995년 서울지법 동부지원 부장판사 1996년 서울지법 부장판사 1998년 법무법인 태평양 변호사 2000~2002년 사법연수원 강사 2001~2011년 부국증권(주) 사외이사 2002~2004년 서울시 행정심판위원회 위원 2002~2007년 영산대 법률학부 겸임교수 2005~2009년 서울시 정보공개심의위원회 위원장 2005~2011년 한국소비자보호원 소비자분쟁조정위원회 조정위원 2006~2008년 대한변호사협회 이사 2015~2019년 서울북부지법 조정센터 상임조정위원장 2019년 법무법인 정향 고문변호사(현)

### 송동호(宋東鎬) SONG Dong Ho

(생)1957 · 9 · 6 (본)은진(恩津) (출)서울 (주)서울특별시 서대문구 연세로 50-1 연세대학교 의과대학 정신과학교실(02-2228-1620) (학)1982년 연세대 의대졸 2006년 의학박사(가톨릭대) (경)1985~1988년 연세대의료원 전공의 1988~1990년 인천기독병원 정신과장 1990~1992년 미국 일리노이대 의대 소아정신과 임상펠로우 1992년 연세대 의대 정신과학교실 교수(현) 2007~2009년 대한소아청소년정신의학회 이사장 2008년 세브란스병원 소아청소년정신과장 2009~2013년 대한소아청소년정신의학회 수련교육이사 2010년 서울해바라기센터(아동) 소장(현) 2012~2018년 연세대 의대 의학행동과학연구소장 2014년 대한소아청소년정신의학회 고시위원장(현) 2014~2016년 대한청소년학회 이사장 2016년 연세대의료원 어린이병원 소아정신과장(현) (저)'정신분열증'(1996) '의학행동과학-제4장 인격의 발달(共)'(2001) '한방신경정신의학-제3-21장 소아청소년기의 정신장애(共)'(2005) '소아정신의학-제34장 약물치료 및 기타 생물학적 치료(共)'(2005) '최신정신의학-제5장 인격발달(共)'(2006) '재활의학'(2007) 'Clinical Neuropsychopharmacology-제34장 틱장애, 강박성장애 및 유뇨증(共)'(2008) '양극성 장애-소아청소년 양극성 장애'(2009) '청소년정신의학-제28장 정신치료(共)'(2012) '서울해바라기아동센터 10년 이야기'(2014) (종)기독교

### 송두헌

(생)1964 · 1 · 30 (주)경기도 수원시 영통구 삼성로 129 삼성전자(주) 메모리제조기술센터(031-200-1114) (학)1986년 서울대 전자공학과졸 1988년 同대학원 전자공학과졸 1996년 전자공학박사(서울대) (경)2000년 삼성전자(주) 메모리사업부 DRAM개발실 DRAM PA팀 근무 2007년 同메모리사업부 연구소 차세대연구1팀 근무 2007년 同메모리사업부 DRAM개발실 DRAM PA팀 수석연구위원 2009년 同메모리사업부 Flash개발실 Nand PA팀 연구임원(상무) 2010년 同반도체연구소 Flash요소기술Lab 상무 2010년 同메모리사업부 Flash개발실 Flash PA팀 상무 2012년 同메모리사업부 Flash개발실 Flash PA팀장(상무) 2015년 同메모리사업부 Flash개발실 연구위원(전무) 2017년 同메모리사업부 YE팀장(전무) 2019년 同메모리사업부 YE팀장(부사장) 2019년 同메모리제조기술센터 담당 부사장(현)

### 송두환(宋斗煥) SONG Doo Hwan

(생)1949 · 5 · 29 (본)여산(礪山) (출)충북 영동 (주)서울특별시 종로구 종로 1 법무법인 한결(02-3458-0901) (학)1967년 경기고졸 1971년 서울대 법학과졸 (경)1980년 사법시험 합격(22회) 1982년 사법연수원 수료(12기) 1982년 서울지법 북부지원 판사 1985년 서울민사지법 판사 1986년 춘천지법 영월지원 판사 1988년 서울형사지법 판사 1996년 대한변호사협회 공보이사 1996~2000년 민주사회를위한변호사모임 부회장 1997년 간행물윤리위원회 위원 1998년 대한변호사협회 인권이사 1999년 한국외환은행 사외이사 2000~2002년 민주사회를위한변호사모임 회장 2000~2003년 정부혁신추진위원회 민간위원 2003년 대북송금의혹사건 특별검사 2005년 대통령직속 중앙인사위원회 비상임위원 2005~2007년 국민은행 사외이사 2006년 同평가보상위원장 2007~2013년 헌법재판소 재판관 2013년 同소장 권한대행 2013년 법무법인(유) 한결 대표변호사(현) 2017~2018년 대검찰청 검찰개혁위원회 위원장

### 송맹근(宋孟根) Song Maeng-Keun

(생)1965 · 2 · 20 (출)서울 (주)서울특별시 영등포구 여의나루로 81 파이낸셜뉴스빌딩 1202호 앱솔루트자산운용(주)(02-785-3343) (학)1989년 고려대 경제학과졸 (경)1989년 LG증권 국제부 근무 1993년 同런던현지법인 근무 1998~2000년 同주식운용팀 근무 2007~2008년 우리투자증권 주식운용팀장 2008~2014년 이트레이드증권(주) Retail · Trading사업부 대표(전무이사) 2014년 앱솔루트투자자문 대표이사 2016~2018년 앱솔루트자산운용(주) 대표이사 2018년 同공동대표이사(현)

### 송명근(宋明根) SONG Meong Gun

(생)1951 · 9 · 16 (본)은진(恩津) (출)서울 (주)서울특별시 마포구 신촌로 120 청감송명근의원(02-715-9933) (학)1970년 경복고졸 1976년 서울대 의대졸 1979년 同대학원 의학석사 1986년 의학박사(서울대) (경)'국내 심장수술 최고의 권위자' 1981년 국군서울지구병원 흉부외과장 1984년 미국 오리건대 부속병원 전문의 1986년 부천세종병원 과장 1989~1998년 울산대 의대 흉부외과학교실 조교수 · 부교수 1991년 미국 베일러대학병원 임상조교수 1992년 서울아산병원 심장이식팀장 1997년 사이언스시티(심장판막장비 제조 · 판매 회사) 설립 1998년 서울아산병원 흉부외과장 1998~2007년 울산대 의대 흉부외과학교실 교수 1998년 同심장센터 소장 1998년 대통령 자문의 2002~2007년 서울아산병원 인재개발아카데미 소장 2007~2014년 건국대 의대 흉부외과학교실 교수 2009~2012년 同병원 심장혈관센터장 2013년 중국 인촨(銀川)시 제1인민병원 인촨카바심장센터장(현) 2014년 청감송명근의원 원장(현) (상)대통령표창, 대한민국보건산업대상 올해의 보건산업인상(2008), 상허대상 의료부문(2009), 자랑스러운 경북인상(2011) (종)가톨릭

## 송명식 SONG Myeong Sik

(생)1964·9·10 (주)서울특별시 마포구 월드컵북로 361 (주)한솔교육 비서실(02-2001-5659) (학)광운대 전자공학과졸 (경)1993년 (주)한솔교육 입사 2007년 同교육사업2본부장 2008년 同교육사업1본부장(상무보) 2011년 同교육사업총괄본부장(상무) 2014년 同경영기획실장 2015년 同경영기획실장 겸 핀덴사업부문장(전무) 2016년 同경영기획부문장(전무) 2018년 同경영기획부문장(부사장) 2018년 同대표이사 사장(현)

## 송명화(宋明花·女)

(생)1973·6·9 (주)서울특별시 중구 세종대로 125 서울특별시의회(02-3702-1400) (학)2012년 세종대 정책과학대학원 사회복지학과졸 (경)심재권 국회의원 비서(6급) 2010년 서울시 강동구의회 의원(비례대표, 민주당·민주통합당·민주당·새정치민주연합) 2012년 민주통합당 서울시당 사회복지특별위원회 위원장 2014~2018년 서울시 강동구의회 의원(새정치민주연합·더불어민주당) 2015년 한국양성평등교육진흥원 성별영향분석평가교육 전문강사 2015년 서울시 강동구의회 예산결산특별위원회 위원 2016년 同부의장 2018년 서울시의회 의원(더불어민주당)(현) 2018년 同환경수자원위원회 위원(현) 2018년 同정책위원회 위원(현) (상)새정치민주연합 참좋은지방정부위원회 '100대 좋은 조례상'(2015), 2016 매니페스토약속대상 좋은조례분야(2017)

## 송무현(宋戊鉉) Song Moo Hyun

(생)1948·6·2 (출)경남 진주 (주)경기도 성남시 분당구 운중로 136 송현타워 송현그룹 비서실(031-8038-9810) (학)1967년 경북대사대부고졸 1977년 고려대 금속공학과졸 (경)1977~1988년 대우중공업 구매부장 1989~1991년 진로산업 연구소장·공장장·이사 1991년 (주)티엠씨 대표이사 회장(현) 2008년 (주)케이피에프 대표이사 회장 2012년 (주)송현홀딩스 대표이사 회장(현) 2015년 (주)케이피에프 회장(현) (상)충남도 우수기업인상(2003), 천안시기업인대회 대상(2007), 철탑산업훈장(2008), 한국무역학회 무역진흥상(2009)

## 송문규(宋文圭) SONG Moon Kyu

(생)1965·6·8 (주)전라북도 익산시 익산대로 460 원광대학교 전자융합공학과(063-850-6341) (학)고려대졸, 同대학원졸, 공학박사(고려대) (경)1994년 원광대 전자융합공학과 교수(현) 2004~2006년 同정보통신창업지원센터장 2005~2006년 同바이오텍창업보육센터장 2008~2012년 同IT·BT창업보육센터장 2008년 미국 세계인명사전 'Marquis Who's Who in the World' 에 등재 2009~2011년 원광대 공업기술개발연구소장 겸 중소기업산학협력센터장 2013년 미국전기전자공학회(IEEE) 시니어멤버(현) 2014년 원광대 LINC+사업단장(현) 2015년 (재)전라북도문화콘텐츠산업진흥원 이사(현) 2017년 미래창조과학부 국가과학기술심의회 소속 제5차 지방과학기술진흥종합계획수립위원회 인력분과위원장 2017년 전북도 혁신성장·미래비전기획단 TF위원(현) (상)원광대 공로상(2002), 전북지방중소기업청장표창(2005·2009), 한국산학연합회장표창(2011), 국무총리표창(2011), 부총리 겸 교육부장관표창(2016), 중소벤처기업부장관표창(2017)

## 송문현(宋文鉉) Song Moon Hyun

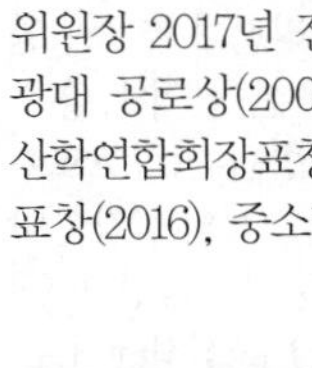

(생)1964·1·9 (출)서울 (주)세종특별자치시 한누리대로 422 고용노동부 고용보험심사위원회(044-202-7912) (학)한양대 행정학과졸 (경)1987년 행정고시 합격(31회) 1998년 대통령직인수위원회 경제2분과 파견(서기관) 2004년 노동부 자격지원과장 2005년 同외국인력정책과장 2005년 同고용정책본부 외국인력고용팀장 2006년 同고용정책본부 고령자고용팀장 2007년 광주종합고용지원센터 소장(부이사관) 2008년 한국고용정보원 기획조정실장 2010년 노동부 고용평등정책과장 2010년 고용노동부 고용정책실 고용평등정책과장 2011년 광주지방고용노동청장 2013년 고용노동부 노동정책실 공공노사정책관 2015년 중앙공무원교육원 교육파견(고위공무원) 2016년 부산지방고용노동청장 2017년 고용노동부 고용보험심사위원회 위원장(현)

## 송문홍(宋文弘) Song, Moon Hong

(생)1960·1·23 (본)여산(礪山) (출)서울 (주)서울특별시 서초구 강남대로93길 32 2층 273호 오늘경제(070-7798-2356) (학)1979년 우신고졸 1986년 한국외국어대 정치외교학과졸 2002년 연세대 행정대학원 국제정치과 수료 2011년 고려사이버대 사회복지학과졸 (경)1985~1990년 동아일보 출판국 음악동아 기자 1990~2001년 同출판국 월간신동아 기자(차장) 2001~2006년 同논설위원 2007~2009년 同출판국 주간동아·신동아팀장 겸 편집장 2009~2011년 대한법률구조공단 홍보실장 2012년 한국조폐공사 홍보협력실장 2013~2018년 건강보험심사평가원 홍보실장 2019년 오늘경제 대표이사 겸 편집국장(현) (저)'영어 한풀이'(1999, 동아일보) (역)'데드라인 : 제임스 레스턴 회고록'(1992, 동아일보)

## 송문희(宋文喜) SONG Moon Hee

(생)1958·5·19 (출)제주 (주)제주특별자치도 제주시 관덕로11길 17 한국교통방송(TBN) 제주교통방송(064-717-8114) (학)제주대 행정학과졸 (경)1984년 제주MBC 입사 1998년 同보도부 차장대우 2000년 同보도국 차장 2004년 同보도국 기획보도부장 2006년 同기획사업국 취재부장 2008년 同기획사업국 광고사업팀장 2009년 同기획사업국장 2010년 同보도제작국장 2012년 同보도국장 2013년 同보도국 보도위원 2014년 同특임국장 2016년 한국교통방송(TBN) 제주교통방송 본부장(현) (상)한국기자협회 이달의기자상(1997·2001), 한국방송기자클럽 촬영보도상(1998), 제주도기자협회 제주도기자상(1998), 제주방송인클럽 제주방송인대상(2002), 제11회 방송문화진흥회 지역프로그램상 은상(2009)

## 송미애(宋美愛·女)

(생)1962·10·9 (주)충청북도 청주시 상당구 상당로 82 충청북도의회(043-220-5116) (학)한남대 교육대학원 상담교육학과졸 (경)더불어민주당 충북도당 총무실장, 단재신채호선생기념사업회 집행위원, 충북도장애인농구협회 부회장 2018년 충북도의회 의원(비례대표, 더불어민주당)(현) 2018년 同윤리특별위원회 부위원장(현)

## 송미영(宋美瑩·女) Song, mi young

(생)1961·11·10 (출)서울 (주)세종특별자치시 시청대로 370 세종국책연구단지 연구지원동 국가과학기술연구회 융합본부(044-287-7200) (학)1984년 숙명여대 화학과졸 1987년 한국과학기술원(KAIST) 화학과졸(석사) 1991년 화학박사(한국과학기술원) (경)1992~1994년 (주)비트컴퓨터 부설 교육센터장 1995~1996년 (주)선경정보 교육센터장 1996~2004년 (주)신우정보시스템 부설 정보통신연구소장 2004년 한국한의학연구원 선임연구본부장(책임연구원) 2015년 同미래정책실장, 同미병연구단 책임연구원 2018년 국가과학기술연구회 융합본부장(현) 2019년 同정책본부장

**송미화(宋美花 · 女) SONG Mee Wha**

(생)1961·10·11 (출)전북 김제 (주)서울특별시 중구 장충단로 84 민주평화통일자문회의(02-2250-2300) (학)1981년 예일여고졸 1985년 덕성여대 국어국문학과졸 2002년 고려대 정책대학원졸 (경)YMCA 시민운동, 서울시의회 의원, 대통령직인수위원회 자문위원, 은평천사원 운영위원, 녹번복지관 운영위원, 열린우리당 중앙위원, 서울YMCA 환경위원, 은사회 명예회장, 볼런티어21리더십센터 교육위원, 열린우리당 윤리위원·정치개혁위원·클린위원, 同수도권균형발전기획단 부단장 2008년 환경관리공단 비상임이사 2008년 통합민주당 제18대 국회의원 후보(서울 은평乙) 2019년 민주평통 통일법제분과위원회 상임위원(현)

**송민경(宋旼耕)**

(생)1976 · 4 · 10 (출)서울 (주)서울특별시 서초구 서초중앙로 157 서울고등법원(02-530-1114) (학)1995년 잠실고졸, 서울대 정치학과졸 (경)1999년 사법시험 합격(41회) 2002년 사법연수원 수료(31기) 2002년 軍법무관 2006년 서울북부지법 판사 2007년 서울행정법원 판사 2010년 대구지법 상주지원 판사, 사법연수원 교수 2017년 서울중앙지법 판사 2018년 창원지법 마산지원 부장판사 2019년 서울고법 판사(현)

**송민규(宋敏圭) SONG MIN KYU**

(생)1964 (주)서울특별시 중구 필동로1길 30 동국대학교 이과대학 물리 · 반도체과학부(02-2260-8713) (학)1986년 서울대 전자공학과졸 1988년 同대학원 전자공학과졸 1993년 공학박사(서울대) (경)1991~1993년 일본 G4FAX사업단 생산기술연구원 선임연구원 1993~1995년 일본 도쿄대 전자공학과 초빙연구원 1995~1997년 삼성전자(주) ASIC설계팀 선임연구원, 동국대 이과대학 물리 · 반도체과학부 부교수 · 교수(현) 2019년 同이과대학장(현)

**송민선(宋珉宣 · 女) SONG Min Sun**

(생)1963 · 5 · 13 (본)은진(恩津) (출)충북 청주 (주)전라북도 전주시 완산구 서학로 95 국립무형유산원 무형유산진흥과(063-280-1460) (학)1982년 예일여고졸 1986년 덕성여대 사학과졸, 단국대 대학원 사학 박사과정 수료 (경)1990년 문화재청 학예연구사 2001년 同학예연구관 2004년 同사적과 학예연구관 2005년 同예능민속연구실 학예연구관 2007년 同문화유산국 동산문화재과장 2009년 국립문화재연구소 무형문화재연구실장(학예연구관) 2013년 同연구기획과장 2014년 국립나주문화재연구소장 2014년 국립무형유산원 무형유산진흥과장 2016년 통일교육원 교육파견 2017년 국립문화재연구소 미술문화재연구실 학예연구관 2017년 문화재청 백제왕도핵심유적보존 · 관리사업추진단장 2019년 국립무형유산원 무형유산진흥과장(현) (저)'종가의 제례와 음식(編)'(2004, 김영사) '한산모시짜기(共)'(2004, 국립문화재연구소) '국외 무형문화유산 보호제도연구(共)'(2010, 국립문화재연구소)

**송민순(宋旻淳) SONG Min Soon**

(생)1948 · 7 · 28 (출)경남 진주 (주)서울특별시 중구 세종대로20길 23 (사)건강사회운동본부(02-3789-0041) (학)마산고졸 1975년 서울대 독어독문학과졸 2014년 명예 정치학박사(경남대) (경)1975년 외무고시 합격(9회) 1975년 외무부 입부 1978년 독일 본대 연수 1979년 駐서베를린 부영사 1981년 駐인도 2등서기관 1986년 駐미국 1등서기관 1989년 외무부 안보과장 1991년 同북미과장 1992년 駐싱가포르 참사관 1994년 미국 하버드대 국제문제연구소 연구원 1995년 외교안보연구원 연구관 1996년 외무부 북미국 심의관 1997년 同장관보좌관 1997년 대통령 국제안보비서관 · 외교통상비서관 1999년 외교통상부 북미국장 2001년 駐폴란드 대사 2003년 경기도 국제관계자문대사 2004년 외교통상부 기획관리실장 2005년 同차관보 2006년 대통령 통일외교안보정책실장(장관급) 2006~2008년 외교통상부 장관 2008~2012년 제18대 국회의원(비례대표, 통합민주당 · 민주당 · 민주통합당) 2008년 북한대학원대 초빙교수 2008년 민주당 제2정책조정위원장 2009년 (사)건강사회운동본부 고문(현) 2012~2014년 한국국제협력단(KOICA) 자문위원 2013~2015년 경남대 정치외교학과 석좌교수 2015~2017년 북한대학원대 총장 (상)근정포장(1991), 폴란드 공로십자훈장(2003), 청조근정훈장(2008) (저)회고록 '빙하는 움직인다-비핵화와 통일외교의 현장'(2016, 창비)

**송민헌(宋敏憲) SONG MIN HUN**

(생)1969 · 5 · 24 (본)여산(礪山) (출)경북 칠곡 (주)대구광역시 수성구 무학로 227 대구지방경찰청 청장실(053-804-2210) (학)1996년 고려대 행정학과졸 2008년 한양대 대학원 법학과졸 (경)1995년 행정고시 합격(39회) 1999년 경정 임용 2008년 경북 칠곡경찰서장(총경) 2009~2011년 駐시카고 영사 2012년 서울 은평경찰서장 2013년 경찰청 경찰쇄신기획단 총경 2014년 同인사담당관 2014년 대구지방경찰청 제2부장(경무관) 2015년 행정자치부 장관 치안정책관 2016년 대통령 치안비서관실 파견(경무관) 2017년 경찰청 정보심의관 2018년 同기획조정관(치안감) 2019년 대구지방경찰청장(현) (상)대통령표창(2005), 근정포장(2012)

**송민호(宋珉虎) SONG Min Ho**

(생)1956 · 7 · 6 (출)경기 양주 (주)서울특별시 서초구 서초대로 266 한승아스트라빌딩 10층 법무법인 메리트(02-592-1472) (학)1979년 성균관대 법학과졸 1981년 충남대 대학원 법학과졸 (경)한국은행 근무, 법원행정고시 합격(4회), 원주지원 법원사무관 1981년 사법시험 합격(23회) 1983년 사법연수원 수료(13기) 1983년 軍법무관 1986년 수원지검 성남지청 검사 1988년 대전지검 검사 1990년 서울지검 검사 1993년 부산지검 검사 1996년 대전지검 공주지청장 1997년 대전지검 공안부장 1999년 사법연수원 교수 2001년 서울지검 남부지청 형사4부장 2002년 同남부지청 형사2부장 2002년 서울고검 검사 2003년 수원지검 안산지청 차장검사 2005년 부산고검 검사 2005년 변호사 개업 2005~2014년 법무법인 영진 공동대표변호사 2008년 방송통신심의위원회 통신분과특별위원장 2014년 법무법인 한국 변호사 2016년 법무법인 충무 변호사, 법무법인 메리트 변호사(현) (저)'제1회 동시지방선거 백서' (종)천주교

**송민호(宋敏鎬) SONG MIN HO**

(생)1961 · 1 · 14 (주)대전광역시 중구 문화로 282 충남대학교병원 원장실(042-280-7027) (학)1980년 충남고졸 1986년 충남대 의대졸 1989년 同대학원 의학석사 1998년 의학박사(충남대) (경)1990~1992년 서울대병원 임상강사 1992~2004년 충남대 의대 내과학교실 전임강사 · 조교수 · 부교수 1994년 同의대 내과학교실 및 의학전문대학원 교수(현) 1994~1996년 미국 국립보건원 방문연구원 2004~2005년 충남대 생명과학연구원 운영위원회 위원 2005년 한국과학기술원 의과학대학원 운영위원(현) 2006~2008년 충남대 보건진료소장 2006~2009년 同대덕R&D특구의과학전문인력양성사업단 국제교류및홍보부장 2009년 同충남대-화학연구원 학연협력전문대학원 설립추진위원회 위원(현) 2009년 아시아태평양갑상선학회(AOTA) 이사 · POC 위원(현) 2010~2015년 충남대병원 내분비대사질환특성화연구센터장 2011년 대한미토콘드리아연구의학회 조직위원장 · 회장(현) 2011년 대한갑상선학회 이사 2011~2013년 충남대 보건대학원위원회 위원 2011~2013년 同의학전문대학원 교무부원장 2012~2016년 한국분자세포생물학회 학회지편집위원회 운영위원 2012~2018년 충남대 산학협력 중점교수 2013~2015년 同의학전문대학원장 2013~2014년 同교육공무원 호봉

경력평가심의회 위원 2013~2014년 同산학협력선도대학위원회 부위원장 2013~2014년 同신규임용교원직급조정위원회 위원 2013년 同융합의과학과 설립추진위원회 위원장(현) 2013년 대한민국의학한림원 정회원(현) 2013~2014년 교육부 약학대학 정책자문위원회 위원 2013~2015년 한국의과대학·의학전문대학원협회 연구이사·정책이사 2013~2014년 대한내분비학회 간행위원회 자문위원 2014~2016년 한국연구재단 기초연구본부 의약학단 책임전문위원 2015년 충남대 보건대학원장 2016년 한국과학기술원(KAIST) 의과학대학원 겸임교원(현) 2016년 HuEnChem 이사(현) 2016년 충남대병원 병원장(현) 2017년 상급종합병원협의회 이사(현) 2017~2018년 국가과학기술심의회 위원 2018년 한국분자세포생물학회 부회장·이사 2018년 대한당뇨병학회 이사(현) 2018~2019년 국가과학기술자문회의 위원 2018년 대한병원협회 학술이사(현) 2018년 대한적십자사 대전세종지사 상임위원(현) 2019년 대한갑상선학회 부회장(현) (상)국회의장표창(1986), 함춘의학상(2003), 대한내분비학회 연구본상(2003), 일본갑상선학회 Onaya-Kohn Prize(2004), 세계갑상선학회 Asia Oceania Thyroid Association Prize(2005), 대한갑상선학회 Genzyme 학술상(2009), 대한갑상선학회 부경학술상(2012), 에밀 폰 베링 의학대상(2014), 미래창조과학부장관표창(2014), 행정안전부장관표창(2018), 근정포장(2018), 한국분자세포생물학회 Rose Lecture(2019), 대한당뇨병학회 설원학술상(2019)

### 송방호(宋芳鎬) SONG BANG HO

(생)1969·12·12 (본)은진(恩津) (출)서울 (주)서울특별시 강남구 언주로133길 27 에이앤피커뮤니케이션즈(02-555-9288) (학)1988년 경복고졸 1995년 건국대 철학과졸 2017년 홍익대 광고홍보대학원 광고홍보전공졸 2019년 同대학원 광고홍보학 박사과정 수료 (경)1995~1999년 (주)이벤트큐 팀장 1999~2012년 (주)인디커뮤니케이션즈 전무이사 2012~2015년 (주)연하나로커뮤니케이션즈 부사장 2015년 (주)에이앤피커뮤니케이션즈 대표이사(현) 2017~2018년 2018평창동계올림픽 개회식 제작감독 2019년 부천국제만화축제 축제총괄감독(현)

### 송범두(宋凡斗) (信菴)

(생)1949 (주)서울특별시 종로구 삼일대로 457 천도교중앙총부(02-732-3956) (학)1998년 천도교 종학대학원 수료 2003년 경원대 행정대학원졸 2015년 북한대학원대 민족공동체지도자과정 수료 (경)2001~2002년 국제로타리 3600지구 부총재 2014~2015년 (주)신인간사 대표이사 2015~2016년 (사)남북경제협력발전 협의회 상임이사 2016~2019년 (재)천도교유지재단 이사 2016~2019년 천도교 연원회 부의장 2017년 겨레숲 이사(현) 2017~2019년 (사)동학민족통일회 상임이사 2019년 민족화해협력범국민협의회 공동의장 2019년 천도교 교령(현)

### 송병곤(宋炳坤)

(생)1958·12·28 (주)부산광역시 부산진구 가야대로 772 그랜드코리아레저 부산사업본부(051-665-6000) (학)부산대 법학과졸 (경)노무현 법률사무소 주임, 노무현·문재인법률사무소 주임, 노동인권연대 상담실장, 법무법인 부산 실장·사무장 2014년 부산시의원선거 출마(새정치민주연합) 2018년 그랜드코리아레저(GKL) 부산사업본부장(상임이사)(현)

### 송병국(宋炳國) SONG Byeong Kug

(생)1964·3·7 (본)진천(鎭川) (출)충북 청원 (주)세종특별자치시 시청대로 370 한국청소년정책연구원 원장실(044-415-2000) (학)청주 신흥고졸, 서울대졸, 同대학원졸 1996년 교육학박사(서울대) (경)1989~1996년 한국교육개발원 연구원 1996~2005년 순천향대 교육학부 조교수·부교수·교수 1997년 교육부 교육과정심의위원 2003~2005년 순천향대 대외협력실장 2003~2005년 국가청소년위원회 정책자문위원 2005년 순천향대 인문과학대학 청소년교육상담학과 교수(현) 2006년 국가청소년위원회 정책자문교수 2006~2007년 미국 오하이오주립대 교환교수 2008년 한국평생교육학회 편집위원장 2008~2010년 순천향대 평생교육원장 2009년 한국진로교육학회 사무국장 2009~2010년 순천향대 평생교육학부장 2010~2012년 아산시 청소년교육문화센터 관장 2013년 순천향대 교무처장 2013년 미래를 여는청소년학회 회장 2013년 충남도청소년진흥원 이사 2013년 충남도 학교폭력대책위원회 및 평생교육위원회 위원 2013년 한국진로교육학회 부회장 2013년 한국평생교육학회 부회장 2014~2016년 충남도교육청 교원인사위원 2014~2017년 국가평생교육진흥원 비상임이사 2015년 한국교직원공제회 대의원 2016년 한국진로교육학회 회장 2016~2017년 충남도평생교육진흥원 비상임이사 2017년 한국청소년정책연구원 원장(현) 2017년 여성가족부 청소년정책자문위원(현) 2017년 세종시 아동청소년친화도시추진위원(현) 2017년 유네스코한국위원회 위원(현) 2017년 한국교직원공제회 운영위원(현) (상)부총리 겸 교육부장관표창(2016) (저)'진로교육의 이론과 실제'(共) '청소년학총론'(共) '청소년지도학'(共) '사회교육자의 직업소외' '평생교육학원론' '청소년프로그램개발과 평가론' '청소년학개론'(共) '진로상담론'(共) '평생교육경영론'(共) (종)기독교

### 송병락(宋丙洛) SONG Byung Nak

(생)1939·8·15 (본)여산(礪山) (출)경북 영주 (주)서울특별시 관악구 봉천로 576 동아벤처타운빌딩 205호 자유와창의교육원(02-872-1664) (학)1963년 서울대 경제학과졸 1967년 同경영대학원 수료 1970년 경제학박사(미국 남캘리포니아대) (경)1971년 미국 하버드대 Post-Doc. 1971~1980년 한국개발연구원 수석연구원 및 산업정책실장 1974~1979년 한국과학기술원(KAIST) 산업공학과 대우교수 1974~1985년 국제연합·세계은행·아시아개발은행 자문위원 1980~2004년 서울대 경제학부 교수 1990~1991년 미국 하버드대 초빙교수 1995년 同국제개발연구원 연구교수 1998~2001년 LG전자(주) 사외이사 1998~2000년 서울대 부총장 2002년 바른사회를위한시민회의 공동대표 2002년 보건복지부 국민연금발전위원회 위원장 2004년 서울대 명예교수(현) 2006년 법무부 이민행정연구위원회 위원장 2006~2010년 (재)자유기업원 이사장 2010~2011년 포스코전략대 석좌교수 2014년 자유와창의교육원 원장(현) (상)제1회 경제학회상, 국무총리표창, 제10회 시장경제대상 출판부문 우수상, 중앙공무원교육원 제1회 BEST강사 선정(2010), 제21회 시장경제대상 출판부문 우수상 (저)'한국경제론' '마음의 경제학' 'The Rise of the Korean Economy(제3판)'(옥스퍼드대 출판부) 'Urbanization and Urban Problems'(하버드대 출판부) '기업을 위한 변명' '싸우고 지는 사람 싸우지 않고 이기는 사람' '자본주의 공산주의' '세계경제전쟁, 한국인의 길을 찾아라'(2009) '한국경제의 길(제5판)' '전략의 신, 당신이 쓸 수 있는 세상의 모든 전략'(2015, 쌤앤파커스) 등 (작)무궁화신품종 송(병)락 무궁화 등록 (종)기독교

### 송병선(宋炳善) Byeong S. SONG

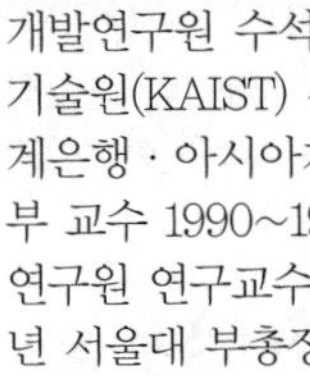

(생)1960·11·10 (본)여산(礪山) (출)전북 정읍 (주)서울특별시 영등포구 의사당대로 21 한국기업데이터(주)(02-3215-2301) (학)관악고졸 1986년 성균관대 신문방송학과졸 1991년 서울대 행정대학원 정책학과정 수료 1995년 미국 아메리칸대 대학원졸 1998년 同대학원 경제학 박사과정 수료 (경)1986년 행정고시 합격(30회) 1987~1994년 경제기획원 정책조정국·대외경제조정실 사무관 1998년 재정경제부 세제실 국제조세과 사무관 1999년 기획예산처 예산실 자치환경예산과 서기관 2000년 同법사행정예산과 서기관 2002년 재외동포재단 파견 2003년 기획예산처 재정개혁국 재정개혁2과장 2004년 同재정개혁국 산하기관정책과장 2005년 同예산실 산업정보예산과장 2005년 同산업재정

기획단 산업정보재정과장 2006년 同사회서비스향상기획단 기획총괄팀장 2007년 과학기술부 과학기술혁신본부 연구개발예산담당관 2008년 기획재정부 예산실 연구개발예산과장 2009년 同기획조정실 기획재정담당관 2010년 駐뉴욕 재경관(고위공무원) 2013년 국민대통합위원회 파견(고위공무원) 2014년 기획재정부 국고국 국유재산심의관 2016~2017년 대통령직속 지역발전위원회 지역발전기획단장 2018년 한국기업데이터(주) 대표이사 사장(현) (상)재정경제부장관표창(1998), 녹조근정훈장(2002), 제19회 대한민국 디지털경영혁신대상 국회의장표창(2019) (저)'정부계약제도의 합리적 개선방안'(1994) '변화를 선택한 리더들'(2004) (종)기독교

**송병승(宋炳承) Byoung Seung Song**

(생)1963·8·10 (본)진천(鎭川) (출)대전 (주)서울특별시 종로구 율곡로2길 25 연합뉴스 DB·출판국(02-398-3114) (학)1987년 서울대 독어독문학과졸 (경)1988~1991년 세계일보 기자 1991~1992년 한국일보 기자 1994년 연합뉴스 기자 1999~2002년 同베를린특파원 2003년 同국제뉴스2부 차장대우 2005년 同베를린특파원(차장) 2008년 同국제뉴스2부 차장 2009년 同국제뉴스2부 부장대우 2010년 同정보사업국 대외업무팀장(부장대우) 2011년 同정보사업국 PR기획서비스팀장 2012년 同국제국 기획위원(부장급) 2012년 同브뤼셀특파원 2016년 同편집국 융합뉴스팀장 2017년 同윤리감사팀 감사위원(부국장대우) 2018년 同감사팀장 2019년 同DB·출판국장(현) (저)'앙겔라 메르켈'(2013) (종)기독교

**송병일(宋炳日)**

(생)1964·5·20 (출)경북 안동 (주)서울특별시 종로구 사직로8길 31 서울지방경찰청 생활안전부(02-700-2809) (학)1983년 대구 심인고졸 1988년 경찰대 법학과졸(4기) 2005년 연세대 법무대학원 법학과졸 (경)2009년 경북 의성경찰서장(총경) 2010년 대구지방경찰청 수사과장 2010년 대구북부경찰서장 2011년 경찰청 수사국 특수수사과장 2012년 교육 파견 2012년 서울 강서경찰서장 2014년 경찰청 수사국 지능범죄수사과장 2015년 同수사국 형사과장 2015년 부산지방경찰청 제2부장(경무관) 2017년 경남지방경찰청 제2부장 2018년 경찰대학 치안정책연구소장 2019년 경찰청 치안정책관 2019년 서울지방경찰청 생활안전부장(현) (상)대통령표창(2007), 녹조근정훈장(2015)

**송병준(宋秉俊) SONG Byoung Jun**

(생)1955·10·9 (본)김해(金海) (출)경북 금릉 (주)서울특별시 서초구 강남대로 309 코리아비즈니스센터 2014호 청년위함 (학)1979년 고려대 정경대학 경제학과졸 1985년 미국 뉴욕주립대 대학원 경제학과졸 1990년 경제학박사(미국 뉴욕주립대) (경)1981년 한국동력자원연구소 연구원 1990년 산업연구원 산업정책실 책임연구원 1991년 同산업인력연구팀장 1994년 同일반기계산업연구실장 1995년 同기계산업연구실장 1998년 同자본재산업연구실장 2001년 同지식산업연구실장 2002~2010년 기획재정부 정책평가위원 2003~2004년 미국 존스홉킨스대 국제대학원(SAIS) 방문교수 2004~2010년 산업연구원 성장동력산업실 선임연구위원 2010~2013년 同원장 2010~2011년 국가경쟁력강화위원회 위원 2010~2013년 세제발전심의위원회 위원 2010~2013년 동반성장위원회 위원 2010년 인재포럼(Global HR Forum) 자문위원 2010년 그린카전략포럼 위원 2010년 세계일류상품발전심의위원회 위원 2010년 온실가스·에너지관리위원회 위원 2010년 300만고용창출위원회 자문위원 2010년 한국노동경제학회 이사 2011~2013년 국방산업발전협의회 자문위원 2011~2013년 재정정책자문회의 민간위원 2012~2014년 국토정책위원회 민간위원 2013~2014년 산업연구원 위촉연구위원 2013년 (사)청년위함 운영위원장(현) 2014년 순천향대 경제금융학과 초빙교수 2015년 (주)대우인터내셔널 사외이사 2016~2017년 (주)팬코 수석부사장 2017~2019년 (주)포스코대우 사외이사 겸 감사위원 (저)'산업인력의 수급원활화 방안 : 외국인력을 중심으로'(1993, 산업연구원) '2000년대 첨단기술산업의 비전과 발전과제 : 메카트로닉스(共)'(1995, 산업연구원) '기계류·부품 국산화사업의 효율화 방안(共)'(1995, 산업연구원) '한국산업의 대해부(共)'(1997, 산업연구원) '한국 자동차산업의 장기 발전방향(共)'(1999, 산업연구원) '한국산업의 발전비전 2020(共)'(2005, 산업연구원) '2020 유망산업의 비전과 발전전략(共)'(2006, 산업연구원) '주력산업의 인력 고령화 전망과 대응방안(共)'(2007) '산업발전과 일자리 창출(共)'(2012, 산업연구원) (종)기독교

**송병준(宋秉峻) James Song**

(출)대구 (주)서울특별시 서초구 서초중앙로 4 (주)게임빌(02-876-5252) (학)1998년 서울대 전기공학부졸 (경)1996~1998년 서울대 벤처창업동아리 초대회장 2000년 (주)게임빌 설립·대표이사 사장(현) 2013년 (주)컴투스 인수·대표이사(현) 2015년 대통령소속 문화융성위원회 위원 (상)정보통신부장관표창(2005), 정보통신의 날 대통령표창(2010), 모바일콘텐츠 2010 어워드(2010), 제7회 EY 최우수기업가상 특별상(2013)

**송병춘(宋秉春)**

(생)1962·11·15 (주)충청북도 청주시 서원구 1순환로 1047 충북지방노동위원회(043-299-1260) (학)1981년 가야고졸 1986년 동아대 건축공학과졸 (경)1993년 기술고시 합격(29회) 1995년 노동부 총무과 사무관 2000년 同산업안전국 산업안전과 사무관 2004년 시설서기관 승진 2005년 충남지방노동위원회 사무국장 2007년 경인지방노동청 수원종합고용지원센터장 2007년 국제노동기구(ILO) 파견(기술서기관) 2011년 고용노동부 노동정책실 건설산재예방과장 2012년 중부지방고용노동청 안산고용노동지청장 2013년 同안양고용노동지청장 2014년 同평택고용노동지청장 2015년 고용노동부 산재예방보상정책국 화학사고예방과장 2016년 同산재예방보상정책국 화학사고예방과장(부이사관) 2016년 중부지방고용노동청 인천고용센터 소장 2017년 통일교육원 파견 2018년 고용노동부 산재예방정책과장 2019년 충북지방노동위원회 위원장(현)

**송병훈(宋炳勳) Song, Byong Hoon (島松)**

(생)1941·3·28 (본)진천(鎭川) (출)강원 춘천 (주)서울특별시 서초구 서초대로77길 45 실버빌딩 806호 (사)푸른세상(02-785-4155) (학)강원 춘천고졸, 강원대 임학과졸, 총신대졸, 서울성경신학대학원대 신학과졸, 효학박사(성산효대학원대) (경)서울신문 사회부 기자, 삼영잉크페인트제조(주) 상무이사, (사)한국인적자원개발원 고문, (사)남북경제협력진흥원 상임고문, (사)경기원로회 수석부이사장, (사)한국노동문화예술협회 부이사장, (사)전국시도민향우회 부총재, 한국효단체총연합회 공동회장, 한국문인협회 상벌위원, 국제펜클럽한국본부 이사, 한국기독시인협회 자문위원, 한국현대시인협회 지도위원 2006년 계간 '아시아문예' 발행인(현), 법무부 교정위원 2011년 (사)푸른세상 이사장(현) 2012년 서울효교육원 고문(현) 2018년 춘천박사마을 백운회 회장(현) (상)대한민국 문화교육대상, 제16회 대한민국인물대상 사회문화부문 대상(2018) (저)시집 '소나무의 기도' (종)기독교

**송복철(宋福哲) SONG Bok Chul**

(생)1964·1·20 (본)은진(恩津) (출)경남 거제 (주)대전광역시 서구 청사로 189 통계청 경제통계국(042-481-2130) (학)1986년 부산 혜광고졸 1986년 부산대 행정학과졸 1999년 同경영대학원 경영학과 수료 2001년 미국 루이스앤클라크대 대학원 법학과 수료 2002년 한국개발연구원(KDI) 국제

정책대학원졸 2014년 동국대 대학원 행정학 박사과정 수료 (경)1993년 행정고시 합격(37회) 1995년 부산시 사상구 교통행정과장 1996~1999년 부산시 교육원·기획관실 근무 2002년 기획예산처 재정2팀 근무 2003년 同사회재정2과 근무(서기관) 2004년 同법사행정예산과 근무 2005년 同산업정보예산과 근무 2006년 건설교통부 공공기관지방이전추진단 재정팀장 2007년 기획예산처 재정집행관리팀장 2008년 UNDP 두만사무국 자문관 2011년 기획재정부 기획조정실 규제법무담당관 2013년 同국방예산과장 2014년 同법사예산과장 2015년 同제도기획과장 2016년 통계청 통계교육원장(고위공무원) 2017년 국립외교원 교육파견 2018년 통계청 경제통계국장(현) (상)대통령표창(2015)

**송봉섭(宋奉燮) Song, Bong-sup**

(생)1963·3·6 (주)경기도 과천시 홍촌말로 44 중앙선거관리위원회 기획조정실(02-503-1114) (학)1981년 예산 중앙고졸 2009년 서울시립대 대학원 행정학과졸 (경)2014년 중앙선거관리위원회 선거2과장 2015년 同기획재정과장 2016년 同기획국장 2018년 한국학중앙연구원 교육파견(이사관) 2018~2019년 중앙선거관리위원회 선거연수원장 2019년 同기획조정실장(관리관)(현) (상)중앙선거관리위원장표창(2002), 대통령표창(2012)

**송봉식(宋奉埴) SONG Bong Sig**

(생)1951·9·22 (본)은진(恩津) (출)대전 (주)서울특별시 강남구 강남대로 308 강남랜드마크타워 6층 Y.S.Chang특허법률사무소(02-2194-2001) (학)1969년 대전고졸 1973년 육군사관학교졸(29기) 1984년 연세대 대학원 전자공학과졸 1996년 미국 일리노이대 대학원 산업공학과졸 2001년 서울대 행정대학원 국가정책과정 수료 2010년 장로회신학대학 리더십정책과정 수료 (경)1985년 미국 Electronic Computer Programming Institute 파견 1991년 통상산업부 과장(일본 통상산업성 파견) 1996년 국가과학기술자문회의 실장 1997년 특허청 심사4국 반도체심사담당관 1999년 同심사4국장 1999~2005년 고려대 경영대학원 밀레니엄CEO과정 강사 2000년 특허청 특허심판원 심판장 2001~2006년 한국사이버대 겸임교수 2002년 특허청 심사4국장 2004년 同전기전자심사국장 2005년 同관리관 2005년 한양국제특허법인 변리사 2006~2008년 변리사기독신우회 회장 2006년 Y.S.Chang 특허법률사무소 대표변리사(현) 2006년 Gerson Lehrman Group 카운슬멤버(현), 중국 북경구주세초지식재산권사법감정센터 감정원(현), 무역관련지식재산권보호협회 자문위원(현), 법무부 법교육 출장강사(현), 전자정보인클럽 이사(현), 한국국제기드온협회 회원 2015년 대한예수교장로회 새문안교회 장로(현) 2016년 한국수입협회 국제특허분과위원장(현), 국제기도원협회 회원(현), 서대문노인종합복지관 운영위원(현), 국제지식재산권보호협회 부회장(현), 한국발명진흥회 우수발명품우선구매추천사업 심사위원(현) (상)상공부장관표창(1983), 대통령표창(1989), 미국 일리노이대총장표창(1996), 서울대 행정대학원장표창(2001), 근정포장(2005), Leading Lawyer(2008·2009) (역)'전자상거래와 사이버법'(2000) '비즈니스 모델특허'(2000) (종)기독교

**송부용(宋富容) SONG Boo Yong**

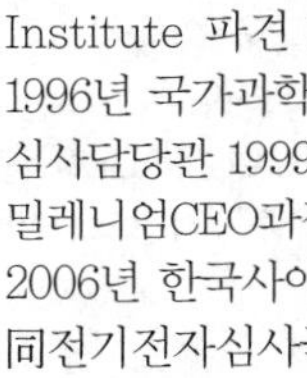

(생)1959·2·10 (본)문경(聞慶) (출)경남 하동 (주)경상남도 창원시 의창구 용지로 248 경남발전연구원(055-239-0122) (학)1982년 동국대졸 1984년 同대학원졸 1993년 미국 오클라호마주립대 대학원졸(박사) (경)1993년 미국 오클라호마주립대 Post-Doc. 1994년 국립 안성대·창원대·진주산업대, 인제대 등 강사·겸임교수·자문교수 1996~2003년 경남발전연구원 산업경제연구실장 2003~2008·2014~2018년 부산진해경제자유구역 조합위원 2004·2018년 경남발전연구원 연구기획실장 2004~2008년 경남도지사 경제특별보좌관 2004~2005년 대통령자문 동북아시대위원회 특위 위원 2008~2010년 (재)경남테크노파크 기술혁신지원단장 2010년 경남발전연구원 선임연구위원(현) 2010~2012년 국회 일자리특위 100인포럼 위원 2010~2014년 행정안전부 지역일자리코칭그룹 전문위원 2012~2016년 중소기업중앙회 경남소상공인포럼 공동대표 2012년 아시아-유럽미래학회 부회장(현) 2012년 한국개발원(KDI) 경제전문가 자문위원(현) 2012년 산업통상자원부 경제자유구역추진단 자문위원(현) 2013~2017년 대통령직속 지역발전위원회 지역산업·일자리 전문위원 2013년 한국지역경제학회 7대 회장 2014~2017년 경남은행 KNB경영자문위원회 위원 2014~2018년 경남도 노사민정협의회 위원 2015년 미래창조과학부 연구개발특구추진단 TF위원 2017~2018년 경남발전연구원 원장 직대 2019년 연합뉴스 경남취재본부 콘텐츠자문위원(현) (상)영국 국제전기센터 20세기 2000명의 글로벌 성취상(2000), 행정자치부장관표창(2000·2014), 미국 후즈후연구소 글로벌 성취상 지역경제및발전부문(2001), 국무총리표창(2018) (저)'한국의 지역전략산업(共)'(2004) '창조적 발상과 지역 경쟁력(共)'(2008) '지방자치와 지역발전(共)'(2012)

**송삼석(宋三錫) SONG Sam Suk (恒笑)**

(생)1928·1·19 (본)여산(礪山) (출)전북 군산 (주)경기도 용인시 수지구 손곡로 17 (주)모나미 비서실(031-270-5102) (학)1945년 전주고졸 1952년 서울대 상학과졸, 고려대 경영대학원 최고경영자과정 수료 (경)1955년 광신산업 상무이사 1968년 모나미화학 전무이사 1974년 모나미 부사장 1975~1992년 同사장 1979~1998년 문구성실신고회원 조합장 1993~2018년 (주)모나미 회장 1995년 在京전북도민회 회장 2018년 (주)모나미 명예회장(현) (상)상공부장관표창, 새마을훈장 노력장 (저)'역경의 열매'(1996) '저 높은 곳을 향하여'(1997) '나의 이력서'(2003) (종)기독교

**송삼종(宋三鍾)**

(생)1965·3·7 (주)부산광역시 부산진구 시민공원로 30 부산진구청 부구청장실(051-605-4080) (학)1983년 부산고졸 1990년 부산대 사학과졸 (경)1996년 행정고등고시 합격(40회) 1998년 부산시 기장군 민방위재난관리과장 2004년 부산시 기획관리실 OECD평가준비팀장 2007년 同경제진흥실 과학정책담당 2008년 同경제진흥실 신성장산업과장 직대 2009년 지방서기관 승진 2010년 외교안보연구원 파견 2011년 부산시 정책기획실 정책기획담당관 2015년 교육 파견(지방부이사관) 2016년 부산시 서부산개발국장 2018년 同해양수산국장 2018년 同해양농수산국장 2018년 부산시 부산진구 부구청장(현)

**송삼현(宋三鉉) SONG Sam Hyun**

(생)1962·4·16 (출)전남 고흥 (주)서울특별시 양천구 신월로 390 서울남부지방검찰청(02-3219-4524) (학)1982년 순천고졸 1986년 한양대 법학과졸 (경)1991년 사법시험 합격(33회) 1994년 사법연수원 수료(23기) 1994년 부산지검 검사 1996년 광주지검 순천지청 검사 1998년 서울지검 서부지청 검사 2000년 광주지검 검사 2003년 법무부 특수법령과 검사 2007년 광주지검 순천지청 부장검사 2008년 同마약·조직범죄수사부장 2009년 법무부 감찰담당관실 검사 2009년 수원지검 특수부장 2010년 서울중앙지검 특수3부장 2011년 법무연수원 교수 2012년 서울남부지검 형사3부장 2013년 의정부지검 형사1부장 2014년 대구지검 서부지청 차장검사 2015년 대검찰청 검찰연구관(미래기획단장 겸 형사정책단장) 2016년 부산지검 제1차장검사 2017년 대검찰청 공판송무부장(검사장급) 2018년 제주지검장 2019년 서울남부지검장(현)

**송상근(宋相根) SONG Sang Keun**

(생)1968 · 12 · 14 (본)은진(恩津) (출)경남 함안 (주)세종특별자치시 다솜2로 94 해양수산부 운영지원과(044-200-5071) (학)1987년 진주동명고졸 1992년 서울대 경제학과졸 (경)1994~1995년 마산지방해양수산청 근무 1998년 해양수산부 해양정책국 해양총괄과 근무 2001년 同행정관리담당관실 서기관 2002년 同해운물류국 해운정책과 서기관 2003년 부산지방해양수산청 항만물류과장 2004년 해양수산부 해운물류국 항만물류과장 2006년 同정보홍보관리실 혁신기획팀장 2007년 同항만국 민자계획과장 2008년 국토해양부 항만민자계획과장 2008년 同국토정책국 지역발전지원과장 2009년 同국토정책국 산업입지정책과장 2009년 同장관비서관(서기관) 2011년 同장관비서관(부이사관) 2011년 同물류항만실 항만물류기획과장 2013년 대통령비서실 행정관 2014년 해양수산부 해양정책실 해양환경정책관 2016년 同대변인(국장급) 2018년 駐영국 공사참사관(현) (종)무교

**송상민(宋尙旻) SONG Sang Min**

(생)1964 · 10 · 23 (본)여산(礪山) (출)전남 고흥 (주)세종특별자치시 다솜3로 95 공정거래위원회 소비자정책국(044-200-4414) (학)1983년 경문고졸 1987년 서울대 법학과졸 1989년 同행정대학원 정책학과졸 1996년 미국 워싱턴대 로스쿨졸(LL.M.) (경)1989년 행정고시 합격(33회) 2002년 공정거래위원회 약관제도과장 2005년 同서비스카르텔팀장 2007년 UN 파견 2010년 공정거래위원회 카르텔총괄과장 2011년 同카르텔총괄과장(부이사관) 2012년 同심판총괄담당관 2014년 국방대 교육파견(고위공무원) 2015년 공정거래위원회 시장감시국장 2016년 同서울지방공정거래사무소장 2018년 同소비자정책국장(현) (종)기독교

**송상엽(宋相燁) Song Sang Yup**

(생)1964 · 11 · 10 (출)부산 (주)서울특별시 영등포구 의사당대로 88 한국투자증권 인사팀(02-3276-5000) (학)1982년 부산 동아고졸 1991년 고려대 무역학과졸 (경)1999년 ING베어링증권 주식영업총괄 이사 2000년 씨티글로벌증권 법인영업총괄 상무 2004년 (주)한국투자증권 법인영업담당 상무보 2011년 同법인영업본부장(상무) 2015년 同e-Business본부장(전무) 2017년 한국투자밸류자산운용 대표이사 2017년 한국투자증권 인도네시아합작법인추진단장(전무)(현)

**송상용(宋尙勇) SONG Sang Yong**

(생)1963 · 8 · 16 (출)서울 (주)서울특별시 강남구 일원로 81 삼성서울병원 병리과(02-3410-2768) (학)1982년 배문고졸 1988년 서울대 의대졸 1992년 同대학원 의학석사 2000년 의학박사(서울대) (경)1988~1989년 서울대병원 인턴 1989~1990년 강남우신향병원 의사 1990~1994년 서울대병원 병리과 레지던트 1994~1995년 同병리과 전임의 1995~1996년 미국 국립보건원 Visiting Fellow 1996년 삼성서울병원 병리과 전문의(현) 1997년 성균관대 의대 병리학교실 전임강사 · 조교수 · 부교수 · 교수(현) 2002~2008년 대한병리학회 상임이사 2003년 대한독성병리학회 상임이사(현) 2007~2008년 삼성서울병원 기획조정실 경영혁신팀장 · 의료기획팀장 2008년 삼성의료원 인사기획실 차장 2013년 삼성서울병원 인체유래자원은행장 2013~2019년 同바이오뱅크장 2014~2015년 同미래혁신센터장 2017~2019년 同병리과장 (상)미국 국립보건원 NIDR Visiting Fellow Travel Award(1996), 삼성서울병원 교수우수업적상(2006) (저)'In vitro invasion through basement membrane Matrigel. In: Brain tumor invasion: Biological, clinical, and therapeutic considerations'(1998, Wiley-Liss Inc)

**송상헌(宋尙憲) Sang-Hun Song**

(생)1963 · 9 · 15 (주)서울특별시 동작구 흑석로 84 중앙대학교 창의ICT공과대학 전자전기공학부(02-820-5343) (학)1986년 서울대 전자공학졸 1988년 미국 프린스턴대 대학원 전자공학졸 1997년 전자공학박사(미국 프린스턴대) (경)1989~1992년 육군사관학교 강사 2000~2001년 고려대 공과대학 전기전자공학부 조교수 2001년 중앙대 창의ICT공과대학 전자전기공학부 조교수 · 부교수 · 교수(현) 2014년 일본 도쿄대 방문연구원 2019년 중앙대 창의ICT공과대학장(현)

**송상현(宋相現) SONG Sang Hyun (心堂)**

(생)1941 · 12 · 21 (출)서울 (주)서울특별시 마포구 서강로 60 유니세프 한국위원회(02-723-2632) (학)1959년 경기고졸 1963년 서울대 법과대학졸 1966년 同사법대학원 법학과졸 1968년 미국 툴레인대 대학원 법학과졸 1969년 영국 케임브리지대 대학원 Diploma 1970년 법학박사(미국 코넬대) (경)1962년 고등고시 행정과 합격(14회) 1963년 고등고시 사법과 합격(16회) 1970년 미국 뉴욕법률사무소 근무 1972~2007년 서울대 법과대학 교수 1978~2003년 대한상사중재원 중재인 1979~2003년 대법원 송무제도개선위원회 위원 1981~2004년 법무부 정책 및 법무자문위원 1986~2003년 세계은행 투자분쟁센터(ICSID) 중재인 1986~1996년 (사)한국지적소유권학회 회장 1988~1994년 한국증권거래소 이사 1990~1994년 국제거래법학회 회장 1990~1999년 한국법제연구원 이사 1990~2004년 민사판례연구회 회장 1990 · 1992 · 1994년 호주 멜버른대 법과대학 교수 1991 · 1995 · 1999 · 2003년 미국 하버드대 법과대학 교수(봄학기) 1991~1994년 해운산업연구원 이사 1992~1996년 한국대학골프연맹 회장 1993~1994년 대법원 사법제도발전위원회 제3분과위원장 1994~2003년 미국 뉴욕대 석좌교수 1994~2000년 세계지적소유권기구(WIPO) 중재위원회 자문위원 1994~1996년 특허청 반도체배치설계 심의조정위원장 1995~2001년 한국발명진흥회 특허기술정보센터 운영위원 1996년 미국 컬럼비아대 법과대학 교수 1996~1998년 서울대 법과대학장 1997~1999년 특허청 특허행정정책자문위원회 위원장 1998~2012년 유니세프 한국위원회 이사 · 부회장 1999~2005년 (사)한국법학교수회 회장 1999~2001년 유네스코 한국위원회 위원 1999~2009년 (재)한국백혈병어린이재단 이사장 1999년 세계자연보전연맹(IUCN) 한국위원회 이사(현) 2000~2016년 아름다운재단 이사 2001~2003년 (사)한국디지털재산법학회 회장 2001~2008년 산업자원부 전자거래분쟁조정위원장 2003~2015년 국제형사재판소(ICC) 재판관 2003~2007년 미국 코넬대 평의회 회원 2003~2005년 민주평통 자문위원 2004년 법률전문인터넷신문 '리걸타임즈' 고문(현) 2005~2007년 산업자원부 무역위원회 위원장 2005~2006년 사법제도개혁추진위원회 민간위원 2007년 서울대 명예교수(현) 2007~2017년 사법연수원 운영위원장 2008~2013년 대한민국건국60년기념사업위원회 사회통합분야 민간위원 2009~2015년 국제형사재판소(ICC) 소장 2010년 대법원 대법관제청자문위원장 2012년 유니세프 한국위원회 회장(현) 2015~2019년 국가인권위원회 정책자문위원회 위원장 2016년 북한인권현인회의 멤버(현) 2017년 국제인권옹호 한국연맹 이사(현) (상)미국 코넬대 최우수동문표창 · 메달(1994), 국민훈장 모란장(1997), 한국법률문화상(1998), 독일 훔볼트재단 학술연구상(2001), 자랑스러운 경기인상(2003), 자랑스러운 서울법대인상(2006), 부총리 겸 교육인적자원부장관표창(2007), 자랑스러운 코넬동문상(2007), 문화일보 선정 3.1절특집 21세기의 33인(2007), 제10회 관악대상 영광부문(2008), 제5회 영산법률문화상(2009), 대한민국 인권상 국민훈장 무궁화장(2011), 세계변호사협회 법의 지배상(2012), 한국풀브라이트동문회 자랑스러운 동문상(2012), 경기고 졸업55주년 평화인의상(2014), 화란 최고훈장 기사대십자훈장(Ridder Groot Kruis Orde)(2015), 율곡법률문화상(2015), 서울국제포럼 영산외교인상(2016), 대한민국중재인대상(2018), 자랑스러운 서울대인(2018) (저)

ㅅ

'신정7판 민사소송법' '판례교재 민사소송법' 'Intro. to the Law & Legal System of Korea' 'Korean Law in the Global Economy' '제5판 해상법원론' '지적소유권법전' '신저작권법상의 제문제' '컴퓨터 프로그램 보호법 축조연구' '心堂 法學論集 Ⅰ·Ⅱ·Ⅲ' [역]'서양법에 있어서의 정통성과 권리중심의 법학' '법경제학입문' '주식회사법리의 새로운 경향'

**송상현**

[생]1971 [주]서울특별시 영등포구 여의대로 66 KTB프라이빗에쿼티(주) 임원실(02-2184-4100) [학]미국 하버드대졸, 미국 컬럼비아대 경영대학원졸(MBA) [경]2001~2004년 도이치뱅크 Securities Japan M&A사업부 Associate 2004~2006년 리먼브러더스 Japan M&A사업부 부사장 2006~2011년 유니타스캐피탈(Unitas Capital) 한국대표 2011~2015년 일본 Sangyo Sosei Advisory Inc. 대표이사 2016년 KTB프라이빗에쿼티(주) 대표이사(현)

**송상훈(宋相勳) Song, Sanghoon**

[생]1969·3·16 [본]여산(礪山) [출]서울 [주]세종특별자치시 가름로 194 과학기술정보통신부 정보통신정책실 정보통신정책과(044-202-6220) [학]1987년 대원외국어고졸 1991년 서울대 전자공학과졸 1993년 同대학원 전자공학과졸 1996년 공학박사(일본 도쿄대) 2002년 미국 스탠퍼드대 SEIT과정 수료 [경]1997년 정보통신부 통신사무관 임용(박사특채) 1997년 同정보통신정책국 기술기준과 근무 2000년 한양대 정보통신대학원 겸임교수 2002~2003년 정보통신부 정보통신정책국 기술정책과 근무 2003~2004년 同전파방송정책국 전파방송총괄과 근무 2004년 미국 국무성 특별초청(International Visitor Leadership Program) 2004~2006년 일본 노무라종합연구소 파견 2006~2007년 정보통신부 전파방송기획단 방송위성팀 근무(기술서기관) 2007~2008년 同전파방송기획단 주파수정책팀 근무 2008~2009년 방송통신위원회 이병기 위원 비서관 2009년 同전파연구소 이천분소장 2009~2010년 同디지털방송지원과장 2010~2011년 同방송통신녹색기술팀장 2011년 同디지털방송정책과장 2013년 미국 캘리포니아대 샌디에이고교 국외훈련(과장급) 2014년 대통령 정보방송통신비서관실 행정관 2016년 미래창조과학부 인터넷제도혁신과장 2017년 과학기술정보통신부 정보통신정책실 인터넷융합정책관실 인터넷제도혁신과장 2017년 同정보통신정책실 정보통신정책과장(현) [상]대통령표창(2009), 녹조근정훈장(2013) [저]'WiMAX의 모든 것'(2006) [종]천주교

**송석근(宋錫根) SONG Seok Geun**

[생]1952·12·13 [주]전라남도 여수시 여수산단3로 118 금호석유화학(주) 생산본부(061-688-3200) [학]1971년 광주 동신고졸 1978년 전남대 전기공학과졸 [경]1978년 금호그룹 입사 1999년 금호석유화학(주) 열병합발전소장(상무대우) 2001년 同열병합발전소장(상무) 2005년 同여수공장장(상무) 2006년 同생산본부장(전무) 2010년 금호항만운영(주) 총괄임원(전무) 2010년 금호석유화학(주) 생산본부장(전무) 2012년 同생산본부장(부사장)(현) [상]환경부장관표창(2005), 국무총리표창(2008·2015), 국가보훈처장표창(2009), 동탑산업훈장(2012)

**송석두(宋錫斗) SONG Suk Doo**

[생]1960·9·4 [본]은진(恩津) [출]대전 대덕 [주]강원도 정선군 사북읍 하이원길 265 (주)강원랜드(1588-7789) [학]1979년 대전고졸 1987년 서울대 영어영문학과졸 2003년 同행정대학원 행정학과졸 [경]1988년 행정고시 합격(32회) 1989년 총무처 행정사무관시보 1990년 경기도공무원교육원 행정사무관 1992년 경기도 사회과 복지계장 1993년 대전시 총무과 근무 1993년 대전세계박람회 조직위원 1994년 대전시 통상협력계장 1994년 내무부 파견 1995년 국무총리 행정조정실 파견·내무부 안전지도과 근무 1996년 내무부 행정과 행정사무관 1997년 행정자치부 재정경제과 서기관 1998년 충남도 기획관 2001년 同복지환경국장 2002년 同경제통상국장(부이사관) 2005년 미국 UC버클리대 연수 2005년 同객원연구원 2007년 행정자치부 부내혁신전략팀장 2007년 대전시 기획관리실장(일반직고위공무원) 2010년 대통령직속 G20정상회의준비위원회 운영총괄국장 2010년 대통령 정무수석비서관실 행정자치비서관실 선임행정관 2011년 행정안전부 재난안전관리관 2013년 안전행정부 재난관리국장 2013~2016년 충남도 행정부지사 2014~2015년 백제문화제추진위원회 위원장 2016년 대전시 행정부시장 2017~2019년 강원도 행정부지사 2018년 同도지사 권한대행 2019년 (주)강원랜드 감사(상임이사)(현) [상]내무부장관표창(1995), 근정포장(2003), 홍조근정훈장(2011)

**송석배(宋錫培) SONG SEOK BAE**

[생]1965·11·7 [주]서울특별시 강남구 도산대로46길 21 (주)애드라인 대표이사실(02-511-2333) [학]경기 풍생고졸, 신구대 세무회계학과졸 [경]1987~1994년 세무회계사무소 사무장 1994~2002년 (주)아나기획 차장 2003년 (주)애드라인 경영관리본부장, 同경영관리본부장(상무) 2013년 同경영관리본부장(사장) 2014년 同대표이사(현)

**송석봉(宋錫奉) SONG Seok Bong**

[생]1967·3·9 [출]대전 [주]서울특별시 서초구 서초중앙로 157 서울고등법원(02-530-1114) [학]1985년 대전고졸 1994년 서울대 사법학과졸 [경]1997년 사법시험 합격(39회) 2000년 사법연수원 수료(29기) 2000년 서울지법 동부지원 판사 2002년 서울지법 판사 2004년 전주지법 판사 2007년 수원지법 판사 2009년 서울서부지법 판사 2012년 서울고법 판사 2013년 대법원 재판연구관 2015년 광주지법 부장판사 2016년 서울고법 판사(현)

**송석언(宋錫彦) Seok-Eon Song**

[생]1957 [주]제주특별자치도 제주시 제주대학로 102 제주대학교 비서실(064-754-2002) [학]1982년 중앙대 법과대학졸 1984년 同대학원 법학과졸 1994년 법학박사(중앙대) [경]1995년 제주대 법학전문대학원 교수 2006년 한국법학교수회 사무처장 2006~2008년 제주특별자치도 인사위원회 위원 2009~2011년 제주대 법학전문대학원장, 同법과정책연구소장, 同평의회 의장, 同교수회장, 한국상사법학회 부회장(현) 2017년 한국기업법학회 이사 2018년 제주대 총장(현) 2018년 한국기업법학회 부회장(현)

**송석윤(宋石允) SONG Seok Yun**

[생]1961·5·5 [주]서울특별시 관악구 관악로 1 서울대학교 법학전문대학원(02-880-9067) [학]1985년 서울대 사법학과졸 1987년 연세대 대학원 헌법학과졸 1995년 법학박사(독일 빌레펠트대) [경]1996~1998년 대전대 법학과 전임강사 1998~2002년 성신여대 법과대학 전임강사·조교수 2002~2003년 이화여대 법과대학 조교수·부교수 2004~2011년 서울대 법과대학 조교수·부교수 2008년 同법과대학 학생부학장 2011~2018년 同법과대학 교수, 同법학전문대학원 교수(현) 2017년 한국헌법학회 회장 [상]한국공법학회 신진학술상(2006) [저]'헌법재판과 헌법구조 – 법치국가에서 헌법국가로'(1996, 콘라드 아데나워재단) '위임입법의 한계에 관한 연구'(1996, 헌법재판소) '한국법의 이해'(1996, 두성사) '위기시대의 헌법학'(2002, 정우사) '정당해산심판제도에 관한 연구'(2004, 헌법재판소) '현대한국의 안전보장과 치안법제'(2006, 법률문화사)

**송석준(宋錫準) SONG Seok Zun**

(생)1956 · 3 · 5 (본)은진(恩津) (출)경북 김천 (주)제주특별자치도 제주시 제주대학로 102 제주대학교 자연과학대학 수학과(064-754-3562) (학)1977년 경북대 사범대학 수학교육과졸 1979년 同대학원 수학과졸 1988년 이학박사(경북대) (경)1983년 제주대 자연과학대학 수학과 교수(현) 1990년 미국 Utah주립대 객원교수 1994년 일본 홋카이도대 객원교수 1995년 교육부 고등학교수학교재 검정심사위원 1996년 독일 Bielefeld대 객원교수 1997~1998년 제주대 자연과학대학 부학장 1998년 폴란드 Warsaw대 객원교수 1999년 인도 통계연구소(Delhi) 객원교수 2003~2004년 미국 Utah주립대 객원교수 2003년 미국인명연구소 'The Contemporary Who's Who'에 등재 2003년 세계인명사전 'Marquis Who's Who in the world'에 등재 2003년 영국 국제인명센터(IBC) '21세기 위대한 지성인 2000명'에 등재 2004년 스페인 CSIC(마드리드)연구소 객원교수 2006년 미국인명연구소 'Research Board of Advisors'에 등재 2006~2008년 제주대 기초과학연구소장 2007~2008년 대한수학회 감사 · 호남수학회 부회장 · 창조과학회 제주지부 회장 2008년 제주대 수학과장 2008년 스페인 CSIC(마드리드)연구소 객원교수 2008년 제주성안교회 장로(현) 2009년 프랑스 Rouen대 객원교수 2010년 호주 Monash대 객원교수 2010년 세계수학자대회(ICM)위원회 위원 2011년 서울대 수리과학부 초빙교수 2011년 미국 Utah주립대 방문교수 2014년 스페인 응용물리연구소(마드리드) 객원연구원 2014년 이스라엘 테크니온대 방문교수 2015년 미국 Utah주립대 방문교수 2015년 스페인 응용물리연구소(마드리드) 객원연구원 2017년 말레이시아 말라야대 방문교수 2017년 독일 하이델베르크대 방문교수 2018년 미국 유타주립대 방문교수 2019년 스페인 기술과정보연구소(마드리드) 객원연구원 (상)제주대 학술상(1989), 제주도지사표창(2004), 호남수학회 학술상(2005), 문화체육관광부 선정 우수학술도서(2011), 호남수학회 교육상(2012), 대한수학회 논문상(2012), 세계수학자대회(ICM) 2014특별공로상(2015), 대한수학회 학술상(2017) (저)'수론의 이해'(2001) '수와 논리'(2010, 청문각) '수리적 사고와 논리'(2015, 청문각) '이해가 쉬운 현대대수학'(2017, 제주대 출판부) (종)기독교

**송석준(宋錫俊) Song, Seog-Jun**

(생)1964 · 3 · 10 (본)진천(鎭川) (출)경기 이천 (주)서울특별시 영등포구 의사당대로 1 국회 의원회관 734호(02-784-3161) (학)1983년 인창고졸 1987년 서울대 국제경제학과졸 1990년 同행정대학원 정책학과졸 2005년 경제학박사(미국 미주리주립대) (경)1990년 행정고시 합격(34회) 1991년 건설교통부 신도시기획관실 · 지가조사과 · 도시계획과 · 토지정책과 사무관 2001년 同토지정책과 · 수도권계획과 서기관 2005년 同주거복지과장 2005년 同주거복지지원팀장 2006년 同복합도시개발팀장 2007년 대통령비서실 파견(서기관) 2008년 국토해양부 재정담당관 2010년 국무총리 새만금사업추진기획단 개발사업부 개발정책관(파견) 2011년 중앙공무원교육원 교육연수 2012년 국토해양부 국토정보정책관 2013년 국토교통부 대변인 2014년 同건설정책국장 2015년 서울지방국토관리청장 2015~2017년 새누리당 경기이천시당원협의회 운영위원장 2016년 제20대 국회의원(이천시, 새누리당 · 자유한국당〈2017.2〉)(현) 2016년 국회 보건복지위원회 위원 2016년 국회 예산결산특별위원회 위원 2016~2017년 새누리당 원내부대표 2016~2017 · 2019년 국회 운영위원회 위원(현) 2016년 자유한국당 경기이천시당원협의회 운영위원장(현) 2017 · 2018년 同원내부대표(현) 2017~2019년 同재해대책위원회 위원장 2017년 同대표 지역특보(경기) 2017년 국회 재난안전대책특별위원회 위원 2018년 자유한국당 정책위원회 부의장 2018년 국회 국토교통위원회 위원(현) 2018년 국회 남북경제협력특별위원회 위원 2019년 자유한국당 경기도당 위원장(현) (상)대통령표창(2000), 대한민국무공수훈자회 감사패(2019) (종)기독교

**송선양(宋宣亮)**

(생)1967 · 3 · 6 (출)서울 (주)대전광역시 서구 둔산중로78번길 45 대전지방법원(042-470-1114) (학)1986년 광주 송원고졸 1993년 고려대 법학과졸 (경)1997년 사법시험 합격(39회) 2000년 사법연수원 수료(29기) 2000년 변호사 개업 2006년 전주지법 판사 2010년 광주고법 판사 2012년 同판사(사법연구) 2013년 전주지법 정읍지원(부안군법원) 판사 2016년 대전지법 부장판사(현)

**송성진(宋城鎭) SONG Sung Jin**

(생)1959 · 3 · 9 (출)전남 고흥 (주)경기도 수원시 장안구 서부로 2066 성균관대학교 공과대학 기계공학부(031-290-7451) (학)1976년 광주제일고졸 1981년 서울대 기계공학과졸 1983년 한국과학기술원(KAIST) 기계공학과졸(석사) 1991년 공학박사(미국 아이오와주립대) (경)1981~1987년 대우중공업(주) 근무 1991년 미국 아이오와주립대 박사 후 연구원 1992년 산업과학기술연구소 계측연구실 주임연구원 1993~1997년 조선대 기계설계공학과 전임강사 · 조교수 1998년 성균관대 공과대학 기계공학부 조교수 · 부교수 · 교수(현) 2009년 同공학교육혁신센터장 2012년 공학교육혁신협의회 회장 2013~2014 · 2017~2018년 성균관대 기획조정처장 2015~2016년 同공과대학장 겸 과학기술대학원장 2015~2016년 同성균나노과학기술원 부원장 2019년 同자연과학대학 부총장(현) (종)기독교

**송성환(宋誠桓) Song Seong-hwan**

(생)1970 · 1 · 18 (주)전라북도 전주시 완산구 효자로 225 전라북도의회(063-280-3970) (학)1988년 신흥고졸 1999년 우석대 인문사회과학대학 법학과졸 2013년 전북대 행정대학원 지방자치학과졸 (경)(주)전북총판 대표, 전북 전주 삼천초 운영위원장, 민주당 전주완산乙지역위원회 정책실장, (재)한국전통문화전당 창립발기인 겸 이사, 민주평통 자문위원 2010~2014년 전북 전주시의회 의원(민주당 · 민주통합당 · 민주당 · 새정치민주연합) 2010년 同문화경제위원회 부위원장 2012년 同문화경제위원회 위원장 2014~2018년 전북도의회 의원(새정치민주연합 · 더불어민주당) 2014~2018년 同행정자치위원회 위원 2015년 同예산결산특별위원회 위원 2015년 同윤리특별위원회 위원 2016년 同행정자치위원회 위원장 2016~2018년 同환경복지위원회 위원, 더불어민주당 전북도당 부위원장 2018년 전북도의회 의원(더불어민주당)(현) 2018년 同의장(현) 2019년 전국시 · 도의회의장협의회 부회장(현) (상)대한민국경로효친대상 사회봉사대상(2015), 전북환경대청상은상(2015), 전국환경감시협회 중앙본부상(2015), 자랑스런대한민국시민대상 사회복지공로대상(2016), 대한노인회 전주시지회 감사패(2017), 한국을 빛낸 대한민국 충효대상(2019), 전국장애인부모대회 감사패(2019) 전국장애인부모대회 감사패(2019) (저)'달팽이가 사랑한 온고을'(2013, 문정기획)

**송수건(宋守健) Song Su-gun**

(생)1951 · 3 · 18 (주)부산광역시 남구 수영로 309 경성대학교 총장실(051-663-4000) (학)1970년 경남고졸 1975년 서울대 법과대학 행정학과졸 1988년 미국 조지아주립대 대학원 행정학과졸 1993년 행정학박사(미국 조지아주립대) 2004년 미국 미드아메리카침례신학교 신학과졸(석사) 2008년 同박사과정수료 (경)1993~1995년 미국 조지아서던대 행정학과 조교수 1995~1999년 미국 웨스트버지니아주립대 행정학과 조교수 2000~2009년 미국 미드아메리카침례신학교 대학평가처장 2004~2011년 同교수 2009~2011년 同대학평가부총장 2011년 경성대 총장(현)

**송수근(宋秀根) SONG Soo Keon**

(생)1961·9·13 (출)경북 성주 (주)경기도 의왕시 계원대학로 66 계원예술대학교 총장실(031-420-1710) (학)1978년 성동고졸 1985년 고려대 영어영문학과졸 1987년 同행정학과졸 1997년 同법과대학원 법학과졸 2000년 미국 인디애나대 법학전문대학원졸 2013년 행정학박사(경희대) (경)1987년 행정고시 합격(31회) 1988년 경기도 송무계장 1991~1995년 공보처 보도과·유선방송과·광고교류과 근무 1995년 同장관 비서관 2000년 문화관광부 국립민속박물관 섭외교육과장 2001년 대통령비서실 행정관 2004년 문화관광부 문화산업국 방송광고과장 2006년 同정책홍보관리실 기획총괄담당관 2006년 同문화중심도시조성추진기획단 기획실장 2006년 同문화중심도시조성추진기획단 정책관리실장 2006년 同문화미디어국장 2007년 駐뉴욕총영사관 한국문화원장 2010년 국립중앙박물관 교육문화교류단장 2011년 문화체육관광부 홍보지원국장 2012년 국방대 파견 2013년 문화체육관광부 문화콘텐츠산업실 콘텐츠정책관 2013년 새누리당 수석전문위원 2014년 문화체육관광부 기획조정실장 2016~2017년 同제1차관 2017년 同장관 직대 2017~2018년 건국대 예술디자인대학원 초빙교수 2018~2019년 용인대 문화콘텐츠학과 교수 2018년 한중문화예술포럼 회장(현) 2019년 계원예술대 총장(현) (상)홍조근정훈장(2002) (저)'매력을 부르는 피아노'(2014, 새녘) (종)기독교

**송순섭(宋順燮) SONG Soon Seob (운산)**

(생)1939·2·3 (본)여산(礪山) (출)전남 고흥 (주)전라남도 순천시 조비길 304 판소리전수관(062-674-5885) (경)1957~1978년 공대일·김준섭·김연수·박봉술 선생께 판소리 사사 1957년 중요무형문화재 제5호 적벽가판소리 입문 1974년 한국국악협회 부산지부 부지부장·지부장 1977년 중요무형문화재 제5호 적벽가판소리 이수자 선정 1979년 미국 뉴멕시코주·LA한인친선공연 1983년 한국예술문화단체총연합회 부산지구 부회장 1983년 부산대·전남대·서울대·한국예술종합학교 강사 1987~1990년 전남도립국악단 창악부장 1989년 중요무형문화재 제5호 판소리(적벽가) 예능보유자 후보 선정 1990년 미국 미주리주·오하이오주 한인위문공연 1991년 전남대 강사 1996년 한국전통예술진흥회 광주지부장 1999년 (사)임방울국악진흥회 이사(현) 2002년 중요무형문화재 제5호 판소리(적벽가) 예능보유자 지정(현) 2002년 서울대 음악대학 국악과 강사 2003년 한국예술종합학교 전통예술원 겸임교수 2006년 광주시립국극단 단장 2006년 (사)동편제판소리보존회 이사장(현) 2010년 (재)서암문화재단 이사(현) 2013~2018년 (사)한국판소리보존회 이사장 (상)부산 눌원문화상 학예부문(1984), 전주대사습놀이 명창부 장원 대통령표창(1994), KBS 판소리부문 국악대상(1999), 광주시 문화예술상 국악상(2003), 고흥군민의상(2004), 화관문화훈장(2009), 한민족문화예술대상 국악부문(2010), 제비꽃 명창상(2011), 이승휴문화상 예술상(2016) (종)기독교

**송순호(宋淳鎬)**

(생)1970·3·5 (출)경남 합천 (주)경상남도 창원시 의창구 상남로 290 경상남도의회(055-211-7342) (학)부산남일고졸 1998년 창원대 공과대학 환경공학과졸, 同행정대학원졸 (경)창원대 총학생회 회장, 서읍의용소방대 감사, 내서읍합천향우회 총무, 내서IC문제(통행료무료화)해결을위한주민대책위원회 위원장, 마산시마을도서관만들기운동본부 내서지역본부장, 마산창원환경운동연합 운영위원, 민주노동당 마산시위원회 부위원장, 同중앙위원, 삼계초 운영위원회 부위원장 2004년 책사랑회 내서마을 도서관장, 푸른내서주민회 사무국장, 푸른마산21 추진위원, 학교급식마산연대 집행위원 2006~2010년 경남 마산시의회 의원 2010~2014·2014~2018년 경남 창원시의회 의원(민주노동당·통합진보당·무소속·더불어민주당) 2015년 同예산결산특별위원장 2016~2018년 同창원시의창구소답동제39사단부대이전및개발사업에대한행정사무조사를위한특별위원회 위원장 2017년 더불어민주당 경남도당 창원경제살리기특별위원회 부위원장 2018년 경남도의회 의원(더불어민주당)(현) 2018년 同의회운영위원회 부위원장(현) 2018년 同교육위원회 위원(현) (상)국회의장표창(2009), 제2회 매니페스토약속대상 기초지방의원부문(2010)

**송승봉(宋承奉)**

(생)1954·8·2 (주)경기도 이천시 부발읍 경충대로 2091 현대엘리베이터(주) 비서실(031-644-5114) (학)1980년 부산대 전기기계과졸 2004년 同경영대학원 경영학과졸 (경)1979~1987년 금성사 엘리베이터설계실 근무 1988~1999년 LG산전 엘리베이터설계실장 2000~2002년 LG-OTIS 설계실장(상무) 2003~2008년 OTIS엘리베이터코리아 서비스부문장(전무) 2010~2016년 티센크루프엘리베이터코리아(주) 기술총괄 전무 2017~2019년 히타치엘리베이터코리아 대표이사 2019년 현대엘리베이터(주) 제조·R&D·미래혁신부문장(부사장) 2019년 同대표이사(현)

**송승섭(宋承燮) SONG Sung Sab**

(생)1960·2·7 (본)은진(恩津) (출)대전 (주)전라북도 전주시 덕진구 사평로 25 광주고등검찰청 전주지부(062-233-2169) (학)1977년 여의도고졸 1981년 고려대 법학과졸 2006년 同법무대학원 국제경제법학과졸 2012년 법학박사(고려대) (경)1983년 사법시험 합격(25회) 1985년 사법연수원 수료(15기) 1986년 軍법무관 1989년 마산지검 검사 1991년 청주지검 충주지청 검사 1992년 수원지검 검사 1993년 대검찰청 중앙수사부 수사연구관 1995년 유엔아시아·극동범죄방지연수소 파견 1996년 서울지검 검사 1997년 대전지검 부부장검사 1998년 대구지검 부부장검사 1999년 同안동지청장 2000년 서울고검 검사 2001년 대구지검 형사2부장 2002년 대전지검 형사3부장 2002년 同형사2부장 2003년 同형사1부장 2003년 서울지검 형사5부장 2004년 서울북부지검 형사3부장 2005년 同형사1부장 2006년 의정부지검 고양지청 차장검사 2007년 창원지검 진주지청장 2008년 대전고검 검사 2010년 서울고검 검사 2010년 대통령자문 국가경쟁력강화위원회 법제도선진화단장 2013년 부산고검 검사 2014~2018년 서울고검 검사 2014년 서울중앙지검 중요경제범죄조사팀장(파견) 2015년 同중요경제범죄조사단 제1단장(파견) 2018년 광주고검 검사(현) (상)홍조근정훈장(2014) (종)기독교

**송승용(宋昇龍)**

(생)1974·6·28 (주)경기도 수원시 영통구 법조로 105 수원지방법원 총무과(031-210-1114) (학)1993년 안양고졸 1998년 서울대 사법학과졸 (경)1997년 사법시험 합격(39회) 2000년 사법연수원 수료(29기) 2000년 공군 법무관 2003년 수원지법 판사 2005년 서울중앙지법 판사 2007년 울산지법 판사 2011년 수원지법 판사 2015년 창원지법 통영지원 부장판사 2017년 수원지법 부장판사(현) 2018년 대법관후보 추천위원회 위원

**송승우(宋承祐)**

(생)1974·11·18 (출)서울 (주)경기도 수원시 영통구 법조로 105 수원지방법원 총무과(031-210-1114) (학)1993년 보성고졸 1998년 서울대 사법학과졸 (경)1998년 사법시험 합격(40회) 2001년 사법연수원 수료(30기) 2001년 軍법무관 2004년 부산지법 판사 2007년 인천지법 판사 2010년 서울북부지법 판사 2015년 서울중앙지법 판사 2016년 울산지법 부장판사 2018년 수원지법 부장판사(현)

**송승철(宋承哲) SONG Seung Chul**

(생)1957·6·11 (출)서울 (주)서울특별시 성동구 광나루로 310 한불모터스(주) 대표이사실(02-545-5665) (학)1976년 중앙고졸 1981년 연세대 경영학과졸 (경)1980~1986년 코오롱상사 외환부 근무 1986~1991년 同자동차사업부 BMW마케팅수입과장 1993~1997년 신한자동차(주) Saab 공식수입 판매원·영업마케팅총괄부장 1998년 한비테크 상무 2000년 (주)평화자동차 영업·마케팅총괄이사 2002년 한불모터스(주) 대표이사(현) 2005~2008년 한국수입자동차협회 회장

**송승호(宋丞鎬)**

(생)1964·6·2 (주)충청북도 청주시 청원구 내수읍 덕암길 10 충북보건과학대학교 총장실(043-210-8420) (학)1983년 남대전고졸 1991년 충남대 토목공학과졸 1993년 同대학원 토목공학과졸 2000년 토목공학박사(충남대) (경)2004~2005년 충북보건과학대학교 학생지원실장 2005~2010년 同기획행정처장 2007~2010년 한국전문대학기획실장협의회 부회장·충청지역회장 2007~2011년 충북보건과학대학교 대학평의원회 의장 2008~2011년 충북개발공사 비상근사외이사 2013~2016년 충북보건과학대학교 공공기숙사 유한회사 이사·관장 2015~2016년 고등직업교육평가인증원 기관평가인증제 평가위원 2016년 청주시 건축위원회 심의위원(현) 2016년 청주시 경관위원회 심의위원(현) 2017년 한국고등직업교육학회 이사(현) 2016~2019년 충북보건과학대학교 부총장 2019년 同제4대 총장(현)

**송승환(宋承桓) SONG Seung Whan**

(생)1957·1·10 (출)서울 (주)서울특별시 종로구 대학로 57 홍익대학교 대학로아트센터 11층 (주)PMC프로덕션(02-721-7600) (학)1975년 휘문고졸 1976년 한국외국어대 아랍어과 입학 1996년 同아랍어과 명예졸업 (경)1965년 한국방송공사(KBS) 아역배우 데뷔 1968년 한국방송공사(KBS) TV '똘똘이의 모험'으로 연예계 데뷔 1977~1988년 극단 '76극장' 단원 1989~1995년 환퍼포먼스 대표 1996~2012년 (주)PMC프로덕션 창립·대표이사 2000년 국내최초 '난타' 전용 상설극장 개관 2000년 국내최초 '문화산업 벤처기업' 인증 2001년 명지대 문화예술대학원 겸임교수 2004년 벤처기업협회 부회장 2005~2010년 명지대 영화뮤지컬학부 부교수 2006~2011년 한국뮤지컬협회 부이사장 2010~2018년 성신여대 융합문화예술대학 문화예술경영학과 교수 2010~2012년 同융합문화예술대학장 2011~2012년 한국뮤지컬협회 이사장 2011년 전국체육대회 개·폐회식 총감독 2012년 (주)PMC프로덕션 예술감독(현) 2012년 2014인천아시아경기대회 개·폐회식 자문위원 2012년 한국콘텐츠진흥원 비상임이사 2012~2015년 삼성카드(주) 사외이사 2013~2015년 대통령소속 문화융성위원회 위원 2015년 (재)세종문화회관 이사 2015~2018년 2018 평창동계올림픽 개·폐회식 총감독 2015~2017년 대통령직속 국민경제자문회의 혁신경제분과 자문위원 2016년 예술경영지원센터 비상임이사(현) 2017년 한국전기공사협회 홍보대사(현) 2019년 성균관대 문화예술미디어융합원 원장(현) (상)동아연극상 특별상(1968), 백상연기대상 남자연기상(1982), 서울연극제 남자연기상(1994), 동아연극상 작품상(1998), 한국뮤지컬대상 특별상(1998), 올해의 예술상(2005), 타워상(2006), 한국CEO그랑프리 문화CEO상(2006), 제13회 한국뮤지컬대상 프로듀서상(2007), 서울시문화상 연극부문(2007), 대한민국 문화예술상(2008), 외대를 빛낸 동문상(2009), 보관문화훈장(2012) (저)'세계를 난타한 남자' (작)영화 '주고 싶은 마음'(1976) '꿈나무'(1978) '오빠하고 나하고'(1978) '가시를 삼킨 장미'(1979) '춘자는 못말려'(1980) '색깔있는 여자'(1981) '갈채'(1982) '내 인생은 나의 것'(1983) '스물하나의 비망록'(1983) '연인들의 이야기'(1983) '가고파'(1984) '나도 몰래 어느새'(1984) '낮과 밤'(1984) '젊은 시계탑'(1984) '랏슈'(1989) '홀로 서는 그날에'(1990) '달은...해가 꾸는 꿈'(1992), TV SHOW 'KBS 젊음의 행진'(1980) 'KBS 100분쇼'(1981) 'KBS 가요톱텐'(1981) 'KBS 쇼특급'(1989) 'MBC 장학퀴즈'(1993) 'MBC 한밤의 데이트'(1994) 'HBS 연예특급'(1995) 'EBS 문화산책'(2007) 'KBS 두드림쇼'(2011) 'MBC 댄싱 위드 더 스타2' (2012), RADIO DJ 'KBS 별들의 합창'(1981) 'KBS 밤을 잊은 그대에게'(1981) 'KBS 송승환의 음악앨범'(1992) 'SBS 안녕하세요, 강부자 송승환입니다'(1997) 'KBS 송승환의 문화읽기'(2001) 'MBC 여성시대'(2004), TV 드라마 'KBS 똘똘이의 모험'(1969) 'KBS 얄개전'(1969) 'TBC 아씨'(1970) 'MBC 사돈댁'(1970) 'KBS 여로'(1972) 'KBS 행복의 문'(1977) 'TBC 딸'(1980) 'KBS 한강'(1981) 'MBC 사랑합시다'(1981) 'KBS 어떤 여름방학'(1982) 'KBS 봉순이의 하늘'(1983) 'MBC 다녀왔습니다'(1983) 'KBS 불타는 바다'(1984) 'KBS 세노야'(1989) 'MBC 거인'(1989) 'MBC 대원군'(1990) 'MBC 고개숙인 남자'(1991) 'KBS 저린 손 끝'(1991) 'MBC 분노의 왕국'(1992) 'MBC 두 자매'(1992) 'MBC 창밖에는 태양이 빛났다'(1992) 'KBS 사랑은 못말려'(1993) 'SBS 댁의 남편은 어떻습니까'(1993) 'KBS 목욕탕집 남자들'(1995) 'KBS 유혹'(1996) 'MBC 아줌마'(2000) 'KBS 내사랑 누굴까'(2002) 'MBC 아일랜드'(2004) 'MBC 내 마음이 들리니'(2011) 'JTBC 무자식 상팔자'(2012) '채널A 스타패밀리송'(2013) 'KBS2 부탁해요, 엄마'(2015) 'SBS 그래, 그런거야'(2016), 연극 '학마을 사람들' '관객모독' '고도를 기다리며' '에쿠우스' '미국에 산다' '유리동물원' '아마데우스' '밤으로의 긴 여로' '갈매기' '로미오와 줄리엣' '사의 찬미' '너에게 나를 보낸다' '영원한 제국' '아트' '갈매기', 제작작품 'LUV' '우리집 식구는 아무도 못말려' '고래사냥' '남자충동' '난타' '달고나' '벽속의 요정' '대장금' '젊음의 행진' '형제는 용감했다' '금발이 너무해' '뮤직 인 마이 하트' '뮤직쇼 웨딩' (종)기독교

**송승환(宋承煥) SONG Seung Hwan**

(생)1960·2·4 (주)부산광역시 사상구 주례로 47 동서대학교 신소재화학공학과(051-313-2001) (학)1986년 부산대 화학과졸 1988년 同대학원 화학과졸 1991년 화학박사(부산대) (경)1989~1990년 부산공업대학 강사 1991~1992년 부산대 기초과학연구소 연구원 1991~1992년 제주대 강사 1992년 동서대 응용공학부 화학공학전공 교수 2009~2018년 同에너지생명공학부 에너지환경공학전공 교수, 同기획실장 2000년 同기획연구처장 2003년 同산학연구지원처장 2008년 同기획연구처장 2015~2016년 同제2부총장 2016년 同경영부총장 2018년 신소재화학공학과 교수(현) (저)'일반화학실험'(共) '기초일반화학'(1998)

**송승훈(宋昇勳)**

(생)1967·1·3 (출)서울 (주)인천광역시 미추홀구 소성로163번길 17 인천지방법원 총무과(032-860-1169) (학)1986년 양정고졸 1991년 연세대 경영학과졸, 同대학원 법학과 수료 (경)1998년 사법시험 합격(40회) 2001년 사법연수원 수료(30기) 2002년 법무법인 다인 변호사 2006년 광주지법 판사 2010년 전주지법 정읍지원 판사 2012년 광주고법 판사 2014년 광주지법 판사 2015년 인천지법 부천지원 판사 2016년 춘천지법 부장판사 2018년 인천지법 부장판사(현)

**송시영(宋始英) SONG Si Young**

(생)1958·2·12 (본)여산(礪山) (출)서울 (주)서울특별시 서대문구 연세로 50-1 세브란스병원 소화기내과(02-2228-1957) (학)1983년 연세대 의대졸 1989년 同대학원 의학석사 1993년 의학박사(연세대) 1998년 세포생물학박사(미국 밴더빌트대) (경)1983~1986년 군복무 1986~1987년 연세의료원 인턴 1987~1990년 同수련의 1990~1993년 연세대 의대 내과학교실(소화기내과) 강사 1993~2005년 同조교수·부교수 1996~1998년 미국 밴더빌트대 암센터(세포생물학) 연구조교

ㅅ

수 2003년 세계 최소형 최고기능 캡슐형 내시경 '미로(MIRO)' 개발 참여 2004년 磁性으로 암세포를 추적하는 '항암 나노캡슐' 개발 2005년 연세대 의과대학 내과학교실(소화기내과) 교수(현) 2007년 대한소화기항암학회 창립회장 2008~2010년 건강보험심사평가원 암질환심의위원회 위원 2009~2011년 한국산업기술평가관리원 사외이사 2009년 세브란스병원 췌장·담도암전문클리닉 팀장 2010년 연세의료원 의과학연구처장 겸 산학협력단장 2010년 첨단의료복합단지위원회 위원 2010년 세브란스병원 의료기기평가연구센터장 2010년 연세대 의대 의생명과학부 교수 겸임 2011년 同기술지주회사 이사 2012년 同바이오헬스융복합연구원 추진위원장 2013년 대한민국의학한림원 정회원 2013년 세브란스병원 소화기내과장 2013~2014년 식품의약품안전처 외래전문가참여심사제 외래전문가 2013년 보건복지부 미래의료원정대 자문위원 2013년 同연구중심병원협의체 국제협력분과위원장 2013년 산업통상자원부 바이오육성전략수립(의약분과) 외부전문가 2013년 미래창조과학부 사회문제해결형R&D기획위원회 민간위원 2013~2017년 보건복지부 보건의료기술정책심의위원회 전문위원회 기획전문위원 2013~2017년 대한소화기암학회 이사장 2013~2017년 한국미래연구원 국회퓨처라이프포럼 자문위원 2013~2014년 보건복지가족부 연구중심병원 육성사업기획위원장 2014~2015년 대한의용생체공학회 수석부회장 2014년 보건복지부 국제보건의료기술교류협의회 R&D국제기술협력위원장 2014년 미래창조과학부 KAIST융합의과학원 설립추진위원 2014~2017년 국무조정실 국정과제자문단(창조경제2) 위원 2014~2017년 보건복지부 보건의료정책자체평가위원회 위원 2014년 식품의약품안전처 의료기기 외부전문가 2015년 대한의용생체공학회 회장 2015~2016년 연세대 의대 소화기병연구소장 2015~2018년 한국보건산업진흥원 비상임이사 2015년 한국보건산업진흥원 R&D전략위원 2015~2017년 오송첨단의료산업진흥재단 첨단의료기기개발지원센터 첨단의료기기개발전략위원회 위원 2015~2018년 연세의료원 의과학연구처 산학융복합의료센터 소장 2016~2018년 보건복지부 자체평가위원회 위원 2016년 同통합재정사업 통합평가(R&D부문)R&D자체평가위원회 총괄위원장 2016년 同디지털헬스케어 해외진출협의체 전문가 2016~2018년 연세대 의과대학장 및 의학전문대학원장 2016~2018년 대구경북첨단의료산업진흥재단 첨단의료기기개발지원센터 전략기획위원회의 전략기획분과 기획위원 2016~2017년 미래창조과학부 제3차 생명공학육성기본계획 기획위원 2016년 한국과학기술단체총연합회 국가발전포럼 4기 과학기술계(의료계 대표) 회원 2016~2018년 한국의과대학·의학전문대학원협회 상임이사(연구이사) 2017~2018년 대한췌담도학회 회장 2017년 보건복지부 보건의료기술정책심의위원회 위원장(현) 2018년 대통령소속 4기 국가지식재산위원회 민간위원(현) 2018년 한-스위스 Lift Science Initiative Advisory Committee 위원장(현) (상)World Congress of Gastroenterology 'Young Investigator Award'(1994), 미국 소화기연관학회 Outstanding Poster Prize(1998·1999·2002·2004·2007·2008), 연세대 의대 최우수교수상(연구)(2001), 연세의료원 최우수임상교수상(2003), 연세대 연구업적 우수교수상(2005·2007·2010), 'Gut and Liver' 우수논문 공로상(2012), 연세대 우수연구실적표창(2013), 보건의료기술진흥유공 보건복지부장관표창(2013), 홍조근정훈장(2018) (저)'췌장암가이드북'(2007) (종)기독교

**송시헌(宋時憲) SONG Si Hun**

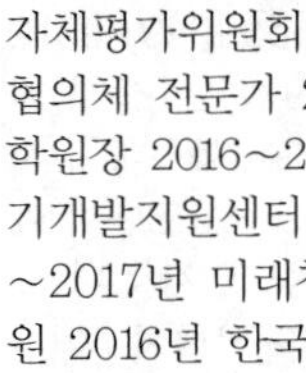

(생)1953·5·31 (출)대전 (주)대전광역시 대덕구 대청로82번길 147 대전보훈병원 원장실(042-939-0101) (학)1978년 대전고졸 1978년 충남대 의예과졸 1980년 同대학원 의예과졸 1988년 의학박사(충남대) (경)1978~1979년 충남대병원 인턴 1979~1983년 同레지던트 1986~2018년 충남대 의대 신경외과학교실 전임강사·조교수·부교수·교수 1990~1991년 미국 Univ. of Southern California 의대 및 LA 소아병원 소아신경외과 객원연구원 1993~1995년 충남대병원 진료비심사실장 1996~1998년 同진료차장 1999~2000년 충남대 의대 의학과장 1999~2002년 대한신경외과학회 고시위원회 위원 1999~2003년 충남대병원 신경외과 과장 2001~2005년 충남대 의대 신경외과학교실 주임교수 2001~2004년 충남대병원 기획조정실장 2002~2004년 대한신경외과학회 교과서편찬위원회 위원 2002~2004년 대한소아신경외과학회 회장 2004~2009년 제15차 세계신경외과학회 한국유치단 재무부위원장 2005~2006년 대한신경외과학회 학술위원 2005년 충남대총동창회 이사 2006~2012년 대전지법 민사조정위원 2006~2007년 충남대병원 진료처장·외국인진료센터장 2006~2012년 대한신경외과학회 학술지심사위원·특별상임이사 2006년 대한뇌종양학회 진료심의위원장 2007년 건강보험심사평가원 진료심사평가위원(대전지원) 2007년 대전중부경찰서 보안협력위원회 위원 2007~2013년 대한병원협회 이사 2007~2011년 대전·충남병원회 회장 2007~2013년 대전충남원스톱지원센터 운영위원장 2007~2008년 대전메디칼포럼 회장 2007~2013년 충남대병원장 2008~2011년 대전지역종합병원장협의회 회장 2008~2012년 대전고법 조정위원 2009~2012년 대전시 서부교육청 지방공무원인사위원 2009년 CMB대전방송 시청자위원장(현) 2010~2012년 대전일보 독자권익위원회 위원 2010~2013년 TJB대전방송 문화재단 이사 2011~2017년 대전시선거관리위원회 위원, 충남대총동창회 운영부회장(현) 2018년 대전보훈병원장(현)

**송시화(宋時和) SONG SI HWA**

(생)1969·5·15 (본)여산(礪山) (출)충남 (주)세종특별자치시 도움6로 11 국토교통부 철도운행안전과(044-201-4611) (학)1988년 충남 서령고졸 1995년 고려대 건축공학과졸 2002년 네덜란드 델프트공과대 도시계획과 수료 (경)2007년 건설교통부 복합도시기획팀 기술서기관 2009년 국토해양부 국토해양인재개발원 기획과장 2011년 駐이란 1등서기관 2015년 국토교통부 동서남해안및내륙권발전기획단 기획총괄과장 2016년 同녹색건축과장 2018년 同철도운행안전과장(현) (상)국무총리표창(2001), 대통령표창(2005)

**송아량(宋我良)**

(생)1978·6·15 (주)서울특별시 중구 세종대로 125 서울특별시의회(02-3702-1400) (학)한성대 대학원 행정학 박사과정 중 (경)더불어민주당 전국청년위원회 부위원장, 서울시 청년자문관(현) 2018년 더불어민주당 서울시당 청년위원회 부위원장(현) 2018년 서울시의회 의원(더불어민주당)(현) 2018년 同교통위원회 위원(현) 2018년 同정책위원회 위원(현) 2018년 同청년 특별위원회 위원(현) 2019년 同체육단체 비위근절을 위한 행정사무조사 특별위원회 위원(현) 2019년 同예산결산특별위원회 위원(현) 2019년 同윤리특별위원회 위원(현)

**송양헌(宋良憲) SONG Yang-Heon**

(생)1959·11·19 (본)은진(恩津) (주)대전광역시 서구 도안북로 88 목원대학교 테크노과학대학 생의약화장품학부(042-829-7562) (학)이학박사(연세대) (경)미국 하버드대 박사 후 연구원, 미국 오리건대 교환교수, 미국화학회·미국의약학회·대한화학회 정회원(현), 목원대 테크노과학대학 생의약화장품학부 생의약화학전공 교수(현) 2005~2008년 한국·캐나다 뇌경색치료제개발 국제공동연구 책임과학자 2007~2009년 한국·캐나다 포브스메디제약 신약개발국제공동연구 책임과학자 2007~2009년 同테크노과학대학장 2010~2015년 한국연구재단 헤테로고리시스템연구 책임과학자 2011년 국제학술지 'Heterocyclic Letters' 편집위원(현) 2011~2012년 LG생명과학(주) 신약공동연구 책임과학자 (상)목원대 최우수연구자상(2010·2011), Marquis Who's who 평생공로상(2017) (역)'인생 최대의 질문'(1996) '유기화학'(2010)

**송언석(宋彦錫) SONG Eon Seok**

생1963·5·16 출경북 김천 주서울특별시 영등포구 의사당대로 1 국회 의원회관 427호(02-784-3011) 학1982년 경북고졸 1986년 서울대 법과대학 법학과졸, 미국 뉴욕주립대 대학원 경제학과졸 2000년 서울대 대학원 행정학과졸 2001년 경제학박사(미국 뉴욕주립대) 경1985년 행정고시 합격(29회) 2000년 기획예산처 서기관(미국 뉴욕주 버펄로시 파견), 同재정1팀장 2003년 同건설교통예산과장 2005년 同균형발전정책팀장(부이사관) 2006년 同재정정책과장 2007년 대통령자문 국민경제자문회의 대외산업국장 2007년 국제부흥개발은행(IBRD) 파견 2010년 기획재정부 예산실 행정예산심의관 2011년 소방방재청 소방산업진흥정책심의위원회 위원 2012년 기획재정부 예산실 경제예산심의관 2012년 한국해양과학기술원 당연직이사 2013년 기획재정부 예산실 예산총괄심의관 2014년 同예산실장 2015~2017년 同제2차관 2018년 자유한국당 경북김천시당원협의회 운영위원장(현) 2018년 제20대 국회의원(경북 김천시 재보궐선거 당선, 자유한국당)(현) 2018년 국회 행정안전위원회 위원 2018년 국회 예산결산특별위원회 위원(현) 2018년 국회 운영위원회 위원(현) 2018년 자유한국당 원내부대표(현) 2019년 同전당대회준비위원회 위원 2019년 국회 국토교통위원회 위원(현) 2019년 자유한국당 여의도연구원 제1부원장(현)

**송연규(宋然奎) Song Yeongyu**

생1966·2·20 출충남 당진 주광주광역시 동구 준법로 7-12 광주지방검찰청 중요경제범죄조사단(062-227-2096) 학1984년 인천 대건고졸 1988년 서울대 국제경제학과졸 경1996년 사법시험 합격(38회) 1999년 사법연수원 수료(28기) 1999년 대전지검 검사 2001년 대구지검 안동지청 검사 2002년 인천지검 검사 2004년 의정부지검 검사 2006년 서울동부지검 검사 2010년 광주지검 검사 2010년 헌법재판소 파견 2011년 광주지검 부부장검사 2012년 서울중앙지검 부부장검사 2013년 광주지검 순천지청 부장검사 2014년 대구지검 강력부장 2015년 서울서부지검 공판부장 2016년 의정부지검 고양지청 부장검사 2017년 의정부지검 형사2부장 2018년 부산지검 인권감독관 2019년 광주지검 중요경제범죄조사단 부장(현)

**송영길(宋永吉) Song Young Gil (黃海)**

생1963·3·21 본여산(礪山) 출전남 고흥 주서울특별시 영등포구 의사당대로 1 국회 의원회관 818호(02-784-8957) 학1981년 광주 대동고졸 1988년 연세대 경영학과졸 2005년 한국방송통신대 중어중문학과졸 2013년 同일본학과졸 경1982년 연세대 학보지 '연세춘추' 기자 1984년 同총학생회장 1985년 대우자동차 르망공장 건설현장 근무 1991년 전국택시노동조합 인천시지부 사무국장 1994년 사법시험 합격(36회) 1995년 인천지검 검사시보·인천지법 판사시보 1997년 변호사 개업 1997년 민주화를위한변호사모임 회원 1997년 전국민주택시노동조합연맹·인천개인택시사업조합 고문변호사 1998년 i-TV·YTN 생활법률코너 상담변호사 1998년 인하대 강사 1998년 국민회의 인천시지부 정책실장 겸 고문변호사 1999년 한국통신 노동조합 고문변호사 2000~2004년 제16대 국회의원(인천시 계양구, 새천년민주당·열린우리당) 2001년 새천년민주당 노동특별위원장 2002년 同원내부총무 2002년 同노무현 대통령후보 선대위원회 노동위원장 2002년 국민참여운동본부 부본부장 2003년 열린우리당 시민사회위원장 2004년 제17대 국회의원(인천시 계양구乙, 열린우리당·대통합민주신당·통합민주당) 2004년 열린우리당 전자정당위원장 2004년 한·일의원연맹 21세기위원장 2004년 민족정기를세우는국회의원모임 부회장 2004년 한·불의원친선협회 회장 2004년 열린우리당 '국가발전을 위한 새로운 모색' 공동대표 2006년 同정책위원회 수석부의장 2007년 同사무부총장 2007~2010년 국회 시장경제와사회안전망포럼 공동대표 2008~2010년 제18대 국회의원(인천시 계양구乙, 통합민주당·민주당) 2008~2010년 민주당 최고위원 2008~2010년 한·일의원연맹 법적지위위원회 위원장 2008~2010년 한·말레이시아의원친선협회 회장 2008~2010년 국회 보건복지가족위원회 위원 2008~2010년 국회 정보위원회 위원 2010~2014년 인천광역시장(민주당·민주통합당·민주당·새정치민주연합) 2010~2014년 대한적십자사 인천지사 명예회장 2010~2014년 인천사회복지공동모금회 명예회장 2011년 전국시도지사협의회 감사 2013년 '2014 인천장애인아시아경기대회조직위원회' 집행위원장 2015년 새정치민주연합 국정자문회의 자문위원, (사)먹고사는문제연구소 이사장 2016년 제20대 국회의원(인천시 계양구乙, 더불어민주당)(현) 2016~2018년 국회 기획재정위원회 위원 2017년 더불어민주당 제19대 문재인 대통령후보 중앙선거대책본부 총괄본부장 2017년 문재인 대통령 러시아 특사 2017~2018년 대통령직속 북방경제협력위원회 초대 위원장(부총리급) 2018년 국회 외교통일위원회 위원(현) 2018년 더불어민주당 동북아평화협력특별위원회 위원장(현) 2019년 대통령직속 북방경제협력위원회 특별고문(현) 상러시아 최고훈장 '드루쥐비훈장(평화우호훈장)', 프랑스 최고훈장 '레종 도뇌르 슈발리에章'(2007), 자랑스런 연세상경인상 사회·봉사부문(2010), 아시아생물공학연합체(AFOB) 공로상(2011), 한국VE협회 제21회 대한민국VE컨퍼런스 최고 경영자상(2013), 한반도 통일공헌대상 경제산업부문(2017) 저'그래, 황소처럼 이 길을 가는거야'(2003) '벽을 문으로-송영길, 새로운 도전과 비전'(2009, 중앙북스) '룰을 지배하라'(2013, 중앙북스) '경제수도 인천 미래보고서'(2014, 시륜) '송영길의 누구나 집 프로젝트'(2015, 미래플러스미디어) 작'군사법원 제도개선 방안'(2000) '8.15 방북의 진실과 독일통일의 교훈'(2001) '성전환자의 인격과 호적정정'(2001) '이라크에 보내는 편지'(2003) 종천주교

**송영만(宋永萬) SONG Young Man**

생1957·9·14 본은진(恩津) 출경기 오산 주경기도 수원시 팔달구 효원로 1 경기도의회(031-8008-7000) 학경기 오산고졸 2008년 한경대 토목학과졸, 한경대 국제개발협력대학원 국제경영학 석사과정 중 경일산건설(주) 대표이사, 대한전문건설협회 경기도회 오산시협의회장 2000~2001년 국제로타리3750지구 오산중앙로타리클럽 회장, 대한적십자사 오산매홀봉사회장, 경기 오산시 중앙동 주민자치위원, 同무상급식실현운동본부 공동대표, 오산시중앙동체육진흥회 회장 2006년 경기도의원선거 출마(열린우리당) 2010년 경기도의회 의원(민주당·민주통합당·민주당·새정치민주연합) 2010년 同간행물편찬위원회 위원장 2012년 同도시환경위원회 위원, 오산시 사회복지시설 '늘푸름' 운영위원장 2014~2018년 경기도의회 의원(새정치민주연합·더불어민주당) 2014~2016년 同건설교통위원회 위원장 2015년 同평택항발전추진특별위원회 위원 2015년 同장기미집행도시공원특별위원회 위원 2016~2018년 同보건복지위원회 위원, 더불어민주당 교통환경개선위원회 부위원장(현), 同오산시 수석부위원장(현) 2018년 경기도의회 의원(더불어민주당)(현) 종불교

**송영무(宋永武) SONG Young Moo (格甫)**

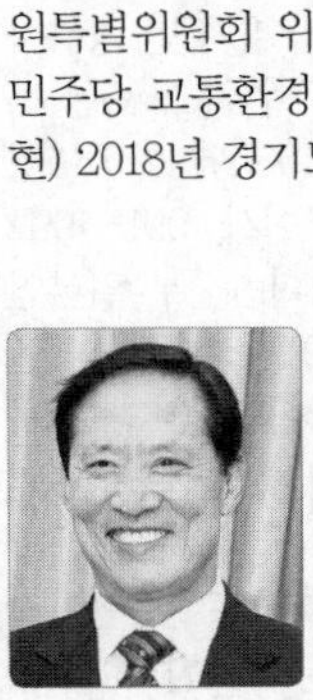

생1949·2·24 본은진(恩津) 출충남 논산 주서울특별시 영등포구 국회대로68길 7 더불어민주당 일본경제침략대책특별위원회(1577-7667) 학1969년 대전고졸 1973년 해군사관학교졸(27기) 1983년 미국 육군 사업관리과정 수료 1984년 경남대 경영대학원 경영학과졸 1985년 해군대학졸 1987년 미국 상륙전고급반과정 수료 1997년 국방대학원 안보과정 수료 2006년 고려대 경영대학원 최고경영자과정 수료 경1973년 소위 임관 1992년 청주함장(호위함 FF-961) 1993년 합동참모본부 해상작전과장 1997년 同시험평가부장(준장) 1999년 제2함대 2전투전단장 2000년 제1함대 사령관(소장) 2002년 해군본부 조함단장 2003년 同기획관리참모부장 2005년 합동참모본부 인사군수본부장(중장) 2005년 同전략기획본부장(중장) 2006~2008년 해군 참모총장(대장) 2009~2011년 법무법인 율촌 고문 2012년 담쟁이포럼 창립멤버 2012년 국가

인권위원회 정책자문위원 2013~2017년 건양대 군사학과 석좌교수 2015년 새정치민주연합 국방안보연구소장 2017년 더불어민주당 제19대 문재인 대통령후보 중앙선거대책위원회 국방안보위원회 공동위원장 2017~2018년 국방부 장관 2019년 더불어민주당 일본경제침략대책특별위원회 위원(현) (상)대통령표창(1980), 국무총리표창(1988), 충무무공훈장(1999), 보국훈장 천수장(2004), 터키해군 최고훈장(2008), 보국훈장 통일장(2008), 미국해군 명예훈장(2008) (종)천주교

### 송영배(宋榮培) SONG Young Bae (宜山)

(생)1944·2·10 (본)여산(礪山) (출)경기 수원 (주)서울특별시 관악구 관악로 1 서울대학교 철학과(02-880-6218) (학)1962년 국립교통고졸 1967년 서울대 철학과졸 1969년 同대학원졸 1972년 대만 국립대만대 대학원 철학과졸 1982년 철학박사(독일 프랑크푸르트대) (경)1982~1988년 한신대 철학과 조교수·부교수 1988~1997년 서울대 철학과 조교수·부교수 1992~1994년 同규장각 자료연구부장 1996~1998년 同철학과장·철학연구회 부회장 1997~2009년 同철학과 교수 1998~2000년 한국동양철학연구회 부회장 2004년 한국동양철학회 회장 2006년 同명예회장 2009년 서울대 철학과 명예교수(현) 2015년 한국동양철학회 고문(현) (저)'중국사회사상사' '대화의 철학'(共) '제자백가의 사상'(1997, 현음사) (역)'공자의 철학' '천주실의 역주'(共) (종)천주교

### 송영석(宋瑛錫) SONG YOUNG SUK

(생)1952·2·7 (주)서울특별시 마포구 잔다리로 30 해냄빌딩5,6층 (주)해냄출판사(02-326-1600) (학)1981년 건국대 철학과졸 1987년 同대학원 철학 석사과정 수료 2002년 중앙대 대학원 신문방송학과졸 (경)1988년 (주)해냄출판사 대표이사(현) 1996~2002년 대한출판문화협회 상무이사 1999~2002년 한국출판협동조합 이사 2001년 한국출판인회의 이사(현) 2002년 대한출판문화협회 이사(현) 2003~2005년 한국출판아카데미 원장 2005년 해냄에듀 대표이사(현) (상)산업자원부장관표창(2002), 제23회 한국출판학회상(2003), 중앙언론문화상 출판부문(2004), 국무총리표창(2004), 한국출판인회의 올해의 출판인 공로상(2005), 대통령표창(2008), 보관문화훈장(2017)

### 송영선(宋永仙·女) SONG Young Sun

(생)1953·8·9 (본)은진(恩津) (출)경북 경산 (주)서울특별시 영등포구 의사당대로 1 대한민국헌정회(02-757-6612) (학)1971년 경북여고졸 1975년 경북대 영어교육학과졸 1981년 미국 하와이대 대학원 매스컴학과졸 1984년 국제정치학박사(미국 하와이대) (경)1972년 경북대총학생회 여학생회장 1975년 경북사대부속중 영어교사 1985년 한국국방연구원 책임연구위원 1985년 서강대·고려대·이화여대·한국외국어대 대학원 강사 1989년 한국여성정치문화연구소 이사 1990년 한국국제정치학회 연구이사 1991~1992년 한국국방연구원 국방정책실장 1992년 同정책기획연구부 일본연구실장 1993년 국방정책 전문해설위원 2003~2004년 한국국방연구원 안보전략연구센터장 2004~2008년 제17대 국회의원(비례대표, 한나라당) 2004년 한나라당 여성위원장 2006년 同제2정책조정위원장 2008년 친박연대 대변인 2008~2012년 제18대 국회의원(비례대표, 친박연대·미래희망연대·새누리당) 2008년 북한자유이주민인권을위한국제의원연맹 사무총장 2008년 한·일의원연맹 회원 2009년 경북대 겸임교수 2010년 안보방재포럼 대표 2010~2012년 국회 국방위원회 위원 2012년 제19대 국회의원선거 출마(경기 남양주甲, 새누리당) 2015년 대한민국헌정회 여성위원회 부위원장, 同정책연구위원회 부의장 2019년 同위원(현) (상)문교부장관표창, 국방부장관표창, 한국국방연구원 최우수연구상, 국제적십자사 봉사상, 유엔 어린이의 해 봉사상 (저)'동북아 평화체제구상과 전망' '일본의 군사력평가와 전망' '일·미·한 안전보장협력' '한국과 유엔평화유지 활동' '일본군사력 증강과 법적·제도적 정비' '유사시 일본의 대미지원에 관한 연구'

### 송영수(宋英洙) SONG Young Soo

(생)1948·1·6 (본)홍주(洪州) (출)광주 (주)전라남도 광양시 태인4길 30 서강기업(주)(061-798-0600) (학)고려대 경영학과졸 1975년 同대학원 경영학과졸 (경)전남도육상경기연맹 부회장, 여수시육상협회 회장, 순천여고 육성회장 2001년 서강기업(주) 대표이사(현) 2006~2012년 순천광양상공회의소 회장 2006년 법무부 법사랑위원전국연합회 부회장(현) 2007~2010년 전남사회복지공동모금회 회장 2012~2015년 순천상공회의소 회장 2013~2015년 민주평통 전남지역 부의장 2013년 순천만국제정원박람회조직위원회 위원장 2015~2019년 (재)자녀안심하고학교보내기운동국민재단 이사장 (상)국무총리표창, 법무부장관표창, 순천시민의 상(2010)

### 송영수(宋永洙) SONG Young Soo

(생)1960·11·11 (출)서울 (주)서울특별시 성동구 왕십리로 222 한양대학교 교육공학과(02-2220-2744) (학)배문고졸 1982년 중앙대 교육학과졸 1997년 미국 플로리다주립대 대학원 교육공학과졸 1999년 교육공학박사(미국 플로리다주립대) (경)1991년 삼성종합연수원 교육기획과장 1998년 삼성인력개발원 기획개발파트 차장·부장 1999년 同HRD컨설팅팀장, 한국인력개발학회 이사(현) 2003년 삼성인력개발원 리더십팀장(상무보) 2006년 同컨설팅팀장(상무) 2006년 한양대 사범대학 교육공학과 교수(현) 2006·2008·2009·2010년 同리더십센터장 2007년 한국산업교육학회 회장 2009년 미국 세계인명사전 'Marquis Who's Who in the World 2010년판'에 등재 2010년 한국교육공학회 이사 2010년 대한리더십학회 회장, 한국기업교육학회 부회장 2014년 한양대 한양인재개발원장 2016년 同인성교육센터장 2016년 同리더십교육센터장(현) (상)한양대 Best Teacher Award(2008·2009) (저)'True Color(編)'(2006) '리더웨이'(2007) '인아웃코칭'(2011) (종)기독교

### 송영승(宋永勝)

(생)1974·6·12 (출)서울 (주)서울특별시 서초구 서초중앙로 157 서울고등법원(02-530-1114) (학)1993년 서울 동북고졸 1998년 서울대 경영학과졸 (경)1999년 사법시험 합격(41회) 2002년 사법연수원 수료(31기) 2002년 육군 법무관 2005년 인천지법 판사 2007년 서울중앙지법 판사 2009년 울산지법 판사 2009년 舊유고슬라비아국제형사재판소(ICTY) 파견 2009년 춘천지법 강릉지원 판사 2013년 수원지법 판사 2015년 대법원 재판연구관 2017년 울산지법 부장판사 2019년 서울고법 판사(현)

### 송영오(宋永吾) Song Young-oh

(생)1948·8·22 (본)은진(恩津) (출)전남 나주 (주)서울특별시 영등포구 국회대로68길 7 더불어민주당 외교안보통일자문회의(1577-7667) (학)1970년 서울대 문리대학 독어독문학과졸 1991년 미국 하버드대 국제문제연구소 연수 (경)1971년 외무고시 합격(4회) 1971년 외무부 입부 1974~1978년 駐오스트리아 3등서기관·駐시에라리온 2등서기관 겸 영사 1980년 외무부 여권과장 1981년 駐유엔대표부 1등서기관 1984년 외무부 서구2과장 1987년 駐태국 참사관 1992년 駐호주 공사 1993년 외무부 외교정책심의관 1993년 남북고위급회담 군사분과위원회 위원 1995년 駐독일 공사 1997년 외무부 아프리카중동국장 1998년 외교통상부 아프리카중동국장 1999년 駐스리랑카 대사 2001년 외교통상부 의전장 2002~2004년 駐이탈리아 대사 2005년 외교통상부 본부대사 2006~2009년 전남대 대학원 초빙교수 2008년 창조한국당 최고위원 2009~2010년 同대표 권한대행 2012년 민주통합당 상임고문 2012년 同국제위원장 겸임 2013년 민주당 상임고문 2014년 새정치민주연합 상임고문 2015~2016년 더불어민주당 상임고문 2018년 (사)대한기자협회 상임고문(현) 2019년 더불어민주당 외교안보통일

자문회의 위원(현) (상)이탈리아정부 최고대십자기사훈장(Cavaliere di Gran Croce)(2006), 에콰도르정부 대십자훈장, 황조근정훈장 (저)'사랑과 명예'(2012) '대사의 정치'(2014) (종)기독교

## 송영완(宋永完) Song Young-wan

(생)1957·11·8 (주)서울특별시 중구 세종대로9길 42 부영빌딩 13층 해외건설협회(02-3406-1002) (학)1980년 서울대 언어학과졸 1985년 프랑스 국제행정대학원(IIAP)졸 (경)1980년 외무고시 합격(14회) 1986년 駐유엔 2등서기관 1992년 駐불가리아 참사관 1995년 駐구주연합 1등서기관 1998년 외교통상부 국제연합경제과장 1999년 同국제연합과장 2000년 駐이집트 공사참사관 2005년 駐유엔대표부 공사 2006년 외교통상부 외교정책실 국제기구국장 2008년 미국 조지타운대 외교연구소 파견 2009년 유엔 대북제재위원회 파견 2011년 駐시애틀 총영사 2014년 駐오스트리아 대사 2014년 駐빈국제기구대표부 대사 겸임 2017년 외교부 본부대사 2017년 해외건설협회 부회장(현)

## 송영욱(宋永旭) SONG Yeong Wook

(생)1956·2·13 (본)은진(恩津) (출)대전 (주)서울특별시 종로구 대학로 101 서울대학교병원 내과(02-2072-2234) (학)1974년 대전고졸 1980년 서울대 의대졸 1984년 同대학원 의학석사 1990년 의학박사(서울대) (경)1980~1984년 서울대병원 인턴·전공의 1987년 同전임의 1988~2000년 서울대 의대 내과학교실 전임강사·조교수·부교수 1990~1992년 미국 UCLA 메디컬센터 Clinical Fellow in Rheumatology 1996년 同메디컬센터 연수 2000년 영국 Guys and St. Thomas Hospital 연수 2000년 서울대 의대 내과학교실 교수(현) 2001~2005년 대한류마티스학회 총무 2001~2010년 서울대병원 류마티스내과 분과장 2004~2007년 대한류마티스연구회 회장 2004~2007년 대한내과학회 류마티스분과 관리위원장 2005~2007년 동아시아류마티스학회 회장 2010~2012년 대한류마티스학회 이사장 2010~2013년 대한내과학회 보험이사 2012년 대한민국의학한림원 정회원(현) 2013~2016년 대한내과학회 부이사장 겸 노년내과위원장 2013~2017년 대한베체트병학회 회장 2014~2016년 대한류마티스학회 회장 2014~2016년 아시아태평양류마티스학회 학술위원장 (상)Ellis Dressner Award, 대한류마티스학회 학술상(1992), 젊은연구자상(1999), 송촌 지석영 의학상(2000), Seoul National University Hospital Academic Award(2008) (저)'노인의학(共)'(1997) '면역학(共)'(2000) '가정의학(共)'(2001) '인간생명과학개론(共)'(2005) '관절염119'(2005) '피부경화증'(2010) '루푸스(환자와 보호자를 위한 설명서)(共)'(2011) (종)불교

## 송영웅(宋英雄) SONG Young Woong

(생)1954·2·19 (출)광주 (주)전라남도 순천시 장명로 5 순천중앙병원 병원장실(061-749-5003) (학)1972년 광주고졸 1978년 전남대 의대졸 1981년 同대학원 의학석사 1985년 의학박사(전남대) 2000년 연세대 보건대학원 고위자과정 수료 2000년 순천대 경영행정대학원 수료 (경)1983년 국군 광주병원 정형외과 과장 1985년 국군 동해병원 정형외과 과장 1986년 광주기독병원 정형외과 과장 1989년 순천중앙병원 원장(현) 1992년 프랑스 깔레대학 척추수술 연수 1994년 미국 뉴올리언스대 연수 1996년 미국 뉴욕대 관절경 연수 2002년 미국 척추관절학회 연수 2004년 미국 정형외과학회 연수, YMCA 이사, 순천경찰서 청소년지도위원, 순천 이수중 운영위원장, 대한결핵협회 광주·전남지회장, 전남도사회복지협의회 이사, 대검찰청 청소년보호위원, 전남도의사협회 부회장, 순천대경영행정대학원총동창회 회장, 대한병원협회 이사, 순천시 전문의용소방대장 2014년 대한에이즈예방협회 이사(현) 2014년 대한중소병원협의회 이사(현) (상)국민의료보험관리공단 공로패(1991), 순천시장표창(1999), 보건복지부장관표창(2000), 순천시장 감사패(2000), 광양시장 감사패(2000), 전남도지사표창(2003·2011), 보건복지부장관표창(2004), 순천시장감사패(2004), 법무부장관표창(2005), 국민포장(2008)

## 송영진(宋永鎭) SONG Young Jin

(생)1952·11·24 (주)충청북도 충주시 안림로 239-50 충주의료원(043-871-0114) (학)1977년 서울대 의학과졸 1980년 同대학원 의학석사 1987년 의학박사(서울대) (경)서울대병원 일반외과 전공의과정 수료(외과 전문의) 1988년 충북대 의과대학 외과학교실 교수 1992년 일본 국립암센터 연수 1993년 미국 존스홉킨스 대학병원 연수 1994년 일본 가나자와대학 의대 초빙연구원 2006~2009년 충북대 부속병원장 2019년 충주의료원 원장(현)

## 송영헌(宋永憲)

(생)1957·3·8 (주)대구광역시 중구 공평로 88 대구광역시의회(053-803-5041) (학)경북대 대학원 정치학 박사과정 수료 (경)(주)한울플래닝 대표이사, 자유한국당 대구시당 부위원장 2018년 대구시의회 의원(자유한국당)(현) 2018년 同윤리특별위원회 위원장(현) 2018년 同교육위원회 위원(현)

## 송영호(宋榮鎬) SONG Young Ho

(생)1962·9·21 (출)대전 (주)서울특별시 서초구 서초중앙로22길 17 메가스터디 서초오피스빌딩 2층 법무법인 에스엘케이(02-3476-8811) (학)1980년 대전고졸 1988년 충남대 법학과졸 1990년 同대학원 법학과졸 1997년 스페인 국립 Complutense de Madrid대 연수 2009년 고려대 문화예술최고위과정 7기 수료 (경)1989년 사법시험 합격(31회) 1992년 사법연수원 수료(21기) 1992년 부산지검 검사 1994년 대전지검 천안지청 검사 1995년 서울지검 의정부지청 검사 1997년 제주지검 검사 1998년 스페인 마드리드국립대 연수 2000년 서울지검 검사 2002년 부산지검 검사 2004년 同부부장검사 2004년 부산고검 부부장검사 2005년 서울북부지검 부부장검사 2006년 의정부지검 고양지청 부장검사 2007년 의정부지검 형사4부장 2008년 대구지검 형사3부장 2009년 서울고검 검사(법무연수원 교수 파견) 2010년 서울중앙지검 부장검사 2010~2018년 법무법인 윈앤윈 대표변호사 2019년 법무법인 에스엘케이 대표변호사(현)

## 송영환(宋永煥)

(생)1962·11·1 (출)대전 (주)서울특별시 양천구 신월로 386 서울남부지방법원(02-2192-1152) (학)1981년 명지고졸 1985년 연세대 경제학과졸 (경)1997년 사법시험 합격(39회) 2000년 사법연수원 수료(29기) 2000년 서울지법 남부지원 판사 2002년 서울지법 판사 2004년 전주지법 남원지원 판사 2006년 대전지법 서산지원 판사 2007년 인천지법 판사 2010년 서울남부지법 판사 2014년 인천지법 부천지원 판사 2015년 청주지법 부장판사 2017년 수원지법 안산지원 부장판사 2019년 서울남부지법 부장판사(현)

## 송영훈(宋榮勳)

(생)1970·2·15 (주)제주특별자치도 제주시 문연로13 제주특별자치도의회(064-741-1900) (학)제주 서귀고졸, 제주한라대 응급구조과졸 (경)태흥리연합청년회장, 한국농업경영인 제주특별자치도 서귀포시 남원읍회장(현), 더불어민주당 제주특별자치도당 서귀포시지역위원회 사무국장(현) 2018년 제주특별자치도의회 의원(더불어민주당)(현) 2018년 同4.3특별위원회 위원 겸 농수축경제위원회 위원(현) 2019년 同예산결산특별위원회 위원장(현)

人

### 송오성(宋五成)

(생)1962·4·28 (주)경상남도 창원시 의창구 상남로 290 경상남도의회(055-211-7222) (학)한국방송통신대 경영학과졸 (경)(주)웰리브 수석부장(현), 거제경제정의실천시민연합 집행위원장 2018년 더불어민주당 해양수산특별위원회 부위원장 2018년 경남도의회 의원(더불어민주당)(현) 2018년 同건설소방위원회 위원(현)

### 송옥주(宋玉珠 · 女) SONG Ok Joo

(생)1965 · 12 · 20 (본)여산(礪山) (출)경기 화성 (주)서울특별시 영등포구 의사당대로 1 국회 의원회관 319호(02-784-9470) (학)1983년 수원여고졸 1987년 연세대 신문방송학과졸 2002년 同대학원 지방자치및도시행정학과졸 (경)2005~2006년 대통령자문 국가균형발전위원회 자문위원 2008년 통합민주당 여성국장 2008년 제18대 국회의원선거 출마(경기 화성甲, 통합민주당) 2008년 민주당 여성국장, 국회 정책연구위원(2급 상당) 2015년 더불어민주당 홍보국장 2016년 제20대 국회의원(비례대표, 더불어민주당)(현) 2016년 더불어민주당 대변인 2016 · 2018년 국회 환경노동위원회 위원(현) 2016~2017년 국회 윤리특별위원회 위원 2017년 더불어민주당 제19대 문재인 대통령후보 중앙선거대책본부 총무본부 부본부장 2017~2018년 同민생담당 원내부대표 2017년 국회 정치발전특별위원회 위원 2017~2018년 국회 운영위원회 위원 2017년 더불어민주당 미세먼지대책특별위원회 위원장(현) 2017~2018년 국회 미세먼지대책특별위원회 위원 2018년 더불어민주당 정책위원회 상임부의장(현) 2018년 同경기도당 을지로위원장(현) 2018년 국회 여성가족위원회 위원(현) 2018년 국회 예산결산특별위원회 위원(현) 2019년 더불어민주당 경기화성시甲지역위원회 위원장(현) (상)대한민국 유권자대상(2017)

### 송완호(松完鎬) WanHoSong

(생)1977 · 7 · 4 (출)서울 (주)세종특별자치시 가름로 194 과학기술정보통신부 융합기술과(044-202-4570) (학)1962년 서울 광문고졸 2000년 연세대 도시공학과졸 2013년 미국 애리조나주립대 대학원 정책학과졸 (경)2005년 행정고시 합격(49회) 2006년 과학기술부 · 정책홍보담당관실 사무관 2008년 교육과학기술부 인재육성지원관실 · 대학선진화과 · 원자력정책과 · 지역대학과 사무관 2013년 미래창조과학부 기획재정담당관실 사무관 2015년 同제2차관실 서기관 2016년 同연구개발정책과 서기관 2017년 과학기술정보통신부 거대공공연구정책과 국민생활연구팀장(서기관) 2018년 同융합기술과장(현) (상)교육과학기술부장관표창(2010), 부총리 겸 기획재정부장관표창(2014)

### 송용관(宋容寬) SONG Yong Kwan

(생)1963·8·4 (출)제주 (주)제주특별자치도 제주시 태성로3길 4 제주신보(064-740-6111) (학)1989년 명지대 수학과졸, 제주대 경영대학원 경제학과졸 (경)1990년 제주일보 기자 2004년 同남부지사장 2005년 同남부취재본부장 겸임 2007년 同남부취재본부장(부국장) 겸임 2009년 同편집국장 2011년 同영업본부장 겸 논설위원(이사대우) 2012년 同영업본부장(이사) 2013년 同편집인(상무이사) 2015년 제주신보 편집인(상무이사)(현) 2016년 한국신문협회 기조협의회 이사 2017년 同기조협의회 부회장(현)

### 송용규(宋龍奎) SONG Yong Kyoo

(생)1961 · 11 · 9 (출)강원 원주 (주)경기도 고양시 덕양구 항공대학로 76 한국항공대학교 항공우주및기계공학부(02-300-0115) (학)1985년 서울대 항공공학과졸 1987년 同대학원 항공공학과졸 1992년 항공우주공학박사(미국 미시간대) (경)1993~1999년 한국항공대 항공기계학과 전임강사 · 조교수 1996년 한국항공우주학회 편집위원 1997년 한국항행학회 편집위원 1999년 한국항공대 항공기계학과 교수, 同항공우주및기계공학부 교수(현) 2013~2014년 同연구협력처장 겸 산학협력단장 2018년 同대학원장(현)

### 송용덕(宋容悳) SONG YONGDOK

(생)1955·1·14 (본)은진(恩津) (출)서울 (주)서울특별시 중구 을지로 30 롯데그룹(02-750-7380) (학)1972년 서울 양정고졸 1977년 한국외국어대 영어과졸 1984년 경희대 경영대학원 관광호텔경영학과졸 1991년 미국 New School for Social Research 대학원 관광학과졸 1999년 경영학박사(경기대) 2005년 서강대 경영대학원 최고경영자과정 수료 (경)1979년 호텔롯데 인사팀 입사 1989년 同뉴욕사무소장 1992년 同판촉부장 1997년 수원과학대 항공관광과 교수 2000년 호텔롯데 마케팅부문장(이사) 2006년 롯데호텔월드(잠실) 총지배인(이사) 2007년 롯데호텔제주 총지배인(상무이사) 2008년 롯데루스 호텔본부장(상무이사) 2011년 同대표이사 전무 2012년 호텔롯데 대표이사 전무 2012~2015년 (주)부산롯데호텔 대표이사 2013~2014년 (주)호텔롯데 대표이사 부사장 2013~2017년 롯데스카이힐C.C.(주) 대표이사 2015~2017년 (주)호텔롯데 대표이사 사장 2017년 롯데그룹 호텔·서비스 BU장(부회장)(현) (상)금탑산업훈장(2012), 자랑스러운 외대인상(2013), 대통령표창(2015), 부산시 산업평화상(2015), 유엔평화기념관 감사패(2015)

### 송용상(宋容相) Yong-Sang Song

(생)1958 (출)서울 (주)서울특별시 종로구 대학로 101 서울대학교병원 산부인과(02-2072-2822) (학)1983년 서울대 의대졸 1987년 同대학원 의학석사 1994년 의학박사(서울대) (경)1990년 서울대병원 산부인과 전임의 1992년 同암연구소 특별연구원 1993년 同산부인과 임상교수요원 1994~1996년 대한부인종양콜포스코피학회 사무총장 1995년 서울대 의대 산부인과학교실 조교수·부교수·교수(현) 1999년 미국 와이오밍대 Research Fellow 2001년 한국부인암재단 이사(현) 2006년 서울대 연구부처장 2009~2015년 同암연구소장 2013년 대한암예방학회 회장 2014~2016년 대한부인비뇨기학회 회장 (상)임상의학연구소 Academy Award(2010), 대통령표창(2014), 보령암학술상(2017), 보건복지부장관표창(2017)

### 송용식(宋庸植) SONG Yong Shik (峯雪)

(본)신평(新平) (출)전남 영광 (주)서울특별시 강남구 강남대로128길 28 KG플러스빌딩 601호 한국지역정책연구원(02-512-7800) (학)1951년 전남 목포고졸 1955년 서울대 법과대학졸 (경)1958년 합동통신 기자 1969년 同사회부 차장 1973년 同사회부장 1975년 同편집부국장 1977년 同편집국장 서리 1979년 同편집국장 1980~1984년 신문회관 감사 1980~1983년 한국신문방송편집인협회 운영위원장 1981년 연합통신 편집국장 1981년 민주평통 상임위원 1983년 한국신문방송편집인협회 부회장 1983년 연합통신 상무이사 1985년 민주정의당(민정당) 국책조정위원회 상근위원 1985년 제12대 국회의원(전국구, 민정당) 1989년 민정당 국책평가위원회 부위원장 1990년 한국지역정책연구원 이사장(현) 1990년 민자당 정책평가위원회 부위원장 1990~1993년 한국프레스센터 이사장 1991~1997년 언론중재위원회 위원 2013~2015년 대한민국헌정회 이사 (상)한국신문협회 특별공로상 (저)'정책연구'

### 송용태(宋龍台) SONG Yong Tae (霓川)

(생)1952·9·20 (본)은진(恩津) (출)경북 봉림 (주)서울특별시 강남구 봉은사로 406 중요무형문화재전수회관 704호 강령탈춤보존회(02-556-2335) (학)1972년 안양예술학교졸 2008년 단국대 대중문화예술대학원졸 (경)탤런트(현) 1970년 중요무형문화재 제34호 강령탈춤 입문 1977~1985년 서울시립

뮤지컬단 단원 1980년 중요무형문화재 제34호 강령탈춤 이수자 선정 1982년 同전수조교 선정 1989~2000년 (재)서울예술단 연기감독 2002년 국가무형문화재 제34호 강령탈춤(취발이) 예능보유자 지정(현) 2005~2011년 청강문화산업대학 뮤지컬학과 겸임교수 2008년 한국뮤지컬협회 감사 2011년 청강문화산업대학 뮤지컬스쿨 교수 (상)제3회 한국뮤지컬대상 남우조연상(1997), 한국뮤지컬대상 남우주연상(1999·2006), 2014 한국사회를 빛낸 대한민국 충효대상(2014) (작)TV드라마 'KBS1 대하드라마 태조 왕건'(2001) '장희빈'(2002) 'KBS1 무인시대'(2003) 'KBS1 대조영'(2006) 'KBS1 서울1945'(2006) 'KBS2 최강칠우'(2008) '천추태후'(2009) '도망자 플랜 B'(2010) '거상 김만덕'(2010) '왓츠업'(2011) '광개토대왕'(2011) '근초고왕'(2011) 장미의 전쟁'(2011) '무신'(2012) '마의'(2012) '구암 허준'(2013) '정도전'(2014) '트라이앵글'(2014) '비밀의 문'(2014) '여왕의 꽃'(2015) '신분을 숨겨라'(2015) '장사의 신 – 객주 2015'(2015) '디어 마이 프렌즈'(2016) '옥중화'(2016) '그 여자의 바다'(2017) '손 the guest'(2018), 출연영화 '평양 폭격대'(1971) '마유미'(1990) '개벽'(1991) '쉬리'(1998) '단적비연수'(2000) '베사메무쵸'(2001) '오버 더 레인보우'(2002) '튜브'(2002) '실미도'(2003) '동해물과 백두산이'(2003) '분신사바'(2004) '공공의 적 2'(2005) '영화는 영화다'(2008), 출연뮤지컬 '로미오 앤 줄리엣' '돈주앙' '햄릿 시즌 1·2' '프로듀서스' '태풍' '크리스마스캐롤' '여름밤의 꿈' '뜬쇠가되어 돌아오다' '꿈꾸는 철마' '성춘향' '시집가는 날' '애니깽' '지붕위의 바이올린' '살짜기옵서예' '지저스 크라이스트 슈퍼스타' '넌센스 A-men', 출연연극 '지킴이' '오장군의 발톱' '길 떠나기 좋은날'(2015), 출연만화영화(대사 및 노래 녹음) '라이온 킹' '노틀담의 꼽추' '아나스타샤' '인어공주' '길 떠나기 좋은날' '라푼젤'(2013) '모아나'(2017) '미녀와 야수'(2017) (종)기독교

**송우진(宋禹鎭) Woo-Jin Song**

(생)1956·10·28 (주)경상북도 포항시 남구 청암로 77 포항공과대학교 전자전기공학과(054-279-2229) (학)1979년 서울대 전자공학과졸 1981년 同대학원졸 1986년 전자공학박사(미국 랜실레어폴리테크닉대) (경)1981년 한국전자통신연구소 위촉연구원 1989~2001년 포항공대 전자전기공학과 조교수·부교수 2001년 同전자전기공학과 교수(현) 2015~2017년 同기획처장 2015~2017년 同대외협력처장

**송우철(宋雨哲) SONG Woo Chul**

(생)1962·8·27 (출)부산 (주)서울특별시 강남구 테헤란로 133 한국타이어빌딩 법무법인 태평양(02-3404-0182) (학)1981년 부산중앙고졸 1985년 서울대 법과대학졸 (경)1984년 사법시험 합격(26회) 1987년 사법연수원 수료(16기) 1990년 서울지법 동부지원 판사 1992년 서울형사지법 판사 1994년 제주지법 판사 1997년 서울지법 의정부지원 판사 1998년 수원지법 성남지원 판사 1998년 법원도서관 조사심의관 1999년 서울고법 판사 2002년 서울지법 의정부지원 부장판사 2004년 의정부지법 부장판사 2005년 서울동부지법 부장판사 2006년 법원행정처 윤리감사관 2007년 서울중앙지법 부장판사 2009년 대전고법 원외재판부(청주) 부장판사 2010년 대법원 선임재판연구관 2011년 同수석재판연구관 2013년 서울고법 부장판사 2013년 서울행정법원 수석부장판사 겸임 2013년 법무법인 태평양 변호사(현) (저)'주석민사소송법 Ⅳ(共)'(2012, 사법행정학회)

**송웅순(宋雄淳) SONG Woong Soon**

(생)1953·2·4 (본)은진(恩津) (출)충남 공주 (주)서울특별시 종로구 종로3길 17 디타워 23층 법무법인 세종(02-316-4001) (학)1971년 서울고졸 1975년 서울대 법학과졸 1977년 同대학원 법학과 수료 1990년 미국 컬럼비아대 대학원 법학과졸(석사) (경)1978~1982년 삼성그룹 근무 1982년 사법시험 합격(24회) 1984년 사법연수원 수료(14기) 1984~1994년 법무법인 세종 변호사 1990년 미국 White & Case 법률사무소 객원변호사 1991년 미국 뉴욕주 변호사시험 합격 1991년 영국 Linklaters and Paines 법률사무소 객원변호사 1994~1997년 삼성그룹 법무실장 1998년 미국 스탠퍼드대 법과대학원 및 아시아태평양연구소 객원연구원 1999년 (주)삼성생명보험 전무이사 1999년 법무법인 세종 변호사, 同대표변호사(현) 2004·2009년 채권금융기관조정위원회 위원 2005~2008년 증권선물위원회 비상임위원 2008년 전국경제인연합회 경제정책위원회 자문위원 2009~2012년 한국증권법학회 회장 2009~2012년 한국법경제학회 회장 2009년 국가경쟁력강화위원회 금융규제개혁 자문위원 2009년 한국금융투자자보호재단 감사 2009~2012년 명동정동극장 이사 2011년 대한변호사협회 외국법자문사제도운영위원회 부위원장 2011년 同이사 2015년 법무부 국제법무자문위원회 자문위원, KDB나눔재단 이사(현), 한국금융투자자보호재단 감사, (주)ING생명보험 사외이사, 금융투자협회 자율규제자문위원(현), 국제투자분쟁해결기구(ICSID) 조정위원(현) 2017년 서울고총동창회 회장 2018년 오렌지라이프 사외이사(현) (저)'자본시장법 시행에 따른 상장회사의 대응방안'(2009, 한국상장회사협의회) '자본시장법의 시행과 자율규제 문제'(2009, BULLS REVIEW) '자본시장법 주석서 1·2(共)'(2009, 박영사) '주식회사법의 법경제학'(2011,해남) (종)천주교

**송원표(宋元杓)**

(생)1958·9·23 (출)전북 (주)서울특별시 마포구 마포대로 119 효성중공업(주) 임원실(02-707-7000) (학)1977년 성남고졸 1981년 서울대 원자핵공학과졸 (경)1985년 (주)효성 입사 1997~2002년 同중공업PG 기술연구소분소 전력팀장 2003년 同중공업PG 전력PU 이사 2006년 同중공업PG 전력PU 상무 2011년 同중공업PG 전력PU 창원공장 전무 2013년 同중공업PG 전력PU차단기 및 전장사업총괄 전무 2016년 同중공업PG 전력PU차단기 및 신송전사업총괄 전무 2019년 효성중공업(주) 전력PU차단기 및 신송전사업총괄 부사장(현) (상)이달의 과학기술자상(1999)

**송유성(宋裕成) yu sung, SONG**

(생)1960 (출)경남 (주)부산광역시 남구 문현금융로 40 한국자산관리공사 국유재산본부(051-794-4210) (학)1979년 경상고졸 1987년 경상대 영어영문학과졸 (경)1988~2006년 재정경제부 경제정책국·국제금융국 등 근무 2006년 한국자산관리공사 입사 2008년 同자금회계부장 2009년 同국유정책실장 2011년 同대전·충남지사장 2013년 同조세정리부장 2013년 同인사부장 2016년 同국유재산본부장(상임이사)(현)

**송유종(宋裕鍾) SONG Yu Jong**

(생)1960·8·28 (출)전남 고흥 (주)경기도 군포시 흥안대로27번길 22 한국기계전기전자시험연구원(031-455-7202) (학)1979년 고흥 영주고졸 1984년 전남대 행정학과졸 1987년 서울대 행정대학원졸 (경)1984년 행정고시 합격(28회) 1985~1995년 행정사무관 1995년 정보통신부 정보통신정책실 정책총괄과 서기관 1996년 광주시 파견 1997년 미국 지오텍사 파견 1998년 한국정보보호센터 파견 1999년 정보통신부 정보통신지원국 부가통신과장 1999년 同체신금융국 보험과장 1999년 同정보통신지원국 통신업무과장 2002년 同정보통신정책국 기술정책과장 2003년 同정보통신정책국 정책총괄과장 2004년 同정보통신정책국 정책총괄과장(부이사관) 2005년 同기획관리실 혁신기획관 2005년 同정책홍보관리실 혁신기획관 2005년 同정책홍보관리본부 재정기획관 2007년 同전파방송기획단장 2008년 지식경제부 연구개발특구기획단장 2009년 외교안보연구원 교육파견(고위공무원) 2010년 중소기업청 기획조정관 2011년 지식경제부 에너지절약추진단장 2013년 산업통상자원부 에너지자원실 에너지자원정책관 2014~2016년 同감사관 2016년 한국기계전기전자시험연구원(KTC) 원장(현)

**송윤경(宋閏卿·女) SONG YUN KYUNG**

(생)1969 (주)인천광역시 중구 큰우물로 21 가천대부속 길한방병원(032-770-1300) (학)2004년 원광대 한의학과졸 2006년 同대학원 한의학과졸 2011년 한의학박사(경희대) (경)1997~1999년 가천대부속 길한방병원 한방재활의학과 전문수련의 2000년 가천대 한의학과 임상교수·조교수 2013년 同한의학과 교수(현) 2018년 同길한방병원장(현)

**송윤구(宋允九) SONG Yun Goo**

(생)1961·1·28 (주)충청남도 아산시 탕정면 만전당길 30 코닝정밀소재(주) 임원실(041-520-1114) (학)경기고졸 1983년 연세대 화학공학과졸 (경)1983년 삼성코닝(주) 입사, 삼성코닝정밀유리(주) 천안공장 제조그룹장 2002년 同천안공장 생산2팀장(상무보) 2005년 同용해성형3팀장(상무이사) 2008년 同용해성형4팀장(상무) 2010년 삼성코닝정밀소재 제조센터장(전무) 2012년 삼성코닝어드밴스드글라스 대표이사 2014년 코닝정밀소재(주) 제조센터장(전무) 2015년 同부사장(현) (종)기독교

**송윤섭(宋允燮)**

(생)1962·3·9 (출)경기 양주 (주)부산광역시 사하구 다대로605번길 93 해양경찰정비창(051-419-2316) (학)1981년 의정부고졸 1985년 해군사관학교졸(39기), 경원대 대학원 경영학과졸(석사) (경)1995년 해군 정비창 공사담당 1996년 해군 작전사령부 정비관 1998~1999년 해군2함대 수리창 SHIP-LIFT상가대 인수관 2006~2012년 방위사업청 함정·정비계약 및 사업관리담당 2012~2018년 STX엔진(주) 해상사업담당 부장 2018년 해양경찰청 해양경찰정비창장(서기관)(현)

**송윤순(宋潤淳) Song Yoon-Soon**

(생)1954·1·30 (출)강원 (주)경기도 광명시 하안로 60 대양금속(02-2156-5500) (학)춘천고졸, 한양대 경제학과졸 (경)1978년 현대그룹 공채 1기 2001년 INI스틸(주) 이사대우 2002년 同해외영업본부장(이사) 2003년 同해외영업본부장(상무) 2004년 同해외영업본부장(전무) 겸 STS영업본부장 2006년 현대제철(주) 영업부문 판재영업본부장 겸 원료구매본부장(전무) 2007~2011년 同영업본부장(부사장) 2009년 한국철강협회 스테인리스스틸(STS)클럽 비상임부회장 2014년 대양금속 대표이사(현)

**송윤호(宋允鎬) SONG Yoon Ho**

(생)1962·12·20 (주)대전광역시 유성구 과학로 124 한국지질자원연구원 심지층연구센터(042-868-3175) (학)1985년 서울대 공과대학 자원공학과졸 1992년 자원공학박사(서울대) (경)1992년 한국지질자원연구원 지하수지열연구부 지열자원연구실장, 에너지관리공단 지하열자원기술연구위원장 2008~2014년 한국지질자원연구원 국토지질연구본부 지열연구실 책임연구원 2011~2013년 국제에너지기구(IEA) 산하 지열연구실행분과(GIA) 집행위원회의 부의장 2014년 한국지질자원연구원 지구환경연구본부장 2016~2018년 同전략기술연구본부장 2018년 同심지층연구센터 책임연구원(현)

**송의달(宋義達) SONG EUI DAL**

(생)1963·12·6 (본)여산(礪山) (출)경북 영주 (주)서울특별시 중구 세종대로21길 30 조선일보 편집국(02-724-5114) (학)1982년 안동고졸 1986년 서울대 외교학과졸 1988년 同대학원 외교학과졸 (경)1989~1990년 중앙일보 근무 1990년 조선일보 입사 1998~1999년 미국 전략국제문제연구소(CSIS) 연수 2004~2008년 조선일보 홍콩특파원 2009~2010년 同산업부 차장 2011년 同애드마케팅팀장 2012년 同위클리비즈(Weekly Biz) 에디터 겸 산업부장 대우 2013년 同디지털뉴스부장 2014년 同산업1부장 2016~2017년 (주)조선경제i 대표이사 2018년 조선일보 편집국 오피니언에디터 2019년 同편집국 선임기자(현) (저)'세계를 움직이는 미국 의회'(2000, 한울아카데미) '한국의 외국인 CEO'(2004, 조선일보 출판부) '외국인 직접투자-글로벌 뉴 트렌드'(2004, 살림출판사) '미국을 로비하라'(2007, 삼성경제연구소)

**송의영(宋毅英) Song, E Young**

(생)1961 (주)서울특별시 마포구 백범로 35 서강대학교 경제학부(02-705-8696) (학)1984년 서울대졸 1990년 경제학박사(미국 하버드대) (경)미국 밴더빌트대 조교수, 서강대 경제학부 교수(현), 한국국제경제학회 이사, 금융발전심의위원회 정책분과위원, 동북아경제중심추진위원회 전문위원, 대한상공회의소 자문위원(현), 서강대 경제학부 학장 겸 경제대학원장(현)

**송익호(宋翊鎬) SONG Iickho**

(생)1960·2·20 (본)은진(恩津) (출)서울 (주)대전광역시 유성구 대학로 291 한국과학기술원(KAIST) 전기및전자공학과(042-350-3445) (학)1978년 고려대사대부고졸 1982년 서울대 전자공학과졸 1984년 同대학원 전자공학과졸 1985년 미국 펜실베이니아대 대학원졸 1987년 공학박사(미국 펜실베이니아대) (경)1980년 미국 전기전자공학회 학생회원 1982년 대한전자공학회 학생회원 1987년 미국 전기전자공학회 회원 1987~1988년 미국 벨통신연구소 연구원 1988년 한국통신학회 회원(현) 1988년 대한전자공학회 회원(현) 1988~1998년 한국과학기술원(KAIST) 전기및전자공학과 조교수·부교수 1989년 한국음향학회 회원(현) 1990년 한글학회 특별회원(현) 1995년 한국통신학회 논문지 편집위원(현) 1996년 미국 전기전자공학회 준석학회원 1998년 한국과학기술원(KAIST) 전기및전자공학과 교수(현) 1998년 영국전기공학회 회원 1998년 Journal of Communications and Networks 편집위원 2000년 대한전자공학회 논문지 편집위원 2000년 영국 전기공학회 석학회원(현) 2002년 한국과학기술한림원 준회원 2005년 同정회원(현) 2009년 미국 전기전자공학회 석학회원(현), 일본 전자정보통신공학회 회원 2009년 한국통신학회 이사 2009~2010년 同논문지 편집부위원장 2010년 한국전자정보통신기술학회 부회장(현) (상)한국통신학회 학술상(1991·1996), 한국음향학회 우수연구상(1993), 한국통신학회 LG학술상(1998), 대한전자공학회 해동논문상(1999), 한국통신학회 모토로라학술상(2000), 한국과학기술한림원 젊은과학자상(2000), 한국과학재단 우수연구50선(2006·2007), 영국공학기술학회 우수업적상(2006), 한국통신학회 해동정보통신 논문상(2006), 한국연구재단 우수연구50선(2013) (저)'Advanced Theory of Signal Detection'(2002, 슈프링거) '확률과정'(2004, 생능출판사) 'Signals and Systems'(2008, 홍릉과학출판사) '확률과정의 원리'(2009, 교보문고) '확률변수와 확률과정'(2014)

**송인권(宋寅權) Song Inkwon**

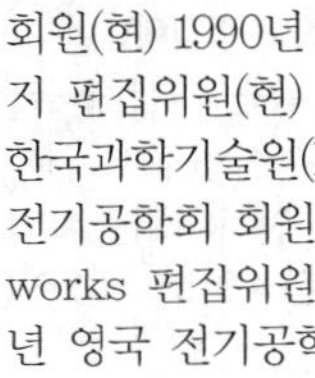

(생)1969·7·31 (출)서울 (주)서울특별시 서초구 서초중앙로 157 서울중앙지방법원(02-530-1114) (학)1988년 보문고졸 1992년 고려대 법과대학졸 1993년 同대학원 법학과졸 (경)1993년 사법시험 합격(35회) 1996년 사법연수원 수료(25기) 1999년 서울지법 판사 2003년 대구지법 판사 2006년 수원지법 성남지원 판사 2007년 서울고법 판사 2008년 대법원 연구법관 2009년 서울중앙지법 판사 2011년 제주지법 형사제2부 부장판사 2012년 同민사합의부 부장판사 2013년 수원지법 부장판사 2015년 서울동부지법 부장판사 2017년 서울중앙지법 부장판사(현)

**송인섭(宋寅燮) SONG In Sub**

(생)1941·7·12 (본)은진(恩津) (출)대전 (주)대전광역시 유성구 유성대로298번길 132 (주)진미식품 비서실(042-543-5500) (학)1959년 대전고졸 1963년 성균관대 약학과졸 1990년 충남대 경영대학원 최고경영자과정 수료 (경)1963년 약사시험 합격(12회) 1981년 서대전청년회의소 초대회장 1982~1983년 同특우회장 1988년 (주)진미식품 대표이사 사장 1991~1997·2003~2006년 대전상공회의소 상임의원 1993년 한국JC특우회 대전지구특우회장 1994년 뉴대전로타리클럽 회장 1995년 대전충남경영자협회 부회장 1997~2003년 대전상공회의소 감사 겸 상임의원 2001~2007년 대한장류공업협동조합 이사장 2004년 대전고총동창회 수석부회장 2004년 중소기업중앙회 중견기업특별위원회 위원장 2004~2007년 중소기업연구원 이사 2005년 대전지법 민사 및 가사조정위원 2006~2012년 대전상공회의소 회장 2006~2012년 대한상공회의소 부회장 겸임 2006년 (주)진미식품 대표이사 회장(현) 2007년 충청권경제협의회 위원장 2008년 대한상사중재원 중재인 2009년 아이낳기좋은세상 대전운동본부 공동위원장 2018년 세종CEO혁신성장포럼 회장 (상)국방부장관표창(1965), 국무총리표창(1982), 내무부장관표창(1986), 대통령표창(1987), 농림수산부장관표창(1992), 통상산업부장관표창(1997), 철탑산업훈장(2000)

**송인성(宋仁誠) SONG In Sung**

(생)1946·8·22 (본)여산(礪山) (출)황해 안악 (주)경기도 성남시 분당구 구미로173번길 82 분당서울대학교병원 소화기내과(031-787-7061) (학)1965년 경기고졸 1971년 서울대 의대졸 1974년 同대학원 의학석사 1979년 의학박사(서울대) (경)1982~1992년 서울대 의대 내과학교실 조교수·부교수 1987년 아·태소화기병학회 사무총장 1990년 서울대 의대 특수검사부장 1992~2011년 同의대 내과학교실 교수 1992년 한국내과학연구지원재단 이사 1995년 대한소화기병학회 부회장 1998년 대한내과학회 총무이사 2001~2005년 대한소화기학회 이사장 2003~2008년 노무현 대통령 주치의 2004년 서울대병원 내과 과장 2007~2010년 대한내과학회 이사장 2011~2019년 서울대 명예교수 2011년 분당서울대병원 소화기내과 촉탁의(현) 2017~2019년 문재인 대통령 주치의 (저)'설사' '약물요법' '소화기학' '가정의학' '응급처치' '증상별 임상검사' '위장에 또 하나의 뇌가 있다' '또 하나의 뇌, 위장'(2011) (종)기독교

**송인우(宋寅宇) SONG In Woo**

(생)1971·6·16 (출)대전 (주)서울특별시 서초구 서초중앙로 157 서울중앙지방법원 총무과(02-530-1114) (학)1990년 대전 대신고졸 1995년 서울대 사법학과졸 (경)1995년 사법시험 합격(37회) 1998년 사법연수원 수료(27기) 1998년 軍법무관 2001년 서울지법 판사 2003년 同북부지원 판사 2005년 청주지법 판사 2008년 인천지법 판사 2010년 서울고법 판사 2011년 서울가정법원 판사 2013년 同부장판사 2018년 서울중앙지법 부장판사(현)

**송인준(宋寅準) SONG In June**

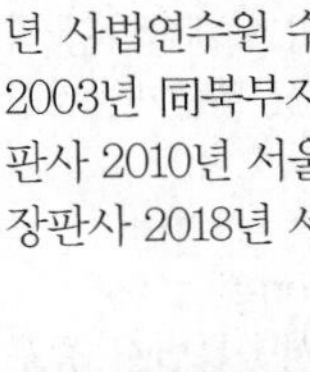

(생)1944·9·27 (출)대전 (주)서울특별시 영등포구 의사당대로1길 34 아시아투데이(02-769-5000) (학)1963년 대전고졸 1967년 서울대 법학과졸 1970년 同사법대학원 수료 (경)1969년 사법시험 합격(10회) 1974~1983년 서울지검·인천지청·법무부 검찰국·수원지검 검사 1983년 대구고검 검사 1985년 광주지검 순천지청 부장검사 1986년 대전지검 부장검사 1987년 사법연수원 교수 겸 수원지검 부장검사 1989년 인천지검 형사1부장 1990년 서울지검 동부지청 형사2부장 1991년 서울지검 형사1부장 1992년 서울고검 검사 1993년 서울지검 서부지청 차장검사 1993년 同북부지청장 1994년 광주고검 차장검사 1995년 대구고검 차장검사 1997년 대검찰청 강력부장 1998년 대전지검장 1999년 창원지검장 1999년 대구고검장 2000~2006년 헌법재판소 재판관 2007년 아시아투데이 회장(현) 2008년 법무법인 서린 고문변호사 2009~2010년 대법원 사법정책자문위원회 위원 2009년 세종특별자치시 민관합동위원회 민간위원 2010년 법무법인 에이펙스 고문변호사 2015~2017년 학교법인 성신학원 이사장, 법무법인 정의 고문변호사 2017년 법무법인 위명 고문변호사(현) (상)홍조근정훈장(1985·2007), 청조근정훈장(2007) (저)시집 '바람 그리고 나무'(1993) '겨울숲 봄빛통로'(2001) '이후'(2005), 컬럼집 '달리기 구조사회 이것이 문제다'(2000) (종)기독교

**송인창(宋寅昌) Song In Chang**

(생)1962·4·4 (학)영등포고졸 1986년 서울대 경제학과졸 1988년 同행정대학원 행정학과졸 (경)행정고시 합격(31회) 2001년 재정경제부 경제정책국 경제분석과 사무관 2002년 同세제실 관세협력과 서기관, 해외 파견 2007년 재정경제부 경제협력국 국제경제과장 2007년 同국제금융국 외환제도혁신팀 과장 2008년 기획재정부 국제금융국 국제금융과장 2009년 同혁신인사과장 2010년 유럽부흥개발은행(EBRD) 고용 휴직(국장급) 2014년 기획재정부 국제금융협력국장 2014년 同국제금융정책국장 2016~2017년 同국제경제관리관 2018년 아시아개발은행(ADB) 상임이사(현) (상)근정포장(2016)

**송인택(宋寅澤) SONG In Taek**

(생)1963·1·14 (출)대전 (주)서울특별시 서초구 서초중앙로24길 27 법무법인 무영(02-535-6787) (학)1982년 충남고졸 1986년 고려대 법학과졸 (경)1989년 사법시험 합격(31회) 1992년 사법연수원 수료(21기) 1995년 수원지검 검사 1996년 同평택지청 검사 1998년 부산지검 검사 2000년 법무부 사법시험 이관준비반 검사 2002년 서울지검 검사 2004년 대전지검 부부장검사 2005년 광주지검 순천지청 부장검사 2006년 전주지검 남원지청장 2007년 서울중앙지검 부부장검사(미국 노스캐롤라이나대 방문연구자) 2008년 수원지검 안산지청 부장검사 2009년 법무연수원 기획과장 2010년 대구지검 포항지청장 2011년 인천지검 부천지청 차장검사 2012년 전주지검 차장검사 2013년 대전지검 천안지청장 2014년 인천지검 제1차장검사 2015년 서울고검 송무부장 2015년 청주지검장 2017년 전주지검장 2018~2019년 울산지검장 2019년 법무법인 무영 대표변호사(현) (상)홍조근정훈장(2013)

**송인혁(宋寅赫) Song In Hyeok**

(생)1969·3·1 (출)충북 청주 (주)대전광역시 서구 둔산중로78번길 45 대전지방법원 총무과(042-470-1684) (학)1988년 청주고졸 1992년 서울대 공법학과졸 (경)1992년 사법시험 합격(34회) 1995년 사법연수원 수료(24기) 1998년 대전지법 판사 2001년 同천안지원 판사 2002년 同천안지원(아산시법원) 판사 2003년 대전지법 판사 2005년 대전고법 판사 2008년 대전지법 판사 2009년 同천안지원 판사 2010년 同천안지원 부장판사 2012년 대전지법 부장판사 2016년 청주지법 부장판사 2019년 대전지법 부장판사(현)

**송인호(宋寅豪) SONG In Ho**

(생)1957·12·29 (출)충남 (주)서울특별시 종로구 새문안로 55 서울역사박물관(02-724-0103) (학)1976년 중앙고졸 1980년 서울대 건축학과졸 1982년 同대학원 건축학과졸 1990년 건축학박사(서울대) (경)1988~1996년 한남대 공과대학 건축공학과 부교수 1994~1995년 이탈리아 국립피렌체대 건축대학 초청연구원 1996~2002년 서울시립대 건축학과 조교수·부교수 2003년 同건축학전공 교수(현) 2007~2016년 同서울학연구소장 2016년 서울역사박물관 관장(현) (상)대한건축학회 논문상(2006), 한국건축역사학회 송현논문상(2006) (저)'일상의 건축'(2000) '북촌 옛길의 생명력과 독특함'(2002) '집을 지어요'(2002) '한옥에 살어리랏다'(2007) '구석구석 살기 좋은 집을 찾아서'(2008)

ㅅ

**송인호(宋仁浩) song inho**

(생)1964·7·7 (본)은진(恩津) (출)전북 익산 (주)전라북도 전주시 완산구 선너머1길 50 전주MBC 보도국 취재부(063-220-8103) (학)1983년 이리고졸 1990년 경희대 신문방송학과졸 2000년 전북대 대학원 정치학과졸 (경)1990년 전주MBC 입사 1993~2000년 同전북권 뉴스데스크 앵커 2007년 同편집부장 2008년 同뉴스팀장 2012년 同보도제작국국장 2013년 同보도국장 2015년 同편성제작국장 2016~2017년 同광고사업국장 2018년 同보도국장 2018년 同보도국 취재부 기자(국장급)(현) (상)MBC 특종상(2003), 올해의 좋은 지역방송상(2004), 지속가능협회 지역보도우수상(2011), 한국방송협회 지역다큐멘터리우수상(2013) (종)천주교

**송인회(宋仁回) SONG IN HOE (吞宇)**

(생)1952·4·28 (본)여산(礪山) (출)전북 고창 (주)서울특별시 중구 남대문로 109, 9층 건설근로자공제회(02-519-2001) (학)1971년 보성고졸 1978년 고려대 법과대학 행정학과졸 1997년 同정책대학원 행정학과졸 2001년 행정학박사(서울시립대) (경)1978~1991년 범양상선(주) 시드니지사장·기획실장 1992~1997년 (주)하나로문화 대표이사·월간 'AUTO' 발행인 1993년 환경운동연합 창립회원(현) 1997~2003년 미래해운(주) 대표이사 2002~2003년 제16대 대통령직인수위원회 정무분과위 자문위원 2003~2004년 대통령정책실 동북아경제중심추진위원회 자문위원 2004~2005년 대통령직속 국가균형발전위원회 자문위원 2004~2007년 한국전기안전공사 사장 2004~2007년 대한전기협회 부회장 2005~2009년 (사)남북경협국민운동본부 공동대표 2007~2008년 한국전력기술(주) 대표이사 사장 2007~2008년 국가핵융합위원회 민간위원 2007~2008년 한국CM협회 부회장 2008년 한국프로젝트경영협회 부회장 2008~2009년 (주)웅진홀딩스 대표이사 사장 2010~2012년 극동건설(주) 대표이사 회장 2010~2014년 학교법인 서강대 감사 2013~2014년 (주)시공테크 경영고문 2015~2019년 LS산전(주) 경영고문 2019년 건설근로자공제회 이사장(현) (상)한국서비스경제진흥원 한국서비스경영대상 최고경영자상 특별상(2006), 한국을빛낸기업인 대상(2006), 국토해양부장관표창(2011), 캄보디아 대십자훈장(2011) (저)'공기업 경영평가론'(2001) '산을 타듯 혁신하라'(2007) '깨트림의 미학 – 파(破)'(2008) (종)천주교

**송일근(宋一根) Song Il Keun**

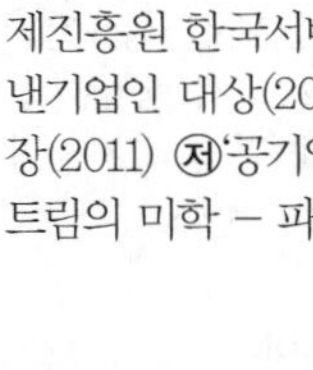

(생)1961·3·3 (본)은진(恩津) (출)대전 (주)대전광역시 유성구 문지로 105 벤처기업육성센터 203호 한국에너지솔루션(042-862-9345) (학)1984년 숭실대 전기공학과졸 1986년 同대학원 전기공학과졸 1997년 전기공학박사(숭실대) (경)1985년 한국전력공사 전력연구원 근무 1997~2003년 한국조명·전기설비학회 편집위원 1997~1999년 한밭대 강사 1998~2001년 전력케이블연구회 운영위원 1998~2008년 전기전자재료학회 감사·이사 2004~2008년 대한전기학회 편집위원·총무이사 2004~2005년 전력연구원 배전연구센터 책임연구원·배전설비진단그룹장 2006~2011년 국제배전협의회(CIRED) 간사 2006년 미국 마르퀴스인명사전·ABI·영국 IBC 등재 2007년 미국 ABI 세계우수공학자100인·영국 IBC 우수공학자100인 선정 2009~2011년 IEC Smart Grid SMB SG3 국가대표 2010년 전력연구원 송배전연구소 수석연구원 2011년 스마트에너지연구소 스마트그리드 PM(Program Manager) 2014~2016년 전력연구원 마이크로그리드연구사업단장 2016~2018년 同에너지신사업연구소장 겸 부원장 2018~2019년 전남대 전기공학과 교수 2019년 한국에너지솔루션(주) 대표이사(현) (상)산업자원부 제17회 전기산업진흥촉진대회 국산화개발공로표창(1999), 제18회 경향전기에너지대상(2002), 국무총리표창(2005), 산업자원부장관표창(2007) (저)'전기설비응용(共)'(1997) '배전기술전문가반(共)'(1999) '최신배전기술정보반(共)'(2001) '배전기술총람(共)'(2004) (종)기독교

**송일준(宋日準) SONG Il Jun**

(생)1958·10·14 (본)여산(礪山) (출)전남 영암 (주)광주광역시 남구 월산로116번길 17 광주문화방송(MBC)(062-360-2034) (학)1976년 양정고졸 1981년 고려대 사회학과졸 1985년 한국외국어대 통역대학원졸 1997년 연세대 언론홍보대학원졸 (경)1984년 문화방송(MBC) 입사 1984~1995년 同교양제작1·2팀 근무, 同사회교양팀 근무 1995~1998년 同국제협력팀장 1998년 同교양제작국 차장대우 1999년 同도쿄특파원 2000년 同시사교양국 시사운용부 동경PD특파원 2002년 同시사제작2국 차장 2003년 同시사교양국 1CP 2004년 同시사교양국 2CP 2005년 同외주제작센터장 2006년 同외주제작센터 전문프로듀서 2007년 同시사교양국 부국장 2007~2008년 同PD수첩 CP 2008년 同시사교양국 PD 2009년 同시사교양프로그램개발부장, 同외주제작2부 PD 2012년 同콘텐츠협력국 부장 2016년 MBC PD협회 회장 2017년 한국프로듀서연합회 회장 2018년 광주MBC 대표이사 사장(현) (상)백상예술대상, 한국방송대상 TV부문 우수작품상, 아시아TV어워드 다큐멘터리부문상(1997) (저)'거기 PD수첩이죠?'(1994) '일본의 테레비'(1998) (역)'미디어 리터러시 접근법'(2004) '두 개의 이름' '거대NHK붕괴'(2006)

**송자량**

(생)1960·1 (주)서울특별시 종로구 종로33길 31 (주)삼양사 식품그룹(02-740-7114) (학)1982년 한양대 공업화학과졸 1984년 同대학원 공업화학과졸 (경)1986년 (주)삼양제넥스 입사, 同신소재사업팀장 2011년 同판매총괄 2012년 同판매총괄 상무 2016년 (주)삼양사 식품BU장(상무) 2017년 同식품BU장(부사장) 2019년 同식품그룹장(부사장) 2019년 同식품부문 각자대표이사 부사장(현)

**송재경(宋在京) SONG Jae Kyung**

(생)1967·10·21 (출)서울 (주)경기도 성남시 분당구 대왕판교로645번길 14 XL게임즈(1588-0550) (학)1990년 서울대 컴퓨터공학과졸 1992년 한국과학기술원(KAIST) 전산학과졸(석사) 1993년 同전산학박사과정 중퇴 (경)1993년 한글과컴퓨터 근무·애뮬레이터 한터 개발 1994년 상용머드게임 '쥬라기공원' 제작참여 1994년 넥슨 공동창업 1995년 국내 최초 그래픽머드게임 '바람의 나라' 개발 1996년 아이네트 게임개발실 팀장·MMPOG '리니지(Lineage)' 개발 1997년 (주)엔씨소프트 입사 1998년 리니지 상용화·부사장 2000년 同미국법인 엔씨인터렉티브 근무·'리니지 파트2' 개발, 同이사·부사장 2003~2017년 엑스엘게임즈 설립·대표이사 사장 2013년 온라인MMORPG '아키에이지' 개발 2015년 '문명 온라인' 개발 2017년 XL게임즈 개발담당 각자대표이사(현) (상)게임대상(리니지)(1998), 게임대상 우수개발자상(2010), 대통령 게임대상(아키에이지)(2013)

**송재근(宋在根) Jae-Geun, Song**

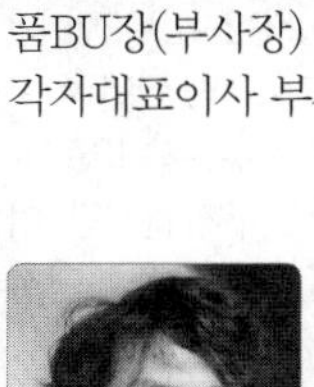

(생)1962·7·1 (출)충남 서천 (주)서울특별시 중구 퇴계로 173 남산스퀘어빌딩 16층 생명보험협회(02-2262-6510) (학)1980년 충남 서천고졸 1987년 단국대 독문학과졸 2017년 연세대 경제대학원 금융보험학과졸 (경)1988년 7급 공채 합격·재무부 이재국 중소금융과 근무 1990년 同보험국 생명보험과 근무 1993년 同보험국 보험정책과 근무 1998년 재정경제부 금융정책국 보험제도과 근무 1999년 同금융정책국 보험제도과 사무관 2005년 금융감독위원회 기획행정실 의사국제과 근무 2005년 同기획행정실 혁신행정과 인사계장 2007년 同혁신행정과 서기관 2008년 금융위원회 혁신행정과 인사팀장 2009년 同금융정보분석과 제도운영과장 2012년 同기획조정관실 감사담당관 2015년 同감사담당관(부이사관) 2016년 생명보험협회 전무이사(현) (상)모범공무원(1999), 근정포장(2016)

**송재동(宋在棟)**

(생)1959·7·4 (출)전북 (주)강원도 원주시 혁신로 60 건강보험심사평가원(033-739-2405) (학)1978년 영동고졸 1986년 동국대 통계학과졸 (경)1986년 건강보험심사평가원 입사 2011년 同약제관리실 약제기획부장 2013년 1급 승진 2014년 건강보험심사평가원 의약품관리종합정보센터장 2015년 同부산지원장 2016~2018년 同기획조정실장 2018년 同개발상임이사(현) (상)의료보험연합회장표창(1989), 보건복지부장관표창(2002·2005·2009·2013), 건강보험심사평가원장표창(2004), 대통령표창(2018)

**송재락(宋在洛) SONG Jai Rak**

(생)1957 · 5 · 27 (출)경북 영주 (주)서울특별시 중구 퇴계로 307 대원전선 임원실(02-3406-3465) (학)1976년 영광고졸 1984년 한양대 전기공학과졸 (경)1983년 대원전선(주) 입사(공채 3기), 同영업담당 이사 2008년 同영업담당 상무 2011년 同영업담당 전무 2016년 同부사장(현) (종)불교

**송재섭(宋在燮) Song Jae Sub**

(생)1960 · 9 · 18 (주)충청남도 태안군 태안읍 중앙로 285 한국서부발전(주) 기획관리본부(041-400-1003) (학)1979년 부산 금성고졸 1983년 부산대 법학과졸 (경)1986년 한국전력공사 입사 2010~2011년 한국서부발전(주) 감사실장 2012년 同태안발전본부 경영지원처장 2012~2015년 同경영기획처장 2015~2018년 同신성장사업단장 2018년 同기획관리본부장(상임이사)(현) (상)산업자원부장관표창(2008)

**송재소(宋載邵) SONG Jae So (止山)**

(생)1943 · 4 · 2 (본)야성(冶城) (출)경북 성주 (주)서울특별시 종로구 창경궁로29길 25 명륜빌딩 4층 퇴계학연구원(02-765-2181) (학)1961년 경북고졸 1966년 서울대 영어영문학과졸 1978년 同대학원 국어국문학과졸 1984년 문학박사(서울대) (경)1980~2008년 성균관대 한문학과 교수 1994년 다산연구소 이사(현) 1997~1999년 한국한문교육학회 부회장 1999~2001년 한국한문학회 회장 2000년 전통문화연구회 부회장 2000년 다산학술문화재단 편집위원 2000년 민족문화추진회 편집위원 2002년 경상대 남명학연구소 편집위원 2002년 퇴계학연구원 편집위원 겸 부원장 2003년 18세기학회 회장 2004~2007년 남명학회 회장 2005~2008년 한국실학학회 회장 2006~2007년 성균관대 박물관장 2008년 同명예교수(현) 2008년 전통문화연구회 이사장 2009~2012년 한국고전번역학회 회장 2011년 실시학사 이사·원장(현) 2011년 순암기념사업회 회장(현) 2012년 도산서원 선비문화수련원 이사 2013년 퇴계학연구원 원장(현) 2017년 同이사장 겸임(현) (상)다산학술상(2002), 대통령표창(2008), 벽사학술상(2015) (저)'한국한문학의 사상적 지평'(2005) '주먹바람 돈바람' '목민심서'(共) '한국의 차 문화 천년1 · 2'(2009) '한국한시작가열전'(2011) '다산 정약용 연구(共)'(2012) '17,18세기 한문학 비평 자료집(共)'(2012) '다산시 연구'(2014) '시로 읽는 다산의 생애와 사상'(2015) '시와 술과 차가 있는 중국 인문기행'(2015) '역주 당시삼백수2(共)'(2016) '한국한시작가열전'(2017) '중국 인문 기행2'(2017) '다산학 공부(共)'(2018) (역)'역주 목민심서(共)'(1985)

**송재용(宋在鎔) SONG Jae Yong**

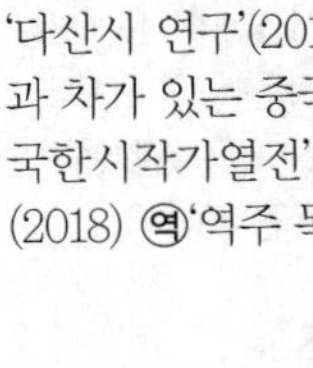

(생)1964·3·1 (출)서울 (주)서울특별시 관악구 관악로 1 서울대학교 경영학과(02-880-9080) (학)홍익대사대부고졸 1987년 서울대 경영대학졸 1989년 同대학원 경영학과졸, 미국 펜실베이니아대 와튼스쿨 석사 1998년 경영학박사(미국 펜실베이니아대 와튼스쿨) (경)1997~2001년 미국 컬럼비아대 경영대학원 교수 2001~2004년 연세대 경영대학 교수 2003년 (사)한국전략경영학회 선임이사(현) 2004년 서울대 경영학과 교수(현) 2005년 한국경영학회 상임이사 2006년 서울대 경영사례연구센터장 2009년 同경영대학 학생부학장 2017년 (사)한국전략경영학회 회장·고문(현) 2017년 국제경영학회(AIB) 석학종신회원(현) 2017년 전미경영학회(AOM·Academy of Management) 국제경영분과 집행위원(현) 2017년 同국제경영분과 차기(2020~2021년) 회장(현) (상)서울대 교육상, 미국경영학회(Academy of Management) 및 유럽국제경영학회 최우수박사논문상, 한국경영학회 최우수논문상, Columbia Business School 및 서울대 경영대 최우수강의상, 연세대 우수업적교수상, 정진기언론문화상 경제·경영도서부문 대상(2014), 경영관리학회 통합학술대회 매경최우수논문상(2018) (저)'송재용의 스마트 경영'(2011) 'SAMSUNG WAY 삼성 웨이 : 글로벌 일류기업 삼성을 만든 이건희 경영학(共)'(2013) '미라클 경영(共)'(2017) '퍼펙트 페인지(共)'(2017)

**송재찬(宋在燦) SONG Jae Chan**

(생)1958·6·25 (출)대전 (주)서울특별시 마포구 마포대로 15 대한병원협회 부회장실(02-705-9209) (학)1977년 대전고졸 1986년 고려대 사회학과졸 2000년 미국 노스캐롤라이나대 대학원 보건학과졸 2007년 고려대 의대 보건협동과정 박사과정 수료 (경)1992년 행정고시 합격(36회), 대통령비서실 근무, 보건복지부 공보관실 근무, 同자활지원과장, 同의약품정책과장 2006년 同보건의료정책본부 의약품정책팀장 2007년 同저출산고령사회정책본부 기획총괄팀장 2008년 보건복지가족부 보건산업정책과장 2009년 同보험정책과장(서기관) 2009년 同보험정책과장(부이사관) 2010년 보건복지부 보건의료정책실 한의약정책과장 2010년 同사회복지정책실 국민연금정책과장 2012~2013년 同장애인정책국장(고위공무원) 2013~2018년 우송대 보건의료경영학과 교수 2013년 同보건의료경영학과장 2014년 同보건복지대학장 2014~2016년 행정중심복합도시건설추진위원회 위원 2018년 대한병원협회 상근부회장(현)

**송재헌(宋哉憲) SONG Jae Hun**

(생)1943 · 4 · 17 (출)함남 함흥 (주)서울특별시 강남구 학동로 401 법무법인(유) 정률(02-2183-5762) (학)1960년 경기고졸 1964년 서울대 법학과졸 1967년 同사법대학원 수료 (경)1965년 사법시험 합격(4회) 1970년 대구지법 판사 1971년 서울민사지법 판사 1973년 서울형사지법 판사 1975년 전주지법 금산지원장 1977년 서울지법 성동지원 판사 1979년 서울가정법원 판사 1980년 서울고법 판사 1981년 대법원 재판연구관 1981년 부산지법 부장판사 1983년 서울지법 남부지원 부장판사 1985년 서울민사지법 부장판사 1987년 대구고법 부장판사 1989년 서울고법 부장판사 1993년 서울지법 서부지원장 1994년 청주지법원장 1995년 인천지법원장 1998년 서울행정법원장 1999~2000년 서울고법원장 1999~2000년 중앙선거관리위원회 위원 2000~2009년 법무법인 일신 대표변호사 2002년 새롬기술 사외이사 2009년 법무법인 정률(유) 변호사(현) (상)황조근정훈장(2000) (저)'주석형법(編)'(1997)

**송재혁(宋在爀)**

(생)1960·8·11 (출)경남 김해 (주)서울특별시 중구 세종대로 125 서울특별시의회(02-3702-1400) (학)휘문고졸, 한국외국어대 철학과졸 (경)1986년 한국외국어대 문리대학 학생회장, 서울시환경미화원후원회 노원구지회장, 노원라이프저널 발행인, 도서출판 클릭 대표, 서울시녹지실명제 우수그린오너, 노원마을숲가꾸기시민모임 운영위원, 환경을사랑하는중랑천사람들 사무국장, 민주당 노원구 상계7동 지방자치위원장 2002년 서울시 노원구의회 의원(무소속) 2004년 同행정복지위원장 2006년 서울시의원선거 출마(열린우리당) 2018년 서울시의회 의원(더불어민주당)(현) 2018년 同행정자치위원회 부위원장(현) 2018년 서울시 공직자윤리위원회 위원(현) 2018년 同갈등조정위원회 위원(현)

**송재호(宋在祜) SONG Jae Ho**

생1960 · 12 · 20 본여산(礪山) 출제주 서귀포 주서울특별시 종로구 세종대로 209 정부서울청사 4층 대통령직속 국가균형발전위원회(02-2100-1121) 학1979년 제주제일고졸 1987년 연세대 정치외교학과졸 1993년 경기대 대학원 관광경영학과졸 1997년 경영학박사(경기대) 경1996년 한국관광진흥연구원 책임연구원 1997년 제주발전연구원 연구실장 1998~2000년 제주대 시간강사 2000~2009년 同관광개발학과 전임강사 · 조교수 · 부교수 2002~2005년 (사)곶자왈사람들 공동대표 · 지방노동위원회 공익조정위원 · 농아복지관 후원회장 · 북제주군자활운영지원 위원장 · 제주시 지체장애인협회 정책고문 2005~2008년 대통령직속 정책기획위원회 위원 2006~2009년 한국문화관광연구원 원장 2006~2008년 대통령직속 국가균형발전위원회 위원 2006~2008년 유네스코 한국위원회 위원 2006~2008년 전국경제인연합회 관광특별위원회 위원 2006~2008년 통일연구원 통일문제협의회 공동의장 2006~2007년 대통령자문 동북아시대위원회 위원 2006~2008년 유엔개발계획(UNDP) National Project Director 2006~2008년 한 · 태평양경제협력위원회 상임이사 2006~2008년 한국게임산업개발원 이사 2006~2009년 국립중앙박물관 운영자문위원 2006~2009년 아시아문화산업교류재단 이사 2006~2008년 관광진흥발전기금운용위원회 위원 2008~2015년 제주경제연구센터 연구위원장 2008년 글로벌제주상공인대회 조직위원장 2009년 아 · 태문화관광창의포럼 조직위원장 2009년 제주대 관광개발학과 교수(현) 2013년 한국미래발전연구원 원장 2015년 제주경제연구소 소장 2017년 국정기획자문위원회 정치행정분과위원회 위원 2017년 행정자치부 자치분권전략회의 위원 2017~2018년 대통령직속 지역발전위원회 위원장(장관급) 2018년 대통령직속 국가균형발전위원회 위원장(장관급)(현) 저'제주관광의 이해'(2002) '하와이 낙원의 이면1 : 여기에서 당신은 행복한가'(2002) '하와이 낙원의 이면2 : 알로하 정신은 사라졌는가'(2002) '전환기 제주도 지역개발정책의 성찰과 방향'(2003) '농촌관광의 이론과 실제'(2005) '새로운 대한민국의 구상 포용국가(共)'(2017) 종가톨릭

**송재호(宋在晧) SONG JAE-HO**

생1967·10·31 출서울 주울산광역시 북구 염포로 260-10 (주)경동도시가스(052-289-5300) 학1986년 홍익대사대부고졸 1992년 서강대 경영학과졸 2000년 미국 펜실베이니아대 와튼스쿨 경영대학원 경영학석사(MBA) 경1992~1998년 한국장기신용은행 근무 2000~2002년 Booz Allen Hamilton 경영전략컨설턴트 2002~2003년 Monitor Group Project Manager 2003~2005년 (주)경동도시가스 기획이사 2005~2015년 同대표이사 사장 2006년 울산대 겸임교수(현) 2010년 울산상공회의소 부회장(현) 2014년 (주)경동 대표이사 회장(현) 2014~2015년 대한석탄협회 회장 2015~2018년 국제가스연맹(IGU) 부회장 2015년 (주)경동도시가스 대표이사 부회장 2015년 울산과학기술원(UNIST) 이사(현) 2016년 (주)경동도시가스 대표이사 회장(현) 상대한민국 가스산업 경영부문 대상(2007), 제18회 대한민국 가스안전대상 대통령표창(2011), 법무부장관표창(2015), 은탑산업훈장(2019) 종불교

**송재훈(宋在焄) SONG Jae Hun**

생1958·10·2 출대구 주경기도 성남시 분당구 판교로 335 차바이오그룹 비서실(031-881-7400) 학1983년 서울대 의대졸 1987년 同대학원 의학석사 1992년 의학박사(서울대) 경1983~1987년 서울대병원 인턴·레지던트 1991~1995년 울산대 의대 감염내과학교실 전임강사·조교수 1993~1994년 미국 메이요크리닉 감염내과 교환교수 1995~2005년 삼성서울병원 감염내과장 1995~2017년 성균관대 의대 내과학교실 교수 1997년 항생제내성감시를위한아시아연합(Asian Network for Surveillance of Resistant Pneumococci : ANSORP) 조직위원장 2000년 아시아태평양감염연구재단(APFID) 이사장(현) 2002년 삼성서울병원 기획조정실 차장 2003~2004년 同홍보실장 2004년 同기획조정실장 2008년 삼성의료원 기획조정처장 2010년 同삼성국제진료센터설립추진본부 기획단장 2011년 대한감염학회 회장 2012년 同이사장 2012년 성균관대 의과대학장 겸 의학전문대학원장 2012~2015년 삼성서울병원장 2012~2015년 대한병원협회 기획부회장 2018년 차바이오그룹 회장 겸 차바이오텍 회장(현) 2018년 한국과학기술한림원 정회원(의약학부·현), 항생제내성감시를위한아시아연합(Asian Network for Surveillance of Resistant Pneumococci : ANSORP) 대표(현) 상대한감염학회 학술상(2004) 저'임상심장학'(1998) '내과학'(1998)

**송정근(宋政根) SONG Joung Keun**

생1957 · 10 · 14 출부산 주부산광역시 사하구 낙동대로550번길 37 동아대학교 전자공학과(051-200-7711) 학1980년 서울대 전자공학과졸 1984년 同대학원 전자공학과졸 1992년 공학박사(미국 신시내티대) 경1992~1998년 동아대 전임강사 · 조교수 1998년 同전자공학과 부교수 · 교수(현), 차세대융합기술연구원 자문위원, 교육과학기술부 국가기술수준평가 전문위원, 한국정보디스플레이학회 편집이사, 지식경제부 프론티어사업총괄과제 책임자 2016~2018년 동아대 산업정보대학원장 겸 공과대학장 2018년 同대학원장(현)

**송정로(宋禎老) SONG Jung Ro**

생1959·10·7 본여산(礪山) 출인천 주인천광역시 미추홀구 석바위로 68 필프라자 804호 (주)인사이트인천(032-439-4432) 학1978년 제물포고졸 1987년 고려대 영어영문학과졸 경1988년 인천일보 기자 2000년 同편집국 사회부 차장 2001년 同편집국 사회부장 2002년 同편집국 문화부장 2003년 同편집국장 2006~2008년 인천신문 사회부 선임기자(부국장급) 2009~2014·2015년 (주)인사이트인천(인천in) 대표이사(현) 2015년 인천녹색연합 공동대표(현) 저'인천시민사회운동 20년사'(2008)

**송정빈(宋正彬)**

생1983 · 6 · 23 주서울특별시 중구 세종대로 125 서울특별시의회(02-3702-1400) 학경희대 공공대학원 정책학과졸 경더불어민주당 부대변인 2018년 서울시의회 의원(더불어민주당)(현) 2018년 同환경수자원위원회 위원(현) 2018년 同정책위원회 위원(현) 2018년 同청년특별위원회 부위원장(현) 2019년 同예산결산특별위원회 위원(현) 2019년 同윤리특별위원회 위원(현)

**송정섭(宋正燮) SONG Jong Sup**

생1942·7·16 본연안(延安) 출서울 주서울특별시 중구 남대문로5길 27 (주)해외항공화물 비서실(02-779-0744) 학1961년 중앙고졸 1967년 고려대 법학과졸 경1969~1976년 일본항공 서울지점 매니저 1976~1979년 (주)삼보항운 전무이사 1979년 (주)해외항공화물 대표이사 사장(현) 2003~2006년 한국복합운송협회 회장 2003년 민주평통 자문위원 2003~2006년 TSR(러시아대륙횡단철도)운영협의회 부의장 2004년 (주)인천국제물류센터 대표이사 사장 상대통령표창(2007) 종기독교

**송정수(宋禎秀) Song, Jung Soo**

생1964 · 8 · 14 본여산(礪山) 출인천 주서울특별시 동작구 흑석로 102 중앙대학교병원 류마티스내과(02-6299-1409) 학1983년 제물포고졸 1989년 중앙대 의대졸 1992년 同대학원 의학석사 1996년 의학박사(중앙대) 경1989년 중앙대의료원 인턴 1990년 同내과 레지던트(내과전문의 자

격 취득) 1994년 의료법인 혜성병원 내과 과장(공중보건의) 1997년 인하대병원 류마티스내과 전임의 1999년 인하대 의대 류마티스내과학교실 전임강사 2001~2005년 同조교수 2005~2010년 중앙대 의대 류마티스내과학교실 부교수 2008~2009년 미국 UCSD 연수(Visiting Scholar) 2010년 중앙대 의대 류마티스내과학교실 교수(현) 2014~2016년 중앙대병원 의무기록실장 2015~2016년 同홍보실장 2015년 서울시의사회 학술이사(현) 2016~2018년 대한류마티스학회 통풍연구회장 2017년 중앙대병원 내과 과장(현) 2017~2019년 同대외협력실장 [상]대한내과학회 우수논문상(1998 · 2002), 대한류마티스학회 학술상(2004) [종]기독교

**송정수(宋正守) SONG Jung Soo**

[생]1965 · 6 · 30 [출]경북 영천 [주]세종특별자치시 도움5로 19 우정사업본부 우편사업단(044-200-8200) [학]1983년 대구 청구고졸 1987년 고려대 법학과졸 1993년 서울대 행정학과졸 1998년 미국 조지워싱턴대 대학원 정보통신정책학과졸 2005년 행정학박사(서울대) [경]1999년 정보통신부 전파방송관리국 방송과 서기관 1999년 마산우체국장 2002년 남인천우체국장 2005년 정보통신부 정보통신정책국 산업기술팀장 2006년 同정보통신정책본부 산업기술팀장 2007년 同정보통신협력본부 통상협상팀장 2008년 방송통신위원회 기획조정실 창의혁신담당관 2009년 同이용자네트워크국 네트워크기획과장 2009년 同네트워크기획보호과장 2010년 대통령직속 국가브랜드위원회 파견(부이사관) 2011년 방송통신위원회 융합정책과장 2011년 국가사이버안전센터 파견(국장급) 2012년 국방대 교육파견 2013년 IBRD(국제부흥개발은행) 파견 2015년 미래창조과학부 정보보호정책관 2017년 과학기술정보통신부 정보통신정책실 정보보호정책관 2018년 同우정사업본부 경북지방우정청장(고위공무원) 2018년 同우정사업본부 우편사업단장(현) [상]대통령표창(2007)

**송정애(宋貞愛 · 女) Song Jung Ae**

[생]1963 · 5 · 16 [본]여산(礪山) [출]전북 정읍 [주]대전광역시 서구 둔산중로 77 대전지방경찰청 제1부장실(042-609-2321) [학]2009년 한밭대 경영학과졸 2011년 한남대 행정복지대학원 경찰행정학과졸 [경]1981년 순경 임용 2006년 충남지방경찰청 여성청소년계장, 충남 연기경찰서 생활안전과장 2007년 충남지방경찰청 교육계장 2011년 총경 승진 2012년 충남 당진경찰서장 2013년 충남지방경찰청 홍보담당관 2014년 대전 중부경찰서장 2015년 대전지방경찰청 생활안전과장 2016년 대전 대덕경찰서장 2017년 대전지방경찰청 경무과장 2019년 同제1부장(경무관)(현) [상]대통령표창(2004), 녹조근정훈장(2016) [종]기독교

**송정한(宋鋌漢) Song, Junghan**

[생]1963 · 8 · 1 [주]경기도 성남시 분당구 구미로173번길 82 분당서울대병원 진단검사의학과(031-787-7691) [학]1988년 서울대 의대졸 1992년 同대학원 의학석사 1999년 의학박사(서울대) [경]1988~1992년 서울대병원 인턴 · 임상병리과 레지던트 1993년 국군부산병원 근무 1995~1997년 단국대 의대 임상병리학교실 전임강사 1997~2005년 서울대 의대 임상병리과학교실 기금전임강사 · 기금조교수 2000~2002년 미국 베일러대 의과대학 Postdoctoral Associate 2004년 세계적과학저널 「사이언스」誌에 논문게재됨 2005~2019년 분당서울대병원 진단검사의학과장 2005년 서울대 의대 검사의학교실 부교수 · 교수(현) 2006~2013년 대한진단검사의학회 이사 2012~2015년 분당서울대병원 경영혁신실장 2015년 同교육수련실장 2016~2018년 대한진단검사의학회 이사장

**송정호(宋正鎬) SONG Jeong Ho (益山)**

[생]1942 · 7 · 16 [본]여산(礪山) [출]전북 익산 [주]서울특별시 서초구 반포대로30길 81 웅진타워 15층 법무법인 한중(02-535-8900) [학]1961년 익산 남성고졸 1965년 고려대 법과대학졸 1968년 서울대 사법대학원졸 1986년 同행정대학원 국가정책과정 수료 2003년 고려대 언론대학원 최고위과정 수료 [경]1966년 사법시험 합격(6회) 1968년 육군 법무관 1971~1982년 청주지검 · 대구지검 · 서울지검 의정부지청 · 서울지검 동부지청 · 수원지검 검사 1982년 전주지검 남원지청장 1983년 대구지검 상주지청장 1985년 인천지검 형사1부장 1987년 서울지검 공판부장 1988년 청주지검 차장검사 1989년 마산지검 차장검사 1990년 서울지검 남부지청 차장검사 1991년 광주지검 차장검사 1992년 서울지검 서부지청장 1993년 법무연수원 기획부장 1993년 전주지검장 1994년 광주지검장 1995년 부산지검장 1997년 법무부 보호국장 1997년 광주고검장 1998~1999년 법무연수원장 1999~2001년 변호사 개업 1999~2002년 중앙선거관리위원회 위원 1999~2002년 대통령직속 반부패특별위원회 위원 2000~2002년 재정경제부 자문위원(FIU창설주도) 2002년 법무부 장관 2002년 법무법인 한중 고문변호사(현) 2003~2009년 삼성전기(주) 사외이사 2004~2006년 가톨릭대 인권법연구소장 2005~2007년 남성총동창회 회장 겸 남성장학재단 이사장 2007~2009년 고려대 법과대학 교우회장 2007~2011년 同교우회 수석부회장 2007년 한나라당 제17대 대통령선거 경선후보자 이명박 후원회장 2008~2014년 고려아연(주) 사외이사 2009년 (재)청계재단 이사장(현) 2009년 시카고 한인문화회관 고문(현) 2010~2012년 대한공증인협회 회장 2011년 대한변호사협회인권재단 이사(현) [상]황조근정훈장(1997), 자랑스러운 고대법대인상(2010), 자랑스러운 남성인상(2011) [종]천주교

**송정호(宋正鎬) Song, Jung-ho**

[생]1962·11·23 [본]은진(恩津) [출]충북 보은 [주]서울특별시 종로구 율곡로2길 25 연합뉴스 정보사업국 정보사업부(02-398-3114) [학]1981년 대전고졸 1988년 경희대 영어영문학과졸 2006년 미국 듀크대 연수 [경]1989년 연합통신 입사(8기) 1989년 同업무2부 근무 1990년 同업무1부 근무 1994년 同TV광고부 근무 1995년 同텔리레이트1부 근무 1998년 연합뉴스 텔리레이트부 근무 2000년 同텔리레이트부 차장대우 2002년 同텔리레이트부 차장 2006년 同미디어사업부 차장 2006년 同정보사업부 부장대우 2006년 同뉴미디어사업부장 2008년 同뉴미디어국 시장개발팀장 2009년 同한민족센터 기획사업팀장 2010년 同정보사업국 정보사업부장 2012년 同정보사업국 부국장 겸 정보사업부장 2018년 同정보사업국장 2019년 同정보사업국 정보사업부 선임(현) [종]천주교

**송종근(宋鍾根) SONG Jong Geun**

[생]1965 · 12 · 9 [출]전북 남원 [주]경상남도 창원시 성산구 공단로474번길 36 STX엔진(주) 임원실(055-280-0114) [학]1988년 서울대 국제경제학과졸 1990년 同대학원 국제경제학과졸 2003년 미국 워싱턴대 대학원졸(MBA) [경]2003~2004년 하나은행 대기업금융1본부 금융팀 RM(기업금융전담역) 2011~2014년 同뉴욕지점장 2015~2018년 하나카드(주) 경영전략본부장 · 전략기획본부장 2019년 STX엔진(주) 대표이사 사장(현) [종]기독교

**송종욱(宋鍾旭) SONG Jong Wook**

[생]1962 · 5 · 23 [출]전남 순천 [주]광주광역시 동구 제봉로 225 광주은행 임원실(062-239-5000) [학]1981년 순천고졸 1988년 전남대 정치외교학과졸 1991년 同대학원 정치학과졸 2007년 전국경제인연합회 최고경영자과정 수료(IMI 56기) [경]1991년 광주은행 입행 2000년 同공보팀장 2001년 同금

호지점장 2003년 同순천지점장 2004년 同여의도지점장 2006년 同서울지점장 2007년 同서울지점장(이사대우) 2007년 同서울영업본부장 겸 자본시장본부장(부행장보) 2012년 同서울지역총괄임원·자본시장본부장(부행장) 2013년 同리스크관리본부장(부행장) 2013년 KBC플러스 대표이사 2014년 광주은행 영업전략본부장(부행장) 2015년 광주상공회의소 부회장(현) 2016년 광주은행 영업전략본부장 겸 미래금융본부장(수석부행장) 2017년 同은행장(현) (상)경영이념상(2002), 자랑스런 광은인 공로상(2004), 자랑스런 광은인 대상(2005), 우리지주금융 회장표창(2007), 금융위원장표창(2012)

**송종의(宋宗義) SONG Jong Eui**

(생)1941·9·13 (본)은진(恩津) (출)평남 중화 (주)충청남도 논산시 양촌면 이메길 232 천고법치문화재단(041-741-5775) (학)1959년 용산고졸 1964년 서울대 법과대학졸 1965년 同사법대학원졸 (경)1966년 육군 법무관 1969~1981년 대구지검·대전지검 강경지청·서울지검 성동지청·법무부 검찰3과·서울지검·법무부 검찰국 검사 1981년 법무부 법무과장 겸 서울고검 검사 1982년 서울지검 특수3부장 1983년 同특수1부장 1985년 전주지검 차장검사 1986년 부산지검 제1차장검사 1987년 법무부 기획관리실장 1989년 대검찰청 형사제2부장 1989년 同강력부장 1991년 대전지검장 1992년 대검찰청 중앙수사부장 1993년 서울지검장 1993~1995년 대검찰청 차장검사 1996~1998년 법제처장 1998년 (주)금강 사외이사 2004·2007년 아세아시멘트(주) 사외이사(현) 2014년 천고법치문화재단 설립·이사장(현) (상)홍조·황조근정훈장, 청조근정훈장(2003), 자랑스러운 서울법대인(2012), 자랑스러운 용산인(2016) (저)'밤나무 검사가 딸에게 쓴 인생연가'(2009)

**송종호(宋宗鎬) SONG Jong Ho**

(생)1956·12·6 (출)대구 (주)경상북도 경산시 하양읍 가마실길 50 경일대학교 ICT융합대학 테크노경영학과(053-600-4721) (학)1975년 계성고졸 1982년 영남대 전기공학과졸 2012년 호서대 대학원 창업학과졸 2012년 명예 경영학박사(순천향대) (경)1986년 기술고시 합격(22회) 1989~1994년 상공부 전자부품과·전기공업과·정보진흥과 근무 1994~1996년 공업진흥청 품질환경인증과·전자정보표준과 근무 1996년 중소기업청 기술개발과 근무 1997년 同창업지원과장 1998년 同벤처진흥과장 2001년 同기술정책과장 2001년 同벤처정책과장 2004년 同혁신인사담당관 2005년 중소기업특별위원회 파견 2006년 국방대학원 파견 2006년 중소기업청 창업벤처본부장 2008~2010년 대통령 경제수석비서관실 중소기업비서관 2010년 중소기업진흥공단 이사장 2011~2013년 중소기업청장 2013년 경일대 ICT융합대학 테크노경영학과 석좌교수(현) 2014년 대경벤처창업성장재단 이사장(현) 2015~2018년 키움증권(주) 사외이사 2015년 이노비즈협회 자문위원(현) 2017년 (주)대성엘텍 사외이사(현) (상)대통령표창(1998), 감사원장표창(2000), 한-EU 협력 최고책임감상(2011)

**송주온(宋宙昷·女) Kyoung-Ae, Song**

(생)1961·5·15 (출)강원 (주)서울특별시 서초구 강남대로 597 진미선빌딩 BT&I그룹(02-548-5666) (학)1984년 이화여대 경영학과졸 2017년 서울대 경영전문대학원 경영학과졸(석사) (경)1987년 ITS여행사 창립 1990~2012년 BT&I 여행그룹 대표이사 2008~2017년 초록우산어린이재단 이사 2011년 숙명여대 경력개발처 자문멘토프로그램 멘토교수(현) 2012년 한국외국기업협회 네트워크위원회 부위원장 2012~2016년 SM C&C BT&I 사장 2015년 초록우산어린이재단 홍보대사 2016년 한국여성벤처협회 이사(현) 2016년 BT&I그룹 대표이사 회장(현) 2016~2017년 홀로하팩토리 대표이사 2017년 국제백신연구소 한국후원회 이사(현) 2017년 위세어 대표이사(현) 2018년 초록우산어린이재단 나눔위원장(현) 2019년 同서울남부후원회장(현) 2019년 아프리카미래재단 법인이사(현) (상)한국일보 올해의 CEO대상(2007), 제12회 여성경제인의날 모범여성기업인부문 국세청장상(2008), 제14회 여성경제인의날 모범여성기업인부문 대통령표창(2010), 자랑스러운 이화경영인상(2010), 포춘코리아 선정 한국경제를 움직이는 인물(2010), 아름다운 납세자상 기획재정부장관표창(2012), 포브스 최고경영자 대상 나눔경영부문(2012), 제34회 김만덕상 경제인부문(2013), 제41회 관광의날 산업포장(2014), The Pride of Wharton KMA 사회공헌부문(2016), 사회복지공동모금회 아너소사이어티 10주년 특별공로상(2017), 동아일보 대한민국 가장 신뢰받는 CEO대상 사회공헌부문 대상(2018), 서울대 경영전문대학원 자랑스러운 동문상(2019) (저)'나는 99번 긍정한다'(2011, 위즈덤하우스)

**송주현(宋株鉉) SONG Joo Hyun**

(생)1949·10·15 (본)여산(礪山) (출)전남 고흥 (주)서울특별시 강남구 테헤란로 115 서림빌딩 12층 유미특허법인(02-3458-9970) (학)1968년 군산고졸 1989년 한남대 법학과졸 1991년 중앙대 행정대학원 행정학과졸 2000년 고려대 행정대학원 최고관리자과정 수료 (경)1981년 특허청 상표심사관 1989년 同인사담당관 1991년 국제특허연수원 교수 겸 교학과장 1992년 특허청 산업재산권보호과장·디자인과장 1997년 특허심판원 심판관 1998년 특허청 총무과장 1999년 특허심판원 심판장 2002년 특허청 심사1국장 2002~2004년 同산업재산권운영협의회 위원장 2003년 충남대 법무대학원 겸임교수 2004년 특허청 상표디자인국장 2004년 同발명정책국장 2004~2005년 同특허심판원장(관리관) 2005년 유미특허법인 대표변리사(현) 2006~2008년 대·중소기업협력재단 경영자문위원 2007~2009년 (주)명문제약 고문변리사 2009년 (주)와토스코리아 사외이사(현) 2010~2011년 대한변리사회 대의원회 초대 의장 2010~2013년 SK그룹 법률고문 (상)특허청장표창, 통일부장관표창, 대통령표창, 녹조근정훈장

**송준상(宋浚相) SONG Jun-Sang**

(생)1964·10·26 (출)경남 산청 (주)서울특별시 영등포구 여의나루로 76 한국거래소 시장감시위원회(02-3774-9001) (학)1983년 진주고졸 1987년 서울대 불어불문학과졸 1990년 同행정대학원 정책학과졸(석사), 미국 오레곤대 대학원 경제학과졸(석사) (경)1994년 경제기획원 경제기획국 사무관 1994년 재정경제원 금융정책실 사무관 2000년 재정경제부 경제정책국 산업경제과 서기관 2002년 同경제정책국 종합정책과 서기관 2004년 同경제자유구역기획단 과장 2005년 대통령비서실 파견 2007년 재정경제부 정책조정국 산업경제과장 2008년 기획재정부 정책조정국 산업경제과장 2010년 同정책조정국 정책조정총괄과장(부이사관) 2011년 국방대 안보과정 교육파견(부이사관) 2012년 농림수산식품부 녹색성장정책관 2013년 국무조정실 재정금융기후정책관 2016~2017년 기획재정부 복권위원회 사무처장 2017년 국정기획자문위원회 경제2분과 전문위원 2017~2018년 금융위원회 상임위원 2018년 同최고핀테크책임자(CFO·Chief Fintech Officer) 겸임 2019년 한국거래소 시장감시위원장(현)

**송준섭(宋俊燮) SONG Joon Sup**

(생)1956·12·28 (출)인천 (주)서울특별시 영등포구 가마산로 343 (주)콤텍시스템 대표이사실(02-3289-0009) (학)1975년 인천 송도고졸 1985년 서울산업대 전자공학과졸, 서울대 경영대학원 최고경영자과정(AMP) 수료(63기) (경)1983~1989년 서울은행 전산부 근무 1990년 (주)콤텍시스템 네트워크영업담당 상무이사, 同전무이사 2003년 同네트워크사업본부 부사장 2009년 同영업부문총괄 사장 2015년 (주)콤텍정보통신 부회장 2018년 (주)콤텍시스템 대표이사(현) (상)위대한 한국인 100인 대상 IT부문(2018), 중소벤처기업부장관표창(2019)

**송중호(宋仲鎬)**
(생)1973 · 4 · 29 (출)부산 (주)경기도 안산시 단원구 광덕서로 75 수원지방법원 안산지원 총무과(031-481-1136) (학)1991년 성남고졸 1996년 연세대 법학과졸 2000년 同대학원졸 (경)1999년 사법시험 합격(41회) 2002년 사법연수원 수료(31기) 2002년 해군 법무관 2005년 창원지법 판사 2009년 수원지법 판사 2013년 서울중앙지법 판사 2016년 서울남부지법 판사 2017년 부산지법 부장판사 2019년 수원지법 안산지원 부장판사(현)

**송지나(宋智娜 · 女) SONG Ji Na**

(생)1959 · 9 · 12 (출)서울 (학)1982년 이화여대 신문방송학과졸 (경)드라마작가(현), KBS라디오 구성작가, MBC라디오 '별이 빛나는 밤에' 스크립터 1996년 SBS 송지나의 취재파일 '세상속으로' MC 1999년 (주)제이콤 공동대표 1999년 영화 '러브' 시나리오 집필 1999년 한국과학기술원 명예동문 2000년 환경부 홍보사절 (상)백상예술대상 극본상(모래시계)(1995), 한국방송대상 작가부문(1995), 한국방송작가상(1996), 대한민국과학문화상(2000), 자랑스러운 이화여대 언론홍보영상인상(2000) (저)'내일을 준비하는 오늘'(1996) '카이스트'(2000) '대망'(2003) '로즈마리'(2004) '태왕사신기'(2007) '모래시계'(2013) '신의'(2013) (작)'KBS 추적60분' 'SBS 그것이 알고 싶다', MBC드라마 '퇴역전선' '호랑이 선생님' '인간시장' '여명의 눈동자' '태왕사신기', SBS드라마 '모래시계' '달팽이' '카이스트' '대망' '신의', KBS드라마 '로즈마리' '남자이야기' '힐러', MBN드라마 '왓츠 업' '신의'(2014) (종)기독교

**송지용(宋智龍) Song Ji-yong**

(생)1963·10·7 (주)전라북도 전주시 완산구 효자로 225 전라북도의회(063-280-3970) (학)우석고졸, 원광대 경제학과졸 (경)(주)한양물류 대표, 민주당 완주군지역협의회 상무위원, 同중앙당 대의원, 민주평통 완주군협의회 간사, 완주교육청 교육행정자문위원회 위원, 법무부 범죄예방완주군협의회 위원 2006·2010~2014년 전북 완주군의회 의원(민주당·민주통합당·민주당) 2006~2008년 同운영위원장 2008년 同예산결산특별위원장 2010년 同산업건설위원장 2010년 同운영위원회 위원 2012년 同산업건설위원장 2014~2018년 전북도의회 의원(새정치민주연합·더불어민주당) 2014·2016~2018년 同행정자치위원회 위원 2014~2015년 同예산결산특별위원회 위원 2016~2018년 同운영위원회 위원장 2016년 전국시·도의회운영위원장협의회 감사 2017~2018년 同부회장 2018년 전북도의회 의원(더불어민주당)(현) 2018년 同부의장(현) 2018년 同환경복지위원회 위원(현) (상)한국자원봉사자센터협회장표창(2017)

**송지용(宋诗鏞)**

(생)1974 · 7 · 12 (출)서울 (주)인천광역시 미추홀구 소성로163번길 49 인천지방검찰청 총무과(032-860-4770) (학)1993년 잠실고졸 2001년 고려대 법학과졸 (경)2000년 사법고시 합격(42회) 2003년 사법연수원 수료(32기) 2003년 대전지검 검사 2005년 광주지검 목포지청 검사 2007년 인천지검 검사 2010년 춘천지검 원주지청 검사 2012년 대검찰청 연구관 2014년 서울중앙지검 검사 2017년 전주지검 검사 2017년 同부부장검사 2018년 대구지검 상주지청장 2019년 인천지검 부부장검사(현)

**송지헌(宋志憲) Song Ji Hun**

(생)1965 · 1 · 17 (주)서울특별시 종로구 율곡로 75 한국조선해양 임원실(1811-9114) (학)1983년 관악고졸 1990년 서울대 신문학과졸 (경)1990년 현대그룹 입사 2014년 현대중공업(주) 커뮤니케이션팀장(상무) 2016년 同서울사무소 상무 2017년 同커뮤니케이션부문장 2017년 同커뮤니케이션부문장(전무) 2019년 한국조선해양 커뮤니케이션부문장(전무)(현)

**송지호(宋至鎬) SONG Ji Ho**

(생)1960 · 12 · 20 (주)경기도 성남시 분당구 판교역로 235 H스퀘어N동 6층 (주)카카오 공동체성장센터(070-7492-1300) (학)1984년 연세대 경제학과졸 1986년 미국 Univ. of Texas 대학원 회계학과졸 (경)미국 공인회계사 1987~1999년 미국 KPMG Los Angeles Senior Manager 1999년 (주)로커스 상무이사, 플레너스 전무 2004~2005년 CJ인터넷(주) 대표이사 2005년 同북미법인 대표 2007년 (주)카카오 부사장, 同최고재무관리자(CFO) 2014년 (주)다음카카오 사업전략팀장 2015년 패스모바일 대표 2017년 (주)카카오 공동체성장센터장(현)

**송진섭(宋鎭燮) SONG Jin Seoub**

(생)1955 · 3 · 23 (출)충남 서천 (주)서울특별시 종로구 율곡로 75 현대건설(주) 원자력사업단(02-746-1114) (학)군산고졸, 울산대 기계공학과졸 (경)현대건설(주) 플랜트사업본부 근무, 同기전사업본부 상무보, 同플랜트사업본부 상무, 同전력사업본부 상무 2011년 同원자력사업본부 전무, 同원자력사업단장 겸 PD(전무)(현) (상)국무총리표창, 산업포장(2007), 철탑산업훈장(2014) (종)천주교

**송진수(宋鎭洙) SONG Jinsoo (雲汀)**

(생)1949·9·5 (본)은진(恩津) (출)부산 (주)서울특별시 송파구 법원로11길 25 에이치비지니스파크 515호 (학)1967년 부산고졸 1971년 고려대 이공대학 전기공학과졸 1976년 同대학원졸 1986년 공학박사(고려대) (경)1976~1978년 대한전선 종합조정실 근무 1979년 한국에너지기술연구소 책임연구원 1979년 미국 아르곤국립연구소 교환연구원 1982년 한국에너지기술연구소 재료연구실장 1985~2011년 한국에너지기술연구원 책임연구원 1986년 미국 미네소타대 교환교수 1987년 한국에너지기술연구원 태양광연구실장 1995년 同신발전연구부장 1995~2013년 IEA PVPS 집행위원 2001년 중국 연변과학기술대학 초빙교수 2001년 한·몽골자원협력위원회 한국대표 2004년 IEC(국제전기전자 표준화기구) TC82(태양광) 한국대표 2004년 한국신재생에너지학회 부회장 겸 편집위원장 2007년 同회장 2008년 재생에너지국제학술대회 및 전시회(RE2008) 의장 2008년 지식경제부산하 신성장동력기획단 신재생에너지소위원회 위원장 2008~2012년 한국신재생에너지학회 회장 2009년 저탄소녹색성장국민포럼 위원 2009년 중국 저탄소녹색성장국제심포지움 공동의장 2009년 대통령직속 녹색성장위원회 위원 2011년 한국에너지기술연구원 태양광연구단 전문연구위원 2011년 한국태양광산업협회 고문(현) 2012년 에너지대안포럼 공동대표(현) 2013년 ESS-RE융합포럼 의장(현) 2013~2015년 한국태양광발전학회 초대회장 2014~2018년 신라대 에너지융합공학부 특임교수 2015년 기후변화·에너지융합포럼 의장(현) 2015년 Int'l Consortium for Super Grid in Northeast Asia 공동의장(현) 2019년 (사)동북아시아재생에너지연구원 이사장(현) (상)대한전기학회 학술상(1986), 과학기술처장관표창(1992), 과학기술훈장 진보장(2001), 신재생에너지학회 학술상(2005), PVSEC Award(2009), 산업포장(2013) (종)기독교

**송진혁(宋眞爀) JINHYUK SONG**

(생)1973 · 2 · 6 (출)서울 (주)서울특별시 중구 세종대로 39 기획재정부 미래전략과(02-6050-2525) (학)1991년 용산고졸 1999년 연세대 경제학과졸 2010년 한국개발연구원(KDI) 국제정책대학원 공공정책학과졸 2010년 영국 요크대 대학원 경제학과졸 (경)1999년 행정고시 재경직 합격(43회) 2012~2013년 기획재정부 종합정책과 서기관 2013~2016년 駐OECD 대표부 참사관 2016~2017년 기획재정부 인력정책과장 2017~2019년 同금융세제과장 2019년 同미래전략과장(현) (상)대통령표창(2011) (종)기독교

ㅅ

**송진현(宋鎭賢) SONG Jin Hyun**

(생)1952·7·10 (출)대구 (주)서울특별시 강남구 테헤란로87길 36 도심공항타워빌딩 법무법인 로고스(02-2188-2820) (학)1971년 경북고졸 1975년 서울대 법학과졸 (경)1976년 사법시험 합격(18회) 1978년 사법연수원 수료(8기) 1978년 軍법무관 1981년 서울민사지법 판사 1983년 서울형사지법 판사 1985년 춘천지법 속초지원장 1987년 서울가정법원 판사 1988년 서울고법 판사 1992년 대구지법 부장판사(대법원 재판연구관) 1994년 서울지법 의정부지원 부장판사 1996년 同서부지원 부장판사 1997년 서울지법 부장판사 2000년 대전고법 부장판사 2001년 서울고법 부장판사 2005년 서울중앙지법 민사수석부장판사 2006년 서울동부지법원장 2008~2009년 서울행정법원장 2009년 법무법인 로고스 상임고문변호사(현) 2012년 보건복지부 자문 보건의료직능발전위원회 위원장 2015~2018년 경찰위원회 제9대 위원장 2015년 서울시행정심판위원회 위원(현)

**송진호(宋鎭浩) Song Jinho**

(생)1960·11·23 (출)서울 (주)제주특별자치도 서귀포시 서호중앙로 63 공무원연금공단 연금본부(064-802-2003) (학)중앙고졸, 국민대 법학과졸 (경)1984년 공무원연금관리공단 입사 1984~2007년 同기획과·행정관리과 근무, 同대전지부장 2007년 同광주지부장 2009년 同연금사업실장 2009~2010년 국방대 안보과정 교육파견 2010년 공무원연금공단 연금사업실장 2010년 同조직인사실장 2011년 同전략기획실장 2013년 同서울지부장 2014년 同고객지원실장 2014년 同총무인사실장 2017년 同기획조정실장 2018년 同연금본부장(상임이사)(현) (상)국무총리표창(2001)

**송진화(宋眞和) SONG Jin hwa**

(생)1971·9·7 (본)여산(礪山) (출)인천 (주)서울특별시 종로구 사직로8길 60 외교부 운영지원팀(02-2100-7855) (학)1997년 건국대 지리학과졸 2005년 러시아 모스크바국립국제관계대 대학원 국제관계학과졸 2006년 同대학원 국제관계학 박사과정 수료 (경)2014년 미래창조과학부 ITU 전권회의준비기획단 의제협력과장 2015년 駐인도대사관 참사관 2017~2019년 외교부 정책기획관실 지역공공외교담당관 2019년 駐프랑스 참사관(현) (상)외교부장관표창(2008), 대통령표창(2015)

**송진훈(宋鎭勳) SONG Jin Hoon**

(생)1941·5·25 (본)은진(恩津) (출)대구 (주)서울특별시 강남구 테헤란로 133 한국타이어빌딩 법무법인 태평양(02-3404-0149) (학)1959년 경북고졸 1963년 서울대 법과대학졸 1964년 同사법대학원졸 (경)1963년 고등고시 사법과 합격(16회) 1964년 軍법무관 1968~1977년 광주지법·목포지원·대구지법·영덕지원·대구지법 판사 1977년 대구고법 판사 1979년 대법원 재판연구관 1981년 대구지법 부장판사 1984년 부산지법 울산지원장 1986~1991년 대구고법 부장판사 1987~1989년 대구지법 수석부장판사 겸임 1991년 대구고법 수석부장판사 1993년 대구지법원장 1996년 부산고법원장 1997~2003년 대법원 대법관 2003년 법무법인 태평양 고문변호사(현) 2005~2007년 공직자윤리위원회 위원장

**송찬엽(宋讚燁) SONG Chan Yeop**

(생)1960·6·1 (출)전북 전주 (주)서울특별시 중구 남대문로 63 한진빌딩 법무법인 광장(02-772-4807) (학)1979년 전주고졸 1984년 서울대 사회교육과졸 1986년 同대학원 법학과졸 (경)1985년 사법시험 합격(27회) 1988년 사법연수원 수료(17기) 1988년 사단 검찰관 1989년 군단 검찰관 1991년 서울지검 서부지청 검사 1993년 광주지검 순천지청 검사 1995년 수원지검 성남지청 검사 1998년 서울지검 검사 2000년 同서부지청 부부장검사 2001년 춘천지검 원주지청장 2002년 대검찰청 연구관 2003년 대전지검 특수부장 2004년 서울중앙지검 부부장검사 2005년 대검찰청 공안1과장 2006년 서울중앙지검 공안1부장 2007년 창원지검 통영지청장 2008년 인천지검 2차장검사 2009년 서울서부지검 차장검사 2009년 법무부 인권국장 2010년 부산지검 1차장검사 2011년 서울중앙지검 1차장검사 2012년 서울고검 차장검사 2013년 대검찰청 공안부장 2013~2015년 서울동부지검장 2015년 법무법인 광장 변호사(현)

**송창권(宋昌權) Song Chang Gweon**

(생)1964·8·15 (본)여산(礪山) (출)제주 서귀포 (주)제주특별자치도 제주시 문연로 13 제주특별자치도의회(064-741-1933) (학)1983년 제주 오현고졸 1990년 제주대 행정학과졸 2005년 同행정대학원 지방자치학과졸, 정치외교학박사(제주대) (경)2002~2010년 (주)제주퍼블릭웰 대표이사 2003년 제주도소방교육대 행정법 강사 2004년 제주특별자치도 제주시 태권도협회 이사·부회장 2005~2006년 제주산업정보대학 강사 2005년 제주도농아복지관 운영위원 겸 후원회 사무국장 2006년 제주오현고총동창회 이사 2006년 제주특별자치도의원선거 출마(열린우리당) 2007년 열린우리당 제주시甲당원협의회 운영위원장 2007~2008·2009~2010년 제주 외도초등학교 학교운영위원장 2007~2008년 대통령자문 국가균형발전위원회 위원 2008~2009년 제주 서중 운영위원장 2008년 대한예수교장로회 제주성지교회 장로(현) 2008~2009년 제주특별자치도지역혁신협의회 특별자치분과위원 2008년 (사)제주자치분권연구소장(현) 2010년 성지요양원 원장 2013~2016년 제주특별자치도 제주시 외도동복지위원협의체 위원장 2016년 제주특별자치도 제주시 외도동지역사회보장협의체 위원장(현) 2016년 (사)국제장애인문화교류제주도협회 부회장(현) 2016년 (사)한국노인복지중앙회 부회장 2018년 제주특별자치도의회 의원(더불어민주당)(현) 2018년 同대규모개발사업장에대한행정사무조사를위한특별위원회 위원(현) 2018년 同교육위원회 위원(현) 2019년 同예산결산특별위원회 위원(현) (종)기독교

**송창근(宋昌根) SONG Chang Geun**

(생)1958·10·28 (출)대구 (주)강원도 춘천시 한림대학길 1 한림대학교 소프트웨어융합대학(033-248-2317) (학)1981년 서울대 계산통계학과졸 1983년 한국과학기술원(KAIST) 전자계산학과졸(석사) 1992년 공학박사(미국 오클라호마주립대) (경)1985~1997년 한림대 전산과 전임강사·조교수 1996년 영국 임페리얼대 객원교수 1997~2010년 한림대 컴퓨터공학부 부교수·교수 1999~2002년 同정보전산원장 2002년 同정보전자공과대학장 2007~2009년 同교무연구처장 2009~2010년 同교무처장 2010~2015년 同정보전자공과대학 유비쿼터스컴퓨팅학과 교수 2014년 同융합문화콘텐츠연구소장 2015년 同소프트웨어융합대학 교수(현) 2018년 同산학협력단장(현) 2018년 同산학부총장 겸임(현) (종)기독교

**송창기(宋昌基) SONG Chang Ki (露逸)**

(생)1937·1·17 (본)은진(恩津) (출)전북 순창 (주)서울특별시 마포구 동교로 250 동방문화연구원 원장실(02-335-3745) (학)1956년 광주고졸 1963년 서울대 문리대학 중국어문학과졸 1967년 同대학원졸 1977년 문학박사(대만 국립정치대) (경)1966년 한국외내단공(外內丹功)연구학회 이사장 1967년 신아일보 기자 1969~1973년 한국신문연구소 간사 1978~1981년 서울대·숙명여대 강사 1978년 청주대 중어중문학과 조교수 1980~1986년 국민대 중어중문학과 부교수 1981~1982년 중국 東海大 대학원 초빙교수 1983년 동방문화연구원 원장(현) 1986년 (사)한국건강체조보급회 이사장(현) 1986~2002년 국민대 문과대학 중어중문학과 교수 1987년 중국 랴오닝사범대 객원교수(현) 1993년 중국詩經(시경)학회 고문(현) 1997년 한국詩經(시경)학회 회장(현)

1997~1998년 미국 하버드대 방문학자 2001년 일본詩經(시경)학회 고문(현) 2002년 국민대 명예교수(현) (저)'중국고대여성윤리관(中國古代女性倫理觀)'(1977) '장경국평전(蔣經國評傳)'(1982) '잘사는 작은 나라(共)'(1984) '노자(老子)와 유가사상(儒家思想)(共)'(1988) '중국어(上·下)'(1989) '후야오빵의 죽음(胡耀邦之死)'(1989) '중국어교사 지도서'(1991·2001) '종합중국어강좌'(1991) '중국어 1·2'(1996) '명심보감신석(明心寶鑑新釋)(共)'(1999) '중국어 1'(2001) '중국고대여성윤리관(中國古代女性倫理觀)'(2002) '길손의 마음 : 노일(露逸) 송창기(宋昌基)교수 시문집'(2002) (종)기독교

## 송창룡(宋昌龍) SONG Chang Lyong

(생)1960·9·5 (주)경기도 의왕시 고산로 56 삼성SDI(031-8006-3100) (학)경동고졸 1983년 고려대 전자공학과졸 (경)1983년 삼성반도체통신 입사, 삼성전자(주) 반도체연구소 공정기술팀장 2003년 同디바이스솔루션 총괄책임자 2003년 同공정기술팀장(상무보) 2006년 同메모리공정기술팀장(상무) 2007~2008년 同메모리사업부 Fab1팀장 2009년 제일모직(주) 반도체소재사업부장(상무) 2010년 同공정소재사업부장(전무) 2012년 同전자재료사업부 개발팀장(전무) 2013년 同전자재료사업부장(부사장) 2014~2019년 삼성SDI(주) 전자재료사업부장(부사장) 2019년 삼성SDI(주) 고문(현)

## 송창섭(宋昌燮) Song, Chang Seob

(생)1957·7·18 (출)경남 (주)충청북도 청주시 서원구 충대로 1 충북대학교 농업생명환경대학 지역건설공학과(043-261-2578) (학)1981년 서울대 농공학과졸 1990년 同대학원 농공학과졸 1994년 농학박사(서울대) (경)1995년 충북대 농업생명환경대학 농공학과 전임강사·조교수·부교수, 同농업생명환경대학 지역건설공학과 교수(현) 2003~2005년 同농업과학기술연구소장 2013~2015년 同농업생명환경대학장 2016년 同기획처장 2018년 同교무처장(현)

## 송철호(宋哲鎬) SONG Chul Ho (一波)

(생)1949·5·26 (본)여산(礪山) (출)부산 (주)울산광역시 남구 중앙로 201 울산광역시청 시장실(052-229-2001) (학)1968년 부산고졸 1976년 고려대 법과대학 행정학과졸 1989년 한국해양대 대학원졸 2000년 울산대 정책대학원 도시개발학과졸 (경)1982년 사법시험 합격(24회) 1984년 사법연수원 수료(14기) 1986~2018년 법무법인 정우종합법률사무소 대표변호사 1987년 현대계열사노동조합 고문변호사 1988년 울산노동법률상담소 소장 1992년 울산민주시민회의 의장 1992년 제14대 국회의원선거 출마(울산 중구, 민주당) 1995년 울산시쟁취시민운동본부 공동본부장 1995년 YMCA 사회봉사위원장 1996년 제15대 국회의원선거 출마(울산 중구, 통합민주당) 1998년 천주교 울산지역평신도협의회장 1998년 울산광역시장선거 출마(무소속) 1999년 울산YMCA 이사장 2000년 제16대 국회의원선거 출마(울산 중구, 무소속) 2001년 경부고속철도울산역유치범시민추진위원회 공동대표 2002년 울산광역시장선거 출마(민주노동당) 2003년 사랑의장기기증운동 울산지역본부 이사장 2003년 열린우리당 지방자치특별위원장 2003~2005년 同울산시당 위원장 2005~2007년 국민고충처리위원회 위원장 2012년 민주통합당 울산중구지역위원회 위원장 2012년 제19대 국회의원선거 출마(울산 중구, 민주통합당) 2014년 제19대 국회의원 재보궐선거 출마(울산 남구乙, 무소속) 2016년 제20대 국회의원선거 출마(울산 남구乙, 무소속) 2017년 더불어민주당 울산시당 인재영입위원장 2017년 대통령직속 국가균형발전위원회 고문 2018년 울산광역시장(더불어민주당)(현) 2018년 울산인재육성재단 이사장(현) (상)청조근정훈장(2010), 제5회 대한민국지방자치발전대상 '최고대상'(2019) (저)수필집 '그래도 피보다 나락이 많다' '뒤처리 분과위원장의 꿈'(2012) (종)천주교

## 송충식(宋忠植) SONG CHOONG SIK

(생)1960·2·4 (본)진천(鎭川) (출)강원 춘천 (주)서울특별시 서초구 헌릉로 12 현대제철(주) 인사팀(02-3464-6077) (학)1978년 춘천고졸 1983년 강원대 경영학과졸 (경)현대제철(주) 경리부장, 同재정·IR담당, 同당진공장 원가관리팀장 2006년 同경리담당 이사 2006~2014년 현대비앤지스틸(주) 감사위원회 위원 2007년 현대제철(주) 제철투자·원가담당 이사(경영관리실장) 2008년 同경영관리실장 2010년 同경영관리실장(전무) 2014년 同재경본부장 2015년 同재경본부장(부사장) 2018년 同변화추진실장 2019년 同자문(현) (상)은탑산업훈장(2018)

## 송치용(宋致龍)

(생)1964·1·14 (주)경기도 수원시 팔달구 효원로 1 경기도의회(031-8008-7000) (학)서울대 수의학과졸 (경)보람동물병원 원장(현), 대한수의사회 정무부회장(현) 2016년 정의당 경기평택시甲지역위원회 위원장 2016년 제20대 국회의원선거 출마(경기 평택시甲, 정의당) 2017년 정의당 경기도당 위원장(현) 2018년 경기도의회 의원(비례대표, 정의당)(현) 2018년 同제2교육위원회 부위원장(현)

## 송태곤(宋泰坤) Song Taekon

(생)1986·9·8 (주)서울특별시 성동구 마장로 210 한국기원(02-3407-3870) (경)허장회 8단 문하생 1992년 KBS배·조치훈배 우승 1995년 오리온배 우승 1999년 입단 2001년 2단 승단 2001년 삼성화재배 본선 2002년 3단 승단 2002년 제7기 박카스배 천원전 우승 2002·2003년 제2·3기 오스람코리아배 신예연승최강전 우승 2003년 4단 승단 2003년 제13기 비씨카드배 신인왕전·제22기 KBS바둑왕전 우승 2003년 제16회 후지쯔배 준우승 2003년 제2회 CSK배 바둑아시아대항전 한국대표 2003년 명인전·LG정유배·박카스배 천원전·비씨카드배 신인왕전 본선 2003년 6단 승단 2004년 7단 승단 2004년 제16회 TV아시아바둑선수권대회 준우승 2004년 KBS바둑왕전·한국바둑리그 본선 2006년 8단 승단 2007년 삼성화재배 본선 2008년 9단 승단(현) 2008년 응창기배 본선, 2010 비씨카드배 본선 2013년 삼성화재배 본선 2015·2016년 KB국민은행 바둑리그·퓨처스리그 본선 2017년 삼성화재배 월드바둑마스터스 본선 2018년 맥심배 본선 (상)바둑문화상 승률상·신예기사상(2002)

## 송태권(宋太權) SONG Tae Gueon

(생)1957·10·25 (출)서울 (주)서울특별시 서대문구 통일로 81 HMG퍼블리싱(02-725-2730) (학)1983년 연세대 정치외교학과졸 (경)1984년 한국일보 입사, 同사회부·국제부·경제부 기자 1995년 同파리특파원(차장) 1999년 同논설위원 2002년 同경제부 차장 2003년 同여론독자부장 2004년 同경제과학부장 2006년 同편집국 부국장 2006년 同편집국 수석부국장 2007년 同출판국장 2007년 관훈클럽 편집위원 2009년 한국일보 포춘코리아 매니징에디터 2011년 同포춘코리아 발행인 2011년 HMG퍼블리싱 상무 겸임 2012년 서울경제신문 논설위원실장 2013~2014년 한국일보 상무 2014년 HMG퍼블리싱 부사장 2014년 同대표이사 사장(현) 2014~2017년 서울경제신문 부사장 겸임 (상)백상기자대상(1987)

## 송태호(宋泰鎬) SONG Tae Ho

(생)1945·1·11 (본)은진(恩津) (출)충남 서천 (주)서울특별시 서대문구 통일로 107-39 사조빌딩 308호 동아시아미래재단(02-364-9111) (학)1964년 경기고졸 1972년 서울대 문리대학 사회학과졸 1983년 미국 미주리주립대 저널리즘스쿨 수료 (경)1972~1983년 경향신문 정치부·외신부 기자

1983년 同미국특파원 1986년 同외신부 부장대우 1986년 대통령 공보비서관 1989~1992년 국무총리 정무비서관 1993년 대통령 교육문화비서관 1994년 대통령 교육문화사회비서관 1994~1997년 국무총리 비서실장 1997~1998년 문화체육부 장관 1998년 미국 워싱턴아메리칸대 초빙연구원 1999년 동양기전 사외이사 1999~2002년 홍익대 동북아연구소 초빙교수 2001년 한양대 언론정보대학원 객원교수 2002~2006년 경기문화재단 대표이사 2008년 (사)우리문화사랑 이사장 2010년 벽산문화재단 이사장 2013년 동아시아미래재단 이사장(현) 2018~2019년 바른미래당 중앙당 윤리위원회 위원장 (상)홍조근정훈장, 청조근정훈장 (종)기독교

## 송평근(宋平根) SONG Pyoung Keun

(생)1966·3·29 (출)전남 보성 (주)서울특별시 중구 남대문로 63 한진빌딩본관 18층 법무법인 광장(02-772-4880) (학)1984년 신일고졸 1988년 서울대 법학과졸 2002년 同법과대학 전문분야법학연구(공정거래법)과정 수료 (경)1987년 사법시험 합격(29회) 1990년 사법연수원 수료(19기) 1990년 軍법무관 1993년 서울민사지법 판사 1995년 서울지법 서부지원 판사 1997년 청주지법 충주지원 판사 1999년 수원지법 성남지원 판사 2001년 서울행정법원 판사 2003년 대법원 재판연구관 2005년 춘천지법 영월지원장 2006년 대법원 재판연구관 2008~2010년 서울북부지법 부장판사 2010년 법무법인 광장 변호사(현) 2011~2017년 (주)사람인에이치알 사외이사 2012~2018년 서강대 법학전문대학원 겸임교수

## 송필호(宋弼鎬) SONG Pil Ho

(생)1950·8·12 (본)은진(恩津) (출)충북 청원 (주)서울특별시 중구 서소문로 100 중앙빌딩 6층 (사)위스타트(02-318-5004) (학)1968년 서울대사대부고졸 1972년 서울대 경제학과졸 (경)1983년 삼성그룹 비서실 경영관리담당 부장 1987년 삼성건설 개발담당 이사 1993년 삼성그룹 비서실 경영관리담당·홍보담당 이사 1994년 중앙일보 관리담당 이사 1995년 同경영지원실장(이사) 1995년 同경영지원실장(상무이사) 1998년 同경영지원실장(전무이사) 2000년 同경영지원실장(부사장) 2000년 조인스닷컴(주) 대표이사 2001년 중앙일보 경영담당 대표이사 부사장 2005년 同대표이사 사장 2007~2015년 同발행인 2007~2014년 한국신문협회 부회장 2008~2017년 전국재해구호협회 부회장 2009~2011년 아이에스플러스코프 대표이사 2009~2010년 헌법재판소 자문위원 2011년 (사)위스타트 회장(현) 2011~2017년 중앙일보 대표이사 부회장 2011~2013년 제이콘텐트리 대표이사 2014~2016년 한국신문협회 회장 2014~2016년 한국언론진흥재단 비상임이사 2016년 한국신문협회 이사 2016~2018년 한국기원 부총재 2017년 전국재해구호협회 회장(현) (상)대한민국경제리더 대상(2010), 중앙SUNDAY 선정 '2013 한국을 빛낸 창조경영대상'(2013), 한국언론인연합회 '자랑스런 한국인대상' 언론경영부문 종합대상(2014)

## 송하경(宋河璟) SONG Ha Kyung (友山)

(생)1942·10·14 (본)여산(礪山) (출)전북 김제 (주)전라북도 전주시 완산구 전주천동로 72 강암서예학술재단(063-287-5353) (학)1960년 이리 남성고졸 1965년 성균관대 동양철학과졸 1986년 문학박사(대만 국립사범대) (경)1974~1985년 전북대 전임강사·조교수·부교수 1982년 한국현대미술 초대작가 1983년 전북도전 초대작가 1985년 성균관대 유학대학 유교학과 부교수 1986~2008년 同유학동양학부 교수 1987년 예술의전당 운영위원 1989년 한국서예협회 창립준비위원장 1991년 성균관대 유학대학장 겸 유학대학원장 1991년 한국사상사학회 부회장 1991년 대한민국예술대전 심사위원장 1992년 한국동양철학회 부회장 1993년 강암서예학술재단 부이사장 1993년 한국서예100인전 초대출품 1994년 서울국악대전 운영부위원장 1995년 동양철학연구회 회장 1995~2000년 한국양명학회 회장 1997년 세계서예전북비엔날레 운영위원장 1997년 대한민국서예대전 심사위원장 1998~2003년 성균관대 박물관장 1998년 한국서예단체협의회 초대의장 1998~2000년 한국서예학회 회장 1998~2008년 남북코리아미술교류협의회 부이사장 1998~2005년 동아시아문화포럼 회장 1998~2005년 동아시아문화와사상 편집인 겸 주간 1998년 1999세계서예비엔날레 조직위원장 1999년 한국동양예술학회 초대 회장 2000~2008년 통일문화학회 공동대표 2000~2004년 동아미술제 운영위원 2001년 동암예술제 심사위원장 2007년 한국서예비평학회 회장(현) 2008년 성균관대 명예교수(현) 2011~2013년 문화재청 문화재위원회 위원 2017년 강암서예학술재단 이사장(현) (상)녹조근정훈장(2008) (종)유교

## 송하경(宋河鯨) SONG Ha Kyung

(생)1959·7·27 (출)서울 (주)경기도 용인시 수지구 손곡로 17 (주)모나미 비서실(031-270-5102) (학)1978년 양정고졸 1984년 연세대 응용통계학과졸 1986년 미국 로체스터대 경영대학원졸 (경)1986년 (주)모나미 이사 1989년 同상무이사 1990년 同전무이사 1991년 同부사장 1993~2017년 同대표이사 사장 2018년 同대표이사 회장(현) (상)석탑산업훈장 (종)기독교

## 송하성(宋河星) SONG Ha Seong

(생)1954·10·20 (본)여산(礪山) (출)전남 고흥 (주)경기도 용인시 처인구 명지로40번길 15-17 (재)용인시정연구원(070-4253-9371) (학)1973년 광주상고졸 1978년 성균관대 경제학과졸 1985년 서울대 행정대학원졸 1988년 경제학박사(프랑스 파리소르본느대) 1999년 미국 조지타운대 로스쿨졸(LL.M.) 2002년 한국방송통신대 법학과졸 2007년 고려대 국제대학원 최고경영자과정 수료 (경)1978년 행정고시 합격(22회) 1980~1992년 경제기획원 근무 1992년 대전EXPO조직위원회 홍보부장 1994년 대통령 경제행정규제완화점검단 총괄과장 1994년 경제기획원 공보담당관 1995년 공정거래위원회 국제업무2과장·공동행위과장 1996년 駐미국대사관 경제협력관 1999년 공정거래위원회 총괄정책과장 2001년 同총무과장 2001년 同심판관리관 2002~2019년 경기대 서비스경영전문대학원 교수 2002년 전남도지사선거 출마(무소속) 2003~2007년 산업자원부 무역유통평가위원 2004~2009년 기획예산처 부담금융운용심의위원 2005~2007년 공정거래위원회 경쟁정책자문위원 2005~2007년 자전거사랑전국연합 회장 2006년 한국공공정책학회 수석부회장 2006년 러시아 상트페테르부르크대 객원교수(현) 2006~2009년 외교통상부 통상교섭자문위원 2007~2011년 경기미래발전연구원 원장 2008~2009년 2012여수세계박람회조직위원회 자문위원 2011년 지식경제부 자문위원 2012~2015년 바른경제민주화연구회 회장 2013~2015년 경기대 서비스경영전문대학원장 2013~2017년 대한민국 육·해·공군·해병대 예비역병장총연합회 초대 회장 2014년 수원지법 조정위원 2015년 한국공공정책학회 회장(현) 2016년 제일제강공업(주) 사외이사 2017년 대한민국병장전우회 이사장(현) 2019년 (재)용인시정연구원 초대 원장(현) (상)대통령표창(1991), 대전EXPO 유공 포상(1993), 근정포장(1994), 수원문학상 시조부문 신인상(2015) (저)'미국경쟁법 가이드'(1998) '부자유친'(2001) '장보고 시대를 열자'(2002) '현대생활예절과 국제매너'(2004) '내 아이도 꿈을 이룰 수 있다'(2008) '송가네 공부법'(2010) '자기주도적 읽기방법'(2011) '수업몰입'(2011) '송가네 영어공부법Ⅱ'(2012) (종)기독교

## 송하중(宋河重) SONG Hah Zoong

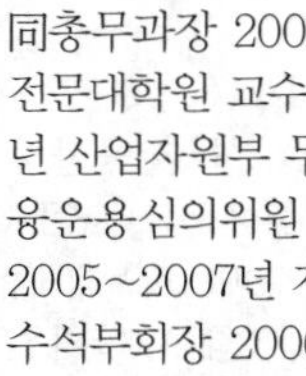

(생)1952·12·29 (본)여산(礪山) (출)전남 고흥 (주)서울특별시 동대문구 경희대로 26 경희대학교 정경대학 행정학과(02-961-0492) (학)1971년 광주제일고졸 1975년 서울대 금속공학과졸 1977년 同행정대학원졸 1984년 미국 Harvard Univ. 대학원 정책학과졸 1991년 정책학박사(미국 Harvard Univ.) (경)1977~1981년 공군 정비장교(대위 예편) 1985년 미국 전국소비자법률연구소 Consultant 1991~1996년 한국행정연구원 정책연구부

장 1996~2018년 경희대 정경대학 행정학과 교수 1998~2000년 행정개혁위원회 위원 2000~2002년 중앙공무원교육원 겸임교수 2000~2002년 공익사업선정위원회 위원 2001년 대통령자문 정책기획위원회 위원 2002~2003년 미국과학재단(NSF) 초청연구원 2003~2005년 경희대 행정대학원장 2003년 교육부 대학설립심사위원회 위원 2004년 국가과학기술위원회 종합조정실무위원회 위원 2004년 한국행정학회 부회장 2004년 행정자치부 인력운영자문단 위원장 2005년 정부혁신지방분권위원회 위원 2005~2006년 대통령자문 정책기획위원회 위원장 2005~2008년 산업기술연구회 이사 2005~2011년 한국과학기술단체총연합회 이사 2006~2008년 사학연금제도개선협의회 위원장·산업인력공단 경영평가위원회 위원장 2007~2010년 한국수력원자력 비상임이사 2007~2008년 기획예산처 평가제도위원회 위원장 2007~2009년 지방자치단체합동평가위원회 위원장 2007~2016년 원자력정책포럼 사무총장, 同회장(현) 2009년 한국정책학회 회장 2009년 지식경제공무원교육원 자문단장 2010년 교육과학기술부 정책자문위원 2010년 원자력이용개발전문위원회 위원 2010년 한국행정연구원 연구자문위원 2010년 경희행정포럼 대표 2011년 (재)성암베넥스 이사장 2011년 충북도 정책자문단 위원장 2011년 중민사회이론연구재단 이사 2012~2018년 SK네트웍스 사외이사 2012~2015년 기초기술연구회 비상임이사 2013년 한국공학한림원 정회원·명예회원(현) 2014년 행정개혁시민연합 공동대표(현) 2015~2018년 한국과학기술단체총연합회 감사 2016년 사용후핵연료공론화위원회 위원 2018년 경희대 정경대학 행정학과 명예교수(현) (상)홍조근정훈장, 한국공학한림원 제14회 일진상 기술정책기여부문(2018) (저)'행정개혁의 신화와 논리'(共) '정부행정 중장기발전을 위한 기본구상' '과학기술활동 촉진을 위한 사회적 보상체계' '행정학의 주요 이론'(共)

## 송하진(宋河珍) SONG Ha Jin (翠石)

(생)1952 · 4 · 29 (본)여산(礪山) (출)전북 김제 (주)전라북도 전주시 완산구 효자로 2 전라북도청 도지사실(063-280-2001) (학)1971년 전주고졸 1979년 고려대 법학과졸 1981년 서울대 행정대학원 행정학과졸 1994년 행정학박사(고려대) (경)1981~1990년 전북도 인사 · 기획 · 공보계장 1989~1995년 원광대 강사 1990년 전북도 통계담당관 1992년 同지역경제과장 1993년 同총무과장 1994~1996년 同기획관 1995~1997년 전주대 객원교수 1996년 전북도 경제통상국장 1997년 내무부 방재계획과장 1998년 행정자치부 자치정보화담당관 1999년 同민간협력과장 2000년 同교부세과장 2001년 전북도 의회사무처장 2002년 同기획관리실장 2004~2005년 행정자치부 지방분권지원단장 2006 · 2010~2014년 전북 전주시장(열린우리당 · 대통합민주신당 · 통합민주당 · 민주당 · 민주통합당 · 민주당 · 새정치민주연합), 전북시장군수협의회 회장 2012년 민주통합당 지방자치단체장협의회 부회장 2013년 민주당 지방자치단체협의회 부회장 2014~2018년 전북도지사(새정치민주연합 · 더불어민주당) 2015~2016년 전국시 · 도지사협의회 부회장 2016년 2017무주세계태권도선수권대회조직위원회 공동위원장 2016년 지역균형발전협의체 제4대 공동회장 2018년 전북도지사(더불어민주당)(현) (상)국무총리표창(1983), 내무부장관표창(1991), 녹조근정훈장(1999), 한국정책학회 학술상 저술부문(2010), 한국문학예술상 특별상(2013), 대한민국 CEO독서대상(2015), 국제스카우트가이드친선연맹 공로상(2017), 한국여성단체협의회 우수지방자치단체장상(2017), 서울신문 · STV 서울 석세스 어워드 정치부문 광역단체장대상(2017) (저)'정책성공과 실패의 대위법', 시집 '모악에 머물다'(2006) '느티나무는 힘이 세'(2010)

## 송한준(宋漢俊) SONG Han Jun

(생)1960 · 1 · 17 (본)회덕(懷德) (출)서울 (주)경기도 수원시 팔달구 효원로 1 경기도의회(031-8008-7000) (학)2007년 서강대 대학원 사회복지정책학과졸, 단국대 대학원 정치외교학 박사과정 수료 (경)한국해양연구원 연안공학부 근무, 同노동조합 위원장, 전국민주노동조합총연맹 전국과학기술노동조합 감사, 同부위원장, 공공연구노동조합 한국해양연구원지부장 2007년 지역사랑나눔무료급식소 사무총장, 안산YMCA 회원, 민주당 안산상록甲지역위원회 직능위원장, 안산녹색자치희망연대 운영위원, 안산시다문화센터 운영위원, 안산시장애인농아협회 운영위원장 2009년 지역아동센터 사무총장 2010년 경기도의회 의원(민주당 · 민주통합당 · 민주당 · 새정치민주연합) 2012년 同경제과학기술위원회 간사 2014~2018년 경기도의회 의원(새정치민주연합 · 더불어민주당) 2014년 同경제과학기술위원회 위원 2016년 同교육위원회 위원 2016~2017년 同예산결산특별위원회 위원장 2016년 同노동자인권보호특별위원회 위원장, 더불어민주당 중앙당 교육연수원 부원장(현) 2018년 경기도의회 의원(더불어민주당)(현) 2018년 同의장(현) 2018~2019년 전국시 · 도의회의장협의회 회장 (상)전국시 · 도의회의장협의회 우수의정 대상(2016), 경기언론인연합회 의정대상(2016), 경기도농아인협회 감사패(2019)

## 송 해(宋 海) SONG Hae

(생)1927 · 4 · 27 (출)황해 재령 (주)서울특별시 영등포구 여의공원로 13 한국방송공사(KBS) 전국노래자랑팀(02-781-3311) (학)해주음악전문학교졸 (경)1955년 창공악극단으로 데뷔, MC 겸 코미디언(현), 원로연예인상록회 회장, 음식체인점 '가로수를 누비며' 대표 1988년 한국방송공사(KBS) '전국노래자랑' MC(현) 2002년 'MBC 명예의 전당'에 헌액 2003년 전국연예예술인조합 주관 '올해의 스승'에 추대 2010년 남원시 홍보대사 2010년 한국방송공사(KBS) 최초 명예사원 2012년 여수시 홍보대사 2012년 IBK기업은행 홍보대사 2014년 (주)제이디홀딩스 전속모델 2015년 괴산세계유기농산업엑스포조직위원회 공동조직위원장 2016년 대구 달성경찰서 '4대 사회악 근절' 홍보대사 2017년 2017실버문화페스티벌 홍보대사 2018년 태안 기부마을 '쓰달타운' 촌장(현) (상)대한민국 연예예술상 대상(2001), 한국방송프로듀서상 진행자부문(2003), 한국방송대상 심사위원 특별공로상(2003), 보관문화훈장(2003), KBS 바른언어상(2004), 여의도클럽 제6회 방송인상 방송공로부문상(2005), 백상예술대상 공로상(2008), 제2회 한민족문화예술대상 대중문화부문상(2009), 대한민국 희극인의날 자랑스러운 스승님상(2009), 대한민국 연예예술상 남자TV진행상(2010), 방송통신위원회 방송대상 특별상(2010), 환경재단 선정 '세상을 밝게 만든 사람들'(2010), 대한민국 광고대상 모델상(2012), '2013년을 빛낸 도전한국인 10인' 연예부문 대상(2014), 은관문화훈장(2014), 대한민국사회공헌대상 특별상(2015), '한국PD대상' 출연자상 TV진행자부문(2016) (작)'KBS 라디오 가로수를 누비며' 'MBC 라디오 코미디쇼' '전국노래자랑' '싱글네 벙글네' 외 다수

## 송해덕(宋海德) Song, Hae-Deok

(생)1969 · 8 · 25 (주)서울특별시 동작구 흑석로 84 중앙대학교 사범대학 교육학과(02-820-5368) (학)1992년 서울교대 교육학과졸 1996년 서울대 대학원 교육학과(교육공학전공)졸 1999년 同대학원 교육공학 박사과정 수료 2004년 교육공학박사(미국 펜실베이니아주립대) (경)2004~2006년 미국 뉴욕주립대 올바니교 교육학과 교수 2004~2006년 同정보학과 교수 겸임 2006년 중앙대 사범대학 교육학과 교수(현), 同교육학과장, 同HRD학과장, 同교수학습개발센터장 2013년 同일반대학원 부원장 2014년 同미디어센터장 2015년 同교무처 부처장 겸 교수학습개발센터장 2017 · 2018년 同글로벌인적자원개발대학원장(현) 2017 · 2019년 한국교육공학회 부회장(현) 2018년 중앙대 대학혁신지원사업추진단장(현) 2019년 한국인력개발학회 회장(현) (저)'교육공학의 원리와 적용(共)'(2012, 교육과학사) '최신교육학개론(共)'(2018, 학지사) (역)'조직성과 창출을 위한 수행공학의 원리와 적용'(2013, 학지사) (작)EBS '난상토론 교육을 말한다' MC(2013), EBS '교육대토론' MC(2014)

**송해룡(宋海龍) SONG Hae Ryong**

(생)1954·8·12 (출)충남 천안 (주)서울특별시 종로구 성균관로 25-2 성균관대학교 미디어커뮤니케이션학과(02-760-0391) (학)1979년 성균관대 물리학과졸 1985년 同대학원졸 1988년 신문방송학박사(독일 뮌스터대) (경)1988~1993년 성균관대 강사·원광대 신문방송학과 조교수 1993년 원광대 신문방송학과 교수 1996년 독일 쾰른스포츠대 객원교수 1997년 한국과학기술원 인문사회과학부 대우교수 2000~2019년 성균관대 미디어커뮤니케이션학과 교수 2003년 同신문사 주간 2008~2010년 방송통신위원회 보편적시청권보장위원회 위원 2009~2011년 성균관대 학생처장 2009~2011년 同종합인력개발원장 2011~2012년 同언론정보대학원장 2011~2012년 한국방송학회 회장 2013년 (재)국악방송 비상임이사(현) 2015년 한국스포츠미디어학회 회장 2015~2016년 성균관대 사회과학대학장 2015~2019년 同문화융합대학원장 2017년 국무총리자문 국민안전안심위원회 위원(현) 2019년 성균관대 사회과학대학 미디어커뮤니케이션학과 명예교수(현) (상)한국언론학회 학술상(2005) (저)'미디어스포츠와 스포츠커뮤니케이션' '디지털커뮤니케이션과 스포츠콘텐츠' '기업커뮤니케이션론' '디지털미디어, 서비스 그리고 콘텐츠' '디지털라디오방송론' '위험보도론' '스포츠, 미디어를 만나다' '스포츠저널리즘과 마케팅' '영상시대의 미디어스포츠' '디지털미디어 길라잡이' '휴대폰 전자파의 위험' (역)'미디어스포츠'(2004) (종)기독교

**송해룡(宋海龍) Song Hae Ryong**

(생)1957·4·8 (출)부산 (주)서울특별시 구로구 구로동로 148 고려대 구로병원 정형외과(02-2626-2483) (학)1981년 고려대 의대졸 1984년 同대학원 의학석사 1990년 의학박사(고려대) (경)1981~1984년 공중보건의 1981년 성주군 가천면 국가시범의원 1982년 선산군 무을면 보건지소 근무 1983년 청도군 각북면 보건지소 근무 1984년 고려대 구로병원 인턴 1985~1989년 同구로병원 정형외과 레지던트 1989~1991년 고려대병원 임상강사 1991~2003년 경상대 의대 정형외과학교실 전임강사·조교수·부교수 1994년 미국 시카고 노스웨스턴대 소아기념병원 연구원 1995년 미국 매릴랜드대 커난병원 사지기형교정센터 연구원 1999~2001년 경상대 의대 정형외과학교실 주임교수 2001~2002년 경상대병원 정형외과장 2004년 고려대 의대 정형외과학교실 교수(현) 2006~2010년 同구로병원 정형외과장 2006년 同구로병원 희귀난치성질환센터장 2007년 한국희귀난치성질환연합회 자문이사(현) 2008년 고려대 구로병원 희귀질환연구소장(현) 2010년 대한민국의학한림원 정회원(현) 2010~2016년 고려대 구로병원 임상기기시험센터 IRD위원장 2012~2013년 대한골연장변형교정학회 학회장 2013~2015년 대한정형외과학회 법제위원회 위원 2016년 KU-MAGIC연구원 기술사업본부장(현) 2016년 식품의약품안전처 차세대의료기기100프로젝트맞춤형멘토링 전문가위원(현) (상)보건복지부장관 표창(2008), 고려대의료원 학술상(2010), SBS 희망내일나눔대상 공로상(2011), 대한정형외과학회 학술장려상(2012) (저)'수술로 키를 늘일 수 있다구요?', 전자책 '키 수술과 합병증'(2012)

**송해은(宋海龑) SONG Hai Eun**

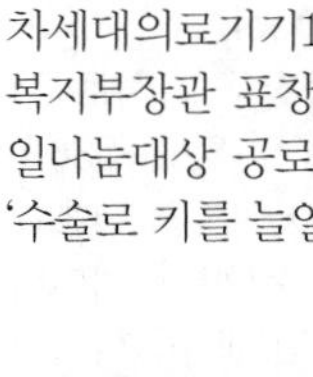

(생)1959·3·27 (본)여산(礪山) (출)충북 청주 (주)서울특별시 서초구 서초대로74길 4 삼성생명서초타워 법무법인(유) 동인(02-2046-0640) (학)1977년 청주고졸 1982년 한양대 법학과졸 1999년 同행정대학원 사법행정학과졸 (경)1983년 사법시험 합격(25회) 1985년 사법연수원 수료(15기) 1986년 서울지검 남부지청 검사 1988년 광주지검 순천지청 검사 1990년 대전지검 검사 1992년 서울지검 동부지청 검사 1994년 대검찰청 검찰연구관 직대 1995년 同검찰연구관 1997년 서울고검 검사 1999년 춘천지검 영월지청장 2000년 서울지검 부부장검사 2001년 인천지검 부천지청 부장검사 2002년 同특수부장 2003년 서울지검 남부지청 형사6부장 2004년 서울동부지검 형사1부장 2005년 광주지검 순천지청 차장검사 2006년 인천지검 제2차장검사 2007년 대검찰청 수사기획관 2008년 수원지검 성남지청장 2009년 부산지검 1차장검사 2009년 전주지검장 2010년 대검찰청 형사부장 2011년 서울서부지검장 직대 2011년 서울동부지검장 2012~2013년 사법연수원 부원장 2013년 법무법인(유) 동인 구성원변호사(현) 2019년 (주)현대홈쇼핑 사외이사(현) (상)근정포장(1991), 홍조근정훈장(2004) (종)천주교

**송 현 SONG Hyun (無向齋)**

(생)1947·5·24 (본)은진(恩津) (출)부산 (주)서울특별시 동대문구 장한로21길 11-11 한글문화원 (학)1965년 부경고졸 1969년 동아대 국어국문학과졸 1973년 同대학원 수학 (경)1974~1976년 서라벌고 교사 1975년 월간 '시문학'으로 등단, 시인 겸 동화작가(현) 1976년 한글기계화추진회 회장 1978~1982년 공병우타자기(주) 대표이사 사장 1979년 문장용타자기연구회 회장 1985~1988년 한국현실문제연구소 소장 1988~1989년 월간 '디자인' 편집주간 1989~1991년 월간 '굴렁쇠' 편집주간 1991년 한글표준글자꼴제정 전문위원 1992년 남북한한글자판통일추진회 회장 1992년 한국어린이문학협의회 회장 1992년 민족문학작가회의 아동문학분과위원장 1994~1995년 KBS라디오 '행복이 가득한 곳에'·'송현인생칼럼'·'비지니스맨 시대' 진행 1995~1997년 서울문화예술신학교 교수 1999년 한글문화연구회 이사 2002년 (주)건강미디어왕국 CEO 2002년 명상출판사 편집대표 2004년 한글문화원 원장(현) 2004~2005년 경기대 사회교육원 교수, 송현결혼학교 교장 2004~2005년 사법개혁국민연대 공동대표 2006년 한국라즈니쉬학회 회장(현) 2008~2010년 브레이크뉴스 주필 2011년 세종시 명칭재정자문위원회 위원장 2011~2016년 한글학회 '한글새소식' 편집자문위원 2011년 불교TV 송현 시인의 '지혜의 발견' 특강 2012년 한국스토리텔링연구소 소장(현) 2013년 KBS 아침마당 목요특강 진행 2013~2014년 팟캐스트 '송현방송' 진행, '송현의 행복대학교' 대표(현) 2016년 한국인문학대학 석좌교수(현) (상)동아문학상, 명예타자석학 칭호, 한글학회 한글빛낸 문화인물 선정, 국민애국시인 칭호(2017) (저)시집 '참회록', 칼럼집 '당신에게 남은 찬스가 많지 않다' '행복의 발견' '여자는 알 수 없다', 소설집 '오빠의 방' '어머님 전상서', 동화집 '판돌이 특공대' '쥐돌이의 비밀잔치' '쥐돌이의 세상구경', 연구서 '시인 함석헌' '영적 스승 라즈니쉬' '한글기계화개론' '한글기계화운동' '한글자형학' '애들아, 나를 할머니라 부르지 말고 윤순이 할머니라 불러라!' '스토리텔링 실전 바이블'(2016) 등 (종)불교

**송 현(宋 賢) Song Hyoun**

(생)1959·11·15 (출)전남 목포 (주)광주광역시 동구 제봉로 225 광주은행 임원실(062-239-5000) (학)1978년 목포상고졸 1986년 서울시립대 회계학과졸 1990년 고려대 경영대학원 경영학과졸 2002년 미국 일리노이대 어배나섐페인교 대학원 SPIM과정 수료 2016년 경영학박사(한성대), 고려대 경영전문대학원 최고경영자과정(AMP) 수료 (경)1978~1998년 한국은행 발권부·여신관리국·분쟁조정실·조사1부 근무 1999~2012년 금융감독원 여전감독실 팀장·은행검사1국 근무·금융지주서비스국 근무·일반은행서비스국 팀장·전남도 투자유치보좌관·금융감독원 금융서비스개선국 근무 2012년 금융감독원 IT감독국장 2014년 同저축은행검사국장 2015~2016년 (주)전북엔비텍 대표이사 2017년 광주은행 상임감사위원(현)

**송현경(宋賢慶·女)**

(생)1975·1·17 (주)인천광역시 미추홀구 소성로163번길 17 인천지방법원 총무과(032-860-1169) (학)1993년 동덕여고졸 1998년 고려대 법학과졸 (경)1997년 사법시험 합격(39회) 2000년 사법연수원 수료(29기) 2000년 서울지법 판사 2002년 서울가정법원 판사 2004년 제주지법 판사 2007년 부산지법 판사 2011년 사법연수원 교수 2013년 서울행정법원 판사 2015년 서울남부지법 판사 2016년 창원지법 부장판사 2017년 사법연수원 교수 2019년 인천지법 부장판사(현)

**송현승(宋炫昇) SONG Hyun Seung**

(생)1955·2·1 (출)충북 제천 (주)서울특별시 중구 소월로2길 12 CJ(주)(02-726-8114) (학)1972년 제천고졸 1978년 고려대 정치외교학과졸 (경)1983년 연합통신 외신부 기자 1989년 同정치부 기자 1999년 연합뉴스 정치부 차장 2000년 同정치부 부장대우 2000년 同사회부장 직대 2003년 同정치부장 2004년 同지방국 부장급 2005년 同편집국 사회·지방·사진담당 부국장 2006년 관훈클럽 편집담당 운영위원 2006~2009년 연합뉴스 기획·총무담당 상무이사 2006~2009년 (주)연합인포맥스 비상임이사 2007~2009년 연합뉴스 동북아정보문화센터 비상임이사 2009년 (주)연합인포맥스 전무이사 2012년 同특임이사 2013~2015년 연합뉴스 대표이사 사장 2013~2015년 연합인포맥스 대표이사 회장 2013~2015년 연합M&B 사장 2013~2015년 연합뉴스 동북아센터 이사장 2013~2015년 연합뉴스TV(뉴스Y) 대표이사 사장 2014년 한국신문협회 이사, 충청포럼 이사 2016년 비아이이엠티(주) 사외이사 2016년 (주)KMH하이텍 사외이사(현) 2017년 CJ(주) 사외이사 겸 감사위원(현)

**송현종(宋炫宗) SONG Hyun Jong**

(생)1965·11·23 (출)전북 전주 (주)경기도 이천시 부발읍 경충대로 2091 SK하이닉스(031-630-4114) (학)1983년 서울 대성고졸 1987년 서울대 경제학과졸 1989년 同대학원 경제학과졸 1999년 미국 매사추세츠공과대학 경영대학원졸(MBA) (경)1989년 한국은행 근무 1999년 Booz Allen Hamilton 근무 2003년 SK텔레콤(주) 경영기획실 Convergence TFT장 2004년 同경영기획실 경영기획2팀장 2004년 同경영전략실 사업전략팀장 2005년 同IR실장(상무) 2007년 同CGO산하 성장전략그룹장(상무) 2008년 同전략조정실 전략그룹장(상무) 2010년 同경영기획그룹장(상무) 2010년 同전략기획실장(상무) 2011년 同미래경영실장(상무) 2012년 同경영지원단장 2012년 SK하이닉스 미래전략실장(전무) 2012~2015년 同미래전략본부장(전무) 2016년 同마케팅부문장(부사장) 2019년 同미래기술·성장담당 부사장(현)

**송현주(宋賢柱) SONG Hyun-Joo**

(생)1970 (주)강원도 춘천시 한림대학길 1 한림대학교 미디어스쿨(033-248-1924) (학)1994년 서울대 언론정보학과졸 2000년 同대학원 언론정보학과졸 2005년 언론학박사(미국 미주리대 컬럼비아교) (경)2006~2007년 서울대 BK21사업단 박사후 연구원 2007~2016년 한림대 언론정보학부 조교수·부교수·교수 2009년 同학보사 주간교수 2014~2015년 한국언론정보학회 총무이사 2016년 한림대 미디어스쿨 교수(현) 2019년 KBS 시사교양 '저널리즘 토크쇼 J' 패널 2019년 연합뉴스 수용자권익위원회 위원(현)

**송현호(宋賢鎬) SONG Hyun Ho**

(생)1954·6·6 (본)은진(恩津) (출)전남 곡성 (주)경기도 수원시 영통구 월드컵로 206 아주대학교 국어국문학과(031-219-2802) (학)옥과고졸, 전남대 국어국문학과졸 1982년 서울대 대학원 국어국문학과졸 1989년 문학박사(서울대) (경)1982~1985년 한국방송통신대·경기대·아주대·서울대 강사 1985~1996년 아주대 국어국문학과 전임강사·조교수·부교수 1987~1992년 同국어국문학과장 1987~1988년 同문리대학장보 1988~1991년 同학생부처장 1988~1990년 同취업보도실장 1991~1992년 同교무부처장 1992~1993년 同총장 추대위원 1995년 중국 절강대 교환교수 1996~2019년 아주대 국어국문학과 교수 1999~2000년 同징계위원 2001~2003년 同인문학부장 2001~2003년 同인문대학장 겸 인문연구소장 2004~2006년 同학생처장 2008년 同인문과학연구소장 2010년 한국현대소설학회 회장 2011~2015년 교육부 한국학진흥사업위원회 위원장 2011년 아주대 학생처장 2018년 한국문학번역원 한민족이산문학 자문위원(현) 2019년 아주대 국어국문학과 명예교수(현) (상)아주학술상 (저)'문학사기술방법론' '한국현대소설론' '문학의 이해' '한국근대소설연구' '한국현대소설의 이해' '한국현대소설의 해설' '한국현대문학론' '한국현대문학의 비평적 연구' '논문작성의 이론과 실제' (역)'원각천언' (종)불교

**송형근(宋亨根) SONG Hyung Kun**

(생)1965·1·2 (출)경남 창원 (주)세종특별자치시 도움6로 11 환경부 자연환경정책실(044-201-6620) (학)1983년 마산고졸 1988년 연세대 토목공학과졸 1990년 서울대 대학원 환경계획학과졸 (경)1991년 기술고시 합격(27회) 2001년 환경부 자연보전국 자연정책과 사무관 2002년 同자연보전국 자연정책과 서기관 2004년 울산시 환경협력관 2005년 환경부 서기관 2007년 同정책홍보관리실 정책홍보담당관 2008년 同자연보전국 국토환경보전과장 2009년 同자연보전국 국토환경정책과장 2009년 同운영지원과장(부이사관) 2011년 대구지방환경청장 2012년 중앙공무원교육원 고위정책과정 파견 2012년 환경부 환경보건정책관 2013년 수도권대기환경청장 2016년 낙동강유역환경청장 2017년 환경부 물환경정책국장 2018년 同대변인 2018년 同자연환경정책실장(현) (상)국무총리표창(1999)

**송형일(宋泂一) SONG HYUNG IL**

(생)1964·8·3 (본)여산(礪山) (출)전남 고흥 (주)광주광역시 서구 상무중앙로 114 연합뉴스 광주·전남취재본부(062-373-1166) (학)1983년 광주 진흥고졸 1990년 전남대 신문방송학과졸 (경)1991년 연합통신 입사 2004년 연합뉴스 광주·전남취재본부 차장 2008년 同광주·전남취재본부 부장대우 2011년 同광주·전남취재본부 부장 2014년 同광주·전남취재본부 부국장대우 2016년 同광주·전남취재본부 부본부장 겸 취재국장 2018년 同광주·전남취재본부장(현)

**송형일(宋炯一)**

(생)1967·12·15 (주)광주광역시 서구 내방로 111 광주광역시의회(062-613-5044) (학)공학박사(전남대) (경)송언종 광주시장 비서, 더불어민주당 광주광역시당 지방자치위원장, 전남대학교 총동창회 부회장(현) 2018년 광주시의회 의원(더불어민주당)(현) 2018년 同환경복지위원회 부위원장(현) 2018년 同예산결산특별위원회 위원장(현) 2018년 同윤리특별위원회 위원(현) 2018년 同자치분권특별위원회 위원(현) 2019년 대통령소속 자치분권위원회 정책자문위원(현)

**송형종(宋炯鍾) Song Hyung Jong**

(생)1965·12·7 (본)여산(礪山) (출)전남 고흥 (주)서울특별시 동대문구 왕산로 53 사숙재회관 402호 (사)항일여성독립운동기념사업회(02-924-0660) (학)1985년 전남 영주고졸 1992년 청주대 연극영화과졸 1998년 同대학원 연극영화학과졸 2004년 동국대 대학원 연극학 박사과정 수료(연출) (경)1999~2015년 극단 '가변' 대표 1999~2002년 국제극예술협회(ITI) 사무국장 1999~2005년 동아방송대학 연극영화과 겸임교수 2000~2005년 혜화동1번지 3기 동인 연출 2002~2011년 국제극예술협회(ITI) 한국본부 이사 2003~2008년 소극장 '가변무대' 대표 2004~2006년 한국연극협회 이사 2004~2014년 한국연극교육학회 감사·이사 2004~2014년 백만원연극공동체 운영위원 2005~2018년 한·일연극 운영위원 2006~2013년 공주영상대학 연기과 교수 2006년 同연기과 학과장 2006~2010년 소극장 '인산아트홀' 대표 2007~2014년 한국교육연극학회 이사 2008~2011년 공주영상대학 홍보입시팀장 2009~2010년 한국문화예술교육진흥원 중앙위원 겸 대전충청지

역위원장 2010~2012년 서울연극협회 부회장 2013~2019년 한국영상대 연기학과 교수 2013~2016년 同연기학과 학과장 2013~2018년 한국연극협회 이사 2013~2018년 예술공간서울 예술감독 2015년 충남예총 자문위원(현) 2016~2019년 서울연극협회 회장 2017~2018년 동국대 대학원 연극학과 강사 2017년 루마니아 바벨페스티벌 이사(현) 2017~2019년 한국문화예술위원회 위원 2018~2019년 同정책지원소위 위원장 2019년 (사)항일여성독립운동기념사업회 대표이사(현) (상)국제청소년연극협회 한국본부 무대미술상(2002), 국제극예술협회(ITI) 특별공로상(2002), 서울국제공연예술제 앙상블상(2003), 올해의 예술상(2004), 영희연극상(2004), 국제청소년연극협회 한국본부 우수상(2005), 전국연극제 대통령표창(2007), 전국연극제 금상(2010), 대한민국셰익스피어어워즈 대상(2014) (저)'배우 길들이기'(1995, 정주출판사) '배우훈련모델'(2001, 정주출판사) '연극의 세계'(2006, 정주출판사) '성공적인 축제연출(共)'(2007, 연극과인간) (작)연극연출 '뱀'(1991) '홍부전'(1993) '젊은 문화축제 99場'(1999) '전하'(1999) '패밀리 리어'(2003) 'ON AIR 햄릿'(2003) '맨버거-그 속에 무엇이 들었나?'(2004) '오델로 니그레도'(2004) '엠빠르리베라'(2006) '직지'(2007) '십이야'(2009) '콜렉션'(2009) '신털이봉의 사랑'(2010) '언덕을 넘어서 가자'(2010) 'K게이트'(2014) '게릴라씨어터'(2015) '아름다운거리'(2016) '오델로니그레도'(2018) '1919: 세상을 바꾸기 위한 과정의 기록'(2018), 가족뮤지컬연출 '꼬마마녀 위니'(2000), 뮤지컬연출 '오마이캡틴!'(2011) (종)불교

### 송혜영(宋惠英 · 女) SONG Hyeo Young

(생)1965 · 3 · 25 (출)전남 고흥 (주)경기도 평택시 평남로 1036 수원지방법원 평택지원(031-650-3114) (학)1983년 전남여고졸 1990년 서울대 법학과졸 (경)1992년 사법시험 합격(34회) 1995년 사법연수원 수료(24기) 1995년 광주지법 판사 1997년 同목포지원 판사 1999년 광주지법 판사 2001년 同가정지원 판사 2003년 同담양군법원 · 곡성군법원 · 화순군법원 판사 2004년 광주고법 판사 2006년 광주지법 판사 2008년 광주고법 판사 2009년 광주지법 판사 2011년 同장흥지원장 2013년 광주지법 부장판사 2018년 수원지법 평택지원장(현)

### 송혜정(宋惠政 · 女) SONG Hye Cheong

(생)1974 · 10 · 3 (출)대전 (주)서울특별시 서초구 서초중앙로 157 서울고등법원(02-530-1114) (학)1993년 춘천여고졸 1997년 서울대 정치학과졸 (경)1997년 사법시험 합격(39회) 2000년 사법연수원 수료(29기) 2000년 서울지법 판사 2002년 同동부지원 판사 2004년 춘천지법 판사 2007년 의정부지법 판사 2007년 미국 듀크대 파견 2010년 서울중앙지법 판사 2012년 사법연수원 교수 2014년 서울고법 판사 2015년 창원지법 마산지원 부장판사 2016년 서울고법 판사(현)

### 송혜진(宋惠眞 · 女) Song, Hye-jin

(생)1960 · 11 · 29 (주)서울특별시 용산구 청파로47길 100 숙명여자대학교 전통문화예술대학원 진리관 811호(02-710-9889) (학)1983년 서울대 국악과졸 1986년 한국학중앙연구원 한국학대학원 문학석사 1995년 문학박사(한국학중앙연구원 한국학대학원) (경)1989~2001년 국립국악원 학예연구관 1989~1990년 영국 Durham대 객원연구원 2001~2003년 국악방송 편성제작팀장 2001~2016년 숙명여대 전통문화예술대학원 교수 2006~2016년 숙명가야금연주단 예술감독 2012~2014년 한국문화예술위원회 위원 2015~2016년 (재)미르 이사 2016~2019년 국악방송 사장 2019년 숙명여대 전통문화예술대학원 전통음악전공 교수(현) (상)동아일보 음악평론상(1986), KBS 국악대상 미디어출판상(2007), 관재국악상(2011), 제19회 난계악학대상(2015) (작)'한국아악사연구'(2000) '한국악기'(2001) '우리국악 100年'(2001) '국악, 이렇게 들어보세요'(2002) '청소년을 위한 한국음악사'(2006)

### 송호근(宋鎬根) SONG Ho Keun

(생)1952 · 1 · 15 (출)서울 (주)인천광역시 부평구 세월천로 211 (주)YG-1(032-526-0909) (학)1971년 서울고졸 1976년 서울대 공과대졸, 서강대 경영대학원 최고경영자과정 수료 (경)1977년 태화기계(주) 입사 1981년 양지원 공구 창업 1988년 한국공구공업협동조합 이사 1994년 한국공작기계산업협회 이사 1997년 인천경영자총협회 부회장 1999~2012년 인천무역상사협의회 회장 2000년 (주)YG-1 대표이사 회장(현) 2012년 한국무역협회 비상근부회장 (상)무역의날 수출탑 및 산업포장(1991), 세계최우수청년기업가상(영국)(1996), 중소기업인상(1996), 은탑산업훈장(1997), 국세청장표창(2000), 대통령표창(2010), 최고기업가상(2014), 제9회 EY 최우수기업가상 산업부문(2015), 산업평화대상 기업부문(2017), 대한민국일자리으뜸기업인증패(2018) (종)천주교

### 송호근(宋虎根) SONG Ho Keun

(생)1956 · 1 · 4 (본)야성(冶城) (출)경북 (주)경상북도 포항시 남구 청암로 77 포항공과대학교 융합문명인문사회학부(054-279-0114) (학)서울고졸 1979년 서울대 사회학과졸 1981년 同대학원 사회학과졸 1989년 사회학박사(미국 하버드대) (경)1981~1984년 육군사관학교 전임강사 1989~1994년 한림대 조교수 · 부교수 1994~1998년 서울대 사회학과 조교수 · 부교수 1997~1998년 미국 스탠퍼드대 후버연구소 방문교수 1998~2018년 서울대 사회과학대학 사회학과 교수 1999~2002년 同사회발전연구소장 2002~2004년 同사회학과장 2004년 중앙일보 '송호근 칼럼' 연재(현) 2006~2008년 서울대 대외협력본부장 2009~2011년 대통령직속 사회통합위원회 위원 2010년 지식경제부 지식경제R&D전략기획단 고문 2012~2018년 (주)크라운제과 사외이사 2014~2018년 두산엔진(주) 사외이사 겸 감사위원 2016년 바른과학기술사회실현을위한국민연합 공동대표 2018년 서울대 사회학과 석좌교수 2018년 포항공과대(POSTECH) 인문사회학부 석좌교수(현) 2018년 同인문사회학부장(현) (상)한림대 일송기념사업회 일송상(2013) (저)'한국의 평등주의, 그 마음의 습관' '정치 없는 정치시대'(1999) '세계화와 복지국가'(2001) '한국, 어떤 미래를 선택할 것인가'(2006) '인민의 탄생'(2011, 민음사) '이분법 사회를 넘어서'(2012, 다산북스) '시민의 탄생'(2013, 민음사) '그들은 소리 내 울지 않는다'(2013, 이와우), 장편소설 '강화도'(2017, 나남) '다시, 빛 속으로 – 김사량을 찾아서'(2018, 나남)

### 송호기(宋虎起)

(생)1961·11·8 (출)전남 함평 (주)전라북도 완주군 이서면 오공로 12 한국전기안전공사 임원실(063-716-2291) (학)철도고졸, 조선대 무역학과졸, 건국대 대학원 기계공학과졸 (경)1981년 공무원 임용, 산업통상자원부 에너지수요관리과 근무 2013년 同산업정책과 기술서기관 2017~2018년 울산자유무역지역관리원장 2018년 한국전기안전공사 부사장 겸 기획이사(현)

### 송호림(宋虎林)

(생)1964 (주)전라북도 완주군 봉동읍 봉동로 28 완주경찰서(063-219-1211) (학)목포고졸 1986년 경찰대 행정학과졸(2기), 한양대 행정대학원 행정학과졸 (경)1986년 경위 임용 2000년 서울 노원경찰서 방범과장 2002년 경찰청 과학수사계장 2008년 총경 승진 2009년 전북 부안경찰서장 2011년 경기 부천원미경찰서장 2013년 경기지방경찰청 홍보담당관 2013년 서울지방경찰청 홍보담당관 2014년 同지하철경찰대장 2014년 서울 금천경찰서장 2015년 경찰청 과학수사센터장 2016년 同과학수사관리관실 과학수사담당관 2016년 경기 성남수정경찰서장 2017년 경기남부지방경찰청 과학수사과장 2019년 전북 완주경찰서장(현) (상)근정포장(2003), 아름다운 과학수사인상(2017)

**송호석(宋虎錫) SONG HO Seok**
(생)1970 · 6 · 15 (본)여산(礪山) (출)전북 임실 (주)세종특별자치시 도움6로 11 환경부 물통합정책국 물정책총괄과(044-201-7140) (학)1989년 전주고졸 1997년 서울대 정치학과졸 2004년 미국 예일대 환경대학원졸 (경)환경부 질정책과 사무관 2007년 同재정기획관실 기획평가팀장 2007년 同정책홍보관리실 법무담당관, 同기획조정실 규제개혁법무담당관 2009년 금강유역환경청 유역관리국장 2009년 국립환경과학원 연구전략기획실 연구기획과장 2010년 환경부 기후대기정책관실 온실가스관리TF팀장 2012년 同자원순환국 폐자원관리과장 2012년 고용 휴직(OECD 근무) 2017년 환경부 기획조정실 혁신행정담당관(서기관) 2018년 同기획조정실 혁신행정담당관(부이사관) 2019년 同물환경정책국 물환경정책과장 2019년 同물통합정책국 물정책총괄과장(현)

**송호섭(宋昊燮) SONG Ho Sueb**

(생)1970 · 12 · 4 (주)인천광역시 중구 큰우물로 21 가천대부속 길한방병원(032-770-1300) (학)1996년 경원대 한의학과졸 1998년 同한의과대학원 침구학과졸 2002년 침구학박사(경원대) (경)1996년 경원대 서울한방병원 일반수련의 1999년 同서울한방병원 전문수련의 2000~2012년 同한의학과 시간강사 · 조교수 · 부교수 2002~2004년 同인천한방병원 침구과장 2004년 同서울한방병원 침구과장 2007~2008년 同서울한방병원 교육부장 2008년 同서울한방병원 진료부장 2012년 가천대 한의과대학 한의학과 교수(현) 2013~2016년 한국보건의료인국가시험원 비상임이사 2014~2017년 가천대부속 길한방병원장 2019년 가천대 한의과대학장(현) (상)경원학술상(2007 · 2008), 대한한의학회 학술상 대상(2008), 대한한의학회 최우수논문상(2008) (저)'약침학(共)'(2008, 엘스비아코리아) '침구학(上 · 中 · 下)(共)'(2008, 집문당)

**송호연(宋鎬年) SONG Ho Yeon**

(생)1963 · 3 · 11 (본)진천(鎭川) (출)전북 정읍 (주)충청남도 천안시 동남구 순천향6길 31 순천향대학교 의과대학 미생물학교실(041-570-2412) (학)1987년 순천향대 의대졸 1990년 同대학원 의학석사 1994년 의학박사(순천향대) (경)1987~1988년 순천향대병원 인턴 1988~1994년 순천향대 의대 미생물학교실 조교 · 전임강사 1994~1997년 국군간호사관학교 군의관 1997~1999년 순천향대 의대 미생물학교실 조교수 1999~2000년 미국 케이스웨스턴리저브대 교환교수 2002년 순천향대 의대 미생물학교실 부교수 · 교수(현) 2010년 同미생물학교실 주임교수(현) 2011년 同고부가생물소재산업화지역혁신센터장(현) 2012년 同교학부장 2012년 同링크사업단 공용장비지원센터장

**송호창(宋晧彰) Song Ho Chang**

(생)1967 · 2 · 14 (출)대구 (주)서울특별시 서초구 서초대로54길 29-6 열린빌딩 2층 법무법인 동서양재(02-3471-3705) (학)1986년 부산동고졸 1990년 인하대 경제학과졸 2001년 미국 하버드대 변호사 상법연수과정 수료 (경)1999년 사법시험 합격(41회) 2002년 사법연수원 수료(31기) 2002년 동서법률사무소 변호사 2003년 법무법인 덕수 변호사 2007년 민주사회를위한변호사모임 사무차장 2008년 법무법인 정평 변소사, 대한변호사협회 인권위원, 참여연대 경제개혁센터 부소장, 한국여성민우회 이사 2011년 박원순 서울시장후보 대변인 2012~2016년 제19대 국회의원(의왕 · 과천, 민주통합당 · 무소속 · 새정치민주연합 · 더불어민주당) 2012년 국회 정무위원회 위원 2012년 민주통합당 원내부대표 2012년 同대선후보경선준비기획단 기획위원 2012년 同경기도당 예비후보자자격심사위원회 위원장 2012년 무소속 안철수 대통령후보 선거대책위원회 공동선대본부장 2013년 국민과함께하는새정치추진위원회 소통위원장 2013년 국회 국가정보원개혁특별위원회 위원 2014년 민주당 · 새정치연합 신당추진단 정무기획분과 공동위원장 2014~2015년 새정치민주연합 경기도당 공동위원장 2014년 同전략기획위원장 2014~2016년 국회 미래창조과학방송통신위원회 위원 2014~2015년 국회 예산결산특별위원회 위원 2014년 새정치민주연합 조직강화특별위원회 위원 2014~2015년 국회 예산결산특별위원회 예산안조정소위원회 위원 2016년 법무법인 동서양재 변호사(현) (저)'인생기출문제집'(2009, 북하우스) '같이 살자'(2012, 문학동네) (역)'민주주의와 법의 지배'(2008, 후마니타스) '왜 사회에는 이견이 필요한가'(2009, 후마니타스)

**송홍석(宋鴻奭) SONG Hong Suk**
(생)1967 · 2 · 10 (주)세종특별자치시 한누리대로 422 고용노동부 통합고용정책국(044-202-7401) (학)1985년 대구 심인고졸 1989년 서울대 공법학과졸 1994년 同대학원 행정학과졸 (경)2003년 노동부 기획예산담당관실 사무관 2004년 同혁신담당관실 서기관 2006년 同퇴직급여보장팀장 2007년 同국제협력국 국제협상팀장 2008년 同기획조정실 규제개혁법무담당관 2009년 해외파견 OECD주재관 2012년 고용노동부 기획조정실 국제협력담당관 2013년 同기획조정실 행정관리담당관 2013년 同기획조정실 창조행정담당관 2014년 同기획조정실 창조행정담당관(부이사관) 2015년 同고용정책실 고용서비스정책과장 2016년 同중앙노동위원회 조정심판국장(고위공무원) 2017년 서울지방노동위원회 상임위원 2018년 고용노동부 고령사회인력정책관 2019년 同통합고용정책국장(현)

**송홍섭(宋洪燮) SONG Hong Sup**

(생)1958 · 2 · 3 (출)서울 (주)제주특별자치도 서귀포시 중문관광로72번길 114 하얏트리젠시제주(064-733-1234) (학)1976년 평택고졸 1980년 고려대 농업경제학과졸 1986년 同대학원 재무관리과졸 1994년 미국 일리노이대 경영대학원 석사(MBA) (경)1980년 LG증권(주)입사, 同선물옵션팀장, 同신사지점장, 同정보시스템본부장 2004년 LG투자증권(주) 운용사업부장(상무) 2006년 파르나스호텔(주) CFO(전무) 2011년 同경영지원본부장(전무) 2011~2016년 同대표이사(CEO) 2018년 하얏트리젠시제주 대표이사(CEO)(현) (상)재무부장관표창(1985)

**송홍엽(宋洪燁) SONG Hong Yeop**

(생)1962 · 1 · 3 (출)전북 전주 (주)서울특별시 서대문구 연세로 50 연세대학교 공과대학 전기전자공학부(02-2123-4861) (학)1980년 대신고졸 1984년 연세대 전자공학과졸 1986년 미국 서던캘리포니아대 대학원 전자공학과졸 1991년 전자공학박사(미국 서던캘리포니아대) (경)1986~1991년 미국 University of Southern California Dept. of EE-Systems Research Assistant 1992~1994년 미국 Communication Science Institute Research Associate 1994년 미국 Qualcomm Inc. Senior Engineer 1995년 연세대 전자공학과 전임강사 · 조교수 · 부교수 · 교수, 同전기전자공학부 교수(현) 1996~2000년 대한전자공학회 전문위원 2000년 한국통신학회 전문위원 2001년 통신정보합동학술대회 부위원장 2002~2003년 캐나다 워털루대 방문교수 (저)'Tuscan Squares'(1996) 'Feedback Shift Register Sequences'(2002) 'Handbook of Combinatorial Designs'(2006) (역)'확률과 랜덤변수 및 랜덤과정'(2006) '선형대수학과 응용'(2008)

**송환빈(宋環彬) Song, Hwan Been**

(생)1963 · 9 · 9 (본)은진(恩津) (출)경남 마산 (주)부산광역시 영도구 해양로 385 한국해양과학기술원 미래전략실(051-664-3733) (학)1982년 마산고졸 1987년 서울대 해양학과졸 1998년 同대학원 기술경영경제정책협동과정졸(경제학석사) 2005년 이학박사(고려대) (경)1990~1996년 한국해양연구원 정책개발실 행정원 1997년 한국해양수산개발원 해양산업연구실 책임연구원 1999~2008년 공공기술연구회 평가팀장 · 정책팀장

ㅅ

2008년 산업기술연구회 산연네트워크TF팀장 2008년 同정책개발실장 · 재정지원실장 2008년 국가핵융합연구소 연구정책실장 2009년 同기획조정부장 2010~2011년 同정책전략부장 2011년 한국해양연구원 연구전략실장(책임연구원) 2012년 한국해양과학기술원 정책연구부장 2014년 同제2부원장 2018년 同미래전략실 책임연구원(현) (상)공공기술연구회 이사장표창(2002), 부총리 겸 과학기술부장관표창(2006), 감사원장표창(2008)

**송효석(宋孝錫) Song, Hyoseok**

(생)1959 · 5 · 21 (본)여산(礪山) (출)경기 평택 (주)인천광역시 부평구 부평북로 141 (주)심팩 임원실(032-510-0114) (학)1978년 서울고졸 1982년 연세대 공과대학 금속공학과졸 1984년 同대학원 금속학과졸 1997년 신소재공학박사(포항공대) (경)1984~2002년 포스코 기술연구소 책임연구원 2003~2011년 同스테인리스제강부장 2011~2013년 同타이녹스법인장(대표이사) 2013~2018년 심팩메탈로이 대표이사 사장 2018년 (주)심팩 대표이사(현) (종)천주교

**송훈석(宋勳錫) SONG Hun Suk (雲峰)**

(생)1950·10·8 (본)여산(礪山) (출)강원 고성 (학)1967년 경동고졸 1972년 고려대 법과대학 행정학과졸 (경)1975년 사법시험 합격(17회) 1977년 사법연수원(7기) 1980년 서울지검 북부지청 검사 1985년 춘천지검 검사 1986년 서울지검 남부지청 검사 1988년 부산지검 검사 1990년 춘천지검 속초지청장 1991년 同부장검사 1993년 수원지검 성남지청 부장검사 1994년 서울지검 의정부지청 부장검사 1996년 제15대 국회의원(속초·고성·양양·인제, 신한국당·한나라당·국민회의·새천년민주당) 1996년 신한국당 원내부총무 1997년 한나라당 원내부총무 1999년 국민회의 원내부총무 2000년 새천년민주당 원내부총무 2000~2004년 제16대 국회의원(속초·고성·양양·인제, 새천년민주당) 2000년 새천년민주당 건설교통분과위원회 위원장 2001년 同원내수석부총무 2001년 운봉장학회 이사장 2002~2004년 국회 환경노동위원회 위원장 2002년 반부패국회의원포럼 회원 2004년 제17대 국회의원선거 출마(속초·고성·양양, 새천년민주당) 2008년 제18대 국회의원(속초·고성·양양, 무소속·민주당·민주통합당) 2008년 한·키르키즈스탄의원친선협회 회장 2010~2012년 국회 사법제도개혁특별위원회 위원 2010~2012년 국회 농림수산식품위원회 위원 2012년 제19대 국회의원선거 출마(속초·고성·양양, 민주통합당) 2012년 법무법인 신화 변호사 (상)한국효도회 효행상(2011) (종)기독교

**송희경(宋喜卿 · 女) SONG HEEKGYOUNG**

(생)1964·7·24 (출)부산 (주)서울특별시 영등포구 의사당대로 1 국회 의원회관 1011호(02-784-2455) (학)1987년 이화여대 전자계산학과졸 2003년 아주대 정보통신대학원 전자상거래학과졸 2009년 한국과학기술원(KAIST) 테크노경영대학원 경영학과졸 (경)2007년 대우정보시스템 기술지원실장, 同기술연구소장(상무), 同서비스사업단장(상무) 2012년 KT G&E부문 소프트웨어개발센터장(상무) 2013년 평창동계올림픽지원단 단장 2013년 KT G&E부문 기업IT사업본부장(상무) 2014~2015년 한국클라우드산업협회 회장 2014년 KT 공공고객본부장(상무) 2015~2016년 同GiGA IoT사업단장(전무), 대우정보시스템 서비스사업본부장 겸 기술연구소장, 경기도 빅파이미래전략위원회 위원, 산업통상자원부 주관 여성R&D인력확충 홍보대사, 미래창조과학부 클라우드전문위원회 위원, 한국정보화진흥원(NIA) 오픈플랫폼운영위원회 위원 2014~2016년 한국클라우드서비스산업협회 회장 2016년 제20대 국회의원(비례대표, 새누리당·자유한국당〈2017.2〉)(현) 2016~2018년 국회 여성가족위원회 위원 2016~2017년 국회 미래창조과학방송통신위원회 위원 2016년 국회 미래일자리특별위원회 위원 2016년 새누리당 전당대회선거관리위원회 위원 2016년 국회 4차산업혁명포럼 공동대표 2016~2017년 새누리당 원내부대표 2017~2018년 자유한국당 원내부대표 2017·2018년 국회 과학기술정보방송통신위원회 위원(현) 2017년 국회 4차산업혁명특별위원회 간사 2017년 자유한국당 지방선거기획위원회 위원 2018년 국회 여성가족위원회 간사(현) 2018년 국회 운영위원회 위원 2018년 자유한국당 중앙여성위원장(현) 2018년 同원내대변인 2018년 同경제와청년위원회 위원장(현) 2018년 국회 4차산업혁명특별위원회 위원(현) (상)대우정보인상, 대한민국S/W 공모대전 지식경제부장관표창, 한국여성정보인협회 공로상(2012), 한국클라우드산업공로 미래창조과학부장관표창, 빛나는 이화인상(2016), 국회의원 헌정대상(2018·2019), 2018 입법 및 정책개발 우수국회의원(2019)

**송희호(宋熙鎬) SONG Hee Ho**

(생)1959 · 3 · 28 (본)은진(恩津) (출)전남 곡성 (주)광주광역시 동구 동명로 106-2 2층 송희호법률사무소(062-231-2300) (학)1977년 옥과고졸 1986년 전남대 법학과졸 (경)1990년 사법시험 합격(32회) 1993년 사법연수원 수료(22기) 1993년 광주지법 판사 1995년 同장흥지원 판사 1997년 광주지법 판사 1999년 同나주시법원 · 광주지법 판사 2001~2002년 중국 중국사회과학원 법학연구소 연수 2003년 광주고법 판사 2006년 광주지법 판사 2008년 전주지법 정읍지원장 2010년 광주지법 부장판사 2014~2016년 광주지법 · 광주가정법원 목포지원장 2016년 변호사 개업(현) (종)불교

**수 불(修 弗)**

(생)1953 (출)경남 통영 (주)부산광역시 동구 범일로 102 보성빌딩 부산불교방송(051-797-5114) (학)1978년 범어사 승가대 대교과졸 (경)1975년 범어사에서 지명(志明)스님을 은사로 출가 1975년 지유스님을 계사로 사미계 수지 1977년 고암스님을 계사로 비구계 수지 1979~1989년 제방선원에서 수선안거 성만 1989년 부산 안국선원 개원 1996년 서울 안국선원 개원, 대한불교조계종 안국선원장(현) 1997년 (사)불국토 상임이사 2010~2012년 불교신문 제43대 사장 2011~2017년 동국대 국제선센터 선원장 2011년 BTN불교TV 이사(현) 2012~2016년 대한불교조계종 제14교구본사 금정총림 범어사 주지 2012~2016년 부산시불교연합회 회장 2015년 부산불교방송 사장(현) 2015년 BBS불교방송 이사(현) 2016년 문경세계명상마을추진위원회 공동위원장(현) 2016년 불교미래포럼 통섭(현) (상)보건복지부장관표창(2003), 문화관광부장관표창(2004), 대한불교조계종종정표창(2009 · 2012 · 2013), 국가보훈처장 감사장(2014), 국방부장관 감사장(2014), 부산지방경찰청장 감사장(2015), 대한불교진흥원 대원상 포교대상(2015) (저)'황금빛 봉황이'(2005, 여시아문) '흔적 없이 나는 새'(2014, 김영사) (종)불교

**승기배(承基培) SEUNG Ki Bae**

(생)1956 · 2 · 17 (출)경북 영주 (주)서울특별시 서초구 반포대로 222 가톨릭대학교 서울성모병원 순환기내과(02-2258-1143) (학)1975년 경복고졸 1981년 가톨릭대 의대졸 1985년 同대학원 의학석사 1993년 의학박사(가톨릭대) (경)1990~2002년 가톨릭대 의대 내과학교실 전임강사 · 조교수 · 부교수 1996년 미국 에모리대 연수, 일성신약(주) 사외이사 2002년 가톨릭대 의대 내과학교실 교수(현) 2002~2009년 同서울성모병원 순환기내과장 2003년 同의대 순환기학과장 2004~2006년 대한순환기학회 학술이사 2004~2016년 TCT Asia Pacific Angioplasty Summit Course Director 2006~2008년 대한순환기학회 총무이사 2006~2008년 중재시술연구회 부회장 2006년 Asian Pacific Society of Interventional Cardiology 자문위원 2006~2017년 보건복지부 내과계의료전문평가위원회 위원 2006~2012년 가톨릭대 서울성모병원 심혈관센터 소장 2007~2009년 대한의학회 학술

위원, 미국심장학회(FACC) 정회원 2009~2010년 가톨릭대 서울성모병원 내과 과장 2010~2012년 대한심장학회 중재시술연구회장 2013~2017년 가톨릭대 서울성모병원장 2014년 서울특별시병원회 부회장 2014년 대한임상노인의학회 회장 2014~2016년 한국국제의료협회(KIMA) 부회장 2015~2017년 가톨릭대 여의도성모병원장 [상]한국서비스대상 CEO부문 유공자상(2017) [종]천주교

**승명호(承明鎬) SEUNG Myung Ho**

[생]1956·1·17 [출]서울 [주]서울특별시 영등포구 여의나루로 53-2 동화그룹 회장실(02-2122-0601) [학]경희고졸 1983년 고려대 무역학과졸 [경]1984년 동화기업(주) 입사 1984년 同이사 1987년 同전무이사 1989년 同부사장 1993~2003년 同대표이사 사장 1998년 (주)우디코 대표이사 사장 2000~2003년 대성목재공업(주) 대표이사 사장 2002년 한국합판보드협회 부회장 2002년 (주)동화씨마 대표이사 사장 2003년 동화홀딩스 대표이사 사장 2008년 경희중·고총동창회 회장, 한국합판보드협회 회장, 동화홀딩스 대표이사 부회장 2011년 同대표이사 회장, 동화그룹 회장(현) 2015년 한국일보 회장(현) 2015년 코리아타임스 회장(현) [상]재무부장관표창(1994), 대통령표창(1995), 고대 언론경영자상(2016)

**승은호(承銀鎬) SEUNG Eun Ho**

[생]1942·2·22 [출]평북 정주 [주]서울특별시 서초구 강남대로 363 덕흥빌딩 11층 코린도그룹 임원실(02-3474-9708) [학]1960년 서울고졸 1967년 연세대 행정학과졸 2002년 명예 경영학박사(세종대) 2005년 명예 경영학박사(연세대) [경]1968년 동화기업(주) 미국 L.A. 지사장 1982년 同사장 1987년 코린도그룹 회장(현) 1990~2012년 在인도네시아한인회 회장 2002·2007·2008년 세계한인회장대회 공동의장 2003년 동남아한상연합회 회장 2008~2018년 아시아한인회 총연합회장 2008년 제7차 세계한상대회 대회장

**승현창(承鉉蒼) SEUNG HYUN CHANG**

[생]1977·3·15 [출]서울 [주]인천광역시 서구 가정로37번길 50 핸즈코퍼레이션(주) 회장실(032-870-9665) [학]2000년 고려대 경제학과졸 [경]2004년 동화상협(주) 입사 2005년 同이사 2006년 同부사장 2009년 同사장 2012년 同대표이사 회장 2012년 핸즈코퍼레이션(주) 대표이사 회장(현) 2015년 한국무역협회 이사(현) 2015년 (사)한국자동차튜닝협회 회장(현) [상]국무총리표창(2010), 대통령표창(2013)

**승효상(承孝相) Seung, H-Sang**

[생]1952·10·26 [출]부산 [주]서울특별시 종로구 동숭4가길 20 (주)종합건축사사무소 이로재(02-763-2010) [학]1971년 경남고졸 1975년 서울대 공과대학 건축학과졸 1979년 同대학원 건축학과졸 1981년 오스트리아 빈 공과대학 건축공학과 수학 [경]1974~1980년 공간연구소 설계실 근무 1981~1982년 Marchart Moebius und Partner, Vienna 디자이너 1982~1989년 공간연구소 대표이사 1989년 (주)종합건축사사무소 '이로재' 설립·대표(현) 1998년 영국 런던대 객원교수 2002년 미국건축가협회 명예회원(현) 2011년 제4회 광주디자인비엔날레 공동감독 2011년 서울시 건축정책위원회 위원장 2011년 同한국건축문화대상 심사위원장 2011년 서울건축학교 운영위원 2011년 한국예술종합학교 객원교수 2011년 파주출판도시 코디네이터 2012년 베니스비엔날레 초청작가 2014~2015년 환경재단 이사 2014~2016년 서울시 서울총괄건축가, 오스트리아 빈 공과대학 객원교수 2017년 동아대 건축학과 석좌교수(현) 2017년 서울도시건축비엔날레 운영위원장(현) 2018년 대통령직속 국가건축정책위원회 제5기 위원장(현) 2019년 부산시 도시건축정책 고문(현) [상]대법원장표창(1990), 한국건축가협회상(1991), 현대미술관 올해의 작가상(2001), 문화관광부 문화예술상(2007), 파라다이스상 문화예술부문상(2007), 제5회 에이어워즈 인텔리전스부문(2010), 제1회 한국패션100년어워즈 패션플러스분야 건축부문(2011), 자랑스러운 서울대인(2012), 제13회 경암상 특별상(2017) [저]'지혜의 도시 지혜의 건축'(1999, 서울포럼) '승효상 작품집'(2001, 건축과 환경) '빈자의 미학'(2002, 미건사) '건축, 사유의 기호'(2004, 돌베개) '건축이란 무엇인가'(2005, 열화당) '지문'(2009, 열화당) '파주출판도시 컬처스케이프'(2010, 기문당) 'SEUNG H SANG'(2010, C3) '오래된 것들은 다 아름답다'(2012, 컬처그라퍼) '모용공간 1·2(共)'(2012, 글씨미디어) '서울의 재발견(共)'(2015, 페이퍼스토리) '승효상 도큐먼트'(2015, 열화당) [작]'수졸당'(1993) '수백당'(1998) '웰콤시티'(2000) '모헌' '대전대 30주년 기념관' '파주 교보문고 센터' '지산 발트하우스' '구덕교회' '중국 베이징 장성 클럽하우스' '아부다비 문화지구 전시관' '말레이시아 쿠알라룸푸르 복합빌딩' '봉하마을 묘역 소석원' '중국 하이난시 보아오 주택단지' '노무현 대통령 묘역설계'(2009) '퇴촌주택'(2010) '솔거미술관'(2015, 경주) '천의바람'(2016)

**시민석(柴珉錫) SI Min Suk**

[생]1961·11·21 [출]충남 청양 [주]서울특별시 중구 삼일대로 363 서울지방고용노동청(02-2250-5821) [학]1980년 서울북공고졸 1991년 국민대 행정학과졸 [경]1993년 행정고시 합격(36회) 1994년 노동부 재해보상과·산재보상과 사무관 1996년 同법무담당관실·기획예산실 사무관 2001년 同국제협력관실 서기관 2002년 서울지방노동청 근로감독과장 2003년 노사정위원회 기획과장 2005년 의정부지방노동사무소장 2006년 서울지방노동청 의정부지청장 2006년 노동부 재정기획관실 재정기획팀장 2008년 同고용정책실 직업능력개발지원과장 2009년 同고용정책실 인적자원개발과장 2009년 同노사협력정책국 공무원노사관계과장 2010년 서울고용노동청 서울고용지원센터 소장(부이사관) 2011년 고용노동부 노사정책실 노사협력정책과장 2012년 同노동정책실 공공노사정책관 2013년 광주지방고용노동청장 2015년 고용노동부 대변인 2016년 同산재예방보상정책국장 2016년 대통령정책실 일자리수석비서관실 고용노동비서관실 선임행정관 2017년 대통령소속 경제사회발전노사정위원회 운영국장 2019년 서울지방고용노동청장(현) [상]근정포장(2015)

**시석중(柴錫重) SHI SUK JUNG**

[생]1961·2 [주]서울특별시 영등포구 은행로 30 IBK자산운용(02-727-8800) [학]1989년 건국대 법학과졸 2009년 고려대 대학원 노동법학과졸 [경]1989년 기업은행 입행 2001년 同노동조합 위원장 2005년 同반월기업금융지점 기업금융팀장 2007년 IBK기업은행 기업고객부 영업지원팀장 2008년 同가산동지점장 2010년 同강남기업금융센터장 2011년 同기업고객부장 2013년 同인천지역본부장 2014년 同마케팅본부장 겸 IB본부장 2015년 同마케팅본부장(부행장) 2015~2017년 同마케팅그룹장(부행장) 2015년 새누리당 핀테크특별위원회 위원 2017년 IBK자산운용 대표이사(현) [상]중소기업청장표창(2007), 국무총리표창(2013)

**시진곤(施進坤)**

[생]1969·10·12 [출]경북 문경 [주]대구광역시 북구 원대로 100 대구 북부경찰서(053-380-5101) [학]1988년 대구 영남고졸 1993년 경찰대 법학과졸(9기) [경]2005년 울진경찰서 생활안전교통과장(경정) 2006년 포항남부경찰서 생활안전과장 2008년 경북지방경찰청 교통안전계장 2011년 同경비경호계장 2015년 경북지방경찰청 경비교통과장(총경) 2016년 경북 칠곡경찰서장 2017년 울산지방경찰청 정보화장비과장 2017년 경북지방경찰청 여성청소년과장 2018년 대구지방경찰청 112종합상황실장 2019년 대구 북부경찰서장(현)

**시진국(柴振國) SI Jin Guk**
(생)1973·8·7 (출)전북 김제 (주)경상남도 통영시 용남면 동달안길 67 창원지방법원 통영지원(055-640-8500) (학)1992년 전북 원광고졸 1998년 서울대 경영학과졸 2000년 同법학과졸 2003년 同대학원 법학과 수료 (경)2000년 사법시험 합격(42회) 2003년 사법연수원 수료(32기) 2003년 서울지법 예비판사 2005년 서울가정법원 판사 2007년 춘천지법 공보담당 판사 2010년 서울고법 판사 겸임 2011년 수원지법 판사 2014년 법원행정처 기획제2심의관 겸임 2015~2016년 同기획제1심의관 겸임 2016년 서울중앙지법 판사 2018년 창원지법 통영지원 부장판사(현) (종)기독교

**신각수(申珏秀) SHIN Kak Soo**

(생)1955·1·16 (출)충북 영동 (주)서울특별시 종로구 종로3길 17 디타워 23층 법무법인 세종(02-316-4020) (학)1973년 서울고졸 1977년 서울대 법학과졸 1979년 同대학원 법학과졸 1991년 국제법학박사(서울대) (경)1975년 외무고시 합격(9회) 1977년 외무부 입부 1986년 駐일본 1등서기관 1990년 외무부 차관보좌관 1993년 同아주국 동북아1과장 1995년 同장관보좌관 1995년 駐유엔대표부 참사관 1998년 駐스리랑카 공사 겸 참사관 2001년 외교통상부 동아시아스터디그룹담당 심의관 2002년 同조약국장 2004년 駐유엔대표부 차석대사 2006년 駐이스라엘 대사 2008년 외교통상부 제2차관 2009~2011년 同제1차관 2010년 글로벌녹색성장연구소(GGGI) 이사 2011~2013년 駐일본대사 2013~2014년 새누리당 국제위원회 부위원장 2013~2017년 국립외교원 국제법센터 소장 2013~2015년 서울대 일본연구소 특임연구원 2014년 법무법인 세종 고문(현) 2016년 울산대 초빙교수(현) 2018년 (사)TJWG 이사(현) (상)황조근정훈장(2013), 니어학술상(2015) (종)천주교

**신건석(辛建錫) SHIN Gun Seok**

(생)1957·1·31 (본)영산(靈山) (출)충북 충주 (주)충청북도 청주시 상당구 상당로 155 청주시청 감사관실(043-201-1160) (학)성균관대 행정대학원 행정학과졸 (경)문화관광부 청소년정책과 사무관 2004년 同청소년국 청소년정책과 서기관, 同게임음악산업과 서기관, 同콘텐츠진흥과 서기관 2006년 문화중심도시조성추진기획단 파견(서기관) 2007년 문화관광부 아시아문화중심도시추진단 투자산업팀장 2008년 통일연구원 연수(서기관) 2009년 문화체육관광부 감사담당관 2012년 同F1국제자동차경주대회조직위원회 파견(부이사관) 2013년 국립중앙도서관 디지털정보이용과장 2013년 문화체육관광부 종무1담당관 2014~2016년 국립국악원 기획운영단 국악진흥과장 2017년 청주시 감사관(현)

**신건수(申健洙) SHIN Keon Soo** (東庵·弘毅)

(생)1952·10·20 (본)평산(平山) (출)대구 (주)서울특별시 종로구 종로5길 58 석탄회관빌딩 법무법인 케이씨엘(02-721-4475) (학)1971년 경기고졸 1975년 서울대 문리과대학 철학과졸 1986년 미국 워싱턴대 법과대학원 연수 (경)1975년 사법시험 합격(17회) 1977년 사법연수원 수료(7기) 1977~1980년 육군 법무관 1980년 서울지검 검사 1983년 제주지검 검사 1985년 서울지검 검사 1988년 대검찰청 검찰연구관 1990년 마산지검 충무지청장 1991년 마산지검 특수부장 1991년 창원지검 특수부장 1992년 대전지검 형사1부장 1993년 대검찰청 공안2과장 1994년 同공안1과장 1995년 서울지검 남부지청 특수부장 1996년 서울지검 공안2부장 1998년 창원지검 진주지청장 1999년 부산지검 1차장검사 2000년 서울고검 공판부장 2003년 同형사부장 2004년 변호사 개업 2005년 법무법인 케이씨엘 고문변호사(현) 2006~2015년 기아자동차(주) 사외이사 2013~2015년 LIG손해보험 사외이사 2015~2016년 KB손해보험 사외이사 (상)홍조근정훈장 (종)불교

**신건일(辛建一) Gunil Shin**

(생)1969·5·26 (본)영산(靈山) (출)충남 금산 (주)세종특별자치시 도움6로 11 환경부 생활환경정책실 환경피해구제과(044-201-6810) (학)1988년 대전 동산고졸 1996년 한양대 화학공학과졸 2002년 同대학원 화학공학과졸 2014년 미국 피츠버그대 대학원 공공정책학과졸 (경)2001~2007년 특허청 화학생명공학 심사국 사무관 2007~2009년 환경부 국제협력관실 해외협력담당관실 사무관 2009년 同환경정책실 녹색환경정책관실 정책총괄과 사무관 2010년 同물환경정책국 물환경정책과 서기관 2011년 부산시 환경협력관 2014년 환경부 온실가스종합정보센터 기획총괄팀장 2016년 同화학물질안전원 사고대응총괄과장 2017년 同환경정책실 환경보건관리과 안동댐상류오염진단개선T/F팀장 2017년 同대기환경정책관실 대기관리과장 2019년 同생활환경정책실 환경피해구제과장(현) (상)국무총리표창(2010)

**신격호(辛格浩) SHIN Kyuk Ho**

(생)1922·10·4 (출)울산 (주)서울특별시 중구 을지로 30 롯데그룹(02-750-7012) (학)1944년 일본 와세다대(早稻田大) 화학과졸 (경)在日롯데그룹 대표取締役 사장(산하업체 창립 : 1948년 (주)롯데 1959년 롯데상사 1961년 롯데부동산 1967년 롯데아도 1968년 롯데물산 1968년 (주)훼미리 1969년 롯데오리온스구단 1971년 롯데전자 1972년 롯데리아 1978년 롯데서비스 1985년 롯데데이타센터 1987년 롯데엔지니어링 1987년 롯데물류 1988년 롯데냉과) 1998~2016년 호텔롯데 대표이사 회장 1998~2017년 롯데쇼핑 대표이사 회장 2009~2015년 在日롯데그룹(일본롯데홀딩스) 회장 2011~2017년 롯데그룹 총괄회장 2015년 일본롯데홀딩스 명예회장(현) 2018년 한국 롯데그룹 명예회장(현) (상)국민훈장 무궁화장(1978), 동탑산업훈장(1981), 금탑산업훈장(1995), 일본 와세다대 한국동창회 공로패, 20세기를 빛낸 기업인 (종)불교

**신경렬(辛京烈) SIN Kung Ryul**

(생)1959·8·27 (출)광주 (주)서울특별시 양천구 목동서로 161 SBS방송센터 SBS미디어홀딩스 사장실(02-2113-5418) (학)1977년 금호고졸 1985년 고려대 영어영문학과졸 (경)1987년 한국방송공사(KBS) 사회부 기자 1991년 SBS 보도본부 사회부·정치부 기자(차장대우) 2000년 同정치CP(차장) 2001년 미국 조지워싱턴대 객원연구원 2002~2003년 SBS 보도본부 정치부 차장 2004년 同보도본부 정치부장 2005년 同국제부장 2005년 同워싱턴지국장 2009년 同보도본부 경제부장 2010년 同보도본부 미래부장(부국장) 2012년 同보도본부 편집담당 부국장 2014년 SBS미디어홀딩스 브랜드커뮤니케이션담당 이사 2015년 SBS 기획본부장(이사) 2015년 방송통신위원회 남북방송통신교류추진위원회 위원(제4·5기) 2016년 SBS 정책실장(이사) 2017년 SBS미디어홀딩스 대표이사 사장(현) (상)관훈언론상(1990), 한국기자상(1991), 방송기자클럽 취재보도상(1992) (저)'동경지검 특수부'(共)

**신경림(申庚林) SHIN Kyung Rim**

(생)1935·4·6 (본)아주(鵝洲) (출)충북 충주 (주)서울특별시 중구 필동로1길 30 동국대학교 문과대학 국어국문·문예창작학부(02-2260-3031) (학)1954년 충주고졸 1958년 동국대 영어영문학과졸 (경)1956년 詩 '갈대'로 문단데뷔 1982년 '창작과 비평' 편집고문 1988년 한국민족예술인총연합 상임의장 1988년 민족문학작가회의 부회장 1992년 同회장 1994년 同고문 1996년 국민통합추진회의 공동대표 1997년 동국대 국어국문·문예창작학부 석좌교수(현) 1997년 환경운동연합 공동대표 1998~1999년 민족문학작가회의 이사장 2001년 만해시인학교 교장 2003년 만해마을 대표 2004년 한국시인협회 고문 2004년 대한민국예술원 회원(문학·현) (상)만해문학상(1975), 한국문학작가상(1981), 이

산문학상(1991), 단재문학상(1993), 공초문학상(1998), 대산문학상(1998), 현대불교문학상(2001), 4.19문화상(2001), 은관문화훈장, 만해상(2002), 스웨덴 시카다상(2007), 호암상 예술상(2009), 심훈문학대상(2017) (저)시집 '농무'(1973) '목계장터' '새재'(1978) '달넘세'(1985) '남한강' '가난한 사랑노래'(1988) '길'(1990) '쓰러진자의 꿈'(1993) '어머니와 할머니의 실루엣'(1998) '백범 김구'(2007) '낙타'(2008) '사진관집 이층'(2014), 에세이 '바람의 풍경'(2000) '못난 놈들은 서로 얼굴만 봐도 흥겹다'(2009), 동시집 '엄마는 아무것도 모르면서'(2012) (작)'우리 시의 이해'(1989) '삶의 진실과 시적 진실' '시인을 찾아서'(1998) '신경림의 시인을 찾아서'(2000) '신경림의 시인을 찾아서 2'(2002) '그가 그립다(共)'(2014) (종)불교

**신경림(辛瓊林·女) SHIN Kyung Rim**

(생)1954 (본)영월(寧越) (주)서울특별시 중구 동호로 314 대한간호협회(02-2260-2511) (학)1976년 이화여대 간호학과졸 1989년 미국 컬럼비아대 대학원 간호교육과정졸 1992년 교육학박사(미국 컬럼비아대) (경)1992~2001년 이화여대 간호과학대학 강사·조교수·부교수 1996년 同교학부장 겸 간호학과장 2000년 서울시여성위원회 위원 2001년 국립보건원 조사연구사업자문위원 2001~2012·2016~2019년 이화여대 간호대학 간호학부 교수 2002~2005년 同대외협력처장 2006년 同간호과학대학장 겸 간호과학연구소장 2006~2008년 한국간호평가원 원장 2007~2008년 이화여대 건강과학대학장 2008~2012년 대한간호협회 회장 2008년 한국간호평가원 이사장 2008년 대한간호복지재단 대표이사 2010년 이화여대 건강과학대학장 2010년 의료기관평가인증원 이사 2011년 한국보건의료인국가시험원 이사장 2012~2016년 제19대 국회의원(비례대표, 새누리당) 2012~2016년 국회 보건복지위원회 위원 2012년 새누리당 지역화합특별위원회 위원 2015년 同아동학대근절특별위원회 위원 2015년 同메르스비상대책특별위원회 위원 2015년 국회 메르스대책특별위원회 위원 2015년 새누리당 조직강화특별위원회 위원 2015년 同국가간호간병제도특별위원회 간사 2018년 대한간호협회 제37대 회장(현) 2018년 민족화해협력범국민협의회 공동의장(현) (상)보건복지부장관표창, 법률소비자연맹 선정 국회 헌정대상(2013·2015·2016), 제24회 International Nursing Research Congress International Nurse Researcher Hall of Fame(2013), 국회사무처 선정 '입법 및 정책개발 우수의원'(2015), 머니투데이 '대한민국 최우수 법률상'(2016) '국회도서관 이용 최우수 국회의원상'(2016) (종)원불교

**신경민(辛京珉) SHIN Kyoung Min**

(생)1953·8·19 (출)전북 전주 (주)서울특별시 영등포구 의사당대로 1 국회 의원회관 326호(02-784-8950) (학)1971년 전주고졸 1975년 서울대 사회학과졸 2015년 고려대 대학원 언론학 석사과정 수료 (경)1981년 문화방송(MBC) 방송기자 입사 1982년 同외신부 기자 1985년 同사회부 기자 1991년 同북한부 기자 1993년 同정치부 기자 1995년 同통일외교팀 기자 1996년 同사회부 차장 1999년 同뉴스편집2부 앵커 2000년 同워싱턴특파원(부장대우) 2002년 同워싱턴특파원(부장) 2003년 同국제부장 2003년 同보도국 부국장 2005년 同보도국장 직대 2006년 同보도국 선임기자 2007~2008년 법조언론인클럽 부회장 2008년 MBC 뉴스데스크 앵커 2009년 同보도국 선임기자 2010~2011년 同논설위원 2010년 이화여대 언론정보학과 겸임교수 2012년 민주통합당 대변인 2012년 제19대 국회의원(서울 영등포구乙, 민주통합당·민주당·새정치민주연합·더불어민주당) 2013년 국회 미래창조과학방송통신위원회 위원 2013년 민주당 최고위원 2013년 국회 법제사법위원회 위원 2013년 민주당 국정원선거개입진상조사특별위원회 위원장 2014년 새정치민주연합 최고위원 2014년 국회 정보위원회 야당 간사 2014년 국회 외교통일위원회 위원 2014년 새정치민주연합 공정언론대책특별위원회 위원장 2015년 同서울시당위원장 2015년 더불어민주당 서울시당 위원장 2016년 제20대 국회의원(서울 영등포구乙, 더불어민주당)(현) 2016년 국회 미래창조과학방송통신위원회 위원 2016년 국회 정보위원회 위원 2016년 더불어민주당 서울영등포구乙지역위원회 위원장(현) 2017년 同제19대 문재인 대통령후보 중앙선거대책본부 방송컨텐츠본부 공동본부장 2017년 국회 미래창조과학방송통신위원회 간사 2017~2018년 국회 과학기술정보방송통신위원회 간사 2017년 더불어민주당 적폐청산위원회 위원 2018년 국회 교육위원회 위원(현) 2018년 국회 여성가족위원회 위원(현) (상)백봉신사상 올해의 신사의원 베스트11(2013) (저)'신경민, 클로징을 말하다'(2009) '신경민의 개념사회'(2012, 메디치미디어) '국정원을 말한다'(2013, 비타베아타)

**신경섭(申慶燮) SHIN Gyeong-seop**

(생)1964·4·20 (본)고령(高靈) (출)대구 (주)대구광역시 중구 공평로 88 대구광역시청 도시철도건설본부(053-640-3500) (학)1982년 심인고졸 1989년 연세대 행정학과졸 1992년 서울대 행정대학원 행정학과졸 2000년 미국 시라큐스대 대학원 행정학과졸 2006년 행정학박사(영남대) (경)1990년 행정고시 합격(34회) 1992년 대구시 공무원교육원 교관 1994년 同국제협력계장·통상진흥계장 2001년 同유니버시아드대회지원반장 2004년 同교통정책과장 2006년 同경제정책과장 2007년 同기업지원본부 경제정책팀장 2008년 同기업지원본부 경제자유구역추진기획단장(부이사관) 2008년 대구경북경제자유구역청 투자유치본부장 2011년 同행정개발본부장 2012년 세종연구소 교육파견 2013년 대구 수성구 부구청장 2015년 대구시 녹색환경국장 2018년 同일자리경제본부장 2019년 同도시철도건설본부장(현) (상)녹조근정훈장(2004)

**신경숙(申京淑·女) SHIN Kyung Sook**

(생)1963·1·12 (본)평산(平山) (출)전북 정읍 (학)1982년 영등포여고졸 1984년 서울예술전문대학 문예창작과졸 (경)1985년 중편 '겨울우화'로 문예중앙 신인상을 받으며 작품 활동 시작, 소설가(현) 2000년 민족문학작가회의 이사 2007년 제40회 토현동학축제 홍보대사 2008년 동인문학상 심사위원 2011년 소설 '엄마를 부탁해(Please Look After Mom)'로 세계 최대 인터넷서점 아마존닷컴 선정 '문학·픽션 부문 올해의 책 베스트 10'에 선정 2011년 인권재단법인 공감이사 2012년 33개국 판권계약된 '엄마를 부탁해'로 뉴욕타임즈 베스트셀러 선정 2012년 유니세프 한국위원회 친선대사 (상)오늘의 젊은 예술가상(1993), 한국일보 문학상(1993), 현대문학상(1995), 만해문학상(1996), 동인문학상(1997), 21세기문학상(2000), 이상문학상(2001), 오영수문학상(2006), 프랑스 비평가 및 문학기자 선정 리나페르쉬상(Prix de l'inapercu)(2009), 대한민국문화예술상(2011), 마크 오브 리스펙트(2011), 여성최초 맨 아시아 문학상(Man Asian Literary Prize)(2012), 호암상 예술상(2013) (저)'풍금이 있던 자리'(1993, 문학과지성사) '깊은 슬픔'(1994, 문학동네) '아름다운 그늘'(1994, 문학동네) '외딴방'(1995, 문학동네) '감자 먹는 사람들'(1995, 창비) '겨울우화'(1999, 문학동네) '기차는 7시에 떠나네'(1999, 문학과지성사) '딸기밭'(2000, 문학과지성사) '바이올렛'(2001, 문학동네) 'J이야기'(2002, 마음산책) '자거라, 네 슬픔아'(2003, 현대문학) '종소리'(2003, 문학동네) '리진'(2007, 문학동네) '산이 있는 집 우물이 있는 집'(2007, 현대문학) '엄마를 부탁해'(2008, 창비) '어디선가 나를 찾는 전화벨이 울리고'(2010, 문학동네) '모르는 여인들'(2011, 문학동네) '달에게 들려주고 싶은 이야기'(2013, 문학동네) (종)구세군

**신경식(辛卿植) SHIN Kyung Shik (文山)**

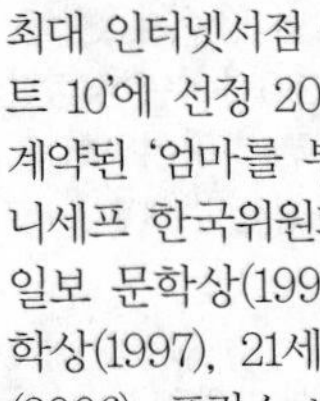

(생)1938·10·14 (본)영산(靈山) (출)충북 청원 (주)서울특별시 영등포구 의사당대로 1 대한민국헌정회(02-757-6612) (학)1957년 청주고졸 1963년 고려대 영어영문학과졸 1977년 미국 산타클라라대 수학 1978년 서울대 행정대학원 수료 1995년 고려대 언론대학원 수료 2009년 명예 문학박사(충북

대) (경)1963~1973년 대한일보 기자 · 駐일본 특파원 · 駐베트남 특파원 · 정치부장 1970년 한국기자협회 국제교류위원장 1975년 테니스협회 이사 1978년 국회 의장 비서실장 1981년 우련통운 회장 1988년 제13대 국회의원(충북 청원, 민주정의당 · 민주자유당) 1988년 민정당 원내부총무 1988년 유네스코 한국위원회 위원 1990년 민자당 원내부총무 1991년 同대표최고위원 비서실장 1991년 신문윤리위원회 위원 1992년 제14대 국회의원(충북 청원, 민자당 · 신한국당) 1992년 민자당 중앙정치교육원장 1993년 同총재 비서실장 1993년 同정권인수위원 겸 대변인 1993년 同평화통일위원회 위원장 1994년 국회 문화체육공보위원회 위원장 1995년 민자당 충북도지부장 1996년 제15대 국회의원(충북 청원, 신한국당 · 한나라당) 1996년 국회 국제경기특별위원회 위원장 1996~1997년 정무제1장관 1997년 신한국당 총재비서실장 1998년 한나라당 사무총장 1999년 同총재 특보단장 2000~2004년 제16대 국회의원(충북 청원, 한나라당) 2001년 한나라당 국가혁신위원회 문화예술분과 위원장 2002년 同대통령선거기획단장 2004년 同지도위원 2005년 同상임고문 2010년 국회 의정활동강화자문위원회 위원 2010년 육아방송 대표이사 회장 2011~2015년 대한민국헌정회 부회장 2012~2015년 새누리당 상임고문 2012년 同제18대 대통령중앙선거대책위원회 충북도당 상임고문 2013년 한일친선협회 부회장 2015~2017년 대한민국헌정회 회장 2017년 同원로회의 위원(현) (상)청조근정훈장 (저)'농촌이 살아야 나라가 산다' '7부 능선엔 적이 없다'(2009)

## 신경식(申勁植) SHIN Kyung Shik

(생)1964·3·22 (출)서울 (주)서울특별시 서초구 반포대로30길 29 마운틴뷰빌딩 법무법인 화현(02-535-1766) (학)1982년 고려고졸 1986년 서울대 법과대학졸 (경)1984년 사법시험 합격(26회) 1988년 사법연수원 수료(17기) 1988·1997년 서울지검 검사 1990년 춘천지검 강릉지청 검사 1992년 수원지검 검사 1992년 법무부 검사 겸임 1994년 同검찰1과 검사 2000년 광주지검 부부장검사 2000년 수원지검 여주지청장 2001년 대검찰청 연구관 2002년 법무부 검찰4과장 2004년 서울남부지검 형사6부장 2005년 서울중앙지검 형사8부장 2006년 서울고검 검사 2007년 대검찰청 미래기획단장 2009년 수원지검 1차장검사 2009년 서울중앙지검 1차장검사 2011년 대전고검 차장검사 2011년 청주지검장 직대 2012년 청주지검장 2013년 광주지검장 2013~2015년 수원지검장 2015년 법무법인 화현 대표변호사(현) 2015년 법무부 정책위원회 위원 2018년 (주)카카오게임즈 사외이사(현) (상)황조근정훈장(2014)

## 신경우(辛京又)

(생)1963 · 1 · 18 (출)경남 창녕 (주)부산광역시 사상구 학장로 268 부산구치소(051-324-5501) (학)창원대 영어영문학과졸, 호주 시드니대 대학원 수료 (경)1989년 교정직 7급 공채 2002년 교정관 승진 2009년 서기관 승진 2011년 공주교도소장 2013년 청주여자교도소장 2014년 법무부 의료과장 2015년 同분류심사과장 2016년 창원교도소장(부이사관) 2017년 수원구치소장(고위공무원) 2018년 대전교도소장 2019년 서울동부구치소장 2019년 부산구치소장(현)

## 신경욱(辛卿旭) SHIN Kyoung Wook

(생)1961 · 10 · 26 (출)충북 청원 (주)경상북도 구미시 대학로61 금오공과대학교 전자공학부(054-478-7427) (학)1984년 한국항공대 전자공학과졸 1986년 연세대 대학원 전자공학과졸 1990년 전자공학박사(연세대) (경)1986~1991년 연세대부설 산업기술연구소 연구원 1987년 미국전기전자학회(IEEE) 정회원 1990~1991년 한국전자통신연구소 반도체연구단 선임연구원 1991년 대한전자공학회 정회원 1991년 금오공대 전자공학부 교수(현) 1993년 한국통신학회 정회원 1993년 ASIC설계공동연구소 자문위원 1995~1996년 미국 Univ. of Illinois at Urbana-Champaign 방문교수 2000년 한국해양정보통신학회 정회원 2003~2004년 미국 Univ. of California at SanDiego 방문교수 2007~2010년 금오공대 전자공학부장, 同KIT창의교육원장 2014~2016년 ACE협의회 사무국장 2019년 금오공대 대학원장(현) (상)금강대상(2012), 교육부장관표창(2016) (저)'기초전기회로실험'(2000) 'CMOS 집적회로 설계'(2004) (종)기독교

## 신경철(申慶澈) SHIN Kyung Chul

(생)1956·12·10 (출)서울 (주)인천광역시 연수구 하모니로187번길 33 (주)유진로봇(032-550-2345) (학)1976년 서울고졸 1980년 서울대 기계설계학과졸 1982년 同대학원졸 1988년 기계공학박사(미국 미시간대) (경)1988년 (주)삼성항공 정밀기계연구소 선임연구원(로봇개발팀장) 1990년 (주)유진로봇 대표이사 사장(현) 2001~2008년 한국로봇산업연구조합 이사장 2003~2005년 한국지능로봇산업협회 회장 2008년 한국로봇산업협회 수석부회장(현) 2010년 한국공학한림원 일반회원 2010~2015년 코스닥협회 이사 2014년 한국공학한림원 정회원(현) 2014년 (사)제어·로봇·시스템학회 부회장 2015~2017년 코스닥협회 회장 2016년 (사)제어·로봇·시스템학회 회장 (상)산업자원부장관표창(2004), 대통령표창(2005), 지식경제부장관표창(2011), 산업포장(2014) (종)기독교

## 신계륜(申溪輪) SHIN Geh Ryeun

(생)1954·8·13 (본)고령(高靈) (출)전남 함평 (주)서울특별시 중구 삼일대로 343 124호 윤이상평화재단(070-7575-0369) (학)1974년 광주고졸 1983년 고려대 행정학과졸 1996년 경희대 언론정보대학원 스피치토론전문과정 수료 1998년 고려대 언론대학원 최고위과정 수료 (경)1980년 고려대 총학생회장 1980년 계엄포고령 위반으로 투옥 1988년 전국노동운동단체협의회 상임집행위원 1989년 전국민족민주운동연합 상임집행위원 1991년 신민당 당무위원 1992년 제14대 국회의원(서울 성북구乙, 민주당·국민회의) 1995~1998년 국민회의 청년특별위원회 위원장 1996년 同서울성북乙지구당 위원장 1998년 고건 서울시장 직무인수위원회 위원장 1998~1999년 서울시 정무부시장 2000~2004년 제16대 국회의원(서울 성북乙, 새천년민주당·열린우리당) 2001년 새천년민주당 조직위원장 2001년 신씨네무비클럽 명예회장(현) 2002년 한국프로낚시연맹 총재 2002년 노무현 대통령당선자 비서실장 2003년 同인사특보 2003년 열린우리당 상임의장 특보단장 2004~2006년 제17대 국회의원(서울 성북乙, 열린우리당) 2008년 대통합민주신당 사무총장 2008년 통합민주당 사무총장 2008년 同총선기획단장 겸임 2008년 (사)신정치문화원 이사장 2008년 민주당 당무위원 2009년 同서울성북乙지역위원회 위원장 2010~2013년 윤이상평화재단 이사장 2010년 민주당 비상대책위원회 위원 2012~2016년 제19대 국회의원(서울 성북乙, 민주통합당·민주당·새정치민주연합·더불어민주당) 2012~2014년 국회 환경노동위원회 위원장 2012년 민주통합당 문재인 대통령후보 특보단장 2013~2016년 (사)대한배드민턴협회 회장 2014년 민주당 사회적경제정책협의회 위원장 2014년 국회 기획재정위원회 위원 2019년 윤이상평화재단 이사장(현) (상)황조근정훈장, 2013 도전한국인 정치발전부문 대상(2014) (저)'걸어서 평화만들기'(2010) '내 안의 전쟁과 평화'(2011, 나남) (작)'러시아 혁명' (종)기독교

## 신광렬(申光烈) SHIN Kwang Ryeol

(생)1965·10·20 (출)경북 봉화 (주)서울특별시 서초구 서초중앙로 157 서울고등법원(02-530-1114) (학)1984년 보성고졸 1988년 서울대 법과대학졸 (경)1987년 사법시험 합격(29회) 1990년 사법연수원 수료(19기) 1993년 서울지법 의정부지원 판사 1995년 서울지법 판사 1997년 춘천지법 원주지원 판사 2001년 서울중앙지법 판사 2002년 서울고법 판사 2002년 법원행정처 법무담당관 겸임 2003년 同기획담당관 겸임 2004년 서울고법 의료전담재판부 판사 2005년 대전지법 부장판사 2006년 법원행정처

사법정책제1심의관 2007년 사법연수원 교수 2010년 서울중앙지법 영장전담부장판사, 同민사4부 부장판사 2012년 부산고법 민사6부 부장판사 2014년 인천지법 수석부장판사 2015년 서울고법 부장판사 2016년 서울중앙지법 형사수석부장판사 2018년 서울고법 부장판사(현)

## 신광석(辛光錫) SIN GWANG SEOK

(생)1960 · 1 · 5 (주)서울특별시 서초구 효령로 275 비씨카드(주)(02-520-4301) (학)경북대 경제학과졸, 同대학원 경제학과졸(석사) (경)(주)KT 전략기획실 사업전략담당 2014년 同경영기획부문 재무실 가치경영담당 전무 2015년 同재무실장(전무) 2017년 同재무실장(부사장) 2018년 BC카드(주) 경영기획총괄 부사장(현)

## 신광선(申光善) SHIN Kwang Sun

(생)1954 · 9 · 2 (출)서울 (주)서울특별시 관악구 관악로 1 서울대학교 재료공학부(02-880-7089) (학)1977년 서울대 금속공학과졸 1984년 공학박사(미국 Northwestern대) (경)1983~1991년 미국 애리조나주립대 재료공학과 조교수 · 부교수 1991년 서울대 재료공학부 교수(현) 2006년 同마그네슘기술혁신센터장 2013년 대한금속재료학회 회장 2013년 한국공학한림원 정회원(현) 2014~2016년 한국세라믹기술원 비상임이사

## 신광영(申光榮) SHIN Kwang Yeong

(생)1954·12·14 (본)평산(平山) (출)서울 (주)서울특별시 동작구 흑석로 84 중앙대학교 사회학과(02-820-5180) (학)1982년 서울대 사회학과졸 1984년 미국 Univ. of Minnesota 대학원 사회학과졸 1988년 사회학박사(미국 Univ. of Wisconsin-Madison) (경)1989~1999년 한림대 사회학과 조교수·부교수·교수 1995년 덴마크 Aalborg대 초빙교수 1995~1996년 미국 UC-Berkely Survey Research Center 리서치 초빙연구원 1998년 한림대 사회과학연구소장 1998년 한국사회학회 이사 1999년 중앙대 사회학과 교수(현) 1999년 한국스칸디나비아학회 연구위원 2004년 빈부격차차별시정위원회 민간위원 2005~2006년 중앙대 제1캠퍼스 학생지원처장 2006~2007년 국가청렴위원회 위원 2006~2012년 한국스칸디나비아학회 회장 2007년 Globalization 편집위원(현) 2008년 국민권익위원회 위원 2010년 일본 도쿄대 사회과학연구소 초빙교수 2011~2013년 한국사회과학협의회 부회장 2012년 중앙대 인문사회계열 부총장 2012~2013년 일본SSM 국제자문위원 2014년 Social forces 편집위원(현) 2014년 Journal of contemporary Asia 편집위원(현) 2015년 Asian Journal of German and European studies 공동편집위원장(현) 2015년 일본 리츠메이칸(입명관)대 방문교수 2017년 고용노동부 정책자문위원회 위원(현) 2018년 한국사회학회 회장 (상)Journal of Contemporary Asia Runner-Up 우수논문상(2011) (저)'춘천리포트(共)'(1992) '계급과 노동운동의 사회학'(1994) '동아시아의 산업화와 민주화'(1999) '유교와 복지(共)'(2002) '경제위기와 한국인의 복지의식(共)'(2003) '세계화와 소득불평등(共)'(2007) '서비스 사회의 구조변동(共)'(2008) '일의 가격은 어떻게 결정되는가(共)'(2010) '한국 사회 불평등 연구'(2013) '스웨덴 사회민주주의: 노동, 복지와 정치'(2015) (역)'사적유물론과 사회이론'(1990) '한국노동계급형성'(2002) '현대사회학'(2003) '노동의 미래'(2004)

## 신광호(申光鎬)

(생)1967 · 10 · 16 (주)경기도 과천시 홍촌말로 44 중앙선거관리위원회 기획조정실 기획국(02-502-8655) (학)1985년 경북고졸 1991년 경북대 사법학과졸 (경)2015년 중앙선거관리위원회 상임위원 비서관 2017년 同선거정책실 법제국 법제과장 2018년 同선거정책실 법제국장(부이사관) 2018년 同기획조정실 기획국장(현)

## 신광호(申光浩)

(생)1976 · 8 · 24 (출)경북 상주 (주)세종특별자치시 도움6로 11 국토교통부 부동산평가과(044-201-3422) (학)1994년 상주고졸 2001년 고려대 행정학과졸 (경)2000년 행정고시 합격(43회) 2001년 건설교통부 수송정책실 화물운송과 사무관 2001년 철도산업구조개혁기획단 파견 2004년 건설교통부 철도정책국 철도정책과 사무관 2005년 同철도국 철도정책과 사무관 2005년 同감사관실 참여담당관실 사무관 2005년 同감사관실 감찰팀 사무관 2006년 同물류혁신본부 물류정책팀 사무관 2007년 同항공기획관실 항공정책팀 서기관 2008년 국토해양부 건설정책관실 해외건설과 서기관 2009~2011년 유학 휴직 2011년 국무총리실 파견 2012년 대통령직속 지역발전위원회 성장기반과장 2013년 국토교통부 철도국 철도운영과장 2015년 국제부흥개발은행(IBRD) 파견 2017년 국토교통부 항공정책실 항공산업과장 2017년 대통령정책실 균형발전비서관실 행정관 2019년 국토교통부 부동산평가과장(현)

## 신교식(申校植)

(생)1976 · 1 · 3 (출)충북 괴산 (주)강원도 원주시 시청로 149 춘천지방법원 원주지원(033-738-1000) (학)1993년 청주고졸 1997년 성균관대 법학과졸 (경)1998년 사법시험 합격(40회) 2001년 사법연수원 수료(30기) 2002년 부산지법 예비판사 2004년 同판사 2005년 인천지법 판사 2008년 서울남부지법 판사 2012년 수원지법 안산지원 판사 2015년 대법원 재판연구관 2018년 춘천지법 원주지원 부장판사(현)

## 신교임(申交任 · 女) Shin, Kyo Im

(생)1969 · 5 · 3 (출)경북 청송 (주)부산광역시 연제구 법원로 15 부산고등검찰청(051-606-3300) (학)1988년 대구 정화여고졸 1994년 한양대 법학과졸 (경)1997년 사법시험 합격(39회) 2000년 사법연수원 수료(29기) 2000년 광주지검 검사 2002년 대전지검 천안지청 검사 2004년 서울동부지검 검사 2007년 수원지검 성남지청 검사 2009년 대구지검 검사 2011년 서울북부지검 검사 2011년 사법연수원 교수 2014년 서울중앙지검 부부장검사 2015년 서울고검 검사 2016년 서울북부지검 부부장검사 2017년 울산지검 형사2부장 2018년 부산고검 검사(현)

## 신권식(辛權植) SHIN Kwon Sik

(생)1963 · 7 · 17 (출)부산 (주)서울특별시 강남구 남부순환로 2806 삼성물산(주)(070-7130-9114) (학)1982년 서울 오산고졸 1988년 한국외국어대 신문방송학과졸 (경)1999년 제일모직 입사, 同홍보팀 차장 2005년 同홍보팀장(부장급) 2009년 同전사홍보담당 상무 2012년 同홍보팀장(상무) 2013년 同패션부문 홍보팀 상무 2013년 삼성에버랜드 패션부문 홍보팀 상무 2014년 제일모직 패션부문 홍보팀 상무 2015년 삼성물산(주) 패션부문 홍보담당 상무 2018년 同패션부문 홍보담당 전무 2019년 同상근고문(현) (상)삼성 홍보부문대상(2002), PR마케팅상(2003), 외대 언론인상 특별상(2011)

## 신귀섭(申貴燮) SHIN Gyi Sup

(생)1955 · 2 · 25 (출)광주 (주)대전광역시 서구 둔산중로78번길 45 대전지방법원 총무과(042-470-1114) (학)1975년 대입검정고시 합격 1983년 고려대 법과대학졸 (경)1983년 사법시험 합격(25회) 1985년 사법연수원 수료(15기) 1986년 서울형사지법 판사 1988년 서울민사지법 판사 1990년 광주지법 목포지원 판사 1992년 서울지법 북부지원 판사 1994년 서울민사지법 판사 1995년 서울지법 판사 1996년 同서부지원 판사 1997년 서울고법 판사 1997년 청주지법 영동지원장 2000년 서울지

人

법 판사 2000년 광주지법 목포지원 부장판사 2002년 同목포지원장 2003년 대전지법 부장판사 2007년 同천안지원장 2008년 同수석부장판사 2008 · 2010년 충남도 선거관리위원장 2010년 대전고법 수석부장판사 2010년 대법원 대법관제청자문위원 2013년 대전고법 부장판사 2013년 국토교통부 중앙토지수용위원회 위원 2016년 청주지법원장 2018년 대전지법 부장판사(사법연구)(현) (종)천주교

### 신근호(申槿浩) SHIN Keun Ho

(생)1961 · 4 · 16 (본)고령(高靈) (출)서울 (주)세종특별자치시 도움5로 20 국민권익위원회 상임위원실(044-200-7028) (학)1979년 여의도고졸 1989년 고려대 법학과졸 1992년 서울대 대학원 행정학과졸 (경)1988년 행정고등고시 합격(32회) 1997년 법제처 경제법제국 법제관 1998년 국외(캐나다) 파견 2000년 법제처 행정법제국 법제관 2002년 부패방지위원회 심결관리담당관 2002년 同법무감사담당관 2002년 同심사1관 2003년 同법무감사담당관(서기관) 2004년 同법무감사담당관(부이사관) 2005년 同국제협력과장 2005년 국가청렴위원회 국제협력과장 2006년 同국제협력팀장 2008년 국민권익위원회 심사기획과장 2009년 중앙공무원교육원 교육파견(고위공무원) 2010년 국민권익위원회 행정심판심의관 2013년 同권익개선정책국 민원분석심의관 2014년 同행정심판국장 2014년 同고충처리국 고충민원심의관 2014년 국무조정실 정부합동부패척결추진단 파견 2016년 국민권익위원회 행정심판국장 2016년 同상임위원(현) (상)대통령표창(2004)

### 신기남(辛基南) SHIN Ki Nam (磨石)

(생)1952 · 10 · 16 (본)영월(寧越) (출)전북 남원 (주)서울특별시 서초구 반포대로 201 국립중앙도서관 7층 대통령소속 도서관정보정책위원회(02-590-6243) (학)1970년 경기고졸 1974년 서울대 법과대학 법학과졸 1976년 同대학원 법학과 수료 1994년 영국 런던대 수학 (경)1979~1982년 해군사관학교 교수 1982년 사법시험 합격(24회) 1984년 사법연수원 수료(14기) 1985년 변호사 개업 1988~1996년 미혼모자보호단체 '사랑 사는 정을 심는 모임' 회장 1988~1993년 서울지방변호사회 인권위원 · 총무이사 1990년 한국방송공사(KBS)-TV '여의도 법정' 사회 1993년 비행청소년보호단체 소년자원보호자협의회장 1994년 문화방송(MBC)-TV '생방송 신변호사' 진행 1996년 제15대 국회의원(서울 강서구甲, 국민회의 · 새천년민주당) 1996 · 1999년 국민회의 총재특보 1996년 同원내부총무 1998년 同대변인 1999년 한국안면기형환자후원회 이사장 2000~2004년 제16대 국회의원(서울 강서구甲, 새천년민주당 · 열린우리당) 2000년 새천년민주당 제3정책조정위원장 2000년 同전국대의원대회 부의장 2000년 국회 바른정치실천연구회장 2001~2005년 한국도서관협회 회장 2002년 새천년민주당 최고위원 2002년 同정치개혁실천위원장 2002년 노무현 대통령후보 정치개혁추진위원회 본부장 2003년 열린우리당 정치개혁위원장 2004년 同상임중앙위원 2004~2008년 제17대 국회의원(서울 강서구甲, 열린우리당 · 대통합민주신당 · 통합민주당) 2004년 열린우리당 의장 2005년 국회 정보위원장 2006년 서울세계도서관정보대회조직위원회 위원장 2007년 열린우리당 상임고문 2007년 대통합민주신당 정동영 대통령후보 중앙선거대책위원회 상임고문 2008~2011년 민주당 상임고문 2008~2014년 법무법인 한서 변호사 2009~2015년 도서관발전재단 이사장 2011년 민주통합당 상임고문 2012~2016년 제19대 국회의원(서울 강서구甲, 민주통합당 · 민주당 · 새정치민주연합 · 더불어민주당 · 민주당) 2013년 국회 국토교통위원회 위원 2013년 민주당 상임고문 2013년 국회 국가정보원댓글의혹사건등의진상규명을위한국정조사특별위원회 위원장 2014년 새정치민주연합 상임고문 2015~2016년 더불어민주당 상임고문 2016년 제20대 국회의원선거 출마(서울 강서구甲, 민주당) 2016년 법무법인 한서 변호사(현) 2018년 대통령소속 도서관정보정책위원회 위원장(현) (상)시민단체전국NGO연대 깨끗한정치인상, 최우수 국회의원 연구단체상, 외솔상(2006) (저)수필집 '은빛날개 비행기는 슬피 우는 백조인가'(1999, 늘봄), 자서전 '신기한 남자는 진보한다'(2007, 느루), '난 항상 진보를 꿈꿔왔다'(2011, 느루) '좌충우돌 한국정치'(2007, 느루) '신나고 기분 좋은 남자의 담금질'(2013, 느루) '이제는 기본권 개헌이다'(2015, 나무와숲), 장편소설 '두브로브니크에서 만난 사람'(2019, 솔) (종)기독교

### 신기섭(申淇燮) SHIN Ki Sop

(생)1951 · 12 · 3 (출)광주 (학)1971년 광주고졸 1978년 고려대 사회학과졸 1983년 멕시코 국립대 연수 (경)1977년 합동통신 기자 1981년 연합통신 기자 1987년 同멕시코특파원 1989년 同부에노스아이레스특파원 1991년 同국제경제부 차장 1992년 同파리특파원 1995년 同국제경제부 차장 1996년 同외신2부장 직대 1998년 연합뉴스 외신국 부장급 1999년 同워싱턴지사장 2000년 同부국장대우 워싱턴지사장 2002년 同영문뉴스국 부국장대우 2002년 同영문뉴스국 부국장 2003~2006년 同국제 · 업무담당 상무이사 2003~2006년 (주)연합인포맥스 감사 2006~2011년 YMI(Yonhap Media Int'l) 사장

### 신기천(申基天) SHIN Ki Chun

(생)1962 · 7 · 23 (출)대전 (주)서울특별시 강남구 테헤란로103길 9 제일빌딩 2층 에이티넘인베스트먼트 비서실(02-555-0781) (학)1981년 대전고졸 1985년 서울대 경영학과졸 1987년 同대학원 경영학과졸 (경)1986년 공인회계사 1987~1989년 삼일회계법인 감사본부 공인회계사 1989~1999년 한미창업투자(주) 이사 2000~2010년 同대표이사 사장 2005년 한국벤처캐피탈협회 이사 · 부회장(현), (주)도드람B&F 이사 2010년 에이티넘인베스트먼트 대표이사 사장(현)

### 신낙균(申樂均 · 女) Shin, Nakyun

(생)1941·2·1 (본)평산(平山) (출)경기 남양주 (주)서울특별시 중구 장충단로 84 민주평화통일자문회의 사무처(02-2250-2300) (학)1959년 무학여고졸 1963년 이화여대 문리대학 기독교학과졸(학사) 1969년 미국 YALE대 신학대학졸(석사) 1992년 미국 George Washington대 교육대학졸(석사) 1995년 고려대 언론대학원 최고위과정 수료 1996년 연세대 언론홍보대학원 최고위과정 수료 1999년 명예 문학박사(대구대) (경)1969~1973년 이화여대 강사·기숙사 사무과장 1973~1982년 한국여성유권자연맹 상임위원·사무총장 1974~1982년 금선어린이집 설립·원장 1980년 UN 세계여성대회 한국NGO 대표 1980~1982년 대한여학사협회 서울시 부회장 1982~1993년 김선유치원 설립·원장 1985~1991년 한국여성유권자연맹 부회장 1986~1987년 이화여대 교육대학원 강사 1988~1991년 국제대 강사 1991년 한국방송심의위원회 심의위원 1991~1995년 한국여성유권자연맹 회장 1992~1995년 크리스찬아카데미 운영위원 1992~1994년 공명실천시민운동협의회 집행위원회 부위원장 1993~1995년 한국방송공사(KBS)이사 1994~1995년 김대중아태평화재단 자문위원 1994~1995년 제4차 UN 세계여성대회를위한한국여성NGO위원회 공동대표 1995~1998년 새정치국민회의 부총재 1996~2000년 제15대 국회의원(전국구, 국민회의·새천년민주당) 1996~1998년 국회 여성특별위원회 위원장 1998~1999년 문화관광부 장관 1999~2001년 세계고성공룡축제 조직위원장 2000~2002년 새천년민주당 최고위원 2000~2002년 새정치여성연대 상임대표 2001~2003년 2002월드컵조직위원회 조직위원 겸 집행위원 2001년 세계야외공연축제 후원회장 2002~2003년 국민통합21 최고위원 2003~2007년 아름다운가게 이사 2004~2011년 미국 조지워싱턴대 International Council 위원 2004~2006년 새천년민주당 경기도지부 위원장 2005~2007년 同대표 직무대행 2007~2008년 민주당 최고위원 2008년 제18대 국회의원(비례대표, 통합민주당·민주당·민주통합당) 2008~2012년 국회 외교통상통일위원회 위원 2008~2010년 민주당 전당대회 부의장 2008~2010년 同윤리위원

장 2008~2010년 국회 여성가족위원회 위원장 2009년 (사)아이공유프로보노코리아 이사장(현) 2013년 여성평화외교포럼 이사장(현) 2015년 새정치민주연합 국정자문회의 자문위원 2019년 민주평통 여성부의장(현) (상)이화여대 '올해의 이화인' 선정(1995), 미국 조지워싱턴대 '자랑스런 동창상'(1997), 체육훈장 맹호장(2002), 청조근정훈장(2003) (저)'평등과 나눔, 그 삶의 아름다움에 대하여'(1999, 열음사) '행복한 질서'(2012, 부광) (종)기독교

### 신남규(辛南奎) SHIN Nam Kyu

(생)1958 · 11 · 28 (출)부산 (주)서울특별시 강남구 테헤란로8길 8 동주빌딩 법무법인 인(仁)(02-523-2662) (학)1977년 여의도고졸 1981년 고려대 법학과졸 (경)1981년 사법시험 합격(23회) 1983년 사법연수원 수료(13기) 1983년 軍법무관 1986년 서울지검 검사 1989년 대전지검 홍성지청 검사 1991년 서울지검 남부지청 검사 1993년 부산지검 검사 1995년 대검찰청 검찰연구관 1995년 프랑스 국립사법관학교(E.N.M.) 파견 1996년 창원지검 거창지청장 1997년 서울지검 부부장검사 1998년 서울고검 검사 1999년 광주지검 형사2부장 2000년 同형사1부장 2001년 서울지검 총무부장 2002년 同형사9부장 2002년 同형사6부장 2003년 창원지검 통영지청장 2004~2005년 서울고검 검사 2005~2008년 법무법인 에이스 구성원변호사 2008년 대한법률구조공단 감사 2008~2013년 同사무총장, 법무법인 인(仁) 고문변호사(현)

### 신낭현(申郎鉉) Shin Nang Hyun

(생)1964 · 8 · 21 (주)경기도 수원시 팔달구 효원로 1 경기도의회 사무처(031-8008-7000) (학)1990년 강원대 행정학과졸 2003년 미국 뉴저지주립대 대학원 도시및지역학과졸 2003년 한국개발연구원(KDI) 국제정치대학원 국제정치경제학과졸 (경)1995년 지방고등고시 합격(1회) 1996년 남양주시 총무과 지방행정사무관 2007년 성남시 맑은물관리사업소장(지방서기관) 2008년 경기도 기획조정실 디자인총괄추진단장 2009년 同교통건설국 항만물류과장 2010년 同투자산업심의관실 투자진흥과장 2011년 同투자산업심의관실 경제정책과장 2013년 경기 연천군 부군수 2013년 경기도 경제기획관(지방부이사관) 2014년 지방행정연수원 교육파견 2015년 경기 파주시 부시장 2016년 미국 교육파견(부이사관) 2017년 경기도 보건복지국장 2019년 경기도의회 사무처장(현) (상)산업자원부장관표창(2006), 근정포장(2012)

### 신달석(申達錫) SHIN Dal Suk

(생)1939 · 11 · 25 (본)평산(平山) (출)경북 영덕 (주)경기도 성남시 분당구 대왕판교로644번길 49 다산타워 9층 디엠씨(주) 회장실(02-587-5948) (학)1958년 경복고졸 1965년 고려대 행정학과졸 (경)1977년 동명통산(주) 대표이사 1990~1997년 현대자동차(주) 협동회 이사 1997년 대우자동차(주) 협신회 이사 1998~2005년 한국자동차공업협동조합 이사 2002년 현대 · 기아자동차협력회 부회장 2005년 한국자동차공업협동조합 이사장(현) 2005~2012년 동명통산(주) 회장 2012년 디엠씨(주) 회장(현) 2019년 (주)지코 각자대표이사(현) (상)대통령표창(2001), 산업자원부장관표창(2003), 자동차부품산업진흥재단 대상(2004), 은탑산업훈장(2010)

### 신달순(申達淳) SHIN Dal Soon

(생)1955 · 3 · 7 (주)강원도 평창군 대관령면 올림픽로715 (주)HJ매그놀리아 용평호텔앤리조트(033-330-8346) (학)한국방송통신대 경영학과졸, 건국대 경영대학원졸, 연세대 경영대학원 수료, 경원대 대학원 경영학 박사과정 수료 (경)보림상역(주) 경영기획부 근무, 세무사사무소 개업, (재)한국문화재단 근무, 일신석재(주) 근무 2003~2005년 (주)용평리조트 대표이사 사장 2005~2016년 (주)센트럴시티 대표이사 사장 겸 JW메리어트 호텔 서울 대표이사 사장 2017년 (주)용평리조트 대표이사 사장 2019년 (주)HJ매그놀리아 용평호텔앤리조트 대표이사 사장(현) (저)'부동산조세론' (종)기독교

### 신달자(愼達子 · 女) SHIN Dal Ja

(생)1943 · 12 · 25 (본)거창(居昌) (출)경남 거창 (주)서울특별시 서초구 반포대로 37길 59 대한민국예술원(02-3479-7223) (학)1965년 숙명여대 국어국문학과졸 1982년 同대학원 국어국문학과졸 1993년 문학박사(숙명여대) (경)시인(현) 1964년 「월간여성」 신인여류문학상 당선 1969년 「현대문학」에 '발', '처음 목소리'로 문단 데뷔 1982년 덕성여대 · 숙명여대 국어국문학과 전임강사 1982년 한국시인협회 상임위원 1993년 피어선대 국어국문학과 교수 1997~2009년 명지전문대학 문예창작과 교수 2004년 한국시인협회 부회장 · 이사 2008~2010년 한국문화예술위원회 위원 2009년 대통령직속 사회통합위원회 위원 2010년 전국체육대회 명예홍보대사 2012~2014년 한국시인협회 회장 2012~2014년 한국문학번역원 이사 2013년 국민행복연금위원회 위원(세대 대표) 2016년 서울국제도서전 홍보대사 2016년 대한민국예술원 회원(詩 · 현) (상)신인여류문학상(1964), 대한민국 문학상(1989), 한국시인협회상(1989), 춘행문화대상(1998), 시와시학상(2002), 현대불교문학상(2007), 영랑시문학상(2008), 공초문학상(2009), 김준성문학상(2011), 제19회 대산문학상 시부문(2011), 은관문화훈장(2012), 유심작품상(2014), 김삿갓문학상(2015), 정지용문학상(2016), 서울국제도서전 선정 '올해의 주목할 저자'(2016), 제29회 김달진문학상 시부문(2018), 제6회 석정시문학상(2019) (저)'나의 섬은 아름다웠다' '한잔의 갈색차가 되어' '아무도 말하지 않았던 이 비밀을' '백치애인' '그대에게 줄 말은 연습이 필요하다' '봉헌문자'(1973) '겨울축제'(1976) '다시 부는 바람'(1979) '고향의 물'(1982) '아가' '모순의 방' '시간과의 동행' '아! 어머니' '노을을 삼킨 여자' '성냥갑 속의 여자' '지상의 단 한사람을 위하여'(1984) '아론 나의 아론'(1987) '나는 마흔에 생의 걸음마를 배웠다'(2008, 민음사) '두 사람을 위한 하나의 사랑' '홀로이면서 홀로가 아니듯이' '여자로 산다는 것은' '오래 말하는 사이' '열애', 시선집 '이제야 너희를 만났다' '바람 멈추다'(2009) '너는 이 세 가지를 명심하라' '미안해 고마워 사랑해'(2010, 문학의문학) '눈송이와 부딪쳐도 그대 상처 입으리'(2011, 문학의문학) '종이'(2011, 민음사) '여자를 위한 인생 10강'(2011, 민음사) '물 위를 걷는 여자'(2011, 민음사) '아버지의 빛'(2012, 문학세계사) '너를 위한 노래'(2012, 시인생각) '살 흐르다'(2014, 민음사) '오래 말하는 사이'(2014) '신달자 감성 포토 에세이'(2015, 문학사상) '북촌'(2016)

### 신대남(申大男) SHIN Dae Nam

(생)1943 · 1 · 7 (출)전북 고창 (주)서울특별시 성동구 아차산로 83 F2빌딩 7층 큐브엔터테인먼트 대표이사실(02-3445-1045) (학)1965년 동국대 법학과졸 1973년 서울대 신문대학원 특수과정 이수 1989년 동국대 행정대학원졸 2001년 연세대 언론홍보대학원 최고위과정 수료 (경)1970년 시사통신사 문화부 기자 1977년 한국일보 일간스포츠 연예부 기자 1983년 同연예부 차장 1989년 同연예부장 1990~1998년 대한민국영상음반대상 집행심사위원 1993년 제31회 대종상영화제 집행위원 1993~2003년 백상예술대상 심사위원 1997년 한국일보 일간스포츠 연예부장 겸 편집부국장 1999년 同편집부국장 1999~2002년 골든디스크상 집행심사위원 2000년 한국일보 일간스포츠 편집국장 2001년 同편집국장(이사) 2002년 문화관광부 음악산업진흥위원회 위원장 2003년 한국일보 일간스포츠 편집인 겸 상무이사 2003년 새마을운동중앙회 자문위원 2004년 ETN TV 대표이사 사장 2005년 아시아문화산업교류재단 전문위원 2005년 경기도 한류우드조성사업 자문위원 2005~2007년 아시아송페스티벌 집행위원장 2007~2009년 국제문화산업교류재단 이사 2007년 연세대 언론홍보대학원 최고위과정총동창회 부회장 2007년 예당엔터테인먼트 회장 2008년 한국케이블TV방송협회 PP협의회 이사 2010~2011년 문화체육관광부 대한민국대중문

화예술상 심사위원 2011년 同운영위원장 2011~2015년 (주)예당미디어 ETN TV 회장 2015년 문화체육관광부 대한민국대중문화예술상 심사위원장 2015년 同'예술가의 장한 어머니상' 심사위원장 2015년 (주)씨그널정보통신 사외이사 2016년 큐브엔터테인먼트 대표이사(현) (상)백상기자대상 은상(1992), 동국언론인상(1998), 한국연예협회 제5회 대한민국연예예술상 연예발전공로상(1998), 문화관광부장관표창(1998·2002), 백상기자대상 동상(1998), 한국연예협회 제12회 역대 대상수상자가 뽑은 연예예술발전상(2005)

### 신대섭(申大燮) SHIN Dae Seop

(생)1968·8·5 (출)충북 (주)세종특별자치시 도움5로 19 과학기술정보통신부 우정사업본부 예금사업단(044-200-8400) (학)1987년 충북 청석고졸 1994년 서울대 지리학과졸 (경)2002년 정보통신부 정보화기획실 정보화지원과 서기관 2002년 同총무과 서기관 2004년 충주우체국장 2007년 정보통신부 우정사업본부 경영기획실 경영품질(6시그마)팀장 2008년 지식경제부 우정사업본부 경영기획실 경영품질팀장 2009년 同우정사업본부 경영기획실 투자기획팀장 2010년 同정보화담당관 2011년 同산업기술시장과장 2012년 同우정사업본부 보험위험관리팀장 2012년 同우정사업본부 보험자산운용팀장 2013년 미래창조과학부 우정사업본부 보험자산운용팀장 2013년 同우정사업본부 경영기획실 경영총괄담당관 2015년 同우정사업본부 보험사업단 보험기획과장 2017년 세종연구소 파견 2018년 과학기술정보통신부 우정사업본부 우편정책과장 2018년 同우정사업본부 예금사업단장(고위공무원)(현)

### 신대식(申大湜)

(생)1951·12·13 (주)대구광역시 동구 첨단로 7 신용보증기금 감사실(053-430-4014) (학)1970년 경남 통영고졸 1974년 부산대 법학과졸 (경)2001년 한국산업은행 동경지점장 2004년 同신탁본부장 2004년 同리스크관리본부장 2006~2008년 대우조선해양(주) 감사실장 2018년 신용보증기금 감사(현) (상)교통부장관표창(1981), 재정경제부장관표창(1998), 부총리겸 재정경제부장관표창(2002)

### 신덕용(申德容) Shin Deog-yong

(생)1960·9·10 (주)서울특별시 영등포구 은행로 38 한국수출입은행 부행장실(02-3779-6114) (학)1985년 서강대 경영학과졸 2013년 한양사이버대 경영대학원졸(그린텍MBA) (경)1985년 한국수출입은행 입행 2005년 同인도네시아현지법인 부장대우 2007년 同여신총괄부 여신기획팀장 2009년 同선박금융부 선박금융3팀장 2010년 同해외투자금융부 역외금융팀장 2010년 同관리지원실장 2011년 同중소금융1실장 2011년 同창원지점장 2013년 同인사부장 2014년 同인사경영지원단장 2015년 同경영기획본부장(부행장) 2017년 同신성장금융본부장(부행장) 2018년 同경영기획본부장(상임이사) 2019년 同부행장(상임이사)(현) (상)기획재정부장관표창(2003), 국무총리표창(2012)

### 신도현(申道鉉) SHIN Do Hyeon (慈耕)

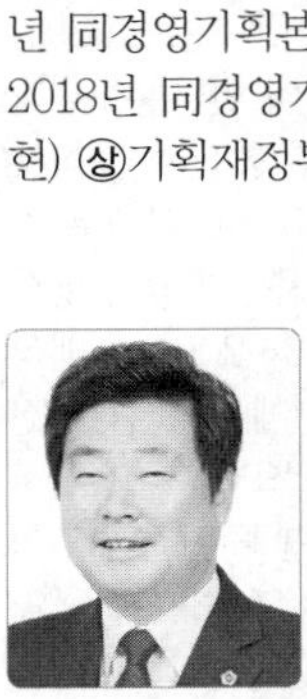

(생)1956·1·21 (본)평산(平山) (출)강원 홍천 (주)강원도 춘천시 중앙로 1 강원도의회(033-256-8035) (학)홍천농고졸, 여주대학 전산정보처리과졸 (경)홍천군 기획실 감사법무담당, 同예산경영담당, 同예산담당, 同행정담당, 同화촌면장, 同재무과장 2007년 同자치행정과장, 同허가민원과장, 同주민생활지원실장 2011년 同기획감사실장 2014~2018년 강원도의회 의원(새누리당·바른정당) 2014·2016년 同농림수산위원회 위원 2015년 同결산검사대표위원, 화촌중 총동창회 회장(현) 2016년 강원도의회 윤리특별위원회 위원장 2018년 강원도의회 의원(자유한국당)(현) 2018년 同농림수산위원회 위원(현) (상)국무총리표창(2010), 홍조근정훈장(2014) (종)불교

### 신동걸(申東杰) Shin Dong Kul

(생)1967·3·31 (출)경북 경주 (주)서울특별시 영등포구 은행로 30 중소기업중앙회신관 11층 IBK자산운용 운용총괄본부(02-727-8800) (학)서울대 해양물리학과졸, 同경영대학원 재무관리학 석사 (경)한국투자신탁운용 주식운용본부 2팀 차장, 同주식운용본부 리서치팀 과장, 同주식운용본부 주식운용3팀·4팀 근무, 同주식운용본부 매매팀 근무 2007년 기은SG자산운용 주식운용본부장 2008년 同주식운용본부장(이사) 2009년 KTB자산운용(주) 주식운용본부 주식운용2팀 본부장 2010년 同주식운용본부 운용담당 2011년 同주식운용본부 운용총괄 2012년 IBK자산운용 주식운용본부장 2017년 同운용총괄본부장(전무)(현)

### 신동권(申東權) SHIN DONG KWEON

(생)1963·2·10 (본)평산(平山) (출)경북 상주 (주)서울특별시 중구 세종대로 39 상공회의소회관 9층 한국공정거래조정원 원장실(02-2056-0016) (학)대구 영남고졸 1985년 경희대 법학과졸 2001년 독일 마인츠대 대학원 법학과졸 2003년 법학박사(독일 마인츠대) (경)1986년 행정고시 합격(30회) 2004년 공정거래위원회 기업결합과장 2004~2011년 대통령비서실·중앙공무원교육원·OECD 대한민국정책센터 파견 2011년 서울지방공정거래사무소장 2012년 공정거래위원회 카르텔조사국장 2014년 同대변인 2015년 同상임위원 2015~2018년 경제협력개발기구(OECD) 경쟁위원회 Bureau Member 2017~2018년 공정거래위원회 사무처장 2018년 한국공정거래조정원 원장(현) (저)'독점규제법'(2011)

### 신동균(申東均)

(생)1961 (주)서울특별시 서초구 마방로 68 (주)동원건설산업 비서실(02-589-4950) (학)홍익대 건축학과졸, 同환경대학원졸 (경)삼호 건설기술연구원 근무, GS건설 건설기술연구원 근무, 삼성물산 건설부문 상무, 한양 건설책임임원 2018년 (주)동원건설산업 대표이사(현)

### 신동근(申東根) SHIN Dong Kun

(생)1961·12·22 (출)경남 하동 (주)서울특별시 영등포구 의사당대로 1 국회 의원회관 732호(02-784-6142) (학)1979년 전북기계공고졸 1990년 경희대 치과대학졸 2001년 서울대 대학원 치의학과졸 2004년 同대학원 치의학 박사과정 수료 (경)1985년 경희대 삼민투쟁위원회 위원장 1988년 한국청년연합 공동준비위원장 1990~2016년 신동근치과의원 원장 2000년 건강사회를위한치과의사회 회장 2000년 보건의료대표자회의 의장 2000년 민주화운동관련 국가유공자 인정 2001년 건강권실천을위한보건의료연합 대표집행위원장 2002년 8.8재보선 국회의원선거 출마(인천시 서구·강화군乙, 민주당) 2004년 제17대 국회의원선거 출마(인천시 서구·강화군乙, 열린우리당) 2005년 열린우리당 인천시당 중앙위원 2005년 신진보연대 공동대표 2007년 열린우리당 제17대 대통령선거 인천시서구·강화군乙선거대책위원장 2010~2011년 인천시 정무부시장 2011~2012년 인천의료관광재단 이사장 2012년 제19대 국회의원선거 출마(인천시 서구·강화군乙, 민주통합당) 2012년 민주통합당 정책위원회 부의장 2013~2014년 민주당 인천시당 위원장 2014년 새정치민주연합 인천시당 공동위원장 2014~2015년 同인천시당 대의원대회준비위원회 위원장 2015년 4.29재보선 국회의원선거 출마(인천시 서구·강화군乙, 새정치민주연합) 2016년 더불어민주당 인천서구乙지역위원회 위원장(현) 2016년 제20대 국회의원(인천시 서구乙, 더불어민주당)(현) 2016년 더불어민주당 오직민생특별위원회 사교육대책TF 위원 2016~2018년 국회 교육문화체육관광위원회 위원 2016년 한국아동인구환경의원연맹(CPE) 회원(현) 2016~2017년 더불어민주당 정책위원회 부의장 2017년 同제

19대 문재인 대통령후보 중앙선거대책본부 총괄부본부장 2017~2018년 국회 예산결산특별위원회 위원 2018~2019년 더불어민주당 원내부대표 2018년 국회 운영위원회 위원(현) 2018~2019년 국회 보건복지위원회 위원 2019년 국회 문화체육관광위원회 간사(현) (상)대한민국국회평화대상위원회 대한민국국회평화대상 국회의정부문(2017) (저)'불꽃은 눕지 않는다'(2011) '신동근의 뉴스타트'(2016, 블루프린트) (종)기독교

**신동렬(申東烈) Shin, Dong Ryeol**

(생)1956·5·27 (출)충남 공주 (주)서울특별시 종로구 성균관로 25-2 성균관대학교 총장실(031-290-5001) (학)1980년 성균관대 전자공학과졸 1982년 한국과학기술원(KAIST) 전기전자공학과졸(석사) 1992년 공학박사(미국 조지아공대) (경)1980~1986년 대우중공업 기술연구소 연구원 1992~1994년 삼성데이터시스템 정보기술연구소 수석연구원 1994년 성균관대 제어계측공학과 조교수·학과장 1998년 同전기전자 및 컴퓨터공학부 부교수 2003~2015년 同정보통신대학 소프트웨어학과 교수 2006~2011년 同정보통신공학부장 2006~2007년 同정보통신대학원장 2012~2014년 同정보통신대학장 2015~2018년 同소프트웨어대학 소프트웨어학과 교수 2017~2018년 同성균융합원장 2019년 同총장(현) (상)중소기업청장표창(1998) (저)'이공계 대학생을 위한 과학기술문서 작성, 발표 및 e-커뮤니케이션'(2005) (종)기독교

**신동배(申東培) SHIN Dong Bae**

(생)1954·9·19 (본)평산(平山) (출)서울 (주)경기도 성남시 분당구 백현로 97 다운타운빌딩 10층 신항의료재단 분당H병원(1577-5975) (학)1972년 경기고졸 1980년 연세대 의대졸 1992년 同대학원 의학석사 1999년 의학박사(연세대) (경)1983년 연세대 세브란스병원 인턴 1984년 同정형외과 전공의 1987년 울산대병원 정형외과 전공의 1990~1997년 同정형외과장 1994년 스위스 국립베른대학병원 연구원 1997년 차의과학대 부교수 1997년 同분당차병원 정형외과 과장 겸 주임교수 2000년 안양 메트로병원장 2002년 분당제생병원 관절센터소장 2002년 분당 H병원(前 신우병원) 원장(현), 신창의료재단 이사장(현) (종)불교

**신동빈(辛東彬) Dong-Bin Shin**

(생)1955·2·14 (출)일본 (주)서울특별시 송파구 올림픽로 300 롯데그룹 회장실(02-750-7025) (학)1977년 일본 아오야마가쿠인대(青山大) 경제학부졸 1980년 미국 컬럼비아대 대학원 경영학과졸 (경)1981년 일본 노무라증권 입사 1990년 호남석유화학(주) 상무이사·부사장 1997~2011년 롯데그룹 부회장 1999~2015년 (주)코리아세븐 대표이사 2000~2006년 (주)롯데닷컴 대표이사 2001년 전국경제인연합회 부회장(현) 2004년 호남석유화학 공동대표이사 2004년 롯데그룹 정책본부장(부회장) 2006~2013년 롯데쇼핑 대표이사 2008년 아시아소사이어티 코리아센터 회장(현) 2009~2013년 한국방문의해위원회 위원장 2011년 롯데그룹 회장(현) 2012년 롯데케미칼 공동대표이사 회장(현) 2014~2018년 대한스키협회 회장 2015~2018년 일본 롯데홀딩스 대표이사 부회장 2015년 (주)호텔롯데 대표이사 회장(현) 2015년 롯데문화재단 이사장(현) 2017년 롯데지주(주) 공동대표이사 회장(현) 2018년 일본 롯데홀딩스 부회장(현) (상)국민훈장 모란장(2005), 핀란드 국민훈장 '핀란드 백장미장'(2006), 프랑스 최고권위훈장 '레지옹 도뇌르'(2007), 한국의 경영자상(2011), 전문직여성한국연맹(BPW KOREA) BPW 골드 어워드상(2014), 영국 대영제국 지휘관훈장(CBE)(2014), 러시아 우호훈장(오르덴 드루즈뷔)(2015), 스페인 국왕훈장 '이사벨여왕 십자문화대훈장'(2017) (저)'유통을 알면 당신도 CEO(共)'(2001)

**신동삼(申東三) SHIN Dong Sam**

(생)1961·3·20 (출)경남 (주)부산광역시 동구 충장대로 325 남해지방해양경찰청 기획운영과(051-663-2516) (학)거제제일고졸, 동주대학 호텔관광경영학과졸 (경)1986년 순경 임용, 부산해양경찰서 1503함 근무, 포항해양경찰서 수사과장, 해양경찰청 광역수사계장 2010년 同재정팀장 2011년 同예산팀장 2012년 同재정담당관 2014년 국민안전처 중부해양경비안전본부 기획운영과장 2013년 총경 승진 2015년 국민안전처 평택해양경비안전서장 2016년 同남해해양경비안전본부 경비안전과장 2017년 남해지방해양경찰청 통영해양경찰서장 2018년 同기획운영과장(현)

**신동석(申東錫)**

(생)1967 (주)서울특별시 서초구 서초대로74길 11 삼성증권 임원실(1588-2323) (학)서울대 경제학과졸, 同대학원 경제학과졸, 同대학원 경제학 박사과정 수료 (경)1993년 한국금융연구원 근무 1995~2007년 삼성증권 국제조사부·리서치센터 Economist 2007~2009년 同리서치센터 수석 Economist 2009~2010년 유진투자증권 리서치센터 매크로팀장 2010년 삼성증권 리서치센터 거시경제팀장 겸 매크로·전략 총괄이사 2012~2018년 同리서치센터장(상무) 2019년 同자문역(현)

**신동승(申東昇) SHIN Dong Seung**

(생)1960·12·18 (본)평산(平山) (출)서울 (주)서울특별시 중구 청계천로 30 헌법재판연구원 연구교수부(02-317-8100) (학)1979년 한영고졸 1983년 서울대 법과대학졸 1986년 同대학원 법학과졸 1994년 미국 하버드대 법학전문대학원 수학 (경)1983년 사법시험 합격(25회) 1985년 사법연수원 수료(15기) 1986년 軍법무관 1989년 청주지법 판사 1994년 수원지법 성남지원 판사 1995년 인천지법 김포군법원 판사 1997년 서울고법 판사 2001년 대전지법 부장판사 2003년 서울지법 고양지원 부장판사 2004년 의정부지법 고양지원 부장판사 2005년 서울행정법원 부장판사 2008년 헌법재판소 선임부장연구관 2008~2010년 同기획조정실장 겸임 2012년 同수석부장연구관 2018년 헌법재판연구원 연구교수부장(현) (종)기독교

**신동연(申東淵)**

(생)1968·1·6 (출)경북 문경 (주)대구광역시 수성구 무학로 227 대구지방경찰청 생활안전과(053-804-7041) (학)1986년 경북 문창고졸 1990년 경찰대 행정학과졸(6기), 계명대 대학원 경찰행정학 박사과정 수료 (경)1990년 경위 임관 2010년 대구지방경찰청 수사1계장 2011년 同광역수사대장 2015년 同생활안전계장 2016년 同경무과 치안지도관(총경) 2017년 同홍보담당관 2018년 경북 예천경찰서장 2019년 대구지방경찰청 생활안전과장(현)

**신동열(辛東烈) SHIN Dong Yeol**

(생)1942·12·7 (출)부산 (주)경기도 평택시 세교산단로 61 성문전자(주) 회장실(031-650-2909) (학)1961년 동래고졸 1965년 성균관대 경제학과졸 1971년 연세대 경영대학원졸 (경)한국Waller(주) 전무이사, 용신유리공업(주) 대표이사, 한국청년회의소중앙회 회장 1998년 성문전자(주) 대표이사 부회장, 同대표이사 회장 1998~2001년 성남산업단지공단 이사장 2002~2006년 駐韓파푸아뉴기니 명예총영사 2003년 한국산업기술진흥협회 감사 2003년 한국무역협회 부회장 2019년 성문전자(주) 회장(현) (상)동탑산업훈장, 우수중소기업대상, 과학기술훈장 웅비장 (종)불교

ㅅ

## 신동우(申東佑) SHIN Dong Woo

(생)1960·6·16 (출)경북 상주 (주)경상북도 상주시 청리면 마공공단로 60 (주)나노(054-533-5887) (학)1983년 한양대 무기재료공학과졸 1985년 한국과학기술원(KAIST) 석사 1993년 공학박사(영국 케임브리지대) (경)1987~1988년 국방과학연구소 연구원 1991년 일본 국립무기재질연구소 연구원 1995년 한양대 세라믹연구소 연구조교수 1995~2004년 경상대 세라믹공학과 교수 1998년 일본 오사카대 방문연구원 2000년 (주)나노 대표이사(현) 2004~2016년 경상대 나노신소재공학부 세라믹공학전공 교수 2018년 상주상공회의소 회장(현) (상)한국과학기술단체총연합회 우수논문상, 산업포장(2007), 철탑산업훈장(2015), 백남기념사업회 백남상(2017) (저)'세라믹스원료' '세라믹스파괴특성' '세라믹실험'

## 신동욱(申東旭) SHIN Dong Uk

(생)1967·8·3 (본)평산(平山) (출)경북 (주)서울특별시 중구 세종대로21길 40 TV조선 보도본부(02-2180-1808) (학)1988년 서울대 경영학과졸 (경)1992년 SBS 입사(공채 2기) 1993년 同사회부 경찰취재부 기자 1995년 同기동취재부 기자 1996년 同선거방송기획단·정치부 기자 2000년 同전국부·경제부 기자 2001년 同주말아침뉴스 앵커 2003년 同뉴스추적부 기자 2004년 同아침뉴스 앵커·경제부 기자 2005년 同정치부 기자 2005년 同편집1부 차장 2005~2011년 同8시뉴스 앵커 2011년 同보도국 국제부 워싱턴지국장(차장급) 2014년 同보도국 정치부 차장 2014년 同보도본부 정치부장 2015년 同보도본부 편집1부장 2016년 同보도본부 뉴스제작1부 선임기자(부장) 2016~2017년 同보도본부 국제부장 2017년 TV조선 보도본부 부본부장 겸 '뉴스 9' 앵커(현) (상)학교폭력추방공로상(2003), 한국방송대상 앵커상(2008) (종)기독교

## 신동윤(申東潤) Sin dong-yoon

(생)1966·2·27 (출)서울 (주)강원도 강릉시 공제로 413-15 강릉교도소(033-649-8100) (학)1987년 경기대 법학과졸 (경)2000년 행정고시 합격(43회) 2010년 대구교도소 총무과장(서기관) 2011년 안양교도소 총무과장 2011년 서울지방교정청 직업훈련과장 2012년 경북북부제1교도소 부소장 2014년 경북북부제2교도소장 2016년 안양교도소 부소장 2017년 여주교도소장 2018년 원주교도소장 2019년 강릉교도소장(현)

## 신동익(辛東益) Shin Dong-ik

(생)1958·3·27 (출)서울 (학)1981년 연세대 정치외교학과졸 1983년 同대학원 정치학과졸 1985년 미국 펜실베이니아대 대학원 국제정치학과졸 (경)1981년 외무고시 합격(15회) 1986년 駐시애틀 영사 1992년 駐말레이시아 1등서기관 1996년 영국 국제전략문제연구소 파견 1999년 외교통상부 안보정책과장 2000년 駐제네바 참사관 2003년 외교통상부 정보상황실장 2004년 대통령비서실 파견 2005년 駐유엔 공사참사관 2008년 외교통상부 국제기구정책관 2009년 同국제기구국장 2010년 同본부대사 2011년 駐유엔 차석대사 2013년 외교부 다자외교조정관 2016년 국립외교원 외교안보연구소장 2017년 駐오스트리아 대사 2017년 駐빈국제기구대표부 대사 겸임 2019년 유엔(UN) 산하 포괄적핵실험금지조약기구(CTBTO) 준비위원회 의장(현) (상)홍조근정훈장(2013)

## 신동인(辛東寅) SHIN, Dong-In

(생)1968·12·25 (본)영산(靈山) (출)충북 음성 (주)세종특별자치시 도움6로 11 환경부 수자원정책국 수자원관리과(044-201-7651) (학)1986년 서울 용산고졸 1994년 연세대 행정학과졸 1999년 서울대 행정대학원 정책학과졸 (경)1999~2008년 환경부 자연정책과·해외협력과 사무관 2008년 同국토환경정책과 그린스타트팀장 2009~2011년 경기도 환경협력관 2011~2013년 세계자연보전연맹(IUCN) 환경협력관 2013년 국립생물자원관 전략기획과장 2014년 환경부 기후대기정책관실 대기관리과장 2016년 통일교육원 파견 2017년 영산강유역환경청 유역관리국장 2019년 환경부 수자원정책국 수자원관리과장(현) (상)국무총리표창(2005), 대통령표창(2012), 통일교육원장표창(2016) (종)불교

## 신동준(申東峻) SHIN Dong June

(생)1967·7·7 (본)평산(平山) (출)경남 진주 (주)대전광역시 서구 청사로 189 중소벤처기업부 옴부즈만지원단(02-730-2464) (학)1985년 경남 대아고졸 1992년 서울대 언어학과졸, 영국 리즈대 대학원 커뮤니케이션학과졸 (경)1992년 행정고시 합격 2001년 정보통신부 정보통신정책국 산업기술과 사무관 2002년 서기관 승진 2003년 KT 기획조정실 사업지원단 팀장 2006년 정보통신부 와이브로·DMB 해외확산반 팀장, 부산금정우체국장 2007년 정보통신부 우정사업본부 보험사업단 보험위험(리스크)관리팀장 2008년 지식경제부 우정사업본부 보험위험관리팀장 2008년 駐몽골 주재관 2010년 지식경제부 지역특화발전특구기획단 특구기획과장 2011년 同무역진흥과장 2012년 同산업피해조사팀장 2013년 산업통상자원부 활용촉진과장 2014년 同산업정책실 산업분석과장 2015년 同산업정책실 산업분석과장(부이사관) 2015년 중소기업청 생산혁신정책과장 2016년 同기획조정관실 기획재정담당관 2017년 同중견기업정책국장(고위공무원) 2017~2019년 KOTRA방산물자교역지원센터 및 GtoG교역지원센터 파견(고위공무원) 2019년 중소벤처기업부 옴부즈만지원단장(현)

## 신동진(申東鎭) SHIN Dong Jin

(생)1968·8·25 (출)서울 (주)서울특별시 마포구 성암로 267 문화방송(MBC) 아나운서국 아나운서1부(02-789-0011) (학)경성고졸, 경희대 영어영문학과졸, 연세대 언론홍보대학원졸, 경희대 대학원 정치학 박사과정 수료 (경)1996년 문화방송(MBC) 아나운서국 입사·근무 2000년 同'MBC뉴스' 진행 2001년 同'신동진의 미니콘서트' 진행 2001년 同'전파견문록'·'월드컵 우리는 지금'·'주말 스포츠 뉴스' 등 진행 2003년 同'특종연예통신'·'활력충전 36.5' 등 진행, 한세대 미디어영상학부 겸임교수 2004년 한국아나운서연합회 편집위원 2006~2008년 문화방송(MBC) '행복충전 내일은 맑음'·'주말 MBC뉴스' 진행 2011~2017년 同'MBC 정오 뉴스' 진행 2012년 同'MBC 5시 뉴스' 진행 2013~2015년 한국아나운서연합회 회장 2013년 언어문화개선범국민연합 공동대표 2017년 문화방송(MBC) 아나운서국 아나운서3부장 2018년 同아나운서국 아나운서1부장(현) (상)제20회 한국어문상 문화체육관광부장관표창(2008)

## 신동천(申東天) SHIN Dong Cheon

(생)1955·5·16 (출)경기 파주 (주)서울특별시 서대문구 연세로 50 연세대학교 상경대학 경제학부(02-2123-2486) (학)1979년 연세대 경제학과졸 1984년 同대학원졸 1990년 경제학박사(미국 미네소타대) (경)연세대 상경대학 경제학부 교수(현), 한국자원경제학회 감사, 한국국제경제학회 이사, 한국동북아경제학회 이사, 한국국제통상학회 이사 1997년 한국자원학회 이사 1999~2002년 산업자원부 무역위원회 비상임위원 2001~2004년 한국자원학회 부회장 2001년 한국국제경제학회 감사 2002~2006년 연세대 통일연구원장 2003년 북한경제전문가 100인포럼 회원 2005년 한국환경경제학회 부회장 2007~2009년 同회장 2010~2012년 녹색성장위원회 위원 2014~2015년 한국무역보험학회 회장 2014~2017년 인천국제공항공사 비상임이사 겸 감사위원 2015~2016년 녹색성장위원회 위원 2018년 연세대 상경대학장 겸 경제대학원장(현) (상)근정포장(2012) (저)'미시경제학' '국제무역의 연산균형분석' (종)기독교

**신동천(申東千) SHIN Dong Chun**

(생)1955·5·30 (본)평산(平山) (출)서울 (주)서울특별시 서대문구 연세로 50 연세대학교 의과대학 예방의학교실(02-2228-1869) (학)1980년 연세대 의대졸 1983년 同대학원 의학석사 1989년 보건학박사(연세대) (경)1987~2001년 연세대 의대 예방의학교실 강사·조교수·부교수 1997~1999년 한국과학기술연구원 도핑콘트롤센터 객원책임연구원 1999년 연세대 환경공해연구소장 2001년 환경부 먹는물관리위원 2001년 연세대 의대 예방의학교실 교수(현) 2001년 한국환경독성학회 부회장 2003년 환경부 중앙환경보전자문위원 2003년 同유해화학물질대책위원 2004년 한국실내환경학회 부회장 2004년 서울시 환경영향평가심의위원 2007년 대한의사협회 정책이사 2011~2018년 연세대 보건대학원 환경보건전공 지도교수 2011~2017년 한국위험통제학회 회장 2011~2017년 아시아오세아니아의사회연맹(CMAAO) 이사장 2012~2017년 대한의사협회 국제협력위원장 2012~2014년 연세대의료원 사무처장 2013~2019년 연세대 의과대학 환경공해연구소장 2013~2015년 세계의사회 이사 2013년 한국친환경병원학회 회장(현) 2013년 한국과학기술한림원 정회원(현) 2014~2016년 同정책학부장 2015~2017년 세계의사회(WMA : World Medical Association) 재정기획위원회 위원장 2015~2018년 아시아친환경병원네트워크 자문위원장 2016년 대한민국의학한림원 국제협력위원회 위원(현) 2017~2019년 연세대 교수평의회 의장 2019년 국가기구환경회의 위원(피해예방 전문위원장)(현) 2019년 학교미세먼지 연구사업단장(현) (상)대통령표창(2004), 대한의사협회 화이자국제협력공로상(2013) (저)'자동차환경개론-자동차배출가스의 인체위해성, 이동과 확산'(2000) '의학자 114인이 내다보는 의학의 미래上·中·下-환경을 건강하게'(2003) '산업위생-제11장 실내오염'(2004) '예방의학-제20장 환경과 건강'(2004) (종)기독교

**신동철(申東哲)**

(생)1959 (출)경기 파주 (주)제주특별자치도 제주시 조천읍 남조로 1717-35 제주특별자치도개발공사(064-780-3300) (학)경동고졸, 한국외국어대 행정학과졸, 미국 조지워싱턴대 대학원 경영학과졸 (경)2010년 한국토지주택공사(LH) 고객지원처 총무팀장 2011년 同제주지역본부장 2012년 同고객경영실장 2013년 同감사실장 2013년 同강원지역본부장 2014년 同비서실장 2015~2017년 同주거복지본부장(상임이사) 2017년 同토지주택대학 건설경영학과 객원교수 2017년 제주개발공사 개발총괄 상임이사(현)

**신동철(申東澈) SHIN DONG CHUL**

(생)1961·1·9 (본)평산(平山) (출)서울 (주)서울특별시 영등포구 여의대로 70 신한금융투자 임원실(02-3772-2260) (학)서울고졸, 성균관대 무역학과졸 (경)1986년 신한금융투자 입사 2000년 同신림지점장 2003년 同관악지점장 2004년 同신설동지점장 2005년 同인사부장 2008년 同영업부 지점장(이사대우) 2009년 同서부영업본부장 2011년 同강서영업본부장 2011년 同강북영업본부장 2013년 同홀세일그룹본부장 2013년 同IPS본부장(상무) 2016년 同경영관리본부장(상무) 2016년 同전략기획본부장 겸 경영기획그룹장 직대 2017년 同홀세일그룹 부사장(현)

**신동학**

(생)1961 · 1 · 7 (주)세종특별자치시 한누리대로 2130 세종특별자치시청 문화체육관광국(044-300-3010) (학)충남 홍성고졸, 충남대 화학과졸 (경)2013년 행정중심복합도시건설청 도시기획과 지방서기관 2013년 세종특별자치시 공보관 2015년 同균형발전국 문화체육관광과장 2016년 교육 훈련 2017년 세종특별자치시 건설도시국 토지정보과장 2017년 同총무과장 2018년 세종특별자치시의회 사무처장(지방부이사관) 2019년 세종특별자치시 문화체육관광국장(현)

**신동학(申東學)**

(생)1966 (출)강원 홍천 (주)강원도 동해시 해안로 231 동해안권경제자유구역청(033-532-7600) (학)환일고졸 1991년 중앙대 행정학과졸 2000년 미국 위스콘신대학교 메디슨교 대학원 정책학졸 (경)1993년 행정고시 합격(37회) 2001~2004년 산업자원부 유통물류과 · 무역정책과 · 기획예산과 사무관 2004~2006년 同홍보관리관실 사무관 · 공보과장(서기관) 2006년 駐인도네시아 상무관 2008년 지식경제부 전기소비자보호과장 2009년 同전기위원회 사무국 전력시장과장 2009년 同중러협력과장 2010년 同경제자유구역기획단 정책기획팀장(서기관) 2012년 부이사관 승진 2014년 산업통상자원부 기후변화산업환경과장(부이사관) 2016년 同해외투자과장(부이사관) 2016년 강원도 동해안권경제자유구역청장(현) (상)신뢰받는CEO대상 투자유치부문대상(2017)

**신동헌(申東憲) SHIN Dong Hun**

(생)1952 · 5 · 11 (출)경기 광주 (주)경기도 광주시 행정타운로 50 광주시청 시장실(031-760-2001) (학)1970년 한영고졸 1984년 한양대 법학과졸 1998년 同언론정보대학원졸 (경)1978~1980년 동양방송 PD 1980~1982년 신세계백화점 근무 1982~1998년 한국방송공사(KBS)제작단 PD 2003년 농업전문 프리랜서 PD, 한국방송공사(KBS) 프리랜서 PD 2003~2005년 전국농민단체협의회 사무총장 2004~2005년 대한양계협회 전무 2006년 경기 광주시장선거 출마(열린우리당), 농산어촌홍보전략포럼 홍보위원장 2007년 농촌정보문화센터 소장 2009년 국민농업포럼 정책위원 2010~2018년 (사)도시농업포럼 대표, 광주지역발전연구소 대표 2018년 경기 광주시장(더불어민주당)(현) (상)농림부장관표창, KBS 우수프로그램상, 가족문화상, 농업인의날 대통령표창 2회(2005 · 2015), 국회의장 공로장(2017), 대한민국경제리더대상 미래경영부문(2018) (저)'신PD도 언젠가는 농어촌간다'(1999) '이제는 농사도 따따블 벤처다'(2001) (작)'농업도 경영이다' '일요특강 나의 영농체험' '농어촌 지금' '맛따라 길따라' '소비자시대' '세계는 지금' '무엇이든 물어보세요' '건강365일' '새아침 행복나들이' '아하! 그렇군요' '문화가산책' '세상체험 아빠와함께' '정도600년 서울야화' '고향의 아침' 'KBS 수요기획' (종)기독교

**신동헌(申東憲) Shin Dong-Hun (景閑)**

(생)1968 · 4 · 19 (본)평산(平山) (출)충남 서산 (주)충청남도 홍성군 홍북면 충남대로 21 충청남도청 경제통상실(041-635-2200) (학)1986년 대전고졸 1991년 서울대 농학과졸 1994년 同환경대학원 환경계획학과졸 2014년 국방대 국방관리대학원 국방관리학과졸 (경)1998~2002년 충남도 서산시 활성동장 2009년 통일교육원 교육파견 2010년 충남도 수질관리과장 2012년 同환경관리과장 2013~2014년 국방대 교육파견 2015년 충남도 에너지산업과장 2015년 同물관리정책과장 2016년 同환경녹지국장 2016년 同기후환경녹지국장(부이사관) 2018년 同경제통상실장(현) (상)한국물학술단체연합회 기술상(2016), 근정포장(2017), 대한민국 산림환경대상 행정부문(2017) (종)기독교

**신동헌(申東憲) SHIN Dong Heon**

(생)1968 · 5 · 13 (본)평산(平山) (출)대전 (주)부산광역시 연제구 법원로 31 부산고등법원(051-590-1114) (학)1987년 대전고졸 1992년 서울대 법과대학졸 1994년 同대학원졸 (경)1992년 사법시험 합격(34회) 1995년 사법연수원 수료(24기) 1998년 수원지법 판사 2000년 서울지법 판사 2002년 대전지법 논산지원 판사 2004년 대전지법 판사 2007년 대전고법 판사 2008년 대법원 재판연구관 2010년 대전지법 부장판사 2012년 대전고법 판사 2018년 부산고법 부장판사(현)

### 신동현(申東鉉) SHIN Dong Hyun

(생)1961 · 10 · 20 (본)평산(平山) (출)전남 해남 (주)서울특별시 서초구 법원로4길 13 춘광빌딩 2층 법무법인(유) 우송(02-598-0123) (학)1979년 광주 대동고졸 1983년 고려대 법학과졸 (경)1987년 사법시험 합격(29회) 1990년 사법연수원 수료(19기) 1990년 서울지검 북부지청 검사 1992년 광주지검 목포지청 검사 1994년 광주지검 검사 1996년 법무부 인권과 검사 1998년 서울지검 검사 2000년 수원지검 검사 2002년 同부부장검사 2002년 광주지검 장흥지청장 2004년 同공안부장 2005년 부산지검 공안부장 2006년 서울남부지검 형사6부장 2007년 서울중앙지검 공안2부장 2008년 서울남부지검 형사1부장 2009년 대전지검 서산지청장 2009년 수원지검 성남지청 차장검사 2010년 변호사 개업 2012년 법무법인(유) 우송 변호사(현) 2014~2016년 대한법률구조공단 비상임감사

### 신동현(申東弦) Shin Dong Hyun

(생)1967 · 6 · 7 (본)평산(平山) (출)전북 남원 (주)강원도 강릉시 사천면 과학단지로 130 강원지방기상청 청장실(033-650-0430) (학)1985년 전주 신흥고졸 1991년 연세대 천문대기과학과졸 1993년 同대학원 천문대기과학과졸 (경)1993~2011년 기상청 수치예보과 · 국제협력과 · 기획재정담당관실 등 근무 2011년 同총괄예보관 2013년 同청장 비서관 2014년 同계측기술과장 · 기상기술과장 2015년 同국가태풍센터장 2016년 同기후변화감시과장 2017년 同기상서비스진흥국 기상융합서비스과장(서기관) 2018년 同관측기반국 관측정책과장(부이사관) 2019년 강원지방기상청장(고위공무원)(현)

### 신동호(申東鎬) SHIN Dong Ho

(생)1955 · 12 · 20 (본)평산(平山) (출)경기 평택 (주)경기도 안성시 대덕면 서동대로 4726 중앙대학교 음악학부(031-670-3303) (학)1982년 중앙대 음대졸 1985년 이태리 롯시니국립음악원졸 1985년 이태리 오지모아카데미아졸 (경)1990년 중앙대 음악학부 성악전공 조교수 · 부교수, 同성악전공 교수(현), 상트페테르부르크 오케스트라 · 루마니아 트란실바니아 주립필하모니오케스트라 · 상파울로 시립오케스트라 · 키예프 국립오케스트라 · 제노바 필하모니 · 나폴리 심포니 · 롯시니 필하모니 · KBS 교향악단 · 서울시향 · 코리안 심포니 등 국내외 오케스트라와 협연, 미국 · 이태리 · 독일 · 오스트리아 · 프랑스 · 호주 · 브라질 · 일본 · 홍콩 · 동남아 등 해외 초청 연주회, 뉴욕 카네기홀 연주 및 '베냐미노 질리' 탄생95주년 · '쟈코모 푸치니' 서거60주년기념 이태리 초청 연주회, KBS · MBC · CBS 방송 출연 및 국내외 다수 연주회 출연, 오페라 '라 보엠' '루치아' '청교도' '리골렛도' '라 트라비아타' '토스카' '라 파보리타' '호프만의 이야기' '포스카리가의 비극' '사랑의 묘약' 등 다수 오페라 주역, 베토벤 'NO.9 Symphony' 베르디 '레퀴엠' 헨델 '장엄미사' 바하 '마태수난' 모차르트 '레퀴엠' 바하 '마니피카트' 등 다수 오라토리오 독창자 2007~2009년 중앙대 음악대학장 2007년 남성성악가앙상블팀 '보헤미안싱어즈' 활동 (상)「카를로 콧챠」국제성악콩쿨 2등(이태리 노바라), 「쟈코모 푸치니」 국제성악콩쿨 1등(이태리 루카), 「베냐미노 질리」 국제성악콩쿨 1등(이태리 씨르미 오네), 「루티아노 파바롯티」 국제성악콩쿨 1등(미국 필라델피아) (작)음반 '위대한 사랑' (종)기독교

### 신동호

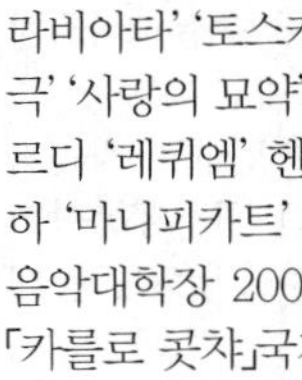

(생)1965 (출)강원 화천 (주)서울특별시 종로구 청와대로 1 대통령 연설비서관실(02-770-0011) (학)강원고졸, 한양대 국어국문학과졸 (경)시인(현) 1984년 강원고 재학 중 강원일보에 詩 '오래된 이야기'로 등단 1992년 '창작과비평'에 작품 발표 후 본격적 문단 활동 시작, 전국대학생대표자협의회 초대 문화국장 2004년 남북경제문화협력재단 위원장 2012년 새정치민주연합 대표실 부실장 2017년 더불어민주당 제19대 문재인 대통령후보 중앙선거대책위원회 메시지팀장 2017년 대통령 연설비서관(현) (저)시집 '서울 경춘선', '저물 무렵'(1996), '장촌냉면집 아저씨 어디로 갔을까?'(2014), 산문집 '유쾌한 교양 읽기', '꽃분이의 손에서 온기를 느끼다', '분단아, 고맙다'

### 신동화(申東禾) SHIN Dong Hwa

(생)1943 · 7 · 22 (출)전북 정읍 (주)서울특별시 강남구 테헤란로64길 14 신동화식품연구소(02-539-9361) (학)1965년 동국대 식품공학과졸 1967년 同대학원 식품공학과졸 1975년 영국 Leeds Univ. 식품공학과 수학 1981년 식품공학박사(동국대) 1985년 미국 Cornell Univ. 식품공학과 수학 (경)1970년 농어촌개발공사 연구개발부 입사 1972년 同식품연구소 연구원 1975~1979년 同식품연구소 농산식품과장 1979~1985년 同식품연구소 가공공학연구실장 1983년 성균관대 대학원 · 중앙대 대학원 · 건국대 축산대학 강사 1985년 농어촌개발공사 종합식품연구원 응용연구실장 1986년 同종합식품연구원 연구부장 1987~1988년 농수산물유통공사 종합식품연구부장 1988~2008년 전북대 응용생물공학부 식품공학전공 교수 1991년 한국식품개발연구원 연구평가위원 1993년 농촌생활연구원 겸직연구관 1994년 식품의약품안전청 위생심의위원 1996년 전북향토전통음식 심의위원 1997년 한국식품과학회 부회장 · 회장 1998~2000년 전북대 응용생물공학부장 · 농업과학기술연구소장 1998년 한국미생물생명공학회 부회장 1999~2006년 한국식품위생안전성학회 부회장 · 회장 2003년 (사)전북음식문화연구회 회장 2003년 전북대 바이오식품소재개발및산업화연구센터 소장 2004년 대한민국한림원 정회원 2008년 전북대 식품공학전공 명예교수(현) 2008년 식품산업진흥심의회 위원장 2008년 신동화식품연구소 소장(현) 2009~2012년 식품의약품안전청 식품위생심의위원회 위원장 2009년 (사)한국장류기술연구회 회장(현) 2010~2016년 (사)한국식품안전협회 회장 2012년 농림수산식품부 식품산업진흥위원회 위원장 2013년 농림축산식품부 식품산업진흥위원회 위원장(현) 2013년 국가식품클러스터 이사(현) 2014년 (재)식품안전상생협회 상임이사 2015년 同비상임이사(현) 2015년 대한민국한림원 종신회원(현) 2016년 (사)한국식품산업진흥포럼 회장(현) (상)농수산부장관표창(1973), 한국식품과학회 학술진보상(1981), 농림수산부장관표창(1986), 한국식품과학회 학술상(2003), 한국식품과학회 우수논문상(2004), 근정포장(2005) (저)'식품과학대사전'(2003) '자세히 쓴 식품위생학'(2006) '식품 알고 지혜롭게 먹자'(2014) '신동화 명예교수와 함께하는 식품산책'(2017) 등 18권

### 신동훈(申東勳) SHIN Dong Hoon

(생)1971 · 1 · 26 (출)경북 안동 (주)서울특별시 강남구 영동대로 517 법무법인 화우(02-6003-7000) (학)1989년 동국대사대부고졸 1993년 성균관대 법학과졸, 同대학원 법학과졸 (경)1995년 사법시험 합격(37회) 1998년 사법연수원 수료(27기) 1998년 軍법무관 2001년 서울지법 판사 2003년 서울가정법원 판사 2005년 춘천지법 판사 2008년 의정부지법 판사 2009~2011년 법원행정처 홍보심의관 겸임 2010년 서울고법 판사 2013년 창원지법 부장판사 2014~2015년 헌법재판소 파견 2015년 대법원 재판연구관 2017~2019년 서울동부지법 부장판사 2019년 법무법인 화우 변호사(현) 2019년 (주)오파스넷 사외이사(현)

### 신동휘(申東輝) SHIN Dong Hui

(생)1963 · 5 · 5 (출)경남 진해 (주)서울특별시 중구 세종대로9길 53 CJ대한통운 전략지원실(1588-1255) (학)진해고졸, 한양대 신문방송학과졸 (경)1987년 제일제당 입사 1987년 同홍보팀 근무 2006년 CJ제일제당 홍보실장(상무) 2010년 CJ(주) 홍보실장(부사장대우) 2011년 CJ제일제당(주)

미디어마케팅팀장(부사장대우) 2011년 同미디어커뮤니케이션담당 부사장대우 2012년 同전략지원팀 부사장 2013년 同홍보팀장(부사장) 2013년 CJ그룹 홍보실장 겸임, 한국PR협회 운영이사 2013년 CJ대한통운 전략지원실장(부사장)(현)

**신득용(辛得容) SHIN Deug Yong**

(생)1959 · 9 · 16 (본)영산(靈山) (출)부산 (주)충청남도 천안시 동남구 단대로 119 단국대학교 의과대학 의예과(041-550-3878) (학)1983년 부산대졸 1986년 일본 도쿄대 대학원졸 1989년 이학박사(일본 도쿄대) (경)1989~1991년 미국 NIH(National Institutes of Health) 소아보건연구소 박사 후 연구원 1991~1995년 미국 국립암연구소(NCI : National Cancer Institute) 연구원 1995~2000년 한국생명공학연구원 선임연구원 2000년 단국대 의대 의학과 교수(현) 2000~2005년 국가지정연구실 연구책임자 2001년 서울대 암연구소 세포주기제어연구실 책임교수(현) 2001년 대한암학회 이사 · 학술위원(현) 2001년 한국노화학회 운영위원 · 기획위원장 · 회장 · 감사(현) 2004년 고령사회정책포럼 운영위원 2008~2012년 국책노화 · 암제어연구사업 총괄연구책임자 2009년 단국대 WCU나노바이오의과학연구센터 소장 2009년 同WCU사업단장 2010년 同노화암연구센터장(현) (종)기독교

**신만중(愼晩重) Shin, Man-Joong**

(생)1959 · 9 · 20 (출)서울 (주)서울특별시 노원구 광운로 20 광운대학교 정책법학대학 법학부(02-940-5524) (학)1978년 용산고졸 1983년 성균관대 법학과졸 1996년 서울대 법학대학원졸 2003년 UCLA Law School졸(LL.M) 2007년 법학박사(경희대) (경)1984년 사법시험 합격(26회) 1987년 사법연수원 수료(16기) 1988년 변호사 개업 1998~2005년 광운대 겸임교수 1992~1994년 대한변호사협회 이사 2001년 미국 버클리대 교환교수 2004년 미국(NY)변호사 시험 합격 2006~2015년 광운대 법과대학 법학부 조교수 · 부교수 · 교수 2011~2012년 同법과대학장 2011~2016년 同고시반 원장 2013~2014년 한국법학교수회 부회장 2016년 同정책법학대학 법학부 교수(현) 2016~2017 · 2019년 同정책법학대학장 겸 건설법무대학원장(현)

**신맹호(申孟浩) Shin Maeng-ho**

(생)1960 · 6 · 15 (주)서울특별시 종로구 사직로8길 60 외교부 인사운영팀(02-2100-7146) (학)1983년 서울대 외교학과졸 1985년 同대학원 외교학과 수료 (경)1985년 외무고시 합격(19회) 1985년 외무부 입부 1992년 미국 존스홉킨스대 연수 1994년 駐구주공동체 2등서기관 1996년 駐에티오피아 1등서기관 2002년 駐오스트리아 참사관 2005년 외교통상부 북핵외교기획단 팀장 2006년 同북핵1과장 2006년 駐러시아 공사참사관 2008년 駐샌프란시스코 부총영사 2010년 외교통상부 부대변인 2011년 同국제법률국장 2013년 駐불가리아 대사 2016~2017년 외교부 국제안보대사 2017년 駐캐나다 대사(현) (상)근정포장(2013), 국제공공외교협회(IPDC) 올해의 대사상 및 공공외교상(2019)

**신면주(辛勉周)**

(생)1959 · 6 · 21 (출)경북 경주 (주)울산광역시 남구 법대로 87 법무법인 원율(052-223-1616) (학)1978년 부산진고졸 1983년 연세대 법학과졸 1985년 同대학원 법학과졸 (경)1986년 軍법무관 임용시험 합격(7회) 1989년 사법연수원 수료 1989년 1군단 근무, 15사단 법무참모, 53사단 법무참모, 육군본부 법제과장, 법무법인 원율 대표변호사(현) 2011년 한국동서발전 명예감사관, 울주군 고문변호사(현), 同공직자윤리위원 2017~2018년 울산지방변호사회 회장 2018년 울산지검 형사상고심의위원회 위원장(현)

**신 명(申 洺 · 女) Shin Myoung** (순서)

(생)1946 · 2 · 17 (본)아주(鵝洲) (출)대전 (주)서울특별시 영등포구 의사당대로 1 (사)대한민국헌정회(02-786-5050) (학)1965년 대전여고졸 1976년 동국대 행정대학원 수료 2000년 연세대 행정대학원 고위정책자과정 수료 2003년 광운대 법학과 중퇴 2006년 법학사학위 취득(교육인적자원부) 2008년 중앙대 대학원 법학과졸(법학석사) 2012년 同대학원 사회복지학 박사과정 수료 2015년 법학박사(중앙대) (경)1967년 노동부 입부 1981년 서울중부노동사무소(서울지방노동청) 근로감독과장(여성최초) 1992년 노동부 최저임금심의위원회 사무국장 1994~1997년 同부녀소년과장 · 서울관악지방노동사무소장(서울관악지방청)(여성최초) 1997년 노동부 고용정책실 실업급여과장 1999년 同근로여성정책국 여성정책과장 2000년 同근로여성정책국장 2002년 同고용평등국장 2003~2007년 한국양성평등교육진흥원 이사 2003년 한국노동교육원 사무총장 2004년 同초빙교수 2004년 열린우리당 불교특별위원회 위원장 2004년 대한불교조계종 중앙신도회 지도위원 2005~2007년 불교여성개발원 감사 2005년 (사)일과여가문화연구원 이사장(현) 2005년 노동부 고용보험심사위원회 위원 2006년 한국장애인고용촉진공단 감사 2006년 열린우리당 여성리더십센터 소장 2006~2007년 불교인재개발원 이사 2007~2008년 제17대 국회의원(비례대표 승계, 열린우리당 · 대통합민주신당 · 통합민주당) 2008년 중앙대 사회개발대학원 객원교수 2008년 (사)날마다 좋은날 이사 2009년 국회 사회서비스포럼 운영위원 2009년 대한불교조계종 중앙신도회 부회장(현) 2011년 중앙노동위원회 공익위원(현) 2011~2015년 (사)대한민국헌정회 정책위원 2011~2015년 同여성위원회 부위원장 2012~2014년 (사)지방자치제도개선모임 이사 2012년 (사)한국ILO협회 이사(현) 2013년 (사)한국여성의정 사무총장(현) 2015년 (사)대한민국헌정회 운영위원(현) 2016년 더불어민주당 중앙당 선거관리위원회 위원장 2019년 (사)대한민국헌정회 여성위원장(현) 2019년 더불어민주당 여성사회참여확대위원회 위원(현) (상)홍조근정훈장, 대통령표창, 근정포장, 보건사회부장관표창 (저)'여성노동관련법실무(共)'(2006) '중국헌법에서의 종교와 종교정책'(2017) (종)불교

**신명균(申明均) SHIN Myung Kyoon**

(생)1944 · 4 · 8 (출)서울 (주)서울특별시 종로구 종로3길 34 삼송빌딩 301호 신명균법률사무소(02-734-0795) (학)1962년 경기고졸 1966년 서울대 법학과졸 1969년 同사법대학원 수료 1979년 영국 런던왕립대 연수 (경)1967년 사법시험 수석합격(8회) 1969년 해군 법무관 1971년 부산지법 판사 1972년 서울형사지법 판사 1974년 서울민사지법 판사 1976년 춘천지법 원주지원 판사 1978년 서울형사지법 판사 1980년 서울고법 판사 1981년 대법원 재판연구관 1982년 부산지법 부장판사 1985년 인천지법 부장판사 1986년 서울민사지법 부장판사 1988년 서울지법 동부지원 부장판사 1990년 서울형사지법 부장판사 1991년 부산고법 부장판사 1992년 서울고법 부장판사 1997년 서울지법 북부지원장 1998년 창원지법원장 1999년 서울가정법원장 2000~2002년 사법연수원장 2000~2002년 중앙선거관리위원회 위원 2002년 변호사 개업 2005년 동아꿈나무재단 이사 2007년 정보통신윤리위원회 위원장 2007년 두산인프라코어 사외이사 2008~2009년 법무법인 충정 변호사 2009년 서울법원조정센터 상임조정위원 2013~2015년 서울서부지법 조정센터 상임조정위원장 2015년 변호사 개업(현) (저)'어음지급인의 조사의무'(1986) '수출대행자의 책임'(1988)

**신명순(辛明順 · 女)**

(생)1958 · 11 · 2 (주)강원도 춘천시 중앙로 1 강원도의회(033-249-5195) (학)연세대 정경대학원 행정학과졸 (경)영월군 무릉도원면장 · 주천면장, 同민원봉사과장 · 고용교육체육과장 · 재무과장 2018년 강원도의회 의원(더불어민주당)(현) 2018년 同농림수산위원회 위원(현) (상)전국시도의회의장협의회 우수의정대상(2019)

### 신명식(申明湜) SHIN Myung Sik

(생)1957 · 2 · 15 (주)세종특별자치시 조치원읍 군청로 93 농림수산식품교육문화정보원 원장실(044-861-8888) (학)1995년 경희대 사학과졸 2002년 同언론정보대학원 신문학과졸 (경)1993년 내일신문 입사 1997~1999년 주간내일신문 편집국장 2000년 일간내일신문 기획특집 · 경제 · 정치 편집위원 2006년 同편집국장 2008년 디지털내일 사장 2008년 (사)민족문제연구소 기획이사 2010년 귀농 2014~2018년 농업회사법인 (주)으뜸농부 대표이사 2014~2018년 큰들영농조합법인 감사 2015~2018년 으뜸농부협동조합 감사 2018년 농림수산식품교육문화정보원 원장(현)

### 신명진(申明振) Shin, myoung jin

(생)1954 · 12 · 2 (출)서울 (주)서울특별시 구로구 디지털로 285 전진켐텍(주)(02-2109-6930) (학)1973년 중동고졸 1978년 홍익대 공과대학졸 2006년 서울대 국제대학원 글로벌리더십과정(GLP) 수료 2013년 연세대 경제대학원졸 (경)1980년 전진무역 창업, 전진켐텍(주) 대표이사(현) 1987년 미국 알칸소주 명예대사 1989년 한국청년회의소 북서울JC 회장 1995년 세계청년회의소(JCI) 아시아태평양개발위원 2006년 대한태권도협회 이사(공인 5단) 2007년 (사)한국디지털단지기업인연합회 회장 2007년 새누리당 중앙위원회 위원 2008년 駐韓마이크로네시아공화국 명예영사(선임총영사 · 현) 2008년 구로로타리클럽 초대회장 2008년 새누리당 정치대학원 총학생회장 2009년 한국특공무술협회 회장(공인 8단) 2009년 한국무역협회 이사 2009년 同전략운영위원회 위원 2009년 서울지방경찰청 경찰특공대 발전위원 2011~2017년 서울상공회의소 구로구상공회 회장 2012년 새누리당 박근혜 대통령후보 중앙선거대책위원회 자문위원 2013년 대한상공회의소 국제통상위원회 위원 2014년 서울대총동문회 이사 2014년 (사)국제로타리3640지구 재정위원장 2015년 민주평통 자문위원 2016~2019년 한국수입협회 회장 2016년 한국무역협회 비상근부회장(현) (상)대한상공회의소 회장표창(2005), 국세청장표창(2010), 한국무역학회 무역진흥대상(2010), 대통령표창(2010), 서울시장표창(2012), 국제로타리클럽표창(2012), 자랑스러운 홍익인상(2013), 석탑산업훈장(2014), 민주평통 의장표창(2014)

### 신명호(申明浩) SHIN Myoung Ho

(생)1944·7·14 (본)고령(高靈) (출)전남 고흥 (주)서울특별시 중구 세종대로9길 42 (주)부영 임원실(02-3774-5500) (학)1962년 경기고졸 1966년 서울대 법과대학 행정학과졸 1983년 미국 조지워싱턴대 대학원 경제학과졸 (경)1968년 행정고시 합격(6회) 1969년 재무부 사무관 1975년 同외환관리과장 1980년 同국제금융과장 1981년 세계은행 이사자문관 1983년 駐프랑스 재무관 1986년 관세공무원교육원장 1988년 재무부 관세국장 1989년 同국제금융국장 1991년 민자당 재무전문위원 1993년 세무대학장 1994년 재정경제원 대외담당 차관보 1994년 同제2차관보 1996~1998년 한국주택은행장 1998~2003년 아시아개발은행(ADB) 부총재 2003~2005년 법무법인 태평양 고문 2004년 USB증권 서울지점 고문 2005년 HSBC(홍콩상하이은행) 서울지점 회장 2009~2013년 同서울지점 상임고문 2013년 (주)부영 고문 2018년 同회장 직대(현) (상)대통령표창(1972), 홍조근정훈장(1990) (종)기독교

### 신명호(申明浩) SHIN Myung Ho

(생)1968 · 11 · 20 (출)경북 상주 (주)서울특별시 서초구 반포대로 158 서울고등검찰청 총무과(02-530-3261) (학)1987년 구미고졸 1995년 경북대 법학과졸 (경)1996년 사법시험 합격(38회) 1999년 사법연수원 수료(28기) 1999년 광주지검 검사 2001년 대구지검 상주지청 검사 2002년 창원지검 검사 2004년 서울중앙지검 검사 2006년 대구지검 김천지청 검사 2008년 대구지검 검사 2010년 서울북부지검 검사 2011년 同부부장검사 2012년 대구지검 공판부장 2014년 창원지검 형사2부장 2015년 인천지검 부부장검사 2016년 청주지검 부장검사 2017년 의정부지검 고양지청 형사1부장 2018년 서울고검 검사(현)

### 신명희(申明姬 · 女)

(생)1975 · 12 · 31 (출)서울 (주)경기도 의정부시 녹양로34번길 23 의정부지방법원(031-828-0114) (학)1994년 성심여고졸 1998년 이화여대 법학과졸 (경)1999년 사법시험 합격(41회) 2002년 사법연수원 수료(31기) 2002년 서울지법 판사 2004년 서울북부지법 판사 2006년 전주지법 판사 2010년 수원지법 판사 2012년 서울중앙지법 판사 2014년 서울북부지법 판사 2017년 대구지법 부장판사 2019년 의정부지법 부장판사(현)

### 신무철(申武澈) SHIN Mu Chol

(생)1958 · 8 · 10 (출)경기 (주)서울특별시 강서구 하늘길 260 (주)대한항공 통합커뮤니케이션실(02-2656-7065) (학)1978년 경기고졸 1985년 경희대 영어교육과졸 1996년 핀란드 헬싱키경제경영대학원(KEMBA)졸 (경)1985년 (주)대한항공 입사 1989년 同그룹통합홍보실 근무 2003년 同홍콩여객지점 근무 2008년 同통합커뮤니케이션실 커뮤니케이션전략팀장(상무보) 2010년 同커뮤니케이션전략담당(상무) 2010년 평창동계올림픽유치위원회 홍보협력처장(파견) 2013년 (주)대한항공 통합커뮤니케이션실장(전무B) 2014~2016년 2018평창동계올림픽조직위원회 홍보국장 2014~2016년 IOC 커뮤니케이션위원회 위원 2017년 (주)대한항공 통합커뮤니케이션실장(전무A)(현) (상)체육훈장 백마장(2011) (역)'성공으로 이끄는 협상테크닉 43'(1996, 동도원)

### 신무환(申武煥) SHIN Moo Hwan

(생)1960 · 3 · 31 (주)인천광역시 연수구 송도과학로 85 연세대학교 공과대학 글로벌융합공학부(032-749-5839) (학)1986년 연세대 금속공학과졸 1988년 미국 노스캐롤라이나주립대 대학원 재료공학과졸 1991년 공학박사(미국노스캐롤라이나대) (경)1995년 명지대 공과대학 신소재공학과 교수, 同주임교수 1997년 한국재료학회 편집위원 1997년 대한금속학회 편집위원 1999년 국가과학기술발전 기획위원 2006년 명지대 자연캠퍼스 상담실장 2010년 한국광전자학회 초대 회장 2010년 대통령직속 녹생성장위원회 위원 2011년 연세대 공과대학 글로벌융합공학부 교수(현), 同글로벌융합기술원 부원장 2015~2016년 同글로벌융합기술원장 (저)'LED 패키징 기술 입문'(2008, 북스힐) (역)'재료의 전자물성 입문'(1997, 희중당) '전자재료물성학'(2004, 사이텍미디어)

### 신문식(申文植) Shin Moon Sik

(생)1955 · 3 · 28 (출)전남 고흥 (주)전라남도 무안군 삼향읍 후광대로274 도청프라자403호 더불어민주당 전남도당(061-287-1219) (학)2006년 한양대 행정자치대학원 석사과정 중퇴 (경)새천년민주당 국회정책연구위원, 통합민주당 사무부총장 2008년 제18대 국회의원선거 출마(비례대표, 통합민주당) 2008년 민주당 조직부총장 2015~2016년 제19대 국회의원(비례대표 승계, 새정치민주연합 · 더불어민주당) 2015년 국회 농림축산식품해양수산위원회 위원 2015년 더불어민주당 조직본부 수석부본부장 2016~2018년 同전남고흥군 · 보성군 · 장흥군 · 강진군지역위원회 위원장 2016년 제20회 국회의원선거 출마(전남 고흥군 · 보성군 · 장흥군 · 강진군, 더불어민주당) 2016년 더불어민주당 전남도당 상임고문(현)

### 신문식(申汶植) SHIN Moon Sik

[생]1960·6·7 [본]평산(平山) [출]경북 문경 [주]서울특별시 서초구 서초중앙로 52 법무법인 로텍(02-537-3999) [학]1984년 연세대 법학과졸 2000년 국방대학원 안보정책과정 수료 [경]1987년 사법시험 합격(29회) 1990년 사법연수원 수료(19기) 1990년 수원지검 검사 1992년 대구지검 김천지청 검사 1994년 부산지검 동부지청 검사 1996년 서울지검 동부지청 검사 1998년 수원지검 검사 2001년 대전지검 검사 2002년 同부부장검사 2002년 대전고검 검사 2003년 대구지검 김천지청 부장검사 2004년 同형사5부장 2005년 수원지검 마약·조직범죄수사부장 2006년 부산지검 특수부장 2007년 의정부지검 형사2부장 2008년 서울북부지검 형사2부장 2009년 수원지검 형사1부장 2009~2011년 부산고검 검사 2009~2011년 서울시 사법보좌관 2013년 법무법인 로텍 고문변호사(현)

### 신문주(辛文柱) SHIN Moon Joo

[생]1956·12·16 [본]영산(靈山) [출]충남 금산 [주]서울특별시 서초구 언남길 61 성도빌딩 207호 한국공공기관연구원(02-537-4114) [학]1979년 성균관대 법률학과졸 1981년 서울대 행정대학원졸 1997년 영국 버밍엄대 공공정책대학원 공공경영학과 수료 [경]1980년 행정고시 합격(24회) 1981~1990년 총무처 복무과·고시과·인사기획과 사무관 1991년 행정자치부 중앙공무원교육원 교육총괄과장(서기관) 2001년 同행정관리국 행정능률과장 2003년 국가과학기술자문회의 국정과제2국장(부이사관) 2005년 중앙공무원교육원 파견(고위공무원) 2006~2007년 행정자치부 지방혁신인력개발원 혁신연구개발센터장(고위공무원) 2008년 (사)한국정책분석평가협회 회장 2013년 (사)한국공공정책평가협회 회장, 同상임고문(현) 2014년 한국공공기관연구원 원장(현) [상]대통령표창(1992), 과학기술포장(2005) [저]'공무원이 되는 길'(1993) '신공공부문 행정서비스마케팅'(2000) '정책기획연습'(2001) '신공직인사론'(2010)

### 신민수(申珉洙) SHIN Min Soo

[생]1965 · 10 · 3 [출]경북 의성 [주]울산광역시 남구 법대로87번길 3 3층 신민수법률사무소(052-268-6801) [학]1984년 대구 성광고졸 1988년 서울대 법과대학졸 [경]1996년 사법시험 합격(38회) 1999년 사법연수원 수료(28기) 1999년 울산지검 검사 2001년 창원지검 거창지청 검사 2002년 대구지검 검사 2004년 서울남부지검 검사 2008년 인천지검 부천지청 검사 2009년 대구지법 판사 2013년 인천지법 판사 2015~2018년 울산지법 부장판사 2018년 변호사 개업(현)

### 신민식(申珉植) SHIN MIN SIK

[생]1968 · 3 · 17 [본]고령(高靈) [출]충북 청주 [주]서울특별시 종로구 청와대로 1 대통령 민정수석비서관실(02-770-0011) [학]1987년 경기고졸 1993년 성균관대 통계학과졸 2001년 영국 사우스햄프턴대 대학원 경제학과졸 [경]1999년 기획예산처 사무관 2006년 대통령비서실 근무 2013년 기획재정부 대외경제국 통상조정과장 2015년 同예산실 산업정보예산과장 2017년 同기획조정실 기획재정담당관 2017년 대통령 민정수석비서관실 행정관(서기관) 2018년 대통령 민정수석비서관실 행정관(부이사관)(현) [상]대통령표창(2014)

### 신민준(申旻埈)

[생]1999·1·11 [주]서울특별시 성동구 마장로 210 한국기원 홍보팀(02-3407-3800) [경]옥득진 프로기사(8단) 문하생 2012년 프로바둑 입단(최초 영재 입단자) 2011년 제11회 세계어린이국수전 최강부 우승 2014년 2단 승단 2014년 제2기 합천군 초청 미래포석열전 준우승 2014년 제19기 박카스배 천원전 준우승 2015년 3단 승단 2015년 제3기 하찬석국수배 영재바둑대회 준우승 2016년 4단 승단 2016년 제4기 메지온배 오픈신인왕전 우승(5단 특별 승단) 2017년 6단 승단 2017년 제5회 메지온배 오픈신인왕전 우승 2018년 제5회 메지온배 오픈신인왕전 우승 2018년 7단 승단 2018년 8단 승단 2018년 제5회 글로비스배 준우승 2018년 JTBC 챌린지매치 3차대회 준우승 2018년 9단 승단(현) 2019년 제37기KBS바둑왕전 우승 2019년 글로비스배 세계바둑U-20 우승

### 신민철(申敏澈)

[생]1966 · 2 · 10 [주]경기도 수원시 영통구 삼성로 129 삼성전자(주) 네트워크개발팀(031-200-1114) [학]1984년 관악고졸 1989년 서울대 전자공학과졸 1991년 同대학원 전자공학과졸 [경]1991년 LG전자 근무 1998년 Philips 근무 2000년 모비시스텔레콤 근무 2003년 TTPCom Korea 근무 2007년 모토로라코리아 S/W개발부문 이사 2010년 삼성전자(주) 무선사업부 개발실 안드로이드개발그룹 담당임원 2012년 同무선사업부 개발실 S/W Management그룹장(상무) 2013년 同무선사업부 개발실 S/W Management그룹장(전무), 同무선개발1실 담당임원(전무) 2017년 同네트워크개발2팀 담당임원(전무) 2018년 同네트워크개발팀 신사업T/F장(전무) 2019년 同네트워크개발팀 담당 전무(현)

### 신민호(申玟昊) Shin Min Ho

[생]1967 · 6 · 17 [주]전라남도 무안군 삼향읍 오룡길 1 전라남도의회(061-286-8200) [학]순천대 경영행정대학원 행정학과졸 [경]순천대성학원 원장(현), 순천팔마중 운영위원장, 순천시학원연합회 운영이사, 민주당 전남도당 민주연합청년특별위원회 순천시회장 2010년 전남 순천시의회 의원(민주당 · 민주통합당 · 민주당 · 새정치민주연합) 2012년 同도시건설위원회 간사 2014~2018년 전남 순천시의회 의원(새정치민주연합 · 더불어민주당) 2014~2016년 同행정자치위원장 2016~2018년 同운영위원장 2018년 순천신흥중학교 운영위원장(현) 2018년 전남도의회 의원(더불어민주당)(현), 同의회운영위원회 위원 겸 예산결산특별위원회 위원(현), 同교육위원회 부위원장(현), 同광양만권해양생태계보전특별위원회 위원(현), 同여수순천10.19사건특별위원회 부위원장(현) [상]2016 매니페스토약속대상 공약이행분야(2017)

### 신박제(申博濟) SHIN Bark Jae

[생]1944 · 11 · 17 [본]평산(平山) [출]경남 창녕 [주]서울특별시 송파구 올림픽로 424 올림픽문화센터(02-2144-8114) [학]1972년 경희대 전자공학과졸 1974년 연세대 대학원 전자공학과졸 1997년 미국 워튼대 경영대학원 AMP(최고경영자과정) 수료 2001년 명예 이학박사(한국체육대) [경]1975년 (주)필립스전자 입사 1982년 同이사 1987년 同상무 1991년 同전무 1993~2006년 同대표이사 사장 1994~1996년 대한핸드볼협회 회장 1996년 미국 애틀란타올림픽 한국선수단장 1996~1997 · 1998~2002 · 2005~2006년 대한올림픽위원회(KOC) 부위원장 1998~2009년 대한하키협회 회장 1998년 아시아하키연맹 부회장 1998~2001년 아시아경기단체총연합회(GAASF) 회장 2000~2003년 LG Philips LCD Co. 이사회 부회장 2001~2010년 국제하키연맹(FIH) 집행위원 2002~2005년 대한체육회 부회장 2003~2018년 서울상공회의소 부회장 2004년 아테네올림픽 한국선수단장 2004~2017년 전자정보통신산업진흥회 부회장 2005~2009년 올림픽위원회 부위원장 2005 · 2006 · 2010 · 2012~2014년 한국외국기업협회(FORCA) 회장 2006~2007년 (주)필립스반도체 대표이사 회장 2006~2018년 (주)엔엑스피반도체 대표이사 회장 2011년 세계상공회의소연맹(WCF) 상임의원 2012년 同부회장(현) 2014년 대한체육회 고문(현) 2017년 세계상공회의소연맹(WCF) 집행위원회 디지털전략프로젝트위원장(현) 2018년 전자정보통신산업진흥회 고문(현) [상]서울시장 감사패(1996 · 1999), 스포츠서울 체육상 특별상(1997),

부총리 겸 재정경제원장관표창(1997), 체육훈장 맹호장(1997), 문화관광부장관 감사패(1998), 대통령표창(1999), 체육대상 공로상(2001), 철탑산업훈장(2003), 체육훈장 청룡장(2011) (저)'세계를 감동시킨 CEO리더십(共)'(2009) (종)기독교

### 신방환(申邦桓) Shin Bang Hoan

(생)1962 · 1 · 9 (출)전북 고창 (주)인천광역시 남동구 인주대로 585 남인천세무서(032-460-5242) (학)1981년 영선고졸 1983년 세무대학졸(1기) 2000년 한국방송통신대졸 2012년 경희대 테크노경영대학원졸 (경)1983년 세무공무원 임용(8급 특채) 1989년 중부지방국세청 부동산조사담당관실 근무 1990~1998년 남인천세무서 법인과 · 경기 김포세무서 간세과 근무 1998년 북인천세무서 소득세과 근무 2000~2007년 중부지방국세청 감사관실 · 조사1국 · 총무과 근무 2007년 남인천세무서 소득세과장 2009년 국세공무원교육원 교수 2011년 국세청 전산정보관리관실 근무 2013년 同전산정보관리관실 근무(서기관) 2014년 전남 순천세무서장 2015년 중부지방국세청 조사3국 조사관리과장 2016년 경기 이천세무서장 2017년 중부지방국세청 조사4국 조사2과장 2019년 남인천세무서장(현)

### 신배식(申培植) SHIN Bae Shik

(생)1959·1·20 (출)울산 (주)대구광역시 수성구 동대구로 364 대구고등검찰청(053-740-3300) (학)1977년 양정고졸 1981년 서울대 법학과졸 1991년 미국 하버드대 법과대학원졸(LL.M.) (경)1981년 사법시험 합격(23회) 1983년 사법연수원 수료(13기) 1986년 서울지검 의정부지청 검사 1988년 전주지검 검사 1991년 부산지검 검사 1992년 법무부 특수법령과 검사 1993년 서울지검 검사 1995년 서울고검 검사 1996년 대구지검 경주지청 부장검사 1997년 서울지검 부부장검사 1998년 인천지검 부천지청 부장검사 1999년 同공판송무부장 1999년 형사정책연구원 파견 1999년 부산지검 총무부장 2000년 서울지검 서부지청 형사4부장 2001년 同서부지청 형사2부장 2002년 부산지검 형사1부장 2003년 대구고검 검사 2004년 서울고검 검사 2006년 부산고검 검사 2008년 서울고검 검사 2010년 광주고검 검사 2012년 서울고검 검사 2014년 대구고검 검사 2016년 서울고검 검사 2018년 대구고검 검사(현) (저)'독일 법률·사법통합 개관'(共) '미국 검찰-연원과 발전'(共) (종)기독교

### 신범수(申範秀) Bum su Shin

(생)1960 · 10 · 1 (본)고령(高靈) (출)경북 의성 (주)서울특별시 강남구 개포로 621 서울주택도시공사 주거복지본부(02-3410-7008) (학)1989년 서울산업대 산업공학과졸 2008년 서울시립대 대학원 경영학과졸 (경)2011년 서울주택도시공사 고객지원팀장 2012년 同기획경영처장 2013년 同비상경영혁신단장 2014년 同마케팅실장 2015년 同남부주거복지단장 2016년 同공공개발사업본부장 2017년 同사장 직무대행 2017년 同주거복지본부장(상임이사)(현)

### 신병준(辛炳儁) SHIN Byung Joon

(생)1954 · 12 · 6 (본)영산(靈山) (출)충북 음성 (주)서울특별시 용산구 대사관로 59 순천향대병원 정형외과(02-709-9250) (학)1973년 중앙고졸 1979년 서울대 의대졸 1982년 同대학원 의학석사 1995년 의학박사(순천향대) (경)1985~1987년 국군 마산병원 정형외과장 1987년 서울대병원 척추외과학 전문의 1988년 순천향대 의대 정형외과학교실 교수(현) 1991년 미국 Philadelphia Thomas Jefferson Univ. 교환교수 1996년 대한정형외과학회 편집위원 1999~2002년 한국방송공사(KBS) 의료자문위원 1999~2003년 대한척추외과학회 전산위원장 2000~2003년 대한정형외과학회 전산정보위원장 2002년 대한척추외과학회 총무 2004년 순천향대 서울병원 척추센터 소장(현), 同중앙의료원 기획조정실장 2010~2011년 同서울병원장 2010~2011년 대한척추외과학회 회장 2012~2013년 대한척추종양학회 회장 2013년 순천향대 CEO건강과학대학원 CEO주치의(현) (저)'척추외과학'

### 신병철(申炳喆) SHIN BYUNG CHUL

(생)1971 · 9 · 25 (본)평산(平山) (출)부산 (주)서울특별시 성동구 성수일로8길 5 SK V1타워 17층 (주)호박덩쿨(02-6233-8705) (학)2003년 동의대 전자통신학과졸 (경)1990~1993년 문화방송(MBC) 영상사업부 근무 1995~2001년 드라마 음악감독 활동(프리랜서) 2001~2003년 CITS 대표이사 2003~2005년 캐슬인더스카이 제작이사 2005~2006년 (주)플라이엔터테인먼트 대표이사 2006년 (주)스타맥스 대표이사 2009~2011년 (주)플라이엔터테인먼트 대표이사 2011년 (주)호박덩쿨 대표이사 회장(현) 2015년 (사)사랑의밥차 후원회장(현) 2016년 인천시체조협회 부회장(현) 2017년 더불어민주당 문재인 대통령후보 특별보좌관 2017년 同대중문화진흥특별위원회 위원장 (상)Mayor's Certificate of Appreciation(2004), Certificate of Recognition(2004), Plague of Appreciation(2006), 박원순서울시장표창(2016) (작)'MBC 미니시리즈 〈애드버킷〉'(1998) 'SBS 주말드라마 〈파도〉'(1999) 'MBC 일일연속극 〈당신때문에〉'(2000) 'SBS 미니시리즈 〈착한 남자〉'(2000) 'MBC 미니시리즈 〈사랑할수록〉'(2000) 'KBS 특집극 〈성난 얼굴로 돌아오라〉(편곡)'(2000) '영화 〈물고기자리〉'(2000) 'SBS 아침드라마 〈이브의 화원〉'(2003) 'SBS 특별기획드라마 〈파리의 연인〉'(2003) 'MBC 미니시리즈 〈남자의 향기〉'(2003) 'SBS 미니시리즈 〈태양의 남쪽〉'(2004) 'SBS 미니시리즈 〈홍콩익스프레스〉'(2005) 드라마제작 'SBS 금요드라마 〈내사랑 못난이〉'(2006) 'SBS 드라마스페셜 〈완벽한 이웃을 만나는 법〉'(2007) 'SBS 창사특집드라마 〈압록강은 흐른다〉'(2008) 'SBS 주말드라마 〈가문의 영광〉'(2008) 'SBS 아침일일드라마 〈순결한 당신〉'(2008) 'SBS 저녁일일드라마 〈아내의 유혹〉'(2008) 등 (종)불교

### 신보라(申普羅 · 女) SHIN BORA

(생)1983 · 1 · 7 (출)광주 (주)서울특별시 영등포구 의사당대로 1 국회 의원회관 740호(02-784-8731) (학)2001년 광주 동신여고졸 2006년 전북대 교육학과졸 2018년 연세대 행정대학원 석사과정 수료 (경)2007~2010년 대학생시사교양지 바이트 편집장 2011년 청년이여는미래 대표 2012~2013년 특임장관실 정책자문위원 2013~2014년 대통령소속 국민대통합위원회 갈등관리포럼 이념 · 문화분야 위원 2014~2015년 청년이만드는세상 대변인 2014~2015년 새누리당 중앙차세대여성위원회 부위원장 2015년 경제사회발전노사정위원회 청년고용협의회 위원 2016년 제20대 국회의원(비례대표, 새누리당 · 자유한국당〈2017.2〉)(현) 2016년 국회 대법관(김재형)임명동의에관한인사청문특별위원회 위원 2016 · 2018년 국회 환경노동위원회 위원(현) 2016 · 2018년 국회 여성가족위원회 위원(현) 2016~2017년 국회 민생경제특별위원회 위원 2017년 자유한국당 제19대 홍준표 대통령후보 중앙선거대책본부 청년본부 공동본부장 2017~2018년 국회 청년미래특별위원회 간사 2017~2018년 자유한국당 원내대변인 2017~2018년 국회 운영위원회 위원 2018년 국회 윤리특별위원회 위원(현) 2019년 자유한국당 청년최고위원(현) 2019년 同중앙청년위원회 위원장(현) (저)'젊은 날의 대한민국(共)'(2015, 시대정신)

### 신봉길(申鳳吉) SHIN Bongkil

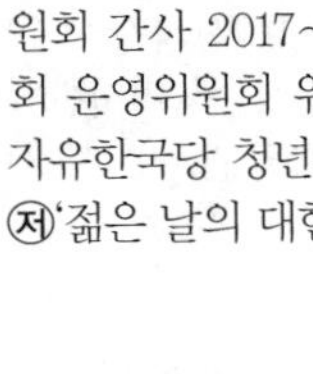

(생)1955 · 8 · 25 (본)아주(鵝洲) (출)경북 의성 (주)서울특별시 종로구 사직로8길 60 외교부 인사운영팀(02-2100-7863) (학)1973년 경기고졸 1978년 서울대 외교학과졸 1995년 중국 베이징대 연수 2012년 북한대학원대 대학원 북한학과졸 2015년 북한학박사(북한대학원대) (경)1975년 서울대 '대학

신문' 편집장 1978년 외무고시 합격(12회) 1978년 외무부 입부 1980년 同장관 비서 1981년 駐유엔대표부 2등서기관 1987년 駐일본 1등서기관 1990년 駐미얀마 참사관 1992년 외무부 특수정책과장 1995년 駐중국 참사관 1997년 同총영사 1999년 駐샌프란시스코 부총영사 2002년 통일부 경수로사업지원기획단 특보 2003년 외교통상부 공보관 2004년 駐중국 경제공사 2007년 駐요르단 대사 2010년 외교통상부 국제경제협력대사 2011년 한·중·일3국협력사무국(TCS) 초대 사무총장 2013년 외교부 동북아협력대사 2014~2015년 국립외교원 외교안보연구소장 2018년 駐인도 대사(현) (상)외무부장관표창(1986), 홍조근정훈장(2010), 요르단왕국 최고독립훈장(2010) (저)'시간이 멈춘 땅 미얀마'(1992) '한중일 협력의 진화'(2015, 아연출판부) (종)천주교

## 신봉삼(辛奉三) Bongsam Shin

(생)1970·3·1 (본)창녕(昌寧) (출)서울 (주)세종특별자치시 다솜3로 95 공정거래위원회 운영지원과(044-200-4187) (학)1988년 부산남고졸 1993년 서울대 경제학과졸 2007년 미국 밴더빌트대 법과대학원졸(JD) (경)1991년 행정고시(재경직) 합격(제35회) 2001년 공정거래위원회 정책국 총괄정책과 서기관 2007년 同혁신성과팀장 2008년 同국제카르텔과장 2010년 대통령 민정수석비서관실 행정관 2011년 공정거래위원회 기업협력국 기업거래정책과장 2012년 同감사담당관 2014년 同경쟁정책국 기업집단과장 2015년 同대변인(국장급) 2017년 同시장감시국장 2017년 同기업집단국장 2019년 국가공무원인재개발원 파견(현) (상)홍조근정훈장(2014)

## 신봉수(申奉洙)

(생)1970·1·15 (출)전북 완주 (주)서울특별시 서초구 반포대로 158 서울중앙지방검찰청 총무과(02-530-4771) (학)1988년 전주 영생고졸 1998년 건국대 법학과졸 (경)1997년 사법시험 합격(39회) 2000년 사법연수원 수료(29기) 2000년 서울지검 북부지청 검사 2002년 대전지검 서산지청 검사 2003년 광주지검 검사 2005년 서울중앙지검 검사 2008년 의정부지검 고양지청 검사 2009년 형통추진단 파견 2011년 대구지검 검사 2012년 정부법무공단 파견 2013년 대구지검 부부장검사 2013년 서울중앙지검 부부장검사 2014년 대전지검 서산지청 부장검사 2015년 광주지검 특수부장 2016년 同해남지청장 2017년 서울중앙지검 첨단범죄수사1부장 2018년 同부장검사 2019년 同제2차장검사(현)

## 신삼호(申三浩) SHIN Sam Ho

(생)1960·10·9 (출)전남 여수 (학)1983년 서울대 외교학과졸 (경)1988~2001년 연합뉴스 입사·경제1부·사회부·문화부·산업부·정치부 기자·국제뉴스1부 차장대우 2001년 同경제국 산업부 차장 2005년 同산업부 부장대우 2005년 同증권부장 2008년 同산업부장 2008년 同국제뉴스1부 부장급 2009년 同국제뉴스3부장 2009년 同국제뉴스3부 기획위원(부장급) 2011년 同베이징지사장(부국장대우) 2014년 同국제뉴스3부 기획위원 2014~2015년 同콘텐츠평가실 콘텐츠평가위원(부국장급) 2015~2018년 연합뉴스TV 상무이사

## 신상곤(申相坤) SHIN Sang Kon

(생)1969·4·10 (출)경기 수원 (주)대전광역시 서구 청사로 189 특허청 특허심사기획과(042-481-5389) (학)1987년 유신고졸 1991년 연세대 기계공학과졸 (경)2002년 특허심판원 심판연구관 2005~2006년 특허청 기계금속건설심사국 원동기계심사담당관실 서기관·경영혁신단 6시그마추진리더 2007년 同특허심사정책과 특허제도개선총괄 2010년 同기계금속건설심사국 정밀기계심사과장 2011년 해외연수(서기관) 2013년 특허청 특허심판원 심판관 2013년 同특허심사2국 정밀부품심사과장 2014~2016년 중소기업청 지식서비스창업과장 2017년 특허심판원 심판제5부 심판관 2018년 특허청 특허심사제도과장 2018년 同특허심사기획과장(서기관) 2019년 同특허심사기획과장(부이사관)(현) (상)대통령표창(2007)

## 신상렬(申尙烈) SHIN Sang Yeol

(생)1967·12·15 (출)경북 영덕 (주)서울특별시 서초구 서초중앙로 157 서울중앙지방법원(02-530-1114) (학)1986년 인천고졸 1990년 연세대 법학과졸 (경)1994년 사법시험 합격(36회) 1997년 사법연수원 수료(26기) 1997년 청주지법 판사 2001년 수원지법 판사 2004년 서울행정법원 판사 2006년 서울동부지법 판사 2008년 서울고법 판사 2010년 서울중앙지법 판사 2013년 창원지법 부장판사 2015년 인천지법 부장판사 2017년 서울중앙지법 부장판사(현)

## 신상문(申相文)

(생)1959·7 (주)서울특별시 영등포구 여의대로 128 LG디스플레이 임원실(02-3777-1010) (학)경북대 전자공학과졸, 同대학원 전자공학과졸 (경)2008년 LG디스플레이 모듈센터장(상무) 2013년 同모듈센터장(전무) 2014년 同생산기술센터장(전무) 2016년 同최고생산책임자(CPO)(부사장)(현) (상)은탑산업훈장(2016)

## 신상민(申相民) SHIN Sang Min

(생)1945·11·18 (본)평산(平山) (출)경북 문경 (주)서울특별시 영등포구 여의대로 128 LG트윈타워 LG상남언론재단(02-3773-0191) (학)1965년 계성고졸 1969년 연세대 경영학과졸 (경)1969년 합동통신 사회부 기자 1974년 신아일보 경제부 기자 1978년 동아일보 경제부 기자 1988년 한국경제신문 증권부장 1989년 同경제부장 1992년 同산업경제부장 1993년 同편집부 부국장 1995년 同편집국장 1996년 同논설위원 1997~2001년 同논설위원실장 1998년 금융발전심의위원회 위원 2001년 한국경제신문 논설주간(이사대우) 2002년 同논설주간(이사) 2003년 한국신문방송편집인협회 부회장 2004~2011년 한국경제신문 대표이사 사장 2006년 LG상남언론재단 이사·감사(현) 2008~2010년 국민경제자문회의 자문위원 2010~2011년 한국신문협회 부회장, 한국기원 이사 2011~2016년 (주)에프앤자산평가 설립·회장 (상)철탑산업훈장 (종)천주교

## 신상범(愼相範) SHIN Sang Beum

(생)1935·9·14 (출)제주 (주)제주특별자치도 제주시 중앙로 2 제주해변공연장 2층 한국문화원연합회 제주지회(064-752-0302) (학)1954년 제주농고졸 1992년 제주대 경영대학원 수료 (경)1958년 제주 송죽중 교사 1961년 경향신문 기자 1965~1980년 중앙일보 기자·차장 1965년 제주카메라클럽 창립 1972~1981년 同회장 1975~1990년 제주자연보호회 창립부회장 1975년 제주도 문화재위원 1981년 (주)한영상사 대표이사 1981년 사진작가협회 제주도지부장 1983년 문화방송(MBC)·한국방송공사(KBS) 방송자문위원 1986·1991년 신상범 사진전 1987~1993년 한국예술문화단체총연합회 중앙이사·제주도지회장 1988~1992년 한라문화제 집전위원장 1989~1993년 중앙일보 사회부장대우 1990년 자연보존협회 제주지부장 1990년 제주도미술대전 운영위원장 1990년 제주미술대전 초대작가 1993년 제주도 경관영향평가심의위원장 1994년 제주환경연구센터 부이사장 1994년 제주문화원 부원장 1994년 탐라문화보존회 회장 1994년 제민일보 논설위원 2003년 제주방송 시청자위원장 2003년 제주타임스 논설위원 2003년 제주화산연구소 부이사장 2004~2011년 제주환경연구센터 이사장 2011년 同이

사 2011년 同상임고문(현) 2011~2015년 제주문화원 원장 2012년 (재)한국문학진흥재단 청하문학회 부회장 2014년 제주문화원연합회 회장(현) 2014년 한국문화원연합회 이사(현) 2015년 (사)제주중앙기자협회 이사장(현) [상]문화재보호협회 공로상, 예총 예술문화대상, 고양부삼성사재단 탐라문화상(2013) [작]'제주오름 사진집'

### 신상식(申相式) SHIN Sang Sik (愚庵)

[생]1937·1·8 [본]평산(平山) [출]경남 밀양 [학]1957년 부산고졸 1963년 연세대 상경대학졸 1970년 同경영대학원졸 2002년 경제학박사(단국대) [경]1980년 조양상선 전무이사 1981년 제11대 국회의원(밀양·창녕, 민주정의당) 1985년 민주정의당(민정당) 경남도지부 위원장 1985년 同중앙집행위원 1985년 제12대 국회의원(밀양·창녕, 민정당) 1987년 국회 재무위원장 1988년 민정당 의식선진화추진본부장 1988년 제13대 국회의원(밀양, 민정당·민자당) 1989년 국회 예산결산특별위원회 위원장 1990년 민자당 당무위원 1992년 제14대 국회의원(밀양, 민자당·신한국당) 1992년 국회 정치관계법심의특별위원회 위원장 1995~1997년 한국세무사회 회장 2006년 NH투자증권 사외이사 2007년 同감사위원 2013~2015년 대한민국헌정회 이사

### 신상열(辛尙烈) Shin Sangyeol

[생]1973·6·16 [본]영월(寧越) [출]전남 영광 [주]세종특별자치시 가름로 194 과학기술정보통신부 운영지원과(044-202-4144) [학]1990년 광주 석산고졸 1998년 고려대 중어중문학과졸 2010년 미국 캘리포니아대 샌디에이고교 대학원 국제관계학과졸 [경]2001년 행정고시 합격(제45회) 2003~2007년 정보통신부 국제협력관실·정보화기획실·통신정책국 사무관 2008~2010년 국외 교육훈련 파견 2010년 방송통신위원회 기획조정실 사무관 2012년 同방송통신융합정책실 정책총괄과 서기관 2013년 미래창조과학부 기획조정실 기획재정담당관실 서기관 2013년 同우정사업본부 보험위험관리팀장 2014년 同우정사업본부 우편신사업과장 2015년 同우정사업본부 보험자산운용과장 2016년 미래창조과학부 소프트웨어진흥과장 2017년 과학기술정보통신부 소프트웨어정책관실 소프트웨어진흥과장 2017년 同기획조정실 국제협력관실 미주아시아협력담당관 2018년 駐베트남 주재관(현)

### 신상진(申相珍) SIN Sang Jin

[생]1956·6·28 [본]평산(平山) [출]서울 [주]서울특별시 영등포구 의사당대로 1 국회 의원회관 522호(02-784-1860) [학]1976년 용산고졸 1991년 서울대 의대졸 1997년 고려대 노동대학원 고위지도자과정 수료 [경]1982년 학생운동관련 구속 1992년 신상진의원 원장 1993년 인도주의실천의사협의회 조직국장 1995년 성남외국인노동자의집 부이사장 1997년 성남시민모임 집행위원회 위원장 1999년 성남시시정개혁위원회 위원장 1999~2001년 성남시민모임 공동대표 2000년 대한의사협회 의권쟁취투쟁위원회 위원장 2001년 사랑의주치의운동본부 고문 2001년 한국의학원 이사 2001년 한국의료정책연구소 소장 2001~2003년 대한의사협회 회장 2001년 제2의건국범국민추진위원회 위원 2002년 한국의학학술지원재단 이사 2002년 성남시의사회 회장 2002년 대통령직속 의료제도발전특별위원회 위원, 외국인노동자중국동포병원건립추진위원회 공동대표, 건강사회실현시민연대 대표 2004년 한나라당 성남시중원구지구당 위원장 2005년 제17대 국회의원(성남시 중원구 보궐선거, 한나라당) 2006~2007년 한나라당 원내부대표 2006년 국회 민생정치연구회 공동대표 2007년 한나라당 이명박 대통령후보 선대위 보건의료위원장 2008년 제18대 국회의원(성남시 중원구, 한나라당·새누리당) 2009년 한나라당 정책조정위원장 2010년 同저출산대책특별위원장 2010~2012년 국회 보건복지위원회 간사 겸 법안심사소위원장 2010~2012년 국회 예산결산특별위원회 계수조정소위원 2011년 한나라당 직능특별위원회 3그룹위원장 2011년 대한장애인수영연맹 명예회장 2012~2017년 새누리당 성남시중원구당원협의회 운영위원장 2012년 제19대 국회의원 선거 출마(성남시 중원구, 새누리당) 2012~2015년 을지대 의료경영학과 교수 2015년 제19대 국회의원(성남시 중원구 재·보궐선거, 새누리당) 2015년 새누리당 무상급식·무상보육TF 위원장 2015년 국회 메르스대책특별위원회 위원장 2015년 국회 국토교통위원회 위원 2015년 국회 예산결산특별위원회 위원 2016년 제20대 국회의원(성남시 중원구, 새누리당·자유한국당〈2017.2〉)(현) 2016~2017년 국회 미래창조과학방송통신위원회 위원장 2016년 한국아동인구환경의원연맹(CPE) 회원(현) 2017년 자유한국당 성남시중원구당원협의회 운영위원장(현) 2017년 同제19대 홍준표 대통령후보 중앙선거대책위원회 공동위원장 2017~2018년 국회 과학기술정보방송통신위원회 위원장 2017년 환경재단 이사(현) 2018년 국회 보건복지위원회 위원(현) 2019년 자유한국당 신정치혁신특별위원회 위원장(현) [상]성남기독교협의회 인권상(1995), 글로벌 자랑스러운 인물대상 정치혁신부문(2016), 대한민국 의정대상(2016), 대한민국모범국회의원대상 특별상(2016), (사)바른과학기술사회실현을위한국민연합 과학기술베스트의정활동상(2017), 한국인터넷신문협회 올해의 인물 공로상(2017), 위키리크스한국 '2017년을 빛낸 국회의원' 의정리더십 부문상(2017) [저]'아빠 의사 맞아?'(2011) [종]천주교

### 신상철(申尙澈) SHIN SANG CHUL

[생]1948·11·19 [주]서울특별시 용산구 새창로 221-19 (주)서울문화사(02-799-9114) [학]1967년 경남 진해고졸 1976년 중앙대 신문방송학과졸 [경]1975~1977년 (주)학원사 기자 1977~1982년 중앙일보 기자 1982~1991년 주부생활 차장·주부생활 및 여성자신 부국장 겸 주간·일요신문 정경부장 및 부국장·민주일보 부국장 1992~2001년 일요신문 편집국장·편집인·발행인·(주)일요신문사 및 시사저널 대표이사 사장(발행인·편집인 겸임) 2011~2019년 (주)일요신문 대표이사 사장(발행인·편집인 겸임) 2011~2018년 (주)서울문화사 이사 2008~2011년 (주)시사저널 이사 2015~2016년 (사)대한바둑협회 중·고바둑연맹 회장 2016~2019년 同회장 2016년 (사)한국주간신문협회 회장(현) 2017년 아시아바둑연맹(AGF) 회장(현) 2018~2019년 (주)서울문화사 부회장 2019년 同대표이사 겸 발행인(현)

### 신상철(申相喆)

[생]1965·4·20 [주]서울특별시 중구 창경궁로 17 중구청 부구청장실(02-3396-8200) [학]서울 성동고졸, 경희대 행정학과졸, 일본 도쿄도립대 대학원 정치학과졸 [경]1989년 행정고시 합격(33회) 1991년 서울 강서구 생활체육과장 1997년 서울시 교통관리실 대중교통2과 팀장 1998년 同기획예산실 조직제도담당관 2000년 同기획예산실 예산담당관 2003년 同건설기획국 건설행정과 팀장 2004년 同교통국 운수물류과장 2006년 同상수도사업본부 경영부장 2007년 同경쟁력강화추진본부 투자유치담당관 2009년 同맑은환경본부 환경행정담당관 2010년 同도시계획국 균형발전추진과장 2011년 同도시안전본부 도시안전과장 2013년 同도시교통본부 교통운영관 2015년 행정자치부 지방행정실 지역경제과장 2016년 정부3.0추진위원회 지원단 파견 2018년 서울시 중구 부구청장(현)

### 신상해(申相海) SIN Sang Hae

[생]1956·10·8 [본]평산(平山) [출]부산 [주]부산광역시 연제구 중앙대로 1001 부산광역시의회(051-888-5235) [학]부산전자공고졸, 신라대 경영학과졸 2007년 부산대 환경대학원 도시계획학과졸 [경]사상문화원 사무국장, 同부원장, 민주평통 사상구협의회 부회장, 부산김해경전철조합회의 의장 1991년 부산시 동래구의원선거 출마(무소속) 2006~2010년 부산시의회 의원(한나라당) 2010년 부산시 사상구청장선거 출마(무소속) 2014년 부산시 사상구청장 예비후보(새누리당), 신라대 인문사회대학 행정학

전공 겸임교수, 신상해스피치리더십센터 대표(현), 동명대 겸임교수(현) 2018년 부산시의회 의원(더불어민주당)(현) 2018년 同도시안전위원회 위원(현) 2018년 同남북교류협력특별위원회 위원장(현) (종)불교

## 신상효(申相孝) Shin Sang Hyo

(생)1961·9·11 (본)평산(平山) (출)전남 장성 (주)전라북도 익산시 금마면 미륵사지로 362 국립익산박물관(063-830-0900) (학)1980년 전남공고졸 1991년 광주대 건축공학과졸 1996년 전남대 대학원 건축공학과졸 2007년 건축공학박사(전남대) (경)1993~2003년 국립광주박물관·국립전주박물관 학예연구사 2004~2016년 국립광주박물관·국립중앙박물관 전시팀 등 학예연구관 2007년 국립진주박물관 학예연구실장 2013년 국립나주박물관 학예연구실장 2017~2019년 국립전주박물관 학예연구실장 2019년 국립익산박물관장(현)

## 신상훈(申尙勳) Sang-Hun Shin

(생)1964 (출)경남 밀양 (주)경상남도 양산시 물금읍 금오로 20 부산대학교 치과병원(055-360-5114) (학)부산 동성고졸 1988년 부산대 치과대학졸 1994년 同대학원 치의학과졸 1997년 치의학박사(부산대) (경)1995~1996년 은성재단 좋은 삼선병원 치과장 1996~2001년 동아대 의과대학 전임강사·조교수 2001~2005년 부산대 치과대학 조교수·부교수 2001년 일본 규슈대 치과대학 방문교수 2005~2006년 호주 멜번대 치과대학 방문교수 2005~2009년 부산대 치의학전문대학원 부교수 2006년 同치과대학발전재단 이사·상임이사·이사장(현) 2009년 同치의학전문대학원 구강악안면외과학교실 교수(현) 2009~2013년 부산대치과병원 구강악안면외과장 2009~2011년 同협력부장 2011~2013년 同기획조정실장 2013~2015년 부산대 치의학전문대학원장 2014년 同치의학전문대학원 구강악안면외과학교실 주임교수 2018년 부산대 치과병원장(현) (저)'구강악안면외과학 교과서' '악안면성형재건외과학 교과서'

## 신상훈(申尙勳)

(생)1990·4·26 (주)경상남도 창원시 의창구 상남로 290 경상남도의회(055-211-7418) (학)인제대 정치외교학과졸 (경)김경수 국회의원 비서(인턴), 더불어민주당 경남도당 청년위원장(현), 同전국청년위원회 부위원장(현) 2018년 경남도의회 의원(비례대표, 더불어민주당)(현) 2018년 同문화복지위원회 위원(현) 2019년 더불어민주당 경남도당 대변인(현)

## 신석균(申錫均) SHIN Suk Kyun

(생)1929·6·9 (본)평산(平山) (출)황해 평산 (주)서울특별시 서대문구 충정로11길 28 한국신발명연구소 소장실(02-733-4446) (학)1953년 낙양공업고졸 1954년 동국대 농대 임학과 이수 1958년 한국외국어대 러시아어과졸 1974년 연세대 산업대학원 기계공학과졸 1985년 명예 이학박사(미국 유니언대) 1988년 서울대 대학원 최고경영자과정 수료 (경)1954·1972·1974년 한국외대총동문회 회장 1957년 월간 '가정교육' 편집인·발행인 1957년 도서출판 '지문연구사' 사장 1961년 한국신발명연구소 회장(현) 1962년 중앙가족계획연구소 소장 1966~1974년 한국발명협회 이사 1966년 한국바이오리듬연구소 소장(현) 1973년 한국발명학회 회장(현) 1974년 연세대공학대학원총동창회 회장·고문(현) 1982~1994년 국제발명수상가협회 명예회장 1982년 한국발명진흥회 부회장·고문(현) 1990년 기네스북 등재(세계최다발명 국제상 수상기록) 1992년 연세대 강사 1994년 국제발명수상가협회 고문 1998년 同명예회장(현) 1998년 한국외국어대총동문회 고문(현) 1999년 장영실과학문화대상 심사위원장 2001년 한·중과학자발명가대회 심사위원장 2005년 (사)한국학교발명협회 고문(현) (상)산업포장, 3·1문화상, 금탑산업훈장, 동탑산업훈장, 88서울올림픽기장, 자랑스런 낙양공고인상, 미국 에디슨재단상, 장영실발명문화대상, 러시아 모스크바 국가유공훈장, 불가리아 소피아국제발명품전시회 그랑프리, 국제발명품전시회 그랑프리 대상, 세계천재회의 발명품전시회 발명천재상, 일본 발명최고상(2007), 자랑스런 연세대 공학대학원인상, 자랑스런 한국외대인상, 세계지적재산권기구 베스트인베터상(2008), 일본 세계천재회의 발명품전시회 최고천재상(2014) 外 국제대회 수상 180건 (저)'동아세계대백과사전'(발명분야) '발명의 지혜'

## 신석균(申石均) SHIN Suk Kyun

(생)1959·12·22 (출)광주 (주)광주광역시 남구 효덕로277 광주대학교 건축학부 건축학전공(062-670-2396) (학)1982년 연세대졸 1984년 同대학원졸 1990년 공학박사(연세대) (경)1991년 광주대 건축학부 부교수, 同건축학부 건축학과 교수 2015년 同건축학부 건축학전공 교수(현) 2019년 同공과대학장 겸 공학교육혁신센터장(현)

## 신선경(申先卿·女)

(생)1965·12·5 (주)인천광역시 서구 환경로 42 국립환경과학원 환경자원연구부(032-560-7500) (학)충북대 과학교육과졸, 이학박사(미국 뉴멕시코주립대) (경)1996년 국립환경과학원 미량물질분석과·폐기물화학과·미량물질과·폐기물화학과·자원순환과 근무 2005년 同제품안정성평가과 연구관, 同자원순환과 연구관 2007년 同유기물질분석연구과장 2009년 同화학물질거동연구과장 2010년 同환경자원연구부 자원순환연구과장 2014년 同환경자원연구부장(고위공무원) 2017년 환경부 자원순환국장 2018년 同자연환경정책실 자원순환정책관 2019년 국립환경과학원 환경자원연구부장(현)

## 신선철(申璇澈) SHIN Sun Chul (靑龍)

(생)1932·12·7 (본)평산(平山) (출)경기 용인 (주)경기도 수원시 장안구 경수대로973번길 6 경기일보 임원실(031-250-3331) (학)1953년 수원고졸 1957년 국민대 경제학과졸 1993년 고려대 언론대학원 최고위언론과정 수료 (경)1973년 대륭기업 이사 1978년 한동건설 대표이사 1988년 대한건설협회 대의원 1989년 한동건설 회장(현) 1989년 경기일보 부사장 1990~1993년 同대표이사 1990년 북방권교류협의회 부총재 1993년 경기일보 회장 1996~1998년 同사장 2008년 同명예회장 2014~2017년 同대표이사 회장(발행인·인쇄인·편집인 겸임) 2016~2017년 (사)경기언론인클럽 이사장 2017년 경기일보 회장(현) (상)자랑스러운 국민인상(2011) (종)불교

## 신선호(申善浩) SHIN Sun Ho

(생)1947·6·6 (출)전남 고흥 (주)서울특별시 서초구 신반포로 176 (주)신세계센트럴시티 비서실(02-6282-0200) (학)1966년 경기고졸, 서울대 응용수학과졸 (경)율산그룹 창업, 율산실업(주) 대표이사 1979~2018년 (주)센트럴시티 회장 1998년 서울종합터미널(주) 대표이사 회장 2018년 (주)신세계센트럴시티 회장(현) (상)금탑산업훈장

## 신성기(辛成基) Shin Seung-ki

(생)1963·3·25 (주)서울특별시 종로구 사직로8길 60 외교부 인사운영팀(02-2100-7136) (학)1981년 마산중앙고졸 1988년 부산대 정치외교학과졸 (경)1988년 외무부 입부 1991년 駐에콰도르 행정관 1997년 駐엘살바도르 3등서기관 1999년 駐아르헨티나 2등서기관 2004년 駐휴스턴 영사 2007년 駐베네수엘라 참사관 2011년 외교통상부 중남미협력과장 2013년 駐페루 공사참사관 2016년 駐온두라스 대사(현)

## 신성범(愼聖範) Shin sung bum

(생)1963 · 6 · 1 (본)거창(居昌) (출)경남 거창 (주)경상남도 창원시 의창구 용지로 161 바른미래당 경남도당(055-273-6500) (학)1982년 거창고졸 1989년 서울대 사회과학대학 인류학과졸 (경)1987~1989년 민족과세계연구소 사무국장 1990년 한국방송공사(KBS) 입사 1991~2002년 同사회부 · 정치부 기자 2003년 同출판담당 기자 겸 기자협회장 2004년 同보도본부 국제팀 모스크바지국장(특파원) 2007~2008년 同보도본부 9시뉴스 에디터 2008~2012년 제18대 국회의원(경남 산청 · 함양 · 거창, 한나라당 · 새누리당) 2008년 국회 농림수산식품위원회 위원 2009~2010년 한나라당 공보담당 원내부대표(원내대변인) 2012~2016년 제19대 국회의원(경남산청 · 함양 · 거창, 새누리당) 2012~2013년 새누리당 제1사무부총장 2012년 同지역화합특별위원회 위원 2013년 국회 농림축산식품해양수산위원회 위원 2013~2014년 새누리당 경남도당 위원장 2013년 同통합선거관리위원회 위원장 2014년 국회 지속가능발전특별위원회 위원 2014년 국회 교육문화체육관광위원회 여당 간사 2014~2015년 새누리당 정책위원회 제6정책조정위원장 2015년 同정책위원회 교육문화체육관광정책조정위원장 2015년 同교육개혁특별위원회 간사 2017~2018년 바른정당 경남산청 · 함양 · 거창 · 합천당원협의회 운영위원장 2017~2018년 同경남도당 위원장 직대 2017년 同인재영입위원장 2018~2019년 바른미래당 경남도당 공동위원장 2018년 同경남산청군 · 함양군 · 거창군 · 합천군지역위원회 위원장(현) (상)21세기뉴스미디어그룹 '대한민국을 빛낸 21세기 한국인상'(2015)

## 신성수(申聖秀) SHIN Sung Soo

(생)1952 · 9 · 25 (본)평산(平山) (출)부산 (주)부산광역시 사상구 새벽시장로 21 고려산업(주)(051-631-1500) (학)1971년 경기고졸 1979년 고려대 경영학과졸 (경)1979~1981년 고려상사(주) 뉴욕지사장 1985년 부산상공회의소 상임의원 1996년 고려산업(주) 대표이사 회장 1996년 대양개발(주) 회장(현) 1996년 우학문화재단 이사 2005년 부산상공회의소 부회장 2005년 고려산업(주) 회장(현) 2007년 문화유산국민신탁 이사 2011년 국립중앙박물관회 부회장 2012년 (재)눌원문화재단 이사장(현) 2017년 국립중앙박물관회 회장(현) (상)법무부장관표창, 동탑산업훈장

## 신성순(申聖淳) Shin Sung-soon

(생)1957 · 9 · 27 (주)서울특별시 종로구 사직로8길 60 외교부 인사운영팀(02-2100-7863) (학)1982년 연세대 정치외교학과졸 1998년 미국 예일대 대학원 국제관계학과졸 2017년 행정학박사(건국대) (경)1990년 駐코트디브와르 2등서기관 2001년 駐미국 1등서기관 2005년 駐미국 참사관 2007년 駐유엔 공사 2010년 駐미국 공사 2014년 연세대 초빙교수 2017년 성균관대 국가전략대학원 초빙교수 2018년 駐라오스 대사(현)

## 신성식(申成植) SHIN Sung Sik

(생)1965 · 11 · 29 (주)부산광역시 연제구 법원로 15 부산지방검찰청 총무과(051-606-4542) (학)1984년 순천고졸 1991년 중앙대 법학과졸 (경)1995년 사법시험 합격(37회) 1998년 사법연수원 수료(27기) 1998년 변호사 개업 2001년 울산지검 검사 2003년 광주지검 순천지청 검사 2005년 서울중앙지검 검사 2008~2010년 수원지검 검사 2009년 공정거래위원회 파견 2010년 서울동부지검 부부장검사 2012년 창원지검 특수부장 2013년 서울북부지검 형사6부장 2014년 대검찰청 과학수사담당관 2015년 同과학수사1과장 2016년 서울동부지검 형사2부장 2017년 춘천지검 강릉지청장 2018년 대검찰청 검찰연구관 2018년 同특별감찰단장 겸임 2019년 부산지검 제1차장검사(현)

## 신성식(申星植) SHIN SEONG SHIK

(생)1966 · 12 · 30 (출)충남 아산 (주)인천광역시 남동구 은봉로 82 인천지방중소벤처기업청 청장실(032-450-1101) (학)1984년 여의도고졸 1997년 숭실대 경영학과졸 2003년 중국 저장대(浙江大) 대학원 국제무역학과졸 (경)2014년 중소기업청 경영지원국 해외시장과 중국팀장 2016년 인천지방중소기업청 창업성장지원과장 2017년 중소벤처기업부 해외시장정책국 해외진출지원담당관 2019년 인천지방중소벤처기업청장(현)

## 신성오(辛成梧) SHIN Sung Oh (澹齋)

(생)1942·7·29 (본)영월(寧越) (출)서울 (주)서울특별시 중구 정동길 3 정수장학회(02-735-9992) (학)1960년 경기고졸 1964년 서울대 법학과졸 1971년 同대학원졸 (경)1968년 외무고시 합격(1회) 1971년 駐미국대사관 2등서기관 1975년 대통령의전비서실 파견 1976년 외무부 의전2과장 1977년 駐일본대사관 1등서기관 1981년 외무부 동남아과장 1983~1985년 미국 컬럼비아대 중동문제연구소 객원연구원 1985년 駐파키스탄 공사 1987년 외무부 의전관 1989년 同정보문화국장 1991년 同문화협력국장 1991년 駐방글라데시 대사 1994년 駐이란 대사 1996년 외교안보연구원 교수부장 1996년 同연구위원 1998년 외교통상부 기획관리실장 1999년 駐필리핀 대사 2001년 남북핵통제 공동위원장 2002년 외교안보연구원 원장 2003년 외교통상부 본부대사 2004~2007년 영산대 초빙교수 2005년 (재)정수장학회 이사(현) 2005년 (사)이순신리더십연구회 이사(현) 2008~2014년 동의대 초빙교수 (상)필리핀수교훈장, 황조근정훈장 (저)'9인의 명사 이순신을 말하다(共)'(2009)

## 신성원(申成源) Shin Sung-won

(생)1960 · 12 · 5 (주)서울특별시 서초구 남부순환로 2572 국립외교원 외교안보연구소 경제통상연구부(02-3497-7748) (학)1983년 성균관대 영어영문학과졸 (경)1985년 외무고시 합격(19회) 1985년 외무부 입부 1990년 미국 육군성 Defense Language Institute 연수 1991년 駐러시아 2등서기관 1994년 駐불가리아 1등서기관 1999년 駐오스트리아 1등서기관 2002년 대통령비서실 파견 2004년 외교통상부 정보상황실장 2005년 同북미2과장 2007년 駐샌프란시스코 부총영사 2008년 駐러시아 공사참사관 겸 총영사 2011년 중앙공무원교육원 파견 2013년 국립외교원 외교안보연구소 경제통상연구부장(현) (상)국무총리표창(2001) (저)'중국의 줄기와 미국의 전략'(2012, 행복에너지)

## 신성인(辛聖仁) SHIN Sung In

(생)1953·12·24 (출)부산 (주)서울특별시 중구 퇴계로 173 남산스퀘어 14층 (주)케이피알&어소시에이츠(02-3406-2205) (학)1977년 한국외국어대 일어과졸 (경)현대건설·비지니스코리아 근무 1996년 (주)케이피알&어소시에이츠 대표이사 사장 2000년 한신대 광고홍보학과 겸임교수, 同미디어영상광고홍보학부 겸임교수 2003년 (사)한국PR기업협회(KPRCA) 부회장 2004·2008·2016·2017·2018년 同회장 2019년 (주)케이피알&어소시에이츠 대표이사 부회장(현) (상)국제비즈니스대상(IBA) 아시아지역 올해의 PR대행사부문대상 스티비상(2010) (종)천주교

## 신성재(愼晟宰) SHIN Sung Jae

(생)1968 · 1 · 11 (출)서울 (주)충청북도 음성군 대소면 대금로379번길 50 (주)삼우(043-883-0211) (학)1986년 대신고졸 1991년 미국 캘리포니아루터란대(California Lutheran Univ.) 경영학과졸 1995년 미국 페퍼딘(Pepperdine)대 대학원 경영학과졸(MBA) (경)1995년 현대정공 수출부 근무 1996년 同샌프란시스코지사 차장 1998년 현대하이스코(주) 수출팀

입사 2000년 同냉연수출팀 부장 2001년 同해외영업담당 이사대우 2002년 同기획관리담당 전무 2003년 同영업기획담당 부사장 2005~2014년 同대표이사 사장 2011~2013년 한국철강협회 강관협의회장 2012년 넥슨지티(주) 사외이사(현) 2014년 (주)삼우 부회장(현) (상)은탑산업훈장(2012)

## 신성철(申成澈) Shin, Sung-Chul

(생)1952·7·19 (본)평산(平山) (출)대전 (주)대전광역시 유성구 대학로 291 한국과학기술원 총장실(042-350-2101) (학)1971년 경기고졸 1975년 서울대 응용물리학과졸 1977년 한국과학기술원(KAIST) 고체물리학과졸(석사) 1984년 재료물리학박사(미국 노스웨스턴대) (경)1977~1980년 한국표준과학연구원 선임연구원 1984~1989년 미국 Eastman Kodak 연구소 수석연구원 1989~2017년 한국과학기술원 물리학과 교수·석좌교수 1991~1996년 同학생부처장·국제협력실장·기획처장 1996년 同고등과학원설립추진단장 1998~2005년 同스핀정보물질연구단장 1999~2005년 엑스포과학공원 이사 2000년 한국과학기술한림원 정회원(현) 2001년 미국 세계인명사전 'Marquis Who's Who in the World'에 등재 2002년 과학기술 앰배서더 2004~2010년 (사)대덕클럽 회장 2004~2010년 한국과학기술한림원 국제협력부장 2004~2005년 한국과학기술원 부총장 2008년 미국물리학회(APS) 자성학분야 Fellow(석학회원)(현) 2008·2011년 국제순수및응용물리학연맹(IUPAP) 커미션멤버 2009~2010년 한국자기학회 회장 2009~2012년 국제자성학술대회(The International Conference on Magnetism) 의장 2011~2012년 한국물리학회 회장 2011~2017년 대구경북과학기술원 초대총장·제2대 총장 2013~2015년 국가과학기술자문회의 미래전략분과의장 2015년 대구창조경제협의회 위원(현) 2015년 한국방송공사 대구방송총국 시청자위원장 2015~2016년 국가과학기술자문회의 부의장 2017년 한국과학기술원 총장(현) (상)KAIST 공로상(1995), 한국물리학회 논문상(1998), 한국과학기술단체총연합회 우수논문상(1998), KAIST 학술상(1999), 과학기술부 이달의 과학기술자상(1999), 대전시 문화상, 한국자기학회 논문상, 한국자기학회 강일구상, 한국물리학회 학술상(2006), 과학기술훈장 창조장(2007), 과학기술부 및 과학문화재단 선정 '닮고 싶고 되고 싶은 과학기술인 10인' 학술분야(2007), 대한민국학술원상 자연과학기초부문(2009), KAIST 올해의 동문상(2011), KAIST 국제협력대상(2011), 대한민국 최고과학기술인상(2012), 대한민국경제리더대상 글로벌경영부문(2012), 대한민국경제리더대상 혁신경영부문(2015), 아시아자성연합회(AUMS)상(2016), 미국 노스웨스턴대 올해의 자랑스러운 동문상(2019) (저)'나노기술이 미래를 바꾼다(共)'(2002, 김영사) '신성철 석좌교수의 선진국을 향한 과학터치'(2012, 과학문화사) (역)'고체물리학' (종)기독교

## 신성철(申性澈) Shin Sung-chul

(생)1963·2·25 (주)서울특별시 종로구 사직로8길 60 외교부 인사기획관실(02-2100-7863) (학)1988년 서울대 독어독문학과졸 (경)1991년 외무고시 합격(25회) 1991년 외무부 입부 1997년 駐독일 2등서기관 1999년 駐본 2등서기관 2000년 駐칭다오 영사 2005년 駐헝가리 참사관 2009년 외교통상부 정보분석과장 2010년 駐태국 참사관 2013년 駐독일 공사 2016년 국가공무원인재개발원 파견 2017년 駐함부르크 총영사(현)

## 신성호(申性浩) SHIN Sung Ho (厚民)

(생)1956·3·21 (본)고령(高靈) (출)서울 (주)서울특별시 종로구 성균관로 25-2 성균관대학교 미디어커뮤니케이션학과(02-760-0395) (학)1981년 성균관대 영어영문학과졸 2001년 한양대 언론정보대학원졸 2012년 언론학박사(고려대) (경)1981년 중앙일보 사회부·전국부·정치부 기자·사회부 차장·정보과학부 차장 1998년 同국제부 차장 1999년 同사회부 차장 2000년 同국제부장 2001년 同논설위원 2002년 同전국부장 2002년 同사건사회부장 2003년 同사회담당 부국장 2003년 同논설위원 2003~2005년 법관임용심사위원회 위원 2004년 대검찰청 감찰위원회 위원 2004~2010년 법무부 변호사징계위원회 위원 2006년 중앙일보 수석논설위원 2007년 법조언론인클럽 회장 2007년 고려대 언론학부 초빙교수 2008년 중앙일보 편집국 법조전문기자 2008년 同수석논설위원 2008~2011년 중앙일보정보사업단(주) 대표이사 2009년 국회 법제사법위원회 법조인력양성제도개선자문위원회 위원장 2010년 스폰서검사진상규명위원회 위원 2010~2013년 정부 외국인정책위원회 위원 2011~2014년 대한변호사협회 법학전문대학원(로스쿨)평가위원회 위원 2012~2014년 방송통신심의위원회 명예훼손분쟁조정부 의장 2012년 성균관대 신문방송학과 초빙교수 2013년 법무부 검찰총장후보추천위원회 위원 2014년 성균관대 미디어커뮤니케이션학과 부교수(현) 2015~2017년 대통령 홍보특별보좌관 (상)한국기자상(1987), 자랑스러운 성균언론인상(2008) (저)'한국을 뒤흔든 특종(共)'(1994, 공간) '6월항쟁을 기록하다(共)'(2007) '특종 1987 : 박종철과 한국민주화'(2017) (종)기독교

## 신성환(辛星煥) SHIN Seong Hwan

(생)1963·2·17 (출)서울 (주)서울특별시 마포구 와우산로 94 홍익대학교 경영학부(02-320-1723) (학)영등포고졸 1985년 서울대 경제학과졸 1988년 미국 매사추세츠대 대학원 경영학과졸(MBA) 1993년 경영학박사(미국 매사추세츠대) (경)1993~1995년 한국금융연구원 부연구위원 1995~2015년 홍익대 경영대학 교수 1998~1999년 International Finance Corporation Risk Specialist Risk & Capital Management 1999~2001년 World Bank Senior Finance Officer Capital Management 2001년 한국선물학회 이사 2006년 홍익대 교무부처장 겸 종합서비스센터 소장 2008년 한국투자증권 퇴직연금연구소 객원연구원 2013~2014년 한국연금학회 회장 2014년 한국가스공사 비상임이사(감사위원장) 2015~2018년 한국금융연구원 원장 2015년 한국가스공사 비상임이사 2016년 산업통상자원부 사업재편계획심의위원회 민간위원 2018년 홍익대 경영학부 교수(현) 2019년 (주)한진칼 사외이사(현) (상)한국선물학회 최우수논문상(2004) (저)'우리나라 은행자산 유동화 방안에 관한 연구'(1995) '우리나라 은행의 리엔지니어링'(1996) '한, 중, 일 FTA 금융서비스 협상을 대비한 전략과 과제 : 금융서비스 경쟁력 추정과 주요 이슈를 중심으로(共)'(2003) (역)'금융공학 & amp : 금융혁신'(1998)

## 신세균(申世均) SHIN Sae Gyun

(생)1956·1·26 (출)대구 (주)서울특별시 영등포구 여의공원로 111 태영빌딩 8층 회계법인 EY한영(02-3787-6749) (학)1974년 경북고졸, 서울대 경제학과졸, 同경영대학원졸(석사) (경)행정고시 합격(31회) 1999년 국세공무원교육원 국세교육1과 서기관 2002년 안동세무서장 2003년 경산세무서장 2004년 대구지방국세청 납세지원국장 2005년 중부지방국세청 세원관리국 개인납세2과장 2005년 同조사1국 조사1과장 2006년 서울 성북세무서장 2006년 국세청 부동산납세관리국 부동산거래관리과장 2009년 대구지방국세청 조사1국장(부이사관) 2010년 중부지방국세청 납세자보호담당관 2010년 同세원분석국장(고위공무원) 2012년 서울지방국세청 국제거래조사국장 2012~2013년 대구지방국세청장 2016년 회계법인 EY한영 부회장(현)

## 신세현(申世鉉) SHIN Se Hyun

(생)1964·3·25 (본)평산(平山) (출)대전 (주)서울특별시 성북구 안암로 145 고려대학교 기계공학부(02-3290-3377) (학)1982년 보문고졸 1987년 서울대 기계공학과졸 1989년 同대학원 기계공학과졸 1993년 기계공학박사(미국 Drexel Univ.) (경)1993~1994년 미국 드렉셀대 기계공학과 Adjunct Professor 1994~1995년 미국 네바다주립대 기계공학과 Post-

Doc. 1995~2007년 경북대 기계공학부 전임강사 · 조교수 · 부교수 · 교수 2002~2003년 同BK21기계사업단장 2003년 국가지정연구실(NRL) 생체유변연구실 연구책임자 2003~2007년 실험실벤처(주)세원메디텍 대표이사 2005년 국제임상혈액유변학회 Council Member 2007년 고려대 기계공학부 교수(현) 2007년 대한기계학회 바이오공학부문 부회장 2015년 국제임상혈액유변학회 회장(현) 2016년 나노-생체유체검사연구단(NBRC) 단장(현) (상)미국 자동차공학회 우수논문상(2002 · 2003), 대한기계학회 남헌학술상(2005), 한국과학기술단체총연합회 과학기술우수논문상(2009), 한국유변학회 신진과학자상(2009), 이달의 과학기술자상(2015), 대한기계학회 학술상(2015), 대통령표창(2016) (저)'공학과 의학을 위한 유체역학'(2005) (역)'열역학'(1999) (종)기독교

**신세훈(申世薰) SHYN, Se Hun (我山)**

(생)1941·1·18 (본)아주(鵝洲) (출)경북 의성 (주)서울특별시 중구 서애로 27 도서출판 천산(02-745-0405) (학)1959년 안동고졸 1964년 중앙대 연극영화과졸 1981년 동국대 대학원 연극영화학과 수료 (경)1962년 조선일보 신춘문예 詩부 당선 1969~1971년 한국일보 기자 1977~1979년 국제PEN클럽 한국본부 사무국장 1977년 한국시낭송회의 창립·상임시인·대표 겸임(현) 1981~1982년 홍익대 강사 1984년 제1회 아시아시인회의 동경대회 한국대표 1987~2010년 한국자유문인협회 창립주도 회장 1989년 한국현대시인협회 부회장 1990~1994년 제26·27대 국제PEN클럽 한국본부 부회장 1991년 계간 '自由文學(도서출판 天山)' 창간·발행인·편집인·대표 겸임(현) 1992~1993년 명지대 강사 1992년 제58차 국제펜대회 한국 정대표 1993년 한국청소년문학가협회 창립주도 회장(현) 1995~2000년 한국문인협회 부이사장 1996~1997년 마케도니아 정부 초청 제35·36차 '스트루가 국제 시인 회의' 한국 정대표 1998년 한국예술문화단체총연합회 과천지부장 1998년 불가리아 문화부 초청 '한불 문학 교류의 밤' 한국 정대표 2000년 과천시 예술문화단체총연합회장 2001년 중앙대 강사 2001~2006년 제22·23대 한국문인협회 이사장 2001~2007년 2월 계간지 '韓國詩學'·'한국 소설가'·'한국 수필가'·'아동문학가' 창간·발행인 2005~2011년 (사)한국상고사학회 부이사장 2006년 민족문학인협회 남측 부회장(현) 2008~2010년 한국현대시인협회 이사장 2009~2011년 한국민조시인협회 창립·초대회장 2010년 한국자유문인협회 상임고문(현) 2010~2012년 한국현대시인협회 명예이사장 2011~2012년 (사)한국상고사학회 제2대 이사장 2011년 한국문인협회 고문(현) 2011년 '民調詩學' 창간·발행인 겸 편집인(현) 2012년 한국현대시인협회 평의원 겸 고문(현) 2012년 한국민조시인협회 상임고문(현) 2012년 국제펜클럽 한국본부 고문(현) 2015년 청마문학회 회장(현) 2016~2019년 중앙대문인회 회장 (상)인헌무공훈장(1966), 제3회 시문학상(1978), 제1회 한국PEN 공로상(1994), 제3회 한국자유시인상 본상(1994), 제14회 경기문학대상, 제10회 한국예술문화단체총연합회 문학부문 예술문화대상, 제14회 청마문학상(2013) (저)시집 '비에뜨남 엽서'(1965) '강과 바람과 산'(1978, 한겨레출판사) '사랑 그것은 낙엽'(1984, 온누리) '뿌리들의 하늘'(1984, 1만행 장시 제1부) '조선의 천평선'(1991) '꼭두각시의 춤'(1993, 천산) '체온 이야기'(1999) '3·4·5·6조'(2000, 천산) '통일꽃 핀다'(2008, 천산) '남이 다 하고난 질문'(2011, 천산) '대장 부리바'(2011, 천산) '思美人曲'(2011) '아흐, 동동 천부경 나라'(2012, 천산) '申世薰 民調詩選'(2014, 도서출판 天山) '한국 대표 명시선(編) '金南祚 시가 있는 명상 노우트(編)' 명수필선 '꽃도 귀양사는 곳(編)' 상고역사 '신판 한글 조문지(編)' 등 30권 (역)'벽돌집의 레베카' '3월생' (종)천도교

**신수용(申秀容) SHIN Soo Yong**

(생)1957 · 9 · 20 (본)평산(平山) (출)충남 서천 (주)세종특별자치시 한누리대로 2150 스마트허브2동 709호 세종경제신문(044-864-5303) (학)1981년 충남대졸, 연세대 대학원 언론정보학과졸(석사) (경)1984년 대전일보 정경부 기자 1985년 同경제부 기자 1988년 同사회부 기자 1993년 同사회부 차장 1994년 同정치부 차장 1995년 同정치2부장 직대 1996년 同서울지사 정치 · 행정 취재팀장 1996년 同정치행정부장 대우 1999년 同정치행정부장 1999년 同편집부국장 대우 2001년 同서울지사 편집부국장 대우 2003년 同편집부국장 2006년 同편집국장 2008년 同상무이사 2008~2011년 同대표이사 사장 겸 편집인 · 발행인 2008년 한국신문협회 이사 2008년 同협회지 발행인 겸 포럼 회원(현) 2009년 한국신문윤리위원회 감사 2010년 한국언론인연합회 부회장, 선거관리위원회 선거방송토론위원, 대한결핵협회 충청지회장, 신문읽기범국민운동본부 고문(현) 2011년 대전일보 상임고문, 대전언론문화원 이사(현), 한국언론피해자협의회 회장(현), 충청세상만들기포럼 공동대표, 충청데일리 회장 2015년 대전일보 비상임고문(현) 2015~2017년 충남일보 대표이사 사장 겸 발행인 2017년 충청헤럴드 대표이사 겸 편집인 · 발행인 2019년 세종경제신문 대표이사 겸 편집인 · 발행인(현) (상)한국기자대상 단체상(1988), 한국참언론인대상(2007), 제1회 자랑스런 충남대인상(2010) 등 (저)'좋은 기사 좋은 기자'(1997, 지혜담) 정치칼럼집 '멈추지 말고 돌아라'(2011, 지혜재담) '매력있는 언론 매력없는 기자'(2013, 지혜재담) (종)기독교

**신수원(申壽遠) SHIN Su Won**

(생)1957 · 9 · 19 (출)광주 (주)서울특별시 서초구 서초대로46길 20-7 영토빌딩 4층 세무법인 에이블(02-3473-0141) (학)국가검정고시 합격, 한국사이버대 중문학부졸 (경)1980년 공무원 임용(7급 공채) 1996년 논산세무서 간세과장 1998년 국세청 부가가치세과 근무 1999년 서울 구로세무서 부가가치세1과장 2001년 서울지방국세청 감사관실 근무 2006년 同조사1국 조사1과 서기관 2008년 경남 진주세무서장 2009년 중부지방국세청 조사3국 3과장 2010년 同조사3국 2과장 2010년 도봉세무서장 2010년 국세청 전자세원과장 2012년 同전자세원과장(부이사관) 2013년 중부지방국세청 납세자보호담당관 2014년 국세청 개인납세국장(고위공무원) 2014~2015년 광주지방국세청장 2016년 세무법인 에이블 회장(현) 2019년 (주)현대그린푸드 사외이사(현)

**신수정(申水晶 · 女) SHIN Su Jung**

(생)1973 · 1 · 19 (주)광주광역시 서구 내방로 111 광주광역시의회(062-613-5044) (학)담양여고졸 1996년 광주대 예술대학 산업디자인학과졸 (경)광주시 북구 자원봉사센터 총무부장, 광주시자원봉사단체협의회 사무국장, 열린우리당 광주시당 여성정책개발특별위원장, (사)따뜻한한반도사랑의 연탄나눔 광주지부장(현) 2006 · 2010년 광주시 북구의회 의원(민주당 · 민주통합당 · 민주당 · 새정치민주연합) 2008~2010년 同경제복지위원장 2014~2018년 광주시 북구의회 의원(새정치민주연합 · 더불어민주당) 2016년 同부의장, 더불어민주당 기초의원협의회장 2018년 광주시의회 의원(더불어민주당)(현) 2018년 同환경복지위원회 위원(현) 2018년 同윤리특별위원회 위원장(현) 2018년 同예산결산특별위원회 위원(현) (상)2017 지방의원 매니페스토 약속대상 '좋은조례분야' 대상(2017)

**신숙자(申淑子 · 女) shin suk ja (春水當)**

(생)1958·1·25 (본)평산(平山) (출)전북 정읍 (주)인천광역시 남동구 호구포로 203-31 남동구건강가정·다문화가족지원센터(032-467-3904) (학)2001년 한국방송통신대 유아교육과졸 2004년 同교육학과졸, 가톨릭대 대학원 사회복지학과졸 (경)1995~2001년 (사)한국여성의전화 강화여성의전화 책임상담원 2001~2005년 同강화성폭력상담소장 2006~2007년 가톨릭대 사회복지대학원 조교·원우회장 2006년 강화군다문화가족지원센터 센터장 2012~2017년 한국양성평등진흥원 양성평등강사 2015~2019년 한국다문화가족·건강가정지원센터협회 회장 2019년 인천남동구건강가정·다문화가족지원센터 센터장 겸 하모니사업소 소장(현) (저)'한국어와 함께 이루는 꿈 그리고 희망' (종)가톨릭

**신숙희(申叔憙 · 女) SHIN Sook Hee**

(생)1969 · 3 · 4 (출)서울 (주)서울특별시 서초구 서초중앙로 157 서울고등법원(02-530-1114) (학)1987년 창문여고졸 1992년 서울대 법대 법학과졸 (경)1993년 사법시험 합격(35회) 1996년 사법연수원 수료(25기) 1996년 서울지법 판사 1998년 서울가정법원 판사 1999년 대전지법 판사 2003년 서울지법 동부지원 판사 2006년 서울중앙지법 판사 2007년 서울고법 판사 2008년 사법연수원 교수 2010년 서울중앙지법 판사 2011년 제주지법 부장판사 2012년 서울고법 판사(현)

**신순범(愼順範) SHIN Soon Bum (晩光)**

(생)1938·2·28 (본)거창(居昌) (출)전남 여수 (주)서울특별시 영등포구 국회대로74길 19 민주평화당(02-788-3808) (학)1956년 여수고졸 1961년 동국대 법정대학 정치학과졸 1982년 단국대 행정대학원졸 1991년 연세대 경영대학원 수료 1995년 서강대 대학원 수료 (경)1973년 전국웅변협회 이사장 1979년 농어촌문제연구소장 1981년 안민당 부총재 1981년 제11대 국회의원(여수·광양·여천, 안민당) 1985년 남북국회회담 한국측대표 1985년 제12대 국회의원(여수·광양·여천, 신한민주당) 1985년 신한민주당(신민당) 원내수석부총무 1987년 민주당 정무위원 1988년 평화민주당(평민당) 당무위원 1988년 제13대 국회의원(여천, 평민당·신민당·민주당) 1990년 평민당 사무총장 1991년 만광장학회 이사장(현) 1991년 국회 경제·과학위원장 1991년 신민당 당무위원 1991년 민주당 당무위원 1991년 대통령선거유세위원회 위원장 1992년 제14대 국회의원(여천, 민주당·국민회의) 1993년 민주당 최고위원 1995년 同부총재 1995년 국민회의 지도위원 1997~1999년 국전 입선(서예전람회) 2000년 경기대 경영대학원 연구교수 2002년 (사)민주화추진협의회 공동 부이사장 2013~2015년 대한민국헌정회 이사 2018년 민주평화당 고문(현) (상)전국남녀웅변대회 대통령표창(1962), 코리아헤럴드 전국남녀영어웅변대회 전체특상(1979), 전국서예대전 3회 입선(1997·1998·1999), 백범기념관 자랑스런 한국인 대상 사회봉사부문(2008) (저)'의지는 고난보다 강하다' '소나무 동포 여러분 자갈 시민 들으시오' '꿈-깡-꾀-끼-끈에 도전하라' '연설의 기법' (종)기독교

**신승관(辛承官) Shin, Seung-Kwan**

(생)1964 · 2 · 5 (출)경북 안동 (주)서울특별시 강남구 영동대로 511 한국무역협회(02-6000-5002) (학)1982년 안동고졸 1986년 연세대 경제학과졸 1995년 同대학원 경제학과졸 1999년 경제학박사(연세대) (경)1988년 한국무역협회 입사 1989년 同동향분석과 · 경제조사과 · 투자지원과 · 무역전략팀 근무 2001년 통상정보학회 이사 2002년 한국무역학회 이사 2002년 한국무역협회 국제무역연구원 연구위원 2003~2004년 재정경제부 거시경제자문위원 2005년 한국개발연구원(KDI) 거시경제자문위원 2005~2006년 한국은행 외환자문위원 2006년 한국무역협회 국제무역연구원 수석연구위원 2007년 同국제무역연구원 지역연구팀장 2009~2012년 同브뤼셀지부장 2012년 同국제무역연구원 동향분석실장 2015년 同무역정책지원본부장 2015~2018년 한국개발연구원(KDI) 경제전문가 자문위원 2017년 한국무역협회 국제무역연구원장(상무보) 2018년 同국제무역연구원장(상무) 2019년 同국제무역연구원장(전무)(현) (상)재정경제부장관표창(2000), 산업자원부장관표창(2005), 산업포장(2015) (저)'국제무역론'(共)

**신승국(辛承局) SYNN SEUNG KOOK**

(생)1962 · 11 · 3 (출)서울 (주)경기도 이천시 부발읍 경충대로 2091 SK하이닉스(주)(02-3459-5433) (학)1981년 숭실고졸 1984년 연세대 법학과졸 1987년 同대학원 상법학과졸 1994년 미국 코넬대 법과대학원 법학과졸(LL.M.) 1997년 법학박사(미국 밴더빌트대) (경)1988~1993년 SK(舊 유공) 법제부 근무 1997~2000년 同국제법무담당 2000~2005년 SK텔레콤 법무팀장 2001~2005년 숙명여대 법과대학 겸임교수 2005~2006년 SK텔레콤 법무2실장 2006년 SK에너지 사업법무담당 상무 2008년 同법무실장(상무) 2010년 同에너지환경정책실장(상무) 2011년 同CR전략실장(상무) 2014년 SK하이닉스 대외협력본부장(상무) 2015년 同대외협력본부장(전무) 2016년 同지속경영담당 전무 2019년 同대외협력총괄담당 임원(현) (종)기독교

**신승남(愼承男) SHIN Seung Nam**

(생)1944 · 6 · 26 (본)거창(居昌) (출)전남 영암 (주)서울특별시 서초구 동광로39길 40 501호 신승남법률사무소(02-2051-6565) (학)1962년 목포고졸 1966년 서울대 법과대학 법학과졸 1970년 同사법대학원졸 (경)1968년 사법시험 합격(9회) 1971~1983년 부산지검 · 서울지검 · 법무부 검찰국 · 서울지검 · 대전지검 검사 1983년 법무부 검찰2과장 1985년 부산지검 공안부장 1986년 수원지검 부장검사 겸 사법연수원 교수 1987년 서울지검 남부지청 부장검사 겸 사법연수원 교수 1988년 대검찰청 중앙수사부 2과장 1989년 법무부 법무심의관 1990년 서울지검 형사5부장 1991년 광주지검 순천지청장 1992년 同차장검사 1993년 서울지검 제3차장검사 1993년 서울고검 검사 1995년 광주고검 차장검사 1995년 법무부 법무실장 1997년 同기획관리실장 1997년 전주지검 검사장 1998년 법무부 검찰국장 1999년 대검찰청 차장검사 2001~2002년 검찰총장 2002년 변호사 개업(현) 2004년 신원CC 대표회장 (상)홍조 · 황조근정훈장 (종)천주교

**신승영(辛承暎) Shin Seung Yeong**

(생)1955 (본)영월(寧越) (출)경북 영주 (주)경기도 성남시 분당구 판교로 289 에이텍티앤(031-698-8862) (학)1974년 영광고졸 1982년 영남대 공과대학 전자공학과졸 2001년 한국과학기술원(KAIST) 최고벤처경영자과정 수료 (경)1982년 금성사(現 LG전자) 입사 1989년 에이텍 대표 1993~2015년 (주)에이텍 대표이사 2015년 에이텍티앤 대표이사(현) 2016년 신기술기업협의회 회장(현) (상)산업자원부장관표창(2000), 중소기업 최고경영자부문 기술경영인상(2006), 과학기술진흥유공 대통령표창(2010), 벤처창업대전 철탑산업훈장(2012), 신기술실용화 대통령표창(2015) (종)기독교

**신승운(辛承云) SHIN Seung Woon**

(생)1951 · 3 · 11 (주)서울특별시 은평구 진관1로 85 한국고전번역원 원장실(02-350-4801) (학)1984년 강남대 도서관학과졸 1987년 성균관대 대학원 도서관학과졸 1995년 문학박사(성균관대) (경)1978~1981년 민족문화추진회 국역연수원 상임연구원 1981~1984년 同국역연구부 전문위원 1984~1986년 同국역연구부장 1986~1994년 同편찬실장 1994~1995년 同국역연수원 부교수 · 교무처장 1995~1999년 성균관대 도서관학과 조교수 1999~2004년 同문헌정보학과 부교수 2002~2006년 한국서지학회 회장 2005~2016년 성균관대 문헌정보학과 교수 2007년 同사서교육원장 2007~2009년 문화재위원회 동산 · 민속문화재분과 위원 2009~2014년 성균관대 대동문화연구원장 2009년 문화재위원회 동산 · 근대문화재분과 위원 2011~2014년 성균관대 동아시아학술원장 2013년 한국고전번역학회 회장 2015~2018년 유네스코 한국위원회 문화 · 정보커뮤니케이션분과 위원장 2015~2017년 문화재위원회 동산문화재분과 위원장 2015~2017년 경찰청 문화유산수사자문위원회 위원장, 전통문화연구회 부회장 2016년 성균관대 명예교수(현) 2017년 한국고전번역원 원장(현) 2017~2019년 문화재청 문화재위원회 위원장 2019년 同문화재위원회 동산문화재분과 위원장(현) (상)문화공보부장관표창(1978) (저)'국립중앙도서관 선본해제 제5집' '서지학개론'

## 신승찬(申昇瓚 · 女) SHIN Seung Chan

(생)1994·12·6 (출)전북 고창 (주)인천광역시 중구 공항로 272 인천국제공항 스카이몬스 배드민턴단 (학)전주 성심여고졸, 건국대 체육교육과졸 (경)2013~2018년 삼성전기 배드민턴단 입단·선수 2013년 스위스오픈 그랑프리골드 복식 2위 2013년 봄철종별배드민턴리그전 단체전 2위 2013년 여름철종별배드민턴선수권대회 복식 1위 2014년 광주유니버시아드대회 복식 1위·혼합복식 1위 2014년 여름철배드민턴선수권대회 단체전 1위 2015년 덴마크오픈 슈퍼시리즈 복식 1위 2015년 프랑스오픈 슈퍼시리즈 복식 1위 2015년 코리아오픈 그랑프리골드 복식 2위·혼합복식 3위 2015년 마카오오픈 그랑프리골드 복식 1위 2015년 미국오픈 그랑프리 복식 1위 2016년 싱가폴오픈 슈퍼시리즈 복식 3위 2016년 말련오픈 슈퍼시리즈 복식 2위 2016년 태국오픈 그랑프리골드 복식 3위 2016년 인도오픈 그랑프리골드 복식 1위 2016년 제31회 리우데자네이루올림픽 여자복식 동메달 2017년 덴마크오픈 배드민턴 슈퍼시리즈 프리미어 여자복식 1위 2017년 프랑스오픈 배드민턴 슈퍼시리즈 여자복식 2위 2018년 중국오픈 배드민턴 선수권대회 여자복식 1위 2018년 홍콩오픈 배드민턴 선수권대회 여자복식 2위 2018년 세계배드민턴연맹(BWF) 월드투어 파이널 여자복식 2위 2019년 인천국제공항 스카이몬스 배드민턴단 입단·선수(현) (상)대한체육회 우수상(2017)

## 신승한(辛承翰) Shin Seung Han

(생)1966 · 12 · 7 (출)서울 (주)경기도 과천시 관문로 47 방송통신위원회 방송정책국 지역미디어정책과(02-2110-1450) (학)1985년 대원고졸 1992년 고려대 국어국문학과졸 2005년 同언론대학원 방송영상학과졸 (경)2003년 방송위원회 행정1부 차장 2003년 同공보실 차장 2005년 同시청자지원팀장 2007년 同공보실장 2008년 방송통신위원회 방송통신융합정책실 평가분석과 수용자평가담당 2008년 同광주전파관리소장 2010년 同대변인실 서기관 2011년 同디지털방송홍보과장 2013년 미래창조과학부 디지털방송전환추진단 디지털방송전환과장 2014년 同기획조정실 규제개혁법무담당관 2015년 同정보통신정책실 정보화기획과장 2015년 同정보통신정책실 정보활용지원팀장 2016년 방송통신위원회 방송기반국 편성평가정책과장 2016년 同방송정책국 방송시장조사과장 2018년 同방송정책국 지상파방송정책과장 2018년 同방송정책국 지역미디어정책과장(서기관)(현)

## 신승호(申乘浩)

(생)1971·7·15 (출)서울 (주)경기도 용인시 기흥구 구성로 243 법무연수원 용인분원(031-288-2300) (학)1990년 현대고졸 1995년 서울대 사법학과졸 (경)1997년 사법시험 합격(39회) 2000년 사법연수원 수료(29기) 2000년 공익법무관 2003년 대구지검 검사 2005년 수원지검 성남지청 검사 2008년 법무부 국제법무과 검사 2011년 서울중앙지검 검사 2013년 부산지검 부부장검사 2014~2018년 창원지검 통영지청 부장검사·인천지검 부부장검사(駐유엔대표부 파견) 2018년 인천지검 외사부장 2018년 同부천지청 부장검사 2019년 법무연수원 용인분원 교수(현)

## 신승희(申昇熙)

(생)1971 · 6 · 21 (출)강원 원주 (주)서울특별시 서초구 반포대로 157 대검찰청 감찰1과(02-3480-2394) (학)1990년 강원사대부고졸 1997년 강원대 법학과졸 (경)1998년 사법시험 합격(40회) 2001년 사법연수원 수료(30기) 2001년 춘천지검 검사 2003년 전주지검 군산지청 검사 2005년 의정부지검 검사 2007년 서울동부지검 검사 2011년 광주지검 검사 2012~2014년 금융정보분석원 파견 2014년 법무부 감찰담당관실 검사 2016년 의정부지검 형사5부장 2017년 대검찰청 검찰연구관 2018년 광주지검 형사3부장 2019년 대검찰청 감찰1과장(부장검사)(현)

## 신안재(申安載)

(생)1963·10·9 (출)대구 (주)경상북도 의성군 의성읍 군청길 67 대구지방법원 의성지원(054-830-8020) (학)1982년 대구 청구고졸 1986년 서울대 공법학과졸 1988년 同대학원 수료 (경)1997년 사법시험 합격(39회) 2000년 사법연수원 수료(29기) 2000년 대구지법 판사 2003년 同김천지원 판사 2005년 대구지법 판사 2009년 同서부지원 판사 2011년 대구고법 판사 2013년 대구지법 경주지원·대구가정법원 경주지원 판사 2015년 부산지법 부장판사 2017년 대구지법 부장판사 2019년 대구지법 의성지원장 겸 대구가정법원 의성지원장(현)

## 신양균(申洋均) SHIN Yang Kyun

(생)1956 · 2 · 27 (본)평산(平山) (출)부산 (주)전라북도 전주시 덕진구 백제대로 567 전북대학교 법학전문대학원(063-270-2666) (학)1974년 배재고졸 1978년 연세대 행정학과졸 1980년 同대학원 법학과졸 1989년 법학박사(연세대) (경)1980년 육군사관학교 법학과 전임강사 1984~1995년 전북대 법학과 전임강사 · 조교수 · 부교수 1991년 同교무과장 1992년 서강대 교환교수 1995~2017년 전북대 법학과 교수 1996년 同법학연구소장 1998~1999년 독일 막스플랑크 국제형법 및 비교형법연구소 방문교수 2001~2003년 전북대 법과대학장 2008~2010년 한국비교형사법학회 부회장 2009~2010년 한국형사정책학회 부회장 2009년 전북대 법학전문대학원 교수(현) 2009년 同법과대학장 2009년 同법학전문대학원장 2009~2011년 교육과학기술부 법학교육위원회 위원 2010~2011년 법무부 변호사시험관리위원회 위원 2009년 국제앰네스티 한국지부 한국법률가위원회 부위원장 2011년 한국형사법학회 회장 2012년 독일 트리어대 방문교수 2014~2016년 전북대 대학원장 2015~2016년 同교학부총장 2015년 전북도 인권위원회 위원장(현) 2017~2019년 교육부 법학교육위원회 위원장 (상)한국형사법학회 정암학술상(2006) (저)'신고형사정책' '형사소송법' '형사정책' '생활속의 법' '판례교재 형법총론(共)'(2009) '형사소송법 제 · 개정자료집'(2009) '형사특별법론(共)'(2009) '신판 형사소송법'(2010) '판례교재 형사소송법(共)'(2011) (역)'형법총론의 이론구조'(2008) '독일행형법(共)'(2010) (종)기독교

## 신언용(申彦茸) SHIN Eon Yong

(생)1949·3·26 (본)평산(平山) (출)전남 영광 (주)서울특별시 종로구 종로5길 58 석탄회관빌딩 8층 법무법인 케이씨엘(02-721-4242) (학)1969년 경기고졸 1974년 서울대 법학과졸 (경)1976년 사법시험 합격(18회) 1978년 사법연수원 수료(8기) 1978년 서울지검 검사 1980년 대전지검 서산지청 검사 1982년 부산지검 검사 1985년 인천지검 검사 1987년 대검찰청 검찰연구관 1990년 서울지검 남부지청 검사 1990년 전주지검 정주지청장 1991년 同부장검사 1993년 대검 전산관리담당관 1994년 광주지검 형사1부장 1995년 수원지검 형사1부장 1996년 서울지검 서부지청 형사2부장 1997년 同서부지청 형사1부장 1998년 同북부지청 형사1부장 1998년 대구지검 경주지청장 1999년 광주지검 차장검사 2000년 부산지검 제1차장검사 2001년 서울지검 의정부지청장 2002년 서울고검 송무부장 2002년 서울지검 동부지청장 2003년 서울고검 검사 2004년 부산고검 검사 2004년 법무법인 케이씨엘 고문변호사(현) (상)검찰총장표창, 국민포장, 홍조근정훈장 (종)기독교

## 신언항(申彦恒) SHIN On Han

(생)1946·8·4 (본)평산(平山) (출)황해 평산 (주)서울특별시 영등포구 버드나루로14가길 20 인구보건복지협회(02-2634-8212) (학)1964년 동인천고졸 1972년 성균관대 행정학과졸 1985년 연세대 보건대학원졸 1991년 영국 웨일즈대 대학원 경제학과졸 2007년 보건학박사(연세대) (경)1974년 행정고시 합격(16회) 1977년 보건사회부 기획관리실 근무 1979년 同의정과·지역의료과 근무 1982년 同기획예산담당관실 근무 1984년 국립보건원

교학과장 1985~1988년 서울올림픽조직위원회 의무지원과장 1991년 보건사회부 연금정책과장 1993년 同총무과장 1995년 駐미국대사관 보건복지참사관 1998년 보건복지부 기술협력관 1999년 同감사관 1999년 대통령 보건복지비서관 2001년 보건복지부 사회복지정책실장 2002~2003년 同차관 2003~2006년 건강보험심사평가원 원장 2003~2007년 연세대 보건대학원 객원교수 2007~2009년 건양대 보건복지대학원 병원관리학과 주임교수 2007~2009년 同보건복지대학원장 2007~2014년 보건산업최고경영자회의 공동회장 2009~2014년 한국실명예방재단(아이러브재단) 회장 2013~2017년 중앙입양원 원장 2016년 인구보건복지협회 회장(현) (상)보건사회부장관표창, 해리홀트상(2002), 황조근정훈장(2003) (종)기독교

### 신열우(申悅雨) SHIN Yeol Woo

(생)1960 · 9 · 25 (출)경남 진주 (주)서울특별시 중구 퇴계로26길 52 서울특별시 소방재난본부(02-3706-1236) (학)1980년 진주고졸 1984년 경희대 화학과졸 1995년 부경대 대학원 산업안전공학과졸 2009년 기계공학박사(부경대) (경)1986년 부산 항만소방서 근무(소방 장학생) 1990년 부산북부소방서 방호계장 1995년 부산사하소방서 방호계장 1996년 중앙119구조대 기술지원팀장 2002년 월드컵생화학테러대응팀 팀장 2003년 행정자치부 의무소방계장 2004년 경남도 소방본부 방호구조과장 2005년 밀양소방서장 2007년 함안소방서장 2008년 경북도 소방학교장 2010년 소방방재청 소방제도과 예방기획총괄, 국무총리실 안전환경정책관실 파견 2011년 소방방재청 소방제도과장(소방준감) 2012년 대통령 행정자치비서관실 행정관 2012년 경남도 소방본부장 2014년 소방방재청 방호조사과장 2014년 국민안전처 중앙소방본부 방호조사과장 2015년 同중앙소방본부 119구조구급국장(소방감) 2016년 국방대 교육훈련 파견 2017년 국민안전처 특수재난실 조사분석관 2017년 소방청 소방정책국 소방감(국장급) 2018~2019년 同차장 2019년 서울시 소방재난본부장(소방정감)(현) (상)내무부장관표창(1989), 부산시장표창(1995), 행정자치부장관표창(1999), 대통령표창(2002), 홍조근정훈장(2012)

### 신영국(申榮國) SHIN Yung Kook

(생)1943·10·15 (본)평산(平山) (출)경북 문경 (주)경상북도 문경시 호계면 대학길 161 문경대학교 총장실(054-559-1114) (학)1963년 동양공고졸 1967년 명지대 경영학과졸 1973년 연세대 경영대학원졸 1992년 경영학박사(명지대) (경)1968년 무역사시험·통관업甲종시험 합격 1972년 한국무역연구센터 대표 1975년 연세대 대학원 강사 1975년 (주)정공사 대표이사 1976년 대한상공회의소 상담역 1976년 금속공작기계협회 회장 1978년 (주)남북 대표이사 1980년 한국무역사협회 회장 1988년 제13대 국회의원(점촌·문경, 통일민주당·민자당) 1988년 통일민주당 대외협력위원회 부위원장 1990년 민자당 점촌·문경지구당 위원장 1990년 同제2정책조정실 부실장 1998년 한나라당 문경· 예천지구당 위원장 1998년 제15대 국회의원(문경·예천 보궐선거, 한나라당) 1998년 한나라당 정책위원회 산업자원위원장 2000~2004년 제16대 국회의원(문경·예천, 한나라당) 2001년 국회 미래전략특별위원회 위원장 2002~2004년 국회 건설교통위원장 2009년 문경대 총장(현) (종)천주교

### 신영균(申榮均) SHIN Young Kyun (平洲)

(생)1928·11·6 (본)평산(平山) (출)황해 평산 (주)서울특별시 중구 명동7길 13 한주홀딩스코리아(02-777-0700) (학)1948년 한성고졸 1955년 서울대 치과대학졸 1993년 고려대 언론대학원 최고위정책과정 수료 1995년 동국대 문화예술대학원 수료 1996년 연세대 언론홍보대학원 최고위정책과정 수료 2011년 명예 문학박사(서강대) (경)1958년 해군 군의관 1958년 동남치과원장 1968년 한국영화배우협회 회장 1973년 한주홀딩스코리아 설립 및 대표이사 1979년 한국영화인협회 이사장 1981~1984년 한국예술문화단체총연합회 회장 1981년 (재)신영예술문화재단 이사장 1983년 (사)문화예술인의료보험조합 이사장 1983년 독립기념관설립추진위원회 이사 1988년 서울올림픽조직위원회 위원 1991년 월드컵유치위원회 유치위원 1992년 서울대총동창회 부회장 1992년 한성고총동문회 회장 1992년 서울방송 이사 겸 SBS프로덕션 회장 1996년 제15대 국회의원(전국구, 신한국당·한나라당) 2000년 제16대 국회의원(전국구, 한나라당) 2000년 한·일의원연맹 상임고문 2001년 (사)한국영화인총연합회 명예회장(현) 2002년 제주국제자유도시방송(JIBS) 명예회장(현) 2008년 한나라당 상임고문 2009년 전국지역민영방송협회 회장단협의체 회장(현) 2009~2013년 국민원로회의 위원 2009년 한주홀딩스코리아 명예회장(현) 2011년 통일연구원 고문(현) 2012년 새누리당 상임고문 2017년 자유한국당 상임고문(현) 2019년 대한민국예술원 회원(영화배우·현) (상)대종상 남우주연상(1962·1963·1965), 아시아영화제 남우주연상(1962·1964), 부일영화상 남우주연상(1963·1967), 청룡영화상 인기스타상(1964·1965·1966·1967·1968·1969·1970), 청룡영화상 남우주연상(1966·1968·1973), 백상예술대상 영화부문 최우수연기상(1966·1969), 영화의 날 공로상(1969), 백상예술대상 영화부문 애독자인기상(1972), 서울시 문화상(1979), 국민훈장 동백장(1987), 제44회 대종상영화제 공로상(2007), 제7회 대한민국영화대상 공로상(2008), 제47회 대종상영화제 특별상(2010), 제11회 대한민국 국회대상 공로상(2010), 한국영화평론가협회 공로영화인상(2010), 잡지의 날 올해의 인물상(2010), 대한민국대중문화예술상 은관문화훈장(2011), 미국 경제전문지 포브스 선정 '아시아의 기부 영웅'(2013) (저)'문화를 알면 미래가 보인다'(1999) (작)출연 '연산군' '마부' '빨간 마후라' '임꺽정' '미워도 다시 한번' 등 294편 (종)기독교

### 신영균(辛永均) SHIN YOUNG GYUN

(생)1967 · 7 (출)서울 (주)서울특별시 영등포구 의사당대로 97 교보증권 국제금융본부(02-3771-9000) (학)나주 영산포고졸, 단국대졸 (경)삼성증권 근무, 제일증권 근무, 교보증권 지점장, 同제2지역본부장 2010년 同국제금융본부장(상무)(현)

### 신영무(辛永茂) SHIN Young Moo

(생)1944·3·22 (출)충남 당진 (주)서울특별시 강남구 영동대로 416 KT&G타워 8층 법률사무소 에스앤엘파트너스(02-6207-1145) (학)1963년 서울고졸 1967년 서울대 법대졸 1970년 同사법대학원졸 1976년 미국 예일대 법과대학원 법학과졸 1978년 법학박사(미국 예일대) (경)1968년 사법시험 합격(9회) 1970년 軍법무관(대위 예편) 1973년 대전지법 판사 1974년 同홍성지원 판사 1974년 충남대 법경대학 강사 1975년 변호사 개업·미국 쿠데르브라더스로펌 변호사 1980년 미국뉴욕주 변호사시험 합격, 미국 뉴욕주 변호사회 및 미국연방변호사회 가입 1980~2010년 법무법인 세종 대표변호사 1981년 고려대 경영대학원 강사 1996년 공정거래위원회 비상임위원 1998년 현대자동차·한일은행·LG화재해상보험 사외이사 1999년 일신방직 사외이사 1999년 한국중재인협회 부회장 1999~2000년 국무총리 정책자문위원, 현대투자신탁증권 사외이사 2004년 한미재계회의 위원(현) 2006년 KT&G 경영자문위원회 위원 2007년 환태평양변호사협회(IPBA) 한국위원회 회장 2008~2010년 사회복지공동모금회 이사 겸 인사위원장 2009년 대한변호사협회 연수원장 2009년 서울대 법학전문대학원 겸임교수 2009~2018년 삼성꿈장학재단 이사 2010~2013년 법무법인 세종 고문변호사 2011년 대한변호사협회 인권재단 이사 2011~2013년 同회장 2012년 (사)통일을생각하는사람들의모임 공동대표 2013~2014년 서울대법과대학동창회 회장 2013~2015년 서울국제중재센터(Seoul IDRC) 초대 이사장 2013~2014년 환태평양변호사회(IPBA) 회장 2014~2018년 법률사무소 신&박 대표변호사 2014년 바른사회운동연합 창립·상임대표(현) 2014~2016년 한국학중앙연구원 비상임감사 2016년 일신방직 사외이사(현) 2018년 법률사무소 에스앤엘파트너스 대표변호사(현) (상)2004 아시아지역딜상 주식발행·기업인수합

병·구조조정부문(2005), 2010 자랑스러운 서울인상(2011), 국민훈장 무궁화장(2014), 자랑스러운 서울법대인(2017) (저)'Regulations of Disclosure-and Insider Trading in Korea'(1981) 'Regulations of Takeover Bids'(1982) 'Securities Regulations in Korea'(1983) '證券去來法'(1987) 자서전 '올바름이 힘입니다'(2017) (종)기독교

**신영석(申榮錫) SHIN Young Seuk (昔巖)**

(생)1937·9·15 (본)평산(平山) (출)충남 서천 (주)서울특별시 은평구 응암로 373 역촌빌딩 3층 (사)평화문제연구소(02-358-0612) (학)1959년 중앙대 정치외교학과졸 1981년 동국대 행정대학원졸 1988년 명예 법학박사(미국 버나딘대) 1999년 명예 정치학박사(러시아 모스크바대) (경)1971~1975년 한국정책연구회 연구위원 1975~1995년 경찰종합학교·경찰대 외래교수 1976~1983년 통일원 상임연구위원 1981년 민주평통 상임위원 1983~2002년 (사)평화문제연구소장 1983년 월간 '통일한국' 발행인(현) 1994년 학술지 '통일문제연구' 발행인(현) 1994년 중국 옌벤대 명예교수(현) 1994~1998년 민주평통 사회복지분과위원장·이념제도분과위원장·인권특별위원장 1995년 중국 길림성사회과학대 석좌연구원 2000년 통일문제연구협의회 공동의장 2002년 통일교육협의회 공동의장 2002~2013년 (사)평화문제연구소 부이사장 2009년 통일교육협의회 상임고문(현) 2013년 (사)평화문제연구소 이사장(현) (상)대통령표창(1984), 국민훈장 석류장(1985), 국민훈장 모란장(2005) (저)'북한 오늘과 내일' '변화된 세계 새로운 통일론' '기다리는 통일 준비하는 통일' '재외동포 청소년의 통일교육'(共) '통일한국을 위한 설계' '통일북한 핸드북'(共) (종)기독교

**신영섭(申英燮)**

(생)1963·1 (주)서울특별시 서초구 남부순환로 2477 JW중외제약(주)(02-840-6777) (학)1989년 중앙대 무역학과졸 (경)1988년 JW중외제약(주) 입사 2005년 同영업지점장 2013년 同영업본부장 2014년 同의약사업본부장(부사장) 2017년 同각자대표이사 부사장(의약사업본부장) 2019년 同대표이사 부사장(의약사업본부장)(현)

**신영수(申榮洙) SHIN Young Soo**

(생)1951·12·24 (본)평산(平山) (출)충북 영동 (주)서울특별시 중구 서소문로 89-31 N빌딩 2층 (재)한반도평화만들기(02-6958-8885) (학)1970년 경기고졸 1974년 서울대 법과대학 행정학과졸 1985년 건국대 행정대학원 부동산학과졸 2007년 경원대 대학원 법학 박사과정 수료 (경)1978년 현대건설(주) 입사 1988년 同개발사업부장 1993년 문화일보 판매부국장 1995년 同사업국장 직대 1996년 同광고국 부국장 1997~1999년 同기획관리국장 1999~2001년 현대건설(주) 상무 2002년 성남시시민화합협의회 부회장 2002년 성남시웅변인협회 이사장, 성남시재개발범시민대책위원회 대표, 성남시발전연합 상임대표(현) 2007년 제17대 대통령직인수위원회 경제2분과 자문위원 2008~2012년 제18대 국회의원(성남 수정, 한나라당·새누리당) 2008년 국회 국토해양위원회 위원 2008년 한나라당 경기도당 상임부위원장 2008년 한·중친선협회 지도위원, 한나라당 예산결산특별위원회 위원, 한·우즈베키스탄 의원협회 이사, 한·루마니아의원협회 부회장 2009년 한나라당 대외협력위원장 2010년 국회 환경노동위원회 간사 2011~2012년 국회 국토해양위원회 위원 2012~2014년 새누리당 성남수정당원협의회 위원장 2014년 경기 성남시장선거 출마(새누리당) 2014년 새누리당 창조미래포럼 상임대표 2014년 同경기도당 상임부위원장 2015년 (사)도시재생포럼 공동대표(현) 2016년 새누리당 경기도당 자문위원 2017년 바른정당 경기성남·수정당원협의회 운영위원장 2018년 (재)한반도평화만들기 사무총장(현) (상)대한민국건설문화대상 의정부문(2009), 의정행정대상 국회의원부문(2010) (저)'부동산공법 사례해설집(共)'(1988) '성남시 현실과 시민의식'(1990)

**신영수(申永洙) SHIN Young Soo**

(생)1956·8·3 (출)광주 (주)서울특별시 서초구 마방로 68 동원홈푸드 사장실(02-589-6200) (학)1975년 숭일고졸 1980년 조선대 외국어교육학과졸 (경)(주)동원F&B 유통사업부장(상무) 2005년 同영업본부장 겸 유통사업부장(상무) 2007년 삼조쎌텍(주) 대표이사 사장 2012년 동원홈푸드 대표이사 사장 2014년 삼조쎌텍(주) 대표이사 사장 2014년 동원홈푸드 대표이사 사장(현)

**신영숙(申英淑·女) SHIN YOUNG SOOK**

(생)1968 (출)충남 당진 (주)세종특별자치시 한누리대로 499 인사혁신처 인사관리국(044-201-8400) (학)고려대 영어영문학과졸 (경)1993년 행정고시 합격(37회), 행정안전부 연금복지과장, 안전행정부 성과급여기획과장, 인사혁신처 운영지원과장 2015년 同인사조직과장 2016년 同공무원노사협력관 2017년 국립외교원 글로벌리더십과정 파견(국장급) 2018년 인사혁신처 인사관리국장(현)

**신영식(辛榮埴)**

(생)1961·11·9 (주)경상남도 창원시 의창구 창이대로 500 경상남도선거관리위원회 상임위원실(055-212-0700) (학)경상대 행정대학원졸 (경)1999년 부산시 사하구선거관리위원회 관리담당관(행정사무관) 2001년 경남 산청군선거관리위원회 사무과장 2005년 경남 진주시선거관리위원회 사무국장(서기관) 2008년 경남도선거관리위원회 지도과장 2011년 창원시 진해구선거관리위원회 사무국장 2013년 경남도선거관리위원회 홍보과장·관리과장(서기관) 2015년 同관리과장(부이사관) 2017년 울산시선거관리위원회 사무처장 2018년 경남도선거관리위원회 사무처장(이사관) 2018~2019년 부산시선거관리위원회 상임위원 2019년 경남도선거관리위원회 상임위원(현)

**신영식(申英植) SHIN Young Sik**

(생)1968·11·30 (출)서울 (주)서울특별시 강남구 삼성로51길 37 래미안대치팰리스 112동 2303호 신영식법률사무소(070-8870-0559) (학)1987년 상문고졸 1992년 연세대 경영학과졸 (경)1997년 사법시험 합격(39회) 2000년 사법연수원 수료(29기) 2000년 서울지검 동부지청 검사 2002년 춘천지검 원주지청 검사 2003년 부산지검 검사 2005년 수원지검 성남지청 검사 2007년 법무부 범죄예방기획과 검사 2009년 서울중앙지검 검사 2013년 대전지검 부부장검사(증권범죄합수단 파견) 2014년 인천지검 부천지청 부부장검사(금융감독원 파견) 2015년 대구지검 상주지청장 2016년 대검찰청 디지털수사과장 2017년 서울남부지검 형사4부장 2018~2019년 인천지검 형사2부장 2019년 변호사 개업(현)

**신영옥(申英玉·女) Youngok Shin**

(생)1960·6·10 (출)서울 (학)선화예고졸 1986년 미국 줄리어드음대졸 1988년 同대학원졸 (경)성악가(현), KBS어린이합창단 단원, 리틀엔젤스 단원 1990년 미국 뉴욕 메트로폴리탄 오페라단 단원 1991년 '리골레토'의 질다役으로 메트로폴리탄 오페라극장 데뷔·피가로의 결혼 등 공연 1994년 메트로폴리탄 오페라 리골레토 공연 1997년 신영옥장학회 설립 2003~2005년 대한적십자사 홍보대사 (상)동아음악콩쿠르 입상(1978), 쿠세비츠키콩쿠르 입상(1990), 메트로폴리탄오페라콩쿠르 우승(1990), 콜로렐레콩쿠르 입상, 로젠자카리아티스트콩쿠르 입상, 운경상(2000), 대한민국오페라대상 이인선상(2012) (저)'소프라노 신영옥의 꿈꾼 후에(共)'(2009, 휘즈프레스) (작)오페라 'Bianca e Fernando'(1991) 벨 칸토 아리아집'Vocalise'(1995) 성가곡집 'Ave

Maria'(1996) 예술가곡집 'A Dream'(1997) 크로스오버음반 'My Romance'(1998) 찬송가집 'Sacred Songs'(2000) 캐롤앨범 'White Christmas'(2001) 'My Songs'(2003) 'Chansons d' Amour'(2004) 'Love Duets'(2006) 영화음악앨범 'Cinematique'(2008) 드라마OST '천추태후'(2009) 한국 가곡집 '내마음의 노래'(2009) 찬송가집 '사랑과 평화'(2010) '고난과 승리'(2012) '베스트 앨범 My Story'(2012) 'Mystique'(2015) 등

### 신영욱(申永煜)

(생)1969·5·15 (주)경상남도 창원시 의창구 상남로 290 경상남도의회(055-211-7326) (학)부산대 산업대학원 조경학과졸 (경)능산조경개발 대표이사 사장 2017년 경남 김해시의원선거 출마(재·보궐선거, 무소속), 더불어민주당경남도당 조경문화발전 특별위원장(현), 김해시 공공조경가그룹 디자인분과 위원(현) 2018년 경남도의회 의원(더불어민주당)(현) 2018년 同기획행정위원회 위원(현)

### 신영의(辛永議) SHIN Young Eui

(생)1956·11·23 (본)영산(靈山) (출)부산 (주)서울특별시 동작구 흑석로 84 중앙대학교 공과대학 기계공학부(02-820-5315) (학)1982년 중앙대 기계공학과졸 1985년 일본 니혼대 대학원 정밀기계공학과졸 1992년 용접공학박사(일본 오사카대) (경)1985~1987년 대우중공업 기술연구소 연구원 1987~1988년 일본 오사카대 공학부 연구원 1992~1994년 삼성전자 반도체연구소 수석연구원 1994년 한국전기전자재료학회 정회원(현) 1994년 한국열처리학회 정회원(현) 1994년 중앙대 기계설계학과 조교수 1995~2008년 대한용접학회 기술이사 1995년 대한기계학회 정회원(현) 1995년 일본용접학회 정회원(현) 1997년 중앙대 기계공학부 부교수·교수(현) 1998~2001년 특허청 변리사자문위원 1998~2001년 과학재단 마이크로접합 연구위원회 위원장 2000년 한국마이크로전자및패키징학회 정회원(현) 2000년 한국산업기술평가원 심의위원(현) 2001년 한국기술표준원 심의위원(현) 2001년 SMT표면실장기술 자문위원(현) 2001년 한국마이크로조이닝연구조합 회장·이사장 2002~2003년 미국 Ohio State Univ. Visiting Professor 2003년 중앙대 기계공학부 학부장 2008·2010·2011·2015년 미국 세계인명사전 'Marquis Who's Who in the World'에 등재 2009~2012년 중앙대 공과대학 융합기술연구소장 2011년 한국산업기술협회 회장(현) (상)일본용접학회논문상(1993), 대한용접학회논문상(1999), 삼성전자 우수과제상(2006), LG전자 우수과제감사패(2007), 대한용접접합학회우수논문상(2008) (저)'용접 및 접합 편람' '솔더링기술 실무' '내열강 용접과 열처리' (역)'마이크로솔더링의 기초' (종)기독교

### 신영재(申榮在) SHIN Young Jae (東隱)

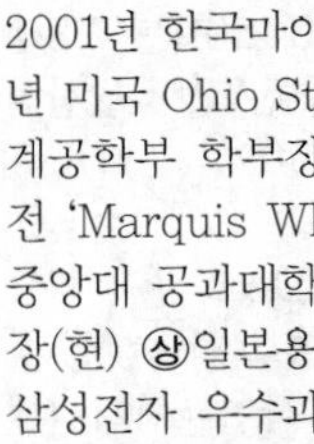

(생)1965·6·21 (본)평산(平山) (출)강원 홍천 (주)강원도 춘천시 중앙로 1 강원도의회(033-256-8035) (학)홍천고졸, 고려사이버대졸, 강원대 행정대학원 행정학 석사과정 수료 (경)2006·2010~2014년 강원 홍천군의회 의원(한나라당·새누리당), 민주평통 자문위원 2009년 새마을문고중앙회 홍천군지부 회장 2010~2012년 강원 홍천군의회 의장, 대한적십자사 강원도지사 대의원, 대한궁도협회 강원도지부 이사, 홍천군노인복지관 운영위원장(현), 홍천군새마을회 이사 2014~2018년 강원도의회 의원(새누리당·바른정당) 2014년 同기획행정위원회 위원 2015년 同예산결산특별위원회 위원장 2016년 同새누리당 원내총무 2016년 同강원도산업경제진흥원장인사청문특별위원회 부위원장 2016년 同운영위원회 위원 2016~2018년 同기획행정위원회 위원 2016년 홍천가족상담소 이사(현) 2017년 홍천군수화통역센터 운영위원장(현) 2018년 강원도의회 의원(자유한국당)(현) 2018년 同자유한국당 원내대표(현) 2018년 同경제건설위원회 위원(현) (상)전국시·도의회의장협의회 제6회 우수의정대상(2018) (종)천주교

### 신영철(申暎澈) SHIN Young Chul

(생)1954·1·15 (본)평산(平山) (출)충남 공주 (주)서울특별시 중구 남대문로 63 한진빌딩 법무법인 광장(02-6386-6610) (학)1972년 대전고졸 1976년 서울대 법대졸 1987년 미국 조지타운대 법학전문대학원 비교법학과졸(LL.M.) (경)1976년 사법시험 합격(18회) 1978년 사법연수원 수료(8기) 1978년 공군 법무관 1981년 서울지법 남부지원 판사 1983년 서울민사지법 판사 1985년 대구지법 판사 1987년 미국 조지타운대 연수 1987년 청주지법 영동지원장 1988년 법원행정처 송무심의관 1989년 서울고법 판사 1991년 대법원 재판연구관 1992년 청주지법 부장판사 1995년 사법연수원 교수 1998년 서울지법 부장판사 2000년 대전고법 부장판사 겸 대전지법 수석부장판사 직대 2001~2005년 서울고법 부장판사 2001~2003년 대법원장 비서실장 겸임 2005년 서울중앙지법 형사수석부장판사 2006년 수원지법원장 2008~2009년 서울중앙지법원장 2008년 서울시선거관리위원회 위원장 2009~2015년 대법원 대법관 2015~2016년 단국대 법과대학 석좌교수 2016년 법무법인 광장 변호사(현) (상)청조근정훈장(2015) (저)'주석 민사소송법'(共) '주석 강제집행법'(共)

### 신영철(申英哲) Shin Young Cheol

(생)1964·3·14 (주)서울특별시 종로구 종로1길 50 더케이트윈타워 서울 우리카드 위비 프로배구단(02-6968-3075) (학)경북대사대부고졸, 경기대졸, 同대학원졸, 박사(경기대) (경)1988~1996년 한국전력공사 배구단 소속 1996~1999년 삼성화재 배구단 플레잉 코치 1996~2002년 배구 국가대표팀 코치 1999~2004년 삼성화재 배구단 코치 2004~2007년 LIG손해보험 그레이터스 감독 2009~2010년 대한항공 점보스 코치 2010~2013년 同감독 2013~2017년 수원 한국전력 빅스톰 감독 2016년 프로배구 V리그 남자부 정규리그 우승 2018년 서울 우리카드 위비 프로배구단 감독(현)

### 신영호(申暎浩) SHIN Young Ho

(생)1968·10·29 (출)인천 (주)세종특별자치시 다솜3로 95 공정거래위원회 경쟁정책국(044-200-4309) (학)1987년 동인천고졸 1992년 서울대 경제학과졸 (경)1991년 행정고시 합격(35회) 1992년 총무처 수습행정사무관 1993년 관세청 통관관리국 총괄징수과 사무관 1998년 공정거래위원회 경쟁국 단체과 사무관 2000~2003년 일본 히토쯔바시대 파견 2003년 공정거래위원회 공보관실 사무관 2005년 同독점국 기업결합과 서기관 2005년 同경쟁정책본부 경쟁정책팀 서기관 2006년 同기획홍보본부 정책홍보팀장 2007년 駐일본대사관 관세관 2010년 공정거래위원회 서비스업감시과장 2010년 대통령 경제수석비서관실 행정관 2012년 공정거래위원회 기업결합과장 2013년 同카르텔조사국 카르텔총괄과장 2014년 同카르텔조사국장(고위공무원) 2016년 국방대 교육파견(고위공무원) 2017년 공정거래위원회 대변인 2017년 同시장감시국장 2019년 同경쟁정책국장(현)

### 신영희(辛泳稀·女)

(생)1972·1·13 (출)부산 (주)대전광역시 서구 둔산중로78번길 45 대전지방법원 총무과(042-470-1114) (학)1990년 부산 학산여고졸 1995년 부산대 법학과졸 (경)2000년 사법시험 합격(42회) 2003년 사법연수원 수료(32기) 2003년 인천지법 예비판사 2005년 서울중앙지법 판사 2007년 창원지법 거창지원 판사 2010년 수원지법 판사 2012년 서울가정법원 판사 2014년 서울중앙지법 판사 2016년 서울서부지법 판사 2018년 대전지법 부장판사(현)

人

### 신완선(辛完善) SHIN Wan Seon

(생)1961·3·28 (출)충북 충주 (주)경기도 수원시 장안구 서부로 2066 성균관대학교 공과대학 시스템경영공학과(031-290-7599) (학)1982년 한양대 산업공학과졸 1985년 미국 오클라호마대 대학원 산업공학과졸(석사) 1987년 산업공학박사(미국 오클라호마대) (경)1987~1992년 미국 미시시피주립대 조교수·부교수 1992~1996년 성균관대 산업공학과 부교수 1996년 同공과대학 시스템경영공학과 교수(현) 2000~2010년 기획재정부 공공기관경영평가단 단원·총괄간사 2002~2011년 성균관대 품질혁신센터장 2009~2010년 대한산업공학회 부회장 2011년 행정안전부 책임운영기관 평가단장 2014~2015년 한국품질경영학회 회장 2016~2017년 YTN 사외이사 2017~2019년 한국공기업학회 회장 2018년 기획재정부 공기업경영평가단장(현) (상)대통령표창(2007) (저)'최고경영자 23인의 리더십을 배우자'(1997) 'CEO 27인의 리더십을 배우자'(1999) '국민은 변화를 요구한다 : 품질경영으로 공공부문 혁신'(1999) '품질경영과 공공부문 경영혁신 : 공공부문 경영혁신 (1)·(2)·(3)'(2000) '컬러 리더십'(2002) '테크노 리더십'(2005) '파이팅 파브'(2005) '굿 타이밍 선택과 결정'(2007) '리더십을 키워주는 비밀지도'(2007, 파란하늘) '말콤 볼드리지 MB모델 워크북(共)'(2009, 고즈윈) '신완선 교수의 리얼옵션'(2012) '한국처럼 품질하라'(2014, KSAM) 'P를 보면 발걸음이 가볍다: Visual 기술 리더십 4.0'(2018, KSAM) (역)'베스트 벤치마킹 : 최고실행전략'(1995) '끝없는 열정으로 성공을 성취하라'(1995) 'CEO가 되는 길'(2000) (종)기독교

### 신요안(辛堯安) SHIN Yoan

(생)1965·1·19 (출)서울 (주)서울특별시 동작구 상도로 369 숭실대학교 IT대학 전자정보공학부(02-820-0632) (학)1987년 서울대 전자공학과졸 1989년 同대학원 전자공학과졸 1992년 전기 및 컴퓨터공학박사(미국 텍사스대 오스틴대학) (경)1992~1994년 미국 Microelectronics & Computer Technology Corp. 연구원 1994~2015년 숭실대 IT대학 정보통신전자공학부 전임강사·조교수·부교수·교수 1996년 한국퍼지 및 지능시스템학회 편집이사 2000년 (주)우리별텔레콤 기술고문 2003년 정보통신부 UWB기술기준연구전담반 위원장 2005년 국무조정실 정보통신부담당 정책평가실무위원 2007년 대한전자공학회 이사 2007년 (주)엘트로닉스 기술고문 2009년 캐나다 브리티시콜럼비아대 방문교수 2011~2017년 한국통신학회 상임이사 2015년 숭실대 IT대학 전자정보공학부 교수(현) 2015~2017년 同연구·산학협력처장 겸 산학협력단장 2018년 한국통신학회 부회장(현) (상)문교부 국비유학생(1989), 제15회 통신정보합동학술대회 최우수논문상(2005), 한국통신학회 해동논문상(2008), 한국통신학회 모토로라학술상(2010), 숭실대 연구업적부분 숭실펠로우십교수(2011), 한국통신학회 KICS-어윈 제이콥스 어워드(KICS-Dr. Irwin Jacobs Awards)(2017) (저)'디지털 통신'(2011) (역)'유전자 알고리즘'(1996) '유전자 알고리즘 입문'(1997) (종)천주교

### 신요환(申耀煥) SHIN Yo Hwan

(생)1962·12·13 (출)인천 (주)서울특별시 영등포구 국제금융로8길 16 신영증권(주) 사장실(02-2004-9000) (학)1981년 부평고졸 1985년 고려대 경영학과졸 2003년 미국 일리노이주립대 대학원 금융공학과졸(MSF) (경)1988년 신영증권(주) 기획조사부 근무 2000년 同총무부장 2001년 同인사부장 2003년 同리서치센터 이사 2006년 同영업지원본부 상무 2008년 同파생상품본부장(상무) 2010년 同파생상품본부장(전무) 2011년 同리테일영업본부장 겸 멀티채널사업본부장 2012년 同리테일사업본부장 겸 멀티채널영업본부장(전무) 2014년 同개인고객사업본부장(부사장) 2015년 同경영총괄 부사장 2016년 同사장 2017년 同각자대표이사 사장(현)

### 신용간(愼鏞侃) SIN Yong Gan

(생)1960·8·10 (출)전남 영암 (주)서울특별시 강남구 테헤란로 317 법무법인(유) 대륙아주(02-3016-5212) (학)1979년 광주고졸 1983년 서울대 법학과졸 (경)1983년 사법시험 합격(25회) 1985년 사법연수원 수료(15기) 1989~1994년 부산지검·광주지검·전주지검 군산지청 검사 1994년 수원지검 검사 1996년 서울지검 검사 1998년 창원지검 부부장검사 1999년 同밀양지청장 2000년 서울지검 부부장검사 2001~2002년 대검찰청 컴퓨터수사과장 2002년 변호사 개업 2002년 바른길 합동법률사무소 변호사 2004년 사법연수원 외래교수 2007년 서울지방변호사회 제1부회장 2008년 법무법인(유) 대륙아주 변호사(현) 2010년 서울지방노동위원회 공익위원 2015~2017년 대한변호사협회 부협회장

### 신용곤(辛容坤)

(생)1956·3·25 (주)경상남도 창원시 의창구 상남로 290 경상남도의회(055-211-7404) (학)한국방송통신대 농학과졸 (경)도천농업협동조합 조합장, 경남 창녕군 도천면 총무계장, 경남 창녕군 사무관 2006년 경남 창녕군의원선거 출마(무소속), 창녕낙동강유채축제위원회 관외이사(현) 2018년 경남도의회 의원(자유한국당)(현) 2018년 同건설소방위원회 위원(현)

### 신용길(愼鏞吉) SHIN Yong Kil

(생)1952·5·24 (본)거창(居昌) (출)충남 천안 (주)서울특별시 중구 퇴계로 173 생명보험협회(02-2262-6548) (학)1971년 서울대사대부고졸 1976년 서울대 독어독문학과졸 1990년 경영학박사(미국 조지아주립대) (경)1991년 한국증권연수원·동국대·단국대 강사 1992~1994년 교보생명보험 재무기획팀장 1994년 同채권운용팀장 1994년 同기획조정부장 1996년 同영업국장 1996년 同기획관리부장 1997년 同재무기획팀 및 기획관리팀담당 1999년 同특별계정팀담당 2000년 同자산운용본부장(상무) 2001년 同법인고객본부장 2002년 교보자동차보험(주) 대표이사 사장 2006년 교보생명보험(주) 보험사업 및 자산운용부문총괄 부사장 2008년 同B2B담당 사장 2013년 同대외협력담당 사장 2015~2017년 KB생명보험(주) 대표이사 사장 2017년 생명보험협회 회장(현) (상)석탑산업훈장, 보건복지부장관표창(2019) (저)'선물시장론'(1995)

### 신용도(愼鏞道) SHIN Yong Do

(생)1955·1·28 (본)거창(居昌) (출)경남 거창 (주)경상북도 김천시 혁신2로 40 산학연유치지원센터 3층 한국법무보호복지공단(054-911-8650) (학)1974년 철도고졸 1983년 서울대 법학과졸 (경)1985년 사법시험 합격(27회) 1988년 사법연수원 수료(17기) 1988년 인천지검 검사 1990년 대전지검 천안지청 검사 1991년 서울지검 동부지청 검사 1994년 부산지검 검사 1995년 변호사 개업 2005년 부산지방변호사회 부회장 2008년 법무법인 로윈 대표변호사 2009~2010년 부산지방변호사회 회장 2009~2012년 언론중재위원회 부산지부 중재위원 2011~2012년 대한변호사협회 사법평가위원회 위원 2011년 국세청 납세자 권익존중위원회 위원장 2012~2018년 법무법인 우리들 변호사 2018년 한국법무보호복지공단 이사장(현)

### 신용목(愼鏞穆) Shin Yong Mok

(생)1962·7·25 (출)부산 (주)서울특별시 서초구 남부순환로340길 58 서울특별시인재개발원 원장실(02-3488-2003) (학)1981년 부산 배정고졸 1985년 서울대 인류학과졸 1994년 미국 미시간대 대학원 정책학과졸 (경)1988년 공직 입문 2004년 서울시 홍보기획관실 홍보담당관 2008년 同인재개발원 인재기획과장 2009년 同도시교통본부 교통정책담당관 2011년 同도

시교통본부 교통기획관 2012년 同교육협력국장 2013년 서울 강동구 부구청장 2015년 서울시 도시교통본부장 2016년 서울 은평구 부구청장 2019년 서울시 인재개발원장(현) (상)녹조근정훈장(2011)

**신용무(辛容武) SIN Yong Mu**

(생)1971 · 2 · 10 (출)울산 (주)경기도 안산시 단원구 광덕서로 75 수원지방법원 안산지원(031-481-1136) (학)1989년 울산 학성고졸 1995년 서울대 정치학과졸 (경)1999년 사법시험 합격(41회) 2002년 사법연수원 수료(31기) 2002년 춘천지법 강릉지원 예비판사 2004년 同강릉지원 판사 2005년 인천지법 판사 2008년 서울중앙지법 판사 2010년 서울가정법원 판사 2012년 서울동부지법 판사 2016년 서울중앙지법 판사 2017년 춘천지법 강릉지원 부장판사 2019년 수원지법 안산지원 부장판사(현)

**신용문(辛容文) SHIN Yong Mun**

(생)1955 · 9 · 9 (출)경남 창녕 (주)경기도 시흥시 공단2대로256번길 4 (주)원일특강 사장실(031-488-3911) (학)1981년 영남대 금속공학과졸 1986년 경남대 경영대학원졸 2009년 서울대 최고경영자과정 수료 2010년 연세대 최고경제인과정 수료 2011년 한국과학기술원(KAIST) 글로벌중견기업아카데미과정 수료 (경)1998년 (주)원일특강 대표이사 사장(현) 2007년 신라엔지니어링 대표이사 사장(현) 2008년 한국금형공업협동조합 이사(현) 2009년 한국공구공업협동조합 이사(현) (상)상공의 날 대통령표창(2009), 성실납세자 인증(2011), 산업포장(2012) (종)불교

**신용배(愼鏞倍) Shin Yong-bae**

(생)1962 · 10 · 16 (본)거창(居昌) (출)대전 (주)서울특별시 용산구 후암로4길 10 헤럴드스퀘어 코리아헤럴드 편집국(02-727-0114) (학)1981년 마포고졸 1988년 동국대 영어영문학과졸 (경)1988년 코리아헤럴드 편집국 기자 2004년 同정치사회부장 2005년 헤럴드미디어 M&B국 매거진부장 2007년 同편집국 뉴미디어부장 2007~2010년 주니어헤럴드 편집장 2011년 코리아헤럴드 편집국 경제부장 2013년 同편집국 디지털콘텐츠부장 2014년 同경제부장 2015년 同경제부장(부국장대우) 2016년 同본부장 겸 편집국장(현) (상)특종상(2회), 올해의 간부상(2회)

**신용석(愼鏞碩) SHIN Yong Suk**

(생)1958 · 10 · 21 (본)거창(居昌) (출)충남 부여 (주)서울특별시 서초구 법원로1길 5 우암빌딩 3층 법무법인(유) 동헌(02-595-3400) (학)1978년 검정고시 합격 1991년 동아대 법학과졸 2000년 同대학원 법학과졸 (경)1988년 사법시험 합격(30회) 1991년 사법연수원 수료(20기) 1991년 민사지법 판사 1993년 서울지법 북부지원 판사 1995년 춘천지법 영월지원 판사 1998년 서울지법 동부지원 판사 1998년 일본 게이오대 연수 2000년 서울지법 판사 2002년 서울고법 판사 2003년 대법원 재판연구관 2005년 서울중앙지법 판사 2006년 청주지법 제천지원장 2008~2010년 수원지법 부장판사 2009년 언론중재위원회 경기중재부장 2010년 변호사 개업 2011년 경기도행정심판위원회 위원 2014년 대한변호사협회 이사 2014년 중앙행정심판위원회 위원(현) 2015년 법무법인(유) 동헌 대표변호사(현) (저)'일본 형사재판의 실제'(2001)

**신용식(申容植) SHIN YONG SIK**

(생)1957 · 7 · 13 (본)고령(高靈) (출)서울 (주)서울특별시 종로구 새문안로 68 금호타이어(주) 영업마케팅본부(02-6303-8193) (학)1976년 국립철도고졸 1983년 한양대 산업공학과졸 (경)현대차량(現 로템) 생산기획, 삼성전자 국내영업관리 · 유통기획 · 지역전문가(싱가폴 · 말레이시아), 同駐인도네시아 관리담당, 同駐남아프리카공화국 관리담당, 同생활가전지원그룹장, 同지원팀장, 同생활가전GOC팀장, 삼성전자서비스 경영지원팀장, 금호타이어(주) 영업기획담당 상무, 同SCM담당 상무 2011년 同SCM담당 전무 2012년 同물류 · 마케팅담당 전무 2014년 同자문 2014년 제일연마공업 부사장, 금성연마공업 대표이사 2019년 금호타이어(주) 영업마케팅본부장(부사장) 2019년 同미주본부장(부사장)(현) (종)기독교

**신용우(辛容友) SHINN Yong Woo (금당)**

(생)1951 · 2 · 25 (본)영산(靈山) (출)경남 창녕 (주)서울특별시 송파구 송이로30길 13 한국유스호스텔연맹(02-725-3031) (학)1982년 미국 테네시주립대 경영정보학과졸(BBA) 1996년 미국 시카고대 경영대학원졸(MBA) 2006년 경영학박사(한양대) (경)1983~1984년 미국 Pan Metal Corporation 부사장 1985~1989년 미국 Tele Video System Inc. 감사실장 1989~1994년 미국 PMX Industries Inc. 부사장 1997~1999년 한국오라클(주) 컨설팅본부 상무 1999~2000년 삼정IT컨설팅(KPMG) 대표이사 사장 2000~2002년 삼일회계법인 컨설팅(PWC)본부 대표 2000~2012년 한양대 경영대학 겸임교수 2002~2006년 (주)유비메트릭스코리아 대표이사 2006~2008년 리인터내셔날특허법률사무소 고문 2008년 (사)한국유스호스텔연맹 사무총장(현)

**신용운(愼鏞雲) SHIN Yong Woon**

(생)1955 · 4 · 20 (본)거창(居昌) (출)충북 진천 (주)인천광역시 중구 인항로 27 인하대학교병원 내과(032-890-2548) (학)1980년 연세대 의대졸 1987년 同대학원 의학석사 1992년 의학박사(연세대) (경)1984~1987년 연세대 의대부속병원 레지던트 1987년 부천제일병원 내과 과장 1988년 인하대 의대 내과학교실 교수 1988년 한국소화기학회 회원 1994년 미국 소화기학회 회원 1994~1995년 미국 UCLA 교환교수 1996~2001년 인하대병원 진료부장 2004~2010년 同건강증진센터 소장 2004년 同적정진료실장 겸 기획조정실장보 2004~2006년 同교육연구부장 2006~2008년 同기획조정실장 2010~2012년 同소화기내과장 2012~2015년 同내과 과장 2012년 인하대 의대 내과학교실 주임교수(현) 2013~2014년 대한소화기내시경학회 회장 2014년 인하대병원 건강증진센터 소장 2015년 同내과 부장 겸 건강증진센터장(현) (상)성남 시민의 날 시장표창(2002) (종)기독교

**신용주(申容周) SHIN Yong-Joo**

(생)1968·10·12 (본)평산(平山) (출)광주 (주)대전광역시 서구 청사로 189 특허청 특허심판원 심판9부(042-481-5865) (학)1996년 성균관대 정보공학과졸 (경)1998~1999년 특허청 심사4국 반도체과·통신과 심사관 2000~2005년 同정보기획국 정보관리과·정보개발과 사무관 2006년 同정보기획국 정보개발과 기술서기관 2007~2009년 同전기전자심사국 특허심사정책과·특허심사지원과 기술서기관 2010년 同정보기획국 정보기반과장 2011년 해외연수 2013년 특허청 특허심판원 심판관 2013년 同특허심사1국 전력기술심사과장 2015년 同특허심판원 심판관(고용휴직) 2017년 특허법원 파견 2019년 특허심판원 심판9부 수석심판관(현)

**신용철(申龍澈) SHIN Yong Cheol**

(생)1956 · 5 · 19 (본)평산(平山) (출)강원 춘천 (주)강원도 춘천시 삭주로 3 본관동 2층 춘천도시공사(033-240-1513) (학)1974년 춘천고졸 1990년 한국방송통신대 행정학과졸 2004년 강원대 경영행정대학원 행정학과졸 (경)춘천시 관광계장, 同도시계장, 同예술계장, 同징수계장, 同용도계장 2001년 同문화예술회관장, 同문화예술과장 2006년 同감사담당관 2007년 同총무과장 2007년 同환경자원국장 2008년 同수질관리사업단

장 2009년 同자치행정국장 2010년 同농업기술센터 소장 2011년 同경제관광국장 2011년 同경제국장(서기관) 2013~2014년 同부시장(부이사관) 2014년 同시장 권한대행 2014년 강원도 지역대학발전협의체준비단장 2018년 춘천도시공사 사장(현) (상)국무총리표창

## 신용태(愼鏞台) SHIN Yong Tae

(생)1963 · 2 · 10 (주)서울특별시 동작구 상도로 369 숭실대학교 IT대학 컴퓨터학부(02-820-0681) (학)1985년 한양대 산업공학과졸 1990년 미국 아이오와대 대학원 전산학과졸 1994년 정보통신학박사(미국 아이오와대) (경)1995~1997년 숭실대 정보과학대학 컴퓨터공학과 전임강사 1997~2002년 同정보과학대학 컴퓨터학부 조교수 2003년 同IT대학 컴퓨터학부 부교수 · 교수(현), 미국 아이오와대 객원교수, 미국 미시간주립대 객원교수 2004년 한국군사기술학회 이사 2005년 한국정보과학회 부회장 2007년 숭실대 진로취업센터장 2011년 한국인터넷윤리학회 수석부회장 2013~2015년 同회장 2015년 (사)개방형컴퓨터통신연구회(OSIA) 회장 2017~2018년 숭실대 소프트웨어특성화대학원장 2018년 同스파르탄SW교육원장(현) 2019년 同평생교육원장 겸 평생교육센터장 겸 음악교육센터장(현) (저)'C++ 로 구현한 자료구조 : 실습을 중심으로'(1998) '인터넷 활용'(2000) '컴퓨터 활용Ⅱ'(2001) '컴퓨터 네트워킹'(2001) '컴퓨터 네트워크'(2002) 'TCP/IP 프로토콜'(2003) '인터넷과 정보보안'(2004)

## 신용하(愼鏞廈) SHIN Yong Ha (禾陽)

(생)1937·12·14 (본)거창(居昌) (출)제주 제주시 (주)서울특별시 관악구 관악로 1 서울대학교 사회과학대학 사회학과(02-880-6417) (학)1961년 서울대 문리대학 사회학과졸 1964년 同대학원 경제학과졸 1970년 미국 하버드대 대학원 수료 1975년 사회학박사(서울대) (경)1965년 서울대 전임강사 1967년 미국 하버드대 옌칭연구소 객원교수 1972년 서울대 경제학과 조교수 1976년 同사회학과 부교수 1980년 한국사회사학회 회장 1981~2003년 서울대 사회학과 교수 1986년 독립기념관 부설 독립운동사연구소장 1994년 한국사회학회 회장 1994년 국사편찬위원회 위원 1996년 독도학회 회장(현) 1998년 서울대 사회과학대학장 2000년 경제정의실천시민연합 공동대표 2001년 서울대 교수협의회장 2001년 백범학술원 초대원장 2002년 바른사회를위한시민회의 공동대표 2002년 국제자유도시포럼 공동대표 2003년 서울대 사회학과 명예교수(현) 2003년 한양대 석좌교수 2005년 독립유공자서훈 공적심사위원장 2006~2010년 학교법인 한성학원(한성대) 이사장 2007~2011년 이화여대 이화학술원 석좌교수 2011~2018년 울산대 석좌교수 2012년 대한민국학술원 회원(사회학·현) 2013~2016년 독도연구보전협회 회장 2017년 독도사랑협회 고문(현) (상)월봉저작상, 3.1문화상, 서울시 문화상, 한국출판문화상 저작상, 국민훈장 동백장·모란장, 대한민국학술원상, 운경상, 만해학술상, 4.19문화상, 독립기념관 학술상(2007), 독도평화대상 서도상(2015), 고창동학농민혁명기념사업회 녹두대상(2016), 제7회 민세(民世)상 학술연구부문(2016) (저)'독립협회연구' '한국민족독립운동사연구' '박은식의 사회사상연구' '신채호의 사회사상연구' '한국근대민족주의의 형성과 전개' '한국근대사회 사상사연구' '한국근대사회사연구' '한국근대민족운동사연구' '한국현대사와 민족문제' '동학과갑오농민전쟁연구' '한국근대의 선구자와 민족운동' '한국 근대사회의 구조와 변동' '세계체제변동과 현대한국' '독도의 민족영토사연구' '독도, 보배로운 한국영토(일문)' '조선후기 실학파의 사회사상연구' '일제 식민지근대화론비판' '독도영유권자료의 탐구' '한국근대사회변동사 강의' '초기개화사상과 갑신정변연구' '한국민족의 형성과 민족사회학' '백범김구의 사상과 독립운동' '한국과 일본의 독도영유권 논쟁' '한국항일독립운동사연구'(2006) '신간회의 민족운동'(2007) '한국근현대사회와 국제환경'(2008) '고조선 국가형성의 사회사'(2010) '한국 개화사상과 개화운동의 지성사'(2010) '독도영유의 진실이해'(2012) '사회학의 성립과 역사사회학'(2012) '한국민족의 기원과 형성 연구'(2017) '고조선 문명의 사회사'(2018)

## 신용해(愼鏞海)

(생)1969 (본)거창(居昌) (출)경남 거창 (주)경기도 안양시 동안구 경수대로508번길 42 안양교도소(031-452-2181) (학)거창고졸, 동아대 법학과졸, 국방대 안전보장대학원 국제관계학과졸 (경)1995년 행정고시 합격(39회), 진주교도소 용도과장, 대구지방교정청 작업훈련과장, 법무부 교정국 기정기획단장 2006년 대구지방교정청 보안관리과장(서기관) 2007년 안양교도소 총무과장 2008년 법무부 사회복귀지원팀장 2009년 同교정본부 직업훈련과장 2010년 포항교도소장 2011년 대구구치소장 2012년 법무부 사회복귀과장 2013년 同교정기획과장(부이사관) 2015년 광주교도소장(고위공무원) 2015년 부산구치소장 2016년 국방대 교육파견, 서울동부구치소장 2018년 서울남부구치소장 2019년 안양교도소장(현)

## 신용현(申容賢 · 女) SHIN YONG-HYEON

(생)1961·3·9 (본)평산(平山) (출)서울 (주)서울특별시 영등포구 의사당대로 1 국회 의원회관 845호(02-784-2620) (학)1983년 연세대 물리학과졸 1985년 同대학원 물리학과졸 1999년 물리학박사(충남대) (경)2001~2005년 국가연구개발사업평가 및 사전조정심의위원 2008~2010년 국가과학기술위원회 운영위원 2011~2013년 국가우주위원회 위원 2012년 국가교육과학기술자문위원회 위원 2012~2013년 대한여성과학기술인회 회장 2012~2015년 한국연구재단 비상임이사 2012~2015년 국가기술자격정책심의위원회 위원 2013년 대한여성과학기술인회 명예회장(현) 2013~2015년 한국여성과학기술인지원센터 이사 2013~2015년 국가과학기술심의회 위원 2014~2016년 규제개혁위원회 위원 2014~2016년 한국표준과학연구원 원장 2014~2016년 한국과학기술단체총연합회 부회장 2014~2016년 원자력안전기술원 비상임이사 2015~2016년 한국과학기술원(KAIST) 비상임이사 2015~2016년 국제과학비즈니스벨트위원회 위원 2016년 제20대 국회의원(비례대표, 국민의당·바른미래당〈2018.2〉)(현) 2016~2018년 국회 과학기술정보방송통신위원회 위원 2016~2018년 국회 여성가족위원회 간사 2016~2017년 국민의당 여성담당 원내부대표 2016년 국민의당 비상대책위원회 위원 2017년 同전국여성위원회 위원장 2017년 同제19대 안철수 대통령후보 중앙선거대책위원회 최고위원 겸 국민소통플랫폼 전국여성위원장 2017년 同대선평가위원회 위원 2017~2018년 同당기윤리심판위원 2017~2018년 국회 4차산업혁명특별위원회 간사 2018년 국민의당 수석대변인 2018년 바른미래당 공동수석대변인 2018년 국회 4차산업혁명특별위원회 간사 2018년 바른미래당 대전유성구乙지역위원회 위원장(현) 2018년 同대전시당 공동위원장 2018~2019년 同정책위원회 수석부의장 2018년 국회 과학기술정보방송통신위원회 간사(현) 2018년 국회 여성가족위원회 위원(현) 2018년 국회 4차산업혁명특별위원회 간사(현) 2019년 바른미래당 원내부대표(현) 2019년 국회 예산결산특별위원회 위원(현) 2019년 대통령직속 국가기후환경회의 위원(현) (상)과학기술훈장 웅비장(2009), 한국진공학회 학술상(2010), 올해의 여성과학기술자상 공학부문(2010), 법률소비자연맹 국회의원 헌정대상(2017·2018), 인터넷에코어워드 특별공로상(2017), 2018 입법 및 정책개발 우수국회의원(2019) (저)'진공공학'(1999) '진공측정 핸드북'(2010)

## 신용호(申容鎬) SHIN YONG-HO

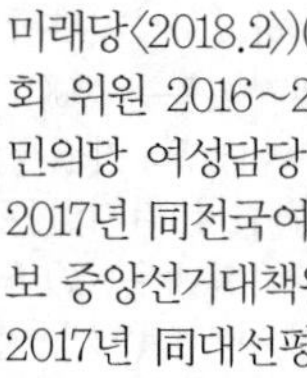

(생)1969 · 1 · 25 (출)경기 수원 (주)서울특별시 서초구 서초중앙로 157 서울고등법원(02-530-1114) (학)1987년 유신고졸 1994년 숭실대 법학과졸 (경)1997년 사법시험 합격(39회) 2000년 사법연수원 수료(29기) 2000년 인천지법 판사 2002년 서울지법 판사 2004년 창원지법 밀양지원 판사 2007년 서울중앙지법 판사 2009년 서울동부지법 판사 2011년 서울중앙지법 판사 2012년 대법원 재판연구관 2014년 서울남부지법 판사 2015년 대전지법 부장판사 2016년 서울고법 판사(현)

### 신우성(申佑星) SHIN Woo Sung

(생)1957·9·12 (본)평산(平山) (출)대전 (주)서울특별시 중구 청계천로 100 시그니처타워 동관 8층 금호피앤비화학(주)(02-6961-1114) (학)1976년 대전고졸 1980년 서울대 공업화학과졸 (경)1982년 (주)SKC 근무 1984년 바스프코리아(주) Chemical 영업팀 근무 1990년 한화바스프우레탄(주) 영업팀장 1996년 바스프코리아(주) 영업팀장 1998년 한국바스프(주) 화학·무역사업부문 영업팀장 2000년 同화학·무역사업부문 화학사업부 총괄 상무 2004년 독일 BASF SE 근무 2006년 한국바스프(주) 인사부문장(사장) 2011~2018년 同대표이사 회장 2015~2017년 (사)다국적기업최고경영자협회(KCMC) 회장 2019년 금호피앤비화학(주) 대표이사 사장(현) (상)산업포장(2012) (종)기독교

### 신우용(申禹容) Shin, Woo Yong

(생)1965·2·25 (주)서울특별시 종로구 창경궁로 215 서울특별시선거관리위원회(02-764-0311) (학)1982년 구미전자공고졸 1990년 건국대 정치외교학과졸 2012년 연세대 법무대학원 법학과졸 (경)2015년 중앙선거관리위원회 홍보국 홍보과장 2016년 同법제국 법제과장 2017년 同법제국장 2018년 同선거정책실장(관리관) 2018~2019년 同기획조정실장 2019년 서울시선거관리위원회 상임위원(현) (상)우수공무원상(1998), 선거관리유공표창(2003), 근정포장(2017)

### 신우정(申宇晸) Shin Woo-jeong

(생)1971·8·14 (출)서울 (주)충청북도 청주시 서원구 산남로62번길 51 청주지방법원(043-249-7114) (학)1990년 휘문고졸 1997년 서울대 법학과졸 (경)1997년 사법시험 합격(39회) 2000년 사법연수원 수료(29기) 2000년 육군 법무관 2003년 대구지법 판사 2006년 同포항지원 판사 2007년 수원지법 판사 2011년 서울중앙지법 판사 2013년 서울남부지법 판사, 대법원 재판연구관 2016년 울산지법 부장판사 2018년 청주지법 부장판사(현)

### 신우철(申宇徹) SHIN Woo Chul

(생)1953·6·1 (출)전남 완도 (주)전라남도 완도군 완도읍 청해진남로 51 완도군청 군수실(061-550-5003) (학)1972년 완도수산고졸 2004년 한국방송통신대졸 2005년 여수수산대 대학원 수산과학과졸 2007년 이학박사(전남대) (경)1991년 국립수산진흥원 진도어촌지도소장(어촌지도관) 2009년 전남도 수산기술사업소 지방기술서기관 2011년 전남도해양수산과학원 초대원장 2012년 전남 진도군 부군수(지방서기관) 2013년 민주당 전남도당 농수축산발전특별위원장 2013~2015년 완도수산고총동문회 회장 2014~2018·2018년 전남 완도군수(새정치민주연합·더불어민주당)(현) 2014~2016년 한국슬로시티시장·군수협의회 부회장 (상)국무총리표창(1987), 해양수산부장관표창(2000), 녹조근정훈장(2013), 유권자시민행동 대한민국유권자대상(2015), 한국 매니페스토 '공약이행분야 우수상'(2015), 대한민국 창조경제대상 소통행정부문대상(2016), 대한민국경제리더대상 가치경영부문대상(2016), 한국 매니페스토 '일자리창출분야 최우수상'(2016), 대한민국경제리더대상 글로벌경영부문대상(2017), 대한민국경제리더대상 미래경영부문(2018), '2019 대한민국 글로벌 리더' 선정(2019) (저)'완도 희망더하기'(2014)

### 신욱균(申旭均) Shin Uk Kyun

(생)1973·3·8 (주)부산광역시 금정구 공단서로 12 부산동부고용노동지청(051-559-6688) (학)1996년 서울시립대 도시행정학과졸 (경)2002년 행정고시 합격(45회) 2013년 서울남부고용센터 소장 2015년 고용노동부 지역산업고용정책과 근무 2016년 공정거래위원회 건설용역하도급개선과장 2017년 중부지방고용노동청 강릉지청장(서기관) 2017~2018년 고용노동부 미래고용분석과장 2019년 부산동부고용노동지청장(현)

### 신 운(申 雲) Shin Woon

(생)1965·2·26 (출)서울 (주)서울특별시 중구 남대문로 55 한국은행 경제연구원(02-759-5401) (학)1983년 여의도고졸 1989년 서울대 경제학과졸 2002년 경제학박사(미국 텍사스A&M대) (경)1989년 한국은행 입행 1989년 同조사제2부 근무 1991년 同조사제1부 근무 1995년 同기획부 근무 2002년 同조사국 근무 2005년 국민경제자문회의 파견 2006년 한국은행 조사국 통화재정팀장 2009년 同조사국 물가분석팀장 2012년 同조사국장 2015년 국방대 교육파견 2016년 한국은행 국제국 북경사무소장 2017년 同금융안정국장 2019년 同경제연구원장(현)

### 신원기(辛源基) SHIN Won Ki

(생)1948·9·9 (본)영산(靈山) (출)경남 거제 (주)서울특별시 강남구 봉은사로57길 5 삼성동좋은사람좋은집 2층 (사)CEO지식나눔(070-7118-1923) (학)1966년 경남고졸 1970년 서울대 기계학과졸 (경)1973년 삼성전자(주) 냉열기사업본부장(이사) 1986년 同비디오사업본부 이사 1989년 同가전부문 상무 1990년 삼성그룹 비서실 기술팀장(상무) 1991년 삼성전자(주) 기술기획담당 상무 1992년 중국 천진 삼성전자 대표상무 1993년 삼성전자(주) AV본부 TSEC 및 TTSEC법인장(상무) 1994년 同중국총괄 전자담당 전무 1996년 삼성자동차(주) 제조본부장(전무) 2003~2009년 르노삼성자동차(주) 제조본부장(부사장) 2010~2011년 同MONOZUKURI담당 부사장 2010년 (사)CEO지식나눔 회원(현) 2012년 同이사 2012~2014년 세운철강(주) 고문 (상)동탑산업훈장(2008) (종)불교

### 신원섭(申元燮) SHIN Won Shob

(생)1950·12·17 (주)대구광역시 달서구 와룡로43길 70 도시환경(053-566-5272) (학)대구 협성고졸, 영남대 법과대학 법학부 수학, 계명대 무역대학원 최고경영자과정 수료, 경북대 산업대학원 최고경영자과정 수료 (경)(주)도시환경 대표이사(현), 서부새마을금고 이사·감사·부이사장, 감삼초등학교 운영위원장, 한나라당 대구달서구甲지구당 중앙상무위원, 민주평통 자문위원, 한국자유총연맹 달서구청년회 부회장, 낙동강환경연구소 환경운동지도자, 대구경제정의실천연합 동네경제살리기시민운동본부 운영위원, 삼우제약 대구지점장, 달서구청 행정서비스현장심의위원회 위원, 同지역보건의료심의위원회 위원, 同건축심의위원회 위원, 同어린이도서관건축심의위원회 위원 1995·1998·2002년 대구시 달서구의회 의원, 同도시건설위원회 간사, 同예산결산특별위원장 2006년 대구시 달서구의원선거 출마 2016~2018년 대구시의회 의원(보궐선거 당선, 새누리당·자유한국당·대한애국당) 2016~2018년 同경제환경위원회 위원 2016~2018년 同취수원이전추진특별위원회 부위원장

### 신원섭(申侃燮) SHIN Won Sop

(생)1959·9·15 (출)충북 진천 (주)충청북도 청주시 서원구 충대로 1 충북대학교 산림학과(043-261-2536) (학)1978년 충북 운호고졸 1985년 충북대 임학과졸 1988년 캐나다 Univ. of New Brunswick 대학원 임학석사 1992년 임학박사(캐나다 토론토대) (경)1993~2013·2017년 충북대 산림학과 전임강사·조교수·부교수·교수(현) 1996~1997년 미국 아이다호대 방문교수 1998~1999년 핀란드 임업연구원 방문연구원 1998년 한국식물·인간·환경학회 부회장 1998~2000년 충북대 농대 산림과학부장 2001~2003년 同농대 부속연습림장 2003~2004년 캐나다 Univ. of British Columbia 방문교수 2011~2013년 한국산림휴

양학회 회장 2012~2013년 한국임학회 편집위원장 2013~2017년 산림청장 2018년 유엔식량농업기구(FAO) 산림위원회 의장(현) [상]한국임학회 저술상(1999), 한국산림휴양학회 학술상(2003), 한국산림휴양학회 저술상(2007), 한국임학회 학술상(2008), 한국정책학회 정책상(2016) [저]'숲과 종교(編)'(1995, 수문출판사) '야외휴양관리'(1998, 따님출판사) '치유의 숲'(2005, 지성사) '숲으로 가는 건강 여행'(2007, 지성사) '숲 속의 문화, 문화 속의 숲'(열화당) '산림정책학'(共) '숲, 문화, 그리고 인간'(共) [종]천주교

**신원식(申元植) Andrew W.S. Shin**

[생]1955 · 10 · 29 [출]전북 부안 [주]서울특별시 강서구 공항대로 340 한국가스공사 서울지역본부 한국천연가스수소차량협회(070-7729-3665) [학]동성고졸, 서울대 언어학과졸, 同대학원 행정학과졸 [경]1981년 상공자원부 사무관 1993~1994년 同통상지원과장(서기관) 1995년 삼성중공업(주) 조선영업 이사 2000년 (주)홍진HJC 미국 · 유럽현지법인 사장 2004년 효성기계공업(주) 경영지원실장 겸 영업총괄 전무 2006년 일진전기(주) 해외사업담당 전무 2008년 同해외그룹장(부사장) 2010년 同사업개발실장(부사장) 2011년 同환경사업부장(부사장) 2011년 同최고재무책임자(CFO · 부사장) 2012년 同대외협력담당 부사장 2013년 同각자대표이사, 중한자동차 고문 2016년 한국천연가스수소차량협회 상근부회장(현) [상]대통령표창(주요정책추진유공), 미국 오하이오주 콜럼버스시 명예시민증, 중앙공무원교육원장표창 [종]기독교

**신원식(申元湜) SHIN Won Sik**

[생]1959 · 9 · 1 [출]강원 춘천 [주]대전광역시 유성구 엑스포로 161 대전문화방송(주) 사장실(042-330-3114) [학]1978년 춘천고졸 1985년 서울대 식물학과졸 [경]1985년 대전MBC 입사 1990년 同보도국 편집부 기자 1993년 同보도국 취재부 기자 1998년 同총무사업국 광고사업팀 차장대우 1999년 同취재팀 차장대우 2000년 同취재팀장 2001년 同취재부 차장 2003년 同취재부 부장대우 2005년 同정책기획팀장 2007년 同홍보심의실장 2007년 同경영국장 겸 정책기획팀장 2008년 同경영국장 직대(부장급) 2009년 同방송본부장 2010년 同홍성지사장(부국장) 2013년 同창사50주년기획단장 2018년 同대표이사 사장(현) [상]특종상, 프로그램 평가상, 유공상

**신원일(申元一)**

[생]1975 · 8 · 20 [출]충남 아산 [주]강원도 속초시 법대로 15 춘천지방법원 속초지원(033-639-7620) [학]1994년 개포고졸 1999년 서울대 사법학과졸 2001년 同대학원 법학과 석사과정 수료 [경]2000년 사법시험 합격(42회) 2003년 사법연수원 수료(32기) 2003년 軍법무관 2006년 수원지법 판사 2008년 서울중앙지법 판사 2010년 울산지법 판사 2014년 수원지법 성남지원 판사 2016년 대법원 재판연구관 2019년 춘천지법 속초지원장(현)

**신원정(申源正) SHIN, WEON JUNG**

[생]1966 · 10 · 26 [주]서울특별시 서초구 서초대로74길 11 삼성증권 IB부문(02-2020-8000) [학]1985년 경기고졸 1990년 연세대 경영학과졸 2004년 영국 런던비지니스스쿨(LBS) 경영대학원 경영학과졸 [경]1990년 삼성전자 입사 1996년 삼성증권 국제금융팀 근무 2000년 同런던법인 ECM총괄 2006년 同M&A파트장 2010년 同기업금융1사업부장 2011년 同기업금융1사업부장(상무) 2012년 同IB본부장 직대(상무) 2013년 同IB본부장(상무) 2018년 同IB본부장(전무) 2019년 同IB부문장(전무)(현)

**신원철(申元徹) SHIN Weon Chul**

[생]1964 · 2 · 3 [출]서울 [주]서울특별시 중구 세종대로 125 서울특별시의회(02-3702-1400) [학]1983년 영동고졸 1988년 인천대 사회과학대학 행정학과졸, 연세대 행정대학원 공공정책학과졸, 동국대 대학원 행정학 박사과정 중 [경]1987년 전국대학생대표자협의회 부의장 1987년 인천대 총학생회장 2002년 한국청년협회 지방자치센터 부소장 2002년 서울시의원선거 출마(새천년민주당) 2006년 서울시의원선거 출마(열린우리당) 2010년 서울시의회 의원(민주당 · 민주통합당 · 민주당 · 새정치민주연합) 2010년 同도시관리위원장 2012년 同행정자치위원회 위원 2012년 同정책연구위원회 위원 2013년 同예산결산특별위원회 위원 2013년 同학교폭력대책특별위원회 위원 2013년 同2018평창동계올림픽지원및스포츠활성화를위한특별위원회 위원, 우상호 국회의원 보좌관(4급) 2014~2018년 서울시의회 의원(새정치민주연합 · 더불어민주당) 2014년 同새정치민주연합 원내대표 2014~2016년 同행정자치위원회 위원 2015~2016년 同더불어민주당 원내대표 2016년 同교통위원회 위원 2016~2017년 同지방분권TF단장 2017년 同예산결산특별위원회 위원 2018년 서울시의회 의원(더불어민주당)(현) 2018년 同의장(현) 2019년 전국시 · 도의회의장협의회 회장(현)

**신원호(申垣浩) SHIN Won Ho**

[생]1964 · 8 · 4 [출]전남 고흥 [주]경기도 화성시 동탄산단10길 46 신화일렉트론(주) 사장실(031-646-5500) [학]1989년 동서울대학 전자공학과졸 1996년 수원대 화학공학과졸 2000년 아주대 산업정보대학원 정보전자공학과졸, 전국경제인연합회 국제경영원 최고경영자과정 수료 2010년 숭실대 대학원 경영학 박사과정 수료 [경]1988~1990년 일본 캐논반도체 근무 1990~1992년 LG전자 안양연구소 근무 1992~1994년 케이씨텍 근무 1998년 태화일렉트론(주) 대표이사 2002년 (주)티엔텍 대표이사 2006~2008년 경기벤처협회 회장 2010년 한국기업협력협회 회장 2010년 스마트론 대표이사 2013~2017년 성남시체육회 부회장 2014년 신화일렉트론(주) 대표이사(현) [상]벤처기업대상 대통령표창(2003), 대 · 중소기업협력대상 산업포장(2005), 경기우수중소벤처기업 도지사표창(2006), 한국생산성본부 CEO대상(2008), 제3회 창업경영자대상(2009)

**신유동(申有東) Shin You Dong**

[생]1961 · 10 · 16 [출]서울 [주]서울특별시 강남구 학동로 343 POBA강남타워 12층 (주)휴비스(02-2189-4910) [학]1980년 휘문고졸 1987년 한양대 무역학과졸, 연세대 대학원 EMBA졸 [경]1987년 (주)삼양사 섬유본부 장섬유판매부 입사 1992년 同대구지점 섬유판매팀 근무 1996년 同뉴욕사무소 파견팀장 1997년 同섬유본부 장섬유SBU 장섬유판매담당, CNC Board(2 · 3기)팀장 2000년 (주)휴비스 수출팀 · FY마케팅팀 · 전략팀장 2005년 同FY마케팅본부장 2008년 同FY사업본부장(상무) 2009년 同SF사업본부장(상무) 겸 사천휴비스 부동사장 2013년 同SF1사업본부장(전무) 2015년 同마케팅지원본부장(전무) 2016년 同대표이사 부사장 2017년 同대표이사 사장(현)

**신유철(申裕澈)**

[생]1955 · 9 · 9 [주]경기도 수원시 권선구 산업로 60 (주)경기공항리무진버스 [학]1975년 서울 배문고졸 1980년 건국대 상경대학 경제학과졸 [경]1980~1990년 (주)대한항공 국제영업부 근무 1992~1995년 (주)삼경데이터통신 대표이사 1996년 (주)경기공항리무진버스 대표이사(현) 2008년 (사)경기도관광협회 회장(현) 2008년 경기관광공사 사외이사(현) 2009년 한국관광협회중앙회 이사(현) 2009~2015년 同여행공제회 부회장 [상]부총리 겸 재정경제부장관표창(2007), 석탑산업훈장(2013)

**신유철(申裕澈) SHIN Yoo Chul**

(생)1965 · 3 · 1 (출)경기 김포 (주)서울특별시 서초구 반포대로 144 흰물결빌딩 201호 신유철법률사무소(02-535-9600) (학)1983년 서울 장훈고졸 1987년 서울대 법학과졸 1989년 同대학원 법학과졸 1998년 미국 버지니아대 법과대학졸(LL.M.) (경)1986년 사법시험 합격(28회) 1988년 외무고시 합격(22회) 1991년 사법연수원 수료(20기) 1991년 軍법무관 1994년 부산지검 검사 1996년 대전지검 천안지청 검사 1997년 인천지검 검사 1998년 미국 뉴욕주 변호사시험 합격 1999년 법무부 검찰국 검사 2000년 同검찰4과 검사 2003년 서울지검 남부지청 부부장검사 2003년 서울고검 검사 2003년 駐유엔대표부 법무협력관 파견 2006년 법무부 정책기획단 부장검사 2008년 同형사기획과장 2009년 同검찰과장 2010년 서울중앙지검 형사1부장 2011년 서울남부지검 차장검사 2012년 광주지검 순천지청장 2013년 서울고검 송무부장(검사장급) 2013년 서울중앙지검 제1차장검사(검사장급) 2015년 전주지검장 2015년 수원지검장 2017~2018년 서울서부지검장 2018년 변호사 개업(현) (상)황조근정훈장(2018)

**신윤균 Yoonkyoon Shin**

(생)1968 (출)서울 (주)서울특별시 종로구 사직로8길 31 서울지방경찰청 교통관리과(02-700-5014) (학)1984년 순천 금당고졸 1989년 경찰대 법학과졸(5기) (경)1989년 경위 임용 2004년 강원 원주경찰서 경비교통과장(경정) 2005년 경찰청 혁신기획단 제도개선팀 총무 2006년 서울 방배경찰서 경비교통과장 2007년 서울지방경찰청 정보2과 정보6계장 2010년 同정보2과 정보7계장 2011년 同정보1과 정보3계장 2011년 경찰청 정보4과장(총경) 2014년 경기 시흥경찰서장 2015년 서울 영등포경찰서장 2017년 경찰청 성폭력대책과장 2017년 서울지방경찰청 교통관리과장(현)

**신윤식(申允植) SHIN Yun Sik (鮮岩)**

(생)1936 · 4 · 26 (본)고령(高靈) (출)전남 고흥 (주)서울특별시 서초구 반포대로23길 32 이스타하우스 2층 (사)정보환경연구원(02-2052-4300) (학)1955년 순천농고졸 1959년 서울대 문리대졸 1970년 同행정대학원졸 1990년 행정학박사(중앙대) 2000년 명예 경영학박사(세종대) (경)1964년 행정고시 합격 1979년 우정연구소장 1980년 전남체신청장 1982년 체신부 경리국장 1983년 同우정국장 1987년 同기획관리실장 1988~1990년 同차관 1988년 중앙대 행정대학원 객원교수 1991년 (주)데이콤 사장 1991년 정보산업연합회 부회장 1994년 (주)데이콤 고문 1994년 미국 하버드대 정보정책연구소 연구위원 1995년 순천대 객원교수 1997년 하나로통신 대표이사 사장 1999년 한국컴퓨터산업교육학회 회장 2002년 한국통신사업자연합회 이사 2002~2003년 하나로통신 대표이사 회장 2002~2003년 하나로드림(주) 대표이사 회장 겸임 2005~2011년 한국유비쿼터스농촌포럼(KUVF : Korea Ubiquitous Village Forum) 공동대표 2013년 (사)정보환경연구원 이사장(현) (상)홍조 · 황조근정훈장, 다산경영인상, 통신경영대상, 금탑산업훈장 (저)'정보통신정책론' '정보사회론' (종)기독교

**신윤하(辛潤夏) Shin Yun Ha**

(생)1938 · 11 · 1 (출)인천 (주)서울특별시 강남구 논현로36길 20 동운빌딩 6층 국제산공(주)(02-3461-6600) (학)1958년 동산고졸 1963년 성균관대 생명과학과졸 1988년 세종대 최고경영자과정 수료 2006년 성균관대 경영대학 최고경영자과정(W-AMP) 수료(2기) (경)1963년 국립보건원 근무 1964년 (주)극동기업공사 입사 1969년 동신기업(주) 미국지사 근무 1979년 국제산공(주) 설립 · 대표이사 회장(현) 1992년 동운장학회 설립 1996~2000년 인천동산중 · 고총동창회 회장 1996~2001년 대한설비건설협회 이사 1998년 건설교통부 민관합동 브라질 · 멕시코 · 베네수엘라 사절단 동참 1999~2001년 대한설비건설협회 플랜트분과 위원장 2000년 성균관대총동창회 부회장 2005년 대한설비건설협회 이사 2005~2012년 辛氏대종회 부회장 2006년 성균관대 경영인포럼 회장 2008~2017년 서울 역삼세무서 세정자문위원회 위원 · 회장 2013~2016년 辛氏대종회 회장 2014년 성균관대장학재단 이사 2016~2018년 同이사장 2016~2018년 성균관대총동창회 회장 2018년 同명예회장(현) (상)대한건설협회 매출 2백억탑, 국무총리표창(1999), 산업포장(2006), 성균경영인상(2009), 국세청장표창(2010), 기획재정부장관표창(2012), 2013 자랑스러운 성균인상(2014) (종)불교

**신은선(申銀善 · 女)**

(생)1972 · 7 · 6 (출)강원 강릉 (주)광주광역시 동구 준법로 7-12 광주지방검찰청 형사2부(062-231-4309) (학)1991년 강릉여고졸 1995년 성균관대 법학과졸 1998년 同대학원졸 (경)1998년 사법시험 합격(40회) 2001년 사법연수원 수료(30기) 2001년 서울지검 의정부지청 검사 2003년 대구지검 포항지청 검사 2005년 청주지검 검사 2008년 수원지검 성남지청 검사 2010년 서울동부지검 검사 2010~2012년 여성가족부 파견 2015년 춘천지검 부부장검사 2016년 대구지검 여성아동부장(부부장검사) 2017년 수원지검 안산지청 형사4부장 2018년 서울동부지검 여성아동범죄조사부장 2019년 광주지검 형사2부장(현)

**신은주(申恩珠 · 女) SIN Eun Joo**

(생)1961 · 4 · 2 (주)경기도 평택시 서동대로 3825 평택대학교 총장실(031-659-8461) (학)이화여대졸, 서울대 대학원졸, 사회복지학박사(서울대) (경)대한기독교신학교 사회복지학과 강사 1998~2018년 평택대 사회복지학부 사회복지학전공 조교수 · 부교수 · 교수 2009~2014년 同다문화가족센터 소장 2019년 同총장(현) (저)'가족 복지학' '여성운동과 사회복지'

**신은철(申殷澈) SHIN Eun Chul**

(생)1962 · 1 · 18 (본)평산(平山) (출)대전 (주)대전광역시 서구 둔산중로78번길 15 대전고등검찰청(042-470-3000) (학)1980년 대전고졸 1985년 서울대 법대졸 1988년 同대학원 법학과졸 (경)1985년 사법시험 합격(27회) 1988년 사법연수원 수료(17기) 1988년 軍법무관 1991년 대구지검 검사 1993년 대전지검 천안지청 검사 1994년 법무부 보호국 검사 1996년 서울지검 검사 1999년 부산지검 검사 2000년 同부부장검사 2000년 대전고검 검사 2002년 광주지검 강력부장 2003년 인천지검 마약수사부장 2004년 사법연수원 교수 2006년 대검찰청 감찰1과장 2007년 광주지검 순천지청 차장검사 2008년 수원지검 안산지청 차장검사 2009년 청주지검 차장검사 2009~2011년 서울고검 검사 2011년 국토해양부 감사관 2013년 국토교통부 감사관 2016년 서울고검 검사 2018년 대전고검 검사(현)

**신은향(申恩享 · 女)**

(생)1972 · 11 · 27 (주)세종특별자치시 갈매로 388 문화체육관광부 국어정책과(044-203-2531) (학)경북대 대학원 행정학과졸 (경)1999년 행정고시 합격(43회) 2003년 문화관광부 문화사업국 콘텐츠진흥과 행정사무관 2004년 同청소년국 청소년수련과 행정사무관 2005년 同문화정책국 저작권과 행정사무관 2007년 同문화산업본부 저작권산업팀 서기관 2008년 문화체육관광부 문화콘텐츠산업실 저작권산업과 서기관 2009년 同문화예술국 공연전통예술과장 2011년 미래기획위원회 파견(서기관) 2011년 국제지적재산기구 파견, 문화체육관광부 전당기획과장 2014년 국립한글박물관 기획운영과장 2016년 문화체육관광부 시각예술디자인과장 2019년 同국어정책과장(현) (상)국무총리표창(2005)

**신은호(申銀浩) Eun-ho Sin**

(생)1954 · 9 · 25 (출)전남 고흥 (주)인천광역시 남동구 정각로 29 인천광역시의회(032-440-6065) (학)2012년 한국방송통신대 행정학과졸 2017년 서울디지털대 사회복지학과졸, 인천대 정책대학원 석사과정 중 (경)1998 · 2006 · 2010~2014년 인천시 부평구의회 의원(민주당 · 민주통합당 · 민주당 · 새정치민주연합), 민주평통 자문위원, 지역정의실천시민모임 이사, 민족화해협력범국민협의회 인천시 공동대표 2002년 새천년민주당 노무현 대통령후보 보좌관, 열린우리당 중앙당 대의원, 同인천시부평甲지역위원회 민원실장, (재)희망제작소 후원회원 2008~2010년 인천시 부평구의회 운영위원장 2010~2012년 同의장 2010년 인천시군 · 구의장협의회 회장 2014~2018년 인천시의회 의원(새정치민주연합 · 더불어민주당) 2014년 同운영위원회 위원 2014년 同건설교통위원회 위원 2014년 同윤리특별위원회 위원 2014~2018년 부평미군부대반환시민참여위원회 부위원장 2016~2018년 인천시의회 교육위원장 2016년 더불어민주당 인천시당 다문화위원회 위원장 2017년 인천자치분권민주지도자회의 광역대표(현) 2018년 인천시의회 의원(더불어민주당)(현), 同건설교통위원회 위원(현), 同예산결산특별위원회 위원(현) (상)전국시 · 도의회의장협의회 우수의정대상(2016) (종)기독교

**신은희(愼恩熹 · 女) Shin, Eun Hee(Cindy)**

(생)1964 · 1 · 28 (출)대구 (주)서울특별시 중구 서소문로 50 센트럴플레이스 닐슨코리아(주)(02-2122-7101) (학)1985년 이화여대 영어영문학과졸 1992년 미국 유타주립대 대학원 심리학과졸, 심리학박사(미국 유타주립대) (경)1992년 미국 Univ. of Nebraska at Lincoln 연구원 1993년 고려대 · 한성대 강사 1995년 닐슨코리아(주) 소비자조사본부장(상무) 2005년 同부사장 2007년 同대표이사 사장(현) 2008~2018년 일본 닐슨 총괄사장 2013~2015년 한국조사협회 회장 2018년 닐슨 동북아시아(일본 · 홍콩 · 대만) 총괄 사장 겸임(현) (상)닐슨 CEO Award(2002), 닐슨 아시아태평양 · 중동 · 아프리카지역(APMEA) President's Award(2010)

**신응석(辛應碩) SIN Eung Seok**

(생)1972 · 2 · 9 (출)서울 (주)서울특별시 양천구 신월로 390 서울남부지방검찰청 총무과(02-3219-4524) (학)1990년 영등포고졸 1994년 고려대 법학과졸 (경)1996년 사법시험 합격(38회) 1999년 사법연수원 수료(28기) 1999년 서울지검 동부지청 검사 2001년 대전지검 서산지청 검사 2002년 대구지검 검사 2004년 인천지검 검사 2006년 수원지검 검사 2008년 대검찰청 연구관 2010년 서울중앙지검 검사 2011년 부산지검 부부장검사 2013년 광주지검 특수부장 2014년 창원지검 거창지청장 2015년 대검찰청 사이버수사과장 2016년 同수사지원과장 2017년 서울동부지검 형사3부장 2018년 서울중앙지검 부장검사 2019년 서울남부지검 제2차장검사(현)

**신응수(申鷹秀) SHIN Eung Soo (誠齋)**

(생)1942 · 4 · 4 (본)평산(平山) (출)충북 청원 (주)강원도 강릉시 강변로534번안길 53 우림목재(033-652-5787) (학)천안 병천중졸 (경)1962년 숭례문 중수공사 1975년 수원 장안문 및 포루 · 각루 복원공사 1985년 창경궁 문정전 및 화랑 복원공사 1988년 경복궁 보수 · 복원공사 1991년 국가무형문화재 제74호 대목장 기능보유자 지정(현) 1996년 창덕궁 보수 · 복원공사 1999~2004년 한국문화재기능인협회 회장 2001년 덕수궁 중화전 보수공사 2002년 창경궁 통명전 보수공사 2003~2005년 평산신씨 정모재 신축공사, 조계사 대웅전 보수공사 2003~2004년 남한산성 행궁(정전, 영령전 外 5동) 복원공사 2004~2005년 경복궁 집옥재 보수공사, 경남 의령 故이병철생가 보수공사 2004년 강릉 임영종각 신축공사, 경복궁 건청궁 복원공사 2005년 뉴욕 한마음선원 신축공사, 파주 고려통일대전 정전 신축공사 2006년 분당 대광사 대불보전 신축공사 2007년 경복궁 광화문 권역 공사 2008년 충남 부여 무량사 보수공사 2010년 숭례문 복구공사 도편수 (상)대통령표창(1991), KBS 지역 대상 본상(1996), 만해예술상(1999), 부총리 겸 재정경제부장관표창(2002), 옥관문화훈장(2002), 파라다이스재단상 예술부문(2004) (저)'천년궁궐을 짓는다'(2002) '목수산문집'(2005) '경복궁 근정전'(2006) '신응수의 목조 건축 기법'(2012, 눌와) (작)'서울 숭례문 중수(도편수 조원재)' '경주 불국사 복원(도편수 이광규)' '수원화성(장안문 · 창룡문) 복원' '삼청동 총리공관 신축' '서울 필동 한국의 집 신축' '경주 안압지 복원' '부산 삼광사 대웅전 신축' '창경궁, 창덕궁 복원 및 보수공사' '한남동 승지원 신축' '청와대 대통령 관저 신축' '분당 대광사 미륵보전 신축' (종)불교

**신응진(辛應賑) Shin,Eung-Jin**

(생)1964 (주)경기도 부천시 조마루로 170 순천향대학교 부천병원(032-621-5114) (학)1990년 순천향대 의대졸, 同대학원 의학석사, 의학박사(순천향대) (경)1998년 일본 사회보험중앙병원 대장항문병센터 연수 1999년 미국 클리브랜드클리닉 플로리다 대장항문병 연수 2001년 순천향대 의대(부천병원) 대장항문과학교실 교수(현) 2005년 영국 세인트마크병원 대장항문과 단기연수 2014년 순천향대 부천병원 진료부장 2016년 同부천병원 진료부원장 2018년 同부천병원장(현) 2018년 대한병원협회 학술이사 · 보험이사 · 학술부위원장 겸임(현) (상)일본 대장항문학회 학술상(2004), 대한내시경복강경학회 학술상(2007), 유럽 내시경복강경학회 칼자이스 학술상(2007)

**신응호(申應浩) Eung Ho Shin**

(생)1957 · 5 · 20 (출)대전 (주)서울특별시 강남구 테헤란로 317 JT친애저축은행(1544-9191) (학)1975년 대전고졸 1983년 고려대 경제학과졸 2000년 미국 콜로라도대 덴버교 대학원 경영학과졸 (경)1983년 한국은행 입행 1999년 금융감독원 비은행감독국 팀장 2001년 同신용분석실 팀장 2003년 同은행검사2국 팀장 2008년 同신용서비스실장 2008년 同기업금융1실장 2010년 同기업금융개선국장 2011년 同부원장보 2013~2015년 한국금융연수원 부원장 2015년 KB손해보험 상임이사 겸 상근감사 2017~2019년 同감사위원 2019년 JT친애저축은행(주) 감사위원(현)

**신의순(申義淳) SHIN Eui Soon**

(생)1950 · 6 · 9 (본)평산(平山) (출)서울 (주)서울특별시 서대문구 연세로 50 연세대학교 상경대학 경제학부(02-2123-2465) (학)1968년 부산고졸 1972년 연세대 경제학과졸 1980년 경제학박사(미국 워싱턴대) (경)1980~1981년 미국 캘리포니아공대(Caltech) 연구교수 1981~2015년 연세대 상경대학 경제학부 조교수 · 부교수 · 교수 1988년 미국 하와이대 객원교수 1988~1989년 미국 브라운대 교환교수 1993~1995년 한국자원경제학회 회장 1993~1998년 석유개발공사 비상임이사 1995~1996년 연세대 대학원 교학처장 1996~1998년 同상경대학 경제학과장 1997~2018년 미국 세계인명사전 'Marquis Who's Who in the World'에 등재 1999년 미국 하버드대 객원연구원 2002년 한나라당 이회창 대통령후보 환경정책특보 2002~2015년 연세대 동서문제연구원 지속가능사회센터장 2006~2009년 同학부대학장 2008~2013년 대통령직속 미래기획위원회 위원 2008~2013년 (사)한국그린캠퍼스협의회 회장 2008~2009년 한국경제연구학회 회장 2013~2014년 국무총리소속 녹색성장위원회 민간위원 2014년 (사)한국그린캠퍼스협의회 이사장(현) 2015년 연세대 명예교수(현) 2015~2018년 에쓰오일(주) 사외이사 (상)연세대 학술상(1983),

매일경제신문 이코노미스트상(1994), 녹색성장정책유공 대통령표창(2013), 녹조근정훈장(2015) (저)'자원경제학'(1988) '한국의 에너지수요와 생산요소간 대체성 분석'(1990) '한국경제와 에너지정책'(2001) 'Energy and Environment in the Korean Economy'(2004) '한국의 환경정책과 지속가능한 발전'(2005) (종)기독교

**신의준(申義埈) SIN Eui Jun**

(생)1963 · 12 · 26 (출)전남 완도 (주)전라남도 무안군 삼향읍 오룡길 1 전라남도의회(061-286-8200) (학)완도금일고졸, 경남대 이과대학 수학과졸 (경)금일중 · 고교 유성장학회 총무, 민주당 중앙당 청년위원 2006 · 2010~2014년 전남 완도군의회 의원(민주당 · 민주통합당 · 민주당 · 새정치민주연합) 2008~2010년 同행정자치위원장 2010~2012년 同산업건설위원장, 더불어민주당 전남도당 미래수산전략특별위원회 위원장(현) 2018년 전남도의회 의원(더불어민주당)(현), 同농수산위원회 위원 겸 예산결산특별위원회 위원(현)

**신의진(申宜眞 · 女) SHIN Yee-jin**

(생)1964 · 4 · 10 (본)평산(平山) (출)부산 (주)서울특별시 서대문구 연세로50-1 연세대학교 의과대학 정신과학교실(02-2019-3345) (학)1983년 부산 혜화여고졸 1989년 연세대 의대졸 1992년 同대학원 의학석사(정신과학 전공) 1995년 의학박사(연세대) (경)1994~1996년 연세대 의대 정신과학교실 연구강사 1996~1997년 미국 콜로라도대 소아정신과 방문교수 1998~2006년 연세대 의대 정신과학교실 전임강사 · 조교수 2004~2008년 해바라기아동센터(여성부지원아동성폭력피해자치료전담센터) 운영위원회 위원장 2005~2006년 한국간행물윤리위원회 심의위원 2006~2012 · 2016년 연세대 의대 정신과학교실 부교수 2009년 미국 휴스턴베일러의대 방문교수 2010~2012년 한국마음두뇌교육협회 부회장 2012~2016년 제19대 국회의원(비례대표, 새누리당) 2012~2013년 새누리당 원내대변인(원내공보부대표) 2012~2013년 同아이가행복한학교만들기특별위원회 간사 2012년 국회의원연구단체 '국회미래여성가족포럼' 대표의원 2012~2013년 국회 운영위원회 위원 2012~2014년 국회 보건복지위원회 위원 2012년 국회 학교폭력대책특별위원회 위원 2012~2013년 새누리당 아동 · 여성성범죄근절특별위원회 간사 2012년 同인권위원회 위원 2013~2014년 同제5정책조정위원회 간사 2013년 同가족행복특별위원회 부위원장 2013년 同일본역사왜곡대책특별위원회 위원 2013~2014년 국회 여성가족위원회 위원 2014년 국회 지속가능발전특별위원회 위원 2014년 새누리당 국민건강특별위원회 건강보험발전분과 간사 2014년 同경제혁신특별위원회 규제개혁분과 위원 2014년 국회 세월호사고대책특별위원회 위원 2014년 국회 세월호침몰사고의진상규명을위한국정조사특별위원회 위원 2014년 국회 미래창조과학방송통신위원회 위원 2014년 국회 예산결산특별위원회 위원 2014~2015년 국회 교육문화체육관광위원회 위원 2014~2015년 국회 군인권개선및병영문화혁신특별위원회 위원 2015년 새누리당 아동학대근절특별위원회 간사 · 위원 2015년 同메르스비상대책특별위원회 위원 2015년 국회 메르스대책특별위원회 위원 2015년 새누리당 대변인 2015년 국회 안전행정위원회 위원 2017년 연세대 의대 정신과학교실 교수(현) (상)대통령표창(2009), 제7회 서울시 여성상 대상(2010) (저)'현명한 부모들은 아이를 느리게 키운다'(2001, 중앙M&B) '아이보다 더 아픈 엄마들'(2002, 중앙M&B) '현명한 부모들이 꼭 알아야 할 대화법'(2005, 랜덤하우스코리아) '현명한 부모들이 고른 신의진의 자녀교육 베스트 컬렉션'(2006, 랜덤하우스코리아) '현명한 부모는 자신의 행복을 먼저 선택한다'(2006, 갤리온) '서둘지 않는 엄마의 타이밍 학습법'(2007, 서울문화사) '신의진의 아이 심리백과(0~6세 부모들이 알아야 할 모든 것)'(2007, 갤리온) '신의진의 초등학생 심리백과'(2008, 갤리온) '나는 아이보다 나를 더 사랑한다(아이보다 더 아픈 엄마들을 위한 심리학)'(2009, 걷는나무) '현명한 부모는 아이를 느리게 키운다'(2010, 걷는나무) '현명한 부모가 꼭 알아야 할 대화법(아이에게 나보다 더 나은 인생을 선물하고 싶다면)'(2010, 걷는나무) '신의진의 아이심리백과(0~2세 부모가 꼭 알아야 할 아이 성장에 관한 모든 것, 0~2세 편)'(2011, 걷는나무) '신의진의 아이심리백과(3~4세 부모가 꼭 알아야 할 아이 성장에 관한 모든 것, 3~4세 편)'(2011, 걷는나무) '신의진의 아이심리백과(5~6세 편, 5~6세 부모가 꼭 알아야 할 아이 성장에 관한 모든 것)'(2011, 걷는나무) '신의진의 아이심리백과(1~3학년 부모가 꼭 알아야 할 아이 성장에 관한 모든 것, 초등 저학년 편)'(2011, 걷는나무) '신의진의 아이심리백과(초등 고학년 편, 4~6학년 부모가 꼭 알아야 할 아이 성장에 관한 모든 것)'(2011, 걷는나무) '아이의 인생은 초등학교에 달려 있다(행복한 아이로 키우기 위해 초등학생 부모들이 알아야 할 모든 것)'(2011, 걷는나무) '국제화 시대 신의진의 복지와 건강(복지의 패러다임을 바꾸자 자기 주도적 복지론)'(2012, 에세이퍼블리싱) '대한민국에서 일하는 엄마로 산다는 것'(2014, 걷는나무) (역)'어린이의 문제행동' '현명한 부모가 꼭 알아야 할 대화법' (종)기독교

**신이선(辛利善) Shin Lee Sun**

(생)1961 · 10 · 16 (본)영월(寧越) (출)강원 홍천 (주)강원도 춘천시 중앙로 1 강원도청 보건복지여성국 보건정책과(033-249-2420) (학)춘천제일고졸 1985년 상지대 사회복지학과졸 2003년 강원대 대학원 행정학과졸(석사) (경)2006~2008년 강원도 여성가족과 근무 2008~2015년 同사회복지과 · 복지정책과 근무 2015~2017년 同경로장애인과장 2017~2018년 강원 양양군 부군수 2018년 강원도 기획조정실 균형발전과장 2019년 同보건복지여성국 보건정책과장(현)

**신이현(申二賢) SHIN Lee Hyun**

(생)1955 · 10 · 30 (출)대구 (주)부산광역시 부산진구 동성로 109 (주)제낙스 임원실(051-804-6500) (학)1978년 연세대 천문학과졸 1988년 경남대 대학원 정치외교학과졸 (경)1984년 (주)대우OA시스템 대표이사 1985년 (주)라이프플랜 대표이사 1992년 샤인금속(주) 상무이사 1995년 同대표이사 2000~2014년 (주)샤인 대표이사 2014년 (주)제낙스 대표이사(현) (상)통상산업부장관표창, 500만불 수출탑, 부산벤처기업인 대상(2002), 부산수출대상 우수상(2007), 대통령표창(2007) (종)기독교

**신익준(申翼俊) SHIN Ik-Jun**

(생)1968 · 9 · 10 (본)평산(平山) (출)경기 파주 (주)서울특별시 강남구 테헤란로 423 한국인터넷자율정책기구 사무처(02-6959-5206) (학)1987년 서울 영동고졸 1993년 연세대 체육교육학과졸 (경)1994년 월간 '마이크로소프트웨어' 기자 1995년 평화방송 입사 1997년 同사회팀 근무 1997년 同편집제작팀 근무 1998년 同사회팀 근무 2001년 同경제팀 기자 2002년 同취재총괄부 기자 2003년 同보도국 편집제작부 편집위원, 同보도국 정치팀 기자 2008년 同보도국 사회팀 차장 2010년 同보도국 사회팀장 2011년 同보도국 국회반장 2012년 同보도국 청와대출입기자 2013년 同보도국 교계사회부장 2014~2015년 同보도국 교계사회부 차장 2016년 가톨릭평화방송 보도기획부장 2018년 同보도총국 교계사회부장 2018년 한국인터넷자율정책기구(KISO) 사무처장(현) (상)방송기자클럽 기획보도부문상(1998) (종)천주교

**신인령(辛仁羚 · 女) SHIN In Ryung**

(생)1943 · 3 · 1 (본)영월(寧越) (출)강원 (주)서울특별시 서대문구 이화여대길 52 이화여대(02-3277-2736) (학)1967년 이화여대 법과대학 법학과졸 1974년 同대학원 법학과졸 1985년 법학박사(이화여대) (경)1971~1980년 (재)한국크리스챤아카데미 산업사회교육 간사 1974~1984년 이화여대 법학과 · 여성학과 강사 1985~2008년 同법학과 조교수 · 부교수 · 교수 1992~1994년 同법학과장 1994~1995년 일본 히토쓰바시대 객

人

원연구교수 1995~2008년 한국노동사회연구소 이사 1995~1996년 한국노사관계학회 부회장 1998~1999년 미국 워싱턴대 로스쿨 방문연구교수 1998~2001년 한국노동법학회 부회장 1999년 감사원 부정방지대책위원 1999~2002년 중앙노동위원회 공익위원 2000~2012년 한국가정법률상담소 이사 2000~2002년 이화여대 법과대학장 2001~2002년 한국노동법학회 회장 2001~2003년 민주화운동기념사업회 이사 2002~2006년 이화여대 총장 2003~2017년 대화아카데미 이사 2003~2006년 한국대학교육협의회 이사 2003~2007년 헌법재판소 자문위원 2003~2007년 환경운동연합 공동대표 2003~2005년 민주평통 여성부 의장 2004년 대법관 제청자문위원 2004~2006년 과학기술기획평가원 이사 2004~2007년 국가청렴위원회 자문위원 2004~2007년 대한적십자사 중앙위원 2005~2006년 사법제도개혁추진위원회 민간위원 2005~2006년 한국학술진흥재단 이사 2005~2007년 윤이상평화재단 이사 2005년 한국과학재단 최고과학자위원 2005~2007년 대검찰청 검찰정책자문위원 2006~2009년 삼성고른기회장학재단 이사장 2006~2011년 同이사 2007~2008년 교육인적자원부 법학교육위원회 위원장 2008년 이화여대 명예교수(현) 2009~2012년 함께 나누는세상 공동대표 2010년 남북평화재단 이사(현) 2012~2017년 서울시 시정고문단 고문 2012~2017년 同원전하나줄이기시민위원회 공동위원장 2015~2017년 반헌법행위자열전편찬위원회 공동대표 2017~2018년 대통령직속 국가교육회의 의장 (상)자랑스러운 강원인상(2003), 홍조근정훈장(2004), 청조근정훈장(2008) (저)'노동기본권 연구'(1985) '여성, 노동, 법'(1985) '노동법과 노동운동'(1987) '법여성학(共)'(1989) '법과 현대사회(共)'(1992) '노동법판례연구 : 노동조합운동 사건판례'(1995) '노동인권과 노동법'(1996) '법학인문(共)'(1998) '세계화와 여성노동권'(2002, 이화여대출판부) '한국노동법변천과 법실천과정'(2008) '나의 인연 이야기'(2016, 지식공작소) 외 다수 (종)기독교

### 신인석(辛仁錫) SHIN In Seok

(생)1965 · 2 · 10 (주)서울특별시 중구 세종대로 67 한국은행 금융통화위원회(02-759-4114) (학)1987년 서울대 경제학과졸 1989년 同대학원 경제학과졸 1997년 경제학박사(미국 스탠퍼드대) (경)1990~1992년 한국장기신용은행 근무 1997~2006년 한국개발연구원 거시금융부 연구위원 2000년 자산운용협회 자문위원 2001년 한국경제패널 금융분과 위원 2001~2003년 재정경제부 금융발전심의회 증권분과 위원 2001~2004년 증권거래소 선물옵션시장발전위원회 위원 2002~2004년 외교통상부 통상교섭금융부문 민간자문그룹위원 2003년 금융감독위원회 신용정보제도개선 T/F 총괄간사 2003년 기획예산처 기금운용평가위원 2003년 한국개발연구원「한국개발연구」편집위원 2005~2006년 재정경제부 자본시장통합법제정작업반 자문위원 2006년 증권선물거래소 자본시장발전재단 설립자문위원 2006년 한국투자자교육재단 비상임이사 2006~2014년 중앙대 경영대학 경영학부 부교수 · 교수 2007년 동아일보 객원논설위원 2007년 하나금융연구소 자문위원 2008년 증권예탁원 자문교수 2009년 금융투자협회 집합투자위원회 위원 2010년 한국증권금융 자문위원 2010년 금융발전심의위원회 글로벌금융분과 위원 2011년 국민연금 대체투자위원 2011년 한국무역보험공사 위험관리위원 2012년 채권조정위원회 위원 2013년 제18대 대통령직인수위원회 경제1분과 전문위원 2013년 대통령자문 국민경제자문회의 공정경제분과 민간위원 2013년 금융위원회 금융발전심의회 자본시장분과 위원 2014~2016년 한국자본시장연구원 원장 2016년 한국은행 금융통화위원회 위원(현) (상)한국금융학회 우수논문상(2008) (저)'신용불량자 증가의 원인분석과 대응방향'(2003) '금융회사의 개인신용위험 평가능력 제고방안'(2003) '한국의 금융구조개혁'(2003) '가계대출 관련 주요쟁점에 대한 연구'(2003) '자본시장의 질적발전을 위한 증권관련 산업 규제의 개선방안'(2003) '인구구조 고령화의 경제적 영향과 대응과제'(2003) '베저트의 진의'(2005) '경제위기 이후 한국경제 구조변화의 분석과 정책방향'(2007)

### 신인섭(申寅燮) SHIN In Sup

(생)1962 · 12 · 25 (주)서울특별시 광진구 능동로 120 건국대학교 사범대학 일어교육과(02-450-3847) (학)1985년 건국대 문학과졸 1989년 일본 홋카이도대 대학원 문학과졸 1995년 문학박사(일본 홋카이도대) (경)1992~2004년 목포대 일어일문학과 강사 · 조교수 · 부교수 2000년 同일어일문학과장 2004~2005년 건국대 사범대학 일어교육과 부교수 2005년 同사범대학 일어교육과 교수(현) 2007년 同아시아 · 디아스포라연구소 소장(현) 2013~2014년 한국일본어문학회 회장 2016년 건국대 교육대학원장(현) (상)목포대총장표창(2002) (저)'일본문학의 흐름2'(2000) '문학고전의 산책'(2004) '권장도서 해제집'(2005) '동아시아의 문화표상'(2007) '동문아 근대문화교류관계연구'(2008) '일본근현대문학의 명암'(2009) '아시아와 디아스포라'(2009) (역)'산소리'(1995) '동시대게임'(1997) '산소리(재판)'(2003) '[소설]론-〈소설신수〉와 근대'(2006)

### 신인수(辛仁壽)

(생)1972 · 12 · 23 (출)전북 장수 (주)서울특별시 중구 정동길 5 경향신문 별관3층 법무법인 여는(02-2635-0419) (학)1991년 명지고졸 1995년 연세대 법학과졸 (경)1997년 사법시험 합격(39회) 2000년 사법연수원 수료(29기) 2000년 육군 법무관 2003년 인천지법 판사 2005년 서울중앙지법 판사 2007~2010년 법무법인 지평 파트너변호사, 법무법인 소헌 변호사, 전국언론노동조합 MBC본부 법률대리인 2016년 법무법인 여는 변호사(현) 2018년 방송문화진흥회 이사(현)

### 신인율(申仁律) SIN In Yul

(생)1961 · 3 · 28 (주)경기도 안산시 단원구 산단로83번길 90 (주) 휴비스워터(031-491-2175) (학)1978년 대동고졸 1986년 전남대 경영학과졸 1989년 고려대 대학원 경영학과졸 (경)1987년 ㈜삼양사 SF국내영업 담당 1992년 同FY국내영업 담당 1995년 同Marketing기획 · 전략팀 근무 1997년 同포장재 · 설비 구매팀 근무 2000년 ㈜휴비스 구매공통팀장 2005년 同FY기획팀장 2006년 同마케팅지원본부장 2009년 同마케팅지원본부장(상무) 2013년 同인력개발실장(상무) 2014년 ㈜휴비스워터 대표이사 전무 2018년 同대표이사 부사장(현) (상)산업포장(2014)

### 신인재(愼仁縡)

(생)1961 · 12 · 28 (주)울산광역시 중구 종가로 400 한국산업안전보건공단 산업안전보건교육원(052-703-0960) (학)1980년 성동기계공고졸 1987년 건국대 기계공학과졸 2009년 기계공학박사(영국 바스대) (경)1988년 7급 공채 1988~2001년 노동부 산업안전국 근무 · 부천지방노동사무소 근로감독관 2001년 부천지방노동사무소 산업안전과장 2009년 노동부 노사정책실 근로자건강보호과 기술서기관 2013년 고용노동부 산재예방보상정책국 산재예방정책과 기술서기관 2013년 서울지방고용노동청 산재예방지도과장 2014년 대전지방고용노동청 보령지청장 2017년 한국산업안전보건공단 산업안전보건교육원장(현) (상)노동부장관표창(1992 · 1999) (저)'산업안전보건법 원리와 활용'(2014)

### 신인철(申仁喆)

(생)1975 (주)세종특별자치시 한누리대로 499 인사혁신처 인재채용국 인재정책과(044-201-8210) (학)서울대 사회복지학과졸 (경)1998년 행정고시 합격(42회) 2007년 중앙인사위원회 재정기획관실 서기관 2013년 안전행정부 지방행정연수원 기획협력과장 2014년 인사혁신처 기획조정관실 법무감사담당관 2015년 同인사혁신국 개방교류과장 2015년 국제협력개발기구(OECD) 파견 2018년 인사혁신처 인재채용국 인재정책과장(현)

## 신일섭

(생)1966 (출)전북 임실 (주)전라북도 정읍시 중앙1길 157 전북 정읍경찰서 서장실(063-570-0221) (학)전주고졸 1988년 경찰대학졸(4기) (경)전북 순창경찰서 수사과장, 전북지방경찰청 인사계장 2009년 총경 승진 2009년 전북지방경찰청 생활안전과장 2010년 전북 완주경찰서장 2011년 전북지방경찰청 경무과장 2012년 전주덕진경찰서장 2014년 전북지방경찰청 홍보담당관 2015년 전북 고창경찰서장 2016년 전북지방경찰청 생활안전과장 2017년 전북 순창경찰서장 2017년 전북지방경찰청 경무과장 2019년 전북 정읍경찰서장(현)

## 신일희(申一熙) SYNN Ilhi (행소)

(생)1939·4·15 (본)평산(平山) (출)대구 (주)대구광역시 달서구 달구벌대로 1095 계명대학교 총장실(053-580-5000) (학)1958년 미국 켄트고졸 1962년 미국 트리니티대졸 1966년 미국 프린스턴대 대학원 독일문학과졸 1991년 명예 인문학박사(미국 트리니티대) 1996년 명예 법학박사(미국 롱아일랜드대) 1996년 명예 박사(러시아 국립상트페테르부르크대) 2000년 명예 교육학박사(대만 국립사범대) 2002년 명예 박사(일본 모모야마가쿠인대) 2004년 명예 철학박사(일본 류큐대) 2008년 명예 음악학박사(폴란드 쇼팽음악대) 2017년 명예 문학박사(일본 히로시마슈도대) (경)1966~1971년 미국 뉴욕 퀸즈대 전임강사·조교수 1971~1972년 독일 킬대 객원조교수 1972~1974년 연세대 부교수 1974~2004년 계명대 독어독문학과 교수 1978~1982년 同총장 1985~1995년 국제독어독문학회(IVG) 집행이사 1988~2004년 계명대 총장 1990년 한국독어독문학회 회장 1992~1995년 대구·경북지역대학교육협의회 회장 1993년 동산장학재단 이사장(현) 1995~1997년 아세아기독교대학연맹(ACUCA) 회장 1995~2006년 한·폴란드협회 회장 1996~2006년 학교법인 계성학원 이사장 1999~2005년 駐韓스웨덴 명예영사 2001~2005년 사랑의 집짓기 대구·경북지회 이사장 2003년 2003대구하계유니버시아드 선수촌장 2005~2008년 학교법인 계명대 이사장 2005~2012년 駐韓폴란드 명예영사 2005~2006년 (사)노블레스봉사회 초대회장 2006년 (사)아카데미아후마나 회장(현) 2006~2007년 (사)대구국제뮤지컬페스티발 조직위원회 초대이사장 2008년 계명대 총장(현) 2008년 (사)대구·경북국제교류협의회 공동의장(현) 2008~2010년 아세아기독교대학연맹(ACUCA) 회장 2009년 駐韓이탈리아 명예영사 2009~2013년 대구시 문화시민운동협의회 회장 2011년 2011대구세계육상선수권대회 선수촌장 2012~2017년 중국 공자아카데미 총부이사 2012년 駐韓폴란드 명예총영사(현) 2015년 대구시 축제육성위원회 공동위원장(현) 2017년 중국 공자아카데미 총부명예이사(현) 2018년 학교법인 계성학원 이사장(현) (상)폴란드 대십자훈장(2000), 스웨덴 국왕 공로훈장(2005), 5.16민족상 교육부문(2007), 독일 대십자공로훈장(2011), 이탈리아 공로훈장(2016) (저)'유한의 빛'(1999) '합리적인, 너무나 합리적인 : 인물로 읽는 독일문화사(共)'(1999) '21세기 학문의 전망과 과제(共)'(1999) '타불라 라사(Tabula Rasa)-우리가 얼굴을 가질 때까지'(2005) '기억의 길'(2013) '심의 시학(共)'(2017) '고려인 디아스포라 : 블라디보스토크에서 만나다(共)'(2018) (종)기독교

## 신자용(申子容)

(생)1972·11·6 (출)전남 장흥 (주)서울특별시 서초구 반포대로 158 서울중앙지방검찰청 총무과(02-530-4771) (학)1991년 순천고졸 1995년 한양대 법학과졸 (경)1996년 사법시험 합격(38회) 1999년 사법연수원 수료(28기) 1999년 공군 법무관 2002년 서울지검 동부지청 검사 2004년 대전지검 천안지청 검사 2006년 광주지검 검사 2008년 법무부 형사기획과 검사 2010년 서울중앙지검 검사 2011년 대검찰청 연구관 2014년 청주지검 제천지청장 2015년 대검찰청 정책기획과장 2016~2017년 서울중앙지검 형사4부장 2016~2017년 '박근혜 정부의 최순실 등 민간인에 의한 국정농단 의혹 사건'(최순실 특검법) 파견 2017년 서울중앙지검 특수1부장 2018년 법무부 검찰과장 2019년 서울중앙지검 제1차장검사(현)

## 신재국(辛在國) SHIN JAE KUK

(생)1955·3·3 (본)영산(靈山) (출)경기 안성 (주)서울특별시 서초구 강남대로 273 송남빌딩 세무법인 케이파트너즈(02-598-1255) (학)축산상고졸, 한국방송통신대졸, 한양대 행정대학원졸 (경)1974년 국세청 공무원 임용 2005년 同조사1과 서기관 2006년 홍천세무서장 2007년 서울지방국세청 조사4국 3과장 2009년 서울 서초세무서장 2009년 국세청 전자세원과장 2010년 同조사2과장 2010년 광주지방국세청 조사1국장 2011년 同조사1국장(부이사관) 2012년 중부지방국세청 조사3국장(고위공무원) 2014년 세무법인 리앤케이 대표 2015년 대신증권(주) 사외이사 겸 감사위원(현) 2017년 세무법인 케이파트너즈 대표(현) (상)국무총리표창(1993), 근정포장(1996), 홍조근정훈장(2012) (종)가톨릭

## 신재명(申宰明) Jae Myung Shin

(생)1965·6·29 (본)평산(平山) (출)부산 (주)서울특별시 영등포구 여의나루로 50 KB증권 세일즈앤드트레이딩부문(02-6114-0114) (학)1984년 부산고졸 1988년 서울대 생물학과졸 2008년 미국 뉴욕대 Stern School 국제재무학과졸, 홍콩과학기술대(HKUST) Business School 국제재무학과졸 (경)1990~1998년 삼성생명 채권운용팀 과장 1998~2003년 삼성투자신탁 채권운용팀장 2003~2005년 메리츠증권 채권운용부장 2005~2008년 국민은행 채권운용팀장 2008~2009년 프랭클린템플턴자산운용 이사 2009~2011년 RG자산운용 운용본부장(상무) 2012년 신한금융투자 FICC본부장(상무) 2015년 同FICC본부장(전무) 2017년 KB증권 세일즈앤드트레이딩(S&T)부문장(부사장)(현) (상)제1회 뉴스핌 캐피탈마켓대상 The Best Perfomer 증권부문 금융감독원장표창(2013), 경제부총리 겸 기획재정부장관표창(우수PB 공로상)(2014)

## 신재영(申載榮) SHIN Jae Young

(생)1962·9·9 (본)평산(平山) (주)서울특별시 영등포구 의사당대로 143 한국포스증권(02-1644-1744) (학)목포고졸 1985년 고려대 경제학과졸 2000년 미국 미시간대 경영대학원 경영학석사(MBA) 2013년 경영학박사(호서대) (경)(주)대우증권 영업추진부장 2010년 同강남지역담당 겸 강남지역1본부장 2013~2014년 KDB대우증권 마케팅본부장(전무) 2017년 펀드온라인코리아 부사장 2019년 同대표이사 사장 2019년 한국포스증권(주) 대표이사 사장(현) (종)기독교

## 신재인(申載仁) SHIN Jae In

(생)1942·10·25 (본)평산(平山) (출)광주 (주)대전광역시 유성구 과학로 169-148 국가핵융합연구소 511호 한국핵융합가속기기술진흥협회(042-879-6081) (학)1960년 광주제일고졸 1965년 서울대 공대 원자력공학과졸 1975년 미국 MIT 대학원 핵공학과졸 1977년 공학박사(미국 MIT) (경)1967~1972년 원자력청·원자력연구소 연구원 1973~1979년 미국 MIT 연구원 1973~1975년 미국 INDIKON社 計器技師長 1977년 한국원자력기술(주) 핵공학부장 1981년 미국 Nutech International社 기술이사 1983년 한국전력기술(주) 기술개발본부장 1983년 同부설연구소장 1991년 한국원자력연구소 원자력환경관리센터 소장 1993년 同소장 1996년 미국 하버드대 J.F. Kennedy대학원 객원교수 1997년 세종연구소 연구위원 1998년 한국원자력연구소 연구위원 1999년 한국현대사회와과학기술연구회 회장 2001~2003년 한국원자력학회 회장 2003년 한국핵융합협의회 회장 2003년 (사)전임출연연구기관장협의회 회장 2005년 한국과학기술단체총연합회 부회장 2005년 과학기

술부 미래국가유망기술위원회 공동위원장 2005년 한국기초과학지원연구원 부설 핵융합연구센터 초대 소장 2005~2006년 KBS 시청자위원장 2007~2008년 한국기초과학지원연구원 부설 국가핵융합연구소장 2014년 한국핵융합·가속기기술진흥협회 회장(현) 2015년 한국핵융합·가속기연구조합 이사장(현) (상)과학기술처장관표창, 과학기술훈장 혁신장 (저)'빈 마음으로 보는 새로운 세상' '북한 핵프로그램의 전망과 한반도에서의 기술-경제협력' (종)기독교

**신재현(申載鉉) Shin Chae-hyun**

(생)1965·3·11 (출)부산 (주)서울특별시 종로구 사직로8길 60 외교부 인사기획관실(02-2100-7139) (학)1986년 서울대 신문학과졸 1992년 영국 케임브리지대 대학원 국제정치학과졸 (경)1987년 외무고시 합격(21회) 1994년 駐유엔 1등서기관 1997년 駐세네갈 1등서기관 2000년 외교통상부 동구과 서기관 2001년 同인사운영계장 2002년 駐미국 1등서기관 2005년 외교통상부 의전장실 의전1담당관 2007년 同북미국 북미1과장 2008년 駐뉴욕총영사관 영사 2011년 駐홍콩총영사관 부총영사 2013년 외교부 인사기획관 2014년 同한반도평화교섭본부 북핵외교기획단장 2015년 同북미국장 2016년 駐샌프란시스코 총영사 2017~2019년 국가안보실 외교정책비서관 2019년 駐오스트리아 대사(현) 2019년 駐빈 국제기구대표부 대사 겸임(현) (상)근정포장(2006), 홍조근정훈장(2019)

**신재홍(申載弘) SHIN Jae Hong**

(생)1962·3·28 (주)경기도 성남시 수정구 성남대로 1342 가천대학교 한국어문학과(031-750-5121) (학)1984년 서울대 국어교육과졸 1986년 同대학원 국어국문학과졸 1992년 국어국문학박사(서울대) (경)1986~1988년 관악고 교사 1993~2005년 경원대 국어국문학과 전임강사·조교수·부교수 1999~2001년 한국고전문학회 총무이사 2001~2003년 한국국어교육학회 출판이사 2002~2004년 한국고전여성문학회 연구이사 2004~2006년 한국고전문학교육학회 섭외이사 2005~2012년 경원대 국어국문학과 교수 2007년 한국고소설학회 기획이사 2007년 국어국문학회 감사 2012년 가천대 한국어문학과 교수(현) 2017년 同인문대학장(현) (상)성산학술상운영위원회 성산학술상(2001) (저)'한국몽유소설연구'(1994) '한국고전문학입문'(1996) '향가의 해석'(2000) '한문의 이해'(2005) '향가의 미학'(2006) '화랑세기 역주'(2009) '고전 소설과 삶의 문제'(2012) '고전 소설의 착한 주인공들'(2012) '영랑전 역주'(2013) '고전 소설의 당돌한 여주인공'(2016) '향가 서정 여행'(2016)

**신재환(申載桓) SHIN Jae Hwan**

(생)1975·3·4 (본)평산(平山) (출)울산 (주)인천광역시 미추홀구 소성로163번길 17 인천지방법원 총무과(032-860-1169) (학)1994년 울산 학성고졸 1999년 서울대 공법학과졸 (경)1999년 사법시험 합격(41회) 2002년 사법연수원 수료(31기) 2002년 軍법무관 2005년 의정부지법 판사 2007년 서울중앙지법 판사 2009년 대구지법 영덕지원 판사 2012년 의정부지법 고양지원 판사 2014년 사법연수원 교수 2016년 서울중앙지법 판사 2017년 제주지법 부장판사 2019년 인천지법 부장판사(현)

**신재희(申載姬·女) Shin Jaehee**

(생)1961·5·2 (출)서울 (주)대전광역시 서구 청사로 189 산림청 정보통계담당관실(042-481-4160) (학)1980년 이화여고졸 1982년 한양여대 전산학과졸 (경)1989년 임업연구원 기획과 근무(8급 경력직) 1992년 7급 승진 1992~1995년 임업연구원 기획과·산림청 기획관리실 행정관리담당관실 근무(전산주사보·7급) 1995~2007년 산림청 기획관리실 행정관리담당관실·기획홍보본부 정보통계팀 전산주사(6급) 2007~2017년 同기획홍보본부 정보통계팀·기획조정관실 정보통계담당관실 전산사무관(5급) 2017년 同기획조정관실 정보통계담당관(기술서기관)(현) (상)국무총리표창(2004)

**신정근(辛正根) SHIN Jung Geun**

(생)1965·9·18 (주)서울특별시 종로구 성균관로 25-2 성균관대학교 유학대학 유학·동양학과(02-760-0227) (학)1988년 서울대 철학과졸 1990년 同대학원 철학과졸 1999년 철학박사(서울대) (경)1999~2000년 서울대 철학사상연구소 특별연구원 1999~2000년 同강사 2000~2012년 성균관대 유학·동양학부 전임강사·조교수·부교수·교수 2004~2006년 한국동양철학회 총무이사 2005년 철학연구회 편집위원 2012년 성균관대 유학대학 유학·동양학과 교수(현) 2014년 同유교문화연구소장(현) 2015년 同유학대학장 겸 유학대학원장(현), (사)선비정신과풍류문화연구소 대표이사(현) (저)'동양 철학의 유혹'(2002) '사람다움의 발견 : 仁 사상의 역사와 그 문화'(2005) '21세기의 동양철학(共)'(2005) '논어의 숲, 공자의 그늘'(2006) '사람다움이란 무엇인가'(2011, 글항아리) '신정근 교수의 동양고전이 뭐길래'(2012, 동아시아) (역)'백호통의 : 백호관에서 열린 동아시아 고전문헌의 포괄적 논의'(2005) '춘추-역사해석학'(2006)

**신정섭(申正燮) SHIN Jung Seop**

(생)1958·12·27 (본)평산(平山) (출)광주 (주)서울특별시 영등포구 63로 32 라이프콤비빌딩 517호 한국암재활협회(02-3775-2622) (학)1979년 광주 대동고졸 1983년 한양대 국어국문학과졸 1998년 서울대 보건대학원 수료 (경)1989년 서울경제신문 입사 2000년 同생활산업부장 직대 2003년 同부동산부부장 직대 2004년 同문화레저부장 2004년 同경영기획실장 2004년 한국일보 전략기획실장 직대(부국장대우) 2006년 同전략기획실장 2007년 同광고마케팅본부장(이사대우) 2007년 (주)일자리방송 사장 2008년 (주)엠튜브 대표이사 사장 2008~2015년 한국이동방송 대표이사 사장 2015~2017년 (사)한국경제전략연구원 원장 2018년 한국암재활협회 회장(현) (종)불교

**신정수(申正秀) SHIN Jung Soo**

(생)1954·7·27 (본)아주(鵝洲) (출)충북 청주 (주)서울특별시 서초구 방배로19길 18 풍석문화재단(02-6959-9921) (학)1974년 경기고졸 1982년 서울대 기상학과졸 1994년 국방대학원졸 2000년 서울대 행정대학원 국가정책과정 수료 (경)1981년 행정고시 합격(25회) 1989년 국무총리행정조정실 사무관 1992년 同서기관 1998년 국무총리국무조정실 서기관 1999~2002년 同경제총괄과장·기획총괄과장 2002년 同안전관리개선기획단 부단장 2003년 同외교안보심의관 2004년 중앙공무원교육원 파견 2005년 국무총리국무조정실 정책상황실장 2006년 同총괄심의관 2007년 제17대 대통령직인수위원회 기획조정분과위원회 전문위원 2008~2009년 국무총리실 정책분석평가실장 2009~2013년 한국에너지재단 사무총장 2009~2012년 2013대구세계에너지총회조직위원회 사무총장 2014~2018년 한국주택에너지진단사협회 대표이사 2014년 (주)천일 상임고문 2015년 (주)코리아써키트 사외이사(현) 2015년 (주)영풍 사외이사(현) 2015년 풍석문화재단 이사장(현) (상)근정포장(1992), 홍조근정훈장(2007) (종)천주교

**신정승(辛正承) Shin Jung-seung**

(생)1952·11·16 (출)강원 평창 (주)부산광역시 사상구 주례로 47 동서대학교 중국연구센터(051-320-2952) (학)1975년 서울대 외교학과졸 1994년 일본 게이오대 연수 (경)1975년 외무고시 합격(9회) 1980년 駐미국 3등서기관 1981년 駐자이르 2등서기관 1985년 대통령비서실 행정관 1987년 駐미국 1등서

기관 1990년 외무부 아주국 동북아2과장 1992년 외교안보연구원 연구관 1994년 駐일본 참사관 1997년 외교안보연구원 아시아·태평양연구부 연구관 1998년 외교통상부 아시아·태평양국 제1심의관 1998년 駐중국 공사 2001년 외교통상부 공보관 2002년 同아시아·태평양국장 2003년 同본부대사 2004년 駐뉴질랜드 대사 2006~2007년 고려대 정치외교학과 겸임교수(파견) 2007년 경기도 국제관계자문대사 2008~2009년 駐중국 대사 2010년 외교안보연구원 중국연구센터 초대 소장 2012~2015년 국립외교원 외교안보연구소 중국연구센터 소장 2015~2017년 한국국방연구원 비상임이사 2015년 동서대 석좌교수 겸 중국연구센터 소장(현) (상)녹조근정훈장(1992)

**신정식(辛廷植) SHIN Jeong-Shik**

(생)1952·1·14 (본)영월(寧越) (출)부산 (주)부산광역시 남구 문현금융로 40 한국남부발전(주) 임원실(070-7713-8003) (학)부산고졸 1974년 서울대 국제경제학과졸 1976년 同대학원졸 1983년 경제학박사(미국 오하이오주립대) (경)1983~1985년 미국 오하이오주정부 Energy Specialist 1985~1990년 서울대 국제경제학과 강사 1985~1986년 한국동력자원연구소 책임연구원 1990~1991년 미국 Southern California Edison 초빙 경제학자 1986~1995년 에너지경제연구원 연구위원 1995년 同원장 1998~2000년 성심외국어대학 학장 2003~2011년 건국대 경영대학원 석좌교수 2009~2011년 녹색성장위원회 위원 2011~2013년 중앙대 경제학과 석좌교수 2013~2018년 아주대 에너지시스템학과 겸임교수 2017~2018년 전력산업연구회 회장 2018년 한국남부발전(주) 사장(현) (상)근정포장(2013) (저)'한국가스공사 민영화 방안 연구' '발전소 주변지역 지원제도 개선방안 연구' '전력수급기본계획의 성격 재정립 및 제도개선 방안'

**신정식(申政湜)**

(생)1962·6 (주)서울특별시 영등포구 여의대로 128 LG트윈타워 서관 17층 LG디스플레이(주)(02-3777-1114) (학)고려대 정치외교학과졸 (경)2010년 LG디스플레이(주) Mobile영업1담당 상무 2011년 同Mobile/OLED 영업1담당 상무 2012년 同IT/Mobile 영업3담당 상무 2013년 同IT/Mobile 영업6담당 상무 2014년 同Auto사업담당 상무 2017년 同Auto사업담당 전무(현)

**신정익(申正益) Shin, Jeong Ik**

(생)1965·9·26 (본)평산(平山) (출)제주 서귀포 (주)제주특별자치도 제주시 도공로 9-1 제주신문 편집국(064-744-7224) (학)1984년 서귀포고졸 1991년 제주대 사학과졸 2012년 同대학원 언론홍보학과 수료 (경)1991~2003년 제주일보(舊 제주신문) 편집국 기자 2003~2010년 同편집부·사회부·경제부 차장 2004~2005년 제주도기자협회 기획부장 2006~2011년 한국편집기자협회 부회장 겸 제주지회장 2009~2011년 제주도 유통업상생발전위원 2010년 제주일보 편집부장 2012년 同논설위원 2012~2013년 제주도 FTA1차산업특별대책위원 2013~2015년 제주매일 편집부국장 2015년 제주일보 편집부국장 2018년 제주신문 편집국장(현) (상)한국편집상(2000), 올해의 편집기자상(2001·2011), 제주도기자상(2012)

**신정차(申正次) SHIN Jung Cha**

(생)1940·11·15 (본)고령(高靈) (출)서울 (주)서울특별시 강남구 테헤란로 223 (주)큰길(02-527-1661) (학)1959년 선린상고졸 1964년 고려대 상경대학 경영학과졸 1985년 미국 일리노이대 경영대학원졸 (경)1970~1973년 해태제과·해태유업 상무이사 1978년 해태제과 부사장 1979년 同사장 1980년 아마복싱연맹 회장 1981~1993년 해태관광 사장 1985년 큰길식품 회장 1993년 (주)큰길(舊 해태관광) 회장(현) (상)대통령표창 (종)불교

**신정택(申正澤) SIN Jeang Tek**

(생)1948·6·24 (출)경남 창녕 (주)부산광역시 부산진구 황령대로 23 세운철강(주) 회장실(051-647-8142) (학)1966년 대륜고졸 1993년 부산대 국제사회지도자과정 수료 1995년 미국 하와이동서문화센터 경영전략연구과정 수료 2000년 서울대 최고경영자과정 수료 2002년 명예 경영학박사(부산외국어대) 2010년 명예 경영학박사(부산대) (경)연합물산(주) 입사·상무 1978년 세운철강(주) 설립 1999년 법무부 법사랑위원 2000~2011년 부산은행 사외이사 2003년 세운철강(주) 회장(현), 부산지방국세청 국세체납정리위원, 부산상공회의소 부회장, 부산지방경찰청 치안자문위원 2004년 법무부 범죄예방부산지역협의회장 2005년 부산시체육회 부회장 2006~2012년 부산상공회의소 회장 2012~2018년 同명예회장 2006~2017년 駐부산 스리랑카 명예영사 2007년 대통령자문 정부혁신지방분권위원회 위원 2007~2016년 (주)한진중공업 사외이사 2008년 에어부산(주) 대표이사 2008년 同사외이사(현) 2011년 (사)아시아기업경영학회 이사장 2011·2013~2014년 대한럭비협회 회장 2012년 부산글로벌포럼 공동대표(현) 2013년 한국해양구조협회 초대총재(현) 2013~2015년 부산창조재단 공동이사장 2014년 대한럭비협회 명예회장(현) 2014~2016년 법무부 법사랑위원 부산지역연합회장 2015년 부산사회복지공동모금회 회장(현) 2016년 아시아주르카네스포츠협회 사무국 회장 2016년 법무부 법사랑위원 전국연합회장(현) (상)산업포장(1997), 철탑산업훈장(2002), 대한민국사회책임경영대상 최고경영자부문 대상(2010), 우리문화상(2010), 부산문화대상 경영부문대상(2012), 대통령표창(2013), 매경미디어그룹 2013대한민국 창조경제리더 윤리부문(2013), 대한경영학회 글로벌경영자대상(2013), 화쟁문화대상 실업부문(2013), 협성사회공헌상 경제진흥부문(2014), 국민훈장 모란장(2015) (종)천주교

**신정현(辛定炫)**

(생)1981·11·20 (주)경기도 수원시 팔달구 효원로 1 경기도의회(031-8008-7000) (학)북한대학원대 북한학과졸 (경)만18세선거권낮추기공동연대 대표, 통일부 통일교육원 학교통일교육 전문강사, 사람도서관 '리드미' 대표, 고양청년네트워크파티 대표, 민주통합당 전국청년위원회 부위원장, 시민주권회복특별위원회 위원장, 더불어민주당 고양甲지역위원회 시민주권회복특별위원회 위원장, 同정책위원회 부의장 2017년 同제19대 대통령 중앙선거대책위원회 공보단 부대변인 2018년 경기도의회 의원(더불어민주당)(현) 2018년 同기획재정위원회 위원(현)

**신정호(申正浩) Shin Jeong-Ho**

(생)1960·1·26 (본)평산(平山) (출)경북 경주 (주)서울특별시 중구 정동길 21-15 정동빌딩 김앤장법률사무소(02-2122-3900) (학)1978년 경주고졸 1983년 영남대 행정학과졸 2007년 일본 나고야대 대학원 현대법학과졸 (경)1985~1997년 특허청 특허심판원 심판행정실·인사과 근무 1997~2004년 同상표심사관 및 IP정책·변리사법 담당 2004~2007년 국비 해외유학 2007년 특허청 산업재산정책본부 산업재산인력팀 서기관 2010년 同상표디자인심사국 서비스표심사과장(서기관) 2012년 同특허심판원 심판관(과장) 2013년 同서울사무소장, 대한민국디자인전람회 심사위원, 한일디자인전문가회의 위원 2013~2017년 명신특허법률사무소 변리사(부소장) 2013년 일본상표협회 회원(현) 2014~2016년 대한변리사회 국제이사 2015년 한국상표디자인협회 회원(현) 2015년 아시아변리사회 회원(현) 2017년 대한변리사회 지재권제도 국제협력위원장(현) 2017년 김앤장법률사무소 변리사(현) (상)특허청장표창(1987·2008), 국무총리표창(1994), 근정포장(2013) (역)'일본특허청의 의장심사기준'(2009·2011) '일본의 디자인 심사기준'(2010·2011, 금강인쇄) (종)천주교

**신정호(愼廷晧)**

(생)1970 · 4 · 6 (주)서울특별시 중구 세종대로 125 서울특별시의회(02-3702-1400) (학)동국대 경영학과졸 (경)서울 양천구 목동행복주택 비상대책위원회 위원장, 더불어민주당 서울양천구甲지역위원회 재건축 · 도시재생추진특별위원회 위원장 2018년 서울시의회 의원(더불어민주당)(현) 2018년 同도시계획관리위원회 위원(현) 2018년 同서부지역 광역철도 건설 특별위원회 부위원장(현) 2018년 同항공기 소음 특별위원회 위원(현) 2019년 同예산결산특별위원회 위원(현)

**신정환(申政桓) Jeong-hwan Shin**

(생)1961 · 11 · 10 (주)경기도 용인시 처인구 모현읍 외대로 81 한국외국어대학교 스페인어통번역학과(031-330-4933) (학)1984년 한국외국어대 서반아어과졸 1986년 同대학원 서반아문학과졸 1996년 중남미문학박사(스페인 마드리드대) (경)1987~1990년 육군사관학교 전임강사 1999~2002년 한국외국어대 BK21 계약교수 2001~2003년 세계문학비교학회 총무이사 2002~2003년 한국외국어대 중남미연구소 전임연구원 2003년 同스페인어통번역학과 조교수 · 부교수 · 교수(현) 2006~2008년 同중남미연구소장 2008~2009년 同홍보실장 2011~2017년 한국바로크학회 회장 2012~2014년 한국외국어대 연구산학협력단장 2016~2017년 한국비교문학회 회장 2019년 한국스페인어문학회 회장(현) (저)'지중해, 문명의 바다를 가다'(2005, 한길사) '멕시코 · 쿠바 한인 이민사'(2005, 한국외국어대 출판부) '라틴아메리카의 새로운 지평'(2007, 한국문화사) '문화로 세상읽기'(2009, 소화) (역)'돈키호테의 지혜' '말괄량이 아가씨' '현대 카리브의 삶과 문화'(2008, 한국외대 출판부) '히스패닉연구'(2009, 한국외국어대 출판부) (종)가톨릭

**신정환 Junghwan, Shin**

(생)1974 (주)경기도 성남시 분당구 판교역로 235 H스퀘어 N동 6층 (주)카카오(02-6718-3271) (학)서울대 건축학과졸 (경)2003년 NHN 소프트웨어 엔지니어, 同재팬팀장, 同비즈니스플랫폼부장 2012년 다음카카오 카카오앨범TF팀 근무 2013년 同카카오스토리사업부장 2014년 同카카오스토리 총괄 2015년 (주)카카오 최고기술책임자(CTO · 부사장)(현) 2016년 同카카오톡부문 총괄 부사장 겸임(현)

**신정희(女) Jung Hee Shin**

(생)1955 · 6 · 28 (주)서울특별시 송파구 올림픽로 424 테니스경기장 301호 대한하키협회(02-420-4267) (학)1986년 경희대 체육학과졸 1993년 숙명여대 교육대학원졸 (경)1990~2011년 아시아하키연맹 이사 1990~1997년 한국여성스포츠회 사무국장 1993년 대한하키협회 이사 2000년 대한올림픽위원회(KOC) 위원 2006~2011년 고양시생활체육회 사무국장 2011년 아시아하키연맹 부회장 2012~2016년 국민생활체육회 이사 2012~2013년 국민체육진흥공단 이사 2013년 대한하키협회 대외협력부회장(현) 2013~2014년 대한체육회 선수위원회 위원장 2016년 同부회장 2019년 (사)남북체육교류협회 남북스포츠교류종합센터건립추진위원회 위원(현) (상)윤곡 여성체육대상 공로상(2010), 대한체육회 체육상 공로부문 우수상(2011)

**신제윤(申齊潤) Shin Je-Yoon**

(생)1958 · 3 · 25 (출)서울 (주)서울특별시 강남구 테헤란로 133 법무법인 태평양(02-3404-7520) (학)1976년 휘문고졸 1981년 서울대 경제학과졸 1992년 미국 코넬대 대학원 경제학과졸 (경)1980년 행정고시 수석합격(24회) 1981년 총무처 행정사무관 1982년 재무부 행정관리담당관실 · 투자진흥과 · 금융정책과 · 은행과 · 국고과 근무 1991년 해외유학(미국 코넬대 대학원) 1993년 재무부 특수보험과 · 국제금융과 근무 1998년 재정경제원 금융협력담당관실 · 금융정책과 · 미국 보험감독청 근무 2002년 재정경제부 국제금융과장 2002년 同금융정책과장 2004년 전국경제인연합회 파견 2005년 재정경제부 국제금융심의관 2007년 대통령 국민경제비서관 2007년 재정경제부 국제금융국장 2008년 기획재정부 국제업무관리관 2011년 금융위원회 부위원장 2011~2013년 기획재정부 제1차관 2013~2015년 금융위원회 위원장(장관급) 2013~2015년 공적자금관리위원회 위원장 2014년 국제회계기준(IFRS) 감독이사회 이사 2014년 자금세탁방지국제기구(FATF) 부의장 2015~2016년 同의장 2017~2018년 외교부 국제금융협력대사 2017~2019년 아시아신탁(주) 사외이사 2017년 법무법인 태평양 고문(현) 2017년 (사)청소년금융교육협의회 회장(현) 2018년 HDC(주) 사외이사 겸 감사위원(현) (상)황조근정훈장(2011), 청조근정훈장(2015), 2018 대한민국 금융인상 공로상(2018)

**신종계(辛鍾桂) SHIN Jong Kye**

(생)1955 · 1 · 16 (출)경남 거제 (주)서울특별시 관악구 관악로 1 서울대학교 공과대학 조선해양공학과(02-880-7129) (학)1977년 서울대 조선공학과졸 1979년 同대학원 조선공학과졸 1989년 조선공학박사(미국 매사추세츠공대) (경)1979~1984년 한국선박연구소 구조연구실 선임연구원 1980년 대동조선 기본설계실 파견연구원 1988~1989년 미국 매사추세츠공과대 Ice Mechanics Post-Doc. 1989~1990년 同Impact dynamics Post-Doc. 1990~1993년 한국기계연구원 구조시스템연구부 책임연구원 1991년 충남대 선박해양공학과 겸임교수 1993년 서울대 공과대학 조선해양공학과 조교수 · 부교수 · 교수(현) 1998년 덴마크공과대 조선공학과 초빙교수 1999~2000년 미국 미시간대 조선공학과 연구원 겸 교환교수 2002년 미국 해군연구청(Office of Naval Research) 국제연구자 2005~2007년 서울대 공과대학 조선해양공학과장 2008~2009년 미국 서던캘리포니아대 시스템및산업공학과 교환교수 2011~2013년 서울대 해양시스템공학연구소장 2014~2015년 대한조선학회 회장 2014년 삼성중공업(주) 사외이사 2015년 同감사위원(현) 2015년 미국조선학회(SNAME) 석학회원(현) 2018년 한국공학한림원 정회원(기계공학 · 현) (상)미국조선학회 최우수논문상(2001 · 2014)

**신종균(申宗均) SHIN Jong Kyun**

(생)1956 · 1 · 16 (출)서울 (주)서울특별시 서초구 서초대로74길 11 삼성전자(주)(02-2255-6003) (학)1974년 영등포고졸 1978년 인하공업전문대 전자공학과졸 1981년 광운대 전자공학과졸 (경)1981년 ECHO전자 전산기획 근무 1981년 맥슨전자 전산기획 근무 1984년 삼성전자(주) 연구3실 근무 1986년 삼성종합기술원 정보3실 부실장 1993년 同T-PROJECT실장 1994년 삼성전자(주) 무선사업부 무선기술연구그룹장 1996~2004년 同무선사업부 개발그룹장 1998년 同수출개발그룹 수석연구원 2000년 同정보통신총괄 이사보 2001년 同정보통신총괄 상무보 2002년 同텔레커뮤니케이션총괄 상무 2004년 同무선터미널담당 상무이사 2004년 同무선사업부 무선개발2팀장(전무이사) 2006년 同무선개발실장(부사장) 2009년 同무선사업부장(사장) 2010~2011년 同무선사업부장 겸 네트워크사업부장(사장) 2011년 同디지털이미징사업부장(사장) 2011년 同IM담당 겸 무선사업부장(사장) 2012~2017년 한국전파진흥협회 회장 2012년 삼성전자(주) IM부문장(사장) 2012~2015년 同무선사업부장 2013~2017년 同각자대표이사 사장(IM(IT&모바일)부문장) 2014년 한국공학한림원 정회원(현) 2016~2017년 삼성전자(주) 글로벌기술센터장 겸임 2017년 同인재개발담당 대표이사 부회장 2018년 同인재개발담당 부회장(현) (상)대한민국 경제리더 대상(2010), 한국품질경영인대상(2012), 금탑산업훈장(2013), 한국신뢰성학회 주관 제1회 한국신뢰성대상 제조업부문 대상(2013)

**신종대(辛鍾大) SHIN Jong Dae**

(생)1960·2·5 (본)영산(靈山) (출)서울 (주)서울특별시 서초구 서초대로 254 법무법인 청림(02-6203-0228) (학)1978년 대일고졸 1982년 서울대 법학과졸 1985년 同대학원 법학과 수료 1993년 미국 펜실베이니아대 대학원 법학과졸 (경)1981년 사법시험 합격(23회) 1984년 사법연수원 수료(14기) 1986년 서울지검 검사 1988년 제주지검 검사 1990년 법무부 검찰3과 검사 1992년 서울지검 검사 1995년 인천지검 검사 1997년 대검찰청 검찰연구관 1998년 창원지검 통영지청 부장검사 1999년 서울지검 부부장검사 2000년 창원지검 공안부장 2001년 사법연수원 교수 2003년 대검찰청 감찰1과장 2004년 서울고검 검사 2005년 수원지검 성남지청 차장검사 2006년 대검찰청 공안기획관 2007년 서울중앙지검 제2차장검사 2008년 부산지검 제1차장검사 2009년 춘천지검장 2009년 대검찰청 공안부장 2011년 대구지검장 2011~2016년 법무법인 청림 대표변호사 2012~2014년 한국남부발전(주) 비상임이사 2017년 법무법인 청림 고문변호사(현)

**신종묵**

(생)1967 (출)경북 상주 (주)전라남도 무안군 삼향읍 후광대로359번길 28 전남지방경찰청 경비교통과(061-289-3206) (학)경찰대졸(6기) (경)1990년 경찰 임용, 서울지방경찰청 제2기동단 부단장, 경찰청 핵안보정상회의기획단 근무, 同경비2계장 2016년 서울지방경찰청 치안지도관(총경) 2017년 울산지방경찰청 제2부 경비교통과장 직대 2018년 전남 완도경찰서장 2019년 전남지방경찰청 경비교통과장(현)

**신종민(申鐘旻)**

(생)1960·4·20 (주)서울특별시 강남구 삼성로96길 23 DB Inc. 어플리케이션서비스사업부(02-2136-6000) (학)1985년 경북대 통계학과졸 2008년 고려대 대학원 정보통신공학과졸 (경)1984년 (주)쌍용컴퓨터 과장 1992년 (주)동부 데이터센터장 2006년 同보험운영팀장 2010년 同금융사업부장 2013년 同어플리케이션서비스사업부장(상무) 2017년 同부사장 2017년 DB Inc. 어플리케이션서비스사업부장(부사장)(현)

**신종석(辛種碩) SHIN Jong Seok**

(생)1972·2·6 (주)인천광역시 연수구 벤처로 87 (주)휴니드테크놀러지스(032-457-6000) (학)중앙고졸, 연세대 경영학과졸, 미국 캘리포니아대 버클리교 대학원졸(MBA) (경)IMM벤처캐피탈 근무, 홍콩 페레그린증권 근무, (주)휴니드테크놀러지스 감사, 서인천개발(주) 대표, (주)한대 대표이사 2011년 (주)휴니드테크놀러지스 각자대표이사 2012년 同대표이사(현) (종)불교

**신종숙(申終淑·女)**

(생)1961 (주)서울특별시 영등포구 의사당대로 1 국회사무처 교육위원회(02-784-3270) (학)상명여대 불어교육학과졸, 한국개발연구원 국제정책대학원졸(공공정책학 석사), 행정학박사(성균관대) (경)1986년 9급 공채 2007년 국회예산정책처 경제사업평가팀 사업평가관(서기관) 2008년 국회사무처 예산결산특별위원회 입법조사관 2010년 同법제실 교육문화법제과 법제관 2011년 同법제실 복지여성법제과장 2012년 한국여성정책연구원 파견(서기관) 2013년 국회사무처 문화체육관광방송통신위원회 입법조사관 2015년 同미래창조과학방송통신위원회 입법조사관(부이사관) 2016년 국회예산정책처 기획관리관실 총무담당관 2017년 同예산분석실 법안비용추계2과장 2017년 국회사무처 국제국 의회외교정책심의관 2018년 同법제실 경제법제심의관 2018년 한국과학기술기획평가원 파견(이사관) 2019년 국회사무처 교육위원회 전문위원(이사관)(현)

**신종식(申鐘湜) SHIN Jong Sik**

(생)1958·10·27 (본)평산(平山) (출)서울 (주)서울특별시 마포구 와우산로 94 홍익대학교 미술대학 회화과(02-320-1927) (학)1982년 홍익대졸 1988년 프랑스 파리국립미술학교 회화과졸 1989년 프랑스 파리제8대 대학원졸 (경)개인전(7회), 한국현대미술展(해외순회) 1995년 홍익대 미술대학 회화과 조교수·부교수·교수(현), 同회화과 학과장 2002~2003년 한국기초조형학회 전시분과기획위원 2005~2007년 서울시교육청 심의위원 2006~2007년 우리은행 심사위원 2006년 세이브더칠드런코리아 감수위원 2006년 NAAF협회 위원장 2006년 서울역사박물관 심사위원 2006년 서울미술협회 위원장 2007년 K-art 국제문화교류협회 심사위원 2010년 홍익대 미술디자인교육원장 2015~2017년 同미술대학원장 (상)지중해비엔날레 앙리마티스상, 르쥬국제현대회화제 최우수상(1988), 동아미술제 동아미술상(1990), 중화민국문화부 북경 Art Expo금상(2005) (저)'드로잉'(2001, 시공사) (종)가톨릭

**신종열(辛宗烈) SHIN JONG YEOL**

(생)1972·2·25 (출)경남 창녕 (주)서울특별시 서초구 서초중앙로 157 서울중앙지방법원(02-530-1690) (학)1990년 창신고졸 1995년 서울대 경제학과졸 (경)1994년 사법시험 합격(36회) 1997년 사법연수원 수료(26기) 1997년 軍법무관 2000년 서울지법 서부지원 판사 2002년 서울지법 판사 2004년 대구지법 판사 2009년 서울고법 판사 2010년 대법원 재판연구관 2013년 부산지법 부장판사 2015년 인천지법 부천지원 부장판사 2017년 서울서부지법 부장판사 2019년 서울중앙지법 부장판사(현)

**신종오(申宗旿) Shin Jongo**

(생)1971·3·15 (출)서울 (주)대구광역시 수성구 동대구로 364 대구고등법원(053-757-6600) (학)1990년 상문고졸 1995년 서울대 사법학과졸 (경)1995년 사법시험 합격(37회) 1998년 사법연수원 수료(27기) 1998년 軍법무관 2001년 서울지법 의정부지원 판사 2003년 서울지법 판사 2004년 서울중앙지법 판사 2005년 울산지법 판사 2008년 서울서부지법 판사 2010년 서울고법 판사 2011년 대법원 재판연구관 2013년 대전지법 부장판사 2014년 서울고법 판사 2019년 대구고법 판사(현)

**신종우(辛宗祐) Shin Jong Woo**

(생)1968·4·29 (주)서울특별시 중구 세종대로 110 서울특별시청 인사과(02-2133-5702) (학)1987년 대전고졸 1995년 연세대 행정학과졸 (경)1995년 행정고시 합격(38회) 2007년 서울시 경쟁력강화본부 금융도시담당관 직무대리(지방서기관) 2011년 同감사관실 민원조사담당관 2013년 同버스정책과장 2015년 同정보기획담당관 2016년 同복지본부 복지정책과장 2017년 同재무국 재무과장 2018년 同행정국 총무과장 2019년 同행정국 총무과장(지방부이사관) 2019년 교육파견(지방부이사관)(현)

**신종우(辛鍾雨) SHIN JONGWOO**

(생)1972·3·28 (출)경남 창녕 (주)경상남도 진주시 월아산로 2026 경상남도 인재개발원(055-254-2100) (학)1990년 창신고졸 1998년 부산대 행정학과졸 (경)1997년 지방고시 합격(3회) 2010년 창원시 경제국장(서기관) 2011년 同문화체육국장, 지방행정연수원 연수, 창원시 해양개발사업소장 직대 2013년 同해양수산국장 2014년 경남도 투자유치단장 2015년 同국가산단추진단장 2015년 同해양수산국장 2016년 경남 창녕군 부군수 2016년 경남도 미래산업본부장 직대 2017년 同미래산업국장 2017~2019년 국외훈련 파견 2019년 경남도 인재개발원장(현)

**신종원(辛鍾元) SHIN Jong Won**

(생)1961·5·14 (본)영산(靈山) (출)경남 거제 (주)충청북도 음성군 맹동면 용두로 54 한국소비자원 소비자분쟁조정위원회(043-880-5500) (학)1979년 경상고졸 1984년 연세대 정치외교학과졸 (경)1982~1983년 연세대 총기독학생회(S.C.A) 회장 1996~2000년 소비자보호단체협의회 실행위원장 1997~2002년 녹색가게운동 사무국장 1997년 쓰레기문제해결을위한시민운동협의회 실무위원 1997~2000년 통신위원회 전문위원·정보통신부 정보통신서비스 평가위원 1997~1998년 서울 공선협 사무처장 1997년 민간TV토론위원회 간사 1997년 서울YMCA 시민중계실장 1997년 同시민사회운동부장 1998~2004년 서울시 녹색시민위원회 집행위원 1998~1999년 정부규제개혁위원회 심의위원 1999~2000년 대통령직속 사법개혁추진위원회 전문위원 1999~2000년 한아세안청소년교류조직위원회 사무국장 2000~2001년 의약분업정착을위한시민운동본부 운영위원장 2002~2003년 대통령자문 지속가능위원회(PCSD) 위원 2002~2004년 (사)한국소비자교육지원센터 이사 2003~2004년 (사)녹색구매네트워크(GPN) 이사 2003~2004년 방송위원회 보도교양심의위원회 위원 2005~2006년 대통령직속 사법개혁추진위원회 실무위원 2005년 대법원 국선변호위원회 위원 2005년 통신요금심의위원회 위원 2005년 대법원 법무사시험위원회 위원 2006~2007년 한국소비자단체협의회 이사 2007~2009년 법학교육위원회 위원 2008~2011년 서울지방변호사회 법관평가위원회 위원 2008~2014년 중앙선거관리위원회 정책자문위원회 위원 2008년 서울시 행정서비스시민평가단 위원 2009~2011년 건국대 상경대 소비자정보학과 겸임교수 2009~2011년 정보통신품질평가협의회 위원 2009~2012년 서울시 한강공원시설물가격조정위원회 위원장 2009~2011년 직접판매협회 자율규제위원회 위원 2010~2015년 서울YMCA 시청자시민운동본부장 2011~2014년 숙명여대 법과대학 겸임교수 2011~2014년 (사)한국자원봉사문화 이사 2012년 한국의료분쟁조정중재원 조정위원 2012~2015년 서울시 민생경제위원회 위원장 2012~2015년 대법원 양형위원회 자문위원 2013~2014년 검찰개혁심의위원회 위원 2013~2015년 국민대통합위원회 갈등포럼 위원 2013~2015년 서울YMCA 시민문화운동본부장 2015년 미래창조과학부 정책고객대표자회의 위원 2016~2018년 서울YMCA 위탁사업운영본부장 2016~2018년 망우청소년수련관 관장 겸임 2016년 방송통신위원회 자체평가위원(현) 2016년 개인정보보호위원회 위원(현) 2017년 방송통신위원회 방송통신정책고객대표자회의 위원(현) 2017년 과학기술정보통신부 정책고객대표자회의 위원(현) 2018년 한국소비자원 소비자분쟁조정위원회 위원장(현) (상)대통령표창(1999) (저)'경쟁적 통신시장에서의 규제 및 공정경쟁 정책방향(共)'(2004, 서울대경제연구소) '한국에서 공정이란 무엇인가(共)'(2011, 사회통합위원회) (종)기독교

**신종철(申宗澈) Jongchul Shin**

(생)1974·8·16 (본)평산(平山) (출)서울 (주)경기도 과천시 관문로 47 방송통신위원회 이용자정책국 개인정보보호윤리과(02-2110-1520) (학)1992년 대성고졸 1997년 연세대 행정학과졸 2000년 서울대 행정대학원 행정학과졸 2012년 법학박사(미국 서던일리노이대) (경)1997년 행정고시 합격(41회) 2000~2004년 軍 복무(공군 중위 만기제대) 2004년 정보통신부 정보화기획실 사무관 2005년 同정보통신협력국 사무관 2006년 同통신전파방송정책본부 사무관 2007년 同통신전파방송정책본부 서기관 2008년 방송통신위원회 통신정책국 서기관 2009년 국외 직무 훈련(미국 서던일리노이대 로스쿨) 2012년 미국 일리노이주 변호사자격 취득 2012년 국가경쟁력강화위원회 파견 2013년 미래창조과학부 전파정책국 전파기반과장 2015년 同통신정책국 통신서비스기반팀장 2015년 방송통신위원회 단말기유통조사단 단말기유통조사담당관 2016~2017년 同방송기반국 편성평가정책과장 2017년 연세대 법무대학원 겸임교수 2018년 방송통신위원회 기획조정관실 행정법무담당관 2019년 한양대 언론정보대학원 겸임교수(현) 2019년 방송통신위원회 이용자정책국 개인정보보호윤리과장(현) (상)국무총리표창(2007) (저)'통신법해설'(2013, 진한M&B) '전파법해설'(2013, 진한M&B) '단말기유통법해설 : 단말기유통법의 해석과 사례'(2016, 진한M&B) '전기통신사업법 연구'(2016, 법문사) '방송법 연구'(2019, 법문사)

**신종호(辛宗昊) Shin, Jong-ho**

(생)1960·10·10 (본)영월(寧越) (출)경기 양평 (주)서울특별시 광진구 능동로 120 건국대학교 공과대학 사회환경공학부(02-2049-6081) (학)1983년 고려대 토목공학과졸 1985년 한국과학기술원(KAIST) 건설환경공학과졸(석사) 2000년 박사(영국 런던대 임페리얼칼리지) (경)1981년 기술고시 합격(17회) 1985년 대우엔지니어링 기술연구소 선임연구원 1988년 서울시 지하철건설본부 계획설계과장·지리정보담당관·청계천복원사업담당관 2004년 건국대 공과대학 사회환경공학부 교수(현) 2009년 대통령 경제수석비서관실 국토해양비서관 2009년 대통령직속 국가건축정책위원회 국가건축정책기획단장 겸임 2011년 대통령 지역발전비서관 2011년 대통령직속 지역발전위원회 기획단장 겸임 2012년 대통령 국정과제2비서관 2016~2018년 (사)한국터널지하공간학회 회장 (상)대통령표창(2001), 영국 토목학회(ICE) John King Medal(2003), 한국지반공학회 특별논문상(2004), 건국대 공학학술상(2007), 영국 토목학회 Reed and Mallik Medal(2007), 서울시 토목상(2008), 한국터널공학회 학술상(2009), 홍조근정훈장(2011), 영국 토목학회(ICE) Overseas Prize(2012), 대한토목학회 저술상(2016) (저)'전산지반공학(共)'(2015) '지반역공학 I,II'(2015) (역)'토질역학'

**신종훈(申宗勳) SHIN JONG HUN**

(생)1964·9·19 (출)강원 속초 (학)1983년 속초고졸 1987년 강릉대 물리학과졸 2016년 수원대 행정대학원졸 (경)1987년 경기 안양소방서 지방소방장(국비소비장학생) 2007년 경기도 소방재난본부 소방행정팀장 2008년 경기 광명소방서장 2010년 경기 포천소방서장 2011년 경기도소방학교 교육기획과장 2012년 경기 남양주소방서장 2015년 경기 시흥소방서장 2017~2018년 경기 하남소방서장 (상)국무총리표창(2007), 행정안전부장관표창(2011)

**신주선(辛周善) SHIN Joo Sun**

(생)1956·10·5 (본)영월(寧越) (출)충북 청주 (주)서울특별시 강남구 삼성로 528 부방빌딩 1층 KSF선박금융(주) 대표이사실(02-559-1900) (학)1975년 신일고졸 1984년 한국외국어대 중국어학과졸 (경)1984년 서울은행 입행 2003년 한국선박운용 상무이사 2006년 KSF선박금융(주) 상무이사 2007년 同대표이사(현)

**신 준(申 晙) SIN Jun**

(생)1959·7·2 (출)경기 동두천 (주)충청남도 천안시 서북구 백석공단1로 111 노루비케미칼 사장실(041-620-6200) (학)1986년 연세대 경제학과졸 (경)(주)디피아이 지원담당 이사 2006년 (주)노루페인트 지원담당 이사 2008년 同지원담당 상무 2012년 同전무, 同관리·경영본부장(부사장) 2016년 노루비케미칼 대표이사 부사장 2017년 同대표이사 사장(현)

**신준섭(辛浚燮) SHIN JUN SUP**

(생)1970·8·17 (출)서울 (주)경기도 평택시 세교산단로 61 성문전자(주)(031-650-2909) (학)1989년 미국 테네플라이고졸 1993년 미국 뉴욕대 경영학과졸 2004년 일본 와세다대 경영대학원 MOT과정 수료 (경)1993년 성문전자(주) 입사 2003년 同관리이사 2004년 서울청년회의소 회장 2005년 한국청

년회의소 국제실장 2006년 국제청년회의소(JCI) 미국캐나다담당 부회장 2006년 성문전자(주) 전무이사 2007년 국제청년회의소(JCI) 상임부회장 2008년 한국청년정책연구원 등재이사 2009년 국제청년회의소(JCI) 세계회장 2010년 성문전자(주) 부사장 2013년 대한야구협회 국제이사(현) 2014년 미국 뉴욕대(NYU)한국총동문회 사무총장(현) 2019년 성문전자(주) 대표이사(현) (상)석탑산업훈장(1987), 철탑산업훈장(1992), 동탑산업훈장(1998), 과학기술부 과학기술훈장 웅비장(2004), 한국품질재단 신품질포럼 글로벌시스템대상(2012)

### 신준식(申俊湜) Joon-shik Shin

(생)1952·3·22 (출)충남 (주)서울특별시 강남구 강남대로 536 자생의료재단(02-3218-2206) (학)효명종합고졸 1988년 경희대 한의학과졸 1995년 同대학원 한의학과졸 1999년 한의학박사(경희대) 2017년 명예 의학박사(미국 미시간주립대) 2019년 명예 한의학박사(부산대) (경)자생의료재단 명예이사장(현) 1991~2012년 대한척추신경추나의학회 회장 1998년 경희대 한의과대학 외래교수(현), 중국 제1군의대학 명예교수, 세계중의골과연합회 부회장, 경희대 한의과학연구원 수석연구원, 미국 어바인의과대 국제동양의학연구소 연구이사, 同동서의학대학원 겸임교수, 포천중문의과대 외래교수, 경원대 한의학과 외래교수 2010년 대한한방병원협회 회장(현) 2011년 미국 미시간주립대 Osteopathic의과대학 명예교수(현) 2012년 대한척추신경추나의학회 명예회장(현) (상)보건사회부장관표창(1993), 대통령 국민포장(2000), 국민훈장 동백장(2006), 한국카네기연구소 대한민국 최고리더십상(2007), 보건복지가족부장관표창(2007), 대한민국보건산업대상 한방부문 대상(2008), 문학세계 문학상 시 부문 대상(2013), 국민훈장 모란장(2015), 대통령표창(2017) (저)'허리병 때문에 아직도 고생하십니까'(1999, 아침나라) '허리가 생명이다'(2000, 가교) '자생력 건강법'(2011, 가교) '척추는 자생한다'(2011, 느낌이있는책) '마흔 아프지 않게 살고 싶다'(2013, 라이온북스) '비 맞지 않고 크는 나무는 없다'(2014, 느낌이있는책) 시집 '맺고 풀고 하니 사랑이더라'(2015, 천우)

### 신준한(愼俊漢) SHIN Joon Han

(생)1962·2·14 (본)거창(居昌) (출)제주 제주시 (주)경기도 수원시 영통구 월드컵로 164 아주대학교병원 순환기내과(031-219-5712) (학)1980년 제주제일고졸 1986년 연세대 의대졸 1995년 同대학원졸 (경)1986~1994년 연세대 의대 인턴·해군 軍의관·연세대 의대 내과 전공의 1994년 아주대 의과대학 순환기내과학교실 교수(현) 2008년 아주대병원 진료의뢰센터 소장 2010년 同제2진료부원장 2012년 同순환기내과 주임교수 겸 과장(현) 2014·2016·2018년 同심혈관센터장(현) 2014~2015년 한국심초음파학회 이사장 2015~2017년 同임원추천위원회 위원 2016년 同이사(현)

### 신준호(辛俊浩) SHIN Joon Ho

(생)1941·11·1 (본)영산(靈山) (출)울산 울주 (주)서울특별시 영등포구 문래로 60 (주)푸르밀(02-2639-3114) (학)1960년 경남고졸, 동국대졸 1966년 미국 뉴욕대 경영대학원 수료 (경)1967년 롯데제과 전무 1974년 롯데칠성음료 대표이사 1974년 롯데제과 대표이사 1977년 롯데건설 사장 1978년 롯데삼강 사장 1978년 롯데그룹(17개회사) 운영본부장·사장 1980년 롯데물산 사장 1981~1984년 롯데제과 사장 1981년 롯데햄·롯데우유 사장 1981년 롯데건설 사장 1982~1992년 同부회장 1982~1996년 프로야구 롯데 자이언츠 구단주 1992~1996년 롯데그룹 부회장 1993~1997년 전국경제인연합회 부회장 1996~2007년 롯데햄·롯데우유 부회장 2007~2008년 롯데우유(주) 대표이사 회장 2009~2018년 (주)푸르밀 대표이사 회장 2012년 학교법인 의담학회(서울여자간호대) 이사장(현) 2018년 (주)푸르밀 회장(현) (상)철탑산업훈장(1988)

### 신준호(申俊浩)

(생)1974 (주)광주광역시 동구 준법로 7-12 광주지방검찰청 강력부(062-231-4320) (학)경북대 공법학과졸 (경)2001년 사법시험 합격(43회) 2004년 사법연수원 수료(33기) 2008년 의정부지검 고양지청 검사 2009년 수원지검 성남지청 검사 2011년 울산지검 검사 2014년 대전지검 천안지청 검사 2016년 서울중앙지검 검사 2018년 同부부장검사 2019년 광주지검 강력부장(현)

### 신중범(愼重範) Shin Joong Beom

(생)1971·9·24 (본)거창(居昌) (출)서울 (주)세종특별자치시 갈매로 477 기획재정부 인사과(044-215-2252) (학)1990년 경기고졸 1995년 연세대 경제학과졸 2005년 경제학박사(미국 미주리대 컬럼비아교) (경)1994년 행정고시 합격(38회) 1995~1998년 재정경제원 금융정책실 금융정책과·국민저축과 근무 1998~2003년 재정경제부 국제금융국 외환제도과 근무 2006~2007년 同경제정책국 경제분석과·종합정책과 근무 2007~2011년 국제통화기금(IMF) 재정국(FAD) Economist 2011~2013년 기획재정부 G20기획조정단 거시총괄과장·국제금융협력국 거시협력과장 2013~2014년 대통령 경제수석비서관실 행정관 2014년 기획재정부 국제금융정책국 외화자금과장 2016년 同인사과장(부이사관) 2017년 국제통화기금(IMF) 파견(현)

### 신중식(申重植) shin jung shik

(생)1954·5·6 (본)고령(高靈) (출)충북 청원 (주)서울특별시 강남구 강남대로84길 23 세무법인 명인(02-557-1159) (학)청주상고졸 1976년 청주대 행정학과졸 (경)1992년 구미세무서 간세과장 1993년 서울 개포세무서 소득세1과장 1994년 국세청 부가세과 사무관 1995년 서울지방국세청 부동산조사담당관실 사무관 1999년 同재산세과 사무관 2004년 同조사1국 3과 서기관 2006년 국세심판원 제7조사관실 서기관 2006년 동청주세무서장 2008년 중부지방국세청 조사2국 3과장 2009년 서울지방국세청 조사4국 4과장 2010년 서울 양천세무서장 2010~2011년 서울 삼성세무서장 2012년 세무사 개업(현) (상)국무총리표창(1991), 녹조근정훈장(2003)

### 신중혁(愼重赫) SHIN Joong Hyuck

(생)1958·10·7 (출)서울 (주)서울특별시 강남구 남부순환로 2806 군인공제회관 22층 엠플러스자산운용(주)(02-6007-4700) (학)1977년 대광고졸 1982년 성균관대 행정학과졸 1986년 미국 롱아일랜드대 경영대학원 MBA (경)1991년 서울증권 국제부 과장 1991년 同홍콩사무소 개설준비위원장 1992년 同홍콩사무소장 1995년 同국제영업팀장 1998년 同법인영업팀장 1999년 한일투자신탁운용(주) 경영·마케팅본부장 1999년 同채권운용본부장(이사) 2000년 同경영·마케팅본부장(상무) 2004년 세이(SEI)에셋코리아자산운용 부사장 2008~2009년 유진자산운용 주식·채권운용·컴플라이언스·마케팅담당 각자대표이사 사장 2014년 엠플러스자산운용(주) 대표이사(현)

### 신중호

(생)1972·2·25 (주)경기도 성남시 분당구 황새울로360번길 42 분당스퀘어 11층 라인플러스(주)(1544-9430) (학)1994년 한국과학기술원(KAIST) 전산학과졸 1996년 同대학원 전산학과졸 (경)1996~1999년 연구개발정보센터(KORDIC) 연구원 1999년 오즈테크놀로지 근무 2002년 네오위즈게임즈 근무 2005~2006년 네오위즈 검색팀장 2005년 검색사이트 '첫눈(1noon)' 창업 2006년 첫눈(1noon) 네이버에 인수 2007~2013년 NHN 이사 2013년 라인플러스(주) 대표이사(현) 2014년 라인(주) 최고글로벌책임자(CGO) 2018년 同최고보안책임자(CSO) 2019년 同고객감동최고책임자(CWO) 2019년 同공동대표이사(현)

**신지선(愼之茋 · 女)**
(생)1975 · 1 · 9 (출)경남 하동 (주)부산광역시 해운대구 재반로112번길 19 부산지방검찰청 동부지청 형사2부(051-780-4309) (학)1993년 부산 학산여고졸 1997년 이화여대 법학과졸 (경)2000년 사법고시 합격(42회) 2003년 사법연수원 수료(32기) 2003년 부산지검 검사 2005년 창원지검 검사 2007년 서울남부지검 검사 2010년 인천지검 검사 2012년 울산지검 검사 2015년 대구지검 검사 2017년 부산지검 동부지청 검사 2017년 同동부지청 부부장검사 2018년 제주지검 부부장검사 2019년 부산지검 동부지청 형사2부장(현)

**신지애(申智愛 · 女) SHIN Ji Yai**

(생)1988·4·28 (출)전남 영광 (학)2007년 함평골프고졸 2014년 연세대 체육교육학과졸 (경)하이마트 소속 2004년 익성배 매경아마추어골프선수권대회 우승 2004년 경희대총장배 전국중고골프대회 우승 2004년 한미 전국학생골프선수권대회 우승 2005년 매경 빅야드배 전국중고등학생골프대회 우승 2005년 강민구배 한국여자아마추어골프선수권 우승 2005년 송암배 아마추어골프선수권대회 우승 2005년 한국주니어골프선수권 우승 2005년 KLPGA SK엔크린인비테이셔널 우승 2005년 한국여자프로골프협회 회원(현) 2005년 코사이도 대만-일본프렌드십골프토너먼트 우승 2006년 태영배 한국여자오픈 우승 2007년 유럽여자골프투어(LET) ANZ레이디스마스터스 준우승 2007년 여자월드컵골프대회 국가대표 2007년 MBC투어 엠씨스퀘어컵 크라운CC 여자오픈 우승 2007년 힐스테이트 서경오픈골프대회 우승 2007년 MBC투어 비씨카드 클래식 우승 2007년 KB국민은행 Star Tour 3차대회 우승 2007년 KB국민은행 Star Tour 4차대회 우승 2007년 SK에너지 Invitational 여자골프대회 우승 2007년 삼성금융레이디스챔피언십 우승 2007년 인터불고마스터스 우승 2007년 ADT챔피언십 우승 2007년 차이나레이디스오픈 우승(국내골프 사상 첫 시즌 10승) 2008년 세계여자골프월드컵 준우승 2008년 유럽여자프로골프투어 MFS호주여자오픈 준우승 2008년 JLPGA투어 요코하마타이어 PRGR레이디스컵 우승 2008년 KLPGA투어 우리투자증권레이디스챔피언십 우승 2008년 태영배 한국여자오픈골프선수권대회 우승 2008년 KLPGA투어 비씨카드클래식 우승 2008년 LPGA투어 브리티시여자오픈 우승 2008년 신세계KLPGA선수권대회 우승 2008년 KLPGA투어 하이트컵챔피언십 우승 2008년 KB국민은행 스타투어 4차대회 우승 2008년 LPGA투어 미즈노 클래식 우승 2008년 LPGA투어 ADT챔피언십 우승 2009~2014년 미래에셋자산운용(주) 소속(연 계약금 10억원·성적에 따른 인센티브 최대 5억원 등 5년간 총 75억원) 2009년 LPGA투어 HSBC 위민스 챔피언스대회 우승 2009년 LPGA투어 웨그먼스LPGA 우승 2009년 2009광주세계광엑스포 홍보대사 2009년 LPGA투어 P&G뷰티 NW아칸소챔피언십 우승 2009년 LPGA투어 삼성월드챔피언십 3위 2009년 JLPGA투어 마스터스 GC레이디스 우승 2009년 LPGA투어 로레나 오초아 인비테이셔널 공동3위 2010년 LPGA투어 HSBC위민스챔피언스 공동3위 2010년 LPGA투어 KIA 클래식 공동3위 2010년 JLPGA투어 사이버에이전트 레이디스 우승 2010년 재규어 홍보대사 2010년 LPGA투어 레그먼스 LPGA챔피언십 공동3위 2010년 LPGA투어 에비앙마스터스 우승 2010년 LPGA투어 캐나다여자오픈 공동2위 2010년 메트라이프·한국경제 KLPGA챔피언십 우승 2010년 JLPGA 투어 후지쓰레이디스 2위 2010년 LPGA투어 미즈노클래식 우승 2011년 유럽여자프로골프투어 호주여자오픈 공동2위 2011년 LPGA투어 KIA 클래식 2위 2011년 LPGA투어 숍라이트 LPGA클래식 공동2위 2011년 대만여자프로골프(TLPGA)투어 스윙잉 스커츠대회 공동2위 2012년 LPGA투어 혼다 타일랜드 3위 2012년 LPGA투어 KIA 클래식 공동3위 2012년 JLPGA투어 사이버 에이전트 레이디스 공동3위 2012년 JLPGA투어 사만사 타바사 레이디스 공동3위 2012년 LPGA투어 캐나다여자오픈 공동3위 2012년 LPGA투어 킹스밀 챔피언십 우승 2012년 LPGA투어 브리티시여자오픈 우승 2012년 한국여자프로골프(KLPGA) 2013시즌 개막전 스윙잉 스커츠 월드 레이디스 마스터스 공동3위 2013년 LPGA투어 호주여자오픈 우승 2013년 대한적십자사 홍보대사 2014년 JLPGA투어 니치레이 레이디스 우승 2014년 JLPGA투어 메이지컵 우승 2014년 JLPGA투어 니토리 레이디스 우승 2014년 JLPGA투어 먼싱웨어 레이디스 토카이클래식 우승, 일본 스리본드 메인 스폰서 계약(현) 2015년 JLPGA투어 사이버 에이전트 레이디스 우승 2015년 JLPGA투어 니치레이 레이디스 우승 2015년 JLPGA투어 먼싱웨어 레이디스 도카이 클래식 공동2위 2015년 JLPGA투어 투어챔피언십 리코컵 우승 2015년 한국여자프로골프(KLPGA) '명예의 전당' 헌액(최연소) 2016년 유럽여자프로골프투어(LET) RACV 레이디스 마스터스 우승 2016년 JLPGA투어 악사 레이디스 토너먼트 2위 2016년 JLPGA투어 야마하 레이디스오픈 2위 2016년 JLPGA투어 호켄 마도구치 레이디스 우승 2016년 JLPGA투어 니치레이 레이디스 우승(3년연속 우승) 2016년 JLPGA투어 미야기TV배 던롭여자오픈 2위 2016년 JLPGA투어 일본여자오픈 3위 2016년 JLPGA투어 히구치 히사코 미쓰비시 전기 레이디스 우승 2017년 JLPGA투어 니토리 레이디스 골프 토너먼트 우승 2017년 일본 K-Food 명예 홍보대사(현) 2018년 JLPGA투어 월드 레이디스 챔피언십 살롱파스컵 우승 2018년 JLPGA투어 골프5 레이디스 토너먼트 우승 2018년 JLPGA투어 제51회 코니카 미놀타컵 LPGA 챔피언십 우승 2018년 JLPGA투어 챔피언십 리코컵 우승 2019년 JLPGA투어 스튜디오 앨리스 레이디스오픈 우승 2019년 JLPGA투어 후지산케이 레이디스 클래식 우승 2019년 JLPGA투어 어스 몬다민컵 우승 2019년 JLPGA투어 골프5 레이디스 골프 토너먼트 공동2위 (상)한국여자프로골프(KLPGA) 5관왕(신인왕·대상·최저타상·상금왕·다승왕)(2006), 한국여자프로골프(KLPGA) 4관왕(대상·최저타상·상금왕·다승왕)(2007), 한국여자프로골프(KLPGA) 5관왕(대상·최저타상·상금왕·다승왕·KB스타투어 상금왕)(2008), 대한골프협회 최우수선수(MVP)(2008), 미국여자프로골프(LPGA) 3관왕(신인왕·상금왕·공동다승왕)(2009), 한국여자프로골프(KLPGA) 국외선수부문 대상(2009), 미국골프기자협회 최우수여자선수상(2009), 환경재단 세상을 밝게 만든 사람들상(2009), 대한골프협회 2009최우수프로선수(2010), 미국골프기자협회(GWAA) 2009올해의여자선수상(2010), 대한민국 인재상(2010), 연세대 공로상(2014), 보건복지부장관표창(2017), 일본여자프로골프(JLPGA)투어 최저 평균타수상(2017), 일본여자프로골프(JLPGA)투어 올해의 선수상(MVP)(2018), 동아스포츠대상 특별상(2018)

**신지연(辛志娟 · 女) Jee Yeon SHIN**

(생)1967 · 9 · 17 (출)부산 (주)서울특별시 종로구 청와대로 1 대통령 제1부속비서관실(02-770-0011) (학)경남여고졸, 미국 미시간대 정치학과졸(국제관계 전공), 미국 New York Law School 법학석사(Juris Doctor(J.D.)) (경)미국 뉴욕주 변호사, 법무법인 태평양 외국변호사(기업인수합병 관련업무), 삼성중공업 법무실 수석변호사, 김앤장법률사무소 외국변호사(국제중재 · 해외투자분쟁 업무) 2012년 민주통합당 제18대 문재인 대통령후보 외신담당 대변인 2017년 더불어민주당 제19대 문재인 대통령후보 PI(Personal Image)팀장 2017년 대통령 국민소통수석비서관실 해외언론비서관 2019년 대통령 제2부속비서관 2019년 대통령 제1부속비서관(현)

**신지철(申智澈) SHIN JI CHEOL**

(생)1961 · 11 · 28 (주)서울특별시 서대문구 연세로 50-1 세브란스 재활병원 재활의학과(02-2228-3713) (학)1986년 연세대 의대졸 1989년 同대학원 의학석사 2000년 의학박사(가톨릭대) (경)1996년 연세대 의과대학 재활의학교실 전임강사 · 조교수 · 부교수 · 교수(현) 2000~2011년 세브란스병원 재활의학과장 겸 재활병원 진료부장 2003년 ISO/TC168 위원장 2004년 대한척수손상학회 총무, 同부회장 2004~2009년 노동부 산업재해보상보험심의위원회 전문위원 2005~2008년 세계재활의학회 이사 2005~2011년 국무총리 행정심판위원회 보건위원 2006~2008년 대한재활의학회 이사 겸 학회사편찬위원장 2008년 대한재활의학

회 이사 및 고시위원장 2009~2011년 국시원 의지보조기기사시험위원회 위원장 2009~2014년 한국의지보조기학회 및 ISPO(국제의지보조기학회) 한국지회 이사·부회장 2010년 연세대 의과대학 재활의학연구소장(현) 2011~2018년 세브란스재활병원 원장 2012~2013년 식품의약품안전청 의료기기임상전문가 위원 2012~2014년 대한재활의학회 교육위원회 위원장·고시위원회 위원 2012~2014년 대한림프부종학회 이사 2012~2014년 대한재활의학회 장애평가위원회 위원 2012~2014년 국토교통부 제3기 재활시설운영심의위원회 심의위원 2014~2016년 식품의약품안전평가원 의료기기허가·심사자문 외부전문가 2015년 한국의지보조기학회 회장 2015~2016년 건강보험심사평가원 서울지원 지역심사평가위원회 비상근심사위원 2015~2016년 산업통상자원부 국가기술표준원 산업표준심의회의 보장구(ISO/TC168) 전문위원회 위원 2015년 2016아시아의지보조기학술대회 조직위원 2015~2017년 한국보건의료인국가시험원 제11기 직종별시험위원회 위원 2016~2017년 식품의약품안전처 차세대의료기기100프로젝트 전문가위원 2016년 한국의지보조기학회 부회장(현) 2016~2018년 대한재활의학회 편찬위원장 2017~2018년 건강보험심사평가원 진료심사평가위원회 비상근심사위원 2017~2019년 同자동차보험심사전문가 자문단 2017년 대한척수학회 회장(현) 2018년 건강보험분쟁조정위원회 의료자문단 자문위원(현) 2018년 식품의약품안전평가원 의료기기 외부전문가 참여프로그램 자문가 위원(현) 2018년 한국보건의료연구원 내과계 의료전문위원회(현) 2018년 연세의료원 감사실장(현) 2019년 건강보험심사평가원 비상근 심사위원(현) (상)대한재활의학회 학술상(2003·2004), 세종대왕 나눔봉사대상·아름다운 대한국인상(2013), 연세대 의과대학 총동창회 올해의 동창상(2015), 대한재활의학회 우수논문상(2015) (저)'재활의학 1~2쇄'(2007·2008) 'Essential 재활의학'(2013) '정형외과학'(2013) (종)기독교

### 신지호(申志鎬) SHIN Ji Ho

(생)1963·6·23 (본)평산(平山) (출)서울 (주)서울특별시 서대문구 연세로 50 연세대학교 동서문제연구원(02-2123-3508) (학)1981년 경기고졸 1985년 연세대 경제학과졸 1997년 일본 게이오대 대학원 정치학과졸 2000년 정치학박사(일본 게이오대) (경)1997년 일본 경단련 21세기정책연구소 연구원 2000~2002년 삼성경제연구소 북한연구팀 수석연구원 2002년 서강대 공공정책대학원 겸임교수 2002년 한국개발연구원 북한경제팀 초빙연구위원 2003년 북한경제전문가100인포럼 회원 2004년 자유주의연대 대표 2005년 교과서포럼 멤버 2006년 뉴라이트재단 이사 2007년 대통령직인수위원회 외교통일안보분과 자문위원 2008~2012년 제18대 국회의원(서울 도봉甲, 한나라당·새누리당) 2008~2010년 국회 행정안전위원회 위원 2008년 한나라당 인권위원회 부위원장 2008년 同대표특보 2009~2010년 同총무담당 원내부대표 2010년 同전당대회 준비위원회 위원 2010년 同홍보기획위원회 부위원장 2011년 同비상대책위원회 위원 2011~2012년 국회 법제사법위원회 위원 2012~2014년 건국대 행정대학원 초빙교수 2014년 한국경제연구원 초빙연구위원 2015년 연세대 동서문제연구원 객원교수(현) 2016년 소리바다 사외이사(현) 2017~2018년 (주)이디 사외이사 (저)'고백' '그대 아직도 혁명을 꿈꾸는가' '북한경제발전전략의 모색' '남북경협 가이드라인' '북한의 개혁개방'(2000) '뉴라이트의 세상읽기'(2006) (역)'북한은 무너지지 않는다'(1997) (종)기독교

### 신진서(申眞諝)

(생)2000·3·17 (출)부산 (주)서울특별시 성동구 마장로 210 한국기원(02-3407-3870) (경)한종진 프로기사(8단) 문하생 2012년 프로바둑계 입단(최초 영재 입단자) 2013년 2단 승단 2014년 제2기 메지온배 한·중신예바둑대항전 우승 2014·2015년 제2·3기 합천군 초청 미래포석열전 우승(2연패) 2015년 제3기 하찬석국수배 영재바둑대회 우승 2015년 3단 승단 2015년 제3기 메지온배 오픈 신인왕전 우승 2015년 렛츠런파크배 오픈토너먼트 우승 2015년 하찬석국수배 영재바둑대회 우승 2015년 5단 승단 2016년 6단 승단 2016년 홍구탄배 한중일 삼국 바둑 정예대회 우승 2016년 TV바둑아시아 준우승 2017년 7단 승단 2017년 8단 승단 2017년 제4회 글로비스배 세계바둑 U-20 우승 2017년 제4회 국수산맥 한·중·일·중화대북 단체바둑대항전 준우승 2017년 IMSA 국제엘리트 마인드게임스 바둑부문 남자단체전 우승 2017년 크라운해태배 준우승 2018년 제19회 농심신라면배 세계바둑최강전 한·중·일 단체전 우승 2018년 제5회 글로비스배 3위 2018년 9단 승단(현) 2018년 제23기 GS칼텍스배 우승 2018년 JTBC 챌린지매치 4차대회 우승 2018년 제5회 오카게배 국제신예바둑대항전 우승 2019년 제4회 백령배 세계바둑선수권대회 준우승 2019년 제24기 GS칼텍스배 우승 2019년 2019세계페어바둑최강위전 준우승 (상)바둑대상 최우수신인상(2014), 바둑대상 승률상(2016), 한국스카우트연맹 자랑스러운 청소년대상 체육부문(2017), 바둑대상 최우수기사(MVP)·남자다승상·남자승률상·남자연승상(2018)

### 신진수(申振秀) Shin Jin Soo

(생)1965·2·10 (출)충남 보령 (주)경상남도 창원시 의창구 중앙대로250번길 5 낙동강유역환경청 청장실(055-211-1600) (학)1993년 고려대 법학과졸 (경)1992년 행정고시 합격(36회), 환경부 수질보전국 수질정책과 사무관 2002년 同수질보전국 수질정책과 서기관 2003년 同폐기물자원국 자원재활용과 서기관 2004년 同자연보전국 자연정책과 서기관 2004년 국무조정실 파견 2007~2008년 환경부 상하수도국 물산업육성과장(서기관) 2008년 대통령 환경비서관실 행정관 2009~2012년 유엔환경계획(UNEP) 파견 2012년 환경부 자원순환국 폐자원관리과장 2013년 同자원순환국 자원순환정책과장 2015년 국립환경인력개발원 원장(고위공무원) 2015년 환경부 자원순환국장 2017년 국방대 교육훈련 파견(고위공무원) 2017년 낙동강유역환경청장(현) (상)대통령표창(2001)

### 신진식(申珍植) SHIN Jin Sik

(생)1975·2·1 (출)충남 (주)경기도 용인시 기흥구 보정로 5 대전삼성블루팡스 배구단(031-260-7970) (학)1993년 남성고졸 1997년 성균관대졸 (경)1996~2007년 대전 삼성화재 블루팡스 소속선수 1998년 방콕아시안게임 배구국가대표 2000년 시드니올림픽 배구국가대표 2002년 부산아시안게임 배구국가대표 2006년 세계남자배구선수권대회 국가대표 2006년 도하아시안게임 배구국가대표 2007년 프로배구 V리그 올스타 2010년 배구국가대표팀 트레이너 2010년 KBS N 스포츠 해설위원 2011~2013년 홍익대 배구부 감독 2013~2016년 대전 삼성화재 블루팡스 코치 2017년 同감독(현) 2018년 KOVO컵 우승 (상)한국배구슈퍼리그 베스트식스·서브상·인기상(1997), 한국배구슈퍼리그 MVP·베스트식스·서브상(1998), 한국배구슈퍼리그 MVP·베스트식스·인기상(2001), V-코리아 세미프로리그 공격상(2001), 한국배구슈퍼리그 공격상(2002), 삼성화재 애니카 배구슈퍼리그 MVP(2003), AVC컵 클럽배구선수권대회 MVP, 한국배구슈퍼세미프로리그 우승, 한국배구슈퍼리그 우승 (종)기독교

### 신진영(申進泳) SHIN JhinYoung

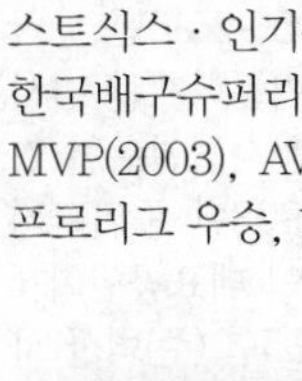

(생)1962·3·2 (주)서울특별시 영등포구 여의나루로 76 한국거래소 별관 10층 한국기업지배구조원(02-2123-5467) (학)1985년 서울대 경제학과졸 1987년 同대학원 경제학과졸 1990년 미국 카네기멜론대 대학원 재무학과졸 1993년 금융학박사(미국 카네기멜론대) (경)1993~1999년 홍콩과학기술대 조교수 1999~2002년 아주대 경영대학 부교수 2002년 연세대 경영대학 경영학과 재무전공 교수(현) 2005년 경영학연구 편집간사 2006~2007년 National Univ. of Singapore 객원교수 2008년 한국재무학회 연구위원장, (주)미래에셋증권 사외이사 2013년 금융위원회 정책·글로벌금융분과 위원 2014년 (주)NICE홀딩스 사외이사 겸 감사위원(현) 2014년 동양증권(주) 감사(사외이사) 2015년 금융

위원회 금융개혁회의 위원 2016년 同금융발전심의회 정책·글로벌금융분과 위원 2016년 同금융개혁추진위원회 위원 겸임 2019년 한국증권학회 회장(현) 2019년 한국기업지배구조원 원장(현)

### 신진창(辛珍昌)

(생)1970 (주)서울특별시 종로구 세종대로 209 금융위원회 금융그룹감독혁신단(02-2156-8000) (학)우신고졸, 서울대 경영학과졸, 영국 버밍햄대 대학원졸 (경)1997년 행정고시 합격(40회), 금융위원회 서민금융팀장, 대통령실 파견, 금융위원회 서민금융과장, 駐영국대사관 참사관, 금융위원회 중소금융과장 2018~2019년 同금융정책과장(부이사관) 2019년 同금융그룹감독혁신단장(고위공무원)(현)

### 신진화(申眞和·女)

(생)1961·11·11 (출)서울 (주)서울특별시 마포구 마포대로 174 서울서부지방법원(02-3271-1104) (학)1980년 상명대부속여고졸 1984년 서울대졸 (경)1997년 사법시험 합격(39회) 2000년 사법연수원 수료(29기) 2000년 서울지법 의정부지원 판사 2002년 서울지법 판사 2004년 대구지법 판사 2007년 서울서부지법 판사 2011~2015년 서울중앙지법 판사 2012~2014년 헌법재판소 파견 2015년 청주지법 영동지원장 2017년 의정부지법 부장판사 2019년 서울서부지법 부장판사(현)

### 신찬수(申瓚秀) SHIN, Chan Soo (宇朝)

(생)1934·4·25 (본)고령(高靈) (출)충남 서천 (주)서울특별시 종로구 우정국로 48 삼덕회계법인(02-397-6653) (학)1955년 군산상고졸 1961년 서울대 상대 상학과졸 1965년 고려대 대학원 경영학과졸 1998년 서울대 경영대 최고경영자과정 수료 2005년 서울시립대 세무학박사과정 수료 (경)1962~1969년 한국전력(주) 근무 1962년 공인회계사시험 합격(7회) 1965~1998년 국세청 세무공무원연수원 강사 1969년 공인회계사 개업 1977~1997년 서울대 대학원 강사 1979~1998년 법무부 법무연수원 강사 1979~1981년 한국공인회계사회 부회장 1979~1997년 증권관리위원회 회계제도 자문위원 1979~1981년 제15·16·17회 공인회계사 제3차 시험위원 1980~1981년 국세청 세정자문위원 1982~1988년 세무사시험 시험위원 1982년 건설부 건설산업분과위원회 정책자문위원 1984~2004년 재정경제원 세제발전심의위원회 위원·기업과세분과위원회 위원장 1985~2014년 농업협동조합중앙회 고문 1988~1993년 국세청 세정민관협의회 위원 1988~2002년 정부소유주식매각 가격산정자문위원회 위원 1989~2004년 보험개발원 감사 1989~1998년 보험감독원 보증보험기금관리위원 1991~2003년 학교법인 이화학당 감사 1992~2011년 서울지법 민사조정위원 1995~2010년 한국상장회사협의회 자문위원 1996~2009년 한국원자력문화재단 감사 1996~1998년 중소기업진흥공단 감사 1997~1998년 사법연수원 강사 1997~1999년 한국국제조세협회 이사장 1997~1998년 증권관리위원회 회계기준심의위원 1997~2002년 삼화회계법인 대표공인회계사 1997~2002년 학교법인 덕성학원 감사 1998~2005년 (주)벽산 사외이사 1999~2001년 국세청 법령해석자문단 법인납세분과위원회 위원 2000~2018년 同개방형직위선발위원회 위원장 2001~2004년 한국공인회계사회 회장 2001~2003년 2002한일월드컵조직위원회 감사 2002~2007년 삼양사 사외이사 2003~2007년 학교법인 이화학당 이사 2003~2004년 국세청 세정혁신추진위원회 위원 2005~2008년 LIG화재해상보험 사외이사 2005년 서울시립대 세무전문대학원 겸임교수 2008년 삼덕회계법인 공인회계사(현) 2009~2017년 LIG문화재단 감사 2018년 한국공인회계사회 '2018 회계인명예의전당 헌액' (상)상공부장관표창(1980), 산업포장(1981), 재정경제원장관표창(1995), 은탑산업훈장(2002), 한국회계학회 제1회 회계공로대상(2006), 국세청 공로패(2018) (저)'법인세의 실무' '법인세신고서작성 실무' '최신세법개론' '최신세무회계' '세무관리론' (종)기독교

### 신찬수(申燦秀) SHIN Chan Soo

(생)1962·4·5 (주)서울특별시 종로구 대학로 101 서울대병원 내분비내과(02-2072-3734) (학)1981년 경복고졸 1987년 서울대 의대졸 1998년 의학박사(서울대) (경)1995~2008년 서울대 의대 내과학교실 전임강사·조교수·부교수 2009년 同의대 내과학교실 교수(현) 2010~2012년 서울대병원 강남센터 부원장 2012년 서울대 의대 교무부학장 겸 의학대학원 교무부원장 2014~2016년 서울대병원 의료혁신실장 2016년 同진료부원장 겸 정보화실장 2017년 서울대 의과대학장 겸 의학대학원장(현)

### 신창동(申昌東) SHIN Chang Dong

(생)1963·3·9 (출)경남 (주)서울특별시 강남구 테헤란로 440 포스코에너지 부사장실(02-3457-2114) (학)1982년 부산 대동고졸 1986년 서울대 법대졸 1989년 同행정대학원졸 1996년 미국 조지아대 대학원졸 (경)1986년 행정고시 합격(30회) 1987~1992년 총무처 근무 1992~2000년 상공부·상공자원부·통상산업부·산업자원부 근무 2000~2002년 국무조정실 일반행정심의관실·연구지원심의관실 과장 2002년 駐이탈리아 상무관 2005년 산업자원부 자원개발과장 2006년 同자원개발총괄팀장 2006년 同가스산업팀장 2007년 SK텔레콤(주) 경영경제연구소 산업연구담당 상무 2010년 SK E&S 에너지사업추진본부장 2011~2013년 同전력사업개발본부장 2013년 포스코에너지 CR실 전무 2014년 同사업개발본부장(전무) 2016년 同부사장(현)

### 신창수(申昌秀) SHIN Chang Soo

(생)1957·1·8 (출)서울 (주)서울특별시 관악구 관악로 1 서울대학교 에너지자원공학과(02-880-7224) (학)1979년 한양대 공대 자원공학과졸 1981년 同대학원 자원공학과졸 1988년 이학박사(미국 Univ. of Tulsa) (경)1985~1988년 미국 Amoco Production Company, Consultant 1988~1991년 서울대·한양대 강사 1991~1996년 한국지질자원연구원 석유해저자원부 선임연구원 1996년 서울대 지구환경시스템공학부 부교수·교수 1998~2000년 한국지구물리탐사학회 국제담당이사 1998~2001년 한국자원공학회 편집위원 2003~2005년 한국지구시스템공학회 이사 2008년 서울대 에너지자원공학과 교수(현) 2008년 한국물리탐사학회 편집위원장 2011년 한국공학한림원 정회원(재료자원공학분과·현) (상)한국과학기술단체총연합회 우수논문상(1996·1997), 한국과학재단 선정 대표적우수연구성과 50선(2005), 대한민국학술원상 자연과학응용부문(2015)

### 신창웅(申昌雄) Shin, Chang-Woong

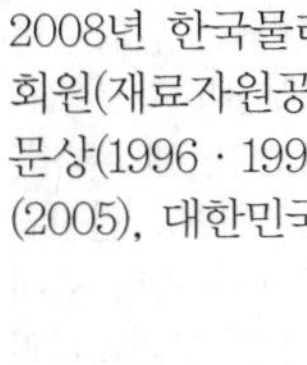

(생)1962·5·2 (본)평산(平山) (출)인천 (주)부산광역시 영도구 해양로 385 한국해양과학기술원 해양순환·기후연구센터(051-664-3112) (학)1985년 인하대 해양학과졸 1987년 同대학원 해양학과졸 1999년 해양학박사(인하대) (경)1991~2002년 한국해양연구원 위촉연구원·연수연구원 2002년 同해양환경연구본부 선임연구원, 同기후연안재해연구부 책임연구원 2012년 한국해양과학기술원 해양순환기후연구부 책임연구원 2015년 同한·페루(중남미)해양과학기술공동연구센터 소장, 同해양순환·기후연구센터 책임연구원(현) (종)기독교

### 신창재(愼昌宰) SHIN Chang Jae

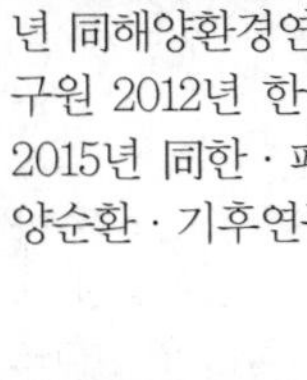

(생)1953·10·31 (본)거창(居昌) (출)서울 (주)서울특별시 종로구 종로 1 교보생명보험(주) 회장실(1544-1900) (학)1972년 경기고졸 1978년 서울대 의대졸 1981년 同대학원 의학석사 1989년 의학박사(서울대) (경)1987~1996년 서울대 의대 전임강사·조교수·부교수 1993년 대산문화재단 이사장

(현) 1996년 교보생명보험(주) 부회장 1998년 同회장 1999년 同이사회 의장 2000~2019년 同대표이사 회장 2017년 한국시인협회 명예시인 2019년 교보생명보험(주) 각자대표이사 회장(현) (상)고객만족대상 최고경영자상, 한국CEO대상, 대통령표창, 2008 IMI 사회공헌부문 경영대상(2008), 한국의 경영자상(2010), 몽블랑 문화예술 후원자상(2010), 서울대 발전공로상(2014), 한국경영학회 통합학술대회 경영자대상(2014), 서울대총동창회 제18회 관악대상 협력부문(2016), 대통령표창(2016), 프랑스 최고훈장 '레지옹 도뇌르 슈발리에'(2017), 은관문화훈장(2018)

**신창현(申昌賢) SHIN Chang Hyun**

(생)1953 · 6 · 27 (본)평산(平山) (출)전북 익산 (주)서울특별시 영등포구 의사당대로 1 국회 의원회관 723호(02-784-5285) (학)1970년 속초고졸 1977년 고려대 법과대학 행정학과졸 (경)1988~1995년 민주당 환경정책전문위원 1991~1995년 환경정책연구소 소장 1995~1998년 의왕시장(민주당 · 국민회의) 1999년 국립공원을지키는시민의모임 회장 1999~2001년 대통령 환경비서관 2001~2003년 환경부 중앙환경분쟁조정위원장 2003~2016년 환경분쟁연구소 소장 2006~2007년 대통령자문 지속가능발전위원회 위원, 同갈등조정특별위원회 간사위원 2008~2012년 국토해양부 갈등관리심의위원회 위원, 지식경제부 갈등관리심의위원회 위원 2011년 안전행정부 갈등관리심의위원회 위원장 2015년 새정치민주연합 환경상설특별위원회 위원장 2015년 더불어민주당 환경상설특별위원회 위원장 2016년 同경기의왕시 · 과천시지역위원회 위원장(현) 2016년 제20대 국회의원(의왕시 · 과천시, 더불어민주당)(현) 2016~2017년 同대표최고위원 비서실장 2016년 국회 가습기살균제사고진상규명과피해구제 및 재발방지대책마련을위한국정조사특별위원회 위원 2016 · 2018년 국회 환경노동위원회 위원(현) 2016~2017년 국회 지방재정 · 분권특별위원회 위원 2017년 더불어민주당 제19대 문재인 대통령후보 선거대책위원회 위원장 비서실장 2017~2018년 국회 미세먼지대책특별위원회 간사 2018년 국회 국토교통위원회 위원 2018년 국회 에너지특별위원회 위원(현) (상)올해의 환경인상(1995), 국민포장(2008) (저)'갈등영향분석 이렇게 한다'(2005, 예지) '갈등조정, 그 소통의 미학(共)'(2006) '공공갈등관리 매뉴얼-건설 · 환경분야(共)'(2009) '설악을 넘는 연어'(2011) (종)기독교

**신창호(申昌浩) Shin, chang ho**

(생)1966 · 1 · 13 (출)부산 (주)부산광역시 연제구 중앙대로 1001 부산광역시청 미래산업국(051-888-4800) (학)1985년 부산대사대부고졸 1993년 부산대 행정학과졸 1998년 同대학원 행정학과졸 2003년 미국 위스콘신대 메디슨교 대학원 국제행정학과졸 (경)1994년 총무처 행정사무관 1995년 부산 남구 문화공보실장 1998년 부산시 경제진흥국 투자진흥과 외자유치담당 2007년 同선진부산개발본부 관광단지개발팀 부장 2007년 同관광단지개발팀장(서기관) 2012년 同경제산업본부 관광단지추진단장 2012년 同경제산업본부 투자유치과장 2013년 同경제산업본부 경제정책과장(서기관) 2015년 同경제산업본부 경제정책과장(부이사관) 2016년 부산 영도구청 부구청장 2017년 부산시 산업통상국장 2018년 同사회복지국장 2018년 同복지건강국장 2019년 同미래산업국장(현)

**신철식(申喆湜) SHIN Chul-Seak (孤岩)**

(생)1954 · 6 · 27 (본)평산(平山) (출)서울 (주)서울특별시 강남구 테헤란로 333 신도벤처타워 15층 우호문화재단(02-2008-0002) (학)1973년 경기고졸 1977년 서울대 경제학과졸 1980년 同행정대학원졸 1985년 미국 스탠퍼드대 경영대학원졸 2001년 국방대학원졸 (경)1978년 행정고시 합격(22회) 1979년 총무처 수습행정관 1980~1989년 경제기획원 경제기획국 · 물가정책국 근무 1989년 국무총리행정조정실 제2행정조정관실 근무 1992년 경제기획원 산업4과장 1994년 同기금관리과장 1994~1998년 재정경제원 투자기관관리과장 · 통상과학예산담당관 · 건설교통예산담당관 1998년 예산청 교육정보예산과장 1999년 기획예산처 예산관리국 관리총괄과장 2001년 국방대학원 파견(부이사관) 2002년 기획예산처 예산실 사회예산심의관(부이사관) 2002년 同사회예산심의관(이사관) 2003년 同산업재정심의관 2004년 同기금정책국장 2005년 同정책홍보관리실장 2007~2008년 국무조정실 정책차장 2008년 우호문화재단 이사장(현) 2010년 STX 미래전략위원장(부회장) 2010년 한국언론진흥재단 언론진흥기금 자산운용위원 2011~2013년 STX 미래연구원장(부회장) 2013년 同비상근고문 2016~2018년 학교법인 광운학원 이사장 2017년 (사)이승만건국대통령기념사업회 회장(현) (상)대통령표창, 홍조근정훈장 (저)'신현확의 증언(아버지가 말하고 아들이 기록한 현대사의 결정적 순간들)'(2017, 메디치미디어)

**신철영(申澈永) SHIN Chul Young**

(생)1950 · 5 · 8 (본)평산(平山) (출)충남 당진 (주)강원도 춘천시 중앙로 1 강원도청(033-249-2211) (학)1970년 천안고졸 1978년 서울대 공대 기계공학과졸 (경)1978~1988년 영등포 산업선교회 노동상담 · 교육간사 1990년 전국노동운동단체협의회 공동의장 1991년 민중당 노동위원장 1992년 한우리생활협동조합 부이사장 1994년 경제정의실천시민연합 조직국장 · 노사관계개혁위원회 사무처장 1996년 노사관계개혁위원회 전문위원 1997년 경제정의실천시민연합 사무총장 직대 1997년 同상임집행위원회 부위원장 1998년 同조직위원장 1998년 경제살리기범국민운동본부 사무처장 1999~2001년 부천시 시민옴부즈만 1999~2004년 노사정위원회 상무위원 1999년 부천경제정의실천시민연합 공동대표 2001~2003년 경제정의실천시민연합 사무총장 2001년 실업극복국민운동 상임공동운영위원장 2002~2004년 한국생협연합회 회장 2004년 중앙노동위원회 공익위원 2004년 6.5재보선 부천시장 출마(열린우리당) 2004년 부천시민포럼 대표 2004년 자치분권전국연대 공동대표 2005년 국민고충처리위원회 상임위원 겸 사무처장 2007~2008년 同위원장 2008~2016년 (사)아이쿱소비자생활협동조합사업연합회 친환경유기식품클러스터추진위원회 집행위원장 2010~2014년 서울시교육청 감사자문위원장 2011~2016년 (사)일촌공동체 회장 2011년 중앙노동위원회 공익위원(조정담당)(현) 2011~2013년 경기도 주민참여예산위원장 2012년 민주통합당 문재인대통령후보 선거대책위원회 국민의소리실장 2013~2019년 강원도 사회갈등조정위원장 2016년 청주경제정의실천시민연합 공동대표(현) 2016년 아이쿱소비자생활협동조합사업연합회 고문(현) 2018년 경제정의실천시민연합 공동대표(현) 2019년 강원도 명예도지사(현) (저)'만화 근로기준법' '노동운동과 신사회운동의 연대'(共) '지역이 살아야 나라가 산다'

**신철원(申哲沅) SHIN Chul Won**

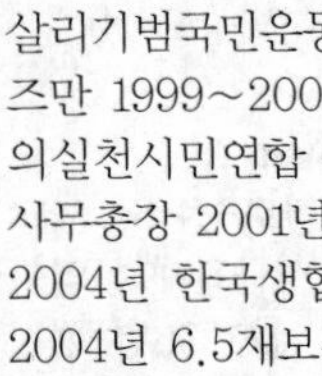

(생)1967 · 9 · 30 (출)대구 (주)대구광역시 남구 효성로 37 협성교육재단 이사장실(053-656-4161) (학)미국 세인트폴스고졸, 미국 보스턴대 정치외교학과졸, 同대학원 국제경영학과졸, 경북대 대학원 정치외교학 박사과정 수료 (경)1994년 대외경제정책연구원 전문연구원 1999년 협성교육재단 총무이사 2000년 대구시지체장애인협회부설 장애인정보화교육센터 소장, 대구시장애인재활협회 이사, 한국국제기아대책기구 대구지부 이사 2001년 대구시체육회 이사 2003년 협성교육재단(협성경복중 · 경상여중 · 경일여중 · 소선여중 · 영천금호중 · 금호공고 · 협성고 · 경북여상고 · 대구제일고 · 경북예술고 · 경일여고) 이사장(현) 2013년 국제청소년스포츠축제(International Children's Games, ICG) 집행위원(현) 2016년 새마을문고중앙회 회장(현) (저)'대한민국 찾기'

**신춘호(辛春浩) SHIN Choon Ho (栗村)**

(생)1932·3·27 (본)영산(靈山) (출)울산 울주 (주)서울특별시 동작구 여의대방로 112 농심그룹 회장실(02-820-7021) (학)1954년 동아고졸 1958년 동아대 법학과졸 1970년 연세대 경영대학원 수료 1978년 서울대 경영대학원 최고경영자과정 수료 1997년 명예 경영학박사(동아대) (경)1958~1961년 (주)롯데 부사장 1962년 (주)롯데(일본) 이사 1965년 롯데공업 사장 1978년 (주)농심 사장 1984~2007년 율촌재단 이사장 1992년 농심그룹 회장(현) 1994년 한국경영자총협회 부회장(현) (상)철탑산업훈장, 덴마크 교역유공훈장(2004) (저)'철학을 가진 쟁이는 행복하다' (종)불교

**신치용(申致容) SHIN CHI YONG**

(생)1955·8·26 (본)평산(平山) (출)경남 거제 (주)충청북도 진천군 광혜원면 선수촌로 105 진천선수촌(043-531-0114) (학)1974년 성지공고졸 1978년 성균관대 행정학과졸 (경)1980~1983년 한국전력공사 배구단 선수 1983~1995년 同코치 1991~1994년 남자배구 국가대표팀 코치 1995~2015년 대전삼성화재 블루팡스 감독 1997~2004년 슈퍼리그 8연패 1999년 삼성화재해상보험 이사보 1999·2008·2010년 남자배구 국가대표팀 감독 2002~2007년 삼성화재해상보험 상무이사 2002년 부산아시안게임 금메달 2003년 대한배구협회 남자강화위원회 위원장 2005~2015년 V리그 우승 8회(준우승 3회) 2010년 광저우아시안게임 동메달 2015~2017년 프로배구 삼성 블루팡스 단장 겸 제일기획 운영담당(스포츠구단총괄) 부사장 2017년 同상임고문(현) 2019년 진천선수촌장(현) (상)체육훈장 기린장·백마장, KT&G V투어 2004 지도자상(2004), 프로배구V리그 우승감독상(2010), 자랑스런 삼성인상 특별상(2014)

**신치환(申治煥) Shin Chi Hwan**

(생)1969·3·23 (출)서울 (주)서울특별시 종로구 사직로8길 60 외교부 감사관실(02-2100-8101) (학)광성고졸 1997년 성균관대 무역학과졸 2011년 미국 피츠버그대 대학원 행정학과졸 (경)1998년 행정고시(41회) 2011년 대통령실 파견 2013년 감사원 국방감사단 제2과장 2014년 同국방감사단 제1과장 2016년 同특별조사국 제1과장 2016년 同감찰담당관(부이사관) 2018년 同공공기관감사국 제1과장 2019년 외교부 감사관(현) (상)근정포장(2015)

**신태범(愼泰範) SHIN Tae Bum**

(생)1928·1·15 (출)경남 거창 (주)서울특별시 중구 남대문로 63 한진빌딩본관 16층 (주)KCTC 회장실(02-310-0718) (학)1950년 한국해양대 항해과졸 1967년 고려대 경영대학원졸 1978년 서울대 경영대학원졸 (경)1950년 대한해운공사 입사 1960년 同선원과장 1963년 고려해운 상무이사 1970년 同전무이사 1975년 同부사장 1980~1985년 고려종합운수 사장 1981~1984년 해상운송주선업협회 회장 1985~2000년 서울상공회의소 상임의원 1985년 신고려해운 회장 1988년 고려종합운수 회장 1988년 관세협회 회장 1999년 한국항만하역협회 회장 2002년 (주)KCTC 회장(현) (상)동탑산업훈장(1982), 교통부장관표창(1990)

**신태섭(申泰燮) SHIN Tae Sub**

(생)1957·10·24 (출)서울 (주)서울특별시 영등포구 국회대로70길 23 용산빌딩 시청자미디어재단(02-6900-8300) (학)1980년 성균관대 신문방송학과졸 1982년 同대학원 신문방송학과졸 1995년 신문방송학박사(성균관대) (경)효성그룹 종합조정실 홍보팀 근무, (주)MBC애드컴 마케팅국 근무 2001년 한국방송광고공사 광고연구소 연구위원 2001~2017년 동의대 인문대학 광고홍보학과 조교수·부교수·교수 2003년 EBS 비상임이사 2003년 부산민주언론운동시민연합 의장 2006년 민주언론시민연합 공동대표 2006~2008년 KBS 이사 2017년 동의대 인문사회과학대학 미디어·광고학부 교수 2017년 시청자미디어재단 이사장(현) (상)부마민주항쟁기념사업회 민주시민상 개인부문(2008)

**신태영(申泰暎) SHIN Thai Young**

(생)1955·3·4 (본)평산(平山) (출)서울 (주)서울특별시 서초구 서초대로49길 15 대산빌딩 5층 법무법인 춘추(02-3478-9333) (학)1973년 휘문고졸 1978년 단국대 법학과졸, 同대학원 법학과졸, 법학박사(단국대) 1984년 프랑스 국립사법관학교 수료 (경)1977년 사법시험 합격(19회) 1979년 사법연수원 수료(9기) 1979년 육군 법무관 1982년 서울지검 남부지청 검사 1986년 마산지검 충무지청 검사 1986년 同진주지청 검사 1986년 법무부 인권과 검사 1987년 同법무과 검사 1987년 同송무과 검사 1989년 서울지검 검사 1991년 전주지검 남원지청장 1992년 헌법재판소 헌법연구관 1994년 부산지검 조사부장 1995년 同형사3부장 1996년 同형사2부장 1997년 법무부 법무과장 1997년 서울지검 동부지청 형사2부장 1998년 서울지검 공안2부장 1999년 수원지검 성남지청 차장검사 2000년 대검찰청 범죄정보기획관 2001년 서울지검 제1차장검사 2002년 同의정부지청장 2002년 서울고검 송무부장 2004년 법무법인 춘추 대표변호사(현) 2005년 단국대 법대 겸임교수 2007년 서울 동작구 법률고문 2007년 5개 발전회사 법률자문위원 2011년 경기 양주시 고문변호사 (저)'프랑스의 사법제도' '객관식 헌법' (종)천주교

**신평우(申平雨) SHIN PYEONG WOO**

(생)1960·6·27 (출)전북 임실 (주)전라북도 전주시 완산구 효자로 225 전북도 농식품인력개발원(063-290-6420) (학)1979년 전주상고졸 1993년 전주대 경영학과졸 2001년 전북대 행정대학원 행정학과졸 (경)1980년 공직 입문 2007년 전북도 과학산업과 과학진흥담당 사무관 2009년 同의회사무처 의사담당관 2013년 同홍보기획과 홍보기획담당 사무관 2013년 同민생일자리본부 민생경제과장(서기관) 2013년 同민생일자리본부 민생순환경제과장 2014년 同자치안전국 세정과장 2015년 同자치행정국 세정과장 2016~2017년 전북 임실군 부군수 2017년 전북도 농업정책과장 2018년 同농식품인력개발원장(현)

**신평호(申平淏) SHIN Pyoung Ho**

(생)1961·8·26 (출)서울 (주)서울특별시 강남구 테헤란로 202 금융결제원(02-531-1022) (학)1987년 국민대 경제학과졸, 미국 일리노이대 대학원 경제학과졸 1993년 경제학박사(미국 일리노이대) (경)1993~1996년 고려종합경제연구소 경제조사실 팀장 1996년 증권거래소 근무 1998년 한국증권거래소 채권담당 팀장, 한국거래소 해외사업추진단 실장 2011년 同경영지원본부 근무 2014년 同국제사업단장(상무) 2015~2017년 (주)코스콤 전무 2018년 금융결제원 상무이사(현)

**신하용(申河容) Hayong Shin**

(생)1963·9·25 (주)대전광역시 유성구 대학로 291 한국과학기술원 공과대학 산업및시스템공학과(042-350-3124) (학)1985년 서울대 산업공학과졸 1987년 한국과학기술원(KAIST) 산업공학과졸(석사) 1991년 산업공학박사(한국과학기술원) (경)1991~1993년 LG 생산기술연구원 선임연구원 1993~1997년 (주)큐빅테크 연구소장 1997~2001년 다임러크라이슬러 수석연구원 2001년 한국과학기술원(KAIST) 산업공학과 교수, (주)디엠에스 사외이사 2005년 ComputerAidedDesign학술지 편집위원 2008년 한국과학기술원(KAIST) 공과대학 산업및시스템공학과 교수(현) 2010~2013년 한국CADCAM학회 부회장 2012~2014년 대한산업공학회 학회지편집장 2017년 한국과학기술원(KAIST) 입학처장(현)

**신학철(辛學喆)**

(생)1957·8·18 (출)충북 괴산 (주)서울특별시 영등포구 여의대로 128 LG트윈타워 (주)LG화학(02-3773-3040) (학)1980년 서울대 기계공학과졸 (경)1978년 풍산금속공업(주) 근무 1984~1991년 한국3M 기술지원담당·산업제품담당 1992~1994년 同소비자사업본부장 1995~1997년 3M 필리핀지사장 1998~2001년 同사무용품제품·연마재사업부 이사 2002~2003년 同전자소재사업부장(부사장) 2004~2005년 同산업용접착제 및 테이프사업부장(부사장) 2006~2010년 同산업용비즈니스 총괄 수석부사장, 미네소타한인회 이사장 2008년 퍼블릭서비스엔터프라이즈 사외이사 2011년 3M 해외사업부문 총괄 수석부회장 2017~2018년 同글로벌R&D·전략 및 사업개발·SCM·IT 총괄 수석부회장 2019년 LG화학 대표이사 부회장(CEO)(현) (상)국민포장(2009)

**신한미(申韓美·女)**

(생)1971·3·2 (출)경기 가평 (주)서울특별시 서초구 서초중앙로 157 서울중앙지방법원(02-530-1690) (학)1989년 조종종합고졸 1993년 이화여대 법학과졸 (경)1997년 사법시험 합격(39회) 2000년 사법연수원 수료(29기) 2000년 전주지법 판사 2003년 서울지법 의정부지원 판사 2004년 의정부지법 판사 2005년 서울가정법원 판사 2010년 한국모유수유넷 홍보대사 2012년 서울중앙지법 판사 2015년 대전가정법원 부장판사 2017년 인천가정법원 부장판사 2019년 서울중앙지법 부장판사(현)

**신항범(愼恒範) SHIN Hang Bum**

(생)1960·9·29 (주)서울특별시 영등포구 양평로21길 10 롯데제과(주) 임원실(02-2670-6114) (학)장충고졸, 광운대 전자계산학과졸 (경)롯데제과(주) 감사담당 이사대우 2006년 롯데정보통신 SI사업부문 이사대우 2007년 同SI사업부문 이사 2009~2011년 同SM부문 이사 2011년 롯데제과(주) 건강사업부문장(상무) 2014년 同마케팅본부장(전무)(현) 2015년 同S프로젝트담당 전무 겸임

**신항철(申恒澈)**

(생)1940·11·6 (출)경기 용인 (주)경기도 수원시 장안구 경수대로973번길 6 경기일보(031-250-3331) (학)1960년 경동고졸 1965년 성균관대 경제학과졸 (경)1989년 한동건설 대표이사 사장, 同부회장, 경기일보 이사회 의장 2017년 同대표이사 사장(발행인·인쇄인·편집인 겸임)(현) (상)성균경영인상(2017)

**신향숙(申香淑·女) Hyang Sook Shin**

(생)1969·4·21 (출)서울 (주)서울특별시 광진구 광나루로44길 3 (주)애플앤유(1688-2225) (학)건국대사대부고졸, 서울여대 경제학과졸, 한양대 이노베이션대학원 문화컨텐츠학과졸 (경)(주)애플앤유 대표이사(현), 산톨티움 대표이사, (주)온세텔레콤 이사, (사)한국IT여성기업인협회 이사, (사)벤처기업협회 이사 2012~2015년 (주)전자신문 자문위원, (사)한중여성교류협회 이사(현), 대한민국재향군인회 여성회 부회장, 새누리당 중앙위원회 사이버단 부단장 2012년 同제19대 국회의원 후보(비례대표), 한국여성벤처협회 부회장 2015~2018년 한국소프트웨어세계화연구원 이사장 2016년 새누리당 제20대 국회의원 후보(비례대표 33번) 2017~2018년 시니어벤처협회 부회장 2019년 同회장(현) (종)기독교

**신헌기(辛憲基)**

(생)1971·7·27 (출)경남 창녕 (주)부산광역시 연제구 법원로 31 부산지방법원(051-590-1114) (학)1990년 창원고졸 1999년 경북대 법학과졸 (경)1998년 사법시험 합격(40회) 2001년 사법연수원 수료(30기) 2001년 대구지법 판사 2004년 同안동지원 판사 2006년 창원지법 판사 2010·2013년 부산지법 판사 2011년 부산고법 판사 2016년 대구지법 상주지원장 겸 대구가정법원 상주지원장 2018년 부산지법 부장판사(현)

**신헌석(申軒錫) SHIN Heon Seok**

(생)1969·10·7 (출)전남 목포 (주)서울특별시 서초구 서초중앙로 157 서울중앙지방법원(02-530-1114) (학)1987년 목포고졸 1992년 성균관대 법학과졸 (경)1993년 사법시험 합격(35회) 1996년 사법연수원 수료(25기), 부산지법 판사 2002년 인천지법 판사 2006년 서울서부지법 판사 2008년 서울고법 판사 2010년 서울중앙지법 판사 2011년 전주지법 부장판사 2012년 인천지법 부천지원 부장판사 2015년 서울서부지법 부장판사 2018년 서울중앙지법 부장판사(현)

**신혁재(申爀在) Shin Hyeokjae**

(생)1967·12·26 (출)서울 (주)서울특별시 양천구 신월로 386 서울남부지방법원(02-2192-1114) (학)1986년 영등포고졸 1991년 고려대 법학과졸 1996년 同대학원 법학과졸 (경)1995년 사법시험 합격(37회) 1998년 사법연수원 수료(27기) 1998년 울산지법 예비판사 2000년 同판사 2001년 광주지법 순천지원 판사 2004년 인천지법 부천지원 판사 2007년 서울중앙지법 판사 2009년 서울고법 판사 2011년 서울남부지법 판사 2013년 청주지법 부장판사 2015년 수원지법 안산지원 부장판사 2017년 서울남부지법 부장판사(현)

**신현대(申鉉大)**

(생)1959·1·15 (주)경상남도 사천시 사남면 공단1로 78 한국항공우주산업(주) 운영본부(055-851-1000) (학)1978년 대구고졸 1982년 울산대 화학공학과졸 (경)1984년 현대정공 입사 1995년 현대우주항공 항공생산부 근무 2006년 한국항공우주산업(주) 창원조립생산담당 2007년 同P-3생산담당 2008년 同P-3생산담당 임원 2009년 同성능개량담당 2012년 同성능개량담당 기술위원 겸 상무 2012년 同생산본부장(상무) 2018년 同운영본부장(전무)(현)

**신현대(辛鉉大)**

(생)1959·8 (주)울산광역시 동구 방어진순환도로 100 현대미포조선 임원실(052-250-3114) (학)충북대 전기공학과졸 (경)1984년 현대중공업 입사 2011년 同조선사업본부 상무보 2013년 同조선사업본부 상무 2015년 同조선사업본부 고객지원부문장(전무) 2016년 同조선사업본부 사업대표(부사장) 2018년 현대미포조선 대표이사 사장(현)

**신현미(申賢美·女)**

(생)1975·7·29 (주)세종특별자치시 한누리대로 499 인사혁신처 재해보상정책담당관실(044-201-8131) (학)연세대 심리학과졸 (경)2001년 입법고시 합격(17회) 2001년 국회사무처 사무관 2001년 행정고시 합격(45회) 2010년 행정안전부 인사정책과 서기관 2014년 인사혁신처 처장 비서실장 2015년 同기획조정관실 정책개발담당관 2017년 同기획조정관실 법무감사담당관 2018년 同인사관리국 인재개발과장 2019년 同재해보상정책담당관(현)

**신현범(愼炫範)**

(생)1971·12·6 (출)서울 (주)서울특별시 서초구 서초중앙로 148 법무법인 율우(02-3482-0500) (학)1990년 인창고졸 1995년 고려대 법학과졸 (경)1994년 사법시험 합격(36회) 1997년 사법연수원 수료(26기) 2000년 수원지법 판사 2002년 서울지법 판사 2004년 대구지법 판사 2006년 同상주지원 판사 2008년 서울중앙지법 판사 2009년 서울고법 판사 2010년 대법원 재판연구관 2012년 광주지법 부장판사 2014년 수원지법 성남지원 부장판사 2016~2017년 서울북부지법 부장판사 2017년 법무법인 율우(律友) 대표변호사(현), 손해보험협회 구상금분쟁심의위원회 심의위원(현), 금융감독원 제재심의위원회 심의위원(현)

**신현석(申鉉奭) SHIN Hyun Seok**

(생)1953·5·16 (출)전북 전주 (주)충청남도 천안시 서북구 번영로 208 백석종합운동장 유관순체육관 천안 현대캐피탈 스카이워커스(041-529-5000) (학)전주고졸, 한양대 경영학과졸 (경)현대자동차서비스 부장, 기아자동차(주) 이사대우, 同경기서부지역담당 이사대우 2002년 현대캐피탈(주) Auto Finance본부장·Personal Loan본부장·e-Biz본부장(이사대우) 2003년 현대카드(주) 전략영업본부장(이사) 2006년 현대캐피탈(주)·현대카드(주) 오토영업본부장(전무) 2008~2013년 현대캐피탈(주) 오토사업본부장(부사장) 2015년 프로배구 천안 현대캐피탈 스카이워커스 단장(현)

**신현석(辛賢錫)**

(생)1962·8·13 (출)부산 (주)부산광역시 기장군 일광면 이동길 4 한국수산자원관리공단(051-740-2502) (학)1981년 부산대사대부고졸 1992년 부경대 어업학과졸 2002년 일본 홋카이도대 대학원 수산경영학과졸 (경)1992년 기술고시 합격(27회) 2004년 국립수산과학원 수산자원관리조성센터 센터장 2005년 駐일본대사관 해양수산관 2008년 농림수산식품부 수산인력개발원 교육지원과장 2009년 同어업교섭과장 2011년 同원양정책과장 2013년 해양수산부 해양정책실 원양산업과장 2015년 국립수산물품질관리원장(고위공무원) 2017년 해양수산부 수산정책실 어업자원정책관 2017~2018년 同수산정책실장 2018년 한국수산자원관리공단 이사장(현)

**신현성(申鉉成)**

(생)1973·6·26 (출)충남 보령 (주)광주광역시 동구 준법로 7-12 광주고등검찰청 총무과(062-231-3114) (학)1992년 대천고졸 1996년 중앙대 법학과졸 (경)1997년 사법시험 합격(39회) 2000년 사법연수원 수료(29기) 2000년 공익법무관 2003년 광주지검 검사 2005년 同해남지청 검사 2006년 서울중앙지검 검사 2009년 창원지검 검사 2012년 광주지검 순천지청 검사 2013년 同순천지청 부부장검사 2013년 서울북부지검 부부장검사 2016년 전주지검 군산지청 부장검사 2017년 인천지검 부천지청 형사3부장 2018년 전주지검 형사1부장 2019년 광주고검 검사(현)

**신현성(申鉉晟) Daniel Shin**

(생)1985 (주)서울특별시 강남구 테헤란로114길 38 동일타워 1층 (주)티몬(1544-6240) (학)2004년 미국 토머스제퍼슨과학고졸 2008년 미국 펜실베이니아대 와튼스쿨 경영학부 경제학과졸 (경)2007년 인바이트미디어 공동창업자·대표 2008년 맥킨지 컨설턴트 2010~2017년 (주)티켓몬스터 설립·대표이사 2011년 패스트트랙아시아 공동설립·고문(현) 2017년 (주)티몬 이사회 의장 2018년 同이사회 공동의장(현) (상)대한민국인터넷대상 비즈니스부문 후원기업상(2010)

**신현송(申鉉松) Hyun Song Shin**

(생)1959 (출)대구 (학)1978년 영국 에마뉴엘고졸 1985년 영국 옥스퍼드대 철학·정치학·경제학부졸 1988년 경제학박사(영국 옥스퍼드대) (경)1990~1994·1996~2000년 영국 옥스퍼드대 교수 2000~2005년 영국 런던정경대 교수 2000~2005년 영국 중앙은행 고문 2001~2003년 국제결제은행(BIS) 자문교수 2005년 국제통화기금(IMF) 상주학자(Resident Scholar) 2006년 미국 프린스턴대 경제학과 석좌교수(현·휴직 중) 2006년 미국 뉴욕 연방준비은행 금융자문위원회 위원 2007년 同자문교수 2007~2008년 미국 필라델피아 연방준비은행 자문교수 2010년 대통령 국제경제보좌관 2014년 국제결제은행(BIS) 조사국장(수석이코노미스트) 겸 경제자문역(현) (상)매일경제 한미경제학회 경제학자상(2008), 국민훈장 모란장(2011)

**신현수(申鉉洙) SHIN Hyun Soo**

(생)1940·4·10 (출)경북 예천 (주)대구광역시 동구 안심로 106 메디원타워 4층 경북사회복지공동모금회(053-980-7804) (학)1958년 계성고졸 1964년 경북대 의대졸 1969년 同대학원 의학석사 1974년 의학박사(경북대) (경)1964년 軍의관 1968년 경북대병원 수련의 1972년 경북도립 안동병원 일반외과장 1981년 경북도축구협회 회장 1986년 대한적십자사 경북지사장 1992~2012년 안동의료원장 1999년 전국지방공사의료원연합회 회장, 대구·경북병원협회 감사, 대한병원협회 이사, 대한적십자사 중앙위원 2001년 대구·경북병원협회 회장 2009~2011년 민주평통 안동시협의회 회장 2014년 경북사회복지공동모금회 회장(현) (상)내무부장관표창, 보건사회부장관표창, 대구지검장표창, 적십자광무자금장, 국민포장, 국민훈장 석류장(2012)

**신현수(申鉉秀) Hyunsoo Shin**

(생)1954·11·24 (본)평산(平山) (출)경남 진해 (주)서울특별시 중구 동호로 330 CJ제일제당 식품사업부문 글로벌1본부(02-6740-0620) (학)1978년 서울대 국제경제학과졸 1983년 미국 매사추세츠공대 경영대학원(sloan school)졸 (경)한국펩시콜라 대표이사 1999~2002년 농심켈로그 대표이사 2002~2009년 켈로그 아시아본사 사장, CJ제일제당 글로벌사업추진실장, 同식품글로벌사업본부장(부사장대우) 2013년 同미국 CJ Foods법인장(부사장대우) 2016년 同식품글로벌사업본부장(부사장대우) 2017년 同식품사업부문 글로벌1본부장(부사장대우)(현) (종)기독교

**신현식(申賢植) SHIN Hyun Sik**

(생)1965·12 (본)고령(高靈) (출)전북 전주 (주)서울특별시 영등포구 국제금융로 24 유진빌딩 15층 유진그룹(주)(02-3704-3300) (학)1984년 서울 중동고졸 1988년 연세대 상경대학 경영학과졸 1990년 한국과학기술원(KAIST) 경영정보시스템학과졸(석사) 1995년 공학박사(한국과학기술원) (경)1994~1995년 삼성물산(주) 상사부문 기획팀 정보전략파트 대리 1995~1999년 同상사부문 해외업무실 정보전략팀 과장 1999년 同상사부문 기획실 정보전략팀 차장 1999~2000년 삼정컨설팅그룹 IT컨설팅담당 이사 2000년 同인터넷창업투자펀드담당 상무 2000~2002년 同IT컨설팅·솔루션사업담당 전무 2002년 CJ홈쇼핑 프로세스혁신담당 이사 2003~2005년 同정보전략담당 이사 2006~2009년 同정보전략담당 상무 2009년 CJ오쇼핑 글로벌인프라담당 상무 2010년 同경영지원실 자문역 2011~2018년 유진기업(주) 정보전략담당 전무 2012~2016년 유진M(주) 대표이사(전무) 2019년 유진IT서비스(주) 대표이사(전무)(현) 2019년 유진그룹 경영자문협의회 사무총괄 전무(현)

## 신현우(申鉉宇) HYUN WOO SHIN

(생)1964·2·16 (출)서울 (주)경상남도 창원시 성산구 창원대로 1204 한화에어로스페이스(주)(055-260-2114) (학)1987년 서울대 기계공학과졸 (경)1987년 (주)한화 입사 2010년 同화약부문 방산개발사업담당 상무 2012년 同화약부문 방산전략실장(상무) 2014년 同화약부문 경영전략실장(상무) 2014년 한화그룹 경영기획실 인력팀장(전무) 2015년 (주)한화 방산부문 부사장 2015년 한화테크윈(주) 총괄부사장 2015년 同PDS(엔진·군수·방산)부문 각자대표이사 부사장 2017년 同대표이사 사장 2018년 한화에어로스페이스(주) 대표이사 사장(현)

## 신현웅(辛鉉雄) SHIN Hyon Ung

(생)1943 (본)영산(靈山) (출)충북 괴산 (주)서울특별시 종로구 새문안로 92 광화문오피시아 15층 웅진재단(02-2076-4664) (학)1963년 서라벌고졸 1968년 서울대 문리대학졸 1972년 同행정대학원 수료 (경)1972년 행정고시 합격 1977~1983년 駐영국·駐사우디아라비아대사관 공보관 1983~1987년 문화공보부 해외·출판·기획과장·법무담당관 1985~1986년 한·미 영화 및 저작권협상 대표 1987년 문화공보부 홍보기획관·올림픽조직위원회 외신지원단장 1987년 同홍보조정관 1989년 同문화사업기획관 1990년 문화부 공보관 1990년 同문화정책국장 1991년 유엔가입계기 문화사절단장 1992년 남북교류협력분과위원회 회담대표 1993년 문화체육부 어문출판국장 1993년 대통령 문화체육비서관 1997년 문화체육부 차관보 1998~1999년 문화관광부 차관 1999~2001년 경희대 경영대학원 겸임교수 1999년 대통령자문 새천년준비위원회 상임위원장 1999~2001년 천년의문 이사장 1999년 한·러수교10주년기념사업 조직위원장 2002년 한나라당 문화정책특보 2004~2006년 연세대 정경대학 초빙교수 2004~2017년 서울대총동창회 부회장 2005년 웅진코웨이(주) 사외이사 2008년 웅진재단 이사장(현) 2010~2013년 (사)세계결핵제로운동본부 이사 2011~2014년 EBS 시청자위원회 위원장 2011년 (사)유엔인권정책센터 이사(현) 2011~2018년 2018평창동계올림픽조직위원회 자문위원장 (상)근정포장, 체육훈장 맹호장 (종)기독교

## 신현윤(申鉉允) SHIN Hyun Yoon

(생)1955·7·9 (본)평산(平山) (출)서울 (주)서울특별시 서대문구 연세로 50 연세대학교 법학전문대학원(02-2123-3008) (학)1973년 배재고졸 1977년 연세대 법학과졸 1979년 同대학원 법학과졸 1984년 同대학원 법학 박사과정 수료 1989년 법학박사(Dr. iur)(독일 프라이부르크대) (경)1990~1998년 부산대 법과대학 전임강사·조교수·부교수 1990년 사법시험·행정고시·입법고시·공인회계사시험 위원 1998년 연세대 법과대학 부교수·교수 2001~2011년 공정거래위원회 카르텔자문위원장·규제개혁심의위원장 2001~2017년 대법원 특수사법제도 연구위원 2001년 통일부 정책자문위원회 위원 2007년 한국거래소 분쟁조정위원장 2008년 법무부 상법개정위원장 2009년 연세대 법학전문대학원 교수(현) 2009년 한국경쟁법학회 회장·명예회장(현) 2010~2014년 연세대 법과대학장·법학전문대학원장·법무대학원장 겸임 2011~2013년 한국상사판례학회 회장 2011·2017년 현대건설 사외이사(현) 2012~2014년 법학전문대학원협의회 이사장 2013~2014년 대법원 사법정책자문위원회 위원 2013~2015년 헌법재판소 정책자문위원회 위원 2013~2017년 한국공정거래조정원 비상임이사 2014~2016년 연세대 교학부총장 2014년 공익법인 한국인터넷광고재단 이사장(현) 2015~2016년 한국상사법학회 회장 2015~2016년 대학연구윤리협의회 초대 회장 2015년 법무부 정책위원회 위원(현) 2015~2016년 독일 프라이부르크대 한국총동창회장 2016년 (사)한국광고법학회 초대 회장(현) 2017년 대법원 통일사법연구위원회 위원장(현) 2019년 (사)한국공정경쟁연합회 회장(현) (상)근정포장(2006), 황조근정훈장(2014), 무애문화재단 무애학술상(2019) (저)'동구권 경제법'(1997, 법문사) '기업결합법론'(1999, 법문사) '경제법'(2014, 법문사) (종)기독교

## 신현일(申玄一) SHIN Hyun Il

(생)1972·2·1 (출)경기 화성 (주)경기도 평택시 평남로 1036 수원지방법원 평택지원(031-650-3114) (학)1990년 수원 수성고졸 1995년 고려대 법학과졸 (경)1997년 사법시험 합격(39회) 2000년 사법연수원 수료(29기) 2000년 서울지법 판사 2002년 同남부지원 판사 2004년 춘천지법 원주지원 판사 2007년 인천지법 부천지원 판사 2009년 서울남부지법 판사 2012년 서울중앙지법 판사 2013년 대법원 재판연구관 2016년 청주지법 제천지원장 2018년 수원지법 평택지원 부장판사(현)

## 신현재(愼賢宰) Hyun Jae Shin

(생)1961·1·1 (출)부산 (주)서울특별시 중구 동호로 330 CJ제일제당(주)(02-6740-1114) (학)1980년 부산중앙고졸 1984년 부산대 경영학과졸 (경)1986~1991년 (주)제일합섬 근무 1992~1993년 同국제금융과장 1993~1996년 PT. SAEHAN CFO 1996~2000년 (주)새한 종합기획실 구조조정팀장·BPR팀장 2000~2002년 CJ홈쇼핑 이사 2002~2006년 CJ(주) 회장실 운영2팀장(상무) 2007~2010년 同사업총괄 부사장 2010~2011년 (주)CJ오쇼핑 경영지원실장 겸 글로벌사업본부장(부사장) 2011~2012년 CJ대한통운 PI추진단 부사장 2013년 同글로벌부문 대표 2013년 同대표이사 2014년 CJ(주) 경영총괄 부사장 2017년 CJ제일제당(주) 각자대표이사 사장(현)

## 신현준(申鉉濬) SHIN Hyun Joon

(생)1966·1·28 (출)서울 (주)서울특별시 중구 명동11길 19 한국신용정보원(02-3705-5800) (학)서울 용문고졸, 서울대 경영학과졸, 경제학박사(미국 미주리주립대) (경)1991년 행정고시 합격(35회), 재정경제원 예산정책과 사무관, 同부총리 겸 장관 비서관, 재정경제부 금융정책국 은행제도과·보험제도과 서기관, 대통령비서실 행정관, 세계은행 선임경제학자 2009년 금융위원회 글로벌금융과장 2010년 同자산운용과장 2011년 同보험과장 2012년 同기획재정담당관(부이사관) 2013년 駐OECD대표부 참사관 2014년 경제협력개발기구(OECD) 보험및사적연금위원회 부의장 2016년 국무조정실 정부합동부패척결추진단 경제·민생팀장(국장급) 2017~2019년 과학기술정보통신부 우정사업본부 보험사업단장 2019년 한국신용정보원 원장(현)

## 신현태(申鉉台) SHIN Heon Tae

(생)1959·8·3 (출)대전 (주)서울특별시 영등포구 국제금융로 70 (주)뉴스핌(02-761-4409) (학)1977년 충남고졸 1984년 충남대 사회학과졸 2015년 한남대 사회문화대학원 언론학과졸 (경)1984년 연합통신 입사 1984~1995년 同지방2부·경제1부 기자 1995년 同경제1부 차장대우 1997년 同경제2부 차장 1998년 연합뉴스 산업부 차장 1999년 同경영기획실 부간사 2000년 同경영기획실 간사 2000년 同산업부 부장대우 2002년 同산업부장 직대 2003년 同산업부장 2005년 同증권부장 2005년 同금융부장 2006년 同경영기획실장(부국장대우) 2006년 한국신문협회 기조협의회 이사 2008년 연합뉴스 경영기획실장(부국장급) 2009년 同논설위원 2009년 同대전·충남취재본부장(국장대우) 2012년 同논설위원 2013~2015년 同전무이사 2013~2015년 연합인포맥스 이사 2013~2015년 대통령소속 지방자치발전위원회 정책자문위원 2015~2018년 한서대 신문방송학과 초빙교수 2017년 중부대 교양학과 강사 2017~2018년 언론중재위원회 중재위원 2018년 (주)뉴스핌 부사장 겸 편집인(현) (저)'경제기사로 부자아빠 만들기'(共) '지금 산업현장에선 무슨 일이..'(共)

## 신현호(申鉉昊) Shin Hyeon Ho

(생)1958·10·5 (출)경기 가평 (주)서울특별시 서초구 서초대로 280 태양빌딩 7층 법률사무소 해울(02-592-9100) (학)1977년 서울고졸 1982년 고려대 법학과졸 1984년 同대학원 법학 석사과정 수료 1994년 同의사법학연구소 의료법고위자과정 수료 1997년 연세대 대학원 보건학과 수학 2000년 고려대 대학원 법학 박사과정 수료 2006년 법학박사(고려대) (경)1984년 사법시험 합격(26회) 1987년 사법연수원 수료(16기) 1990년 중위 예편(육군 법무장교) 1990년 변호사 개업 1990년 법률사무소 해울 대표변호사(현) 1993년 가평군 고문변호사 1994년 고려대 의사법학연구소 운영위원(이사) 겸 외래교수 1995년 (사)한국의료법학연구소 부소장 1996년 고려대 법무대학원 외래교수 1997년 단국대 정책경영대학원 특수법무학과 외래교수 1997년 경제정의실천시민연합 시민입법위원 1998년 보건복지부 전염병예방법개정위원회 위원 1998년 연세대 보건대학원 보건의료법률윤리학과 외래부교수 1999년 대한보건협회 담배및주류광고심사위원 1999년 한국산업안전관리공단 산업안전협의회 위원 2000년 국방부 의무자문관 2000년 고려대 법과대학 법률상담소 상담위원 2000년 국무총리직속 보건의료발전특별위원회 전문위원 2000년 대한변호사협회 의약제도개선특별위원회 위원 2001년 보건복지부 중앙의료심사위원회 위원 2002년 국가인권위원회 조사관 2003년 경희대 경영대학원 의료경영학과 겸임교수 2003년 서울지방경찰청 법률지원상담관 2003·2015년 한국방송공사 방송자문변호사 2003년 한국소비자보호원 소송지원변호사 2004년 학교법인 삼량학원 이사 2004년 휘문고 학교운영위원회 위원 2004년 국립과학수사연구소 자문위원 2005년 대한변호사협회 변호사연수원 부원장 2005년 소방방재청 민방위혁신기획단 자문위원 2006년 교육부 중앙영재교육진흥위원회 위원 2007년 한국의료법학회 회장 2010년 대한상사중재원 중재인 2010년 국민건강보험공단 임원추천위원회 위원 2010년 국토해양부 재활시설운영심의위원회 위원 2012년 식품의약품안전청 중앙약사심의위원회 위원 2012년 건강보험심사평가원 미래전략위원회 위원 2012년 법무부 변호사시험출제위원회 위원 2015년 4.16세월호참사특별조사위원회 비상임위원 2015년 한국의약품안전관리원 의약품부작용피해구제전문위원회 위원 2015년 국민건강보험공단 자문위원회 위원 2015년 대한변호사협회 윤리위원회 위원 2015년 한국생애설계협회 이사 2015년 법무부 인권강사 2015년 고려대 법학연구원 보건의료법정책연구센터 자문위원 2016년 국민건강보험공단 법률고문평가위원회 위원 2016년 한국환경산업기술원 구제급여심사위원회 위원 2016년 고려대 의과대학 외래교수 2016년 대한변호사협회 생명존중재난안전특별위원회 위원장 2016년 同외국법자문사광고심사위원회 위원 2016년 同광고심사위원회 위원 (상)대통령표창(2004), 서울지방변호사회 공로상(2007), 한국희귀질환연맹 공로패(2009), 서울지방변호사회 공익봉사상(2011), 대한변호사협회 인권봉사상(2011), 보건복지부장관표창(2013) (저)'소송실무대계(共)'(1994) '의료사고·의료분쟁(共)'(1995) '의료부분의 정보이용활성화(共)'(1995) '암환자 관리정보체계구축에 관한 연구(共)'(1997) '의료소송총론'(1997, 육법사) '아픈 것 서러운데(共)'(2000, 몸과 마음) '보건복지정책 과제와 전망(共)'(2004, 국립암센터) '의료소송총람1·2(이론과 실제)'(2005, 의료법률정보센터) '삶과 죽음, 권리인가 의무인가?'(2006, 육법사) '2007년 분야별 중요판례분석(共)'(2007, 법률신문사) '소극적 안락사, 대안은 없는가?(共)'(2007, 한림대 출판부) '센텐스(내 영혼의 한 문장)(共)'(2010, 플럼북스) '의료분쟁조정·소송총론(共)'(2011, 육법사)

## 신형두(申炯斗) SHIN Hyoung Doo

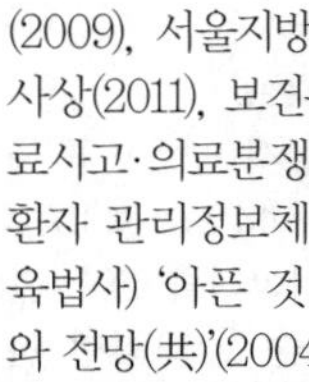

(생)1963·2·7 (출)경북 안동 (주)서울특별시 마포구 백범로 35 (주)에스엔피제네틱스(02-3273-1671) (학)1985년 서울대 수의학과졸 1989년 同대학원 수의생리학과졸 1992년 수의생리학박사(서울대) (경)1985~1987년 예편(중위·ROTC 23기) 1990~1996년 축협중앙회 연구실장 1996년 충남대 세포유전학과 시간강사 1996~1998년 미국 국립암연구소(NCI)·국립보건원(NIH) Post-Doc. 1998~2000년 同Staff Scientist 2000년 (주)에스엔피제네틱스 대표이사(현) 2001~2002년 한양대 인체유전학과 겸임교수 2001년 순천향대 인체유전학과 객원연구원 2003년 과학기술부 국가지정연구실 '유전다형성연구실(NRL)' 실장 2004년 대한생화학회 편집위원 2004~2006년 성신여대 강사 2008년 서강대 생명과학과 조교수 2012년 同생명과학과 부교수(현) (저)'Tracking Linkage Disequilibrium in Admixed Populations with MALD Using Microsatellite Loci'(共)

## 신형식(申瀅植) SHIN Hyong Sik

(생)1939·2·12 (본)평산(平山) (출)충북 충주 (주)서울특별시 서대문구 이화여대길 52 이화여자대학교 사학과(02-3277-2114) (학)1957년 충주사범학교졸 1961년 서울대 사범대졸 1966년 同대학원졸 1981년 문학박사(단국대) (경)1968~1977년 한국외국어대 전임강사·조교수 1977~1981년 성신여대 사학과 조교수·부교수 1981~2004년 이화여대 사학과 교수 1990년 서울시사편찬위원회 위원 1992년 역사교육연구회 회장 1994년 국사편찬위원회 위원 1995년 경기도 문화재위원 1996년 이화여대 한국문화연구원장 1996년 한국사학회 부회장 1997~2012년 백산학회 회장 1997년 한국고대학회 회장 2004년 이화여대 명예교수(현) 2004년 상명대 초빙교수, 同석좌교수 2009~2014년 서울시 역사자문관 2009~2014년 서울시사편찬위원회 위원장 (상)제39회 서울시문화상(1990), 옥조근정훈장(2004), 제24회 치암학술상(2007), 제29회 세종학술상(2010), 제4회 청관학술상(2012), 제18회 효령상 문화부문(2015) (저)'통일신라사연구'(1990, 삼지원) '백제사'(1992, 이화여대 출판부) '남북한의 역사관 비교'(1994, 솔출판사) '集安고구려유적의 조사연구'(1996, 국사편찬위) '한국사학사(共)'(1999, 삼영사) '한국의 고대사'(1999, 삼영사) '고구려사'(2003, 이화여대 출판부) '신라통사'(2004, 주류성) '백제의 대외관계'(2009, 주류성) '알기 쉬운 한국사'(2009) '삼국사기의 종합적 연구'(2011, 경인출판사) '해외에 남아있는 한국고대사 유적'(2012, 주류성)

## 신형식(申馨植) SHIN Hyung Shik

(생)1955·9·17 (본)고령(高靈) (출)전북 순창 (주)대전광역시 유성구 과학로 169-148 한국기초과학지원연구원(042-865-3500) (학)1973년 전주고졸 1979년 서울대 화학공학과졸 1981년 미국 코넬대 대학원 화학공학과졸 1984년 화학공학박사(미국 코넬대) (경)1979년 호남석유(주) 입사 1984년 미국 코넬대 화학공학과 연구교수 1985~1988년 한국원자력연구소 선임연구원 1988년 전북대 화학공학부 교수(현) 1993~1994년 미국 MIT 연구교수 2002~2004년 한국과학재단 화학화공소재과학전문위원 2003~2004년 한국화학공학회 전북지부장 2003~2006년 과학기술부 국가원자력과학기술작성 총괄위원 2005년 미국 세계인명사전 'Marquis Who's Who in the World'에 등재 2005년 교육부 신·재생에너지융합기술인력양성누리사업단장 2006년 전주지법 조정위원(현) 2006~2016년 민주평통 자문위원 2012년 한국화학공학회 학술부회장(43대) 2013년 (사)문학과학통섭포럼 전북상임대표(현) 2013년 미래창조과학부 기초연구사업추진위원회 위원 2014년 한국공학한림원 일반회원(현) 2017년 전북교수연합연구회 회장(현) 2017년 전북도 인재육성재단 이사(현) 2017년 해외우수신진연구자유치사업(KRF) 운영위원장(현) 2018년 미국 캘리포니아 UC버클리대 방문교수(현) 2019년 전북대 연구부총장(현) 2019년 한국기초과학지원연구원 원장(현) (상)한국화학공학회 논문상(1994), 과학기술포장(2015), 한국화학공학회 형당교육상(2016) (저)'무공해가 힘이다'(2009), 시집 '빈들의 소리'(1979) '추억의 노래'(1990) '정직한 캐럴 빵집'(1999) (종)기독교

## 신형식(申炯湜)

(생)1970·1·3 (출)전북 부안 (주)부산광역시 연제구 법원로 15 부산지방검찰청 형사2부(051-606-4309) (학)1989년 전주 한일고졸 1996년 서울대 사법학과졸 (경)1998년 사법시험 합격(40회) 2001년 사법연수원 수료(30기) 2001년 광주지검 검사 2003년 同목포지청 검사

2005년 同순천지청 검사 2007년 서울중앙지검 검사 2010년 수원지검 검사 2013년 청주지검 검사 2015년 서울중앙지검 부부장검사 2016년 울산지검 형사3부장 2017년 광주지검 목포지청 형사1부장 2018년 서울남부지검 형사5부장 2019년 부산지검 형사2부장(현)

### 신형철(申炯澈)

(생)1971·5·15 (출)서울 (주)부산광역시 연제구 법원로 31 부산지방법원(051-590-1114) (학)1990년 충암고졸 1995년 고려대 법학과졸 (경)1998년 사법시험 합격(40회) 2001년 사법연수원 수료(30기) 2001년 軍법무관 2004년 전주지법 판사 2007년 同군산지원 판사 2009년 인천지법 판사 2013년 서울서부지법 판사 2016년 부산지법 부장판사(현)

### 신혜영(申惠英·女)

(생)1977·11·3 (출)경남 창녕 (주)대전광역시 서구 둔산중로78번길 45 대전지방법원(042-470-1114) (학)1994년 청주외고졸 1999년 한양대 법학과졸 (경)1998년 사법시험 합격(40회) 2001년 사법연수원 수료(30기) 2001년 창원지법 판사 2003년 대전지법 판사 2006년 同논산지원 판사 2008년 대전지법 판사 2011년 同공주지원 판사 2013년 대전지법 판사 2014년 대전고법 판사 2016년 대구지법 부장판사 2018년 대전지법 부장판사(현)

### 신호순(申虎淳)

(생)1963·1·25 (주)서울특별시 중구 세종대로 67 한국은행 부총재보실(02-759-4015) (학)1981년 여의도고졸 1989년 연세대 경제학과졸 2000년 미국 일리노이대 대학원 경제학과졸 (경)1989년 한국은행 입행 2000년 同정책기획국 시장제도팀 조사역 2002년 同조사국 금융제도팀 차장 2003년 同뉴욕사무소 차장 2006년 同정책기획국 정책협력팀 차장 2007년 대통령비서실 파견 2008년 한국은행 정책기획국 정책협력팀장 2011년 영란은행(英蘭銀行·Bank of England) 파견 2012년 한국은행 거시건전성분석국 거시건전성총괄팀장 2014년 국방대 파견 2015년 한국은행 총재 정책보좌관 2015년 同금융시장국장 2016년 同금융안정국장 2017년 同부총재보(현)

### 신호종(申鎬宗) SHIN, HO-JONG

(생)1962·3·10 (본)평산(平山) (출)충북 중원 (학)1982년 서울기계공고졸 1989년 국민대 법학과졸 1993년 同대학원 법학과졸 2008년 경찰학박사(동국대) (경)1992~2000년 서울지검 북부지청·서부지청 수사사무관 1999년 '옷로비 의혹' 특검팀 수사관 2000~2002년 서울지검 서부지청 검사 직무대리 2003~2004년 대통령 사정비서관실 행정관 2006~2007년 검찰총장 비서관 2007~2009년 서울중앙지검 집행제1과장 2009~2010년 전주지검 사무국장(고위공무원) 2010~2011년 중앙공무원교육원 고위정책과정 교육파견(고위공무원) 2011년 수원지검 사무국장 2012년 서울서부지검 사무국장 2012년 대구고검 사무국장 2013~2017년 동국대 경찰사법대학원 객원교수 2018년 '드루킹 댓글 조작 사건' 수사지원단장(현) (저)'현장수사와 적법절차'(2005, 넥서스) (작)'신호종의 현장수사교실(15회 연재)'(2001~2002, 수사연구사) '핵심인재를 위한 역량근육을 키우는 노하우'(2013, 공무원HRD) '역량평가제도에 관한 소고'(2013) (종)기독교

### 신호철(申浩澈) SHIN Ho Cheol

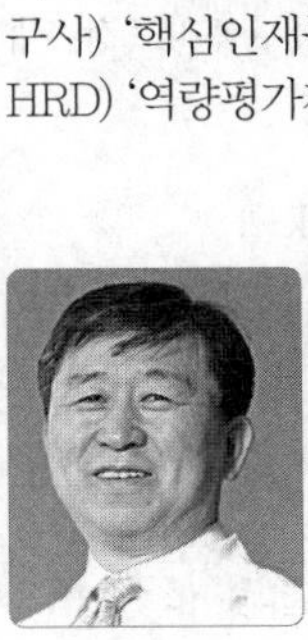

(생)1957·3·27 (출)서울 (주)서울특별시 종로구 새문안로 29 강북삼성병원 원장실(02-2001-2821) (학)1982년 서울대 의대졸 1989년 同대학원 의학석사 1995년 의학박사(서울대) (경)1988~1989년 서울대병원 가정의학과 전임의 1989~1997년 가톨릭대 성모병원 가정의학과장 1996~1997년 미국 베일러의대 가정의학센터 연수 1997년 성균관대 의대 가정의학교실 부교수·교수(현) 1997년 강북삼성병원 가정의학과장 1999~2007년 성균관대 보건진료소장 2004년 대한스트레스학회 부회장 2007년 강북삼성병원 임상시험심의위원장 2008년 同외래지원실장 2008년 대한스트레스학회 이사장·회장 2010년 강북삼성병원 건강의학본부장 2012년 同병원장(현) 2013년 대한스트레스학회 고문(현) 2016년 대한병원협회 병원정보관리위원장(현) 2017년 (재)한국병원경영연구원 이사(현)

### 신호철(申昊澈) SHIN Ho Cheol

(생)1965·3·5 (출)서울 (주)대전광역시 서구 둔산중로78번길 15 대전고등검찰청 총무과(042-470-3242) (학)1983년 한성고졸 1989년 연세대 상경대학 경영학과졸 (경)1988년 공인회계사시험 합격(23회) 1990년 안진회계법인 근무 1994년 사법시험 합격(36회) 1997년 사법연수원 수료(26기) 1997년 법무법인 세종 변호사 1998년 춘천지검 검사 2000년 전주지검 군산지청 검사 2002년 대전지검 검사 2005년 서울중앙지검 검사 2008년 광주지검 검사(예금보험공사 금융부실책임조사본부 파견) 2009년 同부부장검사(예금보험공사 금융부실책임조사본부 파견) 2010년 同순천지청 부장검사 2011년 광주지검 특수부장 2012년 부산지검 특수부장 2013년 인천지검 특수부장 2014년 법무부 인권구조과장 2015년 서울중앙지검 조사2부장 2016년 대구지검 형사1부장 2017년 광주고검 검사(금융위원회 자본시장조사단 파견) 2018년 의정부지검 고양지청 차장검사 2019년 대전고검 검사(현)

### 신호철(辛昊喆)

(생)1968·9·3 (출)부산 (주)부산광역시 금정구 오륜대로 57 부산가톨릭대학교(051-510-0734) (학)1987년 부산중앙고졸 1994년 광주가톨릭대 신학과졸 1996년 同대학원 신학과졸 2004년 이탈리아 로마교황청립전례대 대학원 전례학과졸 2009년 전례학박사(이탈리아 로마교황청립전례대) (경)1996년 사제 서품 1996년 천주교 부산교구 괴정성당 보좌신부 1997년 同부산교구 반여성당 보좌신부 1998년 同부산교구 중앙성당 보좌신부 1999년 이탈리아 로마 유학 2009년 한국천주교주교회의 전례위원회 위원 2009~2016년 부산가톨릭대 신학과 교수 2012년 同신학대학 사무처장 2016년 同교목처장 2016년 한국천주교회 전례위원회 총무 2016~2018년 부산가톨릭대 인문교양학부 교수 2017년 同기획정보처장 2019년 同총장(현)

### 신홍범(愼洪範) Hong Beom Shin

(생)1966·12·25 (본)거창(居昌) (출)경남 함양 (주)서울특별시 영등포구 여의나루로 81 파이낸셜뉴스 편집국(02-2003-7113) (학)1985년 진주 대아고졸 1992년 한국외국어대 신문방송학과졸 2017년 한양대 언론정보대학원졸 (경)1993~2000년 일간건설신문(現 건설경제) 기자 2000~2001년 스포츠투데이 기자 2001~2004년 굿데이신문 기자, 파이낸셜뉴스 건설부동산부 차장 2012년 同금융부장 2016년 同산업부장(부국장대우) 2017년 同편집국 증권부장(부국장대우·부국장) 2018년 同편집국장 겸 편집인(현)

### 신홍섭(申鴻燮) Hong Seob Shin

(생)1962 (주)서울특별시 송파구 송파대로 260 (주)KB저축은행 사장실(02-2146-8300) (학)한국외국어대 스페인어학과졸, 핀란드 헬싱키대 대학원 경영학과졸 (경)2009년 KB국민은행 북아현동지점장 2010년 同비서실장 2012년 同서여의도 영업부장 2014년 同마포역지점장 2015년 同동부지역본부장 2016년 同소비자브랜드전략그룹 대표(상무·CPRO) 2016년 (주)KB금융지주 홍보총괄 상무 겸임 2017년 KB국민은행 소비자브랜드전략그룹 대표(전무·CPRO) 2018년 (주)KB저축은행 대표이사 사장(현)

### 신홍희(辛洪熙) SHIN Hong Hee

(생)1963 · 11 · 17 (출)경남 함안 (주)서울특별시 영등포구 여의나루로 76 한국기업지배구조원 부원장실(02-3775-3460) (학)1982년 대동고졸 1989년 동아대 경영학과졸 1999년 미국 워싱턴주립대 대학원 경영학과졸 (경)1989년 한국거래소(舊 증권거래소) 입사 2005년 同종합시장 · 지원 · 상장총괄팀장 2010년 同증권상품시장부장 2013년 同해외사업부장 2015년 同국제사업단장 2017년 同글로벌IT사업단장(본부장보) 2017년 同파생상품시장본부 상무(전문위원) 2017년 코스콤 비상임이사 2018년 한국거래소 파생상품시장본부 본부장보 2019년 한국기업지배구조원 부원장(현) 2019년 동양피스톤(주) 사외이사 겸 감사위원(현)

### 신효광(申孝光) Shin Hyo Kwang

(생)1961 · 1 · 19 (주)경상북도 안동시 풍천면 도청대로 455 경상북도의회(054-880-5126) (학)청송고졸, 가톨릭상지대학 경영학과졸 (경)청송군 공무원(24년 근무), 청송군 인사위원회 위원, 同결산검사위원회 위원 2014~2018년 경북 청송군의회 의원(새누리당 · 자유한국당) 2014~2016년 同부의장 2018년 경북도의회 의원(자유한국당)(현) 2018년 同농수산위원회 위원(현) 2018년 同의회운영위원회 위원(현) 2018년 同예산결산특별위원회 위원(현) 2018년 同원자력대책특별위원회 위원(현)

### 신효섭(申孝燮)

(생)1968·4·5 (출)충북 청주 (주)충청북도 청주시 청원구 2순환로 168 충북지방경찰청 정보화장비과(043-240-2141) (학)1988년 청석고졸 1995년 충북대 행정학과졸 (경)1997년 경위 임관(경찰간부 후보 45기) 2001년 충북지방경찰청 경비교통2707전경대장(경감) 2007년 同과학수사계장(경정) 2014년 同홍보계장 2017~2018년 충남지방경찰청 홍보담당관(총경) 2018년 충북 제천경찰서장 2019년 충북지방경찰청 정보화장비과장(현)

### 신효중(申孝重) SHIN Hoi Jung

(생)1959 · 8 · 22 (주)강원도 춘천시 강원대학길 1 강원대학교 농업생명과학대학 농업자원경제학부(033-250-8667) (학)1983년 고려대 농업경제학과졸 1985년 同대학원 농업경제학과졸 1991년 미국 위스콘신대 메디슨교 대학원 자원경제학과졸 1994년 환경경제학박사(미국 콜로라도주립대) (경)1995년 한국과학기술원(KAIST) 생명공학연구소 생물다양성사업담당 1997년 OECD 환경정책위원회 생물다양성경제전문가 1997년 강원대 농업생명과학대학 농업자원경제학부 교수(현) 1999년 국무총리실 수질개선기획단 자문위원 2001년 강원발전연구원 겸임연구위원 2003년 뉴질랜드 메쉬대 교환교수 2006~2008년 강원대 농촌개발연구소장 2011년 한국농촌관광학회 부회장 겸 편집위원장 2013년 강원대 창업지원단 창업교육센터장 2014~2017년 강원농산어촌미래포럼 대표 2014~2016년 (사)한국농어촌관광학회 회장 2018년 강원대 농업생명과학대학장(현) (저)'한국경제-과거 · 현재 그리고 21세기 비전'(1997) (역)'지구생물다양성평가-정책입안자를 위한 개념적 정리'(1996) '강원환경의 이해-상황과 비전'(1998) '분단강원의 이해'(1999) '농업경제학'(1999) '강원관광의 이해'(2000) '통일과 지속가능한 농촌사회 구축'(2001)

### 신흥철(申興澈) SHIN Heung Chul

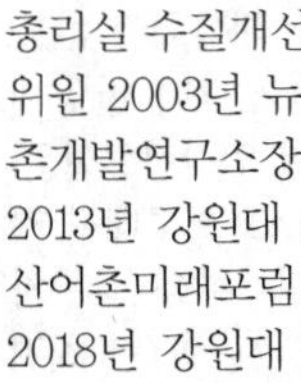

(생)1964 · 3 · 24 (출)서울 (주)서울특별시 강남구 영동대로 616 아남빌딩 10층 법무법인 로플렉스(02-511-5671) (학)1982년 대신고졸 1986년 서울대 사법학과졸 2000년 고려대 경영대학원 국제경영학과졸 2001년 미국 하버드대 로스쿨졸(LL.M.) (경)1986년 사법시험 합격(28회) 1989년 사법연수원 수료(18기) 1989~1992년 軍법무관(대위) 1992년 서울민사지법 판사 1994년 서울형사지법 판사 1995년 서울지법 판사 1996년 제주지법 판사 겸 광주고법 제주부 판사 · 서귀포시 선거관리위원장 1997년 변호사 개업 1997년 삼성그룹 법률자문변호사 1998년 삼성전자 이사(전문임원) 2000년 同상무(전문임원) 2001~2002년 폴헤이스팅스 법무법인 소속변호사 2002년 미국 뉴욕주 변호사자격 취득 2002년 삼성생명보험(주) 법무팀장 2003~2004년 서강대 법대 겸임교수 2004년 대한상사중재원 중재인(현) 2006년 삼성생명보험(주) 법무팀담당 임원(전무급) 2007년 同법무팀장(전무) 2007년 성균관대 법대 겸임교수 2009~2012년 법무법인 광장 파트너변호사 2009년 서울지방변호사회 보험분과 커뮤니티위원장(현) 2010년 한국CFO협회 운영위원 2010 · 2012년 국회입법조사처 조사분석지원단 위원(현) 2011년 법무부 상법시행령개정을위한준법경영법제개선단 자문위원 2011년 同선진법제포럼 위원(현) 2011년 대한중재인협회 이사(현) 2012~2016년 법무법인 화우 변호사 2014년 국민연금공단 대체투자위원회 위원(현) 2016년 법무법인 로플렉스 대표변호사(현) (저)'기업경영과 법의 만남'(2018, 도서출판 오래)

### 신흥호(申興浩) SHIN Heung Ho

(생)1968 · 12 · 12 (출)전남 고흥 (주)강원도 춘천시 공지로 284 춘천지방법원 총무과(033-259-9105) (학)1987년 전남고졸 2001년 서울대 법학과졸 (경)1995년 명신특허법률사무소 변리사 2001년 사법시험 합격(43회) 2004년 사법연수원 수료(33기) 2004년 인천지법 판사 2006년 서울중앙지법 판사 2008년 대구지법 상주지원 판사 2011년 인천지법 부천지원 판사 2015년 서울남부지법 판사 2019년 춘천지법 부장판사(현)

### 신희동(申嘻東) Shin Heedong

(생)1969 · 6 · 7 (본)평산(平山) (출)대전 (주)세종특별자치시 한누리대로 402 산업통상자원부 원전산업정책관실(044-203-5310) (학)1987년 충남고졸 1993년 서울대 경영학과졸 1996년 同행정대학원 정책학과 수료 (경)2007년 산업자원부 지역투자과장 2008년 지식경제부 광물자원팀장 2009년 同신재생에너지과장 2010~2011년 대통령실 행정관 2011~2014년 駐휴스턴총영사관 영사 2014년 산업통상자원부 원전산업관리과장 2014년 同지역산업과장 2016년 同기획조정실 기획재정담당관(부이사관) 2018년 同원전산업정책관(현)

### 신희범(愼熙範) SHIN Heui Beom

(생)1946 · 11 · 29 (본)거창(居昌) (출)경남 산청 (주)경상남도 창원시 마산회원구 팔용로 262 창신대학교 법인사무국(055-250-3022) (학)1966년 진주농림고졸 1988년 경남대 경영대학원 행정학과 수료 1999년 한국방송통신대 행정학과졸 (경)1982년 마산의료원 서무과장 1983~1987년 창원시 감사실장 · 주택과장 1988~1993년 경남도 전산개발 · 새마을 · 도시행정계장 1994년 同노정담당관 1995년 同사회봉사과장 1997년 同총무과장 1998년 함안군 부군수 2000년 통영시 부시장 2002년 경남도 보건복지여성국장 2003년 양산시 부시장 2004년 경남도의회 사무처장 2005~2006년 창원시 부시장 2007~2010년 경남개발공사 사장 2019년 학교법인 창신대학교 이사장(현) (상)국무총리표창, 대통령표창, 녹조근정훈장, 청조근정훈장

### 신희석(申熙碩) Shin Hee Suk

(생)1962 · 5 · 1 (주)경상남도 진주시 진주대로 501 경상대학교 의과대학 관절재활의학과학교실(055-772-0114) (학)1987년 서울대 의대졸 1990년 同대학원 의학석사 1996년 의학박사(서울대) (경)서울대병원 전공의 수료, 미국 워싱턴대 연수 1991~1993년 경찰병원 재활의학과장 1993년 경

상대 의대 관절재활의학과학교실 교수(현) 2001~2003년 同부속도서관 의과대학분관장 2004~2005년 同임상의학연구소장 · 교육연구실장 2007~2009년 同신경과학연구센터장 2007~2009년 同진료처장 2008~2016년 경남도의사회 경상대병원특별분회 회장 2009년 경상대병원 기관생명윤리위원장 2013~2015년 경상대 의과대학 교수회장 2014년 창원경상대병원 개원준비단 부단장 2016~2019년 경상대병원 병원장 2017년 대한병원협회 울산 · 경남병원회 회장(현)

### 신희섭(申喜燮) SHIN Hee Sup

(생)1950 · 7 · 29 (출)경기 (주)대전광역시 유성구 엑스포로 55 기초과학연구원(IBS) 인지및사회성연구단(042-861-7016) (학)1974년 서울대 의대졸 1977년 同대학원 의학석사 1983년 유전학박사(미국 코넬대) (경)1978~1980년 미국 Sloan-Kettering Institute, Postdoctoral Fellow 1983~1985년 同Research Associate 1985~1991년 미국 MIT 생물학과 교수 1985~1991년 미국 Whitehead Institute 책임연구원 1991~2001년 포항공대 생명과학부 교수 1994년 한국과학기술한림원 정회원(현) 1996~1998년 포항공대 생물공학연구소장 1999~2004년 Asia-Pacific Regional Committee International Brain Research Organization 회원 1999년 미국 State Univ. of New York Health Science Center Visiting Professor 2001년 한국과학기술연구원(KIST) 신경과학센터 책임연구원 2001년 同학습 · 기억현상연구단센터장 2005년 同신경과학센터장 2006년 대한민국 제1호 '국가과학자' 선정(국내 뇌과학 분야 최고 권위자) 2008~2014년 한국과학기술원(KAIST) 초빙특훈교수 2009년 미국 국립학술원(NAS) 외국회원(Foreign Associate)(현) 2010년 대한민국학술원 회원(신경과학)(현) 2011년 국가교육과학기술자문회의 과학기술분야 위원 2011년 한국과학기술연구원(KIST) 뇌과학연구소장 2012년 기초과학연구원 인지및사회성연구단장(현) 2013 · 2015~2018년 대통령소속 국가지식재산위원회 민간위원 2014년 기초과학연구원 원장 직대 2014~2015년 국가과학기술자문회의 자문위원 (상)미국 코넬대 대학원 최우수논문상, 한탄생명과학상, 금호학술상, 함춘의학상, 과학기술부 · 한국과학재단 선정 이달의 과학기술자상, 호암상, KIST 이달의 과학자상, KIST인 대상(2004), 대한민국 최고과학기술인상(2005), 과학기술부 · 과학문화재단 '닮고 싶고 되고 싶은 과학기술인 10인'에 선정(2005), 제1회 과학기술연합대학원대(UST) 스타교수상(2013) (저)'뇌를 알면 행복이 보인다'(2006) (종)불교

### 신희영(申熙泳) SHIN Hee Young

(생)1955 · 10 · 21 (주)서울특별시 종로구 대학로 101 서울대어린이병원 소아청소년과(02-2072-2917) (학)1974년 경기고졸 1980년 서울대 의대졸 1983년 同대학원 의학석사 1988년 의학박사(서울대) (경)1980년 서울대병원 인턴 1981년 同소아과 전공의 1984년 춘천의료원 소아과장 1987년 서울대병원 소아과 혈액종양 전임의 1988년 서울시립영등포병원 소아과장 1990년 서울대병원 소아과 임상교수 1994년 서울대 의과대학 소아과학교실 조교수 · 부교수 · 교수(현) 1996년 프랑스 파리제6대학 교환교수 1999년 호스피스완화의료학회 간행이사 2000년 대한소아과학회 보수교육위원 2001년 대한수혈학회 이사회장 2001년 대한혈액학회 법제이사 2003년 대한조혈모세포이식학회 학술이사 · 부회장 2003년 대한소아혈액종양학회 총무이사 · 학술이사 · 부회장 2008년 서울대 의대 교무부학장 2010년 同연구처장 2010~2011년 同산학협력단장 2013~2015년 대한조혈모세포이식학회 이사장 2014년 서울대 통일의학센터 소장(현) 2016~2019년 국립대학법인 서울대 이사 2016~2019년 서울대 연구부총장 (상)대한소아혈액종양학회 학술공로상(2011), 황조근정훈장(2019)

### 신희웅(申熙雄) Shin Hee Woong

(생)1961 · 5 · 16 (출)충북 청원 (주)충청북도 청주시 상당구 목련로 266 청주상당경찰서(043-280-1211) (학)1980년 청주고졸 1985년 경찰대 행정학과졸(1기) (경)1985년 경위 임용 1994년 경감 승진 2000년 충북지방경찰청 홍보담당관(경정), 교육파견, 충북지방경찰청 경비교통과장 2007년 同보안과 보안1계장 2009년 同홍보계장 2011년 총경 승진 2011년 충북보은경찰서장 2013년 충북지방경찰청 정보과장 2014년 대전동부경찰서장 2015년 충북지방경찰청 수사과장 2016년 충북 청주청원경찰서장 2017년 충북지방경찰청 112종합상황실장 2019년 충북 청주상당경찰서장(현)

### 신희종(申熙鍾) SHIN Hee Jong

(생)1952 · 1 · 14 (출)경기 화성 (주)서울특별시 서초구 효령로 231 진양제약(주)(02-3470-0300) (학)1976년 서울대 약대졸 1982년 同대학원 물리약학과졸 1998년 약학박사(서울대) (경)1979년 (주)종근당 종합연구소 입사 1985~1986년 미국 미네소타약대 연구원 1994~1995년 한국약제학회 편집위원 1994~1997년 同이사 1999년 (주)종근당 기술연구소장 2002년 同제제연구소장(이사) 2006~2008년 同기술본부장(수석상무) 2008~2019년 삼진제약(주) 중앙연구소장(전무이사) 2019년 진양제약(주) 사외이사(현) (상)한국약제학회 학술상(1998), 제제기술상(1999), 대한약학회 약학기술상(2005)

### 신희철(申喜澈)

(생)1966 · 12 · 6 (출)전북 정읍 (주)부산광역시 연제구 연제로 12 부산지방국세청 징세송무국(051-750-7500) (학)전주 상산고졸, 서울대 경영학과졸 (경)1997년 행정고시 합격(41회) 2001년 서울 금천세무서 조사1과장 2001년 국세청 국제업무과 사무관 2001년 서울 구로세무서 조사과장 2002년 서울 양천세무서 징세과장 2003년 서울 구로세무서 세원관리1과장 2008년 국세청 재산세과 서기관 2009년 중부지방국세청 조사2국 조사2과 서기관 2011년 同법무과장 2013년 서울 서초세무서장 2014년 국세청 통계기획담당관 2015년 同법령해석과장 2016년 同대변인(서기관) 2017년 同대변인(부이사관) 2017년 광주지방국세청 조사1국장 2018년 서울지방국세청 감사관 2019년 부산지방국세청 징세송무국장(현) (상)근정포장(2017)

### 신희철(申熙哲) Shin, Hee Cheol

(생)1968 · 8 · 14 (본)고령(高靈) (출)충북 청주 (주)세종특별자치시 시청대로 370 한국교통연구원 4차산업혁명교통연구본부(044-211-3244) (학)1987년 운호고졸 1991년 서울대 토목공학과졸 1994년 同대학원 도시공학과졸 2001년 공학박사(미국 Univ. of California Berkeley) (경)2002년 미국 캘리포니아대 버클리교 박사 후 연구원 2003~2008년 한국교통연구원 책임연구원 2006년 대한교통학회지 편집위원 2007년 대한도로학회지 편집위원 2007년 청주시 도로설계자문위원 2007년 충북도 교통영향평가심의위원회 위원 2008년 PIARC World Technical Committee(D1) Member 2008년 한국교통연구원 연구위원 2009년 同국가자전거교통연구센터장 2009년 경기도 녹색성장위원회 위원 2010년 한국교통연구원 자전거녹색교통센터장 2010년 행정안전부 정책자문위원회 위원 2011년 同지방자치발전포럼 위원 2011년 한국교통연구원 자전거녹색교통연구센터장 2012~2013년 同교통안전 · 자전거연구실장 2013년 同교통안전 · 자전거연구실 연구위원 2014년 同글로벌교통협력연구실 연구위원, 同도로교통본부 연구위원 2016년 同NMT(비동력교통수단)연구센터장 2018년 同4차산업혁명교통연구본부장(현) 2018년 同AI · 빅데이터분석연구팀장 겸임

**신희택(申熙澤) SHIN Hi-Taek**

(생)1952·8·6 (본)고령(高靈) (출)부산 (주)서울특별시 강남구 영동대로 511 트레이드타워 43층(삼성동)(02-551-2026) (학)1971년 경기고졸 1975년 서울대 법학과졸 1981년 同법학대학원졸 1983년 미국 예일대 대학원 법학과졸 1990년 법학박사(미국 예일대) (경)1977년 사법연수원 수료(7기) 1977년 육군 법무관 1979년 한·미연합사령부 법무관 1980~2007년 김앤장법률사무소 변호사 1990년 경제기획원 UR서비스협상 실무대책위원 1991년 대외경제정책연구원 자문위원 1993년 경제기획원 신경제5개년계획 대외통상실무위원 1995~2006년 사법연수원 외부강사 1996년 교육부 중앙교육심의회 위원 1999년 외교통상부 다자통상분야 자문위원 1999~2001년 대한변호사협회 섭외이사 1999년 조선일보 변호사기사사전열람제 위촉변호사 2006년 'ISD 검증 민관 TF' 민간측 위원장 2007~2009년 두산인프라코어(주) 사외이사 2007~2017년 서울대 법학전문대학원 교수 2008년 우리금융지주 사외이사 2008~2010년 정보공개심의회의 심의위원 2008~2012년 전자거래분쟁조정위원회 조정위원 2008년 서울대 상표관리위원장 2008년 同국제통상거래법센터장 2008년 외교통상부 정책자문위원 2008~2010년 국민경제자문회의 자문위원 2009년 세계은행 산하 국제투자분쟁해결센터(ICSID) 의장 중재인(현) 2009~2017년 두산(주) 사외이사 2009년 교육과학기술부 법학교육위원회 위원장 2010년 대한상사중재원 중재인(현) 2012년 법무부 국제법무자문위원회 위원장(현) 2013년 서울국제중재센터(Seoul IDRC) 운영위원장 겸임 2013년 대구경북과학기술원 비상임이사 2014년 법무부 외국법자문사법개정위원회 위원장 2014~2018년 KDB산업은행 사외이사 2015년 同금융자회사매각추진위원회 위원장 2016년 서울국제중재센터(Seoul IDRC) 이사장 2016~2019년 산업통상자원부 무역위원회 위원장 2017년 (주)두산 사외이사 겸 감사위원장 2018년 대한상사중재원 국제중재센터 초대 의장(현) 2019년 국제상사중재위원회(ICCA) 운영위원(현) (상)대통령표창(1975), 대법원장표창(1977) (저)'국제경제법(共)'(2012, 박영사) 'Commentaries on Selected Model Investment Treaties(共)'(2012, 영국 Oxford Univ. Press)

**신희호(申熙昊) Howard H. Shin**

(생)1958·4·15 (본)평산(平山) (출)서울 (주)서울특별시 강남구 언주로 603 서진빌딩 7층 (주)아모제푸드 회장실(02-2185-7790) (학)1981년 연세대 경영학과졸 1987년 미국 미시간대 대학원 경영학과졸(MBA) (경)1989~1999년 호텔아미가 대표이사 부사장 1996~2001년 덕우산업 대표이사 사장 2001년 (주)아모제 대표이사 2008~2010년 한국외식경영학회 회장 2008년 한국외식산업협회 부회장 2012~2014년 한식재단 이사 2012년 (주)아모제푸드 대표이사 회장(현) (상)외식경영대상 기업부문대상(2007), 농림수산식품부장관표창(2010), 대통령표창(2013), 미시간대 자랑스런 동문상(2014), 대통령표창(2016) (종)불교

**심갑보(沈甲輔) SHIM Kab Bo**

(생)1936·3·13 (본)청송(靑松) (출)경남 밀양 (주)서울특별시 마포구 백범로 88 한국경영자총협회(02-3270-7300) (학)1962년 영남대 정치학과졸 1964년 同대학원졸 1971년 고려대 경영대학원 수료 1977년 서울대 경영대학원 AMP과정 수료 1992년 同공대 최고산업전략과정 수료 1999년 전경련 국제경영원 정보전략최고경영자과정 수료 2000년 명예 정치학박사(영남대) (경)1968년 인력개발연구소 연구위원 1970~1978년 삼익공업 상무이사 1978년 同전무이사 1981~1998년 삼익물산 사장 1992~1998년 삼익공업 사장 1995~1997년 도산아카데미연구원 부원장 1996~1998년 대통령자문 노사관계개혁위원회 위원 1996~2006년 한국경영자총협회 감사 1997년 서울안암로타리클럽 회장 1997~2012년 중앙노동위원회 사용자위원 1997~2007년 한국국제노동재단 감사 1998~1999년 한국중견기업연합회 부회장 1998년 경제사회발전노사정위원회 상무위원회 위원 1998~2004년 한국능률협회 경영자교육위원장 1999~2001년 삼익공업 대표이사 부회장 1999~2001년 영남대 겸임교수 1999~2001년 국무총리 정책평가위원 2000~2009년 최저임금위원회 사용자위원 2000~2015년 대한상공회의소 및 서울상공회의소 노사인력위원회 위원 2001~2006년 삼익LMS 대표이사 부회장 2001~2013년 한국인간개발연구원 부회장 2004년 대한상사중재원 중재인 2006년 한국경영자총협회 부회장(현) 2006~2012년 삼익THK(주) 대표이사 부회장 2007~2011년 노사발전재단 감사 2012년 삼익THK(주) 상임고문 2012~2016년 (사)노사공포럼 공동대표 2014년 청송심씨대종회 회장 (상)국민훈장 동백장(1998), 21세기대상 영업부문관리대상(2006), 서울대 AMP대상(2007), 금탑산업훈장(2007), 대한민국 상품대상(2009) (저)'신기술개발 선택의 여지가 없다(共)'(1993) 'CEO의 현장경영'(2003) 'CEO의 멘토경영-늦었다고 생각할 때가 가장 빠른 때다'(2009) '행복한 CEO 심갑보의 내 인생의 스크랩(編)'(2009) '심갑보 내 삶의 발자취(編)'(2013) '심갑보의 경영 및 대외활동 보도기록(1989~2015)(編)'(2015) (종)불교

**심경우(沈京愚) Sim, Kyung Woo**

(생)1960·11·14 (출)경기 (주)울산광역시 중구 종가로 340 근로복지공단 이사장실(052-704-7706) (학)서라벌고졸, 연세대 사회학과졸, 미국 오하이오주립대 대학원 노동인적자원관리학과졸 (경)1985년 행정고시 합격(29회) 1997년 충남지방노동위원회 사무국장 2003년 노동부 고용평등국 평등정책과장 2004년 同보험정책과장 2005년 同고용정책본부 고용보험정책팀장 2006년 同고용정책본부 장애인고용팀장 2010년 서울종합고용지원센터 소장 2010년 노동행정연수원 교육협력관(고위공무원) 2011년 고용노동부 기획조정실 국제협력관 2012년 중앙노동위원회 상임위원 2012년 同사무처장 2013~2015년 고용노동부 기획조정실장 2016년 근로복지공단 이사장(현)

**심경호(沈慶昊) Sim Kyungho**

(생)1955·12·23 (본)청송(靑松) (출)충북 음성 (주)서울특별시 성북구 안암로 145 고려대학교 한문학과(02-3290-2166) (학)1979년 서울대 국어국문학과졸 1981년 同대학원 국어국문학과졸 1989년 문학박사(일본 교토대) (경)1981~1983년 서울대 인문대학 국어국문학과 조교 1983~1984년 일본 교토대 문학부 연구원 1987~1988년 同문학부 연수 1988~1994년 서울대·이화여대·성균관대·한신대 강사 1989~1992년 한국정신문화연구원 어문연구실 조교수 1991~2003년 韓國漢詩學會 편집간사 1991~1992년 한국정신문화연구원 기획조정실장 1992~1995년 강원대 국어국문학과 조교수 1995년 고려대 문과대학 한문학과 조교수·부교수·교수(현) 1997~2003년 민족어문학회 편집위원·편집위원장 1999~2012년 다산학술재단 다산학회 편집위원 2004년 한국어문교육연구회 상임이사 2009년 한국한문학회 평의원(현) 2009~2012년 유네스코 '코리아저널' 편집위원 2009~2013년 인천학연구원 편집위원장 2010~2011·2014~2015년 일본 메이지대 객원교수 2011년 진단학회 평의원(현) 2012년 지훈학술상 심사위원 2012년 국문학회 부회장 2013년 고려대 한자한문연구소장(현) 2013년 동아시아비교문화국제회의 편집위원장 2014~2016년 국문학회 회장 2014~2018년 한국어문교육연구회 편집위원 2014~2018년 한국고전번역원 '민족문화' 편집위원장 겸 고전번역위원회 위원 2015년 근역한문학회 윤리위원장 2015년 교육부 평가위원 2016년 고려대 민족문화연구원학술지 '민족문화연구' 편집위원(현) 2017년 근역한문학회 회장(현) 2018년 퇴계학연구원 자문위원(현) 2018년 경암상 인문사회부문 심사위원(현) 2019년 퇴계학연구원 편집위원(현) (상)성산학술상(2002), 제1회 리쓰메이칸 시라카와시즈카기념 동양문자문화상 개인부문(2006), 한국과학재단 선정 제1회 인문사회과학분야 우수학자(2006~2011), 제3회 우호인문학 학술상(2010), 제1회 연민학술상(2011), 고려대교우회 학술상(2016), 제3회 난정학술상(2018), 제29회 김달진문학상 학술평론부문(2018), 제44회 월봉저작상(2019) (저)'강화학파의 문

학과 사상 1·2·3·4' '다산과 춘천' '조선시대 한문학과 시경론'(1999) '한국 한시의 이해'(2000) '국문학 연구와 문헌학'(2002) '김시습평전'(2003) '한시기행'(2005) '한시의 세계'(2006) '간찰, 선비의 마음을 읽다'(2006) '한학입문'(2007) '산문기행, 선인들 산길을 가다'(2007) '자기 책 몰래 고치는 사람'(2008) '내면기행'(2009) '나는 어떤 사람인가, 선인들의 자서전'(2010) '책, 그 무시무시한 주술'(2010) '한시의 서정과 시인의 마음'(2011) '여행과 동아시아 고전문학'(2011) '다산의 국토사랑과 경영론'(2011, 국토지리원) '오늘의 고전'(2012) '국왕의 선물'(2012) '참요'(2012) '한국한문기초학사'(2012) '한문산문미학(증보개정판)'(2013) '내가 좋아하는 한시(共)'(2013) '한시의 성좌'(2014, 돌베개) '안평(安平)—몽유도원도와 영혼의 빛'(2018, 알마) 연구서 '김삿갓 한시'(2018, 서정시학) (역)'금오신화'(홍익출판사) '일본한문학사'(소명) '불교와 유교'(예문서원) '주역철학사'(예문서원) '역주 원중랑집(共)'(소명) '선생, 세상의 그물을 조심하시오'(태학사) '중국의 자전문학'(2002) '한자 백가지 이야기'(황소자리) '문자강화'(바다출판사) '증보역주 지천선생집'(2008, 선비) '서포만필'(2010, 문학동네) '삼봉집'(2013, 고전번역원) 외 다수 (종)천주교

### 심광일(沈珖一) SIM KWANG IL

(생)1953 · 81 · 8 (출)서울 (주)경기도 평택시 포승읍 석정로 301 석미건설(주)(031-682-9328) (학)1971년 서울 휘문고졸 1975년 중앙대 건축공학과졸 1988년 한양대 산업대학원 건축공학과졸 (경)1989년 석미건설(주) 대표이사(현), 경기도경제단체연합회 이사 2010~2016년 대한주택건설협회 경기도지회장 2016~2018년 주택도시보증공사 비상임이사 2017년 대한주택건설협회 회장(현) 2018년 대한건설단체총연합회 부회장 겸 이사(현) (상)국무총리표창(2003), 대통령표창(2006), 산업포장(2011)

### 심귀보(沈貴寶) Kwee-Bo Sim

(생)1956 · 9 · 20 (본)청송(靑松) (출)경남 진주 (주)서울특별시 동작구 흑석로 84 중앙대학교 전자전기공학부(02-820-5319) (학)1975년 부산기계공고졸 1978년 부산공업전문대 전기과졸 1984년 중앙대 전자공학과졸 1986년 同대학원 전자공학과졸 1990년 공학박사(일본 도쿄대) (경)1974~1984년 (주)금성사 전자회로설계실 연구원 1986~1990년 일본 Univ. of Tokyo 연구조교 1991~1995년 중앙대 공대 제어계측공학과 조교수 1993~1995년 同제어계측공학과 학과장 1995년 同공대 전자전기공학부 부교수 · 교수(현) 1997~2004년 한국지능시스템학회(KFIS) 국문 · 영문논문지 편집위원장 2000~2004년 제어자동화시스템공학회(ICASE) 편집위원 · 평의원 · 회원관리이사 · 국제협력이사 2000~2001년 대한전기학회(KIEE) 편집위원 · 학술위원 · 학술이사 2001년 IR52 장영실상 및 신기술인정제도 심사위원(현) 2002년 중앙대 중소기업산학협력센터장(현) 2003~2004년 일본계측자동제어학회(SICE) 이사 2003~2005년 제어자동화시스템공학회(ICASE) 지능시스템연구회장 2004년 국제지능시스템학술대회(SCIS & ISIS 2004) Genaral Chair 2004~2008년 중앙대 기술이전센터 소장 2005년 한국지능시스템학회(KFIS) 수석부회장 2005년 첨단월간 '자동화기술' 편집자문위원 2005년 제어자동화시스템공학회(ICASE) Fellow(현) 2005년 국제자동제어학술회의(ICCAS 2005) 조직위원장 2006~2010년 일본 계측자동제어학회(SICE) 이사 겸 평의원 2006~2010년 국토해양부 철도건설심의위원 2006~2007년 한국지능시스템학회(KIIS) 회장 2007~2013년 한국산학연협회 서울지역협의회 회장 2009~2013년 同부회장 2009~2010년 중앙대 중앙도서관장 겸 박물관장 (상)한국지능시스템학회 학술상(2000 · 2009), 중앙대 학술상(2001 · 2007), 중소기업청장표창(2004 · 2009 · 2011), Fumio Harashima Mechatronics Award(2004), 제어로봇시스템학회 학술상(2005), 부산기계공업고등학교 자랑스런 기공인상(2006), 서울시장표창(2006) (저)'전기전자 회로해석(共)'(2000) '인공생명의 방법론'(2000) '제어시스템과 MATLAB(共)'(2001) '회로해석/설계와 MATLAB, 그리고 PSPICE(共)'(2003) '지능정보시스템(共)'(2003) '지식의 이중주(共)'(2009) (역)'회로이론(共)'(1999) '제어시스템 해석 및 설계(共)'(2003) '회로이론(共)'(2007) '자동제어(共)'(2011) (종)천주교

### 심규명(沈揆明) SIM Gyoo Meong

(생)1965 · 5 · 27 (본)청송(靑松) (출)울산 (주)울산광역시 남구 문수로 483 법무법인 정우(052-267-5111) (학)1983년 울산 학성고졸 1989년 고려대 법학과졸 2003년 울산대 지역개발대학원졸 (경)1993년 사법시험 합격(35회) 1996년 사법연수원 수료(25기) 1996년 변호사 개업 1997년 울산지방변호사회 이사 1998년 법무법인 정우 대표변호사(현), 열린우리당 인권특별위원회 위원장 2002년 옥서초 운영위원회 위원장 2006년 울산시장선거 출마(열린우리당) 2007~2008년 울산항만공사 감사 2007~2011년 녹색에너지촉진시민포럼 대표 2007년 한중문화협회 울산지회장 2011년 울산평화복지포럼 대표 2012년 제19대 국회의원선거 출마(울산 남구甲, 민주통합당) 2012년 민주통합당 울산시당 위원장 2013~2014년 민주당 울산시당 위원장 2014~2015년 새정치민주연합 울산시당 공동위원장, 울산 남구 무상급식추진위원회 공동대표 2016년 더불어민주당 정책위원회 부의장 2016년 同울산남구甲지역위원회 위원장 2016년 제20대 국회의원선거 출마(울산 남구甲, 더불어민주당), 더불어민주당 울산시당 노동위원장, 同대선공약이행실천단장 (저)'The 심규명'(2012)

### 심규순(沈揆順 · 女)

(생)1958 · 5 · 15 (주)경기도 수원시 팔달구 효원로 1 경기도의회(031-8008-7000) (학)영동고졸 2010년 성결대 행정학과졸, 同대학원 사회복지학 박사과정 중 (경)열린우리당 안양시동안구甲지역위원회 여성위원장, 안양자치연구소 상임이사, 안양균형발전시민대책위원회 집행위원, 안양쓰레기문제대책위원회 집행위원 2006~2010년 경기 안양시의회 의원(비례대표), 同총무경제위원회 위원, 안양사이버과학축제 추진위원, 민주당 안양시동안구甲지역위원회 여성위원장 2010년 경기 안양시의원선거 출마(민주당) 2014~2018년 경기 안양시의회 의원(새정치민주연합 · 더불어민주당) 2014~2016년 同도시건설위원장, 더불어민주당 대변인단 부대변인 2018년 경기도의회 의원(더불어민주당)(현) 2018년 同도시환경위원회 위원(현) (상)한국정신대문제대책협의회 평화소녀상건립 공로상(2017)

### 심규언(沈圭彦) SHIM Gyu Eon

(생)1955·10·1 (본)삼척(三陟) (출)강원 동해 (주)강원도 동해시 천곡로 77 동해시청 시장실(033-530-2010) (학)1974년 춘천제일고졸 1992년 한국방송통신대 법학과졸 2008년 관동대 행정대학원 행정학과졸 (경)1981년 7급 공무원시험 합격 1995~2008년 동해시 문화공보실장·환경보호과장·북삼동장·금강산관광지원사업소장·사회복지과장·세무과장·회계과장·기획감사담당관(사무관) 2006년 同자치행정과장 2007년 同행정지원과장 2008년 同행정지원국장(서기관) 2011~2014년 同부시장 2012~2014년 同시장 직대 2014~2018년 강원 동해시장(새누리당·자유한국당) 2018년 강원 동해시장(무소속)(현) (상)보건복지부장관표창(1999), 국무총리표창(2005), 대통령표창(2010), 홍조근정훈장(2014) (종)불교

### 심규철(沈揆喆) SHIM Kyu Chul

(생)1958 · 3 · 27 (본)청송(靑松) (출)충북 영동 (주)서울특별시 강남구 강남대로 382 메리츠타워 16층 법무법인 에이펙스(02-2018-0963) (학)1976년 서울고졸 1980년 서울대 법대 법학과졸 (경)1986년 사법시험 합격(28회) 1989년 사법연수원 수료(18기) 1989년 변호사 개업 1992~1994년 민주사회를위한변호사모임 대외협력간사 1995년 21세기전략아카데미 회

人

장 1998년 한나라당 보은·옥천·영동지구당 위원장 1998년 同인권위원회 부위원장 2000~2004년 제16대 국회의원(충북 보은·옥천·영동, 한나라당) 2000년 한나라당 청년위원장 2001~2002년 同원내부총무 2003년 同법률지원단장 2005년 법무법인 세화 변호사 2007년 한나라당 충북도당 위원장 2008년 제18대 국회의원선거 출마(충북 보은·옥천·영동, 한나라당) 2008년 한나라당 인재영입위원회 부위원장 2009년 同제2사무부총장 2009년 법무법인 에이펙스 구성원변호사(현) 2010년 국회 의정활동강화자문위원회 위원 2012년 제19대 국회의원선거 출마(충북보은·옥천·영동, 무소속) 2014년 새누리당 경기군포시당원협의회 운영위원장 2016~2017년 同경기군포시甲당원협의회 운영위원장 2016년 제20대 국회의원선거 출마(경기 군포시甲, 새누리당) 2017년 자유한국당 경기군포시甲당원협의회 운영위원장(현) 2017년 同인권위원회 부위원장 (저)'세상은 꿈꾸는 자의 것이다(共)'(1996) (종)기독교

### 심규홍(沈揆弘) SIM Kyu Hong

(생)1966·11·3 (출)충남 논산 (주)서울특별시 강남구 도곡로 194 법부법인 서평(02-6271-4300) (학)1985년 보성고졸 1989년 중앙대 법대졸 1992년 同대학원 법학과졸 (경)1991년 사법시험 합격(33회) 1994년 사법연수원 수료(23기) 1994년 軍법무관 1997년 인천지법 판사 1999년 서울지법 동부지원 판사 2001년 창원지법 판사 2004년 서울중앙지법 판사 2005년 서울고법 판사 2007년 대법원 재판연구관 2009년 대전지법 부장판사 2011년 사법연수원 교수 2014년 서울중앙지법 부장판사 2017~2019년 서울남부지법 부장판사 2019년 법무법인 서평(瑞平) 구성원변호사(현)

### 심기보(沈起輔) Shim Ki Bo

(생)1961·6·15 (본)청송(靑松) (출)충북 충주 (주)충청북도 청주시 상당구 상당로 82 충청북도의회(043-220-5116) (학)충주고졸 1989년 건국대 법학과졸, 同행정대학원 노사행정학과 수료 (경)평민신문 기자, 새정치국민회의 충주지구당 사무국장 2010~2014년 충북도의회 의원(민주당·민주통합당·민주당·새정치민주연합) 2010~2012년 同정책복지위원장 2012년 同운영위원회 위원 2012년 同행정문화위원회 부위원장 2012년 同윤리특별위원회 위원 2013년 충북도 감사관 자문위원 2014년 충북도의원선거 출마(새정치민주연합), 충북도 주민감사청구심의회 위원장 2018년 충북도의회 의원(더불어민주당)(현) 2018년 同부의장(현)

### 심기준(沈基俊) SHIM Ki Joon

(생)1961·10·19 (본)청송(靑松) (출)강원 원주 (주)서울특별시 영등포구 의사당대로 1 국회 의원회관 404호(02-784-8870) (학)원주고졸, 상지대 자원학과졸 (경)민주연합청년동지회 조직부국장, 同조직국장, 민주당 강원도지부 조직국 부장, 새정치국민회의 조직국 부장, 同조직2국 부국장, 새천년민주당 조직관리국 부국장, 同윤리위원회 국장, 同노무현 대통령후보 중앙선거대책위원회 조직본부 국장, 同21C국정자문위원회 국장, 同직능국장, 同정책연구위원, (재)국가전략연구소 전문위원, 민주당 조직국장, 열린우리당 강원도당 제2사무처장 2008년 민주당 강원도당 사무처장 2011년 강원도지사 정무특보 2012년 민주통합당 강원도당 선거대책총괄본부장 2015년 새정치민주연합 강원도당 위원장 2015~2018년 더불어민주당 강원도당 위원장 2016년 同제20대 국회의원 후보(비례대표 14번) 2016년 同조직강화특별위원회 위원 2016~2017년 同최고위원 2016년 同2018평창동계올림픽지원특별위원회 위원장 2017년 제20대 국회의원(비례대표 승계, 더불어민주당)(현) 2017·2018년 국회 기획재정위원회 위원(현) 2017~2018년 국회 평창동계올림픽 및 국제경기대회지원특별위원회 위원 2019년 국회 예산결산특별위원회 위원(현) 2019년 同일본무역분쟁소위원회 위원(현)

### 심 담(沈 淡) SHIM DAM

(생)1969·4·10 (출)충남 서산 (주)부산광역시 연제구 법원로 31 부산고등법원(051-590-1114) (학)1988년 보성고졸 1993년 서울대 사법학과졸 (경)1991년 사법시험 합격(33회) 1995년 사법연수원 수료(24기) 1998년 서울동부지법 판사 2000년 同서부지원 판사 2002년 부산지법 동부지원 판사 2002~2003년 교육훈련(미국 조지타운대) 2003년 대전지법 서산지원 판사 2006년 사법연수원 교수 2008년 서울고법 판사 2010년 창원지법 진주지원 부장판사 2011년 대법원 재판연구관 2013년 인천지법 부장판사 2015년 서울중앙지법 부장판사 2017년 부산고법 부장판사(현)

### 심대평(沈大平) SIM Dae Pyung

(생)1941·4·7 (본)청송(靑松) (출)충남 공주 (학)1959년 대전고졸 1966년 서울대 경제학과졸 1997년 명예 경영학박사(공주대) 1999년 명예 행정학박사(충남대) 2000년 명예 경제학박사(러시아 헤르젠사범대) (경)1966년 행정고시 합격 1967~1974년 국무총리 기획조정실 근무 1974~1978년 대통령비서실 근무 1978년 경기도 북부출장소장 1980년 의정부시장 1981년 대전시장 1985년 부산시 기획관리실장 1986년 대전시장 1986년 대통령 사정비서관 1988년 대통령 민정비서관 1988년 충남도지사 1990년 국무총리 행정조정실장 1992~1993년 대통령 행정수석비서관 1995·1998·2002~2006년 충남도지사(자유민주연합·국민중심당) 2002년 월드컵성공국민운동본부 명예총재 2006년 국민중심당 공동대표최고위원 2007~2008년 同대표최고위원 2007년 제17대 국회의원(대전西乙 재보선, 국민중심당·자유선진당) 2007년 10월 10일 국민중심당 대통령후보 선출(12월 6일 후보직 사퇴) 2008~2009년 자유선진당 대표최고위원 2008년 제18대 국회의원(공주·연기, 자유선진당·무소속·국민중심연합·자유선진당) 2008년 한·일의원연맹 고문 2010년 국민중심연합 대표최고위원 2011년 자유선진당 대표 2012년 제19대 국회의원선거 출마(세종특별자치시, 자유선진당) 2012~2017년 건양대 교양학부 석좌교수 2013~2017년 대통령소속 지방자치발전위원회 초대·2대 위원장 2013~2017년 건양대 부설 세종미래연구원 초대원장 2014년 민관군 병영문화혁신위원회 공동위원장 (상)녹조근정훈장(1976), 황조근정훈장(1992), 제17회 음악대상 예술행정상(2001), 제1회 한국을 빛낸 CEO(2005), 자랑스러운 충청인 특별대상 행정부문(2016) (저)수필집 '길은 항상 새롭게 열린다'(2004), 대담집 '심대평에게 묻다-대한민국 행복찾기'(2011) (종)천주교

### 심덕섭(沈德燮) SHIM Deok Seob

(생)1963·2·12 (출)전북 고창 (주)충청남도 공주시 공주대학로 56 인문사회과학대학 332호(041-850-8465) (학)1981년 고창고졸 1985년 서울대 영어교육과졸 1988년 同대학원 정책학과졸 1995년 개발행정학박사(영국 버밍햄대) (경)1986년 행정고시 합격(30회) 1997년 행정자치부 행정관리국 조직정책과 서기관 2004년 同행정개혁본부 조직혁신국 조직기획과장 2007년 외교통상부 기획관리실 기획심의관 2008년 駐캐나다대사관 공사 2010년 국가기록원 기록정책부장 2010년 행정안전부 정보화전략실 정보화기획관 2011년 同조직실 조직정책관 2013년 안전행정부 전자정부국장 2013~2014년 전북도 행정부지사 2014년 행정자치부 창조정부조직실장 2016년 同지방행정실장 2017~2018년 국가보훈처 차장(차관급) 2019년 공주대 객원교수(현) (상)자랑스러운 고창인상(2017)

### 심동섭(沈東燮) SHIM Dong Sup

(생)1959·8·28 (출)대전 (주)서울특별시 강남구 개포로 619 서울강남우체국청사 10층 한국전자무역상거래진흥원(02-2226-8701) (학)1978년 대전고졸 1982년 성균관대 법정대학 행정학과졸 1984년 서울대 행정대학원 행정학과졸 1997년 미국 Univ. of Wisconsin Madison 대학원 법학과졸(MLI) 1998

년 미국 Univ. of Washington Seattle 대학원 법학과졸(LL.M.) 2008년 경제학박사(경희대) (경)1983년 행정고시 합격(26회) 1983~1994년 상공부 중소기업국·상역국 무역정책과·무역위원회 무역조사실·조사총괄과·무역위원회 무역조사실 불공정수출입조사과·대통령비서실 행정사무관 1994~2000년 대통령비서실·미국 통상진흥연맹 서기관 2000년 산업자원부 기술표준원 평가정책과장 2001년 同전기위원회 전력시장과장 2003년 同지역산업진흥과장 2003년 同미주(舊美)협력과장 2004년 同무역위원회 조사총괄과장 2006년 同국제무역전략팀장 2007년 서울지방중소기업청장(고위공무원) 2008~2010년 경기지방중소기업청장(고위공무원) 2010년 법무법인 케이씨엘 상임고문 2011년 정부고위공무원 역량평가위원 겸 행정·외무·기술고시 면접심사위원(현) 2010년 법무법인 웅빈 프로젝트단장(현) 2011년 서울대 기술경영경제정책대학원 객원교수 2011년 건국대 대학원 겸임교수 2013년 경기도지사 경제특별보좌관 2015년 세계건강행복포럼 회장(현) 2015년 (사)한국전자무역상거래진흥원 이사장(현) (상)장관급표창(1985), 대통령표창(1992) (저)'알기 쉬운 동양의학'(2015)

**심동섭(沈東燮) Sim Dong Sup**

(생)1964·2·10 (본)삼척(三陟) (출)강원 동해 (주)서울특별시 용산구 서빙고로 137 국립중앙박물관 교육문화교류단(02-2077-9211) (학)1983년 북평고졸 1988년 고려대 법학과졸 1999년 영국 에딘버러대 대학원 법학과졸 2009년 법학박사(동국대) (경)1988년 행정고시 합격(32회) 2001년 문화관광부 청소년국 청소년수련과장 2002년 국방대 파견 2003년 문화관광부 기획관리실 법무담당관 2003년 同문화정책국 도서관박물관과장 2004년 同문화정책국 저작권과장 2006년 同문화미디어국 방송광고과장 2006년 同문화미디어국 방송광고팀장 2007년 同문화산업국 문화산업정책팀장(서기관) 2007년 同문화산업국 문화산업정책팀장(부이사관) 2008년 문화체육관광부 체육국 체육정책과장 2008~2009년 국립현대미술관 기획운영단장(고위공무원) 2008~2009년 同관장 직대 2009년 국외(캐나다) 직무훈련 파견 2011년 문화체육관광부 사행산업통합감독위원회 사무처장 2011~2015년 駐일본 공사참사관 겸 한국문화원장 2015년 문화체육관광부 체육관광정책실 체육정책관 2016년 同체육정책실 체육정책관 2016년 대한민국예술원 사무국장 2018~2019년 국립중앙박물관 교육문화교류단장, 2019년 국립한글박물관장(현) (상)근정포장(2006)

**심동욱(沈東旭) SHIM DONG WOOK**

(생)1959 (주)서울특별시 강남구 테헤란로 440 포스코센터서관 15층 포스코기술투자(주)(02-3457-6300) (학)연세대 경영학과졸, 한국개발연구원(KDI) 경영과졸(석사) (경)1986년 포스코 입사, 同국제금융·자금·금융IR·주식파트 근무 2009~2010년 포스코ICT 경영기획본부장 2011년 포스코재무실장 2014년 同정도경영실장 2015년 포스코에너지 기획지원본부장(전무·CFO) 2018년 포스코기술투자(주) 대표이사 사장(현)

**심만섭(沈萬燮) SIM Man Sup**

(생)1959·10·18 (본)삼척(三陟) (출)강원 양양 (주)강원도 춘천시 영서로 2854 강원도교육청 총무과(033-258-5233) (학)1978년 양양고졸, 한국방송통신대 행정학과졸 (경)1978~2004년 현남중·양양중·평창도서관·동해교육청 학무과·속초교육청 관리과·가곡중·삼척중·묵호중·강릉교육청 관리과·임계고·성덕초·강릉고·강원도교육청 교육국 교육정보화과 근무 2004년 강원도교육청 강원학생교육원 총무과장 2005년 同혁신복지담당관실 사무관 2007년 同감사담당관실 법무담당 사무관 2009년 同감사담당관실 감사2담당 사무관 2011년 同감사담당관실 감사1담당 사무관 2011년 同관리국 행정과 행정담당 사무관 2012년 同정책기획관실 법무담당 사무관 2012년 同감사관 2016년 同정책기획관 2016년 同행정국장(부이사관) 2018년 춘천교육문화관장 2019년 공로연수(부이사관)(현) (상)우수공무원 교육감표창(1989), 국민교육유공 교육인적자원부장관표창(2001), 강원도교육청 신지식인 교육감표창(2001), 정부우수공무원 대통령표창(2011)

**심 민(沈 敏) SIM Min**

(생)1947·12·24 (출)전북 임실 (주)전라북도 임실군 임실읍 수정로 30 임실군청 군수실(063-640-2000) (학)1967년 전주농고졸 1995년 한국방송통신대 행정학과졸 (경)1999년 전북도 산업정책과장 2000년 同경제행정과장 2000년 同체육청소년과장 2002년 임실군 부군수, 同군수 권한대행 2006년 전북 임실군수선거 출마(무소속), 전주생명과학고(舊 전주농고) 임실군동문회장(현), 임실YMCA 운영위원 2014~2018년 전북 임실군수(무소속) 2017~2018년 전국댐소재지시장·군수·구청장협의회 회장 2018년 전북 임실군수(무소속)(현)

**심민자(沈鍲子·女)**

(생)1961·3·10 (주)경기도 수원시 팔달구 효원로 1 경기도의회(031-8008-7000) (학)1985년 청주사범대학 교육학과졸 (경)김포뉴스 취재1팀장, 씨티21뉴스 취재부장, 同편집부 부국장 2006년 경기 김포시의원선거 출마(비례대표, 열린우리당) 2010년 경기도의원선거 출마(민주당) 2014년 경기 김포시의원선거 출마(비례대표, 새정치민주연합), 더불어민주당 김포시甲지역위원회 여성위원장(현) 2018년 경기도의회 의원(더불어민주당)(현)

**심병연(沈昞聯) SHIM Byung Yeon**

(생)1954·4·16 (본)풍산(豊山) (출)전북 임실 (주)전라북도 전주시 덕진구 사평로 32 동승빌딩 503호 법무법인 청송(063-278-7300) (학)1973년 전주고졸 1977년 서울대 법학과졸 1979년 同대학원 법학과졸 (경)1978년 사법시험 합격(20회) 1980년 사법연수원 수료(10기) 1980년 부산지법 판사 1983년 마산지법 판사 1985년 수원지법 판사 1989년 서울민사지법 판사 1990년 부산고법 판사 1991년 서울고법 판사 1993년 대법원 재판연구관 1995년 창원지법 부장판사 1996~1999년 전주지법 부장판사·수석부장판사 1999년 변호사 개업 2006~2013년 언론중재위원회 중재위원 2008~2013년 同감사 2009~2011년 전북지방변호사회 회장 2009~2010년 대한변호사협회 부회장 2013년 전북도 갈등조정협의회 위원 2013년 안전행정부 소청심사위원회 위원장 2014년 법무법인 청송 대표변호사(현) (상)국민훈장 석류장 (저)'무죄판결집-누명을 쓴 자들의 항변'(1998) '새로운 출발·소비자 파산을 아십니까'(1999) (종)기독교

**심병직(沈秉稷)**

(생)1970·2·26 (출)경북 구미 (주)제주특별자치도 제주시 남광북5길 3 제주지방법원 총무과(064-729-2423) (학)1988년 대구 경북고졸 1996년 서울대 경제학과졸 (경)1996년 장기신용은행 근무 2001년 사법시험 합격(43회) 2004년 사법연수원 수료(33기) 2004년 울산지법 예비판사 2006년 同판사 2008년 수원지법 여주지원 판사 2011년 서울중앙지법 판사 2014년 수원지법 판사 2017년 서울중앙지법 판사 2019년 제주지법 부장판사(현)

**심상기(沈相基) SHIM Sang Ki**

(생)1936·5·11 (출)충남 부여 (주)서울특별시 용산구 새창로 221-19 서울문화사 회장실(02-799-9114) (학)1955년 부여고졸 1961년 고려대 법대졸 (경)1961년 경향신문 기자 1965년 중앙일보 기자 1974년 同정치부장 1977년 同편집부국장 1980년 同이사대우·편집국장 1981년 평통 자문위원

1981년 중앙일보 이사 겸 편집국장 · 출판담당 이사 1983년 신문편집인협회 부회장 1984~1988년 중앙일보 상무이사 1986년 한국신문협회 출판협의회장 1988년 서울문화사 대표이사 1990년 경향신문 사장 1992년 서울문화사 사장 · 회장(현) 1992년 일요신문 발행인 · 사장 1994년 西서울CATV 사장 1995~2002년 同회장 1999년 시사저널 사장 · 회장 2007~2008년 同대표이사 회장 겸 발행인 (상)대통령표창(2001), 화관문화훈장(2009), 중앙대 제25회 중앙언론문화상 신문 · 잡지부문(2013), 고려대 특별공로상(2015) (저)'뛰며 넘어지며'(2013) (종)기독교

## 심상동(沈相東)

(생)1966·12·5 (주)경상남도 창원시 의창구 상남로 290 경상남도의회(055-211-7422) (학)경제학박사(창원대) (경)창원대 겸임교수(현), 환경부 환경교육홍보단 강사(현) 2018년 경남도의회 의원(더불어민주당)(현) 2018년 同문화복지위원회 위원(현) 2019년 더불어민주당 경남도당 대변인(현), (사)동북아항만포럼 이사(현), (사)경남해양수산정책포럼 사무국장(현)

## 심상명(沈相明) SIM Sang Myoung

(생)1942·2·10 (본)청송(靑松) (출)전남 장성 (주)서울특별시 서초구 법원로 15 정곡빌딩 서관 204호 심상명법률사무소(02-3476-0045) (학)1960년 광주고졸 1964년 서울대 법과대학졸 1967년 同사법대학원졸 (경)1965년 사법고시 합격(4회) 1967년 軍법무관 1970~1977년 광주지검·장흥지청·목포지청 검사 1977년 서울지검 영등포지청 검사 1980년 광주지검 순천지청 검사 1981년 법무부 인권과장 1983년 인천지검 부장검사 1985년 법무부 법무심의관 1987년 서울지검 북부지청 차장검사 1988년 광주지검 차장검사 1989년 대구지검 차장검사 1990년 부산지검 제2차장검사 1991년 서울지검 북부지청장 1992년 광주고검 차장검사 1993년 전주지검 검사장 1993년 광주지검 검사장 1994년 수원지검 검사장 1995년 부산고검 검사장 1997년 광주고검 검사장 1997~2000년 대한법률구조공단 이사장 2002~2003년 법무부 장관 2003년 변호사 개업(현) (상)홍조근정훈장(1986), 황조근정훈장(1995)

## 심상정(沈相姃 · 女) SIM Sang Jeung

(생)1959 · 2 · 20 (출)경기 파주 (주)서울특별시 영등포구 의사당대로 1 국회 의원회관 516호(02-784-9530) (학)1977년 명지여고졸 1983년 서울대 역사교육과졸 (경)1980년 학원민주화운동 참여 · 서울대 최초 여학생회 결성 주도 1980년 남성전기 노동조합 교육부장 1983년 노조결성 및 쟁의로 수배 1985년 구로동맹파업 조직 · 주모자로 지명수배 1985년 서울노동운동연합 결성 주도 · 중앙위원장 1987~1995년 전국노동조합협의회 쟁의국장 · 조직국장 1996~2001년 민주금속연맹 사무처장 · 금속산업연맹 사무차장 2000년 민주노동당 당대회 부의장 2000년 同대의원 겸 중앙위원 2001년 전국금속노조 사무처장 2004~2008년 제17대 국회의원(비례대표, 민주노동당) 2004년 민주노동당 원내수석부대표 2008년 同비상대책위원회 위원장 2008~2009년 진보신당 상임대표 2008년 제18대 국회의원선거 출마(고양시 덕양구甲, 진보신당) 2008~2015년 (사)마을학교 이사장 2010년 경기도지사선거 출마(진보신당) 2010~2015년 (사)정치바로 이사장 2011~2012년 통합진보당 공동대표 2012년 제19대 국회의원(고양시 덕양구甲, 통합진보당 · 무소속 · 진보정의당 · 정의당) 2012년 통합진보당 원내대표 2012년 진보정의당 노동자살리기특별위원회 위원장 2013년 同원내대표 2013~2015년 정의당 원내대표 2013~2016년 국회 한 · 볼리비아의원친선협회 회장 2013년 국회 정치개혁특별위원회 위원 2014년 국회 외교통일위원회 위원 2014년 국회 예산결산특별위원회 위원 2014~2015년 국회 남북관계및교류협력발전특별위원회 위원 2014년 국회 환경노동위원회 위원 2015년 국회 정치개혁특별위원회 공직선거법심사소위원회 위원 2015년 정의당 대표 2015~2017년 同상임공동대표 2016년 同제20대 총선 선거대책위원회 공동위원장 2016년 제20대 국회의원(고양시甲, 정의당)(현) 2016년 대한뇌전증학회 명예고문(현) 2016년 同홍보대사 2016~2018년 국회 정무위원회 위원 2016~2017년 국회 민생경제특별위원회 위원 2017년 정의당 제19대 대통령 후보 2017년 국회 정치개혁특별위원회 위원 2017년 2017서울프라이드영화제 집행위원 2018년 국회 헌법개정 및 정치개혁특별위원회 위원 2018~2019년 국회 정치개혁특별위원회 위원장 2018년 국회 기획재정위원회 위원(현) 2019년 정의당 대표(현) (상)한국사회과학데이터센터 선정 국감의원 총평가 국회 재정경제위원회 1위(2004), 여야의원이 뽑은 2004년 최고 국회의원(2004), 거짓말 안하는 정치인 BEST 5(2005), 입법정책개발 최우수의원(2006), 백봉신사상 의정활동분야 1위(2007), 대한민국입법대상(2013), 경제정의실천시민연합 국정감사 우수의원(2014), 선플운동본부 '국회의원 아름다운 말 선플상'(2014), 백봉신사상 올해의 신사의원 베스트10(2015 · 2017), INAK 국회의정상(2016), 제20회 백봉신사상 대상(2018) (저)'하나의 대한민국, 두 개의 현실(共)'(2007) 자서전 '당당한 아름다움'(2008) '꿈꾸는 여대생에게 들려주는 여성리더들의 이야기(共)'(2009) '인생 기출문제집(共)'(2009) '심상정, 이상 혹은 현실(共)'(2010) '에르끼 아호의 핀란드교육개혁보고서(共)'(2010, 한울림) '내가 걸은 만큼만 내 인생이다(共)'(2011, 한겨레출판) '인생에서 조금 더 일찍 알았으면 좋았을 것들(共)'(2011, 글담) '그대 아직도 부자를 꿈꾸는가(編)'(2011, 양철북) '실패로부터 배운다는 것'(2013, 웅진지식하우스)

## 심상철(沈相哲) SHIM Sang Cheol

(생)1957 · 11 · 7 (출)전북 전주 (주)경기도 광주시 행정타운로 49-15 광주시법원(031-763-2187) (학)1976년 전주고졸 1980년 서울대 법학과졸 (경)1979년 사법시험 합격(21회) 1982년 사법연수원 수료(12기) 1982년 공군 법무관 1985년 서울민사지법 판사 1987년 서울지법 남부지원 판사 1990년 전주지법 남원지원 판사 1991년 광주고법 판사 1992년 서울고법 판사 1993년 법원행정처 사법정책연구심의관 1993년 同조사심의관 1995년 서울고법 판사 1997년 전주지법 부장판사 1999년 사법연수원 교수 2001년 서울지법 부장판사 2002년 수원지법 성남지원장 2004년 부산고법 부장판사 2005년 서울고법 부장판사 2011년 광주지법원장 2012년 서울동부지법원장 2013년 서울고법 부장판사 2015~2017년 서울고법원장 2015~2017년 대법원 양형위원회 위원 2017년 수원지법 성남지원 광주시법원 원로(元老)법관(현)

## 심상택(沈湘澤) SIM SANG TAEK

(생)1968 · 3 · 6 (본)청송(靑松) (출)경북 청송 (주)대전광역시 서구 청사로 189 산림청 운영지원과(042-481-4012) (학)1986년 다사고졸 1994년 계명대 무역학과졸 2007년 고려대 대학원 행정학과졸 2016년 공주대 대학원 행정학 박사과정 재학 중 (경)2004~2007년 산림청 기획홍보본부 혁신인사기획팀 행정주사 2007~2009년 同산림자원국 산림경영지원과 행정사무관 2009년 同산림이용국 산지관리과 행정사무관 2010~2011년 同운영지원과 행정사무관 2011~2012년 同국립자연휴양림관리소 행정지원과장 2012~2013년 同운영지원과 행정사무관 2013~2014년 同산림이용국 산림경영소득과 행정사무관 · 서기관 2014년 同산림이용국 산지관리과장 2016년 同산림병해충방제과장 2019년 同운영지원과장(현) (상)국무총리표창(2000), 대통령표창(2012)

## 심상필 SIM Sang-Pil

(생)1965 · 5 (주)경기도 수원시 영통구 삼성로 129 삼성전자(주) Foundry사업부 제조기술센터(031-200-1114) (학)1988년 서울대 전자전기공학과졸 1990년 한국과학기술원(KAIST) 전기전자공학과졸(석사) 2003년 전기전자공학박사(한국과학기술원) (경)1988~1999년 삼성전자(주) 반도체연

구소 TD팀 근무 2003~2007년 同메모리사업부 차세대연구팀 근무 2007년 同IMEC(Interuniversity Micro Electronics Center) 컨소시엄 파견 2009년 同반도체연구소 로직 TD팀 근무 2013년 同S. LSI사업부 프로세스통합(PI)팀 근무 2014년 同S. LSI제조센터 YE팀 근무 2015년 同미국삼성오스틴반도체(SAS)법인 상무 2015년 同S.LSI제조센터 전무 2016년 同미국삼성오스틴반도체(SAS)법인 전무 2019년 同Foundry사업부 제조기술센터장(전무)(현) (상)자랑스런 삼성인상 기술상(2015)

## 심상화(沈相和) SIM Sang Hwa

(생)1966·7·20 (주)강원도 춘천시 중앙로 1 강원도의회(033-256-8035) (학)북평고졸, 관동대 무역학과졸 (경)동해시청년회 회장, 동해경찰서 행정발전위원회 선도위원장, 동해시검도회 이사, 동해북평청년회의소(JC) 운영위원, 삼성자동차 동해영업소장 2006년 강원 동해시의원선거 출마 2010~2014년 강원도의회 의원(한나라당·새누리당), 동해시교육행정협의회 위원 2014년 강원도의원선거 출마(무소속), 동해시장애인단체연합회 회장(현), 강원재능기부센터 대표(현) 2018년 강원도의회 의원(자유한국당)(현) 2019년 同의회운영위원회(현)

## 심석태(沈錫兌) Seog Tae SHIM

(생)1967·6·18 (출)경남 합천 (주)서울특별시 양천구 목동서로 161 SBS 보도본부(02-2061-0006) (학)서울대 법학과졸 1998년 서강대 국제대학원 법학과졸, 미국 인디애나대 로스쿨 법학과졸(LL.M.) 2003년 법학박사(서강대) (경)1991년 SBS 입사 2004년 同사회부 법조팀장 2006년 同보도본부 정치부 차장, 서강대 법학전문대학원 겸임교수, 방송기자연합회 저널리즘특별위원회 위원장 2014년 SBS 보도본부 뉴미디어부장 2015년 同보도본부 뉴미디어실장 겸 뉴미디어편집부장 2016년 同보도본부 뉴미디어국장 2017년 同보도본부장(현) 2018년 한국디지털뉴스협회 이사(현) 2019년 대법원 양형위원회 위원(현) (상)한국기자협회 이달의기자상(1994·1996), 철우언론법상(2015), 문화포장(2017) (저)'문화적 예외와 방송시장 개방'(2003, 나남) '한국 언론의 품격(共)'(2013, 나남) '저널리즘의 7가지 문제(共)'(2013, 컬처룩) '방송뉴스 바로하기(共)'(2014, 컬처룩) '언론법의 이해'(2016, 컬처룩), '미디어와 법(共)'(2017, 커뮤니케이션북스)

## 심성도(沈成桃) Shim Seong-Do

(생)1966·8·22 (출)부산 (주)서울특별시 강남구 논현로 508 GS에너지 인사·대외협력부문(02-2005-0800) (학)1985년 낙동고졸 1991년 고려대 경영대학 경영학과졸 (경)1990~1994년 금성사 입사 및 근무 1994년 LG 회장실 대리 1996년 同회장실 과장 1996~2006년 GS EPS 과장 2006년 同EPS 업무지원팀 부장 2007~2012년 同업무지원팀 선임부장 2013년 GS파워(주) 인사·대외협력부문 처장 2014년 同인사·대외협력부문장(상무) 2015년 GS에너지 경영지원부문장(상무) 2016년 同인사·총무부문장(상무) 2018년 同인사·대외협력부문장(상무)(현) (상)산업포장(2014)

## 심성훈(沈星勳)

(생)1964 (출)대구 (주)서울특별시 종로구 종로1길 50 더케이트윈타워 K뱅크(02-3210-7474) (학)1986년 서울대 경제학과졸 1988년 한국과학기술원(KAIST) 경영과학과졸(석사) (경)1988년 KT 입사, 同연구소 근무, 同기획조정실 근무, 同사업지원실 근무 2005~2007년 同대외전략실 대외전략담당 2007~2008년 同사업지원실 사업지원담당 2010년 同비서실장(상무) 2013~2014년 同시너지경영실장(상무) 2016년 KT이엔지코어 경영기획총괄 전무 2017년 인터넷전문은행 'K뱅크' 초대 은행장(현)

## 심세일

(생)1965 (출)강원 춘천 (주)강원도 평창군 대관령면 솔봉로 325 알펜시아 사장실(033-339-0000) (학)춘천고졸, 단국대 토목공학과졸 (경)2001년 LG건설 리조트개발사업부 입사, 엘리시안강촌 스포츠사업총괄부장 2016년 同리조트사업부장(상무) 2017년 알펜시아 대표이사(현)

## 심수화(沈壽和) SIM Shoo Hwa

(생)1957·6·20 (본)청송(青松) (출)경남 의령 (학)1984년 경상대 축산학과졸 2011년 한국해양대 해사산업대학원 항만물류학과졸 (경)1983년 경남신문 입사 1988년 연합뉴스 입사 1995년 同지방부 차장대우 1998년 同차장 2000년 同부산경남취재본부 취재차장 2002년 同부산지사 부장대우 2004년 同경남지사 부장대우 2005년 同지방자치부 근무(부장대우급) 2006년 同전국부 근무(부장급) 2006년 同부산지사 근무(부장급) 2007년 同울산지사장 2007년 同울산취재본부장 2008년 同경남취재본부장 2009년 同부산취재본부장 2014년 同부산취재본부 기획위원(부국장급) 2015~2018년 同마케팅담당 상무이사 (상)대통령표창(2002) (저)'3세대 공존의 미학-가족'(2015, 효민디앤피) (종)불교

## 심승섭(沈勝燮)

(생)1963·1·28 (출)전북 군산 (주)충청남도 계룡시 신도안면 계룡대로 663 사서함 501-200호 해군참모총장실(042-553-6010) (학)군산고졸 1985년 해군사관학교졸(39기) 1989년 국방대 석사과정(무기체계)졸 2010년 同고위정책결정자 과정 수료 2015년 해양안보정책학박사(한국해양대) (경)1985년 해군 소위 임관 1994년 소령 임관 2002년 김천함장 2007년 충무공이순신함장 2008년 해군 작전사령부 작전참모처장 2011년 同교육사령부 기초군사교육단장(준장) 2011년 제1함대사령부 부사령관 2012년 제7기동전단장 2013년 합동참모본부 전력기획2처장 2014년 同작전2처장 2015년 제1함대사령관(소장) 2016년 해군본부 정작참모부장 2016년 同인사참모부장 2017년 합동참모본부 전략기획본부장(중장) 2018년 제33대 해군 참모총장(대장)(현) (상)대통령표창(2013), 한국해양소년단연맹 장보고대기장(2019) (종)천주교

## 심양보(沈良輔) SHIM Yang Bo

(생)1953·11·6 (출)서울 (주)서울특별시 종로구 사직로 107 한빛빌딩 8층 (주)지트립 비서실(02-772-5450) (학)1972년 휘문고졸 1979년 인하대졸 1985년 연세대 경영대학원졸 (경)1988~1992년 한국산돌제약 대표이사 1992~1994년 화동약품 대표이사 1994년 (주)지트립 대표이사(현) 1994~2008년 자유투어 대표이사 1997년 아시아태평양여행협회 한국지부 감사 2001~2009년 한국일반여행업협회 부회장 2003~2006년 경향신문 편집경영자문위원 2003~2007년 한국컨벤션이벤트산업협회 이사 2006년 한국관광협회중앙회 이사 2007년 한국관광장학재단 감사 2008~2015년 오미트래블 대표이사 2010년 (주)호텔설악파크 대표이사(현) (상)마카오정부관광청 공로상(2005), 마카오정부 특별공로상(2007), 한국공항공사 감사패(2010), 양양국제공항활성화유공 항공운송사업자 감사패(2011)

## 심연미(沈蓮美·女)

(생)1963·1·11 (주)서울특별시 영등포구 여의나루로 50 한국교직원공제회(1577-3400) (학)동국대 사범대학 교육학과졸, 同대학원 교육행정학과졸, 사회학박사(동국대) (경)2015~2016년 국민대 겸임교수 2015~2016년 국회 정책연구위원 2015~2016년 더불어민주당 정책위원회 정책실장 2016년 同정책위원회 교육수석전문위원 2016~2017년 동국대 겸임교수

2017년 국정기획자문위원회 사회분과위원회 전문위원 2018년 대통령직속 국가교육회의 교육비전특별위원회 고등교육분과 전문위원 2018년 한국교직원공제회 상임감사(현)

### 심연수(沈蓮洙) Shim, Yeon-Soo

(생)1958·5·4 (본)청송(青松) (출)전북 익산 (주)광주광역시 광산구 어등대로 417 호남대학교 창의융합대학 교양학부(062-940-5254) (학)1977년 서울 영동고졸 1982년 국민대 정치외교학과졸 1984년 서울대 대학원 국민윤리교육학과졸 1994년 교육학박사(서울대) 2000년 정치학박사(국민대) (경)1986년 호남대 창의융합대학 교양학부 교수(현) 1990년 International Society for the Systems Sciences 정회원(현) 1999년 한국체계과학회 편집위원 겸 상임이사 2002~2005년 광주시선거관리위원회 자문위원 2002년 서울신문 명예논설위원 2003년 호남대 인문사회과학연구소 부소장 2004년 광주평화방송 '함께하는 세상' 지역정가소식 칼럼니스트 2004년 전국대학통일문제연구소협의회 운영위원장 2004년 한국경찰발전연구학회 이사 2004~2006년 광주시선거관리위원회 정보공개심의위원 2004~2007년 광주시 북구선거방송토론위원회 토론위원 2004년 한국정치정보학회 이사 2005년 한국정치학회 연구위원·이사 2005~2006년 한국시민윤리학회 부회장·전라광주지회장 2005년 호남대 부설 인문사회과학연구소장(현) 2006~2007년 한국국민윤리학회 상임이사·편집위원·감사·부회장·정치경제위원장·통일분과위원장 2007·2009년 호남대 홍보실장 2008·2009년 同신문방송사 주간 2010년 한국경찰연구학회 감사 2010년 한국정치학회 연구이사 2011~2012년 인도 Pontifical Institute of Philosophy and Religion(Jnana Deepa Vidyapeeth) 방문교수 2013·2014·2015·2016년 미국 세계인명사전 'Marquis Who's Who in the World'에 4년 연속 등재 2014년 미국 스프링거 사회과학분야저널 Systemic Practice and Action Research 심사위원(현) 2015년 미국 세계인명사전 'Marquis Who's Who In Science and Engineering 2016~2019년판'에 등재 (상)광주시선거관리위원장표창(1998), 학교법인 성인학원 20년 장기근속표창(2006), 호남대 우수교원상(2007), 중앙선거관리위원장표창(2008·2014), 교육부장관표창(2014), Marquis Who's Who 평생공로상(2017), 호남대 강의우수교원상(2018) (저)'윤리학과 윤리교육'(1997) '복지국가와 정의'(1998) 'The Relations between Two Koreas & Complex Systems Theory'(2006) '시민성과 교육'(2008) '세계시민성'(2010) '세계시민사회국제관계론'(2016) '세계시민사회안보정책론'(2017) '4차산업혁명성공을위한 세계시민성함양'(2018, 인간사랑) '한국안보정책2019'(2019) (역)'커뮤니케이션과 사회진화'(1987)

### 심연수(沈延洙·女) Shim Yeonsu

(생)1968·9·7 (출)서울 (주)경기도 수원시 영통구 법조로 105 수원고등법원(031-639-1555) (학)1987년 진명여고졸 1991년 연세대 법학과졸 (경)1995년 사법시험 합격(37회) 1998년 사법연수원 수료(27기) 1998년 서울지법 북부지원 판사 2000년 서울지법 판사 2002년 창원지법 판사 2005년 인천지법 부천지원 판사 2007년 서울중앙지법 판사 2009년 서울서부지법 판사 2010년 서울고법 판사 2011년 대법원 재판연구관 2013년 창원지법 판사, 同마산지원 부장판사 2015년 서울고법 판사 2017년 부산고법 창원재판부 판사 2019년 서울고법 판사 2019년 수원고법 판사(현)

### 심 영(沈 瀯) Shim Young

(생)1964·11·17 (주)서울특별시 서대문구 연세로 50 연세대학교 법학전문대학원(02-2123-6027) (학)1983년 서울 중동고졸 1987년 연세대 법학과졸 1989년 同대학원 법학과졸 1992년 미국 인디애나대 대학원 법학과졸 1999년 법학박사(영국 퀸메리앤드웨스트필드대) (경)2000년 한국상사판례학회 이사 2000~2004년 영남대 법학부 전임강사·조교수 2005~2007년 중앙대 법학과 조교수·부교수 2006년 한국비교사법학회 출판이사 2007년 국제거래법학회 이사(현) 2007~2009년 연세대 법과대학 조교수·교수 2008년 (사)한국상사법학회 이사·국제이사·부회장(현) 2009년 연세대 법학전문대학원 교수(현) 2010년 한국법학원 이사 2010년 대한상사중재원 중재인 2012년 법무부 회계자문위원회 위원장 2015년 금융위원회 법령해석심의위원회 위원 2017년 同금융발전심의회 자본시장분과 위원장(현) 2017년 (사)은행법학회 회장(현) 2018년 한국상사법학회 부회장(현) 2018년 금융위원회 비상임위원(현) 2018년 연세대 법학연구원장(현) (저)'Korean Bank Regulation and Supervision : Crisis and Reform'(2000, Kluwer Law International) '현대생활과 법(共)'(2007, 동현출판사) '회사법 사례와 이론(共)'(2012, 박영사) '영국회사법 상'(2016, 법무부) '영국회사법 중'(2016, 법무부) '영국회사법 하'(2016, 법무부) '미국 모범회사법'(2016, 법무부) 외 다수

### 심영미(沈英美·女)

(생)1969·9·22 (주)강원도 춘천시 중앙로 1 강원도의회(033-256-8035) (학)상지대 사회복지정책대학원 사회복지학과졸 (경)자유한국당 강원도당 여성위원장, 민주평통 자문위원, 원주교도소 인성교육강사, 반곡관설동주민자치위원회 감사(현) 2018년 강원도의회 의원(비례대표, 자유한국당)(현) 2018년 同의회운영위원회 위원(현) 2018년 同사회문화위원회 위원(현)

### 심영섭(沈永燮) SHIM Young Seop

(생)1954·12·2 (본)청송(青松) (출)전북 전주 (주)서울특별시 강남구 테헤란로 305 한국기술센터 15층 한국공학한림원(02-6009-4000) (학)1972년 전주고졸 1976년 고려대 경제학과졸 1983년 同대학원 경제학과졸 1992년 경제학박사(프랑스 그레노블대) (경)1976년 한국외환은행 입행 1982년 예편(해군 대위) 1982년 산업연구원 근무 1994년 同연구위원 1998~2004년 외교통상부 통상교섭자문위원(경쟁정책부문) 1999~2009년 공정거래위원회 경쟁정책자문위원 2000년 산업자원부 무역정책자문위원 2001년 공정거래질서자율준수위원회 실무위원장 2002~2003년 미국 Washington Univ. Visiting Fellow 2003년 산업연구원 국제산업협력실장 2004~2005년 同부원장 2005~2016년 同국제산업협력실 선임연구위원 2006년 산업자원부 자체평가위원회 위원 2008·2010년 대통령직속 규제개혁위원회 위원 2011~2012년 同경제분과위원장 2012년 지식경제부 산업융합촉진 옴부즈만 2013년 한국공학한림원 정회원(현) 2012~2015년 산업통상자원부 산업융합촉진 옴부즈만 2013~2015년 同정책자문위원 2013~2017년 산림청 규제개혁위원회 위원 2016~2019년 인하대 프런티어학부 초빙교수 (상)국민훈장 동백장(2010) (저)'우리나라 수출시장의 권역별 경쟁력 분석(共)'(1995) '무역정책과 경쟁정책의 조화(共)'(1997) '글로벌 경제의 신수출전략(共)'(2000) '대외경제정책방향 및 FTA 추진전략(共)'(2003) '공정거래 자율준수프로그램의 제도적 발전 방안'(2005) '산업의 새로운 트렌드와 경쟁정책(共)'(2006) '경쟁법 역외적용의 세계적 확산과 그 함의'(2007) '경제활력 제고를 위한 진입규제 개혁 방안(共)'(2009) '2020년 무역발전 비전 및 전략(共)'(2012) (역)'개발도상국의 분권화 시책(共)'(1985) (종)가톨릭

### 심영섭(沈永燮) SHIM Young Sub

(생)1957·8·20 (본)삼척(三陟) (출)강원 강릉 (주)강원도 춘천시 중앙로 1 강원도의회(033-256-8035) (학)강릉제일고졸, 관동대 경제학과졸, 同경영행정대학원 재학 중 (경)(주)자유건설 대표이사 1997년 강릉청년회의소 회장, 남산장학후원회 회장(현), 강릉시 내곡동 재향군인회장, 강릉시 예산심의위원, 남대천살리기범시민투쟁위원회 사무국장 2002·2006·2010~2014년 강원 강릉시의회 의원(한나라당·새

누리당), 同내무복지위원회 간사 2006~2008년 同의장 2012년 同산업건설위원회 위원 2014~2018년 강원도의회 의원(무소속 · 자유한국당) 2014년 同운영위원회 위원 2014년 同사회문화위원회 위원 2016년 同농림수산위원회 위원 2016년 同2018평창동계올림픽지원특별위원회 부위원장, 강릉시내곡장학회 회장(현), 강릉시내곡관동장학회 후원회장, 관동대총동문회 부회장(현) 2018년 강원도의회 의원(자유한국당)(현) 2018년 同사회문화위원회 위원장(현)

## 심완주(沈婉周 · 女) SHIM Wan Joo

(생)1953 · 9 · 15 (출)경기 (주)서울특별시 성북구 인촌로 73 고려대학교 의과대학 내과학교실(02-920-5259) (학)1983년 고려대 의대졸 1981년 同대학원졸 1985년 의학박사(고려대) (경)1979~1983년 고려대 의대 내과 전공의 1984~2019년 同의대 내과학교실 조교수 · 부교수 · 교수 1990~1993년 대한순환기학회 간행위원 1994~1996년 한국심초음파학회 간행위원 1999~2003년 대한고혈압학회 보험이사 1999~2002년 대한내과학회 간행위원 2000~2007년 한국심초음파학회 섭외이사 · 무임소이사 · 부회장 2003~2004년 한국순환기학회 감사 2007~2012년 고려대부속 안암병원 심혈관센터장 2008~2010년 대한심장학회 이사 2009~2012년 한국심초음파학회 회장 2018년 대한심장학회 회장 2019년 고려대 의대 내과학교실 명예교수(현)

## 심우영(沈宇永) SHIM Woo Young

(생)1940 · 12 · 7 (본)청송(青松) (출)경북 안동 (주)서울특별시 서초구 서초대로 248 나주정씨월헌회관 702호 한국경제사회발전연구원(02-3478-2525) (학)1959년 경북고졸 1963년 서울대 법대졸 1985년 연세대 행정대학원졸 1999년 행정학박사(성균관대) (경)1971년 행정고시 합격(10회) 1979년 총무처 총무과장 1988년 정부합동민원실 실장 1989년 총무처 후생국장 1990년 同행정관리국장 1991년 민자당 행정전문위원 1991년 총무처 기획관리실장 1993년 同차관 1993년 정부공직자윤리위원회 위원 1994년 경북도지사 1995년 민자당 국책자문위원 1995~1997년 대통령 행정수석비서관 1997~1998년 총무처 장관 1998년 세명대 객원교수 2000년 (재)상락장학회 이사장(현) 2001~2009년 (재)한국국학진흥원 원장 2002~2004년 성균관대 겸임교수 2002년 (사)한국경제사회발전연구원 이사장(현) 2003년 총우회 회장 2003~2009년 (주)한글과컴퓨터 사외이사 2007년 퇴계학연구원 부설 퇴계학진흥협의회 회장 2007년 한나라당 국책자문위원, 성균관대 국정관리대학원 총동문회장 2014년 퇴계학연구원 · 국제퇴계학회 이사(현) (상)근정포장, 황조근정훈장, 세종문화상 민족문화부문(2008)

## 심우용(沈禹容) SHIM Woo Yong

(생)1960 · 4 · 7 (주)서울특별시 종로구 인사동7길 12 SK임업(주)(02-3700-2801) (학)부산동고졸, 부산대 경영학과졸, 同대학원 경영학 석사과정 수료 (경)2011년 SK(주) 대외협력담당 2012년 同재무개선TF장 2013년 同재무팀 회계 · 세무담당 2014년 SK이노베이션(주) 세무실장 2015년 同회계실장 2015~2016년 SK에너지(주) 비상근감사 2016년 SK이노베이션(주) 재무1실장(전무) 2017년 同세무실장(전무) 2018년 SK임업(주) 대표이사 사장(현)

## 심우용(沈雨湧) SHIM Woo Yong

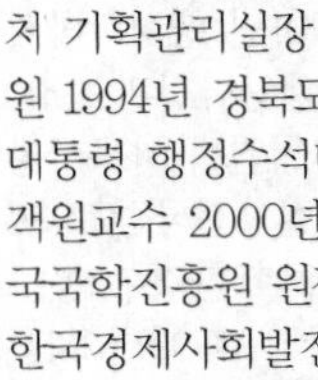

(생)1966 · 12 · 1 (출)충남 공주 (주)서울특별시 서초구 서초대로50길 8 관정빌딩 12층 법무법인 평안(02-6010-6565) (학)1985년 대원고졸 1989년 서울대 법대졸 1991년 同대학원 수료 2016년 한국과학기술원(KAIST) 지식대학원 공학석사 (경)1989년 사법시험 합격(31회) 1993년 사법연수원 수료(22기) 1993년 공군 법무관 1996년 서울지법 남부지원 판사 1998년 서울지법 판사 2000년 제주지법 판사 겸 광주고법 제주부 판사 2004년 서울고법 판사 2006년 대법원 재판연구관 2008년 대구지법 부장판사 2010년 의정부지법 고양지원 부장판사 2012년 서울중앙지법 부장판사 2015년 서울서부지법 부장판사 2016~2017년 서울남부지법 수석부장판사 2017년 법무법인 평안 변호사(현) 2017년 현대홈쇼핑 시청자위원회 위원(현)

## 심우정(沈雨廷) SIM Woo Jung

(생)1971 · 1 · 15 (출)충남 공주 (주)서울특별시 서초구 반포대로 158 서울고등검찰청(02-530-3114) (학)1989년 휘문고졸 1995년 서울대 법학과졸 (경)1994년 사법시험 합격(36회) 1997년 사법연수원 수료(26기) 1997~2000년 군법무관 2000년 서울지검 검사 2002년 춘천지검 강릉지청 검사 2005년 대검찰청 검찰연구관 2007년 법무부 검찰국 검찰과 검사 2009년 대전지검 부부장검사 2012년 대검찰청 범죄정보2담당관 2013년 법무부 검찰국 형사기획과장 2014년 同검찰국 검찰과장 2015년 서울중앙지검 형사1부장 2017년 대구지검 서부지청 차장검사 2018년 대검찰청 과학수사기획관 2019년 서울고검 차장검사(검사장급)(현)

## 심욱기(沈煜基) SHIM Wook Ki

(생)1972 (출)서울 (주)서울특별시 종로구 종로5길 86 서울지방국세청 납세자보호담당관실(02-2114-2200) (학)한영고졸, 고려대졸, 영국 런던정경대(LSE) 대학원졸 (경)1997년 행정고시 합격(41회) 1998년 부산 금정세무서 총무과장 2000년 서울 성동세무서 납세지원과장 2001년 서울 서대문세무서 조사2과장, 서울지방국세청 법인세과 근무, 국세청 정책홍보담당관실 근무 2008년 同조사기획과 서기관 2010년 북전주세무서장 2011년 駐중국대사관 파견(서기관) 2014년 서울지방국세청 조사3국 조사1과장 2014년 同첨단탈세방지담당관 2016년 국세청 징세과장 2017년 同창조정책담당관 2017년 同조사국 조사기획과장(서기관) 2018년 同조사국 조사기획과장(부이사관) 2019년 서울지방국세청 납세자보호담당관(현)

## 심원보(沈原輔) SIM Won Bo

(생)1961 · 3 · 20 (주)서울특별시 강남구 영동대로 714 하이트진로 임원실(02-3219-0114) (학)제천고졸, 계명대 경영학과졸 (경)1985년 하이트진로 입사 2006년 同상무보 2008년 同상무 2010년 同전무 2010년 하이스코트(주) 감사, 하이트진로 최고재무책임자(CFO)(전무) 2015~2019년 同부사장 2019년 同고문(현)

## 심원환(沈杬煥) Shim, Wonh-Wan

(생)1959 · 6 · 28 (출)경북 청송 (주)경기도 수원시 영통구 삼성로 290 삼성전자서비스(주) 임원실(1588-3366) (학)대구고졸 1982년 경북대졸 2006년 同대학원 경영학과졸 (경)1984년 삼성전자(주) 입사 2001년 同구미사업장 총무그룹 부장 2003년 同구미사업장 인사그룹 부장 2007년 同구미지원센터담당 상무 2010년 同베트남복합단지장(상무) 2012년 同베트남복합단지장(전무) 2014~2015년 同구미사업장 공장장(전무) 2015~2017년 구미상공회의소 부회장 2015년 삼성전자(주) 부사장 2017년 同베트남복합단지장(부사장) 2019년 삼성전자서비스(주) 대표이사 부사장(현) (상)대구지검 김천지청장표창(2017)

## 심유종

(생)1958 · 7 · 5 (주)서울특별시 송파구 중대로 113 대한전기협회(02-2223-3600) (학)1977년 서울 대광고졸 1981년 단국대 전기공학과졸 (경)2001년 한국전력공사 경남지사 진주지점 배전운영부장 2003년 同배전처 지중배전팀장 2005년 同배전처 배전계획팀장 2006년 同배전운영실 배전운영팀

장 2007년 同배전운영실 가공배전팀장 2008년 同경기사업본부 이천지점 전력공급팀장 2009년 同배전건설처 배전건설팀장 2012년 同배전개발처장 2012년 同남서울지역본부장 2014년 同관리본부장 2015년 同인재개발원장 2018년 대한전기협회 전무이사(현)

### 심윤종(沈允宗) SHIM, Yoon Chong (堂靑)

(생)1941·10·19 (본)청송(靑松) (출)황해 장연 (주)서울특별시 종로구 성균관로 25-2 성균관대학교 사회과학대학 사회학과(02-760-0114) (학)1959년 한성고졸 1965년 성균관대 독어독문학과졸 1971년 독일 하이델베르크루퍼트찰스대 대학원 사회학과졸 1973년 사회학박사(독일 하이델베르크루퍼트찰스대) 2002년 명예 교육학박사(대만 국립정치대) (경)1961~1963년 군복무 1974년 독일 하이델베르크루퍼트찰스대 사회학과 초빙교수 1975년 충남대 조교수 1976년 이화여대 사회학과 강사 1977~1984년 성균관대 사학과 조교수·부교수 1978년 서울대 사회학과 강사 1979년 독일 하이델베르크루퍼트찰스대 사회학과 객원교수 1984~2007년 성균관대 사회학과 교수 1984년 同사회과학연구소장 1987년 同사회과학대학장 1987~1999년 대한상공회의소 한국경제연구센터 연구위원 1993년 미국 럿거스대 객원교수 1995~1997년 성균관대 교무처장 겸 야간교학처장 1998년 한국사회학회 산업노동분과회장 1999년 同제41대 회장 1999~2003년 서울시 제2건국추진위원회 위원장 1999~2003년 성균관대 총장 2000년 同동아시아학술원장 2000년 열린사이버대 이사장 2001~2003년 한국대학총장협의회 이사 2002~2003년 서울시립대 운영위원회 운영위원 2004~2007년 성균관대 명예총장 2007년 同명예교수(현) 2010년 국민희망포럼 이사장 2013~2016년 새마을운동중앙회 회장 2013년 국제새마을운동포럼 초대 회장(현) 2015년 한국국제협력단 지구촌새마을운동 자문위원(현) 2015년 광복70년기념사업추진위원회 고문위원(현) 2016~2018년 농어촌희망재단 이사장 (상)대통령표창(1997), 청조근정훈장(2007) (저)'사회과학의 철학(共)'(1980) '현대사회과학의 이해(共)'(1982) '산업사회학'(1984) '한국공공정책론(共)'(1984) '현대사회와 인간화의 사회학'(1985) '현대사회와 인간'(1986) '현대사회와 이데올로기 문제(共)'(1988) '사회변동에 있어서의 전통문화와 청년문화(共)'(1989) '한국사회의 변화와 갈등'(1990) '신기술과 노사관계(編)'(1995) '21세기 신노사관계(共)'(2000) '바라매 아니뮈는 나무'(2007) (역)'권리를 위한 투쟁'(1978) '발전이란 무엇인가?(共)'(1985) '지식사회학'(1987) '노동사회학(共)'(1987) (종)천주교

### 심은석(沈恩錫) SIM EUN SUG

(생)1952·8·16 (본)청송(靑松) (출)충남 공주 (주)경기도 하남시 미사강변동로 79 미사역타워 1203-5호 한국교육안전공제회(1600-5312) (학)1970년 삼선고졸 1972년 서울교대졸 1978년 건국대 정치외교학과졸 1981년 성균관대 행정대학원 수료 1990년 同대학원 교육학과졸 2011년 박사(국민대) (경)1972~1991년 서울 왕북초·성북초·동신초·창동초·우이초·창일초 교사 1991년 중앙교육평가원 전공과정실 교육연구사 1993년 교육부 교육방송기획관실 교육연구사 1993년 同교육방송편성심의관실 교육연구사 1994년 同정신교육장학관실 교육연구사 1994년 서울시교육연구원 교육연구사 1996년 서울 동원초 교감 1998년 서울 강동교육청 장학사 1998년 서울시교육청 초등장학과 장학사 2000년 서울 휘경초 교장 2002년 서울시교육청 초등교육과 장학관 2005년 서울 강남교육청 학무국장 2006년 교육인적자원부 학교정책현안추진단장 2007년 同교육과정정책관 2008년 교육과학기술부 영어교육강화추진단장 2008년 同학교정책국장 2009년 한·일역사공동연구위원회 파견(고위공무원) 2009년 서울시교육청 평생교육국장 2010~2013년 서울 중곡초교 교장 2011년 (사)한국초중고교장총연합회 회장 2013년 서울강서교육청 교육장 2013~2014년 교육부 교육정책실장 2015년 한국교육안전공제회 이사장(현) (상)교육부장관표창(1984·1989), 대통령표창(2006), 홍조근정훈장(2008) (저)'교육행정·경영(共)'(2013) (종)기독교

### 심의영(沈宜英) Shim Eui Young

(생)1955·6·6 (본)청송(靑松) (출)강원 원주 (주)서울특별시 영등포구 국회대로74길 4 NICE평가정보(주) 사장실(02-2122-4000) (학)1981년 서울대 법대졸 1986년 同대학원 경영학과졸 (경)2002년 금융감독원 은행검사1국 검사전문역, 同비은행감독국 부국장 겸 총괄팀장 2005년 한국은행(2급실장) 파견 2006년 금융감독원 기획조정국 법무실장(1급) 2007년 同조사2국장 2007년 同은행검사1국장 2008~2009년 同감독서비스총괄국장 2009~2012년 KIS정보통신 사장, 일본 이바라끼대 객원연구원 2010년 강원도 투자유치위원회 위원 2012년 한국전자금융 대표이사 2013년 NICE평가정보(주) 대표이사 사장(현) (종)기독교

### 심재계(沈在桂)

(생)1964·11·24 (출)경북 영천 (주)대구광역시 수성구 동대구로 364 대구지방검찰청 신관2616(053-740-4542) (학)1983년 영진고졸 1987년 경북대 법학과졸 (경)1992년 사법시험 합격(34회) 1995년 사법연수원 수료(24기) 1995년 대구지검 검사 1997년 同영덕지청 검사 1999년 서울지검 검사 2001년 대구지검 포항지청 검사 2003년 울산지검 검사 2005년 인천지검 부천지청 검사 2007년 전주지검 부부장검사 2009년 대구고검 검사 2009년 대구지검 서부지청 형사1부장 2010년 부산고검 검사 2011년 울산지검 형사2부장 2012년 광주지검 부장검사 2012~2013년 해외 파견 2013년 대구지검 부부장검사 2014년 대구고검 검사 2017년 대구지검 중요경제범죄조사단 부장검사(현)

### 심재곤(沈在坤) SHIM Jae Kon

(생)1943·3·16 (본)삼척(三陟) (출)강원 강릉 (주)서울특별시 금천구 가산디지털1로 131 BYC하이시티 C동 605 가호 (사)환경인포럼(02-582-2734) (학)1961년 중동고졸 1978년 경기대 행정학과졸 1982년 경희대 대학원 행정학과졸 2001년 행정학박사(경희대) (경)1986년 환경청 기획예산담당관 1990년 환경처 정책조정과장 1991년 중앙환경분쟁조정위원회 사무국장 1993년 환경처 폐기물정책과장 1995년 환경부 수질보전국장 1996년 중앙공무원교육원 고위정책과정 교육파견 1998년 환경부 공보관 1998년 同폐기물자원국장 1999년 同상하수도국장 2000년 同기획관리실장 2001~2003년 한국자원재생공사 사장 2001년 경희대 행정대학원 겸임교수 2004년 한국순환골재협회 회장 2004~2007년 중동고총동문회 회장 2004년 계명대 지구환경보전학과 초빙교수 2006~2007년 (사)선행칭찬운동본부 회장 2007년 공주대 산학협력단 관학협력본부장 2008~2010·2011~2013년 同사범대학 환경교육과 객원교수 2010~2015년 한양대 이노베이션대학원 겸임교수 2011년 (사)환경인포럼 회장(현) 2014~2018년 학교법인 중동학원(중동중·고) 이사장 (상)근정포장(1992), 홍조근정훈장(1999), 황조근정훈장(2001) (역)'일본의 지방재정제도 해설'(1986) (종)불교

### 심재권(沈載權) SIM Jae Kwon

(생)1946·8·15 (본)청송(靑松) (출)전북 완주 (주)서울특별시 영등포구 의사당대로 1 국회 의원회관 406호(02-788-2485) (학)1971년 서울대 상대 무역학과 제적(3년) 1994년 국제정치학박사(호주 멜버른모나키대) (경)1971년 민주수호전국청년학생연맹 위원장 1971년 서울대생내란음모사건으로 구속 1980년 김대중내란음모사건으로 수배 1980년 민주회복민족통일국민연합 중앙상임위원 겸 홍보국장 1982년 김대중내란음모사건으로 투옥 1983년 호주로 강제출국 1994년 성공회대 강사 1994년 녹색환경연구소 연구위원 1996년 국민회의 서울강동乙지구당 위원장 2000~2004년 제16대 국회의원(서울 강동구乙, 새천년민주당) 2000년 새천년민주당 시민사회특별위원회 위원장 2001년 同총재비서실장 2001년 同기획조정위원장 2003년 同

지방자치위원장 2003년 同대표 비서실장 2004년 同서울시당 위원장 2004년 시민일보 사장 2005~2007년 민주당 서울시당 위원장 2005년 同서울강동乙지역위원회 위원장 2007년 대통합민주신당 서울시당 위원장 2007년 同국민경선위원회 부위원장 2008년 제18대 국회의원선거 출마(서울 강동구乙, 통합민주당) 2012년 제19대 국회의원(서울 강동구乙, 민주통합당·민주당·새정치민주연합·더불어민주당) 2012년 국회 외교통상통일위원회 간사 2013년 국회 외교통일위원회 간사 2015년 국회 예산결산특별위원회 위원 2016년 제20대 국회의원(서울 강동구乙, 더불어민주당)(현) 2016~2018년 국회 외교통일위원회 위원장 2016년 더불어민주당 서울강동구乙지역위원회 위원장(현) 2016년 同남북교류협력특별위원회 위원장 2017년 同제19대 문재인 대통령후보 중앙선거대책위원회 외교통일정책위원장 2018년 同제7회 전국동시지방선거 및 2018 재보궐선거 중앙당전략공천관리위원회 위원장 2018년 국회 외교통일위원회 위원(현) 2018년 더불어민주당 한반도비핵화대책특별위원회 위원장(현) 2019년 국회 예산결산특별위원회 위원(현) (상)NGO모니터단 국정감사 우수의원(2013·2014·2015), 경제정의실천시민연합 국정감사 우수의원(2013·2014), 국회의장 우수의원(2013), 동아일보 국감 이사람(2013), 환경미디어 국정감사를 빛낸 의원(2013), 더불어민주당 국정감사 우수의원(2013·2014·2015·2016), 법률소비자연맹 국회의원 헌정대상(2014·2015), 유권자시민행동 대한민국 유권자 대상(2014), 선플운동본부 국회의원 아름다운 말 선플대상(2014), 한국언론기자협회 2016 대한민국 모범 국회의원 대상(2016), 법률소비자연맹 제19대 국회 국회의원 공약대상(2016), 문화예술인총연맹 대한민국평화대상(2016) (저)'한반도 평화를 위하여'

**심재남(沈載南) SHIM Jae Nam**

(생)1965·4·16 (출)전북 남원 (주)서울특별시 서초구 서초중앙로 157 서울중앙지방법원(02-530-1690) (학)1983년 전주상고졸 1989년 한국외국어대 법학과졸 (경)1995년 사법시험 합격(37회) 1998년 사법연수원 수료(27기) 1998년 인천지법 판사 2000년 서울지법 판사 2002년 창원지법 진주지원 판사 2003년 同진주지원 하동군법원 판사 2005년 서울남부지법 판사 2008년 서울중앙지법 판사 2009년 서울고법 판사 2010년 대법원 재판연구관 2013년 전주지법 부장판사 2015년 수원지법 부장판사 2017년 서울남부지법 부장판사 2019년 서울중앙지법 부장판사(현)

**심재돈(沈在暾) SHIM Jae Don**

(생)1952·6·23 (본)삼척(三陟) (출)강원 강릉 (주)서울특별시 강남구 테헤란로 317 동훈타워 13층 법무법인(유) 대륙아주(02-563-2900) (학)1971년 경기고졸 1975년 서울대 법과대학 법학과졸 (경)1974년 사법시험 합격(16회) 1976년 사법연수원 수료(6기) 1977~1979년 軍법무관 1979년 서울가정법원 판사 1981년 서울형사지법 판사 1982년 서울민사지법 판사 1983년 춘천지법 속초지원장 1985년 서울지법 북부지원 판사 1986년 대구고법 판사 1987년 서울고법 판사 1988~1989년 법원행정처 기획조정심의관 겸임 1989년 同기획조정실 법무담당관 겸임 1990년 대법원 재판연구관 1991년 부산지법 부장판사 1993년 사법연수원 교수 1996~1997년 서울지법 부장판사 1996~1999년 언론중재위원회 위원 1997년 변호사 개업 1999~2001년 한빛은행 비상임이사 2000~2002년 대한변호사협회 조사위원회 위원 2004년 법무법인 대륙 파트너변호사 2009년 법무법인(유) 대륙아주 변호사(현) (저)'민법주해 채권편'(민법 제564조~제567조 집필) '부동산매매계약에 있어서 위약계약금 조항에 부가된 자동해제조항의 해석'(민사재판의 제문제 제9권) '실체관계에 부합하는 등기'(재판자료 43집) '알선수뢰죄에 있어서 『공무원이 그 지위를 이용하여』의 의미'(대법원 판례해설 14호) '행정심판법 제19조 소정의 형식을 갖추지 아니한 심판청구서의 적법여부'(대법원 판례해설 14호)

**심재돈(沈載敦) SIM Jae Don**

(생)1967·2·17 (출)경기 김포 (주)서울특별시 서초구 서초대로 254 오퓨런스 507호 심재돈법률사무소(02-6404-6651) (학)1985년 인천 선인고졸 1992년 서울대 공법학과졸 (경)1992년 사법시험 합격(34회) 1995년 사법연수원 수료(24기) 1995년 서울지검 서부지청 검사 1997년 창원지검 진주지청 검사 1998년 인천지검 검사 2000년 청주지검 검사 2003년 서울지검 검사 2004년 서울중앙지검 검사 2006년 대검찰청 연구관 2008년 수원지검 부부장검사 2009년 대전지검 공주지청장 2010년 대검찰청 첨단범죄수사과장 2011년 서울중앙지검 특수3부장 2012~2013년 同특수2부장 2013~2018년 김앤장법률사무소 변호사 2018년 변호사 개업(현)

**심재동(沈載東) SIM Jae Dong**

(생)1959·8·10 (출)경남 마산 (주)서울특별시 구로구 공원로 70 대한산업안전협회(02-860-7000) (학)1978년 마산고졸 1985년 부산대 기계설계학과졸 (경)1985년 총무처 기술고시 합격(기계기좌) 1994년 부산지방노동청 산업안전과장 1995년 노동부 산업안전국 안전기획과 근무 1996년 공업서기관 승진 1999년 양산지방노동사무소장 2002년 부산지방노동청 관리과장 2003년 부산동래지방노동사무소장 2005년 포항지방노동사무소장 2006년 대구지방노동청 포항지청장 2006년 부산지방노동청 부산북부지청장 2008년 同창원지청장 2010년 대구지방노동청 대구북부지청장 2010~2012년 대구고용노동청 대구북부고용노동지청장 2012년 한국산업안전보건공단 부산지역본부장 2016~2018년 同기획이사 2018년 대한산업안전협회 교육문화이사(현)

**심재명(沈栽明·女) SHIM Jae Myung**

(생)1963·4·4 (출)서울 (주)경기도 파주시 회동길 530-20 (주)명필름(031-930-6500) (학)1987년 동덕여대 국어국문학과졸 (경)1986년 서울극장 기획실장 1988년 同외화홍보담당 1989년 극동스크린 기획실장 1992년 명기획 설립 1995년 (주)명필름 창립(이사) 2000년 同대표이사 2000년 여성영화인모임준비위원회 위원·기획이사, 추계예술대 문화산업대학원 겸임교수 2001년 미국 버라이어티지에 '주목할 만한 10인의 제작자'로 선정 2001년 홍콩 파이스턴이코노믹리뷰지 '아시아의 변화를 주도한 인물 20인'으로 선정 2003년 부산국제영화제 선재·운파 심사위원 2004년 (주)세신버팔로·(주)강제규필름·(주)명필름 합병 2004년 (주)MK버팔로 대표이사 2004년 (주)명필름 대표이사(현) 2005년 문화관광부 영화진흥위원 2017년 더불어민주당 정당발전위원회 위원 (상)올해의 제작자상(2000), 비추미여성대상 달리상(2005), 자랑스러운 동덕인상(2010), 올해의 여성문화인상(2011), 제3회 올해의 영화상 영화인상(2012), 대통령표창(2012) (저)'영화 프로듀싱과 홍보마케팅 입문'(共) '엄마 에필로그'(2013) (작)'그여자 그 남자' '게임의 법칙' '총잡이' '코르셋' '접속' '해가 서쪽에서 뜬다면' '조용한 가족' '해피엔드' '공동경비구역 JSA' '와이키키브라더스' '버스 정류장' '욕망' '질투는 나의 힘' 'YMCA 야구단' '바람난 가족' '그 때 그 사람들' '광식이 동생 광태' '안녕 형아' '아이스케키' '구미호 가족' '여교수의 은밀한 매력' '우리 생애 최고의 순간' '걸스카우트' '소년은 울지 않는다' '파주' '시라노 : 연애조작단' '마당을 나온 암탉' '두레소리' '건축학개론' '관능의 법칙'

**심재민 Shim, jaemin**

(생)1972·1·26 (주)부산광역시 북구 낙동대로1739번길 7 부산 낙동강관리본부 본부장실(051-310-6000) (학)부산대 행정학과졸 (경)2000년 지방고등고시 합격(5회) 2007년 부산시 공보관실 홍보팀 근무 2008년 同문화관광국 영화영상진흥팀 근무 2011년 同경제산업본부 경제정책과 근무 2013년

人

駐휴스턴총영사관 근무 2016년 부산시 비전추진단장(지방서기관) 2018년 同대변인 2018년 同시민소통관(지방부이사관) 2019년 同낙동강관리본부장(현)

**심재완(沈載宛) SHIM, JAE WAN**

(생)1963·3·11 (주)서울특별시 용산구 한강대로 100 (주)에뛰드 임원실(02-2186-0114) (학)건국대 법학과졸, 서강대 대학원 경영학과졸 (경)(주)아모레퍼시픽 홈쇼핑영업팀장, 同DS영업팀장, 同온라인사업부장, 同디지털Division장 2015~2018년 同신성장BU장(전무) 2018년 (주)에뛰드 대표이사 전무(현)

**심재완(沈在完)**

(생)1975·12·30 (출)강원 원주 (주)울산광역시 남구 법대로 55 울산가정법원 총무과(052-216-8816) (학)1994년 원주 대성고졸, 경희대 법학과졸 (경)2001년 사법시험 합격(43회) 2004년 사법연수원 수료(33기) 2004년 부산지법 예비판사 2005년 부산고법 예비판사 2006년 부산지법 판사 2008년 춘천지법 판사 2012년 인천지법 판사 2017년 사법연수원 교수 2019년 울산가정법원 부장판사(현)

**심재윤(沈載崙) SIM Jae Yoon**

(생)1965·10·6 (본)청송(靑松) (출)충북 괴산 (주)서울특별시 중구 세종대로 17 코리아타임스 편집국(02-724-2715) (학)1984년 서울 동북고졸 1990년 건국대 영어영문학과졸 (경)1990년 코리아타임스 정치부 기자 1994년 同경제부 기자 2001년 同정치부 기자 2002년 同경제부 기자 2003년 同정치사회부 차장대우 2004년 同정치부 차장(부장직대) 2005년 同스포츠부 차장 2007년 영국 케임브리지대 동아시아센터 Fellow 2008년 코리아타임스 논설위원(차장) 2010년 同문화체육부장 2011년 同정치부장 2013년 同미래성장부장 2013년 同뉴미디어부 부국장대우 2014년 同정치부장(부국장대우) 2015년 同경제부장(부국장대우) 2017년 同사회부장 2017년 同편집국 국장석 부국장대우 2018년 同편집국장(현) (상)한국일보 백상기자대상(2000·2001), 건국대 언론동문회 '2019 건국언론인상'(2019) (종)천주교

**심재철(沈在哲) SHIM Jae Chul**

(생)1958·1·18 (본)청송(靑松) (출)광주 (주)서울특별시 영등포구 의사당대로 1 국회 의원회관 714호(02-784-4162) (학)1976년 광주제일고졸 1985년 서울대 영어교육학과졸 2002년 중앙대 사회개발대학원 사회복지학과졸 (경)1980년 「서울의 봄」 당시 서울대 총학생회장으로 학생운동 주도, 김대중 내란음모사건으로 징역 1985년 동대문여중 교사 1985~1995년 MBC 보도국 외신부·체육부·사회부·국제부 기자 1987년 同노동조합설립 주도·초대 단독전임자 1992년 同방송민주화 투쟁으로 구속 1996년 신한국당 부대변인 1996년 同안양시동안구甲지구당 위원장 1998년 한나라당 부대변인 2000년 제16대 국회의원(안양시 동안구, 한나라당) 2002년 한나라당 제3정책조정위원장 2004년 제17대 국회의원(안양시 동안구乙, 한나라당) 2004년 한나라당 전략기획위원장 2006~2007년 同홍보기획본부장 2008년 제18대 국회의원(안양시 동안구乙, 한나라당·새누리당) 2008년 국회 윤리특별위원회 위원장 2009~2010년 국회 예산결산특별위원회 위원장 2010년 한나라당 경기도당 위원장 2010~2011년 同정책위 의장 2012~2014년 새누리당 최고위원 2012년 제19대 국회의원(안양시 동안구乙, 새누리당) 2012년 국회 국토해양위원회 위원 2012년 국회 윤리특별위원회 위원 2012년 새누리당 제18대 대통령중앙선거대책위원회 부위원장 2013년 국회 국토교통위원회 위원 2014년 국회 세월호사고대책특별위원회 공동위원장 2014년 새누리당 국민건강특별위원회 위원장 2014년 국회 기획재정위원회 위원 2016년 제20대 국회의원(안양시 동안구乙, 새누리당·자유한국당〈2017.2〉)(현) 2016~2018년 국회 부의장 2016·2018년 국회 기획재정위원회 위원(현) 2017년 자유한국당 제19대 홍준표 대통령후보 중앙선거대책위원회 공동위원장 겸 국가대개혁위원회 수석부위원장 2017년 자유한국당 안양시동안구乙당원협의회 운영위원장(현) (상)자랑스러운 한국장애인상(2009), 바른법률연맹 선정 '대한민국 종합헌정대상'(2016), 인터넷에코어워드 정치인특별공로상(2017) (저)'우리는 내일로 간다'(1995, 문예당) '14대 국회의원 입후보자 공약집'(1996, 문예당) '심재철의 국회 속기록'(1998, 천리안 go WATIZEN) '심재철의 온라인-15대 공약'(1999, 천리안 go WATIZEN) '하루'(2011, 문예당) (종)천주교

**심재철(沈載哲) SIM Jae Cheol**

(생)1969·3·6 (본)청송(靑松) (출)전북 완주 (주)서울특별시 양천구 신월로 390 서울남부지방검찰청 총무과(02-3219-4524) (학)1988년 전주 동암고졸 1992년 서울대 공법학과졸 (경)1995년 사법시험 합격(37회) 1998년 사법연수원 수료(27기) 1998년 서울지검 남부지청 검사 2000년 춘천지검 원주지청 검사 2002년 수원지검 검사 2004년 전주지검 검사 2007년 법무부 특수법령과 검사 2010년 서울중앙지검 검사 2010년 대검찰청 연구관 2012년 수원지검 강력부장 2013년 대검찰청 피해자인권과장 2014년 同조직범죄과장 2015년 서울중앙지검 강력부장 2016년 부산지검 동부지청 형사1부장 2017년 대전고검 검사(법무부 정책기획단장 파견) 2018년 법무부 대변인 2019년 서울남부지방검찰청 제1차장검사(현)

**심재현(沈載賢)**

(생)1972·11·10 (출)광주 (주)광주광역시 동구 준법로 7-12 광주지방법원 총무과(062-239-1503) (학)1991년 광주진흥고졸 1997년 고려대 법학과졸 (경)1998년 사법시험 합격(40회) 2001년 사법연수원 수료(30기) 2001년 전주지검 검사 2003년 광주지검 목포지청 검사 2005년 수원지검 안산지청 검사 2007년 광주지검 검사 2009년 광주지법 순천지원 판사 2012년 광주고법 판사 2014년 광주지법 판사 2017년 창원지법 진주지원 부장판사 2019년 광주지법 부장판사(현)

**심정구(沈晶求) SHIM Chung Ku**

(생)1931·10·14 (본)청송(靑松) (출)인천 (주)인천광역시 중구 축항대로211번길 37 (주)선광 임원실(032-880-6500) (학)1950년 인천고졸 1957년 서울대 상대졸 (경)1957년 (주)선광공사 사장·회장 1967년 동신보세창고 대표 1981년 민주정의당(민정당) 중앙위원회 산업노동분과위원회 수석부위원장 1981년 同경기지부 부위원장 1985년 새마을금고연합회 인천시지부 회장 1985년 제12대 국회의원(인천中·南, 민정당) 1986년 민정당 재정위원장 1988년 제13대 국회의원(인천南甲, 민정당·민자당) 1988년 민정당 중앙집행위원 1990년 민자당 선거대책특위원장 1990년 보이스카우트 인천연맹장 1992년 제14대 국회의원(인천南甲, 민자당·신한국당) 1992년 민자당 인천시지부 위원장 1992년 한국관세사 회장 1993년 민자당 당무위원 1993년 한·노르웨이의원친선협회 회장 1994년 국회 재무위원회 위원장 1995년 국회 재정경제위원회 위원장 1995~2000년 선광공사(주) 고문 1996년 제15대 국회의원(인천南甲, 신한국당·한나라당) 1996년 국회 예산결산특별위원회 위원장 1996년 한·파나마의원친선협회 회장 1996~2000년 조세재정연구회 회장 2000년 (주)선광 고문 2009년 同명예회장(현) 2010년 인천시 시민원로회의 의장(현) (저)수상집 '열린 마음 열린 사회' (종)기독교

**심종극(沈鍾極) Edward Shim**

(생)1962·5·14 (본)청송(靑松) (출)부산 (주)서울특별시 서초구 서초대로74길 4 삼성생명보험(주) FC영업본부(1588-3114) (학)1980년 부산고졸 1985년 연세대 경제학과졸 1997년 영국 옥스퍼드대 대학원 경영학과졸 (경)1986년 삼성생명보험(주) 입사 1994년 同해외투자 과장 2000년 同재무기획팀 차장 2005년 同구조조정본부 경영진단팀 상무 2007년 同소매금융사업부장 2008년 同법인지원팀장(상무) 2011년 同금융일류화팀 전무 2014년 同전략영업본부장(부사장) 2018년 同Agency영업본부장(부사장) 2018년 同FC영업본부장(부사장)(현)

**심종섭(沈宗燮) Shim, Jong-Sup**

(생)1958·1·3 (주)서울특별시 강남구 일원로 81 삼성서울병원 정형외과(1599-3114) (학)1983년 서울대 의대졸 1988년 同대학원 의학석사 1996년 의학박사(서울대) (경)1983~1988년 서울대병원 인턴·레지던트 1991~1992년 同정형외과 전임의 1992~1993년 서울지방공사 강남병원 전문의 1993~1994년 미국 워싱턴대부속아동병원 전임의 1994년 미국 샌디에이고대부속아동병원 전임의 1994년 성균관대 의과대학 정형외과학교실 조교수·부교수·교수(현) 2009~2013년 삼성서울병원 교육수련부장 2013년 同정형외과장(현) 2015년 同환자행복추진실장

**심종헌(沈鐘憲) SIM JONG HEON**

(생)1961·7·26 (출)강원 강릉 (주)서울특별시 영등포구 당산로41길 11 905호 유넷시스템(주)(02-2088-3030) (학)성균관대졸, 고려대 경영대학원졸 (경)1988~1998년 삼성그룹 입사·회장비서실 근무·삼성물산 근무 1998~2000년 에스원 인터넷사업팀장 2000~2003년 시큐아이 마케팅담당 상무 2003년 유넷시스템(주) 대표이사(현) 2008년 지식정보보안산업협회(KISIA) 부회장 2009년 한국정보보호학회 자문위원 2009년 한국CSO협회 자문위원 2013년 지식정보보안산업협회(KISIA) 수석부회장 2014~2016년 한국정보보호산업협회(KISIA) 회장 (상)중소기업청장표창(2007), 지식경제부장관표창(2009), 정보보호 산업포장(2016) (저)'개인정보보호 현장실무 테크닉(共)'(2016)

**심준보(沈俊輔) Jounbo Shim**

(생)1966·5·21 (출)서울 (주)서울특별시 서초구 서초중앙로 157 서울고등법원(02-530-1186) (학)1985년 경기고졸 1989년 서울대 법과대학졸 1999년 미국 하버드대 로스쿨졸(LL.M.) (경)1988년 사법시험 합격(30회) 1991년 사법연수원 수료(20기) 1991년 공군 법무관 1994년 서울민사지법 판사 1996년 서울지법 북부지원 판사 1998년 대전지법 서산지원 판사 2000년 대전고법 판사 2002년 서울고법 판사 2003년 대법원 재판연구관 2006년 전주지법 부장판사 2007년 대법원 비서실 부장판사 2009년 법원행정처 기획총괄심의관 2010년 서울중앙지법 부장판사 2011년 서울행정법원 부장판사 2013년 同수석부장판사 2014년 서울고법 춘천재판부 부장판사 2016년 서울고법 부장판사(현) 2016~2017년 법원행정처 사법정책실장 2017년 同사법지원실장 겸임 2017년 대법원 국선변호정책심의위원회 법관위원

**심준보(沈俊輔) SHIM Joon Bo**

(생)1968·4·25 (출)서울 (주)대전광역시 서구 둔산중로78번길 45 대전지방법원(042-470-1114) (학)1986년 숭실고졸 1990년 고려대 법학과졸 1993년 同대학원졸 (경)1992년 사법시험 합격(34회) 1995년 사법연수원 수료(24기) 1998년 인천지법 판사 2000년 서울지법 판사 2002년 대구지법 영덕지원 판사 2005년 특허법원 판사 2006년 대전지법 천안지원 판사 직대 2007년 대전지법 판사 2008년 특허법원 판사 2010년 청주지법 영동지원장 2011년 대전지법 부장판사 2014년 대전지법 천안지원·대전가정법원 천안지원 부장판사 2016년 대전지법 부장판사(현)

**심충식(沈忠植) SHIM Choong Shik**

(생)1957·1·13 (출)인천 (주)인천광역시 중구 축항대로211번길 37 (주)선광 비서실(032-880-6515) (학)1975년 성남고졸 1981년 한양대 무역학과졸 1984년 미국 A.G.S.I.M 국제경영학과졸 1986년 일본 와세다대 대학원졸 (경)1984년 선광공사 기획실장 1991년 同감사 1994년 同기획실장(이사) 1994년 同전무이사 1997년 인천상공회의소 의원(현) 2000년 (주)선광 대표이사 부사장 2005년 同대표이사 사장 2007~2010년 인천항만물류협회 회장 2009년 (주)선광 공동대표이사 사장 2009년 同대표이사 부회장(현) (상)재정경제부장관표창(2000), 노동부장관표창(2001), 산업포장(2002) (종)유교

**심태규(沈泰圭) SHIM Tae Kyu**

(생)1968·7·4 (출)서울 (주)서울특별시 송파구 법원로 101 서울동부지방법원 총무과(02-2204-2102) (학)1987년 단국대사대부고졸 1992년 서울대 사법학과졸 (경)1993년 사법시험 합격(35회) 1996년 사법연수원 수료(25기) 1996년 軍법무관 1999년 서울지법 판사 2003년 대전지법 판사 2006년 인천지법 판사 2008년 서울고법 판사 2009년 대법원 재판연구관 2011~2012년 춘천지법 강릉지원 부장판사 2011년 同속초지원 부장판사 2012~2014년 의정부지법 민사부 부장판사 2014년 국회사무처 법제사법위원회 전문위원(이사관) 2016년 서울중앙지법 부장판사 2017년 서울회생법원 부장판사 2019년 서울동부지법 부장판사(현)

**심태호(沈泰豪) Sim Tae Ho**

(생)1972·3·12 (주)인천광역시 계양구 아나지로 402 (주)LPK로보틱스 임원실(032-341-1645) (학)1998년 연세대 경영학과졸 2004년 연세대 대학원 경영학과졸, 미국 시카고대 부스경영대학원졸(MBA) (경)PwC Consulting 근무, 딜로이트컨설팅 이사, 연세대 경영대학 겸임교수, 이화여대 경영대학 겸임교수 2012~2019년 AT커니코리아 대표 2019년 (주)LPK로보틱스 대표이사(현)

**심태환**

(생)1970·1·10 (출)경남 (주)경상남도 창원시 진해구 진해대로 815 진해경찰서(055-549-8332) (학)경남 진주고졸 1993년 경찰대졸(9기), 경남대 행정대학원졸 (경)1993년 경위 임관 2006년 경정 승진 2007년 창원서부경찰서 수사과장 2009년 경남지방경찰청 형사과장 2010년 同수사과 수사1계장 2011년 同수사과 광역수사대장 2014년 同여성보호계장 2016년 울산지방경찰청 여성청소년과장(총경) 2016년 교육 파견(총경) 2016년 경남 함양경찰서장 2017년 울산지방경찰청 수사과장 2018년 경남지방경찰청 112종합상황실장 2019년 경남 진해경찰서장(현)

**심학보(沈学保)**

(생)1958·8·25 (출)경북 상주 (주)경상북도 구미시 금오산로 336-97 (재)경상북도환경연수원(054-440-3200) (학)1977년 김천고졸 1982년 경북대 생물학과졸 1996년 이학박사(경북대) (경)1986~2009년 경상북도자연환경연수원 교수부장 2009~2018년 (재)경상북도환경연수원 기획부장 2013~2018년 에코그린합창단 단장 2018년 (재)경상북도환경연수원 원장(현) (상)경상북도지사표창(1993·2004), 국무총리표창(2006)

## 심학진(沈學鎭) SHIM Hak Jin

(생)1969·11·1 (출)충북 음성 (주)서울특별시 송파구 법원로 92 파트너스1 2층 205호 법률사무소 인솔(02-431-8897) (학)1988년 동화고졸 1995년 고려대 법학과졸 (경)1997년 사법시험 합격(39회) 2000년 사법연수원 수료(29기) 2000년 서울지검 북부지청 검사 2002년 청주지검 충주지원 검사 2003년 광주지검 검사 2005년 서울동부지검 검사 2009년 창원지검 검사 2011년 수원지검 성남지청 검사 2013년 同성남지청 부부장검사 2013년 인천지검 부천지청 부부장검사 2014년 울산지검 부부장검사 2015년 창원지검 통영지청 형사2부장 2016년 同진주지청 부장검사 2017년 부산고검 검사 2018~2019년 인천지검 부장검사 2019년 변호사 개업(현)

## 심한철

(생)1972·10·22 (주)서울특별시 종로구 효자로9길 27 서울지방경찰청 202경비단(182) (학)1991년 진주 명신고졸 1996년 경찰대 행정학과졸(12기) (경)1996년 경위 임용 2005년 경찰청 경무국 총무복지팀장 2007년 울산지방경찰청 경무과 기획예산계장 2014년 서울지방경찰청 202경비대 경비과장 2015년 同22경찰경호대 부대장 2016년 울산지방경찰청 정보화장비과장(총경) 2017년 경남 합천경찰서장 2018년 중앙경찰학교 교무과장 2019년 서울지방경찰청 202경비단장(현)

## 심헌규(沈憲圭)

(생)1964·12·20 (주)경기도 수원시 장안구 창룡대로 223 경기남부지방경찰청(031-888-2317) (학)1987년 경찰대졸(3기) (경)1987년 경위 임관 2003년 경기 평택경찰서 생활안전과장 2004년 同경무과장 2011년 경기지방경찰청 홍보담당관실 홍보계장 2013년 同경무과 치안지도관 2013년 충북지방경찰청 수사과장 2014년 충북 제천경찰서장(총경) 2015년 강원지방경찰청 수사1과장 2016년 경기 평택경찰서장 2016년 경기남부지방경찰청 생활안전과장 2017년 경기 안산단원경찰서장 2019년 경기남부지방경찰청 청문감사담당관(현)

## 심헌섭(沈憲燮) SIM HEON SEOP

(생)1968·9·7 (본)청송(靑松) (출)강원 강릉 (주)강원도 강릉시 성덕포남로188번길 22 강릉경제정의실천시민연합 사무국(033-645-0828) (학)1987년 경포고졸 1991년 가톨릭관동대 전자공학과졸 (경)1997~1998년 강릉경제정의실천시민연합 사무차장 2002~2004년 강릉생명의숲 운영위원 2003~2004년 제일강산강릉21실천협의회 부장 2004년 (사)시민환경센터 사무국장(현) 2005~2011년 제일강산갈릉21실천협의회 기획조정위원 2011년 강릉경제정의실천시민연합 사무국장(현) 2013년 강릉지속가능발전협의회 운영위원(현) 2019년 연합뉴스 강원취재본부 콘텐츠자문위원(현) (상)환경부장관표창(2006)

## 심현욱(沈炫昱) SHIM, Hyun Wook

(생)1973·9·10 (본)청송(靑松) (출)경남 진주 (주)경상남도 밀양시 밀양대로 1993-20 창원지방법원 밀양지원(055-350-2500) (학)1992년 진주 명신고졸 1998년 서울대 정치학과졸 (경)1997년 사법시험 합격(39회) 2000년 사법연수원 수료(29기) 2000년 육군 법무관 2003년 부산지법 판사 2006년 同동부지원 판사 2009년 창원지법 통영지원 판사 2011년 부산고법 판사 2013년 대법원 재판연구관 2015년 부산지법 부장판사 2018년 창원지법 밀양지원장(현)

## 심형구(沈炯求) SIM Hyung Goo

(생)1953·10·24 (본)청송(靑松) (출)충남 논산 (주)서울특별시 마포구 마포대로 92 한국경우에이엠씨(주) 임원실(02-583-1717) (학)1972년 강경상고졸 2005년 연세대 경영대학원 수료 2006년 건국대 부동산대학원 최고경영자과정 수료 (경)1978년 한국주택은행 입행 1996년 同논산지점장 1997년 同연신내지점장 1998년 同신탁부장 2001년 同영등포지점장 2002년 국민은행 강서지역본부장 2005년 KB부동산신탁 대표이사 사장 2008년 국민은행 마케팅그룹 부행장 2010년 同신탁·연금그룹 부행장 2010~2012년 한국자산신탁 대표이사 사장 2012~2015년 무궁화신탁 대표이사 사장 2014~2016년 한국금융투자협회 회원이사 2015~2016년 무궁화신탁 부회장 2017년 한국경우에이엠씨(주) 대표이사(현) 2017년 한국경우펀딩(주) 대표이사(현) (상)재정경제부장관표창(1998), 산업포장(2008) (종)기독교

## 심형섭(沈亨燮) Shim Hyung Sub

(생)1967·3·1 (출)강원 삼척 (주)서울특별시 양천구 신월로 386 서울남부지방법원(02-2192-1114) (학)1984년 부산대사대부고졸 1988년 서울대 법대졸 (경)1994년 사법시험 합격(36회) 1997년 사법연수원 수료(26기), 부산지법 판사 2000년 同동부지원 판사 2002년 부산지법 판사 2007년 부산고법 판사 2010년 창원지법 판사 2012년 부산지법 부장판사 2015년 인천지법 부천지원 부장판사 2017년 서울남부지법 부장판사(현)

## 심 호(沈 湖)

(생)1964·5·1 (출)전북 전주 (주)서울특별시 중구 남대문로 109 건설근로자공제회 감사실(02-519-2002) (학)1982년 전주 신흥고졸 1986년 한양대 토목공학과졸 1996년 공학박사(서울대), 한양대 대학원 행정학과졸 2013년 행정학박사(한양대) (경)1985년 기술고시 합격(21회) 1986~1996년 문교부·감사원 기술국 4과·기술국 1과· 4국 5과 사무관 1997~2003년 감사원 1국 4과·국책사업감사단 서기관 2003년 감사원 국제협력담당관 2004년 同감사교육원 행정과장 2004~2006년 캐나다 브리티시컬럼비아주 감사원 근무 2006년 감사원 자치행정감사국 제6과장 2006년 同전략감사본부 감사제4팀장 2009년 同국책과제감사단 제1과장 2009년 同자치행정감사국 제2과장 2010년 同건설환경감사국 제1과장 2011년 법무부 법무연수원 연구위원(파견)(고위감사공무원) 2012년 감사원 전략과제감사단장 2014년 同감사연구원장 2016년 同사회복지감사국장 2017~2018년 同감사교육원장 2018년 한국공학한림원 정회원(건설환경공학·현) 2019년 건설근로자공제회 상임감사(현) (상)감사원장표창(1996), 대통령표창(2001), 홍조근정훈장(2015)

## 심훈종(沈勳鍾) SHIM Hoon Jong

(생)1937·10·17 (본)청송(靑松) (출)경기 하남 (주)서울특별시 종로구 종로3길 34 삼송빌딩 5층 법무법인 네이버스(02-756-4401) (학)1956년 중앙고졸 1960년 서울대 법대 법학과졸 (경)1958년 고등고시 사법과 합격(10회) 1959년 공군 법무관 1962년 부산지법 판사 1964년 서울형사지법 판사 1966년 서울민사지법 판사 1970년 서울고법 판사 1972년 대법원 재판연구관 1973년 춘천지법 부장판사 1974년 서울지법 성북지원 부장판사 1975년 서울형사지법 부장판사 1977년 변호사 개업 1987년 국제라이온스협회 309-K지구 총재 1997~1999년 대한변호사협회 부회장 2004년 서울중앙지법 국선전담변호사 2013~2015년 서울북부지법조정센터 상임조정위원장 2015년 법무법인 네이버스 변호사(현) (종)불교